INDEXBAND

1. Auflage bei Zweitausendeins, Oktober 2000.

Herstellung für diese Ausgabe Dieter Kohler GmbH, Nördlingen.
Druck Appl, Wemding.
Einband G. Lachenmaier, Reutlingen.
Printed in Germany.

Dieses Buch gibt es nur bei Zweitausendeins im Versand,
Postfach, D-60381 Frankfurt am Main, Telefon 069-420 8000, Fax 069-415 003.
Internet www.Zweitausendeins.de, E-Mail info@Zweitausendeins.de.
Oder in den Zweitausendeins-Läden in Berlin, Düsseldorf, Essen, Frankfurt am Main, Freiburg, 2× in Hamburg, in Hannover, Köln, Mannheim, München, Nürnberg, Saarbrücken, Stuttgart.

In der Schweiz über buch 2000, Postfach 89, CH-8910 Affoltern a. A.

ISBN 3-86150-370-0

ARNO PETERS

SYNCHRONOPTISCHE WELTGESCHICHTE

ZWEITAUSENDEINS

DER INDEX IST MIT DER SYNCHRONOPTISCHEN WELTGESCHICHTE GEWACHSEN. WÄHREND ICH DIE ARBEITEN AM ZEITENBAND IN DEN JAHREN 1948—1952 ZUM ABSCHLUSS BRACHTE, STELLTE MEIN LANGJÄHRIGER MITARBEITER PROFESSOR DR. HERBERT SCHÖNEBAUM EIN NAMENS- UND SACHVERZEICHNIS ZUSAMMEN, DESSEN 28 SEITEN DER EINBÄNDIGEN AUSGABE EINGEFÜGT WURDEN.

NACH FERTIGSTELLUNG DER FRANZÖSISCHEN AUSGABE ('HISTOIRE MONDIALE SYNCHRONOPTIQUE') SCHUF MEIN ÜBERSETZER, PROFESSOR ROBERT MINDER, AM COLLÈGE DE FRANCE IN DEN JAHREN 1960—1961 MIT EINIGEN MITARBEITERN EINEN NEUEN INDEX. AUCH ALS NAMENS- UND SACHVERZEICHNIS ANGELEGT, BRACHTE DIESER HERAUSNEHMBARE ANHANG AUF 61 SEITEN AUSSER DEN VERWEISEN AUF DAS ZEITENBAND KURZE HINWEISE AUF DEN INHALT DER EINTRÄGE.

DER ANKLANG, DEN DIESER KOMMENTIERTE INDEX IN FRANKREICH FAND, LIESS MICH SCHON WÄHREND DER ABSCHLUSSARBEITEN AN DER FRÜHGESCHICHTE IN DEN JAHREN 1961—1965 EINEN ERWEITERTEN INDEX ZUR NEUEN DEUTSCHEN AUSGABE VORBEREITEN. DABEI HALFEN MIR DR. JOHANNES HARTENSTEIN, ELISABETH HARTENSTEIN, DR. WALTER HEGEMEISTER, DR. WALTER RIESSNER UND WERNER RÖTSCHER. IN DEN DARAUFFOLGENDEN FÜNF JAHREN WURDE DIESES NAMENS- UND SACHVERZEICHNIS ZU EINEM ENZYKLOPÄDISCHEN ERGÄNZUNGSBAND AUSGEBAUT. DURCH ZUSAMMENSTELLUNG DER VERWEISE AUF DEN GRUNDBAND HALFEN: BERNHARD BAUER, ILSE DORST, EBBA KAISER, MANFRED KLUGE, BIRGIT PETERS UND EDUARD WIEMUTH. EINE KARTEI WURDE HIERFÜR IN JAHRELANGER KLEINARBEIT AUFGEBAUT VON INGRID NADEBOR, ANGELIKA PETERS UND VOLKHARD SCHMIDT. DIE UMFANGREICHEN SCHREIBARBEITEN WURDEN AUSGEFÜHRT VON LIESELOTTE GROTHE, CHRISTA RONKE UND ELLEN WALDEN, DIE KORREKTUREN VON ANJA PETERS, EVA STOCK, ILSE STOCK, MONIKA ZIMMERMANN UND JULIANE ZUELCH.

ALLE DIESE ARBEITEN WURDEN ANGELEITET, ÜBERPRÜFT UND ZUSAMMENGEFÜGT VON MEINEM LANGJÄHRIGEN ASSISTENTEN ANDREAS KAISER, DER AUCH DIE VERWEISE ZU EINEM GROSSEN TEIL DER STICHWORTE SELBST AUFBAUTE. SO KONNTE ICH MICH ZUNEHMEND AUF DIE ERKLÄRUNG UND BESCHREIBUNG DER HISTORISCHEN ERSCHEINUNGEN UND PERSÖNLICHKEITEN BESCHRÄNKEN UND ALLE TEXTE FÜR DIESES BUCH, WIE FÜR DEN GRUNDBAND, SELBST SCHREIBEN.

Arno Peters

EINFÜHRUNG

Dieses Buch erschließt und ergänzt den Grundband der Synchronoptischen Weltgeschichte. Was dort zeitlich geordnet in knapper Form auf 50 Jahrhunderttafeln überschaubar gemacht ist, wurde hier ausführlich beschrieben, sachlich geordnet und in alphabetischer Folge zusammengestellt.

Die erklärenden Texte zu den einzelnen Stichworten wurden grau gedruckt, die Verweise auf Einträge des Grundbandes in den dort verwendeten Farben. Dadurch wird das schnelle Auffinden der Jahresfelder und Lebenslinien im Grundband erleichtert.

Persönlichkeiten, die dort mit einer Lebenslinie gewürdigt sind, erscheinen hier mit Verweisen auf die eigenen Einträge sowie auf solche fremden Lebenslinien und Jahresfelder, die in Beziehung zu ihrem Leben stehen. Persönlichkeiten, die im Grundband nur mit Jahresfeldern berücksichtigt werden konnten, erhielten hier außer den ihnen zugeordneten Verweisen eine kurze Lebensbeschreibung. Auch Persönlichkeiten, deren Name im Grundband gar nicht enthalten ist, haben hier eine Lebensbeschreibung, wenn sie mit dem Inhalt einzelner Jahresfelder oder Lebenslinien des Grundbandes verbunden sind.

Staaten und Städte wurden mit Verweisen auf alle Einträge des Grundbandes aufgenommen, die in Beziehung zu ihrer Geschichte stehen. Bei größeren Staaten wurden diese Verweise nach Sachgebieten unterteilt. Städte und kleine Staaten, deren Geschichte sich nicht lückenlos aus den ihnen zugeordneten Einträgen ergab, erhielten hier eine ergänzende textliche Darstellung ihrer Entwicklung.

Landschaften, Flüsse, Berge, Seen, Dörfer, Kanäle und Straßen, die im Grundband namentlich erwähnt sind, wurden mit Verweisen auf die sie betreffenden Einträge sowie mit einer Lagebeschreibung und mit Hinweisen auf ihre geschichtliche Bedeutung berücksichtigt.

Darüber hinaus sind die im Grundband enthaltenen Erscheinungen aus allen Gebieten des Lebens in eigenen Stichworten erfaßt und mit den dazugehörigen Verweisen aufgenommen.

Durch Zuordnung der Grundband-Einträge zu umfassenden Oberbegriffen erhielt der Index zusätzlich den Charakter einer universalen Sach-Chronologie. So kann die materielle und geistige Kultur des Menschen in allen Sachbereichen zu ihren geschichtlichen Ursprüngen zurückverfolgt werden.

Um die Stichworte so umfassend wie möglich aufzubauen, wurde auch auf Einträge des Grundbandes verwiesen, deren Zusammenhang mit dem betreffenden Stichwort nicht unmittelbar erkennbar ist. So wird unter dem Stichwort 'Barock' auf das Jahresfeld 1663n blau verwiesen, obwohl dort nur vom Bau des Nymphenburger Schlosses berichtet wird. Die Tatsache, daß dieses Bauwerk dem Barock zugerechnet wird, ergibt sich hier allein aus seiner Aufnahme unter dieses Stichwort. Solche *indirekten Verweise* erhöhen den Benutzungswert dieses Buches, setzen aber einen selbständigen Denkvorgang des Lesers voraus.

Alle Verweise sind zeitlich geordnet. Nur der Verweis auf die eigene Lebenslinie hat, unabhängig von dieser streng-chronologischen Folge, seinen Platz immer vor allen anderen Verweisen. Er unterscheidet sich auch dadurch vom Verweis auf andere Lebenslinien, daß hinter den Zahlenangaben nicht ein Name vermerkt ist, sondern nur das Wort 'Lebenslinie'.

Fremdwörter wurden verdeutscht und auf die ihnen zugrundeliegenden Wortwurzeln zurückgeführt. Fachbezeichnungen und Abkürzungen wurden gemeinverständlich erläutert. Das Wort 'von' wurde nur als geographische Herkunftsbezeichnung in Verbindung mit Ortsnamen gebraucht.

Einzelzahlen verweisen stets auf Jahresfelder. Bei ihnen wird als zusätzliche Suchhilfe, insbesondere für Farbschwache, die gedruckte Farbe auch noch wörtlich genannt. Zwei durch Bindestrich (-) verbundene Zahlen verweisen auf eine Lebenslinie in der gedruckten Farbe, zwei durch Schrägstrich (/) verbundene braune Zahlen auf Kriege oder Revolutionen, die sich über mehrere Jahre erstrecken. Dabei beziehen sich die mit 'n' versehenen Zahlen auf Einträge *nach* der Zeitwende, also auf Jahresfelder oder Lebenslinien der letzten 2000 Jahre. Die mit 'v' verbundenen Jahreszahlen verweisen auf Einträge aus der Epoche *vor* der Zeitwende.

Im hinteren Deckel des Buches befindet sich eine Miniatur des Grundbandes der Synchronoptischen Weltgeschichte. Diese maßstabgetreue, farbgetreue Verkleinerung aller 50 Jahrhunderte gibt eine Vorstellung von der Struktur der verschiedenen Epochen: Die Zusammenballung von Eintragungen einer bestimmten Farbe deutet auf die Häufung der diesen Farben entsprechenden geschichtlichen Kräfte hin.

Dieser Indexband wird in vielen Fällen erste Fragen erschöpfend beantworten. Trotzdem empfiehlt es sich, die Verweise im Grundband aufzusuchen. Denn nur der Grundband stellt jedes Ereignis in den Gesamtzusammenhang seiner Epoche — und erst auf diesem Hintergrund ist die geistige Zuordnung geschichtlichen Geschehens möglich.

AACHEN, Stadt im Rheinland. Wegen ihres milden Klimas und wegen ihrer Heilquellen bereits vor fast 2000 Jahren von den römischen Besatzungstruppen als Badeort benutzt. Später Lieblingsaufenthalt Karls des Großen. Von 813n bis 1531n Krönungsstadt der deutschen Könige. Durch die Religionskriege des 16. Jahrhunderts und durch einen Brand im Jahre 1656n stark zerstört. 1801n für vierzehn Jahre französisch, dann preußisch (Wiener Kongreß). Seit Beginn der Industrialisierung im 19. Jahrhundert nahm sie Aufstieg (Tuch-, Nadel- und Maschinenherstellung). Im zweiten Weltkrieg Ende 1944n bei der Schlacht um Aachen zur Hälfte vernichtet, ist sie inzwischen erneut aufgebaut.

89n blau Entstehung
742n–814n rot Karl der Große
770n–840n blau Einhard
804n blau Pfalz-Kapelle
813n rot Kaiserkrönung
880n braun Normannen-Einfall
1370n blau Rathaus
1414n blau Hochchor des Münsters

ABA, ägyptischer Freiheitskämpfer und Sozialreformer.

2240v–2172v rot Lebenslinie
2297v–2197v rot Pepi II.
2273v–2188v blau Ipuwer
2197v/2196v Revolution
2197v blau Ipuwers 'Mahnworte'
2196v rot Macht-Übernahme
2196v rot Gemeineigentum
2172v braun Niederlage
2172v rot Reformen aufgehoben

ABÄLARD, Peter, französischer Religionsphilosoph und Dichter.

1079n–1142n Lebenslinie
1114n blau Briefe an Heloise
1126n blau Gegen Erbsünde-Dogma
1132n blau Gegen christliche Dogmatik
1140n rot Gegnerschaft der Kirche

ABBAS, Abul, arabischer Herrscher ('Kalif') von 749n bis 754n.

723n–754n rot Lebenslinie
712n–775n rot Al Mansur
745n/750n Arabischer Bürgerkrieg
750n rot Abbassiden-Dynastie

ABBAS, Ibn (um 910n–994n), arabischer Mediziner. Nach Abschluß seiner Studien ließ er sich als praktischer Arzt nieder. Schrieb ein zusammenfassendes Nachschlagewerk für die ärztliche Praxis.

982n grün Handbuch der Medizin

ABBASSIDEN, Name einer arabischen Herrscherfamilie, die von 750n bis 1258n regierte.

712n–775n rot Al Mansur
723n–754n rot Abul Abbas
745n/750n Arabischer Bürgerkrieg
750n rot Herrschaftsbeginn
751n braun Sieg über Heer Chinas
755n rot Cordoba unabhängig
757n braun Berberaufstand
757n rot Berberstaaten unabhängig
757n grün Spionagedienst
763n blau Gründung Bagdads
765n rot Gesandtenaustausch
766n–809n rot Harun al Raschid
775n/777n Zindiks-Aufstand
783n rot 'Ketzer'-Verfolgung
786n–833n rot Al Mamun
794n grün Papiermanufaktur
798n rot Gesandtschaft an Karl
798n rot Friedensschluß mit Byzanz
801n blau '1001 Nacht'
810n rot Tunis unabhängig
820n grün Sternwarte
822n rot Chorasan unabhängig
822n–883n rot Ibn Mohammed
824n blau Hochschule in Bagdad
826n braun Vorstoß nach Kreta
826n rot Kreta arabisch
832n blau Übersetzungsinstitut
836n rot Türkische Leibwache
838n braun Sieg über Byzanz
842n braun Eroberung von Bari
842n rot Apulien arabisch
852n blau Moschee in Samarra
853n rot Koran durchgesetzt
864n–910n rot Karmat
868n rot Ägypten unabhängig
868n blau Gleichheitsforderung
869n/883n Sklavenaufstand von Basra
871n braun Niederlage in Italien
871n rot Sklavenstaat Basra
873n braun Niederlage in Syrien
873n rot Byzanz' Machtausdehnung
873n blau Gründung von Muchtara
883n rot Ende des Staates Basra
889n blau Kommunistische Forderung
890n rot Karmaten-Gemeinschaft
899n rot Karmaten-Staat Ahsa
899n/930n Karmatenaufstand
905n rot Ägypten zurückgewonnen
908n rot Ostafrika-Niederlassung
925n rot Sansibar arabisch
969n rot Ägypten unabhängig
1055n braun Seldschuken-Sieg
1055n rot Hoheit der Seldschuken
1068n grün Stipendien
1207n/1279n Großer Mongolenkrieg
1258n rot Ende der Herrschaft

ABBE, Ernst (1840n–1905n), deutscher Physiker. Durch Verbesserung des Mikroskops (Beleuchtung der Präparate), des Fernglases (Prismenfeldstecher und Scherenfernrohr) und der photographischen Linse sowie durch Erfindung zahlreicher Meßgeräte Schöpfer der modernen Optik. Entwickelte eine wissenschaftliche Produktionstechnik, die befruchtend auf den gesamten Industrialisierungsprozeß wirkte. Als Allein-Besitzer der Carl-Zeiß-Werke in Jena verwirklichte er menschenwürdige Arbeitsbedingungen. Gewährte Kündigungsschutz und Mindestlöhne, Achtstundentag mit hohen Überstunden-Zuschlägen sowie eine Gewinnbeteiligung der Arbeiter. Schuf auch eine Alters- und Invalidenversicherung. Durch diese sozialen Einrichtungen erhöhte er mit der Arbeitsfreude auch die Arbeitsleistung. Überführte das Werk in den Besitz einer gemeinnützigen Stiftung, die insbesondere der Förderung wissenschaftlicher Studien diente.

1888n grün Übernahme der Zeiß-Werke

ABBEVILLE, Stadt in Nordfrankreich, 150 Kilometer nördlich von Paris am Austritt der Somme in ihr Mündungsgebiet. Die mehr als 1000 Jahre alte Siedlung gehörte zunächst zum benachbarten Kloster Centula, wurde 1130n Stadt und entwickelte sich zu einem Mittelpunkt des Woll-Gewerbes. Durch Vertreibung der protestantischen Bevölkerung in den Hugenottenkriegen sank ihre Einwohnerzahl auf weniger als die Hälfte, und ihre Bedeutung ging schnell zurück.

799n blau Basilika Centula

ABDAR RACHMAN III., arabischer Herrscher (Kalif) von Spanien von 929n bis 961n.

890n–961n rot Lebenslinie
932n braun Adels-Aufstand
932n rot Adelsherrschaft gebrochen
932n rot Einverleibung Toledos
935n grün Cordoba Millionenstadt
947n blau Palaststadt Al Zahra

ABD EL KRIM (1880n–1963n), marokkanischer Freiheitskämpfer. Sohn eines Vorkämpfers der Unabhängigkeit Nordafrikas. Nach Abschluß seiner Studien reihte er sich als Doktor der Rechte und der Philosophie in die revolutionäre Bewegung der Rif-Kabylen ein. Im Kampfe gegen die spanische Fremdherrschaft eingekerkert, wurde er nach seiner Freilassung zum Führer der Rif-Republik und suchte die französisch-spanischen Gegensätze für die Freiheit seiner Heimat zu nutzen. Als seine Siege auch die Herrschaft der Franzosen in Marokko bedrohten, verbündeten sich die beiden rivalisierenden Kolonialmächte gegen ihn. Nach seiner endgültigen Niederlage gegen die spanisch-französischen Heere (1926n) lebte er bis 1960n in der Verbannung und durfte dann in seine Heimat zurückkehren.

1922n/1923n Aufstand der Rif-Kabylen

ABENDLAND, Begriff aus dem Wortschatz des europäischen Bürgertums. Entstanden aus der Bezeichnung der Römer für den Teil ihres Reiches, der westlich von Rom lag, also dort, wo die Sonne unterging ('Occident'); im Gegensatz zu jenem Teil ihres Reiches, der in Richtung des Sonnenaufganges, also im Osten von Rom lag ('Orient'). Seit der Teilung des Römerreiches galt dann als 'Occident' das Westreich (mit der Hauptstadt Rom), als 'Orient' das Ostreich (Hauptstadt Byzanz). Nach dem Untergang des weströmischen Reiches bezog die katholische Kirche (Zentrum Rom) den Begriff auf sich als Abgrenzung gegen die christliche Ostkirche (Zentrum Byzanz). Mit dem Aufkommen eines deutschen Kaisertums wurde das Wort 'Occident' nicht mehr wörtlich verdeutscht (= 'Untergang'), sondern sinngemäß als 'Abendland'. In den Kreuzzügen verschmolzen dann im gemeinsamen Kampf gegen den islamischen 'Orient' katholische Kirche und deutsches Kaisertum im 'Abendland'-Begriff, der Missionseifer und Eroberungsdrang vereinigte. Um sich gegenüber dem überlegenen arabischen Wissenschaftsdenken des 'Orients' zu behaupten, fügte sich das abendländische Weltbild die vom Christentum als 'heidnisch' abgelehnte vorchristliche Kultur teilweise wieder ein (Scholastik) und übernahm sie schließlich ganz (Humanismus). Neben dem Begriff 'weiße Rasse' wurde das 'abendländische Bewußtsein' geistige Grundlage des europäischen Herrenmenschentums und damit der Unterjochung und Ausbeutung des größten Teils der Erde durch die Staaten Europas in den letzten 500 Jahren. Mit dem Zusammenbruch dieser Weltordnung erlitt der Begriff einen neuen Bedeutungswandel: Nordamerika wurde dem vorher auf Europa begrenzten 'Abendland' hinzugefügt, während Rußland und die übrigen kommunistischen Länder zum eigentlichen Gegenbegriff wurden ('der Osten'). Der deutsche Geschichtsphilosoph Spengler versuchte, den bloßen Begriff 'Abendland' als geschlossene geschichtliche Einheit (Kultur) aufzubauen.

1918n blau Spenglers Werk

ABENDMAHL, kleine Mahlzeit, bestehend aus Wein und Brot. In christlichen Kirchen eingenommen, soll es die sofortige leibhaftige Gegenwart des Religionsstifters Jesus bewirken, dessen Fleisch und Blut sie symbolisiert. Von Matthäus und Markus noch als Festmahl zum jüdischen Frühlingsfest (Passah) verstanden, stellt es heute den Höhepunkt der gottesdienstlichen Handlungen christlicher Religionsgemeinschaften dar.

315n–367n Hilarius von Poitiers
385n blau Gregors 'Katechetische Rede'
646n–684n Silvanus
786n–861n Radbertus
845n blau Leib und Blut Jesu
1000n–1088n Berengar von Tours
1044n blau Widerlegung der Lehre
1079n rot Widerruf der Widerlegung
1324n–1384n Wiclif
1495n blau Leonardos Gemälde
1592n blau Tintorettos Gemälde

ABERGLAUBE, der Glaube an die Einwirkung übernatürlicher Mächte und Kräfte auf das persönliche Schicksal des Menschen, meist verbunden mit der Annahme ihrer Beeinflußbarkeit durch an sich sinnlose Handlungen wie Opfer, Gebete und Beschwörungen.

3000v–2947v Etana
2963v blau Sonnengott-Anbetung
2934v blau Meeresgott-Verehrung
2928v blau Falkengott-Anbetung
2911v blau Kriegsgott-Verehrung
2894v–2817v Gilgamesch
2863v blau Mondgott-Anbetung
2850v blau Liebesgöttin
2841v grün Heilige Mistkäfer
2823v blau Gott Anu
2804v rot Gefolge mitbestattet
2799v grün Scheintüren in Grabern
2786v–2731v Kea
2766v–2702v Neb-Re
2757v–2681v Neter-Imu
2751v–2681v Ru-A-Ben
2737v grün Fortleben auch für Arme
2736v grün Fortleben auch für Hunde
2732v blau Opfernder
2725v blau Götter in Menschengestalt
2707v–2626v Imhotep
2704v–2634v Hesire
2695v blau Windgott-Verehrung
2681v grün Wohnung fürs Jenseits
2679v grün Händefalten beim Gebet
2675v blau Kult für Liebesgöttin
2669v grün Konservierung fürs Jenseits
2646v blau 'Gottesberg' in Kisch
2643v blau Totenstadt für König
2637v blau Götter-Neunheit
2631v blau Sonnen-Religion
2608v blau Dreifaltigkeit in Sumer
2603v grün Sterndeutung in Sumer
2602v blau Doppelte Viergötterei
2595v grün Knien beim Gebet
2593v blau Schöpfung durch Gott
2577v blau Totentempel in Ägypten
2534v–2470v User-Kaf
2514v blau Götter-Bilder
2472v grün Obelisk Gottes-Symbol
2471v rot Gottes-Sohnschaft
2465v blau König verkehrt mit Göttern
2449v blau Muttergöttin
2441v–2379v Meska-Lamdug
2436v blau Dankopfer
2416v rot Gefolge lebendig bestattet
2404v–2350v Unas
2403v blau Ackerbaugöttin
2391v grün Wahrsagung aus Leber
2377v blau 300 Götter in Sumer
2366v blau Opfer-Schlachtung
2343v blau Wahrsagerei
2326v rot Anbetung des Herrschers
2297v–2197v Pepi II.
2295v rot Menschenopfer in Europa
2249v blau Himmelfahrt
2240v rot Kaiser-Anbetung
2228v rot Unterwelt
2121v blau Glaube an Jüngstes Gericht
2040v blau Mondgott-Verehrung
2013v rot Gott-Kaisertum
2013v blau 3600 Götter in Sumer
2003v blau Ganze Tempelstadt
1993v grün Krokodils-Anbetung
1978v blau Mondgöttin
1911v rot Stieropfer auf Kreta
1852v–1786v Nefer
1840v blau Himmelfahrtssage
1830v blau Höllenfahrtssage
1777v blau Stadtgott-Verehrung
1719v blau Zweigesichtige Götter
1713v grün Glaube an Unglückstage
1710v blau Götterwille verkündet
1697v blau Viergesichtige Götter
1688v blau Kniefall beim Beten
1687v blau Schöpfungssage
1583v blau Zaubersprüche in Ägypten
1479v grün Gebete für Totengericht
1474v blau Kriegsgöttin
1445v blau Götter-Symbole
1427v blau Schreibergott in Affengestalt
1410v grün Wundertätiges Götterbild
1409v blau Götterdichtung
1396v blau Bild vom Mondgott
1394v blau Vorstellung vom Totenreich
1391v blau Pilgerfahrt
1388v grün Heilige Stiere mumifiziert
1387v blau Gedicht auf Himmelsgöttin
1382v blau Lobgedicht auf Stadtgott
1367v–1315v Mur-Sili II.
1364v blau Sonnengott-Verehrung
1354v blau Sage vom ersten Menschen
1348v blau Dichtung von der Unterwelt
1344v blau Vorstellung von Sünden
1332v blau Pestgebete
1326v blau Forderung nach Haus-Gebet
1321v–1235v Bek-Necho
1317v blau König kniet vor Göttin
1315v blau König mit Göttin
1314v rot Götternamen für Truppen
1311v blau 'Liebesgöttin und Pharao'
1306v blau Götterzug bildlich dargestellt
1298v–1228v Moses
1287v rot Hettitische Opferregeln
1257v blau Gemälde des Nilgottes
1248v blau Moses' göttliche Gebote
1208v–1137v Ram-Se-Na
1202v blau Plastik betender Affen
1196v blau Glaube an Schattenreich
1179v blau Geflügelte Göttin
1148v–1074v Tiglatpileser I.
1128v–1057v Herihor
1118v–1058v Wen-Amun
1100v blau Tempel für zwei Götter
1088v blau Buch über 'Hexerei'
1087v grün Glocken gegen Geister
1083v rot Tod für 'Zauberer', 'Hexen'
1077v blau Gute und böse Geister
1071v blau Jenseitsglaube in Indien
1015v blau Bild von betenden Affen
989v blau Glaube an Totengericht
950v blau Unpersönlicher Gott
918v blau Olympia wird Heiligtum
905v blau Meergott in Griechenland
863v blau Wahrsagerei in Delphi
824v blau Gottheit für Wetter
802v blau Glaube an Weltseele
802v–745v Amos
795v blau Zaubersprüche in Indien
784v–725v Hosea
777v–692v Jesaja
753v–680v Hesiod
752v–699v Hiskia
741v blau Sündentilgung durch Buße
737v grün Friedhöfe für Haustiere
719v blau Mondgott erhält Tempel
714v blau Gott für Künste
714v–642v Manasse
706v blau Glaube als Gottesforderung
699v blau Engels-Verehrung
697v blau Götter- und Weltentstehung
696v–619v Zarathustra
649v–583v Jeremias
634v grün Katzen-Mumifizierung
628v–553v Hesekiel
604v blau Gemeinschaft Mensch-Gott
604v–514v Lao-Tse
603v grün Wundertäter gegen Pest
595v blau Göttin Athene erhält Tempel
587v blau Glaube an ewigen Geist
572v–493v Pythagoras
569v–498v Jina Mahavira
568v blau Siegesgöttin in Griechenland
558v blau Mutter Gottes-Verehrung
557v–477v Buddha
547v blau Geheimkult in Griechenland
541v blau Wiedergeburt der Seele
527v blau Tempel für Göttervater Zeus
511v blau Orakel-Bücher
504v blau Schönheitsgöttin Aphrodite
490v blau Tempelbau aus Dankbarkeit
490v–430v Empedokles
420v blau Göttin der Ehe
406v blau Menschenopfer verherrlicht
371v blau Tempel für Jagdgöttin
360v blau Heilige Kuh in Ägypten
344v–268v Berossos
338v blau 20 Meter hohe Götterstatue
331v rot Vergottung Alexanders
307v grün Tempel für Heilgott
304v–232v Kleanthes
293v grün Heilgott-Kult in Rom
290v blau 32 Meter hohe Götterstatue
262v blau Gottesbegriff vergeistigt
255v blau Gottheit für Nil
249v rot Tieropfer in Rom
237v blau Tempel für Buddha-Knochen
226v rot Menschenopfer in Rom
176v grün Sterndeutungs-Buch
165v blau Gottesreich angekündigt
147v blau Götter-Geschichte
135v–50v Poseidonios
126v blau Welterlöser angekündigt
70v–19v Vergil
40v blau Vergil: Heilands-Erwartung
25v–45v Philo
10v rot Hausgötter- und Kaiserkult
10v–30n Judas Ischariot
10v–52n Matthäus
7v–29n Johannes der Täufer
6v–30n Jesus Christus
5v–64n Paulus
4v–64n Petrus
2v–71n Markus
3n–50n Johannes der Evangelist
22n–74n Lukas
24n blau Bibelteil als Gottesgesetz
28n blau Jesus: Bergpredigt
53n–120n Satornil
64n grün Taufe Neugeborener
70n blau Markus-Evangelium
75n blau Matthäus-Evangelium
80n–130n Karpokrates
82n blau Lukas-Evangelium
85n–145n Basilides
90n grün Bekreuzigung
95n blau 'Offenbarung des Johannes'
98n–160n Valentin
110n blau Johannes-Evangelium
115n–182n Apell
116n blau Geist Gottes in Jesus
125n–180n Lukian
125n–178n Montanus
125n–190n Tatian
131n blau Phlegon: 'Seltsame Dinge'
132n–200n Irenäus
133n–190n Athenagoras
144n rot Marcion gründet Kirche
154n–222n Bardesanes
156n blau Gottesreich auf Erden
160n blau Streit um Geschlecht Jesu
162n–224n Tertullian
165n blau Lehre von den Sünden
169n–222n Kalixt I.
182n–253n Origenes
185n blau Eingottglaube
199n–251n Decius
214n blau Tertullian: Dreifaltigkeit
214n–275n Aurelian
217n–276n Mani
231n blau Schrift über Gebet
245n blau Novatian: Dreifaltigkeit
258n–336n Arius
261n–335n Laktantius
265n–330n Jamblichos
269n blau Schau göttlicher Dinge
295n–373n Athanasius
302n blau Magie und Okkultismus
315n blau Lamm Symbol für Jesus
315n–367n Hilarius von Poitiers
316n–397n Martin von Tours
318n blau Jesus als Gottesvermittler
329n–389n Gregor von Nazianz
337n blau Heiligenschein für Jesus
346n blau Kampf Hölle-Christus
348n–408n Prudentius
349n grün Anbetung des Kreuzes
354n–430n Augustin
356n blau Göttliche Natur des Jesus
370n–414n Synesios von Kyrene
381n blau Gregor: Dreifaltigkeit
381n rot Dreifaltigkeit wird Dogma
381n–444n Cyrillus
385n blau Abendmahl und Taufe
386n–451n Nestorius
391n blau Tiersymbole für Evangelisten
393n blau Schöpfung und Untergang
395n blau Geflügelte Engel
397n blau Christen werden Heilige
400n blau Entstehung des Talmud
400n–470n Nonnos
412n grün Warmes Baden unchristlich
416n blau Augustin: Dreifaltigkeit
417n rot Papst gegen Erbsünde
418n rot Papst für Erbsünde
426n blau Augustin: 'Gottesstaat'
431n rot Maria wird Mutter Gottes
437n grün Säulenheiliger
453n blau Taufhaus in Ravenna
455n grün Geheime Beichte von Sünden
487n–565n Kosmas
497n blau 'Heilige' Bücher
499n blau Babylonischer Talmud
503n grün Glocken in Afrika
517n blau Gesang 'Ave Maria'
518n blau Schule für Meditation
525n–605n Alexander Tralles
538n–594n Gregor von Tours
540n–604n Gregor I.
570n–632n Mohammed
593n rot Fegefeuer-Dogma
594n rot Sündenerlaß durch Beichte
622n blau Kampf Mensch-Gott
624n grün Gebets-Richtung
626n blau Koran
630n grün Kaaba wird Wallfahrtsort
653n blau 'Heilige Schrift' Mohammeds
670n blau Lobgedicht auf Schöpfer
675n–754n Bonifatius
675n–752n Johannes von Damaskus
683n–755n Wu-Taotse
685n grün Häusliche Buddha-Schreine
686n–744n Kumarila
701n rot Übernatürliche Geburt
708n blau Eingottglaube
716n blau Wu-Taotse: Hölle
717n–778n Padma Sambawa
723n blau Donar-Eiche gefällt
726n rot Bilderanbetungs-Verbot
726n–793n Kynewulf

728n blau Dreifaltigkeit: Vielgötterei
731n rot Papst fordert Bilderanbetung
743n blau Religions-Verschmelzung
749n blau Lamaismus
758n–829n Nikephoros
764n blau Japanische Glücksgöttin
778n blau Glaube an Himmelfahrt
786n–861n Radbertus
789n–873n Al Kindi
792n rot Jesus als göttlich erklärt
795n blau Religionsbuch 'Sunna'
796n grün Schwarz religiöse Farbe
805n–885n Abu Maschar
816n blau Schöpfungs-Gedicht
817n blau Schrift über Götterverehrung
819n blau Schrift gegen Aberglauben
828n blau Reliquien-Entführung
834n blau Weltuntergangsglaube
841n blau Ursprung von Kulten
845n blau Leib und Blut Christi
853n rot Koran als Wort Gottes
856n grün Sterndeutungs-Buch
861n blau Sterndeutung und Geschichte
874n–935n Al Aschari
876n grün Buch über Sterndeutung
930n grün Merseburger Zaubersprüche
963n blau Teufelsbund
993n rot Menschen heilig gesprochen
998n grün Fest für Tote im Fegefeuer
1022n blau Auferstehung Al Hakims
1023n–1105n Ramanuja
1033n–1109n Anselm von Canterbury
1066n rot Slawen opfern Bischof
1078n blau Anselms Gottesbeweis
1086n blau Ramanujas Gotteslehre
1090n rot 'Hexen'-Verbrennung
1096n blau Menschwerdung Gottes
1108n–1175n Wace
1134n blau Bräutliche Liebe zu Jesus
1135n–1204n Maimonides
1138n blau Eudo verurteilt Taufe
1142n grün Grundriß der Astrologie
1161n rot Menschenopfer auf Rügen
1165n rot Karl der Große wird Heiliger
1168n blau Jüdischer Götterglaube
1169n–1240n Ibn Arabi
1192n grün Wiege von Ostereiern
1217n blau Aufgehen in Gott
1247n rot Feuertod für 'Hexerei'
1248n rot 'Hexen'-Verbrennungen
1264n rot Fest für Leib des Jesus
1271n rot Tierprozesse
1272n blau Mechthilds Gottesgedicht
1274n blau Thomas: Theologie
1275n rot 'Hexen'-Verbrennungen
1275n blau Jüdische Geheimlehre
1300n rot Sündenablaß
1410n–1469n Montezuma
1462n blau 'Anbetung des Kindes'
1483n–1546n Luther
1484n rot 'Hexen'-Jagd verschärft
1487n rot Menschenopfer der Azteken
1487n blau Regeln für Hexenverfolgung
1491n blau Glaube an Adam und Eva
1503n rot Sündenablaß für Tote
1504n grün Tetzel verkauft Sündenablaß
1509n–1564n Calvin
1533n grün Schrift über Magie
1536n blau Göttliche Auserwähltheit
1572n blau Spott über Wahrsagerei
1589n blau Bild vom Paradies
1590n blau Gemälde 'Wahrsagerin'
1647n rot Quäker
1670n rot Pietisten
1692n rot 'Hexen'-Tötung
1717n rot Freimaurer
1739n rot Methodisten
1747n blau Swedenborg: Geisterlehre
1756n rot Kind als 'Hexe'
1775n rot 'Hexen'-Hinrichtung
1793n rot 'Hexen'-Verbrennung
1830n rot Mormonen
1854n rot Unbefleckte Empfängnis
1864n rot Letzter Tierprozeß
1870n rot Unfehlbarkeitsdogma
1875n blau Theosophie
1909n blau Anthroposophie

ABERRATION, aus dem Lateinischen entnommene Bezeichnung für die Abweichung der Licht-Wahrnehmung von der tatsächlichen Bewegung des vom Fixsternen ausgehenden Lichtes (wörtlich: 'Abirrung'). Von dem englischen Physiker Bradley entdeckt, erklärte diese Abweichung einen Irrtum des Menschen bei der Beobachtung scheinbarer Sternbewegungen, die in Wirklichkeit durch Erd-Bewegung und Lichtgeschwindigkeit bewirkt werden.

1728n grün Bradleys Forschungen

ABESSINIEN, Land und Staat in Nordostafrika, früher 'Reich von Aksum', dann 'Äthiopien'.

1019v rot Sabäer-Niederlassung
999v–936v Hiram
985v blau Gründung der Stadt Aksum
969v–908v Bilkis
654v rot Vertreibung aus Ägypten
24v/23v Römischer Angriff
50n rot Reich von Aksum
272n rot Bündnis mit Rom
340n rot Christliche Kirche entsteht
345n rot Herrschaft der Südaraber
351n rot Christentum Staatsreligion
525n braun Eroberung Südarabiens
530n braun Angriff auf Mekka
970n grün Kaffee-Pflanzen
1885n braun Italienischer Angriff
1885n rot Eritrea italienisch
1889n braun Italienischer Feldzug
1894n/1896n Vorstoß Italiens
1935n/1936n Italienischer Angriff
1936n rot Italienische Herrschaft
1939n/1945n Zweiter Weltkrieg
1942n rot Unabhängigkeit
1945n rot Mitglied der UN
1955n rot Bandung-Konferenz

ABFÜHRMITTEL

304v–240v Erasistratos

ABGABEN, Steuern

2832v–2795v Djet
2803v–2758v Adjib
2771v grün Steuer nach Wasserstand
2757v–2681v Neter-Imu
2751v–2681v Ru-A-Ben
2704v grün Vermögenszählung, Ägypten
2696v grün Steuerbeamte in Ägypten
2695v rot Steuererhebung bei Fest
2692v grün Grundsteuer in Ägypten
2600v grün Steuerjahr in Ägypten
2572v grün Brunnensteuer in Ägypten
2558v grün Obstbaumsteuer in Ägypten
2382v–2320v Teti
2341v grün Kirchenbesitz steuerfrei
2312v blau 'Abgabe der Erklärung'
2138v–2063v Achtos III.
2017v rot Steuern in Mesopotamien
1572v–1504v Agum
960v grün Steuer-Gaue in Juda
959v–916v Rehabeam
733v–645v Kuan-Tse
676v grün Geldsteuern in China
659v grün Fisch- und Weinsteuer
550v–486v Dareios I.
520v grün Steuerregelung in Persien
507v grün Gewerbesteuer in Athen
435v rot Steueraufsicht in Rom
171v rot Steuererpressung geahndet
167v grün Vollbürger steuerfrei
72v–4v Herodes der Große
48v–9n Varus
9n–79n Vespasian
70n grün Sondersteuer für Juden
117n grün Direkte Steuern in Rom
212n grün Erbschaftssteuer Roms
243n–316n Diokletian
297n grün Kopfsteuer in Rom
312n grün Großgrundbesitz-Steuer
314n grün Wirtschaftssteuern in Rom
331n–363n Julian
511n–579n Chosroes
560n–618n Yang-Ti
579n grün Franken: Einkommenssteuer
579n braun Aufstand gegen Steuer
580n grün Franken: Steuerrücknahme
582n–644n Omar
585n grün Kirchensteuer gefordert
640n grün Gläubige steuerfrei
713n grün Geldsteuer in Japan
779n grün Kirchensteuer bei Franken
780n rot Steuersystem in China
780n grün Einheitssteuer in China
793n grün Teesteuer in China
885n–968n Olga
1020n rot Steuerermäßigung für Leon
1027n–1087n Wilhelm I., der Eroberer
1043n–1099n Cid
1086n grün 'Domesday-Book'
1103n grün Sondersteuer für Juden
1214n–1294n Kublai-Khan
1228n rot Auflehnung der Stedinger
1296n rot Gegensatz Staat-Kirche
1297n rot Machtgewinn für Parlament
1379n grün Kopfsteuer in England
1427n rot 'Gemeiner Pfennig'
1439n grün 'Taille' in Frankreich
1508n grün Erasmus: Reformforderung
1542n–1605n Akbar
1594n–1632n Gustav Adolf
1613n grün Reform in Schweden
1688n–1740n Friedrich Wilhelm I.
1706n grün Reformforderung Vaubans
1718n grün Kopfsteuer in Rußland
1765n rot Stempelsteuer-Konflikt

ABIRABIA, Ibn (643n–718n), arabischer Dichter. Als Angehöriger des angesehensten Stammes der Stadt Mekka hatte er das Aufsichtsrecht über das arabische Heiligtum (Kaaba). Führte ein ganz dem Genusse hingegebenes Leben. Seine Gedichte sind bei aller Vielfalt der Handlung und bei allem Reichtum der Form nur einem einzigen Gegenstande gewidmet: Der Liebe zu anmutigen Frauen, deren Schönheit er in immer neuen Reimen preist.

683n blau Liebesgedichte

ABLASS, Erlaß von Strafen für begangene Sünden, insbesondere Erlaß von Höllenstrafen für (nach christlichem Glauben im Fegefeuer befindliche) Tote gegen bare Geldzahlung an die katholische Kirche durch lebende Angehörige.

1300n rot 'Jubeljahr'
1431n–1503n Alexander VI. Borgia
1483n–1546n Luther
1503n rot Päpstliche Genehmigung
1504n grün Tetzels Ablaßverkauf
1514n grün Verpfändung des Gewinns
1517n blau Luthers Kampf gegen Ablaß

ABNEB (um 2680v–um 2610v), ägyptischer Beamter. Stieg unter König Zoser zu hohen Ämtern auf. Für sein Grabmal ließ er sich zweimal auf einem Relief abbilden — einmal stehend, einmal vor einem reich gedeckten Tisch sitzend.

2623v blau Relief

ABODRITEN, Sammelbezeichnung für mehrere slawische Stämme zwischen Elbe und Oder (Norddeutschland).

877n–936n Heinrich I.
928n/929n Deutscher Kriegszug
955n braun Aufstand
955n rot Deutsche Machterweiterung
968n rot Beginn der Christianisierung
983n braun Aufstand
983n rot Unabhängigkeit
1017n blau Entstehung Schwerins
1060n rot Teil-Christianisierung
1125n rot Pribislaw Christ
1143n blau Gründung Lübecks
1147n braun Kreuzzug
1150n rot Mark Brandenburg deutsch
1162n braun Unterwerfung Mecklenburgs
1162n rot Mecklenburg deutsch

ABORT

2774v grün Innen-Toiletten in Indien
2751v–2681v Ru-A-Ben
2681v grün Einbau in Grab
1374v grün WC in Ägypten
890v–814v Jehu
186v grün Sitzbrett in Rom

ABRAHAM (um 1460v–um 1390v), semitischer Hirte in Mesopotamien. Nach biblischer Überlieferung durch seine Auswanderung von Ur nach Palästina Stammvater des jüdischen Volkes.

1425v rot Auswanderung
966n blau Roswithas Drama

ABRAHAM A SANTA CLARA, Deckname des deutschen Schriftstellers Ulrich Megerle (1644n–1709n). Verließ 18jährig seine badische Heimat und wurde in Wien Augustinermönch. Als Prediger in Augsburg, Graz und Wien erregte er durch seine volkstümliche Sprache, seine freie Denkweise und seinen derben Humor Aufsehen und wurde als kaiserlicher Hofprediger nach Wien berufen. Auch in dieser Stellung prangerte er rücksichtslos die Fehler und Mängel der Gesellschaft an und suchte die Not des arbeitenden Volkes zu mildern. Durch scharfen Witz, durch Wortspiele und Anekdoten sowie durch eine zupackende, bilderreiche Sprache bemühte er sich, die gesellschaftliche Heuchelei zu durchstoßen und den Menschen in seinem Innersten wachzurütteln. Die hereinbrechende Pest veranlaßte ihn zur Niederschrift seiner Gedanken.

1695n blau 'Judas der Erzschelm'

ABRAHAM BEN MEIR (1092n–1167n), jüdischer Gelehrter und Dichter aus Toledo (Spanien), auch Ibn Esra genannt. Verbreitete die Kenntnis der arabischen Wissenschaft Spaniens bei den Juden der von ihm bereisten Länder (Nordafrika, Vorderasien, Italien und England). Erklärte die Bibel als unvereinbar mit der menschlichen Vernunft.

1146n blau Bibel-Kommentar

ABRÜSTUNG und Bestrebungen zur Abschaffung des Krieges.

628v–553v Hesekiel
475v–393v Me-Ti
378v–289v Meng-Tse
333v–262v Zeno der Jüngere
299v–237v Asoka der Milde
279v–206v Chrysipp
243v blau Preisgedicht auf Frieden
180v–110v Panaitios
163v rot Essener-Bewegung
53v–19v Tibull
31n–99n Musonius Rufus
86n–161n Antoninus Pius
153n blau Frieden Ziel der Politik
590n–648n Harsa
945n blau Isländisches Gedicht
1255n–1311n Pierre Dubois
1283n blau Völkerbund gefordert
1465n–1536n Erasmus von Rotterdam
1539n blau Lehre der Mennoniten
1588n–1679n Hobbes
1647n rot Quäker-Bewegung
1707n blau Castel: Ewiger Friede
1724n–1804n Kant
1795n blau Kant: Ewiger Friede
1889n blau Bertha Suttners Werk
1892n rot Friedensgesellschaft
1914n rot Liebknecht Kriegsgegner
1915n rot Zimmerwalder Konferenz
1920n rot Gründung des Völkerbundes
1928n rot Kellogg-Pakt
1945n rot Gründung der UN
1947n blau Picasso: 'Friedenstaube'

ABSTAMMUNG DES MENSCHEN

Vorzeittafel: 2 Milliarden Jahre
Vorzeittafel: 1 Milliarde Jahre
Vorzeittafel: 500 Millionen Jahre
Vorzeittafel: 400 Millionen Jahre
Vorzeittafel: 300 Millionen Jahre
Vorzeittafel: 250 Millionen Jahre
Vorzeittafel: 200 Millionen Jahre
Vorzeittafel: 100 Millionen Jahre
Vorzeittafel: 20 Millionen Jahre
Vorzeittafel: 2 Millionen Jahre

ABSTAMMUNGSLEHRE (Deszendenztheorie), Lehre von der natürlichen Entstehung der Lebewesen, ihrer grundsätzlichen Verwandtschaft, ihrer Entwicklung und ihrer Veränderlichkeit.

610v–546v Anaximander
566v grün Abstammung des Menschen
128n grün Skelettfunde in Dalmatien
1651n grün Harvey: Urzeugung
1786n grün Buffon: Naturgeschichte
1790n grün Goethe: 'Metamorphose'
1809n grün Theorie Lamarcks
1809n–1882n Darwin
1856n grün Neandertal-Fund
1859n grün Darwin: Ursprung der Arten
1863n grün Th. Huxleys Lehre
1868n grün Cromagnon-Fund
1868n grün Haeckel: Schöpfung
1871n grün Darwin: Abstammung
1902n grün Vries: Mutation
1936n grün Spemanns Theorie
1943n grün J. Huxley: Evolution

ABSTINENZ, von dem lateinischen Worte 'abstinentia' (= 'Enthaltsamkeit') abgeleitete Bezeichnung für die Zurückhaltung von giftigen Genußmitteln (Alkohol, Opium, Tabak).

623n grün Mohammed: Weinverbot
809n rot Bulgaren: Alkoholverbot
1920n rot Alkoholverbot in USA

ABSTRAKTE KUNST, von dem lateinischen Worte 'abstrahere' (= 'wegnehmen') abgeleitete Bezeichnung für eine Kunstform, die sich von der gegenständlichen Darstellung der Wirklichkeit gelöst hat, um die gefühlsmäßigen und gedanklichen Hintergründe zum Ausdruck zu bringen. Führt in den auf Anschauung beruhenden Künsten (Malerei, Graphik, Plastik, Architektur) zum Ornamentalen oder zur Abkehr von den aus der Betrachtung der Wirklichkeit im Menschen angelegten Maßstäben. In diesem Sinne wird das Wort auch zur Kennzeichnung von Werken benutzt, die einer bereits ihrem Wesen nach abstrakten Kunst (Musik) zugehören.

2617v blau Aufkommen in Sumer
2175v blau Aufkommen auf Kykladen
104n blau Ablösung in Indien
1907n blau Picasso: 'Mädchen'
1911n blau Klee: 'Held mit Flügel'
1913n blau 'Turm der blauen Pferde'
1937n blau Moore: 'Liegende'
1951n blau Pollock: 'Bild 9'

ABU BEKR, Herrscher Arabiens von 633n bis 634n.

570n–634n Lebenslinie
570n–632n Mohammed
632n blau Lehren Mohammeds
633n/732n Arabischer Krieg

ABU DULAF (um 960n–um 1020n), arabischer Dichter aus Buchara (Usbekistan). Begleitete einen fremden Fürsten über Tibet in dessen indische Heimat. Den Rückweg nahm er über Afghanistan und schrieb für seinen an erdkundlichen Studien interessierten Minister Al Gaihani über diese Reise einen ausführlichen Bericht.

999n grün Reisebericht

ABU GORAB, Name einer Tempelanlage des ägyptischen Königs Ni-User-Re in Abydos, 10 Kilometer südlich von Kairo (Nord-Ägypten). Zu Ehren des Sonnengottes errichtet, ist sie in Gängen und Kammern mit Bildern der belebten und unbelebten Natur geschmückt. Hier findet sich auf einem Relief die erste Darstellung einer Getreide-Ernte sowie das erste reine Landschaftsbild.

2430v blau Relief

ABU HANIFA, arabischer Rechtsschöpfer

699n–767n Lebenslinie
748n blau Grundlagen des Rechts

ABU HUNAIN, arabischer Sprachgelehrter, Philosoph, Naturforscher und Arzt.

806n–873n Lebenslinie
844n blau Plato-Übersetzung
849n blau Aristoteles-Übersetzung
860n grün Medizin-Werke übersetzt
869n blau Bibel-Übersetzung

ABU KASIM, arabischer Mediziner aus Zahra (Spanien).

936n–1013n Lebenslinie
966n grün Sektion
973n grün Vivisektion
989n grün Kauterisation
993n grün 'Chirurgie'
1114n–1187n Gerhard von Toledo
1176n grün 'Chirurgie' lateinisch
1197n grün 'Gegengifte' lateinisch

ABU MASCHAR, arabischer Astronom und Sterndeuter persischer Herkunft.

805n–885n Lebenslinie
856n grün Sterndeutung
876n grün 'Gestirns-Konjunktionen'
1125n grün Lateinische Übersetzung

ABU NUWAS, arabischer Dichter.

756n–810n Lebenslinie
797n blau Lieder

ABU SAID (967n–1049n), arabischer Schriftsteller. Von Al Hariri in freier Gestaltung zum Helden seiner Dichtung 'Die Abenteuer des Abu Said' gemacht: Ein liebenswürdiger Gauner, bedenkenlos und einfallsreich, ein respektloser Halunke ohne jede Beziehung zur Moral, dabei immer sympathisch, humorvoll und beliebt.

1054n–1122n Al Hariri
1108n blau 'Abenteuer'

ABU SIMBEL, Stadt in Südägypten nahe der Grenze des Sudan zwischen den ersten beiden Stromschnellen des Nil. In den Felsen am westlichen Nilufer ließ der Ägypterkönig Ramses II. vor mehr als 3000 Jahren zwei Tempel hauen, die sich bis in unsere Zeit erhalten haben. Da sie nach Fertigstellung des Assuan-Staudammes vom Wasser überspült worden wären, wurden sie an einen geschützten, höhergelegenen Ort verlegt. Auch wurden dabei die vier Riesenstatuen von 20 Meter Höhe in kleine Teile zerlegt und nach dem Transport wieder zusammengesetzt.

1326v–1234v Ramses II.
1291v blau Tempel
1274v blau Statuen
1271v blau Halle
1965n blau Tempel-Verlegung

ABUL ABBAS, arabischer Herrscher ('Kalif') von 749n bis 754n.

723n–754n Lebenslinie
712n–775n Al Mansur
745n/750n Arabischer Bürgerkrieg
750n rot Abbassiden-Dynastie

ABUL FARADSCH (1226n–1286n), arabischer Schriftsteller. Floh aus seiner armenischen Heimat vor den Mongolen und ließ sich in Syrien (Vorderasien) nieder. Nach Studien der Medizin und der Philosophie in Tripolis (Nordafrika) schrieb er eine Geschichte Syriens unter Einbeziehung der ihm bekannten Welt von Adam bis auf seine Zeit.

1267n blau Geschichte Syriens

ABUL FEDA (1273n–1331n), arabischer Staatsmann, Geschichtsschreiber und Geograph aus Damaskus (Syrien). Verteidigte die syrische Stadt Hama gegen Kreuzfahrer wie Mongolen und wurde als Vasall Ägyptens zum Sultan ernannt. Schrieb eine Weltgeschichte von der Erschaffung der Erde bis auf seine Zeit und bezog in die Darstellung auch die ihm bekannten außerarabischen Völker ein. Verfaßte eine allgemeine Länderkunde mit Angaben der geographischen Länge und Breite.

1321n grün Berechnungen
1331n blau Weltgeschichte

ABUL FIRNAS (um 820n–um 880n), arabischer Arzt, Mechaniker und Philosoph in Spanien. Wegen seiner umfassenden Gelehrsamkeit 'Der Weise von Andalusien' genannt. Baute eine mit Stoff und Federn bespannte Flugmaschine und sprang damit von einer Anhöhe herab. Es gelang ihm mehrmals, sich schwebend in der Luft zu halten, doch verunglückte er nach einer Verbesserung seines Fluggerätes.

880n grün Gleitflug

ABUL WAFA (940n–998n), arabischer Mathematiker. Bereicherte die Dreiecksrechnung und systematisierte sie in seinem Lehrbuch über geometrische Konstruktionen. Schrieb Kommentare zu den Büchern der griechischen Mathematiker Euklid und Diophant sowie des Arabers Al Karismi.

980n grün Geometrie

ABUSIR, Dorf auf dem westlichen Nilufer, 10 Kilometer südlich von Kairo (Ägypten). Hier errichteten vor mehr als viertausend Jahren die ägyptischen Könige Sahu-Re, Nefer-Re und Ni-User-Re ihrer Pyramiden und Totentempel.

2512 v–2458 v Sahu-Re
2496 v–2448 v Nefer-Re
2463 v–2403 v Ni-User-Re
2462 v blau Säulensaal
2431 v blau Tempel
2419 v blau Reliefbild
2411 v blau Pyramide

ABYDOS, Stadt im alten Ägypten. In der Mitte des Landes am Westrande des Niltals gelegen, wurde sie früh zum Zankapfel zwischen dem Nordreich (Unterägypten) und dem Südreich (Oberägypten). Die meisten Könige der beiden ersten Dynastien bauten hier ihre Gräber und machten auf diese Weise den Ort zu einem Zentrum des Totenkults und damit der Religion. Ein Mittelpunkt der ägyptischen Baukunst.

2966 v blau Entstehung
2727 v–2672 v Per-Ib-Sen
2697 v–2650 v Ka-Sechemui
2230 v–2158 v Achtos I.
2164 v braun Vorstoß des Nordreiches
2087 v braun Vorstoß des Südreiches
2087 v rot Besetzung durch Theben
2079 v rot Wieder zum Nordreich
1986 v–1915 v Chen
1857 v–1803 v Sehet
1567 v blau Gedächtnis-Kapelle
1391 v blau Gemälde 'Pilgerfahrt'
1345 v–1301 v Sethos I.
1314 v blau Königsliste
1308 v blau Tempel
1298 v blau Gemälde 'Kniender Pharao'
1257 v blau Gemälde des Nilgottes

ACADÉMIE FRANÇAISE, Name einer französischen Gelehrten-Vereinigung, die 1629 n als privater Zusammenschluß zur Pflege und Förderung der französischen Sprache entstand und 6 Jahre später auf Vorschlag Richelieus vom französischen König zur öffentlichen Anstalt erhoben wurde. Sie bestand zunächst aus 12 Mitgliedern, ihre Mitgliederzahl erhöhte sich aber im Laufe der Zeit auf 40. Seit 1795 n ist sie als Klasse für Sprache und Literatur dem 'Institut de France' eingegliedert. Sie verleiht Literaturpreise.

1585 n–1642 n Richelieu
1635 n blau Gründung
1694 n blau Wörterbuch

A CAPPELLA, Bezeichnung für Gesangsstücke ohne Orchesterbegleitung. Das italienische Wort ('im Kapellen-Stil') deutet darauf hin, daß dieser mehrstimmige Gesang des 16. und 17. Jahrhunderts der Klangfülle des Orchesters gleichkam.

1525 n–1594 n Palestrina
1585 n blau Palestrinas Werke

ACCADEMIA DELLA CRUSCA, Name einer italienischen Gelehrten-Vereinigung. Entstand durch den privaten Zusammenschluß von fünf Sprachforschern und war zunächst nur auf gesellige literarische Unterhaltung gerichtet. Später machte sie es sich zur Aufgabe, aus der italienischen Volkssprache eine Schriftsprache 'herauszusieben'. In Anlehnung an das Durchsieben des gemahlenen Getreides, bei dem das Mehl durchfällt, die größeren und festeren Bestandteile aber als 'Kleie' zurückbleiben, gab sie sich den Namen 'Accademia della Crusca' ('Crusca' = 'Kleie'). Seit 1591 n arbeitete die Gesellschaft an einem Wörterbuch, das 1612 n abgeschlossen wurde.

1582 n blau Gründung

ACHÄER, griechischer Stamm, der vor fast 4000 Jahren in Griechenland einwanderte und sich im nördlichsten und südlichsten Teile Griechenlands (Thessalien und Peloponnes) niederließ. Bei Homer Name für die Gesamtheit aller Griechen.

1404 v grün Kaufleute auf Zypern
1323 v blau 'Schatzhaus' in Mykene
1311 v grün Mauer um Mykene
1309 v blau Löwentor in Mykene
1297 v–1218 v Tud-Halia IV.
1241 v–1184 v Priamos
1232 v–1183 v Agamemnon
1228 v braun Kämpfe mit Hettitern
1193 v/1184 v Trojanischer Krieg
1151 v braun Vordringen der Dorer
1150 v rot Siedlung in Kleinasien

ACHÄISCHER BUND, Vereinigung griechischer Städte. Umfaßte eine größere Anzahl von Stadtstaaten im Norden der südgriechischen Halbinsel Peloponnes (Achaia). Entstand zu Beginn des 4. Jahrhunderts vor der Zeitwende, dehnte sich von seinem Zentrum Aigion bald bis Sikyon und Korinth aus, griff schließlich über den Golf von Korinth herüber und schloß dort lange die Städte Kalydon und Naupaktos ein. Alle dem Bunde zugehörigen Städte hatten ein gemeinsames Bürgerrecht und angemessenen Anteil an der Gesamt-Regierung des Bundes. Lange Zeit mit Sparta verbündet, richtete sich seine Politik bis zum Jahre 224 v auf die Abwehr des mazedonischen Einflusses. Dann schloß er ein Bündnis mit Mazedonien und unterstützte dessen Kampf gegen Sparta und gegen Rom. Im zweiten Mazedonischen Krieg trat er 198 v auf die Seite Roms und trug dadurch zur Niederlage Mazedoniens bei. Der Versuch zur Erhaltung seiner Unabhängigkeit führte im Jahre 146 n zur völligen Unterwerfung durch Rom. Die Umwandlung des Landes in eine römische Provinz war zugleich das Ende des Bundes.

200 v/197 v 2. Mazedonischer Krieg
198 v rot Bündnis mit Rom
146 v rot Römische Herrschaft

ACHÄMENIDEN, Name einer persischen Herrscherfamilie, die um 700 v ihre Macht begründete und bis zur Ermordung des vor Alexander dem Großen geflohenen König Dareios III. regierte (330 v). Benannt nach ihrem sagenhaften Stammvater Achämenes.

599 v–529 v Kyros
595 v–525 v Krösus
565 v–522 v Kambyses
559 v rot Kyros' Thronbesteigung
553 v/550 v Persischer Freiheitskam
552 v rot Persien unabhängig
550 v rot Medien persisch
550 v–486 v Dareios I.
547 v rot Feindkoalition
546 v braun Sieg über Lydien
546 v rot Lydien persische Provinz
543 v braun Sieg über Griechenstädte
543 v rot Griechenstädte persisch
539 v braun Sieg über Babylon
539 v rot Einverleibung Babylons
539 v rot Persien Vormacht
538 v rot Kyros Großkönig
537 v rot Auszug der Juden
530 v–472 v Aristides
525 v braun Besiegung Ägyptens
525 v rot Einverleibung Ägyptens
525 v rot Ägypten Provinz
525 v–459 v Themistokles
522 v rot Staatsreligion
521 v/519 v Indien-Feldzug
520 v grün Steuererhebung
520 v–465 v Xerxes
519 v rot Gebiete Indiens persisch
519 v grün Indischer Tribut
519 v–480 v Leonidas
518 v grün Straßenbau
517 v blau Gründung von Persepolis
516 v rot Zensurbehörde
510 v grün Münzprägung
499 v rot Gegenbündnis
499 v/494 v Ionischer Aufstand
498 v blau Taten des Dareios
491 v rot Widerstand Spartas, Athens
490 v grün Kanal Nil-Rotes Meer
490 v/449 v Krieg gegen Griechenland
490 v rot Rückschlag (Marathon)
485 v/484 v Aufstände
484 v–424 v Artaxerxes
483 v grün Athos-Kanal
481 v rot Hellenischer Bund
481 v rot Pakt mit Karthago
480 v grün Schiffsbrücke
479 v rot Angebot an Athen
478 v rot Tempel Babylons zerstört
477 v rot Gegenbund Athens
465 v rot Feindkoalition verstärkt
465 v braun Baktrischer Aufstand
464 v rot Verschenkung Magnesias
456 v–404 v Alkibiades
455 v/454 v Ägyptischer Aufstand
455 v rot Hilfe Athens für Ägypten
448 v braun Syrischer Aufstand
448 v rot Friede mit Athen
448 v grün Handel mit Griechenland
433 v blau Hellanikos' Geschichte
431 v/404 v Peloponnesischer Krieg
430 v–353 v Xenophon
413 v rot Bund mit Sparta
405 v grün Finanzhilfe für Sparta
396 v grün Hilfsgelder an Griechen
395 v/386 v Korinthischer Krieg
393 v blau Ktesias' Geschichte
387 v rot Parteinahme für Sparta
382 v–336 v Philipp II.
373 v blau Kriegsschilderung
370 v blau Xenophons Fürstenspiegel
368 v rot Unterstützung Thebens
356 v–323 v Alexander der Große
351 v/348 v Aufstand der Westprovinzen
342 v rot Pakt mit Mazedonien
337 v rot Griechen: Kriegsentscheid
334 v/325 v Alexanderzug
332 v rot Gebietsverlust
330 v rot Herrschaftsende

ACHARD, Franz Karl (1753 n–1821 n), deutscher Chemiker und Physiker. Schüler des Chemikers Marggraf, der den Zuckergehalt der Rübe erkannt hatte. Entwickelte ein Verfahren zur industriellen Zuckergewinnung aus der Runkelrübe. Nachdem seine Bitte um Unterstützung seiner Arbeiten vom Preußen-König zunächst abgeschlagen worden war, gewährte ihm Friedrich Wilhelm III. später ein Darlehen von 50 000 Talern. Damit kaufte er das Gut Kunern in Schlesien und errichtete dort die erste Fabrik zur Gewinnung von Rübenzucker. Sie wurde in den Napoleonischen Kriegen zerstört, aber seit 1810 n als Lehranstalt wieder aufgebaut, nachdem sich seine Methode der Zucker-Herstellung durchgesetzt hatte.

1802 n grün Zuckerfabrik

ACHARYA, Madhava (um 1315 n–um 1395 n), indischer Philosoph. Als Abt des Hindu-Klosters Sringeri (Süd-Indien) untersuchte er kritisch die 16 wichtigsten Richtungen des Brahmanismus, der neben den alten Volksreligionen (Veden) die geistige Grundlage des Hinduismus bildet. Mit dieser systematischen Zusammenstellung schuf er zugleich die umfassendste Darstellung der mit dem Brahmanismus verwobenen indischen Philosophie.

1380 n blau Brahmanismus-Kommentar

ACHAT, Halbedelstein aus Quarz, benannt nach dem Fluß Achates auf Sizilien, an dessen Ufern er früh in besonderer Güte gewonnen wurde.

1412 v blau Ägyptische Schmuckkette

ACHIJAWA, Bezeichnung der Hettiter für die Angehörigen eines griechischen Volksstammes (Achäer), der im südwestlichen Kleinasien vor 3300 Jahren ein eigenes Reich gegründet hatte und vergeblich versuchte, sich auf Kosten des Hettiterreiches auszudehnen.

1404 v grün Kaufleute auf Zypern
1323 v blau 'Schatzhaus' in Mykene
1311 v grün Mauer um Mykene
1309 v grün Löwentor in Mykene
1297 v–1218 v Tud-Halia IV.
1241 v–1184 v Priamos
1232 v–1183 v Agamemnon
1228 v braun Kämpfe mit Hettitern
1193 v/1184 v Trojanischer Krieg
1151 v braun Vordringen der Dorer
1150 v rot Siedlung in Kleinasien

ACHILL, Gestalt aus der griechischen Heldensage. In der Dichtung Homers über den Trojanischen Krieg (Ilias) der tapferste und edelste Kämpfer der Griechen. Sieger über Hektor, den Sohn des Königs Priamos von Troja. Die spätere Sage machte ihn zu einem Enkel des Zeus, den seine Mutter, die Meergöttin Thetis, unverwundbar und damit unsterblich gemacht habe. An der Ferse hatte er aber eine verletzliche Stelle. Konnte nur von einem Feind unter den Göttern überwunden werden. Apoll tötete ihn, als er um die Tochter des Priamos warb. In Sparta und anderen Städten Süd-Griechenlands (Peloponnes) wurde er göttlich verehrt.

809 v–724 v Homer
748 v blau 'Ilias'

ACHMED-MOSCHEE, Name einer islamischen Kirche (Moschee) in Konstantinopel. Benannt nach dem türkischen Sultan Achmed I., der sie von dem Architekten Agha als Kuppelbau mit sechs Türmen (Minaretten) erbauen ließ.

1615 n blau Fertigstellung

ACHMES (um 1585 v–um 1540 v), ägyptische Königin, Schwester und Ehefrau des Hyksosbesiegers Amosis, dem sie ihr ererbtes Priesteramt ('Gottesweib') verkaufte. Dadurch erhöhte sie ihr Privatvermögen beträchtlich.

1559 v grün Verkauf des Priesteramtes

ACHSDREHUNG DER ERDE, Bezeichnung für die rotierende Bewegung der Erde um eine durch Nord- und Südpol gedachte Achse. Ihre Erkenntnis entstand auf der Grundlage genauer Sternbeobachtung und mathematischer Berechnungen und begründete das Wissen von der Stellung der Erde im Weltall. Setzte die Erkenntnis voraus, daß die vom Menschen wahrgenommene Himmelsbewegung eine scheinbare ist, und konnte daher nur von vorurteilsfreien wissenschaftlichen Denkern erarbeitet werden. Im Ringen um ein wirklichkeitsgetreues Bild der Welt stellte diese Einsicht den entscheidenden Durchbruch dar. Entzog allen früheren Welt-Vorstellungen den Boden. Insbesondere widerlegte sie das biblische Weltbild und wurde deshalb nach Errichtung der christlichen Macht über Europa noch einmal für ein Jahrtausend geleugnet. Mit dem endgültigen Sieg des auf ihrer Erkenntnis beruhenden wissenschaftlichen Weltbildes brach sich vor 500 Jahren naturgesetzliches Denken unwiderruflich Bahn.

390 v–310 v Herakleides
382 v grün Aufkommen der Lehre
344 v grün Lehre des Herakleides
316 v–250 v Aristarch
258 v grün Lehre Aristarchs
196 v–125 v Hipparch
64 v–20 n Strabo
5 n grün Leugnung
476 n–535 n Arjabatta
512 n grün Lehre Arjabattas
1434 n grün Lehre Nikolaus' von Kues
1473 n–1543 n Kopernikus
1528 n grün Kopernikus' Lehre
1564 n–1642 n Galilei
1616 n rot Verfolgung der Lehre
1633 n rot Widerruf Galileis

ACHTOS I., ägyptischer König.

2230 v–2158 v Lebenslinie
2193 v–2135 v Achtos II.
2169 v rot Einigung Unterägyptens
2164 v braun Vorstoß nach Süden

ACHTOS II., ägyptischer König.

2193 v–2135 v Lebenslinie
2185 v–2123 v Chun-Anup
2135 v blau 'Klage eines Bauern'

ACHTOS III., ägyptischer König.

2138 v–2063 v Lebenslinie
2162 v–2081 v Antef
2115 v grün Ackerbauer-Städte
2112 v braun Vorstoß Thebens
2102 v–2040 v Meri-Kare
2087 v braun Schlacht bei Abydos
2087 v rot Thinis an Theben
2079 v braun Vorstoß nach Theben
2079 v rot Thinis wiedergewonnen
2069 v blau Lehrbuch der Herrschaft

ACHTSTUNDENTAG. Nachdem Thomas More 1516 n in seinem kommunistischen Staatsroman eine tägliche Arbeitszeit von 6 Stunden vorgeschlagen hatte, entwarf Campanella 100 Jahre später eine Gesellschaft mit vierstündigem Arbeitstag (Sonnenstaat). Von Robert Owen wurde 1812 n die achtstündige Arbeitszeit als politische Forderung erhoben. Die tatsächliche Arbeitsdauer betrug damals noch 12–16 Stunden täglich. 1856 n prägten die englischen Gewerkschaften das Kampfmotto '8 Stunden Arbeit, 8 Stunden Erholung, 8 Stunden Schlaf'. Auch die Arbeiter der USA forderten seit dem Kongreß von Baltimore (1866 n) den Achtstundentag und kämpften seit 1883 n am 1. Mai jedes Jahres dafür. 1889 n wurde von der sozialistischen Internationale der 1. Mai zum Kampftag für den Achtstundentag erklärt. Nachdem er in der ersten Hälfte des 20. Jahrhunderts von fast allen hochindustrialisierten Ländern eingeführt worden war, machte der Kampf um seine Verwirklichung anderen sozialen Zielen Platz. Der Erfolg des Ringens um seine Einführung stärkte das Selbstbewußtsein der Arbeiterklasse.

1516 n blau More: Sechsstundentag
1602 n blau Campanella: Vierstundentag
1812 n blau Owen: Achtstundentag
1877 n rot Generalstreik in USA
1889 n rot 1. Mai Kampftag

ACKERBAU

Vorzeittafel: 10 Tausend Jahre
Vorzeittafel: Schlußbalken (5000 Jahre)
2940 v grün Holzpflug in Sumer
2933 v grün Bewässerung in Sumer
2933 v–2868 v Skorpion
2929 v grün Baumwollanbau in Indien
2915 v–2852 v Melam
2884 v grün Bewässerung in Ägypten
2803 v–2758 v Adjib
2697 v–2628 v Huang-Ti
2663 v grün Flachsanbau in Sumer
2645 v grün Drainage in Sumer
2596 v–2515 v Ur-Nan-Sche
2545 v–2478 v Mes-Anni-Padda
2492 v blau 'Flachsernte auf dem Gute'
2463 v–2403 v Ni-User-Re
2452 v–2377 v Ti
2403 v blau Relief: Ackerbau-Göttin
2332 v blau 'Kornernte bei Musik'
2317 v blau 'Bauern bei der Ernte'
2300 v blau Relief einer Flachsernte
2223 v grün Rhabarber in China
2193 v–2135 v Achtos II.
2138 v–2063 v Achtos III.
2115 v grün Ackerbauer-Städte, Ägypten
2097 v grün Reisanbau in China
2093 v–2030 v Ur-Nammu
2075 v blau 'Bauer hinterm Pflug'
2060 v–1983 v Schul-Gi
2025 v grün Plantagen in Lagasch
1865 v–1792 v Amen-Em-Het III.
1832 v grün Trockenlegung Fayums
1742 v blau Bild eines Erntefestes
1691 v grün Bewässerungskanal
1437 v blau 'Bauer bei Feldarbeit'
1421 v blau 'Vermessung eines Ackers'
1325 v grün Maisanbau in Amerika
1180 v blau 'Paar bei Feldbestellung'
1089 v grün Plantagen in Mesopotamien
992 v–933 v Salomo
785 v grün Futtermittel Luzerne
767 v grün Eisenbeschlagene Pflüge
758 v–671 v Bajin
753 v–680 v Hesiod
692 v grün Bewässerung in Assyrien
687 v grün Baumwolle in Mesopotamien
624 v–561 v Nebukadnezar II.
602 v–527 v Peisistratos
299 v grün Eisenpflug in Europa
278 v blau 'Bauern bei der Ernte'
268 v blau Theokrit: 'Thalysia'
234 v–149 v Kato der Ältere
162 v grün Plantagensystem in Rom
158 v grün Werk des Kato
145 v grün Mago-Übersetzung
70 v–19 v Vergil
29 v grün Werk des Vergil
3 v–64 n Aulus Celsus
30 n grün Karrenpflug bei Römern
48 n–118 n Tsai-Lun
61 n grün Werk des Columella
192 n grün Ausbau der Bodennutzung
736 n grün Hopfenanbau in Bayern
750 n grün Zuckerrohr in Ägypten
761 n grün Zuckerrohr in Spanien
782 n grün Bewässerung in Spanien
831 n grün Baumwollanbau in Europa
871 n–926 n Apaoki
890 n–961 n Abdar Rachman III.
1209 n grün Entsumpfung der Picardie
1264 n grün Ackerbau bei Mongolen
1548 n grün Kartoffel nach Europa
1644 n grün Zuckerrohr nach Amerika
1686 n grün Kaffee-Plantagen, Java
1710 n grün Kaffee in Amerika
1758 n grün Physiokratismus
1789 n grün Pflüge aus Gußeisen
1793 n grün Baumwolle-Erntemaschine
1812 n grün Thaers Bodenlehre
1832 n grün Dampfpflug
1834 n grün Getreidemähmaschine
1839 n grün Künstliche Düngung
1899 n grün Stickstoffdünger
1925 n grün Zuidersee-Trockenlegung
1939 n grün Pflanzenschutz (DDT)

ACKERMANN, 'Der Ackermann aus Böhmen', deutsche Dichtung des Johannes von Saaz. Behandelt in Form eines Gespräches zwischen Bauer und Tod die Sinnlosigkeit des Sterbens.

1400 n blau Entstehung

ACOLHUA, Aztekenvolk in Mittelamerika. Schuf die Hochkultur von Tezcuco (Mexico).

1408 n–1472 n Nezalhual
1431 n rot Bündnispolitik
1431 n blau Palast von Tezcuco
1436 n blau Bibliothek
1437 n rot Geschichtsfälscher-Strafe

ADAB, Stadt in Sumer (Südmesopotamien). Etwa 100 Kilometer von der Küste des Persischen Golfes entfernt zwischen Euphrat und Tigris am Eintritt der Flüsse in ihr gemeinsames Delta gelegen, beherrschte sie vor fast 5000 Jahren zeitweise große Teile des südlichen Zwischenstromlandes.

2890 v blau Gründung
2567 v blau Königsstatue
2231 v blau Porträtbüste
2190 v–2141 v Inki-Schu

ADAD, Name des vorderasiatischen Wettergottes, der später auch als Gott des Blitzes und schließlich als Sonnengott verehrt wurde in Syrien, Palästina und Mesopotamien. Sein Kult ging bei den Griechen teilweise in den Zeus-Kult ein, der bei den Römern zum Jupiter-Kult wurde.

1100 v blau Assyrischer Tempel
824 v blau Relief

ADADA, König von Babylonien.

1098 v–1046 v Lebenslinie
1068 v braun Eroberung Babylons
1068 v rot König von Babylon
1050 v grün Buchstabenschrift

ADADNIRARI II., König von Assyrien von 911 v bis 890 v.

943 v–890 v Lebenslinie
904 v braun Sieg über Babylon
904 v rot Heiratspolitik
904 v rot Vertrag mit Babylon
894 v braun Sieg über Aramäer
894 v rot Erweiterung des Stadtstaates

ADADNIRARI III., König von Assyrien von 805 v bis 782 v.

824 v–782 v Lebenslinie
843 v–782 v Semiramis
787 v blau Nabu-Tempel

ADALBERT von Bremen, deutscher Priester.

1001 n–1072 n Lebenslinie
1050 n–1106 n Heinrich IV.
1060 n rot Slawen-Christianisierung
1063 n rot Erzieher Heinrichs IV.

ADAM, nach biblischer Sage der erste Mensch, von Gott aus Erde gemacht. Die auf ältere mesopotamische Quellen zurückgehende jüdische und christliche Vorstellung sah in ihm den Stammvater der Menschheit. Zusammen mit seiner Frau Eva beliebter Gegenstand künstlerischer Darstellungen, insbesondere bei der Ausschmückung christlicher Kirchen. Klassisches Motiv christlicher Malerei wurde seine Verführung durch Eva ('Der Sündenfall').

1354 v blau Mesopotamische Geschichte
1200 n blau Bild des 'Sündenfalles'
1267 n blau Arabische Vorstellung
1390 n–1441 n Jan van Eyck
1432 n blau Genter Altar
1452 n blau Relief Ghibertis
1491 n blau Riemenschneiders Plastik
1512 n blau Michelangelos Fresko
1589 n blau Tintorettos Gemälde

ADAM de la Halle, französischer Dichter und Tonsetzer.

1238 n–1286 n Lebenslinie
1271 n blau Singspiel
1281 n blau Lieder

ADAM von Bremen, deutscher Geschichtsschreiber.

1017 n–1088 n Lebenslinie
1076 n blau Geschichte Nordeuropas

ADAMS, William G. (1836 n–1915 n), englischer Physiker. Als jüngster Sohn eines Bauern wurde er Mathematiklehrer, dann Dozent und Universitätsprofessor für Physik. Wurde Nachfolger des berühmtesten Physikers seiner Zeit (Maxwell) und hatte dessen Lehrstuhl 40 Jahre inne. Zusammen mit seinem Schüler Day erforschte er die Einwirkung von Licht auf Selen und baute mit ihm das erste Photoelement. Durch Entwicklung von Methoden zur Messung der Leit-Fähigkeit des Dynamos sowie durch eine Anleitung zur Verwendung von Wechselstrom-Dynamos als Motoren förderte er die Entwicklung der Elektrizität. Veröffentlichte mehrere Arbeiten über Erd-Magnetismus.

1876 n grün Photoelement

ADAPA, nach babylonischer Sage der erste Mensch. Sohn des Gottes Enki. Lebte als Priester seines Gott-Vaters in der Stadt Eridu (Süd-Mesopotamien). Als er sich wegen einer Missetat vor dem obersten Gott Anu verantworten mußte, verweigerte er auf Anraten seines Vaters die Annahme von Lebenswasser und Lebensbrot. Dadurch wurde er sterblich und fiel aus seinem göttlichen Dasein ins menschliche Leben.

1354 v blau Entstehung der Sage

ADEL, Adelsherrschaft und ihre Überwindung

2439 v rot Nachfolge-Regelung
2382 v–2320 v Teti
2343 v rot Gaufürstentum erblich
2297 v–2197 v Pepi II.
2288 v–2206 v Schun
2281 v rot Unabhängigkeit der Fürsten
2240 v–2172 v Aba
2197 v/2196 v Volksaufstand in Ägypten
2196 v rot Volksherrschaft
2172 v braun Adelserhebung in Ägypten
2172 v rot Wiederherstellung des Adels
2123 v braun Aufstand von Lehnsfürsten
2123 v rot Fürstenrechte eingeschränkt
2025 v–1953 v Knum-Hotep
2002 v–1928 v Sesostris I.
1932 v–1878 v Sesostris II.
1904 v–1841 v Sesostris III.
1637 v–1579 v La-Barna
1575 v–1509 v I-Yin
1572 v–1504 v Agum
1559 v–1494 v Tang
1525 v braun Adelserhebung in China
1525 v grün Lehen in Mesopotamien
1518 v–1455 v Tele-Pinu
1497 v–1435 v Sausa-Tar
1478 v rot Verfassung der Hettiter
1438 v–1368 v Ra-Mosis
1413 v–1346 v Suppi-Luli-Uma
1379 v rot Stärkung der Zentralgewalt
1108 v–1044 v Wu
1047 v braun Adelserhebung in China
985 v–907 v Mu-Wang
849 v–782 v Hsian-Wang
826 v grün Landbesitz in Sparta
820 v rot Klassenspaltung in Sparta
819 v rot Machtgewinn in Sparta
811 v–757 v Siang-Tschin
792 v–720 v Ping-Lo
784 v–720 v Tef-Nacht
771 v rot Belehnung Tschins
733 v–645 v Kuan-Tse
713 v rot Adelsherrschaft in Athen
698 v rot China Fürstenbund
693 v–609 v Psammetich I.
686 v–613 v Tyrtaios
685 v rot Präsidentenwahl in China
659 v–601 v Drakon
640 v–559 v Solon
639 v–562 v Alkaios
636 v–564 v Äsop
602 v–527 v Peisistratos
593 v rot Vorrechte in Athen
572 v–485 v Kleisthenes
525 v–459 v Themistokles
507 v rot Demokratisierung in Athen
464 v/459 v 3. Messenischer Krieg
461 v rot Machtverlust in Athen
460 v rot Adelszentrum verbrannt
431 v/404 v Peloponnesischer Krieg
427 v braun Volksaufstand auf Korfu
427 v rot Entmachtung auf Korfu
411 v braun Adelserhebung in Athen
384 v rot Ermordung des Manlius
382 v/362 v Thebanischer Krieg
248 v–195 v Han-Kautsu
203 v–157 v Wen-Ti
196 v rot Entmachtung in China
179 v rot Lehnswesen verhindert
163 v–133 v Tiberius Gracchus
154 v–121 v Gajus Gracchus
138 v–78 v Sulla
114 v–53 v Krassus
108 v–62 v Katilina
106 v–48 v Pompejus
89 v/82 v Erster Bürgerkrieg Roms
180 n–239 n Ardaschir
217 n–276 n Mani
220 n braun Bauernaufstand in China
238 n rot Entmachtung in Rom
243 n–316 n Diokletian
470 n–531 n Kobad
476 n–531 n Masdak
504 n–570 n Gildas der Weise
531 n rot Niederlage Masdaks
606 n–652 n Rothari
614 n rot Vorrechte im Frankenreich
635 n–714 n Pippin der Mittlere
688 n–741 n Karl Martell
722 n grün Lehen der Franken
841 n braun Aufstand Ausgebeuteter
850 n–932 n Harald Schönhaar
877 n grün Frankreich: Lehen erblich
877 n–936 n Heinrich I.
878 n–931 n Rollo
890 n–961 n Abdar Rachman III.
911 n rot Normandie als Lehen
912 n–973 n Otto I., der Große
914 n–961 n Bogomil
932 n braun Adelserhebung in Spanien
932 n rot Entmachtung in Spanien
933 n rot Bauern Norwegens frei
948 n braun Volksaufstand
1002 n–1066 n Eduard der Bekenner
1012 n rot Adelsbündnis gegen König
1013 n braun Adelsaufstand in England
1016 n braun Thronkämpfe in England
1027 n–1087 n Wilhelm I., der Eroberer
1028 n braun Adelsaufstand in Norwegen
1031 n braun Adelserhebung in Cordoba
1037 n grün Deutschland: Lehen erblich
1041 n braun Volkserhebung in Mailand
1041 n grün Mailand: Lehen erblich
1059 n braun Volkserhebung in Mailand
1068 n braun Russische Volkserhebung
1073 n/1075 n Bauernaufstand in Sachsen
1081 n–1125 n Heinrich V.
1097 n grün Rußland: Lehen erblich
1122 n–1190 n Friedrich I. Barbarossa
1142 n/1155 n Bürgeraufstand in Rom
1152 n–1246 n Peire Cardinal
1165 n–1197 n Heinrich VI.
1173 n–1239 n Hermann von Salza
1185 n rot Machtzuwachs in Japan
1186 n grün 'Harakiri'
1191 n grün 'Bushido'
1194 n–1250 n Friedrich II.
1200 n/1206 n Mongolischer Bürgerkrieg
1209 n/1229 n Katharer-Kreuzzug
1218 n–1291 n Rudolf I. von Habsburg
1226 n rot Deutschritter-Belehnung
1231 n rot Machtgewinn
1270 n–1319 n Haakon V.
1293 n rot Entmachtung in Florenz
1301 n/1302 n Fürsten-Erhebung
1302 n braun Handwerker-Sieg
1304 n–1374 n Petrarca
1309 n–1370 n Kasimir der Große
1313 n–1354 n Rienzi
1315 n braun Sieg eines Bauernheeres
1319 n braun Sieg Dithmarscher Bauern
1323 n/1328 n Volksaufstand in Flandern
1324 n–1384 n Wiclif
1325 n–1381 n Wat Tyler
1338 n/1453 n Hundertjähriger Krieg
1343 n rot Ober- und Unterhaus
1347 n braun Volksaufstand in Rom
1351 n/1352 n Volkserhebung in Rom
1358 n braun Bauernaufstand
1362 n–1437 n Sigismund
1371 n–1440 n Friedrich I.
1381 n/1382 n Bauernaufstand
1381 n/1382 n Bauernaufstand
1400 n–1450 n Jack Cade
1415 n rot Lehen für Hohenzollern
1435 n/1436 n Aufstand in Schweden
1436 n rot Volksführer ermordet
1442 n rot Minister-Privileg beendet
1448 n braun Berliner Erhebung
1450 n braun Bauernaufstand
1451 n–1505 n Isabella von Kastilien
1472 n braun Niederlage gegen König
1472 n rot Fürstenmacht eingeschränkt
1476 n braun Bauernaufstand
1485 n braun Ende der Rosenkriege
1491 n braun Bauernaufstand
1491 n–1556 n Ignatius von Loyola
1493 n braun Bauernaufstand
1494 n braun Aufstand gegen Medici
1500 n braun Sieg Dithmarscher Bauern
1502 n braun Bauernaufstand
1512 n braun Eroberung von Florenz
1513 n braun Bauernaufstand
1514 n braun Bauernaufstand
1514 n braun Bauernaufstand
1515 n braun Bauernaufstand
1515 n braun Bauernaufstand
1517 n braun Bauernaufstand
1522 n/1526 n Deutsche Revolution
1525 n rot Forderungen der Bauern
1530 n–1584 n Iwan IV.
1534 n braun Wiedertäufer-Erhebung
1534 n rot Jesuiten-Orden
1543 n blau Fürstenschulen
1552 n braun Fürsten-Erhebung
1570 n–1607 n Iwan Bolotnik
1585 n–1642 n Richelieu
1594 n–1632 n Gustav Adolf
1607 n braun Bauernaufstand
1613 n grün Steuerfreiheit beendet
1620 n–1688 n Der Große Kurfürst
1624 n braun Bauernaufstand
1626 n braun Bauernaufstand
1626 n rot Entfestigung der Schlösser
1629 n–1676 n Alexei Michailowitsch
1637 n braun Bauernaufstand
1639 n braun Bauernaufstand
1642 n/1649 n Englische Revolution
1651 n/1652 n Adelserhebung, Frankreich
1657 n rot Versammlungsverbot
1670 n/1671 n Donkosaken-Aufstand
1684 n–1721 n Watteau
1689 n–1755 n Montesquieu
1709 n–1762 n Elisabeth Petrowna
1712 n–1786 n Friedrich II., der Große
1727 n braun Bauernaufstand
1729 n–1796 n Katharina II., die Große
1758 n–1794 n Robespierre
1768 n braun Adelserhebung in Polen
1771 n braun Bauernaufstand
1772 n blau Kritik Lessings
1777 n grün Vermietung von Soldaten
1778 n blau Kritik Beaumarchais'
1782 n blau Schilderung durch Laclos
1782 n blau Kritik Schillers
1783 n blau Chamforts Kampfparole
1785 n rot Machtgewinn in Rußland
1788 n rot Generalstände-Tagung
1789 n/1795 n Französische Revolution
1789 n rot Bauernfreiheit, Frankreich
1790 n braun Bauernaufstände
1790 n rot Bauernfreiheit in Sachsen
1804 n rot Bauernfreiheit in Dänemark
1804 n–1881 n Disraeli
1807 n rot Bauernfreiheit in Preußen
1809 n–1852 n Gogol
1811 n rot Bauernfreiheit in Spanien
1815 n–1898 n Bismarck
1818 n rot Bauernfreiheit in Baden
1820 n/1823 n Volksaufstand in Spanien
1825 n braun Aufstand Adliger
1832 n blau Kritik Puschkins
1848 n/1850 n Deutsche Revolution
1848 n rot Nationalversammlung
1861 n rot Bauernfreiheit in Rußland
1868 n rot Machtverschiebung in Japan
1877 n braun Aufstand der Samurai
1891 n rot Alldeutscher Verband
1902 n braun Bauernaufstände
1905 n/1906 n Russische Revolution
1907 n braun Bauernaufstand
1909 n braun Volksaufstand in Spanien
1909 n rot Rechtsverlust in England
1917 n/1922 n Russische Revolution
1917 n rot Machtverlust in Rußland
1917 n grün Enteignung in Rußland
1924 n rot Mongolei kommunistisch
1925 n rot Hindenburg Präsident
1925 n/1949 n Chinesische Revolution
1931 n rot 'Harzburger Front'
1932 n rot Wiederwahl Hindenburgs
1936 n/1939 n Spanischer Bürgerkrieg
1944 n rot Jugoslawien kommunistisch
1946 n rot Nordkorea kommunistisch
1946 n rot Albanien kommunistisch
1946 n rot Bulgarien kommunistisch
1947 n rot Polen kommunistisch
1947 n rot Rumänien kommunistisch
1948 n rot CSR kommunistisch
1948 n rot Ungarn kommunistisch
1949 n rot China kommunistisch
1955 n rot Nordvietnam kommunistisch

ADELARD von Bath (1090 n–1160 n), englischer Mathematiker und Philosoph. Verbreitete durch Übersetzungen griechisches und arabisches Wissen in Europa. Als Benediktinermönch suchte er sein naturwissenschaftlich-materialistisches Weltbild mit seinem Glauben in Einklang zu bringen, indem er Gott und Natur gleichsetzte (Pantheismus).

1123 n grün Übersetzungen

ADELHEID (931 n–999 n), deutsche Kaiserin. Tochter des Königs von Burgund. Durch Verheiratung mit König Lothar wurde sie Königin von Italien. Nach dem Tode ihres Mannes rief sie Kaiser Otto I. gegen Berengar zu Hilfe und heiratete den verwitweten deutschen Kaiser. Als Kaiserin und später als Vormund für ihren Sohn (Otto II.) und ihren Enkel (Otto III.) wirkte sie auf die Geschicke Deutschlands. Unterstützte die Reformbewegung von Cluny zur Überwindung des Verfalls der katholischen Kirche.

912 n–973 n Otto I., der Große
951 n braun Befreiung aus Haft
951 n rot Heirat Ottos I.

ADEN, Hafenstadt an der Südküste Arabiens, auf einer Halbinsel zwischen zwei ehemaligen Vulkanen im Krater eines erloschenen dritten Vulkans gelegen. Ohne Süßwasser und Vegetation allein auf Grund ihrer für die Schiffahrt günstigen Lage eine der wichtigsten Hafenstädte am Seeweg vom Mittelmeerraume nach Indien wurde sie durch den Bau des Suezkanals zum militärischen Hauptstützpunkt des europäischen Asienhandels. Aus diesem Grunde wurde sie von England gegen den Willen der Bevölkerung bis 1967 n gewaltsam behauptet.

969 v–908 v Bilkis
931 v blau Gründung
1838 n rot Englischer Besitz

ADENAUER, Konrad (1876 n–1967 n), deutscher Staatsmann. Als Rechtsanwalt im Verwaltungsdienst wurde er 1917 n Oberbürgermeister seiner Heimatstadt Köln und unterstützte in den ersten Nachkriegsjahren den von Frankreich geförderten Plan eines selbständigen westdeutschen Rheinstaates (Separatismus). Nach dem zweiten Weltkriege schuf er in Zusammenarbeit mit den Besatzungsmächten USA, England und Frankreich einen selbständigen westdeutschen Staat ('Bundesrepublik Deutschland') und führte ihn als sein erster Kanzler zu wirtschaftlicher Blüte ('Wirtschaftswunder'). Die hierfür notwendige Einschleusung ausländischen Kapitals führte zu einer Überfremdung der westdeutschen Wirtschaft und Kultur. Erwirkte den Verbleib der Besatzungstruppen auf dem Boden der Bundesrepublik nach der offiziellen Souveränitäts-Erklärung (Deutschlandvertrag). Schloß Westdeutschland mit 5 von den 30 europäischen Staaten wirtschaftlich zusammen ('Europäische Wirtschaftsgemeinschaft'). Baute eine starke westdeutsche Armee auf und unterstellte diese dem amerikanischen NATO-Befehlshaber. Verhinderte die von seiner eigenen Partei beschlossenen Sozialisierungsmaßnahmen. Stärkte die Machtstellung des Kapitals und der Kirche. Unterband die Beteiligung Westdeutschlands an den deutschen Reparationen und bewirkte so die Überbürdung der gesamten Reparationslast auf die ostdeutsche Bevölkerung. Das hierdurch entstandene innerdeutsche Wirtschaftsgefälle und dessen Folgeerscheinungen (Mauer) nutzte er propagandistisch gegen Ostdeutschland (Antikommunismus). Verzichtete auf eine eigene westdeutsche Außen- und Wiedervereinigungspolitik.

1949 n rot Gründung der BRD
1950 n rot Wiederaufrüstung
1952 n rot Deutschland-Vertrag
1953 n grün Reparations-Verhältnis
1956 n rot KPD-Verbot
1957 n grün Gründung der EWG
1961 n rot Mauer in Berlin

ADERLASS, schnelle Blutentnahme durch Einstich in die Vene der Armbeuge. Seit Jahrtausenden als ärztliches Behandlungsmittel sowie zur Hebung des allgemeinen Befindens bewährt. Von der modernen Medizin nur noch bei plötzlichem Herzversagen oder großer Gehirnblutung zur Entlastung des Herz-Kreislauf-Systems angewendet.

387 n grün Gefährlichkeit untersucht

ADERN, Bezeichnung für die Blutbahnen des Körpers, die das Blut vom Herzen in den ganzen Körper bringen (Arterien) und wieder zurückführen (Venen).

2578 v grün Pulsbeobachtung
412 v grün Hippokrates: Herzfunktion
324 v–250 v Herophilos
262 v grün Arterien und Venen
257 v grün Erasistratos: Blutfülle
143 v grün Schlagader-Operation
387 n grün Folgen des Aderlasses
1263 n grün Lungen-Blutkreislauf
1618 n grün Harvey: Blutkreislauf
1661 n grün Malpighi: Kapillargefäße
1726 n grün Blutdruckmessung

ADJIB, ägyptischer König.

2803 v–2758 v Lebenslinie
2771 v grün Steuerquote

ADLER, zweitgrößter Raubvogel der Erde (nach dem Geier)

2611 v blau 'Löwenköpfiger Adler'
2455 v blau 'Adler mit Hirschen'
1763 v blau 'Adler und Schlange'
396 v–328 v Leochares
361 v blau 'Ganymed'
391 n blau Symbol für Johannes

ADLER, Alfred (1870 n–1937 n), österreichischer Nervenarzt. Als Schüler Sigmund Freuds entwickelte er aus dessen Psychoanalyse ein eigenes, den Auffassungen seines Lehrers teilweise entgegengesetztes System, in dessen Mittelpunkt er den persönlichen Geltungsdrang des Menschen stellte ('Individualpsychologie'). Wies der Psychologie pädagogische Aufgaben (Erhöhung der Leistungsfähigkeit durch Ermutigung des heranwachsenden Menschen sowie Vermeidung von Minderwertigkeitskomplexen). Leugnete die Bedeutung ursprünglicher Begabungsunterschiede. Führte den Lebenserfolg vor allem auf den seelischen Mut des Einzelnen zurück.

1912 n grün 'Individualpsychologie'

ADONIS, Gestalt der griechischen Sage. Schöner Jüngling, Geliebter der Göttin von Schönheit und Liebe (Aphrodite), die seinen frühen Tod leidenschaftlich betrauerte. Wurde als Sinnbild des alljährlichen Erwachens und Dahinwelkens der Natur verehrt und in vielen Gedichten besungen.

107 v blau Bion: 'Totenklage'

ADOPTION, Annahme eines meist Minderjährigen durch einen Erwachsenen an Kindes Statt.

798 v–746 v Kasta
45 v rot Adoption Oktavians
42 v–37 n Tiberius
602 n–661 n Ali

ADRIANOPEL, heute Edirne, Stadt im europäischen Teil der Türkei. Von Thrakern vor mehr als 2000 Jahren gegründet, wurde sie durch den römischen Kaiser Hadrian mit prächtigen Bauten geschmückt und nach ihm benannt (Hadrianopel). Im Jahre 378 n unterlagen hier die römischen Heere den Goten. Seit 1365 n Hauptstadt des türkischen Reiches, die nach Eroberung von Konstantinopel dorthin verlegt wurde. Der türkische Baumeister Sinan errichtete hier seine größte Moschee. Im russisch-türkischen Krieg von russischen Heeren besetzt. In den Balkan-Kriegen fiel sie vorübergehend in die Hand der Bulgaren.

551 n braun Slawensieg über Byzanz
1361 n braun Türkensieg über Byzanz
1361 n rot Türkische Besitznahme
1365 n rot Regierungssitz
1574 n blau Selimje-Moschee

ADRIATISCHES MEER, nördlichstes Nebenmeer des Mittelmeeres, mit dem es durch die 72 Kilometer breite Straße von Otranto verbunden ist. Zwischen der Halbinsel Italien (Apennin) und dem Balkan erstreckt es sich in 800 Kilometer Länge und einer durchschnittlichen Breite von 150 Kilometern. An seinen Ufern liegen die Länder Italien, Jugoslawien und Albanien. Durch seine Häfen (Triest, Venedig, Brindisi, Bari) ist es seit alters her mit Handel und Kultur des ganzen Mittelmeer-Raumes verbunden.

229 v braun Kampf gegen Seeräuber
229 v rot Römische Herrschaft
205 v rot Machtgewinn Roms
452 n blau Gründung von Venedig
990 n grün Flottenbau Venedigs
1377 n grün Quarantäne-Station Ragusa

AEG, Name eines deutschen Konzerns der Elektro-Industrie ('Allgemeine Elektrizitäts-Gesellschaft'). Entstand 1883 n als 'Deutsche Edison-Gesellschaft' zur Auswertung von Edisons Patent der Kohlenfaden-Glühlampe in Deutschland. Entwickelte sich mit der wachsenden Bedeutung der Elektrizität zu einer der größten Industrie-Gruppen mit einem Kapital von fast einer Milliarde Mark und über 100 000 Arbeitern. In Deutschland gehören dazu die Firmen Telefunken, Osram, Deutsche Werft, Olympia-Werke, Neckar-Elektrizitätswerke und 30 weitere bedeutende Unternehmungen. International verflochten mit der General-Electric Company (USA) und der belgischen Société Financière (Sofina).

1906 n blau Turbinenfabrik

ÄGÄISCHE KULTUR, zusammenfassende Bezeichnung für die Kulturschöpfungen der Menschen im Raume zwischen dem südlichen Balkan (Griechenland), Kleinasien und Kreta in den 22 Jahrhunderten vor unserer Zeitrechnung.

2207 v grün Kreta: Krüge, Schüsseln
2175 v blau Plastik eines Harfenspielers
2157 v blau Marmorarbeit auf Kykladen
2155 v grün Bronze auf Kreta
2129 v grün Kreta: Kannen, Tassen
1958 v grün Eigentumssiegel auf Kreta
1947 v blau Töpferscheibe auf Kreta
1937 v blau Palast von Phaistos
1911 v rot Stieropfer auf Kreta
1905 v blau Palast von Knossos
1883 v grün Eierschalendünne Keramik
1742 v blau Jünglingsdarstellung

1667v grün Silbenschrift auf Kreta
1664v blau Palast von Mallia
1617v blau Dreistöckiger Palast, Kreta
1615v grün Kiel-Spanten-Bauweise
1597v–1521v Minos
1587v blau Goldrelief 'Boxkämpfe'
1585v grün Stierspiele in Knossos
1581v grün Große Fenster in Knossos
1578v blau 'Affe im Park', Knossos
1565v blau Palast von Hagia Triada
1563v grün Streitwagen mit Pferden
1562v blau Neuer Palast in Knossos
1561v grün Badezimmer in Knossos
1558v blau Goldrelief 'Stierspiele'
1552v grün Fensterfronten in Knossos
1551v blau Goldblechmasken, Mykene
1550v grün Bernsteineinfuhr aus Jütland
1549v blau Relief 'Erntefest', Kreta
1547v blau Wandgemälde auf Melos
1545v blau Vasenmalerei 'Tintenfisch'
1535v blau 'Bildnis einer Städterin'
1533v blau Gemälde 'Trachtentanz'
1529v blau 'Prinz mit Federhut'
1521v grün Kretische Schrift in Mykene
1514v blau Tonrelief: Wildziege
1511v blau Relief 'Gesandtschaft'
1505v blau Statue 'Die Trauernde'
1495v blau 'Mann mit Trichter'
1481v blau Gemälde 'Stierspringerin'
1477v blau Stierfang-Szene
1476v blau Rinderleben-Szene
1470v blau 'Schlangen-Beschwörerin'
1323v blau 'Schatzhaus des Atreus'
1311v grün Mauer um Mykene
1309v blau Löwentor in Mykene
1294v blau Bild 'Jagende Frauen'
1266v blau Bild einer Eberjagd
918v blau Hera-Tempel in Olympia
905v blau Poseidon-Tempel
903v grün Phönizisches Alphabet
889v blau Linos-Lied in Griechenland
875v grün Vokale im Alphabet
863v blau Orakel von Delphi
837v blau Daidalos-Sage
826v grün Landaufteilung in Sparta
809v–724v Homer
789v grün Ovale Wohnhäuser
776v blau Olympische Spiele
776v grün Olympiaden-Zeitrechnung
753v–680v Hesiod
748v blau Homers 'Ilias'
728v–660v Kallinos
727v blau Homers 'Odyssee'
714v blau Hymnus auf Apollo
712v–642v Terpander
708v–628v Alkman
705v–637v Archilochos
703v blau Hesiods 'Werke und Tage'
698v grün Erste Notenschrift
697v blau Hesiod: Weltentstehung
695v grün Münzprägung
686v–613v Tyrtaios
682v blau Terpanders Kunstgesang
678v grün Siebensaitige Lyra
675v blau Musikschule in Sparta
674v grün Papyrus nach Griechenland
669v grün Erfindung des Lötens
667v blau Kallinos' Kriegslieder
660v–601v Drakon
656v–587v Arion
655v blau Recht auf Persönlichkeit
647v grün Leinen als Kleiderstoff
643v blau Tyrtaios' Mahnung
641v–555v Stesichoros
640v–559v Solon
639v–562v Alkaios
637v grün Marmor statt Kalkstein
637v–577v Sappho
636v–564v Äsop
635v blau Kriegslieder des Tyrtaios
633v blau Lieder Alkmans
625v blau Dramatischer Gesang
624v rot Geschriebenes Gesetz
624v grün 'Talent' Währungseinheit
624v–546v Thales
610v–546v Anaximander
602v–527v Peisistratos
595v blau Erster Athene-Tempel
593v blau Stesichoros' Lieder
589v blau Sapphos Lieder
585v–483v Anakreon
585v–525v Anaximenes
584v grün Magnetismus im Eisen
583v–513v Thespis
582v blau Pythische Spiele
580v blau Isthmische Spiele
577v grün Magnetismus im Bernstein
575v–483v Xenophanes
575v blau Illustrierte Bücher
573v grün Hühnerzucht
572v–493v Pythagoras
571v blau Äsops Fabeln
570v blau Thales' Naturphilosophie
568v blau Archermos' Nike-Statue
566v grün Abstammungslehre
564v blau Alkaios' Lieder
561v grün Weltkarte
560v blau Klitias' Zierkrug
560v–469v Theodoros
557v grün Andron-Haus
556v rot Herrschaft über Dardanellen
555v blau Lydos' Vasen
554v grün Modell des Sternhimmels
553v blau Rhoikos' Statue der Nacht
549v blau Entwicklungsprinzip
547v blau Orphiker-Kult
546v grün Pythagoras: Dreiecksatz
544v–484v Heraklit
542v blau Hipponax: Leben der Armen
539v blau Thespis' Theaterwagen
538v grün Wasserleitung in Athen
537v blau Theagenes' Sprachregeln
536v blau Erster Einzelschauspieler
536v grün Winkelmaß
535v blau Luft als 'Urstoff'
534v blau Erste Tragödienaufführung
533v blau Ibykos' Gedichte
533v grün Kugelgestalt der Erde
532v grün Wassertunnel von Samos
531v grün Wasserwaage
528v grün Drehbank
527v blau Zeus-Tempel in Athen
526v blau Apollo-Tempel in Delphi
525v grün Erde: Stern unter Sternen
522v grün Erzgußtechnik
521v blau Hekataios: Sagenforschung
520v blau Artemis-Tempel, Ephesos
519v blau Anakreons Lieder
518v blau Xenophanes: 'Die Natur'
514v blau Lasos' Schrift über Musik
513v blau Aristion-Stele
510v blau Denkmal 'Tyrannenmörder'
508v blau Vasen des Epiktetos
506v blau Heraklit: Dialektik
506v–446v Myron
505v blau Epicharmos' Lustspiele
504v blau Kanachos: 'Aphrodite'
503v grün Beweis durch Experimente
502v blau Theognis' Lehrgedicht
501v blau Pythagoreer über Seele
501v–428v Anaxagoras
501v grün Wasseruhren
498v–438v Polygnot
497v grün Hekataios' Reisen
496v grün Bewegung der Erde
496v–406v Sophokles
495v blau Heraklit: Weltvernunft
495v–429v Perikles
494v blau Pindars Preislieder
493v blau Duris' Vasenbilder
493v–432v Phidias
493v grün Hafen von Piräus
491v blau Phrynichos' Tragödien
491v–433v Zeno
490v blau Pan-Tempel Athens
490v–430v Empedokles
489v blau Entstehung der Welt
489v–428v Leukipp
488v blau Brygos' Trinkschale
487v blau Simonides' Chorlieder
486v blau Zweiter Schauspieler
486v–430v Hippodamos
484v–378v Gorgias
482v blau 'Frosch-Mäusekrieg'
482v–429v Herodot
480v–406v Euripides
478v–408v Polyklet
478v–410v Protagoras
477v blau 'Tyrannenmörder' erneuert
476v blau Phrynichos: 'Phönissen'
476v grün Geldwirtschaft
474v blau Mikons Theseus-Bilder
473v grün Hekataios über Klima
471v blau Mikon: 'Amazonenschlacht'
470v blau Theater aus Stein
469v blau Onatas' Plastik
469v grün Peristyl-Häuser
469v–399v Sokrates
468v grün Agatharchos: Theaterbau
467v grün Wissenschaft und Philosophie
465v blau Mikon: Argonautensage
464v blau Myron: 'Die Kuh'
462v blau 'Wagenlenker von Delphi'
461v blau Dritter Schauspieler
460v blau Polygnots Schlachtenbild
460v–375v Hippokrates
459v grün Fernmeldetechnik
459v–398v Thukydides
457v blau Pherekydes' Prosaschriften
457v grün Empedokles über Lebewesen
456v blau Zeus-Tempel in Olympia
456v grün Verteidigungsmauern
455v–370v Demokrit
454v blau Komödien des Kratinos
453v blau Myrons 'Diskuswerfer'
453v grün Empedokles: Elemente
452v blau Polygnots Gemälde
452v grün Erklärung des Seins
451v blau Zenos Dialektik
450v blau Xanthos' Geschichtswerk
449v blau Hippodamos' Staatsideal
449v grün Kletterkreiselspiel
448v blau Plastik 'Wettläuferin'
447v blau Bau des Parthenon
447v grün Begriff 'Atom'
446v blau Porträtstatue 'Perikles'
446v–385v Aristophanes
444v blau Denken Funktion des Körpers
444v grün Stadtplanung
444v–365v Antisthenes
443v blau Sokrates über Gewissen
442v blau Sophokles: 'Antigone'
442v grün Lehrbuch der Geometrie
440v blau Parthenonfries
439v blau Phidias: Athene-Statue
438v blau Euripides: Prolog
436v blau Hellanikos: Geschichte
436v grün Schrift über Perspektive
436v–355v Aristipp
435v blau Mensch Maß aller Dinge
435v grün Elfsaitige Lyra
434v blau Herodot: Geschichtsschau
433v blau Geschichte der Perser
433v grün Neue Zeitrechnung
432v blau 'Propyläen' vollendet
431v blau Euripides: 'Medea'
430v–353v Xenophon
429v blau Pamphlet gegen Demokratie
429v–370v Phaleas
428v blau Protagoras über Beweise
427v grün Demokrits Atomlehre
427v–347v Plato
426v blau Begriffe für Philosophie
426v grün Protagoras' Honorar
425v blau Paionios: 'Schwebende Nike'
425v grün Brücke nach Euböa
424v blau Prodikos: 'Herkules'
424v grün Schrift über Gelenke
423v blau Aristophanes: 'Wolken'
423v grün Malen mit Pinsel
422v blau Eupolis: 'Die Parasiten'
421v blau Aristophanes: 'Frieden'
420v blau Kallimachos: 'Sitzende Hera'
419v blau Regeln für Bildhauerkunst
419v grün Malerei auf Holztafeln
418v blau 'Tanzende Spartanerinnen'
418v grün Heilkraft der Natur
418v–345v Diokles
417v blau Atheismus des Protagoras
416v blau Tempelfries in Bassai
416v grün Körperhafte Malweise
415v blau Euripides: 'Die Troërinnen'
415v grün Kallias: Quecksilber
414v blau 'Wolkenkuckucksheim'
413v blau Demokrit über Kultur
412v blau Spott über Demokratie
412v grün Herztätigkeit
411v blau Aristophanes: 'Lysistrata'
410v blau Euripides: 'Archelaos'
410v grün Mithaikos' Kochbuch
408v blau Aristophanes: 'Plutos'
408v grün Hafen von Rhodos
408v–355v Eudoxos
407v blau 'Ödipus auf Kolonos'
407v–323v Diogenes
406v blau Euripides: 'Iphigenie'
405v blau Gorgias' Nihilismus
404v blau Demokrit: Materialismus
403v blau 'Peloponnesischer Krieg'
403v grün Ernährungslehre
403v–335v Praxiteles
400v blau Phaleas für Sozialisierung
398v blau Statuette 'Armer Mann'
397v blau Pflichten des Arztes
396v–328v Leochares
395v–343v Skopas
394v blau Plato: Sokrates-Apologie
393v blau Ktesias: 'Persika'
392v blau Platos 'Lysis'
392v grün Milchstraßentheorie
391v blau Wesen der Rhetorik
390v blau Besitz und Freiheit
390v grün Herstellung von Filz
390v–310v Herakleides
389v blau Isokrates' Rednerschule
388v blau Platos 'Akademie'
387v blau Wert der Arbeit
386v blau Platos Ideenlehre
385v blau Sokrates verteidigt
385v grün Humoralpathologie
384v blau Platos 'Gastmahl'
384v–322v Aristoteles
383v blau Gorgias: Erkenntnislehre
383v–322v Demosthenes
381v blau Politische Broschüren
380v–306v Pytheas
379v blau Platos 'Phaidon'
379v grün Wachsfarben
376v grün Mittel gegen Zahnschmerz
375v blau Kulturpessimismus
375v grün Schule des Eudoxos
374v blau Platos 'Politeia'
373v blau Xenophons 'Anabasis'
372v grün Pamphilos' Maltheorie
372v–287v Theophrast
370v blau Xenophons Fürstenspiegel
370v grün Eudoxos' Hohlkugeltheorie
369v grün Eisengewinnung
368v blau Arete erste Philosophin
367v blau Diogenes 'Kosmopolit'
367v–307v Lysipp
366v grün Diokles: Körperpflege
365v blau Praxiteles: Apollo-Statue
365v–276v Euklid
364v blau 'Kalydonischer Eber'
364v grün 'Kunst der Haushaltsführung'
363v blau Praxiteles: 'Aphrodite'
363v grün Eudoxos: Körperinhalte
361v blau Leochares: 'Ganymed'
361v–268v Pyrrhon
360v–303v Apelles
359v blau Xenophons 'Hipparchikos'
358v grün Goldener Schnitt
356v blau 'Niobiden'-Statue
356v grün Diokles: 'Kräuterbuch'
355v grün Planetendrehung
354v blau Zeichnen als Unterrichtsfach
354v grün Tauchtechnik
353v blau Athene-Tempel in Tegea
353v grün Privatkliniken
352v blau Aristoteles gegen Demokratie
352v grün Unendlichkeit des Weltalls
352v–285v Dikäarch
351v blau 'Apollo mit der Kithara'
350v rot Demosthenes: 'Philippika'
350v blau Grabmal des Mausolos
350v grün Stenographie
349v blau Theater in Megalopolis
349v grün Wesen der Sterne
348v grün Harmonielehre
346v blau Aristoteles: 'Logik'
346v grün Zahnräder
345v blau Pamphilos' Bilder
344v grün Achsdrehung und Tageszeiten
344v–268v Berossos
343v grün Aristoteles: 'Physiognomik'
343v–292v Menander
342v blau Aristoteles: 'Topik'
341v blau Praxiteles: 'Hermes'
341v–270v Epikur
340v grün Kugelgestalt der Erde
339v blau Aristoteles: 'Metaphysik'
339v grün Seele und Krankheit
338v–268v Strato
337v grün Anziehung der Erdmitte
336v blau Praxiteles: 'Satyr'
336v grün Geschichte der Mathematik
335v blau Aristoteles gründet 'Lyzeum'
334v blau Lysikrates-Denkmal
334v grün Antimenes' Versicherung
333v blau 'Apoll vom Belvedere'
333v–262v Zeno der Jüngere
332v grün Aristoteles: 'Physik'
331v grün Steinschleudergeschütze
330v grün Aristoteles: 'Meteorologie'
329v blau 'Alexanders Löwenjagd'
328v blau 'Nikomachische Ethik'
328v grün Erklärung des Echos
327v blau Geschichte Alexanders
327v grün Einheitliche Silberwährung
326v blau Aëtions Gemälde
326v grün Aristoteles: Zoologie
325v blau Apelles: Alexander-Bild
325v grün Euklids 'Elemente'
325v–260v Euhemeros
324v blau Gewaltenteilungs-Theorie
322v blau Aristoteles: 'Poetik'
322v grün Aristoteles: Psychologie
321v blau Apelles: Aphrodite
321v–282v Megasthenes
320v blau Theopompos: 'Meropis'
319v blau Alexandersarkophag
318v blau Anhänger des Diogenes
318v grün Tonfiguren von Tanagra
317v grün Theophrast: 'Charaktere'
316v blau Philosophie: Dreiteilung
316v–250v Aristarch
314v blau Lysipps 'Alexander'
314v grün Euklid: 'Daten'
311v blau Menander: 'Schiedsgericht'
309v grün Naturgeschichte der Pflanzen
307v blau Dikäarch gegen Eigentum
307v grün Epidauros Kurort
306v blau Epikurs Philosophenschule
305v grün Gips-Vervielfältigungen
304v grün Mathematische Geographie
304v–240v Erasistratos
304v–232v Kleanthes
303v blau Deutung der Göttersagen
302v grün Schreibschrift
301v blau Kulturgeschichte
301v–253v Theokrit
300v blau Schule der Stoiker
299v blau Geschichte Alexanders
297v blau Pyrrhons Skeptizismus
297v grün Theophrast: Physiologie
296v blau Zeno: Pantheismus
296v grün Gradeinteilung der Erde
293v blau Megasthenes: 'Indika'
292v blau Über Naturphilosophen
292v grün Begriff des leeren Raumes
291v blau Krantors Trostschrift
290v blau Chares: Sonnengott-Statue
289v blau Sterblichkeit der Seele
289v grün Sonnen- und Mondforschung
288v blau Philosophie des Glücks
288v grün Taschen-Wasseruhr
286v blau Duris: Kunstgeschichte
286v grün Euklids 'Phainomena'
284v blau Religion lebensfeindlich
283v blau Zenos Weltstaat
282v blau Philemon: 'Der Kaufmann'
282v grün Theorie kleinster Teile
280v blau Euhemeros' Staatsentwurf
280v grün Astronomieschule auf Kos
280v–220v Herondas
279v blau Philitas' Liebesgedicht
279v–206v Chrysipp
278v grün Epikurs Kosmogonie
276v blau Epikurs Erkenntnislehre
274v grün Gehirnforschungen
272v blau Philemons Tugend-Komödie
271v grün Aristarch: Ekliptik
270v blau Stratos Gotteslehre
268v blau Theokrits 'Thalysia'
267v blau Philochoros: 'Atthis'
266v blau Arkesilaos über Dogmatik
265v–202v Philon
262v blau Kleanthes: Zeus-Hymnus
261v blau Diadochen-Geschichte
260v blau Timaios' Geschichtswerk
258v grün Aristarch über Erdbewegung
257v blau Hegias' Sprachstil
257v grün Erasistratos: Blutfülle
255v grün Erfindung des Pergaments
254v blau Menippos' Possen
254v grün Fiebermessung
253v blau Aratos: 'Phainomena'
249v grün Zweierlei Nerven
246v blau Herondas' Lustspiele
245v blau Timons Spottgedichte
240v grün Metallfedern bei Geschützen
238v grün Philons Ringgelenk
233v grün Philons Öllampe
229v grün Philon: Mechanik
227v grün Optischer Telegraph
224v blau Chrysipps Idealstaat
224v grün Bagger und Taucherglocke
221v grün Philons Waschautomat
220v blau Artemis-Tempel
218v grün 'Thermoskop'
214v blau Chrysipp: Dialektik
211v grün Staroperationen
210v blau Homer-Büste
208v grün Eisenfeilen
207v blau 'Der sterbende Fechter'
205v grün Interpunktion
204v blau Graphikos' Genrebilder
203v grün Einrichten von Brüchen
196v–125v Hipparch
193v blau Wörterbuch
190v blau Polemons Kunstführer
189v blau Bibliothek in Pergamon
187v blau 'Sonnenstaat' des Jambulos
184v grün Diokles: Brennspiegel
182v blau 'Knabe mit Gans'
180v blau Altar von Pergamon
180v grün Wasserleitung in Pergamon
180v–110v Panaitios
178v blau Buch über Akropolis
160v grün Erdglobus
156v blau Artemidor: Traumdeutung
155v grün Hipparch: Sternmeßgeräte
151v blau 'Farnesischer Stier'
150v grün Heliodor: Altertümer
147v blau 'Über die Götter'
147v grün Hipparchs Messungen
142v blau 'Weltchronik'
138v grün Ortsbestimmung
136v blau Begriff 'Humanität'
134v grün 'Nova'-Beobachtung
131v grün 'Sternkatalog'
129v–40v Asklepiades
109v blau 'Venus von Milo'
104v blau Septuaginta
101v blau Sprachlehre
82v grün Asklepiades' Lehre
70v grün Asklepiades' Naturheilkunde
60v grün Solidar-Pathologie
50v blau 'Laokoon mit seinen Söhnen'

ÄGÄISCHE WANDERUNG, südlicher Ausläufer einer Völkerbewegung, deren Ursprung in Südosteuropa lag, gekennzeichnet durch zunehmende Verbreitung des Eisens. Führte die griechischen Stämme in ihre geschichtlichen Siedlungsräume. Als 'Dorische Wanderung' in die griechische Überlieferung eingegangen.

1286v–1220v Meren-Pta
1224v–1165v Ramses III.
1195v rot Phrygerreich in Kleinasien
1189v braun Angriff auf Ägypten
1185v grün Eisen in Vorderasien
1151v braun Zerstörung Mykenes
1150v rot Griechen in Kleinasien
1034v rot Griechen am Schwarzen Meer
979v blau Städte in Kleinasien

ÄGISTHOS, griechischer Sagenheld. Nach der Geburt ausgesetzt und von Hirten erzogen, dann von seinem Onkel Atreus in Mykene als Sohn angenommen. Während der langen Abwesenheit des Königs Agamemnon wurde er Liebhaber der Königin Klytämnestra. Tötete den aus Troja heimkehrenden König und machte sich selbst zum König von Mykene. Nach 7jähriger Herrschaft über die Stadt wurde er vom Sohn des Agamemnon (Orestes) ermordet. Sein Leben wurde von Aischylos und Sophokles dichterisch gestaltet.

1232v–1183v Agamemnon
459v blau Aischylos: 'Orestie'

ÄGYPTEN

Allgemeines (Land, Volk, Staat)

Vorzeittafel: Schlußbalken (5000 Jahre)
2980v rot Stadtstaaten
2966v blau Gründung von Abydos
2933v–2868v Skorpion
2917v rot Vormacht von Hierakonpolis
2912v–2850v Narmer
2904v braun Feldzug gegen Libyen
2904v rot Libyen tributpflichtig
2885v braun Feldzug Oberägyptens
2882v–2825v Menes
2878v rot Königstitel 'Horus'
2868v/2863v Kampf Süd- gegen Nordreich
2863v rot Doppel-Königtum
2861v rot Thinis Hauptstadt
2853v–2804v Djer
2850v rot Einheitsreich
2850v grün Jahresanfang bei Flut
2848v grün Benennung der Jahre
2846v–2784v Hemaka
2843v–2791v Merit
2840v braun Vorstoß nach Süden
2840v blau Gründung von Memphis
2836v grün Mauer um Memphis
2834v rot Erbmonarchie
2832v–2795v Djet
2822v–2781v Udimu
2812v grün Wasserstands-Messung
2804v rot Mitbestattungen
2804v grün Handel mit Syrien
2803v–2758v Adjib
2798v–2751v Semer-Chet

2786 v–2731 v	Kea
2771 v grün	Steuer nach Wasserstand
2769 v grün	Neuer Kalender
2766 v–2702 v	Neb-Re
2764 v blau	Entstehung von Heliopolis
2757 v/2753 v	Sinai-Krieg
2757 v–2681 v	Neter-Imu
2753 v rot	Macht über Sinai-Minen
2751 v–2681 v	Ru-A-Ben
2750 v rot	König ächtet Vorgänger
2740 v grün	Handel mit Sumer
2727 v–2672 v	Per-Ib-Sen
2723 v rot	Königsname 'Re'
2710 v rot	Einteilung in Gaue
2709 v–2661 v	Ka-Sechem
2704 v grün	Vermögenszählung
2704 v–2634 v	Hesire
2697 v–2650 v	Ka-Sechemui
2696 v grün	Direkte Steuern
2696 v–2646 v	Ni-Maat
2695 v rot	Steuererhebung bei Volksfest
2692 v grün	Grundsteuer
2673 v–2631 v	Zoser
2672 v/2668 v	Erhebung Unterägyptens
2668 v rot	Einheit gesichert
2663 v braun	Feldzug gegen Nubien
2655 v–2601 v	Huni
2650 v rot	Krönung Zosers
2649 v rot	Memphis Regierungssitz
2647 v rot	Vizekönig
2644 v–2576 v	Snofru
2643 v braun	Sieg über Nubien
2643 v rot	Ausdehnung nilaufwärts
2641 v braun	Sinai-Feldzug
2641 v rot	Zugang zum Sinai
2633 v–2570 v	Meten
2631 v–2564 v	Hetepheres
2624 v grün	Befestigung Elefantines
2615 v–2550 v	Cheops
2606 v grün	Privateigentum am Boden
2605 v–2542 v	Dedefre
2600 v grün	Neue Jahresdatierung
2592 v braun	Beutezug nach Libyen
2587 v braun	Feldzug nach Nubien
2576 v–2515 v	Chefren
2572 v grün	Brunnensteuer
2570 v–2481 v	Ur-Enlil
2565 v rot	Zeremoniell
2561 v–2500 v	Mykerinos
2558 v grün	Obstbaumsteuer
2550 v grün	Regelmäßige Viehzählung
2543 v–2496 v	Schepses-Kaf
2534 v–2470 v	User-Kaf
2512 v–2458 v	Sahu-Re
2496 v–2448 v	Nefer-Re
2495 v–2405 v	Pta-Hotep
2476 v rot	Re-Kult Staatsreligion
2471 v rot	König 'Sohn Gottes'
2468 v braun	Feldzug gegen Libyen
2465 v braun	Kampf gegen Syrien
2463 v–2403 v	Ni-User-Re
2462 v braun	Feldzug gegen Nubien
2452 v–2377 v	Ti
2449 v rot	Priester-Privileg
2443 v grün	Großgrundbesitz
2439 v rot	Vererbung eines Gaues
2434 v–2368 v	Asosi
2415 v–2335 v	Chui
2404 v–2350 v	Unas
2382 v–2320 v	Teti
2373 v rot	'Vorsteher des Südens'
2369 v–2295 v	Una
2366 v braun	Sieg über Nubier
2358 v grün	Gesundheitspflege
2355 v–2298 v	Pepi I.
2343 v rot	Gaufürstentum erblich
2341 v grün	Tempelbesitz steuerfrei
2335 v blau	Entstehung Thebens
2331 v rot	Verselbständigung der Gaue
2327 v rot	Neuer Titel der Gaufürsten
2316 v rot	Hinrichtung der Königin
2314 v rot	Fremdvölker im Heer
2314 v/2307 v	Sinai-Krieg
2314 v–2292 v	Meren-Re
2307 v rot	Polizeitruppe aus Nubiern
2305 v blau	Pyramidenanlage Memphis
2304 v/2303 v	Palästina-Krieg
2297 v–2197 v	Pepi II.
2292 v grün	Niederlassung Kerma
2281 v rot	Gaufürsten unabhängig
2273 v braun	Feldzug nach Nubien
2273 v rot	Unterwerfung Nubiens
2273 v–2188 v	Ipuwer
2240 v–2172 v	Aba
2233 v grün	Grabplünderung
2230 v–2158 v	Achtos I.
2197 v/2196 v	Revolution
2196 v rot	Volksherrschaft
2196 v grün	Gemeineigentum
2193 v–2135 v	Achtos II.
2172 v braun	Adelserhebung
2172 v rot	Erneut Privilegien
2172 v grün	Erneut Privateigentum
2169 v rot	Einigung Unterägyptens
2164 v braun	Kampf Achtos' gegen Süden
2162 v–2081 v	Antef
2138 v–2063 v	Achtos III.
2130 v rot	Einigung Oberägyptens
2115 v grün	Ackerbauer-Städte
2112 v braun	Vordringen Oberägyptens
2102 v–2040 v	Meri-Kare
2087 v braun	Abwehr Nordägyptens
2087 v rot	Machtausdehnung Thebens
2084 v–2012 v	Mentu-Hotep
2079 v braun	Vordringen Nordägyptens
2079 v rot	Ausdehnung Nordägyptens
2061 v braun	Vordringen Thebens
2044 v braun	Niederlage des Nordreichs
2044 v rot	Mittelägypten an Theben
2040 v braun	Sieg Thebens
2040 v rot	Wiedervereinigung
2040 v rot	'Mittleres Reich'
2031 v grün	Gold als Zahlungsmittel
2025 v–1953 v	Knum-Hotep
2022 v–1962 v	Amen-Em-Het I.
2004 v–1932 v	Sinuhe
2002 v–1928 v	Sesostris I.
1995 v–1911 v	Enotes
1991 v braun	Sturz des Königs
1991 v rot	Amen-Em-Het I. König
1986 v rot	Neuer Regierungssitz
1986 v blau	Königsstadt Ittani
1983 v braun	Beduineneinfälle
1973 v grün	Bau einer Schutzmauer
1972 v rot	Sohn als Mitregent
1963 v braun	Eroberungszug nilaufwärts
1963 v rot	Ausdehnung nach Süden
1962 v braun	Feldzug nach Libyen
1955 v–1895 v	Amen-Em-Het II.
1953 v grün	Neue Jahreszählung
1952 v braun	Feldzug nach Nubien
1952 v rot	Beherrschung Nubiens
1932 v–1878 v	Sesostris II.
1929 v rot	Sohn als Mitregent
1923 v–1861 v	Tut-Hotep
1904 v–1841 v	Sesostris III.
1899 v–1832 v	Sebek
1897 v rot	Sohn als Mitregent
1892 v grün	Gründung von Lahun
1887 v grün	Stadtviertel-Trennung
1870 v/1862 v	Nubischer Krieg
1865 v–1792 v	Amen-Em-Het III.
1863 v grün	Grenzbefestigung
1862 v rot	Nubien Grenzmark
1862 v rot	'Ewige Grenze'
1857 v braun	Schlacht bei Sichem
1857 v–1803 v	Sehet
1842 v grün	Grenzfestung gegen Nubien
1833 v blau	Krokodilopolis gegründet
1832 v grün	Trockenlegung von Fayum
1826 v–1786 v	Nefer-Sebek-Re
1822 v–1780 v	Sebek-Hotep I.
1789 v rot	Krokodilopolis Residenz
1783 v–1735 v	Nefer-Hotep
1780 v rot	Zerfall des Reiches
1775 v–1725 v	Sebek-Hotep III.
1757 v rot	Fremde Siedler im Delta
1752 v–1692 v	Sa-Litis
1751 v rot	Wiedervereinigung
1732 v rot	Krokodilkult Staatsreligion
1727 v rot	Kultstätten-Verlegung
1712 v–1640 v	Apofis
1709 v braun	Sieg der Hyksos
1709 v rot	Hyksos-Reich im Delta
1703 v braun	Vordringen der Hyksos
1703 v rot	Unterägypten tributpflichtig
1701 v braun	Vordringen der Hyksos
1701 v rot	Oberägypten tributpflichtig
1701 v blau	Gründung von Awaris
1694 v rot	Awaris Hauptstadt
1691 v–1628 v	Chian
1667 v/1659 v	Hyksos-Krieg
1663 v rot	Hyksos in Unterägypten
1661 v–1601 v	Kertos
1659 v rot	Hyksos in Oberägypten
1659 v rot	Einigung unter den Hyksos
1652 v rot	Seth-Kult Staatsreligion
1638 v braun	Feldzug gegen Nubien
1634 v braun	Feldzug gegen Palästina
1634 v rot	Süd-Palästina tributpflichtig
1614 v–1580 v	Seken-Re
1597 v–1521 v	Minos
1596 v–1570 v	Kamosis
1590 v–1545 v	Amosis
1580 v braun	Erhebung Oberägyptens
1577 v braun	Angriff Nubiens
1574 v braun	Sieg Oberägyptens
1574 v rot	Verdrängung der Hyksos
1563 v braun	Eroberung von Awaris
1563 v rot	Ende der Hyksos-Herrschaft
1563 v rot	Einigung Oberägyptens
1563 v–1524 v	Amen-Hotep I.
1559 v grün	Verkauf des Priesteramts
1558 v braun	Verfolgung der Hyksos
1542 v–1505 v	Tut-Mosis I.
1539 v braun	Vorstoß bis zum Euphrat
1531 v–1481 v	Sen-Mut
1527 v braun	Besiegung Nubiens
1526 v–1482 v	Hatschepsut
1522 v braun	Feldzug gegen Nubien
1522 v rot	Nubien ägyptisch
1521 v/1513 v	Syrischer Krieg
1519 v rot	Palästina tributpflichtig
1515 v rot	Syrien tributpflichtig
1515 v–1449 v	Idrimi
1514 v grün	Elefantenjagd des Königs
1513 v rot	Mesopotamien tributpflichtig
1512 v–1448 v	Tut-Mosis III.
1511 v rot	Machtsymbole
1506 v–1444 v	Nemhet
1502 v–1431 v	Rech-Mi-Re
1499 v–1450 v	Tuti
1481 v/1460 v	Vorderasien-Krieg
1481 v rot	Bündnis der Feinde
1479 v rot	Unterwerfung Palästinas
1473 v rot	Unterwerfung Syriens
1469 v rot	Phönizische Küste ägyptisch
1466 v rot	Gouverneur in Vorderasien
1465 v–1422 v	Amen-Hotep II.
1462 v–1382 v	Hapu
1460 v rot	Kadesch ägyptisch
1459 v rot	Kaisertitel 'Pharao'
1456 v grün	Verdienstorden
1456 v–1402 v	Arta-Tama
1448 v–1392 v	Kara-Indasch
1446 v braun	Erhebung in Syrien
1446 v rot	Triumphzug des Pharao
1442 v–1413 v	Tut-Mosis IV.
1439 v braun	Aufstand in Vorderasien
1438 v–1368 v	Ra-Mosis
1436 v braun	Krieg gegen Mitanni-Reich
1426 v–1377 v	Amen-Hotep III.
1424 v–1370 v	Kuri-Gal-Zu
1422 v–1356 v	Teje
1420 v rot	Mitanni-Prinzessin als Braut
1419 v rot	Heirat Pharao–Mitannifrau
1418 v braun	Erhebung Syriens
1418 v–1372 v	Ka-Em-Het
1417 v–1364 v	Eriba-Adad
1415 v braun	Erhebung Nubiens
1413 v rot	Babylonierin im Harem
1413 v–1346 v	Suppi-Luli-Uma
1410 v grün	Götterbild als Geschenk
1410 v–1353 v	Pentu
1403 v rot	Prinzessin als Nebenfrau
1402 v–1346 v	Burna-Bu
1398 v–1335 v	Eje
1395 v–1328 v	Assur-U-Baalit
1391 v–1358 v	Echnaton
1388 v–1354 v	Nofretete
1384 v–1318 v	Haremhab
1380 v grün	Finanzhilfe für Assyrien
1379 v grün	Spinale Kinderlähmung
1378 v/1373 v	Vierter Hettiterkrieg
1376 v rot	Verlust Nordsyriens
1374 v blau	Gründung von Amarna
1372 v rot	Amarna Hauptstadt
1368 v–1349 v	Tut-Anch-Amun
1367 v rot	Babylonische Protestnote
1366 v braun	Erhebung Kanaans
1365 v blau	Briefwechsel unter Königen
1365 v–1317 v	Ramses I.
1356 v rot	Theben wieder Hauptstadt
1352 v braun	Erhebung Palästinas
1349 v rot	Werbung um Hettiterprinzen
1349 v rot	Mord an Hettiterprinz
1348 v/1346 v	Angriff der Hettiter
1347 v–1282 v	Muwa-Talli
1345 v–1301 v	Sethos I.
1344 v rot	Harte Strafen
1335 v braun	Libyscher Einfall
1328 v–1252 v	Hattu-Sili III.
1326 v–1234 v	Ramses II.
1321 v–1235 v	Bek-Necho
1317 v grün	Mondjahr
1314 v braun	Einnahme von Kanaan
1314 v rot	Heeresreform
1311 v braun	Krieg gegen Hettiter
1305 v braun	Feldzug nach Libyen
1301 v blau	Ramsesstadt
1298 v rot	Ramsesstadt Hauptstadt
1298 v–1228 v	Moses
1297 v/1282 v	Kämpfe gegen Hettiter
1286 v–1220 v	Meren-Pta
1282 v rot	Friede mit Hettitern
1257 v–1210 v	Sethos II.
1250 v rot	Auszug der Israeliten
1250 v–1197 v	Set-Nacht
1230 v braun	Abwehr der Libyer
1229 v braun	Krieg in Vorderasien
1227 v rot	Eindringen der Libyer
1224 v–1165 v	Ramses III.
1208 v–1137 v	Ram-Se-Na
1204 v braun	Priester-Erhebung
1203 v–1159 v	Ramses IV.
1202 v rot	Ausländischer König
1200 v braun	Vertreibung des Fremdlings
1200 v rot	Neues Königshaus
1199 v blau	Warnung vor Offiziersberuf
1193 v braun	Sieg über Libyer
1189 v braun	Angriff der Seevölker
1187 v braun	Abwehr der Libyer
1173 v grün	Mauer um Palast
1168 v rot	Lohnarbeiter-Streik
1168 v–1115 v	Ramses IX.
1165 v rot	Ermordung des Pharao
1158 v–1094 v	Ameno
1150 v–1076 v	Pa-He-Nesi
1142 v–1085 v	Ramses XI.
1128 v–1057 v	Herihor
1125 v–1054 v	Smendes
1119 v rot	Grabräuber-Prozeß
1118 v–1058 v	Wen-Amun
1101 v/1100 v	Volkserhebung
1101 v rot	Hilfe für Aufständische
1085 v rot	Zerfall des Reiches
1084 v rot	'Gottesstaat' in Theben
1082 v–1009 v	Psu-Sennes
1057 v rot	Einigung durch Smendes
976 v–924 v	Scheschonk I.
964 v braun	Erhebung Nubiens
964 v rot	Nubien selbständig
964 v–912 v	Jerobeam I.
945 v rot	Einigung durch Scheschonk
928 v braun	Eroberung Jerusalems
798 v–746 v	Kasta
784 v–720 v	Tef-Nacht
780 v–717 v	Pianki
760 v–715 v	Bok-Choris
757 v–703 v	Sabaka
748 v braun	Einfall der Nubier
748 v rot	Oberägypten nubisch
727 v rot	Einigung Unterägyptens
726 v/725 v	Kampf der Teilreiche
725 v rot	Vormacht des Südreiches
720 v braun	Unterstützung Palästinas
715 v braun	Niederlage Unterägyptens
715 v rot	Einheit unter Nubierkönig
713 v–669 v	Asarhaddon
693 v–609 v	Psammetich I.
671 v braun	Niederlage gegen Assyrien
671 v rot	Assyrische Oberhoheit
659 v braun	Aufstand gegen Assyrien
658 v–595 v	Necho II.
657 v braun	Erhebung gegen Assyrien
657 v rot	Ende der Fremdherrschaft
656 v rot	Griechen im Nildelta
654 v rot	Verdrängung Äthiopiens
652 v rot	Verdrängung der Nubier
650 v blau	Gründung von Naukratis
649 v–583 v	Jeremias
647 v–609 v	Josia
640 v–586 v	Zedekia
613 v–525 v	Amasis
605 v braun	Niederlage gegen Babylon
595 v–525 v	Krösus
570 v/569 v	Heeres-Revolte
569 v rot	Thronbesteigung des Amasis
565 v–522 v	Kambyses
550 v–486 v	Dareios I.
547 v rot	Bündnis mit Lydien
525 v braun	Eroberung durch die Perser
525 v rot	Endes des Reiches
525 v rot	Persische Provinz
520 v–465 v	Xerxes
485 v/484 v	Erhebung gegen Persien
484 v–424 v	Artaxerxes
455 v/454 v	Aufstand gegen Perser
455 v rot	Unterstützung durch Athen
372 v–285 v	Ptolemäus I.
356 v–323 v	Alexander der Große
351 v/348 v	Aufstands-Unterstützung
334 v/325 v	Alexanderzug
332 v rot	Mazedonische Herrschaft
331 v rot	Vergottung Alexanders
331 v blau	Gründung von Alexandria
323 v/301 v	Diadochenkriege
322 v–246 v	Ptolemäus II.
306 v rot	Ptolemäus König
305 v blau	Bibliothek von Alexandria
285 v grün	Staatsmonopole
284 v grün	Wirtschaftslenkung
281 v rot	Lohnarbeiter-Streik
276 v grün	Papyrus-Monopol
273 v grün	Handelsvertrag mit Rom
259 v rot	Ausfuhrverbot für Papyrus
253 v rot	Lehrverbot für Philosoph
242 v–187 v	Antiochus III.
237 v grün	Sonnenjahr
200 v braun	Niederlage gegen Syrien
200 v rot	Verlust Palästinas
100 v–44 v	Cäsar
82 v–30 v	Antonius
69 v–30 v	Kleopatra
58 v rot	Abtretung Zyperns
47 v rot	Cäsar, Kleopatra gefangen
43 v/30 v	Dritter Bürgerkrieg Roms
37 v rot	Heirat Antonius–Kleopatra
37 v rot	Gebietsgewinn
30 v rot	Römische Provinz
26 v grün	Ausbau der Handelsflotte
203 n rot	Christenhinrichtung
214 n–275 n	Aurelian
215 n braun	Aufstand gegen Rom
215 n rot	Schreckensherrschaft
230 n–273 n	Zenobia
269 n braun	Eroberung durch Palmyra
269 n rot	Oberhoheit Palmyras
273 n rot	Palmyra wieder römisch
391 n rot	Bibliotheks-Verbrennung
395 n rot	Byzantinische Herrschaft
451 n rot	Christliche Nationalkirche
582 n–644 n	Omar
611 n/629 n	Kreuz-Christi-Krieg
633 n/732 n	Arabischer Krieg
642 n rot	Arabische Herrschaft
642 n blau	Gründung von Kairo
821 n grün	Frauenstudium
868 n rot	Ibn Tulun Statthalter
868 n rot	Unabhängigkeits-Erklärung
888 n–956 n	Al Masudi
905 n rot	Arabisches Kalifat
969 n rot	Fatimiden-Dynastie
974 n grün	Sternwarte in Kairo
988 n blau	Universität Kairo
988 n grün	Stipendien
1021 n rot	Ermordung Al Hakims
1071 n/1077 n	Ikonischer Türkenkrieg
1138 n–1193 n	Saladin
1171 n rot	Saladin Kalif
1244 n rot	Gewinn Jerusalems
1336 n–1405 n	Timur
1402 n rot	Oberhoheit Timurs
1405 n rot	Unabhängigkeit
1494 n–1566 n	Soliman der Große
1521 n blau	Ibn Ayas' Geschichtswerk
1796 n/1815 n	Napoleonische Kriege
1804 n–1881 n	Disraeli
1822 n grün	Hieroglyphen-Entzifferung
1869 n grün	Suez-Kanal
1875 n grün	Suez-Kanal englisch
1882 n braun	Eroberung durch England
1882 n rot	Englische Herrschaft
1882 n blau	Hieroglyphen-Wörterbuch
1918 n–	Nasser
1936 n rot	Selbständigkeit
1939 n/1945 n	Zweiter Weltkrieg
1945 n rot	Mitglied der UN
1945 n rot	Arabische Liga
1952 n rot	Republik
1954 n rot	Nasser Präsident
1955 n rot	Bandung-Konferenz
1956 n grün	Suez-Kanal verstaatlicht
1956 n braun	Suezkrieg
1956 n rot	Unabhängigkeit des Sudan
1958 n rot	Arabische Union
1964 n grün	Assuan-Staudamm
1965 n rot	Sozialismus verkündet

ÄGYPTEN: Baukunst

2969 v grün	Wohnhaus-Modell
2846 v–2784 v	Hemaka
2843 v–2791 v	Merit
2836 v grün	Stadtmauer von Memphis
2832 v–2795 v	Djet
2799 v grün	Scheintüren in Gräbern
2786 v–2731 v	Kea
2783 v grün	Steinfußboden in Königsgrab
2751 v–2681 v	Ru-A-Ben
2736 v grün	Hunde-Grabmäler
2728 v blau	Grabsäule
2727 v–2672 v	Per-Ib-Sen
2707 v–2626 v	Imhotep
2704 v–2634 v	Hesire
2697 v–2650 v	Ka-Sechemui
2681 v grün	Wohnräume in Grabanlage
2660 v grün	Gewölbe-Technik
2644 v–2576 v	Snofru
2643 v blau	Totenstadt
2641 v grün	Naturstein-Verwendung
2639 v blau	Stufenpyramide von Sakkara
2633 v grün	Fayence-Verwendung
2633 v–2570 v	Meten
2631 v blau	Tempel in Heliopolis
2631 v–2564 v	Hetepheres
2624 v grün	Festung Elefantine
2615 v–2550 v	Cheops
2610 v blau	Stufenpyramide von Medum
2605 v–2542 v	Dedefre
2588 v blau	'Knickpyramide'
2583 v blau	Klassische Pyramide
2577 v blau	Totentempel
2576 v–2515 v	Chefren
2572 v blau	Cheops-Pyramide begonnen
2561 v–2500 v	Mykerinos
2553 v blau	Cheops-Pyramide vollendet
2551 v grün	Aufkommen der Säule
2543 v–2496 v	Schepses-Kaf
2542 v blau	Erster Säulenbau
2534 v–2470 v	User-Kaf
2529 v blau	Sphinx-Tempel von Giseh
2518 v blau	Chefren-Pyramide
2512 v–2458 v	Sahu-Re
2511 v blau	Mykerinos-Pyramide
2496 v–2438 v	Ni-Anch-Sekmet
2488 v blau	Palmstammsäule
2472 v grün	Obelisk
2472 v blau	Kultstätte für Sonnengott
2464 v blau	Sonnen-Kultstätte
2463 v–2403 v	Ni-User-Re
2462 v blau	Säulensaal in Totentempel
2458 v blau	RückgangdesPyramidenbaus
2452 v–2377 v	Ti
2431 v blau	Tal-Tempel des Ni-User-Re
2429 v blau	Sonnen-Kultstätte
2411 v blau	Pyramide des Ni-User-Re
2367 v blau	Pyramide des Unas
2355 v–2298 v	Pepi I.
2322 v blau	Grabmal mit 32 Räumen
2314 v–2292 v	Meren-Re
2305 v blau	Pyramidenanlage Memphis
2084 v–2012 v	Mentu-Hotep
2022 v–1962 v	Amen-Em-Het I.
2016 v blau	Tempel des Mentu-Hotep
2002 v–1928 v	Sesostris I.
1973 v grün	Grenzmauer
1955 v–1895 v	Amen-Em-Het II.
1946 v blau	Tempel von Heliopolis
1944 v blau	Obelisk in Heliopolis
1941 v blau	Tempel von Karnak
1932 v–1878 v	Sesostris II.
1908 v blau	'Weiße Pyramide'
1892 v grün	Planmäßige Stadtanlage
1891 v blau	Pyramide Sesostris' II.
1865 v–1792 v	Amen-Em-Het III.
1863 v grün	Türme und Forts
1856 v blau	Pyramide Sesostris' III.
1852 v–1786 v	Nefer
1842 v grün	Festung Semne
1834 v blau	'Schwarze Pyramide'
1826 v–1786 v	Nefer-Sebek-Re
1813 v grün	Zisternen und Brunnen
1806 v blau	Bauten in Hawara
1567 v blau	Gedächtnis-Kapelle Abydos
1563 v–1524 v	Amen-Hotep I.
1542 v–1505 v	Tut-Mosis I.
1531 v–1481 v	Sen-Mut
1526 v blau	Grabanlage Amen-Hoteps I.
1526 v–1482 v	Hatschepsut
1516 v blau	Obelisken Tut-Mosis' I.
1507 v blau	Königsgrab in Luxor
1488 v blau	Hatschepsut-Obelisken
1486 v blau	Tempel der Hatschepsut
1475 v blau	Annalen-Saal in Karnak
1462 v–1382 v	Hapu
1452 v blau	Tempel von Semne
1426 v–1377 v	Amen-Hotep III.
1401 v grün	Zierteich-Anlage
1395 v blau	Tempel-Kolonnade Luxor
1392 v blau	Großer Tempel von Luxor
1375 v blau	Aton-Tempel in Theben
1374 v grün	Mehrgeschossige Häuser
1353 v blau	Halle zum Luxor-Tempel
1345 v–1301 v	Sethos I.
1326 v–1234 v	Ramses II.
1321 v–1235 v	Bek-Necho
1313 v blau	Bet-Sche-An-Tempel
1308 v blau	Tempel von Abydos
1301 v blau	Ramsesstadt
1291 v blau	Felsentempel Abu-Simbel

1275 v blau Ausbau des Luxor-Tempels
1272 v blau 'Ramesseum' in Theben
1271 v blau Halle in Abu-Simbel
1263 v blau Säulenhalle von Luxor
1257 v–1210 v Sethos II.
1249 v blau Säulenhalle von Karnak
1224 v–1165 v Ramses III.
1208 v–1137 v Ram-Se-Na
1191 v blau Tempel in Karnak
1177 v blau Palastbau
1173 v grün Palastmauer
1162 v grün Beschaffung von Baumaterial
1082 v–1009 v Psu-Sennes
780 v–717 v Pianki
760 v–715 v Bok-Choris
693 v–609 v Psammetich I.
315 v blau Museion in Alexandria
287 v blau Isis-Tempel auf Philä
206 v blau Knum-Tempel in Esne
172 v blau Horus-Tempel in Edfu
114 v blau Tempel Medinet-Habu
643 n grün Baumaterial für Kairo
644 n blau Amr-Moschee
879 n blau Ibn-Tulun-Moschee
1362 n blau Sultan-Hassan-Moschee
1475 n blau Kait-Bai-Moschee
1964 n grün Assuan-Staudamm
1965 n blau Tempelverlegung

ÄGYPTEN: Bildhauerei

2999 v grün Relieftechnik
2998 v blau Löwenjagd-Darstellung
2946 v blau Relief zweier Giraffen
2918 v blau Bild von Hund und Fuchs
2888 v blau Darstellung eines Greifen
2875 v blau Skulptur eines Nilpferdes
2868 v grün Rollsiegel
2860 v blau Siegesrelief
2855 v blau Plastik eines Pavians
2846 v blau Elfenbeinschnitzerei
2838 v blau 'Hungriger Löwe'
2827 v blau 'Jagdhund'
2802 v blau 'Gazellenjagd'
2802 v grün Schmuckdosen in Tierform
2798 v–2751 v Semer-Chet
2793 v blau Elfenbein-Schnitzerei
2786 v blau Relief König Udimus
2752 v blau 'Alternder König'
2751 v blau Siegesrelief
2746 v blau 'Gefangener'
2732 v blau 'Mann am Opfertisch'
2728 v blau Grabsäule
2709 v–2661 v Ka-Sechem
2698 v blau Plastik eines Löwen
2670 v blau Plastik eines Zwerges
2663 v blau Statue König Ka-Sechems
2653 v blau 'Mann im Pantherfell'
2652 v blau 'Beamter mit Schreibzeug'
2651 v blau Statue eines Beamten
2648 v blau Statue eines Knienden
2640 v blau Holzreliefs an Grabtüren
2636 v blau Relief König Zosers
2633 v blau Statue König Zosers
2633 v–2570 v Meten
2623 v blau 'Beim Mahle'
2622 v blau 'Der Schiffsbaumeister'
2619 v blau 'Prinzessin Retaz'
2594 v blau Standbild eines Ehepaars
2594 v grün Farbige Flachreliefs
2582 v blau 'Prinz im Schneidersitz'
2576 v blau 'Antilopenjagd'
2576 v–2515 v Chefren
2573 v blau Plastik des Beamten Meten
2569 v blau Bemalte Kalksteinplastiken
2565 v blau 'Schreiber mit Papyrusrolle'
2564 v blau Relief dreier Fischer
2558 v blau Porträt Sechem-Nofers
2555 v blau Cheops-Statuette
2550 v blau 'Der edle Jüngling'
2547 v blau 'Der Schreiber Dersen'
2539 v blau Plastik Prinz Hemons
2538 v blau Porträt des Ank-Haf
2533 v blau Porträt König Chefrens
2532 v blau 'Prinzessin im Tigerfell'
2529 v blau Chefren-Statuen
2527 v blau 'Chefren auf dem Thron'
2523 v blau Sphinx von Giseh
2522 v blau Mykerinos-Porträt
2521 v blau Kopf des Chefren
2516 v blau 'Der Schreiber des Königs'
2514 v blau Götterstatuen
2507 v blau Königspaar-Skulptur
2506 v blau Mykerinos-Statuette
2504 v blau Sitzplastik Mykerinos'
2502 v blau Mykerinos-Porträt
2500 v blau 'Dorfschulze'
2499 v blau 'Jüngling mit Frauen'
2497 v blau Porträt des Schepses-Kaf
2496 v blau 'Bootsfahrt einer Dame'
2492 v blau 'Flachsernte'
2485 v blau 'Glückliche junge Frau'
2483 v blau 'Die Zuversichtliche'
2478 v blau Geierstele
2471 v–2397 v Ni-Anch-Pta
2465 v blau Relief: König und Götter
2463 v–2403 v Ni-User-Re
2461 v blau 'Gefangene'
2460 v blau 'Eroberung einer Stadt'
2459 v blau 'Heimkehr der Flotte'
2453 v blau Ra-No-Fer
2452 v–2377 v Ti
2444 v blau 'Bierbrauer bei der Arbeit'
2443 v blau 'Kalbende Antilope'
2439 v blau 'Musik und Tanz'
2434 v blau 'Katze beim Vogelfang'
2432 v blau 'Bauer mit Eselsherde'
2430 v blau 'Bäume und Gräser'
2428 v blau 'Die drei Jahreszeiten'
2425 v blau Löwenkopf
2423 v blau Bild des Ni-User-Re
2419 v blau 'Verwundeter Libyer'
2416 v grün Verfeinerte Relieftechnik
2415 v blau 'Gefangene Löwen'
2414 v blau 'Wasser- und Wüstentiere'
2413 v blau 'Beim Lesen'
2407 v blau 'Mahlzeit im Boot'
2404 v blau 'Abstecken des Meridians'
2401 v blau 'Knaben beim Ringkampf'
2395 v blau 'Der Eselstreiber'
2393 v blau 'Nilpferdjagd'
2391 v blau 'Tierleben'
2390 v blau 'Geflügelzüchter'
2389 v blau 'Dressierte Affen'
2387 v blau 'Kalbende Kuh'
2385 v blau 'Schiffszimmerleute'
2384 v blau 'Das Leben der Hirten'
2382 v blau Familiengruppe
2381 v blau Gemälde: Bildhaueratelier
2380 v blau Bildnis Per-Her-Nofrets
2379 v blau 'Vogelfang'
2378 v blau 'Segelschiff auf dem Nil'
2373 v blau Relief treibender Hirten
2370 v blau 'Der Tempelschreiber'
2369 v blau 'Die Lächelnde'
2366 v blau 'Opfertier'
2365 v blau Sieges-Denkmal
2364 v blau 'Der frohe Jüngling'
2361 v blau 'Der ruhende Hirte'
2360 v blau 'Gezähmte Bären'
2350 v blau 'Frau beim Kornmahlen'
2346 v blau 'Zwerg Senheb mit Familie'
2345 v blau 'Frau beim Bierbrauen'
2332 v blau 'Kornernte'
2327 v blau 'Schreiber bei der Arbeit'
2325 v blau Statue des Meren-Uka
2318 v blau 'Kinderspiele'
2317 v blau 'Bauern bei der Ernte'
2312 v blau 'Steuererklärung'
2307 v blau Falkenkopf aus Gold
2306 v blau Statue Pepis mit Sohn
2300 v blau 'Flachsernte'
2296 v blau 'Gepäckträger'
2291 v blau Statue Pepis mit Mutter
2215 v blau 'Korbträgerin'
2177 v grün Holzsoldaten
2125 v blau 'Der Handwerker'
2093 v blau 'Lastträgerin'
2085 v blau 'Frauen beim Frisieren'
2080 v blau 'Tauchende Fischer'
2075 v blau 'Bauer hinterm Pflug'
2064 v blau 'Hausboot'
2047 v blau 'Nilkahn mit Ruderern'
2044 v blau 'Morgentoilette'
2021 v blau 'Töpfer bei der Arbeit'
2014 v blau 'Viehzählung'
2008 v blau 'Bäcker'
1998 v blau Reliefbild des Anchu
1986 v–1915 v Chen
1972 v blau 'Karawane aus Asien'
1968 v blau Statue Knum-Hoteps
1940 v blau Reliefbild Sesostris' I.
1932 v blau 'Frauen mit Kindern'
1923 v–1861 v Tut-Hotep
1893 v blau Porträt: Königin Nofret
1877 v blau Plastik des Herti-Hotep
1869 v blau 'Bootsbau aus Papyrus'
1866 v blau Porträt Sesostris' III.
1861 v blau Bildnis Sesostris' III.
1851 v blau 'Sesostris III. als Sphinx'
1842 v blau Bildnis Sesostris' III.
1828 v blau 'Amen-Em-Het III. als Sphinx'
1823 v blau Statue Amen-Em-Hets III.
1817 v blau Basaltkopf Amen-Em-Hets III.
1813 v blau 'Nefer singt zur Harfe'
1805 v grün Vasen in Tierform
1803 v blau 'König mit Krokodil'
1797 v blau Statuette der Imret
1795 v blau 'Der alternde Herrscher'
1790 v blau Granitplastik der Senui
1771 v blau 'Brauerei'
1753 v blau 'Tischler'
1744 v blau 'Arbeiterfamilie'
1641 v blau 'Hettitischer Krieger'
1625 v blau 'Brüllendes Nilpferd'
1513 v blau Sieges-Denkmal
1502 v blau 'Die junge Königin'
1498 v blau 'Amosis mit Mutter'
1496 v blau 'Der Günstling des Königs'
1491 v blau 'Ruderer'
1490 v grün Dosen in Frauengestalt
1485 v blau 'Hof der Königin von Punt'
1483 v blau Hatschepsut als Sphinx
1480 v blau 'Träumender Negerknabe'
1478 v blau Amun-Statue
1474 v blau Statue der Göttin Sachmet
1472 v blau Fries: Weingewinnung
1462 v–1382 v Hapu
1461 v blau 'Tut-Mosis III. mit Krone'
1459 v blau Relief einer Gazelle
1455 v blau 'Der Aufseher'
1446 v blau 'Totenklage'
1442 v blau 'Schusterwerkstatt'
1439 v blau Holzporträt Merit-Amuns
1438 v blau Bild verhärmter Frau
1437 v–1373 v Ipuki
1434 v blau Amen-Hotep II.
1430 v blau 'Der Lesende'
1429 v blau 'Beladen der Schiffe'
1427 v blau Pavian als Schreibergott
1423 v–1359 v Juti
1405 v blau Porträt eines Oberrichters
1404 v blau Porträt Amen-Hoteps III.
1402 v blau 'Befehlsempfang'
1401 v blau 'Das anmutige Paar'
1400 v–1344 v Tut-Mes
1396 v blau Chons-Bildnis
1395 v–1321 v Bek
1388 v blau Granitplastik eines Löwen
1385 v blau Memnonskolosse
1383 v blau Juti: Königin Teje
1381 v blau 'Schreiber des Pharao'
1380 v blau 'Königspaar'
1379 v blau 'Mann mit Kranichen'
1375 v blau 'Pferdekopf'
1374 v blau 'Philosophenkönig'
1372 v blau Köpfchen einer Prinzessin
1372 v grün Nachbildungen aus Gips
1370 v blau Relief: Echnaton und Tochter
1369 v blau 'Tochter des Pharao'
1367 v blau Selbstdarstellung Jutis
1366 v blau Tut-Mes: Kopf der Nofretete
1362 v blau 'Echnaton und Nofretete'
1357 v blau Porträt der Teje
1355 v blau 'Der blinde Harfner'
1353 v blau 'Soldat mit Bierkrug'
1353 v blau Relief im Luxortempel
1352 v blau 'Bärtiger Asiate'
1352 v blau 'Trauernde Jungfrauen'
1351 v blau Statue Tut-Anch-Amuns
1349 v blau 'Auszeichnung'
1346 v blau 'Die nackte Königin'
1336 v blau 'Der lesende König'
1331 v blau 'Soldaten grüßen General'
1330 v blau Plastik einer Dame
1328 v blau 'Gefangene Neger'
1324 v blau 'Junge Frau mit Lotosblüte'
1322 v blau 'Abmarsch Gefangener'
1318 v blau 'Betriebskontrolle'
1317 v blau 'Ramses I. kniet vor Isis'
1315 v blau 'Pharao und Göttin'
1314 v blau Königsliste
1310 v blau 'Pharao verehrt Wahrheit'
1304 v blau 'Heldentaten des Königs'
1302 v blau Widder-Allee von Karnak
1293 v blau 'Der freundliche Pharao'
1287 v blau 'Schlacht bei Kadesch'
1285 v blau 'Mutter mit Sohn'
1280 v blau Porträt Ramses' II.
1277 v blau Bildnis Ramses' II. mit Krone
1275 v blau Standbilder Ramses' II.
1274 v blau Sitzplastiken Ramses' II.
1269 v blau 'Kahlköpfiger'
1262 v blau Plastik 'Der Kniende'
1260 v blau 'Toter Krieger am Fluß'
1253 v blau 'Dame mit Faltenkleid'
1223 v blau 'Tanz zum Tamburin'
1202 v blau 'Betende Paviane'
1188 v blau Relief weinender Kuh
1183 v blau 'Gefangener Fürst'
1179 v blau 'Isis mit Flügeln'
1157 v blau 'Gefangener Libyer'
1141 v blau 'Der Lesende'
1082 v–1009 v Psu-Sennes
1054 v blau 'Bienenschwarm'
1007 v blau 'Blauer Igel'
747 v blau Statue der Amenirdis
694 v blau 'Die Schreitende'
693 v–609 v Psammetich I.
679 v blau Kopf des Taharka
664 v blau Porträt des Montem-Het
639 v blau 'Bienenzucht'
623 v blau 'Frau Djet und Sohn'
613 v blau Statue des Imhotep
606 v blau Porträt einer Königin
586 v blau Statue der Prinzessin Ancnes
558 v blau 'Mutter Gottes mit Kind'
548 v blau Priesterstatue
380 v blau 'Musikkapelle'
360 v blau 'Pharao mit heiliger Kuh'
332 v blau Bryaxis: 'Serapis'
278 v blau 'Bauern bei der Ernte'
255 v blau Statue des Nilgottes
83 v blau Statue des Harsinebef

ÄGYPTEN: Dichtung und andere Literatur

2707 v–2626 v Imhotep
2647 v blau Osiris-Drama
2645 v blau 'Lehre von Memphis'
2641 v blau Loblied auf König
2633 v–2570 v Meten
2605 v–2542 v Dedefre
2593 v blau 'Götterlehre'
2570 v blau Autobiographie des Meten
2565 v rot Zeremonien-Buch
2559 v blau Pyramiden-Texte
2330 v blau Anstandsregeln
2273 v–2188 v Ipuwer
2197 v blau Ipuwers 'Mahnworte'
2193 v–2135 v Achtos II.
2185 v–2123 v Chun-Anup
2164 v blau Gespräch eines Lebensmüden
2135 v blau 'Klage eines Bauern'
2069 v blau Politisches Lehrbuch
2059 v–1997 v Anchu
2008 v–1952 v Keti
2004 v–1932 v Sinuhe
1995 v–1911 v Enotes
1994 v blau Lob des Lebensgenusses
1973 v blau Weissagungen
1962 v blau Lob des Schreiberberufs
1960 v blau Politisches Lehrbuch
1935 v blau Sinuhes Lebensgeschichte
1924 v blau Si-Renputs Lebensgeschichte
1921 v–1843 v Seneb
1912 v blau Grundsätze des Enotes
1895 v–1834 v Amoni
1859 v blau Lob auf die Vergangenheit
1857 v–1803 v Sehet
1850 v blau 'Der Schiffbrüchige'
1845 v blau Preislieder auf den König
1811 v blau Lehrdichtung für Kinder
1773 v grün Vermessungs-Handbuch
1676 v blau 'Cheops und der Zauberer'
1669 v blau 'Hymnus an den Nil'
1583 v blau Zaubersprüche
1502 v–1431 v Rech-Mi-Re
1479 v grün Totenbücher
1463 v blau Königshymne
1460 v blau Amtspflichten eines Wesirs
1445 v grün Schulbuch
1432 v blau Befreiungssage
1409 v blau Lobpreisung des Amun
1402 v–1346 v Burna-Bu
1365 v blau Königlicher Briefwechsel
1363 v blau Sonnenhymnus
1358 v blau Liebeslieder-Sammlung
1320 v blau Liederalbum
1288 v–1232 v Hori
1246 v–1194 v En-Nanna
1244 v blau Zeitkritik
1206 v blau Märchen von zwei Brüdern
1172 v blau Der verzauberte Prinz
1165 v blau Politisches Testament
1073 v grün Reisebericht
745 v blau Streit von Kopf und Bauch
617 v blau Fabeln
532 v blau Amasis' Brief an Polykrates
273 v blau Weisheitsbuch
357 n blau Antonius-Biographie
400 n–470 n Nonnos
435 n blau 'Zug des Dionysos'
1403 n blau '1001 Nacht'
1925 n blau Hussain: Kindheitsroman

ÄGYPTEN: Geschichtsschreibung

2838 v grün Jahrestäfelchen
2822 v–2781 v Udimu
2496 v–2448 v Nefer-Re
2452 v blau Jahreschronik
1475 v blau Annalen-Saal in Karnak
1407 v grün Denk-Skarabäen
1314 v blau Königsliste
482 v–429 v Herodot
372 v–285 v Ptolemäus I.
315 v–263 v Manethos
269 v blau Ägyptische Geschichte

ÄGYPTEN: Malerei

2996 v blau Rotfigurige Bemalungen
2984 v blau 'Krieger mit Feinden'
2933 v–2868 v Skorpion
2926 v blau 'Tänzerinnen mit Klappern'
2910 v grün Tragnetz-Abbildungen
2894 v blau Bilder von Schiffen
2833 v blau Tänzerinnenbilder auf Vasen
2594 v grün Pastenmalerei
2577 v blau Totentempel-Schmuck
2473 v blau 'Gänse auf der Weide'
2471 v–2397 v Ni-Anch-Pta
2463 v–2403 v Ni-User-Re
2416 v grün Verfeinerte Relieftechnik
2405 v blau 'Regierungsjubiläum'
2381 v blau 'Bildhauer im Atelier'
2355 v blau 'Hungernde'
2340 v blau 'Hirte mit Kalb'
2338 v blau 'Schwimmende Krokodile'
2321 v blau 'Maler an der Staffelei'
2053 v blau 'Schakal und Giraffe'
1965 v blau 'Kuh mit Kälbchen'
1959 v blau 'Singvögel'
1917 v blau 'Paviane bei Feigenernte'
1911 v blau 'Häßliche Fremdlinge'
1901 v blau 'Fürst mit Sohn'
1899 v blau 'Wandersmann mit Esel'
1885 v blau 'Fremde Handelskarawane'
1882 v blau 'Knaben beim Ballspiel'
1874 v blau 'Weberin mit Spindel'
1852 v–1786 v Nefer
1836 v blau 'Katze im Papyrusdickicht'
1831 v blau 'Antilopenfütterung'
1826 v blau 'Trächtige Hündin'
1774 v blau Fürstliche Familie
1497 v blau Bild eines Kranichs
1494 v blau 'Lieblingshündin'
1490 v blau 'Pharao in Grün'
1473 v blau 'Gazellenjagd'
1469 v blau 'Streitende Mädchen'
1468 v blau 'Dornauszieherin'
1467 v blau 'Tänzerinnen mit Lotos'
1465 v blau 'Empfang beim Pharao'
1462 v blau 'Mädchen im Boot'
1457 v blau 'Schreiber mit Affen'
1453 v blau 'Kind mit Amme'
1449 v blau 'Das schöne Paar'
1447 v blau 'In der Silberschmiede'
1444 v blau 'Damenkapelle'
1440 v blau 'Abwiegen von Gold'
1437 v blau 'Alter Bauer'
1437 v–1373 v Ipuki
1436 v blau 'Dame beim Festmahl'
1435 v blau 'Dehut mit seiner Mutter'
1433 v blau 'Tänzerin mit Perlenschnur'
1431 v blau 'Gewagtes Dekolleté'
1428 v blau 'Wagenlenker am Start'
1426 v blau 'Die Gerechtigkeit'
1425 v blau 'Jüngling mit Lotosblumen'
1424 v blau 'Durchsichtige Gewänder'
1423 v blau 'Besichtigung der Herden'
1423 v–1359 v Juti
1422 v blau 'Bürokratie auf dem Lande'
1421 v blau 'Vermessung eines Ackers'
1420 v blau 'Mädchen mit Papyrusstaude'
1419 v blau 'Diener des Schatzmeisters'
1417 v blau 'Verzückter Negertanz'
1416 v blau 'Unterworfene Fürsten'
1414 v blau 'Musizierende Jungfrauen'
1413 v blau 'Der fruchtbare Nil'
1412 v blau 'Ägypterin legt Kette an'
1411 v blau 'Weinernte am Nil'
1410 v blau 'Vier Musketiere'
1408 v blau 'Vogelfang mit Lockvögeln'
1407 v blau 'Schönheitstanz zur Flöte'
1403 v blau 'Schreiber bei der Arbeit'
1399 v blau 'Hasenjagd'
1398 v blau 'Trauernde'
1397 v blau 'Der Teich im Garten'
1395 v–1321 v Bek
1394 v blau 'Umzug ins Totenreich'
1391 v blau 'Pilgerfahrt'
1389 v blau 'Handwerker bei der Arbeit'
1386 v blau 'Mann beim Holzsägen'
1384 v blau 'Gala-Empfang'
1381 v blau 'Die Klageweiber'
1360 v blau 'Zärtliche Schwestern'
1355 v blau 'Prinzessin aus Nubien'
1351 v blau Miniatur Tut-Anch-Amuns
1350 v blau 'Besuch aus Mohrenland'
1349 v blau 'König auf Löwenjagd'
1343 v blau 'Wildenten'
1340 v blau 'Trauergemeinde'
1321 v blau 'Verwüstete Landschaft'
1312 v blau 'Dame in Hellblau'
1311 v blau 'Liebesgöttin und Pharao'
1299 v blau 'Die beiden Freundinnen'
1298 v blau 'Der kniende Pharao'
1289 v blau Bildnis eines Priesters
1286 v blau 'Königin beim Morgengebet'
1281 v blau 'Mädchen mit Ente'
1278 v blau 'Isis und Nofretete'
1257 v blau 'Der blaue Nilgott'
1247 v blau 'Ein kühler Trunk'
1241 v blau 'Heimkehr der Nilfischer'
1234 v blau 'Der schlechtrasierte Pharao'
1217 v blau Bild eines Ringkampfes
1209 v blau 'Ehepaar beim Brettspiel'
1196 v blau 'Im Reiche der Schatten'
1180 v blau 'Bei der Feldbestellung'
1174 v blau 'Prinz begibt sich zu Isis'
1169 v blau Spottbild auf den König
1161 v blau Fayence-Kacheln
1147 v blau 'Akrobatin'
1103 v blau 'Hunde verfolgen Hyäne'
1082 v–1009 v Psu-Sennes
1067 v blau Satirische Bilder
1015 v blau Himmelsgöttin
989 v blau 'Totengericht'
717 v blau Schlachtenbild auf einer Vase
693 v–609 v Psammetich I.
686 v blau 'Efnemuts Opfer'
617 v blau Humoristische Bilder

ÄGYPTEN: Musik

2638 v grün Rasselinstrument
2555 v–2491 v Hemre
2513 v blau Vorsteherin der Hofmusik
2480 v blau Vorsteher des Musikwesens
2439 v blau 'Musik und Tanz'
2332 v blau 'Ernte bei Flötenmusik'
2059 v–1997 v Anchu
1998 v blau Harfenspieler-Relief
1994 v blau Harfnerlied
1899 v blau 'Musizierender Wanderer'
1894 v grün Öffentliche Darbietungen
1852 v–1786 v Nefer
1813 v blau Relief eines Sängers
1697 v grün Stand-Harfe
1570 v grün Oboe verdrängt Flöte
1515 v–1479 v Har-Mosis
1506 v grün Dreisaitige Laute
1462 v grün Rahmentrommel
1444 v blau Gemälde 'Damenkapelle'
1438 v grün Winkelharfe
1414 v blau 'Musizierende Jungfrauen'
1407 v blau Gemälde 'Tanz zur Flöte'
1355 v blau Relief 'Blinder Harfner'
1320 v–1258 v Nefer
1283 v blau Betonung des Rhythmus
1223 v blau 'Tanz zum Tamburin'
1164 v–1107 v Per-Pet
1138 v grün Trompete als Solo-Instrument
380 v blau Relief einer Musikkapelle

ÄGYPTEN: Philosophie

2707 v–2626 v Imhotep
2495 v–2405 v Pta-Hotep
2422 v blau Einzelner und Gesellschaft
2164 v blau Gespräch des Lebensmüden
1995 v–1911 v Enotes
1912 v blau Sittenlehre des Enotes
1391 v–1358 v Echnaton
1377 v blau Menschenliebe statt Glauben
1377 v–1302 v Ani
1374 v blau 'Der Philosophenkönig'
1363 v blau Sonnenhymnus
1347 v blau Mutter-Verehrung
1342 v blau Lehrbarkeit der Tugend
1022 v–936 v Amenope
943 v blau 'Lehre für das Leben'
273 v blau 'Demotisches Weisheitsbuch'
253 v rot Lehrverbot
80 n–130 n Karpokrates
98 n–160 n Valentin
131 n–182 n Celsus
150 n–215 n Klemens von Alexandria
160 n–242 n Ammonios
182 n–253 n Origenes
204 n–270 n Plotin

360n–415n Hypatia
411n blau Vorwurf der 'Ketzerei'
415n rot Mord an Hypatia

ÄGYPTEN: Recht

2382v–2320v Teti
2369v–2295v Una
2331v rot Hoheitsrechte der Gaue
2193v–2135v Achtos II.
2185v–2123v Chun-Anup
1384v–1318v Haremhab
1344v rot Harte Strafen
1321v–1235v Bek-Necho
1168v–1115v Ramses IX.
1164v–1107v Per-Pet
1119v rot Prozeß gegen Grabräuber
760v–715v Bok-Choris

ÄGYPTEN: Religion

2928v blau Horus höchste Gottheit
2878v rot 'Horus' Königstitel
2841v grün Skarabäus
2832v–2795v Djet
2799v grün Scheintüren in Gräbern
2786v–2731v Kea
2766v–2702v Neb-Re
2757v–2681v Neter-Imu
2751v–2681v Ru-A-Ben
2743v grün Weihrauch-Import
2737v grün Fortleben nach dem Tode
2727v–2672v Per-Ib-Sen
2723v rot 'Re' Königsname
2716v grün Krokodil-Gehege
2704v–2634v Hesire
2697v–2650v Ka-Sechemui
2695v rot Horus-Feier
2681v grün Grab-Einrichtung
2673v–2631v Zoser
2669v grün Mumifizierung
2647v blau Osiris-Drama
2643v blau Totenstadt
2641v blau Veränderte Osiris-Legende
2637v blau Sonnen-Religion
2631v blau Sonnen-Heiligtum
2631v–2564v Hetepheres
2602v blau Dialektische Begriffe
2593v blau Schöpfungsgeschichte
2555v–2491v Hemre
2534v–2470v User-Kaf
2515v grün Felshöhlen-Bestattung
2514v blau Götter-Statuen
2496v–2448v Nefer-Re
2496v–2438v Ni-Anch-Sekmet
2476v rot Re-Kult Staatsreligion
2476v blau Zentrum Heliopolis
2472v blau Kultstätte des Gottes Re
2472v grün Obelisk als Symbol
2471v rot König 'Sohn Gottes'
2465v blau Relief: König mit Göttern
2464v blau Sonnenkult-Stätte
2463v–2403v Ni-User-Re
2458v blau Zunehmend Bauten für Re
2449v rot Priesterprivileg
2429v blau Kultbau 'Freude des Re'
2415v–2335v Chui
2404v–2350v Unas
2382v–2320v Teti
2359v blau 'Pyramidentexte'
2341v grün Tempelbesitz steuerfrei
2297v–2197v Pepi II.
2240v–2172v Aba
2228v rot Erneut Osiris-Kult
2162v–2081v Antef
2121v blau Glaube an Jüngstes Gericht
1993v grün Krokodil-Verehrung
1946v blau Tempel von Heliopolis
1945v grün Tempel-Monopole
1941v blau Tempel in Karnak
1852v–1786v Nefer
1826v–1786v Nefer-Sebek-Re
1806v blau Tempel in Hawara
1775v–1725v Sebek-Hotep III.
1732v rot Krokodil-Kult Staatsreligion
1727v rot Kultstätte verlegt
1712v–1640v Apofis
1691v–1628v Chian
1652v rot Seth-Kult Staatsreligion
1559v grün Verkauf des Priesteramts
1526v blau Trennung Gruft-Tempel
1479v grün Totenbücher
1478v blau Statue des Amun
1474v blau Statue der Kriegsgöttin
1441v rot Einfluß Kanaans
1438v–1368v Ra-Mosis
1427v blau Gottheit der Schreiber
1422v–1356v Teje
1410v–1353v Pentu
1409v blau Lobgedicht auf Amun
1398v–1335v Eje
1396v blau Bildnis des Mondgottes
1395v–1321v Bek
1392v blau Tempel von Luxor
1391v blau Gemälde 'Pilgerfahrt'
1391v–1358v Echnaton
1388v grün Heilige Stiere
1377v blau Menschenliebe statt Glauben
1375v blau Aton-Tempel
1368v–1349v Tut-Anch-Amun
1363v blau Lobgesang auf die Sonne
1326v blau Verinnerlichung
1321v–1235v Bek-Necho
1317v blau 'König kniet vor Isis'
1313v blau Bet-Sche-An-Tempel
1311v blau 'Liebesgöttin und Pharao'
1308v blau Tempel von Abydos
1298v–1228v Moses
1291v blau Tempel von Abu-Simbel
1286v blau 'Königin beim Gebet'
1278v blau 'Isis und Nofretete'
1257v blau Bild des Nilgottes
1257v–1210v Sethos II.
1252v rot 'Vorsteher aller Götter'
1208v–1137v Ram-Se-Na
1203v–1159v Ramses IV.
1202v blau Plastik betender Paviane
1196v blau 'Im Reiche der Schatten'
1191v blau Tempel des Mondgottes
1179v blau Göttin mit Flügeln
1174v blau 'Prinz begibt sich zu Isis'
1168v–1115v Ramses IX.
1162v grün Material für Kultbauten
1158v–1094v Ameno
1142v–1085v Ramses XI.
1128v–1057v Herihor
1125v–1054v Smendes
1118v–1058v Wen-Amun
1084v rot 'Gottesstaat' in Theben
1082v–1009v Psu-Sennes
1015v blau Bild betender Affen
989v blau 'Totengericht'
693v–609v Psammetich I.
558v blau 'Mutter Gottes'
548v blau Priester-Statue
360v blau 'Pharao mit heiliger Kuh'
332v blau Kultbild 'Serapis'
331v rot Weihe Alexanders
315v–263v Manethos
287v blau Isis-Tempel auf Philä
206v blau Tempel für Knum
172v blau Horus-Tempel in Edfu
114v blau Tempel Medinet-Habu
80v rot Isis-Kult in Rom
2v–71n Markus
65n rot Christengemeinde
80n–130n Karpokrates
123n–140n Epiphanes
150n–215n Klemens von Alexandria
182n rot Christliche Mission
182n–253n Origenes
203n rot Christenhinrichtung
251n–356n Antonius
258n–336n Arius
276n blau Einsiedlergemeinden
282n rot Mani-Anhänger
292n–346n Pachomius
295n–373n Athanasius
318n blau Lehre des Athanasius
323n blau Christliches Kloster
331n blau Kloster-Regeln
336n blau Frauenkloster
357n blau Antonius-Biographie
381n–444n Cyrillus
391n rot Bibliotheks-Verbrennung
411n blau Philosophie ketzerisch
415n rot Mord an Philosophin
451n rot Christliche Nationalkirche
644n blau Amr-Moschee
879n blau Ibn-Tulun-Moschee
1362n blau Sultan-Hassan-Moschee
1475n blau Kait-Bai-Moschee

ÄGYPTEN: Sitten und Gebräuche

2990v grün Schminkpaletten
2969v grün Wohnhaus-Modell
2953v grün Goldschmuck
2950v grün Bier
2947v grün Kämme
2935v grün Brettspiel
2889v grün Türkis-Verarbeitung
2864v grün Elfenbeinkämme
2852v grün Metallspiegel
2820v grün Schnabel-Kannen
2804v rot Mitbestattungen
2802v grün Dosen in Tierform
2787v grün Wein
2736v grün Hundegräber
2724v grün Schuh-Hüllen
2716v grün Krokodil-Gehege
2669v grün Mumifizierung
2631v–2564v Hetepheres
2618v grün Sänfte
2604v grün Harpunen
2576v–2515v Chefren
2565v rot Hofzeremoniell
2561v–2500v Mykerinos
2544v grün Fischstechen
2515v grün Bestattung in Felshöhlen
2477v grün Fischnetze
2465v grün Bären als Beute
2330v blau Anstandsregeln
2282v grün Segeln
2219v grün Schiffsmodelle
2177v grün Holzsoldaten
2078v grün Arbeitsplatz-Modelle
2055v grün Sonnenuhr
1943v grün Hauskatze
1933v grün Spielzeug
1926v grün Diademe
1910v grün Ballspiele
1805v grün Vasen in Tierform
1733v grün Einpökeln
1705v grün Zugpferde
1631v grün Ohrringe
1608v grün Schmuckschalen
1530v grün Wasseruhr
1519v grün Reitpferde
1490v grün Cremedosen
1487v grün Nagellack
1476v grün Jagdwagen
1483v grün Verbesserte Sonnenuhr
1472v grün Haushuhn
1468v grün Sättel
1456v grün Orden
1445v grün Schulaufgaben
1430v grün Modische Haartracht
1426v–1377v Amen-Hotep III.
1414v grün Bumerang
1407v grün Denk-Skarabäen
1399v grün Treibjagden
1367v grün Vergoldete Handspiegel
1362v grün Klappbetten
1338v grün Ohrringe Frauenschmuck
1326v–1234v Ramses II.
1303v grün Abrasieren des Kopfhaares
1209v blau 'Ehepaar beim Brettspiel'
912v grün Glocken
737v grün Tierfriedhöfe
681v grün Platin-Schmuck
634v grün Mumifizierung von Katzen
181n grün Dampfkochtopf
821n grün Frauenstudium
1173n grün Brieftaubenpost

ÄGYPTEN: Sprache und Schrift

2870v grün Hieroglyphen
2822v–2781v Udimu
2790v grün Jahrestäfelchen
2657v grün Schriftzeichen in Zeilen
2633v–2570v Meten
1936v grün Abgekürzte Schrift
1522v grün Schiefertafeln
1364v grün Schriftsprache
655v grün Demotische Schrift
313v grün Schreibpinsel-Ersatz
294v grün Wachs- und Bleitafeln
254n grün Koptische Schrift
1822n grün Hieroglyphen-Entzifferung
1882n blau Hieroglyphen-Wörterbuch

ÄGYPTEN: Technik

Vorzeittafel: Schlußbalken (5000 Jahre)
2994v grün Nähnadeln
2986v grün Glasherstellung
2979v grün Lederverarbeitung
2943v grün Ausrüstung mit Schilden
2933v–2868v Skorpion
2931v grün Seile aus Flachs
2922v grün Leinwand
2904v grün Kupferguß
2884v grün Bewässerungskanäle
2882v–2825v Menes
2876v grün Nähen mit Goldfäden
2860v grün Kunst des Gravierens
2852v grün Metallspiegel
2836v grün Mauer um Memphis
2810v grün Mahlsteine
2786v–2713v Kea
2781v grün Glasieren
2777v grün Werkstoff Papyrus
2763v grün Öl-Lampen
2708v grün Versilbern
2707v–2626v Imhotep
2674v grün Steinbohrer
2666v grün Schmelzöfen
2660v grün Gewölbebau
2633v grün Fayence
2624v grün Befestigung Elefantines
2598v grün Flußschiffe
2582v grün Befestigte Straße
2565v grün Transport schwerer Lasten
2477v grün Fischnetze
2369v–2295v Una
2339v grün Boote aus Papyrus
2314v–2292v Meren-Re
2297v grün Katarakt schiffbar
2141v grün Brutöfen
2022v–1962v Amen-Em-Het I.
1973v grün Grenzmauer
1904v–1841v Sesostris III.
1867v grün Katarakt-Kanal
1865v–1792v Amen-Em-Het III.
1863v grün Türme und Forts
1842v grün Festung Semne
1835v grün Felsen-Pegel
1832v grün Dschungel-Trockenlegung
1813v grün Bergwerksausbau
1796v grün Bergwerksbefestigung
1764v grün Vierrädriger Wagen
1701v grün Neue Waffen
1697v grün Standharfe
1696v grün Metall-Helm und -Schild
1673v grün Streitwagen
1592v grün Glasgefäße
1570v grün Doppel-Oboe
1506v grün Laute
1462v grün Rahmen-Trommeln
1438v grün Winkelharfe
1420v grün Sphinx-Freilegung
1401v grün Künstlicher See
1374v grün Komfort-Häuser
1367v grün Vergoldung
1362v grün Klappbetten
1360v grün Gehärtetes Eisen
1173v grün Palast-Mauer
1055v grün Kaimauer-Reparatur
912v grün Glocken
795v grün Hufschutz
713v grün Texte in Stein
658v–595v Necho II.
605v grün Kanalbau
490v grün Kanal Nil–Rotes Meer
281v grün Schleusenbau
279v grün Leuchtturm von Alexandria
253v grün Papyrus-Normen
152v–82v Heron
91v grün Mechanikerschule
181n grün Dampfkochtopf
1869n grün Suez-Kanal
1964n grün Assuan-Damm
1965n blau Tempel-Verlegung

ÄGYPTEN: Wirtschaft und Verkehr

Vorzeittafel: Schlußbalken (5000 Jahre)
2933v–2868v Skorpion
2884v grün Bewässerungskanäle
2832v–2795v Djet
2830v grün Buchführung
2815v grün Textil-Manufakturen
2812v grün Nilwasser-Messung
2804v grün Handelsverkehr mit Syrien
2803v–2758v Adjib
2798v–2751v Semer-Chet
2757v–2681v Neter-Imu
2753v rot Kupferminen am Sinai
2743v grün Weihrauch-Import
2740v grün Handel mit Sumer
2704v grün Vermögenszählung
2696v grün Direkte Steuer
2692v grün Grundsteuer
2647v grün Geflügelzucht
2644v–2576v Snofru
2615v–2550v Cheops
2606v grün Grundeigentum
2598v grün Nilschiffe
2584v grün Handelsflotte
2582v grün Sinai-Straße
2576v grün Assuan Karawanen-Platz
2572v grün Brunnensteuer
2570v–2481v Ur-Enlil
2558v grün Obstbaumsteuer
2550v grün Viehzählungen
2543v–2496v Schepses-Kaf
2512v–2458v Sahu-Re
2494v grün Handelsverkehr mit Punt
2466v grün Rohstoff-Einfuhr
2452v–2377v Ti
2443v grün Großgrundbesitz
2426v grün Bienenzucht
2382v–2320v Teti
2381v grün Goldminen bei Theben
2369v–2295v Una
2341v grün Tempelbesitz steuerfrei
2319v grün Gold-Einfuhr
2314v–2292v Meren-Re
2311v grün Karawanen nach Nubien
2301v grün Elfenbein-Einfuhr
2297v grün Katarakt schiffbar
2297v–2197v Pepi II.
2292v grün Niederlassung Kerma
2282v grün Segelschiffe
2240v–2172v Aba
2196v grün Gemeineigentum
2193v–2135v Achtos II.
2172v rot Erneut Privateigentum
2138v–2063v Achtos III.
2115v grün Ackerbauer-Städte
2102v–2040v Meri-Kare
2031v grün Gold Zahlungsmittel
2020v grün Wertsteigerung des Goldes
2006v grün Neue Schafrasse
2002v–1928v Sesostris I.
1955v–1895v Amen-Em-Het II.
1950v grün Afrika-Handel
1945v grün Tempel-Monopole
1915v grün Lohnzahlungen wöchentlich
1904v–1841v Sesostris III.
1867v grün Schiffahrtskanal
1835v grün Wasserstands-Markierung
1832v grün Bodengewinnung
1822v–1780v Sebek-Hotep I.
1705v grün Zugpferd
1691v–1628v Chian
1637v grün Weite Handelsbeziehungen
1597v–1521v Minos
1526v–1482v Hatschepsut
1496v grün Kupfer-Einfuhr
1472v grün Haushuhn
1449v grün Arbeitsteilung
1418v–1372v Ka-Em-Het
1402v grün Handel mit England
1365v–1317v Ramses I.
1208v–1137v Ram-Se-Na
1168v rot Lohnarbeiter-Streik
1150v–1076v Pa-He-Nesi
1082v–1009v Psu-Sennes
693v–609v Psammetich I.
674v grün Papyrus-Ausfuhr
658v–595v Necho II.
605v grün Kanalbau
550v–486v Dareios I.
490v grün Kanal Nil–Rotes Meer
322v–246v Ptolemäus II.
285v grün Staatsmonopole
284v grün Wirtschaftslenkung
281v rot Lohnarbeiter-Streik
276v grün Papyrus-Monopol
273v grün Handelsvertrag mit Rom
267v grün Akkordlöhne
259v rot Ausfuhrverbot für Papyrus
253v grün Papyrus-Normen
750n grün Zuckerrohr-Anbau
1173n grün Brieftaubenpost
1869n grün Suez-Kanal
1875n grün Suez-Kanal englisch
1918n– Nasser
1956n grün Suez-Kanal verstaatlicht
1964n grün Assuan-Staudamm
1965n rot Sozialismus

ÄGYPTEN: Wissenschaft

2589v grün Sternenuhr
2496v–2438v Ni-Anch-Sekmet
2468v grün Handbuch der Chirurgie
2419v grün Spezialärzte
2415v–2335v Chui
2404v blau Meridian-Abstecken
2358v grün Gesundheitspflege
2239v–2162v Ir-En-Achat
2183v grün Darmkrankheiten-Forschung
2004v–1932v Sinuhe
1981v–1929v Neferi
1951v grün Krebs und Tuberkulose
1930v grün Epilepsie-Forschung
1888v grün Tiermedizin
1875v grün Frauenkrankheiten-Buch
1838v grün Rechenbuch
1828v grün Kreisumfangs-Berechnung
1807v grün Tafel für Bruchrechnung
1773v grün Handbuch für Vermessung
1643v grün Ursache des Stotterns
1602v grün Augen-Behandlung
1575v grün Handbuch der Tierheilkunde
1570v–1518v Amenem
1566v grün Handbuch der Gynäkologie
1554v grün Entdeckung des Gehirns
1546v grün Handbuch der Chirurgie
1534v grün Länge von Tag und Nacht
1473v–1409v Neb-Amun
1462v–1382v Hapu
1425v grün Ansehen der Medizin
1410v–1353v Pentu
1383v grün Weltruf der Medizin
1317v grün Jahresberechnung
1258v grün Karte von Goldfeldern
1159v grün Sternuhren
760v–715v Bok-Choris
718v grün Ärzteschule
713v grün Texte in Stein
372v–285v Ptolemäus I.
365v–276v Euklid
322v–246v Ptolemäus II.
315v blau Museion in Alexandria
305v blau Bibliothek in Alexandria
289v–235v Kallimachos
247v grün Großbibliothek Alexandria
237v grün Sonnenjahr
223v grün Spezialisierung der Medizin
176v grün Sternkunde
91v grün Fachschule in Alexandria
47v grün Bibliotheksbrand
101n–179n Ptolemäus
131n–182n Celsus
214n–280n Diophant
230n–300n Pappos
391n rot Bibliotheksbrand
360n–415n Hypatia
487n–565n Kosmas
548n grün Christliche Erdkunde
821n grün Frauenstudium
965n–1039n Al Hassan
974n grün Sternwarte
988n blau Universität Kairo
988n grün Stipendien
1016n blau Großbibliothek Kairo

ÄGYPTISCHE AUGENKRANKHEIT (Trachom), ansteckende Entzündung der Bindehaut, die gelegentlich auch auf die Hornhaut übergreift. Verbreitete sich von Ägypten aus vor mehr als 4000 Jahren nach Vorderasien und kam durch Napoleons Ägypten-Expedition 1799n auch nach Europa.

2415v–2335v Chui
2358v grün Volks-Hygiene in Ägypten

ÄHNLICHKEITSLEHRE, Grundsatz, demzufolge geometrische Figuren von verschiedener Größe ähnlich sind, wenn ihre Winkel und ihre Seitenverhältnisse übereinstimmen.

408v–355v Eudoxos

ÄLFRIC (955n–1020n), englischer Grammatiker und Übersetzer. Als Abt des Klosters Ensham bei Oxford suchte er die Bildung der Geistlichen durch Vermittlung lateinischer Literatur zu heben. Selbst ein Dichter, wandte er seine Kraft hauptsächlich der Nachschöpfung alter Texte zu.

1003n blau Grammatik
1007n blau Bibel-Übersetzung

ÄLIUS, Aristides (117n–189n), griechischer Redner aus Kleinasien. Nach dem Vorbilde des Isokrates und des Demosthenes suchte er die Redekunst über die Philosophie zu stellen. Auf weiten Reisen als Wanderredner lernte er große Teile des römischen Imperiums kennen und gab eine Reisebeschreibung in seiner 'Preisrede auf Rom'. Als die Stadt Smyrna (Kleinasien) im Jahre 178n durch ein Erdbeben zerstört worden war, nutzte er seinen Einfluß auf Kaiser Mark Aurel, um den schnellen Wiederaufbau zu veranlassen.

144n blau 'Preisrede auf Rom'

ÄLIUS GALLUS (um 60v–um 10v), römischer Feldherr. Als Statthalter von Ägypten unternahm er auf Befehl des Augustus einen Feldzug nach Arabien, das 'glückliche Land' der Sabäer. Nach verlustreichen Kämpfen mußte er geschlagen zurückkehren. Doch bewirkte seine Expedition eine Stärkung des römischen Warenaustausches mit Arabien und Indien.

25v/24v Arabischer Feldzug

ÄNEIS. Heldendichtung des Römers Vergil. Nach zehnjähriger Arbeit bei dessen Tode unvollendet hinterlassen und von seinen Freunden, den Dichtern Varius und Tucca, herausgegeben. Behandelt Irrfahrten, Kämpfe und Abenteuer des Römers Äneas, der bald als Idealbild echten Mannestums und als Ahnherr des römischen Volkes galt. Seine Gestalt ist der Heldendichtung des Griechen Homer vom Kampf um Troja ('Ilias') entnommen.

70v–19v Vergil
19v blau Niederschrift

ÄRZTE

2653v grün Li-Pe
2578v grün Rai-Ko
2496v–2438v Ni-Anch-Sekmet
2415v–2335v Chui
2239v–2162v Ir-En-Achat
2055v–1975v Ur-Edina
1981v–1929v Neferi
1473v–1409v Neb-Amun
1462v–1382v Hapu
1410v–1353v Pentu
520v–450v Alkmaion
460v–375v Hippokrates
418v–345v Diokles
339v grün Mnesitheos
324v–250v Herophilos
304v–240v Erasistratos
219v grün Archagathos
203v grün Andreas Karystos
129v–40v Asklepiades
105v grün Demetrios Apameia
74v grün Herakleides Tarentinus
20n–79n Dioskurides
22n–74n Lukas
49n grün Demosthenes Philalethes
50n grün Thessalos von Tralles
81n–144n Archigenes
82n–135n Soranos
124n–170n Apulejus
129n–199n Galen
143n grün Antyllos
147n grün Tscharaka
190n–265n Hua-To
231n grün Eumelos
294n–354n Apsyrtos
366n grün Pelagonius
387n grün Oribasios
419n grün Vegetius
442n grün Susruta
525n–605n Alexander Tralles
629n grün Paulus von Ägina
653n grün Vagbhata
699n–759n Wang-Wei
806n–873n Abu Hunain
865n–932n Al Rasi
903n grün Ibn Hunain
936n–1013n Abu Kasim
973n–1048n Al Biruni
975n grün Muwaffat
982n grün Ibn Abbas
1012n grün Ibn Isa
1033n grün Ibn Sina
1052n grün Ibn Wafid
1085n–1141n Juda Halevi
1093n–1162n Ibn Badscha
1098n–1178n Hildegard von Bingen
1127n–1185n Ibn Tufail
1135n–1204n Maimonides
1212n grün Ibn Baitar
1228n grün Ugo
1242n grün Ibn Usaibia
1258n grün Ibn Mahasin
1263n grün Ibn Annafis
1290n–1343n Marsilius von Padua
1315n grün Mondino de Luzzi
1356n grün Al Katib
1363n grün Chauliac
1472n grün Bagellardo
1493n–1541n Paracelsus
1543n grün Vesal
1544n grün Valerius Cordus
1545n grün Paré
1546n grün Fracastoro
1563n grün Eustachio
1575n grün Maurolico
1618n grün Harvey
1625n grün Neander
1630n grün Chamberlen
1660n grün Nils Stensen
1661n grün Malpighi
1667n grün Denis
1717n grün Maitland
1737n grün Hahn
1745n grün Daviel
1746n grün Fauchard
1760n grün Auenbrugger
1761n grün Morgagni
1791n grün Pinel
1796n grün Gall
1805n grün Hahnemann
1819n grün Laennec
1824n grün Priessnitz
1837n grün Flourens
1842n grün Jackson
1847n grün Semmelweis
1852n grün Mathysen
1855n–1939n Freud
1858n grün Virchow
1867n grün Lister
1867n grün Pasteur
1873n grün Hansen
1874n grün Billroth
1881n grün Charcot
1882n grün Koch
1887n grün Kneipp
1889n grün Eikman
1890n grün Behring
1892n grün Schleich
1893n grün Ehrlich
1901n grün Landsteiner
1912n grün Adler
1920n grün C. G. Jung
1924n grün Berger
1926n grün Pawlow
1935n grün Domagk
1938n grün Cerletti
1938n grün Bini

ÄSKULAP, lateinischer Name des griechischen Gottes der Heilkunst Asklepios. Nach griechischer Göttersage Sohn des Apollo, der ihn nach Tötung seiner Frau Koronis dem Cheiron zur Erziehung übergab. Von diesem lernte er die Heilkunst und übte sie später zum Segen der Menschheit meisterlich aus. Als er Tote zum Leben erweckte, erschlug ihn Zeus mit einem Blitz, damit die Ordnung der Welt nicht zerstört werde.

307v grün Epidauros Kurort
293v grün Verehrung in Rom

ÄSKULAP-STAB, Symbol des ärztlichen Berufes. Besteht aus einem Stab, um den sich eine Schlange windet. Vor mehr als 4000 Jahren in Mesopotamien als Zeichen des Gottes der Heilkunst eingeführt. Später mit dem lateinischen Namen des griechischen Gottes der Heilkunst ('Äskulap') verknüpft.

2027v grün Symbol in Sumer

ÄSOP, griechischer Dichter.

636v–564v Lebenslinie
571v blau Fabeln
16v–45n Phädrus
1485n blau Deutsche Übersetzung

ÄSTHETIK, die Lehre vom Wesen des Schönen, insbesondere von den Regeln und den Bedingungen des Schönen in der Kunst.

514v blau Lasos: Musiktheorie
419v blau Polyklet: Kanon
384v–322v Aristoteles
372v grün Geometrie und Malerei
365v–276v Euklid
348v grün Aristoxenos: Harmonik
322v blau Aristoteles: Poetik
70v blau Schule der Dichtkunst
20v blau Horaz: Dichtkunst
101n–179n Ptolemäus
139n grün Nikomachos: Harmonik
180n blau Herodianos: Verslehre
502n–543n Al Kais
539n blau Al Kais' Regeln
718n–791n Al Chalil
737n blau Dandin: Dichtkunst
761n blau Al Chalil: Verslehre
777n blau Alkuin: 'Musica'
839n–923n Al Tabari
894n blau Regino: Musiktheorie
918n blau Hucbald: Musiktheorie
932n blau Al Farabi: Musiktheorie
1054n–1122n Al Hariri
1093n blau Ablehnung von Regeln
1178n–1241n Snorri Sturluson
1239n blau Lehrbuch 'Edda'
1265n–1321n Dante
1306n blau Dantes Werk vom Dichten
1392n blau Deschamps: Dichtkunst
1404n–1472n Alberti
1415n grün Brunellesco: Perspektive
1417n–1492n Francesca
1450n blau Meistersingerschule
1454n blau Peurbachs Vorlesungen
1482n grün Francesca: Perspektive
1508n blau Leonardo: Malkunst
1558n grün Zarlinos Harmonielehre
1624n blau Opitz: 'Poeterei'
1653n blau Harsdörffers 'Trichter'
1674n blau Boileau: Dichtkunst
1711n–1765n Lomonossow
1713n–1784n Diderot
1722n grün Rameaus Harmonielehre
1729n–1781n Lessing
1730n blau Gottsched: Dichtkunst
1763n blau Winckelmanns Werk
1767n blau 'Hamburger Dramaturgie'
1795n blau Schiller: Erziehung
1849n blau 'Kunst und Revolution'
1855n blau Burckhardts 'Cicerone'
1857n grün Ruskins Kunsttheorie
1898n–1956n Brecht
1910n blau Zeitschrift 'Der Sturm'
1912n blau Schrift Kandinskys
1953n blau Lukacs' Untersuchung

ÄTHER, Name einer farblosen, stark riechenden Flüssigkeit, deren Siedepunkt bei 35 Grad liegt und die sich leicht verflüchtigt. Wird als Lösungsmittel für Fette, Harze und Schießbaumwolle sowie als schmerzstillendes Mittel und zur Narkose verwendet.

1842n grün Narkose

ÄTHERWELLEN, veraltete Bezeichnung für elektrische Wellen, die sich im luftleeren Raum bewegen. Beruhte auf der überholten Annahme des Vorhandenseins eines diese Wellen tragenden Stoffes im Weltraum außerhalb der Luftschicht der Erde ('Äther').

1863n grün Maxwells Forschungen

ÄTHIOPIEN (wörtlich 'Südreich'), aus dem Griechischen übernommene Bezeichnung für das Reich von Aksum (= Abessinien).

1019v rot Sabäer-Niederlassung
999v–936v Hiram
985v blau Gründung der Stadt Aksum
969v–908v Bilkis
654v rot Vertreibung aus Ägypten
24v/23v Römischer Angriff
50n rot Reich von Aksum
272n rot Bündnis mit Rom
340n rot Christliche Kirche
345n rot Herrschaft über Südarabien
351n rot Christentum Staatsreligion
525n braun Eroberung Südarabiens
530n braun Angriff auf Mekka
631n rot Verlust Arabiens
970n grün Kaffee
1885n braun Italienischer Angriff
1885n rot Eritrea italienisch
1889n braun Italienischer Feldzug
1894n/1896n Vorstoß Italiens
1935n/1936n Italienischer Angriff
1936n rot Italienische Herrschaft
1939n/1945n Zweiter Weltkrieg
1942n rot Unabhängigkeit
1945n rot Mitglied der UN
1955n rot Bandung-Konferenz

AËTION (um 365v–308v), griechischer Maler, dessen Bilder nicht erhalten sind. Von seinem Gemälde 'Alexanders Hochzeit mit Roxane' haben wir Kenntnis durch eine Beschreibung des Lukian.

326v blau Alexander-Hochzeit

AËTIUS, Flavius, weströmischer Staatsmann und Feldherr aus dem Schwarzmeergebiet.

397n–454n Lebenslinie
370n/455n Hunnenkriege
390n–477n Geiserich
410n–453n Attila
412n–444n Tibatto
429n/432n Wandalenkrieg
431n/432n Frankenkrieg
435n/437n Bagauden-Aufstand
435n/436n Krieg gegen Burgund
436n rot Ende Burgunds
440n/442n Wandalenkrieg
442n rot Wandalenreich anerkannt
443n rot Burgunder-Umsiedlung
444n/446n Frankenkrieg
449n rot Verlobung der Honoria
449n rot Gegenbündnis Attilas
454n rot Ermordung

ÄTZTECHNIK, Bezeichnung für die Veränderung der Oberfläche fester Körper mit chemischen Mitteln. Seit dem 15. Jahrhundert von Büchsenmachern zur Verzierung der eisernen Teile von Gewehrschäften angewandt, nutzte sie Dürer seit 1515n für die Herstellung von Druckplatten künstlerischer Darstellungen ('Radierungen'). Obwohl Dürer selbst von den Ergebnissen nicht befriedigt war und diese Technik bald wieder aufgab, setzte sie sich durch, verfeinerte sich und wurde auch bei anderen Druckverfahren angewendet (Lithographie, Offset).

1471n–1528n Albrecht Dürer
1515n grün Anwendung durch Dürer
1627n blau Callot: Radierung
1643n blau Rembrandt: Radierung
1796n grün Steindruck
1811n blau Goya: Radierung
1892n blau Steindruck-Plakate
1895n blau Kollwitz: Radierung
1947n blau Picasso: Steindruck
1952n blau Braque: Radierung

AFFEN, menschenähnliche Gruppe der Säugetiere. Ihre entwickeltsten Formen (Menschenaffen) sind mit dem Menschen näher verwandt als mit allen anderen Affenarten.

Vorzeittafel: 100 Millionen Jahre
Vorzeittafel: 20 Millionen Jahre
2855v blau 'Hockender Pavian'
2815v blau 'Affenmutter'
2773v blau 'Affe mit Menschengesicht'
2389v blau 'Dressierte Affen'
1917v blau 'Paviane bei Feigenernte'
1684v blau 'Hockender Affe'
1578v blau 'Affe im Park'
1457v blau 'Grüner Affe'
1427v blau Pavian als Schreibergott
1202v blau Bild betender Paviane
1189v grün Handel mit Affen
1015v blau Paviane mit Himmelsgöttin
1863n grün Mensch und Menschenaffe

AFGHANISTAN, Land in Vorderasien. Zwischen Indien, Persien und Rußland gelegenes Hochland, dessen Landschaft von Gebirgen und Steppen geprägt ist. Als Durchgangsland immer wieder Beute fremder Eroberer: Nach den Seleukiden beherrschten es die Hunnen, dann die Araber und später die Mongolen. Endlich gelangte es unter persische Herrschaft und fiel schließlich dem Reiche der Großmogule von Delhi zu. Erst Mitte des 18. Jahrhunderts gründete Ahmed Schah, der Häuptling der Durani, das heutige afghanische Reich. Seine Eroberung großer Teile Indiens (mit Delhi) mußte wieder herausgegeben, die Unabhängigkeit in harten Kämpfen immer wieder neu erworben werden, besonders gegen England, das bis 1919n eine Oberhoheit auszuüben vermochte.

182v rot Zugehörigkeit zu Baktrien
448n–510n Toramana
609n–680n Moawija
633n/732n Arabischer Krieg
973n–1048n Al Biruni
976n–1030n Machmud
999n grün Reisebericht des Abu Dulaf
1155n–1227n Dschingis-Khan
1221n rot Nordhälfte mongolisch
1504n braun Vorstoß Babars
1504n rot Herrschaft der Großmogule
1839n/1842n Krieg gegen England
1955n rot Bandung-Konferenz

AFRIKANUS, Leo (1492n–um 1550n), eigentlich Al Vassan, arabischer Geograph und Schriftsteller aus Granada im arabischen Spanien. In Marokko aufgewachsen, bereiste er Algerien, Tunesien, Ägypten und den Sudan sowie das Gebiet von Mali und Nigeria. Dann wandte er sich nach Vorderasien und wurde von Seeräubern gefangen, die ihn Papst Pius X. zum Geschenk machten. Als dessen Gefangener wurde er Christ, erhielt den Namen Leo Afrikanus und verfaßte eine Geschichte Nordafrikas. Sein Buch wurde Grundlage des Afrikabildes im christlichen Europa. Nach Nordafrika zurückgekehrt, legte er das Christentum wieder ab.

1524n grün Beschreibung Afrikas

AFRIKANUS, Sextus Julius, römischer Geschichtsschreiber aus Jerusalem.

172n–245n Lebenslinie
221n blau Weltgeschichte

AGAMEMNON, König von Mykene in Südgriechenland.

1232v–1183v Lebenslinie
1193v/1184v Trojanischer Krieg
748v blau Homer: 'Ilias'
459v blau Aischylos: 'Orestie'
406v blau Euripides: 'Iphigenie'

AGATHARCHOS (um 498v–432v), griechischer Maler und Mechaniker. Von der Insel Samos vor der kleinasiatischen Küste stammend, richtete er in Athen die Bühne für Aischylos ein und schrieb Regeln für den Theaterbau nieder. Stellte die Malerei in den Dienst der Bühne. Zur Belebung seiner Landschaftsbilder bediente er sich der Perspektive.

468v grün Theaterbau
436v grün Schrift über Perspektive

AGATHIAS (536n–582n), byzantinischer Dichter und Geschichtsschreiber aus der kleinasiatischen Hafenstadt Myrina. Als Rechtsanwalt in Konstantinopel tätig. Die in seiner Jugend geschriebenen Gedichte vereinigte er in einer Sammlung, die auch Epigramme seiner Zeitgenossen enthielt. In reiferen Jahren versuchte er sich als Geschichtsschreiber, doch zeichnen sich seine fünf Bücher über die Zeit von 552n bis 558n mehr durch sprachliche Kraft als durch sachliche Zuverlässigkeit aus.

559n blau Geschichte Justinians
565n blau Gedicht-Zyklus

AGGA, König von Kisch im Lande zwischen den Strömen Euphrat und Tigris (Mesopotamien).

2729v–2662v Lebenslinie
2671v rot Trennung Kirche/Staat
2671v grün Privateigentum

AGHA, Mehmed (1540n–1615n), türkischer Architekt. Baute die nach Sultan Achmed benannte blaue Moschee in Istanbul (Konstantinopel), die nach außen durch eine allseitig-gleichmäßige Ausbildung, innen durch eine fast heitere Leichtigkeit geprägt ist und sechs schlanke Türme (Minarette) hat.

1615n blau Sultan-Achmed-Moschee

AGHLAB, Ibrahim al, (um 760n–812n) arabischer Statthalter Nordafrikas, Gründer der Aghlabiden-Dynastie. Von Harun al Raschid zur Niederwerfung des unbotmäßigen Vizekönigs nach Nordafrika entsandt, machte er sich selbst zum Herren des Gebietes, das von der Westgrenze Ägyptens bis Marokko reichte. Richtete die erbliche Herrschaft seiner Familie ein und anerkannte die Oberhoheit Bagdads nur noch formal. Durch den Bau einer starken Kriegsflotte bereitete er die arabische Eroberung Siziliens vor.

810n rot Staatsgründung

AGHLABIDEN, Name einer arabischen Herrscherfamilie, die seit 810n für 100 Jahre einen Teil Nordafrikas (Tunesien, Algerien) unabhängig vom Kaiser des Araberreiches (Kalifen) regierte und zeitweise auch über die Inseln Malta und Sizilien herrschte.

810n rot Unabhängig vom Reich
827n/831n Sizilienkrieg
831n rot Teilherrschaft auf Sizilien
837n blau Moschee in Tunis
846n braun Zerstörung Roms
849n braun Angriff auf Rom
870n braun Eroberung Maltas
870n rot Herrschaft über Malta
878n rot Gewinn von Syrakus
909n rot Herrschaftsende in Afrika
1090n braun Niederlage auf Malta
1090n rot Verlust Maltas
1091n braun Niederlage auf Sizilien
1091n rot Verlust Siziliens

AGIS (263v–240v), König von Sparta. Regierte von 245v bis 240v die allmählich verfallende Stadt. Suchte die Bürgerzahl, die durch Konzentration des Grundbesitzes in den Händen einiger weniger Familien auf 700 gesunken war, auf 4500 zu erhöhen, den Boden der Stadt gleichmäßig an alle Bürger zu verteilen, das ganze übrige Staatsgebiet aber in 15 000 Teilen an das arbeitende Volk (Periöken) zu übergeben. Außerdem erstrebte er einen vollständigen Schulden-Erlaß zur Beseitigung der indirekten Ausbeutung. Scheiterte mit seinen kommunistischen Reformplänen an der Selbstsucht der Besitzbürger, obgleich er selbst und seine Familie auf allen Besitz verzichtete und sein Vermögen von 600 Talenten (etwa einer Million Mark) der Allgemeinheit übergab. Zusammen mit seiner Mutter und Großmutter, die seine Pläne unterstützten, ermordet.

242v rot Schulderlaß
240v rot Ermordung

AGRA, Stadt im Herzen Indiens, 150 Kilometer südlich von Delhi an einem Nebenfluß des Ganges. Als Dorf von dem afghanischen Kaiser Sikander Lodi zur Residenzstadt ausgebaut, wurde sie 1525n von Mongolen genommen und dem indischen 'Reich der Großmogule' einverleibt. Dessen bedeutendster Herrscher Akbar baute sie zu seiner Hauptstadt aus und machte sie zu einem Mittelpunkt des Geisteslebens. Kaiser Dschehan schmückte die Stadt mit so schönen Bauten, daß sie zu einem Inbegriff märchenhafter Prachtentfaltung wurde (Perlenmoschee, Kaiserpalast, Tadsch-Mahal). Aber schon 1658n verlegte Dschehans Sohn die Hauptstadt des Reiches nach Delhi. Bald darauf wurde sie von Afghanen und Persern erobert, mehrfach zerstört und immer wieder aufgebaut. 1803n von Engländern genommen und zu einem Mittelpunkt ihrer kolonialen Ausbeutung des Landes ausgebaut, wurde sie 1857n Ausgangspunkt einer indischen Erhebung. Da es aber den Engländern gelang, ihre in der Stadt eingeschlossenen Truppen zu entsetzen, blieb sie mit dem übrigen Indien bis zur Befreiung des Landes im Jahre 1947n englisch. Seitdem ist sie einer der bedeutendsten Anziehungspunkte Indiens für ausländische Touristen.

1525n braun Vorstoß der Mongolen
1525n rot Mongolen-Herrschaft
1542n–1605n Akbar
1648n blau Tadsch-Mahal
1857n braun Indischer Aufstand

AGRICOLA, Georg (1494n–1555n), deutscher Naturwissenschaftler, Stadtarzt, später Bürgermeister in Chemnitz. Begründer der neueren Gesteinskunde (Mineralogie) und der Lehre von der Metall-Gewinnung aus Erzen (Metallurgie). Entwickelte zahlreiche neue hüttentechnische Verfahren und leitete damit eine Wende in der Erzgewinnung und in der Erzverarbeitung ein. Sein zwölfbändiges 'Bergwerksbuch' ist eine Enzyklopädie der Wissenschaft von der Metallgewinnung.

1555n grün Bergwerksbuch

AGRICOLA, Johannes (1494n–1566n), deutscher Schullehrer, Rektor und Schriftsteller. Schüler und Freund Luthers, später dessen Gegner, weil er die zehn Gebote des Moses für die Protestanten nicht mehr als verbindlich anerkennen wollte und gegen jedes Entgegenkommen zugunsten des Katholizismus war. Schrieb ein Drama über den Schauprozeß gegen Johannes Hus. Durch seine Sammlung deutscher Sprichwörter förderte er entscheidend die Entwicklung zur hochdeutschen Sprache.

1529n blau Sprichwörter-Sammlung

AGRIGENT, Stadt an der Südküste der Insel Sizilien. Vor mehr als 2500 Jahren durch Griechen von Kreta und Rhodos gegründet, die sich 100 Jahre zuvor in dem benachbarten Gela niedergelassen hatten. Der zunächst demokratische Stadtstaat wurde wenige Jahrzehnte nach seiner Gründung durch Phalaris in eine Diktatur verwandelt. Seit 470v wieder demokratisch regiert, entwickelte sich die Stadt zu Reichtum und besaß so prächtige Bauten, daß sie von dem Dichter Pindar als schönste aller Städte besungen wurde. Geburtsstadt des Philosophen Empedokles. Zur Erinnerung an den Sieg über die Karthager im Jahre 480v wurde hier der größte dorische Tempel errichtet (113 x 56 Meter). Im Sizilianischen Krieg Karthagos 405v zerstört. Im Ersten Punischen Krieg durch Römer und Karthager belagert, im Zweiten Punischen Krieg durch Römer eingenommen, verlor sie einen großen Teil ihrer Bevölkerung. Erholte sich dann aber unter römischer Herrschaft noch einmal und blieb bis zum Untergange des Römerreiches eine bedeutende Stadt. 535n fiel sie an Byzanz, wurde 828n für 258 Jahre arabisch, 1086n normannisch und verfiel dann langsam. Die heutige Stadt bedeckt nicht viel mehr als den alten Burghügel (Akropolis).

581 v blau — Gründung
470 v braun — Sturz der Tyrannis
409 v/405 v — Sizilischer Sieg Karthagos

AGRIPPA, Markus Vipsanius, römischer Staatsmann und Feldherr.

63 v–12 v — Lebenslinie
63 v–14 n — Augustus (Oktavian)
43 v/30 v — Bürgerkrieg
27 v blau — Pantheon
23 v grün — Reichs-Vermessung
19 v braun — Kriegführung in Spanien
19 v grün — Straßennetz
15 v grün — Reichs-Straßenkarte

AGRIPPA von Nettesheim (1486n bis 1535n), deutscher Arzt, Philosoph und Schriftsteller. Als Gegner der katholischen Theologie schrieb er eine Satire auf die Scholastik ('Über die Eitelkeit und Unsicherheit der Wissenschaft'). Bekämpfte die Sittenverderbnis von Adel und Priesterschaft sowie den Hexenglauben. Erstrebte wissenschaftliche Verbindung von Naturphilosophie und Magie.

1533 n grün — Werk über Magie

AGRIPPINA (16n–59n), römische Kaiserin. Als Tochter des Feldherrn Germanikus in Deutschland geboren. Heiratete nach einem wechselhaften abenteuerlichen Leben in dritter Ehe ihren Onkel Klaudius und ließ ihn vergiften, um ihrem Sohne aus erster Ehe, Nero, den Thron zu sichern. Als sie auch zu Nero in Gegensatz geriet, ließ dieser sie töten. Ihre Geburtsstadt Köln wurde ihr zu Ehren 'Colonia Agrippinensis' benannt.

10 v–54 n — Klaudius
37 n–68 n — Nero
54 n rot — Ermordung des Kaisers
59 n rot — Ermordung

AGUM, König von Babylon (Mesopotamien).

1572 v–1504 v — Lebenslinie
1530 v braun — Kassiten-Aufstand
1530 v rot — Thronbesteigung
1525 v grün — Land-Verteilung

AHAB, König von Israel von 871 v bis 850 v.

905 v–850 v — Lebenslinie
927 v–850 v — Elias
898 v–842 v — Isebel
882 v–835 v — Athalia
872 v rot — Baal-Dienst in Israel
871 v–842 v — Joram
870 v blau — Baal-Tempel
857 v blau — Elias gegen Baal-Dienst

AHIA, Prophet in Juda.

981 v–918 v — Lebenslinie
992 v–933 v — Salomo
964 v–912 v — Jerobeam I.
959 v–916 v — Rehabeam
935 v braun — Aufstand
934 v blau — Soziale Forderungen
933 v braun — Aufstand
933 v rot — Abtrennung Israels

AHMADABAD, Stadt in Indien. Um 1415 n von Sultan Ahmad Schah als Hauptstadt seines islamischen Reiches auf indischem Boden gegründet.

1418 n blau — Große Moschee

AHSA, Stadt und Landschaft am Persischen Golf. Hier gründete der arabische Revolutionär Karmat einen kommunistischen Staat, der sich auf die Bergarbeiter dieses Grubengebietes stützte.

864 n–910 n — Karmat
899 n rot — Karmaten-Staat
899 n/930 n — Karmaten-Aufstand

AILLY, Peter d' (1350n–1420n), französischer Theologe und Kardinal. Kanzler der Universität von Paris. Eines der Häupter des Konzils zu Konstanz. Stellte die Entscheidungen des Konzils über den päpstlichen Willen und bestritt beiden die Unfehlbarkeit. Einer der Haupt-Verantwortlichen für die Verurteilung und Verbrennung des Johannes Hus.

1415 n rot — Hus verbrannt
1416 n blau — Über Unfehlbarkeit
1418 n rot — Kirchenreform-Versuch

AISCHYLOS, griechischer Dichter.

525 v–456 v — Lebenslinie
486 v blau — Zweiter Schauspieler
473 v blau — 'Die Perser'
468 v blau — Dichterwettkampf
467 v blau — 'Sieben gegen Theben'
459 v blau — 'Orestie'
455 v blau — Denkmal

AISTULF (um 710n–756n), König des norditalienischen Reiches der germanischen Langobarden von 749n bis 756n. Besiegte die befestigte Stadt Ravenna und fügte sie seinem Reiche ein. Der Papst fürchtete darauf für seinen Kirchenstaat und rief den Frankenherrscher Pippin zu Hilfe. In der Stadt Pavia von fränkischen Heeren eingeschlossen, mußte er die päpstlichen Herrschaftsansprüche in Italien anerkennen. Bald darauf fühlte er sich stark genug, um den Kampf gegen den Papst erneut zu wagen. Wurde aber von den Heeren Pippins vor Rom geschlagen und mußte nun auch die fränkische Oberhoheit anerkennen. Starb an den Folgen eines Sturzes vom Pferde.

716 n–768 n — Pippin der Kleine
751 n braun — Eroberung Ravennas
754 n/756 n — Kämpfe gegen Franken
756 n rot — Oberhoheit der Franken

AITZING, Michael von (um 1535n–1598n), deutscher Gelehrter. Noch nicht 20jährig gab er ein tabellenartiges Unterrichtswerk der Rhetorik heraus. Stellte auch eine musikalische Harmonielehre in Tabellenform zusammen. Studierte Mathematik, Geographie und Astronomie. Nahm eine Stellung am Wiener Hofe an und widmete sich daneben geschichtlichen Studien. Schrieb eine Weltgeschichte in Tabellenform ('Pentaplus'). In einer Abhandlung über das Alter der Welt kam er aufgrund der Bibel zu dem Ergebnis, daß die Welt 5526 Jahre besteht und sagte ihren Untergang für das Jahr 1584n voraus. Aus dem kaiserlichen Dienst entlassen, lebte er in Brüssel, Antwerpen und Löwen. Dann ließ er sich in Köln nieder. Geschichtliche und geographische Unterrichtung suchte er in seinem Werke über Belgien mit bildlicher Darstellung zu verbinden ('Leo Belgicus' mit 112 Kupferstichen). 1583n begann er Nachrichten über den Kampf der Protestanten gegen die Katholiken zu sammeln, zu drucken und zu verkaufen. Da er sich dabei der deutschen Sprache bediente, fanden seine Nachrichten viele Käufer. Seit 1588n gab er 5 Jahre lang regelmäßig alle 6 Monate anläßlich der Frankfurter Messe eine Nachrichten-Sammlung heraus, für die er Neuigkeiten aus ganz Europa zusammentrug ('Mess-Relationen'). Damit schuf er die erste regelmäßig erscheinende Zeitung Deutschlands und die erste europäische Zeitung seit dem Untergang des römischen Reiches. Trotz des großen Erfolges seiner Zeitung und seiner Bücher lebte er bis an sein Ende in bitterer Not.

1588 n grün — Zeitung

AJANTA, Dorf in Indien. Hier wurden seit dem 2. Jahrhundert vor unserer Zeitrechnung insgesamt 29 Klöster- und Tempelräume in Fels gehauen und später mit Kunstwerken der Plastik und der Malerei ausgestattet, vorwiegend mit Darstellungen aus dem Leben Buddhas.

485 n blau — Felsgemälde

AKADEMIE, Name einer Philosophenschule im Nordwesten Athens. Benannt nach dem Schulgelände, das dem griechischen Helden Akademos geweiht war. Hier unterrichtete Plato. Die Schüler hießen 'Akademiker'.

427 v–347 v — Plato
388 v blau — Gründung

AKADEMIE DER LUCHSÄUGIGEN, Selbstbezeichnung der ersten bedeutenden naturwissenschaftlichen Forschungsgesellschaft Europas in der nachchristlichen Epoche. Als private Vereinigung italienischer Wissenschaftler vor fast 400 Jahren gegründet von Galilei, mußte sie sich noch lange gegen die Verfolgungen der katholischen Kirche behaupten, bis sie nach Aufhebung des Kirchenstaates 1883n vom neu gegründeten italienischen Staat als Akademie der Wissenschaften anerkannt wurde und in den Palazzo Corsini übersiedeln konnte.

1603 n grün — Gründung

AKADEMIEN, Vereinigungen von Gelehrten, Künstlern oder Schriftstellern, benannt nach der von Plato im Jahre 388v gegründeten Athener Akademie.

427 v–347 v — Plato
388 v blau — Akademie in Athen
322 v–246 v — Ptolemäus II.
315 v blau — Museion in Alexandria
685 n–762 n — Hüan-Tsung
717 n blau — Hanlin-Akademie
725 n blau — Gelehrten-Gesellschaft
786 n–833 n — Al Mamun
1459 n blau — Platonische Schule Florenz
1537 n blau — Akademie Lausanne
1559 n blau — Akademie Genf
1560 n grün — Akademie Neapel
1582 n blau — Sprachakademie Florenz
1585 n–1642 n — Richelieu
1623 n–1687 n — Petty
1603 n grün — Römische Akademie
1635 n blau — 'Académie française'
1646 n–1716 n — Leibniz
1660 n blau — 'Royal Society'
1666 n blau — Paris: Wissenschaften
1696 n blau — Berlin: Künste
1700 n blau — Berlin: Wissenschaften
1709 n–1762 n — Elisabeth Petrowna
1725 n blau — Rußland: Wissenschaften
1757 n blau — Rußland: Künste
1765 n grün — Bergakademie Freiberg

AKAZIE, Pflanze, die seit alters her als Strauch häufig in Heckenform angebaut wird, aber auch als Baum vorkommt und im Mittelmeerraum gelegentlich ganze Wälder bildet.

1959 v blau — Ägyptisches Gemälde

AKBAR, indischer Kaiser mongolischer Herkunft von 1556n bis 1605n.

1542 n–1605 n — Lebenslinie
1571 n blau — Religionsgespräche
1573 n rot — Schutz für Kriegsgefangene
1573 n blau — Gleichheit aller Religionen
1601 n blau — Biographie

AKKAD, Stadt am Mittellauf des Euphrat (Vorderasien). Als Residenz des Reichsgründers Sargon von Kisch (Mesopotamien) gab sie dem zur beherrschenden Macht des Zwischenstromlandes aufgestiegenen Reiche den Namen ('Reich von Akkad'). Durch Ausdehnung über große Teile Vorderasiens erstes Weltreich der Geschichte.

2376 v–2294 v — Sargon
2348 v rot — Gründung des Reiches
2347 v grün — Neue Waffen
2347 v/2325 v — Krieg der vier Weltgegenden
2347 v rot — Ausdehnung nach Norden
2345 v rot — Ausdehnung nach Osten
2343 v blau — 'Omenbücher'
2343 v–2285 v — Rimusch
2341 v rot — Herrschaft über Sumer
2340 v rot — Sumerer-König verhöhnt
2338 v rot — Eingliederung Elams
2337 v grün — Übernahme der Keilschrift
2336 v rot — Bahrein-Inseln eingegliedert
2335 v rot — Buchführungs-Pflicht
2334 v grün — Neue Münzeinheit
2333 v rot — Syrien als Provinz
2332 v rot — Beherrschung Zyperns
2330 v–2271 v — Manisch-Tusu
2329 v rot — Schutzgesuch Kaneschs
2328 v rot — Ausdehnung in Kleinasien
2326 v rot — Gott-Herrschertum
2325 v rot — Mesopotamien geeint
2325 v rot — Sargon Kaiser
2325 v grün — 'Weltkarte' des Reiches
2324 v blau — Residenzstadt Akkad
2320 v blau — 'Schlachtenkönig'
2319 v rot — Berufsbeamtentum
2318 v rot — Stehendes Heer
2311 v rot — Schriftform für Verträge
2309 v blau — 'Sargons Siegeszug'
2307 v grün — Baumaterial-Stempel
2306 v/2305 v — Erhebung Unterworfener
2304 v grün — Weingewinnung
2303 v blau — Bronzekopf des Sargon
2297 v–2238 v — Naramsin
2290 v braun — Erhebung Elams
2289 v blau — Tempel-Schulen
2287 v/2286 v — Erhebung Sumers
2285 v rot — Ermordung des Kaisers
2279 v–2214 v — Scharka-Li-Scharri
2276 v/2275 v — Feldzug gegen Elam
2275 v rot — Statthalter in Elam
2275 v grün — Silber aus Elam
2271 v braun — Aufstand der Stadt Kisch
2270 v braun — Erhebung Sumers
2268 v braun — Aufstand Syriens
2266 v/2265 v — Zagros-Feldzug
2265 v rot — Hoheit über Lulubu
2264 v braun — Erhebung Kappadoziens
2263 v blau — Naramsin-Stele
2261 v braun — Unterwerfung Kurdistans
2261 v rot — Hoheit über Kurdistan
2260 v blau — Felsrelief
2257 v braun — Erhebung Elams
2249 v blau — 'Etanas Himmelfahrt'
2248 v/2247 v — Feldzug nach Arabien
2247 v rot — Südost-Arabien Provinz
2246 v blau — Naramsin-Statue
2240 v rot — Kaiser als Gott verehrt
2237 v rot — 'König aller Könige'
2225 v/2224 v — Unterwerfung der Gutäer
2203 v–2147 v — Imta
2154 v–2096 v — Jar-Lagab
2149 v/2148 v — Vorstoß der Gutäer
2148 v rot — Ende des Reiches
2148 v rot — Gutäer-Herrschaft
2098 v–2054 v — Ti-Ri-Gan
2093 v–2030 v — Ur-Nammu
2047 v braun — Sieg der Sumerer
2047 v rot — Sumerische Herrschaft
1989 v–1927 v — Ischti-Irra
1956 v braun — Vertreibung der Sumerer
1956 v rot — Unabhängigkeit
1956 v blau — Statue: Fürst von Mari
1952 v blau — Akkadisch Volkssprache
1937 v–1865 v — Libit-Ischtar
1902 v–1841 v — Bila-Lama
1895 v blau — Wörterbücher

AKKORDEON, Bezeichnung für eine Handharmonika, deren freischwebende Metallzungen durch die aus einem Balg herausgedrückte Luft zum Klingen gebracht werden. Aus einem von dem deutschen Instrumentenbauer Johann David Buschmann gebauten Reise-Harmonium ('Terpodion') entwickelt von dessen Sohne Friedrich. 36 Jahre nach dieser Erfindung begann der Uhrmacher Matthias Hohner in Trossingen (Württemberg) die industrielle Herstellung des Instrumentes.

1822 n blau — Erfindung

AKKORDLOHN, moderne Bezeichnung für die Lohnberechnung nach Arbeitsleistung (= Stück) statt Arbeitszeit (= Stunden). Verringert das wirtschaftliche Risiko des Fabrikanten und macht den Arbeiter zu seinem eigenen Antreiber. Als ausgereiftes System der Ausbeutung menschlicher Arbeitskraft verbreitet er sich im Hochkapitalismus zunehmend.

267 v grün — Aufkommen in Ägypten

AKKUMULATOR, Gerät zur Sammlung und Speicherung von Elektrizität.

1745 n grün — Leidener Flasche
1800 n grün — Galvanische Batterie
1847 n–1931 n — Edison
1888 n grün — Trockenbatterie

AKOMINATOS, Niketas (um 1150n–1216n), byzantinischer Geschichtsschreiber aus Kleinasien. Als Bruder des Metropoliten der griechisch-orthodoxen Kirche in Athen erhielt er in der Hauptstadt des byzantinischen Reiches (Konstantinopel) hohe Staatsstellungen. Verfaßte ein Werk über die byzantinischen Kaiser der Zeit von 1118n bis 1206n. Darin schilderte er die Greuel und Zerstörungen, die von den Kreuzfahrern im Jahre 1204n während des vierten Kreuzzuges in Konstantinopel bei der Eroberung der Stadt angerichtet wurden. In seinem Hauptwerk gab er eine Beschreibung der antikirchlichen Bewegungen des 12. Jahrhunderts. Unter den von ihm darin behandelten Katharer-Bewegungen widmete er den Bogomilen besondere Aufmerksamkeit, weil deren Tätigkeit im Balkan gegen den Bestand von Kirche und Staat in Byzanz gerichtet war.

1211 n blau — Geschichte der Katharer

AKRITAS, Titel eines volkstümlichen Vers-Romans, der in Kappadozien (Kleinasien) während der Angriffe von Araberheeren auf das byzantinische Reich niedergeschrieben wurde. Schildert den Heldentum der Kämpfer gegen die Araber. Im Mittelpunkt der Handlung steht der Titelheld Digenis Akritas.

950 n blau — Entstehung des Werkes

AKROPOLIS, im alten Griechenland Bezeichnung für die hoch über den Städten gelegenen befestigten Burgen (wörtlich 'Oberstadt'). Heute Name für die Akropolis von Athen.

595 v blau — Athene-Tempel
493 v–432 v — Phidias
440 v blau — Parthenonfries
439 v blau — Athene-Statue
432 v blau — Propyläen
190 v blau — Polemons Schrift
178 v blau — Inschriften-Sammlung

AKROPOLIS-SYSTEM, Bezeichnung der ältesten Kurzschrift, benannt nach dem Fundort einer Marmor-Inschrift mit Anweisungen für Silben-Kürzungen (Akropolis in Athen).

350 v grün — Erfindung

AKSAKOW, Sergej Timofejewitsch (1791n bis 1859n), russischer Schriftsteller. Als Sohn eines adligen Gutsbesitzers ergriff er die Beamtenlaufbahn und lebte in Petersburg und Moskau, zwischendurch lange auf dem Lande, wohin er sich schließlich ganz zurückzog. Seine Neigung zur Schriftstellerei wurde durch eine Freundschaft mit Gogol befruchtet. Schrieb früh Theaterkritiken, dann Bücher über die Jagd und das Angeln. Seine 'Familienchronik' gibt ebenso wie 'Kinderjahre des Enkels Bagrows' eine idealisierende Schilderung des beschaulichen Lebens im Rußland der Leibeigenschaft und des zaristischen Absolutismus. Fand erst spät seine eigene Ausdrucksform. In Familiengeschichten, die größtenteils auf eigene Erinnerungen zurückgehen, erweist er sich als Meister der Natur- wie der Seelenschilderung.

1856 n blau — 'Familienchronik'

AKSUM, Name einer vor fast 3000 Jahren im Osten Nordafrikas entstandenen Stadt, die Keimzelle eines nach ihr benannten Reiches wurde. Von den Griechen 'Äthiopien' (= 'Südreich') genannt, wurde es Ausgangspunkt für die Christianisierung Südarabiens. Nach dem Siege der Araber im Jahre 631n von der arabischen Halbinsel wieder vertrieben. Durch die arabische Besitznahme Ägyptens (642n) wurde es isoliert und ging später im abessinischen Reiche auf.

985 v blau — Gründung der Stadt
969 v–908 v — Bilkis
654 v rot — Vertreibung aus Ägypten
24 v/23 v — Römischer Angriff
50 n rot — Reich von Aksum
272 n rot — Bündnis mit Rom
340 n rot — Christliche Kirche
345 n rot — Herrschaft über Südarabien
351 n rot — Christentum Staatsreligion
525 n braun — Eroberung Südarabiens
530 n braun — Angriff auf Mekka
631 n rot — Verlust Arabiens

AKTIE, Urkunde über den Besitzanteil an großen Wirtschaftsunternehmen (Aktiengesellschaften). Sichert das Recht zur anteilmäßigen Gewinn-Entnahme und Unternehmens-Kontrolle. Sie ist meist frei verkäuflich; ihr Handel ist Haupttätigkeit der Börsen. Ihr Aufkommen begünstigte die für die aufsteigende kapitalistische Wirtschaft notwendige Ansammlung großer Kapitalien. Die durch sie herbeigeführte Besitzform entband die Eigentümer der Großunternehmen von jeder tatsächlichen Verantwortung für die Unternehmensführung. Ihr Aufkommen führte das Verhältnis zwischen Besitzer und Wirtschaftsunternehmen auf das reine Gewinn-Interesse zurück und vollendete so die Entwicklung der bürgerlichen Gesellschaft in eine reine Ausbeuter-Gesellschaft.

1531 n grün — Börse von Antwerpen
1537 n grün — Nürnberger Börse
1537 n grün — Augsburger Börse
1540 n grün — Hamburger Börse
1541 n grün — Börse von Lyon
1549 n grün — Börse von Toulouse
1551 n grün — Deutsches Aktiengesetz
1565 n grün — Londoner Börse
1566 n grün — Börse von Rouen
1592 n grün — Kölner Börse
1605 n grün — Lübecker Börse
1623 n grün — Königsberger Börse
1627 n grün — Bremer Börse
1632 n grün — Frankfurter Börse
1634 n grün — Leipziger Börse
1702 n grün — Pariser Börse
1716 n grün — Berliner Börse
1750 n grün — Börse von Rotterdam
1753 n grün — Börse von Edinburgh
1753 n grün — Wiener Börse
1804 n–1881 n — Disraeli
1811 n grün — Petersburger Börse
1817 n grün — Börse von New York
1875 n grün — Suez-Aktien an England
1929 n grün — Börsenkrach in USA

AKTIUM, Vorgebirge an der Westküste Griechenlands. Unmittelbar vor dieser Landzunge fand am 2. September des Jahres 31v der Entscheidungskampf um die Herrschaft im Römerreiche statt. Agrippa, der Feldherr des Oktavian, vernichtete in einer großen Seeschlacht die vereinigten Flotten von Antonius und Kleopatra. Durch diesen Sieg war der Weg frei zur Alleinherrschaft des Oktavian (Augustus).

82 v–30 v — Antonius
69 v–30 v — Kleopatra
63 v–12 v — Agrippa
63 v–14 n — Augustus (Oktavian)
43 v/30 v — Römischer Bürgerkrieg

AKURGAL (um 2560v–um 2480v), sumerischer Bildhauer. Als Sohn des Königs Ur-Nan-Sche von Lagasch (Mesopotamien) betätigte er sich künstlerisch und schuf Plastiken von großer Natürlichkeit. Seine Löwenköpfe aus Stein bemalte er zur Erzielung eines lebensnäheren Eindruckes.

2489 v blau — Löwenköpfe

AKUSTIK, Teilgebiet der allgemeinen Wellen- und Schwingungslehre. Befaßt sich mit Luftschwingungen, die — ausgehend von einem Erregungszentrum — durch menschliche oder tierische Gehörorgane aufgenommen werden (Schall). Umfaßt auch die Elektro-Akustik, die sich mit der Umwandlung von Schallwellen in elektrische Wellen (und umgekehrt) beschäftigt.

572 v–493 v Pythagoras
433 v–351 v Archytas
338 v–268 v Strato der Physiker
328 v grün Erforschung des Echos
10 n grün Sprech-Rohrleitungen
1512 n grün Leonardo: Tonschwingung
1643 n–1727 n Newton
1711 n grün Stimmgabel
1738 n grün Schalluntersuchungen
1819 n grün Stethoskop
1847 n–1931 n Edison
1861 n grün Erfindung des Telephons
1863 n grün Maxwells Forschungen
1874 n–1937 n Marconi
1876 n grün Brauchbares Telephon
1877 n grün Phonograph
1878 n grün Mikrophon
1887 n grün Hertz' Forschungen
1894 n grün Antenne
1897 n grün Drahtlose Telegraphie
1901 n grün Lichtton-Aufzeichnung
1913 n grün Echo-Lot
1915 n grün Ultraschallversuche
1920 n grün Rundfunk
1922 n grün Tonfilm

AL ASCHARI, arabischer Theologe.

874 n–935 n Lebenslinie
917 n blau Dialektik
927 n blau Scholastik

AL ASMAI (740 n–828 n), arabischer Dichter und Sprachforscher. Aus seiner Heimatstadt Basra wegen seiner umfassenden Gelehrsamkeit nach der Hauptstadt Bagdad berufen, wurde er Erzieher des Sohnes von Harun al Raschid. Verfaßte zahlreiche Sammelwerke über die arabische Sprache und ihre Dialekte und stellte überlieferte Dichtungen zusammen. Seine Sprachlehre blieb aber im Traditionellen stecken, weil seine übertriebene Frömmigkeit ihn vor der notwendigen Kritik der Sprache in der 'Heiligen Schrift' der Araber (Koran) abhielt. Unter den von ihm verfaßten Sammelwerken befindet sich auch ein Pferdebuch.

806 n blau 'Buch der Pferde'

AL ATHIR (1160 n–1234 n), arabischer Geschichtsschreiber. Verfaßte eine Geschichte der Fürsten von Mosul, ein biographisches Lexikon über 7500 Gefährten des Propheten Mohammed ('Die Löwen des Dschungels') sowie eine allgemeine Geschichte von der Erschaffung der Welt bis auf seine Zeit.

1231 n blau Weltgeschichte

AL BALKI, arabischer Geograph und Philosoph aus Turkestan.

851 n–938 n Lebenslinie
921 n grün Atlas

AL BATTANI, arabischer Naturforscher.

855 n–929 n Lebenslinie
893 n grün Sinus-Rechnung
906 n grün Berechnung der Exzentrizität
913 n grün Widerlegung des Ptolemäus
919 n grün Handbuch der Sternkunde
1136 n grün Sternkunde lateinisch

AL BIRUNI, arabischer Gelehrter persischer Herkunft.

973 n–1048 n Lebenslinie
1005 n blau Geschichtswerk
1029 n grün Sternkunde
1032 n blau Kulturgeschichte Indiens
1036 n grün 'Katechismus der Geometrie'
1047 grün Errechnung des Erdumfangs

AL BUCHARI, arabischer Gelehrter und Schriftsteller persischer Herkunft.

810 n–870 n Lebenslinie
855 n blau Rechtsbuch des Islam

AL CHALIL, arabischer Sprachforscher.

718 n–791 n Lebenslinie
761 n blau Verslehre
776 n blau Sprachforschung

AL DAUSI (1116 n–1200 n), arabischer Historiker. Schrieb eine allgemeine Geschichte aus streng mohammedanischer Sicht.

1170 n blau Weltgeschichte

AL FARABI, arabischer Philosoph türkischer Herkunft.

870 n–950 n Lebenslinie
904 n blau Aristoteles-Kritik
909 n grün Über Zeit und Raum
920 n blau 'Buch der Ringsteine'
932 n blau Über orientalische Musik
941 n blau 'Der Musterstaat'
948 n blau 'Ursprung der Wissenschaft'
1114 n–1187 n Gerhard von Toledo
1139 n grün Übersetzung ins Lateinische

AL FARGANI (um 810 n bis um 870 n), arabischer Astronom. Suchte die Beobachtungen seiner Vorgänger zusammenzufassen, zu systematisieren und ihre Methoden zu verbessern. Das von ihm herausgegebene Handbuch der Sternkunde wurde wegen seiner Allgemeinverständlichkeit für 700 Jahre zum verbreitetsten Lehrbuch der Astronomie in Europa und in Vorderasien.

853 n grün Handbuch der Sternkunde

AL FARID (1181 n–1235 n), arabischer Dichter. Nach jahrelangem Einsiedlerleben in seine Heimatstadt Kairo zurückgekehrt, schrieb er religiöse Dichtungen. Neben einem Loblied in 161 Strophen auf den Propheten Mohammed verfaßte er eine Beschreibung der arabischen Mystik ('Sufismus'). Stellte die Vernichtung der Eigenpersönlichkeit als entscheidende Voraussetzung der von ihm erstrebten Vereinigung mit Gott in den Mittelpunkt seines Werkes, das von farbenprächtigen Schilderungen des Zustandes religiöser Verzückung erfüllt ist.

1217 n blau Mystik
1234 n blau Lobgedicht auf Mohammed

AL GAZALI, arabischer Religionsphilosoph und Reformator persischer Herkunft.

1059 n–1111 n Lebenslinie
1097 n blau Über Glauben und Wissen
1102 n blau 'Religionswissenschaft'

AL HAKAM II. (um 920 n–976 n), arabischer Herrscher (Kalif) von Spanien seit 961 n. Als Sohn des Kalifen Abdar Rachman III. zur Macht gelangt, überließ er die Regierungsgeschäfte seinem Kanzler (Wesir Hasdai) und kümmerte sich um die Bildung im arabischen Spanien. Förderte die Gleichstellung der Frau durch allgemeine Verbreitung des Schulbesuchs für Mädchen sowie durch künstlerische und literarische Ausbildung und Betätigung. Richtete neben den auf Schulgeld-Zahlung beruhenden öffentlichen Schulen zahlreiche Schulen mit kostenlosem Unterricht für die Armen ein, allein in der Hauptstadt Cordoba schuf er 27 solcher schulgeldfreier Schulen. Die Universität Cordoba machte er durch systematische Bücherkäufe und Heranziehung erster Gelehrter zur führenden Bildungsstätte seiner Epoche. Galt als der gebildetste Fürst aller Zeiten.

936 n–1013 n Abu Kasim
976 n blau Großbibliothek Cordoba

AL HAKIM (985 n–1021 n), arabischer Herrscher in Ägypten (Kalif) von 996 n bis 1021 n. Im Gegensatz zu seinen Vorgängern ein unduldsamer, unberechenbarer Machthaber. Förderte die Wissenschaft mit reichen Mitteln, suchte ihr aber zu befehlen und bestrafte Mißerfolge grausam. Tötete mehrere Minister und befahl die Verfolgung aller Nicht-Mohammedaner. Sein christlicher Sekretär bestimmte ihn zur Zerstörung der Grabeskirche in Jerusalem, dem Allerheiligsten der Christenheit, und trug dadurch zur Begründung der Kreuzzüge bei. Seine Vorstellungen vom Gottesgnadentum des Herrschers stärkten die Annahme seiner Umgebung, er sei dem Wahnsinn verfallen, und führten zu seiner Beseitigung.

948 n–1009 n Ibn Junis
1009 n rot Intoleranz
1021 n rot Ermordung
1022 n blau Heiligung durch Drusen

AL HAMADANI, arabischer Dichter persischer Herkunft.

968 n–1007 n Lebenslinie
994 n blau 'Makame'

AL HAMDANI (um 880 n–945 n), arabischer Geschichtsschreiber und Geograph. Selbst im Süden der arabischen Halbinsel zuhause, beschrieb er in zehn Büchern die älteste Stammesgeschichte und die frühe Geschichte des südarabischen Reiches von Saba. Beschäftigte sich auch mit Erdmessung, Karten- und Länderkunde.

931 n blau Geschichte des Altertums
940 n grün Geographie Arabiens

AL HARIRI, arabischer Dichter und Sprachforscher.

1054 n–1122 n Lebenslinie
1095 n blau Schrift über Sprachfehler
1103 n blau Sprachlehre
1108 n blau 'Abu Said'

AL HASSAN, arabischer Naturwissenschaftler.

965 n–1039 n Lebenslinie
991 n grün Optischer Effekt
996 n grün Bau des Auges
1004 n grün Höhe der Atmosphäre
1008 n grün Quadratur des Kreises
1011 n grün Camera obscura
1013 n grün Über Ausbreitung des Lichts
1016 n grün 'Optik'
1021 n grün Erklärung der Dämmerung
1027 n grün Über geschliffenes Glas
1030 n grün Brechung der Lichtstrahlen
1034 n grün Regenbogenfarben
1114 n–1187 n Gerhard von Toledo
1169 n grün 'Optik' lateinisch

AL IDRISI, arabischer Geograph und Kartenzeichner aus Nordafrika (Ceuta).

1096 n–1166 n Lebenslinie
1154 n grün Erdkunde
1164 n grün Weltkarte

AL ISFAHANI (897 n–967 n), arabischer Literaturhistoriker. Gab ein zwanzigbändiges Sammelwerk mit Liedern der frühen Zeiten und der Gegenwart heraus. Darin machte er auch genaue Angaben über die Dichter, Komponisten und Sänger der Lieder und überlieferte damit zugleich eine Fülle genauer Angaben aus dem alten Arabien, auch aus vorislamischer Zeit.

940 n blau Liedersammlung

AL KADIR (1077 n–1166 n), arabischer Philosoph und Mönch. Nach Jahren der Zurückgezogenheit verließ er seine persische Heimat und begab sich nach Bagdad, wo er bald einen großen Schülerkreis um sich sammelte und die erste festorganisierte religiöse Bruderschaft des Islam gründete ('Derwisch'-Orden). Forderte einen ständigen Wechsel von Welterleben und Weltabkehr; auf eine Periode der Zurückgezogenheit und der inneren Läuterung soll eine Periode der Rückkehr und der Ausstrahlung auf die Menschen folgen. Verzicht auf Besitz ist ihm und dem von ihm gegründeten Orden unabdingbares Gebot.

1127 n rot Armutsorden
1127 n blau Postulat der Besitzlosigkeit

AL KAIS, arabischer Dichter.

502 n–543 n Lebenslinie
535 n blau Gedichtsammlung
539 n blau Regeln der Dichtkunst

AL KAJAM, arabischer Mathematiker, Physiker, Sternforscher und Philosoph persischer Herkunft.

1039 n–1123 n Lebenslinie
1074 n grün Legierungen: Goldgehalt
1079 n grün Kalender

AL KALBI, Hischam (um 740 n–819 n), arabischer Gelehrter. Als Sohn des Muhamed al Kalbi, der sein Leben lang Aufzeichnungen und mündliche Überlieferungen aus der vorislamischen Epoche Arabiens gesammelt hatte, vollendete er dessen Lebenswerk durch die zusammenfassende Niederschrift des religiösen Weltbildes der arabischen Völker vor ihrer Bekehrung zum Islam.

817 n blau Altarabische Religion

AL KALSADI (um 1410 n–1486 n), arabischer Mathematiker. Wendete das Wurzelzeichen und das Gleichheitszeichen an und schrieb ein Lehrbuch der Arithmetik.

1460 n grün Lehrbuch

AL KARISMI, arabischer Mathematiker und Astronom aus Chiwa (Usbekistan).

778 n–830 n Lebenslinie
809 n grün 'Über indisches Rechnen'
816 n grün Rechensystem
823 n grün Rechenbuch
827 n grün Himmels- und Erdatlas
1114 n–1187 n Gerhard von Toledo
1145 n grün 'Arithmetik' lateinisch

AL KASWINI (1203 n–1283 n), arabischer Gelehrter. Behandelte in einem enzyklopädischen Werke ausgehend von Erde und Himmel die Erscheinungen unserer Welt: Steine, Pflanzen, Tiere und Menschen. Gab eine umfassende Naturbeschreibung.

1280 n grün Erdbeschreibung

AL KATIB, arabischer Gelehrter, Schriftsteller und Politiker.

1313 n–1374 n Lebenslinie
1347 n blau Geschichtswerk
1356 n grün Handbuch der Medizin

AL KIFTI (1172 n–1248 n), arabischer Wissenschaftler und Staatsmann. Als Sohn eines hohen Beamten des Sultans Saladin wurde er Finanzminister und später Wesir in Aleppo (Syrien). Sein Sammelwerk über die naturwissenschaftlich tätigen Araber besteht aus den Lebensbildern von 414 Astronomen, Ärzten, Mathematikern und Philosophen und zeigt den Entwicklungsgang der exakten Wissenschaften in der arabischen Welt.

1230 n grün Geschichtswerk

AL KINDI, arabischer Philosoph und Naturwissenschaftler.

789 n–873 n Lebenslinie
786 n–833 n Al Mamun
843 n grün Schwerter-Kunde
861 n blau Geschichtstheorie
871 n blau Griechische Vorbilder
1114 n–1187 n Gerhard von Toledo

AL MAHDI, Obeid Allah (um 865 n–939 n), arabischer Politiker. Begründer und erster Kalif der Fatimiden-Dynastie in Nordafrika. Nutzte die Wirren des Karmatenaufstandes zur Errichtung eines eigenen, von Bagdad unabhängigen Gegen-Kalifats. Verwarf die islamische Orthodoxie, bezeichnete sich als unmittelbarer Nachkomme von Fatima, der Tochter Mohammeds, und nannte die Herrschaft seiner Familie deshalb 'Fatimiden-Dynastie'. Gründete südlich von Tunis seine neue Hauptstadt (Mahdia).

899 n/930 n Karmatenaufstand
909 n rot Unabhängig von Bagdad

AL MAMUN, arabischer Herrscher ('Kalif') von 813 n bis 833 n.

786 n–833 n Lebenslinie
789 n–873 n Al Kindi
820 n grün Sternwarte in Bagdad
824 n blau Hochschule in Bagdad
832 n blau Übersetzungsinstitut

AL MANSUR, arabischer Herrscher ('Kalif') von 754 n bis 775 n.

712 n–775 n Lebenslinie
755 n braun Sieg Asturiens über Berber
755 n rot Cordoba unabhängig
757 n braun Berberaufstand
757 n rot Berberreich unabhängig
757 n grün Spionagedienst
759 n braun Niederlage durch Franken
759 n rot Verlust Südfrankreichs
763 n blau Gründung von Bagdad
765 n rot Gesandtenaustausch

AL MARI, arabischer Philosoph und Dichter.

973 n–1057 n Lebenslinie
1018 n grün Ablehnung der Tiertötung
1028 n blau Religionskritik

AL MASUDI, arabischer Forschungsreisender, Geograph und Historiker.

888 n–956 n Lebenslinie
918 n grün Reisen in Asien und Afrika
946 n blau Weltgeschichte

AL MUFADDAL (um 710 n–786 n), arabischer Schriftsteller, Philosoph und Sprachforscher. Wegen Beteiligung an einem Aufstande gegen den Kalifen Al Mansur verhaftet und begnadigt, wurde er von Al Mansur zum Erzieher des Thronfolgers gemacht. Für diesen schrieb er eine Sammlung von 126 Gedichten 67 verschiedener Autoren aus der arabischen Frühzeit nieder, die unverfälschte Kunde vom Denken der Araber aus der vormohammedanischen Zeit gibt.

782 n blau Gedichtsammlung

AL MUHASIBI (781 n–857 n), arabischer Philosoph. Stellte der strenggläubigen Schicksalsergebenheit die aktive Annahme des persönlichen Geschicks entgegen. In seinem Hauptwerke, das er in Form einer Unterweisung für einen Schüler abgefaßt hat, entwickelt er in 61 Kapiteln eine Methode der Selbstbeobachtung und Selbstprüfung, die zur inneren Läuterung und damit zur Selbstziehung führt.

835 n blau Über Selbsterziehung

AL MUKADASI (um 945 n–um 1010 n), arabischer Geograph aus Jerusalem. Einer berühmten Architektenfamilie entstammend, bereiste er alle arabischen Länder mit Ausnahme Spaniens. Dann verfaßte er eine Beschreibung des Araberreiches, die neben erdkundlichen Angaben Mitteilungen über Bauten und Kunstwerke enthält.

985 n grün Reichs-Beschreibung

AL MUKAFFA (um 690 n–757 n), arabischer Dichter und Sprachgelehrter persischer Herkunft. Übertrug indische und persische Werke in die härtere und klarere arabische Sprache, so das Königsbuch 'Schahnameh', einen Fürstenspiegel und zahlreiche Märchen. Seine Übersetzung der indischen Fabeln des Bidpai und des Kalila schufen die Grundlage der arabischen Märchenliteratur. Trotz seines Übertritts zum islamischen Glauben wurde er als Anhänger der sozialrevolutionären Lehren des persischen Religionsstifters Mani auf Befehl des Kalifen Al Mansur grausam hingerichtet.

729 n blau Märchen-Übersetzung

AL MUTANABBI, arabischer Dichter.

905 n–965 n Lebenslinie
938 n blau Sozialreligiöse Forderungen
956 n blau Gedichtsammlung

AL NADIM (um 930 n–um 1015 n), arabischer Gelehrter. Als Sohn eines Buchhändlers ergriff er den Beruf seines Vaters und übernahm dessen Geschäft in Bagdad. Schrieb ein Verzeichnis aller bekannten Bücher aus sämtlichen Bereichen der Wissenschaft in arabischer Sprache, auch der Übersetzungen fremdsprachiger Werke ins Arabische nieder. Zu den Inhaltsangaben stellte er Notizen über die Verfasser sowie kritische Bemerkungen über ihre Arbeitsweise und über ihre Besonderheiten im persönlichen Leben. Außer wissenschaftlichen Werken nahm er in sein Verzeichnis Bücher aller Gebiete auf (Liebesromane, Abenteuergeschichten, Kochbücher, Anstandsbücher, Feengeschichten, Gedichtsammlungen, Jagdbücher, Wahrsagungen, Sportbücher, Zauberbücher, Schwank-Sammlungen). Sein Bücherverzeichnis enthielt auch Angaben über den Umfang der aufgenommenen Werke sowie über buchhändlerische Fragen.

987 n blau Literaturverzeichnis

AL RAMMAH (um 1220 n–1295 n), arabischer Militärschriftsteller. In seinem 'Buch vom Reiterkampf und von den Kriegsmaschinen' beschrieb er eine pulvergetriebene Rakete als 'selbstbewegliches brennendes Ei'. Bezeichnete den Salpeter als Grundlage der gesamten Feuerwerkerei und entwickelte Verfahren zur Läuterung des Salpeters durch Zusatz von Pottasche oder durch wiederholtes Kristallisieren.

1285 n grün 'Feuerwerksbuch'

AL RASI, arabischer Arzt, Naturforscher und Philosoph persischer Herkunft.

865 n–932 n Lebenslinie
896 n grün Schrift über Seuchen
904 n grün Atomlehre
910 n grün Stoffverwandlung
913 n blau Religionskritik
927 n grün Enzyklopädie der Medizin

AL SCHAFI (767 n–820 n), arabischer Rechtslehrer. Führte alles Recht auf vier Quellen zurück: den Koran, die Überlieferung, die Übereinstimmung der Gelehrten und die Analogie. So ordnete er das vorhandene arabische Recht und führte es auf den Weg zur wissenschaftlichen Systematik.

815 n blau Rechtsbuch

AL SUFI (903 n–986 n), arabischer Astronom in Valencia (Spanien). Unternahm auf Grund seiner Beobachtungen eine Korrektur der Sterntafeln des Ptolemäus und stellte schließlich einen eigenen Sternatlas zusammen, der dieses klassische Werk hinsichtlich der Genauigkeit der Orts- wie der Helligkeitsbestimmung weit übertraf. Baute selbst einen Himmelsglobus von 209 cm Durchmesser und gravierte auf dieser Messingkugel 1015 Sterne in ihrer richtigen Größenordnung ein.

960 n grün Himmelsglobus

AL TABARI, arabischer Universalgelehrter aus einer Provinz am Kaspischen Meer.

839 n–923 n Lebenslinie
885 n blau Koran-Auslegung
915 n blau Weltgeschichte

AL TOGRAI (1061 n–1121 n), arabischer Dichter und Staatsmann aus Persien. Verfaßte Lobgedichte auf Fürsten und andere Große seiner Zeit. Stieg im Staatsdienst bis zum Wesir auf, beteiligte sich dann aber an einem Bürgerkrieg, unterlag mit seinem Heere, wurde gefangengenommen und hingerichtet. Als Dichter wurde er durch sein Klagegedicht über die schlimmen Zustände seiner Zeit bekannt.

1112 n blau Klagelied

AL TUSI (1201 n–1274 n), arabischer Mathematiker, Astronom, Physiker, Geschichtsschreiber und Staatsmann. Verbesserte die Dreieckslehre, die ein Anhängsel der Geometrie war, und erhob sie zu einer eigenen Wissenschaft (Trigonometrie). Schuf aufgrund exakter Sternbeobachtung neue Planetentafeln sowie einen Fixsternkatalog und entwickelte die geometrische und physiologische Optik.

Nach der Eroberung Bagdads durch die Mongolen wurde er von Hulagu-Khan zum Finanzminister und zum Wesir ernannt mit dem Recht zur Fortsetzung seiner wissenschaftlichen Arbeiten. So konnte er in seiner persischen Heimat die Sternwarte Maraga errichten und sie durch Berufung von Gelehrten aus dem ganzen Araberreiche zu einer Forschungsstätte ersten Ranges erheben. Bestimmte den Mongolen-Khan zur Sammlung der in den eroberten Städten beschlagnahmten Bücher und konnte auf diese Weise in Maraga eine Bibliothek von 400000 Bänden aufbauen.

1251n grün Sphärische Trigonometrie
1259n grün Sternwarte

AL VASSAN (1492n–1550n), arabischer Geograph und Schriftsteller aus Granada (Spanien). In Marokko aufgewachsen, wurde er auf einer Reise durch Nordafrika und Vorderasien von Seeräubern gefangen, nach Rom gebracht und dem Papst Leo X. zum Geschenk gemacht, der ihn 'Leo Africanus' nannte und zum Christentum übertreten ließ. In seine nordafrikanische Heimat zurückgekehrt, trat er wieder zum Islam über. Seine Beschreibung Nordafrikas übersetzte er selbst ins Italienische. Schrieb ein arabisch-hebräisch-lateinisches Wörterbuch.

1524n grün Beschreibung Afrikas

AL ZAHRA, arabische Palaststadt bei Cordoba (Spanien). Von Abdar Rachman III., dem eigentlichen Schöpfer der arabischen Kulturblüte Spaniens, erbaut und nach seiner Lieblingssklavin Al Zahra ('Die Glückliche') genannt. 10000 Arbeiter und 1500 Lasttiere schufen hier in 25 Jahren, eine Meile vor der Metropole Cordoba, eine Garten- und Palaststadt.

890n–961n Abdar Rachman III.
947n blau Bau

ALABASTER, feinkörniger, durchscheinender Gips. Material zur Herstellung von Skulpturen und Perlen. Benannt nach der ägyptischen Stadt Alabastron.

2855v blau 'Hockender Pavian'
2790v blau Vase in Uruk
2665v blau Sumerisches Relief
2623v blau Ägyptisches Relief
2587v–2514v Ur-Nina
2541v blau Statue der Ur-Nina
2533v blau Porträt des Chefren
2504v blau Königsstatue in Ägypten
2497v blau Königsporträt in Ägypten
2427v blau Statue in Sumer
2399v blau Statue des Ur-Nan-Sche
2291v blau 'König Pepi'
2231v blau Statue eines Fürsten
1923v–1861v Tut-Hotep
1702v blau Statue in Mari
1346v grün Vasen in Assur
747v blau Statue der Amenirdis

ALADSCHA, Stadt im nördlichen Kleinasien. In der zweiten Hälfte des dritten Jahrtausends vor unserer Zeitrechnung ein Wirtschafts- und Kulturzentrum. Zeitweilig auch Sitz eines Herrscherhauses.

2495v blau Entstehung

ALALACH, Stadt in Nord-Syrien. Vor fast 5000 Jahren am Ufer des Orontes entstanden, entwickelte sie sich im 18. Jahrhundert vor unserer Zeitrechnung zur zweiten Hauptstadt des Landes Jamschad, das von Aleppo aus regiert wurde.

1784v blau Entwicklung
1515v–1449v Idrimi
1471v braun Eroberung durch Idrimi
1471v rot Idrimi König
1454v blau Statue Idrimis
1441v blau Palast

ALANEN, Reitervolk in Südrußland. Von den Römern aus Kleinasien und Armenien vertrieben, ließen sie sich in dem Gebiet zwischen Kaukasus und Don nieder. Dort wurden sie von den Hunnen unterworfen. Die Mehrzahl des Volkes verblieb in ihren Wohnsitzen und ging in einer neuen Völkermischung auf. Ein Teil wanderte über Italien und Gallien nach Spanien und gründete im Gebiete Portugals für wenige Jahre ein eigenes Reich. Hörten nach ihrer Niederlage gegen Franken und Westgoten auf, als selbständiges Volk zu bestehen.

350n–404n Balamir
352n/354n Krieg gegen Hunnen
357n rot Anschluß an Hunnenheer
386n–418n Wallia
409n rot Landnahme in Spanien
411n rot Reichsgründung in Portugal
417n braun Niederlage durch Westgoten
417n rot Ende des Reiches

ALARCON y Mendoza, Juan Ruiz de, (1581n–1639n), spanischer Dichter. Nach Studien in Salamanca kehrte er in seinen Geburtsort Taxco in Mexiko zurück und ließ sich 30jährig endgültig in Spanien nieder, wo er seiner Tätigkeit als Rechtsanwalt nachging. Im Mittelpunkt seiner gesellschaftskritischen Dramen stehen Charaktere, die sich gegen die moralische Minderwertigkeit ihrer Umwelt behaupten.

1634n blau 'Verdächtige Wahrheit'

ALARICH I., König der Westgoten von 395n bis 410n.

374n–410n Lebenslinie
365n–408n Stilicho
395n/403n Dritter Gotischer Krieg
403n rot Ansiedlung in Kärnten
408n/412n Vierter Gotischer Krieg

ALARICH II. (um 465n–507n), König der Westgoten in Spanien und Frankreich von 484n bis 507n. Als Sohn des Westgotenkönigs Eurich folgte er seinem Vater auf den Thron. Gewährte den Katholiken freie Glaubensentfaltung. Doch verbündeten sich die katholischen Bischöfe mit dem Frankenkönig Chlodwig und öffneten den fränkischen Heeren kampflos die Städte, als es trotz wiederholter Vermittlungsversuche seines Schwiegervaters Theoderich zum Kriege kam. Nach der verlorenen Entscheidungsschlacht westlich von Poitiers floh er, wurde aber gefangen und von Chlodwig erschlagen.

466n–511n Chlodwig
506n blau Gesetzbuch
507n braun Niederlage gegen Franken

ALASKA, nordwestliche Landspitze Nordamerikas. Von Russen entdeckt und in Besitz genommen, wurde sie vom Zaren für 7,2 Millionen Dollar an die USA verkauft. Erhielt durch die Goldfunde von 1896n bis 1899n wirtschaftliche und durch die modernen Fernwaffen militärische Bedeutung.

1824n rot Russischer Besitz
1867n rot USA-Besitz

ALAUN, farbloses, wasserlösliches Salz, das seit alters her zum Gerben von Leder sowie zur Herstellung von Farbstoffen verwendet wurde. Wegen seiner zusammenziehenden Wirkung auch zum Blutstillen verwendet bei Darmblutungen und beim Rasieren.

1470n grün Alaun-Kartell

ALBA, Fernando Alvarez de Toledo, Herzog von Alba (1507n–1582n), spanischer Feldherr und Staatsmann. Nach erfolgreichen Kriegszügen gegen Tunis und Algier, gegen Sachsen, Frankreich und den Papst sandte ihn Philipp II. nach den Niederlanden, um diese aufsässigen Provinzen der spanischen Herrschaft und der katholischen Kirche zurückzugewinnen. Ließ 18000 Menschen (darunter Graf Egmont) hinrichten und suchte durch drückende Steuern die Widerstandskraft zu zermürben. Während er die Befreiungsversuche Wilhelms von Oranien vereitelte, gelang ihm die Niederwerfung des holländischen Aufstandes und die Verhinderung des Abfalls der Nordprovinzen nicht. Nach Spanien zurückberufen, konnte er kurz vor seinem Tode noch einen Sieg über Portugal erringen.

1533n–1584n Wilhelm von Oranien
1535n braun Feldzug nach Tunis
1567n rot Statthalter der Niederlande
1572n/1581n Erhebung der Niederlande
1787n blau Goethe: 'Egmont'

ALBANIEN, Land und Staat an der Westküste der Balkanhalbinsel (am Adriatischen Meer). Als südlicher Teil Illyriens zeitweise unter mazedonischer Herrschaft, dann seit 168v dem römischen Reiche einverleibt. Später fiel es an Byzanz, wurde von Slawen genommen und von Normannen unter Robert Guiskard erobert. Bildete dann vorübergehend den Kern eines eigenen Reiches (Epirus). Dem Serbenreiche des Stephan Duschan einverleibt, wurde es endlich für fast fünf Jahrhunderte türkisch. Seit 1912n unabhängig. Im ersten Weltkrieg von österreichisch-bulgarischen Truppen besetzt, die hier mit den Italienern in heftige Kämpfe verwickelt wurden. Während des zweiten Weltkrieges wurde das Land von Partisanen unter Enver Hodscha aus italienischer Fremdherrschaft befreit (1944n). Seit 1946n kommunistisch.

168v rot Römische Herrschaft
395n rot Byzantinische Herrschaft
1013n–1085n Robert Guiskard
1081n/1085n Balkanzug der Normannen
1204n rot Ende der Byzantinermacht
1308n–1355n Stephan Duschan
1479n rot Gebietsgewinn der Türken
1914n/1918n Erster Weltkrieg
1920n rot Mitglied im Völkerbund
1939n/1945n Zweiter Weltkrieg
1946n rot Kommunistisch
1949n grün Mitglied des COMECON
1955n rot Warschauer Pakt

ALBELDENSE (um 840n–um 900n), arabischer Historiker in Spanien. Sammelte die Überlieferungen zur spanischen Geschichte und stellte sie in einer zusammenhängenden Abhandlung dar.

884n blau Geschichte Spaniens

ALBERT, Eugen d' (1864n–1932n), deutscher Pianist und Komponist. Als Sohn eines Tanz-Komponisten wurde er Schüler von Franz Liszt und war bald als Konzertpianist bekannt. Seine ersten Opern-Kompositionen ('Der Rubin', 'Die Abreise') brachten ihm nur bescheidene Erfolge. Erst mit 'Tiefland' gelang ihm durch Unbedenklichkeit in der Wahl der künstlerischen Mittel der große Wurf, dem weitere Opern folgten ('Die toten Augen', 'Golem', 'Revolutionshochzeit'). Schrieb auch Konzerte für Klavier und Cello sowie Lieder, Chorwerke und Kammermusik.

1903n blau 'Tiefland'

ALBERTI, Leon Battista, italienischer Baumeister, Maler, Dichter, Musiker, Philosoph und Erfinder.

1404n–1472n Lebenslinie
1425n blau Lustspiel 'Philodoxas'
1445n grün Über Mühlenbau
1452n grün 'Von der Baukunst'
1457n blau Betonung des Willens
1472n blau Kirchenbau

ALBERTUS Magnus, deutscher Gelehrter.

1193n–1279n Lebenslinie
1225n–1274n Thomas von Aquin
1270n blau Zeitkritik

ALBIEZ, Johann Fridolin (um 1690n–1727n), deutscher Freiheitskämpfer. Als Leibeigener des Klosters St. Blasien wurde er zum Führer der politisch-religiösen Gruppe der 'Salpeterer' im Schwarzwald, die sich gegen Leibeigenschaft und Pfaffenherrschaft auflehnte. Nach Niederwerfung des von ihm geführten Aufstandes eingekerkert, starb er im Gefängnis von Freiburg.

1727n braun Erhebung

ALBIGENSER, südfranzösischer Katharer, benannt nach der Stadt Albi unweit Toulouse. Führten einen tapferen, aber aussichtslosen Kampf gegen die tyrannische Macht von Kirche und Königtum. Ihre grausame Unterdrückung durch den Papst und die Fürsten sicherte in Frankreich die Macht des Adels und der katholischen Kirche.

1160n–1216n Innozenz III.
1181n braun Vergeblicher Kreuzzug
1207n rot Päpstliche Gesandtschaft
1208n rot Aufruf zum Kreuzzug
1209n/1229n Kreuzzug
1239n rot Todesurteile
1249n rot Verbrennungen

ALBOIN, König der Langobarden von 565n bis 572n.

541n–572n Lebenslinie
567n braun Vordringen im Donauraum
568n/569n Eroberung Oberitaliens
569n rot Oberitalien langobardisch
570n braun Angriff auf Frankenreich
571n rot Feindkoalition

ALBORNOZ, Ägidius (1310n–1367n), spanischer Priester, seit 1350n Kardinal. Stellte die päpstliche Herrschaft in Rom wieder her, so daß Papst Urban V. eine vorübergehende Rückkehr in den Kirchenstaat wagen konnte. Schuf eine Verfassung für den Kirchenstaat, die bis 1816n gültig blieb.

1357n rot Verfassung des Kirchenstaats

ALBRECHT (1418n–1463n), Erzherzog von Österreich seit 1446n. Nachdem die von ihm verfügte Aufhebung der Zunftverfassung die Bürger von Freiburg/Breisgau gegen ihn aufgebracht hatte, suchte er diese durch Gründung einer Universität zu versöhnen.

1454n rot Ende der Zunftverfassung
1457n blau Universität Freiburg

ALBRECHT I. von Österreich (1250n bis 1308n), deutscher Kaiser von 1298n bis 1308n. Als Sohn Rudolfs von Habsburg von den Kurfürsten nicht zum Kaiser gewählt, erkämpfte er sich diese Würde durch Besiegung seines Rivalen Adolf von Nassau. Begünstigte den Aufstieg der Städte, warf die rheinischen Fürsten und Erzbischöfe nieder und schützte seine jüdischen Untertanen vor Verfolgung. Zur Erweiterung seines persönlichen Besitzes ('Hausmacht') führte er Kriege gegen Holland, Friesland, Ungarn, Böhmen und Thüringen, ohne jedoch rechte Erfolge zu erzielen. Von seinem Neffen Johann, der sich von ihm benachteiligt glaubte, in der Schweiz ermordet.

1301n rot Aufhebung der Rheinzölle
1301n/1302n Fürstenerhebung

ALBRECHT der Bär (um 1100n–1170n), Herrscher von Brandenburg in den Jahren 1134n bis 1170n. Als Sohn Ottos des Reichen erbte er von seinem Vater die Markgrafschaft Meißen. Vom Kaiser durch Entziehung der Lausitz und Übergehung seiner Ansprüche auf Sachsen benachteiligt, schuf er sich durch Erweiterung der ihm zugesprochenen Nordmark ein ansehnliches neues Fürstentum ('Mark Brandenburg'). Seine Eroberungen im Havelland und in der Priegnitz rundete er durch Einverleibung der slawischen Gebiete zwischen Elbe und Spree ab, die ihm durch eine Erbanordnung des zum Christentum übergetretenen Wendenfürsten Pribislaw zufielen, aber von ihm erst in harten Kämpfen dem Wendenfürsten Jakzo von Köpenick abgenommen werden mußten. Die durch Krieg und Vertreibung verödeten Gebiete besiedelte er mit Rheinländern, Holländern und Flamen.

1134n rot Belehnung mit der Altmark
1150n rot Erbe der Mark

ALBRECHT von Halberstadt (um 1180n–1252n), deutscher Dichter. Verfaßte eine gereimte Nachdichtung der 'Verwandlungen' des römischen Dichters Ovid in thüringischer Mundart.

1215n blau Ovid-Verdeutschung

ALBRECHT von Preußen (1490n bis 1568n), letzter Hochmeister des Deutschritterordens und erster Herzog von Preußen. Führte einen verlustreichen Krieg gegen Polen. Als er im Reiche nach Verbündeten suchte, wurde er von Luther zum Protestantismus bekehrt. Auf Luthers Rat schloß er Frieden mit Polen, indem er Preußen als weltliches Lehen der polnischen Krone bestätigte und dafür die Durchführung der Reformation in Preußen sicherte. Die von ihm gegründete Universität Königsberg wurde zu einer Stätte der Auseinandersetzung innerhalb des deutschen Protestantismus.

1544n blau Universität Königsberg

ALBUQUERQUE, Alfonso (1453n–1515n), portugiesischer Seefahrer und Staatsmann. Im königlichen Palast von Lissabon erzogen. Wurde See-Offizier und kämpfte im östlichen Mittelmeer gegen die Türken. Zur Unterwerfung der aufständischen Bevölkerung an die Südwestküste Indiens entsandt, behauptete er die portugiesischen Niederlassungen und drängte die arabische Vormachtstellung im Indienhandel zurück. Wurde Nachfolger des Almeida als portugiesischer Vizekönig in Indien. Eroberte Goa, Malaya und die Insel Ceylon. Zur Sicherung der portugiesischen Vormacht im Indienhandel entriß er den Arabern die Festung Aden (Südarabien) sowie die befestigte Insel Ormuz. Dadurch sperrte er ihnen die Einfahrt ins Rote Meer und in den Persischen Golf. Aus Furcht vor seiner Verselbständigung setzte ihn der portugiesische König ab. Starb vor seiner Einschiffung nach Portugal.

1503n/1506n Indienkrieg Portugals
1510n rot Niederlassung Goa
1511n rot Niederlassung in Malaya
1512n rot Gewinn der Molukken

ALCHEMIE, die Chemie in ihrer vorwissenschaftlichen Stufe; Bezeichnung für alle frühen Versuche der Menschheit zur Umwandlung der Materie sowie zur Zubereitung von Wirkstoffen. Trotz ihrer zeitweiligen Konzentration auf unerreichbare Ziele wie die Goldherstellung aus unedlen Metallen ('Stein der Weisen') oder die Gewinnung eines Zaubertranks zur Erhaltung ewiger Jugend ('Elixier') und trotz ihrer zeitweilig ins Betrügerische gehenden Täuschungsversuche eine vorwärtsweisende, durch Experimente zur Wissenschaft führende menschliche Tätigkeit. Zu allen Zeiten von wirklich gelehrten Männern betrieben, führte sie zu zahlreichen echten Erfindungen und Entdeckungen. Obgleich die arabische Vorsilbe 'Al' vor dem Worte 'Chemie' nur 'die Chemie' bedeutet (Alchemie = die Chemie), wurde seit Begründung der chemischen Wissenschaft diese Bezeichnung im abschätzigen Sinne verwendet.

2708v grün Versilbern
1367v grün Vergolden
810n grün 'Kunst des Goldmachens'
865n–932n Al Rasi
910n grün Stoffverwandlung
980n–1037n Ibn Sina
1130n grün Schießpulver in China
1193n–1279n Albertus Magnus
1214n–1294n Roger Bacon
1244n grün Schießpulver der Araber
1285n grün Feuerwerksbuch
1493n–1541n Paracelsus
1669n grün Entdeckung des Phosphor
1708n grün Porzellan

ALDOBRANDINISCHE HOCHZEIT, Bezeichnung für ein Wandgemälde, das vor 2000 Jahren in Rom geschaffen wurde. Nach seiner Auffindung im Jahre 1606n gelangte es in den Besitz der Familie Aldobrandini in Florenz und wurde seitdem nach dieser Familie benannt.

71v blau Entstehung

ALEMANNEN, germanischer Stamm in Mitteleuropa, zunächst im mittleren Maingebiet, später im Elsaß, in der Nordschweiz und in Südbaden. In diesen drei Gebieten sind sie noch heute ansässig und bewahren dort eine gemeinsame Eigenart, die sie von der Kultur ihrer jeweiligen Nation deutlich abhebt.

213n braun Einfall ins Römerreich
213n rot Stammesbildung
233n/235n Germanenkrieg Roms
276n/278n Krieg gegen Rom
286n/288n Krieg gegen Rom
292n braun Feldzug der Römer
309n–394n Ausonius
355n/358n Germanenkrieg Roms
368n braun Feldzug der Römer
378n braun Römischer Sieg
457n rot Elsaß und Nordschweiz
466n–511n Chlodwig
496n braun Fränkischer Sieg
496n rot Gebietsverluste
535n/553n Letzter Ostgotenkrieg
601n blau Rechts-Aufzeichnung
635n–714n Pippin der Mittlere
709n/712n Fränkischer Alemannenkrieg
712n rot Fränkische Hoheit
719n blau 'Lex Alemannorum'

ALEMBERT, Jean d' (1717n–1783n), französischer Wissenschaftler. Als Mathematiker wurde er durch bahnbrechende Arbeiten (Zahlentheorie) so berühmt, daß ihn die Akademie ungeachtet seiner unehelichen Herkunft mit 24 Jahren zum Mitglied und später zu ihrem Sekretär ernannte. Bereicherte die Physik durch den nach ihm benannten Satz, der eine Berechnung bewegter Körper aus ruhenden Massen ermöglicht. Führte alle Erkenntnisse auf Beobachtung und Erfahrung zurück, bekämpfte das Christentum und forderte die Beherrschung der Natur durch die Technik. Für die von Diderot herausgegebene 33bändige Enzyklopädie schrieb er die philosophischen und die mathematischen Artikel sowie die Einführung, in der er den Anbruch des Zeitalters der Wissenschaft verkündete.

1713n–1784n Diderot
1751n blau Enzyklopädie

ALEPPO, Stadt in Nordsyrien (Vorderasien). Vor 4000 Jahren entstanden, wurde sie Hauptstadt des Reiches und Zentrum des Widerstandes gegen die aus Kleinasien einbrechenden Hettiter. Im 16. Jahrhundert vor der Zeitwende dem Hettiterreiche einverleibt, fiel die Stadt fast 100 Jahre später dem Mitannireiche zu, wurde aber von Suppi-Luli-Uma im Vierten Hettiterkrieg erneut hettitischer Herrschaft unterworfen. Seit 1108v für 350 Jahre Bestandteil des Assyrerreiches, dann dem Reiche Urartu eingefügt. Im Alexanderzug erobert, wurde sie durch Alexanders Feldherrn Seleukos mit prächtigen Bauten geschmückt. Im Arabischen Krieg 640n von Araberheeren eingenommen. 961n fiel sie an das Reich von Byzanz (Konstantinopel). Von türkischen Seldschuken erobert und im 12. Jahrhundert zur Hauptstadt eines Sultanats gemacht. Im Großen Mongolenkrieg wurde sie 1260n erobert und gehörte später zum Reiche des Mongolenkaisers Timur. Seit 1516n im Besitz der Türken, die sie nach ihrer Niederlage im ersten Weltkrieg mit ganz Syrien an Frankreich verloren. Nach dem zweiten Weltkrieg Bestandteil eines unabhängigen syrischen Staates.

1748v–1695v Zim-Rilim
1612v–1550v Hattu-Sili I.
1563v–1530v Mur-Sili I.
1556v/1551v Zweiter Hettiterkrieg
1536v/1530v Dritter Hettiterkrieg
1533v rot Hettiter-Herrschaft
1482v–1425v Tud-Halia II.
1258v–1203v Arnu-Wanda
757v braun Niederlage gegen Urartu
757v rot Herrschaft Urartus
437n grün Symeons Askese

ALEXANDER I. (1777n–1825n), russischer Zar von 1801n bis 1825n. Erweiterte den russischen Staat durch Besitznahme Finnlands und Bessarabiens sowie Georgiens und Aserbeidschans. Nach schwerer Niederlage gegen die französischen Heere (Austerlitz) mußte er die Eroberung Westrußlands durch Napoleon erdulden, vertrieb dann aber die französischen Heere und übernahm die Führung des mitteleuropäischen Befreiungskampfes gegen Napoleon. Nach dessen Besiegung wandte er sich aus Furcht vor den revolutionären Bewegungen der Völker einer restaurativen Politik zu ('Heilige Allianz') und stärkte innenpolitisch die Kirche.

1796n/1815n Napoleonische Kriege
1801n rot Gewinn Georgiens
1804n blau Universitäten
1806n/1812n Krieg gegen Türkei
1809n rot Gewinn Nordfinnlands
1812n rot Gewinn Bessarabiens
1812n rot Preußen Kriegspartner
1813n grün Englische Hilfsgelder
1815n rot Wiener Kongreß
1815n rot Gewinn von Minsk
1815n rot 'Heilige Allianz'
1824n rot Besitz Alaskas bestätigt

ALEXANDER II. (1818n–1881n), russischer Zar von 1855n bis 1881n. Nach seiner Niederlage im Krimkrieg suchte er der allgemeinen Unzufriedenheit durch Reformen entgegenzuwirken und hob die Leibeigenschaft auf. Unterdrückte alle Freiheitsbewegungen und schlug 1863n den polnischen Aufstand nieder. Erweiterte das russische Staatsgebiet im Kaukasus und in Mittelasien. Fiel einem Attentat russischer Revolutionäre zum Opfer.

1853n/1856n Krimkrieg
1856n rot Gebietsverlust
1856n rot Gegner: Schutz für Türkei
1858n rot Gewinn des Amur-Gebietes
1860n blau Gründung von Wladiwostok
1861n rot Ende der Leibeigenschaft
1863n braun Polnische Erhebung
1866n rot Gewinn Kirgisiens
1867n rot Abtretung Alaskas
1868n rot Gewinn Bucharas, Pamirs
1872n rot Gewinn Usbekistans
1873n rot 'Drei-Kaiser-Bund'
1874n rot Wehrpflicht
1876n/1878n Krieg gegen Türkei

ALEXANDER III., italienischer Priester, Papst von 1159n bis 1181n. Behauptete in einem über zwei Jahrzehnte gehenden Kampf gegen den deutschen Kaiser und den König von England die Machtansprüche des Papsttums gegen vier kompromißbereite Gegenpäpste. Dann konnte er die Genugtuung erleben, vom deutschen Kaiser anerkannt zu werden und den englischen König zur Buße zu zwingen. Regelte die Papstwahl in einer Weise, die eine Zersplitterung der päpstlichen Macht durch Gegenpäpste ausschließen sollte. Als Rechtsgelehrter erneuerte er auch das Kirchenrecht.

1122n–1190n Friedrich I. Barbarossa
1140n–1217n Peter Waldes
1166n/1167n Feldzug Friedrichs
1174n rot Buße des englischen Königs
1177n rot Stärkung des Papsttums
1177n grün Gesandtschaft nach Indien
1179n rot Laterankonzil
1179n grün Boykott der Araber
1180n rot Aufruf zum Kreuzzug
1181n braun Katharer-Kreuzzug

ALEXANDER III. (1845n–1894n), russischer Zar von 1881n bis 1894n. Als Sohn Alexanders II. nach dessen Ermordung zur Herrschaft gelangt, betrieb er aus Furcht vor neuen Attentaten eine rücksichtslose Verfolgung aller freiheitlichen Bestrebungen mit Hilfe der Geheimpolizei ('Ochrana'). Durch den Rückversicherungsvertrag mit Preußen und ein Bündnis mit Frankreich verschaffte er sich im Westen freie Hand und nutzte seine Macht zur Festigung der russischen Eroberungen in Asien.

1881n rot Geheimpolizei
1887n rot Vertrag mit Deutschland
1890n rot Deutscher Bündnis-Verzicht
1894n rot Vertrag mit Frankreich

ALEXANDER VI. Borgia, spanischer Priester, Papst von 1492n bis 1503n.

1431n–1503n Lebenslinie
1452n–1498n Savonarola
1492n rot Kauf der Papstwürde
1493n rot Weltaufteilung
1498n rot Verbrennung Savonarolas
1503n rot Ablaßverkauf

ALEXANDER der Große, Kaiser des mazedonischen Reiches von 336v bis 323v.

356v–323v Lebenslinie
396v–328v Leochares
384v–322v Aristoteles
372v–285v Ptolemäus I.
367v–307v Lysipp
360v–303v Apelles
358v–280v Seleukos I.
342v rot Aristoteles Erzieher
337v blau Gemälde des Antiphilos
336v rot Regierungsantritt
335v braun Erhebung Griechenlands
335v rot Zerstörung Thebens
334v/325v Alexanderzug
333v grün Ohne Beirut
332v rot Gebietsgewinn
331v rot Vergottung
331v blau Gründung von Alexandria
331v grün Steinschleudern
330v rot Ende des Perserreiches
330v rot Herrschaft über Persien
329v blau 'Auf der Jagd'
327v rot Heirat Roxanes
327v blau Kallisthenes' Geschichtswerk
327v grün Silberwährung
326v blau Hochzeitsbild
325v rot Großreich
325v blau Gemälde des Apelles
324v rot Politische Heiraten
324v rot Hauptstadt Babylon
323v rot Zerfall des Reiches
323v/301v Diadochenkriege
319v blau Reliefs Alexanders
314v blau Statue des Lysipp
299v blau Aristobulos' Geschichtswerk
11n blau Mosaikbild
155n blau Feldzugsberichte
1129n blau 'Alexanderlied'

ALEXANDER Newski, russischer Herrscher von 1252n bis 1263n.

1222n–1263n Lebenslinie
1207n/1279n Großer Mongolenkrieg
1240n braun Sieg über Schweden
1240n rot Kiew-Gebiet mongolisch
1242n braun Sieg über Deutschritter
1242n rot Mongolenreich in Rußland
1245n braun Sieg über Litauer
1259n braun Verlust Nowgorods

ALEXANDER Polyhistor, Cornelius (100v–40v), griechisch-römischer Gelehrter und Schriftsteller. Kam als Kriegsgefangener aus seiner kleinasiatischen Heimat nach Rom und erhielt nach seiner Freilassung das Bürgerrecht. Wegen seiner umfassenden Bildung erhielt er den Beinamen 'Vielwisser' ('Polyhistor'). Seine Schriften zur Länderkunde und zur Sprachlehre sind ebenso verloren wie seine historischen Arbeiten. Doch blieb seine Geschichte der Juden in Auszügen erhalten.

65v blau Geschichte der Juden

ALEXANDER Tralles, kleinasiatischer Arzt und Naturforscher.

525n–605n Lebenslinie
598n grün Innere Krankheiten
602n grün Schrift über Würmer

ALEXANDER von Aphrodisias (um 160n–220n), griechischer Philosoph. Als Lehrer der Philosophie in Athen verteidigte und kommentierte er die Lehren des Aristoteles. Wies jeden Vorsehungsglauben zurück und lehrte die Willensfreiheit des Menschen. Bestritt das Vorgegebensein jedes allgemeinen Prinzips und sprach allein dem Einzelding Wirklichkeit zu. Dehnte den Satz der Verbindung von Materie und Form auf die Verbindung von Leib und Seele aus. In Geist und Seele erkannte er endliche, mit dem Körper vergehende Erscheinungen.

210n blau Aristoteles-Kommentar

ALEXANDER von Hales (1175n bis 1246n), englischer Philosoph und Theologe. Lehrer der Theologie an der Universität Paris. Durch Nutzbarmachung der Philosophie für die Theologie versuchte er, die christlichen Lehren als notwendige Vernunftwahrheiten auszugeben. Dadurch vertiefte er die von der Kirche planmäßig betriebene Selbstentfremdung der Philosophie. Unternahm es als erster, auch die Kategorien des Aristoteles und der in seiner Nachfolge befindlichen arabischen Philosophen im christlichen Sinne anzuwenden. Hierdurch und durch den Versuch einer Zusammenfassung der kirchlichen Lehren in der Art wissenschaftlicher Systematik führte er die Geistesverwirrung im christlichen Europa zu einem ersten Gipfel (Hochscholastik).

1246n blau 'Summe der Theologie'

ALEXANDERLIED, historischer Roman über einen Stoff aus dem alten Griechenland. Von dem deutschen Pfaffen Lamprecht auf Grund eines Alexanderromans des Franzosen Alberich von Besançon niedergeschrieben. Enthält die Lebensgeschichte Alexanders des Großen, seine Jugend, seine Erziehung, seinen Aufstieg zum Herrscher und seine kriegerischen Heldentaten.

1129n blau Entstehung

ALEXANDERREICH, das von Alexander dem Großen geschaffene Weltreich, das sich vom Balkan bis Ägypten und Indien erstreckte.

372v–285v Ptolemäus I.
358v–280v Seleukos I.
356v–323v Alexander der Große
334v/325v Alexanderzug
332v rot Unterwerfung Vorderasiens
331v rot Alexander Herrscher-Gott
331v blau Gründung Alexandrias
330v rot Ende des Perserreiches
330v rot Beherrschung Persiens
327v rot Heirat Alexander-Roxane
327v grün Silberwährung
325v rot Großreich
325v grün Reise des Nearchos
324v rot Politische Heiraten
324v rot Hauptstadt Babylon
323v rot Zerfall
323v/301v Diadochenkriege

ALEXANDER-SARKOPHAG, Bezeichnung für einen prunkvollen Steinsarg mit bemalten Reliefs von Kampf- und Jagd-Szenen. Darunter befinden sich auch Darstellungen von Alexander dem Großen als Sieger in der Schlacht mit dem Perserheer bei Issos. Angefertigt vor 2300 Jahren in der phönizischen Stadt Sidon an der vorderasiatischen Mittelmeerküste (Libanon) für den Statthalter Alexanders des Großen (Abdalonymos), der sich selbst bei der Löwenjagd abbilden ließ.

319v blau Vollendung

ALEXANDRIA, Hafenstadt an der nordägyptischen Mittelmeerküste. Von Alexander dem Großen gegründet und nach ihm benannt. Wurde bald zum bedeutendsten Kulturzentrum des Mittelmeerraumes und zu einem wichtigen Mittelpunkt des Handels (über 1 Million Einwohner). Bis zum Jahre 30v blieb sie unter Herrschaft der von Alexanders Feldherrn Ptolemäus begründeten Königsfamilie (Ptolemäer) und wurde dann römisch. Bei der Reichsteilung fiel sie an Ostrom (Byzanz) und blieb bis zur Einnahme durch die Araber (642n) byzantinisch. 1517n wurde sie türkisch. 1892n bis 1936n englisch, dann als zweitgrößte Stadt und größter Hafen Ägyptens ein Zentrum der sozialistischen Bewegung des Landes.

372v–285v Ptolemäus I.
365v–276v Euklid
331v blau Gründung
322v–246v Ptolemäus II.
315v blau Museion
305v blau Bibliothek
289v–235v Kallimachos
279v grün Leuchtturm
259v rot Ausfuhrverbot für Papyrus
247v grün Großbibliothek
223v grün Fachärzte
152v–82v Heron
91v grün Mechanikerschule
47v grün Brand der Bibliothek
2v–71n Markus
65n rot Christengemeinde
80n–130n Karpokrates
98n–160n Valentin
123n–140n Epiphanes
150n–215n Klemens
160n–242n Ammonios
182n–253n Origenes
203n rot Hinrichtung von Christen
204n–270n Plotin
215n rot Politische Morde
230n–300n Pappos
258n–336n Arius
360n–415n Hypatia
381n–444n Cyrillus
391n rot Verbrennung der Bibliothek
642n rot Arabische Herrschaft
1882n rot Englische Herrschaft
1936n rot Ägypten selbständig

ALEXEI MICHAILOWITSCH, russischer Zar von 1645n bis 1676n.

1629n–1676n Lebenslinie
1646n rot Sibirien russisch
1649n blau Gesetzbuch
1654n rot Anschluß der Ukraine
1655n/1660n Schwedisch-polnischer Krieg
1663n/1699n Großer Türkenkrieg
1666n rot Kirchenspaltung
1670n/1671n Kosaken-Aufstand

ALEXIOS I., Komnenos (1048n–1118n), Kaiser von Byzanz. Regierte von 1081n bis 1118n. Fühlte sich durch die Siege der Türken in Kleinasien bedroht und erließ einen Hilferuf an den Papst in Rom mit der Bitte um Entsendung von Truppen zum Kampf für eine Befreiung Jerusalems. Die bald darauf eintreffenden Heere des ersten Kreuzzuges zwang er zum Lehnseid gegenüber Byzanz, bevor er sie mit seinen Schiffen zum Kampf gegen die Türken nach Vorderasien brachte.

1013n–1085n Robert Guiskard
1081n/1085n Normannen-Angriff
1082n rot Anerkennung Venedigs
1082n grün Freihandel für Venedig
1091n braun Petschenegen-Angriff
1094n rot Hilferuf an Papst
1096n rot Lehnseid der Kreuzfahrer
1096n/1099n Erster Kreuzzug
1124n blau Geschichtswerk der Tochter

ALFIERI, Vittorio (1749n–1803n), italienischer Dichter. Besuchte die Militärakademie, bereiste fast ganz Europa, knüpfte viele Liebschaften und überstand ein Duell sowie einen Selbstmordversuch. Nach gründlichem Studium der französischen Tragödiendichter sah er seine Aufgabe in der Schaffung eines nationalen italienischen Dramas, wobei er seine französischen Vorbilder in der Regelstrenge noch zu übertreffen suchte. Seine Stoffe entnahm er der Geschichte (Saul, Orest, Kleopatra, Philipp II., Maria Stuart). Alle Werke sind Ausdruck seiner leidenschaftlichen Freiheitsliebe, wobei stets sein Grundgedanke wiederkehrt, daß Tyrannei nicht nur für die Opfer, sondern auch für die Tyrannen selbst verderblich ist. Seine anfängliche Begeisterung für die französische Revolution ('Ode an das von der Bastille befreite Paris') schlug später in Enttäuschung um ('Der Franzosenfeind'). Seine Autobiographie ist trotz einiger Ungenauigkeiten eines der bedeutendsten dichterischen Selbstzeugnisse.

1775n blau 'Philipp II.'

ALFONS I., der Eroberer (1110n–1185n), König von Portugal in den Jahren 1139n bis 1185n. Als Sohn des ersten Grafen von Portugal besiegte er die Araber, erhob Portugal zu einem selbständigen Reiche und machte sich selbst zu dessen erstem König.

1139n braun Sieg über die Araber
1143n rot Portugal unabhängig
1147n rot Gewinn Lissabons
1147n rot Lissabon Hauptstadt

ALFONS V., der Afrikaner (1432n–1481n), König von Portugal. Regierte von 1438n bis 1481n. Unter seiner Regierung wurden die Entdeckungsfahrten seines Onkels Heinrich des Seefahrers fortgesetzt. So legte er den Grund zur Weltgeltung Portugals.

1446n rot Gesetzbuch
1452n rot Sklaverei: Papsterlaubnis
1471n braun Eroberung Tangers
1471n rot Tanger portugiesisch
1471n grün Goldküste entdeckt

ALFONS VI. (1030n–1109n), König des Hochlandes von Leon (Nordost-Spanien) seit 1065n, seit 1072n auch des Königreiches Kastilien. Floh vor seinem Bruder zu den Arabern nach Toledo. Später eroberte er Toledo für sein kastilisches Königreich, unterlag aber dann den aus Nordafrika verstärkten Araberheeren. Trotz seiner Gegnerschaft gegen die Araber verfaßte er seine Schriftstücke in arabischer Sprache und ließ auch seine Münzen mit arabischen Inschriften prägen.

1043n–1099n Cid
1083n rot Gewinn Madrids
1085n/1090n Angriff auf die Araber
1094n braun Cid in Valencia
1094n rot Königreich des Cid
1095n rot Gründung Portugals

ALFONS X., der Weise (1226n–1284n), König von Kastilien. Regierte von 1252n bis 1282n, wurde im Jahre 1257n zum deutschen Kaiser gewählt, ohne je nach Deutschland zu kommen. 1282n wurde er von seinem Sohne enthront. Selbst als Dichter, Philosoph, Rechtsgelehrter, Historiker und Naturforscher tätig, förderte er Kunst und Wissenschaft. Die unter seinem Namen bekanntgewordenen 'Alfonsinischen Planetentafeln' wurden auf ptolemäischer Grundlage von 50 Gelehrten ausgearbeitet. Das unter seiner Leitung geschaffene Gesetz ('Sieben Teile') vereinigt römisches und spanisches Recht. Stellte eine Geschichte Spaniens zusammen.

1248n grün Planetentafeln
1263n blau Gesetzessammlung

ALFONSI, Moses (1062n–1110n), jüdischer Dichter in Spanien. Trat als Rabbiner zum Christentum über und wurde Leibarzt König Alfons' I. Stellte eine Sammlung orientalischer Novellen zusammen und übertrug sie aus der arabischen in die lateinische Sprache. Verfaßte eine Rechtfertigung seines Übertritts zum Christentum in Form eines Dialogs.

1109n blau Novellensammlung

ALFRED der Große, englischer König von 871n bis 901n.

849n–901n Lebenslinie
876n rot Nordengland normannisch
878n braun Sieg über Normannen
878n rot Teilung der Herrschaft
878n rot Normannenkönig Christ
892n braun Normannen-Angriff
895n grün Flottenbau
900n blau Boëthius-Übersetzung

ALGEBRA, die Lehre von den Gleichungen und ihrer Lösung, Teilgebiet der Mathematik.

284v–212v Archimedes
214n–280n Diophant
476n–535n Arjabatta
598n–660n Brahmagupta
778n–830n Al Karismi
1039n–1123n Al Kajam
1114n–1186n Bhaskara
1203n grün Fibonaccis Werk
1360n grün Weiterentwicklung
1372n grün Analytische Geometrie
1510n grün Kubische Gleichungen
1542n grün Imaginäre Zahlen
1596n–1650n Descartes
1636n grün Analytische Geometrie
1890n grün Gruppentheorie

ALGECIRAS-KONFERENZ, internationale Zusammenkunft zur Beratung der Marokkofrage. Vertiefte die Isolierung Deutschlands, das seine Forderung auf Ächtung des französischen Eindringens in Marokko nicht durchsetzen konnte. Benannt nach dem Konferenzort, der südspanischen Hafenstadt Algeciras bei Gibraltar.

1906n rot Konferenz

ALGERIEN, Land und Staat in Nordafrika. Vor mehr als 2500 Jahren von Phöniziern aus Karthago besiedelt, die hier eine bedeutende Handelsstadt anlegten (Hippo). Seit dem zweiten Punischen Kriege mit Hilfe Roms auf Kosten Karthagos erweitert (Königreich Numidien). Seit 42v römische Provinz (Africa nova). Seit Kaiser Augustus in die Provinzen Numidien und Mauretanien geteilt, wurde sie zur 'Kornkammer Roms'. Durch die auf Großgrundbesitz und Sklaverei beruhende Plantagen-Wirtschaft Haupt-Umschlagsplatz des Sklavenhandels. So wurde das Land auch zu einem Zentrum des frühen Christentums, dem vorwiegend Sklaven anhingen. Der Kirchenlehrer Augustin war einer von 125 christlichen Bischöfen, die in den größeren Städten des blühenden Landes residierten. Aber es gab auch eine revolutionäre Partei unter den Sklaven (Zirkumzellionen). Im Arabischen Krieg besiegt, wurde das Land für mehr als 800 Jahre arabisch. Um 1500n begannen europäische Mächte mit der Eroberung der Küste. 1509n gelang den Spaniern die Einnahme der Stadt Oran. 10 Jahre später stellte sich das Land unter den Schutz der Türkei und anerkannte deren Oberhoheit. Gleichzeitig begann sich die Überlegenheit seiner Flotte im Mittelmeer und im Atlantik bemerkbar zu machen. Der deutsche Kaiser Karl V. sandte als Herrscher Spaniens im Jahre 1541n vergeblich eine Flotte von 370 Schiffen mit mehr als 30 000 Mann gegen das erstarkte Land. Engländer und Holländer wiederholten im 17. Jahrhundert in mehreren Angriffswellen (1655n, 1669n und 1670n) den Versuch einer Unterwerfung. Auch die Franzosen wurden abgewiesen (1682n, 1683n, 1687n). Spanien verlor 1708n Oran und scheiterte später mit allen neuen Angriffen (1732n, 1775n, 1791n). In diesen Jahrhunderten begegneten die Bewohner den europäischen Eroberern mit Gegenangriffen auf deren Flotten. Dabei bewährten sich besonders die aus Spanien vertriebenen Araber, die hier eine neue Heimat gefunden hatten. Sie beschlagnahmten Schiffe europäischer Mächte und gaben Ladung und Mannschaft nur gegen Lösegeld heraus. Sie wurden deshalb in Europa als 'Piraten' bezeichnet. Bis ins 19. Jahrhundert war die Seemacht der Küstenbewohner so groß, daß zahlreiche seefahrende Nationen (Portugal, England, Dänemark, Sardinien) durch laufende Tributzahlungen freies Geleit für ihre Schiffe erkauften. Nachdem 1815n erstmals eine algerische Flotte geschlagen worden war (von den USA bei Cartagena), gelang den Franzosen seit 1830n ein siegreiches Vordringen und 1844n die Unterwerfung des Landes. 1945n erhob sich das Land gegen die französische Herrschaft, doch wurde diese Erhebung von den Franzosen niedergeworfen (40 000 Tote). 1954n begann das Volk seinen bewaffneten Freiheitskampf, der ihm 1962n die politische Unabhängigkeit brachte. Seitdem ringt das Land um seine soziale Befreiung.

204v rot Bündnis Numidiens mit Rom
201v rot Erweiterung Numidiens
158v–104v Jugurtha
112v/105v Jugurthinischer Krieg
46v rot Numidien Provinz Roms
17n/24n Numidische Erhebung
40n/42n Römischer Feldzug
42n rot Römische Provinz
276n–355n Donatus
285n–347n Fasir
291n–347n Axid
328n rot Donatisten-Bewegung
328n blau Axid gegen Staatskirche
342n blau Fasir: Kommunismus
344n/347n Zirkumzellionen-Aufstand
354n–430n Augustin
392n blau Augustin über Reichtum
399n blau Augustins 'Bekenntnisse'
413n blau Augustin gegen 'Ketzer'
416n blau Augustin: Dreifaltigkeit
426n blau Augustin: Gottesstaat

428n blau Augustin über Sklaverei
429n/432n Wandalenkrieg
432n rot Wandalenreich
533n/534n Angriff durch Byzanz
534n rot Byzantinische Herrschaft
633n/732n Arabischer Krieg
640n–716n Musa
698n rot Arabische Herrschaft
703n braun Berber-Aufstand
757n braun Berber-Aufstand
757n rot Berber-Unabhängigkeit
934n blau Gründung von Algier
1830n/1834n Französischer Feldzug
1843n/1844n Französischer Feldzug
1844n rot Französische Vorherrschaft
1954n/1962n Kampf Nordafrikas
1962n rot Unabhängigkeit
1965n rot Sozialismus verkündet

ALGIER, Hafenstadt in Nordafrika. Seit Eroberung durch Franzosen (1830n) zur größten Stadt Algeriens und zur Residenz des französischen Gouverneurs ausgebaut. Nach der Befreiung des Landes Hauptstadt der unabhängigen Republik Algerien.

934n blau Gründung

ALHAMBRA, arabisches Schloß bei Granada in Südspanien. Hauptwerk der arabischen Baukunst in Europa (Umfang: 3,5 Kilometer).

1248n blau Bau

ALI, Kaiser von Arabien von 656n bis 661n.

602n–661n Lebenslinie
570n–632n Mohammed
609n–680n Moawija
633n/732n Arabischer Krieg
656n rot Regierungssitz Kufa
657n/661n Arabischer Bürgerkrieg
657n rot Spaltung des Islam
851n–938n Al Balki

ALKAIOS, griechischer Dichter aus Kleinasien.

639v–562v Lebenslinie
564v blau Trinklieder

ALKAZAR, arabische Bezeichnung für 'Burg'. Name zahlreicher Schlösser und Festungen im arabischen Spanien.

1181n blau Alkazar von Sevilla

ALKIBIADES, griechischer Politiker.

456v–404v Lebenslinie
431v/404v Peloponnesischer Krieg
420v rot Bündnisse Athens
413v rot Bündnis Sparta-Perser
408v rot Führung Athens

ALKMAION, griechischer Arzt und Philosoph.

520v–450v Lebenslinie
478v grün Sektionen
471v grün Sehnerv
466v grün Lokalisierung der Seele

ALKMAN, griechischer Dichter und Komponist.

708v–628v Lebenslinie
633v blau Chorlieder

ALKOHOL, Getränk aus vergorenen zuckerhaltigen Fruchtsäften. Wegen seiner gesundheitsschädigenden Wirkung immer wieder Gegenstand von gesetzlichen und rituellen Verboten.

2950v grün Gerstenbier in Ägypten
2787v grün Wein in Ägypten
2684v grün Wein in Sumer
2304v grün Wein in Akkad
659v grün Weinsteuer in China
127v grün Weineinfuhr nach China
459n rot Alkoholverbot in China
623n grün Mohammeds Weinverbot
809n rot Verbot in Bulgarien
1127n grün Herstellung in Europa
1920n rot Verbot in USA

ALKUIN, angelsächsischer Gelehrter aus York (Nordengland).

737n–804n Lebenslinie
742n–814n Karl der Große
770n–840n Einhard
777n blau 'Musica'
784n–856n Rabanus Maurus
790n blau Leiter fränkischer Hofschule
801n rot Verbot der Vergillektüre

ALLAH, arabische Bezeichnung für Gott (wörtlich: Al Ilah = der Gott). Inbegriff des von Mohammed geprägten Ein-Gott-Glaubens (Monotheismus), der klarer und echter als der von Jesus gefaßte Ein-Gott-Glaube ist, weil sich Mohammed selbst nur als Verkünder (= Prophet), nicht aber als göttliche Person (= Gottes Sohn) bezeichnete.

570n–632n Mohammed
610n blau Lehre Mohammeds

ALLAIS, Denis Vairasse von (um 1630n–um 1700n), französischer Gelehrter, der nach seiner Vaterstadt Allais in Südfrankreich genannt wurde. Nach seinem Dienst in der französischen Armee ging er zur englischen Flotte, lebte dann einige Zeit in London und ließ sich in Paris nieder, wo er als Sprachlehrer tätig war. Verfaßte eine französische Grammatik. Berühmt wurde er durch einen Staatsroman, der von einer idealen Gesellschaftsordnung auf einer australischen Insel erzählt. In diesem Buche erklärte er Hochmut, Habsucht und Müßiggang als die drei Grundübel der Menschheit. Die Voraussetzung für die Beseitigung dieser Übel erkannte er in der Aufhebung des Privateigentums. An die Stelle der Standesunterschiede mit ihrer unbegründeten Überheblichkeit würde so die natürliche Überlegenheit des sittlich Höherstehenden treten, an die Stelle der erbarmungslosen Ausbeutung die brüderliche Zusammenarbeit und an die Stelle der allgemeinen Armut ein allgemeiner Reichtum. Sein Werk erschien in englischer, französischer, holländischer und deutscher Sprache.

1675n blau 'Geschichte der Sevaramben'

ALLDEUTSCHER VERBAND, Vereinigung zur Förderung der deutschen Kolonialpolitik und der territorialen Ausweitung Deutschlands innerhalb Europas auf Kosten der Nachbarstaaten.

1891n rot Gründung

ALLERSEELEN, katholischer Feiertag, der alljährlich am 2. November begangen wird. Dient nach katholischer Glaubenslehre der Verbindung von Toten und Lebenden in der Weise, daß die im Fegefeuer noch für ihre Sünden büßenden Seelen toter Menschen ('Arme Seelen'), die sich nicht selbst helfen können, durch Ablaß, Gebete oder Opfer (Meßopfer) die Hilfe der Lebenden erhalten.

998n grün Einführung

ALLGEMEINER DEUTSCHER ARBEITERVEREIN, unter Mitwirkung von Ferdinand Lassalle in Leipzig gegründete Vereinigung von Arbeitern. Ging 1875n in der Sozialdemokratischen Arbeiterpartei auf.

1863n rot Gründung
1875n rot Gothaer Kongreß

ALMAGEST, arabischer Titel für das Hauptwerk der Sternkunde des griechischen Astronomen Ptolemäus (wörtlich: 'Der Große').

101n–179n Ptolemäus
153n grün Entstehung
828n grün Arabisch
1187n grün Lateinisch

ALMAGRO, Diego (1472n–1538n), spanischer Eroberer. Als Soldat ging er nach Amerika und wurde Pizarros engster Mitkämpfer bei der Eroberung Perus. Erhielt vom spanischen König den Süden des Landes zugesprochen. Von hier stieß er nach Chile vor. Wegen des Besitzes der Stadt Kuzko zerstritt er sich mit Pizarro, wurde von ihm nach wechselvollen Kämpfen geschlagen, gefangen, in Kuzko eingekerkert, erdrosselt und dann noch öffentlich enthauptet.

1531n/1533n Inka-Krieg
1533n rot Ende des Inka-Reiches
1533n rot Peru spanisch

ALMEIDA, Francisco (um 1450n–1510n), portugiesischer Feldherr. Bei der Besiegung der Araber im Letzten Maurenkrieg an der Einnahme Granadas beteiligt. Als erster portugiesischer Vizekönig für Indien begründete er dort die Machtstellung Portugals. Suchte durch Sperrung des Persischen und des Arabischen Meerbusens die Ägypter und die Venezianer vom Indienhandel auszuschließen. Rächte seinen Sohn, der im Kampfe mit einer indisch-arabischen Streitmacht gefallen war, durch Vernichtung der ägyptischen Flotte. Auf der Heimfahrt fiel er selbst in einem Gefecht mit Südafrikanern.

1481n/1492n Letzter Maurenkrieg
1506n rot Vizekönig
1509n braun Seeschlacht bei Diu

ALMEIDA, Lourenco (um 1480n–1507n), portugiesischer Seefahrer. Als Sohn des portugiesischen Vizekönigs von Indien begleitete er seinen Vater nach Bombay und beteiligte sich an dem Kampfe zur Aufrichtung der portugiesischen Macht in Indien. Auf einer Erkundungsfahrt erreichte er 1505n die Insel Ceylon vor der indischen Südküste und gab den Europäern erste Kunde von ihr. Schlug die Flotte des indischen Fürstentums Kalikat, wurde aber mit seinen Schiffen vor Bombay abgeschnitten, erlag einer arabischen Flotte und fiel im Kampf.

1505n grün Entdeckung Ceylons

ALMEIDA GARRETT, Joao Baptista (1799n–1854n), portugiesischer Dichter. Wegen seiner freiheitlichen Gesinnung mußte er zweimal seine Heimat verlassen. Kam in der Emigration mit der klassischen englischen (Shakespeare) und deutschen Dichtung (Goethe, Schiller) in Berührung. Sammelte portugiesische Lieder und Balladen, gründete das portugiesische Nationaltheater und schrieb Dramen, in denen er seinem Ideal der Freiheit Ausdruck gab.

1825n blau 'Camões'

ALMOHADEN, arabische Herrscher-Familie in Nordafrika und Spanien von 1130n bis 1269n.

1140n/1146n Berberaufstand
1147n rot Herrschaftsbeginn
1160n braun Eroberung von Tripolis
1160n rot Herrschaft über Nordafrika
1181n blau Alkazar in Sevilla
1195n braun Sieg in Spanien
1195n blau Moschee in Sevilla
1236n braun Niederlage in Spanien
1236n rot Verlust von Cordoba
1246n rot Granada unter Kastilien
1248n braun Niederlage von Sevilla

ALMORAWIDEN, arabische Herrscherfamilie in Nordafrika und Spanien von 1056n bis 1147n.

1062n braun Machtkampf
1062n rot Reichsgründung
1062n blau Gründung von Marrakesch
1083n rot Verlust Madrids
1085n/1090n Kämpfe um Kastilien
1118n braun Sieg der Aragonier
1118n rot Verlust Saragossas
1139n braun Niederlage in Portugal
1140n/1146n Berberaufstand
1147n rot Ablösung durch Almohaden

ALPEN, höchstes Gebirge Europas. Erstreckt sich von der französischen Mittelmeerküste (Riviera) über Nord-Italien, die Schweiz, Süddeutschland und Österreich bis an die Ungarische Tiefebene.

1221n grün Gotthard-Straße
1387n grün Septimer-Paß
1480n grün Monte-Viso-Tunnel
1689n grün Skilauf
1772n grün Brenner-Straße
1871n grün Mont-Cenis-Tunnel
1881n grün Gotthard-Tunnel

ALPHABET, Bezeichnung für die Gesamtheit der Schriftzeichen, die zu einer Buchstabenschrift gehören. Abgeleitet von der griechischen Benennung seiner ersten beiden Buchstaben (alpha = a, beta = b). In Vorderasien vor 4000 Jahren bei der Vereinfachung der bestehenden Schriftzeichen im Raume zwischen Ägypten und dem Kaukasus entstanden, fand es in Syrien eine hohe Vollendung und wurde von hier aus durch die Phönizier im ganzen Mittelmeerraum verbreitet. Jedoch bezeichnete dieses vorderasiatische Alphabet nur die Konsonanten. Die Griechen fügten die Vokalbezeichnungen hinzu und schufen damit die Grundlage der heutigen Schrift aller europäischen und vieler anderer Völker.

Vorzeittafel: Schlußbalken (5000 Jahre)
1800v grün Alphabet in Syrien
1748v grün Schrift in Südarabien
1493v grün Neues Alphabet in Syrien
1098v–1046v Adada
1050v grün Vorderasien: Buchstaben
1005v grün Buchstaben-Verbreitung
903v grün Alphabet bei Griechen
875v grün Vokale bei Griechen
843v blau Erster hebräischer Text
797v grün Alphabet in Indien
618v grün Buchstaben in Italien
599v–529v Kyros
302v grün Griechen: Schreibschrift
250n grün Runen der Goten
254n grün Koptische Schrift
311n–383n Wulfila
358n–441n Mesrop
369n grün Gotisches Alphabet
402n grün Armenische Schrift
570n grün Runen der Türken
827n–869n Kyrill
828n–907n Boris
863n grün Slawische Schrift
871n–926n Apaoki
1266n grün Mongolische Schrift

ALPHA-STRAHLEN, eine der drei Strahlenarten, die (neben Beta- und Gamma-Strahlen) von radioaktiven Stoffen ausgesendet werden. Benannt nach dem ersten Buchstaben des griechischen Alphabetes (Alpha = A). Sie bestehen aus positiv geladenen Heliumkernen, die sich mit einer Geschwindigkeit von 20 000 Kilometern in der Sekunde fortbewegen.

1899n grün Erforschung

ALSTER, kurzer Nebenfluß der Elbe, der durch seine Hafenbecken (Binnen- und Außen-Alster) das Stadtbild Hamburgs prägt. Mündet nach nur 60 Kilometern in den Hamburger Hafen.

807n blau Gründung von Hamburg

ALTAMIRA, Höhle bei Santander in Nordspanien. Hier entdeckte elf Jahre nach Auffindung einer weitläufigen Erdhöhle die kleine Tochter des spanischen Vorzeitforschers Sautuola Deckengemälde aus der Frühgeschichte des Menschen. Es dauerte aber noch über zwei Jahrzehnte, bis die Wissenschaft das hohe Alter dieser Höhlenzeichnungen (rund 20000 bis 30000 Jahre) bestätigte.

Vorzeittafel: 30 Tausend Jahre
1879n grün Entdeckung der Malereien

ALTAR, von dem lateinischen Worte 'altaria' (= Opferstätte) abgeleitete Bezeichnung für den Teil einer Kultstätte, an dem vom Priester die Kulthandlung vollzogen wird. In christlichen Kirchen der Haupt-Tisch, der seit dem 5. Jahrhundert meist mit Aufsätzen versehen und künstlerisch ausgestaltet wurde.

180v blau Pergamon-Altar
1240n–1302n Cimabue
1308n–1368n Orcagna
1338n blau Martini: 'Verkündigung'
1356n blau Altarbild Orcagnas
1390n–1441n Jan van Eyck
1410n–1451n Stephan Lochner
1424n blau Thomas-Altar
1431n blau Magdalenen-Altar
1432n blau Genter Altar
1443n blau Dreikönigs-Altar
1467n blau Rothenburger Altar
1481n blau Pacher-Altar
1489n blau Krakauer Altar
1502n blau Heiligenblut-Altar
1511n blau Isenheimer Altar
1514n blau Freiburger Altar

ALTENBURG, Stadt in Thüringen. Um 800n von Slawen gegründet, wurde sie im 10. Jahrhundert von deutschen Siedlern bevölkert und im 12. Jahrhundert gelegentlich Residenz des deutschen Kaisers (Pfalz). Gleichzeitig Reichsstadt und Sitz eines deutschen Burggrafen. Im Hussiten-Kreuzzug 1430n niedergebrannt. Neben die Tuchindustrie und den Braunkohlenabbau trat 1832n die Spielkarten-Herstellung ('Wiege des Skat-Spiels').

1562n blau Rathausbau

ALTERSHEIME

497n–548n Theodora
590n–648n Harsa

ALTERSVERSORGUNG

497n–548n Theodora
590n–648n Harsa
1022n–1107n Manko Kapak
1081n rot Versorgung bei Inkas

ALTES TESTAMENT, erster, umfangreichster Teil der Bibel, bestehend aus 39 Abschnitten verschiedener Verfasser. Enthält die 10 Gebote, die nach christlichem Glauben auf dem Berge Sinai (Ägypten) von Gott persönlich auf zwei Tafeln geschrieben wurden und daher ewige Gültigkeit beanspruchen. Außerdem befindet sich darin eine weitverbreitete Vorstellung der Entstehung von Welt und Mensch (Genesis), die im Widerspruch zu den Ergebnissen wissenschaftlicher Forschung steht. Schließlich bringt es noch die aufrüttelnden Aussagen der jüdischen Propheten. Das Buch beruht in wesentlichen Teilen auf alten vorderasiatischen und ägyptischen Überlieferungen.

2810v blau Sintflutsage
2593v blau Weltschöpfungsmythos
2585v blau Lebensbaum-Motiv
2121v blau Glaube an Jüngstes Gericht
1840v blau Himmelfahrts-Motiv
1830v blau Höllenfahrts-Motiv
1687v blau Schöpfungsgeschichte
1354v blau Adams-Motiv
1298v–1228v Moses
1248v blau Zehn Gebote
1086v–1004v Samuel
936v blau 'Hohes Lied'
802v–745v Amos
784v–725v Hosea
777v–692v Jesaja
649v–583v Jeremias
628v–553v Hesekiel
401v blau Teilweise Niederschrift
330v blau 'Chronik'
216v blau 'Prediger Salomo'
165v blau Buch Daniel
126v blau Buch Henoch
104v blau Griechische Übersetzung
91v blau Erstes Makkabäer-Buch
35v blau 'Weisheit Salomos'
25v–45n Philo
24n blau Deutung als Gottesgesetz
32n blau Auslegung durch Philo
53n–120n Satornil
88n–165n Marcion
115n–182n Apell
132n–200n Irenäus
142n blau Bewertung durch Marcion
163n blau Kritik des Ptolemäus
167n blau Auslegung durch Apell
239n blau Origenes-Ausgabe
345n–420n Hieronymus
358n–441n Mesrop
389n blau Teil der 'Bibel'
405n blau Lateinische Übersetzung
433n blau Armenische Übersetzung
869n blau Arabische Übersetzung
914n–961n Bogomil
1007n blau Englische Übersetzung
1483n–1546n Luther
1522n blau Luther-Bibel

ALTHING, Name des isländischen Parlaments seit Eroberung der Insel durch Normannen. Es tagte im Freien, beschloß Gesetze und hielt zugleich Gericht. Da eine ausführende Staatsgewalt fehlte, mußte sich aber jeder sein Recht selbst verschaffen. Dazu waren die Schwachen und Armen auf die Hilfe der Reichen und Mächtigen angewiesen. Diese Schicht besetzte auch bald ganz die Ausschüsse ('Lögretta') und sicherte sich so die Schlüsselstellungen der staatlichen Macht. Die Einrichtung bestand bis zum Jahre 1800n.

930n rot Entstehung

ALTMARK, Landschaft westlich der mittleren Elbe. Stammland der Mark Brandenburg, die von hier aus durch Albrecht den Bären erobert wurde.

1134n rot Belehnung Albrechts

ALT-SARAI, Stadt an der unteren Wolga. Von einem Enkel des Dschingis-Khan zur Hauptstadt des von ihm gegründeten Mongolenreiches in Südrußland ausgebaut ('Reich der Goldenen Horde').

1207n–1255n Batu-Khan
1240n blau Gründung

ALUMINIUM, chemisches Element. Vielseitig verwendbares Leichtmetall, das in Ton und Lehm enthalten ist. Aus reiner Tonerde (Bauxit) gewonnen durch chemische Zersetzung (Elektrolyse).

1800n–1882n Friedrich Wöhler
1828n grün Entdeckung

ALVARADO de Savedra (um 1480n–um 1540n), spanischer Seefahrer. Befehlshaber der ersten Flotte, die von der amerikanischen Westküste aus in den Pazifik vorstieß. Auf dem Wege zu den Molukken wurde aber das Flaggschiff durch einen Sturm auf eine der Hawaii-Inseln verschlagen. Heiratete eine Eingeborene und blieb auf der Insel.

1527n grün Hawaii-Inseln endeckt

ALYATTES (um 640v–563v), König von Lydien in der Zeit von 617v bis 563v. Führte das Lyderreich auf den Gipfel seiner Macht. Die Entscheidungsschlacht mit seinem stärksten Rivalen, dem Mederkönig Kyaxares, fand wegen der von Thales vorausberechneten Sonnenfinsternis im Jahre 585v nicht statt, doch festigte er 10 Jahre später durch die Einnahme von Smyrna seine Vormachtstellung in Kleinasien. Verstärkte die Goldförderung und entwickelte die Metall- und Textil-Industrie.

647v–585v Kyaxares
575v braun Eroberung Kleinasiens
575v rot Größte Ausdehnung Lydiens

AMADIS, Name eines sagenhaften Ritters, der als Sohn des Königs von Wales verwegene Abenteuer besteht. Als Titelgestalt eines Romanes des portugiesischen Schriftstellers Vasco Lobeira wurde der treu liebende Ritter Vorbild einer in fast ganz Europa sich verbreitenden Ritter-Literatur.

1391n blau Lobeiras Roman

AMALER, ostgotische Herrscherfamilie, die 'Nibelungen' der Heldensage.

455n–526n Theoderich der Große
487n braun Bedrohung Konstantinopels
487n rot Auftrag Ostroms
489n/493n Vorstoß nach Italien
493n rot Reich in Italien
508n/511n Feldzug nach Südgallien
511n rot Landgewinn in Südgallien
512n rot Gesetzbuch Theoderichs
525n rot Einkerkerung des Papstes
525n blau Grabmal Theoderichs
1204n blau Nibelungenlied

AMALFI, Stadt am Golf von Salerno (Süditalien). Blühte unter byzantinischer Herrschaft seit dem 6. Jahrhundert auf, wurde langobardisch und endlich eine unabhängige See-Republik unter der Herrschaft von Dogen, die auf Lebenszeit gewählt wurden. Errichtete Niederlassungen in Alexandria, Antiochia und Jerusalem. Ihr Seerecht wurde von den seefahrenden Mittelmeer-Staaten geachtet. 1077 n geriet sie unter normannische Herrschaft und wurde nach Niederlagen gegen Pisa (1135 n und 1137 n) geplündert und zerstört. Dem Königreich Neapel angeschlossen, wurde sie später bei Erringung der italienischen Unabhängigkeit dem Königreich Italien einverleibt. In der Gegenwart beliebtes Touristenziel.

984 n rot Unabhängigkeit

AMALGAMIERUNG, technische Bezeichnung für die Mischung von Quecksilber mit anderen Metallen. Seit mehr als 2000 Jahren wird die Fähigkeit des Quecksilbers zur Verbindung mit anderen Metallen bei der Goldgewinnung benutzt. Das flüssige Quecksilber löst das Gold aus dem goldhaltigen Gestein und läßt sich später wieder vom Gold trennen. Dieses Verfahren wurde von dem Spanier Bartolomeo Medina in Mexiko später auch bei der Silbergewinnung angewendet.

1557 n grün Silbergewinnung

AMALRICH von Bena (um 1160 n bis 1204 n), Lehrer der Philosophie und Theologie in Paris. Leitete aus der Identität von Schöpfer und Schöpfung die Gleichwertigkeit nichtchristlicher Denker mit den christlichen ab. Aus dem gleichen Grunde erklärte er Gottes Gewissensbisse über die Schöpfung dieser Welt für überflüssig, weil Gott und die von ihm geschaffene Welt eins seien. Lehnte Heiligenverehrung und Reliquienanbetung ab und wandte sich gegen alle kirchlichen Zeremonien. Zum Widerruf seiner gegenüber der kirchlichen Orthodoxie revolutionären Auffassungen gezwungen, starb er als gebrochener Mann.

1209 n rot Verbrennung von Anhängern

AMALRIKANER, Anhänger des Amalrich von Bena. Bauten dessen unterdrückte Lehre in sozialrevolutionärer Richtung aus; erklärten den Papst als Antichrist und sagten der Kirche selbst den Kampf an. Verwarfen das Privateigentum und verkündeten das 'dritte Zeitalter' des heiligen Geistes ohne Kirche und Gesetz. Von der Kirche grausam verfolgt und ausgerottet.

1209 n rot Verbrennungstod

AMARA, Amarasimha (um 520 n – um 590 n), indischer Sprachwissenschaftler. Gab das erste umfassende Wörterbuch der indischen Sanskrit-Sprache heraus. Das Buch bringt auch eine Zusammenstellung gleichlautender Wörter mit unterschiedlicher Bedeutung (Homonyma) sowie einen Katalog unterschiedlicher Wörter mit gleicher Bedeutung (Synonyma).

563 n blau Wörterbuch

AMARNA, Stadt auf dem östlichen Nil-Ufer in Mittel-Ägypten. Vor 3300 Jahren Hauptstadt und Kulturzentrum des ägyptischen Reiches unter Echnaton. Nach dessen Tode wurde sie von seinem Nachfolger Tut-Anch-Amun verlassen und durch Haremhab zerstört. Bei Ausgrabungsarbeiten wurden hier im Jahre 1886 n Tontafeln mit Keilschriftzeichen gefunden, die vor über 3000 Jahren von vorderasiatischen Herrschern an die ägyptische Regierung gerichtet worden waren ('Amarna-Briefe').

1423 v – 1359 v Juti
1422 v – 1356 v Teje
1391 v – 1358 v Echnaton
1388 v – 1354 v Nofretete
1374 v blau Gründung
1374 v grün Mehrgeschossige Häuser
1372 v rot Hauptstadt
1372 v blau Prinzessinnen-Kopf
1370 v blau Relief Echnatons
1369 v blau Skulptur einer Prinzessin
1367 v blau Selbstbildnis des Juti
1366 v blau Nofretete-Kopf
1365 v blau 'Amarna-Briefe'
1362 v blau Relief: Geschenkverteilung
1360 v blau 'Zärtliche Schwestern'
1357 v blau Teje-Porträt

AMARU, Tupac (um 1740 n – 1781 n), peruanischer Freiheitskämpfer. Als Nachfolger des Inkakönigs Tupac Amaru legte er seinen eigenen Namen (Condorcanca) ab und nahm den Namen seines Vorfahren an. Stellte sich an die Spitze des Befreiungskampfes der indianischen Bevölkerung Südamerikas gegen die spanischen Kolonialherren. Nach Anfangserfolgen geschlagen, wurde er von den Spaniern gefangen und durch Vierteilung hingerichtet.

1780 n / 1783 n Aufstand
1781 n rot Hinrichtung

AMASIS, ägyptischer König von 569 v bis 525 v.

613 v – 525 v Lebenslinie
570 v / 569 v Aufstand
569 v rot Thronbesteigung
547 v rot Bündnis mit Lydien
532 v blau Brief an Polykrates

AMATI, Geigenbauer-Familie in Cremona (Norditalien). Die Werkstätte wurde von Andrea Amati (1530 n – 1611 n) gegründet und blieb lange ein reiner Familienbetrieb. Am bekanntesten wurde der Enkel des Gründers, Nicola Amati (1596 n – 1684 n), der Lehrer von Stradivari und Guarneri, deren Geigen noch gesuchter wurden.

1649 n grün Nicola Amatis Geigen

AMAZONEN, in der griechischen Sage Name der Angehörigen eines kleinasiatischen Volkes, das nur aus Frauen bestand, kriegerisch und männerfeindlich war und nur Mädchen aufzog. In der griechischen Kunst wurden sie meist als Bogenschützen im Kampf mit Männern dargestellt.

471 v blau Mikons Gemälde
416 v blau Relief in Bassai
1617 n blau Rubens' Gemälde

AMBOISE, Stadt am Mittellauf der Loire (Frankreich). Vor 2000 Jahren von Römern als Kastell gegründet, fiel es später den Herzögen von Anjou zu und war seit 1431 n Besitz der französischen Könige. Häufig Residenzstadt der Angehörigen des Herrscherhauses Valois. Seit dem 15. Jahrhundert (Ludwig XI.) waren in den Kellern und Verliesen bis zu 15 000 Gefangene ('die Vergessenen') eingekerkert. 1560 n wurden hier 1200 Protestanten ermordet. Das 'Edikt von Amboise' gewährte 3 Jahre später einigen Städten und dem Adel Religionsfreiheit.

1562 n / 1598 n Hugenottenkriege

AMBROSIUS, römischer Staatsmann, Priester und Theologe.

340 n – 397 n Lebenslinie
346 n – 395 n Theodosius
359 n – 383 n Gratian
380 n blau Volksgesang im Gottesdienst
386 n rot Kirchenhoheit über Staat

AMEISE, hochentwickeltes Insekt, das in 5000 Arten auf der ganzen Erde verbreitet ist. Lebt meist in Gemeinschaften ('Staaten') denen bis zu einer Million Tiere angehören.

1921 n grün Forels Untersuchung

AMENEM, ägyptischer Naturforscher.

1570 v – 1518 v Lebenslinie
1534 v grün Tag- und Nacht-Dauer
1530 v grün Wasseruhr

AMEN-EM-HET I., König von Ägypten.

2022 v – 1962 v Lebenslinie
2025 v – 1953 v Knum-Hotep
2004 v – 1932 v Sinuhe
2002 v – 1928 v Sesostris I.
1991 v braun Aufstand
1991 v rot Thronbesteigung
1986 v rot Verlegung der Residenz
1986 v blau Gründung von Ittani
1983 v braun Beduinen-Einfälle
1973 v grün Grenzmauer
1972 v rot Sohn als Mitregent
1963 v braun Vorstoß nach Süden
1963 v rot Machtausdehnung

AMEN-EM-HET II., König von Ägypten.

1955 v – 1895 v Lebenslinie
1908 v blau 'Weiße Pyramide'
1897 v rot Sohn wird Mitregent

AMEN-EM-HET III., König von Ägypten

1865 v – 1792 v Lebenslinie
1857 v – 1803 v Sehet
1834 v blau 'Schwarze Pyramide'
1833 v blau Krokodilopolis gegründet
1832 v grün Entwässerung Fayums
1828 v blau Darstellung als Sphinx
1826 v – 1786 v Nefer-Sebek-Re
1823 v blau Statue
1817 v blau Porträt-Plastik
1813 v grün Bergwerks-Modernisierung
1806 v blau Pyramiden- und Tempelbau
1803 v blau Plastik
1796 v grün Sinai-Befestigung
1795 v blau Bildnis

AMENEM-OPE (um 1290 v – um 1220 v), ägyptischer Beamter. Als Schreiber des ägyptischen Heeres führte er mit dem Schreiber Hori einen Briefwechsel, von dem sich Teile bis in unsere Zeit erhalten haben.

1288 v – 1232 v Hori

AMEN-HER (um 1200 v – um 1150 v), ägyptischer Prinz. Als Sohn des Königs Ramses III. ließ er sich für das Grabmal seines Vaters malen. Das Bild stellt ihn mit der ägyptischen Göttin Isis dar.

1174 v blau Gemälde

AMEN-HOTEP I., ägyptischer König.

1563 v – 1524 v Lebenslinie
1542 v – 1505 v Tut-Mosis I.
1539 v braun Vordringen zum Euphrat
1527 v braun Feldzug gegen Nubien
1526 v blau Trennung Gruft und Tempel

AMEN-HOTEP II., ägyptischer Herrscher (Pharao).

1465 v – 1422 v Lebenslinie
1473 v – 1409 v Neb-Amun
1446 v braun Aufstand in Syrien
1446 v rot Triumphzug
1439 v braun Städte-Erhebung
1436 v braun Krieg gegen Mitanni
1434 v blau Granitrelief

AMEN-HOTEP III., ägyptischer Herrscher (Pharao).

1426 v – 1377 v Lebenslinie
1462 v – 1382 v Hapu
1448 v – 1392 v Kara-Indasch
1438 v – 1368 v Ra-Mosis
1437 v – 1373 v Ipuki
1422 v – 1356 v Teje
1413 v rot Nebenfrau aus Babylon
1404 v blau Porträt
1403 v rot Mitanni – Nebenfrau
1403 v grün Mitgift der Gilu
1401 v grün Zierteich-Anlage
1399 v grün Treibjagden
1395 v blau Kolonnade in Luxor
1392 v blau Tempel von Luxor
1385 v blau 'Memnonskolosse'
1380 v grün Finanzhilfe für Assyrien

AMENI (2022 v – 1962 v), ägyptischer Wesir, als Amen-Em-Het I. König von Ägypten.

2022 v – 1962 v Lebenslinie
2025 v – 1953 v Knum-Hotep
2004 v – 1932 v Sinuhe
2002 v – 1928 v Sesostris I.
1991 v braun Aufstand
1991 v rot Thronbesteigung
1986 v rot Verlegung der Residenz
1986 v blau Gründung von Ittani
1983 v braun Beduinen-Einfälle
1973 v grün Grenzmauer
1972 v rot Sohn als Mitregent
1963 v braun Vorstoß nach Süden
1963 v rot Machtausdehnung

AMENIRDIS (um 770 v – um 720 v), ägyptische Prinzessin. Tochter des Nubier-Königs Kasta, der nach Abwerfung der ägyptischen Fremdherrschaft die Macht seines Reiches über Süd-Ägypten ausdehnte. Auf Veranlassung ihres Vaters wurde sie von der ägyptischen Königin adoptiert. Dadurch wurde sie oberste Priesterin des Lichtgottes ('Gottesweib von Theben') und sicherte so die nubische Herrschaft über den südlichen Teil Ägyptens.

798 v – 746 v Kasta
747 v blau Statue

AMENO, ägyptischer Oberpriester.

1158 v – 1094 v Lebenslinie
1150 v – 1076 v Pa-He-Nesi
1101 v / 1100 v Volksaufstand
1101 v rot Aufstand verstärkt

AMENOPE, ägyptischer Philosoph.

1022 v – 936 v Lebenslinie
943 v blau 'Lehre für das Leben'

AMERIGO Vespucci (1451 n – 1512), italienischer Kaufmann. Ging 40jährig nach Spanien und beteiligte sich an einem Handels-Unternehmen in Sevilla. Durch Lieferung der Ausrüstung von Schiffen des Kolumbus kam er mit dem Neuentdecker Amerikas in Berührung und beschloß, selbst die dort vermuteten Reichtümer zu suchen. Doch beteiligte er sich nicht an den Reisen des Kolumbus, sondern unternahm mit dessen Steuermann Hojeda eine eigene Fahrt. Mit den Karten des Kolumbus erreichten sie 1499 n die Küste Südamerikas. Nach seiner Rückkehr schrieb er Briefe, in denen er sich selbst als eigentlichen Entdecker Amerikas bezeichnete. Diese Briefe, die er an den Fürsten seiner Heimatstadt Florenz richtete, wurden veröffentlicht und veranlaßten den deutschen Buchdrucker und Geographen Waldseemüller in einer 1507 n herausgegebenen Weltbeschreibung zu dem Vorschlag, Südamerika nach ihm zu benennen. Der deutsche Geograph Kremer (Mercator) übertrug 62 Jahre später den Vornamen Amerigo auf Nord- und Südamerika. Durch die große Verbreitung der Mercator-Karte verdrängte diese Bezeichnung allmählich den ersten Namen des neuentdeckten Kontinentes ('Westindien').

1499 n grün Südamerika-Fahrt
1507 n grün Waldseemüllers Karte
1569 n grün Mercators Karte

AMIENS, Stadt in Nordfrankreich. In fruchtbarer Ebene an der Somme gelegen, war sie seit der Römerzeit als Kreuzungspunkt der Straßen von Paris zum Ärmelkanal und von Flandern nach dem Mündungsgebiet der Seine von Bedeutung. Seit 1870 in drei Kriegen von Deutschen vorübergehend eingenommen. Berühmt durch ihre Textilindustrie und durch die Kathedrale, die mit 143 m Länge und 65 m Breite die geräumigste Basilika Frankreichs ist sowie eine überreiche künstlerische Ausgestaltung (über 3600 Skulpturen) und einen schlanken Turm von 109 m Höhe besitzt.

1268 n blau Kathedrale

AMIR, arabischer Staatsmann.

932 n – 1002 n Lebenslinie
985 n braun Vorstoß nach Barcelona
997 n braun Zerstörung Santiagos
997 n grün Zwang gegen Christen

AMMIAN, Marcellinus (um 330 n – 400 n), römischer Geschichtsschreiber aus Antiochia (Syrien). Verfaßte eine unparteiische, sachlich begründete Geschichte des römischen Reiches in 31 Büchern, die Zeit von 96 n bis 378 n umfassend. Mehr als die Hälfte des Werkes (die letzten 16 Bände) füllte er mit Ereignissen seiner eigenen Zeit (353 n – 378 n), darunter mit einer genauen Schilderung der Feldzüge des Kaisers Julian gegen Perser und Alemannen, an denen er selbst teilgenommen hatte.

396 n blau Geschichte der Kaiserzeit

AMMONIOS Sakkas, griechischer Philosoph aus Alexandria.

160 n – 242 n Lebenslinie
204 n – 270 n Plotin
214 n – 273 n Longinos
229 n blau Neuplatonismus

AMMONITER, Volksstamm im Ostjordanland (Vorderasien). Wurde von den Heeren Israels besiegt und auf Befehl Davids ausgerottet (nach biblischer Überlieferung durch Folterung und Verbrennungsöfen).

1035 v – 972 v David
990 v braun Niederlage gegen Juda
990 v rot Ausrottung

AMÖNEBURG, Stadt in Hessen. Landschaftlich schön 170 m über der zur Lahn fließenden Ohm gelegen. Hier gründete der angelsächsische Priester Bonifatius sein erstes Kloster auf deutschem Boden.

675 n – 754 n Bonifatius
722 n blau Kloster

AMONI, ägyptischer Dichter.

1895 v – 1834 v Lebenslinie
1850 v blau 'Der Schiffbrüchige'

AMONTONS, Guillaume (1663 n – 1705 n), französischer Naturforscher. Erhöhte die Genauigkeit der Temperaturmessung der Luft durch Einführung des Quecksilberthermometers. Die hierdurch gewonnenen Beobachtungsmöglichkeiten nutzte er zur Aufstellung eines Gesetzes über das Verhalten eingeschlossener Gase. Aus der Tatsache, daß der Druck dieser Gase bei einer Veränderung der Temperatur um 1 Grad jeweils um $^1/_{273}$ abnimmt oder zunimmt, schloß er auf das Vorhandensein eines sehr tief liegenden absoluten Nullpunktes.

1702 n grün Gasdruck-Gesetz

AMOR, Name des römischen Gottes der Liebe. Seine Gestalt entspricht dem griechischen Liebesgott Eros, dem er nachgebildet ist. In der Kunst häufig dargestellt, meist mit einem Bogen und Liebespfeilen.

124 n – 170 n Apulejus
159 n blau Apulejus' Dichtung

AMORITER, Name der Angehörigen eines semitischen Volkes in Kanaan. Lösten bei Herannahen der Entscheidung zwischen Hettitern und Ägyptern in Vorderasien ihr Bündnis mit den Hettitern. Sie sprengten damit die Koalition gegen Ägypten und ermöglichten es den Ägyptern, sich der überlegenen Streitmacht im ägyptisch-hettitischen Krieg zum Kampfe zu stellen.

1297 v / 1282 v Krieg Ägypter–Hettiter
1297 v rot Bündnis-Aufhebung

AMOS, Prophet in Juda.

802 v – 745 v Lebenslinie
754 v blau Gesellschaftskritik

AMOSIS, ägyptischer König.

1590 v – 1545 v Lebenslinie
1567 v blau Gedächtniskapelle
1563 v braun Sieg über Hyksos
1563 v rot Oberägypten frei
1563 v rot Einigung Oberägyptens
1563 v – 1524 v Amen-Hotep I.
1559 v grün Kauf des Priesteramtes
1558 v braun Verfolgung der Hyksos
1498 v blau Darstellung mit Mutter

AMPÈRE, André Marie (1775 n – 1836 n), französischer Mathematiker und Physiker. Untersuchte die Wechselwirkung zwischen elektrischen Strömen. Dabei entdeckte er, daß gleichgerichtete Ströme einander anziehen und entgegengesetzte Ströme einander abstoßen. Aus diesem Grundsatz entwickelte er die Lehre von den Kräften zwischen elektrischen Strömen und Magnetfeldern (Elektrodynamik). Fand auch den Unterschied zwischen Stromstärke und Spannung. Erkannte die Spannung als eigentliche Ursache, den Strom als bloße Wirkung. Erfand die Magnetspule. Führte alle magnetischen Erscheinungen auf elektrische Kräfte zurück. Erforschte die Doppelbrechung der Lichtstrahlen in Kristallen. Erklärte Wärme-Erscheinungen aus der Bewegung kleinster Teile (Moleküle). Die Einheit der Stromstärke wurde nach ihm benannt.

1820 n grün Stromstärke und -spannung
1821 n grün Elektrodynamik

AMPHIBIEN, Lurche. Name wechselwarmer Wirbeltiere, die als Larven kiemenatmend im Wasser leben. Erwachsen werden sie durch zusätzliche Lungenatmung fähig, auf dem Lande ebenso zu leben wie im Wasser.

Vorzeittafel: 250 Millionen Jahre

AMPUTATION, von dem lateinischen Worte 'amputare' (= abschneiden) abgeleiteter Ausdruck der Medizin für die vollständige oder teilweise Entfernung von Armen oder Beinen durch operativen Eingriff (Durchtrennen im Gelenk oder Durchsägen des Knochens).

2055 v – 1975 v Ur-Edina

AMRI, Stadt im südlichen Industal (Indien). Eine der ältesten städtischen Siedlungen der Erde. Hier wurden schon vor fast 5000 Jahren Häuser aus Naturstein sowie aus gebrannten Ziegeln errichtet. Mit ihren gelblichen Töpferei-Erzeugnissen, die schwarz und rot bemalt wurden, belieferte die Stadt einen großen Teil der Siedlungen im fruchtbaren Tale des Indus.

2997 v grün Ziegel-Herstellung
2958 v blau Entstehung
2957 v grün Natursteinbauten
2907 v grün Ziegelbauten
2871 v grün Töpferscheibe

AMRITSAR, Stadt im nördlichen Vorderindien. 1574 n gegründet durch Führer der religiösen Reformbewegung der Sikhs, die eine Verschmelzung des indischen Hinduismus mit dem arabischen Islam erstrebten, der in weiten Gebieten Indiens sich durchgesetzt hatte. Entwickelte sich zum religiösen Zentrum der Sikhs, die später entscheidenden Anteil an der gegen die englische Besetzung gerichteten indischen Freiheitsbewegung hatten. Hier wurde im Jahre 1919 n von dem britischen General Dyer eine Versammlung gewaltsam aufgelöst und dabei in die unbewaffnete Masse der Inder geschossen. Dieses 'Blutbad von Amritsar' forderte 400 Tote und dreimal soviel Verwundete.

1919 n braun Aufstand

AMSELFELD, Gebirgsbecken in Südserbien. Hier fand die Entscheidungsschlacht zwischen Serben und Türken statt, durch die der Widerstand des Balkans gegen die aufstrebende Türkei gebrochen wurde. Obwohl gleich zu Beginn der Schlacht Sultan Murad I. fiel, siegten die Türken unter dessen Sohn Bajesid I.

1389 n braun Schlacht

AMSTERDAM, größte Stadt Hollands. Im 13. Jahrhundert aus einem Fischerdorf der Grafen von Amstel emporgewachsen, blühte sie im 14. Jahrhundert unter Herrschaft der Grafen von Holland auf und wurde zum führenden Handelshafen des Landes. Wegen ihrer Handelsbeziehungen schloß sie sich erst 1578 n dem Freiheitskampf der Niederlande gegen Spanien an. Den Höhepunkt ihrer Handelsmacht erreichte sie als Hansestadt nach Zerstörung der rivalisierenden Stadt Antwerpen Ende des 16. Jahrhunderts und nach Beginn des holländischen Indienhandels, der von hier ausging. Auch die europäische Diamantschleiferei konzentrierte sich in dieser Stadt. Im 17. Jahrhundert war sie zur ersten

Handelsstadt der Nordsee und zum bedeutendsten Bankzentrum Europas aufgestiegen (über 100 000 Einwohner). Vergeblich suchten die Engländer sich ihrer zu bemächtigen. Preußen (1787n) und Franzosen (1795n) eroberten sie vorübergehend. 1814n wurde sie Hauptstadt der Niederlande. In der von zahlreichen Kanälen ('Grachten') durchzogenen Stadt malte Rembrandt seine Bilder.

1213n blau Entstehung
1572n/1581n Kampf der Niederlande
1602n grün Indien-Gesellschaft
1606n–1669n Rembrandt
1655n blau Rathaus

AMUN, ägyptische Gottheit des Lichtes. Stadtgott von Theben, später neben dem Sonnengotte Re höchste ägyptische Reichsgottheit.

1478v blau Gold-Statue
1409v blau Lobgedicht
1321v–1235v Bek-Necho
1252v rot Vorrang des Oberpriesters
1208v–1137v Ram-Se-Na
1158v–1094v Ameno
1125v–1054v Smendes

AMUNDSEN, Roald (1872n–1928n), norwegischer Polarforscher. Als Erster Steuermann an der belgischen Südpolarexpedition von 1897n–1899n beteiligt, vertiefte er seine Kenntnisse durch eine wissenschaftliche Ausbildung an der Seewarte Hamburg und errang mit der ersten Umschiffung Nordamerikas ('Nordwestpassage') in den Jahren 1903n–1905n seinen ersten großen Erfolg. Am 14.12.1911 erreichte er in achtwöchigem Marsch mit Hundeschlitten als erster Mensch den Südpol. Mit dieser sportlichen Leistung wollte er sich aber nur die Mittel zur Erforschung des Nordpolargebietes beschaffen. Nach zahlreichen Vorstößen mit dem Schiff unternahm er seit 1924n Versuche, den Nordpol zu überfliegen, was ihm 1926n endlich gelang. Bei der Suche nach verschollenen italienischen Polarforschern verunglückte er tödlich.

1911n grün Südpol

AMUR, Fluß in Ostasien. Entsteht durch Vereinigung von Schilka (UdSSR) und Argun (Mongolei). Fließt in großen Windungen ostwärts und mündet gegenüber der Sachalin-Insel in den Pazifik (Japanisches Meer). Insgesamt 2846 Kilometer lang, bildet er auf 1900 Kilometer die Grenze zwischen dem sibirischen Rußland und dem mandschurischen China.

1644n rot Vordringen der Russen
1858n rot Gebietsgewinn Rußlands
1932n blau Gründung von Komsomolsk

ANABASIS, Titel eines Geschichtswerkes des griechischen Historikers Xenophon. Schildert in 7 Büchern den Zug von 10 000 griechischen Söldnern, die in Mesopotamien den persischen Prinzen Kyros den Jüngeren bei dessen Rebellion gegen den Perserkönig Artaxerxes II. unterstützten.

430v–353v Xenophon
373v blau Abfassung

ANAKREON, griechischer Dichter.

586v–501v Lebenslinie
519v blau Lieder

ANALYTISCHE CHEMIE, überholte Bezeichnung für die Zerlegung von Stoffen in ihre Bestandteile. Heute selbstverständliche Arbeitsweise der Chemie, stellte sie bei ihrer Einführung gegenüber dem unsystematischen Vorgehen der Alchemie und der nur auf den Versuch gerichteten frühen Chemie einen entscheidenden Fortschritt auf dem Wege zur wissenschaftlichen Chemie dar.

1661n grün Begründung

ANALYTISCHE GEOMETRIE, Fachausdruck für ein Teilgebiet der Mathematik. Löst geometrische Probleme durch ihre Zurückführung auf rechnerische Aufgaben. Stellt Flächen und Kurven durch Gleichungen dar.

1636n grün Begründung

ANANDA (um 550v–um 480v), indischer Missionar. Als Vetter des Religionsstifters Buddha wurde er dessen Lieblingsschüler und verbreitete seine Lehren.

557v–477v Buddha
1060n blau Tempel in Burma

ANARCHIE, Herrschaftslosigkeit. Das aus dem Griechischen kommende Wort bezeichnete in Athen eine Übergangszeit ohne Herrscher (Archon). Später wurde das Wort zum Begriff für das Fehlen einer Staatsgewalt, für Gesetzlosigkeit und Unordnung. Als politisches Ziel (grundsätzliche Abschaffung aller Staatsgewalt) von den sozialistischen Theoretikern Proudhon, Bakunin und Stirner im 19. Jahrhundert verkündet ('Anarchismus'). Doch entschied sich die Arbeiterbewegung unter dem Einfluß von Marx, Engels, Lenin und Stalin für die Übernahme der Staatsgewalt durch die Arbeiterklasse (Diktatur des Proletariats). Die Forderung einer späteren Aufhebung der Staatsgewalt blieb aber erklärtes Ziel aller sozialistischen und kommunistischen Parteien ('Klassenlose Gesellschaft').

1840n blau Proudhons Lehre
1873n blau Bakunins Lehre

ANAS, Ibn (715n–795n), arabischer Rechtsgelehrter. Sammelte das alte arabische Gewohnheitsrecht und suchte es in Übereinstimmung mit den mohammedanischen Geboten zu bringen. So schuf er das grundlegende Rechtsbuch des Islam und veröffentlichte es unter dem Titel 'Muwatta' (= 'Geebneter Weg'). Es trug entscheidend zur Vereinheitlichung der Rechtsprechung im Araberreiche bei. Gründete in seiner Heimatstadt Medina eine Ausbildungsstätte für Juristen.

770n blau Rechtsschule

ANATOMIE, Lehre von Bau, Form und Lage der Körperteile.

520v–450v Alkmaion
478v grün Alkmaion: Sektionen
471v grün Entdeckung des Sehnervs
460v–375v Hippokrates
424v grün Schrift über Gelenke
418v–345v Diokles
412v grün Herz-Funktion
324v–250v Herophilos
322v–246v Ptolemäus II.
283v grün Herophilos: Sektionen
265v grün Nervensystem
262v grün Arterien und Venen
249v grün Nerven-Funktionen
82n–135n Soranos
128n grün Skelettfunde, Dalmatien
129n–199n Galen
177n grün Galens Werk
936n–1013n Abu Kasim
965n–1039n Al Hassan
966n grün Sektionen in Cordoba
973n grün Vivisektion in Cordoba
996n grün Beschreibung des Auges
1239n grün Ausbildungsvorschrift
1263n grün Lungen-Blutkreislauf
1286n grün Sektion in Cremona
1315n grün Sektionen in Bologna
1417n–1492n Francesca
1543n grün Vesals Lehrbuch
1563n grün Erforschung des Ohres
1618n grün Lehre vom Blutkreislauf
1632n blau Rembrandts Gemälde
1660n grün Herz als Muskel
1661n grün Kapillar-Gefäße
1761n grün Pathologische Anatomie
1834n grün Hautsinne
1837n grün Atmungszentrum
1839n grün Ganglien
1856n grün Knochenfunde, Neandertal
1868n grün Skelettfunde, Cromagnon
1924n grün Elektrische Gehirnvorgänge
1926n grün Pawlow: Nerven

ANAXAGORAS, griechischer Philosoph.

501v–428v Lebenslinie
467v grün Naturwissenschaft
452v grün Erklärung des Seins

ANAXIMANDER, griechischer Philosoph.

610v–546v Lebenslinie
566v grün Abstammung des Menschen
561v grün Weltkarte
554v grün Himmels-Modell
549v blau Lehre von den Gegensätzen

ANAXIMENES, griechischer Philosoph.

585v–525v Lebenslinie
535v blau Naturphilosophie

ANCHES (um 610v–um 550v), ägyptische Prinzessin. Tochter des Königs Psammetich II. Nahm als Oberpriesterin ('Gottesgemahlin') eine wichtige Stellung im Staate ein.

586v blau Statue

ANCHU, ägyptischer Musiker.

2059v–1997v Lebenslinie
1998v blau Darstellung als Harfner

ANCIEN RÉGIME, aus dem Französischen übernommene Bezeichnung für die vorrevolutionäre Gesellschaftsordnung in Frankreich, die auf den Vorrechten von Adel und Geistlichkeit beruhte und den Staat als Instrument des persönlichen Herrscherwillens betrachtete. Im weiteren Sinn dient die Bezeichnung heute zur Kennzeichnung einer überholten Gesellschaftsordnung, die auf alten, unhaltbar gewordenen Prinzipien beruht.

1856n blau Tocquevilles Werk

ANDALUSIEN, alter Name für das südliche Spanien. Vor mehr als 3000 Jahren von Phöniziern aus Vorderasien besiedelt, dann jahrhundertelang zu Karthago gehörig. 201v wurde es römisch und fiel 409n den Wandalen und 429n den Westgoten zu. Seit 711n für sieben Jahrhunderte arabisch, wurde das Land zu einem der bedeutendsten Kulturzentren der Erde und errang zeitweilig auf mehreren Gebieten der Wissenschaft den ersten Rang in der Welt. In seinen arabischen Einzelreichen Cordoba, Granada und Sevilla entstanden Millionenstädte. Von den Herrschern Kastiliens politisch erobert, von der katholischen Kirche durch Terror (Inquisition) geistig und kulturell niedergeworfen, entvölkerte das blühende Land und erlebte einen christlichen Niedergang, der ebenso beispiellos war wie sein arabischer Aufstieg.

1215v blau Entstehung von Tartessos
1128v blau Gründung von Gades
237v/236v Kriegszug Karthagos
236v rot Karthager-Ansiedlung
201v rot Römischer Besitz
409n rot Wandalen-Herrschaft
429n grün Abzug der Wandalen
554n rot Machtgewinn für Byzanz
560n–636n Isidor von Sevilla
629n braun Kampf Westgoten–Byzanz
629n rot Westgoten-Herrschaft
633n/732n Arabischer Krieg
640n–716n Musa
675n–715n Welid
707n rot Bund gegen Westgoten
711n grün Befestigung Gibraltars
711n rot Ende der Goten-Herrschaft
711n rot Herrschaft der Araber
717n grün Bodenreform
755n rot Reich von Cordoba
756n blau Gründung von Granada
788n blau Moschee in Cordoba
844n braun Normannen-Einfall
890n–961n Abdar Rachman III.
932n braun Machtkampf unter Arabern
932n rot Toledo an Cordoba
932n–1002n Ibn Amir
935n grün Cordoba Millionenstadt
936n–1013n Abu Kasim
947n blau Palaststadt Al Zahra
976n blau Großbibliothek Cordoba
1008n/1009n Volksaufstand
1031n braun Adelsaufstand
1031n rot Selbständigkeit Cordobas
1066n braun Aufstand in Granada
1181n blau Alkazar in Sevilla
1195n blau Moschee in Sevilla
1236n braun Kampf Araber–Kastilier
1236n rot Cordoba an Kastilien
1238n rot Granada selbständig
1246n rot Granada an Kastilien
1248n braun Kampf Kastilier–Araber
1248n blau Alhambra in Granada
1313n–1374n Al Katib
1340n blau Universität Granada
1347n blau Al Katibs Geschichtswerk
1402n blau Kathedrale von Sevilla
1451n–1505n Isabella von Kastilien
1462n braun Kampf um Gibraltar
1462n rot Gibraltar an Kastilien
1481n/1492n Letzter Maurenkrieg
1492n rot Juden-Vertreibung
1502n rot Mauren-Vertreibung
1503n grün Amt für Amerika-Handel
1611n rot Morisken-Vertreibung
1618n–1682n Murillo
1704n rot Gibraltar an England
1936n/1939n Spanischer Bürgerkrieg

ANDERSEN, Hans Christian (1805n bis 1875n), dänischer Dichter. Als Sohn eines armen Schuhmachers wanderte er vierzehnjährig nach Kopenhagen, um Sänger zu werden. Reiche Gönner ermöglichten ihm ein Studium und Auslandsreisen bis in den Orient. Nach seiner Heimkehr schrieb er neben Romanen seine Märchen nieder, zunächst für Kinder, später psychologisch vertieft für Erwachsene. Als Stoff für seine insgesamt 150 Märchen und Erzählungen benutzte er dänische Volksmärchen ('Das Feuerzeug') und orientalische Märchen ('Der fliegende Koffer'). Schuf aber auch ganz eigene Märchen, die heute längst zu Volksmärchen geworden sind ('Das häßliche Entlein'). Schrieb auch ein 'Bilderbuch ohne Bilder' und eine Autobiographie ('Das Märchen meines Lebens').

1866n blau Märchen

ANDERSEN NEXÖ, Martin (1869n bis 1954n), dänischer Dichter. Als Sohn eines Steinhauers half er zunächst dem Vater und arbeitete als Hütejunge, Schuhmacher, Knecht, Bauarbeiter, bis eine Dichterswitwe ihm Reisen nach Italien und Spanien sowie eine Ausbildung ermöglichte. Nach Besuch der Volkshochschule wurde er Lehrer und Schriftsteller. Hatte eine deutsche Mutter und verbrachte einen großen Teil seines Lebens in Deutschland, die letzten Jahre in Dresden. Seine ersten Arbeiten sind Versuche zur Nachahmung bürgerlicher Schriftsteller. Erst mit zunehmendem Selbstbewußtsein bekannte er sich zu seiner proletarischen Herkunft und schuf in sechzehnjähriger Arbeit mit seinem Hauptwerk 'Pelle der Eroberer' die erste große künstlerische Darstellung des modernen Proletariers. Mit 'Ditte Menschenkind' verherrlichte er den Leidensweg und die Größe der proletarischen Frau. Schrieb auch 'Bauern-Novellen' und ein Bekenntnis zur russischen Revolution ('Dem jungen Morgen zu').

1906n blau 'Pelle der Eroberer'

ANDERSON, Carl David, (geboren 1905n), nordamerikanischer Physiker. Bei seinen Untersuchungen der kosmischen Höhenstrahlungen entdeckte er das Positron, ein dem Neutron verwandtes und stets mit ihm zusammen auftretendes Elementarteilchen, das (bei etwa gleicher Größe) positiv geladen und sehr kurzlebig ist. Später wies er noch die Existenz eines anderen kurzlebigen Elementarteilchens nach, das für den Zusammenhalt des Atomkerns wichtigen Meson.

1932n grün Entdeckung des Positrons

ANDORRA, Land und Staat an der französisch-spanischen Grenze. Entstand vor 1200 Jahren, wurde vom Frankenherrscher Karl dem Großen als Freistaat anerkannt und dem Bischof von Urgel unterstellt. 1278n als selbständige Republik unter Oberhoheit Frankreichs und eines spanischen Bischofs bestätigt. Der Name dieses Zwergstaates wurde von dem schweizerischen Schriftsteller Max Frisch als Titel für ein gesellschaftskritisches Bühnenstück gewählt.

1961n blau Drama Frischs

ANDRADE (um 1490n–um 1550n), portugiesischer Seefahrer. Unternahm im Auftrage der portugiesischen Regierung eine Fahrt in den Fernen Osten. Landete als erster Europäer an der chinesischen Küste unweit der Stadt Kanton im Gebiete der späteren portugiesischen Niederlassung von Macao und des heutigen Hongkong auf der Insel Tamao. Begründete eine Handelsniederlassung und begann einen lebhaften Tauschhandel mit dem chinesischen Festlande.

1517n grün Seeweg nach China

ANDREAS Karystos (um 260v–um 180v), griechischer Mediziner. Leibarzt des Ägypterkönigs Ptolemäus IV. Beschäftigte sich mit der Wirkung von Arzneien und schrieb ein Buch über Heilmittel. Erfand eine Maschine zum Einrichten gebrochener Schenkel.

203v grün Einrichten von Brüchen

ANDRON, griechisches Wohnhaus mit einem breiten Mittelraum und einer umlaufenden Vorhalle.

557v grün Verbreitung in Griechenland

ANDRONIKOS, Livius, römischer Dichter griechischer Abstammung.

285v–204v Lebenslinie
249v blau Festlied
244v blau Odyssee-Übersetzung
240v blau Erstes lateinisches Drama

ANDROS, Name einer griechischen Insel vor der Küste Attikas.

166v blau 'Mädchen von Andros'

ANGA, Land am Unterlauf des Ganges (Nordindien).

558v–492v Bimbisara

ANGELICO, Fra Giovanni (1387n–1455n), italienischer Maler. Trat 20jährig als Mönch in das Dominikanerkloster von Fiesole bei Florenz ein. Nach Wanderjahren als Bettelmönch schuf er zahlreiche Ölgemälde, auf denen er in hellen Farben religiöse Motive darstellte: 'Himmel und Hölle', 'Jüngstes Gericht', 'Krönung Marias', 'Kreuzabnahme', 'Madonna mit musizierenden Engeln', 'Verkündigung'. Schuf Wandgemälde für San Marco in Florenz, für den Dom von Orvieto und für die Nikolauskapelle in Rom. Sein Bild des Trasimenischen Sees ist das erste Landschaftsbild der italienischen Malerei.

1433n blau 'Madonna mit Engeln'

ANGELN, germanischer Volksstamm, der vor 2000 Jahren in Schleswig-Holstein (Norddeutschland) ansässig war. Ein Teil des Stammes nahm im 5. Jahrhundert zusammen mit anderen Germanen (Sachsen, Jüten) Teile der britischen Insel in Besitz und gründete mehrere Königreiche, die sich später zusammenschlossen. Ihren Namen verdanken sie der Halbinsel Angeln in Schleswig-Holstein, die von ihnen ursprünglich bewohnt wurde. Er ging auf das von ihnen gegründete Königreich über ('England' = 'Land der Angeln').

428n grün Zug nach England
448n rot Siedlung in England
780n–839n Egbert
823n/827n Englischer Einigungskrieg
827n rot Einigung Englands

ANGELSACHSEN, Bezeichnung für germanische Volksstämme (Angeln und Sachsen), die zur britischen Insel übersetzten und zum Kern der englischen Nation wurden. Sie kamen aus Norddeutschland und beherrschten England ein halbes Jahrtausend. Dann gingen sie im englischen Volke auf.

428n grün Überfahrt nach Britannien
448n rot Niederlassung in England
504n–570n Gildas der Weise
540n–604n Gregor I.
544n blau Geschichte Britanniens
596n rot Beginn der Christianisierung
601n rot Katholisches Bistum
603n braun Sieg über Skoten
603n rot Rückzug der Skoten
616n blau Entstehung Westminsters
617n–682n Kädmon
658n–739n Willibrord
664n rot Ende der Christianisierung
670n blau Lobgedicht auf Schöpfer
673n–735n Beda
674n grün Fensterverglasung
675n–754n Bonifatius
710n–782n Lioba
725n blau Christliche Geschichte
725n grün 'Über die Zeitrechnung'
726n–793n Kynewulf
730n blau 'Beowulf'
731n blau Volks- und Kirchengeschichte
737n–804n Alkuin
768n blau 'Traum vom Kreuz'
777n blau Alkuin: 'Musica'
778n blau Himmelfahrts-Gesang
780n–839n Egbert
787n braun Vorstoß der Normannen
789n blau 'Helena'
793n rot Normannen-Niederlassung
823n/827n Englischer Einigungskrieg
825n braun Vorstoß der Normannen
827n rot Einigung Englands
835n braun Vorstoß der Normannen
835n rot Normannen-Festsetzung
849n–901n Alfred der Große
851n/852n Vorstoß der Normannen
865n braun Vorstoß der Normannen
865n grün Tribute an Normannen
876n rot Normannen-Teilherrschaft
878n braun Sieg über Normannen
878n rot Teilung der Insel
892n braun Vorstoß der Normannen
895n grün Flottenbau
912n blau Entstehung Oxfords
937n braun Angriff fremder Völker
959n rot Machtausdehnung
989n blau Katalog 'Der Seefahrer'
995n–1035n Knut der Große
1002n rot Mord an Dänen
1002n–1066n Eduard der Bekenner
1003n braun Dänenangriff
1003n blau Älfrics Grammatik
1007n blau Altes Testament übersetzt
1012n rot Bündnis gegen König
1013n braun Adelsaufstand
1013n rot Normannen-Herrschaft
1016n braun Thronkämpfe
1016n rot Normannen-Herrschaft
1027n–1087n Wilhelm I., der Eroberer
1042n braun Aufstand gegen Normannen
1042n rot Selbständigkeit
1066n braun Vorstoß der Normannen
1066n rot Herrschaftsende

ANGELUS SILESIUS, eigentlich Johann Scheffler (1624n–1677n), deutscher Dichter geistlicher Lieder. Protestantischer Arzt aus Breslau, der sich unter dem Einfluß der mystischen Lehren Jacob Böhmes dem Katholizismus näherte, schließlich zur katholischen Kirche übertrat, den Namen 'Schlesischer Engel' (= 'Angelus Silesius') annahm, katholischer Priester wurde und sich der Schriftstellerei zuwandte. Galt wegen seiner religiösen Schwärmereien ('Heilige Seelenlust oder Geistliche Hirtenlieder der in ihren Jesum verliebten Psyche') als bedeutendster Mystiker der Gegenreformation.

1657n blau Spruchsammlung

ANGERMÜNDE, Stadt in Norddeutschland, 50 Kilometer nördlich von Berlin am Münde-See gelegen. Entstand um 1250n. Hier besiegte 1420n das Heer des Kurfürsten Friedrich I. von Brandenburg die Pommern.

1336n rot Katharer-Verbrennung

ANGKOR, Stadt in Kambodscha (Hinterindien). Vom 10. bis zum 14. Jahrhundert Hauptstadt des Reiches von Khmer; dann verlassen und verfallen. Die Tempelstadt (Angkor Wat) stellt mit ihrer Häufung brahmanischer und buddhistischer Heiligtümer auf 4 Quadratkilometern das gewaltigste Bauwerk Südostasiens dar. Nach festem Bebauungsplan errichtet. Enthält in ihren Tempeln, Kuppeln und Galerien Reliefs und Plastiken aus der indischen Heldensage (Mahabharata), aus der religiösen Sage (Ramajana), aus dem Leben Buddhas, sowie Tierplastiken.

1121n blau Tempel

ANGLIKANISCHE KIRCHE, englische Staatskirche, die sich in der Reformationszeit von der katholischen Kirche trennte und eine von Rom unabhängige Organisation bildete. Nach der endgültigen Loslösung aus der Oberhoheit des Papstes wurde der englische König zu ihrem Oberhaupt und der Erzbischof von Canterbury zu dessen ständigem Stellvertreter ('Primas') gewählt. Alle Klöster wurden aufgehoben (1535n–1539n), und der katholische Kirchenbesitz wurde eingezogen. In 42 Artikeln wurden 1553n die neuen Glaubenssätze niedergelegt. Neben Luthers Bekenntnissen wurden zunehmend die Lehren Calvins zur Grundlage der neuen Kirche, die sich auch in Irland und in einigen britischen Kolonien ausbreitete.

1491n–1547n Heinrich VIII.
1533n–1603n Elisabeth I.
1534n rot Nationalkirche
1536n rot Kirchenbesitz-Einziehung

ANGOLA, Land an der Westküste Afrikas. Größte Kolonie Portugals. Das von Negern bewohnte Gebiet wurde seit 1520n von dem 13 mal kleineren Portugal in Besitz genommen. Nach Niederwerfung des Unabhängigkeitskampfes unter ihrer Königin Djinga im 17. Jahrhundert portugiesische Kolonie. Lieferte in den ersten Jahrhunderten hauptsächlich Sklaven ins portugiesische Südamerika (Brasilien). Nach der Befreiung Brasiliens Anfang des 19. Jahrhunderts bauten die Portugiesen hier ein Plantagen-System auf, das auf der Zwangsarbeit formal freier Neger beruht. Seit dem zweiten Weltkrieg versucht die schwarze Bevölkerung, sich von der Ausbeutung durch die weiße Minderheit (= 1 Prozent der Einwohner) zu befreien. Die Umwandlung der Kolonie in eine 'portugiesische Provinz' (1951n) hat an der Unterdrückungs- und Ausbeutungspolitik nichts geändert. Vom Norden des Landes ausgehend bildete sich seit 1954n die 'Union der Völker Angolas', die sich 1959n der 'Afrikanischen Revolutionsfront' anschloß.

1961n/ Kampf Zentralafrikas

ANHALT, deutsches Land zwischen Fläming und Harz mit den Städten Dessau, Bernburg und Köthen. Ursprünglich von Slawen bewohnt, im 12. Jahrhundert von Albrecht dem Bären erobert und eingedeutscht, jahrhundertelang in mehrere Fürstentümer aufgespalten. 1527n wandte sich das Land vom Katholizismus ab (Reformation), trat 1608n der Protestantischen Union zur Abwehr der Gegenreformation bei und behauptete sich im Dreißigjährigen Krieg. Zur Unterdrückung des Freiheitskampfes Nordamerikas gegen die englische Kolonialherrschaft vermietete der Landesfürst 1777n über 1000 Söldner an England. Seit 1866n zum Norddeutschen Bunde gehörig, 1871n Gliedstaat des deutschen Reiches, 1918n vorübergehend Freistaat, nach 1945n Teilgebiet des Bezirks Halle (DDR).

1607n rot Schulpflicht
1608n rot Protestantische Union
1618n/1648n Dreißigjähriger Krieg
1777n grün Soldaten-Vermietung
1866n rot Norddeutscher Bund
1871n rot Teil des Reiches
1918n/1919n Deutsche Revolution
1939n/1945n Zweiter Weltkrieg
1945n rot Besetzung
1949n rot Teil der DDR

ANI, ägyptischer Erzieher und Philosoph.

1377v–1302v Lebenslinie
1347v blau Mutterverehrung
1342v blau Weisheitsbuch
1326v blau Gegen äußerliche Religiosität

ANILIN, farblose, giftige Flüssigkeit, die von dem deutschen Chemiker Friedlieb Runge aus Steinkohlenteer gewonnen wurde. Grundstoff der chemischen Industrie, vor allem bei der Farben-Produktion ('Anilin-Farben').

1834n grün Gewinnung

ANITTA, hettitischer König.

1834v–1773v Lebenslinie
1797v braun Zerstörung von Hattusa
1797v rot Einigung von Städten
1793v rot Nesa Hauptstadt
1793v blau Tempelbau
1786v grün Vasallengeschenke

ANJOU, französisches Grafengeschlecht, benannt nach der gleichnamigen Landschaft in Nordwest-Frankreich. Seit 1135n Herrscher der Normandie, von 1154n bis 1399n Könige von England, während die Grafschaft 1204n an den König von Frankreich fiel. 1246n erhielt sie der Sohn des französischen Königs, Karl von Anjou, der für kurze Zeit Süditalien (Neapel) und Sizilien beherrschte. Seit 1480n ist die Geschichte dieser Fürstenfamilie eng mit der Geschichte des französischen Königshauses verknüpft; mehrere französische Könige führten den Titel eines Grafen oder Herzogs von Anjou.

1266n braun Vorstoß nach Süditalien
1266n rot Inbesitznahme Siziliens
1268n braun Sieg über die Staufer
1282n braun Sizilianische Vesper
1282n rot Verlust Siziliens

ANK (um 2700v–um 2630v), ägyptischer Beamter. Ein unbekannter ägyptischer Bildhauer fertigte von ihm eine Statue aus schwarzem Granit an. Auf der Inschrift wurde er als 'Der den Angelegenheiten des königlichen Hauses Vorgesetzte' bezeichnet.

2651v blau Steinplastik

ANKER, Gerät zum Festhalten von Schiffen am Meeresgrunde.

664v grün Metallanker

ANK-HAF (um 2585v–um 2520v), ägyptischer Prinz. Heiratete die Tochter des Königs Cheops und bekleidete mehrere hohe Staatsämter.

2538v blau Porträt-Büste

ANNA BOLEYN (1507n–1537n), Königin von England, Geliebte Heinrichs VIII. von England, der sie heiratete, um dem von ihr erwarteten Kinde Legitimität zu geben. Als sie statt des erhofften Sohnes eine Tochter gebar (die spätere Königin Elisabeth I.), wurde Heinrich VIII. ihrer überdrüssig und ließ sie enthaupten.

1491n–1547n Heinrich VIII.
1533n–1603n Elisabeth I.

ANNAFIS, Ibn (um 1210n–1288n), arabischer Naturforscher. Als Chefarzt des Nasiri-Krankenhauses in Kairo erforschte er den Lauf des Blutes durch den menschlichen Körper. Dabei entdeckte er, daß sich das Blut von der rechten Herzhälfte durch die Lunge zur linken Herzhälfte bewegt (kleiner Kreislauf).

1263n grün Lungen-Blutkreislauf

ANNA Komnena (1083n–1150n), Tochter des byzantinischen Kaisers Alexios I. Mit einem Historiker verheiratet, suchte sie nach dem Tode ihres Vaters vergeblich ihren Mann zum Kaiser von Byzanz zu machen. Schrieb die Geschichte des byzantinischen Reiches von 1069n bis 1118n ('Alexias'). Darin schilderte sie den Aufstieg des Reiches von Byzanz zu neuer Blüte unter der Herrschaft ihres Vaters, dessen Kampf gegen Türken und Normannen, seine Unterdrückung der Katharer-Bewegungen sowie die Hintergründe des ersten Kreuzzuges.

1124n blau Geschichtswerk

ANNA von Byzanz (963n–1011n), russische Fürstin. Als byzantinische Prinzessin heiratete sie den Großfürsten Wladimir von Kiew. Dadurch wurde die Christianisierung Rußlands nach byzantinischem Ritus besiegelt, die Übernahme byzantinischer Kultur gefördert und die Ausrichtung Rußlands auf die südosteuropäische Entwicklung vorbereitet.

940n–1015n Wladimir
958n–1025n Basilius II.
988n rot Heirat
989n rot Zwangstaufe
991n rot Staatskirche

ANNALEN, von dem lateinischen Worte 'annus' (= Jahr) abgeleitete Bezeichnung für geschichtliche Aufzeichnungen, die nach Jahren geordnet sind.

2838v grün Jahrestäfelchen (Bilder)
2822v–2781v Udimu
2790v grün Jahrestäfelchen (Schrift)
2496v–2448v Nefer-Re
2452v blau Aufzeichnungen in Ägypten
2264v grün Mesopotamische Werke
1475v blau Annalen-Saal
1367v–1315v Mur-Sili II.
1316v blau Hettitisches Werk
298v blau 'Bambusbücher' (China)
267v blau Philochoros: 'Atthis'
239v blau Chinesisches Werk
198v blau Fabius Pictors Rom-Werk
117n blau Tacitus' Werk
172n–245n Afrikanus
263n–339n Eusebius
303n blau Eusebius: 'Chronikon'

720n blau Japanisches Werk
793n blau Fränkisches Werk
811n blau Synkellos' Tabellen
839n–923n Al Tabari
915n blau Arabisches Werk
1056n–1133n Sämund der Weise
1069n blau Chinesisches Werk
1079n blau Lamberts Werk
1115n blau Isländisches Werk
1521n blau Geschichte Ägyptens
1863n blau Ploetz: Geschichtstabellen

ANNO (1010n–1075n), Erzbischof von Köln. Als Kanzler des deutschen Kaisers Heinrichs III. bemächtigte er sich durch einen Überfall des jungen Königs Heinrich IV. und setzte sich damit für zwei Jahre praktisch in den Besitz der Reichsgewalt, die er im Interesse der katholischen Kirche nutzte, ehe er seinen Platz dem reichstreuen Adalbert von Bremen überlassen mußte und sich auf seine Kirchenämter zurückzog. Seine Taten wurden von einem katholischen Geistlichen in 878 Versen verherrlicht ('Annolied') und veranlaßten die katholische Kirche später zu seiner Heiligsprechung.

1001n–1072n Adalbert von Bremen
1050n–1106n Heinrich IV.
1106n blau Lobgedicht

ANOPHELES, Name einer Mückenart, die aus dem Blute malariakranker Menschen Erreger aufnehmen und beim Stechen gesunder Menschen die Krankheit übertragen kann. Seit sie Ende des 19. Jahrhunderts als Krankheitsträger der Malaria erkannt wurde, richtet sich die Malaria-Bekämpfung wesentlich auf ihre Ausrottung.

1897n grün Erforschung
1939n grün Bekämpfung durch DDT

ANORGANISCHE CHEMIE, Bezeichnung für die Wissenschaft, die sich mit der chemischen Zusammensetzung lebloser Stoffe beschäftigt.

1669n grün Brand: Phosphor
1711n–1765n Lomonossow
1727n grün Silbersalz-Untersuchung
1743n–1794n Lavoisier
1766n grün Cavendish: Wasserstoff
1771n grün Scheele: Sauerstoff
1771n grün Priestley: Sauerstoff
1772n grün Rutherford: Stickstoff
1774n grün Scheele: Chlor
1775n grün Wesen der Verbrennung
1781n grün Wasserzusammensetzung
1791n grün Soda aus Kochsalz
1792n grün Murdock: Leuchtgas
1799n grün Priestley: Kohlenoxyd
1800n–1882n Friedrich Wöhler
1807n grün Davy: Kalium
1808n grün Daltons Atomlehre
1808n grün Berzelius' Lehrbuch
1815n grün Prout: Atomgewicht
1823n grün Verflüssigungen
1828n grün Wöhler: Aluminium
1833n grün Faraday: Elektrolyse
1839n grün Künstliche Düngung
1861n grün Spektralanalyse
1869n grün Mendelejews 'System'
1877n grün Luft-Verflüssigung
1879n–1968n Otto Hahn
1882n grün Arrhenius: Elektrochemie
1885n–1962n Niels Bohr
1886n grün Element Germanium
1893n grün Nernst: Untersuchungen
1897n grün Wasserstoff-Verflüssigung
1898n grün Radium und Polonium
1899n grün Stickstoffdünger aus Luft
1909n grün Claude: Neon
1910n grün Soddy: Isotopenlehre
1915n grün Giftgas-Einsatz
1916n grün Germanin
1920n grün Periodisches System

ANOUILH, Jean (geboren 1910n), französischer Dichter. Als Sohn eines Schneiders studierte er Rechtskunde und war Werbetexter und Sekretär in einem Verlag, bis er sich mit den Erfolgen seiner ersten Theaterstücke und Filme als freier Schriftsteller selbständig machte. Mit der Bühnentechnik und ihren psychologischen Möglichkeiten vertraut, gibt er in seinen theaterwirksamen Stücken Kunde von der Vergeblichkeit des menschlichen Daseins und von der Lächerlichkeit alles Großen. Ironisiert in geistreichen Dialogen alle menschlichen Werte und geschichtlichen Bestrebungen, unabhängig davon, ob er das Gute, Reine siegen läßt ('Rosarote Stücke') oder das Böse ('Schwarze Stücke'). In seinem Drama 'Die Grotte' bezieht er sich selbst als Autor in die Ausweglosigkeit seines Stückes ein.

1961n blau 'Die Grotte'

ANSAN, Stadt und Landschaft in West-Persien. Entwickelte sich vor 4000 Jahren zur zweitwichtigsten Stadt des Reiches von Elam, deren Könige sich 'Herrscher von Susa und Ansan' nannten. Die hier ansässigen Vorfahren des Kyros machten sich als Fürsten des Stadtstaates selbständig und nannten sich 'König von Ansan'. Kyros vereinigte das Land nach der Eroberung Persiens mit dem Perserreich.

599v–529v Kyros
559v rot Kyros' Thronbesteigung

ANSCHAUUNGSUNTERRICHT, Bezeichnung für eine Unterrichtsform, die auf der Anschauung der Wirklichkeit oder ihrer Abbildungen aufgebaut ist. Seit ihrer Begründung vor mehr als 300 Jahren durch den tschechischen Pädagogen Comenius in fast allen Schulen der Erde eingeführt, aber nur selten zum beherrschenden Unterrichtsprinzip erhoben.

1658n blau Comenius' Buch

ANSELM von Canterbury, englischer Theologe italienischer Herkunft.

1033n–1109n Lebenslinie
1072n blau Selbstgespräche
1078n blau Gottesbeweis
1096n blau Gotteslehre

ANSGAR (801n–865n), fränkischer Priester aus der Picardie (Nordfrankreich). Als Mönch des Klosters Corvey an der Weser vom fränkischen König dem frischgetauften König Harald zur Christianisierung Jütlands mitgegeben. Wurde von der dänischen Bevölkerung vertrieben und ging nach Schweden, hatte aber auch hier keinen Erfolg. Von der katholischen Kirche zum Erzbischof von Hamburg ernannt, mußte er bald seinen Bischofssitz ins friedlichere Bremen verlegen. Nannte sich aber weiter Bischof von Hamburg und Leiter der nordischen Mission. Auf den dänischen König gestützt, errichtete er in Schleswig eine christliche Kirche. Vergeblich bemühte er sich um die Christianisierung der Slawen. Von der katholischen Kirche als 'Apostel des Nordens' heiliggesprochen.

829n rot Skandinavien-Mission

ANTALKIDAS (um 420v–367v), griechischer Feldherr und Diplomat. Gewann den Perserkönig nach anfänglicher Weigerung für eine Abkehr von Athen und eine Parteinahme zugunsten Spartas, das ohne diese Hilfe den verbündeten Städten Athen, Korinth, Theben und Argos auf die Dauer nicht gewachsen war. In dem durch seine Klugheit herbeigeführten Friedensschluß ('Friede des Antalkidas') wurde Spartas Stellung innerhalb Griechenlands gefestigt, aber die gesamtgriechischen Interessen schwer geschädigt, insbesondere durch die freiwillige Preisgabe ganz Kleinasiens an die Perser.

387v rot Friedensschluß

ANTARKTIS, Südpolargebiet, besteht aus einem meist von Eis bedeckten Festlande, das mit 14 Millionen qkm doppelt so groß ist wie Australien und deshalb neuerdings als eigener (sechster) Kontinent bezeichnet wird ('Antarktika').

1771n grün Cooks Reise
1911n grün Amundsen am Südpol
1946n grün Byrds Expedition

ANTEF, ägyptischer König.

2162v–2081v Lebenslinie
2130v rot Einigung Südägyptens
2112v braun Vordringen nach Norden
2087v braun Sieg über Nordägypten
2087v rot Herrschaft über Thinis
2084v–2012v Mentu-Hotep

ANTENNE, Bezeichnung für Drähte oder Stäbe aus Metall zum Aussenden oder Empfangen elektromagnetischer Strahlen (Wellen).

1874n–1937n Marconi
1894n grün Erfindung
1897n grün Drahtlose Telegraphie
1955n grün Antennen-Turm (479m Höhe)

ANTENOR (um 550v–um 480v), griechischer Bildhauer. Schuf in öffentlichem Auftrag für die Stadt Athen eine Bronzegruppe 'Tyrannenmörder'. Mit diesem Denkmal bekannte sich die junge Demokratie Athens zu den von ihm dargestellten Tyrannenmördern Harmodios und Aristogeiton, die wenige Jahre zuvor hingerichtet worden waren. Seine Plastik wurde 30 Jahre nach ihrer Aufstellung von Xerxes nach Persien mitgenommen. Doch erneuerten die Athener 3 Jahre später das Kunstwerk.

510v blau 'Tyrannenmörder'
477v blau Denkmal erneuert

ANTHROPOLOGIE, griechisches Wort für 'Menschenkunde'. Wissenschaftliche Bezeichnung für die Lehre vom Menschen. Umfaßt Abstammung und Entwicklungsgeschichte des Menschen, seine Abhängigkeit von der Umwelt sowie Rassen- und Vererbungslehre.

610v–546v Anaximander
566v grün Anaximander: Abstammung
343v grün Aristoteles: Physiognomik
1775n grün Lavater: Physiognomik
1796n grün Gall: Schädellehre
1809n grün Lamarck: Entwicklung
1809n–1882n Darwin
1853n grün Gobineau: Rassenlehre
1856n grün Neandertal-Fund
1863n grün Th. Huxley: Abstammung
1864n blau 'Genie und Irrsinn'
1868n grün Cromagnon-Fund
1868n grün Haeckel: Abstammung
1871n grün Darwin: Abstammung
1899n blau Chamberlains: Rassentheorie
1943n grün J. Huxley: Entwicklung
1953n grün Sexual-Report
1955n grün Geschlechter-Psychologie

ANTHROPOSOPHIE, Bezeichnung für eine von Rudolf Steiner geschaffene Geheimlehre, die allen Eingeweihten eine geistige Schau höherer Welten ermöglichen soll. Das aus dem Griechischen abgeleitete Wort bedeutet 'Weisheit vom Menschen'. Die Lehre ist eine Mischung von Bestandteilen alt-indischen Seelenwanderungs-Glaubens mit Elementen der Yoga-Lehre, griechischer Philosophie, christlicher Mystik, jüdischer Geheimlehre (Kabbala), Goethe'scher Lebensweisheit und naturwissenschaftlicher Erkenntnisse. Nach dieser als neue Religion gedachten Lehre ist das Geistige der Urgrund alles Seins. Aus ihm entwickelt sich die materielle Welt und in ihn findet sie in 7 Stadien wieder zurück. Entscheidend für diese Entwicklung ist der Sonnengeist Jesus Christus. Der Mensch kann nach dieser Lehre durch innere Schau mit übersinnlichen Kräften (Engeln), in Beziehung treten und seine eigenen früheren Leben erkennen, denn er besteht aus 7 ineinander geschachtelten Leibern, wie das Geisterland aus 7 Regionen, in die der Mensch nur durch 'geistige Schau' einzudringen vermag. Zu dieser Schau hilft ihm die 1913n von Rudolf Steiner auf der Grundlage seiner Geheimlehre gegründete 'Anthroposophische Gesellschaft'. Ihr Zentrum ist das als 'Johannitertempel' von Rudolf Steiner erbaute 'Goetheanum' in einem Vorort von Basel (Dornach).

1909n blau Steiners Lehre

ANTI-BABY-PILLE, Tablette zur Empfängnisverhütung. Regelmäßig eingenommen, gewährt sie Schutz vor unerwünschter Schwangerschaft. Mittel zur Steuerung des Weltgeburten-Überschusses.

1963n grün Beginn der Anwendung

ANTIBIOTIKA, Bezeichnung für organische Wirkstoffe, die von Pilzen, Bakterien oder anderen Mikro-Organismen gebildet werden und andere Mikro-Organismen im Wachstum hemmen oder abtöten. Diese Eigenschaft befähigt sie in hervorragender Weise zur Bekämpfung krankhafter Bakterienbildung im Körper.

1928n grün Penicillin
1944n grün Streptomyzin

ANTIGONE, griechische Sagengestalt. Tochter des Königs Ödipus, der ungewollt seinen Vater tötete, seine Mutter heiratete und sich schließlich aus Kummer das Augenlicht nahm. Führte ihren blinden Vater bis zu seinem Tode und wurde dann selbst getötet, weil sie ihren im Kampfe gefallenen Bruder trotz Verbots beerdigte. Als Beispiel treuer Vater- und Bruderliebe von dem griechischen Dichter Sophokles verherrlicht, wurde sie später häufig Gegenstand künstlerischer Darstellung (Brecht, Anouilh, Orff).

496v–406v Sophokles
442v blau Sophokles' Werk

ANTIKOMMUNISMUS

1797n rot Hinrichtung Babeufs
1855n rot 'Schwarze Listen'
1878n rot Sozialisten-Gesetz
1878n rot Papst verwirft Sozialismus
1881n rot Geheimpolizei
1889n–1945n Hitler
1914n rot Mord an Jean Jaurès
1916n rot Propagandakonzern
1919n rot Karl Liebknecht ermordet
1919n rot Rosa Luxemburg ermordet
1922n rot Italien faschistisch
1923n rot Arbeiterstaat beseitigt
1926n rot Pilsudski Staatschef
1931n rot Harzburger Front
1932n rot Industrie-Pakt mit Hitler
1933n rot Hindenburg beruft Hitler
1933n rot Konkordat mit Hitler
1933n rot Ermächtigungsgesetz
1934n rot Konzentrationslager
1936n/1939n Spanischer Bürgerkrieg
1937n rot Pakt gegen Kommunismus

1937n rot Papst gegen Kommunismus
1939n rot Spanien faschistisch
1947n rot Streikverbot in USA
1949n rot Gründung der NATO
1950n/1953n Korea-Krieg
1951n rot Verschärfung in USA
1953n rot Konkordat mit Spanien
1954n rot Gründung der SEATO
1956n rot KPD-Verbot

ANTILLEN, die Inselgruppen vor der Ostküste Mittelamerikas (Kuba, Haiti, Jamaika, Portorico = große Antillen, die übrigen Inseln = kleine Antillen).

1452n–1507n Kolumbus
1492n grün Entdeckung
1508n rot Jamaika spanisch
1511n rot Kuba spanisch
1515n blau Gründung Habanas
1533n braun Indianer-Ausrottung
1625n rot Englische Herrschaft
1631n rot Seeräuber auf Haiti
1635n rot Kleine Antillen französisch
1644n grün Zuckerrohranbau
1655n braun Englischer Angriff
1655n rot Jamaika englisch
1693n blau Gründung von Kingston
1797n rot Trinidad englisch
1803n braun Freiheitskampf Haitis
1844n rot Dominikanische Republik
1868n braun Aufstand auf Kuba
1895n/1898n Kubanischer Krieg
1898n rot Kuba selbständig
1898n rot Portorico Besitz der USA
1927n– Castro
1940n rot Stützpunkte der USA
1956n/1959n Kubanische Revolution
1959n rot Castro Ministerpräsident
1961n rot Kuba kommunistisch
1962n rot Jamaika unabhängig
1962n rot Trinidad unabhängig

ANTILOPE, zartgliedriges, glatthaariges, hirsch-ähnliches Tier in den warmen Steppen Asiens und Afrikas, häufig mit korkenzieherartig gedrehten Hörnern (Gazelle). Ihr Name kommt aus dem Griechischen und bedeutet 'Blumenauge'.

2802v blau Ägyptisches Relief
2768v blau Sumerisches Relief
2576v blau Relief einer Antilopenjagd
2443v blau 'Kalbende Antilope'
1831v blau 'Antilopenfütterung'
1473v blau Bild einer Gazellenjagd
1459v blau 'Gazelle hinter Büschen'

ANTILOPEN-GAU, Name eines der 42 Teilstaaten des ägyptischen Reiches. Der halbwegs zwischen Theben und der Mündung des Nils im Mittelmeer gelegene Gau entstand vor mehr als 4000 Jahren und erhielt seinen Namen wegen seines Tier-Reichtums.

2025v–1953v Knum-Hotep

ANTIMENES (um 380v–um 320v), griechischer Staatsmann von der Insel Rhodos (Kleinasien). Finanzbeamter Alexanders des Großen. Zu seinen Aufgaben gehörte es, die Sklaven für das Heer zu beschaffen. Er war dadurch maßgeblich am Sklavenhandel beteiligt. Richtete eine Versicherung ein, die jedem Sklavenbesitzer gegen Zahlung von acht Drachmen (= 10 DM) kostenlose Ersatzleistung für entlaufene Sklaven zusicherte. Auf diese Weise erhielt er die Nachfrage nach Sklaven trotz des Überangebotes (infolge siegreicher Feldzüge) und trotz der zunehmenden Unsicherheit (infolge zunehmender Überzahl der Sklaven) stabil.

334v grün Versicherung

ANTIOCHIA, Stadt im syrischen Teil der Türkei. Gegründet um 300v von Alexanders Feldherr Seleukos, der sie zur Hauptstadt seines 'Seleukidenreiches' machte. Unter römischer Herrschaft wurde sie wegen ihrer für den Asien-Handel günstigen Lage mit 500 000 Einwohnern zur drittgrößten Stadt des Reiches (nach Rom und Alexandria) sowie Sitz des römischen Statthalters von Syrien. Hier entstand die erste Christengemeinde außerhalb Palästinas ('Heidenchristen' genannt, weil nach damaliger Auffassung wegen der jüdischen Volkszugehörigkeit des Jesus Christus nur ein Jude richtiger Christ sein konnte). Im Byzantinischen Perserkrieg wurde die Stadt von Chosroes erobert, geplündert und niedergebrannt. Vom byzantinischen Kaiser Justinian wurde auf den Trümmern eine neue Stadt errichtet, doch erreichte sie nicht wieder ihre frühere Größe. Im Arabischen Krieg erobert, blieb sie über 300 Jahre arabisch, fiel dann den türkischen Seldschuken zu und wurde im ersten Kreuzzug selbständiges Fürstentum unter byzantinischer Oberhoheit. Nach mehrfachem Herrschaftswechsel seit 1516n türkisch, blieb sie auch nach dem Verlust des übrigen Syriens 1918n im Besitz der Türkei.

22n–74n Lukas
32n rot Lehren Jesu

208n–280n Paulus von Samosata
341n rot Konzil
354n–407n Chrysostomos
387n blau Chrysostomos' Predigten
640n rot Arabische Herrschaft
1516n braun Vorstoß der Türken

ANTIOCHUS III., König von Syrien von 223v bis 187v.

242v–187v Lebenslinie
200v braun Sieg über Ägypten
200v rot Gewinn Palästinas
196v braun Balkan-Eroberungen
193v rot Rückzugs-Forderung Roms
192v/190v Krieg gegen Rom
190v rot Gebietsverluste

ANTIPHILOS (um 370v–um 310v), griechischer Maler ägyptischer Herkunft. Schuf Bilder der Großen des Reiches (Philipp, Alexander, Ptolemäus), Darstellungen aus der griechischen Sagenwelt ('Hesione', 'Tötung des Hippolyt', 'Europa'), Szenen aus dem täglichen Leben ('feueranblasender Knabe') und Gestalten seiner eigenen Phantasie ('Mann im Pantherfell'). Zeichnete auch Karikaturen, wie sie in Alexandria (Ägypten) zu seiner Zeit beliebt waren.

337v blau Gemälde

ANTIPODEN, Bezeichnung für die Bewohner jenes Teiles der Erdkugel, der dem eigenen Lebensraume genau entgegengesetzt ist (wörtlich: 'Gegenfüßler'). Die Behauptung ihres Vorhandenseins durch den irischen Naturwissenschaftler Fergil weckte die heftigste Abwehr der katholischen Kirche, die am Weltbilde der Bibel (Erde als eine nur 'oben' bewohnte Scheibe) festhalten wollte.

701n–784n Fergil der Geometer
743n grün Fergils Lehre
748n rot Gegnerschaft der Kirche

ANTIQUA, von dem lateinischen Wort 'antiquus' (= 'alt') abgeleitete Bezeichnung für Schriftzeichen, die den vor 2000 Jahren im Römerreiche gebräuchlichen lateinischen Schriftzeichen nachgebildet waren. Mit der Besinnung Europas auf seine vorchristliche Vergangenheit fand diese Schrift seit dem 15. Jahrhundert allgemeine Verbreitung.

1464n grün Schrift des Rusch
1468n grün Schrift des Jenson

ANTISEMITISMUS, eine gegen das Judentum gerichtete Bewegung, die so alt ist wie die Ausbreitung der Juden über ihre Heimat Palästina hinaus. Entstand als Abwehr gegen das Bestreben der Juden zur Erhaltung ihrer Eigenart und ihrer Religion innerhalb der Gastvölker und erhielt durch die katholische Kirche den Charakter einer unmenschlichen Verfolgung. In unserem Jahrhundert bemächtigten sich einzelne faschistische Bewegungen seiner zur Ablenkung der Arbeiterklasse vom Kampfe gegen den Kapitalismus. Diese Täuschung gelang besonders in Deutschland, wo die beherrschende Stellung der Juden im Bank- und Pressewesen eine Reduzierung des antikapitalistischen Sozialismus auf den antisemitischen Kampf gegen das 'raffende Kapital' begünstigte, und wo der Antisemitismus durch den katholischen Christen Heinrich Himmler seine unmenschlichste Form fand (Massenvernichtung). In der sozialistischen Weltbewegung ist die antisemitische Komponente lebendig seit Fourier, Proudhon und den Blanquisten. Marx und Engels erklärten die Juden als Verkörperung der modernen kapitalistischen Ausbeutung, als Symbol von Schacher und Schwindel. Franz Mehring, Victor Adler, Jean Jaurès und Bakunin standen dem Judentum ebenso ablehnend gegenüber wie Sidney und Beatrice Webb (die sogar die jüdischen Massen verachteten wegen ihres Mangels an Berufsehre und Klassensolidarität) und Josef Stalin, der den russischen Kommunismus durch Ausschaltung der jüdischen Führerschicht (Trotzki, Sinowjew, Radek, Kamenew und Dzierzynski) entscheidend veränderte.

45n rot Judenvertreibung aus Rom
53n–120n Satornil
70n grün Sondersteuer
88n–165n Marcion
132n/135n Juden-Erhebung
135n blau Jupiter-Tempel, Jerusalem
144n rot Marcioniten-Bewegung
201n rot Strafe für Übertritt
339n rot Eheverbot
612n rot Judenverfolgung in Spanien
627n rot Aktionen Mohammeds
693n rot Handelsverbot in Spanien
693n grün Vermögens-Einziehung
694n rot Konzil: Judenversklavung
1009n rot Araber: Judenverfolgung
1096n rot Massenmord an Juden
1123n blau Schrift Peters von Cluny
1146n rot Judenverfolgung in Europa

1160n–1216n Innozenz III.
1189n rot Massenmorde in England
1215n rot Papst fordert Judentracht
1217n rot Judentracht in England
1290n rot Juden-Vertreibung, England
1306n rot Ausweisungen in Frankreich
1391n rot Zwang zur Taufe
1414n rot Missionierung mit Zwang
1451n–1505n Isabella von Kastilien
1492n rot Juden-Vertreibung, Spanien
1516n grün Getto in Venedig
1709n–1762n Elisabeth Petrowna
1742n rot Judenvertreibung, Rußland
1853n grün Gobineaus Rassenlehre
1865n rot Ku-Klux-Klan
1889n–1945n Hitler
1891n rot Alldeutscher Verband
1899n blau Chamberlain: Grundlagen
1916n rot Hugenbergs Konzern
1922n rot Ermordung Rathenaus
1924n blau Hitler: 'Mein Kampf'
1935n rot Nürnberger Gesetze
1939n/1945n Zweiter Weltkrieg
1944n rot Massenmorde (Auschwitz)
1961n blau Frisch: 'Andorra'
1963n blau Hochhuth: 'Stellvertreter'
1964n blau Miller: 'Zwischenfall'

ANTISEPSIS, Wundbehandlung zur Bekämpfung der in die Wunde eingedrungenen Bakterien.

936n–1013n Abu Kasim
989n grün Abu Kasims Technik
1867n grün Listers Schrift

ANTISTHENES, griechischer Philosoph.

444v–365v Lebenslinie
407v–323v Diogenes
387v blau Arbeitsethos
375v blau Rückkehr zur Natur

ANTOINE, André (1858n–1943n), französischer Bühnenleiter und Schauspieler. Zur Aufführung von Theaterstücken, die wegen ihrer naturalistischen Form oder wegen ihres revolutionären Inhalts keine Bühne fanden, gründete er mit Laien-Darstellern das 'Théâtre libre' ('Freie Bühne'). In gemieteten Restaurations-Sälen spielte er mit seiner Gruppe Stücke vom jungen Hauptmann, von Ibsen, von Tolstoi. Gewann Frankreich für diese Dichter und dem französischen Theater ein neues, breiteres Publikum.

1887n blau Freie Bühne

ANTONINUS Pius, römischer Kaiser gallischer Herkunft. Regierte von 139n bis 161n.

86n–161n Lebenslinie
146n rot Rechte für Sklaven
153n blau Friedensliebe

ANTONIUS, ägyptischer Einsiedler

251n–356n Lebenslinie
276n blau Erste Einsiedlergemeinden
295n–373n Athanasius
357n blau Lebensbeschreibung

ANTONIUS, Markus, römischer Politiker.

82v–30v Lebenslinie
106v–43v Cicero
100v–44v Cäsar
85v–42v Brutus
69v–30v Kleopatra
63v–12v Agrippa
63v–14n Augustus (Oktavian)
49v/45v Zweiter Bürgerkrieg
44v braun Cäsar ermordet
44v rot Alleinherrschaft
43v rot Zweites Triumvirat
43v rot Politische Morde
43v/30v Dritter Bürgerkrieg
42v rot Leibwache
41v rot Republikaner als Gegner
41v/35v Partherkrieg
40v rot Teilung des Reiches
37v rot Verheiratung mit Kleopatra
37v rot Erweiterung Ägyptens
33v rot Bruch mit Oktavian
1756n blau Tiepolos Gemälde

ANTWERPEN, Stadt in Belgien. Mindestens seit dem 7. Jahrhundert als Handelsplatz bekannt, erhielt 1291n Stadtrecht, wurde 1315n Hansestadt und bald darauf Umschlagplatz des Güterverkehrs zwischen England und Mitteleuropa. Im 16. Jahrhundert reichste europäische Handelsstadt und aufstrebendes Kulturzentrum. Die bedeutendsten Künstler schmückten die Stadt (Rubens, van Dyck), die 4500 eigene Schiffe auf allen Meeren unterhielt. Nach dem Dreißigjährigen Krieg erfolgte ein schneller Niedergang der zum Katholizismus zurückgezwungenen Stadt. Sie mußte die Schelde-Mündung an die Holländer abtreten und verlor damit den freien Zugang zum Meer. Durch den Wiener Kongreß kam sie zu den Niederlanden. Im Belgischen Aufstand ein Zentrum des Unabhängigkeitswillens. Seit 1830n nahm die Stadt als einziger Überseehafen Belgiens einen neuen Aufschwung.

1499n grün Zuckerraffinerie
1531n grün Erstes Börsengebäude
1561n blau Rathausbau
1577n–1640n Rubens

ANTYLLOS (um 100n–um 160n), griechischer Mediziner. Entwickelte neue Operationstechniken. Insbesondere entfernte er die Schlagadergeschwulst nach Unterbindung oberhalb und unterhalb des Sackes. Nahm auch den Blasensteinschnitt vor und entfernte den Star durch Pupillenschnitt. Zur Blutstillung wandte er die Methode der Abwinklung von Blutgefäßen an. Verfaßte ein vierbändiges Werk über Heilmittel sowie ein Handbuch der Chirurgie.

143n grün Schlagader-Operation

ANU, Name einer Gottheit im Lande Sumer (Mesopotamien). Als Himmelsgott oberster Herr aller Götter.

2823v blau 'Weißer Tempel'
2608v blau Dreifaltigkeit
1100v blau Tempel in Assur

ANUBIS, ägyptischer Totengott. Als Wächter der Friedhöfe und Totenstädte, Führer der Gestorbenen in der Unterwelt und Schutzherr der Einbalsamierung verehrt. Meist als Mensch mit dem Kopf eines Schakals dargestellt. In der ägyptischen Göttersage balsamierte er die Leiche seines Vaters Osiris ein und schützte sie vor dessen Mörder, dem Gotte Seith, mit dessen Frau ihn Osiris ehebrecherisch gezeugt hatte. Seine Gestalt fand auch in ägyptische Märchen Einlaß.

1246v–1194v En-Nanna
1206v blau Märchen

AN-YANG, chinesische Stadt in der Provinz Honan. Drei Jahre, nachdem sie durch die Erhebung des Wu zerstört worden war, verlor sie ihre Stellung als Hauptstadt an Loyang und verfiel schnell. Ihre seit fast 3000 Jahren verschüttete Altstadt wird seit 1928n ausgegraben.

1319v blau Gründung
1294v rot Hauptstadt Chinas
1287v grün Keramik aus weißem Ton
1108v–1044v Wu
1047v braun Erhebung des Wu
1044v rot Loyang wird Hauptstadt

APAOKI, mongolischer Kaiser von 916n bis 926n.

871n–926n Lebenslinie
916n rot Reichsgründung
916n grün Befestigte Städte
920n grün Schriftsystem
926n braun Sieg über Moho
926n rot Herrschafts-Ausdehnung

APARTHEID, südafrikanische Bezeichnung für die Aufrechterhaltung kolonialer Ausbeutung im nachkolonialen Zeitalter. Beruht im wesentlichen auf der strengen Absonderung des farbigen Proletariats vom Arbeits- und Lebensraum der weißen Herrenrasse sowie in der Beschränkung der Farbigen auf ausführende Berufsarbeit. 2 Jahre nach ihrer Einführung durch eine Erhebung der Farbigen vergeblich bekämpft (Blutbad von Sharpeville).

1958n rot In Südafrika

APASTAMBA (um 440v–um 360v), indischer Rechtslehrer. Faßte das bestehende Recht in einem Sammelwerke zusammen, das später die Geltung eines amtlichen Gesetzbuches erhielt. Verfestigte Klassenrecht durch strenges Festhalten an den Kasten-Unterschieden.

409v blau Rechtsbuch

APELL, römischer Religionsphilosoph aus Kleinasien.

115n–182n Lebenslinie
167n blau Bibel-Auslegung

APELLES, griechischer Maler.

360v–303v Lebenslinie
325v blau Bild Alexanders
321v blau Aphrodite-Bild

APHORISMEN, kurze, geistreiche Aussagen über Gegenstände von allgemeinem Interesse. Seit alters her in allen literarischen Werken enthalten, wurde ihre Produktion in den letzten Jahrhunderten zu einer eigenen Literaturgattung. Von Frankreich ausgehend (Montaigne, La Rochefoucauld, Pascal, Chamfort) erreichte sie später auch in Deutschland einen Höhepunkt (Lichtenberg, Friedrich Schlegel, Heine).

1580n blau Montaigne
1662n blau Pascal
1664n blau La Rochefoucauld
1783n blau Lichtenberg
1783n blau Chamfort

APHRODISIAS, Alexander von (um 160n–220n), griechischer Philosoph. Als Lehrer der Philosophie in Athen verteidigte und kommentierte er die Lehren des Aristoteles. Wies jeden Vorsehungsglauben zurück und lehrte die Willensfreiheit des Menschen. Bestritt das Vorgegebensein jedes allgemeinen Prinzips und sprach allein dem Einzelding Wirklichkeit zu. Dehnte den Satz der Verbindung von Materie und Form auf die Verbindung von Leib und Seele aus. In Geist und Seele erkannte er endliche, mit dem Körper vergehende Erscheinungen.

210n blau Aristoteles-Kommentar

APHRODITE, griechische Göttin der Schönheit und der Liebe. Mutter des Eros. Ihre Verehrung entwickelte sich vor 3000 Jahren aus dem vorderasiatischen Astarte-Kult auf der Mittelmeer-Insel Zypern und verbreitete sich dann in ganz Griechenland, im griechischen Kleinasien sowie in den griechischen Siedlungen Süditaliens und Siziliens. Die Römer übernahmen den Kult dieser Göttin, doch erhielt sie hier den Namen 'Venus'.

504v blau Kanachos' Tempelbild
403v–335v Praxiteles
363v blau Praxiteles' Statue
360v–303v Apelles
321v blau Apelles' Gemälde
109v blau 'Venus von Milo'

APIAN, Peter (1501n–1552n), deutscher Astronom, Mathematiker und Geograph aus Leisnig (Sachsen). Zeichnete eine herzförmige Weltkarte nach selbstentwickeltem Kartennetz. Entdeckte, daß sich der Schweif aller Kometen stets von der Sonne abwendet. Schlug vor, geographische Längen durch Messung der Abstände des Mondes von Fixsternen zu bestimmen. Die von ihm gezeichneten Landkarten vervielfältigte er in einer eigenen Druckerei.

1531n grün Kometenbewegung

APIS, Name eines ägyptischen Gottes, der in der Gestalt heiliger Stiere verehrt wurde. Diese 'Apis-Stiere' wurden nach 29 Merkmalen ausgewählt, lebten dann in einem Tempel und dienten dem Gottesdienst. Nach dem Tode mumifiziert und mit großer Feierlichkeit in eigenen Totentempeln beigesetzt.

1388v grün Beisetzung der Stiere

APITZ, Bruno (geboren 1900n), deutscher Schriftsteller. Als zwölftes Kind eines Wachstuchdruckers lernte er den Beruf des Stempelschneiders. Schloß sich 14jährig der Arbeiterbewegung an und wurde 17jährig wegen Anti-Kriegspropaganda eingekerkert. 1918n aus dem Gefängnis befreit, arbeitete er als Laufbursche, Buchhandelsgehilfe und Schauspieler. 1927n trat er der Kommunistischen Partei bei, leitete den Verlag der 'Roten Hilfe' und schrieb Theaterstücke ('Paradies und gute Erde'). 1933n verhaftet, mit kurzer Unterbrechung bis 1945n in Konzentrationslager und Zuchthaus, schrieb er 10 Jahre nach Kriegsende den Roman 'Nackt unter Wölfen'. Darin schilderte er das Schicksal von Hitlergegnern im Konzentrationslager Buchenwald.

1955n blau 'Nackt unter Wölfen'

APOFIS, ägyptischer Hyksos-König.

1712v–1640v Lebenslinie
1667v/1659v Vorstoß nach Süden
1663v rot Herr über Unterägypten
1659v rot Herr über Oberägypten
1659v rot Einigung Ägyptens
1652v rot Seth-Kult Staatsreligion

APOKALYPSE, von dem griechischen Worte für 'Offenbarung' abgeleitete Bezeichnung für Schriften, die sich mit dem Weltuntergang befassen. Bereits in frühen Naturreligionen vorhanden, dann im Judentum, im Urchristentum und im Islam. In christlicher Sicht erscheinen Krieg, Hunger, Krankheit und Tod als Strafengel des siegreichen Jesus, der Weltuntergang als 'Jüngstes Gericht' Gottes ('Offenbarung des Johannes').

2121v blau Glaube an Jüngstes Gericht
1344v blau Erra-Epos
777v–692v Jesaja
628v–553v Hesekiel
95n blau 'Offenbarung des Johannes'
393n blau 'Purana'-Schriften
570n–632n Mohammed
1453n blau Quarton: 'Jüngstes Gericht'
1505n blau Signorelli: 'Weltgericht'
1541n blau Michelangelos 'Gericht'

APOLL vom Belvedere, berühmtes Standbild des griechischen Gottes Apollo. Zum Unterschied von anderen Statuen des Apollo wurde er nach der Skulpturensammlung in Rom benannt, in der er jetzt aufgehoben wird (Belvedere).

396v–328v Leochares
333v blau Vollendung der Statue

APOLLO, griechischer Gott der Reinheit, des Lichtes, der Fruchtbarkeit und der Hirten, der Wahrsagerei und der Poesie.

714v blau Lobeshymne
526v blau Tempel in Delphi
560v–469v Theodoros
430v blau Tempel in Rom
416v blau Tempel in Bassai
403v–335v Praxiteles
396v–328v Leochares
365v blau Praxiteles' Statue
351v blau Skopas' Plastik
333v blau Leochares' Statue

APOLLODOR (180v–109v), griechischer Gelehrter in Athen. Studierte in Alexandria und ließ sich nach der Vertreibung der Philosophen in Pergamon (Kleinasien) nieder. Verfaßte die erste geschichtliche Abhandlung über die griechische Religion (3 Bände), einen 12bändigen Kommentar zu Homer sowie eine 4bändige Weltgeschichte von der Eroberung Trojas bis zum Jahre 144v, in die er auch die Kulturgeschichte einbezog.

147v blau 'Über die Götter'
142v blau 'Weltchronik'

APOLLODOROS Skiagraphos (um 460v–um 400v), griechischer Maler, genannt der 'Schattenmaler' (= 'Skiagraphos') wegen der von ihm erreichten Meisterschaft bei der Erzielung körperhafter und perspektivischer Wirkung durch Verteilung von Licht und Schatten. Durch Erfindung des Pinsels vermochte er seinen kleinen Holztafelbildern eine so starke Ausdruckskraft zu geben, wie sie mit der herkömmlichen Technik nur auf großen Wandgemälden erreicht werden konnte. Der dreidimensionale Charakter seiner Bilder leitete eine neue Epoche der Malerei ein.

423v grün Malen mit Pinsel
419v grün Gemälde auf Holz
416v grün Plastische Wirkung

APOLLODOROS von Damaskus, römischer Architekt syrischer Herkunft.

67n–129n Lebenslinie
104n grün Donaubrücke
106n blau Odeon
112n blau Trajans-Forum
113n blau Trajans-Säule

APOLLONIOS (265v–170v), griechischer Mathematiker in Alexandria. Kam aus seiner Heimatstadt Perge (Kleinasien) nach Alexandria und wurde Schüler des Archimedes. Bewies, daß alle denkbaren Kegelschnitte als Schnittlinien eines einzigen Kegels erzeugt werden können. Mit Hilfe der Kegelschnitte fand er eine Lösung der allgemeinen Gleichungen zweiten Grades. Sein achtbändiges Werk über die Kegelschnitte trug ihm den Namen 'der große Geometer' ein. Verbesserte die Kreis-Umfangberechnung. Ersann die geometrische Konstruktion der Epizyklen zur Erklärung der Planetenbahnen, ohne die falsche Vorstellung von der Erde als Mittelpunkt des Universums anzutasten.

246v grün Kegelschnitte
206v grün Erde als Weltmittelpunkt

APOLLONIOS Dyskolos (um 100n–um 170n), griechischer Sprachforscher. Begab sich aus seiner Heimatstadt Alexandria nach Rom, kehrte aber der Hauptstadt bald wieder den Rücken, obwohl er die Gunst des Kaisers Antoninus Pius gewonnen hatte. Wegen seiner abweisenden Haltung wurde er 'der Mürrische' ('Dyskolos') genannt. Bereicherte die Grammatik um die Wissenschaft vom Satzbau (Syntax). Seine Sprachlehre trug ihm hohes Ansehen ein und wurde richtungsweisend für den Schulunterricht.

138n blau Lehre vom Satzbau

APOLLONIOS Rhodios (295v–215v), griechischer Dichter und Sprachforscher. Wegen seines Eintretens für die große Heldendichtung überwarf er sich mit seinem Lehrer Kallimachos, verließ Alexandria und ging nach Rhodos, wo er sein großes Epos 'Argonautensage' in vier Bänden vollendete. Darin verzichtete er bewußt auf die kunstvolle, prächtige Sprache, die ihn Kallimachos gelehrt hatte, und strebte der einfachen, allgemeinverständlichen Sprache Homers nach. Erst nach langer Zeit der Enttäuschungen setzte er sich mit seinem Werke und seiner Auffassung durch und kehrte nach Alexandria zurück, wo er am 'Museion' eine ehrenvolle Stellung erhielt.

264v blau Argonautensage

APOLLONIOS von Tyana (um 30n–um 100n), griechischer Philosoph und Wanderprediger. Nachdem er sein väterliches Vermögen den Armen geschenkt hatte, durchzog er wandernd und lehrend die Welt bis Indien und Afrika. Dann ließ er sich in Rom nieder und verließ die Stadt nur noch einmal zeitweilig für die Dauer eines Verbotes der Philosophie. Galt als Wundertäter mit übernatürlichen Kräften und wurde deshalb öfter mit Jesus gleichgesetzt. Der griechische Philosoph Philostratos gab im 3. Jahrhundert eine romanhafte Beschreibung seines Lebens.

212n blau Philostratos' Roman

APOLLONIUS (um 140n–184n), römischer Philosoph. Von einem seiner Sklaven als Anhänger des im Römerreiche noch verbotenen Christentums angezeigt, bekannte er sich vor dem Senat zu seinem Glauben und verteidigte das Christentum. Wurde enthauptet.

184n rot Hinrichtung

APOLOGIE, Rechtfertigungs-Schrift für eine Person oder Lehre. Die christliche Kirche erhob ihre Abfassung und ihren Gebrauch zu einem Zweig der Theologie ('Apologetik').

394v blau Plato: Sokrates
385v blau Xenophon: Sokrates
100n–165n Justin der Märtyrer
124n blau Quadratus: Christentum
125n–190n Tatian
133n–190n Athenagoras
141n blau Aristides: Christentum
145n blau Justin: Christentum
162n–224n Tertullian
177n blau Athenagoras: Christentum
182n–253n Origenes
197n blau Tertullian: Christentum
200n blau Minucius: Christentum
249n blau Origenes: 'Gegen Celsus'
261n–335n Laktantius
263n–339n Eusebius
322n blau Eusebius: Christentum
354n–430n Augustin
426n blau Augustin: Christentum
1799n blau Schleiermacher: Religion

APOSTEL, griechisches Wort für 'Bote'. In der christlichen Religion Bezeichnung für die ersten Sendboten der Lehre Jesu.

10v–52n Matthäus
5v–64n Paulus
4v–64n Petrus
2v–71n Markus
3n–50n Johannes
22n–74n Lukas
32n rot Lehre nach Syrien
33n rot Paulus Christ
48n rot Apostelkonzil
49n rot Lehre nach Europa
49n blau Matthäus: 'Logia Jesu'
51n rot Gemeinde des Paulus
51n blau Galaterbrief
56n blau Gebot der Liebe
57n blau Korintherbrief
58n blau Römerbrief
64n rot Hinrichtungen
65n rot Gemeinde des Markus
70n blau Markus-Evangelium
85n blau Apostelgeschichte
182n blau 'Paulusakten'
765n blau Kynewulfs Lobgesang
1526n blau Dürers Gemälde

APOSTELBRÜDER, von Segarelli gegründeter antikirchlicher Armutsorden.

1232n–1300n Segarelli
1259n blau Kritik an Kirche
1260n rot Ordensgründung
1294n rot Bann des Papstes
1302n blau Dolcinos Armutsforderung
1305n/1307n Kreuzzug der Kirche
1307n rot Verbrennung Fra Dolcinos

APOSTELGESCHICHTE, Buch der Bibel (Neues Testament). Berichtet vom Leben der ersten Christen (Apostel), besonders von Paulus.

85n blau Entstehung

APOSTEL-KONZIL, kirchliche Bezeichnung für eine Zusammenkunft der ersten Vertreter des Christentums. Vereinigte in Jerusalem die Missionare Johannes, Petrus Jakobus, Paulus und Barnabas, die ihre Missions-Bezirke abgrenzten. Außerdem wurde in Abweichung von der bis dahin bestehenden Regelung festgelegt, daß Neu-Bekehrte nicht zunächst der jüdischen Religion beizutreten hätten. Dadurch entfielen für Neuchristen die Beschneidung und andere lästige jüdische Riten. Die neue Religion begann damit ihre Loslösung aus dem Judentum, innerhalb dessen sie bis dahin noch eine Sekte darstellte. Allerdings galt diese Befreiung nur für 'Heiden', worunter die Apostel Nicht-Juden verstanden. Und auch diese mußten bei ihrer Bekehrung auf die Innehaltung der jüdischen Sitte in vier wichtigen Punkten verpflichtet werden.

48n rot Tagung

APOSTOLISCHE KONSTITUTIONEN, kirchlicher Fachausdruck für ein aus acht Büchern bestehendes Werk über Aufbau, Verfassung und Ordnung der katholischen Kirchen sowie über Grundsätze christlicher Sittenlehre. Obwohl das Werk erst im 4. Jahrhundert in Syrien entstand, wurde es von der Kirche als 'apostolisch' bezeichnet, um den Eindruck zu erwecken, daß der Text von den ersten Missionaren (Aposteln) stammt. Aus diesem Grunde wurde das Werk auch in die Form von Reden der Apostel gebracht.

378n blau Vollendung

APOSTOLISCHES GLAUBENSBEKENNTNIS, kirchlicher Fachausdruck für die Grundformel des christlichen Gottesdienstes. Ihre Bezeichnung als 'apostolisch' soll die kirchliche These unterstützen, daß diese Formel bereits von den Aposteln benutzt wurde, die Zeitgenossen des Religionsstifters Jesus waren. Tatsächlich ist sie aber erst 300 Jahre später entstanden.

325n rot Konzil zu Nikäa
1408n–1457n Valla

APOTHEKE, Zubereitungs- und Verkaufsstelle von Heilmitteln.

737n grün Arzneibereitung selbständig
770n grün Apotheke in Bagdad
1180n grün Vorschriften in Arles
1241n grün Apotheke in Trier

APPERT, François (1750n–1840n), französischer Erfinder. Als Konditor und Likörfabrikant in Paris entwickelte er das Verfahren, gekochte Speisen durch Einlöten in Blechdosen haltbar zu machen. Diese Konservierung durch das Zusammenwirken von Erhitzung und luftdichtem Verschluß beschrieb er in einem Buche über die Frischhaltung fleischlicher und pflanzlicher Nahrung. Für die französische Armee entwickelte er die Milch-Konserve.

1803n grün Konservierungsverfahren

APPIAN (um 90n–165n), griechischer Geschichtsschreiber aus Alexandria. Ging als kaiserlicher Beamter nach Rom und kehrte als Statthalter Roms in seine Heimat zurück. Nutzte die Muße des Alters zur Abfassung einer umfangreichen Geschichte Roms. Das Werk, das er in griechischer Sprache niederschrieb, ist von echter Bewunderung für Roms geschichtliche Größe erfüllt. Es ist das erste Geschichtswerk mit klarer Aufgliederung der römischen Völkerschaften. Schrieb auch eine Darstellung seines eigenen Lebens.

158n blau Geschichte der Völker Roms

APPIUS KLAUDIUS, römischer Politiker.

340v–273v Lebenslinie
312v rot Söhne Freigelassener Beamte
312v grün Via Appia
310v grün Rohr-Wasserleitung

APRIKOSE, Bezeichnung für die pflaumenähnliche, meist samtene Frucht eines Obstbaumes, der im ersten Jahrhundert aus Vorderasien nach Europa kam.

127v grün Ausfuhr aus China
27n grün Anbau in Italien

APSIS, von dem griechischen Worte für 'Bogen' abgeleitete Bezeichnung für Bauten, die durch runden Grundriß, runde Mittelhalle oder runde Kuppel gekennzeichnet sind. Wenn bei einem Grundriß zwei offene Kreise durch gerade Verbindungsmauern zu einem Oval verbunden waren, nannte man die so entstandenen Häuser 'Doppel-Apsis'.

789v grün Aufkommen beim Hausbau

APSYRTOS, kleinasiatischer Tierarzt und Naturforscher.

294n–354n Lebenslinie
338n grün Grundlegende Briefe
348n grün Zusammenfassende Bücher

APULEJUS, Lucius, römischer Dichter, Philosoph, Redner, Arzt und Naturforscher aus Nordafrika.

124n–170n Lebenslinie
159n blau 'Der goldene Esel'

APULIEN, Landschaft im Südosten Italiens.

722v blau Gründung von Tarent
338v blau Zeusstatue in Tarent
326v/304v Großer Samnitenkrieg
304v rot Im Machtbereich Roms
281v/272v Tarentiner Krieg
272v rot Römische Herrschaft
218v/201v Zweiter Punischer Krieg
185v braun Sklavenaufstand
842n braun Niederlage gegen Araber
842n rot Arabische Herrschaft
871n braun Arabische Niederlage
1013n–1085n Robert Guiskard
1043n braun Normannensieg über Byzanz
1043n rot Normannen-Herrschaft
1053n braun Angriff auf Normannen
1053n rot Normannen-Besitz bestätigt
1071n braun Normannensieg über Byzanz
1101n–1154n Roger II.
1130n rot Reich Rogers II.
1861n rot Bestandteil Italiens

AQUÄDUKT, Bezeichnung für Wasser-Zuführungen, die brückenartig übers Land geführt wurden, um Städte mit Trinkwasser zu versorgen. Seit fast 3000 Jahren in Vorderasien und Kleinasien bekannt, wurden sie auch in Griechenland und im Römerreiche angelegt, obwohl dort gleichwertige Druckleitungen technisch bekannt und mit geringerem Aufwand zu errichten waren. Sie erreichten eine Länge bis zu 100 Kilometer und hielten sich zum Teil bis in unsere Epoche.

872v grün Versorgung von Tuspa
691v grün Versorgung von Ninive

AQUILEJA, Stadt am Adriatischen Meer zwischen Triest und Venedig. Vor mehr als 2000 Jahren gegründet, wurde die Stadt 183v römische Kolonie und entwickelte sich schnell zu einem wichtigen Handelsplatz für den Güteraustausch zwischen Mitteleuropa und Vorderasien. Im Jahre 452n durch Hunnen zerstört, wurde sie wieder aufgebaut. Als Bischofssitz seit 700n Ausgangspunkt der Christianisierung Norditaliens und Österreichs. Verlor bereits vor 1000 Jahren seine Bedeutung an Venedig, das von Bürgern Aquilejas gegründet worden war. 1421n wurde die Stadt dem Stadtstaat Venedig einverleibt.

370n/455n Hunnenkriege
452n blau Gründung von Venedig
769n blau Kloster Innichen

AQUILIUS (um 135v–88v), römischer Feldherr. Als Adjutant des Feldherrn Marius befehligte er die römischen Truppen im ersten Germanenkrieg, während sich Marius in Rom um die politische Herrschaft bemühte. Mit ihm zum Konsul ernannt, führte er den Kampf gegen die aufständischen Sklaven auf Sizilien und besiegte den Sklavenführer Athenion. Dessen führerloses Heer von 10000 Mann hungerte er dann aus. Wegen Erpressungen angeklagt, wurde er trotz erwiesener Schuld freigesprochen. In Kleinasien arbeitete er planmäßig auf den Krieg mit Mithridates hin, indem er dessen friedliche Absichten durch unannehmbare Forderungen zunichte machte. Floh dann aber nach Pergamon und von dort weiter nach der Insel Lesbos. An Mithridates ausgeliefert, wurde er gefoltert und gefesselt auf einem Esel durchs Land geführt, um den Völkern Kleinasiens zu sagen, wer er sei und welche Schuld er auf sich geladen hätte. Schließlich tötete ihn Mithridates in Pergamon, indem er ihm geschmolzenes Gold in den Mund gießen ließ.

156v–86v Marius
144v–101v Athenion
132v–63v Mithridates
113v/101v Erster Germanenkrieg
104v/100v Sklavenaufstand

AQUIN, Thomas von, italienischer Theologe und Philosoph.

1225n–1274n Lebenslinie
1265n–1308n Duns Scotus
1274n blau 'Summe der Theologie'

AQUITANIEN, Land in Südwestfrankreich zwischen Pyrenäen und Garonne. Vor mehr als 2000 Jahren wurde das von Iberern bewohnte Land im Gallischen Krieg (56v) unterworfen und war seit dem Jahre 51v römische Provinz. Im 4. Jahrhundert ließen sich hier Westgoten nieder und gründeten unter Wallia ein Reich mit der Hauptstadt Toulouse, das 418n von den Römern anerkannt wurde. 507n dem Frankenreiche einverleibt, behielt es weitgehende Unabhängigkeit. Im Arabischen Krieg seit 721n arabisch, 771n Provinz des fränkischen Reiches. Der Frankenherrscher Karl der Große gab es seinem Sohn Ludwig dem Frommen als Königreich, doch behielt es unter der Herrschaft einzelner Fürsten Selbständigkeit. Durch die Rivalität seiner mächtigsten Herrscherfamilien (Poitou und Toulouse) wurde das Land innerlich zerrissen, und der Name verschwand allmählich. 1152n fiel es durch Heirat seiner Erbin Eleonore mit dem englischen König Heinrich II. an England. Erst beim Ende des Hundertjährigen Krieges wurde es 1454n für immer von Frankreich zurückgewonnen.

58v/51v Gallischer Krieg Roms
51v rot Römische Provinz
386n–418n Wallia
418n rot Westgotenmacht bestätigt
507n braun Vorstoß der Franken
507n rot Fränkischer Besitz
633n/732n Arabischer Krieg
716n/719n Kämpfe mit Karl Martell
760n/768n Angriff der Franken
768n rot Fränkische Herrschaft
778n–840n Ludwig der Fromme
1040n rot 'Gottesfriede'
1152n rot Englischer Besitz
1338n/1353n Hundertjähriger Krieg

AQUITANIEN, Walther von (um 400n–um 460n), Fürst von Aquitanien (Südwest-Frankreich). Heldengestalt von sieben Sagen, die zwischen dem 8. und dem 14. Jahrhundert in verschiedenen europäischen Ländern entstanden. Danach geriet er in die Gefangenschaft des Hunnenkönigs Attila, befreite sich und seine Braut Hildegund und floh mit dem Schatz der Hunnen. Unterwegs mußte er in den Vogesen Kämpfe gegen den Burgunderkönig Gunther und dessen zwölf Recken bestehen.

742n blau 'Waldere'-Lied
925n blau 'Walthari'-Lied

ARABI, Ibn, arabischer Rechtsgelehrter, Philosoph und Theologe.

1169n–1240n Lebenslinie
1237n blau 'Steine der Weisheit'

ARABIEN, arabisches Reich

Allgemeines (Land, Volk, Staat)

2902v blau Entstehung von Mekka
2570v–2481v Ur-Enlil
2297v–2238v Naramsin
2248v/2247v Niederlage gegen Akkad
2247v rot Südosten akkadische Provinz
1292v blau Gründung von Maan
1272v rot Entstehung des Minäerreiches
1265v braun Vorstoß der Minäer
1265v rot Minäer: Gebietsgewinn
1204v blau Gründung von Sirwah
1191v rot Reich von Saba
1137v rot Reich von Hadramaut
1111v/1090v Mesopotamischer Krieg
1098v–1046v Adada
1068v braun Aramäer-Zug nach Babylon
1068v rot Adada babylonischer König
1059v grün Kamele im Kriegseinsatz
1019v rot Niederlassung in Afrika
985v blau Gründung der Stadt Aksum
969v–908v Bilkis
931v blau Gründung von Aden
884v blau Gründung von Marib
758v–672v Bajin
738v braun Assyrischer Sieg
738v rot Saba tributpflichtig
718v braun Sieg Sabas über Minäer
718v rot Machtausdehnung Sabas
716v rot Marib Hauptstadt Sabas
661v braun Niederlage gegen Assyrien
661v grün Marib 100000 Einwohner
513v grün Forschungsreise des Skylax
116v braun Sieg der Himjaren über Saba
116v rot Ende des Reiches von Saba
116v rot Südgebiete an Himjaren
25v/24v Vorstoß Roms
50n rot Gründung des Reiches Aksum
106n braun Krieg gegen Rom
106n rot Römische Provinz
194n/199n Partherkrieg
230n–273n Zenobia
253n/266n Persischer Krieg Roms
261n rot Odenathos Statthalter
266n rot Reich von Palmyra
266n rot Anerkennung Palmyras
269n braun Palmyras Eroberungszug
269n rot Römische Machteinbuße
270n braun Feldzug Palmyras
270n rot Zugeständnis Roms
272n/273n Kampf Roms gegen Palmyra
273n rot Palmyra römisch
281n braun Vorstoß der Himjaren
281n rot Himjaren: Gebietsgewinn
345n rot Ende des Himjarenreiches
345n rot Herrschaft Aksums
487n–565n Kosmas
502n–543n Al Kais
511n–579n Chosroes
525n braun Vordringen Abessiniens
530n braun Abessinische Niederlage
566n grün Staudammbruch
570n rot Südarabien persisch
570n–634n Abu Bekr
570n–632n Mohammed
582n–644n Omar
588n–656n Othman
602n–661n Ali
609n–680n Moawija
620n rot Bekehrung Medinas
622n rot 'Hedschra'
623n rot Anerkennung Mohammeds
627n braun Kampf Mekkas gegen Medina
627n rot Judenverfolgung in Medina
627n grün Heiratsvorschrift
630n braun Besetzung Mekkas
630n rot Herrschaft Mohammeds
630n rot Religiöse Unduldsamkeit
631n rot Einigung Arabiens
632n rot Kriegs-Forderung
633n/732n Arabischer Krieg

635 n rot Gewinn Süd-Syriens
637 n rot Herrschaft über Babylonien
637 n blau Gründung Basras und Kufas
637 n grün Neue Zeitrechnung
638 n rot Einverleibung Palästinas
638 n grün Pensionen für Krieger
640 n rot Gewinn Syriens
640 n grün Steuerfreiheit für Gläubige
640 n–716 n Musa
641 n rot Gewinn Mesopotamiens
642 n rot Herrschaft über Ägypten
642 n blau Gründung von Kairo
643 n rot Einverleibung Libyens
645 n grün Aufbau einer Flotte
646 n rot Herrschaft über Armenien
649 n rot Gewinn Zyperns
650 n rot Ganz Persien arabisch
651 n rot 'Schiiten'-Forderung
651 n rot Gesandtschaft nach China
651 n grün Handelsexpeditionen
653 n rot Bücherverbrennung
654 n rot Rhodos und Kos arabisch
655 n rot Seeherrschaft
656 n rot Kufa Regierungssitz
657 n rot Religiöse Spaltung
657 n/661 n Bürgerkrieg
661 n rot Damaskus Hauptstadt
664 n rot Teile Nordindiens erobert
670 n rot Gewinn Tunesiens
675 n–752 n Johannes von Damaskus
675 n–715 n Welid
678 n rot Friede mit Byzanz
680 n grün Handelsbeziehung zu China
683 n braun Berberaufstand
684 n/686 n Sklavenaufstand von Kufa
688 n–741 n Karl Martell
696 n grün Münzprägung
698 n rot Herrschaft über Algerien
699 n grün Arabisch Amtssprache
703 n braun Berberaufstand
703 n rot Herrschaft über Nordafrika
707 n rot Berber Bundesgenossen
711 n grün Befestigung Gibraltars
711 n rot Ende des Gotenreiches
711 n rot Gewinn Spaniens
711 n rot Gewinn Portugals
711 n rot Gewinn des Indusgebietes
712 n rot Gewinn Transoxaniens
712 n–775 n Al Mansur
713 n rot Großreich
717 n grün Bodenreform in Spanien
718 n rot Widerstand der Westgoten
720 n rot Südfrankreich arabisch
723 n–754 n Abul Abbas
725 n rot Ausdehnung in Frankreich
737 n rot Arzneimittel-Kontrolle
740 n/742 n Berberaufstand
742 n–814 n Karl der Große
744 n braun Aufstände in Vorderasien
745 n/750 n Bürgerkrieg
746 n grün Handels-Fernstraße
750 n rot Abbassidenreich
751 n braun Sieg über Heer Chinas
751 n rot Macht über Südwestasien
755 n braun Niederlage gegen Asturien
755 n rot Cordoba unabhängig
756 n blau Gründung von Granada
757 n braun Berberaufstand
757 n rot Berberstaaten unabhängig
757 n grün Spionagedienst
759 n braun Niederlage gegen Franken
759 n rot Verlust Südfrankreichs
763 n blau Gründung von Bagdad
765 n rot Gesandtenaustausch
766 n–809 n Harun al Raschid
775 n/777 n Zindiks-Aufstand
778 n braun Krieg gegen Franken
783 n rot 'Ketzer'-Verfolgung
786 n–833 n Al Mamun
795 n rot Grenzmark der Franken
798 n rot Gesandtschaft zu Franken
798 n rot Friedensschluß mit Byzanz
801 n braun Vorstoß der Franken
803 n braun Vorstoß der Franken
803 n rot Gebietsverlust bis Ebro
808 n blau Gründung von Fes
810 n rot Nordafrika unabhängig
813 n braun Niederlage bei Barcelona
813 n rot Weiterer Rückzug
822 n rot Unabhängigkeit Chorasans
822 n–883 n Ibn Mohammed
826 n braun Eroberung Kretas
827 n–869 n Kyrill
827 n/831 n Sizilienkrieg
831 n rot Teilherrschaft über Sizilien
836 n rot Türkische Leibwache
838 n braun Sieg über Byzanz
842 n braun Eroberung Baris
842 n rot Beherrschung Apuliens
844 n braun Normannen in Marokko
844 n braun Normannen in Spanien
846 n braun Erstürmung Roms
847 n grün Denkschrift über Verkehr
849 n braun Zerstörung der Flotte
850 n braun Sieg auf Korsika
850 n rot Korsika arabisch
852 n rot Toledo selbständig
859 n braun Normannen-Zug
864 n–910 n Karmat
868 n rot Ibn Tulun Statthalter
868 n rot Unabhängigkeit Ägyptens
868 n blau Gleichheitsforderung
869 n/883 n Sklavenaufstand von Basra
870 n braun Eroberung von Malta
870 n rot Herrschaft über Malta
871 n braun Niederlage bei Bari

871 n rot Sklavenstaat Basra
873 n braun Niederlage gegen Byzanz
873 n blau Gründung von Muchtara
878 n rot Gewinn ganz Siziliens
879 n rot Tribut des Papstes
883 n rot Ende des Staates Basra
887 n braun Siege in Frankreich
887 n rot Herrschaft in Südfrankreich
889 n blau Kommunistische Forderung
890 n rot Karmaten-Bewegung
890 n–961 n Abdar Rachman III.
891 n braun Vordringen in die Alpen
891 n rot Westalpen arabisch
899 n rot Karmaten-Staat Ahsa
899 n/930 n Karmatenaufstand
901 n rot Karmaten-Staat Multan
903 n braun Besetzung der Balearen
903 n rot Herrschaft über Balearen
905 n rot Rückgewinn Ägyptens
905 n–965 n Al Mutanabbi
908 n rot Siedlungen in Ostafrika
909 n rot Nordafrika unter Fatimiden
915 n braun Niederlage in Süditalien
915 n rot Verlust Süditaliens
925 n rot Gewinn Sansibars
932 n braun Adelsaufstand in Toledo
932 n rot Toledo an Cordoba
932 n rot Adel Spaniens entmachtet
932 n–1002 n Ibn Amir
934 n blau Gründung von Algier
935 n grün Cordoba Millionenstadt
942 n braun Sieg in den Alpen
943 n–1003 n Silvester II.
955 n–983 n Otto II.
961 n braun Niederlage auf Kreta
961 n rot Verlust Kretas
969 n rot Ägypten unter Fatimiden
973 n braun Niederlage in den Alpen
973 n rot Verlust der Alpen
975 n braun Niederlage in Südfrankreich
975 n rot Verlust Südfrankreichs
981 n rot Bündnis mit Byzanz
981 n/982 n Sieg über Otto II.
985 n braun Vordringen bis Barcelona
997 n braun Zerstörung Santiagos
997 n grün Zwang gegen Christen
1008 n/1009 n Aufstand von Cordoba
1009 n rot Zerstörung der Grabeskirche
1013 n–1085 n Robert Guiskard
1021 n rot Ermordung des Kalifen
1031 n braun Adelserhebung in Cordoba
1031 n rot Cordoba selbständig
1043 n–1099 n Cid
1052 n braun Niederlage gegen Pisa
1052 n rot Verlust Sardiniens
1054 n–1122 n Al Hariri
1055 n braun Seldschuken-Einfall
1055 n rot Bagdad seldschukisch
1061 n braun Niederlage in Italien
1061 n rot Normannen auf Sizilien
1066 n braun Aufstand in Granada
1070 n braun Verlust Jerusalems
1083 n rot Verlust von Madrid
1085 n/1090 n Kämpfe in Spanien
1087 n braun Niederlage in Nordafrika
1087 n rot Sklaven-Freilassung
1090 n braun Niederlage auf Malta
1090 n rot Verlust Maltas
1091 n braun Niederlage auf Sizilien
1091 n rot Verlust Siziliens
1094 n braun Verlust Valencias
1095 n rot Kastilier in Portugal
1104 n blau Rolandslied
1113 n grün Einfluß auf Deutschland
1114 n braun Vorstoß Pisas
1114 n rot Balearen an Pisa
1114 n–1187 n Gerhard von Toledo
1118 n braun Sieg der Aragonier
1118 n rot Verlust Saragossas
1138 n–1193 n Saladin
1139 n braun Niederlage in Portugal
1140 n/1146 n Berberaufstand
1143 n rot Portugal unabhängig
1147 n rot Verlust Lissabons
1147 n rot Berber selbständig
1160 n braun Tripolis an Berber
1160 n rot Berberreich Nordafrika
1171 n rot Saladin Kalif
1173 n grün Brieftaubenpost
1179 n grün Boykott durch Christen
1187 n braun Sieg in Jerusalem
1187 n rot Herrschaft in Jerusalem
1189 n/1192 n Dritter Kreuzzug
1192 n rot Jerusalem als Pilgerstadt
1193 n braun Sieg in Bengalen
1195 n braun Sieg in Spanien
1207 n/1279 n Großer Mongolenkrieg
1217 n–1265 n Hulagu-Khan
1228 n/1229 n Fünfter Kreuzzug
1236 n braun Sieg der Kastilier
1236 n rot Verlust von Cordoba
1236 n grün Zwang durch Christen
1238 n rot Granada selbständig
1246 n rot Granada an Kastilien
1248 n braun Niederlage von Sevilla
1258 n rot Bagdad mongolisch
1258 n rot Ende des arabischen Reiches
1313 n–1374 n Al Katib
1318 n rot Christlicher Kampforden
1332 n–1406 n Ibn Kaldun
1340 n braun Angriff auf Spanien
1451 n–1505 n Isabella von Kastilien
1462 n braun Niederlage gegen Spanier
1462 n rot Verlust Gibraltars
1481 n/1492 n Letzter Maurenkrieg
1494 n–1566 n Soliman der Große

1502 n rot Vertreibung aus Spanien
1509 n braun Seeschlacht bei Diu
1570 n blau Mendozas Geschichtswerk
1611 n rot Morisken-Ausweisung
1730 n braun Eroberung Sansibars
1838 n rot Aden englisch
1918 n– Nasser
1926 n rot Ibn Saud König
1926 n blau Lawrence: Schilderung
1945 n rot Mitglied der UN
1945 n rot Arabische Liga
1957 n braun Aufstand in Oman
1963 n rot Abschaffung der Sklaverei

ARABIEN: Baukunst

758 v–672 v Bajn
719 v blau Tempel für den Mondgott
641 n blau Erste Moschee mit Minarett
643 n grün Baumaterial-Beschaffung
644 n blau Amr-Moschee in Kairo
675 n–715 n Welid
691 n blau Moschee in Jerusalem
705 n blau Moschee in Damaskus
709 n blau Grabmoschee in Medina
712 n–775 n Al Mansur
732 n blau Olivenmoschee in Tunis
766 n–809 n Harun al Raschid
788 n blau Moschee in Cordoba
837 n blau Sidi-Okba-Moschee, Tunis
852 n blau Riesenmoschee in Samarra
859 n blau Moschee in Fes
879 n blau Ibn-Tulun-Moschee, Kairo
890 n–961 n Abdar Rachman III.
947 n blau Palaststadt Al Zahra
1181 n blau Alkazar in Sevilla
1195 n blau Moschee in Sevilla
1196 n blau Kutab-Minarett in Delhi
1248 n blau Alhambra in Granada

ARABIEN: Dichtung und andere Literatur

502 n–543 n Al Kais
535 n blau Al Kais: Liebesgedichte
539 n blau Regeln für Dichtkunst
631 n blau Ibn Tabit: Lobgedichte
683 n blau Ibn Abirabia: Liebesgedichte
715 n blau Ibn Aggag: 'Diwan'
718 n–791 n Al Chalil
729 n blau Märchen-Übersetzungen
745 n blau 'Pantschatantra' übersetzt
756 n–810 n Abu Nuwas
761 n blau Al Chalil: Versmaß
766 n–809 n Harun al Raschid
773 n blau Gedichtsammlung
776 n blau Sprachforschung
781 n blau Grammatik
782 n blau Sammlung alter Gedichte
786 n–833 n Al Mamun
797 n blau Abu Nuwas: Gedichte
801 n blau '1001 Nacht'
806 n blau Al Asmai: Buch der Pferde
810 n–870 n Al Buchari
835 n blau Buch über Selbsterziehung
836 n blau Liedersammlung
839 n–923 n Al Tabari
858 n blau Muslim: Überlieferungen
890 n blau Ibn Duraids Wörterbuch
905 n–965 n Al Mutanabbi
938 n blau Forderung nach Reformen
940 n blau Liedersammlung
956 n blau Diwan Al Mutanabbis
968 n–1007 n Al Hamadani
973 n–1057 n Al Mari
987 n blau Literaturverzeichnis
994 n blau Konversationsdichtung
1054 n–1122 n Al Hariri
1103 n blau Sprachlehre
1108 n blau Al Hariri: 'Abu Said'
1109 n blau Alfonsis Novellensammlung
1112 n blau Al Tograis Klagelied
1127 n–1185 n Ibn Tufail
1133 n blau 'Verhalten des Einsamen'
1169 n blau Ibn Tufail: 'Der Lebende'
1177 n blau 'Medschnun und Laila'
1185 n blau Bericht einer Pilgerfahrt
1234 n blau Al Farids Lobgedicht
1237 n blau 'Steine der Weisheit'
1274 n blau Ibn Kallikans Biographien
1308 n blau Wörterbuch
1313 n–1374 n Al Katib

ARABIEN: Geschichtsschreibung

698 n–768 n Ibn Issak
754 n blau Geschichte Mohammeds
789 n–873 n Al Kindi
805 n–885 n Abu Maschar
806 n–873 n Abu Hunain
839 n–923 n Al Tabari
861 n blau Astrologische Theorie
884 n blau Albeldenses Werk
888 n–956 n Al Masudi
903 n grün Werk über große Ärzte
915 n blau Al Tabaris Weltgeschichte
931 n blau Arabisches Altertum
946 n blau Al Masudis Weltgeschichte
973 n–1048 n Al Biruni
1005 n blau Al Birunis Geschichtswerk
1032 n blau Kulturgeschichte Indiens
1059 n blau Geschichte Nordafrikas
1158 n blau Ibn Asakir: Damaskus
1170 n blau Al Dausi: Weltgeschichte
1224 n blau Ibn Jakuts Lexikon
1230 n grün Wissenschaftsgeschichte
1231 n blau Al Athir: Weltgeschichte
1242 n grün Ibn Usaibia: Berühmte Ärzte

1267 n blau Geschichte Syriens
1274 n blau Ibn Kallikan: Lebensbilder
1313 n–1374 n Al Katib
1331 n blau Abul Feda: Weltgeschichte
1332 n–1406 n Ibn Kaldun
1347 n blau Werk über Spanien
1374 n blau Ibn Kaldun: Gesetzmäßigkeit
1378 n blau Geschichte der Berber
1383 n blau Ibn Kalduns Weltgeschichte
1392 n–1450 n Ibn Arabscha
1422 n blau Geschichte Timurs
1521 n blau Geschichte Ägyptens

ARABIEN: Musik

789 n–873 n Al Kindi
870 n–950 n Al Farabi
932 n blau Wesen orientalischer Musik

ARABIEN: Philosophie

699 n–748 n Ibn Ata
728 n blau Kritik an Dreifaltigkeit
736 n blau Erkenntnis durch Vernunft
741 n blau Ibn Ata: Willensfreiheit
786 n–833 n Al Mamun
789 n–873 n Al Kindi
806 n–873 n Abu Hunain
810 n blau Aristoteles-Übersetzung
835 n blau Al Muhasibi: Selbsterziehung
839 n blau Bistami gegen Dogmatismus
844 n blau Plato-Übersetzung
849 n blau Aristoteles-Übersetzung
851 n–938 n Al Balki
865 n blau Plutarch-Übersetzung
865 n–932 n Al Rasi
870 n–950 n Al Farabi
871 n blau Einfluß der Griechen
874 n–935 n Al Aschari
904 n blau Aristoteles-Kritik
913 n blau Religionsfeindliche Schrift
917 n blau Dialektische Theologie
920 n blau 'Buch der Ringsteine'
927 n blau Al Aschari: Scholastik
941 n blau Al Farabi: Staatsideal
965 n–1039 n Al Hassan
973 n–1057 n Al Mari
980 n–1037 n Ibn Sina
1027 n blau Werk über die Liebe
1028 n blau Al Mari: Religionskritik
1034 n blau 'Genesung der Seele'
1035 n blau Ibn Hasm: Religionskritik
1039 n–1123 n Al Kajam
1059 n–1111 n Al Gazali
1093 n–1162 n Ibn Badscha
1097 n blau Glauben und Wissen
1126 n–1198 n Ibn Rasd (Averroes)
1127 n–1185 n Ibn Tufail
1133 n blau 'Verhalten des Einsamen'
1135 n–1204 n Maimonides
1151 n blau Ibn Rasd: Scholastik
1169 n blau Ibn Tufail: 'Der Lebende'
1169 n–1240 n Ibn Arabi
1237 n blau 'Steine der Weisheit'
1245 n blau Ibn Sabins Briefwechsel
1332 n–1406 n Ibn Kaldun

ARABIEN: Recht

699 n–767 n Abu Hanifa
748 n blau Abu Hanifa: Rechtsfindung
770 n blau Rechtsschule in Medina
810 n–870 n Al Buchari
815 n blau Al Schafi: Rechtsbuch
839 n–923 n Al Tabari
840 n blau Ibn Hanbal: Rechtsregeln
855 n blau Grundlagen-Sammlung
887 n blau Doppeldeutiger Eid
1059 n–1111 n Al Gazali
1169 n–1240 n Ibn Arabi
1304 n–1377 n Ibn Batuta

ARABIEN: Religion (Islam)

719 v blau Tempel für Mondgott
570 n–632 n Mohammed
570 n–634 n Abu Bekr
582 n–644 n Omar
588 n–656 n Othman
602 n–661 n Ali
609 n–680 n Moawija
610 n blau Lehrbeginn Mohammeds
620 n rot Bekehrung Medinas
622 n rot 'Hedschra'
623 n rot Anerkennung Mohammeds
624 n grün Verneigung nach Mekka
625 n grün Gebetsruf des Muezzin
626 n blau Beginn des 'Koran'
627 n braun Religionskrieg
627 n rot Judenverfolgung in Medina
627 n grün Heiratsvorschrift
630 n braun Besetzung Mekkas
630 n rot Mohammed Herr Mekkas
630 n rot Unduldsamkeit
630 n grün 'Kaaba' Wallfahrtsort
631 n blau Lobgedichte auf Mohammed
632 n rot 'Heiliger Krieg' gefordert
632 n blau Sammlung der Lehre
633 n/732 n Arabischer Krieg
637 n grün Neue Zeitrechnung
640 n grün Steuerfreiheit der Gläubigen
641 n blau Moschee in Bosra
644 n blau Amr-Moschee in Kairo
651 n rot Schiiten-Bewegung
653 n rot Bücherverbrennungen
653 n blau Verbindlicher Koran
657 n rot Spaltung des Islam
675 n–715 n Welid

691 n blau Moschee in Jerusalem
698 n–768 n Ibn Issak
699 n–748 n Ibn Ata
705 n blau Moschee in Damaskus
709 n blau Grabmoschee in Medina
712 n–775 n Al Mansur
728 n blau Angriff auf 'Dreifaltigkeit'
732 n blau Moschee in Tunis
736 n blau Ibn Ata über Vernunft
741 n blau Schicksalsfügung verneint
754 n blau Geschichte Mohammeds
756 n–810 n Abu Nuwas
783 n rot 'Ketzer'-Verfolgung
788 n blau Moschee in Cordoba
795 n blau 'Sunna'
806 n–873 n Abu Hunain
810 n–870 n Al Buchari
817 n blau Schrift über alte Kulte
837 n blau Moschee in Tunis
839 n blau Bistami gegen Dogmatik
839 n–923 n Al Tabari
851 n–938 n Al Balki
852 n blau Moschee in Samarra
853 n rot Koran 'Wort Gottes'
855 n blau Rechtsgrundlagen des Islam
859 n blau Moschee in Fes
865 n–932 n Al Rasi
869 n blau Altes Testament übersetzt
874 n–935 n Al Aschari
879 n blau Ibn-Tulun-Moschee, Kairo
885 n rot Islam bei Khasaren
885 n blau Kommentar zum Koran
890 n rot Karmaten-Bewegung
890 n–961 n Abdar Rachman III.
905 n–965 n Al Mutanabbi
913 n blau Religionsfeindliche Schrift
915 n blau Islamische Weltgeschichte
917 n blau Al Aschari: Dialektik
927 n blau Al Aschari: Scholastik
932 n–1002 n Ibn Amir
938 n blau Al Mutanabbi: Reform
950 n blau Kampfgedicht gegen Islam
957 n rot Islam bei Türken
973 n–1057 n Al Mari
976 n–1030 n Machmud
997 n grün Zwang gegen Christen
1009 n rot Intoleranz
1021 n rot Al Hakim ermordet
1022 n blau Lehre der Drusen
1024 n rot Islam in Indien
1028 n blau Al Mari: Religionskritik
1035 n blau Ibn Hasm: Religionskritik
1039 n–1123 n Al Kajam
1059 n–1111 n Al Gazali
1097 n blau Glaube-Wissen-Problem
1102 n blau Al Gazali: Theologie
1113 n rot Assassinen-Bewegung
1126 n–1198 n Ibn Rasd (Averroes)
1127 n rot Derwisch-Orden
1127 n blau Al Kadir: Derwisch-Ideal
1127 n–1185 n Ibn Tufail
1131 n blau Sanai: Gott und Mensch
1138 n–1193 n Saladin
1140 n/1146 n Berberaufstand
1142 n blau Koran lateinisch
1151 n blau Ibn Rasd: Scholastik
1169 n–1240 n Ibn Arabi
1171 n blau Attar: 'Vogel-Gespräch'
1185 n blau Bericht einer Pilgerfahrt
1193 n rot Islam in Bengalen
1195 n blau Moschee in Sevilla
1196 n blau Kutab-Minarett in Delhi
1217 n blau Al Farid: Einheit mit Gott
1234 n blau Lobgedicht auf Mohammed
1247 n blau Rumi: Pantheismus
1316 n rot Steinigung eines Missionars
1319 n blau Heiligenkult verurteilt
1325 n–1389 n Hafis
1336 n–1405 n Timur
1352 n blau Spott über Priester
1362 n blau Hassan-Moschee in Kairo
1373 n blau Hafis: Toleranz-Forderung
1418 n blau Moschee in Ahmadabad
1475 n blau Kait-Bai-Moschee in Kairo
1489 n–1587 n Sinan
1542 n rot Strafe für Koran-Druck
1542 n–1605 n Akbar
1551 n blau Mirimahmoschee, Istanbul
1556 n blau Solimanmoschee, Istanbul
1571 n blau Religionsgespräche Akbars
1574 n blau Selimjemoschee
1591 n blau Moschee in Haiderabad
1615 n blau Achmedmoschee in Istanbul
1779 n blau Lessing: 'Nathan'

ARABIEN: Sitten und Gebräuche

570 n–632 n Mohammed
623 n grün Verbot des Weintrinkens
624 n grün Gebetsverneigung
625 n grün Ruf zum Gebet
627 n grün Heiratsvorschrift
630 n grün 'Kaaba' Wallfahrtsort
821 n grün Frauenstudium
900 n grün Schachspiel
947 n grün Schachspiel nach Europa
1018 n grün Al Mari gegen Tiertötung
1173 n grün Brieftaubenpost

ARABIEN: Sprache und Schrift

1748 v grün Konsonantenschrift
675 n–715 n Welid
699 n grün Amtssprache
718 n–791 n Al Chalil
776 n blau Sprachforschung
781 n blau Grammatik

806n–873n Abu Hunain
839n–923n Al Tabari
890n blau Wörterbuch
973n–1048n Al Biruni
1054n–1122n Al Hariri
1095n blau Schrift über Sprachfehler
1103n blau Sprachlehre
1308n blau Wörterbuch

ARABIEN: Technik

830v grün Staudamm begonnen
758v–672v Bajin
735v grün Schleuse
715v grün Staudamm vollendet
566n grün Staudamm gebrochen
645n grün Flottenbau
675n–715n Welid
711n grün Befestigung Gibraltars
782n grün Künstliche Bewässerung
880n grün Flugversuch
890n–961n Abdar Rachman III.
965n–1039n Al Hassan
1011n grün Camera obscura
1202n grün Räderuhr mit Schlagwerk
1244n grün Schießpulver
1285n grün 'Feuerwerksbuch'

ARABIEN: Wirtschaft und Verkehr

2927v grün Weihrauch-Gewinnung
2902v blau Mekka Karawanenplatz
2854v grün Karawanenweg
2727v grün Kupfer-Ausfuhr
2570v–2481v Ur-Enlil
1512v grün Zähmung des Kamels
1189v grün Handel Sabas
1176v grün Saba Handelsvormacht
1102v grün Kamel als Lasttier
1059v grün Kamel als Reittier
1038v grün Einfuhren aus Ostafrika
969v–908v Bilkis
758v–672v Bajin
696v grün Goldgewinnung
582n–644n Omar
640n grün Steuerfreiheit für Gläubige
651n grün Handelsexpeditionen
680n grün Niederlassung in China
696n grün Münzprägung
699n–767n Abu Hanifa
717n grün Bodenreform in Spanien
732n grün Seidenraupenzucht
746n grün Handels-Fernstraße
750n grün Zuckerrohr in Ägypten
751n grün Papierherstellung
761n grün Zuckerrohr nach Spanien
766n–809n Harun al Raschid
782n grün Bewässerungstechnik
794n grün Papiermanufaktur
831n grün Baumwolle in Sizilien
847n grün Denkschrift über Verkehr
882n grün Spinatpflanze nach Spanien
890n–961n Abdar Rachman III.
950n grün Gebrauch des Wechsels
1055n grün Zitronenbaum nach Spanien
1107n grün Papiermanufaktur, Spanien

ARABIEN: Wissenschaft

1333v grün Kalender
718n–791n Al Chalil
737n grün Arzneibereitung selbständig
737n rot Arzneimittel-Kontrolle
766n–809n Harun al Raschid
770n grün Apotheke in Bagdad
773n grün Indische Sternkunde
776n blau Al Chalil: Sprachforschung
778n–830n Al Karismi
786n–833n Al Mamun
789n–873n Al Kindi
790n grün Euklid-Übersetzung
802n grün Rechnen mit indischen Ziffern
805n–885n Abu Maschar
806n–873n Abu Hunain
809n grün 'Über indisches Rechnen'
810n blau Aristoteles-Übersetzung
810n–870n Al Buchari
816n grün Al Karismi: Dezimalsystem
820n grün Sternwarte in Bagdad
821n grün Frauenstudium
823n grün Al Karismi: Rechenbuch
824n blau Hochschule in Bagdad
827n grün Al Karismi: Atlas
828n grün 'Almagest'-Übersetzung
832n blau Übersetzungsinstitut
839n–923n Al Tabari
840n grün Dschahis: 'Buch der Tiere'
843n grün Al Kindi: Schwerterkunde
844n blau Plato-Übersetzung
849n blau Aristoteles-Übersetzung
851n–938n Al Balki
853n grün Al Fargani: Sternkunde
855n–929n Al Battani
856n grün Abu Maschar: Sterndeutung
858n blau Muslim: Überlieferungen
859n blau Universität Fes
860n blau Handbuch des Grundwissens
860n grün Griechen-Ärzte übersetzt
865n blau Plutarch-Übersetzung
865n–932n Al Rasi
870n–950n Al Farabi
872n grün Ptolemäus-Übersetzung
876n grün 'Gestirns-Konjunktionen'
888n–956n Al Masudi
890n grün Archimedes-Übersetzung
890n–961n Abdar Rachman III.
893n grün Al Battani: Sinus-Lehre
896n grün Al Rasi: Seuchen
903n grün Werk über Ärzte Arabiens
904n blau Aristoteles-Kritik
904n grün Al Rasi: Atomlehre
906n grün Al Battani: Exzentrizität
907n grün Dioskurides-Übersetzung
909n grün Zeit und Raum
910n grün Stoffverwandlung
913n grün Ptolemäus-Widerlegung
919n grün Handbuch der Sternkunde
921n grün Al Balki: Atlas
922n grün Ibn Fadlans Reisebericht
927n grün Enzyklopädie der Medizin
936n–1013n Abu Kasim
940n grün Al Hamdani: Geographie
948n blau 'Ursprung der Wissenschaft'
948n–1009n Ibn Junis
951n blau Enzyklopädie
960n grün Al Sufis Himmels-Globus
965n–1039n Al Hassan
966n grün Sektionen
973n grün Vivisektionen
973n–1048n Al Biruni
974n grün Sternwarte in Kairo
976n blau Großbibliothek Cordoba
976n–1030n Machmud
980n grün Abul Wafa: Geometrie
980n–1037n Ibn Sina
982n grün Handbuch der Medizin
985n grün Beschreibung des Reiches
988n blau Universität Kairo
988n grün Stipendien in Kairo
989n grün Kauterisation
991n grün Al Hassan: Vergrößerung
993n grün Abu Kasim: Chirurgie
996n grün Al Hassan: Augenkunde
999n grün Abu Dulafs Reisebericht
1004n grün Höhe der Atmosphäre
1006n grün Berechnung der Sonnenbahn
1008n grün 'Quadratur des Kreises'
1011n grün Camera obscura
1012n grün Ibn Isa: Augenheilkunde
1013n grün Licht-Ausbreitung
1015n grün Koffein als Heilmittel
1016n blau Großbibliothek Kairo
1016n grün Al Hassan: 'Optik'
1021n grün Erklärung der Dämmerung
1022n grün Aristoteles-Übersetzung
1026n blau Enzyklopädie
1027n grün Funktion geschliffener Gläser
1028n grün Ibn Sina: Begriffsschrift
1029n grün Werk über Sternkunde
1030n grün Erforschung des Lichts
1033n grün 'Kanon' der Medizin
1034n grün Regenbogenfarben
1036n grün 'Katechismus der Geometrie'
1039n–1123n Al Kajam
1047n grün Erdumfang-Berechnung
1052n grün Ibn Wafids Schrift
1054n–1122n Al Hariri
1067n blau Universität Bagdad
1068n grün Stipendien in Bagdad
1079n grün Al Kajams Kalender
1093n–1162n Ibn Badscha
1096n–1166n Al Idrisi
1114n–1187n Gerhard von Toledo
1126n–1198n Ibn Rasd
1127n–1185n Ibn Tufail
1154n grün Erdkundliches Werk
1163n blau Hochschule in Damaskus
1164n grün Al Idrisis Weltkarte
1166n grün Sonnenflecken-Theorie
1170n grün Hochschule für Medizin
1174n grün Tier- und Menschenseele
1182n grün Erläuterungen zu Aristoteles
1212n grün Ibn Baitar: Nahrung
1224n blau Ibn Jakuts Lexikon
1230n grün Wissenschaftsgeschichte
1237n grün Ibn Baitar: Arzneirezepte
1242n grün Geschichte der Ärzte
1243n blau Universität von Tunis
1251n grün Sphärische Trigonometrie
1258n grün Ibn Mahasin: Augenmedizin
1259n grün Al Tusi: Sternwarte
1263n grün Ibn Annafis: Blutkreislauf
1280n grün Weltbeschreibung
1285n grün Al Rammah: Feuerwerk
1304n–1377n Ibn Batuta
1313n–1374n Al Katib
1321n grün Abul Feda: Erdoberfläche
1340n blau Universität Granada
1352n grün Reisebericht
1356n grün Handbuch der Medizin
1394n–1460n Heinrich der Seefahrer
1460n grün Al Kalsadi: Rechenbuch
1524n grün Al Vassan: Afrikakunde

ARABISCHE LIGA, Zusammenschluß von Staaten Vorderasiens und Nordafrikas, die vor 1000 Jahren zum Araberreiche gehörten und nun zu ihrer besseren Behauptung eine gemeinsame Außenpolitik betreiben. 1945 n entstanden durch Zusammenschluß der Länder Ägypten, Syrien, Libanon, Jordanien, Irak, Saudi-Arabien und Jemen, später erweitert durch Einbeziehung des Sudans und Libyens, Tunesiens, Marokkos, Algeriens und Kuweits. Sitz ist Kairo, dessen Regierung auch eine gewisse Führerstellung einnimmt. 1950 n durch militärischen Zusammenschluß ergänzt.

1945n rot Gründung

ARABISCHER KRIEG

570n–634n Abu Bekr
570n–632n Mohammed
582n–644n Omar
588n–656n Othman
609n–680n Moawija
632n rot Mohammeds Aufruf
633n/732n Arabischer Krieg
635n rot Süd-Syrien arabisch
637n rot Babylonien arabisch
637n blau Gründung Basras und Kufas
638n rot Palästina arabisch
638n grün Pensionen für Krieger
640n rot Ganz Syrien arabisch
640n–716n Musa
641n rot Mesopotamien arabisch
642n rot Ägypten arabisch
642n blau Gründung von Kairo
643n rot Libyen arabisch
645n grün Aufbau einer Flotte
646n rot Armenien arabisch
649n rot Zypern arabisch
650n rot Ganz Persien arabisch
654n rot Rhodos und Kos arabisch
655n rot Seeherrschaft
664n rot Teile Nordindiens arabisch
670n rot Tunesien arabisch
675n–715n Welid
678n rot Friede mit Byzanz
688n–741n Karl Martell
698n rot Algerien arabisch
703n rot Nordafrika arabisch
707n rot Berber Bundesgenossen
711n grün Befestigung Gibraltars
711n rot Spanien arabisch
711n rot Portugal arabisch
711n rot Indusgebiet arabisch
712n rot Transoxanien arabisch
713n rot Großreich
718n rot Widerstand der Westgoten
725n rot Ausdehnung in Frankreich

ARABISCHE ZIFFERN, Bezeichnung für die durch Araber nach Europa gebrachten Zahlenzeichen. Sie kamen vor etwa 1200 Jahren aus Indien in die arabische Welt. Seit dem 16. Jahrhundert wurden sie auch in Europa fast ausschließlich verwendet.

802n grün Gebrauch indischer Ziffern
963n grün Verwendung in Europa
1090n grün Verbreitung in Deutschland
1472n grün Numerierung von Buchseiten

ARABSCHA, Ibn, arabischer Geschichtsschreiber.

1392n–1450n Lebenslinie
1422n blau Geschichte Timurs

ARÄOMETER, Senkwaage, Meßgerät zur Feststellung des spezifischen Gewichtes von Flüssigkeiten. Beruht auf dem archimedischen Prinzip der Verdrängung einer gewichtsgleichen Flüssigkeitsmenge durch untertauchende Gegenstände (hier das Meßgerät selbst). Wird auch zur Bestimmung des Fettgehaltes von Milch und des Alkoholgehaltes von Flüssigkeiten benutzt.

355n grün Aufkommen in Nordafrika

ARAGON, Louis (geboren 1897 n), französischer Dichter. Nach Medizinstudium und Kriegsteilnahme Hauptvertreter des Surrealismus, der ihn zur realen Kritik an der bürgerlichen Gesellschaft und damit zum Kommunismus führte. Sein Romanzyklus 'Die wirkliche Welt' (erster Band: 'Die Glocken von Basel') bringt auch formal den Durchbruch zum sozialistischen Realismus, den er mitgeschaffen hat und in seinem sechsbändigen Werke 'Die Kommunisten' vollendete. Mit seinem historischen Roman 'Die Karwoche' und dem stark autobiographischen Werke 'Der unvollendete Roman' überwand er die Epoche des sozialistischen Realismus in seinem eigenen Schaffen und wies der sozialistischen Dichtung neue Wege.

1934n blau 'Die Glocken von Basel'
1958n blau 'Karwoche'

ARAGONIEN, Königreich in Nordostspanien. Benannt nach einem Nebenfluß des Ebro, dem Aragon. Seit 201 v römisch, fiel es im 5. Jahrhundert den Westgoten und 713 n den Arabern zu. Dann Grafschaft des Königreiches Navarra und endlich selbständig, dehnte es sich durch Vertreibung der Araber aus und wurde zu einer großen europäischen Macht. Vereinigte sich schließlich mit Kastilien zum spanischen Reiche.

201v rot Römische Herrschaft
633n/732n Arabischer Krieg
1035n rot Unabhängiges Königreich
1043n–1099n Cid
1089n rot Päpstliche Lehnshoheit
1118n braun Sieg über Araberheere
1118n rot Saragossa Hauptstadt
1119n blau Kathedrale Saragossa
1282n braun Besetzung Siziliens
1282n rot Herrschaft über Sizilien
1359n grün Schiffe mit Pulvergeschützen
1442n rot Herrschaft über Neapel
1451n–1505n Isabella von Kastilien
1469n rot Vereinigung mit Kastilien
1474n blau Universität Saragossa
1481n/1492n Letzter Maurenkrieg
1485n rot Inquisitor erschlagen

ARALSEE, abflußloser salzhaltiger Binnensee im Südwesten des asiatischen Teiles der UdSSR. Mit 68700 qkm doppelt so groß wie Holland.

453n rot Hunnen-Reich

ARAMÄER, semitische Stämme in Syrien, die seit dem 15. Jahrhundert vor unserer Zeitrechnung von ihren Wohnsitzen in der syrisch-arabischen Wüste her in vorderasiatische Kulturgebiete eindrangen.

1315v braun Vorstoß nach Assyrien
1166v–1105v Nebukadnezar I.
1148v–1074v Tiglatpileser I.
1111v/1090v Mesopotamischer Krieg
1098v–1046v Adada
1080v braun Niederlage gegen Assyrer
1068v braun Vorstoß nach Babylon
1068v rot Herrschaft über Babylon
905v–850v Ahab
894v braun Niederlage gegen Assyrer
894v rot Machtgewinn Assyriens
824v blau Relief des Wettergottes
779v blau Löwentor in Sam-Al
731v blau Relief 'Guter Hirte'
709v braun Vorstoß der Assyrer
709v rot Assyrische Herrschaft

ARARAT, Berg im Süden Armeniens an der Grenze zwischen der Türkei, der UdSSR und Persien. Vor fast 3000 Jahren lag an seinem Südhang das Zentrum eines mächtigen Reiches, dessen Macht sich über große Teile Vorderasiens und Kleinasiens erstreckte, und dem der Berg seinen Namen gab ('Urartu' = hebräisch 'Ararat').

908v–830v Sardur
874v rot Reich von Urartu

ARATOS (um 310v–um 245v), griechischer Dichter und Gelehrter aus Kleinasien. Lebte am Hofe des Königs Antigonos von Mazedonien sowie bei König Antiochos I. von Syrien. Verfaßte auf Grund der astronomischen Forschungen des Eudoxos eine Beschreibung des Sternhimmels ('Phainomena'). Zur Belebung der 1154 Verse dieses Lehrgedichts hat er Sternsagen eingeflochten und einen eigenen Teil über Wetterzeichen angefügt.

253v blau 'Phainomena'

ARATTA, alter Name für eine Landschaft östlich des Tigris (Mesopotamien).

2988v–2925v En-Merkar
2934v braun Vorstoß Sumers
1816v blau Sumerisches Epos

ARBEITER, im weiteren Sinne alle mit ihrer Hände Arbeit Tätigen, unabhängig davon, ob sie mechanisch-industriell schaffen (= Arbeiter im engeren Sinne) oder für die menschliche Ernährung den Boden bebauen (Bauern, Landarbeiter), unabhängig auch von der Frage, ob sie durch materielle Gewalt zur Arbeit gezwungen werden (Sklaven, Leibeigene) oder durch ihre wirtschaftlichen Bedürfnisse (Handwerker, Proletarier).

Vorzeittafel: Schlußbalken (5000 Jahre)
2942v–2870v Du-Muzi
2888v rot Kommunismus in Sumer
2857v grün Arbeiterviertel in Indien
2815v grün Manufakturen in Ägypten
2767v grün Tuchfabrik in Ur
2444v blau Bierbrauer-Plastik
2432v blau 'Bauer mit Herde'
2422v–2360v Uru-Kagina
2385v blau 'Zimmerleute'
2367v rot Sozialreformer König
2366v rot Schutzgesetze
2360v rot Ende der Reform
2317v blau 'Bauern bei der Ernte'
2297v–2197v Pepi II.
2296v blau 'Gepäckträger'
2273v–2188v Ipuwer
2240v–2172v Aba
2215v blau 'Korbträgerin'
2197v/2196v Ägyptische Revolution
2197v blau Ipuwers 'Mahnworte'
2196v rot Volksherrschaft
2185v–2123v Chun-Anup
2172v braun Adelserhebung
2172v rot Volksherrschaft beendet
2135v blau 'Klage eines Bauern'
2125v blau 'Der Handwerker'
2093v blau 'Lastträgerin'
2075v blau 'Bauer hinterm Pflug'
2037v blau Bauhandwerker-Relief
2021v blau 'Töpfer bei der Arbeit'
2008v blau 'Bäcker beim Backen'
1996v grün Tuchmanufaktur für Frauen
1932v–1878v Sesostris II.
1915v grün Lohnzahlung wöchentlich
1902v–1841v Bila-Lama
1887v grün Arbeiterviertel in Ägypten
1874v blau Gemälde einer Weberin
1854v rot Gesetze des Bila-Lama
1813v grün Bergwerks-Ausbau
1804v rot Gärtner wird König
1753v blau 'Tischler beim Werk'
1744v blau 'Arbeiterfamilie'
1572v–1504v Agum
1549v blau 'Olivenbauern-Fest'
1449v grün Arbeitsteilung in Ägypten
1447v blau 'Silberschmiede'
1442v blau 'Schuster-Werkstatt'
1437v blau 'Alter Bauer'
1429v blau 'Beladen der Lastschiffe'
1418v–1372v Ka-Em-Het
1403v grün Sklavinnen als Mitgift
1389v blau Handwerker-Darstellung
1168v rot Streik in Ägypten
882v–798v Elisa
820v rot Klassenteilung in Sparta
820v blau Elisa: Reformen
753v–680v Hesiod
705v–637v Archilochos
703v blau Lob der Handarbeit
693v–626v Assurbanipal
691v rot Handwerker-Auszeichnung
659v–601v Drakon
640v–559v Solon
602v–527v Peisistratos
588v rot Sklavenzahl beschränkt
585v grün Fremdarbeiter
581v grün Bodenreform in China
537v grün Sklaven der Juden
509v rot Bürgerrechte für Sklaven
494v braun Aufstand in Griechenland
494v rot Volksvertretung erkämpft
473v rot Klassenteilung in Rom
471v rot Plebejer erhalten Wahlrecht
464v/459v Erhebung Leibeigener
462v rot Hilfe für Herren Spartas
450v grün Korinth: Sklavenüberzahl
445v rot Ehen mit Patriziern
441v blau Me-Ti gegen Klassen
429v–370v Phaleas
427v–347v Plato
421v rot Plebejer im Staatsdienst
419v braun Sklavenerhebung in Rom
413v braun Sklavenflucht aus Athen
400v blau Sozialisierungs-Forderung
390v blau Gleichheit des Besitzes
377v grün Athen: Sklavenüberzahl
374v blau Gerechtigkeit gefordert
366v rot Plebejer wird Konsul
351v rot Plebejer als Zensor
322v–246v Ptolemäus II.
312v rot Söhne Freigelassener Beamte
300v rot Staatsstellungen für Plebejer
281v rot Streik in Ägypten
278v blau 'Bauern bei der Ernte'
267v grün Akkordlöhne
258v braun Sklavenerhebung in Rom
258v blau Schrift über Knechtschaft
254v–184v Plautus
248v–195v Han-Kautsu
234v–149v Kato der Ältere
230v grün Treträder mit Sklavenkraft
226v grün Bodenreform in Sparta
217v rot Saturnfeiern
203v–157v Wen-Ti
199v grün Sklavenzeichnung
198v/196v Aufstände in Italien
193v–160v Judas Makkabäus
185v braun Sklavenaufstand in Apulien
185v rot Sklavenkreuzigung
183v rot Arbeiter neben Sklaven
179v rot Bauernschutz in China
168v grün Mazedonier-Versklavung
167v/164v Juden-Erhebung
166v grün Sklavenmarkt auf Delos
166v–132v Eunus
163v–129v Aristonikos
163v–133v Tiberius Gracchus
156v–86v Marius
154v–121v Gajus Gracchus
146v grün Karthager-Versklavung
144v–101v Athenion
140v grün Sklavenüberzahl in Rom
138v–78v Sulla
136v/129v Sklavenaufstand
133v rot T. Gracchus: Landverteilung
133v rot Mord an Tiberius Gracchus
132v rot 'Sonnenstaat' Pergamon
130v–102v Tryphon
128v grün Großer Sklavenumsatz
123v rot Getreidegesetz
121v braun Aufstand des Gajus Gracchus
114v–53v Krassus
109v–71v Spartakus
108v–62v Katilina
106v–43v Cicero
104v/100v Sklavenaufstand
89v/82v Bürgerkrieg in Rom
74v/71v Spartakus-Aufstand
71v rot Sklaven-Kreuzigungen
70v–19v Vergil
63v/62v Katilinarische Erhebung
16v–45n Phädrus
10v–54n Klaudius
9v grün Steigende Sklavenpreise
4v–65n Seneka
2v rot Gesetz gegen Freilassung
4n rot Strafen für Sklaven
9n rot Sklavenhandels-Verbot
52n rot Verbot der Sklaven-Tötung
53n–117n Trajan
61n rot Vergeltung an Sklaven
61n blau Eintreten für Sklaven
64n blau Forderung nach Gleichheit
67n–140n Juvenal
76n–139n Hadrian
83n rot Entmannungs-Verbot
86n–161n Antoninus Pius
121n–180n Mark Aurel
130n rot Rechtsschutz für Sklaven

134n rot Lohnarbeiter: Schutzgesetz
146n rot Sklaven: Beschwerderecht
170n rot Schutz für Unterlegene
184n braun Aufstand in China
202n grün Grenzsiedlungen
207n braun Aufstand des Felix Bulla
217n rot Sklave wird Bischof
220n braun Revolution in China
276n–355n Donatus
284n/286n Bagauden-Aufstand
285n–347n Fasir
291n–347n Axid
316n rot Sklaven-Schutzgesetz
319n rot Sklaven-Schutzgesetz
344n/347n Zirkumzellionen-Aufstand
390n–477n Geiserich
397n–454n Aëtius
412n–444n Tibatto
428n blau Augustin für Sklaverei
435n/437n Bagauden-Aufstand
445n grün Bodenreform der Wandalen
470n–531n Kobad
476n–531n Masdak
506n rot Bann für Sklaventötung
511n–579n Chosroes
513n–552n Totila
536n rot 'Bauernlegen' verboten
540n–604n Gregor I.
543n grün Bodenreform in Italien
554n grün Aufhebung der Reform
560n–618n Yang-Ti
570n–635n Li-Yüan
590n grün Abhängigkeit von Kirche
598n–649n Tai-Tsung
605n–680n Fujiwara
608n grün Einsatz von Kanalarbeitern
617n/623n Chinesischer Bürgerkrieg
620n grün Bodenreform in China
626n–672n Tenji
645n rot Sklavenbefreiung in Japan
684n/686n Sklavenaufstand
694n rot Juden-Versklavung
717n grün Bodenreform in Spanien
775n/777n Zindiks-Aufstand
804n–876n Ludwig der Deutsche
822n–883n Ibn Mohammed
841n braun Stellinga-Aufstand
861n braun Bauernaufstand in China
864n–910n Karmat
868n blau Gleichheitsforderung
869n/883n Sklavenaufstand von Basra
871n rot Sklavenstaat Basra
874n/883n Chinesische Revolution
883n rot Ende des Staates Basra
889n blau Kommunistische Forderung
890n rot Karmaten-Gemeinschaft
899n rot Karmatenstaat Ahsa
899n/930n Karmatenaufstand
901n rot Karmatenstaat Multan
905n–965n Al Mutanabbi
914n–961n Bogomil
918n–961n Haakon der Gute
943n blau Sklavenarbeit unwürdig
1016n–1076n Pi-Scheng
1022n–1107n Manko Kapak
1073n grün Türkische Bodenreform
1073n/1075n Bauernaufstand in Sachsen
1101n–1154n Roger II.
1148n rot Zulauf zu Katharern
1149n grün Weberei in Palermo
1153n rot Waffenverbot für Bauern
1155n grün Weber-Genossenschaft
1185n grün Arbeitsteilung in Italien
1198n grün Handarbeiter-Bund
1200n grün Großbetriebe in Italien
1200n–1242n Neidhart von Reuenthal
1205n rot Handwerker-Rechte
1228n rot Widerstand der Stedinger
1234n grün Enteignung der Stedinger
1301n braun Erhebung in Magdeburg
1302n braun Sieg über Ritterheer
1309n–1370n Kasimir der Große
1315n braun Sieg über Ritterheer
1319n braun Kampf Dithmarscher Bauern
1323n/1328n Arbeiteraufstand in Flandern
1324n–1384n Wiclif
1325n rot Bann gegen Aufständische
1325n–1381n Wat Tyler
1329n rot Gesellenstreik in Breslau
1330n–1399n Peter Parler
1335n–1381n John Ball
1336n blau Spott über Bürgertum
1342n braun Erhebung in Konstanz
1345n braun Weberaufstand in Belgien
1349n braun Erhebung in Nürnberg
1351n rot Lohnstreik in Speyer
1351n rot Arbeitspflicht in England
1358n braun Aufstand in Frankreich
1358n rot Mord an Bauernführern
1360n rot Erzwingung von Arbeit
1363n rot Reglementierung
1370n–1424n Ziska
1371n braun 'Weberschlacht'
1372n blau Gütergemeinschaft gefordert
1378n braun Arbeiteraufstand in Florenz
1378n rot Gewerkschaft in Florenz
1379n braun Weberaufstand in Flandern
1381n/1382n Aufstand in England
1381n/1382n Aufstand in Frankreich
1382n rot Gewerkschaft aufgelöst
1400n–1450n Jack Cade
1413n braun Aufstand in Paris
1435n/1436n Aufstand in Schweden
1436n rot Mord an Engelbrechtsson
1440n–1505n Iwan III.
1444n rot Negerjagd

1450n braun Aufstand des Jack Cade
1451n braun Aufstand auf Mallorca
1452n rot Papst billigt Versklavung
1459n–1525n Jakob Fugger
1462n braun Aufstand in Katalonien
1476n braun Aufstand deutscher Bauern
1476n braun Kampf Schweizer Bauern
1483n–1546n Luther
1484n–1531n Zwingli
1488n–1525n Thomas Münzer
1491n braun Bauernaufstand in Holland
1493n braun Bauernaufstand im Elsaß
1496n–1560n Gustav Wasa
1500n braun Sieg über Ritterheer
1502n braun Bauernaufstand in Baden
1502n grün Negersklaven in Amerika
1513n braun Bauernaufstand im Breisgau
1514n braun Aufstand in Württemberg
1514n braun Bauernaufstand in Ungarn
1515n braun Bauernaufstand in Österreich
1515n braun Aufstand in der Schweiz
1517n braun Bauernaufstand in Baden
1517n braun Arbeiteraufstand in England
1517n rot Papst billigt Sklavenhandel
1520n blau Bauernfreiheit gefordert
1520n grün Abkommen gegen Streik
1522n/1526n Bauernkrieg
1525n rot Die zwölf Artikel
1525n blau Luther gegen Revolution
1532n grün Galeerensklaven
1533n–1603n Elisabeth
1548n rot Papst für Sklavenhaltung
1562n rot Schutz für Bauernland
1562n grün Sklavenhandel Englands
1563n rot Gleitende Lohnskala
1565n blau Brueghel: Bauernhochzeit
1570n–1607n Iwan Bolotnik
1575n rot Verbot der Kinderarbeit
1596n braun Aufstand in Finnland
1597n rot Zwang gegen Bauern
1599n–1660n Velasquez
1600n grün Spanischer Sklavenhandel
1601n grün Sklavenhandel Portugals
1607n braun Aufstand in Rußland
1614n/1616n Fettmilch-Aufstand
1617n blau 'Wasserträger'
1620n–1688n Der Große Kurfürst
1622n braun Aufstand der 'Roten Mützen'
1624n braun Aufstand in Frankreich
1626n braun Aufstand in Österreich
1628n/1644n Chinesischer Bürgerkrieg
1629n–1676n Alexei Michailowitsch
1636n blau Brouwer: 'Raufende Bauern'
1637n braun Aufstand in Frankreich
1637n rot Senegal an Sklavenhändler
1639n braun Aufstand in der Normandie
1639n blau 'Heimkehr von der Heuernte'
1642n blau Lenain: 'Der Gärtner'
1642n/1649n Englische Revolution
1644n grün Arbeitslosigkeit in London
1646n blau 'Holzhackerfamilie'
1650n grün Sklavenhandel Hollands
1652n blau Winstanley: Kommunismus
1653n braun Schweizer Bauernkrieg
1657n blau 'Teppichweberinnen'
1672n grün Englisches Sklavenmonopol
1674n grün Petty: Arbeitsteilung
1684n–1721n Watteau
1688n rot 'Declaration of Rights'
1688n blau Pastorius gegen Sklaverei
1693n grün Volkswohlstand und Arbeit
1702n/1710n Kamisarden-Aufstand
1709n–1762n Elisabeth Petrowna
1712n–1786n Friedrich II., der Große
1713n grün Englisches Sklavenmonopol
1723n–1790n Adam Smith
1727n braun Erhebung im Schwarzwald
1727n blau Quäker gegen Sklaverei
1729n–1796n Katharina II., die Große
1747n rot Schutz der Bauernschaft
1749n rot Schutz für Bauernland
1749n–1832n Goethe
1751n rot Erste Sklaverei-Aufhebung
1760n–1797n Babeuf
1768n grün Sklaven-Großtransporte
1771n braun Bauernaufstand in Vietnam
1779n rot Bauern auf Domänen frei
1781n rot Reformen Josephs II.
1783n blau Chamforts Kampfruf
1785n/1786n Waldenburger Aufstände
1787n rot Shaker-Gruppe
1787n grün Potemkin'sche Dörfer
1789n rot Bauern Frankreichs frei
1790n braun Aufstand in Sachsen
1790n rot Bauernfreiheit in Sachsen
1791n braun Gesellenerhebung
1793n braun Aufstand in Breslau
1794n rot Sans-Culotten
1794n rot Reformen in Frankreich
1795n blau 'Manifest der Gleichen'
1796n braun Babeufs Verschwörung
1797n rot Hinrichtung Babeufs
1798n braun Weberaufstand in Schlesien
1802n rot Erneut Sklaverei
1802n rot Kinderarbeit: Zeitgrenze
1804n rot Bauernfreiheit in Dänemark
1804n–1881n Disraeli
1807n rot Bauernbefreiung in Preußen
1808n grün Farmen für Sklavenzucht
1809n–1865n Lincoln
1811n rot Bauernfreiheit in Spanien
1812n blau Owen: Reformplan
1813n rot 'Maschinenstürmer'
1815n–1898n Bismarck
1816n rot Christensklaverei-Verbot
1818n rot Bauernfreiheit in Baden

1818n–1883n Karl Marx
1819n rot Kinderarbeit: Altersgrenze
1820n blau Saint-Simon: Proletariat
1824n rot Kommunistische Gemeinder
1824n blau Saint-Simon: Klassen
1825n rot Kollektiv-Verhandlungen
1829n grün Ruf nach Genossenschaften
1830n braun Juli-Revolution
1831n rot Streik in Lyon
1833n rot Reformen Englands
1834n braun Aufstand in Lyon
1834n rot 'Bund der Geächteten'
1836n rot 'Bund der Gerechten'
1838n rot Chartisten-Vereinigung
1839n rot Kinderarbeit: Altersgrenze
1839n blau Blanc gegen Kapitalismus
1840n rot Arbeiter-Bildungsverein
1840n blau Proudhons Lehre
1842n rot Generalstreik in England
1842n blau Steins Untersuchung
1842n blau Cabet: Gleichheitsideal
1842n blau Gotthelf: 'Uli, der Knecht'
1844n braun Weberaufstand in Schlesien
1844n grün Konsumverein in England
1845n blau Engels: Lage der Arbeiter
1846n grün Bauern-Genossenschaft
1847n blau Kommunistisches Manifest
1848n braun Juni-Aufstand
1848n/1850n Deutsche Revolution
1848n blau Menzel: 'Märzgefallene'
1851n blau Courbet: 'Steinklopfer'
1855n rot 'Schwarze Listen'
1856n–1950n G. B. Shaw
1857n blau 'Die Ährenleserinnen'
1858n rot Sklaverei-Ende, Portugal
1858n rot Buchdrucker-Gewerkschaft
1859n rot Sklaverei-Ende, Holland
1859n blau Marx: Polit-Ökonomie
1861n rot Bauernfreiheit in Rußland
1861n/1865n Sezessionskrieg
1862n blau Hugo: 'Die Elenden'
1863n rot Lassalles Arbeiterverein
1863n–1947n Ford
1864n rot Erste Internationale
1865n rot Ende der Sklaverei in USA
1866n–1925n Sun-Yat-Sen
1867n rot Granger-Bewegung
1868n/1869n Spanische Revolution
1869n rot Gründung der SPD
1869n blau Manifest russisch
1870n blau Blanquis Zeitschrift
1870n grün Fließarbeit
1870n–1924n Lenin
1871n braun Aufstand der Kommune
1871n blau Pottier: 'Internationale'
1872n blau 'Gänserupferinnen'
1873n blau Bakunin: Anarchismus
1873n blau Repin: 'Wolga-Treidler'
1874n braun Spanische Revolution
1875n rot Gothaer Zusammenschluß
1877n rot Generalstreik in USA
1878n rot Papst verwirft Sozialismus
1878n rot Gesetz gegen Sozialisten
1879n rot Arbeiterpartei Spaniens
1879n blau Bebel: Stellung der Frau
1879n–1953n Stalin
1883n rot Sozialistische Partei Rußlands
1883n rot Fabian-Society
1883n blau Meunier: 'Bergarbeiter'
1885n blau Zola: 'Germinal'
1886n braun Aufstand in USA
1888n rot Brasilien: Sklaverei-Ende
1888n blau Bellamy: 'Rückblick'
1888n grün Zeiß-Werke an Abbe
1889n rot Streik in Westfalen
1889n rot Weltfeiertag der Arbeiter
1889n rot Zweite Internationale
1890n rot Einlenken gegenüber SPD
1890n blau Zeitschrift 'Gleichheit'
1891n braun Aufstand in Nordfrankreich
1891n rot Entscheidung für Sozialismus
1892n rot Sozialistische Partei Italiens
1892n blau Hauptmann: 'Die Weber'
1893n rot Belgischer Generalstreik
1893n rot Labour-Party
1893n– Mao-Tse-Tung
1894n blau 'Vorläufer des Sozialismus'
1895n blau K. Kollwitz: Weberaufstand
1895n grün Taylor: Rationalisierung
1898n braun Bauernaufstand in China
1898n–1956n Brecht
1900n blau Zeitung 'Der Funke'
1901n rot Gewerkschaftskongreß
1902n braun Erhebung in Rußland
1902n blau Lenin: 'Was tun?'
1902n blau Sombart: 'Kapitalismus'
1903n rot Bolschewiki
1903n blau Kollwitz: 'Bauernaufstand'
1903n grün Fords Autofabrik
1904n blau Zeitung 'Humanité'
1905n blau Gorki: 'Die Mutter'
1905n rot Streik an der Ruhr
1905n/1906n Russische Revolution
1906n blau Andersen-Nexö: 'Pelle'
1907n braun Bauernaufstand in Rumänien
1909n braun Revolution in Spanien
1911n grün Fließband
1914n rot Jean Jaurès ermordet
1914n blau Barbusse: 'Wir anderen'
1914n blau Zilles Zeichnungen
1915n rot Zimmerwalder Konferenz
1916n rot Streik in Berlin
1916n rot Spaltung der SPD
1916n blau 'Spartakus-Briefe'
1917n blau Lenin: Staatslehre
1917n/1922n Russische Revolution

1917n rot Arbeiter- und Bauernstaat
1917n grün Vergesellschaftung
1918n blau 'Briefe aus dem Gefängnis'
1918n/1919n Deutsche Revolution
1918n– Nasser
1919n braun Aufstand in Ungarn
1919n rot Mord an Arbeiterführern
1919n rot Komintern
1920n braun Erhebung im Ruhrgebiet
1920n braun Sieg über Kapp-Putsch
1921n rot KP Chinas
1923n braun Erhebung in Hamburg
1923n rot Arbeiterstaat beseitigt
1924n rot Mongolei kommunistisch
1924n blau Zeitung 'Unità'
1924n blau Stalin: 'Leninismus'
1925n/1949n Chinesische Revolution
1926n braun Erhebung in Indonesien
1926n blau Gemälde 'Arbeitslos'
1927n braun Aufstände in Wien
1927n rot Brüsseler Kongreß
1927n rot Sozialismus in einem Land
1927n– Castro
1928n blau 'Wegweiser zum Sozialismus'
1932n grün Arbeitslose, Deutschland
1933n grün Arbeitslosigkeit in USA
1934n braun Aufstand in Österreich
1935n grün Stachanow-System
1936n rot Volksfront in Frankreich
1936n rot UdSSR-Verfassung
1936n/1939n Spanischer Bürgerkrieg
1937n rot Papst gegen Kommunismus
1937n blau Statuen 'Werktätige'
1939n blau Johnson: 'Ein Sechstel'
1940n blau Scholochow: 'Stiller Don'
1943n rot Bergarbeiterstreik in USA
1943n rot Ende der Komintern
1944n rot Jugoslawien kommunistisch
1946n rot Nordkorea kommunistisch
1946n rot Albanien kommunistisch
1946n rot Bulgarien kommunistisch
1946n/1949n Griechischer Bürgerkrieg
1947n rot Polen kommunistisch
1947n rot Rumänien kommunistisch
1947n rot Streikverbot in USA
1948n rot CSR kommunistisch
1948n rot Ungarn kommunistisch
1949n rot China kommunistisch
1949n rot Gründung der DDR
1950n blau Weinerts Gedichte
1951n rot Kommunistenverfolgung
1952n braun Aufstand in Barcelona
1952n grün Halbautomatische Fabriken
1953n braun Aufstand in der DDR
1953n rot Generalstreiks
1955n rot Nordvietnam kommunistisch
1956n braun Aufstand in Ungarn
1956n braun Aufstand in Polen
1956n rot KPD-Verbot
1956n/1959n Kubanische Revolution
1957n rot Volkskommunen in China
1959n rot Castro Ministerpräsident
1959n blau Guttuso: 'Diskussion'
1960n/ Revolution Indochinas
1961n rot Kuba kommunistisch
1963n rot Sklaverei-Ende, Arabien
1965n braun Aufstand in Asturien
1965n rot Sozialismus in Ägypten
1965n rot Sozialismus in Algerien

ARBEITERBEWEGUNG, spontaner oder organisierter Zusammenschluß von Arbeitern gegen Ausbeutung und Unterdrückung, zunächst in der Form aussichtsloser Befreiungskämpfe einzelner Gruppen der Arbeiterklasse (Bauern, Handwerker, Sklaven, Leibeigene, Lohnarbeiter) in einzelnen Ländern. Durch zunehmenden Zusammenschluß immer mächtiger und gefährlicher für die Ausbeuter, wurde sie nach ihrer internationalen Vereinigung unter Führung des Proletariats zur stärksten Macht der Erde.

Vorzeittafel: Schlußbalken (5000 Jahre)
2422v–2360v Uru-Kagina
2367v braun Erhebung in Lagasch
2367v rot Sozialreformer König
2366v rot Schutzgesetze in Lagasch
2240v–2172v Aba
2197v/2196v Ägyptische Revolution
2196v rot Volksherrschaft in Ägypten
2172v braun Adelserhebung in Ägypten
2172v rot Volksherrschaft beendet
1572v–1504v Agum
1168v rot Streik in Ägypten
1101v/1100v Erhebung in Ägypten
494v braun Sklavenaufstand
464v/459v Messenischer Krieg
419v braun Sklavenaufstand in Rom
413v braun Sklavenflucht aus Athen
281v rot Streiks in Ägypten
198v/196v Aufstände in Italien
193v–160v Judas Makkabäus
185v braun Aufstand in Apulien
185v rot Sklaven-Massenhinrichtung
167v/164v Juden-Erhebung
166v–132v Eunus
163v–129v Aristonikos
163v–133v Tiberius Gracchus
154v–121v Gajus Gracchus
144v–101v Athenion
136v/129v Großer Aufstand
133v rot Mord an Tiberius Gracchus
132v rot 'Sonnenstaat' Pergamon
130v–102v Tryphon

121v braun Aufstand des G. Gracchus
109v–71v Spartakus
108v–62v Katilina
104v/100v Großer Aufstand
74v/71v Spartakus-Aufstand
71v rot Sklaven-Massenhinrichtung
63v/62v Erhebung des Katilina
184n braun Aufstand in China
207n braun Aufstand des Felix Bulla
220n braun Revolution in China
276n–355n Donatus
284n/286n Bagauden-Aufstand
285n–347n Fasir
291n–347n Axid
344n/347n Zirkumzellionen-Aufstand
412n–444n Tibatto
435n/437n Bagauden-Aufstand
470n–531n Kobad
476n–531n Masdak
531n rot Niederlage Masdaks
684n/686n Aufstand von Kufa
775n/777n Zindiks-Aufstand
822n–883n Ibn Mohammed
841n braun Stellinga-Aufstand
861n braun Aufstand in China
864n–910n Karmat
869n/883n Aufstand von Basra
871n rot Sklavenstaat Basra
874n/883n Chinesische Revolution
883n rot Ende des Staates Basra
890n rot Karmaten-Gemeinschaft
899n rot Karmaten-Staat Ahsa
899n/930n Karmatenaufstand
901n rot Karmaten-Staat Multan
914n–961n Bogomil
940n rot Bogomilen-Bewegung
1041n braun Aufstand der Motta
1059n braun Pataria-Aufstand
1068n braun Aufstand in Rußland
1073n/1075n Aufstand in Sachsen
1113n braun Aufstand von Kiew
1148n rot Zulauf zu Katharern
1155n grün Weber-Genossenschaft
1198n grün Handarbeiter-Bund
1228n rot Widerstand der Stedinger
1232n/1234n Stedinger-Kreuzzug
1301n braun Handwerker-Erhebung
1323n/1328n Aufstand in Flandern
1325n rot Bann gegen Aufständische
1325n–1381n Wat Tyler
1329n rot Streik in Breslau
1335n–1381n John Ball
1342n braun Erhebung in Konstanz
1345n braun Aufstand in Gent, Brügge
1349n braun Erhebung in Nürnberg
1351n rot Streik in Speyer
1358n braun Aufstand der Jacquerie
1358n rot Mord an Bauernführern
1370n–1424n Ziska
1371n braun Weberschlacht in Köln
1378n braun Aufstand in Florenz
1378n rot Gewerkschaft in Florenz
1379n braun Aufstand in Flandern
1381n/1382n Aufstand in England
1381n/1382n Aufstand in Frankreich
1382n rot Gewerkschafts-Auflösung
1383n rot Lollarden-Bewegung
1400n–1450n Jack Cade
1413n braun Aufstand in Paris
1420n/1434n Hussitenkreuzzug
1424n rot Taboriten-Ausschaltung
1435n/1436n Aufstand in Schweden
1436n rot Mord an Engelbrechtsson
1450n braun Aufstand in England
1451n braun Aufstand auf Mallorca
1462n braun Aufstand in Katalonien
1476n braun Aufstand deutscher Bauern
1488n–1525n Thomas Münzer
1491n braun Aufstand in Holland
1493n braun Aufstand im Elsaß
1494n braun Aufstand in Florenz
1498n blau Kommunistisches Programm
1502n braun Aufstand in Baden
1513n braun Aufstand im Breisgau
1514n braun Aufstand in Württemberg
1514n braun Aufstand in Ungarn
1515n braun Aufstand in Österreich
1515n braun Aufstand in der Schweiz
1517n braun Aufstand in Baden
1517n braun Aufstand in England
1520n grün Abkommen gegen Streik
1522n/1526n Deutsche Revolution
1525n rot Die zwölf Artikel
1570n–1607n Iwan Bolotnik
1596n braun Aufstand in Finnland
1607n braun Aufstand in Rußland
1614n/1616n Aufstand in Frankfurt
1622n braun Aufstand in China
1624n braun Aufstand in Frankreich
1626n braun Aufstand in Österreich
1628n/1644n Chinesischer Bürgerkrieg
1637n braun Aufstand in Frankreich
1639n braun Aufstand in der Normandie
1642n/1649n Englische Revolution
1653n braun Schweizer Bauernkrieg
1702n/1710n Kamisarden-Aufstand
1727n braun Erhebung im Schwarzwald
1760n–1797n Babeuf
1771n braun Aufstand in Vietnam
1783n blau Chamforts Kampfruf
1785n/1786n Waldenburger Aufstände
1787n rot Shaker-Gruppe
1790n braun Aufstand in Sachsen
1791n braun Gesellenerhebung
1793n braun Aufstand in Breslau
1794n rot Sans-Culotten

1795n blau 'Manifest der Gleichen'
1796n braun Babeufs Verschwörung
1797n rot Hinrichtung Babeufs
1798n braun Aufstand in Schlesien
1813n rot Maschinenstürmer
1818n–1883n Karl Marx
1820n blau Saint-Simon: Proletariat
1824n rot Kommunistische Gemeinden
1825n rot Kollektiv-Verhandlungen
1829n grün Fourier: Genossenschaften
1830n braun Juli-Revolution
1831n rot Streik in Lyon
1834n braun Aufstand in Lyon
1834n rot 'Bund der Geächteten'
1836n rot 'Bund der Gerechten'
1838n rot Chartisten-Vereinigung
1840n rot Arbeiter-Bildungsverein
1842n rot Generalstreik in England
1844n braun Aufstand in Schlesien
1844n grün Konsumverein
1845n blau Engels: Lage der Arbeiter
1846n grün Bauern-Genossenschaft
1847n blau Kommunistisches Manifest
1848n braun Juni-Aufstand
1848n/1850n Deutsche Revolution
1855n rot 'Schwarze Listen'
1856n–1950n G. B. Shaw
1858n rot Buchdrucker-Gewerkschaft
1863n rot Lassalles Arbeiterverein
1864n rot Erste Internationale
1866n–1925n Sun-Yat-Sen
1867n rot Granger-Bewegung
1868n/1869n Spanische Revolution
1869n rot Gründung der SPD
1869n blau Manifest russisch
1870n blau Blanquis Zeitschrift
1870n–1924n Lenin
1871n braun Aufstand der Kommune
1871n blau Pottier: 'Internationale'
1873n blau Bakunins Lehre
1874n braun Spanische Revolution
1875n rot Gothaer Zusammenschluß
1877n rot Generalstreik in USA
1878n rot Papst gegen Sozialismus
1878n rot Gesetz gegen Sozialisten
1879n rot Arbeiterpartei Spaniens
1879n–1953n Stalin
1883n rot Plechanows Partei
1883n rot Fabian-Society
1885n blau Zola: 'Germinal'
1886n braun Aufstand in USA
1889n rot Streik im Ruhrgebiet
1889n rot Zweite Internationale
1889n rot Weltfeiertag der Arbeiter
1890n rot Einlenken gegenüber SPD
1890n blau Zeitschrift 'Gleichheit'
1891n braun Aufstand in Frankreich
1891n rot Erfurter Programm
1892n rot Sozialistische Partei Italiens
1893n rot Generalstreik in Belgien
1893n– Mao-Tse-Tung
1893n rot Labour-Party
1898n braun Aufstand in China
1898n–1956n Brecht
1900n blau Zeitung 'Der Funke'
1901n rot Gewerkschaftskongreß
1902n braun Aufstand in Rußland
1902n blau Lenin: 'Was tun?'
1903n rot Bolschewik
1904n blau Zeitung 'Humanité'
1905n rot Streik im Ruhrgebiet
1905n blau Gorki: 'Die Mutter'
1905n/1906n Russische Revolution
1906n blau Andersen-Nexö: 'Pelle'
1907n braun Aufstand in Rumänien
1909n braun Revolution in Spanien
1914n rot Jean Jaurès ermordet
1914n rot Kriegskredite abgelehnt
1915n rot Zimmerwalder Konferenz
1916n rot Spaltung der SPD
1916n rot Munitionsarbeiterstreik
1916n blau 'Spartakus-Briefe'
1917n blau Lenin: Revolutionslehre
1917n/1922n Russische Revolution
1917n rot Arbeiter- und Bauernstaat
1917n grün Vergesellschaftung
1918n/1919n Deutsche Revolution
1919n braun Aufstand in Ungarn
1919n rot Mord an Arbeiterführern
1919n rot Komintern
1920n braun Erhebung im Ruhrgebiet
1920n braun Sieg über Kapp-Putsch
1921n rot KP Chinas
1923n braun Erhebung in Hamburg
1923n rot Sächsische Regierung
1924n rot Mongolei kommunistisch
1924n blau Zeitung 'Unità'
1924n blau Stalin: 'Leninismus'
1925n/1949n Chinesische Revolution
1926n braun Erhebung in Indonesien
1927n braun Aufstände in Wien
1927n rot Brüsseler Kongreß
1927n rot Sozialismus in einem Land
1927n– Castro
1934n braun Aufstand in Österreich
1936n rot Volksfront in Frankreich
1936n/1939n Spanischer Bürgerkrieg
1937n rot Papst gegen Kommunismus
1943n rot Ende der Komintern
1943n rot Streik in USA
1944n rot Jugoslawien kommunistisch
1946n rot Nordkorea kommunistisch
1946n rot Albanien kommunistisch
1946n rot Bulgarien kommunistisch
1946n/1949n Griechischer Bürgerkrieg
1947n rot Polen kommunistisch
1947n rot Rumänien kommunistisch
1947n rot Streikverbot in USA
1948n rot CSR kommunistisch
1948n rot Ungarn kommunistisch
1949n rot China kommunistisch
1949n rot Gründung der DDR
1951n rot McCarthyismus
1952n braun Aufstand in Barcelona
1953n rot Ende der Stalin-Ära
1953n braun Aufstand in der DDR
1953n rot Generalstreiks
1955n rot Nordvietnam kommunistisch
1956n braun Aufstand in Ungarn
1956n braun Aufstand in Polen
1956n rot KPD-Verbot
1956n/1959n Kubanische Revolution
1957n rot Volkskommunen
1959n rot Castro Ministerpräsident
1959n blau Guttuso: 'Diskussion'
1960n/ Revolution Indochinas
1961n rot Kuba kommunistisch
1965n braun Aufstand in Asturien
1965n rot Sozialismus in Ägypten
1965n rot Sozialismus in Algerien

ARBEITERBILDUNGSVEREINE, Vereinigungen zur allgemeinen und fachlichen Fortbildung von Arbeitern. Von bürgerlicher und kirchlicher Seite zur Hebung des geistigen und fachlichen Niveaus des von den höheren Bildungsstätten der bürgerlichen Gesellschaft ausgeschlossenen Proletariats eingerichtet, wurden sie mit wachsendem Bewußtsein der Arbeiterschaft seit der Londoner Gründung zur Keimzelle der Arbeiterbewegung und der Weltrevolution.

1840n rot Gründung

ARBEITER- UND BAUERN-KINDER sowie die Kinder anderer Werktätiger

2552v–2475v Ku-Baba
2240v–2172v Aba
1842v–1780v Ellil-Bani
1783v–1735v Nefer-Hotep
1775v–1725v Sebek-Hotep
1531v–1481v Sen-Mut
1422v–1356v Teje
1398v–1335v Eje
802v–745v Amos
753v–680v Hesiod
708v–628v Alkman
705v–637v Archilochos
669v grün Glaukos
636v–564v Äsop
560v–469v Theodoros
555v blau Lydos
493v blau Duris
444v–365v Antisthenes
407v–323v Diogenes
366v rot Lateranus Sextius
304v blau Gnäus Flavius
304v–232v Kleanthes
296v–228v Ktesibios
258v blau Bion
254v–184v Plautus
248v–195v Han-Kautsu
195v–159v Terenz
182v blau Boethos
156v–86v Marius
130v–102v Tryphon
109v–71v Spartakus
70v–19v Vergil
65v–8v Horaz
17v/16v Markus Lollius
16v–45n Phädrus
10v–52n Matthäus
10v–30n Judas Ischariot
7v–29n Johannes der Täufer
6v–30n Jesus Christus
5v–64n Paulus
4v–64n Petrus
2v–71n Markus
3n–50n Johannes der Evangelist
9n–79n Vespasian
48n–118n Tsai-Lun
52n–133n Epiktet
67n–140n Juvenal
121n grün Publius Phlegon
144n blau Hermas
160n–242n Ammonios Sakkas
169n–222n Kalixt
207n braun Felix Bulla
243n–316n Diokletian
263n–339n Eusebius
360n blau Viktor Aurel
390n–477n Geiserich
482n–565n Justinian
497n–548n Theodora
570n–632n Mohammed
617n–682n Kädmon
683n–755n Wu-Taotse
698n–768n Ibn Issak
699n–767n Abu Hanifa
712n–775n Al Mansur
715n blau Ibn Aggag
718n–781n Han-Kan
726n rot Leo III.
756n–810n Abu Nuwas
766n–809n Harun al Raschid
786n–833n Al Mamun
822n–883n Ibn Mohammed
890n grün Tabit
905n–965n Al Mutanabbi
1000n blau Leutardus
1016n–1076n Pi-Scheng
1030n rot Girardus
1177n blau Abu Nisami
1192n blau Nikolaus von Verdun
1224n blau Ibn Jakut
1302n grün Alamanno Ruccelai
1323n/1328n Nikolaus Zannekin
1323n/1328n Jakob Peyt
1325n–1381n Wat Tyler
1330n–1399n Peter Parler
1336n blau Till Eulenspiegel
1351n/1352n Giovanni Cerroni
1357n braun Etienne Marcel
1358n rot Guillaume Calle
1360n blau William Langland
1369n–1415n Johannes Hus
1371n blau Katherina von Siena
1384n grün Willem Bökel
1412n–1431n Jeanne d'Arc
1414n blau Lorenzo Ghiberti
1417n blau Thomas van Kempen
1436n rot Engelbrecht Engelbrechtsson
1436n–1488n Andrea Verrocchio
1449n blau Hans Rosenplüt
1452n–1507n Christoph Kolumbus
1453n blau Erasmo Gattamelata
1462n blau Roger van der Weyden
1464n grün Adolf Rusch
1466n blau Johann Mentel
1468n grün Nikolaus Jenson
1469n grün Johann von Speyer
1473n blau Martin Schongauer
1476n rot Hans Böheim
1476n grün Ulrich Hahn
1477n–1576n Tizian
1483n–1546n Martin Luther
1489n blau Veit Stoß
1490n blau Domenico Ghirlandajo
1491n blau Tilman Riemenschneider
1502n braun Fritz Joss
1510n grün Peter Henlein
1511n blau Matthias Grünewald
1514n braun Georg Dozsa
1519n blau Peter Vischer
1520n blau Pietro Aretino
1524n blau Hans Sachs
1527n rot Hans Hergot
1532n blau Robert Stephanus
1541n blau Lorenz Petri
1541n blau Olaf Petri
1542n rot Johann Oporinus
1560n rot John Knox
1561n grün Jacques Besson
1565n blau Peter Brueghel
1570n grün Andrea Palladio
1570n–1607n Iwan Bolotnik
1580n grün Francis Drake
1586n blau Christopher Marlowe
1592n braun Tojotomi Hidejoschi
1606n–1669n Rembrandt
1612n blau Jakob Böhme
1614n/1616n Vinzenz Fettmilch
1620n blau Elias Holl
1622n grün Cornelius Drebbel
1623n–1687n William Petty
1628n/1644n Li-Tschu-Tscheng
1632n–1677n Baruch Spinoza
1644n blau Claude Lorrain
1647n rot George Fox
1648n grün Semjon Iwanow Deschnew
1649n grün Hans Hautsch
1656n grün Jacquin von Passy
1663n blau Nicolas Poussin
1668n blau John Bunyan
1669n rot Sebastian Vauban
1669n blau Hans Jakob Grimmelshausen
1670n/1671n Stenka Rasin
1678n grün Besnier
1684n–1721n Jean Antoine Watteau
1701n blau Jakob Prandtauer
1702n/1710n Jean Cavallier
1708n grün Johann Böttger
1709n grün Bartolommeo Cristofori
1712n grün Thomas Newcomen
1713n–1784n Denis Diderot
1716n grün John Law
1719n blau Daniel Defoe
1720n blau Balthasar Neumann
1726n blau Georg Bähr
1727n braun Johann Albiez
1728n blau John Gay
1732n–1809n Joseph Haydn
1736n–1819n James Watt
1739n blau Jean Chardin
1740n blau Samuel Richardson
1740n grün Benjamin Huntsman
1745n blau William Hogarth
1752n grün Benjamin Franklin
1754n grün Thomas Chippendale
1759n grün John Harrison
1763n blau Johann Winckelmann
1767n grün James Hargreaves
1769n grün Josiah Wedgwood
1770n blau Thomas Gainsborough
1771n grün James Cook
1771n grün Karl Wilhelm Scheele
1775n braun Pugatschew
1775n blau Thomas Spence
1775n blau Caron Beaumarchais
1776n blau Friedrich Maximilian Klinger
1786n blau Robert Burns
1793n grün Eli Whitney
1797n blau Ludwig Tieck
1798n grün Louis Robert
1800n grün Balthasar Krems
1803n grün Friedrich Sertürner
1804n grün Henry Didot
1805n grün Joseph Marie Jacquard
1806n blau Ernst Moritz Arndt
1807n blau Johann Gottlieb Fichte
1807n grün Humphrey Davy
1807n grün Robert Fulton
1809n–1865n Abraham Lincoln
1809n blau Karl Friedrich Zelter
1809n grün Karl Friedrich Gauß
1810n grün Friedrich König
1810n grün Gabriel Grenié
1811n blau Francisco José Goya
1814n grün Matthew Murray
1814n grün George Stephenson
1815n grün Joseph Egg
1816n–1892n Werner Siemens
1817n blau John Keats
1821n grün Jean Baptiste Fourier
1822n grün Joseph Niepce
1823n grün Wassilij Dubinin
1824n rot Robert Owen
1824n grün Vinzenz Priessnitz
1827n grün Johann Nikolaus Dreyse
1829n grün Charles Fourier
1829n grün Karl Baedeker
1833n blau Ferdinand Raimund
1833n grün Michael Faraday
1837n blau Karl Spitzweg
1837n blau Ludwig Richter
1838n blau Wilhelm Weitling
1839n grün Justus Liebig
1840n blau Pierre Joseph Proudhon
1841n grün Friedrich List
1843n grün Friedrich Gottlob Keller
1843n grün Alexander Bain
1844n blau Friedrich Hebbel
1845n grün Elias Howe
1846n rot Adolf Kolping
1846n grün Carl Zeiß
1847n–1931n Thomas Alva Edison
1848n blau Sandor Petöfi
1848n grün Charles Burton
1849n braun Giuseppe Garibaldi
1851n blau Henri Murger
1854n blau Gottfried Keller
1854n grün Heinrich Göbel
1855n blau Walt Whitman
1855n grün David Livingstone
1857n rot Benito Juárez
1859n grün Etienne Lenoir
1860n grün William Bullock
1864n blau Gustave Doré
1864n grün Siegfried Markus
1865n blau Adalbert Stifter
1865n grün Heinrich Stephan
1866n blau Hans Christian Andersen
1866n grün Joseph Monier
1867n blau Hans Thoma
1869n grün John Hyatt
1871n blau Eugène Pottier
1875n blau Georges Bizet
1875n blau Peter Rosegger
1876n grün William Adams
1877n grün Friedrich Siemens
1879n–1953n Josef Stalin
1879n blau Henry George
1879n blau August Bebel
1879n blau Auguste Renoir
1881n grün Iwan Mitschurin
1882n grün Georg Meisenbach
1885n blau Emile Zola
1886n grün Carl Friedrich Benz
1887n grün Gottlieb Daimler
1887n grün Sebastian Kneipp
1888n blau Knut Hamsun
1889n grün James Northrop
1893n blau Karl May
1893n– Mao-Tse-Tung
1902n grün Robert Bosch
1905n blau Maxim Gorki
1906n blau Martin Andersen-Nexö
1909n braun Francisco Ferrer
1909n blau Rudolf Steiner
1914n blau Heinrich Zille
1919n rot Friedrich Ebert
1919n blau Leonhard Frank
1922n rot Benito Mussolini
1923n blau Fritz Höger
1925n blau Charlie Chaplin
1926n blau Otto Nagel
1927n– Fidel Castro
1927n blau Arnold Zweig
1928n blau Erich Maria Remarque
1929n blau Otto Dix
1929n blau Alfred Döblin
1934n blau Willy Bredel
1934n blau Nikolai Ostrowski
1934n–1968n Juri Gagarin
1935n blau George Gershwin
1935n grün Alexei Stachanow
1936n blau Thomas Wolfe
1937n blau Henry Moore
1940n blau Michail Scholochow
1940n blau Emil Nolde
1944n rot Josip Tito
1944n blau Halldor Laxness
1945n blau Theodor Plivier
1945n blau Richard Wright
1948n blau William Faulkner
1950n blau Pablo Neruda
1952n rot Harry S. Truman
1955n blau Bruno Apitz
1956n rot Wladislaw Gomulka
1958n rot Nikita Chrustschow
1961n blau Jean Anouilh
1964n rot Lal Bahadur Schastri
1965n blau Will Durant
1965n grün Alexei Leonow

ARBEITSLOSIGKEIT, eine der bezeichnendsten Erscheinungsformen kapitalistischer Krisen. Ausdruck eines Mangels an wirtschaftlicher Erwerbstätigkeit in der auf die Erzielung von Gewinnen ausgerichteten freien Marktwirtschaft. Meist durch Überproduktion hervorgerufen. Verschlechtert durch Druck auf das Lohnniveau die wirtschaftliche und soziale Lage des gesamten Proletariats. Deshalb wird sie neuerdings von kapitalistischen Volkswirtschaftlern in gewissen Grenzen als Mittel gegen Lohnforderungen der Arbeiterschaft empfohlen.

1644n grün London
1889n–1945n Hitler
1914n blau Zilles Zeichnungen
1926n blau Nagels Gemälde
1932n grün Deutschland
1933n grün USA
1948n blau De Sicas Film

ARBEITS-ORGANISATION, Erhöhung der Arbeitsproduktivität durch Werkzeuggebrauch, Arbeitsvereinfachung, Arbeitsteilung, Mechanisierung und Automation.

Vorzeittafel: 800 Tausend Jahre
Vorzeittafel: 500 Tausend Jahre
Vorzeittafel: 300 Tausend Jahre
Vorzeittafel: 20 Tausend Jahre
Vorzeittafel: 10 Tausend Jahre
Vorzeittafel: Schlußbalken (5000 Jahre)
2997v grün Ziegelbau
2994v grün Kupfernadeln
2985v grün Zweirädrige Wagen
2977v grün Metall-Werkzeuge
2961v grün Metallguß-Technik
2945v grün Vierrädrige Wagen
2942v–2870v Du-Muzi
2940v grün Zugtiere
2931v grün Seile
2887v grün Mühlsteine
2884v grün Bewässerung
2871v grün Töpferscheibe
2834v grün Stadtplanung
2815v grün Manufakturen
2694v grün Bohrer
2615v–2550v Cheops
2477v grün Fischfang mit Netz
2369v–2295v Una
2060v–1983v Schul-Gi
2025v grün Obstbaum-Plantagen
2017v grün Normen
1907v grün Speichenräder
1449v grün Arbeitsteilung in Ägypten
1162v grün Transport-Organisation
1055v grün Bau-Organisation
896v grün Druckverfahren
692v grün Wasser-Schöpfsystem
585v grün Fremdarbeiter
528v grün Drehbank
433v–351v Archytas
299v grün Eisenpflug mit Rädern
296v–228v Ktesibios
284v grün Wirtschaftslenkung
265v–202v Philon
261v grün Wasser-Hebeschraube
239v grün Flaschenzug
233v grün Selbsttätige Lampe
230v grün Treträder
224v grün Bagger
221v grün Waschkugel-Automat
152v–82v Heron
111v grün Nutzung des Dampfes
88v grün Wassermühlen
14v grün Vitruv: Maschinenbau
205n grün Spannsäge
363n grün Sägewerk (Wasserantrieb)
608n grün Kanalbau-Organisation
1185n grün Arbeitsteilung in Italien
1200n grün Großbetriebe in Italien
1222n grün Windmühlen
1233n grün Villard: Bauhüttenbuch
1243n grün Villard: Automatisation
1245n grün Plan: Perpetuum mobile
1249n grün Gewächshaus
1272n grün Zwirn-Maschine
1329n grün Drehkran
1355n grün Drahtmühle
1397n grün Produktions-Vorschrift
1445n grün Alberti: Mühlenbau
1448n grün Gießgerät
1501n grün Schienenwagen
1530n grün Verbessertes Spinnrad
1555n grün Agricola: Bergwerksbuch
1561n grün Verbesserte Drehbank
1585n grün Dezimalsystem gefordert
1589n grün Wirkstuhl
1591n grün Greifbagger
1595n grün Seilbahn
1623n grün Rechenmaschine
1623n–1687n Petty
1629n grün Brancas Dampfmaschine
1671n grün Mahlwalze
1674n grün Petty: Arbeitsteilung
1690n grün Papin: Dampfmaschine
1697n grün Savery: Dampfmaschine
1712n grün Newcomen: Dampfmaschine
1714n grün Mill: Schreibmaschine
1730n grün Saunderson Maschine
1736n–1819n James Watt
1765n grün Watts Dampfmaschine
1767n grün Spinnmaschine

1785n grün Mechanischer Webstuhl
1790n grün Saint: Nähmaschine
1793n grün Entkernungs-Maschine
1793n grün Kreissäge
1800n grün Krems: Nähmaschine
1804n grün Lokomotive
1804n grün Setzmaschine
1805n grün Webstuhl-Automatik
1807n grün Bandsäge
1810n grün Buchdruck-Schnellpresse
1813n rot Maschinenstürmer
1814n grün Hobelmaschine
1816n–1892n Siemens
1832n grün Dampfpflug
1834n grün Mähmaschine
1845n grün Howe: Nähmaschine
1847n–1931n Edison
1851n grün Singers Nähmaschine
1860n grün Gasmotor
1860n grün Rotations-Druckmaschine
1863n–1947n Ford
1864n grün Petroleum-Motor
1866n grün Dynamo
1870n grün Fließarbeit
1870n grün Remington: Schreibmaschine
1876n grün Viertaktmotor
1880n grün Hollerith-Maschine
1883n grün Benzinmotor
1884n grün Zeilengießmaschine
1889n grün Webautomat
1893n grün Schweröl-Motor
1894n–1964n Norbert Wiener
1895n grün Taylor-System
1903n grün Fords Autofabrik
1911n grün Fernlenkung
1911n grün Fließband
1929n grün UdSSR: Fünfjahresplan
1935n grün Stachanow-System
1941n grün Programmiertes Rechnen
1942n grün Elektronisches Rechnen
1945n grün Atombomben-Industrie
1948n grün Plan in Ostdeutschland
1948n grün Kybernetik
1952n grün Halbautomatische Fabriken
1953n grün Fünfjahresplan in China
1963n grün Groß-Rechenmaschine
1963n grün Raumfahrt-Industrie

ARBEITSPFLICHT

214n–275n Aurelian
331n blau Mönchsideal
1351n rot Einführung in England
1360n rot Erzwingung in England

ARBEITSTEILUNG

1449v grün Aufkommen in Ägypten
1185n grün Aufkommen in Italien
1623n–1687n Petty
1674n grün Pettys Lehre
1863n–1947n Ford
1870n grün Fließarbeit
1895n grün Taylor-System
1903n grün Fords Autofabrik
1911n grün Fließarbeit

ARBEITS-UNTERRICHT, Bezeichnung für ein modernes Erziehungsprinzip, das handwerkliche Arbeit zur Grundlage der Gesamtbildung macht. Zielt auf die Überwindung des Gegensatzes zwischen geistiger und körperlicher Arbeit, auf die Entwicklung theoretischen Denkvermögens aus der praktischen Begreifensweise sowie auf die Heranbildung universaler Menschen. Von Kerschensteiner, Hermann Lietz und Maria Montessori ausgebaut, blieb diese ganzheitliche Erziehung den Kindern einer kleinen Minderheit vorbehalten. Durch die Sozialisten Gustav Wyneken und Paul Oestreich als allgemeines Bildungsprinzip entwickelt, wurde sie in den sozialistischen Ländern in Form des polytechnischen Unterrichts verwirklicht. Dabei wurde die ursprünglich auf einfache Handwerksarbeit ausgerichtete Tätigkeit zur Teilnahme am modernen Produktionsprozeß umgebildet, ohne die handwerkliche Grundausbildung preiszugeben.

1696n grün Bellers' Forderung
1909n blau Montessori-System
1958n grün Polytechnischer Unterricht

ARBEITSZEIT. Nachdem Thomas More 1516n in seinem kommunistischen Staatsroman eine tägliche Arbeitszeit von 6 Stunden vorgeschlagen hatte, entwarf Campanella 100 Jahre später eine Gesellschaft mit vierstündigem Arbeitstag (Sonnenstaat). Von Robert Owen wurde 1812n die achtstündige Arbeitszeit als politische Forderung erhoben. Die tatsächliche Arbeitsdauer betrug damals noch 12–16 Stunden täglich. 1856n prägten die englischen Gewerkschaften das Kampfmotto '8 Stunden Arbeit, 8 Stunden Erholung, 8 Stunden Schlaf'. Auch die Arbeiter der USA forderten seit dem Kongreß von Baltimore (1866n) den Achtstundentag und kämpften seit 1883n am 1. Mai jedes Jahres dafür. 1889n wurde von der sozialistischen Internationale der 1. Mai zum Kampftag für den Achtstundentag erklärt. Nach dessen Einführung in fast allen hochindustrialisierten Ländern während der ersten Hälfte des 20. Jahrhunderts traten andere soziale Ziele in den Vordergrund des Arbeitskampfes.

168n grün Forderung nach Ferien
1516n blau More: Sechsstundentag
1602n blau Campanella: Vierstundentag
1802n rot Kinderarbeit 12 Stunden
1812n blau Owen: Achtstundentag
1863n–1947n Ford
1877n rot Streik für Achtstundentag
1889n rot 1. Mai Kampftag

ARBENZ, Guzman, Jacobo (geboren 1913n), mittelamerikanischer Staatsmann. Als Sohn eines Kaufmanns aus Stein am Rhein in Guatemala aufgewachsen, gewann er das Vertrauen des ausgebeuteten Volkes und wurde 1950n zum Präsidenten der Republik Guatemala gewählt. Durch eine Politik sozialer Reformen suchte er die Lage der arbeitenden Massen zu bessern. Als er erkannte, daß nur eine radikale Änderung der Eigentumsverhältnisse Wandel schaffen kann, wandte er sich sozialistischen Forderungen zu. Nach Verkündung einer Bodenreform wurde er vom größten Grundbesitzer des Landes, der nordamerikanischen United Fruit Company, mit Hilfe des Geheimdienstes der USA gestürzt und fand in Uruguay Zuflucht. Nach der Revolution auf Kuba begab er sich dorthin, um am Aufbau des Kommunismus in Amerika mitzuarbeiten.

1954n braun Sturz

ARBUES, Peter (um 1440n–1485n), spanischer Priester. Als Augustinermönch wurde er von dem mit der Verfolgung von Kirchengegnern ('Ketzern') betrauten Groß-Inquisitor Torquemada herangebildet. Wegen seines unermüdlichen Verfolgungseifers zum ersten Inquisitor Spaniens ernannt, erhob er die Unmenschlichkeit zum selbstverständlichen Grundsatz der 'Ketzer'-Verfolgung. Doch setzten die Angehörigen der von ihm und seinen Folterknechten zu Tode Gemarterten seinem Glaubenseifer ein Ende und erschlugen ihn am Altar der Kathedrale von Saragossa.

1485n rot Erschlagen

ARCHAGATHOS (um 250v–um 190v), griechischer Arzt. Erster bedeutender Facharzt, der sich in der Hauptstadt des Römerreiches niederließ. Da zahlreiche vor ihm nach Rom gekommene Ärzte in ihrer griechischen Heimat gescheiterte Nichtskönner waren, fand er trotz seiner hohen Operationskunst eine ungünstige Aufnahme und verfiel bald als 'Schlächter' der öffentlichen Verachtung.

219v grün Facharzt in Rom

ARCHANGELSK, Hafenstadt im Norden des europäischen Rußlands am Weißen Meer. Nur 6 bis 7 Monate des Jahres eisfrei, war sie bis zur Gründung von Petersburg der einzige Seehafen des europäischen Nord-Rußland.

1584n blau Gründung

ARCHELAOS (um 435v–399v), mazedonischer Herrscher von 413v bis 399v. Nach Ermordung des rechtmäßigen Thronerben machte er sich selbst zum König und brachte Mazedonien in den 14 Jahren seiner Herrschaft auf den Weg zu einem Kulturstaat. Baute Straßen, legte neue Städte an, förderte die Bildung nach griechischem Vorbild und stellte neben dem berittenen Adelsheer ein Volksheer auf. Mit Plato befreundet, zog er führende Geister Athens an seinen Hof; darunter Euripides, der ihn und seine Herrschaft zum Gegenstand eines Theaterstückes machte.

410v blau Drama des Euripides

ARCHERMOS (um 580v–um 520v), griechischer Bildhauer von der Insel Chios vor der Küste Kleinasiens. Sohn eines Bildhauers. Schuf die erste plastische Darstellung der geflügelten Siegesgöttin Nike.

568v blau Plastik der Nike

ARCHETYPEN, aus dem Griechischen abgeleiteter Begriff der modernen Psychologie (wörtlich: Urbilder). Führt Empfindens- und Verhaltensweise des Menschen auf Grundvorstellungen zurück, die ihm von der Geschichte aufgeprägt sind. Nach dieser von dem Schweizer Psychologen C. G. Jung begründeten Lehre sind solche 'Typen' (die gute Mutter, die böse Schlange, der mächtige Herrscher) für den Einzelmenschen bewußtseins- und daseinsbestimmend.

1920n grün Jungs Lehre

ARCHICEMBALO, klavierartiges Instrument von besonderer Größe des Tonumfanges. Teilte jede Oktave in 31 Tonstufen. Hatte besondere Saiten und Tasten für alle drei Tonarten (chromatisch, diatonisch, enharmonisch).

1555n grün Erfindung

ARCHIGENES, römischer Arzt syrischer Herkunft.

81n–144n Lebenslinie
114n grün Zahnheilkunde

ARCHILOCHOS, griechischer Dichter.

705v–637v Lebenslinie
655v blau Recht auf Persönlichkeit

ARCHIMEDES, griechischer Naturwissenschaftler aus Syrakus (Sizilien).

284v–212v Lebenslinie
261v grün Wasser-Hebeschraube
250v grün Hebel- und Ebenen-Gesetze
242v grün Gesetz der Spirale
239v grün Flaschenzug
236v grün Auftriebsgesetz
234v grün Himmelsmodell
232v grün Kreisberechnung
231v grün Dreimaster
217v grün Integralrechnung
214v grün Spezifisches Gewicht
212v grün Mathematische Physik
212v rot Ermordung
230n–300n Pappos
890n grün Übersetzung ins Arabische

ARCHIMEDISCHE SCHRAUBE, Bezeichnung für ein Wasser-Hebe-Gerät, das aus einem spiralenförmig um eine Achse gewundenen Rohr besteht. Taucht man es schräg ins Wasser, so kann man durch die Drehung der Achse das Wasser allmählich hochwinden. Benannt nach dem Griechen Archimedes, der nach einer Ägyptenreise das Gerät in Anlehnung an die dort gebräuchlichen Wasser-Hebe-Vorrichtungen konstruierte.

284v–212v Archimedes
261v grün Konstruktion

ARCHIMEDISCHES PRINZIP, Bezeichnung für das vom griechischen Naturwissenschaftler Archimedes gefundene Gesetz über den Auftrieb fester Gegenstände im Wasser. Danach sinkt ein schwimmender Körper so weit in eine Flüssigkeit ein, bis der Auftrieb seinem Gewicht entspricht.

284v–212v Archimedes
236v grün Entdeckung

ARCHIPOETA (um 1135n–um 1190n), deutscher Dichter. Verband die Verkündung seiner eigenen weltlichen Ideale mit einer ätzenden Kritik an der katholischen Kirche. Schrieb humorvolle, geistreiche Gedichte, Bettellieder, eine Huldigung auf den deutschen Kaiser Barbarossa, mit dessen Kanzler Dassel er freundschaftlich verbunden war, sowie das Trinklied 'Goliaths Bekenntnis' und eine ironisierende 'Beichte'.

1167n blau Spottlieder

ARCHONTEN, von dem griechischen Worte 'archein' (= 'herrschen') abgeleitete Bezeichnung für die neun höchsten Beamten im alten Athen, die sich die Herrschaft über den Stadtstaat nach Sachgebieten teilten. Die in ihrer Macht verkörperte Adelsherrschaft wurde im 5. Jahrhundert vor der Zeitwende durch Kleisthenes überwunden. Seitdem war das Amt ein Ehrenamt, das aus Tradition aufrechterhalten wurde. Im Jahre 461v wurde ihre öffentliche Tätigkeit auf die Gerichtsbarkeit für Kapitalverbrechen beschränkt ('Blutgerichtsbarkeit').

752v rot 10-Jahres-Regierung
713v rot Zugang für Adel
683v rot 1-Jahres-Regierung
572v–485v Kleisthenes
461v rot Aufgaben-Beschränkung

ARCHYTAS von Tarent, griechischer Philosoph und Naturforscher.

433v–351v Lebenslinie
394v grün Würfelverdoppelung
386v grün Künstliche Taube
361v grün Wissenschaftliche Mechanik

ARDASCHIR, König von Persien von 211n bis 239n.

180n–239n Lebenslinie
211n rot Thronbesteigung
223n/227n Persischer Freiheitskampf
224n rot Einigung Persiens
227n rot Unterwerfung der Parther
231n/232n Krieg gegen Rom

ARDENNE, Manfred (geboren 1907n), deutscher Physiker, Entdecker und Erfinder. Verbesserte das Fernsehen durch Breitbandverstärker und Lichtsteuer-Elektrode. Entwickelte die Hochzeiligkeit der Bildübertragung mit der Braun'schen Röhre. Führte die Stereo-Methode in die Übermikroskopie ein und baute das erste Elektronen-Rastermikroskop. Schuf verschluckbaren Kleinsender für medizinische Diagnosen. Schrieb Tabellen für angewandte Kernphysik.

1957n grün Kleinstsender

AREOPAG, Name eines Hügels in Athen westlich der Akropolis. Benannt nach dem griechischen Kriegsgott Ares. Hier tagte seit dem 8. Jahrhundert vor der Zeitwende das höchste Gericht, das über Kapitalverbrechen (Mord, Tötung durch Gift, Brandstiftung) sowie über Anschläge gegen den Staat urteilte. Es setzte sich aus den noch tätigen und den früheren Inhabern der höchsten Staatsämter zusammen ('Archonten'), die sämtlich dem Adel angehörten. Ihnen blieb das oberste Richteramt auch nach ihrer Entmachtung im Staate vorbehalten.

461v rot Weiter Richteramt

ARETE (um 405v–um 340v), griechische Philosophin. Tochter des Aristipp. Folgte ihrem Vater als Leiterin der von ihm gegründeten Philosophenschule von Kyrene an der nordafrikanischen Mittelmeerküste. Schrieb 40 Bücher und erhielt den Ehrennamen 'Das Licht Griechenlands'.

368v blau Lehrtätigkeit

ARETINO, Pietro (1492n–1556n), italienischer Schriftsteller. Als Sohn eines Schuhmachers ging er nach Rom, wo er am Hof des Papstes Leo X. die Sittenlosigkeit der Fürsten und Priester kennenlernte. Durch skrupellose Bettel- und Drohbriefe sowie durch bezahlte Schmeicheleien verschaffte er sich die Mittel für ein aufwendiges Leben. Wegen seines geschliffenen Stils und seiner scharfen Zunge waren besonders seine Schmähschriften gefürchtet ('Geißel der Fürsten'). Schrieb Komödien, Satiren, Briefe, Andachtsbücher und Pamphlete.

1520n blau Schmähschriften

AREZZO, Stadt in Mittelitalien, 60 Kilometer südöstlich von Florenz. Über dem Tale des Arno beherrschend gelegen, war sie schon vor 2500 Jahren wegen ihrer Waffen- und Keramik-Herstellung eine der bedeutendsten Städte der Etrusker ('Arretium'). Hier schuf der Mönch Guido eine Notenschrift, die sich bis in unsere Epoche behauptete.

995n–1050n Guido von Arezzo
1417n–1492n Francesca
1465n blau Francescas Fresken

ARGENTINIEN, zweitgrößter Staat Südamerikas (neben Brasilien). Nach seiner Entdeckung durch Spanier von der La Plata-Mündung aus sowie von Peru und Chile her kolonisiert. 1810n begann mit der Absetzung des spanischen Vizekönigs die politische Befreiung des Landes. In zwei großen Schlachten fügten die Freiheitskämpfer unter Belgrano den spanischen Kolonialtruppen so schwere Verluste zu, daß sich Spanien 1816n zurückzog. In zahlreichen Grenzkämpfen behauptete es sein Gebiet gegenüber den ebenfalls selbständig gewordenen Nachbarn, doch mußte es 1828n der Verselbständigung Uruguays zustimmen. Von 1853n bis 1859n trennte sich auch das Gebiet der Hauptstadt und bildete einen eigenen Staat Buenos Aires. Starke Einwanderung aus europäischen Ländern führte in der zweiten Hälfte des 19. Jahrhunderts zu einem wirtschaftlichen Aufschwung. Im ersten Weltkrieg neutral, erzielte das Land Riesengewinne durch seine Getreide- und Fleischlieferungen an die kriegführenden Mächte. Im zweiten Weltkrieg erklärte es 1945n auf Drängen der USA Deutschland den Krieg, ohne aber an Kriegshandlungen teilzunehmen. Nach 1945n entwickelte sich die 1943n errichtete Militärdiktatur immer klarer zu einem faschistischen Staat, der Zufluchtsstätte aus Europa geflüchteter Haupt-Kriegsverbrecher wurde. 1946n gelang es Oberst Peron, einen pseudo-sozialistischen Staat faschistischer Prägung zu errichten. Wegen der gegenüber den USA betonten Unabhängigkeit in Politik und Wirtschaft sowie wegen seiner Befreiung des Staates von der Vormacht der katholischen Kirche wurde Peron 1955n gestürzt. Seitdem wird das Land von heftigen Kämpfen erschüttert, die in einer schnellen Geldentwertung und der wachsenden sozialen Spannung begründet sind.

1515n grün La-Plata-Gebiet entdeckt
1535n blau Gründung von Buenos Aires
1810n rot Freiheitsbewegung
1811n/1826n Erhebung Lateinamerikas
1816n rot Unabhängigkeit
1828n rot Unabhängigkeit Uruguays
1920n rot Mitglied im Völkerbund
1945n rot Mitglied der UN
1951n braun Putsch gegen Peron
1955n braun Aufstand gegen Peron

ARGONAUTEN, Gestalten der griechischen Sage, benannt nach ihrem Schiffe 'Argo', mit dem sie ein vom Drachen bewachtes Widderfell (das 'goldene Vlies') aus Kolchis am Schwarzen Meer heimholen.

1034v rot Schwarzmeer-Niederlassung
465v blau Mikons Gemälde
431v blau Euripides: 'Medea'
264v blau Apollonios' Epos

ARGOS, Stadt auf der großen Halbinsel im Süden Griechenlands (Peloponnes). Vor 3000 Jahren Hauptort des ganzen Peloponnes, mit dem sie noch in den Dichtungen Homers gleichgesetzt wurde. Auch in der griechischen Heldensage bedeutungsvoll ('Sieben gegen Theben'). Allmählich von Sparta und von Athen überflügelt, nahm sie (auf halbem Wege zwischen diesen beiden feindlichen Städten gelegen) lange eine vermittelnde Haltung ein, blieb in den Perserkriegen neutral und schloß sich dann Athen an. Unterlag Sparta und kämpfte an dessen Seite gegen die Heere des nordgriechischen Reiches von Epirus, dessen König Pyrrhus hier fiel.

649v grün Normen
646v/628v 2. Messenischer Krieg
467v blau 'Sieben gegen Theben'
461v rot Bündnis mit Athen
420v rot Neues Bündnis mit Athen
396v grün Hilfsgelder aus Persien
395v rot Wieder Bündnis mit Athen
395v/386v Korinthischer Krieg

ARI, isländischer Geschichtsschreiber.

1067n–1148n Lebenslinie
1121n blau Geschichte Islands

ARIA-HAREW, Provinz in Nordostpersien.

484n braun Sieg der Hunnen
484n rot Hunnen-Herrschaft

ARIANISMUS, Bezeichnung für die Lehre des nordafrikanischen Kirchenlehrers Arius, der in Alexandria (Ägypten) lebte und die katholische Auffassung von der göttlichen Natur des Religionsstifters Jesus sowie das Dreifaltigkeits-Dogma verwarf. Auf dem Konzil zu Nikäa von der Kirche abgelehnt, durch den Kirchenlehrer Eusebius in Palästina aber weiter verfochten, wurde die Lehre im Jahre 381n von der Kirche endgültig verworfen. Trotzdem wirkte sie noch Jahrhunderte lang fort und breitete sich besonders bei germanischen Völkern aus (Westgoten, Langobarden).

258n–336n Arius
263n–339n Eusebius
280n–337n Konstantin
295n–373n Athanasius
311n–383n Wulfila
313n blau Gegen Gottnatur Jesu
315n–367n Hilarius von Poitiers
324n blau Eusebius Anhänger
325n blau Gegen Dreifaltigkeit
325n rot Verurteilung durch Kirche
329n–389n Gregor von Nazianz
341n rot Umschwenken der Kirche
346n rot Westgoten Anhänger
346n–395n Theodosius
355n rot Kaiser als Anhänger
356n blau Gegnerschaft Hilarius'
380n rot Gegnerschaft des Kaisers
381n rot Verwerfung durch Kirche
381n blau Verwerfung durch Gregor
381n–444n Cyrillus
382n rot Verfolgung
386n–451n Nestorius
416n blau Gegnerschaft Augustins
430n blau Nestorius Anhänger
516n rot Abkehr der Burgunder
589n rot Abkehr der Westgoten
690n braun Kampf gegen Katholizimus
690n rot Abkehr der Langobarden
792n rot Gegnerschaft Karls
1053n–1123n Roscelin
1092n rot Roscelins Widerruf

ARIBO, deutscher Priester, Erzbischof von Mainz.

990n–1031n Lebenslinie
1023n rot Synode zu Seligenstadt

ARIE, kunstvolle Gesangspartie für Einzelsänger in großen Musikwerken (Opern, Oratorien, Kantaten). Eroberte von Italien ausgehend die europäische Musik des 17. und 18. Jahrhunderts und hat sich bis heute als gefühlvolle Unterbrechung musikalischer Bühnenwerke erhalten.

1607n blau Italienische Oper
1685n–1759n Händel
1693n blau Da-Capo-Arie

ARION, griechischer Dichter und Sänger.

656v–587v Lebenslinie
625v blau Dramatischer Gesang

ARIOSTO, Ludovico (1474n–1533n), italienischer Dichter. Schrieb am Hofe des Herzogs von Ferrara Komödien und Satiren meist in bewußter Anlehnung an alte griechische und römische Theaterstücke. In seinem Gedicht über den vor Liebe rasenden Roland preist er in 46 Strophen die Tugenden der Tapferkeit, der Kühnheit und der Liebe. Vor dem Hintergrunde der Kriege Karls des Großen gegen die Araber verherrlicht er dann den heitersorglosen Lebensgenuß, wie er an den Fürstenhöfen der Renaissancezeit in Italien herrschte.

1532n blau 'Der rasende Roland'

ARIOVIST, germanischer Heerführer.

101v–54v Lebenslinie
100v–44v Cäsar
70v rot Sueben in Ostgallien
58v/51v Gallischer Krieg Roms
58v rot Vertreibung

ARISTARCH, griechischer Forscher.

316v–250v Lebenslinie
289v grün Sternmessung
271v grün Ekliptik
258v grün Erdbewegung

ARISTIDES, griechischer Staatsmann.

530v–472v Lebenslinie
525v–459v Themistokles
491v rot Perser-Forderung abgelehnt
490v/449v Perserkriege
477v rot Attischer Seebund
477v rot Athen wird Großmacht

ARISTIDES, Älius (117n–189n) griechischer Redner aus Kleinasien. Nach dem Vorbilde des Isokrates und des Demosthenes suchte er die Redekunst über die Philosophie zu stellen. Auf weiten Reisen als Wanderredner lernte er große Teile des römischen Imperiums kennen und gab eine Reisebeschreibung in seiner 'Preisrede auf Rom'. Als die Stadt Smyrna (Kleinasien) im Jahre 178n durch ein Erdbeben zerstört worden war, nutzte er seinen Einfluß auf Kaiser Mark Aurel, um den schnellen Wiederaufbau zu veranlassen.

144n blau 'Preisrede auf Rom

ARISTIDES von Athen (um 100n–um 160n), griechischer Theologe. Suchte das Christentum gegenüber dem jüdischen und griechischen Glauben zu verteidigen, indem er von einer bestimmten Göttervorstellung ausgehend deren bestmögliche Verwirklichung durch das Christentum zu beweisen trachtete. Seine Verteidigungsschrift ('Apologie') gipfelte in der Behauptung, die ganze Welt sei von Gott für den Menschen erschaffen worden.

141n blau Apologie

ARISTION-STELE, Bezeichnung für ein 1838n in Griechenland aufgefundenes Grab-Relief, das von dem griechischen Bildhauer Aristokles vor 2500 Jahren in Marmor gemeißelt worden war. Zeigt den Krieger Aristion in der vollen Bewaffnung eines griechischen Schwertkämpfers. Das Vorhandensein starker Farbreste auf diesem Relief bewies die Annahme, daß auch die Griechen ihre plastischen Kunstwerke meist bemalten.

513v blau Herstellung

ARISTIPP, griechischer Philosoph.

436v–355v Lebenslinie
376v blau Philosophenschule
368v blau Tochter Philosophin

ARISTOBULOS (um 385v–um 295v), griechischer Historiker in Kassandreia (Mazedonien). Begleitete als Zivilist den Mazedonierkönig Alexander auf dessen Feldzügen; zog sich nach dessen Tode zurück und schrieb in hohem Alter eine erdkundlich und völkerkundlich begründete, bei aller Sympathie sachliche Geschichte Alexanders des Großen.

299v blau Geschichte Alexanders

ARISTOGEITON (um 555v–514v), griechischer Tyrannenmörder. Tötete gemeinsam mit dem Jünglinge Harmodios bei einem Feste einen der beiden Tyrannen der Stadt Athen, Hipparch, aus privaten Gründen. Er wurde sofort ergriffen, gefoltert und hingerichtet.

514v rot Hinrichtung
510v blau Denkmal

ARISTOKLES (um 545v–um 490v), griechischer Bildhauer. Schuf in Reliefarbeit für die Kultstätte Olympia ein Grabdenkmal auf einem freistehenden Steinpfeiler ('Stele'). Darauf ist der Krieger Aristion dargestellt, in Parade-Uniform und mit voller Waffen-Ausrüstung, auf einen Speer gestützt.

513v blau Grabrelief

ARISTOMENES (um 670v–um 620v), griechischer Heerführer. Verwandelte den Unmut der Bevölkerung seiner messenischen Heimat über die spartanische Fremdherrschaft in Widerstandswillen und führte schließlich sein Volk gegen Sparta. Nach endgültigem Scheitern der Erhebung zog er sich mit einigen Messeniern, die weder unter Spartas Hoheit leben noch die allgemeine Auswanderung nach Sizilien mitmachen wollten, auf die Insel Rhodos zurück und starb dort nach vergeblichem Versuche zur Aufstellung einer neuen Streitmacht gegen Sparta.

646v/628v Zweiter Messenischer Krieg

ARISTONIKOS, kleinasiatischer Freiheitskämpfer.

163v–129v Lebenslinie
136v/129v Aufstand
132v rot 'Sonnenstaat' Pergamon

ARISTOPHANES, griechischer Dichter.

446v–385v Lebenslinie
423v blau 'Wolken'
421v blau 'Frieden'
414v blau 'Wolkenkuckucksheim'
411v blau 'Lysistrata'
408v blau 'Plutos'

ARISTOPHANES von Byzanz (260v–180v), griechischer Sprachforscher. Als Leiter der Bibliothek von Alexandria widmete er sich der Erforschung und Herausgabe älterer Schriftsteller. Dabei entwickelte er eine eigene Textkritik und reinigte die Hauptwerke der großen Dichter von späteren Zusätzen. Feilte sie auch sinngemäß und übersichtlich aus, schrieb Einleitungen und Kommentare dazu. Führte Zeichen für den Silbenwert ein sowie Interpretations- und Betonungszeichen. Sein großes Wörterbuch der griechischen Sprache ist über seine sprachkundliche Bedeutung hinaus zur Grundlage lexikographischer Arbeiten geworden.

193v blau Wörterbuch

ARISTOTELES, griechischer Philosoph und Naturforscher.

384v–322v Lebenslinie
390v–310v Herakleides
372v–287v Theophrast
356v–323v Alexander der Große
352v blau Ablehnung der Demokratie
352v–285v Dikäarch
346v blau Logik
343v grün Physiognomik
342v rot Erzieher Alexanders
342v blau Topik
340v grün Kugelgestalt der Erde
339v blau Metaphysik
338v–268v Strato der Physiker
337v grün Anziehung der Erdmitte
335v blau Lyzeum
332v grün Physik
330v grün Meteorologie
328v blau 'Nikomachische Ethik'
328v grün Erforschung des Echos
326v grün Zoologie
324v blau Gewaltenteilung
323v rot Anklage wegen Gottlosigkeit
322v blau Poetik
322v grün Psychologie
160n–242n Ammonios
210n blau Deutung der Metaphysik
266n blau Porphyrios: Einführung
447n blau Syrian: Widersprüche
514n blau Philoponos: Kommentare
584n–641n Georgios Pisides
810n blau 'Politik' arabisch
849n blau 'Metaphysik' arabisch
870n–950n Al Farabi
904n blau Al Farabi: Kritik
1006n blau Übersetzung ins Deutsche
1022n grün Tierkunde ins Arabische
1093n–1162n Ibn Badscha
1114n–1187n Gerhard von Toledo
1126n–1198n Ibn Rasd (Averroes)
1161n blau Lateinische Übersetzungen
1182n grün 'Psychologie'-Kommentar
1193n–1279n Albertus Magnus
1216n blau Lateinische Übersetzung
1374n grün Französische Übersetzung
1495n blau Druck auf Griechisch

ARISTOXENOS von Tarent (um 380v–um 310v), griechischer Philosoph und Musiktheoretiker, Schüler des Aristoteles. Unternahm in zahlreichen Schriften den Versuch einer wissenschaftlichen Begründung der Musik. Überwand die herkömmliche, auf bloße Zahlenverhältnisse begründete mathematische Harmonielehre durch Geltendmachung der hörbaren Verhältnisse zwischen den einzelnen Tönen. Anerkannte allein das menschliche Gehör als zuständig für Fragen der Musik. Schrieb Bücher über Harmonie, Rhythmus, Takt, Instrumentenkunde, Musikgeschichte, Tanz, Gesang, Musikpädagogik sowie über die medizinischen Wirkungen der Musik. Erklärte die menschliche Seele als Harmonie ihres Körpers.

348v grün Harmonielehre

ARITHMETIK, Zahlenlehre, Teilgebiet der Mathematik.

2992v grün Zahlenschrift in Sumer
2925v grün Bruchzahlen in Sumer
2842v grün Zweiersystem in Indien
2817v grün Sechziger-Rechnung in Sumer
2779n grün Null in Indien
2009v grün Multiplikation in Sumer
1985v grün Wurzelzeichen in Sumer
542v grün Stellenwert in China
389v grün Null in China
241v grün Chinesisches Rechenbuch
116v–27v Varro
94n grün Null in Mittelamerika
130n grün Nikomachos: Zahlenlehre
214n–280n Diophant
221n grün Stellenwert in Mittelamerika
264n grün Diophants Lehre
382n–440n Martianus Kapella
476n–535n Arjabatta
507n grün Dreisatzaufgaben
518n grün Arjabatta: Kurier-Aufgabe
598n–660n Brahmagupta
633n grün Negative Zahlen in Indien
657n grün Regeln für Null-Rechnung
688n blau Lehrfach in Byzanz
778n–830n Al Karismi
802n grün Inderziffern bei Arabern
809n grün 'Über indisches Rechnen'
816n grün Al Karismi: Rechensystem
823n grün Arabisches Rechenbuch
973n–1048n Al Biruni
1090n grün Deutschland: Araberziffern
1114n–1186n Bhaskara
1145n grün Al Karismi übersetzt
1203n grün Fibonaccis Werk
1460n grün Al Kalsadis Rechenbuch
1467n grün Dezimalbruchsystem
1494n grün Pacciolis Rechenbuch
1514n grün Böschensteins Rechenbuch
1542n grün Cardano: Imaginäre Zahlen
1545n grün Cardano: Rechenbuch
1550n grün Adam Riese: Rechenbuch
1579n grün Vieta: Dezimalbrüche
1614n grün Napier: Logarithmentafel
1617n grün Briggs: Logarithmen
1623n grün Schickard: Rechenmaschine
1623n–1662n Pascal
1642n grün Pascal: Rechenmaschine
1646n–1716n Leibniz
1695n grün Leibniz: Rechenmaschine
1801n grün Gauß: Arithmetik
1941n grün Programmiertes Rechnen
1942n grün Elektronisches Rechnen
1963n grün Höchstleistungsmaschine

ARIUS, nordafrikanischer Priester und Kirchenlehrer.

258n–336n Lebenslinie
280n–337n Konstantin
295n–373n Athanasius
311n–383n Wulfila
313n blau Irdische Natur Jesu
325n rot Konzil zu Nikäa
325n blau Gegner der Dreifaltigkeit

ARJABATTA, indischer Mathematiker und Astronom.

476n–535n Lebenslinie
498n grün Lehrbuch der Sternkunde
501n grün Sonnen- und Mondfinsternis
507n grün Dreisatzaufgaben
512n grün Achsdrehung der Erde
518n grün Kurieraufgabe
527n grün Sinus-Berechnung

ARKADIEN, Land und Staat im südlichen Griechenland (Peloponnes). Besiedelt von einem der ältesten griechischen Volksstämme, wurde es von dem mächtigen Nachbarn Sparta in seiner Entfaltung eingeengt und schließlich beherrscht.

646v/628v Zweiter Messenischer Krieg

ARKADIUS, oströmischer Kaiser von 395n bis 408n.

377n–408n Lebenslinie
395n rot Teilung des Reiches

ARKESILAOS (316v–241v), griechischer Philosoph. Schüler des Theophrast, später Leiter der Athener Akademie, der er eine neue geistige Richtung gab: Bestritt die Möglichkeit einer Unterscheidung zwischen dem Wahren, dem Scheinbar-Wahren und dem Nicht-Wahren. Leugnete auch die Möglichkeit einer vernunftgemäßen Entscheidung über die Wahrheit von Beobachtungen und Aussagen. Orientierte seine Philosophie deshalb auf den Zweifel ('Skeptizismus') und erklärte das Prinzip der Wahrscheinlichkeit für allein mit der Wirklichkeit wie mit der menschlichen Vernunft übereinstimmend. Lehrte nur mündlich, so daß wir seine Gedanken nur aus den Aufzeichnungen seines Schülers Lakydes kennen, der auch sein Nachfolger in der Leitung der Akademie wurde.

266v blau Ablehnung der Dogmatik

ARKTIS, das Gebiet um den Nordpol, benannt nach dem griechischen Worte für das Sternbild des Bären ('arktos').

380v–306v Pytheas
898n grün Ottar: Nordkap
1553n grün Chancellor: Nordkap
1596n grün Barents' Nordmeerfahrt
1616n grün Baffins Vorstoß
1831n grün Magnetischer Nordpol
1894n grün Nansens Expedition
1909n grün Peary entdeckt Nordpol

ARLES, Hafenstadt am Rhône-Delta (Südfrankreich) mit Verbindungskanal zum Mittelmeer. Die von Galliern gegründete Stadt wurde vor mehr als 2000 Jahren römische Militärkolonie und wetteiferte dann ein Jahrtausend lang mit dem benachbarten Marseille. Nach mehrfacher Zerstörung durch Wandalen und Araber seit 880n Hauptstadt eines burgundischen Königreiches, seit 1271n Besitz des Königs von Frankreich. Der holländische Maler Vincent van Gogh verbrachte in dieser Stadt seine beiden letzten Lebensjahre und verfiel hier in eine schwere Geisteskrankheit.

1180n grün Apotheken-Vorschrift

ARMADA, Bezeichnung für die Flotte, mit deren Hilfe Spanien seit dem Ende des 15. Jahrhunderts sein mächtiges Kolonialreich aufbaute (wörtlich 'Die Bewaffnete'). Ihre Vernichtung durch die englische Flotte bereitete die Ablösung Spaniens als erster Kolonialmacht durch England vor.

1527n–1598n Philipp II.
1533n–1603n Elisabeth
1588n braun Niederlage gegen England
1597n braun Vernichtung

ARMBRUST, aus dem Bogen entwickelte Schußwaffe.

400v grün Flachbahn-Pfeilgeschütz
207n grün Weiterentwicklung
887n grün Einführung in Mitteleuropa
1139n rot Beschränkte Anwendung

ARME VON LYON, Name einer sozialreligiösen Reformbewegung in Südfrankreich. Gegründet von dem Kaufmann Peter Waldes aus Lyon, der seine Güter an die Armen verteilte und Anhänger in ganz Mitteleuropa fand.

1140n–1217n Peter Waldes
1175n rot Gründung
1176n blau Gegen Macht und Besitz
1209n/1229n Katharer-Kreuzzug

ARMENIEN, fruchtbares Bergland zwischen Kaspischem und Schwarzem Meer. Teilweise zur Türkei gehörig, teilweise Unionsrepublik der UdSSR.

2297v–2238v Naramsin
2261v braun Niederlage gegen Akkad
2261v rot Oberhoheit Mesopotamiens
2175v rot Niederlassung von Kurritern
1526v–1460v Parra-Tarna
1422v–1373v Tus-Ratta
1302v–1244v Salmanassar I.
1277v–1207v Tu-Kulti
1253v braun Assyrer-Sieg über Urartu
1242v braun Nairiländer besiegt
1242v rot Nairiländer assyrisch
1242v grün Bau von Heeresstraßen
1148v–1074v Tiglatpileser I.
1111v/1090v Mesopotamischer Krieg
1111v rot Süd-Armenien zu Assyrien
912v–860v Assurnasirpal II.
908v–830v Sardur
874v braun Niederlage der Kurriter
874v rot Staat Urartu
874v blau Gründung Tuspas
872v grün Aquädukt
869v braun Sieg über Syrer
869v rot Einverleibung Nord-Syriens
803v braun Kämpfe Urartus
803v rot Ausdehnung Urartus
757v braun Sieg über Aleppo
757v rot Beherrschung Aleppos
742v braun Niederlage Urartus
742v rot Verlust Nord-Syriens
735v braun Assyrischer Sieg
714v braun Assyrischer Sieg
714v rot Selbstmord des Königs
706v braun Kimmerer-Einfall
702v rot Niederlassung von Skythen
676v braun Niederlage gegen Kimmerer
585v braun Medischer Sieg über Urartu
585v rot Herrschaft der Meder
74v/64v Dritter Mithridatischer Krieg
53n–117n Trajan
76n–139n Hadrian
114n rot Römische Provinz
114n/117n Partherkrieg
117n rot Neue Unabhängigkeit
161n/166n Partherkrieg
253n/266n Persischer Krieg Roms
296n/298n Persischer Krieg Roms
299n rot Christentum Staatsreligion
358n–441n Mesrop
402n grün Schrift
433n blau Bibelübersetzung
441n braun Perser-Sieg
441n rot Herrschaft der Perser
478n–567n Narses
588n rot Manis Lehren
633n/732n Arabischer Krieg
646n rot Arabische Herrschaft
646n–684n Silvanus
665n rot Bewegung der Paulikianer
665n blau Forderung nach Reformen
958n–1025n Basilius II.
1040n–1072n Arsalan der Löwenherzige
1064n braun Seldschuken-Einfälle
1071n/1077n Ikonischer Türkenkrieg
1155n–1227n Dschingis-Khan
1207n/1279n Großer Mongolenkrieg
1223n rot Mongolen-Herrschaft
1247n–1328n Johannes Korvino
1828n rot Russischer Besitz
1915n braun Massenausrottung
1922n rot Teil der UdSSR

ARMENISCHE SCHRIFT

358n–441n Mesrop
402n grün Entwicklung

ARMER KONRAD, deutsche Bauernbewegung, entstand zu Beginn des 16. Jahrhunderts in Württemberg. Die bäuerliche Empörung über Entziehung von Bächen und Fluren, über Beschränkung der Waldnutzungen und über neue Verbrauchssteuern schlug in offenen Aufstand um, als Herzog Ulrich zur weiteren Aufbesserung seiner Finanzen die hergebrachten Gewichtsnormen veränderte. Vom städtischen Proletariat unterstützt, nahm die Erhebung bedrohliche Formen an, wurde jedoch von den herzoglichen Truppen erbarmungslos niedergeschlagen und endete mit dem 'Schorndorfer Blutgericht', bei dem Herzog Ulrich unter Bruch seines Versprechens der Straflosigkeit 18 Enthauptungen durchführte und 1500 Bauern einkerkerte.

1514n braun Aufstand

ARMIN, germanischer Feldherr.

16v–21n Lebenslinie
48v–9n Varus
24v–37n Marbod
4n/16n Dritter Germanenkrieg
17n/19n Germanischer Bruderkrieg
117n blau Tacitus: 'Annalen'

ARMUT, Auflehnung gegen die Armut und der Versuch zu ihrer Überwindung.

Vorzeittafel: Schlußbalken (5000 Jahre)
2729v–2662v Agga
2422v–2360v Uru-Kagina
2366v rot Armenschutz
2273v–2188v Ipuwer
2240v–2172v Aba
2197v/2196v Ägyptische Revolution
2197v blau Ipuwers 'Mahnworte'
1995v–1911v Enotes
981v–918v Ahia
934v blau Neuordnung gefordert
927v–850v Elias
882v–798v Elisa
846v rot Kastenordnung in Indien
820v rot Klassen in Sparta
802v–745v Amos
754v blau Amos: Gesellschaftskritik
753v–680v Hesiod
705v–637v Archilochos
693v–626v Assurbanipal
647v–609v Josia
636v–564v Äsop
622v rot Fürsorge in Juda
602v–527v Peisistratos
598v–501v Teng-Tse
593v rot Rechte nach Vermögen
542v blau Leben der Armsten
540v blau Grund der Kriminalität
525v–459v Themistokles
495v–429v Perikles
444v–365v Antisthenes
299v–237v Asoka
281v rot Streik in Ägypten
242v rot Schulderlaß in Sparta
163v–133v Tiberius Gracchus
156v–86v Marius
154v–121v Gajus Gracchus
133v rot Reform des Gracchus
123v rot Unterstützung in Rom
111v rot Aufhebung von Reformen
50v grün Bezugsscheine
16v–45n Phädrus
67n–140n Juvenal
86n–161n Antoninus Pius
133n grün Begräbniskosten-Vereine
176n grün Strafmaß nach Vermögen
184n braun Aufstand in China
207n braun Aufstand des Felix Bulla
220n braun Bauern-Revolution in China
243n–316n Diokletian
276n–355n Donatus
284n/286n Bagauden-Aufstand
285n–347n Fasir
291n–347n Axid
315n rot Kinderbeihilfe
330n–379n Basilius der Große
344n/347n Zirkumzellionen-Aufstand
354n–407n Chrysostomos
390n–477n Geiserich
392n blau Augustins Theorie
410n grün Krankenbehandlung
411n–474n Priskus
412n–444n Tibatto
435n/437n Bagauden-Aufstand
476n–531n Masdak

513 n–552 n Totila
531 n rot Niederlage Masdaks
536 n rot Verbot des 'Bauernlegens'
590 n–648 n Harsa
646 n–684 n Silvanus
665 n rot Bewegung der Paulikianer
683 n–755 n Wu-Taotse
712 n–770 n Tu-Fu
718 n–781 n Han-Kan
760 n rot Paulikianer-Verbreitung
760 n blau Herzlosigkeit der Reichen
775 n/777 n Zindiks-Aufstand
822 n–883 n Ibn Mohammed
861 n braun Bauernaufstand in China
864 n–910 n Karmat
868 n blau Forderung nach Gleichheit
869 n/883 n Aufstand von Basra
871 n rot Kommunistischer Staat Basra
874 n/883 n Chinesische Revolution
883 n rot Ende des Staates Basra
889 n blau Kommunistische Forderung
890 n rot Karmaten-Bewegung
899 n rot Karmaten-Staat Ahsa
899 n/930 n Karmaten-Aufstand
901 n rot Karmaten-Staat Multan
914 n–961 n Bogomil
922 n rot Schutz für Bauernland
940 n rot Bogomilen-Bewegung
954 n blau Forderung nach Gleichheit
1021 n–1086 n Wang-Anschi
1041 n braun Aufstand der Motta
1058 n blau Soziale Lehrschrift
1059 n braun Pataria-Aufstand
1068 n grün Unterstützung in Arabien
1069 n rot Sozialreformen in China
1081 n rot Altersversorgung
1155 n grün Humiliaten in Mailand
1256 n blau Rutebeufs Zeitkritik
1323 n/1328 n Aufstand in Flandern
1324 n–1384 n Wiclif
1325 n–1381 n Wat Tyler
1335 n–1381 n John Ball
1358 n braun Aufstand der Jacquerie
1360 n blau Langlands Zeitkritik
1370 n–1424 n Ziska
1372 n blau Balls Gesellschaftskritik
1381 n blau Kritik Wat Tylers
1381 n/1382 n Aufstand in England
1381 n/1382 n Aufstand in Frankreich
1400 n–1450 n Jack Cade
1413 n braun Aufstand in Paris
1420 n blau Ziskas Kritik
1420 n/1434 n Hussiten-Kreuzzug
1448 n blau Jack Cade: Kommunismus
1450 n braun Aufstand des Jack Cade
1476 n braun Aufstand deutscher Bauern
1484 n–1531 n Zwingli
1488 n–1525 n Thomas Münzer
1489 n–1587 n Sinan
1491 n braun Bauernaufstand in Holland
1493 n braun Bauernaufstand im Elsaß
1498 n blau Kommunistisches Programm
1502 n braun Bauernaufstand in Baden
1513 n braun Aufstand im Breisgau
1514 n braun Aufstand in Württemberg
1514 n braun Bauernaufstand in Ungarn
1515 n braun Österreichischer Aufstand
1515 n braun Aufstand in der Schweiz
1517 n braun Bauernaufstand in Baden
1522 n/1526 n Erste deutsche Revolution
1528 n blau Kritik der Wiedertäufer
1534 n braun Wiedertäufer-Erhebung
1562 n rot Schutz für Bauernland
1570 n–1607 n Iwan Bolotnik
1575 n rot Kinderarbeit beschränkt
1601 n rot Fürsorge in England
1606 n blau Gleichheitsforderung
1607 n braun Aufstand in Rußland
1618 n–1682 n Murillo
1622 n braun Aufstand in China
1624 n braun Frankreich: Bauernaufstand
1626 n braun Aufstand in Österreich
1627 n blau Callots Zeichnungen
1628 n/1644 n Chinesischer Bürgerkrieg
1637 n braun Französischer Aufstand
1638 n–1715 n Ludwig XIV.
1639 n braun Aufstand in der Normandie
1644 n grün Arbeitslosigkeit in London
1648 n/1649 n Levellers-Erhebung
1649 n blau 'Anwalt der Armen'
1652 n blau Winstanley: Kommunismus
1684 n–1721 n Watteau
1702 n/1710 n Kamisarden-Aufstand
1706 n grün Vaubans Denkschrift
1727 n braun Erhebung im Schwarzwald
1746 n–1827 n Pestalozzi
1747 n rot Schutz der Bauernschaft
1749 n rot Schutz für Bauernland
1771 n braun Bauernaufstand in Vietnam
1785 n/1786 n Waldenburger Aufstände
1787 n grün Potemkin'sche Dörfer
1789 n/1795 n Französische Revolution
1790 n braun Bauernaufstände in Sachsen
1793 n braun Weberaufstand in Breslau
1794 n rot Sans-Culotten
1798 n braun Weberaufstand in Schlesien
1809 n–1865 n Lincoln
1812 n blau Owen: Zeitkritik
1812 n–1870 n Charles Dickens
1813 n rot 'Maschinenstürmer'
1819 n rot Kinderarbeit: Altersgrenze
1821 n–1880 n Dostojewski
1828 n–1910 n Tolstoi
1834 n braun Aufstand in Lyon
1839 n rot Kinderarbeit: Altersgrenze
1844 n braun Weberaufstand
1844 n grün Konsumverein
1845 n blau Engels: Lage der Arbeiter
1846 n grün Bauern-Genossenschaft
1851 n blau Murger: 'Bohème'
1858 n blau Reuter: 'Kein Hüsung'
1862 n blau Raabe: 'Hungerpastor'
1878 n rot Heilsarmee
1879 n blau H. Georges Untersuchung
1882 n rot Einwanderung beschränkt
1892 n blau Hauptmann: 'Die Weber'
1895 n blau Käthe Kollwitz: Weber
1902 n blau Gorki: 'Nachtasyl'
1914 n blau Zilles Zeichnungen
1923 n grün Inflation
1926 n blau Nagel: 'Arbeitslos'
1928 n blau 'Drei-Groschen-Oper'
1929 n blau Döblin: 'Alexanderplatz'
1932 n grün Arbeitslose, Deutschland
1933 n grün Arbeitslose in USA
1948 n blau De Sica: 'Fahrraddiebe'

ARMUT als sittliche Forderung

825 v–730 v Parshva
766 v blau Vergeistigung Lebensziel
569 v–498 v Jina Mahavira
557 v–477 v Buddha
407 v–323 v Diogenes
318 v blau Anhänger Diogenes'
163 v rot Essener-Bund
6 v–30 n Jesus Christus
52 n–133 n Epiktet
202 n–258 n Cyprian
251 n–356 n Antonius
292 n–346 n Pachomius
914 n–961 n Bogomil
1090 n–1153 n Bernhard von Clairvaux
1103 n–1155 n Arnold von Brescia
1127 n rot Derwisch-Orden
1127 n blau Weltabkehr gefordert
1139 n blau Forderung Arnolds
1140 n–1217 n Peter Waldes
1145 n blau Forderungen an Kirche
1170 n–1221 n Dominikus
1175 n rot 'Bund der Armen von Lyon'
1176 n blau Waldenser-Forderung
1182 n–1226 n Franziskus von Assisi
1210 n rot Franziskaner-Orden
1216 n rot Dominikaner-Orden
1230 n–1306 n Jacopone von Todi
1232 n–1300 n Segarelli
1247 n–1328 n Johannes Korvino
1256 n rot Augustiner-Orden
1260 n rot Apostelbrüder-Orden
1260 n–1327 n Meister Eckehart
1265 n–1308 n Duns Scotus
1299 n–1349 n Occam
1302 n blau Forderung an die Kirche
1323 n rot Verfolgung der Armutslehre
1324 n–1384 n Wiclif
1365 n–1416 n Hieronymus von Prag
1369 n–1415 n Hus
1371 n blau Katharinas Forderung
1406 n blau Hieronymus: Kirchenarmut
1412 n blau Hus: Kirchenarmut
1452 n–1498 n Savonarola
1457 n rot Böhmische Brüder
1465 n–1536 n Erasmus von Rotterdam
1526 n rot Kapuziner-Orden
1828 n–1910 n Tolstoi

ARNDT, Ernst Moritz (1769 n–1860 n), deutscher Dichter und Publizist. Als Sohn eines Leibeigenen verfaßte er eine historische Abhandlung über die Leibeigenschaft in Pommern und auf Rügen und trug so zur endgültigen Aufhebung der Leibeigenschaft in diesen schwedischen Gebieten bei. Gemeinsam mit dem Freiherrn vom Stein arbeitete er von Rußland aus an der Befreiung Deutschlands von napoleonischer Fremdherrschaft. Dann lehrte er an der neugegründeten Universität Bonn, verlor aber wegen seiner revolutionären Gesinnung bald seinen Lehrstuhl. In der Nationalversammlung verfocht er Preußens deutschen Führungsanspruch. Verfaßte Gedichte und Dramen, vor allem aber politische Schriften.

1806 n blau 'Geist der Zeit'
1848 n rot Nationalversammlung

ARNEK (um 260 v–um 200 v), nubischer Herrscher. Führte sein Land zu kultureller Blüte und schmückte die Hauptstadt Musaw-Warat mit eindrucksvollen Bauwerken. Als Gott-König verehrt.

226 v blau Tempelbau

ARNIM, Achim (1781 n–1831 n), deutscher Dichter. Nach einem Studium der Rechte und der Naturwissenschaft unternahm er Reisen und wandte sich der Schriftstellerei zu. Gemeinsam mit seinem Studienfreund Brentano sammelte er 600 deutsche Lieder und gab sie mit Anmerkungen über Herkunft und Entwicklung in eigener Bearbeitung heraus ('Des Knaben Wunderhorn'). Trat für den Kampf gegen Napoleon ein und suchte eine deutsche Erneuerung durch Abkehr von den Idealen der Klassik und durch gefühlsbetonte Rückbesinnung auf ein von ihm schwärmerisch idealisiertes frühchristliches Mittelalter (Romantik). Bereitete eine dichterische Form des historischen Romans vor ('Die Kronenwächter').

1805 n blau 'Des Knaben Wunderhorn'

ARNO, Fluß in Mittel-Italien. Entspringt in 1655 m Höhe am Monte Falterona, fließt über Arezzo und Florenz in die Toskanische Tiefebene und mündet bei Pisa ins Mittelmeer. Mit dem Tiber ist er durch einen Kanal verbunden.

264 v rot Vordringen Roms

ARNOBIUS (um 250 n–um 320 n), nordafrikanischer Redner. Trat als Lehrer der Redekunst in Sicca (Tunesien) zum Christentum über. Um das Mißtrauen zu überwinden, das der Bischof gegen ihn wegen seiner früheren Christenfeindschaft hatte, schrieb er sieben Bücher gegen die Nichtchristen ('Heiden'). Darin befindet sich neben einer Schmähung aller nichtchristlichen Religionen seine Seelenlehre, nach der die menschliche Seele von Natur aus sterblich sei, jedoch die Fähigkeit zur Unsterblichkeit besitze.

305 n blau 'Gegen die Heiden'

ARNOLD, Gottfried (1666 n–1714 n), deutscher Historiker, Theologe und Dichter. Ausgehend von einer Untersuchung der tatsächlichen Bestrebungen des Urchristentums ('Wahre Abbildung der ersten Christen') kam er zu dem Ergebnis, daß die katholische wie die evangelische Kirche einen Abfall vom wahren Christentum darstellen. In seiner 'unparteiischen Kirchen- und Ketzerhistorie' suchte er die als 'Ketzer' verdammten Kirchengegner aus ihren eigenen Vorstellungen zu verstehen und legte damit den Grund für eine wissenschaftliche Kirchengeschichtsschreibung.

1699 n blau 'Kirchen- und Ketzerhistorie'

ARNOLD von Brescia, italienischer Reformator und Freiheitskämpfer.

1103 n–1155 n Lebenslinie
1139 n blau Kirchenarmut gefordert
1140 n rot Verfolgung durch Papst
1142 n/1155 n Bürgeraufstand
1144 n rot Senat von Rom
1153 n rot Gegenbündnis
1155 n rot Papstmacht über Rom
1155 n rot Hinrichtung

ARNU-WANDA, hettitischer König.

1258 v–1203 v Lebenslinie
1203 v braun Niederlage
1203 v rot Ende des Reiches

ARPAD, Herrscher der Ungarn von 890 n bis 907 n.

834 n–907 n Lebenslinie
895 n rot Reichsgründung
899 n braun Einfall in Italien
906 n/907 n Vorstoß nach Westen
906 n rot Herrschaft über Mähren

ARPADEN, ungarische Herrscherfamilie. Regierte von 890 n bis 1301 n.

834 n–907 n Arpad
877 n–936 n Heinrich I.
895 n rot Reichsgründung
899 n braun Einfall in Oberitalien
906 n/907 n Vorstöße nach Westen
906 n rot Mähren ungarisch
912 n–973 n Otto I.
916 n braun Einfälle in Deutschland
924 n/925 n Weitere Vorstöße
933 n braun Schlacht an der Unstrut
933 n grün Ende deutscher Tribute
955 n braun Schlacht auf dem Lechfeld
955 n rot Rückzug ins Donaugebiet
972 n–1038 n Stephan I.
997 n rot Königreich
997 n rot Staatsreligion
999 n rot Päpstliche Kirchenhoheit
1072 n braun Türkeneinfall
1122 n–1190 n Friedrich I., Barbarossa
1148 n grün Ansiedlung deutscher Bauern
1173 n–1239 n Hermann von Salza
1207 n/1279 n Großer Mongolenkrieg
1217 n/1219 n Kreuzzug
1225 n rot Ordens-Vertreibung

ARRAS, Stadt in Nordfrankreich, 50 Kilometer von der belgischen Grenze. In beiden Weltkriegen hart umkämpft. Geburtsstadt des Baumeisters Matthias von Arras und des Revolutionärs Robespierre.

1238 n–1286 n Adam de la Halle

ARRHENIUS, Svante (1859 n–1927 n), schwedischer Physiker und Chemiker. Schuf die Lehre vom Zerfall chemischer Verbindungen in Ionen durch Einwirkung von elektrischem Strom. Mit der von ihm hierdurch begründeten Elektrochemie, mit seinen Arbeiten über die chemischen Reaktionen in wäßrigen Lösungen und über die Leitfähigkeit der Elektrolyte bereitete er die Überwindung der scharfen Trennung zwischen Physik und Chemie vor.

1882 n grün Elektrochemie

ARRIANUS, Flavius (um 95 n–180 n), griechischer Philosoph, Geschichtsschreiber und Staatsmann. Schüler des Philosophen Epiktet, dessen Lehren uns durch ihn erhalten sind. Schrieb die Geschichte seiner Heimat Bithynien (Kleinasien), ein Lehrbuch über Taktik, eine zusammenfassende Geschichte Alexanders des Großen sowie auf der Grundlage der Zeugnisse des Alexanderzuges eine Beschreibung Indiens ('Indische Nachrichten'). Im Auftrage des römischen Kaisers umschiffte er das Schwarze Meer und verfaßte eine Küstenbeschreibung. In Rom Senator, dann Konsul und schließlich durch das Vertrauen des Kaisers Hadrian als erster Grieche römischer Statthalter in Kappadozien (Kleinasien).

132 n grün Reise-Beschreibung
155 n blau Feldzug Alexanders
162 n grün Werk über Indien

ARSAKES (um 275 v–um 220 v), König der Parther. Befreite Nordpersien und Turkmenistan bis zum Kaspischen Meer aus der Herrschaft der Nachfolger Alexanders des Großen ('Seleukiden'). Gründete ein selbständiges Königreich, das sich unter seinen Nachkommen ('Arsakiden') bis Indien, Armenien und Mesopotamien ausdehnte.

248 v rot Reichsgründung

ARSAKIDEN, Herrscherfamilie der Parther in der Zeit von 248 v bis 226 n.

248 v rot Selbständiges Partherreich
131 v rot Macht über Babylonien
121 v grün Ausbau der Seidenstraße
53 v braun Angriff der Römer
41 v rot Beeinflussung durch Römer
41 v/35 v Krieg gegen Rom
20 v rot Vertrag mit Rom
53 n–117 n Trajan
114 n/117 n Krieg gegen Rom
115 n rot Mesopotamien römisch
117 n rot Mesopotamien wieder frei
161 n/166 n Krieg gegen Rom
180 n–239 n Ardaschir
194 n/199 n Krieg gegen Rom
199 n rot Mesopotamien römisch
216 n/217 n Krieg gegen Rom
217 n rot Vertrag mit Rom
223 n/227 n Persischer Freiheitskampf
227 n rot Oberhoheit Persiens

ARSALAN der Löwenherzige, König der türkischen Seldschuken.

1040 n–1072 n Lebenslinie
1064 n braun Eroberungszug
1066 n blau 'Arsalan-Teller'
1070 n braun Vorstoß nach Jerusalem
1071 n rot Palästina türkisch
1071 n/1077 n Ikonischer Türkenkrieg

ARSINOË (330 v–270 v), ägyptische Königin von 278 v bis 270 v. Als Frau des Lysimachos von Thrazien, eines Feldherrn Alexanders des Großen, heiratete sie nach dessen Tode ihren Bruder, der als Ptolomäus II. König von Ägypten geworden war. Mit dieser Ehe durchbrach sie das strenge Verbot der Geschwisterehe ihrer griechischen Heimat und führte diese altägyptische Sitte im griechisch beherrschten neuen Ägypten ein. Ihrem acht Jahre jüngeren Bruder überlegen, wirkte sie bestimmend auf die inneren Verhältnisse des wieder aufblühenden Landes ein. Förderte Kunst, Wissenschaft und Technik sowie die Entwicklung Ägyptens zu einer Geldmacht, wobei der Überfluß der meist zugewanderten Reichen ebenso schnell anstieg wie die Armut der einheimischen arbeitenden Bevölkerung.

322 v–246 v Ptolemäus II.

ARS NOVA, Begriff aus der Musikgeschichte (wörtlich: 'neue Kunst'). Bezeichnet den Durchbruch einer neuen Musik im 14. Jahrhundert. Im Gegensatz zu dem vorher gebräuchlichen musikalischen Stil, der sich an die Gebildeten wandte ('ars antiqua' = alte Kunst), brachte die neue Musik volkstümliche Werke, meist mehrstimmige Liedkompositionen. Auch in ihrem Inhalt löste sie sich aus kirchlicher Bindung.

1321 n blau Lehre Philippes de Vitry
1361 n blau Landinos Madrigale

ARTA-TAMA, König des Mitanni-Reiches in Vorderasien.

1456 v–1402 v Lebenslinie
1442 v–1413 v Tut-Mosis IV.
1420 v rot Heirats-Politik
1419 v rot Freundschaft mit Ägypten
1416 v braun Palästina-Feldzug
1416 v rot Herrschaft über Palästina
1410 v grün Götterbild nach Ägypten

ARTAXERXES I., Kaiser von Persien von 465 v bis 424 v.

484 v–424 v Lebenslinie
525 v–459 v Themistokles
490 v/449 v Krieg Persien–Griechenland
464 v rot Verschenkung Magnesias
455 v/454 v Ägyptischer Aufstand
455 v rot Gegenbündnis
448 v braun Syrischer Aufstand
448 v rot Pakt mit Griechenland
448 v grün Handel mit Griechenland

ARTEMIDOR von Daldis (um 200 v–um 140 v), griechischer Schriftsteller aus Ephesos (Kleinasien). Nannte sich nach der kleinasiatischen Stadt Daldis, in der seine Mutter geboren war. Suchte die Zukunfts-Voraussage aus Träumen durch ein fünfbändiges Buch zu systematisieren. Im letzten Band beschrieb er 95 Träume, die in Erfüllung gegangen waren.

156 v blau 'Traumdeutung'

ARTEMIS, griechische Göttin, Schwester des Gottes Apollo, Herrin der Natur und der Jagd. Als Todesgöttin mit Bogen und todbringenden Pfeilen ausgerüstet.

595 v–525 v Krösus
560 v–469 v Theodoros
520 v blau Tempel in Ephesos
356 v rot Tempelbrand
220 v blau Tempel in Magnesia

ARTERIEN, Bezeichnung für diejenigen Adern, durch die das Blut vom Herzen in den Körper gepumpt wird.

324 v–250 v Herophilos
262 v grün Unterscheidung von Venen

ARTEVELDE, Jakob (um 1285 n–1345 n), flandrischer Freiheitskämpfer. Als Sohn eines reichen Tuchhändlers zum Stadthauptmann von Gent gewählt, ersetzte er die Herrschaft der Besitzbürger (Patrizier) durch die Macht der Handwerker (Zünfte). Verbündete sich mit den revolutionären Webern und führte die Erhebung der Stadt gegen den Grafen von Flandern, der sich auch die Städte Brügge und Ypern anschlossen. Fiel im Aufstand.

1345 n braun Aufstand

ARTUS-SAGE, Sage von dem britischen König Artus, der um 500 n lebte und die keltischen Bewohner der britischen Insel gegen die eingefallenen Sachsen schützte. In der Sage wurde er zu einer Heldengestalt mit allen ritterlichen Tugenden. Zuerst niedergeschrieben durch Galfred von Monmouth, wurde ihr vom Dichter Wace die Tafelrunde hinzugefügt, deren Mitglieder die wunderbarsten Heldentaten ausführen.

1108 n–1175 n Wace
1137 n blau Werk des Galfred
1154 n blau Geschichte Englands

ARWAD, phönizische Stadt an der vorderasiatischen Mittelmeerküste (Syrien). Neben Tyros, Sidon und Byblos eine der großen Handelsmetropolen der Phönizier, die vor 3000 Jahren von der syrischen Küste aus den ganzen Mittelmeerraum beherrschten.

1107 v rot Tribut an Assyrien

ARZNEIEN, HEILMITTEL.

2055 v–1975 v Ur-Edina
1999 v grün Salben und Öle
1981 v grün Wasser und Kräuter
1602 v grün Augenbehandlung
708 v grün Assyrische Rezeptsammlung
672 v grün Erprobung an Sklaven
418 v–345 v Diokles
376 v grün Mittel gegen Zahnschmerzen
356 v grün Diokles' Kräuterbuch
244 v grün Heilpflanzen-Anbau
129 v–40 v Asklepiades
3 v–64 n Aulus Celsus
20 n–79 n Dioskurides
66 n grün Systematische Arzneikunde
81 n–144 n Archigenes
129 n–199 n Galen
182 n grün Heilkraft des Gegensätzlichen
190 n–265 n Hua-To
197 n grün Pharmakologie
231 n grün Eumelos: Arzneilehre
294 n–354 n Apsyrtos
366 n grün Pelagonius: Tierarzneikunde
737 n rot Staatliche Kontrolle
737 n grün Spezialisierung
770 n grün Apotheke in Bagdad
812 n grün Walafrieds Kräuterbuch
865 n–932 n Al Rasi
907 n grün Dioskurides-Übersetzung
927 n grün Enzyklopädie des Al Rasi
975 n grün Persisches Fachbuch
987 n grün Hormon-Präparate
1001 n grün Quecksilber
1015 n grün Koffein
1052 n grün Ibn Wafid: Heilkräuter
1098 n–1178 n Hildegard von Bingen
1152 n grün Heilkraft des Ähnlichen
1180 n grün Apothekenvorschrift
1197 n grün Abu Kasim-Übersetzung
1237 n grün Ibn Baitars Rezeptbuch
1241 n grün Apotheke in Trier
1441 n grün 'Quirinusöl'

1493n–1541n grün Paracelsus
1536n grün Paracelsus' Werk
1544n grün Cordus' Arzneibuch
1565n grün Tabak
1803n grün Morphium
1805n grün Homöopathie
1819n grün Chinin
1893n grün Chemotherapie
1899n grün Aspirin
1909n grün Salvarsan
1916n grün Germanin
1921n grün Insulin
1926n grün Künstliches Vitamin D
1928n grün Penicillin
1935n grün Sulfonamid
1944n grün Streptomyzin
1947n grün Künstliches Vitamin A
1954n grün Serum gegen Kinderlähmung
1962n grün Contergan-Schäden

ASA (um 2030v–um 1990v), ägyptische Sängerin. Trug zusammen mit ihren Kolleginnen Snebt und Tuat Lieder des Anchu vor.

2059v–1997v Anchu
1998v blau Relief

ASAKIR, Ibn (1105n–1176n), arabischer Historiker. Schrieb eine Geschichte seiner Heimatstadt Damaskus (Syrien) in 80 Bänden. Wegen der zentralen Lage und der großen Bedeutung dieser Stadt wurde sein Werk zu einem wichtigen Dokument für die Geschichte ganz Vorderasiens.

1158n blau Geschichte von Damaskus

ASARHADDON, König von Assyrien von 681v bis 669v.

713v–669v Lebenslinie
672v blau Relief
671v braun Sieg über Ägypten
671v rot Oberhoheit über Ägypten
671v blau Relief

ASCHARI, Al, arabischer Theologe.

874n–935n Lebenslinie
917n blau Dialektik
927n blau Scholastik

ASEPSIS, Verhütung von Wundfäule durch Keimfrei-Haltung. Auf der Grundlage des Pasteur-Verfahrens der Keim-Abtötung durch Hitze im Jahre 1886n entwickelt durch den deutschen Arzt Ernst Bergmann.

1867n grün Pasteur: Keim-Abtötung

ASERBEIDSCHAN, Bergland am Westufer des Kaspischen Meeres, dessen Nordhälfte als Aserbeidschanische Sozialistische Sowjetrepublik Teil der UdSSR ist (Hauptstadt Baku), während seine Südhälfte zu Persien gehört (Hauptstadt Täbris). Das von kaukasischen Völkern bewohnte Land wurde im 7. Jahrhundert arabisch, im 13. Jahrhundert mongolisch, im 16. Jahrhundert persisch. Seit dem 18. Jahrhundert wurde die nördliche Hälfte des Landes teilweise, seit dem 19. Jahrhundert vollständig russisch. Trotz seiner Unwirtlichkeit ist das Land wirtschaftlich bedeutend: Um Baku werden zwei Drittel des Ölbedarfs der UdSSR gefördert, das persische Täbris ist das wichtigste Teppich-Zentrum der Erde. In dem zur UdSSR gehörenden Nordteil wurde durch künstliche Bewässerung auch bereits eine 50%ige landwirtschaftliche Nutzung ermöglicht.

803n grün Petroleum-Veredelung
1259n grün Sternwarte in Maraga
1723n rot Gebiete an Rußland

ASIR, fruchtbares arabisches Gebirgsland nördlich des Jemen. Vor 3000 Jahren Teil des Minäerreiches. Durch seine Weihrauch- und Myrrhen-Produktion berühmt. Heute eine Provinz Saudi-Arabiens.

1265v braun Eroberung durch Minäer
1265v rot Teil des Minäerreiches

ASKANIER, deutsche Herrscherfamilie. Fürsten in Brandenburg 1134n–1320n, Herzöge von Sachsen-Wittenberg bis 1423n, Fürsten von Anhalt-Dessau von 1214n bis 1918n, Herzöge von Lauenburg bis 1689n.

1134n rot Altmark an Albrecht
1150n rot Brandenburg an Albrecht
1607n rot Schulpflicht in Anhalt
1701n grün Heeresreform Leopolds

ASKESE, griechisches Wort für 'Übung'. Bedeutet Selbstüberwindung mit dem Ziele der Enthaltsamkeit den irdischen Genüssen gegenüber.

825v–730v Parshva
766v blau Vergeistigung als Ziel
569v–498v Jina Mahavira
562v blau Yoga-Lehre
557v–477v Buddha
196v blau Patanjalis Lebensregeln
163v rot Essener-Bund
7v–29n Johannes der Täufer
53n–120n Satornil
125n–190n Tatian
251n–356n Antonius
306n rot Zölibat für Kirchenobere
424n blau 'Sutras'
437n grün Stylitismus
480n–547n Benedikt von Nursia
1074n rot Zölibat aller Priester
1127n blau Weltabkehr gefordert
1232n–1300n Segarelli
1452n–1498n Savonarola
1522n blau Ignatius: 'Übungen'

ASKLEPIADES, griechischer Arzt, Philosoph und Naturforscher aus dem kleinasiatischen Bithynien.

129v–40v Lebenslinie
82v grün Luftwechsel und Bewegung
70v grün Naturheilung
60v grün Solidar-Pathologie

ASKLEPIOS, griechischer Gott der Heilkunst. Nach der Göttersage Sohn des Apollo, der ihn nach Tötung seiner Frau Koronis dem Cheiron zur Erziehung übergab. Von diesem lernte er die Heilkunst und übte sie später zum Segen der Menschheit meisterlich aus. Als er Tote zum Leben erweckte, erschlug ihn Zeus mit einem Blitz, damit die Ordnung der Welt nicht zerstört werde.

307v grün Epidauros Kurort
293v grün Verehrung in Rom

ASKOLD (um 835n–882n), russischer Staatsgründer normannischer Herkunft. Erhielt als Gefolgsmann des Rurik den Auftrag, gemeinsam mit dem eingewanderten Normannen Dir einen Zug nach Byzanz zu unternehmen. Unterwegs ließ er sich in Kiew nieder und gründete dort zusammen mit Dir einen eigenen südrussischen Staat, den er nach Lossagung von Rurik selbständig führte. Unternahm einen erfolglosen Feldzug gegen Byzanz. Zusammen mit Dir von einem Verwandten des Rurik (Oleg) besiegt und erschlagen.

830n–879n Rurik
864n rot Staat von Kiew
866n braun Angriff auf Byzanz

ASMAI, Al (740n–828n), arabischer Dichter und Sprachforscher. Aus seiner Heimatstadt Basra wegen seiner umfassenden Gelehrsamkeit nach der Hauptstadt Bagdad berufen, wurde er Erzieher des Sohnes von Harun al Raschid. Verfaßte zahlreiche Sammelwerke über die arabische Sprache und ihre Dialekte und stellte überlieferte Dichtungen zusammen. Seine Sprachlehre blieb aber im Traditionellen stecken, weil seine übertriebene Frömmigkeit ihn vor der notwendigen Kritik der Sprache in der 'Heiligen Schrift' der Araber (Koran) abhielt. Unter den von ihm verfaßten Sammelwerken befindet sich auch ein Pferdebuch.

806n blau 'Buch der Pferde'

ASOKA der Milde, indischer König von 274v bis 237v.

299v–237v Lebenslinie
270v rot Gesetze
261v rot Bekenntnis zum Buddhismus
259v blau Gedenksäule für Buddha
252v grün Chaussee-Bäume
250v rot Sohn bekehrt Ceylon
250v blau Felsentempel
244v grün Anbau von Heilpflanzen

ASOSI, ägyptischer König.

2434v–2368v Lebenslinie
2373v rot 'Vorsteher des Südens'

ASOW, Stadt an der Einmündung des Don in den nördlichen Teil des Schwarzen Meeres ('Asowsches Meer'). Als griechische Handelsniederlassung gegründet, wurde die Stadt von Mithridates dem kleinasiatischen Reiche Pontos einverleibt, wurde später Niederlassung der italienischen Handelsstädte Venedig und Genua, fiel dann an die Mongolen und endlich an die Türken, die es 1696n vorübergehend und 1739n endgültig an die Russen verloren.

1696n rot Rußland einverleibt

ASPASIA (um 470v–um 410v), Frau des griechischen Staatsmannes Perikles. Kam aus der größten und geistig hochstehendsten Griechenstadt Kleinasiens, Milet, nach Athen. Hier konnte sie als Frau ein selbständiges Dasein führen, weil sie als Ausländerin galt und deshalb den strengen Vorschriften der griechischen Frauen nicht unterlag. Zog die führenden Männer der Stadt, auch Sokrates, in ihren Bann. Perikles ließ sich scheiden, um sie zu heiraten. Von maßgeblichem Einfluß auf die Politik Athens, wurde sie zur Zielscheibe der Gegner des Perikles, ohne dessen Gunst zu verlieren. Wegen Gottlosigkeit angeklagt. Aristophanes schrieb ihr die Schuld an zwei Kriegen zu. Nach dem Tode des Perikles heiratete sie einen unbekannten Redner.

495v–429v Perikles

ASPDIN, Joseph (1779n–1855n), englischer Maurermeister. Entwickelte in langwierigen Versuchen einen hochwertigen Zement, der etwa zu zwei Dritteln aus gebranntem Kalk bestand und sich wegen seiner Widerstandsfähigkeit bald allgemein durchsetzte.

1824n grün Portlandzement

ASPHALT, Bezeichnung für feste Bitumen-Masse. Das griechische Wort bedeutet 'Erdpech'. Seit alters her als wasserfestes Dicht-Mittel beim Bauen verwendet.

2749v grün Isolieren mit Bitumen

ASPIRIN, Name eines schmerzlindernden und fieberdrückenden Medikamentes, das von dem deutschen Chemiker Heinrich Dreser aus Essigsäure und Salizylsäure gewonnen wurde. Bei der Bekämpfung von Grippe und Gelenkrheumatismus früh bewährt, verhalf es den chemischen Arzneien zur allgemeinen Anerkennung.

1899n grün Herstellung

ASSAM, Staat in Nordostindien. Umfaßt auf 700 Kilometer Länge das fruchtbare Tal des Brahmaputra-Flusses. Hier werden über Dreiviertel der indischen Tee-Produktion gewonnen. Grenzt im Norden an das chinesische Himalaya-Gebiet.

646n/647n Feldzug Chinas

ASSASSINEN, Name eines arabischen Ordens, der unter Führung seines Gründers Hassan in Vorderasien für sozial-religiöse Ziele kämpfte. Von zahlreichen Bergfestungen Syriens und Persiens aus suchte er mit Gewalttaten für Gerechtigkeit zu sorgen. Da er seine Ziele auch durch Gewalt und Mord durchsetzte, konnte er 150 Jahre lang seine Macht unangefochten ausüben und den Bestand des Seldschukenreiches untergraben. Erst zwischen 1236n und 1276n wurden seine fast uneinnehmbaren Festungen von den Mongolen erobert. Trotzdem bestand er bis ins 20. Jahrhundert fort, sank aber zeitweilig zu einer bloßen Terrorgruppe herab.

1113n rot Entstehung

ASSIGNATEN, von dem französischen Worte 'assignat' (= 'Anweisung') abgeleitete Bezeichnung für Staats-Anleihen, die nach der französischen Revolution vom französischen Staat auf den beschlagnahmten Kirchenbesitz ausgegeben wurden. Sie ersetzten bald die Edelmetallwährung und wurden zum allgemeinen Zahlungsmittel. 1797n durch andere Banknoten ersetzt.

1790n grün Einführung

ASSISI, Stadt in Mittelitalien. Geburtsort des römischen Dichters Properz und des italienischen Wanderpredigers Franz von Assisi.

1182n–1226n Franz von Assisi
1240n–1302n Cimabue
1257n blau Franziskus-Kirche
1293n blau Cimabue: 'Madonna'

ASSUAN, Stadt in Süd-Ägypten. Die seit fast 5000 Jahren bestehende Siedlung war jahrtausendelang ein wichtiger Karawanen-Stützpunkt. Nahe der letzten Stromschnelle des Nil (1. Katarakt) gelegen, wurde sie zum Umschlagplatz der Waren aus Nubien, dem Sudan und Abessinien, die vom Landweg auf den von hier ab schiffbaren Strom umgeladen wurden. 1898n bis 1902n wurde 6 Kilometer stromaufwärts von der Stadt ein 2 Kilometer langer Staudamm gebaut, der den Nil 300 Kilometer aufstaute und das angesammelte Wasser (5 Milliarden Kubikmeter) in der Trockenperiode abgab. Zwischen 1960n und 1970n wurde 20 Kilometer weiter stromaufwärts ein neuer Staudamm gebaut. Bei einer Länge von 4 Kilometer staut er den Nil 500 Kilometer weit auf. Die gespeicherte Wassermenge (150 Milliarden Kubikmeter) ermöglicht eine großzügige künstliche Bewässerung Ägyptens und erhöht dadurch die Anbaufläche des Landes um 30 Prozent. Ein Kraftwerk erzeugt jährlich 10 Milliarden Kilowatt Strom und hilft den Ägyptern bei dem Aufbau einer modernen Industrie. Der Bau dieses Dammes machte die Verlegung des Tempels von Abu Simbel notwendig, der sonst in den Fluten des neuen Stausees versunken wäre.

2576v grün Karawanenplatz
1918n– Nasser
1964n grün Dammbau
1965n blau Abu-Simbel-Verlegung

ASSUR, Stadt am Mittellauf des Tigris im nördlichen Mesopotamien (Vorderasien). Verkehrsgünstig und zugleich geschützt inmitten eines fruchtbaren Landes gelegen, wurde sie vor fast 4000 Jahren zum Mittelpunkt eines Reiches, das zur Herrschaft über ganz Vorderasien aufstieg. In der durch eine Mauer gesicherten Stadt befanden sich 34 Tempel sowie zahlreiche Paläste, Bibliotheken und ein Zoologischer Garten. Nach mehr als tausendjähriger Blütezeit wurde sie bei der Eroberung durch die Meder zerstört.

2600v blau Entstehung
2575v blau Tempel der Inanna
1911v–1845v Ilu-Suma
1876v–1816v Iri-Suma
1848v blau Tempel der Ischtar
1846v grün Verteidigungsmauer
1820v blau Tempel für Gott Assur
1730v blau Enlil-Tempel
1417v–1364v Eriba-Adad
1302v–1244v Salmanassar I.
1239v blau Neubau des Ischtar-Tempels
1237v blau Neuer Königspalast
1148v–1074v Tiglatpileser I.
1100v blau Doppeltempel
1094v blau Bibliothek
1093v grün Zoologischer Garten
614v braun Einnahme durch Meder

ASSUR, Gottheit der Assyrer. Ihr Name bedeutete 'der Heilbringende'. Als Symbol der Sonnenscheibe im mittleren Mesopotamien (Vorderasien) verehrt, wurde der Name ihrer Kultstätte am Tigris zum Namen einer bedeutenden Stadt und später zur Bezeichnung des nach ihr benannten Reiches.

1876v–1816v Iri-Suma
1820v blau Tempel in Assur
1148v–1074v Tiglatpileser I.

ASSURBANIPAL, Kaiser von Assyrien von 669v bis 626v.

693v–626v Lebenslinie
661v braun Sieg über Araber
659v braun Ägyptischer Aufstand
657v braun Ägyptischer Aufstand
657v rot Verlust Ägyptens
653v braun Sieg über Meder
650v grün Volkskonzerte
648v braun Babylonischer Aufstand
647v blau Tontafelbibliothek
639v braun Sieg über Elam
1854n grün Bibliotheks-Ausgrabung

ASSURNASIRPAL II. König von Assyrien. Regierte von 885v bis 860v.

912v–860v Lebenslinie
883v/877v Zug durch Mesopotamien
882v grün Belagerungsmaschinen
878v blau Standbild
877v rot Herr Mesopotamiens
876v braun Sieg über Syrer
873v blau Palast
869v grün Reiterheere
867v grün Sternwarte
866v braun Zug durch Kleinasien

ASSUR-U-BAALIT, König von Assyrien (Nord-Mesopotamien).

1395v–1328v Lebenslinie
1363v rot Heirat
1361v blau Gesetzbuch
1355v braun Krieg gegen Mitanni
1355v rot Herrschaft über Mitanni

ASSYRIEN, Reich in Mesopotamien.

Allgemeines (Land, Volk, Staat)

2600v blau Entstehung von Assur
2376v–2294v Sargon der Große
2347v/2325v Krieg der vier Weltgegenden
2347v rot Herrschaft Akkads
2280v blau Entwicklung von Ninive
2093v–2030v Ur-Nammu
2046v braun Niederlage gegen Sumer
2046v rot Herrschaft Sumers
1911v–1845v Ilu-Suma
1876v–1816v Iri-Suma
1859v rot Schutz für Kanesch
1857v grün Jahresbenennung
1850v braun Erhebung Assurs
1850v rot Unabhängigkeit Assurs
1847v braun Feldzug nach Süden
1847v rot Hoheit über Nippur, Ur
1846v grün Befestigung Assurs
1785v–1717v Samsi-Adad
1748v rot Samsi-Adad Herrscher
1748v–1695v Zim-Rilim
1735v blau Residenzstadt
1730v braun Sieg über Mari
1730v rot Herrschaft über Mari
1724v rot Freundschaft mit Babylon
1717v braun Erhebung Maris
1697v braun Niederlage gegen Babylon
1697v rot Hammurabi Herrscher
1497v–1435v Sausa-Tar
1450v braun Mitanni-Vorstoß
1450v rot Mitanni-Herrschaft
1448v–1392v Kara-Indasch
1447v braun Aufstand gegen Mitanni
1424v–1370v Kuri-Gal-Zu
1422v–1373v Tus-Ratta
1417v–1364v Eriba-Adad
1402v–1346v Burna-Bu
1395v–1328v Assur-U-Baalit
1380v grün Finanzhilfe Ägyptens
1371v braun Vertreibung der Mitannis
1371v rot Unabhängigkeit
1370v rot Schleiervorschrift für Frauen
1368v rot Unterhaltsrecht
1364v rot Eigentums- und Erbrecht
1363v rot Heirats-Politik
1361v blau Gesetzbuch
1355v braun Einfall ins Mitanni-Reich
1355v rot Ein Teil Mitannis einverleibt
1347v–1282v Muwa-Talli
1328v–1252v Hattu-Sili III.
1315v braun Aramäer-Einfälle
1309v braun Kampf gegen Babylonien
1302v–1244v Salmanassar I.
1297v–1218v Tud-Halia IV.
1290v braun Restliches Mitanni erobert
1290v rot Hettiter-Vertreibung
1290v rot Beherrschung ganz Mitanni
1284v braun Erhebung Mitannis
1281v rot Gegenbündnis
1277v–1207v Tu-Kulti
1267v grün Heeresreform
1255v braun Erhebung der Mitanni
1255v rot Umsiedlungen
1255v rot Mitanni-Reich Provinz
1255v blau Gründung von Kalach
1253v braun Sieg über Urartu
1243v rot Umsiedlungen
1242v braun Sieg über Nairiländer
1242v braun Sieg über Gutäer
1242v rot Nairiländer einverleibt
1242v rot Herrschaft über Gutäerreich
1242v grün Heerstraßen
1241v braun Sieg über Babylonien
1241v rot Gewinn Babyloniens
1241v rot Großreich
1240v braun Erhebung Babylons
1240v grün Handelssperre
1231v blau Residenzstadt
1207v braun Erhebung gegen Tu-Kulti
1201v braun Erhebung der Babylonier
1201v rot Selbständigkeit Babylons
1201v rot Zerfall des Reiches
1199v braun Niederlage gegen Babylon
1199v rot Babylonische Hoheit
1166v–1105v Nebukadnezar I.
1148v–1074v Tiglatpileser I.
1121v braun Sieg über Babylonien
1121v rot Wieder selbständig
1112v braun Einfall fremder Heere
1111v/1090v Mesopotamischer Krieg
1111v rot Besitz Süd-Armeniens
1110v rot Herrschaft in Kleinasien
1108v rot Herrschaft über Syrien
1107v rot Phönizier tributpflichtig
1105v rot Herrschaft über Palmyra
1095v grün Eiserne Waffen
1090v rot Herrschaft über Babylonien
1090v rot Großreich
1083v rot Tod für 'Zauberer', 'Hexen'
1080v braun Sieg über Aramäer
1073v/1072v Aufstand der Unterworfenen
1072v rot Zerfall Mesopotamiens
943v–890v Adadnirari II.
912v–860v Assurnasirpal II.
908v–830v Sardur
904v braun Sieg über Babylon
904v rot Heirats-Politik
904v rot Vertrag mit Babylonien
895v–825v Salmanassar III.
894v braun Einfälle in Nachbarstaaten
894v rot Machtausdehnung
890v–843v Biridri
890v–814v Jehu
883v/877v Mesopotamischer Feldzug
882v grün Neue Kriegsgeräte
877v rot Großreich
876v braun Sieg über Syrer
869v grün Reiterheere
866v braun Eroberungen in Kleinasien
858v grün Eisenwaffen für Heer
854v braun Niederlage in Vorderasien
852v–774v Pygmalion
843v–782v Semiramis
841v grün Tribut von Israel
827v braun Aufstand gegen König
827v rot Königsherrschaft eingeengt
824v–782v Adadnirari III.
820v braun Sieg über Medien
809v braun Sieg über Medien
809v rot Herrschaft über Medien
774v–727v Tiglatpileser III.
763v–705v Sargon II.
758v–672v Bajin
752v–699v Hiskia
742v braun Sieg über Urartu
742v rot Einverleibung Nordsyriens
740v–681v Sanherib
738v braun Sieg über Araber
738v rot Saba tributpflichtig
735v braun Sieg über Urartu
732v braun Sieg über Damaskus
732v rot Herrschaft über Damaskus
731v rot Kapitulation Israels
729v braun Sieg über Babylon
729v rot Babylon einverleibt
722v braun Eroberung Samarias
722v rot Herrschaft über Israel
722v rot Israeliten-Vertreibung
720v braun Aufstand in Palästina
717v braun Herrschaft über Hettiter

714v braun Vernichtung Urartus
714v–642v Manasse
713v–669v Asarhaddon
712v braun Sieg über Phrygien
712v rot Hoheit über Phrygien
712v grün Tributzahlung Phrygiens
709v braun Sieg über Aramäer
709v rot Ganz Syrien einverleibt
707v rot Höchstpreise
707v grün Vorratswirtschaft
705v braun Feldzug nach Kleinasien
705v rot Feindkoalition
701v braun Erhebung Unterworfener
701v rot Unterwerfung Phöniziens
701v grün Tributzahlung Judas
699v–653v Phraortes
694v rot Ninive Hauptstadt
693v–626v Assurbanipal
693v–609v Psammetich I.
691v rot Handwerker-Belohnung
689v braun Erhebung Babyloniens
671v braun Sieg über Ägypten
671v rot Oberhoheit über Ägypten
661v braun Sieg über Araber
659v braun Aufstand Ägyptens
657v braun Erhebung Ägyptens
657v rot Verlust Ägyptens
654v–605v Nabopolassar
653v braun Sieg über Medien
648v braun Aufstand Babylons
647v–609v Josia
647v–585v Kyaxares
639v braun Sieg über Elam
625v braun Niederlage gegen Babylon
625v braun Niederlage gegen Medien
625v rot Babylonien frei
625v rot Medien selbständig
617v braun Sieg über die Meder
615v braun Vorstoß Babylons
614v rot Feind-Koalition
614v braun Niederlage gegen Meder
612v braun Verlust Ninives
612v rot Aufteilung
1854n grün Grabungen

ASSYRIEN: Baukunst

2575v blau Inanna-Tempel in Assur
1911v–1845v Ilu-Suma
1876v–1816v Iri-Suma
1848v blau Ischtar-Tempel in Assur
1820v blau Assur-Tempel in Assur
1730v blau Enlil-Tempel in Assur
1302v–1244v Salmanassar I.
1251v blau Tempel in Ninive
1239v blau Neubau des Ischtar-Tempels
1237v blau Palast in Assur
1100v blau Doppeltempel in Assur
1098v blau Säulen mit Schnecken
1090v blau Relief 'Beim Tempelbau'
873v blau Palast in Kalach
828v blau Palast von Balawat
787v blau Tempel in Kalach
740v–681v Sanherib
713v–669v Asarhaddon
716v blau Palaststadt 'Sargonsburg'

ASSYRIEN: Bildhauerei und Malerei

2266v blau Statue eines Mädchens
1346v grün Alabaster-Vasen
1229v blau Wandmalereien
1225v blau Relief Tu-Kultis
1219v blau Brunnenszene (Elfenbein)
1110v blau Steinbild Tiglatpilesers I.
1108v blau Felsrelief: Sieges-Szene
1098v blau Schnecken-Kapitell
1090v blau 'Priester beim Tempelbau'
1085v blau Straußenjagd (Rollsiegel)
1081v blau Geflügeltes Pferd
1077v blau Geisterdarstellung
1075v blau Blatt-Kapitell
1057v blau Relief eines Kentaur
912v–860v Assurnasirpal II.
878v blau Standbild Assurnasirpals
833v blau Obelisk Salmanassars
811v blau Statue Samsi-Adads V.
752v grün Schmelzofen-Malerei
712v blau 'Löwenbezwinger'
709v blau Siegesdenkmal
699v blau Geflügelte Geister
690v grün Tierplastiken
672v blau Porträt Asarhaddons
671v blau Gefangenen-Szene
657v blau Relief einer Eselsjagd
645v blau 'Sterbende Löwin'

ASSYRIEN: Dichtung und andere Literatur

1725v blau Briefe Samsi-Adads
1261v grün Pferdebuch-Übersetzung
1214v blau Lobgedicht auf Tu-Kulti
1084v blau Hymne auf Tiglatpileser I.
756v blau Gesprächs-Aufzeichnung

ASSYRIEN: Geschichtsschreibung

1801v blau 'Königslisten'
1106v blau Kriegsbericht
791v blau Synchronistische Geschichte

ASSYRIEN: Musik

693v–626v Assurbanipal
650v grün Volkskonzerte

ASSYRIEN: Recht

1368v rot Unterhaltsrecht
1364v rot Eigentum und Erbrecht
1361v blau Gesetzbuch
1083v rot Todesstrafe

ASSYRIEN: Religion

2575v blau Inanna-Tempel in Assur
1911v–1845v Ilu-Suma
1876v–1816v Iri-Suma
1848v blau Ischtar-Tempel in Assur
1820v blau Assur-Tempel in Assur
1730v blau Enlil-Tempel in Assur
1251v blau Ischtar-Tempel in Ninive
1239v blau Tempel-Neubau in Assur
1148v–1074v Tiglatpileser I.
1100v blau Doppeltempel in Assur
1090v blau Relief: Tempelbau
1087v grün Glocken gegen Geister
843v–782v Semiramis
824v–782v Adadnirari III.
787v blau Nabu-Tempel in Kalach
740v–681v Sanherib
713v–669v Asarhaddon

ASSYRIEN: Sprache und Schrift

1870v grün Keilschrift
1337v blau Babylonisch Schriftsprache
908v–830v Sardur
677v blau Wörterbücher

ASSYRIEN: Technik

1846v grün Mauern um Assur
1242v grün Straßenbau
1095v grün Eiserne Waffen
916v grün Schwimmgurte
885v grün Äxte aus Eisen
882v grün Mauerbrecher, Sturmböcke
865v grün Trinkwasserkanal
858v grün Eisenwaffen für Heer
850v grün Steigbügel
760v grün Helme aus Eisen
752v grün Schmelzofen-Malerei
740v grün Schlauchboot
728v grün Glasherstellung
716v grün Pfeile mit Eisenspitzen
694v grün Steinerne Brücke
692v grün Feldbewässerung
691v grün Aquädukt
690v grün Groß-Plastiken
689v grün Wasserversorgungs-Kanal
631v grün Wasseruhren

ASSYRIEN: Wirtschaft

1353v grün Zucht von Schimmeln
1240v grün Handelssperre
943v–890v Adadnirari II.
763v–705v Sargon II.
707v rot Höchstpreis-Gesetz
707v grün Vorratswirtschaft
693v–626v Assurbanipal
692v grün Feldbewässerung
691v grün Aquädukt
689v grün Wasserversorgungs-Kanal
687v grün Baumwoll-Anbau

ASSYRIEN: Wissenschaft

1148v–1074v Tiglatpileser I.
1094v blau Bibliothek in Assur
1093v grün Zoologischer Garten
867v grün Sternwarte
708v grün Rezeptsammlung
693v–626v Assurbanipal
683v grün Zahnbehandlung
677v blau Wörterbücher
672v grün Heilmittel-Erprobung
647v blau Bibliothek in Ninive

ASTARTE, phönizischer Name der babylonischen Liebesgöttin Ischtar, deren Kult sich vor 3500 Jahren auch in Vorderasien bis nach Phönizien verbreitete. Galt auch als Göttin der Fruchtbarkeit und des Wachstums.

2850v blau Tempel in Uruk
2675v blau Tempel in Chafadschi
2575v blau Tempel in Assur
1911v–1845v Ilu-Suma
1880v blau Klagelied
1848v blau Tempel in Assur
1830v blau 'Inannas Höllenfahrt'
1387v blau Lobgedicht
1251v blau Tempel in Ninive
1239v blau Tempel in Assur
740v–681v Sanherib
624v–561v Nebukadnezar II.
576v blau Prunktor in Babylon

ASTRACHAN, Stadt im Süden des europäischen Rußland. Unweit des Kaspischen Meeres im Mündungsdelta der Wolga gelegen, entwickelte sie sich früh zum bedeutendsten Wolga-Hafen und zu einem Zentrum der Wolga-Fischerei ('Stadt des Kaviars'). Als Umschlagplatz des Waren-Verkehrs zwischen Indien und Rußland schon vor mehr als 1000 Jahren von Arabern ständig aufgesucht, wurde die blühende Stadt von den Mongolen zu einem Bildungszentrum ausgebaut. 1395n von Timurs Heeren zerstört, aber wieder aufgebaut, seit 1485n Residenz eines Mongolen-Khans. 1556n russisch geworden, war sie 1670n bis 1671n Mittelpunkt einer Erhebung der Don-Kosaken gegen das Zarentum. Als die Aufständischen unter Stenka Rasin die Stadt angriffen, öffneten ihnen die Angehörigen des zaristischen Leibregimentes (Strelitzen) die Tore der Stadt kampflos und liefen zu ihnen über. 1705n bis 1706n schlug Peter der Große einen Aufstand der Stadt gegen das Zarentum nieder. In der bolschewistischen Revolution wichtiger Stützpunkt der Roten Armee.

1392n–1450n Ibn Arabscha
1395n braun Vorstoß der Mongolen
1556n braun Vorstoß der Russen
1556n rot Russischer Besitz

ASTROLOGIE, auf das lateinische Wort 'astrologia' (= Sterndeutung) zurückgehende Bezeichnung für die Ableitung menschlicher Charakterzüge und die Voraussage persönlicher Schicksale aus der Stellung der Gestirne bei der Geburt des Menschen.

2603v grün Voraussagen in Sumer
344v–268v Berossos
280v grün Schule des Berossos
180v–110v Panaitios
176v grün Ägyptisches Buch
145v–86v Sema-Tsien
101n–179n Ptolemäus
154n–222n Bardesanes
163n grün Begründungs-Versuch
265n–330n Jamblichos
786n–833n Al Mamun
789n–873n Al Kindi
805n–885n Abu Maschar
856n grün Abu Maschar: Einführung
861n blau Geschichtstheorie
876n grün 'Gestirns-Konjunktionen'
1115n grün Abu Maschar übersetzt
1142n grün Werk Johanns von Sevilla

ASTRONOMIE, Sternkunde. In weiterem Sinne die gesamte Himmelskunde einschließlich der Wissenschaft von der Materie im Raum, ihrer Beschaffenheit und ihrer Bewegung.

2987v grün Sternbilder in Sumer
2960v grün Forschungen in Sumer
2913v grün Mondjahr in Sumer
2589v grün Meridian-Fixierung
2332v–2248v Yao
2269v grün Kalender-Verbesserung
1965v grün Stern-Verzeichnis
1683v grün Babylonisches Lehrbuch
1568v grün 'Venustafeln'
1333v grün Mondjahr in Arabien
1317v grün Mondjahr in Ägypten
1159v grün Stern-Tafeln in Ägypten
1079v grün Berechnung der Sonnenbahn
867v grün Sternwarte in Assyrien
763v grün Sonnenfinsternis-Urkunde
747v grün Aufzeichnungen in Babylon
610v–546v Anaximander
572v–493v Pythagoras
554v grün Himmelsmodell
544v–484v Heraklit
533v grün Kugelgestalt der Erde
525v grün Einordnung der Erde
501v–428v Anaxagoras
496v grün Erdbewegung
433v grün Metons Zeitrechnung
408v–355v Eudoxos
392v grün Aufbau der Milchstraße
390v–310v Herakleides
382v grün Achsendrehung der Erde
380v–306v Pytheas
375v grün Schule des Eudoxos
370v grün Weltbild des Eudoxos
365v–276v Euklid
355v grün Planeten-Bewegung
352v grün Unendlichkeit des Alls
349v grün Ähnlichkeit der Sterne
344v grün Erklärung der Tageszeiten
344v–268v Berossos
340v grün Beweis der Kugelgestalt
322v–246v Ptolemäus II.
316v–250v Aristarch
289v grün Aristarch: Messungen
286v grün Euklid: Phainomena
284v–212v Archimedes
280v grün Schule des Berossos
271v grün Aristarch: Ekliptik
258v grün Zweifache Erdbewegung
253v blau Aratos: Phainomena
237v grün Sonnenjahr in Ägypten
234v grün Archimedes: Himmelsmodell
206v grün Weltbild des Apollonios
196v–125v Hipparch
176v grün Ägyptisches Sammelwerk
155v grün Bessere Instrumente
147v grün Mond-Erde-Entfernung
135v–50v Poseidonios
134v grün Beobachtung einer Nova
131v grün Hipparch: Sternkatalog
116v–27v Varro
64v–20n Strabo
46v grün Julianischer Kalender
5n grün Leugnung der Erdbewegung
101n–179n Ptolemäus
133n–205n Kleomedes
153n grün Erde Mittelpunkt der Welt
158n grün Schulbuch
185n grün Strahlenbrechung
190n grün Sonnenlicht-Reflektion
230n–300n Pappos
360n–415n Hypatia
382n–440n Martianus Kapella
420n grün 'Wissenschaft von der Sonne'
476n–535n Arjabatta
487n–565n Kosmas
498n grün Lehrbuch Arjabattas
515n grün Philoponos: Bewegungslehre
538n–594n Gregor von Tours
558n grün Handbuch Varahamis
598n–660n Brahmagupta
628n grün Brahmaguptas Werk
631n grün Sternwarte in Korea
688n blau Lehrfach in Byzanz
773n grün Sternkunde-Übersetzung
778n–830n Al Karismi
789n–873n Al Kindi
805n–885n Abu Maschar
820n grün Sternwarte Bagdad
827n grün Himmels- und Erdatlas
828n grün 'Almagest'
853n grün Al Farganis Werk
855n–929n Al Battani
876n grün 'Gestirns-Konjunktionen'
906n grün Al Battani: Exzentrizität
913n grün Al Battani gegen Ptolemäus
919n grün Al Battanis Handbuch
948n–1009n Ibn Junis
960n grün Al Sufi: Himmels-Globus
965n–1039n Al Hassan
973n–1048n Al Biruni
974n grün Sternwarte Kairo
1006n grün Ibu Junis: Ekliptik
1029n grün Al Birunis Werk
1039n–1123n Al Kajam
1079n grün Al Kajam: Kalender
1093n–1162n Ibn Badscha
1114n–1186n Bhaskara
1126n–1198n Ibn Rasd (Averroes)
1127n–1185n Ibn Tufail
1136n grün Al Battani übersetzt
1150n grün Bhaskaras Lehrbuch
1166n grün Sonnenflecken-Erklärung
1187n grün Ptolemäus-Übersetzung
1248n grün Planetentafeln
1259n grün Sternwarte in Maraga
1279n grün Sternwarte Peking
1320n grün Camera obscura
1325n grün Jakobsstab
1333n grün Buridan: Impetus
1394n–1460n Heinrich der Seefahrer
1401n–1464n Nikolaus von Kues
1422n grün Sternwarte in Portugal
1471n grün Sternwarte Nürnberg
1473n–1543n Kopernikus
1528n grün Heliozentrisches Weltbild
1531n grün Apian: Kometenbahn
1546n–1601n Tycho Brahe
1548n–1600n Giordano Bruno
1564n–1642n Galilei
1571n–1630n Kepler
1572n grün Fixstern-Bewegung
1576n grün Sternwarte Uranienburg
1582n grün Gregorianischer Kalender
1593n grün Fernrohre in Italien
1602n grün Bayer: Sternatlas
1609n grün Kepler: Planetenbewegung
1610n grün Sonnenflecke, Jupitermonde
1611n grün Planeten: Lichtreflektion
1611n grün Astronomisches Fernrohr
1616n rot Zwang der Kirche
1619n grün 'Die Harmonie der Welten'
1633n rot Widerruf Galileis
1643n–1727n Newton
1645n grün Schalls Berufung nach China
1655n grün Saturnring und -mond
1666n grün Newton: Gravitationsgesetz
1667n grün Sternwarte in Paris
1668n grün Spiegelfernrohr
1676n grün Sternwarte Greenwich
1676n grün Lichtgeschwindigkeit
1700n grün Sternwarte Berlin
1705n grün Halley: Kometenbahn
1718n grün Fixstern-Bewegung
1728n grün Bradley: Aberration
1748n grün Bradley: Nutation
1755n grün Kants Planeten-Theorie
1781n grün Entdeckung des Uranus
1783n grün Sonnensystem-Bewegung
1784n grün Erklärung der Milchstraße
1799n grün Laplace: Himmelsmechanik
1809n grün Mathematische Astronomie
1834n grün Großkarte vom Mond
1842n grün Doppler: Doppelsterne
1846n grün Entdeckung des Neptun
1854n grün 'Riemann'scher Raum'
1861n grün Spektralanalyse
1879n–1955n Einstein
1914n grün Debes: Mondatlas
1919n grün Projektionsplanetarium
1930n grün Entdeckung des Pluto
1936n grün Regener: Strahlung
1943n grün Weizsäckers Theorie
1946n grün Clayton: Sonnenflecke
1949n grün Großteleskop
1951n grün Kuiper: Atmosphäre
1957n grün 'Sputnik'
1958n grün Strahlungsgürtel der Erde
1959n grün Mond-Sonde
1959n grün Photos der Mondrückseite
1962n grün Venus-Sonde
1965n grün Mars-Sonde

ASTROPHYSIK, Teilgebiet der Astronomie. Beschäftigt sich mit der Erforschung der chemischen Zusammensetzung und den physikalischen Eigenschaften des Weltalls.

1842n grün Dopplers Untersuchung
1861n grün Spektralanalyse
1912n grün Heß: Strahlung
1936n grün Regener: Strahlung
1943n grün Theorie der Planetenbildung
1946n grün Clayton: Sonnenflecke
1951n grün Kuipers Schrift 'Atmosphäre'

ASTURIEN, spanische Landschaft. Ein schmales Gebirgsland an der Nordwestküste der iberischen Halbinsel mit einer besonders freiheitsliebenden Bevölkerung. Unterwarf sich erst nach erbitterter Gegenwehr der Römerherrschaft und beugte sich später auch der arabischen Fremdherrschaft erst nach schwerem Widerstand. Das Land wurde dann zum Ausgangspunkt der Befreiung Spaniens von der Araberherrschaft. Für kurze Zeit ein selbständiges Königreich, ging es dann im Reiche von Leon und später im Königreiche von Kastilien auf. Im 11. und 12. Jahrhundert wiederholte Bauernaufstände. Nach der französischen Unterwerfung erhob es sich erfolgreich gegen Napoleon. Seit hundert Jahren ein Zentrum der spanischen Industrie und der revolutionären Arbeiterbewegung. Im Bürgerkrieg Entstehungsland einer Roten Garde. Nach deren Niederwerfung eines der unbeugsamen Widerstandszentren gegen den Faschismus.

27v/25v Vorstoß Roms
19v braun Vorstoß Roms
19v rot Römische Herrschaft
718n rot Westgotenreich
755n braun Sieg über Araber
1230n rot Leon an Kastilien
1796n/1815n Napoleonische Kriege
1936n/1939n Spanischer Bürgerkrieg
1965n braun Arbeiteraufstand

ASVAGOSCHA, indischer Dichter, Theologe und Kirchenlehrer.

34n–112n Lebenslinie
99n blau 'Leben Buddhas'

ATA, Ibn, arabischer Philosoph.

699n–748n Lebenslinie
728n blau Gegen Trinitätsglauben
736n blau Bedeutung der Vernunft
741n blau Freiheitsprinzip

ATACAMA, Wüsten-Landschaft im nördlichen Chile (Südamerika). Reich an Bodenschätzen, besonders an Salpeter. Vor der europäischen Besitznahme und Zerstörung Heimat eines hochkultivierten Volkes, das in loser Abhängigkeit mit dem Inkareich verbunden war (Atacamenos).

1879n/1883n Salpeterkrieg

ATATÜRK, Kemal (1880n–1938n), türkischer General und Staatsmann. Als junger Offizier nahm er am Aufstand der 'Jungtürken' teil, der dem Lande eine bürgerliche Verfassung erzwang. Am verlorenen Balkankrieg beteiligt, kämpfte er im ersten Weltkrieg an der Seite Deutschlands und Österreichs bis zur Niederlage. Dann vertrieb er die Griechen aus Kleinasien, um nach Verlust der nordafrikanischen, vorderasiatischen und europäischen Besitzungen dieses Gebiet für den türkischen Staat zu erhalten. Unterstützte die Revolution von 1922n, die den Sultan vertrieb. Seit 1923n Präsident der neugegründeten türkischen Republik. Beseitigte die religiöse Rückständigkeit, indem er an die Stelle des islamischen Rechtes ein modernes bürgerliches Gesetzbuch setzte, die Mehrehe verbot und die islamische Kleidung (Fez, Schleier) untersagte. Ersetzte auch die arabische Schrift durch lateinische Schriftzeichen und schaffte den Islam als Staatsreligion ab. Außenpolitisch in enger Freundschaft mit der Sowjetunion, verhinderte er im Innern alle sozialistischen Reformen. Durch Festhalten am Privatbesitz ließ er die soziale Frage ungelöst.

1908n braun Jungtürken-Erhebung
1912n/1913n Balkankrieg
1914n/1918n Erster Weltkrieg
1923n rot Präsident

ATHALIA, Königin von Juda.

882v–835v Lebenslinie
871v–842v Joram
863v–796v Joas
841v rot Thronbesteigung
1691n blau Racines Drama

ATHANASIUS, ägyptischer Priester und Kirchenschriftsteller.

295n–373n Lebenslinie
315n–367n Hilarius von Poitiers
318n blau Göttlichkeit Jesu
325n rot Konzil zu Nikäa
341n rot Konzil zu Antiochia
357n blau Antonius-Biographie

ATHAULF (um 375n–415n), König der Westgoten von 410n bis 415n. Übernahm von seinem Schwager Alarich nach dessen

Tode die Führung der Westgoten. Durch den römischen Kaiser zum Abzug aus dem von Alarich unterworfenen Italien veranlaßt, zog er mit seinem Volke nach Südfrankreich und ließ sich in der Gegend von Toulouse nieder. Heiratete Galla Placidia, die Schwester des römischen Kaisers Honorius, die er als Gefangene mitgenommen hatte. Als römische Truppen ihm den Zugang zur Mittelmeerküste verwehrten, ging er nach Spanien. Wegen seiner zunehmenden Ergebenheit gegenüber Rom von einem Angehörigen seines eigenen Volkes ermordet.

408 n/412 n Krieg gegen Rom
412 n rot Niederlassung in Südgallien
414 n rot Heirat mit Placidia

ATHEISMUS, wissenschaftliche Weltanschauung, deren Hauptinhalt die Zurückweisung jedes Götterglaubens ist. Erklärt die von der primitiven Menschheit den Göttern zugeschriebenen Naturvorgänge (insbesondere die Entstehung der Erde und des Menschen) naturgesetzlich und geschichtlich. Verzichtet auch für wissenschaftlich unerklärte Erscheinungen bewußt auf jede Gotteshypothese und damit auf die aus ihr hervorgegangenen Vorstellungen von Jenseits, Auferstehung, Fegefeuer, Himmel und Hölle. Als Antwort menschlicher Vernunft auf die Grundfragen des Daseins so alt wie der Versuch, der Menschheit Götterglauben aufzuzwingen. Im Westeuropa des aufgeklärten 18. Jahrhunderts war das revolutionäre Bürgertum Träger des Atheismus. Seit der bürgerlichen Restauration des 19. Jahrhunderts und der Entstehung der Arbeiterbewegung fällt der Atheismus mit der proletarischen Weltrevolution zusammen.

1391 v–1358 v Echnaton
1363 v blau Echnatons Sonnenhymnus
694 v–603 v Braspati
649 v blau Natürliche Riten-Erklärung
642 v–555 v Carvaka
636 v blau Seele nur Körperfunktion
616 v blau Religion ein Volksbetrug
587 v blau Samkhya-Lehre
561 v blau Weder Himmel noch Hölle
557 v blau Materialistische Lehre
489 v–428 v Leukipp
478 v–410 v Protagoras
469 v–399 v Sokrates
455 v–370 v Demokrit
417 v blau Protagoras: Götterleugnung
410 v rot Urteil gegen Protagoras
404 v blau Demokrits Materialismus
399 v rot Tod für Sokrates
352 v–285 v Dikäarch
341 v–270 v Epikur
338 v–268 v Strato der Physiker
325 v–260 v Euhemeros
306 v blau Philosophenschule Epikurs
303 v blau Erklärung der Götterwelt
284 v blau Religion ein Lebensfeind
214 v–129 v Karneades
97 v–55 v Lukrez
56 v blau Lukrez: Lehrgedicht
27 n–97 n Wang-Tschung
78 n blau Wang-Tschungs Lehre
125 n–180 n Lukian
160 n–242 n Ammonios
169 n blau Schicksalsglaube unsinnig
480 n–524 n Boëthius
524 n blau Boëthius' Trostbüchlein
865 n–932 n Al Rasi
913 n blau Schrift gegen Religion
1039 n–1123 n Al Kajam
1127 n–1185 n Ibn Tufail
1713 n–1784 n Diderot
1745 n blau Lamettrie: Werk über Seele
1746 n rot Verbrennung der 'Pensées'
1748 n blau 'Mensch als Maschine'
1758 n blau Helvetius: 'Vom Geist'
1770 n blau Holbachs 'Natursystem'
1818 n–1883 n Karl Marx
1841 n blau Feuerbach: 'Christentum'
1843 n blau 'Philosophie der Zukunft'
1844 n–1900 n Nietzsche
1847 n blau Kommunistisches Manifest
1855 n–1939 n Freud
1868 n grün Haeckel: Schöpfung
1870 n–1924 n Lenin
1878 n blau Engels: 'Anti-Dühring'
1879 n–1953 n Stalin
1880 n blau Jacobsen: 'Niels Lyhne'
1886 n blau 'Jenseits von Gut und Böse'
1892 n grün Haeckel: 'Monismus'
1893 n– Mao-Tse-Tung
1898 n–1956 n Brecht
1917 n rot Rußland Sowjetrepublik
1924 n rot Mongolei kommunistisch
1943 n blau Sartre: 'Sein und Nichts'
1944 n rot Jugoslawien kommunistisch
1946 n rot Nordkorea kommunistisch
1946 n rot Albanien kommunistisch
1946 n rot Bulgarien kommunistisch
1947 n rot Polen kommunistisch
1947 n rot Rumänien kommunistisch
1948 n rot CSR kommunistisch
1948 n rot Ungarn kommunistisch
1949 n rot China kommunistisch
1955 n rot Nordvietnam kommunistisch
1961 n rot Kuba kommunistisch

ATHEN, Hauptstadt Griechenlands auf der Halbinsel Attika. Im ersten Jahrtausend vor der Zeitwende ein Zentrum der mittelmeerischen Geisteskultur. Geburtsstätte der europäischen Philosophie und Wissenschaft sowie des klassischen Dramas.

752 v rot Regierungszeit begrenzt
713 v rot Höchstes Staatsamt für Adel
683 v rot Amtszeit-Beschränkung
659 v–601 v Drakon
652 v grün Steigender Zinssatz
640 v–559 v Solon
624 v rot Drakons Gesetzgebung
624 v grün 'Talent' Währungseinheit
603 v grün Befreiung von der Pest
602 v–527 v Peisistratos
600 v/590 v Erster Heiliger Krieg
597 v grün Weibliche Haartracht
595 v blau Athene-Tempel
594 v rot Klagerecht für Bürger
594 v grün Abwertung der Währung
593 v rot Politische Rechte abgestuft
593 v grün Wahrzeichen auf Münzen
592 v rot Zwang zur Entscheidung
583 v–513 v Thespis
579 v grün Gewinn aus Prostitution
572 v–485 v Kleisthenes
560 v rot Peisistratos Herrscher
560 v blau Klitias
556 v braun Kampf um Dardanellen
556 v rot Dardanellen-Herrschaft
555 v blau Lydos
550 v–486 v Dareios I.
539 v grün Wasserleitung
534 v blau Tragödien-Aufführung
530 v–472 v Aristides
527 v rot Erbliche Herrschaft
527 v blau Zeus-Tempel
525 v–459 v Themistokles
520 v–465 v Xerxes
514 v rot Tod für Tyrannenmörder
514 v blau Lasos
513 v blau Aristokles
510 v braun Aufstand
510 v rot Ende der Tyrannis
510 v rot Einführung der Demokratie
510 v blau Politisches Denkmal
509 v rot Sklavenbefreiungen
508 v blau Epiktetos
507 v rot Adelsvorrechte beseitigt
507 v grün Gewerbesteuer
506 v–446 v Myron
501 v–428 v Anaxagoras
499 v/494 v Ionischer Aufstand
499 v rot Bündnispolitik
496 v–406 v Sophokles
495 v–429 v Perikles
493 v rot Theaterzensur
493 v grün Hafen Piräus ausgebaut
493 v–432 v Phidias
491 v rot Persische Forderung
491 v blau Phrynichos
490 v/449 v Perserkriege
490 v rot Siegesnachricht (Marathon)
490 v blau Pan-Tempel
488 v rot Volksentscheid
488 v blau Brygos
487 v rot Chor Staatseinrichtung
486 v rot Neue Verfassung
486 v–430 v Hippodamos
484 v–424 v Artaxerxes
484 v–378 v Gorgias
483 v rot Flottenbau
482 v rot Themistokles Staatsführer
482 v grün Flotten-Finanzierung
481 v rot Hellenischer Bund
479 v rot Persisches Angebot
478 v–410 v Protagoras
477 v rot Attischer Seebund
477 v rot Aufstieg zur Großmacht
477 v blau 'Tyrannenmörder' erneuert
470 v blau Dionysos-Theater
469 v–399 v Sokrates
468 v blau Dramatischer Wettkampf
465 v blau Mikon
464 v/459 v Messenischer Krieg
463 v grün Getreideschiffe
462 v rot Unterstützung Spartas
461 v rot Bündnispolitik
461 v rot Adelsmacht-Beschränkung
460 v grün Beamtenbesoldung
459 v–398 v Thukydides
457 v braun Schlacht gegen Sparta
456 v grün Verteidigungsmauern
456 v–404 v Alkibiades
455 v/454 v Aufstand Ägyptens
455 v rot Unterstützung Ägyptens
454 v rot Verlegung der Bundeskasse
454 v blau Kratinos
451 v rot Waffenstillstand mit Sparta
447 v braun Niederlage gegen Böotien
447 v blau Bau des Parthenon
446 v–395 v Lysander
446 v–385 v Aristophanes
445 v rot Friedensschluß mit Sparta
444 v–365 v Antisthenes
443 v rot Fortbestand der Demokratie
443 v rot Herrschaft des Perikles
440 v blau Parthenonfries
440 v grün Größte Stadt Griechenlands
439 v blau Statue der Athene
436 v grün Agatharchos' Gemälde
433 v rot Bündnis mit Korfu
433 v braun Seekrieg gegen Korinth
433 v grün Meton
432 v rot Bündnis Korinths mit Sparta
432 v blau Propyläen
432 v grün Boykott gegen Megara
431 v/404 v Peloponnesischer Krieg
431 v rot Bündnisse
430 v rot Friedensangebot an Spartas
430 v grün Verluste durch Pest
430 v–353 v Xenophon
427 v–347 v Plato
425 v grün Brücke nach Euböa
425 v rot Friedensangebot Spartas
420 v rot Bundesgenossen
419 v grün Apollodoros Skiagraphos
418 v–362 v Epaminondas
415 v grün Kallias
413 v braun Flucht von Sklaven
413 v rot Feindkoalition
412 v blau Spott über Demokratie
411 v braun Adelserhebung
411 v rot Abfall von Bundesgenossen
410 v rot Protagoras' Verurteilung
410 v rot Bücherverbrennung
408 v rot Alkibiades Staatsführer
408 v–355 v Eudoxos
407 v grün Denkmäler-Einschmelzung
406 v rot Friedensangebot Spartas
404 v rot Ende der Vormachtstellung
403 v rot Erneut Demokratie
403 v–335 v Praxiteles
399 v rot Verurteilung des Sokrates
398 v blau Tonstatuette eines Armen
396 v grün Persische Hilfsgelder
395 v/386 v Korinthischer Krieg
395 v rot Bündnis gegen Sparta
389 v blau Schule für Redekunst
388 v blau Platos 'Akademie'
383 v–322 v Demosthenes
382 v/362 v Thebanischer Krieg
382 v–336 v Philipp II.
381 v blau Politische Broschüren
379 v rot Unterstützung Thebens
377 v rot Erneuerung des Seebundes
377 v grün Mehr Sklaven als Bürger
376 v braun Seesieg über Sparta
375 v grün Schule des Eudoxos
372 v–287 v Theophrast
361 v–268 v Pyrrhon
357 v/354 v Bundesgenossenkrieg
356 v/346 v Zweiter Heiliger Krieg
354 v rot Abfall von Bundesgenossen
350 v rot Demosthenes: 'Philippika'
350 v grün Stenographie
348 v grün Aristoxenos: Harmonik
345 v rot Forderung nach Einigkeit
343 v–292 v Menander
341 v–270 v Epikur
339 v grün Mnesitheos
338 v rot Philipp Herrscher
338 v–268 v Strato der Physiker
339 v/338 v Dritter Heiliger Krieg
335 v blau Aristoteles: 'Lyzeum'
334 v blau Lysikrates-Denkmal
333 v–262 v Zeno der Jüngere
332 v blau Bryaxis
323 v rot Anklage gegen Aristoteles
306 v blau Epikurs Philosophenschule
304 v–232 v Kleanthes
300 v blau Schule der Stoiker
291 v blau Krantor
286 v blau Duris: Kunstgeschichte
279 v–206 v Chrysipp
267 v blau Geschichte Athens
229 v rot Unabhängigkeit
215 v/205 v 1. Mazedonischer Krieg
212 v rot Bündnis mit Rom
200 v/197 v 2. Mazedonischer Krieg
198 v rot Bündnis mit Rom
190 v blau Werk über Akropolis
178 v blau Akropolis-Inschriften
155 v rot Philosophengesandtschaft
142 v blau Apollodor
76 n–139 n Hadrian
130 n blau Neuer Stadtteil
174 n blau Förderung durch Mark Aurel
395 n/403 n Dritter Gotischer Krieg
529 n rot Schließung der Akademie
529 n grün Philosophen-Auswanderung
1458 n rot Türkische Herrschaft
1821 n/1829 n Kampf Griechenlands

ATHENAGORAS, griechischer Religionsphilosoph in Athen.

133 n–190 n Lebenslinie
177 n blau Apologie
185 n blau Monotheismus

ATHENE, griechische Göttin. Ursprüngliche Hausgöttin des Königshauses der griechischen Stadt Mykene, nach Abschaffung des Königtums Volksgöttin in Mykene. Später Schutzgöttin des nach ihr benannten Stadtstaates Athen. Nach der griechischen Göttersage ist sie eine Tochter des Göttervaters Zeus, der sie aus seinem Haupte gebar, nachdem er seine mit Athene schwangere Frau Metis verschlungen hatte. Als Kriegsgöttin soll sie in voller Rüstung geboren worden sein. Galt auch als Göttin der Weisheit, der Kunst und der Wissenschaft.

595 v blau Erster Tempel in Athen
506 v–446 v Myron
493 v–432 v Phidias
447 v blau Parthenon begonnen
440 v blau Parthenonfries
439 v blau Statue für den Parthenon

395 v–343 v Skopas
353 v blau Tempel in Tegea
337 v blau Antiphilos' Gemälde

ATHENION, römischer Freiheitskämpfer aus Kleinasien.

144 v–101 v Lebenslinie
130 v–102 v Tryphon
104 v/100 v Aufstand

ATHIR, Al (1160 n–1234 n), arabischer Geschichtsschreiber. Verfaßte eine Geschichte der Fürsten von Mosul, ein biographisches Lexikon über 7500 Gefährten des Propheten Mohammed ('Die Löwen des Dschungels') sowie eine allgemeine Geschichte von der Erschaffung der Welt bis auf seine Zeit.

1231 n blau Weltgeschichte

ATHOS, östlichste der drei Landzungen, die vor der griechischen Stadt Saloniki ins Ägäische Meer hinausragen. Hier entstanden im zehnten Jahrhundert mehrere Klöster, die auf der Grundlage von Zurückgezogenheit, Handarbeit und Gebet bald zu einer Gemeinschaft zusammenwuchsen. Nach dem Verfall des byzantinischen Kaisertums religiöser Mittelpunkt der Slawen und Rumänen und durch Angliederung einer eigenen Akademie zeitweilig Bildungszentrum. Während der jahrhundertelangen türkischen Herrschaft konnte die Pflege des orthodoxen Christentums Dank der Duldsamkeit der mohammedanischen Besatzung beibehalten werden. Als souveräne Mönchsrepublik zeitweilig neutral, dann Bestandteil Griechenlands. Wird heute von über 3000 Männern bewohnt, die in 20 Klöstern und 22 Dörfern leben.

520 v–465 v Xerxes
483 v grün Kanal
978 n blau Mittelpunkt des Mönchtums

ATLANTIKCHARTA, feierliche Willenserklärung der Regierungschefs der USA und Großbritanniens, der sich auch die UdSSR und andere kriegführende Staaten anschlossen. Legte die Kriegsziele der Alliierten fest: Selbstbestimmungsrecht aller Völker, gleicher Zugang zu den Rohstoffquellen der Erde, dauernder Friede.

1882 n–1945 n F. D. Roosevelt
1941 n rot Verkündigung

ATLANTIKPAKT, eigentlich 'Nordatlantikpakt' (NATO). Bündnisvertrag der USA mit Kanada und westeuropäischen Ländern (Großbritannien, Frankreich, Italien, Belgien, Holland, Luxemburg, Norwegen, Dänemark und Portugal), dem nachträglich die Türkei und Griechenland (1952 n) beitraten sowie die Bundesrepublik Deutschland (1955 n). Leitete die Zweiteilung Europas ein, die später durch den Warschauer Pakt vollendet wurde. Legte die westeuropäischen Staaten und Kanada auf die antikommunistische Weltstrategie der USA fest und bezog sie in deren militärischen Bereich ein. Bewirkte die Fortdauer der Stationierung von Truppen der USA und anderer Siegermächte auf dem Gebiete der Bundesrepublik Deutschland. Im Jahre 1966 n verließ Frankreich als erster Staat das Bündnis.

1949 n rot Vertragsabschluß

ATLAS, erdkundliches Kartenwerk, benannt nach dem Riesen Atlas, der nach der griechischen Sage das Himmelsgewölbe trägt.

827 n grün Himmels- und Erdatlas
851 n–938 n Al Balki
921 n grün 'Gestalten der Gegenden'
1096 n–1166 n Al Idrisi
1164 n grün Weltkarte
1595 n grün Mercators 'Atlas'
1602 n grün Bayer: Sternatlas
1656 n grün Atlas von China
1914 n grün Mondatlas

ATMOSPHÄRE, aus dem Griechischen abgeleitete Bezeichnung für die Luft- oder Gashülle im Schwerefeld von Planeten oder anderen Himmelskörpern (wörtlich: 'Dunstkreis'). Die Lufthülle der Erde verliert sich in einer Höhe von etwa 3000 Kilometern. Diese Atmosphäre zerfällt in die wetter-bestimmende 'Troposphäre' (bis 12 Kilometer Höhe), die darüber liegende 'Stratosphäre' (12 bis 80 Kilometer Höhe), die 'Ionosphäre' (80 bis 800 Kilometer Höhe) und die 'Exosphäre' (über 800 Kilometer). Ihre Erforschung war eine wesentliche Voraussetzung der Raumfahrt.

965 n–1039 n Al Hassan
1004 n grün Al Hassans Forschungen
1931 n grün Piccards Ballonaufstieg
1951 n grün Kuipers Forschungen
1958 n grün Strahlungsgürtel

ATOMBOMBE, Massenvernichtungsmittel. Beruht auf der Ausnutzung von Atomenergie, wie sie bei der Spaltung des Atomkerns freigesetzt wird. Zur Zerstörung ganzer Städte zuerst eingesetzt im zweiten Weltkrieg von den USA gegen Japan.

1938 n grün Atomkern-Spaltung
1942 n grün Atomreaktor
1945 n grün Herstellung beendet
1945 n rot Erster Abwurf

ATOMLEHRE, Wissenschaft vom Aufbau und von den Eigenschaften der kleinsten Bestandteile der Materie.

501 v–428 v Anaxagoras
489 v–428 v Leukipp
455 v–370 v Demokrit
452 v grün Teilchen-Lehre
447 v grün Begriff 'Atom'
427 v grün Begründung durch Demokrit
390 v–310 v Herakleides
338 v–268 v Strato der Physiker
282 v grün Begriff 'Leerer Raum'
278 v grün Weltentstehungs-Theorie
129 v–40 v Asklepiades
97 v–55 v Lukrez
865 n–932 n Al Rasi
904 n grün Al Rasis Atomlehre
1596 n–1650 n Descartes
1647 n grün Gassendis Atomlehre
1713 n–1784 n Diderot
1767 n grün Priestleys Lehre
1808 n grün Dalton: Atomlehre
1815 n grün Prout: Atomgewicht
1879 n–1968 n Otto Hahn
1885 n–1962 n Niels Bohr
1896 n grün Becquerel: Radioaktivität
1897 n grün Rutherford: Atomkern
1899 n grün Alpha- und Beta-Strahlen
1901 n– Heisenberg
1905 n grün Elektronen-Theorie
1910 n grün Isotopenlehre
1911 n grün Rutherford: Atommodell
1913 n grün Atommodell verbessert
1919 n grün Atomzertrümmerung
1920 n grün Bohr: Periodisches System
1925 n grün Quantenmechanik
1925 n grün Pauli-Prinzip
1927 n grün Wellenmechanik
1927 n grün Elektronen-Beugung
1928 n grün Geigerzähler
1932 n grün Neutron
1932 n grün Positron
1934 n grün Künstliche Radioaktivität
1935 n grün Kern-Umwandlung
1938 n grün Urankern-Spaltung
1941 n grün Broglie: Elementarteilchen

ATOMPHYSIK, Lehre von der Beschaffenheit der kleinsten Bestandteile der Welt, von ihren Verhaltensweisen und von ihrer Nutzung für die Zwecke des Menschen.

1808 n grün Dalton: Atomlehre
1815 n grün Prout: Atomgewicht
1879 n–1968 n Otto Hahn
1885 n–1962 n Niels Bohr
1896 n grün Becquerel: Radioaktivität
1897 n grün Rutherford: Struktur
1898 n grün Radium, Polonium
1899 n grün Alpha- und Betastrahlen
1901 n– Heisenberg
1905 n grün Elektronentheorie
1910 n grün Soddy: Isotope
1911 n grün Rutherford: Atommodell
1913 n grün Bohr: Atommodell
1919 n grün Atomzertrümmerung
1920 n grün Bohr: Periodisches System
1925 n grün Quantenmechanik
1925 n grün Pauli-Prinzip
1927 n grün Wellenmechanik
1927 n grün Elektronen-Beugung
1928 n grün Geigerzähler
1932 n grün Neutron
1932 n grün Positron
1934 n grün Künstliche Radioaktivität
1935 n grün Fermi: Neutronen-Beschuß
1938 n grün Kernspaltung
1941 n grün Broglie: Elementarteilchen
1942 n grün Atomreaktor
1945 n grün Atombombe
1952 n grün Wasserstoffbombe
1954 n grün Atomkraftwerk
1954 n grün Atom-U-Boot

ATON, ägyptisches Wort für 'Sonnenscheibe'. Ihre Verehrung ersetzte zeitweise in Ägypten allen Götter-Kult.

1398 v–1335 v Eje
1391 v–1358 v Echnaton
1388 v–1354 v Nofretete
1375 v blau Tempel in Theben
1370 v blau Relief
1363 v blau Lobgesang

ATREUS, Held der griechischen Sage. Soll als Herrscher von Mykene aus Rache für die Verführung seiner Frau durch seinen Bruder Thyestes dessen Söhne getötet und ihr Fleisch dem Thyestes als Speise vorgesetzt haben. Der nach ihm benannte Bau vor den Toren der Stadt Mykene ('Schatzhaus des Atreus') ist eine als Kuppelbau angelegte Grabstätte mit bunten Reliefs. Hier soll der Sohn des Atreus (Agamemnon) begraben sein.

1323 v blau 'Schatzhaus'

ATRIUM, der große Hauptraum des römischen Bürgerhauses mit der Feuerstätte und deshalb meist nach oben offen. Das Atrium-Haus ist ein Wohnhaus mit einem zentral gelegenen Innenraum oder Innenhof, zu dem alle übrigen Räume gerichtet sind, also ein zur Straße hin abweisendes, geschlossenes, fensterloses Haus.

2805 v grün Aufkommen in Sumer
1124 v grün Aufkommen in Italien
174 v grün Säulenhalle

ATTALIDEN, Herrscher-Familie des kleinasiatischen Reiches von Pergamon. Regierte von 283 v bis 133 v.

283 v rot Reichsgründung
225 v braun Angriff der Kelten
207 v blau Plastik 'Sterbender Fechter'
189 v rot Bündnis mit Rom
189 v blau Bibliothek
180 v blau Pergamon-Altar
180 v grün Druckwasserleitung
163 v–129 v Aristonikos
149 v grün Gemäldekauf
132 v rot Aritsonikos: 'Sonnenstaat'

ATTAR, Ferid (1136 n–1229 n), persischer Dichter, Apotheker und Arzt. Verfaßte eine Sittenlehre ('Buch des guten Rats'), ein Tiergleichnis für die sieben Stufen der Seelenläuterung ('Vogel-Gespräch'), einen Roman ('Chosrau und die Rose') sowie 97 Lebensbilder berühmter persischer Heiliger.

1171 n blau 'Vogel-Gespräch'

ATTIKUS, Titus Pomponius (109 v–32 v), römischer Verleger. Als Sohn eines reichen Besitzbürgers lebte er seinen Neigungen, während sich sein Vermögen aus kaufmännischen Unternehmungen sowie aus seinem Landbesitz vermehrte. Beschäftigte zahlreiche Sklaven zum Abschreiben von Büchern und verkaufte die Abschriften im ganzen Römerreich und ins Ausland. Politisch besaß er großen Einfluß, verhielt sich aber immer möglichst neutral. Unterstützte in den Bürgerkriegen stets beide Seiten mit Geld und Rat. Mit Cicero eng befreundet, schrieb er ein Buch über dessen Konsulatstätigkeit. Verfaßte auch eine nach Jahren geordnete kulturgeschichtliche Übersicht über die Entwicklung Roms von den Anfängen bis zum Jahre 54 v.

66 v grün Verlag
45 v blau Geschichtswerk

ATTILA, König der Hunnen von 434 n bis 453 n.

410 n–453 n Lebenslinie
370 n/455 n Hunnenkriege
397 n–454 n Aëtius
411 n–474 n Priskus
434 n rot Reichsteilung
435 n/436 n Zug gegen Burgund
436 n rot Vernichtung Burgunds
445 n rot Alleinherrscher
446 n blau 'Hölzerne Stadt'
447 n rot Friedensvertrag mit Ostrom
447 n grün Tribute Ostroms
449 n rot Politische Verlobung
449 n rot Bündnis gegen Westrom
450 n rot Großreich
450 n blau Besuch von Priskus
474 n blau Priskus' Geschichtswerk
1204 n blau Nibelungenlied

ATTISCHER SEEBUND, Vereinigung der Insel- und Küstenstädte der Ägäis unter Führung Athens.

530 v–472 v Aristides
495 v–429 v Perikles
477 v rot Gründung (Erster Bund)
470 v rot Beitritt der Insel Rhodos
465 v rot Weitere Beitritte
454 v rot Bundeskasse in Athen
411 v rot Abfall von Bundesgenossen
377 v rot Erneuerung (Zweiter Bund)

AUBIGNÉ, Théodore Agrippa (1522 n bis 1630 n), französischer Schriftsteller und Historiker, Mitstreiter Heinrichs IV. In seinem Hauptwerk ('Les Tragiques') würdigte er die Opfer der französischen Protestanten ('Hugenotten') in ihrem vergeblichen Kampfe gegen die katholische Kirche.

1615 n blau 'Les Tragiques'

AUE, Hartmann von (um 1170 n–um 1210 n), deutscher Dichter. Nach Besuch einer Klosterschule wurde er Dienstmann des Herzogs von Aue bei Schaffhausen. In den Ritterstand erhoben, nahm er an einem Kreuzzug teil. Dichtete Liebeslieder und Kriegsgesänge. Nach dem Stoff der Artussage schrieb er die Reim-Erzählungen 'Erek' mit 10 000 Versen und 'Iwein' mit 8000 Versen. In seiner Novelle 'Der arme Heinrich' schilderte er die Opferbereitschaft eines Bauernmädchens für einen an Aussatz unheilbar erkrankten Ritter. Auch in der Verslegende 'Gregorius' behandelte er die ritterliche Welt. In einem erdachten Zwiegespräch zwischen Seele und Leib ('Büchlein') legte er die Ideale ritterlicher Liebe (Minne) dar.

1200 n blau 'Der arme Heinrich'

AUENBRUGGER, Leopold (1722 n bis 1809 n), deutscher Arzt. Erforschte die Möglichkeiten der Diagnose von Lungenerkrankungen durch Abhören des Schalls, der beim Beklopfen des Brustkorbes mit der Hand entsteht. Als Sohn eines Schankwirts war es ihm bekannt, daß leere Fässer beim Beklopfen einen anderen Schall geben als volle. Aus dieser Kenntnis entwickelte er nach siebenjähriger Beobachtung an Patienten als neue diagnostische Methode das Abklopfen des menschlichen Brustkorbes (Perkussion).

1760 n grün Perkussion

AUER, Karl (1858 n–1929 n), österreichischer Techniker und Chemiker. Als Schüler von Robert Bunsen beschäftigte er sich mit der Entwicklung einer preiswerten Lichtquelle. Durch die Erfindung eines Glühstrumpfes aus abgebranntem Erdmetall schuf er die Möglichkeit zur Erzeugung eines hellen, weißglühenden, billigen Lichtes für Straßenbeleuchtung und die Erhellung von Wohnräumen. Entwickelte auch ein elektrisches Glühlicht durch Erfindung der Osmium-Metallfaden-Lampe. Fand eine Legierung aus Zer und Eisen, die sich zum Funkenschlagen bei Feuerzeug und Gasanzünder eignete.

1885 v grün Gas-Glühlicht

AUERSTÄDT, Dorf an der Saale südwestlich von Naumburg. Hier schlug ein französisches Heer von 30 000 Mann 1806 n in den Napoleonischen Kriegen die Hauptmacht der preußischen Armee unter Blücher (48 000 Mann), während gleichzeitig Napoleon selbst bei Jena ein preußisches Armeekorps von 36 000 Mann besiegte. Mit dieser Doppelschlacht war die seit Friedrich-Wilhelm I. und Friedrich II. aufgebaute preußische Armee vernichtet.

1796 n/1815 n Napoleonische Kriege

AUFGUSSTIERCHEN, Bezeichnung für einzellige Lebewesen, die so klein sind, daß sie mit dem bloßen Auge nicht wahrgenommen werden können (Pantoffeltierchen, Flagellaten, Amöben). Ihren Namen verdanken diese Mikro-Organismen dem Umstand, daß man sie zunächst durch das Übergießen von Gras, Heu oder Stroh mit heißem Wasser gewann. Sie leben meist in morastigen Gegenden, kapseln sich bei ungünstigen Lebensbedingungen ein und werden dann vom Winde fortgetragen.

1675 n grün Leeuwenhoeks Forschungen
1838 n grün Ehrenbergs Forschungen

AUFKLÄRUNG, die Befreiung des Menschen aus überkommenen Vorurteilen und geistiger Unmündigkeit, insbesondere die Überwindung religiöser Vorstellungen durch sachgemäße, naturgesetzlich begründete, vernünftige Erkenntnis, meist verbunden mit der Zuversicht eines unaufhaltsamen Fortschreitens der Menschheit zu Freiheit, Würde und Glück.

2496 v–2438 v Ni-Anch-Sekmet
2055 v–1975 v Ur-Edina
1422 v–1356 v Teje
1391 v–1358 v Echnaton
1377 v blau Liebe statt Götterglauben
1363 v blau Echnatons Sonnenhymne
1108 v–1044 v Wu
1046 v blau Gelehrte statt Priester
694 v–603 v Braspati
649 v blau Natürliche Ritenerklärung
642 v–555 v Carvaka
640 v grün Braspati erklärt Sein
636 v blau Materialistische Seelenlehre
628 v blau Braspati: Erkenntnislehre
624 v–546 v Thales
616 v blau Braspati: Religion ist Betrug
610 v–546 v Anaximander
602 v blau Carvaka: Individualismus
598 v–501 v Teng-Tse
591 v blau Carvaka: Glückslehre
585 v–525 v Anaximenes
575 v–483 v Xenophanes
570 v blau Naturphilosophie
566 v grün Abstammungslehre
561 v blau Carvaka verneint Jenseits
557 v blau Lehrbuch des Materialismus
540 v blau Ursache der Kriminalität
530 v blau Eleatische Philosophenschule
521 v blau Hekataios' Kritik der Sagen
501 v–428 v Anaxagoras
499 v blau Sein bestimmt Denken
489 v–428 v Leukipp
478 v–410 v Protagoras
475 v–393 v Me-Ti
469 v–399 v Sokrates
460 v–375 v Hippokrates
455 v–370 v Demokrit
446 v–385 v Aristophanes
444 v blau Denken Körperfunktion
444 v–365 v Antisthenes
435 v blau Mensch Maß aller Dinge
429 v–370 v Phaleas
427 v–347 v Plato
417 v blau Protagoras leugnet Götter
410 v rot Protagoras verurteilt
404 v blau Materialistische Seelenlehre
400 v blau Sozialisierungs-Forderung
399 v rot Sokrates verurteilt
390 v–310 v Herakleides
384 v–322 v Aristoteles
378 v–289 v Meng-Tse
372 v–287 v Theophrast
352 v–285 v Dikäarch
341 v–270 v Epikur
333 v–262 v Zeno der Jüngere
325 v–260 v Euhemeros
316 v–250 v Aristarch
315 v blau Museion in Alexandria
307 v blau Eigentum naturwidrig
306 v blau Epikurs Philosophenschule
305 v blau Bibliothek von Alexandria
303 v blau Kritik an Göttersagen
296 v blau Zeno: Pantheismus
289 v blau Sterblichkeit der Seele
288 v blau Epikur: Freiheit von Furcht
284 v blau Epikur: Lebensfeind Religion
279 v–206 v Chrysipp
274 v–194 v Eratosthenes
270 v blau Strato: Religionskritik
266 v blau Arkesilaos gegen Dogmatik
258 v grün Zweifache Erdbewegung
214 v–129 v Karneades
187 v blau Jambulos: Kommunismus
180 v–110 v Panaitios
170 v–102 v Lucilius
97 v–55 v Lukrez
56 v blau Lukrez: Materialismus
27 n–97 n Wang-Tschung
31 n–99 n Musonius Rufus
52 n–133 n Epiktet
67 n–140 n Juvenal
72 n blau Gleichberechtigung der Frau
78 n blau Materialismus
86 n–161 n Antoninus Pius
125 n–180 n Lukian
131 n–182 n Celsus
153 n blau Frieden Ziel der Politik
169 n blau Schicksalsglauben unsinnig
179 n blau Kritik am Christentum
190 n blau Sextus gegen Dogmatismus
270 n blau Jesus nur Mensch
360 n–415 n Hypatia
480 n–524 n Boëthius
504 n–570 n Gildas der Weise
524 n blau Boëthius' Trostbüchlein
699 n–748 n Ibn Ata
701 n–784 n Fergil der Geometer
728 n blau Kritik an Dreifaltigkeit
736 n blau Ibn Ata für Vernunft
741 n blau Willensfreiheit
768 n–824 n Han-Yü
814 n–877 n Eriugena
819 n blau Han-Yü gegen Aberglauben
839 n blau Bistami gegen Dogmatismus
862 n blau Eriugena verneint Erbsünde
865 n–932 n Al Rasi
913 n blau Al Rasi Religionsgegner
951 n blau Arabische Enzyklopädie
973 n–1057 n Al Mari
980 n–1037 n Ibn Sina (Avicenna)
1009 n blau Freiheit der Philosophie
1021 n–1086 n Wang-Anschi
1028 n blau Al Mari: Religionskritik
1039 n–1123 n Al Kajam
1053 n–1140 n Toba-Sojo
1056 n blau Vernunft gegen Autorität
1093 n–1162 n Ibn Badscha
1114 n–1187 n Gerhard von Toledo
1118 n blau Toba-Sojos Bilder
1126 n–1198 n Ibn Rasd (Averroes)
1127 n–1185 n Ibn Tufail
1130 n–1200 n Tschu-Hi
1169 n–1240 n Ibn Arabi
1147 n grün Ibn Rasd über Seele
1193 n–1279 n Albertus Magnus
1214 n–1294 n Roger Bacon
1270 n blau Erweiterung des Weltbilds
1290 n–1343 n Marsilius von Padua
1318 n blau Kritik an Papststellung
1319 n blau Ibn Taimija: Religionskritik
1324 n blau Volksherrschaft gefordert
1325 n–1389 n Hafis
1335 n–1381 n John Ball
1343 n blau Recht der Liebe
1352 n blau Anmaßung der Priester
1373 n blau Hafis für Toleranz
1404 n–1472 n Alberti
1408 n–1472 n Nezahual
1408 n–1457 n Valla
1434 n grün Achsdrehung der Erde
1442 n blau Vallas Lebensideal
1445 n blau Gleichheit der Menschen
1447 n blau Besinnung auf Antike
1457 n blau Albertis Lebensideal
1465 n–1536 n Erasmus von Rotterdam
1473 n–1543 n Kopernikus
1498 n blau Kommunistisches Programm
1509 n blau Erasmus: Kirchenkritik
1515 n blau 'Dunkelmännerbriefe'
1516 n blau Thomas More: 'Utopia'
1527 n blau Kritik an Erziehung
1528 n grün Kopernikus: neues Weltbild
1542 n–1605 n Akbar
1548 n–1600 n Giordano Bruno
1564 n–1642 n Galilei
1569 n grün G. Bruno: Religionskritik
1571 n blau Akbar: Religionsgespräche
1571 n grün G. Bruno: Welterklärung
1571 n–1630 n Kepler
1572 n blau Fischart gegen Wahrsagerei
1573 n blau Gleichheit der Religionen
1576 n blau Bodin über Gewissensfreiheit
1579 n blau Kampf gegen Absolutismus
1580 n blau Montaigne: Essais
1588 n–1679 n Hobbes
1596 n–1650 n Descartes
1602 n blau Campanella: Staatsideal
1604 n grün Galilei: Bewegungsgesetze
1609 n grün Kepler: Planetenbewegung
1613 n blau Galilei: Bibelkritik
1619 n grün Kepler: Astronomie
1625 n blau Grotius: Völkerrecht
1628 n blau Comenius: 'Unterrichtslehre'
1632 n–1677 n Spinoza
1632 n–1704 n Locke
1637 n blau Descartes: Erkenntnis
1652 n grün Winstanley: Kommunismus
1658 n blau Anschauungsunterricht
1659 n blau Spinoza: Kausalität
1668 n–1744 n Vico
1672 n blau Pufendorf: Naturrecht
1675 n blau Gleichberechtigung der Frau
1676 n blau Spinoza über Willensfreiheit
1679 n–1754 n Christian Wolff
1686 n blau Fontenelle: Pluralität
1687 n blau Thomasius' Vorlesungen
1688 n blau Thomasius: Naturrecht
1689 n blau Richard Simon: Bibelkritik
1689 n–1755 n Montesquieu
1692 n rot Religionsfreiheit in China
1694 n–1778 n Voltaire
1696 n blau Bayle: 'Wörterbuch'
1698 n blau Fénelon: 'Telemach'
1699 n blau Arnolds 'Ketzer'-Geschichte
1704 n blau Schrift gegen 'Hexen'-Prozeß
1705 n blau Mandeville: 'Bienenfabel'
1708 n blau Shaftesburys Ideal
1709 n blau Zeitschrift 'Tatler'
1711 n–1776 n Hume
1712 n–1778 n Rousseau
1713 n–1784 n Diderot
1717 n rot Freimaurer-Bewegung
1719 n blau Wolff: Gott, Welt, Mensch
1721 n blau Wolff: Gesellschaft
1723 n blau Freimaurer-Ideale
1724 n–1804 n Kant
1729 n–1781 n Lessing
1732 n blau Voltaire: Kirchenkritik
1740 n rot Toleranz in Preußen
1745 n blau Lamettrie: Materialismus
1746 n rot Diderot-Werk verbrannt
1746 n–1827 n Pestalozzi
1748 n blau 'Mensch als Maschine'
1750 n blau Lessing: Herrnhuter
1751 n blau Französische Enzyklopädie
1753 n blau Rousseau: Eigentumsfrage
1755 n blau Morelly: Gleichheitsideal
1757 n grün Lomonossow über Materie
1758 n blau Helvetius: 'Vom Geist'
1759 n blau Moser: 'Herr und Diener'
1760 n–1797 n Babeuf
1762 n blau 'Contrat social', 'Emile'
1764 n blau Rousseau: 'Berg-Briefe'
1764 n blau Beccaria: Kriminologie
1765 n blau Nicolais Zeitschrift
1766 n grün Linné: Homo sapiens
1768 n grün Mably: Kommunismus
1769 n blau Voltaire: Gott und Mensch
1770 n blau Holbach: Kirchenkritik
1772 n blau Helvetius: 'Vom Menschen'
1775 n blau Spence: 'Menschenrechte'
1776 n rot Menschenrechte verkündet
1778 n blau Beaumarchais: 'Figaro'
1779 n blau Lessing: 'Nathan der Weise'
1786 n rot 'Hexen'-Prozesse verboten
1790 n rot Jakobinerklub
1792 n blau Godwin: Gleichberechtigung
1792 n blau Condorcet für Bildung
1793 n blau Condorcet: 'Vom Fortschritt'
1795 n blau Kants Friedensidee
1795 n blau 'Manifest der Gleichen'
1809 n grün Lamarck: Entwicklungslehre
1809 n–1882 n Darwin
1812 n blau Owen: Gesellschaftskritik
1818 n–1883 n Karl Marx
1820 n blau Saint-Simon: Proletariat
1833 n blau Lamennais: Kirchenkritik
1835 n blau Strauß: 'Leben Jesu'
1838 n blau Weitling: 'Die Menschheit'
1839 n blau Blanc gegen Kapitalismus
1840 n blau Proudhon: Eigentumsfrage
1841 n blau Feuerbach: 'Christentum'
1843 n blau 'Philosophie der Zukunft'
1845 n blau Engels: Lage der Arbeiter
1847 n blau Kommunistisches Manifest
1855 n–1939 n Freud
1856 n–1950 n G. B. Shaw
1859 n blau Marx: Polit-Ökonomie
1859 n grün Darwin: Ursprung der Arten
1863 n blau Renan: 'Leben Jesu'
1863 n grün Mensch und Affe
1866 n grün Mendel: Vererbungslehre
1867 n blau Marx: 'Das Kapital'
1868 n grün Haeckel über Evolution
1869 n blau Manifest russisch
1869 n blau Mill: Stellung der Frau
1870 n blau Blanquis Zeitschrift
1870 n blau Liebknecht: 'Bodenfrage'
1870 n–1924 n Lenin
1871 n grün Darwin: 'Abstammung'
1878 n blau Engels: 'Anti-Dühring'
1879 n blau Bebel: Stellung der Frau
1879 n–1953 n Stalin
1880 n blau Jacobsen: 'Niels Lyhne'
1884 n blau Engels: Gesellschaftslehre
1885 n blau Marx: 'Kapital II'
1890 n blau Zeitschrift 'Gleichheit'
1892 n grün Haeckel: 'Monismus'
1893 n– Mao-Tse-Tung
1894 n blau Marx: 'Kapital III'
1895 n grün Psychoanalyse
1898 n–1956 n Brecht
1900 n blau Zeitung 'Der Funke'
1900 n grün Freud: Traumdeutung
1904 n blau Zeitung 'Humanité'
1909 n blau Montessori: Erziehung
1912 n grün Adler: Psychologie
1916 n blau 'Spartakus-Briefe'
1916 n blau Lenin: 'Imperialismus'
1917 n blau Lenin: Staatslehre
1920 n grün Jung: Archetypen
1923 n grün Webbs: Kapitalismus
1924 n blau Zeitung 'Unità'
1924 n blau Stalin: 'Leninismus'
1928 n blau Shaws 'Wegweiser'
1939 n blau Johnson: 'Ein Sechstel'
1943 n blau Sartre: Existentialismus
1949 n blau 'Das andere Geschlecht'
1953 n blau Lukacs' Untersuchung
1953 n grün Kinsey-Report
1955 n blau Bloch: 'Das Prinzip Hoffnung'
1964 n blau Schaff: 'Marx oder Sartre?'
1964 n blau Havemann: 'Dialektik'

AUGENHEILKUNDE

2419 v grün Augenärzte in Ägypten
2415 v–2335 v Chui
2358 v grün Kampf gegen Trachom
2239 v–2162 v Ir-En-Achat
2055 v–1975 v Ur-Edina
1981 v–1929 v Neferi
1602 v grün Einträufeln in Ohren
520 v–450 v Alkmaion
471 v grün Entdeckung des Sehnervs
324 v–250 v Herophilos
211 v grün Staroperationen
49 n grün 'Der Augenarzt'
965 n–1039 n Al Hassan
996 n grün Anatomie des Auges
1012 n grün Ibn Isa: Lehrbuch
1258 n grün Ibn Mahasin: Lehrbuch
1282 n grün Augengläser in Italien
1575 n grün Kurz- und Weitsichtigkeit
1666 n grün Blinder Fleck
1745 n grün Daviel: Staroperation
1784 n grün Bifokale Brille
1850 n grün Augenspiegel

AUGENSPIEGEL, Gerät der Augenheilkunde. Besteht aus einem leicht nach innen gewölbten Spiegel, der Licht in das Auge wirft und durch dessen Mitte ein Loch gebohrt ist, durch das der Arzt das Auge betrachtet. Mit einer Haltevorrichtung und einem Stirnband am Kopf des Arztes befestigt, so daß dessen beide Hände für die Behandlung freibleiben. Von Helmholtz Mitte des 19. Jahrhunderts erfunden, entwickelte er sich zu einem unentbehrlichen Arbeitsgerät für die Feststellung von Augenkrankheiten, aber auch von allgemeinen Erkrankungen, die im Auge Veränderungen bewirken (Zucker, Gehirngeschwüre).

1850 n grün Erfindung

AUGSBURG, Stadt am Lech im schwäbischen Süddeutschland. Neben dem gleichzeitig gegründeten Trier die älteste Stadt Deutschlands. Als römische Militärkolonie nach Kaiser Augustus benannt ('Augusta'), entwickelte sie sich nach Abzug der römischen Truppen zu einem bedeutenden Wirtschaftszentrum, wurde 1276 n freie Reichsstadt, dann Ort wichtiger Reichstage und endlich Produktions- und Handelsmetropole des deutschen Frühkapitalismus (Fugger, Welser). Kam 1806 n zu Bayern. Seit Mitte des 19. Jahrhunderts Stätte moderner Textilbetriebe und Maschinenfabriken.

15 v blau Gründung
912 n–973 n Otto I., der Große
955 n braun Schlacht auf dem Lechfeld
1450 n blau Meistersingerschule
1459 n–1525 n Jakob Fugger
1518 n grün Feuerlöschwagen
1528 n grün Venezuela an Welser
1530 n blau Augsburger Konfession
1537 n grün Börse
1548 n rot 'Augsburger Interim'
1555 n rot Religionsfriede
1559 n grün Münzordnung
1573 n grün Zuckerraffinerie
1620 n blau Rathaus

AUGSBURGER INTERIM, vorläufige Verfügung des deutschen Kaisers in der durch die Reformation entstandenen religiösen Frage. Erlaubte den Protestanten ihre besonderen Bräuche beim Gottesdienst (Laienkelch) sowie die Priesterehe.

1548n rot Verfügung

AUGSBURGER KONFESSION, Bekenntnisschrift der deutschen Protestanten. Benannt nach der Stadt Augsburg, wo die von Melanchthon verfaßte Schrift in deutscher und lateinischer Sprache dem Kaiser anläßlich des Reichstages von 1530n übergeben wurde. Ihr Inhalt kam dem Wunsch des Kaisers nach Ausgleich zwischen Protestantismus und Katholizismus entgegen und betonte deshalb die kirchlichen Mißstände stärker als die geringen Unterschiede in Glaubensfragen.

1530n blau Abfassung

AUGSBURGER RELIGIONSFRIEDE, auf dem Augsburger Reichstag von 1555n beschlossene gesetzliche Regelung der kirchlichen Fragen im konfessionell gespaltenen deutschen Reich. Gab den Fürsten der deutschen Einzelstaaten das Recht der Religionsfestlegung ('Wessen Gebiet, dessen Religion').

1555n rot Vertragsabschluß

AUGUST, achter Monat des Jahres. Benannt nach dem ersten römischen Kaiser (Augustus).

2615v–2550v Cheops
8v grün Benennung

AUGUST der Starke (1670n–1733n), deutscher Fürst. Als zweiter Sohn des Kurfürsten von Sachsen wurde er nach dem Tode seines älteren Bruders 24jährig Kurfürst von Sachsen. Drei Jahre später gewann er durch Bestechung der Wahlmänner und Übertritt zum Katholizismus die polnische Königskrone. Als Verbündeter Rußlands, Preußens und Dänemarks trat er in den Krieg gegen Schweden ein, durch den sein Land 80000 Menschen und 90 Millionen Taler verlor. Einen polnischen Aufstand konnte er nur durch weitgehende Zugeständnisse abwenden. Förderte die Rekatholisierung Polens und gab den Jesuiten freie Hand bei der Verfolgung von Kirchengegnern und Andersdenkenden. Um den großen Fürstenhöfen Europas ebenbürtig zu werden, baute er Dresden zu einer prächtigen Residenzstadt aus. Ungezählte Liebhaberinnen (Aurora Königsmark, Gräfin Cosel, Gräfin Esterle, die Fürstin Lubomirska, die Türkin Fatime) gebaren ihm mehr als 300 Kinder. Überforderte die Steuerkraft des Volkes und opferte wertvolle Besitzungen und Rechtsansprüche des Landes.

1697n rot Polnischer König
1700n rot Bündnis gegen Schweden
1700n/1721n Nordischer Krieg
1710n grün Meißner Porzellan
1711n blau Dresdner Zwinger
1726n blau Dresdner Frauenkirche
1731n blau Dresdner Elbbrücke

AUGUSTIN, Aurelius, nordafrikanischer Religionsphilosoph und Theologe aus Tagaste in Numidien (Algerien).

354n–430n Lebenslinie
375n–435n Pelagius
392n blau Kritik des Besitzes
399n blau 'Bekenntnisse'
413n blau Maßnahmen gegen 'Ketzer'
416n blau Schrift über Dreifaltigkeit
420n rot Strafe für 'Ketzer'
426n blau 'Gottesstaat'
428n blau Stellung der Sklaven
560n–636n Isidor von Sevilla

AUGUSTINER, Sammelbezeichnung für mehrere Mönchsorden, die auf der besitzfeindlichen Regel des algerischen Bischofs Augustin beruhen. Vom Papst wurden 1256n diese verschiedenen Mönchsgemeinschaften zu einem Bettelorden zusammengefaßt. Doch ließen sich die sehr verschiedenartigen Gruppen nicht in diesen Einheitsorden zwingen. Heute bestehen in Europa etwa 100 verschiedene, von einander unabhängige Männer- und Frauen-Orden, die sich alle auf Augustin berufen und nach der auf ihn zurückgeführten Regel leben. Dazu gehören auch Orden mit anderen Namen, die diese Regel angenommen haben (Dominikaner, Prämonstratenser, Serviten, Trinitarier, Alexianer).

354n–430n Augustin
392n blau Augustins Besitz-Lehre
1256n rot Bettelorden

AUGUSTUS, eigentlich Oktavian, römischer Staatsmann und Feldherr. Regierte von 29v bis 14n.

63v–14n Lebenslinie
82v–30v Antonius
69v–30v Kleopatra
65v–8v Horaz
63v–12v Agrippa
59v–17n Livius
48v–9n Varus
45v rot Adoption durch Cäsar
43v/30v Dritter Bürgerkrieg
43v rot Zweites Triumvirat
43v rot Politische Morde
43v–17n Ovid
42v rot Leibwache
42v–37n Tiberius
41v rot Republikaner als Gegner
40v rot Reichsteilung
38v–9v Drusus
33v rot Bruch mit Antonius
30v rot Ägypten Provinz
30v rot Reichseinheit
29v rot Alleinherrschaft
29v rot Janus-Tempel geschlossen
29v/28v Balkankrieg
28v rot Untere Donau Grenze
27v/25v Krieg in Spanien
27v rot 'Augustus'-Titel
27v blau Pantheon
26v grün Handelsflotte vergrößert
25v/24v Krieg gegen Araber
24v/23v Krieg gegen Äthiopien
23v rot Lebenslängliche Herrschaft
23v grün Reichsvermessung
21v grün Postdienst
20v rot Vertrag mit Parthern
19v braun Sieg in Spanien
19v rot Provinz Portugal
19v rot Herr Südwesteuropas
19v grün Straßennetz
17v blau Preislied des Horaz
17v/16v Krieg gegen Sugambrer
16v blau Kommentar des Kapito
16v–21n Armin
15v braun Vordringen nach Norden
15v rot Ganze Donau Grenze
15v blau Augsburg, Trier gegründet
15v–19n Germanikus
13v blau Gründung von Mainz
12v rot Oberpriester
12v grün Kanalbau
12v/7v Zweiter Germanenkrieg
12v/9v Pannonischer Krieg
11v blau Entwicklung Wiesbadens
10v rot Göttliche Verehrung
9v rot Vordringen zur Elbe
9v rot Hoheit über Pannonien
9v blau Friedensaltar
8v grün Monatsname
2v rot Ehrenname
2v rot Gesetz gegen Freilassung
2v blau 'Forum Augusti'
4n rot Strafen für Sklaven
4n/16n Dritter Germanenkrieg
6n blau Selbstbiographie
6n/9n Pannonischer Aufstand
9n rot Familiengesetz
10n rot Pannonien Provinz
15n blau Biographie
37n–68n Nero

AULUS CELSUS, römischer Gelehrter und Schriftsteller.

3v–64n Lebenslinie
37n grün Sammelwerk der Medizin
63n grün Enzyklopädie

AUREL, Viktor (um 320n–um 390n), römischer Geschichtsschreiber und Staatsmann. Kam als Sohn eines armen Landarbeiters nach Rom, wo er das Vertrauen des Kaisers Julian fand und bis zum Statthalter von Pannonien (West-Ungarn) aufstieg. Verfaßte einen Abriß der Geschichte des römischen Reiches in der Kaiserzeit (23v–360n) meist in der Form kurzer Lebensbilder der Kaiser.

360n blau Kaisergeschichte

AURELIAN, römischer Kaiser von 270n bis 275n.

214n–275n Lebenslinie
230n–273n Zenobia
270n braun Sieg über Wandalen
271n braun Sieg über Germanen
271n rot Rückzug zur Donau
271n grün Mauer um Rom
272n rot Bündnis mit Aksum
272n/273n Krieg gegen Palmyra
273n rot Herrschaft über Palmyra
273n braun Sieg über Gallien
273n rot Herrschaft über Gallien
273n grün Krone und Mantel
274n rot Baal-Kult
274n grün Währungs-Aufbesserung

AUSBEUTUNG und ihre Überwindung

Vorzeittafel: Schlußbalken (5000 Jahre)
2767v grün Kinderarbeit in Ur
2733v grün Eigentum in Mesopotamien
2729v–2662v Agga
2671v grün Privateigentum in Kisch
2621v grün Heiligung des Eigentums
2618v grün Sänfte in Ägypten
2606v grün Privateigentum, Ägypten
2580v rot Höchstpreise in Sumer
2570v–2481v Ur-Enlil
2508v grün Handelshaus des Ur-Enlil
2452v–2377v Ti
2449v–2367v Lugal-Anda
2443v grün Großgrundbesitz, Ägypten
2422v–2360v Uru-Kagina
2379v rot Höchstzins in Sumer
2367v braun Erhebung in Lagasch
2367v rot Sozialreformer König
2366v rot Schutz-Gesetze in Lagasch
2365v grün Machtverlust der Priester
2363v blau 'Vertrag mit Nin-Girsu'
2363v rot Witwen- und Waisen-Schutz
2360v rot Aufhebung von Reformen
2297v–2197v Pepi II.
2273v–2188v Ipuwer
2240v–2172v Aba
2230v–2158v Achtos I.
2197v/2196v Ägyptische Revolution
2197v blau Ipuwers 'Mahnworte'
2196v rot Volksherrschaft Ägypten
2196v grün Gemeineigentum in Ägypten
2193v–2135v Achtos II.
2185v–2123v Chun-Anup
2172v braun Adelserhebung
2172v rot Restauration in Ägypten
2172v grün Privateigentum in Ägypten
2135v blau 'Klage eines Bauern'
1945v grün Monopol für Tempel
1760v–1686v Hammurabi
1572v–1504v Agum
1530v braun Kassiten-Erhebung
1525v grün Lehen in Mesopotamien
1403v grün Sklavinnen als Mitgift
1364v rot Eigentums- und Erbrecht
1326v–1234v Ramses II.
1298v–1228v Moses
1208v–1137v Ram-Se-Na
1168v rot Streik in Theben
1158v–1094v Ameno
1101v/1100v Volkserhebung in Ägypten
992v–933v Salomo
981v–918v Ahia
964v–912v Jerobeam I.
959v–916v Rehabeam
950v blau Brahmanismus
935v braun Aufstand gegen Salomo
934v blau Ahias Forderung
933v braun Erneute Erhebung in Juda
927v–850v Elias
898v–842v Isebel
895v–825v Salmanassar III.
890v–814v Jehu
882v–798v Elisa
872v rot Baal-Dienst in Israel
857v blau Elias gegen Baal-Kult
846v rot Kastenteilung in Indien
842v braun Erhebung in Israel
842v rot Ende des Baal-Dienstes
827v braun Aufstand in Assyrien
826v grün Landaufteilung in Sparta
820v rot Klassen in Sparta
820v blau Forderung Elisas
802v–745v Amos
777v–692v Jesaja
756v blau Gespräch Sklave–Herr
754v blau Angriff auf Reiche
753v–680v Hesiod
707v rot Höchstpreise in Assyrien
705v–637v Archilochos
694v–603v Braspati
693v–626v Assurbanipal
686v–613v Tyrtaios
659v–601v Drakon
649v blau Anklage gegen Priester
642v–555v Carvaka
640v–559v Solon
639v–562v Alkaios
636v–564v Äsop
628v–553v Hesekiel
598v–501v Teng-Tse
588v rot Sklavenkauf beschränkt
581v grün Bodenreform in China
567v blau Hesekiels Staatsentwurf
542v blau Leben der Ärmsten
540v blau Grund der Kriminalität
537v grün Sklaven der Juden
509v rot Athen: Rechte für Sklaven
494v braun Sklavenaufstand
475v–393v Me-Ti
473v rot Klassen in Rom
464v/459v Messenischer Krieg
462v rot Hilfe für Herren Spartas
450v grün Korinth: Sklavenüberzahl
444v–365v Antisthenes
441v blau Me-Ti gegen Klassen
429v–370v Phaleas
427v–347v Plato
424v–367v Dionys der Ältere
422v grün Me-Ti über Erzeugung
419v braun Sklavenaufstand in Rom
413v braun Sklavenflucht aus Athen
407v–323v Diogenes
400v blau Sozialisierungs-Forderung
390v blau Forderung nach Gleichheit
384v rot Mord an Reformer
377v grün Athen: Sklavenüberzahl
374v blau Gegnerschaft Platos
340v–273v Appius Klaudius
335v rot Thebaner-Versklavung
333v–262v Zeno der Jüngere
325v–260v Euhemeros
322v–246v Ptolemäus II.
307v blau Dikäarch gegen Eigentum
283v blau Zenos Weltstaat
281v rot Streiks in Ägypten
280v blau Euhemeros' Staatsentwurf
279v–206v Chrysipp
267v grün Akkordlöhne in Ägypten
258v braun Erhebung gegen Rom
258v blau Bion über Knechtschaft
254v–184v Plautus
242v rot Schulderlaß in Sparta
240v rot Mord an Reformer
234v–149v Kato der Ältere
230v grün Treträder mit Sklavenkraft
226v grün Bodenreform in Sparta
224v blau Chrysipps Staatsentwurf
220v grün Grundeigentum in China
203v–157v Wen-Ti
199v grün Sklaven-Zeichnung
198v/196v Sklavenaufstände, Italien
193v–160v Judas Makkabäus
187v blau Jambulos: Idealstaat
185v braun Sklavenaufstand in Apulien
180v–139v Viriathus
179v rot Lehnssystem verhindert
168v grün Mazedonier-Versklavung
167v/164v Aufstand des Makkabäus
166v grün Sklavenmarkt auf Delos
166v–132v Eunus
163v–133v Tiberius Gracchus
163v–129v Aristonikos
156v–86v Marius
154v–121v Gajus Gracchus
154v/133v Spanische Erhebung
146v grün Karthager-Versklavung
144v–101v Athenion
140v grün Sklavenüberzahl in Rom
138v–78v Sulla
136v/129v Sklavenaufstand
133v rot Bodenreform des Gracchus
133v rot Mord an Tiberius Gracchus
132v rot 'Sonnenstaat' in Pergamon
132v–63v Mithridates
130v–102v Tryphon
128v grün Delos: Sklaven-Großumsatz
123v rot Getreidegesetz
121v braun Gajus Gracchus' Aufstand
114v–53v Krassus
111v rot Ende der Gracchen-Reform
109v–71v Spartakus
108v–62v Katilina
106v–43v Cicero
104v/100v Sklavenaufstand
100v–44v Cäsar
89v/82v Erster Bürgerkrieg Roms
86v–35v Sallust
74v/71v Aufstand unter Spartakus
72v–4v Herodes der Große
63v/62v Katilinarische Erhebung
63v rot Cicero gegen Katilina
59v rot Cäsars Ackergesetze
49v blau Sallusts Brief an Cäsar
16v–45n Phädrus
6v–30n Jesus Christus
4v–65n Seneka
2v rot Gesetz gegen Freilassung
9n rot Sklavenhandelsende, China
9n grün Gemeineigentum in China
23n braun Bürgerkrieg in China
23n grün Privateigentum in China
23n–79n Plinius der Ältere
28n blau Bergpredigt
53n–117n Trajan
61n blau Eintreten für Sklaven
64n blau Gleichheitsforderung
67n–140n Juvenal
80n–130n Karpokrates
123n–140n Epiphanes
127n blau Karpokrates gegen Eigentum
140n blau Epiphanes: Kommunismus
150n–215n Klemens von Alexandria
184n braun Aufstand in China
198n blau Besitz Ursache der Sünde
202n–258n Cyprian
207n braun Aufstand des Felix Bulla
217n–276n Mani
220n braun Bauernrevolution in China
240n blau Mani gegen Vorrechte
243n–316n Diokletian
247n blau Cyprian gegen Eigentum
251n–356n Antonius
276n–355n Donatus
280n–337n Konstantin
284n/286n Bagauden-Aufstand
285n–347n Fasir
291n–347n Axid
292n–346n Pachomius
301n grün Höchstpreise in Rom
325n grün Kirche gegen Zinsen
330n–379n Basilius der Große
342n blau Fasir: Kommunismus
344n/347n Zirkumzellionen-Aufstand
354n–430n Augustin
354n–407n Chrysostomos
375n blau Basilius gegen Eigentum
390n–477n Geiserich
392n blau Augustin über Reichtum
411n–474n Priskus
412n–444n Tibatto
428n blau Augustin für Sklaverei
435n/437n Bagauden-Aufstand
445n grün Enteignungen bei Wandalen
470n–531n Kobad
476n–531n Masdak
502n blau Masdak gegen Privatbesitz
504n–570n Gildas der Weise
511n–579n Chosroes
513n–552n Totila
516n blau Masdak über Kommunismus
528n blau Masdak gegen Klassen
531n rot Niederlage Masdaks
538n grün Zinserlaubnis der Kirche
540n–604n Gregor I.
543n grün Bodenreform in Italien
554n grün Großgrundbesitz, Italien
570n–635n Li-Yuan
593n grün Kirche: Großgrundbesitz
598n–649n Tai-Tsung
605n–680n Fujiwara
606n–652n Rothari
609n–680n Moawija
617n/623n Chinesischer Bürgerkrieg
620n grün Bodenreform in China
626n–672n Tenji
645n rot Reformen in Japan
646n rot Gesetz gegen Eigentum
646n–684n Silvanus
665n rot Paulikianer-Bewegung
668n rot Paulikianer-Verfolgung
684n/686n Sklavenaufstand von Kufa
685n–762n Hüan-Tsung
694n rot Juden-Versklavung
712n–770n Tu-Fu
717n grün Bodenreform in Spanien
760n rot Paulikianer im Balkan
760n blau Tu-Fus Anklage
772n–846n Poh-Küyi
775n/777n Zindiks-Aufstand
804n–876n Ludwig der Deutsche
807n rot Abgestufte Wehrpflicht
822n–883n Ibn Mohammed
838n blau Angriff auf Mißstände
841n braun Stellinga-Aufstand
845n rot Antiklerikalismus, China
850n–932n Harald Schönhaar
861n braun Bauernaufstand in China
864n–910n Karmat
868n blau Forderung nach Gleichheit
869n/883n Sklavenaufstand von Basra
871n rot Sklavenstaat Basra
874n/883n Chinesische Revolution
883n rot Ende des Staates Basra
889n blau Kommunistische Forderung
890n rot Karmaten-Gemeinschaft
890n–961n Abdar Rachman III.
899n/930n Karmatenaufstand
899n rot Karmaten-Staat Ahsa
901n rot Karmaten-Staat Multan
905n–965n Al Mutanabbi
914n–961n Bogomil
918n–961n Haakon der Gute
922n rot Schutz für Bauernland
933n rot Bauern Norwegens frei
938n blau Forderung nach Neuordnung
940n rot Bogomilen-Bewegung
943n blau Bogomil gegen Sklaverei
948n braun Volksaufstand in Rom
954n blau Forderung nach Gleichheit
973n blau Cosmas gegen Bogomilen
1008n/1009n Erhebung in Spanien
1021n–1086n Wang-Anschi
1022n–1107n Manko Kapak
1030n rot Katharer-Verbrennung
1041n braun Aufstand der Motta
1058n blau Soziale Denkschrift
1059n braun Pataria-Aufstand
1067n rot Sozialstaat der Inka
1068n braun Russische Volkserhebung
1069n rot Wang-Anschis Reformen
1073n grün Türkische Bodenreform
1073n/1075n Bauernaufstand in Sachsen
1087n rot Europäische Sklaven frei
1101n–1154n Roger II.
1103n–1155n Arnold von Brescia
1113n braun Aufstand von Kiew
1116n blau Lehren der Bogomilen
1125n braun Katharer-Aufstand, Italien
1139n blau Kirchenarmut gefordert
1140n–1217n Peter Waldes
1142n/1155n Aufstand in Rom
1145n blau Kirchenarmut gefordert
1148n rot Zulauf zu Katharern
1155n grün Humiliaten in Mailand
1175n rot 'Bund der Armen von Lyon'
1176n blau Kritik an Kirche
1178n rot Waldenser in Frankreich
1179n rot Konzil gegen Katharer
1181n braun Katharer-Kreuzzug
1182n rot Waldenser in Italien
1198n grün Handarbeiter-Bund
1198n grün Nichthandarbeiter-Bund
1208n rot Aufruf zum Kreuzzug
1209n/1229n Katharer-Kreuzzug
1212n rot Bogomilen-Verfolgung
1222n rot Katharer in Bosnien
1228n rot Widerstand der Stedinger
1230n–1306n Jacopone von Todi
1232n/1234n Stedinger-Kreuzzug
1232n–1300n Segarelli
1234n rot Katharer-Ende in Bosnien
1234n grün Enteignung der Stedinger
1255n–1311n Pierre Dubois
1256n blau Rutebeufs Gedichte
1260n rot Apostelbrüder-Orden
1294n rot Verdammung Segarellis
1299n–1349n Occam
1301n braun Handwerker-Aufstand
1301n grün Salz-Kartell
1302n blau Apostolische Armut
1303n grün Duns Scotus' Warnung
1304n blau Ruf nach Säkularisation
1304n–1374n Petrarca
1305n/1307n Lombardischer Kreuzzug
1309n–1370n Kasimir der Große
1313n–1354n Rienzi
1323n rot Papst gegen Armutslehre
1323n/1328n Aufstand in Flandern
1324n–1384n Wiclif
1325n–1381n Wat Tyler
1325n rot Bann gegen Aufständische
1329n rot Gesellenstreik
1335n–1381n John Ball

1342n braun Erhebung Konstanzer Weber
1345n braun Weberaufstände
1347n braun Volksaufstand des Rienzi
1349n braun Erhebung in Nürnberg
1351n rot Arbeitspflicht in England
1351n rot Lohnstreik in Speyer
1351n/1352n Volksaufstand in Rom
1358n braun Aufstand in Frankreich
1358n rot Mord an Bauernführern
1360n rot Erzwingung von Arbeit
1360n blau 'Peter der Pflüger'
1362n–1437n Sigismund
1363n rot Arbeiter-Reglement
1365n–1416n Hieronymus von Prag
1367n blau Ball gegen Großgrundbesitz
1369n–1415n Hus
1370n–1424n Ziska
1371n braun Weberaufstand von Köln
1371n–1440n Friedrich I.
1372n blau Gütergemeinschaft gefordert
1376n blau Wiclif für Erneuerung
1377n rot Papst gegen Wiclif
1378n braun Aufstand in Florenz
1378n rot Gewerkschaft in Florenz
1379n braun Weberaufstand in Flandern
1381n blau Forderung nach Gleichheit
1381n/1382n Aufstand in Frankreich
1381n/1382n Aufstand in England
1382n rot Gewerkschafts-Auflösung
1383n rot Lollarden-Bewegung
1384n blau Forderung nach Reformen
1394n–1460n Heinrich der Seefahrer
1398n blau Wiclifs Lehre in Prag
1400n–1450n Jack Cade
1406n blau Ruf nach Säkularisation
1408n grün Ravensburger Konzern
1410n rot Bann gegen Hus
1412n blau Kirchenarmut gefordert
1413n braun Volksaufstand in Paris
1417n rot Hinrichtung Oldcastles
1420n blau Forderung nach Reformen
1420n rot Kreuzzugs-Forderung
1420n/1434n Hussiten-Kreuzzug
1424n rot Taboriten-Ausschaltung
1425n rot Konzern-Verbot
1434n rot Hussitenkampf beendet
1435n/1436n Aufstand in Schweden
1436n rot Mord an Engelbrechtsson
1444n rot Negerjagd
1448n blau Jack Cade: Bodenreform
1450n braun Aufstand des Jack Cade
1451n braun Aufstand auf Mallorca
1452n rot Papst für Versklavung
1452n–1498n Savonarola
1459n–1525n Jakob Fugger
1462n braun Aufstand in Katalonien
1465n–1536n Erasmus von Rotterdam
1470n grün Alaun-Kartell
1476n braun Aufstand deutscher Bauern
1481n/1492n Letzter Maurenkrieg
1483n–1546n Luther
1484n–1531n Zwingli
1488n grün Silberbergbau der Fugger
1488n–1525n Thomas Münzer
1491n braun Bauernaufstand in Holland
1493n braun Bauernaufstand im Elsaß
1493n rot Papst: Länderverteilung
1494n braun Volksaufstand in Florenz
1497n–1560n Melanchthon
1498n blau Kommunistisches Programm
1498n grün Kupfer-Syndikat
1502n braun Bauernaufstand in Baden
1502n grün Negersklaven nach Amerika
1503n rot Sansibar portugiesisch
1503n/1506n Indienkrieg Portugals
1508n rot Jamaika zu Spanien
1511n rot Kuba zu Spanien
1511n rot Portugiesen auf Malaya
1511n grün Kapitalzuwachs der Fugger
1512n rot Molukken zu Portugal
1513n braun Aufstand im Breisgau
1514n braun Aufstand in Württemberg
1514n braun Aufstand in Ungarn
1515n braun Aufstand in Österreich
1515n braun Aufstand in der Schweiz
1516n blau Thomas More: 'Utopia'
1517n braun Aufstand unter Fritz Joss
1517n braun Aufstand in England
1517n rot Papst für Sklavenhandel
1519n rot Azteken-Unterwerfung
1520n/1521n Azteken-Aufstand
1520n blau Bauernfreiheit gefordert
1520n grün Abkommen gegen Streik
1521n rot Reichstag gegen Monopole
1522n/1526n Erste deutsche Revolution
1523n grün Kaiser schützt Fugger
1524n braun Niederlage der Mayas
1524n rot Gebietsgewinne Spaniens
1525n rot Forderungen der Bauern
1525n blau Luther gegen Revolution
1525n blau Gleichheitsforderung
1525n grün Quecksilber-Monopol
1525n grün Kaiser für Monopole
1527n rot Hans Hergot verbrannt
1528n rot Hubmayrs Hinrichtung
1528n blau Wiedertäufer: Reformen
1528n grün Venezuela an Welser
1531n/1533n Inka-Krieg
1533n rot Peru spanische Kolonie
1533n–1603n Elisabeth
1534n blau Rothmanns Kommunismus
1534n braun Wiedertäufer-Erhebung
1534n rot Bombay zu Portugal
1536n rot Kirchenbesitz-Einziehung
1536n/1539n Chibcha-Krieg
1539n rot Neue spanische Kolonien

1542n–1605n Akbar
1543n rot Zinserlaubnis der Kirche
1546n rot Höchstzinsen in England
1548n rot Papst für Sklavenhaltung
1557n rot Macao zu Portugal
1558n braun Niederwerfung Chiles
1558n rot Chile zu Spanien
1562n rot Schutz für Bauernland
1562n grün Englischer Sklavenhandel
1570n–1607n Iwan Bolotnik
1572n rot Philippinen spanisch
1573n rot Schutz Kriegsgefangener
1575n rot Kinderarbeit beschränkt
1577n grün Preisregelung, Frankreich
1596n braun Aufstand in Finnland
1596n rot Holländische Kolonien
1597n rot Ceylon zu Portugal
1597n rot Zwang gegen Bauern
1599n–1658n Cromwell
1599n–1660n Velasquez
1600n grün Sklavenhandel verpachtet
1600n grün Indien-Kompanie Englands
1601n grün Sklavenhandel Portugals
1602n blau Campanella: 'Sonnenstaat'
1602n grün Indien-Kompanie Hollands
1606n blau Bolotniks Forderungen
1607n braun Aufstand in Rußland
1612n rot Engländer in Indien
1612n rot Bermudas an England
1620n–1688n Der Große Kurfürst
1622n braun Aufstand in China
1623n–1662n Pascal
1623n–1687n Petty
1624n braun Aufstand in Frankreich
1625n rot Insel-Besitz Englands
1625n rot Guayana zu Holland
1625n rot Englische Kolonialbehörde
1626n braun Aufstand in Österreich
1628n/1644n Chinesischer Bürger
1628n grün Kanada-Gesellschaft
1629n–1676n Alexei Michailowitsch
1630n rot Pernambuco holländisch
1631n grün Afrika-Gesellschaft
1632n rot Europäer in Guinea
1632n–1704n Locke
1634n rot Cayenne zu Frankreich
1635n rot Franzosen auf Antillen
1637n braun Aufstand in Frankreich
1637n rot Senegal an Sklavenhändler
1639n braun Aufstand in der Normandie
1641n grün Monopol-Verbot, England
1642n/1649n Englische Revolution
1643n rot Madagaskar französisch
1648n/1649n 'Levellers'-Erhebung
1649n blau 'Anwalt des armen Mannes'
1650n rot Einkerkerung Lilburnes
1650n grün Sklavenhandel Hollands
1652n blau Winstanley: Kommunismus
1653n braun Schweizer Bauernkrieg
1657n blau 'Teppichweberinnen'
1659n braun Erhebung Mexikos
1660n grün Unternehmen des Mitsui
1663n grün Afrika-Kompanie: Privileg
1664n grün Tabakmonopol
1664n grün Colbert: Indien-Kompanie
1672n braun Madagaskar frei
1672n grün Sklavenhandels-Monopol
1675n blau Vairasses Staatsentwurf
1682n rot Deutsche Kolonie (Afrika)
1684n–1721n Watteau
1686n braun Waldenser-Niederlage
1688n rot Recht zum Sklavenhandel
1688n blau Pastorius gegen Sklaverei
1692n braun Mexikanischer Aufstand
1699n blau John Bellers' Kritik
1702n/1710n Kamisarden-Aufstand
1706n grün Vaubans Denkschrift
1709n–1762n Elisabeth Petrowna
1711n grün Englische Südsee-Kompanie
1712n–1786n Friedrich II., der Große
1712n–1778n Rousseau
1713n grün Sklavenmonopol Englands
1723n–1790n Adam Smith
1727n braun 'Salpeterer'-Aufstand
1727n blau Quäker gegen Sklaverei
1729n–1796n Katharina II., die Große
1731n rot Gesellenvereins-Verbot
1747n rot Schutz der Bauernschaft
1749n rot Schutz für Bauernland
1751n rot Erste Sklaverei-Aufhebung
1753n blau Kritik Rousseaus
1755n blau Morelly gegen Eigentum
1757n rot England: Indien-Vormacht
1758n–1794n Robespierre
1760n–1797n Babeuf
1764n braun Erhebung in Indien
1768n blau Mably: Kommunismus
1768n grün Sklaven-Großtransporte
1768n rot Kolonial-Staatssekretariat
1771n braun Bauernaufstand in Vietnam
1772n blau Helvetius: 'Vom Menschen'
1779n rot Bauern auf Domänen frei
1780n/1783n Inka-Aufstand
1781n rot Maßnahmen Josephs II.
1783n blau Kampfruf Chamforts
1783n–1830n Bolivar
1784n rot Pitts 'Indiengesetz'
1785n rot Adelsmacht in Rußland
1785n/1786n Waldenburger Aufstände
1787n rot Shaker-Gruppe
1787n grün Potemkin'sche Dörfer
1789n rot Bauern Frankreichs frei
1789n/1795n Französische Revolution
1790n braun Aufstände in Sachsen
1790n rot Bauernfreiheit in Sachsen
1790n rot Jakobinerklub

1790n blau Radistschews Bericht
1791n braun Gesellenerhebung
1793n braun Weberaufstand in Breslau
1794n rot Sans-Culotten, Frankreich
1794n rot Reformen in Frankreich
1795n rot Macht der Bourgeoisie
1795n blau 'Manifest der Gleichen'
1796n braun Babeufs Verschwörung
1797n rot Hinrichtung Babeufs
1798n braun Weberaufstand in Schlesien
1799n braun Indischer Aufstand
1800n blau Fichtes Staatsentwurf
1802n rot Kinderarbeit: Zeitgrenze
1802n rot Reaktion in Frankreich
1803n braun Erhebung auf Haiti
1804n rot Bauernfreiheit in Dänemark
1804n–1881n Disraeli
1807n rot Bauernfreiheit in Preußen
1808n grün Farmen für Sklavenzucht
1809n–1865n Lincoln
1811n rot Bauernfreiheit in Spanien
1811n/1812n Kaffernkrieg Englands
1811n/1826n Kampf Lateinamerikas
1812n blau Kritik Owens
1812n grün Krupps Fabrik
1812n–1870n Charles Dickens
1813n rot Maschinenstürmer
1815n–1898n Bismarck
1816n rot Christensklaverei beendet
1816n–1892n Siemens
1817n grün Ricardos Untersuchung
1818n rot Bauernfreiheit in Baden
1818n–1883n Karl Marx
1819n rot Kinderarbeit: Altersgrenze
1820n blau Saint-Simon: Proletariat
1821n–1880n Dostojewski
1824n rot Kommunistische Gemeinden
1824n blau Saint-Simon: Klassen
1825n rot Kollektiv-Verhandlungen
1825n blau Untersuchung durch Gray
1828n–1910n Tolstoi
1829n grün Fouriers Gegenentwurf
1830n braun Juli-Revolution
1830n rot Louis Philippe König
1830n/1834n Algerischer Krieg
1831n rot Streik in Lyon
1831n rot Fremdenlegion
1833n rot Reformen Englands
1834n braun Weberaufstand in Lyon
1834n rot 'Bund der Geächteten'
1834n blau 'Schrei der Kinder'
1836n rot 'Bund der Gerechten'
1838n rot Englische Arbeitervereine
1838n blau Weitlings Gegenentwurf
1839n rot Kinderarbeit: Altersgrenze
1839n blau Blanc gegen Kapitalismus
1839n–1937n Rockefeller
1840n rot Arbeiter-Bildungsverein
1840n blau Proudhon über Eigentum
1842n rot Generalstreik in England
1842n blau Gogol: 'Tote Seelen'
1842n blau L. Steins Untersuchung
1842n blau Cabets Gegenentwurf
1844n braun Weberaufstand, Schlesien
1844n rot Algerien französisch
1844n grün Konsumverein in England
1845n blau Engels: Lage der Arbeiter
1846n grün Bauern-Genossenschaft
1847n blau Kommunistisches Manifest
1848n braun Aufstand in Frankreich
1850n/1864n Taiping-Aufstand
1855n rot 'Schwarze Listen'
1856n/1860n Lorcha-Krieg
1856n–1950n G. B. Shaw
1857n braun Indische Erhebung
1857n rot Sklaverei Rechtsprinzip
1858n rot Sklaverei-Ende, Portugal
1858n rot Buchdrucker-Gewerkschaft
1859n rot Sklaverei-Ende, Holland
1859n blau Marx: Politökonomie
1860n rot Machtlosigkeit Chinas
1861n rot Bauernfreiheit in Rußland
1861n/1865n Sezessionskrieg
1862n braun Eroberungen in Vietnam
1862n rot Kotschinchina französisch
1863n rot Lassalles Arbeiterverein
1863n–1947n Ford
1864n rot Erste Internationale
1865n rot Sklaverei-Ende in USA
1865n rot Ku-Klux-Klan
1866n–1925n Sun-Yat-Sen
1867n rot Granger-Bewegung
1867n blau Marx: 'Das Kapital'
1868n/1869n Spanische Revolution
1869n rot Gründung der SPD
1869n blau Manifest russisch
1869n–1948n Gandhi
1870n braun Blutbad von Tientsin
1870n blau Blanquis Zeitschrift
1870n blau Liebknecht: 'Bodenfrage'
1870n grün 'Standard Oil'
1870n–1924n Lenin
1871n braun Pariser Kommune
1871n blau Pottiers 'Internationale'
1873n blau Bakunin: Anarchismus
1874n braun Spanische Revolution
1874n rot Fidschi-Inseln englisch
1875n rot Gothaer Zusammenschluß
1875n grün Suez-Aktien an England
1876n rot Deutscher Industrieverband
1876n rot Kongo-Gesellschaft
1877n rot Generalstreik in USA
1878n rot Papst gegen Sozialismus
1878n rot Sozialistengesetz
1878n blau Engels: 'Anti-Dühring'
1879n braun Niederlage der Zulu

1879n rot Arbeiterpartei Spaniens
1879n blau Georges Untersuchung
1879n blau Bebel: Stellung der Frau
1879n–1953n Stalin
1882n braun Niederlage Ägyptens
1882n rot Ägypten englisch
1882n/1885n Krieg Frankreich–China
1882n–1945n F. D. Roosevelt
1883n rot Annam französisch
1883n rot Plechanows Partei
1883n rot 'Fabian-Society'
1884n rot Kambodscha französisch
1884n rot Somali-Gebiete englisch
1884n blau Engels: 'Ursprung'
1885n/1886n Burma-Krieg
1885n rot Annexionen Frankreichs
1885n rot Annexionen Deutschlands
1885n blau Marx' 'Kapital II'
1885n blau Zola: 'Germinal'
1886n rot Burma englisch
1887n rot Neue Hebriden besetzt
1888n rot Nord-Borneo englisch
1888n/1890n Aufstand in Afrika
1888n rot Sklaverei-Ende, Brasilien
1888n blau Kritik Bellamys
1889n rot Bergarbeiterstreik
1889n rot Zweite Internationale
1889n rot Weltfeiertag der Arbeiter
1889n grün Zeitschrift 'Bodenreform'
1889n–1945n Hitler
1890n rot Einlenken des Staates
1890n blau Klara Zetkins Zeitschrift
1891n braun Weberaufstand
1891n rot Erfurter Programm
1892n rot Sozialistische Partei Italiens
1892n blau Hauptmanns 'Weber'
1893n braun Zulu-Aufstand
1893n rot Generalstreik in Belgien
1893n rot Labour-Party
1893n rot Laos französisch
1893n– Mao-Tse-Tung
1894n rot Sun-Yat-Sens Gesellschaft
1894n blau Marx' 'Kapital III'
1894n blau Kautsky: Sozialismus
1895n blau Kollwitz: 'Weberaufstand'
1897n rot Kiautschou deutsch
1897n/1898n Sudankrieg Englands
1898n braun Bauernaufstand in China
1898n rot Erwerbungen der USA
1898n–1956n Brecht
1899n rot Deutsche Erwerbungen
1899n rot Sudan englisch
1899n/1901n Boxeraufstand
1900n rot China-Abkommen
1900n blau Lenins Zeitung 'Funke'
1900n grün Morgans Stahltrust
1901n rot Gewerkschaftskongreß
1901n– Sukarno
1902n braun Erhebungen in Westrußland
1902n blau Lenin: 'Was tun?'
1902n blau Gorkis 'Nachtasyl'
1902n blau Sombart: 'Kapitalismus'
1903n rot Bolschewiki
1903n blau Kollwitz: 'Bauernaufstand'
1903n grün Fords Autofabrik
1903n/1907n Eingeborenen-Aufstände
1904n blau Zeitung 'Humanité'
1905n rot Streik im Ruhrgebiet
1905n blau Gorki: 'Die Mutter'
1905n/1906n Russische Revolution
1906n blau Andersen-Nexö: 'Pelle'
1907n braun Aufstand in Rumänien
1908n braun Indische Erhebung
1908n rot Kongo belgisch
1909n braun Revolution in Spanien
1910n braun Erhebung auf Karolinen
1911n braun Chinesische Revolution
1914n blau Barbusse: 'Wir anderen'
1914n blau Zilles Zeichnungen
1915n rot Zimmerwalder Konferenz
1916n rot Hugenbergs Konzern
1916n rot Spaltung der SPD
1916n rot Munitionsarbeiterstreik
1916n blau 'Spartakus-Briefe'
1916n blau Lenin: 'Imperialismus'
1917n blau Lenin: Revolutionstheorie
1917n/1922n Russische Revolution
1917n rot Arbeiter- und Bauernstaat
1917n grün Volkseigentum in Rußland
1917n blau Reed: Revolutionsbericht
1917n blau Block: Revolutionsgedichte
1918n/1919n Deutsche Revolution
1918n– Nasser
1919n braun Indische Empörung
1919n braun Ungarischer Aufstand
1919n rot Komintern
1920n braun Erhebung im Ruhrgebiet
1920n rot Gandhis Bewegung
1921n rot KP Chinas
1921n grün M. Webers Untersuchung
1922n braun Indische Erhebung
1922n rot Italien faschistisch
1922n blau Gandhi: 'Junges Indien'
1922n blau Lewis: 'Babbitt'
1923n braun Hamburger Aufstand
1923n rot Kampf gegen Sozialisten
1923n grün Webbs: 'Kapitalismus'
1924n rot Mongolei kommunistisch
1924n blau Zeitung 'Unità'
1925n grün IG-Farben
1925n/1926n Drusenaufstand
1925n/1949n Chinesische Revolution
1926n braun Erhebung in Indonesien
1926n grün Deutscher Stahltrust
1927n braun Aufstände in Wien
1927n rot Brüsseler Kongreß

1927n rot Sozialismus in einem Land
1927n blau Sinclair: 'Petroleum'
1927n– Castro
1928n blau Brecht: 'Dreigroschenoper'
1928n blau Shaw: 'Wegweiser'
1929n blau Döblin: 'Alexanderplatz'
1931n braun Revolution in Spanien
1931n rot Harzburger Front
1932n rot Industriepakt mit Hitler
1934n braun Aufstand in Österreich
1936n rot Volksfront in Frankreich
1936n grün Keynes: Volkswirtschaft
1936n/1939n Spanischer Bürgerkrieg
1937n rot Antikomintern
1937n rot Papst gegen Kommunismus
1939n blau Johnson: 'Ein Sechstel'
1940n blau Scholochow: 'Stiller Don'
1943n rot Bergarbeiterstreik, USA
1944n rot Jugoslawien kommunistisch
1945n/1954n Erhebung in Südostasien
1946n rot Nordkorea kommunistisch
1946n rot Albanien kommunistisch
1946n rot Bulgarien kommunistisch
1946n/1949n Griechischer Bürgerkrieg
1947n rot Polen kommunistisch
1947n rot Rumänien kommunistisch
1947n rot Streikverbot in USA
1948n rot CSR kommunistisch
1948n rot Ungarn kommunistisch
1948n blau De Sica: 'Fahrraddiebe'
1949n rot China kommunistisch
1951n braun Aufstand gegen Peron
1951n rot McCarthyismus
1951n grün Erdöl-Verstaatlichung
1952n braun Aufstand in Barcelona
1953n rot Generalstreiks
1954n/1962n Kampf Nordafrikas
1955n braun Vertreibung Perons
1955n rot Nordvietnam kommunistisch
1955n rot Bandung-Konferenz
1956n rot KPD-Verbot
1956n grün Suezkanal enteignet
1956n/1959n Kubanische Revolution
1957n braun Aufstand in Kenia
1957n braun Aufstand in Oman
1958n rot Apartheid
1959n rot Castro Ministerpräsident
1960n/ Revolution Indochinas
1961n/ Kampf Zentralafrikas
1961n rot Kuba kommunistisch
1963n rot Sklaverei-Ende in Arabie
1965n braun Aufstand in Asturien
1965n braun Kämpfe in Borneo
1965n rot Sozialismus in Ägypten
1965n rot Sozialismus in Algerien

AUSCHWITZ, Stadt in der Provinz Krakau (Polen). Hier errichteten die deutschen Faschisten 1940n ein Konzentrations-Lager (KZ), das sich zum größten Vernichtungslager der Geschichte entwickelte. In das Hauptlager und die 30 Außenlager wurden zwischen 1940n und 1944n etwa 5 Millionen Menschen (meist Juden) eingeliefert, von denen im Januar 1945n nur noch etwa 60 000 am Leben waren.

1889n–1945n Hitler
1944n rot Massenmord

AUSGRABUNGEN, Freilegung verschütteter Überreste versunkener Kulturen. Dienten zunächst der Gewinnung alter Kunstwerke, wurden aber seit dem 19. Jahrhundert von Wissenschaftlern übernommen, deren Ziel die Aufhellung der Vergangenheit des Menschen war.

1709n grün Herkulaneum
1748n grün Pompeji
1822n grün Hieroglyphen-Entzifferung
1854n grün Assyrische Bibliothek
1856n grün Neandertal
1868n grün Cromagnon
1871n grün Troja
1879n grün Altamira
1893n grün Kreta
1940n grün Lascaux

AUSONIUS, Decimus Magnus, römischer Dichter, Grammatiker und Politiker aus Südgallien (Bordeaux).

309n–394n Lebenslinie
359n–383n Gratian
368n blau Gedichte an Bissula
371n blau 'Mosella'

AUSSCHLIESSUNGSPRINZIP, von dem österreichischen Physiker Wolfgang Pauli entdecktes Naturgesetz, nach dem es ausgeschlossen ist, daß sich innerhalb eines Atomverbandes zwei Elektronen (oder andere Elementarteilchen) im gleichen Zustand (Quantenzustand) befinden.

1925n grün Entdeckung

AUSTEN, Jane (1775n–1817n), englische Dichterin. Tochter eines englischen Landpfarrers. Überwand die von ihr verhöhnte Gefühls- und Schauer-Literatur durch wirklichkeitsgetreue, humorvolle Schilderung ihrer Umgebung. In ihren Romanen behandelte sie hauptsächlich die enge, selbstgerechte Gesinnung des englischen Landadels und des Besitz-Bürgertums. Mit ihren Hauptwerken 'Elinor und Marianne',

'Stolz und Vorurteil', 'Emma' und 'Mansfield Park' vollendete sie den gesellschaftskritischen englischen Gesellschaftsroman.

1813n blau 'Stolz und Vorurteil'

AUSTERLITZ, Stadt in Mähren (Tschechoslowakei). Hier fand während der Napoleonischen Kriege im Jahre 1805n eine Schlacht statt, bei der 80000 verbündete Österreicher und Russen von 70000 Franzosen geschlagen wurden. Weil die 3 Heere von ihren Kaisern persönlich befehligt wurden (Zar Alexander I., Kaiser Franz II. und Napoleon), nannte man den Kampf 'Drei-Kaiser-Schlacht'.

1796n/1815n Napoleonische Kriege

AUSTRALIEN, kleinster Erdteil. In einem einzigen, den ganzen Kontinent umfassenden Staat organisiert. Sein Vorhandensein wurde von dem irischen Forscher Fergil schon vor 1200 Jahren behauptet. Seit dem 13. Jahrhundert auf Karten mit dem lateinischen Namen 'australis' (= Südland) angedeutet, wurde er 1605n von dem holländischen Seefahrer Jansson entdeckt. Doch blieb das ferne, unwirtliche Land auch dann noch lange unbeachtet. Erst nachdem der fruchtbare Osten des Kontinentes von dem Engländer Cook aufgefunden war, bemächtigte sich England des Landes und besiedelte es mit Sträflingen. Zwischen 1788n und 1856n wurden jährlich rund 6000 Gefangene hierher deportiert. Nachdem 1851n reiche Goldminen entdeckt waren, steigerte sich die seit 1829n zugelassene freiwillige Ansiedlung englischer Siedler, und die Sträflingstransporte wurden eingestellt. Der koloniale Status wurde von England so rechtzeitig gelockert, daß der Kontinent als Dominion die englische Oberhoheit auch nach Übertragung der Selbständigkeit anerkannte. Aus Furcht vor der Macht Japans nahm es an beiden Weltkriegen auf Seite Englands teil. Den 11 Millionen meist an der Küste ansässigen Weißen stehen nur noch 50000 Ureinwohner gegenüber, die sich ins Landesinnere zurückgezogen haben. Der ständige Mangel an Arbeitskräften stärkte früh die Stellung des Proletariats, das sich hier bereits seit 1820n organisierte. Als erste Arbeiterklasse der Erde setzte sie nach einem 1854n mißglückten Aufstand im Jahre 1856n den Achtstunden-Tag durch. Allerdings organisierte sich auch das Besitzbürgertum hier früh und schlug seit 1890n Streiks mit Waffengewalt nieder. Die 'Arbeiterpartei' nahm seit 1904n an bürgerlichen Regierungen teil. Trotzdem streikte die Arbeiterschaft im 1. Weltkrieg gegen die Kriegsteilnahme Australiens und gründete 1920n eine kommunistische Partei. Seit der akuten Bedrohung des Kontinents durch die Japaner im 2. Weltkrieg lehnte sich die Regierung zunehmend an die USA an, die hier militärische Stützpunkte errichtete. Trat auch den von Nordamerika geführten Militärpakten bei (1952n ANZUS, 1954n SEATO).

701n–784n Fergil der Geometer
1605n grün Entdeckung
1771n grün Cooks Forschungsreise
1788n rot Englische Strafkolonie
1788n blau Gründung von Sydney
1835n blau Gründung von Melbourne
1901n rot Staatliche Einigung
1902n rot Frauenwahlrecht
1914n/1918n Erster Weltkrieg
1920n rot Mitglied im Völkerbund
1939n/1945n Zweiter Weltkrieg
1945n rot Mitglied der UN
1954n rot Mitglied der SEATO

AUSTRIEN, seit dem 6. Jahrhundert Bezeichnung für die germanische Osthälfte des Frankenreiches, im Gegensatz zu seiner romanischen Westhälfte ('Neustrien').

635n–714n Pippin der Mittlere
687n braun Sieg über Teilreiche
687n rot Pippin Herrscher
688n–741n Karl Martell
716n/719n Eroberungskriege

AUTOBAHNEN, breite Straßen ohne starke Kurven für ausschließliche Benutzung durch Kraftfahrzeuge, meist durch Untertunnelungen und Überführungen kreuzungsfrei. Besonders unfallsicher und schnell. Aufgrund der Erfahrungen mit einer 1921n angelegten, 10 Kilometer langen Versuchsstraße bei Berlin (Avus) wurde 1932n eine doppelt so lange Strecke im Rheinland gebaut (Köln–Bonn). 1933n begann dann die Anlage eines über ganz Deutschland geplanten Netzes von zweckmäßig verbundenen, landschaftlich schön geführten Straßen, das vorbildlich für ähnliche Anlagen in der ganzen Welt wurde.

1934n grün Bau in Deutschland

AUTOBIOGRAPHIE, eigenhändige Lebensbeschreibung, Selbstdarstellung.

2633v–2570v Meten
2570v blau Lebensgeschichte des Meten
2004v–1932v Sinuhe
1935v blau Sinuhes Erinnerungen
1924v blau Si-Renputs Werk
1857v–1803v Sehet
1698v blau Bildsäule Hammurabis
1475v blau Tut-Mosis III.: Annalen
1454v blau Idrimi
1367v–1315v Mur-Sili II.
1328v–1252v Hattu-Sili III.
1316v blau Mur-Sili II.: Annalen
1254v blau Hattu-Silis Lebensgeschichte
78v blau Sullas Erinnerungen
6n blau Augustus' Taten
121n–180n Mark Aurel
176n blau Mark Aurels 'Zwiesprache'
329n–389n Gregor von Nazianz
399n blau Augustins Bekenntnisse
1072n blau Anselms 'Monologia'
1254n–1324n Marco Polo
1255n blau Lichtenstein: Frauendienst
1295n–1366n Seuse
1298n grün Marco Polos Reisebericht
1509n blau Comines' Memoiren
1521n blau Hutten: Gesprächsbüchlein
1559n blau Nikolaus Rejs Lebensbild
1561n blau Cellinis Erinnerungen
1604n blau Margaretes Memoiren
1669n blau Pepys' Tagebuch
1743n blau L. Saint-Simon: Memoiren
1777n blau Rousseaus 'Bekenntnisse'
1786n blau Casanovas Erinnerungen
1811n blau Goethes Autobiographie
1832n blau Pellicos Werk
1886n blau Strindbergs Werk
1898n blau Bismarcks Memoiren
1902n blau Helen Kellers Lebensbild
1923n blau Gorki: 'Meine Universitäten'
1934n blau Ostrowskis Werk
1945n blau Wright: 'Ich Negerjunge'
1946n blau Heinrich Manns Werk

AUTODAFÉ, Bezeichnung für die öffentliche Verkündigung und Vollstreckung von Urteilen der katholischen Kirchengerichte, durch die vom 15. Jahrhundert bis zum 19. Jahrhundert in Europa und Amerika Millionen unschuldiger Menschen als 'Ketzer' ermordet worden sind. Die Verurteilten wurden in einem gelben, mit Teufelsfratzen bemalten Umhang vorgeführt und nach Anhörung ihres Urteils öffentlich verbrannt. Da sich dieser Mord in der Form eines kirchlichen Hochamtes und einer feierlichen Prozession abspielte, wurde der Vorgang von der Kirche als 'Akt des Glaubens' bezeichnet (portugiesisch: 'Auto-da-fé). Im weiteren Sinne bezeichnet das Wort die Hinrichtung von tatsächlichen oder vermeintlichen Gegnern des Christentums auf Betreiben der Kirche sowie allen zeremoniellen Mord aus christlichem Glaubenseifer.

385n rot 'Ketzer'-Hinrichtung
447n rot Papst für Todesstrafe
1022n rot Katharer-Verbrennung
1030n rot Katharer-Verbrennung
1052n rot 'Ketzer'-Hinrichtung
1090n rot 'Hexen'-Verbrennung
1115n rot Katharer-Verbrennung
1119n rot Papst: 'Ketzer'-Ausrottung
1132n rot Peter von Bruys verbrannt
1163n rot Katharer-Verbrennung
1163n rot Katharer-Verbrennung
1184n rot Inquisition
1194n–1250n Friedrich II.
1197n rot Todesstrafe für Katharer
1209n rot 'Ketzer'-Verbrennung
1211n rot Katharer-Verbrennung
1212n rot Bogomilen-Verfolgung
1230n rot Katharer-Verbrennung
1231n rot Papst Inquisitions-Leiter
1232n–1300n Segarelli
1237n rot Katharer-Verbrennung
1239n rot Katharer-Verurteilung
1243n rot Dominikaner: Inquisition
1247n rot Feuertod für 'Hexe'
1248n rot 'Hexen'-Verbrennung
1249n rot Katharer-Verbrennung
1252n rot Anordnung der Folter
1275n rot 'Hexen'-Verbrennung
1307n rot Feuertod Fra Dolcinos
1315n rot Katharer-Verbrennung
1336n rot Katharer-Verbrennung
1362n–1437n Sigismund
1365n–1416n Hieronymus von Prag
1369n–1415n Hus
1393n rot Katharer-Verbrennung
1400n rot Hilfe von Staatsgerichten
1412n–1431n Jeanne d'Arc
1415n rot Verbrennung des Hus
1416n rot Hieronymus' Feuertod
1417n rot Hinrichtung Oldcastles
1431n rot Feuertod der Jeanne d'Arc
1433n rot Feuertod Conectes
1451n–1505n Isabella von Kastilien
1452n–1498n Savonarola
1484n rot Verstärkte 'Hexen'-Jagd
1487n blau 'Hexenhammer'
1498n rot Feuertod des Savonarola
1507n rot Ximenes Groß-Inquisitor
1528n rot Hubmayrs Hinrichtung
1538n rot Protestanten-Verfolgung
1542n rot Inquisition erneuert
1546n rot Verbrennung des Dolet
1548n–1600n Giordano Bruno
1549n rot Tod Johannas von Kent
1559n rot Verfolgung Reformierter
1600n rot Feuertod Giordano Brunos
1692n rot 'Hexen'-Verfolgung
1756n rot 'Hexen'-Hinrichtung
1775n rot 'Hexen'-Hinrichtung
1793n rot 'Hexen'-Verbrennung
1826n rot 'Ketzer'-Hinrichtung
1828n rot Letzter Inquisitions-Tod
1834n rot Inquisitions-Ende (Spanien)
1859n rot Inquisition aufgehoben

AUTOGENES SCHWEISSEN, unlösbare Verbindung metallischer Werkstücke durch Einwirkung einer Brenngas-Sauerstoff-Flamme, meist unter Verwendung eines Zusatzmetalls (Schweißdraht).

1904n grün Erfindung

AUTOMATISIERUNG, Verselbständigung der Gütererzeugung durch zunehmende Mechanisierung, insbesondere durch maschinelle Erledigung der sonst dem Menschen vorbehaltenen Überwachung und Steuerung des Herstellungsprozesses. Erhöht die Produktivität bei gleichzeitiger Senkung des Arbeitsaufwandes.

433v–351v Archytas
221v grün Waschkugel-Automat
1243n grün Selbsttätiges Sägewerk
1589n grün Wirkstuhl
1623n grün Rechenmaschine
1714n grün Schreibmaschine
1767n grün Spinnmaschine
1785n grün Webstuhl
1793n grün Baumwollentkernung
1805n grün Lochkartensystem
1810n grün Schnellpresse
1834n grün Getreidemähmaschine
1851n grün Nähmaschine
1880n grün Hollerith-Maschine
1884n grün Zeilengießmaschine
1889n grün Webautomat
1894n–1964n Norbert Wiener
1911n grün Fernlenkung
1941n grün Programmiertes Rechnen
1942n grün Elektronisches Rechnen
1948n grün Informationstheorie
1948n grün Kybernetik
1952n grün Halbautomatische Fabriken

AUTOMOBIL

1863n–1947n Ford
1864n grün Markus' Fahrzeug
1886n grün Benz' Fahrzeug
1887n grün Daimlers Fahrzeug
1903n grün Fords Fabrik
1928n grün Raketenantrieb

AUTOTYPIE, photomechanisches Reproduktionsverfahren zur Herstellung von Halbton-Druckvorlagen. Ermöglicht den Druck von Photographien durch Auflösung des Bildes in winzige Punkte (Raster).

1882n grün Erfindung

AVA (um 1070n–1127n), deutsche Dichterin. Der lateinischen Sprache unkundig, ließ sie sich von ihren beiden Söhnen biblische Stoffe übersetzen und machte daraus einfache Versgeschichten über das Leben Jesu, den Antichrist und das Jüngste Gericht. Dann zog sie sich ins Kloster Melk (Österreich) zurück.

1113n blau Gedichte

AVE MARIA, Bezeichnung für ein Gebet der katholischen Kirche. Das lateinische Wort 'Ave' ist eine altrömische Grußformel ('Heil Dir'), die von der Kirche mit 'Gegrüßt seiest Du' übersetzt wurde. Maria ist die Mutter des Religionsstifters Jesus. Bei katholischen Bet-Übungen wird es nach einer durch die Hand gleitenden Perlenschnur (Rosenkranz) zehnmal so oft gebetet wie das Vater-Unser.

517n blau Gesang

AVERROES, lateinischer Name für den arabischen Philosophen und Naturforscher Ibn Rasd.

1126n–1198n Lebenslinie
1151n blau Scholastik
1166n grün Sonnenflecken-Theorie
1174n grün Psychologie
1182n grün Aristoteles-Kommentar

AVERSA, Stadt in der süditalienischen Provinz Neapel. Auf den Trümmern des antiken Atella gegründet, wurde es berühmt durch seinen Schaumwein.

1029n blau Gründung

AVESTA, religiöse Hauptschrift der Anhänger des persischen Religionsstifters Zarathustra.

544v blau Aufzeichnung
332n blau Neue Sammlung

AVICENNA, lateinischer Name für den arabischen Naturwissenschaftler und Philosophen Ibn Sina (980n–1037n).

980n–1037n Lebenslinie
1015n grün Koffein als Heilmittel
1026n blau Enzyklopädie
1028n grün Begriffsschrift
1033n grün System der Medizin
1034n blau Philosophisches Hauptwerk
1114n–1187n Gerhard von Toledo
1172n grün Übersetzung

AVIGNON, Stadt in Südfrankreich, im 14. Jahrhundert Residenz der aus Rom vertriebenen Päpste, die dort völlig unter französischen Einfluß gerieten (Sogenanntes 'Babylonisches Exil').

1309n rot Päpstliche Residenz
1364n blau Papstschloß
1376n rot Abzug des Papstes
1379n rot Sitz des Gegenpapstes
1453n blau Quartons Gemälde
1907n blau Picassos Mädchenbild

AVOGADRO, Amadeo (1776n–1856n), italienischer Physiker, Schöpfer des nach ihm benannten Gesetzes. Danach enthalten alle Gase in der gleichen Volumeneinheit die gleiche Anzahl von Molekülen, wenn sie unter gleichen Druck- und Temperaturbedingungen stehen.

1811n grün 'Avogadro'sche Regel'

AWAREN, Name eines mit den Hunnen verwandten Hirtenvolkes. Wurden vor anderthalb Jahrtausenden durch Türken aus Innerasien vertrieben und wanderten über das Gebiet der Wolgamündung (Südrußland) zum Balkan, wo sie im Donauraume zwischen Belgrad und Budapest ein Reich gründeten. In Kämpfen gegen slawische, fränkische und byzantinische Heere behaupteten sie sich über 200 Jahre. Dann wurden sie von dem erstarkten Frankenreiche besiegt und gingen in den sich neu bildenden Staaten Südosteuropas auf.

492n–552n Tumen
541n–572n Alboin
552n/563n Asiatischer Türkenkrieg
552n rot Befreiung der Türken
559n rot Ansiedlung im Donauraum
562n braun Kämpfe in Thüringen
562n rot Friedensvertrag mit Franken
562n grün Fränkische Tributzahlungen
567n braun Sieg über Gepiden
567n rot Reichsgründung
569n braun Sieg über Slawen
569n rot Besetzung Ungarns
582n braun Einnahme von Sirmium
582n rot Gebietszuwachs
595n–662n Samo
624n braun Niederlage gegen Slawen
626n braun Angriff auf Byzanz
791n/796n Fränkischer Awarenkrieg
796n rot Ende der Selbständigkeit
796n rot Zerfall des Reiches

AWARIS, ägyptische Stadt, im Nildelta von eingedrungenen Fremdvölkern (Hyksos) angelegt.

1752v–1692v Sa-Litis
1712v–1640v Apofis
1701v blau Gründung
1694v rot Hauptstadt der Hyksos
1691v–1628v Chian
1596v–1570v Kamosis
1590v–1545v Amosis
1563v braun Ägyptische Eroberung

AXID, nordafrikanischer Freiheitskämpfer.

291n–347n Lebenslinie
276n–355n Donatus
285n–347n Fasir
328n blau Kritik an der Kirche
344n/347n Zirkumzellionen-Aufstand

AXT, Werkzeug aus keilförmiger Schneide und langem Stiel zur Bearbeitung von Holz sowie zur Tötung von Menschen (Streitaxt).

2622v blau 'Schiffsbauer mit Axt'
885v grün Eisenäxte in Assyrien

AYAS, Ibn (1448n–1524n), arabischer Historiker. Verfaßte eine Geschichte Ägyptens von 928n bis auf seine Zeit. Ordnete sein Werk nach Jahren und Monaten.

1521n blau Geschichte Ägyptens

AZINCOURT, Stadt in Nordfrankreich unweit des Ärmelkanals. Hier besiegten im Jahre 1415n englische Heere unter Heinrich V. das zahlenmäßig überlegene französische Heer (8000 Tote).

1338n/1453n Hundertjähriger Krieg

AZOREN, Name einer aus 9 Inseln bestehenden portugiesischen Inselgruppe im Nordatlantik. Haupt-Stützpunkt für die Seefahrt und die Luftfahrt zwischen Europa und Nordamerika. Wegen ihrer strategischen Bedeutung trotz portugiesischer Neutralität in beiden Weltkriegen von den USA als Militärstützpunkt benutzt.

1323n grün Entdeckung
1394n–1460n Heinrich der Seefahrer

AZTEKEN, Name eines Volkes in Mittelamerika. Wanderten im 12. Jahrhundert von Norden kommend ins Hochland von Mexiko ein, besiegten die Mayas und errichteten Stadtstaaten, die sich zu gemeinsamer Verteidigung zusammenschlossen. Beherrschten ein Reich, das sich vom Pazifik bis zum Atlantik (Golf von Mexiko) erstreckte. Gründeten die Stadt Mexiko. Trotz jahrhundertelanger Unterwerfung durch die Spanier behauptete das Volk seine Sprache und Kultur bis in die Gegenwart.

1325n blau Gründung von Mexiko
1408n–1472n Nezalhual
1410n–1469n Montezuma
1431n rot Zusammenschluß
1431n blau Königspalast
1436n blau Bibliothek
1437n rot Tod für Geschichtsfälscher
1440n rot Großreich
1455n blau Pyramidenbau
1487n rot Menschenopfer
1519n rot Spanische Oberhoheit
1520n/1521n Aufstand

BAAL, semitisches Wort für 'Herr'. Als Gottesbezeichnung verwendet für die verschiedensten Gottheiten der Phönizier, Juden und anderer semitischer Völker.

927v–850v Elias
905v–850v Ahab
898v–842v Isebel
890v–814v Jehu
882v–835v Athalia
882v–798v Elisa
872v rot Baal-Dienst in Israel
870v blau Tempel in Samaria
863v–796v Joas
857v blau Bekämpfung des Kultes
842v rot Ende des Kultes
835v blau Tempel zerstört
649v–583v Jeremias
103n blau Tempel in Palmyra
214n–275n Aurelian
274n rot Staatskult in Rom

BAALBEK, Stadt im Libanon (Vorderasien), 50 Kilometer nördlich von Damaskus im Tale zwischen Libanon-Gebirge und Antilibanon. Zu Beginn des ersten Jahrtausends vor unserer Zeitrechnung assyrisch, später Teil des Alexanderreiches ('Heliopolis'). Unter der Herrschaft Roms erhielt die Stadt prächtige Bauten. Am Jupiter-Tempel wurde fast zwei Jahrhunderte lang gebaut. Sein Hauptteil wurde später in eine christliche Kirche verwandelt, 554n wurde die Stadt durch Blitzschlag zerstört, dann von den Arabern als Festung ausgebaut. 1759n durch ein Erdbeben vernichtet. Seit Beginn unseres Jahrhunderts wurden die Ruinen der alten Stadtteile ausgegraben.

215n blau Jupiter-Tempel

BABAR (1483n–1530n), mongolischer Herrscher. Übernahm 1494n von seinem Vater Umar den Thron von Samarkand (Turkestan), wurde aber von den Usbeken vertrieben. Als Nachkomme Timurs erhob er Erb-Ansprüche auf indisches Gebiet. Von Afghanistan (Kabul) aus fiel er in Indien ein und drang siegreich bis Delhi vor, wo er sich zum Kaiser von Indien machte und die erbliche Herrschaft seiner Familie ('Reich der Großmogule') errichtete, die bis zum Jahre 1858n Bestand hatte.

1504n braun Vorstoß in Indien
1504n rot Gewinn von Kabul
1525n braun Siegeszug durch Indien
1525n rot Reich der Großmogule

BABENBERGER, Name einer fränkischen Grafenfamilie. Bewohnte die Burg Babenberg, die auf dem Domplatz von Bamberg stand. 976n–1246n Markgrafen und Herzöge von Österreich. Zu ihrer Familie gehörte der Dichter Tannhäuser.

1156n rot Österreich Herzogtum
1208n–1270n Tannhäuser

BABEUF, François, französischer Revolutionär.

1760n–1797n Lebenslinie
1795n blau Manifest der Gleichen
1796n braun Verschwörung
1797n rot Hinrichtung

BABRIOS (um 150n–um 220n), griechischer Dichter aus dem römischen Teile Vorderasiens. Faßte in gereimter Form satirische Fabeln, Erzählungen und Sagen in zehn Büchern zusammen.

196n blau Bearbeitungen

BABYLON, Stadt am Mittellauf des Euphrat (Mesopotamien), etwa 100 Kilometer südlich der heutigen Hauptstadt des Irak (Bagdad). Vor fast 5000 Jahren legten hier Bewohner des südlichen Mesopotamien (Sumer) eine Siedlung an, die sich 600 Jahre später zur Stadt entwickelte. Abermals 600 Jahre danach wurde sie als Residenzstadt Hammurabis zum politischen, wirtschaftlichen, geistigen und religiösen Mittelpunkt Vorderasiens. Stieg zum bedeutendsten Umschlagplatz des Waren- und Kulturaustausches zwischen Asien und dem Mittelmeerraum auf und wurde vor fast 3000 Jahren zur größten Stadt der Erde. Ihre Stadtmauer war 18 Kilometer lang und hatte acht Tore, darunter das 24 Meter hohe Haupttor ('Ischtar-Tor'). Vor 2500 Jahren wurde zu Ehren des Hauptgottes der Stadt (Marduk) ein Turm von fast 100 Metern Höhe erbaut (Turmbau zu Babel). Nach ihrer Eroberung durch Alexander den Großen sollte die durch Assyrer teilweise zerstörte Stadt als Hauptstadt seines europäisch-asiatischen Reiches neu aufgebaut werden. Doch nach Alexanders frühem Tod erbaute sein Feldherr Seleukos, dem dieser Teil des Reiches zufiel, eine eigene neue Hauptstadt. Dadurch verlor sie ihre Bedeutung und verfiel schnell. Seit fast 2000 Jahren größtenteils verschüttet, wurde sie von deutschen Altertumsforschern unter Koldewey seit Ende des 19. Jahrhunderts freigelegt.

2882 v blau Gründung
2353 v blau Entwicklung zur Stadt
1886 v–1817 v Sumu-Abum
1837 v–1780 v Sumu-La-Ilu
1830 v rot Sumu-Abum König
1830 v rot Residenz
1789 v grün Stadtmauer
1777 v blau Marduk-Tempel
1610 v blau Goldene Standbilder
1572 v–1504 v Agum
713 v–669 v Asarhaddon
624 v–561 v Nebukadnezar II.
614 v grün 'Hängende Gärten'
592 v grün Bankgründung
578 v blau Turmbau
576 v blau Ischtar-Tor
573 v blau Prozessions-Straße
478 v rot Zerstörung des Tempels
324 v rot Hauptstadt Alexanders

BABYLONIEN, Reich in Mesopotamien.

Allgemeines (Land, Volk, Staat)

2882 v blau Sumerische Siedlung
2353 v blau Entwicklung Babylons
2060 v–1983 v Schul-Gi
2019 v braun Erhebung
1886 v–1817 v Sumu-Abum
1837 v–1780 v Sumu-La-Ilu
1830 v braun Erhebung gegen Isin
1830 v rot Selbständiger Stadtstaat
1830 v rot Sumu-Abum König
1830 v rot Babylon Residenz
1806 v braun Sieg über Kisch
1806 v rot Kisch in Abhängigkeit
1789 v grün Mauer um Babylon
1785 v–1717 v Samsi-Adad
1780 v–1697 v Rimsin
1760 v–1686 v Hammurabi
1748 v–1695 v Zim-Rilim
1728 v rot Hammurabi König
1724 v rot Pakt mit Assyrien
1722 v braun Sieg über Rimsin
1722 v rot Machtgewinn
1720 v–1648 v Samsu-I-Luna
1712 v rot Dreibund
1709 v grün Spionage
1707 v rot Rechtsverkündung
1699 v braun Sieg über Larsa
1699 v rot Einverleibung Larsas
1698 v braun Sieg über Elam
1698 v rot Herrschaft über Elam
1698 v–1629 v Iluma-I-Lu
1697 v braun Sieg über Assur
1697 v rot Hoheit über Assyrien
1696 v braun Sieg über Mari
1696 v rot Hoheit über Mari
1695 v braun Aufstand Maris
1695 v rot Einigung Mesopotamiens
1695 v rot Hammurabi Kaiser
1693 v rot Mesopotamien Beamtenstaat
1690 v rot Gemeinsamer Reichsgott
1685 v braun Erhebung Elams
1677 v braun Angriff der Kassiten
1675 v/1665 v Freiheitskampf Sumers
1665 v rot Sumer selbständig
1665 v rot Teilung Mesopotamiens
1665 v rot Ende des Kaisertums
1572 v–1504 v Agum
1563 v–1530 v Mur-Sili I.
1536 v/1530 v Dritter Hettiterkrieg
1530 v braun Kassiten-Aufstand
1530 v rot Unter kassitischer Herrschaft
1525 v grün Lehnswesen
1475 v–1420 v Ulam-Buriasch
1448 v–1392 v Kara-Indasch
1432 v braun Kampf gegen Sumer
1427 v braun Sieg über Sumer
1427 v rot Ende des 'Meerreiches'
1427 v rot Machtausdehnung
1424 v–1370 v Kuri-Gal-Zu
1417 v–1364 v Eriba-Adad
1413 v rot Prinzessin für Pharao-Harem
1402 v–1346 v Burna-Bu
1395 v–1328 v Assur-U-Baalit
1380 v braun Sieg über Elam
1380 v rot Beherrschung Elams
1376 v grün 'Kuri-Gal-Zu-Stadt'
1367 v rot Protestnote an Ägypten
1363 v rot Heiratspolitik
1328 v–1252 v Hattu-Sili III.
1325 v braun Abwehr Elams
1309 v braun Niederlage gegen Assyrien
1281 v rot Bündnis gegen Assyrien
1277 v–1207 v Tu-Kulti
1241 v braun Niederlage gegen Assyrien
1241 v rot Assyrische Herrschaft
1240 v braun Erhebung gegen Tu-Kulti
1232 v–1162 v Schutruk
1205 v braun Vorstoß Elams
1201 v braun Aufstand gegen Assyrien
1201 v rot Unabhängigkeit
1199 v braun Sieg über Assyrien
1199 v rot Oberhoheit über Assyrien
1166 v–1105 v Nebukadnezar I.
1163 v braun Niederlage gegen Elam
1163 v rot Herrschaft Elams
1163 v rot Sohn Schutruks König
1159 v braun Aufstand gegen Elam
1159 v rot Ende der Fremdherrschaft
1148 v–1074 v Tiglatpileser I.
1121 v braun Niederlage gegen Assyrer
1121 v rot Assyrien selbständig
1115 v braun Sieg über Elam
1111 v/1090 v Großer Krieg
1098 v–1046 v Adada
1090 v rot Assyrische Herrschaft
1073 v/1072 v Erhebung gegen Assyrien
1068 v braun Niederlage gegen Aramäer
1068 v rot Aramäische Herrschaft
943 v–890 v Adadnirari II.
904 v braun Niederlage gegen Assyrien
904 v rot Heiratspolitik
904 v rot Vertrag mit Assyrien
877 v rot Noch frei von Assyrern
843 v–782 v Semiramis
774 v–727 v Tiglatpileser III.
740 v–681 v Sanherib
729 v braun Eroberung durch Assyrer
729 v rot Tiglatpileser Herrscher
689 v braun Erhebung gegen Assyrien
658 v–595 v Necho II.
654 v–605 v Nabopolassar
648 v braun Erhebung gegen Assyrien
647 v–585 v Kyaxares
640 v–586 v Zedekia
628 v–553 v Hesekiel
625 v braun Sieg über Assyrien
625 v rot Unabhängigkeit
624 v–561 v Nebukadnezar II.
615 v braun Belagerung Assurs
614 v rot Bündnis mit Medien
614 v braun Eroberung Assurs
612 v braun Eroberung von Ninive
612 v rot Teilung Assyriens
605 v braun Sieg über Ägypten
605 v rot Gewinn Syriens
599 v–529 v Kyros
597 v braun Sieg über Palästina
597 v rot Gefangennahme von Juden
595 v–525 v Krösus
586 v braun Zerstörung Jerusalems
585 v grün Jüdische Zwangsarbeiter
547 v rot Bündnis mit Lydien
539 v braun Niederlage gegen Perser
539 v rot Persische Herrschaft
537 v rot Heimführung der Juden
520 v–465 v Xerxes
485 v/484 v Erhebung gegen Perser
478 v rot Tempelzerstörung
458 v rot Auszug der letzten Juden
358 v–280 v Seleukos I.
356 v–323 v Alexander der Große
324 v rot Babylon Sitz Alexanders
315 v–263 v Manethos
131 v rot Herrschaft der Parther
115 n rot Römische Provinz
117 n rot Unabhängig von Rom
199 n rot Römische Provinz
363 n rot Persische Herrschaft
633 n/732 n Arabischer Krieg
637 n rot Arabische Herrschaft

BABYLONIEN: Baukunst

1837 v–1780 v Suma-La-Ilu
1789 v grün Stadtmauer um Babylon
1777 v blau Marduk-Tempel
1711 v rot Haftpflicht
1572 v–1504 v Agum
1448 v–1392 v Kara-Indasch
1402 v–1346 v Burna-Bu
713 v–669 v Asarhaddon
624 v–561 v Nebukadnezar II.
614 v grün 'Hängende Gärten'
589 v grün Medische Mauer
578 v blau 'Turmbau zu Babel'
576 v blau Ischtar-Tor
573 v blau Prozessions-Straße

BABYLONIEN: Bildhauerei und Malerei

1719 v blau Götterstatuen
1707 v blau Hammurabi-Relief
1699 v blau Statue des Hammurabi
1698 v blau Siegessäule des Hammurabi
1697 v blau Götterstatuen
1695 v blau Relief Hammurabis
1688 v blau Plastik eines Betenden
1610 v blau Goldene Standbilder
1448 v–1392 v Kara-Indasch
1445 v blau Götter-Symbole
1378 v blau Statue Kuri-Gal-Zus
1376 v blau Wandgemälde
1341 v blau Relief einer Biene
619 v blau 'Tamburin-Spielerin'

BABYLONIEN: Dichtung und andere Literatur

1692 v blau 'Gilgamesch'-Übersetzung
1691 v blau Gespräch Hammurabis
1687 v blau Schöpfungsgeschichte
1387 v blau Lobgedicht auf Ischtar
1382 v blau Lobgedicht auf Marduk
1365 v blau Briefwechsel
1359 v blau 'Sturmvogel'
1354 v blau Epos vom ersten Menschen
1348 v blau Epos von der Unterwelt
1344 v blau Erra-Epos

BABYLONIEN: Geschichtsschreibung

791 v blau Synchronistische Geschichte
344 v–268 v Berossos
274 v blau Geschichte Babylons

BABYLONIEN: Musik

1270 v blau Musikschule
619 v blau 'Tamburin-Spielerin'

BABYLONIEN: Recht

1760 v–1686 v Hammurabi
1719 v rot Todesstrafe für Ehebruch
1717 v grün Haftpflicht der Tierärzte
1715 v rot Strafen für Ärzte
1711 v rot Haftung des Baumeisters
1708 v blau Kodifizierung
1707 v rot Rechtsverkündung

BABYLONIEN: Religion

1777 v blau Marduk-Tempel
1719 v blau Götterstatuen
1707 v blau 'Hammurabi mit Sonnengott'
1697 v blau Götterstatuen
1690 v rot Marduk Reichsgott
1688 v blau Plastik eines Betenden
1687 v blau Schöpfungsgeschichte
1610 v blau Goldene Standbilder
1572 v–1504 v Agum
1445 v blau Götter-Symbole
1402 v–1346 v Burna-Bu
1387 v blau Lobgedicht auf Ischtar
1382 v blau Lobgedicht auf Marduk
1348 v blau Epos von der Unterwelt
1344 v blau Erra-Epos
843 v–782 v Semiramis
824 v–782 v Adadnirari III.
787 v blau Nabu-Tempel in Kalach
740 v–681 v Sanherib
714 v–642 v Manasse
624 v–561 v Nebukadnezar II.
344 v–268 v Berossos

BABYLONIEN: Sitten und Gebräuche

1822 v grün Jahresbenennung
1713 v grün Unglückstage für Ärzte
1707 v grün Arzthonorar
1685 v grün Neue Zeitrechnung
1357 v grün Belehnungssteine
666 v grün Scheibenschießen
607 v grün Kinderklappern

BABYLONIEN: Sprache und Schrift

1400 v blau Sprache Vorderasiens
1337 v blau Schriftsprache in Assyrien
677 v blau Wörterbücher

BABYLONIEN: Wirtschaft und Verkehr

1694 v grün Werft für Frachtschiffe
1367 v rot Protestnote
687 v grün Baumwollanbau
592 v grün Bankgründung
585 v grün Zwangsarbeit für Juden
569 v grün Zinserhöhung

BABYLONIEN: Wissenschaft

1965 v grün Stern-Verzeichnis
1822 v grün Zeitrechnung
1700 v grün Bruchrechnung
1690 v grün Kalender-Verbesserung
1685 v grün Neue Zeitrechnung
1683 v grün Lehrbuch der Astronomie
1568 v grün 'Venustafeln'
763 v grün Bericht von Sonnenfinsternis
747 v grün Himmelsbeobachtungen
344 v–268 v Berossos

BABYLONISCHE GEFANGENSCHAFT, Bezeichnung für den Aufenthalt von etwa 25000 Juden in Babylon. Nach der Besiegung Palästinas durch die Heere Babylons wurden die Juden zwangsweise dorthin umgesiedelt, in geschlossenen Siedlungen unterbracht und zur Zwangsarbeit verpflichtet.

597 v rot Beginn
585 v grün Zwangsarbeit
537 v rot Heimführung
537 v grün Eigene Sklaven
458 v rot Beendung

BABYLONISCHER TURM, auch 'Turmbau zu Babel' genannt. Bezeichnung für ein besonders hohes Bauwerk, das mit Hilfe jüdischer Fremdarbeiter in Babylon (Mesopotamien) erbaut wurde.

624 v–561 v Nebukadnezar II.
578 v blau Bau

BACCHUS, römischer Gott der Natur, der als Gott des Weines besondere Verehrung genoß. Zu seinen Ehren wurden in Rom ausschweifende Feste von geheimen Vereinen gefeiert (Bacchanalien).

186 v rot Bacchanalien-Verbot
1950 n blau Cocteaus Drama

BACH, Johann Sebastian, deutscher Tondichter.

1685 n–1750 n Lebenslinie
1722 n blau 'Wohltemperiertes Klavier'
1723 n blau Johannes-Passion
1729 n blau Matthäus-Passion
1742 n blau 'Kaffee-Kantate'

BACHOFEN, Johann Jakob (1815 n bis 1887 n), Schweizer Jurist und Altertumsforscher, Schüler Savignys, seit 1841 n Professor des römischen Rechts in Basel. Wegbereiter der vergleichenden Rechtswissenschaft. Suchte die bei mehreren heutigen Naturvölkern herrschende mutterrechtliche Familienform als eine allgemeine Durchgangsepoche der Menschheit nachzuweisen und daraus das Vorhandensein einer der Männerherrschaft vorausgegangenen Zeit der Frauenherrschaft abzuleiten. Seine Theorien wirkten befruchtend auf die Geschichtsphilosophie, obgleich eine Bestätigung ihres Wahrheitsgehaltes nicht erbracht werden konnte.

1861 n blau 'Mutterrecht'

BACON, Francis, englischer Philosoph und Staatsmann.

1561 n–1626 n Lebenslinie
1620 n blau Empirie
1620 n grün Wärmetheorie
1625 n blau Entwurf eines Idealstaates

BACON, Roger, englischer Naturforscher, Philosoph und Theologe.

1214 n–1294 n Lebenslinie
1254 n blau Kritik an Klöstern
1256 n grün Entwurf einer Flugmaschine
1261 n blau Kirchenreform-Forderung

BADEN, BÄDER, BADEORTE

2753 v grün Badezimmer in Indien
2751 v–2681 v Ru-A-Ben
2714 v grün Schwimmbecken in Indien
2681 v grün Bad im Grab
1561 v grün Badezimmer auf Kreta
1374 v grün Bäder in Amarna
304 v–240 v Erasistratos
70 v grün Asklepiades' Ratschlag
129 v–40 v Asklepiades
11 v blau Wiesbaden römischer Kurort
67 n–129 n Apollodoros
89 n blau Aachen römischer Badeort
216 n grün Thermen des Karakalla
306 n grün Diokletiansthermen
315 n grün Kaiserthermen in Trier
412 n grün Verbot bei Christen
453 n blau Badeanstalt wird Taufhaus
890 n–961 n Abdar Rachman III.
1408 n–1472 n Nezalhual
1489 n–1587 n Sinan
1830 n grün Hallenschwimmbad

BADEN, Land in Südwestdeutschland. Hervorgegangen aus der Markgrafschaft Baden im Herzogtum Schwaben. Wurde 1806 n selbständiges Großherzogtum, 1919 n Freistaat, 1945 n geteilt (der Norden zu Hessen, der Süden nach kurzer Selbständigkeit zu Baden-Württemberg).

74 n rot Schwarzwald römisch
710 n–782 n Lioba
735 n blau Kloster
1120 n blau Gründung von Freiburg
1120 n rot Verfassung von Freiburg
1193 n–1279 n Albertus Magnus
1218 n–1291 n Rudolf I. von Habsburg
1326 n blau Liedersammlung
1354 n blau Freiburger Münster
1386 n blau Universität Heidelberg
1454 n rot Zunftverfassung
1457 n blau Universität Freiburg
1502 n braun Aufstand bei Bruchsal
1513 n braun Bauernaufstand
1517 n braun 'Bundschuh'
1522 n/1526 n Deutsche Revolution
1607 n rot Stadtrecht für Mannheim
1619 n blau Heidelberger Schloß
1678 n rot Gebietsverlust
1688 n/1697 n Franzosen-Einfall
1715 n blau Entstehung von Karlsruhe
1727 n braun Bauernerhebung
1751 n grün Sinfonieorchester
1806 n rot Beitritt zum Rheinbund
1818 n rot Bauernfreiheit
1848 n/1850 n Deutsche Revolution
1854 n blau 'Trompeter von Säckingen'
1866 n braun Deutscher Krieg
1900 n rot Frauenstudium
1918 n/1919 n Deutsche Revolution
1939 n/1945 n Zweiter Weltkrieg
1945 n rot Besetzung
1949 n rot Teil der BRD

BADEN-POWELL, Robert (1857 n–1941 n), englischer General. Schlug 1898 n den Aufstand der Matabele-Neger in Afrika nieder und rottete einen großen Teil der Bevölkerung aus. Kämpfte im Burenkrieg gegen die Buren, baute anschließend die neue südafrikanische Kolonialpolizei auf und wurde schließlich General-Inspekteur der britischen Kavallerie. Schöpfer der Pfadfinderbewegung ('boy-scouts' und 'girl-scouts'). Verfasser des Pfadfinderbuches.

1899 n/1902 n Burenkrieg
1907 n rot Pfadfinderbund

BADEN-WÜRTTEMBERG, drittgrößtes Land der Bundesrepublik (nach Bayern und Niedersachsen). Entstand 1952 n durch Zusammenlegung der Bundesländer Württemberg, Baden und Hohenzollern auf Grund einer 1951 n veranstalteten Volksabstimmung gegen den Willen Badens, dessen Bevölkerung sich mehrheitlich gegen diesen Zusammenschluß aussprach.

76 v rot Abzug der Helvetier
51 n–96 n Domitian
74 n rot Schwarzwald römisch
83 n grün Bau des Limes
260 n rot Aufgabe des Limes
466 n–511 n Chlodwig
496 n braun Vorstoß der Franken
496 n rot Franken-Herrschaft
710 n–782 n Lioba
735 n blau Kloster
924 n/925 n Vorstoß der Ungarn
1120 n blau Gründung von Freiburg
1120 n rot Verfassung von Freiburg
1138 n rot Königshaus der Staufer
1179 n blau 'Ernst von Schwaben'
1193 n–1279 n Albertus Magnus
1197 n/1198 n Kampf um Kaiserthron
1198 n rot Philipp deutscher König
1218 n–1291 n Rudolf I. von Habsburg
1267 n rot Stadtrecht für Stuttgart
1326 n blau Liedersammlung
1330 n–1399 n Peter Parler
1331 n rot Schwäbischer Städtebund
1354 n blau Freiburger Münster
1377 n blau Münster von Ulm
1386 n blau Universität Heidelberg
1388 n braun Fürstensieg über Städte
1389 n rot Städtebund verboten
1454 n rot Zunftverfassung
1457 n blau Universität Freiburg
1477 n blau Universität Tübingen
1502 n braun Bauernaufstand
1513 n braun Bauernaufstand
1514 n braun Bauernaufstand
1517 n braun Bauernaufstand
1522 n/1526 n Deutsche Revolution
1607 n rot Stadtrecht für Mannheim
1618 n/1648 n Dreißigjähriger Krieg
1619 n blau Heidelberger Schloß
1678 n rot Gebietsverlust
1688 n/1697 n Dritter Krieg Ludwigs XIV.
1715 n blau Entstehung von Karlsruhe
1727 n braun Bauernerhebung
1751 n grün Sinfonieorchester
1796 n/1815 n Napoleonische Kriege
1803 n rot Deputations-Hauptschluß
1806 n rot Beitritt zum Rheinbund
1815 n rot Wiener Kongreß
1818 n rot Bauernfreiheit
1848 n/1850 n Deutsche Revolution
1854 n blau 'Trompeter von Säckingen'
1866 n braun Deutscher Krieg
1900 n rot Frauenstudium
1918 n/1919 n Deutsche Revolution
1939 n/1945 n Zweiter Weltkrieg
1945 n rot Besetzung
1949 n rot Teil der BRD

BADSCHA, Ibn, arabischer Philosoph, Arzt, Mathematiker und Astronom.

1093 n–1162 n Lebenslinie
1133 n blau 'Verhalten des Einsamen'

BÄCKER, einer der ältesten handwerklichen Berufe der Menschheitsgeschichte.

2008 v blau Ägyptische Plastik

BAEDEKER, Karl (1801 n–1859 n), deutscher Verleger. Als Sohn eines Druckers, der eine eigene Buchhandlung unterhielt, gründete er 26jährig in Koblenz am Rhein einen Verlag und brachte zwei Jahre später die Neubearbeitung eines Reise-Handbuches über das Land zwischen Mainz und Köln heraus ('Rheinführer'). Damit prägte er einen neuen Buchtyp: Das praktische Reisebuch mit verständlichen, nützlichen Informationen. Neu war auch die Bewertung der Sehenswürdigkeiten, Hotels und Gaststätten durch Zeichen (Sterne). Überprüfte die Zuverlässigkeit der von seinen Mitarbeitern zusammengetragenen Informationen durch eigene Reisen. Sein Verlag wurde von seinen Söhnen Ernst, Karl und Fritz fortgesetzt.

1829 n grün Reiseführer

BÄHR, Georg (1666 n–1738 n), deutscher Baumeister. Als Zimmermann ging er aus Fürstenwalde (Spree) in die sächsische

Residenzstadt Dresden, wo er zum Ratszimmermeister aufstieg. Errichtete zahlreiche Kirchen in der Umgebung Dresdens (Loschwitz, Schmiedeberg, Forchheim, Hohnstein, Pirna) sowie Wohnhäuser und Paläste in Dresden selbst. Mit seinem Hauptwerk, der Dresdner Frauenkirche, schuf er den ersten monumentalen Kirchenbau des deutschen Protestantismus.

1726n blau Dresdner Frauenkirche

BAEKELAND, Leo Hendrik (1863n–1944n), belgischer Chemiker. Als Universitätsprofessor für Physik und Chemie verließ er 26jährig seine Heimatstadt Gent und wurde beratender Chemiker in der nordamerikanischen Industrie. Entwickelte ein hochempfindliches Photopapier. Bei seinen 1905n aufgenommenen Versuchen zur chemischen Herstellung eines formbaren, beständigen Werkstoffes aus Kohle und Kalk gewann er ein Kunstharz und nannte es unter Verwendung seines eigenen Namens 'Bakelit'. Gründete eine eigene Gesellschaft zur industriellen Herstellung dieses Materials.

1909n grün Bakelit

BAER, Karl Ernst (1792n–1876n), estländischer Naturforscher, Professor der Anatomie und Zoologie in Königsberg und Petersburg. Entdeckte die Entstehung des Eies der Säugetiere und gab dadurch der Fortpflanzungslehre entscheidende Antriebe.

1827n grün Ei-Entdeckung

BÄR, Name eines plumpen, bis zu 300 kg schweren Raubtieres, das etwa bis zur Zeitwende ganz Europa, den Mittelmeerraum sowie Vorder- und Zentralasien bewohnte. Heute nur noch im Norden und Osten Europas sowie in einigen europäischen Gebirgen beheimatet (Pyrenäen, Alpen, Karpaten). Nahe Verwandte (Grizzly und Eisbär) bevölkern Nordamerika und das Polargebiet.

2465v grün Kriegsbeute der Ägypter
2360v blau Plastische Darstellung

BÄRENINSEL, norwegische Insel, nördlich von Skandinavien auf halbem Wege nach Spitzbergen gelegen.

1596n grün Entdeckung

BAEYER, Adolf (1835n–1917n), deutscher Chemiker, seit 1868n Professor für organische Chemie an der Universität Berlin. Durch künstliche Herstellung mehrerer Farbstoffe legte er den Grund für die moderne chemische Industrie.

1870n grün Indigoblau

BAFFIN, William (1584n–1622n), englischer Seefahrer. Erkundete die Westküste Grönlands und unternahm Walfang-Fahrten nach Spitzbergen. Auf zwei Forschungsreisen stieß er nach Nord-Kanada (Hudson-Bai) und in die nach ihm benannte Meeresbucht zwischen Grönland und Kanada vor. Mit 78° nördlicher Breite erreichte er dabei die größte bis dahin bekannte Polnähe. Später segelte er in mildere Breiten (Rotes Meer, Arabisches Meer). Fiel bei der Eroberung der Insel Ormuz an der Einfahrt zum Persischen Golf im Kampf gegen die portugiesischen Herren der Insel.

1616n grün Forschungsreise

BAFFIN-BAI, Meeresgebiet im nördlichen Eismeer, zwischen Grönland und Nordamerika. Benannt nach dem englischen Seefahrer William Baffin, der als Steuermann diesen Teil des Polargebietes durchfuhr und in seinem Schiffsjournal beschrieb.

1616n grün Entdeckung

BAFRE (um 2565v–um 2515v), ägyptischer Herrscher. Nutzte die Unsicherheit nach dem Tode des Chefren, um den Thron an sich zu reißen. Nach kurzer Herrschaft vom Sohn des Chefren geschlagen.

2561v–2500v Mykerinos

BAGAUDEN, keltisches Wort für 'die Streitbaren'. Bezeichnung der freien und unfreien Landarbeiter, die sich in Gallien (Frankreich) gegen ihre römischen Ausbeuter erhoben.

284n/286n Erster Aufstand
397n–454n Aëtius
412n–444n Tibatto
435n/437n Zweiter Aufstand

BAGDAD, Stadt im Irak (Mesopotamien). Als Hauptstadt des Araberreiches gegründet und nach festem Bebauungsplan in nur vier Jahren angelegt. Kreisförmige Siedlung mit drei schützenden Mauerringen und dem goldenen Palaste des Kalifen in ihrem Mittelpunkte. Infolge ihrer günstigen geographischen Lage wurde sie bald Handelszentrum zwischen dem Fernen Osten und dem Mittelmeerraum sowie eine der lebendigsten und reichsten Städte der Erde. In der Wissenschaft vereinigte sich das Geistesgut von Persien bis Indien und China mit dem griechisch-römischen Erbe. Im Jahre 1258n wurde die Stadt von Mongolen erobert und verwüstet, 1401n nochmals von Timur. Seitdem blieb sie Streitobjekt zwischen Türken und Persern. 1920n wurde sie Hauptstadt des Irak.

712n–775n Al Mansur
763n blau Gründung
766n–809n Harun al Raschid
770n grün Apotheke
794n grün Papiermanufaktur
806n–873n Abu Hunain
820n grün Sternwarte
824n blau Hochschule
832n blau Übersetzungsinstitut
1067n blau Universität
1127n rot Derwisch-Orden
1173n grün Brieftaubenpost

BAGELLARDO, Paolo (um 1410n–1492n), italienischer Arzt. Studierte in seiner Geburtsstadt Padua Philosophie, legte seine Doktorprüfung aber als Mediziner ab. Nach 3jähriger Tätigkeit als Dozent der Philosophie wechselte er ganz zur ärztlichen Wissenschaft über. Nach arabischen Quellen, vor allem auf Grund der Vorarbeiten von Al Rasi, verfaßte er ein zweibändiges Werk der Kinderheilkunde. Darin behandelte er die ansteckenden Kinderkrankheiten und Fragen der Hygiene. Wirkte als Gutachter im Streit um die Frage, ob Venedig oder Padua im Besitz eines echten Leichnams des Apostels Lukas sei.

1472n grün Buch der Kindermedizin

BAGGER, Gerät zur Bewegung von Erdmassen. In einfacher Form bereits vor mehr als 2000 Jahren zum Freihalten von Flußbetten für die Schiffahrt gebräuchlich (Stangenbagger). Seit 500 Jahren wurde daraus eine Maschine zur selbsttätigen Fortbewegung von Erdreich, Kohle und Erz (Greifbagger, Schaufelradbagger, Löffelbagger, Fräserbagger).

265v–202v Philon
224v grün Philons Konstruktion
1591n grün Veranzio: Greifbagger

BAHAMAS, Inselgruppe im Atlantik vor der Südostküste der Halbinsel Florida (USA). Besteht aus 30 bewohnten und über 2000 kleinen Inseln (größtenteils Korallenriffe). Kolumbus betrat hier im Jahre 1492n nach der Atlantik-Überquerung das erste zu Amerika gehörende Land. Die spanischen Eroberer ließen sie als 'nutzlose Inseln' unbeachtet und brachten nur ihre Bewohner als Zwangsarbeiter in die Bergwerke des benachbarten Haiti. 1625n begannen die Engländer mit der Kolonisierung, ergriffen 1729n von der ganzen Inselgruppe Besitz und verteidigten sie später erfolgreich gegen spanische und französische Eroberungsversuche. 1940n mußte England den USA als Preis für deren Kriegseintritt gegen Deutschland Teile davon zur Errichtung von Stützpunkten auf 99 Jahre verpachten.

1452n–1507n Kolumbus
1492n grün Entdeckung
1625n rot Vordringen Englands
1940n rot Stützpunkt der USA

BAHREIN-INSELN, Inselgruppe im Persischen Golf vor der arabischen Ostküste. Umfaßt außer der Hauptinsel (Bahrein) vier bewohnte Inseln. Wegen ihrer beherrschenden Lage in der Mitte des Persischen Golfes schon vor über 4000 Jahren umkämpft, wurden sie 1507n portugiesisch, im 17. Jahrhundert aber wieder persisch. Seit 1867n unter englischer Herrschaft. Wegen bedeutender Erdölfunde (seit 1932n) konzentrierten sich hier nach dem zweiten Weltkrieg bedeutende nordamerikanische Kapitalanlagen (Bahrein Petrol Company Ltd.).

2347v/2325v Krieg der vier Weltgegenden
2336v rot Besitz Akkads

BAIN, Alexander (1810n–1877n), englischer Erfinder aus Schottland. Ging nach Abschluß seiner Uhrmacherlehre als Geselle nach London und bildete sich dort neben seiner Arbeit in Abendkursen fort. Baute elektrische Uhren und elektrische Feuer-Alarm-Anlagen. Erfand die Programmierung von Telegraphen-Geräten durch Papier-Lochstreifen und steigerte dadurch die Übertragungs-Geschwindigkeit entscheidend. Entwickelte das Prinzip des zeilenweisen Abtastens von Vorlagen und deren punktweiser telegraphischer Übermittlung. Wenn er auch dies Gerät nicht praktisch zur Anwendung brachte, wurde er dadurch doch zum Schöpfer einer entscheidenden Voraussetzung der Bild-Telegraphie und des Fernsehens. Seine Einnahmen aus Erfindungen brauchte er zur gerichtlichen Geltendmachung seiner Rechte. Er lebte und starb in Armut.

1843n grün Bildtelegraph

BAITAR, Ibn (um 1180n–1248n), arabischer Naturforscher. Als Sohn eines Tierarztes studierte er im arabischen Spanien (Malaga) Botanik und unternahm Forschungsreisen nach Marokko, Ägypten, Syrien und Kleinasien. In Kairo schrieb er sein umfassendes Werk über die Wirkung der Heilmittel aus pflanzlichen, tierischen und mineralischen Stoffen. Es war in 1400 alphabetisch geordneten Artikeln abgefaßt und gab eine vollständige Übersicht aller zu seiner Zeit in der arabischen Welt bekannten Heilmittel. Bei der Übernahme fremder Rezepte vermerkte er, von welchem alten oder modernen Verfasser er etwas übernommen hatte und setzte hinzu, ob er sich für die Richtigkeit solcher Angaben verbürgen konnte.

1212n grün Schrift über Medikamente
1237n grün Rezept-Sammlung

BAJIN, König des arabischen Reiches von Saba.

758v–672v Lebenslinie
738v braun Niederlage gegen Assyrien
738v rot Tribut an Assyrien
719v blau Tempel für Mondgott
718v braun Sieg über die Minäer
718v rot Minäerreich einverleibt
716v rot Marib Hauptstadt
715v grün Staudamm vollendet
696v grün Goldgewinnung

BAKELIT, Bezeichnung für einen unschmelzbaren, unlöslichen, farblosen Werkstoff, der auf chemischem Wege künstlich hergestellt wird aus Kohle und Kalk. Benannt nach dem belgischen Chemiker Baekeland, der mit seiner Erfindung das Zeitalter der Kunststoffe heraufführte.

1909n grün Erfindung

BAKET-ATON (um 1370v–um 1330v), ägyptische Prinzessin. Tochter des Ägypterkönigs Echnaton und der Königin Nofretete.

1423v–1359v Juti
1370v blau Relief

BAKTERIOLOGIE, Wissenschaft von den Bakterien (Spaltpilzen). Untersucht die Erscheinungsformen und Verhaltensweisen dieser winzigen, einzelligen Lebewesen. Bemüht sich insbesondere um die Unschädlichmachung der bei Pflanze, Tier und Mensch krankheitserregenden Bakterien.

116v–27v Varro
37v grün Varro: Krankheitserreger
1546n grün Fracastoros Lehre
1675n grün Aufgußtierchen entdeckt
1683n grün Entdeckung der Bakterien
1838n grün Ehrenberg: Mikrobiologie
1860n grün Pasteurs Lehre
1867n grün Pasteurs Keimtötung
1873n grün Leprabazillus
1874n grün Mikrokokken
1878n grün Bakterien Krankheitserreger
1882n grün Tuberkelbazillus

BAKTRIEN, Land am oberen Amu (Oxus) im Gebiete des heutigen Usbekistan-Tadschikistan (UdSSR) und Afghanistan. Vor 3000 Jahren von Baktrern unter eigenen Königen (Kavja) bewohnt, wurde es seit Ende des 7. Jahrhunderts vor der Zeitwende von Medern beherrscht. Mit deren Unterwerfung durch Perser unter Kyros dem persischen Reiche einverleibt. Der Eroberung durch Alexander den Großen setzte es im Alexanderzug erbitterten Widerstand entgegen und verselbständigte sich nach seinem Tode. In den Diadochenkämpfen von Alexanders Feldherrn Seleukos im Jahre 306v unterworfen. In den folgenden Jahrhunderten zwischen Parthern, Skythen und Tocharern umkämpft, wurde es in der zweiten Hälfte des 5. Jahrhunderts von Hunnen aus Innerasien eingenommen. Während des Arabischen Krieges seit 646n durch Araber erobert, seit 712n vollständig arabisch. In den Jahren 1220n bis 1221n wurde das Land mongolisch, seit 1747n afghanisch, der usbekische Teil wurde 1872n russisch.

612v rot Vormacht Mediens
550v rot Vormacht Persiens
484v–424v Artaxerxes
465v braun Aufstand gegen Persien
358v–280v Seleukos I.
356v–323v Alexander der Große
334v/325v Alexanderzug
327v rot Alexanders Heirat
325v rot Alexanderreich
323v/301v Diadochenkriege
306v rot Seleukos Herrscher
246v rot Unabhängiges Reich
182v rot Machtausdehnung
172v–114v Tschang-Kien
130v braun Tocharer-Einfall
130v rot Militärstaat
53n–123n Kanischka
448n–510n Toramana
453n rot Norden ans Hunnenreich
501n rot Süden ans Hunnenreich
511n–579n Chosroes
565n braun Niederlage der Hunnen
565n rot Teilung
633n/732n Arabischer Krieg
712n rot Araber-Herrschaft
1155n–1227n Dschingis-Khan
1207n/1279n Großer Mongolenkrieg
1220n rot Der Norden mongolisch
1221n rot Der Süden mongolisch
1872n rot Usbekistan russisch

BAKU, Stadt am Kaspischen Meer an der Südküste der erdölreichen Halbinsel Apscheron. Seit dem 7. Jahrhundert arabisch, 1523–1606 türkisch, dann persisch, 1723 vorübergehend und seit 1806 endgültig russisch. Heute Hauptstadt der Republik Aserbeidschan und viertgrößte Stadt der UdSSR.

803n grün Veredelung von Petroleum
1723n rot Russische Herrschaft

BAKUNIN, Michail Alexandrowitsch (1814n–1876n), russischer Revolutionär. Nahm 1849 am revolutionären Aufstand in Deutschland teil. 1851 zu lebenslanger Kerkerhaft verurteilt und an Rußland ausgeliefert, gelang ihm 1861 die Flucht nach Westeuropa, wo er Karl Marx begegnete und sich der ersten Internationale anschloß. Seine Ablehnung jeder Staatsgewalt (auch der Diktatur des Proletariats) führte zu seinem Ausschluß aus der Internationale. Erkannte früh die Bedeutung der Bauern für die revolutionäre Weltbewegung.

1848n/1850n Deutsche Revolution
1864n rot Erste Internationale
1873n blau 'Staat und Anarchie'

BALAMIR, König der Hunnen.

350n–404n Lebenslinie
370n/455n Hunnenkriege
371n rot Herrschaft über Ostgoten
371n rot Heeresfolge der Ostgoten

BALATHISTA, Dorf in Bulgarien, südlich von Sofia an der Struma. Hier fand im Byzantinischen Bulgarenkrieg 1014n eine Schlacht zwischen dem byzantinischen und dem bulgarischen Heer statt.

996n/1014n Bulgarenkrieg

BALAWAT, Dorf am Oberlauf des Tigris zwischen Assur und Ninive (Mesopotamien). Hier errichtete der Assyrerkönig Salmanassar II. vor 2800 Jahren einen Palast, der seit 1878n ausgegraben wurde und wertvolle Kunde von dem Leben dieser Epoche vorderasiatischer Geschichte gab.

828v blau Palast

BALBOA (1475n–1517n), spanischer Entdecker. Floh vor seinen Gläubigern au ein nach Amerika auslaufendes Schiff und verschaffte sich an Bord schnell eine geachtete Stellung. Gründete am Golf von Darien in Mittelamerika eine Stadt, heiratete die Tochter eines Indianerhäuptlings und suchte ein gutes Einvernehmen mit der Urbevölkerung. Als er von einem Meere jenseits des amerikanischen Festlandes hörte, brach er mit 190 Mann und 600 eingeborenen Trägern auf und durchquerte den Urwald Mittelamerikas in 120 Tagen. Am 29. 9. 1513n erreichte er den Pazifik. Vom spanischen Könige für diese große Entdeckung ausgezeichnet, ließ ihn der spanische Gouverneur enthaupten, weil er sich über dessen Unmenschlichkeiten gegenüber den Eingeborenen beschwert hatte.

1513n grün Entdeckung des Pazifik

BALDO, Camillo (1547n–1634n), italienischer Arzt. Als Universitätsprofessor der Philosophie und der Medizin in Bologna beschäftigte er sich mit dem Zusammenhang von menschlichen Wesenszügen und Handschrift. Die Ergebnisse seiner Untersuchungen legte er in einem Buche nieder ('Traktat, wie man aus einem Brief Natur und Qualität des Schreibers erkennt'). Damit schuf er die Grundlage der wissenschaftlichen Handschriftendeutung ('Graphologie').

1622n grün Graphologie

BALDUIN (1171n–1206n), Fürst von Flandern. Nach Eroberung der Stadt Konstantinopel (Byzanz) durch die Heere des vierten Kreuzzuges für einige Monate Kaiser des 'lateinischen Kaisertums' von Byzanz, das unter seinen Nachfahren bis 1261n bestand. Er selbst wurde 1205n von dem bulgarischen König Johannes bei Adrianopel geschlagen und starb ein Jahr später als dessen Gefangener.

1202n/1204n Vierter Kreuzzug
1204n rot Herrschaftsbeginn

BALDUNG, Hans (1476n–1545n), genannt 'Grien' (Grün), deutscher Maler, Kupferstecher und Zeichner. Schuf in Straßburg eine Bildfolge von 11 Gemälden mit Darstellungen aus dem Leben von Jesus und Maria als Altarschmuck für das Freiburger Münster. Malte zahlreiche Tafelbilder ('Ruhe auf der Flucht', 'Kreuzigung', 'Grazien', 'Musik' und 'Weisheit'). Daneben schuf er Glasmalereien und Kupferstiche.

1514n blau Hochaltar in Freiburg

BALEAREN, Inselgruppe im westlichen Mittelmeer vor der Südostküste Spaniens, zu dem sie heute gehören. Hauptinseln: Mallorca und Menorca. Vor 3500 Jahren durch Bewohner der Insel Kreta besiedelt, wurden sie 500 Jahre später phönizisch und nach abermals 500 Jahren karthagisch. Weitere 500 Jahre später römisch, und nach nochmals 500 Jahren westgotisch. Dann folgte eine Zeit schnell wechselnder Herrschaft, in der allein die Araber sich noch einmal 200 Jahre behaupteten. Nach einer Periode selbständigen Königtums wurden die Inseln 1343n–1344n vom spanischen Aragon erobert und blieben seit dessen Vereinigung mit Kastilien zum spanischen Königreich spanisch. Nur die Insel Menorca wurde im 18. Jahrhundert noch einmal für 60 Jahre den Spaniern durch die Engländer genommen. Ihren Namen verdanken die Inseln der Fähigkeit ihrer frühen Bewohner, sich durch gezielte Steinwürfe zu verteidigen. Die Griechen haben vor 3000 Jahren von dem Wort 'ballein' (= werfen) den Inselnamen abgeleitet.

1597v–1521v Minos
123v/122v Eroberungskrieg Roms
122v rot Römische Herrschaft
425n braun Eroberung durch Wandalen
425n rot Teil des Wandalenreiches
903n braun Besetzung durch Araber
903n rot Zum spanischen Araberreich
1114n braun Eroberung durch Pisa
1114n rot Besitz der Stadt Pisa

BALKI, Al, arabischer Geograph und Philosoph aus Turkestan.

851n–938n Lebenslinie
921n grün Atlas

BALL, BALLSPIELE

2639v grün Fußballspiel in China
1910v grün Ballspiele in Ägypten
1882v blau 'Knaben beim Ballspiel'
68v grün Aufblasbare Bälle in Rom
587n grün Fußballspiel in Japan
648n grün Luftgefüllte Bälle in China
1193n grün Gummibälle (Mittelamerika)
1365n grün Tennisspiel in England

BALL, John, englischer Philosoph, Priester und Freiheitskämpfer.

1335n–1381n Lebenslinie
1367n blau Gegen Großgrundbesitz
1372n blau Gütergemeinschaft
1381n/1382n Aufstand in England

BALLADE, Bezeichnung für ein erzählendes Gedicht, meist von volksliedhaftem oder sagenhaftem Charakter.

641v–555v Stesichoros
1431n–1474n Villon
1451n blau 'Robin Hood'
1461n blau Villons Balladen
1744n–1803n Herder
1759n–1805n Schiller
1778n blau Herders Sammlung
1798n blau Coleridge-Wordsworth

BALLETT, von dem griechischen Worte 'ballizein' (= herumspringen) abgeleitete Bezeichnung für künstlerischen Gruppentanz. Seit mehr als 4000 Jahren in den Mittelmeerländern geübt, kam es in Mitteleuropa erst im 16. Jahrhundert auf und entwickelte sich erst im 18. Jahrhundert zu einer selbständigen Kunstgattung. Meist im Wechsel von Einzeltänzern und größeren Tanzgruppen dargeboten. Im 19. Jahrhundert zum Ausstattungsballett erstarrt, wurde es durch russische Tänzer und Komponisten zu einer neuen künstlerischen Ausdrucksform entwickelt.

2555v–2491v Hemre
2513v blau Amt für Ballettmeisterin
1581n blau 'Königinnen-Ballett'
1638n blau Schütz: 'Orpheus'
1910n blau Strawinsky: 'Feuervogel'
1915n blau Falla: 'Liebeszauber'

BALLON, Bezeichnung für einen meist kugelförmigen Behälter aus leichtem Stoff, der mit Warmluft oder Gas gefüllt wird, dadurch leichter als Luft ist und deshalb aus eigener Kraft aufsteigt.

1670n grün Luftschiffentwurf
1709n grün Heißluftballon
1731n grün Aufstiegsversuch
1782n grün Montgolfier-Ballon
1783n grün Ballonflug eines Menschen

1785 n grün Kanalüberquerung
1797 n grün Fallschirmabsprung
1804 n grün Gay-Lussac's Ballonaufstieg
1852 n grün Antriebsmaschine
1859 n grün Luftbild
1884 n grün Lenkbares Luftschiff
1899 n grün Zeppelins Luftschiff
1931 n grün Stratosphärenaufstieg

BALTIKUM, BALTISCHE LÄNDER, Sammelbezeichnung für die drei Ostseeländer Litauen, Lettland und Estland. Das Gebiet zerfiel früher nur in zwei Länder (Livland und Kurland) und ist seit 1940n Bestandteil der UdSSR.

1173 n–1239 n Hermann von Salza
1201 n blau Gründung von Riga
1219 n blau Gründung von Reval
1252 n blau Gründung von Memel
1346 n grün Verkauf Estlands
1346 n rot Estland an Deutschritter
1347 n rot Bereich der Hanse
1492 n blau Gründung von Iwangorod
1561 n rot Estland schwedisch
1629 n rot Livland schwedisch
1710 n rot Gebiete an Rußland
1721 n rot Gebiete an Rußland
1795 n rot Litauen russisch
1914 n/1918 n Erster Weltkrieg
1939 n/1945 n Zweiter Weltkrieg
1940 n rot Teil der UdSSR

BALZAC, Honoré, französischer Schriftsteller.

1799 n–1850 n Lebenslinie
1850 n blau 'Menschliche Komödie'

BAMBERG, Stadt im fränkischen Gebiete Bayerns, berühmt durch die im Dom aufgestellte Steinplastik des 'Bamberger Reiters', dem Idealbilde des Ritters der deutschen Stauferzeit.

1012 n blau Dom
1243 n blau Reiterstandbild

BAMBUS, Name einer Pflanze, die in fünfzig Arten in den warmen Ländern Süd-Asiens vorkommt. Gilt als Grasart, wird aber bis zu 40 Meter hoch und hat einen bis zu 60 cm dicken Stamm, der seit alters her als Werkstoff vielseitige Verwendung findet: In grünem Zustand als Nahrungsmittel, gereift als Faser zu Flechtwerk sowie zur Papier-Herstellung, getrocknet als Holz für Möbel und Bauten.

1208 v grün Nutzung für Bücher
909 v grün Gebrauch beim Schreiben
556 v blau Rechtsbuch-Name
298 v blau Geschichtsbuch-Name
48 n–118 n Tsai-Lun
902 n blau Dichtung 'Bambussammler'
1299 n blau Lob des Bambus
1674 n blau Japanisches Gemälde

BAMBUSBÜCHER, Bezeichnung für ein chinesisches Geschichtswerk, das vor über 2200 Jahren auf Bambustäfelchen niedergeschrieben und im Jahre 281n in einem Fürstengrabe bei Sün-Hien in der chinesischen Provinz Honan aufgefunden wurde. Es enthielt nach Jahren geordnete Aufzeichnungen von der chinesischen Frühgeschichte bis zum Jahre 299v. Sie wurden von Schu-Si geordnet und in neue Schriftzeichen übertragen, aber erst über 200 Jahre später, zu Beginn des 6. Jahrhunderts, herausgegeben durch Schen-Yo. Seitdem bilden sie eine Hauptquelle der chinesischen Geschichte. Ihr Alter und ihre Echtheit wurden allerdings auch immer wieder angezweifelt.

298 v blau Vollendung

BANA, indischer Dichter.

595 n–660 n Lebenslinie
624 n blau Biographie
659 n blau 'Kadambari'

BANAT, Landschaft im Herzen der Balkan-Halbinsel. Ihr Name ist vom ungarischen Titel der Herrscher dieser Grenzgebiete abgeleitet ('Ban'), die vom 12. Jahrhundert bis 1918n hier meist die oberste Gewalt ausübten. Vor 2000 Jahren von Dakern beherrscht, wurde das Gebiet im Jahre 106n römische Provinz. Im zweiten Gotenkrieg von Ermanrich erobert. Seit 360n gehörte es zum Ostgotenreich, wurde dann von Gepiden und Awaren erobert, 796n vorübergehend fränkisch und 997n durch Stephan I. ungarisch. Im Großen Mongolenkrieg schwer heimgesucht, wurde das Gebiet als ungarisches Grenzland seit 1396n für drei Jahrhunderte zum Kampffeld zwischen Türken und Ungarn. 1452n für 164 Jahre türkisch, ehe es im Türkenkrieg nach der Einnahme Belgrads durch Prinz Eugen für Österreich gewonnen wurde. 1779n formell an Ungarn zurückgegeben, aber durch dessen Personalunion mit Österreich praktisch bis 1918n unter österreichischer Herrschaft. In dieser Zeit wurden hier zahlreiche deutsche Handwerker und Bauern angesiedelt. Nach der Niederlage Österreichs im ersten Weltkrieg wurde das Land 1920n zwischen Rumänien, Jugoslawien und Ungarn geteilt.

101 n/106 n Zweiter Dakerkrieg
106 n rot Römische Herrschaft
305 n–370 n Ermanrich
350 n/360 n Zweiter Gotischer Krieg
360 n rot Teil des Gotenreiches
455 n rot Teil des Gepidenreiches
569 n braun Vorstoß der Awaren
569 n rot Awaren-Herrschaft
791 n/796 n Awarenkrieg
796 n rot Fränkischer Besitz
972 n–1038 n Stephan I.
1207 n/1279 n Großer Mongolenkrieg
1396 n braun Vorstoß der Türken
1663 n–1736 n Prinz Eugen
1714 n/1718 n Türkenkrieg
1718 n rot Österreichischer Besitz
1918 n rot Rückzug Österreichs

BANDSÄGE

1807 n grün Erfindung

BANDUNG, Stadt auf Java (Indonesien). Hier fand nach der politischen Befreiung Vorder-Indiens und Hinter-Indiens, Indonesiens und Ceylons sowie nach dem Siege der kommunistischen Revolution in China die erste Konferenz farbiger Völker Asiens und Afrikas statt. In einem Zehn-Punkte-Programm wurde dabei die Befreiung der noch von kolonialer Ausbeutung bedrückten Staaten gefordert.

1955 n rot Konferenz

BANGKOK, Hauptstadt und wichtigster Hafen Thailands an der Südküste des Landes (Hinterindien). Am Ufer des Menam 33 Kilometer vor dessen Einmündung in den Pazifik (Golf von Thailand) verkehrsgünstig gelegen, konzentrieren sich hier mehr als zwei Drittel des thailändischen Außenhandels. Die Stadt entwickelte sich zum kulturellen Mittelpunkt des Landes und zum Zentrum der buddhistischen Staats-Religion. Sie hat zahlreiche prächtige Pagoden, die meist mit Klöstern verbunden sind, in denen jeweils 200–300 Mönche leben.

1782 n rot Hauptstadt Thailands
1917 n blau Universität

BANKEN, Geschäftsunternehmen, die mit Geld handeln.

592 v grün Bankgründung in Babylon
322 v–246 v Ptolemäus II.
33 n grün Hypothekenbank in Rom
618 n grün Staatsbank in China
1151 n grün Geldwechsler-Vereinigung
1156 n grün Banken in Norditalien
1344 n rot Einkerkerung von Bankiers
1344 n grün Rückzahlungs-Weigerungen
1345 n grün Zusammenbrüche
1401 n grün Erste Bank in Spanien
1402 n grün Erste deutsche Bank
1407 n grün Girobank in Genua
1459 n–1525 n Jakob Fugger
1605 n grün 'Bank des Heiligen Geistes'
1619 n grün Staatsbank in Venedig
1656 n grün Bank von Schweden
1660 n grün Privatbank in Japan
1694 n grün Bank von England
1716 n grün Geld einer Privatbank
1769 n grün Rothschild Hofbankier
1778 n grün Erste Sparkasse in Hamburg
1784 n grün Bank von New York
1800 n grün Bank von Frankreich
1944 n grün Weltbank

BANN, Ausdruck der Herrschaftsgewalt von Menschen über Menschen. Als Kirchenstrafe Mittel zur Niederhaltung des wissenschaftlichen Fortschritts, innerkirchlicher Reformbestrebungen und staatlicher Unabhängigkeit.

506 n rot Strafe für Sklaventötung
815 n–891 n Photios
1021 n–1085 n Gregor VII.
1050 n–1106 n Heinrich IV.
1076 n rot Bann gegen Kaiser
1077 n rot Buße in Canossa
1103 n–1155 n Arnold von Brescia
1111 n rot Bestattung Heinrichs IV.
1140 n–1217 n Peter Waldes
1230 n–1306 n Jacopone von Todi
1232 n–1300 n Segarelli
1325 n rot Bannung Aufständischer
1369 n–1415 n Hus
1410 n rot Bann gegen Hus
1452 n–1498 n Savonarola
1483 n–1546 n Luther
1520 n rot Bann gegen Luther
1520 n rot Verbrennung der Bannbulle
1656 n rot Bann gegen Spinoza
1738 n rot Bann gegen Freimaurer

BANTING, Frederik G. (1891n–1941n), kanadischer Arzt. Als Professor der Medizin an der Universität Toronto erforschte er die Tätigkeit der Bauchspeicheldrüse. Entdeckte die Bedeutung des von ihr abgesonderten Hormons (Insulin) für den Stoffwechsel. Damit schuf er die Voraussetzung für eine ärztliche Behandlung der Zuckerkrankheit. Kam bei einem Flugzeug-Unglück ums Leben.

1921 n grün Insulin

BAPTISTEN, von dem griechischen Wort 'baptizein' (= 'untertauchen') abgeleiteter Sammelname christlicher Religionsgemeinschaften, die nur Erwachsene taufen und die den Taufakt im Gegensatz zu den großen christlichen Kirchen nicht symbolisch durch Besprengen vollziehen, sondern durch Untertauchen. 1630n in England auf streng protestantischer Grundlage zu einer eigenen Kirche zusammengeschlossen. Verfolgt und verspottet wanderte ein großer Teil von ihnen sechs Jahre später nach Nordamerika aus und gründete dort unter Roger Williams ein eigenes Staatswesen. Die USA blieben auch nach Duldung der neuen Kirche in England (1689n) Zentrum dieser Religionsgemeinschaft. Heute leben dort 80 Prozent ihrer etwa 20 Millionen Anhänger, die sich 1905n in einem Weltbunde zusammenschlossen.

1636 n rot Staat in Nordamerika

BARATA, nord-indisches Volk, dessen Stammland am Südfuße des Himalaya-Gebirges liegt.

1443 v–1389 v Sudas
1414 v braun Zehn-Königs-Schlacht
1414 v rot Sudas Oberkönig

BARBARA, Gestalt der christlichen Sage. Soll im Jahre 306n in Kleinasien von ihrem Vater enthauptet worden sein, weil sie der christlichen Kirche beitrat. Den Vater soll zur Strafe der Blitz getroffen haben. Von der katholischen Kirche verehrt als Schutzheilige gegen Blitz, Feuer und plötzlichen Tod.

1437 n blau Gemälde des Jan van Eyck

BARBAROSSA (wörtlich 'Rotbart'), Name des deutschen Kaisers Friedrich I., der 13 Jahre seines Lebens in Italien verbrachte.

1122 n–1190 n Lebenslinie
1115 n–1158 n Otto von Freising
1129 n–1195 n Heinrich der Löwe
1142 n/1155 n Bürgeraufstand in Rom
1153 n rot Bündnis mit dem Papst
1153 n rot Waffenverbot für Bauern
1156 n rot Österreich Herzogtum
1157 n braun Polenfeldzug
1158 n rot Aufhebung von Stadtrechten
1158 n/1162 n Städteerhebung in Italien
1166 n/1167 n Feldzug gegen Städte
1176 n braun Erhebungen in Italien
1176 n rot Auflehnung Heinrichs
1176 n rot Städte unabhängig
1177 n rot Anerkennung des Papstes
1181 n rot Pommern an Deutschland
1183 n rot Italienische Anerkennung
1187 n braun Verlust Jerusalems
1187 n rot Jerusalem arabisch
1189 n/1192 n Dritter Kreuzzug
1191 n blau 'Kreuzzugsleich'
1419 n blau Kyffhäusersage

BARBOUR, John (1330n–1395n); schottischer Dichter. Schrieb in englischer Sprache ein Heldengedicht über den Freiheitskampf seiner schottischen Heimat gegen England. Darin gab er in 12500 Versen Kunde von der Behauptung der schottischen Unabhängigkeit durch William Wallace und Robert Bruce.

1375 n blau Heldenlied

BARBUSSE, Henri (1873n–1935n), französischer Schriftsteller. Als Freiwilliger des ersten Weltkrieges wurde er zum Kriegsgegner (Roman 'Das Feuer') und bekannte sich zum Kommunismus. 1923n trat er der KPF bei. Schrieb ein Buch über die Sowjetunion und kämpfte gegen den Faschismus. Wandte sich gegen die Ausbeutung der Farbigen durch die europäischen Kolonialmächte (Brüsseler Kongreß).

1914 n blau 'Wir anderen'
1927 n rot Brüsseler Kongreß

BARCELONA, größte spanische Hafenstadt. Im Süden der Pyrenäen am Mittelmeer unweit der Mündung des Lobregat gelegen, wurde sie vor 2500 Jahren von den Karthagern als Umschlagplatz für ihren Handel mit West-Spanien gegründet. Seit 201v römisch, wurde die Stadt von Veteranen besiedelt und durch monumentale Bauten geschmückt. Im Jahre 415n eroberte der Westgotenkönig Athaulf die Stadt und wurde hier erschlagen. Von 713n bis ins zehnte Jahrhundert zwischen Arabern und Franken häufig umkämpft, blieb sie in dieser Epoche überwiegend arabisch und erlebte eine wirtschaftliche und kulturelle Blütezeit. Anschließend als Hauptstadt einer fränkischen Grenzmark von selbständigen Markgrafen regiert. Seit 1137n Hauptstadt von Aragonien, fiel sie 1479n mit diesem an Spanien. Doch erhob sich die Stadt mehrfach gegen die spanische Herrschaft (1640n–1652n und 1701n–1712n). Während der Napoleonischen Kriege von 1809n bis 1814n von französischen Truppen besetzt. Im 19. Jahrhundert nahm die Bevölkerung infolge der Industrialisierung schnell zu, und die Stadt wurde zum größten Industriezentrum Spaniens. Durch das Anwachsen des Proletariats fanden hier immer wieder soziale Kämpfe und revolutionäre Erhebungen statt (1827n, 1835n, 1836n, 1841n, 1842n, 1843n, 1856n, 1874n, 1890n, 1909n). Im Spanischen Bürgerkrieg wurde die Stadt von Kommunisten aufopfernd gegen Franco verteidigt. Nach dem Siege des Faschismus blieb sie ein Zentrum des revolutionären Widerstandes. Neben Madrid größte und bedeutendste Stadt Spaniens.

201 v rot Römische Herrschaft
801 n braun Eroberung durch Franken
813 n braun Sieg über Araber
813 n rot 'Spanische Mark'
874 n rot 'Mark' selbständig
932 n–1002 n Ibn Amir
985 n braun Vordringen der Araber
1298 n blau Bau der Kathedrale
1401 n grün Bank
1796 n/1815 n Napoleonische Kriege
1909 n braun Aufstand
1936 n/1939 n Spanischer Bürgerkrieg
1952 n braun Aufstand

BARDESANES, syrischer Religionsphilosoph.

154 n–222 n Lebenslinie
184 n blau Lieder
188 n blau Willensfreiheit
306 n–373 n Ephräm der Syrer

BARDIJA (um 565v–526v), persischer Prinz, Sohn des Kyros. Von glänzenden Gaben und ein Liebling des Volkes, wurde er von seinem Bruder, dem Perserkönig Kambyses, vor dessen Ägyptenfeldzug aus Rivalität und Furcht ermordet. Da dieser Mord heimlich geschah, konnte sich während der folgenden Abwesenheit des Kambyses ein Meder (Garbata) des Thrones bemächtigen, indem er sich als der Ermordete ausgab. Gewann das Volk schnell für sich und behauptete seine Macht sieben Monate. Sein Plan zur Wiedereinführung der medischen Herrschaft über Persien mißglückte jedoch, weil Dareios ihn tötete, um sich selbst zum Perserkönig zu machen.

565 v–522 v Kambyses

BARENTS, William (1550n–1597n), holländischer Seefahrer und Polarforscher. Nach ihm wurde der Meeresteil zwischen Nordeuropa und Spitzbergen 'Barentssee' genannt.

1596 n grün Entdeckungen

BARI, Hafenstadt in Süditalien, Hauptstadt von Apulien und größter italienischer Hafen an der Adria. Von den Römern unter dem Namen 'Barium' als Hafenstadt ausgebaut.

842 n braun Eroberung durch Araber
871 n braun Niederlage der Araber
1071 n braun Normannensieg

BAR KOCHBA, Simon (um 100n–135n), Anführer der Juden im Aufstand gegen die Römer. Fiel bei der Einnahme der Bergfeste Bethar durch römische Truppen.

132 n/135 n Erhebung gegen Rom

BARLACH, Ernst (1870n–1938n), deutscher Bildhauer, Graphiker und Dichter. Nach Studienjahren in Dresden und Paris unternahm er 1906n eine Rußlandreise und arbeitete dann in Güstrow (Mecklenburg). Von den Faschisten verfolgt, vollendete er sein Lebenswerk, in dessen Mittelpunkt das menschliche Leid steht. In Skulpturen, Holzschnitten und Lithographien stellte er die Armen und Bedürftigen dar, geknechtete russische Bauern, Bettler, Notleidende, die erbarmungswürdige Kreatur. Dabei ist sein Werk häufig von Humor und Ironie getragen. Im Zentrum seiner Dramen steht das Streben des Menschen nach Befreiung aus dem Dumpfen, Trägen, Stofflichen durch den Geist.

1933 n blau 'Lesende'

BARNABAS (um 5v–um 60n), jüdischer Missionar für das Christentum. Unternahm mit seinem Verwandten Markus eine Reise nach Europa. Begleitete auch Paulus auf einer Missionsreise.

2 v–71 n Markus
48 n rot Bekehrungsauftrag

BAROCK, Entwicklungsstufe der europäischen Kunst vom Ende des 16. Jahrhunderts bis zur Mitte des 18. Jahrhunderts. Unterschied sich von allen vorhergegangenen Kunstepochen Europas durch ihren Reichtum der Form und der Farbe sowie durch die Geschlossenheit der Kunstwerke, in denen Malerei und Plastik mit der Baukunst zu vollendeter Harmonie verschmolzen. Auch trat an die Stelle der früheren Ruhe eine aus der Bewegung kommende Kraft. Die Musik entwickelte sich zu einer der großen Künste und brachte mit Oper und Orchestermusik ihre ersten Gesamtkunstwerke hervor. Die monumentalen Kunstwerke dieser Epoche wurzeln in dem Prunkbedürfnis der unumschränkten Herrscher (Absolutismus) sowie in dem Versuche der katholischen Kirche, durch äußeren Glanz das in der Reformation verlorene Ansehen zurückzugewinnen (Gegenreformation).

1547 n–1614 n El Greco
1577 n blau El Greco: 'Himmelfahrt'
1577 n–1640 n Rubens
1583 n blau Monteverdis Madrigale
1585 n–1672 n Heinrich Schütz
1590 n blau Caravaggio: Volksszenen
1597 n blau Gabrielis Sinfonien
1599 n–1660 n Velasquez
1600 n blau Fresken der Carracci
1600 n–1681 n Calderon
1606 n–1685 n Corneille
1606 n–1669 n Rembrandt
1607 n blau Monteverdi: 'Orfeo'
1608 n blau El Greco: 'Toledo'
1609 n blau Renis 'Aurora'
1610 n blau Eingangshalle St. Peter
1611 n blau Quevedos 'Träume'
1611 n blau Rubens: 'Kreuzabnahme'
1612 n blau Böhmes Naturphilosophie
1614 n blau 'Frierende Venus'
1614 n blau Drama 'Kolumbus'
1617 n blau Velasquez: 'Wasserträger'
1617 n blau 'Amazonenschlacht'
1618 n–1682 n Murillo
1619 n blau Duquesnoys Brunnenfigur
1621 n blau Quirinal-Palast in Rom
1622 n blau 'Auferstehungs-Oratorium'
1622 n–1673 n Molière
1624 n blau 'Anbetung der Könige'
1624 n blau Opitz: 'Poeterei'
1626 n blau Peterskirche (Maderna)
1627 n blau Callot: Not des Volkes
1627 n blau Schütz: 'Daphne'
1629 n blau Lorrains Landschaften
1629 n blau Hals: 'Amme'
1630 n blau Tellez: Don Juan
1630 n blau Van Dyck: 'Susanne'
1631 n blau Rubens: 'Helene Fourment'
1632 n blau 'Übergabe von Toledo'
1632 n blau Rembrandt: 'Anatomie'
1633 n blau Callot: Krieg
1634 n blau Rembrandt: Selbstbildnis
1634 n blau Mendozas Komödie
1635 n blau Van Dyck: 'König Karl'
1635 n blau 'Das Leben ein Traum'
1636 n blau Brouwers: 'Bauern'
1636 n blau Corneille: 'Der Cid'
1638 n blau 'Orpheus und Eurydike'
1639 n blau Lenain: Erntebild
1639 n blau Berninis Brunnen-Entwurf
1639 n–1699 n Racine
1640 n blau Moscherosch: 'Gesichte'
1641 n blau Rembrandt: 'Saskia'
1641 n blau Borromini: San Carlo
1642 n blau Rembrandt: 'Nachtwache'
1642 n blau Lenain: 'Der Gärtner'
1643 n blau Rembrandt: 'Drei Bäume'
1644 n blau Lorrain: 'Hafen'
1645 n blau Cortonas Deckengemälde
1645 n blau Paul Gerhardts Lieder
1646 n blau Berninis 'Heilige Therese'
1646 n blau Rembrandt: Holzhacker
1647 n blau Gryphius' Tragödie
1647 n blau Gracian: 'Handorakel'
1650 n blau 'Mann mit Goldhelm'
1650 n blau Murillo: 'Gassenbuben'
1651 n blau 'Der Richter von Zalamea'
1653 n blau 'Poetischer Trichter'
1654 n blau Vondel: 'Lucifer'
1654 n blau Logaus Sinngedichte
1655 n blau Rathaus Amsterdam
1655 n blau Scarron: Komödianten
1655 n blau Velasquez: 'Venus'
1657 n blau Angelus Silesius' Werk
1657 n blau 'Teppichweberinnen'
1661 n blau Schloßbau in Versailles
1662 n blau 'Vorsteher der Tuchhalle'
1662 n blau Vermeer: 'Der Brief'
1663 n blau Schloß Nymphenburg
1663 n blau Poussin: 'Jahreszeiten'
1664 n blau Hals: Gruppenbildnis
1665 n blau Bernini: Büste Ludwigs XIV.
1665 n blau Miltons 'Paradies'
1666 n blau 'Der Menschenfeind'
1667 n blau Berninis Kolonnaden
1668 n blau Bunyan: 'Pilgerfahrt'
1669 n blau 'Simplizissimus'
1670 n blau Ruisdael: 'Die Mühle'
1670 n blau 'Bürger als Edelmann'
1670 n blau Murillo: 'Würfelspieler'
1671 n blau Calderon: Mexiko
1672 n blau Lully: 'Liebesfeste'
1673 n blau 'Der eingebildete Kranke'
1674 n blau Boileaus Lehrbuch

1677 n blau Racine: 'Phädra'
1677 n blau Ruisdael: 'Judenfriedhof'
1678 n blau 'Unbefleckte Empfängnis'
1679 n blau Buxtehudes Orgelmusik
1681 n blau Schloß Drottningholm
1682 n blau Spiegelsaal Versailles
1682 n grün Park von Versailles
1683 n blau Lohenstein: 'Armin'
1685 n blau Corellis Trio-Sonaten
1685 n – 1750 n Bach
1685 n – 1759 n Händel
1687 n blau 'Grand Trianon'
1691 n blau Racine: 'Athalie'
1691 n blau Purcell: 'König Arthur'
1693 n blau Scarlatti: 'Teodora'
1693 n blau Telemanns erste Oper
1695 n blau Megerles Predigten
1695 n blau Schloßbau Charlottenburg
1696 n blau Schloßbau Schönbrunn
1698 n blau Schlüters Schloßumbau
1700 n blau Schlüters Reiterstandbild
1701 n blau Neubau des Klosters Melk
1701 n blau Rigaud: Ludwig XIV.
1706 n blau Invalidendom in Paris
1710 n blau Pauls-Kathedrale, London
1711 n blau Schloß Peterhof
1711 n blau Bau des Dresdner Zwingers
1712 n blau Corellis Concerti grossi
1715 n blau Jagdschloß Karlsruhe
1716 n blau Bau der Karlskirche Wien
1718 n blau Permosers Figuren
1720 n blau Schloßbau in Würzburg
1722 n blau 'Wohltemperiertes Klavier'
1722 n grün Rameaus Harmonielehre
1723 n blau Johannes-Passion
1724 n blau Wiener Schloß Belvedere
1726 n blau Dresdner Frauenkirche
1729 n blau Matthäus-Passion
1729 n blau Rathaus Salamanca
1731 n blau Pöppelmanns Elbbrücke
1731 n blau Schnabel: 'Felsenburg'
1732 n blau Händel: 'Ezio'
1733 n blau 'La serva padrona'
1734 n blau Vivaldis Violinkonzerte
1737 n blau 'Castor und Pollux'
1738 n blau Dresdner Hofkirche
1741 n blau Händel: 'Messias'
1742 n blau 'Kaffee-Kantate'
1744 n blau Kirche Neresheim (Entwurf)
1746 n blau 'Judas Makkabäus'
1752 n blau Tiepolo-Fresken, Würzburg
1756 n blau 'Antonius und Kleopatra'
1768 n blau Winterpalais in Petersburg
1778 n blau Reiterstatue Peters I.

BAROMETER, griechisches Wort für 'Schweremesser', Gerät zur Messung des immer leicht schwankenden Luftdrucks. Dient der Wetter-Bestimmung sowie der Höhenmessung bei der Luftfahrt.

1643 n grün Erfindung

BARRETT-BROWNING, Elisabeth (1806 n bis 1861 n), englische Dichterin. Ihre 'Sonette aus dem Portugiesischen' geben der Liebe zu dem Dichter Robert Browning Ausdruck, den sie heiratete. Nach ihrer Italienreise wendete sie sich zunehmend der sozialen Frage zu und begeisterte sich für die Freiheitsbewegungen. Ihr Gedicht 'Der Schrei der Kinder' ist eine Anklage gegen die Herzlosigkeit der bürgerlichen Gesellschaft.

1834 n blau 'Der Schrei der Kinder'

BART, der Haarwuchs des Mannes auf den Wangen, am Kinn und über der Oberlippe. Galt seit alters her als Zeichen männlicher Würde. In Ägypten war er zeitweise in besonderer Form den Pharaonen vorbehalten, in Mesopotamien galt sein Verlust als Schande. Seine Vernachlässigung deutete in vielen Kulturen auf Trauer oder Unglück. Bei Griechen und Römern trugen ihn nur Dichter und Philosophen, die Araber aber brachten ihn auch im Mittelmeerraum wieder allgemein in Gebrauch. Man schwor beim Barte des Propheten (= Mohammed) oder beim eigenen Barte. Mit der Verbreitung römischer Sitten im nichtarabischen Europa wurden auch die meisten Germanen bartlos, die Franken erhielten sich einen Rest im Schnurrbart. Die mit Reformation und Humanismus vor fast 500 Jahren einsetzende innere und äußere Lösung von Rom brachte den Bart nach Mittel- und Nordeuropa zurück. Er schrumpfte mit dem Sieg von Gegenreformation und Restauration aber wieder zum Schnurrbart des Barock. Das 18. Jahrhundert bewies seine revolutionäre Gesinnung durch völliges Abgehen vom Bart. Im 19. Jahrhundert wurde auch die Bartmode stark ideologisiert. Man trug in England den Vollbart als Zeichen demokratischer Gesinnung, ahmte in Frankreich den Spitzbart Napoleons III., in Deutschland den Schnurrbart Wilhelms II. nach – oder man lehnte ihn ebenso bewußt ab. Im 20. Jahrhundert trat eine allgemeine Orientierungslosigkeit ein, das Tragen eines Bartes wie das Glattrasiertsein war bald Ausdruck überlebter Tradition, bald des Aufbegehrens dagegen; Bart wie Nicht-Bart wurden in schnellem Wechsel Zeichen des Konformismus, des Protestes oder bloß Ersatz-Handlung für den echten Protest gegen die bestehende Gesellschaft.

2875 v grün Vollbart in Sumer
2349 v blau Indisches Porträt
1352 v blau Ägyptische Plastik
333 v grün Alexander ohne Bart
362 n blau Jesus mit Bart

BARTH, Karl (1886 n – 1968 n), schweizerischer Theologe. Als Landpfarrer in dem Schweizer Industriedorf Safenwehl schrieb er ein Buch über den Brief des Apostels Paulus an eine Christengemeinde ('Römerbrief'). Darin stellte er der sonst im Protestantismus herrschenden liberalen Christenlehre eine dogmatische Theologie entgegen. In den folgenden Jahrzehnten systematisierte er diese Auffassung auf 8718 Seiten ('Dogmatik'). Weil er den Christen zugleich als Sünder und als Gerechten versteht und auch sonst das Gegensätzliche, Widersprüchliche zu versöhnen suchte, nannte man die von ihm ausgehende Richtung 'dialektische Theologie'. Der von ihm verkündete 'Humanismus Gottes' führte ihn zur Ablehnung des Kapitalismus, insbesondere in seiner faschistischen Erscheinungsform. Bekämpfte die Verfälschung des Christentums zu einer antikommunistischen Ideologie. Verwarf die Kindertaufe.

1948 n blau 'Dogmatik'

BARTHOLOMÄUSNACHT, die Nacht zum Bartholomäustag (24. August) im Jahre 1572 n. Durch die in dieser Nacht planmäßig durchgeführte Ermordung von 30 000 Hugenotten verhinderte die katholische Kirche in Frankreich die vom jungen König Karl IX. angestrebte Versöhnung der Konfessionen und erstickte damit endgültig die französische Reformation. 'Bluthochzeit' wird diese Nacht genannt, weil der französische König am Vorabend des 24. August 1572 n durch die Verheiratung seiner Schwester Margarete Valois mit Heinrich von Navarra, der neben Coligny Führer der französischen Protestanten war, den Religionsfrieden seines Landes besiegeln wollte und weil diese Gefahr für die Kirche die Königinmutter Katharina von Medici dazu veranlaßte, den Massenmord an den Protestanten zu billigen.

1562 n / 1598 n Hugenottenkriege

BARTOK, Béla (1881 n – 1945 n), ungarischer Komponist. Schrieb als Achtjähriger seine ersten Lieder und trat 10jährig als Pianist auf. Studierte in Budapest und sammelte dann Volkslieder der Balkanländer, der Türkei und der arabischen Völker. Obgleich er auch sein eigenes Musikschaffen auf dem Grunde der Volksmusik entwickelte, kam er durch Betonung des rhythmischen Elements sowie durch Verlassen der herkömmlichen Tonarten zu Werken, die Verstandeskühle an die Stelle einer von Gemüt bestimmten Musikalität setzten. Schrieb Opern ('Herzog Blaubarts Schloß'), Orchesterwerke ('Kossuth-Sinfonie'), Ballettmusik ('Der wunderbare Mandarin') sowie Kammermusik, Klavierkonzerte, Violinkonzerte, Chöre und Lieder. 1939 n nach den USA emigriert, lebte er trotz großer Berühmtheit bis an sein Ende in dürftigen wirtschaftlichen Verhältnissen.

1938 n blau Zweites Violinkonzert

BARYZENTRISCHE REGEL, Lehrsatz für die Berechnung von Oberfläche und Inhalt regelmäßiger Körper.

276 n grün Anwendung durch Pappos

BASALT, dunkelgrauer bis dunkelgrüner und schwarzer Stein von besonderer Festigkeit. Wegen seiner Widerstandsfähigkeit gegen Wetter-Einflüsse seit alters her als Pflasterstein sowie für Hafen-Anlagen und Bildhauer-Arbeiten verwendet.

1968 v blau Statue Knum-Hoteps
1817 v blau Kopf Amen-Em-Hets III.
1461 v blau Statue Tut-Mosis' III.
606 v blau Porträt einer Königin
586 v blau Statue einer Prinzessin

BASEL, Stadt in der Nordschweiz, am Rheinknie zu beiden Ufern des Stromes gelegen. Die von den Römern gegründete Stadt wurde im 5. Jahrhundert alemannisch, fiel um 500 n an das fränkische Reich, 912 n an Burgund und kam im Jahre 1006 n zum deutschen Reich. Nach langwierigen Kämpfen befreite sich die Stadt aus der Herrschaft des Reiches wie des Bischofs und schloß sich 1501 n der Schweizer Eidgenossenschaft an. 1875 n gab sie sich eine demokratische Verfassung. Stätte der ältesten Universität und der größten Bibliothek der Schweiz. Wohnsitz und Wirkstätte von Calvin, Reuchlin, Erasmus, Burckhardt, Nietzsche.

374 n blau Entstehung
1019 n blau Neubau des Münsters
1396 n – 1446 n Konrad Witz
1448 n rot Konzil
1460 n blau Universität
1542 n rot Strafe für Koran-Herausgabe

BASELER KONZIL, letzte große Kirchenversammlung zur Verhinderung des Auseinanderfallens der katholischen Kirche. Suchte vergeblich die Vormacht des Papstes innerhalb der Gesamtkirche einzudämmen und die mit der Hussitenbewegung aufgebrochene soziale Frage zu lösen. Auch der Versuch einer Wiedervereinigung mit der Ostkirche (Byzanz) scheiterte. Ohne die unaufschiebbare Kirchenreform zu lösen, stärkte es die Macht der Fürsten (besonders Frankreichs) gegenüber dem Papsttum. Der Versuch des Konzils, durch Absetzung des Papstes seine Stellung als oberste kirchliche Autorität zu beweisen, scheiterte an der Papsttreue des deutschen Kaisers.

1439 n rot Einigung Rom–Byzanz

BASILE, Giovanni Battista (1575 n – 1632 n), italienischer Dichter. Erster großer Märchenerzähler Europas. Schrieb fünfzig Volksmärchen seiner Heimatstadt Neapel in einem Sammelwerke nieder ('Pentamerone') und stellte sie in eine zusammenfassende Rahmenhandlung.

1622 n blau 'Pentamerone'

BASILEIOS (um 1050 n – 1115 n), byzantinischer Arzt. Führer der Katharer-Reformbewegung in Byzanz ('Bogomilen'). Gegner der Kirche und der Sakramente, besonders des Abendmahls und der Taufe.

1115 n rot Verbrennung

BASILIDES, syrischer Religionsphilosoph.

85 n – 145 n Lebenslinie
133 n blau Evangelien-Kommentar

BASILIKA, wörtlich 'Königsbau', Bezeichnung für saalartige, langgestreckte Räume bei Ägyptern, Griechen und Römern. Seit der Verwendung dieser Räumlichkeiten für den christlichen Gottesdienst Name für Bauten mit Säulenhalle, wie sie im frühchristlichen Kirchenbau gebräuchlich waren.

184 v blau Erster Bau in Rom
46 v blau Basilika Julia
504 n blau 'Apollinare Nuovo', Ravenna
549 n blau 'San Apollinare' in Classe
799 n blau 'Centula' in Abbeville
1377 n – 1446 n Brunellesco

BASILIKEN, Name für die übersichtlich geordnete griechische Bearbeitung der Gesetzgebung des Reiches von Byzanz. Benannt nach dem byzantinischen Kaiser Basilius I., der mit der Sammlung des unter Kaiser Justinian geschaffenen Rechtes begann und dessen Sohn Leo der Weise sie vollendete. Mit ihren 60 Büchern stellt sie die größte Gesetzessammlung des byzantinischen Reiches dar.

886 n blau Vollendung

BASILIUS I., der Mazedonier (um 830 n – 886 n), Kaiser von Byzanz von 867 n bis 886 n. Aus einer in Mazedonien ansässigen armenischen Bauernfamilie stammend, wurde er von Bulgaren verschleppt, befreite sich und ging nach Konstantinopel, wo er Stallmeister wurde und die Gunst des Kaisers errang. Nachdem er den nächsten Verwandten des Kaisers beseitigt hatte, wurde er Mitregent und bestieg nach der Ermordung des Kaisers selbst den Thron. Durch erfolgreiche Kämpfe gegen die Araber dehnte er die Grenzen des Reiches im Osten aus und begann die Wiedereroberung Süd-Italiens. Starb durch einen Jagdunfall.

870 n braun Verlust Maltas
870 n rot Malta arabisch
873 n braun Sieg über Paulikianer
873 n braun Sieg über Araber
873 n rot Machtausdehnung
877 n braun Sieg über Slawen
877 n rot Gebietsausdehnung
878 n rot Ganz Sizilien arabisch
886 n blau Gesetzesbearbeitung

BASILIUS II., der Bulgarentöter, Kaiser von Byzanz von 976 n bis 1025 n.

958 n – 1025 n Lebenslinie
981 n rot Bündnis mit Arabern
988 n rot Heiratspolitik
996 n / 1014 n Bulgarenkrieg
1014 n rot Hoheit über Bulgarien

BASILIUS der Große, kleinasiatischer Priester und Kirchenlehrer.

330 n – 379 n Lebenslinie
359 n blau Mönchsregeln
375 n blau Gegner des Eigentums

BASKEN, Name eines Volkes in Nordspanien zwischen den westlichen Pyrenäen, dem Oberlauf des Ebro und dem Atlantik (Golf von Biscaya). Eines der ältesten Völker Europas und in der Sprache mit keinem anderen europäischen Volke verwandt. An ihren alten Bräuchen festhaltend, arbeiten sie meist als Bauern, Fischer oder Schiffer und kennen bis in die Gegenwart keinen ausgeprägten Besitzunterschied und keine höher entwickelte Ausbeutung. Bei der Besetzung des Landes durch Römer vor 2100 Jahren wichen viele von ihnen über die Pyrenäen nach Südwest-Frankreich zurück und ließen sich in der nach ihnen benannten Gascogne nieder, wo ein Viertel des Volkes noch heute lebt. Auch nach Eroberung ihres Landes durch Kastilien im 13. und 14. Jahrhundert konnten sie ihre Eigenständigkeit bewahren. In den Napoleonischen Kriegen waren sie die erbittertsten Widerstandskämpfer (Guerillas) gegen die französischen Truppen. 1874 n verloren sie einen Teil ihrer Sonderrechte, behielten jedoch eine weitgehende Selbstverwaltung. Diese wurde ihnen erst nach dem spanischen Bürgerkrieg 1939 n durch Franco entzogen. Seitdem ist das Volk neben den Katalanen (Barcelona) Zentrum des antifaschistischen Widerstandes. Berühmt wurde die von ihnen getragene schirm- und randlose Kopfbedeckung ('Basken-Mütze').

760 n / 768 n Aquitanischer Krieg
1796 n / 1815 n Napoleonische Kriege
1807 n / 1808 n Guerilla-Krieg
1939 n rot Spanien faschistisch

BASRA, Stadt am Zusammenfluß von Euphrat und Tigris (Mesopotamien). Von den Arabern als Umschlagplatz des Handels nach Persien und Indien gegründet, entwickelte sich die Hafenstadt schnell zu einem Zentrum der Wissenschaft und der Kunst. Stätte der berühmtesten Malerschule und der bedeutendsten Gelehrten-Akademie ihrer Zeit. Zugleich Mittelpunkt der revolutionären Bewegung des Araberreiches. Hauptstadt des ersten kommunistischen Staates auf arabischem Boden. Nach der Besetzung durch die Türken im Jahre 1638 n verfiel die Stadt und wurde bald darauf 15 km weiter südwestwärts neu gegründet. Heute die einzige Hafenstadt des Irak.

637 n blau Gründung
657 n / 661 n Arabischer Bürgerkrieg
822 n – 883 n Ibn Mohammed
869 n / 883 n Sklavenaufstand
871 n rot Staatsgründung
883 n rot Ende des Staates
951 n blau Enzyklopädie
965 n – 1039 n Al Hassan
973 n – 1057 n Al Mari
1054 n – 1122 n Al Hariri

BASSAI, Tempel unweit der Stadt Phigalia in Arkadien (Südgriechenland). Hier wurde im 5. Jahrhundert vor unserer Zeitrechnung ein Tempel zu Ehren des Gottes Apollo erbaut.

416 v blau Fries

BASTARNER, Name eines germanischen Volkes, das vor 2300 Jahren aus dem Weichselgebiet nach Südrußland auswanderte und sich in der südlichen Ukraine niederließ. Unterstützte den Kampf der Balkanvölker gegen die Römer. Dem Mazedonierkönig Perseus stellte es im dritten Mazedonischen Krieg 20 000 Soldaten. Auch mit den Goten hatte es Kämpfe zu bestehen. Durch den römischen Feldherrn Krassus über die Donau zurückgetrieben. Im 3. Jahrhundert wurden 100 000 von ihnen durch Kaiser Probus auf römischem Reichsgebiet angesiedelt, die übrigen gingen in anderen Völkern auf, vor allem in den Goten.

171 v / 168 v 3. Mazedonischer Krieg
232 n – 282 n Probus
278 n rot Ansiedlung im Römerreich

BASTILLE, französische Bezeichnung für ein befestigtes Schloß. Im engeren Sinne die Zwingburg von Paris, gegen die sich die Empörung der Pariser Bevölkerung am 14. Juli 1789 n richtete ('Sturm auf die Bastille'), wodurch die französische Revolution eingeleitet wurde.

1397 n grün Staatsgefängnis
1789 n / 1795 n Französische Revolution

BATA, ägyptische Märchengestalt.

1246 v – 1194 v En-Nanna
1206 v blau Märchen

BATAVER, germanischer Volksstamm. Benannt nach der in der Rhein-Mündung gelegenen Insel Batavi, dem Stammlande der Bataver.

25 n – 70 n Civilis
68 n / 70 n Erhebung

BATAVIA (seit 1949 n Djakarta), Hafenstadt an der Nordküste der Insel Java und Hauptstadt des Inselreiches Indonesien seit seiner Gründung. 15 Jahre nach Eroberung der Insel durch die Holländer neben einer alten Sultanats-Hauptstadt vom niederländischen Generalgouverneur Pieter Both gegründet, wurde sie wegen ihres ausgeglichenen Klimas und wegen ihres durch zahlreiche Korallenriffe geschützten Hafens schnell zum Verwaltungszentrum des holländischen Kolonialbesitzes im Indischen Ozean. 1699 n wurde sie bei einem Erdbeben fast völlig zerstört, aber 6 Kilometer landeinwärts wieder aufgebaut. 1811 n von Engländern besetzt, aber 1816 n wieder an Holland zurückgegeben. Während des zweiten Weltkrieges 1942 n bis 1945 n von Japanern besetzt. 1949 n durch Sukarno zur Hauptstadt der unabhängigen Republik Indonesien erklärt.

1610 n blau Gründung
1811 n rot Englische Herrschaft
1816 n rot Wieder holländisch
1949 n rot Indonesien unabhängig

BATHYSCAPH, Bezeichnung für ein Tiefsee-Tauchboot, das durch Ballast-Veränderung die Höhe verändert und durch elektrisch angetriebene Propeller bewegt wird. Erfunden von dem schweizerischen Forscher Auguste Piccard, der 1948 n damit selbst die ersten Versuche unternahm. 1953 n erreichte er im Mittelmeer bereits eine Tiefe von 3150 Metern. Sieben Jahre später ließ sich sein Sohn Jacques Piccard zusammen mit Don Walsh im Pazifik 10970 Meter tief herab. Der Abstieg dauerte fast fünf Stunden, das Auftauchen gut drei Stunden, ihr Aufenthalt am Meeresgrunde eine halbe Stunde.

960 n grün Tauchfahrt im Pazifik

BATTANI, Al, arabischer Naturforscher.

855 n – 929 n Lebenslinie
893 n grün Sinus-Rechnung
906 n grün Berechnung der Exzentrizität
913 n grün Widerlegung des Ptolemäus
919 n grün Handbuch der Sternkunde
1136 n grün Sternkunde lateinisch

BATTERIE, von dem französischen Wort 'battre' (= schlagen) abgeleitete Bezeichnung für den Zusammenschluß mehrerer elektrischer Elemente (Akkumulatoren) zu einer einzigen, kräftigen Stromquelle.

1800 n grün Galvanische Batterie
1888 n grün Trockenbatterie

BATU-KHAN, mongolischer Herrscher von 1227 n bis 1255 n.

1207 n – 1255 n Lebenslinie
1207 n / 1279 n Großer Mongolenkrieg
1240 n rot Gebietsgewinn in Rußland
1240 n blau Gründung von Sarai
1242 n rot Reichsgründung

BATUTA, Ibn, arabischer Weltreisender aus Tanger (Marokko).

1304 n – 1377 n Lebenslinie
1352 n grün Reisebericht

BAUCH, die untere Hälfte des Rumpfes mit den Verdauungsorganen. Galt im Mittelmeerraum und in Europa seit alters her als Gegenpol des Kopfes und Symbol der bloßen Körperlichkeit. In Ostasien als Sitz der Seele betrachtet.

2239 v – 2162 v Ir-En-Achat
2183 v grün Darmkrankheiten-Forschung
1981 v – 1929 v Neferi
745 v blau Ägyptische Erzählung

BAUDELAIRE, Charles (1821 n – 1867 n), französischer Dichter. Beschrieb in vollendeten Versen das Niedrige, Gemeine, Häßliche, ja, das Abnorme, Perverse. Sein Hauptwerk, der Gedichtband 'Die Blumen des Bösen' (deutsch von Stefan George), wurde Gegenstand eines Prozesses wegen Verletzung der öffentlichen Moral.

1857 n blau 'Blumen des Bösen'

BAUERN, BAUERNBEWEGUNG

Vorzeittafel: 10000 Jahre
Vorzeittafel: Schlußbalken (5000 Jahre)
2492 v blau 'Flachsernte auf dem Gute'
2443 v grün Großgrundbesitz (Ägypten)
2422 v – 2360 v Uru-Kagina
2403 v blau Bild der Ackerbaugöttin
2367 v braun Erhebung in Lagasch
2332 v blau 'Kornernte bei Musik'
2317 v blau 'Bauern bei der Ernte'
2300 v blau 'Flachsernte'
2240 v – 2172 v Aba

2197 v/2196 v Ägyptische Revolution
2185 v–2123 v Chun-Anup
2135 v blau 'Klage eines Bauern'
2115 v grün Städte für Ackerbauer
2075 v blau 'Bauer hinterm Pflug'
1742 v blau 'Erntefest'
1549 v blau 'Fest der Olivenbauern'
1437 v blau 'Bauer bei Feldarbeit'
1180 v blau 'Feldbestellung'
1120 v blau Lied auf Bauernsieg
992 v–933 v Salomo
905 v–850 v Ahab
820 v rot Klassen in Sparta
753 v–680 v Hesiod
659 v–601 v Drakon
640 v–559 v Solon
602 v–527 v Peisistratos
581 v grün Bodenreform in China
464 v/459 v Dritter Messenischer Krieg
429 v–370 v Phaleas
424 v–367 v Dionys der Ältere
278 v blau Ernte-Relief
248 v–195 v Han-Kautsu
242 v rot Schulderlaß in Sparta
240 v rot Agis' Ermordung
234 v–149 v Kato der Ältere
232 v rot Grenzland-Siedlungen
226 v grün Bodenreform in Sparta
203 v–157 v Wen-Ti
193 v–160 v Judas Makkabäus
179 v rot Bauernschutz in China
163 v–133 v Tiberius Gracchus
158 v grün Werk über Landwirtschaft
145 v grün Landwirtschafts-Lexikon
133 v rot Staatsland an Siedler
108 v–62 v Katilina
70 v–19 v Vergil
59 v rot Cäsars Ackergesetze
29 v grün Vergils Lehrgedicht
3 v–64 n Aulus Celsus
9 n grün Bodenreform in China
23 n grün Aufhebung der Reform
61 n grün Columellas Werk
125 n grün Aufteilung von Domänen
184 n braun Aufstand in China
220 n braun Aufstand in China
276 n–355 n Donatus
284 n/286 n Bagauden-Aufstand
291 n–347 n Axid
344 n/347 n Zirkumzellionen-Aufstand
390 n–477 n Geiserich
397 n–454 n Aëtius
412 n–444 n Tibatto
435 n/437 n Bagauden-Aufstand
513 n–552 n Totila
536 n rot Verbot des 'Bauernlegens'
543 n grün Bodenreform in Italien
554 n grün Aufhebung der Reform
570 n–635 n Li-Yüan
605 n–680 n Fujiwara
606 n–652 n Rothari
620 n grün Bodenreform in China
626 n–672 n Tenji
645 n rot Bodenreform in Japan
717 n grün Bodenreform in Spanien
804 n–876 n Ludwig der Deutsche
823 n–877 n Karl II., der Kahle
841 n braun Stellinga-Aufstand
850 n–932 n Harald Schönhaar
861 n braun Aufstand in China
874 n/883 n Revolution in China
918 n–961 n Haakon der Gute
922 n rot Schutz des Bauernlandes
933 n rot Bauern Norwegens frei
1021 n–1086 n Wang-Anschi
1069 n rot Reformen in China
1073 n grün Türkische Bodenreform
1073 n/1075 n Aufstand in Sachsen
1113 n braun Aufstand in Kiew
1129 n–1195 n Heinrich der Löwe
1148 n grün Ansiedlung in Siebenbürgen
1153 n rot Verbot des Waffentragens
1159 n grün 'Stadtluft macht frei'
1200 n–1242 n Neidhart von Reuenthal
1228 n rot Widerstand der Stedinger
1232 n/1234 n Stedinger-Kreuzzug
1234 n grün Enteignungen durch Kirche
1249 n blau 'Meier Helmbrecht'
1264 n grün Ackerbau der Mongolen
1309 n–1370 n Kasimir der Große
1315 n braun Bauernsieg über Ritterheer
1319 n braun Sieg der Dithmarscher
1323 n/1328 n Aufstand in Flandern
1324 n–1384 n Wiclif
1325 n rot Bann gegen Aufständische
1325 n–1381 n Wat Tyler
1335 n–1381 n John Ball
1336 n blau Spott über Bürgertum
1358 n braun Aufstand in Frankreich
1358 n rot Mord an Bauernführern
1367 n blau John Balls Forderung
1381 n/1382 n Aufstand in England
1381 n/1382 n Aufstände in Frankreich
1400 n–1450 n Jack Cade
1433 n–1477 n Karl der Kühne
1435 n/1436 n Aufstand in Schweden
1436 n rot Mord an Bauernführer
1448 n blau Jack Cade: Bodenreform
1450 n braun Aufstand des Jack Cade
1451 n braun Aufstand auf Mallorca
1462 n braun Aufstand in Katalonien
1476 n braun 'Pfeifer von Niklashausen'
1476 n braun Sieg Schweizer Bauern
1483 n–1546 n Luther
1484 n–1531 n Zwingli
1488 n–1525 n Thomas Münzer

1491 n braun Aufstand in Holland
1493 n braun Aufstand im Elsaß
1496 n–1560 n Gustav Wasa
1500 n braun Sieg Dithmarscher Bauern
1502 n braun Aufstand bei Bruchsal
1513 n braun Aufstand im Breisgau
1514 n braun Aufstand in Württemberg
1514 n braun Aufstand in Ungarn
1515 n braun Aufstand in Österreich
1515 n braun Aufstand in der Schweiz
1517 n braun Aufstand in Baden
1520 n blau Bauernfreiheit gefordert
1522 n/1526 n Erste deutsche Revolution
1525 n rot 'Die zwölf Artikel'
1525 n blau Luther gegen Revolution
1525 n blau Gleichheitsforderung
1562 n rot Besitz-Schutz in England
1565 n blau Brueghel: 'Bauernhochzeit'
1570 n–1607 n Iwan Bolotnik
1596 n braun Aufstand in Finnland
1597 n rot Aufhebung der Freizügigkeit
1606 n blau Bolotniks Forderungen
1607 n braun Russischer Aufstand
1620 n–1688 n Der Große Kurfürst
1622 n braun Aufstand in China
1624 n braun Aufstand in Frankreich
1626 n braun Aufstand in Österreich
1628 n/1644 n Bürgerkrieg in China
1629 n–1676 n Alexei Michailowitsch
1636 n blau Brouwer: 'Raufende Bauern'
1637 n braun Aufstand in Frankreich
1639 n braun Aufstand in der Normandie
1639 n blau 'Heimkehr von Heuernte'
1642 n/1649 n Englische Revolution
1653 n braun Schweizer Bauernkrieg
1702 n/1710 n Kamisarden-Aufstand
1709 n–1762 n Elisabeth Petrowna
1712 n–1786 n Friedrich II., der Große
1727 n braun 'Salpeterer'-Aufstand
1729 n–1796 n Katharina II., die Große
1747 n rot Schutz in Österreich
1749 n rot Bauernland-Schutz
1771 n braun Aufstand in Vietnam
1771 n blau 'Götz von Berlichingen'
1779 n rot Besserstellung in Frankreich
1781 n rot Reform Josephs II.
1787 n grün Potemkin'sche Dörfer
1789 n/1795 n Französische Revolution
1789 n rot Freiheit in Frankreich
1790 n braun Aufstände in Sachsen
1790 n rot Freiheit in Sachsen
1790 n blau Radistschew: Zeitkritik
1804 n rot Freiheit in Dänemark
1807 n rot Befreiung in Preußen
1809 n/1810 n Tiroler Bauernaufstand
1810 n rot Erschießung Hofers
1811 n rot Freiheit in Spanien
1818 n rot Freiheit in Baden
1828 n–1910 n Tolstoi
1842 n blau Gogol: 'Tote Seelen'
1842 n blau 'Uli, der Knecht'
1846 n grün Raiffeisen-Bewegung
1847 n blau Herzen: 'Wer ist schuld?'
1861 n rot Freiheit in Rußland
1867 n rot 'Granger'-Bewegung
1870 n–1924 n Lenin
1893 n– Mao-Tse-Tung
1898 n braun Aufstand in China
1902 n braun Erhebungen in Rußland
1903 n blau Kollwitz: Bauernaufstand
1905 n/1906 n Russische Revolution
1907 n braun Aufstand in Rumänien
1911 n braun Chinesische Revolution
1917 n/1922 n Russische Revolution
1917 n rot Arbeiter- und Bauernstaat
1917 n grün Vergesellschaftung
1925 n/1949 n Chinesische Revolution
1937 n blau Plastik 'Kolchosbäuerin'
1940 n blau 'Der stille Don'
1956 n/1959 n Kubanische Revolution
1957 n rot Volkskommunen
1960 n/ Revolution Indochinas

BAUERNKRIEG, alte Bezeichnung für die erste deutsche Revolution.

1483 n–1546 n Luther
1488 n–1525 n Thomas Münzer
1522 n/1526 n Revolution
1525 n rot 12 Artikel der Bauern
1525 n blau Gegnerschaft Luthers
1525 n blau Kampfruf Geyers

BAUERNLEGEN, volkstümlicher Ausdruck für ein rechtlich zulässiges Verfahren zur Einfügung von Bauernland in Großgrundbesitz. Beginnt mit der Unterbietung der Bauernpreise durch die in Großflächen-Arbeitsweise mit Sklaven, Leibeigenen, Fremdarbeitern oder Tagelöhnern billig erwirtschafteten Produkte der Großgrundbesitzer. Die einsetzende Not des Bauern wird dann durch Darlehen vorübergehend behoben. Doch verschuldet der Bauer durch die aufzubringenden Zinsen und das Fortbestehen der ungleichen Konkurrenz immer mehr. Wenn dann der Darlehnsgeber sein Geld plötzlich zurückfordert, bleibt dem Bauern meist nur der Verkauf an den Großgrundbesitzer, während er selbst froh sein kann, wenn er als Landarbeiter oder Leibeigener auf seinem Hofe bleiben darf. Auf diesem Wege wurden seit alters her große Güter zusammengebracht, sofern die Reichen und Mächtigen durch Gesetze gehindert waren, sich Bauern-Boden mit Gewalt kostenlos anzueignen. In einzelnen Teilen Deutschlands ging auf diese Weise die Zahl der Gehöfte in den letzten 300 Jahren auf ein Zehntel zurück (so in Mecklenburg zwischen 1618 n und 1848 n von 12 000 auf 1200). Seit dem 15. Jahrhundert in England in größtem Umfange angewandt, um Bauernland in Weideland umzuwandeln, das vom englischen Adel wegen der einträglichen Schafzucht bevorzugt wurde. Hier führte das Verfahren zu noch größeren Besitzzusammenballungen als beim deutschen Adel. Es machte England von Getreide-Einfuhren abhängig und erzwang auf dem Wege über die Wollverarbeitung die schnelle Industrialisierung des Inselreiches.

536 n rot Verbot in Byzanz
1562 n rot Verbot in England
1747 n rot Kreisämter in Österreich
1749 n rot Verbot in Preußen

BAUERSFELD, Walther (1879 n–1959 n), deutscher Ingenieur. Trat nach Beendigung seiner Studien an der Berliner Technischen Hochschule in die Firma Carl Zeiß, Jena, ein und schuf dort das Projektions-Planetarium. Erfand auch ein Gerät für die Luftbild-Vermessung ('Stereo-Planigraph'), mit dessen Hilfe Landkarten nach Flugbildern hergestellt werden konnten. Verbesserte die Aufstellung und Bedienung von Himmels-Fernrohren sowie die Halterung großer Spiegel. Arbeitete an der Berechnung von Kreiselrädern und an der Steuerung von Wasserturbinen. Verließ nach dem zweiten Weltkrieg das Jenaer Werk und baute in Württemberg ein Zeiß-Werk für die Bundesrepublik auf.

1919 n grün Planetarium

BAUHAUS, Name einer 1919 n in Weimar entstandenen Hochschule für Bildende Kunst, die unter Außerachtlassung herkömmlicher Gestaltungsprinzipien neue Formgesetze prägte. Auf dem Gebiete der Architektur wurde die hier entwickelte Glas-Beton-Zweckbauweise richtunggebend (Walter Gropius, Mies von der Rohe). Umstritten blieb dagegen die Malerei der hier unterrichtenden Künstler (Feininger, Kandinsky, Klee).

1919 n blau Gründung

BAUHÜTTE, Arbeitsgemeinschaft von Handwerkern, Baumeistern und Steinmetzen bei der Ausführung großer Bauwerke, insbesondere der Kirchen der Gotik und noch der Renaissance. Beruhte auf einem kollektiven Berufsgeheimnis, gemeinsamer Ausbildung des Nachwuchses und eigenen Bräuchen einschließlich einer eigenen Gerichtsbarkeit.

1233 n grün Villard: Bauhüttenbuch
1330 n–1399 n Peter Parler

BAUKUNST

2988 v–2925 v En-Merkar
2970 v blau Tempelstadt Eanna
2969 v grün Wohnhausmodell aus Ton
2934 v blau Tempel für Meeresgott
2922 v blau Kalksteintempel in Sumer
2920 v grün Künstliche Hügel für Tempel
2915 v–2852 v Melam
2895 v grün Mosaik-Wände in Uruk
2894 v–2817 v Gilgamesch
2855 v grün Kalkstein-Treppe in Sumer
2850 v blau Inanna-Tempel in Sumer
2846 v–2784 v Hemaka
2832 v–2795 v Djet
2823 v blau 'Weißer Tempel'
2805 v grün 'Atrium'-Bauweise in Sumer
2799 v grün Scheintüren in Gräbern
2760 v blau Eye-Tempel
2751 v grün Steile Treppen in Mohenjo
2751 v–2681 v Ru-A-Ben
2727 v–2672 v Per-Ib-Sen
2714 v grün Schwimmbecken in Mohenjo
2707 v–2626 v Imhotep
2704 v–2634 v Hesire
2697 v–2650 v Ka-Sechemui
2695 v blau Tempel für Windgott Enlil
2689 v grün Zweistöckige Wohnhäuser
2681 v grün Grabausbau als Wohnung
2676 v–2595 v Mesilim
2675 v blau Tempel der Inanna
2646 v blau Turmartiger Tempel
2644 v–2576 v Snofru
2643 v blau Totenstadt für König Zoser
2639 v blau Stufenpyramide von Sakkara
2633 v–2570 v Meten
2631 v blau Heiligtum in Heliopolis
2627 v blau Palast in Kisch
2627 v grün Säulen in Mesopotamien
2615 v–2550 v Cheops
2613 v grün Bürgerhäuser in Sumer
2610 v blau Stufenpyramide in Medum
2605 v–2542 v Dedefre
2596 v–2515 v Ur-Nan-Sche
2588 v blau 'Knickpyramide'
2583 v blau 'Rote Pyramide'
2577 v blau Kunstwerke in Totentempeln
2576 v–2515 v Chetren

2575 v blau Inanna-Tempel
2572 v blau Cheops-Pyramide begonnen
2561 v–2500 v Mykerinos
2553 v blau Cheops-Pyramide vollendet
2551 v grün Säulen in Ägypten
2545 v blau Tempel in Lagasch
2543 v–2496 v Schepses-Kaf
2542 v blau Freistehende Säule
2534 v–2470 v User-Kaf
2529 v blau Sphinx-Tempel von Giseh
2518 v blau Chefren-Pyramide
2511 v blau Mykerinos-Pyramide
2496 v–2438 v Ni-Anch-Sekmet
2488 v blau Palmstammsäule
2472 v blau Kultstätte User-Kafs
2464 v blau Kultstätte Sahu-Res
2464 v–2397 v En-Te-Mena
2463 v–2403 v Ni-User-Re
2462 v blau Säulensaal für Totentempel
2458 v blau Überwiegen von Kultbauten
2452 v–2377 v Ti
2449 v blau Tempel für Muttergöttin
2431 v blau Tal-Tempel des Ni-User-Re
2429 v blau 'Freude des Re'
2411 v blau Pyramide des Ni-User-Re
2367 v blau Pyramide des Unas
2356 v grün Fensterplatten in Sumer
2355 v–2298 v Pepi I.
2322 v blau Grabmal für Mere-Ruka
2245 v grün Burgen in Mesopotamien
2093 v–2030 v Ur-Nammu
2088 v–2020 v Gudea
2084 v–2012 v Mentu-Hotep
2060 v–1983 v Schul-Gi
2043 v blau Palast von Ur
2040 v blau Tempelturm für Nanna
2032 v blau Tempel-Wiederaufbau
2016 v blau Tempel des Mentu-Hotep
2005 v blau Mausoleum in Ur
2003 v blau Tempelstadt Eridu
2002 v–1928 v Sesostris I.
1997 v blau Mausoleum in Lagasch
1978 v blau Ningal-Tempel in Ur
1955 v–1895 v Amen-Em-Het II.
1946 v blau Tempel von Heliopolis
1941 v blau Kalkstein-Tempel in Karnak
1937 v blau Palast von Phaistos
1932 v–1878 v Sesostris II.
1920 v blau Wiederaufbau von Ur
1911 v–1845 v Ilu-Suma
1908 v blau 'Weiße Pyramide'
1905 v blau Palast von Knossos
1891 v blau Pyramide Sesostris' II.
1876 v–1816 v Iri-Suma
1865 v–1792 v Amen-Em-Het III.
1856 v blau Pyramide Sesostris' III.
1852 v–1786 v Nefer
1848 v blau Ischtar-Tempel
1837 v–1780 v Suma-La-Ilu
1834 v blau 'Schwarze Pyramide'
1826 v–1786 v Nefer-Sebek-Re
1820 v blau Assur-Tempel in Assur
1806 v blau Bauten Amen-Em-Hets III.
1801 v–1759 v Warad-Sin
1793 v blau Tempel in Kleinasien
1777 v blau Marduk-Tempel in Babylon
1768 v blau Palast in Esch-Nunna
1766 v blau Tempel-Wiederaufbau in Ur
1748 v–1695 v Zim-Rilim
1730 v blau Enlil-Tempel in Assur
1715 v blau Palast von Mari
1664 v blau Palast von Mallia
1617 v blau Palast von Kato Zakro
1597 v–1521 v Minos
1572 v–1504 v Agum
1567 v blau Gedächtnis-Kapelle
1565 v blau Palast von Hagia Triada
1563 v–1524 v Amen-Hotep I.
1562 v blau Palast-Neubau von Knossos
1542 v–1505 v Tut-Mosis I.
1531 v–1481 v Sen-Mut
1526 v blau Trennung Gruft–Tempel
1526 v–1482 v Hatschepsut
1507 v blau Königsgrab bei Luxor
1497 v–1435 v Sausa-Tar
1486 v blau Terrassentempel bei Theben
1475 v blau Annalen-Saal
1462 v–1382 v Hapu
1452 v blau Tempel in Nubien
1448 v–1392 v Kara-Indasch
1443 v blau Palast in Wassukanni
1441 v blau Königspalast von Alalach
1426 v–1377 v Amen-Hotep III.
1424 v–1370 v Kuri-Gal-Zu
1415 v blau Tempelbau in Uruk
1402 v–1346 v Burna-Bu
1395 v blau Tempel-Kolonnaden
1392 v blau Tempel von Luxor
1375 v blau Aton-Tempel in Theben
1364 v blau Sonnengott-Tempel in Larsa
1353 v blau Halle zum Luxor-Tempel
1345 v–1301 v Sethos I.
1326 v–1234 v Ramses II.
1323 v blau 'Schatzhaus' in Mykene
1321 v–1235 v Bek-Necho
1313 v blau Ägypter-Tempel in Palästina
1309 v blau Löwentor in Mykene
1308 v blau Tempel von Abydos
1302 v blau Widder-Allee
1302 v–1244 v Salmanassar I.
1291 v blau Felsentempel von Abu-Simbel
1275 v blau Ausbau des Luxor-Tempels
1272 v blau 'Ramesseum' in Theben
1271 v blau Halle im Abu-Simbel-Tempel
1263 v blau Säulenhalle von Luxor
1257 v–1210 v Sethos II.

1251 v blau Ischtar-Tempel in Ninive
1249 v blau Säulenhalle in Karnak
1239 v blau Ischtar-Tempel in Assur
1237 v blau Königspalast in Assur
1224 v–1165 v Ramses III.
1208 v–1137 v Ram-Se-Na
1191 v blau Tempel des Mondgottes
1177 v blau Palast in Theben
1124 v grün Atrium-Haus in Italien
1100 v blau Doppeltempel in Assur
1090 v blau Relief 'Beim Tempelbau'
1082 v–1009 v Psu-Sennes
970 v blau Salomos Burg
959 v blau Tempel von Jerusalem
946 v blau Salomos Haremspalast
933 v grün 'Megaron'-Haus
918 v blau Hera-Tempel in Olympia
913 v blau Tempel in Megiddo
905 v blau Poseidon-Tempel
873 v blau Palast in Kalach
870 v blau Baal-Tempel in Israel
828 v blau Palast Salmanassars
806 v blau Pyramide von Kui-Kuilko
787 v blau Tempel in Kalach
780 v–717 v Pianki
758 v–672 v Bajin
719 v blau Mondgott-Tempel
716 v blau Palaststadt in Assyrien
713 v–669 v Asarhaddon
699 v–653 v Phraortes
693 v–609 v Psammetich I.
624 v–561 v Nebukadnezar II.
595 v blau Erster Athene-Tempel
578 v blau Babylonischer Turm
576 v blau Ischtar-Tor in Babylon
573 v blau Prozessions-Straße, Babylon
560 v–469 v Theodoros
527 v blau Zeus-Tempel in Athen
526 v blau Apollo-Tempel in Delphi
520 v blau Artemis-Tempel in Ephesos
517 v blau Palaststadt Persepolis
515 v blau Tempelneubau in Jerusalem
509 v blau Jupiter-Tempel in Rom
493 v–432 v Phidias
490 v blau Pan-Tempel in Athen
486 v–430 v Hippodamos
483 v blau Theater von Syrakus
475 v blau Grab-Kuppelbau für Buddha
470 v blau Dionysos-Theater in Athen
469 v grün Peristyl-Haus
468 v grün Regeln für Theaterbau
456 v blau Zeus-Tempel in Olympia
447 v blau Bau des Parthenon
445 v blau Pyramide von Cholula
432 v blau Vollendung der 'Propyläen'
430 v blau Apollo-Tempel in Rom
395 v–343 v Skopas
371 v blau Diana-Tempel in Rom
353 v blau Tempel in Tegea
350 v blau Grabmal des Mausolos
349 v blau Theater von Megalopolis
287 v blau Isis-Tempel auf Philä
250 v blau Höhlentempel in Indien
237 v blau Bau für Buddha-Reliquie
226 v blau Tempelbau in Nubien
220 v blau Tempelbau in Magnesia
206 v blau Knum-Tempel in Ägypten
184 v blau Erste Basilika in Rom
174 v grün Säulenhalle im Athrahaus
172 v blau Ägyptischer Horustempel
116 v–27 v Varro
114 v blau Tempel in Medinet-Habu
75 v blau Felsentempel bei Bombay
74 v blau Theater in Pompeji
72 v–4 v Herodes der Große
69 v blau Tempel-Wiederaufbau, Rom
60 v blau Theater in Rom
46 v blau Bauten zu Ehren Cäsars
27 v blau Pantheon in Rom
14 v blau Lateran-Palast
14 v grün Vitruvs Lehrbuch
5 v blau Ise-Tempel in Japan
2 v blau Forum Augusti
5 n blau Sonnenpyramide in Mexiko
9 n–79 n Vespasian
31 n blau Mondpyramide in Mexiko
53 n–117 n Trajan
67 n–129 n Apollodoros von Damaskus
76 n–139 n Hadrian
80 n blau Kolosseum in Rom
103 n blau Sonnentempel in Palmyra
106 n blau Odeon in Rom
112 n blau Trajans-Forum in Rom
118 n blau Theater in Trier
120 n blau Neubau des Pantheons
135 n blau Jupiter-Tempel, Jerusalem
139 n blau Grabmal Hadrians
186 n–217 n Karakalla
201 n blau Kirche in Edessa
215 n blau Jupiter-Tempel in Baalbek
215 n–272 n Schapur I.
216 n grün Karakalla-Thermen
330 n blau Geburtskirche Jesu
335 n blau Grabeskirche Jesu
366 n blau Buddhistische Felsenkirche
404 n blau Dom von Ravenna
445 n blau Mausoleum in Ravenna
446 n blau 'Hölzerne Stadt' Attilas
449 n grün Marmorsäulen für Kirchen
453 n blau Taufhaus in Ravenna
455 n–526 n Theoderich der Große
490 n–562 n Prokop
504 n blau Basilika in Ravenna
525 n blau Grabmal Theoderichs
537 n blau 'Hagia Sophia'
547 n blau San Vitale in Ravenna

549n blau San Apollinare in Classe
558n blau Prokops Schrift
560n–618n Yang-Ti
605n blau Palaststadt Loyang
607n blau Holztempel in Japan
641n blau Moschee in Bosra
644n blau Amr-Moschee in Kairo
651n blau Wildgans-Pagode
675n–715n Welid
691n blau Moschee in Jerusalem
705n blau Moschee in Damaskus
709n blau Grabmoschee Mohammeds
710n blau Kaiserpalast in Japan
723n blau Peterskapelle Fritzlar
732n blau Klosterkirche Fritzlar
732n blau Olivenmoschee in Tunis
770n–840n Einhard
774n blau Kaiserpfalz in Ingelheim
788n blau Moschee in Cordoba
799n blau Kreuzförmige Kirche
800n blau Neunstufige Pyramide
804n blau Pfalz-Kapelle in Aachen
837n blau Sidi-Okba-Moschee
852n blau Riesenmoschee in Samarra
857n blau Kailasa-Tempel
879n blau Ibn-Tulun-Moschee
947n blau Palaststadt bei Cordoba
981n blau Tempelstadt in Indien
991n blau Lingaraja-Tempel
995n blau Holzkirchen in Norwegen
998n blau Schloß Fontainebleau
1012n blau Bamberger Dom
1019n blau Neubau des Basler Münsters
1030n blau Kathedrale in Kiew
1030n blau Klosterkirche in Spanien
1033n blau Klosterkirche in Frankreich
1033n blau Michaelskirche Hildesheim
1036n blau Neubau des Mainzer Domes
1037n blau Hamburger Dom
1045n blau Neue Grabeskirche Jesu
1050n blau Kaiserpfalz in Goslar
1053n blau Höhlenkloster Kiew
1060n blau Ananda-Tempel (Burma)
1061n blau Dom zu Speyer
1061n blau Kathedrale von Toulouse
1065n blau 'Nonnenhaus' in Mexiko
1073n blau Wartburg bei Eisenach
1075n blau Kathedrale von Santiago
1081n blau Tower in London
1084n blau 'Kartäuser'-Kloster
1089n blau Münster von Konstanz
1090n blau Kirche Cluny begonnen
1094n blau Markuskirche in Venedig
1099n blau Westminster Hall
1107n blau 'Tempel des Herrn'
1117n blau Burg Drachenfels
1117n blau Dom von Pisa
1119n blau Kathedrale von Saragossa
1121n blau Tempel in Kambodscha
1130n blau Kirche Cluny vollendet
1145n blau St. Denis bei Paris
1150n blau Kathedrale von Lissabon
1159n blau Dom in Breslau
1163n blau Notre Dame in Paris
1165n blau Dombau in Brandenburg
1173n blau Braunschweiger Dom
1175n blau Olafs-Dom in Drontheim
1181n blau Alkazar in Sevilla
1184n blau Kathedrale von Canterbury
1186n blau Dombau in Palermo
1188n blau Würzburger Dom: Neubau
1195n blau Moschee von Sevilla
1195n blau Chartres begonnen
1196n blau 'Kutab-Minarett' in Delhi
1199n blau Apostelkirche in Köln
1201n grün Tuchhallen in Ypern
1207n blau Magdeburger Dom
1208n blau Kathedrale von Rouen
1212n blau Kathedrale von Reims
1213n blau Thomaskirche Leipzig
1220n blau Rathaus von Worms
1221n blau Kathedrale von Burgos
1225n blau 'Tempel der Jaguare'
1227n blau Kathedrale von Toledo
1233n grün Villards 'Bauhüttenbuch'
1234n blau Dom von Worms
1235n blau Dom von Limburg
1235n blau Katharinenkirche, Hamburg
1248n blau Kölner Dom begonnen
1248n blau Alhambra in Granada
1257n blau Franziskus-Kirche Assisi
1257n blau Kathedrale von Salisbury
1259n blau Rathaus von Thorn
1260n blau Chartres vollendet
1262n blau Sonnentempel in Indien
1265n blau Dom von Münster
1266n–1337n Giotto
1268n blau Kathedrale von Amiens
1268n blau Keschawa-Tempel in Indien
1269n blau Westminster in London
1273n blau Sebaldus-Kirche in Nürnberg
1276n blau Meister Erwins Entwurf
1279n blau Rathaus von Stralsund
1280n blau Dom von Siena
1288n blau Kreuzkirche in Breslau
1291n blau Marienkirche in Lübeck
1295n blau Kirche in Peking
1296n blau Dombau in Florenz
1298n blau Kathedrale von Barcelona
1298n blau Palazzo Vecchio in Florenz
1307n blau Antonius-Kirche in Padua
1308n–1368n Orcagna
1309n blau Marienburg
1322n blau Chor des Kölner Domes
1330n blau Steinkirche in Moskau
1330n–1399n Peter Parler

1335n blau Rathaus von Münster
1335n blau Kathedrale von York
1340n blau Stephansdom in Wien
1341n blau Prager Dom begonnen
1341n–1406n Claus Sluter
1350n blau 'Der schiefe Turm' von Pisa
1354n blau Freiburger Münster: Chor
1355n blau Burg Karlstein in Böhmen
1357n blau Prager Karlsbrücke
1362n blau Hassan-Moschee in Kairo
1364n blau Papstschloß in Avignon
1370n blau Aachener Rathaus
1370n blau Erfurter Domchor
1377n blau Münsterbau in Ulm
1377n–1446n Brunellesco
1379n blau Kathedrale von Poitiers
1382n blau Rathaus von Danzig
1385n blau Prager Dom vollendet
1387n blau Rathaus von Brügge
1397n blau 'Goldener Pavillon' in Kyoto
1402n blau Kathedrale von Sevilla
1404n–1472n Alberti
1405n blau Frankfurter Rathaus
1408n–1472n Nezalhual
1410n blau Rathaus von Bremen
1410n–1469n Montezuma
1411n blau Rathaus von London
1413n blau Porzellanturm in Nanking
1414n blau Aachener Münster
1418n blau Moschee in Ahmadabad
1421n blau 'Himmelstempel' in Peking
1431n blau Königspalast in Mexiko
1435n blau Dom von Uppsala
1436n blau Domkuppel in Florenz
1439n blau Straßburger Münster
1443n blau Lübecker Rathaus
1452n grün Alberti: Baukunst
1454n blau Rathaus von Brüssel
1455n blau Pyramiden der Azteken
1463n blau Rathaus von Löwen
1463n blau Dogenpalast in Venedig
1470n blau Münchner Rathaus
1472n blau Andrea-Kirche in Padua
1475n blau Kait-Bai-Moschee in Kairo
1475n–1564n Michelangelo
1480n blau 'Silberner Palast' in Japan
1481n blau Sixtinische Kapelle
1483n–1520n Raffael
1485n blau Moskauer Kreml
1488n blau Frauenkirche in München
1489n–1587n Sinan
1496n blau Breslauer Rathaus
1497n blau 'Santa Maria' in Mailand
1506n blau Bramante: Petersdom
1533n blau Georgenbau in Dresden
1538n blau Palazzo Farnese in Rom
1545n blau Prinzen-Moschee
1546n blau Bau des Louvre
1547n blau Michelangelo: Petersdom
1547n–1614n El Greco
1551n blau Mirimah-Moschee
1553n blau Pariser Rathaus
1556n blau Soliman-Moschee
1556n blau Leipziger Rathaus
1559n blau Kathedrale von Gent
1560n blau Wassilij-Kathedrale, Moskau
1561n blau Rathaus von Antwerpen
1562n blau Rathaus von Altenburg
1563n blau Bau des 'Escorial'
1570n grün Palladios Lehrbuch
1574n blau Selimje-Moschee
1578n blau Rathaus von Rothenburg
1591n blau Char-Minar-Moschee
1610n blau Petersdom: Eingangshalle
1615n blau Achmed-Moschee
1619n blau Schloßbau in Heidelberg
1620n blau Augsburger Rathaus
1621n blau Quirinal-Palast in Rom
1626n blau Maderna: Petersdom
1641n blau Kirche San Carlo in Rom
1643n blau Residenz des Dalai Lama
1648n blau 'Tadsch-Mahal' in Indien
1655n blau Rathaus Amsterdam
1661n blau Schloß von Versailles
1663n blau Schloß Nymphenburg
1667n blau Kolonnaden vor Peterskirche
1667n blau Kathedrale von Mexiko
1681n blau Schloß Drottningholm
1687n blau Schloß Trianon
1695n blau Schloß Charlottenburg
1696n blau Schloß Schönbrunn
1698n blau Berliner Schloß: Umbau
1701n blau Neubau des Klosters Melk
1703n blau Buckingham-Palast
1706n blau Invalidendom in Paris
1710n blau Pauls-Kathedrale
1711n blau Bau des Dresdner Zwingers
1711n blau Schloß Peterhof
1715n blau Jagdschloß Karlsruhe
1716n blau Bau der Wiener Karlskirche
1720n blau Schloßbau in Würzburg
1724n blau Schloß Belvedere
1726n blau Dresdner Frauenkirche
1729n blau Rathaus von Salamanca
1731n blau Pöppelmann: Elbbrücke
1738n blau Bau der Dresdner Hofkirche
1740n blau Westminster Abtei
1743n blau Berliner Opernhaus
1744n blau Kirche Neresheim (Plan)
1747n blau Schloß Sanssouci
1749n blau Wallfahrtskirche Wies
1768n blau Winterpalais
1789n blau Brandenburger Tor
1818n blau Berliner Schauspielhaus
1829n blau Weißes Haus in Washington
1839n blau Opernhaus in Dresden

1876n blau Festspielhaus in Bayreuth
1880n blau Vollendung des Kölner Doms
1882n blau Wiener Rathaus
1894n blau Reichstagsgebäude
1897n blau Hamburger Rathaus
1906n blau AEG-Turbinen-Fabrik
1919n blau Bauhaus in Weimar
1923n blau Stadthaus in Stockholm
1923n blau Chile-Haus in Hamburg
1931n blau Empire-State-Building
1937n blau 'Haus der Kunst'
1952n blau Lever-Haus in New York
1955n blau Le Corbusier: Ronchamp
1956n blau UNESCO-Gebäude in Paris
1959n blau Guggenheim-Museum
1961n blau Kongreßhalle in Moskau

BAUM. Wegen seiner Früchte und seines Holzes, seines Schattens und seiner wasser- und klimaregulierenden Wirkung seit alters her der Kultur des Menschen zugehörig, wurde er früh Gegenstand künstlerischer Darstellung sowie philosophischer und religiöser Symbolik (Baum des Lebens, Baum der Erkenntnis).

Vorzeittafel: 400 Millionen Jahre
Vorzeittafel: 10 Tausend Jahre
Vorzeittafel: Schlußbalken (5000 Jahre)
2946v blau 'Giraffen unter Palme'
2755v grün Dattelgärten in Sumer
2684v grün Dattelwein in Sumer
2678v blau 'Tiger und Mann auf Baum'
2585v blau 'Lebensbaum mit Ziege'
2558v grün Obstbaumsteuer, Ägypten
2488v blau Palmstammsäule, Ägypten
2480v grün Sirup aus Datteln
2430v blau 'Bäume und Gräser'
2323v grün Feigenbaum, Mesopotamien
2034v grün Handel mit Zedernholz
2025v grün Plantagen in Lagasch
1981v blau 'König mit Palmenzweig'
1959v blau 'Vögel im Akazienbaum'
1917v blau 'Paviane helfen bei Ernte'
1208v grün Bücher aus Holz, Bambus
1118v–1058v Wen-Amun
1089v grün Plantagen in Mesopotamien
973v grün Holz- und Getreidehandel
700v grün Ölbaum nach Italien
252v grün Chausseebäume in Indien
73v grün Kirschbaum nach Europa
70v–19v Vergil
27n grün Aprikosenbaum in Italien
48n–118n Tsai-Lun
115n–182n Apell
167n blau 'Baum des Lebens'
1055n grün Zitronenbaum in Spanien
1202n blau 'Unter den Linden'
1643n blau 'Drei Bäume'
1739n grün Kautschuk nach Europa
1820n blau 'O Tannebaum'
1823n blau 'Einsamer Baum'
1881n grün Mitschurins Züchtungen

BAUMWOLLE, Samenhaare eines Malvengewächses und das daraus gewonnene Garn sowie die hieraus angefertigten Gewebe.

2929v grün Anbau im Indus-Tal
2813v grün Ausfuhr nach Sumer
687v grün Anbau in Mesopotamien
831n grün Anbau in Europa
1793n grün Maschine zum Entkernen

BAUTECHNIK UND BAUSTOFFE

3000v–2952v Meschki-Agascher
2997v grün Ziegel in Indien
2973v grün Tauschobjekt in Sumer
2957v grün Naturstein-Fundamente
2933v grün Kanalbau in Sumer
2933v–2868v Skorpion
2920v grün Künstliche Hügel
2915v–2852v Melam
2907v grün Ziegelbrand in Indien
2900v grün Ziegelbrand in Sumer
2895v grün Mosaikwände
2893v grün Mörtel in Indien
2884v grün Bewässerungskanäle
2882v–2825v Menes
2878v grün Mauern im festen Verband
2855v grün Kalksteine für Freitreppe
2845v grün Mauer um Uruk
2836v grün Weiße Schutzmauer
2832v grün Entlüftungskanäle
2822v grün Straßenbau in Indien
2808v grün Kanalisation in Indien
2786v–2731v Kea
2783v grün Fußboden aus Granit
2774v grün Innen-Toiletten
2755v grün Bewässerungs-Anlagen
2753v grün Badezimmer in Indien
2751v grün Ziegeltreppen
2749v grün Bitumen zum Isolieren
2730v grün Wasserdichte Böden
2714v grün Schwimmbecken in Indien
2689v grün Zweistöckige Wohnhäuser
2660v grün Gewölbetechnik in Ägypten
2645v grün Drainage in Sumer
2641v grün Naturstein und Ziegel
2633v grün Fayence-Platten
2627v grün Säulen in Mesopotamien
2582v grün Straßenbau in Ägypten
2570v–2481v Ur-Enlil
2565v grün Granitblöcke
2551v grün Säulen in Ägypten

2540v grün Schiffahrtskanäle, Sumer
2503v grün Bogen und Gewölbe
2464v–2397v En-Te-Mena
2447v grün Kanalisation in Sumer
2410v grün Kuppelbauten in Sumer
2405v grün Wasserstraßen in Sumer
2397v grün Wasserleitung in Nippur
2387v grün Ausbau des Tigris
2369v–2295v Una
2366v grün Wasserbehälter
2356v grün Fensterplatten in Sumer
2332v–2248v Yao
2314v–2292v Meren-Re
2297v grün Nil-Katarakt schiffbar
2288v–2206v Schun
2260v grün Festung Tell Brak
2253v grün Kanal zum Persischen Golf
2252v–2158v Yü
2245v grün Burgen in Mesopotamien
2212v grün Deiche, Kanäle in China
2093v–2030v Ur-Nammu
2060v–1983v Schul-Gi
2044v grün Kanal von Ur zum Meer
2041v grün Email-Ziegel
2037v grün Mauer um Ur
2022v–1962v Amen-Em-Het I.
1973v grün Nildelta-Mauer
1971v grün Euphrat-Mauer
1911v–1845v Ilu-Suma
1904v–1841v Sesostris III.
1867v grün Nil-Katarakt-Kanal
1865v–1792v Amen-Em-Het III.
1863v grün Türme und Forts
1846v grün Befestigung Assurs
1842v grün Festung Semne
1813v grün Bauten in Bergwerken
1796v grün Bergwerks-Befestigung
1789v grün Schutzmauer Babylons
1780v–1697v Rimsin
1711v rot Haftpflicht
1653v grün Festungsgürtel
1581v grün Breite Fenster
1552v grün Fensterfronten
1401v grün Künstlicher See
1374v grün Häuser mit Komfort
1330v grün Tunnel-Wasserleitung
1311v grün Mauer um Mykene
1302v–1244v Salmanassar I.
1277v–1207v Tu-Kulti
1242v grün Straßenbau der Assyrer
1162v grün Nutzung von Steinbrüchen
1099v grün Regenwasser-Anlagen
967v grün Wasserleitung
872v grün Aquädukt nach Tuspa
865v grün Trinkwasserkanal
830v grün Staudammbau bei Marib
810v grün Wälle in China
758v–672v Bajin
715v grün Marib-Staudamm vollendet
710v grün Wasser-Tunnel
694v grün Tigris-Brücke
693v–609v Psammetich I.
691v grün Aquädukt nach Ninive
689v grün Kanal nach Ninive
658v–595v Necho II.
637v grün Verwendung von Marmor
624v–561v Nebukadnezar II.
621v grün Tiber-Brücke
614v grün 'Hängende Gärten'
610v grün Kloaka Maxima in Rom
605v grün Kanal zum Roten Meer
589v grün Medische Mauer
560v–469v Theodoros
550v–486v Dareios I.
539v grün Wasserleitung Athens
536v grün Winkelmaß
532v grün Wassertunnel für Samos
531v grün Wasserwaage
518v grün Straße durch Perserreich
493v grün Hafen von Piräus
490v grün Kanal Nil–Rotes Meer
486v grün Kanäle in China
483v grün Athos-Kanal
456v grün Piräus-Mauern
445v grün Mauer um Jerusalem
425v grün Brücke nach Euböa
408v grün Hafen von Rhodos
402v grün Mauer um Syrakus
380v grün Verteidigungsmauer Roms
340v–273v Appius Klaudius
312v grün 'Via Appia'
310v grün Rohrwasserleitung in Rom
279v grün Leuchtturm von Alexandria
259v–209v Schi-Huang-Ti
213v grün Chinesische Mauer
180v grün Druckwasserleitung
143v grün Gewölbebau
120v grün Straßenbau der Römer
98v grün Warmluftheizung
55v grün Hölzerne Rheinbrücke
31v grün Zementbauten in Rom
19v grün Straßennetz der Römer
14v grün Vitruvs Lehrbuch
12v grün Kanalbau in Holland
1n grün Fensterscheiben
10n grün Sprech-Rohrleitungen
52n grün Entwässerungstunnel
65n grün Kreuzgewölbe in Rom
67n–129n Apollodoros von Damaskus
68n grün Hängebrücke in China
83n grün Grenzwall 'Limes'
97n grün Werk über Wasserleitungen
104n grün Steinerne Donaubrücke
110n grün Römer: 75 000 km Straßen
122n grün Grenzwall in England
179n grün Festung Regensburg

210n grün Hadrianswall ausgebaut
216n grün Karakalla-Thermen
232n–282n Probus
271n grün Verteidigungsmauer Roms
306n grün Thermen des Diokletian
309n grün Steinerne Rheinbrücke
315n grün Thermen in Trier
449n grün Marmorsäulen
510n grün Mauer um Konstantinopel
532n grün Kaukasus-Befestigungen
560n–618n Yang-Ti
605n grün Nord-Süd-Kanal in China
643n grün Steinbruch Heliopolis
675n–715n Welid
685n–762n Hüan-Tsung
711n grün Befestigung Gibraltars
765n–810n Gottfried
782n grün Bewässerung in Spanien
793n grün Kanalbau Rhein–Donau
808n grün Dänischer Grenzwall
823n–877n Karl II., der Kahle
1147n grün Wasserleitung im Kloster
1221n grün Gotthard-Straße
1233n grün Villards 'Bauhüttenbuch'
1283n grün 'Kaiserkanal' in China
1310n grün Straßenpflaster in Lübeck
1377n–1446n Brunellesco
1387n grün Septimer-Paß
1398n grün Elbe–Trave–Kanal
1404n–1472n Alberti
1408n–1472n Nezalhual
1445n grün Alberti: Wasserkraft
1452n grün Alberti: Baukunst
1489n–1587n Sinan
1496n grün Inka-Straße
1530n grün Rieselfeld-System
1672n–1725n Peter I., der Große
1679n grün Erste Tunnelsprengung
1681n grün Kanal durch Frankreich
1731n grün Ladoga-Kanal
1762n grün Zementherstellung
1772n grün Brenner-Straße
1779n grün Eiserne Brücke
1796n grün Hydraulischer Zement
1824n grün Portlandzement
1826n grün Eisenbahntunnel
1847n–1931n Edison
1851n grün Kristallpalast in London
1853n grün Rhein–Marne–Kanal
1866n grün Eisenbeton
1869n grün Suezkanal
1871n grün Mont-Cenis-Tunnel
1881n grün Gotthard-Tunnel
1883n grün Wolkenkratzer
1888n grün Firth-of-Forth-Brücke
1889n grün Eiffelturm
1900n grün Untergrundbahn
1913n grün Panamakanal
1925n grün Zuidersee-Bauten
1927n grün Dnjepr-Kraftwerk
1934n grün Autobahnen
1937n grün Golden-Gate-Brücke
1938n grün Boulderdamm-Kraftwerk
1952n grün Wolga–Don–Kanal
1955n grün Sendeturm
1962n grün Maracaibo-Brücke
1964n grün Bau des Assuan-Dammes
1965n grün Tempel-Verlegung

BAYER, Johannes (1572n–1625n), deutscher Astronom. Schuf mit seinem Sternatlas ('Uranometria') auf 51 Blättern die ersten sorgfältig ausgeführten Himmelskarten, wobei er die noch heute gebräuchliche Bezeichnung der Sterne und Sternbilder mit griechischen und lateinischen Buchstaben prägte.

1602n grün Sternatlas

BAYERN, Land am Nordrande der Alpen im Herzen Mitteleuropas. Das von Kelten bewohnte Gebiet wurde im 5. und 6. Jahrhundert von Bajuwaren besiedelt, einem germanischen Stamme aus Böhmen mit gotischem Spracheinschlag. 780n Teil des Frankenreiches. 1180n–1918n von der Fürstenfamilie der Wittelsbacher zunächst als Herzogtum beherrscht. 1623n wegen seiner Romtreue zum Kurfürstentum und 1805n wegen seiner Napoleontreue zum Königreich erhoben. 1871n deutscher Bundesstaat. 1918n vorübergehend Räterepublik, dann Zentrum der zum Faschismus drängenden bürgerlichen Kräfte. 1945n von US-Truppen besetzt. Als Freistaat Teil der Bundesrepublik.

15v braun Römer-Vorstoß
15v rot Römische Herrschaft
15v blau Gründung von Augsburg
179n grün Gründung von Regensburg
540n rot Abhängigkeit von Franken
675n–754n Bonifatius
702n blau Entwicklung Würzburgs
736n grün Hopfenanbau
740n blau Klostergründungen
751n blau Kloster Heidenheim
788n rot Ende der Selbständigkeit
804n–876n Ludwig der Deutsche
808n–875n Otfried
877n–936n Heinrich I.
906n/907n Ungarn-Einfall
955n braun Schlacht auf dem Lechfeld
955n–983n Otto II.
976n braun Erhebung gegen Otto II.
976n rot Verlust Kärntens

1012n blau	Bamberger Dom
1043n blau	Entwicklung Nürnbergs
1090n rot	'Hexen'-Verbrennung
1115n–1158n	Otto von Freising
1128n rot	Handwerkerverband
1129n–1195n	Heinrich der Löwe
1149n blau	Kaiserchronik
1156n rot	Österreich selbständig
1158n blau	Gründung Münchens
1168n–1220n	Wolfram von Eschenbach
1172n rot	Rothenburg: Stadtrecht
1188n blau	Würzburger Dom
1193n–1279n	Albertus Magnus
1200n–1242n	Neidhart von Reuenthal
1232n blau	Carmina Burana
1243n blau	Bamberger Reiter
1273n blau	Sebalduskirche
1278n blau	'Engelhard und Engeltraut'
1314n blau	'Wilhelm von Österreich'
1322n braun	Sieg über Österreich
1322n rot	Ludwig deutscher König
1349n braun	Aufstand in Nürnberg
1389n grün	Papierfabrik
1420n/1434n	Hussiten-Kreuzzug
1450n blau	Meistersingerschule
1459n–1525n	Jakob Fugger
1467n blau	Hochaltar in Rothenburg
1470n blau	Münchner Rathaus
1471n grün	Sternwarte Nürnberg
1488n blau	Münchner Frauenkirche
1490n grün	Verlagshaus Koberger
1500n blau	Bibra-Grabmal
1502n blau	Heiligenblut-Altar
1519n blau	Sebaldus-Grab
1530n blau	Augsburger Konfession
1537n grün	Nürnberger Börse
1537n grün	Augsburger Börse
1538n rot	Bund gegen Protestanten
1552n rot	Passauer Vertrag
1555n rot	Religionsfriede
1559n grün	Münzordnung
1573n grün	Zuckerraffinerie
1578n blau	Rothenburger Rathaus
1609n rot	Katholische Liga
1618n/1648n	Dreißigjähriger Krieg
1620n blau	Augsburger Rathaus
1648n rot	Westfälischer Friede
1663n rot	Reichstag zu Regensburg
1663n blau	Schloß Nymphenburg
1663n–1736n	Prinz Eugen
1701n/1714n	Spanischer Erbfolgekrieg
1720n blau	Würzburger Schloß
1741n/1748n	Erbfolgekrieg
1749n blau	Wieskirche
1752n blau	Fresken in Würzburg
1756n rot	'Hexen'-Verbrennung
1761n grün	Porzellan-Manufaktur
1778n/1779n	Erbfolgekrieg
1796n/1815n	Napoleonische Kriege
1801n rot	Gebietsgewinn Frankreichs
1803n rot	Deputationshauptschluß
1806n rot	Beitritt zum Rheinbund
1809n/1810n	Aufstand in Tirol
1815n rot	Wiener Kongreß
1835n grün	Erste deutsche Eisenbahn
1848n/1850n	Deutsche Revolution
1851n rot	Deutscher Bund erneuert
1866n braun	Deutscher Krieg
1870n/1871n	Deutsch-französischer Krieg
1871n rot	Einigung Deutschlands
1876n blau	Festspielhaus Bayreuth
1902n grün	Deutsches Museum
1918n/1919n	Deutsche Revolution
1923n braun	Hitlers Putschversuch
1935n rot	Nürnberger Gesetze
1937n blau	Haus der Kunst
1938n rot	Münchner Abkommen
1939n/1945n	Zweiter Weltkrieg
1945n rot	Besetzung
1949n rot	Teil der BRD

BAYEUX, Stadt in Nordfrankreich. 8 Kilometer vom Meer (Ärmelkanal) entfernt in einem fruchtbaren Tal geschützt gelegen. Vor 2000 Jahren von den Römern als Stadt angelegt (Augustodurum), wurde sie später fast ausschließlich von eingewanderten Normannen bevölkert und hielt sich lange von französischer Kultur frei. In ihrem Museum wird ein 70 Meter langer, 50 Zentimeter hoher gestickter Bildteppich aufbewahrt, der in farbigen Bildern die Besitznahme Englands durch Normannen unter Wilhelm dem Eroberer darstellt. Die Anfertigung des Teppichs wurde Wilhelms Frau Mathilde zugeschrieben.

1104n blau	Teppich
1108n–1175n	Wace

BAYLE, Pierre (1647n–1706n), französischer Philosoph. Als Sohn eines Geistlichen wurde er Freidenker und vertrat die Forderung nach unbedingter Toleranz auch gegenüber den Atheisten. Verlor seinen Lehrstuhl für Philosophie wegen seiner wissenschaftlichen Denkweise. Sein 'Historisches und kritisches Wörterbuch' vollendete durch die klare Absage an Glauben und Aberglauben den Bruch mit der kirchenhörigen Obrigkeit, und er mußte nach Holland fliehen. Vorläufer und Wegbereiter der großen französischen Enzyklopädisten.

1696n blau	Wörterbuch

BAYONNE, Hafenstadt in Westfrankreich an der Mündung des Adour in den Atlantik (Golf von Biscaya). Im 10. Jahrhundert normannisch, von 1152n bis 1451n englisch, dann französisch. 1680n von dem französischen Baumeister Vauban als Festung ausgebaut. Wegen ihrer Nähe zur spanischen Grenze oft umkämpft.

1338n/1453n	Hundertjähriger Krieg

BAYREUTH, Industriestadt in Nordbayern (Oberfranken). Berühmt durch die alle ein bis zwei Jahre abgehaltenen Wagner-Festspiele.

1876n blau	Festspielhaus

BAYRISCHER ERBFOLGEKRIEG, Kampf um die Zugehörigkeit Bayerns zu Österreich.

1778n/1779n	Erbfolgekrieg

BAZILLEN, von dem lateinischen Worte 'bacillus' (= 'Stäbchen') abgeleitete Bezeichnung für stäbchenförmige Spaltpilze (Bakterien), die von der Bakteriologie als Krankheitserreger erkannt wurden und seitdem von der Medizin bekämpft werden.

1873n grün	Leprabazillus
1882n grün	Tuberkelbazillus

BEAMTENTUM

2846v–2784v	Hemaka
2822v–2781v	Udimu
2812v grün	Messung des Wasserstandes
2766v–2702v	Neb-Re
2757v–2681v	Neter-Imu
2751v–2681v	Ru-A-Ben
2710v rot	Einteilung Ägyptens
2704v–2634v	Hesire
2696v grün	Steuer-Erhebungen
2655v–2601v	Huni
2652v blau	'Beamter mit Schreibzeug'
2651v blau	Plastik eines Beamten
2647v rot	Einsetzung eines Wesirs
2633v–2570v	Meten
2605v–2542v	Dedefre
2573v blau	Plastik des Meten
2570v blau	Lebensgeschichte des Meten
2495v–2405v	Pta-Hotep
2452v–2377v	Ti
2376v–2294v	Sargon der Große
2365v rot	Anti-Korruptionsgesetz
2332v–2248v	Yao
2319v rot	Berufsbeamte in Akkad
2307v rot	Polizeitruppe in Ägypten
2240v–2172v	Aba
2185v–2123v	Chun-Anup
2135v blau	'Klage eines Bauern'
2008v–1952v	Keti
1773v grün	Buch für Vermessungsbeamte
1713v rot	Schule für Nachwuchs
1693v rot	Mesopotamien Beamtenstaat
1502v–1431v	Rech-Mi-Re
1462v–1382v	Hapu
1438v–1368v	Ra-Mosis
1422v blau	'Bürokratie auf dem Lande'
1418v–1372v	Ka-Em-Het
1410v–1353v	Pentu
1384v–1318v	Haremhab
1208v–1137v	Ram-Se-Na
598v–501v	Teng-Tse
525v blau	Kritik an Beamten in China
520v–465v	Xerxes
471v rot	Wahlrecht für Plebejer
460v grün	Besoldung in Athen
421v rot	Zulassung der Plebejer
312v rot	Söhne Freigelassener Beamte
300v rot	Gleichstellung der Plebejer
248v–195v	Han-Kautsu
234v–174v	Mao-Tun
196v rot	Beamte aus dem Volk
170v–102v	Lucilius
124v rot	Bildung in China
21v grün	Beamtenpost in Rom
15n rot	Wahlrecht-Änderung in Rom
76n–139n	Hadrian
104n–168n	Julianus Salvius
331n–363n	Julian
340n–397n	Ambrosius
348n–408n	Prudentius
416n rot	Ausschluß von Nicht-Christen
601n–673n	Li-Pen
605n–680n	Fujiwara
628n rot	Prüfungen in China
645n rot	Verwaltungsreform in Japan
1021n–1086n	Wang-Anschi
1069n rot	Reformen in China
1194n–1250n	Friedrich II.
1254n–1324n	Marco Polo
1270n–1319n	Haakon V.
1480n rot	Aufsicht in Städten Spaniens
1542n–1605n	Akbar
1620n–1688n	Der Große Kurfürst
1688n–1740n	Friedrich Wilhelm I.
1809n–1852n	Gogol
1828n–1910n	Tolstoi

BÉATRICE von Die (um 1160n–um 1200n), französische Dichterin. Mit dem Grafen Wilhelm von Valentinois verheiratet, liebte sie den Minnesänger Rannbald und schrieb ihm Gedichte, von denen drei erhalten sind. Darin schwärmte sie ihren Geliebten an und beklagte zugleich seine Gefühlskälte. Verfaßte auch ein Streitgedicht.

1178n blau	'Weltgesang'

BEAUMARCHAIS, Caron (1732n bis 1799n), französischer Dichter, Sohn eines Pariser Uhrmachers. Nach Abschluß seiner Lehre Hofmann, Schriftsteller, Reeder und Kaufmann. Prangerte in seinen Bühnenstücken die Verkommenheit der herrschenden Schichten Frankreichs an. Sein anfangs verbotenes Stück 'Figaros Hochzeit' bereitete durch seine gegen den Adel gerichteten Angriffe die Revolution vor. Nach seiner Verbannung lebte er im deutschen Exil (Hamburg), bis er kurz vor dem Tode in die Heimat zurückkehren durfte.

1775n blau	'Barbier von Sevilla'
1778n blau	'Figaros Hochzeit'

BEAUVAIS, Stadt in Nordfrankreich, halbwegs zwischen Paris und Ärmelkanal. Die alte keltische Siedlung wurde von Cäsar dem römischen Reiche eingefügt. 1358n war die Stadt Zentrum des Bauernaufstandes ('Jacquerie'). Im Hundertjährigen Krieg von Engländern erobert (1420n), wurde sie zehn Jahre später durch Jeanne d'Arc wieder befreit. Bei einer Belagerung durch königliche Heere im Jahre 1472n von den Frauen der Stadt unter Jeanne Fouquet verteidigt. Die kühn entworfene Kathedrale fiel bald nach ihrer Fertigstellung ein, wurde aber wieder aufgebaut. Fast 300 Jahre später (1573n) stürzte der 153 Meter hohe Turm ein.

58v/51v	Gallischer Krieg Roms
1284n grün	Einsturz der Kathedrale
1338n/1453n	Hundertjähriger Krieg
1358n braun	Bauernaufstand

BEAUVAIS, Vinzenz von (um 1200n–1264n), französischer Gelehrter. Auf der Klosterschule von Beauvais bei Paris ausgebildet, wurde er Erzieher der Söhne des französischen Königs Ludwig IX. und gab auch dem König selbst Unterricht. Als Leiter der königlichen Bibliothek stellte er aus 450 enzyklopädischen Werken in arabischer, griechischer und lateinischer Sprache ein Lexikon zusammen. Die 40 Bände seines Werkes teilte er in drei Abteilungen: Natur – Wissenschaft – Geschichte. Wegen seiner wissenschaftlichen Sicht, die mit der kirchlichen Schau der Dinge unvereinbar war, wurde er der Magie und des Paktes mit dem Teufel beschuldigt. Er berichtete daraufhin in seiner Enzyklopädie, daß es Menschen gibt, die nicht an die Hölle glauben und die auch die Heiligengeschichten als pure Erfindung abtun.

1252n blau	Enzyklopädie

BEAUVOIR, Simone (geboren 1908n), französische Dichterin und Professorin der Philosophie in Paris. Lebensgefährtin von Jean Paul Sartre, vertritt einen klaren Atheismus, kämpft für soziale Gerechtigkeit und fordert die wirkliche Gleichberechtigung der Frau.

1949n blau	'Das andere Geschlecht'

BEBEL, August (1840n–1913n), deutscher Sozialist. Als Drechslergeselle zur Arbeiterbewegung gestoßen, wirkte er für den Anschluß der deutschen Arbeitervereine an die Sozialistische Internationale. Nahm an ihrem Zusammenschluß in der Sozialdemokratischen Arbeiterpartei teil, die sich unter seiner Führung zur ersten revolutionären Massenpartei der Erde entwickelte. Lehnte die Bewilligung von Kriegskrediten ab, verurteilte die Eroberung von Elsaß-Lothringen und erklärte sich offen mit der Pariser Kommune solidarisch. Kämpfte gegen das antisozialistische 'Sozialistengesetz' Bismarcks auch in der Illegalität und stand als erster Vertreter der Arbeiterschaft im Parlament kompromißlos gegen die herrschende Klasse. Erkannte die Bedeutung der Befreiung des farbigen Proletariats, wies in einer eigenen Schrift auf die Bedeutung der Araber für die europäische Kultur hin und forderte die Einbeziehung der in der bürgerlichen Gesellschaft entrechteten Frau in den Befreiungskampf des Proletariats. Machte die Lehren von Marx und Engels zur Grundlage der deutschen Arbeiterbewegung (Erfurter Programm).

1869n rot	Gründung der SPD
1875n rot	Gothaer Zusammenschluß
1878n rot	Sozialistengesetz
1879n blau	'Frau und Sozialismus'
1889n rot	Zweite Internationale
1891n rot	Erfurter Programm

BECCARIA, Cesare (1735n–1794n), italienischer Staatsrechtlehrer. Nach philosophischen Studien verschrieb er sich den Gedanken der französischen Aufklärung und trat einer Gesellschaft zur Bekämpfung des kirchlichen Verfolgungseifers (Inquisition) bei. Außer einer Schrift über Münzkunde veröffentlichte er eine Kritik des bestehenden Strafrechtes ('Von den Verbrechen und von den Strafen'). Die darin verkündeten Ideen der Menschenwürde und Gerechtigkeit wurden von der Fachwelt abgelehnt, er selbst heftig angefeindet. Wegen dieser Verfolgungen gab er seine Arbeit an einem großen Werk über die Gesetzgebung auf und zog sich auf seine Lehrtätigkeit in Mailand zurück. Doch erlebte er noch die Aufnahme der von ihm geforderten Neuerungen des Strafrechtes in die Gesetzgebung verschiedener Länder.

1764n blau	Kritik am Strafrecht

BECHER, Johannes R. (1891n–1958n), deutscher Dichter. Als Sohn eines Oberlandesgerichtspräsidenten studierte er Philosophie und Medizin. 23jährig veröffentlichte er Gedichte gegen seine bürgerliche Umwelt ('Verfall und Triumph') und wurde Wortführer einer expressionistischen Kunst, die sich gegen die Welt der Väter auflehnte. 1916n erkannte er die Bedeutung des Proletariats für die revolutionäre Veränderung der Welt ('Verbrüderung'). Bald darauf begeisterte er sich für die russische Revolution ('An alle') und wurde Mitglied des Spartakusbundes sowie Mitbegründer der Kommunistischen Partei Deutschlands. Gab die Zeitschrift 'Linkskurve' heraus. Seine Gedichte gegen die herrschende Klasse ('Der Leichnam auf dem Thron') und für die Weltrevolution ('Der einzig gerechte Krieg') führten zu einem Prozeß wegen Hochverrats. Von den Faschisten ausgebürgert, gab er in Moskau eine deutsche Literaturzeitschrift heraus. 1945n kehrte er nach Deutschland zurück, ging zunächst in seine Heimatstadt München, nahm dann aber am Aufbau des Sozialismus in Ostdeutschland teil. Dabei widmete er sich zunehmend Verwaltungsaufgaben (Kulturminister). Schrieb die Nationalhymne der DDR ('Auferstanden aus Ruinen').

1914n blau	'Verfall und Triumph'

BECKET, Thomas, englischer Priester und Staatsmann.

1118n–1170n	Lebenslinie
1170n rot	Ermordung
1174n rot	Buße Heinrichs II.

BECKETT, Samuel (geboren 1906n), irischer Schriftsteller. Als Sekretär und Freund von James Joyce übersetzte er dessen Werke ins Französische. Seine eigenen Dramen sind ohne eine Handlung im herkömmlichen Sinne. Sie geben einer angenommenen Leere des Daseins sowie dem Persönlichkeitsverlust des modernen Menschen Ausdruck. Sie zeigen keinen Ausweg aus der als sinnlos dargestellten Lage des sich selbst entfremdeten Menschen und beschränken sich auf die Verneinung aller heutigen Werte in einer als feindlich empfundenen Welt (Nihilismus).

1963n blau	'Spiel'

BECQUEREL, Alexandre Edmond (1820n bis 1891n), französischer Naturwissenschaftler. Machte zahlreiche Entdeckungen auf dem Gebiete der Photochemie und bereitete durch seine Beschreibung des Photoelementes die Entwicklung des Halbleiters vor.

1839n grün	Photoelement

BECQUEREL, Henri Antoine (1852n bis 1908n), französischer Physiker. Erforschte Uransalze und stellte fest, daß deren Strahlen Eigenschaften mit den Röntgenstrahlen gemeinsam haben. So entdeckte er die Radioaktivität.

1896n grün	Radioaktive Strahlung

BEDA, angelsächsischer Geschichtsschreiber, Theologe und Grammatiker.

673n–735n	Lebenslinie
725n blau	Christliche Weltgeschichte
725n grün	'Über die Zeitrechnung'
731n blau	Angelsächsische Geschichte

BEDUINEN, arabisches Wort für 'Wüstenbewohner'. Bezeichnung freier arabischer Nomadenvölker in Nordafrika, Arabien und Vorderasien.

2798v–2751v	Semer-Chet
2757v/2753v	Sinai-Krieg
2751v blau	Darstellung auf Felsrelief
2369v–2295v	Una
2314v/2307v	Sinai-Krieg
2138v–2063v	Achtos III.
2022v–1962v	Amen-Em-Het I.
2004v–1932v	Sinuhe
1983v braun	Einfälle ins Nildelta
1973v grün	Ägyptische Abwehrmauer

BEECHER-STOWE, Harriet (1812n bis 1896n), nordamerikanische Schriftstellerin. Trat in ihren Werken für die Negersklaven und für die amerikanischen Frauen ein. Bekämpfte die Sklaverei und trug so durch ihr Werk zur geistigen Vorbereitung der Negerbefreiung bei. Andererseits verewigte sie durch ihre rührende Geschichte vom 'Onkel Tom' die geschichtlich bereits überholte Vorstellung von einem durch das Christentum geläuterten demütigen Neger, der seine Freiheit nur nutzt, um seinem weißen Herrn noch besser zu dienen.

1852n blau	'Onkel Toms Hütte'

BEETHOVEN, Ludwig, deutscher Tondichter.

1770n–1827n	Lebenslinie
1799n blau	'Pathétique'
1803n blau	'Eroica'
1805n blau	'Fidelio'
1807n blau	Fünfte Sinfonie
1823n blau	Neunte Sinfonie

BEFESTIGUNGEN, Veränderungen militärisch bedeutsamer Geländeteile zum Zwecke einer wirksamen Verteidigung gegen Angreifer, meist durch Anlage von Gräben, Wällen und Wasserläufen oder durch eingerammte Pfähle (Palisaden) und Mauern.

2894v–2817v	Gilgamesch
2882v–2825v	Menes
2845v grün	Stadtmauer um Uruk
2836v grün	Schutzmauer Memphis'
2644v–2576v	Snofru
2624v grün	Befestigung Elefantines
2260v grün	Festung Tell Brak
2245v grün	Burgen in Mesopotamien
2037v grün	Stadtmauer um Ur
1973v grün	'Fürstenmauer'
1971v grün	Mauer am Euphrat
1911v–1845v	Ilu-Suma
1863v grün	Forts an ägyptischer Grenze
1846v grün	Mauern um Assur
1842v grün	Grenzfestung Semne
1837v–1780v	Sumu-La-Ilu
1796n grün	Befestigte Bergwerke
1789v grün	Schutzmauer um Babylon
1698v–1629v	Iluma-I-Lu
1653v grün	Dichtungsgürtel Sumers
1424v–1370v	Kuri-Gal-Zu
1311v grün	Mauer um Mykene
1302v–1244v	Salmanassar I.
1173v grün	Palast-Anlage des Pharao
999v–936v	Hiram
970v blau	Königsburg Jerusalem
959v–916v	Rehabeam
908v–830v	Sardur
810v grün	Wälle in China
774v–727v	Tiglatpileser III.
624v–561v	Nebukadnezar II.
602v–527v	Peisistratos
589v grün	'Medische Mauer'
456v grün	Mauern zum Piräus
445v grün	Stadtmauer Jerusalems
424v–367v	Dionys der Ältere
402v grün	Festung Syrakus
380v grün	Mauer um Rom
342v grün	Befestigte Hafenstadt
265v–202v	Philon
259v–209v	Schi-Huang-Ti
213v grün	Chinesische Mauer
12v/7v	Zweiter Germanenkrieg
51n–96n	Domitian
83n grün	'Limes'
122n grün	Hadrianswall in Britannien
179n grün	Festung Regensburg
210n grün	Hadrianswall ausgebaut
271n grün	Verteidigungsmauer Roms
321n–375n	Valentinian I.
510n grün	Mauer um Konstantinopel
511n–579n	Chosroes
532n grün	Kaukasus-Befestigungen
560n–618n	Yang-Ti
711n grün	Festung Gibraltar
765n–810n	Gottfried
795n rot	'Spanische Mark'
806n grün	Burg Giebichenstein
808n grün	'Danewerk'
823n–877n	Karl II., der Kahle
830n–879n	Rurik
848n grün	Befestigung der Papstpaläste
871n–926n	Apaoki
916n grün	Mongolische Städte
929n blau	Burg Meißen
1073n blau	Wartburg
1081n blau	Tower von London
1117n blau	Burg Drachenfels
1235n grün	Befestigung von Karakorum
1309n blau	Marienburg
1355n blau	Burg Karlstein
1449n grün	Befestigung des Vatikans
1451n grün	Zwingburg in Berlin
1485n blau	Moskauer Kreml
1503n grün	Niederlassungen Portugals

BEFREIUNGSKRIEGE, deutsche Bezeichnung für die drei letzten Jahre der Napoleonischen Kriege, in denen nach der Selbstbefreiung Rußlands von den eingefallenen französischen Heeren die russischen Truppen in Verfolgung der zurückweichenden

Franzosen allen von Napoleon unterworfenen Ländern bei ihrer Befreiung aus der französischen Herrschaft halfen. Aber allein unter Mitwirkung Preußens gelang die Vertreibung Napoleons aus Mitteleuropa nicht. Napoleon konnte das russisch-preußische Heer nach Schlesien zurückwerfen (Schlacht von Großgörschen und Bautzen). Erst nach dem Beitritt Englands, Schwedens und Österreichs entstand eine Überlegenheit der gegen ihn verbündeten Mächte (500 000 Mann gegenüber 440 000 Franzosen), so daß Napoleon trotz gelegentlicher Teilerfolge (Dresden) zurückgedrängt wurde (Großbeeren) und bei Leipzig (1813n) die vernichtende Niederlage seiner restlichen 160 000 Mann gegen 260 000 Verbündete hinnehmen mußte. Nachdem Napoleon günstige Friedensangebote abgelehnt hatte, verfolgten die verbündeten Mächte ihn bis nach Frankreich, nahmen 1814n Paris, setzten ihn ab und verbannten ihn nach Elba. Durch seine überraschende Rückkehr wurden die Erfolge des Krieges vorübergehend zunichte gemacht, doch gelang 1815n seine endgültige Niederwerfung (Waterloo) und Verbannung auf eine verlassene Insel zwischen Afrika und Süd-Amerika (St. Helena). Der Krieg hatte die Völker Europas in ihrem Selbstbewußtsein bestärkt, aber durch Niederwerfung des unter dem Zeichen der Revolution angetretenen Frankreich auch die restaurativen Kräfte gestärkt. Rußland und Preußen gewannen durch ihre führende Rolle in diesem Befreiungskampf europäische Geltung und wirkten auf dem Wiener Kongreß bei der Neuordnung Europas mit.

1769n–1821n Napoleon I.
1796n/1815n Napoleonische Kriege
1806n blau Förderung durch Arndt
1807n blau Förderung durch Fichte
1809n blau Schenkendorf: Freiheitslied
1812n rot Konvention von Tauroggen
1813n blau Körner: Freiheitslied
1814n rot Wehrpflicht in Preußen
1814n blau Förderung durch Rückert
1815n rot Wiener Kongreß

BEFRUCHTUNG, Verschmelzung männlicher und weiblicher Zellen (Gameten) zu einem neuen Lebenskern. Bei höheren Tieren und Menschen durch geschlechtliche Vereinigung (natürliche Befruchtung). Seit 200 Jahren wurde die Verschmelzung männlicher und weiblicher Gameten zunächst bei Tieren und in unserem Jahrhundert auch bei Menschen ohne geschlechtliche Vereinigung erreicht (künstliche Befruchtung). Etwa gleichzeitig wurde geschlechtliche Vereinigung ohne Befruchtung möglich (Anti-Baby-Pille).

1668n grün Zeugung der Insekten
1786n grün Künstliche Befruchtung
1827n grün Menschliches Ei
1963n grün Anti-Baby-Pille

BEGINEN, niederländisches Wort für 'Klosterfrauen'. Bezeichnung für Vereinigungen von Frauen und Mädchen in klösterlicher Gemeinschaft, jedoch ohne Gelübde (so daß eine Rückkehr ins Privatleben jederzeit möglich ist). In den Niederlanden entstanden, bestehen ihre Gemeinschaften noch heute vereinzelt in Belgien fort. Ihr Streben nach Vollkommenheit brachte sie gelegentlich in Gegensatz zu Kirche und Papsttum. Sie verwarfen auch das Dogma von der Dreifaltigkeit.

1311n rot Verurteilung durch Papst

BEGRÄBNIS

2862v grün Einäscherung im Industal
2846v–2784v Hemaka
2843v–2791v Merit
2832v–2795v Djet
2804v rot Mitbegräbnis des Hofstaats
2799v grün Scheintüren in Gräbern
2786v–2731v Kea
2783v grün Grabfußboden aus Granit
2751v–2681v Ru-A-Ben
2737v grün Holzsärge Armer
2736v grün Tiergräber Reicher
2728v blau Ägyptische Grabsäule
2727v–2672v Per-Ib-Sen
2707v–2626v Imhotep
2704v–2634v Hesire
2697v–2650v Ka-Sechemui
2681v grün Scheinwohnung im Grab
2669v grün Mumifizierung in Ägypten
2644v–2576v Snofru
2643v blau Totenstadt in Sakkara
2640v blau Geschmückte Grabtüren
2639v blau Pyramide von Sakkara
2631v–2564v Hetepheres
2615v–2550v Cheops
2610v blau Stufenpyramide in Medum
2588v blau 'Knickpyramide'
2583v blau 'Rote Pyramide'
2577v blau Totentempel in Ägypten
2576v–2515v Chefren
2572v blau Cheops-Pyramide begonnen
2561v–2500v Mykerinos
2555v grün Bestattung im Wohnhaus
2553v blau Cheops-Pyramide vollendet
2543v–2496v Schepses-Kaf
2534v–2470v User-Kaf
2518v blau Chefren-Pyramide
2515v grün Bestattung in Felshöhlen
2512v–2458v Sahu-Re
2511v blau Mykerinos-Pyramide
2496v–2438v Ni-Anch-Sekmet
2494v–2416v Schu-Bad
2471v–2397v Ni-Anch-Pta
2462v blau Totentempel des Sahu-Re
2458v blau Kultbauten statt Pyramiden
2452v–2377v Ti
2441v–2379v Meska-Lamdug
2416v rot Hofstaat mitbestattet
2411v blau Pyramide des Ni-User-Re
2404v–2350v Unas
2367v blau Pyramide des Unas
2365v grün Kostensenkung in Lagasch
2359v blau Grab-Inschriften
2355v–2298v Pepi I.
2322v blau Grabmal für Mere-Ruka
2305v blau Pyramiden-Anlage 'Memphis'
2233v grün Grabräuber in Ägypten
2084v–2012v Mentu-Hotep
2060v–1983v Schul-Gi
2005v blau Mausoleum von Ur
1997v blau Mausoleum von Lagasch
1955v–1895v Amen-Em-Het II.
1945v grün Monopol für Tempel
1932v–1878v Sesostris II.
1908v blau 'Weiße Pyramide'
1891v blau Pyramide Sesostris' II.
1865v–1792v Amen-Em-Het III.
1856v blau Pyramide Sesostris' III.
1852v–1786v Nefer
1834v blau 'Schwarze Pyramide'
1806v blau Bauten Amen-Em-Hets III.
1620v grün Einäscherung bei Hettitern
1563v–1524v Amen-Hotep I.
1542v–1505v Tut-Mosis I.
1531v–1481v Sen-Mut
1526v blau Trennung Grab/Tempel
1526v–1460v Parra-Tarna
1515v–1479v Har-Mosis
1507v blau Königsgrab bei Luxor
1479v grün Totenbuch als Grabbeigabe
1462v–1382v Hapu
1422v–1356v Teje
1388v grün Stier-Begräbnisse
1381v blau Gemälde 'Klageweiber'
1340v blau Gemälde 'Trauergemeinde'
1323v blau 'Schatzhaus des Atreus'
1168v–1115v Ramses IX.
1164v–1107v Per-Pet
1119v rot Grabräuber-Prozeß
737v grün Tierfriedhöfe
634v grün Katzen-Mumifizierung
545v blau Cervetri-Sarkophag
513v blau Aristion-Stele
475v blau Grabbau für Buddha
396v–328v Leochares
350v blau Grabmal des Mausolos
319v blau Alexander-Sarkophag
126n blau Katakomben-Malerei
133n grün Begräbnis-Verein
139n blau Grabmal Hadrians
204n rot Ehrung Hannibals
445n blau Mausoleum Galla Placidias
525n blau Grabmal Theoderichs
1099n grün Begräbnis-Vertrag
1500n blau Bibra-Grabmal
1829n rot Schutz für Witwen
1886n rot Feuerbestattungs-Verbot

BEGRÄBNISGENOSSENSCHAFTEN, Vereinigungen armer Menschen zur Sicherstellung der eigenen Begräbniskosten. In Deutschland Vorläufer der Gewerkschafts-Bewegung.

133n grün Vereins-Gründungen in Rom
1099n grün Vertrag Mainzer Weber

BEHAIM, Martin (1459n–1507n), deutscher Seefahrer und Kaufmann. Erlernte in Flandern den Tuchhandel, arbeitete in Antwerpen in einem Speditionsgeschäft und ging dann für dieses Unternehmen nach Lissabon, wo er sich der Schiffahrt zuwandte. Führte einige Verbesserungen auf dem Gebiete der Steuermanns-Technik und der Ortung auf hoher See ein. Nachdem er zwei Entdeckungsreisen mitgemacht hatte, wurde unter seiner Leitung eine Fahrt zur Bucht von Biafra unternommen, auf der er die Kongomündung erreichte. Nach seiner Rückkehr gab er Portugal Kenntnis von den erforschten Küsten. Dann begab er sich auf die Azoren-Inseln und heiratete dort die Tochter des Gouverneurs der niederländischen Kolonie Fayal. Vier Jahre später kehrte er in seine Heimatstadt Nürnberg zurück und baute hier einen Globus, der trotz seiner Fehlerhaftigkeit die Erdkunde bereicherte und förderte. Die letzten 15 Jahre verbrachte er in Portugal und auf den Azoren. Seine Freundschaft mit den berühmtesten Seefahrern seiner Zeit (Kolumbus, Magellan) führte dazu, ihm und seinem Globus Einfluß auf die großen Entdeckungen seiner Epoche zuzuschreiben.

1483n grün Fahrt nach Westafrika
1492n grün Globus

BEHM, Alexander (1880n–1952n), deutscher Ingenieur. Angeregt durch den Untergang der 'Titanic', die auf einem Eisberg zerschellte, suchte er nach einem Verfahren zur Ortung von Unterwasser-Hindernissen. Entwickelte das nach ihm benannte Echolot zur Messung von Meerestiefen und zur rechtzeitigen Auffindung fester Körper unter der Wasser-Oberfläche durch Schall-Reflexion (Behm-Lot). Für die Herstellung des von ihm erfundenen Gerätes gründete er in Kiel eine Fabrik.

1913n grün Echolot

BEHRENS, Peter (1868n–1940n), deutscher Baumeister und Maler. Durch eine strenge, sachlich gerichtete Bau-Gesinnung wies er der Architektur den Weg zu einer neuen Schönheit, die aus der Klarheit der Gliederung erwächst. Schuf industrielle Zweckbauten und öffentliche Bauwerke sowie ein Krematorium.

1906n blau Turbinenfabrik

BEHRING, Emil (1854n–1917n), deutscher Mediziner, seit 1895n Professor der Hygiene in Marburg. Erforschte die Krankheits-Vorbeugung und -Heilung durch Zufuhr von Blutwasser ('Serum') solcher Menschen oder Tiere, die selbst die gleiche Krankheit durchgestanden haben. Nach Entdeckung des Diphtherie-Serums verallgemeinerte er seine weitergeführten Einzelforschungen zu seiner grundlegenden Theorie der Serum-Therapie ('Einführung in die Lehre von der Bekämpfung der Infektionskrankheiten').

1890n grün Serumbehandlung

BEICHTE, in christlichen Kirchen übliches Geständnis von Handlungen, die nach dem Glauben dieser Religion als 'Sünde' bezeichnet werden. In der katholischen Kirche Privatbeichte einzelner Taten vor dem (in einem Verschlag versteckten) Priester, in der evangelischen Kirche kollektiv und pauschal vollzogen. Zielt in beiden Kirchen auf die Annullierung der Sünden vor einem angenommenen Gott und damit vor dem eigenen Gewissen.

455n grün Ohrenbeichte
534n–615n Kolumban
594n rot Beichte in ganz Europa
1324n–1384n Wiclif
1491n–1556n Ignatius von Loyola

BEK, ägyptischer Bildhauer und Maler.

1395v–1321v Lebenslinie

BEK-NECHO, ägyptischer Oberpriester und Richter.

1321v–1235v Lebenslinie
1252v rot 'Vorsteher aller Götter'

BEKR, Abu, Herrscher Arabiens von 633n -bis 634n.

570n–634n Lebenslinie
570n–632n Mohammed
632n blau Lehren Mohammeds
633n/732n Arabischer Krieg

BEKREUZIGUNG, Bezeichnung für eine kreuzartige Bewegung mit der Hand gegenüber dem eigenen Körper. Soll nach einem alten Aberglauben böse Geister (Dämonen) bannen. Bis in unsere Epoche in der katholischen Kirche gebräuchlich, wird diese Sitte beim Betreten der Kirche von den Gläubigen regelmäßig geübt, wobei durch vorheriges Eintauchen der Hand in ein aufgestelltes Wasser-Behältnis die reinigende Kraft dieser Bewegung noch erhöht werden soll.

90n grün Aufkommen

BELEUCHTUNG

Vorzeittafel: 500 Tausend Jahre
2763v grün Öllampen in Ägypten
233v grün Philons Öllampe
188v grün Kerzen in Rom
1508n grün Leonardos Lampen
1665n grün Straßenbeleuchtung
1792n grün Leuchtgas
1811n grün Bogenlicht
1814n grün Gas-Straßenbeleuchtung
1816n–1892n Siemens
1830n grün Paraffinkerzen
1847n–1931n Edison
1854n grün Göbels Glühbirne
1855n grün Petroleumlampe
1879n grün Edisons Glühbirne
1885n grün Gas-Glühlicht
1909n grün Neonlicht
1914n grün Scheinwerfer

BELGIEN, südlicher Teil der Niederlande, seit 1831 selbständig.

Allgemeines (Land, Volk, Staat)

100v–44v Cäsar
58v/51v Gallischer Krieg
214n–275n Aurelian
252n braun Einfälle der Franken
259n rot Reich des Postumus
273n braun Römischer Sieg
273n rot Erneut Herrschaft Roms
276n/278n Einfälle abgewiesen
286n/288n Sieg der Römerheere
310n braun Römersieg über Franken
310n rot 'Francia'
342n braun Römersieg über Franken
358n rot Fränkische Herrschaft
431n/432n Römersieg über Franken
843n rot Vertrag von Verdun
1302n braun Handwerkersieg über Ritter
1323n/1328n Aufstand in Flandern
1325n rot Bann gegen Aufständische
1338n/1453n Hundertjähriger Krieg
1340n rot Unterstützung Englands
1345n braun Weberaufstände
1359n grün Handelssperre der Hanse
1379n braun Weberaufstand
1384n rot Flandern an Burgund
1477n rot Habsburger-Herrschaft
1500n–1558n Karl V.
1527n–1598n Philipp II.
1556n rot Herrschaft Philipps II.
1567n rot Alba Statthalter
1572n/1581n Freiheitskampf
1576n rot Bündnis gegen Spanien
1578n rot Absage der Deutschen
1648n rot Westfälischer Friede
1658n braun Kämpfe bei Dünkirchen
1658n rot Dünkirchen englisch
1662n rot Dünkirchen französisch
1667n/1668n Erster Krieg Ludwigs XIV.
1668n rot Städte zu Frankreich
1672n/1678n Zweiter Krieg Ludwigs XIV.
1678n rot Teile an Frankreich
1688n/1697n Dritter Krieg Ludwigs XIV.
1701n/1714n Spanischer Erbfolgekrieg
1714n rot Österreichische Herrschaft
1792n/1795n Revolutionskriege
1796n/1815n Napoleonische Kriege
1815n rot Wiener Kongreß
1830n/1831n Aufstand
1831n rot Selbständigkeit
1876n rot Kongo-Gesellschaft
1893n rot Streik für Wahlrecht
1900n rot China-Abkommen
1908n rot Kongo Kolonie
1914n/1918n Erster Weltkrieg
1919n rot Versailler Vertrag
1920n rot Mitglied im Völkerbund
1927n rot Brüsseler Kongreß
1939n/1945n Zweiter Weltkrieg
1945n rot Mitglied der UN
1949n rot Mitglied der NATO
1957n grün Mitglied der EWG
1960n rot Kongo unabhängig
1961n/ Kampf Zentralafrikas

BELGIEN: Baukunst

1201n grün Tuchhallen in Ypern
1387n blau Rathaus Brügge
1454n blau Rathaus Brüssel
1463n blau Rathaus Löwen
1559n blau Kathedrale von Gent
1561n blau Rathaus Antwerpen

BELGIEN: Bildhauerei

1619n blau 'Männeken Pis'
1883n blau Meuniers 'Bergarbeiter'

BELGIEN: Dichtung

1143n–1203n Heinrich von Veldeke
1351n blau Ruisbroek: 'Hochzeit'
1868n blau Coster: 'Ulenspiegel'

BELGIEN: Geschichtsschreibung

1932n blau Pirennes Werk

BELGIEN: Malerei und Graphik

1390n–1441n Jan van Eyck
1432n blau Genter Altar
1437n blau Jan van Eyck: 'Barbara'
1462n blau Weydens 'Anbetung'
1475n blau Goes' 'Anbetung'
1489n blau Memling: 'Ursula-Schrein'
1531n blau Orley: 'Heilige Familie'
1565n blau Brueghel: Bauern-Hochzeit
1577n–1640n Rubens
1611n blau 'Kreuzabnahme'
1614n blau 'Venus'
1617n blau 'Amazonenschlacht'
1624n blau 'Anbetung der Könige'
1630n blau Van Dyck: 'Susanne'
1631n blau 'Helene Fourment'
1635n blau Van Dyck: 'Karl I.'
1636n blau Brouwer: 'Bauern'
1948n blau Masereel: 'Jugend'

BELGIEN: Musik

918n blau Hucbald: Mehrstimmigkeit
1435n blau Dufays Werke
1501n blau Josquin: Vielstimmigkeit
1532n–1594n Orlando di Lasso
1840n grün Saxophon

BELGIEN: Religion

1048n blau Wazzo: Kirchenkritik
1110n blau Tanchelm: Kirchenkritik
1126n rot Mord an Tanchelm
1351n blau Ruisbroek: 'Hochzeit'
1638n blau Jansens Lehre

BELGIEN: Technik

1457n grün Diamantschliff
1499n grün Zucker-Raffinerie
1909n grün Bakelit

BELGIEN: Wirtschaft und Verkehr

1201n grün Tuchhallen in Ypern
1453n grün Beurses Kapital-Handel
1457n grün Diamantschliff
1499n grün Erste Zuckerraffinerie
1531n grün Börse in Antwerpen
1957n grün Mitglied der EWG

BELGIEN: Wissenschaft

1425n blau Universität Löwen
1543n grün Vesals Lehrbuch

BELGRAD, serbisch 'weiße Burg', Hauptstadt von Jugoslawien, im Landesinnern an der Donau gelegen. Schon den Römern bekannt, gehörte es nacheinander den Awaren, den Bulgaren, den Byzantinern und seit dem 14. Jahrhundert den Serben. Zwischenzeitlich aber fiel es noch an die Ungarn, die Türken, die Österreicher, nochmals an die Türken und endlich wieder an die Österreicher, bis die Serben nach dem ersten Weltkrieg ihre Selbständigkeit errangen und diese nach dem zweiten Weltkrieg behaupteten.

1521n braun Einnahme durch Türken
1714n/1718n Türkenkrieg
1718n rot Österreichischer Besitz
1735n/1739n Türkenkrieg
1739n rot Türkischer Besitz
1918n rot Hauptstadt Jugoslawiens

BELISAR, byzantinischer Feldherr aus Thrazien (Balkan).

505n–565n Lebenslinie
478n–567n Narses
490n–562n Prokop
513n–552n Totila
527n/532n Perserkrieg
532n braun 'Nika'-Aufstand
533n/534n Sieg über Wandalen
535n/553n Letzter Ostgotenkrieg
540n/562n Perserkrieg
546n/548n Krieg gegen Slawen
558n braun Sieg über Hunnen, Slawen

BELL, Alexander Graham (1847n–1922n), nordamerikanischer Naturwissenschaftler aus Edinburgh (Schottland). Seit 1872n Professor für Physiologie der Sprachwerkzeuge in Boston (USA). Baute das erste Telephon ohne Batterie und ein Fernsprechgerät, bei dem die Töne durch Lichtwellen übertragen werden (Photophon). Beschäftigte sich auch mit Problemen des Fliegens.

1876n grün Telephon

BELLAMY, Edward (1850n–1898n), nordamerikanischer Schriftsteller. Verfasser eines utopischen Romans, der in Form eines Rückblickes aus dem Jahre 2000 die herrschende Gesellschaft bloßstellte und ihr eine sozialistische Ordnung entgegensetzte. Das Buch war von starkem Einfluß auf die proletarische Weltbewegung, besonders auf die Arbeiterbewegung in den USA. Verdeutscht von Klara Zetkin.

1888n blau Zukunfts-Vision

BELLAY, Joachim du (1522n–1560n), französischer Dichter. Studierte Rechtswissenschaft zusammen mit Ronsard und führte später gemeinsam mit diesem eine Gruppe von zunächst sieben Dichtern, die sich das Ziel setzte, der französischen Sprache die Klarheit, Schönheit und Ausdruckskraft der griechischen und der lateinischen zu geben. Verfaßte das Manifest der Gruppe, die ihren Namen 'Plejade' von dem griechischen Wort für 'Siebengestirn' ableitete. Schrieb selbst zahlreiche Gedichte, für die er nach seiner Italienreise gern die italienische Gedichtform des Sonetts wählte. Seine in Rom geschriebenen 'Klagen' enthalten Satiren auf das Leben am Hofe des Papstes und Gedichte voller Heimweh nach Frankreich.

1549n blau Manifest der Plejade

BELLE-ALLIANCE, Name eines Landgasthauses bei der Stadt Waterloo (Belgien). In seiner Nähe fand 1815n die Schlacht der verbündeten englisch-preußischen Heere unter Wellington und Blücher gegen die von Napoleon geführte französische Streitmacht statt. Napoleons vollständige Niederlage in dieser Schlacht beendete die Napoleonischen Kriege.

1769n–1821n Napoleon I.
1796n/1815n Napoleonische Kriege

BELLERS, John (1654n–1725n), englischer Volkswirtschaftler. Trat in zahlreichen Denkschriften für soziale Verbesserungen ein, insbesondere für die Bildung der

Arbeiter sowie für Alters- und Krankheitsversorgung der Werktätigen. Seine Pläne für eine Schulreform sahen eine Verbindung von produktiver Arbeit mit geistiger Bildung vor.

1693n	grün	Lehre vom Volkswohlstand
1696n	grün	Werkunterricht
1699n	blau	Gesellschaftskritik

BEN BELLA, Mohammed (geboren 1916n), algerischer Freiheitskämpfer. Während des zweiten Weltkrieges zum Kriegsdienst in der französischen Armee gezwungen, trat er nach 1945n der algerischen Freiheitsbewegung bei. Wurde von den Franzosen eingekerkert, floh 1952n aus dem Gefängnis und führte als Generalstabschef die revolutionäre 'Befreiungsfront' gegen Frankreich. 1956n erneut von den Franzosen eingekerkert. Beim Sieg der algerischen Unabhängigkeitsbewegung erzwang er 1962n seine Entlassung durch Hungerstreik und wurde stellvertretender Ministerpräsident des befreiten Algerien. Zum Staatspräsidenten aufgestiegen, arbeitete er wirtschaftlich weiter eng mit Frankreich zusammen, wurde 1965n von der Armee (Boumedienne) gestürzt und interniert.

1954n/1962n		Kampf Nordafrikas
1962n	rot	Algerien unabhängig

BEN GUNACH (990n–1040n), jüdischer Arzt und Sprachwissenschaftler in Saragossa (Spanien). Schrieb ein Lexikon und eine Grammatik der hebräischen Sprache.

1038n	blau	Hebräische Grammatik

BEN JEHUDA, eigentlich Gabirol ben Jehuda (1021n–1070n), jüdischer Dichter und Philosoph. Im islamischen Spanien geboren, verlor er früh beide Eltern. Mit 16 Jahren begann er, wehmütige religiöse Gesänge zu schreiben und führte die poetische Zwiesprache zwischen dem jüdischen Volke und seinem Gotte ein. Seine verklärte Religiosität des Schmerzes brachte er auch noch in ein philosophisches System, das bei seinen Glaubensgenossen aber weniger Anklang fand als bei christlichen Theologen. An der Spitze seiner metaphysischen Stufenleiter steht Gott als eine geistige Substanz, aus der Wille, Weltvernunft und Weltseele hervorgehen, die ihrerseits durch Ausstrahlung die sichtbare Welt schaffen. Sprach und schrieb in arabischer Sprache.

1052n	blau	Synagogengesänge
1055n	blau	Religionsphilosophie

BENEDIKT von Nursia, italienischer Mönch.

480n–547n		Lebenslinie
513n	blau	Arbeitsethos
521n	blau	Maßhalten oberste Tugend
529n	blau	Kloster-Gründung
530n	blau	Regel für das Mönchsleben

BENEDIKTINER, Name der ältesten Mönchs-Organisation Europas. Ging von einzelnen Klostergründungen aus, denen die von Benedikt für das Stammkloster Monte Cassino in Italien geschaffene Regel als Grundlage diente (Echternach, Prüm, Reichenau, Fulda, Hersfeld, Corvey). Nach Ausbreitung in zahlreiche europäische Länder (England, Frankreich, Spanien) bildeten sich Klostergruppen (Cluny, Gorze, Dijon, Hirsau, St. Blasien). Die von Cluny ausgehende Reformbewegung zur Stärkung des Papsttums erfaßte im 11. Jahrhundert 2000 ihrer Klöster. Andere Gruppen schufen sich eigene Regeln und verselbständigten sich (Chartreuse = Kartäuser, Citeaux = Zisterzienser). Im 13. Jahrhundert bildeten sich ganz neue, konkurrierende Mönchsorden (Franziskaner, Dominikaner), und die Organisation verlor ihre Stellung als einzige Mönchsgemeinschaft Europas. Sie spezialisierte sich nun auf bestimmte Arbeitsgebiete (Wissenschaft und Kunst, Andachtsgestaltung) sowie die Christianisierung Afrikas, Asiens und Australiens. 1893n schlossen sich die noch bestehenden Klöster zu einer Konföderation zusammen. Ihre Mitgliederzahl sank bis 1950n auf 10 000, die Zahl der Klöster auf 250.

480n–547n		Benedikt von Nursia
513n	blau	Benedikt: Arbeitsethos
521n	blau	Forderung nach Maßhalten
529n	blau	Kloster Monte Cassino
530n	blau	Regel für Mönchsleben
540n–604n		Gregor I.
616n	blau	Benediktiner-Abtei in London
910n	blau	Gründung des Klosters Cluny
910n	rot	Unabhängigkeit vom Staate
1100n	rot	2000 Klöster

BENESCH, Eduard (1884n–1948n), tschechischer Staatsmann. Kämpfte zusammen mit Masaryk für die Loslösung der Tschechoslowakei von Österreich, emigrierte 1915n und kehrte nach dem ersten Weltkrieg in sein unabhängiges Land zurück und wurde dessen erster Außenminister. 1935n zum Staatspräsidenten gewählt. Überwand die einseitige West-Orientierung seines Landes durch Abschluß eines Beistands-Paktes mit der UdSSR. Doch konnte er die Besitznahme des Sudetenlandes nicht abwenden. Nach Unterzeichnung des Münchner Abkommens dankte er 1938n ab und bildete bei der Einbeziehung der ganzen Tschechoslowakei in den deutschen Machtbereich in London eine Exilregierung. Nach der Schlacht von Stalingrad schloß er 1943n für sie einen Freundschafts- und Beistands-Vertrag mit der UdSSR ab. Infolge der Befreiung seines Landes durch die Rote Armee wieder als Präsident in Prag, betrieb er die schnelle Aussiedlung aller Deutschen. Bei der kommunistischen Machtergreifung (1948n) verweigerte er der neuen Verfassung die Zustimmung, verlor sein Amt und starb bald darauf.

1918n	rot	CSR selbständig
1938n	rot	Gebietsverlust der CSR
1938n	rot	Münchner Abkommen
1939n/1945n		Zweiter Weltkrieg
1948n	rot	CSR kommunistisch

BENGALEN, Name der fruchtbarsten und volkreichsten Landschaft Indiens (Hauptstadt Kalkutta). Umfaßt den Unterlauf und die Mündungsgebiete von Ganges und Brahmaputra (Nordost-Indien). Liefert neben hohem Reisertrag fast die ganze Juteproduktion der Welt. Nach der Unterwerfung des Landes durch englische Kolonialtruppen ein Zentrum des indischen Freiheitskampfes. 1926n wurde hier die erste Arbeiterpartei Indiens gegründet. Auch reich an Kohle und Eisenerz. Seit der von den Engländern mit der Unabhängigkeitserklärung verbundenen Teilung Indiens zerfällt das Land in einen ost-pakistanischen Teil und in einen (größeren) zur Indischen Union gehörigen Teil.

1193n	braun	Niederlage gegen Araber
1193n	rot	Buddhismus verdrängt
1304n–1377n		Ibn Batuta
1690n	blau	Gründung von Kalkutta
1757n	rot	Vormacht Englands
1764n	braun	Aufstand
1947n	rot	Teilung Indiens

BENI HASAN, Ortschaft am östlichen Nilufer (Oberägypten). Hier entstanden im 20. und 19. Jahrhundert vor unserer Zeitrechnung Wandgemälde aus dem ägyptischen Alltagsleben sowie Tierbilder. Auf verputzte Wände gemalt, sind die Bilder in den letzten viertausend Jahren stark verblaßt.

1972v	blau	'Karawane aus Asien'
1959v	blau	'Vögel im Akazienbaum'
1882v	blau	'Knaben beim Ballspiel'
1874v	blau	'Weberin mit Spindel'
1836v	blau	'Katze im Papyrusdickicht'
1831v	blau	'Antilopenfütterung'
1826v	blau	'Trächtige Hündin'

BENJAMIN, hebräisches Wort für 'Sohn der Rechten'. Bezeichnung für einen der Stämme Israels. Schlug sich bei der Reichsteilung zum Nordreich. Ihm entstammen Saul, Esther und Paulus.

1710v	braun	Kampf mit Mari
1086v–1004v		Samuel
1064v–1010v		Saul
1010v	braun	Sieg der Philister
933v	rot	Reichsteilung
5v–64n		Paulus

BENNO von Hirsau (um 1010n–um 1075n), deutscher Baumeister. Als Mönch des Benediktinerklosters Hirsau (Württemberg) errichtete er für die deutschen Kaiser Heinrich III. und Heinrich IV. sieben Trutzburgen im aufsässigen Sachsen sowie das Kaiserhaus in Goslar. Später erhielt er als Bischof von Osnabrück ein einträgliches Amt.

1050n	blau	Kaiserpfalz Goslar

BENOIT (um 1130n–um 1180n), französischer Dichter aus Sainte-Maure bei Tours. Schrieb nach alten Chroniken eine Geschichte der Herzöge der Normandie. Sein Troja-Roman in 43 000 achtsilbigen Versen verbreitete seinen Ruhm über ganz Europa.

1165n	blau	'Trojanischer Krieg'
1172n	blau	Herzogsgeschichte

BENTHAM, Samuel (1757n–1831n), englischer Ingenieur. Als Sohn eines Anwaltes wurde er Schiffsbauer, ging 26jährig nach Rußland und trat nach einer Studienreise durchs ganze Land auf Wunsch des Kanzlers Potemkin in russische Dienste. Seine mit zahlreichen technischen Verbesserungen verbundene Wirksamkeit beim Ausbau der Flotte schuf die Voraussetzung für den russischen Erfolg im zweiten russisch-türkischen Krieg. Nachdem er noch bei der metallurgischen Erschließung Sibiriens mitgearbeitet hatte, kehrte er 34jährig heim und wirkte beim Ausbau der englischen Flotte mit. Wegen seines Kampfes gegen das Bestechungs-Unwesen aus seiner führenden Stellung verdrängt, ging er nach Frankreich und kehrte erst 12 Jahre später in seine englische Heimat zurück. Erfand mehrere Holzbearbeitungs-Maschinen und ein Konservierungs-Verfahren.

1793n	grün	Kreissäge

BENZ, Karl Friedrich (1844n–1929n), deutscher Erfinder. Als Sohn eines Lokomotivführers verlor er früh seinen Vater und konnte sein Studium des Maschinenbaus nicht beenden, begann als Schlosser in einer Maschinenfabrik zu arbeiten und machte sich schließlich selbständig. Schuf einen für ortsfeste Zwecke bestimmten Zweitakt-Gasmotor und baute in Mannheim den ersten praktisch verwendbaren Kraftwagen: ein Dreirad mit elektrisch gezündetem Einzylinder-Viertaktmotor, Kühler und Differential-Ausgleichsgetriebe. Zuerst verlacht, dann gefeiert, erlebte er als Leiter eines eigenen großen Werkes noch die Erfolge seiner entbehrungsvollen Pionierarbeit. 1926n vereinigte er seine Automobilfabrik mit dem Werk von Daimler, der unabhängig von ihm fast gleichzeitig das erste vierrädrige Auto gebaut hatte.

1886n	grün	Automobil

BENZIN, wasserhelle, bisweilen gefärbte, leicht brennbare Flüssigkeit, gewonnen aus Erdöl (= Petroleum) durch Destillation oder synthetisch aus Kohle. Hauptverwendungszweck ist der Antrieb von Verbrennungsmotoren, insbesondere des Autos.

1839n–1937n		Rockefeller
1883n	grün	Benzinmotor
1913n	grün	Gewinnung aus Kohle

BENZOL, Bezeichnung für flüssigen Kohlenwasserstoff. Von Faraday Anfang des 19. Jahrhunderts aus fetten Ölen gewonnen, heute meist aus Steinkohlenteer hergestellt, dient es als Lösungsmittel für Fette, Harze, Kautschuk und Wachs sowie als Treibstoff für Motoren (rein oder als Benzin-Beimengung).

1825n	grün	Gewinnung

BEOWULF, ältestes germanisches Heldengedicht. Schildert in angelsächsischen Stabreimen die Taten des Beowulf, der in Dänemark zwei Meeresungeheuer besiegt, König wird, die Unabhängigkeit des Landes gegen Schweden verteidigt und schließlich im siegreichen Kampfe mit einem Drachen tödlich verwundet wird.

730n	blau	Niederschrift

BERBER, Volk in Nordafrika. Hirten und Ackerbauer. Ursprünglich in ganz Nordafrika von Ägypten bis zu den kanarischen Inseln lebend, konzentrierten sie sich später auf das Gebiet des Atlasgebirges.

640n–716n		Musa
683n	braun	Aufstand gegen Araber
703n	braun	Aufstand gegen Araber
707n	rot	Bündnis mit Arabern
740n/742n		Aufstand gegen Araber
755n	braun	Niederlage in Asturien
757n	braun	Aufstand gegen Araber
757n	rot	Unabhängigkeit
789n	rot	Selbständigkeit Marokkos
1059n	blau	Ibn Hasms Geschichtswerk
1062n	braun	Sieg über Teilfürsten
1062n	rot	Neugründung Marokkos
1062n	blau	Gründung Marrakeschs
1085n/1090n		Krieg gegen Kastilien
1140n/1146n		Unabhängigkeitskampf
1147n	rot	Arabische Berber selbständig
1160n	braun	Eroberung von Tripolis
1160n	rot	Beherrschung Nordafrikas
1195n	braun	Sieg gegen Kastilien
1332n–1406n		Ibn Kaldun
1378n	blau	Ibn Kalduns Geschichte
1922n/1923n		Aufstand der Rif-Kabylen

BERCEO, Gonzalo de (1180n–1246n), ältester namentlich bekannter spanischer Dichter. Verfaßte zahlreiche vierzeilige Reime von kindlicher Einfachheit in Sprache und Inhalt.

1241n	blau	'Marienwunder'

BERENGAR I. (um 860n–924n), König von Italien seit 888n. Als Urenkel Karls des Großen zum König gekrönt, mußte er sich gegen Herzog Wido durchsetzen, der gleichfalls die Königswürde annahm und in Rom zum Kaiser gekrönt wurde. In zwei Feldzügen konnte er sich mit Hilfe von Truppen des deutschen Kaisers behaupten, doch mußte er Widos Sohn Lambert den Nordosten Italiens überlassen. Als er sich später auch dieses Landesteiles bemächtigen wollte, wurde er durch die zu Hilfe gerufenen Ungarn geschlagen. Nachdem er seinen Rivalen Ludwig von Burgund besiegt und geblendet hatte, wurde er 915n in Rom zum Kaiser gekrönt. Doch erhoben die Fürsten wenige Jahre später Rudolf von Burgund zum Gegenkönig, und dessen Heere schlugen ihn 923n vernichtend. Er rief noch die Ungarn zu Hilfe, wurde aber bald darauf ermordet.

899n	braun	Vorstoß der Ungarn

BERENGAR II. (um 910n–966n), König von Italien seit 950n. Nach der Eroberung großer Teile Norditaliens ließ er sich 950n zum König von Italien krönen, mußte aber schon zwei Jahre später die Oberhoheit des deutschen Kaisers anerkennen und große Teile seines Reiches abtreten. Damit war auch sein Versuch gescheitert, durch Gefangensetzung der Witwe König Lothars (der späteren Königin Adelheid) einen Druck auf den deutschen Kaiser Otto I. auszuüben.

951n	braun	Niederlage

BERENGAR von Tours, französischer Kirchenlehrer.

1000n–1088n		Lebenslinie
1044n	blau	Streit um Abendmahlslehre
1051n	blau	Dialektik
1056n	blau	Vernunftgemäßes Denken
1079n	rot	Erzwungener Widerruf
1083n	blau	Absage an Gewalt

BERENIKE II. (um 270v–221v), ägyptische Königin. Als Tochter des Königs Magas von Kyrene vereinigte sie durch ihre Heirat mit dem Ägypter-König Ptolemäus III. den Nordosten Libyens (Kyrenaika) wieder mit Ägypten. Opferte aus Dankbarkeit für die glückliche Heimkehr ihres Mannes aus dem Kriege gegen Syrien ihr schönes Haupthaar der Göttin Aphrodite. Als es aus dem Tempel verschwunden war, entstand die Sage, daß die Götter es in den Himmel entführt hätten ('Die Locke der Berenike'). Nach dem Tode ihres Mannes ließ ihr Sohn Ptolemäus IV. sie durch seinen Minister Sosibios ermorden.

247v	blau	Kallimachos' Loblied

BERESOW, russische Stadt im nordwestlichen Sibirien. In einem waldigen, sumpfigen Gebiete 250 Kilometer östlich des Ural gegründet, entwickelte sie sich wegen ihrer Lage am Unterlauf des Ob zu einem Mittelpunkt des Handels in diesem abgelegenen Gebiet.

1593n	blau	Gründung

BERGARBEITER

2381v	grün	Goldbergbau in Ägypten
2275v	grün	Silberbergbau in Elam
1813v	grün	Arbeitserleichterung
369v	grün	Braunkohle-Abbau
969n	grün	Kupferbergbau im Harz
1110n	grün	Steinkohlenbergbau, Europa
1162n	blau	Bergarbeiterstadt Freiberg
1435n/1436n		Aufstand in Schweden
1459n–1525n		Jakob Fugger
1483n–1546n		Luther
1488n	grün	Silbermonopol der Fugger
1496n–1560n		Gustav Wasa
1520n	grün	Abkommen gegen Streik
1575n	rot	Verbot der Kinderarbeit
1883n	blau	Meuniers Statue
1885n	blau	Zolas Roman
1889n	rot	Streik in Deutschland
1905n	rot	Streik in Deutschland
1935n	grün	Stachanow-System
1943n	rot	Streik in USA

BERGBAU, die Gewinnung von Bodenschätzen durch die Arbeit des Menschen. Teils in direktem Abbau nach Beseitigung des Erdreichs (Tagebau), teils durch Anlage von Schacht-Tunnel-Bauten (Untertagebau).

2798v–2751v		Semer-Chet
2757v/2753v		Sinai-Krieg
2753v	rot	Sinai-Minen ägyptisch
2644v–2576v		Snofru
2582v	grün	Straßen zum Sinai
2381v	grün	Goldminen bei Theben
2330v–2271v		Manisch-Tusu
2275v	grün	Silberbergwerke Elams
1865v–1792v		Amen-Em-Het III.
1813v	grün	Arbeits-Erleichterung
1796v	grün	Befestigung des Sinai
1482v–1425v		Tud-Halia II.
1258v	grün	Landkarte von Goldfeldern
595v–525v		Krösus
369v	grün	Braunkohle-Verwendung
322v–246v		Ptolemäus II.
285v	grün	Staatsmonopol
150v	rot	Verhinderung des Ausbaus
969n	grün	Kupferabbau im Harz
1110n	grün	Steinkohlenbergbau
1162n	blau	Gründung Freibergs
1459n–1525n		Jakob Fugger
1488n	grün	Silberabbau durch Fugger
1501n	grün	Schienenwagen
1520n	grün	Abkommen gegen Streik
1546n	grün	Silberfunde in Amerika
1555n	grün	Agricolas Bergwerksbuch
1575n	rot	Verbot von Kinderarbeit
1697n	grün	Saverys Pumpmaschine
1712n	grün	Newcomens Pumpmaschine
1736n	grün	Eisenschienen
1765n	grün	Bergakademie Freiberg
1816n–1892n		Siemens
1848n	grün	Kalifornische Goldfelder
1889n	rot	Streik in Westfalen
1905n	rot	Streik im Ruhrgebiet
1935n	grün	Stachanow-System
1943n	rot	Streik in USA

BERGEN, Hafenstadt an der Westküste Norwegens. Zweitgrößte Stadt nach der Hauptstadt Oslo, mit der sie durch eine über ein 1300 Meter hohes Gebirge führende Eisenbahn verbunden ist. Im Jahre 1070n gegründet, wurde sie 200 Jahre später zu einer Niederlassung der deutschen Hanse ausgebaut, die von einem eigenen deutschen Stadtviertel aus den Handel mit Norwegen beherrschte. Gelegentliche Empörungen gegen die deutsche Überfremdung wurden unterdrückt. 1455n erschlugen die Deutschen 60 Bürger, darunter den Bischof, als Aufrührer. Seit 1560n wurden die deutschen Vorrechte allmählich eingeschränkt. 1575n verlor die Stadt ihr Münzrecht. 1630n übernahmen Norweger die Handelskontore, 1755n kauften sie den Deutschen die Gebäude ab.

1278n	grün	Deutsches Handelskontor

BERGER, Hans (1873n–1941n), deutscher Nervenarzt. Als Direktor der psychiatrischen Klinik zu Jena erforschte er die natürlichen Vorgänge des menschlichen Gehirns, so die Blutzirkulation in der Schädelhöhle und die Temperatur des Gehirns. Schließlich gelang ihm nach unzähligen Versuchen die Sichtbarmachung der Gehirnströme durch das von ihm entwickelte Elektro-Enkephalogramm-Gerät (EEG). Dadurch gab er der Nervenheilkunde eine wissenschaftliche Grundlage.

1924n	grün	Elektrische Gehirnvorgänge

BERGIUS, Friedrich (1884n–1949n), deutscher Chemiker. Entwickelte ein Verfahren zur Benzingewinnung aus Kohle sowie eine Methode zur Zuckergewinnung aus Holz, die jedoch nicht zur gleichen Bedeutung gelangte, weil der aus der Holzzellulose destillierte Zucker sich nur als Viehfutter und bei der Alkoholherstellung verwenden läßt.

1913n	grün	Benzingewinnung aus Kohle

BERGPARTEI, Bezeichnung für die radikale Fraktion in der Volksversammlung (Konvent) der französischen Revolution. Ihre Hauptvertreter waren die Jakobiner Robespierre, Saint-Just, Marat und Danton. Sie setzten die Diktatur der revolutionären Bewegung durch, nutzten aber den von ihnen ausgeübten Terror nicht zur Änderung der Eigentumsverhältnisse, sondern nur zur politischen Niederhaltung der alten herrschenden Klassen. Dadurch ließen sie die Feinde der Revolution im Besitz der wirtschaftlichen Macht und wurden 1794n selbst Opfer der von ihnen errichteten Gewaltherrschaft. Ihren Namen erhielt die Gruppe wegen der rangartigen Anordnung ihrer Plätze im Sitzungssaal, dessen Mitte von den Vertretern der Gemäßigten ('Ebene' oder 'Morast') besetzt war.

1758n–1794n		Robespierre
1789n/1795n		Französische Revolution
1793n	rot	Hinrichtung Ludwigs XVI.
1794n	rot	Hinrichtung Robespierres

BERGPREDIGT, Bezeichnung für eine programmatische Ansprache, die von dem Religionsstifter Jesus auf einem Berge am See Genezareth (Palästina) gehalten wurde. Neben den von Moses über 1200 Jahre vorher ebenfalls auf einem Berge niedergeschriebenen zehn Geboten (Altes Testament) theoretische Grundlage der christlichen Religionen (Neues Testament). Ihre wesentlichsten Grundsätze (Besitz- und Kirchenfeindlichkeit) wurden von allen christlichen Kirchen seit dem 4. Jahrhundert bekämpft.

6v–30n		Jesus Christus
28n	blau	Bergpredigt

BERGSON, Henri (1859n–1941n), französischer Philosoph. Professor der Philosophie in Paris. Stellte dem Rationalismus seiner Zeit einen radikalen Antirationalismus entgegen. Erklärte den Verstand als ein unzulängliches, mechanisches Werkzeug, dem auf anderer Ebene angenommenen wahren Wesen der Dinge nicht angemessen, da dieses nur erlebbar, nicht aber denkerisch erfaßbar sei. Das Universum ist ihm wie der Einzelmensch rational nicht zugänglich, in ständiger freier, schöpferischer Entfaltung begriffen nach einem ihm innewohnenden Lebensdrang ('élan vital').

1889n	blau	'Zeit und Freiheit'
1934n	blau	'Denken und Werden'

BERI-BERI, Name einer Krankheit, die durch den Vitaminmangel einseitig kohlehydrathaltiger Nahrung entsteht. Ihre Erforschung durch den holländischen Arzt Eikman führte zur Entdeckung der Bedeutung des Vitamins für die menschliche Ernährung.

1889n grün Eikmans Forschungen

BERING, Vitus (1680n–1741n), dänischer Polarforscher aus Jütland. Durchquerte auf einer Forschungsreise im Auftrage des Zaren Peter I. die Meeresstraße zwischen Alaska und Sibirien ('Beringstraße') und stellte damit die Getrenntheit der beiden Kontinente Asien und Amerika fest. Leitete auch eine große russische Expedition zur Erforschung Nordasiens.

1728n grün Fahrt Asien—Amerika
1741n grün Kartenaufnahme Sibiriens

BERINGSTRASSE, Meeresstraße zwischen Alaska und Sibirien. An ihrer schmalsten Stelle nur 75 Kilometer breit, verbindet sie den Pazifik mit dem Nördlichen Eismeer.

1648n grün Durchfahrt Deschnews

BERKELEY, George (1685n–1753n), englischer Philosoph und Bischof. Leugnete die Existenz einer körperlichen Welt und erklärte alles Sein aus der Einwirkung von Geistern auf die menschliche Vernunft und den menschlichen Willen.

1710n blau 'Prinzipien des Wissens'

BERKEM, Ludwig (um 1420n–um 1490n), niederländischer Edelsteinschleifer. Von seinem Vater zum Studium nach Paris geschickt, ging er einen Arbeiten nicht gewissenhaft nach, wurde zurückgerufen und beschäftigte sich mit allerlei Versuchen. Als er Diamanten zwischen Steinplatten rieb, bemerkte er, daß der Diamantenstaub sich zum Polieren und sogar zum Schleifen von Diamanten eignete. Auf der Grundlage dieser Eigenschaft des Diamantenstaubes entwickelte er eine neue Technik des Diamantenschleifens mit dem Schleifrad und fertigte kostbare Steine für Könige und für den Papst.

1457n grün Diamantschliff

BERLIN, deutsche Hauptstadt und volkreichste Stadt Mitteleuropas. In der norddeutschen Tiefebene an der Einmündung der Spree in die Havel zwischen zahlreichen Seen gelegen, entwickelte sie sich im 13. Jahrhundert zur Stadt. Nachdem sie sich 1307n mit dem südlich der Spree gelegenen Fischerdorf Kölln zusammengeschlossen hatte, wurde sie 1308n Zentrum eines märkischen Städtebundes. 1319n erhielt die Stadt Münzrecht und 1392n die Gerichtsbarkeit auch für Kapitalverbrechen ('Blutgerichtsbarkeit'). Seit 1442n suchten die Hohenzollern unter Friedrich dem Eisernen diese Selbständigkeit zu brechen. Der Zusammenschluß mit Kölln wurde zwangsweise rückgängig gemacht, das gemeinsame Rathaus abgerissen. Nach Niederwerfung einer Erhebung der Bevölkerung ('Berliner Unwille') errichteten die Hohenzollern eine kurfürstliche Burg und machten die Stadt im Jahre 1486n zu ihrer Residenz. 1516n wurde römisches Recht eingeführt (Kammergericht). 1539n reformiert, wurde die Stadt im Dreißigjährigen Krieg heftig umkämpft und verlor die Hälfte ihrer Bewohner. Unter dem Großen Kurfürsten (Friedrich Wilhelm) wurden die zerstörten Häuser wieder aufgebaut, die Straßen gepflastert und beleuchtet. Aus Frankreich vertriebene Protestanten (Hugenotten) sowie Pfälzer und Schweizer erhielten 1685n Niederlassungsrecht. Dadurch kamen viele Handwerker und brachten neue Gewerbe in die Stadt (Seide, Baumwolle, Porzellan). Auch die Kultur blieb lange französisch geprägt, noch Friedrich II. bediente sich allein der französischen Sprache. Im Siebenjährigen Krieg von Österreichern (1757n) und Russen (1760n) gebrandschatzt. Durch den preußischen Sieg nahm sie einen schnellen Aufstieg. Zahlreiche öffentliche Bauten wurden errichtet. In den Napoleonischen Kriegen 1806n von französischen Truppen besetzt, wurde die Stadt zu einem Zentrum des Widerstandes gegen die Besatzungsmacht. Die Universität wurde im 19. Jahrhundert zur führenden Bildungsstätte Deutschlands (Humboldt, Fichte, Hegel). Gleichzeitig wuchs die Industrie empor (Borsig, Siemens). Mit der preußischen Macht stieg auch ihre Bedeutung innerhalb Deutschlands. In der zweiten deutschen Revolution brachte die Stadt 1848n die größten Opfer ('Märzgefallene'). 1871n wurde sie Hauptstadt des neuen deutschen Kaiserreiches. Bismarck machte sie zu einem Mittelpunkt der europäischen Politik (Berliner Kongreß 1878n). Durch die Frankreich 1871n auferlegten Reparationen im Werte von 25 Milliarden DM (die im Spandauer 'Juliusturm' aufbewahrt wurden) konnte die Industrialisierung schneller vorangetrieben werden. Die Bevölkerung verzehnfachte sich in 100 Jahren. Eine gut organisierte, gebildete, klassenbewußte Arbeiterschaft konzentrierte sich hier. Nach dem ersten Weltkrieg, gegen den sie vergeblich ankämpfte, wurde hier in der Revolution von Karl Liebknecht die deutsche sozialistische Republik ausgerufen. Doch scheiterte die von Arbeitern begonnene Erhebung, und es kam nur zu der von Scheidemann proklamierten bürgerlichen Republik, als deren Zentrum die Stadt Weltgeltung erlangte. Nach 1933n zur Hauptstadt des 'Großdeutschen Reiches' geworden, war sie Machtzentrum des deutschen Faschismus. Die Verfolgung der deutschen Kommunisten nahm hier 1933n vom Reichstagsbrand ihren Ausgang, die Judenverfolgung 1938n von der 'Kristallnacht'. Im zweiten Weltkrieg zu 40% zerstört. 1945n von der Roten Armee erobert, dann aber von allen vier Siegermächten besetzt. Nach der Spaltung Deutschlands zweigeteilt, wurde die östliche Hälfte zur Hauptstadt des ersten sozialistischen Staates Deutschlands (DDR), die Westhälfte in wirtschaftlicher Verbundenheit mit der Bundesrepublik politisch selbständig unter nordamerikanischer, englischer und französischer Besatzung.

1237n blau Entstehung
1448n braun Erhebung
1451n grün Zwingburg
1618n/1648n Dreißigjähriger Krieg
1620n–1688n Der Große Kurfürst
1646n–1716n Leibniz
1685n rot Hugenotten-Einwanderung
1695n blau Schloß Charlottenburg
1696n blau Akademie der Künste
1698n blau Schlüters Schloß-Umbau
1698n grün Einstellung von Briefträgern
1700n blau Schlüters Reiterstandbild
1700n blau Wissenschaftsakademie
1700n grün Sternwarte
1716n grün Börse
1743n blau Knobelsdorff: Opernhaus
1750n grün Porzellan-Manufaktur
1756n/1763n Siebenjähriger Krieg
1789n blau Brandenburger Tor
1796n/1815n Napoleonische Kriege
1809n blau Sing-Akademie
1810n blau Universität
1816n–1892n Siemens
1818n blau Schinkel: Schauspielhaus
1848n/1850n Deutsche Revolution
1848n blau Menzel: 'Märzgefallene'
1865n grün Lette-Schule
1871n rot Reichshauptstadt
1881n grün Elektrische Straßenbahn
1890n blau Volksbühne
1894n blau Reichstagsgebäude
1906n blau Behrens: AEG-Fabrik
1914n blau Zilles Zeichnungen
1916n rot Munitionsarbeiter-Streik
1918n rot Ausrufung der Republik
1918n/1919n Deutsche Revolution
1919n rot Mord an Arbeiterführern
1920n braun Kapp-Putsch
1922n rot Mord an Rathenau
1922n grün Tonfilm
1926n blau Nagel: 'Arbeitslos'
1929n blau Döblin: 'Alexanderplatz'
1931n blau 'Hauptmann von Köpenick'
1932n grün Arbeitslosigkeit
1933n rot Faschistische Herrschaft
1939n/1945n Zweiter Weltkrieg
1941n blau 'Bomber über Berlin'
1944n braun Offiziersverschwörung
1945n rot Besetzung
1961n rot Bau der Mauer

BERLIOZ, Hector (1803n–1869n), französischer Tondichter. Schrieb Sinfonien, Opern, Chorwerke, Oratorien. Führer der französischen Musikromantik. Zuerst in Deutschland anerkannt, erklärte er Deutschland als seine musikalische Heimat.

1828n blau 'Phantastische Sinfonie'

BERMUDAS, Inselgruppe im Nord-Atlantik, 1050 Kilometer vor der Küste Nordamerikas. Sie besteht aus 360 Koralleninseln, von denen 20 bewohnt sind. Sieben Inseln sind durch Brücken zur Hauptinsel verbunden, die vier Fünftel der Gesamtfläche aller Inseln umfaßt. Die Inselgruppe ist die nördlichste Korallenriffbildung der Erde.

1522n grün Entdeckung
1612n rot Englische Herrschaft
1940n rot Stützpunkte der USA

BERMUDEZ, Juan (1495n–um 1550n), spanischer Seefahrer. Unternahm 1522n mit einer Schiffsladung von Schweinen eine Fahrt von Spanien nach Kuba. Dabei erlitt er Schiffbruch und landete auf einer der Atlantik-Inseln, die später seinen Namen erhielten ('Bermudas').

1522n grün Entdeckung der Bermudas

BERN, Hauptstadt der Schweiz. Wurde 27 Jahre nach der Gründung deutsche Reichsstadt (1218n), erkämpfte aber durch den Sieg über die Habsburger Heere (Oberwangen 1298n) Freiheit und Volksherrschaft. 1323n schloß sie ein Bündnis mit den freien Waldstätten der Schweiz; seit 1353n Mitglied der Eidgenossenschaft. Durch Kauf und Kampf erweiterte sie zeitweise ihr Gebiet von den Alpen (Wallis) bis zum Rhein (Aargau). In den Burgunder Kriegen übernahm sie die Führung der Schweiz. Seit Zwinglis Disputation (1528n) reformiert. 1623n Bauernaufstand und 1749n erneute Erhebung gegen zunehmende Adelsherrschaft. Erst nach der französischen Besatzung (1798n) begann die Demokratisierung, die nach der Pariser Julirevolution (1830n) zum allgemeinen und 1846n zum gleichen Wahlrecht führte. Seit 1848n Hauptstadt der Schweiz, seit 1874n Sitz des Weltpostvereins.

1191n blau Gründung
1653n braun Bauernkrieg
1874n rot Weltpostverein

BERNADOTTE, Jean Baptiste (1763n–1844n), schwedischer Herrscher französischer Herkunft. Als Sohn eines Rechtsanwaltes trat er 17jährig ins Heer ein und stieg nach der Revolution schnell zum General auf. Durch seine Erfolge im Italienfeldzug 1857n erwarb er das Vertrauen Napoleons, diente ihm nach der Ernennung zum Konsul und Kaiser treu, erregte aber durch große militärische Erfolge immer wieder dessen Mißmut. Wurde als Marschall von Frankreich zum Kronprinzen von Schweden gewählt und kämpfte in den Napoleonischen Kriegen 1813n gegen Napoleon. Entwarf als Befehlshaber der Nordarmee den Feldzugsplan gegen die französischen Armeen, zwang nach dem Siege Dänemark zur Abtretung Norwegens und regierte als König Karl XIV. Schweden und Norwegen von 1818n bis 1844n.

1796n/1815n Napoleonische Kriege
1814n rot Norwegen-Politik
1818n rot Thronbesteigung

BERNART von Ventadour (um 1140n–um 1195n), französischer Dichter und Sänger (Troubadour). Nach Aufgabe seiner Stellung beim Grafen von Ventadour nahm er Dienste bei Eleonore von Aquitanien und beim Grafen von Toulouse.

1152n blau Liebeslieder

BERNHARD von Clairvaux, französischer Kirchenpolitiker und Mönch.

1090n–1153n Lebenslinie
1115n blau Kloster Clairvaux
1134n blau Jesus-Mystik
1147n/1149n Zweiter Kreuzzug

BERNINI, Lorenzo (1598n–1680n), italienischer Baumeister, Bildhauer und Maler, Hauptvertreter der italienischen Barockkunst. Arbeitete in Rom im Auftrage mehrerer Päpste und wurde Leiter der künstlerischen Ausgestaltung Roms sowie Baumeister der Peterskirche.

1639n blau Piazza-Barberini-Brunnen
1646n blau 'Verzückung'
1665n blau Büste Ludwigs XIV.
1667n blau Kolonnaden der Peterskirche

BERNOULLI, Daniel (1700n–1782n), schweizerischer Physiker und Mathematiker, Botaniker und Anatom. Sohn des schweizerischen Mathematikers Johann Bernoulli, der das erste Lehrbuch der Differential- und Integralrechnung schrieb. Untersuchte die Bewegung von Flüssigkeiten und Gasen, beschäftigte sich mit der Nutzbarmachung ihrer Antriebskraft und verfaßte ein Werk über Strömungslehre.

1734n grün Rückstoß-Antrieb

BERNOULLI, Jakob (1655n–1705n), schweizerischer Mathematiker, seit 1687n Professor der Mathematik in Basel. Löste durch Fortentwicklung der Differential-Rechnung neue mathematische Probleme und war an der Begründung der Wahrscheinlichkeitsrechnung wesentlich beteiligt. Formulierte das Gesetz der großen Zahl und entdeckte die logarithmische Spirale.

1689n grün Mathematische Probleme

BERNSTEIN, eigentlich 'Brennstein' wegen der leichten Brennbarkeit des versteinerten Pflanzenharzes aus untergegangenen Nadelwäldern der etwa 50 bis 100 Millionen Jahren zurückliegenden Erdepoche. Häufig durch Einschluß von Insekten oder Pflanzen belebt, dient er als Material zur Herstellung von Schmuck und kunstgewerblichen Arbeiten.

1550v grün Handelsobjekt
577v grün Magnetismus
380v–306v Pytheas

BEROSSOS, babylonischer Gelehrter und Priester.

344v–268v Lebenslinie
300v grün Sonnenuhr
280v grün Schule für Astronomie
274v blau Geschichte Babylons

BERTELSEN (Bartholinus), Erasmus (1625n bis 1698n), dänischer Physiker und Mediziner. Erforschte das Verhalten der Lichtwellen. Entdeckte, daß ein Lichtstrahl in einem aus isländischem Kalkspat hergestellten Kristall aufgespalten wird, so daß neben dem 'ordentlichen' Strahl (der dem bekannten Brechungsgesetze folgt) ein zweiter, abweichender Strahl erzeugt wird, der 'außerordentliche' Strahl.

1669n grün Doppelbrechung des Lichts

BERTHOLD, Arnold Adolph (1803n bis 1861n), deutscher Arzt und Physiologe. Erforschte die innere Sekretion der Drüsen. Bei Versuchen mit Hähnen erkannte er, daß verpflanzte Hormondrüsen ihre Absonderungen ohne Vermittlung des Nervensystems in die Blutbahn abgeben und auf diese Weise körperliche Veränderungen unmittelbar bewirken.

1849n grün Hormonforschung

BERTRAM, Meister Bertram (1345n bis 1415n), deutscher Maler und Bildschnitzer. Durch Vermenschlichung der Heiligengeschichten gab er der religiösen Kunst seiner Zeit Lebendigkeit und Wirklichkeitsnähe. Sein Hauptwerk ist der mit 24 biblischen Bildern geschmückte Altar für die Petri-Kirche zu Hamburg. Er trägt den Namen 'Grabower Altar', weil er 1734n dem mecklenburgischen Dorfe Grabow geschenkt wurde, von wo er 1903n nach Hamburg zurückkam.

1379n blau Grabower Altar

BERTRAN de Born, französischer Dichter und Sänger (Troubadour).

1145n–1209n Lebenslinie
1183n blau Politische Kampflieder

BERÜHRUNGSELEKTRIZITÄT, Bezeichnung für elektrische Ströme, die durch das Überspringen von Elektronen über die Berührungsfläche fester Körper (Metalle) entstehen. Ihre Entdeckung durch den italienischen Arzt Galvani war der Auftakt zur Erforschung der Elektrizität. Später wurde erkannt, daß solche die Spannung ausgleichenden Ströme auch bei der Berührung zwischen festen Körpern und Flüssigkeiten vorkommen.

1780n grün Entdeckung

BERZELIUS, Jöns Jakob (1779n–1848n), schwedischer Chemiker. Schöpfer der Formelsprache der modernen Chemie und Wegbereiter der elektrochemischen Theorie. Bestimmte bereits zahlreiche Atomgewichte.

1808n grün Lehrbuch der Chemie

BESNIER (um 1650n–um 1700n), französischer Erfinder. Als Schlosser in der Stadt Sable (Nordwest-Frankreich) baute er ein Fluggerät aus zwei über die Schultern geschnallten Stöcken, an deren Enden sich seidenbespannte Rahmen befanden. Nach vorsichtigen Versuchen gelang es ihm, damit von einem Heuschober aus über mehrere Häuser zu fliegen.

1678n grün Flug

BESSARABIEN, südosteuropäisches Grenzland zwischen Dnjestr und Pruth am Schwarzen Meer. Seit 1367 zum Fürstentum Moldau gehörig. Seit 1812 russisch, wurde es nach der Oktoberrevolution der Sowjetunion abgenommen und zu Rumänien geschlagen. Im zweiten Weltkrieg von der Sowjetunion zurückerobert.

1812n rot Russischer Besitz

BESSEMER, Henry (1813n–1898n), englischer Ingenieur. Baute eine Maschine zur Erzeugung von Bronzestaub, der zum Vergolden benutzt wurde. Aus den Einkünften dieser Erfindung konnte er die Entwicklung vieler anderer Neu-Konstruktionen auf dem Gebiete der Typengießerei, der Eisenbahnbremsen und der Glasherstellung finanzieren. Obwohl er kein Hütten-Fachmann war, gelang ihm die Konstruktion eines Gerätes zur industriellen Herstellung von Flußstahl. Diese 'Bessemer-Birne' besteht aus einem 4–5 Meter hohen kolbenartigen Gefäß, das nach seiner Füllung mit Roheisen um 90 Grad gedreht wird, um die für die Stahlerzeugung notwendige Frischluft durch ein Röhrensystem vom Boden her hineinpressen zu können. Sein Verfahren zur Entziehung von Schwefel, Mangan, Kohlenstoff und Silizium verringerte die zur Umwandlung von Eisen in Stahl benötigte Zeit von 24 Stunden auf 20 Minuten. Es wurde bald in allen Industrieländern eingeführt, 1862n durch Krupp in Deutschland. Entwarf auch ein Schiff mit einem erschütterungsfrei aufgehängten, die Seekrankheit verhindernden Raume.

1856n grün Stahlerzeugung

BESSON, Jacques (1500n–1569n), französischer Mechaniker. Verbesserte die seit alters her bekannte Metalldreherei durch Einführung der Leitspindel, die einen mechanischen Vorschub des Schneidewerkzeugs ermöglichte. Auf dieser Grundlage gelang ihm die Herstellung einer Drehbank mit Schnurantrieb zum Gewindeschneiden und damit die maschinelle Schraubenherstellung. Wurde Professor der Mathematik und Hofingenieur. Schrieb ein zusammenfassendes Buch der Werkzeugkunde ('Théâtre des instruments').

1561n grün Verbesserung der Drehbank

BESTÄUBUNG, Befruchtung von Pflanzen durch die Übertragung von Blütenstaub. Meist von Blüte zu Blüte durch Insekten und Vögel oder durch den Wind (= Fremd-Bestäubung), selten durch eigene Weitergabe innerhalb der gleichen Blüte (= Selbst-Bestäubung).

1760n grün Koelreuters Forschungen

BESTATTUNG

2862v grün Einäscherung im Industal
2846v–2784v Hemaka
2843v–2791v Merit
2832v–2795v Djet
2804v rot Mitbegräbnis des Hofstaats
2799v grün Scheintüren in Gräbern
2786v–2731v Kea
2783v grün Grabfußboden aus Granit
2751v–2681v Ru-A-Ben
2737v grün Holzsärge Armer
2736v grün Tiergräber Reicher
2728v blau Ägyptische Grabsäule
2727v–2672v Per-Ib-Sen
2707v–2626v Imhotep
2704v–2634v Hesire
2697v–2650v Ka-Sechemui
2681v grün Scheinwohnung im Grab
2669v grün Mumifizierung in Ägypten
2644v–2576v Snofru
2643v blau Totenstadt in Sakkara
2640v blau Geschmückte Grabtüren
2639v blau Pyramide von Sakkara
2631v–2564v Hetepheres
2615v–2550v Cheops
2610v blau Stufenpyramide in Medum
2588v blau 'Knickpyramide'
2583v blau 'Rote Pyramide'
2577v blau Totentempel in Ägypten
2576v–2515v Chefren
2572v blau Cheops-Pyramide begonnen
2561v–2500v Mykerinos
2555v grün Bestattung im Wohnhaus
2553v blau Cheops-Pyramide vollendet
2543v–2496v Schepses-Kaf
2534v–2470v User-Kaf
2518v blau Chefren-Pyramide
2515v grün Bestattung in Felshöhlen
2512v–2458v Sahu-Re
2511v blau Mykerinos-Pyramide
2496v–2438v Ni-Anch-Sekmet
2494v–2416v Schu-Bad
2471v–2397v Ni-Anch-Pta
2462v blau Totentempel des Sahu-Re
2458v blau Kultbauten statt Pyramiden
2452v–2377v Ti
2441v–2379v Meska-Lamdug
2416v rot Hofstaat mitbestattet
2411v blau Pyramide des Ni-User-Re
2404v–2350v Unas
2367v blau Pyramide des Unas
2365v grün Kostensenkung in Lagasch
2359v blau Grab-Inschriften
2355v–2298v Pepi I.
2322v blau Grabmal für Mere-Ruka
2305v blau Pyramiden-Anlage 'Memphis'
2233v grün Grabräuber in Ägypten
2084v–2012v Mentu-Hotep
2060v–1983v Schul-Gi
2005v blau Mausoleum von Ur
1997v blau Mausoleum von Lagasch
1955v–1895v Amen-Em-Het II.
1945v grün Monopol für Tempel
1932v–1878v Sesostris II.
1908v blau 'Weiße Pyramide'
1891v blau Pyramide Sesostris' II.
1865v–1792v Amen-Em-Het III.
1856v blau Pyramide Sesostris' III.
1852v–1786v Nefer
1834v blau 'Schwarze Pyramide'
1806v blau Bauten Amen-Em-Hets III.
1620v grün Einäscherung bei Hettitern
1563v–1524v Amen-Hotep I.
1542v–1505v Tut-Mosis I.
1531v–1481v Sen-Mut
1526v blau Trennung Grab/Tempel
1526v–1460v Parra-Tarna
1515v–1479v Har-Mosis
1507v blau Königsgrab bei Luxor
1479v grün Totenbuch als Grabbeigabe
1462v–1382v Hapu
1422v–1356v Teje

1388v grün Stier-Beärbnisse
1381v blau Gemälde 'Klageweiber'
1340v blau Gemälde 'Trauergemeinde'
1323v blau 'Schatzhaus des Atreus'
1168v–1115v Ramses IX.
1164v–1107v Per-Pet
1119v rot Grabräuber-Prozeß
737v grün Tierfriedhöfe
634v grün Katzen-Mumifizierung
545v blau Cervetri-Sarkophag
513v blau Aristion-Stele
475v blau Grabbau für Buddha
396v–328v Leochares
350v blau Grabmal des Mausolos
319v blau Alexander-Sarkophag
126n blau Katakomben-Malerei
133n grün Begräbnis-Verein
139n blau Grabmal Hadrians
204n rot Ehrung Hannibals
445n blau Mausoleum Galla Placidias
525n blau Grabmal Theoderichs
1099n grün Begräbnis-Vertrag
1500n blau Bibra-Grabmal
1829n rot Schutz für Witwen
1886n rot Feuerbestattungs-Verbot

BESTECHUNG

2365v rot Bekämpfung in Sumer
1208v–1137v Ram-Se-Na
446v–385v Aristophanes
170v–102v Lucilius
158v–104v Jugurtha
156v–86v Marius
112v/105v Jugurthinischer Krieg
109v rot Bekämpfung in Rom
478n–567n Narses
504n–570n Gildas der Weise
1431n–1503n Alexander VI. Borgia
1809n–1852n Gogol
1839n–1937n Rockefeller

BETÄUBUNG, die Unempfindlichmachung des Körpers durch zeitweise Stillegung des Zentralnervensystems (Ganznarkose) oder durch Ausschaltung einzelner Empfindungsnerven (örtliche Betäubung).

190n–265n Hua-To
225n grün Narkose in China
1106n grün Narkose in Italien
1842n grün Äther-Narkose
1847n grün Chloroform-Narkose
1892n grün Örtliche Betäubung

BETA-STRAHLEN, eine der drei Strahlenarten, die von radioaktiven Stoffen ausgesandt werden (neben Alpha- und Gamma-Strahlen). Benannt nach dem zweiten Buchstaben des griechischen Alphabetes (Beta = B). Bestehen aus kleinsten Teilen negativer Elektrizität (Elektronen).

1899n grün Entdeckung

BETHLEHEM, Stadt in Palästina, nahe bei Jerusalem gelegen. Heimatstadt Davids, von Rehabeam befestigt, nach christlicher Tradition Geburtsort des Religionsstifters Jesus.

72v–4v Herodes der Große
330n blau Geburtskirche

BETON, künstlich hergestellter Baustoff. Besteht aus einer Mischung von Zement mit Zuschlagstoffen (Sand, Kies, Stahlschrott, Hochofenschlacke, Ziegelsplitt) und Wasser, teilweise auch mit Zusatzmitteln zur Verbesserung der Verarbeitung, zur Verkürzung der Erstarrungszeit und zum Frostschutz. Zur Erhöhung der Tragwirkung mit Eisenstäben verstärkt. Neuerdings werden versuchsweise Zement und Wasser durch Kunststoffe ersetzt.

31v grün Zement in Rom
1762n grün Zement in England
1796n grün Hydraulischer Zement
1824n grün Portland-Zement
1847n–1931n Edison
1866n grün Eisenbeton

BET-SCHE-AN, ägyptischer Tempel in Palästina. Errichtet vom Ägypterkönig Sethos I. nach der Niederwerfung der in Palästina eingedrungenen Nomadenvölker an dem strategisch wichtigen Übergang über den Jordanfluß.

1313v blau Bau

BETT, ursprünglich Bezeichnung für die in den Boden gewühlte Schlafgrube von Mensch und Tier. Allmählich zum laub- und pelz-bedeckten Lager geworden, entwickelte sich die Schlafstätte des Menschen vor mindestens 5000 Jahren in Vorderasien und Ägypten zu einem auf Beinen stehenden Gestell, das über Griechenland und Rom im ersten Jahrtausend nach der Zeitwende auch nach Nordeuropa (um 800n nach Deutschland) kam.

1362v grün Spezialbett in Ägypten

BETTELORDEN, Einsiedler-Gemeinschaft mit Armutsgelübde, deren Angehörige sich zunächst durch Bettelei ernährten, später aber für ihre kirchlichen Leistungen (Seelsorge und Unterricht) bezahlt wurden, ohne von der persönlichen Besitzlosigkeit abzulassen. Soweit sie innerhalb der katholischen Kirche verblieben, sehr nützliches und billiges Gegengewicht gegen die auf soziale Umgestaltung gerichteten antikirchlichen Armutsbestrebungen.

480n–547n Benedikt von Nursia
529n blau Kloster Monte Cassino
530n blau Benedikts Regel
1127n rot 'Derwisch'-Orden
1140n–1217n Peter Waldes
1156n blau Karmeliter-Kloster
1170n–1221n Dominikus
1175n rot 'Bund der Armen von Lyon'
1182n–1226n Franziskus
1209n blau Franziskus' Forderung
1210n rot Franziskaner-Orden
1216n rot Dominikaner-Orden
1232n–1300n Segarelli
1243n rot Inquisitionsauftrag
1256n rot Augustiner-Orden
1260n rot 'Apostelbrüder'
1457n rot 'Böhmische Brüder'
1526n rot Kapuziner-Orden

BEURSE, van der, Kaufmannsfamilie in Brügge. In ihrem Hause fand der erste regelmäßige Kauf und Verkauf von Besitztiteln sowie der damit verbundene Kapitalhandel statt. Daher heißen Gebäude, in denen die Anteile von Kapitalgesellschaften regelmäßig gehandelt werden, 'Börse'.

1453n grün Kapital-Handel

BEWÄSSERUNG, Fruchtbarmachung trockenen Bodens durch regelmäßige Zufuhr von Fluß-, Brunnen- oder Regenwasser mit Hilfe von Kanälen, Gräben und Rohrleitungen.

Vorzeittafel: Schlußbalken (5000 Jahre)
2933v grün Kanäle in Sumer
2933v–2868v Skorpion
2915v–2852v Melam
2884v grün Kanäle in Ägypten
2755v grün Bewässerte Dattelgärten
2596v–2515v Ur-Nan-Sche
2060v–1983v Schul-Gi
1691v grün Kanal in Mesopotamien
830v grün Marib-Staudamm begonnen
758v–672v Bajin
715v grün Marib-Staudamm vollendet
692v grün Anlagen in Assyrien
624v–561v Nebukadnezar II.
614v grün 'Hängende Gärten'
230v grün Treträder
782n grün Anlagen in Spanien
890n–961n Abdar Rachman III.

BEWEGUNGSLEHRE

610v–546v Anaximander
501v–428v Anaxagoras
496v grün Weltbild der Pythagoreer
489v–428v Leukipp
433v–351v Archytas
390v–310v Herakleides
382v grün Achsendrehung der Erde
355v grün Planeten-Bewegung
344v grün Erklärung der Tageszeit
316v–250v Aristarch
278v grün Epikur: Weltentstehung
258v grün Zweifache Erdbewegung
196v–125v Hipparch
97v–55v Lukrez
64v–20n Strabo
5n grün Leugnung der Erdbewegung
133n–205n Kleomedes
158n grün Sternkunde des Kleomedes
476n–535n Arjabatta
512n grün Ursache der Achsdrehung
515n grün Philoponos: Kraftlehre
855n–929n Al Battani
906n grün Bahnabweichung der Erde
948n–1009n Ibn Junis
1006n grün Richtung der Sonnenbahn
1340n grün Trägheitsgesetz
1368n grün Tägliche Erdbewegung
1434n grün Achsdrehung der Erde
1473n–1543n Kopernikus
1528n grün Sternbewegung um Sonne
1531n grün Apian: Kometenbahn
1546n–1601n Tycho Brahe
1548n–1600n Giordano Bruno
1564n–1642n Galilei
1571n grün Innere Kräfte der Welt
1571n–1630n Kepler
1572n grün Fixstern-Bewegung
1596n–1650n Descartes
1604n grün Galilei: Bewegungsgesetze
1609n grün Kepler: Planetenbewegung
1616n rot Kampf gegen Kopernikus
1619n grün Kepler: Astronomie
1620n grün F. Bacon: Wärme-Deutung
1633n rot Zwang gegen Galilei
1643n–1727n Newton
1666n grün Gravitationsgesetz
1705n grün Halley: Kometenbahn
1711n–1765n Lomonossow
1718n grün Halley: Fixsternbewegung
1757n grün Black: Latente Wärme
1783n grün Sonnensystem-Bewegung
1799n grün Laplace: Himmelsmechanik
1851n grün Clausius: Kinetik
1857n grün Krönig: Kinetik
1859n grün Maxwell: Kinetik
1879n–1955n Einstein
1885n–1962n Niels Bohr
1901n– Heisenberg
1905n grün Spezielle Relativität
1906n grün Nernst: Wärmesatz
1911n grün Rutherfords Atommodell
1913n grün Bohrs Atommodell
1916n grün Allgemeine Relativität
1946n grün Frenkel: Kinetik

BÉZIERS, Stadt in Südfrankreich unweit des Mittelmeeres. Neben den Städten Albi und Toulouse Zentrum der antikirchlichen Reformbewegung Europas im 12. und 13. Jahrhundert.

1209n/1229n Katharer-Kreuzzug

BHAGAVAD-GITA, indische Bezeichnung für 'Gesang der Erhabenen'. Religionsphilosophisches Gedicht des Brahmanismus. Es wurde als einzelne Episode dem großen Heldengedicht 'Mahabharata' eingefügt. Fordert aktive Lebensgestaltung statt bloßer Erlösungserwartung.

310v blau Entstehung

BHAGAVATA-PURANA, religiöse Dichtung der Inder. Erzählt die Jugendstreiche des Gottes Krischna, der in den Wäldern von Mathura aufwächst. Seine Liebe zu den schönen Hirtenmädchen wurde immer wieder dichterisch nachgestaltet.

922n blau Entstehung

BHARATA (um 250n–um 310n), indischer Dichter. Stellte Regeln für die Abfassung und Aufführung von Theaterstücken zusammen. In seinem Buche legte er auch einige Gesetze der Dichtung nieder.

290n blau Lehrbuch

BHARAWI (um 580n–um 640n), indischer Dichter. Verfaßte aufgrund der Überlieferungen des Mahabharata ein Heldengedicht in 18 Gesängen. Darin schilderte er den abenteuerlichen Kampf des Inders Arjuna mit dem unbesiegbaren Kira, der sich schließlich als Gott Schiwa zu erkennen gibt und Arjunas Heldenmut mit einer Wunderwaffe belohnt.

622n blau Heldengedicht

BHARTRIHARI, indischer Dichter und Philosoph.

587n–652n Lebenslinie
634n blau Lebensphilosophie

BHASA, indischer Dichter.

275n–335n Lebenslinie
317n blau 'Krischna'

BHASKARA, indischer Mathematiker und Sternforscher.

1114n–1186n Lebenslinie
1150n grün 'Die Krönung des Systems'

BHATTI (um 600n–um 660n), indischer Dichter. Verwandter des Dichters Bhartrihari. Das nach ihm benannte Gedicht besingt in 22 Gesängen die Geschichte des indischen Sagenhelden Rama.

650n blau Geschichte Ramas

BHAVABUTI (um 700n–um 780n), indischer Dichter. Verfaßte zwei Theaterstücke über den vergöttlichten Sagenhelden Rama. Außerdem schrieb er ein Drama in zehn Akten über die Liebe der Kinder zweier Minister, die seit frühester Kindheit füreinander bestimmt waren, dann aber durch eine vom König geplante anderweitige Verheiratung getrennt werden sollten.

733n blau 'Malati und Madhava'
775n blau 'Rama und Sita'

BIBEL, von dem griechischen Worte 'biblos' (= Buch) abgeleiteter Titel eines Sammelwerkes, das von den Angehörigen aller christlichen Religionsgemeinschaften als vom sogenannten 'Heiligen Geist' eingegebene irrtumslose Offenbarung göttlichen Willens betrachtet wird ('Wort Gottes'). Zerfällt in zwei Hauptteile ('Altes Testament' = 45 Abschnitte, 'Neues Testament' = 27 Schriften). Enthält die 10 Gebote, die nach christlichem Glauben auf dem Berge Sinai von Gott persönlich auf zwei Tafeln geschrieben wurden und daher ewige Gültigkeit beanspruchen. Außerdem befindet sich darin eine weitverbreitete Vorstellung der Entstehung von Welt und Mensch (Genesis), die im Widerspruch zu den Ergebnissen wissenschaftlicher Forschung steht. Schließlich bringt sie noch die aufrüttelnden Worte der jüdischen Propheten sowie Aussagen über Leben und Lehre des jüdischen Religionsstifters Jesus Christus (Evangelien). Entstand unter Verwendung von Bestandteilen vorderasiatischer und ägyptischer Religionen in der Zeit vom 13. Jahrhundert vor bis zum 3. Jahrhundert nach unserer Zeitrechnung.

2810v blau Sintflutsage
2593v blau Weltschöpfungsmythos
2585v blau Lebensbaum-Motiv
2121v blau Glaube an Jüngstes Gericht
1840v blau Himmelfahrts-Motiv
1830v blau Höllenfahrts-Motiv
1687v blau Schöpfungsgeschichte
1354v blau Adams-Motiv
1298v–1228v Moses
1248v blau Moses: Zehn Gebote
1086v–1004v Samuel
936v blau Hohes Lied
802v–745v Amos
784v–725v Hosea
777v–692v Jesaja
649v–583v Jeremias
628v–553v Hesekiel
401v blau Teilweise Niederschrift
330v blau 'Chronik'
216v blau 'Prediger Salomo'
165v blau Buch Daniel
126v blau Buch Henoch
104v blau Septuaginta
91v blau Erstes Makkabäer-Buch
35v blau 'Weisheit Salomos'
25v–45n Philo
10v–52n Matthäus
6v–30n Jesus Christus
5v–64n Paulus
2v–71n Markus
22n–74n Lukas
24n blau Philo: Gottesgesetz
32n blau Philo: Allegorie
49n blau 'Logia Jesu'
51n blau Galaterbrief
53n–120n Satornil
57n blau Briefe an die Korinther
58n blau Römerbrief
70n blau Markus-Evangelium
75n blau Matthäus-Evangelium
82n blau Lukas-Evangelium
85n blau Apostelgeschichte
85n–145n Basilides
88n–165n Marcion
95n blau 'Offenbarung des Johannes'
110n blau Johannes-Evangelium
115n–182n Apell
125n–190n Tatian
132n–200n Irenäus
133n blau Basilides: Erläuterungen
142n blau Marcions Kritik
163n blau Kritik des Ptolemäus
167n blau Apell: Fabeln
169n–222n Kalixt I.
172n blau Erzählung des Tatian
172n–245n Afrikanus
182n–253n Origenes
239n blau Übersetzungen des Origenes
245n–309n Pamphilos
306n–373n Ephräm der Syrer
311n–383n Wulfila
345n–420n Hieronymus
358n–441n Mesrop
370n blau Übersetzung ins Gotische
376n blau Didymos' Kommentar
389n blau Bezeichnung 'Bibel'
405n blau Vulgata
433n blau Armenische Übersetzung
487n–565n Kosmas
584n–641n Georgios Pisides
617n–682n Kädmon
675n–752n Johannes von Damaskus
750n blau 'Heilige Parallelen'
783n blau 'Godescalc-Evangeliar'
784n–856n Rabanus Maurus
806n–873n Abu Hunain
827n–869n Kyrill
863n blau Übersetzung ins Slawische
869n blau Arabische Übersetzung
914n–961n Bogomil
1000n blau Leutardus' Auslegung
1007n blau Älfrics Übersetzung
1091n blau Raschis Auslegung
1141n blau Psalmen-Erklärung
1146n blau Ben Meirs Erklärung
1153n blau Lateinische Katharerbibel
1183n blau Französische Katharerbibel
1194n blau Deutsche Katharerbibel
1199n rot Bibel-Leseverbot
1214n–1294n Roger Bacon
1229n rot Verbot des Besitzes
1247n–1328n Johannes Korvino
1294n blau Chinesische Übersetzung
1324n–1384n Wiclif
1408n rot Verbot einer Volksbibel
1455n grün Gutenberg-Bibel
1466n blau Deutschsprachiger Druck
1465n–1536n Erasmus von Rotterdam
1473n–1543n Kopernikus
1483n–1546n Luther
1516n blau Ausgabe des Erasmus
1522n blau Luthers Übersetzung
1523n blau Tyndales Übersetzung
1535n blau Übersetzung des Olivetanus
1541n blau Schwedische Übersetzung
1613n blau Galileis Wertung
1689n blau Simons Textkritik
1864n blau Dorés Illustrationen
1954n blau Bultmann: Auslegung

BIBIENA, Ferdinando (1657n bis 1743n), italienischer Baumeister und Bühnenmaler. Schuf Theaterdekorationen und Szenerien für Festlichkeiten in Bologna, Parma, Barcelona und Wien. Seine drei Söhne Allessandro, Giuseppe und Antonio entwickelten diese Kunst weiter.

1719n grün Beruf des Bühnenbildners

BIBLIOGRAPHIE, griechisches Wort für 'Bücherbeschreibung', Bezeichnung für die Bücherkunde im allgemeinen wie auch für einzelne Verzeichnisse von Druckwerken und Verfassern.

289v–235v Kallimachos
265v blau Begründung
853n blau Verzeichnis des Photios
987n blau Al Nadims Verzeichnis

BIBLIOTHEK, griechisches Wort für 'Bücherbehälter'. Name für Bücherräume und Büchereien wie auch für die Gebäude, in denen Bibliotheken untergebracht sind.

2026v blau Bibliothek in Lagasch
1720v grün Briefe im Stadtarchiv Mari
1356v blau Tontafeln in Ugarit
1148v–1074v Tiglatpileser I.
1094v blau Gründung in Assur
693v–626v Assurbanipal
647v blau Tontafelbibliothek Ninive
372v–285v Ptolemäus I.
322v–264v Ptolemäus II.
305v blau Gründung in Alexandria
289v–235v Kallimachos
265v blau Bibliographie
247v grün Großbibliothek Alexandria
189v blau Gründung in Pergamon
145v–86v Sema-Tsien
47v grün Brand in Alexandria
39v blau Römische Gründung
67n–129n Apollodoros
245n–309n Pamphilos
285n blau Gründung in Cäsarea
391n rot Christliche Brandstiftung
598n–649n Tai-Tsung
786n–833n Al Mamun
806n–873n Abu Hunain
824n blau Hochschul-Bücherei Bagdad
853n blau Photios' Bücherverzeichnis
890n–961n Abdar Rachman III.
976n blau Großbibliothek Cordoba
1016n blau Großbibliothek Kairo
1408n–1472n Nezalhual
1436n blau Entstehung in Tezcuco
1441n blau Florentinische Gründung
1443n–1490n Matthias Corvinus
1474n blau Gründung der 'Corvina'
1600n blau Bodleys Gründung
1753n grün Britisches Museum
1854n grün Ausgrabung
1876n grün Dezimal-Ordnungssystem
1902n grün Deutsches Museum
1913n blau Deutsche Bücherei in Leipzig
1949n blau Großbibliothek Moskau

BIBRA-GRABMAL, Bezeichnung für das von dem deutschen Bildhauer Tilman Riemenschneider für den Würzburger Dom geschaffene Grabmal des Bischofs Lorenz von Bibra.

1500n blau Fertigstellung

BIELEFELD, Stadt in Westfalen am Fuße des Teutoburger Waldes. In dem Vorort Gadderbaum entstand 1867n die Heil- und Pflege-Anstalt Bethel für Epileptiker, Schwachsinnige und Schwererziehbare.

1250n rot Stadtrecht

BIENEN, Insekten, die wegen ihrer Nützlichkeit (Blütenbestäubung und Honiggewinnung) seit alters her vom Menschen gezüchtet werden.

2426v grün Zucht in Ägypten
1341v blau Babylonisches Relief
1054v blau Ägyptisches Relief
639v blau 'Bienenzucht'
70v–19v Vergil
1715n grün Réaumur: Bienenstaat
1912n blau 'Biene Maja'
1923n grün Frisch: Leben der Bienen

BIENENFABEL, Bezeichnung für ein satirisches Gedicht des englischen Arztes Bernard Mandeville. Darin erklärte er die Begriffe Gut und Böse, Recht und Unrecht, Ehre und Schande für eine Erfindung der herrschenden Klasse. Bezeichnete die Philosophie als Volksbetrug, die sittlichen Normen als Mittel zur Niederhaltung der Massen durch eine kleine Minderheit, die Religion als Hirngespinst von Narren und den Egoismus als die einzige wirkliche Triebkraft der bürgerlichen Ordnung. 23 Jahre dauerte es dann noch, bis er seine Thesen in einem zweibändigen Werke ausgearbeitet hatte. Wegen umstürzlerischer Absicht vor Gericht gestellt, erklärte er, sein Werk nur zu seinem eigenen Zeitvertreib niedergeschrieben zu haben.

1705n blau Abfassung

BIER, alkoholisches Getränk aus vergorener Gerste oder vergorenem Weizen unter Zusatz von Hopfen, Wasser und Hefe.

2950v grün Herstellung in Ägypten
2510v rot Vorzugsstellung der Brauer
2444v blau Plastik 'Bierbrauer'
2345v blau Plastik: Frau beim Brauen
2273v–2188v Ipuwer
1771v blau Holzgruppe 'Bierbrauerei'
1353v blau Relief: Soldat mit Bierkrug
736n grün Hopfenanbau in Bayern

BIFOKALE BRILLE, Bezeichnung für eine Brille, deren Gläser zweigeteilt sind (obere Hälfte für Fernsicht, untere Hälfte für Nahsicht).
1784 n grün Erfindung

BILA-LAMA, König des Landes Esch-Nunna in Mittel-Mesopotamien.
1902 v–1841 v Lebenslinie
1855 v blau Gesetzbuch
1854 v rot Rechtsverkündigung

BILDABTASTER, Gerät zur punktweisen Bild-Aufnahme. Die dabei gewonnenen Werte werden bei der telegraphischen Bild-Übertragung allmählich weitergeleitet und beim Empfang wieder zu einem Bilde zusammengesetzt, das der abgetasteten Vorlage entspricht. Das Fernsehen vollzieht diesen komplizierten Prozeß in solcher Schnelligkeit, daß beim Empfänger praktisch gleichzeitig mit der Aufnahme das übertragene Bild erscheint.
1893 n– Karolus
1902 n grün Korn: Bildtelegraphie
1931 n grün Elektronischer Abtaster

BILDEMPFÄNGER, Endstufe der telegraphischen Bild-Übertragung (Fernsehen).
1898 n grün Braun'sche Röhre

BILDERSCHRIFTEN und Schrift mit bildhaftem Charakter
2951 v grün Schrift in Sumer
2870 v grün Hieroglyphen in Ägypten
2833 v grün Vereinfachung in Sumer
2822 v–2781 v Udimu
2790 v grün Jahrestäfelchen
2765 v grün Schrift im Industal
2657 v grün Zeilenanordnung
1936 v grün Kürzungen
1667 n grün Verdrängung auf Kreta
655 v grün Vereinfachung
162 n blau Schriftenstein in Mexiko
282 n grün Schrift in Guatemala
1822 n grün Hieroglyphen-Deutung
1882 n blau Hieroglyphen-Wörterbuch

BILDER-VEREHRUNG, christliche Bezeichnung für die in zahlreichen Religionen übliche Anbetung von Götter-Bildern und Götter-Skulpturen. Vom Christentum zunächst als 'heidnisch' abgelehnt, dann aber doch übernommen, wurde sie Gegenstand von Streitigkeiten, weil sie im Gegensatz zum Alten Testament der Bibel steht und bei den Juden deshalb verpönt war. Jahrhundertelange Kämpfe wurden schließlich durch die Spitzfindigkeit katholischer Theologen beigelegt, die einen grundsätzlichen Unterschied konstruierten zwischen 'heidnischem' Bilderkult und dem nun als 'Bilder-Verehrung' bezeichneten christlichen Gegenstück. Nach der Reformation spaltete sich in dieser Frage die Meinung der gegen den Katholizismus einigen Protestanten: Während die 'Lutherkirche' diesen Kult weiter duldete, hielt die von ihr unabhängige 'reformierte Kirche' an seiner Verwerfung fest. In der byzantinischen Kirche fand er im russischen Ikonenkult seinen Höhepunkt.
2725 v blau Götterbilder in Sumer
2514 v blau Götterbilder in Ägypten
1410 v grün Wundertätiges Götterbild
726 n rot Verbot in Byzanz
731 n rot Erlaubnis durch Papst
758 n–829 n Nikephoros
787 n rot Erlaubnis in Byzanz
787 n rot Erlaubnis bestätigt
788 n/812 n Bilderkrieg
792 n blau Gegnerschaft bei Franken
794 n rot Bekämpfung durch Synode
822 n blau Verteidigung
1365 n–1430 n Rublew
1426 n blau Rublews Ikonen
1484 n–1531 n Zwingli

BILDFUNK, drahtlos durchgeführte Bildtelegraphie.
1928 n grün Zeitungsbilder

BILDHAUEREI, künstlerische Darstellung der Wirklichkeit durch Plastik und Relief.
Vorzeittafel: 30000 Jahre
2999 v grün Relieftechnik in Ägypten
2998 v blau Löwenjagd-Darstellung
2983 v grün Rollsiegel in Sumer
2946 v blau 'Zwei Giraffen unter Palme'
2915 v–2852 v Melam
2888 v blau Darstellung eines Greifen
2875 v blau Nilpferd-Skulptur
2868 v grün Rollsiegel in Ägypten
2860 v blau 'Narmerpalette'
2856 v blau Reliefs auf Rollsiegel
2855 v blau 'Hockender Pavian'
2852 v–2804 v Djer
2846 v blau Elfenbein-Schnitzerei
2838 v blau 'Hungriger Löwe'
2829 v blau 'Jagd im Gebirge'
2827 v blau 'Hund mit Schlappohren'
2815 v blau 'Affenmutter mit Jungem'
2809 v blau 'Eichhörnchen'
2807 v blau 'Prozession zu Schiff'
2802 v blau 'Hunde auf Gazellenjagd'
2802 v grün Schmuckdosen in Tierform
2798 v–2751 v Semer-Chet
2796 v blau Taubenwägelchen-Plastik
2793 v blau Darstellung des Weltaufbaus
2790 v blau Religiöse Darstellungen
2786 v blau Relief König Udimus
2782 v blau Tierfiguren auf Vasen
2775 v blau 'Gefangene vor König'
2773 v blau 'Affe mit Menschengesicht'
2768 v blau Relief einer Gazelle
2752 v blau 'Alternder König'
2751 v blau Siegesdarstellung
2747 v grün Kupfer-Plastiken in Sumer
2746 v blau 'Gefangener in Fesseln'
2744 v blau 'Dame von Warka'
2738 v blau 'König auf Löwenjagd'
2735 v blau Realistische Tierdarstellung
2732 v blau 'Mann am Opfertisch'
2729 v blau 'Nashorn am Futtertrog'
2728 v blau Grabsäule des Sabef
2725 v blau Götter in Menschengestalt
2722 v blau Relief zweier Löwen
2707 v blau 'Der gute Hirte'
2705 v blau 'Elefanten-Männchen'
2698 v blau Sitzender Löwe
2691 v blau 'Kampf Löwe — Mensch'
2686 v blau Aktfiguren in Sumer
2683 v blau 'Frau mit Brotkorb'
2678 v blau 'Tiger und Mann auf Baum'
2673 v blau Plastik eines Hundes
2670 v blau Plastik eines Zwerges
2667 v blau 'Trink-Gelage'
2665 v blau 'Tributzug'
2663 v blau Plastik des Ka-Sechem
2659 v blau Relief eines Wasserbüffels
2658 v grün Gips als Material (Sumer)
2655 v blau 'Der Wagenlenker'
2653 v blau 'Mann im Pantherfell'
2652 v blau 'Beamter mit Schreibzeug'
2651 v blau Statue eines Beamten
2650 v grün Weißer Marmor in Sumer
2649 v blau Bild eines Ringkampfes
2648 v blau Statue eines Knienden
2642 v blau 'Fürst aus Ost-Tigrisland'
2640 v blau Holzreliefs auf Grabtüren
2638 v blau 'Heilige Hochzeit'
2636 v blau Relief König Zosers
2633 v blau Sitz-Statue Zosers
2633 v–2570 v Meten
2629 v blau 'Herr der Tiere'
2623 v blau 'Abneb beim Mahle'
2622 v blau 'Schiffsbaumeister mit Axt'
2620 v blau 'Königin mit Stirnband'
2619 v blau 'Prinzessin Retaz'
2617 v blau Abstrakte Reliefs in Sumer
2614 v blau 'Mann mit zwei Tigern'
2611 v blau 'Löwenköpfiger Adler'
2597 v blau 'Frauenkopf mit Perücke'
2596 v–2515 v Ur-Nan-Sche
2594 v blau Statue eines Paares
2594 v grün Bemalte Reliefs (Ägypten)
2591 v blau Relief eines Krokodils
2587 v–2514 v Ur-Nina
2585 v blau 'Lebensbaum mit Ziege'
2582 v blau 'Prinz im Schneidersitz'
2579 v blau 'Mann vor Tiger'
2576 v blau 'Antilopenjagd'
2573 v blau Skulptur eines Beamten
2569 v blau Prinzenpaar-Skulpturen
2567 v blau Statue eines Königs
2565 v blau 'Schreiber'
2564 v blau 'Männer beim Fischen'
2561 v blau 'Hirsch und Wisent'
2558 v blau Bildnis Sechem-Nofers
2555 v blau Statuette: König Cheops
2550 v blau 'Edler Jüngling'
2547 v blau 'Schreiber Dersen'
2547 v grün Diorit-Verwendung (Sumer)
2541 v blau Statue einer Sängerin
2539 v blau Prinzen-Porträt
2538 v blau Porträt des Ank-Haf
2535 v blau Prinzessinnen-Porträt
2533 v blau Alabasterbildnis
2532 v blau 'Prinzessin im Tigerfell'
2529 v blau Tempel mit Königsstatuen
2527 v blau 'König auf dem Thron'
2525 v blau Bild einer Königsfamilie
2523 v blau Riesen-Sphinx
2522 v blau Porträt des Mykerinos
2521 v blau Kopf des Königs Chefren
2516 v blau 'Der Schreiber des Königs'
2514 v blau Götter-Statuen (Ägypten)
2509 v blau 'Hirte mit Zicklein'
2507 v blau Plastik eines Königspaares
2506 v blau Mykerinos-Statuette
2504 v blau Sitzfigur des Mykerinos
2502 v blau Porträt des Mykerinos
2500 v blau 'Dorfschulze'
2499 v blau 'Jüngling mit Frauen'
2497 v blau Porträt von Schepses-Kaf
2496 v blau 'Bootsfahrt einer Dame'
2492 v blau 'Flachsernte auf dem Gute'
2489 v blau Akurgal: Löwenköpfe
2486 v blau Statue einer Tänzerin
2485 v blau 'Glückliche junge Frau'
2483 v blau 'Die Zuversichtliche'
2478 v blau 'Geierstele'
2475 v blau 'Stallung und Molkerei'
2471 v–2397 v Ni-Anch-Pta
2469 v blau Skulptur eines Sitzenden
2465 v blau Relief: König und Götter
2463 v–2403 v Ni-User-Re
2461 v blau 'Gefangene'
2460 v blau 'Eroberung einer Stadt'
2459 v blau 'Heimkehr der Flotte'
2457 v blau 'Der Stier'
2455 v blau 'Adler mit zwei Hirschen'
2453 v blau Statue des Ra-No-Fer
2452 v–2377 v Ti
2446 v blau Löwenköpfe für Tempeltor
2444 v blau 'Bierbrauer'
2443 v blau 'Kalbende Antilope'
2441 v blau Tierplastiken aus Gold
2440 v grün Nagelköpfe: Götterfiguren
2439 v blau 'Musik und Tanz'
2436 v blau Relief eines Dankopfers
2434 v blau 'Katze beim Vogelfang'
2432 v blau 'Bauern mit Eselsherde'
2430 v blau 'Bäume und Gräser'
2428 v blau 'Die drei Jahreszeiten'
2427 v blau 'Mann aus Lagasch'
2425 v blau Ägyptischer Löwenkopf
2423 v blau Bildnis des Ni-User-Re
2419 v blau 'Verwundeter Libyer'
2417 v blau 'Frau mit Mantel'
2416 v grün Bemalte Reliefs in Ägypten
2415 v blau 'Gefangene Löwen'
2414 v blau Ägyptische Tierreliefs
2413 v blau 'Beim Lesen'
2410 v blau Statue En-Te-Menas
2407 v blau Bild eines Künstlermahles
2404 v blau Relief einer Vermessung
2403 v blau Bild der Ackerbaugöttin
2401 v blau 'Knaben beim Ringkampf'
2399 v blau Statue eines Sängers
2395 v blau 'Der Eselstreiber'
2393 v blau 'Nilpferdjagd'
2391 v blau 'Tierleben im Dickicht'
2390 v blau 'Geflügelzüchter'
2389 v blau 'Dressierte Affen'
2388 v blau Darstellung eines Tänzers
2387 v blau 'Kalbende Kuh'
2385 v blau 'Schiffsbau'
2384 v blau 'Leben der Hirten'
2382 v blau Familiengruppe
2381 v blau Gemälde eines Bildhauers
2380 v blau Porträt des Per-Her-Nofret
2379 v blau 'Vogelfang mit Netz'
2378 v blau 'Segelschiff auf dem Nil'
2373 v blau 'Hirten treiben Rinder'
2370 v blau 'Tempelschreiber'
2369 v blau 'Die Lächelnde'
2366 v blau Opferszene
2365 v blau Sieges-Denkmal
2364 v blau 'Der frohe Jüngling'
2361 v blau 'Der ruhende Hirte'
2360 v blau 'Gezähmte Bären'
2349 v blau 'Mann mit Bart'
2346 v blau 'Zwerg mit Familie'
2345 v blau 'Frau beim Bierbrauen'
2332 v blau Relief einer Kornernte
2327 v blau 'Schreiber bei der Arbeit'
2325 v blau Statue eines Wesirs
2318 v blau 'Kinder-Spiele'
2317 v blau 'Bauern bei der Ernte'
2312 v blau 'Steuererklärung'
2309 v blau 'Sargons Siegeszug'
2307 v blau Falkenkopf aus Gold
2306 v blau Statue Pepis I.
2303 v blau Bronzekopf Sargons
2300 v blau 'Flachsernte'
2296 v blau 'Gepäckträger'
2293 v blau 'Kampf mit dem Löwen'
2291 v blau 'König mit Mutter'
2285 v blau Schlachten-Relief
2278 v blau Goldenes Rinderbild
2273 v blau Statue Manisch-Tusus
2266 v blau 'Mädchen mit Kopftuch'
2263 v blau Naramsin-Stele
2260 v blau Siegesrelief Naramsins
2251 v blau Bogenschützen-Darstellung
2249 v blau 'Etanas Himmelfahrt'
2246 v blau Naramsin-Statue
2231 v blau Büste eines Fürsten
2215 v blau 'Korbträgerin'
2205 v blau 'Brüllender Löwe'
2192 v blau 'Stummer Beobachter'
2177 v grün Holzsoldaten
2175 v blau Harfenspieler-Plastik
2157 v blau 'Der Mann ohne Gesicht'
2125 v blau 'Der Handwerker'
2109 v blau Standbild eines Fürsten
2093 v blau 'Entblößte Lastträgerin'
2088 v–2020 v Gudea
2085 v blau 'Frauen beim Frisieren'
2080 v blau 'Tauchende Fischer'
2075 v blau 'Bauer hinterm Pflug'
2064 v blau 'Hausboot auf dem Nil'
2047 v blau 'Nilkahn mit 18 Ruderern'
2044 v blau 'Prinzessin'
2037 v blau 'Bauhandwerker'
2036 v blau Relief Ur-Nammus
2033 v blau 'Sitzende Sumererin'
2030 v blau Gedenkstein des Ur-Nammu
2028 v blau Kopf des Gudea
2024 v blau 'Schwebende Göttin'
2022 v blau Statue des Gudea
2021 v blau 'Töpfer bei der Arbeit'
2014 v blau 'Viehzählung'
2010 v blau Statue eines Fürsten
2008 v blau 'Bäcker beim Brotbacken'
1998 v blau Musiker-Relief
1995 v blau Frauenkopf aus Diorit
1992 v blau Statue Schul-Gis
1987 v blau Standbild eines Fürsten
1986 v–1915 v Chen
1984 v blau Frauenkopf aus Marmor
1983 v grün Terrakotta in Sumer
1981 v blau 'König mit Palmenzweig'
1979 v blau 'Gilgameschs Kampf'
1976 v blau Statue des Tura-Dagan
1974 v blau 'Frau mit Vase'
1972 v blau 'Eintreffen einer Karawane'
1968 v blau Statue des Knum-Hotep
1966 v blau 'Sitzender Mann'
1956 v blau Fürst von Mari
1944 v blau Obelisk Sesostris' I.
1940 v blau Relief eines Königs
1932 v blau 'Lastentragende Frauen'
1923 v–1861 v Tut-Hotep
1893 v blau Bildnis einer Königin
1877 v blau Plastik des Herti-Hotep
1869 v blau 'Bootsbau aus Papyrus'
1866 v blau Porträt Sesostris' III.
1861 v blau Bildnis eines Königs
1851 v blau 'Sesostris als Sphinx'
1842 v blau Bildnis Sesostris' III.
1828 v blau 'Amen-Em-Het als Sphinx'
1823 v blau Statue Amen-Em-Hets III.
1817 v blau Kopf Amen-Em-Hets III.
1813 v blau 'Nefer singt zur Harfe'
1805 v grün Vasen in Tierform
1803 v blau 'König mit Krokodil'
1797 v blau Bildnis einer Ägypterin
1795 v blau 'Der alternde Herrscher'
1790 v blau Plastik der Senui
1782 v blau 'Hund des Sumu-La-Ilu'
1771 v blau 'In der Bierbrauerei'
1770 v blau Standbild Kudur-Mabuks
1756 v blau 'Gilgamesch und Unhold'
1753 v blau 'Tischler beim Werk'
1744 v blau 'Arbeiterfamilie zuhaus'
1719 v blau Zweigesichtige Götter
1707 v blau 'Hammurabi und Sonnengott'
1704 v blau 'Göttin von Mari'
1702 v blau 'Krieger mit Helm'
1699 v blau Hammurabi-Statue
1697 v blau Viergesichtige Götter
1695 v blau Hammurabi-Relief
1688 v blau Skulptur eines Betenden
1684 v blau 'Hockender Affe'
1641 v blau 'Krieger mit Streitaxt'
1625 v blau 'Brüllendes Nilpferd'
1610 v blau Goldene Tempelbilder
1587 v blau 'Boxkämpfe'
1558 v blau 'Stierspiele'
1551 v blau Gesichtsmasken aus Gold
1549 v blau 'Erntefest'
1540 v blau 'Tanzende Frau'
1516 v blau Obelisken von Karnak
1514 v blau Tonrelief: Wildziege
1513 v blau Siegesmal Tut-Mosis' I.
1511 v blau 'Gesandtschaft'
1505 v blau 'Die Trauernde'
1502 v blau 'Die junge Königin'
1498 v blau 'Amosis mit Mutter'
1496 v blau 'Günstling des Königs'
1491 v blau 'Ruderer'
1490 v grün Ägyptische Creme-Dosen
1488 v blau Obelisken der Hatschepsut
1485 v blau Hof einer Königin
1483 v blau Königin als Sphinx
1480 v blau 'Träumender Negerknabe'
1478 v blau Statue des Amun
1477 v blau Stierfang-Szene
1476 v blau Rinderleben-Szene
1474 v blau Statue der Kriegsgöttin
1472 v blau Fries: Weingewinnung
1470 v blau 'Schlangen-Beschwörerin'
1462 v–1382 v Hapu
1461 v blau 'König mit weißer Krone'
1459 v blau 'Gazelle hinter Büschen'
1455 v blau 'Der Aufseher'
1454 v blau Statue mit Biographie
1450 v blau 'Geflügelte Sonne'
1448 v–1392 v Kara-Indasch
1446 v blau 'Totenklage'
1445 v blau Götter-Symbole
1442 v blau 'Die Schusterwerkstatt'
1439 v blau Königin-Porträt in Holz
1438 v blau Bildnis einer Verhärmten
1437 v–1373 v Ipuki
1434 v blau 'König als Bogenschütze'
1430 v blau 'Der Lesende'
1429 v blau 'Beladen der Lastschiffe'
1423 v–1359 v Juti
1418 v blau Kreuz als Motiv
1415 v blau Verwendung bei Baukunst
1407 v grün 'Denk-Skarabäen'
1405 v blau 'Der Oberrichter'
1402 v blau 'Krieger'
1401 v blau 'Das anmutige Paar'
1400 v–1344 v Tut-Mes
1396 v blau Mondgott-Statue
1395 v–1321 v Bek
1388 v blau Granit-Löwe für Tempel
1385 v blau Memmonskolosse
1383 v blau Porträt der Königin Teje
1381 v blau 'Die vier Schreiber'
1380 v blau 'Königspaar in der Barke'
1379 v blau 'Mann mit Kranichen'
1378 v blau Königsstatue
1375 v blau Relief eines Pferdekopfes
1374 v blau 'Der Philosophenkönig'
1373 v blau Relief einer Steinbockjagd
1372 v blau Kopf einer Prinzessin
1372 v grün Gips zur Vervielfältigung
1371 n blau Malteserkreuz
1370 v blau 'Sonne über Echnaton'
1369 v blau 'Tochter des Pharao'
1368 v blau Relief einer Heuschrecke
1367 v blau Selbstdarstellung Jutis
1366 v blau 'Kopf der Nofretete'
1362 v blau 'Geschenkverteilung'
1357 v blau Porträt der Teje
1355 v blau 'Der blinde Harfner'
1353 v blau 'Soldat vor Bierkrug'
1353 v blau Reliefs im Luxortempel
1352 v blau 'Bärtiger Asiate'
1352 v blau 'Trauernde Jungfrauen'
1351 v blau 'Pharao auf Leopard'
1349 v blau 'Auszeichnung des Generals'
1346 v blau 'Nackte Königin'
1345 v blau Knabenfigur
1341 v blau Relief einer Biene
1338 v blau Steinlöwen am Stadttor
1336 v blau 'Der lesende König'
1335 v blau Sphinx für Stadttor
1331 v blau 'Soldaten grüßen General'
1330 v blau Statue einer Dame
1329 v blau Kopf eines Stieres
1328 v blau 'Gefangene Neger'
1324 v blau 'Frau mit Lotosblüte'
1322 v blau Darstellung Gefangener
1318 v blau 'Schreiber kontrolliert'
1317 v blau 'König kniet vor Isis'
1315 v blau 'Pharao und Göttin Mut'
1310 v blau 'Pharao verehrt Wahrheit'
1309 v blau Löwentor in Mykene
1306 v blau Relief eines Götterzuges
1304 v blau Heldentaten-Zyklus
1302 v blau Widder-Allee
1293 v blau 'Der freundliche Pharao'
1287 v blau 'Schlacht bei Kadesch'
1285 v blau 'Mutter mit Sohn'
1280 v blau Bildnis des Pharao
1277 v blau 'Ramses mit blauer Krone'
1275 v blau Königsstatuen im Tempel
1274 v blau Plastiken Ramses' II.
1269 v blau 'Kahlköpfiger'
1262 v blau 'Der Kniende'
1260 v blau 'Toter Krieger am Fluß'
1253 v blau 'Dame mit Faltenkleid'
1225 v blau Relief Tu-Kultis
1223 v blau 'Tanz zum Tamburin'
1220 v blau Chinesische Bronzegefäße
1211 v blau Skulptur einer Königin
1202 v blau 'Paviane'
1188 v blau Melkszene
1183 v blau 'Gefangener Libyerfürst'
1179 v blau Bild geflügelter Göttin
1157 v blau 'Gefangener mit Pharao'
1154 v blau Drachen-Motiv in China
1141 v blau 'Der Lesende'
1134 v blau Elefanten-Motiv in China
1115 v blau Dompteur-Motiv in China
1110 v blau Bildnis Tiglatpilesers
1108 v blau Assyrisches Siegesrelief
1090 v blau 'Priester beim Tempelbau'
1085 v blau 'Straußenjagd'
1082 v–1009 v Psu-Sennes
1081 v blau Geflügeltes Pferd
1077 v blau Gute und böse Geister
1057 v blau Relief eines Kentaur
1054 v blau 'Bienenschwarm'
1035 v blau Relief eines Nashorns
1007 v blau 'Blauer Igel'
912 v–860 v Assurnasirpal
878 v blau Statue Assurnasirpals
833 v blau Obelisk Salmanassars
824 v blau Relief eines Wettergottes
811 v blau Standbild Samsi-Adads V.
779 v blau Löwentor von Sam-Al
771 v blau 'Brüllender Löwe'
761 v blau Relief einer Königsfamilie
747 v blau Statue der Amenirdis
731 v blau 'Der gute Hirte'
712 v blau 'Löwenbezwinger'
709 v blau Siegesmal Sargons II.
699 v blau Reliefs guter Geister
694 v blau 'Die Schreitende'
693 v–609 v Psammetich I.
690 v grün Riesen-Tierplastiken
679 v blau Königskopf
672 v blau Siegessäule
671 v blau Kriegsszene
664 v blau Porträt Montem-Hets
657 v blau Relief einer Eselsjagd
645 v blau 'Sterbende Löwin'
639 v blau 'Bienenzucht'
623 v blau 'Frau Djet und Sohn'
619 v blau 'Tamburin-Spielerin'
613 v blau 'Der weise Imhotep'
606 v blau Porträt einer Königin
586 v blau Statue einer Prinzessin
568 v blau Plastik der Nike
560 v–469 v Theodoros
558 v blau 'Mutter-Gottes'-Statue
553 v blau 'Die Nacht'
548 v blau 'Kniender Priester'
545 v blau Cervetri-Sarkophag
513 v blau Aristion-Stele
510 v blau Tyrannenmörder-Denkmal
506 v–446 v Myron
504 v blau Tempelbild der Aphrodite
498 v blau Taten Dareios' I.
493 v–432 v Phidias
478 v–408 v Polyklet
477 v blau Denkmals-Erneuerung
469 v blau Onatas: 'Helden'
464 v blau Myrons 'Kuh'
462 v blau 'Wagenlenker von Delphi'
455 v blau Aischylos-Denkmal
453 v blau 'Diskuswerfer'
448 v blau 'Wettläuferin'
446 v blau Perikles-Kopf
440 v blau Parthenonfries
439 v blau Phidias' Athena-Statue
425 v blau 'Schwebende Nike'
420 v blau 'Sitzende Hera'
419 v blau Polyklets Regeln
418 v blau 'Tanzende Spartanerinnen'

416v blau Tempelfries in Bassai
407v grün Denkmals-Einschmelzungen
403v–335v Praxiteles
398v blau 'Bürger von Athen'
396v–328v Leochares
396v blau Relief einer Schwalbe
395v–343v Skopas
380v blau 'Musikkapelle'
367v–307v Lysipp
365v blau Apollo als Eidechsentöter
364v blau 'Kalydonischer Eber'
363v blau 'Aphrodite von Knidos'
361v blau Ganymed-Plastik
360v blau 'Pharao mit heiliger Kuh'
356v blau Niobidengruppe
351v blau 'Apollo mit der Kithara'
341v blau Hermes-Skulptur
338v blau Zeus-Statue
336v blau 'Satyr mit Flöte'
334v blau Denkmal des Lysikrates
333v blau 'Apoll vom Belvedere'
332v blau Kultbild 'Serapis'
329v blau 'Alexander auf Löwenjagd'
319v blau 'Alexander-Sarkophag'
318v grün Tanagra-Figuren
314v blau 'Alexander mit Lanze'
305v grün Gipsabgüsse von Plastike
290v blau Statue des Sonnengottes
286v blau Duris' Schriften
278v blau 'Bauern bei der Ernte'
255v blau Plastik des Nilgottes
230v blau Buddhaszenen
210v blau Homer-Büste
207v blau 'Der sterbende Fechter'
182v blau 'Knabe mit Gans'
180v blau Pergamon-Altar
151v blau 'Der Farnesische Stier'
109v blau 'Venus von Milo'
83v blau Standbild des Harsinebef
63v grün Statuen als Gartenschmuck
50v blau 'Laokoon'-Gruppe
43v blau 'Germanikus'
30v blau 'Dornauszieher'
9v blau Friedensaltar in Rom
66n blau Darstellung von Germanen
104n blau Buddha-Darstellungen
113n blau Trajanssäule
162n blau Plastik mit Mayaschrift
178n blau Standbild Mark Aurels
432n blau Kruzifix in Rom
600n blau Buddha-Statuen
623n blau Buddha-Gruppe
676n blau Felsenstandbild Buddhas
696n–748n Yang-Hui
738n blau Statuette einer Kurtisane
752n blau Riesenbild Buddhas
800n blau Szenen aus Buddhas Leben
1066n blau Arsalan-Teller
1182n blau Maurinus-Schrein
1192n blau Dreikönigs-Schrein
1198n blau Marienleben-Motiv
1213n–1280n Niccolo Pisano
1236n blau Skulpturen von Reims
1243n blau Bamberger Reiter
1256n blau Naumburger Stifterfiguren
1277n blau Brunnen-Figuren
1308n–1368n Orcagna
1330n–1399n Peter Parler
1341n–1406n Claus Sluter
1377n–1446n Brunellesco
1386n–1466n Donatello
1399n blau Moses-Brunnen
1404n blau Roland-Standbild
1414n blau Ghiberti: 'Johannes'
1430n blau Donatello: 'David'
1436n–1488n Verrocchio
1439n blau 'Sängerkanzel'
1452n blau Ghiberti: 'Paradiestür'
1453n blau Standbild Gattamelatas
1475n–1564n Michelangelo
1480n blau 'Thomas und Christus'
1481n blau Pacher-Altar
1488n blau Colleoni-Reiterstandbild
1489n blau Krakauer Altar
1491n blau 'Adam und Eva'
1500n blau Michelangelo: 'Pietà'
1500n blau Bibra-Grabmal
1502n blau Heiligenblut-Altar
1504n blau Michelangelo: 'David'
1519n blau Vischer: Sebaldusgrab
1547n–1614n El Greco
1554n blau Cellini: 'Perseus'
1565n blau Bologna: 'Merkur'
1583n blau 'Raub der Sabinerin'
1619n blau 'Männeken Pis'
1639n blau Barberini-Brunnen
1646n blau Bernini: 'Therese'
1665n blau Bernini: Ludwig XIV.
1700n blau Schlüters Reiterstandbild
1718n blau Permoser: Zwinger-Figuren
1744n blau Pigalle: 'Merkur'
1778n blau Falconet: Peter I.
1804n blau Thorwaldsen: 'Ganymed'
1883n blau Meunier: 'Bergarbeiter'
1884n blau Rodin: 'Bürger von Calais'
1908n blau Bourdelle: 'Herakles'
1912n blau Kolbe: 'Tänzerin'
1915n blau Sintenis: 'Fohlen'
1933n blau Barlach: 'Lesende'
1937n blau Muchina: 'Werktätige'
1937n blau Moore: 'Liegende'
1958n blau Buchenwald-Plastiken

BILD-ROLLEN

734n blau 'Plätterinnen'
1053n–1140n Toba-Sojo
1118n blau Gesellschaftskritik
1128n blau Satirische Fabeln
1137n blau Genji-Rolle
1193n blau Historische Motive

BILDTELEGRAPHIE, telegraphische Übermittlung von Photographien durch elektrische Stromimpulse nach ihrer Zerlegung in Punkte.

1843n grün Bains Bildtelegraph
1877n grün Casellis Telegraphie
1884n grün Nipkows Bildzerleger
1893n– Karolus
1902n grün Verbesserung durch Korn
1928n grün Bildfunk

BILDWERFER, Gerät zur Vorführung von Bildern in vergrößertem Maßstab.

1663n grün Walgensteins Gerät
1894n grün Film-Projektor
1919n grün Projektions-Planetarium
1952n grün Fernseh-Großprojektion

BILDZERLEGER, Gerät zur Aufteilung eines Bildes in einzelne Punkte. Da eine telegraphische Übermittlung von Bildern im ganzen unmöglich ist, stellte seine Erfindung eine wichtige Voraussetzung für die Bild-Telegraphie dar.

1884n grün Nipkow-Scheibe

BILHANA (um 1050n–um 1120n), indischer Dichter aus Kaschmir (Himalaya). Besang als Hofpoet des Königs Wikra-Madítja die Taten seines Herrschers. Außerdem schilderte er in einem Gedicht von 50 Strophen mit glühenden Worten die Freuden genossenen Liebesglücks.

1087n blau Königsgeschichte

BILKIS, Königin des Reiches von Saba.

969v–908v Lebenslinie
992v–933v Salomo
931v blau Gründung Adens

BILLARDSPIEL, von dem französischen Worte 'bille' (=Kugel) abgeleitete Bezeichnung für ein auf besonderen Tischen mit Stöcken betriebenes Kugel-Spiel, das von Italien kommend über England und Frankreich in vielen Ländern Europas Verbreitung fand.

1547n grün Aufkommen

BILLROTH, Theodor (1829n–1894n), deutscher Mediziner. Begründer der modernen Bauch-Chirurgie. Verwandte als erster bei der Narkose eine Mischung von Äther und Chloroform. Entdeckte die Wundeiter-Bakterien (Mikrokokken), ohne sie jedoch zutreffend zu beschreiben.

1874n grün Entdeckung der Mikrokokken

BIMBISARA, indischer König von 543v bis 492v.

558v–492v Lebenslinie
557v–477v Buddha
524v rot Buddhist

BIMSSTEIN, Bezeichnung für hartes, poröses Gestein vulkanischen Ursprungs.

221v grün Waschkugel-Automat

BINGEN, Stadt an der Einmündung der Nahe in den Rhein, bekannt durch den auf einer Rheininsel gelegenen Zollturm ('Mäuseturm'), der hier vor 1000 Jahren errichtet wurde. In dem Vorort Rupertsberg gründete die deutsche Gelehrte Hildegard vor 800 Jahren ein Kloster.

1098n–1178n Hildegard
1147n blau Kloster Rupertsberg

BINI, Lucio (1908n–1964n), italienischer Arzt. Als Sohn eines Kaufmannes studierte er Medizin, spezialisierte sich auf Nervenheilkunde und wurde Universitätslehrer in Rom. Verfaßte über achtzig Arbeiten aus dem Gebiete der Neurologie, darunter vier Abhandlungen über Gehirn-Tumore sowie Schriften über Alters-Wahnsinn, Bewußtseinsspaltung und Neurosen sowie über die Elektroschock-Behandlung, die er zusammen mit seinem Kollegen Cerletti eingeführt hatte.

1938n grün Elektroschock

BIOGRAPHIEN, Lebensbilder.

2633v–2570v Meten
2570v blau Lebensgeschichte des Meten
2030v blau Ur-Nammus Taten
2004v–1932v Sinuhe
1935v blau Sinuhes Erinnerungen
1924v blau Si-Renputs Werk
1857v–1803v Sehet
1801v blau Königslisten in Assur
1698v blau Hammurabi: Bildsäule
1475v blau Tut-Mosis III.: Annalen
1454v blau Idrimi: Autobiographie
1367v–1315v Mur-Sili II.
1328v–1252v Hattu-Sili III.
1316v blau Mur-Sili II.: Annalen
1304v blau Sethos' I. Taten
1254v blau Hattu-Silis Lebensgeschichte
498v blau Dareios' Taten
327v blau Kallisthenes: Alexander
299v blau Aristobulos: Alexander
230v blau Buddhas Leben
200v blau Sosylos: Hannibal
116v–27v Varro
78v blau Sullas Erinnerungen
64v–20v Strabo
58v blau Varros 'Bildnisse'
36v blau Nepos' Lebensbilder
6n blau Augustus' Taten
15n blau Nikolaus: Augustus
47n–122n Plutarch
55n–120n Tacitus
99n blau Asvagoscha: Buddhas Leben
101n blau Plutarchs Lebensbilder
121n blau Sueton: Römische Kaiser
121n–180n Mark Aurel
176n blau Mark Aurels 'Zwiesprache'
182n blau Paulusakten
226n blau Laërtios: Philosophen
232n–304n Porphyrios
263n–339n Eusebius
265n–330n Jamblichos
295n–373n Athanasius
306n blau Jamblichos: Pythagoras
329n blau Eusebius: Konstantin
329n–389n Gregor von Nazianz
357n blau Athanasius: Antonius
360n blau Viktor Aurel: Kaiser Roms
396n blau Ammian: Römische Kaiser
399n blau Augustin: 'Bekenntnisse'
443n blau Buddhagoscha: Buddha
538n–594n Gregor von Tours
550n blau Hesychios: Lexikon
559n blau Agathias: Justinian
582n blau Gregor: Martin von Tours
586n blau Venantius: Martin
595n–660n Bana
624n blau Bana: Harsa-Roman
698n–768n Ibn Issak
723n–799n Paulus Diakonus
754n blau Ibn Issak: Mohammed
770n–840n Einhard
785n blau Paulus: Bischöfe von Metz
800n blau Buddhas Lebensweg
825n blau Einhard: Karl der Große
939n–990n Roswitha
964n blau Luitprand: Otto der Große
969n blau Roswitha: Otto der Große
1017n–1088n Adam von Bremen
1018n blau Thietmar: Kaisergeschichte
1020n blau Sampiro: Kastilische Könige
1056n–1133n Sämund der Weise
1072n blau Anselms 'Monologia'
1087n blau Bilhana: Königsgeschichte
1115n blau Sämund: Königsgeschichte
1148n blau Kalhana: Könige
1149n blau Kaiserchronik
1178n–1241n Snorri Sturluson
1226n blau Sturluson: Königsbuch
1254n–1324n Marco Polo
1255n blau Lichtenstein: 'Frauendienst'
1263n blau Bonaventura: Franziskus
1274n blau Ibn Kallikan: Lebensbilder
1295n–1366n Seuse
1298n grün Marco Polos Reisebericht
1313n–1375n Boccaccio
1313n–1374n Al Katib
1422n blau Ibn Arabscha: Timur
1509n blau Comines' Memoiren
1521n blau Hutten: Gesprächsbüchlein
1549n blau Vasari: Künstlerbiographien
1561n blau Cellinis Erinnerungen
1566n blau Mathesius: Martin Luther
1604n blau Margaretes Memoiren
1669n blau Pepys: Tagebuch
1743n blau L. Saint-Simon: Memoiren
1777n blau Rousseaus 'Bekenntnisse'
1786n blau Casanovas Erinnerungen
1811n blau 'Dichtung und Wahrheit'
1832n blau Pellicos 'Gefängnisse'
1856n blau Aksakows Werk
1886n blau Strindberg: Autobiographie
1898n blau Bismarcks Erinnerungen
1902n blau Helen Kellers Lebensbild
1923n blau Gorki: 'Meine Universitäten'
1934n blau Ostrowskis Werk
1938n blau Heinrich Mann: 'Henri IV.'
1946n blau H. Mann: Autobiographie

BIOLOGIE, griechisches Wort für die 'Lehre vom Leben'. Teil der Naturwissenschaft, der sich mit den Lebensvorgängen bei Pflanze, Tier und Mensch befaßt.

1554v grün Entdeckung des Gehirns
610v–546v Anaximander
566v grün Anaximander: Abstammung
520v–450v Alkmaion
478v grün Alkmaion: Sektionen
473v grün Klima und Mensch
471v grün Entdeckung des Sehnervs
466v grün Gehirn Sitz der Seele
460v–375v Hippokrates
457v grün Bau der Lebewesen
424v grün Schrift über Gelenke
418v–345v Diokles
412v grün Funktion des Herzens
385v grün Humoralpathologie
384v–322v Aristoteles
372v–287v Theophrast
356v grün Diokles' Kräuterbuch
343v grün Aristoteles: Physiognomik
339v grün Seele und Krankheit
338v–268v Strato der Physiker
326v grün Aristoteles: Zoologie
324v–250v Herophilos
322v grün Aristoteles: Psychologie
322v–246v Ptolemäus II.
317v grün Charakterforschung
315v grün Lehre von den Grundkräften
309v grün Theophrast: Botanik
304v–240v Erasistratos
297v grün Theophrast: Physiologie
283v grün Herophilos: Sektionen
274v grün Gehirn-Forschung
265v grün Nervensystem
262v grün Arterien und Venen
249v grün Zweierlei Nerven
129v–40v Asklepiades
116v–27v Varro
60v grün Solidarpathologie
37v grün Varro: Bakteriologie
20n–79n Dioskurides
66n grün Dioskurides: Heilpflanzen
78n grün Plinius: Naturkunde
82n–135n Soranos
121n grün Phlegon: Langlebigkeit
126n grün Tierbuch 'Physiologos'
129n–199n Galen
147n grün Bedeutung des Schlafes
171n grün Galen: Physiologie
177n grün Galen: Anatomie
189n grün Galen: Temperamente
789n–873n Al Kindi
812n grün Walafried: Heilkräuter
840n grün 'Buch der Tiere'
936n–1013n Abu Kasim
965n–1039n Al Hassan
966n grün Abu Kasim: Sektionen
973n grün Abu Kasim: Vivisektionen
996n grün Beschreibung des Auges
1052n grün Ibn Wafid: Heilkräuter
1098n–1178n Hildegard von Bingen
1126n–1198n Ibn Rasd (Averroes)
1160n grün Hildegards Naturkunde
1174n grün Ibn Rasd: Psychologie
1182n grün Aristoteles-Erläuterung
1193n–1279n Albertus Magnus
1249n grün Treibhaus-Pflanzenzucht
1263n grün Lungen-Blutkreislauf
1286n grün Sektion in Cremona
1315n grün Sektionen in Bologna
1349n grün Konrads Naturkunde
1408n–1472n Nezahual
1493n grün Leonardo: Augenforschung
1493n–1541n Paracelsus
1525n grün Botanischer Garten Erfurt
1543n grün Vesal: Anatomie
1546n grün Fracastoro: Bakteriologie
1563n grün Anatomie des Ohres
1575n grün Maurolico: Augenfehler
1618n grün Doppelter Blutkreislauf
1625n grün Neander: Tabakveredelung
1626n grün Botanischer Garten Paris
1651n grün Harvey: Urschöpfung
1658n grün Rote Blutkörperchen
1660n grün Nils Stensen: Herzmuskel
1661n grün Malpighi: Kapillargefäße
1666n grün Mariotte: Blinder Fleck
1667n grün Transfusion Tier–Mensch
1667n grün Hooke: Pflanzenzellen
1668n grün Redi: Insektenkunde
1675n grün Aufgußtierchen
1683n grün Leeuwenhoek: Bakterien
1715n grün Réaumur: Bienenstaat
1726n grün Hales: Blutdruckmessung
1735n grün Linnés System
1743n grün Hales: Physiologie
1747n grün Zuckergehalt der Rübe
1747n grün Haller: Physiologie
1760n grün Koelreuter: Bestäubung
1761n grün Pathologische Anatomie
1766n grün Mensch als Säugetier
1775n grün Lavater: Physiognomik
1776n grün Verdauungsvorgang
1778n grün Lamarck: Pflanzenwelt
1780n grün Berührungselektrizität
1786n grün Buffons Naturgeschichte
1786n grün Künstliche Befruchtung
1790n grün 'Metamorphose der Pflanzen'
1794n grün Lamarck: Tierwelt
1796n grün Galls Schädellehre
1809n grün Lamarck: Entwicklungslehre
1809n–1882n Darwin
1812n grün Thaers Bodenlehre
1818n grün Herbart: Psychologie
1824n grün Transfusion Mensch–Mensch
1827n grün Baer: Menschliches Ei
1834n grün E. H. Weber: Hautsinne
1837n grün Atmungszentrum
1838n grün Ehrenberg: Mikrobiologie
1839n grün Künstliche Düngung
1839n grün Purkinje: Ganglien
1849n grün Berthold: Hormone
1850n grün Nervenleitgeschwindigkeit
1855n–1939n Freud
1858n grün Zellularpathologie
1859n grün Darwin: Ursprung der Arten
1860n grün Pasteur: Bakteriologie
1863n grün Th. Huxley: Abstammung
1866n grün Mendels Vererbungslehre
1868n grün Haeckel: Schöpfung
1869n grün Brehms 'Tierleben'
1871n grün Darwin: Abstammung
1873n grün Hansen: Leprabazillus
1874n grün Billroth: Mikrokokken
1878n grün Koch: Bakteriologie
1881n grün Charcot: Hysterie
1881n grün Mitschurins Züchtungen
1882n grün Koch: Tuberkel-Bazillus
1889n grün Eikman: Vitamin
1894n–1964n Norbert Wiener
1895n grün Freud: Psychoanalyse
1897n grün Malaria-Erreger
1900n grün Freud: Traumdeutung
1901n grün Landsteiner: Blutgruppen
1902n grün Vries: Mutationslehre
1906n grün Koch: Schlafkrankheit
1907n grün Morgan: Vererbungslehre
1912n grün Adler: Psychologie
1914n grün Blüten-Farbstoffe
1920n grün Jung: Archetypen
1923n grün Frisch: Leben der Bienen
1924n grün Berger: Hirnforschung
1926n grün Pawlow: Nervenforschung
1936n grün Spemann: Entwicklung
1939n grün Geschlechtsbestimmung
1940n grün Rhesus-Faktor
1941n grün Viren sichtbar
1943n grün J. Huxley: Evolution
1944n grün Schrödinger: 'Leben'
1945n grün Goetsch: Vitaminforschung
1951n grün Sonneborn: Vererbung
1952n grün Meteoro-Biologie
1953n grün Kinseys Sexual-Report
1955n grün Montagu: Psychologie
1956n grün Strahlengefährdung
1962n grün Contergan-Schäden
1963n grün Anti-Baby-Pille
1964n grün Gefahren des Rauchens

BION (um 290v–um 220v), griechischer Philosoph aus Boristhenes am Schwarzen Meer, Sohn eines freigelassenen Sklaven, selbst Sklave eines Rhetors, der ihn später freiließ. Weil seine Mutter eine Hetäre war, sagte man angesichts seines geistreichen, witzigen Stils, er habe der Philosophie das Hetärengewand übergeworfen. Als Freigeist aller Religion abhold, wurde er wegen Gottesleugnung angeklagt.

258v blau Schrift über Knechtschaft

BION aus Smyrna (um 150v–um 80v), griechischer Lyriker aus Kleinasien. Schrieb Loblieder auf den Gott der Liebe sowie ein Klagelied auf den Tod eines schönen Jünglings der griechischen Sage (Adonis).

107v blau 'Totenklage'

BIRIDRI, König von Damaskus von 855v bis 843v.

890v–843v Lebenslinie
854v braun Assyrische Angriffe

BIRUNI, Al, arabischer Gelehrter persischer Herkunft.

973n–1048n Lebenslinie
1005n blau Geschichtswerk
1029n grün Sternkunde
1032n blau Kulturgeschichte Indiens
1036n grün 'Katechismus der Geometrie'
1047n grün Errechnung des Erdumfangs

BISMARCK, Otto, deutscher Staatsmann.

1815n–1898n Lebenslinie
1862n rot Ministerpräsident
1864n braun Krieg gegen Dänemark
1866n braun Deutscher Krieg
1866n rot Bundes-Auflösung
1866n rot Norddeutscher Bund
1870n/1871n Krieg gegen Frankreich
1871n rot Einigung Deutschlands
1871n rot Wilhelm I. Kaiser
1871n rot Reichskanzler
1873n rot Drei-Kaiser-Bund
1873n rot Mai-Gesetze
1878n rot Sozialistengesetz
1879n rot Bund mit Österreich
1879n grün Eisenbahn verstaatlicht
1882n rot Dreibund
1884n rot Kolonien in Afrika
1885n rot Weitere Kolonien
1887n rot Rückversicherungsvertrag
1888n/1890n Aufstand in Ostafrika
1890n rot Entlassung
1898n blau Autobiographie

BISMARCK-ARCHIPEL, Inselgruppe der Ostküste Neuguineas im Pazifischen Ozean. Von 1884n bis 1920n deutsche Kolonie, dann australisches Treuhandgebiet.

1616n grün Entdeckung

BISRIK, Ibn (um 750n–815n), arabischer Sprachgelehrter. Übersetzte mehrere Schriften des Aristoteles aus dem Griechischen in seine arabische Muttersprache.

810n blau Übersetzung der 'Politik'

BISTAMI (um 810n–875n), arabischer Religionsphilosoph in Persien. Von indischem Gedankengut beeinflußt, suchte er die Lehre vom völligen Aufgehen des Einzelnen im Nichts für den Islam annehmbar zu machen und damit über den Koran hinauszugehen. Gegner aller islamischen Gesetzesfrömmigkeit und Dogmatik.

839n blau Dogmen-Gegner

BITHYNIEN, Landschaft in Nordwest-Kleinasien am Schwarzen Meer. Benannt nach dem thrakischen Volksstamm der Bithyner, der sich vor über 3000 Jahren hier niederließ. Nach Unterwerfung durch Lyder und Perser für zwei Jahrhunderte selbständiges Königreich. Griechen bauten unweit des Bosporus um 300 v die Stadt Nikäa auf. Durch Verfügung seines letzten Königs nach dessen Tod römische Provinz. Kaiser Diokletian errichtete hier die Residenz des Römerreiches (Nikomedia). Später gelangte das Land unter die Herrschaft von Goten und Seldschuken. Seit 1326 n kam es unter die Herrschaft der Türken, die ihr Reich in den ersten vier Jahrzehnten von seiner alten Stadt Brussa aus regierten.

132 v–63 v rot — Mithridates
129 v–40 v grün — Asklepiades
74 v rot — Römische Erbschaft
74 v/64 v — 3. Mithridatischer Krieg
64 v rot — Römische Provinz
243 n–316 n rot — Diokletian
286 n rot — Nikomedia Residenz
325 n rot — Konzil von Nikäa
1259 n–1326 n rot — Osman I.
1326 n braun — Türkischer Sieg
1326 n rot — Brussa türkisch
1326 n rot — Brussa Hauptstadt
1330 n braun — Türkischer Sieg
1330 n rot — Türken-Herrschaft

BITUMEN, brennbarer, fettiger Naturstoff aus Kohlenstoff und Wasserstoff. Kommt in drei Aggregatzuständen vor: gasförmig (Erdgas), flüssig (Erdöl), fest (Asphalt, Teer, auch 'Bitumen' genannt).

2749 v grün — Isoliermittel
803 n grün — Petroleum-Veredelung
1441 n grün — 'Quirinusöl'
1823 n grün — Öl-Destillation
1825 n grün — Faraday: Benzol
1839 n–1937 n — Rockefeller
1855 n grün — Petroleum-Lampe
1864 n grün — Petroleum-Motor
1865 n grün — Öl-Pipeline
1870 n grün — 'Standard Oil'
1883 n grün — Benzinmotor
1893 n grün — Dieselmotor
1951 n grün — Erdöl-Verstaatlichung

BIZET, Georges (1838 n–1875 n), französischer Komponist. Als Sohn eines Perückenmachers und einer Pianistin besuchte er seit seinem zehnten Lebensjahre das Konservatorium und gewann schon mit seinen frühen Kompositionen mehrere Preise. Dagegen hatte er mit seinen ersten großen Werken ('Die Perlenfischer', 'Iwan der Schreckliche') wenig Erfolg und mußte seinen Lebensunterhalt mit Stundengeben verdienen. Unbeirrt auch durch zunehmende Krankheit ging er seinen Weg zur volkstümlichen Oper zu Ende und krönte sein Lebenswerk durch Schaffung der Oper 'Carmen', die bei ihrer Uraufführung, drei Monate vor seinem frühen Tode, durchfiel und erst nach ihrem Erfolg in Deutschland zur meistgespielten Oper der Welt wurde. Schrieb auch Klavierwerke, Sinfonien und Lieder.

1875 n blau — 'Carmen'

BJÖRNSON, Björnstjerne (1832 n–1910 n), norwegischer Dichter. Schrieb Erzählungen aus dem Bauernleben, die von tiefer Liebe zur Heimat erfüllt sind ('Arne', 'Synnöve Solbakken'). Trat für die Unabhängigkeit Norwegens ein und schuf die norwegische Nationalhymne. Als Theaterleiter kämpfte er für die Verselbständigung des norwegischen Theaters von dänischem Einfluß und schrieb gesellschaftskritische Dramen ('Ein Fallissement', 'Ein Redakteur'). Mit der bürgerlichen Moral ('Ein Handschuh') setzte er sich ebenso auseinander wie mit der Kirche ('Über die Kraft I'), der kapitalistischen Ausbeutung ('Über die Kraft II') und der Erziehung ('Es flaggen Stadt und Hafen').

1895 n blau — 'Über unsere Kraft'

BLACK, Joseph (1728 n–1799 n), englischer Physiker und Chemiker aus Bordeaux. Beobachtete als erster den Gewichtsverlust bei chemischen Veränderungen und wies Kohlensäure in der ausgeatmeten Luft nach. Seine Versuche, die Schmelzwärme des Eises und die Verdampfungswärme des Wassers zu messen, führten ihn zur Entdeckung der latenten Wärme, die er als 'verschluckte Wärme' bezeichnete.

1757 n grün — Wärmelehre

BLANC, Louis (1811 n–1882 n), französischer Historiker, Politiker und Publizist. Schrieb eine Geschichte der Julimonarchie des Louis Philippe. Die bürgerliche Gesellschaftsordnung klagte er in seinem Buche 'Organisation der Arbeit' an. Das von ihm geschilderte Elend des Proletariats suchte er durch Beseitigung des Kapitalismus zu überwinden. Sein von ihm dafür ins Auge gefaßtes Mittel war die Verwirklichung sozialer Reformen (wie die Bildung von Produktivgenossenschaften der Arbeiter). Als Mitglied der provisorischen Regierung von 1848 suchte er vergeblich das System des privaten Unternehmertums und der freien Konkurrenz mit parlamentarischen Mitteln zu überwinden. Bekämpfte den Versuch des Pariser Proletariats zur revolutionären Verwirklichung sozialer Gerechtigkeit.

1839 n blau — 'Organisation der Arbeit'

BLANCHARD, François (1753 n–1809 n), französischer Ballonfahrer. Überquerte als erster Mensch fliegend in einem Ballon den Ärmelkanal von Frankreich nach England, begleitet von dem Amerikaner Jeffries. Erprobte einen von Montgolfier gebauten Fallschirm. Nach mehr als 700 erfolgreichen Flügen erlag er bei einem neuen Ballon-Aufstieg einem Schlaganfall.

1785 n grün — Ballonflug

BLANQUI, Louis (1805 n–1881 n), französischer Politiker. Nach dem Studium der Medizin und der Rechte stieß er zur revolutionären Arbeiterbewegung und widmete sich der Verbreitung kommunistischer Gedanken. An den Vorbereitungen zur Pariser Kommune war er führend beteiligt. Nach deren Scheitern wurde er zu lebenslanger Haft verurteilt.

1870 n blau — Zeitschrift
1871 n braun — Aufstand der Kommune

BLASEN- UND NIERENLEIDEN

1981 v–1929 v — Neferi
936 n–1013 n — Abur Kasim

BLATNER, Anton (um 1490 n–um 1550 n), Augsburger Goldschmied. Baute die erste fahrbare Feuerspritze und überwand dadurch die vorher übliche Technik des Tragens oder Heranschleifens der einzelnen Löschgeräte an die Brandstelle.

1518 n grün — Feuerlöschwagen

BLAVATSKY, Helene Petrowna (1831 n bis 1891 n), russische Religionsphilosophin. Tochter eines Generals. Trat nach einem abenteuerlichen Reiseleben 41jährig als Medium bei spiritistischen Sitzungen in Kairo auf. Drei Jahre später gründete sie mit dem nordamerikanischen Spiritisten Oberst Olcott die Theosophische Gesellschaft, deren Sitz sie bald nach Indien verlegte. Suchte die gemeinsame Grundlage aller Religionen aufzufinden und darauf eine neue Religion aufzubauen. Das Ergebnis ihrer Bemühungen legte sie in dem dreibändigen Werke 'Geheimwissenschaft' nieder. Es enthält Bestandteile indischer Mystik, der Yoga-Lehre, des Spiritismus, des Christentums, jüdischer Kabbala, griechischer Mysterienkulte sowie der Geisterlehre Swedenborgs und der modernen Naturwissenschaft.

1875 n blau — Theosophie

BLEDA (um 412 n–445 n), König der Hunnen. Als Neffe des Königs Rua teilte er sich nach dem Tode seines Onkels mit seinem Bruder Attila die Herrschaft über das europäische Hunnenreich, dessen Zentrum die mittlere Donau (Ungarn) war. Nach elfjähriger Regierung wurde er ermordet, und die Alleinherrschaft fiel Attila zu.

434 n rot — Teilherrscher
445 n rot — Attila Alleinherrscher

BLEISTIFT

1122 n grün — Graphitgriffel
1564 n grün — Holzfassung

BLINDENSCHRIFT, Punktschrift, die durch ihren plastischen Charakter von blinden Menschen mit den Händen gelesen (= ertastet) werden kann. Beruht auf einer von Charles Barbier geschaffenen zwölfpunktigen Grundform. Der blinde Lehrer Louis Braille vereinfachte dies Verfahren durch das Sechspunkt-Grundzeichen und schuf damit das internationale Schriftsystem der Blinden.

1829 n grün — Einführung

BLINDER FLECK, Bezeichnung für den Punkt im menschlichen Auge, an dem der Sehnerv eintritt. Die Blindheit dieses Flecks wurde von dem französischen Forscher Mariotte entdeckt.

1666 n grün — Entdeckung

BLINDHEIT

1355 v blau — Relief eines Blinden
640 v–586 v — Zedekia
958 n–1025 n — Basilius II.
996 n/1014 n — Bulgarenkrieg
1829 n grün — Blindenschrift
1902 n blau — Helen Kellers Biographie

BLITZ, gewaltsame, plötzliche Entladung entgegengesetzter Elektrizität zwischen zwei Wolken oder zwischen einer Wolke und der Erde. Da es sich um hohe Spannungen handelt (100 Millionen Volt), vollzieht sich ihre Entladung unter heftigem Geräusch (Donner). Dem Menschen gilt er seit alters her als Zeichen der Gewalt und Unberechenbarkeit der Natur.

325 v blau — 'Alexander mit Blitz'
135 v–50 v — Poseidonios
97 v grün — Erforschung
1752 n grün — Blitzableiter

BLITZABLEITER, Metallspitze, die durch ihr Herausragen über den höchsten Gebäudeteil einschlagende Blitze anzieht und über einen Draht direkt in die Erde leitet, ohne daß eine Beschädigung oder Gefahr für das getroffene Gebäude entsteht.

1752 n grün — Erfindung

BLOCH, Ernst (geboren 1885 n), deutscher Philosoph. Erforschte die Rückwirkung utopischer Vorstellungen auf die Wirklichkeit ('Geist der Utopie') und suchte im revolutionären Prozeß eine religiöse Triebkraft nachzuweisen ('Thomas Münzer als Theologe der Revolution'). 1933 n emigrierte er in die Schweiz und dann nach Nordamerika. Dort schrieb er sein Hauptwerk, in dem er eine Verbindung von sozialistischer Utopie, marxistischer Gesellschaftskritik und jüdischer Heils-Erwartung unternahm ('Das Prinzip Hoffnung'). Die Existenzphilosophie suchte er mit dem Marxismus zu versöhnen. Seit 1949 n wieder in Deutschland, ging er als Sozialist in die DDR. Acht Jahre später verlor er aber wegen seiner Betonung des Individuellen gegenüber dem Sozialen seine Leipziger Professur. 1961 n emigrierte er in die Bundesrepublik, widerstand aber allen Versuchen, ihn zu einer antisozialistischen Haltung zu bestimmen.

1955 n blau — 'Das Prinzip Hoffnung'

BLOCK, Adrian (um 1580 n–um 1640 n), holländischer Pelzhändler. Gründete zusammen mit seinem Landsmann Christiansen die erste europäische Niederlassung auf dem Gebiete des späteren New York.

1613 n rot — Niederlassung auf Manhattan

BLOCK, Alexander (1880 n–1921 n), russischer Dichter. Schrieb Theaterstücke und Gedichte. Bejahte die bolschewistische Revolution, als die meisten bürgerlichen Dichter schwiegen. Seine Revolutionsschilderung 'Die Zwölf' machte ihn weltberühmt. Gleichzeitig beschrieb er das Russentum in seiner sieghaften Kraft wie in seiner finsteren Ungebändigtheit ('Die Skythen'). Als die übrigen bürgerlichen Dichter ihren Frieden mit dem siegreichen Bolschewismus machten, schwieg er und zog sich zurück.

1917 n blau — 'Die Zwölf'

BLON, Jakob le (1667 n–1741 n), deutscher Erfinder. Als Maler und Kupferstecher verließ er 37jährig seine Heimatstadt Frankfurt am Main und zog nach Amsterdam, wo er sich mit Möglichkeiten des Farbdrucks beschäftigte. Dabei ging er von Newtons Lehre der Zusammensetzung des Lichtes aus und zerlegte die zu druckenden Bilder in drei Grundfarben. Diese schabte er in einer dem Kupferstich ähnlichen Technik punktförmig in drei verschiedene Platten. Durch den Übereinanderdruck der drei Farbplatten (gelb, rot, blau) erzielte er die Buntheit der Vorlage. Nachdem er sein Verfahren noch durch Zugabe einer vierten Platte abgerundet hatte (Schwarzplatte), verließ er Holland, um in England seine Erfindung auszuwerten. Doch erlitt er dort Fehlschläge und hatte auch mit einer von ihm errichteten Tapetenfabrik kein Glück. So ging er nach Paris, wo er ein königliches Privileg für die farbige Vervielfältigung von Ölbildern erhielt. Da er alle genau aufeinander abgestimmten Farbplatten in mühsamer Handarbeit selbst herstellte, konnte er insgesamt nur etwa 50 Ölgemälde in Farbdruck übertragen.

1710 n grün — Dreifarbendruck

BLÜCHER, Leberecht (1742 n–1819 n), preußischer Heerführer in den Kriegen 1813 n/1815 n. Durch sein rechtzeitiges Eintreffen bei Waterloo wurde die letzte Schlacht gegen Napoleon entschieden, nachdem der englische Marschall Wellington mit seinen Truppen allein den Sieg nicht erringen konnte.

1796 n/1815 n — Napoleonische Kriege

BLUES, von dem englischen Worte für 'blau' (das gleichzeitig 'schwermütig' bedeutet) abgeleitete Bezeichnung für einen melancholischen Gesang nordamerikanischer Neger. Durch den Komponisten Handy wurde die im Klagegesang der Negersklaven wurzelnde Musikart zur Grundform des Jazz gemacht.

1903 n blau — Jazz in New Orleans
1910 n blau — Handys Kompositionen

BLÜTENBESTÄUBUNG, Befruchtung von Pflanzen durch die Übertragung von Blütenstaub. Meist von Blüte zu Blüte durch Insekten und Vögel oder durch den Wind (= Fremd-Bestäubung), selten durch eigene Weitergabe innerhalb der gleichen Blüte (= Selbst-Bestäubung).

1760 n grün — Koelreuters Forschungen

BLUM, Léon (1872 n–1950 n), französischer Politiker. Als Führer der sozialistischen Partei Frankreichs wurde er 1936 Ministerpräsident und vereinigte in seinem Kabinett alle auf Erhaltung der Demokratie bedachten Parteien einschließlich der Kommunisten ('Volksfront'). Auf diese Weise bewahrte er sein Land vor faschistischen Gefahren. Durch seine Politik der Nichteinmischung im Spanischen Bürgerkrieg begünstigte er indirekt den Sieg des von Deutschland und Italien unterstützten spanischen Faschismus.

1936 n rot — Volksfrontkabinett

BLUM, Robert (1807 n–1848 n), deutscher Schriftsteller und Politiker. Als Führer der radikalen Opposition in Sachsen nahm er an der Vorbereitung und Durchführung der zweiten deutschen Revolution teil. In der Frankfurter Paulskirche führte er die Linke und wurde 1848 n mit einer Botschaft an die österreichischen Revolutionäre nach Wien geschickt. Dort kämpfte er an der Seite der Aufständischen. Nach Einnahme der Stadt durch die Truppen der Konterrevolution unter Mißachtung seiner parlamentarischen Immunität erschossen.

1848 n/1850 n — Deutsche Revolution
1848 n rot — Nationalversammlung

BLUMEN

2328 v grün — Rose in Mesopotamien
1901 v blau — 'Fürst mit Blumen'
1467 v blau — 'Tänzerinnen mit Lotos'
1462 v blau — 'Blumenpflückerin'
1425 v blau — 'Jüngling mit Lotos'
1324 v blau — 'Junge Frau mit Lotos'
770 v grün — Rose in Griechenland
1258 n blau — 'Der Rosengarten'
1323 n blau — Blumenspiele von Toulouse
1395 n blau — 'Übergabe der Blume'
1464 n blau — Noamis Bilder
1473 n blau — 'Madonna im Rosenhag'
1525 n grün — Botanischer Garten Erfurt
1554 n grün — Tulpe nach Europa
1626 n grün — Botanischer Garten Paris
1641 n blau — 'Saskia mit Blume'
1739 n grün — Kamelie nach Europa
1760 n grün — Blütenbestäubung
1788 n grün — Hortensie nach Europa
1914 n grün — Willstätter: Farbstoffe
1957 n blau — Symbol 'Tausend Blumen'

BLUMENSPIELE ('Jeux floraux'), Bezeichnung für Dichter-Wettkämpfe, zu denen seit mehr als 600 Jahren die Handwerker von Toulouse (Südfrankreich) einmal jährlich aufriefen. Entstanden in Anlehnung an die Sängerzünfte, die in verschiedenen französischen Städten den Meistergesang pflegten (Arras, Lille, Tournai, Dieppe, Rouen, Amiens). Der Preis für das beste Gedicht war ein goldenes Veilchen, später traten Tausendschönchen und Rose für Prosadichtungen hinzu. Die einberufene Gesellschaft verlieh den Siegern gleichzeitig den Titel eines 'Doktors der fröhlichen Wissenschaft'. König Ludwig XIV. erhob die Gesellschaft 1696 n zu einer Akademie und bewilligte ihr Staatszuschüsse. In Spanien (Barcelona) und Deutschland (Köln) wurden diese Wettkämpfe unter dem gleichen Namen nachgeahmt.

1323 n blau — Einrichtung

BLUNDELL, James (1790 n–1878 n), englischer Arzt und Geburtshelfer. Nach zahlreichen Tierversuchen führte er die erste Blutübertragung von Mensch zu Mensch durch. Er entnahm frisches Blut von mehreren Männern und spritzte es einem geschwächten Patienten in die Vene.

1824 n grün — Bluttransfusion

BLUT

2578 v grün — Pulsbeobachtung
412 v grün — Hippokrates: Herzfunktion
324 v–250 v — Herophilos
262 v grün — Arterien und Venen
257 v grün — Erasistratos: Blutfülle
387 n grün — Folgen des Aderlasses
1263 n grün — Lungen-Blutkreislauf
1618 n grün — Doppelter Blutkreislauf
1658 n grün — Blutkörperchen
1660 n grün — Stensen: Herzfunktion
1661 n grün — Malpighi: Kapillargefäße
1667 n grün — Transfusion Tier/Mensch
1726 n grün — Blutdruckmessung
1824 n grün — Transfusion Mensch/Mensch
1890 n grün — Blut-Serum
1901 n grün — Landsteiner: Blutgruppen
1940 n grün — Rhesus-Faktor
1948 n grün — Blutkreislauf-Maschine

BLUTAXT, Erich (um 900 n–950 n), norwegischer König. Mißbilligte die von Harald Schönhaar auf Kosten der Bauern durchgeführte Zentralisierung des Landes und verließ seine Heimat, um auf Island für sich und seine Anhänger neue Wohnsitze zu suchen. Als sein Feind Egil ihm durch Schiffbruch in die Hände fiel, schenkte er diesem das Leben.

901 n–982 n — Egil Skallagrimssen
936 n blau — Egils Preislied

BLUTGERICHTSBARKEIT, Bezeichnung für den Teil der Gerichtsbarkeit, die über Leben und Tod von Angeklagten entscheidet. In Griechenland vor mehr als 2500 Jahren von der übrigen Gerichtsbarkeit abgetrennt und auf die Behandlung von Mord, Tötung durch Gift und Brandstiftung beschränkt.

461 v rot — Amt des Adels

BOBBIO, Stadt in Norditalien, 50 km nordöstlich von Genua im Ligurischen Apennin. Hier gründete der irische Mönch Kolumban vor fast 1400 Jahren ein Kloster, das in den folgenden Jahrhunderten durch seine Bibliothek Berühmtheit erlangte. Es wurde 1804 n aufgelöst.

534 n–615 n — Kolumban
612 n blau — Kloster

BOCCACCIO, Giovanni di, italienischer Dichter und Gelehrter.

1313 n–1375 n — Lebenslinie
1353 n blau — 'Decamerone'
1471 n blau — Fouquets Illustrationen

BODEL, Jean (um 1150 n–1210 n), französischer Dichter. Schrieb ein Gedicht auf die Sachsenkriege Karls des Großen ('Widukind oder das Lied der Sachsen'). Außerdem verfaßte er ein frühes Bühnenstück vom Nikolaus ('Mirakelspiel'). Als Aussatz erkrankt, verabschiedete er sich mit einem Gedicht von seinen Freunden und empfahl sich der Barmherzigkeit seiner Mitmenschen ('Der Abschied'). Lebte noch 8 Jahre mit seiner unheilbaren Krankheit.

1197 n blau — Nikolaus-Spiel

BODENREFORM, Änderung der Besitzverhältnisse oder der Verfügungsgewalt über Grund und Boden mit dem Ziele einer Verbesserung der Lage einer Gesellschaftsklasse.

581 v grün — Reform in China
429 v–370 v — Phaleas
424 v–367 v — Dionys der Ältere
240 v rot — Mord an Agis
226 v grün — Reform in Sparta
163 v–133 v — Tiberius Gracchus
133 v rot — Gracchus' Ackergesetz
111 v rot — Aufhebung von Reformen
108 v–62 v — Katilina
59 v rot — Cäsars Ackergesetze
9 n grün — Reform in China
23 n grün — Aufhebung der Reform
513 n–552 n — Totila
543 n grün — Reform im Ostgotenreich
554 n grün — Aufhebung der Reform
570 n–635 n — Li-Yüan
605 n–680 n — Fujiwara
606 n–652 n — Rothari
620 n grün — Reform in China
626 n–672 n — Tenji
645 n rot — Reform in Japan
717 n grün — Reform in Spanien
918 n–961 n — Haakon der Gute
1021 n–1086 n — Wang-Anschi
1069 n rot — Reformen in China
1073 n grün — Reform in Kleinasien
1448 n blau — Jack Cades Forderung
1496 n–1560 n — Gustav Wasa
1775 n blau — Spence: 'Menschenrechte'
1870 n blau — Liebknecht: 'Bodenfrage'
1870 n–1924 n — Lenin
1879 n blau — H. Georges Untersuchung
1889 n grün — Damaschkes Zeitschrift
1917 n grün — Reform in Rußland

BODENSEEGEBIET

304 n blau — Gründung von Konstanz
534 n–615 n — Kolumban
610 n rot — Christianisierung
611 n blau — Kloster Bregenz
613 n blau — Kloster Sankt Gallen
724 n blau — Kloster Reichenau
924 n/925 n — Ungarn-Einfall
1089 n blau — Münster Konstanz
1295 n–1366 n — Seuse
1342 n braun — Erhebung in Konstanz
1350 n–1415 n — Chrysoloras
1362 n–1437 n — Sigismund
1365 n–1416 n — Hieronymus

1369n–1415n Hus
1415n rot Hus verbrannt
1416n rot Hieronymus verbrannt
1418n rot Konzil zu Konstanz
1425n rot Weber gegen Konzern

BODHI-DHARMA (um 480n–um 535n), chinesischer Religionsphilosoph indischer Herkunft. Vertrat innerhalb des chinesischen Buddhismus die strenge, auf Innerlichkeit bedachte 'Tschan-tsung'-Richtung. Gründete eine Schule zur Übung der Versenkung in sich selbst (Meditation). Erhielt von den Chinesen den Namen Ta-Mo.

518n blau Meditationsschule

BODIN, Jean (1530n–1590n), französischer Staatsrechtler, Volkswirtschaftler und Geschichtsphilosoph. Bestimmte den Begriff der obersten Staatsgewalt (Souveränität) im Sinne der absoluten Monarchie, die sich gegenüber dem selbstherrlichen Adel und den Übergriffen des Papstes behaupten müsse als Prinzip des Rechtes und der Sittlichkeit. Trat für religiöse Duldsamkeit ein, obwohl er als ehemaliger Karmelitermönch selbst niemals ganz loskam vom Glauben an Hexen und an den Teufel. In der Überflutung Europas mit amerikanischem Golde sah er eine ernste Gefahr für die französische Wirtschaft. Durch seine Theorie der Abhängigkeit des Volkswohlstandes vom Besitz an Edelmetallen bereitete er das erste volkswirtschaftliche System vor (Merkantilismus).

1574n grün Volkswirtschaftslehre
1576n blau Staatslehre

BODLEY, Thomas (1545n–1612n), englischer Staatsmann und Gelehrter. Gab mit 52 Jahren seine diplomatische Laufbahn auf, um die durch Kriegseinwirkungen zerstörte Universitätsbibliothek von Oxford neu aufzubauen, wofür er durch eine reiche Heirat die Mittel besaß. Ließ in Deutschland, Frankreich, Holland, Spanien und Italien durch eigene Sachverständige seltene Bücher, insbesondere Handschriften, aufkaufen und schuf durch diese systematische Sucharbeit die Grundlage für eine der wertvollsten Bibliotheken der Welt. Die 2000 Bücher, mit denen er sie im Jahre 1602n eröffnete, haben sich inzwischen vertausendfacht, aber die seltenen Handschriften machen bis heute ihren Hauptwert aus.

1600n blau Bibliothek in Oxford

BÖCKLIN, Arnold (1827n–1901n), schweizerischer Maler und Bildhauer. Starke musikalische Begabung bestimmte ihn zu dem immer wiederholten Versuch, musikalische Stimmungsgehalte in Farben auszudrücken. So schuf er harmonische Gemälde und Plastiken aus der Märchen- und Sagenwelt nach fremden Dichtungen und eigenen Einfällen sowie nach der Natur, insbesondere Landschaftsbilder.

1878n blau 'Gefilde der Seligen'

BÖHEIM, Hans (um 1450n–1476n), deutscher Freiheitskämpfer. Als Hirtenjunge verkündete er in Unterfranken den Anbruch des Zeitalters der Gleichheit. Von den Bauern begeistert aufgenommen, forderte er die Verteilung aller Reichtümer an die Armen sowie die Abschaffung der Herrschaft von Kirche und Fürsten. Tausende von Bauern verweigerten darauf die Abgabe des Zehnten an die Obrigkeit, wehrten sich gegen die Eintreiber und machten sich seine Forderung nach Gleichheit des Besitzes und des Einkommens zu eigen. Der von ihm organisierte Aufstand scheiterte. Auf Befehl des Erzbischofs von Mainz wurde er gefangen und in Würzburg als Ketzer öffentlich verbrannt.

1476n braun Aufstand
1476n rot Hinrichtung

BÖHME, Jakob (1575n–1624n), deutscher Philosoph. Als Schuhmacher in Görlitz schrieb er seine Gedanken über Welt und Leben nieder. Trotz kirchlichen Schreibverbots entwickelte er seine Naturphilosophie weiter und lehrte, daß nichts ohne sein Gegenteil ('Gegenwurf') bestehe. Unter Gleichsetzung von Gott und Welt wurde er zum Wegbereiter philosophischer und mystischer Gedankengebäude.

1612n blau Naturphilosophie

BÖHMEN, Land in Mitteleuropa, Kernstück der Tschechoslowakei.

24v–37n Marbod
8v braun Markomannen-Eroberung
8v rot Markomannenreich
17n/19n Germanischer Bruderkrieg
92n/93n Römischer Angriff
166n/180n Markomannenkrieg
500n braun Slawische Eroberungen
595n–662n Samo
624n rot Slawenreich
631n braun Niederlage der Franken
631n rot Samos Reich gesichert
662n rot Teilfürstentümer
791n rot Fränkische Oberhoheit
804n–876n Ludwig der Deutsche
877n–936n Heinrich I.
906n/907n Vorstoß der Ungarn
906n rot Ende Großmährens
908n–929n Wenzel der Heilige
912n–973n Otto I., der Große
928n/929n Deutscher Kriegszug
929n rot Boleslaw Herrscher
935n rot Selbständigkeit
950n braun Sieg Ottos I.
950n rot Deutsche Oberhoheit
1058n rot Verdammung von Ketzern
1122n blau Kosmas: Geschichte
1122n–1190n Friedrich I. Barbarossa
1140n–1217n Peter Waldes
1255n rot Deutsches Recht für Prag
1255n blau König Ottokar: Königsberg
1278n braun Niederlage gegen Deutsche
1278n rot Gebietsverlust
1300n grün Silbermünzen
1310n blau Prager Burg
1316n–1378n Karl IV.
1330n–1399n Peter Parler
1341n blau Veits-Dom begonnen
1348n blau Universität Prag
1355n blau Burg Karlstein
1356n rot 'Goldene Bulle'
1357n blau Prager Karlsbrücke
1362n–1437n Sigismund
1365n–1416n Hieronymus von Prag
1369n–1415n Hus
1370n blau Entstehung Karlsbads
1370n–1424n Ziska
1385n blau Veits-Dom vollendet
1398n blau Hus verteidigt Wiclif
1400n blau 'Ackermann aus Böhmen'
1409n rot Deutscher Rektor entlassen
1410n rot Bann gegen Hus
1412n blau Hus' Forderungen
1420n blau Ziskas Forderungen
1420n/1434n Hussiten-Kreuzzug
1420n grün Haubitzen-Einsatz
1424n rot 'Taboriten' beseitigt
1434n rot Anerkennung der Stände
1443n–1490n Matthias Corvinus
1457n rot 'Böhmische Brüder'
1520n grün Abkommen gegen Streik
1527n rot Österreichische Herrschaft
1538n rot Bund gegen Protestanten
1583n–1634n Wallenstein
1609n rot Religionsfreiheit
1618n braun Protestanten-Aufstand
1618n/1648n Dreißigjähriger Krieg
1634n rot Ermordung Wallensteins
1798n blau Schiller: 'Wallenstein'
1865n blau Stifter: 'Witiko'
1866n blau Smetana: 'Verkaufte Braut'
1914n/1918n Erster Weltkrieg
1918n rot CSR selbständig
1938n rot Münchner Abkommen
1938n rot Sudetenland deutsch
1939n/1945n Zweiter Weltkrieg

BÖHMISCHE BRÜDER, Name der Angehörigen einer religiösen Erneuerungsbewegung in Böhmen und Mähren (Tschechoslowakei). Aus den Hussiten hervorgegangen, bildeten Weber und andere Handwerker sowie arme Bauern und Landarbeiter den Kern der Organisation ('Böhmische Brüdergemeinde'). Ihre sozial-revolutionäre Richtung wurde aber durch die aus der Bibel abgeleitete Gewaltlosigkeit so abgeschwächt, daß sie bald nur noch religiöse Ziele anstrebte. Ihre grundsätzliche Verwerfung des Eigentums aus religiösen Gründen machte sie trotzdem für die herrschende und besitzende Klasse zu einem gefährlichen Gegner. Deshalb wurden sie verfolgt und vertrieben. In Preußen (Herrnhut) und Polen hielten sich einzelne neugegründete Gemeinschaften, die sich auf die Verweigerung von Eid und Kriegsdienst beschränkten und den Fortbestand ihrer Gemeinden durch ihren Verzicht auf eine eigentumsfeindliche Aufklärung erkauften. Ihr Festhalten an der Forderung nach Ehelosigkeit für Priester erschwerte die Annäherung an die Anhänger Luthers, die für Aufhebung des Eheverbots eintraten. Die Ablehnung der katholischen Kirche führte sie trotzdem auf die Seite der Reformation. Für die Erziehung leisteten sie Bahnbrechendes (Comenius).

1457n rot Entstehung
1628n blau Comenius: Erziehung
1727n rot Herrnhuter-Bewegung

BÖKEL (Beukelszoon), Willem (um 1340n bis 1397n), holländischer Fischer. Entwickelte ein Verfahren zur Haltbarmachung von Heringen durch Einsalzen.

1384n grün Konservierung

BÖOTIEN, Landschaft in Mittelgriechenland. Bildete um die Mitte des ersten Jahrtausends vor unserer Zeitrechnung einen Bundesstaat. Hauptstadt Theben.

447v braun Sieg über Athen
447v rot Bündnis mit Spartha
418v–362v Epaminondas
396v grün Hilfsgelder an Theben
395v rot Bündnis Theben/Athen
395v/386v Korinthischer Krieg
382v/362v Thebanischer Krieg
379v rot Theben Demokratie
368v rot Theben Vormacht
362v rot Machtverlust Thebens
339v/338v Dritter Heiliger Krieg
335v rot Vernichtung Thebens

BÖRSE, Zusammenkunft von Händlern zum An- und Verkauf von Besitzanteilen größerer Erwerbs-Unternehmungen der Produktion (Fabriken, Bergwerke, Gewerbebetriebe) und der Güter-Verteilung (Kaufhäuser, Handelsgesellschaften und Banken). Die Anteile werden ohne Prüfung der gehandelten Werke und Werte erworben allein nach der errechneten Gewinnaussicht. Durch diese Verwandlung des Eigentums in eine Ware sind die Börsen Ausdruck einer Übergangsphase von der persönlichen Unternehmer-Wirtschaft des Frühkapitalismus zur anonymen Monopol-Wirtschaft des Spätkapitalismus, dessen Hauptinstrument die Großbanken sind. Das Wort Börse wird auch als Bezeichnung der Gebäude verwendet, in denen regelmäßig Börsen abgehalten werden.

1453n grün Beurses Kapital-Handel
1531n grün Antwerpen
1537n grün Nürnberg
1537n grün Augsburg
1540n grün Hamburg
1541n grün Lyon
1549n grün Toulouse
1565n grün London
1566n grün Rouen
1592n grün Köln
1605n grün Lübeck
1623n grün Königsberg
1627n grün Bremen
1632n grün Frankfurt am Main
1634n grün Leipzig
1702n grün Paris
1716n grün Berlin
1750n grün Rotterdam
1753n grün Edinburgh
1753n grün Wien
1811n grün Petersburg
1817n grün New York
1929n grün Börsenkrach in USA

BÖSCHENSTEIN, Johannes (1472n–1540n), deutscher Gelehrter. Lernte in seiner Heimatstadt Eßlingen Hebräisch und wurde bald ein so berühmter Lehrer dieser Sprache, daß Melanchthon ihm seinen Wittenberger Lehrstuhl überließ. In Zürich unterrichtete er Zwingli und wurde schließlich wegen seiner vollendeten Beherrschung der Judensprache verdächtigt, ein Jude zu sein. Schrieb eine hebräische Grammatik sowie eine Einführung in die hebräische Literatur. Um seiner wirtschaftlichen Notlage abzuhelfen, verfaßte er auch Schriften, die seinem Fachgebiet fernlagen, darunter ein Rechenbuch. das immer wieder aufgelegt wurde. Obwohl er den Titel 'Kaiserlicher Majestät hebräischer Zungenmeister' führte, wurde er wegen seiner freiheitlichen Gesinnung verfolgt und eingekerkert. Seine Gegnerschaft gegen die katholische Kirche führte ihn auf die Seite der Reformation. Schrieb mehrere Kirchenlieder.

1514n grün Rechenbuch

BOËTHIUS, römischer Philosoph und Staatsmann.

480n–524n Lebenslinie
523n blau Glück und Unglück
524n blau 'Trost der Philosophie'
900n blau Englische Übersetzung

BOETHOS (um 230v–um 150v), griechischer Bildhauer und Goldschmied aus Chalkedon (Kleinasien). Schuf zahlreiche Kinder-Plastiken, darunter die Bronzeplastik eines Knaben, der spielend eine Gans umarmt und sie dabei vor lauter Zuneigung fast erwürgt.

182v blau 'Knabe mit Gans'

BÖTTGER, Johann Friedrich (1682n–1719n), deutscher Chemiker. Als Apothekerlehrling beschäftigte er sich mit der Alchemistenkunst der Goldherstellung. Vor den Häschern des Preußenkönigs, die ihn bei seiner erfolgsversprechenden Arbeit bewachten, floh er nach Dresden. Doch wurde er dort vom Sachsenkönig zur Fortsetzung seiner Goldmacherversuche gezwungen. Durch Arbeiten des ihn beaufsichtigenden Physikers Tschirnhaus mit Fliesen aus rotbrennenden Tonmischungen wurde er zur Erfindung des roten Hartporzellans angeregt (Böttger-Porzellan). Zum Leiter der staatlichen Porzellan-Herstellung ernannt und mit der Leitung der Manufaktur Meißen beauftragt, entwickelte er noch ein weißes Porzellan. Als er das Geheimnis der Porzellan-Herstellung dem Preußenkönig verkaufen wollte, wurde er eingekerkert und starb bald darauf.

1708n grün Porzellan
1710n grün Meißner Manufaktur

BOGAZKOI, türkisches Dorf, 150 km östlich von Ankara im Herzen Kleinasiens. In seiner Nähe wurde seit 1907n Reste der Stadt Hattusa ausgegraben, die vor etwa viertausend Jahren Hauptstadt der nach Kleinasien eingewanderten Hettiter war.

1966v blau Bronze 'Sitzender Mann'
1834v–1773v Anitta
1797v braun Zerstörung
1612v–1550v Hattu-Sili I.
1563v–1530v Mur-Sili I.
1402v–1341v Matti-Waza
1338v blau Stadttor
1335v blau Sphinx
1306v blau Yazilikaya-Reliefs
1258v–1203v Arnu-Wanda
1203v braun Zerstörung

BOGENLICHT, Bezeichnung für grell leuchtende Lichtstrahlen, die zwischen den Spitzen zweier von elektrischem Strom durchflossenen Kohlenstäbe entstehen, wenn diese nach kurzer Berührung in geringer Entfernung voneinander gehalten werden. Die Entdeckung dieses Lichtes bewies die Verwendbarkeit der Elektrizität zu Beleuchtungszwecken.

1811n grün Erfindung

BOGENSCHIESSEN

Vorzeittafel: 20000 Jahre
2347v grün Waffe in Mesopotamien
2251v blau Sumerisches Relief
2021v rot Schützen als Elitetruppe
1434v blau Ägyptisches Relief
1198v grün Berittene Schützen
1099v–1016v Tschu
1031v blau Zeremoniell in China
666v grün Sport in Babylon
510v grün Persische Münze
53v grün Planmäßiger Einsatz
1365n grün Förderung in England

BOGOMIL, bulgarischer Priester.

914n–961n Lebenslinie
940n rot Sozial-religiöse Bewegung
943n blau Sklavenarbeit unwürdig
954n blau Gleichheitsforderung

BOGOMILEN, religiöse Reformbewegung mit sozialen Zielen. Benannt nach ihrem Gründer Bogomil. Verwarf Sklavenarbeit und Reichtum. Erstrebte urchristliche Gleichheit ohne Privateigentum. Das Zentrum ihrer Bewegung lag in Bulgarien, wo die Bauernbewegungen mehrere Jahrhunderte hindurch von ihren Ideen getragen wurden.

914n–961n Bogomil
940n rot Gründung der Bewegung
943n blau Sklavenarbeit unwürdig
954n blau Gleichheitsforderung
973n blau Rede eines Gegners
1116n blau Niederschrift der Lehren
1144n rot Vertreibung aus Ämtern
1180n rot Verfolgung in Serbien
1212n rot Verfolgung in Bulgarien

BOHR, Niels, dänischer Naturwissenschaftler.

1885n–1962n Lebenslinie
1913n grün Atommodell
1920n grün Periodisches System

BOHRER

2694v grün Drillbohrer in Indien
2674v grün Steinbohrer in Ägypten

BOILEAU, Nicolas (1636n–1711n), französischer Dichter und Kunsttheoretiker. Als Sohn eines Gerichtsschreibers wurde er Rechtsanwalt und Schriftsteller. In Anlehnung an die antike Poesie, deren Naturtreue, Klarheit und Vernünftigkeit ihm vorbildlich erschien, stellte er seine Regeln der Dichtkunst in einem Buche zusammen. Forderte von der Kunst, die gesellschaftliche Bindung des Einzelmenschen bewußt zu machen. Verspottete Kirche und Rechtsprechung. Berühmt wurden seine Briefe und Satiren.

1674n blau Lehrbuch der Dichtkunst

BOK-CHORIS, König in Ägypten.

760v–715v Lebenslinie
757v–703v Sabaka
720v braun Hilfe für Palästina
718v grün Ärzteschule in Sais
717v blau Vasenbild
715v braun Sieg Oberägyptens

BOLESLAW (905n–967n), Herzog von Böhmen von 935n bis 967n. Wehrte sich gegen die von seinem Bruder Wenzel betriebene Christianisierung seines Landes und führte die gegen Wenzel gerichtete Erhebung des antichristlichen Adels. Folgte seinem Bruder nach dessen Ermordung auf den Thron, eroberte Teile Mährens und Schlesiens, mußte aber nach einer Niederlage seiner Heere gegen Otto I. die deutsche Oberhoheit anerkennen.

908n–929n Wenzel
929n rot Herrscher von Böhmen
935n rot Böhmen unabhängig
950n braun Niederlage gegen Deutsche
950n rot Unter deutscher Oberhoheit

BOLESLAW I. (967n–1025n), seit 992n Herzog, 1025n erster König von Polen. Behauptete in erfolgreichen Kämpfen gegen Deutschland die Oder-Grenze und bestätigte für westlich der Neiße gelegene Gebiete (Lausitz) die Lehnshoheit des deutschen Kaisers. Um die Unabhängigkeit Polens vor aller Welt zu dokumentieren, ließ er sich kurz vor seinem Tode zum Könige krönen, obwohl seine Gesandtschaft an den Papst vom deutschen Kaiser abgefangen worden war. Sein Reich erstreckte sich vom Dnjestr bis zum Oberlauf der Elbe. Erhielt den Beinamen 'Chobry' (= 'der Tapfere').

1025n rot Polen Königreich

BOLESLAW III. (1086n–1138n), König von Polen in der Zeit von 1102n bis 1138n. Unterwarf Westpommern und zwang der Bevölkerung Pommerns das Christentum auf. Befreite Polen durch einen Sieg über die Reichsheere auf dem Hundsfeld bei Breslau (1109n) aus deutscher Oberhoheit. Nahm aber Rügen und Merseburg als deutsches Lehen an und huldigte erneut dem deutschen Kaiser.

1109n braun Sieg über Deutsche
1109n rot Ende deutscher Oberhoheit
1124n rot Christianisierung Pommerns

BOLEYN, Anna (1507n–1537n), Königin von England, Geliebte Heinrichs VIII. von England, der sie heiratete, um dem von ihr erwarteten Kinde Legitimität zu geben. Als sie statt des erhofften Sohnes eine Tochter gebar (die spätere Königin Elisabeth I.), wurde Heinrich VIII. ihrer überdrüssig und ließ sie enthaupten.

1491n–1547n Heinrich VIII.
1533n–1603n Elisabeth

BOLIVAR, Simon, amerikanischer Freiheitskämpfer.

1783n–1830n Lebenslinie
1811n/1826n Freiheitskampf
1813n rot Unabhängigkeit Kolumbiens
1821n rot Peru unabhängig
1821n rot Venezuela unabhängig
1822n rot Ecuador unabhängig
1825n rot Unabhängigkeit Boliviens
1826n rot Spanischer Rückzug

BOLIVIEN, Staat im Herzen Südamerikas, benannt nach Simon Bolivar. Im 14. Jahrhundert gelangte seine indianische Bevölkerung unter die Herrschaft des Inkareiches von Peru. Seit 1539n spanische Kolonie. Wegen seines Reichtums an Silber und Zinn besonderes Ausbeutungsobjekt der spanischen Herren, denen das Land erst 300 Jahre später durch einen Befreiungskrieg unter Simon Bolivar entrissen wurde. Trotz der politischen Befreiung dauerte die wirtschaftliche Ausbeutung durch ausländische Mächte fort. Die Herrschaft des englischen Kapitals im 19. Jahrhundert wurde im 20. Jahrhundert durch das US-Kapital abgelöst. Streiks, Aufstände, Enteignungen, Verstaatlichungen und Umstürze kündigen die wirtschaftliche Befreiung des Landes an.

1496n grün Inka-Straße
1536n/1539n Vorstoß der Spanier
1539n rot Spanische Kolonie
1546n grün Silberfunde
1780n/1783n Teilnahme am Aufstand
1781n rot Tupac Amaru hingerichtet
1783n–1830n Bolivar
1811n/1826n Kampf Lateinamerikas
1825n rot Unabhängigkeit
1879n/1883n Salpeterkrieg
1920n rot Mitglied im Völkerbund
1945n rot Mitglied der UN

BOLOGNA, Stadt in Norditalien. Bereits zu etruskischer Zeit eine bedeutende Stadt ('Felsina'), wurde sie 189v römische Militärkolonie, gelangte dann in den Besitz der Ostgoten und der Langobarden. Nach Unterwerfung durch Byzanz und den Kirchenstaat wurde sie im Jahre 1089n freie Stadt und erlebte einen schnellen kulturellen und wirtschaftlichen Aufschwung. Die 1101n gegründete Rechtsschule wurde 1119n zur ersten Universität Europas. In der Medizin stand Bologna an der Spitze der Entwicklung. Wiederholte Unterwerfung durch den Kirchenstaat (1278n–1860n) hemmte diese Entfaltung. Seit 1861n Bestandteil eines selbständigen italienischen Staates. Erlitt im zweiten Weltkrieg schwere Zerstörungen.

1101n blau Rechtsschule
1228n grün Wundbehandlung
1315n grün Sektionen

BOLOGNA, Giovanni da (1524n–1608n), flämischer Bildhauer. Schuf seine Hauptwerke in Italien, wo er im Dienste der

Fürsten von Medici stand. Vereinigte in seinen Kunstwerken klassische Strenge mit einer ins Barocke weisenden Lebendigkeit und Sinnenfreude. Hatte eine eigene Schule der Bildhauerkunst.

1565n blau 'Fliegender Merkur'
1583n blau 'Raub der Sabinerin'

BOLOTNIK, Iwan, russischer Freiheitskämpfer.

1570n–1607n Lebenslinie
1606n blau Soziale Forderungen
1607n braun Aufstand

BOLSCHEWISMUS, von dem russischen Wort für Mehrheitler (Bolschewiki) abgeleitete Bezeichnung für den revolutionären Flügel der russischen Sozialdemokratie, der bei einer Zufallsabstimmung des Londoner Exil-Parteitages 1903n die Mehrheit erhielt. Nach dem Siege der Oktoberrevolution wurde darunter der Weg des russischen Volkes zum Kommunismus verstanden. Die Identifizierung der Sowjetmacht mit der Sache der Weltrevolution führte schließlich dazu, daß der Name sowohl mit der Festigung des Sowjetstaates in Rußland als auch mit dem teils erhofften, teils gefürchteten Fortschreiten der Weltrevolution gleichgesetzt wurde.

1869n blau 'Manifest' russisch
1870n–1924n Lenin
1879n–1953n Stalin
1883n rot Sozialistische Partei
1902n blau Lenin: Parteitheorie
1903n rot Partei gespalten
1913n blau Stalin: 'Nationale Frage'
1914n/1918n Erster Weltkrieg
1917n blau Lenin: Staatstheorie
1917n/1922n Russische Revolution
1917n rot Rußland Sowjetrepublik
1917n grün Vergesellschaftung
1917n blau Reed: Revolutionsbericht
1918n rot Tscheka
1919n rot Komintern gegründet
1920n blau Majakowski: 'Millionen'
1921n braun Kronstädter Aufstand
1921n rot 'Neue ökonomische Politik'
1922n rot Gründung der UdSSR
1922n rot Rapallo-Vertrag
1924n blau Stalin: 'Leninismus'
1925n/1949n Chinesische Revolution
1927n rot Sozialismus in einem Lande
1927n grün Dnjepr-Kraftwerk
1929n grün Fünfjahresplan
1932n blau Gründung von Komsomolsk
1933n blau Makarenkos Schilderung
1933n blau Trotzkis Erinnerungen
1934n rot Pakt mit Polen
1934n blau Ostrowskis Autobiographie
1935n rot Pakt mit Frankreich
1935n grün Stachanow-System
1936n/1939n Spanischer Bürgerkrieg
1936n rot Scheinprozesse
1936n rot Verfassung
1937n blau Plastik 'Werktätige'
1939n rot Pakt mit Deutschland
1939n/1945n Zweiter Weltkrieg
1939n rot Teilung Polens
1940n rot Anschluß des Baltikums
1940n blau Scholochows Schilderung
1941n rot Flüchtlings-Auslieferung
1943n rot Komintern aufgelöst
1943n rot Konferenz von Teheran
1944n rot Bündnis mit Frankreich
1945n rot Besetzungen
1945n rot Potsdamer Konferenz
1945n blau Fadejew: 'Junge Garde'
1950n rot Vertrag mit China
1953n rot Ende der Stalin-Ära
1958n rot Regierung Chrustschows
1964n rot Ende der Chrustschow-Ära

BOLTZMANN, Ludwig (1844n–1906n), österreichischer Naturwissenschaftler. Bahnbrechend durch seine Arbeiten zur kinetischen Gastheorie, nach der die Geschwindigkeit der Gasmoleküle mit steigender Temperatur wächst. Bei der Aufstellung dieser Theorie wendete er erstmals die Gesetze der Statistik auf das molekulare Geschehen an. Anhänger der Lehre von der ewigen, unergewordenen, unzerstörbaren Materie aus kleinsten Bausteinen (Atomistik). Vertiefte die Lehre von der Entropie durch Anwendung der Wahrscheinlichkeitsrechnung.

1878n grün Statistische Mechanik

BOMBAY, Hafenstadt an der Westküste Indiens. Wegen ihrer Europa zugewandten Lage wurde die Stadt nach der Festsetzung der Europäer in Indien trotz ihres ungesunden Klimas (Cholera, Pocken, Pest) zum wichtigsten Hafen und zur zweitgrößten Stadt Indiens. Während der englischen Herrschaft über Indien Mittelpunkt der Kolonialmacht und Ausgangsort der ersten indischen Eisenbahn. Als Zentrum der Textil-Industrie wurde die Stadt zum Ausgangspunkt der indischen Arbeiterbewegung.

1534n rot Portugiesische Herrschaft
1662n rot Englische Herrschaft
1947n rot Indien unabhängig

BOMBE, Metall-Hohlkörper mit Sprengstoff-Füllung, der bei Abwurf aus Ballon oder Flugzeug Zerstörungen verursacht. Seit dem zweiten Weltkrieg auch zur Vernichtung ganzer Städte und zur Hinmordung der Zivilbevölkerung eingesetzt. Ihre zerstörende Wirkung wurde seit 1945n durch Füllung mit atomarem Sprengsatz vervielfacht ('Atombombe'). Deren Weiterentwicklung zur Wasserstoffbombe ('H-Bombe') steigerte die Kriegsmöglichkeit zu einer die Existenz ganzer Völker bedrohenden Gefahr.

1911n/1912n Erste Abwürfe
1939n/1945n Zweiter Weltkrieg
1941n blau 'Bomber über Berlin'
1945n grün Atombombe
1945n rot Atombomben-Abwurf
1952n grün Wasserstoffbombe

BON, Gustave le (1841n–1931n), französischer Wissenschaftler. Wurde Arzt und kam über die Psychologie zur Soziologie. Nach zahlreichen Auslandsreisen, die ihn bis nach Indien führten, arbeitete er als Privatgelehrter an der Aufhellung der Zusammenhänge zwischen Mensch und Gesellschaft. Entdeckte wichtige Gesetze in den Verhaltensweisen der Volksmassen der spätbürgerlichen Gesellschaft. Durch ihre systematische Zusammenstellung schuf er die geistige Grundlage für eine erfolgreiche Manipulation der vom Kapitalismus zur Masse erniedrigten Völker ('Psychologie der Massen'). Als Gegner aller Gleichheitsideen und Volksbewegungen bemühte er sich um den Nachweis, daß die Menschheit zur Ungleichheit fortschreitet.

1895n blau 'Psychologie der Massen'

BONAPARTE, Familienname des französischen Feldherrn Napoleon, der sich als Napoleon I. zum Kaiser von Frankreich machte.

1769n–1821n Lebenslinie
1773n–1859n Metternich
1777n–1811n Kleist
1792n/1795n Revolutionskriege
1796n rot Oberbefehlshaber
1796n/1815n Napoleonische Kriege
1798n rot 'Helvetische Republik'
1799n rot Sturz des Direktoriums
1799n rot Konsulat
1800n braun Aufstand der Revolutionäre
1800n grün Bank von Frankreich
1801n rot Gebietsgewinn
1801n rot Konkordat
1801n grün Priester-Besoldung
1802n rot Kolonialsystem, Sklaverei
1803n braun Aufstand auf Haiti
1803n rot Deputationshauptschluß
1804n braun Royalistischer Aufstand
1804n rot Haiti unabhängig
1804n rot Zivilgesetzbuch
1806n rot Rheinbund
1806n rot Ende des deutschen Reiches
1806n grün Kontinentalsperre
1806n/1812n Russisch-türkischer Krieg
1807n/1808n Krieg Spaniens
1809n/1810n Tiroler Bauernaufstand
1809n rot Tod Schill'scher Offiziere
1810n rot Erschießung Hofers
1812n rot Konvention von Tauroggen

BONAVENTURA, Johannes (1221n–1274n), italienischer Mönch und Philosoph. Als General des Franziskaner-Ordens verfaßte er eine idealisierende Lebensgeschichte des Ordensgründers Franziskus. Mit Thomas von Aquin befreundet, nahm er an dessen Bestrebungen zur Behauptung der katholischen Religion gegen die durch Araber in Europa sich verbreitende wissenschaftliche Denkweise teil. Verfälschte die Aristoteles-Kommentare des Ibn Rasd (Averroes) im kirchlichen Sinne.

1263n blau Franziskus-Biographie

BONER, Ulrich (um 1300n–um 1360n), schweizerischer Schriftsteller. Schrieb nach lateinischen Quellen eine Sammlung von 100 humorvollen Fabeln und Erzählungen belehrenden Inhalts, denen er meist eine handfeste Moral anfügte.

1349n blau Fabelsammlung

BONIFATIUS (Winfried), angelsächsischer Priester.

675n–754n Lebenslinie
701n–784n Fergil der Geometer
710n–782n Lioba
721n rot Mission in Thüringen
722n blau Kloster Amöneburg
723n blau Fällen der Donar-Eiche
724n blau Kloster Ohrdruf
727n rot Christianisierung Hessens
732n blau Kloster Fritzlar
735n blau Kloster Tauberbischofsheim
740n blau Frauenklöster in Franken
742n rot Synode
744n blau Kloster Fulda
747n rot Unterstellung unter Papst
748n rot Klage gegen Fergil

BONIFATIUS VIII., italienischer Priester. Papst von 1294n bis 1303n.

1235n–1303n Lebenslinie
1230n–1306n Jacopone von Todi
1232n–1300n Segarelli
1247n–1328n Johannes Korvino
1296n rot Steuerverweigerung
1296n blau Kritik Jacopones
1300n rot 'Jubeljahr'
1300n grün Spendengelder
1301n blau Jacopone eingekerkert
1302n rot Weltlicher Machtanspruch
1303n rot Gefangennahme
1303n blau Universität Rom

BONN, Stadt am linken Rheinufer südlich von Köln. Der römische Feldherr Drusus legte hier vor fast 2000 Jahren bei einem keltischen Dorf ein Kastell an ('Castra Bonnensia'). Im Jahre 70n wurden die römischen Legionen von aufständischen Germanen (Batavern) geschlagen. Seit dem 4. Jahrhundert mehrfach zerstört, aber immer wieder aufgebaut, wurde es um 1265n Wohnsitz des von den Kölner Bürgern vertriebenen Erzbischofs Engelbert II. und blieb bis 1794n Residenz der Erzbischöfe von Köln, die sich hier sicherer fühlten als im liberalen Köln. 1794n von Franzosen besetzt, kam es 1801n an Frankreich und fiel nach Napoleons Niederlage 1815n an Preußen (Wiener Kongreß). Die 1777n als Akademie gegründete und 1786n eröffnete kirchlich geprägte und von Napoleon aufgehobene Universität wurde 1818n durch den Preussenkönig Friedrich Wilhelm III. wieder hergestellt. Als alte katholische Residenz-Stadt preußischer Tradition wurde sie 1949n Hauptstadt der deutschen Bundesrepublik. Geburtsstadt Beethovens.

38v–9v Drusus
12v/7v Zweiter Germanenkrieg
68n/70n Aufstand der Bataver
892n braun Vorstoß der Normannen
1770n–1827n Beethoven
1792n/1795n Revolutionskriege
1796n/1815n Napoleonische Kriege
1801n rot Französischer Besitz
1815n rot Wiener Kongreß
1949n rot Hauptstadt der BRD

BONSELS, Waldemar (1881n–1952n), deutscher Schriftsteller. Als siebzehnjähriger Arztsohn begab er sich auf Wanderschaft durch Deutschland, durch viele Länder Europas sowie nach Ägypten und Indien. Später bereiste er auch Nord- und Südamerika. Darüber schrieb er seine von Naturliebe und Abenteurerdrang erfüllten Bücher ('Indienfahrt', 'Notizen eines Vagabunden'). Sein ganzes dichterisches Werk ist vom Bewußtsein der Seelenverwandtschaft alles Lebenden erfüllt. Weltberühmt wurde er durch seine vermenschlichende Darstellung des Lebens einer Biene.

1912n blau 'Biene Maja'

BOOLE, George (1815n–1864n), englischer Mathematiker. Suchte der Lehre von den Gesetzen des Denkens (Logik) durch Zurückführung auf mathematische Symbole wissenschaftliche Beweisstrenge zu geben. Unter Ausklammerung der Sinnfrage gelang ihm der Aufbau einer rechnerisch begründeten Logik. Seine 1847n veröffentlichte Schrift 'Die mathematische Analyse der Logik' hatte nur 82 Seiten, aber sie brachte die mathematische Logik zum Durchbruch, die seit Leibniz' 'universeller Charakteristik' die kühnsten Denker beschäftigte. Sieben Jahre nach dieser ersten Veröffentlichung erschien sein Hauptwerk über die Gesetze des Denkens.

1847n grün Mathematische Logik

BOOTE

2829v grün Verwendung von Planken
2496v blau 'Bootsfahrt einer Dame'
2471v–2397v Ni-Anch-Pta
2441v–2379v Meska-Lamdug
2407v blau Ägyptisches Relief
2383v blau Silbernes Boot
2339v grün Bau aus Papyrus
2064v blau Plastik eines Hausbootes
2047v blau Plastik eines Ruderkahnes
1869v blau Relief des Bootsbaus
1615v grün Kiel-Spanten-Bauweise
1462v blau Ägyptisches Gemälde
1380v blau Relief einer Barke
740v grün Schlauchboot in Assyrien
257n grün Bau bei Goten
267n grün Bau aus Eichenholz
425n grün Flotte der Wandalen
855n grün Bau bei Normannen
1622n grün Unterseeboot
1954n grün Atom-Unterseeboot
1960n grün Tauchboot

BOOTH, William (1829n–1912n), englischer Prediger. Trat von der anglikanischen Kirche zu den Methodisten über, wandte sich dann aber auch von diesen Christen ab, weil er bei allen Kirchen die praktische Nächstenliebe vermißte. Erkannte, daß auch menschliche Hilfsbereitschaft in der christlich-kapitalistischen Gesellschaft auf militärischer Grundlage organisiert werden muß, und baute seit 1865n hierfür einen Verein auf, den er seit 1878n 'Heilsarmee' nannte.

1878n rot Heilsarmee

BOPP, Franz (1791n–1867n), deutscher Sprachforscher. Ging 21jährig nach Paris und sechs Jahre später nach London, um nach den dortigen Handschriften arabische Sprachen zu studieren. 31jährig erhielt er auf Empfehlung Wilhelm Humboldts eine Professur in Berlin, wo er sich ganz niederließ. Durch systematischen Vergleich des Indischen (Sanskrit), Griechischen und Lateinischen mit den germanischen Sprachen wies er die Verwandtschaft der 'indogermanischen' Sprachen nach und begründete die moderne Sprachwissenschaft. Später bezog er in seine Vergleiche das Persische, das Litauische, das Keltische, das Albanische sowie malayisch-polynesische Sprachen ein. Verfaßte auch eine Schrift über die Sprache der alten Preußen und gab Übersetzungen heraus ('Die Sündflut nebst drei andern der wichtigsten Episoden des Mahabharata').

1816n blau Sanskrit-Forschung

BORCHERT, Wolfgang (1921n–1947n), deutscher Dichter. Als entschiedener Gegner des Faschismus zum Tode verurteilt, dann aber 'zur Bewährung' an die Front geschickt, kam er sterbenskrank zurück. Schrieb vor seinem Tode noch einige Gedichte sowie seine Tragödie eines Heimkehrers 'Draußen vor der Tür' in Form eines Hörspiels.

1947n blau 'Draußen vor der Tür'

BORDEAUX, Hafenstadt in Südwest-Frankreich unweit des Atlantischen Ozeans am Unterlauf der Garonne. Die keltische Stadt Burdigela wurde in Cäsars Gallischem Krieg unterworfen und für fünf Jahrhunderte römisch, dann westgotisch und schließlich (507n) fränkisch. 1154n für vier Jahrhunderte englisch. Im vorletzten Jahre des Hundertjährigen Krieges mußte sich die Stadt den französischen Heeren ergeben, 1453n bestätigte England diesen Verlust. In den Hugenottenkriegen fand hier 1572n eine blutige Protestanten-Verfolgung statt. Mit dem Aufstieg Frankreichs zur Kolonialmacht entwickelte sie sich zum Umschlagplatz der Kolonisation und des Sklavenhandels. Mit dem so gewonnenen Reichtum verwandelte sich der unansehnliche Hafenplatz in eine der schönsten Städte Frankreichs. Während der deutschen Besetzung von Paris im Jahre 1871n sowie in beiden Weltkriegen vorübergehend Sitz der französischen Regierung.

58v/51v Gallischer Krieg
309n–394n Ausonius
507n braun Vorstoß der Franken
507n rot Franken-Herrschaft
848n braun Vorstoß der Normannen
1338n/1453n Hundertjähriger Krieg
1375n rot Verbleib bei England
1453n rot Endgültig französisch

BORG, Ortschaft auf der Insel Island. Bekannt wegen ihrer Schule, die neben Oddi eine der führenden Ausbildungsstätten des Inselreiches zur Zeit seiner höchsten Kulturblüte vor 700–1000 Jahren war.

1178n–1241n Snorri Sturluson

BORGHESANO (um 1220n–um 1280n), italienischer Erfinder. Baute eine Maschine zum Zusammenzwirnen feinster Seidenfäden. Diese 'Seidenmühle' mit ihren zahllosen Spulen und Hebeln hatte bereits viele Merkmale einer Spinnmaschine. Sie wurde mit Wasserkraft angetrieben.

1272n grün Zwirnmaschine

BORGIA, Alexander, spanischer Priester,

1431n–1503n Lebenslinie
1452n–1498n Savonarola
1492n rot Kauf der Papstwürde
1493n rot Weltaufteilung
1498n rot Verbrennung Savonarolas
1503n rot Ablaßverkauf

BORGIA, Cesare (1475n–1507n), italienischer Fürst. Sohn Alexanders VI., Kardinal, dann Herzog, suchte er mit List und Gewalt ein eigenes Herzogtum zusammenzubringen. Der Tod seines Vaters zerstörte diesen Plan, weil dessen Nachfolger (Papst Julius II.) ihn gefangensetzte und seinen Besitz zur Grundlage des späteren Kirchenstaates machte. Fiel in Spanien. Sein skrupelloses, verbrecherisches Tun (das auch vor Verwandtenmord nicht zurückschreckte) veranlaßte Machiavelli und Gobineau, ihn zum Helden ihrer Bücher über glänzend-begabte, aber ehrgeizig-gewissenlose Gewaltmenschen zu machen ('Renaissancemenschen').

1431n–1503n Alexander VI.
1513n blau Machiavelli: 'Principe'
1877n blau Gobineau: 'Renaissance'

BORGIA, Lukrezia (1480n–1519n), italienische Fürstin, Tochter Alexanders VI. Am Hofe ihres dritten Mannes, des Fürsten von Ferrara, sammelte sie um sich Künstler und Gelehrte. Der ihr nachgesagte unsittliche Lebenswandel veranlaßte Victor Hugo und Donizetti, sie zur Heldin einer Tragödie und einer Oper zu machen.

1431n–1503n Alexander VI.

BORGO SAN SEPOLCRO, Stadt in Mittel-Italien, 80 km südöstlich von Florenz. Hier lebte vor 500 Jahren der italienische Maler Francesca und schmückte mehrere Gebäude der Stadt mit seinen Bildern.

1417n–1492n Francesca

BORIS, Herrscher der Bulgaren von 853n bis 888n.

828n–907n Lebenslinie
865n rot Taufe

BORIS GODUNOW (1552n–1605n), russischer Zar von 1598n bis 1605n. Als Angehöriger des hohen Adels (Bojaren) schon während der Regierungszeit des Zaren Iwan IV. am Hofe von Einfluß, verheiratete er seine Schwester mit dem Thronfolger Feodor I. und war während dessen schwacher Regierung als Regent und Minister der eigentliche Beherrscher des Reiches. Durch Schaffung des Patriarchats von Moskau machte er die russische Kirche von Konstantinopel unabhängig und unterwarf sich zugleich der Geistlichkeit. Festigte die Leibeigenschaft durch Einführung 'verbotener Jahre', in denen die Bauern ihren Hof nicht verlassen durften, und brachte so den Landadel auf seine Seite. Nachdem er des Zaren neunjährigen Halbbruder Dimitri hatte umbringen lassen, wurde er nach dem Tode des Zaren von den Bojaren zum Herrscher gewählt. Führte erfolgreiche Kriege gegen Schweden und Krim-Tataren und dehnte die russische Macht in Sibirien aus. Puschkin schrieb über ihn ein Drama, Mussorgski eine Oper.

1587n blau Gründung von Tobolsk
1589n rot Kirche frei von Byzanz
1589n rot Patriarchat Moskau
1597n rot Zwang gegen Bauern
1825n blau Puschkins Tragödie
1874n blau Mussorgskis Oper

BORNEO, Insel zwischen Hinterindien und Australien, größte Insel des Indonesischen Inselreiches und drittgrößte Insel der Erde (nach Grönland und Neu-Guinea). 1521n von Portugiesen entdeckt, die hier erste Handels-Niederlassungen anlegten, aber seit 1600n von Holländern verdrängt wurden. Seit 1846n setzten sich an der Nordküste englische Händler fest, 40 Jahre später wurde der Norden der Insel unter englische Herrschaft gestellt und blieb bei der Erklärung der Unabhängigkeit der übrigen Insel als Teil eines freien Indonesien englisch. 1963n schlug England diesen Nordteil einem kurzlebigen Staatenbunde mit Singapur und Malaya zu ('Malaysia'). Die damit von den Engländern beabsichtigte politische Neutralisierung der chinesischen Bevölkerungsmehrheit Singapurs wurde bereits 1965n durch den Austritt Singapurs zunichte gemacht.

1888n rot Nordgebiete englisch
1901n– Sukarno
1939n/1945n Zweiter Weltkrieg
1945n/1954n Erhebung Südostasiens
1949n rot Teilweise indonesisch
1965n braun Guerilla-Kämpfe

BOROBUDUR, buddhistischer Kultbau auf der Insel Java (Indonesien). Besteht aus einer in neun Terrassen ansteigenden Tempelpyramide mit etwa 500 plastischen Buddha-Bildwerken und mehr als 1500 Reliefplatten mit Szenen aus dem Leben Buddhas.

800n blau Bau

BORROMINI, Francesco (1599n–1667n), italienischer Baumeister und Bildhauer. Suchte in der Baukunst die Formstrenge der Renaissance endgültig hinter sich zu lassen. Seine Bauten sind durch geschwungene Dächer, gegliederte Giebel, aufgelöste Flächen und reiche Verzierungen gekennzeichnet (Barock).

1641n blau Kirchenbau in Rom

BOSCH, Robert (1861n–1942n), deutscher Mechaniker. Besuchte nach Abschluß seiner Mechanikerlehre England und die USA. Dann eröffnete er eine eigene kleine Werkstätte, die sich durch Ausrichtung auf die heraufkommende Motorisierung und durch Spezialisierung auf elektrische Ausrüstung schnell zu Weltruhm entwickelte. Erfand die Magnetzündung für den Benzinmotor.

1902n grün Magnetzündung

BOSNIEN, Land im Nordwesten der Balkanhalbinsel. Teilstaat der jugoslawischen Volksrepublik.

1222n rot Christliche Reformbewegung
1234n rot Katharer-Verfolgung
1396n rot Türkische Oberhoheit
1908n rot Österreichische Oberhoheit
1918n rot Jugoslawien selbständig
1939n/1945n Zweiter Weltkrieg
1944n rot Jugoslawien kommunistisch

BOSPORUS, Meerenge zwischen Europa und Kleinasien. Verbindet das Schwarze Meer mit dem Marmarameer.

658v blau Gründung von Byzanz
576n braun Vorstöße fremder Völker
633n/732n Arabischer Krieg
1259n–1326n Osman I.
1326n braun Vordringen der Türken
1326n rot Türken-Herrschaft
1829n rot Öffnung
1841n rot Sperrung

BOSRA, Stadt in Syrien (Vorderasien), 100 km südöstlich von Damaskus. Vor etwa 2500 Jahren von arabischen Nabatäern gegründet. Im Jahre 106n von den Römern genommen und zur Hauptstadt der römischen Provinz Arabien gemacht. 635n vom neugegründeten Araberreich erobert, erlebte sie nochmals eine Blütezeit, wurde aber bald vom benachbarten Damaskus völlig in den Schatten gestellt. Ihre starke Festung widerstand noch den Kreuzrittern des zwölften Jahrhunderts.

641n blau Moschee

BOSSUET, Jacques Bénigne (1627n bis 1704n), französischer Theologe und Geschichtsschreiber. Als Jesuitenzögling gelangte er schnell zu kirchlichen Würden und zu politischer Macht. Erzieher des Kronprinzen am Hofe Ludwig XIV. Wirkte für die Unabhängigkeit der französischen Kirche von Rom. Schrieb eine katholische Geschichtsphilosophie und ein Werk über die Minderwertigkeit der Protestanten. Bezeichnete die göttliche Vorsehung als die bestimmende Kraft der Weltgeschichte und erklärte die königliche Gewalt als von Gott verliehen.

1681n blau Geschichtswerk

BOSTON, Hauptstadt des Staates Massachusetts in den USA. Hier nahm der Unabhängigkeitskampf der nordamerikanischen Kolonie von England seinen Anfang.

1630n blau Gründung
1773n braun Bostoner 'Tee-Party'

BOSTONER TEE-PARTY, Bezeichnung für die Versenkung der Teeladung dreier englischer Schiffe durch die Bürger von Boston aus Protest gegen die Steuerpolitik der englischen Kolonialmacht. Wurde zum Auftakt des Freiheitskampfes der 13 Staaten Nordamerikas gegen ihre englischen Kolonialherren.

1773n braun Tee-Versenkung

BOSWELLIA, kleiner Baum, der vorwiegend in Arabien (Aden) und Ostafrika (Somaliland) gedeiht. Aus seinem Harz wird Weihrauch gewonnen.

2927v grün Nutzung für Weihrauch

BOTANIK, die Wissenschaft von den Pflanzen.

372v–287v Theophrast
309v grün 'Naturgeschichte'
297v grün Physiologie
1193n–1279n Albertus Magnus
1249n grün Gewächshaus in Köln
1408n–1472n Nezalhual
1525n grün Botanischer Garten Erfurt
1626n grün Botanischer Garten Paris
1667n grün Hooke: Pflanzenzellen
1735n grün Linné: Pflanzensystem
1743n grün Hales' Forschungen
1747n grün Zuckergehalt der Rübe
1760n grün Koelreuter: Bestäubung
1778n grün Lamarck: Pflanzenwelt
1790n grün Goethe: 'Metamorphose'
1809n–1882n Darwin
1812n grün Thaers Bodenlehre
1839n grün Künstliche Düngung
1866n grün Mendel: Vererbung
1881n grün Mitschurins Züchtungen
1902n grün Vries: Mutation
1914n grün Willstätter: Farbstoffe

BOTANISCHE GÄRTEN, öffentliche Sammlungen lebender Pflanzen aus der engeren Heimat sowie aus fremden Ländern und Erdteilen, bestehend aus Gartenanlagen und heizbaren Gewächshäusern. In der Regel mit systematischer Zusammenfassung von Pflanzengruppen verwandter Art oder aus gleicher Landschaft.

1408v–1472v Nezalhual
1525n grün Garten in Erfurt
1626n grün Garten in Paris

BOTTICELLI, Sandro (1444n–1510n), italienischer Maler. Lernte bei einem Goldschmied Botticelli, dessen Namen er annahm. Nachdem er sich der Malerei zugewandt hatte, bildete sich seine Kunst unter dem Einfluß von Verrocchio und Leonardo da Vinci. In seinen Bildern gelang ihm die Verfeinerung in der Darstellung seelischer Vorgänge und Zustände. Schuf zahlreiche Gemälde, vor allem nach Sagen-Motiven der vorchristlichen Zeit ('Geburt der Venus', 'Verleumdung des Apelles', 'Mars und Venus', 'Frühling'). Obwohl er auch viele kirchliche Bilder malte (so im Auftrage des Papstes Fresken in der Sixtinischen Kapelle des Vatikans), war er Anhänger des Kirchengegners Savonarola.

1482n blau Fresken
1491n blau Dante-Illustrationen

BOUCHER, François (1703n–1770n), französischer Maler, einer der Hauptmeister des Rokoko in Frankreich. Seine erotische Thematik machte ihn in Verbindung mit seiner anmutigen, duftigen Gestaltung zum Modemaler seiner Zeit, zum Hofmaler und zum Direktor der Akademie. Führende Geister der Aufklärung, besonders Diderot, verwarfen seine Werke als unsittlich und wandten sich gegen ihren zersetzenden Einfluß. Malte 'Diana nach dem Bade', 'Toilette der Venus', 'Madame Boucher'.

1754n blau Gemälde der Pompadour

BOUDICCA (um 10n–61n), britische Königin. Als Frau des Königs Prasutag übernahm sie nach dem Tode ihres Mannes selbst die Herrschaft. Stellte sich an die Spitze eines Aufstandes gegen die römische Fremdherrschaft. Nachdem 70000 von ihren 120000 Soldaten getötet waren, vergiftete sie sich.

61n braun Erhebung

BOUILLON, Gottfried von (um 1060n–1100n), Herzog von Nieder-Lothringen. Nahm als Führer des deutschen Truppenteils am ersten Kreuzzug teil. Schwor wie die Führer der französischen und der normannischen Truppen dem Kaiser von Byzanz den Treueid für die in Vorderasien zu erobernden Gebiete, erhielt darauf Schiffe und nahm an der Besitznahme Jerusalems teil, wo er einen eigenen Staat ausrief und seinen Bruder als König einsetzte.

1096n/1099n Erster Kreuzzug
1096n rot Eid
1099n rot Staat von Jerusalem

BOULDERDAMM-KRAFTWERK, Talsperre am Mittellauf des Colorado im Südwesten der USA. (Seit 1947: Hoover-Damm). Mit seinem 180 km langen Stausee und einem Fassungsvermögen von 37 Milliarden Kubikmetern eines der gewaltigsten Bauwerke der Erde. Dient neben der Elektrizitäts-Gewinnung vor allem der Trinkwasser-Versorgung Süd-Kaliforniens.

1938n grün Fertigstellung

BOULOGNE, Hafenstadt in Nordfrankreich unweit der Stadt Calais am Ärmelkanal. Bereits vor 2000 Jahren von den Römern als Hafen ausgebaut, war die Stadt wegen ihrer Lage gegenüber der Südküste Englands häufig zwischen Franzosen und Engländern umkämpft. Eine von dem englischen General Congreve entwickelte Brandrakete wurde hier zum ersten Male eingesetzt.

1796n/1815n Napoleonische Kriege
1806n grün Raketeneinsatz

BOUMEDIENNE, Houari (geboren 1925n), algerischer Freiheitskämpfer und Staatsmann. Nahm seit 1955n am Befreiungskampf Nordafrikas gegen Frankreich teil und wurde 1960n Chef des Generalstabes der algerischen Befreiungsarmee. Als die politische Unabhängigkeit erkämpft war, verhalf er Ben Bella zur Macht, stürzte ihn aber 1965n und übernahm selbst die Regierung. Brach die wirtschaftliche Abhängigkeit des Landes von Frankreich. Verkündete den Sozialismus und ringt um seine allmähliche Verwirklichung unter gleichzeitiger Hinwendung zu den kommunistischen Ländern.

1954n/1962n Kampf Nordafrikas
1962n rot Algerien unabhängig
1965n rot Sozialismus verkündet

BOURBONEN, französische Herrscher-Familie. Regierte in Frankreich von 1589n bis zur Revolution (1792n) und nach der Restauration noch einmal von 1814n bis 1830n, in Spanien mit Unterbrechungen von 1700n bis 1931n sowie in Italien (Neapel-Sizilien, Parma) zeitweise zwischen 1735n und 1860n.

1553n–1610n Heinrich IV.
1562n/1598n Hugenottenkriege
1585n–1642n Richelieu
1593n rot Katholizismus
1598n rot Edikt von Nantes
1610n rot Ermordung Heinrichs IV.
1618n/1648n Dreißigjähriger Krieg
1619n–1683n Colbert
1624n braun Bauernaufstand
1626n rot Schleifung von Schlössern
1627n braun Protestanten-Erhebung
1628n grün Handelsgesellschaft
1634n rot Besitz Cayennes
1635n rot Besitz der Antillen
1637n braun Bauernaufstand
1638n–1715n Ludwig XIV.
1639n braun Bauernaufstand
1639n–1699n Racine
1643n rot Mazarin 'Erster Minister'
1643n rot Besitz Madagaskars
1651n/1652n Adelserhebung
1657n rot Beschränkung für Adel
1657n grün Merkantilismus
1658n braun Sieg über Spanien
1658n rot Erster Rheinbund
1658n rot Dünkirchen englisch
1659n rot Frankreich Großmacht
1661n rot Regierung Ludwigs XIV.
1661n rot Colbert Finanzminister
1661n blau Versailler Schloß
1662n rot Kauf von Dünkirchen
1662n grün Weberei-Verstaatlichung
1664n rot Schutzzölle
1664n rot Verbot des 'Tartuffe'
1664n grün Tabakmonopol
1665n blau Büste Ludwig XIV.
1666n rot Bevölkerungspolitik
1666n blau Wissenschafts-Akademie
1667n/1668n Erster Krieg Ludwigs XIV.
1668n rot Gewinn flandrischer Städte
1669n rot Vauban: Festungsbau
1670n rot Bündnis gegen Holland
1672n braun Verlust Madagaskars
1672n rot Madagaskar befreit
1672n/1678n Zweiter Krieg Ludwigs XIV.
1673n rot Bündnis mit der Türkei
1673n rot Einheitliches Handelsrecht
1674n rot Gouverneur für Kanada
1678n rot Gebietserwerbungen
1680n rot Reunionen
1680n blau 'Comédie française'
1681n rot Besetzung Straßburgs
1682n blau Spiegelsaal Versailles
1682n grün Park von Versailles
1684n–1721n Watteau
1685n rot Ende der Religionsfreiheit
1685n rot Auswanderungsverbot
1685n grün Hugenotten-Auswanderung
1686n braun Waldenser-Verfolgung
1687n blau 'Grand Trianon'
1688n/1697n Dritter Krieg Ludwigs XIV.
1689n/1691n Irische Erhebung
1689n/1755n Montesquieu
1697n rot Verzicht auf Eroberungen
1699n rot Verbot des 'Telemach'
1700n rot Herrschaft in Spanien
1701n/1714n Spanischer Erbfolgekrieg
1701n blau Rigaud: Bildnis Ludwigs XIV.
1702n/1710n Kamisarden-Aufstand
1706n grün Vaubans Denkschrift
1710n rot Kampf gegen Jansenismus
1713n rot Verzicht in Kanada
1714n rot Gebiete an Österreich
1716n grün Papiergeld
1733n/1735n Polnischer Erbfolgekrieg
1735n rot Gebietsgewinn
1741n/1748n Österreich-Erbfolgekrieg
1743n blau Saint-Simon: 'Mémoires'
1746n rot Verbrennung der 'Pensées'
1755n/1763n Kolonialkrieg
1756n/1763n Siebenjähriger Krieg
1758n–1794n Robespierre
1759n rot Verlust Kanadas
1767n rot Spanien: Jesuitenabwehr
1767n rot Frankreich: Jesuitenabwehr
1768n rot Erwerb Korsikas
1771n rot Aufhebung der 'Parlamente'
1774n rot Einsetzung der 'Parlamente'
1775n/1783n Kampf Nordamerikas
1778n rot Bündnis mit Nordamerika
1779n rot Bündnis-Beitritt Spaniens
1779n rot Bauernfreiheit
1780n rot Abschaffung der Folter
1783n rot Gewinn des Senegal
1786n rot 'Halsband-Affäre'
1788n rot Generalstände einberufen
1789n/1795n Französische Revolution
1792n rot Frankreich Republik
1793n rot Hinrichtung Ludwigs XVI.
1796n/1815n Napoleonische Kriege
1815n rot Wiener Kongreß
1820n/1823n Spanische Revolution
1830n braun Juli-Revolution
1830n rot Herrschaftsende, Frankreich
1859n/1861n Freiheitskampf Italiens
1868n/1869n Spanische Revolution
1931n braun Spanische Revolution
1931n rot Herrschaftsende, Spanien

BOURDELLE, Emile (1861n–1929n), französischer Bildhauer, Maler und Illustrator, Schüler Rodins. Suchte die Plastik in die architektonische Gestaltung einzubeziehen. Schuf auch Pastellbilder und keramische Kunstwerke.

1908n blau 'Herakles'

BOURGIBA, Habib (geboren 1903n), tunesischer Staatsmann. Nach Abschluß seiner Rechts-Studien in Paris trat er der bürgerlichen Freiheitspartei seiner tunesischen Heimat bei ('Destour') und gründete 1934n eine radikalere Partei ('Neo-Destour'), die sich im Kampfe gegen die französische Kolonialherrschaft bewährte. Dreimal von den Franzosen verhaftet und eingekerkert, dann verbannt. Nach Erringung der Unabhängigkeit 1956n tunesischer Ministerpräsident und seit Ausrufung der Republik Tunesien im Jahre 1957n deren erster Präsident. Durch Bewahrung der wirtschaftlichen Abhängigkeit von Frankreich und Erhaltung der alten Besitzverhältnisse unfähig zur Lösung der drängenden sozialen Probleme seines Landes, verlor er seinen beherrschenden Einfluß auf die Bevölkerung.

1954n/1962n Kampf Nordafrikas
1956n rot Tunesien unabhängig
1957n rot Tunesien Republik

BOXEN, von dem englischen Wort 'box' (=schlagen) abgeleitete Bezeichnung für Faustkämpfe. Bereits vor 4000 Jahren auf der Mittelmeerinsel Kreta neben dem Stiersprung beliebter Sport, fand es vor 3000 Jahren auch in Griechenland Eingang. Im 4. Jahrhundert vor der Zeitwende wurde es von den Römern übernommen und entwickelte sich zu einem Schaukampf, der von Sklaven zur Unterhaltung der Bürger vorgeführt wurde. Der Kampf wurde nun mit bleibestückten Handschuhen ausgeführt und verlief oft tödlich. Im 17. Jahrhundert in England wieder aufgenommen als Kampfübung zum persönlichen Schutz. Im 18. Jahrhundert als Ernstkampf polizeilich verboten, wurde es wieder zu einer Sportart mit festen Regeln. Die Handschuhe dienten nun zum Schutz, die Kampfzeit wurde begrenzt, und es wurden eigene Schulen mit Professoren eingerichtet. Doch machten gewinnsüchtige Unternehmer wieder Schaukämpfe daraus, und der Sport sank zu einer verrohenden Publikums-Unterhaltung herab. In dieser Form fand er seit dem 19. Jahrhundert in fast allen kapitalistischen Staaten Verbreitung. Dabei wurden Dauerschäden und auch tödlicher Verlauf von Kämpfen um des Geschäftes willen in Kauf genommen. Die Berufssportler wurden durch hohe Bezahlung dazu bestimmt, das im alten Rom von Sklaven unter Zwang ertragene Risiko freiwillig auf sich zu nehmen. In einigen sozialistischen Staaten bemüht man sich vergeblich, die Sportart durch Herabminderung ihrer Gefährlichkeit und Brutalität zu erhalten.

1587v blau Kretisches Relief
688v grün Olympische Sportart
575v–483v Xenophanes
304v–232v Kleanthes

BOXER-AUFSTAND, chinesische Volkserhebung, benannt nach dem 1770n entstandenen Geheimbund der 'Boxer', der an ihrer Vorbereitung und Durchführung beteiligt war. Die aus allgemeiner Not und Unfreiheit geborene Empörung richtete sich zunächst gegen die chinesischen Ausbeuter einschließlich der mandschurischen Kaiserfamilie. Sie wurde durch die Regierung Yüan-Schi-Kai grausam unterdrückt. Gleichzeitig lenkte das Kaiserhaus (Prinz Tuan) die revolutionäre Stimmung gegen die Europäer, die sich seit der Mitte des 19. Jahrhunderts unter Ausnutzung ihrer waffentechnischen Überlegenheit an vielen Plätzen des Landes festgesetzt hatten und dem Lande einen ungleichen Handel aufzwangen. Nach Eroberung von Peking vertrieben die Aufständischen viele Europäer, belagerten die von englischen Truppen verteidigten Gesandtschaftsgebäude und ermordeten zahlreiche Ausländer, darunter den deutschen Gesandten Ketteler. An der Niederwerfung des Aufstandes beteiligten sich außer den europäischen Kolonialmächten auch Japan und die USA. Das Unterwerfungsprotokoll zwang China hohe Geldzahlungen auf und verbesserte die Stellung der fremden Mächte in China. Es wurde unterzeichnet von England, Frankreich, Deutschland, Österreich, Rußland, Spanien, Italien, Holland, Belgien, Japan und den USA.

1899n/1901n Erhebung
1900n rot Abkommen

BOYLE, Robert (1627n–1691n), englischer Naturforscher. Mitbegründer der englischen Akademie der Wissenschaften ('Royal Society'). Erneuerte die Atomlehre durch seine 'Korpuskular-Theorie'. Ersetzte die überholte Lehre von den vier Grundstoffen durch eine Theorie der nicht mehr zerlegbaren Grundbausteine der Materie und wurde zum Wegbereiter der analytischen Chemie. Verbesserte die Luftpumpe. Verfaßte auch philosophische Schriften.

1660n blau Royal Society
1661n grün Analytische Chemie
1662n grün Gasgesetz

BOY-SCOUTS, englische Bezeichnung für 'Pfadfinder' (wörtlich 'Jugendliche Späher'). Sie gibt klarer als der deutsche Name die Ziele bürgerlicher Wehr-Ertüchtigung und vormilitärischer Erziehung wieder, die ihr Schöpfer (der englische Reiter-General Baden-Powell) im Auge hatte, als er die Organisation ins Leben rief. Sie zählt heute in 60 kapitalistischen Ländern etwa 7 Millionen Mitglieder.

1907n rot Gründung der Bewegung

BRABANT, Landschaft in Mittelbelgien. Der am dichtesten bevölkerte Teil Belgiens mit Brüssel. Vor mehr als 2000 Jahren durch Cäsar im Gallischen Krieg unterworfen und nach seinen keltischen Bewohnern 'Gallia Belgica' genannt. Seit dem Untergang des römischen Reiches im 5. Jahrhundert fränkisch, fiel es bei der Reichsteilung an das Mittelreich und kam 870n als Teil Lothringens zum deutschen Reich. Durch die 1359n vom deutschen Kaiser bestätigte 'Brabanter Goldene Bulle' erhielt es eigene Rechtsprechung. 1477n fiel das Land an die deutsche Kaiserfamilie (Habsburger). In den Revolutionskriegen wurde es 1794n von Franzosen erobert, nach der Niederlage Napoleons mit Holland vereinigt (Wiener Kongreß). 1830n bis 1831n war es die treibende Kraft beim Kampf um die Befreiung Belgiens und bildet seit 1831n das Herzstück des belgischen Staates.

100v–44v Cäsar
58v/51v Gallischer Krieg
51v rot Gallien römisch
486n rot Teil des Frankenreiches
843n rot Vertrag von Verdun
870n rot Deutscher Besitz
970n blau Entstehung Brüssels
1425n blau Universität Löwen
1454n blau Rathaus in Brüssel
1463n blau Rathaus in Löwen
1477n rot Habsburger Herrschaft
1792n/1795n Revolutionskriege
1815n rot Wiener Kongreß
1830n/1831n Belgischer Aufstand
1831n rot Belgien selbständig

BRADLEY, James (1692n–1762n), englischer Astronom, seit 1721n Professor der Astronomie in Oxford. Führte von seiner Privat-Sternwarte aus den Beweis dafür, daß die scheinbare Verschiebung der Sterne von ihrem Standort ihre Ursache in der durch Erdbewegung und Lichtgeschwindigkeit bewirkten Abirrung des Lichtes ('Aberration') hat. Bewies die Richtigkeit der theoretischen Annahme Newtons vom Schwanken der Erdachse ('Nutation').

1728n grün Abirrung des Lichtes
1748n grün Schwanken der Erdachse

BRAGI Boddason, norwegischer Dichter und Sänger ('Skalde').

796n–848n Lebenslinie
830n blau 'Ragnarlied'

BRAHE, Tycho, dänischer Naturforscher.

1546n–1601n Lebenslinie
1571n–1630n Kepler
1572n grün Bewegung der Fixsterne
1576n grün Sternwarte

BRAHMA, wichtiger Begriff der indischen Religion. Ursprünglich Bezeichnung für die religiöse Opferhandlung, dann für die im Opfer wirksame Kraft, schließlich für die oberste Gottheit und endlich für das Ur-Eine, die von persönlichen Gottesvorstellungen befreite Weltseele.

788n–820n Schankara
818n blau Grund der Welt

BRAHMAGUPTA, indischer Mathematiker und Astronom.

598n–660n Lebenslinie
628n grün Elementarwerk
657n grün Rechnen mit der Null

BRAHMANISMUS, Entwicklungsstufe der indischen Religion, die dem Zeitalter der Veden folgte. Bestimmend blieb der Glaube an Seelenwanderung, verbunden mit Erlösungssehnsucht und Askese. Durch seine Lehre von der stufenweisen Höherentwicklung des Menschen beim Durchlaufen mehrerer Leben rechtfertigte er die starre Teilung der indischen Gesellschaft in Klassen (Kasten). In weiterem Sinne bezeichnet das

Wort jede indische Religion, die die Vorrechte der Brahmanenkaste anerkennt, also auch den gesamten Hinduismus.

974v blau 'Brahmana der 100 Pfade'
950v blau Begründung
846v rot Kastenordnung
802v blau Lehre der Upanischads
642v–555v Carvaka
600v blau Veda-Literatur
310v blau 'Bhagavad-Gita'
196v blau Patanjali: Yoga
186n blau 'Ramajana'
208n blau 'Gesetzbuch des Manu'
317n blau Bhasa: Krischna-Drama
353n–420n Kalidasa
363n blau 'Mahabharata'
393n blau 'Purana'-Schriften
400n rot Schiwa-Kult auf Java
408n blau Kalidasa: Rama-Dichtung
424n blau Yoga-Lehren 'Sutras'
587n–652n Bhartrihari
595n–660n Bana
634n blau Lehre des Bhartrihari
650n blau Geschichte Ramas
686n–744n Kumarila
708n blau Kumarilas Lehren
739n blau Bearbeitung der Veden
743n rot Verdrängen des Buddhismus
775n blau Schauspiel über Rama
788n–820n Schankara
812n blau Menschen- und Weltseele
818n blau Schankaras Lehre
857n blau Kailasa-Tempel in Ellora
922n blau 'Bhagavata-Purana'
976n–1030n Machmud
991n blau Lingaraja-Tempel
1023n–1105n Ramanuja
1024n rot Verbreitung des Islam
1086n blau Lehre des Ramanuja
1107n blau 'Jagannath'-Tempel
1262n blau Sonnentempel von Konarak
1268n blau Keschawa-Tempel in Maisur
1380n blau Erläuterungen
1596n blau Tulsidas: Rama-Dichtung

BRAHMI, erste indische Schrift, verdankt ihren Namen dem Glauben, daß Gott Brahma persönlich die Schrift geschaffen habe. In Wirklichkeit ist sie in ihren Grundzeichen durch Kaufleute aus Mesopotamien eingeführt worden und beruht auf phönizischen Schriftzeichen, die durch eigene Zeichen ergänzt wurden. Anfangs wurde sie nur für kaufmännische Zwecke verwendet.

797v grün Phönizisches Alphabet

BRAHMS, Johannes (1833n–1897n), deutscher Komponist. Als Sohn eines Hamburger Wirtshaus-Musikers erhielt er seinen ersten Unterricht vom Vater. Nachdem der Zwanzigjährige von Robert Schumann anerkannt worden war, begann er seine erfolgreiche Laufbahn als Dirigent und Komponist in Detmold. Wirkte in Hamburg, Breslau und immer wieder in Wien, seiner Wahlheimat. Meister der Sinfonie und der großen Chormusik. Daneben steht bei ihm ebenbürtig die liebevolle Gestaltung des Liedes, des Klavierstückes und der Kammermusik.

1868n blau 'Deutsches Requiem'

BRAILLE, Louis (1809n–1852n), französischer Blindenlehrer. Verbesserte die von Charles Barbier geschaffene Blindenschrift durch Reduzierung der Punktpalette von zwölf auf sechs Punkte entscheidend und wurde so zum Schöpfer des allgemein eingeführten, international verwendeten Schriftsystems.

1829n grün Blindenschrift

BRAMANTE (1444n–1514n), italienischer Baumeister und Maler. Eindeutige Ausrichtung seiner Formgebung auf die griechische Antike gab seinen Bauwerken Klarheit und Harmonie. Schuf zahlreiche Paläste und Kirchen in Mailand und Rom. Zeichnete auch den ersten Plan für die Peterskirche, durch den die Gestaltung des mittleren Hauptbaus festgelegt war, wenngleich unter seiner Bauleitung nur die vier Hauptpfeiler errichtet wurden, die später die große Kuppel tragen sollten.

1497n blau 'Santa Maria' in Mailand
1506n blau Plan für Peterskirche

BRANCA, Johann (1571n–1645n), italienischer Ingenieur und Baumeister. Die mechanische Ausnutzung der Dampfkraft wurde in seinem Buche 'Die Maschine' vorgeschlagen. Die von ihm 'Dampfrad' genannte Antriebsmaschine sollte nach seinem Plane zum Antrieb einer Pulverfabrik Verwendung finden.

1629n grün Dampfmaschinen-Entwurf

BRAND, Heinrich (um 1630n–1690n), deutscher Chemiker aus Hamburg. Entdeckte bei alchimistischen Versuchen durch Destillation von eingedampftem Harn den Phosphor. Das Leuchten des aufgefundenen Stoffes im Dunkeln veranlaßte ihn, das neue Element 'kaltes Feuer' zu nennen. Er verkaufte das Geheimnis seiner Entdeckung an einen Arzt und wurde später auf Veranlassung von Leibniz nach Hannover berufen, um die gewerbliche Herstellung von Phosphor zu betreiben.

1669n grün Phosphor

BRANDENBURG, Stadt an beiden Ufern der Havel, 50 km westlich von Berlin. In dem von germanischen Semnonen verlassenen Gebiet durch Slawen als Burg ausgebaut ('Brennabor' = Waldburg). 928n von deutschen König Heinrich I. erobert, 983n von slawischen Wenden zurückgewonnen. 1150n durch den Wendenfürsten Pribislaw an den deutschen Fürsten Albrecht vererbt, seitdem deutsch. Sitz der Markgrafen von Brandenburg, 1415n bis 1486n Residenz der Hohenzollern, gab sie dem Stammlande des preußischen Staates den Namen. 1848n tagte hier die preußische Nationalversammlung nach ihrer Vertreibung aus Berlin. Im 19. Jahrhundert wurde sie zu einer bedeutenden Industriestadt (Eisengießerei, Metallverarbeitung, Fahrzeugbau).

877n–936n Heinrich I.
920n–992n Miezko
928n/929n Deutscher Kriegszug
928n rot Deutsche Herrschaft
983n braun Slawenaufstand
983n rot Slawischer Besitz
1150n rot Deutscher Besitz
1165n blau Bau des Domes
1415n rot Sitz der Hohenzollern

BRANDENBURG, die Mark Brandenburg, Land in Norddeutschland, in dessen Herzen die Stadt Berlin liegt. Grundstock und Herzstück des preußischen Staates.

789n braun Frankensieg über Slawen
789n rot Fränkische Herrschaft
812n braun Slawenaufstand
877n–936n Heinrich I.
920n–992n Miezko
928n rot Brennabor deutsch
928n/929n Deutscher Kriegszug
929n rot Deutsche Herrschaft
933n blau Entstehung Potsdams
968n rot Erzbistum Magdeburg
983n braun Slawenaufstand
983n rot Slawen frei
1125n rot Taufe Pribislaws
1129n–1195n Heinrich der Löwe
1134n rot Altmark an Albrecht
1150n rot Vererbung an Albrecht
1165n blau Brandenburger Dom
1207n blau Magdeburger Dom
1237n blau Entstehung Berlins
1301n braun Aufstand in Magdeburg
1316n–1378n Karl IV.
1336n rot Katharer-Verbrennung
1356n rot Goldene Bulle
1362n–1437n Sigismund
1371n–1440n Friedrich I.
1415n rot Belehnung Friedrichs
1420n/1434n Hussiten-Kreuzzug
1448n braun Aufstand in Berlin
1451n grün Zwingburg in Berlin
1614n rot Besitzungen am Rhein
1618n rot Belehnung mit Ostpreußen
1618n/1648n Dreißigjähriger Krieg
1620n–1688n Der Große Kurfürst
1648n rot Westfälischer Frieden
1655n/1660n Schwedisch-polnischer Krieg
1656n rot Schwedische Zusicherung
1657n rot Polnische Zusicherung
1660n rot Herzogtum Ostpreußen
1672n rot Bündnis mit Holland
1674n/1675n Schwedischer Angriff
1682n rot Kolonie in Westafrika
1685n rot Hugenotten-Einwanderung
1686n rot Kampfbündnis gegen Türken
1688n–1740n Friedrich Wilhelm I.
1695n blau Charlottenburger Schloß
1696n blau Akademie der Künste
1698n blau Schlüter: Schloßumbau
1698n grün Briefträger in Berlin
1700n blau Schlüters Reiterstandbild
1700n blau Wissenschafts-Akademie
1700n grün Sternwarte Berlin
1701n rot Königreich Preußen
1743n blau Opernhaus Berlin
1747n blau Schloß Sanssouci
1750n grün Porzellanmanufaktur
1789n blau Brandenburger Tor
1810n blau Universität Berlin
1818n blau Berliner Schauspielhaus
1890n blau Volksbühne Berlin
1894n blau Reichstagsgebäude
1906n blau AEG-Turbinen-Fabrik
1914n blau Zilles Zeichnungen
1916n rot Munitionsarbeiter-Streik
1922n grün Erster Tonfilm
1929n blau Döblin: 'Alexanderplatz'
1931n blau 'Hauptmann von Köpenick'
1939n/1945n Zweiter Weltkrieg
1941n blau Nash: 'Bomber über Berlin'
1945n rot Besetzung
1949n rot Teil der DDR
1961n rot Mauer durch Berlin

BRANDES, Heinrich Wilhelm (1777n bis 1834n), deutscher Physiker und Astronom. Zeichnete 'synoptische' Wetterkarten, auf denen die Wetterlage zu einem bestimmten Zeitpunkt in den verschiedenen Gegenden durch Ziffern und Zeichen dargestellt wird. Dadurch ermöglichte er genauere Wettervoraussagen und schuf eine Voraussetzung der Meteorologie. Wies den Ursprung der Sternschnuppen nach. Schrieb ein Lehrbuch der höheren Geometrie und Abhandlungen über Strahlenbrechung.

1820n grün Wetterkarte

BRANDI, Bankhaus in Florenz. Gemeinsam mit dem Florentiner Bankhaus Peruzzi Geldgeber mehrerer europäischer Herrscher, die ihre Einnahmen aus dem Zoll oder sogar ihre gesamten Staatseinnahmen als Sicherheit verpfändet hatten. Als der englische König seine Zahlungen einstellte, schlossen sich auch König Philipp VI. von Frankreich und die Königin Johanna von Neapel dieser Maßnahme an, wodurch die Existenz der beiden Geldgeber zerstört wurde und eine Wirtschaftskrise über ganz Europa hereinbrach.

1344n rot Repressalien
1344n grün Rückzahlungsverweigerung
1345n grün Zusammenbruch

BRANDMARKUNG, das Einbrennen von Zeichen in die Haut. Gebräuchlich als Mittel der Eigentumskennzeichnung bei Tieren, später auch zur Markierung von Sklaven angewendet, dann zur Kenntlichmachung von Verbrechern. Die katholische Kirche wendete dieses schimpflichste Symbol der Menschenverachtung zur Aufrechterhaltung ihrer erschütterten Macht an.

199v grün Sklaven-Kennzeichnung
4n rot Strafe für Sklaven
316n rot Schutzgesetz für Sklaven
1157n rot Päpstliche Verfügung
1166n rot Englische Kirchen-Strafe
1360n rot Strafe für Arbeiter

BRANNTWEIN, Bezeichnung für eine alkoholische Flüssigkeit, die durch Verdampfen vergorener Säfte und Erkaltung des Dampfes gewonnen wird ('Brennen'). Der hohe Alkoholgehalt machte sie für medizinische Zwecke wertvoll (Wund-Desinfektion), doch wird sie auch schon seit alters her getrunken.

119v grün Staatsmonopol in China
1920n rot Verbot in USA

BRAQUE, Georges (1882n–1963n), französischer Maler, Bildhauer und Graphiker. Als Sohn eines Dekorationsmalers lernte er bei seinem Vater und besuchte daneben Abendkurse der Kunstschule von Le Havre. Dann studierte er an der Hochschule der Schönen Künste in Paris. Führte Cézannes zergliedernde Malweise fort bis zur Auflösung des Bildes in einzelne Farbflächen und prägte in Freundschaft und Atelier-Gemeinschaft mit Picasso einen neuen Malstil. Indem er die gemalten Gegenstände in geometrische Formen brachte (Würfel, Kugel, Zylinder, Kegel), suchte er die Raumhaftigkeit unter Verzicht auf Perspektive darzustellen ('Kubismus'). Durch das gelegentliche Nebeneinanderstellen von Vorder-, Seiten- und Rückansicht wollte er das hinter der Ansicht liegende Wesen der Dinge zur Anschauung bringen. Im ersten Weltkrieg wurde er schwer verwundet. Nach seiner Heimkehr löste er sich allmählich von dem streng geometrischen Stil. 1920n begann er auch als Bildhauer zu arbeiten und wandte sich nach monumentalen Darstellungen des weiblichen Körpers der Kleinplastik zu. Schuf Skulpturen aus Kreide, Gips und Bronze sowie zahlreiche farbige Lithographien.

1952n blau 'Vogel III'

BRASILIA, Stadt in Brasilien. Als neue Hauptstadt an Stelle des an der Küste gelegenen Rio de Janeiro fast 1000 km weiter nordwestlich im Landesinneren erbaut, um die Erschließung dieses viertgrößten Staates der Erde (nach UdSSR, Kanada und China) zu fördern. Schon in der Verfassung von 1891n gefordert, wurde das Projekt seit 1892n studiert, aber erst seit 1946n ernsthaft betrieben und 1956n beschlossen. Nach den Plänen des brasilianischen Architekten Lucio Costa mit einer 10 km langen Hauptstraße und einem 48 km langen, 4 km breiten künstlichen See versehen, wurde sie in vier Jahren so weit fertiggestellt, daß 1960n der Regierungssitz hierher verlegt werden konnte. Die Stadt hatte zu dieser Zeit bereits 140 000 Einwohner.

1960n blau Bau

BRASILIEN, größtes Land Südamerikas und mit 8,5 Millionen Quadratkilometern größer als die Vereinigten Staaten von Nordamerika.

1500n grün Entdeckung
1500n rot Portugiesische Oberhoheit
1550n rot Christianisierung
1567n blau Gründung von Rio
1630n rot Pernambuco holländisch
1653n/1654n Erhebung gegen Holland
1654n rot Gebietsgewinn Portugals
1709n grün Gusmao: Luftballon
1811n/1826n Kampf Lateinamerikas
1822n rot Unabhängigkeit
1828n rot Unabhängigkeit Uruguays
1888n rot Abschaffung der Sklaverei
1920n rot Mitglied im Völkerbund
1945n rot Mitglied der UN
1960n blau Bau Brasilias

BRASPATI, indischer Philosoph.

694v–603v Lebenslinie
649v blau Angriff auf Priester
642v–555v Carvaka
640v grün Lehre von den Elementen
636v blau Seelenlehre
628v blau Erkenntnislehre
616v blau Ablehnung der Religion

BRATISLAWA, slowakischer Name der Stadt Preßburg am Mittellauf der Donau, 50 km unterhalb von Wien. An der Südgrenze der mittleren Tschechoslowakei gelegen, ist sie Hauptstadt ihres slowakischen Landesteiles. Sie wuchs vor tausend Jahren aus einem Marktflecken am Fuße einer ungarischen Burg zu einem Hafen- und Gewerbe-Platz empor. Seit dem 13. Jahrhundert durch deutsche Handwerker und Händler besiedelt. Seit 1429n Stätte deutscher Reichstage. Matthias Corvinus machte sie zum Mittelpunkt ungarischen Geisteslebens. Nach der Teilung Ungarns zwischen Türken und Österreichern Hauptstadt des von den Österreichern besetzten ungarischen Landesteiles. 300 Jahre lang ließen sich hier die Herrscher von Österreich zu Königen von Ungarn krönen. Die Bevölkerung blieb bis zum Beginn des 20. Jahrhunderts überwiegend deutsch. Nach dem ersten Weltkrieg Bestandteil der selbständigen Tschechoslowakei. Bei der Einverleibung Böhmens und Mährens in das deutsche Reich im Jahre 1939n Hauptstadt eines selbständigen Staates (Slowakei). Nach dem zweiten Weltkrieg wieder Hauptstadt des slowakischen Teiles der Tschechoslowakei, blieb sie auch nach der kommunistischen Machtübernahme Zentrum des slowakischen Widerstandes gegen die tschechische Vorherrschaft. 1969n wurden ihre Unabhängigkeitsbestrebungen durch Umwandlung der Tschechoslowakei in einen Bundesstaat und durch Einrichtung eines eigenen Parlaments erfüllt. Daneben hat sie ihre historische Rolle als Mittler zwischen tschechischer, slowakischer, ungarischer und deutscher Kultur beibehalten.

1001n blau Entwicklung zur Stadt
1443n–1490n Matthias Corvinus
1467n blau Universität

BRAUN, Karl Ferdinand (1850n–1918n), deutscher Physiker. Richtete seine wissenschaftliche Tätigkeit ganz auf die Erforschung der Elektrizität. Baute das Elektrometer und eine Elektronenstrahlröhre, die als Steuer- und Meß-Röhre vielfach verwendet wird und als Bildröhre dem Fernsehen dient ('Braun'sche Röhre'). Führte den geschlossenen Schwingungskreis in die Funkentelegraphie ein und versuchte, elektrische Wellen nicht allseitig, sondern nur in bestimmter Richtung zu senden.

1898n grün Braun'sche Röhre

BRAUN, Wernher (geboren 1912n), deutscher Raketentechniker. Wandte sich 1930n als Assistent von Hermann Oberth der Raumfahrt-Forschung zu und errichtete seit 1937n auf der Ostsee-Insel Usedom eine Raketen-Versuchsanstalt. Hier baute er die ersten ferngesteuerten unbemannten Flugkörper (Raketen), die als 'V1'- und 'V2'-Geschosse den Verlauf des zweiten Weltkrieges zugunsten Deutschlands wenden sollten. Nach dem Zusammenbruch verließ er seine Heimat und wurde in den USA Leiter der 'Army Ballistic Missile Agency'. Konstruierte hier Raketen für Erd-Satelliten. Schuf auch die 110m hohe 'Saturn'-Rakete (Gewicht 2 800 000 kg, 180 Millionen PS), mit der seit 1968n bemannte Mondflüge durchgeführt wurden.

1942n grün Raketenbau

BRAUNAU, Stadt in Oberösterreich, 50 km nördlich von Salzburg unmittelbar an der Grenze nach Bayern, zu dem es bis 1779n gehörte. Hier wurde 1806n der deutsche Verleger Johann Philipp Palm auf Befehl Napoleons erschossen, weil er sich weigerte, den Verfasser einer gegen die französische Besatzungsmacht gerichteten Schrift ('Deutschland in seiner tiefsten Erniedrigung') zu nennen. Geburtsstadt Adolf Hitlers, der in seiner Jugend von dem Schicksal des kämpferischen Verlegers tief beeindruckt wurde.

1889n–1945n Hitler

BRAUNKOHLE

369v grün Gebrauch bei Verhüttung

BRAUNSCHWEIG, Stadt in Norddeutschland (Niedersachsen). Mindestens seit dem 9. Jahrhundert wichtiger Handelsplatz. Von Heinrich dem Löwen, der sich nach Verlust Bayerns und Sachsens hierher zurückzog, im 12. Jahrhundert zur Blüte geführt. Dann Hansestadt, später Messeplatz. Seit den Handwerkererhebungen des 14. Jahrhunderts wiederholt Zentrum revolutionärer Kämpfe der Arbeiterschaft. 1918n setzten sich hier die Arbeiter und Soldatenräte durch, zwangen den letzten Herzog zum Rücktritt und wichen erst 1919n der Reichswehr.

1031n blau Entwicklung zur Stadt
1173n blau Bau des Domes

BRECHT, Bertolt, deutscher Dichter.

1898n–1956n Lebenslinie
1928n blau 'Drei-Groschen-Oper'
1929n blau Lehrstück
1941n blau 'Mutter Courage'
1942n blau 'Galileo Galilei'
1954n blau Gedichte

BREDEL, Willy (geboren 1901n), deutscher Schriftsteller. Als Metallarbeiter einer Hamburger Werft schloß er sich der Arbeiterbewegung an. Wegen Teilnahme am Hamburger Aufstand inhaftiert. Nach seiner Flucht aus dem Konzentrationslager Fuhlsbüttel schrieb er das KZ-Buch 'Die Prüfung'. Damit gab er der Welt Kenntnis von dem Terror des deutschen Faschismus. Hiermit und mit seiner Heldendichtung über den kommunistischen Widerstand gegen den Faschismus ('Dein unbekannter Bruder') wurde er weltbekannt. Von seinem Kampf gegen den Faschismus in Spanien berichtet der Roman 'Begegnung am Ebro'.

1923n braun Hamburger Aufstand
1934n blau 'Die Prüfung'

BREGENZ, österreichische Stadt am Bodensee. Die alte keltische Siedlung wurde von den Römern im Jahre 15v zu einem befestigten Truppenlager ('Kastell') gegen die Germanen ausgebaut und entwickelte sich bald zu einem blühenden Handelsplatz. Nach einem Jahrtausend der Unabhängigkeit wurde sie 1451n österreichisch und blieb es mit kurzer schwedischer und bayerischer Zwischenzeit bis heute.

534n–615n Kolumban
611n blau Kloster

BREHM, Alfred (1829n–1884n), deutscher Zoologe. Leitete den Hamburger Zoologischen Garten und gründete das Berliner Aquarium. Unternahm zahlreiche Forschungsreisen nach Asien und Afrika. Weltberühmt wurde er durch sein 'Illustriertes Tierleben'. Darin gab er in einer vermenschlichenden Darstellungsweise meisterhafte Schilderungen des Lebens der Tiere und machte auf diese Weise Tierliebe und Tierkunde volkstümlich.

1869n grün 'Tierleben'

BREHMER, Hermann (1826n–1889n), deutscher Arzt. Begründer der Anstaltsbehandlung von Lungentuberkulose. Errichtete auf dem Grundstück einer heruntergekommenen Wasserheilanstalt in Görbersdorf (Schlesien) die erste Lungenheilstätte. Seine großen Erfolge bewirkten die Verbreitung des Behandlungsverfahrens von Lungentuberkulose in eigens dafür ausgewählten, klimatisch günstigen Kurorten.

1854n grün Lungenheilstätte

BREISGAU, Landschaft in Südwestdeutschland (Südbaden). Nach Abzug der römischen Besatzungstruppen vom Oberrhein selbständiges alemannisches Gebiet. Kam im 11. Jahrhundert zur Grafschaft der Zähringer. Seit dem 13. Jahrhundert wurde sie allmählich Bestandteil des Habsburgerreiches, dem 1368n durch Kauf die Stadt Freiburg zufiel. Die Aufhebung der Zunftverfassung und die Verpfändung des Landes an Burgund führte zum Aufstand (1474n) und zur Selbstverwaltung ('Vorderösterreich'). Seit 1805n Kernstück des unabhängigen Landes Baden. 1848n/1849n wie in den Freiheitskämpfen der Bauern im 16. Jahrhundert ein Zentrum der revolutionären Bewegung. Seit 1871n mit ganz Baden Bestandteil des deutschen Reiches.

1120n blau Gründung von Freiburg
1120n rot Verfassung von Freiburg
1193n–1279n Albertus Magnus
1354n blau Freiburger Münster-Bau
1454n rot Aufhebung der Verfassung
1457n blau Universität Freiburg
1513n braun Bauernaufstand
1678n rot Teilweise französisch
1688n/1697n Einfall der Franzosen
1848n/1850n Deutsche Revolution
1871n rot Teil des Reiches

BREITENGRADE, Bezeichnung für gedachte Linien, die parallel zum Äquator rund um die Erdkugel verlaufen. Zusammen mit den sie rechtwinklig schneidenden Verbindungslinien zwischen Nordpol und Südpol (Längengrade) teilen sie die Erde in Planquadrate. Ihre Festlegung vor fast 2300 Jahren schuf die Voraussetzung für die unverwechselbare Bestimmung jedes Punktes der Erdoberfläche und damit für die wissenschaftlich-exakte Erdbeschreibung (Geographie).

352 v–285 v Dikäarch
296 v grün Einführung durch Dikäarch
138 v grün Entwicklung durch Hipparch
101 n–179 n Ptolemäus

BREMEN, Stadt am Unterlauf der Weser unweit ihrer Mündung in die Nordsee. Neben Hamburg größter deutscher Seehandelsplatz und Mittelpunkt der deutschen Hochseefischerei. Im 8. Jahrhundert aus einem Fischerdorf entstanden, wurde die Stadt bis 967 n von königlichen Beamten verwaltet und gelangte dann unter die Herrschaft von Erzbischöfen, die sie vergeblich zum Zentrum des nordeuropäischen Katholizismus zu erheben suchten. Als die Kirche die freiheitlich gesonnenen Bauern der Umgebung vor den Toren der Stadt niedergemetzelt hatte (Stedinger-Kreuzzug), griff die Unruhe auf die Stadt selbst über. Nach wechselvollen Kämpfen siegten 1304 n die Zünfte erstmals vollständig über die Besitzbürger. Gleichzeitig erhielt die Stadt eine geschriebene Verfassung, aber 1358 n war die Herrschaft der Patrizier wieder gesichert. Im 15. Jahrhundert erstarkten die demokratischen Kräfte erneut. Die Demokratisierung der Stadt führte im 14. und 15. Jahrhundert für längere Zeit zu ihrem Ausschluß aus der Hanse, der sie 1276 n beigetreten war. Inzwischen hatte sie ihre Seemacht bis ins Mittelmeer und in die Nordsee ausgedehnt, Handelsrechte in England und Norwegen erworben und eigene Handelsniederlassungen gegründet (Riga). Sie wandte sich 1522 n vom Katholizismus ab und verteidigte die in der Reformation errungenen Glaubensfreiheiten trotz kaiserlicher Belagerung. 1531 n schlug der religiöse Befreiungskampf in einen Kampf der Handwerker um größere Rechte und Freiheiten um, der aber 1534 n wieder zusammenbrach. Während der Französischen Revolution erhoben sich die Gesellen, von denen in einem allgemeinen Aufstand zahlreiche umkamen. In den Napoleonischen Kriegen besetzt, wurde sie nach der französischen Niederlage 1815 n Freie Stadt innerhalb des Deutschen Bundes. 1816 n wurde die seit 1534 n bestehende undemokratische Verfassung ('Neue Eintracht') zugunsten des Volkes geändert. In der Revolution von 1848 n–1850 n erkämpfte dann die Bevölkerung eine wirkliche Mitbestimmung, doch wurde die 1849 n in Kraft getretene neue Verfassung nach dem Siege der Restauration 1852 n in wesentlichen Teilen (Pressefreiheit, Koalitionsrechte) wieder außer Kraft gesetzt und das Parlament aufgelöst. 1867 n ging die Militärhoheit auf Preußen über, 1888 n trat die Stadt dem Deutschen Zollverein bei und wurde 1871 n Teil des deutschen Reiches. In dieser Zeit wuchs sie (mit dem 1827 n erworbenen Bremerhaven) zum größten Auswandererhafen Europas empor. Das schnelle Aufblühen der Industrie machte sie zu einem Zentrum der deutschen Arbeiterbewegung ('Bremer Linke'). In der Revolution von 1918 n–1919 n erkämpfte der Arbeiter- und Soldatenrat die Macht und errichtete 1919 n für kurze Zeit eine sozialistische Räterepublik. Nach deren Niederwerfung durch das Freikorps Gerstenberg 1920 n erhielt die Stadt eine bürgerliche Verfassung. Im zweiten Weltkrieg von US-Truppen besetzt, ist sie seit 1947 n zusammen mit Bremerhaven ein selbständiges Land und seit 1949 n der kleinste Staat der Bundesrepublik.

787 n blau Städtisches Gemeinwesen
916 n braun Ungarn-Einfall
1001 n–1072 n Adalbert von Bremen
1017 n–1088 n Adam von Bremen
1104 n rot Machtverlust des Bistums
1115 n grün Seefahrtszeichen
1232 n/1234 n Stedinger-Kreuzzug
1404 n blau Roland-Standbild
1410 n blau Rathaus
1627 n grün Börse
1791 n braun Streik
1918 n/1919 n Deutsche Revolution
1939 n/1945 n Zweiter Weltkrieg
1945 n rot Besetzung
1949 n rot Land der BRD

BRENNEN, Bezeichnung für die Härtung von Ton durch Erhitzen unter offenem Feuer oder im geschlossenen Raum (Brenn-Ofen). Seit Jahrtausenden in allen Kulturen der Erde bei der Anfertigung von Ziegelsteinen und Ton-Geschirr angewendetes Verfahren. Es wurde in einzelnen Städten zu hoher Vollkommenheit entwickelt und begründete eine der ersten gewerblichen Produktionen der Menschheitsgeschichte (Keramik).

2907 v grün Aufkommen in Indien
2900 v grün Aufkommen in Sumer
2847 v grün Glasur in Indien
2781 v grün Glasur in Ägypten
2041 v grün Glasur in Mesopotamien
1983 v grün Terrakotta in Sumer
1287 v grün Aufkommen in China
1216 v grün Glasur in China
752 v grün Glasur in Assyrien
608 n–676 n Tao-Yü
663 n grün Porzellan in China
1443 n grün Glasur in Italien
1708 n grün Porzellan in Europa
1769 n grün Wedgwood-Keramik

BRENNER, Alpenpaß in Tirol. Niedrigster Übergang über die Hauptkette der Alpen und deshalb die am meisten benutzte Verbindungsstraße zwischen Nord- und Südeuropa.

46 n grün Römischer Verkehrsweg
1772 n grün Paßstraße

BRENNSPIEGEL, Bezeichnung für Hohlspiegel, die geeignet sind, Sonnenstrahlen so zusammenzubündeln, daß eine zum Verbrennen leicht brennbarer Stoffe ausreichende Hitze entsteht. Seine Erfindung vor mehr als 2000 Jahren ermöglichte dem Menschen die gezielte Ausnutzung einer Naturkraft. Die moderne Technik entwickelte auf der Grundlage seiner Wirkungsweise Verfahren zur Umwandlung von Sonnen-Energie in Elektrizität durch Dampfturbinen.

184 v grün Beschreibung

BRENTANO, Clemens (1778 n–1842 n), deutscher Dichter. Nach einer kaufmännischen Lehre studierte er in Halle und Jena und gab zusammen mit Achim von Arnim eine Volkslied-Sammlung heraus ('Des Knaben Wunderhorn'). Schrieb Märchen, Novellen, Gedichte und Dramen. Nach seinem Übertritt zum Katholizismus verfaßte er religiöse Erbauungsschriften. Schrieb auch eine antisemitische Satire.

1805 n blau 'Des Knaben Wunderhorn'

BRESLAU, größte Stadt in Schlesien. Mittelpunkt der Wirtschaft und Politik des Landes. An beiden Ufern der Oder gelegen. Vor 1000 n als polnische Festung gegründet (Wrotizla–Breslau), 1335 n böhmisch, 1527 n habsburgisch, 1742 n preußisch, 1871 n deutsch, 1945 n polnisch.

992 n blau Entstehung
1159 n blau St.-Johann-Dom
1261 n rot Stadtrecht
1288 n blau Bau der Kreuzkirche
1329 n rot Streik
1496 n blau Rathaus
1702 n blau Universität
1793 n braun Weberaufstand

BREST, Hafenstadt in Nordfrankreich am Übergang vom Atlantik in den Ärmelkanal. Wegen ihrer geschützten Lage in einer felsigen Einfahrt bereits von den Römern als Festung (Kastell) ausgebaut. Sie erhielt 1220 n Stadtrecht und war später jahrhundertelang zwischen England und Frankreich umkämpft. Seit 1631 n auf Veranlassung Richelieus ausgebaggert und seit 1680 n von Vauban zu einer der stärksten Festungen Frankreichs ausgebaut. Im Dritten Krieg Ludwigs XIV. wurden die Engländer 1694 n unter schweren Verlusten zurückgeschlagen, als sie sich mit holländischer Hilfe der Stadt bemächtigen wollten. Genau hundert Jahre später brachten die Engländer in den Revolutionskriegen bei einem Überraschungs-Angriff den Franzosen schwere Verluste bei und eroberten sechs französische Kriegsschiffe. Im 2. Weltkrieg von deutschen Truppen besetzt und zur Hauptbasis der deutschen U-Boot-Atlantikflotte ausgebaut, wurde sie zu 75 Prozent zerstört. Die Bedeutung der Stadt als Handelshafen ist im Steigen begriffen. Im Personenverkehr wurde sie zum ersten französischen Atlantikhafen.

1338 n/1453 n Hundertjähriger Krieg
1375 n rot Verbleib bei England
1688 n/1697 n 3. Krieg Ludwigs XIV.
1792 n/1795 n Revolutionskriege

BRETAGNE, Halbinsel im äußersten Nordwesten Frankreichs. Hier ließen sich die von den Angelsachsen aus England vertriebenen Bretonen nieder. Zunächst selbständiges Herzogtum, wurde sie 1171 n englisch, 1532 n französisch. In der französischen Revolution als Rückenstellung der Königstreuen Schauplatz blutiger Kämpfe. Behauptet bis heute ihre kulturelle Selbständigkeit innerhalb Frankreichs.

472 n rot Bretonen-Einwanderung
1338 n/1453 n Hundertjähriger Krieg
1375 n rot Brest weiter englisch
1789 n/1795 n Französische Revolution

BRETONEN, keltischer Volksstamm, der vom Festland kommend im Süden der englischen Insel sich ansiedelte, aber tausend Jahre später auf das europäische Festland zurückkehrte und sich endgültig in der Bretagne (Nordwest-Frankreich) niederließ.

632 v rot Einwanderung in England
472 n rot Siedlung in Frankreich

BRETTON WOODS, Kurort in den USA nordöstlich von New York. Hier wurde im zweiten Weltkrieg die Weltbank zur Unterstützung des Wiederaufbaus kriegszerstörter Länder gegründet. Diese Organisation entwickelte sich zu einem mächtigen Kapitalfonds 67 kapitalistischer Staaten. Hieraus werden Hilfen an die Mitgliedsländer zur Überwindung von Währungskrisen geleistet. Vor allem aber werden Kredite an industriell unterentwickelte Länder gegeben, die mit 4–5 Prozent verzinst werden und formell an keine politischen Bedingungen gebunden sind. Praktisch ist die Organisation (Sitz Washington) zu einem wichtigen Hebel der Außenpolitik Nordamerikas und der mit ihm verbündeten Länder geworden. Dieser Umstand wurde durch die Berufung des nordamerikanischen Verteidigungsministers McNamara zu ihrem Präsidenten (1968 n) unterstrichen.

1944 n grün Weltbank

BRETTSPIELE

2935 v grün Verbreitung in Ägypten
2494 v–2416 v Schu-Bad
2451 v grün Spiel in Mesopotamien
1209 v blau 'Ehepaar beim Brettspiel'
466 n grün Schachspiel in Indien
900 n grün Schachspiel in Arabien
947 n grün Schachspiel in Europa
1512 n blau Japanisches Gemälde
1575 n grün Schachturnier in Madrid

BRIAND, Aristide (1862 n–1932 n), französischer Staatsmann. Zunächst Sozialist und leidenschaftlicher Befürworter des Generalstreiks, 1906 n aber aus der Sozialistischen Partei ausgeschlossen, von 1909 n bis 1932 n zwölfmal Ministerpräsident und fünfundzwanzigmal Minister, meist Außenminister. Führte die Trennung von Kirche und Staat durch. Betrieb die Aussöhnung mit Deutschland, förderte den Völkerbund und erstrebte die Einigung Europas unter französischer Vormacht. Für die mit Stresemann erreichte deutsch-französische Annäherung (Locarno-Pakt) erhielt er den Friedensnobelpreis.

1905 n rot Trennung Kirche—Staat
1925 n rot Locarno-Pakt

BRIEFGEHEIMNIS

1532 n grün Aufkommen in Tirol
1690 n rot Deutsches Reichsgesetz

BRIEFKASTEN

1653 n grün Einführung in Paris

BRIEFLITERATUR

1725 v blau Briefwechsel Samsi-Adads
1720 v grün Archiv in Mari
1402 v–1346 v Burna-Bu
1365 v blau Echnaton an Burna-Bu
1288 v–1232 v Hori
532 v blau Amasis an Polykrates
183 v blau Katos Schriften
106 v–43 v Cicero
65 v–8 v Horaz
49 v blau Sallust an Cäsar
20 v blau Horaz: 'Dichtkunst'
51 n blau Galaterbrief
57 n blau Paulus an die Korinther
58 n blau Paulus an die Römer
96 n blau Klemensbrief
109 n blau Briefe des Plinius
114 n blau Ignatius' Briefe
163 n blau 'Brief an Flora'
202 n–258 n Cyprian
206 n blau 'Brief an Diognet'
340 n blau Briefe Paulus-Seneka
786 n–861 n Radbertus
1079 n–1142 n Abälard
1114 n blau Abälard an Heloise
1245 n blau Friedrich II. an Ibn Sabin
1313 n–1374 n Al Katib
1399 n blau 'Briefe an Amor'
1515 n blau 'Dunkelmänner-Briefe'
1656 n blau Pascals 'Briefe'
1740 n blau Richardson: 'Pamela'
1750 n blau Nicolais 'Briefe'
1761 n blau Rousseau: 'Heloise'
1764 n blau Rousseau: 'Berg-Briefe'
1782 n blau Laclos: 'Liebschaften'
1795 n blau Schillers Ästhetikbriefe
1827 n blau Thierrys 'Briefe'
1916 n blau 'Spartakus-Briefe'
1918 n blau 'Briefe aus dem Gefängnis'

BRIEFMARKE

1840 n grün Einführung in England

BRIEFTAUBENPOST

1173 n grün Im Araberreiche

BRIEFTRÄGER

1276 n grün Uniform bei Deutschrittern
1698 n grün Zusteller in Berlin

BRIEF-ZUSTELLUNG

550 v–486 v Dareios I.
516 v rot Zensur in Persien
21 v grün Rom: Beamtenpost
685 n–762 n Hüan-Tsung
745 n grün Post in China
847 n grün Schrift eines Postministers
1173 n grün Brieftaubenpost
1217 n–1265 n Hulagu-Khan
1265 n grün Mongolischer Postdienst
1276 n grün Briefboten-Uniform
1489 n grün Taxis Oberpostmeister
1506 n grün Ausbau in Frankreich
1532 n grün Briefgeheimnis anerkannt
1620 n–1688 n Der Große Kurfürst
1653 n grün Stadtpost in Paris
1661 n grün England: Aufgabestempel
1690 n rot Briefgeheimnis geschützt
1698 n grün Briefträger in Berlin
1835 n grün Rohrpost
1840 n grün Briefmarken in England
1874 n rot Welt-Postverein

BRIGGS, Henry (1556 n–1630 n), englischer Mathematiker. Vereinfachte das Logarithmen-Rechnen, indem er die Logarithmen auf 10er-Basis stellte. Gab auch Tafeln für 8stellige Logarithmen heraus, die er später bis auf 14 Stellen erweiterte.

1617 n grün Logarithmen

BRIGHT, Timothy (1551 n–1615 n). Englischer Arzt und Pfarrer, Schöpfer der geometrischen Kurzschrift, die ganze Wörter durch verschieden gerichtete Striche und Beifügungen ausdrückt.

1587 n grün Kurzschrift

BRIGITTE (um 450 n–523 n), irische Nonne. Gründete in Kildare (westlich von Dublin) das erste Frauenkloster der Insel Irland und gab ihm eine Regel.

492 n blau Frauenkloster

BRILLE, von dem griechischen Worte 'beryllos' (= Glas) abgeleitete Bezeichnung für Gläser, mit deren Hilfe die Sehkraft des menschlichen Auges erhöht wird. Vor 2500 Jahren bereits in Form geschliffener Halbedelsteine (Einglas) verwendet. Römische Kaiser betrachteten vor 2000 Jahren Gladiatorenkämpfe durch einen linsenförmig geschliffenen Smaragd. Vor 700 Jahren entwickelten sich dann aus geschliffenen Lesesteinen die ersten Augengläser, die mit Fäden verbunden waren und an den Ohren befestigt wurden. Später hielt man sie durch Bügel zusammen, die man in die Hand nahm, mit dem Munde festhielt oder zwischen Kopf und Hut klemmte. Erst im 19. Jahrhundert wurde der Ohrenbügel eingeführt, der sich in unserem Jahrhundert als allein gebräuchliche Form durchsetzte.

1282 n grün Geschliffene Gläser
1784 n grün Bifokale Brille

BRISTOL, Hafenstadt in Südwest-England. Erhielt 1373 n Stadtrecht. Durch Wollhandel und Weberei schnell aufgestiegen, wurde sie mit dem Aufkommen der englischen Kolonialmacht von Liverpool, dem Zentrum des englischen Sklavenhandels, überflügelt.

1015 n blau Entstehung
1350 n grün Tuch-Manufaktur

BRITISCHES MUSEUM, bekannteste Sammlung von Büchern und Kunstwerken in England und eines der reichsten Museen der Welt. Auf Parlamentsbeschluß gegründet. Die Bibliothek enthält etwa 7 Millionen Bände, darunter 60 000 wertvolle Handschriften und 3000 Papyri. Berühmt ist auch die Gemäldegalerie und die Sammlung ägyptischer, mesopotamischer und griechischer Altertümer.

1753 n grün Gründung

BRITTEN, Benjamin (geboren 1913 n), englischer Komponist. Schrieb außer seiner Erfolgsoper 'Peter Grimes' zwei Kammer-Opern ('Raub der Lukrezia' und 'Albert Herring'), eine Neufassung der 'Bettleroper', eine Oper aus dem Matrosenleben ('Billy Budd'), eine Krönungsoper ('Gloriana') sowie Kinderstücke, Lieder, Ballette, Orchesterwerke und Klavierkonzerte.

1945 n blau 'Peter Grimes'

BROGLIE, Louis (geboren 1892 n), französischer Physiker. Begründete die Theorie der Materiewellen, indem er jeder Bewegung eines Masseteilchens eine Welle zuordnete, deren Länge er aus dem mechanischen Impuls des Teilchens berechnete (1924 n). Trug wesentlich zur Fortentwicklung der Quantentheorie bei. Schuf eine Wellentheorie der Elementarteilchen.

1941 n grün 'Elementarteilchen'

BRONZE, Metall-Mischung aus Kupfer und Zinn.

2631 v grün Gewinnung in Indien
2505 v grün Herstellung in Sumer
2454 v grün Gewinnung in Kleinasien
2155 v grün Herstellung auf Kreta
1818 v grün Herstellung in China
1627 v grün Aufkommen in Europa

BROT

2683 v blau 'Frau mit Brotkorb'
2008 v blau 'Bäcker beim Backen'

BROUWER, Adriaen (1605 n–1638 n), flämischer Maler aus Oudenaarde (Belgien). Als Schüler von Frans Hals und Peter Brueghel dem Älteren reifte er früh zu hoher Meisterschaft. Widmete sich der Darstellung des arbeitenden Volkes, das er auf dem Acker, auf der Straße oder in Wirtshäusern malte. Schuf auch stimmungsvolle Landschaftsbilder.

1636 n blau 'Raufende Bauern'

BROWNING-BARRETT, Elisabeth (1806 n bis 1861 n), englische Dichterin. Ihre 'Sonette aus dem Portugiesischen' geben ihrer Liebe zu dem Dichter Robert Browning Ausdruck, den sie heiratete. Nach ihrer Italienreise wendete sie sich zunehmend der sozialen Frage zu und begeisterte sich für die Freiheitsbewegungen. Ihr Gedicht 'Der Schrei der Kinder' ist eine Anklage gegen die Herzlosigkeit der bürgerlichen Gesellschaft.

1834 n blau 'Der Schrei der Kinder'

BRUCE, Robert (1274 n–1329 n), schottischer König normannischer Herkunft von 1306 n bis 1329 n. Im großen Ringen um die schottische Unabhängigkeit von England ließ er sich 1306 n nach der Hinrichtung des Freiheitskämpfers Wallace zum König von Schottland krönen. Wurde aber schon 1307 n vom englischen König vertrieben und konnte erst sieben Jahre später nach einer siegreichen Schlacht gegen englische Heere die Regierung Schottlands wieder übernehmen. Sein Kampf gegen England wurde von John Barbour in dem Heldengedicht 'The Bruce' verherrlicht.

1314 n braun Sieg über Engländer
1328 n rot Anerkennung durch England
1375 n blau John Barbours Dichtung

BRUCHRECHNUNG

2925 v grün Anwendung in Sumer
1807 v grün Anwendung in Ägypten
1700 v grün Anwendung in Babylon
598 n–660 n Brahmagupta
628 n grün Indisches Lehrbuch
1467 n grün Regiomontanus' System
1579 n grün Vieta: Dezimalbruch

BRUCHSAL, Stadt in Nordbaden, 20 km nördlich von Karlsruhe. Entstand vor mehr als 1000 Jahren als königliche Residenzstadt (Pfalz).

1502 n braun Bauernaufstand

BRUCKNER, Anton (1824 n–1896 n), österreichischer Komponist. Als Schullehrer wandte er sich der Musik zu und wurde Organist und Tondichter. Seine Sinfonien sind Ausdruck einer volkstümlichen Musizierfreudigkeit und stellen eine eigenwillige Verbindung auseinanderstrebender Tendenzen dar. Seine Kirchenmusik (Messen, Tedeum, Psalm, Chöre) ist von streng katholischer Gesinnung geprägt.

1872 n blau F-moll-Messe

BRÜCKENBAU

694 v grün Steinerne Tigrisbrücke
621 v grün Tiberbrücke
480 v grün Schiffsbrücke
425 v grün Holzbrücke zur Insel Euböa
55 v grün Hölzerne Rheinbrücke
67 n–129 n Apollodoros von Damaskus
68 n grün Hängebrücke in China
104 n grün Steinerne Donaubrücke
232 n–282 n Probus
309 n grün Steinerne Rheinbrücke
823 n–877 n Karl II., der Kahle
1330 n–1399 n Peter Parler
1357 n blau Karlsbrücke in Prag
1408 n–1472 n Nezahual
1489 n–1587 n Sinan
1731 n blau Elbbrücke in Dresden
1779 n grün Eiserne Brücke in England
1888 n grün Firth-of-Forth-Brücke
1937 n grün Golden-Gate-Brücke
1962 n grün Maracaibo-Brücke

BRÜDER VOM GEMEINSAMEN LEBEN, christliche Laienbruderschaft, hervorgegangen aus dem persönlichen Freundeskreis des niederländischen Predigers Gerhart Groot. Jedes Mitglied mußte sich aus eigener Arbeit ernähren, betteln war verboten.

1385 n rot	Gründung

BRÜDERGEMEINDE, ('Brüdergemeine'), eine vom Grafen Zinzendorf ins Leben gerufene evangelische Gemeinschaft, die sich nach dem Orte ihrer Entstehung (Herrnhut in der Lausitz) auch 'Herrnhuter' nennt. Kanzel und Altar werden von ihr verworfen, der Prediger trägt keinen Talar. In Lebenshaltung und Kleidung ist dem einzelnen größte Einfachheit vorgeschrieben. Die Brüdergemeinde erwarb reichen Besitz an Grund und Boden, Handelshäusern und Fabrikationsbetrieben. Sie ist besonders in Nordamerika verbreitet und bemüht sich um die Christianisierung von Farbigen.

1727 n rot	Gründung
1750 n blau	Lessing: Verteidigung

BRÜDERLICHKEIT, Bezeichnung für eine menschliche Gesinnung und Verhaltensweise, die dem Mitmenschen in uneigennütziger Hilfsbereitschaft und teilnehmender Solidarität gegenübersteht. Diese ursprüngliche, natürliche Haltung wurde vor etwa 5000 Jahren durch die damals beginnende Ausbeutung von Menschen zerstört. Ihre Beseitigung entzog der Gleichheit die Grundlage und machte den Egoismus zur Triebkraft des Handelns. Seitdem kämpfen die Besten mit den Ausgebeuteten und Entrechteten für eine neue Gesellschaft durch Wiederherstellung der alten Brüderlichkeit.

Vorzeittafel:	Schlußbalken (5000 Jahre)
2942 v–2870 v	Du-Muzi
2888 v rot	Kommunismus in Sumer
2449 v–2367 v	Lugal-Anda
2422 v–2360 v	Uru-Kagina
2367 v braun	Erhebung in Lagasch
2367 v rot	Sozialreformer König
2366 v rot	Schutzgesetze in Lagasch
2240 v–2172 v	Aba
2197 v/2196 v	Ägyptische Revolution
2196 v rot	Volksherrschaft
2196 v grün	Gemeineigentum in Ägypten
1391 v–1358 v	Echnaton
1377 v blau	Echnaton: Menschenliebe
981 v–918 v	Ahia
934 v blau	Neuordnung gefordert
927 v–850 v	Elias
882 v–798 v	Elisa
820 v blau	Forderungen Elisas
802 v–745 v	Amos
777 v–692 v	Jesaja
754 v blau	Lebensrechte der Armen
753 v–680 v	Hesiod
705 v–637 v	Archilochos
696 v–619 v	Zarathustra
647 v–609 v	Josia
640 v–559 v	Solon
636 v–564 v	Äsop
628 v–553 v	Hesekiel
622 v rot	Armenunterstützung
598 v–501 v	Teng-Tse
567 v blau	Gleichheitsforderung
552 v–479 v	Kon-Fu-Tse
542 v blau	Leben der Ärmsten
494 v braun	Sklavenaufstand
475 v–393 v	Me-Ti
464 v/459 v	3. Messenischer Krieg
444 v–365 v	Antisthenes
441 v blau	Me-Ti gegen Klassen
429 v–370 v	Phaleas
427 v–347 v	Plato
419 v braun	Sklavenaufstand in Rom
407 v–323 v	Diogenes
400 v blau	Sozialisierungs-Forderung
395 v blau	Nächstenliebe gefordert
390 v blau	Gleichheitsforderung
333 v–262 v	Zeno der Jüngere
325 v–260 v	Euhemeros
283 v blau	Zenos Staatsentwurf
280 v blau	Euhemeros' Staatsentwurf
279 v–206 v	Chrysipp
258 v braun	Sklavenerhebung
224 v blau	Idealstaat des Chrysipp
198 v/196 v	Aufstände in Italien
193 v–160 v	Judas Makkabäus
187 v blau	Jambulos: 'Sonnenstaat'
185 v braun	Aufstand in Apulien
180 v–110 v	Panaitios
167 v/164 v	Juden-Erhebung
166 v–132 v	Eunus
163 v–129 v	Aristonikos
163 v–133 v	Tiberius Gracchus
156 v–86 v	Marius
154 v–121 v	Gajus Gracchus
144 v–101 v	Athenion
136 v blau	Panaitios: Humanität
136 v/129 v	Großer Aufstand
132 v rot	'Sonnenstaat' Pergamon
130 v–102 v	Tryphon
123 v rot	Getreidegesetz
121 v braun	Aufstand des G. Gracchus
109 v–71 v	Spartakus
108 v–62 v	Katilina
104 v/100 v	Großer Aufstand
74 v/71 v	Spartakus-Aufstand
63 v/62 v	Erhebung des Katilina
6 v–30 n	Jesus Christus
4 v–65 n	Seneka
3 n–50 n	Johannes der Evangelist
28 n blau	Bergpredigt
42 n blau	Seneka: Menschenliebe
52 n–133 n	Epiktet
61 n blau	Eintreten für Sklaven
64 n blau	Gleichheitsforderung
67 n–140 n	Juvenal
80 n–130 n	Karpokrates
123 n–140 n	Epiphanes
133 n grün	Begräbniskosten-Vereine
140 n blau	Epiphanes: Kommunismus
150 n–215 n	Klemens von Alexandria
184 n braun	Aufstand in China
207 n braun	Aufstand des Felix Bulla
217 n–276 n	Mani
220 n braun	Revolution in China
240 n blau	Mani gegen Vorrechte
251 n–356 n	Antonius
276 n–355 n	Donatus
284 n/286 n	Bagauden-Aufstand
285 n–347 n	Fasir
291 n–347 n	Axid
292 n–346 n	Pachomius
328 n rot	Donatisten-Bewegung
330 n–379 n	Basilius der Große
342 n blau	Fasir: Kommunismus
344 n/347 n	Zirkumzellionen-Aufstand
354 n–407 n	Chrysostomos
412 n–444 n	Tibatto
435 n/437 n	Bagauden-Aufstand
470 n–531 n	Kobad
476 n–531 n	Masdak
516 n blau	Masdak: Kommunismus
528 n blau	Gleichheitsforderung
646 n–684 n	Silvanus
684 n/686 n	Aufstand von Kufa
712 n–770 n	Tu-Fu
760 n rot	Anhänger der Paulikianer
772 n–846 n	Poh-Küyi
775 n/777 n	Zindiks-Aufstand
822 n–883 n	Ibn Mohammed
861 n braun	Aufstand in China
864 n–910 n	Karmat
868 n blau	Forderung nach Gleichheit
869 n/883 n	Aufstand von Basra
871 n rot	Staat Basra
874 n/883 n	Chinesische Revolution
889 n blau	Kommunistische Forderung
890 n rot	Karmaten-Gemeinschaft
899 n rot	Karmaten-Staat Ahsa
899 n/930 n	Karmatenaufstand
901 n rot	Karmaten-Staat Multan
905 n–965 n	Al Mutanabbi
914 n–961 n	Bogomil
938 n blau	Forderung nach Neuordnung
940 n rot	Bogomilen-Bewegung
943 n blau	Sklavenarbeit unwürdig
954 n blau	Forderung nach Gleichheit
1008 n/1009 n	Erhebung in Spanien
1021 n–1086 n	Wang-Anschi
1022 n–1107 n	Manko Kapak
1041 n braun	Aufstand der Motta
1058 n blau	Soziale Denkschrift
1059 n braun	Pataria-Aufstand
1067 n rot	Inka-Staat
1068 n braun	Aufstand in Rußland
1069 n rot	Reformen in China
1073 n/1075 n	Aufstand in Sachsen
1113 n braun	Aufstand in Kiew
1116 n blau	Lehren der Bogomilen
1125 n braun	Kathareraufstand
1140 n–1217 n	Peter Waldes
1148 n rot	Zulauf zu Katharern
1155 n grün	Humiliaten in Mailand
1175 n rot	'Bund der Armen von Lyon'
1178 n rot	Waldenser in Frankreich
1182 n rot	Waldenser in Italien
1182 n–1226 n	Franziskus
1198 n grün	Handarbeiter-Bund
1222 n rot	Katharer in Bosnien
1228 n rot	Widerstand der Stedinger
1232 n–1300 n	Segarelli
1255 n–1311 n	Pierre Dubois
1256 n blau	Rutebeufs Gedichte
1260 n rot	Apostelbrüder-Orden
1301 n braun	Handwerker-Erhebung
1304 n–1374 n	Petrarca
1313 n–1354 n	Rienzi
1323 n/1328 n	Aufstand in Flandern
1324 n–1384 n	Wiclif
1325 n–1381 n	Wat Tyler
1329 n rot	Streik in Breslau
1335 n–1381 n	John Ball
1342 n braun	Erhebung in Konstanz
1345 n braun	Aufstand in Gent, Brügge
1347 n braun	Aufstand in Rom
1349 n braun	Erhebung in Nürnberg
1351 n rot	Streik in Speyer
1351 n/1352 n	Erhebung in Rom
1358 n braun	Aufstand der Jacquerie
1365 n–1416 n	Hieronymus von Prag
1367 n blau	Ball gegen Großgrundbesitz
1369 n–1415 n	Hus
1370 n–1424 n	Ziska
1371 n braun	Weberschlacht in Köln
1372 n blau	Gütergemeinschaft gefordert
1376 n blau	Wiclif für Erneuerung
1378 n braun	Aufstand in Florenz
1378 n rot	Gewerkschaft in Florenz
1379 n braun	Aufstand in Flandern
1381 n blau	Forderung nach Gleichheit
1381 n/1382 n	Aufstand in England
1381 n/1382 n	Aufstand in Frankreich
1383 n rot	Lollarden in England
1384 n blau	Forderung nach Reformen
1385 n rot	Groots Genossenschaft
1398 n blau	Wiclifs Lehre in Prag
1400 n–1450 n	Jack Cade
1413 n braun	Aufstand in Paris
1420 n blau	Reform-Forderung
1420 n/1434 n	Hussiten-Kreuzzug
1435 n/1436 n	Aufstand in Schweden
1450 n braun	Aufstand in England
1452 n–1498 n	Savonarola
1457 n rot	'Böhmische Brüder'
1476 n braun	Aufstand in Deutschland
1488 n–1525 n	Thomas Münzer
1491 n braun	Aufstand in Holland
1493 n braun	Aufstand im Elsaß
1494 n braun	Aufstand in Florenz
1498 n blau	Kommunistisches Programm
1502 n braun	Aufstand in Baden
1513 n braun	Aufstand im Breisgau
1514 n braun	Aufstand in Württemberg
1514 n braun	Aufstand in Ungarn
1515 n braun	Aufstand in Österreich
1515 n braun	Aufstand in der Schweiz
1516 n blau	Thomas More: 'Utopia'
1517 n braun	Aufstand in Baden
1517 n braun	Aufstand in England
1520 n blau	Gleichheitsforderung
1522 n/1526 n	Deutsche Revolution
1525 n rot	Zwölf Artikel der Bauern
1528 n blau	Wiedertäufer-Forderung
1534 n blau	Rothmanns Kommunismus
1534 n braun	Wiedertäufer-Erhebung
1570 n–1607 n	Iwan Bolotnik
1599 n–1658 n	Cromwell
1601 n rot	Armenfürsorge in England
1602 n blau	Campanella: 'Sonnenstaat'
1606 n blau	Bolotniks Forderungen
1607 n braun	Aufstand in Rußland
1622 n braun	Aufstand in China
1623 n blau	Crusés Staatsideal
1624 n braun	Aufstand in Frankreich
1626 n braun	Aufstand in Österreich
1628 n/1644 n	Chinesischer Bürgerkrieg
1637 n braun	Aufstand in Frankreich
1639 n braun	Aufstand in der Normandie
1642 n/1649 n	Englische Revolution
1647 n rot	Quäker-Bewegung
1648 n/1649 n	Levellers-Erhebung
1649 n blau	'Anwalt des armen Mannes'
1652 n blau	Winstanley: Kommunismus
1675 n blau	Vairasses Staatsentwurf
1694 n–1778 n	Voltaire
1702 n/1710 n	Kamisarden-Aufstand
1712 n–1778 n	Rousseau
1723 n blau	Ideale der Freimaurer
1727 n braun	Erhebung im Schwarzwald
1727 n rot	'Brüdergemeinde'
1727 n blau	Quäker gegen Sklaverei
1744 n–1803 n	Herder
1746 n–1827 n	Pestalozzi
1758 n–1794 n	Robespierre
1760 n–1797 n	Babeuf
1768 n blau	Mably: Kommunismus
1771 n braun	Aufstand in Vietnam
1783 n blau	Chamforts Kampfruf
1785 n/1786 n	Waldenburger Aufstände
1787 n rot	Shaker-Gruppe
1789 n/1795 n	Französische Revolution
1790 n braun	Aufstände in Sachsen
1790 n rot	Jakobinerklub
1790 n blau	Radistschews Kritik
1791 n braun	Gesellenerhebung
1793 n braun	Aufstand in Breslau
1794 n rot	Sans-Culotten
1795 n braun	Aufstand in Ungarn
1795 n blau	'Manifest der Gleichen'
1796 n braun	Babeufs Verschwörung
1798 n braun	Aufstand in Schlesien
1809 n–1865 n	Lincoln
1812 n blau	Owen: 'Neue Ansicht'
1812 n–1870 n	Charles Dickens
1818 n–1883 n	Karl Marx
1821 n–1880 n	Dostojewski
1824 n rot	Owens Gemeinden
1828 n–1910 n	Tolstoi
1829 n grün	Fourier: Genossenschaften
1830 n braun	Juli-Revolution
1831 n rot	Streik in Lyon
1834 n braun	Aufstand in Lyon
1834 n rot	'Bund der Geächteten'
1834 n blau	'Schrei der Kinder'
1836 n rot	'Bund der Gerechten'
1838 n rot	Chartisten-Vereinigung
1838 n blau	Weitling: 'Die Menschheit'
1839 n blau	Blanc gegen Kapitalismus
1840 n rot	Arbeiter-Bildungsverein
1840 n blau	'Eigentum ist Diebstahl'
1842 n rot	Generalstreik in England
1842 n blau	Cabet: 'Ikarien'
1844 n braun	Aufstand in Schlesien
1844 n grün	Konsumverein
1845 n blau	Engels: Lage der Arbeiter
1846 n rot	Kolping-Verein
1846 n grün	Bauern-Genossenschaft
1847 n blau	Kommunistisches Manifest
1848 n braun	Juni-Aufstand
1848 n/1850 n	Deutsche Revolution
1856 n–1950 n	G. B. Shaw
1858 n rot	Buchdrucker-Gewerkschaft
1861 n/1865 n	Sezessionskrieg
1863 n rot	Lassalles Arbeiterverein
1864 n rot	Erste Internationale
1864 n rot	Rotes Kreuz
1866 n–1925 n	Sun-Yat-Sen
1867 n rot	Granger-Bewegung
1868 n/1869 n	Spanische Revolution
1869 n rot	Gründung der SPD
1869 n blau	Manifest russisch
1869 n–1948 n	Gandhi
1870 n blau	Blanquis Zeitschrift
1870 n blau	Liebknecht: 'Bodenfrage'
1870 n–1924 n	Lenin
1871 n braun	Aufstand der Kommune
1871 n blau	Pottier: 'Internationale'
1874 n braun	Spanische Revolution
1875 n rot	Gothaer Zusammenschluß
1877 n rot	Generalstreik in USA
1878 n rot	Heilsarmee
1879 n blau	George: Bodenreform
1879 n blau	Bebel: Stellung der Frau
1879 n–1953 n	Stalin
1883 n rot	Sozialistische Partei Rußlands
1883 n rot	Fabian-Society
1885 n blau	Zola: 'Germinal'
1888 n blau	Bellamy: 'Rückblick'
1889 n rot	Streik im Ruhrgebiet
1889 n rot	Zweite Internationale
1889 n rot	1. Mai Feiertag
1889 n blau	Suttner: 'Die Waffen nieder'
1890 n blau	Zeitschrift 'Gleichheit'
1891 n braun	Aufstand in Frankreich
1891 n rot	Erfurter Programm
1892 n rot	Sozialistische Partei Italiens
1892 n rot	Friedensgesellschaft
1892 n blau	Hauptmann: 'Die Weber'
1893 n rot	Generalstreik in Belgien
1893 n rot	Labour-Party
1893 n–	Mao-Tse-Tung
1894 n rot	Sun-Yat-Sens Gesellschaft
1895 n blau	Kollwitz: Weberaufstand
1898 n braun	Aufstand in China
1898 n–1956 n	Brecht
1900 n blau	Zeitung 'Der Funke'
1901 n rot	Gewerkschaftskongreß
1902 n braun	Aufstand in Rußland
1902 n blau	Gorki: 'Nachtasyl'
1903 n rot	Bolschewiki
1903 n blau	Kollwitz: Bauernaufstand
1904 n blau	Zeitung 'Humanité'
1905 n rot	Streik im Ruhrgebiet
1905 n blau	Gorki: 'Die Mutter'
1905 n/1906 n	Russische Revolution
1906 n blau	Andersen-Nexö: 'Pelle'
1907 n braun	Aufstand in Rumänien
1909 n braun	Revolution in Spanien
1913 n blau	Stalin: 'Nationale Frage'
1914 n blau	Barbusse: 'Wir anderen'
1914 n blau	Zilles Zeichnungen
1915 n rot	Zimmerwalder Konferenz
1916 n rot	Spaltung der SPD
1916 n rot	Munitionsarbeiterstreik
1916 n blau	'Spartakus-Briefe'
1917 n blau	Lenin: Staatslehre
1917 n/1922 n	Russische Revolution
1917 n blau	Block: Revolutionsgedichte
1917 n blau	Reed: Revolutionsbericht
1917 n rot	Arbeiter- und Bauernstaat
1917 n grün	Vergesellschaftung
1918 n blau	'Briefe aus dem Gefängnis'
1918 n/1919 n	Deutsche Revolution
1918 n–	Nasser
1919 n braun	Aufstand in Ungarn
1919 n rot	Komintern
1919 n blau	'Der Mensch ist gut'
1920 n braun	Sieg über Kapp-Putsch
1920 n braun	Erhebung im Ruhrgebiet
1920 n rot	Gandhis Bewegung
1920 n rot	Völkerbund
1920 n blau	Dichtung Majakowskis
1921 n rot	KP Chinas
1922 n blau	Gandhi: 'Junges Indien'
1923 n braun	Erhebung in Hamburg
1924 n rot	Mongolei kommunistisch
1924 n blau	Zeitung 'Unità'
1924 n blau	Stalin: 'Leninismus'
1925 n/1949 n	Chinesische Revolution
1926 n braun	Erhebung in Indonesien
1927 n braun	Aufstände in Wien
1927 n rot	Brüsseler Kongreß
1927 n rot	Sozialismus in einem Land
1927 n–	Castro
1928 n rot	Kellogg-Pakt
1928 n blau	Shaws 'Wegweiser'
1931 n braun	Revolution in Spanien
1934 n braun	Aufstand in Österreich
1936 n rot	Volksfront in Frankreich
1936 n/1939 n	Spanischer Bürgerkrieg
1942 n blau	Seghers: 'Das 7. Kreuz'
1943 n rot	Streik in USA
1944 n rot	Jugoslawien kommunistisch
1945 n rot	Gründung der UN
1946 n rot	Nordkorea kommunistisch
1946 n rot	Albanien kommunistisch
1946 n rot	Bulgarien kommunistisch
1946 n/1949 n	Griechischer Bürgerkrieg
1947 n rot	Polen kommunistisch
1947 n rot	Rumänien kommunistisch
1947 n blau	Camus: 'Die Pest'
1947 n blau	Picasso: Friedenstaube
1948 n rot	CSR kommunistisch
1948 n rot	Ungarn kommunistisch
1949 n rot	China kommunistisch
1950 n rot	Vertrag UdSSR—China
1952 n braun	Aufstand in Barcelona
1953 n rot	Generalstreiks
1955 n rot	Bandung-Konferenz
1955 n rot	Nordvietnam kommunistisch
1956 n/1959 n	Kubanische Revolution
1957 n rot	Volkskommunen
1960 n/	Revolution Indochinas
1961 n rot	Kuba kommunistisch
1965 n braun	Aufstand in Asturien
1965 n rot	Sozialismus in Ägypten
1965 n rot	Sozialismus in Algerien

BRÜGGE, Stadt in Flandern (Nordwest-Belgien). Im 7. Jahrhundert als Hafen angelegt ('Bruzzia'), um 850 n durch Mauern befestigt. Seit 1093 n Residenz der Grafen von Flandern, die von 1204 n–1261 n als Kaiser des byzantinischen Reiches den Handel zwischen östlichem Mittelmeer und Nordeuropa hier konzentrierten und die Stadt so zu europäischer Geltung brachten. Hinzu kam die Tuch-Erzeugung und der Handel mit englischer Wolle. So überflügelte der Hafen das benachbarte Gent und wurde im 14. Jahrhundert zu einem der bedeutendsten Handelsplätze Nordeuropas ('Venedig des Nordens'). Auch die Hanse sowie die Fugger und die Welser hatten hier Niederlassungen. Die Stadt wurde zum Zentrum des europäischen Geldverkehrs. Im Privathause der Familie Beurse entstand hier der regelmäßige Handel mit Unternehmens-Beteiligungen (seit 1500 n täglich), aus dem die Börsen der kapitalistischen Welt hervorgingen. Seit dem 15. Jahrhundert versandete der Wasserweg zum Meer ('Swin'), und der Hafen wurde zunächst nach Damme, dann nach Sluys verlegt. Bald überflügelte das benachbarte Antwerpen die alte Stadt. 1488 n wurde hier der deutsche Kaiser Maximilian I. gefangen und erst nach vier Monaten freigelassen. Er brach sein Versprechen, auf die Herrschaft über Flandern zu verzichten, und besiegelte durch eine Straf-Expedition den wirtschaftlichen Ruin der Stadt. Zwischen Frankreich, Österreich und Holland immer wieder umkämpft, wurde sie 1831 n Bestandteil des neugegründeten belgischen Staates.

1345 n braun	Weberaufstand
1387 n blau	Bau des Rathauses
1453 n grün	Handelshaus van der Beurse

BRUEGHEL, Peter, der Ältere (1525 n bis 1569 n), niederländischer Maler. Humorvoller Schilderer des Bauernlebens, daher gab man ihm den Namen 'Bauern-Brueghel' im Unterschied zu seinen Kindern, Enkeln und Urenkeln, die alle berühmte Maler wurden.

1565 n blau	'Bauernhochzeit'

BRÜNING, Heinrich (geboren 1885 n), deutscher Staatsmann. Als Vertreter der katholischen Partei (Zentrum) wurde er 1930 n von Hindenburg zum Reichskanzler berufen. Schaltete die Volksvertretung (Reichstag) durch 'Notverordnungen' von der Regierungskontrolle weitgehend aus. Unterstützte die Wahl Hindenburgs zum Reichspräsidenten. Trotz seiner Erfolge bei Verhandlungen über einen Reparations-Erlaß konnte er aber der beschleunigten Krise des deutschen Kapitalismus nicht Herr werden und mußte unter dem Druck der schnell ansteigenden Arbeitslosigkeit von seinem Amte zurücktreten. Emigrierte 1933 n nach den USA.

1930 n grün	Young-Plan
1932 n rot	Hindenburg Präsident
1932 n grün	Arbeitslosigkeit

BRÜSSEL, Hauptstadt Belgiens. Erhielt im 10. Jahrhundert durch den Bau einer Burg auf der Insel in der Senne militärische Bedeutung, fiel an den Grafen von Löwen und wurde Hauptstadt von Brabant. Mit der Entwicklung einer bedeutenden Tuchindustrie erstarkten im 12. Jahrhundert das Bürgertum und die Zünfte (1421 n Zunftverfassung). Wurde Hauptstadt Burgunds, der österreichischen Niederlande, der spanischen Niederlande, des französischen Dyle-Departements und endlich eines selbständigen belgischen Staates (1830 n). 1899 n tagte hier der Kongreß gegen Sklaverei, 1927 n der Kongreß gegen Kolonialismus und Imperialismus, bei dem die Arbeiterklasse der europäischen Länder und der von diesen beherrschten Kolonialgebiete sich vereinigte. Nach dem zweiten Weltkrieg konzentrierten sich hier die Organisationen der Wirtschaftsgemeinschaft von sechs westeuropäischen Staaten (EWG).

970 n blau	Entwicklung zur Stadt
1454 n blau	Rathaus
1619 n blau	Brunnenfigur
1927 n rot	Kongreß
1957 n grün	EWG

BRÜSSELER KONGRESS, erste internationale Zusammenkunft von Vertretern aus den durch europäische Mächte beherrschten kolonialen und halbkolonialen Ländern. Er vereinigte 174 Delegierte. Mit den Repräsentanten der Kolonialvölker (Nehru, Hatta, Mattar, Liau-Hansin, Gumede) verbündeten sich hier Vertreter der Arbeiterklasse aus den europäischen Ländern (Barbusse, Lansbury, Ledebour). Einberufen von der deutschen 'Liga gegen koloniale Unterdrückung und Imperialismus' (Willi Münzenberg, Lucy Peters), wurde er zu einem Solidaritätsbeweis der klassenbewußten Arbeiterschaft Europas mit dem Befreiungskampf der farbigen Völker. Nach dem Tagungsgebäude wurde der Kongreß 'Das Flammenzeichen vom Palais Egmont' genannt.

1927n rot Kongreß

BRUGSCH, Heinrich Karl (1827n–1894n), deutscher Ägyptologe. Veröffentlichte als Schüler in Berlin eine Arbeit über ägyptische Schriftzeichen. Nach Abschluß seiner Studien ging er 26jährig nach Ägypten, wo er sich neben geographischen Arbeiten vor allem der Erforschung altägyptischer Schriftzeichen widmete. Nach kurzer Lehrtätigkeit in Deutschland folgte er einem Rufe an die in Kairo errichtete Ägyptologenschule und erhielt elf Jahre später den Titel eines Pascha. Schrieb ein Lehrbuch der alten ägyptischen Volkssprache ('Demotische Grammatik'), ein geographisches Sammelwerk des alten Ägyptens, eine 'Geschichte Ägyptens unter den Pharaonen' sowie ein siebenbändiges 'Hieroglyphisch-demotisches Wörterbuch'.

1882n blau Hieroglyphen-Wörterbuch

BRUNELLESCO, Filippo, italienischer Baumeister und Bildhauer.

1377n–1446n Lebenslinie
1415n grün Gesetze der Perspektive
1419n grün Findelhaus in Florenz
1436n blau Domkuppel in Florenz

BRUNETTO, Latini (1220n–1294n), italienischer Schriftsteller und Staatsmann. Aus politischen Gründen mußte er seine Heimat Florenz für fünfzehn Jahre verlassen, ging nach Frankreich und verfaßte dort eine große Enzyklopädie in französischer Sprache. Darin versuchte er einen zusammenfassenden Überblick über das gesamte Wissen seiner Zeit zu geben. 1273n kehrte er als Kanzler in seine Heimatstadt Florenz zurück und behauptete ihre Selbständigkeit gegen die Vormachtansprüche des deutschen Kaisers.

1264n blau Enzyklopädie

BRUNNEN

2572v grün Besteuerung
1813v grün Einbau in Bergwerke
1219v blau Assyrische Darstellung
1213n–1280n Niccolo Pisano
1277n blau Brunnen in Perugia
1341n–1406n Claus Sluter
1399n blau Brunnen in Dijon

BRUNO, Giordano, italienischer Philosoph.

1548n–1600n Lebenslinie
1569n blau Religionskritik
1571n grün Wissenschaftskritik
1600n rot Feuertod

BRUNO von Kärnten, deutscher Hofgeistlicher, als 'Gregor V.' von 996n bis 999n Papst.

972n–999n Lebenslinie
980n–1002n Otto III.
996n rot Einsetzung zum Papst

BRUSSA (Bursa), türkische Stadt in Kleinasien unweit des Marmarameeres. Entstand im Jahre 184v und war von 1326n bis 1365n Residenz des türkischen Sultans.

1259n–1326n Osman I.
1326n braun Türkensieg
1326n rot Vorstoß der Türken
1326n rot Türkische Hauptstadt
1365n rot Ablösung durch Adrianopel

BRUT, englische Sagengestalt, angeblich Stammvater der Briten. Das Wort ist auch als Bezeichnung alter englischer Chroniken gebräuchlich.

1108n–1175n Wace
1154n blau Waces Geschichtswerk
1205n blau Englisches Heldengedicht

BRUTÖFEN

2141v grün Gebrauch in Ägypten

BRUTUS, Markus Junius, römischer Politiker.

85v–42v Lebenslinie
106v–48v Pompejus
100v–44v Cäsar
82v–30v Antonius
65v–8v Horaz
63v–14v Augustus (Oktavian)
49v/45v Zweiter Bürgerkrieg
44v braun Ermordung Cäsars
43v/30v Dritter Bürgerkrieg

BRUYS, Peter von (um 1080n–1132n), französischer Prediger. Als katholischer Priester erkannte er in der Kirche eine betrügerische Einrichtung, die dem Volke falschen Zauber vormacht, um das Wohlleben der Priester aufrechtzuerhalten. Gab seine Priesterstelle auf und zog predigend in Südfrankreich umher. Verwarf das Abendmahl, die Taufe ahnungsloser Kinder, die Macht der Priester, große Teile der Bibel, den einschläfernden Kirchengesang und die ganze scheinheilige Kirchenorganisation. Rief zur Verbrennung der Kreuze (Kruzifixe) auf und gewann zwischen Alpen und Pyrenäen eine große Anhängerschaft. Auf Betreiben der katholischen Kirche in St. Gilles bei Marseille (Südfrankreich) als Katharer ('Ketzer') verbrannt.

1119n blau Gegen Kruzifixe
1132n rot Feuertod
1133n rot Aktionen der Anhänger

BRYAXIS (um 380v–um 310v), griechischer Bildhauer und Erzgießer. Schuf den Bildschmuck an der Nordseite des Mausoleums von Halikarnassos (Kleinasien) sowie ein Kultbild für den Serapis-Tempel in Alexandria (Ägypten).

350v blau Mausoleum
332v blau Ägyptisches Kultbild

BRYGOS (um 520v–um 460v), griechischer Kunsttöpfer, der seine Erzeugnisse selbst bemalte und brannte. Schuf außer seinen mit bewegten Strichzeichnungen verzierten Schalen auch kunstvolle Schöpfbecher, Trinkbecher und Kannen.

488v blau Trinkschale

BUCHARA, Stadt inmitten eines Wüstengebietes östlich des Oxus (Usbekistan). Vor 1500 Jahren entstanden, entwickelte sie sich während der Araberzeit zu einer blühenden Kulturstätte und einem bedeutenden Handelszentrum. Als Hauptstadt der Samaniden gelangte sie zwischen 900n und 1000n auch zu politischer Bedeutung. Im Mongolenkrieg erobert, zerstört und wieder aufgebaut. Erhielt durch die abgeschiedene Lage ihre orientalische Eigenart. Seit 1925n Hauptstadt der Provinz Buchara innerhalb der Usbekischen Sowjetrepublik.

712n rot Arabische Herrschaft
874n rot Selbständigkeit
1868n rot Russischer Besitz

BUCHARI, Al, arabischer Gelehrter und Schriftsteller persischer Herkunft.

810n–870n Lebenslinie
855n blau Rechtsbuch des Islam

BUCHBINDEREI

1208v grün Chinesische Bücher
85n grün Römische Bücher
1490n grün Eigenes Handwerk

BUCHDRUCK, mechanischer Abdruck von zusammengesetzten Schriftzeichen (Lettern), von gegossenen Druckstöcken (Matern) oder von in Punkte aufgelösten Bildern (Klischees).

896v grün Steindruck in China
175n grün Druck auf Papier
596n grün Holztafeldruck, China
685n–762n Hüan-Tsung
748n grün Zeitung in China
765n grün Holzplattendruck, Japan
868n grün Bücher in China
977n grün 'Tripitaka'-Druck, China
1016n–1076n Pi-Scheng
1045n grün Einzelettern
1399n–1468n Gutenberg
1400n grün Holzschnitt
1430n grün Kupferstich
1437n grün Druckerpresse
1443n–1490n Matthias Corvinus
1444n grün Zweiseitiger Druck
1448n grün Gießgerät für Lettern
1450n grün Druck eines Schulbuches
1455n grün Gutenbergs Bibel
1461n grün Bebilderte Bücher
1464n grün Rusch: Antiqua
1468n grün Jenson: Antiqua
1469n grün Druckerei in Venedig
1470n grün Deutsche Drucker in Paris
1472n grün Arabische Seitenzahlen
1476n grün Metallene Notenlettern
1484n grün Verbreitung in Europa
1490n grün Kobergers Verlag
1491n grün Landkartendruck
1522n rot Zensur für Druckwerke
1530n–1584n Iwan IV.
1542n rot Strafe für Koran-Druck
1546n rot Feuertod für Drucker
1710n grün Drei-Farben-Druck
1796n grün Steindruck (Senefelder)
1804n grün Letternguß-Maschine
1810n grün Schnellpresse
1858n rot Drucker-Gewerkschaft
1860n grün Rotations-Maschine
1882n grün Autotypie
1884n grün Zeilengießmaschine
1910n grün Rotations-Tiefdruck

BUCHENWALD, Konzentrationslager auf dem Ettersberg bei Weimar, 1937n gegründet. Bis 1945n wurden hier fast 250 000 Häftlinge aus 18 Nationen eingekerkert und durch 135 Außenkommandos der Rüstungs-Industrie als Arbeitskräfte zugeführt. 56 000 Menschen fanden in diesen 8 Jahren durch Überanstrengung, Hunger und Folterung den Tod. Auch der Führer der Kommunistischen Partei Deutschlands, Ernst Thälmann, wurde hier von der SS ermordet (1944n). Im Jahre 1945n befreiten sich die Häftlinge beim Zusammenbruch des Hitler-Reiches unter Führung ihres 'Internationalen Lagerkomitees'. Bis 1950n diente das Lager zur Inhaftierung von etwa 30 000 deutschen Faschisten. Dann wurde es zur ersten deutschen Gedenkstätte für die Opfer des Faschismus umgestaltet, die aus einem weithin sichtbaren Mahnmal und einem Teil der alten Lagerbaracken besteht.

1958n blau Cremers Plastiken

BUCHFÜHRUNG

2967v grün Tontafeln in Mesopotamien
2832v–2795v Djet
2830v grün Tonscherben in Ägypten
2335v rot Pflicht in Akkad
1494n grün Doppelte Buchführung

BUCHHANDEL, Bezeichnung für den gewerblichen Vertrieb von Büchern. Die zunächst in einer Hand liegende Tätigkeit der Herstellung und des Verkaufs zerfiel mit der allgemeinen Verbreitung des Buchdrucks in zwei selbständige Berufszweige (Verleger und Sortimenter).

66v grün Attikus' Abschreibe-Verlag
1490n grün Verlagshaus Koberger

BUCHILLUSTRATION, Buchmalerei

575v blau Bücher in Griechenland
116v–27v Varro
58v blau Varros '700 Bildnisse'
262n blau Manis Bücher
783n blau Bibelhandschrift
1179n blau Herrads 'Lustgarten'
1326n blau 'Manessische Handschrift'
1450n blau Fouquet: Chevalier
1461n grün Druck bebilderter Bücher
1471n blau Fouquet: Boccaccio
1491n blau Botticelli: Dante
1493n blau Schedels Weltgeschichte
1864n blau Doré: Bibel

BUCHSTABEN, Buchstabenschrift

1800v grün Alphabet in Syrien
1748v grün Schrift in Südarabien
1493v grün Neues Alphabet, Syrien
1098v–1046v Adada
1050v grün Gebrauch in Vorderasien
1005v grün Verbreitung
903v grün Gebrauch bei Griechen
875v grün Vokale bei Griechen
843v blau Hebräische Schrift
797v grün Schrift in Indien
698v grün Notenschrift bei Griechen
618v grün Buchstaben in Italien
599v–529v Kyros
302v grün Griechen: Schreibschrift
250n grün Runen der Goten
254n grün Koptische Schrift
311n–383n Wulfila
358n–441n Mesrop
369n grün Gotisches Alphabet
402n grün Armenische Schrift
570n grün Runen der Türken
827n–869n Kyrill
828n–907n Boris
863n grün Slawische Schrift
925n grün Notenschrift des Odo
995n–1050n Guido von Arezzo
1266n grün Schrift der Mongolen
1399n–1468n Gutenberg
1448n grün Gießgerät für Lettern
1464n grün Rusch: Antiqua
1468n grün Jenson: Antiqua
1804n grün Letternguß-Maschine
1829n grün Blindenschrift
1884n grün Zeilengießmaschine

BUCK, Pearl S. (geboren 1892n), nordamerikanische Schriftstellerin. Als Tochter eines christlichen Missionars in China aufgewachsen, kehrte sie nach Abschluß ihrer Studien in den USA als Missionarsfrau nach Nanking zurück und übernahm dort eine Lehrtätigkeit für die englische Sprache. Seit 1935n lebt sie mit ihrem zweiten Mann auf einer Farm in den USA. In zahlreichen Romanen und Erzählungen stellte sie liebevoll den einfachen chinesischen Menschen dar in seinem Ringen zwischen der Überlieferung und den Anforderungen der modernen Welt. Sie weckte damit in Amerika und Europa Verständnis und Sympathie für China und trug zur Überwindung rassischer Vorurteile bei. Ohne Verständnis für die sozialen Probleme Chinas blieben ihre Werke auf das rein Menschliche beschränkt. Neben eigenen Schöpfungen ('Ostwind — Westwind', 'Die gute Erde', 'Söhne', 'Das geteilte Haus', 'Die Frauen des Hauses Wu') steht gleichbedeutend ihre Übersetzung eines chinesischen Schelmenromans aus dem 13. Jahrhundert ('Alle Menschen sind Brüder').

1931n blau 'Gute Erde'

BUCKINGHAM-PALAST, Schloß am Londoner St. James-Park. Seit 1837n Residenz der englischen Könige.

1703n blau Fertigstellung

BUDAPEST, Stadt in Ungarn, an beiden Ufern der Donau. Von den Römern vor 2000 Jahren als Militärkolonie zum Schutz ihrer Provinz Pannonien gegründet, dann von Goten, Langobarden und Awaren erobert, wurde sie im 9. Jahrhundert durch Arpad ungarisch. Im 12. Jahrhundert durch Ansiedlung deutscher Auswanderer ('Schwaben') besiedelt, im Großen Mongolenkrieg 1241n zerstört. Nach dem Abzug der Mongolen durch den Ungarnkönig Bela IV. wieder aufgebaut. Matthias Corvinus baute sie als Festung aus, errichtete das Schloß und stärkte den Zusammenhalt der beiden Teilstädte (Ofen und Pest) an den beiden Ufern der Donau. 1526n wurde die Stadt von den Türken erstmals eingenommen und stand seit 1541n für 145 Jahre unter türkischer Herrschaft. Im Großen Türkenkrieg 1686n erobert und niedergebrannt, blieb sie bis 1918n unter österreichischer Herrschaft. Dann Hauptstadt eines selbständigen ungarischen Staates, der nach gescheiterter Revolution (1919n) im Jahre 1948n kommunistisch wurde und trotz des Aufstandes von 1956n blieb.

834n–907n Arpad
1207n/1279n Großer Mongolenkrieg
1443n–1490n Matthias Corvinus
1541n braun Eroberung durch Türken
1541n rot Türkische Herrschaft
1663n/1699n Großer Türkenkrieg
1849n braun Ungarische Revolution
1872n rot Vereinigung Ofen-Pest
1918n rot Ungarn unabhängig
1919n braun Ungarischer Aufstand
1939n/1945n Zweiter Weltkrieg
1948n rot Ungarn kommunistisch
1956n braun Ungarischer Aufstand

BUDDHA, indischer Religionsstifter.

557v–477v Lebenslinie
558v–492v Bimbisara
524v rot Bimbisara Anhänger
524v blau Beginn der Predigten

BUDDHAGOSCHA (um 400n–um 470n), indischer Kirchenlehrer. Als Anhänger des Brahmanismus verließ er nach seiner Bekehrung zum Buddhismus seine Heimatstadt Gaya (Nordindien) und schrieb auf der Insel Ceylon grundlegende Werke über Buddha und dessen Religion. Seine Darstellungen lockerte er durch Erzählungen auf.

443n blau Buddha-Biographie
456n blau Lehrbuch

BUDDHISMUS, Name einer in Indien entstandenen Religion, die heute nur noch auf Ceylon, in Hinterindien, Japan, China (Tibet) und der Mongolei stärker vertreten ist. Benannt nach ihrem indischen Stifter Gautama, der von seinen Anhängern den Namen 'Buddha' (= der Erleuchtete) erhielt.

558v–492v Bimbisara
557v–477v Buddha
524v rot Bimbisara Buddhist
524v blau Predigten Buddhas
475v blau Buddha-Grab in Indien
299v–237v Asoka der Milde
261v rot König Asoka Buddhist
259v blau Gedenksäule
250v rot Bekehrung Ceylons
237v blau Heiligtum auf Ceylon
230v blau Buddha-Szenen
75v blau Felsentempel in Indien
37v blau Pali-Kanon
1v rot Eindringen nach China
34n–112n Asvagoscha
35n blau 'Jatakas'
53n–123n Kanischka
67n rot Anerkennung in China
90n blau Kloster in Indien
96n rot Spaltung in Indien
99n blau Indische Buddha-Dichtung
100n rot Konzil von Kaschmir
104n blau Buddha-Figuren in Indien
217n–276n Mani
238n blau Einfluß auf Manichäer
366n blau Felsenkirche in China
372n rot Eindringen nach Korea
400n rot Einführung auf Java
421n blau Übersetzung ins Chinesische
443n blau Buddha-Biographie
446n rot Verfolgung in China
456n blau Lehrbuch des Buddhagoscha
485n blau Gemälde von Ajanta
510n blau Geschichtliche Darstellung
518n blau Schule in China
552n blau Eindringen in Japan
572n–621n Schotoku
600n rot Bekehrung der Sunda-Inseln
600n blau Buddha-Figuren in Japan
601n–673n Li-Pen
602n–664n Hüan-Tsang
607n blau Tempel in Japan
611n rot Verbreitung in Japan
623n blau Buddha-Gruppe in Nara
639n rot Verbreitung in China
676n blau Felsenbild in China
683n–755n Wu-Taotse
685n rot Staatsreligion in Japan
685n grün Buddha-Schreine in Japan
686n–744n Kumarila
699n–759n Wang-Wei
713n blau Bild der Gottesmutter
717n–778n Padma Sambawa
726n blau Wu-Taotse: Buddha
743n rot Hinduismus
743n blau Einfluß des Schintoismus
752n blau Buddha-Statue in Japan
768n–824n Han-Yü
800n blau Buddha-Pyramide auf Java
803n blau Bekämpfung durch Han-Yü
819n blau Schrift gegen Aberglauben
845n rot Unterdrückung in China
953n blau Eschins Buddha-Gemälde
977n grün Druck der 'Heiligen Schrift'
1128n blau Kritik in Fabelform
1130n–1200n Tschu-Hi
1193n rot Verdrängung aus Indien
1214n–1294n Kublai-Khan
1264n rot Bekehrung Kublai-Khans
1375n–1448n Josetsu

BÜCHEREI

2026v blau Bibliothek in Lagasch
1720v grün Briefe im Stadtarchiv Mari
1356v blau Tontafeln in Ugarit
1148v–1074v Tiglatpileser I.
1094v blau Gründung in Assur
693v–626v Assurbanipal
647v blau Tontafelbibliothek Ninive
372v–285v Ptolemäus I.
322v–246v Ptolemäus II.
305v blau Gründung in Alexandria
289v–235v Kallimachos
265v blau Bibliographie
247v grün Großbibliothek Alexandria
189v blau Gründung in Pergamon
145v–86v Sema-Tsien
47v grün Brand in Alexandria
39v blau Römische Gründung
67n–129n Apollodoros
245n–309n Pamphilos
285n blau Gründung in Cäsarea
391n rot Christliche Brandstiftung
598n–649n Tai-Tsung
786n–833n Al-Mamun
806n–873n Abu Hunain
824n blau Hochschul-Bücherei Bagdad
853n blau Photios' Bücherverzeichnis
890n–961n Abdar Rachman III.
976n blau Großbibliothek Cordoba
1016n blau Großbibliothek Kairo
1408n–1472n Nezalhual
1436n blau Entstehung in Tezcuco
1441n blau Florentinische Gründung
1443n–1490n Matthias Corvinus
1474n blau Gründung der 'Corvina'
1600n blau Bodleys Gründung
1753n grün Britisches Museum
1854n grün Ausgrabung
1876n grün Dezimal-Ordnungssystem
1902n grün Deutsches Museum
1913n blau Deutsche Bücherei in Leipzig
1949n blau Großbibliothek Moskau

BÜCHERVERBOTE, BÜCHERVERNICHTUNGEN

493v rot Verbot in Athen
410v rot Verbrennungen in Athen
213v rot Verbrennung in China
358n–441n Mesrop
391n rot Bibliothek in Alexandria
399n–461n Leo der Große
444n rot Kirchenfeindliche Bücher
495n rot Verbotsliste der Kirche
588n–656n Othman
653n rot Verbrennungen durch Islam
737n–804n Alkuin
801n rot Vergil-Verbot
932n–1002n Ibn Amir
1140n rot Päpstliche Maßnahmen
1199n rot Bibel-Leseverbot
1408n rot Bibel-Übersetzung verboten
1413n rot Wiclifs Schriften
1487n grün Geldstrafen
1559n rot 'Index'
1664n rot 'Tartuffe'-Verbot
1699n rot 'Telemach'-Verbot
1746n rot Verbrennung der 'Pensées'
1817n rot Wartburgfest

BÜCHMANN, Georg (1822n–1884n), deutscher Sprachforscher. Als Lehrer einer Berliner Gewerbeschule sammelte er bekannte Aussprüche und stellte sie in einem Buche mit Herkunfts-Nachweis zusammen.

1864n blau 'Geflügelte Worte'

BÜCHNER, Georg (1813n–1837n), deutscher Dichter. Als Student gründete er die 'Gesellschaft der Menschenrechte', gab das revolutionäre Flugblatt 'Der hessische Landbote' heraus und floh nach Straßburg, wo er seine Studien fortsetzte. Schrieb das Revolutionsdrama 'Dantons Tod', das Lustspiel 'Leonce und Lena' sowie das soziale Drama 'Woyzeck', in dem er Ausbeutung und Militarismus anprangerte. Wenige Monate nach Erlangung der Doktorwürde starb er in Zürich an Typhus.

1835n blau 'Dantons Tod'

BÜFFEL, Bezeichnung für große wildlebende Rinder mit besonders langen Hörnern. Das ursprünglich in Südasien beheimatete Tier wurde nach Zähmung insbesondere beim Reisbau verwendet (Wasserbüffel). Dieser Hausbüffel verbreitete sich nach Vorderasien, Südeuropa, Nordafrika, Nordamerika und Australien. Der südlich der Sahara beheimatete afrikanische Büffel erwies sich als unzähmbar und lebt noch heute als Wildtier in Herden.

2659v blau Indisches Relief
1979v blau Sumerisches Relief

BÜHNENBILD

94v–34v Publilius
1719n grün Bühnenbildner-Beruf

BUENOS AIRES, Hauptstadt von Argentinien (Südamerika). In der breiten Mündung des Rio de la Plata geschützt gelegen, wurde sie befestigter Stützpunkt und Einfallhafen der spanischen Eroberer. Seit 1776n Sitz eines spanischen Vizekönigs. Nach dem Verfall der spanischen Herrschaft wehrte sie 1806n/1807n Eroberungsversuche der Engländer ab und befreite sich dann endgültig aus europäischer Kolonialherrschaft. Seit 1880n Hauptstadt des 1816n unabhängig gewordenen argentinischen Staates.

1535n blau Gründung

BÜRGER, Gottfried August (1747n–1794n), deutscher Dichter und Sprachforscher. Schuf volkstümliche deutsche Balladen ('Lenore', 'Lied vom braven Manne'), Gedichte und revolutionäre Prosaschriften ('Der Bauer an seinen durchlauchtigsten Fürsten'). Berühmt wurde sein Buch 'Die wunderbaren Reisen des Freiherrn von Münchhausen', eine Satire auf den Adel, die er auf Grund einer Rückübersetzung von Raspes englischer Bearbeitung einer Berliner Schwanksammlung frei gestaltete und bereicherte.

1786n blau 'Münchhausen'

BÜRGERLICHES GESETZBUCH (BGB), zusammenfassende Neuschöpfung deutschen Zivilrechtes. Gibt in über 2000 Paragraphen allgemeine Rechtsgrundsätze sowie ins einzelne gehende Gesetze für Schuldrecht, Sachenrecht, Familienrecht und Erbrecht. 1896n verkündet, trat es am 1. 1. 1900 in Kraft.

1896n rot Verkündung

BÜRGERLICHES RECHT, Bezeichnung für die Gesamtheit der Rechtsverhältnisse, die mit der Eroberung der gesellschaftlichen Führungsrolle durch das Bürgertum in zahlreichen Ländern entstanden ist. Beruht auf der Teilung der staatlichen Gewalt in gesetzgebende, richterliche und vollziehende Gewalt. In Gesetzbüchern zusammengefaßt (wie in Frankreich) oder als Gewohnheitsrecht gehandhabt (wie in England), gewährt es allen Staatsbürgern formal gleiche Rechte. Dadurch verschleiert es die reale Ungleichheit innerhalb der bürgerlichen Gesellschaft, deren Grundlage das Privateigentum an den Produktionsmitteln und damit die Ausbeutung der Arbeiterklasse durch die Besitzbürger (Kapitalisten) bleibt. Gegenüber der Willkür einzelner Herrscher (absolute Monarchie) und gegenüber der hochkapitalistischen Diktatur (Faschismus) stellt es auch für die Allgemeinheit einen Fortschritt dar, doch reichen die formalen Rechte der Arbeiterklasse nicht aus, um die reale gesellschaftliche Machtüberlegenheit des Besitzbürgertums einzudämmen oder zu überwinden. Durch Besetzung der entscheidenden Stellungen in der Rechtspflege durch Angehörige des Bürgertums wird es außerdem einseitig zugunsten der herrschenden Klasse gehandhabt.

1628n rot 'Petition of Rights'
1673n rot Handelsrecht Frankreichs
1679n rot 'Habeas-corpus-Akte'
1688n rot 'Declaration of Rights'
1688n blau Thomasius: Naturrecht
1689n–1755n Montesquieu
1748n blau Lehre Montesquieus
1769n–1821n Napoleon I.
1776n rot Menschenrechte in Amerika
1789n rot Menschenrechte (Frankreich)
1804n rot 'Code Napoléon'
1815n blau Savigny: Römisches Recht
1896n rot Deutsches Gesetzbuch

BÜRGERTUM, bürgerliche Gesellschaft und ihre Überwindung

Vorzeittafel: Schlußbalken (5000 Jahre)
2857v grün Mauer um Arbeiterviertel
2812v grün Tätigkeit von Beamten
2621v grün Schutz des Eigentums
2613v grün Große Bürgerhäuser
2570v–2481v Ur-Enlil
2508v grün Sumerisches Handelshaus
2449v–2367v Lugal-Anda
2422v–2360v Uru-Kagina
2319v rot Beamte in Mesopotamien
1932v–1878v Sesostris II.
1887v grün Mauer um Arbeiterviertel
820v rot Klassen in Sparta
642v rot Rechtsgewinn in Sparta
640v–559v Solon
593v rot Abgestufte Rechte
592v grün Bankhaus in Babylon
588v rot Sklavenkauf begrenzt
572v–485v Kleisthenes
509v rot Bürgerrecht für Sklaven
494v rot Plebejer Volkstribunen
492v rot Immunität der Tribunen
488v rot Scherbengericht
486v rot Bürgerrecht gestärkt
473v rot Klassen in Rom
471v rot Beamtenwahl der Plebejer
461v rot Athen: Adelsmacht begrenzt
460v grün Ämter-Besoldung
450v grün Korinth: Sklavenüberzahl
421v rot Plebejer im Staatsdienst
419v braun Sklaven-Aufstand
411v braun Adelserhebung in Athen
407v–323v Diogenes
403v rot Athen wieder demokratisch
383v–322v Demosthenes
377v grün Sklavenüberzahl in Athen
366v rot Plebejer wird Konsul
351v rot Plebejer wird Zensor
343v–292v Menander
300v rot Staatsämter für Plebejer
280v–220v Herondas
193v–160v Judas Makkabäus
167v/164v Aufstand des Makkabäus
166v–132v Eunus
154v–121v Gajus Gracchus
144v–101v Athenion
136v/129v Arbeiter-Aufstand
121v braun Aufstand des G. Gracchus
114v–53v Krassus
111v rot Aufhebung von Reformen
109v–71v Spartakus
108v–62v Katilina
106v–43v Cicero
104v/100v Arbeiter-Aufstand
86v–35v Sallust
74v/71v Spartakus-Aufstand
63v/62v Erhebung des Katilina
63v rot Cicero gegen Katilina
61v grün Wahlhilfe für Cäsar
49v blau Neuordnung gefordert
16v–45n Phädrus
243n–316n Diokletian
984n rot Amalfi unabhängig
1020n rot Stadtrechte für Leon
1050n rot Le Mans selbständig
1050n–1106n Heinrich IV.
1058n grün Kaufmanns-Gilden
1061n grün Kerzenzieher-Innung
1074n rot Worms unabhängig
1080n rot Stadtverfassung Luccas
1093n rot Bündnis gegen Kaiser
1098n rot Selbständigkeit Genuas
1107n rot Unabhängigkeit Veronas
1111n rot Stadtrechte für Speyer
1120n rot Verfassung Freiburgs
1128n rot Verfassung für Laon
1129n–1195n Heinrich der Löwe
1142n/1155n Bürgeraufstand in Rom
1143n rot Stadtrecht für Reims
1144n rot Bürgerregierung in Rom
1149n rot Weber-Zunft in Köln
1150n rot Stadtrecht für Soest
1151n grün Geldverleiher-Vereinigung
1156n rot Wahlen in Worms
1156n grün Banken in Italien
1159n rot Stadtrecht für Lübeck
1159n grün 'Stadtluft macht frei'
1161n grün Kaufleute-Verein
1172n rot Stadtrecht für Rothenburg
1173n rot Stadtrecht für Münster
1176n rot Machtgewinn in Italien
1183n rot Formelle Kaiser-Hoheit
1183n grün Zunftzwang
1188n rot Rechte der 'Cortes'
1194n–1250n Friedrich II.
1198n grün Bund gegen Arbeiter
1200n grün Großbetriebe in Italien
1205n rot Rechte für Handwerker
1220n blau Rathaus von Worms
1226n rot Lübeck Reichsstadt
1238n–1286n Adam de la Halle
1242n rot Stadtrecht für Kiel
1243n rot Stadtrecht für Stettin
1250n rot Stadtrecht für Bielefeld
1250n rot Zunftverfassung in Florenz
1254n rot Rheinischer Städtebund
1259n blau Rathaus von Thorn
1261n rot Stadtrecht für Breslau
1267n rot Stadtrecht für Stuttgart
1270n–1319n Haakon V.
1279n blau Rathaus von Stralsund
1281n rot Stadtrecht für Graz
1284n rot Stadtrecht für Flensburg
1288n braun Aufstand in Köln
1288n rot Bürger-Herrschaft in Köln
1288n rot Köln freie Stadt
1293n rot Bürger-Regierung in Florenz
1295n rot Bürger im Parlament
1299n rot Stadtrecht für Rotterdam
1301n/1302n Fürsten-Erhebung
1323n/1328n Arbeiter-Aufstand
1330n rot Stadtrecht für Darmstadt
1331n rot Schwäbischer Städtebund
1334n rot Stadtrecht für Linz
1335n blau Rathaus von Münster
1336n blau Eulenspiegels Spott
1342n braun Weber-Aufstand
1343n rot Vertretung im Unterhaus
1345n braun Weber-Aufstände
1349n braun Handwerker-Erhebung
1351n rot Weber-Streik in Speyer
1360n rot Druck auf Arbeiterschaft
1363n rot Arbeiter-Reglementierung
1370n blau Rathaus von Aachen
1371n braun 'Weberschlacht' in Köln
1378n braun Arbeiter-Aufstand
1379n braun Weber-Aufstand
1382n blau Danziger Rathaus
1387n blau Rathaus von Brügge
1388n braun Städtebund-Niederlage
1389n rot Städtebund-Verbot
1400n–1450n Jack Cade
1405n blau Rathaus Frankfurt/Main
1407n grün Girobank in Genua
1408n grün Handelskonzern
1410n blau Bremer Rathaus
1411n blau Londoner Rathaus
1413n braun Aufstand in Paris
1425n rot Verbot eines Konzerns
1443n blau Lübecker Rathaus
1450n braun Arbeiter-Aufstand
1450n blau Meistersinger-Schule
1453n grün Beurses Kapital-Handel
1454n rot Zunftverfassung aufgehoben
1454n blau Rathaus von Brüssel
1459n–1525n Jakob Fugger
1463n blau Rathaus von Löwen
1465n grün Medici-Fabriken
1470n blau Münchner Rathaus
1473n grün Fugger-Beziehungen
1488n grün Silberbergbau der Fugger
1489n rot Städte im Reichstag
1490n grün Verlagshaus
1494n grün Fugger-Gesellschaft
1496n blau Rathaus von Breslau
1498n grün Fugger-Syndikat
1500n–1558n Karl V.
1506n grün Gewürzhandel
1509n grün Kriegsfinanzierung
1511n grün Fugger: Kapitalzuwachs
1514n grün Geschäft mit Bischof
1519n grün Wahlfinanzierung
1520n grün Streikunterdrückung
1522n/1526n Deutsche Revolution
1523n grün Schutz durch den Kaiser
1525n grün Hilfe des Kaisers
1528n grün Venezuela an Welser
1531n grün Börse in Antwerpen
1537n grün Nürnberger Börse
1537n grün Augsburger Börse
1540n grün Hamburger Börse
1541n grün Börse von Lyon
1549n grün Börse von Toulouse
1553n blau Rathaus von Paris
1556n blau Leipziger Rathaus
1556n grün Landverlust der Welser
1561n blau Rathaus von Antwerpen
1562n blau Altenburger Rathaus
1565n grün Londoner Börse
1566n grün Börse in Rouen
1574n grün Machtgewinn der Stroganow
1578n blau Rathaus von Rothenburg
1592n grün Kölner Börse
1597n grün Kaufmanns-College
1600n grün Englische Indien-Kompanie
1602n grün Indien-Kompanie Hollands
1605n grün Lübecker Börse
1607n rot Stadtrecht für Mannheim
1620n blau Augsburger Rathaus
1623n grün Börse von Königsberg
1627n grün Bremer Börse
1628n rot Kampf um Rechtsgewinn
1631n grün Afrika-Gesellschaft
1632n grün Frankfurter Börse
1634n grün Leipziger Börse
1642n/1649n Erhebung in England
1642n rot Widerstand der Monarchie
1649n rot Hinrichtung Karls I.
1652n blau Kritik Winstanleys
1655n blau Rathaus von Amsterdam
1660n rot England wieder Monarchie
1660n grün Unternehmen des Mitsui
1663n grün Privileg für Gesellschaft
1670n blau 'Bürger als Edelmann'
1688n braun Kampf gegen Monarchie
1688n rot Sieg über Absolutismus
1702n grün Pariser Börse
1711n grün Englische Südsee-Kompanie
1716n grün Berliner Börse
1716n grün Laws Privatbank
1717n rot Freimaurer in London
1720n grün 'Südsee-Skandal'
1721n rot Walpole Premierminister
1723n–1790n Adam Smith
1729n blau Rathaus von Salamanca
1729n–1781n Lessing
1730n rot Freimaurer in Amerika
1731n rot Gesellenrechte beschränkt
1737n rot Freimaurer in Hamburg
1738n blau 'Rule Britannia'
1745n blau Satire des Hogarth
1750n grün Börse von Rotterdam
1753n grün Börse von Edinburgh
1753n grün Wiener Börse
1758n–1794n Robespierre
1760n–1797n Babeuf
1769n grün Rothschild Hofbankier
1769n–1821n Napoleon I.
1773n rot Freimaurer in Frankreich
1776n grün Smith: Kapitalismus
1782n blau 'Kabale und Liebe'
1785n/1786n Weber-Aufstände
1788n rot Generalstände einberufen
1789n/1795n Französische Revolution
1791n braun Gesellen-Erhebungen
1795n rot Kampf gegen Revolution
1796n braun Babeufs Erhebung
1797n rot Hinrichtung Babeufs
1798n braun Weber-Aufstand
1799n rot Machtverlust an Napoleon
1799n–1850n Balzac
1804n rot Bürgerliches Gesetzbuch
1804n–1881n Disraeli
1807n rot Stein'sche Reformen
1809n–1852n Gogol
1811n grün Petersburger Börse
1812n grün Krupps Fabrik
1812n–1870n Charles Dickens
1813n rot 'Maschinenstürmer'
1813n blau Kritik Jane Austens
1815n–1898n Bismarck
1816n–1892n Siemens
1817n rot Wartburgfest
1817n grün New Yorker Börse
1818n–1883n Karl Marx
1819n rot Kinderarbeit: Altersgrenze
1820n blau Saint-Simon: Proletariat
1825n rot Kollektiv-Verhandlungen
1830n rot 'Bürgerkönigtum'
1830n blau Schilderung Stendhals
1831n rot Streik in Lyon
1834n braun Weber-Aufstand
1834n blau 'Schrei der Kinder'
1836n blau Dickens: 'Pickwickier'
1838n grün Freihandels-Forderung
1838n blau Gegnerschaft Weitlings
1839n–1937n Rockefeller
1840n blau Gegnerschaft Proudhons
1842n rot Generalstreik in England
1842n blau Gogols Schilderung
1844n braun Weber-Aufstand
1844n blau Kritik Hebbels
1845n blau Engels: Lage der Arbeiter
1847n blau Kommunistisches Manifest
1847n grün Wirtschaftskrise
1848n rot Machtgewinn in Frankreich
1848n/1850n Deutsche Revolution
1848n rot Nationalversammlung
1848n blau Daumiers Spott
1849n blau Roman Thackerays
1850n blau Balzacs Schilderung
1851n braun Staatsstreich (Frankreich)
1852n rot Napoleon III. Kaiser
1854n blau Freytags Schilderung
1855n rot Schwarze Listen
1856n blau Keller: 'Seldwyla'
1856n–1950n G. B. Shaw
1857n blau Flaubert: 'Madame Bovary'
1859n/1861n Freiheitskampf Italiens
1860n blau Ostrowskis Schilderung
1863n–1947n Ford
1868n/1869n Erhebung in Spanien
1869n blau Kritik J. St. Mills
1870n grün Öl-Gesellschaft
1870n–1924n Lenin
1871n braun Aufstand der Kommune
1871n blau Arbeiter-Kampflied
1873n blau Gegnerschaft Bakunins
1873n grün Weltwirtschaftskrise
1874n braun Reaktion in Spanien
1875n–1955n Thomas Mann
1876n rot Industrieverband
1877n rot Generalstreik in USA
1877n blau Kritik Ibsens
1878n rot Sozialisten-Gesetz
1878n blau Engels: 'Anti-Dühring'
1879n blau Kritik Georges
1879n blau Kritik Bebels
1882n blau Ibsen: 'Volksfeind'
1889n rot Bergarbeiter-Streik
1889n–1945n Hitler
1891n braun Weber-Aufstand
1892n blau Kritik Hauptmanns
1893n rot Generalstreik in Belgien
1893n blau Mehrings Untersuchung
1895n blau Kollwitz: 'Weberaufstand'
1896n rot Bürgerliches Gesetzbuch
1896n blau Bürgerliche Zeitung
1896n grün Wandervogel
1897n blau Kritik Jarrys
1900n grün Morgans Stahltrust
1901n blau 'Buddenbrooks'
1902n blau Sombart: 'Kapitalismus'
1903n grün Fords Autofabrik
1905n rot Streik im Ruhrgebiet
1905n/1906n Arbeiter-Aufstand
1908n braun Aufstand in der Türkei
1910n braun Erhebung gegen Monarchie
1910n rot Portugal Republik
1911n braun Erhebung gegen Monarchie
1911n rot China Republik
1914n blau Kritik Bechers
1916n rot Propagandakonzern
1916n blau Lenin: 'Imperialismus'
1917n/1922n Bekämpfung in Rußland
1917n rot Arbeiter- und Bauernstaat
1917n grün Vergesellschaftung
1918n/1919n Deutsche Revolution
1918n blau H. Mann: 'Der Untertan'
1919n braun Arbeiter-Aufstand
1919n rot Morde an Arbeiterführern
1920n braun Kapp-Putsch
1920n braun Arbeiter-Aufstand
1921n blau Schilderung Galsworthys
1922n rot Italien faschistisch
1922n blau Lewis: 'Babbitt'
1923n braun Arbeiter-Aufstand
1923n rot Widerstand Sachsens
1923n grün Webbs: Kapitalismus
1925n rot Hindenburg Präsident
1926n rot Pilsudski Staatschef
1926n grün Deutscher Stahltrust
1927n braun Arbeiter-Aufstände
1928n blau Gegnerschaft Shaws
1929n grün Weltwirtschaftskrise
1931n rot Harzburger Front
1932n rot Wiederwahl Hindenburgs
1932n rot Industriepakt mit Hitler
1933n rot Hitler Reichskanzler
1933n rot Ermächtigungsgesetz
1934n braun Faschisten in Frankreich
1934n braun Arbeiter-Aufstand
1935n braun Faschisten in Österreich
1936n/1939n Spanischer Bürgerkrieg
1939n rot Spanien faschistisch
1943n rot Bergarbeiter-Streik
1944n rot Jugoslawien kommunistisch
1946n rot Nordkorea kommunistisch
1946n rot Albanien kommunistisch
1946n rot Bulgarien kommunistisch
1947n rot Polen kommunistisch
1947n rot Rumänien kommunistisch
1947n rot Streikverbot in USA
1947n grün Marshall-Plan
1948n rot CSR kommunistisch
1948n rot Ungarn kommunistisch
1949n rot China kommunistisch
1951n rot Antikommunismus
1952n braun Arbeiter-Aufstand
1953n rot Generalstreiks
1955n rot Nordvietnam kommunistisch
1956n rot Verbot der KPD
1956n/1959n Kubanische Revolution
1960n/ Revolution Indochinas
1961n rot Kuba kommunistisch
1961n blau Kritik Fischers
1965n braun Arbeiter-Aufstand

BÜROKRATIE, Beamtenherrschaft. Wurzelt in der Entscheidungsgewalt, die seit Beginn einer Organisation von Wirtschaft und Gesellschaft in die Hand der Verwaltung gelegt ist. Als wesentliches Merkmal der Ausbeutungsperiode ist sie eine Ursache für das Bewußtsein der Ohnmacht bei der arbeitenden Menschheit. Besteht in allen Formen der Klassengesellschaft. In der ersten Phase des Sozialismus wegen neuer Machtanhäufung fortwirkend, kennzeichnet ihr Verschwinden den Anbruch der klassenlosen Gesellschaft.

2822v–2781v Udimu
2710v rot Zentralisierung (Ägypten)
2655v–2601v Huni
2605v–2542v Dedefre
2365v rot Anti-Korruptionsgesetz
2319v rot Berufsbeamte in Akkad
1693v rot Mesopotamien Beamtenstaat
1422v blau Ägyptisches Bild
598v–501v Teng-Tse
525v blau Kritik an Beamten (China)
331n–363n Julian
605n–680n Fujiwara
645n rot Verwaltungsrefom in Japan
1194n–1250n Friedrich II.
1809n–1852n Gogol

BUFFON, George-Louis Leclerc Graf von (1707n–1788n), französischer Naturforscher. Faßte das naturkundliche Wissen seiner Zeit in einer großen naturgeschichtlichen Enzyklopädie zusammen. Schuf eine Theorie der Erdentstehung, bei der er eine Urzeugung voraussetzte. Durch Einführung des Entwicklungsgedankens in die Naturlehre und durch seine Annahme eines gemeinsamen Stammbaums von Affe und Mensch bereitete er die Abstammungslehre vor.

1786n grün 'Naturgeschichte'

BUKAREST, Stadt in Rumänien. Inmitten einer weiten Steppenlandschaft gelegen, bildet sie wirtschaftlich und politisch den beherrschenden Mittelpunkt Rumäniens. Als Residenzstadt der Walachei im 14. Jahrhundert gegründet, wurde sie 1861n Hauptstadt des geeinten Rumäniens.

1864n blau Universität

BULGARIEN, Land in Südosteuropa zwischen dem westlichen Balkangebirge und der Küste des Schwarzen Meeres. Ursprünglich von Thrakern besiedelt, wurde es 15v römische Provinz. Im 6. Jahrhundert Einwanderung der aus dem Kaukasus vertriebenen Bulgaren und Reichsgründung, später türkisch. Verselbständigung erst wieder 1878n als Folge des russisch-türkischen Krieges. In beiden Weltkriegen Bundesgenosse Deutschlands, nach 1945n kommunistisch.

585v blau Gründung von Odessos
431v rot Bund Athen-Odrysen
382v–336v Philipp II.
342v/341v Vorstoß Mazedoniens

341 v rot — Gebiete an Mazedonien
29 v/28 v — Vordringen der Römer
28 v rot — Römisches Grenzgebiet
46 n rot — Thrazien römisch
238 n braun — Goten-Einfall
395 n rot — Byzantinische Herrschaft
503 n braun — Bulgaren im Wolgagebiet
503 n rot — Bulgarenreich in Rußland
509 n braun — Vordringen zum Balkan
540 n braun — Kriegszüge auf dem Balkan
652 n–700 n rot — Isperich
679 n braun — Sieg über Byzanz
679 n rot — Reichsgründung
705 n rot — Zarentitel-Verleihung
716 n rot — Bündnis mit Byzanz
758 n–829 n blau — Nikephoros
809 n braun — Eroberung von Sofia
809 n rot — Alkoholverbot
827 n–869 n blau — Kyrill
828 n–907 n rot — Boris
834 n–907 n rot — Arpad
863 n grün — Schrift
865 n rot — Taufe des Königs
914 n–961 n rot — Bogomil
920 n rot — Ansiedlung der Paulikianer
927 n rot — Großreich
940 n rot — Bogomilen-Bewegung
943 n blau — Sklavenarbeit unwürdig
954 n blau — Bogomils soziale Forderung
958 n–1025 n rot — Basilius II.
973 n blau — Cosmas gegen Bogomilen
996 n/1014 n — Krieg mit Byzanz
1014 n rot — Byzantinische Oberhoheit
1153 n blau — Bibel übersetzt
1186 n braun — Vertreibung der Byzantiner
1186 n rot — Selbständigkeit
1212 n rot — Verfolgung der Bogomilen
1382 n rot — Sofia türkisch
1393 n braun — Niederlage gegen Türken
1393 n rot — Türkische Provinz
1444 n braun — Machtgewinn der Türken
1876 n/1878 n — Russisch-türkischer Krieg
1908 n rot — Unabhängigkeit
1912 n/1913 n — Balkankriege
1914 n/1918 n — Erster Weltkrieg
1939 n/1945 n — Zweiter Weltkrieg
1946 n rot — Kommunistisch
1949 n grün — Mitglied des COMECON
1955 n rot — Warschauer Pakt

BULLA, Felix (um 180 n–207 n), italienischer Freiheitskämpfer. Sammelte im Landesinnern die Armen und Entrechteten, entlaufene Sklaven und Soldaten und führte sie erfolglos gegen die Truppen Roms.

207 n braun — Aufstand

BULLOCK, William A. (1813 n–1867 n), nordamerikanischer Maschinenbauer. Mit 8 Jahren Vollwaise, wurde er von einem Bruder aufgenommen, der ihn früh die Berufe des Schlossers und des Eisengießers lernen ließ. Schon während seiner Lehrzeit baute er eigene Modelle und machte sich mit 23 Jahren als Maschinenbauer selbständig. Entwickelte eine Schindel-Schneidemaschine, Heu- und Baumwoll-Pressen, eine Sä-Maschine, eine Pflanz-Maschine und einen Lattenschneider. 36jährig begann er, eine Tageszeitung herauszugeben. Daneben baute er in 15jähriger Arbeit die erste 'Rotations-Druckmaschine', die das langsame bogenweise Beschicken der Druckmaschine überwand. Sie rollte von großen Papierrollen selbsttätig das benötigte Papier ab, bedruckte gleichzeitig Vorder- und Rückseite und beschnitt das fertige Druckerzeugnis. Vor allem beschleunigte sie den Druckvorgang derart, daß nun in kurzer Zeit eine genügend große Anzahl von Zeitungen hergestellt werden konnte. Als seine Konstruktion fünf Jahre nach der Erfindung ausgereift war, lieferte er die Maschine in alle Welt und stellte sie überall selbst auf. Bei dieser Montagearbeit verletzte er sich 53jährig und starb neun Tage später.

1860 n grün — Rotationsmaschine

BULTMANN, Rudolf (geboren 1884 n), deutscher Theologe. Suchte die Unvereinbarkeit der Bibel mit der modernen Wissenschaft und der menschlichen Vernunft zu überbrücken, indem er einige besonders krasse Unglaubwürdigkeiten (jungfräuliche Geburt Jesu, Dreifaltigkeitslehre) preisgab. Die Glaubwürdigkeit der übrigen christlichen Religion suchte er dadurch zu erhalten, daß er diese Opferung der gröbsten Ungereimtheiten als 'Entmythologisierung' bezeichnete. Da er die Stellung der Kirche in Zweifel zog, wurde er auch von kirchlicher Seite heftig angegriffen.

1954 n blau — 'Neue Theologie'

BUMERANG, gekrümmtes Wurfholz, heute besonders von den Einwohnern Australiens bei der Vogeljagd benutzt. Fliegt in schneller Drehung zum Ziel und kehrt ebenso zum Werfer zurück, wenn das Jagdziel verfehlt wurde.

2526 v grün — Jagdwaffe in Sumer

BUNA, Gummi, der nicht aus Naturkautschuk hergestellt ist, sondern aus ungesättigtem Kohlenwasserstoff ('Butadien'). Übertrifft Naturgummi durch größere Haltbarkeit und höhere Beständigkeit gegen Öl- und Benzin-Einwirkung.

1926 n grün — Herstellung

BUND DER ARMEN VON LYON, Name einer sozial-religiösen Reformbewegung in Südfrankreich. Gegründet von Peter Waldes.

1140 n–1217 n rot — Peter Waldes
1175 n rot — Gründung
1176 n blau — Gegen Macht und Besitz
1209 n/1229 n — Katharer-Kreuzzug

BUND DER GEÄCHTETEN, politische Vereinigung geflüchteter deutscher Arbeiter, Handwerker und Geistesschaffender. In Paris gegründet, zielte die Bewegung auf eine nationale und soziale Erneuerung Deutschlands auf der Grundlage der Menschenrechte.

1834 n rot — Gründung

BUND DER GERECHTEN, politische Vereinigung deutscher Flüchtlinge, entstanden aus dem linken Flügel des 'Bundes der Geächteten' in Paris. Stellte klare kommunistische Forderungen für die Neugestaltung Deutschlands und bekundete ein erwachendes proletarisches Klassenbewußtsein.

1836 n rot — Gründung

BUND DER GLEICHEN, von Babeuf gegründete politische Vereinigung. Zielte auf die soziale Vollendung der französischen Revolution durch Veränderung der Eigentums-Verhältnisse.

1760 n–1797 n rot — Babeuf
1795 n blau — 'Manifest der Gleichen'
1796 n braun — Verschwörung
1797 n rot — Hinrichtung Babeufs

BUNDESREPUBLIK DEUTSCHLAND, ein deutscher Teilstaat auf dem Boden des deutschen Reiches. Entstand nach 1945 n durch Vereinigung der englischen, der amerikanischen und der französischen Besatzungszone. Erreichte trotz Beibehaltung des kapitalistischen Systems einen schnellen Aufstieg ('Wirtschaftswunder') durch Nicht-Beteiligung an den deutschen Reparationslasten, durch Einschleusung ausländischen Kapitals sowie durch die Annahme amerikanischer Wirtschaftshilfe (Marshall-Plan) und zusätzliche Ausbeutung ausländischer Proletarier ('Fremdarbeiter'). Ihre einseitige politische und militärische West-Orientierung (NATO-Beitritt 1955 n) sowie die Fortsetzung des militanten Antikommunismus nach innen und außen blockierten die Wiedervereinigung Deutschlands.

1945 n rot — Deutschland besetzt
1945 n rot — Potsdamer Konferenz
1947 n grün — Marshall-Plan
1949 n rot — Gründung
1950 n rot — Aufrüstung
1952 n rot — Vertrag mit Westmächten
1953 n grün — Reparationslastenfreiheit
1956 n rot — Verbot der KPD
1957 n grün — Mitglied der EWG
1961 n rot — Mauer durch Berlin

BUNDSCHUH, eigentlich: der gebundene Schuh, wie ihn der Bauer trägt. Name einer revolutionären Bauernbewegung im Südwesten Deutschlands, die durch zahlreiche Erhebungen die Lage der Bauern verbessern und die Gesellschaft vermenschlichen wollte.

1493 n braun — Aufstand im Elsaß
1502 n braun — Aufstand in Baden
1513 n braun — Aufstand im Breisgau
1517 n braun — Aufstand in Baden

BUNSEN, Robert (1811 n–1899 n), deutscher Chemiker. Entwickelte gemeinsam mit Kirchhoff eine Methode, aus dem Spektrum glühender Körper auf ihre chemische Natur zu schließen (Spektralanalyse). Begründete die Gas-Analyse und baute den 'Bunsen-Brenner', der eine vollkommene Verbrennung des Leuchtgases durch Luft-Beimischung erreicht.

1861 n grün — Spektralanalyse

BUNYAN, John (1628 n–1688 n), englischer Schriftsteller. Als Kesselflicker trat er der Baptistengemeinde Bedford bei, verbrachte wegen Kirchenfeindlichkeit 12 Jahre im Gefängnis und verfaßte in dieser Zeit seine humorvolle Erzählung von der Reise eines Christen in die ewige Seligkeit, die neben der Bibel zum meistgelesenen christlichen Buche wurde.

1668 n blau — 'Pilgerfahrt'

BUNZLAU, Stadt in Schlesien, 40 km östlich von Görlitz. 1203 n gegründet, wurde sie 1241 n von Mongolen bedroht. 1427 n von Hussiten genommen, 1524 n reformiert. 1530 n entstand hier eine Kanalisationsanlage, die durch ihre Ausnützung der Abwässer (Rieselfelder) vorbildlich wurde. Vor den Toren der Stadt erlitten 1813 n die auf dem Rückzug befindlichen französischen Heere Napoleons eine Niederlage. Die zu 80 Prozent zerstörte Stadt wurde nach dem zweiten Weltkrieg polnisch.

1530 n grün — Kanalisation

BUONAROTTI, Filippo (1760 n–1837 n), französischer Freiheitskämpfer italienischer Herkunft. Als Rechtsanwalt gab er eine revolutionäre Zeitschrift heraus und wurde deshalb aus seiner Heimatstadt Pisa verbannt. Wirkte zunächst auf Korsika im Sinne der Revolution und ging dann nach Paris, wo er das französische Bürgerrecht erhielt und vom Konvent mit wichtigen Aufgaben betraut wurde. Nach dem Sturz des ihm freundschaftlich verbundenen Robespierre gründete er die Pantheon-Gesellschaft für die Schaffung kommunistischer Eigentumsverhältnisse. Mit seinen 17 000 Anhängern schloß er sich bald dem Aufstand Babeufs an. Nachdem dieser letzte Versuch einer sozialen Revolution gescheitert war, wurde er durch Fürsprache seines Bewunderers Napoleon nur zu einer Gefängnisstrafe verurteilt. Dessen Angebot für ein hohes Staatsamt schlug er aus und ging nach 15jähriger Kerkerhaft in die Schweiz, dann nach Brüssel, wo er durch die Niederschrift der Geschichte des 'Aufstandes der Gleichen' die kommunistischen Ideen seines Genossen Babeuf festhielt. Nach der Juli-Revolution kehrte er 1830 n in die französische Hauptstadt zurück, wo er vom Volke begeistert aufgenommen wurde und nach dem Siege der Reaktion den Kampf der Arbeiter gegen die Herrschaft der Finanz-Aristokratie ('Juli-Königtum') unterstützte. Seinen Lebensunterhalt verdiente er sich in diesen letzten Jahren als Musiklehrer.

1760 n–1797 n rot — Babeuf
1796 n braun — Erhebung Babeufs

BURCKHARDT, Jakob (1818 n–1897 n), Schweizer Historiker und Kunstgelehrter. Seit 1858 n Professor in Basel. Nach anfänglicher Begeisterung für die deutsche Vergangenheit wandte er sich der italienischen 'Renaissance' zu und gab dieser kurz zuvor in Frankreich aufgekommenen Epochenbezeichnung einen klaren Inhalt. In seinen Hauptwerken ('Der Cicerone', und 'Die Kultur der Renaissance in Italien') rückte er die Kunst in den Mittelpunkt der Menschheitskultur und wurde so zum Begründer der historischen Kunstwissenschaft. Der Kulturpessimismus seiner 'Weltgeschichtlichen Betrachtungen' wurde richtungsweisend für die bürgerliche Geschichtsphilosophie.

1855 n blau — 'Der Cicerone'
1860 n blau — 'Kultur der Renaissance'

BUREN, holländische Siedler in Südafrika, kamen seit 1652 n in die südafrikanische Kapkolonie und verbanden sich hier mit deutschen Siedlern und französischen Hugenotten zu einer eigenen Volksgruppe, die mehr als die Hälfte der weißen Bevölkerung Südafrikas ausmacht.

1652 n rot — Kapkolonie
1843 n rot — Natal englisch
1877 n rot — Transvaal englisch
1880 n braun — Erhebung gegen England
1881 n rot — Selbstverwaltung
1896 n braun — Englischer Angriff
1899 n/1902 n — Burenkrieg
1902 n rot — Südafrika Kolonie
1910 n rot — Südafrikanische Union

BURGEN, durch Berglage oder durch Wassergräben geschützte Herrensitze vergangener Epochen.

2297 v–2238 v rot — Naramsin
2245 v grün — Anlagen in Mesopotamien
970 v blau — Königsburg Jerusalem
806 n grün — Giebichenstein
929 n blau — Meißen
1073 n blau — Wartburg
1081 n blau — Tower in London
1117 n blau — Drachenfels
1309 n blau — Marienburg
1355 n blau — Karlstein
1364 n blau — Papstschloß in Avignon
1449 n grün — Vatikan
1451 n grün — Berliner Burg
1485 n blau — Moskauer Kreml

BURGIBA, Habib (geboren 1903 n), tunesischer Staatsmann. Nach Abschluß seiner Rechts-Studien in Paris trat er der bürgerlichen Freiheitspartei seiner tunesischen Heimat bei (Destour) und gründete 1934 n eine radikalere Partei ('Neo-Destour'), die sich im Kampfe gegen die französische Kolonialherrschaft bewährte. Dreimal von den Franzosen verhaftet und eingekerkert, dann verbannt. Nach Erringung der Unabhängigkeit 1956 n tunesischer Ministerpräsident und seit Ausrufung der Republik Tunesien im Jahre 1957 n deren erster Präsident. Durch Bewahrung der wirtschaftlichen Abhängigkeit von Frankreich und Erhaltung der alten Besitzverhältnisse unfähig zur Lösung der drängenden sozialen Probleme des Landes, verlor er seinen beherrschenden Einfluß auf die Bevölkerung.

1954 n/1962 n — Kampf Nordafrikas
1956 n rot — Tunesien unabhängig
1957 n rot — Tunesien Republik

BURGOS, Stadt auf dem Hochlande von Kastilien (Nordspanien). Entstand als befestigter Platz im Kampfe gegen die Araber. Heimat des spanischen Heerführers Cid.

880 n blau — Gründung
1221 n blau — Bau der Kathedrale

BURGUND, Land in Ostfrankreich. Ursprünglich zwischen Rhônequelle und Rheinknie gelegen, zeitweilig südwärts über den Genfer See bis zur Mittelmeerküste (Marseille bis Nizza), im Norden bis Luxemburg, Holland und Belgien ausgedehntes Zwischenreich. Trennte Frankreich vom deutschen Reich.

276 n/278 n — Römischer Sieg
286 n/288 n — Römischer Sieg
397 n–454 n rot — Aëtius
413 n rot — Reichsgründung
435 n/436 n — Römischer Sieg
436 n rot — Zerstörung des Reichs
443 n rot — Umsiedlung
500 n blau — Rechtsbuch
508 n/511 n — Sieg der Ostgoten
516 n rot — Abkehr vom Arianismus
534 n braun — Sieg der Franken
534 n rot — Fränkischer Reichsteil
543 n–615 n rot — Kolumban
635 n–714 n rot — Pippin der Mittlere
687 n braun — Sieg der Franken
934 n rot — Selbständiges Königreich
977 n blau — Lied auf Kriemhild
1122 n–1190 n rot — Friedrich I. Barbarossa
1204 n blau — Nibelungenlied
1341 n–1406 n blau — Claus Sluter
1384 n rot — Gebietserweiterung
1399 n blau — Moses-Brunnen in Dijon
1420 n rot — Bündnis mit England
1433 n–1477 n rot — Karl der Kühne
1435 n rot — Auflösung des Bündnisses
1475 n braun — Feldzug gegen Lothringen
1475 n rot — Einverleibung Lothringens
1476 n braun — Niederlage gegen Bauern
1477 n braun — Vernichtung des Staates
1477 n rot — Habsburgischer Besitz
1500 n–1558 n rot — Karl V.
1678 n rot — Französische Herrschaft

BURIDAN, Johannes (1300 n–1358 n), französischer Philosoph. Rektor der Pariser Universität. Schrieb Kommentare zu den Schriften des Aristoteles. Darin lehrte er, daß die Himmelskörper durch eine ihnen innewohnende Kraft ('Impetus') bewegt werden und nicht an Geschwindigkeit verlieren, weil jeder Widerstand fehlt. Durch diese Theorie und durch seine Prägung des Trägheitsbegriffes wies er der Forschung den Weg aus der aristotelischen Erstarrung in die moderne Naturwissenschaft. Weltberühmt wurde sein Name durch die ihm wahrscheinlich zu Unrecht zugeschriebene Geschichte vom 'Buridanischen Esel', der zwischen zwei Heuhaufen verhungerte, weil er sich nicht entschließen konnte, welchen Haufen er zuerst fressen sollte.

1333 n grün — Physikalischer Kraftbegriff
1340 n grün — Trägheitsgesetz

BURMA, Staat im Nordwesten Hinterindiens. Einwanderungen aus Tibet und Indien (3. Jahrhundert) führten zur Übernahme des Buddhismus. Im Jahre 849 n fand die erste Staatsgründung statt (Reich von Pagan). Seit 1044 n war das ganze Land unter der Herrschaft Pagans in einem Königreiche geeint. Es wurde nach mehr als 200jährigem Bestehen von den Mongolen wieder zerschlagen. Unter chinesischer Oberhoheit verselbständigte es sich noch einmal (1585 n), dann kamen portugiesische und endlich englische Eroberer und fügten es ihrem indischen Besitze zu. 1947 n unabhängig.

849 n rot — Reich von Pagan
1044 n rot — Burmesisches Reich
1060 n blau — Ananda-Tempel
1214 n–1294 n rot — Kublai-Khan
1287 n braun — Vorstoß der Mongolen
1287 n rot — Mongolen-Herrschaft
1753 n blau — Gründung von Rangun
1885 n/1886 n — Vorstoß Englands
1886 n rot — Englische Herrschaft
1939 n/1945 n — Zweiter Weltkrieg
1945 n/1954 n — Erhebung Südostasiens
1947 n rot — Unabhängigkeit
1955 n rot — Bandung-Konferenz

BURNA-BU, König von Babylonien.

1402 v–1346 v rot — Lebenslinie
1367 v rot — Protestnote
1365 v blau — Briefwechsel
1364 v blau — Tempel in Larsa
1363 v rot — Heiratspolitik
1357 v grün — Belehnungssteine

BURNHAM, James (geboren 1905 n), amerikanischer Soziologe. Nach Studium in Princeton und Oxford wandte er sich dem Marxismus zu, später wurde er Anhänger Trotzkis und endlich ein erklärter Gegner der Weltrevolution. Stellte eine 'Manager-Theorie' auf, nach der die Frage des Eigentums an den Produktionsmitteln zweitrangig geworden sei, überschattet durch die Frage der Verfügung über die Produktion. Verfaßte auch ein Buch über die Taktik des Antikommunismus ('Strategie des kalten Krieges').

1941 n blau — 'Revolution der Manager'

BURNS, Robert (1759 n–1796 n), englischer Dichter aus Schottland. Als Sohn eines Tagelöhners begeisterte er sich für die französische Revolution und blieb in seiner Dichtung wie in seinem Leben den arbeitenden Volksmassen verbunden. Erneuerte das schottische Volkslied ('Mein Herz ist im Hochland'), verfaßte satirische Schriften gegen die Kirche und schrieb schlichte Liebesgedichte. Sein reiches lyrisches Werk ist voller Humor und Lebenslust, naturnah und empfindungsstark.

1786 n blau — Gedichte

BURSCHENSCHAFT, ursprünglich Bezeichnung für die Gesamtheit der Studenten einer Universität, seit 1815 n Name einer bestimmten Richtung innerhalb der deutschen Studentenschaft. Von Jena ausgehend, verbreitete sich diese besondere 'Verbindung' von Studenten über ganz Deutschland. Trotz ihres eingeborenen Elitebewußtseins anfänglich freiheitlich gesinnt und für die Einheit Deutschlands in einem republikanischen Nationalstaat eintretend, wurde sie bald zum bloßen Symbol des bürgerlichen Klassendünkels.

1817 n rot — Wartburgfest

BUR-SIN (um 2030 v–um 1970 v), Kaiser von Mesopotamien (Vorderasien). Als Sohn des Schul-Gi konnte er die von seinem Vater ausgebaute Vormachtstellung seiner sumerischen Heimat im Lande zwischen Euphrat und Tigris (Mesopotamien) behaupten. Trotz vereinzelter kriegerischer Unternehmungen entfalteten sich Gewerbe und Handel des Landes unter seiner Herrschaft.

2060 v–1983 v rot — Schul-Gi
1978 v blau — Tempel für Mondgöttin

BURTON, Charles W. (1807 n–um 1870 n), englischer Erfinder. Als Steindrucker ging er 41jährig in die USA. Dort zeichnete und druckte er Ansichten von New York und Brooklyn und verkaufte sie. Als seine Frau ihm einen Sohn gebar, baute er für das Kind einen Wagen, der im Gegensatz zu den früheren Zieh-Wagen geschoben wurde, wodurch die Mutter das Kind im Auge behielt. Sein 10 kg schwerer Wagen rollte auf zwei Rädern, hatte aber noch ein drittes Rad zum Aufstellen sowie als Steuerungshilfe. In die englische Heimat zurückgekehrt, richtete er eine eigene Werkstätte für die Herstellung des Kinderwagens ein. Der große Erfolg seiner Erfindung rief aber zahlreiche Konkurrenz-Unternehmen ins Leben, denen er schließlich trotz seiner Patente erlag. So verbrachte er seine letzten Lebensjahre in Armut.

1848 n grün — Kinderwagen

BUSBEQUIUS (1522 n–1592 n), französischer Diplomat und Schriftsteller. Als Gesandter des römischen Königs nach der Türkei gekommen, sammelte er in Kleinasien Handschriften und Kunstschätze aus griechischer Zeit, machte an der Schwarzmeerküste Aufzeichnungen über die gotische Epoche und brachte bei seiner Heimkehr außerdem zahlreiche orientalische Zierpflanzen mit, von denen sich Tulpe und Flieder bis heute erhielten.

1554 n grün — Zierpflanzen

BUSCH, Wilhelm (1832 n–1908 n), deutscher Zeichner, Dichter und Maler. Nach Abschluß seiner Studien in München Mitarbeiter der 'Fliegenden Blätter' und der 'Münchner Bilderbogen'. Vereinigte die zeichnerische und die dichterische Aussage zu einer Ganzheit. Seine humorvollen, zu Herzen gehenden Bildbücher enthalten Schelmenstreiche ('Max und Moritz', 'Hans Huckebein') sowie eine Entlarvung bürgerlicher Heuchelei und Selbstzufriedenheit ('Sein und Schein', 'Tobias Knopp') und eine Verhöhnung von Frömmelei und kirchlicher Anmaßung ('Die fromme Helene', 'Der heilige Antonius zu Padua').

1858 n blau — 'Max und Moritz'

BUSCHMANN, Friedrich (1805 n–1864 n), deutscher Musiker und Erfinder. Als Sohn eines Instrumentenbauers, der auch als Musiker hervortrat, baute er 16jährig in der Berliner Werkstätte seines Vaters ein nur

10 cm langes Instrument, das mit dem Munde geblasen wurde und dessen 15 Stahlzungen das Spielen vieler einfacher Lieder erlaubte (Mundharmonika). Ein Jahr später verband er dieses Instrument mit einem Lederbalg, der beim Zusammendrücken und Auseinanderziehen die Metallzungen durch Druck- oder Saugluft in Schwingung versetzte. Aus diesem einfachen Gerät entwickelte er im Laufe mehrerer Jahre eine praktikable Handharmonika. Verbesserte auch das Harmonium.

1822 n grün Harmonika

BUSHIDO, japanisches Wort für 'Ritterweg'. Bezeichnung für die Ethik des japanischen Ritters, die zum sittlichen Ideal des japanischen Volkes gemacht wurde. Fordert unbedingten Gehorsam, Waffentüchtigkeit, Todesverachtung, Selbstzucht, Güte gegen Schwache.

1191 n grün Festlegung

BUTENANDT, Adolf (geboren 1903 n), deutscher Naturforscher. Als Schüler des Chemikers Windaus wandte er sich der Hormonforschung zu. Untersuchte die Duftstoffe der Insekten-Weibchen, von denen wenige Moleküle ausreichen, um ein kilometerweit entferntes Männchen anzulocken. Erkannte die funktionssteuernde Wirkung der Hormondrüsen-Tätigkeit und ihren Zusammenhang mit dem Geschlechtsleben bei Tier und Mensch. 1929 n gelang ihm die Isolierung (= reine Gewinnung) von Hormonen, fünf Jahre später die künstliche Herstellung dieses Wirkstoffes. Bewies die bio-chemische Wirksamkeit der Erbträger (Gene). Erforschte die chemischen Prozesse beim Eindringen von Krankheitserregern (Viren) in den Organismus und suchte den Krebs-Erregern durch chemische Analyse näherzukommen.

1934 n grün Hormonsynthese

BUTTER

2563 v grün Herstellung in Sumer
1864 n grün Milchzentrifuge

BUTZENSCHEIBEN, Bezeichnung für kleine, runde Glas-Scheiben, die in der Mitte ihrer unebenen Fläche eine Verdikkung (den 'Butzen') haben, weil sie mit dem Blasrohr zunächst als Kugel geblasen und dann erst zu einer Fläche zusammengefallen sind. Einzeln in Blei gefaßt, werden sie zu ganzen Fenstern zusammengefügt.

1330 n grün Herstellung

BUXTEHUDE, Dietrich (1637 n–1707 n), deutscher Organist und Komponist. Als Sohn eines Organisten erlernte er das Orgelspiel und wurde durch seine 'Abendmusiken' so bekannt, daß der zwanzigjährige Bach aus seiner thüringischen Heimat zu Fuß nach Lübeck wanderte, um bei ihm zu lernen. Schrieb Sonaten, Kantaten und andere Orgelwerke von großer Eigenwilligkeit der Satzfolge sowie in phantasievoller Mischung mehrstimmiger und einstimmiger Bestandteile.

1679 n blau Orgelmusik

BYBLOS, Hafenstadt an der heute zum Libanon gehörenden syrischen Mittelmeerküste (Vorderasien). Vor fast 5000 Jahren als phönizische Stadt entstanden, errang sie bald eine führende Stellung im Mittelmeerhandel. Dazu verhalfen ihr die Zedernwälder des benachbarten Libanon-Gebirges, deren Holz den Bau widerstandsfähiger Schiffe ermöglichte und das als Handelsware (Baumaterial) ausgeführt wurde. Die Ägypter bezogen außerdem Weintrauben und Feigen. Sie unterhielten engste wirtschaftliche und kulturelle Beziehungen zu der Stadt, die für sie Umschlagplatz des Warenverkehrs nach einem großen Teile Vorderasiens war. Zeitweilig auch politisch von Ägypten abhängig, fiel sie im Mesopotamischen Krieg unter die Herrschaft der Assyrer, denen die Babylonier und die Perser folgten. Im Alexanderzug von mazedonisch-griechischen Heeren erobert, anschließend römisch. Im Arabischen Krieg 640 n arabisch geworden, erlebte die Stadt eine neue Blütezeit. Fast 500 Jahre später nach dem ersten Kreuzzug von Kreuzrittern genommen, wurde sie erst 1187 n wieder durch arabische Heere unter Saladin befreit. Seit 1516 n türkisch, verfiel die Stadt endgültig. Seit 1919 n ausgegraben.

2954 v blau Entstehung
2804 v grün Handel mit Ägypten
2001 v grün Silbenschrift
1691 v–1628 v rot Chian
1521 v/1513 v Vorstoß Ägyptens
1515 v rot Ägyptische Hoheit
1118 v–1058 v rot Wen-Amun
1111 v/1090 v Mesopotamischer Krieg
1107 v rot Tribut an Assyrien
1073 v grün Wen-Amuns Reisebericht
605 v rot Babylonische Herrschaft
539 v rot Persische Herrschaft
334 v/325 v Alexanderzug
332 v rot Mazedonische Herrschaft
64 v/63 v Vorstoß Roms
63 v rot Römische Herrschaft
633 n/732 n Arabischer Krieg
640 n rot Arabische Herrschaft
1096 n/1099 n Erster Kreuzzug
1187 n rot Wieder arabisch
1516 n braun Vorstoß der Türkei

BYNG, John (1704 n–1757 n), englischer Admiral. Vermochte nicht die als Stützpunkt für die englische Mittelmeerflotte wichtige Insel Menorca gegen die französischen Angriffe zu halten und wurde deshalb von einem Kriegsgericht zum Tode verurteilt und erschossen.

1757 n rot Erschießung

BYRD, Richard E. (1888 n–1957 n), nordamerikanischer Flieger und Forscher. Erreichte 1926 n zusammen mit Floyd Bennett von Spitzbergen aus in fünfzehnstündigem Flug als erster Flieger den Nordpol. Drei Jahre später überflog er den Südpol und widmete sich dann der Erforschung der Antarktis. Nach zwei konventionellen Expeditionen (1933 n–1935 n und 1939 n–1941 n) unternahm er 1946 n–1948 n eine moderne Groß-Expedition mit 12 Eisbrechern, einem Flugzeugträger und 4000 Mann. Bei diesem Vorstoß, der zugleich militärischen Zwecken diente, wurden 1,8 Millionen Quadratkilometer Land der Antarktis vermessen.

1946 n grün Südpol-Expedition

BYRON, George Gordon Noel, englischer Dichter.

1788 n–1824 n Lebenslinie
1812 n blau 'Harolds Pilgerfahrt'
1821 n/1829 n Griechische Erhebung

BYZANTINISCHE KUNST, Bezeichnung für eine im oströmischen Reiche entstandene Kunst, die sich über Kleinasien nach Vorderasien verbreitete sowie über den Balkan nach Italien und Rußland. Benannt nach dem alten Namen der Hauptstadt des oströmischen Reiches (Konstantinopel = Byzanz, heute Istanbul).

445 n blau Mausoleum Galla Placidias
455 n–526 n Theoderich der Große
504 n blau San Apollinare Nuovo
520 n blau Mosaik in Ravenna
525 n blau Grabmal Theoderichs
537 n blau Hagia Sophia
547 n blau San Vitale in Ravenna
549 n blau San Apollinare in Classe
558 n blau Beschreibung von Bauten
940 n–1015 n Wladimir der Große
1030 n blau Sophienkathedrale Kiew
1045 n blau Grabeskirche Jerusalem
1094 n blau Markuskirche in Venedig
1240 n–1302 n Cimabue
1266 n–1337 n Giotto
1311 n blau Duccios 'Madonna'
1365 n–1430 n Rublew
1426 n blau Rublews Ikonen

BYZANTINISCHES REICH, Kaiserreich zwischen östlichem Mittelmeer und Schwarzem Meer, benannt nach der im Jahre 658 v von Griechen gegründeten Stadt Byzanz (heute Istanbul) an der Meerenge zwischen Europa und Asien (Bosporus). Entstand im dritten Jahrhundert nach der Zeitwende durch die Verlagerung des Schwergewichtes innerhalb des Römerreiches von Italien nach dem östlichen Mittelmeer-Raum. Durch Verlegung der Reichs-Hauptstadt von Rom nach Kleinasien vorbereitet (Diokletian), durch Erhebung der Stadt Byzanz zur neuen Hauptstadt praktisch vollzogen (Konstantin), wurde die Verselbständigung beim Tode des Kaisers Theodosius endgültig (Arkadius). Es umschloß den ganzen Balkan, Kleinasien, Vorderasien und Nordafrika mit Ägypten. Vom Untergang des weströmischen Reiches im 5. Jahrhundert nicht betroffen, bestand es noch ein ganzes Jahrtausend fort. Allerdings verlor es bis zum 9. Jahrhundert hauptsächlich an die Araber den größten Teil seines Besitzes. Auf den griechisch sprechenden Teil des ehemaligen Römerreiches im Balkan und in Kleinasien beschränkt, behauptete es sich bis zur Eroberung seiner Hauptstadt durch die Türken im 15. Jahrhundert.

Allgemeines (Land, Volk, Staat)

243 n–316 n Diokletian
280 n–337 n Konstantin
286 n rot Nikomedia Hauptstadt
330 n rot Byzanz Hauptstadt
346 n–395 n Theodosius
365 n–408 n Stilicho
374 n–410 n Alarich I.
377 n–408 n Arkadius
395 n rot Selbständiges Reich
410 n–453 n Attila
416 n rot Bevorzugung von Christen
429 n/432 n Wandalenkrieg
430 n grün Tribut an Hunnen
433 n–493 n Odoaker
434 n grün Erhöhung des Tributs
441 n braun Niederlage durch Perser
441 n rot Verlust Armeniens
447 n rot Friedensvertrag mit Hunnen
447 n grün Millionen-Tribut
451 n rot Kirchliche Gleichstellung
455 n–526 n Theoderich der Große
468 n braun Sieg der Wandalen
475 n–545 n Tribonian
478 n–567 n Narses
482 n–565 n Justinian
487 n braun Bedrohung durch Ostgoten
487 n rot Auftrag an Theoderich
497 n–548 n Theodora
502 n–543 n Al Kais
505 n–565 n Belisar
510 n grün Schutzmauer
511 n–579 n Chosroes
513 n–552 n Totila
515 n–572 n Muhan
525 n rot Papst als Unterhändler
527 n braun Vorstoß von Slawen
527 n rot Slawen-Ansiedlung
527 n/532 n Perserkrieg
529 n rot Philosophen-Vertreibung
530 n rot Mütterschutzgesetz
532 n braun Nika-Aufstand
532 n rot Friede mit Persien
532 n rot Absolutismus
532 n grün Goldzahlung an Persien
533 n rot Gesetzbuch
533 n/534 n Feldzug in Nordafrika
534 n rot Herrschaft über Wandalen
534 n grün Verzeichnis des Hierokles
535 n rot Gleichstellung der Frau
535 n/553 n Ostgotenkrieg
536 n rot Bauernschutz
539 n rot Paß- und Meldewesen
539 n grün Monopole
540 n braun Bulgaren-, Slaweneinfall
540 n/562 n Perserkrieg
541 n rot Konsulat abgeschafft
546 n rot Christianisierung Nubiens
546 n/548 n Kämpfe mit Slawen
548 n rot Autorität des Kaisers
551 n braun Niederlage gegen Slawen
553 n rot Oberhoheit über Italien
554 n braun Feldzug in Spanien
554 n rot Beherrschung Gibraltars
558 n braun Krieg mit Hunnen, Slawen
562 n rot Friedensgarantie Persiens
562 n grün Tribute an Persien
568 n rot Verwaltungsreform
568 n/569 n Kämpfe in Italien
569 n rot Verlust Oberitaliens
571 n rot Bündnis mit Franken
576 n braun Perser- und Türkensiege
576 n rot Friedensschluß
582 n braun Eindringen der Awaren
582 n rot Gebietsverlust im Balkan
582 n–644 n Omar
585 n rot Gebietsverlust in Italien
588 n–656 n Othman
590 n braun Kampf gegen Langobarden
595 n–662 n Samo
606 n–652 n Rothari
609 n–680 n Moawija
611 n/629 n Kreuz-Christi-Krieg
620 n rot Reformen
621 n rot Griechisch Amtssprache
626 n braun Awaren- und Slawenangriff
626 n rot Bündnis mit Türken
629 n braun Sieg der Westgoten
629 n rot Verlust Spaniens
633 n/732 n Arabischer Krieg
635 n rot Verlust Süd-Syriens
640 n rot Verlust Syriens
641 n rot Verlust Mesopotamiens
642 n rot Verlust Ägyptens
643 n braun Sieg der Langobarden
643 n rot Verlust Libyens
649 n rot Verlust Zyperns
652 n–700 n Isperich
654 n rot Mittelmeerinseln arabisch
655 n rot Arabische Seeherrschaft
668 n rot Paulikianer-Verfolgung
678 n rot Friede mit Arabern
679 n braun Sieg der Bulgaren
679 n rot Reich der Bulgaren
698 n rot Verluste in Nordafrika
705 n rot Kaisertitel-Verleihung
716 n rot Vertrag mit Bulgaren
726 n rot Verbot der Bilderanbetung
726 n rot Abfall des Papstes
730 n rot Anerkennung durch Papst
751 n braun Langobarden-Sieg
766 n–809 n Harun al Raschid
788 n/812 n Bilderkrieg
797 n rot Thronbesteigung Irenes
798 n rot Friede mit Arabern
809 n braun Vorstoß der Bulgaren
812 n rot Erwerbung Venedigs
812 n rot Anerkennung Karls
815 n–891 n Photios
826 n braun Niederlage gegen Araber
826 n rot Verlust Kretas
827 n/831 n Arabischer Sizilienkrieg
828 n–907 n Boris
834 n–907 n Arpad
835 n rot Mord an Paulikianer
838 n braun Arabersieg in Kleinasien
838 n–912 n Oleg der Weise
842 n braun Arabersieg in Süditalien
842 n rot Verlust Apuliens
859 n braun Vorstoß der Normannen
866 n braun Russischer Angriff
867 n rot Kirchliche Unabhängigkeit
870 n braun Arabersieg auf Malta
870 n rot Verlust Maltas
871 n braun Sieg über Araber
873 n braun Sieg über Paulikianer
873 n braun Sieg über Araber
873 n rot Ausdehnung bis Syrien
877 n braun Sieg über Slawen
877 n rot Ausdehnung auf dem Balkan
878 n rot Ganz Sizilien arabisch
885 n–968 n Olga
911 n braun Russischer Angriff
911 n grün Handel mit Rußland
912 n–973 n Otto I., der Große
915 n braun Sieg über Araber
922 n rot Schutz für Bauernland
940 n–1015 n Wladimir der Große
941 n braun Sieg über Russen-Flotte
942 n braun Angriff auf Araber
944 n braun Russischer Angriff
944 n grün Tribute an Rußland
949 n blau Reisebericht Luitprands
958 n–1025 n Basilius II.
961 n braun Sieg auf Kreta
961 n rot Herrschaft über Kreta
972 n rot Heirat Ottos II.
972 n–1038 n Stephan I.
981 n rot Bündnis mit Arabern
988 n rot Politische Heirat
991 n rot Russische Staatskirche
996 n/1014 n Bulgarenkrieg
1013 n–1085 n Robert Guiskard
1014 n rot Oberhoheit über Bulgarien
1040 n–1072 n Arsalan der Löwenherzige
1043 n braun Normannensieg in Italien
1043 n rot Verlust Apuliens
1054 n rot Kirchentrennung von Rom
1071 n braun Normannensieg in Italien
1071 n rot Verlust Italiens
1071 n/1077 n Ikonischer Türkenkrieg
1081 n/1085 n Balkankrieg der Normannen
1082 n rot Anerkennung Venedigs
1082 n grün Freihandel für Venedig
1091 n braun Petschenegen-Angriff
1094 n rot Hilfegesuch an Papst
1096 n/1099 n Erster Kreuzzug
1096 n rot Lehnseid der Kreuzfahrer
1101 n–1154 n Roger II.
1115 n rot Katharer-Verbrennung
1144 n rot Bischofs-Absetzungen
1160 n–1216 n Innozenz III.
1186 n braun Vertreibung aus Bulgarien
1202 n/1204 n Vierter Kreuzzug
1204 n rot Aufteilung des Reichs
1251 n rot Einigungsversuch mit Rom
1259 n–1326 n Osman I.
1261 n rot Bündnis mit Genua
1308 n–1355 n Stephan Duschan
1326 n braun Sieg der Türken
1326 n rot Verlust von Brussa
1330 n braun Sieg der Türken
1330 n rot Verlust Kleinasiens
1337 n braun Türkischer Angriff
1350 n–1415 n Chrysoloras
1354 n braun Türkischer Angriff
1354 n rot Verlust von Gallipoli
1361 n braun Sieg der Türken
1361 n rot Verlust Adrianopels
1439 n rot Einigung mit Rom
1453 n braun Türkischer Sieg
1453 n rot Ende des Reichs
1453 n rot Konstantinopel türkisch

BYZANTINISCHES REICH: Dichtung und andere Literatur

400 n–470 n Nonnos
435 n blau 'Zug des Dionysos'
465 n blau 'Hero und Leander'
526 n blau Hymnen des Romanos
565 n blau Agathias' Gedichtzyklus
584 n–641 n Georgios Pisides
629 n blau Georgios: 'Die Schöpfung'
848 n blau Kasias Preisgedicht
950 n blau Kampfgedicht gegen Islam

BYZANTINISCHES REICH: Geschichtsschreibung

398 n–474 n Zosimos
411 n–474 n Priskus
449 n blau Kirchengeschichte
450 n blau Priskus' Reisebericht
468 n blau Werk des Zosimos
474 n blau Werk des Priskus
490 n–562 n Prokop
545 n blau Prokops Geschichtswerk
550 n blau Hesychios' Lexikon
559 n blau Agathias: Justinian
568 n blau Malalas' Weltchronik
758 n–829 n Nikephoros
811 n blau Synkellos: Weltgeschichte
813 n blau Theophanes' Weltchronik
829 n blau Nachschlagebuch
1124 n blau Anna Komnenas Werk
1136 n blau Zonaras' Weltgeschichte
1211 n blau Akominatos: Katharer
1359 n blau Byzantinische Geschichte
1462 n blau Dukas' Werk

BYZANTINISCHES REICH: Philosophie

360 n–415 n Hypatia
370 n–414 n Synesios von Kyrene
409 n blau Natur des Menschen
415 n rot Mord an Hypatia
459 n blau Proklos: Theologie Platos
464 n blau Christentum und Verfall
471 n blau Lehre vom Kreislauf
480 n blau Nikolaos: Rhetorik
529 n rot Philosophen-Vertreibung
529 n grün Philosophen-Auswanderung
827 n–869 n Kyrill
1447 n blau Plethon gegen Christentum

BYZANTINISCHES REICH: Recht

426 n rot Zitiergesetz
438 n blau 'Codex Theodosianus'
475 n–545 n Tribonian
482 n–565 n Justinian
533 n rot 'Corpus juris civilis'
533 n blau 'Pandekten'
533 n blau 'Institutionen'
561 n blau 'Novellen'
886 n blau 'Basiliken'
1519 n blau Übersetzung
1815 n blau Savigny: Rechtsgeschichte

BYZANTINISCHES REICH: Religion

354 n–407 n Chrysostomos
358 n–441 n Mesrop
360 n–415 n Hypatia
381 n–444 n Cyrillus
386 n–451 n Nestorius
399 n–461 n Leo der Große
415 n rot Mord an Hypatia
416 n rot Privileg für Christen
430 n blau Gegen Vergottung Jesu
435 n rot Nestorius verbannt
451 n rot Kirchliche Gleichstellung
526 n blau Hymnen des Romanos
548 n rot Autorität des Kaisers
668 n rot Paulikianer-Verfolgung
681 n rot Konzil zu Konstantinopel
726 n rot Verbot der Bilderanbetung
731 n rot Bann gegen Bilderstürmer
758 n–829 n Nikephoros
787 n rot Bilderverehrung
787 n rot Päpstliche Erlaubnis
815 n–891 n Photios
822 n blau Nikephoros' Lehre
835 n rot Mord an Paulikianer
866 n blau Vorwurf gegen Papst
867 n rot Kirchliche Unabhängigkeit
978 n blau Mönche auf dem Athos
991 n rot Russische Staatskirche
1054 n rot Trennung von Rom
1115 n rot Katharer-Verbrennung
1116 n blau Lehren der Bogomilen
1144 n rot Bischofs-Absetzungen
1251 n rot Einigungsversuch mit Rom
1439 n rot Einigung mit Rom
1589 n rot Russische Unabhängigkeit

BYZANTINISCHES REICH: Sitten und Gebräuche

333 n grün Hofzeremoniell
949 n blau Luitprands Reisebericht
1056 n grün Gebrauch der Gabel

BYZANTINISCHES REICH: Technik

510 n grün Schutzmauer
671 n grün 'Griechisches Feuer'

BYZANTINISCHES REICH: Wirtschaft

537 n grün Seidenweberei
539 n grün Monopole
552 n grün Seidenraupenzucht
1082 n grün Freihandel für Venedig

BYZANTINISCHES REICH: Wissenschaft

425 n blau Lehrerbesoldung
487 n–565 n Kosmas
490 n–562 n Prokop
525 n–605 n Alexander Tralles
534 n grün Verzeichnis des Hierokles
548 n grün Kosmas: Erdkunde
598 n grün 'Innere Krankheiten'
602 n grün Tralles: Eingeweidewürmer
629 n grün Paulus: Gynäkologie
688 n blau Universität
758 n–829 n Nikephoros
815 n–891 n Photios
827 n–869 n Kyrill
850 n grün Tierheilkunde
853 n blau Photios' 'Bibliotheka'
971 n blau Wörterbuch und Lexikon
1070 n grün Seth: Ernährung
1135 n grün Krankenhaus
1302 n blau Planudes' Übersetzungen

BYZANTINISCHES ZEREMONIELL, auch einfach 'Byzantinismus'. Bezeichnung für die Gesamtheit der Hofsitten, wie sie von Kaiser Konstantin am Hofe von Byzanz eingeführt wurden. Besonders der Kniefall vor dem Herrscher galt als Symbol einer knechtischen Unterwürfigkeit.

333 n grün Einführung
532 n rot Byzantinismus
949 n blau Bericht Luitprands

BYZANZ, Stadt an der Meerenge zwischen Europa und Asien (Bosporus). Vom römischen Kaiser Konstantin umbenannt ('Konstantinopel'), erhielt sie von den Türken den Namen 'Istanbul' ('Pforte des Glücks').

658v blau Gründung
146n–211n rot Septimius Severus
196n braun Zerstörung
280n–337n rot Konstantin
326n blau Neugründung
330n rot Hauptstadt
333n blau Christliche Hochschule
354n–407n Chrysostomos
374n–410n rot Alarich I.
381n rot Konzil
386n–451n Nestorius
399n–461n Leo der Große
410n–485n blau Proklos
451n rot Bischof gleichberechtigt
478n–567n Narses
482n–565n Justinian
487n braun Bedrohung durch Goten
497n–548n Theodora
510n grün Schutzmauer
532n braun Nika-Aufstand
537n blau Sophienkirche
539n rot Paß- und Meldewesen
626n braun Awaren- und Slawenangriff
633n/732n Arabischer Krieg
681n rot Konzil
688n blau Universität
758n–829n Nikephoros
815n–891n Photios
866n braun Russischer Angriff
941n braun Russischer Angriff
944n braun Russischer Angriff
1135n grün Krankenhaus
1202n/1204n Vierter Kreuzzug
1259n–1326n Osman I.
1453n braun Niederlage gegen Türken
1453n rot Türkenherrschaft
1489n–1587n Sinan
1538n grün Kaffeeausfuhr
1545n blau Prinzen-Moschee
1551n blau Mirimah-Moschee
1554n grün Kaffeehaus
1556n blau Soliman-Moschee
1615n blau Achmed-Moschee

CABET, Etienne (1788n–1856n), französischer Rechtsanwalt. Studierte Pädagogik, Medizin und Rechtskunde. Als Anwalt wegen Teilnahme an politischen Demonstrationen in seiner Heimatstadt Dijon verfolgt, ging er nach Paris. Hier beteiligte er sich an der siegreichen Juli-Revolution und schrieb darüber ein Buch ('Geschichte der Revolution von 1830'). Gründete eine politische Zeitung ('Le Populaire'), wurde wegen eines Artikels zu zwei Jahren Kerker verurteilt und floh nach London. Lernte dort die Werke von Morus, Morelly und Campanella kennen und schrieb selbst einen kommunistischen Staatsroman ('Reise nach Ikarien'). Die linken Sozialisten nannten sich danach 'Communistes Icariens'. Nahm an der französischen Juni-Revolution von 1848n teil, ging nach deren Niederwerfung nach Amerika und gründete in Nauvoo (Illinois) kommunistische Gemeinden. Wurde jedoch nach acht Jahren mit 180 Anhängern ausgeschlossen und starb noch im gleichen Jahre.

1842n blau 'Reise nach Ikarien'

CABOCHIENS, französische Volksbewegung, benannt nach ihrem Anführer, dem Pariser Fleischermeister Simon Caboche. Durch Beteiligung von Gesellen, Arbeitslosen, Studenten und Stadtarmen vorwärtsgetrieben, erzwang sie den Erlaß der 'Ordonnanz der Cabochiens' mit Bestimmungen gegen Bestechlichkeit und Veruntreuung. Durch das Pariser Besitzbürgertum wurden sie ihrer ursprünglichen Ziele entfremdet und verraten. So fand die Bewegung ein schreckliches Ende. Ihre Anhänger wurden erhängt, vertrieben, entlassen oder enteignet.

1413n braun Aufstand

CABOTO, Giovanni (1425n–1498n), italienischer Seefahrer. Erhielt am 5. März 1496n vom englischen König Heinrich VII. den Auftrag, die englische Flagge an den auf seiner 'Westfahrt' zu entdeckenden Küsten zu hissen, erreichte Labrador und Neufundland und betrat damit das amerikanische Festland vor Kolumbus, der bis zu diesem Zeitpunkt erst die Inselwelt des Karibischen Meeres erreicht hatte.

1496n rot Auftrag des Königs
1497n grün Entdeckung Labradors

CABRAL, Pedro Alvarez (1460n–1526n), portugiesischer Seefahrer. Verließ im Auftrage des Königs von Portugal als Befehlshaber einer Flotte von 13 Segelschiffen den Hafen von Lissabon am 9. März 1500n und erreichte sechs Wochen später die Küste Südamerikas (Brasilien), obwohl er eigentlich direkt nach Indien fahren sollte. Nachdem er ein Schiff mit der Nachricht von seiner Entdeckung zurückgesandt hatte, setzte er seine Reise nach Indien fort und kam im September 1501n reich beladen nach Portugal zurück.

1500n grün Entdeckung Brasiliens

CACQUERAI, Philipp de (um 1300n–um 1360n), französischer Erfinder aus St. Immes. Stellte glatte und durchsichtige Glasfenster her, indem er durch Blasen einzelne runde Scheiben von 8 bis 10 cm Durchmesser fertigte und diese 'Butzen' durch Rahmen zu einer Fläche zusammenfügte.

1330n grün Butzenscheiben

CADAMOSTO, Luigi de (1432n–1511n), italienischer Seefahrer. Unternahm im Auftrage Heinrichs des Seefahrers zwei Entdeckungsfahrten entlang der Westküste Afrikas. Dabei fand er die östlichen Kapverdischen Inseln und erforschte das Festland zwischen der Mündung des Senegal und der Gambia-Mündung.

1456n grün Entdeckungen

CADE, Jack, englischer Freiheitskämpfer.

1400n–1450n Lebenslinie
1448n blau Kommunistische Forderung
1450n braun Aufstand

CADIZ, früher Gades, Hafenstadt in Südspanien unweit der Straße von Gibraltar. Älteste Stadt Spaniens neben Tartessos, das von ihr unterworfen wurde. Als Umschlagplatz für Waren aus Asien und Nordafrika auch unter karthagischer und römischer Herrschaft bedeutend. Sank aber in gotischer und arabischer Zeit herab. Als Hafen der spanischen Kolonisation Amerikas erlebte die Stadt eine neue Blütezeit; sie wurde Anlegeplatz für die Silberflotten und erhielt das Monopol für den Amerikahandel.

1128v blau Gründung
844n braun Einfall der Normannen

CÄPIO, Servilius (um 180v–um 120v), römischer Feldherr. Behauptete die Herrschaft über das freiheitlich gesinnte Spanien durch Vertragsbruch und grausame Unterdrückung. Den Führer der spanischen Freiheitsbewegung ließ er von Unterhändlern meuchlings ermorden. Wegen der ehrlosen Art seiner Kriegsführung erhielt er in Rom trotz seines Sieges keinen Triumphzug.

180v–139v Viriathus
154v/133v Spanische Erhebung

CÄSAR, Gajus Julius, römischer Staatsmann und Feldherr.

100v–44v Lebenslinie
114v–53v Krassus
106v–48v Pompejus
101v–54v Ariovist
86v–35v Sallust
85v–42v Brutus
82v–30v Antonius
80v–46v Vercingetorix
69v–30v Kleopatra
63v–14n Augustus (Oktavian)
61v grün Wahlschulden
60v rot Erstes Triumvirat
59v rot Konsul
59v rot Ackergesetze
59v rot Statthalter in Gallien
58v/51v Gallischer Krieg
58v rot Germanen-Vertreibung
55v rot Anklage im Senat
55v grün Rheinbrücke
55v/54v Britannische Expedition
52v rot Paris römisch
51v rot Gallien Provinz
51v blau Kriegsbericht
50v grün Armen-Unterstützung
49v rot Bruch mit Pompejus
49v blau Brief Sallusts
49v/45v Zweiter Bürgerkrieg
48v blau Bürgerkriegs-Geschichte
47v rot Gefangenschaft
46v rot Diktator
46v blau Ehrenbauten
46v grün Verbesserung der Währung
46v grün Verbesserter Kalender
45v rot Alleinherrscher
45v rot Adoption des Oktavian
44v grün Monatsname Juli
44v braun Ermordung
62n blau Lukans Werk
1507n blau Ringmanns Übersetzung
1599n blau Shakespeares Werk

CÄSAREA, Hafenstadt in Palästina. Im Jahre 22v von Herodes dem Großen gegründet an Stelle der alten Hafenstadt 'Stratonsturm'. 12 Jahre später feierlich eingeweiht, wurde sie Sitz des römischen Statthalters. Hier saß Paulus im Kerker, und Vespasian wurde zum Kaiser ausgerufen. Später Bischofssitz und Stätte einer Theologenschule mit großer Bibliothek. Im Arabischen Krieg als letzte Stadt Syriens 639n erobert und in den Kreuzzügen vollkommen zerstört.

245n–309n Pamphilos
263n–339n Eusebius
285n blau Bibliothek

CALAIS, Stadt in Nordfrankreich. Befestigter Seehafen an der engsten Stelle des Ärmelkanals. Wichtigster Festlandshafen für den Verkehr mit England.

1338n/1453n Hundertjähriger Krieg
1346n rot Englische Herrschaft
1375n rot Verbleib bei England
1453n rot Letzter Besitz Englands
1558n braun Einnahme durch Frankreich
1558n rot Französische Herrschaft
1785n grün Ballonflug Dover-Calais
1884n blau Rodins Bronzegruppe

CALDERON de la Barca, Pedro, spanischer Dichter.

1600n–1681n Lebenslinie
1635n blau 'Das Leben ein Traum'
1651n blau 'Der Richter von Zalamea'
1671n blau Mexiko-Drama

CALLET, Guillaume (um 1320n–1358n), französischer Bauernführer. Faßte die lokalen Empörungen französischer Bauern zu gemeinsamer Aktion zusammen und führte die so entstandene große Bauern-Bewegung ('Jacquerie'). Im Auftrage des Königs Karl durch Versprechungen nach Paris gelockt, wurde er gefangen, gefoltert und ermordet.

1358n braun Bauernaufstand
1358n rot Ermordung

CALLOT, Jacques (1592n–1635n), französischer Zeichner und Radierer. Schuf im Auftrage verschiedener Fürsten graphische Darstellungen von Zeitereignissen ('Belagerung von Breda', 'Belagerung von La Rochelle'). Mit unerbittlicher Wahrheitsliebe stellte er die Not des Volkes und die Greuel des Krieges dar.

1627n blau Armut des Volkes
1633n blau 'Schrecken des Krieges'

CALVIN, Johann, Schweizer Reformator französischer Herkunft.

1509n–1564n Lebenslinie
1536n blau Erfolgsprinzip
1541n rot Reformation von Genf
1553n rot Verbrennung des Servet

CALVINISMUS, Bezeichnung für die von dem schweizerischen Reformator Johann Calvin geprägte Form des Christentums, die den Lebenserfolg als Zeichen göttlicher Auserwähltheit wertete. Vom Besitzbürgertum mit Begeisterung an Stelle der herkömmlichen Christenlehre angenommen, weil Reichtum nun kein Hindernis für den Eingang ins Himmelreich mehr bildete, sondern eine sichere Anwartschaft auf die besten Plätze auch im erhofften Jenseits war. Vollendete die Verkehrung des Christentums ins Gegenteil der ihm von seinem Gründer Jesus gegebenen Ausrichtung.

1509n–1564n Calvin
1536n blau Erfolgsprinzip
1541n rot Ausbreitung in Genf
1553n rot Gegner verbrannt
1562n/1598n Hugenottenkriege
1601n rot Anhänger verbrannt

CAMBRIDGE, Stadt in Süd-England, 80 km nördlich von London. Seit dem Jahre 50n von Römern als Militärstation ausgebaut, nach dem Abzug der Römer Burg der Angelsachsen und Normannen, zeitweilig Residenz. Die im 7. Jahrhundert von König Sigbert gestiftete Schule entwickelte sich im 12. Jahrhundert zu einer Hochschule. Als im Jahre 1209n die Vorlesungen in Oxford unterbrochen wurden, kam eine größere Anzahl von Studenten und Lehrern hierher. Zwanzig Jahre später wurde die Universität gestiftet, 1284n entstand die erste der Wohn- und Arbeitsgemeinschaften von Studenten und Lehrern ('College'), die dem Studium hier ihr besonderes Gepräge gab. Bis ins 19. Jahrhundert blieb die Universität neben derjenigen von Oxford die führende Bildungsstätte des Landes. Sie pflegte früh Naturwissenschaften, widersetzte sich zunehmend dem Einfluß der katholischen Kirche und wirkte für die Loslösung Englands vom Papsttum. Eine eigene Sternwarte, eine Handschriften-Bibliothek, ein Botanischer Garten, eine Gemäldesammlung, eine Skulpturengalerie, mehrere Museen und eine eigene Druckerei machten die Universität ebenso bekannt wie ihre berühmten Studenten und Lehrer (Newton, Francis Bacon, Bentley, Byron, Cavendish). Erst 1871n wurde hier Religionsfreiheit verkündet. Seit 1919n erhält die mit reichem Landbesitz ausgestattete Universität staatliche Zuschüsse. Seit 1923n sind auch Frauen zum Studium zugelassen, aber von der Mitbestimmung ausgeschlossen. Bis 1948n hatte die Universität das Recht zur Entsendung von 2 Abgeordneten ins Parlament.

1229n blau Universität

CAMERA OBSCURA (wörtlich 'dunkler Raum'), lateinische Bezeichnung für eine allseitig geschlossene Schachtel, in die man durch ein feines Loch Lichtstrahlen einfallen läßt, wodurch auf der dem Loch gegenüberliegenden Innenwand ein seitenverkehrtes Abbild der Außenwelt entsteht. Auf dieser Wirkung beruht die gesamte Photographie sowie die Film- und Fernseh-Technik.

965n–1039n Al Hassan
1011n grün Benutzung in Arabien
1320n grün Hilfe bei Sternbeobachtung
1558n grün Einbau einer Sammellinse

CAMOES, Luis de (1525n–1580n), portugiesischer Dichter. Wegen seiner Liebe zu einer Hofdame mußte er seine Stellung als Hofdichter aufgeben, nahm Kriegsdienste, kam ins Gefängnis und mußte sich nach Indien verdingen. Fern der Heimat verwirklichte er seinen Plan zur Schaffung eines großen Heldengedichtes auf Portugal ('Lusiaden'). Schrieb Sonette, Elegien, Oden und andere Gedichte.

1572n blau 'Lusiaden'
1825n blau Almeida Garretts Dichtung

CAMPAGNA, Bezeichnung für die Umgebung von Rom, die vor 2000 Jahren dicht besiedelt war, unter christlicher Herrschaft aber verödete. Durch ihre verfallenen Aquädukte und andere Ruinen aus römischer Zeit bietet sie seit Jahrhunderten ein melancholisches Bild.

1787n blau Gemälde Tischbeins

CAMPANELLA, Thomas (1568n–1639n), italienischer Philosoph. Als Klosterschüler wegen freiheitlicher Äußerungen gefangen und gefoltert, blieb er 27 Jahre hinter Kerkermauern und schrieb dort seine großen philosophischen Abhandlungen, auch sein berühmtestes Werk, den 'Sonnenstaat', der als Utopie abgetan wurde, weil die darin enthaltenen kommunistischen Ideen unerfüllbar schienen: Arbeit für alle; kein Privateigentum; Reduzierung der täglichen Arbeit auf 4 Stunden durch Ausnutzung der Technik für die Gesellschaft; Wohnungszuteilung und staatliche Kindererziehung.

1602n blau 'Sonnenstaat'

CAMP DAVID, kleine Stadt in Nordamerika. Hier trafen sich 1959n die führenden Staatsmänner der USA und der UdSSR (Eisenhower und Chruschtschow) zu einem Gedankenaustausch. Ihre freundlichen Mienen ('Geist von Camp David'), machten den Völkern Hoffnung auf einen friedlichen Ausgleich der Gegensätze zwischen den beiden Atommächten.

1959n rot Zusammenkunft

CAMUS, Albert (1913n–1960n), französischer Dichter. Betrachtete das Dasein als widersinnig (Philosophie des Absurden) und das Glücksstreben des Menschen als so aussichtslos wie das von vornherein vergebliche Bemühen der griechischen Sagengestalt, einen immer wieder herabrollenden Stein bergauf zu bewegen ('Mythos von Sisyphos'). Als Atheist verwarf er alle Vertröstungen auf ein Jenseits und lehnte auch die Geringschätzung des Erdenlebens ab. In seinem Werk sah er eine Revolte gegen die von ihm angenommene Widersinnigkeit des Daseins. In der Opferbereitschaft des Einzelnen für die Gemeinschaft erkannte er die wesentlichste Voraussetzung für das menschliche Zusammenleben ('Die Pest').

1947n blau 'Die Pest'

CANISIUS, Petrus, eigentlich Peter de Hondt (1521n–1597n), holländischer Priester. Als Jesuit nach zweijährigem Rom-Aufenthalt (in bewußter Analogie zu Bonifatius, der Deutschland christianisiert hatte) nach Deutschland entsandt, wo er zum Haupt der Gegenreformation wurde. Gründete zahlreiche Jesuiten-Kollegien (Ingolstadt, Augsburg, München, Dillingen, Prag, Wien, Innsbruck) sowie das erste jesuitische Ordenshaus Deutschlands in Köln. Schrieb theologische Werke (drei Katechismen). Als Beichtvater Ferdinands I. und anderer Fürsten bekämpfte er erfolgreich den deutschen Religionsfrieden und trug so entscheidend zum Ausbruch der deutschen Religionskriege bei.

1553n blau Katholischer Katechismus

CANNAE, Dorf im Südosten Italiens. Hier wurde im Zweiten Punischen Krieg das 75 000 Mann starke römische Heer von 50 000 Karthagern unter Hannibal durch einen Umfassungsangriff geschlagen (216v). Doch war diese Niederlage nicht endgültig; fünfzehn Jahre später wurde Hannibals Heer in Nordafrika von den Römern vernichtet.

247v–183v Hannibal
218v/201v Zweiter Punischer Krieg

CANOSSA, Felsenburg im oberitalienischen Apennin unweit der Stadt Parma. Hier weilte bei der Schloßherrin im Jahre 1077n Papst Gregor VII., als Kaiser Heinrich IV. ihn durch dreitägige Buße zur Aufhebung des über ihn verhängten Kirchenbannes veranlaßte, hierdurch das Bündnis des Papstes mit den Fürsten sprengte und sich die Krone erhalten konnte.

1021n–1085n Gregor VII.
1050n–1106n Heinrich IV.
1077n rot Buße des Kaisers

CANTERBURY, Stadt in Südostengland. Im Jahre 50n von Römern besetzt und als Militärstation ausgebaut. Seit 563n Hauptstadt des angelsächsischen Königreiches Kent. Nach der Christianisierung wurde die Stadt zum ersten Bischofssitz der Insel und ist seit der Reformation Sitz des Oberhauptes der anglikanischen Staatskirche. In unserer Epoche unternahm der Dekan von Canterbury den Versuch zur Verbindung des Christentums mit dem von ihm bejahten Kommunismus.

43n/50n Erster Britannischer Krieg
50n rot Römische Herrschaft
596n rot Christianisierung
601n rot Gründung des Bistums
851n/852n Normannen-Einfall
1033n–1109n Anselm von Canterbury
1118n–1170n Thomas Becket
1170n rot Ermordung Beckets
1184n blau Kathedrale
1340n–1400n Chaucer
1390n blau 'Canterbury Tales'
1534n rot Anglikanische Kirche
1939n blau Johnson: Kommunismus

CANTOR, Georg (1845n–1918n), deutscher Mathematiker. Seit 1872n Professor der Mathematik in Halle, beschäftigte er sich mit dem Begriff des mathematisch Unendlichen. Begründete die Lehre von den endlichen und unendlichen Mengen ('Grundlagen einer allgemeinen Mannigfaltigkeitslehre'). Diese Mengenlehre setzte er gegen den Widerstand der Fachwelt durch. Durch sie wurden fast alle Teilgebiete der Mathematik befruchtet und die Beziehung der Mathematik zur Philosophie neu bestimmt.

1873n grün Mengenlehre

CAO, Diogo (um 1430n–1486n), portugiesischer Seefahrer. Erkundete 2500 km westafrikanischer Küstenlandschaft und entdeckte dabei die Kongo-Mündung. Später drang er, von Martin Behaim begleitet, bis zum Süden der afrikanischen Westküste vor.

1483n grün Kongo-Mündung

CAPRI, Insel im Süden des Golfs von Neapel (Mittelmeer). Hier ließen sich seit 650v griechische Siedler aus dem benachbarten Neapel nieder. Ende des 4. Jahrhunderts vor der Zeitwende römisch, wurde sie zu einem Lieblingsaufenthalt der reichen Bürger. Augustus nahm sie 29v in kaiserliche Verwaltung und baute einen Palast am Meer. Kaiser Tiberius ließ 12 Villen errichten und verbrachte hier die letzten zehn Lebensjahre. Später wurde die Insel Verbannungsort für Mitglieder der kaiserlichen Familien. Nur zweimal (1286n und 1806n) umkämpft, führte sie ein beschauliches Dasein, bis ihre Schönheiten (blaue Grotte, San Michele) sie in unserer Epoche zu einem Anziehungspunkt der Italienreisenden machte.

42v–37n Tiberius

CARACAS, Stadt an der Nordküste Südamerikas. Von Spaniern gegründet, blieb sie über 200 Jahre lang Hauptstadt einer spanischen Kolonie (Generalkapitanat) und Sitz eines spanischen Gouverneurs. Im Freiheitskampf Lateinamerikas 1821n durch den hier geborenen Bolivar endgültig aus spanischer Fremdherrschaft befreit, wurde sie Hauptstadt des Landes Venezuela und entwickelte sich zu dessen Industrie- und Handels-Zentrum. Mehrfach durch schwere Erdbeben zerstört, zuletzt im Jahre 1900n.

1567n blau Gründung

CARAVAGGIO, Michelangelo da (1562n–1609n), italienischer Maler. Überwand die gezierte, wirklichkeitsfremde Schönheit der italienischen Malerei seiner Zeit durch das harte Hell-Dunkel seiner naturnahen Bilder. Gestaltete Motive aus der vorchristlichen ('Amor als Sieger') und der christlichen Sagenwelt ('Matthäus mit dem Engel', 'Madonna mit dem Rosenkranz') sowie Begebenheiten aus dem Alltag seiner italienischen Heimat.

1590n blau Szenen aus dem Volksleben

CARDANO, Geronimo (1501n–1576n), italienischer Mathematiker, Arzt und Philosoph. Ging in seiner Naturphilosophie von einer Urmaterie aus, in der er den letzten

Grund aller Dinge sah. Schuf eine Methode für die Auflösung von Gleichungen dritten Grades. Verfaßte ein Rechenbuch. Starb an freiwilligem Hungertode, um mit seiner eigenen auf Sterndeutung beruhenden Voraussage seines Todesjahres Recht zu behalten.

1542n grün Imaginäre Zahlen
1545n grün 'Große Kunst des Rechnens'

CARDINAL, Peire, französischer Dichter.

1214n blau Anklage gegen Priester

CARDUCCI, Giosuè (1835n–1907n), italienischer Dichter und Literaturhistoriker. Wirkte mit seinen Werken für die nationale Wiedergeburt Italiens, indem er sich in Sprache und Inhalt bewußt zum alten Rom zurückwendete. Entschiedener Gegner von Kirche und Christentum.

1865n blau 'Hymne an den Teufel'

CARLYLE, Thomas (1795n–1887n), englischer Historiker und Schriftsteller aus Schottland. Als Lehrer, Journalist und Rektor der Universität Edinburgh vermittelte er dem englischen Volke durch Übersetzungen, Bearbeitungen und kritische Untersuchungen deutsches Geistesgut. Mit Goethe stand er in persönlicher Beziehung. In den Mittelpunkt seiner historischen Werke ('Die französische Revolution', 'Friedrich II.', 'Cromwell', 'Heldenverehrung') stellte er die Bedeutung der großen Männer. Seine sozialkritischen Schriften ('Chartismus', 'Vergangenheit und Gegenwart') verurteilten die bürgerliche Gesellschaft wegen ihres egoistischen Individualismus.

1841n blau 'Heldenverehrung'
1872n blau Whistlers Porträt

CARMINA BURANA, lateinischer Name der 'Lieder aus Benediktbeuern', einer Sammlung von Liedern in deutscher und lateinischer Sprache. Enthält Gedichte der verschiedensten Art: religiöse und Trinklieder, Natur- und Liebesgesänge, Verse gegen Klostersitten und Kirchenbräuche.

1232n blau Entstehung

CARNAP, Rudolf (geboren 1891n), deutscher Philosoph und Sprachforscher, seit 1936n Professor in Chicago. Bemühte sich um die Schaffung einer allgemeingültigen Wissenschaftssprache, die zur unbedingten Nachprüfbarkeit von Erfahrungssätzen führen soll. Arbeitet auch an der Weiterentwicklung philosophischer Grundbegriffe wie Logik, Induktion und Wahrscheinlichkeit.

1958n blau Untersuchung

CARNOT, Nicolas Léonard (1796n bis 1832n), französischer Physiker, Sohn des Schöpfers der französischen Revolutionsheere. Erforschte den maximalen Wirkungsgrad der Dampfmaschine. Dabei entdeckte er die Gesetze des Kreislaufs der Wärme ('Carnot'scher Kreisprozeß').

1824n grün Kreisprozeß der Wärme

CAROLINA, Fach-Bezeichnung für das erste deutsche Reichs-Strafgesetzbuch. Nach Strafrechtsordnungen verschiedener deutscher Einzelstaaten (insbesondere der 'Bamberger Halsgerichtsordnung', die in Franken und Brandenburg galt) in 219 Artikel gefaßt und auf dem Reichstag zu Regensburg 1532n von Kaiser Karl V. verkündet. Seinen Namen verdankte es der latinisierten Namensform des Kaisers Karl (= Carolus). Durch seine Härte berüchtigt (Folter), blieb es bis zur Mitte des 18. Jahrhunderts in Deutschland das allgemein angewendete Gesetzbuch und behielt in einzelnen deutschen Staaten bis 1871n Geltung. Eine auf Drängen der Fürsten eingefügte Klausel garantierte den herrschenden Ständen, daß 'an ihren alten, wohlhergebrachten, rechtmäßigen und billigen Gebräuchen nichts benommen' wird. So wurde der Klassencharakter der Rechtsprechung auch formal durch dieses Gesetzbuch verfestigt.

1532n rot Verkündung

CAROTHERS, Wallace H. (1896n–1937n), amerikanischer Chemiker. Seit 1928n Leiter der Forschungsabteilung des größten Chemiekonzerns der Erde (Du Pont de Nemours). Entwickelte verschiedene Kunststoffe, vor allem einen synthetischen Gummi und Fasern. Weltberühmt wurde er durch die Herstellung von Kunstseide aus Erdöl: der Nylonfaser, die sich durch Festigkeit, Elastizität, Lichtechtheit und Anfärbbarkeit auszeichnet.

1932n grün Erfindung der Nylonfaser

CARRACCI, Agostino (1557n–1602n), italienischer Maler und Kunstwissenschaftler. Schuf Tafelgemälde und Fresken sowie 270 Kupferstiche. Zusammen mit seinem Bruder Annibale und seinem Vetter Lodovico gründete er in Bologna eine Lehranstalt und wurde damit zum Schöpfer der akademischen Maler-Ausbildung in Europa.

1600n blau Fresken in Rom

CARRACCI, Annibale (1560n–1609n), italienischer Maler und Kunsterzieher. Schuf Darstellungen aus der griechischen und der christlichen Sagenwelt ('Hochzeitszug des Bacchus', 'Himmelfahrt Mariä'). Eigentlicher Leiter der von ihm gemeinsam mit seinem Bruder Agostino und seinem Vetter Lodovico errichteten Malerakademie in Bologna.

1600n blau Fresken in Rom

CARREL, Alexis (1873n–1944n), französischer Arzt. Seit 1906n in Nordamerika tätig. Wendete als erster Chirurg eine neue Methode zum Nähen der Gefäße an. Dadurch wurde die Verpflanzung von Organen und Gefäßen möglich. Erfand auch eine Methode, Organe außerhalb des Körpers in Flüssigkeit zur späteren chirurgischen Verwendung lebendig zu erhalten. In seinem Buche 'Der Mensch, das unbekannte Wesen' wies er auf die geistigen und sittlichen Grundlagen der Gesundheit hin.

1935n blau 'Der Mensch'

CARROLL, Lewis (1832n–1898n), englischer Schriftsteller. Professor der Mathematik und Logik in Oxford. Schrieb mehrere humorvolle und phantasiereiche Märchen und Gedichte.

1865n blau 'Alice im Wunderland'

CARTAGENA, Hafenstadt an der südspanischen Mittelmeerküste. Von Hasdrubal als 'Neu Karthago' auf den Trümmern der griechischen Siedlung Mesenia gegründet, Hauptstützpunkt der Karthager in Spanien, dann römische Provinzhauptstadt. Nach Verwüstung durch Wandalen vorübergehend Teil des byzantinischen Reiches, seit 624n westgotisch, 711n arabisch, 1248n Teil des Königreiches Kastilien, seit 1469n spanisch, seit 1953n Flottenstützpunkt der USA.

229v blau Gründung

CARTESIUS, lateinischer Name des französischen Philosophen Descartes.

1596n–1650n Lebenslinie
1636n grün Analytische Geometrie
1637n blau Erkenntnistheorie

CARTIER, Jacques (1491n–1557n), französischer Seefahrer. Erkundete den nördlichen Teil Nordamerikas (Kanada) und nahm das Land 1536n für Frankreich in Besitz. Fuhr den St.-Lorenz-Strom aufwärts bis auf die Höhe von Montreal und brachte Kunde von den großen Seen nach Europa.

1534n grün Erforschung Kanadas

CARTWRIGHT, Edmund (1743n–1823n), englischer Pfarrer und Erfinder. Zur schnelleren Verarbeitung des billigen Garnes aus den neuen Spinnmaschinen entwickelte er einen mechanischen Webstuhl. Richtete selbst eine mechanische Weberei mit 19 Webstühlen ein, die zunächst durch ein von Ochsen betriebenes Göpelwerk, später durch Dampfkraft angetrieben wurden.

1785n grün Mechanischer Webstuhl

CARVAKA, indischer Philosoph.

642v–555v Lebenslinie
694v–603v Braspati
602v blau Individualismus
591v blau Philosophie des Glücks
561v blau Diesseitiges Weltbild

CASANOVA, Gian Giacomo (1725n–1798n), italienischer Schriftsteller. Studierte in Padua Theologie und Rechtskunde, wurde Priester, wandte sich aber nach Empfang der ersten Weihen von diesem Berufe ab und wurde Sekretär des Kardinals Acquaviva in Rom. Dann ging er als Offizier seiner Heimatstadt Venedig in Begleitung des venezianischen Gesandten nach Konstantinopel. Aber hier, wie vorher in Venedig und Rom, machte er sich bald durch seine Liebesaffären unmöglich und kehrte verschuldet nach Hause zurück. Nach Aufenthalten in Mailand, Paris, Dresden und Wien führte sein ausschweifendes Leben 1755n in Venedig zu seiner Verhaftung. Zu 5 Jahren Gefängnis verurteilt, gelang ihm nach 15 Monaten die Flucht aus den 'Bleikammern' Venedigs. Er ließ sich nun in Paris nieder, wo er mit den angesehensten Männern verkehrte, immer neue Liebschaften anknüpfte und in zahlreiche Händel verwickelt wurde. Aus Paris, Wien und Madrid ausgewiesen, trat er 1774n in den Dienst der kirchlichen Inquisition und arbeitete zugleich als Polizeiagent. Sechzigjährig ging er als Bibliothekar zu dem böhmischen Grafen Waldstein auf dessen Schloß Dux und schrieb hier in seinen letzten zwölf Jahren seine Lebenserinnerungen nieder. Neben der freimütigen Schilderung seiner Liebesabenteuer war es die Fülle von Anekdoten, die dieses 15bändige Werk weltberühmt machte. Es gab auch Kenntnis von der Sittenverderbnis der herrschenden Klasse seiner Zeit in ganz Europa, von der sozialen Ungerechtigkeit und vom Verfall der katholischen Kirche.

1786n blau Biographie

CASELLI, Giovanni (1815n–1891n), italienischer Physiker. Baute ein Gerät zur telegraphischen Übertragung von Bildern durch strichweises Abtasten der ganzen Fläche. Weil die Bilder bei der Ankunft gleich kopiert wurden, hieß sein Gerät 'Kopiertelegraph'.

1877n grün Bildtelegraphie

CASTEL, Charles Irenée (Saint-Pierre) (1658n–1743n), französischer Schriftsteller. Suchte die sozialen Verhältnisse zu bessern durch Reformen der Erziehung, der Gesundheitspflege, der Volkswirtschaft und der Kirche. Für einen europäischen Völkerbund mit Schiedsgericht (Sitz: Utrecht) trat er in seiner 'Denkschrift zur Errichtung eines dauerhaften Friedens in Europa' ein. Seine Werke zielen darauf, dem Einzelnen einen größtmöglichen Anteil am Glück einer friedvollen Welt zu schaffen.

1707n blau Über ewigen Frieden

CASTIGLIONE, Baldassare (1478n–1529n), italienischer Diplomat und Schriftsteller. Stand im Dienste verschiedener Königshöfe und des Papstes. Stellte das Bild des idealen Höflings in den Mittelpunkt seines Hauptwerkes.

1528n blau 'Der Hofmann'

CASTRO, Fidel, amerikanischer Staatsmann.

1927n– Lebenslinie
1956n/1959n Kubanische Revolution
1959n rot Regierungschef
1961n rot Kuba kommunistisch

CATANIA, Hafenstadt an der Ostküste Siziliens. Die griechische Siedlung wurde im dritten Jahrhundert vor unserer Zeitrechnung römisch, war vom 9. bis 11. Jahrhundert arabisch, seit 1071n normannisch. Nach Zerstörungen durch Erdbeben und durch die Heere des deutschen Kaisers blühte die Stadt unter der Herrschaft Aragoniens wieder auf. 1420n mit Unteritalien vereinigt, 1504n–1713n spanisch, dann mit dem Königreich Unteritalien unter französischer Herrschaft. Seit 1862n Bestandteil des unabhängigen italienischen Staates. Am Fuße des Ätna gelegen, wurde die Stadt wiederholt Opfer von Vulkanausbrüchen, wegen ihres fruchtbaren Hinterlandes und ihrer günstigen Lage aber immer wieder aufgebaut. In der Vergangenheit zeitweilig bedeutendste Stadt Siziliens, ist sie heute zweitgrößte Stadt der Insel.

729v blau Gründung
1444n blau Universität

CAVALIER, Jean (1681n–1740n), französischer Freiheitskämpfer. Als Sohn eines südfranzösischen Bauern wurde er Bäckergeselle. 20jährig führte er die reformierten Bauern in den Cevennen (Südfrankreich) bei ihrem vergeblichen Unabhängigkeitskampf (Kamisarden-Aufstand). Nachdem er die Aussichtslosigkeit des Kampfes erkannt hatte, trat er als Oberst ins französische Heer. Empfand dann aber Reue über die vorzeitige Aufgabe des Kampfes, ging nach England und wurde Gouverneur der Kanalinsel Jersey.

1702n/1710n Kamisarden-Aufstand

CAVENDISH, Henry (1731n–1810n), englischer Chemiker. Erforschte die chemische Zusammensetzung der Gase, erkannte Wasserstoff und Kohlendioxyd als Gasarten und bestimmte die Eigenschaften des Wasserstoffs. Untersuchte die Zusammensetzung der Luft und des Wassers. Auf physikalischem Gebiete beschäftigte er sich mit der wechselseitigen Anziehungskraft von Massen (Gravitation).

1766n grün Entdeckung des Wasserstoffs

CAVOUR, Camillo, italienischer Staatsmann.

1810n–1862n Lebenslinie
1853n/1856n Krimkrieg
1859n/1861n Freiheitskampf Italiens
1861n rot Einigung Italiens

CAYENNE, Hauptstadt und bedeutendster Hafen der französischen Kolonie Guayana im nördlichen Südamerika. Bis 1946n berüchtigte französische Strafkolonie.

1585n–1642n Richelieu
1634n rot Französischer Besitz
1852n rot Strafkolonie

CELLINI, Benvenuto (1500n–1571n), italienischer Goldschmied und Bildhauer. Fertigte für König Franz I. ein goldenes Salzfaß mit Figurenschmuck an. Schrieb eine Selbstbiographie, die durch Goethe verdeutscht wurde.

1554n blau 'Perseus'
1561n blau Lebenserinnerungen

CELSIUS, Anders (1701n–1744n), schwedischer Astronom. Direktor der ersten schwedischen Sternwarte (Uppsala). Unternahm die Messung eines Meridiangrades, erkannte den Zusammenhang zwischen Nordlicht und Magnetnadel sowie den überlokalen Charakter von Störungen der Magnetnadel. Teilte den Temperaturabstand zwischen Gefrierpunkt und Siedepunkt in 100 Grad, wobei er allerdings den Gefrierpunkt mit 100 bezeichnete und den Siedepunkt mit Null, was erst acht Jahre nach seinem Tode umgekehrt wurde. Die 100-Grad-Teilung trägt bis heute seinen Namen.

1742n grün Siedepunkt des Wassers

CELSUS, römischer Philosoph aus Ägypten.

131n–182n Lebenslinie
179n blau Antichristliche Schrift
249n blau Schrift gegen Celsus

CELSUS, Aulus, römischer Gelehrter und Schriftsteller.

3v–64n Lebenslinie
37n grün Sammelwerk der Medizin
63n grün Enzyklopädie

CENCIUS, Savelli (um 1150n–1227n), päpstlicher Kämmerer, von 1216n bis 1227n Papst (Honorius III.). Als Kämmerer des Papstes Innozenz III. schuf er ein nach Provinzen und Diözesen geordnetes Abgabenverzeichnis ('Zinsbuch'), aus dem sich die Einkünfte des Papstes errechnen. Darin faßte er alle wirtschaftlichen und politischen Rechtsansprüche des Papsttums zusammen. Bestimmte Kaiser Friedrich II. zur Teilnahme an den grausamen Kreuzzügen der katholischen Kirche gegen die Katharer.

1192n blau 'Zinsbuch'
1194n–1250n Friedrich II.
1209n/1229n Katharer-Kreuzzug
1216n rot Dominikaner-Bestätigung

CENTULA, Kloster bei Abbeville in Nordfrankreich (heute: Saint-Riquier). 790n erhielt der fränkische Dichter Angilbert das Kloster als Abt und ließ hier eine doppelchörige Kirche mit Querhaus (Basilika) bauen. Doch lebte er meist am Hofe Karls des Großen, dessen Tochter Bertha ihm zwei Söhne gebar (Hartnid und Nithard).

799n blau Basilika

CERLETTI, Ugo (1877n–1963n), italienischer Arzt. Wandte sich früh der Nervenheilkunde zu und erhielt nach langer praktischer Tätigkeit 48jährig eine Professur für Neurologie an der Universität Bari. Drei Jahre später gründete er eine psychiatrische Klinik in Genua und übernahm 58jährig die Leitung der Nervenheilstätte in Rom. Ergänzte die bis dahin mit Hilfe von Medikamenten (Insulin, Krampfmittel) durchgeführten Schock-Behandlungen bei Nervenkranken durch den zusammen mit seinem Kollegen Bini entwickelten Elektroschock.

1938n grün Elektroschock

CERRONI, Giovanni (um 1320n–um 1370n), italienischer Politiker. Nach einem erfolgreichen Aufstand des römischen Volkes gegen seine adligen Herren wegen seines allgemeinen Ansehens zum Staatsführer ernannt, regierte er sieben Monate und floh dann vor den gegen ihn immer wieder angezettelten Adels-Verschwörungen.

1351n/1352n Aufstand in Rom

CERVANTES Saavedra, Miguel de, spanischer Dichter.

1547n–1616n Lebenslinie
1605n blau 'Don Quichotte'

CEUTA, befestigte Hafenstadt an der Nordspitze Marokkos gegenüber von Gibraltar. Fiel 534n mit dem Wandalenreiche an Byzanz, 618n an die Westgoten. 711n begann mit der arabischen Herrschaft die Blütezeit der Stadt (Zentrum von Wissenschaft und Industrie). Seit 1415n portugiesisch, fiel es 1580n mit ganz Portugal an Spanien. Ausgangspunkt der spanischen Unternehmungen gegen die nordafrikanischen Freiheitsbewegungen der Rif-Kabylen.

534n rot Byzantinische Herrschaft
711n rot Arabische Herrschaft
1096n–1166n Al Idrisi
1394n–1460n Heinrich der Seefahrer
1415n braun Portugiesischer Angriff
1415n rot Portugiesischer Besitz
1580n rot Spanischer Besitz

CEVENNEN, Name eines 250 km langen Gebirges in Südfrankreich, das den Südausläufer des zentralen französischen Hochlandes bildet. Das bis zu 1754 m Höhe ansteigende schluchtenreiche Bergland hat ein wichtiges Kohlen- und Eisenzentrum (St. Etienne), ist aber sonst wegen seiner Unwirtlichkeit kaum bewohnt. Es diente jahrhundertelang den von der katholischen Kirche verfolgten Katharern (Albigenser, Waldenser, Kamisarden) sowie den Reformierten (Hugenotten) als Zufluchtsort und war deshalb häufig umkämpft.

1702n/1710n Kamisarden-Aufstand

CEYLON, Insel im Indischen Ozean vor der Südostküste Indiens, von dem sie durch eine 60 km breite Meeresstraße getrennt ist. Vor 2500 Jahren von dem indischen König Vijaja erobert, entwickelte sie sich zu einem Zentrum des Buddhismus, der durch Asokas Sohn Mahinda eingeführt worden war. Seit 1505n ließen sich hier Portugiesen nieder und eroberten bis 1597n die ganze Insel. Nach vierzigjähriger Herrschaft wurden sie 1638n durch Holländer verdrängt, die ihrerseits die Insel im Jahre 1798n den Engländern überlassen mußten. Durch Plantagenwirtschaft (Tee, Gummi, Kokos, Kakao, Zimt) mit billigen Arbeitskräften (ein Drittel Kinder) machten sie die Engländer äußerst ertragreich. Erst unter dem Druck der Welt-Entwicklung gaben sie 1948n der Insel politische Unabhängigkeit gegen die Zusicherung, im britischen Commonwealth zu verbleiben. Die wirtschaftliche Ausbeutung durch englische Kapitalisten dauert daher unverändert an.

250v rot Bekehrung zum Buddhismus
237v blau Buddha-Gedenkstätte
37v blau Pali-Kanon
35n blau 'Jatakas'
422n blau 'Chronik der Insel'
443n blau Buddha-Biographie
456n blau Buddhagoschas Lehrbuch
510n blau Geschichte des Buddhismus
888n–956n Al Masudi
918n grün Al Masudis Reise
1254n–1324n Marco Polo
1304n–1377n Ibn Batuta
1505n grün Entdeckung durch Almeida
1597n rot Portugiesischer Besitz
1638n rot Holländische Herrschaft
1798n rot Besitznahme durch England
1948n rot Unabhängigkeit

CÉZANNE, Paul (1839n–1906n), französischer Maler. Ging 1860n nach Paris und erwarb dort seine Meisterschaft, ohne eine Akademie zu besuchen, allein durch das Studium der Werke großer Maler wie Michelangelo, Tintoretto, Delacroix. 1879n in seine Heimatstadt Aix-en-Provence zurückgekehrt, lebte er dort in völliger Zurückgezogenheit seiner Arbeit.

1892n blau 'Kartenspieler'
1900n blau 'Badende'

CHADWICK, James (geboren 1891n), englischer Kernphysiker. Professor der Physik an der Universität Liverpool. Seine Forschungen auf dem Gebiete der Kernphysik führten ihn zum Nachweis der Existenz eines Elementarteilchens im Atomkern, das keine elektrische Ladung besitzt (Neutron).

1932n grün Entdeckung des Neutrons

CHAFADSCHI, Stadt in Mesopotamien (Vorderasien), 25 km nordöstlich der heutigen Hauptstadt des Irak (Bagdad). Hier graben seit 1932n nordamerikanische Archäologen eine fast 5000 Jahre alte Stadt aus, in deren Mittelpunkt eine durch zwei hohe Mauern umgebene ovale Tempelstadt steht, die von einem Tempel für die Liebesgöttin Inanna gekrönt wird.

2675v blau Inanna-Tempel

CHAIBERPASS, Grenzübergang zwischen Indien und Afghanistan. Hier erlitten die englischen Truppen ihre erste große Niederlage durch ein außereuropäisches Volk.

1839n/1842n Afghanischer Krieg

CHALCIDIUS (um 270n–um 330n), griechischer Schriftsteller. Übertrug Platos Naturphilosophie ins Lateinische, durchsetzte sie mit christlichen Zitaten und kommentierte sie.

321n blau Plato-Übersetzung

CHALIL, Al, arabischer Sprachforscher.
- 718n–791n Lebenslinie
- 761n blau Verslehre
- 776n blau Sprachforschung

CHAMBERLAIN, Arthur Neville (1869n bis 1940n), englischer Politiker. Unterzeichnete als britischer Premierminister das Münchner Abkommen, ohne daß die von ihm erhoffte Befriedung Europas dadurch eintrat. Erklärte Deutschland 1939n den Krieg, nachdem die von ihm garantierte Grenze Polens überschritten worden war.
- 1889n–1945n Hitler
- 1938n rot Münchner Abkommen
- 1939n rot Garantie für Polen
- 1939n/1945n Zweiter Weltkrieg
- 1940n rot Churchill Nachfolger

CHAMBERLAIN, Houston Stewart (1855n bis 1927n), englischer Schriftsteller. Nach Studien in Genf, Dresden und Wien heiratete er eine Tochter Richard Wagners und übersiedelte nach Bayreuth. Außer Büchern über Wagner, Kant und Goethe verfaßte er eine Kulturphilosophie des 19. Jahrhunderts, in der er den arischen Geist verherrlicht und eine Scheidung von Kultur und Zivilisation versucht. Im ersten Weltkriege einer der radikalsten Verfechter alldeutscher Eroberungspolitik.
- 1899n blau 'Grundlagen'

CHAMBERLEN, Peter (1601n–1683n), englischer Arzt und Sozialreformer. Studierte Medizin in London, Cambridge, Heidelberg und Padua. Dann ließ er sich als praktischer Arzt und Geburtshelfer nieder. Wurde Leibarzt der englischen Könige Jakob I., Karl I. und Karl II. Entwickelte eine neue Art des Luft-Antriebs für Schiffe und Landfahrzeuge. Verfaßte eine Anleitung zum mühelosen Erlernen der englischen Sprache und Schrift. In seinem Hauptwerk ('Der Anwalt des armen Mannes') erklärte er die Arbeit als Quelle allen Reichtums und folgerte daraus, daß die Arbeiter die wirkliche Kraft eines Volkes ausmachen. Verurteilte die Verschwendungssucht der Reichen und forderte, allen Reichtum zur Beseitigung der Armut zu verwenden.
- 1649n blau 'Anwalt des armen Mannes'

CHAMBERLEN, Peter (um 1570n–1631n), englischer Arzt. Erfand die Geburtszange, mit deren Hilfe es möglich wurde, gebärende Mütter von ihrer Frucht zu befreien, wenn der natürliche Geburtsvorgang ins Stocken geriet. Diese Möglichkeit zur Rettung des Lebens von Millionen Müttern und Kindern bewahrte er aus Gewinnsucht als Geheimnis in seiner Familie, so daß die Geburtszange erst 200 Jahre später der Allgemeinheit zugänglich wurde.
- 1630n grün Geburtszange

CHAME-RER-NEBTI (um 2555v–um 2500v), Schwester und Gattin des ägyptischen Königs Mykerinos.
- 2561v–2500v Mykerinos
- 2507v blau Skulptur

CHAMFORT, Deckname für Nicolas Sébastien Roch (1741n–1794n), französischer Schriftsteller und Philosoph. Prägte mit seinem Ausspruch 'Friede den Hütten — Krieg den Palästen!' den Kampfruf der französischen Revolutionsheere für ihren Siegeszug durch Europa.
- 1783n blau 'Pensées'

CHAMISSO, Adalbert (1781n–1838n), deutscher Dichter und Naturforscher. Einer französischen Flüchtlingsfamilie entstammend, wurde er in Berlin Hofpage und Offizier. Dann widmete er sich der Botanik. Schrieb Dramen und Gedichte. Berühmt wurde er durch sein Märchen 'Peter Schlemihl', in dem er den unauflöslichen Widerspruch zwischen Habsucht und Menschlichkeit symbolisch darstellte.
- 1813n blau 'Peter Schlemihl'

CHAMPAGNE, französische Landschaft, die sich östlich von Paris bis an die Maas erstreckt. Zerfällt in die nördliche Oberchampagne (Reims) und die südliche Niederchampagne (Troyes). Als Weinbaugebiet durch den hier erzeugten Schaumwein weltberühmt ('Champagner'). Das von Galliern bewohnte Land wurde vor mehr als 2000 Jahren römisch. Nach dem Zusammenbruch des Römerreiches teils fränkisch, teils burgundisch, dann Bestandteil des Frankenreiches. Bei den Reichsteilungen kam ein Teil zum Ostreich, der andere zum Westreich. Verselbständigte sich dann aber und fiel 1284n durch die Heirat des Königs Philipp IV. mit der Erbin des Landes (Johanna) an Frankreich, dem es seit 1361n ständig zugehörte. In den Napoleonischen Kriegen umkämpft. Im Ersten Weltkrieg versuchte die französische Armee hier unter schweren Opfern vergeblich einen Durchbruch. Eine Auflehnung der französischen Soldaten gegen ihre Kriegführung wurde 1917n durch standrechtliche Erschießungen unterdrückt.
- 58v/51v Gallischer Krieg
- 51v rot Römische Herrschaft
- 486n rot Teil des Frankenreiches
- 843n rot Vertrag von Verdun
- 870n rot Vertrag von Meersen
- 1115n blau Kloster Clairvaux
- 1143n rot Stadtrecht für Reims
- 1194n grün Messe von Troyes
- 1212n blau Kathedrale von Reims
- 1796n/1815n Napoleonische Kriege
- 1914n/1918n Erster Weltkrieg

CHAMPLAIN, Samuel (1557n–1635n), französischer Seefahrer. Nach Reisen in spanischen Diensten unternahm er im Auftrage Frankreichs die Eroberung Kanadas. Fuhr den St.-Lorenz-Strom aufwärts bis St. Louis, gründete Quebec und verteidigte als französischer Gouverneur Kanada gegen englische Eroberungsversuche.
- 1608n blau Gründung von Quebec

CHAMPOLLION, Jean François (1790n bis 1832n), französischer Forscher. Unter Zuhilfenahme einer dreisprachigen Vorlage ('Stein von Rosette') gelang ihm die Entzifferung der vorher unlesbaren ägyptischen Schrift (Hieroglyphen).
- 1822n grün Hieroglyphen-Entzifferung

CHANCELLOR, Richard (um 1500n bis 1555n), englischer Seefahrer. Umsegelte die skandinavische Halbinsel ('Nordkap') und schuf damit eine neue See-Verbindung zwischen England und Rußland.
- 1553n grün Fahrt um das Nordkap

CHANGAN, Stadt im gebirgigen Herzen Chinas. Hauptstadt des chinesischen Reiches von 350v–206v. Nach dem Zerfall der vorderasiatischen Reiche und dem Niedergang Roms für einige Jahrhunderte volkreichste Stadt der Erde (bis zum Aufblühen der arabischen Millionenstädte Bagdad und Cordoba).
- 755n grün Größte Stadt der Welt

CHANG-HSÜAN (713n–742n), chinesischer Maler. Bedeutendster Gesellschaftsmaler der vom Kaiser Ming-Huan gebildeten künstlerischen Gemeinschaft am chinesischen Hofe ('Ming-Huan-Kreis').
- 734n blau 'Plätterinnen'

CHAPLIN, Charlie (geboren 1889n), englischer Schauspieler, Regisseur und Drehbuchautor. Als Komiker schuf er den Typ des armen Vagabunden mit dem goldenen Herzen und führte damit den amerikanischen Film auf einen Höhepunkt ('Goldrausch'). Die gesellschaftskritische Haltung seiner Filme verdichtete sich, und seine filmische Anklage gegen den Hochkapitalismus ('Modern Times') wurde zum Ziel heftiger Angriffe der herrschenden Klasse. Nach seinem letzten Welterfolg ('Rampenlicht') wurde er wegen Kommunisten-Freundlichkeit verfolgt und ging in die Schweiz, wo er seine Erinnerungen schrieb.
- 1925n blau 'Goldrausch'
- 1936n blau 'Modern Times'

CHAPPE, Claude (1763n–1805n), französischer Geistlicher. Legte am 22. 3. 1792n dem Konvent der französischen Republik sein Telegraphen-System vor und stellte die erste Linie 1793n auf Staatskosten her. In 11 Minuten hatte er ein Telegramm mit 20 Worten über 70 km hinweg telegraphiert.
- 1793n grün Optischer Telegraph

CHARAKTERFORSCHUNG
- 372v–287v Theophrast
- 343v grün Aristoteles: Physiognomik
- 317v grün Theophrasts Lehre
- 129n–199n Galen
- 189n grün Galen: Temperamente
- 1622n grün Baldo: Graphologie
- 1775n grün Lavater: Physiognomik
- 1855n–1939n Freud
- 1875n grün Michon: Graphologie
- 1883n blau Dilthey: Geisteswissenschaft
- 1895n grün Psychoanalyse
- 1912n grün Individualpsychologie
- 1914n blau Spranger: Lebensformen
- 1916n grün Klages: Graphologie

CHARCOT, Jean Martin (1825n–1893n), französischer Arzt. Leiter der Pariser Frauenklinik, dann Anatom und Nervenarzt. Erkannte zuerst Frauenkrankheiten denen keine organischen Schäden zugrunde liegen (Hysterien).
- 1881n grün Hysterie-Forschung

CHARDIN, Jean Siméon (1699n–1779n), französischer Maler. Als Sohn eines Handwerkers entwickelte er sich ohne höhere Schulbildung oder akademische Lehre durch Selbststudium zu einem der bedeutendsten Künstler seines Landes. Der höfischen Verspieltheit seiner Zeit (Rokoko) stellte er in seinen Bildern das Volksleben entgegen ('Die Waschfrau', 'Stickunterricht', 'Die Briefsieglerin', 'Die fleißige Mutter', 'Die Haushälterin'). Seine schlichte, naturnahe Kunst war bereits vom Empfinden eines neuen Zeitalters geprägt.
- 1739n blau 'Scheuerfrau'

CHARDONNET, Hilaire (1839n–1924n), französischer Chemiker. Erfand ein Verfahren zur Herstellung von Kunstseide aus Nitrozellulose und erbaute in Besançon die erste Kunstseidenfabrik der Welt, wo 1891n täglich 50 kg Kunstseide erzeugt wurden.
- 1884n grün Kunstseide

CHARES (um 330v–um 270v), griechischer Bildhauer aus Lindos (Rhodos). Schüler des Lysipp, gründete er selbst eine berühmte Bildhauerschule (Rhodische Schule). Als seine Heimatstadt nach langer Belagerung gerettet wurde, verkaufte man die Belagerungsmaschinen für 2 Millionen Mark und gab ihm den Auftrag, ein 32 Meter hohes Standbild des Sonnengottes Helios anzufertigen ('Koloß von Rhodos'). In zwölfjähriger Arbeit vollendete er dies Werk so meisterlich, daß es zu den sieben Weltwundern gezählt wurde.
- 290v blau Sonnengott-Standbild

CHARKOW, Stadt in der Ukraine (Südrußland). Entstand um 1655n als Grenzfestung gegen die Krim-Tataren. Seit 1917n kommunistisch. 1919n–1934n Hauptstadt der Ukraine. Im zweiten Weltkrieg fünfmal heftig umkämpft und stark zerstört.
- 1804n blau Universität

CHARLOTTENBURG, westlicher Bezirk von Berlin. Benannt nach Königin Sophie-Charlotte, die dort ihr Lustschloß anlegte. 1721n zur Stadt erhoben, 1920n der Stadt Berlin eingegliedert.
- 1695n blau Bau des Schlosses

CHAR-MINAR, Name der Haupt-Moschee von Haiderabad (Indien), die mit ihren vier Türmen das Stadtbild beherrscht.
- 1591n blau Fertigstellung

CHARTISTEN-VEREINIGUNG, sozialistische Arbeiterbewegung in England. Im Kampfe um die Gewährung der bürgerlichen Freiheiten an das Proletariat wurde sie zur ersten sozialistischen Arbeiterpartei und damit zum Kern der ersten revolutionären Massenbewegung innerhalb einer kapitalistischen Gesellschaft.
- 1838n rot Gründung

CHARTRES, Stadt in Nordfrankreich, nahe bei Paris. Hier entstand auf dem Platze eines vorchristlichen Druiden-Heiligtums an Stelle von vier Kirchen aus dem 8. bis 12. Jahrhundert eine Kathedrale, die als Meisterwerk der Gotik gilt, und die sich insbesondere wegen ihrer bunten Glasfenster großer Beliebtheit erfreut.
- 1195n blau Bau der Kathedrale
- 1257n grün Fenster der Kathedrale
- 1260n blau Kathedrale vollendet

CHASAREN, Name eines türkischen Hirtenvolkes, das vor 1500 Jahren aus Westasien nach Südrußland einwanderte und hier für fast vierhundert Jahre ein selbständiges Reich gründete. Auf dem Höhepunkt seiner Machtentfaltung erstreckte sich der Staat nördlich des Kaukasus von der Nordküste des Schwarzen Meeres über das Mündungsgebiet der Wolga (Kaspisches Meer) bis zum Aralsee.
- 598n braun Vorstoß nach Rußland
- 598n rot Reichsgründung
- 626n rot Bündnis mit Byzanz
- 885n rot Religiöse Aufteilung
- 965n braun Niederlage gegen Russen
- 965n rot Russische Oberhoheit

CHATEAUBRIAND, François René (1768n–1848n), französischer Schriftsteller und Staatsmann. Als Angehöriger des Adels war er von der Revolution abgestoßen und kämpfte in einem Emigrantenheere gegen seine Heimat. Verwundet, schrieb er eine kritische Revolutionsgeschichte. Darin stellte er den zur Gewaltherrschaft neigenden Revolutionen das Ideal individueller Unabhängigkeit entgegen. Mit einer Verherrlichung des katholischen Christentums in fünf Bänden suchte er später das französische Volk für das Konkordat Napoleons mit dem Papst zu gewinnen. Ging als Gesandter nach Rom. Später trat er zu den Monarchisten über und wurde unter König Ludwig XVIII. Außenminister. Schrieb Erzählungen ('Atala', 'René'), christliche Heldendichtungen ('Die Märtyrer') und seine Lebenserinnerungen ('Memoiren aus dem Grabe').
- 1797n blau Revolutionsgeschichte

CHAUCER, Geoffrey, englischer Dichter.
- 1340n–1400n Lebenslinie
- 1390n blau 'Canterbury Tales'

CHAULIAC, Guy de (um 1300n–um 1370n), französischer Chirurg aus der Stadt Chauliac (Südfrankreich). Studierte in Toulouse, Paris und Bologna Medizin. Praktizierte in Lyon und wurde Leibarzt der nach Avignon (Südfrankreich) vertriebenen Päpste. Suchte die Abtrennung der Chirurgie von der übrigen Medizin zu überwinden. Sein Lehrbuch der Chirurgie wurde als Handbuch von den Ärzten seiner Zeit verwendet. In diesem Hauptwerke empfahl er auch das Einatmen betäubender Duftstoffe als Narkosemittel und gab eine ergreifende Schilderung der Pest-Epidemie von Avignon, die er selbst miterlebte.
- 1363n grün Lehrbuch der Chirurgie

CHEFREN, ägyptischer König.
- 2576v–2515v Lebenslinie
- 2561v–2500v Mykerinos
- 2533v blau Porträt in Alabaster
- 2529v blau Sphinx-Tempel in Giseh
- 2527v blau Plastik 'Auf dem Thron'
- 2523v blau 'Sphinx'
- 2521v blau Porträt-Kopf
- 2518v blau Pyramide

CHEMIE, Wissenschaft vom Aufbau und von den Eigenschaften der über 100 Grundstoffe (Elemente) und ihrer etwa 500 000 Verbindungen.
- 2708v grün Versilbern in Ägypten
- 2669v grün Mumifizierung
- 2041v grün Email in Ur
- 1592v grün Glasherstellung in Ägypten
- 1367v grün Vergolden in Ägypten
- 978v grün Purpur-Farbstoff
- 752v grün Schmelzofen-Malerei
- 728v grün Glas in Assyrien
- 56n grün Seife in Gallien
- 77n grün Destillierverfahren
- 160n grün Seife in Rom
- 803n grün Petroleum-Veredelung
- 810n grün 'Kunst des Goldmachens'
- 865n–932n Al Rasi
- 910n grün Stoffverwandlung
- 1127n grün Alkohol-Destillation
- 1130n grün Schießpulver in China
- 1193n–1279n Albertus Magnus
- 1244n grün Schießpulver bei Arabern
- 1285n grün Al Rammah: Salpeter
- 1302n grün Rucelai: Farbstoff
- 1493n–1541n Paracelsus
- 1515n grün Dürer: Ätztechnik
- 1516n grün Indigo-Farbstoff (Europa)
- 1557n grün Amalgamierungsverfahren
- 1661n grün Boyle: Analytische Chemie
- 1669n grün Brand: Phosphor
- 1711n–1765n Lomonossow
- 1727n grün Silbersalz-Untersuchung
- 1743n–1794n Lavoisier
- 1766n grün Cavendish: Wasserstoff
- 1771n grün Scheele: Sauerstoff
- 1771n grün Priestley: Sauerstoff
- 1772n grün Rutherford: Stickstoff
- 1774n grün Scheele: Chlor
- 1775n grün Wesen der Verbrennung
- 1776n grün Verdauungsvorgang
- 1781n grün Wasserzusammensetzung
- 1791n grün Soda aus Kochsalz
- 1792n grün Murdock: Leuchtgas
- 1799n grün Priestley: Kohlenoxyd
- 1800n–1882n Friedrich Wöhler
- 1803n grün Sertürner: Morphium
- 1807n grün Davy: Kalium
- 1808n grün Daltons Atomlehre
- 1808n grün Berzelius' Lehrbuch
- 1815n grün Prout: Atomgewicht
- 1823n grün Verflüssigungen
- 1823n grün Öl-Destillation
- 1825n grün Faraday: Benzol
- 1825n grün Chemische Reinigung
- 1828n grün Synthetischer Harnstoff
- 1828n grün Wöhler: Aluminium
- 1833n grün Faraday: Elektrolyse
- 1834n grün Runge: Anilin
- 1839n grün Künstliche Düngung
- 1839n grün Zellulose-Isolierung
- 1840n grün Nahrungsmittelchemie
- 1842n grün Äther-Narkose
- 1845n grün Schießbaumwolle
- 1847n grün Chloroform-Narkose
- 1861n grün Spektralanalyse
- 1867n grün Nobel: Dynamit
- 1869n grün Mendelejews 'System'
- 1869n grün Hyatt: Zelluloid
- 1870n grün Baeyer: Indigo
- 1874n grün Mitscherlich: Zellulose
- 1877n grün Luft-Verflüssigung
- 1879n–1968n Otto Hahn
- 1880n grün Saccharin
- 1882n grün Arrhenius: Elektrochemie
- 1884n grün Kunstseide
- 1885n–1962n Niels Bohr
- 1886n grün Formalin-Desinfektion
- 1886n grün Element Germanium
- 1893n grün Ehrlich: Chemotherapie
- 1893n grün Nernst: 'Chemie'
- 1897n grün Wasserstoff-Verflüssigung
- 1898n grün Radium und Polonium
- 1899n grün Dreser: Aspirin
- 1899n grün Stickstoffdünger aus Luft
- 1909n grün Ehrlich: Salvarsan
- 1909n grün Claude: Neonlicht
- 1910n grün Soddy: Isotopenlehre
- 1913n grün Benzin aus Kohle
- 1914n grün Willstätter: Farbstoffe
- 1915n grün Funk: Vitamin-Isolierung
- 1915n grün Giftgas-Einsatz
- 1916n grün Germanium
- 1920n grün Periodisches System
- 1921n grün Insulin
- 1926n grün Künstliches Vitamin D
- 1926n grün Gummi aus Kohle
- 1932n grün Carothers: Nylon
- 1934n grün Hormon-Synthese
- 1935n grün Domagk: Sulfonamid
- 1939n grün Müller: DDT
- 1944n grün Waksman: Streptomyzin
- 1947n grün Künstliches Vitamin A
- 1954n grün Kinderlähmungsserum
- 1955n grün Hahn: Kobalt 60
- 1963n grün Anti-Baby-Pille

CHEMIEFASERN
- 1884n grün Kunstseide
- 1932n grün Nylon

CHEMISCHE REINIGUNG
- 1825n grün Aufkommen

CHEMISCHE TECHNOLOGIE, Anwendung chemischer Kenntnisse für die Güter-Erzeugung.
- 1592v grün Glas in Ägypten
- 728v grün Glas in Assyrien
- 56n grün Seife in Gallien
- 77n grün Destillierverfahren
- 160n grün Seife in Rom
- 803n grün Petroleum-Veredelung
- 1127n grün Alkohol-Destillation
- 1130n grün Schießpulver in China
- 1244n grün Schießpulver bei Arabern
- 1493n–1541n Paracelsus
- 1557n grün Amalgamierungsverfahren
- 1791n grün Soda aus Kochsalz
- 1792n grün Leuchtgas
- 1803n grün Morphium
- 1823n grün Öl-Destillation
- 1825n grün Benzol
- 1825n grün Chemische Reinigung
- 1828n grün Aluminium
- 1834n grün Anilin
- 1839n grün Künstliche Düngung
- 1845n grün Schießbaumwolle
- 1867n grün Dynamit
- 1869n grün Zelluloid
- 1870n grün Künstliches Indigo
- 1874n grün Zellulose aus Holz
- 1880n grün Saccharin
- 1884n grün Kunstseide
- 1886n grün Formalin
- 1888n grün Rollfilm
- 1899n grün Aspirin
- 1899n grün Stickstoffdünger
- 1909n grün Salvarsan
- 1909n grün Neonlicht
- 1913n grün Benzin aus Kohle
- 1915n grün Giftgas
- 1916n grün Germanin
- 1921n grün Insulin
- 1926n grün Künstliches Vitamin D
- 1926n grün Gummi aus Kohle
- 1932n grün Nylonfaser
- 1934n grün Hormon-Synthese
- 1935n grün Sulfonamid
- 1939n grün DDT
- 1944n grün Streptomyzin
- 1947n grün Künstliches Vitamin A
- 1954n grün Kinderlähmungsserum
- 1963n grün Anti-Baby-Pille

CHEMOTHERAPIE, gezielte ärztliche Behandlung durch chemische Wirkstoffe.
- 1893n grün Begründung durch Ehrlich
- 1899n grün Dreser: Aspirin
- 1909n grün Salvarsan
- 1916n grün Germanin
- 1921n grün Insulin
- 1926n grün Künstliches Vitamin D
- 1934n grün Hormon-Synthese
- 1935n grün Domagk: Sulfonamid
- 1944n grün Waksman: Streptomyzin
- 1947n grün Vitamin A
- 1954n grün Kinderlähmungsserum
- 1962n grün Conterganfolgen
- 1963n grün Anti-Baby-Pille

CHEN, ägyptischer Bildhauer.
- 1986v–1915v Lebenslinie

CHEOPS, ägyptischer König.

2615v–2550v Lebenslinie
2631v–2564v Hetepheres
2576v–2515v Chefren
2572v blau Beginn des Pyramidenbaues
2572v grün Brunnen-Steuer
2558v grün Obstbaum-Steuer
2555v blau Elfenbein-Statuette
2553v blau Vollendung der Pyramide
1676v blau Märchen

CHERBOURG, Hafenstadt am Ärmelkanal (Nordfrankreich). Bedeutendes Handelszentrum der Normandie. Im Hundertjährigen Kriege Zankapfel zwischen England und Frankreich. Seit 1453n endgültig französisch.

1338n/1453n Hundertjähriger Krieg
1346n rot Englische Herrschaft
1375n rot Verbleib bei England
1453n rot Französischer Besitz

CHERUBINI, Luigi (1760n–1842n), italienischer Komponist. Lebte in London, Paris und Wien. Schrieb Musikdramen, Singspiele, Opern, Sinfonien und Messen. Überwand die italienische Auffassung von der Oper als allein auf der schönen Melodie beruhender Kunstart zugunsten einer Gestaltung als Musikdrama mit musikalischer Charakterzeichnung.

1800n blau 'Der Wasserträger'

CHERUSKER, germanischer Volksstamm. In Norddeutschland ansässig. Bereiteten fünf Jahre nach ihrer Unterwerfung durch Rom den Legionen des Römerreiches eine vernichtende Niederlage und bewahrten dadurch große Teile Deutschlands vor römischer Herrschaft.

48v–9n Varus
24v–37n Marbod
16v–21n Armin
4n/16n Dritter Germanenkrieg
17n/19n Germanischer Bruderkrieg

CHEVALIER, Etienne (1410n–1474n), französischer Staatsmann. Schrieb als Schatzkanzler ein Andachtsbuch mit Gebeten für die verschiedenen Tageszeiten ('Stundenbuch') und ließ es von seinem Freunde und Schützling, dem Maler Fouquet, mit Bildern schmücken.

1450n blau Fouquets Illustrationen

CHIAN, ägyptischer Hyksos-König.

1691v–1628v Lebenslinie
1638v braun Feldzug gegen Nubien
1637v grün Handelsverkehr
1634v braun Feldzug gegen Palästina
1634v rot Herrschaft in Palästina

CHIAVERI, Gaetano (1689n–1770n), italienischer Architekt. Schuf Meisterwerke der Baukunst im Auftrage des russischen und des polnischen Hofes. Für August den Starken baute er in Dresden die katholische Hofkirche.

1738n blau Dresdner Hofkirche

CHIBCHA, Sammelbezeichnung für eine Gruppe von Indianervölkern, die vor dem Eindringen der Europäer im Nordwesten Südamerikas und im Süden Mittelamerikas ansässig waren. Die Hinterlassenschaft ihrer kulturell hochstehendsten Stämme (Muiska, Zipa, Zaque) war das Hochland von Bogota (Kolumbien). Gebäude sind nicht erhalten, da auch Tempel und Paläste aus Holz (Bambus) errichtet wurden, aber kostbarste Goldarbeiten (Guß- und Trieb-Technik) zeugen noch heute von ihrer Kunst und ihren Sitten. Ihre Herrscher (Kaziken) wurden religiös verehrt, sonst kannten sie neben der Ahnenverehrung nur einen Kult der Natur (Sonne, Mond). Meister der Tonplastik und Keramik.

1536n/1539n Chibcha-Krieg
1539n rot Spanische Herrschaft

CHICAGO, Stadt in Nordamerika. 1803n als Fort mit einigen Blockhäusern gegründet, wurde die Hafenstadt am Michigansee schnell zum bedeutendsten Wirtschaftszentrum im Inneren des Kontinentes. 1871n durch einen Großbrand zum größten Teil zerstört, wurde sie schnell wieder aufgebaut und entwickelte sich zur zweitgrößten Stadt der USA (nach New York). 1886n führte ein Streik zum ersten kommunistischen Aufstand der USA. Seine Anführer wurden hingerichtet.

1837n rot Stadtrecht
1870n grün Fließarbeit
1883n grün Wolkenkratzer
1886n braun Arbeiter-Aufstand

CHICHEN ITZA, Stadt in Mittelamerika. Von einem Mayastamm (Itza) als Tempelstadt gegründet, wurde sie religiöser Mittelpunkt des Maya-Reiches, das sich auf der Halbinsel Yukatan (Mexiko) bildete. Sie wuchs im 12. Jahrhundert zu einem blühenden Kulturzentrum mit Pyramiden, Palästen und Sportplätzen empor. Ihr Name bedeutet 'Brunnen der Itza'.

711n blau Gründung
1065n blau Nonnenhaus
1225n blau Tempel der Jaguare

CHICHIMEKEN, mittelamerikanischer Volksstamm. Ursprünglich ein Jägervolk. Entwickelte nach Besiegung der Tolteken eine eigene Kultur.

1116n braun Sieg über Tolteken
1116n rot Reichsgründung

CHIKAFUSA, Kitabatake (1293n–1354n), japanischer Heerführer, Staatsmann und Historiker. Schrieb eine Geschichte Japans, die von der Gründung durch die Sonnengöttin Amaterasu über die Heldentaten der Sagenkaiser bis in die geschichtliche Zeit eine einzige Ruhmeslegende darstellte. Damit trug er wesentlich zur Bildung des extremen Nationalbewußtseins des Japaners bei.

1342n blau Geschichte Japans

CHILDEBERT II. (571n–596n), fränkischer König von 575n bis 596n. Als Sohn Siegberts I. fiel ihm nach der Ermordung seines Vaters die Herrschaft über den Ostteil des Frankenreiches (Austrien) zu. Unter der Vormundschaft seiner Mutter Brunhilde, die ihn überlebte, vereinigte er Burgund mit seinem ererbten Reichsteile. Seine Regierungszeit war von Erbstreitigkeiten und Verwandtenmord erfüllt.

538n–594n Gregor von Tours
590n braun Kampf gegen Langobarden
590n rot Friedensschluß
592n blau Gregors Geschichtswerk

CHILE, Staat in Südamerika. Umfaßt den ganzen westlichen Küstenstreifen der südlichen Hälfte Südamerikas. Vor der spanischen Unterwerfung von Inkas bewohnt.

1496n grün Inka-Straße
1558n braun Spanische Eroberung
1558n rot Besitznahme durch Spanien
1811n/1826n Kampf Lateinamerikas
1818n rot Unabhängigkeit
1879n/1883n Salpeterkrieg
1920n rot Mitglied im Völkerbund
1945n rot Mitglied der UN
1950n blau Neruda: 'Der große Gesang'

CHILE-HAUS, Name eines Bürohauses in Hamburg, dessen klare Zweckmäßigkeit richtunggebend für die moderne Bauweise wurde.

1923n blau Bau

CHIMU, südamerikanisches Kulturvolk. Ihr Reich an der Nordküste Perus wurde von den Inkas unterworfen und dem Inkareiche einverleibt.

1048n rot Reichs-Gründung

CHINA:

Allgemeines (Land, Volk, Staat)

2697v–2628v Huang-Ti
2664v rot Einigung von Stämmen
2657v rot Ansiedlungen
2652v/2646v Krieg gegen Li-Stämme
2646v rot Herrschaft im Hoang-Ho-Tal
2640v rot Staatswesen
2637v braun Sieg über Hunnen
2637v rot Kaiserreich
2637v rot Huang-Ti Kaiser
2533v rot Wahlkaisertum
2332v–2248v Yao
2305v rot Absetzung Kaiser Tschis
2305v rot Wahl Yaos zum Kaiser
2302v rot Einsetzung von Ministern
2288v–2206v Schun
2257v grün Überschwemmungen
2252v–2158v Yü
2222v rot Einteilung in Reichsteile
2201v rot Einteilung in Provinzen
2158v rot Yüs Sohn Kaiser
2158v rot Erbkaisertum
2123v braun Aufstand von Lehnsfürsten
2123v rot Kaisermacht gestärkt
1575v–1509v I-Yin
1559v–1494v Tang
1525v braun Adelserhebung
1525v rot Schang-Dynastie
1521v rot Wachsende Priestermacht
1342v grün Kampfwagen
1319v blau Gründung von An-Yang
1294v rot An-Yang Hauptstadt
1212v rot Staat von Tschu
1132v–1049v Wen
1108v–1044v Wu
1099v–1016v Tschu
1065v braun Angriff der Tibeter
1055v braun Einfall der Hunnen
1047v braun Adelserhebung
1046v blau Gelehrte statt Priester
1044v rot Loyang Hauptstadt
997v blau Gründung Pekings
985v–907v Mu-Wang
939v grün Expeditionen
849v–782v Hsian-Wang
841v braun Aufstand gegen Li-Wang
822v braun Angriff der Hunnen
811v–757v Siang-Tschin
810v grün Wallanlagen um Städte
792v–720v Ping-Lo
791v braun Angriff der Hunnen
771v braun Angriff der Hunnen
771v rot Verlust Tschins
770v rot Verlegung der Hauptstadt
745v braun Sieg über die Hunnen
745v rot Herrschaft über Tschin
733v–645v Kuan-Tse
698v rot Zerfall des Reiches
685v rot Fürstenbund
685v grün Eisen- und Salzmonopol
676v grün Geldsteuer
659v grün Fisch- und Weinsteuer
598v–501v Teng-Tse
581v grün Bodenreform
552v–479v Kon-Fu-Tse
525v blau Kritik an Beamten
501v rot Hinrichtung Teng-Tses
486v grün Bau von Kanälen
475v–393v Me-Ti
441v blau Forderung nach Gleichheit
422v grün Kommunistische Forderung
421v grün Reiterheer
259v–209v Schi-Huang-Ti
248v–195v Han-Kautsu
234v–174v Mao-Tun
221v rot Einigung Chinas
220v grün Privateigentum
217v/214v Eroberungszüge
214v rot Herrschaft über Vietnam
213v rot Hinrichtung Gelehrter
213v grün Große Mauer
206v/202v Interregnum
203v–157v Wen-Ti
196v rot Abschaffung des Adels
196v rot Beamte aus dem Volk
195v rot Konfuzianismus
179v rot Schutz der Bauern
172v–114v Tschang-Kien
170v rot Stehendes Heer
157v–87v Wu-Ti
145v–86v Sema-Tsien
129v grün Tschang-Kiens Reise
127v braun Feldzug gegen Hunnen
127v rot Gesetz über Erbteilung
125v rot Besitz der Mandschurei
124v rot Beamtenbildung
121n grün Seidenstraße
120v rot Prüfungsordnung
119v braun Feldzug gegen Hunnen
119v rot 'Westprovinzen'
119v grün Staatsmonopole
114v grün Handelsverkehr mit Europa
111v rot Erwerb von Kanton
109v grün Münzmonopol
108v rot Beherrschung Nordkoreas
102v rot Macht über Ostturkestan
1v rot Eindringen des Buddhismus
9n rot Verbot des Sklavenhandels
9n grün Bodenreform
10n rot Markt- und Preisregelung
23n braun Bürgerkrieg
23n grün Reform aufgehoben
27n–97n Wang-Tschung
53n–123n Kanischka
57n rot Japanische Gesandtschaft
67n rot Buddhismus anerkannt
73n/91n Hunnenkrieg
91n rot Ausdehnung nach Westen
121n–180n Mark Aurel
154n–222n Bardesanes
166n grün Geschenke des Mark Aurel
184n braun Volksaufstand
220n braun Bauernaufstand
220n rot Spaltung in drei Teile
245n grün Verbindung mit Japan
318n rot Gebietsverlust im Norden
318n rot Nanking Hauptstadt
372n rot Buddhismus in Nordkorea
405n rot Ansiedlungen in Japan
446n rot Buddhisten-Verfolgung
459n rot Gesetz gegen Alkohol
492n–552n Tumen
515n–572n Muhan
552n/563n Asiatischer Türkenkrieg
560n–618n Yang-Ti
570n–635n Li-Yüan
572n–621n Schotoku
583n braun Türkenangriffe
598n–649n Tai-Tsung
602n–664n Hüan-Tsang
605n blau Palaststadt Loyang
605n grün Nord-Süd-Kanal
605n–680n Fujiwara
606n rot Titel für Staatsexamen
608n grün Kanalbau-Organisation
612n braun Niederlage gegen Korea
617n/623n Bürgerkrieg
618n rot Beginn der Tang-Dynastie
618n grün Staatsbank
620n grün Bodenreform
623n rot Wiedervereinigung
626n–672n Tenji
628n rot Prüfung für Staatsbeamte
635n rot Christentum
639n rot Verbreitung des Buddhismus
639n/640n Feldzug gegen Turkestan
640n rot Herrschaft über Turkestan
641n braun Sieg über Tibet
641n rot Oberhoheit über Tibet
645n braun Vorstoß nach Korea
646n/647n Feldzug nach Nordindien
647n rot Herrschaft in Nordindien
651n grün Arabische Expedition
651n rot Beziehungen mit Arabien
673n rot Niederlassung am Menam
680n grün Handel mit Arabien
685n–762n Hüan-Tsung
695n rot Machtsymbol
730n grün Schrift über Verkehr
745n grün Geregeltes Postwesen
746n grün Handels-Fernstraße
748n grün Erste gedruckte Zeitung
751n braun Niederlage gegen Araber
754n grün Volkszählung
755n grün Changan 2-Millionen-Stadt
756n/764n Bürgerkrieg
768n–824n Han-Yü
772n–846n Poh-Küyi
780n rot Steuersystem
780n grün Einheitssteuer
793n grün Teesteuer
807n grün Depositenscheine
845n rot Kirchenfeindschaft
861n braun Bauernaufstand
871n–926n Apaoki
874n/883n Revolution
888n–956n Al Masudi
918n grün Al Masudis Reisen
936n braun Eingreifen der Mongolei
936n rot Nordprovinzen mongolisch
1004n braun Niederlage gegen Mongolen
1005n grün Tribut an Mongolen
1021n–1086n Wang-Anschi
1024n grün Papiergeld
1042n grün Tribut-Verdopplung
1058n blau Wang-Anschis Denkschrift
1069n rot Reformen
1083n grün Anwachsen der Bevölkerung
1130n–1200n Tschu-Hi
1155n–1227n Dschingis-Khan
1167n grün Tschu-Hi: Familienriten
1184n grün Sprachreform
1207n/1279n Großer Mongolenkrieg
1211n rot Mandschurei mongolisch
1214n–1294n Kublai-Khan
1215n rot Nordchina mongolisch
1232n grün Schießpulver-Verwendung
1234n rot Kin-Reich mongolisch
1247n–1328n Johannes Korvino
1254n–1324n Marco Polo
1264n rot Peking Mongolen-Hauptstadt
1273n grün Mongolen: Kanonen-Einsatz
1276n rot Mittelchina mongolisch
1279n rot Ganz China mongolisch
1279n blau Schanghai wird Stadt
1281n braun Untergang der Flotte
1292n braun Angriff auf Java
1292n grün Rückkehr Marco Polos
1295n blau Christliche Kirche
1298n rot Teil-Christianisierung
1298n grün Marco Polos Bericht
1304n–1377n Ibn Batuta
1307n rot Christlicher Bischof
1336n–1405n Timur
1341n grün Pegolottis Reiseführer
1352n grün Ibn Batutas Bericht
1368n rot Flucht des Mongolenkaisers
1368n rot Ende der Fremdherrschaft
1407n rot Beherrschung Indonesiens
1517n grün Andrades Reise
1518n grün Porzellan nach Europa
1557n rot Macao Kolonie Portugals
1622n braun 'Rote-Mützen'-Aufstand
1628n/1644n Bürgerkrieg
1629n–1676n Alexei Michailowitsch
1644n rot Mandschu-Dynastie
1650n–1722n Kang-Hi
1656n grün Martinis Atlas
1671n blau Staatsbürger-Lehrbuch
1682n braun Mandschurischer Vorstoß
1682n rot Mandschurische Herrschaft
1683n braun Eroberung Formosas
1683n rot Formosa chinesisch
1683n rot Ausschaltung der Jesuiten
1689n rot Grenzvertrag mit Rußland
1692n rot Religionsfreiheit
1696n braun Sieg über Westmongolei
1696n rot Einverleibung der Mongolei
1717n/1720n Tibetischer Krieg
1720n rot Herrschaft über Tibet
1727n rot Beziehungen zu Rußland
1759n rot Ost-Turkestan an China
1773n grün Opiumeinfuhr
1796n rot Großreich
1830n grün Opiumeinfuhr vervielfacht
1839n rot Vernichtung von Opium
1839n/1842n Opiumkrieg
1842n rot Zugeständnisse an England
1850n/1864n Taiping-Aufstand
1856n/1860n Lorcha-Krieg
1858n rot Gebietsverlust an Rußland
1860n rot Gebietsverlust an England
1860n rot Gebietsverlust an Rußland
1866n–1925n Sun-Yat-Sen
1870n braun Blutbad von Tientsin
1882n/1885n Krieg mit Frankreich
1882n–1945n F. D. Roosevelt
1893n– Mao-Tse-Tung
1894n rot Sun-Yat-Sen: Reformbund
1894n/1895n Krieg gegen Japan
1895n rot Formosa an Japan
1895n rot Unabhängigkeit Koreas
1896n rot Bahn-Konzession
1897n rot Kiautschou an Deutschland
1898n braun Bauernaufstand
1899n/1901n Boxeraufstand
1900n rot Europäische Abkommen
1911n braun Revolution
1911n rot Vertreibung der Mandschu
1911n rot Republik
1911n rot Mongolei unabhängig
1913n rot Tibet unabhängig
1920n rot Mitglied im Völkerbund
1921n rot Gründung der KP
1925n/1949n Revolution
1928n rot Tschiang-Kai-Schek
1931n/1932n Mandschurei-Krieg
1937n/1938n Japanischer Angriff
1944n blau Frankes Geschichtswerk
1949n rot Kommunistisch
1950n/1953n Korea-Krieg
1950n braun Besetzung Tibets
1950n rot Herrschaft über Tibet
1950n rot Vertrag mit Rußland
1953n grün Fünfjahresplan
1955n rot Bandung-Konferenz
1957n rot Volkskommunen
1957n blau 'Tausend Blumen'

CHINA: Baukunst

810v grün Wallanlagen
213v grün 'Große Mauer'
366n blau Felsenkirche
605n blau Palaststadt Loyang
605n grün Nord-Süd-Kanal
651n blau Wildgans-Pagode
1283n grün 'Kaiserkanal'
1413n blau Porzellanturm in Nanking
1421n blau Himmelstempel in Peking

CHINA: Bildhauerei

1287v grün Keramik aus weißem Ton
1220v blau Verzierte Bronzegefäße
1216v grün Glasierte Keramik
1154v blau 'Drachen' auf Bronzegefäß
1134v blau Bronzerelief 'Elefanten'
1115v blau Bronzerelief 'Dompteur'
1035v blau Bronzerelief 'Rhinozeros'
676n blau Felsenstandbild Buddhas
696n–748n Yang-Hui
738n blau Tonplastik 'Kurtisane'

CHINA: Dichtung und andere Literatur

1049v blau 'Buch der Wandlungen'
1031v blau Zeremoniell des Tschu
782v blau Buch über den Idealstaat
552v–479v Kon-Fu-Tse
484v blau Kon-Fu-Tse: Schi-King
402v blau Kon-Fu-Tses Lehren
295v blau 'In Trübsal versunken'
239v blau 'Annalen des Herrn Lü'
145v–86v Sema-Tsien
90v blau Tatais Geschichten
151n blau Liki-Buch
288n grün Bericht über Japan
345n–406n Ku-Kai-Tschi
406n blau 'Pfirsichblütenquelle'
414n grün Beschreibung Indiens
421n blau Übersetzungen
628n rot Prüfungsstoff für Beamte
646n grün Hüan-Tsangs Reisebericht
685n–762n Hüan-Tsung
692n grün Reisebericht des I-Tsing
699n–759n Wang-Wei
701n–762n Li-Taipo
712n–770n Tu-Fu
721n blau Meng-Haojans Gedichte
730n grün Denkschrift über Verkehr
747n blau Li-Taipos Gedichte
748n grün Zeitung
755n blau Wang-Weis Trauergedicht
760n blau Sozialkritische Gedichte
767n blau Tu-Fu: 'Im Schnee'
768n–824n Han-Yü
772n–846n Poh-Küyi
823n blau Poh-Küyis Gedichte
833n blau Poh-Küyi über den Dichter
838n blau Poh-Küyis Sozialkritik
977n grün 'Tripitaka'-Druck
983n blau Enzyklopädie
1058n blau Wang-Anschis Denkschrift
1064n blau 'Prinzessin Ming'
1130n–1200n Tschu-Hi
1289n blau Dramen-Sammlung
1299n blau Lob des Bambus
1300n blau Lo-Kuans Roman
1621n–1695n Lafontaine
1725n blau Enzyklopädie
1925n blau Kuo-Mojos 'Rebellische'
1957n blau 'Tausend Blumen'

CHINA: Geschichtsschreibung

733v–645v Kuan-Tse
673v blau 'Buch der Urkunden'
653v blau Werk des Kuan-Tse
480v blau Kon-Fu-Tses Werk
298v blau 'Bambusbücher'
239v blau 'Annalen des Herrn Lü'
145v–86v Sema-Tsien
99v blau Kulturgeschichte
86n blau Geschichte Chinas
685n–762n Hüan-Tsung
1013n blau Geschichts-Lexikon
1069n blau Sema-Kuangs Werk
1130n–1200n Tschu-Hi

CHINA: Malerei

2407v grün Tongefäß-Malerei
345n–406n Ku-Kai-Tschi

377n blau 'Göttin des Lo-Flusses'
388n blau 'Lehren der Hofmeisterin'
601n–673n Li-Pen
638n blau 'Gelehrte'
651n–716n Li-Sse-Sün
667n blau 'Teetrinker'
683n–755n Wu-Taotse
699n–759n Wang-Wei
707n blau 'Landschaft mit Palast'
713n blau 'Gottesmutter'
716n blau 'Hölle'
718n–781n Han-Kan
726n blau 'Eingang ins Nirwana'
734n blau 'Plätterinnen'
753n blau Bildnis Kon-Fu-Tses
757n blau Han-Kans Pferdebilder
758n blau 'Landgütchen'
1053n–1140n Toba-Sojo
1085n blau Mi-Feis Landschaften
1190n blau Bildnis Li-Taipos
1201n blau Hsia: 'Herbststurm'
1208n blau Hsia: 'Wasserfall'
1679n blau Malerei-Lexikon

CHINA: Musik

1297v grün Bronze-Glocken
685n–762n Hüan-Tsung
699n–759n Wang-Wei

CHINA: Philosophie

1575v–1509v I-Yin
1049v blau 'Buch der Wandlungen'
673v blau 'Buch der Urkunden'
604v–514v Lao-Tse
598v–501v Teng-Tse
552v–479v Kon-Fu-Tse
551v blau Lao-Tse: Urgesetz
550v blau Teng-Tses Dialektik
540v blau Verbrechenssoziologie
529v blau Kon-Fu-Tses Lehrtätigkeit
523v blau 'Tao-te-king'
501v rot Hinrichtung Teng-Tses
475v–393v Me-Ti
402v blau 'Lun-yü'
395v blau Me-Ti: Nächstenliebe
378v–289v Meng-Tse
369v blau Persönlichkeitsentfaltung
317v blau Buch des Taoismus
308v blau Meng-Tse: Tyrannenmord
302v blau Lehre des Meng-Tse
251v blau Natur des Menschen
248v–195v Han-Kautsu
236v blau Staatsphilosophie
203v–157v Wen-Ti
195v rot Konfuzianismus
157v–87v Wu-Ti
145v–86v Sema-Tsien
124v rot Beamten-Bildung
27n–97n Wang-Tschung
76n blau Weltschöpfungslehre
78n blau Materialismus
175n blau Aufzeichnung in Stein
175n grün Druck des Kon-Fu-Tse
350n–430n Wa-Ni
518n blau Meditationsschule
803n blau Kritik am Buddhismus
819n blau Eingabe gegen Aberglauben
1130n–1200n Tschu-Hi
1174n blau Tschu-His 'Kleine Lehre'

CHINA: Recht

2288v–2206v Schun
733v–645v Kuan-Tse
668v blau Rechtsschule
598v–501v Teng-Tse
556v blau 'Bambus-Kodex'
203v–157v Wen-Ti
652n blau Strafgesetz-Kommentar
701n blau Vorbild für Japan

CHINA: Religion

1575v–1509v I-Yin
1559v–1494v Tang
1521v rot Wachsende Priestermacht
1049v blau 'Buch der Wandlungen'
604v–514v Lao-Tse
145v–86v Sema-Tsien
1v rot Eindringen des Buddhismus
67n rot Erfolg des Buddhismus
151n blau Liki-Buch
345n–406n Ku-Kai-Tschi
366n blau Felsenkirche
377n blau 'Göttin des Lo-Flusses'
421n blau Buddhistische Schriften
446n rot Buddhisten-Verfolgung
518n blau Buddhistische Schule
601n–673n Li-Pen
635n rot Christentum
639n rot Verbreitung des Buddhismus
651n blau Wildgans-Pagode
676n blau Felsenstandbild Buddhas
683n–755n Wu-Taotse
696n–748n Yang-Hui
699n–759n Wang-Wei
716n blau Bild der Hölle
726n blau 'Eingang ins Nirwana'
768n–824n Han-Yü
803n blau Kritik am Buddhismus
819n blau Eingabe gegen Aberglauben
845n rot Religionsfeindlichkeit
977n grün 'Tripitaka'-Druck
1214n–1294n Kublai-Khan
1247n–1328n Johannes Korvino
1294n blau Bibelteile chinesisch
1295n blau Christliche Kirche
1298n rot Teil-Christianisierung
1307n rot Korvino Erzbischof
1421n blau Himmelstempel in Peking
1650n–1722n Kang-Hi
1683n rot Ausschaltung der Jesuiten
1692n rot Religionsfreiheit

CHINA: Sprache und Schrift

1659v grün Wortschrift
1509v grün Schreiben mit Pinsel
909v grün Schreiben mit Stäbchen
816v grün Schreiben auf Holztafeln
259v–209v Schi-Huang-Ti
215v grün Neue Schrift
215v grün Schreiben mit Haarpinsel
350n–430n Wa-Ni
379n grün Verbreitung
601n–673n Li-Pen
683n–755n Wu-Taotse
871n–926n Apaoki
1130n–1200n Tschu-Hi
1184n grün Sprachreform

CHINA: Sitten und Gebräuche

2639v grün Fußballspiel
1349v grün Stäbchen als Eßgeräte
1297v grün Glocken
1130v grün Kriegs-Elefanten
1099v–1016v Tschu
1031v blau Zeremoniell des Tschu
1017v grün Schmuck aus Jadestein
355v blau Niederschrift von Sitten
251v grün Steigdrachen
151n blau Liki-Buch
262n grün Teetrinken am Hof
648n grün Luftgefüllte Bälle
972n grün Feuerwerksrakete
1130n–1200n Tschu-Hi
1143n grün Zopftracht
1167n grün Tschu-Hi: Familienriten
1174n blau Sittenlehre
1610n grün Tee nach Europa
1650n–1722n Kang-Hi
1742n grün Vorbildliche Parks
1788n grün Hortensie nach Europa

CHINA: Technik

2288v–2206v Schun
2252v–2158v Yü
2212v grün Deiche und Kanäle
1818v grün Bronze-Herstellung
1342v grün Speichenräder
1297v grün Bronze-Glocken
1216v grün Glasuren
1208v grün Bücher
896v grün Steindruck
810v grün Wallanlagen
374v grün Kompaß
301v grün Lackier-Verbesserung
259v–209v Schi-Huang-Ti
251v grün Steigdrachen
213v grün Große Mauer
48n–118n Tsai-Lun
68n grün Hängebrücke
105n grün Papierherstellung
207n grün Armbrust
560n–618n Yang-Ti
596n grün Holztafel-Druck
605n grün Nord-Süd-Kanal
608n–676n Tao-Yü
648n grün Luftgefüllte Bälle
663n grün Porzellan
694n grün Kupfersäule
868n grün Gedruckte Bücher
968n grün Faden-Telephon
972n grün Feuerwerksrakete
1016n–1076n Pi-Scheng
1045n grün Druck mit Einzellettern
1130n grün Schießpulver
1220n grün Raketenwaffe
1283n grün 'Kaiserkanal'
1650n–1722n Kang-Hi
1680n grün Technische Laboratorien

CHINA: Theater

685n–762n Hüan-Tsung
714n blau Schauspielschule
1011n blau Schattentheater nach Java
1289n blau Dramen-Sammlung

CHINA: Wirtschaft und Verkehr

2332v–2248v Yao
2223v grün Rhabarberpflanze
2097v grün Anbau von Reis
1434v grün Pferdezucht
1029v grün Gewinnung von Seide
969v–908v Bilkis
780v grün Aufkommen des Geldes
733v–645v Kuan-Tse
685v grün Eisen- und Salzmonopol
676v grün Steuern in Geldform
659v grün Fisch- und Weinsteuer
581v grün Bodenreform
486v grün Kanalbau
475v–393v Me-Ti
422v grün Me-Ti: Gemeinwirtschaft
374v grün Kompaß
329v grün Ausfuhr von Seide
259v–209v Schi-Huang-Ti
220v grün Liberalisierung
216v grün Normen
202v grün Seidenbau in Korea
157v–87v Wu-Ti
127v grün Handel mit Parthern
121v grün Ausbau der Seidenstraße
119v grün Eisen-, Branntweinmonopol
114v grün Handelsverkehr mit Europa
109v grün Münzmonopol
9n rot Verbot des Sklavenhandels
9n grün Bodenreform
10n rot Markt- und Preisregelung
23n grün Reform aufgehoben
150n grün Export von Papier
560n–618n Yang-Ti
605n grün Nord-Süd-Kanal
608n grün Kanalbau-Organisation
618n grün Staatsbank
620n grün Bodenreform
651n grün Expeditionen aus Arabien
680n grün Arabische Niederlassung
685n–762n Hüan-Tsung
730n grün Schrift über Verkehr
745n grün Postwesen
746n grün Handels-Fernstraße
768n–824n Han-Yü
780n rot Steuersystem
780n grün Einheitssteuer
793n grün Teesteuer
807n grün Depositenscheine
1021n–1086n Wang-Anschi
1024n grün Papiergeld
1069n rot Reformen
1102n grün Kompaßnadel für Seefahrt
1214n–1294n Kublai-Khan
1283n grün 'Kaiserkanal'
1341n grün Pegolottis Reiseführer
1518n grün Ausfuhr von Porzellan
1610n grün Tee nach Europa
1698n grün Karawanen nach Rußland
1727n rot Russische Niederlassung
1893n– Mao-Tse-Tung
1896n rot Transmandschu-Bahn
1953n grün Fünfjahresplan
1957n rot Volkskommunen

CHINA: Wissenschaft

2653v grün Regeln der Heilkunde
2630v grün Kalender
2578v grün Pulsbeobachtung
2332v–2248v Yao
2269v grün Kalender-Verbesserung
1390v grün Rechnen
1321v grün Zeitrechnung
1079v grün Berechnung der Sonnenbahn
1046v blau Gelehrten-Beruf
995v grün Rechenmethoden
939v grün Expeditionen
841v grün Neue Zeitrechnung
542v grün Stellenwert der Zahlen
389v grün Rechnen mit der Null
241v grün Rechenbuch
213v rot Hinrichtung Gelehrter
145v–86v Sema-Tsien
134v grün Beobachtung einer Nova
124v blau Universität
120v rot Prüfungsordnung
104v grün Kalenderreform
190n–265n Hua-To
225n grün Narkose
253n grün Schädeloperationen
350n–430n Wa-Ni
421n blau Übersetzungen
598n–649n Tai-Tsung
601n–673n Li-Pen
606n rot Titel für Staatsexamen
627n blau Kultur-Institut
638n blau Gemälde 'Gelehrte'
685n–762n Hüan-Tsung
699n–759n Wang-Wei
717n blau Hanlin-Akademie
725n blau Gelehrtenkollegium
983n blau Enzyklopädie
987n grün Hormon-Präparate
1093n blau Su-Tung-Po über Kunst
1130n–1200n Tschu-Hi
1277n grün Kalenderreform
1279n grün Sternwarte Peking
1645n grün Berufung Johann Schalls
1650n–1722n Kang-Hi
1680n grün Technische Laboratorien
1725n blau Enzyklopädie

CHINESISCHE MAUER, Bezeichnung für das umfangreichste Bauwerk der Erde, das Nordchina gegen Angriffe fremder Völker aus Innerasien (Hunnen, Türken, Mongolen) schützen sollte. Aus den Verteidigungswerken mehrerer chinesischer Einzelstaaten seit 2200 Jahren zusammengefügt, ist sie bei einer Höhe von 10–16 m und einer Breite von 5–6 m insgesamt über 2500 km lang.

259v–209v Schi-Huang-Ti
213v grün Vollendung

CHING-PAO, erste Zeitung der Welt. In Form eines offiziellen Reichsanzeigers vom Kaiser gegründet, entwickelte sie sich in den folgenden Jahrhunderten zu einer echten Zeitung mit allgemeinem Nachrichtenteil ('Peking Gazette').

685n–762n Hüan-Tsung
748n grün Gründung

CHININ, farbloses, bitteres, giftiges Heilmittel, gewonnen aus der Rinde eines besonders in südamerikanischen Urwäldern vorkommenden Baumes ('Chinarinde'). Als Wirkstoff in Europa seit Einführung der Chinarinde bekannt, wurde es Anfang des 19. Jahrhunderts von dem Franzosen Pelletier chemisch rein gewonnen. Seit 1946n auch synthetisch hergestellt. Seine Wirkung beruht auf einem kreislaufhemmenden Einfluß. Es wird zur Fiebersenkung, besonders bei der Malaria-Bekämpfung, angewendet.

1819n grün Gewinnung

CHIOS, Insel im Ägäischen Meer, der Westküste Kleinasiens vorgelagert. Bei der ionischen Wanderung von Griechen besiedelt, später von Persern erobert, dann Mitglied des Attischen Seebundes, endlich selbständig. Dann wieder zum Alexanderreiche, zum Reiche Pergamon und mit diesem zum Römerreich, schließlich byzantinisch, lange türkisch und seit 1912n wieder griechisch.

411v rot Abfall von Athen
357v/354v Bundesgenossenkrieg
354v rot Unabhängigkeit

CHIPPENDALE, Thomas (1709n–1779n), englischer Kunsttischler. Verband die Leichtigkeit des französischen Rokoko mit der Stabilität englischer Barockmöbel zu einem neuen, später nach ihm benannten Möbelstil, der auch chinesische und gotische Motive übernahm.

1754n grün Neuer Möbelstil

CHIRURGIE, Teilgebiet der Medizin, das sich mit der Heilung von Wunden und Knochenverletzungen sowie mit der operativen Veränderung von Organen und Geweben beschäftigt, auch mit der Befreiung des Körpers von kranken Teilen.

2468v grün Ägyptisches Handbuch
2419v grün Spezialärzte in Ägypten
2090v grün Mesopotamien: Operationen
2055v–1975v Ur-Edina
1981v–1929v Neferi
1554v grün Schädeloperation
1546v grün Ägyptisches Handbuch
520v–450v Alkmaion
460v–375v Hippokrates
223v grün Fachärzte in Alexandria
219v grün Archagathos in Rom
211v grün Staroperation
3v–64n Aulus Celsus
37n grün Sammelwerk der Medizin
54n grün Operationsbestecke in Rom
81n–144n Archigenes
82n–135n Soranos
143n grün Operation an Schlagader
190n–265n Hua-To
225n grün Narkose in China
253n grün Schädeloperationen, China
294n–354n Apsyrtos
442n grün Susrutas Werk
936n–1013n Abu Kasim
993n grün Abu Kasims Fachbuch
1106n grün Narkoseschwämme
1162n grün Verbot für Priester
1176n grün Fachbuch-Übersetzung
1261n grün Chirurgieschule in Paris
1363n grün Chauliacs Fachbuch
1545n grün Parés Lehrbuch
1745n grün Staroperation
1842n grün Äthernarkose
1847n grün Chloroformnarkose
1892n grün Örtliche Betäubung
1948n grün Blutkreislauf-Maschine

CHIWA, Stadt in Südwest-Asien zwischen Buchara und Aralsee (Usbekistan). Vor mehr als 2500 Jahren zum Perserreiche gehörig, entwickelte sich die Oase zur Hauptstadt eines selbständigen Königreiches, das dem Perserkönige tributpflichtig war und ihm Heeresfolge leistete (Choresm). Nach der Unterwerfung Persiens durch griechisch-mazedonische Heere (Alexanderzug) traf ihr König Pharasmanes mit Alexander dem Großen zusammen. Im Arabischen Kriege 712n von Arabern erobert, erlebte sie eine Blütezeit von Wissenschaft und Kunst. Hier lebte und wirkte der größte Mathematiker seiner Zeit, Al Karismi, dessen hervorragende Rechenbücher zur weltweiten Verbreitung der arabischen Zahlen beitrugen. Der Schah von Choresm regierte von hier aus sein mächtiges Reich und errichtete auf der Zitadelle die 'Moschee der 213 Säulen'. Im Großen Mongolenkrieg zusammen mit Nordpersien im Jahre 1220n unterworfen, entwickelte sie sich zum Mittelpunkt eines mongolischen Staates (Khanat), der seit 1512n von Usbeken beherrscht wurde. 1717n begannen die Russen mit der allmählichen Besitznahme des Landes, die 55 Jahre später abgeschlossen wurde, während die Stadt selbst erst 1873n einem russischen Heer von 12000 Mann erlag und die russische Herrschaft anerkennen mußte. 1920n wurde hier der Emir gestürzt und die Volksrepublik Choresm ausgerufen, die 1924n mit den Volksrepubliken Buchara und Turkestan zur Usbekischen Sozialistischen Sowjetrepublik vereinigt wurde.

633n/732n Arabischer Krieg
712n rot Arabische Herrschaft
778n–830n Al Karismi
1207n/1279n Großer Mongolenkrieg
1220n rot Mongolische Herrschaft
1872n rot Usbekistan russisch
1917n/1922n Russische Revolution

CHLODIO (um 400n–447n), fränkischer König von 428n bis 447n. Dehnte das von römischen Truppen freie Ursprungsland der germanischen Franken am Unterlauf des Rheins bis zur Somme aus. Er leitete damit die Eroberung Galliens durch die Franken ein, die sich im Hennegau, in Artois und in der Picardie festsetzten. Seinem weiteren Vordringen nach Süden wurde durch römische Heere Einhalt geboten.

444n/446n Kriegszug
446n rot Gebietsausdehnung

CHLODWIG, König der Franken von 481n bis 511n.

466n–511n Lebenslinie
486n braun Sieg über Römer
486n rot Reichsgründung
496n braun Sieg über Alemannen
496n rot Gebietserweiterung
496n rot Annahme des Christentums
507n braun Sieg über Westgoten
507n rot Reichsausdehnung
508n rot Paris Hauptstadt
508n blau Rechtsaufzeichnung
508n/511n Ostgoten-Angriff
511n rot Gebietsverlust

CHLOR, chemisches Element. Gelblichgrünes giftiges Gas, das mehr als doppelt so schwer wie die Luft ist. In der Natur nur in Verbindung mit anderen Elementen vorkommend, gab seine Entdeckung der chemischen Industrie einen leicht zu gewinnenden und vielseitig verwendbaren Grundstoff.

1774n grün Entdeckung
1823n grün Verflüssigung
1847n grün Chloroform-Narkose

CHLOROFORM, Bezeichnung für eine süßlich riechende, leicht vergasende Flüssigkeit, die aus Chlor, Azeton, Alkohol, Alkali und anderen Chemikalien gewonnen wird. Von der Medizin früher als Betäubungsmittel verwendet. Wegen seiner schädlichen Wirkung auf Leber, Herz und Nieren heute durch andere Narkosemittel verdrängt.

1847n grün Narkosemittel

CHOASPES, alter Name eines Flusses im westlichen Persien (heute: Kercha).

1166v–1105v Nebukadnezar I.
1115v braun Schlacht Babylon-Elam

CHOLULA, Stadt in Mittelamerika unweit der heutigen Stadt Mexiko. Vor mehr als 2000 Jahren Kulturzentrum der Tolteken, die hier zahlreiche Pyramiden errichteten. Bei der Einnahme durch die spanischen Eroberer unter Cortez völlig zerstört. Später bauten die neuen Herren ihrem christlichen Gotte eine kleine Kirche auf dem von ihnen in Trümmer gelegten größten Bauwerke der Erde, das einst Tolteken zu Ehren ihres obersten Gottes Quetzalcouatl errichtet hatten.

445v blau Pyramide

CHONS, ägyptischer Mondgott. Als Sohn des Sonnengottes Amun und seiner Frau Mut in der Stadt Theben verehrt.

1396v blau Bildnis
1191v blau Tempel in Karnak

CHOPIN, Frédéric (1810n–1859n), polnischer Komponist. Emigrierte nach der Niederschlagung des Warschauer Aufstandes in die französische Heimat seines Vaters und schuf in Paris empfindsame Musikstücke von großer Leidenschaftlichkeit. Meister der kleinen Form (Mazurka, Walzer, Ballade, Polonaise, Nocturne). Selbst Pianist, richtete er auch seine schöpferische Tätigkeit ganz auf dieses Instrument und wurde als Klavier-Komponist weltberühmt.

1840n blau Walzer und Mazurken

CHOR, von dem griechischen Worte 'choros' (=Reigen) abgeleitete Bezeichnung für Gemeinschaftstanz mit allgemeinem Gesang sowie für mehrstimmigen Gesang. Das Wort wird heute nur noch im zweiten Sinne verwendet.

2897v blau Chorgesang in Sumer
2587v–2514v Ur-Nina
1320v–1258v Nefer
712v–642v Terpander

708 v – 628 v Alkman
686 v – 613 v Tyrtaios
656 v – 587 v Arion
641 v – 555 v Stesichoros
633 v blau Jungfrauenchor in Sparta
625 v blau Dramatischer Gesang
583 v – 513 v Thespis
514 v blau Schrift des Lasos
487 v blau Simonides' Lieder
334 v blau Denkmal für Chor
208 n – 280 n Paulus von Samosata
260 n grün Chöre im Gottesdienst
599 n blau Gregorianischer Gesang
888 n grün Mehrstimmiger Gesang
1501 n blau Josquin: Vielstimmigkeit
1525 n – 1594 n Palestrina
1532 n – 1594 n Orlando di Lasso
1583 n blau Monteverdis Madrigale
1585 n blau A-cappella-Gesang
1585 n blau Orlandos Lieder
1585 n – 1672 n Heinrich Schütz
1622 n blau Auferstehungs-Oratorium
1685 n – 1750 n Bach
1685 n – 1759 n Händel
1723 n blau 'Johannes-Passion'
1729 n blau 'Matthäus-Passion'
1732 n – 1809 n Haydn
1741 n blau Händel: 'Messias'
1746 n blau Händel: 'Judas Makkabäus'
1770 n – 1827 n Beethoven
1797 n – 1828 n Schubert
1799 n blau Haydn: 'Die Jahreszeiten'
1809 n blau Zelters Sing-Akademie
1813 n – 1883 n Wagner
1821 n blau Schuberts Lieder
1823 n blau Beethoven: 9. Sinfonie
1841 n blau Schumanns Lieder
1868 n blau Brahms: 'Requiem'
1878 n blau Hugo Wolfs Lieder
1911 n blau Schönbergs 'Gurre-Lieder'
1938 n blau Honegger: 'Johanna'

CHORASAN, Name eines Hochlandes im Herzen Persiens. Wegen seiner Lage zwischen Vorderasien und Zentralasien sowie wegen seiner Türkis-Gruben und seiner alten Teppich-Knüpf-Kunst ein fremder Eroberung immer wieder anheimfallendes Gebiet. Hier verkündete Zarathustra seine Lehren. Seit der Einigung Persiens durch Kyros wegen seiner Kunst der Säbel-Herstellung die 'Waffenschmiede' des Reiches. Von Alexander erobert, fiel es bei dessen Tod dem Feldherrn Seleukos zu. Später Bestandteil des Partherreiches und des Reiches der Sassaniden. Im Arabischen Krieg unterworfen, wurde das Land zum Ausgangspunkt der inneren Erneuerung des persischen Volkes und der äußeren Befreiung aus arabischer Herrschaft durch die Seldschuken. Aber im Großen Mongolenkrieg geriet es schon wieder unter Fremdherrschaft, die mit kurzer Unterbrechung bis 1501 n andauerte. Seitdem persisch.

696 v – 619 v Zarathustra
599 v – 529 v Kyros
552 v rot Kyros Herrscher
522 v rot Zoroastrismus Staatsreligion
358 v – 280 v Seleukos I.
356 v – 323 v Alexander der Große
334 v / 325 v Alexanderzug
330 v rot Herrschaft Alexanders
323 v / 301 v Diadochenkriege
306 v rot Seleukos Herrscher
262 v rot Vordringen der Parther
248 v rot Partherreich
180 n – 239 n Ardaschir
227 n rot Zugehörigkeit zu Persien
633 n / 732 n Arabischer Krieg
650 n rot Arabische Herrschaft
822 n rot Selbständigkeit
1037 n braun Eindringen der Seldschuken
1037 n rot Seldschuken-Herrschaft
1155 n – 1227 n Dschingis-Khan
1207 n / 1279 n Großer Mongolenkrieg
1220 n rot Mongolische Herrschaft
1335 n rot Ende der Fremdherrschaft
1336 n – 1405 n Timur
1392 n rot Herrschaft Timurs
1501 n rot Perserreich Ismails

CHOROGRAPHIE (wörtlich 'Raumbeschreibung'). Aus dem Griechischen abgeleiteter Untertitel einer dreibändigen Erdkunde des Römers Pomponius Mela.

44 n grün Erscheinen

CHORSABAD, heutiger Name der alten Palaststadt 'Sargonsburg', die vom Assyrerkönig Sargon II. im nördlichen Mesopotamien (Vorderasien) errichtet wurde und von einer 7 km langen Stadtmauer geschützt war. Sie liegt 20 km nördlich von Mosul (Irak). Die Ausgrabungen begannen 1842 n und wurden 1935 n abgeschlossen.

763 v – 705 v Sargon II.
716 v blau Gründung
712 v blau Relief 'Löwenbezwinger'

CORTONA, Pietro da (1596 n – 1669 n), italienischer Maler und Baumeister. Schuf in seiner Heimatstadt Cortona sowie in Florenz und Rom zahlreiche Wand- und Deckengemälde. Die Schnelligkeit seines Schaffens ging auf Kosten einer gründlichen Durcharbeitung, was sich besonders bei seinen Ölgemälden bemerkbar machte. Trotzdem war seine Malweise auf die italienische Kunst von nachhaltigem Einfluß ('Cortonisten'), und die Raum-Illusion seiner Dekkengemälde (Palazzo Barberini, Rom) wurde vorbildlich für eine ganze Kunstepoche (Barock).

1645 n blau Deckengemälde

CHOSROES, König der Perser von 531 n bis 579 n.

511 n – 579 n Lebenslinie
476 n – 531 n Masdak
531 n rot Ende der Masdak-Bewegung
532 n rot Friede mit Ostrom
532 n grün Zahlungen Ostroms
540 n / 562 n Krieg gegen Byzanz
562 n rot Friede mit Byzanz
562 n grün Tribute von Byzanz
565 n braun Sieg über Hunnen
565 n rot Teilung Baktriens
576 n braun Vordringen bis Bosporus
576 n rot Friede mit Byzanz

CHRÉTIEN de Troyes (Christian von Troyes, 1142 n – 1191 n), französischer Dichter. Schrieb Romane und Erzählungen. Seine Stoffe entnahm er fremder Volkssage (König Artus). An verschiedenen Fürstenhöfen lebend (Champagne, Flandern), schrieb er auch Minnelieder. Besang aber nicht nur die Adligen und Reichen an den Höfen, sondern auch die Arbeiterinnen in den Textilwerkstätten von Troyes.

1164 n blau 'Erek und Enide'
1171 n blau 'Lancelot'
1180 n blau 'Parsival'

CHRISTENTUM, Bezeichnung für eine der großen Weltreligionen. Hervorgegangen aus dem Judentum, dem seine Sittenlehre (die 10 Gebote), sein Weltbild (Schöpfungsgeschichte) und die Person seines Stifters (Jesus Christus) angehören. Zerfällt in zahlreiche einander widersprechende und bekämpfende Organisationen ('Kirchen'), die sich in der Glaubenslehre, im Kult und im organisatorischen Aufbau erheblich voneinander unterscheiden.

27 v – 40 n Herodes Antipas
19 v – 38 n Pontius Pilatus
10 v – 30 n Judas Ischariot
10 v – 52 n Matthäus
7 v – 29 n Johannes der Täufer
6 v – 30 n Jesus Christus
5 v – 64 n Paulus
4 v – 64 n Petrus
2 v – 71 n Markus
3 n – 50 n Johannes der Evangelist
22 n – 74 n Lukas
28 n blau Bergpredigt
30 n rot Hinrichtung Jesu
31 n rot Steinigung des Stephanus
32 n rot Lehren Jesu in Syrien
33 n rot Bekehrung des Paulus
37 n – 68 n Nero
40 n rot Bezeichnung 'Christen'
40 n grün Osterfest
48 n rot Apostelkonzil
49 n rot Aufkommen in Europa
49 n blau Aussprüche Jesu
51 n rot Gemeinde in Korinth
51 n blau Galaterbrief
52 n – 133 n Epiktet
53 n – 117 n Trajan
53 n – 120 n Satornil
56 n blau Gebot der Liebe
57 n blau Korinther-Briefe
58 n blau Römerbrief
64 n rot Verfolgungen in Rom
64 n rot Apostel-Hinrichtung
64 n grün Taufe Neugeborener
65 n rot Gemeinde in Alexandria
70 n rot Zerstörung Jerusalems
70 n blau Markus-Evangelium
75 n blau Matthäus-Evangelium
80 n – 130 n Karpokrates
82 n blau Lukas-Evangelium
85 n blau Apostelgeschichte
85 n – 145 n Basilides
86 n – 161 n Antoninus Pius
88 n – 165 n Marcion
90 n grün Bekreuzigung
95 n blau 'Offenbarung des Johannes'
96 n blau Klemens-Brief
98 n – 160 n Valentin
100 n blau 'Apostellehre'
100 n – 165 n Justin der Märtyrer
109 n rot Bezeichnung 'katholisch'
110 n blau Johannes-Evangelium
112 n rot Verbot im Römerreich
114 n blau Briefe des Ignatius
115 n blau Eigene Gotterkenntnis
115 n – 182 n Apell
116 n blau Geist Gottes in Jesus
117 n rot Tod des Ignatius
122 n blau Stellung Jesu
123 n – 140 n Epiphanes
124 n blau Quadratus: Verteidigung
125 n – 178 n Montanus
125 n – 190 n Tatian
126 n blau Madonnenbild (Katakomben)
127 n blau Verwerfung des Eigentums
131 n – 182 n Celsus
132 n – 200 n Irenäus
133 n blau Evangelien-Erläuterung
133 n – 190 n Athenagoras
140 n blau Kommunismus
141 n blau Aristides: Verteidigung
142 n blau Altes Testament abgelehnt
144 n rot Kirche des Marcion
144 n blau Aufruf zur Buße
145 n blau Justin: Verteidigung
148 n blau 'Petrus-Evangelium'
150 n – 215 n Klemens von Alexandria
154 n – 222 n Bardesanes
155 n rot Streit um Osterfest
156 n rot Feuertod des Polykarp
156 n blau Gottesreich auf Erden
160 n blau Jesus eine Frau
160 n – 242 n Ammonios
162 n – 224 n Tertullian
163 n blau Kritik am Alten Testament
165 n rot Hinrichtung Justins
165 n blau 'Sünden'-Unterscheidung
166 n blau Kritik an Zweitehe
167 n blau Altes Testament: Fabel
168 n rot Aufkommen des Zölibats
169 n – 222 n Kalixt I.
170 n – 229 n Ulpian
172 n rot Einführung in Germanien
172 n blau Evangelien-Erzählung
172 n – 245 n Afrikanus
176 n rot Verbot im Römerreiche
176 n rot Christen-Hinrichtungen
176 n grün Strafen für Christen
177 n rot Christen-Hinrichtungen
177 n blau Athenagoras: Verteidigung
179 n blau Spottschrift des Celsus
182 n rot Pantainos' Missionsreise
182 n blau Paulus-Biographie
182 n – 253 n Origenes
184 n rot Tod des Apollonius
184 n blau Syrisches Kirchenlied
185 n blau Athenagoras: Monotheismus
188 n blau Kritik des Bardesanes
189 n blau Glaubenslehre
191 n blau Bischofsliste
192 n rot Osterdatum
194 n blau Gnostiker als 'Ketzer'
197 n blau Tertullians Apologie
198 n blau Klemens gegen Besitz
199 n – 251 n Decius
200 n blau Dialog einer Bekehrung
201 n blau Kirche in Edessa
202 n rot Strafe für Übertritt
202 n – 258 n Cyprian
203 n rot Christen-Hinrichtungen
203 n blau 'Gesetze der Länder'
206 n blau 'Brief an Diognet'
208 n – 280 n Paulus von Samosata
211 n blau Klemens' Einführung
214 n blau Dreifaltigkeitslehre
217 n rot Kalixt Bischof von Rom
218 n rot Vorrang Roms gefordert
220 n blau Spottbild von Jesus
221 n rot Ehebruch tilgbare Sünde
222 n blau Origenes' System
231 n blau Schrift über das Gebet
232 n blau Theologenschule
232 n – 304 n Porphyrios
235 n blau 'Ermahnung zum Martyrium'
238 n blau Einfluß auf Manichäer
239 n blau Altes Testament übersetzt
243 n – 316 n Diokletian
245 n blau Novatian: Dreifaltigkeit
245 n – 309 n Pamphilos
247 n blau Cyprian gegen Besitz
249 n rot Verfolgung in Rom
249 n blau Origenes: Verteidigung
250 n rot Verbrennung des Papstes
251 n blau 'Allein seligmachend'
251 n – 356 n Antonius
256 n blau Kirchendisziplin
258 n rot Gesetz gegen Priester
258 n – 336 n Arius
260 n rot Duldung in Rom
260 n grün Chöre im Gottesdienst
261 n – 335 n Laktantius
263 n – 339 n Eusebius
264 n rot Goten-Christianisierung
265 n – 330 n Jamblichos
270 n blau Gegner der Gottnatur Jesu
276 n blau Gemeinden des Antonius
276 n – 355 n Donatus
280 n – 337 n Konstantin
285 n blau Bibliothek in Cäsarea
285 n – 347 n Fasir
291 n – 347 n Axid
292 n – 346 n Pachomius
295 n – 373 n Athanasius
299 n rot Armenische Staatsreligion
303 n rot Verfolgung in Rom
303 n blau Christliche Weltgeschichte
304 n rot Tötung Lucias
305 n blau 'Gegen die Heiden'
306 n rot Zölibat höherer Priester
306 n – 373 n Ephräm der Syrer
310 n blau Christliche Rhetorik
310 n – 379 n Schapur II.
311 n rot Edikt von Mailand
311 n – 383 n Wulfila
312 n braun Krieg im Zeichen Jesu
312 n rot Lateran-Palast Papstsitz
313 n rot Religionsfreiheit
313 n rot Rückgabe von Christengut
313 n blau Irdische Natur Jesu
313 n grün Priester vom Staat bezahlt
314 n rot Abkehr vom Pazifismus
314 n blau Wissenschaftsfeindlichkeit
315 n blau Lamm Symbol für Jesus
315 n – 367 n Hilarius von Poitiers
316 n – 397 n Martin von Tours
318 n blau Jesus als Gottesvermittler
320 n blau Staatskirche abgelehnt
321 n rot Sonntag Staatsfeiertag
321 n rot Rechtsgewinn der Kirche
321 n grün Erbrecht der Kirche
321 n – 375 n Valentinian I.
322 n blau Christliche Wissenschaft
323 n blau Kloster am Nil
324 n rot Staatsreligion in Rom
324 n blau Gegen Göttlichkeit Jesu
325 n rot Jesus zum Gott erklärt
325 n blau Arius gegen Dreifaltigkeit
325 n grün Osterdatum
325 n grün Zinserhebung unchristlich
326 n rot Fürsprache bei Perserkönig
328 n rot Donatisten-Bewegung
328 n blau Angriff auf Kirche
329 n blau Konstantin-Biographie
329 n – 389 n Gregor von Nazianz
330 n blau Geburtskirche Jesu
330 n – 379 n Basilius der Große
331 n blau Regeln für Klosterleben
331 n – 363 n Julian
333 n blau Christliche Hochschule
335 n blau Grabeskirche Jesu
336 n blau Frauenkloster (Ägypten)
337 n blau Heiligenschein
338 n rot 'Heiden'-Verfolgung
339 n rot Ehe mit Juden verboten
340 n rot Verfolgung bei Persern
340 n rot Kirche in Abessinien
340 n blau Briefe Paulus–Seneka
340 n grün Geld für Donatisten
340 n – 397 n Ambrosius
341 n rot Konzil zu Antiochia
342 n blau Reformforderung Fasirs
343 n rot Papst Kirchenherr
344 n / 347 n Zirkumzellionen-Aufstand
345 n grün Angebliches Kreuz Jesu
345 n – 420 n Hieronymus
346 n rot Westgoten werden Arianer
346 n blau Ephräms Jesus-Dichtung
346 n – 395 n Theodosius
348 n braun Bekämpfung bei Westgoten
348 n blau Religionsbuch des Cyrillus
348 n – 408 n Prudentius
349 n grün Kreuzes-Anbetung
351 n rot Staatsreligion (Abessinien)
351 n blau Mönchtum in Europa
354 n rot Weihnachtsfest
354 n – 430 n Augustin
354 n – 407 n Chrysostomos
355 n rot Druck des Kaisers
356 n rot 'Heiden'-Kult verboten
356 n blau Göttliche Natur des Jesu
357 n blau Antonius-Biographie
358 n – 441 n Mesrop
359 n blau Mönchsregeln
359 n – 383 n Gratian
360 n – 415 n Hypatia
361 n rot Gegnerschaft Julians
361 n blau Kloster Ligugé
362 n blau Jesusdarstellung mit Bart
370 n blau Gotische Bibel
370 n – 414 n Synesios von Kyrene
375 n blau Basilius gegen Besitz
375 n – 435 n Pelagius
376 n blau Deutung von Bibelbriefen
377 n rot Gegner sind 'Ketzer'
378 n blau Kirchenordnung
379 n rot Demonstration des Kaisers
379 n blau Kindererziehung
380 n rot Einfluß des Staates
380 n blau Volksgesang
381 n rot Dreifaltigkeit wird Dogma
381 n blau Reden über Dreifaltigkeit
381 n – 444 n Cyrillus
382 n rot Durchsetzung eines Dogmas
384 n blau Schrift für alten Glauben
385 n rot 'Ketzer'-Hinrichtung
385 n blau Abendmahl und Taufe
386 n rot Hoheit über den Staat
386 n – 451 n Nestorius
387 n blau Chrysostomos' Predigten
389 n rot Nur christliche Feiertage
389 n blau Bezeichnung 'Bibel'
390 n rot Buße des Kaisers
391 n rot Bibliotheks-Verbrennung
391 n blau Symbole für Evangelisten
391 n – 460 n Patrick
392 n blau Augustin gegen Überfluß
394 n rot Intoleranz in Rom
394 n rot Verbot Olympischer Spiele
395 n blau Engel-Darstellungen
397 n blau Menschen werden Heilige
398 n grün Einführung des Weihrauchs
398 n – 474 n Zosimos
399 n rot Verdammung des Origenes
399 n blau Augustins 'Bekenntnisse'
399 n – 461 n Leo der Große
401 n blau Synesios: 'Über Vorsehung'
402 n blau Lieder auf Märtyrer
403 n blau Geschichtswerk
404 n blau Dom von Ravenna
405 n blau Bibelübersetzung 'Vulgata'
406 n grün Bunte Kirchenfenster
407 n blau 'Psychomachia'
409 n blau Nemesios: Seelenkunde
411 n blau Philosophie 'ketzerisch'
412 n blau Verbindung mit Philosophie
412 n grün Verbot des Warmbadens
413 n blau Augustin gegen 'Ketzer'
414 n blau Streitschriften
415 n rot Ermordung Hypatias
415 n blau Kritik am Mönchtum
416 n rot Privileg der Christen
416 n blau Augustin: Dreifaltigkeit
417 n rot Papst gegen Erbsünde
418 n rot Papst für Erbsünde
419 n blau Orosius' Weltgeschichte
420 n rot Prügelstrafe für 'Ketzer'
420 n blau Freiheit statt Erbsünde
426 n blau Augustin: 'Gottesstaat'
428 n blau Sklaverei verteidigt
430 n blau Gegen Gott-Natur Jesu
431 n rot Maria wird Mutter Gottes
432 n rot Christianisierung Irlands
432 n blau Kruzifix in Rom
433 n blau Armenische Bibel
435 n rot Verbannung des Nestorius
437 n grün Symeons Askese
440 n rot Bezeichnung 'Papst'
440 n blau Kirchengeschichte
441 n blau Vorzüge der Nichtchristen
444 n rot Manichäer-Verfolgung
444 n rot Bücherverbrennung
445 n rot Richteramt des Papstes
445 n grün Kirchenbesitz enteignet
447 n rot Papst: Tod für Gegner
449 n blau Sieg der Orthodoxen
451 n rot Koptische Kirche
451 n rot Gleichstellung Rom–Byzanz
453 n blau Taufhaus in Ravenna
455 n grün Geheime 'Sünden'-Beichte
464 n blau Anklage durch Zosimos
466 n – 511 n Chlodwig
480 n – 547 n Benedikt von Nursia
480 n – 524 n Boëthius
480 n – 573 n Kassiodor
482 n – 565 n Justinian
483 n rot Persische Nationalkirche
487 n – 565 n Kosmas
491 n blau Gedicht 'Sühne'
492 n blau Frauenkloster in Irland
493 n blau Zwei-Schwerter-Lehre
495 n rot Index (Bücherverbot)
496 n rot Frankenkönig wird Christ
503 n grün Glocken in Afrika
504 n blau Basilika in Ravenna
505 n blau Dionysius-Schriften
506 n rot Sklavenschutz
506 n rot Westgotische Synode
513 n blau Benedikt: Arbeitsethos
516 n rot Burgunderkönig Katholik
517 n blau 'Ave Maria'
520 n blau Mosaik in Ravenna
521 n blau Tugend des Maßhaltens
525 n rot Einkerkerung des Papstes
525 n grün Christliche Zeitrechnung
526 n blau Hymnen des Romanos
529 n blau Kloster Monte Cassino
530 n blau Benedikt: Mönchsregeln
534 n – 615 n Kolumban
535 n grün Glocken in Europa
537 n blau Hagia Sophia
538 n rot Verbot der Sonntagsarbeit
538 n grün Geldverleih der Priester
538 n – 594 n Gregor von Tours
540 n – 604 n Gregor I.
542 n blau Abschreiben Klosterarbeit
546 n rot Bekehrung Nubiens
547 n blau San Vitale in Ravenna
548 n rot Kaiser oberste Autorität
548 n grün Christliche Erdkunde
549 n blau Apollinare-Kirche in Classe
553 n blau Lexikon für Mönche
556 n blau Kloster Poitiers
560 n – 636 n Isidor von Sevilla
564 n rot Bekehrung Schottlands
570 n – 632 n Mohammed
577 n blau Venantius' Hymnen
585 n grün Strafe für Sonntagsarbeit
585 n grün Kirchensteuer-Forderung
589 n rot Westgotenreich katholisch
589 n grün Weiße Priestertracht
590 n blau Papst Gregors Predigten
590 n grün Arme abhängig von Kirche
591 n blau Schrift über 'Seelsorge'
593 n rot Fegefeuer-Dogma
593 n grün Grundbesitz 'Erbe Petri'
594 n rot 'Sünden'-Erlaß durch Beichte
594 n blau Kloster Luxeuil
596 n rot Angelsachsen-Bekehrung
599 n blau Schule für Kirchengesang
600 n grün Forderung nach Erbrecht
601 n rot Bistum Canterbury
604 n blau Kolumbans Mönchsregel
610 n rot Bekehrung Süddeutschlands
611 n / 629 n Kreuz-Christi-Krieg
611 n blau Kloster Bregenz
612 n blau Kloster Bobbio
613 n blau Kloster St. Gallen
615 n blau Isidors Geschichtswerk
616 n blau Westminster-Abtei
617 n – 682 n Kädmon
630 n blau Bekehrungsroman
633 n rot Hoheit über Staat verlangt
635 n rot Aufkommen in China
635 n – 714 n Pippin der Mittlere
636 n rot Papst-Hoheit in Südirland
646 n – 684 n Silvanus
658 n – 739 n Willibrord
664 n rot England christianisiert
665 n rot Paulikianer-Bewegung
665 n blau Paulikianer-Forderung
668 n rot Paulikianer-Verfolgung
670 n blau Lobgedicht auf Schöpfer

673n–735n Beda
675n–754n Bonifatius
675n–752n Johannes von Damaskus
681n rot Papst als 'Ketzer'
688n–741n Karl Martell
690n braun Kampf um Katholisierung
690n rot Langobarden Katholiken
691n rot Auftrag für Willibrord
694n rot Juden-Versklavung (Konzil)
696n blau Kloster Salzburg
697n rot Papst-Hoheit über Irland
698n blau Abtei Echternach
699n–748n Ibn Ata
701n–784n Fergil der Geometer
710n–782n Lioba
716n–768n Pippin der Kleine
721n rot Bekehrung Thüringens
722n blau Kloster Amöneburg
722n grün Kirchengüter als Lehen
723n blau Fällen der Donar-Eiche
723n–799n Paulus Diakonus
724n blau Kloster Ohrdruf
724n blau Kloster Reichenau
725n blau Bedas Weltgeschichte
725n grün Beda: Zeitrechnung
726n rot Bilderanbetungs-Verbot
726n rot Unabhängigkeit Roms
726n–793n Kynewulf
727n rot Christianisierung Hessens
728n blau Vorwurf der Vielgötterei
729n rot Schenkung an Papst
730n rot Byzanz' Vormacht
731n rot Bilderverehrung erlaubt
731n blau Bedas Kirchengeschichte
732n blau Kloster Fritzlar
735n blau Kloster Tauberbischofsheim
737n–804n Alkuin
738n rot Bekehrung Frieslands
739n rot Absage an Papst
740n blau Frauenklöster
742n rot Synode in Deutschland
742n–814n Karl der Große
743n–807n Widukind
744n blau Kloster Fulda
745n rot Kirchenbesitz beschränkt
745n rot Fränkische Staatskirche
746n blau Dogmatisches Lehrbuch
747n rot Papsthoheit bei Franken
748n rot Klage gegen Fergil
750n blau Kirchenväter-Aufwertung
751n blau Doppelkloster Heidenheim
752n rot Petrus-Banner für Heer
753n rot Konstantinische Schenkung
753n grün Papst-Reise
754n rot Schutz für Papst
754n rot Salbung Pippins
756n rot Schenkung Pippins
758n–829n Nikephoros
760n rot Zulauf zu Paulikianern
765n blau Lobgesang auf Apostel
766n blau Regeln für Domgeistliche
768n blau Dichtung von Leiden Jesu
769n rot Bekehrung Kärntens
769n blau Kloster Innichen
770n–840n Einhard
772n/804n Sachsenkriege
774n rot Karolingische Schenkung
777n rot Zwangsbekehrung (Sachsen)
778n blau Glaube an Himmelfahrt
778n–840n Ludwig der Fromme
779n grün Kirchensteuer bei Franken
781n rot Kirchenstaat erweitert
782n rot Todesdrohung für Sachsen
783n blau Kunstvolle Bibelausgabe
784n–856n Rabanus Maurus
785n blau Bischofsgeschichte
786n grün Gelder für den Papst
786n–861n Radbertus
787n rot Byzanz für Bildanbetung
787n rot Papst für Bildanbetung
788n/812n Bilderkrieg
789n blau Lied auf Kreuz Jesu
791n blau Kirchengesangschulen
792n rot Streit um Gott-Natur Jesu
792n blau Werk gegen Bilderanbetung
794n rot Fränkische Reichssynode
796n grün Schwarz 'religiöse Farbe'
799n blau Basilika Centula
799n rot Anklage gegen Papst
799n rot Papst wiedereingesetzt
800n rot Krönung Karls in Rom
801n rot Vergil-Verbot für Mönche
806n–873n Abu Hunain
808n rot Christianisierung bis zur Elbe
808n–875n Otfried
813n rot Krönung ohne Papst
813n grün Michaelisfest
814n blau Rabanus Maurus' Gedichte
814n–877n Eriugena
815n–891n Photios
816n rot Krönung durch Papst
816n blau 'Wessobrunner Gebet'
822n blau Bildanbetung verteidigt
823n–877n Karl II., der Kahle
826n rot Dänenkönig Christ
827n–869n Kyrill
828n blau Bericht über Reliquienraub
828n–907n Boris
829n rot Bekehrung Skandinaviens
831n blau Lied vom Leben Jesu
834n blau Gedicht vom Weltuntergang
835n rot Mord an Paulikianer
841n blau Schrift über Kulte
845n blau Abendmahl ist Körper Jesu
848n blau Preislied auf Mönchtum
848n grün Papst-Paläste befestigt

849n–901n Alfred der Große
851n rot Papstmacht durch Fälschung
862n blau Eriugena gegen Erbsünde
863n rot Bekehrung Mährens
863n blau Slawische Bibel
864n blau Gesang der Gemeinde
865n rot Bulgarien christianisiert
866n blau Papst nicht rechtgläubig
867n rot Kirche Byzanz' unabhängig
869n blau Altes Testament arabisch
870n blau Otfrieds Evangelienbuch
872n blau Paulikianer-Geschichte
873n braun Kampf gegen Paulikianer
875n blau Verbindung mit Philosophie
876n blau Kloster Gandersheim
877n–936n Heinrich I.
878n rot Normannenkönig Christ
878n blau Notkers Dichtungen
883n blau Lied von der Eulalia
884n–948n Marozia
885n rot Religion im Khasarenreich
885n–968n Olga
888n blau Georgslied
894n blau Kirchengesangs-Theorie
895n blau Schriften slawisch
896n rot Pornokratie
897n rot Papst richtet Vorgänger
901n–982n Egil Skallagrimssen
908n–929n Wenzel
910n blau Kloster Cluny
910n rot Cluny unter Papsthoheit
910n–990n Eyvind Skaldaspillir
912n–973n Otto I., der Große
914n rot Herrschaft Theodoras
914n–961n Bogomil
918n blau Hucbald: Kirchengesang
918n–961n Haakon der Gute
919n rot Königshoheit betont
920n rot Paulikianer in Bulgarien
920n–992n Miezko
924n–998n Widukind von Corvey
928n rot Mord am Papst
931n rot Marozias Sohn Papst
932n–1002n Ibn Amir
939n–990n Roswitha
940n rot Bogomilen-Bewegung
940n–1015n Wladimir der Große
943n blau Bogomil gegen Sklaverei
943n–1003n Silvester II.
954n blau Bogomil für Gleichheit
955n grün Marozias Enkel Papst
958n blau Proterius-Legende
958n–1025n Basilius II.
962n rot Krönung Ottos I.
963n rot Verbrecher-Papst abgesetzt
963n blau Glaube an den Teufel
964n–1000n Olaf Tryggvason
966n rot Miezko von Polen Christ
966n rot Staatsreligion in Polen
966n blau Christliches Drama
968n rot Erzbistum Magdeburg
972n–999n Gregor V. (Bruno)
972n–1038n Stephan I.
973n blau Cosmas gegen Bogomilen
974n blau Warnung vor Christentum
978n blau Mönche auf Athos
980n–1002n Otto III.
983n braun Slawenaufstand
987n rot Krönung Hugo Kapets
989n rot Zwangs-Taufen in Kiew
990n–1031n Aribo
991n rot Russische Staatskirche
992n rot Kirche Polens unter Papst
993n rot Erste Heiligsprechung
995n blau Holzkirchen in Norwegen
995n–1035n Knut der Große
996n rot Gregor V. 'Bruno' Papst
997n rot Staatsreligion in Ungarn
997n grün Zwang gegen Christen
998n grün Allerseelenfest
999n rot Kirche Ungarns unter Papst
999n rot Norwegen christianisiert
1000n blau Reformforderung Leutardus'
1000n–1088n Berengar von Tours
1001n rot Island christianisiert
1001n–1072n Adalbert von Bremen
1002n–1066n Eduard der Bekenner
1007n blau Altes Testament englisch
1008n rot Schweden christianisiert
1009n rot Verfolgung bei Arabern
1009n blau Freiheit der Philosophie
1012n blau Bamberger Dom
1013n–1085n Robert Guiskard
1017n–1056n Heinrich III.
1019n blau Neues Basler Münster
1021n blau Christus-Miniatur
1021n–1085n Gregor VII.
1022n rot Katharer-Verbrennung
1030n rot Katharer-Verbrennung
1030n blau Sophienkathedrale Kiew
1030n blau Klosterkirche Ripoll
1031n rot Kirchenstrafe Interdikt
1033n blau Kirche Mont-Saint-Michel
1033n blau Michaelskirche Hildesheim
1033n–1109n Anselm von Canterbury
1035n blau Arabische Kritik
1036n blau Neuer Mainzer Dom
1037n blau Hamburger Dom
1040n rot Frankreich: 'Gottesfriede'
1044n blau Kritik an Abendmahlslehre
1045n blau Neue Grabeskirche Jesu
1046n rot Deutscher Papst
1046n blau Lied auf Heiligen
1048n blau Eintreten für Katharer
1049n rot Hugo Abt von Cluny
1049n blau Klage über Priester

1050n–1106n Heinrich IV.
1051n blau Berengar: Dialektik
1052n rot 'Ketzer'-Hinrichtungen
1053n braun Papst-Heer geschlagen
1053n rot Papst-Hoheit in Apulien
1053n blau Höhlenkloster Kiew
1053n–1123n Roscelin
1054n rot Kirchenspaltung
1056n blau Denkfreiheit gefordert
1057n blau Vorrang vor Philosophie
1058n rot Mönche als Katharer
1059n braun Volkserhebung in Mailand
1059n rot Papst: Gebietsanspruch
1059n rot Rechte für Normannen
1060n rot Bekehrung Mecklenburgs
1061n blau Dom von Speyer
1061n blau Kathedrale von Toulouse
1063n blau Glaube an Erlösung
1064n rot Pilgerfahrtskatastrophe
1066n rot Bischof Slawen-Opfer
1067n–1148n Ari
1070n rot Johanniter-Orden
1072n blau Anselm: Selbstgespräche
1074n rot Allgemeines Zölibat
1075n rot Investitur-Bestimmung
1075n blau Dom von Santiago
1076n rot Absetzung des Papstes
1076n rot Bann gegen Kaiser
1076n rot Fürsten gegen Kaiser
1077n rot Gang nach Canossa
1077n rot Krönung Wilhelms I.
1078n rot Papst: Antisemitismus
1078n blau Anselms Gottesbeweis
1079n rot Zwang gegen Berengar
1079n–1142n Abälard
1081n–1125n Heinrich V.
1083n blau Auflehnung Berengars
1084n rot Flucht des Papstes
1084n blau Kartäuser-Kloster
1085n rot 'Gottesfriede', Deutschland
1088n blau Roscelin: Nominalismus
1089n rot Papsthoheit in Aragonien
1089n blau Münster von Konstanz
1089n blau Kloster Melk
1090n rot 'Hexen'-Verbrennung
1090n blau Klosterkirche Cluny
1090n–1153n Bernhard von Clairvaux
1091n blau Raschi: Bibelauslegung
1092n rot Zwang gegen Roscelin
1094n rot Hilfegesuch an Papst
1094n blau Markuskirche Venedig
1095n rot Kreuzzugs-Forderung
1096n rot Judenmorde
1096n blau 'Warum Gott Mensch wurde'
1096n grün Kreuzzugsfinanzierung
1096n/1099n Erster Kreuzzug
1098n blau Kloster Citeaux
1098n–1178n Hildegard von Bingen
1099n rot Kreuzfahrerstaat
1099n blau Westminster Hall
1099n grün Weber: Vertrag mit Kirche
1100n rot Cluniazenser-Bewegung
1100n grün Handelsinteressen
1101n–1154n Roger II.
1103n–1155n Arnold von Brescia
1104n rot Erzbistum Lund
1105n blau Spiel von den Jungfrauen
1106n blau Annolied
1108n–1175n Wace
1109n–1149n Eudo
1110n blau Reformforderung Tanchelms
1111n rot Bestattung Heinrichs IV.
1113n blau Frau Avas Gedichte
1114n–1187n Gerhard von Toledo
1115n rot Katharer-Verbrennung
1115n blau Kloster Clairvaux
1115n–1158n Otto von Freising
1116n rot Papsthoheit in Katalonien
1116n blau Lehren der Bogomilen
1117n blau Dom von Pisa
1118n–1170n Thomas Becket
1119n rot Templer-Orden
1119n rot Papst: 'Ketzer'-Ausrottung
1119n blau Peter gegen Kruzifixe
1119n blau Kathedrale Saragossa
1120n blau Prämonstratenser-Orden
1122n rot Wormser Konkordat
1122n–1190n Friedrich I. Barbarossa
1123n blau Schrift gegen Katharer
1124n rot Bekehrung Pommerns
1125n braun Katharererhebung
1125n rot Slawen-Fürst Christ
1126n rot Mord an Tanchelm
1126n blau Abälard gegen Erbsünde
1129n blau Klage über Kirchenverfall
1130n blau Kirche Cluny vollendet
1132n blau Kritik am Dogma
1132n rot Peter von Bruys verbrannt
1133n rot Petrobrusianer-Bewegung
1134n blau Neue Jesus-Verehrung
1135n blau Hildegards Lieder
1138n rot Einfluß auf Königswahl
1138n blau Verwerfung der Taufe
1138n–1193n Saladin
1139n rot Armbrust-Bestimmung
1139n blau Armuts-Forderung
1140n rot Strafen für Unbequeme
1140n blau Kirchenrechts-Wissenschaft
1140n–1217n Peter Waldes
1141n blau Psalmen-Auslegung
1141n blau Hugo: Glaubenslehre
1142n/1155n Bürgeraufstand in Rom
1143n blau Otto von Freising: Leid
1143n–1203n Heinrich von Veldeke
1144n rot Bischöfe als Bogomilen
1145n rot Katharer-Morde

1145n blau Kathedrale St. Denis
1145n blau Reformforderung Eudos
1146n rot Kreuzzugs-Aufruf
1146n rot Judenverfolgungen
1146n blau Hebräische Bibelauslegung
1146n grün Zinserlaß für Kreuzfahrer
1147n braun Wenden-Kreuzzug
1147n blau Kloster Rupertsberg
1147n/1149n Zweiter Kreuzzug
1148n rot Zulauf zu Katharern
1150n blau Kathedrale von Lissabon
1151n rot Mongolen-Christianisierung
1152n–1246n Peire Cardinal
1153n rot Bündnis Kaiser–Papst
1153n blau Katharerbibel lateinisch
1154n rot Bekehrung Finnlands
1154n rot Englischer Papst
1154n blau Leonins Gesangschule
1155n rot Papstherrschaft in Rom
1155n rot Tod Arnolds von Brescia
1155n rot Krönung Friedrichs I.
1155n blau Kirchenväter-Zitate
1156n blau Karmeliter-Kloster
1157n rot Katharer-Brandmarkung
1157n blau Anklage gegen Priester
1159n blau Dom in Breslau
1160n–1216n Innozenz III.
1162n blau Hildegards Sittenlehre
1162n grün Chirurgie-Verbot
1163n rot Katharer-Verbrennung
1163n rot Katharer-Verbrennung
1163n blau Notre-Dame-Kathedrale
1163n grün Katharer-Boykott
1164n rot Machtverlust der Kirche
1165n rot Heiligsprechung Karls I.
1165n blau Dom in Brandenburg
1165n–1197n Heinrich VI.
1166n rot Katharer-Brandmarkung
1167n rot Katharer-Konzil
1167n blau Spottlieder auf Kirche
1168n rot Christianisierung Rügens
1168n–1220n Wolfram von Eschenbach
1170n rot Ermordung Thomas Beckets
1170n–1221n Dominikus
1172n–1228n Walther von der Vogelweide
1173n blau Braunschweiger Dom
1173n–1239n Hermann von Salza
1174n rot Buße Heinrichs II.
1175n blau 'Bund der Armen von Lyon'
1175n blau Olafs-Dom in Drontheim
1176n blau Vorwürfe gegen Kirche
1177n rot Papstmacht anerkannt
1177n grün Papst-Gesandter
1178n rot Waldenser-Bewegung
1178n–1241n Snorri Sturluson
1179n rot Konzil gegen Katharer
1179n grün Handelsverbot mit Arabern
1180n rot Bogomilen-Verfolgung
1180n rot Kreuzzugs-Aufruf
1181n braun Kreuzzug gegen Katharer
1182n rot Waldenser in Italien
1182n blau Maurinus-Schrein
1182n–1226n Franziskus
1182n–1250n Johannes Karpini
1183n blau Katharerbibel französisch
1184n rot Inquisition
1184n blau Kathedrale in Canterbury
1186n blau Dombau in Palermo
1187n braun Niederlage gegen Araber
1187n rot Jerusalem arabisch
1188n blau Neuer Würzburger Dom
1189n/1192n Dritter Kreuzzug
1189n rot Juden-Massenmorde
1189n grün Kreuzfahrer: Besitzbeweis
1190n rot Deutschritter-Orden
1190n–1235n Eike von Repkow
1192n rot Zugeständnis der Araber
1192n rot Cencius: 'Zinsbuch'
1192n blau Dreikönigs-Schrein
1192n grün Ostereier-Weihe
1193n–1279n Albertus Magnus
1194n blau Katharerbibel deutsch
1194n blau Lehre Joachims von Fiore
1194n–1250n Friedrich II.
1195n blau Kirchenbau in Chartres
1197n rot Katharer-Verfolgung
1197n blau Nikolausspiel
1198n rot Innozenz III. Papst
1198n blau Bilder aus Marias Leben
1198n blau Waldenser: Bildungsideal
1199n rot Bibellektüre begrenzt
1199n blau Kölner Apostelkirche
1200n blau Bild des 'Sündenfalles'
1201n rot Humiliaten-Eingliederung
1202n/1204n Vierter Kreuzzug
1207n rot Gesandte zu Katharern
1207n blau Neuer Magdeburger Dom
1208n rot Kreuzzugs-Forderung
1208n blau Kathedrale von Rouen
1208n–1270n Tannhäuser
1209n rot 'Ketzer'-Verbrennung
1209n blau Forderung des Franziskus
1209n/1229n Katharer-Kreuzzug
1210n rot Franziskaner-Orden
1210n rot Franziskaner anerkannt
1211n rot Katharer-Verbrennung
1211n blau Kreuzzugsgeschichte
1211n blau Katharergeschichte
1212n braun Kinder-Kreuzzug
1212n rot Bogomilen-Verfolgung
1212n blau Kathedrale in Reims
1213n rot Papsthoheit in England
1213n blau Leipziger Thomaskirche
1213n–1280n Niccolo Pisano
1214n blau Anklage gegen Priester
1214n–1294n Roger Bacon

1215n rot Papst für Judentracht
1215n grün Arztberuf eingeschränkt
1216n rot Dominikaner-Orden
1216n rot Dominikaner anerkannt
1217n rot Judentracht in England
1217n/1219n Kreuzzug
1218n–1291n Rudolf I. von Habsburg
1221n blau Kathedrale von Burgos
1222n rot Katharertum in Bosnien
1222n–1263n Alexander Newski
1223n blau Anklage gegen Papst
1223n grün Weihnachtskrippe
1224n grün Erste Stigmatisation
1225n rot Deutschritter-Vertreibung
1225n–1274n Thomas von Aquin
1226n rot Preußen an Deutschritter
1227n blau Kathedrale in Toledo
1228n rot Auflehnung der Stedinger
1228n/1229n Fünfter Kreuzzug
1229n rot Frankreich katholisch
1229n rot Bibelbesitz begrenzt
1229n grün Geld für Katharer-Anzeige
1230n braun Unterwerfung Preußens
1230n rot Katharer-Verbrennung
1230n–1306n Jacopone von Todi
1231n rot Papst Inquisitions-Leiter
1231n blau Katharer-Schulen
1231n grün Katharer-Zusammenhalt
1232n rot Strafen für Katharer
1232n/1234n Stedinger-Kreuzzug
1232n–1300n Segarelli
1233n rot Mord an Ober-Inquisitor
1234n rot Katharer-Ende in Bosnien
1234n blau Wormser Dom
1234n grün Bauernboden Kirchenbesitz
1235n blau Limburger Dom
1235n blau Katharinenkirche Hamburg
1235n–1303n Bonifatius VIII.
1236n blau Skulpturen in Reims
1236n grün Zwang gegen Araber
1237n rot Katharer-Verbrennungen
1238n blau Fremdsprachen-Schulen
1239n rot Katharer-Verurteilung
1240n–1302n Cimabue
1241n blau Berceo: 'Marienwunder'
1243n rot Inquisition an Dominikaner
1244n braun Verlust Jerusalems
1245n rot Gesandter zu Mongolen
1246n blau Alexander: Theologie
1247n rot Feuertod für 'Hexe'
1247n–1328n Johannes Korvino
1248n rot 'Hexen'-Verbrennungen
1248n blau Kölner Dom begonnen
1248n/1254n Sechster Kreuzzug
1249n rot Katharer-Verbrennung
1251n rot Kircheneinigungs-Versuch
1252n rot Folter bei Inquisition
1253n blau Theologenschule in Paris
1254n blau Angriff auf Klöster
1255n–1311n Pierre Dubois
1256n rot Augustiner-Orden
1257n blau Franziskuskirche Assisi
1257n blau Kathedrale von Salisbury
1259n blau Anprangerung der Kirche
1260n rot Apostelbrüder-Orden
1260n blau Kathedrale von Chartres
1260n–1327n Meister Eckehart
1261n blau Reformforderung Bacons
1263n blau Franziskus-Biographie
1264n rot Fronleichnamsfest
1265n blau Dom von Münster
1265n–1321n Dante
1265n–1308n Duns Scotus
1268n blau Kathedrale von Amiens
1269n blau Westminster-Abtei
1270n braun Siebenter Kreuzzug
1270n blau Albertus über Bildung
1270n–1319n Haakon V.
1271n blau Rutebeufs Wunder-Spiel
1272n blau Mechthilds Gottesgedicht
1273n blau Sebalduskirche Nürnberg
1274n blau Thomas: Theologie
1275n rot 'Hexen'-Verbrennungen
1276n blau Münsterfassade Straßburg
1276n blau Missionsschule
1280n blau Dom von Siena
1282n blau Gnade auch ohne Kirche
1288n braun Aufstand gegen Erzbischof
1288n rot Köln frei vom Erzbischof
1288n blau Kreuzkirche in Breslau
1290n rot Juden-Vertreibung
1290n–1343n Marsilius von Padua
1291n blau Marienkirche Lübeck
1293n blau Cimabue: 'Madonna'
1294n rot Verdammung Segarellis
1294n blau Bibelteile chinesisch
1295n blau Kirche in Peking
1295n–1366n Seuse
1296n rot Steuerfreiheits-Anspruch
1296n blau Dombau in Florenz
1296n blau Jacopones Gedichte
1298n rot Mission in China
1298n blau Kathedrale in Barcelona
1299n–1349n Occam
1300n rot Erstes 'Jubeljahr'
1300n grün Spendengelder
1301n blau Jacopones Lieder
1301n/1302n Erhebung gegen Kaiser
1302n rot Bulle 'Unam sanctam'
1302n blau Armuts-Forderung
1303n rot Gefangennahme des Papstes
1303n blau Universität Rom
1303n–1361n Tauler
1304n blau Dubois gegen Kirchenbesitz
1305n rot Anklage gegen Templer
1305n/1307n Lombardischer Kreuzzug

1306n blau Fresken für Arena-Kapelle
1307n rot Bischof in Peking
1307n rot Feuertod Fra Dolcinos
1307n blau Antonius-Kirche Padua
1307n blau Kirchenväter-Kommentar
1308n–1368n Orcagna
1308n–1355n Stephan Duschan
1309n rot Avignon Papstsitz
1310n braun Sieg der Johanniter
1310n rot Rhodos an Johanniter
1310n rot Feuertod für Templer
1311n rot Verdammung der Beginen
1311n blau Duccio: 'Madonna'
1312n rot Templer-Orden aufgelöst
1312n blau Dante: Reformforderung
1315n rot Katharer-Verbrennungen
1315n blau Giotto: 'Madonna'
1316n rot Missionar gesteinigt
1316n–1378n Karl IV.
1317n blau Eckeharts Mystik
1318n rot Christus-Orden
1318n blau Papstanspruch unbegründet
1323n rot Armutslehre verdammt
1323n/1328n Aufstand in Flandern
1324n blau Marsilius für Volksgewalt
1324n–1384n Wiclif
1325n rot Bann gegen Aufständische
1327n blau Seuse: Wahrheits-Büchlein
1329n blau Occam gegen Papstmacht
1330n blau Erlöser-Kirche in Moskau
1330n–1399n Peter Parler
1332n blau Glauben und Wissen
1335n blau Kathedrale von York
1335n–1381n John Ball
1336n rot Katharer-Verbrennung
1338n rot Königswahl ohne Papst
1338n blau Martini: 'Verkündigung'
1340n blau Wiener Stephansdom
1341n blau Seuses Weisheits-Buch
1341n blau Prager Dom begonnen
1341n–1406n Claus Sluter
1343n blau Verteidigung der Liebe
1344n blau Anklage Petrarcas
1351n blau Ruisbroek: Mystik
1353n rot Papst-Einfluß beschränkt
1356n rot Einfluß auf Königswahl
1357n rot Kirchenstaats-Verfassung
1360n blau Satire auf Christlichkeit
1362n–1437n Sigismund
1364n blau Papst-Schloß in Avignon
1365n–1416n Hieronymus von Prag
1365n–1430n Rublew
1369n–1415n Hus
1370n rot Weltliche Gerichtsbarkeit
1370n–1424n Ziska
1371n rot Machteinbuße in England
1371n blau Mahnung an Kirche
1371n–1440n Friedrich I.
1374n rot Bann über Rechtsbuch
1376n rot Papst wieder in Rom
1376n blau Wiclif für Reformation
1377n rot Verdammung Wiclifs
1377n rot Bürgerschutz für Wiclif
1377n blau Ulmer Münster begonnen
1377n–1446n Brunellesco
1379n rot Gegenpapst in Avignon
1379n blau Grabower Altar
1379n blau Kathedrale von Poitiers
1383n rot Lollarden-Bewegung
1384n blau Reformforderung Gowers
1385n rot Brüdergemeinde (Groot)
1385n blau Prager Dom vollendet
1390n–1441n Jan van Eyck
1391n rot Tod für Tauf-Verweigerung
1393n rot Katharer-Verbrennung
1394n–1460n Heinrich der Seefahrer
1396n–1446n Konrad Witz
1398n rot Metropolit in Moskau
1398n blau Verteidigung Wiclifs
1399n blau Moses-Brunnen
1400n rot Hilfe von Staatsgerichten
1401n–1464n Nikolaus von Kues
1402n blau Kathedrale von Sevilla
1406n blau Ruf nach Säkularisation
1407n grün 'Bank des heiligen Georg'
1408n rot Verbot einer Volksbibel
1408n–1457n Valla
1410n rot Bann gegen Hus
1410n–1451n Stephan Lochner
1412n blau Reformforderung des Hus
1412n–1431n Jeanne d'Arc
1413n rot Werke Wiclifs verbrannt
1414n rot Zwang gegen Juden
1414n blau Aachener Münster
1414n blau Statue Johannes des Täufers
1415n rot Verbrennung des Hus
1415n blau Vorrang der Konzile
1416n rot Hieronymus' Feuertod
1416n blau Konzil und Papst fehlbar
1417n rot Hinrichtung Oldcastles
1417n blau Andachtsbuch
1417n–1492n Francesca
1418n rot Reformversuch gescheitert
1420n rot Kreuzzugs-Aufruf
1420n blau Ziska für Neuordnung
1420n/1434n Hussiten-Kreuzzug
1424n rot Machtkämpfe bei Hussiten
1424n blau Thomas-Altar
1425n grün Kirchengesangs-Reform
1426n blau Rublews Ikonen
1427n blau Bild einer 'Heiden'-Taufe
1428n rot Schändung Wiclifs
1428n blau Conecte: Kirchen-Anklage
1431n rot Feuertod der Jeanne d'Arc
1431n blau Magdalenen-Altar
1431n–1503n Alexander VI. Borgia
1432n blau Genter Altar
1433n rot Feuertod Conectes
1433n blau Fra Angelico: 'Madonna'
1434n rot Hussitenkampf beendet
1435n blau Dom von Uppsala
1436n–1488n Verrocchio
1437n blau Glaube an Schutzheilige
1438n rot 'Gallikanische Freiheiten'
1438n blau Nikolaus' Gottesbegriff
1439n rot Kirchen-Vereinigung
1439n blau Straßburger Münster
1440n blau Fälschung aufgedeckt
1442n blau Vallas Lebens-Ideal
1443n blau Dreikönigs-Altar
1444n blau Gemälde 'Fischzug Petri'
1445n blau Gleichheit vor Gott
1447n blau Besinnung auf Antike
1448n rot Reform-Konzil von Basel
1449n grün Befestigung des Vatikans
1451n–1505n Isabella von Kastilien
1452n rot Papst für Sklaverei
1452n blau Ghibertis 'Paradiestür'
1452n–1498n Savonarola
1453n blau Quarton: 'Marienkrönung'
1455n rot Aufruf zum Türkenkrieg
1455n braun Angriff auf Türken
1455n blau Papst-Wohnung im Vatikan
1455n grün Gutenberg-Bibel
1457n rot 'Böhmische Brüder'
1459n–1525n Jakob Fugger
1460n blau Einheit mit Philosophie
1462n blau 'Anbetung des Kindes'
1462n grün Leihhaus der Franziskaner
1465n blau Francesca: Kreuz-Legende
1465n–1536n Erasmus von Rotterdam
1466n blau Bibeldruck in Straßburg
1467n blau Rothenburger Altar
1470n grün Papst Kartell-Mitglied
1472n blau Andrea-Kirche Padua
1473n blau Schongauer: 'Madonna'
1473n–1543n Kopernikus
1475n blau Van der Goes: 'Anbetung'
1475n–1564n Michelangelo
1476n blau Verrocchio: 'Taufe'
1477n–1576n Tizian
1479n blau Leonardo: 'Anbetung'
1480n blau 'Thomas und Christus'
1481n blau Pacher-Altar
1481n blau Sixtinische Kapelle
1482n rot Papst-Macht beschränkt
1482n blau Botticellis Fresken
1483n rot Torquemada Großinquisitor
1483n blau 'Schlüsselübergabe'
1483n–1546n Luther
1483n–1520n Raffael
1484n rot Verstärkte 'Hexen'-Jagd
1484n–1531n Zwingli
1485n rot Mord an Inquisitor
1487n blau 'Hexen'-Verfolgung geregelt
1487n grün Fürsten als Komplizen
1488n rot Hochzeit im Vatikan
1488n blau Frauenkirche München
1488n–1525n Thomas Münzer
1489n blau Memling: 'Ursula-Schrein'
1489n blau Krakauer Altar
1490n blau Ghirlandajo: Marienleben
1491n blau Glaube an Adam und Eva
1491n–1547n Heinrich VIII.
1491n–1556n Ignatius von Loyola
1492n rot Judenvertreibung (Spanien)
1492n rot Kauf des Papst-Amtes
1493n rot Länder-Verteilung
1495n blau Leonardo: 'Abendmahl'
1496n blau Perugino: 'Kreuzigung'
1496n–1560n Gustav Wasa
1497n–1560n Melanchthon
1498n rot Feuertod des Savonarola
1500n blau Michelangelo: 'Pietà'
1500n–1558n Karl V.
1501n blau Messe: Vielstimmigkeit
1502n rot Mauren-Vertreibung
1502n blau Heiligenblut-Altar
1503n rot 'Sünden'-Ablaß gegen Geld
1504n blau 'Ruhe auf der Flucht'
1504n grün Tetzels Ablaßhandel
1505n blau Signorelli: 'Weltgericht'
1506n blau Bramante: Peterskirche
1507n rot Ximenes Großinquisitor
1507n blau 'Madonna mit Stieglitz'
1509n blau Spott über Kirche
1509n–1564n Calvin
1510n blau Raffael: 'Stanzen'-Decke
1511n blau Isenheimer Altar
1512n braun Papstkampf gegen Florenz
1512n blau Sixtinische Kapelle: Decke
1514n blau Tizian: 'Liebe'
1514n blau Hochaltar in Freiburg
1514n grün Ablaßgewinn-Verpfändung
1515n blau 'Dunkelmänner-Briefe'
1516n blau Neues Testament griechisch
1516n grün Getto in Venedig
1517n blau Luthers Thesen
1517n rot Auflehnung Luthers
1517n rot Papst für Sklavenhandel
1518n rot Reformation in der Schweiz
1518n blau 'Sixtinische Madonna'
1518n blau Tizian: 'Zinsgroschen'
1520n rot Bann gegen Luther
1520n rot Verbrennung der Bulle
1520n rot Reuchlin 'Ketzer'
1521n rot Wormser Edikt
1521n blau Hutten: Gespräche
1521n blau Evangelische Dogmatik
1522n braun Johanniter-Niederlage
1522n blau Luthers Bibelübersetzung
1522n blau Ignatius: 'Übungen'
1523n rot Reformation in Schweden
1523n blau Neues Testament englisch
1523n blau Hans Sachs' Lutherlied
1524n grün Luther: Predigerkleidung
1525n blau Luther gegen Revolution
1525n–1594n Palestrina
1526n rot Reichstag zu Speyer
1526n rot Kapuziner-Mönche
1526n blau Dürer: 'Apostel'
1527n blau Protestanten-Universität
1527n–1598n Philipp II.
1528n blau Ideal der Wiedertäufer
1529n rot Verbot der Reformation
1529n rot Protest gegen Verbot
1529n blau Luthers Katechismen
1530n rot Malta an Johanniter
1530n blau Augsburger Konfession
1531n braun Kappeler Religionskrieg
1531n rot Protestantischer Bund
1531n blau Orley: 'Heilige Familie'
1532n rot Zulauf zu Protestanten
1532n–1594n Orlando di Lasso
1533n–1603n Elisabeth
1533n–1584n Wilhelm von Oranien
1534n braun Wiedertäufer-Erhebung
1534n rot Jesuiten-Orden
1534n rot Anglikanische Kirche
1534n blau Ignatius: Ordensregel
1534n blau Rothmanns Protestantismus
1535n blau Bibel französisch
1536n rot Reformation in Dänemark
1536n rot Säkularisation in England
1536n blau Calvin: Erfolgsprinzip
1536n grün Kloster als Tuchfabrik
1537n rot Reformation in Norwegen
1537n rot Eintreten für Indianer
1538n rot Protestanten-Verfolgung
1538n rot Bund gegen Protestanten
1538n blau 'Christus und Ehebrecherin'
1539n blau Mennoniten: Reformen
1540n rot Jesuiten-Orden anerkannt
1541n rot Reformation in Genf
1541n blau Schwedische Bibel
1541n blau 'Das jüngste Gericht'
1542n rot Strafe für Koran-Druck
1542n rot Inquisition erneuert
1542n blau Franck gegen Kirche
1542n–1605n Akbar
1543n rot Zinsverbot aufgehoben
1545n rot Konzil zu Trient
1546n rot Verbrennung des Dolet
1546n/1547n Schmalkaldischer Krieg
1547n–1614n El Greco
1548n rot Verteidigung der Sklaverei
1548n rot Vereinigungs-Versuch
1548n–1600n Giordano Bruno
1549n rot Johanna von Kent verbrannt
1549n rot Christianisierung Japans
1550n rot Missionen der Jesuiten
1552n rot Passauer Vertrag
1552n grün Kirchenbesitz-Wechsel
1553n rot Reform des Katholizismus
1553n rot Calvin-Gegner verbrannt
1553n blau Katholischer Katechismus
1553n–1610n Heinrich IV.
1555n rot Religionsfriede (Augsburg)
1555n blau Sleidans Geschichtswerk
1558n blau Universität Jena
1559n rot Bücher-Verbote
1559n rot Protestanten-Verfolgung
1559n blau Genter Kathedrale
1560n rot Reformation in Schottland
1560n rot Irland: Reformationsversuch
1560n blau Kathedrale in Moskau
1561n rot Fronten in Frankreich
1562n/1598n Hugenottenkriege
1562n–1635n Lope de Vega
1563n blau 'Hochzeit zu Kana'
1564n blau 'Apostelbuch'
1564n–1642n Galilei
1566n blau Mathesius: Luther-Buch
1567n rot Kampfauftrag für Alba
1569n blau G. Bruno: Religionskritik
1571n blau Akbars Religionsgespräche
1572n/1581n Kampf der Niederlande
1573n blau Akbar über Religionen
1573n grün Hugenotten-Auswanderung
1574n blau Magdeburger Zenturien
1575n blau Tasso: 'Jerusalem'
1576n rot Katholische Liga
1576n blau Toleranzforderung Bodins
1577n blau 'Mariä Himmelfahrt'
1577n–1640n Rubens
1580n rot Zivilehe in Holland
1580n blau Konkordienbuch
1583n–1634n Wallenstein
1585n blau Palestrinas Chormusik
1585n blau Orlandos Lieder
1585n–1672n Heinrich Schütz
1585n–1642n Richelieu
1586n rot Anschlag auf Elisabeth
1587n rot Hinrichtung Maria Stuarts
1588n–1679n Hobbes
1589n rot Kirche Rußlands frei
1589n rot Patriarchat Moskau
1589n blau Tintoretto: 'Paradies'
1592n blau Tintoretto: 'Abendmahl'
1593n rot Heinrich IV. Katholik
1598n rot Edikt von Nantes
1599n–1658n Cromwell
1599n–1660n Velasquez
1600n rot Feuertod Giordano Brunos
1600n–1681n Calderon
1601n rot Calvinist hingerichtet
1604n rot Gegenreformation: Erfolg
1605n braun Katholischer Anschlag
1605n grün 'Bank des Heiligen Geistes'
1608n rot Protestantische Union
1609n rot Katholischer Fürstenbund
1609n rot Toleranz in Böhmen
1610n rot Jesuitenstaat Paraguay
1610n rot Ermordung Heinrichs IV.
1611n rot Morisken-Vertreibung
1611n blau Rubens: 'Kreuzabnahme'
1612n blau Böhme: Naturphilosophie
1613n blau Galilei: Bibelkritik
1615n blau Aubigné: Hugenottenkämpfe
1616n rot Kopernikus' Lehren verfolgt
1618n braun Protestanten-Aufstand
1618n/1648n Dreißigjähriger Krieg
1618n rot Salesianerinnen-Orden
1618n–1682n Murillo
1620n rot Puritaner-Flucht
1620n–1688n Der Große Kurfürst
1622n rot Katholische Propaganda
1622n blau Auferstehungs-Oratorium
1623n–1662n Pascal
1624n rot Verurteilung Théophiles
1624n blau Rubens: 'Anbetung'
1626n blau Maderna: Peterskirche
1627n braun Protestanten-Erhebung
1629n rot Restitutions-Forderung
1633n rot Widerruf Galileis
1634n rot Ermordung Wallensteins
1636n rot Baptistenstaat
1638n braun Aufstand in Japan
1638n blau Jansens Lehre
1638n–1715n Ludwig XIV.
1639n–1699n Racine
1641n braun Protestantenmorde
1641n blau San-Carlo-Kirche in Rom
1642n rot Tabak-Verbot
1642n/1649n Englische Revolution
1645n blau Paul Gerhardts Lieder
1646n blau Bernini: 'Heilige Therese'
1646n–1716n Leibniz
1647n rot Quäker-Bewegung
1650n–1722n Kang-Hi
1651n blau Hobbes: 'Leviathan'
1652n blau 'Bequeme Frömmigkeit'
1653n rot Zivilehe in England
1656n blau Pascal: Jesuiten-Anklage
1657n blau Angelus' 'Wandersmann'
1662n blau Pascals 'Gedanken'
1663n rot Trappisten-Reform
1665n blau 'Das verlorene Paradies'
1666n rot Raskolniken-Bewegung
1667n blau Kathedrale von Mexiko
1668n blau Bunyan: 'Pilgerfahrt'
1669n blau Leibniz: Einheitskirche
1670n rot Pietisten-Bewegung
1672n–1725n Peter I., der Große
1678n rot Abwehr des Katholizismus
1678n blau 'Unbefleckte Empfängnis'
1679n blau Buxtehudes Orgelmusik
1679n–1754n Christian Wolff
1683n rot Jesuiten-Abwehr in China
1685n rot Frankreich: Toleranz-Ende
1685n grün Hugenotten-Auswanderung
1685n rot Druck auf Hugenotten
1685n rot Hugenotten-Aufnahme
1685n–1750n Bach
1685n–1759n Händel
1686n braun Waldenser-Bekämpfung
1688n blau Thomasius: Naturrecht
1689n blau Simons Bibelkritik
1689n–1755n Montesquieu
1692n rot 'Hexen'-Tötung
1692n blau Spener: Pietismus
1694n–1778n Voltaire
1695n blau Megerles Predigten-Buch
1699n blau Arnolds Geschichtswerk
1701n blau Neubau Kloster Melk
1702n/1710n Kamisarden-Aufstand
1704n blau 'Hexen'-Prozeß-Gegner
1706n blau Invalidendom
1710n rot Kampf gegen Jansenismus
1710n blau Leibniz: 'Theodizee'
1710n blau Pauls-Kathedrale
1712n–1786n Friedrich II., der Große
1712n–1778n Rousseau
1713n–1784n Diderot
1716n blau Karlskirche in Wien
1717n rot Freimaurer in London
1717n–1780n Maria Theresia
1719n rot Rußland: Jesuitenabwehr
1719n blau Wolff: Religionskritik
1723n blau Johannes-Passion
1723n blau Freimaurer-Ideale
1724n rot Jesuiten-Kolleg zerstört
1724n–1804n Kant
1726n blau Dresdner Frauenkirche
1727n rot Herrnhuter Gemeinde
1727n blau Quäker gegen Sklaverei
1729n blau Matthäus-Passion
1729n–1781n Lessing
1730n rot Freimaurer in Amerika
1732n blau Kritik an Kirchenmacht
1732n–1809n Haydn
1737n rot Freimaurer in Hamburg
1738n rot Bann gegen Freimaurer
1738n blau Dresdner Hofkirche
1739n rot Methodisten-Bewegung
1740n rot Toleranz in Preußen
1740n blau Westminster-Abtei
1741n blau Händel: 'Messias'
1744n blau Neumann: Klosterkirche
1744n–1803n Herder
1746n rot Werk Diderots verbrannt
1749n blau Wies-Kirche
1750n blau Herrnhuter verteidigt
1756n rot 'Hexen'-Hinrichtung
1759n rot Portugal: Jesuitenabwehr
1759n grün Jesuitenbesitz enteignet
1760n blau Diderot: 'Die Nonne'
1766n blau Goldsmith: 'Landprediger'
1767n rot Paraguay: Jesuitenabwehr
1767n rot Spanien: Jesuitenabwehr
1767n rot Frankreich: Jesuitenabwehr
1769n blau Voltaire: Religionskritik
1770n blau Gegnerschaft Holbachs
1773n rot Jesuiten-Orden aufgehoben
1773n rot Freimaurer in Frankreich
1773n blau Klopstock: 'Messias'
1775n rot 'Hexen'-Hinrichtung
1779n blau Lessing: 'Nathan'
1781n rot Klöster-Auflösung
1786n rot 'Hexen'-Prozeß-Verbot
1787n rot Shaker-Gruppe
1789n/1795n Französische Revolution
1792n rot Zivilehe (Frankreich)
1792n grün Antichristlicher Kalender
1793n rot 'Hexen'-Verbrennung
1799n blau Schleiermacher: 'Religion'
1801n rot Konkordat mit Napoleon
1801n grün Staatssold für Priester
1804n–1881n Disraeli
1807n rot Stein'sche Reformen
1813n–1855n Kierkegaard
1814n rot Erneut Jesuiten-Orden
1815n–1898n Bismarck
1818n blau Lied 'Stille Nacht'
1820n/1823n Spanische Revolution
1826n rot 'Ketzer'-Hinrichtung
1828n rot Letzter Inquisitions-Tod
1828n–1910n Tolstoi
1830n rot Mormonen-Bewegung
1833n blau Lamennais: Kirchenkritik
1834n rot Inquisitions-Ende (Spanien)
1834n blau Ranke: 'Römische Päpste'
1835n blau Strauß: 'Leben Jesu'
1841n blau Feuerbach: 'Christentum'
1844n blau Kierkegaard: 'Angst'
1844n–1900n Nietzsche
1846n rot Kolpings Gesellen-Verein
1854n rot Marien-Dogma
1859n rot Inquisition aufgehoben
1859n/1861n Befreiungskampf Italiens
1863n blau Renan: 'Leben Jesu'
1864n blau Dorés Bibelillustrationen
1869n rot Toleranz in Spanien
1870n rot Unfehlbarkeits-Dogma
1873n rot Gesetze gegen Kirchenmacht
1875n blau Theosophie
1878n rot Heilsarmee
1878n rot Papst gegen Sozialismus
1880n blau Kritik Jacobsens
1880n blau Kölner Dom vollendet
1886n rot Feuerbestattungs-Verbot
1886n blau Gegnerschaft Nietzsches
1896n blau Sienkiewicz: 'Quo vadis?'
1905n rot Trennung Kirche/Staat
1906n blau Schweitzer: 'Leben Jesu'
1917n/1922n Russische Revolution
1923n blau Shaw: 'Heilige Johanna'
1929n rot Konkordat mit Italien
1933n rot Konkordat mit Hitler
1937n rot Papst gegen Kommunismus
1938n blau Oratorium 'Johanna'
1938n blau H. Mann: 'Henri Quatre'
1942n blau Brecht: 'Galileo Galilei'
1948n blau Barth: 'Dogmatik'
1953n rot Konkordat mit Spanien
1953n blau Miller: 'Hexenjagd'
1954n blau Bultmann: Neue Theologie
1955n blau Kirche Ronchamp
1963n blau Hochhuth: 'Stellvertreter'

CHRISTENTUM: Christenverfolgungen
Verfolgungen *von* Christen.

27v–40n Herodes Antipas
19v–38n Pontius Pilatus
7v–29n Johannes der Täufer
6v–30n Jesus Christus
5v–64n Paulus
4v–64n Petrus
30n rot Hinrichtung Jesu
31n rot Steinigung des Stephanus
37n–68n Nero
64n rot Verfolgung in Rom
64n rot Hinrichtung von Aposteln
100n–165n Justin der Märtyrer
112n rot Christentum ungesetzlich
117n rot Tötung des Ignatius
156n rot Verbrennung des Polykarp
165n rot Hinrichtung des Justin
170n–229n Ulpian
176n rot Verbot des Christentums
176n rot Hinrichtungen in Pergamon
176n grün Abgestuftes Strafmaß
177n rot Hinrichtungen in Lyon
184n rot Hinrichtung des Apollonius
199n–251n Decius
202n rot Strafe für Übertritt
202n–258n Cyprian
203n rot Hinrichtungen in Afrika
235n blau 'Ermahnung zum Martyrium'
243n–316n Diokletian
245n–309n Pamphilos
249n rot Planmäßige Verfolgung
250n rot Verbrennung des Papstes
258n rot Gesetz gegen Priester
265n–330n Jamblichos
303n rot Verfolgung durch Diokletian
304n rot Hinrichtung der Lucia
310n–379n Schapur II.
311n–383n Wulfila
340n rot Verfolgung in Persien

348n braun Verfolgung bei Westgoten
1009n rot Verfolgung durch Araber
1066n rot Verfolgung durch Slawen
1896n blau Sienkiewicz: 'Quo vadis?'

CHRISTENTUM: Christliche Verfolgungen. Verfolgungen *durch* Christen.

182n–253n Origenes
338n rot 'Heiden'-Verfolgung
354n–407n Chrysostomos
360n–415n Hypatia
377n rot Gegner als 'Ketzer'
381n–444n Cyrillus
382n rot Dogma-Durchsetzung
385n rot Erste 'Ketzer'-Hinrichtung
386n–451n Nestorius
391n rot Bibliotheks-Verbrennung
399n rot Verdammung des Origenes
399n–461n Leo der Große
411n blau Philosophie 'ketzerisch'
413n blau Augustin gegen 'Ketzer'
415n rot Ermordung Hypatias
416n rot Nachteil für Nicht-Christen
420n rot Prügelstrafe für 'Ketzer'
435n rot Verbannung des Nestorius
444n rot Manichäer-Verfolgung
444n rot Bücherverbrennung
447n rot Papst: Tod für Gegner
668n rot Paulikianer-Verfolgung
681n rot Papst als 'Ketzer'
694n rot Juden-Versklavung (Konzil)
701n–784n Fergil der Geometer
743n–807n Widukind
748n rot Klage gegen Fergil
814n–877n Eriugena
835n rot Mord an Paulikianer
1000n–1088n Berengar von Tours
1022n rot Katharer-Verbrennung
1030n rot Katharer-Verbrennung
1052n rot 'Ketzer'-Hinrichtungen
1053n–1123n Roscelin
1058n rot Verdammung von Mönchen
1078n rot Judenfeindliche Erklärung
1079n rot Zwang gegen Berengar
1079n–1124n Abälard
1090n rot 'Hexen'-Verbrennung
1090n–1153n Bernhard von Clairvaux
1092n rot Zwang gegen Roscelin
1096n rot Judenmorde
1103n–1155n Arnold von Brescia
1109n–1149n Eudo
1115n rot Katharer-Verbrennung
1119n rot Papst: 'Ketzer'-Ausrottung
1123n blau Schrift gegen 'Ketzer'
1126n rot Mord an Tanchelm
1132n rot Peter von Bruys verbrannt
1139n rot Armbrust-Bestimmung
1140n rot Strafen für Unbequeme
1140n–1217n Peter Waldes
1145n rot Katharer-Morde
1146n rot Judenverfolgungen
1155n rot Tod Arnolds von Brescia
1157n rot Papst Katharer-Zeichnung
1160n–1216n Innozenz III.
1163n rot Katharer-Verbrennung
1163n rot Katharer-Verbrennung
1163n grün Katharer-Boykott
1166n rot Katharer-Brandmarkung
1170n–1221n Dominikus
1179n rot Urteil über Katharer
1180n rot Bogomilen-Verfolgung
1180n rot Kreuzzugs-Aufruf
1181n braun Kreuzzug gegen Katharer
1184n rot Inquisition
1189n rot Massenmorde an Juden
1194n–1250n Friedrich II.
1197n rot Todesstrafe für Katharer
1208n rot Kreuzzugs-Forderung
1209n rot Amalrikaner-Verbrennung
1209n/1229n Katharer-Kreuzzug
1211n rot Katharer-Verbrennung
1212n rot Bogomilen-Verfolgung
1215n rot Papst für Judentracht
1217n rot Judentracht in England
1229n grün Geld für Katharer-Anzeige
1230n rot Katharer-Verbrennung
1230n–1306n Jacopone von Todi
1231n rot Papst Inquisitons-Leiter
1232n rot Strafen für Katharer
1232n/1234n Stedinger-Kreuzzug
1232n–1300n Segarelli
1234n rot Katharer-Ende (Bosnien)
1234n grün Bauernboden Kirchenbesitz
1237n rot Katharer-Verbrennungen
1239n rot Katharer-Verurteilung
1243n rot Inquisition an Dominikaner
1247n rot Feuertod für 'Hexe'
1248n rot 'Hexen'-Verbrennungen
1249n rot Katharer-Verbrennung
1252n rot Anordnung der Folter
1260n–1327n Meister Eckehart
1275n rot 'Hexen'-Verbrennungen
1290n rot Juden-Vertreibung
1294n rot Verdammung Segarellis
1295n–1366n Seuse
1305n rot Anklage gegen Templer
1305n/1307n Lombardischer Kreuzzug
1306n rot Juden-Ausweisung
1307n rot Fra Dolcinos Feuertod
1310n rot Feuertod für Templer
1311n rot Verdammung der Beginen
1312n rot Templer-Orden aufgelöst
1315n rot Katharer-Verbrennungen
1318n rot Christus-Orden
1323n rot Armutslehre verdammt
1324n–1384n Wiclif
1325n rot Bann gegen Aufständische
1336n rot Katharer-Verbrennung
1362n–1437n Sigismund
1365n–1416n Hieronymus von Prag
1369n–1415n Hus
1370n–1424n Ziska
1377n rot Verdammung Wiclifs
1377n rot Bürgerschutz für Wiclif
1393n rot Katharer-Verbrennung
1400n rot Hilfe von Staatsgerichten
1410n rot Bann gegen Hus
1412n–1431n Jeanne d'Arc
1413n rot Schriften-Verbrennung
1415n rot Verbrennung des Hus
1416n rot Hieronymus' Feuertod
1417n rot Lollarden-Hinrichtung
1420n rot Kreuzzugs-Aufruf
1420n/1434n Hussiten-Kreuzzug
1428n rot Schändung Wiclifs
1431n rot Feuertod der Jeanne d'Arc
1433n rot Feuertod Conectes
1451n–1505n Isabella von Kastilien
1452n–1498n Savonarola
1483n rot Torquemada Inquisitor
1483n–1546n Luther
1484n rot Verstärkte 'Hexen'-Jagd
1487n blau 'Hexenhammer'
1487n grün Fürsten als Komplizen
1491n–1556n Ignatius von Loyola
1492n rot Judenvertreibung (Spanien)
1498n rot Feuertod des Savonarola
1502n rot Mauren-Vertreibung
1507n rot Ximenes Inquisitor
1509n–1564n Calvin
1520n rot Bann gegen Luther
1520n rot Reuchlin 'Ketzer'
1521n rot Wormser Edikt
1527n–1598n Philipp II.
1529n rot Verbot der Reformation
1534n braun Wiedertäufer-Niederlage
1538n rot Protestanten-Verfolgung
1538n rot Bund gegen Protestantismus
1542n rot Strafe für Koran-Druck
1542n rot Inquisition erneuert
1546n rot Verbrennung des Dolet
1548n–1600n Giordano Bruno
1549n rot Johanna von Kent verbrannt
1553n rot Calvin-Gegner verbrannt
1553n–1610n Heinrich IV.
1559n rot Bücher-Verbote
1559n rot Protestanten-Verfolgung
1562n/1598n Hugenottenkriege
1564n–1642n Galilei
1576n rot Katholische Liga
1583n–1634n Wallenstein
1585n–1642n Richelieu
1586n rot Anschlag auf Elisabeth
1587n rot Hinrichtung Maria Stuarts
1600n rot Feuertod Giordano Brunos
1601n rot Calvinist hingerichtet
1605n braun Katholischer Anschlag
1610n rot Ermordung Heinrichs IV.
1615n blau Aubigné: Hugenottenkämpfe
1616n rot Kopernikus' Lehren verfolgt
1618n/1648n Dreißigjähriger Krieg
1624n rot Verurteilung Théophiles
1633n rot Widerruf Galileis
1638n–1715n Ludwig XIV.
1641n braun Protestantenmorde
1678n rot Katholiken-Ausschluß
1685n rot Toleranz-Ende (Frankreich)
1685n grün Hugenotten-Auswanderung
1685n rot Druck auf Hugenotten
1686n braun Waldenser-Bekämpfung
1689n–1755n Montesquieu
1692n rot 'Hexen'-Tötung
1694n–1778n Voltaire
1717n–1780n Maria Theresia
1738n rot Bann gegen Freimaurer
1746n rot Diderot-Werk verbrannt
1756n rot 'Hexen'-Hinrichtung
1775n rot 'Hexen'-Hinrichtung
1786n rot 'Hexen'-Prozeß-Verbot
1793n rot 'Hexen'-Verbrennung
1826n rot 'Ketzer'-Hinrichtung
1828n rot Letzter Inquisitions-Tod
1834n rot Inquisitions-Ende (Spanien)
1859n rot Inquisition aufgehoben
1923n blau Shaws 'Heilige Johanna'
1942n blau Brecht: 'Galileo Galilei'
1953n blau Miller: 'Hexenjagd'

CHRISTENTUM: Christianisierung
Verbreitung des Christentums.

10v–52n Matthäus
6v–30n Jesus Christus
5v–64n Paulus
4v–64n Petrus
2v–71n Markus
3n–50n Johannes der Evangelist
22n–74n Lukas
32n rot Lehren Jesu in Syrien
33n rot Bekehrung des Paulus
37n–68n Nero
48n rot Apostelkonzil
49n rot Aufkommen in Europa
51n rot Gemeinde in Korinth
53n–117n Trajan
65n rot Gemeinde in Alexandria
100n–165n Justin der Märtyrer
154n–222n Bardesanes
172n rot Aufkommen in Germanien
182n rot Pantainos' Missionsreise
201n blau Kirche in Edessa
261n–335n Laktantius
264n rot Goten-Bekehrung
280n–337n Konstantin
299n rot Armenische Staatsreligion
311n–383n Wulfila
316n–397n Martin von Tours
324n rot Staatsreligion in Rom
340n rot Kirche in Abessinien
346n rot Bekehrung der Westgoten
351n rot Staatsreligion (Abessinien)
391n–460n Patrick
432n rot Christianisierung Irlands
534n–615n Kolumban
540n–604n Gregor I.
546n rot Bekehrung Nubiens
564n rot Bekehrung Schottlands
596n rot Angelsachsen-Bekehrung
610n rot Bekehrung Süddeutschlands
635n rot Aufkommen in China
635n–714n Pippin der Mittlere
658n–739n Willibrord
664n rot England christianisiert
675n–754n Bonifatius
691n rot Auftrag für Willibrord
721n rot Bekehrung Thüringens
727n rot Christianisierung Hessens
738n rot Bekehrung Frieslands
742n–814n Karl der Große
743n–807n Widukind
769n rot Bekehrung Kärntens
772n/804n Sachsenkriege
777n rot Zwangsbekehrung (Sachsen)
782n rot Todesdrohung für Sachsen
808n rot Gebietsgewinn
827n–869n Kyrill
829n rot Bekehrung Skandinaviens
849n–901n Alfred der Große
863n rot Bekehrung Mährens
865n rot Bulgarien christianisiert
885n rot Religion im Khasarenreich
885n–968n Olga
920n–992n Miezko
940n–1015n Wladimir der Große
958n–1025n Basilius II.
964n–1000n Olaf Tryggvason
966n rot Staatsreligion in Polen
989n rot Zwangstaufen in Kiew
997n rot Staatsreligion in Ungarn
999n rot Norwegen christianisiert
1001n rot Island christianisiert
1001n–1072n Adalbert von Bremen
1008n rot Schweden christianisiert
1060n rot Bekehrung Mecklenburgs
1124n rot Bekehrung Pommerns
1151n rot Bekehrung von Mongolen
1154n rot Bekehrung Finnlands
1173n–1239n Hermann von Salza
1222n–1263n Alexander Newski
1226n rot Preußen an Deutschritter
1230n braun Unterwerfung Preußens
1247n–1328n Johannes Korvino
1276n blau Schule des Lullus
1295n blau Kirche in Peking
1298n rot Teil-Bekehrung Chinas
1391n rot Tod für Tauf-Verweigerung
1414n rot Zwang gegen Juden
1431n–1503n Alexander VI. Borgia
1491n–1556n Ignatius von Loyola
1549n rot Bekehrung Japans
1550n rot Jesuiten-Tätigkeit
1610n rot Jesuitenstaat Paraguay
1650n–1722n Kang-Hi
1683n rot Jesuiten-Abwehr in China

CHRISTENTUM: Symbolik

64n grün Taufe
90n grün Bekreuzigung
312n braun Christus-Monogramme
315n blau Lamm
337n blau Heiligenschein
349n grün Anbetung des Kreuzes
391n blau Symbole für Evangelisten
395n blau Engel mit Flügeln
398n grün Weihrauch
503n grün Kirchenglocken
787n rot Bilderverehrung
796n grün Schwarz religiöse Farbe
1192n grün Weihe von Ostereiern
1223n grün Weihnachtskrippe

CHRISTIAN I. (1426n–1481n), dänischer König von 1448n bis 1481n. Vereinigte ganz Skandinavien vorübergehend unter seiner Herrschaft (norwegischer König von 1450n bis 1481n, schwedischer König von 1451n bis 1464n). Entstammte dem Hause Oldenburg und wurde seit 1460n auch von Schleswig und Holstein als Landesherr anerkannt.

1460n rot Gewinn Schleswig-Holsteins
1460n rot Zusicherung der Einheit

CHRISTIAN II. (1481n–1559n), König von Dänemark von 1513n bis 1523n. Veranstaltete nach Besiegung des schwedischen Reichsheeres ein furchtbares Gericht über seine schwedischen Gegner, die er durch ein kirchliches Gericht als 'Ketzer' verurteilen ließ ('Stockholmer Blutbad'). Hierdurch verursachte er einen Aufstand und verlor Schweden. Ein Aufstand in Dänemark vertrieb ihn dann auch aus seiner Heimat und zwang ihn zum Verzicht auf die Krone.

1496n–1560n Gustav Wasa
1518n braun Sieg über Schweden
1518n rot Beherrschung Schwedens
1520n braun Schwedischer Aufstand
1523n braun Verlust Schwedens

CHRISTIAN III. (1503n–1559n), dänischer König von 1536n bis 1559n. Führte in seinem Lande die Reformation durch und band Norwegen fest an die dänische Königsmacht.

1536n rot Reformation
1537n rot Norwegen Provinz
1537n rot Reformation in Norwegen

CHRISTIAN IV. (1577n–1648n), dänischer König von 1588n bis 1648n. Unterlag Tilly im Dreißigjährigen Kriege und erlitt auch im Kampfe gegen Schweden eine Niederlage. Trotzdem wurde er wegen seiner Tapferkeit in Liedern verherrlicht.

1618n/1648n Dreißigjähriger Krieg
1645n braun Niederlage gegen Schweden
1645n rot Gebietsverluste

CHRISTIAN von Troyes (Chrétien de Troyes, 1142n–1191n), französischer Dichter. Schrieb Romane und Erzählungen. Seine Stoffe entnahm er fremder Volkssage. An verschiedenen Fürstenhöfen lebend (Champagne, Flandern), schrieb er auch Minnelieder. Besang aber nicht nur die Adligen und Reichen an den Höfen, sondern auch die Arbeiterinnen in den Textilwerkstätten von Troyes.

1164n blau 'Erek und Enide'
1171n blau 'Lancelot'
1180n blau 'Parsival'

CHRISTINE de Pisan (um 1365n– um 1430n), französische Dichterin. Als Tochter eines Sterndeuters in Venedig geboren, folgte sie ihrem Vater nach Paris, wo er die Stelle eines Hofastrologen beim französischen König Karl V. einnahm. Mit 15 Jahren an einen französischen Adligen verheiratet, wurde sie 25jährig Witwe und mußte für sich und ihre drei Kinder selbst den Lebensunterhalt verdienen. Sie schrieb Gedichte, Erzählungen, Balladen und verkaufte diese Arbeiten an französische Fürsten, die ihr damit weiterhelfen wollten, so an die Herzöge von Orléans und von Burgund. Später ging sie ins Kloster. Kämpfte gegen den Krieg und trat für die Rechte der Frauen ein. Hinterließ außer ihren Dichtungen und Briefen auch Abhandlungen über Fragen ihrer Zeit.

1399n blau 'Briefe an Amor'

CHRISTINE von Schweden (1626n bis 1689n), schwedische Königin von 1632n bis 1654n, Tochter Gustav Adolfs. Folgte sechsjährig ihrem gefallenen Vater auf den schwedischen Thron und übernahm achtzehnjährig selbst die Regierung. Trotz der andauernden Religionskriege in Europa behauptete sie die von ihrem Vater errungene Großmachtstellung ihres Landes. In einem Abwehrkampfe gegen Dänemark festigte sie die Vorherrschaft Schwedens. Mit 28 Jahren übergab sie den Thron an einen Vetter, zog sich unverheiratet ins Privatleben zurück und widmete sich in Paris und Rom den Künsten und Wissenschaften.

1618n/1648n Dreißigjähriger Krieg
1632n rot Thronbesteigung
1645n braun Dänischer Angriff
1645n rot Gebietsgewinne
1648n rot Westfälischer Friede

CHRISTUS, griechisches Wort für 'Gesalbter', eine Übersetzung des hebräischen Wortes 'Messias'. Dem Religionsstifter Jesus von seinen Anhängern beigegeben als Ehrenname, der ausdrücken sollte, daß sie in ihm den vom jüdischen Volke jahrhundertelang erhofften Welterlöser sahen.

6v–30n Lebenslinie
27v–40n Herodes Antipas
19v–38n Pontius Pilatus
10v–30n Judas Ischariot
10v–52n Matthäus
7v–29n Johannes der Täufer
4v–64n Petrus
3n–50n Johannes der Evangelist
28n blau Bergpredigt
30n rot Hinrichtung

CHRISTUSORDEN, Name einer in Portugal entstandenen, vorwiegend militärischen Vereinigung zum Kampf gegen die Araber.

1318n rot Gründung
1394n–1460n Heinrich der Seefahrer

CHRODEGANG (um 705n–766n), fränkischer Priester, Bischof von Metz. Vermittelte für den von langobardischen Truppen bedrängten Papst ein persönliches Zusammentreffen mit dem Frankenherrscher Pippin. Aus Dankbarkeit für diesen der Kirche wichtigen Dienst ernannte ihn der Papst zum Erzbischof. Schrieb Verhaltensregeln für katholische Geistliche. Indem er alle Kleriker durch gemeinsames Wohnen, gemeinsame Mahlzeiten und gemeinsames Beten zur Innehaltung fester Lebensregeln verpflichtete, wirkte er der Sittenverwilderung des fränkischen Priesterstandes entgegen.

766n blau Regeln für Geistliche

CHRONIK, von dem griechischen Worte 'chronikon' (='Zeitbuch') abgeleitete Bezeichnung für Geschichtswerke, deren Aufbau von der zeitlichen Aufeinanderfolge des historischen Geschehens geprägt ist.

2496v–2448v Nefer-Re
2452v blau Aufzeichnungen in Ägypten
2264v grün Annalen in Mesopotamien
791v blau Synchronistisches Werk
433v blau Geschichte Persiens
330v blau Altes Testament: 'Chronik'
315v–263v Manethos
298v blau 'Bambusbücher' (China)
269v blau Geschichte Ägyptens
239v blau 'Annalen des Herrn Lü'
142v blau Apollodors 'Weltchronik'
90v blau Tatais Geschichten
45v blau Attikus: Geschichtstabellen
42v blau Synoptische Königstafeln
30n blau Ländergeschichte
92n blau Synoptische Geschichte
117n blau Tacitus: 'Annalen'
155n–235n Kassius Dio
172n–245n Afrikanus
221n blau Afrikanus: Weltgeschichte
234n blau Werk des Kassius Dio
263n–339n Eusebius
303n blau Eusebius: Weltgeschichte
403n blau Sulpicius Severus' Werk
422n blau Geschichte Ceylons
480n–573n Kassiodor
510n blau Geschichte des Buddhismus
519n blau Kassiodors Weltgeschichte
568n blau Johannes Malalas' Werk
720n blau Japanische Annalen
758n–829n Nikephoros
793n blau 'Lorscher Annalen'
811n blau Synkellos: Weltgeschichte
813n blau Theophanes: Weltchronik
829n blau Nikephoros: Weltgeschichte
839n–923n Al Tabari
915n blau Al Tabari: Weltgeschichte
1018n blau Thietmars Kaisergeschichte
1054n blau Hermanns Weltgeschichte
1056n–1133n Sämund der Weise
1069n blau Chinesische Annalen
1079n blau Lamberts Annalen
1111n blau Geschichte Rußlands
1115n blau Sämunds Geschichtswerk
1125n blau Frutolf-Ekkehard-Werk
1136n blau Zonaras: Weltgeschichte
1148n blau Kalhanas Indien-Werk
1149n blau Deutsche Kaiserchronik
1172n blau Helmolds Slawengeschichte
1190n–1235n Eike von Repkow
1226n blau Eikes 'Weltchronik'
1493n blau Schedels Weltgeschichte
1521n blau Geschichte Ägyptens
1574n blau 'Magdeburger Zenturien'
1863n blau Ploetz' Werk

CHRONISCHE KRANKHEITEN, ärztliche Bezeichnung für lang andauernde Krankheiten. Ihre Unterscheidung von den schnell vorübergehenden (akuten) Erkrankungen schuf die Möglichkeit zu einer ihrer Eigenart entsprechenden Behandlungsweise.

50n grün Krankheits-Unterscheidung

CHRONOLOGIE, von dem griechischen Worte 'chronos' (=Zeit) abgeleitete Bezeichnung für die Wissenschaft vom Ablauf der Zeit. Beruht auf der Sternkunde und dem aus ihr hervorgegangenen Kalender. Wegen der Bedeutung der Zeitrechnung für die Geschichtsaufzeichnungen Grundlage der historischen Wissenschaft. Diese bezieht auch die zeitliche Zuordnung früherer Geschehnisse ein und ordnet zu diesem Zwecke die Zeitrechnungen vergangener Epochen der heute gültigen Chronologie zu. Außerdem stützt sie sich auf relative Zeitbestimmung durch vergleichende Betrachtung der Gesteinsschichtung und materieller Funde sowie auf die chemische Altersbestimmung durch radioaktive Zerfallsprobe.

2913v grün Kalender in Sumer
2880v grün Neujahrsfest in Sumer
2850v grün Jahresbeginn bei Nilflut
2848v grün Ägyptische Jahresnamen
2769v grün Ägyptischer Kalender
2630v grün Kalender in China
2600v grün Steuerjahre in Ägypten
2332v–2248v Yao
2269v grün Kalenderreform in China
1953v grün Beginn bei Regierung
1857v grün Assyrische Jahresnamen
1822v grün Babylonische Jahresnamen
1690v grün Reform in Babylon
1685v grün Beginn bei Regierung
1333v grün Kalender in Arabien
1321v grün 60-Jahre-Zyklus (China)
1317v grün Mondjahr in Ägypten
841v grün Reform in China
776v grün Olympiaden-Ära

753v–680v Hesiod
509v grün Rechnung nach Konsuln
433v grün Meton'scher Zyklus
274v–194v Eratosthenes
259v–209v Schi-Huang-Ti
237v grün Sonnenjahr in Ägypten
153v grün 1. Januar Jahresanfang
104v grün Reform in China
46v grün Julianischer Kalender
44v grün Monatsname 'Juli'
8v grün Monatsname 'August'
155n rot Streit um Osterdatum
192n rot Osterdatum erzwungen
325n grün Osterdatum festgelegt
354n rot Weihnachtsdatum
474n grün Genaue Jahreslänge (Indien)
525n grün Christliche Zeitrechnung
582n–644n Omar
637n grün Islamische Zeitrechnung
673n–735n Beda
725n grün Beda: 'Über Zeitrechnung'
855n–929n Al Battani
973n–1048n Al Biruni
1039n–1123n Al Kajam
1056n–1133n Sämund der Weise
1079n grün Al Kajams Kalender
1277n grün Reform in China
1436n grün Reformforderung
1582n grün Gregorianischer Kalender
1583n grün Scaliger: Chronologie
1792n grün Revolutionskalender
1795n grün Schichtenkunde
1879n–1968n Otto Hahn

CHRUSTSCHOW, Nikita Sergejewitsch (geboren 1894n), sowjetischer Staatsmann. Als Schlosser in Bergwerksbetrieben des Don-Gebietes stieß er zur kommunistischen Bewegung, kämpfte in der Revolution gegen die Interventionsheere und später gegen den deutschen Angriff. Wurde Erster Sekretär der KPdSU und vereinigte bald nach dem Tode Stalins Partei- und Staatsführung in seiner Hand. Leitete die Politik der UdSSR bis zu seiner Absetzung im Jahre 1964n. Im Innern stärkte er freiheitliche Tendenzen und beseitigte überflüssig gewordene Härten der Revolutionsperiode. Nach außen erstrebte er die friedliche Koexistenz mit den USA, setzte aber die ganze Macht der Sowjetunion ein, um die Kubanische Revolution zu stützen und damit der Weltrevolution auch in Amerika zum Durchbruch zu verhelfen. Stärkte das Ansehen der Sowjetunion und des Weltkommunismus durch schnelles Vorantreiben der Raumfahrt. Gab dem Freiheitskampf der farbigen Völker politische Rückendeckung und wirtschaftliche Hilfestellung.

1956n/1959n Kubanische Revolution
1958n rot Ministerpräsident
1958n grün Polytechnischer Unterricht
1959n rot Verständigung mit USA
1961n rot Kuba kommunistisch
1964n rot Absetzung

CHRYSIPP, griechischer Philosoph.

279v–206v Lebenslinie
224v blau Idealstaat
214v blau Lehre von den Gegensätzen

CHRYSOLORAS, Manuel, italienischer Sprachgelehrter griechischer Herkunft.

1350n–1415n Lebenslinie
1396n blau Sprach-Lehrbuch

CHRYSOMALAS (um 1080n–um 1135n), griechischer Religionsphilosoph. Formulierte die Lehren der Bogomilen: Ablehnung von Kirche, Besitz und Obrigkeit.

1116n blau Lehren der Bogomilen

CHRYSOSTOMOS, Johannes, syrischer Priester und Kirchenlehrer.

354n–407n Lebenslinie
379n blau Schrift über Erziehung
387n blau Predigten

CHUFU-ANEK (um 2520v–2460v), ägyptischer Sänger und Komponist. Nach Abschluß seiner Gesangsausbildung schnell als Sänger bekanntgeworden, erlernte er das Flötenspiel, wurde Vorsteher der Flötenspieler-zunft und hatte auch mit seinen selbst komponierten Liedern Erfolg. Er mußte täglich am Hofe des Pharao erscheinen und dem König User-Kaf neue Proben seiner Kunst geben. Als Vorsteher des gesamten Musikwesens von Ober- und Unter-Ägypten oblag ihm die Pflege der Musik im ganzen Nilreiche. Außerdem hatte er das Amt des 'Vorstehers des königlichen Gesanges und aller schönen Vergnügungen des Königs'.

2480v blau Vorsteher des Musikwesens

CHUI, ägyptischer Arzt.

2415v–2335v Lebenslinie
2358v grün Kampf gegen Trachom

CHUI (um 1820v–um 1760v), ägyptischer Fürst. Ließ sich für sein Grabmal ein Wandgemälde anfertigen, auf dem er selbst beim Opfer abgebildet ist, umgeben von seiner Frau, seinem Bruder, seiner Schwester und seinem Sohn. Über dem Bilde ließ er eine Bitte an den Totenrichter Osiris einmeißeln.

1774v blau Familienbild

CHUN-ANUP, ägyptischer Dichter.

2185v–2123v Lebenslinie
2135v blau 'Klage eines Bauern'

CHURCHILL, Winston (1879n–1965n), britischer Staatsmann. Sohn eines englischen Adligen und einer Amerikanerin. Nach Tätigkeit als Kolonialoffizier und Kriegsberichterstatter im Burenkrieg bereitete er England propagandistisch auf den Krieg gegen Deutschland vor. Als Kriegsminister suchte er nach Niederwerfung Deutschlands den jungen Sowjetstaat durch Interventionsheere zu stürzen. Bekämpfte auch in England die aufstrebende sozialistische Bewegung. Im zweiten Weltkrieg führte er England an der Seite der Sowjetunion und der USA zum Siege über Deutschland. Danach suchte er Westeuropa in eine weltweite Allianz mit den USA gegen die Sowjetunion einzufügen. Schuf gemeinsam mit Roosevelt die Atlantikcharta und die UN.

1899n/1902n Burenkrieg
1914n/1918n Erster Weltkrieg
1917n/1922n Russische Revolution
1939n/1945n Zweiter Weltkrieg
1940n rot Premierminister
1941n rot Atlantikcharta
1941n rot Abessinien-Garantie
1943n rot Konferenz von Teheran
1945n rot Besetzung Deutschlands
1945n rot Potsdamer Konferenz
1945n rot Gründung der UN
1952n rot Deutschland-Vertrag
1954n rot Gründung der SEATO

CHURRIGUERA, José (1650n–1723n), spanischer Bildhauer und Baumeister. Schuf einen eigenartigen, überladenen Baustil, der nach ihm benannt wurde und den seine Schüler für ein Jahrhundert über ganz Spanien verbreiteten.

1729n blau Rathaus von Salamanca

CICERO, Markus Tullius, römischer Politiker und Schriftsteller.

106v–43v Lebenslinie
138v–78v Sulla
108v–62v Katilina
81v rot Rede gegen Sulla
63v rot Maßnahmen gegen Katilina
57v grün Tiros Stenographie
55v blau Lehrbuch der Redekunst
43v rot Opfer der Verfolgungen
261n–335n Laktantius

CID, Rodrigo Diaz, spanischer Heerführer.

1043n–1099n Lebenslinie
1094n braun Einnahme von Valencia
1094n rot Königreich Valencia
1150n blau Spielmannslied
1606n–1685n Corneille
1636n blau Corneilles Drama

CIMABUE, italienischer Maler.

1240n–1302n Lebenslinie
1293n blau 'Thronende Madonna'

CIOMPI, italienisches Wort für 'Lumpen'. Als abschätzige Bezeichnung für Textilarbeiter wurde es zum Namen einer großen revolutionären Bewegung in Florenz, die unter Führung des Arbeiters Michael Landi für kurze Zeit die oberste Gewalt und für drei Jahre das Recht des organisatorischen Zusammenschlusses der Lohnarbeiter erkämpfte. Erste erfolgreiche revolutionäre Erhebung des Proletariats in Europa.

1378n braun Aufstand
1378n rot Gewerkschaft
1382n rot Auflösung

CITEAUX, Dorf in Mittelfrankreich unweit der Stadt Dijon. Hier wurde durch Robert von Citeaux aus dem Benediktinerorden heraus der fortan selbständige 'Zisterzienser-Orden' gegründet. Die strenge und schmucklose, aber weitläufige Bauweise des Klosters wurde vorbildlich für viele Kirchenbauten in Frankreich und Deutschland.

1098n blau Kloster

CIVILIS, Julius, germanischer Freiheitskämpfer.

25n–70n Lebenslinie
68n/70n Bataveraufstand

CIVITATE, Stadt im nördlichen Apulien (Mittelitalien). Hier schlug ein Normannenheer unter Robert Guiskard die von einem Heere des deutschen Kaisers unterstützte Streitmacht des Papstes und sicherte dadurch die Normannenherrschaft in Süditalien.

1013n–1085n Robert Guiskard
1053n braun Sieg der Normannen

CLAIRVAUX, Ortschaft im sumpfigen Tale der Aube (Nordost-Frankreich). Das von Bernhard im 12. Jahrhundert hier gegründete Kloster wurde in der französischen Revolution aufgehoben und dient heute als Gefängnis.

1090n–1153n Bernhard von Clairvaux
1115n blau Kloster

CLASSE, Hafenstadt der norditalienischen Residenzstadt Ravenna. Von Kaiser Augustus angelegt, wurde die Stadt um 750n von den Langobarden zerstört.

549n blau Basilika 'San Apollinare'

CLAUDE, Georges (1870n–1960n), französischer Chemiker und Physiker. Nach Abschluß seiner Studien ging er als Ingenieur in die Industrie und machte zahlreiche Entdeckungen (Luft-Verflüssigung, Ammoniak-Synthese). Schuf eine neue Beleuchtungsart, indem er Glasröhren mit verdünntem Edelgas ('Neon') füllte und durch eingeschmolzene Elektroden zum Leuchten brachte. Verkaufte sein Patent für dieses stromsparende Glühlicht an die General Electric (USA). Wegen seiner deutschfreundlichen Gesinnung wurde er 1944n nach zwanzigjähriger Mitgliedschaft aus der Akademie der Wissenschaften ausgestoßen.

1909n grün Neonlicht

CLAUDEL, Paul (1868n–1955n), französischer Dichter. Vierzig Jahre lang Konsul und Botschafter Frankreichs in zahlreichen Ländern Europas, Asiens und Amerikas. Seit seiner Bekehrung suchte er durch seine dichterischen Werke die katholische Glaubenswelt als einzig mögliche Welt zu beweisen. In ihren Mittelpunkt stellte er die biblische Schöpfungsgeschichte sowie die Geschichten des Neuen Testaments, entlehnte aber seine Stoffe auch bei den Griechen und bei der ostasiatischen Dichtung. Sein Problem blieb der von ihm angenommene Konflikt zwischen Geist und Materie. Verfaßte Gedichte, Essays, Dramen, Prosaschriften und Texte für Musikstücke (Der seidene Schuh, Christoph Kolumbus, Mariä Verkündigung, Fünf große Oden, Johanna auf dem Scheiterhaufen).

1938n blau 'Johanna'

CLAUDE LORRAIN (wörtlich: Claude, der Lothringer), gebräuchliche Namensform für einen französischen Maler aus Lothringen; eigentlich Claude Gellée (1600n–1682n). Als Sohn armer Landbewohner besuchte er nur kurz die Schule, ohne richtig schreiben zu lernen. Mit 12 Jahren Vollwaise, sollte er Pastetenbäcker werden, begab sich aber zu seinem älteren Bruder, der in Freiburg als Holzschnitzer arbeitete. 15jährig ging er nach Rom, bildete sich zum Maler aus und blieb bis zu seinem Ende in der Stadt unverheiratet einem rastlosen Kunstschaffen hingegeben. 27jährig wurde er durch zwei Bilder als Landschaftsmaler bekannt. Suchte eine naturgetreue Abbildung der Landschaft mit einer Wiedergabe seines eigenen Gemütseindrucks zu verbinden. Schuf auch Tuschzeichnungen mit Pinsel und Feder sowie zahlreiche Radierungen. 200 Entwürfe zu seinen Bildern stellte er in einem Skizzenbuch zusammen.

1629n blau Italienische Landschaften
1644n blau Hafen bei Sonnenuntergang

CLAUDIUS, Matthias (1740n–1815n), deutscher Dichter. Gab in der Stadt Wandsbek bei Hamburg eine Tageszeitung heraus, die neben politischen und wissenschaftlichen Neuigkeiten literarische Nachrichten und Literaturkritiken sowie Erzählungen und Dichtungen veröffentlichte ('Wandsbeker Bote'). Goethe und Herder gehörten zu seinen Mitarbeitern. Schrieb selbst Gedichte, Fabeln und Volkslieder ('Der Mond ist aufgegangen').

1771n blau 'Wandsbeker Bote'

CLAUSEWITZ, Karl (1780n–1831n), preußischer General und Schriftsteller aus polnischer Familie. Nach Tätigkeit im preußischen Kriegsministerium trat er 1812n für zwei Jahre in russische Dienste, wurde nach seiner Rückkehr Direktor der Kriegsschule und Generalstabschef. In seinem Hauptwerke ('Vom Kriege') schuf er die moderne Theorie der Kriegskunst.

1829n blau 'Vom Kriege'

CLAUSIUS, Rudolf (1822n–1888n), deutscher Naturwissenschaftler. Erforschte die Gesetze der in den Temperaturveränderungen wirksamen Kräfte. Erkannte, daß Wärme ohne Energiezufuhr nur von wärmeren auf kältere Körper übergeht. Beschrieb die nicht in andere Energie verwandelbare Kern-Substanz der Wärme-Energie ('Entropie').

1851n grün Wärmelehre
1865n grün Entropie-Gesetz

CLAYTON, Henry Helm (1861n–1946n), nordamerikanischer Naturwissenschaftler. Erforschte die Gesetzmäßigkeit des Auftretens dunkler Wirbel auf der Oberfläche der Sonne sowie deren Einfluß auf die Atmosphäre und auf das Wetter der Erde.

1946n grün 'Sonnenflecke'

CLEMENCEAU, Georges (1841n–1929n), französischer Staatsmann. Wurde Arzt, wandte sich dann dem Journalismus zu und verschrieb sich schließlich ganz der politischen Tätigkeit. Als Führer der Radikalen Partei wurde er 65jährig Innenminister und Ministerpräsident. Mit Unterbrechungen behielt er dieses Amt bis zu seinem 80. Lebensjahre. Entschiedenster Verfechter der europäischen Vormachtansprüche des französischen Bürgertums, betrieb er eine Politik der Rache gegenüber Deutschland, dessen militärischen Sieg über Frankreich er 1871n als Bürgermeister des Pariser Stadtteils Montmartre erlebt hatte. Unter weitgehender Ausschaltung des Parlamentes sowie unter rücksichtsloser Bekämpfung aller Friedenspolitik innerhalb und außerhalb Frankreichs stärkte er den Kriegswillen seines Volkes. 1917n verkündete er den 'Krieg auf Leben und Tod'. Nach dem Siege konnte er sich als Vorsitzender der Pariser Friedenskonferenz gegen die auf Versöhnung gerichtete Politik des nordamerikanischen Präsidenten Wilson weitgehend durchsetzen (Versailler Vertrag), obgleich die von ihm beabsichtigte französische Besitznahme des gesamten linksrheinischen Gebietes verhindert wurde. Gegen die um ihren Bestand ringende Sowjetunion entsandte er Interventionstruppen, ohne sein Ziel der Niederwerfung der ersten sozialistischen Staatsmacht zu erreichen.

1914n/1918n Erster Weltkrieg
1917n/1922n Russische Revolution
1919n rot Versailler Vertrag

CLUNY, Stadt in Ostfrankreich. Berühmt durch das Benediktinerkloster Cluny, den Mittelpunkt einer kirchlichen Reformbewegung (Cluniazenser). Hatte ein doppeltes Ziel: Erhebung der päpstlichen Herrschaft über alle weltliche Macht und Befreiung des Papsttums von dem Mitspracherecht der höheren Priesterschaft. Suchte außerdem die Kirche durch Beseitigung der schlimmsten Mißstände wieder für die Volksmassen anziehend zu machen. Als neuer Zug im Klosterleben trat die Verachtung jeglicher Tätigkeit auf. Während vorher in den Klöstern körperliche oder geistige Arbeit geleistet wurde, konzentrierte man sich nun auf Gottesdienst und Schweigen.

910n blau Klostergründung
910n rot Papst-Unterstellung
925n grün Tonbezeichnung des Odo
998n grün Allerseelenfest
1049n rot Hugo Abt
1090n blau Klosterkirche begonnen
1100n rot 2000 Klöster
1123n blau Schrift gegen 'Ketzer'
1130n blau Klosterkirche vollendet

COCCIO, Marcantio (1436n–1506n), italienischer Historiker und Sprachforscher. Studierte alte Sprachen, wurde Professor in Udine am Fuße der italienischen Alpen und ging schließlich als Bibliotheksdirektor nach Venedig. Richtete die Aufmerksamkeit der italienischen Jugend auf Sprache und Denkweise ihrer römischen Vorfahren und verfaßte selbst Dichtungen und wissenschaftliche Abhandlungen in Form und Geist alter italienischer Schriftsteller. Venedig, wo er seine letzten 22 Jahre verbrachte, steht im Mittelpunkt seiner Gedichte und seiner historischen Arbeiten, die er unter dem Namen 'Sabellicus' veröffentlichte, weil er im alten italienischen Sabellerlande geboren war.

1505n blau Weltgeschichte

COCOM, Name eines mittelamerikanischen Maya-Staates auf der Halbinsel Yukatan (Mexiko). Seine Hauptstadt Mayapan war das Verwaltungszentrum der drei Maya-Staaten, die sich vor fast 1000 Jahren zu gemeinsamer Behauptung zusammenschlossen.

999n blau Gründung von Mayapan
1007n rot Dreibund
1440n braun Zerstörung von Mayapan

COCTEAU, Jean (1889n–1963n), französischer Schriftsteller, Filmregisseur, Kritiker und Zeichner. Schrieb mit 17 Jahren seine ersten Gedichte, arbeitete als Journalist und Zeichner. Nahm als Sanitäter am ersten Weltkrieg teil, den er in seinem Buche 'Thomas, der Schwindler' satirisch darstellte. Verfaßte Romane ('Kinder der Nacht'), Novellen ('Die Schwierigkeit des Daseins'), Theaterstücke ('König Ödipus', 'Antigone') und Drehbücher für Filme ('Orpheus', 'La belle et la bête'). In den Mittelpunkt seiner Werke stellte er das menschliche Leiden, das Unwirkliche, den Tod.

1950n blau 'Bacchus'

CODE NAPOLÉON, französisches Gesetzbuch. Auf Veranlassung Napoleons I. zusammengestellt von Tronchet, Préameneu, Portalis und Maleville. 1804n verkündet und mehrfach ergänzt (1889n, 1915n, 1917n), enthält es in 2281 Artikeln das noch heute geltende französische Zivilrecht ('Code civil des Français'). Sein Leitgedanke ist die Sicherung der Freiheit des einzelnen unter den Bedingungen des bürgerlichen Eigentums sowie die Gleichheit aller vor dem Gesetz und die Unabhängigkeit der Rechtsprechung von Kirche und Staat. In seiner Allgemeinverständlichkeit und seiner klaren Gliederung Grundlage zahlreicher moderner Gesetzbücher.

1769n–1821n Napoleon I.
1804n rot Verkündung

CODEX GREGORIANUS, Name einer Gesetzes-Sammlung, die von dem Rechtslehrer Gregorius zusammengestellt wurde. Enthielt Einzel-Entscheidungen römischer Kaiser (besonders des Diokletian) in sachlicher Ordnung. Obgleich das 19bändige Werk die Arbeit eines Privatgelehrten war, erhielt es bald das Ansehen eines amtlichen Gesetzbuches und wurde Grundlage der Rechtsprechung, vor allem in der Osthälfte des Reiches, wo es auch niedergeschrieben worden war.

295n blau Gesetzsammlung

CODEX HERMOGENIANUS, Name einer Gesetzes-Sammlung, die von dem römischen Rechtslehrer Hermogenian zusammengestellt wurde und die im weströmischen Reiche bald Grundlage der Rechtsprechung war.

296n blau Gesetzsammlung

CODEX THEODOSIANUS, römisches Gesetzbuch. Enthält eine Zusammenfassung der kaiserlichen Erlasse aus beiden Reichshälften von 312n bis 438n, verschaffte diesen Verordnungen Gesetzeskraft im ganzen römischen Reiche und stärkte so noch einmal die brüchig gewordene Reichseinheit.

438n blau Niederschrift

COEUR, Jacques (1395n–1456n), französischer Kaufmann und Politiker. Als Bürger der Stadt Bourges erwarb er durch Orienthandel ein ungeheures Vermögen. Finanzierte die Eroberung der Normandie durch Karl VII. und wurde darauf vom König zum Finanzminister ernannt. Diese Stellung nutzte er zur Vervielfachung seines Privatvermögens. Von den Mächtigen des Landes, die größtenteils seine Schuldner waren, gestürzt und verbannt. Finanzierte eine päpstliche Flotte gegen die Türken.

1442n rot Minister

COLBERT, Jean Baptiste, französischer Volkswirtschaftler und Staatsmann.

1619n–1683n Lebenslinie
1657n grün Merkantilismus
1661n rot Finanzminister
1662n grün Verstaatlichung
1664n rot Schutzzölle
1664n grün Tabakmonopol
1664n grün Handelsgesellschaft
1666n blau Akademie

COLERIDGE, Samuel Taylor (1772n bis 1834n), englischer Dichter und Philosoph. Als Sohn eines Landpfarrers begeisterte er sich für die französische Revolution und entwarf den Plan eines kommunistischen Staatswesens. Schrieb gemeinsam mit seinem Freunde Wordsworth Balladen. Nach Aufenthalt in Deutschland und Malta wandte er sich mystischen Gedankengängen zu und verfiel unter Opium-Einfluß einem Nervenleiden. Übersetzte Schillers 'Wallenstein' ins Englische.

1798n blau Balladen

COLIGNY, Gaspard (1519n–1572n), französischer Staatsmann. Als Sohn eines Marschalls kam er 20jährig an den Hof des Königs Franz I., wurde Offizier und erhielt 33jährig das Amt des Admirals von Frankreich. Dreizehn Jahre lang unternahm er Versuche zur Kolonisation Amerikas. Als Führer der französischen Protestanten ('Hugenotten') wurde er vom Pariser Parlament geächtet. Trotzdem setzte er den Kampf gegen die katholische Übermacht fort. Durch seinen Einfluß auf den jungen König Karl IX. bahnte sich eine günstige Lösung für die Beendigung des Religionskrieges an. Doch erlangte die katholische Partei die Zustimmung der Mutter des Königs (Katharina Medici) für die Ermordung der französischen Protestanten. In dieser 'Bartholomäusnacht' wurde auch er ermordet, nachdem er zwei Tage vorher durch einen katholischen Überfall auf offener Straße schwer verwundet worden war.

562n/1598n Hugenottenkriege

COLLEGE, englische Bezeichnung für eine Unterrichtsanstalt (Schule oder Universität), in der Lehrer und Schüler auch zusammen wohnen. Ihr wesentliches Erziehungsziel ist Selbständigkeit. Diese wird hauptsächlich durch weitgehende Selbstverwaltung der Schüler erreicht, die ihren Ausdruck findet in der Wahl des Rektors durch die Schüler.

1264n blau Internat in Oxford
1441n blau Eton-College
1597n grün Gresham-College

COLLÈGE DE FRANCE, Lehr- und Forschungsinstitut in Paris mit Selbstverwaltung und eigener wirtschaftlicher Grundlage. Hervorgegangen aus dem Collège Royal, stellt es heute die angesehenste Unterrichtsanstalt Frankreichs dar. Die Dozenten werden unabhängig von ihrer Vorbildung allein auf Grund ihrer wissenschaftlichen Leistung berufen. Auch die Hörer der Vorlesungen bedürfen keiner Vorbildung. Es werden keine Prüfungen abgelegt und keine akademischen Grade verliehen.

1530n blau Gründung

COLLÈGE ROYAL, Unterrichtsanstalt in Paris. Vermittelte als 'Dreisprachenschule' neben der allgemein gelehrten lateinischen Sprache Griechisch und Hebräisch. Auf diese Weise sprengte sie die von der Kirche erzwungene geistige Enge und legte den Grund für das universale Bildungsziel, das später der Anstalt (als 'Collège de France') ihre führende Stellung im geistigen Leben Frankreichs verschaffte.

1530n blau Gründung

COLLEONI, Bartolomeo (1400n–1475n), italienischer Feldherr. Als Söldnerführer im Dienste verschiedener italienischer Stadtstaaten stieg er bis zum Generalissimus auf, wurde eingekerkert und führte einen erfolglosen Privatkrieg gegen Florenz. Als Typ eines abenteuernden Heerführers, der für Lohn und Beute jedem Herrn dient ('Condottiere'), stellte ihn der Bildhauer Verrocchio hoch zu Roß dar.

1436n–1488n Verrocchio
1488n blau Standbild

COLLES, Christopher (1739n–1816n), nordamerikanischer Erfinder. Baute in Philadelphia das erste praktisch brauchbare Dampfschiff und ließ es auf dem Unterlauf des Delaware verkehren.

1773n grün Dampfschiff

COLUMELLA, Lucius Junius Moderatus, römischer Schriftsteller. Von seinem Onkel auf dessen spanischem Landgut in die Landwirtschaft eingeführt, zog er sich nach eigener Tätigkeit als Militärtribun in Syrien und Kleinasien auf seine italienischen Güter zurück. Führte den Niedergang der Landwirtschaft auf Unkenntnis und Interesselosigkeit der Großgrundbesitzer zurück und verfaßte zu deren Unterrichtung ein umfangreiches Werk über die Landwirtschaft. Darin behandelte er Ackerbau, Viehzucht, Obstbau, Weinbau, Bienenzucht, Geflügelhaltung und Gartenbau sowie die Pflichten des Gutsverwalters und Regeln bei der Behandlung der Arbeitskräfte.

61n grün Werk über Landwirtschaft

COMECON, Bezeichnung für die Wirtschafts-Organisation sozialistischer Staaten (UdSSR, Bulgarien, CSSR, DDR, Mongolei, Polen, Rumänien, Ungarn). Als 'Rat für gegenseitige Wirtschaftshilfe' 1949n von der UdSSR für die Abstimmung der Volkswirtschaft in den von ihr besetzten und kontrollierten Ländern geschaffen, entwickelte sie sich mit zunehmender Verselbständigung dieser Länder zu einem immer stärker auf echter Gegenseitigkeit beruhenden Wirtschaftsverband. Mit der Überwindung des Stalinismus durch Chrustschow wurde sie allmählich zu einem selbständigen Instrument unabhängiger Volkswirtschaften für die Abstimmung ihrer auf Planwirtschaft beruhenden Güterproduktion und -verteilung. Ihre Bezeichnung ist eine Abkürzung des englischen Namens der Organisation ('**Co**uncil for **m**utual **econ**omic aid').

1949n grün Gründung

COMÉDIE FRANÇAISE, das französische Staatstheater in Paris. Von Ludwig XIV. durch Vereinigung von zwei bedeutenden Schauspielergruppen gegründet. Entwickelte sich schnell zu einer der führenden Bühnen Europas und errang durch die Aufführung der Dramen Voltaires unter ihnen den ersten Platz. Hohe Staatszuschüsse ermöglichen hervorragende Besetzung und überragende Ausstattung.

1680n blau Gründung

COMENIUS (Komensky), Johann Amos (1592n bis 1670n), tschechischer Pädagoge. Nach Studien in Herborn und Heidelberg in seine mährische Heimat zurückgekehrt, wurde er Lehrer, Prediger, Rektor und Schulreformer. Durch Kriegswirren in ganz Mitteleuropa umhergetrieben, verfaßte er mehrere große Wissenswerke, insbesondere auf dem Gebiete der Pädagogik. Bahnbrechend war sein Plan eines auf Anschauung der wirklichen Welt oder mindestens ihrer Abbildung aufgebauten Unterrichtes, für den er durch sein Buch 'Die sichtbare Welt' ('Orbis pictus') die Grundlage schuf. Forderte eine allgemeine, gleiche Bildung und die Verbindung der Geisteserziehung mit handwerklicher Übung. Erstrebte die Heranbildung natürlicher, selbstverantwortlicher, sittlicher Menschen. Führte mit seinen Schriften den Hauptstoß gegen die zunehmend jesuitisch ausgerichtete kirchliche Erziehung.

1628n blau 'Große Unterrichtslehre'
1633n blau Kleinkinder-Erziehung
1658n blau Anschauungs-Unterricht

COMINES, Philippe de (1445n–1511n), französischer Diplomat und Schriftsteller. Im Dienste von fünf Herrschern, davon drei französischen Königen, erfüllte er wichtige Missionen, so die Vorbereitung des Italienkrieges Karls VIII., an dem er selbst teilnahm und in dessen Verlauf er mit Machiavelli zusammentraf. War jahrelang unschuldig eingekerkert. In seinen 'Memoiren' beschrieb er die von ihm miterlebte Zeit französischer Staatspolitik und gab Ratschläge für Könige und Staatsmänner.

1509n blau 'Memoiren'

COMMONWEALTH, wörtlich 'Gemeinwesen'. Eine Ende des 19. Jahrhunderts aufgekommene Bezeichnung für das englische Weltreich, das in den letzten acht Jahrhunderten mit Gewalt und List zusammengebracht wurde, zeitweilig ein Viertel der Erde umfaßte, und das heute mit dem revolutionären Durchbruch des Selbstbestimmungsrechtes der Völker au seine Ausgangsstellung zurückgeworfen wird.

1171n/1172n Irischer Krieg
1172n rot Irland englisch
1533n–1603n Elisabeth
1583n rot Engländer auf Neufundland
1599n–1658n Cromwell
1600n grün Indien-Handel
1612n rot Niederlassung in Indien
1612n rot Bermudas englisch
1625n rot Mittelamerika: Inselbesitz
1625n rot Kolonialbehörde
1631n grün Afrika-Gesellschaft
1649n/1652n Irische Erhebung
1655n braun Eroberung Jamaikas
1655n rot Jamaika englisch
1662n rot Bombay englisch
1689n/1691n Irischer Aufstand
1704n rot Gibraltar an England
1707n rot Groß-Britannien
1711n grün Südsee-Gesellschaft
1713n rot Teil Kanadas englisch
1755n/1763n Kolonialkrieg
1757n rot Vormacht in Indien
1759n rot Ganz Kanada englisch
1764n braun Indische Erhebung
1768n rot Kolonial-Staatssekretariat
1784n rot Pitts Indiengesetz
1788n rot Australien Strafkolonie
1797n rot Trinidad englisch
1798n braun Irischer Aufstand
1798n rot Ceylon englisch
1799n braun Indische Erhebung
1800n rot Malta englisch
1800n rot England–Irland vereinigt
1804n–1881n Disraeli
1806n braun Sieg in Südafrika
1806n rot Südafrika englisch
1811n/1812n Kaffernkrieg
1819n rot Singapur englisch
1824n rot Malaya englisch
1838n rot Aden englisch
1839n/1842n Opiumkrieg
1842n rot Hongkong englisch
1843n rot Natal englisch
1855n rot Sonderstatus Neufundlands
1857n braun Indische Erhebung
1869n–1948n Gandhi
1871n rot Goldküste an England
1874n rot Fidschi-Inseln englisch
1875n grün Suezaktien-Mehrheit
1876n rot Viktoria Kaiserin Indiens
1877n rot Transvaal englisch
1878n rot Zypern an England
1879n braun Krieg gegen Zulu
1880n braun Buren-Erhebung
1881n rot Selbstverwaltung der Buren
1882n braun Eroberung Ägyptens
1882n rot Ägypten englisch
1883n braun Erhebung im Sudan
1884n rot Somaligebiete englisch
1885n/1886n Burma-Krieg
1886n rot Burma englisch
1887n rot Neue Hebriden an England
1887n rot Zusammenfassung
1888n rot Nord-Borneo englisch
1893n braun Aufstand der Zulu
1896n braun Angriff auf Buren
1897n/1898n Sudankrieg
1899n rot Sudan englisch
1899n/1902n Buren-Krieg
1901n– Sukarno
1901n rot Einigung Australiens
1902n rot Südafrika englisch
1908n braun Indische Erhebung
1910n rot Südafrikanische Union
1914n/1918n Erster Weltkrieg
1916n braun Irischer Aufstand
1918n– Nasser
1919n braun Indische Empörung
1920n rot Gandhis Freiheitsbewegung
1921n braun Irischer Aufstand
1921n rot Irland Freistaat
1922n braun Indische Erhebung
1926n rot Zugeständnisse Englands
1936n rot Selbständigkeit Ägyptens
1939n/1945n Zweiter Weltkrieg
1940n rot Stützpunkte an USA
1947n rot Indien unabhängig, geteilt
1947n rot Burma unabhängig
1948n rot Ceylon unabhängig
1955n braun Aufstand auf Zypern
1956n rot Sudan unabhängig
1957n braun Aufstand in Kenia
1957n rot Unabhängigkeit Ghanas
1959n braun Aufstände auf Zypern
1959n rot Zypern unabhängig
1960n rot Somalia unabhängig
1961n rot Sierra Leone unabhängig
1961n rot Tanganjika unabhängig
1962n rot Selbständigkeit Jamaikas
1962n rot Selbständigkeit Trinidads
1962n rot Uganda unabhängig
1963n rot Nigeria unabhängig
1963n rot Sansibar unabhängig
1963n rot Unabhängigkeit Kenias
1965n braun Kämpfe mit Indonesiern
1965n rot Unabhängigkeit Gambias

COMMONWEALTH OF ENGLAND, Name der Republik von England während der kurzen Dauer ihres Bestehens (1649n bis 1660n).

1599n–1658n Cromwell
1642n/1649n Englische Revolution
1648n/1649n Erhebung der Levellers
1649n rot Hinrichtung des Königs
1649n rot England Republik
1649n/1652n Irischer Freiheitskampf
1650n rot Levellers-Führer gefangen
1651n rot Navigationsakte
1652n blau Winstanleys Forderung
1652n/1654n Seekrieg gegen Holland
1653n rot Verfassung
1653n rot Zivilehe
1655n braun Eroberung Jamaikas
1655n rot Besitz Jamaikas
1658n braun Sieg über Spanien
1658n rot Gewinn Dünkirchens
1660n rot England wieder Königreich

COMPUTER, englische Bezeichnung für elektronische Rechenmaschinen (wörtlich: Berechner).

1941n grün Programmierte Anlage
1942n grün Elektronische Anlage
1963n grün Höchstleistungsanlage

COMTE, Auguste (1798n–1857n), französischer Philosoph. Begründer der Wissenschaft von den Gesetzen des menschlichen Zusammenlebens ('Soziologie'). Zehn Jahre lang Sekretär und Freund des Philosophen Saint-Simon, dann Lehrer an der Technischen Hochschule in Paris ('Ecole polytechnique'). Verlor seine Stellung wegen des von ihm vertretenen mathematisierenden Materialismus und lebte dürftig aus einer von englischen Anhängern ausgesetzten Pension. Schuf auf der Grundlage materialistischer Lehren von Protagoras bis Hume und d'Alembert sein System des Positivismus, der alles Metaphysische und Transzendente als nutzlose Spekulation ablehnt und allein auf Beobachtung und Experiment als den einzig positiven Grundlagen menschlicher Erkenntnis beruht. In einem Dreistadien-Gesetz deutete er die Entwicklung der Menschheit als ein unaufhaltsames Fortschreiten vom theologischen zum metaphysischen und zum wissenschaftlichen Zeitalter.

1830n blau Positivismus
1852n blau Soziologie

CONDILLAC, Etienne (1715n–1780n), französischer Philosoph. Als Anhänger des englischen Philosophen Locke suchte er dessen materialistische Lehren in Frankreich bekanntzumachen. Später entwickelte er die Lehre vom alleinigen Wert der Sinneswahrnehmung zu einem geschlossenen System ('Sensualismus'). Danach gibt es für den Menschen keine objektive Wirklichkeit, sondern nur die subjektive Wahrnehmung von Erscheinungen durch die menschlichen Sinnesorgane. Das Denken ist für ihn nur Verknüpfung des sinnlich Wahrgenommenen.

1754n blau Sensualismus

CONDORCANCA, José Gabriel (um 1740n–1781n), peruanischer Freiheitskämpfer. Nannte sich nach seinem Vorfahren, einem Inkakönige, 'Tupac Amaru' und führte die indianische Bevölkerung Südamerikas in Peru gegen ihre spanischen Kolonialherren. Wurde gefangengenommen und durch Vierteilung hingerichtet.

1780n/1783n Inka-Aufstand
1781n rot Hinrichtung

CONDORCET, Antoine (1743n–1794n), französischer Mathematiker, Philosoph und Politiker. Verbesserte die Integralrechnung, stellte eine Theorie der Kometen auf, wurde Mitglied der Akademie der Wissenschaften und Mitarbeiter der französischen Enzyklopädie. Als Anhänger der Revolution in die Nationalversammlung gewählt, entwarf er ein Erziehungsprogramm. Darin forderte er die Überwindung der Klassenschranken durch allgemeine gleiche Bildung sowie die Fortbildung Erwachsener, besonders der Arbeiter und Frauen. Außerdem kämpfte er für Befreiung des Schulwesens vom kirchlichen Einfluß. Politisch verfolgt, hielt er sich verborgen und schrieb seine Geschichtsphilosophie nieder, in der erstmals die Volksmassen ihrer wahren Bedeutung entsprechend gewürdigt sind. Ziel aller Entwicklung ist ihm die Beseitigung der Ungleichheit unter den Völkern und innerhalb jeder Nation. Den unaufhaltsamen Fortschritt der Menschheit zu technischer Vollkommenheit und allgemeinem Glück teilt er in zehn Perioden ein. Bekannte sich zu einer Gesetzmäßigkeit des historischen Ablaufs. Als er 1794n die Erhebung der gemäßigten Republikaner ('Girondisten') gegen die Fortführung der Revolution unterstützte, wurde er verhaftet und vergiftete sich.

1792n blau Reform-Forderung
1793n blau 'Vom Fortschritt'

CONECTE, Thomas (um 1390n–1433n), französischer Mönch. Als Angehöriger des Karmeliterordens widersetzte er sich den Milderungen der Regel, wie sie vom Papste Eugen VII. angeordnet waren, und gründete eine eigene Karmeliter-Kongregation, die an den alten strengen Regeln festhielt. Verurteilte furchtlos die Sittenlosigkeit der katholischen Priesterschaft, besonders des römischen Klerus, und forderte Rückkehr zu apostolischer Armut. Wurde gefangen nach Rom gebracht und dort als rückfälliger 'Ketzer' bei lebendigem Leibe verbrannt.

1428n blau Kirchen-Gegnerschaft
1433n rot Verbrennung

CONGREVE, William (1772n–1828n), englischer Erfinder. Als General entwickelte er eine Brandrakete und setzte sie vor Boulogne und vor Kopenhagen erfolgreich ein. Verbesserte den Vierfarbendruck und führte durch eine eigene Gesellschaft in Berlin und Hannover das Gaslicht ein.

1806n grün Raketengeschoß

CONTERGAN, Name eines Medikamentes, das sich erst lange nach seiner allgemeinen Einführung als erbschädigend erwies. Dadurch wurden Tausende von Kindern mit schweren körperlichen Schäden geboren ('Contergan-Kinder').

1962n grün Schädigungen

COOK, James (1728n–1779n), englischer Seefahrer. Als Sohn armer Bauern ging er zur Flotte und wurde einer der berühmtesten Entdecker. Auf drei Weltumseglungen von jeweils drei Jahren Dauer entdeckte er, daß Neuseeland aus zwei Teilen besteht. Erforschte die Ostküste Australiens und die Küste Neuguineas. Entdeckte Süd-Georgien, die Sandwich-Inseln und zahlreiche kleinere Südsee-Inseln. Bis zum Südpolareis vorstoßend, widerlegte er die Annahme vom Vorhandensein eines großen Südlandes. Seinen Versuch, Nordamerika vom Norden her zu umsegeln, mußte er nach Durchquerung der Beringstraße aufgeben. Als er die Rückreise auf den Hawaii-Inseln unterbrach, wurde er von Eingeborenen erschlagen. Seine systematische Erschließung aller Weltmeere und seine umfangreichen kartographischen Arbeiten haben die englische Großmachtstellung zur See vorbereitet.

1771n grün Forschungsreise

COOK, Thomas (1808n–1892n), englischer Kaufmann. Organisierte von dem Orte Leicester aus zu einem Abstinenzler-Treffen in London eine Gemeinschaftsfahrt. Die Eisenbahnreise über 150 Kilometer konnte er für 1 Schilling (= 1 Mark) anbieten. Aus dieser ersten Gesellschaftsreise entwickelte sich sein billiger Reisedienst. Nachdem er 1865n mit seinem Büro (dem ersten Reisebüro) nach London übergesiedelt war, entwickelte sich sein Unternehmen schnell, verbreitete sich bald über die ganze Welt und betrieb eigene Bergbahnen (Vesuv) und Schiffahrtsunternehmen (Nildampfer). Gab eine eigene Zeitschrift und zahlreiche Reisebücher heraus.

1841n grün Reisebüro

COOKE, William (um 1690n–um 1755n), englischer Ingenieur. Nachdem sein Landsmann Hugh Platt 1652n eine Dampfheizung für Treibhäuser entworfen hatte, entwickelte er ein Verfahren zur zentralen Beheizung von Wohnhäusern durch Dampf. Schlug die Ausnutzung der Wärme des Küchenherdes vor, die er in einem Kupferkessel in Dampf umsetzen wollte. Dieser Dampf sollte (durch Hähne regulierbar) mit Hilfe von Kupferrohren durch alle Räume des Hauses geführt werden. Erfand auch einen rollbaren Fensterladen sowie eine Methode zur Vermeidung des Leckwerdens von Schiffen, deren Planken durch Holzwürmer zernagt worden sind.

1744n grün Dampfheizung

COOPER, James Fenimore (1789n bis 1851n), nordamerikanischer Schriftsteller. Auf dem Landgut seines Vaters aufgewachsen, studierte er in Yale Rechtswissenschaft, ging zur Marine, durchreiste fünf Jahre lang die Welt und war Konsul in Frankreich. Nach seiner Rückkehr schrieb er Reisebücher und sozialkritische Romane. Dann wandte er sich Stoffen aus der amerikanischen Geschichte zu. Durch seine spannenden Schilderungen aus der frühen Pionierzeit Nordamerikas wurde er zum ersten weltbekannten amerikanischen Erzähler. Seine 'Lederstrumpf'-Romane ('Der letzte der Mohikaner', 'Der Pfadfinder', 'Die Prärie') wurden ohne seine Absicht zu ausgesprochenen Jugendbüchern.

1826n blau 'Der letzte der Mohikaner'

COPILCO, Ort in Mittelamerika unweit der Stadt Mexico-City. Hier wurden 1917n unter einer Lavadecke gut erhaltene Gräber und Geräte aus vorgeschichtlicher Zeit gefunden. Die Ausgrabungen ergaben, daß hier bereits im 2. Jahrtausend vor unserer Zeitrechnung ein ackerbauendes Kulturvolk beheimatet war.

1325v grün Anbau von Mais

CORBUSIER, Charles Edouard le (1887n–1965n), schweizerischer Architekt, Maler und Zeichner. Nach Abschluß seiner Lehre als Kupferstecher wandte er sich der Baukunst zu. Von dem französischen Architekten Perret in der Verwendung von Eisen und Beton unterwiesen, lernte er bei Behrens in Berlin die Klarheit und Sachlichkeit einer neuen Zweck-Bauweise. 29jährig machte er sich in Paris selbständig und entwickelte einen eigenen Baustil, der den Möglichkeiten der neuen Baumaterialien Glas-Stahl-Beton entsprach. Seine horizontal gegliederten Baukörper setzte er auf schlanke Stützen und bemühte sich, dem Gesamt-Bauwerk auch durch Balkone und Dachgärten die Schwere zu nehmen. Durchbrach die strenge Stockwerk-Teilung und machte die Zwischenwände innerhalb der Wohnungen verstellbar. Die Großzügigkeit seiner Planung wurde durch sorgfältige Ausgestaltung der Einzelheiten nach den Bedürfnissen der Benutzer ergänzt. Baute Wohnblocks, Verwaltungsgebäude, ganze Vorstädte, Stadtviertel und Städte. In bewußtem Gegensatz zu diesen lichtdurchfluteten Planungen steht sein dumpfer, freudloser Kirchenbau in Ronchamp.

1955n blau Kirche Ronchamp

CORDOBA, Stadt in Südspanien am Ufer des Guadalquivir. Von Phöniziern vor fast 3000 Jahren gegründet, unter römischer Herrschaft eine ertragreiche Kolonie, 571n gotisch, wurde sie 711n arabisch, löste sich 755n aus dem Araberreiche und stieg als Hauptstadt eines eigenen Araberreiches auf europäischem Boden zu höchster Blüte empor. Im zehnten Jahrhundert Millionenstadt mit 60 000 festen Gebäuden, 600 öffentlichen Bädern und einer Universität mit einer Bibliothek von 600 000 Bänden. Die

Hauptmoschee wurde mit 5 Schiffen und 860 Säulen zu einem der bedeutendsten islamischen Bauwerke. Seit der Vertreibung der Araber durch die Spanier verfiel die Stadt schnell.

755n rot Unabhängigkeit
788n blau Bau der Omaijaden-Moschee
890n–961n Abdar Rachman III.
935n grün Millionenstadt
936n–1013n Abu Kasim
947n blau Palaststadt Al Zahra
976n blau Großbibliothek
997n grün Glocken aus Santiago
1008n/1009n Volkserhebung
1031n braun Adelserhebung
1031n rot Selbständigkeit
1236n braun Sieg kastilischer Heere
1236n rot Herrschaft Kastiliens
1236n grün Glocken nach Santiago

CORDOBA, arabisches Reich auf dem Boden Spaniens. Nach der Eroberung der spanischen Halbinsel durch Araberheere zunächst ein Bestandteil des arabischen Gesamtreiches mit einer Ausdehnung bis tief nach Frankreich hinein. Seit 755n selbständiges arabisches Reich, dessen Herrscher schließlich selbst den Kalifentitel annahm. In dieser Epoche eines der Wirtschaftszentren der Erde und die kulturelle Metropole Europas. Durch innere Machtkämpfe geschwächt und in Kleinstaaten zerfallen, wurde es von dem aufstrebenden Kastilien allmählich besetzt und verfiel nach der Vertreibung der arabischen Bevölkerung.

633n/732n Arabischer Krieg
640n–716n Musa
675n–715n Welid
688n–741n Karl Martell
707n rot Bündnis gegen Westgoten
711n rot Ende des Gotenreiches
711n rot Arabischer Besitz
712n–775n Al Mansur
717n grün Bodenreform
720n rot Südfrankreich arabisch
725n rot Mittelfrankreich arabisch
732n grün Seidenraupenzucht
740n/742n Berberaufstand
742n–814n Karl der Große
755n braun Niederlage gegen Asturien
755n rot Unabhängigkeit
756n blau Gründung Granadas
759n braun Niederlage gegen Franken
759n rot Verlust Südfrankreichs
761n grün Zuckerrohranbau
778n braun Angriff der Franken
782n grün Künstliche Bewässerung
788n blau Bau der Omaijaden-Moschee
795n rot Grenzmark der Franken
801n braun Kampf um Barcelona
803n braun Niederlage gegen Franken
803n rot Grenzmark erweitert
813n braun Niederlage gegen Franken
813n rot Grenzmark erweitert
844n braun Normanneneinfall
852n rot Toledo unabhängig
859n braun Normanneneinfall
882n grün Anbau von Spinat
887n braun Sieg über Frankreich
887n rot Südfrankreich arabisch
890n–961n Abdar Rachman III.
891n braun Vordringen in die Alpen
891n rot Westalpen arabisch
903n braun Besetzung der Balearen
903n rot Balearen arabisch
932n braun Sieg über Adel Toledos
932n rot Herrschaft über Toledo
932n rot Ende der Adelsherrschaft
932n–1002n Ibn Amir
935n grün Cordoba Millionenstadt
936n–1013n Abu Kasim
942n braun Verteidigung der Alpen
947n blau Palaststadt Al Zahra
947n grün Schachspiel
950n grün Wechsel
965n–1039n Al Hassan
973n braun Niederlage in den Alpen
973n rot Verlust des Alpengebietes
975n braun Niederlage in Frankreich
975n rot Verlust Südfrankreichs
976n blau Großbibliothek Cordoba
985n braun Vordringen bis Barcelona
997n braun Zerstörung Santiagos
997n grün Repressalie gegen Christen
1008n/1009n Volkserhebung
1031n braun Adelserhebung
1031n rot Cordoba selbständig
1043n–1099n Cid
1055n grün Anbau des Zitronenbaumes
1066n braun Aufstand in Granada
1083n rot Verlust Madrids
1085n/1090n Angriff der Kastilier
1085n–1141n Juda Halevi
1093n–1162n Ibn Badscha
1094n braun Verlust Valencias
1094n rot Königreich des Cid
1095n rot Kastilier in Portugal
1107n grün Papiermanufaktur
1118n braun Sieg der Aragonier
1118n rot Verlust Saragossas
1126n–1198n Ibn Rasd (Averroes)
1127n–1185n Ibn Tufail
1139n braun Niederlage in Portugal
1143n rot Portugal unabhängig
1147n rot Verlust Lissabons
1169n–1240n Ibn Arabi
1181n blau Alkazar in Sevilla
1185n blau Bericht einer Pilgerfahrt
1195n braun Sieg über Kastilier
1195n blau Moschee in Sevilla
1236n braun Sieg der Kastilier
1236n rot Stadt Cordoba verloren
1236n grün Repressalie gegen Araber
1246n rot Machteinbuße Granadas
1248n braun Niederlage in Sevilla
1248n blau Alhambra in Granada
1313n–1374n Al Katib
1318n rot Christlicher Kampforden
1347n blau Al Katibs Geschichtswerk
1451n–1505n Isabella von Kastilien
1462n braun Niederlage gegen Spanier
1462n rot Verlust Gibraltars
1481n/1492n Letzter Maurenkrieg
1502n rot Mauren-Vertreibung
1570n blau Mendozas Geschichtswerk
1611n rot Morisken-Vertreibung

CORDUS, Valerius (1515n–1544n), deutscher Arzt und Chemiker. Als Sohn des Arztes und Botanikers Enricius Cordus wandte er sich früh der Arzneimittelkunde zu. Sammelte Rezepte aus 28 Heilmittelbüchern und ergänzte diese durch eigene Rezepte zum ersten amtlichen Arzneibuch Deutschlands, das kurz nach seinem frühen Tode als Vorschriftenbuch in Nürnberg offiziell eingeführt wurde. Ihm gelang auch die erste zuverlässige Darstellung des Schwefeläthers.

1544n grün Arzneibuch

CORELLI, Arcangelo (1653n–1713n), italienischer Geiger, Dirigent und Komponist. Beschränkte sich in seinen Tonschöpfungen auf die von ihm selbst bevorzugte Musik für Streicher. Neben 48 Sonaten für drei Instrumente schuf er Konzerte für 100 bis 150 Streicher. Zu voller Auswirkung gelangte seine Meisterschaft in den von ihm entwickelten mehrsätzigen Instrumentalstücken für Solisten, die mit einem vollbesetzten Streichorchester sich abwechseln ('Concerto grosso'). Veröffentlichte seine Arbeiten in gleichen Gruppen von sechsmal zwölf Kompositionen.

1685n blau Trio-Sonaten
1712n blau Concerti grossi

CORINTH, Lovis (1858n–1925n), deutscher Maler und Zeichner. Verließ seine ostpreußische Heimatstadt, um in München und Paris zu studieren. Vorwiegend in Berlin arbeitend, schuf er eine große Anzahl von Landschaftsbildern (Walchensee), Porträts (Hauptmann, Ebert), Selbstbildnissen und Stilleben. Stellte auch Szenen aus der Sagenwelt dar (Salome, Odysseus). War ein Meister des Aktbildes und des Bildnisses (Schauspieler Rittner als Florian Geyer). Auch als Graphiker und Illustrator erfolgreich tätig. Aus der Hell-Dunkel-Malerei seiner ersten Schaffensperiode kam er zur lichten Palette zartester Farbgebung. Schrieb ein Buch über das Erlernen des Malens.

1906n blau Rittner als 'Geyer'

CORNEILLE, Pierre, französischer Dichter.

1606n–1685n Lebenslinie
1636n blau 'Der Cid'

CORNELIUS NEPOS (um 100v–24v), römischer Schriftsteller und Historiker. Verfaßte eine dreibändige Geschichte Roms sowie ein fünfbändiges Werk über Merkwürdigkeiten aus der politischen Geschichte und aus der Geschichte der Naturwissenschaften. Sein Hauptwerk war eine Sammlung von Lebensbildern bedeutender Persönlichkeiten in 16 Bänden. Darin behandelte er berühmte Griechen und Römer, aber auch Angehörige anderer Völker. Feldherren, Dichter, Redner, Historiker, Staatsmänner und Wissenschaftler sind darin spannend, aber nicht immer ganz zuverlässig dargestellt. Schrieb auch Liebesgedichte.

36v blau Biographien

CORNWALL, englische Landschaft. Der vorgeschobene Zipfel der südwestlichsten Halbinsel der britischen Insel.

472n rot Abzug der Bretonen
780n–839n Egbert
823n/827n Englischer Einigungskrieg
827n rot Einigung Englands

CORPUS JURIS CIVILIS, Name einer Sammlung des römischen Rechtes. Angelegt auf Veranlassung des Kaisers Justinian. Besteht aus vier Teilen: 1. Einer lehrbuchartigen Einführung in die Rechtsgrundlagen (Institutionen), 2. etwa 9000 Auszügen aus Schriften bedeutender Juristen in 50 Büchern (Digesten und Pandekten), 3. etwa 4600 Erlassen römischer Kaiser von Hadrian bis Justinian (Codex Justinianus), 4. sowie 168 später nachgetragenen Gesetzen des Kaisers Justinian und zweier Nachfolger (Novellen). Stärkte die Rechtssicherheit und den Zusammenhalt des Römerreiches. Verbreitete sich später von Italien ausgehend über große Teile Europas und war in Deutschland teilweise bis zum Jahre 1900n gültig.

475n–545n Tribonian
482n–565n Justinian
533n blau 'Pandekten'
533n blau 'Institutionen'
533n rot Verkündung
561n blau 'Novellen'
886n blau 'Basiliken'
1101n blau Rechtsschule in Bologna
1519n blau Verdeutschung

CORREGGIO, eigentlich Antonio Allegri (1489n–1534n), italienischer Maler. Durch Vollendung der Hell-Dunkel-Technik und ihre Anwendung bis in die letzten Bild-Details erzielte er eine stark raumhafte Wirkung von großer Lebendigkeit, die er durch gewagte perspektivische Verkürzungen noch steigerte. Malte Szenen aus der Sagenwelt ('Diana') und Altarbilder für Kirchen ('Heilige Nacht'). Besonders eindrucksvoll gestaltete er seine Wand- und Deckenbemalungen. So erweckt das Kuppelgemälde im Dom zu Parma ('Himmelfahrt Marias') fast den Anschein, als öffne sich die Decke und der wirkliche Himmel werde sichtbar.

1531n blau 'Leda mit dem Schwan'

CORTES, spanische Ratsversammlung. Im 12. Jahrhundert als beratende Körperschaft entstanden mit dem Rechte der Steuer-Bewilligung und der Eingabe von Gesuchen an den König. Bürger von Leon (Nordspanien) wurden als Mitglieder ihres Cortes die ersten Vertreter des Bürgertums, denen vom Könige ein gewisses Mitspracherecht eingeräumt wurde. Später legte der König vor dem Cortes den Schwur ab, die Sonderrechte der Städte zu achten und die Gesetze einzuhalten. Erst im 19. Jahrhundert erhielten die Cortes selbst gesetzgebende Rechte, verloren diese aber praktisch im 20. Jahrhundert mit dem Siege des Faschismus wieder.

1188n rot Versammlung in Leon

CORTEZ, Fernando (1485n–1547n), spanischer Eroberer ('Konquistador'). Mit 19 Jahren Sekretär des spanischen Statthalters von Kuba, unternahm er von dort aus mit 500 Soldaten und 14 Geschützen die Eroberung Mexikos. Nach der Landung unweit der von ihm gegründeten Stadt Veracruz verbrannte er seine elf Schiffe und marschierte ins Landesinnere. Von den Indianern zunächst als weißer Gott verehrt, erntete er durch seine rücksichtslosen Methoden bald Haß und offene Feindschaft. Trotzdem gelang ihm die Unterwerfung des ganzen Aztekenreiches, dessen letzten König er in der eroberten Hauptstadt gefangennahm. Seine Grausamkeit und Beutegier begründete eine unüberbrückbare Feindschaft zwischen der indianischen Urbevölkerung Amerikas und den europäischen Eroberern. Durch fortwährende Kämpfe gegen aufständische Indianer und seine eigenen Landsleute zermürbt, kehrte er nach Aberkennung seines Titels 'Kaiser von Neuspanien' in die Heimat zurück. Später nahm er noch Kalifornien für die spanische Krone in Besitz und beteiligte sich an einem Feldzug Karls V. nach Nordafrika. Starb einsam und verbittert in seiner spanischen Heimat.

1519n rot Herrschaft über Azteken
1520n/1521n Aztekenaufstand
1524n braun Sieg über Mayas
1524n rot Gebietserweiterung
1535n rot Gewinn Kaliforniens

CORTONA, eigentlich Pietro da Berettini (1596n–1669n), italienischer Maler, Architekt und Stukkateur. Durch seine farbenfrohen, in kühner Perspektive angelegten Decken und Wandgemälde weitete er die von ihm gestalteten Räume scheinbar ins Unendliche. Schmückte die Paläste der Familien Barberini und Pamfili in Rom. Sein Meisterwerk war der Palazzo Pitti in Florenz, wo er den Venus-, den Mars-, den Zeus-, den Saturn- und den Apollo-Saal künstlerisch formte und ausmalte. Errichtete in Rom einen Kuppelbau in der Art der Peterskirche.

1645n blau Deckengemälde

CORVEY, Name eines deutschen Klosters, das 822n durch einen Vetter Karls des Grossen (Adalhard) an der Weser bei Holzminden gegründet wurde. Erstes sächsisches Kloster. Der deutsche Mönch Widukind schrieb hier eine Geschichte der Sachsen.

924n–998n Widukind
967n blau Geschichtswerk Widukinds

CORVINUS Matthias, König von Ungarn seit 1458n und von Böhmen seit 1467n.

1443n–1490n Lebenslinie
1467n blau Universität Preßburg
1474n blau Bibliothek 'Corvina'

COSA, Juan de la (um 1470n–1510n), spanischer Seefahrer und Kartograph. Begleitete Kolumbus auf dessen beiden ersten Fahrten nach Amerika. Unternahm dann mit Hojeda und Vespucci einige Fahrten entlang der Nordküste Südamerikas. Zeichnete die erste Weltkarte mit dem neuentdeckten Kontinent. Auf der Landenge von Panama durch Indianer erschlagen.

1500n grün Weltkarte

COSMAS (um 920n–um 990n), byzantinischer Priester. Erkannte die Gefahr der sozial-religiösen Reformbewegung der Bogomilen für den Bestand der Kirche und suchte den Kaiser von Ostrom (Byzanz) zur Verfolgung der Bewegung zu bestimmen. Dabei wies er besonders auf die Forderung der Bogomilen zur Aufhebung der Sklaverei hin.

973n blau Kampf gegen Bogomilen

COSTARICA, Land im südlichen Teile Mittelamerikas. Von Kolumbus entdeckt und wegen der reichen Goldgeschenke seiner Indianer 'reiche Küste' (= 'costa rica') benannt, dann für Spanien erobert und drei Jahrhunderte lang als Kolonie ausgebeutet. Nach einer kurzen Periode völliger Unabhängigkeit Objekt wirtschaftlicher Ausbeutung durch die USA unter Beibehaltung der staatlichen Selbständigkeit.

1502n grün Entdeckung
1524n rot Spanische Herrschaft
1811n/1826n Kampf Lateinamerikas
1821n rot Unabhängigkeit
1920n rot Mitglied im Völkerbund
1945n rot Mitglied der UN

COSTER, Charles (1827n–1879n), belgischer Schriftsteller. In München geboren, studierte er in Brüssel die Rechte, wurde Bankangestellter, Journalist, Archivbeamter, Schriftsteller und Literaturprofessor an der belgischen Militärakademie. In seiner antibürgerlichen und antiklerikalen Zeitschrift 'Uylenspiegel' kämpfte er mit satirischen Mitteln gegen gesellschaftliche Mißstände und wurde deshalb auch in seinen großen Werken nicht anerkannt. Immer in wirtschaftlichen Sorgen lebend, schrieb er 'Flämische Legenden', 'Brabanter Geschichten' und den Roman 'Die Hochzeitsreise'. Arbeitete zehn Jahre lang an seinem Meisterwerk, der Legende vom Eulenspiegel. Darin erhob er die Schalksgestalt des Till Eulenspiegel zum Volkshelden, der als Sohn eines Kohlenträgers zum Kämpfer für Freiheit und Recht gegen Kirchen und Fremdherrschaft wird.

1868n blau 'Ulenspiegel'

COUBERTIN, Pierre (1863n bis 1937n), französischer Pädagoge. Als begeisterter Sportsmann suchte er die Bedeutung der Leibesübung zu heben durch die symbolische Wiedererweckung der alten Olympischen Spiele. Seine Hoffnung, durch diesen Rückgriff auf vorchristliche Gesinnung dem im Christentum verachteten menschlichen Körper zu neuem Ansehen zu verhelfen, verwirklichte sich. Die auf seine Initiative nach einer Pause von 1503 Jahren wieder aufgenommenen Olympiaden führten über die allgemeine Begeisterung für sportliche Hochleistungen zur Geburt eines internationalen Sports und zur allgemeinen Besinnung des Menschen auf die körperliche Seite seines Daseins. Bereicherte die sportlichen Disziplinen durch Einführung des Fünfkampfes, des Marathonlaufs und des Diskuswerfens. Verfaßte Schriften über die pädagogischen und psychologischen Grundlagen des Sports.

1896n grün Olympische Spiele

COULOMB, Charles Augustin (1736n bis 1806n), französischer Physiker und Techniker. Als Militär-Ingenieur baute er die Festung Bourbon auf der französisch besetzten Insel Martinique (Mittelamerika). Nach der Revolution arbeitete er als Privatgelehrter. Baute ein auf Fadendrehung beruhendes besonders empfindliches Meßgerät (Torsionswaage) und erforschte mit dessen Hilfe zahlreiche unbekannte Erscheinungen der Elektrizität und des Magnetismus. Insbesondere fand er das nach ihm benannte Gesetz: Gleiche Magnetpole stoßen sich ab, ungleiche ziehen sich entsprechend der Kraft ihrer Polstärken an, jedoch umgekehrt proportional zum Quadrat der Entfernung. Erkannte, daß Elektrizität in Leitern sich nur auf deren Oberfläche sammelt. Als Siebzigjähriger wurde er zum Generalinspektor der Pariser Universität ernannt. Die elektronische Grundeinheit, die in einer Sekunde bei ein. Stromstärke von 1 Ampere durch einen bestimmten Leiter fließt, wurde nach ihm benannt.

1785n grün Elektrostatik

COURBET, Gustave (1819n–1877n), französischer Maler. Kam aus der Provinz nach Paris, um Rechtswissenschaft zu studieren, geriet aber in literarischen und künstlerischen Kreisen mit dem Sozialismus in Berührung und verschrieb sich ganz der Kunst und der Politik, die für ihn zwei einander bedingende Antworten auf die ihn umgebende Wirklichkeit waren. Auf seinen Bildern stellte er das Leben ohne die herkömmliche Schönfärberei und ohne Beachtung der überkommenen Malregeln dar. Schuf Landschaftsbilder, Porträts, Stilleben und große Figuren-Kompositionen. Revolutionär wirkte auch seine realistische Darstellung des arbeitenden Volkes. In seiner Heimat heftig angefeindet, hielt er sich öfter in Deutschland auf und errang im Münchner Glaspalast seine ersten Erfolge. Als Teilnehmer an der Pariser Kommune schlug er die Vernichtung des Denkmals für den verhaßten General Vendôme vor. Zu Gefängnisstrafe verurteilt, floh er in die Schweiz und verlebte die letzten Jahre seines Lebens unweit des Genfer Sees.

1851n blau 'Steinklopfer'

COURTOIS, Bernard (1777n–1838n), französischer Chemiker. Arbeitete nach Beendigung seines Studiums der Arzneimittelkunde für eine chemische Fabrik. Bei der Erforschung der ätzenden Wirkung von Laugen auf Kupferkessel fand er deren Jodhaltigkeit und entdeckte so das Element Jod.

1812n grün Entdeckung des Jods

COURTRAY, Stadt in West-Flandern (Belgien) mit bedeutender Textilindustrie. Hier besiegten die flandrischen Weber (von Brügge bis Ypern) ein französisches Ritterheer und behaupteten mit diesem Siege die weitgehende Unabhängigkeit der flandrischen Städte vom französischen König. Die goldenen Sporen der gefallenen Ritter wurden in der Kirche Notre Dame aufgehängt. Deshalb heißt dieser Sieg eines Handwerkerheeres über ein Ritterheer 'Sporenschlacht'.

1302n braun Sieg der Handwerker

CRANACH, Lukas, der Ältere (1472n bis 1553n), deutscher Maler, Holzschnittzeichner und Kupferstecher. Als Sohn eines unbekannten Malers begab er sich auf Wanderschaft nach Bayern und Österreich und wurde schließlich Hofmaler des Sachsenkönigs. In Wittenberg, wo er als Erwerbsquelle die Stadtapotheke und eine Buchhandlung gekauft hatte, wurde er Bürgermeister. Als persönlicher Freund Luthers bekämpfte er in Gemälden und Holzschnitten heftig das Papsttum. Arbeitete aber auch für romtreue Kirchenfürsten. Da er Anhänger der Reformation war, wurde seine Kunst richtungweisend für den deutschen Protestantismus. Entfaltete eine reiche Tätigkeit auf allen Gebieten der Mal- und Zeichenkunst. Seine besondere Liebe galt der Darstellung der Landschaft und des menschlichen Körpers.

1504n blau 'Ruhe auf der Flucht'
1533n blau Lutherbild
1538n blau 'Christus mit Ehebrecherin'

CRÉCY, Dorf in der Picardie (Nordfrankreich). Hier erlitt ein französisches Ritterheer trotz mehrfacher zahlenmäßiger Überlegenheit eine erste Niederlage im Kampf gegen England (Hundertjähriger Krieg). Dieser erste große Sieg einer bürgerlichen Fußtruppe gegen ein berittenes Adelsheer wurde ermöglicht durch Verwendung von Bogenschützen und Kanonen, die hier zum ersten Male in offener Feldschlacht eingesetzt wurden. Die katastrophale Niederlage der französischen Ritter, die 11 Prinzen, über 1600 Adlige und 20000 Mann verloren, war ein sichtbares Zeichen des beginnenden Niederganges der Adelsherrschaft in Europa.

1338n/1453n Hundertjähriger Krieg

CREME, von dem französischen Worte 'crème' (=Sahne) abgeleitete Bezeichnung für pastenartige, meist fetthaltige Hautpflegemittel, wie sie seit mindestens 3500 Jahren benutzt werden.

1490v grün Gebrauch in Ägypten

CREMER, Fritz (geboren 1906n), deutscher Bildhauer und Graphiker. Nach Abschluß seiner Lehre als Steinbildhauer in Berlin fand er in Rom nach griechisch-römischen Vorbildern zu einem eigenen, ernsten Stil. Weltbekannt wurde er durch seine realistischen Plastiken für die Gedenkstätte der Opfer des Faschismus im ehemaligen Konzentrationslager Buchenwald bei Weimar. Weitere Mahnmale schuf er für die ehemaligen KZ-Lager Auschwitz und Mauthausen.

1958n blau Buchenwald-Plastiken

CREMERA, italienischer Fluß. Mündet oberhalb Roms in den Tiber. An seinen Ufern fanden im Jahre 477v heftige Kämpfe zwischen dem aufsteigenden Rom und dem damals mächtigsten Volke Mittelitaliens, den Etruskern, statt. Vergeblich versuchten die römischen Fabier die Vereinigung zweier feindlicher Heere zu vereiteln, indem sie den Brückenkopf unter Aufopferung ihres ganzen Geschlechtes verteidigten. Der Sieg fiel trotzdem den Etruskern zu, die hierdurch ihren Übergang nach Latium behielten.

483v/474v Etruskischer Krieg

CREMONA, Stadt in Norditalien. Im fruchtbaren Tale des Po-Flusses unweit Mailand an der fast 1000 m langen Po-Brücke gelegen, wurde die blühende gallische Siedlung im Jahre 219v römisch, 568n langobardisch, fiel nach vergeblichem Kampfe gegen Mailand 1334n an diese Stadt und teilte deren Schicksal bis zum gemeinsamen Aufgehen im italienischen Staat (1859n). Berühmt wegen ihrer unglasierten keramischen Kunsterzeugnisse (Terrakotta) und wegen ihres Instrumentenbaues.

1286n grün Sektion eines Menschen
1649n grün Amatis Geigenbau
1705n grün Stradivaris Geigenbau

CRESCAS, Abraham (um 1320n bis um 1390n), jüdischer Kartograph in Spanien. Zeichnete auf Wunsch des spanischen Thronfolgers Johann eine Weltkarte, die auf zwölf Blättern mit besonderer Sorgfalt den mittleren Teil der bekannten Erde wiedergab, während der Norden und der Süden vernachlässigt waren. Jede dieser Karten hatte eine Höhe von 70 cm und eine Breite von 33 cm. Zusammengesetzt ergab sich ein schmaler Streifen von fast vier Meter Länge mit sorgfältiger Ausarbeitung der Küsten, Meere, Inseln und Städte sowie mit Angaben für die Schiffahrt ('Katalanischer Atlas').

1376n grün 'Katalanischer Atlas'

CRISTOFORI, Bartolommeo (1655n bis 1731n), italienischer Instrumentenbauer. Erfand das Klavier, indem er die gebräuchlichen mechanischen Zupfvorrichtungen (Klavichord, Spinett, Cembalo) durch einen Hammermechanismus ersetzte. Entscheidend für den Erfolg seiner Erfindung, die eine Weiterentwicklung des 'Hackbrett'-Instrumentes darstellte, war die elastische Verbindung zwischen Taste und Anschlaghammer sowie die Dämpfung des Tons nach erfolgtem Anschlag.

1709n grün Hammerklavier

CROCE, Benedetto (1866n–1952n), italienischer Historiker und Philosoph. Durch Vicos These, daß der Mensch nur erkennen kann, was er selbst hervorgebracht hat, wurde er zur Gleichsetzung von Philosophie und Geschichte geführt. Sein Studium des Marxismus brachte ihn zu dem Ergebnis, daß keine moralischen Handlungen denkbar sind, die nicht zugleich wirtschaftlicher Natur sind. Von Hegel übernahm er die Zuordnung von Mensch und Geschichte als Ausdruck des absoluten Geistes. So suchte er zwischen Idealismus und Materialismus das rechte Verhältnis zwischen Gedanke und Tat. Entschiedener Gegner der katholischen Kirche, der Monarchie und des Faschismus. Wies auch alle Religion und Metaphysik zurück. Schrieb zahlreiche geschichtsphilosophische Werke und gab mehr als fünfzig Jahre lang die von ihm fast allein geschriebene Zeitschrift 'Critica' heraus.

1903n blau 'Philosophie des Geistes'

CROMAGNON, Ortschaft in der Dordogne (Südfrankreich). Hier wurden beim Eisenbahnbau Skelette von Menschen aus der Eiszeit gefunden sowie Feuersteine, Elfenbein und Kohle. Nach anfänglicher Fehleinschätzung erkannten Frühgeschichtsforscher darin echte Vorfahren des heute in Europa und Afrika lebenden Menschen, schätzten ihr Alter auf etwa 30000 Jahre und nannten sie nach ihrem Fundort 'Cromagnon-Menschen'.

1868n grün Skelettfunde

CROMWELL, Oliver, englischer Staatsmann.

1599n–1658n Lebenslinie
1623n–1687n Petty
1641n rot 'Langes Parlament'
1642n/1649n Englische Revolution
1648n/1649n Erhebung der Levellers
1649n rot Hinrichtung des Königs
1649n rot England Republik
1649n/1652n Irischer Freiheitskampf
1650n rot Einkerkerung Lilburnes
1651n rot Navigationsakte
1652n/1654n Erster Seekrieg
1653n rot Zivilehe
1653n rot Verfassung
1655n braun Eroberung Jamaikas
1655n rot Jamaika englisch
1658n braun Sieg über Spanien
1658n rot Dünkirchen englisch

CROTTA, Streichinstrument mit zunächst drei (später sechs) Saiten. Zuerst auf der englischen Insel von keltischen Sängern (Barden) verwendet. Seine Saiten werden über einen Steg gespannt, dessen einer Fuß durch eines der beiden Schall-Löcher bis auf den Boden des Instrumentes herabreicht und der als Stimmstock dient. Der Klangkasten ähnelt mehr einer Zither als einer Geige.

575n grün Verwendung in England

CRUSÉ, Emeric (um 1590n–1648n), französischer Schriftsteller. Verfaßte eine Denkschrift an die regierenden Staatsmänner seiner Zeit. Darin forderte er die Errichtung eines Weltfriedenbundes mit Sitz in Venedig. Alle Völker der Erde sollen in dieser Organisation durch Gesandte vertreten sein. Wenn sich die regierenden Souveräne (Papst, Sultan, Kaiser und Könige) nicht einigen können, soll die Stimme der Republiken (Schweiz, Venedig) den Ausschlag geben. Ein internationaler Gerichtshof soll einen Frieden garantieren, der durch einen internationalen Freihandel ergänzt wird. Benannte sein Buch nach dem Ratgeber des Königs Pyrrhus, der fast zweitausend Jahre vor ihm seinen kriegerisch gesinnten Herrn zum Frieden zu bestimmen suchte ('Cineas').

1623n blau Forderung nach Weltstaat

CRUSOE, Robinson. Titelheld eines Romans von Daniel Defoe. Schiffbrüchig auf eine einsame Insel verschlagen, schuf er sich selbst die Grundlagen der menschlichen Kultur.

1719n blau Defoes Roman

CUMAE, römischer Name der ältesten griechischen Stadt (Kyme) auf italienischem Boden. Etwa 50 km nördlich des Golfs von Neapel gelegen, wurde sie vor mehr als 2700 Jahren von griechischen Auswanderern aus der kleinasiatischen Stadt Kyme gegründet. Entwickelte sich in wenigen Jahrzehnten zu einer blühenden Stadt und einem wichtigen Handelshafen. Ihre Bewohner gründeten in Süditalien und auf Sizilien noch einige weitere Griechenstädte, darunter Neapel und Messina. Durch Beistand dieser Tochterstädte und mit Hilfe der Flotte von Syrakus behauptete sich die Stadt gegen die Etrusker, wurde aber im Jahre 421v von Samniten genommen und 334v römisch. In ihrer schönen Umgebung hatten viele reiche Römer ihre Sommerhäuser, auch Cicero und Pompejus. Im 6. Jahrhundert wurde sie als letztes Bollwerk der Goten zerstört und nach ihrem Wiederaufbau 1207n durch die Heere Neapels endgültig vernichtet.

758v blau Gründung
681v blau Gründung von Neapel
506v braun Sieg über Etrusker
483v/474v Etruskischer Krieg

CURIE, Marie (1867n–1934n), polnische Physikerin und Chemikerin. Verließ ihre Heimatstadt Warschau, wurde Mitarbeiterin des Physikers Henri Becquerel in Paris und heiratete den französischen Physiker Pierre Curie. Erforschte die von ihr als 'Radioaktivität' bezeichnete Strahlung. Nachdem ihre planmäßige Durchsuchung aller bekannten Elemente nur geringe Radioaktivität ergeben hatte, fand sie zwei neue, millionenfach stärkere radioaktive Elemente. Sie nannte das eine wegen seiner Strahlen 'Radium' (nach dem lateinischen Worte 'radius' = 'Strahl'), das andere 'Polonium' (nach ihrer polnischen Heimat). Führte ihre Forschungen gemeinsam mit ihrem Mann durch und übernahm nach dessen Tod seinen Lehrstuhl an der Pariser Universität. Schließlich gelang ihr noch die chemisch reine Darstellung von Radium sowie die Beschreibung seiner Eigenschaften. Wies darauf hin, daß die von ihr entdeckte Strahlung nur durch Vorgänge innerhalb der Atome bewirkt worden sein könne. Dadurch lenkte sie die Aufmerksamkeit der Wissenschaftler auf den Umstand, daß das Atom nicht der letzte unteilbare Baustein der Materie sein kann.

1898n grün Radium und Polonium

CURIE, Pierre (1859n–1906n), französischer Physiker. Fand gemeinsam mit seinem Bruder die bei Kristallen durch mechanischen Druck auftretenden elektrischen Oberflächenladungen. Erforschte die Wärmewirkung auf den Magnetismus. Zusammen mit seiner Frau entdeckte er die Elemente Radium und Polonium und schuf damit die entscheidende Voraussetzung der modernen Atomphysik.

1898n grün Radium und Polonium

CYPRIAN, Cäcilius Thascius, nordafrikanischer Kirchenlehrer.

202n–258n Lebenslinie
247n blau Gegner des Privatbesitzes
251n blau Kirchenbegriff
256n blau Kirchendisziplin

CYRILLUS, Bischof von Alexandria.

381n–444n Lebenslinie
360n–415n Hypatia
386n–451n Nestorius
411n blau Kampf gegen Philosophie
415n rot Ermordung Hypatias

CYRILLUS von Jerusalem (315n–386n), christlicher Bischof in Palästina seit 348n. Im Streit um die göttliche Natur Jesu nahm er eine vermittelnde Haltung ein. Verwarf sowohl die strikte Ablehnung der Göttlichkeit Jesu wie die These von der Wesenseinheit Gott-Jesus. Von den Arianer-freundlichen römischen Kaisern dreimal verbannt, konnte er noch den endlichen Sieg seiner Lehre miterleben. Schrieb ein Lehrbuch für die zur Taufe entschlossenen Nichtchristen. Darin unterrichtet er die Neulinge über Grundlagen der christlichen Lehre und der dazugehörigen Kulthandlungen. Die Lebendigkeit des Stils ergab sich aus dem Verfahren der unmittelbaren stenographischen Aufzeichnung von 24 tatsächlich gehaltenen Unterrichtsstunden.

348n blau Religionsbuch

CYTHERE (heute Kythera), griechische Insel zwischen der Südspitze Griechenlands (Peloponnes) und der Insel Kreta. Hier befand sich vor 2500 Jahren ein berühmtes Heiligtum der Aphrodite, die als Göttin der Schönheit und der Liebe immer wieder Gegenstand künstlerischer Darstellungen wurde.

1717n blau Watteaus Gemälde

DA CAPO, aus dem Italienischen abgeleitete Bezeichnung aus der Musiksprache (wörtlich: 'Vom Haupte'). Auf dem Notenblatt vermerkt, bildet sie eine Anweisung zur Wiederholung des Musikstücks 'vom Anfang' bis zu der Stelle, die mit 'fine' (='Ende') bezeichnet ist. Im Operngesang entwickelte sich im 17. Jahrhundert die dreiteilige 'Da-Capo-Arie', deren dritter Teil eine genaue Wiederholung des ersten ist.

1693n blau Da-Capo-Arie

DÄDALUS, lateinischer Name einer griechischen Sagengestalt (Daidalos). Verkörperung des schöpferischen Handwerkers. Ihm wurde die Erfindung der wichtigsten Werkzeuge und zahlreicher Künste zugeschrieben. Frühe griechische Tempelbauten wurden auf ihn zurückgeführt sowie der Bau des Labyrinths für den König Minos von Kreta. Die Geschichte seiner Flucht von Kreta nach Sizilien mit selbstgefertigten Flügeln heißt 'Ikaros-Sage', weil sein Sohn Ikaros abstürzte, als er gegen den Rat des Vaters der Sonne zu nahe kam, wodurch das Wachs zerschmolz, mit dem die Federn zusammengefügt waren.

837v blau Entstehung der Sage

DÄNEMARK: Allgemeines (Land, Volk, Staat)

1550v grün Bernstein-Handel
118v grün Sturmflut auf Jütland
658n–739n Willibrord
743n–807n Widukind
765n–810n Gottfried
800n rot Reichsgründung
808n grün Grenzwall 'Danewerk'
810n/811n Krieg gegen Franken
811n rot Friede mit Franken
825n braun Angriff auf England
826n rot König Harald Christ
834n braun Angriff auf Friesland
835n braun Angriff auf England
835n rot Siedlungen in England
841n rot Gewinn Walcherens
876n rot Gewinn Nordenglands
995n–1035n Knut der Große
1002n rot Dänenverfolgung, England
1002n–1066n Eduard der Bekenner
1003n braun Angriff auf England
1012n rot Bund mit Adel Englands
1013n braun Adelsaufstand in England
1013n rot Sven I. König Englands
1016n braun Thronkämpfe in England
1016n rot Knut König Englands
1017n–1088n Adam von Bremen
1018n rot Knut König Dänemarks
1018n rot Vereinigung mit England
1027n rot Unterwerfung Schottlands
1028n braun Adelsaufstand, Norwegen
1028n rot Herrschaft über Norwegen
1042n braun Niederlage gegen England
1076n blau Beschreibung durch Adam
1122n–1190n Friedrich I. Barbarossa
1168n braun Eroberung Rügens
1168n rot Herrschaft auf Rügen
1168n rot Rügen christianisiert
1168n grün Gewinn des Slawenschatzes
1168n blau Entwicklung Kopenhagens
1204n–1263n Haakon der Alte
1219n blau Gründung von Reval
1227n braun Niederlage gegen Deutsche
1346n grün Verkauf von Estland
1351n grün Pestepidemie
1361n rot Gewinn Gotlands
1362n/1364n Hanse-Krieg
1364n grün Sperrung des Sundes
1367n rot Kriegsbeschluß der Hanse
1367n/1370n Hanse-Krieg
1370n rot Vormacht der Hanse
1380n rot Herrschaft über Island
1397n rot Kalmarer Union
1460n rot Machtgewinn im Süden
1460n rot Schleswig-Holstein Einheit
1496n–1560n Gustav Wasa
1500n braun Niederlage gegen Bauern
1518n braun Sieg über Schweden
1518n rot Herrschaft über Schweden
1520n braun Erhebung Schwedens
1523n grün Hanse-Hilfe für Wasa
1523n braun Freiheitskampf Schwedens
1523n rot Verlust Schwedens
1535n braun Kriegszug Lübecks
1536n rot Reformation
1537n rot Norwegen Provinz
1563n/1570n Dreikronen-Krieg
1594n–1632n Gustav Adolf
1618n/1648n Dreißigjähriger Krieg
1645n braun Niederlage gegen Schweden
1645n rot Gebietsverlust
1655n/1660n Krieg Schweden–Polen
1665n rot Erbmonarchie
1700n rot Bündnis gegen Schweden
1700n/1721n Nordischer Krieg
1775n/1783n Kampf Nordamerikas
1780n rot Bündnis gegen England
1796n/1815n Napoleonische Kriege
1801n braun Niederlage gegen England
1804n rot Ende der Leibeigenschaft
1814n rot Norwegen unabhängig
1815n rot Wiener Kongreß
1815n–1898n Bismarck
1864n braun Niederlage gegen Deutsche
1901n rot Gewerkschaftskongreß
1920n rot Mitglied im Völkerbund
1939n/1945n Zweiter Weltkrieg
1945n rot Mitglied der UN
1949n rot Mitglied der NATO

DÄNEMARK: Kunst

1203n blau Saxo: Hamletsage
1722n blau Holberg: 'Kannegießer'
1741n blau 'Niels Klims Reise'
1804n blau Thorwaldsen: 'Ganymed'
1866n blau Andersens Märchen
1880n blau Jacobsen: 'Niels Lyhne'
1906n blau Andersen-Nexö: 'Pelle'

DÄNEMARK: Geschichtsschreibung

1203n blau Geschichtswerk des Saxo
1732n blau Holbergs Geschichtswerk

DÄNEMARK: Philosophie

1813n–1855n Kierkegaard
1844n blau 'Begriff der Angst'

DÄNEMARK: Religion

658n–739n Willibrord
826n rot König Harald Christ
829n rot Mission Ansgars
1168n rot Rügen christianisiert
1536n rot Reformation
1813n–1855n Kierkegaard
1844n blau 'Begriff der Angst'

DÄNEMARK: Technik

1627v grün Bronze-Herstellung
1663n grün Bild-Projektion

DÄNEMARK: Wissenschaft

1479n blau Universität Kopenhagen
1546n–1601n Tycho Brahe
1572n grün Bewegung der Fixsterne
1576n grün Sternwarte Uranienburg
1660n grün Funktion des Herzens
1669n grün Doppelbrechung des Lichts
1676n grün Lichtgeschwindigkeit
1728n grün Berings Forschungsreise
1741n grün Bering in Sibirien
1819n grün Elektromagnetismus
1885n–1962n Niels Bohr
1913n grün Atommodell-Verbesserung
1920n grün Periodisches System

DAGUERRE, Louis Jacques (1789n bis 1851n), französischer Maler. Schloß mit Niepce einen Vertrag über die gemeinsame Fortentwicklung der von diesem erfundenen Photographie. Durch Anwendung neuer chemischer Substanzen gelang es ihm, die Belichtungsdauer von mehreren Stunden auf einige Minuten zu verkürzen. Nach dem Tode von Niepce versuchte er gemeinsam mit dessen Sohn Isidor vergeblich die wirtschaftliche Auswertung dieser Erfindung. Das von ihm entwickelte Verfahren der Hervorrufung eines Jodsilberbildes durch Quecksilberdämpfe und dessen Haltbarmachung durch Fixiernatron ('Daguerrotypie') wurde vom französischen Staat gekauft und in allen Einzelheiten veröffentlicht.

1837n grün Verkürzte Belichtung

DAHOMEY, Land in Westafrika. Seit seiner Entdeckung durch die Portugiesen, Ende des 15. Jahrhunderts, Fanggebiet für Sklaven. Auf seinem Boden bildeten sich mehrere Negerreiche, die sich Mitte des 17. Jahrhunderts zu dem heutigen Staat zusammenschlossen. Es tauschte mit den westeuropäischen Kolonialmächten Sklaven gegen Feuerwaffen und andere Güter ('Sklavenküste'). Ende des 19. Jahrhunderts von Frankreich erobert, wurde es Teil der Kolonie Französisch-Westafrika und errang gemeinsam mit diesem Gebiet seine Unabhängigkeit.

1960n rot Unabhängigkeit

DAHSCHUR, Stadt am Westufer des Nils in Nordägypten. Um 2600v zur Residenzstadt des Ägypterreiches erhoben. Hier entstand nach der ersten Pyramide ('Knickpyramide') auch die erste klassische Pyramide in rechteckiger, regelmäßiger Form ('Rote Pyramide').

2644v–2576v Snofru
2588v blau 'Knickpyramide'
2583v blau 'Rote Pyramide'
1955v–1895v Amen-Em-Het II.
1908v blau 'Weiße Pyramide'
1865v–1792v Amen-Em-Het III.
1856v blau Pyramide Sesostris' III.
1834v blau 'Schwarze Pyramide'

DAIDALOS, griechische Sagengestalt. Verkörperung des schöpferischen Handwerkers. Ihm wurde die Erfindung der wichtigsten Werkzeuge und zahlreicher Künste zugeschrieben. Frühe griechische Tempelbauten wurden auf ihn zurückgeführt sowie der Bau des Labyrinths für den König Minos von Kreta. Die Geschichte seiner Flucht von Kreta nach Sizilien mit selbstgefertigten Flügeln heißt 'Ikaros-Sage', weil sein Sohn Ikaros abstürzte, als er gegen den Rat des Vaters der Sonne zu nahe kam und das Wachs zerschmolz, mit dem die Federn zusammengefügt waren.

837v blau Entstehung der Sage

DAILY MAIL, englische Morgenzeitung. Erstes Massenblatt der Welt. Zielte auf die Entpolitisierung der arbeitenden Bevölkerung, die durch zunehmende allgemeine Bildung zu einer Gefahr für den Kapitalismus zu werden drohte. Sie stellte Sexualität und Kriminalität in den Mittelpunkt ihrer Berichte und wirkte so dem wachsenden Klassenbewußtsein des Proletariats entgegen. Ihr System der politischen Neutralisierung des arbeitenden Volkes durch Ablenkung von der Politik wurde vorbildlich für die bürgerliche Demokratie im Zeitalter des heraufkommenden Sozialismus. Ihr Gründer A. C. Harmsworth wurde für seine Verdienste geadelt ('Lord Northcliffe').

1896n blau Gründung

DAIMLER, Gottlieb (1834n–1900n), deutscher Techniker. Als Sohn eines Bäckers studierte er nach praktischen Lehrjahren Maschinenbau und übernahm die technische Leitung der Gasmotorenfabrik in Deutz. Dann gründete er zusammen mit Wilhelm Maybach in Stuttgart eine eigene Fabrik zur Herstellung des von ihm erfundenen schnellaufenden Fahrzeugmotors. Durch Verbindung mit einem hölzernen Zweirad entstand das erste Motorrad, durch Einbau in einen Pferdewagen das erste Automobil. Baute auch ein Motorboot. In seinen letzten Lebensjahren vollendete er sein Werk mit dem Bau eines Autos, das mit 35 PS eine Geschwindigkeit von 75 Stundenkilometern erreichte.

1883n grün Motor
1885n grün Motorrad
1887n grün Automobil

DAKER, Volksstamm in Südosteuropa. Bewohnte das goldreiche Gebiet zwischen Donau und Dnjestr (Rumänien), das im 2. Jahrhundert nach heftiger Gegenwehr dem römischen Reiche einverleibt wurde und im 3. Jahrhundert den von Norden nachdrängenden germanischen Stämmen zufiel.

29v/28v Niederlage gegen Römer
53n–117n Trajan
85n/88n Erster Dakerkrieg
101n/106n Zweiter Dakerkrieg
106n rot Dakien Provinz Roms
106n grün Umsiedlungen
113n blau Trajanssäule

DAKIKI, Mansur (um 910n–985n), persischer Dichter. Lebte mit zahlreichen anderen Poeten am Königshof von Chorasan (Nordostpersien). Im Auftrage des Herrschers arbeitete er das 'Buch der Könige' zu einer gereimten Geschichte des Iran von Anbeginn der Welt um. Als er die ersten tausend Verse geschrieben hatte, wurde er von seinem Lieblingssklaven ermordet.

980 n blau 'Buch der Könige'

DALADIER, Edouard (geboren 1884 n), französischer Historiker und Staatsmann. Als radikalsozialistischer Abgeordneter leitete er seit 1924 n verschiedene Ministerien und wurde 1933 n Ministerpräsident. 1938 n unterzeichnete er das Münchener Abkommen, 1939 n die Kriegserklärung an Deutschland. Wurde Kriegsminister und geriet nach der französischen Niederlage in deutsche Gefangenschaft. 1945 n befreit, wurde er wieder Abgeordneter und bekämpfte die Wiederbewaffnung Westdeutschlands.

1938 n rot Münchner Abkommen
1939 n/1945 n Zweiter Weltkrieg

DALAI LAMA, Titel des höchsten Priesters der in Tibet und der Mongolei verbreiteten Religion (Lamaismus). Die aus dem Mongolischen kommende Bezeichnung bedeutet 'göttlicher Priester'. Er gilt seit dem 11. Jahrhundert als wiedergeborener Buddha auf dem Wege zur Vollkommenheit ('Bodhisattwa'). Nach seinem Tode wird stets ein Kind zum Nachfolger gewählt, da sich nach tibetanischem Glauben Buddha so ambesten verkörpern kann und die Priester auf diese Weise ihrer Macht auch über ihn am sichersten sind. Infolge der zunehmenden Abhängigkeit des öffentlichen Lebens Tibets von seiner 'Gelben Kirche' seit dem 15. Jahrhundert auch von Einfluß auf den Staat. Seit dem 17. Jahrhundert auch Staatsoberhaupt. Seit Beginn der Unterwerfung Tibets unter chinesischen Einfluß formell weiterhin Staatsoberhaupt, in Wirklichkeit aber ein Werkzeug der chinesischen Mandarine, die seit Ende des 18. Jahrhunderts stets die Wahl eines Kindes aus einer ihnen ergebenen Familie durchsetzten. Als die 1950 n begonnene kommunistische Durchdringung des Landes das unwiderrufliche Ende der Priesterherrschaft ankündigte, floh er 1959 n mit 45 000 Mönchen nach Indien.

1643 n blau Residenz

DALDIS, Artemidor von, griechischer Schriftsteller aus Ephesos (Kleinasien). Suchte die Zukunfts-Voraussage aus Träumen durch ein fünfbändiges Buch zu systematisieren.

156 v blau 'Traumdeutung'

D'ALEMBERT, Jean (1717 n–1783 n), französischer Wissenschaftler. Als Mathematiker wurde er durch bahnbrechende Arbeiten (Zahlentheorie) so berühmt, daß ihn die Akademie ungeachtet seiner unehelichen Herkunft mit 24 Jahren zum Mitglied und später zu ihrem Sekretär ernannte. Bereicherte die Physik durch den nach ihm benannten Satz, der eine Berechnung bewegter Körper aus ruhenden Massen ermöglicht. Führte alle Erkenntnis auf Beobachtung und Erfahrung zurück, bekämpfte das Christentum und forderte die Beherrschung der Natur durch die Technik. Für die von Diderot herausgegebene dreiunddreißigbändige Enzyklopädie schrieb er die philosophischen und die mathematischen Artikel sowie die Einführung, in der er den Anbruch des Zeitalters der Wissenschaft verkündete.

1713 n–1784 n Diderot
1751 n blau Enzyklopädie

DALMATIEN, Land an der adriatischen Küste des Balkan (Jugoslawien). Das von Illyrern bewohnte Gebiet wurde durch Römer kolonisiert. Heimat des Kaisers Decius und des Diokletian, der als Sklave zum römischen Kaiser emporstieg und sich nach seiner Abdankung hierher zurückzog. Später wanderten slawische Stämme ein (Serben und Kroaten), es geriet unter die Herrschaft von Byzanz. Fiel nach dem vierten Kreuzzug an Venedig, behauptete aber eine weitgehende Selbständigkeit. Teile des Landes wurden im 16. Jahrhundert türkisch. Doch mußten diese Gebiete 1699 n wieder an Venedig zurückgegeben werden. Von 1797 n bis 1805 n österreichisch, danach durch die Napoleonischen Kriege französisch. Von 1814 n bis 1918 n wieder an Österreich. Nach der Niederlage Österreichs im ersten Weltkrieg Teil eines unabhängigen jugoslawischen Staates. Im zweiten Weltkrieg erobert, wurde das Land 1941 n zwischen Italien und einem von der faschistischen Besatzungsmacht errichteten Staat ('Kroatien') aufgeteilt. Nach Vertreibung der Besatzungstruppen seit 1944 n Teil eines kommunistischen Jugoslawien.

229 v braun Seeräuberkrieg Roms
229 v rot Adria-Herrschaft Roms
228 v rot Schutz Roms für Griechen
219 v braun Sieg Roms über Illyrer
219 v rot Illyrien an Rom
128 n grün Vorzeit-Funde
199 n–251 n Decius
243 n–316 n Diokletian
345 n–420 n Hieronymus
788 n/812 n Bilderkrieg
877 n braun Sieg Byzanz' über Slawen
877 n rot Byzantinische Herrschaft
1377 n grün Quarantäne-Station
1699 n rot Venezianische Herrschaft
1796 n/1815 n Napoleonische Kriege
1914 n/1918 n Erster Weltkrieg
1918 n rot Jugoslawien selbständig
1939 n/1945 n Zweiter Weltkrieg
1944 n rot Jugoslawien kommunistisch

DALTON, John (1766 n–1844 n), englischer Naturwissenschaftler. Erwarb sich durch Selbststudium gründliche Kenntnisse der Physik und Chemie. Erforschte das Verhalten von Gas-Mischungen und stellte das nach ihm benannte Gesetz auf, nach dem der Druck eines Gas-Gemisches gleich der Summe der Teildrucke seiner Bestandteile ist. Stellte eine naturwissenschaftliche Atomlehre auf.

1808 n grün Atomlehre

DAMASCHKE, Adolf (1865 n–1935 n), deutscher Volkswirtschaftler. Als Lehrer in Berliner Arbeitervierteln erkannte er in den traurigen Wohnverhältnissen eine Ursache für die geringeren Lebens- und Glücksmöglichkeiten des Proletariats. Suchte dieser Not entgegenzuwirken durch den Versuch, Grund und Boden mit Hilfe gesetzlicher Maßnahmen der Spekulation zu entziehen (Bodenreform). Scheiterte an der Unmöglichkeit einer gesetzlichen Einschränkung des Gewinnstrebens innerhalb der kapitalistischen Gesellschaft.

1889 n grün Zeitschrift 'Bodenreform'

DAMASKUS, Stadt in Syrien (Vorderasien). In fruchtbarer Oasenlandschaft am Fuße des Antilibanon-Gebirges gelegen, seit frühester Zeit besiedelt, wurde es wegen seiner Mittellage zwischen Assyrern, Babyloniern und Persern, Hettitern, Griechen, Mazedoniern und Römern, Ägyptern, Arabern und Israeliten, Byzantinern, Türken und Mongolen häufig umkämpft, zerstört und immer wieder neu aufgebaut. Als Hauptstadt des Araberreiches von 661 n bis 750 n geistiges und wirtschaftliches Zentrum der islamischen Welt zwischen Persien, Vorderasien, Nordafrika und Spanien. Nach dem ersten Weltkrieg unter französischer Herrschaft, seit 1946 n Hauptstadt des unabhängigen Syrien. Von den seit ihrer Gründung bis in die Gegenwart ununterbrochen bewohnten Städten der Erde ist sie die älteste.

1597 v blau Entstehung
1348 v/1346 v Feldzug der Hettiter
1035 v–972 v David
890 v–843 v Biridri
774 v–727 v Tiglatpileser III.
732 v braun Niederlage gegen Assyrien
732 v rot Assyrische Herrschaft
32 n rot Lehren Jesu
33 n rot Bekehrung des Paulus
67 n–129 n Apollodoros von Damaskus
609 n–680 n Moawija
635 n rot Arabische Herrschaft
640 n–716 n Musa
661 n rot Hauptstadt Arabiens
705 n blau Omaijaden-Moschee
1158 n blau Ibn Asakirs Geschichte
1163 n blau Arabische Hochschule
1169 n–1240 n Ibn Arabi
1170 n grün Hochschule für Medizin
1202 n grün Räderuhr mit Schlagwerk
1392 n–1450 n Ibn Arabscha
1401 n rot Mongolische Herrschaft
1405 n rot Syrien unabhängig
1920 n rot Französische Herrschaft
1946 n rot Syrien unabhängig

DAMASKUS, Nikolaus von (64 v bis um 20 n), griechischer Geschichtsschreiber aus der syrischen Stadt Damaskus. Ging als Erzieher der Kinder von Kleopatra und Antonius nach Ägypten. Nach deren Tod wurde er Ratgeber und Vertrauter des Judenkönigs Herodes des Großen. Reiste nach Rom, wo er eine persönliche Freundschaft mit Kaiser Augustus einging, die ihn zur Übersiedlung in diese Stadt bestimmte. Schrieb eine Weltgeschichte in 144 Bänden, eine Lebensbeschreibung des Augustus ('Leben des Kaisers') sowie Theaterstücke, philosophische Arbeiten über Aristoteles und seine eigenen Lebenserinnerungen.

4 n blau Weltgeschichte
15 n blau Augustus-Biographie

DAME-SPIEL, Brettspiel für zwei Personen.

2935 v grün Verbreitung in Ägypten

DAMIANI, Petrus (1007 n–1072 n), italienischer Mönch. Verlor früh seine Eltern und erhielt von seinem älteren Bruder die Mittel für eine Ausbildung. In seiner Heimatstadt Ravenna wurde er ein angesehener Lehrer der freien Künste. Im 30. Lebensjahr zog er sich in das Kloster Fonte Avellana (Mittelitalien) zurück, wurde sieben Jahre später Abt und machte diese Einsiedlergemeinde zum Mittelpunkt einer Reformbewegung des Mönchslebens und später der ganzen katholischen Kirche. Bekämpfte unerbittlich, aber mit geringem Erfolg, den Sittenverfall des Mönchslebens und der Priesterschaft Italiens. Die Unmoral der Kirche deckte er auch in seinen Schriften auf. Vertrat die weltlichen Machtansprüche des Papsttums und wurde fünfzigjährig Kardinal von Ostia. Angewidert vom Treiben des Klerus zog er sich schon vier Jahre später wieder in sein Kloster zurück, erfüllte aber in persönlichem Auftrage des Papstes noch zahlreiche wichtige Missionen. In Deutschland bestimmte er Heinrich IV. zum Verzicht auf die Ehescheidung.

1049 n blau Anklage gegen Priester
1057 n blau Abwertung der Philosophie

DAMPF, Dampfkraft und ihre technische Anwendung.

152 v–82 v Heron
111 v grün Nutzung durch Heron
181 n grün Dampfkochtopf
1629 n grün Dampfmaschinen-Entwurf
1679 n grün Papins Dampfkochtopf
1690 n grün Papins Dampfmaschine
1697 n grün Saverys Dampfmaschine
1707 n grün Schiff für Dampfbetrieb
1712 n grün Newcomens Dampfmaschine
1720 n grün Dampfkraftwagen
1736 n–1819 n James Watt
1744 n grün Cooke: Dampfheizung
1757 n grün Black: Latente Wärme
1765 n grün Watts Dampfmaschine
1773 n grün Colles: Dampfschiff
1782 n grün Watt: Schwungrad
1804 n grün Trevithiks Lokomotive
1807 n grün Dampfschiff von Fulton
1814 n grün Stephensons Lokomotive
1818 n grün Überquerung des Atlantik
1825 n grün Eisenbahn in England
1832 n grün Dampfpflug in England
1835 n grün Eisenbahn in Deutschland
1835 n grün Rohrpost
1880 n grün Laval: Dampfturbine

DAMPF-KOCHTOPF

181 n grün Gebrauch in Alexandria
1679 n grün Papins Konstruktion

DAMPFMASCHINE, Antriebsmaschine für Fahrzeuge (Lokomotiven, Schiffe) und Produktionsmaschinen (Spinnerei, Weberei, Papierfabrik, Sägewerk, Dreherei, Schmiede). Beruht auf der Umwandlung von Wärme (Holz, Kohle) in mechanische Kraft. Ihre Erfindung führte das Maschinenzeitalter herauf.

152 v–82 v Heron
111 v grün Nutzung der Dampfkraft
1629 n grün Brancas Entwurf
1690 n grün Papins Konstruktion
1697 n grün Saverys Maschine
1712 n grün Newcomens Maschine
1720 n grün Dampfkraftwagen
1736 n–1819 n James Watt
1765 n grün Watts Konstruktion
1773 n grün Colles: Dampfschiff
1782 n grün Schwungrad
1804 n grün Trevithiks Lokomotive
1807 n grün Fulton: Dampfschiff
1814 n grün Stephensons Lokomotive
1825 n grün Eisenbahn
1832 n grün Dampfpflug

DAMPFSCHIFF, Bezeichnung für ein mit Dampfmaschinen-Kraft angetriebenes Schiff ('Dampfer'). Seine Erfindung revolutionierte die vorher auf Segel und damit auf den Wind angewiesene Schiffahrt.

1773 n grün Colles' Konstruktion
1807 n grün Fultons Konstruktion
1818 n grün Atlantik-Überquerung

DANAE, griechische Sagengestalt. Tochter des Königs Akrisios von Argos, der sie in einem unterirdischen Gemach einkerkerte, weil er aufgrund eines Orakels Furcht vor einem Enkel hatte. Gott Zeus nahte sich ihr als Goldregen. Aus dieser Verbindung entsprang der Halbgott Perseus, der zahlreiche Heldentaten vollbrachte und versehentlich seinen Großvater Akrisios tötete.

1477 n–1576 n Tizian

DANDIN (um 680 n–740 n), indischer Dichter. Schilderte die Streiche einer Gesellschaft unternehmungslustiger junger Burschen in seinem märchenhaften Schelmenroman 'Die Abenteuer der zehn Prinzen'. Gab eine Zusammenfassung der Regeln indischer Dichtkunst, wie sie sich im Laufe der Jahrhunderte herausgebildet hatten, und verband diese Gesetze mit seiner eigenen Auffassung von Aufbau, Inhalt und Form des Dichtens. Forderte für jede Dichtung die Verherrlichung eines für alle Menschen gültigen Lebensziels. Schilderte neben der von ihm hart kritisierten höfischen Welt auch das Leben des städtischen Proletariats.

727 n blau Schelmenroman
737 n blau Lehrbuch der Dichtkunst

DANEWERK, Name einer dänischen Grenzbefestigung auf Jütland.

765 n–810 n Gottfried
808 n grün Bau

DANIEL, Name eines jüdischen Propheten, der vor etwa 2500 Jahren in Palästina lebte. Von seinem Wirken berichtet ein Kapitel der Bibel ('Buch Daniel'), das vor 2200 Jahren entstand. Es enthält außer erbaulichen Erzählungen die Ankündigung des Gottesreiches nach Ablauf von vier historischen Reichen. Diese Prophezeiung spielte in der christlichen Epoche Europas eine wichtige Rolle. Kirchliche Historiker deuteten die vier Weltreiche als das babylonische, das persische, das griechische und das römische Reich und harrten seitdem des hereinbrechenden Gottesreiches.

165 v blau 'Buch Daniel'

DANILEWSKI, Nikolai (1822 n–1885 n), russischer Naturforscher und Geschichtsphilosoph. Als Botaniker erforschte er die Pflanzenwelt Südrußlands, entdeckte in der Krim die Reblaus und wandte sich schließlich ganz der Erforschung des Fischfangs in den russischen Gewässern zu. Schrieb ein zweibändiges Werk über den Darwinismus und unternahm die Anwendung biologischer Prinzipien auf die Weltgeschichte. Gelangte zu einer historischen Typenlehre, nach der bisher elf große Kulturen gekommen, aufgestiegen und untergegangen sind. Die europäische Kultur befindet sich nach dieser Lehre gerade im Niedergang und wird durch die slawische abgelöst, deren Ziel eine harmonische Vereinigung aller früheren Kulturelemente ist. Innerhalb der Verwirklichung dieses allgemeinmenschlichen Ideals sah er die besondere Aufgabe der aufblühenden russischen Kultur in der Lösung der gesellschaftlich-ökonomischen Probleme der Menschheit. Sein Werk gab dem russischen Volke Zusammenhalt und ein starkes Sendungsbewußtsein (Panslawismus).

1871 n blau 'Rußland und Europa'

DANTE, italienischer Dichter und Publizist.

1265 n–1321 n Lebenslinie
1292 n blau 'Das neue Leben'
1306 n blau 'Vom Dichten'
1312 n blau Politische Forderung
1313 n–1375 n Boccaccio
1320 n blau 'Göttliche Komödie'
1491 n blau Botticellis Bilder

DANTON, Georges (1759 n–1794 n), französischer Freiheitskämpfer. Schloß sich als Rechtsanwalt der Revolution an. Seine Begeisterung und seine Rednergabe führten ihn schnell an die Spitze der revolutionären Bewegung, der er im Konvent und im Jakobinerklub diente. Als Justizminister wirkte er für die Errichtung des Revolutionstribunals. Doch näherte er sich mit zunehmender Dauer der Revolution den Gemäßigten, widersetzte sich jeder sozialen Fortführung der Revolution und wurde schließlich von Robespierre der Guillotine übergeben.

1789 n/1795 n Französische Revolution
1835 n blau Büchners Drama

DANZIG, Hafenstadt an der Ostsee im Gebiet der Weichsel-Mündung. Von Polen gegründet, wurde die Siedlung bald Niederlassung deutscher Kaufleute und Besitz des Deutschritterordens. 1361 n Hansestadt, wurde sie von 1454 n bis 1772 n in Personalunion mit Polen verbunden unter Wahrung deutscher Kultur und Sprache. Seit der ersten Teilung Polens freie Stadt unter preußischer Vormacht, seit der zweiten Teilung Polens preußisch, seit 1920 n unter dem Protektorat des Völkerbundes. 1945 n von der Roten Armee erobert und an Polen übergeben, das durch Vertreibung der deutschen Bevölkerung (über 95 v.H.) dieser Einverleibung endgültigen Charakter gab.

985 n blau Polnische Siedlung
1382 n blau Rathaus
1772 n rot Erste Teilung Polens
1793 n rot Zweite Teilung Polens
1919 n rot Versailler Vertrag
1939 n/1945 n Zweiter Weltkrieg
1945 n rot Besetzung
1945 n rot Potsdamer Abkommen

DAPHNE, griechische Sagengestalt. Als schöne Nymphe vom Lichtgott Apollo begehrt, wurde sie von ihrer Mutter (der Erde) durch Verwandlung in einen Lorbeerbaum vor seinen Nachstellungen geschützt. Der Italiener Peri stellte ihre Person in den Mittelpunkt der ersten Oper ('Dafne').

1585 n–1673 n Heinrich Schütz
1594 n blau Peris Oper
1627 n blau Schütz' Oper

DAPHNIS, griechische Sagengestalt. Als Hirte Liebling der anmutigen, weiblichen Naturgottheiten (Nymphen). Von einer Nymphe, die er betrog, obwohl er ihr die Treue versprochen hatte, mit Blindheit gestraft, stürzte er von einem Felsen. Galt als Schöpfer des gefühlvollen Hirtenliedes ('bukolischer Gesang').

641 v–555 v Stesichoros

DARASI, Ibn (um 1180 n–um 1240 n), arabischer Religionsstifter. Als gläubiger Mohammedaner verkündete er in Kairo die Göttlichkeit des ägyptischen Herrschers Al Hakim. Nach dessen Ermordung erklärte er in Syrien, daß Al Hakim gar nicht endgültig gestorben sei, sondern am Weltende wiederkommen würde. Zusammen mit Al Hamsa schuf er ein ganzes Glaubensgebäude von der stufenweisen Selbstoffenbarung Gottes und organisierte seine Anhänger, die sich später nach ihm 'Drusen' nannten.

1021 n rot Al Hakim ermordet
1022 n blau Lehre der Drusen

DARDANELLEN, Meerenge zwischen der Balkanhalbinsel und Kleinasien, 65 km lang und 2—6 km breit, benannt nach der früheren griechischen Stadt Dardanos an ihrem Südufer. Trennt Europa von Asien und hat deshalb seit Jahrtausenden große militärische, politische und wirtschaftliche Bedeutung. Troja verdankte seine Machtstellung der Lage an dieser Meerenge und wurde deshalb von den Griechen zerstört. 480 v setzten hier die Perserheere unter Xerxes nach Europa über, 334 v die Griechenheere unter Alexander nach Asien. Seit 1354 n von den Türken beherrscht. Spielte in den beiden Weltkriegen eine wichtige Rolle als Tor zum Schwarzen Meer.

2756 v blau Entstehung Trojas
1241 v–1184 v Priamos
1232 v–1183 v Agamemnon
1193 v/1184 v Trojanischer Krieg
992 v rot Neuansiedlung in Troja
602 v–527 v Peisistratos
556 v braun Eroberung durch Athen
556 v rot Herrschaft Athens
520 v–465 v Xerxes
490 v/449 v Perserkriege
480 v grün Schiffsbrücke
356 v–323 v Alexander der Große
334 v/325 v Alexanderzug
1354 n braun Vordringen der Türken
1841 n rot Sperrung für Kriegsschiffe
1914 n/1918 n Erster Weltkrieg
1939 n/1945 n Zweiter Weltkrieg

DAREIOS I., Kaiser von Persien von 521 v bis 486 v.

550 v–486 v Lebenslinie
521 v/519 v Feldzug gegen Indien
520 v grün Steuersystem
520 v–465 v Xerxes
519 v rot Machtgewinn in Indien
519 v grün Tribut aus Indien
518 v grün Straße durch das Reich
517 v blau Gründung von Persepolis
516 v rot Post-Zensur
510 v grün Prägung von Goldmünzen
499 v/494 v Ionischer Aufstand
499 v rot Feindkoalition
498 v blau Denkmal
491 v rot Griechischer Widerstand
490 v grün Kanal Nil–Rotes Meer
490 v/449 v Krieg gegen Griechenland
490 v rot Rückschlag (Marathon)

DARMKRANKHEITEN

2239 v–2162 v Ir-En-Achat
2183 v grün Ägyptische Forschungen
1981 v–1929 v Neferi
1957 n grün Diagnose durch Sender

DARMSTADT, Stadt am Rande des Odenwaldes (Hessen). Im 11. Jahrhundert als Siedlung Darmundestat entstanden, kam es 1479 n an Hessen und wurde 1567 n Residenzstadt. Im 18. Jahrhundert bildete sich am Hofe der Gräfin Karoline ein literarischer Freundeskreis um Johann Heinrich Merck, dessen Freund Goethe hier öfter aus neuen Dichtungen las. Später entstand hier die Künstlerkolonie Mathildenhöhe. Es entwickelte sich ein fruchtbares graphisches Gewerbe, Goethes 'Götz' und das 'Kapital' von Marx wurden hier zuerst herausgebracht. 1918 n–1933 n Hauptstadt von Hessen. Im zweiten Weltkrieg zu 80 Prozent zerstört, wuchsen seitdem neue Hochschulen, Verlage und Industrien empor.

1330 n rot Stadtrecht

DARWIN, Charles, englischer Naturforscher.

1809 n–1882 n Lebenslinie

1859n grün 'Entstehung der Arten'
1871n grün Abstammungslehre

DATTASSA, hettitische Stadt zwischen dem Oberlauf des Euphrat und dem Mittelmeer. Hierher verlegte der Hettiterkönig Muwa-Talli um 1200v die Hauptstadt seines Reiches (aus dem Innern Kleinasiens), um den syrischen Provinzen seines Reiches näher zu sein.

1347v–1282v Muwa-Talli

DATTEL, pflaumengroße Frucht der Dattelpalme, die als einzige Nahrung vieler Wüstenbewohner frisch, getrocknet oder eingemacht gegessen wird. Aus ihrem Saft wird seit alters her auch Wein und Schnaps hergestellt.

2787v grün Wein in Ägypten
2755v grün Dattelgärten in Sumer
2684v grün Wein in Sumer
2480v grün Sirup in Mesopotamien

DAUMIER, Honoré (1808n–1879n), französischer Zeichner, Maler und Bildhauer. Noch während seiner künstlerischen Ausbildung zeichnete er Karikaturen, wurde 23jährig Mitarbeiter der satirischen Zeitschrift 'La Caricature' und schuf über 1000 aktuelle politische Satiren. Als Anhänger der revolutionären Ideale geißelte er die Restauration sowie das Bürgerkönigtum und wurde sechs Monate eingekerkert. Nach dem Verbot aktueller politischer Karikaturen richtete er seine künstlerische Kritik auf die kapitalistische Gesellschaft im allgemeinen und zeichnete treffsicher die Raffgier, den Geiz, die Hartherzigkeit und vor allem die Heuchelei des Besitzbürgertums. Die immer wieder geübte Plastik erzog ihn zur Klarheit und Eindeutigkeit der Formgebung. Seine Liebe aber galt zeitlebens der Malerei. So schuf er neben seinen 5000 Lithographien zahlreiche Aquarelle und Ölgemälde sowie Illustrationen zu Lafontaine, Cervantes und Molière. Stellte auch das Leben der Arbeiter dar. Erblindete im Alter und starb in Armut.

1848n blau 'Justiz'

DAUSI, Al (1116n–1200n), arabischer Historiker. Schrieb eine allgemeine Geschichte aus streng mohammedanischer Sicht.

1170n blau Weltgeschichte

DAVID, König von Israel.

1035v–972v Lebenslinie
1086v–1004v Samuel
1000v braun Sieg über die Philister
998v rot Jerusalem Hauptstadt
992v–933v Salomo
990v braun Sieg über Ammon
990v rot Ammoniter-Ausrottung
981v–918v Ahia
979v braun Zug zum Roten Meer
979v rot Hafen nach Indien
973v grün Handel mit Hiram
777v–692v Jesaja
1386n–1466n Donatello
1430n blau Donatellos Statue
1504n blau Michelangelos Statue

DAVID, Jacques-Louis (1748n–1825n), französischer Maler. Schüler der Pariser Akademie. Löste sich unter dem Einfluß der revolutionären Umwälzungen aus der höfischen Kunst (Rokoko) und suchte in den alten römischen Kunstwerken die Vorbilder für einen neuen, strengeren Malstil ('Klassizismus'). Als Mitkämpfer der Revolution malte er auch deren Höhepunkte ('Schwur im Ballhaus', 'Tod des Marat'). Weil er für die Hinrichtung des Königs gestimmt hatte, wurde er nach Robespierres Hinrichtung eingekerkert und entging nur durch Fürsprache seiner Schüler und Verehrer dem Tode. Wurde Hofmaler Napoleons I. und stellte auf vielen Bildern den neuen Kaiser dar (Krönungsbild, Reiterstandbild). Berühmt wurde er durch seine historischen Bilder ('Schwur der Horatier', 'Sokrates, den Giftbecher trinkend','Raub der Sabinerinnen'). Nach dem Sturz Napoleons 1816n als 'Königsmörder' aus Frankreich verbannt, verbrachte er sein letztes Jahrzehnt in Brüssel, wo er unermüdlich malte und unterrichtete. Bildete über 400 Schüler heran.

1793n blau 'Tod des Marat'

DAVIDUM (um 1750v bis um 1700v), Fürst des israelitischen Stammes Benjamin, der mit seinen Herden in Vorderasien umherzog und dabei mit den seßhaften Völkern in Kämpfe geriet.

1710v braun Kampf gegen Mari

DAVIEL, Jacques (1696n–1762n), französischer Augenarzt und Chirurg. Leibarzt Ludwigs XV. Ersetzte die gebräuchliche Methode des Star-Stichs durch eine Entfernung des Stars nach vorausgegangenem Schnitt. Hierzu baute er sich ein eigenes Instrument, den nach ihm benannten 'Davielschen Löffel'.

1745n grün Staroperation

DAVY, Humphrey (1778n–1829n), englischer Chemiker und Physiker. Zuerst Holzschnitzer, dann Lehrling bei einem Apotheker und Chirurgen. Mit 24 Jahren Professor der Chemie, mit 32 Jahren Präsident der Royal Society. Verwendete elektrischen Strom für die Zerlegung chemischer Verbindungen und schuf damit die Grundlage für die Elektrochemie. Durch seine neue Methode (Elektrolyse) fand er die Metalle Kalium, Natrium, Magnesium, Strontium und Barium. Seine Analyse der Salzsäure als einer Chlor-Wasserstoff-Verbindung widerlegte die allgemeine Annahme, daß alle Säuren Sauerstoff enthalten. Fand den nach ihm benannten 'Davyschen Bogen' durch Annäherung von zwei in einem elektrischen Stromkreis stehenden Kohlestäben bis zum Überspringen von Funken. Baute eine Sicherheitslampe für Bergleute. Entdeckte das Lachgas.

1807n grün Kalium
1811n grün Bogenlicht

DAWES, Charles (1865n–1951n), nordamerikanischer Politiker. Ging als Ingenieur zur Armee und wurde General. Nach dem ersten Weltkrieg Vorsitzender der internationalen Kommission für die deutschen Reparationen. Der nach ihm benannte Plan bewirkte die Stabilisierung der deutschen Währung durch eine Anleihe sowie die Räumung des Ruhrgebietes durch Sicherheits-Übereignung der Reichsbahn. Legte die Reparationsschuld auf jährliche Zahlungen um und verwandelte einen beträchtlichen Teil in privatwirtschaftliche Forderungen, wodurch eine spätere Streichung oder Minderung ausgeschlossen wurde und Deutschland noch heute daran abzahlt.

1924n grün Reparationsplan

DDT, Abkürzung von Dichlordiphenyltrichloräthan. Bezeichnung eines Insektengiftes von besonderer Wirksamkeit. Das von dem Schweizer Chemiker Paul Müller entwickelte Mittel tötet Fliegen, Mücken und anderes Ungeziefer durch Nervenlähmung infolge allmählichen Eindringens in die Beine. Es ist ein Berührungsgift, das sich kaum verflüchtigt und daher von langanhaltender Wirkung ist.

1939n grün Entwicklung

DEBES, Ernst (1840n–1923n), deutscher Kartograph und Verleger. Begann seine Ausbildung als Achtzehnjähriger im geographischen Verlag Perthes, wurde der bedeutendste Schüler des Kartographen Petermann und trat 1872n als Teilhaber in den geographischen Verlag Wagner ein, der sich fortan Wagner und Debes nannte. Im letzten Jahrzehnt seines Lebens widmete er sich besonders der kartographischen Darstellung der Mondoberfläche.

1914n grün Mondatlas

DEBORA (um 1160v bis um 1100v), israelitische Dichterin. Schrieb einen in die Bibel aufgenommenen Lobgesang auf den siegreichen Kampf eines Bauernheeres, das unter Führung des Barak ein mit Streitwagen ausgerüstetes Heer des Königs Sisera schlug und damit das Land aus zwanzigjähriger kanaanitischer Fremdherrschaft befreite. War auch als Richterin tätig.

1120v blau Siegeslied

DECAMERONE, Titel einer Novellensammlung des italienischen Dichters Boccaccio (wörtlich: 'Zehn-Tage-Geschichte'). Darin erzählen zehn vor der Pest geflohene Personen an zehn Tagen hundert einzelne Geschichten, die durch ihren Einfallsreichtum, ihre treffende Menschenschilderung und ihre Schamlosigkeit in der ganzen Welt bekannt und beliebt wurden. Der Stil des Werkes wurde vorbildlich für die beginnende italienische Literatur.

1313n–1375n Boccaccio
1353n blau Vollendung

DECIUS, Gajus, römischer Kaiser aus Illyrien (Jugoslawien) von 249n bis 251n.

199n–251n Lebenslinie
249n rot Christenverfolgung
250n rot Verbrennung des Paps
250n/269n Erster Gotischer Krieg

DECLARATION OF RIGHTS ('Erklärung der Rechte'), Name des Beschlusses, den das englische Parlament nach Vertreibung König Jakobs II. faßte. Begrenzte die Rechte des Königs zugunsten des Parlamentes, das Gesetzgebung und Steuerbewilligung sowie die Entscheidung über die Aufstellung von Heeren in seine alleinige Zuständigkeit nahm. Schloß die Rekatholisierung Englands durch Festlegung der protestantischen Thronfolge endgültig aus. Schuf die Voraussetzungen für eine ungehemmte Entfaltung des aufstrebenden städtischen Kapitalismus unter gleichzeitiger Verewigung der auf Grundbesitz beruhenden Macht des Landadels. In ihren 13 Artikeln wurden auch die Bürgerrechte festgelegt. 1689n als 'Bill of Rights' vom gewählten neuen König des Landes (Wilhelm III. von Oranien) bestätigt.

1688n rot Beschluß

DE COSTER, Charles (1827n–1879n), belgischer Schriftsteller. In München geboren, studierte er in Brüssel die Rechte, wurde Bankangestellter, Journalist, Archivbeamter, Schriftsteller und Literaturprofessor an der belgischen Militärakademie. In seiner antibürgerlichen und antiklerikalen Zeitschrift 'Uylenspiegel' kämpfte er mit satirischen Mitteln gegen gesellschaftliche Mißstände und wurde deshalb auch in seinen großen Werken nicht anerkannt. Immer in wirtschaftlichen Sorgen lebend, schrieb er 'Flämische Legenden', 'Brabanter Geschichten' und den Roman 'Die Hochzeitsreise'. Arbeitete zehn Jahre lang an seinem Meisterwerk, der Legende vom Eulenspiegel. Darin erhob er die Schalksgestalt des Till Eulenspiegel zum Volkshelden, der, als Sohn eines Kohlenträgers zum Kämpfer für Freiheit und Recht gegen Kirche und Fremdherrschaft wird.

1868n blau 'Ulenspiegel'

DECRETUM GRATIANI, Bezeichnung für eine Sammlung von Grundsätzen, die sich auf die Rechtsstellung der Kirche in der Gesellschaft beziehen und die zur Grundlage eines eigenen Kirchenrechts wurden. Verfaßt von dem italienischen Mönch Gratian, der wahllos Echtes und Falsches aus der Geschichte der päpstlichen Gewalt, der Rechte des Klerus und der Kirchenorganisation unter dem Gesichtspunkte der Nützlichkeit für die Kirche zusammenstellte.

1140n blau Abfassung

DEDEFRE, ägyptischer König

2605v–2542v Lebenslinie
2542v blau Tempel

DEFOE, Daniel (1660n–1731n), englischer Schriftsteller und Politiker. Als Sohn eines Handwerkers sollte er Geistlicher werden, wandte sich aber kaufmännischer Tätigkeit zu und wurde schließlich Journalist. Nahm an einem Aufstand gegen König Jakob II. teil, bekämpfte den nationalistischen Dünkel des englischen Bürgertums und wurde wegen seiner antikirchlichen Gesinnung an den Pranger gestellt und schließlich eingekerkert. Im Gefängnis gründete er die erste regelmäßige englische Wochenschrift ('The Review') und schrieb diese Zeitschrift acht Jahre lang allein. An der Vereinigung Englands und Schottlands beteiligt. Zeitweilig als Geheimagent tätig. Mit 60 Jahren schrieb er seinen ersten Roman. Darin schildert er in Tagebuchform die Erlebnisse des schiffbrüchigen Matrosen Robinson Crusoe auf einer einsamen Insel und dessen Heimkehr nach 28 Jahren. In den elf letzten Lebensjahren vollendete er noch zahlreiche Romane ('Moll Flanders', 'Roxana').

1719n blau 'Robinson Crusoe'

DEGAS, Edgar (1834n–1917n), französischer Maler, Zeichner und Bildhauer. Nach Studienjahren in Paris und Rom wandte er sich zunächst geschichtlichen Stoffen zu. Mit vierzig Jahren begann er mit Gemälden aus der Welt der Bühne, besonders des Balletts. Daneben gestaltete er immer wieder das Leben des arbeitenden Volkes (Wäscherinnen, Büglerinnen). Mit zunehmendem Alter widmete er sich ganz künstlerischen Darstellungen aus dem Leben der Frauen und schuf auch hier Meisterwerke in Pastell-Technik. Fast erblindet, wechselte er zur Bildhauerei über und modellierte noch zahlreiche Statuetten.

1873n blau 'Die Tanzschule'

DE GAULLE, Charles (geboren 1890n), französischer Staatsmann. Nach Besuch von Jesuitenschule und Militärakademie geriet er 1916n in deutsche Gefangenschaft. 1919n bekämpfte er in Wolhynien die Sowjetmacht. Bei Ausbruch des zweiten Weltkrieges stellvertretender Kriegsminister, erreichte er von London und Afrika aus, daß Frankreich trotz seiner Kapitulation zu den Siegermächten gezählt wurde. 1945n bildete er die erste Regierung, mußte aber 1946n zurücktreten. 1958n zurückgerufen, führte er eine unblutige Entkolonisierung Algeriens durch. Baute eine eigene Atomstreitmacht auf. Gab Frankreich durch Austritt aus der NATO seine Unabhängigkeit von den USA zurück und sicherte es durch freundschaftliche Beziehungen zu den sozialistischen Ländern Europas. Sein hartes Vorgehen gegen kommunistische Studenten führte im Mai 1968n zu schweren Unruhen, deren er nur durch Heranführung von Militär Herr wurde. Im Frühjahr 1969n wurde er durch seine Niederlage bei einer Volksabstimmung zum Rücktritt gezwungen.

1939n/1945n Zweiter Weltkrieg
1944n rot Frankreich frei
1944n rot Bündnis mit der UdSSR
1954n/1962n Kampf Nordafrikas
1958n rot Guinea unabhängig
1960n rot Kamerun unabhängig
1960n rot Senegal unabhängig
1960n rot Tschad unabhängig
1960n rot Mauretanien unabhängig
1960n rot Togo unabhängig
1960n rot Gabun unabhängig
1960n rot Volta unabhängig
1960n rot Dahomey unabhängig
1960n rot Madagaskar unabhängig
1962n rot Algerien unabhängig

DEHUT (um 1475v bis um 1434v), ägyptischer Schreiber. Hofmeister des Amun-Oberpriesters von Theben. Ließ sich für sein Grabmal zusammen mit seiner Mutter und seinen Lieblingsspeisen malen.

1435v blau 'Dehut mit Mutter'

DEIR-EL-BAHRI (wörtlich 'Nordkloster'), Name eines Felskessels im mittleren Niltal unweit der Stadt Theben. Hier wurden vor etwa viertausend Jahren Felsgräber, Pyramiden und Totentempel ägyptischer Könige erbaut.

2084v–2012v Mentu-Hotep
2016v blau Tempel
1531v–1481v Sen-Mut
1526v–1482v Hatschepsut
1497v blau Wandbild eines Kranichs
1490v blau Bildnis des Pharao
1486v blau Terrassentempel

DEKABRISTEN, vom russischen Wort für Dezember ('dekabr') abgeleiteter Name der Freiheitskämpfer, die im Dezember 1825n kurz nach dem Tode Alexanders I. in Petersburg und in Wassilkow einen Aufstand gegen die zaristische Gewaltherrschaft unternahmen. Ihr Ziel war die Schaffung einer verfassungsmäßigen Ordnung mit unumstößlichen Grundrechten sowie die Abschaffung der Leibeigenschaft. Nach Niederschlagung der Erhebung wurden die fünf Führer gehenkt und 121 Teilnehmer nach Sibirien verbannt. Das Scheitern dieser vorwiegend von Adligen getragenen Aufstandsbewegung festigte den zaristischen Absolutismus.

1825n braun Aufstand

DEKOLLETÉ, aus dem Französischen kommende Bezeichnung für einen tiefen Ausschnitt an Damenkleidern (wörtlich: 'mit bloßem Hals').

1431v blau Ägyptisches Gemälde

DELACROIX, Eugène (1798n–1863n), französischer Maler, Zeichner und Radierer. Nach Beendigung seiner Studien in Paris bildete er an der niederländischen Monumentalmalerei und an der leichten englischen Aquarellkunst einen eigenen Stil. Schuf gewaltige Bilder nach geschichtlichen Stoffen ('Die Einnahme von Konstantinopel') sowie nach der griechischen Sagenwelt (Apollo-Galerie). Eine Orientreise belebte seine Farbgebung ('Frauen von Algier'). Schuf Tierdarstellungen und Illustrationen zu den Werken berühmter Dichter (Dante, Shakespeare). Seine Bilder zum 'Faust' wurden von Goethe bewundert. Seiner Begeisterung für den griechischen Freiheitskampf gab er ebenso künstlerischen Ausdruck ('Gemetzel auf Chios') wie seiner Anteilnahme an der Revolution seines eigenen Volkes ('Die Freiheit auf den Barrikaden'). In seinem ausführlichen Tagebuch beschrieb er die Entstehung der meisten seiner 850 Gemälde.

1830n blau Revolutions-Gemälde

DELFT, Stadt in Holland. Zentrum des Kampfes um die Unabhängigkeit Hollands von Spanien und vom katholischen Einfluß. Wilhelm von Oranien führte von hier aus seinen Freiheitskampf und wurde in dieser Stadt ermordet. Die aus China eingeführte Herstellungsweise und künstlerische Formgebung von Steingut und Porzellan entwickelte sich hier frühzeitig zu hoher Blüte. Heimatstadt des Völkerrechtlers Grotius und des Bakterienforschers Leeuwenhoek.

1593n grün Fayencen
1533n–1584n Wilhelm von Oranien
1572n/1581n Kampf der Niederlande

DELHI, Stadt in Indien auf dem Hochland zwischen dem Indus- und dem Gangestal. Der Ort wurde nach dem Fürsten Dilu benannt, der hier eine Burg erbaute. Die heutige Stadt ist die wenigstens siebente Neugründung im gleichen Raume. Sie wurde im 11. Jahrhundert arabische Provinzhauptstadt, 1206n selbständiges mohammedanisches Sultanat, dann bald Mittelpunkt der mohammedanischen Ausbeutung Indiens. Nach der Unterwerfung durch Mongolen Hauptstadt des von Babar begründeten Reiches der Großmogule, das unter Akbar zu einer Blütezeit geführt wurde, die dreihundert Jahre lang andauerte — bis zur völligen Unterwerfung durch die Engländer. Dann Schauplatz mehrerer Aufstände gegen die Fremdherrschaft. Während dieser Zeit in ihrer Bedeutung zurückgedrängt, wurde die Stadt nach der Selbständigkeit Indiens Hauptstadt des größeren Teilstaates, der Indischen Union.

22v blau Entstehung
1196n blau Kutab-Minarett
1336n–1405n Timur
1398n braun Sieg der Mongolen
1398n rot Mongolische Herrschaft
1525n braun Vordringen Babars
1525n rot Reich der Großmogule
1857n braun Erhebung
1947n rot Unabhängigkeit Indiens

DELIA (um 45v – um 5v), Deckname der Römerin Plania. Von dem Dichter Tibull geliebt, der ihretwegen aus dem Orient nach Rom zurückkehrte, wandte sie sich bald einem anderen, reicheren Liebhaber zu und erweckte dadurch Eifersucht und Enttäuschung im Herzen des Tibull.

53v–19v Tibull
26v blau Tibulls Lieder

DELOS, griechische Insel. Halbwegs zwischen Athen und der Küste Kleinasiens im Ägäischen Meere gelegen. Kleinste, aber neben Naxos berühmteste der Kykladen-Inseln. Von den Griechen schon vor 3000 Jahren als Geburtsstätte des Gottes Apollo und der Artemis verehrt und mit Tempelbauten geschmückt. Später fanden hier alle fünf Jahre sportliche Wettkämpfe statt ('Delische Spiele'). Von den Persern verschont, gelangte die Insel unter die Herrschaft Athens, das alle Ureinwohner vertrieb und sie zum Sitz des Attischen Seebundes machte, der hier seine Kriegskasse aufbewahrte. Unter römischer Herrschaft bedeutendster Sklavenmarkt des Mittelmeerraumes. Mit dem Untergang des römischen Sklavenhalterstaates begann der rasche Verfall der Insel, die seit Jahrhunderten verödet und heute praktisch unbewohnt ist.

477v rot Attischer Seebund
454v rot Schatz-Abgabe an Athen
166v grün Freihafen, Sklavenmarkt
136v/129v Sklavenaufstand
128v grün Großer Sklaven-Umsatz
104v/100v Sklavenaufstand

DELPHI, griechische Stadt am Südhang des Parnaß, unweit des Golfs von Korinth. Begünstigt durch die einzigartige Schönheit ihrer Lage, wurde sie ungeachtet der ständigen Erdbebengefährdung zum kultischen Mittelpunkt des politisch aufgespaltenen Griechenlands. Hier entstand das Zentrum der Apollo-Verehrung und als Gegenpol der Dionysos-Kult. Von großer Bedeutung waren das im Apollo-Tempel eingerichtete Orakel, bei dem eine Priesterin (Pythia) ihre meist dunkle Weisheit als göttlich verkündete, sowie die Pythischen Spiele, die hier alle vier Jahre mit sportlichen und künstlerischen Wettkämpfen stattfanden. Nach der Unabhängigkeit für fast zwei Jahrhunderte auch der politische Mittelpunkt der griechischen Welt. 356v endete die Unabhängigkeit. Die Stadt sank bald zu einem ausführenden Organ mazedonischer und endlich römischer Macht herab. 390n wurde die Kultstätte geschlossen, der Ort verfiel.

863v blau Orakel
600v/590v Erster Heiliger Krieg
595v–525v Krösus
590v rot Unabhängigkeit
582v blau Regelmäßige Spiele
526v blau Apollo-Tempel
462v blau 'Wagenlenker'-Statue
356v/346v Zweiter Heiliger Krieg
346v rot Philipp als Beschützer
339v/338v Dritter Heiliger Krieg
279v braun Bedrohung durch Kelten
86v grün Kriegsgeld aus Tempelschatz

DEMETER, Name der griechischen Göttin der Fruchtbarkeit, des Getreides und des gesamten Ackerbaus.

268v blau Lied auf Erntefest

DEMETRIOS (um 230v–170v), griechischer König des Landes Baktrien im Gebiet des heutigen Usbekistan. Dehnte sein Reich in Mittelasien mächtig aus. Durch Eroberung Nordwest-Indiens (Pandschab) machte er griechische Kultur für sechshundert Jahre im Indusgebiete heimisch.

182v rot Machtausdehnung

DEMETRIOS Apameia (um 150v–90v), griechischer Arzt in Syrien. Schrieb ein bahnbrechendes Buch über die weiblichen Geschlechtsorgane, ihre Erkrankungen sowie über Heilmethoden und Geburtshilfe. Verfaßte außerdem ein zwölfbändiges Werk über allgemeine Krankheitslehre (Pathologie) sowie ein Buch über die Lehre von den Krankheitsanzeichen (Semiotik).

105v grün Gynäkologisches Werk

DEMETRIOS Poliorketes (um 336v–283v), griechischer Feldherr. Als Sohn des Königs Antigonos I. kämpfte er wie dieser in vielen Teilen des Alexanderreiches, besonders in Kleinasien und auf dem Balkan. Mit Hilfe neuartiger Belagerungsmaschinen nahm er die Stadt Salamis auf Zypern ein. Eroberte auch große Teile Griechenlands und erneuerte den Korinthischen Bund. Wurde König von Mazedonien, Thessalien und Böotien. Durch Heirat erhielt er die Insel Korfu. Vermochte nicht, die von ihm verkündete Befreiung Griechenlands zu verwirklichen. Nach Verlust der meisten Eroberungen vertrieben, starb er in syrischer Gefangenschaft.

323v/301v Diadochenkriege
304v rot Abwehr durch Rhodos

DEMOKLEITOS (um 260v–um 200v), griechischer Erfinder. Verbesserte zusammen mit Kleoxenos die Fackel-Telegraphie durch Erfindung des Drei-Turm-Systems. Dieses bestand aus drei übereinanderliegenden Signal-Punkten auf drei nebeneinanderstehenden Türmen. Durch Flaggen (nachts durch Fackeln) wurden diese 9 Punkte positiv oder negativ signalisiert, so daß es für jeden der 24 Buchstaben des griechischen Alphabets eine eigene feststehende Punkt-Kombination gab. Hannibal machte sich diese Erfindung schon wenige Jahre später in Nordafrika und Spanien zunutze.

227v grün Optischer Telegraph

DEMOKRATISIERUNG, zusammenfassende Bezeichnung für die Schritte der Menschheit auf ihrem Wege zur Volksherrschaft, abgeleitet von den griechischen Worten für 'Volk' (=demos) und 'herrschen' (=kratein).

Vorzeittafel: Schlußbalken (5000 Jahre)
2240v–2172v Aba
2197v/2196v Ägyptische Revolution
2196v rot Volksherrschaft, Ägypten
1158v–1094v Ameno
1150v–1076v Pa-He-Nesi
1101v/1100v Ägyptische Erhebung
992v–933v Salomo
935v braun Aufstand in Juda
933v braun Aufstand in Juda
842v braun Aufstand in Israel
841v braun Aufstand in China
750v rot Ephoren in Sparta
642v rot Bürgerrechte gestärkt
640v–559v Solon
594v rot Anklagerecht
592v rot Zwang zur Entscheidung
572v–485v Kleisthenes
525v–459v Themistokles
514v rot Tod der Tyrannenmörder
510v braun Aufstand in Athen
510v rot Athen: Ende der Tyrannis
510v rot Demokratie in Athen
507v rot Adelsrechte abgeschafft
500v braun Befreiungskampf Roms
500v rot Rom frei von Königen
500v rot Rom Republik
495v–429v Perikles
494v rot Plebejer Volkstribunen
492v rot Immunität für Tribunen
488v rot Scherbengericht in Athen
486v rot Verfassung Athens
482v–429v Herodot
471v rot Beamte der Plebejer
470v braun Agrigent: Tyrannis-Ende
466v braun Syrakus: Tyrannis-Ende
466v rot In Süditalien, Sizilien
464v/459v 3. Messenischer Krieg
461v rot Adelsmacht beschränkt
460v rot Kampf gegen Adel (Kroton)
454v blau Verspottung durch Kratinos
446v–385v Aristophanes
445v rot Eheschranke beseitigt
443v rot Athen weiter demokratisch
431v/404v Peloponnesischer Krieg
429v blau Schmähschrift
429v–370v Phaleas
427v braun Korfu: Kampf gegen Adel
427v rot Adelsherrschaft beendet
421v rot Plebejer im Staatsdienst
412v blau Verspottung durch Eupolis
411v braun Widerstand des Adels
403v rot Athen wieder Demokratie
382v/362v Thebanischer Krieg
379v rot Theben demokratisch
378v–289v Meng-Tse
366v rot Plebejer Konsul
352v blau Demokratie als Entartung
351v rot Plebejer Zensor
340v–273v Appius Klaudius
312v rot Freigelassene als Beamte
308v blau Tyrannenmord bejaht
300v rot Plebejer im Staatsdienst
287v rot Volksbeschluß als Gesetz
258v braun Erhebung gegen Rom
248v–195v Han-Kautsu
240v rot Ermordung des Agis
203v–157v Wen-Ti
196v rot China ohne Adel
196v rot Beamte aus dem Volk
187v blau Jambulos' Staatsideal
163v–129v Aristonikos
156v–86v Marius
139v rot Geheime Wahl
139v rot Volkssouveränität
132v rot Kommunistischer Staat
107v rot Bürgerheer
89v/82v Bürgerkrieg in Rom
85v–42v Brutus
81v rot Cicero gegen Sulla
81v rot Vertreibung des Sertorius
63v/62v Erhebung des Katilina
44v braun Erhebung gegen Cäsar
89n braun Aufstand des Saturninus
155n–235n Kassius Dio
184n braun Aufstand in China
217n/276n Mani
240n blau Mani gegen Vorrechte
470n–531n Kobad
476n–531n Masdak
478n–567n Narses
480n–524n Boëthius
482n–565n Justinian
497n–548n Theodora
505n–565n Belisar
511n–579n Chosroes
528n blau Masdak: Gleichheitsideal
531n rot Ende der Masdak-Bewegung
532n braun Nika-Aufstand
822n–883n Ibn Mohammed
864n–910n Karmat
868n blau Gleichheitsforderung
869n/883n Aufstand von Basra
871n rot Sklavenstaat Basra
883n rot Ende des Staates Basra
890n rot Karmaten-Bewegung
899n/930n Karmaten-Aufstand
899n rot Karmatenstaat Ahsa
901n rot Karmatenstaat Multan
930n rot Althing auf Island
948n braun Aufstand in Rom
1020n rot Rechte für Leon
1041n braun Aufstand der Motta
1050n rot Le Mans selbständig
1059n braun Pataria-Aufstand
1068n braun Russischer Aufstand
1074n braun Aufstand in Worms
1074n rot Worms unabhängig
1080n rot Verfassung für Lucca
1103n–1155n Arnold von Brescia
1111n rot Rechte für Speyer
1120n rot Verfassung Freiburgs
1128n rot Handwerker-Verband
1128n rot Verfassung für Laon
1142n/1155n Aufstand in Rom
1142n rot Rom freie Republik
1143n rot Stadtrecht für Reims
1144n rot Parlament in Rom
1149n rot Weberzunft in Köln
1149n rot Weberzunft bestätigt
1150n rot Stadtrecht für Soest
1156n rot Rechte für Worms
1157n rot Rechte für Handwerker
1158n/1162n Städteerhebung
1159n rot Stadtrecht für Lübeck
1172n rot Stadtrecht für Rothenburg
1173n rot Stadtrecht für Münster
1176n braun Städteerhebung
1176n rot Städte Norditaliens frei
1188n rot Cortes in Leon
1205n rot Handwerker-Mitbestimmung
1215n rot 'Magna Charta'
1226n rot Lübeck Reichsstadt
1242n rot Stadtrecht für Kiel
1243n rot Stadtrecht für Stettin
1250n rot Stadtrecht für Bielefeld
1250n rot Zunftrechte in Florenz
1255n rot Stadtrecht für Prag
1257n rot Stadtrecht für Krakau
1261n rot Stadtrecht für Breslau
1262n rot Straßburg Reichsstadt
1267n rot Stadtrecht für Stuttgart
1281n rot Stadtrecht für Graz
1284n rot Stadtrecht für Flensburg
1288n braun Aufstand in Köln
1288n rot Köln frei vom Bischof
1288n rot Köln freie Stadt
1290n–1343n Marsilius von Padua
1291n rot 'Ewiger Bund' (Schweiz)
1293n rot Bürgerherrschaft, Florenz
1295n rot Bürger im Parlament
1297n rot Stadtrecht für Frankfurt
1297n rot Steuer-Bewilligung
1299n rot Stadtrecht für Rotterdam
1301n braun Erhebung in Magdeburg
1313n–1354n Rienzi
1322n rot Parlament von York
1323n/1328n Aufstand in Flandern
1324n blau Ruf nach Volksherrschaft
1330n rot Stadtrecht für Darmstadt
1334n rot Stadtrecht für Linz
1347n braun Aufstand in Rom
1357n braun Erhebung in Paris
1381n blau Gleichheitsforderung
1442n rot Nicht-Adliger Minister
1489n rot Städte im Reichstag
1496n–1560n Gustav Wasa
1498n blau Kommunistisches Programm
1516n blau More: Gleichheitsideal
1522n/1526n Deutsche Revolution
1525n rot Die zwölf Artikel
1525n blau Geyer gegen Privilegien
1534n blau Rothmanns Kommunismus
1534n braun Wiedertäufer-Erhebung
1579n blau Angriff auf Absolutismus
1599n–1658n Cromwell
1602n blau Campanellas Staatsideal
1607n rot Stadtrecht für Mannheim
1628n rot 'Petition of Rights'
1641n rot 'Langes Parlament'
1642n/1649n Englische Revolution
1648n/1649n Erhebung der Levellers
1649n rot Hinrichtung Karls I.
1649n rot England Republik
1652n blau Kommunistische Forderung
1653n rot Verfassung Englands
1675n blau Vairasses Idealstaat
1676n rot Kaffeehäuser-Schließung
1679n rot Habeas-corpus-Akte
1688n braun 'Glorious Revolution'
1688n rot 'Declaration of Rights'
1689n–1755n Montesquieu
1698n blau Fénelon: 'Telemach'
1699n rot Verbot des 'Telemach'
1699n blau Reformforderung Bellers'
1712n–1778n Rousseau
1737n blau Moser: Staatsrecht
1748n blau Montesquieu: Reform
1754n blau Franklin: Verfassung
1755n blau Morellys Staatsideal
1758n–1794n Robespierre
1760n–1797n Babeuf
1762n blau 'Gesellschaftsvertrag'
1768n blau Mably: Kommunismus
1776n rot Unabhängigkeitserklärung
1776n rot Menschenrechtserklärung
1783n blau Chamforts Losung
1787n rot Verfassung der USA
1787n rot Shaker-Gruppe
1789n rot Nationalversammlung
1789n/1795n Französische Revolution
1790n rot Jakobinerklub
1791n rot Französische Verfassung
1792n rot Frankreich Republik
1793n rot Hinrichtung Ludwigs XVI.
1794n rot Volksregierung
1795n blau 'Manifest der Gleichen'
1796n braun Babeufs Verschwörung
1800n braun Erhebung gegen Napoleon
1800n blau Fichtes Staatsentwurf
1804n blau Schiller: 'Wilhelm Tell'
1807n rot Stein'sche Reformen
1809n–1865n Lincoln
1812n blau Owen: Arbeiterrechte
1813n–1883n Wagner
1817n rot Wartburgfest
1818n–1883n Karl Marx
1821n–1880n Dostojewski
1824n rot Owens Gemeinden
1825n braun Dekabristen-Aufstand
1828n–1910n Tolstoi
1829n grün Entwurf Fouriers
1830n braun Juli-Revolution
1834n rot 'Bund der Geächteten'
1836n rot 'Bund der Gerechten'
1837n rot Göttinger Sieben
1838n rot Chartisten-Vereinigung
1838n blau Weitlings Staatsideal
1839n blau Blanc gegen Kapitalismus
1840n rot Arbeiter-Bildungsverein
1840n blau Vorstellung Proudhons
1842n blau Cabets Staatsentwurf
1847n blau Kommunistisches Manifest
1848n rot Frankreich Republik
1848n braun Juni-Aufstand
1848n/1850n Deutsche Revolution
1848n rot Paulskirchen-Parlament
1849n rot Rom Republik
1856n–1950n G. B. Shaw
1857n rot Verfassung Mexikos
1858n rot Gewerkschaft
1863n rot Lassalles Arbeiterverein
1864n rot Erste Internationale
1866n–1925n Sun-Yat-Sen
1868n/1869n Revolution in Spanien
1870n–1924n Lenin
1869n rot Gründung der SPD
1869n blau 'Manifest' russisch
1870n rot Frankreich Republik
1871n braun Aufstand der Kommune
1871n blau Lied 'Die Internationale'
1873n blau Bakunin: Anarchismus
1874n braun Spanische Revolution
1875n rot Verfassung Frankreichs
1875n rot Gothaer Zusammenschluß
1878n blau Engels: 'Anti-Dühring'
1879n rot Spanische Arbeiterpartei
1879n blau Bebel: Stellung der Frau
1879n–1953n Stalin
1883n rot Plechanows Partei
1883n rot Fabian-Society
1888n blau Utopie Bellamys
1889n rot Zweite Internationale
1890n rot Einlenken gegenüber SPD
1890n blau Zeitschrift 'Gleichheit'
1890n blau Volksbühne
1891n rot Erfurter Programm
1892n rot Arbeiterpartei in Italien
1893n rot Belgisches Wahlrecht
1893n rot Labour-Party
1893n– Mao-Tse-Tung
1894n rot Sun-Yat-Sens Gesellschaft
1898n–1956n Brecht
1900n blau Zeitung 'Der Funke'
1901n rot Gewerkschaftskongreß
1902n rot Frauen-Wahlrecht
1903n rot Bolschewiki
1904n blau Zeitung 'Humanité'
1905n/1906n Russische Revolution
1906n rot Russisches Parlament
1908n braun Jungtürken-Erhebung
1908n rot Verfassung der Türkei
1909n braun Revolution in Spanien
1909n rot Einbuße für Oberhaus
1910n braun Revolution in Portugal
1910n rot Portugal Republik
1911n braun Revolution in China
1911n rot Vertreibung der Mandschu
1911n rot China Republik
1916n blau 'Spartakus-Briefe'
1917n blau Lenin: Staatstheorie
1917n/1922n Russische Revolution
1917n rot Arbeiter- und Bauernstaat
1917n grün Vergesellschaftung
1917n blau Block: Revolutionsgedichte
1917n blau Reed: Revolutionsbericht
1918n rot Deutschland Republik
1918n rot Österreich Republik
1918n/1919n Deutsche Revolution
1918n– Nasser
1919n braun Aufstand in Ungarn
1920n braun Sieg über Kapp-Putsch
1920n braun Erhebung im Ruhrgebiet
1921n rot KP Chinas
1923n rot Türkei Republik
1924n rot Mongolei kommunistisch
1924n blau Zeitung 'Unità'
1925n/1949n Chinesische Revolution
1926n braun Erhebung in Indonesien
1926n rot Rechte für Dominions
1927n braun Aufstände in Wien
1927n rot Brüsseler Kongreß
1927n– Castro
1928n blau Shaw: 'Wegweiser'
1931n braun Revolution in Spanien
1931n rot Spanien Republik
1934n braun Aufstand in Österreich
1936n rot Volksfront
1936n rot Verfassung der UdSSR
1936n/1939n Spanischer Bürgerkrieg
1944n braun Putsch gegen Hitler
1944n rot Jugoslawien kommunistisch
1946n rot Nordkorea kommunistisch
1946n rot Albanien kommunistisch
1946n rot Bulgarien kommunistisch
1946n/1949n Griechischer Bürgerkrieg
1947n rot Polen kommunistisch
1947n rot Rumänien kommunistisch
1948n rot CSR kommunistisch
1948n rot Ungarn kommunistisch
1949n rot China kommunistisch
1952n rot Ägypten Republik
1953n rot Ende der Stalin-Ära
1953n braun Aufstand in der DDR
1954n rot Nasser Präsident
1955n braun Vertreibung Perons
1955n rot Nordvietnam kommunistisch
1956n braun Aufstand in Ungarn
1956n braun Aufstand in Polen
1956n rot Gomulka Parteichef
1956n/1959n Kubanische Revolution
1957n rot Volkskommunen in China
1957n rot Tunesien Republik
1958n braun Revolution im Irak
1960n/ Revolution Indochinas
1961n rot Kuba kommunistisch
1965n rot Sozialismus in Ägypten
1965n rot Sozialismus in Algerien

DEMOKRIT, griechischer Philosoph.

455v–370v Lebenslinie
489v–428v Leukipp
427v grün Atomlehre
413v blau Kulturphilosophie
404v blau Materialismus
392v grün Erklärung der Milchstraße
865n–932n Al Rasi
904n grün Ausbau seiner Atomlehre

DEMOSTHENES, griechischer Politiker.

383v–322v Lebenslinie
350v rot 'Philippika'

DEMOSTHENES Philalethes (um 15n bis 70n), griechischer Arzt. Schrieb ein dreibändiges Werk über Pulsbeobachtung sowie ein Handbuch der Augenheilkunde. Aller Spekulation abhold, stützte er sich in seiner Behandlung wie in seinen Schriften allein auf Beobachtung und Erfahrung. Daher erhielt er den Beinamen 'Philalethes' ('Freund der Wahrheit').

49n grün 'Der Augenarzt'

DEMOTISCH, griechische Bezeichnung für 'volkstümlich'. Name einer ägyptischen Gebrauchsschrift.

655v grün Entstehung

DENIS, Jean-Baptiste (um 1640n–1704n), französischer Mediziner. Wegen seiner wissenschaftlichen Arbeiten und seiner praktischen Heilerfolge zum Leibarzt Ludwigs XIV. ernannt. Führte den ersten Versuch einer Blutübertragung von einem Lamm zum Menschen erfolgreich durch.

1667n grün Bluttransfusion

DENKMÄLER, Plastiken oder Bauwerke ohne Gebrauchszweck zur Erinnerung an Ereignisse oder Persönlichkeiten.

2860v blau 'Narmerpalette'
2853v–2804v Djer
2846v–2784v Hemaka
2832v–2795v Djet
2798v–2751v Semer-Chet
2786v–2731v Kea
2751v blau Felsrelief auf Sinai
2751v–2681v Ru-A-Ben
2728v blau Grabsäule des Sabef
2727v–2672v Per-Ib-Sen
2707v blau Relief Du-Muzis
2707v–2626v Imhotep
2704v–2634v Hesire
2697v–2650v Ka-Sechemui
2663v blau Plastik des Ka-Sechem
2644v–2576v Snofru
2636v blau Relief Zosers
2634v blau Friedenssäule
2633v blau Sitz-Statue Zosers
2633v–2570v Meten
2619v blau 'Prinzessin Retaz'
2615v–2550v Cheops
2596v–2515v Ur-Nan-Sche
2594v blau Statue: Sepa und Frau
2588v blau Knickpyramide Snofrus
2583v blau 'Rote Pyramide' Snofrus
2576v–2515v Chefren
2573v blau Skulptur des Meten
2572v blau Pyramidenbau des Cheops
2569v blau Statue: Ra-Hotep und Frau
2567v blau Statue des Lugal-Dalu
2561v–2500v Mykerinos
2558v blau Bildnis Sechem-Nofers
2553v blau Cheops-Pyramide vollendet
2547v blau 'Schreiber Dersen'
2541v blau Statue der Ur-Nina
2539v blau Bildnis des Hemon
2538v blau Porträt des Ank-Haf
2535v blau Skulptur der Lidda
2533v blau Bildnis des Chefren
2532v blau Relief der Nofret-I-Abet
2529v blau Sphinx-Tempel von Giseh
2527v blau 'Chefren auf dem Thron'
2525v blau Relief des Ur-Nan-Sche
2523v blau Sphinx mit Chefren-Kopf
2522v blau Porträt des Mykerinos
2521v blau Kopf des Königs Chefren
2518v blau Pyramide des Chefren
2512v–2458v Sahu-Re
2511v blau Pyramide des Mykerinos
2507v blau Mykerinos und Frau
2504v blau Sitzfigur des Mykerinos
2502v blau Porträt des Mykerinos
2497v blau Porträt des Schepses-Kaf
2478v blau 'Geierstele'
2471v–2397v Ni-Anch-Pta
2462v blau Totentempel des Sahu-Re
2453v blau Statue des Ra-No-Fer
2452v–2377v Ti
2423v blau Bildnis des Ni-User-Re
2411v blau Pyramide des Ni-User-Re
2410v blau Statue des En-Te-Mena
2407v blau Selbstbildnis Ni-Anch-Ptas
2399v blau Statue des Ur-Nan-Sche
2382v blau Skulptur des Iru-Kapta
2380v blau Porträt des Per-Her-Nofret
2367v blau Pyramide des Unas
2365v blau Siegesmal auf Elefantine
2355v–2298v Pepi I.
2346v blau 'Zwerg Senheb mit Familie'
2325v blau Statue des Mere-Ruka
2322v blau Grabmal für Mere-Ruka
2309v blau 'Sargons Siegeszug'
2306v blau Statue Pepis I.
2303v blau Bronzekopf Sargons
2291v blau 'König Pepi mit Mutter'
2273v blau Statue Manisch-Tusus
2263v blau Naramsin-Stele
2260v blau Siegesrelief Naramsins
2246v blau Naramsin-Statue
2231v blau Büste: Fürst von Adab
2109v blau Standbild des Ur-Ban
2084v–2012v Mentu-Hotep
2060v–1983v Schul-Gi
2036v blau Relief des Ur-Nammu
2030v blau Gedenkstein für Ur-Nammu
2028v blau Porträt des Gudea
2022v blau Statue des Gudea
2016v blau Grabtempel Mentu-Hoteps
2010v blau Statue des Ur-Nin-Girsu
2005v blau Mausoleum in Ur
1998v blau Musiker-Relief
1997v blau Mausoleum in Lagasch
1992v blau Statue Schul-Gis
1976v blau Statue des Tura-Dagan
1968v blau Statue des Knum-Hotep
1956v blau Fürst von Mari
1955v–1895v Amen-Em-Het II.
1944v blau Obelisk Sesostris' I.
1940v blau Relief Sesostris' I.
1935v–1878v Sesostris II.
1923v–1861v Tut-Hotep
1908v blau 'Weiße Pyramide'
1893v blau Bildnis der Nofret

1891 v blau Pyramide Sesostris' II.
1877 v blau Plastik des Herti-Hotep
1866 v blau Porträt Sesostris' III.
1865 v–1792 v Amen-Em-Het III.
1861 v blau Bildnis Sesostris' III.
1856 v blau Pyramide Sesostris' III.
1852 v–1786 v Nefer
1851 v blau 'Sesostris als Sphinx'
1842 v blau Plastik Sesostris' III.
1834 v blau 'Schwarze Pyramide'
1834 v–1773 v Anitta
1828 v blau 'Amen-Em-Het als Sphinx'
1823 v blau Statue Amen-Em-Hets III.
1817 v blau Kopf Amen-Em-Hets III.
1813 v blau 'Nefer singt zur Harfe'
1806 v blau Bauten Amen-Em-Hets III.
1797 v blau Bildnis der Imret
1790 v blau Plastik der Senui
1770 v blau Statue des Kudur-Mabuk
1707 v blau 'Hammurabi und Gott'
1699 v blau Hammurabi-Statue
1698 v blau Siegessäule Hammurabis
1695 v blau Hammurabi-Relief
1567 v blau Kapelle für Teti-Scheri
1542 v–1505 v Tut-Mosis I.
1531 v–1481 v Sen-Mut
1526 v blau Grabanlage Amen-Hoteps I.
1516 v blau Obelisken Tut-Mosis' I.
1513 v blau Siegesmal Tut-Mosis' I.
1507 v blau Grabanlage Tut-Mosis' I.
1498 v blau 'Amosis mit Mutter'
1488 v blau Hatschepsut-Obelisken
1486 v blau Tempel der Hatschepsut
1483 v blau Hatschepsut als Sphinx
1475 v blau Annalen-Saal
1462 v–1382 v Hapu
1461 v blau Statue Tut-Mosis' III.
1454 v blau Statue des Idrimi
1439 v blau Porträt der Merit-Amun
1434 v blau Relief Amen-Hoteps II.
1426 v–1377 v Amen-Hotep III.
1423 v–1359 v Juti
1400 v–1344 v Tut-Mes
1395 v–1321 v Bek
1385 v blau Memnonskolosse
1383 v blau Porträt der Königin Teje
1378 v blau Statue Kuri-Gal-Zus
1370 v blau Relief Echnatons
1367 v blau Selbstdarstellung Jutis
1366 v blau Kopf der Nofretete
1357 v blau Teje-Bildnis
1351 v blau Plastik Tut-Anch-Amuns
1349 v blau Relief des Haremhab
1345 v–1301 v Sethos I.
1336 v blau Plastik des Haremhab
1326 v–1234 v Ramses II.
1317 v blau 'Ramses I. und Isis'
1315 v blau 'Sethos I. und Göttin'
1310 v blau Relief Sethos' I.
1304 v blau Säulenhalle von Karnak
1293 v blau Plastik Ramses' II.
1286 v–1220 v Meren-Pta
1280 v blau Porträt Ramses' II.
1277 v blau 'Ramses mit Krone'
1275 v blau Statuen Ramses' II.
1274 v blau Plastiken Ramses' II.
1225 v blau Relief Tu-Kultis
1211 v blau Statue der Napir-Asu
1208 v–1137 v Ram-Se-Na
1110 v blau Bild Tiglatpilesers I.
1108 v blau Sieges-Relief
912 v–860 v Assurnasirpal
878 v blau Statue Assurnasirpals
843 v blau Siegesstein König Mesas
833 v blau Obelisk Salmanassars
811 v blau Statue Samsi-Adads V.
747 v blau Statue der Amenirdis
709 v blau Siegesmal Sargons II.
679 v blau Kopf des Taharka
672 v blau Siegessäule Asarhaddons
671 v blau Siegesrelief Asarhaddons
623 v blau 'Frau Djet und Sohn'
613 v blau 'Der weise Imhotep'
586 v blau Statue der Anches
560 v–469 v Theodoros
545 v blau Etrusker-Sarkophag
513 v blau Aristion-Stele
510 v blau Tyrannenmörder-Denkmal
498 v blau Taten Dareios'
477 v blau Denkmals-Erneuerung
475 v blau Grabanlage für Buddha
455 v blau Aischylos-Denkmal
446 v blau Perikles-Kopf
407 v grün Einschmelzungen
396 v–328 v Leochares
367 v–307 v Lysipp
350 v blau Grabmal des Mausolos
334 v blau Denkmal für Chor
329 v blau 'Alexander auf Löwenjagd'
319 v blau Alexander-Sarkophag
314 v blau 'Alexander mit Lanze'
210 v blau Homer-Büste
83 v blau Standbild des Harsinebef
9 v blau Augustus: Friedensaltar
6 n blau Augustus: Grabinschrift
67 n–129 n Apollodoros von Damaskus
113 n blau Trajanssäule
139 n blau Grabmal Hadrians
178 n blau Standbild Mark-Aurels
330 n blau Geburtskirche Jesu
335 n blau Grabeskirche Jesu
445 n blau Mausoleum Galla Placidias
525 n blau Grabmal Theoderichs
709 n blau Grabmoschee Mohammeds
1045 n blau Neue Grabeskirche Jesu
1256 n blau Naumburger Stifterfiguren

1330 n–1399 n Peter Parler
1341 n–1406 n Claus Sluter
1386 n–1466 n Donatello
1436 n–1488 n Verrocchio
1453 n blau Standbild Gattamelatas
1488 n blau Standbild Colleonis
1500 n blau Bibra-Grabmal
1648 n blau 'Tadsch-Mahal'
1665 n blau Büste Ludwigs XIV.
1700 n blau Schlüter: Großer Kurfürst
1778 n blau Falconet: Peter I.
1791 n blau Ehrentempel Panthéon
1884 n blau 'Die Bürger von Calais'
1958 n blau Buchenwald-Plastiken

DEPOSITENSCHEINE, von dem lateinischen Worte 'deponere' (=niederlegen) abgeleitete Bezeichnung für Anrechtscheine auf hinterlegtes Gut. Beim Übergang von Metallgeld zu Papiergeld in vielen Ländern ein Berechtigungsschein auf Edelmetall, der jederzeit eingelöst werden konnte. Dieser Charakter des ersten Papiergeldes erleichterte seine Einführung als Währung und hat sich in einigen Ländern bis in die Gegenwart erhalten (Schweiz, USA).

807 n grün Münzwert in China

DERBENT, russische Hafenstadt am Westufer des Kaspischen Meeres. Die ursprünglich persische Festung wurde im 7. Jahrhundert arabisch und erhielt in dieser Zeit ihren heutigen Namen (= 'Eisernes Tor'). 1220 n mongolisch, dann wieder persisch. Im russisch-persischen Krieg erstmals von Rußland erobert und nach nochmaligem Besitzwechsel seit 1813 n endgültig russisch.

1722 n/1723 n Krieg Rußland-Persien
1723 n rot Rußland einverleibt

DERSEN (um 2585 v – um 2540 v), ägyptischer Beamter unter König Dedefre, der das Ägypterreich zu einem zentralgelenkten Beamtenstaat ausbaute.

2547 v blau Plastik

DERWISCH-ORDEN, Name der ersten organisierten Bruderschaft in der islamischen Religion. Vom arabischen Wort für 'Armer' abgeleitet. Entwickelte sich aus dem Schülerkreis des arabischen Philosophen Al Kadir, der nach einer Periode mönchischer Zurückgezogenheit in Bagdad seine Lehren verkündete. Die erstrebte innere Läuterung suchte der Orden durch ständige Abkehr vom Besitz und durch zeitweilige Zurückgezogenheit in die Einsamkeit, jedoch nicht durch Ehelosigkeit. Der Name dieses Ordens wurde später Sammelbezeichnung für alle islamischen Bruderschaften.

1127 n rot Gründung
1127 n blau Al Kadirs Forderung

DESCARTES, René, französischer Philosoph und Naturwissenschaftler.

1596 n–1650 n Lebenslinie
1636 n grün Analytische Geometrie
1637 n blau Erkenntnistheorie

DESCHAMPS, Eustache (um 1345 n bis um 1405 n), französischer Dichter. Als Diplomat Karls V. bereiste er Böhmen und Italien. Sein dichterisches Lebenswerk umfaßt mehr als 80000 Verse, darunter Liebeslieder, aber auch bittere Ausfälle gegen die Frauen und insbesondere gegen die Ehe. Schrieb Fabeln, Balladen, Lobpreisungen und die erste französische Regelsammlung für das Dichten. In seinen Werken kommt ein beginnendes Nationalbewußtsein zum Ausdruck sowie ein starkes Solidaritätsgefühl mit den Armen.

1392 n blau Lehrbuch des Dichtens
1394 n blau 'Ehespiegel'

DESCHNEW, Semjon Iwanow (1605 n bis 1673 n), russischer Seefahrer. Als Sohn eines Bauern wurde er Kosakenführer und unternahm eine Entdeckungsfahrt ins Nördliche Eismeer. Dabei umschiffte er die östlichste Spitze des asiatischen Kontinentes (Tschuktschen-Halbinsel) und durchfuhr damit 80 Jahre vor dem dänischen Polarforscher Bering die Beringstraße.

1648 n grün Entdeckungsfahrt

DESERTION, von dem lateinischen Worte 'deserere' (=verlassen) abgeleitete Bezeichnung für das eigenmächtige Verlassen eines Heeresverbandes durch einen Soldaten. In allen Staaten der Erde endete seit alters her an diesem Punkte die persönliche Freiheit des Menschen, und er wurde mit harten Strafen bedroht. Vor 2500 Jahren stand in Griechenland darauf Todesstrafe. Im Römerreich wurde an der Todesstrafe in Kriegszeiten festgehalten; dabei wurde der Tatbestand klar umschrieben, indem jeder als Deserteur verfolgt wurde, der sich ohne Erlaubnis eines Vorgesetzten weiter von seiner Truppe entfernte, als er die Trompete (Tuba) hören konnte. Seit dem Ende des Römerreiches bestanden bei den einzelnen Heerführern unterschiedliche Regelungen. 1550 n setzte Heinrich II. für ganz Frankreich die Todesstrafe fest. Der deutsche Kaiser Karl V. ließ Deserteure als vogelfrei erklären, so daß sie von jedermann getötet werden konnten. Der Preußenkönig Friedrich Wilhelm I. erließ (1723 n) ein Gesetz, das Tod durch Erhängen für sie bestimmte. Auch Friedrich der Große konnte trotz drakonischer Strafen (Abschneiden von Nase und Ohren) die Wahrnehmung des Grundrechtes des Menschen, über sein eigenes Tun selbst zu bestimmen, aus seinen Soldaten nicht völlig ausrotten. Obgleich nach Einführung der Volksheere seit der französischen Revolution die Todesstrafe allmählich der Freiheitsstrafe wich, galt die Handlungsweise im öffentlichen Bewußtsein weiterhin als verwerflich. Nachdem die Ächtung dieses vernunftbestimmten Verhaltens den Völkern ganz allgemein eingeprägt worden war, konnten in unserer Epoche viele Staaten zur Herabsetzung der Strafandrohung übergehen, ohne für die Kampfkraft ihrer Truppen fürchten zu müssen. In Kriegszeiten wurde aber wieder überall zur Todesstrafe gegriffen.

1749 n rot Bestrafung in Preußen

DESINFEKTION, Bezeichnung für die Reinigung des Körpers sowie der Kleider und Räume durch keimtötende chemische Mittel. Vermindert die Ansteckungsgefahr und wird deshalb seit der Entdeckung ihrer Wirkung besonders in Krankenhäusern regelmäßig durchgeführt.

936 n–1013 n Abu Kasim
989 n grün Kauterisation
1847 n grün Kindbettfieber-Bekämpfung
1867 n grün Wund-Desinfektion
1886 n grün Gebrauch von Formalin

DES PRÉZ, Josquin (um 1450 n–1521 n), niederländischer Komponist. Nach musikalischen Studien in Paris ging er als Sänger nach Mailand und Rom. Zum ersten Sänger am Hofe des Königs von Frankreich aufgestiegen, widmete er sich mehr und mehr der Komposition. Dabei erweiterte er die Skala der Klangmöglichkeiten, so daß es ihm möglich wurde, den Sinngehalt von Liedtexten musikalisch auszudrücken. Schrieb 180 Lieder, Motetten und Messen, die er meist vierbis sechsstimmig aufbaute. Dabei gelang ihm die Herausbildung harmonisch zusammenpassender selbständiger Tonläufe in vollendeter Weise.

1501 n blau Lieder und Messen

DESSAU, Leopold von (1676 n–1747 n), deutscher Fürst (genannt 'der alte Dessauer'). Wurde 12jährig von Kaiser Leopold zum Obersten ernannt und übernahm 17jährig die Regierung seines Fürstentums. Das Regiment seines Vaters erzog er mit großer Strenge zu Ordnung und Pünktlichkeit. 19jährig beteiligte er sich mit seinem Heere an einem Feldzug gegen den Franzosenkönig Ludwig XIV. Heiratete gegen den Widerstand seiner Familie eine Apothekerstochter aus Dessau. Nach der Erhebung Preußens zum Königreich beteiligte er sich an der Aufstellung einer schlagkräftigen preußischen Armee. Führte den eisernen Ladestock zum Gewehr ein, der schwerer zu tragen, aber sicherer zu handhaben war als der hölzerne. Der bereits im römischen Heer bekannte, aber durch die Ritterheere jahrhundertelang vergessene Gleichschritt wurde von ihm als Gangart der preußischen Armee eingeführt.

1701 n grün Heeresreform

DESTILLATION, von dem lateinischen Worte 'stilla' (=Tropfen) abgeleitete Bezeichnung für ein altes Verfahren zur Abtrennung einer Flüssigkeit aus Stoffgemischen. Beginnt mit dem Erhitzen des gesamten Ausgangsstoffes bis zur Verdampfung der darin enthaltenen Flüssigkeit und endet mit der Sammlung der durch Abkühlung des Dampfes entstehenden Tropfen. Von der modernen chemischen Industrie in vielfältiger Form angewendet.

77 n grün Anwendung in Rom
1127 n grün Alkohol-Herstellung
1823 n grün Öl-Destillation

DESZENDENZTHEORIE, wissenschaftliche Bezeichnung der Abstammungslehre, die sich mit der Entstehung des Lebens auf der Erde beschäftigt.

610 v–546 v Anaximander
566 v grün Anaximanders Lehre
128 n grün Skelettfunde, Dalmatien
1651 n grün Harvey: Urzeugung
1786 n grün Buffon: Naturgeschichte
1790 n grün Goethe: 'Metamorphose'
1809 n grün Theorie Lamarcks
1809 n–1882 n Darwin
1856 n grün Neandertal-Fund
1859 n grün Darwin: Ursprung der Arten
1863 n grün Th. Huxleys Lehre
1868 n grün Cromagnon-Fund
1868 n grün Haeckel: Schöpfung
1871 n grün Darwin: Abstammung
1902 n grün Vries: Mutation
1936 n grün Spemanns Theorie
1943 n grün J. Huxley: Evolution

DEUTERONOMIUM, Bezeichnung für ein Kapitel der Bibel, das 600 Jahre nach Moses' Tod durch den König von Juda verkündet wurde. Die Bezeichnung 'Deuteronomium' (='zweites Gesetz') erhielt es, weil die in den ersten vier Büchern Moses aufgezeichneten Verhaltensregeln von den Juden als 'erstes Gesetz' zusammengefaßt worden waren. Später wurden die in seinen 34 Abschnitten niedergelegten predigthaften Wiederholungen der Gesetze des Moses als fünftes Buch Moses der Bibel eingefügt.

647 v–609 v Josia
621 v rot Verkündung

DEUTSCHE BÜCHEREI, Name der größten deutschen Bibliothek (Bücherbestand über 3 Millionen). Als Sammelstelle des deutschen Schrifttums 1913 n in Leipzig eröffnet, gibt sie seit 1931 n das Verzeichnis aller deutschsprachigen Druckwerke heraus (Deutsche National-Bibliographie).

1913 n blau Eröffnung

DEUTSCHE DEMOKRATISCHE REPUBLIK, ein deutscher Teilstaat auf dem Boden des deutschen Reiches. Entstand nach 1945 n in der sowjetrussischen Besatzungszone Deutschlands. Erreichte trotz Aufbringung von 98 Prozent der gesamtdeutschen Reparationen durch Ausschaltung der alten Besitz- und Führungsschicht aus Wirtschaft, Politik und Kultur einen allmählichen Aufstieg ihrer zunehmend sozialistischen Gesellschaft.

1945 n rot Besetzung Deutschlands
1945 n rot Potsdamer Konferenz
1948 n grün Zweijahresplan
1949 n rot Gründung
1950 n rot Wiederaufrüstung
1953 n braun Aufstand
1953 n grün Reparationslasten
1955 n rot Warschauer Pakt
1958 n grün Polytechnischer Unterricht
1961 n rot Mauer durch Berlin

DEUTSCHE FRIEDENSGESELLSCHAFT, erste Organisation, die sich in Deutschland aus grundsätzlichen Erwägungen zum Kampf gegen Krieg und Waffendienst zusammenschloß. Auf Anregung der österreichischen Schriftstellerin Bertha Suttner in Berlin gegründet, wurde sie 1933 n verboten, aber 1945 n unter Leitung Martin Niemöllers wieder ins Leben gerufen und von hervorragenden Persönlichkeiten des Geisteslebens unterstützt. In der Vergeblichkeit ihres Kampfes gegen die Wiederaufrüstung der Bundesrepublik erwies sich die Ohnmacht von Vernunft und Gewissen gegen die Interessen der herrschenden Klasse.

1892 n rot Gründung

DEUTSCHE NATIONALVERSAMMLUNG, erstes deutsches Parlament. In einer Epoche staatlicher Auflösung Deutschlands (1848 n) durch Wahlen in allen deutschen Ländern (einschließlich Österreichs) zustande gekommen. Die ihr von der deutschen Revolution zugeschriebene Aufgabe der Schaffung eines einheitlichen Staatswesens unter Einfluß Preußens und Österreichs löste sie nicht. Ihre 568 Mitglieder (darunter 223 Juristen, 118 Beamte, 106 Professoren, 104 Unternehmer, 1 Bauer, kein Arbeiter) bereiteten eine Verfassung vor, die aber zu ihrer Wirksamkeit der Bestätigung der einzelnen Landesregierungen bedurfte. Außerdem beschlossen sie ein Erbkaisertum und wählten den Preußenkönig Friedrich Wilhelm IV. zum Kaiser. Doch lehnte dieser die Kaiserkrone 'von Volkes Gnaden' ab. Unfähig zur Unterdrückung der Konterrevolution, fiel die Versammlung allmählich auseinander, weil viele Staaten ihre Abgeordneten zurückzogen. Ein Teil der Volksvertreter tagte noch in Stuttgart weiter. Dieses 'Rumpfparlament' wurde von württembergischen Truppen aufgelöst.

1848 n/1850 n Deutsche Revolution
1848 n rot Zusammentritt
1849 n rot Kaiserkrone abgelehnt

DEUTSCHER BUND, völkerrechtliche Vereinigung von 38 deutschen Einzelstaaten (34 Fürstentümer und 4 Städte). Auf dem Wiener Kongreß gegründet. Tagte unter Vorsitz Österreichs in Frankfurt am Main (Bundesversammlung) und hat für alle beteiligten Staaten das Kriegs-, Vertrags- und Gesandten-Recht.

1815 n rot Wiener Kongreß
1851 n rot Wiederherstellung
1866 n rot Auflösung

DEUTSCHES MUSEUM, Sammlung von naturgetreuen Nachbildungen und Originalstücken aus der Geschichte der Technik, die einen geschlossenen Überblick über die Entwicklung der menschlichen Arbeit von den Anfängen bis zur Gegenwart gibt. 1902 n ins Leben gerufen, konnte es 1925 n eröffnet werden und stellt seitdem eine in der Welt einmalige Sehenswürdigkeit dar. Ein vollständiger Rundgang durch die auf einer Isarinsel in München aufgebaute Sammlung dauert drei Tage.

1902 n grün Gründung

DEUTSCHLAND, DEUTSCHES REICH: Allgemeines (Land, Volk, Staat)

765 v rot Vordringen der Germanen
599 v rot Kelten-Auswanderung
380 v–306 v Pytheas
324 v grün Reise des Pytheas
320 v grün Pytheas' Reisebericht
156 v–86 v Marius
113 v rot Wandalen in Schlesien
113 v/101 v Erster Germanenkrieg
101 v–54 v Ariovist
100 v–44 v Cäsar
90 v rot Sueben am Main
80 v blau Poseidonios: Germanen
76 v rot Helvetier-Wanderung
70 v rot Sueben-Wanderung
58 v/51 v Gallischer Krieg
58 v rot Rückkehr von Stämmen
55 v grün Rheinbrücke
51 v rot Teilherrschaft Roms
51 v blau Cäsar: 'Gallischer Krieg'
48 v–9 n Varus
38 v–9 v Drusus
24 v–37 n Marbod
17 v/16 v Krieg Sugambrer–Rom
16 v–21 n Armin
15 v braun Vordringen Roms
15 v rot Donau Grenze zu Rom
15 v blau Augsburg, Trier gegründet
15 v–19 n Germanikus
13 v blau Gründung von Mainz
12 v/7 v Zweiter Germanenkrieg
11 v blau Wiesbaden Kurort
9 v rot Römer an der Elbe
8 v braun Markomannen nach Böhmen
4 n/16 n Dritter Germanenkrieg
17 n/19 n Krieg unter Germanen
41 n braun Kämpfe am Rhein
50 n braun Kämpfe am Rhein
50 n blau Köln wird Stadt
51 n–96 n Domitian
52 n blau Plinius: Germanenkriege
55 n–120 n Tacitus
58 n braun Krieg unter Germanen
66 n blau Germanen-Figuren in Rom
74 n rot Schwarzwald römisch
83 n rot Vorrücken der Römer
83 n grün Bau des Limes
89 n braun Aufstand des Saturninus
89 n blau Entstehung Aachens
98 n blau Tacitus: 'Germania'
118 n blau Theater in Trier
154 n–222 n Bardesanes
172 n rot Römergebiet: Christentum
179 n grün Festung Regensburg
213 n braun Alemannenkrieg gegen Rom
213 n rot Stammes-Vereinigung
232 n–282 n Probus
233 n/235 n Germanenkrieg Roms
260 n rot Aufgabe des Limes
276 n/278 n Germanenkrieg Roms
286 n/288 n Germanenkrieg Roms
292 n braun Alemannenzug Roms
304 n blau Gründung von Konstanz
305 n–370 n Ermanrich
308 n braun Sieg Roms über Germanen
309 n grün Rheinbrücke
309 n–394 n Ausonius
315 n grün Thermen in Trier
321 n–375 n Valentinian I.
340 n–397 n Ambrosius
350 n/360 n Zweiter Gotischer Krieg
355 n/358 n Germanenkrieg Roms
358 n rot Rhein Grenze zu Rom
368 n braun Alemannenzug Roms
370 n/455 n Hunnenkriege
371 n blau Ausonius: 'Mosella'
374 n blau Entstehung Basels
378 n braun Alemannenzug Roms
435 n/436 n Krieg Roms gegen Burgund
436 n rot Ende des Burgunderreiches
457 n rot Alemannen-Wanderung
466 n–511 n Chlodwig
496 n braun Franken-Einfall
496 n rot Gebiete an Franken
500 n braun Vordringen der Slawen
531 n braun Thüringer-Niederlage
531 n rot Teilung Thüringens
534 n–615 n Kolumban
540 n rot Bayern unter Franken
543 n rot Slawen in Thüringen
562 n braun Awaren-Einfall
595 n–662 n Samo
610 n rot Mission Kolumbans
635 n–714 n Pippin der Mittlere
658 n–739 n Willibrord
675 n–754 n Bonifatius
688 n–741 n Karl Martell
689 n braun Krieg Franken–Friesen
689 n rot Friesland fränkisch

691n rot Mission Willibrords
702n blau Entstehung Würzburgs
709n/712n Alemannenkrieg Pippins
712n rot Anschluß der Alemannen
716n/719n Einigungskämpfe
716n–768n Pippin der Kleine
719n rot Frankenreich geeint
721n rot Bekehrung Thüringens
727n rot Bekehrung Hessens
741n rot Frankenreich geteilt
742n–814n Karl der Große
743n–807n Widukind
751n rot Herrschaft Pippins
765n–810n Gottfried
771n rot Herrschaft Karls
772n/804n Sachsenkriege
777n rot Sachsen-Zwangsbekehrung
778n–840n Ludwig der Fromme
782n rot Tod bei Taufweigerung
787n blau Entstehung Bremens
788n rot Bayern fränkisch
789n braun Niederlage der Slawen
789n rot Ausdehnung nach Osten
791n rot Hoheit über Böhmen
791n/796n Fränkischer Awarenkrieg
796n rot Awarische Mark
796n blau Gründung von Haithabu
804n rot Nordgebiete fränkisch
804n–876n Ludwig der Deutsche
806n grün Burg Giebichenstein
807n blau Gründung Hamburgs
808n rot Bekehrung bis zur Elbe
808n grün Bau des 'Danewerk'
810n/811n Krieg gegen Dänemark
811n rot Frieden mit Dänen
812n braun Slawenaufstand
813n rot Krönung in Aachen
817n rot Erbfolgeordnung
823n–877n Karl II., der Kahle
827n–869n Kyrill
830n/833n Erbfolgekrieg
834n–907n Arpad
841n braun Stellinga-Aufstand
842n rot Heeres-Vereinigung
842n blau Straßburger Eide
843n rot Vertrag von Verdun
845n braun Normannen-Einfall
863n braun Normannen-Einfall
870n rot Vertrag von Meersen
876n braun Sieg über Westfranken
876n rot Wiedervereinigungsversuch
877n–936n Heinrich I.
880n braun Normannen-Einfall
892n braun Normannen-Einfall
906n/907n Ungarn-Einfall
908n–929n Wenzel
912n–973n Otto I., der Große
916n braun Ungarn-Einfall
919n rot Heinrich I. König
919n rot Absage an Kirche
920n–992n Miezko
924n/925n Ungarn-Einfall
928n/929n Kriegszug gegen Slawen
928n rot Brandenburg deutsch
928n blau Entstehung Zürichs
929n rot Ausdehnung nach Osten
929n blau Grenzburg Meißen
933n grün Tributzahlung beendet
933n braun Sieg über Ungarn
933n blau Slawenstadt Potsdam
934n braun Sieg über Normannen
934n rot Schleswig deutsch
935n rot Selbständigkeit Böhmens
943n–1003n Silvester II.
950n braun Sieg über Böhmen
950n rot Hoheit über Böhmen
951n braun Befreiung Adelheids
951n rot Heirat Ottos I.
951n rot Otto Langobardenkönig
955n braun Schlacht auf dem Lechfeld
955n rot Rückzug der Ungarn
955n braun Slawenaufstand
955n rot Ausdehnung bis zur Ostsee
955n–983n Otto II.
962n braun Vordringen bis Rom
962n rot Kaiserkrönung in Rom
963n braun Sieg über Polen
963n rot Gebietsgewinn im Osten
963n rot Absetzung des Papstes
964n blau Geschichte Ottos I.
968n rot Erzbistum Magdeburg
970n blau Entstehung von Brüssel
972n rot Heirat Ottos II.
972n–999n Gregor V. (Bruno)
972n–1038n Stephan I.
976n braun Erhebung Bayerns
976n rot Gebietsverlust Bayerns
976n rot Kärnten selbständig
978n braun Französischer Angriff
978n braun Vorstoß bis Paris
980n braun Römischer Aufstand
980n–1002n Otto III.
981n/982n Krieg gegen Araber
981n rot Feindkoalition
983n braun Slawenaufstand
983n rot Slawen unabhängig
985n blau Polensiedlung Danzig
990n–1031n Aribo
992n blau Polensiedlung Breslau
996n braun Erhebung Roms
996n rot Papst deutscher Herkunft
996n blau Sage von Wollin
998n braun Erhebung Roms
998n rot Anspruch: Nachfolge Roms
1001n braun Erhebung Roms
1001n blau Entstehung Essens

1001n–1072n Adalbert von Bremen
1013n–1085n Robert Guiskard
1015n blau Entstehung Leipzigs
1017n blau Slawensiedlung Schwerin
1017n–1056n Heinrich III.
1021n–1085n Gregor VII.
1023n rot Synode zu Seligenstadt
1030n rot Katharer-Verbrennung
1031n blau Entwicklung Braunschweigs
1031n blau Entwicklung Innsbrucks
1033n braun Niederlage Polens
1033n rot Gewinn der Lausitz
1033n rot Herrschaft über Polen
1037n grün Erblichkeit kleiner Lehen
1043n blau Entwicklung Nürnbergs
1046n braun Einzug in Rom
1046n rot Papstpolitik Heinrichs
1050n–1106n Heinrich IV.
1052n rot 'Ketzer'-Hinrichtung
1053n braun Normannen-Sieg
1060n rot Slawen-Christianisierung
1063n rot Erziehung Heinrichs IV.
1066n rot Bischof Slawen-Opfer
1071n blau Slawensiedlung Görlitz
1073n/1075n Aufstand in Sachsen
1073n blau Wartburg
1074n braun Aufstand in Worms
1074n rot Worms unabhängig
1075n rot Investitur-Bestimmung
1076n rot Papstabsetzung
1076n rot Bann gegen Heinrich IV.
1076n rot Fürsten gegen Kaiser
1077n rot Gang nach Canossa
1081n/1085n Balkanzug der Normannen
1081n–1125n Heinrich V.
1085n rot 'Gottesfriede'
1090n rot 'Hexen'-Verbrennung
1093n rot Gegenbündnis in Italien
1096n rot Juden-Verfolgung
1096n grün Kreuzzugsfinanzierung
1096n/1099n Erster Kreuzzug
1099n grün Webervertrag mit Kirche
1103n rot Schutz für Juden
1103n grün Sondersteuer für Juden
1103n–1155n Arnold von Brescia
1104n rot Machtverlust der Kirche
1107n rot Verona unabhängig
1109n braun Niederlage gegen Polen
1109n rot Polen selbständig
1111n rot Begräbnis Heinrichs IV.
1111n rot Rechte für Speyer
1115n–1158n Otto von Freising
1120n blau Gründung Freiburgs
1120n rot Freiburger Verfassung
1122n rot Wormser Konkordat
1122n blau Entwicklung Wiens
1122n–1190n Friedrich I. Barbarossa
1124n rot Bekehrung Pommerns
1125n braun Katharer-Aufstand
1128n rot Schuhmacherbund
1134n rot Altmark an Albrecht
1135n blau Entstehung Düsseldorfs
1138n rot Staufer-Herrschaft
1140n–1217n Peter Waldes
1142n rot Widerstand in Rom
1142n/1155n Aufstand in Rom
1143n blau Gründung von Lübeck
1145n rot Morde an Katharern
1146n rot Juden-Verfolgung
1147n/1149n Zweiter Kreuzzug
1147n braun Wenden-Kreuzzug
1148n grün Siedlung in Siebenbürgen
1149n rot Weberzunft in Köln
1149n rot Bestätigung der Zunft
1150n rot Brandenburg an Albrecht
1150n rot Stadtrecht für Soest
1153n rot Bündnis gegen Rom
1153n rot Waffenverbot für Bauern
1153n blau Entstehung Hannovers
1155n rot Rom wieder unter Papst
1155n rot Tod für Arnold
1155n rot Krönung Friedrichs
1156n rot Rechte für Worms
1156n rot Herzogtum Österreich
1157n braun Krieg gegen Polen
1157n rot Rechte für Handwerker
1158n rot Städtefeindliche Maßnahme
1158n/1162n Städteerhebung in Italien
1158n blau Gründung Münchens
1159n rot Stadtrecht für Lübeck
1159n grün 'Stadtluft macht frei'
1162n braun Sieg über Slawen
1162n rot Mecklenburg deutsch
1162n blau Gründung Freibergs
1163n rot Katharer-Verbrennung
1165n rot Schlesien selbständig
1165n–1197n Heinrich VI.
1166n/1167n Kriegszug nach Italien
1172n rot Stadtrecht für Rothenburg
1173n rot Stadtrecht für Münster
1173n–1239n Hermann von Salza
1176n braun Städteerhebung in Italien
1176n rot Ablehnung der Heeresfolge
1176n rot Städte Italiens unabhängig
1177n rot Zugeständnis an Papst
1181n rot Herrschaft über Pommern
1183n rot Zugeständnis der Städte
1183n grün Zunftzwang in Magdeburg
1187n braun Niederlage in Jerusalem
1187n rot Verlust Jerusalems
1189n/1192n Dritter Kreuzzug
1190n rot Deutschritterorden
1191n blau Gründung von Bern
1194n rot Gebietsgewinn in Italien
1194n–1250n Friedrich II.
1197n/1198n Thronkämpfe

1198n rot Philipp König
1198n rot Otto IV. Gegenkönig
1201n blau Gründung Rigas
1204n–1263n Haakon der Alte
1207n/1279n Großer Mongolenkrieg
1208n rot Ermordung des Königs
1211n rot Katharer-Verbrennung
1212n braun Kinder-Kreuzzug
1213n blau Entstehung Amsterdams
1214n braun Niederlage der Welfen
1216n blau Entwicklung Dresdens
1217n/1219n Kreuzzug
1218n–1291n Rudolf I. von Habsburg
1222n–1263n Alexander Newski
1225n rot Ungarn: Ordensvertreibung
1226n rot Lübeck Reichsstadt
1226n rot Preußen an Deutschritter
1227n braun Sieg über Dänemark
1228n rot Widerstand der Stedinger
1228n/1229n Fünfter Kreuzzug
1229n rot Friedrich König Jerusalems
1230n braun Unterwerfung Preußens
1230n rot Katharer-Verfolgung
1231n rot Rechtsgewinn der Fürsten
1231n grün Katharer-Zusammenhalt
1232n rot Strafen für 'Ketzer'
1232n/1234n Stedinger-Kreuzzug
1233n rot Inquisitor erschlagen
1234n grün Enteignung der Stedinger
1235n rot Landfriedensgesetz
1235n–1303n Bonifatius VIII.
1237n blau Entwicklung Berlins
1241n rot Vertrag Hamburg–Lübeck
1242n braun Deutschritter-Niederlage
1242n rot Stadtrecht für Kiel
1243n rot Stadtrecht für Stettin
1248n blau Entwicklung Weimars
1250n rot Stadtrecht für Bielefeld
1252n blau Gründung Memels
1254n rot Interregnum
1254n rot Rheinischer Städtebund
1255n rot Prag: Deutsches Recht
1255n blau Gründung von Königsberg
1257n rot Krakau: Deutsches Recht
1261n braun Aufstand der Preußen
1261n rot Stadtrecht für Breslau
1262n rot Straßburg Reichsstadt
1265n–1321n Dante
1266n braun Niederlage in Süditalien
1266n rot Verlust Siziliens
1267n rot Stadtrecht für Stuttgart
1268n braun Niederlage bei Rom
1270n–1319n Haakon V.
1273n rot Ende des Interregnums
1278n braun Sieg über Böhmen
1278n rot Gebietsgewinn für Rudolf
1281n rot Stadtrecht für Graz
1284n rot Stadtrecht für Flensburg
1288n braun Aufstand in Köln
1288n rot Köln frei vom Bischof
1288n rot Köln freie Stadt
1291n rot Eidgenossenschaft
1297n rot Stadtrecht für Frankfurt
1299n rot Stadtrecht für Rotterdam
1301n braun Handwerkeraufstand
1301n rot Aufhebung von Rheinzöllen
1301n/1302n Erhebung gegen Kaiser
1310n blau Hradschin gegründet
1310n/1313n Kriegszug nach Italien
1315n braun Schlacht am Morgarten
1315n rot Katharer-Verbrennungen
1316n–1378n Karl IV.
1319n braun Bauernsieg über Ritter
1322n braun Sieg Ludwigs des Bayern
1322n rot Ludwig der Bayer König
1329n rot Streik in Breslau
1330n rot Stadtrecht für Darmstadt
1331n rot Schwäbischer Städtebund
1334n rot Stadtrecht für Linz
1336n rot Katharer-Verbrennung
1338n rot Kaiserwahl ohne Papst
1342n braun Aufstand in Konstanz
1346n grün Kauf Estlands durch Orden
1346n rot Estland Ordensgebiet
1347n rot Ausdehnung der Hanse
1349n braun Aufstand in Nürnberg
1351n rot Lohnstreik in Speyer
1351n grün Pestepidemie
1356n rot 'Goldene Bulle'
1359n grün Handelssperre der Hanse
1361n rot Wisby an Dänemark
1362n/1364n Krieg der Hanse
1362n–1437n Sigismund
1364n grün Gegenaktion Dänemarks
1365n–1416n Hieronymus von Prag
1367n rot Kriegsbeschluß der Hanse
1367n/1370n Krieg der Hanse
1369n–1415n Hus
1370n rot Machtgewinn der Hanse
1370n rot 'Pfaffenbrief'
1370n blau Entwicklung Karlsbads
1370n–1424n Ziska
1371n braun Weberaufstand in Köln
1371n–1440n Friedrich I.
1374n rot Bulle gegen Rechtsbuch
1378n grün Verbot des Kartenspielens
1384n rot Ausdehnung Burgunds
1386n braun Kampf gegen Schweizer
1388n braun Fürstensieg über Städte
1388n rot Hinrichtung des Schwarz
1389n rot Bündnisverbot für Städte
1396n braun Niederlage gegen Türken
1397n grün Fabrikationsvorschrift
1401n braun Sieg über Liekedeeler
1401n rot Hinrichtung Störtebekers
1409n rot Feindseligkeit Prags

1410n braun Schlacht bei Tannenberg
1410n rot Bann gegen Hus
1411n rot Verlust von Ordensland
1411n grün Tribut der Ordensritter
1412n rot Reformversuch der Ritter
1415n rot Verbrennung des Hus
1415n rot Mark an Hohenzollern
1416n rot Tod des Hieronymus
1418n rot Kirchenreform gescheitert
1420n blau Reformforderung Ziskas
1420n/1434n Hussiten-Kreuzzug
1424n rot Machtkämpfe bei Hussiten
1425n rot Konzern-Verbot
1427n rot 'Gemeiner Pfennig'
1429n blau Schrift zur Reichsreform
1433n–1477n Karl der Kühne
1434n rot Hussitenkampf beendet
1440n–1505n Iwan III.
1443n–1490n Matthias Corvinus
1448n rot Konzil zu Basel
1448n braun Erhebung der Berliner
1451n grün Zwingburg in Berlin
1454n braun Preußische Volkserhebung
1454n rot Verfassung aufgehoben
1457n braun Verlust der Marienburg
1459n–1525n Jakob Fugger
1460n rot Abfall Schleswig-Holsteins
1460n rot Zusicherung an Schleswig
1466n braun Sieg Polens über Ritter
1466n rot Ordensland an Polen
1473n grün Geschäfte der Habsburger
1474n grün Soldaten für Frankreich
1475n braun Krieg Burgund-Lothringen
1475n rot Lothringen an Burgund
1476n braun Bauernaufstand
1476n rot Bauernführer hingerichtet
1476n braun Bauernsieg über Ritter
1477n braun Untergang Burgunds
1477n rot Gebietsgewinn Habsburgs
1483n–1546n Luther
1488n–1525n Thomas Münzer
1489n rot Städte im Reichstag
1491n braun Aufstand in Holland
1493n braun Aufstand im Elsaß
1494n–1566n Soliman der Große
1495n rot Rechtsreform
1496n–1560n Gustav Wasa
1497n–1560n Melanchthon
1498n blau Kommunistisches Programm
1499n braun Niederlage gegen Schweiz
1499n rot Schweiz selbständig
1500n braun Bauernsieg über Ritter
1500n–1558n Karl V.
1502n braun Aufstand in Baden
1503n rot Ablaßhandel der Ritter
1509n grün Fugger: Kriegsfinanzierung
1512n rot Landfriedenskreise
1513n braun Aufstand im Breisgau
1514n braun Aufstand in Württemberg
1515n braun Aufstand in Österreich
1516n rot Spanien an Karl V.
1517n braun Aufstand in Baden
1517n rot Reformationsbeginn
1519n grün Wahl-Einfluß der Fugger
1519n rot Kaiserwahl
1519n rot Gewinn Mexikos
1520n rot Bann gegen Luther
1520n rot Verurteilung Reuchlins
1520n grün Abkommen gegen Streik
1520n/1521n Aztekenaufstand
1521n rot Reichstag zu Worms
1522n rot Zensur
1522n/1526n Revolution
1523n grün Hilfe für Gustav Wasa
1523n grün Hilfe Karls für Fugger
1524n braun Sieg über Mayas
1524n rot Gewinn in Mittelamerika
1524n blau Gründung von Guatemala
1525n rot 'Zwölf Artikel'
1525n blau Luther gegen Revolution
1525n blau Reformforderung Geyers
1525n grün Monopol-Erlaubnis
1526n rot Reichstag zu Speyer
1527n braun Sieg über Ungarn
1527n braun Plünderung Roms
1527n rot Verbrennung Hans Hergots
1527n rot Ausdehnung Österreichs
1527n–1598n Philipp II.
1528n rot Wiedertäufer-Hinrichtung
1528n grün Venezuela an Welser
1529n braun Türken vor Wien
1529n rot Verbot der Reformation
1529n rot Protest der Lutheraner
1529n rot Genua unabhängig
1530n rot Malta an Johanniter
1531n rot Schmalkaldischer Bund
1531n/1533n Inka-Krieg
1532n rot Reichsstrafgesetzbuch
1532n grün Briefgeheimnis in Tirol
1533n rot Ende des Inka-Reiches
1533n rot Gewinn von Peru
1534n braun Wiedertäufer-Erhebung
1535n braun Kriegsaktion Lübecks
1535n braun Tunis-Feldzug
1535n rot Gewinn Kaliforniens
1535n blau Buenos Aires gegründet
1536n rot Gegenbündnis Frankreichs
1536n/1539n Chibcha-Krieg
1538n rot Bund gegen Luthertum
1539n rot Kolonie Peru erweitert
1542n/1544n Krieg gegen Frankreich
1544n rot Friede mit Frankreich
1545n rot Konzil zu Trient
1546n grün Silberfunde in Amerika
1546n/1547n Schmalkaldischer Krieg
1548n rot Interim

1551n grün Aktiengesetz
1552n braun Fürstenerhebung
1552n rot Passauer Vertrag
1552n grün Kirchenbesitz-Wechsel
1554n rot Regentschaft Ferdinands
1555n rot Augsburger Friede
1556n rot Spanien selbständig
1556n grün Landverlust der Welser
1559n grün Reichsmünzordnung
1561n rot Estland an Schweden
1563n/1570n Dreikronen-Krieg
1570n rot Vertrag von Stettin
1577n grün Einfuhrverbot für Indigo
1578n rot Keine Hilfe für Holland
1583n–1634n Wallenstein
1585n–1642n Richelieu
1594n–1632n Gustav Adolf
1601n rot Hinrichtung Krells
1604n rot Gegenreformation
1607n rot Stadtrecht für Mannheim
1607n rot Schulpflicht in Anhalt
1608n rot Protestantische Union
1609n rot Katholische Liga
1609n rot Toleranz in Böhmen
1613n rot Ratsbeschluß gegen Juden
1613n grün Zinssenkung bei Juden
1614n/1616n Frankfurter Aufstand
1614n rot Vertrag von Xanten
1618n braun Prager Fenstersturz
1618n/1648n Dreißigjähriger Krieg
1618n rot Ostpreußen an Brandenburg
1620n–1688n Der Große Kurfürst
1624n grün Auswanderungen
1626n braun Aufstand in Österreich
1629n rot Restitutionsedikt
1634n rot Ermordung Wallensteins
1635n grün Belohnung Piccolominis
1638n–1715n Ludwig XIV.
1648n rot Westfälischer Friede
1655n/1660n Krieg Schweden–Polen
1656n rot Zusicherung Schwedens
1657n rot Zusicherung Polens
1658n rot Rheinbund
1660n rot Gewinn Ostpreußens
1663n rot Ständiger Reichstag
1663n/1699n Großer Türkenkrieg
1663n–1736n Prinz Eugen
1672n rot Bund Brandenburg–Holland
1672n/1678n 2. Krieg Ludwigs XIV.
1674n rot Bündnis mit Holland
1674n/1675n Schwedischer Angriff
1678n rot Verluste an Frankreich
1680n rot Reunionen
1681n rot Straßburg französisch
1682n rot Kolonie Brandenburgs
1683n blau Stadtgründung in Amerika
1684n rot 'Heilige Liga'
1685n rot Hugenotten-Einwanderung
1686n rot Bündnisstärkung
1687n rot Ungarn zu Österreich
1688n/1697n 3. Krieg Ludwigs XIV.
1688n–1740n Friedrich Wilhelm I.
1690n rot Briefgeheimnis verankert
1697n rot Rückzug Ludwigs XIV.
1697n rot Sächsischer Polenkönig
1699n rot Gebietsgewinn Österreichs
1700n rot Bündnis gegen Schweden
1700n/1721n Nordischer Krieg
1701n rot Königreich Preußen
1701n grün Heeresreform Preußens
1701n/1714n Spanischer Erbfolgekrieg
1709n–1762n Elisabeth Petrowna
1712n–1786n Friedrich II., der Große
1713n rot Pragmatische Sanktion
1714n rot Gebiete an Österreich
1714n rot Union Hannover–England
1714n/1718n Türkenkrieg
1715n rot Bündnisverstärkung
1715n blau Entstehung Karlsruhes
1717n rot Schulpflicht in Preußen
1717n grün Kolonie Preußens verkauft
1717n–1780n Maria Theresia
1718n rot Gebietsgewinn Österreichs
1720n rot Gebietsgewinn Preußens
1723n rot Zugeständnis Ungarns
1727n braun Bauernaufstand
1728n rot Außenministerium Preußens
1729n–1796n Katharina II., die Große
1731n rot Gesellenrechte beschränkt
1733n/1735n Polnischer Erbfolgekrieg
1735n rot Wiener Friede
1735n/1739n Türkenkrieg
1737n rot Freimaurerloge Hamburg
1740n rot Reformen in Preußen
1740n/1742n 1. Schlesischer Krieg
1741n/1748n Österreich: Erbfolgekrieg
1742n rot Schlesien an Preußen
1744n rot Ostfriesland an Preußen
1744n/1745n 2. Schlesischer Krieg
1745n rot Krönung Franz' I.
1747n rot Kreisämter in Österreich
1748n rot Zugeständnis Preußens
1748n rot Zugeständnis Österreichs
1749n rot Strafe für Desertion
1749n rot Schutz für Bauernland
1756n rot 'Hexen'-Hinrichtung
1756n grün Hilfszusage Englands
1756n/1763n Siebenjähriger Krieg
1762n rot Ende englischer Hilfe
1762n rot Friede Rußland-Preußen
1768n rot Hamburg Reichsstadt
1769n–1821n Napoleon I.
1772n rot Erste Teilung Polens
1773n–1859n Metternich
1775n rot Letzter 'Hexen'-Prozeß
1777n grün Soldaten-Vermietung

1778n/1779n Bayrischer Erbfolgekrieg
1779n grün Steuben in Amerika
1781n rot Reform Josephs II.
1781n rot Säkularisation
1785n rot Deutscher Fürstenbund
1785n/1786n Weberaufstände
1786n rot 'Hexen'-Prozeß-Verbot
1787n/1792n Krieg Rußland-Türkei
1790n braun Erhebung in Sachsen
1790n rot Bauernfreiheit in Sachsen
1791n braun Gesellen-Erhebungen
1792n/1795n Revolutionskriege
1793n braun Aufstand in Breslau
1793n rot Zweite Teilung Polens
1795n rot Dritte Teilung Polens
1796n/1815n Napoleonische Kriege
1798n braun Aufstand in Schlesien
1801n rot Rheinufer an Frankreich
1803n rot Deputationshauptschluß
1806n rot Rheinbund
1806n rot Ende des Reiches
1806n blau Arndt: 'Geist der Zeit'
1807n rot Steinsche Reformen
1807n blau Fichtes 'Reden'
1809n rot Tod Schillscher Offiziere
1809n blau Schenkendorf: 'Freiheit'
1810n blau Germaine Staëls Werk
1812n rot Juden gleichberechtigt
1812n rot Konvention von Tauroggen
1813n grün Hilfsgelder Englands
1813n blau Körners Freiheitslieder
1813n–1883n Wagner
1814n rot Wehrpflicht in Preußen
1815n rot Wiener Kongreß
1815n rot 'Heilige Allianz'
1815n–1898n Bismarck
1817n rot Wartburgfest
1818n rot Bauernfreiheit in Baden
1818n–1883n Karl Marx
1834n rot Zollverein
1837n rot Göttinger Sieben
1840n rot Arbeiter-Bildungsverein
1841n grün List: Zollunion
1844n braun Aufstand in Schlesien
1848n/1850n Revolution
1848n rot Nationalversammlung
1849n rot Ablehnung der Kaiserkrone
1850n rot Einigungsversuch mißlungen
1851n rot Wieder Deutscher Bund
1862n rot Bismarck Ministerpräsident
1863n rot Lassalles Arbeiterverein
1864n braun Krieg gegen Dänemark
1865n rot Frauenverein
1865n grün Lette-Schule Berlin
1866n braun Deutscher Krieg
1866n rot Ende des Deutschen Bundes
1866n rot Norddeutscher Bund
1869n rot Sozialdemokratische Partei
1870n/1871n Krieg gegen Frankreich
1871n rot Einigung Deutschlands
1871n rot Bismarck Kanzler
1871n rot Wilhelm I. Kaiser
1873n rot Drei-Kaiser-Bund
1873n rot Mai-Gesetze in Preußen
1875n rot Gothaer Zusammenschluß
1876n rot Industrieverband
1878n rot Sozialistengesetz
1879n rot Zweibund
1879n grün Eisenbahn-Verstaatlichung
1879n–1953n Stalin
1882n rot Dreibund
1882n–1945n F. D. Roosevelt
1884n rot Kolonien in Afrika
1885n rot Weitere Kolonien
1887n rot Rückversicherungsvertrag
1888n/1890n Aufstand in Ostafrika
1889n rot Streik in Westfalen
1889n–1945n Hitler
1890n rot Entlassung Bismarcks
1890n rot Einlenken gegenüber SPD
1890n rot Bündnis-Verzicht
1891n rot Erfurter Kongreß
1891n rot Alldeutscher Verband
1892n rot Friedensgesellschaft
1896n rot Bürgerliches Gesetzbuch
1897n rot Gewinn Kiautschous
1899n rot Kolonien im Pazifik
1899n/1901n Boxeraufstand
1900n rot China-Abkommen
1900n rot Frauenstudium
1903n/1907n Aufstände in Afrika
1905n rot Streik im Ruhrgebiet
1906n rot Marokko-Krise
1910n braun Erhebung auf Karolinen
1914n/1918n Erster Weltkrieg
1914n rot Kampf um Kriegskredite
1915n rot Kriegserklärung Italiens
1915n grün Giftgas-Einsatz
1916n rot Hugenberg-Konzern
1916n rot Spaltung der SPD
1916n rot Munitionsarbeiterstreik
1917n braun Matrosen-Aufstand
1917n/1922n Russische Revolution
1918n rot Republik
1918n/1919n Revolution
1919n rot Rosa Luxemburg ermordet
1919n rot Karl Liebknecht ermordet
1919n rot Ebert Reichspräsident
1919n rot Versailler Vertrag
1920n braun Kapp-Putsch
1920n braun Erhebung im Ruhrgebiet
1921n rot Ermordung Erzbergers
1922n rot Rapallo-Vertrag
1922n rot Ermordung Rathenaus
1923n braun Hitler-Putsch
1923n braun Ruhrgebiet besetzt
1923n braun Aufstand in Hamburg
1923n rot Einmarsch nach Sachsen
1923n grün Inflation
1924n rot Ebert vor Gericht
1924n grün Dawes-Plan
1925n rot Hindenburg Präsident
1925n rot Locarno-Pakt
1925n grün IG-Farben
1926n rot Mitglied des Völkerbundes
1926n grün Stahl-Trust
1928n rot Kellogg-Pakt
1930n grün Young-Plan
1931n rot 'Harzburger Front'
1931n rot Ossietzky eingekerkert
1932n rot Wiederwahl Hindenburgs
1932n rot Industriepakt mit Hitler
1932n blau 'Deutschland — so oder so?'
1932n grün 6 Millionen Arbeitslose
1933n rot Hitler Reichskanzler
1933n rot Ermächtigungsgesetz
1933n rot Konkordat
1933n grün Wirtschaftslenkung
1934n rot Vertrag mit Polen
1934n rot Himmler Gestapo-Chef
1934n rot Ermordung Röhms
1934n rot KZ-Übernahme durch SS
1935n rot Saar an Deutschland
1935n rot Nürnberger Gesetze
1936n/1939n Spanischer Bürgerkrieg
1937n rot Antikomintern
1938n rot Annexionen
1938n rot Münchner Abkommen
1939n rot Polen-Garantie Englands
1939n rot Vertrag mit UdSSR
1939n/1945n Zweiter Weltkrieg
1939n rot Teilung Polens
1941n rot Kein Asyl in UdSSR
1941n blau Nash: 'Bomber über Berlin
1943n rot Kriegserklärung Italiens
1943n rot Konferenz der Gegner
1944n braun Putsch gegen Hitler
1944n rot Massenmorde (Auschwitz)
1944n rot Bündnis UdSSR-Frankreich
1945n rot Besetzung
1945n rot Potsdamer Konferenz
1947n grün Marshall-Plan
1948n grün Zweijahresplan
1949n rot Gründung der BRD
1949n rot Gründung der DDR
1950n rot Wiederaufrüstung
1952n rot Deutschland-Vertrag
1953n braun Aufstand in der DDR
1953n grün Reparationslasten
1955n rot Warschauer Pakt
1956n rot Verbot der KPD
1957n grün Mitglied der EWG
1958n grün Polytechnischer Unterricht
1961n rot Berliner Mauer

DEUTSCHLAND, DEUTSCHES REICH: Baukunst

723n blau Peterskapelle Fritzlar
732n blau Klosterkirche Fritzlar
770n–840n Einhard
774n blau Kaiserpfalz in Ingelheim
804n blau Pfalz-Kapelle in Aachen
1012n blau Bamberger Dom
1019n blau Münster zu Basel
1033n blau Michaelskirche Hildesheim
1036n blau Mainzer Dom
1037n blau Hamburger Dom
1050n blau Kaiserpfalz in Goslar
1061n blau Dom zu Speyer
1073n blau Wartburg
1089n blau Münster von Konstanz
1117n blau Burg Drachenfels
1165n blau Dom von Brandenburg
1173n blau Braunschweiger Dom
1188n blau Würzburger Dom
1199n blau Apostelkirche Köln
1207n blau Magdeburger Dom
1213n blau Thomaskirche Leipzig
1220n blau Rathaus Worms
1234n blau Dom von Worms
1235n blau Limburger Dom
1235n blau Katharinenkirche Hamburg
1248n blau Kölner Dom begonnen
1259n blau Rathaus Thorn
1265n blau Dom von Münster
1273n blau Sebaldus-Kirche Nürnberg
1276n blau Entwurf Meister Erwins
1279n blau Rathaus Stralsund
1288n blau Kreuzkirche in Breslau
1291n blau Marienkirche in Lübeck
1309n blau Bau der Marienburg
1322n blau Chor des Kölner Domes
1330n–1399n Peter Parler
1335n blau Rathaus Münster
1340n blau Wiener Stephansdom
1341n blau Veitsdom begonnen
1354n blau Freiburger Münsterchor
1355n blau Burg Karlstein
1357n blau Prager Karlsbrücke
1370n blau Rathaus Aachen
1370n blau Erfurter Domchor
1377n blau Münsterbau in Ulm
1382n blau Rathaus Danzig
1385n blau Veitsdom vollendet
1405n blau Rathaus Frankfurt
1410n blau Rathaus Bremen
1414n blau Aachener Münster
1439n blau Straßburger Münster
1443n blau Lübecker Rathaus
1470n blau Rathaus München
1488n blau Frauenkirche München
1496n blau Rathaus Breslau
1533n blau Georgenbau in Dresden
1556n blau Rathaus Leipzig
1562n blau Rathaus Altenburg
1578n blau Rathaus Rothenburg
1619n blau Heidelberger Schloß
1620n blau Augsburger Rathaus
1663n blau Schloß Nymphenburg
1663n–1736n Prinz Eugen
1695n blau Schloß Charlottenburg
1696n blau Schloß Schönbrunn
1698n blau Berliner Schloß (Umbau)
1701n blau Neubau Kloster Melk
1711n blau Dresdner Zwinger
1715n blau Jagdschloß Karlsruhe
1716n blau Wiener Karlskirche
1720n blau Würzburger Schloß
1724n blau Schloß Belvedere
1726n blau Dresdner Frauenkirche
1731n blau Pöppelmanns Elbbrücke
1738n blau Dresdner Hofkirche
1743n blau Berliner Opernhaus
1744n blau Kirche Neresheim (Plan)
1747n blau Schloß Sanssouci
1749n blau Wallfahrtskirche Wies
1789n blau Brandenburger Tor
1818n blau Berliner Schauspielhaus
1839n blau Dresdner Opernhaus
1876n blau Festspielhaus in Bayreuth
1880n blau Kölner Dom vollendet
1894n blau Reichstagsgebäude
1897n blau Hamburger Rathaus
1906n blau AEG-Turbinen-Fabrik
1919n blau Bauhaus in Weimar
1923n blau Chile-Haus in Hamburg
1937n blau 'Haus der Kunst'

DEUTSCHLAND, DEUTSCHES REICH: Bildhauerei

1182n blau Maurinus-Schrein
1192n blau Dreikönigs-Schrein
1243n blau Bamberger Reiter
1256n blau Naumburger Stifterfiguren
1330n–1399n Peter Parler
1404n blau Roland-Standbild Bremen
1481n blau Pacher: Wolfgang-Altar
1489n blau Stoß: Krakauer Altar
1491n blau 'Adam und Eva'
1500n blau Bibra-Grabmal
1502n blau Heiligenblut-Altar
1519n blau Vischer: Sebaldusgrab
1700n blau Schlüter: Großer Kurfürst
1718n blau Permosers Zwingerfiguren
1912n blau Kolbe: 'Tänzerin'
1915n blau Sintenis: 'Fohlen'
1933n blau Barlach: 'Lesende'
1958n blau Buchenwald-Plastiken

DEUTSCHLAND, DEUTSCHES REICH: Dichtung und andere Literatur

784n–856n Rabanus Maurus
805n blau Lieder-Sammlung
808n–875n Otfried
814n blau Rabanus Maurus: Gedichte
816n blau 'Wessobrunner Gebet'
820n blau 'Hildebrandslied'
828n blau Einhard: Reliquienraub
831n blau 'Heliand'
834n blau 'Muspilli'
870n blau Otfrieds Evangelienbuch
878n blau Notkers 'Sequenzen'
882n blau 'Ludwigslied'
888n blau 'Georgslied'
924n–998n Widukind von Corvey
925n blau 'Waltharilied'
930n grün 'Merseburger Sprüche'
939n–990n Roswitha
958n blau Proterius-Legende
963n blau 'Faust'-Legende
966n blau 'Abraham'
977n blau 'Kriemhilds Rache'
1040n blau 'Ruodlieb'
1063n blau 'Ezzolied'
1098n–1178n Hildegard von Bingen
1105n blau Spiel von den Jungfrauen
1106n blau 'Annolied'
1113n blau Gedichte der Frau Ava
1115n–1158n Otto von Freising
1129n blau Lamprechts Alexanderlied
1135n blau Hildegards Lieder
1143n blau Schrift über das Leid
1143n–1203n Heinrich von Veldeke
1160n blau Rothers Brautwerbung
1167n blau Archipoeta: Spottlieder
1168n–1220n Wolfram von Eschenbach
1172n–1228n Walther von der Vogelweide
1178n blau 'Reinhart Fuchs'
1179n blau Volksbuch: Herzog Ernst
1179n blau 'Lustgarten'
1180n–1225n Heinrich von Morungen
1189n blau 'Eneide'
1191n blau 'Kreuzzugsleich'
1199n blau 'Rabenschlacht'
1200n blau 'Der arme Heinrich'
1200n–1242n Neidhart von Reuenthal
1202n blau 'Unter der Linden'
1204n blau 'Nibelungenlied'
1206n blau 'Sängerkrieg' (Wartburg)
1208n–1270n Tannhäuser
1210n blau 'Tristan und Isolde'
1210n blau 'Parsival'
1215n blau Ovid-Übersetzung
1219n blau Heinrichs Minnelieder
1223n blau Walthers Kritik am Papst
1225n blau 'Gudrunlied'
1227n blau 'Der gute Gerhard'
1228n blau Freidank: 'Bescheidenheit'
1232n blau Carmina Burana
1249n blau 'Meier Helmbrecht'
1255n blau Ulrichs Selbstbiographie
1265n blau Angriff auf Fremdwörter
1266n blau 'Ecke', 'Sigenot', 'Laurin'
1272n blau Mechthilds Gedicht
1278n blau 'Engelhard und Engeltraut'
1284n blau Rattenfänger von Hameln
1286n blau Lied einer Ritterfahrt
1295n–1366n Seuse
1313n blau 'Der Renner'
1314n blau 'Wilhelm von Österreich'
1326n blau Manessische Handschrift
1337n blau Hadamar: 'Die Jagd'
1349n blau Fabelsammlung 'Edelstein'
1351n blau Jenaer Liederhandschrift
1400n blau 'Ackermann aus Böhmen'
1419n blau Kyffhäuser-Sage
1449n blau Rosenplüt: 'Weinsegen'
1469n blau Tell-Sage
1471n blau Indische Märchen deutsch
1485n blau Äsop-Übersetzung
1492n blau Nunnenpecks Meisterlieder
1493n blau Hans Folz: Meisterlieder
1507n blau Cäsar-Übersetzung
1515n blau 'Dunkelmänner-Briefe'
1521n blau Huttens Gesprächsbüchlein
1523n blau Hans Sachs: Lutherlied
1524n blau Hans Sachs: Streitgespräch
1525n blau Luther gegen Revolution
1529n blau Sprichwörter-Sammlung
1537n blau 'Odyssee'-Übersetzung
1548n blau Waldis' Kinderbuch
1549n grün Herbersteins Rußlandbuch
1550n blau Sachs: Fastnachtspiele
1572n blau Fischarts Spottdichtung
1587n blau Volksbuch 'Doktor Faust'
1588n grün Zeitung 'Meßrelationen'
1598n blau 'Schildbürger'-Volksbuch
1610n blau Ilias-Übersetzung
1624n blau Opitz: 'Buch der Poeterei'
1640n blau Moscheroschs 'Gesichte'
1645n blau Paul Gerhardts Lieder
1647n blau Gryphius' Tragödie
1653n blau 'Poetischer Trichter'
1654n blau Logau: Sinngedichte
1657n blau Silesius' 'Wandersmann'
1669n blau 'Simplizissimus'
1683n blau Lohensteins Roman
1695n blau 'Judas der Erzschelm'
1729n–1781n Lessing
1730n blau Gottsched über Dichtkunst
1731n blau Schnabel: 'Felsenburg'
1739n blau 'Antimachiavell'
1744n–1803n Herder
1746n blau Gellerts Dichtungen
1749n–1832n Goethe
1750n blau Lessing: 'Herrnhuter'
1750n blau Nicolais 'Briefe'
1759n blau 'Der Herr und der Diener'
1759n–1805n Schiller
1761n blau Wieland: 'Agathon'
1763n blau 'Minna von Barnhelm'
1765n blau Nicolais Zeitschrift
1765n blau Wieland: Shakespeare
1767n blau 'Hamburger Dramaturgie'
1771n blau 'Götz von Berlichingen'
1771n blau 'Wandsbeker Bote'
1772n blau 'Emilia Galotti'
1773n blau Klopstock: 'Messias'
1773n blau 'Teutscher Merkur'
1774n blau Goethes 'Werther'
1774n blau 'Patriotische Phantasien'
1774n blau Goethes 'Faust'-Entwurf
1776n blau Klinger: 'Sturm und Drang'
1777n blau Homer-Übersetzung
1777n–1811n Kleist
1778n blau 'Stimmen der Völker'
1779n blau 'Nathan der Weise'
1779n blau 'Die Räuber'
1780n blau Wieland: 'Oberon'
1780n blau Lessing: 'Erziehung'
1780n blau 'Krebsbüchlein'
1782n blau 'Kabale und Liebe'
1782n blau Musäus: 'Volksmärchen'
1783n blau Lichtenbergs Aphorismen
1784n blau Voß: 'Luise'
1785n blau Iffland: 'Die Jäger'
1786n blau Bürger: Münchhausen
1787n blau 'Egmont', 'Iphigenie'
1789n blau 'Menschenhaß und Reue'
1790n blau 'Schulmeisterlein Wuz'
1794n blau Hölderlin: 'Hyperion'
1794n blau Forster: 'Niederrhein'
1795n blau 'Ästhetische Erziehung'
1796n blau 'W. Meisters Lehrjahre'
1797n blau Schlegel: Shakespeare
1797n blau Tiecks Volksmärchen
1798n blau 'Wallenstein'
1798n blau Schlegel: 'Athenäum'
1800n blau 'Maria Stuart'
1800n blau Hölderlins Dichtungen
1801n blau Novalis: 'Heinrich'
1803n blau Kotzebues 'Kleinstädter'
1804n blau 'Wilhelm Tell'
1805n blau Jean Paul: 'Flegeljahre'
1805n blau 'Des Knaben Wunderhorn'
1806n blau 'Der zerbrochene Krug'
1806n blau Arndt: 'Geist der Zeit'
1807n blau 'Penthesilea'
1807n blau Fichtes 'Reden'
1808n blau Schlegels Indien-Werk
1808n blau Goethe: Faust I
1809n blau Schenkendorfs Lied
1810n blau Kleist: Marionetten
1811n blau 'Dichtung und Wahrheit'
1812n blau Grimms Märchen
1813n blau Chamisso: 'Schlemihl'
1813n blau Körners Freiheitslieder
1813n–1883n Wagner
1814n blau Rückerts Gedichte
1815n blau Hoffmann: 'Elixiere'
1815n blau Uhlands Gedichte
1820n blau 'O Tannebaum'
1826n blau Tieck: Shakespeare
1827n blau Heine: 'Buch der Lieder'
1829n blau Clausewitz: 'Vom Kriege'
1829n blau 'W. Meisters Wanderjahre'
1829n grün Baedekers Reisebuch
1831n blau Goethe: Faust II
1832n blau Mörikes Gedichte
1835n blau Strauß: 'Leben Jesu'
1835n blau Büchner: 'Dantons Tod'
1838n blau Weitling: 'Die Menschheit'
1842n blau Steins Untersuchung
1844n blau Hebbel: 'Maria Magdalena'
1845n blau Engels: Lage der Arbeiter
1845n blau A. Humboldt: 'Kosmos'
1847n blau Kommunistisches Manifest
1849n blau 'Kunst und Revolution'
1850n blau 'Kasperle'-Spiele
1854n blau 'Trompeter von Säckingen'
1854n blau Freytags Werke
1858n blau Busch: 'Max und Moritz'
1858n blau Reuter: 'Kein Hüsung'
1862n blau Raabe: 'Hungerpastor'
1862n blau Hebbel: 'Nibelungen'
1864n blau 'Geflügelte Worte'
1870n blau Liebknecht: 'Bodenfrage'
1875n–1955n Thomas Mann
1878n blau 'Anti-Dühring'
1879n blau 'Frau und Sozialismus'
1889n grün Zeitschrift 'Bodenreform'
1890n blau Zeitschrift 'Gleichheit'
1892n blau Hauptmann: 'Die Weber'
1893n blau Karl May: 'Winnetou'
1893n blau Mehring: 'Lessing-Legende'
1897n blau George: 'Jahr der Seele'
1898n blau Bismarcks Autobiographie
1898n–1956n Brecht
1901n blau Th. Mann: 'Buddenbrooks'
1910n blau Zeitschrift 'Der Sturm'
1912n blau Bonsels: 'Biene Maja'
1913n blau Deutsche Bücherei
1914n blau Bechers Gedichte
1916n blau 'Spartakus-Briefe'
1918n blau H. Mann: 'Der Untertan'
1918n blau Rosa Luxemburgs Briefe
1919n blau 'Der Mensch ist gut'
1924n blau Klabund: 'Kreidekreis'
1924n blau Hitler: 'Mein Kampf'
1927n blau A. Zweig: 'Grischa'
1928n blau 'Im Westen nichts Neues'
1928n blau Renn: 'Krieg'
1928n blau 'Drei-Groschen-Oper'
1929n blau F. Wolf: 'Cyankali'
1929n blau Döblin: 'Alexanderplatz'
1929n blau Lehrstück Brechts
1931n blau 'Hauptmann von Köpenick'
1931n blau Kästner: 'Fabian'
1934n blau Bredel: 'Die Prüfung'
1935n blau Langhoff: 'Moorsoldaten'
1938n blau H. Mann: 'Henri Quatre'
1939n blau Th. Mann: 'Lotte'
1941n blau 'Mutter Courage'
1941n grün Röpke: 'Krisis'
1942n blau Seghers: 'Das 7. Kreuz'
1942n blau 'Galileo Galilei'
1943n blau Hesse: 'Glasperlenspiel'
1945n blau Plivier: 'Stalingrad'
1946n blau H. Mann: 'Ein Zeitalter'
1947n blau Borcherts Hörspiel
1947n blau Th. Mann: 'Doktor Faustus'
1950n blau Weinerts Gedichte
1954n blau Brecht: 'Hundert Gedichte'
1955n blau 'Nackt unter Wölfen'
1959n blau Grass: 'Blechtrommel'
1960n blau 'Die Sorgen und die Macht'
1963n blau Hochhuth: 'Stellvertreter'
1963n blau Wolf: 'Geteilter Himmel'

DEUTSCHLAND, DEUTSCHES REICH: Film

1893n– Karolus
1919n blau Wiene: 'Caligari'
1922n grün Tonfilm

DEUTSCHLAND, DEUTSCHES REICH: Geschichtsschreibung

908n blau Regino: Frankengeschichte
924n–998n Widukind von Corvey
939n–990n Roswitha
967n blau Sachsengeschichte
969n blau Roswitha: Otto I.
1017n–1088n Adam von Bremen
1018n blau Thietmar: Kaisergeschichte
1054n blau Hermann: Weltgeschichte
1076n blau Werk Adams von Bremen
1079n blau Lambert: 'Annalen'
1115n–1158n Otto von Freising
1122n blau Geschichte Böhmens
1125n blau Ekkehard-Frutolf-Werk
1149n blau Gereimte Kaiserchronik
1172n blau Helmold: Slawengeschichte
1190n–1235n Eike von Repkow
1226n blau Eike: Weltgeschichte
1493n blau Schedels Weltgeschichte

1505 n blau Wimpfelings Werk
1555 n blau Sleidans Geschichtswerk
1574 n blau Magdeburgische Zenturien
1631 n blau Guerickes Geschichte
1646 n–1716 n Leibniz
1699 n blau 'Kirchen-Ketzer-Historie'
1744 n–1803 n Herder
1759 n–1805 n Schiller
1763 n blau Winckelmanns Werk
1770 n–1831 n Hegel
1784 n blau Herder: 'Ideen'
1811 n blau Niebuhr: Geschichte Roms
1815 n blau Savignys Rechtsgeschichte
1818 n–1883 n Karl Marx
1822 n blau W. Humboldt: 'Aufgaben'
1823 n blau Vorlesungen Hegels
1826 n blau 1. Band der 'Monumenta'
1834 n blau Ranke: 'Römische Päpste'
1855 n blau Mommsen: Geschichte Roms
1863 n blau Ploetz' Werk
1884 n blau Engels: 'Ursprung'
1894 n blau Kautsky: 'Sozialismus'
1906 n blau Schweitzer: 'Leben Jesu'
1907 n blau Helmolts Weltgeschichte
1908 n blau Meinecke: 'Weltbürgertum'
1909 n blau Lamprechts Werk
1914 n grün Geschichte der Technik
1918 n blau Spenglers Werk
1922 n blau Troeltsch: 'Historismus'
1944 n blau Franke: 'Geschichte Chinas'
1961 n blau 'Griff nach der Weltmacht'

DEUTSCHLAND, DEUTSCHES REICH: Malerei und Graphik

783 n blau Godescalc-Evangeliar
1021 n blau Christus-Miniatur
1200 n blau 'Der Sündenfall'
1326 n blau Manessische Handschrift
1379 n blau Grabower Altar
1396 n–1446 n Konrad Witz
1400 n grün Holzschnitt-Technik
1410 n–1451 n Stephan Lochner
1424 n blau Thomas-Altar in Hamburg
1430 n grün Kupferstich-Technik
1431 n blau Moser: Magdalenen-Altar
1443 n blau Dreikönigsaltar in Köln
1444 n blau 'Fischzug Petri'
1461 n grün Druck von Bildern
1467 n blau Herlins Hochaltar
1471 n–1528 n Albrecht Dürer
1473 n blau Schongauers 'Madonna'
1481 n blau Pacher: Wolfgang-Altar
1489 n blau 'Ursula-Schrein'
1493 n blau Schedels Geschichtswerk
1501 n blau Dürer: 'Große Passion'
1503 n blau Dürers Selbstbildnis
1504 n blau 'Ruhe auf der Flucht'
1511 n blau Isenheimer Altar
1514 n blau Baldung-Griens Hochaltar
1515 n grün Ätztechnik
1526 n blau Holbeins 'Totentanz'
1526 n blau 'Apostel', 'Holzschuher'
1533 n blau Cranach: 'Luther'
1538 n blau 'Christus und Ehebrecherin'
1787 n blau Tischbein: 'Goethe'
1806 n blau Runge: Bild der Eltern
1823 n blau C. D. Friedrich: 'Baum'
1828 n blau Stieler: 'Goethe'
1837 n blau Spitzweg: 'Armer Poet'
1837 n blau Richter: 'Überfahrt'
1848 n blau Menzel: 'Märzgefallene'
1858 n blau Busch: 'Max und Moritz'
1861 n blau Schwind: 'Hochzeitsreise'
1867 n blau Thoma: 'Schwarzwald'
1870 n blau Feuerbach: 'Medea'
1872 n blau 'Gänserupferinnen'
1875 n blau Menzel: 'Walzwerk'
1882 n blau Leibl: 'Frauen in Kirche'
1887 n blau Klinger: 'Paris-Urteil'
1895 n blau Kollwitz: Weberaufstand
1903 n blau Kollwitz: Bauernaufstand
1904 n blau Slevogt: 'Tänzerin'
1906 n blau Corinth: 'Florian Geyer'
1913 n blau Marc: 'Turm der Pferde'
1914 n blau Zilles Zeichnungen
1919 n blau Bauhaus in Weimar
1926 n blau Nagel: 'Arbeitslos'
1929 n blau Dix: 'Spielende Kinder'
1940 n blau Nolde: 'Wolken'
1946 n blau Lingner: 'Zwei Kriege'

DEUTSCHLAND, DEUTSCHES REICH: Musik

864 n blau 'Petruslied'
894 n blau Regino über Kirchengesang
1098 n–1178 n Hildegard von Bingen
1135 n blau Hildegards Lieder
1143 n–1203 n Heinrich von Veldeke
1168 n–1220 n Wolfram von Eschenbach
1172 n–1228 n Walther von der Vogelweide
1180 n–1225 n Heinrich von Morungen
1200 n–1242 n Neidhart von Reuenthal
1206 n blau 'Sängerkrieg'
1208 n–1270 n Tannhäuser
1232 n blau Carmina burana
1450 n blau Meistersingerschule
1483 n–1546 n Luther
1492 n blau Hunnenpecks Meisterlieder
1493 n blau Hans Folz: Meisterlieder
1532 n–1594 n Orlando di Lasso
1585 n–1672 n Heinrich Schütz
1622 n blau Schütz: Oratorium
1627 n blau Erste deutsche Oper
1638 n blau 'Orpheus und Eurydike'
1645 n blau Paul Gerhardts Lieder
1679 n blau Buxtehudes Orgelmusik
1685 n–1750 n Bach
1685 n–1759 n Händel
1692 n blau Kuhnau: Klaviersonate
1693 n blau Telemanns erste Oper
1722 n blau 'Wohltemperiertes Klavier'
1723 n blau Johannes-Passion
1729 n blau Matthäus-Passion
1732 n blau Händel: 'Ezio'
1732 n–1809 n Haydn
1741 n blau 'Messias'
1742 n blau 'Kaffee-Kantate'
1746 n blau 'Judas Makkabäus'
1751 n grün Erweitertes Orchester
1756 n–1791 n Mozart
1762 n blau Gluck: 'Orpheus'
1770 n–1827 n Beethoven
1779 n blau Gluck: 'Iphigenie'
1785 n blau 'Figaros Hochzeit'
1787 n blau 'Don Juan'
1791 n blau 'Zauberflöte'
1791 n blau 'Paukenschlag-Sinfonie'
1799 n blau Beethoven: 'Pathétique'
1799 n blau Haydn: 'Jahreszeiten'
1803 n blau 'Eroica'
1805 n blau 'Fidelio'
1807 n blau Beethovens 5. Sinfonie
1809 n blau Zelters Sing-Akademie
1813 n–1883 n Wagner
1820 n blau 'O Tannebaum'
1821 n blau Weber: 'Freischütz'
1822 n grün Buschmann: Harmonika
1823 n blau Beethovens 9. Sinfonie
1831 n blau 'Robert der Teufel'
1834 n blau Mendelssohn: 'Lieder'
1837 n blau 'Zar und Zimmermann'
1841 n blau Schumanns Lieder
1843 n blau 'Der fliegende Holländer'
1847 n blau Flotow: 'Martha'
1849 n blau Nicolai: 'Lustige Weiber'
1858 n blau Offenbach: 'Orpheus'
1867 n blau 'Die Meistersinger'
1868 n blau Brahms: 'Requiem'
1874 n blau 'Nibelungen-Ring'
1903 n blau 'Tiefland'
1905 n blau Strauß: 'Salome'
1907 n blau Reger: 'Schlichte Weisen'
1911 n blau Strauß: 'Rosenkavalier'
1928 n blau 'Drei-Groschen-Oper'
1929 n blau Werk Hindemiths
1942 n blau Orff: 'Die Kluge'
1955 n blau Egk: 'Irische Legende'
1956 n blau Stockhausens Werk

DEUTSCHLAND, DEUTSCHES REICH: Philosophie

1006 n blau Aristoteles-Übersetzung
1098 n–1178 n Hildegard von Bingen
1162 n blau Hildegards Sittenlehre
1193 n–1279 n Albertus Magnus
1245 n blau Briefwechsel
1260 n–1327 n Meister Eckehart
1295 n–1366 n Seuse
1303 n–1361 n Tauler
1317 n blau Eckeharts Mystik
1327 n blau Seuse: Wahrheitsbüchlein
1341 n blau Seuse: Weisheitsbüchlein
1345 n blau Tauler: Arbeitsethos
1401 n–1464 n Nikolaus von Kues
1438 n blau Nikolaus' Gottesbegriff
1497 n–1560 n Melanchthon
1542 n blau Franck über Religion
1612 n blau Böhme: Naturphilosophie
1646 n–1716 n Leibniz
1672 n blau Pufendorf: Naturrecht
1679 n–1754 n Christian Wolff
1688 n blau Thomasius: Naturrecht
1704 n blau 'Hexen'-Prozeß-Verwerfung
1710 n blau Leibniz: 'Theodizee'
1714 n blau Leibniz: Monadologie
1719 n blau Wolff: Weltbild
1721 n blau Wolff über Gesellschaft
1724 n–1804 n Kant
1744 n–1803 n Herder
1759 n blau Hamanns Werk
1759 n–1805 n Schiller
1767 n blau Mendelssohn: Seele
1770 n blau Holbach: 'Natursystem'
1770 n–1831 n Hegel
1781 n blau Kant: 'Reine Vernunft'
1783 n blau Lichtenbergs Aphorismen
1784 n blau Herder: 'Ideen'
1788 n blau 'Praktische Vernunft'
1789 n blau Forster: Geschichte
1795 n blau 'Zum ewigen Frieden'
1798 n blau Schelling: 'Wahrheit'
1799 n blau 'Über die Religion'
1800 n blau Fichte: 'Handelsstaat'
1807 n blau Hegel: Phänomenologie
1808 n blau Schlegels Indien-Werk
1814 n blau Schubert: Traumsymbolik
1818 n–1883 n Karl Marx
1819 n blau Schopenhauers Hauptwerk
1821 n blau Hegels Rechtsphilosophie
1822 n blau W. Humboldt: Geschichte
1823 n blau Hegel: Weltgeschichte
1835 n blau Sprachphilosophie
1841 n blau Feuerbach: 'Christentum'
1842 n blau Steins Untersuchung
1843 n blau Feuerbach: 'Grundsätze'
1844 n–1900 n Nietzsche
1847 n blau Kommunistisches Manifest
1859 n blau Marx: Politökonomie
1861 n grün Fechner: Psychophysik
1867 n blau Marx: 'Das Kapital'
1878 n blau Engels: 'Anti-Dühring'
1883 n blau Nietzsche: 'Zarathustra'
1883 n blau Dilthey: Einleitung
1884 n blau Engels: 'Ursprung'
1885 n blau Marx: Kapital II
1886 n blau 'Jenseit von Gut und Böse'
1892 n grün Haeckel: Monismus
1894 n blau Marx: Kapital III
1913 n blau Husserl: 'Phänomenologie'
1914 n blau Spranger: 'Lebensformen'
1918 n blau Spengler: 'Der Untergang'
1922 n blau Troeltsch: 'Historismus'
1927 n blau Heidegger: 'Sein und Zeit'
1930 n blau Schlick: 'Ethik'
1955 n blau Bloch: 'Prinzip Hoffnung'
1958 n blau Carnap: Logik
1964 n blau Havemann: 'Dialektik'
1965 n blau Jaspers: 'Kleine Schule'

DEUTSCHLAND, DEUTSCHES REICH: Recht

601 n blau Alemannen: Aufzeichnung
719 n blau 'Lex Alemannorum'
1050 n–1106 n Heinrich IV.
1129 n–1195 n Heinrich der Löwe
1133 n grün Grundbuch-Einträge
1190 n–1235 n Eike von Repkow
1223 n blau 'Der Sachsenspiegel'
1370 n rot 'Pfaffenbrief'
1374 n rot Rechtsbuch verdammt
1487 n blau 'Hexenhammer'
1495 n rot Reformen
1519 n blau Justinian-Übersetzung
1532 n rot Reichsstrafgesetzbuch
1551 n grün Aktiengesetz
1646 n–1716 n Leibniz
1672 n blau Pufendorfs Werk
1688 n blau Thomasius: Naturrecht
1704 n blau 'Hexen'-Prozeß-Verwerfung
1712 n–1786 n Friedrich II., der Große
1737 n blau Möser: Staatsrecht
1740 n rot Reformen in Preußen
1749 n rot Strafen für Desertion
1786 n rot 'Hexen'-Prozeß-Verbot
1815 n blau Savigny: Römisches Recht
1816 n–1892 n Siemens
1821 n blau Hegels Rechtsphilosophie
1828 n blau Grimm: Rechts-Altertümer
1896 n rot Bürgerliches Gesetzbuch

DEUTSCHLAND, DEUTSCHES REICH: Religion

2295 v rot Menschenopfer
172 n rot Römergebiet: Christentum
534 n–615 n Kolumban
610 n rot Mission Kolumbans
611 n blau Kloster Bregenz
613 n blau Kloster St. Gallen
635 n–714 n Pippin der Mittlere
658 n–739 n Willibrord
675 n–754 n Bonifatius
691 n rot Mission Willibrords
701 n–784 n Fergil der Geometer
710 n–782 n Lioba
721 n rot Bekehrung Thüringens
722 n blau Kloster Amöneburg
723 n blau Kapelle statt Donar-Eiche
724 n blau Kloster Ohrdruf
724 n blau Kloster Reichenau
727 n rot Bekehrung Hessens
732 n blau Kloster Fritzlar
735 n blau Kloster in Baden
740 n blau Frauenklöster
742 n rot Erste Synode
742 n–814 n Karl der Große
743 n–807 n Widukind
744 n blau Kloster Fulda
751 n blau Kloster Heidenheim
772 n/804 n Sachsenkriege
777 n rot Sachsen-Zwangsbekehrung
782 n rot Tod bei Taufweigerung
783 n blau Godescalc-Evangeliar
784 n–856 n Rabanus Maurus
794 n rot Synode zu Frankfurt
801 n rot Vergil-Verbot für Mönche
808 n rot Bekehrung bis zur Elbe
808 n–875 n Otfried
813 n grün Michaelisfest
814 n blau Rabanus: Kreuzgedichte
816 n blau 'Wessobrunner Gebet'
831 n blau 'Heliand'
834 n blau 'Muspilli'
841 n blau Walafried: Kulte
864 n blau 'Petruslied'
870 n blau Otfrieds Evangelienbuch
876 n blau Kloster Gandersheim
877 n–936 n Heinrich I.
878 n blau Notkers 'Sequenzen'
888 n blau 'Georgslied'
894 n blau Kirchengesangs-Theorie
912 n–973 n Otto I., der Große
919 n rot Absage Heinrichs an Rom
930 n grün Zaubersprüche
939 n–990 n Roswitha
962 n rot Kaiserkrönung in Rom
972 n–999 n Gregor V. (Bruno)
980 n–1002 n Otto III.
983 n braun Widerstand der Slawen
990 n–1031 n Aribo
996 n rot Papst deutscher Herkunft
1001 n–1072 n Adalbert von Bremen
1017 n–1056 n Heinrich III.
1021 n–1085 n Gregor VII.
1023 n rot Synode zu Seligenstadt
1046 n rot Papstpolitik Heinrichs
1050 n–1106 n Heinrich IV.
1052 n rot 'Ketzer'-Verbrennung
1058 n rot Verdammung von Mönchen
1060 n rot Slawen-Christianisierung
1063 n blau 'Ezzolied'
1064 n rot Pilgerfahrts-Katastrophe
1066 n rot Bischof Slawen-Opfer
1075 n rot Investitur-Bestimmung
1076 n rot Absetzung des Papstes
1076 n rot Bann gegen Kaiser
1076 n rot Fürsten gegen Kaiser
1077 n rot Gang nach Canossa
1081 n–1125 n Heinrich V.
1085 n rot 'Gottesfriede'
1089 n blau Kloster Melk
1090 n rot 'Hexen'-Verbrennung
1096 n rot Juden-Verfolgung
1096 n/1099 n Erster Kreuzzug
1098 n–1178 n Hildegard von Bingen
1099 n grün Webervertrag mit Kirche
1104 n rot Machtverlust der Kirche
1106 n blau 'Annolied'
1113 n blau Frau Avas Gedichte
1115 n–1158 n Otto von Freising
1122 n rot Wormser Konkordat
1122 n–1190 n Friedrich I. Barbarossa
1124 n rot Bekehrung Pommerns
1125 n rot Pribislaw Christ
1135 n blau Hildegards Lieder
1140 n–1217 n Peter Waldes
1141 n blau Hugo: Glaubenslehre
1143 n blau Otto von Freising: Leid
1145 n rot Morde an Katharern
1146 n rot Juden-Verfolgung
1147 n/1149 n Zweiter Kreuzzug
1147 n braun Wenden-Kreuzzug
1147 n blau Kloster Rupertsberg
1155 n rot Kaiserkrönung durch Papst
1157 n blau Klage über Priester
1162 n blau Hildegards Sittenlehre
1163 n rot Katharer-Verbrennung
1165 n–1197 n Heinrich VI.
1173 n–1239 n Hermann von Salza
1189 n/1192 n Dritter Kreuzzug
1190 n rot Deutschritterorden
1193 n–1279 n Albertus Magnus
1194 n blau Katharer-Bibel
1194 n–1250 n Friedrich II.
1211 n rot Katharer-Verbrennung
1212 n braun Kinder-Kreuzzug
1217 n/1219 n Kreuzzug
1225 n rot Ungarn: Ordensvertreibung
1228 n rot Auflehnung der Stedinger
1228 n/1229 n Fünfter Kreuzzug
1230 n rot Katharer-Verfolgung
1231 n blau Waldenser-Schulen
1231 n grün Katharer-Zusammenhalt
1232 n rot Strafen für 'Ketzer'
1232 n/1234 n Stedinger-Kreuzzug
1233 n rot Inquisitor erschlagen
1234 n grün Bauernland an Kirche
1260 n–1327 n Meister Eckehart
1272 n blau Mechthilds Mystik
1282 n blau Eckehart über Gnade
1288 n braun Aufstand in Köln
1288 n rot Köln frei vom Bischof
1295 n–1366 n Seuse
1303 n–1361 n Tauler
1315 n rot Katharer-Verbrennungen
1317 n blau Eckeharts Mystik
1327 n blau Seuse: Wahrheitsbüchlein
1336 n rot Katharer-Verbrennung
1338 n rot Kaiserwahl ohne Papst
1341 n blau Seuse: Weisheitsbüchlein
1356 n rot 'Goldene Bulle'
1362 n–1437 n Sigismund
1365 n–1416 n Hieronymus von Prag
1369 n–1415 n Hus
1370 n rot 'Pfaffenbrief'
1370 n–1424 n Ziska
1371 n–1440 n Friedrich I.
1385 n rot Brüder-Gemeinde (Groot)
1398 n blau Hus: Eintreten für Wiclif
1401 n–1464 n Nikolaus von Kues
1406 n blau Ruf nach Säkularisation
1410 n rot Bann gegen Hus
1412 n rot Reformversuch der Ritter
1412 n blau Reformforderung des Hus
1415 n rot Verbrennung des Hus
1416 n rot Hieronymus verbrannt
1417 n blau 'Nachfolge Christi'
1418 n rot Kirchenreform gescheitert
1420 n/1434 n Hussiten-Kreuzzug
1438 n blau Nikolaus' Gottesbegriff
1448 n rot Konzil zu Basel
1457 n rot 'Böhmische Brüder'
1459 n–1525 n Jakob Fugger
1483 n–1546 n Luther
1487 n blau 'Hexenhammer'
1488 n–1525 n Thomas Münzer
1497 n–1560 n Melanchthon
1500 n–1558 n Karl V.
1503 n rot Ablaßhandel der Ritter
1504 n grün Tetzels Ablaßhandel
1514 n grün Ablaßgeld-Verpfändung
1515 n blau 'Dunkelmänner-Briefe'
1517 n rot Reformationsbeginn
1517 n blau Luthers Thesen
1520 n rot Bann gegen Luther
1520 n rot Verbrennung der Bulle
1520 n rot Verurteilung Reuchlins
1521 n rot Wormser Edikt
1521 n blau Hutten: Gespräche
1521 n blau Evangelische Dogmatik
1522 n blau Luther-Bibel
1524 n grün Schwarzer Talar
1525 n blau Luther gegen Revolution
1526 n rot Reichstag zu Speyer
1527 n blau Universität Marburg
1528 n blau Wiedertäufer-Forderung
1528 n rot Wiedertäufer-Hinrichtung
1529 n rot Verbot der Reformation
1529 n rot Protestanten in Speyer
1529 n blau Luthers Katechismen
1530 n rot Malta an Johanniter
1530 n blau Augsburger Konfession
1531 n rot Schmalkaldischer Bund
1534 n braun Wiedertäufer-Erhebung
1534 n blau Rothmanns Protestantismus
1538 n rot Bund gegen Luthertum
1539 n blau 'Mennoniten'
1542 n blau Franck über Religion
1545 n rot Konzil zu Trient
1546 n/1547 n Schmalkaldischer Krieg
1548 n rot 'Interim'
1552 n braun Erhebung gegen Kaiser
1552 n rot Passauer Vertrag
1555 n rot Augsburger Friede
1558 n blau Universität Jena
1566 n blau Mathesius: Leben Luthers
1574 n blau Kirchengeschichte
1580 n blau Konkordienbuch
1583 n–1634 n Wallenstein
1601 n rot Hinrichtung Krells
1604 n rot Gegenreformation
1608 n rot 'Protestantische Union'
1609 n rot 'Katholische Liga'
1609 n rot Toleranz in Böhmen
1618 n braun Prager Fenstersturz
1618 n/1648 n Dreißigjähriger Krieg
1629 n rot Restitutionsforderung
1645 n blau Paul Gerhardts Lieder
1646 n–1716 n Leibniz
1657 n blau Silesius' 'Wandersmann'
1669 n blau Leibniz: Einheitskirche
1670 n rot Pietisten in Frankfurt
1692 n blau Spener: Pietismus
1695 n blau Megerles Predigten
1699 n blau Kirchengeschichte
1710 n blau Leibniz: 'Theodizee'
1712 n–1786 n Friedrich II., der Große
1717 n–1780 n Maria Theresia
1727 n rot Herrnhuter Gemeinde
1740 n rot Toleranz in Preußen
1744 n–1803 n Herder
1750 n blau Lessing: Herrnhuter
1756 n rot Tod für 'Hexe'
1775 n rot Letztes 'Hexen'-Urteil
1781 n rot Säkularisation
1786 n rot 'Hexen'-Prozeß-Verbot
1799 n blau Schleiermachers Werk
1803 n rot Deputationshauptschluß
1807 n rot Stein'sche Reformen
1815 n–1898 n Bismarck
1846 n rot Kolpingverein
1873 n rot Gesetze gegen Kirchenmacht
1906 n blau Schweitzer: 'Leben Jesu'
1933 n rot Konkordat
1954 n blau Bultmanns Theologie

DEUTSCHLAND, DEUTSCHES REICH: Sitten und Gebräuche

2500 v grün Kannibalismus
94 v grün Rauchen
813 n grün Michaelisfest
930 n grün Zaubersprüche
1113 n grün Schmuck des Kaisermantels
1117 n grün Familiennamen
1132 n grün Müllabfuhr
1276 n grün Uniformierte Briefboten
1336 n blau Spott über Hoffahrt
1378 n grün Verbot des Kartenspiels
1442 n grün Spielzeugdrachen
1524 n grün Predigerkleidung
1572 n blau Fischart gegen Wahrsagen
1621 n grün Tabakrauchen
1630 n grün Schuhabsatz
1683 n grün Kaffeehaus
1686 n grün Anrede 'Sie'
1689 n grün Skilaufen
1692 n grün 'Kölnisches Wasser'
1749 n grün Zahnbürste
1788 n blau Knigges Werk
1830 n grün Schwimmhalle
1840 n grün Kindergarten
1866 n grün Schrebergärten
1896 n grün Wandervogelbewegung
1906 n grün Jiu-Jitsu

DEUTSCHLAND, DEUTSCHES REICH: Sprache und Schrift

101 v grün Runen
784 n–856 n Rabanus Maurus
786 n blau Bezeichnung 'deutsch'
808 n–875 n Otfried
1100 n blau Mittelhochdeutsch
1208 n–1270 n Tannhäuser
1260 n–1327 n Meister Eckehart
1265 n blau Angriff auf Fremdwörter
1303 n–1361 n Tauler
1316 n–1378 n Karl IV.
1369 n–1415 n Hus
1464 n grün Rusch: Antiqua
1483 n–1546 n Luther
1488 n–1525 n Thomas Münzer
1522 n blau Luther-Bibel

1646 n – 1716 n Leibniz
1687 n blau Thomasius' Vorlesungen
1712 n – 1786 n Friedrich II., der Große
1818 n grün Kurzschrift
1819 n blau J. Grimms Grammatik
1852 n blau Grimm-Werk begonnen
1880 n blau Dudens Wörterbuch
1960 n blau Grimm-Werk beendet

DEUTSCHLAND, DEUTSCHES REICH: Technik

1627 v grün Bronze-Herstellung
1117 v grün Eisen-Herstellung
705 v grün Goldschmiedekunst
299 v grün Eisenpflug mit Rädern
205 n grün Säge mit Spannschnur
267 n grün Schiffsbau
363 n grün Sägewerk
793 n grün Kanalbau Rhein-Donau
956 n grün Salinen
969 n grün Kupferbergbau
1110 n grün Steinkohlenbergbau
1147 n grün Wasserleitungen
1222 n grün Windmühlen
1249 n grün Gewächshaus
1329 n grün Drehkran
1336 n grün Kanonen
1353 n grün Glockenspiel
1355 n grün Draht-Zieh-Maschine
1389 n grün Papierfabrik 'Gleismühl'
1397 n grün Fabrikationsvorschrift
1398 n grün Elbe-Trave-Kanal
1399 n – 1468 n Gutenberg
1400 n grün Holzschnitt
1405 n grün Turmuhr
1420 n grün Haubitze
1437 n grün Druckerpresse
1438 n grün Feuerspritze
1444 n grün Zweiseitiger Druck
1448 n grün Gießgerät für Lettern
1450 n grün Buchdruck
1455 n grün Gutenbergs Bibel
1461 n grün Bebilderte Bücher
1469 n grün Druckerei in Venedig
1470 n grün Drucker in Paris
1476 n grün Metall-Lettern
1479 n grün Gezogener Gewehrlauf
1490 n grün Buchbinder-Handwerk
1491 n grün Gedruckte Landkarte
1492 n grün Behaims Globus
1501 n grün Schienenwagen
1510 n grün Henleins Taschenuhr
1518 n grün Feuerlöschwagen
1530 n grün Jürgens: Tret-Spinnrad
1530 n grün Rieselfeld-System
1555 n grün Agricolas Bergwerksbuch
1571 n – 1630 n Kepler
1573 n grün Zucker-Raffinerie
1590 n grün Meßtisch
1611 n grün Astronomisches Fernrohr
1623 n grün Schickard: Rechenmaschine
1634 n grün Füllfeder
1640 n grün Guericke: Luftpumpe
1646 n – 1716 n Leibniz
1649 n grün Wagen mit Handkurbeln
1663 n grün Elektrisier-Maschine
1695 n grün Leibniz' Rechenmaschine
1708 n grün Böttger: Porzellan
1710 n grün Dreifarbendruck
1714 n grün Quecksilberthermometer
1726 n grün Kuckucks-Uhren
1745 n grün 'Leidener Flasche'
1765 n grün Holzhaltiges Papier
1769 n grün Füllfederhalter
1796 n grün Senefelder: Steindruck
1800 n grün Krems: Nähmaschine
1809 n grün Sömmering: Telegraph
1810 n grün Buchdruck-Schnellpresse
1813 n grün Drais: Laufrad
1816 n – 1892 n Siemens
1822 n grün Buschmann: Harmonika
1827 n grün Dreyse: Zündnadelgewehr
1833 n grün 'Lebensrad'
1835 n grün Eisenbahn
1843 n grün Papier aus Holz
1845 n grün Milius: Zweirad
1845 n grün Schießbaumwolle
1848 n – 1896 n Lilienthal
1854 n grün Göbel: Glühbirne
1861 n grün Reis: Telephon
1864 n grün Prandtl: Milchzentrifuge
1864 n grün Markus: Kraftwagen
1864 n grün Siemens-Martin-Ofen
1866 n grün Dynamo
1876 n grün Otto: Viertaktmotor
1877 n grün Preßglas
1881 n grün Elektrische Straßenbahn
1882 n grün Meisenbach: Autotypie
1883 n grün Daimlers Motor
1884 n grün Nipkow: Bildzerleger
1884 n grün Zeilengießmaschine
1885 n grün Nahtlose Röhren
1885 n grün Daimler: Motorrad
1886 n grün Dreirädriges Automobil
1887 n grün Vierrädriges Automobil
1888 n grün Trockenbatterie
1890 n grün Lilienthals Gleitflüge
1892 n grün Photozelle
1893 n grün Dieselmotor
1893 n – Karolus
1898 n grün Fahrrad-Freilauf
1898 n grün Braun'sche Röhre
1899 n grün Zeppelin: Luftschiff
1901 n grün Lichtton-Aufzeichnung
1902 n grün Deutsches Museum
1902 n grün Bosch: Magnetzündung
1902 n grün Korns Bildtelegraphie
1903 n grün Ultramikroskop
1904 n grün 'Höhensonne'
1907 n grün Hochfrequenzmaschine
1910 n grün Rotations-Tiefdruck
1911 n grün Wirth: Fernlenkung
1913 n grün Behm: Echolot
1914 n grün Feldhaus: Geschichte
1915 n grün Junkers' Metallflugzeug
1919 n grün Projektions-Planetarium
1922 n grün Tonfilm
1924 n grün Fernsehgerät
1928 n grün Geigerzähler
1928 n grün Opels Raketenauto
1931 n grün Elektromagnetisches Klavier
1933 n grün Elektronenmikroskop
1934 n grün Radargerät
1937 n grün Farbiger Tonfilm
1937 n grün Focke: Hubschrauber
1939 n grün Heinkels Düsenflugzeug
1941 n grün Zuses Rechenanlage
1942 n grün Braun: Rakete
1944 n grün Flugzeug: 1000 km/h
1957 n grün Ardennes Kleinstsender
1958 n grün Polytechnischer Unterricht

DEUTSCHLAND, DEUTSCHES REICH: Theater

1727 n blau Reformen der Neuberin
1729 n – 1781 n Lessing
1743 n blau Berliner Opernhaus
1767 n blau 'Hamburger Dramaturgie'
1813 n – 1883 n Wagner
1818 n blau Berliner Schauspielhaus
1871 n blau Dresdner Opernhaus
1876 n blau Festspielhaus Bayreuth
1890 n blau Berliner Volksbühne

DEUTSCHLAND, DEUTSCHES REICH: Wirtschaft und Verkehr

46 n grün 'Donaustraße'
281 n grün Weinbau
736 n grün Hopfenanbau
793 n grün Kanalbau Rhein-Donau
805 n grün Magdeburg Stapelplatz
956 n grün Salzgewinnung
969 n grün Kupferbergbau
1050 n grün Mark-Währung
1110 n grün Steinkohlenbergbau
1115 n grün Seefahrtszeichen
1128 n rot Handwerkerverband
1129 n – 1195 n Heinrich der Löwe
1157 n grün Rechte in England
1161 n grün Kaufleute in Wisby
1181 n grün Niederlassung in Rußland
1183 n grün Zunftzwang
1195 n grün Vertrag mit Nowgorod
1221 n grün Gotthard-Straße
1241 n rot Vertrag Hamburg-Lübeck
1249 n grün Gewächshaus
1250 n grün Niederlassung in London
1268 n grün Schutzbrief für Messe
1278 n grün Niederlassung in Norwegen
1280 n rot Hanse-Gründung
1300 n grün Groschen in Böhmen
1301 n rot Aufhebung von Rheinzöllen
1301 n / 1302 n Erhebung wegen Zöllen
1310 n grün Straßenpflaster
1347 n rot Städtevereinigung (Hanse)
1359 n grün Boykott Flanderns
1362 n / 1364 n Krieg der Hanse
1364 n grün Gegenaktion Dänemarks
1367 n rot Kriegsbeschluß der Hanse
1367 n / 1370 n Krieg der Hanse
1370 n rot Machtgewinn der Hanse
1387 n grün Septimer-Paß
1389 n grün Papierfabrik 'Gleismühl'
1397 n grün Fabrikationsvorschrift
1398 n grün Elbe-Trave-Kanal
1402 n grün Bank in Frankfurt
1408 n grün Handelskonzern
1425 n rot Konzernverbot
1440 n – 1505 n Iwan III.
1459 n – 1525 n Jakob Fugger
1473 n grün Beziehungen der Fugger
1480 n grün Alpentunnel
1488 n grün Silberbergbau der Fugger
1489 n grün Postverkehr an Taxis
1490 n grün Verlagshaus Koberger
1494 n grün Fugger-Gesellschaft
1497 n grün Leipziger Messe-Privileg
1498 n grün Kupfersyndikat
1500 n – 1558 n Karl V.
1506 n grün Import indischer Gewürze
1509 n grün Fugger: Kriegsfinanzierung
1511 n grün Kapitalzuwachs der Fugger
1514 n grün Ablaßgeld-Verpfändung
1519 n grün Geld für Kaiserwahl
1520 n grün Abkommen gegen Streik
1521 n rot Reichstag gegen Monopole
1523 n grün Hilfe für Gustav Wasa
1523 n grün Hilfe Karls für Fugger
1525 n grün Quecksilber-Monopol
1525 n grün Monopol-Erlaubnis
1528 n grün Venezuela an Welser
1537 n grün Nürnberger Börse
1537 n grün Augsburger Börse
1540 n grün Hamburger Börse
1540 n grün Fugger-Obligationen
1546 n grün Silberfunde in Amerika
1551 n grün Aktiengesetz
1556 n grün Landverlust der Welser
1559 n grün Reichsmünzordnung
1573 n grün Zuckerraffinerie
1577 n grün Einfuhrverbot für Indigo
1592 n grün Kölner Börse
1605 n grün Lübecker Börse
1613 n grün Zinssenkung bei Juden
1619 n grün Hamburger Bank
1620 n – 1688 n Der Große Kurfürst
1623 n grün Königsberger Börse
1625 n grün Tabakveredelung
1627 n grün Bremer Börse
1632 n grün Börse in Frankfurt
1634 n grün Leipziger Börse
1698 n grün Briefträger in Berlin
1710 n grün Manufaktur Meißen
1716 n grün Berliner Börse
1717 n – 1780 n Maria Theresia
1750 n grün Manufaktur Berlin
1753 n grün Wiener Börse
1761 n grün Manufaktur Nymphenburg
1769 n grün Rothschild Hofbankier
1772 n grün Brennerstraße
1777 n grün Vermietung von Soldaten
1778 n grün Sparkasse in Hamburg
1802 n grün Rübenzuckerfabrik
1812 n grün Krupps Stahlfabrik
1834 n rot Zollverein
1835 n grün Eisenbahn
1839 n grün Künstliche Düngung
1841 n grün List: Zollunion
1846 n grün Zeißwerk Jena
1846 n grün Raiffeisen-Genossenschaft
1849 n grün Reuters Telegraphenbüro
1865 n grün Stephan: Postkarte
1876 n rot Industrieverband
1879 n grün Eisenbahn-Verstaatlichung
1881 n grün Straßenbahn
1888 n grün Zeißwerk an Abbe
1889 n rot Bergarbeiterstreik
1889 n grün Damaschke: 'Bodenreform'
1889 n – 1945 n Hitler
1905 n rot Streik im Ruhrgebiet
1916 n rot Hugenbergs Konzern
1916 n rot Munitionsarbeiterstreik
1923 n braun Besetzung des Ruhrgebiets
1923 n grün Inflation
1924 n grün Dawes-Plan
1925 n grün IG-Farben
1926 n grün Stahltrust
1930 n grün Young-Plan
1932 n rot Industriepakt mit Hitler
1932 n grün 6 Millionen Arbeitslose
1933 n grün Wirtschaftslenkung
1934 n grün Autobahnen
1947 n grün Marshall-Plan
1948 n grün Zweijahresplan
1953 n grün Reparationslasten
1956 n grün Zwei Wagenklassen
1957 n grün Mitglied der EWG

DEUTSCHLAND, DEUTSCHES REICH: Wissenschaft

737 n – 804 n Alkuin
784 n – 856 n Rabanus Maurus
790 n blau Lehramt Alkuins
812 n grün Walafried: Heilkräuter
850 n blau Handbuch des Wissens
1006 n blau Aristoteles-Übersetzung
1090 n grün Arabische Ziffern
1098 n – 1178 n Hildegard von Bingen
1152 n grün Homöopathie
1160 n grün Hildegards Naturkunde
1165 n grün Ärztliches Hausbuch
1193 n – 1279 n Albertus Magnus
1224 n blau Universität Neapel
1231 n blau Katharer-Schulen
1239 n grün Ärzteausbildung
1241 n grün Apotheke in Trier
1249 n grün Gewächshaus in Köln
1262 n blau Stadtschule in Lübeck
1270 n blau Ruf nach Bildungsreform
1275 n grün Witelos Optik-Lehrbuch
1348 n blau Universität Prag
1349 n grün Konrads Naturkunde
1365 n blau Universität Wien
1386 n blau Universität Heidelberg
1389 n blau Universität Köln
1392 n blau Universität Erfurt
1401 n – 1464 n Nikolaus von Kues
1409 n blau Universität Leipzig
1419 n blau Universität Rostock
1434 n grün Achsdrehung der Erde
1436 n grün Kalenderverbesserung
1441 n grün Quirinusöl
1454 n blau Peurbachs Vorlesungen
1456 n blau Universität Greifswald
1457 n blau Universität Freiburg
1460 n blau Universität Basel
1466 n grün Trapez-Projektion
1467 n grün Dezimalbruchsystem
1471 n grün Sternwarte in Nürnberg
1473 n – 1543 n Kopernikus
1477 n blau Universität Mainz
1477 n blau Universität Tübingen
1478 n blau Griechisch-Unterricht
1478 n grün Kupferstich-Landkarte
1492 n grün Martin Behaim: Globus
1497 n – 1560 n Melanchthon
1502 n blau Universität Wittenberg
1506 n blau Reuchlins Sprachlehre
1507 n grün Waldseemüllers Weltkarte
1514 n grün Böschensteins Rechenbuch
1518 n blau Griechische Grammatik
1525 n grün Botanischer Garten
1527 n blau Universität Marburg
1528 n grün Erdbewegung um Sonne
1531 n grün Apian: Kometenbahn
1533 n grün Agrippa: Magie
1541 n grün Münsters Weltbeschreibung
1543 n blau Fürstenschulen
1544 n blau Universität Königsberg
1544 n grün Cordus: Arzneibuch
1550 n grün Adam Riese: Rechenbuch
1555 n grün Agricolas Bergwerksbuch
1558 n blau Universität Jena
1565 n grün Tabak Heilmittel
1569 n grün Mercators Weltkarte
1571 n – 1630 n Kepler
1595 n grün Mercator: 'Atlas'
1602 n grün Bayers Sternatlas
1609 n grün Kepler: Planetenbewegung
1611 n grün Astronomisches Fernrohr
1619 n grün Keplers Hauptwerk
1621 n blau Universität Straßburg
1628 n blau Comenius: 'Unterricht'
1633 n blau Kleinkinder-Erziehung
1645 n grün J. Schall in Peking
1646 n – 1716 n Leibniz
1654 n grün Vakuum-Experiment
1658 n blau Anschauungsunterricht
1663 n – 1736 n Prinz Eugen
1669 n grün Brand: Phosphor
1671 n grün Elektrischer Funke
1675 n grün Leibniz' Rechensysteme
1687 n blau Thomasius' Vorlesungen
1694 n blau Universität Halle
1696 n blau Akademie der Künste
1700 n blau Wissenschafts-Akademie
1700 n grün Sternwarte Berlin
1702 n blau Universität Breslau
1708 n grün Semlers Schule
1727 n grün Schulze über Silbersalze
1737 n grün Hahn: Kaltwasser
1747 n grün Zuckergehalt der Rübe
1749 n – 1832 n Goethe
1755 n grün Kant: Urnebeltheorie
1760 n grün Koelreuter: Bestäubung
1760 n grün Auenbrugger: Perkussion
1763 n blau Winckelmanns Werk
1765 n grün Bergakademie Freiberg
1773 n grün Werner: Geologie
1778 n grün Taubstummen-Schule
1781 n grün Herschel: Uranus
1783 n grün Herschel: Sonnensystem
1784 n grün Herschel: Milchstraße
1789 n grün Klaproth: Uran
1790 n grün Goethe: 'Metamorphose'
1796 n blau Konversations-Lexikon
1796 n grün Gall: Schädellehre
1800 n – 1882 n Friedrich Wöhler
1801 n grün Gauß: Arithmetik
1802 n grün Grotefend: Keilschrift
1803 n grün Sertürner: Morphium
1805 n grün Hahnemann: Homöopathie
1808 n blau Schlegels Indien-Werk
1809 n grün Gauß: Astronomie
1810 n blau Universität Berlin
1810 n grün Goethes Farbenlehre
1812 n grün Thaer: Bodenlehre
1814 n blau Schuberts Traumsymbolik
1816 n blau Bopp: Sanskrit
1816 n – 1892 n Siemens
1817 n grün Ritter: Erdkunde
1818 n grün Herbart: 'Psychologie'
1818 n – 1883 n Karl Marx
1820 n grün Brandes: Wetterkarte
1821 n grün Thermo-Elektrizität
1824 n grün Priessnitz-Therapie
1825 n grün W. Weber: Wellenlehre
1827 n grün Baer: Menschliches Ei
1827 n grün Ohm'sches Gesetz
1828 n grün Harnstoff-Synthese
1828 n grün Aluminium
1832 n grün Gauß: Erdmagnetismus
1834 n grün Mondkarte
1834 n grün Runge: Anilin
1834 n grün E. H. Weber: Hautsinne
1835 n blau W. Humboldt: Kawi-Sprache
1838 n grün Ehrenberg: Aufgußtierchen
1839 n grün Künstliche Düngung
1840 n grün Liebig: Nahrungsmittel
1842 n grün Mayer: Energie-Gesetz
1845 n blau A. Humboldt: 'Kosmos'
1846 n grün Entdeckung des Neptun
1849 n grün Berthold: Hormone
1850 n grün Helmholtz: Augenspiegel
1850 n grün Helmholtz: Nervenforschung
1851 n grün Clausius' Wärmetheorie
1852 n blau Beginn des 'Wörterbuchs'
1854 n grün Riemann: Geometrie
1854 n grün Lungenheilstätte
1856 n grün Urzeitfunde
1857 n grün Krönigs Gas-Theorie
1857 n grün Kathoden-Strahlen
1858 n grün Zellularpathologie
1858 n – 1947 n Planck
1859 n blau Marx: Politökonomie
1861 n grün Fechner: Psychophysik
1861 n grün Spektralanalyse
1865 n grün Clausius: Entropiegesetz
1867 n blau Marx: 'Das Kapital'
1868 n grün Haeckel: Schöpfung
1869 n grün Brehms 'Tierleben'
1870 n grün Baeyer: Indigo
1871 n grün Schliemann: Troja
1873 n grün Cantors Mengenlehre
1874 n grün Mitscherlich: Zellulose
1874 n grün Billroth: Mikrokokken
1878 n grün Koch: Bakteriologie
1879 n – 1955 n Einstein
1879 n – 1968 n Otto Hahn
1880 n blau Dudens Wörterbuch
1880 n grün Saccharin
1882 n blau Hieroglyphen-Wörterbuch
1882 n grün Koch: Tuberkelbazillus
1885 n blau Marx: Kapital II
1886 n grün Formalin-Desinfektion
1886 n grün Element Germanium
1887 n grün Hertz: Elektrische Wellen
1887 n grün Kneipps Wasserkur
1890 n grün Behring: Serumbehandlung
1892 n grün Schleich: Betäubung
1893 n grün Ehrlich: Chemo-Therapie
1893 n grün 'Theoretische Chemie'
1893 n – Karolus
1894 n blau Marx: Kapital III
1895 n grün Röntgen-Strahlen
1899 n grün Dreser: Aspirin
1899 n grün Stickstoffdünger aus Luft
1900 n rot Frauenstudium
1900 n grün Quantentheorie
1901 n – Heisenberg
1902 n blau Sombart: 'Kapitalismus'
1903 n grün Ultra-Mikroskop
1905 n grün Spezielle Relativität
1906 n grün Lenard: Kathodenstrahlen
1906 n grün Nernst: Wärme-Satz
1906 n grün Koch: Schlafkrankheit
1907 n grün Hilbert: 'Zahlenbericht'
1907 n grün Minkowski: 'Zahlentheorie'
1908 n blau Simmel: Soziologie
1909 n grün Ehrlich: Salvarsan
1912 n grün Laue: Strahlenforschung
1913 n grün Benzin aus Kohle
1913 n grün Behm: Echolot
1914 n grün Debes: Mondatlas
1914 n grün Blüten-Farbstoff
1914 n grün Ostwald: Farbenlehre
1916 n grün Germanin
1916 n grün Allgemeine Relativität
1916 n grün Klages: 'Handschrift'
1921 n grün M. Weber: Soziologie
1924 n grün Berger: Hirnströme
1925 n grün Quantenmechanik
1926 n grün Künstliches Vitamin
1926 n grün Gummi aus Kohle
1933 n grün Übermikroskop
1934 n grün Hormon-Synthese
1935 n grün Domagk: Sulfonamid
1936 n grün Spemann: Entwicklung
1936 n grün Regener: Strahlung
1938 n grün Kernspaltung
1939 n grün Hartmanns Forschungen
1943 n grün Planeten-Theorie
1945 n grün Goetsch: Vitaminforschung
1950 n grün Einstein: Feldtheorie
1952 n grün Rudder: Meteorobiologie
1955 n grün Hahn: Kobalt 60
1958 n grün Polytechnischer Unterricht
1960 n blau 'Wörterbuch' beendet
1961 n grün Kybernetische Pädagogik

DEUTSCHLAND-VERTRAG, Bezeichnung einer Vereinbarung zwischen der Bundesrepublik und den drei westlichen Besatzungsmächten (USA, England, Frankreich). Vergrößerte die Selbständigkeit der Bundesrepublik unter gleichzeitiger Einbeziehung in das westliche Militärbündnis. Abgeschlossen in Verbindung mit der Europäischen Verteidigungsgemeinschaft. Nachdem diese vom französischen Parlament abgelehnt war, 1954 n durch die 'Pariser Verträge' ergänzt. In dieser Form Grundlage der am 5. 5. 1955 n in Kraft getretenen Souveränität der Bundesrepublik, die eingeschränkt ist durch zahlreiche Vorbehalte der westlichen Besatzungsmächte sowie durch das Verbleiben der Truppen Englands, Frankreichs und der USA in ihren Besatzungszonen mit dem Status von Verbündeten.

1952 n rot Abschluß

DEUTSCHNATIONALE, Bezeichnung für die Anhänger der Deutschnationalen Volkspartei, die sich 1918 n als Zusammenschluß der politischen Rechten bildete. Die konservativen, völkischen, christlich-sozialen und monarchistischen Kräfte des Vorkriegsdeutschland vereinigten sich darin zur Verwirklichung einer restaurativen Politik. Vorbereitet durch die nationalistische Kriegspropaganda (Hugenberg) und getragen von der Alldeutschen Bewegung, gaben Großkapital und Großgrundbesitz der Partei die wirtschaftliche Grundlage für die schlagkräftige Massenpropaganda, der sie einen schnellen Aufstieg verdankte. Die auf Wiedergutmachung für die von Deutschland angerichteten Kriegsschäden bedachten Staatsmänner wurden als 'Erfüllungspolitiker' diffamiert. Durch ihren Appell an den 'Frontkämpfergeist' (Stahlhelm) bereiteten sie den Aufstieg des deutschen Faschismus vor, verhalfen Hitler zur Machtübernahme und wurden nach 1933 n zu den Hauptträgern der deutschen Eroberungspolitik.

1889 n – 1945 n Hitler
1916 n rot Hugenberg-Presse
1931 n rot 'Harzburger Front'
1939 n / 1945 n Zweiter Weltkrieg

DEUTSCHRITTERORDEN, Vereinigung deutscher Krieger unter Führung des Adels. Gegründet zum Zwecke der Pflege von Soldaten, die beim Angriff auf Palästina

(Kreuzzug) verwundet wurden. Richtete seine Eroberungen im Zeichen des Kreuzes bald auf europäische Gebiete. Nach seiner Vertreibung aus Ungarn unterwarf er Ostpreußen und Westpreußen sowie große Teile Litauens, Lettlands und Estlands. Nach Ausrottung des Volksglaubens und rücksichtsloser Christianisierung gründete er einen eigenen Staat, der jedoch bald vom polnischen König abhängig wurde und seine Macht allmählich einbüßte. 1809n von Napoleon aufgehoben.

1173n–1239n Hermann von Salza
1190n rot Entstehung
1222n–1263n Alexander Newski
1225n rot Vertreibung aus Ungarn
1226n rot Belehnung mit Preußen
1230n braun Eroberung Preußens
1242n braun Niederlage gegen Russen
1261n braun Aufstand der Preußen
1276n grün Uniformierte Briefboten
1309n blau Bau der Marienburg
1346n grün Kauf Estlands
1346n rot Herrschaft über Estland
1371n–1440n Friedrich I.
1410n braun Schlacht bei Tannenberg
1411n rot Gebietsverluste
1411n grün Tributzahlungen
1412n rot Reformversuch
1454n braun Erhebung der Preußen
1457n braun Verlust der Marienburg
1466n braun Niederlage gegen Polen
1466n rot Polnische Oberhoheit
1503n rot Ablaßhandel

DEWAR, James (1842n–1923n), englischer Chemiker. Entwickelte ein rauchschwaches, kraftvolles Schießpulver aus fadenförmiger Baumwolle und Nitroglyzerin ('Kordit'). Bei seiner Erforschung tiefer Temperaturen gelang ihm die Verflüssigung des Wasserstoffs. Schuf ein Isoliergefäß zur Aufbewahrung von flüssiger Luft ('Dewarflasche').

1897n grün Wasserstoff-Verflüssigung

DEWEY, John (1859n–1952n), nordamerikanischer Philosoph und Pädagoge. Betrachtete das menschliche Handeln und Denken unter dem Gesichtspunkt der Nützlichkeit für das praktische Leben ('Pragmatismus'). Der Wahrheit wie dem gesamten Wissen maß er nur relative Geltung bei als Werkzeug zur Bewältigung des wechselvollen Daseins ('Instrumentalismus'). Wesentlicher Inhalt der Erziehung ist für ihn die Schulung des Denkens als Mittel der Lebensbewältigung. Forderte die Ergänzung der Geistesbildung durch den Arbeitsunterricht und führte diesen in Amerika praktisch ein. Das für den einzelnen Nützliche muß mit dem für die Gesellschaft Notwendigen in Übereinstimmung gebracht werden. Als naturalistischer Denker Gegner aller Jenseits-Spekulationen.

1946n blau 'Probleme des Menschen'

DEZIMALKLASSIFIKATION, Ordnungssystem für die Aufbewahrung von Büchern, Schriften, Karteien, Dokumenten. Zielt auf eine Vereinheitlichung des Aufbaus aller Bibliotheken und Sammlungen der Erde und die damit verbundene allgemeine Benutzung eines internationalen Zahlensystems. Teilt das gesamte Wissen in zehn Klassen und unterteilt diese Klassen weiter nach dem Dezimalsystem. Von dem nordamerikanischen Bibliothekar Melvil Dewey begründet und 1895n von zwei Belgiern verbessert ('Brüsseler System').

1876n grün Entwicklung

DEZIMALSYSTEM, von dem lateinischen Wort decem (= zehn) abgeleitete Bezeichnung für die bei fast allen Kulturvölkern der Erde gebräuchliche zehnteilige Zahlenordnung, auf der unsere ganze Mathematik beruht sowie unsere Maße, unsere Gewichte und unsere Währung. Mit zunehmender Bedeutung der auf positiven und negativen Impulsen beruhenden elektronischen Rechenmaschinen wird es neuerdings in seiner Alleingeltung bedroht durch die im Prinzip uralte zweiteilige ('binäre') Zahlenordnung.

2842v grün Anwendung in Indien
2817v grün Verdrängung in Sumer
1390v grün Anwendung in China
778n–830n Al Karismi
816n grün Anwendung bei Arabern
1467n grün Dezimalbrüche
1579n grün Vietas Werk
1585n grün Stevins Forderung
1876n grün Dezimalklassifikation

DIADEM, von dem griechischen Worte 'diadein' (=umbinden) abgeleitete Bezeichnung für das Stirnband, mit dem sich persische, griechische und römische Herrscher schmückten ('Königsbinde'). Das Wort wird auch als Bezeichnung für kostbaren Kopfschmuck gebraucht.

1926v grün Ägyptische Arbeiten
214n–275n Aurelian

DIADOCHEN, von dem griechischen Wort für 'Nachfolger' abgeleitete Bezeichnung der Feldherren Alexanders des Großen, die sich nach dessen Tode in die Herrschaft über das von ihm geschaffene Weltreich teilten und später einander die Herrschaft über die ihnen zugefallenen Teilreiche streitig machten.

372v–285v Ptolemäus I.
358v–280v Seleukos I.
323v/301v Machtkampf
315v blau Museion in Alexandria
312v blau Seleukeia am Tigris
309v blau Lysimacheia gegründet
306v rot Ptolemäus König
306v rot Seleukos König
305v rot Rückzug aus Indien
305v blau Bibliothek in Alexandria
282v/281v Machtkampf
261v blau Geschichtswerk

DIÄTETIK, von dem griechischen Wort für 'Lebensweise' abgeleitete Bezeichnung für die auf allgemeinen Lebensregeln beruhende Gesundheitslehre.

2415v–2335v Chui
460v–375v Hippokrates
418v–345v Diokles
403v grün Ernährungslehre
366v grün Diokles' Leitfaden
324v–250v Herophilos
304v–240v Erasistratos
270v grün Schrift über Gymnastik
129v–40v Asklepiades
82v grün Luftwechsel und Bewegung
70v grün Naturheilverfahren
3v–64n Aulus Celsus
129n–199n Galen
180n grün Galen: Hygiene
190n–265n Hua-To
525n–605n Alexander Tralles
1052n grün Ibn Wafids Schrift
1070n grün Simon Seths Schrift
1098n–1178n Hildegard von Bingen
1212n grün Ibn Baitars Schrift
1887n grün Kneipp: Wasserkur
1889n grün Bedeutung des Vitamins

DIAGNOSTIK, auf das griechische Wort für 'Unterscheidung' zurückgehende Bezeichnung für die ärztliche Krankheitsbestimmung auf Grund der Beobachtung von Krankheitserscheinungen.

2578v grün Pulsbeobachtung in China
2496v–2438v Ni-Anch-Sekmet
460v–375v Hippokrates
324v–250v Herophilos
304v–240v Erasistratos
290v grün Pulszählung
288v grün Pulsuhr
257v grün Blutfülle
254v grün Fiebermessung
3v–64n Aulus Celsus
37n grün Werk des Aulus Celsus
50n grün Trennung: akut, chronisch
102n grün Harnzucker
111n grün Soranos: Lähmungen
129n–199n Galen
173n grün Galens Pulslehre
525n–605n Alexander Tralles
598n grün Alexander Tralles' Werk
1726n grün Blutdruckmessung
1760n grün Perkussion
1819n grün Stethoskop
1850n grün Augenspiegel
1855n–1939n Freud
1895n grün Psychoanalyse
1895n grün Röntgenstrahlen
1911n grün Elektrokardiogramm

DIAKONUS, Paulus, langobardischer Geschichtsschreiber und Dichter.

723n–799n Lebenslinie
779n blau Rätsel
785n blau Bischofs-Geschichte
798n blau Langobarden-Geschichte

DIALEKTIK, von dem griechischen Worte 'dialektike' (= Gesprächskunst) abgeleitete Bezeichnung für die Belehrung durch Rede und Gegenrede, für die sich hieraus ergebende Wahrheitsfindung aus gegensätzlichen Betrachtungen sowie für die Aufhebung von Widersprüchen in einer die Gegensätze übergreifenden höheren Einheit.

2602v blau Anwendung in Ägypten
610v–546v Anaximander
598v–501v Teng-Tse
855v–525v Anaximenes
550v blau Rückführung auf Gegenteil
549v blau Triebkraft der Gegensätze
544v–484v Heraklit
506v blau Einheit aus Gegensätzen
489v blau Grund der Welt
491v–433v Zeno
484v–378v Gorgias
478v–410v Protagoras
469v–399v Sokrates
451v blau Gesprächsführung
428v blau Beweis und Gegenbeweis
427v–347v Plato
405v blau Leugnung jeder Wahrheit
384v–322v Aristoteles
378v–289v Meng-Tse
342v blau Aristoteles: 'Topik'
316v blau Teil der Philosophie
279v–206v Chrysipp
214v blau Lehre der Gegensätze
116v–27v Varro
33v blau Varros Enzyklopädie
204n–270n Plotin
244n blau Plotins Philosophenschule
382n–440n Martianus Kapella
427n blau Eine der 'freien Künste'
688n blau Lehrfach in Byzanz
874n–935n Al Aschari
917n blau Arabische Theologie
1000n–1088n Berengar von Tours
1033n–1109n Anselm von Canterbury
1051n blau Christliche Theologie
1079n–1142n Abälard
1401n–1464n Nikolaus von Kues
1438n blau Nikolaus' Gottesbegriff
1555n blau Ramées Werk
1724n–1804n Kant
1770n–1831n Hegel
1781n blau Kant: Kritik
1799n blau Schleiermacher: Religion
1807n blau Hegel: 'Phänomenologie'
1807n blau Fichtes Reden
1813n–1855n Kierkegaard
1818n–1883n Karl Marx
1823n blau Hegels Vorlesungen
1859n blau Marx: 'Politökonomie'
1867n blau Marx: 'Das Kapital'
1870n–1924n Lenin
1878n blau Engels: 'Anti-Dühring'
1879n–1953n Stalin
1884n blau Engels: 'Der Ursprung'
1885n blau Marx: Kapital II
1893n– Mao-Tse-Tung
1894n blau Marx: Kapital III
1898n–1956n Brecht
1913n blau Stalin: 'Nationale Frage'
1916n blau Liebknecht
1916n blau Luxemburg
1916n blau Lenin: 'Imperialismus'
1924n blau Stalin: 'Leninismus'
1948n blau Barth: Theologie
1950n blau Stalin: Sprachwissenschaft
1953n blau Lukacs: Vernunft
1954n blau Bultmann: Theologie
1955n blau Bloch: 'Prinzip Hoffnung'
1957n blau Mao: '1000 Blumen'
1964n blau Schaff: 'Marx oder Sartre?'
1964n blau Havemanns Werk

DIALEKTISCHER MATERIALISMUS, Bezeichnung für eine Dialektik ohne Metaphysik (Religion) und Spekulation (Philosophie). Beschränkt sich auf die denkende Betrachtung der Wirklichkeit, deren innere Widersprüchlichkeit er als Triebkraft der Entwicklung begreift. Im Bereiche der menschlichen Gesellschaft auf Veränderung zielend, wurde er Grundlage des sozialistischen Weltbildes und des sich aus ihm ergebenden revolutionären Erneuerungs-Prozesses unserer Epoche.

610v–546v Anaximander
598v–501v Teng-Tse
585v–525v Anaximenes
550v blau Rückführung auf Gegenteil
549v blau Triebkraft der Gegensätze
544v–484v Heraklit
506v blau Einheit aus Gegensätzen
1818n–1883n Karl Marx
1859n blau Marx: 'Politökonomie'
1867n blau Marx: Kapital I
1870n–1924n Lenin
1878n blau Engels: 'Anti-Dühring'
1879n–1953n Stalin
1884n blau Engels: 'Der Ursprung'
1885n blau Marx: Kapital II
1893n– Mao-Tse-Tung
1894n blau Marx: Kapital III
1898n–1956n Brecht
1913n blau Stalin: 'Nationale Frage'
1916n blau Liebknecht
1916n blau Luxemburg
1916n blau Lenin: 'Imperialismus'
1924n blau Stalin: 'Leninismus'
1950n blau Stalin: Sprachwissenschaft
1953n blau Lukacs: Vernunft
1955n blau Bloch: 'Prinzip Hoffnung'
1957n blau Mao: '1000 Blumen'
1964n blau Schaff: 'Marx oder Sartre?'
1964n blau Havemanns Werk

DIAMANT, Name des härtesten Edelsteins, abgeleitet von dem lateinischen Worte 'adamantis' (=stahlhart). Kann nur unter Verwendung seiner eigenen Splitter geschliffen werden. Entwickelte sich zu einem unentbehrlichen Werkzeug der modernen Technik, die fast neun Zehntel seiner Weltproduktion abnimmt, während gut ein Zehntel der Schmuckherstellung zugeführt wird.

1457n grün Schleifen

DIANA, römische Göttin, Herrin der Natur und der Jagd, auch der Keuschheit. Der griechischen Göttin Artemis nachgebildet.

371v blau Tempel in Rom

DIATHERMIE, Erwärmung von einzelnen Stellen im Körperinnern durch Anwendung von Hochfrequenzströmen. Beruht auf der Umwandlung elektrischer Energie in Wärmeenergie bei Gewebewiderstand. Bewirkt Blutandrang durch tiefdringende Durchwärmung, regt die Aufsaugung bei Entzündungen an und lindert Schmerzen. Nachdem Tesla den Gedanken der medizinischen Anwendung von Elektrizität geäußert hatte, wurde 1898n von Zeineck die Bedeutung dieser Möglichkeit erkannt und das eigentliche Verfahren dann nach mehrjährigen Vorarbeiten seit 1907n von Nagelschmidt klinisch genutzt.

1891n grün Teslas Vorschlag

DIAZ, Bartolomëu (um 1450n–1500n), portugiesischer Seefahrer. Umfuhr 1486n mit seinem vom Sturm verschlagenen Segelschiff, ohne es zu wissen, die Südspitze Afrikas. Auf der Rückfahrt 1487n sah er die Landspitze und nannte sie 'Kap der Stürme', woraus später das 'Kap der Guten Hoffnung' wurde. Nachdem er Vasco da Gama auf dessen Fahrten begleitet hatte, kam er als Kapitän von vier Segelschiffen der Indienflotte des Cabral bei einem Schiffbruch unweit des Kaps um.

1486n grün Umseglung des Kaps

DICHTKUNST

384v–322v Aristoteles
322v blau Aristoteles: 'Poetik'
70v blau Schule in Rom
20v blau Horaz: 'Ars poetica'
180n blau Herodianos: Verslehre
502n–543n Al Kais
539n blau Al Kais' Regeln
718n–791n Al Chalil
737n blau Lehrbuch Dandins
761n blau Al Chalil: Verslehre
1054n–1122n Al Hariri
1178n–1241n Snorri Sturluson
1239n blau 'Edda'
1392n blau Deschamps' Lehrbuch
1450n blau Meistersingerschule
1454n blau Peurbachs Vorlesungen
1624n blau Opitz: 'Poeterei'
1653n blau Harsdörffers Werk
1674n blau Boileaus Lehrbuch
1711n–1765n Lomonossow
1729n–1781n Lessing
1730n blau Gottscheds Werk
1767n blau 'Hamburger Dramaturgie'

DICHTUNG, dramatische

2647v blau Osiris-Motiv
656v–587v Arion
625v blau Dramatischer Gesang
583v–513v Thespis
534v blau Tragödie in Athen
525v–456v Aischylos
505v blau Epicharmos' Lustspiele
496v–406v Sophokles
491v blau Phrynichos' Tragödien
487v rot Staatlicher Chor, Athen
486v blau Zweiter Schauspieler
480v–406v Euripides
476v blau Phrynichos: 'Phönissen'
473v blau Aischylos: 'Die Perser'
468v blau Dichterwettkampf, Athen
467v blau 'Sieben gegen Theben'
461v blau Dritter Schauspieler
459v blau Aischylos: 'Die Orestie'
454v blau Kratinos' Komödien
446v–385v Aristophanes
442v blau Sophokles: 'Antigone'
438v blau Euripides: Prolog
431v blau Euripides: 'Medea'
423v blau Aristophanes: 'Wolken'
422v blau Eupolis: 'Parasiten'
421v blau Aristophanes: 'Frieden'
415v blau Euripides: 'Troërinnen'
414v blau 'Wolkenkuckucksheim'
412v blau Eupolis: 'Demen'
411v blau 'Lysistrata'
410v blau Euripides: 'Archelaos'
408v blau Aristophanes: 'Plutos'
407v blau Sophokles: 'Ödipus'
406v blau Euripides: 'Iphigenie'
343v–292v Menander
311v blau 'Das Schiedsgericht'
285v–204v Andronikos
282v blau Philemon: 'Der Kaufmann'
280v–220v Herondas
272v blau Philemon: 'Der Schatz'
265v–201v Nävius
254v–184v Plautus
246v blau Lustspiele des Herondas
240v blau Lateinisches Drama
234v blau Nävius' Geschichtsdramen
195v–159v Terenz
186v blau Plautus: 'Goldener Topf'
166v blau 'Mädchen von Andros'
160v blau Terenz: 'Brüder'
94v–34v Publilius
4v–65n Seneka
34n–112n Asvagoscha
53n blau Senekas Dramen
275n–335n Bhasa
317n blau Bhasa: 'Krischna'
353n–420n Kalidasa
390n blau Kalidasa: 'Sakuntala'
590n–648n Harsa
640n blau Indische Rahmendichtung
700n blau 'Das Tonwägelchen'
733n blau 'Malati und Madhava'
775n blau 'Rama und Sita'
939n–990n Roswitha
966n blau Roswitha: 'Abraham'
1105n blau Spiel von den Jungfrauen
1197n blau Bodels Nikolausspiel
1238n–1286n Adam de la Halle
1271n blau 'Robert und Mariechen'
1271n blau Rutebeufs Mirakelspiel
1289n blau Dramensammlung in China
1363n blau Japanisches No-Drama
1395n blau 'Übergabe der Blume'
1404n–1472n Alberti
1425n blau Alberti: 'Philodoxas'
1449n blau Rosenplüt: 'Weinsegen'
1499n blau De Rojas: 'La Celestina'
1547n–1616n Cervantes
1550n blau Sachs: Fastnachtsspiele
1562n–1635n Lope de Vega
1564n–1616n Shakespeare
1586n blau Marlowe: 'Timur'
1588n blau Marlowe: 'Faust'
1591n blau 'Romeo und Julia'
1593n blau 'Sommernachtstraum'
1599n blau 'Julius Cäsar'
1600n–1681n Calderon
1601n blau 'Hamlet'
1605n blau 'Macbeth'
1606n–1685n Corneille
1609n blau Jonson: 'Die Stumme'
1614n blau Lope: 'Kolumbus'
1621n blau Lope: 'Andromeda'
1621n–1695n Lafontaine
1622n–1673n Molière
1630n blau Tellez: Don-Juan-Drama
1634n blau 'Verdächtige Wahrheit'
1635n blau 'Das Leben ein Traum'
1636n blau Corneille: 'Der Cid'
1639n–1699n Racine
1647n blau Gryphius' Tragödie
1651n blau 'Richter von Zalamea'
1654n blau Vondel: 'Lucifer'
1666n blau 'Der Menschenfeind'
1670n blau 'Bürger als Edelmann'
1671n blau Calderons Mexikodrama
1673n blau 'Der eingebildete Kranke'
1677n blau Racine: 'Phädra'
1691n blau Racine: 'Athalie'
1694n–1778n Voltaire
1709n blau Lesage: 'Turcaret'
1713n–1784n Diderot
1722n blau Holberg: 'Kannegießer'
1729n–1781n Lessing
1730n blau Marivaux' Komödie
1732n blau Voltaire: 'Zaïre'
1742n blau Voltaire: 'Mohammed'
1749n–1832n Goethe
1753n blau Goldoni: 'Mirandolina'
1759n–1805n Schiller
1763n blau 'Minna von Barnhelm'
1764n blau Gozzi: 'Turandot'
1771n blau 'Götz von Berlichingen'
1772n blau 'Emilia Galotti'
1774n blau Goethes 'Faust'-Entwurf
1775n blau Alfieri: 'Philipp II.'
1775n blau Beaumarchais: 'Barbier'
1776n blau Klinger: 'Sturm und Drang'
1777n blau Sheridan: 'Lästerschule'
1777n–1811n Kleist
1778n blau Beaumarchais: 'Figaro'
1779n blau 'Nathan der Weise'
1779n blau 'Die Räuber'
1782n blau 'Kabale und Liebe'
1785n blau Iffland: 'Die Jäger'
1787n blau 'Egmont', 'Iphigenie'
1789n blau 'Menschenhaß und Reue'
1798n blau 'Wallenstein'
1800n blau 'Maria Stuart'
1803n blau Kotzebue: 'Kleinstädter'
1804n blau 'Wilhelm Tell'
1806n blau 'Der zerbrochene Krug'
1807n blau 'Penthesilea'
1808n blau Goethe: 'Faust I'
1809n–1852n Gogol
1813n–1883n Wagner
1817n blau Grillparzer: 'Ahnfrau'
1820n blau Shelley: 'Prometheus'
1825n blau Puschkin: 'Boris Godunow'
1831n blau Goethe: 'Faust II'
1833n blau 'Lumpacivagabundus'
1833n blau Raimunds 'Verschwender'
1835n blau Büchner: 'Dantons Tod'
1844n blau Hebbel: 'Maria Magdalena'
1850n blau Poccis 'Kasperle'-Spiele
1854n blau Freytag: 'Journalisten'
1856n–1950n G. B. Shaw
1860n blau Ostrowski: 'Gewitter'
1862n blau Hebbel: 'Nibelungen'
1866n blau Ibsen: 'Brand'
1867n blau Ibsen: 'Peer Gynt'
1877n blau 'Stützen der Gesellschaft'
1882n blau Ibsen: 'Der Volksfeind'
1891n blau 'Frühlings Erwachen'
1892n blau Hauptmann: 'Die Weber'
1895n blau Björnsons Drama
1897n blau Jarry: 'Ubu Roi'
1898n–1956n Brecht
1899n blau Schnitzler: 'Der Reigen'
1901n blau Tschechow: 'Schwestern'
1902n blau Gorki: 'Nachtasyl'
1909n blau Molnar: 'Liliom'
1911n blau Hofmannsthal: 'Jedermann'
1912n blau Shaw: 'Pygmalion'
1921n blau Pirandello: '6 Personen'

1922n blau O'Neill: 'Haariger Affe'
1923n blau Shaw: 'Heilige Johanna'
1924n blau Klabunds 'Kreidekreis'
1925n blau Kuo-Mojo: 'Rebellische'
1928n blau 'Die Dreigroschenoper'
1929n blau Wolf: 'Cyankali'
1931n blau 'Hauptmann von Köpenick'
1933n blau Lorca: 'Bluthochzeit'
1935n blau 'Kein Krieg in Troja'
1938n blau Wilder: 'Unsere Stadt'
1941n blau 'Mutter Courage'
1942n blau 'Galileo Galilei'
1946n blau Sartre: 'Ehrbare Dirne'
1947n blau 'Draußen vor der Tür'
1950n blau Cocteau: 'Bacchus'
1953n blau Miller: 'Hexenjagd'
1956n blau 'Süßer Vogel Jugend'
1960n blau 'Die Sorgen und die Macht'
1961n blau Frisch: 'Andorra'
1961n blau Anouilh: 'Die Grotte'
1962n blau Ionesco: 'Fußgänger'
1962n blau Ustinov: 'Endspurt'
1962n blau Dürrenmatt: 'Physiker'
1963n blau Hochhuth: 'Stellvertreter'
1963n blau Beckett: 'Spiel'
1964n blau 'Zwischenfall in Vichy'

DICHTUNG, epische

3000v–2947v Etana
2894v–2817v Gilgamesch
2810v blau Gilgamesch-Epos
2645v blau Ägyptische Memphissage
2593v blau Ägyptische Schöpfungssage
2320v blau Sargon-Epos
2051v blau Sumer: Drachenkampf-Sage
2018v blau Gedicht über die Schule
2004v–1932v Sinuhe
1935v blau Sinuhes Lebensgeschichte
1895v–1834v Amoni
1863v blau 'Gilgamesch'-Aufzeichnung
1857v–1803v Sehet
1850v blau Amoni: 'Schiffbrüchiger'
1840v blau 'Etanas Himmelfahrt'
1830v blau 'Inannas Höllenfahrt'
1816v blau Epos von En-Merkar
1811v blau Sehets Lehrdichtung
1809v blau Sumerische Fabeln
1763v blau Fabel: Adler und Schlange
1723v blau Fabel: Pferd und Ochse
1687v blau Schöpfungsgeschichte
1681v blau Fabel vom Fuchs
1676v blau 'Cheops und der Zauberer'
1432v blau Sage von Seken-Re
1359v blau 'Sturmvogel Zu'
1354v blau Sage vom ersten Menschen
1348v blau Unterweltssage
1344v blau Erra-Epos
1288v–1232v Hori
1246v–1194v En-Nanna
1244v blau Horis Spottdichtung
1206v blau Märchen der zwei Brüder
1172v blau Märchen vom Prinzen
1120v blau Deboras Siegeslied
1040v blau 'Rigveda'
954v blau Jüdische Kriegslieder
925v blau 'Buch des Redlichen'
837v blau Daidalos-Sage
809v–724v Homer
753v–680v Hesiod
748v blau 'Ilias'
745v blau 'Streit Bauch–Kopf'
727v blau 'Odyssee'
703v blau Hesiod: 'Werke und Tage'
697v blau Hesiod: Theogonie
670v blau 'Margites'
636v–564v Äsop
571v blau Äsops Fabeln
542v blau Hipponax' Dichtungen
518v blau Xenophanes: 'Die Natur'
502v blau Lehrgedicht des Theognis
482v blau Ilias-Parodie
424v blau Prodikos' Erzählung
310v blau 'Bhagavad-Gita'
265v–201v Nävius
264v blau Apollonios: Argonauten
254v blau Possen des Menippos
253v blau Aratos: 'Phainomena'
243v blau 'Mahabharata' begonnen
239v–169v Ennius
201v blau Nävius: 'Punischer Krieg'
192v blau Lykophron: 'Alexandra'
187v blau Jambulos: 'Sonnenstaat'
175v blau Ennius: 'Annales'
170v–102v Lucilius
131v blau Lucilius' Satiren
97v–55v Lukrez
70v–19v Vergil
56v blau Lukrez: 'Natur der Dinge'
47v blau Vergil: 'Die Mücke'
43v–17n Ovid
19v blau Vergil: 'Äneis'
16v–45n Phädrus
1v blau Ovid: 'Liebeskunst'
2n blau 'Heilmittel gegen Liebe'
9n blau Ovid: 'Metamorphosen'
34n–112n Asvagoscha
35n blau Ceylon: 'Jatakas'
38n blau Phädrus' Fabeln
38n–105n Martial
59n blau Petronius: 'Satiricon'
62n blau Lukans Bürgerkriegswerk
67n–140n Juvenal
73n blau Spottgedicht Martials
99n blau Asvagoscha: Buddha
111n blau Juvenals Satiren
124n–170n Apulejus
159n blau 'Der goldene Esel'
182n blau 'Paulusakten'
186n blau 'Ramajana'
196n blau Babrios' Bearbeitungen
212n blau Philostratos: Apollonios
248n blau Longos' Liebesroman
257n blau Gunadhyas Erzählungen
300n blau 'Pantschatantra'
306n blau Jamblichos: Pythagoras
353n–420n Kalidasa
363n blau 'Mahabharata' vollendet
373n blau Kalidasa: 'Wolkenbote'
400n–470n Nonnos
407n blau 'Psychomachia'
408n blau Kalidasas Heldenlied
435n blau 'Der Zug des Dionysos'
465n blau 'Hero und Leander'
495n blau Drakontius: Medea
584n–641n Georgios Pisides
586n blau Venantius: Martin
595n–660n Bana
622n blau Bharawis Heldenlied
624n blau Banas Harsa-Biographie
629n blau Pisides' Lehrgedicht
630n blau 'Barlaam und Josaphat'
650n blau Geschichte Ramas
659n blau Banas Märchenroman
726n–793n Kynewulf
727n blau Dandins Schelmenroman
730n blau 'Beowulf'
742n blau 'Waldere'
765n blau Kynewulf: Apostel-Lied
768n blau 'Traum vom Kreuz'
768n–824n Han-Yü
778n blau Kynewulf: Himmelfahrt
789n blau Kynewulf: 'Helena'
796n–848n Bragi Boddason
801n blau '1001 Nacht' (Erstfassung)
805n blau Deutsche Liedersammlung
808n–875n Otfried
816n blau 'Wessobrunner Gebet'
820n blau 'Hildebrandslied'
830n blau 'Ragnarlied'
831n blau 'Heliand'
834n blau 'Muspilli'
847n blau Thyodolf: 'Ynglingatal'
848n blau Preislied der Kasia
870n blau Otfrieds Evangelienbuch
881n blau Hornklofis Siegeslied
882n blau 'Ludwigslied'
883n blau 'Eulalialied'
888n blau 'Georgslied'
899n blau 'Donarlied'
901n–982n Egil Skallagrimssen
902n blau 'Bambussammler'
910n–990n Eyvind Skaldaspillir
919n blau Rudakis Werke
922n blau 'Bhagavata-Purana'
925n blau 'Waltharilied'
932n–1020n Firdausi
935n blau 'Tagebuch von Tosa'
936n blau Lied auf Erich Blutaxt
939n–990n Roswitha
942n blau Lied auf Arinbjörn
945n blau 'Weissagung der Volva'
950n blau Kampflied aus Byzanz
955n blau Totenklage Egils
958n blau Proterius-Legende
962n blau 'Haakonslied'
963n blau 'Faust'-Motiv
968n–1007n Al Hamadani
972n blau 'Buch der Eintagsfliege'
977n blau 'Kriemhilds Rache'
980n blau Dakikis Königsbuch
985n–1009n Gunnlaug Ormstunga
994n blau 'Makame' in Arabien
996n blau Joms-Vikinga-Saga
1004n blau Sei Schonagons 'Skizzen'
1008n blau Murasaki: 'Prinz Genji'
1010n blau Firdausis 'Königsbuch'
1014n blau 'Joseph und Suleika'
1025n blau 'Gunnlaugssaga'
1035n–1082n Somadeva
1040n blau 'Ruodlieb'
1046n blau 'Alexiuslied'
1054n–1122n Al Hariri
1063n blau 'Ezzolied'
1070n blau Somadeva: Märchen
1104n blau 'Rolandslied'
1106n blau 'Annolied'
1108n blau Al Hariri: Abu Said
1108n–1175n Wace
1109n blau Alfonsis Novellen
1127n–1185n Ibn Tufail
1129n blau 'Alexanderlied'
1137n blau Galfreds Sagensammlung
1143n–1203n Heinrich von Veldeke
1149n blau Deutsche Kaiserchronik
1150n blau Lied vom Cid
1159n blau Lied vom Mädchen Richeut
1160n blau Lied vom König Rother
1164n blau 'Erek und Enide'
1165n blau Benoits Trojaroman
1168n–1220n Wolfram von Eschenbach
1169n blau Ibn Tufail: 'Der Lebende'
1171n blau Christians 'Lancelot'
1173n blau Thomas: 'Tristan'
1177n blau Nisamis Liebesgeschichte
1178n blau 'Reinhart Fuchs'
1178n–1241n Snorri Sturluson
1179n blau 'Ernst von Schwaben'
1180n blau Christians 'Parsival'
1187n blau Russisches Heldenlied
1189n blau Heinrich: 'Eneide'
1191n blau Lied von Barbarossa
1199n blau 'Rabenschlacht'
1200n blau 'Der arme Heinrich'
1203n blau Hamlet-Sage
1204n blau 'Nibelungenlied'
1205n blau Layamons Heldengedicht
1207n blau Rustawelis Heldengedicht
1210n blau Gottfried: 'Tristan'
1210n blau Wolfram: 'Parsival'
1225n blau 'Gudrunlied'
1227n blau Rudolf von Ems: 'Gerhard'
1228n blau 'Bescheidenheit'
1228n blau 'Veilchenroman'
1230n blau 'Rosenroman' begonnen
1233n blau Japanischer Kriegsroman
1239n blau 'Edda'
1241n blau Berceo: 'Marienwunder'
1249n blau 'Meier Helmbrecht'
1251n blau 'Thidrekssaga'
1265n–1321n Dante
1266n blau 'Ecke', 'Sigenot', 'Laurin'
1278n blau Konrads Lied
1280n blau 'Rosenroman' vollendet
1284n blau Rattenfänger von Hameln
1286n blau Lied einer Ritterfahrt
1299n blau Li-Kans Bambusbuch
1300n blau Lo-Kuans Roman
1313n blau 'Der Renner'
1313n–1375n Boccaccio
1314n blau 'Wilhelm von Österreich'
1320n blau 'Göttliche Komödie'
1340n–1400n Chaucer
1349n blau Boners Fabelsammlung
1353n blau Boccaccio: 'Decamerone'
1360n blau 'Peter der Pflüger'
1375n blau Barbour: Lied auf Bruce
1384n blau 'Stimme des Rufers'
1390n blau Chaucers Erzählungen
1391n blau Lobeira: 'Amadis'
1393n blau Gowers Erzählungen
1399n blau 'Briefe an Gott Amor'
1400n blau 'Ackermann aus Böhmen'
1403n blau '1001 Nacht' (Abschluß)
1419n blau Kyffhäuser-Sage
1451n blau 'Robin Hood'
1469n blau Tell-Sage
1499n blau De Rojas: 'La Celestina'
1521n blau Hutten: Gesprächsbüchlein
1524n blau Sachs: Streitgespräch
1532n blau Ariostos 'Roland'
1547n–1616n Cervantes
1548n blau Waldis' Kinderbuch
1552n blau Rabelais: 'Gargantua'
1554n blau 'Lazarillo'
1559n blau Rej: 'Lebensbild'
1562n–1635n Lope de Vega
1572n blau Fischarts Spottdichtung
1572n blau Camões: 'Lusiaden'
1575n blau Tasso: 'Jerusalem'
1587n blau Volksbuch 'Doktor Faust'
1596n blau Tulsidas' Ramadichtung
1598n blau 'Schildbürger'-Buch
1599n blau Spenser: 'Feenkönigin'
1605n blau Cervantes: 'Quichotte'
1611n blau Quevedo: 'Träume'
1621n–1695n Lafontaine
1622n blau Basile: 'Pentamerone'
1640n blau Moscherosch: 'Gesichte'
1654n blau Logaus Sinngedichte
1655n blau Scarron: Komödianten
1665n blau 'Das verlorene Paradies'
1668n blau Lafontaines Fabeln
1668n blau Bunyan: 'Pilgerfahrt'
1669n blau 'Simplizissimus'
1678n blau 'Prinzessin von Clève'
1683n blau 'Armin und Thusnelda'
1686n blau 'Freundin der Wollust'
1694n–1778n Voltaire
1697n blau Perraults Märchen
1698n blau Fénelon: 'Telemach'
1705n blau Mandeville: Bienenfabel
1711n–1765n Lomonossow
1713n–1784n Diderot
1719n blau Defoe: 'Robinson Crusoe'
1721n blau 'Persische Briefe'
1726n blau Swift: 'Gullivers Reisen'
1729n blau Haller: 'Die Alpen'
1731n blau Prévost: 'Manon Lescaut'
1731n blau Schnabel: 'Felsenburg'
1733n blau Pope: 'Der Mensch'
1735n blau Lesage: 'Gil Blas'
1740n blau Richardson: 'Pamela'
1741n blau Holberg: 'Niels Klim'
1746n blau Gellerts Werke
1749n blau Fielding: 'Tom Jones'
1749n–1832n Goethe
1759n blau Voltaire: 'Candide'
1759n–1805n Schiller
1760n blau Diderot: 'Die Nonne'
1760n blau Macpherson: 'Ossian'
1761n blau Rousseau: 'Neue Heloise'
1761n blau Wieland: 'Agathon'
1762n blau Rousseau: 'Emile'
1766n blau Goldsmith: 'Landprediger'
1769n blau Sterne: 'Tristram Shandy'
1773n blau Klopstock: 'Messias'
1774n blau Goethes 'Werther'
1777n–1811n Kleist
1780n blau Wieland: 'Oberon'
1781n blau 'Lienhard und Gertrud'
1782n blau 'Gefährliche Liebschaften'
1784n blau Voß: 'Luise'
1785n blau Sade: 'Tage von Sodom'
1788n–1824n Byron
1790n blau 'Schulmeisterlein Wuz'
1794n blau Hölderlin: 'Hyperion'
1796n blau 'W. Meisters Lehrjahre'
1797n blau Tiecks Volksmärchen
1799n–1850n Balzac
1801n blau Pestalozzi: 'Gertrud'
1801n blau Novalis' Roman
1805n blau Jean Paul: 'Flegeljahre'
1809n blau Krylows Fabeln
1809n–1852n Gogol
1810n blau Kleist: 'Marionetten'
1811n blau 'Dichtung und Wahrheit'
1812n blau Byron: 'Pilgerfahrt'
1812n blau Grimms Märchen
1812n–1870n Charles Dickens
1813n blau 'Stolz und Vorurteil'
1813n blau Chamisso: 'Schlemihl'
1814n blau Scott: 'Waverley'
1815n blau Hoffmann: 'Elixiere'
1821n–1880n Dostojewski
1825n blau Manzoni: 'Die Verlobten'
1825n blau Almeida Garrett: 'Camões'
1826n blau Coopers 'Mohikaner'
1828n–1910n Tolstoi
1829n blau 'W. Meisters Wanderjahre'
1830n blau 'Rot und Schwarz'
1831n blau 'Glöckner von Notre Dame'
1832n blau Pellico: 'Gefängnisse'
1832n blau Puschkin: 'Eugen Onegin'
1834n blau 'Herr Thaddäus'
1836n blau Poes Kurzgeschichten
1836n blau Dickens: 'Pickwickier'
1840n blau 'Ein Held unserer Zeit'
1842n blau Gogol: 'Tote Seelen'
1842n blau Gotthelf: 'Uli'
1844n blau 'Graf von Monte Christo'
1845n blau 'Müller von Angibault'
1847n blau Herzen: 'Wer ist schuld?'
1848n blau Dumas: 'Kameliendame'
1849n blau Thackeray: 'Jahrmarkt'
1850n blau 'David Copperfield'
1850n blau 'Menschliche Komödie'
1851n blau Murger: 'Bohème'
1851n blau Melville: 'Moby Dick'
1852n blau 'Onkel Toms Hütte'
1854n blau Scheffels 'Trompeter'
1854n blau Keller: 'Grüner Heinrich'
1854n blau Freytag: 'Soll und Haben'
1856n blau 'Leute von Seldwyla'
1856n blau Aksakows 'Familienchronik'
1856n–1950n G. B. Shaw
1857n blau Flaubert: 'Madame Bovary'
1858n blau Busch: 'Max und Moritz'
1858n blau Reuter: 'Kein Hüsung'
1859n blau Gontscharow: 'Oblomow'
1861n blau Madach: 'Tragödie'
1862n blau Raabe: 'Hungerpastor'
1862n blau 'Väter und Söhne'
1862n blau Hugo: 'Die Elenden'
1865n blau Stifter: 'Witiko'
1865n blau 'Von der Erde zum Mond'
1865n blau 'Alice im Wunderland'
1866n blau 'Schuld und Sühne'
1866n blau Andersens Märchen
1868n blau Dostojewski: 'Der Idiot'
1868n blau Coster: 'Ulenspiegel'
1869n blau 'Krieg und Frieden'
1873n blau Tolstoi: 'Anna Karenina'
1875n blau 'Der Waldschulmeister'
1875n–1955n Thomas Mann
1876n blau Twain: 'Tom Sawyer'
1876n blau Meyer: 'Jürg Jenatsch'
1877n blau Gobineau: 'Renaissance'
1880n blau Jacobsen: 'Niels Lyhne'
1880n blau Queiros: 'Der Mandarin'
1885n blau Zola: 'Germinal'
1885n blau Maupassant: 'Bel Ami'
1886n blau 'Sohn einer Magd'
1888n blau Bellamy: 'Rückblick'
1888n blau Hamsun: 'Hunger'
1891n blau 'Gösta Berling'
1891n blau Wilde: 'Dorian Gray'
1893n blau May: 'Winnetou'
1893n blau Doyle: 'Sherlock Holmes'
1894n blau Kiplings 'Dschungelbuch'
1896n blau Sienkiewicz: 'Quo vadis?'
1898n–1956n Brecht
1901n blau 'Die Buddenbrooks'
1904n blau Rolland: 'Christoph'
1904n blau London: 'Der Seewolf'
1905n blau Gorki: 'Die Mutter'
1906n blau Andersen-Nexö: 'Pelle'
1912n blau Bonsels: 'Biene Maja'
1914n blau Barbusse: 'Wir anderen'
1915n blau Kafka: 'Die Verwandlung'
1915n blau Proust: 'Verlorene Zeit'
1918n blau H. Mann: 'Der Untertan'
1919n blau Gide: 'Pastoralsymphonie'
1919n blau 'Der Mensch ist gut'
1920n blau 'Kristin Lavranstochter'
1921n blau Galsworthy: 'Forsyte-Saga'
1921n blau Hasek: 'Schwejk'
1922n blau Lewis: 'Babbitt'
1922n blau Joyce: 'Ulysses'
1925n blau Dos Passos: 'Manhattan'
1925n blau Hussain: Kindheitsroman
1926n blau Lawrence: 'Sieben Säulen'
1927n blau Sinclair: 'Petroleum'
1927n blau A. Zweig: 'Grischa'
1928n blau 'Im Westen nichts Neues'
1928n blau Renn: 'Krieg'
1929n blau Döblin: 'Alexanderplatz'
1930n blau 'Mann ohne Eigenschaften'
1931n blau Buck: 'Die gute Erde'
1931n blau Kästner: 'Fabian'
1933n blau 'Der Weg ins Leben'
1934n blau Bredel: 'Die Prüfung'
1934n blau Ostrowski: 'Stahl'
1934n blau 'Glocken von Basel'
1935n blau Langhoff: 'Moorsoldaten'
1936n blau 'Vom Winde verweht'
1936n blau Wolfe: 'Zeit und Strom'
1936n blau Faulkner: 'Absalom'
1938n blau 'Ungeduld des Herzens'
1938n blau H. Mann: 'Henri Quatre'
1939n blau 'Früchte des Zorns'
1939n blau 'Lotte in Weimar'
1940n blau 'Wem die Stunde schlägt'
1940n blau Scholochow: 'Stiller Don'
1942n blau Seghers: 'Siebtes Kreuz'
1943n blau 'Der kleine Prinz'
1943n blau Hesse: 'Glasperlenspiel'
1944n blau Simonow: 'Tage und Nächte'
1944n blau Laxness: 'Islandglocke'
1944n blau 'Auf Messers Schneide'
1945n blau Plivier: 'Stalingrad'
1945n blau Fadejew: 'Junge Garde'
1947n blau Camus: 'Die Pest'
1947n blau Th. Mann: 'Dr. Faustus'
1948n blau 'Griff in den Staub'
1949n blau Orwell: '1984'
1952n blau Erzählung Hemingways
1954n blau 'Bonjour Tristesse'
1955n blau 'Nackt unter Wölfen'
1957n blau Mason: 'Suzie Wong'
1958n blau Aragon: 'Die Karwoche'
1959n blau Faulkner: 'Das Haus'
1959n blau Grass: 'Die Blechtrommel'
1962n blau Huxley: 'Die Insel'
1963n blau Wolf: 'Geteilter Himmel'

DICHTUNG, lyrische

2641v blau Hymne auf König Zoser
2587v–2514v Ur-Nina
2549v blau Ur-Ninas Lieder
2392v–2311v Dingi-Radamu
2357v blau Dingi-Radamus Klagelied
2273v–2188v Ipuwer
2197v blau Ipuwers 'Mahnworte'
2185v–2123v Chun-Anup
2164v blau 'Gespräch mit der Seele'
2143v blau Sumerisches Klagelied
2135v blau 'Klage eines Bauern'
2088v–2020v Gudea
2027v blau Gudeas 'Bau-Hymne'
2008v–1952v Keti
1994v blau Ägyptisches Harfnerlied
1970v blau Sumerisches Liebeslied
1962v blau 'Lehre des Keti'
1949v blau Sumerisches Klagelied
1921v–1843v Seneb
1889v blau Gedicht auf Iddin-Dagan
1880v blau Klage der Göttin Inanna
1859v blau Lied auf gute alte Zeit
1852v blau Gesang auf Enlil
1845v blau Ägyptische Königslieder
1717v blau Lied eines Unglücklichen
1669v blau Hymnus an den Nil
1463v blau Hymne auf Tut-Mosis III.
1409v blau Lobgedicht auf Amun
1387v blau Lobgedicht auf Ischtar
1382v blau Lobgedicht auf Marduk
1367v–1315v Mur-Sili II.
1363v blau Echnatons Sonnengesang
1358v blau Ägyptische Liebeslieder
1332v blau 'Pestgebete'
1320v blau 'Buch der tausend Lieder'
1214v blau Assyrische Kaiserhymne
1084v blau Hymne auf Tiglatpileser
1040v blau 'Rigveda'
1035v–972v David
936v blau Jüdische Liebeslieder
889v blau Linos-Lied
728v–660v Kallinos
714v blau Hymne auf Apollo
712v–642v Terpander
708v–628v Alkman
705v–637v Archilochos
686v–613v Tyrtaios
667v blau Kallinos' Kriegslieder
656v–587v Arion
641v–555v Stesichoros
639v–562v Alkaios
637v–577v Sappho
635v blau Tyrtaios' Kriegslieder
633v blau Alkmans Chorlieder
600v blau Abschluß der 'Veden'
593v blau Stesichoros' Lieder
589v blau Sapphos Lieder
586v–501v Anakreon
564v blau Alkaios' Trinklieder
533v blau Ibykos' Gedichte
519v blau Anakreons Lieder
494v blau Pindars Preislieder
487v blau Simonides' Chorlieder
484v blau 'Schi-King'
301v–253v Theokrit
295v blau Klagelied Kü-Yüans
289v–235v Kallimachos
279v blau Philitas' Liebesgedicht
277v blau Theokrit: 'Idyllen'
271v blau Kallimachos' Gedichte
268v blau Theokrit: 'Thalysia'
262v blau Kleanthes' Zeus-Hymne
254v blau Possen des Menippos
249v blau Andronikos' Festlied
247v blau 'Locke der Berenike'
245v blau Timons Spottgedichte
107v blau 'Totenklage um Adonis'
87v–54v Katull
65v–8v Horaz
63v blau Katulls Liebesgedichte
53v–19v Tibull
49v–15v Properz
43v–17n Ovid

28v blau Properz' Elegien
26v blau Tibulls Liebeslieder
17v blau Horaz' Friedensgedicht
34n–112n Asvagoscha
91n blau Statius: 'Wälder'
306n–373n Ephräm der Syrer
309n–394n Ausonius
346n blau Ephräms Christusdichtung
348n–408n Prudentius
353n–420n Kalidasa
368n blau Ausonius: 'Bissula'
371n blau Ausonius: 'Mosella'
398n blau Kalidasa: 'Jahreszeiten'
402n blau Prudentius' Lieder
406n blau 'Pfirsichblütenquelle'
418n blau Rutilius: Seereise
491n blau Drakontius: 'Sühne'
502n–543n Al Kais
526n blau Romanos' Hymnen
535n blau Al Kais' Liebesgedichte
555n blau Agathias' Gedichtzyklus
577n blau Venantius: Hymnen
587n–652n Bhartrihari
617n–682n Kädmon
631n blau Lobgedichte auf Mohammed
634n blau Bhartriharis Dichtung
670n blau Kädmons Lobgedicht
683n blau Ibn Abirabias Gedichte
699n–759n Wang-Wei
701n–762n Li-Taipo
712n–770n Tu-Fu
715n blau 'Diwan' Ibn Aggags
720n blau Japanische Annalen
721n blau Meng-Haojans Gedichte
723n–799n Paulus Diakonus
747n blau Li-Taipos Gedichte
755n blau Wang-Weis Trauergedicht
756n–810n Abu Nuwas
759n blau Japanische Volkslieder
760n blau Tu-Fus Gedichte
767n blau Tu-Fu: 'Im Schnee'
772n–846n Poh-Küyi
773n blau Arabische Gedichtsammlung
779n blau Paulus Diakonus' Rätsel
782n blau Al Mufaddals Sammlung
786n–861n Radbertus
797n blau Abu Nuwas' Gedichte
814n blau Rabanus Maurus' Gedichte
823n blau Poh-Küyis Gedichte
836n blau Arabische Liedersammlung
864n blau 'Petruslied'
878n blau Notkers 'Sequenzen'
897n blau 'Aufschneidereien'
905n blau Japanische Sammlung
905n–965n Al Mutanabbi
956n blau Al Mutanabbis 'Diwan'
1041n blau Indische Sammlung
1052n blau Gabirols Gesänge
1064n blau Yang-Hsius Lied
1085n–1141n Juda Halevi
1098n–1178n Hildegard von Bingen
1102n blau Wilhelms Lieder
1112n blau Arabisches Klagelied
1113n blau Frau Avas Gedichte
1135n blau Hildegards Lieder
1140n blau Marcabrus Lieder
1143n–1203n Heinrich von Veldeke
1145n–1209n Bertran de Born
1152n blau Bernarts Liebeslieder
1152n–1246n Peire Cardinal
1167n blau Lieder des Archipoeta
1168n–1220n Wolfram von Eschenbach
1172n–1228n Walther von der Vogelweide
1178n blau Béatrice: 'Weltgesang'
1180n–1225n Heinrich von Morungen
1183n blau Bertran de Borns Lieder
1200n–1242n Neidhart von Reuenthal
1202n blau 'Unter der Linden'
1208n–1270n Tannhäuser
1219n blau Heinrichs Minnelieder
1230n–1306n Jacopone von Todi
1232n blau Carmina burana
1234n blau Lobgedicht auf Mohammed
1238n–1286n Adam de la Halle
1239n blau 'Edda'
1258n blau Sadi: 'Rosengarten'
1265n–1321n Dante
1272n blau Mechthilds Dichtung
1281n blau Adam de la Halle: Lieder
1292n blau Dante: 'Das neue Leben'
1296n blau Gedichte des Jacopone
1299n blau Lob des Bambus
1301n blau Jacopones Lieder
1304n–1374n Petrarca
1313n–1375n Boccaccio
1325n–1389n Hafis
1326n blau Manessische Handschrift
1337n blau Hadamar: 'Die Jagd'
1351n blau Meisterlieder-Sammlung
1366n blau Petrarca: 'Canzoniere'
1369n blau Hafis: 'Diwan'
1394n blau Deschamps: 'Ehespiegel'
1431n–1474n Villon
1461n blau Villons 'Testamente'
1475n–1564n Michelangelo
1492n blau Nunnenpecks Lieder
1493n blau Folz: Meisterlieder
1523n blau Hans Sachs: Lutherlied
1550n blau Ronsard: 'Oden'
1562n–1635n Lope de Vega
1645n blau Paul Gerhardts Lieder
1657n blau Silesius: 'Wandersmann'
1711n–1765n Lomonossow
1730n blau Thomson: 'Jahreszeiten'
1742n blau Young: 'Nachtgedanken'
1744n–1803n Herder

1749n–1832n Goethe
1759n–1805n Schiller
1778n blau Herders Liedersammlung
1786n blau Burns' Gedichte
1798n blau 'Lyrische Balladen'
1788n–1824n Byron
1800n blau Hölderlins Dichtungen
1805n blau 'Des Knaben Wunderhorn'
1808n blau Moore: 'Irische Melodien'
1809n blau Schenkendorfs Lied
1813n blau Körners Freiheitslieder
1814n blau Rückerts Gedichte
1815n blau Uhlands Gedichte
1817n blau Keats' Gedichte
1818n blau 'Stille Nacht'
1820n blau Shelley: 'Prometheus'
1820n blau 'O Tannebaum'
1827n blau 'Buch der Lieder'
1828n blau Leopardis Gedichte
1832n blau Mörikes Gedichte
1848n blau Petöfis Nationallied
1855n blau Whitman: 'Grashalme'
1857n blau Baudelaires Gedichte
1865n blau Carduccis 'Hymne'
1871n blau Pottiers Kampflied
1897n blau George: 'Jahr der Seele'
1897n blau Tagores Kindergedichte
1898n–1956n Brecht
1905n blau Rilke: 'Stundenbuch'
1914n blau Bechers Gedichte
1917n blau Block: 'Die Zwölf'
1920n blau Majakowski: '150 Millionen'
1920n blau Valéry: 'Friedhof am Meer'
1950n blau Neruda: 'Großer Gesang'
1950n blau Weinerts Gedichte
1954n blau Brechts Gedichte

DICKENS, Charles, englischer Dichter.

1812n–1870n Lebenslinie
1836n blau 'Die Pickwickier'
1850n blau 'David Copperfield'

DICTA CATONIS, lateinische Bezeichnung für eine Sammlung von Doppelversen, die einem Römer namens Dionysius Cato zugeschrieben wurde. Stellte mehr als anderthalb Jahrtausende hindurch ein beliebtes Lehrbuch dar, nach dem die Jugend aus moralisierenden Reimen die lateinische Grammatik lernte.

193n blau Niederschrift

DIDEROT, Denis, französischer Philosoph und Schriftsteller.

1713n–1784n Lebenslinie
1746n rot Verbrennung der 'Pensées'
1751n blau Beginn der Enzyklopädie
1760n blau 'Die Nonne'

DIDO (um 860v bis um 805v), phönizische Prinzessin. Tochter des Königs Mutto, Schwester des Pygmalion. Verließ nach der Hinrichtung ihres Mannes durch ihren Bruder die Heimatstadt Tyros (Vorderasien) und begab sich gemeinsam mit ihrer Schwester Anna nach Nordafrika, wo sie die Stadt Karthago gründete. Nach der Sage haben ihr die libyschen Urbewohner so viel Land gegeben, wie sie mit einem Fell umspannen konnte. Sie soll darauf das Fell in schmale Streifen geschnitten und damit ein riesiges Gelände abgesteckt haben.

852v–774v Pygmalion
814v blau Gründung von Karthago

DIDOT, Henry (1765n–1852n), französischer Buchdrucker, dessen Eltern und Großeltern schon Drucker und Papiermacher waren. Baute 1804n die erste Maschine zum Gießen von Buchstaben für den Buchdruck und ließ sie 1805n in Paris patentieren.

1804n grün Buchstaben-Gießmaschine

DIDYMOS Chalkenteros (63v–10n), griechischer Gelehrter in Alexandria. Vereinigte die textkritischen und erläuternden Arbeiten der alexandrinischen Gelehrten in großen enzyklopädischen Sammelwerken. Schrieb daneben selbständige Arbeiten über Homer, Pindar, Sophokles und Aristophanes sowie über die großen Redner Athens. Soll etwa 4000 Schriften verfaßt haben. Wegen dieses unermüdlichen Fleißes erhielt er den Beinamen 'Chalkenteros' ('der Mann mit dem eisernen Hintern').

32v blau Literaturgeschichte

DIDYMOS der Blinde (313n–398n), Kirchenschriftsteller in Alexandria (Ägypten). Verlor mit vier Jahren sein Augenlicht, entwickelte aber trotzdem in hervorragender Weise seine geistigen Anlagen und wurde in Alexandria Lehrer der Schule zur Ausbildung von Geistlichen für christliche Erziehung (Katechetenschule). In seinen Schriften verfocht er die Lehre von der Beseeltheit aller Kreatur und wurde deshalb von der Kirche verurteilt.

376n blau Bibel-Kommentar

DIE, Béatrice von (um 1160n–1200n), französische Dichterin. Mit dem Grafen Wilhelm von Valentinois verheiratet, liebte sie den Minnesänger Rannbald und schrieb ihm Gedichte, von denen drei erhalten sind. Darin schwärmte sie ihren Geliebten an und beklagte zugleich seine Gefühlskälte. Verfaßte auch ein Streitgedicht.

1178n blau 'Weltgesang'

DIEBSTAHL

2233v grün Grabräuberei
1937v–1865v Libit-Ischtar
1872v rot Bestrafung in Isin
598v–501v Teng-Tse
575v–483v Xenophanes
540v blau Schuld der Gesellschaft
1840n blau 'Eigentum ist Diebstahl'
1948n blau Film 'Fahrraddiebe'

DIEN-BIEN-PHU, Talkessel in Nord-Vietnam unweit der laotischen Grenze (Hinterindien). Hier ergaben sich 1954n die französischen Kolonialtruppen nach erbitterter Gegenwehr den vietnamesischen Freiheitskämpfern. Dadurch endete die Erhebung der Völker Indochinas mit dem vollständigen Sieg der unterdrückten und ausgebeuteten Volksmassen. Dieser große Sieg eines farbigen Kolonialvolkes gegen eine modern ausgerüstete europäische Kolonialmacht stärkte das Selbstbewußtsein der farbigen Völker und veranlaßte die weißen Kolonialmächte zur beschleunigten Räumung der meisten noch von ihnen behaupteten Gebiete.

1945n/1954n Erhebung Südostasiens

DIESEL, Rudolf (1858n–1913n), deutscher Techniker. In Paris als Sohn deutscher Eltern geboren, besuchte er die Industrieschule in Augsburg, schloß seine Studien an der Technischen Hochschule München ab und wurde Assistent des Kältetechnikers Linde. Später vertrat er Lindes Firma in Paris und Berlin. Nebenberuflich beschäftigte er sich mit der Verbesserung des Verbrennungsmotors und erfand den nach ihm benannten Dieselmotor, dessen hohe Wirtschaftlichkeit sich aus der Verwendung billigen Rohöls ergibt. Ertrank auf einer Überfahrt nach England im Ärmelkanal.

1893n grün Schwerölmotor

DIETRICH von Bern, in der deutschen Heldensage Name des Gotenkönigs Theoderich, der von Verona (= Bern) aus sein Reich (Italien) regierte. Seinem Lebensbilde wurde jedoch über die Taten des Theoderich hinaus alles Heldenhafte aus 150 Jahren gotischer Geschichte zugeschrieben.

455n–526n Theoderich der Große
820n blau Hildebrandslied
1204n blau Nibelungenlied
1251n blau Thidrekssaga
1266n blau Deutsche Heldenlieder

DIFFERENTIALRECHNUNG, Teilgebiet der Mathematik, das sich mit der Berechnung von Kurven und Flächen beschäftigt sowie mit der rechnerischen Ermittlung physikalischer und technischer Abläufe. Nach Vorarbeiten des Franzosen Fermat unabhängig voneinander entwickelt durch den Engländer Newton und den Deutschen Leibniz, die später beide das Verdienst ihrer Schöpfung für sich in Anspruch nahmen ('Prioritätsstreit').

1643n–1727n Newton
1646n–1716n Leibniz
1666n grün Entwicklung durch Newton
1675n grün Entwicklung durch Leibniz

DIGESTEN, von dem lateinischen Worte 'digere' (=ordnen) abgeleitete Bezeichnung für Rechtsbücher, die vorliegende Entscheidungen sachlich ordneten und so eine Bezugnahme von Urteilen auf frühere, ähnlich-gelagerte Fälle ermöglichten. Im Reiche von Byzanz wurden solche Sammlungen mit dem griechischen Worte 'Pandekten' (= die All-Umfassenden) bezeichnet.

104n–168n Julianus Salvius
136n blau Julianus' Werk
475n–545n Tribonian
482n–565n Justinian
533n blau 'Pandekten'
533n rot 'Corpus juris civilis'

DIJALA, Nebenfluß des Tigris im Zwischenstromland (Mesopotamien).

1902v–1841v Bila-Lama

DIJON, Stadt in Ostfrankreich. Von den Römern als Festung gegründet (Divio), wurde der Ort im 6. Jahrhundert Sitz eines Klosters. Kam 1016n zum Herzogtum Burgund und erlebte als dessen Hauptstadt eine Blütezeit, besonders in Baukunst und Plastik. 1477n fiel es an Frankreich. In den Kriegen zwischen Deutschland und Frankreich wechselte die Stadt des öfteren den Besitzer.

1341n–1406n Claus Sluter
1399n blau Moses-Brunnen

DIKÄARCH, griechischer Philosoph, Historiker und Naturforscher.

352v–285v Lebenslinie
307v blau Gegen Privateigentum
304v grün Mathematische Geographie
301v blau Kulturgeschichte
296v grün Längen- und Breitengrade
289v blau Sterblichkeit der Seele

DIKTATUR DES PROLETARIATS, uneingeschränkte Herrschaft der Arbeiterklasse. Übergangsphase zwischen Kapitalismus und klassenloser Gesellschaft. Von Marx und Engels als reale Demokratie der arbeitenden Mehrheit bestimmt, wird sie in der unmittelbar nachrevolutionären Epoche meist noch als unumschränkte Herrschaft der Arbeiterführer im Namen und im Interesse der Arbeiterklasse verwirklicht.

1818n–1883n Marx
1847n blau Kommunistisches Manifest
1864n rot Erste Internationale
1869n blau 'Manifest' russisch
1870n–1924n Lenin
1871n braun Pariser Kommune
1878n blau Engels: 'Anti-Dühring'
1879n–1953n Stalin
1891n rot Erfurter Programm
1893n– Mao-Tse-Tung
1900n blau Zeitung 'Der Funke'
1903n rot Bolschewiki
1917n blau 'Staat und Revolution'
1917n/1922n Russische Revolution
1917n rot Arbeiter- und Bauernstaat
1917n grün Vergesellschaftung
1918n rot Tscheka
1918n/1919n Deutsche Revolution
1919n braun Ungarischer Aufstand
1919n rot Gründung der Komintern
1920n braun Erhebung im Ruhrgebiet
1921n rot KP Chinas
1923n braun Erhebung in Hamburg
1924n blau Stalin: 'Leninismus'
1924n rot Mongolei kommunistisch
1925n/1949n Chinesische Revolution
1927n– Castro
1944n rot Jugoslawien kommunistisch
1946n rot Nordkorea kommunistisch
1946n rot Albanien kommunistisch
1946n rot Bulgarien kommunistisch
1946n/1949n Griechischer Bürgerkrieg
1947n rot Polen kommunistisch
1947n rot Rumänien kommunistisch
1948n rot CSR kommunistisch
1948n rot Ungarn kommunistisch
1949n rot China kommunistisch
1949n rot Gründung der DDR
1955n rot Nordvietnam kommunistisch
1961n rot Kuba kommunistisch

DILTHEY, Wilhelm (1833n–1911n), deutscher Philosoph, Psychologe und Kulturhistoriker. Bestimmte die Geisteswissenschaften als die Gesamtheit der Wissenschaften, die sich mit der geschichtlich-gesellschaftlichen Wirklichkeit befassen. Schrieb ihnen eine Erkenntnisweise zu, die im Gegensatz zu den Prinzipien der Naturwissenschaften steht. Aller Jenseits-Spekulation (Metaphysik) ablehnend gegenüberstehend, leitete er die Verhaltensregeln des Einzelnen wie der menschlichen Gesellschaft allein aus der Geschichte ab, die er ganzheitlich verstanden wissen wollte.

1883n blau Geisteswissenschaften

DIMITROFF, Georgi (1882n–1949n), bulgarischer Staatsmann. Als gelernter Drukker früh gewerkschaftlich organisiert, trat er 20jährig der sozialistischen Arbeiterpartei Bulgariens bei und gehörte deren linkem Flügel zu ('Engherzige'). 27jährig Mitglied des Zentralkomitees der 'Linken Sozialisten', 1919n Mitbegründer der Kommunistischen Partei Bulgariens. Nach dem Scheitern des September-Aufstandes 1923n wurde er zum Tode verurteilt, konnte aber fliehen und arbeitete in Moskau, Berlin und Wien für die Kommunistische Internationale (Komintern). Nach dem Reichstagsbrand in Berlin verhaftet, wurde er durch seine tapfere Haltung gegenüber dem faschistischen Reichsgericht und Hermann Göring weltberühmt. Seit 1935n Generalsekretär der Komintern. Nach der Befreiung Bulgariens durch die Rote Armee (1944n) bereitete er die Umwandlung seines Heimatlandes in einen kommunistischen Staat vor und wurde nach dessen Gründung (1946n) sein erster Ministerpräsident. Wegen seines von Rußland mißbilligten Versuches zur Bildung eines Zusammenschlusses seines Landes mit Rumänien und Jugoslawien von seinem Amte beurlaubt, starb er bald darauf in einem Moskauer Sanatorium.

1946n rot Bulgarien kommunistisch

DINGI-RADAMU, sumerischer Dichter aus Lagasch (Südmesopotamien).

2392v–2311v Lebenslinie
2357v blau Klagelied

DIODE, vom griechischen Worte 'di' (= doppelt) abgeleitete Bezeichnung für eine Elektronenröhre mit zwei Elektroden (Kathode und Anode). Dient als Schalt-Element und als Gleichrichterröhre.

1926n grün Germanium-Diode

DIODOROS (um 90v–19n), griechischer Geschichtsschreiber aus Agyrion (Sizilien). Bereiste dreißig Jahre lang Europa, Asien und Nordafrika, um die Schauplätze historischer Ereignisse kennenzulernen. Dann schrieb er eine allgemeinverständliche Weltgeschichte in vierzig Büchern: 6 Bücher von der Urgeschichte bis zum Trojanischen Krieg, 11 Bücher vom Trojanischen Krieg bis Alexander, 23 Bücher von Alexander bis zum Gallischen Krieg.

23v blau 'Historische Bibliothek'

DIOGENES, griechischer Philosoph.

407v–323v Lebenslinie
367v blau Kosmopolitismus
318v blau Anhänger

DIOGENES Laërtios, griechischer Philosoph und Geschichtsschreiber aus Kleinasien.

185n–250n Lebenslinie
226n blau Werk über Philosophen

DIOGNET, Name eines gebildeten Römers, der vor 1800 Jahren an einen Christen drei Fragen gestellt haben soll: 1. Wie begründet das Christentum seinen Ausschließlichkeitsanspruch? 2. Wie betätigen Christen die ihnen von ihrer Religion auferlegte Nächstenliebe? 3. Wie läßt es sich erklären, daß sich Gott erst so spät offenbart hat und Jahrtausende ohne seine Offenbarungen ließ? Die in einem Briefe niedergelegte christliche Antwort brachte eine Verteidigung der christlichen Lehren und Angriffe auf Nicht-Christen ('Heiden') und Juden.

206n blau 'Brief an Diognet'

DIOKLES (um 230v–175v), griechischer Mathematiker. Versuchte eine geometrische Lösung des Problems der Würfelverdoppelung durch Schaffung einer komplizierten Kurve. Diese wurde wegen ihrer bizarren Form 'Zissoide' ('die Efeublattähnliche') genannt. Seine Berechnungen über den Brennspiegel legte er in einem Buche nieder.

184v grün Werk über Brennspiegel

DIOKLES von Karystos, griechischer Arzt.

418v–345v Lebenslinie
376v grün Zahnschmerz-Mittel
366v grün Buch über Körperpflege
356v grün Kräuterbuch

DIOKLETIAN, Gajus Aurelius Valerius, römischer Kaiser von 284n bis 305n.

243n–316n Lebenslinie
284n/286n Bagauden-Aufstand
285n rot Ernennung des Mitkaisers
286n rot Regierungssitz Kleinasien
286n/288n Krieg gegen Germanen
287n rot Britannien selbständig
292n braun Feldzug gegen Alemannen
293n rot Teilung des Reiches
294n braun Feldzug gegen Franken
294n rot Verbot des Kinderverkaufs
295n rot Zwang gegen Franken
296n rot Rückgewinn Britanniens
296n/298n Persischer Krieg
297n rot Verwaltungsreform
297n grün Steuerreform
298n rot Gebietsausdehnung
301n grün Höchstpreise
303n rot Christenverfolgung
305n rot Rücktritt
306n grün Thermen

DIONYS der Ältere, Herrscher von Syrakus von 405v bis 367v.

424v–367v Lebenslinie
409v/405v Sizilienkrieg Karthagos
405v rot Syrakus unabhängig
402v grün Schutzmauer
400v grün Waffen-Technik
399v grün Schiffsbau-Technik
397v/392v Sizilischer Krieg
392v rot Rückdrängung Karthagos
389v braun Vorstoß nach Süditalien
389v rot Herrschaft in Süditalien
379v braun Eroberung von Kroton
379v rot Vorherrschaft in Sizilien
376v rot Teilung Siziliens

DIONYSIOS Thrax (um 175v–95v), griechischer Sprachlehrer. Schrieb das erste wissenschaftliche Lehrbuch der griechischen Sprache und prägte darin die Fachausdrücke der Grammatik.

101v blau Sprachlehre

DIONYSIUS **Exiguus** (um 475n–545n), römischer Mönch aus Südrußland. Übersetzte als Abt eines Klosters bei Rom griechische Schriftsteller ins Lateinische und stellte die kirchlich anerkannten Schriften des Christentums in einer Sammlung (Kanon) zusammen. Auf einer Tafel zur Berechnung des Osterfestes zählte er die Jahre nach Christi Geburt und begründete damit eine neue Zeitrechnung, die sich im Laufe der folgenden Jahrhunderte trotz ihrer Ungenauigkeit allmählich durchsetzte.

525n grün Zeitrechnung

DIONYSIUS-SCHRIFTEN, Name einer Sammlung von 4 Schriften und 10 Briefen, die angeblich vom ersten christlichen Bischof der Stadt Athen, dem Paulus-Schüler Dionysius, niedergeschrieben sein sollen, in Wirklichkeit aber fast 500 Jahre später verfaßt worden sind. Ihr bis in die jüngste Vergangenheit aufrechterhaltenes Ansehen als urchristliche Zeugnisse hat dem Christentum große Dienste geleistet. Inhaltlich stellen sie eine nachträgliche Versöhnung des Christentums mit jenen vorchristlichen Weisheiten dar, die von der Kirche nicht ausgerottet werden konnten.

505n blau Entstehung

DIONYSOS, griechischer Gott des Weines, der Fruchtbarkeit und des Theaters. Wurde vor etwa dreitausend Jahren zu einer wichtigen Gestalt im griechischen Götterkult, die in ausgelassenen Festen gefeiert wurde. Mädchen und Frauen dienten ihm als 'Mänaden' (= Rasende). Im Gegensatz zur vergeistigten Apollo-Verehrung war sein Kult sinnlich und erfreute sich deshalb größter Beliebtheit. Aus den zu seinen Ehren gesungenen und aufgeführten Kultliedern (Dithyramben) entwickelten sich Tragödie und Komödie. Die Römer verehrten ihn unter dem Namen 'Bacchus'.

656v–587v Arion
583v–513v Thespis
470v blau Dionysos-Theater Athen
400n–470n Nonnos
435n blau 'Der Zug des Dionysos'
1950n blau Cocteau: 'Bacchus'

DIOPHANT, griechischer Mathematiker.

214n–280n Lebenslinie
264n grün Arithmetik

DIOPTRIK, von dem deutschen Astronomen Kepler geprägte Bezeichnung für die Lehre von der Lichtbrechung. In seinem unter diesem Titel erschienenen Buche faßte er die Gesetze des Strahlungsganges in Linsen und Linsenkombinationen zusammen und gab die Prinzipien für den Bau von Fernrohren zur Himmelsbeobachtung an.

1571n–1630n Kepler
1611n grün Keplers Forschungen

DIORIT, Gestein von dunkler, oft schwarzer Farbe und fast granitener Festigkeit. Heute als Grabstein, Denkmalstein, Pflasterstein und Schotter verwendet, diente er bereits vor Jahrtausenden als Material für künstlerische Arbeiten.

2619v blau 'Prinzessin Retaz'
2547v grün Einfuhr nach Sumer
2410v blau Statue En-Te-Menas
2330v–2271v Manisch-Tusu
2273v blau Statue Manisch-Tusus
2246v blau Naramsin-Statue
2028v blau Kopf des Gudea
1995v blau Frauenkopf in Sumer
1851v blau Statue Sesostris' III.
1699v blau Statue des Hammurabi
1498v blau 'Amosis mit Mutter'
679v blau Kopf des Taharka

DIOSKURIDES, griechischer Arzt und Naturforscher.

20n–79n Lebenslinie
66n grün Arzneikunde
806n–873n Abu Hunain
907n grün Übersetzung

DIR (um 835n–882n), russischer Staatsgründer normannischer Herkunft. Als Gefolgsmann des Rurik nach Nordrußland gekommen, unternahm er zusammen mit Askold einen Zug nach Byzanz. Kam jedoch nur bis Kiew und gründete dort zusammen mit Askold ein von Rurik unabhängiges russisches Südreich. Zusammen mit Askold von einem Verwandten des Rurik (Oleg) besiegt und erschlagen.

830n–879n Rurik
864n rot Reich von Kiew

DIREKTORIUM, Bezeichnung für eine fünfköpfige Übergangs-Regierung, die 1795n in Frankreich die Jakobiner-Herrschaft ablöste, den Versuch einer sozialen Fortführung der Revolution unterdrückte (Babeuf) und die Alleinherrschaft Napoleons vorbereitete.

1760n–1797n Babeuf
1769n–1821n Napoleon I.
1795n rot Herrschaftsbeginn
1795n blau Manifest Babeufs
1796n braun Verschwörung Babeufs
1797n rot Hinrichtung Babeufs
1797n rot Talleyrand Außenminister
1799n rot Herrschaftsende

DISKUS, von dem griechischen Worte 'diskos' (= Scheibe) abgeleitete Bezeichnung für ein Sportgerät, das seit 3000 Jahren zum Werfen benutzt wird. Es bestand zunächst aus einer behauenen runden Steinplatte, dann aus einer Metallplatte und schließlich aus einer von Metall durchsetzten Holzscheibe.

506v–446v Myron
453v blau 'Der Diskuswerfer'

DISNEY, Walt (1901n–1966n), nordamerikanischer Zeichner und Filmgestalter. Begann als Reklamezeichner mit der Herstellung von Trickfilmen. Seit 1922n schuf er Märchen-Trickfilme. Durch die Gestalt der Mickey Mouse weltberühmt geworden, ersann er immer neue Märchenfiguren, vorwiegend aus der Tierwelt (1937n Donald Duck). Einen Zusammenklang von Farbe und Musik versuchte er mit seinem Trickfilm 'Fantasia'. Stellte auch Naturfilme in neuer Form her ('Die Wüste lebt') und schuf eigenwillige Filmgestaltungen bekannter Volksmärchen ('Schneewittchen').

1926n blau 'Mickey Mouse'

DISRAELI, Benjamin, englischer Staatsmann und Schriftsteller.

1804n–1881n Lebenslinie
1875n grün Mehrheit der Suez-Aktien
1876n/1878n Russisch-türkischer Krieg
1876n rot Viktoria Kaiserin Indiens
1877n rot Transvaal englisch
1878n rot Zypern an England
1879n braun Zulu-Krieg

DITHMARSCHEN, Land an der Nordsee. Erstreckt sich nördlich der Elbemündung an der Westküste Holsteins bis zur Eider. Die bäuerlichen Bewohner wurden von Karl dem Großen unterworfen, bewahrten aber während ihrer Zugehörigkeit zum Reich ihre Selbständigkeit ebenso leidenschaftlich wie später gegen die dänischen Herren des Landes, die 1474n die Abtretung der Gebiete vom deutschen Kaiser erwirkten. Erst die Schwächung durch die Reformationskämpfe ermöglichte die Errichtung der dänischen Herrschaft (1559n). Im Jahre 1866n fiel das Land an Preußen und wurde mit diesem 1871n Bestandteil des deutschen Reichs.

1319n braun Bauernsieg über Ritter
1500n braun Bauernsieg über Ritter

DITHYRAMBOS, Lied zu Ehren des Gottes Dionysos. Zur Flöte gesungen und getanzt, wurde er über den Wechselgesang zur Urform der Theater-Aufführung, aus der sich in Griechenland das klassische Drama entwickelte.

656v–587v Arion

DIU, Hafenstadt im Nordwesten Indiens. Hier kam es nach der Festsetzung Portugals in Indien zur entscheidenden Seeschlacht mit der arabischen Flotte. Der portugiesische Sieg brachte den Gewürzhandel in die Hände Portugals.

1509n braun Seeschlacht

DIWAN, aus dem Persischen kommendes Wort für ein bequemes Sitz- und Liegemöbel. Auch Bezeichnung für die (auf diesem gelesenen) Gedichtsammlungen.

502n–543n Al Kais
535n blau Gedichte des Al Kais
715n blau Ibn Aggags Gedichte
905n–965n Al Mutanabbi
956n blau Sammlung Al Mutanabbis
1325n–1389n Hafis
1369n blau Sammlung des Hafis

DIX, Otto (1891n–1969n), deutscher Maler und Zeichner. Als Lehrling eines Dekorationsmalers besuchte er die Kunstgewerbeschule und bildete sich später auf der Dresdner Akademie fort. Sein erstes großes Gemälde ('Schützengraben') stellte die Grauen des Krieges dar und wurde angefeindet. Weitere Kriegsbilder folgten. Dann prangerte er in seinen Bildern mit grimmigem Realismus den räuberischen Charakter des Kapitalismus an und wurde wegen dieser Sozialkritik 1933n aus seinem Lehramt entlassen. Wandte sich nun der Landschaftsmalerei zu. 1950n erhielt er wieder ein Lehramt, zog sich aber bald zurück und arbeitete seitdem als Maler am Bodensee.

1929n blau 'Spielende Kinder'

DJAKARTA (bis 1949n Batavia), Hafenstadt an der Nordküste der Insel Java und Hauptstadt des Inselreiches Indonesien seit seiner Gründung. 15 Jahre nach Eroberung der Insel durch die Holländer neben einer alten Sultanats-Hauptstadt vom niederländischen Generalgouverneur Pieter Both gegründet, wurde sie wegen ihres ausgeglichenen Klimas und wegen ihres durch zahlreiche Korallenriffe geschützten Hafens schnell Verwaltungszentrum des holländischen Kolonialbesitzes im Indischen Ozean. 1699n wurde sie bei einem Erdbeben fast völlig zerstört, aber 6 km landeinwärts wieder aufgebaut. 1811n von Engländern besetzt, 1816n wieder an Holland zurückgegeben. Während des zweiten Weltkrieges 1942n bis 1945n von Japanern besetzt. 1949n durch Sukarno zur Hauptstadt der unabhängigen Republik Indonesien erklärt.

1610n blau Gründung
1811n rot Englische Herrschaft
1816n rot Wieder holländisch
1949n rot Indonesien unabhängig

DJEDEF-HOR (um 2565v–2500v), ägyptischer Herrscher. Regierte als Gegenkönig nach dem Tode des Chefren kurze Zeit das Ägypterreich, wurde dann aber von Mykerinos, dem Sohn des Chefren, abgelöst.

2561v–2500v Mykerinos

DJER, ägyptischer König.

2853v–2804v Lebenslinie
2882v–2825v Menes
2843v–2791v Merit
2812v grün Wasserstands-Messung
2804v rot Mitbestattungen

DJET, ägyptischer König.

2832v–2795v Lebenslinie
2799v grün Scheintüren

DJET (um 660v–um 605v), Ägypterin, die mit ihrem Mann und ihrem Sohn von einem Bildhauer in Holz dargestellt wurde.

623v blau Plastik

DJILAS, Milovan (geboren 1911n), jugoslawischer Revolutionär. Als Kampfgenosse Titos stieg er zum Generalsekretär der Kommunistischen Partei und zum stellvertretenden Ministerpräsidenten auf. Seine zunächst interne Kritik an der zunehmenden Bürokratisierung des Kommunismus führte zu seiner Entlassung. Als er die Unvereinbarkeit einer unumschränkten Parteiherrschaft mit dem kommunistischen Gesellschaftsprinzip öffentlich hervorhob, wurde er inhaftiert. Im Gefängnis verfaßte er die schonungsloseste Kritik eines Kommunisten an den herrschenden kommunistischen Systemen ('Die neue Klasse') und wurde dafür zu 9 Jahren Kerkerhaft verurteilt. Nach vorzeitiger Entlassung schrieb er seine 'Gespräche mit Stalin' nieder und erhielt dafür erneut eine mehrjährige Gefängnisstrafe. Durch seine Bücher und sein Leben beweist er, daß der Kampf um die klassenlose Gesellschaft auch innerhalb der kommunistischen Staaten weitergeht.

1957n blau 'Die neue Klasse'

DNJEPR, Fluß in Südrußland. Hauptwasserstraße der Ukraine und zweitgrößter Strom des europäischen Rußland (nach der Wolga). 2150 km lang. Entspringt auf der Waldaihöhe östlich von Moskau und mündet ins Schwarze Meer.

350n blau Gründung von Kiew
646n blau Gründung von Smolensk
1067n braun Kumanen-Einbruch
1072n braun Kumanen-Zug
1240n rot Gewinne der Mongolen
1927n grün Kraftwerk

DNJESTR, Fluß im Südwesten des europäischen Rußland. Entspringt nahe der neuen polnisch-russischen Grenze und mündet nach 1411 km bei Odessa ins Schwarze Meer.

834n–907n Arpad
1787n/1792n Krieg Rußland-Türkei
1792n rot Mündung an Rußland

DOCHT, Bezeichnung für einen locker geflochtenen Faden, der Öl oder Wachs aufsaugt und zur Verbrennung bringt. Seine Einführung verbesserte die Beleuchtungstechnik.

2763v grün Ägyptische Lampen
1945v grün Tempel-Monopol
188v grün Kerzen in Rom
1830n grün Kerzen in England
1855n grün Petroleum-Lampe

DÖBLIN, Alfred (1878n–1957n), deutscher Schriftsteller. Als Sohn eines Schneiders wurde er Nervenarzt und praktizierte in einem Arbeiterviertel Ostberlins. Hier spielt auch sein Roman 'Berlin Alexanderplatz', in dem er das Schicksal eines entlassenen Sträflings beschreibt, der in die von einer Krise erschütterte bürgerliche Gesellschaft zurückkehrt. Verfaßte historische Romane ('Wallenstein'), Revolutionsbücher ('Karl und Rosa', Verratenes Volk') sowie Naturschilderungen ('Berge, Meere und Giganten'). In einem autobiographischen Familienroman zeigte er die innere Zerstörung des Menschen durch die kapitalistische Geldgier ('Pardon wird nicht gegeben'). Seine exotische Trilogie 'Amazonas' prangerte die Ausbeutung der indianischen Bevölkerung Südamerikas an. Nachdem er vom Judentum zum Katholizismus übergetreten war, verloren seine Werke allmählich ihren gesellschaftskritischen, anklägerischen Charakter.

1929n blau 'Berlin Alexanderplatz'

DOGE, von dem lateinischen Worte 'dux' (= Anführer) abgeleiteter Titel des Staatsoberhauptes der italienischen Republiken Venedig und Genua, der vom 8. Jahrhundert bis 1797n gebräuchlich war.

697n rot Herrschaft über Venedig
1463n blau Palast

DOGENPALAST, Bezeichnung für das prächtige Amtsgebäude des Herrschers von Venedig (Doge). Der dreigeschossige Bau ist in seiner Architektur von arabischem Einfluß geprägt. Im Innern mit Malereien von Tintoretto, Tizian und Veronese ausgeschmückt.

1463n blau Fertigstellung

DOGMEN, von dem griechischen Worte 'dokein' (= glauben) abgeleitete Bezeichnung für Glaubenssätze, die als unumstößlich und unveränderlich gelten, meist in einem ganzen Lehrgebäude zusammengefaßt (Dogmatik). Dem Wesen der sich beständig verändernden Wirklichkeit und der sich mit ihr notwendig wandelnden Erkenntnis widersprechend, beruht ihre Geltung allein auf der Gewalt der hinter ihnen stehenden Kirche oder sonstigen Institutionen.

266v blau Gegnerschaft Arkesilaos'
132n–200n Irenäus
133n–190n Athenagoras
162n–224n Tertullian
182n–253n Origenes
189n blau Irenäus' Lehren
190n blau Gegnerschaft Sextus'
214n blau Dreifaltigkeitslehre
222n blau Origenes' Lehren
251n blau 'Allein-Seligmachend'
258n–336n Arius
263n–339n Eusebius
280n–337n Konstantin
295n–373n Athanasius
311n–383n Wulfila
315n–367n Hilarius von Poitiers
324n blau Eusebius gegen Trinität
325n rot Konzil: Dreifaltigkeit
325n blau Arius gegen Trinität
329n–389n Gregor von Nazianz
341n rot Konzil gegen Trinität
346n–395n Theodosius
354n–430n Augustin
355n rot Kampf um Dreifaltigkeit
356n blau Hilarius: Dreifaltigkeit
375n–435n Pelagius
380n rot Kaiser für Trinität
381n rot Dreifaltigkeitsdogma
381n blau Gregor: Dreifaltigkeit
381n–444n Cyrillus
382n rot Verfolgung von Gegnern
386n–451n Nestorius
416n blau Augustin: Dreifaltigkeit
417n rot Papst gegen Erbsünde
418n rot Papst für Erbsünde
420n blau Pelagius gegen Erbsünde
540n–604n Gregor I.
593n rot Fegefeuer-Dogma
686n–744n Kumarila
701n rot Zarathustra-Dogma
708n blau Kumarila: Dreifaltigkeit
746n blau Schrift des Johannes
792n rot Einfluß des Staates
814n–877n Eriugena
839n blau Gegnerschaft Bistamis
862n blau Kritik an Erbsündelehre
1053n–1123n Roscelin
1059n–1111n Al Gazali
1079n–1142n Abälard
1092n rot Druck auf Roscelin
1097n blau Al Gazali: Kritik
1132n blau Gegnerschaft Abälards
1431n–1503n Alexander VI. Borgia
1497n–1560n Melanchthon
1509n–1564n Calvin
1521n blau Evangelische Dogmatik
1854n rot Marien-Dogma
1870n rot Unfehlbarkeits-Dogma
1948n blau Barth: Dogmatik
1964n blau 'Dialektik ohne Dogma'

DOLABELLA (um 5v–45n), römischer Feldherr. Eilte im Jahre 23n dem Junius Blasus in Nordafrika zu Hilfe und schlug die numidischen Berber bei Auzia im Jahre 24n vernichtend. Damit sicherte er den Fortbestand der Römerherrschaft in Nordafrika.

17n/24n Numidische Erhebung

DOLCINO, Fra (um 1250n–1307n), italienischer Freiheitskämpfer. Schüler des sozialreligiösen Predigers Segarelli. Führte nach dessen Hinrichtung durch die Kirche die von seinem Lehrer gegründete Gemeinschaft der 'Apostelbrüder'. Aus der Umgebung Mailands (Novara) stammend, sammelte er dort seine Anhänger, um sich gegen das von der Kirche gegen ihn aufgebotene Kreuzheer zu verteidigen. Doch als er von der Stärke der durch Papst Klemens V. gegen ihn entsandten Streitmacht erfuhr, räumte er die Stellung und zog sich auf eine als uneinnehmbar geltende Höhe bei Varallo zurück. Hier stießen die Katharer aus der Lombardei, aus Salzburg, aus Savoyen und aus Südfrankreich zu ihm. Mit ihrer Hilfe konnte er mehrere Angriffe der Kreuzheere abwehren, hielt sich noch zwei Jahre und schlug 1306n ein von Kreuzrittern geführtes Heer, das von den Grafen und Bischöfen Norditaliens unterstützt wurde. 1307n wurde er mit seinen verbliebenen 1150 Anhängern besiegt. Tausend von ihnen wurden sofort erschlagen, er selbst mit seiner Vertrauten Margarita zu Tode gemartert.

1232n–1300n Segarelli
1302n blau Gesellschaftskritik
1305n/1307n Kriegszug der Kirche
1307n rot Verbrennung

DOLET, Etienne (1509n–1546n), französischer Buchdrucker. Gründete 1538n eine Druckerei, in der er neben Klassiker-Ausgaben auch eigene Traktate druckte. Diese waren wegen ihrer freiheitlichen Gesinnung der Kirche verhaßt. Von ihren 'Ketzer'-Verfolgern gefangen und gefoltert, wurde er nach jahrelanger qualvoller Haft 1546n in Paris auf dem Scheiterhaufen bei lebendigem Leibe verbrannt.

1546n rot Verbrennung

DOLLFUSS, Engelbert (1892n–1934n), österreichischer Staatsmann. Studierte Rechtskunde, wurde als christlich-sozialer Politiker Präsident der Bundesbahn, Landwirtschaftsminister und 1932n Außenminister und Bundeskanzler. Gestützt auf eine eigene militärische Organisation (Heimwehr) schuf er einen halbfaschistischen Ständestaat, der in Anlehnung an die katholische Kirche in enger Verbindung mit dem italienischen Faschismus die Ausbreitung des deutschen Faschismus nach Österreich überflüssig machen sollte. Löste 1933n das Parlament auf und regierte seitdem diktatorisch. 1934n schlug er den Februar-Aufstand der österreichischen Arbeiter gegen sein Regime nieder. Von Hitler-Anhängern ermordet.

1934n braun Arbeiter-Aufstand

DOMÄNE, von dem lateinischen Worte 'dominium' (= Herrschaft) abgeleitete Bezeichnung für land- oder forstwirtschaftlichen Großbesitz eines Fürsten oder eines Staates. Wird meist gegen Pachtzins vergeben.

2369v–2295v Una
125n grün Aufteilung in Rom
1779n rot Bauernbefreiung

DOMAGK, Gerhard (geboren 1895n), deutscher Arzt und Chemiker. Wandte sich früh der Erforschung ansteckender Krankheiten zu und entwickelte als Leiter der Abteilung für Bakteriologie der Bayer-Werke (IG Farben) das Sulfonamid, dessen bakterienhemmende Wirkung es zur Bekämpfung von Infektionskrankheiten befähigt. Schuf auch neue Medikamente gegen die Tuberkulose und gegen den Krebs.

1935n grün Sulfonamid

DOMESDAY-BOOK, von dem englischen Wort für 'Gerichtstag' abgeleitete Bezeichnung für das erste Grundbuch Europas, das vom englischen König als zuverlässige Grundlage der Besteuerung des angelsächsischen Teiles Englands geschaffen wurde. Entwickelte sich daneben zur Grundlage für alle privatrechtlichen Ansprüche. Enthielt auch eine Festsetzung der auf den einzelnen Grundbesitz entfallenden königlichen Forderungen.

1027n–1087n Wilhelm I., der Eroberer
1086n grün Abfassung

DOMINIKANER, Name einer Mönchsorganisation, die über alle katholischen Länder der Erde verbreitet ist. Von dem spanischen Priester Dominikus gegründet. Geistig gekennzeichnet durch den Einfluß auf die Wissenschaft (Albertus Magnus,

Thomas von Aquin) sowie durch bewußte Weltabkehr (Meister Eckehart, Seuse, Tauler). Praktisch gekennzeichnet als Träger der Inquisition, in deren Auftrag sie Millionen unschuldiger Menschen folterten und verbrannten. Auch Angehörige des eigenen Ordens wurden dabei nicht geschont (Savonarola, Giordano Bruno). Erst nach dem Sieg der Reformation durch den Jesuitenorden aus ihrer führenden Stellung verdrängt.

1170n–1221n Dominikus
1193n–1279n Albertus Magnus
1216n rot Ordensgründung
1216n rot Anerkennung
1225n–1274n Thomas von Aquin
1243n rot Übernahme der Inquisition
1249n grün Pflanzenhaus
1252n rot Anordnung der Folter
1260n–1327n Meister Eckehart
1295n–1366n Seuse
1303n–1361n Tauler
1452n–1498n Savonarola
1483n rot Torquemada Großinquisitor
1484n rot Verstärkte 'Hexen'-Jagd
1487n blau 'Hexenhammer'
1498n rot Feuertod des Savonarola
1548n–1600n Giordano Bruno
1600n rot Feuertod Giordano Brunos

DOMINIKANISCHE REPUBLIK, Staat auf der Osthälfte der Insel Haiti (Mittelamerika), die Kolumbus auf seiner ersten Amerikafahrt entdeckte. Vier Jahre später wuchs hier bereits die erste koloniale Niederlassung Europas im amerikanischen Raum empor (Santo Domingo). Nach Ausrottung der indianischen Urbevölkerung (etwa 100 000 Menschen) durch die spanischen Kolonialherren wurden seit 1505n aus Afrika eingeführte Negersklaven angesiedelt. 1697n entstand durch Abtretung des Westens der Insel an Frankreich hier ein eigenes Staatswesen, das seinen Kampf gegen Spanien teils mit Unterstützung Frankreichs, teils gegen Frankreich bis zur Erringung der politischen Unabhängigkeit fortführte. Der zu 90 Prozent von Mischlingen und Negern bewohnte Staat wurde von einigen führenden Familien beherrscht, zuletzt von den Trujillos. Seit 1905n finanziell und seit 1916n auch militärisch von den USA kontrolliert, die sich jedoch seit 1934n unter dem zunehmenden Druck der Bevölkerung und neuerdings auch der Freiheitsbewegung auf dem benachbarten Kuba allmählich zurückziehen.

1452n–1507n Kolumbus
1492n grün Reise des Kolumbus
1496n blau Gründung Santo Domingos
1844n rot Selbständigkeit
1945n rot Mitglied der UN

DOMINIKUS, spanischer Prediger.

1170n–1221n Lebenslinie
1213n–1280n Niccolo Pisano
1216n rot Ordensgründung
1216n rot Anerkennung des Ordens

DOMITIAN, Titus Flavius, römischer Kaiser von 81n bis 96n.

51n–96n Lebenslinie
71n/84n 2. Britannischer Krieg
83n rot Sklavenschutzgesetz
83n rot Gebietserweiterung
83n grün Bau des Limes
84n rot Britannien römisch
85n/88n Erster Dakerkrieg
89n braun Aufstand des Saturninus
89n braun Markomannen-Krieg
89n rot Verfolgungen
90n rot Heerlager-Bestimmung
92n/93n Markomannen-Krieg

DOMINIONS, von dem lateinischen Worte 'dominium' (= Herrschaft) abgeleitete Bezeichnung für überseeische Besitzungen Englands mit eigenem Parlament und eigener Regierung. Ihre Einrichtung stellte den Versuch dar, durch schrittweisen Abbau der politischen Niederhaltung der Kolonien deren wirtschaftliche Ausbeutung in die nachkoloniale Epoche hinüberzuretten. Nach Kanada (1867n), Neuseeland (1907n) und Australien (1909n) erhielten Südafrika (1910n) und Irland (1921n) diesen Status, also zunächst nur jene Gebiete, die mehrheitlich von Weißen bewohnt oder beherrscht wurden. Durch Anerkennung ihrer politischen Selbständigkeit unter der Oberhoheit des englischen Königs (1926n) erwuchs aber in diesen Ländern eine starke Tendenz nach völliger Unabhängigkeit. So wurde 1947n auch das Wort 'Dominion' fallen gelassen, und die ehemaligen englischen Kolonien wurden fortan nur noch als Mitglieder des britischen 'Commonwealth' (= Gemeinwesen) bezeichnet, dem seit ihrer politischen Verselbständigung auch Indien, Pakistan und Ceylon zugehören.

1926n rot Selbständigkeit

DOM PEDRO (1392n–1449n), portugiesischer Staatsmann, Sohn des portugiesischen Königs Johann I. und Bruder Heinrich des Seefahrers. Führte als Regent für seinen 6jährig auf den Thron gelangten Neffen Alfons V. die Regierung und erließ in dessen Namen die erste große Gesetzgebung Portugals. Das ihr zugrundeliegende Rechtsbuch war ein Gemisch aus geltendem Volksrecht (Gewohnheitsrecht) mit römischen, gotischen und arabischen Rechts-Grundsätzen. Verfaßte selbst mehrere Bücher und erlangte Berühmtheit durch seine philosophische Abhandlung über Lebenskunst ('Tugendsames Wohltun'). Als sein gutes Verhältnis zu Alfons V. durch Ränke zerstört war, kam es zum offenen Kampf, in dem er den königlichen Truppen unterlag. Fiel in der Entscheidungsschlacht.

1446n rot Gesetzbuch

DON, Fluß im Süden des europäischen Rußland. 1967 km lang. Entspringt bei Tula im Süden Moskaus und fließt über das Asow'sche Meer ins Schwarze Meer.

1380n braun Russensieg über Mongolen
1696n rot Mündung an Rußland
1761n blau Gründung Rostows
1940n blau 'Der stille Don'
1952n grün Wolga-Don-Kanal

DONAR, germanischer Gott. Besonders auf Island und in Norwegen, aber auch in Deutschland verehrt. Sein Name ist wahrscheinlich von dem Wort 'Donner' abgeleitet und lebt in dem Wochentag 'Donnerstag' fort. Gott der Fruchtbarkeit und des Krieges. Wurde im Freien angesichts der ihm geweihten Eiche verehrt. In der 'Edda' dichterisch verewigt.

675n–754n Bonifatius
723n blau Kapelle statt Donar-Eiche
899n blau Lied von Donar
1239n blau 'Edda'

DONATELLO, italienischer Bildhauer.

1386n–1466n Lebenslinie
1430n blau 'David'
1453n blau Reiterstandbild

DONATISTEN, Anhänger des karthagischen Priesters Donatus, der in Nordafrika eine von Rom unabhängige christliche Kirche gründete. Sie lehnten die Verbindung der Kirche mit dem Staate ab und traten für die Lösung der sozialen Fragen im Sinne der arbeitenden Bevölkerung ein. Sie bildeten auch den Kern der revolutionären 'Zirkumzellionen'. Von der Kirche mit Hilfe staatlicher Gewalt unterdrückt. Dieses erste Bündnis der christlichen Kirche mit der Staatsmacht zur Aufrechterhaltung ihrer Führungsrolle durch gewaltsame Niederhaltung ihrer Gegner führte zu einem innerkirchlichen Streit, setzte sich aber als Mittel der katholischen Kirchenpolitik durch.

276n–355n Donatus
328n rot Entstehung der Bewegung
340n grün Bestechungsversuch
344n/347n Aufstand

DONATUS, Älius (um 305n–370n), römischer Sprachlehrer und Redner. Schrieb ein Grammatikbuch, das sich durch seine Frage- und Antwortform besonders für den Schulunterricht eignete. Er behandelte darin Laute, Buchstaben, Silben, Satzbildung, Stil und Redekunst.

353n blau Grammatik

DONATUS der Große, nordafrikanischer Religionsphilosoph und Priester.

276n–355n Lebenslinie
320n blau Gegen Bund Kirche–Staat
328n rot Donatisten-Bewegung
340n grün Einigungsversuch Roms
344n/347n Zirkumzellionen-Aufstand

DONAU, mitteleuropäischer Strom. Entspringt in Süddeutschland (Schwarzwald), durchquert Deutschland, Österreich, Ungarn und Jugoslawien, bildet dann die Grenze zwischen Bulgarien und Rumänien und mündet an der rumänisch-russischen Grenze ins Schwarze Meer. Der Fluß ist in Ulm weniger als 100 Meter breit, erreicht in Budapest bereits 500 Meter und schwillt im Mündungsgebiet auf 1000 Meter Breite an. Mit 2860 km zweitlängster Strom Europas (nach der Wolga).

29v/28v Vorstoß Roms
28v rot Unterlauf Grenze Roms
15v braun Vorstoß Roms
15v rot Römische Reichsgrenze
67n–129n Apollodoros von Damaskus
104n grün Steinerne Brücke
179n grün Festung Regensburg
180n rot Ansiedlungs-Verbot
271n rot Abzug römischer Heere
281n grün Weinbau
332n rot Grenzschutz durch Goten
793n grün Kanalbau zum Rhein
1001n blau Entwicklung Preßburgs
1089n blau Kloster Melk
1122n blau Entwicklung Wiens
1701n blau Kloster Melk: Neubau
1856n rot Mündung an Türkei
1872n rot Zusammenschluß Pest–Ofen

DONCHO (um 560n–620n), japanischer Priester. Brachte von einer Reise in das zu China gehörende Korea einige juristische Schriften sowie die Kunst des Papiermachens in seine japanische Heimat. Später wurde er in seinem Lande als Erfinder des Papiers bezeichnet.

610n grün Papierherstellung

DONIZETTI, Gaetano (1797n–1848n), italienischer Komponist. Erhielt Gesangsunterricht, erlernte das Cembalospiel und schuf mit zwanzig Jahren seine erste Oper ('Enrico'). Schrieb siebzig Opern von leichter, ansprechender Musikalität, großem Einfallsreichtum und dramatischer Kraft. Darunter befinden sich weltberühmte Werke wie 'Die Regimentstochter', 'Die Favoritin', 'Der Liebestrank', 'Lucrezia Borgia' und 'Don Pasquale'. In seinen letzten Lebensjahren wurde er von einer unheilbaren Geisteskrankheit befallen.

1832n blau 'Der Liebestrank'

DONNER, das bei Gewittern durch schlagartige Entladung gewaltiger elektrischer Spannungen (bis 100 Millionen Volt) entstehende Geräusch. Vor 2000 Jahren durch den griechischen Gelehrten Poseidonios in seinem natürlichen Ursprung erklärt. Dadurch wurde den verbreiteten Vorstellungen von einer den Donner erzeugenden göttlichen Macht (Donar, Thor) der Boden entzogen.

135v–50v Poseidonios
97v grün Erklärung

DON JUAN, Gestalt der spanischen Dichtung. Als gewissenloser Frauenverführer Sinnbild des ruhelosen Suchers nach Sinnenfreude. Das Gegenstück des ewigen Wahrheitssuchers Faust. Entstanden und ausgeprägt in einem Drama des spanischen Dichters Gabriel Tellez ('Der Verführer von Sevilla') nach dem historischen Vorbild des spanischen Wüstlings Don Juan de Tenorio. In Frankreich dichterisch gestaltet von Molière (1665n) und Balzac (1829n), in England von Shadwell (1667n) und Byron (1819n), in Italien von Goldoni (1736n) und Daponte (1787n, vertont von Mozart), in Deutschland von E. T. A. Hoffmann (1814n), Grabbe (1829n), Lenau (1851n), Heyse (1884n), Sternheim (1910n), Bonsels (1919n) und Trakl (1949n).

1630n blau Tellez' Drama
1787n blau Mozarts Oper

DON-KOSAKEN, südrussischer Volksstamm im Gebiet des Don. Bildete sich im 16. Jahrhundert aus entflohenen Leibeigenen, trieb vorwiegend Jagd, Fischfang, Viehzucht und Handel und bildete schlagkräftige Heeresverbände, die sich durch Tapferkeit und Freiheitsliebe auszeichneten. Nach der Unterwerfung durch den Zaren behielten seine Angehörigen wesentliche Sonderrechte und entwickelten sich zu einer ergebenen Truppe des Zarismus bei der Unterwerfung revolutionärer Bewegungen. Nach der Oktoberrevolution gingen die Offiziere ins Ausland (Don-Kosaken-Chor), während das Volk sich mit dem Sowjetstaat befreundete und ihn im zweiten Weltkrieg gegen den deutschen Angriff verteidigte.

1670n/1671n Aufstand Stenka Rasins
1775n braun Pugatschew-Aufstand

DON QUICHOTTE, Romangestalt des spanischen Dichters Cervantes. Spottbild eines Ritters vergangener Zeiten, der auszieht, um für versunkene Ideale zu streiten. Wurde zum Inbegriff des weltfremden Schwärmers, dessen sittlich hochstehender Tatendrang an der Wirklichkeit scheitert (Kampf gegen Windmühlenflügel).

1547n–1616n Cervantes
1605n blau Niederschrift des Romans

DOPPELMONARCHIE, beschönigende Bezeichnung für die zusätzliche Beherrschung Ungarns durch den über Österreich regierenden deutschen Kaiser (Habsburger).

1527n braun Vorstoß Österreichs
1527n rot Vormacht Österreichs
1687n rot Ungarn Kronland
1723n rot Zugeständnis Ungarns
1795n braun Aufstand in Ungarn
1849n braun Erhebung Ungarns
1867n rot Doppelmonarchie
1918n rot Ungarn selbständig

DOPPELSTERNE, Bezeichnung der Astronomen für Sterne, die nahe beieinander stehen und sich umeinander bewegen oder die durch ihre Stellung am Firmament auf der Erde den Eindruck hervorrufen, als seien sie benachbart.

1842n grün Dopplers Untersuchung

DOPPELTE BUCHFÜHRUNG, Aufzeichnung über Geldbewegungen in einem nach Konten unterteilten Geschäftsbuch. Ermöglicht die jederzeitige Übersicht über den Stand des Unternehmens und kontrolliert auch die Vollständigkeit und Richtigkeit der Buchungen. Die für sie notwendige zweifache Aufzeichnung jedes Geschäftsvorganges wird neuerdings durch ein Durchschreibe-Verfahren auf losen Blättern erleichtert. Ihre Einführung ist mit dem Aufkommen des Kapitalismus verbunden: In Genua im 14. und 15. Jahrhundert entstanden, kam sie über Augsburg und Nürnberg nach Flandern und England. Anfang des 19. Jahrhunderts wurde sie von dem Franzosen Edmund Degrange zur 'amerikanischen Buchführung' vereinfacht.

1494n grün Pacciolis Rechenbuch

DOPPELVERHÄLTNISSE, Grundbegriff eines Teilgebietes der Mathematik ('projektive Geometrie'). Bezeichnet Strecken-Verhältnisse einer durch vier Punkte unterteilten Geraden, die sich auch durch Projektion auf eine beliebige andere Ebene nicht verändern.

230n–300n Pappos

DOPPLER, Christian (1803n–1853n), österreichischer Physiker und Mathematiker. Beobachtete die Farbverschiebung innerhalb des Spektrums von Lichtstrahlen bewegter Sterne. Seine Ergebnisse veröffentlichte er in der Schrift 'Über das farbige Licht der Doppelsterne'. Darin wies er nach, daß ein sich nähernder Stern durch eine Verschiebung des Spektrums nach Violett, ein sich entfernender Stern durch eine Verschiebung nach Rot hin erkennbar ist. Dieser nach ihm benannte 'Doppler-Effekt' ermöglichte eine Messung der Geschwindigkeit von Sternbewegungen. Später wandte er das von ihm auf optischem Gebiet entdeckte Prinzip auch auf Schallwellen an und verallgemeinerte es schließlich zu einem Gesetz, nach dem die Frequenz jeder Wellenstrahlung größer erscheint, wenn sich der Sender dem Empfänger annähert, als wenn er sich von ihm entfernt. Damit schuf er eine wichtige Grundlage für die moderne Astronomie und Physik.

1842n grün 'Licht der Doppelsterne'

DORÉ, Gustave (1832n–1883n), französischer Zeichner, Maler, Bildhauer und Buchkünstler. Arbeitete seit seinem 16. Lebensjahr als Lithograph für die humoristische Zeitschrift 'Journal pour rire'. Mit 22 Jahren schuf er seine Holzschnitt-Illustrationen zu Rabelais' 'Gargantua', die ihn mit einem Schlage berühmt machten. Sein zäher Fleiß und seine unerschöpfliche Phantasie ließen ihn dann in rascher Folge eine Fülle bedeutender Illustrationen zu literarischen Meisterwerken vollbringen: Zu Balzacs 'Tolldreisten Geschichten', zu Sues Roman 'Der ewige Jude', zu Dantes 'Hölle', zu Perraults 'Märchen', zu Cervantes' 'Don Quichotte', zur Bibel sowie zu Lafontaines Fabeln und zu Ariosts 'Rasendem Roland'. In seiner Jugend und nach dem Zusammenbruch von 1871n geißelte er die Mißstände seiner Zeit und übte mit dem Zeichenstift Sozialkritik.

1864n blau Bibelillustration

DORER, griechischer Volksstamm (neben Achäern, Äolern und Ioniern). Als letzter von Norden her vor mehr als 3200 Jahren eingewanderter Stamm zerstörte er die bronzezeitliche Kultur Mykenes und wurde in Süd-Griechenland (Peloponnes) sowie auf den südägäischen Inseln seßhaft. Begründer von Sparta.

1151v braun Zerstörung Mykenes
826v grün Landaufteilung
820v rot Klassenherrschaft
820v grün Grundbesitz-Vorschrift
819v rot Machtgewinn des Adels
817v rot Staatserziehung
750v rot Einsetzung der Ephoren
742v/724v 1. Messenischer Krieg
734v rot Niederlassung auf Korfu
734v blau Gründung von Syrakus
724v rot Macht über Messenien
724v grün Tribute Messeniens
722v blau Gründung von Tarent
712v–642v Terpander
708v–628v Alkman
690v blau Gründung von Gela
686v–613v Tyrtaios
675v blau Musikschule Terpanders
660v braun Sieg Korfus über Korinth
660v blau Gründung von Megara
658v blau Gründung von Byzanz
646v/628v 2. Messenischer Krieg
643v blau Mahnung zur Loyalität
642v rot Wachsende Bürgermacht
635v blau Tyrtaios' Kriegslieder
633v blau Alkmans Chorlieder
630v blau Gründung von Kyrene
628v rot Hoheit über Messenien
595v–525v Krösus
591v rot Geheimpolizei
588v rot Sklavenkauf beschränkt
581v blau Gründung von Agrigent
580v blau Isthmische Spiele
560v–469v Theodoros
547v rot Bündnis mit Lydien
530v–472v Aristides
519v–480v Leonidas
518v rot Peloponnesischer Bund
510v braun Aufstandshilfe für Athen
495v–429v Perikles
491v rot Machtanspruch Persiens
490v/449v Perserkriege
484v–424v Artaxerxes
483v blau Theater in Syrakus
470v braun Tyrannei-Ende, Agrigent
470v rot Rhodos im Seebund
466v braun Tyrannei-Ende, Syrakus
466v rot Demokratisierung
464v grün Erdbeben
464v/459v 3. Messenischer Krieg
462v rot Hilfe für Aufständische
461v rot Gegenbündnis Athens
457v braun Kampf gegen Athen
456v–404v Alkibiades
451v rot Waffenstillstand
450v grün Sklavenüberzahl, Korinth
447v rot Bündnis gegen Athen
447v rot Widerstand gegen Kongreß
446v–395v Lysander
445v rot Friede mit Athen
433v braun Krieg Korinths mit Korfu
433v rot Gegenbündnis Athens
432v rot Bündnis gegen Athen
432v grün Handelssperre
431v rot Gegenbündnis Athens
431v/404v Peloponnesischer Krieg
430v rot Friedensangebot Athens
425v rot Friedensangebot an Athen
424v–367v Dionys der Ältere
420v rot Gegenbündnis Athens
418v blau Tänzerinnen-Plastik
418v–362v Epaminondas
413v rot Bündnis gegen Athen
411v rot Schwächung Athens
409v/405v Sizilienkrieg Karthagos
408v rot Lysander Befehlshaber
406v rot Friedensangebot an Athen
405v rot Gebietsgewinn Karthagos
405v grün Flottenbau
404v rot Machtverlust Athens
404v rot Machtgewinn Spartas
402v grün Schutzmauer um Syrakus
397v/392v Sizilienkrieg Karthagos
396v grün Persische Hilfsgelder
395v rot Gegenbündnis Athens
395v/386v Korinthischer Krieg
392v rot Rückdrängung Karthagos
389v braun Vordringen von Syrakus
389v rot Gebietsgewinn für Syrakus
387v rot Persische Hilfe
382v/362v Thebanischer Krieg
382v–336v Philipp II.
379v braun Sieg Syrakus' über Kroton
379v rot Machtgewinn für Syrakus
376v braun Schlacht bei Naxos
376v rot Teilung Siziliens
368v rot Machtstellung Thebens
362v rot Ende thebanischer Macht
357v/354v Bundesgenossenkrieg
356v/354v 2. Heiliger Krieg
354v rot Schwächung Athens
339v/338v 3. Heiliger Krieg
242v rot Erlaß der Grundschulden
240v rot Mord an König Agis
226v grün Bodenreform
146v rot Zugeständnis Roms

DORISCHER STIL, Kunstform des südlichen und westlichen Griechenland, die auch für die Kunst der griechischen Niederlassungen in Süditalien und Sizilien ('Großgriechenland') sowie auf Kreta und auf Rhodos bestimmend wurde. Benannt nach den von Norden eingewanderten Dorern, die diesen Stil prägten. Stellt innerhalb der griechischen Kunst die strengste, schlichteste und damit die klassischste Form dar. (Erkennbar an den schmucklosen Säulenköpfen der Bauten.)

918v blau Hera-Tempel in Olympia
905v blau Poseidon-Tempel, Tainaron
595v blau Athene-Tempel in Athen
526v blau Apollo-Tempel in Delphi
493v–432v Phidias
456v blau Zeus-Tempel in Olympia
447v blau Parthenon in Athen
432v blau Propyläen in Athen
395v–343v Skopas
353v blau Athene-Tempel in Tegea

DORISCHE WANDERUNG, südlicher Ausläufer einer Völkerbewegung, deren Ursprung in Südosteuropa lag, gekennzeichnet durch zunehmende Verbreitung des Eisens. Führte die griechischen Stämme in ihre geschichtlichen Siedlungsräume.

1286v–1220v Meren-Pta
1224v–1165v Ramses III.
1195v rot Phrygerreich in Kleinasien
1189v braun Angriff auf Ägypten
1185v grün Eisen in Vorderasien

1151 v braun Zerstörung Mykenes
1150 v rot Griechen in Kleinasien
1034 v rot Griechen am Schwarzmeer
979 v blau Städte in Kleinasien

DORNACH, Ortschaft in der Nordschweiz nahe bei Basel. Hier besiegten Schweizer Bauernheere die Streitmacht des deutschen Reiches. Sie behaupteten damit die Selbständigkeit ihres Landes und bewiesen die Kraft der Bauern gegen die Ritterheere. 1926 n bis 1929 n errichtete hier Rudolf Steiner das Kultzentrum für seine antroposophische Gemeinde.

1499 n braun Sieg der Schweizer

DORNAUSZIEHER, Name einer Bronzeplastik, die von einem unbekannten griechischen Bildhauer vor 2000 Jahren nach älteren Vorbildern angefertigt wurde und sich bis in unsere Epoche gut erhalten hat.

30 v blau Anfertigung

DOS PASSOS, John Roderigo (geboren 1896 n), nordamerikanischer Schriftsteller. Als Sohn eines aus Portugal eingewanderten Rechtsanwalts studierte er Architektur und nahm als Sanitätsfreiwilliger am ersten Weltkrieg teil. Wurde durch seine entlarvenden Antikriegsromane schnell bekannt ('Werke eines jungen Mannes' und 'Drei Soldaten'). Seine zeitweise Hinwendung zu Sozialismus und Kommunismus führte zur kritischen Auseinandersetzung mit dem Ausbeutungscharakter der kapitalistischen Gesellschaft Nordamerikas ('Manhattan Transfer', 'USA' und 'Hochfinanz'). Seine Werke gestaltete er nach einem neuen Stilprinzip, das vorbildlich für die moderne Literatur wurde. Löste die Handlung in zahllose Einzelschicksale auf, die in scharf abgegrenzten eigenen Geschichten dargestellt werden. Das Ganze wird so zu einer Summe von gleichzeitigem Nebeneinander, zum hoffnungslosen Ausdruck von Vereinzelung und Vereinsamung. Vertreter der 'verlorenen Generation'.

1925 n blau 'Manhattan Transfer'

DOSTOJEWSKI, Feodor Michailowitsch, russischer Dichter.

1821 n–1880 n Lebenslinie
1866 n blau 'Schuld und Sühne'
1868 n blau 'Der Idiot'

DOVER, englische Hafenstadt. An der schmalsten Stelle des Ärmelkanals gelegen, entwickelte es sich zum englischen Brückenkopf des Verkehrs mit dem europäischen Festland.

1785 n grün Blanchards Flug

DOYLE, Conan (1859 n–1930 n), englischer Arzt und Schriftsteller aus Edinburgh (Schottland). Unternahm als Schiffsarzt Reisen in die Arktis und nach Afrika. Seit seinem 30. Lebensjahr widmete er sich der Schriftstellerei und errang mit Abenteuerromanen und Detektivgeschichten schnell Erfolge. Weltberühmt wurde er durch die Schaffung der Gestalt des furchtlosen klugen Detektivs Sherlock Holmes und dessen Gehilfen Dr. Watson. Mit unerschöpflicher Phantasie rankte er um sie immer neue Romane. Damit trug er wesentlich zur Verbreitung des allgemeinen Interesses am Verbrechen bei und wurde zum ersten Klassiker des Kriminalromans. Während des Burenkrieges und im ersten Weltkrieg vertrat er propagandistisch britischen Kolonialismus und britische Weltgeltung.

1893 n blau 'Sherlock Holmes'

DOZSA, Georg (um 1485 n–1514 n), ungarischer Bauernführer. Von Bischof Bakocz an die Spitze eines Kreuzzugheeres ungarischer Bauern gestellt, führte er die bewaffneten Leidensgenossen nicht gegen die Türken, sondern gegen die eigenen Ausbeuter daheim. Schlug mehrere gegen ihn ausgesandte Adelsheere und kämpfte siegreich gegen die Kirche. Nach Einnahme der Stadt Csanad wurde er aber mit seinem militärisch unerfahrenen Bauernheer geschlagen, gefangen genommen, gefoltert und schließlich auf einem Stuhl aus glühendem Eisen lebendig geröstet.

1514 n braun Aufstand

DRACHE, Fabeltier, das in den Sagen vieler Völker eine große Rolle spielt. Meist ein feuerspeiendes Ungeheuer, das Menschen verspeist und am Ende von einem Helden besiegt wird. Häufig mehrköpfig oder fliegend dargestellt, in Höhlen wohnend und mit gefährlichen Zähnen und Krallen ausgerüstet. Kann auf den ausgestorbenen Riesensaurier kaum zurückgeführt werden, weil dieses Tier ein reiner Pflanzenfresser war und sich nicht in die Lüfte erhoben hat.

2051 v blau Sumerische Sage
1895 v–1834 v Amoni
1850 v blau Ägyptische Erzählung
1154 v blau Chinesisches Relief
730 n blau 'Beowulf'
888 n blau Georgslied
1204 n blau Nibelungenlied

DRACHEN, einfaches Fluggerät aus einem leichten Holzgerüst, das mit Papier beklebt ist und unter Ausnutzung von Aufwind oder Warmluft in die Höhe steigt. In China erfunden, dient er seit mehreren Jahrhunderten in Europa als Kinderspielzeug.

251 v grün Erfindung
1442 n grün Bau in Deutschland

DRACHENFELS, steilster Berg des Siebengebirges am rechten Rheinufer bei Königswinter. Verdankt seinen Namen einer Sage, nach der sich hier die Höhle des Drachen befand, den Siegfried getötet haben soll.

1117 n blau Burg

DRAHTLOSE TELEGRAPHIE

1874 n–1937 n Marconi
1893 n– Karolus
1894 n grün Antenne
1897 n grün Entwicklung
1920 n grün Rundfunk
1924 n grün Fernsehen
1928 n grün Zeitungs-Bildfunk
1955 n grün Sendeturm (479 m Höhe)
1959 n grün Photos der Mondrückseite
1965 n grün Photos vom Mars

DRAHTSEIL

18 n grün Kupferseil in Rom

DRAHT-ZIEH-MASCHINE, Gerät zur mechanischen Herstellung von Draht, der mindestens seit dem 4. Jahrhundert mit Hand-Zieheisen angefertigt wurde. Beruht auf wiederholtem gewaltsamem Durchziehen von länglichem Metall durch Stahlplatten mit konisch geformten Löchern, wobei sich der Querschnitt des Metalls jedesmal etwas verringert. Die erste bekannte Draht-Zieh-Maschine ('Drahtmühle') wurde durch Wasserkraft angetrieben.

1355 n grün Erfindung

DRAINAGE, auf das französische Wort 'drain' (= Ablaufrohr) zurückgehende Bezeichnung für die Entwässerung feuchter Gebiete durch poröse, mit geringem Abstand verlegte Ton-Röhren, in denen sich das Wasser sammelt und abfließt.

2645 v grün Verwendung in Sumer

DRAIS, Karl Friedrich (1785 n–1851 n), deutscher Erfinder. Als Forstmeister in Baden baute er ein Laufrad ('Draisine'). Es bestand aus zwei hintereinander liegenden Rädern, die durch ein Holzgestell verbunden waren. Darauf war ein Sattel angebracht sowie ein Bügel zum Aufstützen der Arme. Die Vorwärtsbewegung wurde vom Fahrer durch Abstoßen mit den Beinen bewirkt. Bis in sein von Armut verdüstertes Alter kämpfte er vergeblich um die Durchsetzung seines Laufrades, das eine wichtige Stufe der Fahrzeug-Entwicklung darstellte.

1813 n grün Laufrad

DRAKE, Francis (1540 n–1596 n), englischer Seefahrer. Als Sohn eines Matrosen eignete er sich nautische Kenntnisse an und begleitete den Organisator des britischen Sklavenhandels, John Hawkins, nach Hinterindien und Guinea. Nach selbständigen Kaperfahrten, auf denen er sich auch am Sklavenhandel bereicherte, beauftragte ihn Königin Elisabeth, Südamerika zu umsegeln und die spanischen Häfen an der Westküste Südamerikas anzugreifen. Auf dieser Fahrt, die ihm und der englischen Krone ein Vermögen eintrug, umschiffte er als erster nach Magellan die ganze Erde. 1585 n erhielt er eine Flotte mit dem Auftrag, die spanische Stellung in Amerika weiter zu schwächen, nahm Santiago, Santo Domingo und Cartagena und zerstörte die spanischen Befestigungen auf Florida. Mit großer Beute heimgekehrt, erhielt er nun den Befehl zur völligen Vernichtung der spanischen Flotte ('Armada'), verbrannte einen Teil im Hafen von Cadiz und eilte dann Admiral Howard bei der Zerstörung der restlichen Schiffe im Kanal zu Hilfe. Durch seine rücksichtslosen Beutezüge, Kaperfahrten und Überfälle legte er den Grund zur englischen Weltmacht.

1580 n grün Erdumseglung
1588 n braun Niederlage der Armada

DRAKON, griechischer Politiker.

659 v–601 v Lebenslinie
624 v rot Gesetzgebung

DRAKONTIUS, Ämilius (um 450 n bis 505 n), nordafrikanischer Dichter. Rechtsanwalt in Karthago. Als Gegner des über seine Stadt herrschenden Wandalenkönigs Gutamund eingekerkert, bat er mit einem demütigen Gedicht den König um Gnade. Er versicherte darin, daß er besser König Gutamund hätte besingen sollen als dessen Feinde. Nach mehreren Jahren wurde er durch die Fürsprache mächtiger Freunde aus der Gefangenschaft befreit. Schrieb Vers-Erzählungen nach Stoffen, die vorher der dramatischen Gestaltung vorbehalten waren (Medea, Orestes).

491 n blau 'Sühne'
495 n blau Medea-Erzählung

DRAMATISCHE DICHTUNG, von dem griechischen Worte 'dran' (= handeln) abgeleitete Sammelbezeichnung für Dichtungen, die zur Bühnen-Aufführung niedergeschrieben werden (Lustspiel, Trauerspiel).

2647 v blau Osiris-Motiv
656 v–587 v Arion
625 v blau Dramatischer Gesang
583 v–513 v Thespis
534 v blau Tragödie in Athen
525 v–456 v Aischylos
505 v blau Epicharmos' Lustspiele
496 v–406 v Sophokles
491 v blau Phrynichos' Tragödien
487 v rot Staatlicher Chor, Athen
486 v blau Zweiter Schauspieler
480 v–406 v Euripides
476 v blau Phrynichos: 'Phönissen'
473 v blau Aischylos: 'Die Perser'
468 v blau Dichterwettkampf, Athen
467 v blau 'Sieben gegen Theben'
461 v blau Dritter Schauspieler
459 v blau Aischylos: 'Die Orestie'
454 v blau Kratinos' Komödien
446 v–385 v Aristophanes
442 v blau Sophokles: 'Antigone'
438 v blau Euripides: Prolog
431 v blau Euripides: 'Medea'
423 v blau Aristophanes: 'Wolken'
422 v blau Eupolis: 'Parasiten'
421 v blau Aristophanes: 'Frieden'
415 v blau Euripides: 'Troërinnen'
414 v blau 'Wolkenkuckucksheim'
412 v blau Eupolis: 'Demen'
411 v blau 'Lysistrata'
410 v blau Euripides: 'Archelaos'
408 v blau Aristophanes: 'Plutos'
407 v blau Sophokles: 'Ödipus'
406 v blau Euripides: 'Iphigenie'
343 v–292 v Menander
311 v blau 'Das Schiedsgericht'
285 v–204 v Andronikos
282 v blau Philemon: 'Der Kaufmann'
280 v–220 v Herondas
272 v blau Philemon: 'Der Schatz'
265 v–201 v Nävius
254 v–184 v Plautus
246 v blau Lustspiele des Herondas
240 v blau Lateinisches Drama
234 v blau Nävius' Geschichtsdramen
195 v–159 v Terenz
186 v blau Plautus: 'Goldener Topf'
166 v blau 'Mädchen von Andros'
160 v blau Terenz: 'Brüder'
94 v–34 v Publilius
4 v–65 n Seneka
34 n–112 n Asvagoscha
53 n blau Senekas Dramen
275 n–335 n Bhasa
317 n blau Bhasa: 'Krischna'
353 n–420 n Kalidasa
390 n blau Kalidasa: 'Sakuntala'
590 n–648 n Harsa
640 n blau Indische Rahmendichtung
700 n blau 'Das Tonwägelchen'
733 n blau 'Malati und Madhava'
775 n blau 'Rama und Sita'
939 n–990 n Roswitha
966 n blau Roswitha: 'Abraham'
1105 n blau Spiel von den Jungfrauen
1197 n blau Bodels Nikolausspiel
1238 n–1286 n Adam de la Halle
1271 n blau 'Robert und Mariechen'
1271 n blau Rutebeufs Mirakelspiel
1289 n blau Dramensammlung in China
1363 n blau Japanisches No-Drama
1395 n blau 'Übergabe der Blume'
1404 n–1472 n Alberti
1425 n blau Alberti: 'Philodoxas'
1449 n blau Rosenplüt: 'Weinsegen'
1499 n blau De Rojas: 'La Celestina'
1547 n–1616 n Cervantes
1550 n blau Sachs: Fastnachtsspiele
1562 n–1635 n Lope de Vega
1564 n–1616 n Shakespeare
1586 n blau Marlowe: 'Timur'
1588 n blau Marlowe: 'Faust'
1591 n blau 'Romeo und Julia'
1593 n blau 'Sommernachtstraum'
1599 n blau 'Julius Cäsar'
1600 n–1681 n Calderon
1601 n blau 'Hamlet'
1605 n blau 'Macbeth'
1606 n–1685 n Corneille
1609 n blau Jonson: 'Die Stumme'
1614 n blau Lope: 'Kolumbus'
1621 n blau Lope: 'Andromeda'
1621 n–1695 n Lafontaine
1622 n–1673 n Molière
1630 n blau Tellez: Don-Juan-Drama
1634 n blau 'Verdächtige Wahrheit'
1635 n blau 'Das Leben ein Traum'
1636 n blau Corneille: 'Der Cid'
1639 n–1699 n Racine
1647 n blau Gryphius' Tragödie
1651 n blau 'Richter von Zalamea'
1654 n blau Vondel: 'Lucifer'
1666 n blau 'Der Menschenfeind'
1670 n blau 'Bürger als Edelmann'
1671 n blau Calderons Mexikodrama
1673 n blau 'Der eingebildete Kranke'
1677 n blau Racine: 'Phädra'
1691 n blau Racine: 'Athalie'
1694 n–1778 n Voltaire
1709 n blau Lesage: 'Turcaret'
1713 n–1784 n Diderot
1722 n blau Holberg: 'Kannegießer'
1729 n–1781 n Lessing
1730 n blau Marivaux' Komödie
1732 n blau Voltaire: 'Zaïre'
1742 n blau Voltaire: 'Mohammed'
1749 n–1832 n Goethe
1753 n blau Goldoni: 'Mirandolina'
1759 n–1805 n Schiller
1763 n blau 'Minna von Barnhelm'
1764 n blau Gozzi: 'Turandot'
1771 n blau 'Götz von Berlichingen'
1772 n blau 'Emilia Galotti'
1774 n blau Goethes 'Faust'-Entwurf
1775 n blau Alfieri: 'Philipp II.'
1775 n blau Beaumarchais: 'Barbier'
1776 n blau Klinger: 'Sturm und Drang'
1777 n blau Sheridan: 'Lästerschule'
1777 n–1811 n Kleist
1778 n blau Beaumarchais: 'Figaro'
1779 n blau 'Nathan der Weise'
1779 n blau 'Die Räuber'
1782 n blau 'Kabale und Liebe'
1785 n blau Iffland: 'Die Jäger'
1787 n blau 'Egmont', 'Iphigenie'
1789 n blau 'Menschenhaß und Reue'
1798 n blau 'Wallenstein'
1800 n blau 'Maria Stuart'
1803 n blau Kotzebue: 'Kleinstädter'
1804 n blau 'Wilhelm Tell'
1806 n blau 'Der zerbrochene Krug'
1807 n blau 'Penthesilea'
1808 n blau Goethe: 'Faust I'
1809 n–1852 n Gogol
1813 n–1883 n Wagner
1817 n blau Grillparzer: 'Ahnfrau'
1820 n blau Shelley: 'Prometheus'
1825 n blau Puschkin: 'Boris Godunow'
1831 n blau Goethe: 'Faust II'
1833 n blau 'Lumpacivagabundus'
1833 n blau Raimunds 'Verschwender'
1835 n blau Büchner: 'Dantons Tod'
1844 n blau Hebbel: 'Maria Magdalena'
1850 n blau Poccis 'Kasperle'-Spiele
1854 n blau Freytag: 'Journalisten'
1856 n–1950 n G. B. Shaw
1860 n blau Ostrowski: 'Gewitter'
1862 n blau Hebbel: 'Nibelungen'
1866 n blau Ibsen: 'Brand'
1867 n blau Ibsen: 'Peer Gynt'
1877 n blau 'Stützen der Gesellschaft'
1882 n blau Ibsen: 'Der Volksfeind'
1891 n blau 'Frühlings Erwachen'
1892 n blau Hauptmann: 'Die Weber'
1895 n blau Björnsons Drama
1897 n blau Jarry: 'Ubu Roi'
1898 n–1956 n Brecht
1899 n blau Schnitzler: 'Der Reigen'
1901 n blau Tschechow: 'Schwestern'
1902 n blau Gorki: 'Nachtasyl'
1909 n blau Molnar: 'Liliom'
1911 n blau Hofmannsthal: 'Jedermann'
1912 n blau Shaw: 'Pygmalion'
1921 n blau Pirandello: '6 Personen'
1922 n blau O'Neill: 'Haariger Affe'
1923 n blau Shaw: 'Heilige Johanna'
1924 n blau Klabunds 'Kreidekreis'
1925 n blau Kuo-Mojo: 'Rebellische'
1928 n blau 'Die Dreigroschenoper'
1929 n blau Wolf: 'Cyankali'
1931 n blau 'Hauptmann von Köpenick'
1933 n blau Lorca: 'Bluthochzeit'
1935 n blau 'Kein Krieg in Troja'
1938 n blau Wilder: 'Unsere Stadt'
1941 n blau 'Mutter Courage'
1942 n blau 'Galileo Galilei'
1946 n blau Sartre: 'Ehrbare Dirne'
1947 n blau 'Draußen vor der Tür'
1950 n blau Cocteau: 'Bacchus'
1953 n blau Miller: 'Hexenjagd'
1956 n blau 'Süßer Vogel Jugend'
1960 n blau 'Die Sorgen und die Macht'
1961 n blau Frisch: 'Andorra'
1961 n blau Anouilh: 'Die Grotte'
1962 n blau Ionesco: 'Fußgänger'
1962 n blau Ustinov: 'Endspurt'
1962 n blau Dürrenmatt: 'Physiker'
1963 n blau Hochhuth: 'Stellvertreter'
1963 n blau Beckett: 'Spiel'
1964 n blau 'Zwischenfall in Vichy'

DRAMATURGIE, Lehre vom Wesen, Aufbau und Gestaltung der Bühnen-Dichtung.

656 v–587 v Arion
625 v blau Dramatischer Gesang
583 v–513 v Thespis
536 v blau Einzelschauspieler
534 v blau Tragödie in Athen
525 v–456 v Aischylos
496 v–406 v Sophokles
491 v blau Hauptrollen für Frauen
486 v blau Zweiter Schauspieler
480 v–406 v Euripides
468 v blau Dramatischer Wettkampf
461 v blau Dritter Schauspieler
438 v blau Prolog
254 v–184 v Plautus
195 v–159 v Terenz
94 v–34 v Publilius
275 n–335 n Bhasa
290 n blau Lehrbuch Bharatas
353 n–420 n Kalidasa
640 n blau Spiel mit Rahmenhandlung
685 n–762 n Hüan-Tsung
714 n blau Schauspielschule in China
1238 n–1286 n Adam de la Halle
1271 n blau Singspiel
1363 n blau No-Drama
1395 n blau Schrift über No-Drama
1564 n–1616 n Shakespeare
1600 n–1681 n Calderon
1622 n–1673 n Molière
1680 n blau Comédie française
1727 n blau Reformen der Neuberin
1729 n–1781 n Lessing
1767 n blau 'Hamburger Dramaturgie'
1813 n–1883 n Wagner
1898 n–1956 n Brecht

DREBBEL, Cornelius (1572 n–1634 n), holländischer Erfinder. Als Sohn eines Bauern wurde er Mechaniker und erlangte durch seine Erfindungen und Forschungen den Ruf großer Gelehrsamkeit. Kaiser Ferdinand II. machte ihn zum Erzieher seiner Söhne. Baute ein Unterwasserfahrzeug für 15 Personen, angetrieben von zwölf Rudern, die durch wasserdichte Schläuche vom Innern des Bootes aus bedient werden konnten. Nach seinem ersten Versuch (1622 n) konnte er 1628 n das Boot in England vorführen. Es tauchte durch Einlassen von Wasser in Fluträume unter und kam durch Abwerfen von Ballast wieder an die Wasseroberfläche. Zwei Stunden lang fuhr er damit vier Meter unter dem Wasserspiegel der Themse von Westminster bis Greenwich. Am Bug des Fahrzeugs hatte er ein Rammgerät angebracht, das man in feindliche Schiffskörper stoßen konnte.

1622 n grün Unterseeboot

DREHBANK, Werkzeugmaschine, auf der ein Werkstück aus Metall, Holz oder Kunststoff in schnelle Drehung versetzt und durch Heranführung von Werkzeugen (Fräser, Bohrer, Gewindeschneider) bearbeitet wird. Dient der Herstellung runder Gegenstände.

560 v–469 v Theodoros
528 v grün Erfindung
1561 n grün Verbesserung

DREHBÜHNE, Bezeichnung für einen drehbaren Bühnenboden, der den schnellen Wechsel mehrerer fertig aufgebauter Dekorationen erlaubt. In Japan seit 200 Jahren gebräuchlich. In Europa 1896 n eingeführt durch den deutschen Bühnentechniker Karl Lautenschläger, der sie bereits 1894 n in einer Schrift entworfen hatte ('Beschreibung einer Bühneneinrichtung mit drehbarem Bühnenpodium und mit elektrischem Betriebe aller Maschinen').

1772 n grün Aufkommen in Japan

DREHKRAN, Gerät zum Heben von Lasten (Kran), das durch Drehen seiner Basis die aufgehobenen Lasten an einer anderen Stelle wieder niedersetzen kann.

1329 n grün Bau in Deutschland

DREHLADE, eine von Papst Innozenz III. in Rom geschaffene Einrichtung, die es Müttern ermöglichte, ihre Neugeborenen unerkannt einem katholischen Findelhaus zuzuführen. Bestand aus einem drehbaren Halbzylinder, der so angelegt war, daß Eltern, die ihre Kinder hineinlegten, nicht gesehen werden konnten. Sie sicherte die für diese Übergabe erwünschte Anonymität, an der auch die Kirche interessiert war, damit sie diese Kinder später ohne Rücksicht auf Wünsche oder Interessen der Eltern ihren Zwecken zuführen konnte und im jungen Menschen niemals Sehnsucht nach Mutter oder Vater erwachte. Ihr Erfolg in Rom führte zur Einführung in anderen italienischen Städten (Florenz, Mailand) und anderen Ländern (Frankreich, Deutschland).

1199 n grün Einführung in Rom

DREIBUND, Bezeichnung für Verträge zwischen drei gleichberechtigten Partnern. Insbesondere wurde das Bündnis Deutschlands mit Österreich und Italien so genannt, das von Bismarck zur Aufrechterhaltung des europäischen Gleichgewichts ins Leben gerufen wurde. Es zerbrach, als Deutschland und Österreich dieses Macht-Gleichgewicht durch den ersten Weltkrieg zu ihren Gunsten verändern wollten. Auch das innenpolitische Ziel (Festigung des monarchischen

Prinzips und Festhalten an der bestehenden Sozialordnung) wurde durch den ersten Weltkrieg zerstört.

- 1712 v rot Mesopotamischer Bund
- 60 v rot Römischer Bund
- 1007 n rot Amerikanischer Bund
- 1815 n–1898 n Bismarck
- 1882 n rot Bündnisschluß
- 1914 n/1918 n Erster Weltkrieg
- 1915 n rot Umschwenken Italiens

DREIECKS-RECHNUNG

- 995 v grün Anfänge in China
- 572 v–493 v Pythagoras
- 546 v grün Pythagoras' Lehrsatz
- 316 v–250 v Aristarch
- 124 v grün Formel des Heron
- 476 n–535 n Arjabatta
- 527 n grün Sinus-Berechnung
- 598 n–660 n Brahmagupta
- 855 n–929 n Al Battani
- 893 n grün Vereinfachte Sinus-Lehre
- 1114 n–1186 n Bhaskara
- 1251 n grün Sphärische Trigonometrie

DREIFALTIGKEIT, Fachausdruck der Kirchensprache. Bezeichnet die von verschiedenen Religionen unternommenen Versuche, durch Identifizierung mehrerer Gottesvorstellungen religiöse Vielfalt mit dem Glauben an einen Gott zu verbinden. Dieses Problem stellte sich im Christentum nach der Einführung der Lehre von der göttlichen Natur Jesu und wurde mit der Hilfskonstruktion eines 'Heiligen Geistes' gelöst.

- 2608 v blau Vorstellung in Sumer
- 133 n–190 n Athenagoras
- 162 n–224 n Tertullian
- 214 n blau Entwicklung des Dogmas
- 245 n blau Schrift Novatians
- 258 n–336 n Arius
- 263 n–339 n Eusebius
- 280 n–337 n Konstantin
- 295 n–373 n Athanasius
- 311 n–383 n Wulfila
- 315 n–367 n Hilarius von Poitiers
- 324 n blau Eusebius' Ablehnung
- 325 n rot Konzil zu Nikäa
- 325 n blau Gegnerschaft des Arius
- 329 n–389 n Gregor von Nazianz
- 341 n rot Konzil zu Antiochia
- 346 n–395 n Theodosius
- 348 n–408 n Prudentius
- 355 n rot Zwang zur Rücknahme
- 356 n blau Werk des Hilarius
- 380 n rot Kaiserliche Bestätigung
- 381 n rot Konzil zu Konstantinopel
- 381 n blau Gregors Reden
- 381 n–444 n Cyrillus
- 382 n rot Verfolgung der Gegner
- 386 n–451 n Nestorius
- 416 n blau Schrift Augustins
- 430 n blau Zweifel an Natur Jesu
- 686 n–744 n Kumarila
- 699 n–748 n Ibn Ata
- 708 n blau Kumarilas Lehren
- 728 n blau Vorwurf der Vielgötterei
- 792 n rot Unterstützung durch Karl
- 1053 n–1123 n Roscelin
- 1092 n rot Roscelins Widerruf

DREI-KAISER-BUND, Freundschaftsvertrag zwischen Deutschland, Österreich und Rußland als den drei europäischen Ländern, die noch von Kaisern regiert wurden. Aus der deutsch-russischer Militärallianz und der österreichisch-russischen Konvention hervorgegangen, wurde er durch den gegen Rußland gerichteten Geheimbund zwischen Deutschland und Österreich (Zweibund) schwer gefährdet und zerfiel in der Balkankrise von 1886 n ganz.

- 1815 n–1898 n Bismarck
- 1873 n rot Abschluß
- 1879 n rot Zweibund

DREI-KAISER-SCHLACHT, Bezeichnung einer Schlacht der Napoleonischen Kriege, an der außer dem siegreichen französischen Kaiser Napoleon I. die Kaiser Rußlands und Deutschlands persönlich ihre Truppen befehligten. Sie fand 1805 n in Austerlitz (Mähren) statt.

- 1796 n/1815 n Napoleonische Kriege

DREIKRONEN-KRIEG, Machtkampf der an die Ostsee angrenzenden Staaten. Anlaß war die Weigerung Dänemarks, die für die nordische Einheit symbolischen drei Kronen aus seinem Landeswappen zu entfernen.

- 1563 n/1570 n Krieg
- 1570 n rot Friede zu Stettin

DREISATZ-RECHNUNG, Teilgebiet der Mathematik, das aus drei gegebenen Größen eine vierte errechnet.

- 476 n–535 n Arjabatta
- 507 n grün Anwendung in Indien

DREISSIGJÄHRIGER KRIEG

- 1583 n–1634 n Wallenstein
- 1585 n–1642 n Richelieu
- 1594 n–1632 n Gustav Adolf
- 1618 n braun Erhebung in Prag
- 1618 n/1648 n Krieg
- 1629 n rot Restitutionsedikt
- 1631 n blau Guerickes Geschichte
- 1634 n rot Ermordung Wallensteins
- 1635 n grün Belohnung Piccolominis
- 1648 n rot Westfälischer Friede
- 1669 n blau 'Simplizissimus'
- 1798 n blau Schiller: 'Wallenstein'
- 1941 n blau Brecht: 'Mutter Courage'

DREITEILUNG der staatlichen Gewalt, Begriff des Staatsrechts. Fordert die Abtrennung der richterlichen Gewalt von der gesetzgebenden Gewalt und die Unabhängigkeit der ausübenden Gewalt von beiden. Bewirkt durch Dezentralisation der Macht eine gegenseitige Kontrolle, die sich förderlich auf die Rechtssicherheit des Einzelnen auswirken kann. In der bürgerlichen Gesellschaft kommt dieser Vorteil aber vorwiegend der besitzenden Klasse zugute, die aus ihren Reihen die Schlüsselpositionen aller drei Gewalten besetzt.

- 384 v–322 v Aristoteles
- 324 v blau Aristoteles' Lehre
- 1632 n–1704 n Locke
- 1689 n–1755 n Montesquieu
- 1748 n blau Montesquieus Lehre

DRESDEN, Stadt an den Ufern der Elbe unweit der tschechischen Grenze. Emporgewachsen aus dem slawischen Dorf 'Dresga' (= 'Sumpfwald'). Seit 1319 n Sitz der Fürsten von Wettin. 1345 n und 1368 n erhoben sich die Handwerker. Sie wurden 1433 n an der städtischen Verwaltung beteiligt. Als Residenzstadt (seit 1485 n) zunächst stark befestigt und dann mit prächtigen Bauten geschmückt ('Elb-Florenz'). Die im 16. Jahrhundert begonnene Bautätigkeit erreichte im 18. Jahrhundert (Barock) ihren Höhepunkt, besonders unter August dem Starken. Im Siebenjährigen Krieg zu 60 Prozent zerstört, von Napoleon zum Hauptwaffenplatz gemacht, wurde die Stadt seit 1817 n von ihren Befestigungsmauern befreit. 1849 n Schauplatz eines Arbeiteraufstandes (Bakunin), der auch von Teilen der Bürgerschaft unterstützt wurde (Wagner). 1918 n vom Arbeiter- und Soldatenrat vorübergehend zur sozialistischen Republik erklärt, während des Kapp-Putsches Sitz der Reichsregierung. 1945 n durch englische und amerikanische Bombenflugzeuge eingeäschert (300000 Tote). Seitdem allmählicher Wiederaufbau unter sozialistischer Ordnung.

- 1216 n blau Entwicklung zur Stadt
- 1533 n blau Georgenbau des Schlosses
- 1585 n–1672 n Heinrich Schütz
- 1601 n rot Hinrichtung Krells
- 1711 n blau Bau des Zwingers
- 1718 n blau Zwinger-Figuren
- 1726 n blau Bau der Frauenkirche
- 1731 n blau Pöppelmanns Elbbrücke
- 1738 n blau Bau der Hofkirche
- 1813 n–1883 n Wagner
- 1871 n blau Bau des Opernhauses

DRESER, Heinrich (1860 n–1924 n), deutscher Chemiker. Entwickelte aus den Essigsäure-Bestandteilen der Salizylsäure ein schmerzlinderndes und fieberdrückendes Medikament ('Aspirin'), das sich als wirksames Mittel bei Grippe-Erkrankungen und Gelenk-Rheumatismus bewährte, aber auch bei anderen fiebrigen Erkrankungen und bei Kopfschmerz.

- 1899 n grün Aspirin

DREWLANEN (wörtlich 'Waldleute'), slawischer Volksstamm in West-Rußland (Pripet-Gebiet). Im 9. Jahrhundert vom Fürstentum Kiew unterworfen. Erhoben sich im 10. Jahrhundert, erschlugen Fürst Igor im Kampf, wurden aber von dessen Witwe Olga niedergeworfen und endgültig dem Fürstentum Kiew einverleibt.

- 885 n–968 n Olga
- 945 n/946 n Aufstand

DREYFUS, Alfred (1859 n–1935 n), französischer Offizier. Als Hauptmann im Generalstab wurde er 1894 n wegen landesverräterischer Beziehungen zum deutschen Militär-Attaché zu lebenslänglicher Verbannung auf der Teufelsinsel verurteilt. Die Wiederaufnahme des Verfahrens, die von dem Schriftsteller Emile Zola durch seinen Artikel 'J'accuse' (= 'Ich klage an') ausging und durch Empörung der Öffentlichkeit erwirkt worden war, führte zur Bloßstellung der antisemitischen und der politischen Hintergründe ('Affäre Dreyfus'). Nach Aufdeckung der Rechtsbeugungen und Fälschungen kam es zum öffentlichen Protest aller Linkskräfte gegen die herrschende Klasse. Sein dadurch 1906 n erwirkter Freispruch war ein Sieg der Arbeiterparteien über die reaktionären Parteien und die Macht der Kirche innerhalb der bürgerlichen Gesellschaft durch Ausnutzung der formalen Rechtsgleichheit. Führte zum Abbruch der Beziehungen zwischen dem französischen Staat und der katholischen Kirche (Vatikan) sowie zur Aufhebung der katholischen Orden und zur Trennung von Kirche und Staat. Stärkte das Selbstbewußtsein der französischen Arbeiterklasse.

- 1898 n blau Zola: 'Ich klage an'

DREYSE, Johann Nikolaus (1787 n–1867 n), deutscher Erfinder. Verließ 1807 n als Schlossergeselle seine Geburtsstadt Sömmerda, um seine Kenntnisse im Ausland zu vervollkommnen. Arbeitete bis 1814 n in Paris. In seine thüringische Heimat zurückgekehrt, errichtete er eine Werkstatt für die Herstellung von Zündhütchen. Erfand das Zündnadelgewehr, das zunächst als Vorderlader und seit 1834 n als Hinterlader gebaut wurde. 1841 n wandelte er die Werkstatt in eine Gewehrfabrik um.

- 1827 n grün Zündnadelgewehr

DRILLBOHRER, Bohrgerät, das durch Drehung der auf dem eigentlichen Bohrer sitzenden Achse betätigt wird.

- 2694 v grün Gebrauch in Indien
- 81 n–144 n Archigenes

DRONTHEIM, Hafenstadt in Mittel-Norwegen. Trotz der Lage am Nordmeer durch den Golfstrom das ganze Jahr hindurch eisfrei. Drittgrößte Stadt des Landes. Seit der Gründung Krönungsstadt norwegischer Könige, später Wallfahrtsort und kultureller Mittelpunkt Norwegens.

- 997 n blau Gründung
- 1175 n blau Olafs-Dom

DROTTNINGHOLM, Schloß in Schweden, 12 Kilometer westlich von Stockholm auf der Insel Lovö im Mälarsee gelegen. Sommersitz der schwedischen Könige. Im Auftrag der Königinwitwe Hedwig Eleonore von dem schwedischen Architekten Nicodemus Tessin erbaut, stellt es das prächtigste der schwedischen Königsschlösser dar.

- 1681 n blau Vollendung

DRUCK, mechanische Vervielfältigung durch Abdruck von einem Farbträger, der nach Schrift- oder Bildvorlage für diesen Arbeitsprozeß angefertigt ist.

- 896 v grün Steindruck in China
- 175 n grün Druck auf Papier
- 596 n grün Holztafeldruck, China
- 685 n–762 n Hüan-Tsung
- 748 n grün Zeitung in China
- 765 n grün Holzplattendruck, Japan
- 868 n grün Bücher in China
- 977 n grün 'Tripitaka'-Druck, China
- 1016 n–1076 n Pi-Scheng
- 1045 n grün Einzelletter
- 1399 n–1468 n Gutenberg
- 1400 n grün Holzschnitt
- 1430 n grün Kupferstich
- 1437 n grün Druckerpresse
- 1443 n–1490 n Matthias Corvinus
- 1444 n grün Zweiseitiger Druck
- 1448 n grün Gießgerät für Lettern
- 1450 n grün Druck eines Schulbuches
- 1455 n grün Gutenbergs Bibel
- 1461 n grün Bebilderte Bücher
- 1464 n grün Rusch: Antiqua
- 1468 n grün Jenson: Antiqua
- 1469 n grün Buchdruckerei, Venedig
- 1470 n grün Deutsche Drucker, Paris
- 1472 n grün Arabische Seitenzahlen
- 1476 n grün Metallene Notenlettern
- 1478 n grün Kupferstich-Landkarte
- 1484 n grün Verbreitung in Europa
- 1490 n grün Kobergers Verlag
- 1491 n grün Landkartendruck
- 1522 n rot Zensur für Druckwerke
- 1530 n–1584 n Iwan IV.
- 1542 n rot Strafe für Koran-Druck
- 1546 n rot Feuertod für Drucker
- 1710 n grün Drei-Farben-Druck
- 1796 n grün Steindruck (Senefelder)
- 1804 n grün Letternguß-Maschine
- 1810 n grün Buchdruck-Schnellpresse
- 1858 n rot Drucker-Gewerkschaft
- 1860 n grün Rotations-Maschine
- 1882 n grün Autotypie
- 1884 n grün Zeilengießmaschine
- 1910 n grün Rotations-Tiefdruck

DRUSEN, arabische Volksgruppe in Vorderasien (Syrien), die ihre religiöse Lehre geheimhält. Benannt nach dem Ägypter Ibn Darasi, der im 11. Jahrhundert eine Glaubenslehre stiftete, nach der sich Gott stufenweise offenbart. Nachdem der von ihm als letzte Selbstoffenbarung Gottes gefeierte Kalif Al Hakim in Ägypten wegen Versuchs zur Errichtung eines Gottesgnadentums ermordet worden war, floh er nach Syrien und gründete seine Gemeinde, die von wenigen Eingeweihten ('Wissenden') geführt wird. Unter türkischer Herrschaft selbständiges Fürstentum mit eigenen Häuptlingen. In den natürlichen Bergfesten des Libanon und Antilibanon haben sie allen Unterwerfungsversuchen widerstanden (Aufstände 1842 n und 1854 n). Der nach dem ersten Weltkrieg errichteten französischen Kolonialmacht haben sie empfindliche Verluste beigebracht, und am Befreiungskampf Syriens nahmen sie wesentlichen Anteil.

- 1021 n rot Ermordung Al Hakims
- 1022 n blau Lehre des Ibn Darasi
- 1925 n/1926 n Aufstand

DRUSUS, Nero Klaudius, römischer Heerführer.

- 38 v–9 v Lebenslinie
- 15 v braun Vordringen zur Donau
- 15 v rot Donau römische Grenze
- 15 v–19 n Germanikus
- 13 v blau Gründung von Mainz
- 12 v/7 v Zweiter Germanenkrieg
- 12 v grün Kanalbau
- 9 v rot Siegesmal an der Elbe

DRUSUS, Livius (um 130 v–91 v), römischer Staatsmann. Nachdem sein Vater als Volkstribun die Gesetzesentwürfe des Gajus Gracchus nur deshalb durch noch volksfreundlichere Vorschläge übertroffen hatte, um die Gracchen aus der Gunst des Volkes zu verdrängen, wurde er nach seiner Wahl zum Volkstribunen ein ehrlicher Sprecher der Armen und Benachteiligten. Beantragte die Gleichstellung von Bürgern und Nicht-Bürgern, die Rückübertragung der Gerichtsbarkeit von den Rittern auf den Senat sowie eine gerechtere Verteilung der Äcker im Sinne der Gracchen. Wurde in seinem eigenen Hause ermordet, ehe er seine Reformen durchsetzen konnte.

- 91 v rot Ermordung

DSCHAHIS (768 n–864 n), arabischer Naturforscher und Anthropologe. Nach gründlichem Studium der Schriften des Aristoteles verfaßte er ein Buch über die in allen Teilen der Natur waltende Einheit. Darin ordnete er den Menschen der übrigen belebten Natur zu. Verfaßte auch satirische Schriften über die Klasseneinteilung der menschlichen Gesellschaft.

- 840 n grün Buch der Tiere

DSCHEHAN (um 1590 n–1658 n), indischer Kaiser mongolischer Herkunft. Als Enkel Akbars 1627 n zur Macht gelangt, führte er durch eine Politik des Friedens das Reich zur höchsten wirtschaftlichen Blüte. Schmückte das ganze Land und besonders seine Hauptstadt Agra (Nordindien) mit zahlreichen Bauten. Für seine Lieblingsfrau Mahal, die bei der Geburt ihres 14. Kindes starb, ließ er in Agra ein Grabmal aus weißem Marmor errichten, das zu den schönsten Bauwerken der Erde zählt. In Anlehnung an frühere mongolische Grabmäler auf persischem Boden gelang dem von ihm beauftragten Architekten Ustad Isa mit dem 'Tadsch-Mahal' ('Palast der Mahal') der vollkommene Zusammenklang von Bauwerk und Landschaft.

- 1648 n blau 'Tadsch-Mahal'

DSCHINGIS-KHAN, mongolischer Herrscher.

- 1155 n–1227 n Lebenslinie
- 1200 n/1206 n Bürgerkrieg
- 1206 n rot Einigung der Mongolei
- 1206 n blau Gesetzbuch
- 1206 n rot Todesstrafe für Ehebruch
- 1206 n grün Schutz des Frauengutes
- 1207 n/1279 n Großer Mongolenkrieg
- 1207 n–1255 n Batu-Khan
- 1209 n rot Tanguten mongolisch
- 1211 n rot Mandschurei mongolisch
- 1214 n–1294 n Kublai-Khan
- 1215 n rot Nordchina mongolisch
- 1217 n–1265 n Hulagu-Khan
- 1218 n rot Kitan-Reich mongolisch
- 1218 n rot Südsibirien mongolisch
- 1219 n rot Korea mongolisch
- 1219 n rot Turkestan mongolisch
- 1220 n rot Samarkand mongolisch
- 1220 n rot Nordpersien mongolisch
- 1221 n rot Kaschmir mongolisch
- 1221 n rot Afghanistan mongolisch
- 1223 n rot Armenien mongolisch
- 1223 n rot Georgien mongolisch
- 1224 n rot Ukraine mongolisch
- 1227 n rot Großreich

DSCHUBAIR, Ibn (1145 n–1218 n), arabischer Schriftsteller. Verließ 1183 n seine Heimatstadt Valencia im arabischen Spanien, um sich über Ceuta, Alexandrien und Kairo nach Mekka und Medina zu begeben. Von dort fuhr er nach Damaskus, Bagdad und Aleppo weiter. 1185 n kehrte er über Sizilien nach Spanien zurück. Hier schrieb er über seine Erlebnisse auf dieser Reise eine spannende Erzählung mit gründlicher Schilderung der arabischen Kultur auf der Insel Sizilien. Später unternahm er noch zwei weitere Reisen in den Orient.

- 1185 n blau Bericht einer Pilgerfahrt

DSCHUWAINI, Ata (1233 n–1265 n), persischer Geschichtsschreiber und Staatsmann. Bereiste die Mongolei und schrieb mit siebenundzwanzig Jahren eine Geschichte der Mongolen von Dschingis-Khan bis zum Jahre 1260 n. Dabei stellte er die Geschichte der Groß-Khane in den Mittelpunkt seines Werkes, das neben der politischen Geschichte auch der Kultur viel Platz einräumt. Belebte sein Buch mit Anekdoten. Zwei Jahre nach der Niederschrift wurde er zum Statthalter des Zwischenstromlandes (Mesopotamien) ernannt, setzte in Bagdad seine Forschungen fort und diente den von ihm verehrten mongolischen Herrschern weiter in mehreren hohen Stellungen.

- 1260 n blau Geschichte der Mongolen

DU BELLAY, Joachim (1522 n–1560 n), französischer Dichter. Studierte Rechtswissenschaft zusammen mit Ronsard und führte später gemeinsam mit diesem eine Gruppe von zunächst sieben Dichtern, die sich das Ziel setzte, der französischen Sprache die Klarheit, Schönheit und Ausdruckskraft der griechischen und der lateinischen zu geben. Verfaßte das Manifest der Gruppe, die ihren Namen 'Plejade' von dem griechischen Wort für 'Siebengestirn' ableitete. Schrieb selbst zahlreiche Gedichte, für die er nach seiner Italienreise gern die italienische Gedichtform des Sonetts wählte. Seine in Rom geschriebenen 'Klagen' enthalten Satiren auf das Leben am Hofe des Papstes und Gedichte voller Heimweh nach Frankreich.

- 1549 n blau Manifest der Plejade

DUBININ, Wassilij, Gerassim und Makar, russische Erfinder. Die drei Brüder lebten als Leibeigene der Gräfin Panin im nördlichen Kaukasus und fanden ein Verfahren zur Herstellung von Petroleum aus Rohöl. Sie lösten durch Destillation die Leuchtölanteile aus dem Erdöl und verkauften ihr Produkt als Lampenöl in ganz Südrußland. Nach mehr als zwanzigjähriger erfolgreicher Tätigkeit mußten sie ihren Fabrikationsbetrieb 1846 n wegen finanzieller Schwierigkeiten einstellen.

- 1823 n grün Öldestillation

DUBLIN, Hauptstadt Irlands. An der Ostküste der Insel gegenüber der englischen Küste gelegen, wurde die alte Hafenstadt im 9. Jahrhundert von dänischen Normannen zur Hauptstadt ihres mächtigen Königreiches aufgebaut. 1172 n von Engländern endgültig erobert, dann Sitz einer englischen Grafschaft und seit 1541 n Residenz des englischen Statthalters (Vizekönigs). Als Zentrum der anti-englischen Freiheitsbewegung wurde von hier aus im 20. Jahrhundert die Unabhängigkeit Irlands erkämpft.

- 1171 n/1172 n Vorstoß Englands
- 1172 n rot Englische Herrschaft
- 1856 n–1950 n G. B. Shaw
- 1916 n braun Erhebung Irlands
- 1921 n braun Erhebung Irlands
- 1921 n rot Irland Freistaat

DUBOIS, Pierre, französischer Staatsphilosoph.

- 1255 n–1311 n Lebenslinie
- 1283 n blau Völkerbundsplan
- 1304 n blau Ruf nach Säkularisation

DUBROVNIK (italienisch: Ragusa), jugoslawische Hafenstadt an der Küste der Adria (Mittelmeer). Vor 1400 Jahren von slawischen Siedlern gegründet, entwickelte sie sich schnell zu einer mächtigen Stadt-Republik und behauptete ihre Selbständigkeit trotz der oft wechselnden Oberhoheit fremder Staaten (Byzanz, Venedig, Ungarn, Türkei, Frankreich, Österreich). Seit 1919 n wichtiger Hafen des durch den Vertrag von St. Germain unabhängigen Jugoslawien.

- 1377 n grün Quarantäne-Station

DUCCIO (um 1255 n–1319 n), italienischer Maler. In der Malerstadt Siena (Norditalien) geboren, lernte er das Malen in der üblichen, aus Byzanz übernommenen, etwas starren Art. Erfüllte aber seine Bilder zunehmend mit Leben und Bewegung. Durch Beobachtung der Natur und des Menschen gelang ihm die Verinnerlichung seiner Werke. Schuf das Gemälde für den Altar des Domes von Siena, auf dessen Mittelbild er die Madonna nicht mehr als unnahbare Himmelskönigin darstellte, sondern einfach als eine Mutter.

- 1311 n blau 'Thronende Madonna'

DUDEN, Konrad (1829 n–1911 n), deutscher Sprachforscher. Als Schullehrer trat er auf der orthographischen Konferenz von 1876 n für eine maßvolle Reform der Rechtschreibung ein und arbeitete seitdem an der Schaffung einer einheitlichen deutschen Schreibweise. Sein 'Orthographisches Wörterbuch der deutschen Sprache' wurde Grundlage der 1901n eingeführten deutschen Einheitsrechtschreibung und erhielt dadurch amtlichen Charakter.

1880n blau Wörterbuch

DÜHRING, Karl Eugen (1833n–1921n), deutscher Philosoph. Studierte Rechtskunde, mußte aber wegen zunehmender Erblindung die juristische Laufbahn aufgeben und wurde Dozent für Philosophie und Volkswirtschaft an der Berliner Universität. Wegen seiner 'Kritischen Geschichte der allgemeinen Prinzipien der Mechanik' und der tiefgreifenden Gesellschaftskritik, in die er auch den Universitätsaufbau einbezog, wurde ihm 1877n sein Lehramt entzogen. Seitdem arbeitete er als Privatgelehrter. Führte alles Fühlen und Denken auf seine natürlichen Grundlagen zurück. Wies die Religion wie alle Metaphysik als lebensfeindlichen Zauberglauben zurück. Zweifel am Wert des Verstandes erklärte er als Ergebnis der Geistesauszehrung korrupter Epochen. Erstrebte eine radikale Lebensreform unter Beschränkung auf die zweckmäßige Gestaltung der materiellen Wirklichkeit. Untersuchte den Einfluß der Juden auf die menschliche Kultur und kam zu dem Ergebnis, daß die Völker der Neuzeit das Judentum notwendig ausscheiden müßten ('Die Judenfrage als Rassen-, Sitten- und Kulturfrage'). Trat für die Gleichberechtigung der Frau ein ('Der Weg zur höheren Berufsbildung der Frau'). Friedrich Engels verspottete seine Lehren in der Schrift 'Herrn Eugen Dührings Umwälzung der Wissenschaft' ('Anti-Dühring').

1878n blau Gegnerschaft Engels'

DUELL, Zweikampf mit todbringenden Waffen nach vorher vereinbarten Regeln.

1010n rot Verbot auf Island

DÜNA, 1020 Kilometer langer Fluß im Nordwesten der UdSSR. Hauptstrom Lettlands, dessen größte Städte (Dünaburg und Riga) er verbindet, ehe er 12 Kilometer unterhalb Rigas in die Ostsee mündet.

746n grün Handelsstraße
1201n blau Gründung von Riga

DÜNGER, Sammelbezeichnung für Stoffe, die bebautem Boden zur Erhöhung seiner Ertragsfähigkeit zugeführt werden. Neben der Bewässerung wirksamstes Mittel zur Steigerung der Ernteerträge. Seine Wirkung beruht auf schnellem Ersatz der dem Boden durch Nutzpflanzen vorher entzogenen Nährstoffe (Stickstoff, Phosphor, Kali, Kalk). Auf natürliche Weise durch Zuführung von Stall-Dung seit alters her gebräuchlich. Durch chemische Erzeugung dieser wichtigen Bestandteile würde im 19. Jahrhundert die entscheidende Voraussetzung für die Vervielfachung der Bodenerträge und damit für die Sicherstellung der Ernährung einer sprunghaft ansteigenden Erd-Bevölkerung geschaffen.

1839n grün Künstliche Düngung
1899n grün Stickstoffdünger

DÜNKIRCHEN, Hafenstadt in Nord-Frankreich. Befestigter Stützpunkt für den England-Verkehr. 960n gegründet, seit 1384n burgundisch, seit 1477n abwechselnd französisch, spanisch und englisch. Seit 1662n französischer Kriegshafen. Unter Ludwig XIV. von Vauban befestigt, wurde der Ort 1793n während des ersten Koalitionskrieges gegen das revolutionäre Frankreich vergeblich von den Engländern belagert. Wegen ihrer militärischen Bedeutung im ersten Weltkrieg von deutschen Kriegsfliegern und U-Booten angegriffen, wurde die Stadt im zweiten Weltkrieg mehrfach hart umkämpft. 1940n wurde hier die britische Festlandsarmee mit ihren französischen Hilfstruppen (insgesamt über 300000 Mann) von den deutschen Truppen geschlagen und übers Meer zurückgetrieben. Die verbissene Behauptung der Stadt durch die deutschen Besatzungstruppen führte dann zu ihrer 80prozentigen Zerstörung. 1947n wurde hier ein fünfzigjähriges Schutzbündnis zwischen Frankreich und England gegen jede Wiederaufnahme einer deutschen Aggression abgeschlossen.

1658n braun Niederlage Spaniens
1658n rot Englische Herrschaft
1662n rot Übergabe an Frankreich
1792n/1795n Revolutionskriege
1914n/1918n Erster Weltkrieg
1939n/1945n Zweiter Weltkrieg

DÜRER, Albrecht, deutscher Maler.

1471n–1528n Lebenslinie
1501n blau 'Die große Passion'
1503n blau Selbstbildnis
1515n grün Ätztechnik
1526n blau 'Apostel', 'Holzschuher'

DÜRRENMATT, Friedrich (geboren 1921n), schweizerischer Dichter. Nach erfolgreicher Tätigkeit als Zeichner und Theaterkritiker an der 'Weltwoche' wandte er sich der Schriftstellerei zu und begann 1947n mit einem Drama über die Wiedertäufer ('Es steht geschrieben'). Nach den Stücken 'Der Blinde' und 'Romulus der Große' erklärte er, daß im Atomzeitalter nur noch die Komödie zur Darstellung auch des Tragischen geeignet sei und beschränkte sich auf diese Kunstform ('Die Ehe des Herrn Mississippi', 'Ein Engel kommt nach Babylon'). In der Komödie 'Der Besuch der alten Dame' prangerte er die Käuflichkeit aller Werte in der bürgerlichen Gesellschaft an. Immer wieder stellte er die erstarrten Konventionen unserer Gesellschaft in den Mittelpunkt seines treffsicheren Spotts. In dem grotesken Stück 'Die Physiker' machte er das Irrenhaus zum Sinnbild unseres Daseins. Schrieb zahlreiche Hörspiele und Kriminalromane.

1962n blau 'Die Physiker'

DÜSENFLUGZEUG, Luftfahrzeug, das nicht durch Propellerdrehung angetrieben wird, sondern durch den Rückstoß von Luft oder Gas, die durch Rohrleitungs-Mündungen (Düsen) herausgepreßt werden.

1939n grün Heinkels Konstruktion
1944n grün Geschwindigkeit 1000 km/h
1947n grün Überschall-Geschwindigkeit

DÜSSELDORF, Stadt am Rhein zu beiden Seiten des mehrfach überbrückten Stromes. Erhielt 1288n Stadtrecht, wurde Hafenstadt und entwickelte sich zu einer Residenz kleiner Fürsten. 1795n von Franzosen besetzt, kam es 1801n zu Bayern, 1814n zu Preußen und mit diesem 1871n zum Reich. In diese Zeit fällt der steile Aufstieg zum wirtschaftlichen Mittelpunkt des rheinisch-westfälischen Industriegebietes. Seit der Teilung Deutschlands und Berlins (1945n) konzentrieren sich hier zunehmend Großindustrie, Handel und Hochfinanz.

1135n blau Entstehung

DUFAY, Charles François (1698n–1739n), französischer Physiker und Mathematiker. Als Offizier der französischen Armee widmete er sich der Erforschung naturwissenschaftlicher Probleme und wurde zum Mitglied der Akademie der Wissenschaften ernannt. Entdeckte, daß es zweierlei Arten von Elektrizität gibt, nämlich Glas- und Harz-Elektrizität (= positive und negative Elektrizität). Baute eine Sonnenuhr, beschäftigte sich mit mathematischen Fragen und veröffentlichte Schriften über Elektrizitätslehre.

1733n grün Zweierlei Elektrizität

DUFAY, Guillaume (um 1400n–1474n), niederländischer Sänger und Komponist. Verbrachte seine Jugend als Sänger in Italien und Frankreich. Dann wandte er sich der Komposition zu und schrieb mehrstimmige Gesangwerke nach Bibeltexten (Motetten), Chorwerke nach Texten des katholischen Gottesdienstes (Messen) und andere Lieder, die er meist dreistimmig oder vierstimmig aufbaute. Durch ständigen Wechsel in Melodie und Rhythmus sowie durch Einfügung einer zweiten Tenorstimme gegenüber der Chorharmonie löste er die Musik aus ihrer Erstarrung im Kirchengesang. Verbesserte die Notenschrift.

1435n blau Mehrstimmige Gesänge

DUKAS, Johannes (um 1400n–um 1470n), griechischer Geschichtsschreiber auf der Insel Lesbos. Zeitweilig Diplomat im Dienste Genuas. Verfaßte ein Geschichtswerk über die Beziehungen zwischen dem Reiche von Byzanz und der Türkei für die Zeit von 1341n bis 1462n. Darin beschrieb er das Vordringen der Türken nach der Schlacht auf dem Amselfeld (1389n). Gestützt auf seine Kenntnis der Küste Kleinasiens und der ihr vorgelagerten Inseln schilderte er diese Vorgänge gründlich und genau, ohne dabei seine Abneigung gegen die Türken und ihren Sultan zu unterdrücken. Trat für die Wiedervereinigung der Kirchen von Rom und Byzanz ein.

1462n blau Geschichte von Byzanz

DUKATEN, Geldstück, das sich durch seinen hohen Feingoldgehalt auszeichnet. Eingeführt im Stadtstaat Venedig durch den Dogen Dandalo. Zeigt auf der Vorderseite einen knienden Dogen, auf der Rückseite ein Christusbild. Die lateinische Umschrift besagt: 'Führe Du, Christus, die Herrschaft über das Herzogtum'. Nach dem letzten Wort 'ducatus' (= Herzogtum) wurde die Münze benannt. Sie entwickelte sich zur meistverbreiteten und langlebigsten Goldmünze Europas.

1284n grün Einführung

DULAF, Abu (um 960n–um 1020n), arabischer Dichter aus Buchara (Usbekistan). Begleitete einen fremden Fürsten über Tibet in dessen indische Heimat. Den Rückweg nahm er über Afghanistan und schrieb für seinen an erdkundlichen Studien interessierten Minister Al Gaihani über diese Reise einen ausführlichen Bericht.

999n grün Reisebericht

DULLES, John Foster (1888n–1959n), nordamerikanischer Staatsmann. Studierte Rechtskunde, wurde Anwalt und Direktor der Bank von New York, nahm 1919n als Mitglied der Reparationskommission an der Festlegung der Friedensbedingungen für Deutschland teil, wurde als republikanischer Politiker aktiv und arbeitete nach 1945n den Friedensvertrag für Japan aus. Unter der Präsidentschaft Eisenhowers von 1953n bis 1959n Außenminister, während sein Bruder Allan Chef des US-Geheimdienstes (CIA) war. Führte eine harte Politik gegenüber Moskau, Peking und dem Weltkommunismus, insbesondere durch allmähliche Einmischung der USA in den Bürgerkrieg Vietnams.

1919n rot Versailler Vertrag
1950n/1953n Korea-Krieg
1951n rot Friede mit Japan
1953n rot Pakt mit Spanien
1954n rot Gründung der SEATO
1955n rot Österreich souverän
1956n/1959n Kubanische Revolution

DUMA, Name der gesetzgebenden Körperschaft Rußlands, die im Jahre 1906n erstmals zusammentrat, aber schon nach sechs Wochen vom Zaren aufgelöst wurde. Auch die im Jahre 1907n neu gewählte Duma wurde nach wenigen Wochen aufgelöst, weil sie immer noch zu stark den Willen der Ausgebeuteten zum Ausdruck brachte. Erst nachdem die ohnehin mehrklassige Wahlordnung nochmals zugunsten der herrschenden Klassen verändert worden war, erhielt die zaristische Regierung in der dritten (1907n) und vierten (1912n) Duma eine geringfügige Mehrheit. Als Instrument der zaristischen Klassenherrschaft wurde sie durch die bolschewistische Revolution beseitigt.

1906n rot Zusammentritt

DUMAS, Alexandre der Ältere (1802n bis 1870n), französischer Schriftsteller. Sohn eines Generals der Revolutionsarmee, Enkel einer Negerin und eines Kreolen. Wuchs ohne regelmäßigen Unterricht auf, wurde Schreiber, dann Bibliothekar des Herzogs von Orléans. Siebenundzwanzigjährig errang er mit seinem Bühnenstück über das Leben am Hofe Heinrichs III. einen großen Erfolg, wurde Theaterdirektor, Redakteur und Verleger. Schrieb insgesamt 90 Dramen, vorwiegend aus der französischen Geschichte. Bleibenden Ruhm aber brachten ihm erst seine Abenteuerromane, mit denen er als Siebenunddreißigjähriger begann ('Die drei Musketiere', 'Der Graf von Monte Christo'). Unter Mithilfe anderer Schriftsteller (Maquet, Lacroix) füllte er mehr als 250 Bände mit seinen spannenden, erfindungsreichen und unterhaltsamen Werken. Ungeachtet seines wachsenden Reichtums blieb er der freiheitlichen Gesinnung seiner Familie treu, beteiligte sich an den Revolutionen von 1830n und 1848n, emigrierte 1851n und unterstützte den Freiheitskampf Garibaldis in Italien.

1844n blau 'Graf von Monte Christo'

DUMAS, Alexandre der Jüngere (1824n bis 1895n), französischer Schriftsteller. Als unehelicher Sohn des Schriftstellers Alexandre Dumas wurde er von seinem Vater sehr sorgfältig erzogen und früh in die Schriftstellerei eingeführt. Begleitete den Vater auf dessen Reisen nach Spanien und Afrika. Wurde ein erfolgreicher und geachteter Schriftsteller. Schuf mit seinen Romanen und Theaterstücken eine Gesellschaftsliteratur, die ganz auf die Heuchelei der bürgerlichen Epoche eingestellt war: Sie brachte vom Motiv her anrüchige Geschichten ('Halbwelt', 'Liebling der Frauen', 'Kameliendame'), setzte ihnen aber eine moralisierende Tendenz auf und suchte Mitleid mit den Opfern der bürgerlichen Gesellschaft zu erregen. So übertraf sein Erfolg bald den seines Vaters. 1871n gehörte er zu den gehässigsten Feinden der Kommune. Wurde Mitglied der Académie française.

1848n blau 'Kameliendame'

DU-MUZI, König der sumerischen Stadt Uruk.

2942v–2870v Lebenslinie
2888v rot Kommunismus
2880v grün Neujahrsfest
2707v blau Relief inHirtengestalt
2293v blau 'Kampf mit dem Löwen'
1880v blau 'Klage der Inanna'

DUNANT, Henri (1828n–1910n), schweizerischer Schriftsteller und Kaufmann. Bei der Schlacht von Solferino (Italien) im Jahre 1859n war er von den Kriegsgreueln der Franzosen, Sardinier und Österreicher so entsetzt, daß er ein Buch schrieb, um die Öffentlichkeit insbesondere auf das Elend der Verletzten hinzuweisen ('Erinnerung an Solferino'). Durch persönliche Fürsprache bei den europäischen Regierungen wirkte er für eine übernationale Vereinbarung zum Schutze der Verwundeten im Kriegsfalle. Seine Bemühungen führten zur Gründung des 'Roten Kreuzes', dessen Symbol er entwarf. Die Genfer Konvention zum Schutze der Verwundeten war sein Werk. Nach dem Zusammenbruch seines Geschäftes im Jahre 1867n wurde er von seiner Heimatstadt Genf ausgewiesen und lebte in Armut, seit 1892n im Armenhaus. 1901n erhielt er zusammen mit Bertha Suttner den Friedens-Nobel-Preis und stiftete das ihm daraus zufließende Vermögen für wohltätige Zwecke.

1864n rot Rotes Kreuz
1901n blau Nobelpreis

DUNKELMÄNNER-BRIEFE, Titel einer Sammlung erdachter Briefe des Ulrich von Hutten, des Johannes Jäger (Rubianus) und anderer deutscher Schriftsteller. Darin wurden in gekünsteltem Mönchs-Latein die Kölner Theologen und sonstigen Anhänger der Scholastik verhöhnt, die einen bösartigen Angriff des zum Katholizismus übergetretenen Juden Pfefferkorn gegen den Humanisten Reuchlin unterstützt hatten. Sie entlarvten die moralische Verkommenheit der katholischen Geistlichkeit und prangerten die wissenschaftliche Rückständigkeit der Kirche an.

1515n blau Abfassung

DUNS SCOTUS, Johannes, englischer Theologe und Philosoph.

1265n–1308n Lebenslinie
1303n grün Warnung vor Wucherei
1305n blau Vorrang des Willens

DUNSTABLE, John (um 1370n–1453n), englischer Musiker, Mathematiker und Astronom. Belebte den Kirchengesang durch Einführung einer Instrumentalbegleitung und schuf den mehrstimmigen Tonsatz von selbständigen, aber harmonisch zusammengefaßten Stimmen (kontrapunktisch). Nahm dem Baß beim dreistimmigen Gesang die führende Rolle und schrieb diese einer höheren Stimmlage zu ('Fauxbourdon' = falscher Baß). Als Musiker des Herzogs von Bedford, des englischen Festlandsregenten, hielt er sich viel in Frankreich auf und brachte seine Neuerungen der französischen und der niederländischen Musik nahe.

1423n blau Mehrstimmigkeit
1425n grün Instrumentalbegleitung

DUQUESNOY, Jérôme (um 1590n bis 1641n), niederländischer Bildhauer. Schuf im Auftrage der Brüsseler Stadtväter die Brunnenfigur eines kleinen Jungen, der seine Notdurft verrichtet.

1619n blau 'Männeken Pis'

DUR, von dem lateinischen Worte 'durus' (= hart) abgeleitete Bezeichnung für eine der beiden Tonarten, auf denen die Musik der letzten vier Jahrhunderte beruht. Ihre Herausarbeitung zu der neben 'Moll' verbindlichen Harmonie gab der Musik eine dem harmonischen Empfinden des Menschen entsprechende dynamische Grundlage und befreite sie zugleich aus dem engen Rahmen der Kirchenmusik.

1558n grün Zarlinos Lehre

DURAID, Ibn (837n–933n), arabischer Sprachforscher, Schriftsteller und Historiker. Schrieb in Bagdad (Mesopotamien) ein Wörterbuch, das auch die arabischen Stammesnamen enthält. In einem Gedicht schilderte er die Unberechenbarkeit des Wechsels von Glück und Unglück. Verfaßte eine Abhandlung über doppeldeutige Redewendungen mit der Empfehlung, sich dieser Ausdrucksweise bei der Ableitung zu bedienen.

887n blau Doppeldeutiger Eid
890n blau Wörterbuch

DURAND, Guilielmus (um 1275n–1334n), französischer Philosoph und Theologe. Als Dominikanermönch zunächst Anhänger der Lehren des Thomas von Aquin, verwarf er diese später unter dem Einfluß der Schriften des Aristoteles und des Augustin. Seine stärker wissenschaftliche und gegen das Privateigentum gerichtete Einstellung kam auch in seinem Kommentar zu den Äußerungen der Kirchenväter zum Ausdruck, die er auf Veranlassung der Kirche zweimal umarbeitete. Als dann immer noch 91 von seinen 93 Sätzen verworfen wurden, leistete er den von der Kirche geforderten Widerruf, bekannte sich aber in einer dritten Umarbeitung größtenteils zu seinen ursprünglichen Ansichten.

1307n blau Kirchenväter-Kommentar

DURANT, Will (geboren 1885n), nordamerikanischer Historiker. Sohn eines Fabrikarbeiters, der nicht lesen und schreiben konnte. Seine aus Frankreich stammende Mutter sah keine andere Möglichkeit, ihm eine solide Bildungsgrundlage zu geben, als ihn auf eine Jesuitenschule zu schicken. Als Zwanzigjähriger verlor er seinen christlichen Glauben und wurde Sozialist. Nach vergeblichen Versuchen zu einer Versöhnung von Christentum und Sozialismus brach er endgültig mit der Kirche und wurde 1912n exkommuniziert. Während seines Studiums hielt er Kurse für Arbeiter ab, die philosophische und historische Belehrung suchten. Aus diesen Volkshochschulkursen erwuchs eine Geschichte der Philosophie ('Die großen Denker'). Der Erfolg dieses ersten Buches ermöglichte es ihm, sich 1927n ganz auf seine historische Arbeit zurückzuziehen. Als Privatgelehrter schreibt er seitdem seine große 'Geschichte der Zivilisation' in zehn Bänden, an der seine Frau Ariel zunehmend Anteil nimmt.

1965n blau Kulturgeschichte

DURIS (um 525v–um 465v), griechischer Töpfer und Zeichner. Fertigte in Athen Schalen, Vasen, Trinkbecher und Kannen, die er mit kunstvollen Bildern bemalte. Dabei stellte er vor allem Helden der griechischen Sage dar (Herakles, Heroenkämpfe, Dionysos), aber auch Begebenheiten aus dem Alltag seiner Zeit ('In der Schule', 'Possenspiel'). Außer den von ihm selbst getöpferten Vasen bemalte er noch die Produkte eines anderen Kunsttöpfers.

493v blau Vasenmalerei

DURIS von Samos (um 340v–um 270v), griechischer Historiker und Staatsmann. Schüler des Theophrast an der von Aristoteles gegründeten Schule in Athen. Wurde Herrscher seiner Heimatstadt Samos auf der gleichnamigen Insel vor der Küste Kleinasiens. Schrieb ein Geschichtswerk über den Aufstieg Mazedoniens zur Weltmacht unter Philipp und Alexander, umfassend die Zeit von 370v bis 281v, sowie ein Buch über das Leben des Tyrannen Agathokles von Syrakus (Sizilien). Mit seinen Abhandlungen über Malerei und Bildhauerei bereitete er die Kunstgeschichte vor. Schrieb auch eine Musikgeschichte.

286v blau Kunstgeschichte
275v blau Geschichte Mazedoniens

DUSCHAN, Stephan, serbischer König von 1331n bis 1355n.

1308n–1355n Lebenslinie
1349n rot Gesetzgebung

DVORAK, Anton (1841n–1904n), tschechischer Komponist. Als Sohn eines Gastwirts sollte er Metzger werden, ging aber mit sechzehn Jahren nach Prag, besuchte eine Organistenschule, wurde Geiger in einer unbedeutenden Kapelle und einundzwanzigjährig Bratschist am Nationaltheater. Zehn Jahre später gewann er ein Staatsstipendium. Nachdem er einige Jahre das Prager Konservatorium geleitet hatte, ging er nach New York, kehrte aber bald in seine böhmische Heimat zurück. Ausgehend von der Volksmusik, in der er zeitlebens fest verwurzelt blieb, schuf er Chorwerke und Kammermusikstücke von ursprünglicher Kraft, aber versonnen und zart. Schrieb auch Opern ('Der Bauer ein Schelm', 'Der Jakobiner') und sinfonische Dichtungen ('Karneval', 'In der Natur', 'Die Waldtaube'), insgesamt 145 Werke. Von seinen neun Sinfonien hat ihn erst die letzte ('Aus der Neuen Welt') berühmt gemacht. Weltruhm errang er mit seinen slawischen Tänzen und seinen slawischen Rhapsodien.

1878n blau Slawische Tänze

DYCK, Anthonis van (1599n–1641n), niederländischer Maler und Radierer. In seiner Heimatstadt Antwerpen Schüler von Rubens, an dessen Werken er mitarbeitete. In Italien studierte er noch die Malweise Tizians und wurde in Genua zum Porträtmaler der reichen Bürger. Nach Antwerpen zurückgekehrt, vollendete er seine Abwendung von Rubens und fand zu seinem eigenen, leidenschaftlichen Stil, der sich in einer glühenden Farbgebung ausdrückt ('Ruhe auf der Flucht', 'Ausschüttung des heiligen Geistes'). Als Hofmaler in England wurde er geadelt, erhielt eine Jahresrente, heiratete eine Hofdame und blieb dort bis zu seinem Ende. Seine Bilder vom König und dessen Kindern wurden vorbildlich für die Porträtkunst durch ihre Verbindung von Schönheit, Ähnlichkeit und Eleganz. Schuf auch zahlreiche Feder- und Kreidezeichnungen sowie eine Sammlung von Radierungen berühmter Zeitgenossen ('Ikonographie').

1630n blau 'Susanna im Bade'
1635n blau 'König Karl von England'

DYNAMIT, hochexplosiver Sprengstoff aus Nitroglyzerin (75%), vermischt mit 25% saugfähigem Pulver (Kieselgur). Von Alfred Nobel 1863n entwickelt und 1867n durch Verbindung mit einem Zünder aus Knall-Quecksilber praktisch verwendbar gemacht.

1867n grün Verwendbarkeit

DYNAMO, Gerät zur Umwandlung mechanischer Kraft in elektrischen Strom. Beruht auf der stromerzeugenden Wirkung eines in einem Magnetfeld bewegten elektrischen Leiters. Seine Erfindung ermöglichte die Erzeugung von nutzbarem Starkstrom und leitete das Zeitalter der Elektrizität ein.

1816n–1892n Siemens
1866n grün Erfindung

DZIERZYNSKI, Felix (1877n–1926n), russischer Politiker aus Wilna (Polen). Trat als 17jähriger Student der Arbeiterbewegung bei. Wurde Ingenieur und verbrachte wegen seiner revolutionären Tätigkeit elf Jahre in zaristischen Kerkern und sibirischer Verbannung. Dem linken Flügel der Sozialdemokratie zugehörig, bemühte er sich um die Schaffung einer proletarischen Bewegung zum Sturze des Zarismus. An der Oktoberrevolution nahm er teil und gehörte seit 1917n dem Zentralkomitee der Kommunistischen Partei an. Auf Wunsch Lenins gründete er eine Organisation zur Abwehr des Terrors der Konterrevolution sowie zur Behauptung der von einer zahlenmäßig kleinen Gruppe begonnenen Revolution durch revolutionären Terror. Diese 'Außerordentliche Kommission zur Bekämpfung der Konterrevolution' führte er nach den Methoden, denen er selbst bei der zaristischen Geheimpolizei (Ochrana) unterworfen war. Darüber hinaus richtete er 'Dreier-Kollegien' ein, die das Recht zur sofortigen Erschießung ohne Gerichtsurteil hatten. So sicherte er den jungen Sowjetstaat gegen die doppelte Bedrohung durch Konterrevolution und ausländische Intervention um den Preis der zeitweisen Aufgabe der menschlichen Zielsetzung des Kommunismus. Das von ihm geschaffene polizeistaatliche System wurde für Jahrzehnte Grundlage des Sowjetstaates und begünstigte die internationale Ächtung des Kommunismus.

1917n/1922n Russische Revolution
1918n rot Tscheka

EANNA, Stadt im Mündungsgebiet des Euphrat (Vorderasien). Erster sumerischer Stadtstaat. Wurde als Tempelstadt zum Zentrum des Stadtstaates Uruk.

3000v–2952v Meschki-Agascher
2988v–2925v En-Merkar
2970v blau Tempelstadt
2938v rot Stadtstaat

E-ANNATUM, sumerischer König.

2522v–2434v Lebenslinie
2479v braun Krieg gegen Umma
2479v rot Tributpflicht Ummas
2478v blau Sieges-Relief
2475v braun Kampf gegen Ur
2475v rot Herrschaft über Ur
2473v braun Sieg über Uruk
2473v rot Herrschaft über Uruk
2469v braun Sieg über Kisch
2469v rot Herrscher Mesopotamiens
2467v braun Vorstoß nach Elam
2467v rot Hoheit über Elam

EBBE und FLUT, der im Abstand von gut zwölf Stunden auftretende Wechsel des Wasserspiegels der Weltmeere. Hervorgerufen durch die Verschiebung der Anziehungskraft von Sonne und Mond. Ihre Beobachtung regte (neben der Sternbeobachtung) den Menschen früh zur Feststellung gesetzmäßiger Naturabläufe an.

380v–306v Pytheas
321v grün Anziehung des Mondes
948n–1009n Ibn Junis
1643n–1727n Newton
1666n grün Gravitationsgesetz

EBENHOLZ, schwarzes oder dunkelbraunes Kernholz mehrerer tropischer Bäume. Sehr hart, schwerer als Wasser. Wegen seiner Dauerhaftigkeit und Polierfähigkeit als Material für die Herstellung von Möbeln, Schmuck und Kunstgegenständen verwendet.

2466v grün Einfuhr nach Ägypten
1038v grün Einfuhr nach Saba

EBER, Bezeichnung für das männliche Wildschwein sowie für das zur Zucht verwendete männliche Hausschwein.

1266v blau Griechisches Gemälde
364v blau Griechische Plastik

EBERT, Friedrich (1871n–1925n), deutscher Politiker. Gab mit 22 Jahren seinen Beruf als Sattler auf und wurde Redakteur der sozialdemokratischen 'Bremer Bürgerzeitung'. 1905n Sekretär des SPD-Vorstandes in Berlin und 1913n Parteivorsitzender. Bewilligte 1914n die Kriegskredite. 1918n übertrug ihm der letzte Kanzler des Kaiserreiches die Staatsgewalt. Nach Ausrufung der Republik verhinderte er, gestützt auf den Generalstabschef des Kaiserreiches, die Fortführung der Revolution. Blieb bis zu seinem Tode Inhaber des höchsten Staatsamtes (Reichspräsident), ohne das von ihm verkündete langsame Hineinwachsen in den Sozialismus zu verwirklichen. Bewahrte die Einheit eines bürgerlichen Deutschlands, in dem Kapital und Militär die entscheidenden Hebel der Macht behielten. Starb an einer Blinddarmoperation.

1914n/1918n Erster Weltkrieg
1918n rot Deutschland Republik
1918n/1919n Revolution
1919n rot Reichspräsident
1924n rot Prozeß
1925n rot Hindenburg Nachfolger

EBRO, spanischer Strom von 930 km Länge. Durchquert Nordostspanien parallel zum Rücken der Pyrenäen und mündet auf der Höhe Mallorcas ins Mittelmeer.

803n rot Grenze des Frankenreiches
1118n braun Niederlage der Araber

ECA de Queiros, José Maria (1845n–1900n), portugiesischer Schriftsteller. Als Student der Rechte unter dem Einfluß französischer Sozialisten organisierte er antiklerikale und antimonarchistische 'Demokratische Konferenzen'. Wurde Redakteur, dann Schriftsteller und bereiste schließlich als Diplomat den Orient, Mittelamerika und viele Länder Europas. In seinen Romanen entlarvte er die Laster und Schwächen der portugiesischen Gesellschaft seiner Zeit. 'Das Verbrechen des Pater Amaro' zeigt die Liebe eines jungen Priesters, die am Zölibat und an der allgemeinen Prüderie zerbricht. Die gesellschaftliche Heuchelei mit ihrem Zwang zur Lüge beschrieb er in der Erzählung 'Die Reliquie'. In seinen späteren Werken trat eine Neigung zur Aufdeckung der psychologischen Hintergründe allen Geschehens zutage ('Der Mandarin'). Sein Rückgriff auf die Umgangssprache und die Hinwendung zu zeitnahen Problemen stellten für die portugiesische Literatur einen revolutionären Durchbruch dar.

1880n blau 'Der Mandarin'

ECHNATON, ägyptischer Pharao.

1391v–1358v Lebenslinie
1438v–1368v Ra-Mosis
1437v–1373v Ipuki
1423v–1359v Juti
1422v–1356v Teje
1413v–1346v Suppi-Luli-Uma
1410v–1353v Pentu
1402v–1346v Burna-Bu
1398v–1335v Eje
1395v–1321v Bek
1388v–1354v Nofretete
1383v blau Bildnis seiner Mutter
1378v/1373v Vorstoß der Hettiter
1377v blau Aufruf zur Menschenliebe
1376v rot Verlust Nordsyriens
1375v blau Aton-Tempel
1374v blau 'Der Philosophenkönig'
1374v blau Gründung von Amarna
1372v rot Amarna Hauptstadt
1370v blau Relief mit Tochter
1369v blau Bildnis seiner Tochter
1367v rot Protestnote Babylons
1366v braun Aufstand Kanaans
1366v blau Porträt seiner Frau
1365v blau Briefwechsel
1363v blau Hymnus an die Sonne
1362v blau 'Geschenkverteilung'
1360v blau Bildnis der Töchter

ECHO, Bezeichnung für Schallwellen, die beim Auftreffen auf feste Körper abprallen und zum Ausgangspunkt zurückkehren. Die Erklärung dieser Erscheinung durch Aristoteles war der Beginn der Wellenforschung, die in unserer Epoche zur Erfindung des Echolots und des Radar-Gerätes führte.

328v grün Aristoteles' Forschungen
1913n grün Echolot
1934n grün Radar

ECHOLOT, Gerät zur Bestimmung der Wassertiefe. Später auch zur Ortung von Unterwasser-Hindernissen, zur Messung der Eisdicke oder der Stärke von Gesteinsschichten benutzt sowie zum Ausmachen der Position von Flugzeugen. Beruht auf der Schallreflexion und der genauen Messung der Laufzeit eines ausgesandten Schallimpulses bis zu seiner Rückkehr. Erfunden von Alexander Behm, daher auch 'Behm-Lot' genannt.

1913n grün Erfindung

ECHTERNACH, luxemburgische Stadt an der deutschen Grenze. Malerisch am rechten Ufer der Sauer gelegen. Hier gründete Willibrord ein Kloster als Hauptquartier für die Christianisierung Deutschlands. Später entstand hier ein Zentrum der Buchmalerei und Elfenbeinschnitzerei sowie ein Frauenkloster. Berühmt wurde der Ort durch die alljährlich am Pfingstdienstag abgehaltene 'Echternacher Springprozession', bei der die Teilnehmer in Erinnerung an eine Veitstanz-Epidemie immer fünf Schritte vor und drei Schritte zurück, oder drei Schritte vor und einen Schritt zurückgehen.

658n–739n Willibrord
698n blau Entstehung der Abtei

ECKE, Name eines Riesen der deutschen Heldensage. Seine Überwindung durch Dietrich von Bern (Theoderich) wurde im 'Ecke-Lied' geschildert.

1266n blau 'Ecke-Lied'

ECKEHART, Meister Eckehart, deutscher Religionsphilosoph.

1260n–1327n Lebenslinie
1282n blau Über göttliche Gnade
1295n–1366n Seuse
1317n blau Mystik

ECUADOR, Staat an der Westküste Südamerikas, dessen Name 'Äquatorland' bedeutet. Auf seinen Hochebenen (Anden, Kordilleren) von erträglichem Klima. Bei der spanischen Entdeckung (1526n) nördlicher Teil des Inkareiches von Peru. Bis 1532n von den spanischen Eroberern unterworfen und trotz zahlreicher Aufstände (1599n, 1765n und 1809n) erst 1822n wieder frei von Fremdherrschaft. Die Sklaverei wurde 1852n aufgehoben, die Macht der Kirche erst zwischen 1875n und 1911n gebrochen. Die Klassenspaltung dauert noch an und stürzt das Land seit vielen Jahrzehnten in immer neue Unruhen. Diese richten sich zunehmend gegen die USA, in deren Händen 80 Prozent der fremden Kapitalanlagen sind.

1496n grün Inka-Straße
1531n/1533n Spanischer Kriegszug
1780n/1783n Inka-Aufstand
1811n/1826n Kampf Lateinamerikas
1822n rot Unabhängigkeit
1945n rot Mitglied der UN

EDDA, Titel einer Liedersammlung, die von dem isländischen Dichter Snorri Sturluson als Lehrbuch der Dichtkunst zusammengestellt wurde. Das Buch besteht aus einem Abriß der germanischen Göttersage (als Beispiel einer Dialog-Dichtung), einer Zusammenstellung nordischer Gedichte aus drei Jahrhunderten (als Sprachlehre und Wortlehre) und einem Lobgedicht auf den norwegischen König Haakon (als eigentliche Verslehre).

1178n–1241n Snorri Sturluson
1239n blau Zusammenstellung

EDELSTEINE, Bezeichnung für Gesteinsstücke der Erdrinde, die sich durch ihre Farbe, ihren Glanz, ihre Lichtbrechung und ihre Härte zur Herstellung von Schmuck eignen.

3000v–2952v Meschki-Agascher
2973v grün Handelsobjekt Sumers
2654v grün Perlen in Indien
2570v–2481v Ur-Enlil
2494v–2416v Schu-Bad
2011v grün Gravur in Sumer
1189v grün Handelsobjekt Sabas
1457n grün Diamantenschliff

EDESSA (heute: Urfa), Stadt im äußersten Norden des Gebietes zwischen Euphrat und Tigris (Mesopotamien). Nach Ablösung der Perserherrschaft durch Alexander den Großen wechselnd unter parthischer und armenischer Oberhoheit. Seit 217n römische Provinz. Durch Teilung des Römerreiches zu Byzanz, dann arabisch, später seldschukisch. Durch den ersten Kreuzzug zum fränkischen Kreuzfahrerstaat, später mongolisch, seit 1637n türkisch.

201n blau Erste christliche Kirche
306n–373n Ephräm der Syrer
703n blau Jakobs Grammatik

EDFU, Stadt auf dem Westufer des Nils (Ägypten). Hier entstand in neunzigjähriger Bauzeit ein Tempel von 137 Meter Länge, 37 Meter Breite und einer Torseite von 35 Meter Höhe.

172v blau Horus-Tempel

EDGAR (um 925n–975n), englischer König von 959n bis 975n. Seine Oberhoheit über die Insel wurde auch von den unabhängigen Herrschern der Gebiete von Wales und Schottland anerkannt. Deshalb nannte er sich 'Kaiser von Britannien'.

959n rot Gewinn Wales', Schottlands

EDICTUM THEODERICI, Name einer Niederschrift des geltenden Rechtes für das Reich Theoderichs in Italien. Im wesentlichen eine Zusammenfassung und Erläuterung von Rechtsgrundsätzen der römischen Kaiserzeit. Zielte auf eine Beruhigung der Bevölkerung durch Zusicherung der seit alters her bestehenden Rechte in einer Zeit, da die bewaffnete Macht auf die Goten übergegangen war.

512n rot Erlaß

EDIKT VON AMBOISE, Erlaß der katholischen Regierung Frankreichs zur Beendigung des aufgeflammten Freiheitskampfes der französischen Protestanten (Hugenotten) nach einjähriger Dauer. Sicherte Gewissensfreiheit zu, beschränkte aber die Freiheit protestantischer Religionsausübung auf den Adel. Bewirkte wegen seiner Halbheit nur einen Waffenstillstand von drei Jahren.

1562n/1598n Hugenottenkriege

EDIKT VON NANTES, Erlaß des französischen Königs Heinrich IV. zur Beendigung der Hugenottenkriege. Sicherte den französischen Protestanten (Hugenotten) staatsbürgerliche Gleichberechtigung und verschiedene Sonderrechte zu (eigene Truppen, 200 befestigte Plätze). Doch wurden diese Rechte bald beschnitten und das ganze Edikt durch Ludwig XIV. wieder aufgehoben.

1598n rot Erlaß
1685n rot Aufhebung

EDINBURGH, Stadt in der Nordhälfte der englischen Insel. Als Zwingburg des Sachsen Edwin von Northumbrien im Jahre 617n gegründet, 1329n von Robert Bruce zur Stadt erhoben, seit 1437n Residenz der Könige von Schottland. Mit ganz Schottland englisch geworden.

1603n rot Schottland englisch
1753n grün Gründung der Börse

EDIRNE, türkischer Name der Stadt Adrianopel im europäischen Teil der Türkei. Von Thrakern vor mehr als 2000 Jahren gegründet, wurde sie durch den römischen Kaiser Hadrian mit prächtigen Bauten geschmückt und nach ihm benannt (Hadrianopel). Im Jahre 378n unterlagen hier die römischen Heere den Goten. Seit 1365n Hauptstadt des türkischen Reiches, die nach Eroberung von Konstantinopel dorthin verlegt wurde. Der türkische Baumeister Sinan errichtete hier seine größte Moschee. Im russisch-türkischen Krieg von russischen Heeren besetzt. In den Balkan-Kriegen fiel sie vorübergehend in die Hand der Bulgaren.

551n braun Slawensieg über Byzanz
1361n braun Türkensieg über Byzanz
1361n rot Türkische Besitznahme
1365n rot Regierungssitz
1574n blau Selimje-Moschee

EDISON, Thomas Alva, amerikanischer Erfinder.

1847n–1931n Lebenslinie
1877n grün Phonograph
1879n grün Glühbirne
1891n grün Film-Aufnahmegerät

EDUARD I. (1239n–1307n), König von England. Sohn Heinrichs III. Rettete den Thron seines Vaters durch seinen Sieg über die Streitmacht des aufsässigen Simon Montfort und regierte seit 1272n. Konnte Schottland trotz grausamer Unterdrückungsmaßnahmen nicht endgültig unterwerfen, so daß sein Plan zur Einigung der ganzen Insel nicht voll gelang. Gewann aber die Halbinsel Wales und gab seinem Sohn den Titel 'Prince of Wales'. Beschränkte die Macht der Priesterschaft. Um die Kriegskosten für den langwierigen Kampf mit Frankreich um seine südfranzösischen Besitzungen aufzubringen, mußte er in das Parlament auch Vertreter der Städte aufnehmen und ihnen das Steuerbewilligungsrecht zugestehen. Schuf ein englisches Nationalheer.

1290n rot Juden-Vertreibung
1295n rot Bürger im Parlament
1297n rot Steuerbewilligungsrecht

EDUARD III. (1312n–1377n), englischer König. Nach der Ermordung seines Vaters durch den rebellischen Adel (1327n) entledigte er sich der Vormundschaft seiner Mutter Isabella. Besiegte Schottland, bestätigte aber dessen Unabhängigkeit, um trotz des wirtschaftlichen Verfalls und der schweren Pestseuche die Handlungsfreiheit auf dem Festlande zu behalten. Erhob Anspruch auf den französischen Thron und verursachte dadurch den Hundertjährigen Krieg. Seine glänzenden Siege über die französischen Ritterheere (Crécy und Poitiers) stärkten das englische Nationalbewußtsein. Setzte die englische Sprache gegenüber der vorherrschenden französischen durch. Festigte die Stellung des Parlamentes und trennte das Unterhaus vom Oberhaus. Unterstützte zeitweilig Wiclif im Kampf gegen das Papsttum.

1324n–1384n Wiclif
1328n rot Schottland unabhängig
1338n/1453n Hundertjähriger Krieg
1340n rot Französischer Königstitel
1340n–1400n Chaucer
1343n rot Ober- und Unterhaus
1344n rot Streit mit Banken
1344n grün Rückzahlungs-Weigerung
1346n rot Gewinn der Normandie
1348n grün Hosenbandorden
1351n grün Pestepidemie
1351n rot Arbeitspflicht
1353n rot Papstmacht beschränkt
1360n rot Arbeitspflicht-Erzwingung
1363n rot 'Statute of apparel'
1365n grün Verbot des Tennisspiels
1371n rot Priester-Entlassungen
1375n rot Rückzug in Frankreich

EDUARD der Bekenner, König von England von 1042n bis 1066n.

1002n–1066n Lebenslinie
1042n rot Wahl zum König

EFNEMUT (um 720v–um 660v), ägyptische Fürstin. Ließ sich beim Darbringen von Opfergaben für den Gott Horus malen.

686v blau Gemälde

EGBERT, erster englischer König von 827n bis 839n.

780n–839n Lebenslinie
823n/827n Einigungskrieg
827n rot Einigung Englands

EGER, Stadt am gleichnamigen Nebenfluß der Elbe im Nordwesten Böhmens (Tschechoslowakei). Im 8. Jahrhundert als slawische Siedlung gegründet. Seit dem 11. Jahrhundert vorwiegend deutsch, zeitweilig kaiserliche Residenz (Pfalz), erhielt sie 1179n vom deutschen Kaiser Friedrich Barbarossa Stadtrecht. 1431n fanden hier Verhandlungen zwischen den Hussiten und der katholischen Kirche statt ('Egerer Gericht'). 1634n wurde im Rathaus der Stadt der deutsche Feldherr Wallenstein ermordet. Seit 1322n vom deutschen Reiche an Böhmen verpfändet, teilte sie die Geschicke Böhmens, war jahrhundertelang unter österreichischer Herrschaft und kam 1918n zum selbständigen Staate Tschechoslowakei. Wegen ihrer überwiegend deutschen Bevölkerung (95%) wurde sie 1938n als Teil des Sudetenlandes dem deutschen Reiche einverleibt. 1945n wieder der Tschechoslowakei zugesprochen (Potsdamer Konferenz) und nach Vertreibung der deutschen Bevölkerung tschechisch besiedelt.

1634n rot Mord an Wallenstein

EGG, Joseph (um 1780n–um 1850n), englischer Erfinder. Entwickelte als Büchsenmacher in London das Zündhütchen zur Initialzündung der Pulverladung im Gewehr. Fertigte die Hülsen aus Kupfer an und füllte sie mit einer Mischung von Schießpulver und chlorsaurem Kali. Seine Erfindung ermöglichte das genaue Abfeuern von Kugeln im Augenblick der Auslösung des Schlagbolzens.

1815n grün Zündhütchen

EGIBI (um 630v–um 570v), babylonischer Kaufmann. Errichtete in der Stadt Babylon ein Bankhaus. Finanzierte Grundstückskäufe und Handelsgeschäfte. Sicherte sich durch Bürgschaften und Urkunden-Übergaben sowie durch die Übereignung von Ernten, Vieh oder Waren. Seine Zinsen betrugen durchschnittlich 20% jährlich. Nach Aufnahme seiner Kinder in das Unternehmen nannte er es 'Egibi Söhne'.

592v grün Bankhaus

EGIL Skallagrimssen, isländischer Dichter ('Skalde').

901 n–982 n Lebenslinie
936 n blau Preislied
942 n blau Lied auf die Freundschaft
955 n blau Totenklage

EGK, Werner (geboren 1901 n), deutscher Komponist und Dichter. Als Sohn eines Lehrers studierte er Musik bei Carl Orff. Mit seiner Musik, die im Volkslied wurzelt, sucht er allen Volkskreisen verständlich zu bleiben. Neben Opern ('Die Zaubergeige' 1935 n, 'Peer Gynt' 1938 n, 'Columbus' 1942 n, 'Circe' 1948 n, 'Irische Legende' 1955 n, 'Der Revisor' 1957 n) schuf er Ballette ('Abraxas' 1948 n, 'Ballett der Farben' 1953 n), Orchesterwerke ('Georgica' 1934 n und die 'Olympische Festmusik' 1936 n) sowie Klaviermusik und Lieder. Mit seinen humorvollen Werken will er zu sittlicher Haltung erziehen.

1955 n blau 'Irische Legende'

EGMONT, Lamoral (1522 n–1568 n), niederländischer Staatsmann. Diente dem deutschen Kaiser Karl V. als Heerführer in Algerien, Frankreich und Deutschland. Wurde Statthalter von Flandern und Artois sowie Mitglied des Staatsrates der Niederlande. Widersetzte sich der unduldsamen katholischen Politik des spanischen Königs Philipp II., der als Sohn des deutschen Kaisers die Herrschaft über die Niederlande geerbt hatte und sich als Haupt der Gegenreformation fühlte. Als Sprecher der niederländischen Opposition reiste er zu Philipp II. nach Spanien. Nach seiner Rückkehr war er der Verfechter der spanisch-katholischen Belange in den Niederlanden und verfolgte die Protestanten in Flandern auf das grausamste. Trotzdem mißtraute ihm Philipp II. und entsandte den spanischen Feldherrn Alba in die Niederlande. Er ritt Alba bis an die Grenze entgegen und zog mit ihm in Brüssel ein, wurde dann aber auf Albas Befehl verhaftet, eingekerkert und zusammen mit Philipp Hoorn als Führer der niederländischen Freiheitsbewegung hingerichtet. Goethe machte ihn zum Helden eines Trauerspiels, das die geschichtlichen Vorgänge bis zur Unkenntlichkeit vereinfachte.

1527 n–1598 n Philipp II.
1567 n rot Alba Statthalter
1787 n blau Goethes Tragödie

EHE, Verbindung zwischen Mann und Frau zu körperlich-seelisch-geistiger Gemeinschaft, wie sie sich aus der verschiedenen, aufeinander bezogenen und sich wechselseitig ergänzenden Natur von Mann und Frau ergibt. Hat in der Menschheitsgeschichte die verschiedensten Entwicklungsformen durchlaufen. Wegen ihrer allgemeinen Bedeutung, insbesondere wegen der mit ihr verbundenen Fortpflanzung und der Aufzucht der Kinder, seit alters her gesetzlich geregelt. Trotz starker entgegengesetzter Tendenzen ist eine Entwicklung zur Einehe auf der ganzen Erde erkennbar.

2942 v–2870 v Du-Muzi
2843 v–2791 v Merit
2576 v–2515 v Chefren
2561 v–2500 v Mykerinos
2403 v rot Mehrehe in Sumer
2369 v–2295 v Una
2355 v–2298 v Pepi I.
2332 v–2248 v Yao
1995 v rot Heirat von Priesterinnen
1937 v–1865 v Libit-Ischtar
1719 v rot Todesstrafe für Ehebruch
1597 v–1521 v Minos
1526 v–1482 v Hatschepsut
1448 v–1392 v Kara-Indasch
1426 v–1377 v Amen-Hotep III.
1422 v–1356 v Teje
1420 v rot Erfolgreiche Brautwerbung
1413 v rot Prinzessin für Harem
1403 v rot Prinzessin als Nebenfrau
1403 n grün Sklavinnen als Mitgift
1368 v rot Begünstigung des Mannes
1326 v–1234 v Ramses II.
1099 v–1016 v Tschu
1035 v–972 v David
1031 v blau Chinesisches Zeremoniell
946 v blau Salomos Haremspalast
905 v–850 v Ahab
898 v–842 v Isebel
705 v–637 v Archilochos
637 v–577 v Sappho
456 v rot Mischehen-Verbot (Juden)
445 v rot Stände-Vermischung in Rom
440 v rot Auflösung von Mischehen
420 v blau Göttin der Ehe
322 v–246 v Ptolemäus II.
9 n rot Gesetz gegen Ehelosigkeit
164 n rot Schutz des Frauengutes
166 n blau Maximilla gegen Zweitehe
168 n rot Eheverzicht von Priestern
221 n rot Ehebruch als Sünde
306 n rot Teil-Zölibat für Priester
339 n rot Mischehen-Verbot (Rom)
375 n rot Heiratseinschränkung
627 n grün Mohammeds Ehevorschrift
799 n rot Ehebruchklage gegen Papst
1074 n rot Eheverbot für Priester
1109 n–1149 n Eudo
1206 n rot Todesstrafe für Ehebruch
1206 n grün Schutz des Frauengutes
1324 n–1384 n Wiclif
1394 n blau Deschamps: 'Ehespiegel'
1483 n–1546 n Luther
1491 n–1547 n Heinrich VIII.
1525 n–1594 n Palestrina
1527 n–1598 n Philipp II.
1538 n blau 'Christus und Ehebrecherin'
1542 n–1605 n Akbar
1580 n rot Zivilehe in Holland
1621 n–1695 n Lafontaine
1653 n rot Zivilehe in England
1792 n rot Zivilehe in Frankreich
1829 n rot Witwenverbrennungsverbot
1830 n rot Vielehe bei Mormonen
1869 n–1948 n Gandhi

EHRENBERG, Christian Gottfried (1795 n bis 1876 n), deutscher Arzt und Naturforscher. Bereiste Nordafrika und begleitete Alexander Humboldt nach Asien. Führte durch die mikroskopische Untersuchung von Aufgußtierchen den Nachweis, daß diese kleinsten bekannten Einzeller vollwertige Lebewesen ('Die Infusionstierchen als vollkommene Organismen') und in der Erdgeschichte von größter Bedeutung sind. Entdeckte die Teilung der Bakterien und schrieb ein Buch über die Fortpflanzung der Pilze.

1838 n grün Werk über Aufgußtierchen

EHRLICH, Paul (1854 n–1915 n), deutscher Mediziner und Chemiker. Als Schüler von Robert Koch schrieb er seine Doktorarbeit über das Färben mikroskopischer Präparate. Aus dem unterschiedlichen Verhalten der Zellen gegenüber dem Farbstoff leitete er die Möglichkeit gezielter Einwirkung durch Chemikalien ab und entwickelte Medikamente, die kranke Zellen abtöten, ohne den gesunden Organismus zu schädigen. Damit wurde er zum Begründer der wissenschaftlichen Verwendung chemischer Wirkstoffe in der Medizin (Chemo-Therapie). 1893 n veröffentlichte er seine Forschungsergebnisse in dem Buch 'Konstitution, Verteilung und Wirkung chemischer Körper'. Zusammen mit dem Japaner Sahachiro Hata entwickelte er das erste wirksame Mittel gegen die Syphilis ('Salvarsan').

1893 n grün Chemo-Therapie
1909 n grün Salvarsan

EIBE, Name eines seltenen, tannenähnlichen Nadelholz-Gewächses, das meist als Strauch (Unterholz) vorkommt, aber gelegentlich als Baum auch bis zu 20 Meter hoch wird. Ihre dunkelgrünen Nadeln enthalten ein stark wirkendes Herzgift und Gallussäure. Ihr Holz ist zäh und dauerhaft. Es diente früher zur Herstellung von Armbrust-Bogen und wird heute noch von Tischlern und Drechslern verwendet. Schwarz gebeizt wird es als 'deutsches Ebenholz' bezeichnet.

1357 v blau Ägyptische Schnitzarbeit

EICHAMT, staatliche Prüfstelle für Maße und Gewichte. Kennzeichnet die von ihr geprüften Geräte durch Eichstriche oder Eichstempel.

1989 v grün Sumerische Behörde

EICHHÖRNCHEN, kleines Nagetier, das sich über alle Erdteile (außer Australien) verbreitete. In Mittel- und Westeuropa meist Freund des Menschen, wird es wegen seines wohlschmeckenden Fleisches und seines wertvollen Pelzes sonst meist als Jagdbeute verfolgt.

2809 v blau Indische Plastik

EIDECHSENTÖTER, Plastik des griechischen Bildhauers Praxiteles.

365 v blau Praxiteles' Plastik

EIFFEL, Gustave (1832 n–1923 n), französischer Ingenieur. Entwarf und berechnete zahlreiche Bauwerke, insbesondere Brükken und Hallen. Auf der Grundlage dieser Erfahrungen schuf er als kühnste Metallkonstruktion seiner Zeit aus 9 Millionen Tonnen Eisen den nach ihm benannten 'Eiffelturm', der mit seiner Höhe von 300 Metern über vierzig Jahre lang das höchste Bauwerk der Erde war und zum bleibenden Wahrzeichen der Stadt Paris wurde. Später wandte er sich der Strömungslehre (Aerodynamik) und dem Bau von Luftfahrzeugen zu.

1889 n grün Eiffelturm

EIGENTUM, Eigentumsfrage, Kampf um die Eigentumsverhältnisse

Vorzeittafel: Schlußbalken (5000 Jahre)
2942 v–2870 v Du-Muzi
2888 v rot Kommunismus in Sumer
2857 v grün Stadtvierteltrennung
2767 v grün Fabrik als Tempelbesitz
2757 v–2681 v Neter-Imu
2733 v grün Anhäufung in Mesopotamien
2729 v–2662 v Agga
2704 v grün Vermögenszählungen
2692 v grün Grundsteuer in Ägypten
2671 v grün Privatisierungen
2633 v–2570 v Meten
2621 v grün Schutz in Mesopotamien
2606 v grün Grundeigentum (Ägypten)
2580 v rot Höchstpreise in Sumer
2570 v–2481 v Ur-Enlil
2508 v grün Handelshaus des Ur-Enlil
2494 v–2416 v Schu-Bad
2452 v–2377 v Ti
2449 v–2367 v Lugal-Anda
2443 v grün Großgrundbesitz (Ägypten)
2422 v–2360 v Uru-Kagina
2382 v–2320 v Teti
2367 v braun Erhebung in Lagasch
2367 v rot Sozialreformer König
2366 v rot Schutzgesetze in Lagasch
2363 v blau Priester-Habgier verdammt
2360 v rot Reformen aufgehoben
2341 v grün Kirchenbesitz steuerfrei
2297 v–2197 v Pepi II.
2273 v–2188 v Ipuwer
2240 v–2172 v Aba
2230 v–2158 v Achtos I.
2197 v/2196 v Ägyptische Revolution
2197 v blau Ipuwers 'Mahnworte'
2196 v rot Volksherrschaft (Ägypten)
2196 v grün Gemeineigentum in Ägypten
2193 v–2135 v Achtos II.
2172 v braun Adelserhebung in Ägypten
2172 v rot Volksherrschaft beendet
2172 v grün Wieder Privateigentum
1958 v grün Eigentumssiegel (Kreta)
1945 v grün Monopol für Tempel
1937 v–1865 v Libit-Ischtar
1932 v–1878 v Sesostris II.
1887 v grün Stadtvierteltrennung
1760 v–1686 v Hammurabi
1572 v–1504 v Agum
1525 v grün Lehen in Mesopotamien
1403 v grün Sklavinnen als Mitgift
1364 v rot Assyrisches Recht
1357 v grün Belehnungssteine
1208 v–1137 v Ram-Se-Na
981 v–918 v Ahia
950 v blau Lehre der Klassenteilung
934 v blau Reform Judas gefordert
927 v–850 v Elias
898 v–842 v Isebel
895 v–825 v Salmanassar III.
882 v–798 v Elisa
857 v blau Elias gegen Baal-Kult
846 v rot Indische Kastenordnung
826 v grün Landaufteilung in Sparta
825 v–730 v Parshva
820 v rot Klassen in Sparta
820 v blau Forderungen Elisas
820 v grün Grundbesitz-Vorschrift
802 v–745 v Amos
777 v–692 v Jesaja
754 v blau Lebensrechte der Armen
753 v–680 v Hesiod
705 v–637 v Archilochos
696 v–619 v Zarathustra
694 v–603 v Braspati
693 v–626 v Assurbanipal
672 v grün Versuche an Sklaven
659 v–601 v Drakon
649 v blau Gewinnsucht der Priester
647 v–609 v Josia
640 v–559 v Solon
636 v–564 v Äsop
628 v–553 v Hesekiel
622 v rot Unterstützung Armer
602 v–527 v Peisistratos
598 v–501 v Teng-Tse
595 v–525 v Krösus
593 v rot Rechte nach Vermögen
592 v grün Bank in Babylon
588 v rot Sklavenkauf beschränkt
581 v grün Bodenreform in China
567 v blau Gleichheitsforderung
542 v blau Leben der Ärmsten
540 v blau Ursache der Kriminalität
537 v grün Sklaven der Juden
525 v–459 v Themistokles
507 v grün Gewerbesteuer in Athen
495 v–429 v Perikles
494 v braun Sklavenaufstand
486 v–430 v Hippodamos
475 v–393 v Me-Ti
473 v rot Klassen in Rom
469 v–399 v Sokrates
464 v/459 v 3. Messenischer Krieg
462 v rot Hilfe für Herren Spartas
456 v–404 v Alkibiades
450 v grün Korinth: Sklavenüberzahl
446 v–385 v Aristophanes
444 v–365 v Antisthenes
441 v blau Gleichheitsforderung
429 v–370 v Phaleas
427 v–347 v Plato
424 v–367 v Dionys der Ältere
422 v grün Me-Ti: Wirtschaftsreform
419 v braun Sklavenaufstand in Rom
413 v braun Sklavenflucht aus Athen
408 v blau Aristophanes: 'Plutos'
407 v–323 v Diogenes
400 v blau Sozialisierungsforderung
390 v blau Gleichheitsforderung
384 v rot Mord an Reformer
383 v–322 v Demosthenes
377 v grün Athen: Sklavenüberzahl
374 v blau Plato: Gerechtigkeitsideal
340 v–273 v Appius Klaudius
325 v–260 v Euhemeros
318 v blau Anhänger des Diogenes
307 v blau Eigentum naturwidrig
280 v blau Euhemeros' Staatsentwurf
279 v–206 v Chrysipp
258 v braun Sklavenerhebung
254 v–184 v Plautus
242 v rot Schulderlaß in Sparta
240 v rot Mord an Reformer
234 v–149 v Kato der Ältere
226 v grün Bodenreform in Sparta
224 v blau Idealstaat des Chrysipp
220 v grün Grundeigentum in China
203 v–157 v Wen-Ti
199 v grün Sklaven-Zeichnung
198 v/196 v Aufstände in Italien
193 v–160 v Judas Makkabäus
192 v rot Druck auf Großgrundbesitz
187 v blau Jambulos: Kommunismus
185 v braun Aufstand in Apulien
185 v rot Sklaven-Massenhinrichtung
179 v rot Bauern-Schutz in China
167 v grün Vollbürger steuerfrei
167 v/164 v Erhebung gegen Reiche
166 v grün Sklavenmarkt auf Delos
166 v–132 v Eunus
163 v rot Essener: Besitzlosigkeit
163 v–129 v Aristonikos
163 v–133 v Tiberius Gracchus
156 v–86 v Marius
154 v–121 v Gajus Gracchus
144 v–101 v Athenion
140 v grün Sklavenüberzahl in Rom
138 v–78 v Sulla
136 v/129 v Großer Aufstand
133 v rot Reform des T. Gracchus
133 v rot Mord an Tiberius Gracchus
132 v rot Kommunistischer Staat
130 v–102 v Tryphon
128 v grün Delos: Sklaven-Großumsatz
127 v rot Erbvorschrift in China
123 v rot Unterstützung Armer
121 v braun Aufstand des G. Gracchus
114 v–53 v Krassus
111 v rot Aufhebung von Reformen
109 v–71 v Spartakus
108 v–62 v Katilina
107 v rot Berufsheer aus Armen
106 v–43 v Cicero
104 v/100 v Großer Aufstand
100 v–44 v Cäsar
89 v/82 v Bürgerkrieg in Rom
86 v–35 v Sallust
80 v–46 v Vercingetorix
74 v/71 v Spartakus-Aufstand
71 v rot Sklaven-Massenhinrichtung
63 v/62 v Erhebung des Katilina
63 v rot Cicero gegen Katilina
59 v rot Cäsars Ackergesetze
49 v blau Reformvorschlag Sallusts
16 v–45 n Phädrus
10 v–54 n Klaudius
9 v grün Steigende Sklavenpreise
6 v–30 n Jesus Christus
4 v–65 n Seneka
2 v rot Gesetz gegen Freilassung
4 n rot Strafen für Sklaven
9 n rot Sklavenhandels-Verbot
9 n grün Gemeineigentum in China
23 n braun Bürgerkrieg in China
23 n grün Privateigentum in China
23 n–79 n Plinius der Ältere
33 n grün Hypothekenbank in Rom
52 n–133 n Epiktet
61 n blau Eintreten für Sklaven
64 n blau Gleichheitsforderung
67 n–140 n Juvenal
71 n blau Verfallsursache
80 n–130 n Karpokrates
100 n–165 n Justin der Märtyrer
111 n blau Satiren auf Reiche
123 n–140 n Epiphanes
127 n blau Eigentum unchristlich
133 n grün Begräbnis-Vereine Armer
140 n blau Epiphanes: Kommunismus
150 n–215 n Klemens von Alexandria
164 n rot Schutz des Frauengutes
176 n grün Strafmaß nach Vermögen
180 n–239 n Ardaschir
184 n braun Aufstand in China
192 n grün Bewirtschaftungs-Zwang
198 n blau Verdammung durch Klemens
202 n–258 n Cyprian
207 n braun Aufstand des Felix Bulla
212 n grün Erbschaftssteuer
217 n–276 n Mani
220 n braun Revolution in China
240 n blau Mani gegen Vorrechte
243 n–316 n Diokletian
247 n blau Cyprian gegen Eigentum
251 n–356 n Antonius
253 n blau Gleichheitsforderung
276 n–355 n Donatus
280 n–337 n Konstantin
284 n/286 n Bagauden-Aufstand
285 n–347 n Fasir
291 n–347 n Axid
292 n–346 n Pachomius
312 n grün Großgrundbesitz-Steuer
314 n grün Handels-, Gewerbesteuer
319 n rot Schutz der Sklavenfamilie
321 n grün Erbrecht der Kirche
325 n grün Kirche gegen Zinsen
330 n–379 n Basilius der Große
331 n blau Ideal der Besitzlosigkeit
342 n blau Fasir: Kommunismus
344 n/347 n Zirkumzellionen-Aufstand
348 n–408 n Prudentius
354 n–430 n Augustin
354 n–407 n Chrysostomos
375 n blau Eigentum als Diebstahl
390 n–477 n Geiserich
392 n blau Augustin über Reichtum
397 n–454 n Aëtius
398 n rot Zwangsabgaben
411 n–474 n Priskus
412 n–444 n Tibatto
428 n blau Augustin für Sklaverei
435 n/437 n Bagauden-Aufstand
445 n grün Bodenreform der Wandalen
470 n–531 n Kobad
476 n–531 n Masdak
480 n–547 n Benedikt von Nursia
502 n blau Verdammung durch Masdak
504 n–570 n Gildas der Weise
511 n–579 n Chosroes
513 n–552 n Totila
516 n blau Masdak: Kommunismus
528 n blau Gleichheitsforderung
531 n rot Niederlage Masdaks
538 n grün Zinserlaubnis der Kirche
539 n grün Monopole in Byzanz
540 n–604 n Gregor I.
543 n grün Bodenreform in Italien
554 n grün Aufhebung der Reform
570 n–635 n Li-Yüan
582 n–644 n Omar
590 n grün Arme abhängig von Kirche
593 n grün Kirche: Großgrundbesitz
598 n–649 n Tai-Tsung
600 n grün Erbanspruch der Kirche
605 n–680 n Fujiwara
606 n–652 n Rothari
609 n–680 n Moawija
617 n/623 n Chinesischer Bürgerkrieg
620 n grün Bodenreform in China
626 n–672 n Tenji
635 n–714 n Pippin der Mittlere
645 n rot Bodenreform in Japan
646 n rot Gesetz gegen Grundbesitz
646 n–684 n Silvanus
665 n rot Paulikianer-Bewegung
668 n rot Paulikianer-Verfolgung
684 n/686 n Aufstand von Kufa
685 n–762 n Hüan-Tsung
688 n–741 n Karl Martell
693 n grün Juden-Besitz eingezogen
712 n–770 n Tu-Fu
716 n–768 n Pippin der Kleine
717 n grün Bodenreform in Spanien
722 n grün Fränkische Lehen
729 n rot Gebietsschenkung an Papst
742 n–814 n Karl der Große
745 n rot Kirchenbesitz beschränkt
753 n rot 'Konstantinische Schenkung'
756 n rot Pippin'sche Schenkung
760 n rot Paulikianer im Balkan
760 n blau Herzlosigkeit der Reichen
772 n–846 n Poh-Küyi
774 n rot Kirchenstaat bestätigt
775 n/777 n Zindiks-Aufstand
781 n rot Kirchenstaat erweitert
786 n grün Abgabe für den Papst
804 n–876 n Ludwig der Deutsche
807 n rot Wehrpflicht nach Vermögen
822 n–883 n Ibn Mohammed
823 n–877 n Karl II., der Kahle
838 n blau Angriff auf Mißstände
841 n braun Stellinga-Aufstand
850 n–932 n Harald Schönhaar
861 n braun Aufstand in China
864 n–910 n Karmat
868 n blau Gleichheitsforderung
869 n/883 n Aufstand von Basra
871 n rot Kommunistischer Staat
874 n/883 n Chinesische Revolution
877 n grün Frankreich: Lehen erblich
883 n rot Volksstaat beseitigt
889 n blau Kommunistische Forderung
890 n rot Karmaten-Bewegung
899 n rot Karmaten-Staat Ahsa
899 n/930 n Karmatenaufstand
901 n rot Karmaten-Staat Multan
905 n–965 n Al Mutanabbi
914 n–961 n Bogomil
918 n–961 n Haakon der Gute
922 n rot Schutz für Bauernland
933 n rot Bauern Norwegens frei
938 n blau Forderung nach Neuordnung
940 n rot Bogomilen-Bewegung
943 n blau Sklavenarbeit unwürdig
954 n blau Gleichheitsforderung
979 n blau Cosmas gegen Bogomilen
1000 n blau Kirchensteuer-Ablehnung
1002 n–1066 n Eduard der Bekenner
1008 n/1009 n Erhebung in Spanien
1021 n–1086 n Wang-Anschi
1022 n–1107 n Manko Kapak
1027 n–1087 n Wilhelm I., der Eroberer
1030 n rot Kommunisten-Verfolgung
1037 n grün Deutsche Lehen erblich
1041 n braun Aufstand der Motta
1041 n grün Mailänder Lehen erblich
1058 n blau Soziale Denkschrift
1059 n braun Pataria-Aufstand
1067 n rot Kommunistischer Staat

1069n rot Reformen in China
1073n grün Türkische Bodenreform
1073n/1075n Aufstand in Sachsen
1086n grün Grundbesitz-Register
1090n–1153n Bernhard von Clairvaux
1097n grün Erblicher Fürstenbesitz
1103n–1155n Arnold von Brescia
1109n–1149n Eudo
1127n blau Armutsforderung
1127n rot Armutsorden
1133n grün Grundbuch-Eintragungen
1139n blau Kirchenarmut gefordert
1140n–1217n Peter Waldes
1142n/1155n Aufstand in Rom
1145n blau Kirchenarmut gefordert
1148n rot Zulauf zu Katharern
1151n grün Geldwechsler-Vereinigung
1152n–1246n Peire Cardinal
1155n grün Zusammenschluß Armer
1156n grün Bankgeschäfte in Italien
1160n–1216n Innozenz III.
1170n–1221n Dominikus
1172n–1228n Walther von der Vogelweide
1175n rot 'Bund der Armen von Lyon'
1176n blau Kirchenarmut gefordert
1178n rot Waldenser in Frankreich
1179n rot Kirche gegen Reformer
1181n braun Katharer-Kreuzzug
1182n rot Waldenser in Italien
1182n–1226n Franziskus
1189n grün Kreuzfahrer: Besitzbeleg
1190n–1235n Eike von Repkow
1206n grün Rechte der Ehefrau
1209n/1229n Katharer-Kreuzzug
1210n rot Franziskaner-Orden
1212n rot Bogomilen-Verfolgung
1216n rot Dominikaner-Orden
1218n–1291n Rudolf I. von Habsburg
1222n rot Katharer in Bosnien
1223n blau Habgier des Papstes
1228n rot Widerstand der Stedinger
1230n–1306n Jacopone von Todi
1232n/1234n Stedinger-Kreuzzug
1232n–1300n Segarelli
1234n rot Katharer-Ende in Bosnien
1234n grün Enteignung der Stedinger
1247n–1328n Johannes Korvino
1254n–1324n Marco Polo
1255n–1311n Pierre Dubois
1256n rot Bettelorden
1256n blau Rutebeufs Kritik
1260n rot Apostelbrüder-Orden
1260n–1327n Meister Eckehart
1261n blau Ruf nach Kirchenreform
1265n–1308n Duns Scotus
1294n rot Verdammung Segarellis
1299n–1349n Occam
1300n grün Spendengelder für Kirche
1301n braun Handwerker-Erhebung
1301n grün Salz-Kartell
1302n blau Armutsforderung
1303n grün Warnung vor Wucherei
1303n–1361n Tauler
1304n blau Kritik am Kirchenbesitz
1304n–1374n Petrarca
1305n/1307n Lombardischer Kreuzzug
1309n–1370n Kasimir der Große
1313n blau Kritik an Ungleichheit
1313n–1354n Rienzi
1316n–1378n Karl IV.
1323n rot Papst gegen Armutslehre
1323n/1328n Aufstand in Flandern
1324n–1384n Wiclif
1325n rot Bann gegen Aufständische
1325n–1381n Wat Tyler
1327n rot Richteramt an Besitzende
1335n–1381n John Ball
1342n braun Erhebung in Konstanz
1345n braun Aufstand in Gent, Brügge
1345n grün Wirtschaftskrise (Europa)
1347n braun Aufstand in Rom
1349n braun Erhebung in Nürnberg
1351n/1352n Erhebung in Rom
1358n braun Aufstand der Jacquerie
1358n rot Mord an Bauernführern
1360n blau Gesellschaftskritik
1362n–1437n Sigismund
1365n–1416n Hieronymus von Prag
1367n blau Großgrundbesitz verdammt
1369n–1415n Hus
1370n–1424n Ziska
1371n braun Weberschlacht in Köln
1371n blau Kirchenarmut gefordert
1371n–1440n Friedrich I.
1372n blau Ball: Gütergemeinschaft
1376n blau Wiclif für Erneuerung
1377n rot Papst gegen Wiclif
1378n braun Aufstand in Florenz
1378n rot Gewerkschaft in Florenz
1379n braun Aufstand in Flandern
1381n blau Forderung nach Gleichheit
1381n/1382n Aufstand in England
1381n/1382n Aufstand in Frankreich
1332n rot Gewerkschafts-Auflösung
1383n rot Lollarden in England
1384n blau Forderung nach Reformen
1385n rot Groots Genossenschaft
1394n–1460n Heinrich der Seefahrer
1398n blau Wiclifs Lehre in Prag
1400n–1450n Jack Cade
1406n blau Kritik am Kirchenbesitz
1407n grün Bank in Genua
1408n grün Ravensburger Konzern
1408n–1457n Valla
1410n rot Bann gegen Hus
1412n blau Kirchenarmut gefordert
1413n braun Aufstand in Paris
1415n rot Verbrennung des Hus
1416n rot Feuertod des Hieronymus
1417n rot Hinrichtung Oldcastles
1420n blau Reform-Forderung
1420n/1434n Hussiten-Kreuzzug
1424n rot Taboriten-Ausschaltung
1425n rot Konzern-Verbot
1431n–1503n Alexander VI. Borgia
1434n rot Hussitenkampf beendet
1435n/1436n Aufstand in Schweden
1436n rot Mord an Engelbrechtsson
1440n blau Kritik am Kirchenbesitz
1444n rot Negerjagd in Afrika
1448n blau Bodenreform gefordert
1449n–1492n Lorenzo Medici
1450n braun Aufstand in England
1451n braun Aufstand auf Mallorca
1452n rot Papst für Sklaverei
1452n–1498n Savonarola
1453n grün Beurses Kapital-Handel
1457n rot 'Böhmische Brüder'
1459n–1525n Jakob Fugger
1462n braun Aufstand in Katalonien
1465n–1536n Erasmus von Rotterdam
1470n grün Alaun-Kartell
1476n braun Aufstand deutscher Bauern
1483n–1546n Luther
1484n–1531n Zwingli
1488n–1525n Thomas Münzer
1491n braun Aufstand in Holland
1491n–1547n Heinrich VIII.
1493n braun Aufstand im Elsaß
1494n braun Aufstand in Florenz
1496n–1560n Gustav Wasa
1497n–1560n Melanchthon
1498n rot Verbrennung Savonarolas
1498n blau Kommunistisches Programm
1498n grün Kupfer-Syndikat
1500n–1558n Karl V.
1502n braun Aufstand in Baden
1502n grün Negersklaven nach Amerika
1508n grün Steuerreform-Forderung
1509n grün Fugger: Geld für Krieg
1509n–1564n Calvin
1511n grün Kapitalzuwachs der Fugger
1513n braun Aufstand im Breisgau
1514n braun Aufstand in Württemberg
1514n braun Aufstand in Ungarn
1514n grün Ablaß-Verpfändung
1515n braun Aufstand in Österreich
1515n braun Aufstand in der Schweiz
1516n blau Thomas More: 'Utopia'
1517n braun Aufstand in Baden
1517n braun Aufstand in England
1517n rot Papst für Sklavenhandel
1519n grün Fugger: Wahlfinanzierung
1521n rot Reichstag gegen Monopole
1522n/1526n Deutsche Revolution
1523n grün Finanzhilfe für Wasa
1523n grün Hilfe Karls für Fugger
1525n blau Luther gegen Revolution
1525n blau Gleichheitsforderung
1525n grün Quecksilbermonopol
1525n grün Kaiser für Monopole
1526n rot Armutsorden
1527n rot Hans Hergot verbrannt
1528n blau Wiedertäufer-Forderung
1528n rot Wiedertäufer-Hinrichtung
1533n–1603n Elisabeth
1534n blau Rothmann: Kommunismus
1534n braun Wiedertäufer-Erhebung
1536n rot Kirchenbesitz eingezogen
1536n blau Calvin: Erfolgsprinzip
1542n–1605n Akbar
1543n rot Zinserlaubnis der Kirche
1548n rot Papst für Sklavenhaltung
1552n grün Kirchenbesitz-Wechsel
1562n rot Schutz für Bauernland
1562n grün Englischer Sklavenhandel
1570n–1607n Iwan Bolotnik
1588n–1679n Hobbes
1599n–1658n Cromwell
1600n grün Sklavenhandel verpachtet
1601n rot Armenfürsorge in England
1601n grün Sklavenhandel Portugals
1602n blau Campanella: 'Sonnenstaat'
1605n grün 'Bank des Heiligen Geistes'
1606n blau Bolotnik gegen Eigentum
1607n braun Aufstand in Rußland
1622n braun Aufstand in China
1623n–1662n Pascal
1623n–1687n Petty
1624n braun Aufstand in Frankreich
1626n braun Aufstand in Österreich
1628n/1644n Chinesischer Bürgerkrieg
1632n–1704n Locke
1637n braun Aufstand in Frankreich
1637n rot Senegal an Sklavenhändler
1639n braun Aufstand in der Normandie
1641n grün Monopol-Verbot (England)
1642n/1649n Englische Revolution
1648n/1649n Levellers-Erhebung
1649n blau 'Anwalt des armen Mannes'
1650n rot Einkerkerung Lilbournes
1650n grün Sklavenhandel Hollands
1652n blau Winstanley: Kommunismus
1653n braun Schweizer Bauernkrieg
1660n grün Unternehmen des Mitsui
1662n grün Verstaatlichung (Gobelin)
1672n grün Sklavenhandels-Monopol
1674n grün Petty: Politökonomie
1675n blau Vairasse: Kommunismus
1702n/1710n Kamisarden-Aufstand
1706n grün Vaubans Denkschrift
1712n–1778n Rousseau
1713n grün Sklavenmonopol Englands
1723n–1790n Adam Smith
1727n braun Erhebung im Schwarzwald
1747n rot Schutz der Bauernschaft
1749n rot Schutz für Bauernland
1753n blau Rousseau: 'Ungleichheit'
1755n blau Morelly gegen Eigentum
1758n grün Physiokratismus
1758n–1794n Robespierre
1759n grün Jesuiten-Enteignung
1760n–1797n Babeuf
1768n blau Mably: Kommunismus
1768n grün Sklaven-Großtransporte
1769n grün Rothschild Hofbankier
1771n braun Aufstand in Vietnam
1775n blau Spence: Kritik
1776n grün Smith: Kapitalismus
1783n–1830n Bolivar
1785n/1786n Waldenburger Aufstände
1787n rot Shaker: Kommunismus
1789n/1795n Französische Revolution
1790n braun Aufstände in Sachsen
1791n braun Gesellenerhebung
1793n braun Aufstand in Breslau
1794n rot Sans-Culotten
1795n braun Aufstand in Ungarn
1795n blau 'Manifest der Gleichen'
1796n braun Verschwörung Babeufs
1797n rot Hinrichtung Babeufs
1798n braun Aufstand in Schlesien
1812n blau Owen: Reformplan
1812n grün Krupps Fabrik
1816n–1892n Siemens
1817n grün Ricardo: Volkswirtschaft
1818n–1883n Karl Marx
1820n blau Saint-Simon: Proletariat
1821n–1880n Dostojewski
1824n rot Owens Gemeinden
1824n blau Trennung des Eigentums
1828n–1910n Tolstoi
1829n grün Fourier: Genossenschaften
1830n braun Juli-Revolution
1834n braun Aufstand in Lyon
1834n rot 'Bund der Geächteten'
1836n rot 'Bund der Gerechten'
1838n rot Chartisten-Vereinigung
1838n blau Weitling: Kommunismus
1839n blau Blanc gegen Kapitalismus
1839n–1937n Rockefeller
1840n rot Arbeiter-Bildungsverein
1840n blau 'Eigentum ist Diebstahl'
1842n blau Cabet: Kommunismus
1844n braun Aufstand in Schlesien
1844n grün Konsumverein
1845n blau Engels: Lage der Arbeiter
1846n grün Bauern-Genossenschaft
1847n blau Kommunistisches Manifest
1847n grün Wirtschaftskrise (Europa)
1848n braun Juni-Aufstand
1848n/1850n Deutsche Revolution
1848n grün Mill: Politökonomie
1850n/1864n Taipingaufstand
1855n rot 'Schwarze Listen'
1856n–1950n G. B. Shaw
1859n blau Marx: Politökonomie
1863n rot Lassalles Arbeiterverein
1863n–1947n Ford
1866n–1925n Sun-Yat-Sen
1867n rot Granger-Bewegung
1867n blau Marx: 'Das Kapital'
1868n/1869n Spanische Revolution
1869n rot Gründung der SPD
1869n blau 'Manifest' russisch
1870n blau Blanquis Zeitschrift
1870n blau W. Liebknecht: 'Bodenfrage'
1870n grün 'Standard Oil'
1870n–1924n Lenin
1871n braun Aufstand der Kommune
1873n grün Weltwirtschaftskrise
1874n braun Spanische Revolution
1876n rot Industrieverband
1878n rot Papst gegen Sozialismus
1878n rot Sozialistengesetz
1878n blau Engels: 'Anti-Dühring'
1879n rot Spanische Arbeiterpartei
1879n blau George: Bodenreform
1882n rot Kein Zuzug Armer (USA)
1882n–1945n F. D. Roosevelt
1883n rot Plechanows Partei
1884n blau Engels: 'Ursprung'
1885n blau Marx: Kapital II
1888n blau Bellamy: 'Rückblick'
1889n grün Zeitschrift 'Bodenreform'
1891n braun Aufstand in Frankreich
1891n rot Marxistisches Programm
1892n rot Arbeiterpartei Italiens
1893n rot Labour-Party
1893n– Mao-Tse-Tung
1894n blau Marx: Kapital III
1894n blau Kautsky: Sozialismus
1898n braun Aufstand in China
1900n grün Morgans Stahltrust
1902n braun Aufstand in Rußland
1902n blau Sombart: Kapitalismus
1903n rot Bolschewiki
1903n grün Fords Autofabrik
1905n/1906n Russische Revolution
1907n braun Aufstand in Rumänien
1909n braun Revolution in Spanien
1916n rot Hugenbergs Konzern
1916n blau Lenin: 'Imperialismus'
1917n/1922n Russische Revolution
1917n rot Arbeiter- und Bauernstaat
1917n grün Vergesellschaftung
1918n/1919n Deutsche Revolution
1918n– Nasser
1919n braun Aufstand in Ungarn
1920n braun Erhebung im Ruhrgebiet
1921n rot KP Chinas
1921n rot NEP in Rußland
1921n grün M. Webers Untersuchung
1922n rot Italien faschistisch
1923n braun Erhebung in Hamburg
1923n grün Webbs: Kapitalismus
1924n rot Mongolei kommunistisch
1925n grün IG-Farben
1925n/1949n Chinesische Revolution
1926n braun Erhebung in Indonesien
1926n grün Deutscher Stahltrust
1927n braun Aufstände in Wien
1927n– Castro
1929n grün Weltwirtschaftskrise
1931n braun Revolution in Spanien
1932n rot Industriepakt mit Hitler
1932n grün Arbeitslose (Deutschland)
1933n rot Hitler Reichskanzler
1933n grün Arbeitslose in USA
1933n grün Wirtschaftslenkung
1934n braun Aufstand in Österreich
1937n rot Papst gegen Kommunismus
1939n rot Spanien faschistisch
1944n rot Jugoslawien kommunistisch
1945n/1954n Erhebung Südostasiens
1946n rot Nordkorea kommunistisch
1946n rot Albanien kommunistisch
1946n rot Bulgarien kommunistisch
1946n/1949n Griechischer Bürgerkrieg
1947n rot Polen kommunistisch
1947n rot Rumänien kommunistisch
1948n rot CSR kommunistisch
1948n rot Ungarn kommunistisch
1949n rot China kommunistisch
1951n rot Kommunistenverfolgung
1951n grün Öl-Verstaatlichung (Iran)
1952n braun Aufstand in Barcelona
1955n rot Nordvietnam kommunistisch
1956n grün Suez-Kanal verstaatlicht
1956n/1959n Kubanische Revolution
1960n/ Revolution Indochinas
1961n rot Kuba kommunistisch
1965n braun Aufstand in Asturien
1965n rot Sozialismus in Ägypten
1965n rot Sozialismus in Algerien

EIKE von Repkow, deutscher Rechtsgelehrter und Geschichtsschreiber.

1190n–1235n Lebenslinie
1223n blau 'Der Sachsenspiegel'
1226n blau Weltgeschichte
1374n rot Rechtsbuch verdammt

EIKMAN, Christian (1858n–1930n), holländischer Arzt und Forscher. Als Teilnehmer an einer holländischen Expedition zur Erforschung der Beri-Beri-Krankheit blieb er in der holländischen Kolonie Java und wurde Leiter des pathologischen Institutes von Djakarta. Nach langen vergeblichen Versuchen zur Entdeckung eines Erregers stellte er fest, daß diese Krankheit überhaupt nicht durch einen Erreger ausgelöst wird, sondern durch einen Mangel in der Ernährung. Seine Beobachtung, daß Hühner, die ständig geschälten Reis zu sich nehmen, der Beri-Beri-Krankheit anheimfallen, führte ihn zu der Feststellung, daß in der Rindenschicht des Reiskorns lebenswichtige Stoffe enthalten sein müssen. Diese Entdeckung wurde zum Ausgangspunkt der Vitaminlehre und der modernen Ernährungswissenschaft.

1889n grün Vitamin-Forschung

EINFUHRBESCHRÄNKUNGEN, EINFUHRVERBOTE, Maßnahmen zum Schutz der inländischen Wirtschaft vor ausländischer Konkurrenz. Wegen der damit verbundenen Verschlechterung des Warenangebotes vom Verbraucher abgelehnt, werden sie immer wieder von Erzeugergruppen angestrebt, die sich fremder Konkurrenz nicht aussetzen können oder wollen.

1463n grün Wolltuche nach England
1577n grün Indigo nach Deutschland
1619n–1683n Colbert
1651n rot Navigationsakte Englands
1657n grün Merkantilismus
1664n rot Schutzzölle in Frankreich
1724n grün Schutzzölle in Rußland

EINGEPRÄGTE KRAFT, Begriff aus der christlichen Wissenschafts-Schau. Sollte die von Aristoteles gefundene Bewegungslehre durch eine religiöse Vorstellung ersetzen. Nach dieser von dem Christen Philoponos aufgestellten 'Impetus-Theorie' ist jedem Körper eine Kraft 'eingeprägt', die Teil einer angenommenen göttlichen Urkraft ist.

515n grün Philoponos' Lehre
1333n grün Buridans Lehre

EINHARD, fränkischer Geschichtsschreiber.

770n–840n Lebenslinie
825n blau Biographie Karls
828n blau Bericht über Reliquienraub

EINHEITLICHE FELDLEHRE, Bezeichnung für Einsteins Versuch, in der Verallgemeinerung der hinter den Naturerscheinungen wirksamen Kräfte über seine Allgemeine Relativitätstheorie hinauszugehen. Sollte die elektromagnetischen Kräfte und die Kräfte der Schwerefelder auf eine gemeinsame (dritte) Kraft zurückführen.

1879n–1955n Einstein
1950n grün Entwicklung

EINLEGEARBEIT, Verzierung von Möbelplatten, Schachteldecken und anderen Holzflächen durch vertieftes Einarbeiten von kunstvollen Ornamenten oder Bildern aus Elfenbein-, Perlmutt-, Schildpatt- oder Metallteilen sowie aus verschieden getönten Holzstücken. Weil diese Arbeit bei den Arabern und Italienern im letzten Jahrtausend besonders gepflegt wurde, ist sie unter dem arabisch-italienischen Wort 'Intarsia' bekannt.

2720v grün Arbeiten in Sumer
2605v blau Verzierungen mit Muscheln
2433v grün Harfe in Ur
1219v blau Bild-Intarsia in Assur

EINPÖKELN, Verfahren zur Haltbarmachung von Fisch und Fleisch durch Einsalzen.

1733v grün Fleisch-Konservierung
1384n grün Fisch-Konservierung

EINREIBUNGEN zu Heilzwecken

2055v–1975v Ur-Edina
1999v grün Verordnung in Sumer

EINSIEDLER, ein in der Einsamkeit lebender Mensch, der zeitweilig oder ganz die menschliche Gemeinschaft flieht, um sich einer Verinnerlichung, meist religiöser Art, hinzugeben.

696v–619v Zarathustra
557v–477v Buddha
251n–356n Antonius
276n blau Einsiedlergemeinden
291n–347n Axid
295n–373n Athanasius
306n–373n Ephräm der Syrer
415n blau Rutilius: Gegnerschaft
437n grün Symeons Säulen-Leben
480n–547n Benedikt von Nursia
1375n–1448n Josetsu

EINSTEIN, Albert, deutscher Naturwissenschaftler.

1879n–1955n Lebenslinie
1905n grün Spezielle Relativität
1916n grün Allgemeine Relativität
1950n grün Feldtheorie

EIS

1659n grün Procopios Speiseeis

EISEN, mit 5% der Erdrinde das am meisten vorhandene und über die ganze Welt verbreitete Metall. Durch die ihm eigene Härte bewirkte es bei seinem Auftreten eine technische Revolution, die bis in unsere Zeit hinein andauert. Obwohl es durch die Kunststoffe der modernen Chemie in seiner beherrschenden Stellung bedroht ist, bildet es noch immer die entscheidende Grundlage aller technischen Produktion.

Vorzeittafel: Schlußbalken (5000 Jahre)
2289v grün Nutzung in Kleinasien
1482v–1425v Tud-Halia II.
1360v grün Härtung in Ägypten
1276v grün Stahl bei Hettitern
1185v grün Gewinnung in Vorderasien
1149v grün Herstellung in Italien
1117v grün 'Lausitzer Kultur'
1095v grün Verarbeitung bei Assyrern
963v grün Verhüttung in Indien
733v–645v Kuan-Tse
685v grün Staatsmonopol in China
669v grün Löten in Griechenland
369v grün Gewinnung mit Kohle
127v grün Stahl-Tauschhandel
119v grün Geräte-Monopol in China
666n grün Erzmühlen in Japan
1190v grün Stahl-Magnetisierung
1699n grün Gießereien im Ural
1740n grün Gußstahlfabrik in England
1812n grün Krupps Gußstahlfabrik
1856n grün Bessemer-Verfahren
1864n grün Siemens-Martin-Ofen
1866n grün Eisenbetonbau
1875n blau Menzel: 'Walzwerk'
1885n grün Nahtlose Röhren
1900n grün Schnelldrehstahl
1900n grün Stahltrust in den USA
1904n grün Autogenes Schweißen
1926n grün Deutscher Stahltrust

EISENACH, Stadt am West-Rande des Thüringer Waldes. Zu Füßen der Wartburg im Jahre 1170n gegründet. Der Aufenthalt Martin Luthers (1521n–1522n) gab ihr durch die hier vorgenommene Übersetzung des Neuen Testamentes ('Luther-Bibel') den Rang eines Symbols für die Reformation. Die Dreihundertjahrfeier der Reformation wurde zu einer Demonstration bürgerlicher Jugend für die Einheit Deutschlands. 52

Jahre später schloß sich hier die klassenbewußte Arbeiterschaft Deutschlands in einer revolutionären Partei (Sozialdemokratische Partei Deutschlands) zusammen und gab sich unter Führung von August Bebel und Wilhelm Liebknecht ein auf dem Kommunistischen Manifest beruhendes Programm.

1073n blau Wartburg
1522n blau Luther-Bibel
1817n rot Wartburgfest
1869n rot Gründung der SPD

EISENBAHN, auf Eisenschienen laufendes, von Maschinenkraft angetriebenes Fahrzeug, dessen Einführung den Beginn eines geregelten, erdumspannenden Verkehrswesens darstellte. Infolge der geringen Reibung zwischen Eisenrad und Eisenschienen bewegt sie mit geringem Energieaufwand große Lasten. Sie konnte sich durch ihre darauf beruhende Billigkeit gegen die zunehmende Konkurrenz von Auto und Flugzeug behaupten.

1804n grün Trevithiks Lokomotive
1814n grün Stephensons Lokomotive
1825n grün Erste Eisenbahn (England)
1826n grün Tunnel in England
1835n grün Erste deutsche Eisenbahn
1858n grün Schlafwagen
1871n grün Mont-Cenis-Tunnel
1879n grün Verstaatlichung (Preußen)
1881n grün Gotthard-Tunnel
1896n rot Konzession für Rußland
1942n rot Abessinienbahn an England
1956n grün Zwei Wagenklassen

EISENBETON, steinharter Baustoff aus Zement-Kiesgemisch mit einer Einlage von Eisenstäben oder -drähten. Seine besondere Druck-Belastbarkeit revolutionierte die Baukunst durch den Wolkenkratzer, durch weite, frei tragende Brücken und Kuppel-Konstruktionen sowie durch das Flachdach und die selbsttragende Zwischendecke. Er ermöglichte außerdem die serienmäßige Vorfertigung von Bauteilen in eigenen Betonwerken.

1866n grün Einführung

EISENHOWER, Dwight David (1890n bis 1969n), nordamerikanischer General und Staatsmann. Kam nach dem Besuch der führenden Militärakademie der USA (West Point) im ersten Weltkrieg als Angehöriger der neuen Tankwaffe nach Europa. Wurde Generalstabsoffizier und erhielt im zweiten Weltkrieg den Oberbefehl über die amerikanischen Truppen in Europa. Führte die westlichen Verbündeten zur Invasion auf dem Festland und an der Seite der UdSSR zum Sieg über Deutschland. 1950n Oberbefehlshaber der NATO und von 1952n bis 1961n Präsident der USA. Versuchte, zusammen mit Außenminister Dulles, den Kommunismus in Europa und Asien durch eine Politik am Rande des Krieges zurückzudrängen ('Kalter Krieg'). Erklärte sich nach dem Scheitern dieser Politik zu einer Verständigung mit der UdSSR bereit ('Geist von Camp David'). Förderte ein erdumspannendes Geheimdienstsystem, das 1960n durch den Abschuß eines U 2-Spionageflugzeuges über der UdSSR vor der Weltöffentlichkeit bloßgestellt wurde. Mußte die Errichtung eines kommunistischen Staates unmittelbar vor der USA-Küste hinnehmen (Kuba).

1927n– Castro
1939n/1945n Zweiter Weltkrieg
1945n rot Besetzung Deutschlands
1952n rot Präsident
1953n rot Militärpakt mit Spanien
1954n rot Gründung der SEATO
1955n rot Österreich unabhängig
1956n/1959n Kubanische Revolution
1959n rot Treffen mit Chrutschow
1960n/ Revolution Indochinas
1961n rot Kuba kommunistisch
1961n rot Ablösung durch Kennedy

EISENSCHIENEN

1736n grün Aufkommen in England

EISENSCHIFFE

1787n grün Bau in England

EISENSTEIN, Sergej (1898n–1948n), russischer Filmregisseur. Als Teilnehmer an der russischen Revolution und Angehöriger der Roten Armee wurde er Theaterregisseur und bemächtigte sich 1923n des jungen Filmes als Mittel revolutionärer Propaganda. Mit seinen Filmwerken 'Panzerkreuzer Potemkin' und 'Zehn Tage, die die Welt erschütterten' wurde er zum Schöpfer des Revolutionsfilms. Er machte darin die proletarischen Massen zum eigentlichen Helden und weckte so in der ganzen Welt Sympathie für den russischen Kommunismus. Nach Abklingen der revolutionären Begeisterung wandte er sich nationalen Themen zu ('Alexander Newski', 1938n, 'Iwan der Schreckliche', 1945n).

1926n blau 'Panzerkreuzer Potemkin'

EISERNE HAND, Bezeichnung für eine aus Metall hergestellte künstliche Hand (Prothese), wie sie bereits vor mehr als 2000 Jahren in Rom angefertigt wurde und wie sie später der Ritter Götz von Berlichingen trug.

210v grün Konstruktion in Rom

EISERNER VORHANG, Metallwand zur feuersicheren Trennung des Publikums von der brandgefährdeten Bühne. Die wie ein Vorhang herunterzulassende Trennwand kam zu Beginn des 19. Jahrhunderts in Paris auf.

1820n grün Konstruktion

EISNER, Kurt (1867n–1919n), deutscher Staatsmann und Schriftsteller. Als Sohn eines jüdischen Fabrikanten wurde er Journalist, schrieb für die 'Frankfurter Zeitung', wandte sich dann aber der Sozialdemokratischen Partei zu und wurde Redakteur des 'Vorwärts'. Wegen unmarxistischer Haltung entlassen, leitete er vier Jahre lang die 'Fränkische Tagespost' in Nürnberg und arbeitete dann als freier Schriftsteller, vor allem als Feuilletonist. 1914n setzte er sich für die Bewilligung der Kriegskredite und damit für eine Unterstützung des Krieges durch die Sozialdemokratie ein. Später stieß er zum linken Flügel der Partei und ging 1917n zur Unabhängigen Sozialdemokratischen Partei (USPD), die den Krieg strikt ablehnte. 1918n wurde er wegen Unterstützung des Munitionsarbeiterstreiks eingekerkert. Nach seiner Freilassung trat er für die Revolution ein und rief in München die Republik aus. Als Ministerpräsident verhinderte er die von den Arbeitern geforderte Sozialisierung und machte sich durch Anerkennung der deutschen Kriegsschuld auch beim Bürgertum unbeliebt. So blieb seine Partei bei den Wahlen von 1919n in der Minderheit. Als er sich daraufhin zum Parlament begab, um den Rücktritt seiner Regierung bekanntzugeben, wurde er von einem Monarchisten (Anton Arco) erschossen.

1918n/1919n Deutsche Revolution

EITERLOSE WUNDBEHANDLUNG

1228n grün Einführung in Bologna

EI-ZEUGUNG

1668n grün Redis Lehre
1827n grün Baers Lehre

EJE, ägyptischer Herrscher.

1398v–1335v Lebenslinie
1348v/1346v Vorderasien-Krieg

EKBATANA, Stadt im Iran, heute Hamadan. Um 700v vom Mederkönig Déioces auf dem Hochland von Iran gegründet, wurde es durch dessen Sohn Phraortes zur Hauptstadt des Mederreiches gemacht. Nach der Eroberung Mediens durch die Perser Sommerresidenz der Herrscher. War berühmt durch die prachtvolle Hochburg und die reichen Paläste.

699v–653v Phraortes
674v rot Hauptstadt Mediens
599v–529v Kyros
550v rot Medien persisch

EKKEHARD (um 905n–973n), deutscher Dichter. Als Mönch des Klosters Sankt Gallen (unweit des Bodensees) studierte er die lateinischen Dichter und schrieb gottesdienstliche Zwischengesänge (Sequenzen) und Lobgesänge (Hymnen). Möglicherweise ist er auch der Verfasser eines Heldenliedes über die Kämpfe Walthers von Aquitanien mit den Franken Gunther und Hagen (Waltharilied).

925n blau Waltharilied

EKKEHARD von Aura (um 1070n bis 1130n), deutscher Historiker. Als Abt des Klosters Aura bei Bamberg führte er das von Frutolf hinterlassene Geschichtswerk über das Jahr 1101n hinaus fort und gab es mit zahlreichen Veränderungen heraus. Sein Standpunkt war im Gegensatz zu dem des Frutolf eindeutig kirchlich, was insbesondere bei der Darstellung des Kampfes zwischen Kaisertum und Papsttum (Heinrich IV. und Gregor VIII.) zum Ausdruck kam.

1125n blau Weltgeschichte

EKLIPTIK, Bezeichnung für die vom Menschen wahrgenommene Sonnenbahn am Himmel. Ihre Beobachtung über die Dauer eines Jahres führte früh zur Aufstellung eines auf dem Sonnenjahr beruhenden Kalenders. Die aus dem Griechischen kommende Bezeichnung (ek-leipsis = Verschwinden) ist darauf zurückzuführen, daß die griechischen Astronomen die Sonnen- und Mondfinsternisse rechts und links von dieser Sonnenbahn beobachteten.

1079v grün Berechnung in China
316v–250v Aristarch
271v grün Aristarchs Berechnung
948n–1009n Ibn Junis
1006n grün Berechnung bei Arabern

EKPHANTOS von Syrakus (um 415v bis 370v), griechischer Philosoph und Naturforscher auf Sizilien. Als Schüler des Hiketas verkündete er dessen Lehre von der Achsendrehung der Erde, ohne aber die Theorie vom Stillstand der übrigen Gestirne zu übernehmen.

382v grün Achsendrehung der Erde

ELAM, Land und Staat in Vorderasien. Erstreckte sich östlich des Tigris vom Persischen Hochland bis herab zum Persischen Golf. Erhielt mit der Gründung der Stadt Susa ein kulturelles Zentrum und entwickelte sich in fortwährenden Abwehrkämpfen gegen die mesopotamischen Reiche zu eigener Staatlichkeit. Zeitweilig unterwarf es selbst große Teile Mesopotamiens, insbesondere Babylon. Seit dem Vordringen der Perser nach Mesopotamien wurde es Bestandteil des Perserreiches und Sitz seiner Regierung (Susa). Während der Herrschaft Alexanders und seiner Nachfolger Mittelpunkt der Verschmelzung persischer und griechischer Kultur (Hellenismus). Seit der Einigung Persiens durch Ardaschir teilte es als persische Provinz das Schicksal des Perserreiches.

2949v blau Tongefäße
2853v blau Gründung von Susa
2750v blau Bild eines Reiters
2522v–2434v E-Annatum
2467v braun Vorstoß Lagaschs
2467v rot Hoheit Lagaschs
2464v–2397v En-Te-Mena
2413v braun Vorstoß nach Lagasch
2376v–2294v Sargon der Große
2347v/2325v Krieg der Weltgegenden
2338v rot Herrschaft Akkads
2330v–2271v Manisch-Tusu
2309v blau 'Sargons Siegeszug'
2297v–2238v Naramsin
2290v braun Erhebung gegen Rimusch
2276v/2275v Vorstoß Akkads
2275v rot Akkadischer Statthalter
2275v grün Silberförderung an Akkad
2273v blau Kaiser-Statue
2257v braun Erhebung gegen Naramsin
2042v braun Vorstoß nach Lagasch
2007v–1955v Ib-I-Sin
1968v braun Erhebung gegen Kaiser
1955v braun Erhebung gegen Ib-I-Sin
1955v rot Gefangennahme Ib-I-Sins
1955v grün Heiligtum Sumers erbeutet
1922v grün Rückgabe des Heiligtums
1822v–1750v Kudur-Mabuk
1801v–1759v Warad-Sin
1780v–1697v Rimsin
1771v braun Sieg über Larsa
1771v rot Oberhoheit über Larsa
1771v rot Warad-Sin König Larsas
1770v blau Statue Kudur-Mabuks
1699v braun Flucht Rimsins
1698v braun Niederlage gegen Babylon
1698v rot Herrschaft Hammurabis
1685v braun Erhebung gegen Babylon
1424v–1370v Kuri-Gal-Zu
1380v braun Niederlage gegen Babylon
1380v rot Herrschaft Babylons
1325v braun Vorstoß nach Babylon
1232v–1162v Schutruk
1211v blau Statue der Königin
1205v braun Vorstoß nach Babylonien
1166v–1105v Nebukadnezar
1163v braun Sieg über Babylonien
1163v rot Herrschaft über Babylon
1163v rot Thronbesetzung in Babylon
1159v braun Aufstand in Babylon
1159v rot Babylonien selbständig
1115v braun Babylonischer Sieg
783v rot Niederlassung der Perser
639v braun Niederlage gegen Assyrien
539v rot Persien Vormacht
518v grün Kaiserstraße
356v–323v Alexander der Große
334v/325v Alexanderzug
330v rot Persien unter Alexander
324v rot Heiraten in Susa
180n–239n Ardaschir
224n rot Sassaniden-Herrschaft

ELANA, Hafenstadt am Roten Meer. Als wichtiger Handelsplatz für den Warenumschlag nach Vorderasien seit ältester Zeit Endpunkt mehrerer großer Karawanenstraßen.

979v rot Indienhafen Palästinas

ELASTIZITÄTSGESETZ, Bezeichnung für ein von dem englischen Physiker Hooke gefundenes Gesetz über den Zusammenhang zwischen der inneren Spannung und der äußeren Verformung elastischer Körper.

1676n grün Entdeckung

ELBA, Insel im Mittelmeer. Größte der 'toskanischen Inseln' zwischen dem italienischen Festland und der Insel Korsika. Als bedeutendste Eisenerz-Fundstätte Italiens bereits von Etruskern und Römern ausgebeutet, fiel die Insel 962n an Pisa, 1290n an Genua, 1736n an Neapel, 1815n an das Großherzogtum Toskana und wurde 1860n mit diesem Bestandteil des italienischen Staates. Zwischen 1814n und 1815n war die Insel ein Jahr lang Verbannungsort Napoleons I., der sie nach seinen Niederlagen von 1813n und 1814n als 'Fürst von Elba' mit einer jährlichen Rente von 2 Millionen Franken beherrschte und der von hier aus seine kurze Rückkehr auf das Festland vorbereitete.

1769n–1821n Napoleon I.

ELBE, zweitlängster deutscher Strom, 1165 km lang. Von der Einmündung der Moldau ab schiffbar. Bildete lange Zeit hindurch die Ostgrenze der fränkischen und deutschen Stämme und damit der deutschen Kultur. Durch die deutsche Ostkolonisation wurde sie zu einem deutschen Binnenstrom.

380v–306v Pytheas
38v–9v Drusus
16v–21n Armin
12v/7v Zweiter Germanenkrieg
9v rot Römischer Vorstoß
4n/16n Dritter Germanenkrieg
305n–370n Ermanrich
350n/360n Zweiter Gotischer Krieg
500n braun Slawen-Einfälle
742n–814n Karl der Große
804n rot Grenze des Frankenreiches
805n grün Magdeburg Stapelplatz
807n blau Gründung Hamburgs
808n rot Christianisierungsgrenze
877n–936n Heinrich I.
920n–992n Miezko
929n blau Burg Meißen
1216n blau Entwicklung Dresdens
1398n grün Elbe-Trave-Kanal
1731n blau Pöppelmanns Brücke

ELEA, Stadt mit Hafen in Süditalien. Um 553v von griechischen Siedlern südlich von Paestum (bei Neapel) gegründet. Entwickelte sich schnell zu einem Zentrum griechischer Philosophie ('Eleatische Schule'). In römischer Zeit hieß die Stadt Velia, später Castellamare della Bruca.

575v–483v Xenophanes
530v blau Philosophenschule

ELEFANT, letzte lebende Art von Rüsseltieren, die in Riesengattungen (Mammut, Mastodon) früher die Erde bevölkerte. Größtes Landtier. Wegen seines Fleisches (Lebendgewicht bis 6000 kg) und des Materials seiner Stoßzähne (bis 75 kg Elfenbein) seit Jahrtausenden in Afrika und Asien beliebte Jagdbeute. Das gutartige und sich vegetarisch ernährende Tier wird wegen seiner Kraft und seiner Intelligenz als Last- und Reittier gezähmt und wurde auch im Kriege verwendet.

2802v grün Schmuckdosen-Form
2705v blau Siegel-Motiv in Indien
1514v grün Jagd in Mesopotamien
1506v–1444v Nemhet
1386v grün Zähmung in Indien
1134v blau Chinesisches Relief
1130v grün Kriegseinsatz in China
305v rot Tauschobjekt

ELEFANTINE, ägyptische Stadt auf der gleichnamigen Nilinsel gegenüber von Assuan. Als Grenzfestung gegen das benachbarte Nubien angelegt, wurde der Ort Hauptstadt des 1. oberägyptischen Gaues.

2624v grün Befestigung
2404v–2350v Unas
2366v braun Sieg der Ägypter
2365v blau Siegesdenkmal

ELEGIE, aus dem Griechischen übernommene Bezeichnung für ein Gedicht in zweizeiligen Versen, meist mit traurigem Inhalt.

728v–660v Kallinos
705v–637v Archilochos
686v–613v Tyrtaios
667v blau Kallinos' Dichtungen
635v blau Tyrtaios' Gedichte
586v–501v Anakreon
301v–253v Theokrit
289v–235v Kallimachos
279v blau Philitas: 'Bittis'
271v blau Kallimachos' Dichtungen
87v–54v Katull
63v blau Katulls Gedichte
53v–19v Tibull
49v–15v Properz
43v–17n Ovid
28v blau Properz' Dichtungen
26v blau Tibulls Gedichte
1742n blau Young: 'Nachtgedanken'
1749n–1832n Goethe
1759n–1805n Schiller
1800n blau Hölderlins Gedichte
1832n blau Mörikes Gedichte

ELEKTRISCHE BELEUCHTUNG, künstliche Erhellung durch Verwendung elektrischer Energie. Beruht auf dem Erglühen elektrischer Leiter (Glühlampe, Bogenlampe) oder auf dem Erstrahlen elektrischer Gasentladungen (Neonlicht, Glimmlampe). Ihre Erfindung befähigte die Menschheit zur Mißachtung des natürlichen Rhythmus von Tag und Nacht.

1811n grün Bogenlicht
1816n–1892n Siemens
1847n–1931n Edison
1854n grün Göbel: Glühbirne
1879n grün Edison: Glühbirne
1909n grün Neonlicht
1914n grün Scheinwerfer

ELEKTRISCHER DRACHEN, ein von dem Nordamerikaner Benjamin Franklin gebauter Papierdrachen, an dessen Spitze ein Draht angebracht war. Von Franklin während eines Gewitters emporgelassen, leitete er einen Teil einer elektrischen Entladung aus den Wolken über das feuchte Hanfseil zur Erde, wo es in einem Schlüssel endete, der von Franklin mit Hilfe eines isolierenden Seidenfadens gehalten wurde. Durch das Überspringen eines starken Funkens auf Franklins Hand wurde die elektrische Natur von Gewittern bewiesen.

1752n grün Konstruktion

ELEKTRISIERMASCHINE, Gerät zur Erzeugung von Reibungs-Elektrizität. Zuerst von dem deutschen Forscher Otto Guericke gebaut, der eine Schwefelkugel auf einem Gestell befestigte und beim Drehen durch das Auflegen der trockenen Hand elektrische Kraft erzeugte. Guericke entdeckte, wie eine Flaumfeder von dieser Kraft zunächst angezogen und beim Nachlassen der Anziehungskraft wieder abgestoßen wurde. Auch Leitfähigkeit und Leuchtkraft der Elektrizität konnte er bei diesen Versuchen feststellen. Außerdem entdeckte er dabei die 'Influenz'-Erscheinung, durch die ein Körper elektrisch geladen wurde, wenn er nur in die Nähe der Kugel kam. Diese vielseitigen Versuche machten das Gerät zum Mittel der ersten systematischen Erforschung elektrischer Vorgänge.

1663n grün Bau

ELEKTRIZITÄT, reinste Erscheinungsform der Energie. Unterscheidet sich durch ihre leichte Transportierbarkeit, ihre sofortige Verwendbarkeit und ihre Sauberkeit grundsätzlich von den anderen Energiequellen (Kohle, Erdöl, Erdgas, Wasserkraft), die deshalb zunehmend in Elektrizität verwandelt werden. Als Naturerscheinung (Blitzschlag, Reibungselektrizität) seit alters her bekannt, wurde sie seit 400 Jahren gründlicher erforscht. Im 19. Jahrhundert zuerst praktischer Verwendung zugeführt. Im 20. Jahrhundert fand sie endlich allgemeine Verbreitung.

624v–546v Thales
577v grün Reibungs-Elektrizität
338v–268v Strato der Physiker
1598n grün Gilberts Entdeckung
1663n grün Elektrisiermaschine
1671n grün Elektrischer Funke
1729n grün Leiter und Nichtleiter
1733n grün Zweierlei Elektrizität
1745n grün 'Leidener Flasche'
1752n grün Blitzableiter
1767n grün Priestleys Theorie
1780n grün Galvanis Forschungen
1785n grün Coulomb: Elektrostatik
1792n grün Voltas Forschungen
1800n grün Galvanische Batterie
1811n grün Bogenlicht
1816n–1892n Siemens
1819n grün Elektromagnetismus
1820n grün Stromstärke und -spannung
1821n grün Ampère: Elektrodynamik
1821n grün Thermo-elektrische Kraft
1827n grün Ohm'sches Gesetz
1831n grün Faraday: Induktion
1833n grün Faraday: Elektrolyse
1847n–1931n Edison
1854n grün Göbel: Glühbirne
1858n–1947n Planck
1859n grün Elektrische Zündung
1866n grün Dynamo
1879n grün Edison: Glühbirne
1879n–1955n Einstein
1880n grün Dampfturbine
1881n grün Straßenbahn
1883n grün Arrhenius: Elektrochemie
1882n grün Trockengleichrichter
1888n grün Trockenbatterie
1891n grün Tesla: Diathermie
1893n– Karolus
1900n grün Untergrundbahn
1902n grün Bosch: Magnetzündung
1909n grün Neonlicht
1914n grün Scheinwerfer
1924n grün Berger: Hirnströme
1927n grün Dnjepr-Kraftwerk

1938n grün Boulderdamm-Kraftwerk
1938n grün Elektroschock-Behandlung
1954n grün Atomkraftwerk

ELEKTRIZITÄTSWERK

1847n–1931n Edison
1954n grün Nutzung der Atomkraft

ELEKTROCHEMIE, Wissenschaft von der Wechselwirkung chemischer und elektrischer Kraft. Begründet durch die Entdekkung des schwedischen Forschers Arrhenius, daß chemische Verbindungen sich unter dem Einfluß von Elektrizität in elektrisch-geladene Atomgruppen (Ionen) auflösen.

1833n grün Faraday: Elektrolyse
1882n grün Arrhenius' Forschungen

ELEKTRODYNAMIK, Lehre von der strömenden Elektrizität.

1821n grün Ampères Lehre

ELEKTROKARDIOGRAMM, Aufzeichnung der vom Herzmuskel beim Zusammenziehen erzeugten schwachen Ströme. Wegen der damit verbundenen Sichtbarmachung der Herztätigkeit ein wichtiges Mittel zur Feststellung von Herzfehlern. Dem Verfahren liegt die Entdeckung der Aktionsströme des Herzens durch den Engländer A. D. Waller zugrunde (1889n). Dreizehn Jahre später gelang dem Holländer Willem Einthoven die erste Registrierung dieser Ströme im Galvanometer und nach jahrelangen Versuchen auch ihre automatische Aufzeichnung auf Papierstreifen.

1911n grün Erfindung

ELEKTROLYSE, Zersetzung chemischer Verbindungen durch elektrischen Strom.

1833n grün Grundgesetz

ELEKTROMAGNETISMUS, die Wechselwirkung elektrischer und magnetischer Kräfte. Von dem deutschen Physiker Wilhelm Ritter 1803n angenommen, von dem dänischen Naturforscher Hans Christian Örstedt 1819n nachgewiesen, wurde er von dem englischen Physiker Michael Faraday bestimmt als die in jedem elektrischen Feld wirksame magnetische Kraft. Seine Entdeckung führte zur Erkenntnis der gemeinsamen Natur elektrischer und magnetischer Kräfte.

1819n grün Örstedts Untersuchungen
1831n grün Faradays Forschungen
1855n grün Telegraph
1863n grün Maxwells Wellenlehre
1866n grün Dynamo
1876n grün Telephon
1887n grün Hertz' Wellenlehre
1897n grün Drahtlose Telegraphie
1920n grün Rundfunk
1924n grün Fernsehen
1931n grün Elektromagnetisches Klavier

ELEKTRONEN-ÜBERMIKROSKOP, Gerät zur Beobachtung kleinster Materie-Teile. Bedient sich nicht mehr des Lichtes und der Linse, sondern elektronischer Strahlen. Es kann dadurch Objekte sichtbar machen, die tausendmal kleiner sind als die kleinsten mit herkömmlichem (optischem) Mikroskop wahrnehmbaren Teilchen. Auf Grund der Entdeckung von Hans Busch, daß eine stromdurchflossene Spule wie eine optische Linse wirkt, gebaut von dem deutschen Physiker Ernst Ruska unter Verwendung der von Knoll erfundenen elektrostatischen Linse.

1933n grün Konstruktion

ELEKTRONIK, Lehre vom Verhalten der kleinsten negativ geladenen Elementarteilchen (Elektronen) und deren Anwendung bei der Schaltung, Überwachung und Steuerung technischer Vorgänge. Entwickelte sich von der Entdeckung der Elektronenströme (Kathodenstrahlen) über deren Sichtbarmachung (Röntgenstrahlen) und die Schaffung der Bildwiedergabe (Braun'sche Röhre) zur modernen Rechenmaschine und Kybernetik.

1857n grün Kathodenstrahlen
1876n grün Photoelement
1886n grün Germanium
1892n grün Photozelle
1894n–1964n Norbert Wiener
1895n grün Röntgenstrahlen
1898n grün Braun'sche Röhre
1904n grün Elektronenröhre
1905n grün Elektronentheorie
1926n grün Germanium-Diode
1927n grün Elektronenbeugung
1928n grün Geigerzähler
1931n grün Bild-Abtaster
1933n grün Elektronen-Mikroskop
1941n grün Broglie: Teilchentheorie
1942n grün Rechenmaschine ENIAC
1948n grün Transistor
1948n grün Wiener: 'Kybernetik'

1952n grün Halbautomatische Fabriken
1956n blau Stockhausens Musik
1963n grün Groß-Rechenmaschine

ELEKTRONISCHE MUSIK, Bezeichnung für den durch Komponisten geschaffenen Zusammenklang technisch erzeugter Töne und Geräusche. Sie bedarf keiner Instrumente und keiner Musiker, weil sie ihr Klangmaterial auf elektroakustischem Wege durch direkte Produktion der Schwingungen erhält, die sonst von Künstlern mit Hilfe von Instrumenten hervorgebracht werden. Die Arbeit des Komponisten besteht in der Mischung von Tönen und Geräuschen, die er im Schallarchiv vorfindet oder mit Hilfe elektrischer Schwingungserzeuger (Oszillatoren) produziert, und die er auch durch technische Mittel (Filtern, Verzerren) verändert. Entstand aus der Verwendung elektromagnetischer Instrumente, die einen Übergang von herkömmlicher Musik zur technischen Klangerzeugung darstellten. Richard Strauss, Honegger und Hindemith bedienten sich bereits ihrer technischen Möglichkeiten. Um 1950n erfolgte der Durchbruch zur rein technischen Musik, die vor allem beim Westdeutschen Rundfunk in Köln entwickelt wurde (Eimert, König, Stockhausen).

1931n grün Elektromagnetisches Klavier
1956n blau Stockhausens Musik

ELEKTROSCHOCK, Bezeichnung für eine Behandlungsweise der Nervenheilkunde. Beruht auf der Wirkung eines schwachen elektrischen Stroms, der für Bruchteile einer Sekunde durch das Gehirn geleitet wird. Der dadurch hervorgerufene zusammenkrampfende Schock soll bei Schwermut und Bewußtseinsspaltung die Grundlage für einen Heilansatz geben. In ihrem Behandlungserfolg umstritten, hat sich die Methode nur zögernd verbreitet.

1938n grün Aufkommen

ELEKTROSTATIK, Lehre von der ruhenden Elektrizität, ihrer Spannung und den von ihr ausgehenden elektrischen Feldern.

1785n grün Coulomb'sches Gesetz

ELEMENTARTEILCHEN, Bezeichnung für die Grundbestandteile der Materie. Kleinste stoffliche Teile, die von der Wissenschaft bisher aufgefunden wurden. Ihre Erforschung steckt noch in den Anfängen.

1941n grün Broglies Forschungen

ELEMENTE, Bezeichnung für die über 100 Grundstoffe, aus denen die gesamte materielle Welt aufgebaut ist. Von zusammengesetzten Stoffen dadurch unterschieden, daß sie nur aus Atomen der gleichen Ordnungszahl bestehen.

2994v grün Verarbeitung von Kupfer
2977v grün Verarbeitung von Zinn
2953v grün Verarbeitung von Gold
2708v grün Versilberung
2289v grün Verarbeitung von Eisen
681v grün Verarbeitung von Platin
415v grün Quecksilber entdeckt
1669n grün Phosphor entdeckt
1766n grün Wasserstoff entdeckt
1771n grün Sauerstoff entdeckt
1772n grün Stickstoff entdeckt
1774n grün Chlor entdeckt
1781n grün Aufbau des Wassers
1789n grün Uran entdeckt
1800n–1882n Friedrich Wöhler
1807n grün Kalium entdeckt
1815n grün Atomgewicht
1823n grün Chlor-Verflüssigung
1828n grün Aluminium entdeckt
1861n grün Spektralanalyse
1869n grün Mendelejews System
1879n–1968n Otto Hahn
1885n–1962n Niels Bohr
1886n grün Germanium entdeckt
1897n grün Wasserstoff-Verflüssigung
1898n grün Radium und Polonium
1909n grün Nutzung des Neon
1920n grün Bohrs System
1955n grün Nutzung des Kobalt

ELEONORE von Aquitanien (um 1122n bis 1204n), englische Königin. Als Tochter des Herzogs von Aquitanien heiratete sie den französischen König Ludwig VII., ließ sich aber 1152n scheiden und heiratete den englischen König Heinrich II. Dadurch fiel ihr Erbland, Südwestfrankreich, für über 200 Jahre an England. Da sie die Söhne Heinrichs II. gegen ihren Vater unterstützte, wurde sie von ihrem Mann 16 Jahre gefangengesetzt. Zog zahlreiche Minnedichter an ihren Hof und machte dadurch den französischen Troubadour-Gesang in England bekannt. Bestimmte den französischen Dichter Wace zur Niederschrift einer Geschichte Englands.

1108n–1175n Wace
1152n rot Heirat Heinrichs II.

ELFENBEIN, weißes, hartes und dabei elastisches Material, das aus den Stoßzähnen des Elefanten gewonnen wird. Werkstoff für wertvolle Handwerksarbeiten, besonders für kunstvolle Schnitzereien.

2864v grün Kämme in Ägypten
2846v blau Geschnitzter Messergriff
2838v grün Jahrestäfelchen, Ägypten
2827v blau Plastik eines Hundes
2797v grün Ausfuhr aus Indien
2793v blau Kamm mit Symbolen
2786v blau Relief König Udimus
2770v grün Schnitzkunst in Sumer
2752v blau 'Alternder König'
2746v blau 'Gefangener'
2722v blau Löwen-Relief
2570v–2481v Ur-Enlil
2555v blau Cheops-Statuette
2506v blau Mykerinos-Statuette
2466v grün Ausfuhr aus Punt
2301v grün Ausfuhr aus Nubien
1933v grün Spielzeug-Material
1608v grün Schalen in Ägypten
1352v blau 'Bärtiger Asiate'
1219v blau Brunnen-Szene
1038v grün Einfuhr nach Saba
504v blau Kanachos: 'Aphrodite'
493v–432v Phidias
439v blau 'Athene'-Statue
396v–328v Leochares

EL GRECO, spanischer Maler griechischer Herkunft.

1547n–1614n Lebenslinie
1577n blau 'Mariä Himmelfahrt'
1608n blau 'Blick auf Toledo'

ELIAS, Prophet in Israel

927v–850v Lebenslinie
882v–798v Elisa
857v blau Gegen Baal-Kult

ELIS, Stadt und Staat in Südgriechenland (Peloponnes). Wegen der in diesem Gebiet liegenden Kultstätte Olympia von gesamtgriechischer Bedeutung.

918v blau Hera-Tempel Olympia
776v blau Olympische Spiele
456v blau Zeus-Tempel Olympia
420v rot Bündnis mit Athen

ELISA, Prophet in Israel.

882v–798v Lebenslinie
898v–842v Isebel
890v–814v Jehu
842v braun Erhebung
842v rot Ende des Baal-Kults
820v blau Reformforderung

ELISABETH I., Königin von England von 1558n bis 1603n.

1533n–1603n Lebenslinie
1527n–1598n Philipp II.
1561n–1626n Francis Bacon
1562n rot Schutz von Bauernland
1562n grün Sklavenhandel
1563n rot Lohnanpassung
1564n–1616n Shakespeare
1580n grün Drakes Erdumseglung
1583n rot Niederlassung in Amerika
1584n rot Besitznahme Virginiens
1585n rot Hilfe für Niederlande
1586n rot Mordanschlag
1587n rot Hinrichtung Maria Stuarts
1588n braun Sieg über Armada
1588n rot Hilfe von Holland
1597n braun Spanischer Angriff
1600n grün Indien-Gesellschaft
1601n rot Armen-Fürsorge
1603n rot Jakob I. Nachfolger
1800n blau Schiller: 'Maria Stuart'

ELISABETH II. (geboren 1926n), Königin von England seit 1952n. Als Staatsoberhaupt nur mit Repräsentationsaufgaben betraut, trifft sie selbst keine wesentlichen politischen Entscheidungen. Dient der Aufrechterhaltung einer lockeren Verbindung des Mutterlandes zu den Ländern des ehemaligen Weltreiches. Bemüht sich, mit einer Mischung von antiquierter Hoheit und moderner Volkstümlichkeit der monarchischen Staatsform noch einmal Glanz zu verleihen.

1952n rot Thronbesteigung

ELISABETH Petrowna, russische Zarin von 1741n bis 1762n.

1709n–1762n Lebenslinie
1741n/1748n Erbfolgekrieg
1742n rot Judenvertreibung
1753n rot Strafartenwechsel
1754n rot Zollreform
1755n blau Universität Moskau
1756n/1763n Siebenjähriger Krieg
1756n blau Nationaltheater
1757n blau Akademie der Künste

ELLIL-BANI, König des Stadtstaates Isin.

1842v–1780v Lebenslinie
1869v–1804v Irra-I-Mitti
1804v rot Thronbesteigung

ELLORA, Stadt in Indien. Hier entstanden zwischen dem 6. und 10. Jahrhundert dreißig aus dem Naturstein herausgehauene Tempel, darunter die Kailasa-Tempel-Anlage mit vielen Teichen, Säulengängen, Obelisken, Sphinxen sowie einer gewaltigen Halle und Tausenden von Bildsäulen.

857n blau Kailasa-Tempel

EL SALVADOR, Name des kleinsten, aber am dichtesten besiedelten Staates Mittelamerikas. An der Pazifikküste klimatisch günstig gelegen, entwickelte es sich im letzten Jahrhundert durch den Fleiß seiner Bewohner zum drittgrößten Kaffeeproduzenten der Erde nach Brasilien und Kolumbien. Das von den hochkultivierten Mayas bewohnte Land wurde seit 1524n von Spaniern unterworfen und gegen langen und erbitterten Widerstand der Bevölkerung kolonisiert. Erst im Freiheitskampf Lateinamerikas erhielt es 1821n seine Unabhängigkeit und wurde nach einer Periode der Zugehörigkeit zu den 'Vereinigten Staaten von Zentralamerika' 1839n eine selbständige Republik. Unter zunehmendem Einfluß fremden Kapitals entwickelte sich eine leistungsfähige Plantagenwirtschaft, die eine Beherrschung des Staates durch Großgrundbesitzer zur Folge hatte. Arbeiter- und Bauernaufstände (1932n) waren vergeblich. Die fortschreitende Durchdringung des Landes mit USA-Kapital hatte eine gewaltsame Niederhaltung der arbeitenden Volksmassen zur Folge.

1524n braun Niederlage der Mayas
1524n rot Besitz Spaniens
1811n/1826n Kampf Lateinamerikas
1945n rot Mitglied der UN

ELSASS, Land am Oberrhein zwischen Deutschland, Frankreich und der Schweiz. Das von Germanen und Kelten bewohnte Gebiet kam 58v unter römische, später unter alemannische Herrschaft. Fiel 496n an das Frankenreich, dann für viele Jahrhunderte an Deutschland. Im Dreißigjährigen Krieg teilweise von Franzosen erobert, wurde der habsburgische Besitz im Westfälischen Frieden an Frankreich abgetreten. Durch Ludwig XIV. vollständig französisch unter Beibehaltung seiner deutschen Kultur. Seit der Revolution von 1789n schloß es sich auch geistig an Frankreich an. Nach dem deutsch-französischen Krieg deutsch, nach dem ersten Weltkrieg wieder französisch.

58v/51v Gallischer Krieg
355n/358n Germanenkrieg Roms
457n rot Alemannen-Siedlung
496n braun Franken-Vorstoß
808n–875n Otfried
870n rot Deutscher Besitz
924n/925n Ungarn-Einfall
1132n grün Müllabfuhr in Straßburg
1193n–1279n Albertus Magnus
1211n rot Katharer-Verbrennung
1218n–1291n Rudolf I. von Habsburg
1230n rot Katharer-Verfolgung
1231n grün Katharer-Zusammenhalt
1262n rot Straßburg Reichsstadt
1276n blau Münsterfassade (Entwurf)
1303n–1361n Tauler
1353n grün Glockenspiel in Straßburg
1439n blau Straßburger Münster
1466n blau Bibeldruck in Straßburg
1493n braun Bauernaufstand
1522n/1526n Deutsche Revolution
1618n/1648n Dreißigjähriger Krieg
1621n blau Universität Straßburg
1648n rot Westfälischer Friede
1680n rot Reunionen
1681n rot Straßburg an Frankreich
1697n rot Verbleib bei Frankreich
1870n/1871n Deutsch-französischer Krieg
1914n/1918n Erster Weltkrieg
1919n rot Versailler Vertrag

ELSTER, Julius (1854n–1920n), deutscher Physiker. Als Oberlehrer des Gymnasiums Wolfenbüttel erkannte er gemeinsam mit seinem Kollegen Geitel die Veränderung der Elektronen einiger fester Stoffe durch Lichteinwirkung (lichtelektrischer Effekt). Erforschte den Zusammenhang zwischen Radioaktivität und Atomzerfall. Erfand die Alkali-Photozelle mit Edelgasfüllung und elektrischer Spannungszufuhr.

1892n grün Photozelle

EMAIL, einfarbiger oder bunter Schmelzglas-Überzug, meist auf Metall. Zum Schutz, aber auch zum Schmuck des belegten Stoffes bestimmt, entwickelte sich eine Verarbeitung zu einem weit verbreiteten Kunsthandwerk.

2041v grün Aufkommen in Ur
1182n blau Maurinus-Schrein
1192n blau Werk Nikolaus' von Verdun
1551n blau Limosins Malereien

EMBRUN, Provinz-Hauptstadt in den französischen Alpen. Seit dem 9. Jahrhundert Bischofssitz und Wallfahrtsort. Hier wurden auf Anordnung der katholischen Kirche 24 Bauern aus den umliegenden Tälern bei lebendigem Leibe verbrannt, weil sie sich zu den als ketzerisch verurteilten Lehren der Waldenser bekannten.

1393n rot Katharer-Verbrennung

EMDEN, westlichster deutscher Seehafen, in der Emsmündung gegenüber der holländischen Küste gelegen. Im ersten Jahrtausend entwickelte sich hier aus einer friesischen Siedlung eine Hafenstadt, die seit 1200n lebhaften Englandhandel betrieb. 1402n fiel die Stadt an Hamburg und wechselte dann mehrfach den Besitzer, bis sie 1682n von brandenburgischen Truppen besetzt wurde. 1751n von Friedrich II. zum Freihafen erklärt, wurde die Stadt zunehmend Kriegshafen. Seit 1871n Haupthafen der deutschen Flotte. Im zweiten Weltkrieg zu 78 Prozent zerstört.

1744n rot Preußischer Besitz

EMERSON, Ralph Waldo (1803n–1882n), nordamerikanischer Philosoph. Als Sohn eines Pfarrers studierte er Theologie und wurde Geistlicher, legte aber 29jährig sein Amt aus Gewissensgründen nieder und führte 1838n an der Harvard-Universität einen heftigen Angriff gegen alle bestehenden Religionen. Mit seinem Erstlingswerk legte er den Grund für eine amerikanische Philosophie, die ihre sittlichen Gebote allein auf den Einklang des Menschen mit der Natur richtet. Lehrte auch, daß alle Menschen von Natur aus geistig gleich befähigt und sittlich gleich hochstehend sind. Trat für die Abschaffung der Sklaverei wie für die Gleichberechtigung der Frau ein und verwarf den Krieg als ein menschenunwürdiges Tun. Selbst stark beeinflußt von europäischen Denkern (besonders von der deutschen Philosophie), forderte er die Verselbständigung des amerikanischen Denkens.

1836n blau 'Nature'

EMPEDOKLES, griechischer Philosoph, Naturwissenschaftler und Dichter.

490v–430v Lebenslinie
457v grün Teilchen-Theorie
453v grün Vier Elemente
444v blau Denken als Körperfunktion

EMPFÄNGNIS, unbefleckte, Bezeichnung für die christliche Vorstellung, daß Jesus nicht auf natürliche Weise von seinem Vater Joseph gezeugt ist, sondern ohne natürliche Zeugung ('Josephsehe') im Leibe der Maria entstanden ist. Dieser Glaube beruht auf den Aussagen der Apostel Matthäus und Lukas im zweiten Teil der Bibel ('Neues Testament'). Danach hat Maria die Bedenken ihres Mannes wegen der von ihm nicht verursachten Schwangerschaft mit dem Hinweis auf den 'Heiligen Geist' zerstreut. Als Grundlage der Lehren von der göttlichen Natur Jesu und von der Dreifaltigkeit von zentraler Bedeutung in allen christlichen Religionen. 1439n hat das Konzil zu Basel darüber hinausgehend auch die Empfängnis der Maria durch ihre Mutter Anna als 'unbefleckte Empfängnis' bezeichnet. Durch die 1854n vom Papst zum Dogma erhobene Vorstellung wurde Jesus noch über die Halbgötter erhoben, die nach orientalischen und griechischen Göttersagen des öfteren durch Zeugung zwischen Gott und Mensch entstanden sind. Auch der ältere Zeitgenosse des Jesus, Kaiser Augustus, wurde nach römischem Glauben bei seiner Mutter Atia nicht durch ihren Mann, sondern durch eine Schlange gezeugt. Der Ausdruck 'unbefleckt' für die Empfängnis der Maria beruht auf der christlichen Grundauffassung, daß jede durch natürlichen Geschlechtsverkehr zustandegekommene Empfängnis einen Menschen mit der Erbsünde belastet, also 'befleckt' sei.

10v–52n Matthäus
22n–74n Lukas
182n–253n Origines
381n–444n Cyrillus
786n–861n Radbertus
1108n–1175n Wace
1338n blau Martini: 'Verkündigung'
1678n blau Murillos Gemälde
1854n rot Dogma

EMPFINDSAME DICHTUNG, Bezeichnung der Literaturhistoriker für eine bestimmte Dichtung des 18. Jahrhunderts in Mitteleuropa. Sie ist im Gegensatz zur vernunftbestimmten Literatur dieser Epoche absichtlich gefühls- und gemütsbetont. Bewirkte eine Rückbesinnung des zunehmend verstandesmäßig ausgerichteten Menschen auf sein Naturgefühl und seine Seele.

1709n blau Moralische Wochenschrift
1729n blau Haller: 'Die Alpen'
1730n blau Thomson: 'Jahreszeiten'
1731n blau 'Insel Felsenburg'
1740n blau Richardson: 'Pamela'

1742n blau	Young: 'Nachtgedanken'
1746n blau	Gellerts Erzählungen
1760n blau	Macpherson: 'Ossian'
1761n blau	Rousseau: 'Neue Heloise'
1766n blau	Goldsmith: 'Landprediger'
1769n blau	Sterne: 'Tristram Shandy'
1771n blau	Claudius: Wandsbeker Bote
1773n blau	Klopstock: 'Messias'
1774n blau	Goethes 'Werther'
1784n blau	Voß: 'Luise'
1790n blau	Jean Paul: 'Wuz'
1805n blau	Jean Paul: 'Flegeljahre'

EMPIRE-STATE-BUILDING, Name des höchsten Gebäudes der Welt, das in den Jahren 1929n–1931n im Zentrum New Yorks auf der Hudson-Insel Manhattan errichtet wurde. Mit seinen 102 Stockwerken und seinen 441 m Höhe (einschließlich des nachträglich aufgebauten Fernsehturms — vorher 380 m —) blieb dieser Wolkenkratzer aus der Glanzzeit New Yorks bis heute Symbol des himmelstürmenden Erfolgsstrebens der USA.

1931n blau	Fertigstellung

EMPIRIKUS, Sextus (um 160n–um 230n), griechischer Philosoph. Als Arzt in der Stadt Alexandria (Ägypten) stellte er das Wahrnehmbare in Gegensatz zu dem Denkbaren und kam zu dem Ergebnis, daß sogar das Denkbare dem Denkbaren und das Wahrnehmbare dem Wahrnehmbaren widerspricht. Sicheres Wissen schloß er deshalb überhaupt aus. In diesen 'Skeptizismus' bezog er die Logik, die Mathematik und die Physik ein und bestritt auch die Möglichkeit sowie die Nützlichkeit jeder Moral. Sein Leben richtete er nach den ihm von der Natur unmittelbar erteilten Lehren, nach den Notwendigkeiten des Daseins und den allgemeinen Gewohnheiten. Schrieb ein Werk in sechs Bänden gegen die Fachgelehrten.

190n blau	'Gegen Dogmatiker'

EMS, Rudolf von (um 1200n–um 1250n), deutscher Dichter aus Hohenems im schweizerischen Rheintal. In Diensten des Grafen von Montfort und des deutschen Königs Konrad IV. schrieb er legendenhafte Vers-Erzählungen von lehrhaftem Charakter. Obwohl er an der Form höfischer Dichtung festhielt, schilderte er schon gelegentlich das Leben des arbeitenden Volkes und stellte in seiner Erzählung 'Der gute Gerhard' die sittliche Haltung eines bescheidenen Kölner Bürgers als Vorbild für das Verhalten des Kaisers dar. Schrieb gereimte Erzählungen über Alexander den Großen und Wilhelm den Eroberer. König Konrad IV. bestimmte ihn zur Niederschrift einer gereimten Weltchronik auf biblischer Grundlage, doch vollendete er davon nur die Periode von der Erschaffung der Erde bis zum Tode Salomos.

1227n blau	'Der gute Gerhard'

ENCHE (um 2350v bis um 2290v), mesopotamische Prinzessin. Als Tochter Sargons, des ersten Kaisers von Mesopotamien, wurde sie Oberste Priesterin (Hohepriesterin) im Heiligtum des von ihrem Vater unterworfenen Süd-Mesopotamien (Sumer) und trug durch ihr Wirken wesentlich zur Versöhnung dieses Landesteils mit der Herrschaft ihres Vaters bei.

2376v–2294v	Sargon der Große
2337v rot	Hohepriesterin

ENEIDE, Titelheld einer gereimten Erzählung des deutschen Dichters Heinrich von Veldeke, der den Stoff aus einer französischen Dichtung übernahm. Die Gestalt geht aber auf eine Dichtung des Römers Vergil zurück ('Äneis'), in der die Geschichte des trojanischen Helden Äneas (aus Homers 'Ilias') verarbeitet worden war.

1143n–1203n	Heinrich von Veldeke
1189n blau	Abfassung

ENERGIE, von dem griechischen Wort 'energeia' (= Wirksamkeit) abgeleitete Sammelbezeichnung für alle in der Natur vorgefundene oder künstlich erzeugte Kraft sowie für die Fähigkeit einer Erscheinung zur Verrichtung von Arbeit.

Vorzeittafel:	Schlußbalken (5000 Jahre)
2141v grün	Mist als Brennstoff
369v grün	Verhüttung mit Braunkohle
152v–82v	Heron
111v grün	Nutzung des Dampfes
88v grün	Wassermühlen in Europa
363n grün	Ruwer-Sägewerk
666n grün	Wassermühlen in Japan
1110n grün	Steinkohlenbergbau
1130n grün	Schießpulver in China
1222n grün	Windmühlen in Europa
1244n grün	Schießpulver der Araber
1245n grün	Perpetuum-mobile-Plan
1445n grün	Schrift über Wasserkraft
1495n grün	Perpetuum-mobile-Problem
1629n grün	Dampfmaschinen-Entwurf
1640n grün	Koksherstellung
1673n grün	Pulverkraft als Antrieb
1690n grün	Papins Dampfmaschine
1697n grün	Saverys Dampfmaschine
1711n–1765n	Lomonossow
1712n grün	Newcomens Dampfmaschine
1736n–1819n	James Watt
1757n grün	Lomonossow: Energiegesetz
1765n grün	Watts Dampfmaschine
1767n grün	Elektroenergie-Theorie
1770n grün	Begriff 'PS'
1792n grün	Leuchtgas
1816n–1892n	Siemens
1821n grün	Elektrodynamik
1842n grün	Mayer: Energiegesetz
1847n–1931n	Edison
1858n–1947n	Planck
1860n grün	Gas-Motor
1864n grün	Petroleum-Motor
1866n grün	Dynamo
1867n grün	Dynamit
1876n grün	Otto-Motor
1879n–1955n	Einstein
1879n–1968n	Otto Hahn
1880n grün	Dampfturbine
1883n grün	Daimler-Motor
1893n grün	Diesel-Motor
1900n grün	Quantentheorie
1913n grün	Benzin aus Kohle
1927n grün	Dnjepr-Kraftwerk
1938n grün	Kernspaltung
1938n grün	Boulder-Damm-Kraftwerk
1939n grün	Düsenflugzeug
1942n grün	Atomreaktor
1942n grün	Rakete
1945n grün	Atombombe
1952n grün	Wasserstoffbombe
1954n grün	Atomkraftwerk
1960n grün	Laser-Strahl

ENGEL, vom griechischen Wort 'angelos' (= Bote) abgeleitete Bezeichnung für 'Götterboten', die nach assyrischem, jüdischem, parsischem, islamischem und christlichem Glauben die Verbindung zwischen Göttern und Menschen herstellen.

699v blau	Darstellung in Assyrien
25v–45n	Philo
10v–52n	Matthäus
182n–253n	Origenes
395n blau	Motiv christlicher Kunst

ENGELBRECHTSSON, Engelbrecht (um 1400n–1436n), schwedischer Freiheitskämpfer. Als Sohn eines Bergarbeiters deutscher Herkunft wurde er selbst Bergmann und stellte sich gegen die Fremdherrschaft der Vögte des Pommernkönigs an die Spitze eines Bauernaufstandes. Nach seinem Sieg berief er den ersten schwedischen Reichstag nach Arboga ein, setzte die Absage an den Pommernkönig durch und wurde feierlich zum Regenten (Reichshauptmann) gewählt. Aber der Adel stellte ihm nachträglich einen zweiten Reichshauptmann (Knutson) zur Seite. Nach Beendigung des Befreiungskampfes im dänischen Südschweden wurde er von einem Mitglied des Hochadels ermordet.

1435n/1436n	Aufstand
1436n rot	Ermordung

ENGELS, Friedrich (1820n–1895n), deutscher Philosoph und Politiker. Als Sohn eines Fabrikanten veröffentlichte er neunzehnjährig einen leidenschaftlichen Protest gegen die Ausbeutung der Arbeiter ('Briefe aus dem Wuppertal'). Fünf Jahre später beschrieb er schonungslos die Lage der englischen Arbeiterklasse und wies in diesem Buch bereits dem Proletariat die Rolle des Befreiers der ganzen Menschheit zu. Nach historischen und philosophischen Studien verfaßte er die 'Grundsätze des Kommunismus', aus denen er dann gemeinsam mit Marx das 'Kommunistische Manifest' gestaltete. Nahm an der Revolution von 1848n/1850n teil und emigrierte nach deren Niederschlagung. In London und Manchester erarbeitete er dann gemeinsam mit Marx die theoretischen Grundlagen der Weltrevolution ('wissenschaftlicher Sozialismus'). Daneben erwarb er beider Lebensunterhalt als Textil-Industrieller. Während Marx die ökonomisch-gesellschaftlichen Probleme erforschte, schuf er die Grundwerke des historischen Materialismus ('Ursprung der Familie, des Privateigentums und des Staates', 'Anti-Dühring', 'Der deutsche Bauernkrieg' und 'Ludwig Feuerbach'). Nach Marx' Tod gab er dessen unvollendete Schriften heraus ('Kapital II' und 'Kapital III'). Am praktisch-politischen Kampf des Proletariats nahm er zeitlebens teil.

1818n–1883n	Karl Marx
1845n blau	Lage der Arbeiter
1847n blau	Kommunistisches Manifest
1848n/1850n	Deutsche Revolution
1864n rot	Erste Internationale
1878n blau	'Anti-Dühring'
1884n blau	'Ursprung'
1885n blau	Marx' 'Kapital II'
1889n rot	Zweite Internationale
1894n blau	Marx' 'Kapital III'

ENGELSBURG, Name eines wuchtigen Rundbaus am rechten Tiberufer in Rom. Von Kaiser Hadrian als Begräbnisstätte der römischen Kaiser gebaut und bis Mitte des dritten Jahrhunderts von seinen Nachfolgern für diesen Zweck erhalten. Seit dem 6. Jahrhundert als Festung ausgebaut, diente sie den Päpsten als Zufluchtsort vor fremden Eroberern und vor den Bürgern Roms. 1277n wurde sie durch einen unterirdischen Gang mit der Residenz des Papstes verbunden. Zeitweilig als Gefängnis benutzt. Seit 1870n im Besitz des italienischen Staates, diente sie zunächst militärischen Zwecken und wurde 1911n in ein Museum umgewandelt.

76n–139n	Hadrian
139n blau	Fertigstellung

ENGLAND, Britannien, Großbritannien, englisches Weltreich, britisches Empire:

Allgemeines (Land, Volk, Staat)

632v rot	Einwanderung der Bretonen
380v–306v	Pytheas
324v grün	Pytheas' Forschungsreise
55v/54v	Cäsars Expedition
43n/50n	1. Britannischer Krieg
43n blau	Gründung von London
50n rot	Süden römische Provinz
51n braun	Aufstand unter Karatakus
51n–96n	Domitian
61n braun	Aufstand unter Boudicca
71n/84n	2. Britannischer Krieg
76n–139n	Hadrian
76n rot	Wales römisch
80n grün	Straßennetz der Römer
84n rot	Gebietszuwachs für Rom
122n rot	Rückzug der Römer
122n grün	Hadrianswall
208n/210n	3. Britannischer Krieg
210n grün	Ausbau des Hadrianswalls
214n–275n	Aurelian
287n rot	Selbständigkeit
296n rot	Wieder im Römerreich
391n–460n	Patrick
407n braun	Abzug der Römer
428n grün	Angelsachsen-Invasion
448n rot	Angelsachsen-Siedlung
472n rot	Bretonen-Auswanderung
504n–570n	Gildas der Weise
534n–615n	Kolumban
543n blau	Entwicklung Glasgows
564n rot	Bekehrung Schottlands
596n rot	Angelsachsen-Bekehrung
601n rot	Bistum Canterbury
603n braun	Sieg der Angelsachsen
603n rot	Rückzug der Skoten
664n rot	Christianisierung beendet
780n–839n	Egbert
787n braun	Normannen-Angriff
793n rot	Teile Normannen-Besitz
820n rot	Normannen auf Man
823n/827n	Einigungskrieg
825n braun	Normannen-Angriff
827n rot	Einigung unter Egbert
835n braun	Normannen-Angriff
835n rot	Normannen-Siedlung
844n rot	Schottisches Reich
849n–901n	Alfred der Große
850n–932n	Harald Schönhaar
851n/852n	Normannen-Einfall
865n braun	Normannen-Angriff
865n grün	Tribute an Normannen
876n rot	Norden in Normannenhand
878n braun	Sieg über Normannen
878n rot	Teilung der Insel
878n rot	Normannenkönig Christ
892n braun	Normannen-Angriff
895n grün	Bau einer Flotte
912n blau	Entwicklung Oxfords
937n braun	Normannen-Iren-Angriff
959n rot	Gewinn Wales', Schottlands
995n–1035n	Knut der Große
1002n rot	Blutbad unter Dänen
1002n–1066n	Eduard der Bekenner
1003n braun	Dänen-Angriff
1012n rot	Bund des Adels mit Dänen
1013n braun	Adelsaufstand
1013n rot	Krönung Svens I.
1015n blau	Entwicklung Bristols
1016n braun	Thronkämpfe
1016n rot	Krönung Knuts
1018n rot	Vereinigung mit Dänemark
1027n rot	Schottland unter Knut
1027n–1087n	Wilhelm I., der Eroberer
1033n–1109n	Anselm von Canterbury
1042n braun	Befreiung von Dänen
1042n rot	Thronbesteigung Eduards
1066n braun	Normannen-Einfall
1066n rot	Wilhelm I. König
1077n rot	Krönung durch Papst
1086n grün	Grundbuch
1104n blau	Teppich von Bayeux
1108n–1175n	Wace
1118n–1170n	Thomas Becket
1120n grün	Anwachsen der Bevölkerung
1145n–1209n	Bertran de Born
1152n rot	Erwerb Westfrankreichs
1154n rot	Engländer als Papst
1154n blau	Wace: Geschichte Englands
1157n grün	Rechte für Deutsche
1164n rot	Machtverlust der Kirche
1166n rot	Katharer-Zeichnung
1170n rot	Mord an Thomas Becket
1171n/1172n	Irischer Krieg
1172n rot	Hoheit über Irland
1174n rot	Buße Heinrichs II.
1189n rot	Morde an Juden
1189n/1192n	Dritter Kreuzzug
1197n blau	Entwicklung Liverpools
1204n–1263n	Haakon der Alte
1213n rot	Lehnshoheit des Papstes
1215n rot	'Magna Charta'
1217n rot	Judentracht
1250n grün	Deutsche Niederlassung
1280n rot	'Hanse' in London
1290n rot	Judenvertreibung
1295n rot	Bürger im Parlament
1297n rot	Steuer-Bewilligungsrecht
1301n blau	Entwicklung Manchesters
1314n braun	Niederlage gegen Schotten
1316n grün	Kohle-Verwendungs-Verbot
1322n rot	Parlament von York
1324n–1384n	Wiclif
1325n–1381n	Wat Tyler
1327n rot	Friedensrichter
1328n rot	Schottland unabhängig
1335n–1381n	John Ball
1338n/1453n	Hundertjähriger Krieg
1340n rot	Anspruch auf Frankreich
1343n rot	Ober- und Unterhaus
1344n rot	Zwang gegen Banken
1344n grün	Rückzahlungs-Weigerung
1346n rot	Gewinn der Normandie
1348n grün	Hosenbandorden
1351n grün	Pestepidemie
1351n rot	Arbeitspflicht
1353n rot	Rechtsweg-Einschränkung
1360n rot	Arbeitspflicht-Erzwingung
1363n rot	'Statute of apparel'
1365n grün	Verbot des Tennisspielens
1367n blau	Großgrundbesitz verdammt
1371n rot	Ämter entklerikalisiert
1372n blau	Kommunistische Forderung
1375n rot	Rückzug in Frankreich
1376n blau	Wiclif für Reformation
1377n rot	Wiclifs Thesen verurteilt
1377n rot	Bürgerschutz für Wiclif
1379n grün	Kopfsteuer
1381n rot	Schiffahrts-Gesetze
1381n blau	Gleichheitsforderung
1381n/1382n	Aufstand
1383n rot	Lollarden-Bewegung
1384n blau	Reformforderung Gowers
1385n braun	Thronkämpfe in Portugal
1392n grün	Handel mit Venedig
1400n rot	Staatshilfe gegen 'Ketzer'
1400n–1450n	Jack Cade
1408n rot	Verbot der Volksbibel
1412n–1431n	Jeanne d'Arc
1413n rot	Maßnahme gegen Wiclif
1417n rot	Hinrichtung Oldcastles
1420n rot	Bündnis mit Burgund
1422n rot	Gewinn Nordfrankreichs
1428n rot	Wiclifs Gebeine verbrannt
1429n rot	Verlust von Orléans
1430n rot	Jeanne d'Arc gefangen
1435n rot	Bündniskündigung Burgunds
1448n blau	Kommunistische Forderung
1450n braun	Aufstand unter Jack Cade
1453n rot	Restbesitz Calais
1463n grün	Einfuhrverbot für Tuche
1485n braun	Ende der Rosenkriege
1485n rot	Krönung Heinrich Tudors
1491n–1547n	Heinrich VIII.
1496n rot	Auftrag für Caboto
1497n grün	Caboto in Amerika
1517n braun	Arbeiteraufstand
1527n–1598n	Philipp II.
1530n–1584n	Iwan IV.
1533n–1603n	Elisabeth
1534n rot	Anglikanische Kirche
1536n rot	Kirchenbesitz-Einziehung
1546n rot	Höchstzinsen
1549n rot	Tod für Johanna von Kent
1553n grün	Russische Gesellschaft
1553n grün	Seeweg nach Rußland
1556n grün	Uniform für Kampfgruppen
1558n braun	Niederlage in Calais
1558n rot	Verlust von Calais
1560n rot	Reformation Schottlands
1561n–1626n	Francis Bacon
1562n rot	Schutz für Bauernland
1562n grün	Sklavenhandel
1563n rot	Gleitende Lohnskala
1580n grün	Drakes Erdumseglung
1583n rot	Niederlassung in Amerika
1584n rot	Besitznahme von Virginien
1585n rot	Hilfe für Holland
1586n rot	Mordanschlag auf Königin
1587n rot	Hinrichtung Maria Stuarts
1588n braun	Sieg über Armada
1588n rot	Hilfe von Holland
1597n braun	Vernichtung der Armada
1599n–1658n	Cromwell
1600n grün	Indienhandel-Gesellschaft
1601n rot	Armenfürsorge
1603n rot	Thronbesteigung Jakobs I.
1605n braun	Katholische Verschwörung
1607n blau	Gründung von Jamestown
1609n grün	Entdeckungsreise Hudsons
1612n rot	Niederlassung in Indien
1612n rot	Besitz der Bermudas
1616n blau	Raleighs Denkschrift
1616n grün	Baffin im Polargebiet
1618n/1648n	Dreißigjähriger Krieg
1620n rot	Flucht von Puritanern
1623n rot	Verschwörung auf Molukken
1623n–1687n	Petty
1624n rot	Erfindungsschutz
1625n rot	Kolonialbehörde
1625n rot	Mittelamerika: Inselbesitz
1628n rot	'Petition of Rights'
1629n rot	Parlaments-Auflösung
1630n blau	Gründung von Boston
1631n grün	Afrika-Gesellschaft
1632n rot	Niederlassung in Guinea
1636n rot	Baptistenstaat in Amerika
1637n grün	Skalp-Prämien
1641n braun	Protestantenmord, Irland
1641n rot	'Langes Parlament'
1641n grün	Auflösung aller Monopole
1642n rot	Kampf um Parlamentsrechte
1642n/1649n	Revolution
1644n grün	Arbeitslosigkeit
1647n rot	Quäker
1648n/1649n	Kommunistische Erhebung
1649n rot	Hinrichtung Karls I.
1649n rot	Republik
1649n/1652n	Irischer Freiheitskampf
1650n rot	Einkerkerung Lilburnes
1651n rot	Navigationsakte
1652n blau	Kommunistische Forderung
1652n/1654n	1. Seekrieg gegen Holland
1653n rot	Geschriebene Verfassung
1653n rot	Zivilehe
1655n braun	Eroberung von Jamaika
1655n rot	Besitz Jamaikas
1658n braun	Sieg bei Dünkirchen
1658n rot	Gewinn Dünkirchens
1660n rot	Wieder Monarchie
1662n rot	Verkauf Dünkirchens
1662n rot	Erwerb Bombays, Tangers
1663n grün	Afrika-Privileg
1664n rot	Gewinn New Yorks
1664n/1667n	2. Seekrieg gegen Holland
1668n rot	Bündnis gegen Frankreich
1670n rot	Bündnis mit Frankreich
1672n grün	Sklavenmonopol für Afrika
1676n rot	Kaffeehäuser-Schließung
1678n rot	Katholiken-Ausschluß
1679n rot	'Habeas-corpus-Akte'
1682n blau	Gründung Philadelphias
1688n braun	'Glorious Revolution'
1688n rot	'Declaration of Rights'
1688n/1697n	Dritter Krieg Ludwigs XIV.
1689n rot	Personalunion mit Holland
1689n/1691n	Irische Erhebung
1690n blau	Gründung von Kalkutta
1693n blau	Gründung von Kingston
1694n grün	Bank von England
1699n blau	Sozialreform gefordert
1700n/1721n	Nordischer Krieg
1701n/1714n	Spanischer Erbfolgekrieg
1704n rot	Gewinn Gibraltars
1707n rot	Verbindung mit Schottland
1709n rot	Schutz des Urheberrechtes
1711n grün	Südsee-Gesellschaft
1711n–1776n	Hume
1713n rot	Erwerb Nordost-Kanadas
1713n grün	Sklavenmonopol (Amerika)
1714n rot	Union mit Hannover
1717n rot	Freimaurervereinigung
1720n grün	'Südsee-Skandal'
1721n rot	Walpole Premierminister
1730n rot	Freimaurer in Amerika
1732n–1799n	Washington
1733n rot	Sträflingskolonie Georgia
1741n/1748n	Österreich-Erbfolgekrieg
1755n/1763n	Kolonialkrieg
1756n rot	Pitt Premierminister
1756n grün	Hilfe-Zusage an Preußen
1756n/1763n	Siebenjähriger Krieg
1757n rot	Erschießung von Byng
1757n rot	Vormacht in Indien
1759n rot	Besitz ganz Kanadas
1762n rot	Hilfe für Preußen beendet
1763n rot	Landgewinn in Amerika
1764n braun	Erhebung in Indien
1765n rot	Kampf um Stempelsteuer
1768n rot	Kolonial-Sekretariat
1773n grün	Opiumeinfuhr nach China
1773n braun	'Bostoner Tee-Party'
1774n rot	Kolonialstaaten-Kongreß
1774n grün	Handelsabbruch Amerikas
1775n/1783n	Kampf Nordamerikas
1776n rot	Unabhängigkeitserklärung
1777n grün	Miete deutscher Soldaten
1778n rot	Gegenbündnis Frankreichs
1779n rot	Spanien zum Feindbündnis
1780n rot	Drohung Neutraler
1783n rot	Anerkennung Nordamerikas
1783n rot	Verlust des Senegal
1784n rot	'Indiengesetz'
1788n rot	Australien Strafkolonie
1788n blau	Gründung von Sydney
1792n/1795n	Revolutionskriege
1796n/1815n	Napoleonische Kriege
1797n rot	Besitz Trinidads
1798n braun	Erhebung Irlands
1798n rot	Besitz Ceylons
1799n braun	Indischer Aufstand
1800n rot	Vereinigung mit Irland
1800n rot	Besitz Maltas
1801n braun	Sieg über Dänemark
1802n rot	Kinderarbeit: Zeitgrenze
1804n–1881n	Disraeli
1806n braun	Eroberung Südafrikas
1806n rot	Besitz Südafrikas
1806n grün	Kontinentalsperre
1810n–1862n	Cavour
1811n rot	Besitz Javas
1811n/1812n	Kaffernkrieg
1812n blau	Reformforderung Owens
1812n–1870n	Charles Dickens
1813n rot	'Maschinenstürmer'-Urteil

1813n grün Geld an Preußen, Rußland
1814n braun Zerstörung Washingtons
1815n rot Wiener Kongreß
1816n rot Verlust Javas
1819n rot Kinderarbeit: Altersgrenze
1819n rot Besitz Singapurs
1821n/1829n Kampf Griechenlands
1824n rot Besitz Malayas
1825n rot Kollektiv-Verhandlungen
1827n blau Guizots Geschichtswerk
1829n rot Witwenschutz in Indien
1830n grün Opiumexport vervielfacht
1833n rot Abschaffung der Sklaverei
1835n blau Gründung von Melbourne
1838n rot Besitz Adens
1838n rot Chartisten-Vereinigung
1838n grün Freihandels-Forderung
1839n rot Opium-Vernichtung Chinas
1839n/1842n Opiumkrieg
1839n/1842n Afghanischer Krieg
1842n rot Besitz Hongkongs
1842n rot Generalstreik
1843n rot Besitz Natals
1844n grün Konsumverein
1845n blau Engels: Lage der Arbeiter
1846n rot Aufhebung der Kornzölle
1850n/1864n Taipingaufstand
1851n grün Erste Weltausstellung
1853n/1856n Krimkrieg
1855n rot Sonderstatus Neufundlands
1855n rot 'Schwarze Liste'
1856n/1860n Lorcha-Krieg
1856n rot Garantie für Türkei
1857n braun Indische Erhebung
1860n rot Maßnahmen gegen China
1864n rot Erste Internationale
1869n–1948n Gandhi
1871n rot Besitz der Goldküste
1874n rot Erwerb der Fidschi-Inseln
1875n grün Suezkanal: Aktienmehrheit
1876n rot Viktoria Kaiserin Indiens
1877n rot Gewinn Transvaals
1878n rot Besitz Zyperns
1879n braun Sieg über Zulu-Kaffern
1880n braun Buren-Erhebung
1880n rot Schulpflicht
1881n rot Buren-Selbstverwaltung
1882n braun Eroberung Ägyptens
1882n rot Gewinn Ägyptens
1882n–1945n F. D. Roosevelt
1883n braun Erhebung im Sudan
1883n rot Fabian-Society
1884n rot Besitz der Somaligebiete
1885n/1886n Burma-Krieg
1886n rot Besitz Burmas
1887n rot Miterwerb: Neue Hebriden
1887n rot Commonwealth
1888n rot Gewinn Nord-Borneos
1893n braun Zulu-Aufstand
1893n rot Labour-Party
1896n braun Niederlage gegen Buren
1896n blau Zeitung 'Daily Mail'
1897n/1898n Sudankrieg
1899n rot Gewinn des Sudans
1899n/1901n Boxeraufstand
1899n/1902n Burenkrieg
1900n rot China-Abkommen
1901n– Sukarno
1902n rot Bündnis mit Japan
1902n rot Südafrika Kolonie
1904n rot 'Entente Cordiale'
1906n rot Algeciras-Konferenz
1907n rot 'Triple-Entente'
1907n rot Pfadfinderbund
1908n braun Indische Erhebung
1909n rot Oberhaus: Rechtsverlust
1910n rot Südafrikanische Union
1914n/1918n Erster Weltkrieg
1916n braun Irischer Aufstand
1917n/1922n Russische Revolution
1918n– Nasser
1919n braun Indische Empörung
1919n rot Friedensverträge
1920n rot Freiheitsbewegung Indiens
1920n rot Beitritt zum Völkerbund
1921n braun Irischer Aufstand
1921n rot Irak Königreich
1921n rot Irland Freistaat
1922n braun Indische Erhebung
1926n rot Rechte für Dominions
1928n rot Kellogg-Pakt
1936n rot Selbständigkeit Ägyptens
1938n rot Münchner Abkommen
1939n rot Garantie für Polen
1939n/1945n Zweiter Weltkrieg
1940n rot Stützpunkte an USA
1940n rot Churchill Premierminister
1941n rot Hilfe der USA
1941n rot Atlantik-Charta
1942n rot Garantie für Abessinien
1943n rot Konferenz von Teheran
1945n rot Besetzungen
1945n rot Potsdamer Konferenz
1945n rot Mitglied der UN
1946n rot Souveränität Jordaniens
1947n rot Unabhängigkeit Indiens
1947n rot Unabhängigkeit Burmas
1947n grün USA-Kredite
1948n rot Unabhängigkeit Ceylons
1948n rot Gründung Israels
1949n rot Mitglied der NATO
1950n/1953n Korea-Krieg
1951n grün Iran: Öl verstaatlicht
1952n rot Elisabeth II. Königin
1952n rot Deutschland-Vertrag
1954n rot Mitglied der SEATO
1955n braun Aufstand auf Zypern
1955n rot Österreich souverän
1956n grün Suezkanal enteignet
1956n braun Suez-Krieg
1956n rot Unabhängigkeit des Sudan
1957n braun Aufstand in Oman
1957n braun Aufstand in Kenia
1957n rot Unabhängigkeit Ghanas
1959n braun Aufstände auf Zypern
1959n rot Unabhängigkeit Zyperns
1960n rot Somalia selbständig
1961n rot Sierra Leone unabhängig
1961n rot Tanganjika unabhängig
1962n rot Selbständigkeit Jamaikas
1962n rot Unabhängigkeit Trinidads
1962n rot Unabhängigkeit Ugandas
1963n rot Unabhängigkeit Nigerias
1963n rot Unabhängigkeit Sansibars
1963n rot Selbständigkeit Kenias
1965n braun Kämpfe mit Indonesiern
1965n rot Unabhängigkeit Gambias

ENGLAND: Baukunst

1081n blau Tower in London
1099n blau Westminster-Abtei: Halle
1184n blau Kathedrale von Canterbury
1257n blau Kathedrale von Salisbury
1269n blau Westminster-Abtei
1335n blau Kathedrale von York
1411n blau Rathaus London
1703n blau Buckingham-Palast
1710n blau Pauls-Kathedrale
1740n blau Westminster-Abtei: Türme
1851n grün Kristallpalast
1888n grün Firth-of-Forth-Brücke

ENGLAND: Bildhauerei

1937n blau Moore: 'Liegende'

ENGLAND: Dichtung und andere Literatur

617n–682n Kädmon
670n blau Lobgesang Kädmons
726n–793n Kynewulf
730n blau 'Beowulf'
742n blau 'Waldere'
765n blau Lobgesang auf Apostel
768n blau 'Traum vom Kreuz'
778n blau Himmelfahrtsgedicht
789n blau 'Helena'
900n blau Boëthius-Übersetzung
1137n blau Artussage
1173n blau Thomas' Tristan-Dichtung
1205n blau Layamon: 'Brut'
1340n–1400n Chaucer
1360n blau 'Peter der Pflüger'
1375n blau Barbours Heldenlied
1384n blau Gower: 'Vox clamantis'
1390n blau 'Canterbury Tales'
1393n blau Gowers Erzählungen
1451n blau 'Robin Hood'
1516n blau More: 'Utopia'
1561n–1626n Francis Bacon
1564n–1616n Shakespeare
1586n blau Marlowe: Timur
1588n blau Marlowe: Faust
1591n blau 'Romeo und Julia'
1593n blau 'Sommernachtstraum'
1599n blau Spenser: 'Feenkönigin'
1599n blau 'Julius Cäsar'
1601n blau 'Hamlet'
1605n blau 'Macbeth'
1609n blau Ben Jonson: 'Die Stumme'
1625n blau Bacon: 'Neues Atlantis'
1649n blau Chamberlen: 'Anwalt'
1651n blau Hobbes: 'Leviathan'
1665n blau 'Das verlorene Paradies'
1668n blau Bunyan: 'Pilgerfahrt'
1669n blau Pepys' Tagebuch
1705n blau Mandevilles 'Bienenfabel'
1709n blau 'Tatler'
1719n blau Defoe: 'Robinson Crusoe'
1723n blau Ideale der Freimaurer
1730n blau Thomson: 'Jahreszeiten'
1733n blau Popes Lehrgedicht
1738n blau 'Rule Britannia'
1740n blau Richardson: 'Pamela'
1742n blau Youngs 'Nachtgedanken'
1749n blau Fielding: 'Tom Jones'
1760n blau Macpherson: 'Ossian'
1766n blau Goldsmith: 'Landprediger'
1769n blau Sterne: 'Tristram Shandy'
1777n blau Sheridan: 'Lästerschule'
1786n blau Burns: Gedichte
1788n–1824n Byron
1792n blau 'Recht der Frauen'
1798n blau 'Lyrische Balladen'
1804n–1881n Disraeli
1808n blau Moore: 'Irische Melodien'
1812n blau 'Harolds Pilgerfahrt'
1812n blau Owen: Gesellschaft
1812n–1870n Charles Dickens
1813n blau 'Stolz und Vorurteil'
1814n blau Scott: 'Waverley'
1817n blau Keats: Gedichte
1820n blau Shelley: 'Prometheus'
1826n blau Shakespeare deutsch
1834n blau 'Schrei der Kinder'
1836n blau 'Die Pickwickier'
1849n blau Thackerays Roman
1850n blau 'David Copperfield'
1856n–1950n G. B. Shaw
1865n blau Carroll: 'Alice'
1891n blau Wilde: 'Dorian Gray'
1893n blau Doyle: 'Sherlock Holmes'
1894n blau Kiplings 'Dschungelbuch'
1912n blau Shaw: 'Pygmalion'
1921n blau Galsworthy: 'Forsyte-Saga'
1923n blau 'Die heilige Johanna'
1926n blau Lawrence: 'Sieben Säulen'
1928n blau Shaw: 'Wegweiser'
1939n blau Johnson: 'Ein Sechstel'
1944n blau 'Auf Messers Schneide'
1949n blau Orwell: '1984'
1957n blau Mason: 'Suzie Wong'
1962n blau Huxley: 'Insel'
1962n blau Ustinov: 'Endspurt'

ENGLAND: Geschichtsschreibung

504n–570n Gildas der Weise
544n blau Geschichte Britanniens
673n–735n Beda
725n blau Bedas Weltgeschichte
725n grün Neue Zeitrechnung
731n blau Volks-, Kirchengeschichte
989n blau Katalog 'Der Seefahrer'
1711n–1776n Hume
1752n blau Hume: Geschichte Englands
1776n blau Gibbon: Geschichte Roms
1841n blau Carlyles Untersuchung
1853n blau Macaulays England-Werk
1899n blau Chamberlain: Grundlagen
1920n blau H. G. Wells' Werk
1953n blau Toynbee: Weltgeschichte

ENGLAND: Malerei und Graphik

1745n blau Hogarth: 'Heirats'-Zyklus
1760n blau Reynolds: 'Miß Nelly'
1770n blau Gainsborough: 'Knabe'
1872n blau Whistler: 'Carlyle'
1941n blau Nash: 'Bomber über Berlin'

ENGLAND: Musik

575n grün Instrument 'Crotta'
1423n blau Dunstable: Kontrapunkt
1425n grün Kirchengesangs-Begleitung
1532n–1594n Orlando di Lasso
1685n–1759n Händel
1691n blau Purcell: 'König Arthur'
1711n grün Stimmgabel
1728n blau Gay-Pepusch: Bettleroper
1732n blau Händel: 'Ezio'
1738n blau 'Rule Britannia'
1741n blau Händel: 'Messias'
1746n blau Händel: 'Judas Makkabäus'
1945n blau Britten: 'Peter Grimes'

ENGLAND: Philosophie

900n blau Boëthius-Übersetzung
1033n–1109n Anselm von Canterbury
1072n blau Anselms Selbstgespräche
1078n blau Gottesbeweis
1096n blau Anselms Hauptwerk
1160n blau Staatstheorie
1214n–1294n Roger Bacon
1246n blau Alexander: 'Summa'
1265n–1308n Duns Scotus
1299n–1349n Occam
1305n blau Vorrang des Willens
1332n blau Glauben und Wissen
1335n–1381n John Ball
1516n blau More: 'Utopia'
1561n–1626n Francis Bacon
1588n–1679n Hobbes
1620n blau Bacons Empirismus
1625n blau Bacon: Neues Atlantis
1632n–1704n Locke
1651n blau Hobbes: 'Leviathan'
1690n blau Locke: Erkenntnistheorie
1705n blau Mandeville: Bienenfabel
1708n blau Shaftesburys Ideal
1710n blau Berkeley: Wissen
1711n–1776n Hume
1723n–1790n Adam Smith
1733n blau Popes Lehrgedicht
1747n blau Hume: Verstand
1775n blau Spence: 'Menschenrechte'
1825n blau Gray: 'Glück'
1841n blau Carlyle: Heldentum
1847n grün Boole: Logik
1869n blau Mill: 'Hörigkeit der Frau'
1876n blau Spencer: Soziologie
1899n blau Chamberlains Werk
1910n grün Russell: Logik

ENGLAND: Recht

504n–570n Gildas der Weise
849n–901n Alfred der Große
995n–1035n Knut der Große
1027n–1087n Wilhelm I., der Eroberer
1086n grün Grundbuch
1215n rot 'Magna Charta'
1327n rot Friedensrichter
1353n rot Rechtswegeinschränkung
1360n rot Brandmarkung
1400n rot Staatshilfe gegen 'Ketzer'
1468n blau Fortescues Werke
1599n–1658n Cromwell
1628n rot 'Petition of Rights'
1632n–1704n Locke
1653n rot Geschriebene Verfassung
1679n rot 'Habeas-corpus-Akte'
1688n rot 'Declaration of Rights'
1733n rot Strafkolonie Georgia
1788n rot Strafkolonie Australien

ENGLAND: Religion

391n–460n Patrick
504n–570n Gildas der Weise
534n–615n Kolumban
540n–604n Gregor I.
564n rot Bekehrung Schottlands
596n rot Angelsachsen-Bekehrung
601n rot Bistum Canterbury
616n blau Benediktiner-Abtei
617n–682n Kädmon
658n–739n Willibrord
664n rot Christianisierung beendet
670n blau Kädmons Lobgedicht
673n–735n Beda
675n–754n Bonifatius
710n–782n Lioba
726n–793n Kynewulf
731n blau Bedas Geschichtswerk
765n blau Lobgesang auf Apostel
768n blau 'Traum vom Kreuz'
778n blau Himmelfahrtsgedicht
786n grün Abgabe für Papst
789n blau Lied auf Kreuz Christi
849n–901n Alfred der Große
1002n–1066n Eduard der Bekenner
1033n–1109n Anselm von Canterbury
1072n blau Anselm: 'Monologia'
1077n rot Krönung durch Papst
1078n blau Gottesbeweis
1096n blau Anselms Hauptwerk
1118n–1170n Thomas Becket
1154n rot Engländer als Papst
1164n rot Machtverlust der Kirche
1166n rot Katharer-Zeichnung
1170n rot Ermordung Beckets
1174n rot Buße Heinrichs II.
1189n rot Judenverfolgung
1189n/1192n Dritter Kreuzzug
1213n rot Lehnshoheit des Papstes
1214n–1294n Roger Bacon
1246n blau Alexanders 'Summa'
1254n blau Kritik an Klöstern
1261n blau Forderung nach Reformen
1265n–1308n Duns Scotus
1299n–1349n Occam
1324n–1384n Wiclif
1329n blau Occam für Staatskirche
1332n blau Glauben und Wissen
1335n–1381n John Ball
1353n rot Papst-Einfluß beschränkt
1371n rot Ämter entklerikalisiert
1376n blau Reformations-Forderung
1377n rot Wiclifs Thesen verurteilt
1377n rot Bürgerschutz für Wiclif
1383n rot Lollarden-Tätigkeit
1384n blau Forderung nach Reformen
1400n rot Hilfe weltlicher Gerichte
1408n rot Verbot der Volksbibel
1413n rot Maßnahme gegen Wiclif
1417n rot Hinrichtung Oldcastles
1428n rot Wiclifs Gebeine verbrannt
1491n–1547n Heinrich VIII.
1523n blau Tyndales Übersetzung
1533n–1603n Elisabeth
1534n rot Anglikanische Kirche
1536n rot Kirchenbesitz-Einziehung
1536n grün Kloster wird Tuchfabrik
1549n rot Tod für Johanna von Kent
1560n rot Reformation Schottlands
1586n rot Mordanschlag auf Königin
1587n rot Hinrichtung Maria Stuarts
1588n–1679n Hobbes
1599n–1658n Cromwell
1605n braun Katholische Verschwörung
1620n rot Flucht der Puritaner
1636n rot Baptistenstaat in Amerika
1641n braun Protestantenmord, Irland
1642n/1649n Revolution
1647n rot Quäker
1653n rot Zivilehe
1668n blau Bunyan: 'Pilgerfahrt'
1678n rot Katholiken-Ausschluß
1717n rot Freimaurer
1739n rot Methodisten
1804n–1881n Disraeli
1878n rot Heilsarmee

ENGLAND: Sitten und Gebräuche

94v grün Rauchen
1348n grün Hosenbandorden
1365n grün Schießsport statt Tennis
1556n grün Soldaten-Uniformierung
1584n grün Ebenerdiges Wohnhaus
1586n grün Tabakrauchen
1676n rot Kaffeehäuser-Verbot
1742n grün Landschaftsgärten
1754n grün Chippendale-Möbelstil
1769n grün Wedgwood-Keramik
1788n grün Einfuhr der Hortensie
1830n grün Paraffinkerzen
1848n grün Kinderwagen
1907n rot Pfadfinder

ENGLAND: Sprache und Schrift

673n–735n Beda
1003n blau Älfrics Grammatik
1027n–1087n Wilhelm I., der Eroberer
1340n–1400n Chaucer
1408n rot Verbot der Volksbibel
1587n rot Kurzschrift

ENGLAND: Technik

674n grün Fensterverglasung
1065n grün Flugversuch
1190n grün Kompaßnadeln
1256n grün Flugmaschinen-Entwurf
1288n grün Turmuhr von Westminster
1336n grün Kanonen
1339n grün Handfeuerwaffen
1589n grün Wirkstuhl für Strümpfe
1624n rot Erfindungsschutz
1630n grün Geburtszange
1640n grün Gascoignes Fernrohr
1643n–1727n Newton
1659n grün Hinterladegewehr
1668n grün Spiegelfernrohr
1679n grün Tunnelsprengung
1691n grün Lebensmittel-Konservierung
1697n grün Saverys Dampfmaschine
1712n grün Newcomens Dampfmaschine
1713n grün Kokshochöfen
1714n grün Mills Schreibmaschine
1730n grün Saundersons Maschine
1736n grün Eisenschienen im Bergbau
1736n–1819n James Watt
1744n grün Dampfheizungs-Entwurf
1759n grün Harrison: Seeuhr
1762n grün Zementherstellung
1765n grün Watts Dampfmaschine
1767n grün Jenny-Spinnmaschine
1770n grün Maßeinheit 'PS'
1779n grün Eiserne Brücke
1781n grün Stahlfedern
1782n grün Schwungrad
1785n grün Mechanischer Webstuhl
1787n grün Eisenschiff
1789n grün Gußeiserner Pflug
1790n grün Nähmaschine aus Holz
1793n grün Bentham: Kreissäge
1794n grün Vaughan: Kugellager
1804n grün Trevithiks Lokomotive
1806n grün Congreve: Rakete
1807n grün Newberry: Bandsäge
1811n grün Davy: Bogenlicht
1814n grün Stephenson: Lokomotive
1814n grün Metall-Hobelmaschine
1814n grün Gaslicht in London
1815n grün Egg: Zündhütchen
1824n grün Portlandzement
1825n grün Eisenbahn
1826n grün Eisenbahntunnel
1831n grün Jones: Streichholz
1832n grün Dampfpflug
1841n grün Negativ-Photographie
1843n grün Galloway: Linoleum
1843n grün Bain: Bildtelegraph
1844n grün Thomson: Luftreifen
1855n grün Typendrucktelegraph
1856n grün Bessemer-Verfahren
1876n grün Photoelement
1876n grün Bell: Telephon
1878n grün Hughes: Mikrophon
1883n grün Maxim: Maschinengewehr
1888n grün Firth-of-Forth-Brücke
1904n grün Fleming: Elektronenröhre
1915n grün Panzerwagen
1919n grün Luftschiff: Atlantikflug
1934n grün Radargerät

ENGLAND: Wirtschaft und Verkehr

1402v grün Handel mit Ägypten
999v–936v Hiram
1002n–1066n Eduard der Bekenner
1101n grün Grundmaß Yard
1157n grün Rechte für Deutsche
1250n grün Deutsche Niederlassung
1280n rot 'Hanse' in London
1303n grün Scotus gegen Preiswucher
1350n grün Tuchmanufakturen
1351n rot Arbeitspflicht
1360n rot Arbeitspflicht-Erzwingung
1381n rot Schiffahrts-Gesetze
1392n grün Handel mit Venedig
1463n grün Einfuhrverbot für Tuche
1465n grün Tuchfabriken des Medici
1495n grün Papierfabrik
1530n–1584n Iwan IV.
1533n–1603n Elisabeth
1536n grün Kloster als Tuchfabrik
1544n grün Zuckerraffinerie London
1546n rot Höchstzinsen
1553n grün Russische Gesellschaft
1562n grün Sklavenhandel
1563n rot Lohnanpassung
1565n grün Londoner Börse
1597n grün Kaufmanns-College
1600n grün Indien-Gesellschaft
1623n–1687n Petty
1631n grün Afrika-Gesellschaft
1641n grün Auflösung der Monopole
1644n grün Arbeitslosigkeit
1651n rot Navigationsakte
1661n grün Briefstempel
1663n grün Afrika-Privileg
1672n grün Sklavenmonopol (Afrika)
1674n grün Petty: Politökonomie
1687n grün Petty: Sozialstatistik
1688n rot Recht zum Sklavenhandel
1691n grün Lebensmittel-Konservierung
1693n grün Bellers: Volkswohlstand
1694n grün Bank von England
1696n grün Lloyds Schiffsnachrichten
1711n grün Südsee-Gesellschaft
1713n grün Sklavenmonopol (Amerika)
1716n grün Law: Bank in Frankreich
1720n grün 'Südsee-Skandal'
1723n–1790n Adam Smith
1740n grün Gußstahlfabrik
1753n grün Börse in Edinburgh
1769n grün Keramikfabrik
1773n grün Opiumexport nach China
1774n grün Handelsabbruch Amerikas
1776n grün Smith: Nationalökonomie
1779n grün Eiserne Brücke
1802n rot Kinderarbeit: Zeitgrenze

1804n–1881n Disraeli
1806n grün Kontinentalsperre
1814n grün Straßenbeleuchtung
1817n grün Ricardo: 'Volkswirtschaft'
1818n grün Dampfer: Atlantikfahrt
1819n rot Kinderarbeit: Altersgrenze
1825n rot Kollektiv-Verhandlungen
1825n grün Eisenbahn
1826n grün Eisenbahntunnel
1833n rot Abschaffung der Sklaverei
1838n grün Freihandels-Forderung
1839n/1842n Opiumkrieg
1840n grün Briefmarke
1841n grün Cooks Reisebüro
1842n rot Maßnahmen gegen China
1842n rot Generalstreik
1844n grün Konsumverein der Weber
1846n rot Aufhebung der Kornzölle
1848n grün Mill: Politökonomie
1851n grün Erste Weltausstellung
1855n rot 'Schwarze Listen'
1858n grün Atlantikkabel
1875n grün Suez-Kanal: Aktienmehrhe.
1888n grün Firth-of-Forth-Brücke
1923n grün Webbs: Kapitalismus
1936n grün Keynes: Volkswirtschaft
1947n grün USA-Kredite

ENGLAND: Wissenschaft

673n–735n Beda
737n–804n Alkuin
1003n blau Älfrics Grammatik
1123n grün Araber-Übersetzung
1125n grün Abu Maschar übersetzt
1142n blau Koran-Übersetzung
1167n blau Universität Oxford
1214n–1294n Roger Bacon
1227n grün Robert: Lehre vom Licht
1229n blau Universität Cambridge
1264n blau Oxford-College
1388n blau Private Internatsschule
1441n blau Eton-College
1561n–1626n Francis Bacon
1588n–1679n Hobbes
1598n grün Gilbert: Elektrizität
1599n grün Gilbert: Erdmagnetismus
1600n blau Bibliothek in Oxford
1614n grün Napier: Logarithmen
1617n grün Briggs: Logarithmen
1618n grün Harvey: Blutkreislauf
1620n grün Wärme als Bewegung
1623n–1687n Petty
1630n grün Geburtszange
1643n–1727n Newton
1651n grün Harvey: Fortpflanzung
1660n blau Wissenschafts-Akademie
1661n grün Boyle: Analytische Chemie
1662n grün Boyles Gasgesetz
1666n grün Newtons Entdeckungen
1667n grün Hooke: Pflanzenzellen
1676n grün Sternwarte Greenwich
1676n grün Elastizitätsgesetz
1687n grün Pettys Sozialstatistik
1691n grün Konservierungs-Verfahren
1696n grün Schulreform-Forderung
1704n grün Newton: 'Über Optik'
1705n grün Halley: Kometenbahn
1717n grün Pockenschutzimpfung
1718n grün Bewegung der Fixsterne
1726n grün Hales: Blutdruckmessung
1728n grün Bradley: Aberration
1729n grün Leiter und Nichtleiter
1737n grün Packe: Geologische Karte
1743n grün Hales: Physiologie
1748n grün Schwanken der Erdachse
1749n grün Temperaturen der Tiefsee
1753n grün Britisches Museum
1757n grün Black: Latente Wärme
1766n grün Cavendish: Wasserstoff
1767n grün Priestley: Elektroenergie
1770n grün Radiergummi (Kautschuk)
1770n grün Maßeinheit 'PS'
1771n grün Priestley: Sauerstoff
1771n grün Cooks Forschungsreise
1772n grün Rutherford: Stickstoff
1781n grün Herschel: Uranus
1783n grün Sonnensystem-Bewegung
1784n grün Natur der Milchstraße
1788n grün Hutton: Erdtheorie
1792n grün Murdock: Leuchtgas
1795n grün Historische Geologie
1798n grün Malthus: Bevölkerungslehre
1799n grün Priestley: Kohlenoxyd
1801n grün Young: Licht als Welle
1807n grün Davy: Kalium
1808n grün Daltons Atomlehre
1809n–1882n Darwin
1815n grün Prout: Atomgewicht
1823n grün Faradays Verflüssigungen
1824n grün Bluttransfusion
1825n grün Faraday: Benzol
1831n grün Elektrische Induktion
1831n grün Ross: Magnetischer Pol
1833n grün Elektrolyse
1847n grün Boole: Mathematik/Logik
1847n grün Chloroform-Narkose
1848n grün Kelvins Temperaturskala
1854n grün Ausgrabungen im Irak
1855n grün Viktoriafälle entdeckt
1857n grün Ruskins Kunsttheorie
1859n grün Entstehung der Arten
1859n grün Maxwells Gastheorie
1863n grün Maxwell: Ätherwellen
1863n grün Th. Huxley: Abstammung
1867n grün Lister: Antisepsis
1871n grün Darwins Abstammungslehre
1875n grün Kerr: Doppelbrechung
1893n grün Ausgrabungen auf Kreta
1897n grün Erreger der Malaria
1897n grün Rutherford: Atomkerne
1897n grün Wasserstoff-Verflüssigung
1899n grün Alpha- und Beta-Strahlen
1910n grün Soddy: 'Isotopenlehre'
1910n grün Russell: Mathematik/Logik
1911n grün Rutherfords Atommodell
1919n grün Atomzertrümmerung
1928n grün Fleming: Penicillin
1932n grün Chadwick: Neutron
1943n grün J. Huxley: Evolution
1956n grün Strahlengefährdung

ENGLISCHE REVOLUTION

1599n–1658n Cromwell
1642n rot Kampf um Parlamentsrecht
1642n/1649n Revolution
1644n grün Arbeitslosigkeit
1648n/1649n Aufstand der Levellers
1649n rot Hinrichtung des Königs
1649n rot England Republik
1827n blau Guizots Geschichtswerk

ENIAC, Abkürzung für '**E**lectronic **N**umeral **I**ntegrator **a**nd **C**alculator' (= 'Elektronisches zahlenmäßiges Ergänzungs- und Rechengerät'). Bezeichnung für den ersten großen elektronischen Rechen-Automaten. Das mit 18 000 Elektronenröhren ausgerüstete Gerät wurde von Eckert und Mauchly in Philadelphia (USA) gebaut. Es multiplizierte zwei zehnstellige Zahlen im dreihundertsten Teil einer Sekunde.

1942n grün Konstruktion

ENIDE UND EREK, Liebespaar der britischen Sage. Als Ritter des Königs Artus heiratete Erek die schöne Enide und blieb bei ihr zu Haus, statt auf Abenteuer auszuziehen. Von seiner Frau ermahnt, unternahm er wieder abenteuerliche Fahrten, erlaubte aber Enide, ihn zu begleiten, nachdem sie Schweigen gelobt hatte. In Augenblicken der Gefahr brach Enide ihr Schweigegelübde, um Erek zu warnen. Ereks Groll hierüber überwand sie durch Beweise ihrer Liebe und Treue. Ihre Geschichte wurde niedergeschrieben durch Hartmann von Aue und Christian von Troyes.

1164n blau Christians Dichtung

ENKI, Gott der Sumerer mit der Hauptkultstätte in der Stadt Eridu (Süd-Mesopotamien). Als Gott der Wassertiefe (die im Meer wie im Grundwasser gedacht wurde) zugleich Gott der Weisheit.

2988v–2925v En-Merkar
2934v blau Tempel in Eridu
2928v rot Tempel Gesamtheiligtum
2608v blau Dreifaltigkeit

ENLIL, Gott der Sumerer mit der Hauptkultstätte in der Stadt Nippur (Süd-Mesopotamien). Als Gott des Windes zugleich Herr der Welt.

2695v blau Tempel in Nippur
2625v rot Nippur Religionszentrum
2625v rot Hauptgott der Sumerer
2608v blau Dreifaltigkeit
1852v blau Hymnischer Wechselgesang
1730v blau Tempel in Assur

EN-MERKAR, Gründer und König der sumerischen Stadt Uruk im Zwischenstromlande (Mesopotamien).

2988v–2925v Lebenslinie
2942v–2870v Du-Muzi
2938v rot Machtausdehnung
2934v braun Kriegszug gegen Aratta
2934v blau Tempel für Enki
2928v rot Religiöses Zentrum
1816v blau Epos

EN-NANNA, ägyptischer Schriftsteller.

1246v–1194v Lebenslinie
1206v blau Märchen

ENNIUS, Quintus, römischer Dichter aus dem griechischen Süden Italiens.

239v–169v Lebenslinie
175v blau 'Annales'

ENOTES, ägyptischer Sittenlehrer.

1995v–1911v Lebenslinie
1912v blau Sittenlehre

ENSHU, Kobori (1579n–1647n), japanischer Garten-Architekt. Schuf unsymmetrische, naturhafte Anlagen unter häufiger Verwendung von Teichen und Seen. Berühmt wurde sein parkartiger Garten für den Katsura-Palast in der Hauptstadt Kyoto.

1639n grün Katsura-Park

ENTDECKUNGEN, naturwissenschaftliche

1643v grün Ursache des Stotterns
1570v–1518v Amenem
1554v grün Gehirn
1534v grün Ungleiche Nacht-Länge
1079v grün Änderung der Sonnenbahn
624v–546v Thales
584v grün Magnetismus im Eisen
577v grün Magnetismus im Bernstein
572v–493v Pythagoras
546v grün Dreieckssatz
533v grün Kugelgestalt der Erde
525v grün Erde: Stern unter Sternen
520v–450v Alkmaion
501v–428v Anaxagoras
496v grün Erdbewegung
489v–428v Leukipp
471v grün Sehnerv
455v–370v Demokrit
433v–351v Archytas
427v grün Demokrits Atomlehre
418v–345v Diokles
415v grün Kallias: Quecksilber
412v grün Funktion des Herzens
392v grün Milchstraßen-Forschung
390v–310v Herakleides
382v grün Achsdrehung der Erde
380v–306v Pytheas
355v grün Planeten-Bewegung
344v grün Erklärung der Tageszeit
338v–268v Strato der Physiker
337v grün Anziehung der Erdmitte
328v grün Echo: Schall-Reflexion
324v–250v Herophilos
321v grün Erklärung der Gezeiten
316v–250v Aristarch
304v–240v Erasistratos
296v–228v Ktesibios
284v–212v Archimedes
283v grün Sektion in Griechenland
282v grün Aufbau der Materie
265v grün Nervensystem
262v grün Arterien und Venen
258v grün Zweifache Erdbewegung
250v grün Gesetze der Mechanik
249v grün Nerven-Unterscheidung
242v grün Gesetz der Spirale
236v grün Auftriebsgesetz
214v grün Spezifisches Gewicht
196v–125v Hipparch
135v–50v Poseidonios
116v–27v Varro
100v grün Kraftgewinn/Zeitverlust
97v grün Wetter-Entstehung
37v grün Krankheitserreger
133n–205n Kleomedes
185n grün Strahlenbrechung
190n grün Lichtreflexion des Mondes
476n–535n Arjabatta
501n grün Ursache von Finsternissen
701n–784n Fergil der Geometer
743n grün Antipoden-Lehre
855n–929n Al Battani
906n grün Abweichung der Erdbahn
936n–1013n Abu Kasim
948n–1009n Ibn Junis
965n–1039n Al Hassan
966n grün Sektionen in Cordoba
973n grün Vivisektionen
991n grün Funktion der Glaskugel
1013n grün Licht-Geschwindigkeit
1021n grün Wesen der Dämmerung
1030n grün Lichtstrahlen-Forschung
1104n grün Regenbogenfarben
1263n grün Lungen-Blutkreislauf
1269n grün Zweierlei Magnetpole
1286n grün Sektion in Cremona
1302n grün Pflanzenfarbstoff
1315n grün Sektionen in Bologna
1340n grün Trägheitsgesetz
1473n–1543n Kopernikus
1493n grün Räumliches Sehen
1505n grün Möglichkeit des Fliegens
1512n grün Tonschwingungen
1528n grün Heliozentrisches Weltbild
1531n grün Kometenbewegung
1546n grün Krankheitserreger
1546n–1601n Tycho Brahe
1563n grün Anatomie des Ohres
1564n–1642n Galilei
1571n–1630n Kepler
1572n grün Fixstern-Bewegung
1575n grün Ursache von Sehfehlern
1589n grün Wärmewirkung des Lichts
1598n grün Gilbert: Elektrizität
1599n grün Gilbert: Erdmagnetismus
1604n grün Bewegungsgesetze
1609n grün Planetenbewegung
1610n grün Sonnenflecke, Jupitermonde
1611n grün Planeten: Lichtreflexion
1618n grün Harvey: Blutkreislauf
1620n grün Strahlen-Brechungswinkel
1620n grün Natur der Wärme
1623n–1662n Pascal
1643n–1727n Newton
1646n grün Verhalten des Luftdrucks
1655n grün Saturnring und -mond
1658n grün Rote Blutkörperchen
1660n grün Herz als Muskel
1661n grün Kapillaren-Blutbewegung
1662n grün Boyles Gasgesetz
1666n grün Newtons Entdeckungen
1666n grün Mariotte: Blinder Fleck
1667n grün Hooke: Pflanzenzellen
1669n grün Krafterhaltungs-Gesetz
1669n grün Brand: Phosphor
1669n grün Doppelte Lichtbrechung
1671n grün Elektrischer Funke
1675n grün Aufgußtierchen
1676n grün Elastizitätsgesetz
1683n grün Leeuwenhoek: Bakterien
1702n grün Amontons Gasgesetz
1711n–1765n Lomonossow
1725n grün Vico: Völkerpsychologie
1727n grün Schulze: Silbersalze
1728n grün Abirrung des Lichtes
1729n grün Leiter und Nichtleiter
1733n grün Zweierlei Elektrizität
1738n grün Schallforschung
1743n grün Hales: Physiologie
1743n–1794n Lavoisier
1747n grün Zuckergehalt der Rübe
1748n grün Schwanken der Erdachse
1757n grün Latente Wärme
1757n grün Materie-, Energie-Gesetz
1760n grün Blütenbestäubung
1766n grün Cavendish: Wasserstoff
1771n grün Scheele: Sauerstoff
1771n grün Priestley: Sauerstoff
1772n grün Rutherford: Stickstoff
1774n grün Scheele: Chlor
1775n grün Verbrennungsprozeß
1776n grün Verdauungsvorgang
1780n grün Galvanis Forschungen
1781n grün Herschel: Uranus
1781n grün Wasser-Zusammensetzung
1783n grün Sonnensystem-Bewegung
1784n grün Natur der Milchstraße
1785n grün Elektrostatik
1789n grün Materie-Gesetz
1791n grün Irrsinn als Krankheit
1799n grün Priestley: Kohlenoxyd
1800n–1882n Friedrich Wöhler
1801n grün Licht als Welle
1807n grün Davy: Kalium
1809n–1882n Darwin
1811n grün Avogadros Gasgesetz
1812n grün Courtois: Jod
1819n grün Elektromagnetismus
1819n grün Pelletier: Chinin
1820n grün Stromstärke und -spannung
1821n grün Fourier: Wärmeströmung
1821n grün Thermo-elektrische Kraft
1824n grün Kreisprozeß der Wärme
1825n grün Faraday: Benzol
1827n grün Menschliches Ei
1827n grün Ohmsches Gesetz
1828n grün Wöhler: Aluminium
1831n grün Faraday: Induktion
1831n grün Magnetischer Nordpol
1833n grün Faraday: Elektrolyse
1834n grün Runge: Anilin
1837n grün Atmungszentrum
1839n grün Purkinje: Ganglien
1846n grün Neptun
1857n grün Kathodenstrahlen
1858n–1947n Planck
1859n grün Entstehung der Arten
1860n grün Gärung und Bakterien
1863n grün Mensch und Menschenaffe
1865n grün Entropiegesetz
1866n grün Mendel: Vererbung
1869n grün Mendelejew: Elemente
1871n grün Darwin: Abstammung
1873n grün Hansen: Leprabazillus
1874n grün Billroth: Mikrokokken
1875n grün Kerr: Doppelbrechung
1879n grün Stefan: Strahlungsgesetz
1879n–1955n Einstein
1879n–1968n Otto Hahn
1882n grün Tuberkelbazillus
1885n–1962n Niels Bohr
1886n grün Germanium
1887n grün Hertz: Wellen
1889n grün Eikman: Vitamin
1895n grün Zeeman-Effekt
1895n grün Röntgenstrahlen
1896n grün Radioaktivität
1897n grün Malaria-Erreger
1898n grün Radium, Polonium
1899n grün Alpha-, Beta-Strahlen
1900n grün Quantentheorie
1901n grün Landsteiner: Blutgruppen
1901n– Heisenberg
1902n grün De Vries: Mutation
1905n grün Spezielle Relativität
1906n grün Nernst: Wärmesatz
1906n grün Koch: Schlafkrankheit
1910n grün Soddy: Isotope
1912n grün Kosmische Strahlung
1912n grün Natur der Röntgenstrahlen
1916n grün Allgemeine Relativität
1924n grün Hirnströme
1925n grün Quantenmechanik
1925n grün Ausschließungsprinzip
1927n grün Wellenmechanik
1928n grün Fleming: Penicillin
1930n grün Pluto
1932n grün Chadwick: Neutron
1932n grün Anderson: Positron
1940n grün Rhesusfaktor
1941n grün Viren sichtbar
1945n grün Wachstum und Vitamin
1948n grün Kybernetik
1951n grün Vererbung und Plasma
1955n grün Hahn: Kobalt 60
1956n grün Strahlengefahr
1958n grün Strahlungsgürtel
1964n grün Gefahren des Rauchens

ENTDECKUNGS- UND FORSCHUNGSREISEN

948v grün Seeweg nach Indien
939v grün Chinesische Expeditionen
658v–595v Necho II.
601v grün Umschiffung Afrikas
513v grün Reise des Skylax
482v–429v Herodot
380v–306v Pytheas
325v grün Reise des Nearchos
324v grün Pytheas in Nordeuropa
320v grün Bericht des Pytheas
172v–114v Tschang-Kien
129v grün Reise Tschang-Kiens
75v grün Prognose: Erdumseglung
64v–20n Strabo
411n–474n Priskus
487n–565n Kosmas
602n–664n Hüan-Tsang
862n grün Normannen auf Island
888n–956n Al Masudi
898n grün Seeweg nach Nordrußland
901n grün Entdeckung Grönlands
918n grün Al Masudis Reisen
922n grün Ibn Fadlans Bericht
967n–1021n Leif Erikson
999n grün Abu Dulafs Bericht
1000n grün Entdeckung Amerikas
1017n–1088n Adam von Bremen
1096n–1166n Al Idrisi
1254n–1324n Marco Polo
1291n grün Fahrt der Vivaldi
1299n grün Entdeckung der Kanaren
1304n–1377n Ibn Batuta
1323n grün Madeira, Azoren entdeckt
1394n–1460n Heinrich der Seefahrer
1420n grün Seefahrtsschule Sagres
1451n–1505n Isabella von Kastilien
1452n–1507n Kolumbus
1456n grün Cadamostos Reise
1471n grün Entdeckung der Goldküste
1480n–1521n Magellan
1483n grün Kongo-Mündung entdeckt
1484n grün Guinea-Inseln entdeckt
1486n grün Entdeckung Timbuktus
1486n grün Umseglung Afrikas
1492n grün Kolumbus in Amerika
1497n grün Entdeckung Labradors
1498n grün Seeweg nach Indien
1499n grün Entdeckung Südamerikas
1500n grün Cabral: Brasilien
1502n grün Festland Mittelamerikas
1505n grün Entdeckung Ceylons
1512n grün Entdeckung der Molukken
1513n grün Balboa: Stiller Ozean
1515n grün La-Plata-Gebiet entdeckt
1517n grün Seeweg nach China
1519n grün Erdumseglung begonnen
1521n grün Philippinen, Marianen
1522n grün Entdeckung der Bermudas
1522n grün Erdumseglung beendet
1524n grün Al Vassans Bericht
1526n grün Entdeckung Neu-Guineas
1527n grün Entdeckung Hawaiis
1533n grün Entdeckung Kaliforniens
1534n grün Erforschung Kanadas
1543n grün Portugiesen in Japan
1553n grün Umseglung des Nordkaps
1567n grün Salomon-Inseln entdeckt
1580n grün Drakes Erdumseglung
1596n grün Barents' Nordmeerreise
1605n grün Entdeckung Australiens
1606n grün Entdeckung Tahitis
1609n grün Hudsons Reise
1616n grün Baffins Polarreise
1616n grün Bismarck-Inseln entdeckt
1642n grün Entdeckung Neuseelands
1643n grün Fidschi-Inseln entdeckt
1648n grün Deschnew: Beringstraße
1721n grün Roggeveen: Pazifik-Inseln
1728n grün Reise Berings
1740n grün Tscheljuskin: Nord-Asien
1771n grün Cooks Reise
1809n–1882n Darwin
1855n grün Livingstone: Viktoriafälle
1894n grün Nansen: Nordpolexpedition
1894n grün Hedins Asienexpedition
1909n grün Peary: Nordpol
1911n grün Amundsen: Südpol
1946n grün Byrds Südpolexpedition

ENTE, mittelgroßer Schwimmvogel. Bewegt sich mit gleicher Sicherheit zu Lande, zu Wasser und in der Luft. Wegen ihres wohlschmeckenden Fleisches und ihres wärmespendenden Federschmucks seit alters her beliebte Jagdbeute und eines der ersten Haustiere des Menschen. Anspruchslos in der Haltung und Pflege, hat sie sich als Allesfresser über die ganze Erde verbreitet.

2647v grün Zucht in Ägypten
1343v blau Wildenten-Bild
1281v blau 'Mädchen mit Ente'

ENTEIGNUNG, Entziehung des Eigentums an beweglichen oder unbeweglichen Gütern durch staatliche Verfügung, durch Erlaß neuer Gesetze (Reform) oder durch gewaltsame Umwälzung (Revolution). Enteignet werden einzelne (etwa beim Straßenbau die Grundstückseigentümer), ganze Bevölkerungsgruppen (bei einer Bodenreform die Großgrundbesitzer) oder ganze Klassen (bei einer bürgerlichen Revolution der Adel). Der Sozialismus strebt die grundsätzliche Aufhebung des Privateigentums an den Produktionsmitteln durch ihre Überführung in Gemeinbesitz an (Kommunistische Weltrevolution). Sittlich beruht die Enteignung auf dem Vorrang des allgemeinen Wohls gegenüber den Interessen des einzelnen.

2196v grün Gemeineigentum in Ägypten
592v rot Strafe in Athen
581v grün Bodenreform in China
9n grün Gemeineigentum in China
69n grün Enttrümmerungs-Zwang
390n–477n Geiserich
398n rot Zwangsabgaben
445n grün Maßnahmen der Wandalen
513n–552n Totila
543n grün Ostgotische Bodenreform
570n–635n Li-Yüan
605n–680n Fujiwara
606n–652n Rothari
620n grün Bodenreform in China
626n–672n Tenji
646n rot Japanisches Gesetz
717n grün Bodenreform in Spanien
850n–932n Harald Schönhaar
1021n–1086n Wang-Anschi
1069n rot Reformen in China
1073n grün Türkische Bodenreform
1234n grün Enteignung der Stedinger
1552n grün Katholischer Besitz
1759n grün Jesuitenbesitz
1870n–1924n Lenin
1893n– Mao-Tse-Tung
1917n grün Maßnahmen in Rußland
1924n rot Mongolei kommunistisch
1944n rot Jugoslawien kommunistisch
1946n rot Nordkorea kommunistisch
1946n rot Albanien kommunistisch
1946n rot Bulgarien kommunistisch
1947n rot Polen kommunistisch
1947n rot Rumänien kommunistisch
1948n rot CSR kommunistisch
1948n rot Ungarn kommunistisch
1949n rot China kommunistisch
1951n grün Erdöl-Verstaatlichung
1955n rot Nordvietnam kommunistisch
1956n grün Enteignung des Suezkanals
1961n rot Kuba kommunistisch
1965n rot Sozialismus in Ägypten
1965n rot Sozialismus in Algerien

EN-TE-MENA, sumerischer König von Lagasch.

2464v–2397v Lebenslinie
2420v braun Kampf gegen Umma
2420v rot Herrschaft über Umma
2413v braun Einfall Elams
2410v blau Statue
2409v rot Vertrag mit Ur
2405v grün Wasserstraßen

ENTENTE CORDIALE, wörtlich 'herzliches Einvernehmen'. Diese französische Bezeichnung für die Einigung Englands und Frankreichs über nordafrikanische Kolonialfragen wurde zum Namen des Bündnisses der beiden Mächte gegen Deutschland. Durch Einbeziehung Rußlands zur 'Triple-Entente' erweitert.

1904n rot Abschluß
1907n rot 'Triple-Entente'

ENTERBRÜCKE, Gerät der Seekriegführung früherer Zeiten. Erleichterte das Erstürmen eines feindlichen Schiffes. Auf Sizilien erfunden, wurde sie zuerst von den Römern in ihrem Kampf gegen die alte Seemacht Karthago angewendet.

260v grün Römisches Kampfmittel

ENTLÜFTUNG

2832v grün Anlage in Indien

ENTROPIE, von dem griechischen Worte 'en-trepein' (= umwenden) abgeleitete Bezeichnung für den nicht in Arbeit umsetzbaren Teil einer Wärmeenergie. Ihr Vorhandensein schränkt die Gültigkeit des ersten Hauptsatzes der Wärmelehre ein, demzufolge grundsätzlich jede Umwandlung von Wärme in Arbeit umkehrbar ist. Diese Ausnahme liegt in dem Umstand begründet, daß im Weltmaßstabe stets ein Teil der Arbeit unwiderruflich in Wärme verwandelt wird, weil im Weltall die Wärmeverteilung einem Zustande der Ausgewogenheit zustrebt und alle physikalischen Einzelvorgänge von diesem übergeordneten Gesetz beeinflußt werden.

1858n–1947n Planck
1865n grün Clausius' Lehre

ENTWÄSSERUNG

2645v grün Drainage in Sumer
1865v–1792v Amen-Em-Het III.
1832v grün Entwässerung Fayums
610v grün Kloaka Maxima
52n grün Entwässerungstunnel
1209n grün Entsumpfung der Picardie
1712n grün Pumpmaschine
1925n grün Zuidersee-Trockenlegung

ENTWICKLUNGSGESCHICHTE DES MENSCHEN

Vorzeittafel: 2 Milliarden Jahre
Vorzeittafel: 1 Milliarde Jahre
Vorzeittafel: 500 Millionen Jahre
Vorzeittafel: 400 Millionen Jahre
Vorzeittafel: 300 Millionen Jahre
Vorzeittafel: 250 Millionen Jahre
Vorzeittafel: 200 Millionen Jahre
Vorzeittafel: 100 Millionen Jahre
Vorzeittafel: 20 Millionen Jahre
Vorzeittafel: 2 Millionen Jahre

ENTWICKLUNGSLEHRE, wissenschaftliche Erklärung der Entfaltung alles Seins einschließlich seiner Entstehung.

624v–546v Thales
610v–546v Anaximander
570v blau Thales: Naturphilosophie
566v grün Abstammung des Menschen
549v blau Triebkraft der Entwicklung
1651n grün Harveys Lehre
1786n grün Buffon: Naturgeschichte
1790n grün Goethe: 'Metamorphose'
1809n grün Lamarcks Lehre
1809n–1882n Darwin
1856n grün Neandertal-Fund
1859n grün Darwin: Ursprung der Arten
1863n grün Th. Huxleys Lehre
1868n grün Cromagnon-Fund
1868n grün Haeckel: Schöpfung
1871n grün Darwin: Abstammung
1902n grün Vries: Mutation
1936n grün Spemanns Theorie
1943n grün J. Huxleys Theorie

ENZYKLOPÄDIE, Bezeichnung für ein umfassendes Nachschlagewerk, das auf eine Darstellung der Gesamtheit des Wissens abzielt. Geordnet nach Sachgebieten (systematisch) oder nach Stichworten (alphabetisch).

116v–27v Varro
33v blau Varros 'Disziplinen'
3v–64n Aulus Celsus
23n–79n Plinius der Ältere
63n grün Aulus Celsus' Werk
78n grün Plinius' Werk
172n–245n Afrikanus
374n grün Oribasios' Werk
382n–440n Martianus Kapella
427n blau Martianus Kapellas Werk
480n–573n Kassiodor
553n blau Kassiodors Werk
560n–636n Isidor von Sevilla
636n blau Isidors Sammelwerk
784n–856n Rabanus Maurus
850n blau Rabanus' Handbuch
860n blau Ibn Kutaibas Werk
865n–932n Al Rasi
927n grün Enzyklopädie der Medizin
951n blau Arabische Enzyklopädie
971n blau Werk des Suidas
980n–1037n Ibn Sina (Avicenna)
983n blau Chinesische Enzyklopädie
1026n blau Ibn Sinas Werk
1252n blau 'Der große Spiegel'
1264n blau Latinis 'Bücher-Schatz'
1561n–1626n Francis Bacon
1650n–1722n Kang-Hi
1713n–1784n Diderot
1725n blau Chinesische Enzyklopädie
1751n blau Französische Enzyklopädie
1796n blau Konversations-Lexikon

EPAMINONDAS, griechischer Staatsmann und Feldherr.

418v–362v Lebenslinie
382v/362v Thebanischer Krieg
368v rot Vormachtstellung Thebens
362v rot Ende thebanischer Macht

EPHESOS, Hafenstadt an der Westküste Kleinasiens. Bereits in vorgriechischer Zeit eine blühende Siedlung, wurde die Stadt von Griechen in Besitz genommen und entwickelte sich zu einem wirtschaftlichen und kulturellen Mittelpunkt des Ägäischen Meeres. Heimatstadt des Heraklit. Ihr Artemis-Tempel (110 × 56 m) wurde als eines der sieben Weltwunder gepriesen. Im Jahre 560v wurde sie von dem Lyderkönig Krösus unterworfen, der sie aber bald an die Perser verlor. Blieb bis auf eine Zwischenperiode griechischer Herrschaft persisch und wurde schließlich dem Alexanderreich einverleibt. Nach Beherrschung durch Syrien und das Reich von Pergamon seit 133v römisch, kam sie bei der Reichsteilung von 395n an Ostrom (Byzanz). Im Jahre 431n erklärte hier ein katholisches Konzil Maria zur Gottesmutter. In den darauf folgenden Jahrhunderten versandete und versumpfte der Hafen, es schob sich eine kilometerbreite Landzunge zwischen das Meer und die Stadt. Vom Wasser abgeschnitten, wurde sie bedeutungslos. 1403n von Mongolen erobert, seit 1426n türkisch.

728v–660v Kallinos
595v–525v Krösus
560v–469v Theodoros
520v blau Artemis-Tempel
356v rot Tempelbrand
386n–451n Nestorius
431n rot Konzil

EPHOREN, griechisches Wort für 'Aufseher'. In Sparta und anderen Städten Südgriechenlands Bezeichnung für die Inhaber der höchsten Staatsmacht, die den Königen den Treueid abnahmen und sie absetzen konnten. Ihre Macht war praktisch unumschränkt, wurde aber dadurch für den Staat ungefährlich, daß sie grundsätzlich auf ein Jahr beschränkt war und von mehreren zusammen ausgeübt wurde, in Sparta von fünf gleichberechtigten, gewählten Bürgern.

750v rot Kontrolle des Königs
240v rot Ermordung des Königs

EPHOROS (um 405v–330v), griechischer Geschichtsschreiber. Verließ seine Heimatstadt Kyme (Kleinasien), um in Athen bei Isokrates philosophische und politische Studien zu treiben. Um 350v begann er mit der Niederschrift eines Geschichtswerkes, an dem er zwanzig Jahre arbeitete. In 29 Büchern gab er eine umfassende Übersicht über die Entwicklung Griechenlands von der Dorischen Wanderung bis zur Regierungszeit Philipps II. von Mazedonien. Das Werk enthält auch Überlieferungen aus der Geschichte nicht-griechischer Völker. Es ist durch seine erdkundlichen Angaben und seine Gelände-Beschreibungen wertvoll. Sein Sohn Demophilos vollendete es durch Hinzufügung des abschließenden dreißigsten Bandes.

340v blau Geschichtswerk

EPHRÄM der Syrer, mesopotamischer Priester und Kirchendichter.

306n–373n Lebenslinie
346n blau Christusdichtung

EPICHARMOS (um 540v–450v), griechischer Dichter. Kam von der Insel Kos nach Sizilien, ließ sich zunächst in Megara nieder und ging dann nach Syrakus, wo er am Hofe der Könige Gelon und Hieron in hohem Ansehen stand. Schrieb mindestens vierzig lebendige Komödien voller Witz, denen teilweise bereits der Chor fehlte, deren Handlung also ganz von einzelnen Schauspielern dargestellt wurde. Seine Stoffe entnahm er dem Volksleben Siziliens ('Frauen aus Megara') und der griechischen Sage ('Odysseus als Überläufer'). Seine Spruchweisheit erschien in einem eigenen Buche.

505v blau Lustspiele

EPIDAUROS, Hafenstadt an der Ostküste des Peloponnes (Südgriechenland). In ihrer Nähe wurde dem Gotte der Heilkunst ein ganzer Heilbezirk geweiht. Dieser enthielt außer dem Heiligtum des Asklepios ein Freilichttheater, eine Sporthalle, eine Laufbahn, ein Stadion, Räume für gymnastische Übungen, gedeckte Wandelgänge sowie Gebäude für die Unterbringung der Heilungsuchenden, die ihre Behandlungs-Anweisungen hier beim Schlafen eingeflüstert erhielten.

307v grün Kurort

EPIKTET, griechischer Philosoph.

52n–133n Lebenslinie
119n blau Wesen des Menschen
125n blau Philosoph und Arzt

EPIKTETOS (um 560v–505v), griechischer Maler. Schmückte die Schalen mehrerer Kunsttöpfer mit seinen Malereien, zunächst in schwarzer, später in roter Farbe. Stellte Szenen aus der Sagenwelt dar ('Herakles') sowie aus dem Leben seiner Zeit ('Tanzende Hetären').

508v blau Vasenbilder

EPIKUR, griechischer Philosoph.

341v–270v Lebenslinie
306v blau Philosophenschule
288v blau Philosophie des Glücks
284v blau Gegner der Religion
278v grün Atomlehre
276v blau Erkenntnistheorie
1647n grün Ausbau der Atomlehre

EPILEPSIE, vom griechischen Worte 'epilepsia' (= Anfall) abgeleitete Bezeichnung für eine Krankheit, die sich durch gelegentliche, überraschend auftretende Krampfzustände äußert und meist mit Bewußtlosigkeit verbunden ist. Durch Gehirnverletzungen, Geschwülste, Narben und Gefäßleiden sowie durch Erb-Übertragung verursacht, ist sie noch wenig erforscht und selten heilbar.

1981v–1929v Neferi
1930v grün Erforschung

EPIPHANES, Religionsstifter aus Alexandria.

123n–140n Lebenslinie
140n blau Christlicher Kommunismus

EPIRUS, Gebirgsland in Nordwestgriechenland, dem die Insel Korfu vorgelagert ist. Seine Bewohner galten den alten Griechen als Fremde. Um 400v gelang die Einigung des Landes unter der Herrschaft des Stammes der Molosser, dem Alexanders Mutter Olympia angehörte. Das Reich wurde von König Kyros zu seiner höchsten Blüte geführt. 231v endete das Königtum und wurde durch eine Bundesverfassung abgelöst. Das Land war Schauplatz des zweiten Mazedonischen Krieges. Zusammen mit Mazedonien wurde es 146v römische Provinz. Von den römischen Bürgerkriegen betroffen, wurde es später in die Normannenkriege verwickelt. 1458n türkisch und durch die Balkankriege 1913n griechisch.

318v–272v Pyrrhus
200v/197v 2. Mazedonischer Krieg
146v rot Römische Provinz
1081n/1085n Normannenkrieg
1912n/1913n Balkankriege
1913n rot Rückzug der Türkei

EPISCHE DICHTUNG, von dem griechischen Worte 'epos' (= 'das Gesagte') abgeleitete Sammelbezeichnung für alle erzählende Dichtung (Sage, Märchen, Geschichte, Novelle, Erzählung, Roman).

3000v–2947v Etana
2894v–2817v Gilgamesch
2810v blau Gilgamesch-Epos
2645v blau Ägyptische Memphissage
2593v blau Ägyptische Schöpfungssage
2320v blau Sargon-Epos
2051v blau Sumer: Drachenkampf-Sage
2018v blau Gedicht über die Schule
2004v–1932v Sinuhe
1935v blau Sinuhes Lebensgeschichte
1895v–1834v Amoni
1863v blau 'Gilgamesch'-Aufzeichnung
1857v–1803v Sehet
1850v blau Amoni: 'Schiffbrüchiger'
1840v blau 'Etanas Himmelfahrt'
1830v blau 'Inannas Höllenfahrt'
1816v blau Epos von En-Merkar
1811v blau Sehets Lehrdichtung
1809v blau Sumerische Fabeln
1763v blau Fabel: Adler und Schlange
1723v blau Fabel: Pferd und Ochse
1687v blau Schöpfungsgeschichte
1681v blau Fabel vom Fuchs
1676v blau 'Cheops und der Zauberer'
1432v blau Sage von Seken-Re
1359v blau 'Sturmvogel Zu'
1354v blau Sage vom ersten Menschen
1348v blau Unterweltssage
1344v blau Erra-Epos
1288v–1232v Hori
1246v–1194v En-Nanna
1244v blau Horis Spottdichtung
1206v blau Märchen der zwei Brüder
1172v blau Märchen vom Prinzen
1120v blau Deboras Siegeslied
1040v blau 'Rigveda'
954v blau Jüdische Kriegslieder
925v blau 'Buch des Redlichen'
837v blau Daidalos-Sage
809v–724v Homer
753v–680v Hesiod
748v blau 'Ilias'
745v blau 'Streit Bauch–Kopf'
727v blau 'Odyssee'
703v blau Hesiod: 'Werke und Tage'
697v blau Hesiod: Theogonie
670v blau 'Margites'
636v–564v Äsop
571v blau Äsops Fabeln
542v blau Hipponax' Dichtungen
518v blau Xenophanes: 'Die Natur'
502v blau Lehrgedicht des Theognis
482v blau Ilias-Parodie
424v blau Prodikos' Erzählung
310v blau 'Bhagavad-Gita'
265v–201v Nävius
264v blau Apollonios: Argonauten
254v blau Possen des Menippos
253v blau Aratos: 'Phainomena'
243v blau 'Mahabharata' begonnen
239v–169v Ennius
201v blau Nävius: 'Punischer Krieg'
192v blau Lykophron: 'Alexandra'
187v blau Jambulos: 'Sonnenstaat'
175v blau Ennius: 'Annales'
170v–102v Lucilius
131v blau Lucilius' Satiren
97v–55v Lukrez
70v–19v Vergil
56v blau Lukrez: 'Natur der Dinge'
47v blau Vergil: 'Die Mücke'
43v–17n Ovid
19v blau Vergil: 'Äneis'
16v–45n Phädrus
1v blau Ovid: 'Liebeskunst'
2n blau 'Heilmittel gegen Liebe'
9n blau Ovid: 'Metamorphosen'
34n–112n Asvagoscha
35n blau Ceylon: 'Jatakas'
38n blau Phädrus' Fabeln
38n–105n Martial
59n blau Petronius: 'Satiricon'
62n blau Lukans Bürgerkriegswerk
67n–140n Juvenal
73n blau Spottgedicht Martials
99n blau Asvagoscha: Buddha
111n blau Juvenals Satiren
124n–170n Apulejus
159n blau 'Der goldene Esel'
182n blau 'Paulusakten'
186n blau 'Ramajana'
196n blau Babrios' Bearbeitungen
212n blau Philostratos: Apollonios
248n blau Longos' Liebesroman
257n blau Gunadhyas Erzählungen
300n blau 'Pantschatantra'
306n blau Jamblichos: Pythagoras
353n–420n Kalidasa
363n blau 'Mahabharata' vollendet
373n blau Kalidasa: 'Wolkenbote'
400n–470n Nonnos
407n blau 'Psychomachia'
408n blau Kalidasas Heldenlied
435n blau 'Der Zug des Dionysos'
465n blau 'Hero und Leander'
495n blau Drakontius: Medea
584n–641n Georgios Pisides
586n blau Venantius: Martin
595n–660n Bana
622n blau Bharawis Heldenlied
624n blau Banas Harsa-Biographie
629n blau Pisides' Lehrgedicht
630n blau 'Barlaam und Josaphat'
650n blau Geschichte Ramas
659n blau Banas Märchenroman
726n–793n Kynewulf
727n blau Dandins Schelmenroman
730n blau 'Beowulf'
742n blau 'Waldere'
765n blau Kynewulf: Apostel-Lied
768n blau 'Traum vom Kreuz'
768n–824n Han-Yü
778n blau Kynewulf: Himmelfahrt
789n blau Kynewulf: 'Helena'
796n–848n Bragi Boddason
801n blau '1001 Nacht' (Erstfassung)
805n blau Deutsche Liedersammlung
808n–875n Otfried
816n blau 'Wessobrunner Gebet'
820n blau 'Hildebrandslied'
830n blau 'Ragnarlied'
831n blau 'Heliand'
834n blau 'Muspilli'
847n blau Thyodolf: 'Ynglingatal'
848n blau Preislied der Kasia
870n blau Otfrieds Evangelienbuch
881n blau Hornklofis Siegeslied
882n blau 'Ludwigslied'
883n blau 'Eulalialied'
888n blau 'Georgslied'
899n blau 'Donarlied'
901n–982n Egil Skallagrimssen
902n blau 'Bambussammler'
910n–990n Eyvind Skaldaspillir
919n blau Rudakis Werke
922n blau 'Bhagavata-Purana'
925n blau 'Waltharilied'
932n–1020n Firdausi
935n blau 'Tagebuch von Tosa'
936n blau Lied auf Erich Blutaxt
939n–990n Roswitha
942n blau Lied auf Arinbjörn
945n blau 'Weissagung der Volva'
950n blau Kampflied aus Byzanz
955n blau Totenklage Egils
958n blau Proterius-Legende
962n blau 'Haakonslied'
963n blau 'Faust'-Motiv
968n–1007n Al Hamadani
972n blau 'Buch der Eintagsfliege'
977n blau 'Kriemhilds Rache'
980n blau Dakikis Königsbuch
985n–1009n Gunnlaug Ormstunga
994n blau 'Makame' in Arabien
996n blau Joms-Vikinga-Saga
1004n blau Sei Schonagons 'Skizzen'
1008n blau Murasaki: 'Prinz Genji'
1010n blau Firdausis 'Königsbuch'
1014n blau 'Joseph und Suleika'
1025n blau 'Gunnlaugssaga'
1035n–1082n Somadeva
1040n blau 'Ruodlieb'
1046n blau 'Alexiuslied'
1054n–1122n Al Hariri
1063n blau 'Ezzolied'
1070n blau Somadeva: Märchen
1104n blau 'Rolandslied'
1106n blau 'Annolied'
1108n blau Al Hariri: Abu Said
1108n–1175n Wace
1109n blau Alfonsis Novellen
1127n–1185n Ibn Tufail
1129n blau 'Alexanderlied'
1137n blau Galfreds Sagensammlung
1143n–1203n Heinrich von Veldeke
1149n blau Deutsche Kaiserchronik
1150n blau Lied vom Cid
1159n blau Lied vom Mädchen Richeut
1160n blau Lied vom König Rother
1164n blau 'Erek und Enide'
1165n blau Benoits Trojaroman
1168n–1220n Wolfram von Eschenbach
1169n blau Ibn Tufail: 'Der Lebende'
1171n blau Christians 'Lancelot'
1173n blau Thomas: 'Tristan'
1177n blau Nisamis Liebesgeschichte
1178n blau 'Reinhart Fuchs'
1178n–1241n Snorri Sturluson
1179n blau 'Ernst von Schwaben'
1180n blau Christians 'Parsival'
1187n blau Russisches Heldenlied
1189n blau Heinrich: 'Eneide'
1191n blau Lied von Barbarossa
1199n blau 'Rabenschlacht'
1200n blau 'Der arme Heinrich'

1203 n	blau	Hamlet-Sage
1204 n	blau	'Nibelungenlied'
1205 n	blau	Layamons Heldengedicht
1207 n	blau	Rustawelis Heldengedicht
1210 n	blau	Gottfried: 'Tristan'
1210 n	blau	Wolfram: 'Parsival'
1225 n	blau	'Gudrunlied'
1227 n	blau	Rudolf von Ems: 'Gerhard'
1228 n	blau	'Bescheidenheit'
1228 n	blau	'Veilchenroman'
1230 n	blau	'Rosenroman' begonnen
1233 n	blau	Japanischer Kriegsroman
1239 n	blau	'Edda'
1241 n	blau	Berceo: 'Marienwunder'
1249 n	blau	'Meier Helmbrecht'
1251 n	blau	'Thidrekssaga'
1265 n–1321 n		Dante
1266 n	blau	'Ecke', 'Sigenot', 'Laurin'
1278 n	blau	Konrads Lied
1280 n	blau	'Rosenroman' vollendet
1284 n	blau	Rattenfänger von Hameln
1286 n	blau	Lied einer Ritterfahrt
1299 n	blau	Li-Kans Bambusbuch
1300 n	blau	Lo-Kuans Roman
1313 n	blau	'Der Renner'
1313 n–1375 n		Boccaccio
1314 n	blau	'Wilhelm von Österreich'
1320 n	blau	'Göttliche Komödie'
1340 n–1400 n		Chaucer
1349 n	blau	Boners Fabelsammlung
1353 n	blau	Boccaccio: 'Decamerone'
1360 n	blau	'Peter der Pflüger'
1375 n	blau	Barbour: Lied auf Bruce
1384 n	blau	'Stimme des Rufers'
1390 n	blau	Chaucers Erzählungen
1391 n	blau	Lobeira: 'Amadis'
1393 n	blau	Gowers Erzählungen
1399 n	blau	'Briefe an Gott Amor'
1400 n	blau	'Ackermann aus Böhmen'
1403 n	blau	'1001 Nacht' (Abschluß)
1419 n	blau	Kyffhäuser-Sage
1451 n	blau	'Robin Hood'
1469 n	blau	Tell-Sage
1499 n	blau	De Rojas: 'La Celestina'
1521 n	blau	Hutten: Gesprächsbüchlein
1524 n	blau	Sachs: Streitgespräch
1532 n	blau	Ariostos 'Roland'
1547 n–1616 n		Cervantes
1548 n	blau	Waldis' Kinderbuch
1552 n	blau	Rabelais: 'Gargantua'
1554 n	blau	'Lazarillo'
1559 n	blau	Rej: 'Lebensbild'
1562 n–1635 n		Lope de Vega
1572 n	blau	Fischarts Spottdichtung
1572 n	blau	Camões: 'Lusiaden'
1575 n	blau	Tasso: 'Jerusalem'
1587 n	blau	Volksbuch 'Doktor Faust'
1596 n	blau	Tulsidas' Ramadichtung
1598 n	blau	'Schildbürger'-Buch
1599 n	blau	Spenser: 'Feenkönigin'
1605 n	blau	Cervantes: 'Quichotte'
1611 n	blau	Quevedo: 'Träume'
1621 n–1695 n		Lafontaine
1622 n	blau	Basile: 'Pentamerone'
1640 n	blau	Moscherosch: 'Gesichte'
1654 n	blau	Logaus Sinngedichte
1655 n	blau	Scarron: Komödianten
1665 n	blau	'Das verlorene Paradies'
1668 n	blau	Lafontaines Fabeln
1668 n	blau	Bunyan: 'Pilgerfahrt'
1669 n	blau	'Simplizissimus'
1678 n	blau	'Prinzessin von Clève'
1683 n	blau	'Armin und Thusnelda'
1686 n	blau	'Freundin der Wollust'
1694 n–1778 n		Voltaire
1697 n	blau	Perraults Märchen
1698 n	blau	Fénelon: 'Telemach'
1705 n	blau	Mandeville: Bienenfabel
1711 n–1765 n		Lomonossow
1713 n–1784 n		Diderot
1719 n	blau	Defoe: 'Robinson Crusoe'
1721 n	blau	'Persische Briefe'
1726 n	blau	Swift: 'Gullivers Reisen'
1729 n	blau	Haller: 'Die Alpen'
1731 n	blau	Prévost: 'Manon Lescaut'
1731 n	blau	Schnabel: 'Felsenburg'
1733 n	blau	Pope: 'Der Mensch'
1735 n	blau	Lesage: 'Gil Blas'
1740 n	blau	Richardson: 'Pamela'
1741 n	blau	Holberg: 'Niels Klim'
1746 n	blau	Gellerts Werke
1749 n	blau	Fielding: 'Tom Jones'
1749 n–1832 n		Goethe
1759 n	blau	Voltaire: 'Candide'
1759 n–1805 n		Schiller
1760 n	blau	Diderot: 'Die Nonne'
1760 n	blau	Macpherson: 'Ossian'
1761 n	blau	Rousseau: 'Neue Heloise'
1761 n	blau	Wieland: 'Agathon'
1762 n	blau	Rousseau: 'Emile'
1766 n	blau	Goldsmith: 'Landprediger'
1769 n	blau	Sterne: 'Tristam Shandy'
1773 n	blau	Klopstock: 'Messias'
1774 n	blau	Goethes 'Werther'
1777 n–1811 n		Kleist
1780 n	blau	Wieland: 'Oberon'
1781 n	blau	'Lienhard und Gertrud'
1782 n	blau	'Gefährliche Liebschaften'
1784 n	blau	Voß: 'Luise'
1785 n	blau	Sade: 'Tage von Sodom'
1788 n–1824 n		Byron
1790 n	blau	'Schulmeisterlein Wuz'
1794 n	blau	Hölderlin: 'Hyperion'
1796 n	blau	'W. Meisters Lehrjahre'
1797 n	blau	Tiecks Volksmärchen
1799 n–1850 n		Balzac
1801 n	blau	Pestalozzi: 'Gertrud'
1801 n	blau	Novalis' Roman
1805 n	blau	Jean Paul: 'Flegeljahre'
1809 n	blau	Krylows Fabeln
1809 n–1852 n		Gogol
1811 n	blau	'Dichtung und Wahrheit'
1812 n	blau	Byron: 'Pilgerfahrt'
1812 n	blau	Grimms Märchen
1812 n–1870 n		Charles Dickens
1813 n	blau	'Stolz und Vorurteil'
1813 n	blau	Chamisso: 'Schlemihl'
1814 n	blau	Scott: 'Waverley'
1815 n	blau	Hoffmann: 'Elixiere'
1821 n–1880 n		Dostojewski
1825 n	blau	Manzoni: 'Die Verlobten'
1825 n	blau	Almeida Garrett: 'Camoes'
1826 n	blau	Coopers 'Mohikaner'
1828 n–1910 n		Tolstoi
1829 n	blau	'W. Meisters Wanderjahre'
1830 n	blau	'Rot und Schwarz'
1831 n	blau	'Glöckner von Notre Dame'
1832 n	blau	Pellico: 'Gefängnisse'
1832 n	blau	Puschkin: 'Eugen Onegin'
1834 n	blau	'Herr Thaddäus'
1836 n	blau	Poes Kurzgeschichten
1836 n	blau	Dickens: 'Pickwickier'
1840 n	blau	'Ein Held unserer Zeit'
1842 n	blau	Gogol: 'Tote Seelen'
1842 n	blau	Gotthelf: 'Uli, der Knecht'
1844 n	blau	'Graf von Monte Christo'
1845 n	blau	'Müller von Angibault'
1847 n	blau	Herzen: 'Wer ist schuld?'
1848 n	blau	Dumas: 'Kameliendame'
1849 n	blau	Thackeray: 'Jahrmarkt'
1850 n	blau	'David Copperfield'
1850 n	blau	'Menschliche Komödie'
1851 n	blau	Murger: 'Bohème'
1851 n	blau	Melville: 'Moby Dick'
1852 n	blau	'Onkel Toms Hütte'
1854 n	blau	Scheffels 'Trompeter'
1854 n	blau	Keller: 'Grüner Heinrich'
1854 n	blau	Freytag: 'Soll und Haben'
1856 n	blau	'Leute von Seldwyla'
1856 n	blau	Aksakows 'Familienchronik'
1856 n–1950 n		G. B. Shaw
1857 n	blau	Flaubert: 'Madame Bovary'
1858 n	blau	Busch: 'Max und Moritz'
1858 n	blau	Reuter: 'Kein Hüsung'
1859 n	blau	Gontscharow: 'Oblomow'
1861 n	blau	Madach: 'Tragödie'
1862 n	blau	Raabe: 'Hungerpastor'
1862 n	blau	'Väter und Söhne'
1862 n	blau	Hugo: 'Die Elenden'
1865 n	blau	Stifter: 'Witiko'
1865 n	blau	'Von der Erde zum Mond'
1865 n	blau	'Alice im Wunderland'
1866 n	blau	'Schuld und Sühne'
1866 n	blau	Andersens Märchen
1868 n	blau	Dostojewski: 'Der Idiot'
1868 n	blau	Coster: 'Ulenspiegel'
1869 n	blau	'Krieg und Frieden'
1873 n	blau	Tolstoi: 'Anna Karenina'
1875 n	blau	'Der Waldschulmeister'
1875 n–1955 n		Thomas Mann
1876 n	blau	Twain: 'Tom Sawyer'
1876 n	blau	Meyer: 'Jürg Jenatsch'
1877 n	blau	Gobineau: 'Renaissance'
1880 n	blau	Jacobsen: 'Niels Lyhne'
1880 n	blau	Queiros: 'Der Mandarin'
1885 n	blau	Zola: 'Germinal'
1885 n	blau	Maupassant: 'Bel Ami'
1886 n	blau	'Sohn einer Magd'
1888 n	blau	Bellamy: 'Rückblick'
1888 n	blau	Hamsun: 'Hunger'
1891 n	blau	'Gösta Berling'
1891 n	blau	Wilde: 'Dorian Gray'
1893 n	blau	May: 'Winnetou'
1893 n	blau	Doyle: 'Sherlock Holmes'
1894 n	blau	Kiplings 'Dschungelbuch'
1896 n	blau	Sienkiewicz: 'Quo vadis?'
1898 n–1956 n		Brecht
1901 n	blau	'Die Buddenbrooks'
1904 n	blau	Rolland: 'Christoph'
1904 n	blau	London: 'Der Seewolf'
1905 n	blau	Gorki: 'Die Mutter'
1906 n	blau	Andersen-Nexö: 'Pelle'
1912 n	blau	Bonsels: 'Biene Maja'
1914 n	blau	Barbusse: 'Wir anderen'
1915 n	blau	Kafka: 'Die Verwandlung'
1915 n	blau	Proust: 'Verlorene Zeit'
1918 n	blau	H. Mann: 'Der Untertan'
1919 n	blau	Gide: 'Pastoralsymphonie'
1919 n	blau	'Der Mensch ist gut'
1920 n	blau	'Kristin Lavranstochter'
1921 n	blau	Galsworthy: 'Forsyte-Saga'
1921 n	blau	Hasek: 'Schwejk'
1922 n	blau	Lewis: 'Babbitt'
1922 n	blau	Joyce: 'Ulysses'
1925 n	blau	Dos Passos: 'Manhattan'
1925 n	blau	Hussain: Kindheitsroman
1926 n	blau	Lawrence: 'Sieben Säulen'
1927 n	blau	Sinclair: 'Petroleum'
1927 n	blau	A. Zweig: 'Grischa'
1928 n	blau	'Im Westen nichts Neues'
1928 n	blau	Renn: 'Krieg'
1929 n	blau	Döblin: 'Alexanderplatz'
1930 n	blau	'Mann ohne Eigenschaften'
1931 n	blau	Buck: 'Die gute Erde'
1931 n	blau	Kästner: 'Fabian'
1933 n	blau	'Der Weg ins Leben'
1934 n	blau	Bredel: 'Die Prüfung'
1934 n	blau	Roman Ostrowskis
1934 n	blau	'Glocken von Basel'
1935 n	blau	Langhoff: 'Moorsoldaten'
1936 n	blau	'Vom Winde verweht'
1936 n	blau	Wolfe: 'Zeit und Strom'
1936 n	blau	Faulkner: 'Absalom'
1938 n	blau	'Ungeduld des Herzens'
1938 n	blau	H. Mann: 'Henri Quatre'
1939 n	blau	'Früchte des Zorns'
1939 n	blau	'Lotte in Weimar'
1940 n	blau	'Wem die Stunde schlägt'
1940 n	blau	Scholochow: 'Stiller Don'
1942 n	blau	Seghers: 'Siebtes Kreuz'
1943 n	blau	'Der kleine Prinz'
1943 n	blau	Hesse: 'Glasperlenspiel'
1944 n	blau	Simonow: 'Tage und Nächte'
1944 n	blau	Laxness: 'Islandglocke'
1944 n	blau	'Auf Messers Schneide'
1945 n	blau	Plivier: 'Stalingrad'
1945 n	blau	Fadejew: 'Junge Garde'
1947 n	blau	Camus: 'Die Pest'
1947 n	blau	Th. Mann: 'Dr. Faustus'
1948 n	blau	'Griff in den Staub'
1949 n	blau	Orwell: '1984'
1952 n	blau	Erzählung Hemingways
1954 n	blau	'Bonjour Tristesse'
1955 n	blau	'Nackt unter Wölfen'
1957 n	blau	Mason: 'Suzie Wong'
1958 n	blau	Aragon: 'Die Karwoche'
1959 n	blau	Faulkner: 'Das Haus'
1959 n	blau	Grass: 'Die Blechtrommel'
1962 n	blau	Huxley: 'Die Insel'
1963 n	blau	Wolf: 'Geteilter Himmel'

EPIZYKLEN, von dem griechischen Worte für 'Nebenkreise' abgeleiteter Fachausdruck aus der Geometrie. Bezeichnet Kreise, deren Mittelpunkt sich wiederum auf einem größeren Kreis bewegt. Vor mehr als 2000 Jahren wurde auf dieser geometrischen Figur ein astronomisches Weltbild aufgebaut, das mit der tatsächlichen Sternbewegung nicht übereinstimmte. Diese falsche Lehre des griechischen Forschers Apollonios wurde von der katholischen Kirche jahrhundertelang zur Aufrechterhaltung des überholten Weltbildes der Bibel verwendet.

206 v	grün	Apollonios' Lehre

ERASISTRATOS, griechischer Arzt und Naturforscher.

304 v–240 v		Lebenslinie
274 v	grün	Gehirnforschung
257 v	grün	Folgen der Blutfülle
254 v	grün	Fiebermessung
249 v	grün	Zwei Nervensysteme

ERASMUS von Rotterdam, niederländischer Gelehrter.

1465 n–1536 n		Lebenslinie
1508 n	grün	Steuerreform-Forderung
1509 n	blau	'Lob der Torheit'
1516 n	blau	Neues Testament

ERATOSTHENES, griechischer Naturwissenschaftler und Philosoph.

274 v–194 v		Lebenslinie
242 v	blau	Sprachkunde
228 v	grün	Erdumfangs-Berechnung
225 v	grün	Geographie
222 v	grün	Weltkarte
207 v	grün	Würfelverdoppelungs-Gerät

ERBLICHKEIT DER HERRSCHAFT

2853 v–2804 v		Djer
2834 v	rot	Erbmonarchie in Ägypten
2382 v–2320 v		Teti
2343 v	rot	Erbfürstentum in Ägypten
2158 v	rot	Erbmonarchie in China
1637 v–1579 v		La-Barna
1600 v	rot	Erbmonarchie bei Hettitern
1518 v–1455 v		Tele-Pinu
527 v	rot	Aufkommen in Athen
63 v–14 n		Augustus (Oktavian)
1496 n–1560 n		Gustav Wasa
1687 n	rot	Zugeständnis Ungarns
1723 n	rot	Machtgewinn Österreichs

ERBRECHT, gesetzliche Regelung für den Übergang des Vermögens Verstorbener auf andere.

1937 v–1865 v		Libit-Ischtar
1872 v	blau	Gesetzbuch Libit-Ischtars
1364 v	rot	Assyrisches Erbrecht
127 v	rot	Chinesisches Gesetz
212 n	grün	Erbschaftssteuer in Rom
321 n	grün	Erbrecht für Kirche
600 n	grün	Anspruch der Kirche
877 n	grün	Französische Lehen erblich
1037 n	grün	Deutsche Lehen erblich
1041 n	grün	Mailänder Lehen erblich
1097 n	grün	Fürstenbesitz vererbbar

ERBSCHAFTSSTEUER

212 n	grün	Römische Vorschrift

ERBSÜNDE, eine vom Christentum allen Menschen zugeschriebene Schuld, aus der Krankheit, Sterblichkeit und die menschliche Arbeit als Gottesstrafe abgeleitet werden. Geht auf eine Bibelstelle zurück. Danach hat Gott den ersten Menschen (Adam) erschaffen und in eine paradiesische Welt gestellt, ihn dann aber daraus vertrieben, weil er einem Wunsche seiner Frau (Eva) folgte, der im Widerspruch zu einem Befehl Gottes stand. Diese Geschichte entwickelte sich zu einem Kernstück der christlichen Religion. Sie bewirkte die Ächtung der körperlichen Arbeit und des Wissensdranges sowie der Frau und des Geschlechtstriebes.

58 n	blau	Paulus: Römerbrief
85 n–145 n		Basilides
115 n–182 n		Apell
167 n	blau	Sündenfall als Fabel
315 n–367 n		Hilarius von Poitiers
354 n–430 n		Augustin
375 n–435 n		Pelagius
417 n	rot	Gegnerschaft des Papstes
418 n	rot	Bestätigung durch Papst
420 n	blau	Gegnerschaft Pelagius'
814 n–877 n		Eriugena
862 n	blau	Gegnerschaft Eriugenas
1033 n–1109 n		Anselm von Canterbury
1079 n–1142 n		Abälard
1126 n	blau	Gegnerschaft Abälards
1712 n–1778 n		Rousseau

ERBÜBERTRAGUNG

1809 n–1882 n		Darwin
1866 n	grün	Mendels Lehre
1881 n	grün	Mitschurins Züchtungen
1902 n	grün	Vries: Mutation
1907 n	grün	Morgans Lehre
1951 n	grün	Sonneborns Lehre

ERDACHSE

390 v–310 v		Herakleides
382 v	grün	Lehre der Drehung
344 v	grün	Herakleides: Drehung
316 v–250 v		Aristarch
258 v	grün	Aristarch: Drehung
196 v–125 v		Hipparch
64 v–20 n		Strabo
5 n	grün	Erdbewegung bestritten
476 n–535 n		Arjabatta
512 n	grün	Arjabatta: Drehung
948 n–1009 n		Ibn Junis
1434 n	grün	Nikolaus: Drehung
1473 n–1543 n		Kopernikus
1748 n	grün	Entdeckung des Schwankens

ERDBAHN

496 v	grün	Lehre der Pythagoreer
316 v–250 v		Aristarch
258 v	grün	Bewegung um die Sonne
206 v	grün	Stillstand der Erde
64 v–20 n		Strabo
5 n	grün	Strabo: Stillstand
101 n–179 n		Ptolemäus
153 n	grün	Ptolemäus: Stillstand
855 n–929 n		Al Battani
906 n	grün	Ungenauigkeit
1473 n–1543 n		Kopernikus
1528 n	grün	Bewegung um die Sonne
1564 n–1642 n		Galilei
1571 n–1630 n		Kepler
1616 n	rot	Kampf um Bewegungslehre
1633 n	rot	Widerruf Galileis
1643 n–1727 n		Newton

ERDBEBEN

464 v	grün	Zerstörung Spartas
1703 n	grün	Zerstörung Tokios

ERDKUNDE, Lehre von der Beschaffenheit der Erdoberfläche, insbesondere der Verteilung von Wasser- und Landflächen, der Flüsse und Gebirge. Schließt auch die Erforschung der erdgeschichtlichen Wandlungen und deren Ursachen ein. Entwickelte sich mit der zunehmenden Entdeckung und Erforschung aller Kontinente und Meere.

2463 v–2403 v		Ni-User-Re
2404 v	blau	Relief: Meridian-Messung
2325 v	grün	Mesopotamien: Weltkarte
2295 v	grün	Lehrbuch in Mesopotamien
1773 v	grün	Vermessungs-Handbuch
1421 v	blau	Gemälde: Ackervermessung
1258 v	grün	Landkarte in Ägypten
948 v	grün	Seeweg nach Indien
939 v	grün	Chinesische Expeditionen
658 v–595 v		Necho II.
610 v–546 v		Anaximander
601 v	grün	Umschiffung Afrikas
572 v–493 v		Pythagoras
561 v	grün	Anaximanders Weltkarte
533 v	grün	Kugelgestalt der Erde
513 v	grün	Skylax' Forschungsreise
499 v	grün	Kriegsschauplatz-Karte
497 v	grün	Hekataios' Reisebericht
482 v–429 v		Herodot
450 v	blau	Erdkundliche Geschichte
408 v–355 v		Eudoxos
380 v–306 v		Pytheas
372 v–287 v		Theophrast
352 v–285 v		Dikäarch
340 v	grün	Beweis für Kugelgestalt
337 v	grün	Aristoteles: Erdanziehung
330 v	grün	Aristoteles: Meteorologie
325 v	grün	Nearchos' Reise
324 v	grün	Pytheas' Forschungsreise
323 v	grün	Breite gleich Polhöhe
321 v	grün	Erklärung der Gezeiten
321 v–282 v		Megasthenes
320 v	grün	Pytheas' Reisebericht
304 v	grün	Mathematische Geographie
296 v	grün	Längen- und Breitengrade
284 v–212 v		Archimedes
274 v–194 v		Eratosthenes
228 v	grün	Eratosthenes: Erdumfang
225 v	grün	Wissenschaft 'Geographie'
222 v	grün	Eratosthenes' Weltkarte
172 v–114 v		Tschang-Kien
160 v	grün	Krates' Globus
138 v	grün	Ortsbestimmung
135 v–50 v		Poseidonios
129 v	grün	Tschang-Kiens Reise
117 v	grün	Hippalos: Monsun
97 v	grün	Erklärung des Wetters
75 v	grün	Prognose: Erdumseglung
64 v–20 n		Strabo
23 v	grün	Reichsvermessung Roms
15 v	grün	Agrippas Straßenkarte
13 n	grün	Strabo: Erdgestalt
23 n–79 n		Plinius der Ältere
44 n	grün	Melas Erdbeschreibung
101 n–179 n		Ptolemäus
132 n	grün	Arrianus: Schwarzes Meer
167 n	grün	Kegel-Projektion
170 n	blau	Pausanias: Griechenland
170 n	grün	Werk über Kartenzeichnen
288 n	grün	Bericht über Japan
414 n	grün	Bericht über Indien
487 n–565 n		Kosmas
504 n–570 n		Gildas der Weise
548 n	grün	Christliche Erdkunde
602 n–664 n		Hüan-Tsang
646 n	grün	'Über die Westlande'
692 n	grün	I-Tsings Reisebericht
701 n–784 n		Fergil der Geometer
743 n	grün	'Antipoden'-Lehre
827 n	grün	Himmels- und Erdatlas
851 n–938 n		Al Balki
862 n	grün	Erreichung Islands
872 n	grün	Ptolemäus arabisch
888 n–956 n		Al Masudi
898 n	grün	Seeweg nach Nord-Rußland
901 n	grün	Entdeckung Grönlands
918 n	grün	Al Masudis Reisen
921 n	grün	Al Balkis Atlas
922 n	grün	Ibn Fadlan: Rußland
940 n	grün	Werk über Arabien
967 n–1021 n		Leif Erikson
973 n–1048 n		Al Biruni
985 n	grün	Bericht vom Araberreich
999 n	grün	Abu Dulafs Reisebericht
1000 n	grün	Leif Erikson: Amerika
1017 n–1088 n		Adam von Bremen
1047 n	grün	Erdumfang-Berechnung
1096 n–1166 n		Al Idrisi
1154 n	grün	Al Idrisis Hauptwerk
1164 n	grün	Al Idrisis Weltkarte
1224 n	blau	Erdkundliches Lexikon
1254 n–1324 n		Marco Polo
1255 n	grün	Rubruks Reisebericht
1280 n	grün	'Wunder der Geschöpfe'
1291 n	grün	Fahrt der Brüder Vivaldi
1295 n	grün	Erd-Globus
1298 n	grün	Marco Polos Bericht
1299 n	grün	Entdeckung der Kanaren
1304 n–1377 n		Ibn Batuta
1318 n	grün	Visconti: Weltkarte
1321 n	grün	Erdoberfläche berechnet
1323 n	grün	Madeira, Azoren entdeckt
1341 n	grün	Pegolottis Reiseführer
1352 n	grün	Reisebericht Ibn Batutas
1368 n	grün	Oresme: Erddrehung
1376 n	grün	Crescas: Weltkarte
1394 n–1460 n		Heinrich der Seefahrer
1401 n–1464 n		Nikolaus von Kues
1434 n	grün	Achsdrehung der Erde
1447 n	grün	'Genuesische Weltkarte'
1452 n–1507 n		Kolumbus
1456 n	grün	Cadamostos Reise
1459 n	grün	Fra Mauros Weltkarte
1466 n	grün	Trapez-Projektion
1471 n	grün	Entdeckung der Goldküste
1473 n–1543 n		Kopernikus
1478 n	grün	Kupferstich-Karte
1480 n–1521 n		Magellan
1483 n	grün	Kongomündung entdeckt
1484 n	grün	Guinea-Inseln entdeckt
1486 n	grün	Entdeckung Timbuktus
1486 n	grün	Diaz: Kapumseglung
1491 n	grün	Gedruckte Landkarte
1492 n	grün	Kolumbus in Amerika
1492 n	grün	Behaims Globus
1497 n	grün	Caboto: Labrador
1498 n	grün	Seeweg nach Indien
1499 n	grün	Europäer in Südamerika
1500 n	grün	Entdeckung Brasiliens
1500 n	grün	Cosas Weltkarte
1502 n	grün	Festland Mittelamerikas
1505 n	grün	Entdeckung Ceylons
1507 n	grün	Waldseemüllers Weltkarte
1512 n	grün	Entdeckung der Molukken
1513 n	grün	Stiller Ozean entdeckt
1515 n	grün	La-Plata-Gebiet entdeckt
1517 n	grün	Seeweg nach China
1519 n	grün	Erdumseglung begonnen
1521 n	grün	Philippinen entdeckt
1522 n	grün	Entdeckung der Bermudas
1522 n	grün	Erdumseglung beendet
1524 n	grün	Al Vassans Werk
1526 n	grün	Entdeckung Neu-Guineas
1527 n	grün	Hawaii-Inseln entdeckt
1533 n	grün	Entdeckung Kaliforniens
1534 n	grün	Entdeckung Kanadas
1541 n	grün	Münsters Weltbeschreibung
1543 n	grün	Erreichung Japans
1549 n	grün	Herbersteins Buch
1553 n	grün	Chancellors Rußland-Fahrt
1567 n	grün	Salomon-Inseln entdeckt

1569 n grün Mercators Weltkarte
1580 n grün Drakes Erdumseglung
1590 n grün Meßtisch
1595 n grün Mercators Atlas
1596 n grün Barents' Entdeckungen
1598 n grün Erdmagnetismus
1605 n grün Entdeckung Australiens
1606 n grün Entdeckung Tahitis
1609 n grün Hudsons Entdeckungen
1616 n grün Baffin-Bai entdeckt
1616 n grün Bismarck-Inseln entdeckt
1642 n grün Entdeckung Neuseelands
1643 n grün Fidschi-Inseln entdeckt
1643 n–1727 n Newton
1648 n grün Deschnew: Beringstraße
1650 n–1722 n Kang-Hi
1656 n grün Atlas von China
1721 n grün Roggeveens Entdeckungen
1728 n grün Berings Reise
1737 n grün Geologische Karte
1740 n grün Kap Tscheljuskin entdeckt
1741 n grün Kartenaufnahme Sibiriens
1749 n grün Tiefseetemperaturen
1759 n grün Harrisons Seeuhr
1771 n grün Cooks Forschungsreise
1773 n grün Werner: Gesteinskunde
1788 n grün Hutton: Erdtheorie
1804 n grün Gay-Lussac: Ballonaufstieg
1817 n grün Ritters Forschungen
1820 n grün Synoptische Wetterkarte
1831 n grün Magnetischer Nordpol
1832 n grün Erdmagnetismus
1845 n blau A. Humboldt: 'Kosmos'
1855 n grün Livingstone: Victoriafälle
1859 n grün Luftbild
1894 n grün Nansen: Nordpol-Expedition
1894 n grün Hedin: Asien-Expedition
1909 n grün Peary: Nordpol
1911 n grün Amundsen: Südpol
1931 n grün Piccards Ballonaufstieg
1946 n grün Byrds Südpol-Expedition
1951 n grün Kuiper: 'Atmosphäre'
1952 n grün Meteoro-Biologie
1954 n grün Tauchtiefe 4050 m
1960 n grün Tauchtiefe 10910 m

ERDMAGNETISMUS, Bezeichnung für die magnetische Kraft der Erde, die auf der ganzen Erdoberfläche ein Nord-Süd-gerichtetes Magnetfeld schafft und so an jedem Punkt der Erde eine Orientierung nach der Magnetnadel ermöglicht. Wegen Abweichung der magnetischen Pole von den geographischen Polen entspricht jedoch die Richtung der Kompaßnadel nicht genau der Nord-Süd-Achse.

624 v–546 v Thales
584 v grün Entdeckung
374 v grün Einfacher Kompaß
1306 n grün Verbesserter Kompaß
1599 n grün Gilberts Lehre
1831 n grün Magnetischer Nordpol
1832 n grün Gauß' Lehre

ERDMESSUNG, Grundlage der Erdkunde. Direkte Messung einzelner Teile der Erdoberfläche zur Landverteilung oder zur Anfertigung von Erdkarten sowie die Messung ganzer Längen- und Breitengrade zur Bestimmung der Erdgröße und der Erdbeschaffenheit.

2463 v–2403 v Ni-User-Re
2404 v blau Relief: Meridian-Messung
1773 v grün Vermessungs-Handbuch
1421 v blau Gemälde: Ackervermessung
380 v–306 v Pytheas
352 v–285 v Dikäarch
323 v grün Breite gleich Polhöhe
304 v grün Dikäarchs Erdmessung
296 v grün Längen- und Breitengrade
274 v–194 v Eratosthenes
228 v grün Erdumfang-Berechnung
138 v grün Ortsbestimmung
64 v–20 n Strabo
23 v grün Reichsvermessung Roms
101 n–179 n Ptolemäus
170 n grün 'Kartenzeichnen'
855 n–929 n Al Battani
973 n–1048 n Al Biruni
1047 n grün Erdumfang-Berechnung
1321 n grün Abul Feda: Erdoberfläche
1590 n grün Meßtisch
1643 n–1727 n Newton
1650 n–1722 n Kang-Hi
1741 n grün Vermessung Sibiriens

ERDÖL, das in der Erdoberfläche vorhandene, durch Bohrung und Herauspumpen gewonnene Rohöl. Kann nach Reinigung und Aufbereitung mit Hilfe des Verbrennungsmotors in mechanische Kraft verwandelt werden, die zum Antrieb von Fahrzeugen (Auto, Schiff, Flugzeug) oder feststehenden Aggregaten (Fabriken, Elektrizitätswerke) verwendet wird. Entwickelte sich in den letzten hundert Jahren zur wichtigsten Energiequelle neben der Kohle. Ausgangsstoff zahlloser chemischer Erzeugnisse (z. B. Nylon).

803 n grün Veredelung in Baku
1441 n grün Heilmittel
1823 n grün Destillation in Rußland
1839 n–1937 n Rockefeller
1855 n grün Petroleum-Lampe
1864 n grün Petroleum-Motor
1865 n grün Pipeline in USA
1870 n grün 'Standard Oil'
1883 n grün Benzin-Motor
1893 n grün Diesel-Motor
1927 n blau Roman Sinclairs
1951 n grün Verstaatlichung im Iran

ERDSATELLIT, Bezeichnung für ein Raumfahrzeug, das über die Erdatmosphäre hinausstößt, aber im Bereich der Anziehungskraft der Erde bleibt und deshalb wie unser natürlicher Satellit, der Mond, in einer festen Umlaufbahn um die Erde kreist.

1957 n grün 'Sputnik'
1958 n grün Strahlungsgürtel entdeckt

ERDUMSEGLUNG, Fahrt mit einem Segelschiff rund um die Erde. Brachte den unwiderleglichen Beweis für die von der Wissenschaft seit Jahrtausenden angenommene, von der Kirche aber hartnäckig bestrittene Kugelgestalt der Erde.

75 v grün Poseidonios' Prognose
1480 n–1522 n Magellan
1519 n grün Fahrtbeginn Magellans
1522 n grün Erste Umseglung beendet
1580 n grün Drakes Reise
1771 n grün Cooks Reise

EREK UND ENIDE, Liebespaar der britischen Sage. Als Ritter des Königs Artus heiratete Erek die schöne Enide und blieb bei ihr zu Haus, statt auf Abenteuer auszuziehen. Von seiner Frau ermahnt, unternahm er wieder abenteuerliche Fahrten, erlaubte aber Enide, ihn zu begleiten, nachdem sie Schweigen gelobt hatte. In Augenblicken der Gefahr brach Enide ihr Schweigegelübde, um Erek zu warnen. Ereks Groll hierüber überwand sie durch Beweise ihrer Liebe und Treue. Ihre Geschichte wurde niedergeschrieben durch Hartmann von Aue und Christian von Troyes.

1164 n blau Christians Dichtung

ERETRIA, zweitgrößte Stadt auf Euböa, der größten Insel des Ägäischen Meeres. War durch ihre Lage unmittelbar vor der Küste Attikas für Athen und ganz Griechenland von großer militärischer und politischer Bedeutung. Stellte sich in den Perserkriegen auf die Seite Athens und wurde deshalb von den angreifenden Persern schon im ersten Kriegsjahr zerstört.

499 v rot Bündnis gegen Persien

ERFINDUNGEN

Vorzeittafel: 80 Tausend Jahre
Vorzeittafel: 50 Tausend Jahre
Vorzeittafel: 30 Tausend Jahre
Vorzeittafel: 20 Tausend Jahre
Vorzeittafel: 10 Tausend Jahre
Vorzeittafel: Schlußbalken (5000 Jahre)
2997 v grün Luftgetrocknete Ziegel
2994 v grün Kupfer-Nähnadel
2992 v grün Zahlenschrift
2988 v–2925 v En-Merkar
2985 v grün Scheibenrad-Wagen
2983 v grün Roll-Siegel
2979 v grün Leder-Kissen und -Beutel
2977 v grün Metall-Geräte
2967 v grün Buchführung
2964 v grün Kupfer-Pfeilspitzen
2961 v grün Metall-Guß-Technik
2955 v grün Tontafelschrift
2950 v grün Bierherstellung
2947 v grün Kämme
2945 v grün Vierrädriger Wagen
2943 v grün Kriegsschild
2936 v grün Waage und Gewicht
2935 v grün Brettspiele
2931 v grün Seil
2925 v grün Bruchzahlen
2922 v grün Leinwand
2916 v grün Trommel
2913 v grün Mondjahr-Kalender
2910 v grün Tragnetz
2907 v grün Gebrannte Tonziegel
2895 v grün Stift-Mosaik
2893 v grün Mörtel
2887 v grün Mühlsteine
2871 v grün Töpferscheibe
2860 v grün Gravierkunst
2852 v grün Kupferplatten-Spiegel
2847 v grün Fayence
2842 v grün Binäres Rechensystem
2833 v grün Silbenschrift
2829 v grün Planken-Schiffbautechnik
2817 v grün Sechziger-Rechnung
2787 v grün Weingewinnung
2785 v grün Flöte
2779 v grün Rechnen mit der Null
2763 v grün Öl-Lampe
2759 v grün Leier
2708 v grün Versilbern
2699 v grün Ohrringe
2694 v grün Drill-Bohrer
2676 v grün Würfelspiel
2666 v grün Schmelzofen
2660 v grün Gewölbe-Bautechnik
2645 v grün Drainage in Sumer
2638 v grün Sistrum
2631 v grün Bronzegewinnung
2609 v grün Pauke
2604 v grün Harpune
2587 v grün Harfe
2563 v grün Butter-Herstellung
2531 v grün Krieger-Helme
2526 v grün Bumerang
2513 v grün Pinzette
2480 v grün Siruphersteliung
2477 v grün Fisch-Netz
2463 v grün Sichel
2460 v grün Käseherstellung
2429 v grün Scharnier
2423 v grün Schmink-Löffel
2410 v grün Kuppelbau-Technik
2397 v grün Wasserleitung
2374 v grün Kreditbrief
2339 v grün Papyrus-Boote
2325 v grün Landkarte
2289 v grün Eisen-Geräte
2141 v grün Geflügel-Brutofen
2061 v grün Längenmaß
2055 v grün Sonnenuhr
2041 v grün Email
2009 v grün Multiplikations-Tafeln
1907 v grün Speichenrad
1865 v grün Nüstern-Ring
1835 v grün Wasserstands-Pegel
1800 v grün Buchstaben-Schrift
1779 v grün Trense
1741 v grün Wasseruhr
1733 v grün Einpökeln
1701 v grün Sichelschwert
1592 v grün Glasgefäße
1570 v grün Oboe
1506 v grün Laute
1487 v grün Nagellack
1468 v grün Reitsattel
1367 v grün Vergolden
1349 v grün Eßstäbchen
1297 v grün Glocke
1276 v grün Stahl
1208 v grün Gebundene Bücher
1138 v grün Trompete
1029 v grün Seide
988 v grün Teppich
921 v grün Sticken
916 v grün Schwimmgurte
896 v grün Steindruck
891 v grün Rostfreies Eisen
885 v grün Eisen-Äxte
882 v grün Belagerungs-Geräte
850 v grün Steigbügel
740 v grün Schlauchboot
735 v grün Staudamm-Schleuse
732 v grün Silber-Geld
698 v grün Erste Notenschrift
695 v grün Münzprägung
678 v grün Lyra
669 v grün Löten
664 v grün Schiffsanker
643 v grün Linsen-Schliff
607 v grün Kinderklappern
560 v–469 v Theodoros
554 v grün 'Himmelskugel'
542 v grün Stellenwert der Zahl
536 v grün Winkelmaß
531 v grün Wasserwaage
528 v grün Drehbank
480 v grün Schiffsbrücke
459 v grün Fernmeldetechnik
449 v grün Kletterkreiselspiel
400 v grün Pfeilgeschütze
390 v grün Filzherstellung
386 v grün Künstliche Taube
379 v grün Wachs-Malfarben
376 v grün Zahnschmerz-Mittel
374 v grün Einfacher Kompaß
362 v grün Schere
354 v grün Taucher-Luftschlauch
350 v grün Stenographie
346 v grün Zahnrad
334 v grün Versicherung
331 v grün Steinschleudergeschütz
305 v grün Gipsabguß
302 v grün Schreibschrift
299 v grün Eisenpflug mit Rädern
296 v–228 v Ktesibios
294 v grün Schreibtafel
288 v grün Taschen-Wasseruhr
284 v–212 v Archimedes
281 v grün Schleuse
279 v grün Leuchtturm
268 v grün Druckluftgeschütz
265 v–202 v Philon
261 v grün Wasser-Hebeschraube
260 v grün Enterbrücke
259 v grün Feuerspritze
255 v grün Pergament
254 v grün Fiebermessung
251 v grün Flug-Drachen
248 v grün Ktesibios' Wasseruhr
245 v grün Orgel
240 v grün Metallfedern
239 v grün Flaschenzug
238 v grün Ringgelenk
234 v grün Himmelsmodell
233 v grün Philons Öllampe
231 v grün Dreimaster
230 v grün Treträder
227 v grün 'Optischer Telegraph'
224 v grün Bagger, Taucherglocke
221 v grün Waschkugelautomat
218 v grün Thermoskop
215 v grün Haarpinsel
210 v grün 'Eiserne Hand'
208 v grün Eisenfeilen
207 v grün Würfeldoppelungs-Gerät
205 v grün Satzzeichen
203 v grün Orthopädisches Gerät
195 v grün Münz-Rändelung
192 v grün Eiserner Hufschutz
188 v grün Kerze
186 v grün Toiletten-Sitzbretter
180 v grün Druckwasserleitung
160 v grün Erdglobus
152 v–82 v Heron
116 v grün Heronsbrunnen
107 v grün Windrad
98 v grün Warmluftheizung
88 v grün Wassermühle
68 v grün Aufblasbare Bälle
59 v grün Zeitung
31 v grün Zement-Verwendung
25 v grün Taschen-Sonnenuhr
15 v grün Straßenkarte
4 v grün Glasblasen
1 n grün Fensterscheibe
10 n grün Sprech-Rohrleitung
18 n grün Drahtseil
21 n grün Schreib- und Reißfeder
48 n–118 n Tsai-Lun
56 n grün Seife
60 n grün Schrank
65 n grün Kreuzgewölbe
68 n grün Hängebrücke
71 n grün Schlüssel und Drehschloß
77 n grün Destillierverfahren
85 n grün Geheftete Bücher
99 n grün Glasspiegel
105 n grün Papier
181 n grün Dampfkochtopf
190 n–265 n Hua-To
205 n grün Säge mit Spannschnur
207 n grün Armbrust
225 n grün Ganz-Narkose
291 n grün Hufeisen
350 n grün Rohrzucker-Gewinnung
355 n grün Aräometer
363 n grün Sägewerk
406 n grün Farbige Kirchenfenster
466 n grün Schachspiel
527 n grün Sinus-Berechnung
575 n grün Instrument Crotta
596 n grün Buchdruck
608 n–676 n Tao-Yü
626 n–672 n Tenji
633 n grün Negative Zahlen
663 n grün Porzellan
666 n grün Erz-Wassermühle
671 n grün Brandwerfer
748 n grün Gedruckte Zeitung
803 n grün Petroleumveredelung
807 n grün Depositenschein
968 n grün Faden-Telephon
972 n grün Rakete
987 n grün Hormon-Präparate
989 n grün Desinfektion
1011 n grün Einfache Lochkamera
1016 n–1076 n Pi-Scheng
1024 n grün Papiergeld
1026 n grün 4-Linien-Notenschrift
1045 n grün Einzellettern-Druck
1106 n grün Narkoseschwamm
1115 n grün Seefahrtzeichen
1122 n grün Bleistift
1127 n grün Alkohol-Destillierung
1130 n grün Schießpulver
1173 n grün Brieftauben-Post
1190 n grün Stahl-Magnetisierung
1193 n grün Gummiball
1202 n grün Räderuhr
1210 n grün 'Gotische Rippe'
1222 n grün Windmühle
1228 n grün Eiterlose Wundbehandlung
1249 n grün Gewächshaus
1251 n grün Sphärische Trigonometrie
1272 n grün Seidenzwirn-Maschine
1273 n grün Kanone
1282 n grün Brille
1288 n grün Uhr-Gewichte
1306 n grün Kompaß
1318 n grün Karten-Nordung
1329 n grün Drehkran
1330 n grün Butzenscheiben
1339 n grün Handfeuerwaffen
1353 n grün Glockenspiel
1355 n grün Draht-Zieh-Maschine
1358 n grün Geschützorgel
1359 n grün Schiffsgeschütze
1377 n grün Quarantäne-Station
1399 n–1468 n Gutenberg
1404 n–1472 n Alberti
1420 n grün Haubitze
1430 n grün Kupferstich-Technik
1435 n grün Pistole
1437 n grün Druckerpresse
1438 n grün Hand-Feuerspritze
1448 n grün Buchstaben-Gießgerät
1452 n–1519 n Leonardo da Vinci
1457 n grün Diamantschliff
1466 n grün Trapez-Projektion
1479 n grün Gezogener Gewehrlauf
1491 n grün Weckeruhr
1501 n grün Schienenwagen
1508 n grün Zylinder-Lampen
1510 n grün Taschenuhr
1515 n grün Ätztechnik
1518 n grün Feuerlöschwagen
1530 n grün Tret-Spinnrad
1530 n grün Rieselfeld-System
1547 n grün Billardspiel
1552 n grün Strümpfe
1555 n grün Archicembalo
1557 n grün Amalgamierung
1558 n grün Lochkamera mit Linse
1564 n grün Graphitbleistift
1569 n grün Winkeltreue Karte
1571 n–1630 n Kepler
1581 n grün Höllenmaschine
1589 n grün Strumpf-Wirkstuhl
1590 n grün Mikroskop
1590 n grün Meßtisch
1591 n grün Greifbagger
1592 n grün Thermometer
1593 n grün Fernrohr
1594 n grün Personen-Seilbahn
1599 n grün Segelwagen
1611 n grün Dioptrisches Fernrohr
1615 n grün Wagenfederung
1622 n grün Unterseeboot
1623 n grün Rechenmaschine
1624 n rot Erfindungsschutz
1629 n grün Dampfmaschine
1630 n grün Geburtszange
1631 n grün Wochenzeitung
1633 n grün Löschblatt
1634 n grün Schreibfeder zum Füllen
1636 n grün Analytische Geometrie
1640 n grün Luftpumpe
1640 n grün Koksherstellung
1640 n grün Mikrometerschraube
1643 n grün Barometer
1649 n grün Handgetriebener Wagen
1652 n grün Steinschloß-Gewehr
1653 n grün Briefkasten
1656 n grün Pendeluhr
1656 n grün Glasperlen
1659 n grün Hinterlade-Gewehr
1659 n grün Speiseeis
1662 n grün Pferde-Omnibus
1663 n grün Elektrisiermaschine
1663 n grün Laterna magica
1667 n grün Bluttranfusion
1668 n grün Spiegelfernrohr
1671 n grün Mahlwalze
1679 n grün Tunnel-Sprengung
1689 n grün Schneeschuhe
1690 n grün Zylinder-Dampfmaschine
1691 n grün Konservierung
1692 n grün Kölnisches Wasser
1697 n grün Pump-Dampfmaschine
1700 n grün Werbeplakate
1707 n grün Schaufelrad-Antrieb
1709 n grün Heißluftballon
1709 n grün Hammerklavier
1710 n grün Dreifarben-Druck
1711 n grün Stimmgabel
1713 n grün Hochofen
1714 n grün Mill: Schreibmaschine
1717 n grün Pockenschutzimpfung
1720 n grün Dampf-Kraftwagen
1726 n grün Blutdruckmessung
1726 n grün Kuckucks-Uhr
1732 n grün Zahnersatz
1736 n grün Eisenschiene
1736 n–1819 n James Watt
1744 n grün Dampfheizung
1745 n grün 'Leidener Flasche'
1749 n grün Zahnbürste
1752 n grün Blitzableiter
1759 n grün Seeuhr
1760 n grün Ärztliches Abklopfen
1762 n grün Kalk-Brennen
1767 n grün Jenny-Spinnmaschine
1768 n grün Gummischlauch
1769 n grün Füllfederhalter
1770 n grün Radiergummi
1770 n grün Feuerzeug
1772 n grün Drehbühne
1773 n grün Colles: Dampfschiff
1780 n grün 'Rütteluhr'
1781 n grün Stahlfeder
1782 n grün Schwungraddampfmaschine
1782 n grün Heißluftballon
1784 n grün Bifokale Brille
1785 n grün Mechanischer Webstuhl
1786 n grün Künstliche Befruchtung
1787 n grün Eisenschiff
1789 n grün Rollschuh
1790 n grün Nähmaschine
1791 n grün Soda-Herstellung
1792 n grün Leuchtgas
1793 n grün Baumwolle-Erntemaschine
1793 n grün Kreissäge
1794 n grün Hosenträger
1794 n grün Kugellager
1796 n grün Hydraulischer Zement
1797 n grün Fallschirm
1798 n grün Langsieb-Papiermaschine
1800 n grün Krems: Nähmaschine
1800 n grün Galvanische Batterie
1802 n grün Rübenzucker-Gewinnung
1803 n grün Appert: Konservierung
1803 n grün Morphium-Herstellung
1804 n grün Lokomotive
1804 n grün Setzmaschine
1805 n grün Lochkarten-Automatik
1807 n grün Bandsäge
1807 n grün Fulton: Dampfschiff
1809 n grün Elektrischer Telegraph
1810 n grün Schnellpresse
1810 n grün Harmonium
1811 n grün Bogenlicht
1812 n grün Schiffsschraube
1813 n grün Lauf-Rad
1814 n grün Metall-Hobelmaschine
1814 n grün Gas-Straßenbeleuchtung

1815n grün Zündhütchen
1816n–1892n Siemens
1819n grün Stethoskop
1820n grün Eiserner Vorhang
1822n grün Handharmonika
1822n grün Photographie
1823n grün Verflüssigung
1824n grün Portlandzement
1825n grün Chemische Reinigung
1827n grün Zündnadelgewehr
1829n grün Blindenschrift
1830n grün Paraffin
1831n grün Streichholz
1832n grün Dampfpflug
1832n grün Nadeltelegraph
1833n grün 'Lebensrad'
1834n grün Getreidemähmaschine
1835n grün Rohrpost
1838n grün Kautschuk-Vulkanisation
1839n grün Künstliche Düngung
1840n grün Saxophon
1840n grün Briefmarke
1841n grün Negativ-Photographie
1842n grün Äther-Narkose
1843n grün Linoleum
1843n grün Holzschliff-Papier
1843n grün Bildtelegraph
1844n grün Luftreifen
1844n grün Morse-Zeichen
1845n grün Zweirad
1845n grün Schießbaumwolle
1847n–1931n Edison
1847n grün Chloroform-Narkose
1848n–1896n Lilienthal
1849n grün Zigarette
1850n grün Augenspiegel
1850n grün Prismen-Fernrohr
1852n grün Gips-Verband
1854n grün Glühbirne
1855n grün Petroleum-Lampe
1855n grün Typen-Druck-Telegraph
1856n grün Bessemer-Verfahren
1858n grün Seekabel
1859n grün Elektrische Zündung
1860n grün Gasmotor
1860n grün Rotationsdruck
1861n grün Telephon
1861n grün Spektralanalyse
1864n grün Milchzentrifuge
1864n grün Markus: Automobil
1864n grün Siemens-Martin-Ofen
1865n grün Öl-Pipeline
1865n grün Postkarte
1866n grün Eisenbetonbau
1866n grün Dynamo
1867n grün Dynamit
1867n grün Pasteurisieren
1868n grün Margarine
1869n grün Zelluloid
1870n grün Indigoblau
1874n grün Zellulose aus Holz
1874n–1937n Marconi
1876n grün Photoelement
1876n grün Otto-Motor
1876n grün Bell-Telephon
1877n grün Phonograph
1877n grün Luft-Verflüssigung
1877n grün Preßglas
1878n grün Mikrophon
1878n grün Kaugummi
1880n grün Saccharin
1880n grün Dampfturbine
1880n grün Tollwut-Impfung
1880n grün Hollerith-Maschine
1881n grün Elektrische Straßenbahn
1882n grün Autotypie
1883n grün Daimler-Motor
1883n grün Maschinengewehr
1883n grün Trockengleichrichter
1884n grün Bildzerleger
1884n grün Zeilengießmaschine
1884n grün Kunstseide
1885n grün Gasglühlicht
1885n grün Röhren-Walzverfahren
1885n grün Motorrad
1886n grün Formalin
1888n grün Rollfilm
1888n grün Trockenbatterie
1889n grün Webautomat
1890n grün Gleitflug
1891n grün Farbphotographie
1891n grün Film-Aufnahmegerät
1891n grün Diathermie
1892n grün Photozelle
1892n grün Örtliche Betäubung
1893n– Karolus
1893n grün Diesel-Motor
1893n grün Chemo-Therapie
1894n grün Filmprojektor
1894n grün Antenne
1896n grün Zuchtperlen-Herstellung
1897n grün Drahtlose Telegraphie
1897n grün Wasserstoff-Verflüssigung
1898n grün Fahrrad-Freilauf
1898n grün Braunsche Röhre
1899n grün Aspirin
1899n grün Zeppelin-Luftschiff
1899n grün Stickstoffdünger
1900n grün U-Bahn
1900n grün Schnelldrehstahl
1901n grün Lichtton-Aufzeichnung
1901n grün Staubsauger
1901n grün Rasierklinge
1902n grün Magnetzündung
1903n grün Ultramikroskop
1903n grün Motorflug
1904n grün 'Höhensonne'
1904n grün Elektronenröhre
1904n grün Autogenes Schweißen
1907n grün Hochfrequenzmaschine
1909n grün Salvarsan
1909n grün Neonlicht
1909n grün Bakelit
1910n grün Rotations-Tiefdruck
1911n grün Fernlenkung
1911n grün Elektrokardiogramm
1911n grün Fließband
1913n grün Benzin aus Kohle
1913n grün Echo-Lot
1914n grün Scheinwerfer
1915n grün Metallflugzeug
1915n grün Panzerwagen
1916n grün Germanin
1919n grün Atomzertrümmerung
1919n grün Projektions-Planetarium
1920n grün Rundfunksender
1922n grün Tonfilm
1924n grün Fernsehgerät
1926n grün Künstliches Vitamin
1926n grün Germanium-Diode
1926n grün Buna-Herstellung
1928n grün Geigerzähler
1928n grün Zeitungs-Bildfunk
1928n grün Raketenauto
1930n grün Farb-Fernsehen
1931n grün Bild-Abtaster
1931n grün Elektromagnetisches Klavier
1932n grün Nylonfaser
1933n grün Elektronen-Übermikroskop
1934n grün Radargerät
1934n grün Hormonsynthese
1935n grün Atomkern-Umwandlung
1935n grün Luftkissen-Fahrzeug
1935n grün Sulfonamid
1937n grün Hubschrauber
1938n grün Uranatom-Spaltung
1938n grün Elektroschock
1939n grün DDT
1939n grün Düsenflugzeug
1940n grün Plastischer Farbfilm
1941n grün Zuse-Rechenanlage
1942n grün Groß-Rechenmaschine
1942n grün Atomreaktor
1942n grün Unbemannte Rakete
1944n grün Streptomyzin
1945n grün Atombombe
1947n grün Künstliches Vitamin A
1948n grün Künstliches Herz
1948n grün Transistor
1950n grün Ultraschall-Photographie
1950n grün Höchstleistungs-Kamera
1952n grün Wasserstoffbombe
1954n grün Atom-Kraftwerk
1954n grün Atom-U-Boot
1954n grün Kinderlähmungsserum
1957n grün Kleinstsender
1957n grün Erdsatellit 'Sputnik'
1959n grün Mondrakete
1960n grün 'Laser'
1961n grün Bemanntes Raumschiff
1963n grün Anti-Baby-Pille

ERFINDUNGSSCHUTZ, das alleinige Recht der Nutzung einer eigenen Erfindung. Zuerst eingeführt in Venedig, als echter Erfindungsschutz ausgebaut im technisch hochentwickelten England. Auf Antrag von Francis Bacon beschloß das Parlament, das Recht der Ausschließlichkeit dem Erfinder auf 14 Jahre zu garantieren. Aus diesem 'Statute of monopoles' entwickelten sich mit zunehmender Technisierung Patentgesetze in allen Industrie-Ländern.

1474n rot Venezianische Vorschrift
1624n rot Englisches Gesetz
1816n–1892n Siemens

ERFURT, Stadt in Thüringen. An einer Furt des Flusses Gera verkehrsgünstig gelegen, entwickelte sich die Siedlung seit dem 8. Jahrhundert zu einem Mittelpunkt des Handels mit den Slawen und wurde erst Ende des 15. Jahrhunderts durch das aufstrebende Leipzig überflügelt. Seit 802n Königspfalz. 936n, 1181n und 1289n fanden hier Reichstage statt. Die Universität, an der Luther studierte, war die erste europäische Universität mit vier Fakultäten. Sie bestand bis 1816n. Im Dreißigjährigen Krieg war die Stadt Hauptstützpunkt der Schweden. Im Jahre 1800n traf hier Napoleon mit Zar Alexander I. zusammen. 1802n wurde die Stadt preußisch. Hier entschied sich die Sozialdemokratische Partei Deutschlands für die Vergesellschaftung der Produktionsmittel und für den proletarischen Internationalismus ('Erfurter Programm').

1370n blau Chor des Domes
1392n blau Universität
1525n grün Botanischer Garten
1891n rot Parteitag der SPD

ERIBA-ADAD, König von Assyrien.

1417v–1364v Lebenslinie
1426v–1377v Amen-Hotep III.
1395v–1328v Assur-U-Baalit
1380v grün Finanzhilfe Ägyptens
1371v braun Sieg über Mitanni
1371v rot Unabhängigkeit
1370v rot Schleier-Vorschrift
1368v rot Ehegesetz

ERICH BLUTAXT (um 900n–950n), norwegischer König. Mißbilligte die von Harald Schönhaar auf Kosten der Bauern durchgeführte Zentralisierung des Landes und verließ seine Heimat, um auf Island für sich und seine Anhänger neue Wohnsitze zu suchen. Als sein Feind Egil ihm durch Schiffbruch in die Hände fiel, schenkte er diesem das Leben.

901n–982n Egil Skallagrimssen
936n blau Egils Preislied

ERIDU, Stadt in Mesopotamien. Entstand als eine der ersten Städte der Erde nahe der Einmündung des Euphrat in den Persischen Golf, wurde aber durch das jahrtausendelange Anschwemmen des vom Euphrat mitgeschleppten Sandes zu einer Binnenstadt, verlor die Bedeutung und ging unter. In der Blütezeit Stätte des Heiligtums für den von allen Bewohnern Sumers (Süd-Mesopotamien) verehrten Meergott Enki.

2991v blau Gründung
2988v–2925v En-Merkar
2934v blau Enki-Tempel
2928v rot Religiöser Mittelpunkt
2464v–2397v En-Te-Mena
2003v blau Nationalheiligtum

ERIK der Rote (um 940n–um 1000n), normannischer Bauernführer. Verließ zu Schiff seine norwegische Heimat, wo durch das Zunehmen der Adelsmacht die Rechte der freien Bauern immer mehr beschnitten wurden. Mit anderen Auswanderern siedelte er sich auf der Insel Grönland an. Als weitere norwegische Bauern folgten, wählte man ihn zum Führer der grönländischen Kolonie. Vater des Amerika-Entdeckers Leif, der nach ihm 'Erikson' genannt wurde.

967n–1021n Leif Erikson
984n grün Siedlung auf Grönland

ERIKSON, Leif, normannischer Entdecker.

967n–1021n Lebenslinie
984n grün Besiedlung Grönlands
1000n grün Entdeckung Amerikas

ERITREA, Land an der afrikanischen Küste des Roten Meeres. Seit fast 5000 Jahren durch Weihrauch-Expeditionen nach dem an seiner Südflanke gelegenen Lande Punt in enger Handels-Verbindung mit Ägypten, Vorderasien und dem Mittelmeerraum. Hier wurden früh Metalle (Gold, Kupfer, Eisen) gefördert und verarbeitet. Die Hafenstadt Adulis war bereits vor 3000 Jahren ein wichtiger Umschlagplatz im ägyptischen Handelsverkehr mit Marib und Saba (Jemen), später auch mit Indien. Vor 800 Jahren bildete sich hier das Reich Adal, das jahrhundertelang seine Unabhängigkeit gegen das benachbarte Abessinien behaupten konnte. Seit 1885n von Italienern besetzt, wurde es 1889n und 1935n Ausgangsstellung für die italienischen Angriffe gegen Abessinien. Im zweiten Weltkrieg wurden die Italiener hier 1941n von englischen Truppen vertrieben. 1952n wurde das Land als Provinz dem abessinischen Staat angeschlossen, dessen einzigen Zugang zum Meere es seitdem bildet.

1885n braun Vorstoß Italiens
1885n rot Italienische Herrschaft
1939n/1945n Zweiter Weltkrieg

ERIUGENA, Johannes Scotus, irischer Philosoph.

814n–877n Lebenslinie
862n blau Leugnung der Erbsünde
875n blau Religionsphilosophie

ERLACH, Fischer von, Johann Bernhard (1656n–1723n), deutscher Baumeister. Nach Lehrjahren in Italien wirkte er seit seinem 21. Lebensjahr als kaiserlicher Hofarchitekt in Wien. Sein Sieg über alle italienischen Baumeister bei einem Architektur-Wettbewerb im Jahre 1690n leitete die Verselbständigung der deutschen Baukunst seiner Epoche ein. Wurde als erster deutscher Architekt geadelt. Baute die Kollegien-Kirche in Salzburg, die Karlskirche in Wien und den Clam-Gallas-Palast in Prag. Begann auch den Bau der Nationalbibliothek in Wien. Fertigte erste Entwürfe für das Schloß in Schönbrunn und die Reichskanzlei in Wien. Schrieb eine Geschichte der Baukunst aller Länder und Zeiten mit anschaulichen Zeichnungen ('Entwurf einer historischen Architektur').

1696n blau Schloß Schönbrunn
1716n blau Karlskirche Wien

ERMÄCHTIGUNGSGESETZ, Bezeichnung für das 'Gesetz zur Behebung der Not von Volk und Reich', durch das der deutsche Reichstag 1933n dem von Hindenburg zum Reichskanzler ernannten Faschistenführer Hitler für vier Jahre die Ermächtigung zum Erlaß von Gesetzen (auch verfassungsändernden Charakters) gab. Es wurde im Reichstag mit den Stimmen der Nationalsozialisten, der Deutschnationalen, des Zentrums und der Deutschen Volkspartei angenommen. Dagegen stimmten nur die Abgeordneten der Sozialdemokratie, doch gaben sie durch ihre Teilnahme an der Abstimmung nach der Verhaftung der 81 kommunistischen Abgeordneten diesem Parlamentsentscheid Legitimität auch gegenüber der deutschen und internationalen Öffentlichkeit. 1937n, 1939n und 1943n verlängert, bildete dieses Gesetz die Rechtsgrundlage für die faschistische Herrschaft in Deutschland.

1889n–1945n Hitler
1933n rot Verkündung

ERMANRICH, König der Ostgoten von 350n bis 370n.

305n–370n Lebenslinie
350n rot Reichsgründung
350n blau Gründung von Kiew
350n/360n Zweiter Gotischer Krieg
360n rot Großreich
370n/455n Hunnenkriege

ERMLAND, Landschaft zwischen Danziger Bucht und masurischer Seenplatte. Von den Polen 'Warmia' genannt. Das ursprünglich von Slawen bewohnte Gebiet wurde im 13. Jahrhundert preußisches Ordensland, dann polnisch, durch die erste Teilung Polens preußisch und schließlich durch das Potsdamer Abkommen wieder polnisch.

1466n rot Polnischer Besitz
1772n rot Erste Teilung Polens
1945n rot Potsdamer Abkommen

ERNÄHRUNGSLEHRE, Wissenschaft von den Vorgängen, durch die der menschliche Körper die zur Erhaltung seines Lebens benötigten Stoffe aufnimmt, verarbeitet und ausscheidet. Entstanden als Lehre von der Ernährung des kranken Menschen (Diät), entwickelte sie sich mit der Verbreitung der Erkenntnis ihrer Wichtigkeit auch für den gesunden Menschen zu immer allgemeinerer Bedeutung.

460v–375v Hippokrates
418v–345v Diokles
403v grün Nahrung und Gesundheit
3v–64n Aulus Celsus
190n–265n Hua-To
525n–605n Alexander Tralles
1052n grün Ibn Wafids Schrift
1070n grün Simon Seth: Heilkraft
1212n grün Ibn Baitars Werk
1840n grün Liebigs Forschungen
1889n grün Eikman: Vitamin

ERNST II. (1007n–1030n), Herzog von Schwaben. Erhob als Sohn Ernsts I. Ansprüche auf Burgund und empörte sich 1026n gegen Kaiser Konrad II., der nach dem Tode seines Vaters seine Mutter Gisela geheiratet hatte. Nach seiner Begnadigung wiederholte er seine Erhebung 1027n und wurde abermals geschlagen. Nach zweijähriger Haft nochmals freigelassen, weigerte er sich 1030n, die gegen seinen Freund Werner von Kyburg verhängte Reichsacht zu vollstrecken und wurde gemeinsam mit diesem erschlagen. Seine Freundestreue bis in den Tod machte ihn zum Volkshelden.

1179n blau Heldengedicht

ERNTE

2492v blau Bild einer Flachsernte
2463v grün Sicheln in Mesopotamien
2463v–2403v Ni-User-Re
2428v blau Relief 'Erntezeit'
2332v blau 'Kornernte bei Musik'
2317v blau 'Bauern bei der Ernte'
2300v blau Relief der Flachsernte
1917v blau Bild helfender Paviane
1742v blau Bild eines Erntefestes
1572v–1504v Agum
1549v blau 'Fest der Olivenbauern'
1411v blau 'Weinernte am Nil'
724v grün Ernte als Tribut
278v blau Relief einer Ernte
268v blau Lied auf Erntefest
1639n blau 'Heimkehr von der Heuernte'
1793n grün Baumwolle-Erntemaschine
1834n grün Getreidemähmaschine

ERP, Abkürzung für '**E**uropean **R**ecovery **P**rogram' (= 'Europäisches Wiederaufbauprogramm'). Bezeichnung für das vom nordamerikanischen Außenminister George Marshall vorgeschlagene Wiederaufbauprogramm nach dem zweiten Weltkrieg ('Marshall-Plan'). Bestand aus Krediten im Werte von rund 50 Milliarden Mark, die sich auf 14 westeuropäische Länder verteilten. Bezweckte einen schnellen Wohlstands-Anstieg zur Verhütung sozialer Revolutionen, Aufrechterhaltung der amerikanischen Wirtschaftsblüte über das Kriegsende hinaus sowie die weitgehende Beherrschung der Schlüssel-Industrien in den nichtkommunistischen Ländern Europas durch nordamerikanisches Kapital.

1947n grün Verkündung

ERRA-EPOS, Name einer Sage, die vor mehr als 3000 Jahren in Babylonien (Vorderasien) entstand. Danach zerstörte Gott Erra die Städte Nippur und Uruk wegen der Sündhaftigkeit ihrer Bewohner und vernichtete auch die tugendhafte Stadt Babylon. Als Erras Zorn besänftigt war, baute er Babylon wieder auf und gab ihm die Herrschaft über die ganze Welt.

1344v blau Entstehung

ERWIN (Meister Erwin) (um 1240n–1318n), deutscher Architekt. Als Werkmeister am Bau des Straßburger Münsters beteiligt, schuf er den Entwurf für die Fassade des Domes. Doch wurde sein Plan nur teilweise ausgeführt, insbesondere wich die Turmgestaltung von seinem Entwurf ab und störte die von ihm erstrebte Gesamtwirkung. Stellte auch das durch Brand beschädigte Langhaus des Münsters nach eigenem Plan wieder her.

1276n blau Domfassade

ERZ, Bezeichnung für metallhaltiges Gestein, früher auch für Metall, besonders für Bronze und Eisen.

369v grün Verhüttung mit Kohle
666n grün Erzmühlen in Japan
1555n grün Agricola: Bergwerksbuch
1557n grün Silber-Amalgamierung
1713n grün Kokshochöfen in England
1754n grün Goldwäscherei in Sibirien

ERZÄHLUNG, Bezeichnung für eine stark auf Geschehensverlauf gerichtete Schilderung. Anschaulicher und breiter angelegt als die Novelle, aber nicht so umfangreich und ausladend wie der Roman.

939n–990n Roswitha
1035n–1082n Somadeva
1054n–1122n Al Hariri
1108n blau Al Hariri: Abu Said
1143n–1203n Heinrich von Veldeke
1168n–1220n Wolfram von Eschenbach
1180n blau Christian: 'Parsival'
1189n blau Heinrich: 'Eneide'
1227n blau 'Der gute Gerhard'
1249n blau 'Meier Helmbrecht'
1340n–1400n Chaucer
1390n blau 'Canterbury Tales'
1393n blau 'Beichte des Liebenden'
1562n–1635n Lope de Vega
1621n–1695n Lafontaine
1777n–1811n Kleist
1799n–1850n Balzac
1812n–1870n Charles Dickens
1828n–1910n Tolstoi
1898n–1956n Brecht

ERZBERGER, Matthias (1875n–1921n), deutscher Staatsmann. Als Volksschullehrer wandte er sich der Politik zu, wurde 1896n Redakteur und 1903n Reichstagsabgeordneter der katholischen Zentrumspartei. Vertreter des linken Flügels seiner Partei. Beteiligte sich an den Angriffen auf die kaiserliche Kolonialpolitik. Nach Ausbruch des ersten Weltkrieges suchte er im Auftrage der Regierung seine Verbindungen zur katholischen Kirche für die deutsche Eroberungspolitik einzusetzen, trat aber infolge seiner realistischen Einschätzung der Kriegslage seit 1917n für einen Verständigungsfrieden ein. Hierdurch und durch seine Unterzeichnung des Waffenstillstandes zog er sich den Haß der Nationalisten zu. Als er sich dann im Reichstag für die Annahme des Versailler Vertrages einsetzte und die Erfüllung der Kriegsfolgelasten auch als Finanzminister durchsetzte, suchte der Führer der Deutschnationalen (Helfferich) ihn durch Rufmord auszuschalten. Als sich seine Partei wieder hinter ihn stellte, wurde er von den Offizieren Schulz und Tillessen ermordet.

1921n rot Ermordung

ERZIEHUNG, sinnvolle Einwirkung auf die körperliche und geistig-seelische Entwicklung des heranwachsenden Menschen. Vollzieht sich zunächst unbewußt durch das Vorbild und später durch die Anleitung sowie durch die Reaktionsweise der Erwachsenen auf das kindliche Verhalten. Die Höherentwicklung der menschlichen Gesellschaft führte zu immer bewußterer, gezielterer Einwirkung auf das Kind und den Jugendlichen zur bestmöglichen Entwicklung seiner Begabungen im Interesse der menschlichen Gemeinschaft sowie zur Entfaltung seiner persönlichen Eigenart bei gleichzeitiger Festigung seines sozialen Charakters.

2495v–2405v Pta-Hotep
2330v blau Anstandsregeln in Ägypten
2289v blau Tempelschulen in Akkad
2021v grün Schulfächer in Sumer

2019 v grün Priesterkinder-Privileg
2018 v blau Gedicht über die Schule
2008 v–1952 v Keti
1962 v blau Lehre des Keti
1857 v–1803 v Sehet
1811 v blau Sehets Lehrdichtung
1531 v–1481 v Sen-Mut
1462 v–1382 v Hapu
1445 v grün Lehrstoff in Ägypten
1395 v–1328 v Assur-U-Baalit
1377 v–1302 v Ani
1342 v blau Lehre des Ani
1199 v blau Warnung vor Offiziersberuf
817 v rot Staatserziehung in Sparta
728 v–660 v Kallinos
686 v–613 v Tyrtaios
637 v–577 v Sappho
636 v–564 v Äsop
575 v–483 v Xenophanes
552 v–479 v Kon-Fu-Tse
531 v blau Schule in Kroton
530 v blau Eleatische Schule
502 v blau Theognis' Lehrgedicht
469 v–399 v Sokrates
444 v–365 v Antisthenes
436 v–355 v Aristipp
430 v–353 v Xenophon
429 v–370 v Phaleas
427 v–347 v Plato
388 v blau Platos 'Akademie'
384 v–322 v Aristoteles
376 v blau Aristipps Schule
372 v–287 v Theophrast
370 v blau Xenophons Fürstenspiegel
354 v blau Schulfach Zeichnen
342 v rot Aristoteles Erzieher
335 v blau Aristoteles: 'Lyzeum'
333 v–262 v Zeno der Jüngere
306 v blau Epikurs Schule
304 v–232 v Kleanthes
300 v blau Stoiker-Schule
285 v–204 v Andronikos
180 v–110 v Panaitios
157 v–87 v Wu-Ti
130 v blau Lehre des Panaitios
4 v–65 n Seneka
20 n–79 n Dioskurides
31 n–99 n Musonius Rufus
47 n–122 n Plutarch
52 n–133 n Epiktet
67 n–140 n Juvenal
72 n blau Frauenbildung gefordert
261 n–335 n Laktantius
309 n–394 n Ausonius
331 n–363 n Julian
345 n–406 n Ku-Kai-Tschi
348 n–408 n Prudentius
350 n–430 n Wa-Ni
354 n–407 n Chrysostomos
379 n blau Christliche Erziehung
382 n blau Schule des Wa-Ni
455 n–526 n Theoderich der Große
482 n–565 n Justinian
675 n–715 n Welid
710 n–782 n Lioba
737 n–804 n Alkuin
784 n–856 n Rabanus Maurus
787 n grün Waisenheim in Mailand
790 n blau Alkuin Hofschulleiter
849 n–901 n Alfred der Große
890 n–961 n Abdar Rachman III.
905 n–965 n Al Mutanabbi
943 n–1003 n Silvester II.
1001 n–1072 n Adalbert von Bremen
1019 n grün Schulen in Kiew
1021 n–1086 n Wang-Anschi
1022 n–1107 n Manko Kapak
1082 n blau Kaikas: Fürstenspiegel
1130 n–1200 n Tschu-Hi
1179 n blau Herrad: 'Lustgarten'
1193 n–1279 n Albertus Magnus
1231 n blau Katharerschulen
1253 n blau Internatsschule Paris
1262 n blau Stadtschule Lübeck
1264 n blau Oxford-College
1269 n blau Schulen der Mongolen
1388 n blau Internat Winchester
1419 n grün Findelhaus Florenz
1441 n blau Eton-College
1450 n grün Gedrucktes Schulbuch
1465 n–1536 n Erasmus von Rotterdam
1478 n blau Griechisch-Unterricht
1483 n–1546 n Luther
1484 n–1531 n Zwingli
1489 n–1587 n Sinan
1491 n–1556 n Ignatius von Loyola
1527 n blau Vives' Erziehungsideal
1530 n blau Collège royal
1542 n–1605 n Akbar
1543 n blau Fürstenschulen
1588 n–1679 n Hobbes
1594 n–1632 n Gustav Adolf
1607 n rot Schulpflicht in Anhalt
1628 n blau Comenius: 'Große Lehre'
1632 n–1704 n Locke
1633 n blau Kleinkindererziehung
1639 n–1699 n Racine
1658 n blau Anschauungsunterricht
1696 n grün Bellers' Reformforderung
1708 n grün Realschule in Halle
1712 n–1778 n Rousseau
1713 n–1784 n Diderot
1717 n rot Schulpflicht in Preußen
1717 n–1780 n Maria Theresia
1729 n–1796 n Katharina II., die Große
1746 n–1827 n Pestalozzi
1749 n–1832 n Goethe
1761 n blau Wieland: 'Agathon'
1762 n blau Rousseau: 'Emile'
1780 n blau Salzmann: 'Krebsbüchlein'
1781 n blau 'Lienhard und Gertrud'
1792 n blau Bildungsreform gefordert
1801 n blau Pestalozzi: 'Gertrud'
1812 n–1870 n Charles Dickens
1818 n grün Herbart: Psychologie
1840 n grün Kindergarten
1865 n grün Lette-Schule Berlin
1880 n rot Schulpflicht in England
1890 n blau Klara Zetkins Ratschläge
1896 n grün Wandervogelbewegung
1900 n blau 'Jahrhundert des Kindes'
1907 n rot Pfadfinderbewegung
1909 n blau Werk der Montessori
1933 n blau Makarenko: Weg ins Leben'
1956 n blau UNESCO
1958 n grün Polytechnischer Unterricht
1961 n grün Kybernetische Pädagogik

ESCHBAAL (um 1040 v–um 1000 v), König von Israel. Als Sohn des Königs Saul zur Macht gelangt, wurde er von David besiegt, der sich zum König von Juda gemacht hatte und durch diesen Sieg alle Juden unter seiner Herrschaft einte.

1035 v–972 v David

ESCHENBACH, Wolfram von, deutscher Dichter.

1168 n–1220 n Lebenslinie
1206 n blau 'Sängerkrieg'
1210 n blau 'Parsival'
1326 n blau Liedersammlung

ESCHIN, Sozu (um 930 n–1017 n), japanischer Maler. Als buddhistischer Priester an der Durchsetzung des Amida-Kultes beteiligt, suchte er mit seinen Gemälden dieser in Japan neuen religiösen Richtung Dauer zu geben. Seine Bilder zeigen den Nothelfer Amida als himmlisches Urbild Buddhas, Amida als Herrn des Paradieses und Amidas himmlischen Chor der Engel. Mit Hilfe seines Gemäldes 'Dreieinigkeit' wollte er die Amida-Verehrung mit der Buddha-Verehrung identifizieren. Seine Malweise stellt durch die reichliche Verwendung von Gold und durch die Einführung der haarfeinen Pinselstriche einen Wendepunkt in der japanischen Kunst dar.

953 n blau 'Buddha mit Chor'

ESCH-NUNNA, Land und Stadtstaat in Mittel-Mesopotamien (alter Name: Tupliasch). An der Einmündung des Flusses Dijala in den Tigris verkehrsgünstig gelegen (unweit des heutigen Bagdad), entwickelte es sich schnell zu einem Kulturzentrum des Zwischenstromlandes. Entstand aus dem Zerfall des ersten mesopotamischen Gesamtreiches im 20. Jahrhundert vor unserer Zeitrechnung und ging schon 200 Jahre später im babylonischen Reiche Hammurabis auf.

1987 v blau Statue des Fürsten
1902 v–1841 v Bila-Lama
1855 v blau Gesetzbuch
1854 v rot Gesetzeserlaß
1768 v blau Königspalast

ESCORIAL, spanisches Wort für 'Schlackenhalde'. Name einer 50 Kilometer nordwestlich von Madrid gelegenen Stadt. Hier ließ der spanische König Philipp II. in einer Bauzeit von nur 20 Jahren das gewaltigste Bauwerk Spaniens errichten. Als Schloß und Kloster zugleich wurde es Sinnbild der engen Verbindung von Kirche und Staat. Der nach dem Ort Escorial genannte Bau ist 206 m lang und 161 m breit und hat 10000 Fenster. Die 3,3 Hektar große Anlage ist in grauem Granit gehalten. Sie wirkt düster und frostig.

1563 n blau Beginn des Schloßbaus

ESEL, einhufige Tiere, die wegen ihrer Gutartigkeit, ihrer Genügsamkeit und ihrer Leistungsfähigkeit sowie wegen ihres hohen Lebensalters (etwa 50 Jahre) sich als Nutztiere in weiten Teilen der Erde verbreiteten. Nach Aufkommen des ihnen verwandten Pferdes wurden sie teilweise verdrängt, behaupteten sich aber bis heute in vielen Mittelmeerländern.

2865 v grün Zugtier in Mesopotamien
2524 v grün Streitwagen-Bespannung
2432 v blau 'Bauer mit Eselsherde'
2395 v blau 'Der Eselstreiber'
2311 v grün Esels-Karawanen
2185 v–2123 v Chun-Anup
1899 v blau 'Wandersmann mit Esel'
1528 v grün Reittier in Punt
657 v blau Relief eines Eselsjagd
418 v–345 v Diokles
124 n–170 n Apulejus
159 n blau 'Der goldene Esel'

ESNE, Stadt in Oberägypten nahe bei Theben am linken Nilufer. Hier entstand nach der Unterwerfung des Landes durch die Heere Alexanders ein Tempel zu Ehren des Fruchtbarkeitsgottes Knum, der in Widdergestalt dargestellt wurde. Die siebenschiffige Vorhalle des Tempels, dessen Bau erst unter der Herrschaft der römischen Kaiser beendet wurde, ruht auf 24 Säulen, die eine Höhe von 11,30 Metern haben, mit Bildern und Inschriften verziert sind und von palmwedelförmigen Kapitellen gekrönt werden.

206 v blau Knum-Tempel

ESPERANTO, künstlich zusammengefügte Sprache, die sich durch Einfachheit der Grammatik, Reduzierung des Wortschatzes und Vereinheitlichung der Betonung auszeichnet. Von dem polnischen Augenarzt Ludwig Zamenhof durch Vereinigung von Bestandteilen europäischer Sprachen geschaffen, fand sie in der ersten Hälfte unseres Jahrhunderts weite Verbreitung wegen des ihr zugrunde liegenden Gedankens einer einzigen Weltsprache, die von allen Völkern als zweite Sprache erlernt wird und eine direkte Verständigung aller Menschen untereinander ermöglicht.

1887 n blau Entwicklung

ESRA (um 484 v bis um 426 v), jüdischer Priester. Als Beamter für jüdische Angelegenheiten beim Perserkönig Artaxerxes führte er die letzten 1500 Juden in ihre Heimat (Palästina) zurück. Stellte ein neues Gesetzbuch zusammen ('Thora'). Darin suchte er das überkommene jüdische Recht mit den in Babylon gewonnenen Erfahrungen in Übereinstimmung zu bringen und es den Gegebenheiten Palästinas anzupassen. Zur Reinerhaltung der jüdischen Rasse erließ er ein Gesetz gegen Mischehen zwischen Juden und Nichtjuden.

458 v rot Heimkehr der Juden
456 v rot Verbot von Mischehen
446 v rot Gesetzgebung

ESRA, Ibn (1092 n–1167 n), arabischer Name des jüdischen Dichters Abraham ben Meir, der die arabische Wissenschaft Spaniens bei den Juden jener Länder verbreitete, die er bereiste (England und Italien sowie Nordafrika und Vorderasien). Die Bibel erklärte er als mit der menschlichen Vernunft unvereinbar.

1146 n blau Bibel-Kommentar

ESSEN, Stadt an der Ruhr. Mittelpunkt des rheinisch-westfälischen Industriegebietes. Entwickelte sich aus einem um 800 n hier gegründeten Nonnenkloster, das um 900 n befestigt wurde. Seit 1648 n unter brandenburgischer Herrschaft, wurde die Stadt 1815 n preußisch. Damit begann ihr großer Aufstieg. Auf der Grundlage ihrer reichen Kohlevorkommen entwickelte sich hier das Herzstück der deutschen Metall-Industrie (Krupp). Die Bevölkerung hat sich dabei in 100 Jahren verhundertfacht. Wegen der Konzentration von Kapital und Proletariat war die Stadt Mittelpunkt des Kampfes der revolutionären Arbeiterschaft um Sozialisierung und Rätemacht. 1923 n erhoben sich die Arbeiter gegen die französische Besatzung. Im zweiten Weltkrieg wurde die Innenstadt durch Fliegerbomben zu 90 Prozent zerstört.

1001 n blau Entwicklung zur Stadt
1812 n grün Krupps Gußstahlfabrik
1918 n/1919 n Deutsche Revolution
1923 n braun Französische Besetzung
1939 n/1945 n Zweiter Weltkrieg

ESSENER, jüdische Brüdergemeinde, die bis zum 2. Jahrhundert nach unserer Zeitrechnung in Palästina verbreitet war. Sie verwarfen das Privateigentum und den Krieg, den Handel und jede auf den Erwerb von Reichtum gerichtete Tätigkeit, lebten in kommunistischer Gütergemeinschaft und erhielten sich durch ihrer eigenen Hände Arbeit (Ackerbau, Viehzucht, Handwerk). Beteten weder Götter noch Menschen an, richteten vielmehr ihre morgendliche Andacht an die lebenspendende und lebenerhaltende Kraft der Sonne. Da die 4000 Mitglieder sich über das ganze Land verteilten, ist es wahrscheinlich, daß Jesus den kriegs- und besitzfeindlichen Teil seiner Lehre von ihnen übernahm.

163 v rot Entstehung des Bundes

ESSGERÄTE. Messer fanden sich als Steinklingen unter den ersten Werkzeugen des Menschen und gelangten später über die Küche, wo sie als geschäftete Metallmesser beim Zerlegen der Braten dienten, in Rom auf den Speisetisch. Schon vorher hatte der zunächst als Koch- und Schöpfkelle ausgebildete Löffel bei den Griechen zur Einnahme von Brühen Verwendung gefunden. In Ostrom (Byzanz) trat zum Messer im ersten Jahrtausend nach der Zeitrechnung die Gabel, die ihren Ursprung in der Feldarbeit (Heugabel) hatte und in Rom bereits zu einem Küchenwerkzeug geworden war. Diese Eßgeräte fanden aber erst seit etwa zweihundert Jahren allgemeine Verbreitung. Und noch heute ißt ein großer Teil der Menschheit (wie die meisten Europäer bis zum Ende des 18. Jahrhunderts) mit den Fingern.

1349 v grün Eßstäbchen in China
563 v grün Löffel in Athen
84 v grün Messer in Rom
1056 n grün Gabel nach Italien

ESTIENNE, Robert (1503 n–1559 n), französischer Sprachgelehrter. Als Sohn eines Druckers gründete er nach Beendigung seines Studiums alter Sprachen in Paris eine Druckerei für griechische, lateinische und hebräische Schrift. Wegen Herausgabe von Druckwerken, deren Verbreitung die Kirche nicht wünschte, insbesondere der Bibel, mußte er nach Genf fliehen, wo er sich der Reformation anschloß. Seine inhaltlich und künstlerisch vorbildlichen Druckarbeiten setzte er fort, bis sein Sohn, der ein angesehener Gelehrter war, den Betrieb übernahm. Druckte 382 Bücher, insbesondere griechische und römische Dichtungen, zu denen er selbst die Einleitungen und Anmerkungen schrieb. Daneben schuf er Schulbücher, Grammatikbücher und die von ihm selbst zusammengestellten Wörterbücher Griechisch-Französisch und Lateinisch-Französisch. In seinem Hause mußten sogar die Diener lateinisch sprechen; seinen Namen schrieb er in latinisierter Form ('Stephanus').

1532 n blau Wörterbuch

ESTLAND, Land und Staat an der Ostseeküste. Bildet mit Litauen und Lettland das 'Baltikum', dessen nördlichster Staat es ist. Erstreckt sich von der lettischen Grenze bis an den Finnischen Meerbusen und kontrolliert mit der Einfahrt nach Leningrad den einzigen eisfreien Hafen Rußlands. Aus diesem Grunde zwang Zar Peter I. die Schweden zur Abtretung des zunächst estnischen, dann dänischen, dann deutschen und schließlich schwedischen Landes an Rußland. Nach der Oktoberrevolution zunächst Sowjetrepublik, dann von Deutschen besetzt, wieder sowjetisch, durch Intervention der Westmächte, besonders Englands, selbständig und schließlich endgültig Sowjetrepublik.

1219 n blau Gründung von Reval
1346 n grün Verkauf durch Dänemark
1346 n rot Besitz der Deutschritter
1492 n blau Gründung von Iwangorod
1561 n rot Schwedische Herrschaft
1700 n/1721 n Nordischer Krieg
1710 n rot Reval russisch
1721 n rot Abtretung an Rußland
1914 n/1918 n Erster Weltkrieg
1917 n/1922 n Russische Revolution
1939 n/1945 n Zweiter Weltkrieg
1940 n rot Anschluß an die UdSSR

ETANA, König von Kisch im mittleren Zwischenstromlande (Mesopotamien).

3000 v–2947 v Lebenslinie
2965 v rot Expansionsdrang Sumers
2249 v blau Plastik
1840 v blau Epos

ETANAS HIMMELFAHRT, mesopotamische Sage von dem König Etana, der einem Adler hilft und dafür von ihm zum Himmel getragen wird. Hier will er im Garten des Gottes Anu ein Gebärkraut holen, um seiner in den Wehen liegenden Frau zu helfen. Doch findet er das gesuchte Kraut nicht und stürzt zusammen mit dem Adler in die Tiefe.

3000 v–2947 v Etana
1840 v blau Aufzeichnung der Sage

ETHELRED II. (um 950 n–1016 n), englischer König mit dem Beinamen 'der Unberatene'. Nachdem er seit seiner Thronbesteigung im Jahre 978 n eine Demütigung nach der anderen von seiten der eingefallenen Dänen hatte hinnehmen müssen und dann sogar seit 994 n fast ein Jahrzehnt die Besetzung weiter Teile seines Landes durch die Heere des Dänenkönigs Sven hatte dulden müssen, schritt er zu einer Verzweiflungstat. Er befahl in heimlich herumgesandten Briefen die Ermordung aller auf der Insel anwesenden dänischen Normannen für den Tag des Heiligen Briccius, den 13. 11. 1002 n. Tatsächlich fand ein furchtbares Blutbad statt. Doch wurde dadurch die Dänengefahr nicht abgewendet. Neue Einfälle fanden immer weniger Widerstand, weil sich der englische Adel offen auf die dänische Seite stellte. 11 Jahre konnte er noch seine Krone behaupten, ehe der Dänenkönig als Sven I. endgültig den englischen Thron eroberte.

1002 n rot Blutbad an Dänen
1003 n braun Dänen-Einfall
1012 n rot Adelsbündnis mit Dänen
1013 n braun Adelsaufstand
1013 n rot Herrschaftsende

ETHIK, von dem griechischen Worte 'ethike' (= Sitte) abgeleitete Bezeichnung für die Gesinnung, aus der das sittliche Verhalten des Einzelnen und der Gemeinschaft hervorgeht (Tugendlehre).

2495 v–2405 v Pta-Hotep
2422 v blau Individuum und Kollektiv
2240 v–2172 v Aba
1995 v–1911 v Enotes
1857 v–1803 v Sehet
1811 v blau Ziele des Lebens
1391 v–1358 v Echnaton
1377 v blau Liebe statt Götterglauben
1342 v blau Frage der Lehrbarkeit
1298 v–1228 v Moses
825 v–730 v Parshva
766 v blau Ziel der Vergeistigung
705 v–637 v Archilochos
696 v–619 v Zarathustra
694 v–603 v Braspati
655 v blau Recht auf Persönlichkeit
642 v–555 v Carvaka
640 v blau Zarathustras Lehren
628 v–553 v Hesekiel
604 v–514 v Lao-Tse
598 v–501 v Teng-Tse
575 v–483 v Xenophanes
567 v blau Hesekiels Forderung
557 v–477 v Buddha
552 v–479 v Kon-Fu-Tse
475 v–393 v Me-Ti
469 v–399 v Sokrates
444 v–365 v Antisthenes
443 v blau Gewissen Stimme des Guten
436 v–355 v Aristipp
427 v–347 v Plato
397 v blau Pflichten des Arztes
395 v blau Nächstenliebe gefordert
392 v blau Natur der Freundschaft
387 v blau Arbeitsethos
378 v–289 v Meng-Tse
341 v–270 v Epikur
333 v–262 v Zeno der Jüngere
328 v blau Aristoteles' Lehre
299 v–237 v Asoka der Milde
283 v blau Ideal des Weltstaats
279 v–206 v Chrysipp
274 v–194 v Eratosthenes
273 v blau Ideal der Selbstbeherrschung
180 v–110 v Panaitios
136 v blau Begriff 'Humanität'
6 v–30 n Jesus Christus
4 v–65 n Seneka
31 n–99 n Musonius Rufus
42 n blau Nächsten- und Feindesliebe
47 n–122 n Plutarch
52 n–133 n Epiktet
64 n blau Seneka: Gleichheitsideal
150 n–215 n Klemens von Alexandria
154 n blau Gesetz des Herzens
188 n blau Willensfreiheit
217 n–276 n Mani
232 n–304 n Porphyrios
253 n blau Mani: Gleichheitsideal
278 n blau Ethik des Porphyrios
285 n–347 n Fasir
375 n–435 n Pelagius
392 n blau Augustin über Armut
476 n–531 n Masdak
480 n–547 n Benedikt
513 n blau Benedikt: Arbeitsethos
523 n blau Leben in Gegensätzen
587 n–652 n Bhartrihari
699 n–748 n Ibn Ata
945 n blau Isländisches Staatsideal
973 n–1057 n Al Mari
1000 n–1088 n Berengar von Tours
1093 n–1162 n Ibn Badscha
1209 n blau Franziskus: Arbeitsethos
1260 n–1327 n Meister Eckehart
1303 n–1361 n Tauler
1345 n blau Tauler: Arbeitsethos
1452 n–1498 n Savonarola
1465 n–1536 n Erasmus von Rotterdam
1494 n blau Lehre Mirandolas
1513 n blau Staatsleitung ohne Moral
1516 n blau More: Gleichheitsideal
1588 n–1679 n Hobbes
1602 n blau Campanella: Kommunismus
1606 n–1685 n Corneille
1632 n–1704 n Locke
1632 n–1677 n Spinoza
1677 n blau Lehre Spinozas
1694 n–1778 n Voltaire
1699 n blau Bellers: Arbeitsethos
1711 n–1776 n Hume
1712 n–1778 n Rousseau
1723 n blau Ideale der Freimaurer
1724 n–1804 n Kant
1729 n–1781 n Lessing
1739 n blau Staatsleitung mit Moral
1746 n–1827 n Pestalozzi
1749 n–1832 n Goethe
1758 n blau Mensch moralisches Wesen
1759 n–1805 n Schiller
1761 n blau Rechte des Menschen
1761 n blau Wieland: Erziehung
1762 n blau Erziehungsroman 'Emile'
1768 n blau Mably: Kommunismus
1770 n–1831 n Hegel
1772 n blau Handeln für Gemeinwohl
1780 n blau Lessing: Erziehung
1780 n blau Salzmann: Erziehung
1788 n–1824 n Byron
1795 n blau Babeufs Manifest

1821n–1880n Dostojewski
1838n blau Weitling: Kommunismus
1839n blau Kritik am Kapitalismus
1842n blau Cabet: Kommunismus
1847n blau Kommunistisches Manifest
1856n–1950n G. B. Shaw
1888n blau Bellamy: Kommunismus
1889n blau Bertha Suttner: Frieden
1890n blau Klara Zetkin: Gleichheit
1909n blau Montessori: Erziehung
1918n blau R. Luxemburgs Briefe
1919n blau Leonhard Franks Roman
1930n blau Schlick: Ethik
1933n blau Makarenko: Erziehung
1934n blau Ostrowski: Sozialismus
1954n blau Brechts Gedichte
1955n blau Bloch: 'Prinzip Hoffnung'

ETON, kleine Stadt in Südengland. Am Nordufer der Themse, 30 km stromaufwärts von London, gelegen. Hier gründete König Heinrich IV. eine klosterartig angelegte Gelehrtenschule mit Internat und eigener Kirche. Sie entwickelte sich zur angesehensten Internatsschule Englands, die bis heute den Kindern der Reichen und Mächtigen vorbehalten ist (Eliteschule).

1441n blau College

ETRUSKER, Volk in Mittel- und Norditalien, dessen Stadtstaaten in dem Gebiet zwischen den Flüssen Tiber und Arno im 10. und 9. Jahrhundert vor unserer Zeitrechnung entstanden. Ihr bäuerlicher Fleiß, ihre handwerkliche Geschicklichkeit, ihre künstlerische Begabung, ihre Fertigkeit im Schiffbau, ihre Neigung zum Handel und ihre kriegerische Tüchtigkeit in Verbindung mit ihrer Beherrschung der Metallverarbeitung ließen sie innerhalb weniger Jahrhunderte zur führenden Macht Italiens aufsteigen. Sie fügten ihre Stadtstaaten zu Städtebünden unter gewählten Königen zusammen und beherrschten bald die Apennin-Halbinsel von der Po-Ebene bis über Rom und Kapua hinaus, einschließlich Korsikas und Elbas. Sie entwickelten im 6. Jahrhundert vor unserer Zeitrechnung die Eisenverarbeitung zu hoher Vollendung, schufen vorbildliche Bewässerungsanlagen und bauten gepflasterte Straßen. Sie vermochten aber nicht, den Zusammenschluß in einem Reiche zu vollziehen. So erlagen sie nach kurzer Blütezeit zwischen 500v und 200v in Norditalien den erstarkenden Kelten, im Süden dem aufstrebenden Rom und zur See der sizilianischen Flotte des Hieron von Syrakus. Noch einige Jahrhunderte lang bewahrten sie ihre Eigenart unter fremder Herrschaft, spätestens im 1. Jahrhundert vor unserer Zeitrechnung waren sie aber vollständig in der römischen Gesellschaft aufgegangen, die ihr entscheidende Wesensmerkmale verdankt, besonders auf künstlerischem und technischem Gebiete.

983v rot Ansiedlung in Italien
610v blau Gründung von Ostia
590v blau Entstehung Roms
549v rot Bund mit Karthago
545v blau Cervetri-Sarkophag
540v braun Seesieg über Griechen
506v braun Niederlage gegen Latiner
506v rot Vorherrschaft erschüttert
500v braun Verlust Roms
483v/474v Etruskischer Krieg
474v rot Verlust der Vorherrschaft
396v braun Römischer Einfall
326v/304v Großer Samnitenkrieg
308v rot Friede mit Rom
300v/299v Hilfe für Kelten
298v/290v Letzter Samnitenkrieg
283v braun Niederlage gegen Rom
264v braun Niederlage gegen Rom
264v rot Machtgewinn Roms
241v braun Aufstand gegen Rom
198v/196v Sklavenaufstand

ETZEL, alte deutsche Bezeichnung für den Hunnenkönig Attila, die sich durch das 'Nibelungenlied' erhalten hat.

410n–453n Lebenslinie
370n/455n Hunnenkriege
397n–454n Aëtius
411n–474n Priskus
434n rot Reichsteilung
435n/436n Zug gegen Burgund
436n rot Vernichtung Burgunds
445n rot Alleinherrscher
446n blau 'Hölzerne Stadt'
447n rot Friedensvertrag mit Ostrom
447n grün Tribute Ostroms
449n rot Politische Verlobung
449n rot Bündnis gegen Westrom
450n rot Großreich
450n blau Besuch von Priskus
474n blau Priskus' Geschichtswerk
1204n blau Nibelungenlied

EUBÖA, größte griechische Insel im Ägäischen Meer. Wegen ihrer Lage unmittelbar vor der Küste Attikas für Athen und ganz Griechenland von großer militärischer Bedeutung, war sie zeitweilig durch eine Brücke mit dem Festland verbunden. Ausgangspunkt der griechischen Kolonisten, die in Süditalien und Sizilien Niederlassungen gründeten. Seit 506v geriet die Insel ganz unter den Einfluß Athens und trat dem Attischen Seebunde bei, wurde 411v wieder selbständig, hielt aber weiter zu Athen. Mit ganz Griechenland fiel sie dann an Mazedonien, an Rom, nach der Reichsteilung an Ostrom (Byzanz) und nach kurzer lombardischer und venezianischer Herrschaft im Jahre 1470n an die Türkei. Durch den griechischen Freiheitskampf wieder Bestandteil eines unabhängigen Griechenland.

758v blau Gründung von Kyme
736v blau Gründung von Naxos
499v rot Bündnis gegen Persien
490v/449v Perserkriege
425v grün Brücke zum Festland
338v rot Mazedonische Herrschaft
146v rot Römische Herrschaft
395n rot Byzantinische Herrschaft
1821n/1829n Kampf Griechenlands
1829n rot Griechenland unabhängig

EUDAEMON, Hafenstadt an der Südküste Arabiens, auf einer Halbinsel zwischen zwei erloschenen Vulkanen im Krater eines erloschenen dritten Vulkans gelegen. Ohne Süßwasser und Vegetation allein auf Grund ihrer für die Schiffahrt günstigen Lage eine der wichtigsten Hafenstädte am Seeweg vom Mittelmeerraum nach Indien. Heutiger Namen Aden.

969v–908v Bilkis
931v blau Gründung
25v/24v Vorstoß Roms
1838n rot Englischer Besitz

EUDEMOS von Rhodos (um 365v–290v), griechischer Philosoph. Schüler des Aristoteles. Entwickelte die Arbeiten seines Lehrers durch Systematisierung, Erläuterung und Verfeinerung fort, insbesondere die Physik und die Analytik. Auf dem Gebiet der Wissenschaftsgeschichte verfaßte er mehrere bedeutsame eigene Arbeiten. Neben der ersten Geschichte der Mathematik schrieb er eine Geschichte der Astronomie.

336v grün Geschichte der Mathematik

EUDO, französischer Wanderprediger.

1109n–1149n Lebenslinie
1138n blau Ablehnung der Taufe
1145n blau Forderungen an die Kirche

EUDOXOS, griechischer Naturforscher und Philosoph.

408v–355v Lebenslinie
375v grün Schulgründung
370v grün Weltbild
363v grün Körperberechnung
358v grün Goldener Schnitt

EUGEN III., eigentlicher Name Bernardo Pigratelli (um 1100n–1153n), italienischer Priester. Als Abt des Klosters von Pisa im Jahre 1145n zum Papst gewählt, nachdem sein Vorgänger Lucius II. durch die aufständischen Römer erschlagen worden war. Mußte außerhalb Roms seine Papstweihe empfangen und zeitlebens um die Rückkehr nach Rom kämpfen. Seit 1147n hielt er sich in Frankreich auf und bereitete mit Unterstützung seines Lehrers Bernhard von Clairvaux einen Kreuzzug vor, der aber kläglich scheiterte. Dagegen gelang es ihm, nach dem Tode Konrads II. ein Abkommen mit Friedrich Barbarossa zu treffen, das den Kaiser zur Niederwerfung der römischen Bürger und zur Wiederherstellung der päpstlichen Herrschaft in Rom verpflichtete. Jedoch starb er noch vor dem so vorbereiteten Sieg des Papsttums über die Stadt Rom.

1090n–1153n Bernhard von Clairvaux
1103n–1155n Arnold von Brescia
1122n–1190n Friedrich I. Barbarossa
1142n/1155n Bürgeraufstand in Rom
1146n rot Aufruf zum Kreuzzug
1146n grün Privileg für Kreuzfahrer
1147n/1149n Zweiter Kreuzzug
1153n rot Bündnis mit Kaiser

EUGEN IV., eigentlicher Name Gabriel Condolmieri (1383n–1447n), italienischer Priester. Als Neffe des Papstes Gregor XII. im Jahre 1431n zum Papst gewählt, mußte er zeitlebens um die Aufrechterhaltung der päpstlichen Alleinherrschaft über die katholische Kirche kämpfen. Die gegen seinen Willen in Basel tagende Versammlung der höchsten kirchlichen Würdenträger (Baseler Konzil) erhob den Anspruch, als höchste Autorität der Kirche über dem Papst zu stehen, und entzog ihm die wesentlichen Einkünfte. Er mußte auch vor einer Revolution aus Rom nach Florenz flüchten. Mit der durch das unaufhaltsame Vordringen der Türken ihrer Anhängerschaft beraubten Ostkirche (Byzanz) schloß er gegen den Widerstand des Konzils eine Union ab, die trotz ihrer Kurzlebigkeit seine Stellung gegenüber dem Konzil festigte. Aber es kam dennoch zu seiner Absetzung und zur Wahl eines Gegenpapstes durch das Konzil. Jedoch vermochte der deutsche Kaiser schließlich eine Versöhnung mit dem Konzil zu bewirken, die durch erhebliche Zugeständnisse seine Stellung und damit die Einheit der katholischen Kirche bewahrte.

1438n rot 'Gallikanische Freiheiten'
1439n rot Kirchenunion mit Byzanz

EUGEN von Savoyen, Prinz Eugen, deutscher Feldherr und Staatsmann aus Savoyen.

1663n–1736n Lebenslinie
1663n/1699n Großer Türkenkrieg
1701n/1714n Spanischer Erbfolgekrieg
1714n/1718n Türkenkrieg
1724n blau Schloß Belvedere
1733n/1735n Polnischer Erbfolgekrieg

EUHEMEROS, griechischer Philosoph und Dichter.

325v–260v Lebenslinie
303v blau Erklärung der Götterwelt
280v blau Staatsentwurf

EUKLID, griechischer Mathematiker und Naturforscher.

365v–276v Lebenslinie
325v grün 'Elemente'
314v grün 'Daten'
286v grün 'Phainomena'
790n grün Arabische Übersetzung
1114n–1187n Gerhard von Toledo
1153n grün Lateinische Übersetzung
1826n grün Nichteuklidische Geometrie

EULE, Name eines über die ganze Erde verbreiteten Raubvogels, der sich tagsüber in Bäumen, Höhlen und Gemäuern verborgen hält und bei Anbruch der Dämmerung auf Beute geht. Lautloser Flug und hervorragendes Sehvermögen machen sie zu einem gefährlichen Feind kleiner Wirbeltiere. Da sie auch Mäuse und Insekten vertilgt, gilt sie aber dem Menschen seit alters her als nützlich. In Athen wurde sie vor 2500 Jahren als Lieblingsvogel der Stadtgöttin Athene verehrt. Sie stand außerdem in dem Rufe, der klügste Vogel zu sein und wurde daher zum Sinnbild der Weisheit. In christlicher Zeit galt sie deshalb in Europa als glaubensfeindlich und als Symbol des Unheils.

593v grün Münzbild in Athen

EULENSPIEGEL, Till (um 1300n–1350n), deutscher Bauer, der zu einer Heldengestalt der Weltliteratur wurde. Durchwanderte Norddeutschland und suchte die Menschen durch Schwänke und Streiche zum Nachdenken über die inneren Widersprüche der bestehenden Ordnung zu bringen. Enthüllte menschliche Unzulänglichkeiten und gesellschaftliche Mißstände. Verspottete die Gelehrttuerei der Bürger und des Adels. Als Wortführer der Besitzlosen prangerte er unbarmherzig die Heuchelei der Reichen und Mächtigen an. Dabei leuchtete stets die Überlegenheit von Mutterwitz und Bauernschläue gegenüber dem traditionellen Bildungsdünkel des Bürgertums hervor.

1336n blau Spott über Hoffart
1868n blau Costers Werk

EULER, Leonhard (1707n–1783n), schweizerischer Naturwissenschaftler. Schüler des Mathematikers Johann Bernoulli, mit dessen Sohn Daniel er zwanzigjährig nach Petersburg ging. Erhielt dort 1730n die Professur für Physik und drei Jahre später diejenige für Mathematik. 1741n folgte er einem Ruf Friedrichs II. nach Berlin, wo er für mehr als 20 Jahre Direktor der mathematischen Klasse der Akademie wurde. 1766n kehrte er nach Petersburg zurück, wo er trotz völliger Erblindung seine bahnbrechenden Arbeiten auf dem Gebiet der Astronomie, der Mathematik und der Physik vollendete. Alle bekannten Gebiete der Mathematik hat er weiterentwickelt und außerdem ganz neue geschaffen, wie die Analysis des Unendlichen und die Variationsrechnung. Legte den Grund zur Differenzenrechnung und zur analytischen Zahlentheorie sowie zur Differentialgeometrie. Durch seine Arbeiten zur Himmelsmechanik und zur analytischen Mechanik förderte er die Physik. Seine 950 Abhandlungen und Lehrbücher sind bei aller Gedankentiefe klar und verständlich geschrieben.

1744n grün Variationsrechnung

EUMELOS (um 190n bis um 250n), griechischer Tierarzt. Eröffnete in seiner Heimatstadt Theben eine Praxis und richtete seine besondere Aufmerksamkeit auf die Behandlung und die Erforschung von Pferdekrankheiten. Seine Erfahrungen schrieb er fortlaufend nieder und stellte sie schließlich zu einem Buch zusammen. Darin systematisierte er noch nicht und verallgemeinerte kaum. Als Sammlung von Tatsachenmaterial war das Werk aber für die Entwicklung einer wissenschaftlichen Tiermedizin und -arzneimittellehre von Bedeutung.

231n grün Werk der Tierheilkunde

EUNUS, römischer Freiheitskämpfer syrischer Abkunft.

166v–132v Lebenslinie
136v/129v Sklavenaufstand

EUPHRAT, größter Strom Vorderasiens. Entspringt im armenischen Bergland und mündet nach einem rund 2800 Kilometer langen Weg in den Indischen Ozean (Persischer Golf). Kurz vor der Mündung vereinigt er sich mit dem östlich fast parallel dahinfließenden Tigris. Mit diesem zusammen bildet er das 'Zwischenstromland' (Mesopotamien), eine der ältesten Stätten menschlicher Kultur.

Vorzeittafel: Schlußbalken (5000 Jahre)
2978v blau Entstehung von Kisch
2943v blau Gründung von Ur
2938v rot Stadtstaat Uruk
2924v blau Gründung von Larsa
2882v blau Gründung Babylons
2715v blau Entstehung Maris
2353v blau Entwicklung Babylons
1971v grün Verteidigungsmauer
1703v grün Karkemisch Umschlagplatz
1542v–1505v Tut-Mosis I.
1521v/1513v Vordringen der Ägypter
1513v rot Grenze ägyptischer Macht
1513v blau Ägyptisches Siegesmal
1512v–1448v Tut-Mosis III.
1506v–1444v Nemhet
1481v/1460v Vorderasien-Krieg
1418v–1372v Ka-Em-Het
325v grün Reise des Nearchos
106v–48v Pompejus
41v/35v Partherkrieg
637n blau Basra und Kufa gegründet

EUPOLIS (um 447v–410v), griechischer Dichter. Schrieb als Siebzehnjähriger seine erste Komödie. Mit seinen 20 vorwiegend politischen Stücken errang er sieben Siege in seiner Heimatstadt Athen. Verspottete die attische Demokratie als Herrschaft der Reichen und ihrer Schmarotzer. Lobte die alte Zeit der Zucht und der menschlichen Solidarität.

422v blau 'Parasiten'
412v blau 'Demen'

EURICH, König der Westgoten von 466n bis 484n.

440n–484n Lebenslinie
468n braun Sieg über Sueben
468n rot Herrschaft in Portugal
475n blau Gesetzbuch

EURIPIDES, griechischer Dichter.

480v–406v Lebenslinie
438v blau Einführung des Prologs
431v blau 'Medea'
415v blau 'Die Troërinnen'
410v blau 'Archelaos'
406v blau 'Iphigenie'

EUROPÄISCHE WIRTSCHAFTSGEMEINSCHAFT (Abkürzung: EWG), Zusammenschluß einiger westeuropäischer Staaten zur Schaffung eines gemeinsamen zollfreien Marktes ohne gegenseitige Einfuhr-, Arbeits-, Niederlassungs- und Kapitalverkehrsbeschränkungen. Ihr gehören 6 von 32 europäischen Staaten an, die fast ein Drittel der europäischen Bevölkerung auf nur gut 10% des europäischen Bodens ernähren müssen und die hochindustrialisiert sind: Belgien, Bundesrepublik Deutschland, Frankreich, Italien, Luxemburg, Niederlande.

1957n grün Gründung

EUROPÄISIERUNG der Erde und ihre Überwindung.

1150v rot Griechen in Kleinasien
979v blau Städte in Kleinasien
656v rot Griechen in Ägypten
650v blau Gründung von Naukratis
630v blau Gründung von Kyrene
372v–285v Ptolemäus I.
358v–280v Seleukos I.
356v–323v Alexander der Große
334v/325v Alexanderzug
332v rot Gebietsgewinn Alexanders
331v blau Gründung von Alexandria
330v rot Ende Persiens
330v rot Persien mazedonisch
327v grün Einheitliche Währung
325v rot Alexanderreich
324v rot Babylon Hauptstadt
323v rot Alexanderreich zerfallen
323v/301v Diadochenkriege
312v blau Gründung von Seleukeia
309v blau Gründung von Lysimacheia
306v rot Ptolemäus König Ägyptens
306v rot Vorderasien an Seleukos
305v rot Indien wieder frei
264v/241v Erster Punischer Krieg
247v–183v Hannibal
235v–183v Scipio der Ältere
234v–149v Kato der Ältere
218v/201v Zweiter Punischer Krieg
188v braun Siege in Kleinasien
158v–104v Jugurtha
149v/146v Dritter Punischer Krieg
146v rot Karthago römisch
146v grün Karthager-Versklavung
132v–63v Mithridates
129v rot Provinz 'Asia'
112v/105v Jugurthinischer Krieg
106v–48v Pompejus
96v rot Kyrenaika römisch
88v rot Massenmord an Römern
83v/81v Mithridatischer Krieg
74v rot Bithynien römisch
74v/64v Mithridatischer Krieg
69v–30v Kleopatra
67v rot Provinzen-Vereinigung
64v/63v Vordringen der Römer
64v rot Bithynien-Pontos römisch
63v rot Palästina, Syrien zu Rom
58v rot Zypern an Rom
53v braun Feldzug gegen Parther
48v–9n Varus
46v rot Numidien römisch
42v–37n Tiberius
41v/35v Partherkrieg
30v rot Ägypten römisch
25v/24v Zug Roms gegen Araber
24v/23v Zug Roms gegen Äthiopien
10v–54n Klaudius
17n rot Kappadozien Provinz Roms
17n/24n Numidische Erhebung
40n/42n Zug Roms nach Nordafrika
42n rot Algerien, Marokko an Rom
43n braun Zug Roms gegen Lykien
43n rot Mittelmeerküste römisch
44n rot Rhodos römisch
53n–117n Trajan
66n/70n Jüdischer Krieg Roms
106n braun Krieg Roms gegen Araber
106n rot Provinz Arabien
114n/117n Partherkrieg
114n rot Armenien römisch
115n rot Mesopotamien römisch
116n braun Judenaufstand gegen Rom
117n rot Mesopotamien unabhängig
121n–180n Mark Aurel
132n/135n Judenaufstand gegen Rom
135n rot Jerusalem-Verbot Roms
135n blau Jupiter-Tempel, Jerusalem
146n–211n Septimius Severus
161n/166n Partherkrieg
186n–217n Karakalla
194n/199n Partherkrieg
195n braun Judenaufstand gegen Rom
199n rot Mesopotamien Provinz
214n–275n Aurelian
215n braun Aufstand Ägyptens
215n blau Tempel Roms im Libanon
215n–272n Schapur I.
216n/217n Partherkrieg
217n rot Vertrag Roms mit Parthern
231n/232n Persischer Krieg Roms
243n–316n Diokletian
253n/266n Persischer Krieg Roms
285n–347n Fasir
291n–347n Axid
296n/298n Persischer Krieg Roms
298n rot Weitere Ausdehnung Roms
326n blau Gründung Konstantinopels
330n rot Konstantinopel Hauptstadt
331n–363n Julian
340n/350n Persischer Krieg Roms
344n/347n Zirkumzellionen
359n/363n Persischer Krieg Roms
363n rot Verlust Mesopotamiens
441n braun Persersieg über Rom
441n rot Rom: Verlust Armeniens
482n–565n Justinian
505n–565n Belisar
533n/534n Zug Byzanz' nach Afrika
534n rot Teil Afrikas an Byzanz
873n braun Sieg Byzanz' über Araber
873n rot Byzanz in Nordsyrien
901n grün Entdeckung Grönlands
967n–1021n Leif Erikson
984n grün Besiedlung Grönlands
1087n braun Afrika-Zug Pisas, Genuas
1099n rot Europäerstaat Jerusalem
1101n–1154n Roger II.
1138n–1193n Saladin
1146n braun Zug Rogers nach Afrika
1187n braun Europäer-Vertreibung
1204n–1263n Hakon der Alte
1229n rot Jerusalem an Friedrich II.
1244n braun Europäer-Vertreibung
1261n rot Grönland an Norwegen
1299n grün Entdeckung der Kanaren
1323n grün Entdeckung der Azoren
1394n–1460n Heinrich der Seefahrer
1415n rot Ceuta an Portugal
1419n rot Madeira portugiesisch
1437n braun Angriff auf Tanger
1444n rot Negerjagd Portugals
1451n–1505n Isabella von Kastilien
1452n rot Papst für Versklavung
1452n–1507n Kolumbus
1456n grün Cadamostos Reise
1471n braun Angriff auf Tanger

1471n rot Tanger portugiesisch
1471n grün Entdeckung der Goldküste
1480n–1521n Magellan
1483n braun Kämpfe auf den Kanaren
1483n rot Kanaren spanisch
1483n grün Kongo-Mündung entdeckt
1484n grün Guinea-Inseln entdeckt
1486n grün Entdeckung Timbuktus
1486n grün Umseglung Afrikas
1489n rot Zypern an Venedig
1492n grün Kolumbus in Amerika
1493n rot Papst: Länderverteilung
1496n rot Auftrag für Caboto
1497n grün Caboto in Labrador
1498n grün Seeweg nach Indien
1499n grün Küste Südamerikas
1500n grün Entdeckung Brasiliens
1500n rot Brasilien portugiesisch
1500n–1558n Karl V.
1502n grün Festland Mittelamerikas
1502n grün Sklaven nach Amerika
1503n rot Sansibar portugiesisch
1503n grün Spaniens Amerika-Amt
1503n grün Portugiesen in Indien
1503n/1506n Indienkrieg Portugals
1505n grün Entdeckung Ceylons
1506n rot Gouverneur in Indien
1508n rot Jamaika spanisch
1509n braun Seeschlacht bei Indien
1509n rot Seeherrschaft Portugals
1509n rot Gouverneur für Ostafrika
1510n rot Portugiesen in Goa
1511n rot Kuba spanisch
1511n rot Portugal in Malaya
1512n grün Molukken entdeckt
1512n rot Molukken portugiesisch
1513n grün Stiller Ozean entdeckt
1515n blau Gründung Habanas
1515n grün La-Plata-Gebiet entdeckt
1517n rot Papst für Sklavenhandel
1517n grün Seeweg nach China
1519n rot Azteken-Unterstellung
1519n grün Fahrtbeginn Magellans
1520n/1521n Aztekenaufstand
1521n grün Philippinen, Marianen
1522n grün Entdeckung der Bermudas
1522n grün Erste Erdumseglung
1524n braun Maya-Niederlage
1524n rot Mittelamerika spanisch
1524n blau Gründung Guatemalas
1526n grün Neu-Guinea entdeckt
1527n grün Hawaii-Inseln entdeckt
1527n–1598n Philipp II.
1528n grün Venezuela an Welser
1531n/1533n Inka-Krieg
1533n braun Indianer-Ausrottung, Haiti
1533n rot Ende des Inka-Reiches
1533n rot Peru an Spanien
1533n grün Entdeckung Kaliforniens
1533n–1603n Elisabeth
1534n rot Bombay portugiesisch
1534n grün Entdeckung Kanadas
1535n rot Spanier in Kalifornien
1535n rot Kanada französisch
1535n blau Gründung von Buenos Aires
1536n/1539n Chibcha-Krieg
1539n rot Kolonie Peru ausgedehnt
1540n rot Kanada an Roberval
1540n blau Grausamkeit der Europäer
1543n grün Erreichung Japans
1546n grün Silberfunde in Amerika
1549n rot Christianisierung Japans
1550n rot Jesuiten: Bekehrungsarbeit
1553n–1610n Heinrich IV.
1556n grün Venezuela an Spanien
1557n rot Macao an Portugal
1558n braun Kämpfe in Chile
1558n rot Chile spanisch
1562n grün Sklavenhandel Englands
1567n blau Rio de Janeiro gegründet
1567n blau Gründung von Caracas
1567n grün Salomon-Inseln entdeckt
1572n rot Philippinen spanisch
1572n blau Camões: 'Lusiaden'
1573n rot Venedig: Verlust Zyperns
1574n grün Erschließung Sibiriens
1580n grün Erdumseglung Drakes
1581n rot Westsibirien russisch
1583n rot Engländer in Neufundland
1584n rot Virginien englisch
1585n–1642n Richelieu
1586n blau Gründung von Tjumen
1587n blau Gründung von Tobolsk
1593n blau Gründung von Beresow
1596n rot Sumatra, Java an Holland
1597n rot Ceylon portugiesisch
1599n–1658n Cromwell
1600n grün Sklavenhandel verpachtet
1600n grün Indien-Kompanie Englands
1601n grün Sklavenhandel Portugals
1602n rot Kalifornien spanisch
1602n grün Indienhandel Hollands
1604n blau Gründung von Tomsk
1605n rot Molukken holländisch
1605n grün Entdeckung Australiens
1606n grün Entdeckung Tahitis
1607n rot Ausdehnung Rußlands
1607n blau Gründung von Jamestown
1608n blau Gründung von Quebec
1609n grün Entdeckung Manhattans
1610n rot Jesuitenstaat, Paraguay
1610n blau Gründung Batavias
1612n rot England in Vorderindien
1612n rot Bermudas englisch
1613n rot Holländer auf Manhattan
1616n blau Raleighs Denkschrift
1616n grün Baffin: Polargebiet
1616n grün Bismarck-Inseln entdeckt
1618n blau Jenisseisk gegründet
1619n–1683n Colbert
1620n rot Puritaner in Amerika
1620n–1688n Der Große Kurfürst
1624n grün Deutsche nach Amerika
1625n rot Guayana holländisch
1625n rot Kolonialbehörde Englands
1625n rot England: Antillen-Besitz
1626n grün Kauf Manhattans
1626n rot Manhattan holländisch
1626n blau Gründung New Yorks
1628n grün Compagnie du Canada
1629n–1676n Alexei Michailowitsch
1630n rot Pernambuco an Holland
1630n blau Gründung von Boston
1631n rot Franzosen auf Haiti
1631n grün Afrika-Kompanie Englands
1632n rot Europäer in Guinea
1632n blau Gründung von Jakutsk
1634n rot Cayenne französisch
1635n rot Frankreich: Antillen
1636n rot Baptistenstaat, Amerika
1637n rot Senegal an Sklavenhändler
1637n grün Skalp-Prämien
1638n rot Ceylon holländisch
1641n rot Malaya an Holland
1642n blau Gründung von Montreal
1642n grün Entdeckung Neuseelands
1643n rot Madagaskar französisch
1643n grün Fidschi-Inseln entdeckt
1646n rot Ganz Nordasien russisch
1650n grün Sklavenhandel Hollands
1650n–1722n Kang-Hi
1652n rot Holländer am Kap
1653n/1654n Brasilianischer Aufstand
1654n rot Ausdehnung Portugals
1655n braun Eroberung Jamaikas
1655n rot Jamaika englisch
1659n braun Erhebung Mexikos
1662n rot Bombay, Tanger englisch
1663n grün Afrika-Kompanie-Privileg
1664n rot New York an England
1664n grün Colbert: Indien-Kompanie
1671n blau Calderon: Mexiko-Drama
1672n braun Kämpfe auf Madagaskar
1672n rot Madagaskar frei
1672n grün Sklavenmonopol Englands
1674n rot Gouverneur in Kanada
1682n rot Kolonie Brandenburgs
1682n blau Gründung Philadelphias
1683n rot Jesuiten-Abwehr, China
1683n blau Gründung Germantowns
1686n grün Kaffee-Plantagen, Java
1690n blau Kalkutta gegründet
1692n braun Aufstand Mexikos
1693n blau Gründung von Kingston
1697n rot Kamtschatka russisch
1711n grün Südsee-Kompanie Englands
1713n rot Nordost-Kanada englisch
1713n grün Sklavenmonopol Englands
1716n blau Gründung von Omsk
1717n grün Kolonie-Verkauf
1720n grün 'Südsee-Skandal'
1721n grün Pazifik-Inseln entdeckt
1722n/1723n Russisch-persischer Krieg
1723n rot Verluste Persiens
1724n blau Gründung Montevideos
1730n braun Kämpfe um Sansibar
1732n–1799n Washington
1733n rot Sträflingskolonie Georgia
1738n blau 'Rule Britannia'
1755n/1763n Kolonialkrieg
1757n rot Indien: Vormacht Englands
1759n rot Ganz Kanada englisch
1763n rot Ausdehnung Englands
1764n braun Indischer Aufstand
1765n rot Auflehnung Nordamerikas
1768n rot Kolonial-Sekretariat
1768n grün Sklaven-Massentransporte
1773n braun 'Bostoner Tee-Party'
1773n grün Opiumeinfuhr nach China
1774n rot Kolonialstaaten-Kongreß
1774n grün Handelsabbruch Amerikas
1775n/1783n Kampf Nordamerikas
1776n rot Unabhängigkeitserklärung
1777n grün Soldatenmietung Englands
1780n/1783n Inka-Aufstand
1781n rot Tod für Inka-Herrscher
1783n rot Kapitulation Englands
1783n rot Senegal französisch
1783n–1830n Bolivar
1784n rot Pitts Indiengesetz
1788n rot Strafkolonie Australien
1788n blau Gründung Sydneys
1794n rot Kolonialsystem-Ende
1796n/1815n Napoleonische Kriege
1797n rot Trinidad englisch
1798n rot Ceylon englisch
1799n braun Indischer Aufstand
1801n rot Georgien russisch
1802n rot Wieder Kolonialsystem
1803n braun Aufstand auf Haiti
1804n–1881n Disraeli
1806n braun Eroberung Südafrikas
1806n rot Südafrika englisch
1810n rot San Martins Bewegung
1811n rot Java englisch
1811n/1812n Kaffernkrieg Englands
1811n rot Auflehnung Venezuelas
1811n/1826n Kampf Lateinamerikas
1813n rot Kolumbien unabhängig
1816n rot Argentinien unabhängig
1816n rot Java holländisch
1818n rot Unabhängigkeit Chiles
1819n rot Singapur an England
1821n rot Unabhängigkeit Perus
1821n rot Panama unabhängig
1821n rot Nicaragua unabhängig
1821n rot Costarica unabhängig
1821n rot Honduras unabhängig
1821n rot Guatemala unabhängig
1821n rot Venezuela unabhängig
1822n rot Brasilien unabhängig
1822n rot Mexiko unabhängig
1822n rot Ecuador unabhängig
1824n rot Alaska russisch
1824n rot Malaya an England
1825n rot Bolivien unabhängig
1826n rot Rückzug Spaniens
1828n rot Uruguay selbständig
1828n rot Armenien russisch
1830n grün Opiumimport vervielfacht
1830n/1834n Algerischer Krieg
1831n rot Fremdenlegion
1835n blau Gründung Melbournes
1838n rot Aden englisch
1839n rot Opium-Abwehr Chinas
1839n/1842n Opiumkrieg
1839n/1842n Afghanischer Krieg
1842n rot Zwang gegen China
1843n rot Natal an England
1843n/1844n Afrika-Krieg Frankreichs
1844n rot Algerien französisch
1844n rot Dominikanische Republik
1847n rot Kasachstan russisch
1850n rot Guinea französisch
1850n/1864n Taipingaufstand
1852n rot Cayenne Strafkolonie
1855n rot Verwaltung Neufundlands
1856n/1860n Lorcha-Krieg
1857n braun Indischer Aufstand
1858n rot Amur-Gebiet russisch
1860n rot Verluste Chinas
1860n blau Gründung Wladiwostoks
1862n braun Kämpfe in Vietnam
1862n rot Kotschinchina französisch
1866n rot Kirgisien russisch
1868n braun Erhebung Kubas
1868n rot Buchara, Pamir russisch
1869n grün Suezkanal
1869n–1948n Gandhi
1870n braun Blutbad von Tientsin
1871n rot Goldküste englisch
1872n rot Usbekistan russisch
1874n rot Fidschi-Inseln englisch
1875n grün England: Suez-Aktien
1876n rot Viktoria Kaiserin Indiens
1876n rot Kongo-Gesellschaf
1877n rot Transvaal englisch
1878n rot Zypern englisch
1879n braun Kaffernkrieg Englands
1879n–1953n Stalin
1880n braun Buren-Erhebung
1880n rot Tahiti an Frankreich
1881n rot Tunesien französisch
1881n rot Buren-Selbstverwaltung
1882n braun Eroberung Ägyptens
1882n rot Ägypten englisch
1882n/1885n Krieg Frankreich–China
1883n braun Erhebung im Sudan
1883n rot Annam französisch
1884n rot Kambodscha französisch
1884n rot Somaliland englisch
1884n rot Deutsche Kolonien (Afrika)
1885n braun Küste Abessiniens besetzt
1885n rot Ausdehnung Frankreichs
1885n rot Italiener in Abessinien
1885n rot Ausdehnung Deutschlands
1885n/1886n Burma-Krieg
1886n rot Burma englisch
1887n rot Neue Hebriden gewonnen
1887n rot Commonwealth
1888n rot Französisches Indochina
1888n rot Nord-Borneo an England
1888n/1890n Aufstand in Afrika
1889n braun Kampf Italien–Abessinien
1891n rot Alldeutscher Verband
1893n braun Zulu-Aufstand
1893n rot Laos französisch
1893n– Mao-Tse-Tung
1894n/1896n Abessinienkrieg Italiens
1895n/1898n Kubanischer Krieg
1896n braun Buren: Abwehr Englands
1897n rot Kiautschou deutsch
1897n/1898n Sudankrieg
1898n rot Kuba unabhängig
1898n rot Turkestan russisch
1899n rot Neue deutsche Kolonien
1899n rot Sudan englisch
1899n/1901n Boxeraufstand
1899n/1902n Burenkrieg
1900n rot China-Abkommen
1901n– Sukarno
1902n rot Südafrika englisch
1903n/1907n Aufstände in Afrika
1908n braun Indische Erhebung
1908n rot Kongo belgisch
1910n braun Aufstand auf Karolinen
1910n rot Südafrikanische Union
1911n/1912n Libyscher Krieg Italiens
1912n rot Marokko französisch
1912n rot Libyen italienisch
1916n blau Lenin: 'Imperialismus'
1918n– Nasser
1919n braun Aufstand in Indien
1919n rot Vertrag von Versailles
1920n rot Gandhis Bewegung
1922n braun Indischer Aufstand
1922n/1923n Rif-Kabylen-Aufstand
1925n/1926n Drusen-Aufstand
1926n braun Erhebung in Indonesien
1926n rot Stärkung der Dominions
1927n rot Brüsseler Kongreß
1935n/1936n Abessinienkrieg Italiens
1936n rot Abessinien an Italien
1936n rot Ägypten unabhängig
1942n rot Abessinienbahn an England
1945n/1954n Erhebungen in Asien
1946n rot Syrien unabhängig
1946n rot Jordanien unabhängig
1946n rot Libanon unabhängig
1947n rot Indien frei, geteilt
1947n rot Unabhängigkeit Burmas
1948n rot Ceylon unabhängig
1949n rot Indonesien selbständig
1951n rot Libyen unabhängig
1951n grün Erdöl verstaatlicht, Iran
1954n rot Vietnam frei, geteilt
1954n rot Laos unabhängig
1954n rot Kambodscha unabhängig
1954n/1962n Kampf Nordafrikas
1955n braun Aufstand auf Zypern
1955n rot Bandung-Konferenz
1956n rot Tunesien unabhängig
1956n rot Sudan unabhängig
1956n rot Marokko selbständig
1956n grün Suezkanal-Enteignung
1956n braun Suez-Krieg
1957n braun Aufstand in Oman
1957n braun Aufstand in Kenia
1957n rot Ghana selbständig
1958n rot Guinea unabhängig
1959n braun Aufstände auf Zypern
1959n rot Unabhängigkeit Zyperns
1960n rot Kongo unabhängig
1960n rot Kamerun unabhängig
1960n rot Senegal unabhängig
1960n rot Tschad-unabhängig
1960n rot Mauretanien unabhängig
1960n rot Togo unabhängig
1960n rot Somalia unabhängig
1960n rot Gabun unabhängig
1960n rot Volta unabhängig
1960n rot Dahomey unabhängig
1960n rot Madagaskar unabhängig
1961n rot Sierra Leone unabhängig
1961n rot Tanganjika unabhängig
1961n/ Kampf Zentralafrikas
1961n rot Ermordung Lumumbas
1962n rot Algerien selbständig
1962n rot Jamaika unabhängig
1962n rot Trinidad unabhängig
1962n rot Uganda selbständig
1962n rot Westen Neu-Guineas frei
1963n rot Nigeria unabhängig
1963n rot Unabhängigkeit Sansibars
1963n rot Selbständigkeit Kenias
1965n braun Kämpfe in Borneo
1965n rot Gambia selbständig

EURYDIKE, in der griechischen Sage Frau des Sängers Orpheus, der sie nach ihrem plötzlichen Tode (durch Schlangenbiß) mit seinem Gesang in der Unterwelt freikaufte. Dann verlor er sie aber doch für immer, weil er sich nach ihr umdrehte, ehe sie gemeinsam die Unterwelt verlassen hatten, und so die an ihre Befreiung geknüpfte Bedingung nicht erfüllte.

1607n blau Monteverdis Oper
1638n blau Schütz' Ballett
1762n blau Glucks Oper
1858n blau Offenbachs Operette

EUSEBIUS, Bischof und Kirchenlehrer aus Palästina.

263n–339n Lebenslinie
303n blau Weltgeschichte
322n blau Kirchengeschichte
324n blau Gegen Göttlichkeit Jesu
329n blau 'Konstantins Leben'

EUSEBIUS von Vercelli (um 305n bis 371n), italienischer Priester aus Sardinien. Bischof der Stadt Vercelli, halbwegs zwischen Turin und Mailand in der norditalienischen Tiefebene. Bereiste Ägypten und begeisterte sich so sehr für die in kommunistischer Gütergemeinschaft verbundenen, gemeinsam arbeitenden Mönche, daß er in Vercelli einige Kleriker in sein bischöfliches Haus einziehen ließ und mit ihnen in einer klösterlichen Bruderschaft lebte. Sein Beispiel führte zur Bildung der ersten Mönchsgemeinschaften Europas, zunächst vor den Toren Mailands, dann bald in eigenen, abgeschiedenen Gebäuden in Frankreich.

351n blau Mönchtum in Europa

EUSTACHIO, Bartolomeo (1524n bis 1574n), italienischer Mediziner und Anatom. Als Stadtarzt und Professor in Rom machte er mehrere Entdeckungen, die für die Kenntnis des menschlichen Körpers von größter Bedeutung waren. Er erforschte und beschrieb die Verbindung zwischen dem Gehörgang und dem Mund-Rachen-Raum ('Eustachische Röhre'). Außerdem entdeckte er die halbmondförmige Klappe im rechten Vorhof des Herzens, die ebenfalls nach ihm benannt wurde.

1563n grün Anatomie des Ohres

EUSTACHISCHE RÖHRE, Bezeichnung für den Verbindungsweg von der Nase zur Mund-Rachen-Öffnung. Von dem italienischen Arzt Eustachio erforscht und beschrieben.

520v–450v Alkmaion
1563n grün Eustachios Forschungen

EUTROP (um 320n bis um 380n), römischer Beamter und Geschichtsschreiber. Nahm unter Kaiser Julian am Persischen Krieg teil. Nach dessen Tod wurde er Geheimschreiber des neuen Kaisers Valens und verfaßte in dessen Auftrag eine zusammenfassende Geschichte Roms von der Gründung der Stadt bis zur Thronbesteigung des Kaisers Valens (364n) in zehn Büchern. Darin brachte er eine leichtfaßliche Übersicht über die politische Entwicklung des Römischen Reiches mit eingehender Würdigung der großen Feldherren und Herrscher.

367n blau Römische Geschichte

EVA, nach biblischer Sage der zweite Mensch, von Gott aus einer Rippe des ersten Menschen (Adam) gemacht. In jüdischer und christlicher Vorstellung Stamm-Mutter der Menschheit. Beliebter Gegenstand künstlerischer Darstellung, insbesondere zur Ausschmückung christlicher Kirchen.

1200n blau Bild des 'Sündenfalles'
1390n–1441n Jan van Eyck
1432n blau Genter Altar
1452n blau Relief Ghibertis
1491n blau Riemenschneiders Plastik
1512n blau Michelangelos Fresko
1589n blau Tintorettos Gemälde

EVANGELIEN, wörtlich übersetzt 'gute Botschaften', griechische Bezeichnung für die ersten vier Abschnitte der zweiten Bibelhälfte, also die Berichte, die mit den Namen Matthäus, Markus, Lukas und Johannes verbunden sind. Darin wird vom Leben und von der Lehre des Jesus erzählt, dessen Verkündigung die Christen als 'das Evangelium' bezeichnen. Wegen der Widersprüchlichkeit der einzelnen Berichte wurde immer wieder versucht, durch Evangelien-Harmonien ein einheitliches Bild zu schaffen.

10v–52n Matthäus
2v–71n Markus
3n–50n Johannes
22n–74n Lukas
70n blau Markus-Evangelium
75n blau Matthäus-Evangelium
82n blau Lukas-Evangelium
88n–165n Marcion
110n blau Johannes-Evangelium
125n–190n Tatian
133n blau Basilides' Erläuterung
148n blau 'Petrus-Evangelium'
169n–222n Kalixt I.
172n blau Tatians Zusammenfassung
251n–356n Antonius
808n–875n Otfried
870n blau Otfrieds Evangelienbuch

EVANGELISCHE KIRCHE, die Gesamtheit der in der Reformation von der katholischen Kirche abgefallenen christlichen Gemeinschaften, die den in der zweiten Bibelhälfte enthaltenen Evangelien mehr Gewicht beilegen als dem in der ersten Bibelhälfte enthaltenen Alten Testament und die im Gegensatz zur katholischen Kirche keine Heiligen und keine Bilder verehren, keine Priester und Mönche haben sowie in der Auslegung einzelner Bibelstellen eigene Wege gehen.

1483n–1546n Luther
1484n–1531n Zwingli
1488n–1525n Thomas Münzer
1491n–1556n Ignatius von Loyola
1496n–1560n Gustav Wasa
1497n–1560n Melanchthon
1500n–1558n Karl V.
1509n–1564n Calvin
1517n blau Luthers Thesen
1517n rot Reformationsbeginn
1518n rot Reformation in der Schweiz
1520n rot Bann gegen Luther
1520n rot Verbrennung der Bulle
1521n rot Wormser Edikt
1521n blau Evangelische Dogmatik
1522n blau Luthers Bibelübersetzung
1523n rot Reformation in Schweden
1523n blau Hans Sachs: 'Lutherlied'
1524n grün Predigerkleidung
1525n blau Luther gegen Revolution
1526n rot Reichstag zu Speyer
1527n blau Universität Marburg
1527n–1598n Philipp II.
1529n rot Verbot der Reformation
1529n rot Protest gegen Verbot
1529n blau Luthers Katechismen
1530n blau Augsburger Konfession
1531n braun Kappeler Religionskrieg
1531n rot Schmalkaldischer Bund
1532n rot Übertritt von Katharern
1533n blau Cranachs Luther-Porträt
1533n–1584n Wilhelm von Oranien
1534n braun Wiedertäufer-Erhebung

1534 n blau Rothmanns Protestantismus
1536 n rot Reformation in Dänemark
1536 n blau Calvin: Lebenserfolg
1537 n rot Reformation in Norwegen
1538 n rot Verfolgung in Frankreich
1538 n rot 'Heiliger Bund'
1541 n rot Reformation in Genf
1545 n rot Konzil zu Trient
1546 n/1547 n Schmalkaldischer Krieg
1548 n rot Interim
1552 n braun Fürsten-Erhebung
1552 n rot Passauer Vertrag
1552 n grün Kirchenbesitz-Wechsel
1553 n rot Calvin-Gegner verbrannt
1553 n–1610 n Heinrich IV.
1555 n rot Religionsfriede (Augsburg)
1555 n blau Sleidans Geschichtswerk
1558 n blau Universität Jena
1559 n rot Verfolgung in Spanien
1560 n rot Reformation in Schottland
1560 n rot Abwehr durch Irland
1561 n rot Fronten in Frankreich
1562 n/1598 n Hugenottenkriege
1566 n blau Mathesius: Luther-Buch
1567 n rot Vernichtungsauftrag Albas
1572 n/1581 n Kampf der Niederlande
1573 n grün Hugenotten-Auswanderung
1574 n blau Magdeburger Zenturien
1580 n blau Konkordienbuch
1583 n–1634 n Wallenstein
1585 n–1672 n Heinrich Schütz
1585 n–1642 n Richelieu
1593 n rot Heinrich IV. Katholik
1594 n–1632 n Gustav Adolf
1598 n rot Edikt von Nantes
1601 n rot Calvinist hingerichtet
1604 n rot Abwehr der Reformation
1608 n rot Protestantische Union
1609 n rot Toleranz in Böhmen
1615 n blau Aubigné: 'Les Tragiques'
1618 n braun Protestanten-Aufstand
1618 n/1648 n Dreißigjähriger Krieg
1620 n rot Puritaner-Flucht
1620 n–1688 n Der Große Kurfürst
1627 n braun Protestanten-Erhebung
1636 n rot Baptistenstaat
1638 n–1715 n Ludwig XIV.
1641 n braun Protestantenmorde
1645 n blau Paul Gerhardts Lieder
1647 n rot Quäker-Bewegung
1670 n rot Pietisten-Bewegung
1685 n rot Frankreich: Toleranz-Ende
1685 n grün Hugenotten-Auswanderung
1685 n rot Druck auf Hugenotten
1685 n rot Hugenotten-Aufnahme
1692 n blau Spener: Pietismus
1702 n/1710 n Kamisarden-Aufstand
1717 n–1780 n Maria Theresia
1727 n rot Herrnhuter Gemeinde
1739 n rot Methodisten-Bewegung
1740 n rot Toleranz in Preußen
1750 n blau Lessing: Herrnhuter
1799 n blau Schleiermacher: 'Religion'
1906 n blau Schweitzer: 'Leben Jesu'
1948 n blau Barth: 'Dogmatik'
1954 n blau Bultmann: Neue Theologie

EVANGELISTEN, kirchliche Bezeichnung für die Verfasser von vier Teilen der Bibel (Neues Testament), in denen Kunde vom Leben des Religionsstifters Jesus gegeben wird. Nach kirchlicher Überlieferung Matthäus, Markus, Lukas und Johannes.

10 v–52 n Matthäus
6 v–30 n Jesus Christus
2 v–71 n Markus
3 n–50 n Johannes
22 n–74 n Lukas
48 n rot Apostel-Konzil
49 n blau Matthäus: Sprüche Jesu
65 n rot Markus: Christengemeinde
70 n blau Markus-Evangelium
75 n blau Matthäus-Evangelium
82 n blau Lukas-Evangelium
110 n blau Johannes-Evangelium
391 n blau Symbole
1526 n blau Gemälde Dürers

EWG, Abkürzung für 'Europäische Wirtschafts-Gemeinschaft'. Zusammenschluß einiger westeuropäischer Staaten zur Schaffung eines gemeinsamen zollfreien Marktes ohne gegenseitige Einfuhr-, Arbeits-, Niederlassungs- und Kapitalverkehrsbeschränkungen. Ihr gehören 6 von 32 europäischen Staaten an, die fast ein Drittel der europäischen Bevölkerung auf nur gut 10% des europäischen Bodens ernähren müssen und die hochindustrialisiert sind: Belgien, Bundesrepublik Deutschland, Frankreich, Italien, Luxemburg, Niederlande.

1957 n grün Gründung

EWIGER LANDFRIEDE, Bezeichnung des Gesetzes zur endgültigen Aufhebung privaten Strafvollzuges der Fürsten und Ritter ('Fehde') in Deutschland. Beschlossen auf dem Wormser Reichstag von 1495 n, sollte er allgemeine Rechtssicherheit schaffen.

1495 n rot Beschluß

EXARCHAT RAVENNA, von dem Titel des byzantinischen Statthalters in Italien ('Exarch') abgeleitete Bezeichnung für den italienischen Besitz des Kaisers von Byzanz. Umfaßte nach der Vernichtung des Ostgotenreiches durch Justinians Feldherrn Narses ganz Italien (Narses erster Exarch). Wurde durch die Langobarden zunächst auf Rom, Genua und Unteritalien nebst dem adriatischen Küstenstreifen von Rimini bis Ancona und dann auf Ravenna beschränkt. Nach dessen Fall residierten die Exarchen auf Sizilien und zogen sich schließlich nach Bari zurück, bis es mit dem Verlust dieser letzten byzantinischen Residenzstadt auf italienischem Boden an die Normannen endgültig erlosch.

478 n–567 n Narses
535 n/553 n Ostgotenkrieg
553 n rot Ende der Gotenherrschaft
553 n rot Italien an Byzanz
554 n grün Großgrundbesitz
568 n rot Zivilverwaltung
568 n/569 n Langobarden-Einfall
569 n rot Verlust der Nordgebiete
585 n rot Weiterer Besitzverlust
590 n braun Kämpfe gegen Langobarden
633 n/732 n Arabischer Krieg
751 n braun Verlust Ravennas
827 n/831 n Arabischer Sizilienkrieg
831 n rot Araber auf Sizilien
842 n braun Araber-Einfall
842 n rot Araber in Apulien
871 n braun Sieg über Araber
878 n rot Verlust Siziliens
915 n braun Sieg über Araber
915 n rot Befreiung Süditaliens
981 n/982 n Vordringen der Deutschen
981 n rot Bündnis gegen Deutsche
1029 n rot Normannen in Süditalien
1043 n braun Sieg der Normannen
1043 n rot Verlust Apuliens
1071 n braun Sieg der Normannen
1071 n rot Ende der Herrschaft

EXEGESE, von dem griechischen Worte 'exegeisthai' (= erklären) abgeleitete Bezeichnung für die Auslegung der Bibel, die nach katholischer Auffassung Sache der Kirchenleitung (Papst) ist. Seit dem 3. Jahrhundert neben Ausprägung der Glaubenslehre (Dogmatik) und Verteidigung der Religion (Apologetik) eine der drei Grundlagen der christlichen Theologie.

88 n–165 n Marcion
115 n–182 n Apell
132 n–200 n Irenäus
133 n blau Evangelien-Kommentar
167 n blau Deutung Apells
172 n–245 n Afrikanus
182 n–253 n Origenes
306 n–337 n Ephräm der Syrer
1091 n blau Raschis Werk
1141 n blau Psalmen-Kommentar
1146 n blau Ben Meirs Erklärung
1689 n blau Simons Textkritik
1954 n blau Bultmanns Auslegung

EXISTENTIALISMUS, EXISTENZPHILOSOPHIE, aus der Existenztheologie des dänischen Philosophen Kierkegaard nach dem ersten Weltkrieg entstandene Betrachtungsweise von Welt und Leben, die nicht von dem durch Natur und Gesellschaft bestimmten Menschen ausgeht, sondern von dem in voller Freiheit sich entfaltenden Einzeldasein. Diese menschliche 'Existenz' wird als Ergebnis von Angst und Leiden, Schuld und Verzweiflung verstanden, die sich im Scheitern erfüllt. In ihrer illusionslosen Aufdeckung der Vereinsamung und Daseinsangst gibt sie eine treffende Beschreibung der inneren Ausweglosigkeit des Menschen im Zeitalter des Hochkapitalismus. Als Vollendung der gesamten, einseitig auf das Individuum gerichteten bürgerlichen Philosophie mehrerer Jahrhunderte stellt sie die letzte geistige Gegenposition zu aller naturwissenschaftlich, historisch und soziologisch begründeten Philosophie dar.

1813 n–1855 n Kierkegaard
1844 n blau Kierkegaard: Angst
1927 n blau Heidegger: 'Sein und Zeit'
1943 n blau Sartre: 'Sein und Nichts'
1964 n blau Kritik Schaffs
1965 n blau Jaspers: 'Kleine Schule'

EXPONENT, in der Mathematik die gesuchte Zahl, mit der bekannte Grundzahlen multipliziert worden sind, um zu einer gegebenen Größe (= Potenz) zu werden.

1360 n grün Oresmes Rechenmethode

EXPRESSIONISMUS, Kunstrichtung des ausgehenden 19. und des beginnenden 20. Jahrhunderts. Suchte unter bewußtem Verzicht auf Naturnähe und Ähnlichkeit seelischen Zuständen und gefühlsmäßigen Empfindungen künstlerisch Ausdruck zu geben. Auf diese Weise wollte er das hinter der Erscheinung liegende Wesen darstellen, an die Stelle des Abbildes das Sinnbild setzen. Obwohl sein Kristallisationspunkt in der deutschen Malerei lag ('Brücke', 'Blauer Reiter', 'Sturm'), ergriff er auch die Literatur ('Dadaismus') und die Musik (Zwölftonsystem) sowie die französische Kunst ('Kubismus') und die Kunst Italiens ('Futurismus').

1889 n blau Gogh: 'Irrenhausgarten'
1889 n blau Munch: 'Frühling'
1891 n blau 'Frühlings Erwachen'
1892 n blau Cézanne: 'Kartenspieler'
1897 n blau Gauguins Südsee-Bilder
1900 n blau Cézanne: 'Badende'
1905 n blau Matisse: Mädchenakt
1910 n blau Zeitschrift 'Der Sturm'
1911 n blau Schönberg: 'Gurre-Lieder'
1914 n blau Bechers Gedichte
1919 n blau Wiene: 'Caligari'

EXZENTRIZITÄT, griechisch-lateinisches Mischwort für das Abweichen von der Mitte. Bezeichnet in der Himmelskunde das Abweichen der Erde von ihrer vorausberechneten Bahn.

855 n–929 n Al Battani
906 n grün Arabische Forschungen

EYCK, Hubert van (um 1370 n–1426 n), niederländischer Maler aus Maaseyck (Belgien). Überwand die Temperatechnik durch die Verwendung von Harzölfarben. Begann den Genter Altar. Dabei verzichtete er auf eine architektonische Verbindung der Einzelbilder durch die üblichen Schnitzereien und schloß die Gemälde nur durch Holzrahmen zusammen.

1390 n–1441 n Jan van Eyck
1432 n blau Genter Altar vollendet

EYCK, Jan van, niederländischer Maler.

1390 n–1441 n Lebenslinie
1432 n blau Genter Altarbild
1437 n blau 'Barbara'

EYE, Name einer mesopotamischen Gottheit, der in Tell Brak an einem Quellfluß des Euphrat (Vorderasien) vor fast 5000 Jahren ein Tempel errichtet wurde.

2760 v blau Tempel

EYVIND Skaldaspillir, norwegischer Dichter.

910 n–990 n Lebenslinie
962 n blau 'Haakonslied'
974 n blau Gegner des Christentums

EZZO (um 1010 n bis um 1075 n), deutscher Priester. Nahm an einem privaten Kreuzzug des Bamberger Bischofs teil. Als Chorleiter der Kirche von Bamberg schrieb er ein Gedicht mit dem Titel 'Gesang von den Wundern Christi'. Darin gab er eine gereimte Weltchronik in der Sicht katholischer Geistlicher seiner Zeit. Es wurde unter dem Namen 'Ezzolied' bekannt.

1063 n blau 'Ezzolied'

FABELN, lehrhafte Erzählungen, in denen einzelnen Tieren bestimmte Charakterzüge des Menschen zugeschrieben werden, so dem Löwen der Mut, dem Fuchs die Schläue.

1809 v blau Mesopotamische Fabeln
1763 v blau Sumer: Adler und Schlange
1723 v blau Fabel von Pferd und Ochs
1681 v blau Fabel vom Fuchs
1067 v blau Satirische Fabelbilder
636 v–564 v Äsop
617 v blau Gezeichnete Fabeln
571 v blau Äsops Fabeln
16 v–45 n Phädrus
35 n blau Aufzeichnung auf Ceylon
38 n blau Phädrus' Sammlung
124 n–170 n Apulejus
159 n blau Apulejus' Fabeln
196 n blau Babrios' Fabeln
300 n blau 'Pantschatantra'
768 n–824 n Han-Yü
919 n blau Rudakis Fabeln
1128 n blau Japanische Bildrollen
1178 n blau 'Reinhart Fuchs'
1349 n blau Boners Sammlung
1485 n blau Äsop-Übersetzung
1548 n blau Waldis' Fabeln
1621 n–1695 n Lafontaine
1668 n blau Lafontaines Fabeln
1705 n blau Mandeville: Bienenfabel
1711 n–1765 n Lomonossow
1746 n blau Gellerts Fabeln
1809 n blau Krylows Fabeln

FABIAN-SOCIETY, Vereinigung englischer Sozialreformer. Benannte sich nach dem römischen Staatsmann Fabius, dem Zauderer, der durch sein Zögern zwei Kriege gewann, Hannibals Kampfkraft abnutzte und im Innern alle Neuerungen bekämpfte. Verzichtete bewußt auf die Mitgliedschaft breiter Volksmassen und wollte durch wenige hervorragende Köpfe wirken (Shaw, Wells, das Ehepaar Webb, Cole). Suchte durch Verbesserung der Lebensbedingungen und gerechtere Güterverteilung die sozialistische Revolution überflüssig zu machen. Stärkte trotz ihrer theoretisch sozialistischen Grundhaltung die bürgerliche Ordnung ihres Landes und wurde als geistiger Kerntrupp der Labour-Party zeitweise auch zum Träger des britischen Kolonialismus.

1883 n rot Gründung

FABIUS PICTOR (um 254 v–180 v), römischer Geschichtsschreiber. Kämpfte in den Kriegen gegen die Gallier und gegen Hannibal, wurde nach der Niederlage von Cannä zum Orakel nach Delphi entsandt und schrieb später die erste Geschichte Roms, indem er Jahr für Jahr die überlieferten Geschehnisse seit der Gründung der Stadt aufzeichnete ('Annalen').

198 v blau Geschichte Roms

FABRIANO, Stadt im nördlichen Mittelitalien mit alter Pergament-Herstellung. In einem waldreichen Teile des Apennin-Gebirges gelegen. Hier entstand die erste Papier-Manufaktur Mitteleuropas, einhundertfünfzig Jahre, nachdem Araber diese chinesische Erfindung in Spanien eingeführt hatten.

1267 n grün Papierherstellung

FACKELN

459 v grün Fernmelde-Signale

FADEJEW, Alexander (1901 n–1956 n), russischer Schriftsteller. Kämpfte als Siebzehnjähriger im Bürgerkrieg gegen die inneren und äußeren Feinde der Revolution. Nach dem endgültigen Siege des Bolschewismus beschrieb er den aufopfernden Kampf der Revolutionäre in seinem Buche 'Die Neunzehn'. Studierte Bergbau, wandte sich dann aber ganz dem Schreiben zu. Die Abwehr des deutschen Angriffs im zweiten Weltkrieg verherrlichte er in dem Roman 'Die junge Garde'. Das Buch mußte er auf Wunsch der Parteiführung umarbeiten. Trotzdem blieb er als Mitglied des Zentralkomitees und Leiter des Schriftstellerverbandes leidenschaftlicher Verfechter der Stalin'schen Kulturpolitik und beharrte auf dieser strengen Parteilinie auch nach Stalins Tod. Durch die Enthüllungen des 20. Parteitages und den Sieg der liberalen Bestrebungen verwirrt und betroffen, nahm er sich das Leben.

1945 n blau 'Die junge Garde'

FADEN-TELEPHON, Bezeichnung für ein einfaches Gerät zur mechanischen Übertragung von Tonschwingungen. Besteht aus zwei leichten Kästchen ohne Deckel, deren Böden durch eine straff gespannte Schnur miteinander verbunden sind. Überträgt die Tonschwingungen von einem Kästchen zum anderen und eignet sich auch zur Übermittlung gesprochener Worte.

968 n grün Erfindung

FADLAN, Ibn (um 880 n–932 n), arabischer Schriftsteller. Begab sich im Jahre 921 n im Auftrage des Kalifen Al Muktadir an den Hof des Bulgarenkönigs, wo er auch Russen begegnete. Über dieses ihm vorher unbekannte Volk berichtete er in einer ausführlichen Reisebeschreibung, die er nach seiner Rückkehr verfaßte.

922 n grün Reisebericht

FÄRBEREI

978 v grün Purpurschnecken-Farbstoff
539 n grün Purpurfärberei-Monopol
1302 n grün Orseille-Farbstoff
1516 n grün Indigo nach Europa
1577 n grün Einfuhrverbot für Indigo
1870 n grün Künstliches Indigo

FA-HIEN (um 360 n–445 n), chinesischer Priester. Als Anhänger des Buddhismus pilgerte er mit vier Begleitern in Buddhas Heimatland Indien. Erreichte sein Ziel über Turkestan in sechs Jahren, verweilte sechs Jahre in Indien (wo er buddhistische Texte abschrieb) und kehrte zur See über Ceylon und Java in seine Heimat zurück. Beschrieb die von ihm bereisten Länder anschaulich und wahrheitsgetreu.

414 n grün Beschreibung Indiens

FAHRENHEIT, Gabriel Daniel (1686 n bis 1736 n), deutscher Glasbläser und Physiker. Verbesserte die Temperatur-Messung durch Einführung des Quecksilber-Thermometers, das sich durch hohe Genauigkeit auszeichnet. Entdeckte die Unterkühlung des Wassers und erfand das Thermo-Barometer. Schuf die nach ihm benannte Thermometer-Skala, die den Abstand zwischen Gefrierpunkt und Siedepunkt des Wassers in 180 Grad teilt. Da er sich vorwiegend in Holland und England aufhielt, setzte sich seine Skala hauptsächlich in diesen Ländern durch.

1714 n grün Thermometer

FAHRRAD, zweirädriges Fahrzeug, das allein durch Muskelkraft angetrieben wird. Mit diesem von Zugtieren unabhängigen Verkehrsmittel schuf sich der Mensch eine Maschine zur Selbst-Fortbewegung, deren Weiterentwicklung bald über das schnellere Motorrad zum wettergeschützten Auto führte. Trotzdem behauptete es bis heute seine Bedeutung als Verkehrsmittel, weil es sich gegenüber allen anderen Fahrzeugen durch seine Anspruchslosigkeit, Billigkeit, Geräuscharmut und Geruchlosigkeit auszeichnet. Daneben tritt neuerdings zunehmend seine Bedeutung als Sportgerät für den infolge der Motorisierung an Bewegungsmangel leidenden Kulturmenschen.

1813 n grün Lauf-Rad
1845 n grün Fahr-Rad
1898 n grün Freilauf
1903 n grün Tour de France
1948 n blau Sica: 'Fahrraddiebe'

FAHRSTUHL, Aufzug für Personen oder Lasten. Durch seine Erfindung wurde die entscheidende Voraussetzung für den Bau von Hochhäusern geschaffen.

1816 n–1892 n Siemens

FALCONET, Etienne Maurice (1716 n bis 1791 n), französischer Bildhauer. Schuf sinnenfrohe Einzelfiguren und Gruppen ('Amor', 'Badende Nymphe'). Nach Petersburg berufen, arbeitete er zehn Jahre an seinem Hauptwerk, dem Riesen-Standbild, das Peter den Großen auf einem frei sich auf die Hinterbeine erhebenden Pferde zeigt. Ohne die Enthüllung des Denkmals abzuwarten, kehrte er nach Paris zurück und übernahm die Leitung der Akademie. Schrieb auch ein Buch über Bildhauerei.

1778 n blau Reiterstandbild

FALERII, Stadt in Mittelitalien, nördlich von Rom. Hauptstadt der Falisker, dann etruskisch. Die Römer eroberten und zerstörten die Stadt, bauten aber 5 km entfernt auf dem gleichen Hochplateau 'Neu Falerii'.

241 v braun Zerstörung

FALKEN, schnelle wendige Raubvögel, die im Stoßflug eine Stundengeschwindigkeit von über 100 km erreichen.

2928 v blau Falkengott Horus
2307 v blau Falkenkopf aus Gold

FALLA, Manuel de (1876 n–1946 n), spanischer Tondichter. Nach Lehrjahren in Paris ließ er sich in Granada nieder und ging schließlich nach Argentinien. Sein musikalisches Werk ruht fest im andalusischen Volkslied. Nach einer Oper aus dem Volksleben errang er Weltruhm mit seinem Ballett 'Liebeszauber' (mit Szenen aus dem Zigeunerleben), der Marionettenoper 'Meister Pedros Puppenspiel' (nach einer Episode aus 'Don Quichotte'), den sinfonischen Impressionen 'In spanischen Gärten' und den 'Vier spanischen Klavierstücken'. Arbeitete langsam und schuf nur wenige Werke.

1915 n blau 'Liebeszauber'

FALLSCHIRM, schirmartiges Gerät aus Schnüren und Stoff (Leinen, Seide, Nylon), mit dessen Hilfe Menschen oder Güter aus großen Höhen langsam zur Erdoberfläche herabgleiten. Von Leonardo da Vinci um 1500 n entworfen, wurde er im Jahre 1786 n in Hamburg durch einen vom Ballon herabgelassenen Hammel erprobt. 11 Jahre später wagte der französische Ballonfahrer Jacques Garnerin als erster Mensch damit einen Absprung aus 1000 Meter Höhe. Mit der Entwicklung des Flugwesens vervollkommnet, wurde er auch als Sportgerät benutzt und schließlich militärischen Zwecken zugeführt (Luft-Lande-Truppen). Bei der Raumfahrt zum Abbremsen der zur Erde zurückkehrenden Fahrzeuge unentbehrlich.

1797 n grün Erster Absprung

FALLSUCHT, deutsches Wort für eine Krankheit, die sich durch gelegentliche, überraschend auftretende Krampfzustände äußert und meist mit Bewußtlosigkeit verbunden ist (Epilepsie). Durch Gehirnverletzungen, Geschwülste, Narben oder Gefäßleiden sowie durch Erb-Übertragung verursacht, ist sie noch wenig erforscht und selten heilbar.

1981 v–1929 v Neferi
1930 v grün Erforschung

FALSCHMÜNZEREI

193 n grün Werkstätten in Rom

FAMILIENNAME, der zum Vornamen hinzutretende, von den Eltern auf die Kinder übergehende Zuname. Kam im 8. Jahrhundert in Oberitalien auf. Von dort verbreitete sich die aus dem Zunehmen der Bevölkerung ergebende Sitte nach Südfrankreich und Süddeutschland.

1117n grün Aufkommen in Deutschland

FARABI, Al, arabischer Philosoph türkischer Herkunft.

870n–950n blau Lebenslinie
904n blau Aristoteles-Kritik
909n grün Über Zeit und Raum
920n blau 'Buch der Ringsteine'
932n blau Über orientalische Musik
941n blau 'Der Musterstaat'
948n blau 'Ursprung der Wissenschaft'
1114n–1187n Gerhard von Toledo
1139n grün Übersetzung ins Lateinische

FARADAY, Michael (1791n–1867n), englischer Physiker und Chemiker. Sohn eines Schmiedes. Erwarb sich ohne akademische Ausbildung als Buchbindergeselle selbst so viele Kenntnisse und Fähigkeiten, daß er Assistent von Sir Davy an der Royal Society wurde und diesen Gelehrten auch auf Reisen begleitete. Drei Jahre später hielt er seine ersten Vorlesungen und wurde schließlich selbst Professor der Chemie und Direktor des Royal Institute. Seine Lehre von der gemeinsamen Natur der elektrischen und magnetischen Kräfte mit den Licht-Erscheinungen bereitete die moderne Physik vor. Neben den Worten Elektrode, Kathode, Ton und Kraftlinie führte er auch den Begriff 'Feld' für elektrische und magnetische Wirkungsbereiche ein.

1823n grün Verflüssigung von Gasen
1825n grün Benzol
1831n grün Elektrische Induktion
1833n grün Elektrolyse

FARADSCH, Abul (1226n–1286n), arabischer Schriftsteller. Floh aus seiner armenischen Heimat vor den Mongolen und ließ sich in Syrien (Vorderasien) nieder. Nach Studien der Medizin und der Philosophie in Tripolis (Nordafrika) schrieb er eine Geschichte Syriens unter Einbeziehung der ihm bekannten Welt von Adam bis auf seine Zeit.

1267n blau Geschichte Syriens

FARBE, eine Sinnesempfindung, hervorgerufen durch das Auftreffen besonders kurzwelliger elektromagnetischer Ströme auf die Netzhaut des Auges. Das Wort wird auch als Bezeichnung für natürliche oder chemische Mittel verwendet, die eine solche Sinnesempfindung hervorrufen.

Vorzeittafel: 30 Tausend Jahre
2996v blau Rotbemalte Tongefäße
2895v grün Uruk: Mosaikwände
2871v grün Indien: Bunte Keramik
2713v blau Schwarz-rot bemalte Vasen
2633v grün Farbig-glasierter Ton
2594v grün Ägypten: Farbrelieftechnik
2491v grün Sumer: Roter Schminkpuder
2407v grün China: Farbige Tongefäße
1928v blau Nubien: Schwarze Keramik
1487v grün Ägypten: Nagellack
1287v grün China: Weiße Keramik
978v grün Purpurschnecken-Farbstoff
816v grün China: Lack, Tusche
752v grün Schmelzofenmalerei
379v grün Wachsfarben
406n grün Farbige Kirchenfenster
539n grün Purpurfärberei-Monopol
589n grün Weiße Priestertracht
796n grün Schwarz 'religiöse Farbe'
1034n grün Regenbogen-Forschung
1257n grün Fenster von Chartres
1276n grün Blaue Postuniform
1302n grün Orseille-Farbstoff
1390n–1441n Jan van Eyck
1444n grün Druckerschwärze verbessert
1516n grün Indigo nach Europa
1524n grün Schwarze Predigertracht
1577n grün Einfuhrverbot für Indigo
1643n–1727n Newton
1666n grün Farbigkeit des Spektrums
1710n grün Dreifarben-Druck
1711n–1765n Lomonossow
1749n–1832n Goethe
1810n grün Goethes Farbenlehre
1842n grün Doppler: Licht der Sterne
1861n grün Spektralanalyse
1870n grün Künstliches Indigo
1891n grün Farbphotographie
1914n grün Willstätter: Blütenfarben
1914n grün Ostwald: Farbenlehre
1930n grün Farbfernseh-Versuche
1937n grün Farbiger Tonfilm
1940n grün Plastischer Farbfilm
1954n grün Farbfernsehen

FARBFERNSEHEN

1930n grün Versuche in USA
1952n grün Großprojektion
1954n grün Aufkommen in USA

FARBFILM

1891n grün Farbphotographie
1937n grün Farbiger Tonfilm
1940n grün Plastischer Farbfilm

FARGANI, Al (um 810n bis um 870n), arabischer Astronom. Suchte die Beobachtungen seiner Vorgänger zusammenzufassen, zu systematisieren und ihre Methoden zu verbessern. Das von ihm herausgegebene Handbuch der Sternkunde wurde wegen seiner Allgemeinverständlichkeit für 700 Jahre zum verbreitetsten Lehrbuch der Astronomie in Europa und in Vorderasien.

853n grün Handbuch der Sternkunde

FARID, Al (1181n–1235n), arabischer Dichter. Nach jahrelangem Einsiedlerleben in seine Heimatstadt Kairo zurückgekehrt, schrieb er religiöse Dichtungen. Neben einem Loblied in 161 Strophen auf den Propheten Mohammed verfaßte er eine Beschreibung der arabischen Mystik ('Sufismus'). Stellte die Vernichtung der Eigenpersönlichkeit als entscheidende Voraussetzung der von ihm erstrebten Vereinigung mit Gott in den Mittelpunkt seines Werkes, das von farbenprächtigen Schilderungen des Zustandes religiöser Verzückung erfüllt ist.

1217n blau Mystik
1234n blau Lobgedicht auf Mohammed

FARNESE, italienische Fürstenfamilie, die im 16. Jahrhundert durch den Aufstieg des Alexander Farnese zum Papst (Paul III.) zu Macht und Reichtum gelangte. Am Bau ihres Palastes in Rom (Palazzo Farnese) arbeiteten die berühmtesten Künstler der Zeit (Sangallo, Michelangelo, Della Porta).

1538n blau Bau des Palastes
1600n blau Fresken des Palastes

FARNESISCHER STIER, Name der größten Marmorgruppe, die sich aus der Blütezeit griechischen Kunstschaffens erhalten hat. Sie wurde von den griechischen Bildhauern Apollonios und Tauriskos in Kleinasien angefertigt und fand später in den Thermen des Karakalla in Rom Aufstellung. 1546n von Alexander Farnese wieder aufgefunden und nach ihm benannt, kam sie zunächst in den Palazzo Farnese und 1790n in den Besitz Neapels, in dessen Nationalmuseum sie sich heute befindet. Das durch ungeschickte Ergänzungen in seiner Wirkung stark beeinträchtigte Kunstwerk zeigt einen wilden Stier, an dessen Hörner zwei Jünglinge das Mädchen Dirke binden, weil es seine Mutter gepeinigt und mißhandelt hatte.

151v blau Anfertigung

FARUK (1920n–1965n), ägyptischer König von 1936n bis 1952n. Sohn des Königs Fuad, der 1922n den Titel eines Königs von Ägypten angenommen hatte. Folgte seinem Vater bei dessen Tod als letzter König seines Landes. Williger Vollstrecker der englischen Politik auch nach der formellen Unabhängigkeitserklärung durch die Engländer, wurde er 1952n von den Vertretern einer tatsächlichen Unabhängigkeitsbewegung gestürzt und ausgewiesen. Lebte seitdem hauptsächlich in Italien, wo er 45jährig seinem schrankenlosen Genußleben erlag.

1936n rot Ägypten unabhängig
1952n rot Sturz

FASAN

1571v blau Griechisches Gemälde

FASCHISMUS, unmenschlichste Form des Kapitalismus. In Krisenzeiten errichtet zur gewaltsamen Aufrechterhaltung der bürgerlichen Ordnung. Beseitigt durch Einschränkung der demokratischen Grundrechte die Möglichkeit eines parlamentarischen Überganges zum Sozialismus. Überwindet die Krise der freien Wirtschaft durch Planungsmaßnahmen unter Beibehaltung des Privatbesitzes an den Produktionsmitteln. Beruhigt die Arbeiterschaft durch soziale und kulturelle Maßnahmen. Sichert Macht und Eigentum des Besitzbürgertums durch militanten Antikommunismus nach innen und außen. Zu einer Überwindung der Klassengegensätze unfähig, führt er die betroffenen Völker meist in verhängnisvolle Angriffskriege.

1889n–1945n Hitler
1922n rot Italien faschistisch
1923n braun Hitlers Putsch
1924n blau 'Mein Kampf'
1926n rot Pilsudski Staatschef
1929n rot Lateranvertrag
1931n rot 'Harzburger Front'
1932n grün Arbeitslosigkeit
1933n rot Hitler Reichskanzler
1933n rot Ermächtigungsgesetz
1933n rot Konkordat mit Hitler
1933n grün Wirtschaftslenkung
1934n braun Putsch in Frankreich
1934n rot Himmler Gestapochef
1934n rot Erschießung Röhms
1934n rot KZ-Übernahme durch SS
1934n rot Nichtangriffspakt
1934n grün Autobahnen
1935n/1936n Abessinienkrieg
1935n braun Putsch in Österreich
1935n rot Saargebiet deutsch
1935n rot Nürnberger Gesetze
1936n/1939n Spanischer Bürgerkrieg
1936n rot Abessinien italienisch
1937n/1938n Angriff Japans auf China
1937n rot Antikominternpakt
1937n blau München: Haus der Kunst
1938n rot 'Großdeutsches Reich'
1938n rot Münchner Abkommen
1939n rot Spanien faschistisch
1939n rot Deutsch-russischer Pakt
1939n/1945n Zweiter Weltkrieg
1939n rot Teilung Polens
1941n rot Macht über Flüchtlinge
1942n grün Raketenbau
1943n rot Frontwechsel Italiens
1944n braun Putsch gegen Hitler
1944n rot Massenmord (Auschwitz)
1945n rot Besetzungen
1951n braun Putsch gegen Peron
1952n braun Aufstand in Barcelona
1953n rot Pakt USA–Spanien
1953n rot Konkordat mit Spanien
1955n braun Vertreibung Perons
1965n braun Aufstand in Asturien

FASIR, nordafrikanischer Prediger und Freiheitskämpfer.

285n–347n Lebenslinie
342n blau Kommunistische Forderung
344n/347n Zirkumzellionen-Aufstand

FASTEN

569v–498v Jina Mahavira
88n–165n Marcion
570n–632n Mohammed

FASTNACHTSSPIELE, erste Bühnenwerke in Deutschland. Meist von Handwerkern verfaßt, deren Namen nicht überliefert sind. Später, besonders in Nürnberg, von den Meistersingern geschrieben und aufgeführt. Verspotten Adel und Geistlichkeit, aber auch die von diesen ausgebeuteten Bauern.

1449n blau Rosenplüt: 'Weinsegen'
1550n blau Hans Sachs' Spiele

FATIMIDEN, arabische Herrschaftsfamilie, die auf Mohammeds Tochter Fatima zurückgeht.

351n–938n Al Balki
899n/930n Karmatenaufstand
909n rot Herrschaft in Nordafrika
969n rot Herrschaft in Ägypten
988n blau Universität Kairo
988n grün Stipendien
1009n rot Intoleranz
1016n blau Großbibliothek Kairo
1021n rot Ermordung des Kalifen
1138n–1193n Saladin
1171n rot Herrschaftsende

FAUCHARD, Pierre (1680n–1761n), französischer Arzt. Überwand die volkstümliche Vorstellung vom Vorhandensein eines Zahnwurmes durch zutreffende Darstellung der Ursachen von Zahnerkrankungen. Beschäftigte sich auch mit der Herstellung von haltbarem Zahnersatz sowie mit der vorbeugenden Zahnpflege.

1732n grün Zahnersatz
1746n grün Paradentose-Forschung

FAULKNER, William Harrison (1897n bis 1962n), nordamerikanischer Schriftsteller. Als Sohn armer Pflanzer Kriegsteilnehmer, Student, Zimmermann und endlich selbst Bauer in den Südstaaten der USA. Seine oft von skurrilem Humor erfüllte Darstellung des Grauens und des Abnormen machte ihn berühmt. Entwickelte seine Roman-Gestalten aus den Gegensätzen von Freiheit und Ordnung, Individuum und Gemeinschaft, Sitte und Sinnenfreude. Die sozialkritische Seite seiner vorwiegend in den Südstaaten der USA spielenden Erzählungen wird durch psychologische Zergliederung und Betonung des Formalen überlagert. In den Rassenkonflikten nahm er für die Gleichberechtigung der Neger Stellung ('Griff in den Staub').

1936n blau 'Absalom, Absalom'
1948n blau 'Griff in den Staub'
1959n blau 'Das Haus'

FAUST, sagenhafte Gestalt aus der frühen deutschen Geschichte. Der ihm zugeschriebene Pakt mit dem Teufel regte Dichter und Tondichter immer wieder an. Wurde zum Symbol der Unstillbarkeit des menschlichen Erkenntnisdranges.

939n–990n Roswitha
963n blau Roswithas Legende
1587n blau Deutsches Volksbuch
1588n blau Marlowes Drama
1749n–1832n Goethe
1774n blau Goethe: Erster Entwurf
1808n blau Goethe: Faust I
1831n blau Goethe: Faust II
1859n blau Gounods Oper
1875n–1955n Thomas Mann
1947n blau Thomas Mann: 'Faustus'

FAUSTKAMPF. Bereits vor 4000 Jahren auf der Mittelmeerinsel Kreta neben dem Stiersprung beliebter Sport, fand er vor 3000 Jahren auch in Griechenland Eingang. Im 4. Jahrhundert vor der Zeitwende wurde er von den Römern übernommen und entwickelte sich zu einem Schaukampf, der von Sklaven zur Unterhaltung der Bürger vorgeführt wurde. Der Kampf wurde nun mit bleibestückten Handschuhen ausgeführt und verlief oft tödlich. Im 17. Jahrhundert in England wieder aufgenommen als Kampfübung zum persönlichen Schutz. Im 18. Jahrhundert als Ernstkampf polizeilich verboten, wurde er wieder zu einer Sportart mit festen Regeln. Die Handschuhe dienten nun zum Schutz, die Kampfzeit wurde begrenzt, und es wurden eigene Schulen mit Professoren eingerichtet. Doch machten gewinnsüchtige Unternehmer wieder Schaukämpfe daraus, und der Sport sank zu einer verrohenden Publikums-Unterhaltung herab. In dieser Form fand er seit dem 19. Jahrhundert in fast allen kapitalistischen Staaten Verbreitung. Dabei wurden Dauerschäden und auch tödlicher Verlauf von Kämpfen um des Geschäftes willen in Kauf genommen. Die Berufssportler wurden durch hohe Bezahlung dazu bestimmt, das im alten Rom von Sklaven unter Zwang ertragene Risiko freiwillig auf sich zu nehmen. In einigen sozialistischen Staaten bemüht man sich vergeblich, die Sportart durch Herabminderung ihrer Gefährlichkeit und Brutalität zu erhalten.

1587v blau Kretisches Relief
688v grün Olympische Sportart
575v–483v Xenophanes
304v–232v Kleanthes

FAYENCE, Gebrauchsgegenstände und Kunstwerke aus bemaltem, glasiertem und gebranntem Ton, der durch diese Behandlung wasserundurchlässig wird. Benannt nach der norditalienischen Stadt Faenza, wo sie in besonders guter Qualität hergestellt wird.

2847v grün Indische Gefäße
2809v blau Indische Plastik
2781v grün Ägyptische Gefäße
2654v grün Indische Perlen
2633v grün Baumaterial in Ägypten
1625v blau Ägyptische Tierfigur
1514v blau Kretisches Relief
1470v blau Kretische Plastik
1402v grün Perlen-Handel
1216v grün Chinesische Keramik
1161v blau Ägyptische Kacheln
752v grün Assyrische Tongefäße
717v blau Ägyptische Vase
1443n grün Plastiken in Italien
1593n grün Delfter Fayencen

FAYUM, Oase in Nordägypten. Ursprünglich Sumpfgebiet (bis 45 Meter unter dem Meeresspiegel), wurde das Gebiet durch Trockenlegung und Einrichtung geregelter Bewässerung zu einem blühenden Landstrich mit kulturell hochstehenden Siedlungen.

1865v–1792v Amen-Em-Het III.
833v blau Krokodilopolis
1832v grün Trockenlegung
1826v–1786v Nefer-Sebek-Re
1806v blau Bauten in Hawara
1789v rot Krokodilopolis Residenz
1775v–1725v Sebek-Hotep III.
1727v rot Verlegung der Kultstätte

FAZL, Abul (1551n–1602n), persischer Dichter und Geschichtsschreiber. Vertrauter und Ratgeber des indischen Königs Akbar, dem er auch als Minister in hohen Staatsstellungen diente. Schrieb eine Zeitgeschichte Indiens unter besonderer Berücksichtigung der Verfassung, der Verwaltung und der Religion des Landes.

1601n blau Geschichte Indiens

FECHNER, Gustav Theodor, (1801n bis 1887n), deutscher Physiker und Philosoph. Nachdem er seine Professur der Physik wegen eines Augenleidens hatte aufgeben müssen, wandte er sich der Philosophie, der Anthropologie und der Psychologie zu. Begründete die Psycho-Physik, eine Mischung von exakter Wissenschaft und psychologisierender wie metaphysischer Spekulation, die er selbst die Wissenschaft von den Beziehungen zwischen Leib und Seele nannte. Bereitete durch seine Versuche zur exakten Bestimmung der Empfindungsstärken die experimentelle Psychologie vor.

1861n grün Psycho-Physik

FEDA, Abul (1273n–1331n), arabischer Staatsmann, Geschichtsschreiber und Geograph aus Damaskus (Syrien). Verteidigte die syrische Stadt Hama gegen Kreuzfahrer sowie gegen die Mongolen. Als Vasall Ägyptens zum Sultan ernannt. Schrieb eine Weltgeschichte von der Erschaffung der Erde bis auf seine Zeit und bezog in die Darstellung auch die ihm bekannten außerarabischen Völker ein. Verfaßte eine allgemeine Länderkunde mit Angaben der geographischen Länge und Breite.

1321n grün Erdoberfläche berechnet
1331n blau Weltgeschichte

FEDERUNG

1615n grün Gefederter Wagen

FEGEFEUER, nach christlicher Vorstellung ein Ort im Jenseits zwischen Himmel und Erde, wo sich die Seelen Verstorbener befinden, um durch furchtbare Quälereien von irdischen Sünden gereinigt zu werden und danach in den Himmel zu kommen. Diese bereits von der Reformation zurückgewiesene Vorstellung wird noch heute in der katholischen Kirche geglaubt. Sie hält einerseits die katholische Christenheit zeitlebens in Furcht vor den von der Kirche als 'Sünde' bezeichneten Handlungen und läßt sie andererseits zur Abkürzung der Fegefeuer-Leiden Verstorbener opfern. So dient sie in doppelter Weise dem Bestand der katholischen Kirche.

540n–604n Gregor I.
593n rot Dogma
1265n–1321n Dante
1320n blau 'Göttliche Komödie'
1491n blau 'Komödie'-Illustrationen

FEHRBELLIN, Stadt in der Mark Brandenburg, 50 Kilometer nordwestlich von Berlin. 1675n besiegte hier ein brandenburgisches Reiterheer mit 5000 Mann unter Friedrich Wilhelm das schwedische Heer von 11000 Mann. Dieser Sieg verhinderte die Vereinigung der französischen Armee mit dem schwedischen Heere und brachte Brandenburg die Befreiung von schwedischer Besatzung.

1674n/1675n Schwedischer Angriff

FEIERTAGE

40n grün Passah-Fest als Ostern
155n rot Streit um Osterdatum
192n rot Festlegung des Osterdatums
248n rot Tausendjahrfeier Roms
321n rot Sonntag Staatsfeiertag
325n grün Endgültiges Osterdatum
354n rot Weihnachtsfest
389n rot Vorrang des Christentums
1192n grün Weihe der Ostereier
1223n grün Weihnachtskrippe
1889n rot Erster Mai

FEIGENBAUM, Sammelbezeichnung für 600 Arten eines Gewächses, das wegen seiner Früchte und seines Holzes seit mindestens 5000 Jahren in Asien und Afrika angebaut wird (besonders im östlichen Mittelmeerraum). Die durch ihren hohen Zuckergehalt (50%) sehr nahrhafte Frucht wird während des ganzen Jahres geerntet.

2323v grün Anbau in Mesopotamien
1917v blau Erntebild

FEILE, span-abhebendes Werkzeug zur Glättung von Metall- oder Holzflächen.

208v grün Gebrauch in Griechenland

FELDHAUS, Franz Maria (1874n–1957n), deutscher Ingenieur. Wurde durch systematische Erfassung und Darstellung der Erfindungen des Menschengeschlechtes zum Begründer einer universalen Geschichtsschreibung der Technik.

1914n grün Geschichte der Technik

FELDSPAT, Bezeichnung für den Hauptbestandteil der festen Erdrinde, die zu 60% aus diesem tonigen bis kalkigen Stoff besteht.

608n–676n Tao-Yü
663n grün Nutzung für Porzellan

FELDTHEORIE, Versuch Albert Einsteins zur Vereinfachung des physikalischen Weltbildes. Unternimmt es, durch Zurückführung der mannigfachen Naturvorgänge auf die Veränderung eines elektromagnetischen Urfeldes ein in sich geschlossenes harmonisches System zu schaffen, das unter Gleichsetzung von Kraft und Stoff die Welt der Atome ebenso umschließt wie die Vorgänge im Weltall.

1879n–1955n Einstein
1950n grün Niederschrift

FELIX, Minucius (um 150n–um 220n), römischer Rechtsanwalt aus Nordafrika. Wurde in Rom Christ und verfaßte eine Schrift über die Vorzüge des Christentums gegenüber dem römischen Götterglauben. In Form eines Bekehrungsgespräches zwischen dem Christen Oktavius und dem Nichtchristen Cäcilius pries er die politische Zuverlässigkeit der christlichen Gemeinden und verteidigte seine neue Religion gegen den Vorwurf des Ritualmordes und der Sittenlosigkeit.

200n blau Bekehrungsgespräch

FELL, Tierhaut in ungegerbtem, behaartem Zustand. Grundstoff der Lederherstellung.

Vorzeittafel: 80 Tausend Jahre
2979v grün Leder-Verarbeitung
2943v grün Überzug auf Schilden
2653v blau 'Mann im Pantherfell'
740v grün Boot aus Tierhäuten
255v grün Verarbeitung zu Pergament
1207n blau 'Held im Tigerfell'

FEMINIS, Giovanni Paolo (um 1660n bis 1737n), italienischer Erfinder. Kam aus Mailand nach Köln, ließ sich dort nieder und vertrieb die von ihm entwickelte erfrischende Alkohol-Lösung ätherischer Öle (Lavendelöl, Nelkenöl, Zitronenöl, Rosmarinöl). Durch den siebenjährigen Krieg kam das 'Kölnische Wasser' nach Frankreich und erhielt den Namen 'Eau de Cologne', der dann dem Produkt auch in Deutschland gegeben wurde, weil in dieser Zeit alles Französische als besonders vornehm galt.

1692n grün 'Kölnisches Wasser'

FÉNELON, François (1651n–1715n), französischer Schriftsteller. Nach Veröffentlichung eines Buches über die Erziehung junger Mädchen wurde er auf Empfehlung Bossuets von Ludwig XIV. mit der Erziehung des Thronfolgers betraut. Für diesen Enkel des Königs schrieb er Fabeln und einen staatspolitischen Bildungsroman ('Die Abenteuer des Telemach'). Darin übte er scharfe Kritik am französischen Absolutismus und am verderblichen Gewaltregime Ludwigs XIV. Das Buch war zwanzig Jahre lang verboten. Auch sein Werk über die katholischen Heiligen wurde verboten, und 23 seiner Lehrsätze wurden verworfen. Vom Papst zu Widerruf und Unterwerfung gezwungen, zog er sich zurück und schrieb Briefe und Erinnerungen, die sich gegen die Grundlagen des 'Sonnen-Königtums' richteten und den Durchbruch der Aufklärung in Frankreich vorbereiteten.

1698n blau 'Telemach'
1699n rot Verbot des 'Telemach'

FENSTER

2356v grün Lochplatten in Sumer
1581v grün Aussichts-Fenster (Kreta)
1552v grün Fensterfronten (Kreta)
1n grün Fensterscheiben in Rom
406n grün Farbige Kirchenfenster
674n grün Verglasung nach England
1134n grün Kirchenfenster-Werkstatt
1257n grün Fenster von Chartres
1330n grün Butzenscheiben

FEODOSIA, Hafenstadt und Seebad am Schwarzen Meer im Nordosten der Halbinsel Krim. Unter dem Namen 'Theodosia' von Griechen gegründet. Im Jahre 131n zerstört. Tausend Jahre lang stand dann nur die Burg Kafe, bis im Jahre 1262n Bewohner Genuas die Stadt Kaffa anlegten. Seit 1475n türkisch. Seit 1771n russisch, erhielt es 1783n den Namen Feodosia. Seit 1917n in Sowjetrepublik Krim.

528v blau Gründung
1475n braun Eroberung durch Türken
1475n rot Türkische Herrschaft
1768n–1774n Russisch-türkischer Krieg

FERDINAND I. (1503n–1564n), deutscher Kaiser von 1556n bis 1564n. Als Sohn Philipps des Schönen in Spanien geboren, regierte er zunächst in der Stellung eines Stellvertreters seines Bruders Karls V. das Reich. Durch Erbvertrag sicherte er sich die alten Habsburger Länder. Durch Heirat fielen ihm noch Böhmen und Ungarn zu, und er vereinigte diese Gebiete zur österreichisch-ungarischen Donaumonarchie ('Habsburger-Monarchie'). Nach der Abdankung Karls V. wurde er Kaiser über das deutsche Reich ohne Spanien und dessen überseeische Besitzungen. Sein Leben war hauptsächlich mit Kriegen gegen die Türken ausgefüllt, denen er schließlich ihre ungarischen Eroberungen überlassen mußte. In jungen Jahren eifriger Katholik und 'Ketzer'-Verfolger, übte er später Duldsamkeit gegenüber den Protestanten. Durch die Augsburger Reichsmünzordnung gab er den Währungen des Reiches eine gewisse Einheitlichkeit.

1500n–1558n Karl V.
1527n rot Herr über Böhmen, Ungarn
1527n braun Sieg über Ungarn
1528n rot 'Wiedertäufer'-Verfolgung
1529n braun Türken vor Wien
1541n braun Türkisches Vordringen
1541n rot Teil Ungarns türkisch
1552n rot Passauer Vertrag
1554n rot Regierungsübernahme
1555n rot Augsburger Friede
1556n rot Abtrennung Spaniens
1559n grün Reichsmünzordnung

FERDINAND II. (1578n–1637n), deutscher Kaiser von 1619n bis 1637n. Als Zögling des Jesuitenkollegs Ingolstadt gelobte er 1598n in Rom die Ausrottung des Protestantismus in Deutschland (Gegenreformation). Mit Unterdrückung und Verfolgung suchte er sein Ziel zu erreichen. Durch Ausdehnung dieses Terrors auf Böhmen wurde er zum Urheber des Dreißigjährigen Krieges. Diesen führte er nach dem Grundsatz, lieber über eine Wüste herrschen zu wollen als über ein Land von 'Ketzern'. Stimmte dem Plane zur Ermordung seines Feldherrn Wallenstein zu, als dieser den Jesuiten unbequem wurde.

1583n–1634n Wallenstein
1618n braun Erhebung in Prag
1618n–1648n Dreißigjähriger Krieg
1629n rot Restitutionsedikt
1634n rot Ermordung Wallensteins
1635n grün Belohnung Piccolominis

FERDINAND II., der Katholische (1452n–1516n), spanischer König von 1479n bis 1516n. Als König von Sizilien heiratete er Isabella von Kastilien, folgte seinem Vater auf den Thron Aragoniens und schuf durch Vereinigung dieser Länder das spanische Königreich. Unterwarf Granada und vertrieb die letzten Araber aus Spanien. Eroberte Neapel und förderte die Entdeckung Amerikas. So bereitete er die spanische Weltmacht für seinen Enkel Karl V. vor. Unterdrückte und verfolgte Kirchengegner durch die Einführung von Folter und Verbrennung (Inquisition). Verfolgte und vertrieb die Juden aus Spanien.

1451n–1505n Isabella von Kastilien
1469n rot Heirat Isabellas
1480n rot Einsetzung von Beamten
1481n/1492n Letzter Maurenkrieg
1482n rot Papst-Macht beschränkt
1483n braun Sieg auf den Kanaren
1483n rot Kanaren spanisch
1485n grün Kanarienvögel-Ausfuhr
1492n rot Juden-Vertreibung
1492n grün Erreichung Amerikas
1493n rot Weltaufteilung in Übersee
1502n rot Mauren-Vertreibung
1502n grün Entdeckung Mittelamerikas
1502n grün Sklaven nach Amerika
1503n grün Amt für Amerikahandel
1507n rot Ximenes Inquisitor
1508n rot Besitz Jamaikas
1511n rot Herrschaft über Kuba
1515n blau Gründung Habanas
1515n grün La-Plata-Gebiet entdeckt
1516n rot Vererbung des Reiches

FERDINAND III. (1608n–1657n), deutscher Kaiser von 1637n bis 1657n. Folgte seinem Vater Ferdinand II. auf den Thron und suchte durch größere Duldsamkeit in religiösen Fragen den Dreißigjährigen Krieg zu beenden. Nach siebenjährigen Verhandlungen mußte er im Westfälischen Frieden eine dauernde Schwächung des Reiches hinnehmen und endgültig auf eine Niederringung des deutschen Protestantismus verzichten.

1618n/1648n Dreißigjähriger Krieg
1648n rot Westfälischer Friede

FERGIL der Geometer, irischer Naturwissenschaftler, Geschichtsforscher und Theologe.

701n–784n Lebenslinie
743n grün Lehre von den Antipoden
748n rot Anklage

FERID ATTAR (1136n–1229n), persischer Dichter, Apotheker und Arzt. Verfaßte eine Sittenlehre ('Buch des guten Rats'), ein Tiergleichnis für die sieben Stufen der Seelenläuterung ('Vogel-Gespräch'), einen Roman ('Chosrau und die Rose') sowie 97 Lebensbilder berühmter persischer Heiliger.

1171n blau 'Vogel-Gespräch'

FERIEN

168n grün Forderung Frontos

FERMAT, Pierre (1601n–1665n), französischer Mathematiker. Gelangte fast gleichzeitig mit dem fünf Jahre älteren Descartes auf Grund eigener Arbeiten zur analytischen Geometrie. Mit seiner exakten Methode wirkte er bahnbrechend auf zahlreichen Gebieten der Mathematik. Begründete die Unendlichkeitsrechnung und die Zahlentheorie (Fermat'scher Satz). Durch neue Methoden zur Bestimmung der Tangenten, Wendepunkte und Quadraturen bereitete er die Differential- und Integralrechnung vor. In seinem Briefwechsel mit Pascal schuf er die Grundlagen der Wahrscheinlichkeitsrechnung. Seine Forschungen auf dem Gebiete der Optik führten zu der Feststellung, daß ein Lichtstrahl auf dem schnellsten Wege zu seinem Ziel findet, auch wenn dieser Weg infolge Strahlenbrechung nicht der räumlich kürzeste ist (Fermat'sches Prinzip).

1654n grün Wahrscheinlichkeitsrechnung

FERMI, Enrico (1901n–1954n), italienischer Physiker. Entdeckte die Möglichkeit zur Umwandlung von Atomkernen durch Neutronenbeschuß und fand neue radioaktive Elemente. 1939n verließ er seine Heimat, um in den USA weiterzuarbeiten. Dort entwickelte er den ersten Atommeiler. Zusammen mit Albert Einstein bestimmte er die Regierung der USA zur militärischen Nutzung der Atomkraft. An der Herstellung der ersten Atombomben war er führend beteiligt.

1935n grün Kern-Umwandlung
1942n grün Atomreaktor
1945n grün Atombombe

FERNANDO de Rojas (1465n–1541n), spanischer Dichter. Studierte in Salamanca Rechtswissenschaft und schrieb dann den dramatischen Roman 'La Celestina'. Darin schilderte er die tragische Liebe des Calisto zu Melibea. Den Hintergrund zu dieser hohen, reinen Liebe bildet eine Welt von Dirnen und Zuhältern. Titelfigur ist die Kupplerin Celestina. Die 22 Teile des in Gesprächsform geschriebenen Romans sind wie 22 Akte eines Theaterstückes aufgebaut. Das Werk bildete den bedeutendsten Beitrag zur Entwicklung des spanischen Theaters.

1499n blau 'La Celestina'

FERNLENKUNG, Steuerung eines Fahrzeugs von einem Punkte außerhalb des Fahrzeugs selbst, wobei die Steuerungsvorgänge mechanisch, akustisch, optisch oder elektrisch (über Draht oder über Funk) ausgelöst werden. Von Wirth auf dem Berliner Wannsee an einem Boot erprobt, bewährte sie sich später auch bei Land- und Luftfahrzeugen. Bildet eine der wichtigsten Grundlagen der Raumfahrt.

1911n grün Erfindung

FERNMELDEWESEN, Bezeichnung für die Gesamtheit der Einrichtungen zur Übertragung von Mitteilungen über größere Entfernungen.

459v grün Fackel-Signale
227v grün Optische Telegraphie
10n grün Sprechrohre
968n grün Faden-Telephon
1793n grün Chappes Telegraph
1809n grün Sömmering: Telegraph
1816n–1892n Siemens
1832n grün Schilling: Nadeltelegraph
1835n grün Rohrpost
1843n grün Bain: Bildtelegraphie
1844n grün Morse-Alphabet
1847n–1931n Edison
1855n grün Hughes: Telegraph
1858n grün Atlantikkabel
1861n grün Reis: Telephon
1874n–1937n Marconi
1876n grün Bell: Telephon
1877n grün Caselli: Bildtelegraph
1878n grün Hughes: Mikrophon
1884n grün Nipkows Bildzerleger
1893n– Karolus
1894n grün Popow: Antenne
1897n grün Drahtlose Telegraphie
1902n grün Korns Bildtelegraph
1920n grün Rundfunksender
1924n grün Fernsehen
1928n grün Zeitungs-Bildfunk
1930n grün Farbfernseh-Versuche
1931n grün Zworykin: Bild-Abtaster
1948n grün Transistor
1952n grün Farbfernseh-Projektion
1954n grün Farbfernsehen in USA
1955n grün Sendeturm (479 m Höhe)
1957n grün Ardenne: Kleinstsender
1959n grün Photos der Mondrückseite
1965n grün Photos vom Mars

FERNROHR, Gerät zur Betrachtung entfernter Gegenstände. Besteht aus einem länglichen Rohr, in dem mehrere einander ergänzende Linsen (Prismen, Spiegel) so angebracht sind, daß eine vergrößerte Wiedergabe des betrachteten Gegenstandes bewirkt wird.

1564n–1642n Galilei
1571n–1630n Kepler
1593n grün Herstellung in Italien
1611n grün Astronomisches Fernrohr
1640n grün Gascoignes Fernrohr
1643n–1727n Newton
1668n grün Spiegelfernrohr
1846n grün Optisches Werk Zeiss
1850n grün Porro: Prismenfernrohr
1949n grün Fünf-Meter-Spiegel

FERNSEHEN, Übertragung stehender oder bewegter Bilder über größere Entfernungen über Kabel oder durch drahtlose Telegraphie. Beruht auf der Möglichkeit zur Zerlegung von Bildern in einzelne Punkte, der Verwandlung dieser Punkte in Strom-Impulse (Abtasten) und der Übertragung dieser Impulse mit Hilfe elektrischer Wellen. Durch ihre Rückverwandlung erscheint dann das vom Sender abgetastete Bild beim Empfänger. Die Bewegungs-Illusion wird durch eine Aufeinanderfolge von Einzelbildern bewirkt, deren Ablauf-Geschwindigkeit größer ist als die Schnelligkeit der Einzel-Wahrnehmung des menschlichen Auges. Bei rascher technischer Verbesserung entwickelte es sich in der zweiten Hälfte des 20. Jahrhunderts zum wesentlichsten Mittel der Nachrichtenübertragung und Meinungsbildung.

1884n grün Nipkows Bildzerleger
1893n– Karolus
1924n grün Karolus-Gerät
1930n grün Farbfernseh-Versuche
1931n grün Bildabtaster
1952n grün Großprojektion
1954n grün Farbfernsehen in USA
1955n grün Antennenturm

FERNSPRECHER. Das Fern-Sprechen durch Rohre haben schon vor 2000 Jahren die Römer gekannt, um Mitteilungen von den Portierslogen in die Wohnungen vornehmer Bürger durchzugeben. Der Chinese King-Fu erfand vor 1000 Jahren das Faden-Telephon. 1873n bemerkte der nordamerikanische Physiker Page, wie ein Eisenstab durch elektromagnetische Schwingungen zum Tönen gebracht wurde. An diese Beobachtung der Umwandelbarkeit elektrischer Schwingungen in Töne knüpfte sich bei anderen der Gedanke, daß es auch möglich sein mußte, Töne in elektrische Schwingungen zu verwandeln und über Drähte weiterzuleiten. Der französische Telegraphenbeamte Charles Bourseul erfand 1849n die Vibrationsplatte zur Umwandlung von Tönen in elektrische Schwingungen – doch gelang ihm nicht die Rückwandlung dieser Schwingungen in Töne. Der junge deutsche Lehrer Philipp Reis konnte 1861n das erste praktisch arbeitende Telephon-Gerät vorführen. In Havanna (Kuba) hatte der Italiener Antonio Meucci unabhängig von beiden das Problem ebenfalls gelöst. Doch keiner von ihnen brachte das neue Gerät zur Produktionsreife. Das gelang erst dem englischen Gelehrten Graham Bell, der den Batteriestrom durch Wechselstrom ersetzte und durch weitere Verbesserungen die verständliche Fern-Übertragung der menschlichen Stimme ermöglichte. Sein Landsmann Hughes verbesserte dann noch die Ton-Qualität durch Erfindung des Mikrophons.

10n grün Sprech-Rohrleitungen
968n grün Faden-Telephon
1861n grün Erfindung durch Reis
1876n grün Bells Konstruktion
1878n grün Mikrophon

FERRER, Francisco (1859n–1909n), spanischer Freiheitskämpfer. Als Eisenbahnkontrolleur stellte er sich auf die Seite der revolutionären Arbeiter. Da er in der Kirche das Herzstück der Ausbeutergesellschaft erkannte, richtete er seine Schriften und Vorträge vor allem gegen den Klerus und gegen die Religion. 1901n gründete er in Barcelona ein revolutionär-pädagogisches Institut. Führte in Barcelona den Aufstand gegen die spanische Kolonialpolitik, der auch auf Madrid übergriff, die Gewalt einer Revolution annahm und zur Zerstörung von 65 Kirchen und 31 Klöstern führte. Nach Niederschlagung dieses Aufstandes durch das Militär wurde er erschossen.

1909n braun Revolution

FERRO, Scipione (1465n–1526n), italienischer Mathematiker. Universitätsprofessor in Bologna. Fand auf arithmetischem Weg die den Arabern bereits auf geometrischem Weg gelungene Lösung von Gleichungen dritten Grades (= 'Kubische Gleichungen'). Veröffentlichte aber diese bahnbrechende Entdeckung nicht, sondern teilte sie nur brieflich seinem Freunde Antonio Fior mit, der sie später bekanntgab.

1510n grün Kubische Gleichungen

FES, Stadt im Hochland von Marokko (Nordafrika). Auf den Trümmern einer von Wandalen zerstörten Römersiedlung als Hauptstadt Marokkos errichtet, erlebte sie ihre Blütezeit als Residenz arabischer Herrscher zwischen dem 9. und dem 14. Jahrhundert. In dieser Zeit erreichte sie eine Einwohnerzahl von 400000 und war mit ihren 785 Moscheen das bedeutendste religiöse Zentrum des Islam nach Mekka. Seit 1545n unter türkischer Oberhoheit, seit 1911n französisch. Seit 1956n nimmt die Stadt wieder ihren Platz als wichtiges Industrie- und Handelszentrum in einem selbständigen marokkanischen Staate ein.

808n blau Gründung
859n blau Universität und Moschee

FESTE, einmalige oder regelmäßig wiederkehrende Feiern, meist verbunden mit öffentlichen Veranstaltungen. Die Sehnsucht des Menschen nach Unterbrechung der Alltagsarbeit durch derartige Höhepunkte im Jahresablauf ist so alt wie die regelmäßige Arbeit. Religion und Staat haben ihr seit den ältesten Zeiten entsprochen.

2942v–2870v Du-Muzi
2880v grün Sumerisches Neujahrsfest
2757v–2681v Neter-Imu
2695v rot Ägyptisches Horusfest
1742v blau Bild eines Erntefestes
1549v blau Relief eines Bauernfestes
1515v–1479v Har-Mosis
776v blau Erste Olympische Spiele
656v–587v Arion
583v–513v Thespis
582v blau Regelmäßig Pythische Spiele
580v blau Isthmische Spiele
487v blau Simonides' Lieder
440v blau Bild eines Festzuges
249v rot Jahrhundertfest in Rom
249v blau Festlied des Andronikos
217v rot Römische Saturnalien
186v rot Verbot der Bacchanalien
40n grün Passah-Fest als Ostern
155n rot Streit um Osterdatum
192n rot Festlegung des Osterdatums
248n rot Tausendjahrfeier Roms
321n rot Sonntag Staatsfeiertag
325n grün Endgültiges Osterdatum
346n–395n Theodosius
354n rot Weihnachtsfest
389n rot Vorrang des Christentums
393n grün Letzte Olympische Spiele
394n rot Verbot Olympischer Spiele
813n grün Michaelisfest
998n grün Allerseelen
1192n grün Weihe der Ostereier
1223n grün Weihnachtskrippe
1264n rot Fronleichnam
1449n blau Rosenplüt: Fastnachtsspiel
1550n blau Sachs: Fastnachtspiele
1818n blau Lied 'Stille Nacht'
1889n rot Erster Mai
1896n grün Wieder Olympische Spiele

FESTIGKEITSLEHRE, Teilgebiet der Mechanik. Berechnet aus Form und Material von Körpern deren Widerstandsfähigkeit gegen äußere Einwirkung.

1564n–1642n Galilei
1638n grün Galileis Forschungen

FESTUNG, durch Wälle, Mauern oder Wassergräben geschützter Ort (meist Stadt), dem militärische Bedeutung zukommt oder der sich aus anderen Gründen vor Überfällen sichert. Mit der Verbreitung moderner Waffen zunehmend unwirksame und deshalb aussterbende Form der Verteidigung.

2894v–2817v Gilgamesch
2882v–2825v Menes
2845v grün Festung Uruk
2644v–2576v Snofru
2624v grün Befestigung Elefantines
2260v grün Festung Tell Brak
2037v grün Stadtmauer um Ur
1911v–1845v Ilu-Suma
1863v grün Ägyptische Grenzforts
1846v grün Mauern um Assur
1842v grün Grenzfestung Semne
1837v–1780v Sumu-La-Ilu
1789v grün Schutzmauer um Babylon
1698v–1629v Iluma-I-Lu
1653v grün Festungsgürtel Sumers
1424v–1370v Kuri-Gal-Zu
1311v grün Mauer um Mykene
1302v–1244v Salmanassar I.
1173v grün Pharao-Palast befestigt
999v–936v Hiram
810v grün Wälle in China
589v grün 'Medische Mauer' Babylons
445v grün Stadtmauer Jerusalems
424v–367v Dionys der Ältere
402v grün Festung Syrakus
380v grün Mauer um Rom
265v–202v Philon
12v/7v Zweiter Germanenkrieg
179n grün Festung Regensburg
271n grün Mauer um Rom
510n grün Mauer um Konstantinopel
711n grün Festung Gibraltars
823n–877n Karl II., der Kahle
848n grün Papstpaläste befestigt
1449n grün Befestigung des Vatikans
1669n rot Aufsicht Vaubans

FETTMILCH, Vinzenz (um 1570n–1616n), deutscher Freiheitskämpfer. Als Schmied aus Rüdesheim stellte er sich neben dem Rechtsanwalt Nikolaus Weitz an die Spitze eines Aufstandes der Frankfurter Handwerker gegen die Besitzbürger, in deren Händen die Herrschaft über die Stadt lag. Zugleich richtete sich die Erhebung gegen die Juden der Stadt, die sich durch besondere Abgaben an Stadt und Kaiser gegen die Empörung über ihre hohen Zinsen gesichert glaubten. Zum Vorsitzenden eines aus 130 Bürgern bestehenden Gegen-Stadtrates gewählt, erzwang er die Senkung der von den Juden beanspruchten Zinssätze von 12 auf 8 Prozent und beschränkte die Zahl der jüdischen Einwohner. Obwohl die Juden nun den deutschen Kaiser zu Hilfe riefen, drang er an der Spitze der Frankfurter Handwerker ins Judenviertel ein und vertrieb 1380 Juden aus der Stadt. Doch erwirkten die Juden beim Kaiser, daß sie in feierlichem Zuge in die Stadt zurückgeholt werden mußten, während er als Anführer des Aufstandes durch die vom Kaiser eingesetzten Reichskommissare gefangen und hingerichtet wurde. Sein Kopf wurde auf eisernem Spieß auf dem Stadtturm zur Schau gestellt.

1613n rot Juden-Ausweisung
1613n grün Zinssatz ermäßigt
1614n/1616n Aufstand

FEUER, gleichzeitiges Auftreten von Licht und Hitze bei der Verbrennung fester, flüssiger oder gasförmiger Körper. Seit den ältesten Zeiten wartete es der Mensch, wie er es in der Natur gelegentlich vorfand, bis er lernte, es selbst zu erzeugen. Lange Zeit galt es als eines der vier Elemente (neben Erde, Wasser und Luft). Die moderne Technik beruht wesentlich auf seiner sinnvollen Verwendung.

Vorzeittafel: 500 Tausend Jahre
Vorzeittafel: 10 Tausend Jahre
2082v grün Küchenraum
1124v grün Feuerplatz im Innenhof
585v–525v Anaximenes
544v–484v Heraklit
490v–430v Empedokles
453v grün Lehre von vier Elementen
671n grün Brandwerfer
1770n grün Feuerzeug
1831n grün Streichholz

FEUERBACH, Anselm (1829n–1880n), deutscher Maler. Nach Studienjahren in Paris lebte er vorwiegend in Italien und gestaltete vor dem Hintergrunde blühender Landschaften zahlreiche Stoffe aus der griechischen Sage ('Iphigenie', 'Medea', 'Paris-Urteil'). Daneben schuf er monumentale Frauenbildnisse ('Nanna', 'Nymphe mit musizierenden Kindern'), historische Gemälde ('Gastmahl des Plato', 'Tod des Aretino') sowie ein Bild seiner Mutter und Selbstbildnisse.

1870n blau 'Medea'

FEUERBACH, Ludwig (1804n–1872n), deutscher Philosoph. Brach sein Studium der Theologie ab, um bei Hegel Philosophie zu studieren. Hegels Lehre von dem aus dem Denken hervorgegangenen Sein erkannte er als 'verkappte Theologie' und entwickelte selbst das Denken aus dem Sein. Schon seine erste Schrift wurde beschlagnahmt ('Gedanken über Tod und Unsterblichkeit'). Sein materialistischer Standpunkt ('Der Mensch ist, was er ißt') führte dazu, daß er zeitlebens von der Universitätslaufbahn ausgeschlossen blieb. Von den Einkünften lebend, die seiner Frau aus ihrer Porzellanfabrik zuflossen, vollendete er unbeirrt seine Kritik der herrschenden Denkgewohnheiten. In seinem Hauptwerk 'Das Wesen des Christentums' wiederlegte er die Religion, indem er sie auf ihre natürlichen Grundlagen zurückführte. Er bewies, daß die Bibel der Wahrheit, der Vernunft und sich selbst widerspricht. Forderte Menschenliebe statt Gottesliebe und ermutigte den Menschen zum Glauben an sich selbst und an die eigene Kraft.

1841n blau 'Wesen des Christentums'
1843n blau 'Philosophie der Zukunft'

FEUERBEKÄMPFUNG

296v–228v Ktesibios
259v grün Feuerspritze
1438n grün Handspritze
1518n grün Feuerlöschwagen

FEUERBESTATTUNG, seit ältesten Zeiten auf der ganzen Welt neben der Erdbestattung gebräuchliche Art der Totenbestattung. Von der katholischen Kirche als unvereinbar mit ihrem Glauben an die Auferstehung des Fleisches verworfen, wurde sie nach der französischen Revolution von den Gegnern des Christentums auch in Europa wieder durchgesetzt und von der Arbeiterbewegung als Symbol der Unabhängigkeit des Menschen vom überkommenen Aberglauben organisiert. In ihrer neuzeitlichen Form stellt sie keine eigentliche Verbrennung mehr dar, sondern den schnellen Zerfall in Asche durch Einwirkung einer Überhitze von 1200 bis 1800 Grad.

2862v grün Bestattung im Industal
1620v grün Aufkommen bei Hettitern
1526v–1460v Parra-Tarna
1886n rot Verbot des Papstes

FEUERLAND, Inselgruppe an der Südspitze Amerikas, die teilweise zu Argentinien und teilweise zu Chile gehört. Erhielt ihren Namen von ihrem portugiesischen Entdecker Magellan wegen ihrer zahlreichen offenen Feuer, die infolge des feuchten, kalten Klimas ständig unterhalten wurden. Hier befindet sich der südlichste Ort der Erde (Ushuaia).

1519n grün Magellans Fahrt-Beginn

FEUERTOD

990v rot Ammoniter-Vernichtung
760v–715v Bok-Choris
757v–703v Sabaka
156n rot Bischof in Smyrna
199n–251n Decius
250n rot Papst in Rom
1022n rot Katharer in Orléans
1030n rot Katharer in Norditalien
1090n rot 'Hexen' in Bayern
1115n rot Katharer in Byzanz
1132n rot Tod des Peter von Bruys
1163n rot 'Ketzerinnen' in Italien
1163n rot Bischöfe in Köln
1194n–1250n Friedrich II.
1197n rot Spanisches Gesetz
1209n rot Katharer in Paris
1211n rot Katharer in Straßburg
1230n rot Katharer im Elsaß
1232n rot Kaiserliche Verfügung
1232n–1300n Segarelli
1237n rot Katharer in Nordfrankreich
1239n rot Katharer in Südfrankreich
1247n rot 'Hexe' in Südfrankreich
1248n rot 'Hexen' in Toul
1249n rot Katharer in Toulouse
1275n rot 'Hexen' in Toulouse
1307n rot Tod Fra Dolcinos
1310n rot Templer-Verbrennung
1315n rot Katharer in Österreich
1336n rot Katharer in Angermünde
1362n–1437n Sigismund
1365n–1416n Hieronymus von Prag
1369n–1415n Hus
1393n rot Katharer in Frankreich
1412n–1431n Jeanne d'Arc
1415n rot Verbrennung des Hus
1416n rot Tod des Hieronymus
1431n rot Tod der Jeanne d'Arc
1433n rot Tod Thomas Conectes
1452n–1498n Savonarola
1498n rot Verbrennung Savonarolas
1509n–1564n Calvin
1527n rot Tod des Hans Hergot
1546n rot Verbrennung Dolets
1548n–1600n Giordano Bruno
1549n rot Tod Johannas von Kent
1553n rot Tod Michael Servets
1559n rot Reformer in Spanien
1600n rot Tod Giordano Brunos
1692n rot 'Hexen' in Massachusetts
1793n rot 'Hexe' in Posen

FEUERWAFFEN

1130n grün Schießpulver in China
1232n grün Schießpulver-Gebrauch
1244n grün Schießpulver der Araber
1273n grün Kanonen der Mongolen
1331n grün Kanonen in Italien
1336n grün Metallkanonen in Europa
1339n grün Handfeuerwaffen
1358n grün Geschützorgel
1359n grün Schiffsgeschütze
1420n grün Haubitze
1435n grün Pistole
1479n grün Gezogener Gewehrlauf
1652n grün Steinschloß statt Lunte
1659n grün Hinterladegewehr
1815n grün Zündhütchen
1827n grün Zündnadelgewehr
1845n grün Schießbaumwolle
1883n grün Maschinengewehr

FEUERWERK

972n grün Chinesische Raketen
1285n grün Arabisches Fachbuch

FEUERZEUG, Gerät zur künstlichen Erzeugung von Feuer. Ersetzte das jahrtausendealte Verfahren, das auf dem schnellen Bewegen (Bohren) von Holz auf Holz und der dadurch bewirkten Entzündung des Bohrmehls beruhte. 1770n baute Dumoutiez ein 'Luftfeuerzeug', das aus einem Zylinder mit einem darin bewegten Kolben bestand. Durch dessen schnelles Herabdrücken wurde Hitze erzeugt, die einen getränkten Schwamm in Brand setzte. Zehn Jahre später baute Fürstenberger ein Gasfeuerzeug mit elektrischer Funkenzündung. Auch nach der Erfindung des Zündholzes behielt das Feuerzeug seine Bedeutung, insbesondere nach seiner Umstellung auf Benzin und Feuerstein.

1770n grün Dumoutiez' Konstruktion

FIBONACCI, Leonardo (1175n–1250n), italienischer Mathematiker. Schrieb ein Buch über den Stand der Algebra und der Arithmetik unter Berücksichtigung der arabischen und indischen Mathematik. Dadurch trug er entscheidend zur Verbreitung der arabischen Ziffern in Europa bei und machte so auch die arabische Algebra allgemein bekannt. Führte den Bruchstrich ein und begründete die Methode der Subtraktion durch Zuzählen.

1203n grün Werk über Mathematik

FICHTE, Johann Gottlieb (1762n–1814n), deutscher Philosoph. Als Sohn eines Bandwirkers studierte er unter dürftigsten Verhältnissen Theologie, las als Hauslehrer Kants Schriften und wandte sich der Philosophie zu. Seine proletarische Herkunft ließ ihn glühende Verteidigungsschriften für die französische Revolution abfassen und für Gleichheit der Bildung sowie für allgemeines gleiches Recht eintreten. Die Freiheit des einzelnen sah er als soziales Problem und entwarf eine planwirtschaftliche Ordnung, in der auch das Recht auf Arbeit gesichert ist ('Der geschlossene Handelsstaat'). In seiner leidenschaftlichen Forderung nach allgemeiner Solidarität war er ein Wegbereiter des Sozialismus. Den deutschen Niedergang führte er auf das Versagen der Regierenden und der Besitzenden zurück ('Reden an die deutsche Nation'). Durch die Einführung des Dreischritts (Thesis–Antithesis–Synthesis) machte er die Dialektik zur brauchbarsten Erkenntnis-Methode der Philosophie. Mitbegründer und erster Rektor der Berliner Universität.

1800n blau 'Handelsstaat'
1807n blau 'Reden an die Nation'

FICINO, Marsilio (1433n–1499n), italienischer Arzt, Philosoph und Alchimist. Als Sohn des Leibarztes der Fürsten von Medici studierte er die griechische Sprache und übersetzte die Werke Platos und Plotins. Aus den Gesprächen, die er darüber im Freundeskreise des Cosimo Medici führte, entwickelte sich die Florentiner Akademie zum Studium der Werke Platos, deren Lehrer und geistiger Mittelpunkt er war. Sein Ziel war es, Philosophie und Theologie vollständig zu vereinigen und an die Stelle des rein theologischen Christentums eine philosophische Religion zu setzen. Förderte die Verbreitung griechischen Geistesgutes in Europa.

1459n blau Plato-Akademie
1460n blau Philosophie und Theologie

FIDSCHI-INSELN, Inselgruppe im Stillen Ozean, 2000 km nördlich von Neuseeland gelegen und etwa gleich weit von Australien entfernt. Besteht aus 322 Inseln, von denen nur 106 bewohnt sind (insgesamt 350000 Einwohner). Die auch nach ihrer Entdeckung durch den holländischen Seefahrer Tasman dank ihrer entfernten Lage noch über 200 Jahre freien Bewohner sind seit 1874n England unterworfen.

1643n grün Entdeckung
1874n rot Englischer Besitz

FIEBER, ärztliche Bezeichnung für eine Körpertemperatur über 38 Grad Celsius. In der Regel Begleiterscheinung eines Abwehrkampfes des Körpers gegen eingedrungene Krankheitserreger, insbesondere bei Infektions-Krankheiten.

304v–240v Erasistratos
254v grün Messung
1819n grün Gegenmittel Chinin
1847n grün Kindbettfieber-Forschung
1899n grün Gegenmittel Aspirin

FIELDING, Henry (1707n–1754n), englischer Dichter. Als Rechtsanwalt, Journalist, Landwirt, Theaterdirektor und Friedensrichter lernte er das Leben seiner Zeit kennen und stellte es in 28 Lustspielen und Possen bühnengerecht dar. Wegen der politischen Grundhaltung seiner gesellschaftskritischen Stücke wurde ihm durch die 1737n verhängte Zensur jede Bühnentätigkeit unmöglich gemacht. Er wandte sich dem Roman zu. Mit der 'Geschichte Jonathan Wilds' aus der Londoner Verbrecherwelt schuf er eine feine Satire auf die englische Regierungspolitik. Seine Parodie auf den heuchlerischen Tugendroman seiner Zeit ('Joseph Andrews') begründete die große humoristische Literatur Englands. In seinem berühmtesten Werk 'Tom Jones' schilderte er das Leben eines Findelkindes.

1749n blau 'Tom Jones'

FILIGRAN, von dem lateinischen Wort für Faden ('filum') abgeleitete Bezeichnung für eine kunstvolle Art der Verarbeitung feiner Edelmetall-Drähte zu Schmuckstücken, Gefäßen oder Bucheinbänden. Vor mehr als vier Jahrtausenden im vorderen Orient aufgekommen, verbreitete sich dieses Kunsthandwerk bis Indien und China, Nordafrika und in den Mittelmeerraum. Seit rund 2500 Jahren in Europa bekannt, kam es im 6. Jahrhundert auch nach Deutschland, wo es sich seit dem 8. Jahrhundert schnell zu einem blühenden Gewerbe entwickelte, dessen Zentrum Nürnberg wurde.

2471v grün Schmuckdosen

FILM, Name einer neuen Technik, die zugleich eine neue Kunst ist. Beruht auf der Möglichkeit zu einer so schnellen Aufnahme von Einzelbildern aus einem Bewegungsvorgang, daß bei ihrer im gleichen Tempo vorgenommenen Wiedergabe infolge der Trägheit des menschlichen Auges die Illusion der Bewegung wieder hervorgerufen wird. Das Wort kommt aus dem Englischen ('film' = Häutchen) und bezeichnet eigentlich nur das Material, auf dem durch photochemische Vorgänge die Bilder festgehalten werden. Durch seine praktisch unbeschränkte Haltbarkeit und Vervielfältigungsfähigkeit bietet er die Möglichkeit zur jederzeitigen Wiedergabe an jedem Ort der Erde. Aus ersten primitiven Versuchen bis 1925n zu künstlerischem Ausdruck herangewachsen, überholte er in seiner Breitenwirkung bis um 1930n Presse und Theater. Dreißig Jahre später mußte er selbst dem Fernsehen den ersten Platz einräumen, dessen Wirkung wesentlich auf den von ihm geschaffenen technischen und künstlerischen Grundlagen beruht.

1833n grün 'Lebensrad'
1847n–1931n Edison
1888n grün Rollfilm
1891n grün Aufnahmegerät
1893n– Karolus
1894n grün Projektor
1910n grün Entstehung Hollywoods
1919n blau Wiene: 'Caligari'
1922n grün Tonfilm
1925n blau Chaplin: 'Goldrausch'
1926n blau Eisenstein: 'Potemkin'
1926n blau Disney: 'Mickey Mouse'
1936n blau Chaplin: 'Modern Times'
1937n grün Farbiger Tonfilm
1940n grün Plastischer Farbfilm
1948n blau Sica: 'Fahrraddiebe'

FILZ, Werkstoff aus Tierhaaren, Wolle oder anderen Fasern, die nicht durch Weben oder Spinnen, sondern durch Druck, Reibung, Feuchtigkeit und Wärme verbunden ('verfilzt') werden. Dient seit über 2000 Jahren als Material für wärmende Kleidung und Schuhe. Auch für die Herstellung von Hüten verwendet.

390v grün Herstellung

FINDELHAUS, Kinderheim, in dem namenlos aufgefundene oder unerkannt abgegebene Kinder aufgezogen werden.

1199n grün Drehlade in Rom
1419n grün Bau in Florenz

FINNLAND, einer der nördlichsten Staaten der Erde. Zwischen dem Nordzipfel der Ostsee, Skandinavien und dem russischen Tiefland beiderseits des Polarkreises gelegen, ist das waldreiche Land zu einem Viertel von Wasser bedeckt (60000 Seen). Es war vor 10000 Jahren bereits von Menschen bewohnt. Im ersten Jahrtausend vor unserer Zeitrechnung ließen sich die Finnen im südlichen Landesteil nieder und verdrängten die dort ansässigen Lappen nach Norden. Während der großen europäischen Völkerwanderung geriet der Süden unter die Herrschaft der Ostgoten, später unter die Hoheit der normannischen Reichsgründer Rußlands. Nach jahrhundertelanger schwedischer Herrschaft fiel es wieder an Rußland, und es bildete sich unter russischer Oberhoheit eine von Schweden unabhängige Kultur. Das Land erhielt eigene Münze (1865n), eine eigene Armee, eigene Schulen und ein eigenes Theater (1878n). Die 1918n ausgebrochene Revolution wurde von General Mannerheim mit Hilfe deutscher Truppen niedergeschlagen. Obgleich es seine Unabhängigkeit der russischen Revolution verdankte, blieb seine Haltung gegenüber der Sowjetunion feindselig. Während des zweiten Weltkrieges führte die UdSSR einen 100 Tage dauernden 'Winterkrieg' gegen das Land, das anschließend auf deutscher Seite in den Krieg gegen die UdSSR eintrat. Nach der Niederlage mußte es Gebiete an die Sowjetunion abtreten, die es aber infolge seiner Neutralitätspolitik 1962n zurückerhielt.

305n–370n Ermanrich
350n/360n Zweiter Gotischer Krieg
838n–912n Oleg der Weise
1001n–1072n Adalbert von Bremen
1154n braun Krieg mit Schweden
1154n rot Gebietsgewinn Schwedens
1154n rot Christianisierung
1551n grün Gründung Helsinkis
1596n braun Bauernaufstand
1614n/1617n Krieg Rußland-Schweden
1617n rot Schwedische Ausdehnung
1700n/1721n Nordischer Krieg
1710n rot Wiborg russisch
1721n rot Südhälfte russisch
1808n/1809n Krieg Rußland-Schweden
1809n rot Russische Herrschaft
1899n blau Sibelius: 'Finlandia'
1917n/1922n Russische Revolution
1917n rot Unabhängigkeit
1935n grün Luftkissen-Fahrzeug
1939n/1945n Zweiter Weltkrieg

FIORE, Joachim von (1132n–1202n), italienischer Mönch. Dem Macht- und Besitzstreben der Kirche abhold, lebte er als Einsiedler und gründete dann in Fiore auf der Südspitze Italiens (Kalabrien) ein Kloster zur Verwirklichung eines brüderlichen Lebens in christlicher Armut. Verkündete den Anbruch eines dritten Reiches des Geistes, das ein Reich der Freiheit und der Gerechtigkeit sein sollte und das notwendig dem ersten Reiche des Vaters (= der Sklaverei) und dem zweiten des Sohnes (= dem Patriarchat) folgen müsse. In der Kirche erkannte er eine vergängliche Einrichtung, die mit dem zweiten Reiche entstanden ist und mit diesem vergeht. Obwohl der Papst seine Lehren verdammte, wirkten diese innerhalb und außerhalb der Kirche weiter.

1194n blau Lehre von 3 Zeitaltern

FIRDAUSI, persischer Dichter.

932n–1020n Lebenslinie
1010n blau 'Königsbuch'
1014n blau 'Joseph und Suleika'

FIRNAS, Abul (um 820n–um 880n), arabischer Arzt, Mechaniker und Philosoph in Spanien. Wegen seiner umfassenden Gelehrsamkeit 'Der Weise von Andalusien' genannt. Baute eine mit Stoff und Federn bespannte Flugmaschine und sprang damit von einer Anhöhe herab. Es gelang ihm mehrmals, sich schwebend in der Luft zu halten, doch verunglückte er nach einer Verbesserung seines Fluggerätes.

880n grün Gleitflug

FIRTH OF FORTH, Name einer Meeresbucht in Ost-Schottland (Mündung des Flusses Forth). Hier wurde 1890n unweit der Stadt Edinburgh eine 2,5 Kilometer lange Eisenbahn-Brücke dem Verkehr übergeben, von der 1,5 Kilometer die Bucht in einer Höhe von 50 Metern überbrückten. Sie blieb bis ins 20. Jahrhundert die längste Brücke der Erde.

1888n grün Brückenbau

FISCHART, Johann (um 1546n bis um 1590n), deutscher Schriftsteller und Jurist. In Straßburg geboren, studierte er in Basel die Rechte und trat für den Anschluß Straßburgs an die Schweizer Eidgenossenschaft ein. 1580n wurde er ins Reichskammergericht nach Speyer berufen. Als leidenschaftlicher Gegner der Kirche verhöhnte er in seinen Schriften den durch die Gegenreformation wieder auflebenden Katholizismus ('Bienenkorb des heiligen römischen Immenschwarms', 'Jesuitenhütlein', 'Von S. Dominici und S. Francisci artlichem Leben'). Feind allen Aberglaubens, wandte er sich auch gegen die von der Kirche geförderte Kalendergläubigkeit ('Aller Praktik Großmutter'). Den Sieg der englischen Flotte über die spanische Armada feierte er als Sieg über die abergläubische Gegenreformation.

1572n blau 'Aller Praktik Großmutter'

FISCHE, Sammelbezeichnung für etwa 30000 Arten im Wasser lebender Wirbeltiere. Während einer langen Epoche der Erdgeschichte bildeten sie die höchste Form organischen Lebens auf unserem Planeten. Aus ihnen entwickelten sich alle Landtiere, auch die Menschen.

Vorzeittafel: 500 Millionen Jahre
Vorzeittafel: 300 Millionen Jahre
2564v blau 'Männer beim Fischen'
2544v grün Fischstechen
2477v grün Fischfang mit Netz
2471v–2397v Ni-Anch-Pta
2452v–2377v Ti
2080v blau 'Tauchende Fischer'
1547v blau 'Fliegende Fische'
1545v blau Tintenfisch-Motiv
1241v blau 'Heimkehr der Fischer'
733v–645v Kuan-Tse
659v grün Fischhandels-Steuer
610v–546v Anaximander
566v grün Abstammungslehre
338v–268v Strato der Physiker
1375n–1448n Josetsu
1384n grün Einpökeln
1396n–1446n Konrad Witz

1408n blau 'Welsfang mit Kürbis'
1444n blau 'Fischzug Petri'
1952n blau Hemingways Erzählung

FISCHER, Fritz (geboren 1908n), deutscher Historiker. Nach Arbeiten über die Reformationszeit und eine Untersuchung über Objektivität und Subjektivität in der amerikanischen Geschichtsschreibung wandte er sich der Geschichte des eigenen Landes in seiner eigenen Epoche zu. Auf Grund neuer Quellenforschung zeigte er, daß Deutschland im ersten Weltkrieg noch weiterreichendere Eroberungsabsichten hatte als im zweiten. Er führte den Nachweis, daß die kaiserliche Regierung halb Polen und Rumänien, die Ukraine, das Don-Gebiet, die Krim sowie Transkaukasien unter seine Gewalt bringen wollte und außerdem seine drei afrikanischen Kolonien durch Annexion von Angola, Katanga, Nord-Rhodesien, Kenia, Uganda, Äquatorial-Afrika und des Kongo zu einem gigantischen Ausbeutungs-Objekt für die deutsche Großindustrie zusammenfassen wollte. Durch diese in seinem Buch 'Griff nach der Weltmacht' niedergelegte Beweisführung stellte er die Schuldfrage auch für den ersten Weltkrieg klar und zeigte, daß bereits hier die Grundlagen für den unter Hitler praktizierten Rassenhaß geschaffen wurden. Verfaßte auch ein Buch über das Verhältnis USA-Rußland in unserem Jahrhundert.

1961n blau 'Griff nach der Weltmacht'

FISCHER von Erlach, Johann Bernhard (1656n–1723n), deutscher Baumeister. Nach Lehrjahren in Italien wirkte er seit seinem 21. Lebensjahr als kaiserlicher Hofarchitekt in Wien. Sein Sieg über alle italienischen Baumeister bei einem Architektur-Wettbewerb im Jahre 1690n leitete die Verselbständigung der deutschen Baukunst seiner Epoche ein. Wurde als erster deutscher Architekt geadelt. Baute die Kollegien-Kirche in Salzburg, die Karlskirche in Wien und den Clam-Gallas-Palast in Prag. Begann auch den Bau der Nationalbibliothek in Wien. Fertigte erste Entwürfe für das Schloß in Schönbrunn und die Reichskanzlei in Wien. Schrieb eine Geschichte der Baukunst aller Länder und Zeiten mit anschaulichen Zeichnungen ('Entwurf einer historischen Architektur').

1696n blau Schloß Schönbrunn
1716n blau Karlskirche Wien

FISCHFANG

2564v blau 'Männer beim Fischen'
2544v grün Fischstechen
2477v grün Fischfang mit Netz
2471v–2397v Ni-Anch-Pta
2452v–2377v Ti
2080v blau 'Tauchende Fischer'
1241v blau 'Heimkehr der Fischer'
1375n–1448n Josetsu
1396n–1446n Konrad Witz
1408n blau 'Welsfang mit Kürbis'
1444n blau 'Fischzug Petri'
1952n blau Hemingways Erzählung

FIXSTERNE, von dem lateinischen Worte 'fixus' (= fest) abgeleitete Bezeichnung für Himmelskörper, die dem menschlichen Auge als feststehend erscheinen im Gegensatz zu den in sichtbarer Bewegung befindlichen Planeten, Trabanten und Kometen. Obwohl ihr Name mit der Entdeckung ihrer Eigenbewegung durch den dänischen Naturforscher Tycho Brahe seit 400 Jahren überholt ist, blieb er bis in die Gegenwart erhalten als Bezeichnung für Sterne, die im Gegensatz zu Planeten und Trabanten selbst leuchten (= Sonnen). Etwa 5000 sind mit bloßem Auge erkennbar, mehrere Milliarden mit dem Himmelsfernrohr. Die meisten von ihnen sind um ein Mehrfaches größer als Sonne und Planeten.

Vorzeittafel: 5 Milliarden Jahre
2987v grün Sternbilder in Sumer
1965v grün Verzeichnis in Babylon
392v grün Aufbau der Milchstraße
196v–125v Hipparch
134v grün Beobachtung einer Nova
131v grün Hipparchs Verzeichnis
1546n–1601n Tycho Brahe
1564n–1642n Galilei
1572n grün Brahe: Bewegung
1718n grün Halley: Bewegung
1783n grün Sonnensystem-Bewegung
1784n grün Erklärung der Milchstraße
1842n grün Doppler: Doppelsterne

FIZEAU, Armand (1819n–1896n), französischer Physiker. Richtete seine Forschungen auf Wärmeausdehnung und Wärmestrahlung. Bei Versuchen mit der Lichtstrahlung gelang ihm die erste exakte Messung der Lichtgeschwindigkeit auf der Erde, als er mit Hilfe eines rotierenden Zahnrades ausgestrahltes Licht nach einem Wege von 7 km durch Spiegelung zurücksandte und dieses genau durch den nächsten Zahnradzwischenraum einfiel. Er errechnete daraus die Lichtgeschwindigkeit ziemlich genau mit 298600 km pro Sekunde. Später erforschte er das Verhalten des Lichts im Wasser. Entscheidend bei diesem nach ihm benannten 'Fizeauschen Versuch' war die Feststellung, daß die Lichtgeschwindigkeit durch die Strömung nicht beeinflußt wird. In der Photographie verkürzte er die Belichtungszeit durch Verwendung von Brom an Stelle von Jod.

1849n grün Lichtgeschwindigkeit

FLACHS, Bezeichnung für die wegen ihrer Bastfaser angebaute Leinpflanze, die schon vor Jahrtausenden in den Ländern am Kaspischen Meer bekannt war. Trotz ihrer schwierigen Anbauweise verbreitete sie sich wegen ihrer Verwendbarkeit für Seile und Leinenstoffe nach Mesopotamien, Ägypten und Indien und schließlich über den ganzen Erdball.

2931v grün Seile in Ägypten
2922v grün Leinwand in Ägypten
2663v grün Anbau in Sumer
2492v blau Ernte-Relief
2300v blau Ernte-Relief

FLACIUS, Matthias (1520n–1575n), deutscher Sprachforscher aus Albona (Jugoslawien). Kam über Basel und Tübingen nach Wittenberg, wo er Luthers Schüler wurde. Nach dessen Tode als Vertreter einer strengen Lehre in die heftigen Glaubenskämpfe des deutschen Protestantentums verwickelt, wurde er wegen seines kompromißlosen Standpunkts mehrfach vertrieben. Als Herausgeber der ersten protestantischen Kirchengeschichte (den 13bändigen 'Magdeburger Zenturien') stellte er die katholische Papstkirche als Abfall vom wahren Christentum dar. Schrieb außerdem ein biblisches Wörterbuch.

1574n blau Kirchengeschichte

FLAMININUS QUINCTIUS (228v–174v), römischer Feldherr und Staatsmann. Zwanzigjährig bereits Stabsoffizier, erhielt er 30jährig als Konsul das Oberkommando gegen Mazedonien. Es gelang ihm, griechische Stämme auf seine Seite zu ziehen und den Mazedonierkönig zu schlagen. Darauf erklärte er die aus mazedonischer Herrschaft befreiten Griechen für unabhängig. Anschließend führte er mit Unterstützung der griechischen Achäer einen Krieg gegen Sparta. Nach seinem Siege gewährte er auch Sparta gegen den Willen der Achäer die Unabhängigkeit. So gewann er die Griechen für das römische Reich und sicherte Rom die Schiedsrichterrolle gegenüber den untereinander verfeindeten griechischen Stämmen. Hielt Griechenland von einem Bündnis mit dem Syrerkönig Antiochos ab. Später bestimmte er den bithynischen König Prusias zur Auslieferung des karthagischen Feldherrn Hannibal, der von Kleinasien aus eine neue antirömische Koalition zusammenbringen wollte, sich dann aber der Übergabe durch Selbstmord entzog.

200v/197v 2. Mazedonischer Krieg
198v rot Bund mit Griechen
197v rot Rückzug Mazedoniens
197v rot Machtgewinn für Rom
197v grün Goldwährung
196v grün Griechenland frei

FLANDERN, Land an der Nordseeküste zwischen Calais und Antwerpen. Umfaßt den nördlichsten Zipfel Frankreichs, Westbelgien und den Ostzipfel Hollands. Das von Kelten (Morinern) bewohnte Gebiet wurde mit ganz Gallien von den Römern unterworfen, seit dem 3. Jahrhundert allmählich auch von Franken und Friesen besiedelt, gehörte zum Frankenreich und fiel bei der Teilung von Verdun an das Westreich. Es entwickelte sich bald zu einer selbständigen Grafschaft, deren wichtigste Gewerbezentren (Ypern, Brügge, Gent) bereits im 12. Jahrhundert Stadtrechte erkämpften. Als Mittelpunkt der Tuchherstellung wurde das Land zum wichtigsten Handelszentrum Mitteleuropas. Hier entstand eine neue Form des Kapitalhandels (Börse), gleichzeitig aber entwickelte sich ein neues Solidaritätsgefühl der Arbeiter, das sich in Streiks und Aufständen entlud. Adel und Besitzbürgertum fanden Schutz bei Frankreich, was im Hundertjährigen Krieg dazu führte, daß England die Rechte des arbeitenden Volkes schützte. Das Land fiel dann an Burgund und mit diesem an den deutschen Kaiser, wurde aufgeteilt und noch mehrfach zwischen Spanien, Frankreich, Österreich und den Niederlanden hin- und hergerissen, ehe das Kernland als Teil des selbständig gewordenen belgischen Staates zur Ruhe kam. In beiden Weltkriegen wurde das Land Schauplatz schwerer Kämpfe.

58v/51v Gallischer Krieg
51v rot Römer-Herrschaft
843n rot Vertrag von Verdun
1201n grün Tuchhalle von Ypern
1302n braun Handwerker-Sieg
1323n/1328n Arbeiteraufstand
1325n rot Bann gegen Aufständische
1338n/1453n Hundertjähriger Krieg
1340n rot Unterstützung Englands
1345n braun Weberaufstand
1359n grün Vorrechte der Hanse
1379n braun Weberaufstand
1384n rot Burgundisches Staatsgebiet
1387n blau Rathaus in Brügge
1432n blau Genter Altar
1453n grün Beurses Kapitalhandel
1477n rot Habsburger-Herrschaft
1556n rot Spanische Herrschaft
1559n blau Kathedrale von Gent
1667n/1668n Erster Krieg Ludwigs XIV.
1668n rot Städte an Frankreich
1672n/1678n Zweiter Krieg Ludwigs XIV.
1678n rot Französische Erwerbungen
1714n rot Herrschaft Österreichs
1830n/1831n Belgischer Aufstand
1831n rot Belgien selbständig
1914n/1918n Erster Weltkrieg
1939n/1945n Zweiter Weltkrieg

FLASCHENZUG, Gerät zur Bewegung schwerer Lasten mit geringen Kräften. Beruht auf dem physikalischen Gesetz, daß mit zunehmendem Weg die aufzuwendende Kraft abnimmt. Archimedes baute in der Hafenstadt Syrakus (Sizilien) ein solches Gerät, mit dessen Hilfe König Hieron ein großes Schiff allein ins Wasser gleiten lassen konnte. Durch diesen Versuch überzeugte Archimedes den Hieron von der Bedeutung technischer Wissenschaft.

284v–212v Archimedes
239v grün Erfindung

FLAUBERT, Gustave (1821n–1880n), französischer Schriftsteller. Sohn eines Arztes. Begann mit elf Jahren zu schreiben, studierte dann aber noch Rechtswissenschaft, ehe er sich ganz dem Schriftstellerberuf hingab. Mit wissenschaftlicher Genauigkeit führte er die Charaktere und Handlungen seiner Romane auf die geistig-seelische wie auf die körperliche Beschaffenheit der Personen zurück, die er mit medizinischer Strenge darstellte. Schilderte aber auch die gesellschaftliche Situation, in die der handelnde Mensch gestellt ist, sowie die tatsächlichen Gegebenheiten, mit denen er sich auseinanderzusetzen hat. Vollender des allein auf die Darstellung der Wirklichkeit gerichteten (realistischen) Romans. In seinem Meisterwerk 'Madame Bovary' schildert er das Schicksal einer kleinstädtischen Arztfrau, die sich durch romantische Sehnsüchte und wirklichkeitsfremde Lektüre zur Flucht aus der persönlichkeitszerstörenden Gewalt des bürgerlichen Lebens bestimmen läßt und im Ehebruch zugrunde geht. In dem Roman 'Die Versuchung des heiligen Antonius' stellte er die verschiedenen Religionen und Mythen als Träume des Antonius so dar, daß sie sich gegenseitig widerlegen. Die Plattheit und Ausweglosigkeit der kapitalistischen Welt stellte er in den Mittelpunkt seines Romans 'Die sentimentale Erziehung'. Kämpfte selbst für eine bessere Gesellschaft in der Revolution von 1848n. Mit seinen Tagebüchern und Briefen hinterließ er wertvolle Zeugnisse seiner geschliffenen Sprache.

1857n blau 'Madame Bovary'

FLAVIUS, Gnäus (um 340v bis um 290v), römischer Staatsmann und Rechtskundiger. Als Sohn eines freigelassenen Sklaven wurde er Schreiber des Konsuls Appius Klaudius und wurde schließlich selbst vom Volk zu einem der beiden plebejischen römischen Rechtswahrer (Ädil) gewählt. Veröffentlichte die von den Priestern vor dem Volke geheimgehaltenen Regeln der römischen Rechtsprechung und erschwerte dadurch die willkürliche Handhabung der Gesetze durch die Reichen. Diese Buch-Veröffentlichung führte im Zusammenhang mit dem politischen Wirken des Appius Klaudius zu einer wesentlichen Verbesserung der Stellung der Armen und bildete den Ausgangspunkt zu einer von aller Geheimniskrämerei befreiten öffentlichen Rechtsprechung.

304v blau Prozeßrecht veröffentlicht

FLEMING, Alexander (1881n–1955n), englischer Naturwissenschaftler aus Schottland. Wandte sich der Erforschung der kleinen Spaltpilze (Bakterien) zu und wurde Professor der Bakteriologie an der Universität London. Bei der Arbeit mit Kulturen des Schimmelpilzes Penicillium beobachtete er den seit 1891n bekannten Umstand, daß diese Pilze hemmend auf das Wachstum von Bakterien einwirken. Er entdeckte durch verschiedene Versuche, daß dieser Schimmelpilz einen Stoff absondert, der Eiter-Erreger (Staphylokokken) abtöten kann, und nannte ihn 'Penicillin'. Seine darüber im Jahre 1929n veröffentlichte Schrift veranlaßte seine Oxforder Kollegen Florey und Chain zu jahrelangen Versuchen mit dem Ziel einer Isolierung und medikamentösen Aufbereitung dieses Stoffes. Nachdem diese Aufgabe 1941n gelöst war, begann in nordamerikanischen Laboratorien die Massenherstellung des neuen Medikaments.

1928n grün Penicillin

FLEMING, John A. (1849n–1945n), englischer Physiker. Als Universitätsprofessor in London befaßte er sich mit der von dem Berliner Physiker Arthur Wehnelt entwickelten Oxyd-Kathode. Baute selbst eine Röhre, die geeignet war, ankommende Sendestrahlen in eine bestimmte Richtung zu lenken (gleichzurichten) und sie gleichzeitig zu verstärken. Dadurch wurde seine 'Audion-Röhre' (= 'Hör-Röhre') das gesuchte Gerät zum Hörbarmachen von Funkwellen. Die Gleichrichter-Funktion seiner Röhre machte sie zur ersten Elektronenröhre, die durch ihre vielseitige Verwendbarkeit die Elektrotechnik revolutionierte. Erforschte die Ausbreitung elektro-magnetischer Wellen und ihre Anwendungsbereiche.

1904n grün Röhre

FLENSBURG, nördlichste Stadt Deutschlands. Durch ihre Lage unmittelbar an der dänischen Grenze wechselte sie häufig den Besitzer und wurde zu einem Haupt-Umschlagplatz des deutschen Skandinavien-Handels.

1284n rot Stadtrecht

FLIBUSTIER (Küstenbrüder), Bezeichnung für Seeräuber englischer, französischer und holländischer Herkunft, die um 1630n auf der Insel Haiti einen Staat gründeten und Inseln und Küsten Mittel- und Südamerikas unsicher machten. Ihre Republik wurde durch die Rivalität der europäischen Kolonialmächte Spanien, England und Holland begünstigt, die zeitweise ihre Hilfsdienste bei der Eroberung und Niederhaltung amerikanischer Gebiete in Anspruch nahmen. Aber nachdem sich Frankreich noch 1697n bei der Besitznahme der Stadt Cartagena (Kolumbien) von ihnen hatte helfen lassen, vereinigte es sich mit Holland und England zu ihrer Unterwerfung. Um 1700n gingen sie endgültig in den beiden Staaten der Insel Haiti auf (Santo Domingo und Haiti).

1631n rot Staat auf Haiti

FLIEDER

1554n grün Einführung in Europa

FLIEGE

972n blau 'Buch der Eintagsfliege'
1906n grün Tsetse: Schlafkrankheit
1907n grün Drosophila: Vererbung
1939n grün Bekämpfung durch DDT

FLIEGEN

837v blau Daidalossage
433v–351v Archytas
425v blau Statue einer Fliegenden
386v grün Künstliche Taube
251v grün Steigdrachen in China
67n grün Flugversuch in Rom
880n grün Arabischer Flugversuch
1065n grün Flugversuch in England
1220n grün Raketenwaffe in China
1251n blau Wielandssage
1256n grün Bacons Flugmaschine
1442n grün Deutsche Steigdrachen
1505n grün Leonardos Forschungen
1670n grün Lana: Luftschiff-Plan
1678n grün Besniers Flugversuch
1709n grün Gusmaos Ballon
1731n grün Flugversuch mit Ballon
1782n grün Montgolfiers Ballon
1783n grün Erster Ballonflug
1785n grün Kanalüberquerung
1797n grün Fallschirmabsprung
1804n grün Gay-Lussacs Aufstieg
1806n grün Congreve: Rakete
1848n–1896n Lilienthal
1852n grün Ballon mit Antrieb
1859n grün Luftbild
1884n grün Zielfahrt mit Luftschiff
1890n grün Lilienthals erster Flug
1899n grün Zeppelins Luftschiff
1903n grün Wright: Motorflug
1911n/1912n Erste Bombenwürfe
1915n grün Junkers: Metallflugzeug
1919n grün Atlantikflug (Luftschiff)
1927n grün Atlantikflug (Flugzeug)
1931n grün Piccard: Ballonaufstieg
1934n grün Radar
1934n–1968n Gagarin
1935n grün Luftkissen-Fahrzeug
1937n grün Focke: Hubschrauber
1939n grün Heinkel: Düsenflugzeug
1942n grün Braun: Rakete
1944n grün Flugzeug: 1000 km/h
1947n grün Überschall-Flug
1949n grün Rakete: 414 km Höhe
1949n grün Erdumkreisung
1950n grün Rakete: 3000 km/h
1957n grün 'Sputnik'
1959n grün Künstlicher Planet
1959n grün Mondrakete
1959n grün Mondphotographie
1960n grün Tiere im Raumschiff
1961n grün Gagarins Raumflug
1962n grün Venus-Sonde
1962n grün 'Rendezvous-Flug'
1963n grün Raumfahrt-Industrie
1963n grün Raumflug einer Frau
1964n grün Drei-Mann-Raumflug
1965n grün Leonow im Weltraum
1965n grün Mars-Sonde

FLIEGENDE FISCHE, Bezeichnung für eine dem Hering ähnliche Fischart von etwa 40 cm Länge, deren stark entwickelte Brustflossen als Flügel dienen. Unter Ausnutzung der Meereswinde erheben sie sich bis zu 5 Meter hoch und gleiten bis zu 200 Meter weit über die Wasseroberfläche. Die wohlschmeckenden, vor allem im Mittelmeer und vor den Küsten Südamerikas beheimateten Fische wurden vor 3500 Jahren auf der griechischen Insel Melos noch mit richtigen Flügeln abgebildet.

1547v blau Gemälde auf Melos

FLIEGERBOMBE, Explosivgeschoß, das von einem Flugzeug abgeworfen wird. Erstmals von italienischen Fliegern im Kampf gegen die türkischen Verteidiger von Tripolis (Nordafrika) eingesetzt, wurde die neue Waffe im ersten Weltkrieg allgemein verwendet. Im zweiten Weltkrieg wurde ihre Anwendung zu einer eigenen Form der Kriegführung entwickelt ('Bombenkrieg'). Zunächst als Sprengbombe, später als Splitter-, Minen- und Brandbombe und endlich als Atombombe eingesetzt, stieg die Zahl der Opfer sprunghaft an, so daß sie bald vorwiegend zur Ausrottung der Zivilbevölkerung angewendet wurde: Coventry (536 Tote), Dresden (300000 Tote), Hiroshima (86000 Tote). Durch das Aufkommen ferngelenkter Geschosse technisch überholt, findet sie noch immer in allen Kriegen Verwendung.

1911n/1912n Libyscher Krieg
1914n/1918n Erster Weltkrieg
1939n/1945n Zweiter Weltkrieg
1945n grün Atombombe
1945n rot Atombomben-Abwurf
1952n grün Wasserstoffbombe

FLIESSARBEIT, FLIESSBAND-ARBEIT, Organisationsprinzip der menschlichen Handarbeit, bei dem alle Verrichtungen so aufeinander abgestimmt sind, daß es möglich ist, sie in sinnvoll ineinandergreifender Folge auszuführen. Diese 'fließende' Arbeit wird meist an ununterbrochen dahinfließenden Transportbändern verrichtet, deren Geschwindigkeit genau auf die Leistungsfähigkeit der Arbeiter eingestellt ist. Sie ermöglicht die höchste Ausnutzung der menschlichen Arbeitskraft wie des Maschinenparks und ist deshalb Grundlage aller Massenherstellung und damit des gesamten technischen Zeitalters. Die durch sie erreichte Billigkeit des Endprodukts wird jedoch erkauft durch die entseelende Veränderung des Charakters der Arbeit, bei der der Mensch nicht mehr Schöpfer und Gestalter ist, sondern nur noch ein lebendiges Rad im Produktionsmechanismus. Durch die allmählich anlaufende Automatisierung der industriellen Produktion überwindbar.

1863n–1947n Ford
1870n grün Fließarbeit
1911n grün Fließband

FLÖTE, Name einer Gruppe von Musikinstrumenten aus Keramik, Holz, Horn oder Blech, bei denen der Ton durch Hineinblasen entsteht. Die Tonhöhe wird durch die Länge der mitschwingenden Luftsäule im Innern des Instrumentes bestimmt, die durch das Öffnen und Schließen von Löchern verändert werden kann.

2785v grün Gebrauch in Mesopotamien
2332v blau 'Ernte bei Flötenmusik'
2167v grün Okarina in Amerika
1570v grün Verdrängung durch Oboe
1407v blau 'Tanz zur Flöte'
686v–613v Tyrtaios
336v blau 'Satyr mit Flöte'
1791n blau 'Die Zauberflöte'

FLORENZ, Stadt im Norden Mittelitaliens am Südhang des Apennin, beidseits des Flusses Arno gelegen. Hauptstadt der Toskana und die neben Rom an Baudenkmälern und Kunstschätzen reichste Stadt Italiens. Die hier um 200v gegründete etruskische Siedlung wurde im Jahre 82v von römischen Heeren zerstört. 23 Jahre später baute sie Cäsar als Kolonie für seine Veteranen wieder auf. Nach der Herrschaft von Wandalen und Langobarden wurde die Stadt selbständig. Bis 1350n stieg sie, gestützt auf ihre hervorragenden Erzeugnisse (vor allem Tuche), zur führenden Handels- und Bankmacht Europas auf. Sie versuchte, ihre Unabhängigkeit in zahlreichen Kämpfen gegen den Herrschaftsanspruch des deutschen Reiches zu behaupten, wobei sie sich auf die Seite der kaiserfeindlichen Partei des Papstes (Guelfen) gegen die Kaisertreuen (Ghibellinen) stellte. Die reichen Handwerker ('Fettes Volk') errichteten eine bürgerliche Stadtrepublik. Hiergegen schlossen sich die armen Handwerker in der Gewerkschaft der 'Ciompi' ('Lumpen') zusammen, konnten aber ihre vorübergehend errungene Macht nicht behaupten. Der Eintritt des Adels in das Gewerbe führte zu einer stabilen und glanzvollen Herrschaft des Besitzbürgertums (Medici), die nur noch einmal durch die Erhebung des Savonarola ernsthaft erschüttert wurde. Die vom Papst erzwungene Restauration unter Herrschaft der mehrfach vertriebenen Familie der Medici führte zur Ausdehnung der städtischen Macht über die ganze Toskana. Mit ihr wechselte die Stadt dann mehrfach zwischen habsburgischer und französischer Oberhoheit. 1865n für sechs Jahre Hauptstadt des durch Cavour geeinten italienischen Nationalstaates, dessen zweites künstlerisches Zentrum sie neben Rom bis heute geblieben ist.

1200n grün	Großwebereien
1250n rot	Zunftverfassung
1252n grün	Gulden
1265n–1321n	Dante
1266n–1337n	Giotto
1293n rot	Bürger-Herrschaft
1296n blau	Bau des Domes
1298n blau	Bau des Palazzo Vecchio
1302n grün	Ruccelai: Farbstoff
1308n–1368n	Orcagna
1313n–1375n	Boccaccio
1344n rot	Englische Repressalien
1344n grün	Rückzahlungs-Weigerung
1345n grün	Banken-Zusammenbruch
1350n–1415n	Chrysoloras
1353n blau	'Decamerone'
1356n blau	Altarbild Orcagnas
1361n blau	Landino: Madrigale
1370n grün	Kartenspiel
1377n–1446n	Brunellesco
1378n braun	Arbeiteraufstand
1378n rot	Gewerkschaft
1382n rot	Ende der Gewerkschaft
1386n–1466n	Donatello
1401n–1428n	Masaccio
1404n–1472n	Alberti
1414n blau	Ghiberti: 'Johannes'
1419n grün	Bau des Findelhauses
1425n blau	Alberti: 'Philodoxas'
1427n blau	Masaccio: 'Heidentaufe'
1430n blau	Donatello: 'David'
1433n blau	Fra Angelico: 'Madonna'
1436n blau	Domkuppel
1436n–1488n	Verrocchio
1439n blau	'Sängerkanzel'
1441n blau	Bücherei
1443n grün	Luca della Robbia: Glasur
1447n grün	Weltkarte
1449n–1492n	Lorenzo Medici
1452n blau	Ghibertis 'Paradiestür'
1452n–1519n	Leonardo da Vinci
1452n–1498n	Savonarola
1457n blau	Wahlspruch Albertis
1459n blau	Plato-Akademie
1460n blau	Lehre Ficinos
1465n grün	Medici-Fabriken (England)
1475n–1564n	Michelangelo
1476n blau	'Taufe Christi'
1480n blau	'Thomas und Christus'
1490n blau	Ghirlandajo: Marienleben
1491n blau	Botticelli: Illustrationen
1494n braun	Volksaufstand
1496n blau	Perugino: 'Kreuzigung'
1498n rot	Verbrennung Savonarolas
1503n blau	Leonardo: 'Mona Lisa'
1504n blau	Michelangelo: 'David'
1512n braun	Rückkehr der Medici
1513n blau	Machiavelli: 'Der Fürst'
1547n grün	Livorno Freihafen
1549n blau	Vasaris Biographien
1561n blau	Cellinis Memoiren
1582n blau	Sprachakademie
1583n blau	'Raub der Sabinerin'
1594n blau	Peri: 'Dafne'
1645n blau	Deckengemälde Cortonas

FLORIDA, Halbinsel im Südosten Nordamerikas. Wurde 1513n von dem Spanier Ponce de Leon entdeckt und bald darauf besiedelt. 1565n entstand hier die erste nordamerikanische Stadt, nachdem Versuche französischer Hugenotten zur Gründung einer eigenen Niederlassung durch die Spanier vereitelt worden waren. 1763n mußte Spanien das Land an England abtreten, erhielt es aber 20 Jahre später zurück und verkaufte es an die Vereinigten Staaten, denen es 1845n als 14. Staat eingegliedert wurde. Wegen seines sonnenreichen Klimas entwickelte es sich zum bevorzugten Erholungs- und Badezentrum der USA. Der hier befindliche Startplatz für die nordamerikanischen Weltraum-Raketen erhielt nach der Ermordung des Präsidenten John F. Kennedy den Namen 'Kap Kennedy'.

1763n rot	Englischer Besitz
1819n rot	Erwerb der USA

FLOTOW, Friedrich von (1812n–1883n), deutscher Komponist. Auf dem mecklenburgischen Rittergut Teutendorf geboren und aufgewachsen, ging er fünfzehnjährig nach Paris, um die Kunst der Tondichtung zu erlernen. 1830n vor der Pariser Juli-Revolution geflohen, kehrte er bald zurück und führte als Vierundzwanzigjähriger in Paris sein erstes Musikdrama auf. Dann lebte er zwischen Paris, Wien, Schwerin und Italien, schrieb Kammermusik, Ballette, Gesänge sowie 23 Opern und Operetten, von denen 'Martha' und 'Alessandro Stradella' ihn wegen ihrer einfachen Handlung und ihrer volkstümlichen Musik überlebt haben.

1847n blau	'Martha'

FLOTTENBAU

2584v grün	Handelsflotte Ägyptens
2193v–2135v	Achtos II.
999v–936v	Hiram
613v–525v	Amasis
602v–527v	Peisistratos
525v–459v	Themistokles
483v rot	Athen für Flottenbau
482v grün	Finanzierung (Athen)
418v–362v	Epaminondas
405v grün	Flotte Spartas
322v–246v	Ptolemäus II.
311v rot	'Flottenherren' in Rom
26v grün	Handelsflotten-Ausbau
257n grün	Goten-Flotte
425n grün	Wandalen-Flotte
645n grün	Araber-Flotte
765n–810n	Gottfried
849n–901n	Alfred der Große
890n–961n	Abdar Rachman III.
895n grün	Flotte Englands
990n grün	Galeerenflotte Venedigs
1194n–1250n	Friedrich II.
1491n–1547n	Heinrich VIII.
1533n–1603n	Elisabeth
1585n–1642n	Richelieu
1620n–1688n	Der Große Kurfürst
1695n grün	Russische Flotte

FLOURENS, Marie Jean Pierre (1794n bis 1867n), französischer Naturforscher. Untersuchte den Zusammenhang zwischen einzelnen Körpervorgängen und deren Auslösungszentren im Gehirn. Bei Versuchen mit Tauben entdeckte er das Gleichgewichtszentrum in einem Teil des Gehörorgans (Labyrinth). Später fand er die das Atmungssystem steuernde Partie im Zentralnervensystem zwischen Gehirn und Rückenmark. Weil das Durchschneiden der dort mündenden Nervenstränge zum Aufhören der Atmung und damit zum sofortigen Tod führte, nannte er diese Stelle 'point vital' (Lebensknoten). Durch seine genaue, experimentell bewiesene Bestimmung der zu einzelnen Lebensvorgängen gehörigen Gehirnpartien wurde er zum Begründer einer neuen medizinischen Ortsbestimmung (Lokalisation).

1837n grün	Atmungszentrum

FLUGWESEN

837v blau	Daidalossage
433v–351v	Archytas
386v grün	Künstliche Taube
251v grün	Steigdrachen in China
67n grün	Flugversuch in Rom
880n grün	Arabischer Flugversuch
1065n grün	Flugversuch in England
1220n grün	Raketenwaffe in China
1251n blau	Wielandssage
1256n grün	Bacons Flugmaschine
1442n grün	Deutsche Steigdrachen
1505n grün	Leonardos Forschungen
1670n grün	Lana: Luftschiff-Plan
1678n grün	Besniers Flugversuch
1709n grün	Gusmaos Ballon
1731n grün	Flugversuch mit Ballon
1782n grün	Montgolfiers Ballon
1783n grün	Erster Ballonflug
1785n grün	Kanalüberquerung
1797n grün	Fallschirmabsprung
1804n grün	Gay-Lussacs Aufstieg
1806n grün	Congreve: Rakete
1848n–1896n	Lilienthal
1852n grün	Ballon mit Antrieb
1859n grün	Luftbild
1884n grün	Zielfahrt mit Luftschiff
1890n grün	Lilienthals erster Flug
1899n grün	Zeppelins Luftschiff
1903n grün	Wright: Motorflug
1911n/1912n	Erste Bombenabwürfe
1915n grün	Junkers: Metallflugzeug
1919n grün	Atlantikflug (Luftschiff)
1927n grün	Atlantikflug (Flugzeug)
1931n grün	Piccard: Ballonaufstieg
1934n grün	Radar
1934n–1968n	Gagarin
1935n grün	Luftkissen-Fahrzeug
1937n grün	Focke: Hubschrauber
1939n grün	Heinkel: Düsenflugzeug
1942n grün	Braun: Rakete
1944n grün	Flugzeug: 1000 km/h
1947n grün	Überschall-Flug
1949n grün	Rakete: 414 km Höhe
1949n grün	Erdumkreisung
1950n grün	Rakete: 3000 km/h
1957n grün	'Sputnik'
1959n grün	Künstlicher Planet
1959n grün	Mondrakete
1959n grün	Mondphotographie
1960n grün	Tiere im Raumschiff
1961n grün	Gagarins Raumflug
1962n grün	Venus-Sonde
1962n grün	'Rendezvous-Flug'
1963n grün	Raumfahrt-Industrie
1963n grün	Raumflug einer Frau
1964n grün	Drei-Mann-Raumflug
1965n grün	Leonow im Weltraum
1965n grün	Mars-Sonde

FLUT UND EBBE, der im Abstand von gut zwölf Stunden auftretende Wechsel des Wasserspiegels der Weltmeere. Hervorgerufen durch die Verschiebung der Anziehungskraft von Sonne und Mond. Ihre Beobachtung regte (neben der Sternbeobachtung) den Menschen früh zur Feststellung gesetzmäßiger Naturabläufe an.

380v–306v	Pytheas
321v grün	Anziehung des Mondes
948n–1009n	Ibn Junis
1643n–1727n	Newton
1666n grün	Gravitationsgesetz

FOCKE, Heinrich (geboren 1890n), deutscher Erfinder. Führte die seit der Jahrhundertwende in verschiedenen Ländern unternommenen Versuche zum Bau eines senkrecht startenden Flugzeugs fort und baute das erste praktisch brauchbare Drehflügel-Flugzeug (Hubschrauber). Neben den Flugeigenschaften eines normalen Flugzeuges hatte seine Maschine die Möglichkeit, in der Luft stehenzubleiben und sowohl seitwärts wie rückwärts zu fliegen. Die Absturzgefahr verringerte er durch eine Schalteinrichtung, die im Notfall das Flügelrad vom Antriebsmotor trennt und dadurch ein freies Mitdrehen der Flügel im Luftstrom sichert. In einer eigenen Flugzeugfabrik baute er außer Hubschraubern Segel-, Motor- und Militär-Flugzeuge.

1937n grün	Hubschrauber

FÖRDERKORB, Bezeichnung für den Fahrstuhl in Bergwerken. Bestand in den Anfängen des Bergbaus nur aus einem einfachen Korbe. Darin wurde der Bergmann mit seinem Werkzeug herabgelassen und die von ihm geförderte Kohle heraufgezogen.

1816n–1892n	Siemens

FOLTER, Mißhandlung von Menschen durch die ihnen vorgesetzte Obrigkeit. Als Mittel der Herrschaft so alt wie die Spaltung der Menschheit in besitzende und ausgebeutete Klassen. Verbreitete sich mit der Einrichtung des Staates über die ganze Erde. Durch das römische Gesetz in ihrer Anwendung auf die Ausgebeuteten (Sklaven, Plebejer) beschränkt, wurde sie mit der Verbreitung des römischen Rechtes in ganz Europa heimisch, insbesondere zur Erpressung von Geständnissen tatsächlicher oder vorgeblicher Straftaten, die eine rechtliche Verurteilung ermöglichten. Den Kirchen diente sie jahrhundertelang zur gewaltsamen Aufrechterhaltung des christlichen Glaubens. Mit der Verlagerung der krassesten Ausbeutung vom europäischen Kontinent in die Kolonien wurde sie in einigen europäischen Ländern aufgehoben, später aber zur Behauptung des Kapitalismus auch in Europa selbst wieder eingeführt (Faschismus). In der Weltrevolution erstmals zur Niederhaltung der besitzenden Klassen angewendet ('revolutionärer Terror'), wird sie mit der Konsolidierung des Sozialismus in den fortgeschrittenen kommunistischen Ländern endgültig beseitigt.

4n rot	Anwendung bei Sklaven
1194n–1250n	Friedrich II.
1252n rot	Anwendung bei Inquisition
1487n blau	'Hexenhammer'
1497n rot	Russisches Recht
1532n rot	Reichsstrafgesetzbuch
1712n–1786n	Friedrich II., der Große
1740n rot	Abschaffung in Preußen
1764n blau	Gegenschrift Beccarias
1780n rot	Abschaffung in Frankreich

FOLZ, Hans (um 1450n bis um 1514n), deutscher Dichter. Kam 29jährig als Wundarzt und Barbier aus seiner Heimatstadt Worms nach Nürnberg und erneuerte den Meistergesang durch Außerachtlassung der Regel, nach der nur die von den alten Meistern benutzten Töne verwendet werden durften. In seinen Liedern, Sprüchen und Spielen siegen Bauernschläue und der Mutterwitz des Volkes über die Schliche der Reichen und Mächtigen ('Salomon und Markolf'). Insbesondere verspottete er die katholische Kirche ('Gespräch zwischen Freiheit und Pfaffen') und die jüdische Profitgier ('Der Juden Messias').

1493n blau	Meisterlieder

FONTAINEBLEAU, französische Stadt, 50 km südöstlich von Paris. Der König von Frankreich (Robert der Fromme) baute sich 998n hier ein Schloß und zog sich mit seiner Geliebten (Konstanze von Arles) dorthin zurück. Zwischen dem 13. und dem 18. Jahrhundert wuchs dann ein gewaltiger Schloßbau empor. Die unter Franz I. im 16. Jahrhundert hierher berufenen italienischen Maler und Baumeister (Rosso, Primaticcio) trugen mit ihrer Ausgestaltung des Schlosses wesentlich zur Verbreitung des italienischen Renaissance-Stils in Frankreich bei ('Schule von Fontainebleau'). Philipp der Schöne und Ludwig XII. wurden in diesem Schloß geboren; Papst Pius VII. wurde 1812n–1814n hier gefangengesetzt, Napoleon residierte hier und dankte hier 1814n ab. Später Sommersitz des französischen Staatspräsidenten und schließlich von 1949n bis 1966n Sitz des amerikanischen NATO-Oberbefehlshabers in Europa.

998n blau	Schloß
1949n rot	Sitz der NATO

FONTENELLE, Bernard (1657n–1757n), französischer Philosoph und Schriftsteller. Nach Besuch eines Jesuitenkollegs unterzog er die Religion des Christentums und jede andere Form des Aberglaubens einer wissenschaftlichen Kritik. Zusammen mit seinem Onkel, dem Dichter Corneille, schrieb er mehrere Theaterstücke. Unermüdlich trat er für den Durchbruch eines naturwissenschaftlichen Weltbildes ein. Die Lehren des Kopernikus und des Galilei verteidigte er in seiner allgemeinverständlichen Schrift über die Pluralität der Welten. Als Sekretär der französischen Akademie schrieb er 'Lobreden auf Wissenschaftler'.

1686n blau	'Pluralität der Welten'

FORD, Henry, amerikanischer Industrieller.

1863n–1947n	Lebenslinie
1903n grün	Autofabrik
1911n grün	Fließband

FOREL, August (1848n–1931n), schweizerischer Nervenarzt und Naturforscher. Als Direktor der Züricher Irrenanstalt und Professor der Psychiatrie erforschte er systematisch das menschliche Gehirn. Entdeckte den Ursprung der Hörnerven und erkannte, daß die Nervenfaser zur Nervenzelle gehört. Auf Grund seiner Erfahrungen als Gerichts-Psychiater erstrebte er eine Strafrechtsreform. Als erster Arzt nahm er eine Operation mit dem Ziele der Unfruchtbarmachung zur Verhütung erbkranken Nachwuchses vor. Vertrat die Darwinschen Lehren von der natürlichen Entwicklung der Arten und wies alle Metaphysik zurück. Erforschte das Leben der Ameisen und verglich ihr soziales Verhalten mit demjenigen des Menschen. Bekämpfte den Alkoholismus, die Prostitution und das Christentum. Trat für allgemeine Volksbildung, für sozialistische Demokratie und für eine internationale Weltordnung ein.

1921n grün	Sozialpsychologie

FORMALIN, von dem deutschen Chemiker Oskar Löw eingeführte Bezeichnung für ein Desinfektionsmittel, benannt nach einer Wasserstoff-Verbindung, deren keimtötende Wirkung er entdeckte (Formaldehyd).

1886n grün	Desinfektion

FORMOSA, Insel im Stillen Ozean vor der Küste Chinas. Fast 400 km lang und bis zu 123 km breit. Wegen ihrer terrassenförmig ansteigenden Gebirge auch 'Taiwan' (chinesisches Wort für 'Terrassengestalt') genannt. Die ursprüngliche Bevölkerung wurde seit etwa 600n von den malaiischen Bewohnern anderer Inseln verdrängt oder aufgesogen. 1291n und 1297n versuchten Mongolen vergeblich, die Insel in Besitz zu nehmen. Bald darauf begann das allmähliche Einsickern von Chinesen, die vor der Mongolenherrschaft in China flohen. Nach kurzer portugiesischer, spanischer und holländischer Teilherrschaft errichteten im Jahre 1661n die hier ansässigen Chinesen zusammen mit ihren vor der Mandschu-Herrschaft geflüchteten Landsleuten einen selbständigen Staat unter dem chinesischen Admiral Kuo-Sing-Ye, wurden aber schon 22 Jahre später der chinesischen Mandschu-Herrschaft unterworfen. Durch den japanisch-chinesischen Krieg fiel die Insel den Japanern zu. Erst am Ende des zweiten Weltkriegs wurde sie wieder chinesisch, was Japan im Friedensvertrag von San Franzisko bestätigte. Beim endgültigen Sieg der kommunistischen Revolution in ganz China (1949n) floh Tschiang-Kai-Schek hierher, um unter dem Schutz der USA-Flotte eine gegenrevolutionäre Regierung zu bilden.

1650n–1722n	Kang-Hi
1683n braun	Eroberung durch China
1683n rot	Chinesischer Besitz
1894n/1895n	Krieg China-Japan
1895n rot	Japanischer Besitz
1939n/1945n	Zweiter Weltkrieg
1951n rot	Friede von San Franzisko

FORMOSUS, italienischer Priester (um 816n–896n). Stieg früh zum Bischof auf und wurde 891n Papst. Gegen den ihm feindlich gesinnten italienischen König Lambert rief er den deutschen König Arnulf zu Hilfe, krönte diesen in Rom zum Kaiser und starb bald darauf. Neun Monate nach seinem Tode wurde sein Leichnam durch Papst Stephan VI. aus dem Grab geholt, mit päpstlichen Gewändern bekleidet, auf den päpstlichen Thron gesetzt und nach einer feierlichen Gerichtssitzung verurteilt, verstümmelt und in den Tiber geworfen.

897n rot	Gerichtsverfahren

FORSCHUNGS- UND ENTDECKUNGSREISEN

948v grün	Seeweg nach Indien
939v grün	Chinesische Expeditionen
658v–595v	Necho II.
601v grün	Umschiffung Afrikas
513v grün	Reise des Skylax
482v–429v	Herodot
380v–306v	Pytheas
325v grün	Reise des Nearchos
324v grün	Pytheas in Nordeuropa
320v grün	Bericht des Pytheas
172v–114v	Tschang-Kien
129v grün	Reise Tschang-Kiens
75v grün	Prognose: Erdumseglung
64v–20n	Strabo
487n–565n	Kosmas
602n–664n	Hüan-Tsang
862n grün	Normannen auf Island
888n–956n	Al Masudi
898n grün	Seeweg nach Nordrußland
901n grün	Entdeckung Grönlands
918n grün	Al Masudis Reisen
922n grün	Ibn Fadlans Bericht
967n–1021n	Leif Erikson
999n grün	Abu Dulafs Bericht
1000n grün	Entdeckung Amerikas
1017n–1088n	Adam von Bremen
1076n blau	Bericht Adams von Bremen
1096n–1166n	Al Idrisi
1254n–1324n	Marco Polo
1291n grün	Fahrt der Vivaldi
1299n grün	Entdeckung der Kanaren
1304n–1377n	Ibn Batuta
1323n grün	Madeira, Azoren entdeckt
1394n–1460n	Heinrich der Seefahrer
1420n grün	Seefahrtsschule Sagres
1451n–1505n	Isabella von Kastilien
1452n–1507n	Kolumbus
1456n grün	Cadamostos Reise
1471n grün	Entdeckung der Goldküste
1480n–1521n	Magellan
1483n grün	Kongo-Mündung entdeckt
1484n grün	Guinea-Inseln entdeckt
1486n grün	Entdeckung Timbuktus
1486n grün	Umseglung Afrikas
1492n grün	Kolumbus: Amerika
1497n grün	Entdeckung Labradors
1498n grün	Seeweg nach Indien
1499n grün	Entdeckung Südamerikas
1500n grün	Cabral: Brasilien
1502n grün	Festland Mittelamerikas
1505n grün	Entdeckung Ceylons
1512n grün	Entdeckung der Molukken
1513n grün	Balboa: Stiller Ozean
1515n grün	La-Plata-Gebiet entdeckt
1517n grün	Seeweg nach China
1519n grün	Fahrtbeginn Magellans
1521n grün	Philippinen, Marianen
1522n grün	Entdeckung der Bermudas
1522n grün	Erste Erdumseglung
1524n grün	Al Vassans Bericht
1526n grün	Entdeckung Neu-Guineas
1527n grün	Entdeckung Hawaiis
1533n grün	Entdeckung Kaliforniens
1534n grün	Erforschung Kanadas
1543n grün	Portugiesen in Japan
1553n grün	Umseglung des Nordkaps
1567n grün	Salomon-Inseln entdeckt
1580n grün	Drakes Erdumseglung
1596n grün	Barents' Nordmeerreise
1605n grün	Entdeckung Australiens
1606n grün	Entdeckung Tahitis
1609n grün	Hudson-Fluß entdeckt
1616n grün	Baffins Polarreise
1616n grün	Bismarck-Inseln entdeckt
1642n grün	Entdeckung Neuseelands
1643n grün	Fidschi-Inseln entdeckt
1648n grün	Deschnew: Beringstraße
1721n grün	Roggeveen: Pazifik-Inseln
1728n grün	Reise Berings
1740n grün	Tscheljuskin: Nord-Asien
1771n grün	Cooks Reise
1809n–1882n	Darwin
1855n grün	Livingstone: Viktoriafälle
1894n grün	Nansen: Nordpolexpedition
1894n grün	Hedins Asienexpedition

1909n grün Peary: Nordpol
1911n grün Amundsen: Südpol
1946n grün Byrds Südpolexpedition

FORSTER, Georg (1754n–1794n), deutscher Naturforscher und Schriftsteller. Sohn des Forschungsreisenden Johann R. Forster, der in Australien einen selbständigen Erdteil erkannte. Begleitete seinen Vater nach Rußland und England. Nahm an der zweiten Weltumseglung des James Cook teil und wurde durch deren fesselnde Beschreibung berühmt ('Reise um die Welt'). 26jährig erhielt er eine Professur in Kassel. Erlebte die Besetzung der Stadt Mainz durch das französische Heer, begeisterte sich für die Ideen der Revolution und wurde Präsident der Mainzer Jakobinergesellschaft ('Freunde der Freiheit und Gleichheit'). Reiste als Abgeordneter nach Paris, um den Anschluß des Rheinlandes an das revolutionäre Frankreich vorzuschlagen. Nach Rückeroberung der Stadt durch die preußischen Truppen wurde über ihn die Reichsacht verhängt. Starb arm und verlassen in Paris. Mit seinen Reisebüchern hat er die künstlerische Länderbeschreibung begründet, in die er auch soziale, politische und kulturelle Darstellungen einbezog ('Ansichten vom Niederrhein'). Mit seinem im Revolutionsjahr 1789n geschriebenen 'Leitfaden zu einer künftigen Geschichte der Menschheit' wurde er zum Wegbereiter eines materialistischen Weltbildes.

1789n blau 'Künftige Geschichte'
1794n blau 'Ansichten vom Niederrhein'

FORTESCUE, John (um 1394n–1476n), englischer Staatsrechtler. Als Oberrichter des Königlichen Gerichtshofes stellte er sich im Kampf um den englischen Thron (Rosenkriege) auf die Seite der Familie Lancaster und mußte deshalb zeitweilig in französischer Emigration leben. Nach dem Tode Heinrichs VI. anerkannte auch er die Herrschaft der Yorks und gelangte erneut zu hohen Ehren. Für den Prinzen Eduard schrieb er das Buch 'Lob der Gesetze Englands'. Darin pries er die auf ungeschriebenen Gesetzen beruhenden englischen Rechtsverhältnisse und ihre Überlegenheit gegenüber dem Absolutismus der europäischen Länder, vor allem Frankreichs. Sein zweites großes Werk ('Über die Regierung Englands') stellte auch die Schwächen des englischen Staates dar, insbesondere die Allmacht des Adels. Mit diesem Buch, das er im Gegensatz zu seinem lateinisch verfaßten ersten Werk in englischer Sprache niederschrieb, schuf er die erste in der Volkssprache abgefaßte politische Schrift Englands.

1468n blau Juristische Werke

FORTUNATUS, Venantius (um 535n–um 610n), fränkischer Dichter italienischer Herkunft. Studierte in Ravenna (Norditalien) Sprachlehre und Redekunst, unternahm Reisen nach Deutschland und Frankreich und trat schließlich als Hofdichter in den Dienst des Frankenkönigs. Seine letzten Jahre verbrachte er als Bischof in Poitiers (Westfrankreich). Schrieb Gelegenheitsgedichte ('Radegundis'), Kirchenlieder und Reisebilder (Rhein- und Mosel-Fahrt) sowie ein vierbändiges Lebensbild des ungarischen Priesters Martin von Tours, der Frankreich christianisiert hatte.

577n blau Hymnen
586n blau Martins-Dichtung

FORUM AUGUSTI, ein von Kaiser Augustus im Herzen Roms mit Baulichkeiten geschmückter Platz, der vorwiegend für Gerichtssitzungen diente, aber auch anderen Staatsgeschäften einen würdigen Rahmen gab.

63v–14n Augustus
2v blau Einweihung

FORUM JULIUM, ein von Julius Cäsar im Herzen Roms angelegter Platz mit repräsentativen Bauten für die Abhaltung von Versammlungen und Gerichtssitzungen. Die von Cäsar unvollendet hinterlassenen Bauten wurden unter Augustus fertiggestellt.

46v blau Anlage

FORUM ROMANUM, ursprünglich der Marktplatz Roms, zwischen den Hügeln des Kapitols, des Palatins und des Quirinals gelegen. Erster Marktplatz und Mittelpunkt des öffentlichen Lebens der Stadt (200 Meter lang, 50 Meter breit). In der Blütezeit Roms wurde er mit Tempeln und anderen Bauten geschmückt. In christlicher Zeit diente der Platz als Steinbruch für Kirchenbauten sowie als Viehweide.

184v blau Basilika

FORUM TRAJANI, der von Kaiser Trajan angelegte, prächtigste Baukomplex Roms. Umfaßte außer der Versammlungs- und Gerichtsstätte Tempel, Bibliothek, Basilika und Grabsäule.

67n–129n Apollodoros von Damaskus
112n blau Vollendung
113n blau Trajanssäule

FOUCHÉ, Joseph (1759n–1820n), französischer Politiker. Als Sohn eines Kapitäns trat er in die Priesterorganisation der Oratorianer ein. Bei Ausbruch der Revolution ließ er sich als Anwalt in Nantes nieder. Hier und in Lyon kämpfte er kompromißlos gegen Kirche, Adel und Besitzbürgertum. Als Anhänger des Führers der linken Jakobiner (Hébert) wurde er nach dessen Hinrichtung durch Robespierre aus dem Jakobinerklub ausgeschlossen. Bei Robespierres Hinrichtung eingekerkert. Nach der allgemeinen Amnestie Gesandter und endlich Polizeiminister, half er heimlich Napoleon bei dessen Machtergreifung. Richtete ein Überwachungssystem ein und behauptete seine Stellung durch Kenntnis intimer Vorgänge, die er vor allem seinen Spitzeln verdankte. Von Napoleon, der bald seiner geheimen Macht überdrüssig war, 1804n entlassen, aber zwei Jahre später von ihm zurückgeholt. 1810n mußte er erneut gehen, weil er Napoleons endlosen Eroberungen zunehmenden Widerstand entgegensetzte und Friedensverhandlungen mit England führte. Nach der Niederlage Napoleons auf der Seite des alten Königshauses (Bourbonen). Nach Napoleons Rückkehr von Elba wieder dessen Polizeiminister. Dieses Amt behielt er auch unter dem Bourbonenkönig Ludwig XVIII. Als 1816n alle Franzosen verbannt wurden, die in der Revolution für die Hinrichtung des alten Bourbonenkönigs gestimmt hatten ('Königsmörder'), mußte er Frankreich verlassen und verlebte seine letzten vier Jahre in Prag und Triest.

1769n–1821n Napoleon I.
1789n/1795n Französische Revolution

FOUQUET, Jean (um 1425n–um 1480n), französischer Maler. Nach Studienjahren in Italien, wo er Papst Eugen VII. malte, wurde er Hofmaler der französischen Könige. Berühmtheit erlangte er durch seine Buchillustrationen zu Boccaccios Werken sowie zu dem Stundenbuch des Etienne Chevalier. Schuf auch lebendige Darstellungen aus der jüdischen Sagenwelt der Bibel sowie ein Bild des Schatzkanzlers Chevalier mit dem heiligen Stephan. Die Geliebte Karls VII., Agnes Sorel, stellte er als Maria mit dem Jesuskinde dar. Seine Bilder zeichnen sich durch sorgfältigste Ausarbeitung der Details aus. So porträtierte er auf seiner Miniatur 'Die Verurteilung des Herzogs von Alençon' hunderte von Teilnehmern der Versammlung mit unübertrefflicher Genauigkeit.

1450n blau Gebetbuch-Bilder
1458n blau 'Gerichtstag Karls VII.'
1471n blau Boccaccio-Miniaturen

FOURIER, Charles (1772n–1837n), französischer Philosoph. Als Ladengehilfe und selbständiger Kaufmann erkannte er den parasitären Charakter des Kapitalismus. Forderte die Abschaffung von Konkurrenz und Gewinn sowie des Handels, den er als die schmutzige Seele unserer Zivilisation bezeichnete. Trat für die Anpassung der Gesellschaft an die menschlichen Triebe und Anlagen ein, die er insgesamt für gut erklärte. Folgerichtig bezeichnete er die Bemühungen der bisherigen Philosophen und Moralisten als unnütz und erkannte in der Erforschung der sozialen Bewegungsgesetze die Aufgabe seines Jahrhunderts. Teilte die bisherige Geschichte in fünf Stufen: Naturzustand, Wildheit, Patriarchat, Barbarei und schließlich die Zivilisation, in der ein unseliger Handelsgeist alle höheren Regungen vernichtete. Als Zukunftsvision entwarf er eine brüderliche Gemeinschaft aller Menschen bei der Erzeugung und beim Verbrauch der Güter. Für diese Entwicklungsstufe der Menschheit prägte er die Bezeichnung 'Soziantismus', aus der das Wort 'Sozialismus' wurde.

1829n grün Genossenschafts-Prinzip

FOURIER, Jean Baptiste (1768n–1830n), französischer Mathematiker und Physiker. Als Sohn eines Provinzschneiders von höherer Schulbildung ausgeschlossen, erhielt er wegen seiner außerordentlichen Begabung mit 28 Jahren den Lehrstuhl für Analyse am neugegründeten Polytechnikum in Paris, zu dessen Leiter er nach dem Tode seines Förderers Laplace berufen wurde. Begleitete Napoleon als Sekretär nach Ägypten. Trat auch politisch hervor, zog sich aber seit 1817n ganz auf seine wissenschaftliche Arbeit zurück. Fand die nach ihm genannte Methode zur Bestimmung von Wurzeln algebraischer Gleichungen und stellte die 'Fourier'schen Reihen' zur Schwingungs-Berechnung auf. Schließlich gelang ihm mit Hilfe seiner Zahlenreihen die Aufstellung einer Theorie über die Wärme-Fortpflanzung im Innern von Körpern. Bei der Erforschung der Wärmeleitung erkannte er den grundsätzlichen Unterschied zwischen mechanischen Vorgängen und physikalischen Erscheinungen, die er aus der Ansammlung und Verteilung von Wärme erklärte.

1821n grün Wärmeströmung

FOURMIES, Stadt in Nordost-Frankreich an der belgischen Grenze. Neben die alte Textilindustrie und die Glashütten trat im 19. Jahrhundert Metallverarbeitung und schließlich auch chemische Industrie. Hier erhoben sich im Jahre 1891n die armen Weber gegen ihre Ausbeuter.

1891n braun Weberaufstand

FOX, George (1624n–1691n), englischer Reformator. Als Schuhmacher empörte er sich gegen die religiöse Heuchelei des englischen Bürgertums, brach 1643n mit der Staatskirche, zog als Wanderprediger durchs Land und suchte die Menschen zu einem Leben nach urchristlichen Grundsätzen zu bekehren. Verwarf Taufe und Abendmahl, die Kirchendogmen und vor allem die Kirchen-Organisation mit angestellten Predigern. Erklärte andächtiges Schweigen, brüderliche Gesinnung und gute Werke für den besten Gottesdienst. Trotz achtmaliger Einkerkerung hielt er an seinem Glauben fest und gründete eine eigene Religionsgemeinschaft, die den Spottnamen 'Quäker' zu ihrem Eigennamen machten. Unternahm Missionsreisen nach Amerika, Holland und Deutschland.

1647n rot Quäker-Bewegung

FRA ANGELICO, Giovanni (1387n bis 1455n), italienischer Maler. Trat 20jährig als Mönch in das Dominikanerkloster von Fiesole bei Florenz ein. Nach Wanderjahren als Bettelmönch schuf er zahlreiche Ölgemälde, auf denen er in hellen Farben religiöse Motive darstellte: 'Himmel und Hölle', 'Jüngstes Gericht', 'Krönung Marias', 'Kreuzabnahme', 'Madonna mit musizierenden Engeln', 'Verkündigung'. Schuf Wandgemälde für San Marco in Florenz, für den Dom von Orvieto und für die Nikolauskapelle in Rom. Sein Bild des Trasimenischen Sees ist das erste Landschaftsbild der italienischen Malerei.

1433n blau 'Madonna mit Engeln'

FRACASTORO, Girolamo (1478n bis 1553n), italienischer Forscher und Dichter. Als praktischer Arzt erwarb er in seiner Heimatstadt Verona großen Ruhm und wurde bald von Fürsten und Päpsten konsultiert. Doch lebte er nach Möglichkeit zurückgezogen auf seinem Landgut und widmete sich der Wissenschaft und den Künsten. Insbesondere erforschte er die ansteckenden Krankheiten. Dabei entdeckte er, daß sie durch einen Erreger übertragen werden, der sowohl direkt von Mensch zu Mensch weitergegeben wie auch indirekt durch Berührung von Gegenständen und sogar durch die Luft übertragen werden kann. Er erkannte auch, daß diese Erreger ('Kontagium') etwas Lebendiges sind und nahm damit die Grundtatsache der Bakteriologie vorweg. Die Ergebnisse seiner Erforschung einer aus Amerika eingeschleppten Geschlechtskrankheit veröffentlichte er in Gedichtform. Dabei benannte er seinen Helden frei nach dem zweitältesten Sohn der Niobe des Ovid 'Syphilus'. Sein Gedicht vom Syphilus ('Syphilis') gab der von ihm erkannten und beschriebenen Krankheit für immer ihren Namen.

1546n grün Krankheitskeime

FRACHTBRIEF, Urkunde des Absenders einer Ware, die mit der Sendung zum Empfänger reist (Begleitpapier).

1897v grün Aufkommen in Mesopotamien

FRA DOLCINO (um 1250n–1307n), italienischer Freiheitskämpfer. Schüler des sozialreligiösen Predigers Segarelli. Führte nach dessen Hinrichtung durch die Kirche die von seinem Lehrer gegründete Gemeinschaft der 'Apostelbrüder'. Aus der Umgebung Mailands (Novara) stammend, sammelte er dort seine Anhänger, um sich gegen das von der Kirche gegen ihn aufgebotene Kreuzheer zu verteidigen. Doch als er von der Stärke der durch Papst Klemens V. gegen ihn entsandten Streitmacht erfuhr, räumte er die Stellung und zog sich auf eine als uneinnehmbar geltende Höhe bei Varallo zurück. Hier stießen die Katharer aus der Lombardei, aus Salzburg, aus Savoyen und aus Südfrankreich zu ihm. Mit ihrer Hilfe konnte er mehrere Angriffe der Kreuzheere abwehren, hielt sich noch zwei Jahre und schlug 1306n ein von Kreuzrittern geführtes Heer, das von den Grafen und Bischöfen Norditaliens unterstützt wurde. 1307n wurde er mit seinen verbliebenen 1150 Anhängern besiegt. Tausend von ihnen wurden sofort erschlagen, er selbst mit seiner Vertrauten Margarita zu Tode gemartert.

1232n–1300n Segarelli
1302n blau Gesellschaftskritik
1305n/1307n Kriegszug der Kirche
1307n rot Verbrennung

FRAGONARD, Jean Honoré (1732n bis 1806n), französischer Maler, Zeichner und Radierer. Lernte bei Boucher die sinnenfrohe Darstellung der galanten höfischen Welt, bei Chardin die künstlerische Gestaltung des einfachen Lebens. In Rom studierte er die klassische Bildkomposition, hatte aber in Paris mit diesen als langweilig empfundenen Bildern keinen Erfolg. So ergab er sich dem von Liebeslust geprägten höfischen Ideal seiner Zeit, verband es mit vollendeter Naturmalerei und wurde zum beliebtesten Meister des Rokoko ('Der Kuß', 'Die Liebesquelle', 'Badende Mädchen', 'Das Hemd'). Als seine galanten und pikanten Bilder mit dem Anbruch des sittenstrengeren bürgerlichen Zeitalters auf Verständnislosigkeit stießen, wandte er sich, der verspielten Erotik selbst müde, wieder anderen Gegenständen zu ('Der Kontrakt', 'Besuch bei der Amme'). Illustrierte Fabeln von Lafontaine und den 'Don Quichotte'.

1766n blau 'Die Liebesschaukel'

FRA MAURO (um 1400n–1460n), italienischer Geograph. Schuf auf der Grundlage arabischer Forschungen die erste Weltkarte mit einer wirklichkeitsnahen Darstellung Europas, Asiens und Afrikas. Darauf ist die wahre Größe Asiens berücksichtigt und mit der Umschiffbarkeit Afrikas der mögliche Seeweg nach Indien aufgezeigt. Außerdem hat er auf seiner kreisförmigen Karte von 1,96 m Durchmesser erstmals im christlichen Europa Jerusalem aus dem Mittelpunkt der Erde genommen und an seinen rechten Platz gestellt. Mit dieser Karte, die er im Auftrag Heinrichs des Seefahrers unter Mithilfe des Venezianers Andrea Bianco anfertigte, krönte er sein Lebenswerk. Ihre Fertigstellung war ein so großes Ereignis, daß zur Erinnerung daran eine Gedenkmünze geprägt wurde, auf der er als 'der unvergleichliche Geograph' bezeichnet war.

1459n grün Weltkarte

FRANÇAIX, Jean (geboren 1912n), französischer Pianist und Komponist. An Mozart geschult, suchte er Harmonie in die moderne Musik herüberzuretten. Schrieb Klavierwerke ('Fünf Porträts junger Mädchen'), Orchesterstücke ('Spiel über drei Noten'), Chorwerke ('Ode an die Gastronomie'), Ballettmusiken (zu Andersens 'Des Kaisers neue Kleider'), Filmmusik ('Die Perlen der Königin') sowie Opern, Lieder und Tänze.

1957n blau 'Paris für uns zwei'

FRANCE, Anatole (1844n–1924n), französischer Dichter. Als Lektor und Bibliothekar schrieb er Gedichte und Theaterstücke, bis er im Roman die ihm gemäße Ausdrucksform fand. Seine humorvollen, von Lebensweisheit erfüllten Werke gewannen einen zunehmend gesellschaftskritischen Charakter. Wandte er sich zunächst nur gegen eine unmenschliche Rechtsprechung nach Paragraphen ('Das Verbrechen des Sylvestre Bonnard'), so prangerte er zwanzig Jahre später bereits den Klassencharakter der bürgerlichen Justiz an ('Die Affäre Crainquebille'). In seiner großen Gegenwartsgeschichte nahm er gegen Privateigentum, Christentum und Krieg Stellung. Schrieb eine kommunistische Utopie ('Auf dem weißen Felsen'), verherrlichte die russische Revolution ('Gruß den Sowjets') und trat schließlich im Jahre der Nobelpreisverleihung (1921n) der Kommunistischen Partei Frankreichs bei. Verfaßte Liebesromane ('Die rote Lilie'), autobiographische Erzählungen ('Der kleine Peter'), historische Romane ('Thais', 'Die Götter dürsten') und Erzählungen nach geschichtlichen Stoffen ('Das Leben der Jeanne d'Arc').

1898n blau Zeitgeschichte

FRANCESCA, Piero della, italienischer Maler.

1417n–1492n Lebenslinie
1465n blau 'Legende des Kreuzes'
1482n grün 'Über die Perspektive'

FRANCK, Sebastian (1499n–1542n), deutscher Philosoph und Historiker. Als katholischer Priester trat er unter Luthers Einfluß zum Protestantismus über, wandte sich dann aber auch von der erstarrenden Reformation ab und erklärte das ganze Christentum als eine Sekte wie die anderen Religionen, die Bibel als ein von Menschen erdachtes Gleichnis. In der Menschheitsgeschichte sah er die eigentliche, vom wirklichen Weltgeschehen buchstabierte Bibel. Schrieb selbst eine dreibändige Weltgeschichte sowie ein geschichtlicherdkundliches Weltbuch. Die Lehren seiner Bücher trugen ihm Vertreibung und Kerker ein. Seine soziale Gesinnung, seine Toleranz sowie seine bedingungslose Verwerfung des Krieges führten ihn an die Seite der kommunistischen Wiedertäufer. Vor der katholischen und protestantischen Verfolgung floh er nach Basel und ging dort seinen wissenschaftlichen Arbeiten nach. Sammelte zwei Bände deutscher Sprichwörter und schrieb eine theoretische Begründung des Pazifismus ('Kriegsbüchlein des Friedens').

1542n blau Ablehnung der Kirche

FRANCKE, 'Meister Francke' (um 1370n bis um 1430n), deutscher Maler. Studierte die Technik der Miniaturmalerei, vermutlich in Frankreich. Schuf in Hamburg die Bilder für zwei große Altäre: den Barbara-Altar und den Thomas-Altar, der nach dem ermordeten Erzbischof Thomas von Canterbury benannt wurde, in Hamburg aber auch 'Englandfahrer-Altar' hieß, weil er für die Kapelle der Englandfahrer gemalt worden ist. Seine Arbeiten verbesserten die Kunst Nordeuropas durch überlegte Raum-Aufteilung, durch liebevolle Gestaltung des Details und durch lebensvolle Farbigkeit.

1424n blau Thomas-Altar

FRANCO, Francisco (geboren 1892n), spanischer Staatsmann. Wegen erfolgreicher Niederhaltung der Rif-Kabylen zum Kommandeur der spanischen Fremdenlegion ernannt, baute er sich in Nordafrika eine ihm ergebene Truppe auf und vereitelte 1930n den von seinem Bruder Ramon geführten Aufstand gegen die Monarchie. Nach Ausrufung der Republik inhaftiert, wurde er als Exponent von Kirche und Großgrundbesitz bald wieder in militärische Ämter eingesetzt und schlug den asturischen Bergarbeiteraufstand nieder. Gegen die 1936n gewählte Volksfrontregierung organisierte er von Nordafrika aus einen Aufstand und beseitigte mit Hilfe deutscher und italienischer Truppen die spanische Demokratie. Seit der Niederlage der faschistischen Mächte im zweiten Weltkrieg versucht er seine Diktatur durch Wiedereinführung der Monarchie, durch ein Konkordat mit dem Vatikan, durch ein Militär-Abkommen mit den USA sowie durch Öffnung des Landes für ausländische Touristen zu konsolidieren.

1922n/1923n Aufstand der Rif-Kabylen
1936n/1939n Spanischer Bürgerkrieg
1939n rot Spanien faschistisch
1952n braun Arbeiteraufstand
1953n rot Militärpakt mit USA
1953n rot Konkordat
1954n/1962n Kampf Nordafrikas
1956n rot Unabhängigkeit Marokkos
1965n braun Arbeiteraufstand

FRANÇOIS-VASE, nach ihrem Finder, dem französischen Kupferstecher François, benannter Schmuck-Krug, der vor 2500 Jahren von dem griechischen Töpfer Ergotimos angefertigt und von dem Maler Klitias um die gleiche Zeit mit Darstellungen aus der griechischen Sage bemalt wurde (Hochzeit des Peleus und der Thetis).

560v blau Fertigung

FRANK, Helmar (geboren 1933n), deutscher Pädagoge. Gründete 30jährig ein Institut für Kybernetik an der Pädagogischen Hochschule West-Berlin, das sich die Nutzbarmachung der modernen Nachrichtentechnik für die Erziehung zum Ziele machte. Entwickelte und erprobte Lehr-Automaten und führte in mehreren Schulen technisch-programmiertes Lernen ein. Untersuchte auch die Wechselbeziehung zwischen Kybernetik und Philosophie sowie die Bedingungen einer technischen Lautschrift und Fragen der Informations-Psychologie.

1961n grün Kybernetische Pädagogik

FRANK, Leonhard (1882n–1961n), deutscher Schriftsteller und Zeichner. Als Sohn eines Tischlergesellen wurde er Mechaniker und war selbst als Arbeiter tätig, ehe er dreißigjährig seinen ersten Roman schrieb ('Die Räuberbande'). Als Kriegsgegner verfolgt, emigrierte er 1915n in die Schweiz. Hier schrieb er für die 'Weißen Blätter' pazifistische Erzählungen, die später zu dem Buch 'Der Mensch ist gut' zusammengestellt wurden, das ihn berühmt machte. Seine Verbundenheit mit der Sache der Arbeiter ließ ihn einen gesellschaftskritischen Roman schreiben ('Der Bürger'). Meisterliche Liebeserzählungen folgten ('Karl und Anna'). Sein Arbeitslosen-Roman 'Von drei Millionen Drei' spiegelte die Hoffnungslosigkeit des Proletariats wieder. 1933n nach Frankreich und schließlich nach Amerika emigriert, resignierte er ('Traumgefährten'). 1952n bekannte er sich aber in seiner Autobiographie noch einmal zu einer besseren Zukunft in einer sozialistischen Welt ('Links, wo das Herz sitzt').

1919n blau 'Der Mensch ist gut'

FRANKE, Otto (1863n–1946n), deutscher Sprachforscher und Geschichtsschreiber. Studierte die indische und die chinesische Sprache und ging dann in den auswärtigen Dienst nach China. Nach seiner Rückkehr habilitierte er sich, 44jährig, und erhielt drei Jahre später den Lehrstuhl für Sinologie am Hamburger Kolonialinstitut, das zehn Jahre danach in eine Universität umgewandelt wurde. 60jährig übernahm er den Berliner Lehrstuhl und behielt ihn noch acht Jahre, um dann das große Hauptwerk seines Lebens zu vollenden, das er als 62jähriger begonnen hatte ('Die Geschichte des chinesischen Reiches').

1944n blau Geschichte Chinas

FRANKEN, FRÄNKISCHES REICH: Allgemeines (Land, Volk, Staat)

252n braun Einfälle nach Gallien
276n/278n Krieg gegen Römer
286n/288n Krieg gegen Römer
294n braun Niederlage gegen Römer
295n rot Ansiedlung in Gallien
310n braun Niederlage gegen Römer
310n rot Bezeichnung 'Francia'
342n braun Niederlage gegen Römer
355n/358n Germanenkrieg Roms
358n rot Besitz-Bestätigung
397n–454n rot Aëtius
431n/432n Krieg gegen Rom
444n/446n Vordringen unter Chlodio
446n rot Gebietszuwachs
466n–511n rot Chlodwig
486n braun Statthalter Roms besiegt
486n rot Reichsgründung
496n braun Sieg über Alemannen
496n rot Gebietszuwachs
496n rot Chlodwig Christ
507n braun Sieg über Westgoten
507n rot Gebietszuwachs
508n rot Paris Hauptstadt
508n/511n Krieg gegen Ostgoten
511n rot Gebietsverlust
531n braun Sieg über Thüringer
531n rot Aufteilung Thüringens
534n braun Sieg über Burgund
534n rot Gewinn Burgunds
535n/553n Letzter Ostgotenkrieg
538n–594n Gregor von Tours
540n rot Abhängigkeit Bayerns
540n grün Münzprägung
541n–572n Alboin
562n braun Kämpfe gegen Awaren
562n rot Friede mit Awaren
562n grün Tribute an Awaren
570n braun Angriff der Langobarden
571n rot Bündnis mit Byzanz
579n grün Einkommensteuer
579n braun Volksaufstand
580n grün Abschaffung der Steuer
585n grün Strafe für Sonntagsarbeit
590n braun Kampf gegen Langobarden
590n rot Friede mit Langobarden
595n–662n Samo
614n rot Stärkung des Adels
631n braun Niederlage gegen Slawen
633n/732n Arabischer Krieg
635n–714n Pippin der Mittlere
639n rot Teilung des Reiches
658n–739n Willibrord
675n–754n Bonifatius
680n rot Zentralisierung
680n rot Grenzgebiete selbständig
687n braun Sieg über Teilreiche
687n rot Pippin Herrscher
688n–741n Karl Martell
689n braun Sieg über Friesen
689n rot Einverleibung Frieslands
691n rot Mission Willibrords
701n–784n Fergil der Geometer
702n blau Entwicklung Würzburgs
709n/712n Alemannenkrieg
712n rot Alemannen-Eingliederung
716n–768n Pippin der Kleine
716n/719n Kämpfe unter Teilreichen
719n rot Einigung
720n rot Mittelmeerküste arabisch
721n rot Bekehrung Thüringens
722n rot Heeresreform
722n grün Vergabe von Lehen
723n–799n Paulus Diakonus
725n rot Loire-Gebiet arabisch
727n rot Bekehrung Hessens
737n–804n Alkuin
739n rot Keine Hilfe für Papst
741n rot Teilung des Reiches
742n rot Erste deutsche Synode
742n–814n Karl der Große
743n–807n Widukind
745n rot Kirchengut-Einschränkung
745n rot Staatskirche
747n rot Bischöfe staatsunabhängig
751n rot Wahl Pippins zum König
752n rot Petrus-Banner
753n grün Besuch des Papstes
754n rot Schutz für Papst
754n rot Salbung des Königs
754n/756n Langobardenkrieg
756n rot Macht über Langobarden
756n rot Pippin'sche Schenkung
759n braun Sieg über Araber
759n rot Gewinn Südfrankreichs
760n/768n Aquitanischer Krieg
765n rot Gesandtenaustausch
765n–810n Gottfried
768n rot Gewinn Aquitaniens
770n–840n Einhard
771n rot Alleinherrschaft Karls
772n/804n Sachsenkriege
773n/774n Krieg gegen Langobarden
774n rot Gewinn der Lombardei
774n rot Karolingische Schenkung
777n rot Sachsen-Zwangsbekehrung
778n braun Krieg gegen Araber
778n–840n Ludwig der Fromme
779n grün Kirchensteuer
780n–839n Egbert
781n rot Kirchenstaat erweitert
782n rot Tod für Taufweigerung
784n–856n Rabanus Maurus
786n–861n Radbertus
788n rot Einverleibung Bayerns
788n/812n Bilderkrieg
789n braun Sieg über Slawen
789n rot Gebietszuwachs
789n–873n Al Kindi
790n rot Zwang zur Heeresfolge
791n/796n Awarenkrieg
791n rot Hoheit über Böhmen
792n rot Glaubensstreit
794n rot Reichssynode
795n rot 'Spanische Mark'
796n rot 'Awarische Mark'
798n rot Arabische Gesandtschaft
799n braun Normannenangriff
799n rot Einsetzung des Papstes
800n rot Krönung Karls
801n braun Eroberung Barcelonas
803n braun Sieg über Araber
803n rot Ausdehnung in Spanien
804n rot Gewinn Norddeutschlands
804n–876n Ludwig der Deutsche
805n grün Magdeburg Handelsplatz
806n grün Burg Giebichenstein
807n rot Wehrpflicht nach Vermögen
808n rot Bekehrung bis Elbe
810n/811n Krieg gegen Dänemark
811n rot Friede mit Dänemark
812n braun Slawenaufstand
812n rot Gebiete an Byzanz
812n rot Anerkennung durch Byzanz
813n braun Sieg über Araber
813n rot Neuer Gewinn in Spanien
813n rot Karl: Krönung Ludwigs
816n rot Papst: Krönung Ludwigs
817n rot Erbfolgeordnung
823n–877n Karl II., der Kahle
830n/833n Erbfolgekrieg
834n braun Normannen in Friesland
840n rot Loire-Insel normannisch
841n braun Bauernaufstand
841n rot Walcheren normannisch
842n rot Heeresvereinigung
842n blau Zwei Amtssprachen
843n braun Normannen-Einfall
843n rot Teilung des Reiches
876n rot Wiedervereinigungsversuch
908n blau Geschichte des Reiches

FRÄNKISCHES REICH: Baukunst

770n–840n Einhard
774n blau Kaiserpfalz Ingelheim
799n blau Basilika Abbeville
804n blau Pfalz-Kapelle Aachen
806n grün Burg Giebichenstein

FRÄNKISCHES REICH: Dichtung und andere Literatur

538n–594n Gregor von Tours
577n blau Hymnen des Venantius
586n blau Venantius: Martinsdichtung
784n–856n Rabanus Maurus
805n blau Liedersammlung
814n blau Gedichte des Rabanus
816n blau 'Wessobrunner Gebet'
820n blau Hildebrandslied
828n blau Einhard: Reliquien-Raub
831n blau 'Heliand'
834n blau 'Muspilli'
841n blau Walafried: Christen-Kult

FRÄNKISCHES REICH: Geschichtsschreibung

538n–594n Gregor von Tours
582n blau Gregor: Martin
592n blau 'Geschichte der Franken'
645n blau Fredegars Werk
770n–840n Einhard
785n blau Bischofsgeschichte
793n blau 'Lorscher Annalen'
825n blau Einhard: Karlsbiographie

FRÄNKISCHES REICH: Recht

466n–511n Chlodwig
508n blau Erste Aufzeichnung
585n grün Strafe für Sonntagsarbeit
742n–814n Karl der Große
776n rot Schöffengerichte
802n blau Aufzeichnung
827n blau 'Kapitularien'

FRÄNKISCHES REICH: Religion

466n–511n Chlodwig
496n rot Chlodwig Christ
538n–594n Gregor von Tours
556n blau Kloster Poitiers
577n blau Hymnen des Venantius
635n–714n Pippin der Mittlere
658n–739n Willibrord
675n–754n Bonifatius
688n–741n Karl Martell
691n rot Mission Willibrords
698n blau Abtei Echternach
701n–784n Fergil der Geometer
710n–782n Lioba
716n–768n Pippin der Kleine
721n rot Bekehrung Thüringens
722n blau Kloster Amöneburg
722n grün Kirchengüter als Lehen
723n blau Donar-Eiche gefällt
724n blau Kloster Ohrdruf
724n blau Kloster Reichenau
727n rot Bekehrung Hessens
732n blau Kloster Fritzlar
735n blau Kloster in Baden
737n–804n Alkuin
740n blau Frauenklöster
742n rot Erste deutsche Synode
742n–814n Karl der Große
744n blau Kloster Fulda
745n rot Kirchengut eingeschränkt
745n rot Staatskirche
747n rot Bischöfe staatsunabhängig
751n blau Kloster Heidenheim
752n rot Petrus-Banner
753n grün Besuch des Papstes
754n rot Schutz für Papst
754n rot Salbung des Königs
756n rot Pippin'sche Schenkung
766n blau Chrodegangs Regeln
770n–840n Einhard
772n–804n Sachsenkriege
774n rot Karolingische Schenkung
777n rot Sachsen-Zwangsbekehrung
778n–840n Ludwig der Fromme
779n grün Kirchensteuer
781n rot Kirchenstaat erweitert
782n rot Tod für Taufweigerung
783n blau Godescalc-Evangeliar
784n–856n Rabanus Maurus
785n blau Bischofsgeschichte
786n–861n Radbertus
788n/812n Bilderkrieg
791n blau Schulen für Kirchengesang
792n rot Glaubensstreit
792n blau 'Libri Carolini'
794n rot Reichssynode
800n rot Krönung Karls
801n rot Vergilverbot für Mönche
808n rot Bekehrung bis zur Elbe
813n grün Michaelisfest
814n blau Rabanus' Kreuzgedichte
816n rot Krönung Ludwigs
816n blau 'Wessobrunner Gebet'
829n rot Mission Ansgars
831n blau 'Heliand'
834n blau 'Muspilli'
841n blau Walafried: Christen-Kult

FRÄNKISCHES REICH: Sprache

538n–594n Gregor von Tours
710n–782n Lioba
784n–856n Rabanus Maurus
786n blau Bezeichnung 'deutsch'
842n blau Zwei Amtssprachen

FRÄNKISCHES REICH: Technik

674n grün Fensterglas nach England
793n grün Kanalbau Rhein–Donau

FRÄNKISCHES REICH: Wirtschaft und Verkehr

793n grün Kanalbau Rhein–Donau
805n grün Magdeburg Handelsplatz

FRÄNKISCHES REICH: Wissenschaft

538n–594n Gregor von Tours
737n–804n Alkuin
742n–814n Karl der Große
784n–856n Rabanus Maurus
790n blau Alkuin Hofschulleiter
812n grün Walafried: Heilkräuter

FRANKEN, süddeutsche Landschaft zwischen Main und Donau.

90v rot Niederlassung der Sueben
496n rot Vordringen der Franken
702n blau Entstehung Würzburgs
751n blau Kloster Heidenheim
877n–936n Heinrich I.
1012n blau Bamberger Dom
1043n blau Entstehung Nürnbergs
1128n rot Schusterzunft in Würzburg
1168n–1220n Wolfram von Eschenbach
1172n rot Stadtrecht für Rothenburg
1188n blau Würzburger Dom
1273n blau Sebalduskirche Nürnberg
1349n braun Aufstand in Nürnberg
1362n–1437n Sigismund
1371n–1440n Friedrich I.
1389n grün Papierfabrik bei Nürnberg
1420n/1434n Hussiten-Kreuzzug
1467n blau Rothenburger Hochaltar
1471n grün Sternwarte bei Nürnberg
1471n–1528n Albrecht Dürer
1476n braun Bauernaufstand
1500n blau Bibra-Grabmal
1502n blau Heiligenblut-Altar
1519n blau Sebaldus-Grab
1537n grün Nürnberger Börse
1578n blau Rothenburger Rathaus
1720n blau Würzburger Schloß
1752n blau Fresken in Würzburg
1835n grün Erste deutsche Eisenbahn
1876n blau Festspielhaus Bayreuth

FRANKFURT AM MAIN, eine der ältesten Städte Deutschlands, deren Ursprung in die Römerzeit zurückgeht. An einer seichten Biegung des Mains, die in früher, brückenloser Zeit zur Durchquerung geeignet war, günstig gelegen. Die Herrscher des Frankenreiches (Karolinger) errichteten hier eine kaiserliche Hofburg (Pfalz). Seit 843n Hauptstadt des ostfränkischen Reiches, wurde die Stadt häufig Versammlungsort von Reichstagen. 1220n begann die Verselbständigung vom Kaiser. Wegen ihrer zentralen Lage und ihrer Unabhängigkeit wurde sie seit 1152n (offiziell seit 1356n) Stadt der deutschen Königswahl. Von 1562n bis 1806n wurden alle deutschen Kaiser hier gekrönt. In dieser Zeit begann die wirtschaftliche Führungsrolle der Stadt (Rothschild), die bis in unser Jahrhundert fortbestand. Seit 1816n Sitz des Deutschen Bundes, seit 1848n der Nationalversammlung. Die 1866n gegen Preußen kämpfende Stadt wurde von preußischen Truppen besetzt und gehörte seitdem zu Preußen. Nach dem ersten Weltkrieg kurze Zeit Standort französischer Truppen, nach dem zweiten Weltkrieg, in dessen Verlauf sie zu 40 Prozent zerstört wurde, ständig von amerikanischen Truppen besetzt. 1947n–1949n westdeutsches Verwaltungs-Zentrum. Der Versuch, sie zur Hauptstadt der Bundesrepublik zu machen, scheiterte an ihrem traditionell liberalen Charakter.

794n rot Reichssynode
1297n rot Stadtrecht
1355n grün 'Drahtmühle'
1356n rot 'Goldene Bulle'
1402n grün Stadtbank
1405n blau Rathaus
1427n rot Reichstag
1613n rot Ratsbeschluß gegen Juden
1613n grün Zinssenkung bei Juden
1614n/1616n Fettmilch-Aufstand
1632n grün Börse
1670n rot Pietistengemeinde
1769n grün Rothschild Hofbankier
1848n rot Nationalversammlung

FRANKFURTER NATIONALVERSAMMLUNG (Deutsche Nationalversammlung), erstes deutsches Parlament. In einer Epoche staatlicher Auflösung Deutschlands (1848n) durch Wahlen in allen deutschen Ländern (einschließlich Österreichs) zustande gekommen. Die ihr von der deutschen Revolution zugeschriebene Aufgabe der Schaffung eines einheitlichen Staatswesens unter Einschluß Preußens und Österreichs löste sie nicht. Ihre 568 Mitglieder (darunter 223 Juristen, 118 Beamte, 106 Professoren, 104 Unternehmer, 1 Bauer, kein Arbeiter) bereiteten eine Verfassung vor, die aber zu ihrer Wirksamkeit der Bestätigung der einzelnen Landesregierungen bedurfte. Außerdem beschlossen sie ein Erbkaisertum und wählten den Preußenkönig Friedrich Wilhelm IV. zum Kaiser. Doch lehnte dieser die Kaiserkrone 'von Volkes Gnaden' ab. Unfähig zur Unterdrückung der Konterrevolution, fiel die Versammlung allmählich auseinander, weil viele Staaten ihre Abgeordneten zurückzogen. Ein Teil der Volksvertreter tagte noch in Stuttgart weiter. Dieses 'Rumpfparlament' wurde von württembergischen Truppen aufgelöst.

1848n/1850n Deutsche Revolution
1848n rot Zusammentritt
1849n rot Kaiserkrone abgelehnt

FRANKLIN, Benjamin (1706n–1790n), nordamerikanischer Staatsmann, Philosoph, Publizist und Forscher. Als siebzehntes Kind einer Kerzenmacherfamilie erlernte er den Beruf des Schriftsetzers und gab dreißigjährig eine eigene Zeitung heraus. Mitbegründer der Macht der Presse als öffentlichem Führungsmittel. Stieg zum Generalpostmeister der britischen Kolonien in Amerika auf und vertrat den Bundesstaat Pennsylvanien gegen die Eigentumsansprüche der Familie Penn. Am erfolgreichen Freiheitskampf Nordamerikas gegen die englische Kolonialherrschaft führend beteiligt, gehörte er zu den Verfassern und Unterzeichnern der Unabhängigkeitserklärung wie der Verfassung seines Landes. Vertrat Nordamerika als erster Diplomat in Europa und bestimmte Frankreich zur Unterstützung seines Unabhängigkeitskampfes gegen England. Neben seiner politischen Arbeit war er unablässig als Forscher tätig. Bewies den elektrischen Charakter von Gewittern und baute den ersten Blitzableiter. Mit seiner Analyse des Tauschwerts der Arbeitszeit schuf er eine Grundlage der modernen politischen Ökonomie. Als Philosoph führte er sein Land zu einem aufgeklärten, naturwissenschaftlich begründeten Denken. Gründete die Universität von Pennsylvanien.

1752n grün Blitzableiter
1754n blau Verfassungs-Entwurf
1775n/1783n Kampf Nordamerikas
1776n rot Unabhängigkeitserklärung
1778n rot Bündnis mit Frankreich
1784n grün Bifokale Brille
1787n rot Verfassung

FRANKREICH: Allgemeines (Land, Volk, Staat)

1597v–1521v Minos
599v rot Einwanderung der Kelten
599v blau Gründung von Marseille
145v rot Handelsblüte Marseilles
125v/121v Einfall Roms
121v rot Teilung Südgalliens
118v rot Römer-Kolonie Narbo
113v/101v Erster Germanenkrieg
101v–54v Ariovist
100v–44v Cäsar
80v–46v Vercingetorix
70v rot Sueben-Einwanderung
59v rot Cäsar Statthalter
59v blau Gründung von Lyon
58v/51v Gallischer Krieg Roms
58v rot Vertreibung von Stämmen
52v rot Paris römisch
51v rot Ganz Gallien römisch
51v blau Cäsars Kriegsbericht
21n braun Aufstand gegen Rom
86n–161n Antoninus Pius
125n–180n Lukian
177n rot Christentötung in Lyon
214n–275n Aurelian
259n rot Reich des Postumus
273n braun Niederlage gegen Rom
273n rot Erneut Herrschaft Roms
284n/286n Bagauden-Aufstand
285n rot Gallischer Mitkaiser
309n–394n Ausonius
310n rot Name 'Francia'
316n–397n Martin von Tours
370n–455n Hunnenkriege
386n–418n Wallia
397n–454n Aëtius
408n/412n Vierter Gotischer Krieg
412n rot Westgoten-Niederlassung
412n–444n Tibatto
418n rot Gebiete an Westgoten
435n/437n Bagauden-Aufstand
440n–484n Eurich
443n rot Umsiedlung der Burgunder
444n/446n Vordringen der Franken
446n rot Franken an der Somme
457n rot Alemannen im Elsaß
466n–511n Chlodwig
472n rot Bretonen-Ansiedlung
486n braun Frankensieg bei Soissons
486n rot Frankenreich
496n rot Chlodwig Christ
507n braun Niederlage der Westgoten
507n rot Südgallien fränkisch
508n rot Paris Hauptstadt
508n/511n Feldzug der Ostgoten
511n rot Verlust Südgalliens
511n rot Südgallien westgotisch
534n braun Frankensieg über Burgund
534n rot Einverleibung Burgunds
633n/732n Arabischer Krieg
635n–714n Pippin der Mittlere
639n rot Frankenreich geteilt
680n rot Zentralisierung
680n rot Grenzgebiete selbständig
687n braun Machtkampf
687n rot Pippin Herrscher
688n–741n Karl Martell
716n/719n Kämpfe unter Teilreichen
716n–768n Pippin der Kleine
719n rot Wiedervereinigung
720n rot Mittelmeerküste arabisch
725n rot Loire-Gebiet arabisch
741n rot Frankenreich geteilt
742n–814n Karl der Große
759n braun Sieg über Araber
759n rot Südgebiete fränkisch
760n/768n Aquitanischer Krieg
768n rot Aquitanien fränkisch
778n–840n Ludwig der Fromme
799n braun Normannenangriff im Süden
804n–876n Ludwig der Deutsche
823n–877n Karl II., der Kahle
830n/833n Erbfolgekrieg
840n rot Noirmoutier normannisch
842n rot Heeresvereinigung
843n braun Normannen in Nantes
843n rot Vertrag von Verdun
845n braun Normannen in Paris

848 n braun Normannen in Bordeaux
850 n braun Niederlage auf Korsika
850 n rot Korsika arabisch
865 n/866 n Normannen-Einfall
866 n grün Tribute an Normannen
870 n rot Vertrag von Meersen
876 n braun Niederlage gegen Deutsche
876 n rot Wiedervereinigungsversuch
877 n grün Erblichkeit der Lehen
878 n–931 n Rollo
879 n braun Sieg über Normannen
881 n braun Sieg über Normannen
885 n braun Normannen in Rouen
885 n braun Normannen vor Paris
885 n grün Tribut an Normannen
887 n braun Angriffe der Araber
887 n rot Südgebiete an Araber
891 n braun Vordringen der Araber
891 n rot Alpengebiet arabisch
900 n rot Norden normannisch
910 n rot Cluny staatsunabhängig
911 n rot Belehnung Rollos
911 n blau Entwicklung Rouens
924 n/925 n Ungarn-Einfall
943 n–1003 n Silvester II.
955 n–983 n Otto II.
973 n braun Sieg über Araber
973 n rot Alpengebiet befreit
975 n braun Sieg über Araber
975 n rot Südgebiete befreit
978 n braun Einfall nach Deutschland
978 n braun Deutsche Heere vor Paris
987 n rot Krönung Hugo Kapets
1002 n–1066 n Eduard der Bekenner
1022 n rot Katharer-Verbrennung
1027 n–1087 n Wilhelm I., der Eroberer
1040 n rot 'Gottesfriede'
1049 n rot Hugo Abt von Cluny
1050 n rot Le Mans selbständig
1066 n braun Normannen nach England
1066 n rot Wilhelm Herr Englands
1090 n–1153 n Bernhard von Clairvaux
1096 n rot Juden-Verfolgung
1096 n/1099 n Erster Kreuzzug
1112 n rot Schuhmacher-Bruderschaft
1118 n–1170 n Thomas Becket
1119 n rot Templer-Orden
1128 n rot Verfassung von Laon
1132 n rot Peter von Bruys verbrannt
1133 n rot Rache der Petrobrusianer
1140 n–1217 n Peter Waldes
1143 n rot Stadtrecht für Reims
1145 n–1209 n Bertran de Born
1146 n rot Juden-Verfolgung
1147 n/1149 n Zweiter Kreuzzug
1148 n rot Zulauf zu Katharern
1152 n rot Gebietsgewinn Englands
1160 n–1216 n Innozenz III.
1163 n grün Boykott der Katharer
1167 n rot Katharer-Konzil
1170 n–1221 n Dominikus
1174 n rot Buße Heinrichs II.
1175 n rot 'Bund der Armen von Lyon'
1178 n rot Waldenser-Bewegung
1180 n rot Kreuzzugs-Forderung
1181 n braun Katharer-Kreuzzug
1187 n braun Niederlage gegen Araber
1187 n rot Verlust Jerusalems
1189 n/1192 n Dritter Kreuzzug
1202 n/1204 n Vierter Kreuzzug
1207 n rot Gesandte zu Katharern
1209 n/1229 n Katharer-Kreuzzug
1209 n rot Amalrikaner-Verbrennung
1212 n braun Kinder-Kreuzzug
1214 n braun Sieg über die Welfen
1216 n rot Dominikaner-Orden
1216 n rot Orden anerkannt
1229 n rot Geeint und katholisch
1235 n–1303 n Bonifatius VIII.
1237 n rot Katharer-Verbrennung
1239 n rot Katharer-Verfolgung
1247 n rot 'Hexen'-Prozeß
1248 n rot 'Hexen'-Verbrennungen
1248 n/1254 n Sechster Kreuzzug
1249 n rot Katharer-Verbrennung
1253 n rot Rubruk Gesandter
1255 n–1311 n Pierre Dubois
1266 n braun Sieg über Deutsche
1266 n rot Gewinn Siziliens
1268 n braun Sieg über Deutsche
1270 n braun Siebenter Kreuzzug
1275 n rot 'Hexen'-Verbrennungen
1282 n braun Vertreibung aus Sizilien
1282 n rot Sizilien spanisch
1290 n–1343 n Marsilius von Padua
1302 n braun Niederlage gegen Flandern
1303 n rot Gefangennahme des Papstes
1306 n rot Ausweisung der Juden
1309 n rot Avignon Papst-Residenz
1310 n rot Templer-Verbrennung
1323 n/1328 n Aufstand in Flandern
1324 n blau Forderung nach Demokratie
1325 n rot Aufständische gebannt
1338 n/1453 n Hundertjähriger Krieg
1340 n rot Thronanspruch Englands
1344 n grün Zahlungsverweigerung
1345 n braun Weberaufstand (Flandern)
1346 n rot Normandie an England
1351 n grün Pestepidémie
1357 n braun Aufstand in Paris
1358 n braun Aufstand der Jacquerie
1358 n rot Mord an Bauernführern
1375 n rot Rückzug Englands
1376 n rot Papst-Rückkehr nach Rom
1379 n braun Weberaufstand (Flandern)
1379 n rot Gegenpapst in Avignon

1381 n/1382 n Aufstände
1384 n rot Flandern an Burgund
1393 n rot Katharer-Verbrennung
1397 n grün 'Bastille' Staatsgefängnis
1412 n–1431 n Jeanne d'Arc
1413 n braun Volksaufstand in Paris
1420 n rot Feindkoalition
1422 n rot Nordgebiete englisch
1429 n rot Krönung Karls VII.
1430 n rot Jeanne d'Arc gefangen
1431 n rot Jeanne d'Arc verbrannt
1433 n rot Verbrennung Conectes
1433 n–1477 n Karl der Kühne
1435 n rot Ende der Feindkoalition
1438 n rot 'Gallikanische Freiheiten'
1439 n grün Direkte Steuer
1439 n grün Stehendes Heer
1442 n rot Bürgerlicher Minister
1453 n rot Rückdrängung Englands
1472 n braun Königssieg über Fürsten
1472 n rot Fürstenmacht beschränkt
1474 n grün Soldaten aus der Schweiz
1477 n rot Theaterzensur
1480 n rot Gebietszuwachs
1491 n–1556 n Ignatius von Loyola
1515 n rot Schweizer-Rekrutierung
1519 n rot Niederlage Franz' I.
1534 n rot Jesuiten-Orden
1534 n grün Erforschung Kanadas
1535 n rot Besitz Kanadas
1535 n grün Handelsvertrag mit Türkei
1536 n rot Bündnis mit der Türkei
1538 n rot Protestanten-Verfolgung
1540 n rot Kanada an Roberval
1542 n/1544 n Niederlage gegen Deutsche
1544 n rot Rückzug aus Italien
1546 n rot Verbrennung Dolets
1546 n/1547 n Schmalkaldischer Krieg
1553 n–1610 n Heinrich IV.
1558 n braun Einnahme von Calais
1558 n rot Calais französisch
1561 n rot Konfessionelle Spaltung
1562 n/1598 n Hugenottenkriege
1573 n grün Hugenotten-Auswanderung
1576 n rot Katholische Liga
1577 n grün Preisregelung
1585 n–1642 n Richelieu
1593 n rot Heinrich IV. Katholik
1598 n rot Edikt von Nantes
1608 n blau Gründung von Quebec
1610 n rot Ermordung Heinrichs IV.
1612 n grün Vertrag mit Holland
1618 n/1648 n Dreißigjähriger Krieg
1619 n–1683 n Colbert
1620 n–1688 n Der Große Kurfürst
1624 n braun Bauernaufstand
1624 n rot Verurteilung Théophiles
1626 n rot Schleifung von Schlössern
1627 n braun Protestantische Erhebung
1628 n grün Kanada-Gesellschaft
1631 n rot Teil-Besetzung Haitis
1632 n rot Niederlassung in Guinea
1634 n rot Gewinn Cayennes
1635 n rot Antillen-Besitz
1637 n braun Bauernaufstand
1637 n rot Sklavenhändler: Senegal
1638 n–1715 n Ludwig XIV.
1639 n braun Bauernaufstand
1642 n blau Gründung von Montreal
1643 n rot Mazarin 'Erster Minister'
1643 n rot Besitz Madagaskars
1648 n rot Westfälischer Friede
1651 n/1652 n Adelserhebung
1657 n rot Beschränkung für Adel
1657 n grün Merkantilismus
1658 n braun Sieg bei Dünkirchen
1658 n rot Dünkirchen englisch
1658 n rot Erster Rheinbund
1659 n rot Vormacht in Westeuropa
1661 n rot Regierung Ludwigs XIV.
1661 n rot Colbert Finanzminister
1662 n rot Kauf von Dünkirchen
1662 n grün Weberei-Verstaatlichung
1663 n–1736 n Prinz Eugen
1664 n rot Schutzzölle
1664 n rot Verbot des 'Tartuffe'
1664 n grün Tabakmonopol
1664 n grün Indiengesellschaft
1666 n rot Geburtenförderung
1667 n/1668 n Erster Krieg Ludwigs XIV.
1668 n rot Machtgewinn in Flandern
1668 n rot Gegenbündnis Englands
1669 n rot Vauban Festungsbaumeister
1670 n rot Geheimbund mit England
1670 n grün Uniformierte Armee
1672 n braun Unruhen auf Madagaskar
1672 n rot Verlust Madagaskars
1672 n rot Feindkoalition
1672 n/1678 n Zweiter Krieg Ludwigs XIV.
1673 n rot Bündnis mit der Türkei
1673 n rot Handelsrecht
1674 n rot Gouverneur für Kanada
1674 n rot Feindkoalition
1677 n grün Paris: 500 000 Einwohner
1678 n rot Gebietserwerbungen
1680 n rot Reunionen
1681 n rot Gewinn Straßburgs
1685 n grün Hugenotten-Auswanderung
1685 n rot Religionsfreiheit beendet
1685 n rot Auswanderungsverbot
1686 n braun Waldenser-Verfolgung
1688 n grün Skalp-Prämien
1688 n/1697 n Dritter Krieg Ludwigs XIV.
1689 n/1691 n Irische Erhebung
1697 n rot Rückzug
1699 n rot Verbot des 'Telemach'

1700 n rot Bourbonen in Spanien
1701 n/1714 n Spanischer Erbfolgekrieg
1702 n/1710 n Kamisarden-Aufstand
1706 n grün Denkschrift über Steuern
1710 n rot Kampf gegen Jansenismus
1712 n–1786 n Friedrich II., der Große
1713 n rot Gebiete Kanadas englisch
1717 n–1780 n Maria Theresia
1732 n–1799 n Washington
1733 n/1735 n Polnischer Erbfolgekrieg
1735 n rot Gewinn Lothringens
1741 n/1748 n Österreich-Erbfolgekrieg
1746 n rot Werk Diderots verbrannt
1755 n/1763 n Kolonialkrieg
1756 n/1763 n Siebenjähriger Krieg
1758 n–1794 n Robespierre
1759 n rot Verlust ganz Kanadas
1760 n–1797 n Babeuf
1767 n rot Ausweisung der Jesuiten
1768 n rot Erwerb Korsikas
1769 n–1821 n Napoleon I.
1771 n rot 'Parlamente' aufgehoben
1773 n rot Freimaurerloge
1773 n–1859 n Metternich
1774 n rot 'Parlamente' neu berufen
1775 n/1783 n Kampf Nordamerikas
1778 n rot Bündnis mit Nordamerika
1779 n rot Bündnis-Beitritt Spaniens
1779 n rot Bauernfreiheit (Domänen)
1780 n rot Abschaffung der Folter
1783 n rot Gewinn des Senegal
1783 n blau Chamforts Kampfruf
1783 n–1830 n Bolivar
1786 n rot 'Halsband-Affäre'
1788 n rot Generalstände einberufen
1789 n/1795 n Revolution
1789 n rot Reformen
1790 n rot 'Jakobinerklub'
1790 n grün Papiergeld
1791 n blau Panthéon Ehrentempel
1791 n rot Verfassung
1792 n rot Republik
1792 n rot Zivilehe
1792 n blau Gleichheitsforderung
1792 n grün Revolutionskalender
1792 n/1795 n Revolutionskriege
1793 n rot Hinrichtung Ludwigs XVI.
1794 n rot Volksregierung
1794 n rot Ende des Kolonialismus
1794 n rot Hinrichtung Robespierres
1795 n rot Direktorium
1795 n blau 'Manifest der Gleichen'
1796 n braun Verschwörung Babeufs
1796 n rot Napoleon Oberbefehlshaber
1796 n/1815 n Napoleonische Kriege
1797 n rot Hinrichtung Babeufs
1797 n rot Talleyrand Außenminister
1798 n rot 'Helvetische Republik'
1799 n rot Sturz des Direktoriums
1799 n rot Napoleon Erster Konsul
1800 n braun Erhebung gegen Napoleon
1800 n grün Bank von Frankreich
1800 n rot Verlust Maltas
1801 n rot Gewinn linken Rheinufers
1801 n rot Konkordat
1801 n grün Priesterbesoldung
1802 n rot Erneut Kolonialismus
1803 n braun Aufstand auf Haiti
1804 n braun Royalistische Erhebung
1804 n rot Unabhängigkeit Haitis
1804 n rot Gesetzbuch
1806 n rot Rheinbund
1806 n rot Ende des deutschen Reiches
1806 n grün Kontinentalsperre
1806 n/1812 n Russisch-türkischer Krieg
1807 n/1808 n Kämpfe in Spanien
1809 n rot Tod Schill'scher Offiziere
1809 n/1810 n Tiroler Freiheitskampf
1810 n rot Erschießung Hofers
1810 n–1862 n Cavour
1812 n rot Konvention von Tauroggen
1815 n rot Wiener Kongreß
1815 n–1898 n Bismarck
1818 n rot Bernadotte Schwedenkönig
1820 n/1823 n Spanische Revolution
1821 n/1829 n Kampf Griechenlands
1830 n braun Juli-Revolution
1830 n rot Louis-Philippe König
1830 n/1834 n Algerischer Krieg
1831 n rot Streik in Lyon
1831 n rot Fremdenlegion
1834 n braun Aufstand der Seidenweber
1834 n rot 'Bund der Geächteten'
1836 n rot 'Bund der Gerechten'
1843 n/1844 n Krieg in Nordafrika
1844 n rot Herrschaft über Algerien
1848 n rot Republik
1848 n braun Juni-Aufstand
1849 n braun Sieg über Rom
1850 n rot Besitznahme Guineas
1851 n braun Staatsstreich
1852 n rot Napoleon III. Kaiser
1852 n rot Cayenne Strafkolonie
1853 n/1856 n Krimkrieg
1856 n rot Grenzgarantie für Türkei
1856 n/1860 n Lorcha-Krieg
1859 n/1861 n Befreiungskampf Italiens
1862 n braun Eroberung Südvietnams
1862 n rot Gewinn Kotschinchinas
1869 n grün Suezkanal
1870 n/1871 n Krieg mit Deutschland
1870 n rot Republik
1871 n braun Aufstand der Kommune
1872 n rot Allgemeine Wehrpflicht
1875 n rot Verfassung
1880 n rot Tahiti Kolonie

1881 n rot Herrschaft über Tunesien
1882 n/1885 n Krieg gegen China
1883 n rot Gewinn Annams
1884 n rot Gewinn Kambodschas
1885 n rot Tonking und Madagaskar
1887 n rot Miterwerb: Neue Hebriden
1888 n rot Gründung Indochinas
1889 n rot Zweite Internationale
1891 n braun Weberaufstand
1891 n rot Guinea Kolonie
1893 n rot Besitz von Laos
1894 n rot Bündnis mit Rußland
1898 n blau Zola: 'J'accuse'
1899 n rot Sudan unter England
1899 n/1901 n Boxeraufstand
1900 n rot China-Abkommen
1904 n rot 'Entente Cordiale'
1904 n blau Zeitung 'Humanité'
1905 n rot Trennung Staat/Kirche
1906 n rot Algeciras-Konferenz
1907 n rot 'Triple-Entente'
1912 n rot Gewinn Marokkos
1913 n rot Poincaré Staatspräsident
1914 n rot Mord an Jean Jaurès
1914 n/1918 n Erster Weltkrieg
1917 n/1922 n Russische Revolution
1919 n rot Friedensverträge
1920 n rot Völkerbunds-Mitglied
1920 n rot Gewinn Syriens
1922 n/1923 n Aufstand der Rif-Kabylen
1923 n braun Besetzung des Ruhrgebiets
1925 n rot Locarno-Pakt
1925 n/1926 n Drusen-Aufstand
1928 n rot Kellogg-Pakt
1934 n braun Faschistischer Putsch
1935 n rot Saar an Deutschland
1935 n rot Pakt mit Sowjetunion
1936 n rot Volksfront
1938 n rot Münchner Abkommen
1939 n/1945 n Zweiter Weltkrieg
1944 n rot Bündnis mit UdSSR
1944 n rot Unabhängigkeit
1945 n rot Besetzungen
1945 n rot Potsdamer Konferenz
1945 n rot Mitglied der UN
1945 n/1954 n Erhebung Südostasiens
1946 n rot Libanon, Syrien frei
1949 n rot Mitglied der NATO
1951 n rot Unabhängigkeit Libyens
1952 n rot Deutschland-Vertrag
1953 n rot Generalstreik
1954 n/1962 n Kampf Nordafrikas
1954 n rot Vietnam unabhängig
1954 n rot Laos unabhängig
1954 n rot Kambodscha unabhängig
1954 n rot Mitglied der SEATO
1955 n rot Österreich souverän
1956 n braun Suez-Krieg
1956 n rot Tunesien unabhängig
1956 n rot Marokko unabhängig
1957 n grün Mitglied der EWG
1958 n rot Guinea unabhängig
1960 n rot Kamerun unabhängig
1960 n rot Senegal unabhängig
1960 n rot Tschad unabhängig
1960 n rot Mauretanien unabhängig
1960 n rot Togo unabhängig
1960 n rot Gabun unabhängig
1960 n rot Volta unabhängig
1960 n rot Dahomey unabhängig
1960 n rot Madagaskar unabhängig
1962 n rot Algerien unabhängig

FRANKREICH: Baukunst

799 n blau Basilika Abbeville
998 n blau Schloß Fontainebleau
1033 n blau Kirche Mont-Saint-Michel
1061 n blau Kathedrale von Toulouse
1090 n blau Bau der Kirche Cluny
1130 n blau Kirche Cluny vollendet
1134 n grün Kirchenfenster-Werkstatt
1145 n blau Kathedrale St. Denis
1163 n blau Notre-Dame-Kathedrale
1195 n blau Kathedral-Bau Chartres
1208 n blau Kathedrale von Rouen
1212 n blau Kathedral-Bau Reims
1233 n grün Villards Bauhüttenbuch
1257 n grün Fenster von Chartres
1260 n blau Chartres vollendet
1268 n blau Kathedrale von Amiens
1284 n grün Einsturz einer Kathedrale
1341 n blau Matthias: Prager Dom
1364 n blau Papst-Schloß in Avignon
1379 n blau Kathedrale von Poitiers
1546 n blau Bau des Louvre
1553 n blau Rathaus Paris
1638 n–1715 n Ludwig XIV.
1661 n blau Schloß-Bau Versailles
1682 n blau Spiegelsaal Versailles
1687 n blau 'Grand Trianon'
1706 n blau Invalidendom
1866 n grün Eisenbetonbau
1889 n grün Eiffelturm
1955 n blau Kirche von Ronchamp
1956 n blau UNESCO-Gebäude

FRANKREICH: Bildhauerei

1198 n blau Portal von Senlis
1236 n blau Skulpturen in Reims
1744 n blau Pigalle: 'Merkur'
1778 n blau Falconets Reiterstatue
1884 n blau 'Bürger von Calais'
1908 n blau Bourdelle: 'Herakles'

FRANKREICH: Dichtung und andere Literatur

883 n blau Lied von Eulalia

1046 n blau 'Leben des Alexius'
1079 n–1142 n Abälard
1102 n blau Wilhelms Lieder
1103 n blau Briefe an Heloise
1104 n blau Rolandslied
1108 n–1175 n Wace
1140 n blau Marcabrus Lieder
1145 n–1209 n Bertran de Born
1152 n blau Bernarts Liebeslieder
1152 n–1246 n Peire Cardinal
1159 n blau Lied vom Mädchen Richeut
1164 n blau 'Erek und Enide'
1165 n blau Benoits Troja-Roman
1171 n blau Christian: 'Lancelot'
1178 n blau Béatrice: 'Weltgesang'
1180 n blau Christian: 'Parsival'
1183 n blau Bertrans Kampflieder
1197 n blau Nikolausspiel
1228 n blau 'Veilchenroman'
1230 n blau 'Rosenroman' begonnen
1238 n–1286 n Adam de la Halle
1255 n grün Rubruks Reisebericht
1256 n blau Rutebeufs Gedichte
1271 n blau 'Robert und Mariechen'
1271 n blau Rutebeufs Mirakelspiel
1280 n blau 'Rosenroman' vollendet
1281 n blau Adam de la Halle: Lieder
1323 n blau Wettkämpfe
1392 n blau Deschamps' Lehrbuch
1394 n blau Deschamps: 'Ehespiegel'
1399 n blau Christines 'Briefe'
1431 n–1474 n Villon
1450 n blau 'Stundenbuch' illustriert
1461 n blau Villons Balladen
1509 n blau Comines' Memoiren
1549 n blau Manifest der Plejade
1550 n blau Ronsard: 'Oden'
1552 n blau Rabelais: 'Gargantua'
1579 n blau Werk gegen Absolutismus
1580 n blau Montaigne: 'Essais'
1604 n blau Margaretes Memoiren
1606 n–1685 n Corneille
1615 n blau Aubigné: 'Les Tragiques'
1621 n–1695 n Lafontaine
1622 n–1673 n Molière
1631 n grün Wochenzeitung
1636 n blau Corneille: 'Der Cid'
1639 n–1699 n Racine
1655 n blau Scarron: Komödianten
1664 n rot Verbot des 'Tartuffe'
1664 n blau Rochefoucauld: Maximen
1665 n blau 'Journal des Savants'
1666 n blau 'Der Menschenfeind'
1668 n blau Lafontaines Fabeln
1670 n blau 'Der Bürger als Edelmann'
1673 n blau 'Der eingebildete Kranke'
1674 n blau Boileaus Lehrbuch
1675 n blau Vairasse: 'Sevaramben'
1677 n blau Racine: 'Phädra'
1678 n blau 'Prinzessin von Cleve'
1686 n blau Fontenelle: 'Pluralität'
1691 n blau Racine: 'Athalie'
1694 n blau Wörterbuch der Académie
1694 n–1778 n Voltaire
1696 n blau Bayles Wörterbuch
1697 n blau Perraults Märchen
1698 n blau Fénelon: 'Telemach'
1699 n rot Verbot des 'Telemach'
1704 n blau Märchen-Übersetzung
1707 n blau Castel: Ewiger Friede
1709 n blau Lesage: 'Turcaret'
1713 n–1784 n Diderot
1721 n blau 'Persische Briefe'
1730 n blau 'Liebe und Zufall'
1731 n blau Prévost: 'Manon Lescaut'
1732 n blau Voltaire: 'Zaïre'
1735 n blau Lesage: 'Gil Blas'
1742 n blau Voltaire: 'Mohammed'
1743 n blau L. Saint-Simons Memoiren
1751 n blau Enzyklopädie
1759 n blau Voltaire: 'Candide'
1760 n blau Diderot: 'Die Nonne'
1761 n blau Rousseau: 'Neue Heloise'
1762 n blau Rousseau: 'Emile'
1775 n blau Beaumarchais: 'Barbier'
1777 n blau Rousseaus 'Bekenntnisse'
1778 n blau Beaumarchais: 'Figaro'
1782 n blau Laclos: 'Liebschaften'
1783 n blau Chamforts 'Pensées'
1785 n blau Sade: 'Sodom'
1792 n blau Lisle: 'Marseillaise'
1795 n blau Babeufs 'Manifest'
1799 n–1850 n Balzac
1810 n blau Staël: Deutschland
1830 n blau 'Rot und Schwarz'
1831 n blau Hugos 'Glöckner'
1842 n blau Cabet: 'Ikarien'
1844 n blau 'Graf von Monte Christo'
1845 n blau 'Müller von Angibault'
1848 n blau 'Kameliendame'
1850 n blau 'Menschliche Komödie'
1851 n blau Murger: 'Bohème'
1857 n blau 'Die Blumen des Bösen'
1857 n blau Flaubert: 'Madame Bovary'
1862 n blau Hugo: 'Die Elenden'
1865 n blau 'Von der Erde zum Mond'
1870 n blau Blanquis Zeitschrift
1871 n blau Pottiers 'Internationale'
1877 n blau Gobineau: 'Renaissance'
1885 n blau Maupassant: 'Bel Ami'
1885 n blau Zola: 'Germinal'
1897 n blau Jarry: 'Ubu Roi'
1898 n blau Zola: 'J'accuse'
1898 n blau France: Zeitgeschichte
1904 n blau 'Johann Christoph'
1914 n blau Barbusse: 'Wir anderen'

1915 n blau Proust: 'Verlorene Zeit'
1919 n blau Gide: 'Pastorale'
1920 n blau Valéry: 'Friedhof am Meer'
1934 n blau 'Glocken von Basel'
1935 n blau 'Kein Krieg in Troja'
1935 n blau Carrel: 'Der Mensch'
1938 n blau Claudel: 'Johanna'-Text
1943 n blau 'Der kleine Prinz'
1946 n blau Sartre: 'Ehrbare Dirne'
1947 n blau Camus: 'Die Pest'
1949 n blau 'Das andere Geschlecht'
1950 n blau Cocteau: 'Bacchus'
1954 n blau 'Bonjour Tristesse'
1958 n blau Aragon: 'Karwoche'
1961 n blau Anouilh: 'Die Grotte'
1962 n blau 'Fußgänger der Luft'

FRANKREICH: Geschichtsschreibung

1108 n–1775 n Wace
1154 n blau Geschichte Englands
1166 n blau Normannen-Geschichte
1172 n blau Benoits Herzogsgeschichte
1211 n blau Kreuzzugsgeschichte
1410 n blau Froissarts Werk
1583 n grün Scaliger: Chronologie
1639 n–1699 n Racine
1681 n blau Bossuets 'Abhandlung'
1694 n–1778 n Voltaire
1751 n blau 'Jahrhundert Ludwigs XIV.'
1797 n blau Chateaubriands Werk
1827 n blau Thierrys 'Briefe'
1827 n blau Guizots Werk
1843 n blau Mignet: 'Notizen'
1853 n blau Michelet: Revolution
1856 n blau Tocqueville: Revolution
1863 n blau Renan: Leben Jesu
1906 n blau Schweitzer: Leben Jesu

FRANKREICH: Malerei und Graphik

Vorzeittafel: 30 Tausend Jahre
1450 n blau Fouquet: Chevalier-Bilder
1453 n blau Quarton: 'Marienkrönung'
1458 n blau Fouquet: 'Karl VII.'
1471 n blau Fouquet: Boccaccio-Bilder
1551 n blau Limousin: Emaillierkunst
1627 n blau Callot: Not des Volkes
1629 n blau Lorrains Landschaften
1633 n blau Callot: Krieg
1639 n blau 'Heimkehr von der Ernte'
1642 n blau Lenain: 'Der Gärtner'
1644 n blau Lorrain: 'Hafen'
1663 n blau Poussin: 'Jahreszeiten'
1682 n blau Spiegelsaal Versailles
1684 n–1721 n Watteau
1701 n blau Rigaud: Ludwig XIV.
1712 n blau 'Scherenschleifer'
1717 n blau Watteau: 'Einschiffung'
1720 n blau Watteau: Firmenschild
1739 n blau Chardin: 'Scheuerfrau'
1754 n blau Boucher: Pompadour
1757 n blau 'Zerbrochener Krug'
1766 n blau 'Die Liebesschaukel'
1793 n blau David: 'Marat'
1830 n blau Delacroix: Freiheit
1848 n blau Daumier: 'Justiz'
1851 n blau Courbet: 'Steinklopfer'
1857 n blau Millet: 'Ährenleserinnen'
1863 n blau Manet: 'Frühstück'
1864 n blau Dorés Bibelillustrationen
1873 n blau Degas: 'Tanzschule'
1879 n blau Renoir: 'Frühstückstisch'
1892 n blau Cézanne: 'Kartenspieler'
1892 n blau Toulouse-Lautrecs Plakate
1893 n blau Monet: Kathedrale Rouen
1897 n blau Gauguins Südseebilder
1900 n blau Cézanne: 'Badende'
1905 n blau Matisse: Mädchenakt
1907 n blau Picasso: 'Mädchen'
1937 n blau Picasso: 'Guernica'
1940 n grün Lascaux-Bilder entdeckt
1947 n blau Picasso: 'Friedenstaube'
1952 n blau Braque: 'Vogel III'

FRANKREICH: Musik

925 n grün Tonbezeichnung
995 n–1050 n Guido von Arezzo
1145 n–1209 n Bertran de Born
1154 n blau Gesangsschule in Paris
1238 n–1286 n Adam de la Halle
1246 n grün Aufkommen der Pauke
1271 n blau 'Robert und Mariechen'
1321 n blau 'Ars nova'
1532 n–1594 n Orlando di Lasso
1581 n blau 'Königinnen-Ballett'
1672 n blau Lully: 'Liebesfeste'
1722 n grün Rameaus Harmonielehre
1737 n blau 'Castor und Pollux'
1792 n blau 'Marseillaise'
1810 n grün Harmonium
1828 n blau 'Phantastische Sinfonie'
1859 n blau Gounod: 'Margarethe'
1875 n blau Bizet: 'Carmen'
1901 n blau Ravels 'Wasserspiele'
1957 n blau 'Paris für uns zwei'
1963 n blau Milhaud: 'Orestie'

FRANKREICH: Philosophie

1000 n–1088 n Berengar von Tours
1051 n blau Berengar: Dialektik
1053 n–1123 n Roscelin
1056 n blau Denkfreiheit gefordert
1079 n–1142 n Abälard
1083 n blau Berengar: Wahrheit
1088 n blau Nominalismus
1126 n blau Erbsünde-Dogma abgelehnt
1132 n blau Abälard: 'Ja und Nein'
1140 n rot Maßnahmen gegen Abälard
1255 n–1311 n Pierre Dubois
1283 n blau Dubois für Völkerbund
1555 n blau Ramée: 'Dialektik'
1576 n blau Bodin: 'Vom Staate'
1580 n blau Montaigne: 'Essais'
1596 n–1650 n Descartes
1623 n blau Crusés Staatsideal
1623 n–1662 n Pascal
1637 n blau Descartes: Erkenntnis
1637 n blau Mersennes Weltbild
1656 n blau Pascal: Provinzialbriefe
1662 n blau Pascal: 'Gedanken'
1664 n blau Rochefoucauld: Maximen
1675 n blau Vairasses Staatsideal
1689 n–1755 n Montesquieu
1694 n–1778 n Voltaire
1696 n blau Bayles Wörterbuch
1707 n blau Castel: Ewiger Friede
1712 n–1778 n Rousseau
1713 n–1784 n Diderot
1745 n blau Lamettrie: Seele
1746 n rot Werk Diderots verbrannt
1748 n blau 'Geist der Gesetze'
1748 n blau 'Der Mensch als Maschine'
1753 n blau Rousseau: 'Ungleichheit'
1754 n blau Condillac: Sensualismus
1755 n blau Morelly gegen Eigentum
1758 n blau Helvetius: 'Vom Geist'
1762 n blau 'Gesellschaftsvertrag'
1764 n blau 'Berg-Briefe'
1768 n blau Mably: Kommunismus
1769 n blau Voltaire: Gott und Mensch
1770 n blau Holbachs 'Natursystem'
1772 n blau Helvetius: 'Vom Menschen'
1777 n blau Rousseaus 'Bekenntnisse'
1783 n blau Chamfort: 'Pensées'
1793 n blau 'Fortschritt des Geistes'
1820 n blau Saint-Simon: Proletariat
1824 n blau Saint-Simon: Eigentum
1830 n blau Comte: Positivismus
1833 n blau 'Worte des Glaubens'
1838 n blau Wirtschaft und Kultur
1839 n blau 'Organisation der Arbeit'
1840 n blau 'Eigentum ist Diebstahl'
1842 n blau Cabet: 'Ikarien'
1852 n blau Comte: Soziologie
1863 n blau Renan: 'Leben Jesu'
1889 n blau 'Zeit und Freiheit'
1895 n blau Le Bon: 'Massen'
1905 n grün Werk Poincarés
1908 n blau Sorel: 'Gewalt'
1934 n blau 'Denken und Werden'
1935 n blau Carrel: 'Der Mensch'
1943 n blau Sartre: 'Sein und Nichts'
1949 n blau Beauvoir: Wesen der Frau

FRANKREICH: Recht

1255 n–1311 n Pierre Dubois
1277 n blau Recht der Normandie
1283 n blau Dubois: Völkerbund
1397 n grün 'Bastille' Staatsgefängnis
1532 n grün Galeerenstrafe
1673 n rot Handelsrecht
1689 n–1755 n Montesquieu
1748 n blau 'Geist der Gesetze'
1769 n–1821 n Napoleon I.
1771 n rot Aufhebung von Gerichten
1774 n rot Einsetzung der Gerichte
1780 n rot Abschaffung der Folter
1791 n rot Verfassung
1791 n rot Strafarten-Wechsel
1804 n rot 'Code Napoléon'
1852 n rot Strafkolonie Cayenne
1875 n rot Verfassung

FRANKREICH: Religion

132 n–200 n Irenäus
177 n rot Christentötung in Lyon
189 n blau Christliche Dogmatik
191 n blau Bischofsliste
194 n blau Kampf gegen Gnostiker
315 n–367 n Hilarius von Poitiers
316 n–397 n Martin von Tours
356 n blau Hilarius: Dreifaltigkeit
361 n blau Kloster Ligugé
397 n blau Martins-Legende
403 n blau Christliche Geschichte
534 n–615 n Kolumban
538 n–594 n Gregor von Tours
556 n blau Kloster Poitiers
594 n blau Kloster Luxeuil
737 n–804 n Alkuin
823 n–877 n Karl II., der Kahle
883 n blau Lied von Eulalia
910 n blau Kloster Cluny
910 n rot Cluny staatsunabhängig
943 n–1003 n Silvester II.
998 n grün Allerseelenfest
1000 n blau Leutardus' Christentum
1000 n–1088 n Berengar von Tours
1022 n rot Katharer-Verbrennung
1040 n rot 'Gottesfriede'
1049 n rot Hugo Abt von Cluny
1051 n blau Theologische Dialektik
1053 n–1123 n Roscelin
1056 n blau Denkfreiheit gefordert
1079 n rot Widerruf Berengars
1079 n–1142 n Abälard
1083 n blau Berengar: Wahrheit
1084 n blau Kartäuser-Kloster
1088 n blau Nominalismus
1090 n–1153 n Bernhard von Clairvaux
1091 n blau Raschis Kommentare
1092 n rot Widerruf Roscelins
1096 n rot Juden-Verfolgung
1096 n/1099 n Erster Kreuzzug
1098 n blau Zisterzienser-Kloster
1100 n rot Kluniazenser-Bund
1108 n–1175 n Wace
1109 n–1149 n Eudo
1115 n blau Kloster Clairvaux
1119 n rot Templer-Orden
1119 n blau Reform-Forderung
1120 n blau Prämonstratenser-Orden
1123 n blau Schrift gegen 'Ketzer'
1126 n blau Abälard gegen 'Erbsünde'
1129 n blau Anklage gegen Priester
1132 n blau Abälard: 'Ja und Nein'
1132 n rot Peter von Bruys verbrannt
1133 n rot Rache der Petrobrusianer
1134 n blau Bräutliche Liebe zu Jesus
1138 n blau Eudo gegen Taufe
1140 n rot Maßnahmen gegen Abälard
1140 n–1217 n Peter Waldes
1141 n blau Psalmen-Kommentar
1141 n blau 'Geheimnisse des Glaubens'
1146 n rot Juden-Verfolgung
1147 n/1149 n Zweiter Kreuzzug
1148 n rot Zulauf zu Katharern
1152 n–1246 n Peire Cardinal
1155 n blau Petrus Lombardus: Dogmen
1160 n–1216 n Innozenz III.
1163 n grün Katharer-Boykott
1167 n rot Konzil der Katharer
1170 n–1221 n Dominikus
1175 n rot 'Bund der Armen von Lyon'
1175 n blau Klage über Kirchenverfall
1176 n blau Waldes gegen Kirchenmacht
1178 n rot Waldenser-Bewegung
1180 n rot Kreuzzugs-Forderung
1181 n braun Katharer-Kreuzzug
1183 n blau Katharerbibel
1189 n/1192 n Dritter Kreuzzug
1198 n blau Waldenser: Fortbildung
1202 n/1204 n Vierter Kreuzzug
1207 n rot Gesandte zu Katharern
1208 n rot Aufruf zum Kreuzzug
1209 n/1229 n Katharer-Kreuzzug
1209 n rot Amalrikaner-Verbrennung
1212 n braun Kinder-Kreuzzug
1214 n blau Klage über Priester
1216 n rot Dominikaner-Orden
1216 n rot Orden anerkannt
1229 n rot Sieg des Katholizismus
1235 n–1303 n Bonifatius VIII.
1237 n rot Katharer-Verbrennung
1239 n rot Katharer-Verfolgung
1247 n rot 'Hexen'-Prozeß
1248 n rot 'Hexen'-Verbrennung
1248 n/1254 n Sechster Kreuzzug
1249 n rot Katharer-Verbrennung
1253 n blau Theologenschule in Paris
1255 n–1311 n Pierre Dubois
1270 n braun Siebenter Kreuzzug
1275 n rot 'Hexen'-Verbrennung
1290 n–1343 n Marsilius von Padua
1304 n blau Ruf nach Säkularisation
1305 n rot Klage gegen Templerorden
1307 n blau Kirchenväter-Kommentar
1309 n rot Avignon Papstresidenz
1310 n rot Templer-Verbrennung
1312 n rot Templerorden aufgelöst
1318 n blau Papstanspruch unbegründet
1324 n blau Volksherrschaft gefordert
1376 n rot Papstrückkehr nach Rom
1379 n rot Gegenpapst in Avignon
1393 n rot Katharer-Verbrennung
1412 n–1431 n Jeanne d'Arc
1415 n blau Konzil höher als Papst
1416 n blau Konzil und Papst fehlbar
1428 n blau Klage über Kirchenverfall
1431 n rot Jeanne d'Arc verbrannt
1433 n rot Verbrennung Conectes
1438 n rot 'Gallikanische Freiheiten'
1491 n–1556 n Ignatius von Loyola
1509 n–1564 n Calvin
1532 n rot Zulauf zu Protestanten
1534 n rot Jesuiten-Orden
1535 n blau Bibelübersetzung
1538 n rot Protestanten-Verfolgung
1546 n rot Verbrennung Dolets
1553 n–1610 n Heinrich IV.
1561 n rot Vermittlungsversuch
1562 n/1598 n Hugenottenkriege
1573 n grün Hugenotten-Auswanderung
1576 n rot Katholische Liga
1585 n–1642 n Richelieu
1593 n rot Heinrich IV. Katholik
1598 n rot Edikt von Nantes
1610 n rot Ermordung Heinrichs IV.
1618 n rot Salesianerinnen-Orden
1623 n–1662 n Pascal
1624 n rot Verurteilung Théophiles
1627 n braun Protestanten-Erhebung
1638 n–1715 n Ludwig XIV.
1639 n–1699 n Racine
1652 n blau 'Bequeme Frömmigkeit'
1656 n blau Pascal: Provinzialbriefe
1662 n blau Pascal: 'Gedanken'
1663 n rot Trappisten-Reform
1685 n grün Hugenotten-Auswanderung
1685 n rot Religionsfreiheit beendet
1685 n rot Auswanderungsverbot
1689 n blau Simons Bibelkritik
1689 n–1755 n Montesquieu
1694 n–1778 n Voltaire
1702 n/1710 n Kamisarden-Aufstand
1710 n rot Kloster-Zerstörung
1713 n–1784 n Diderot
1732 n blau Voltaire: 'Zaïre'
1746 n rot Werk Diderots verbrannt
1760 n blau Diderot: 'Die Nonne'
1767 n rot Ausweisung der Jesuiten
1769 n blau Voltaire: Gott und Mensch
1773 n rot Freimaurerloge
1789 n/1795 n Revolution
1792 n rot Zivilehe
1801 n rot Konkordat
1801 n grün Priesterbesoldung
1863 n blau Renan: Leben Jesu
1905 n rot Trennung Kirche/Staat
1906 n blau Schweitzer: Leben Jesu

FRANKREICH: Sitten und Gebräuche

94 v grün Rauchen
998 n grün Allerseelenfest
1506 n grün Postbeförderung
1554 n grün Tulpen- und Fliedereinfuhr
1560 n grün Tabakeinfuhr
1631 n grün Wochenzeitung
1653 n grün Stadtpost
1656 n grün Glasperlen
1662 n grün Pferdeomnibus
1665 n grün Straßenbeleuchtung
1670 n grün Uniformen für Armee
1682 n grün Park von Versailles
1789 n grün Rollschuh
1791 n blau Ehrentempel
1792 n grün Revolutionskalender
1794 n grün Hosenträger
1852 n grün Warenhaus
1896 n grün Olympischer Gedanke
1903 n grün Tour de France

FRANKREICH: Sprache und Schrift

842 n blau 'Straßburger Eide'
883 n blau Lied in Volkssprache
1468 n grün Jenson: Antiqua-Schrift
1549 n blau Manifest der Plejade
1694 n blau Wörterbuch der Académie
1696 n blau Bayle: Wörterbuch

FRANKREICH: Technik

369 v grün Verhüttung mit Kohle
887 n grün Armbrust
1134 n grün Kirchenfenster-Werkstatt
1209 n grün Entsumpfung der Picardie
1233 n grün Villards Bauhüttenbuch
1330 n grün Butzenscheiben
1336 n grün Kanonen
1561 n grün Verbesserte Drehbank
1623 n–1662 n Pascal
1642 n grün Rechenmaschine
1652 n grün Steinschloßgewehr
1656 n grün Jacquin: Glasperlen
1670 n grün Luftschiff-Entwurf
1678 n grün Besniers Flugversuch
1679 n grün Dampf-Kochtopf
1681 n grün Nord-Süd-Kanal
1690 n grün Papins Dampfmaschine
1707 n grün Schaufelrad-Antrieb
1732 n grün Fauchard: Zahnersatz
1768 n grün Gummischlauch
1770 n grün Dumoutiez: Feuerzeug
1782 n grün Heißluftballon
1783 n grün Erster Ballonflug
1785 n grün Ballonflug Dover–Calais
1789 n grün Vanlede: Rollschuh
1793 n grün Optische Telegraphie
1795 n grün Technische Lehranstalt
1797 n grün Fallschirmabsprung
1798 n grün Langsieb-Papiermaschine
1803 n grün Appert: Konservierung
1804 n grün Didot: Letternguß
1805 n grün Jacquards Webstuhl
1810 n grün Grenié: Harmonium
1820 n grün Eiserner Vorhang
1822 n grün Niepce: Photographie
1825 n grün Chemische Reinigung
1837 n grün Daguerre: Belichtung
1852 n grün Ballon mit Antrieb
1853 n grün Rhein-Marne-Kanal
1859 n grün Luftbild
1859 n grün Elektrische Zündung
1860 n grün Lenoir: Gasmotor
1866 n grün Monier: Eisenbeton
1891 n grün Farbphotographie
1900 n grün Untergrundbahn

FRANKREICH: Teppichweberei

1104 n blau Teppich von Bayeux
1662 n grün Verstaatlichung

FRANKREICH: Theater

1238 n–1286 n Adam de la Halle
1271 n blau Singspiel
1477 n rot Theaterzensur
1622 n–1673 n Molière
1680 n blau Comédie française
1887 n blau Antoine: Freie Bühne

FRANKREICH: Wirtschaft und Verkehr

1769 v grün Kupferbarren-Währung
145 v rot Handelsblüte Marseilles
1058 n grün Kaufmanns-Gilden
1061 n grün Kerzenzieher-Innung
1163 n grün Katharer-Boykott
1194 n grün Messe in Troyes
1194 n grün Messe in Provins
1209 n grün Bodenverbesserung
1301 n grün Salz-Kartell
1338 n grün Papiermanufaktur
1364 n grün Oresmes Geldtheorie
1428 n grün Messe-Vorrang Lyons
1466 n grün Seidenmanufaktur
1480 n grün Alpentunnel
1506 n grün Postbeförderung
1535 n grün Vertrag mit Türkei
1541 n grün Börse von Lyon
1549 n grün Börse von Toulouse
1553 n–1610 n Heinrich IV.
1560 n grün Tabakeinfuhr
1566 n grün Börse von Rouen
1574 n grün Bodin: Volkswirtschaft
1577 n grün Preisregelung
1600 n rot Sklavenhandels-Pacht
1612 n grün Vertrag mit Holland
1615 n grün Montchrestiens Lehrbuch
1619 n–1683 n Colbert
1628 n grün Kanadagesellschaft
1637 n rot Sklavenhändler: Senegal
1638 n–1715 n Ludwig XIV.
1653 n grün Pariser Stadtpost
1657 n grün Merkantilismus
1662 n grün Pferdeomnibus
1662 n grün Weberei verstaatlicht
1664 n rot Schutzzölle
1664 n grün Tabakmonopol
1664 n grün Indiengesellschaft
1665 n grün Straßenbeleuchtung
1673 n rot Handelsrecht
1681 n grün Nord-Süd-Kanal
1702 n grün Pariser Börse
1716 n grün John Laws Papiergeld
1756 n grün Manufaktur Sèvres
1758 n grün Physiokratismus
1760 n–1797 n Babeuf
1790 n grün 'Assignaten'
1791 n grün Längenmaß Meter
1800 n grün Bank von Frankreich
1806 n grün Kontinentalsperre
1829 n grün Fourier: Genossenschaften
1831 n rot Streik in Lyon
1835 n grün Havas' Nachrichtenbüro
1852 n grün Warenhaus
1853 n grün Rhein-Marne-Kanal
1869 n grün Suezkanal
1871 n grün Mont-Cenis-Tunnel
1900 n grün Untergrundbahn
1953 n rot Generalstreik
1957 n grün Mitglied der EWG

FRANKREICH: Wissenschaft

943 n–1003 n Silvester II.
1137 n grün Hochschule für Medizin
1170 n blau Universität Paris
1180 n grün Apotheken-Vorschrift
1220 n blau Universität Montpellier
1229 n blau Universität Toulouse
1252 n blau Enzyklopädie
1253 n blau Sorbons Schule
1261 n grün Chirurgenschule Paris
1269 n grün Magnetpole
1333 n grün Buridan: Kraftbegriff
1339 n blau Universität Grenoble
1340 n grün Trägheitsgesetz
1360 n grün Algebra-Erweiterung
1363 n grün Chauliac: Chirurgie
1368 n grün Oresme: Erddrehung
1372 n grün Oresme: Geometrie
1374 n grün Aristoteles-Übersetzung
1466 n blau Lehrstuhl für Griechisch
1470 n grün Bücher der Sorbonne
1530 n blau Collège royal
1532 n blau Stephanus: Wörterbuch
1545 n grün Paré: Chirurgie
1579 n grün Viëta: Dezimalbruch
1583 n grün Scaliger: Chronologie
1585 n–1642 n Richelieu
1596 n–1650 n Descartes
1623 n–1662 n Pascal
1626 n grün Botanischer Garten
1632 n grün Irrenanstalt
1635 n blau Académie française
1636 n grün Analytische Geometrie
1638 n–1715 n Ludwig XIV.
1646 n grün Pascal: Luftdruck
1647 n grün Gassendis Atomlehre
1654 n grün Wahrscheinlichkeit
1666 n blau Wissenschafts-Akademie
1666 n grün Mariotte: Blinder Fleck
1667 n grün Sternwarte Paris
1667 n grün Denis: Bluttransfusion
1694 n blau Wörterbuch der Académie
1696 n blau Bayle: Wörterbuch
1702 n grün Amontons: Gasgesetz
1713 n–1784 n Diderot
1715 n grün Réaumur: Bienenstaat
1724 n grün Lafiteau: Völkerkunde
1730 n grün Réaumur: Gefrierpunkt
1732 n grün Fauchard: Zahnersatz
1733 n grün Dufay: Elektrizität
1738 n grün Schallgeschwindigkeit
1739 n grün Kautschuk-Einfuhr
1743 n–1794 n Lavoisier
1745 n grün Daviel: Staroperation
1746 n grün Paradentoseforschung
1751 n blau Enzyklopädie
1775 n grün Lavoisier: Verbrennung
1778 n grün Lamarck: Pflanzenwelt
1781 n grün Wasser-Zusammensetzung
1785 n grün Coulomb: Elektrostatik
1786 n grün Buffons Naturgeschichte
1789 n grün Materie-Gesetz
1791 n grün Irrsinn als Krankheit
1791 n grün Soda aus Kochsalz
1794 n grün Lamarck: Tier-Systematik
1799 n grün Planetenbewegung
1802 n grün Kinderklinik in Paris
1804 n grün Ballon: 7000 m Höhe
1809 n grün Entwicklungslehre
1812 n grün Courtois: Jod
1815 n grün Fresnels Wellenlehre
1819 n grün Laennec: Stethoskop

1819n grün Pelletier: Chinin
1820n grün Stromstärke und -spannung
1821n grün Ampère: Elektrodynamik
1821n grün Fourier: Wärmeströmung
1822n grün Hieroglyphen-Entzifferung
1824n grün Carnots Wärmelehre
1829n grün Braille: Blindenschrift
1837n grün Flourens: Atmungszentrum
1839n grün Zellulose-Isolierung
1839n grün Becquerel: Photoelement
1849n grün Lichtgeschwindigkeit
1853n grün Gobineaus Rassentheorie
1860n grün Pasteur: Bakterien
1867n grün Pasteurisieren
1868n grün Funde von Cromagnon
1868n grün Margarine
1875n grün Michon: Graphologie
1877n grün Luft-Verflüssigung
1880n grün Impfung gegen Tollwut
1881n grün Charcot: Hysterie
1884n grün Chardonnet: Kunstseide
1896n grün Radioaktivität
1898n grün Radium und Polonium
1905n grün Werk Poincarés
1909n grün Claude: Neonlicht
1915n grün Langevin: Ultraschall
1934n grün Künstliche Radioaktivität
1941n grün Broglie: Teilchen-Theorie
1954n grün Tauchtiefe 4050 Meter

FRANZ I. (1708n bis 1765n), deutscher Kaiser von 1745n bis 1765n. Als Sohn des Herzogs von Lothringen vertauschte er sein väterliches Erbe gegen die Toskana, um Frankreich für die Anerkennung seiner Ehe mit Maria Theresia zu gewinnen. Von seiner Frau zum Mitregenten von Österreich-Ungarn ernannt, überließ er die Staatsgeschäfte seiner Frau und beschränkte sich auf die Förderung von Kunst, Wissenschaft und Gewerbe. Das blieb auch nach seiner von Maria Theresia betriebenen Wahl zum deutschen Kaiser so.

1717n–1780n Maria Theresia
1735n rot Verlust Lothringens
1745n rot Deutscher Kaiser

FRANZ I. (1494n–1547n), König von Frankreich von 1515n bis 1547n. Als Sohn Karls von Orléans folgte er seinem Vetter und Schwiegervater Ludwig XII. auf den Thron. Seit seine Bewerbung um die deutsche Kaiserkrone erfolglos blieb, stand sein Leben im Zeichen des Kampfes gegen den erfolgreichen Rivalen Karl V. Nach seiner ersten Niederlage bei Pavia gefangen, mußte er auf das soeben eroberte Mailand sowie auf Burgund verzichten. In vier Kriegen, bei denen er zum Teil vom Papst, von Heinrich VIII. und von Soliman unterstützt wurde, vermochte er nicht, die Vormacht Karls V. zu brechen. Dagegen gelang es ihm, im Innern die absolutistische Zentralgewalt zu festigen, den päpstlichen Einfluß zu beschränken und die Staatsfinanzen zu konsolidieren. Aufstände der Bauern und des städtischen Proletariats gegen Verarmung und Entrechtung unterdrückte er ebenso blutig wie die Kämpfe der Protestanten um Religionsfreiheit. Dabei förderte er die Künste, holte Leonardo da Vinci und Cellini nach Frankreich und befreite die Wissenschaft aus völliger kirchlicher Bevormundung durch Errichtung einer königlichen Schule mit griechischem Unterricht.

1494n–1566n Soliman der Große
1500n–1558n Karl V.
1515n rot Schweizer-Rekrutierung
1519n rot Niederlage bei Kaiserwahl
1530n blau Collège royal
1532n grün Galeerenstrafe
1535n rot Besitznahme Kanadas
1535n grün Handelsvertrag mit Türkei
1536n rot Bündnis mit Türkei
1538n rot Protestanten-Verfolgung
1540n rot Kanada an Roberval
1542n/1544n Krieg gegen Deutsche
1544n rot Rückzug aus Italien
1546n blau Bau des Louvre

FRANZ JOSEPH I. (1830n–1916n), Kaiser von Österreich seit 1848n. Als Enkel der Kaiserin Maria-Theresia wurde er streng katholisch erzogen und folgte 18jährig Kaiser Ferdinand auf den Thron. Schlug mit Hilfe russischer Truppen die ungarische Revolution nieder und sicherte in Italien durch einen Sieg über das 'Königreich beider Sardinien' den Bestand des Staates im Süden. Dann brachte er Bayern und Württemberg auf die Linie seiner antipreußischen Politik und stellte im Innern durch Aufhebung der Landesverfassungen und der Reichsverfassung die absolute Monarchie wieder her. Durch ein Konkordat räumte er dem Papst beträchtliche Rechte ein, was seine Beliebtheit im Volke schwächte. Unglückliches Taktieren im Krimkrieg kostete ihn die Freundschaft des Zaren und damit die Unterstützung des letzten absoluten Herrschers, den es außer ihm noch in Europa gab. Durch die gegen seinen und des Papstes Widerstand erkämpfte Unabhängigkeit Italiens verlor er die Herrschaft über Norditalien (Lombardei) und wurde zunehmend isoliert. Seine halbherzigen Versuche zur Gewährung von Volksrechten (1860n) vermochten seine Stellung im Innern ebensowenig zu festigen wie der von ihm einberufene deutsche Fürstentag 1863n die gesamtdeutsche Rolle Österreichs verbesserte. Die Niederlage Österreichs gegen Preußen zerstörte 1866n seine Machtstellung innerhalb Deutschlands und brachte den Verlust Venedigs. 1867n ließ er sich zum König von Ungarn krönen, dem er größere Rechte und Freiheiten einräumte, ohne zugleich die allgemeine Unterdrückung der übrigen nationalen Minderheiten (insbesondere der Tschechen) in seinem Staate zu lockern. Dagegen baute er nun die Sonderrechte der Kirche ab, kündigte 1870n das Konkordat und näherte sich seit 1871n dem unter preußischer Führung neugegründeten deutschen Reiche. Ein Zusammentreffen mit dem russischen Zaren und dem deutschen Kaiser besiegelte 1872n in Berlin die neue Politik, die 1879n zum Bündnis-Vertrag mit Deutschland führte. Rußlands Schwäche im russisch-türkischen Krieg nutzte er zur Besetzung Bosniens. Durch allmähliche Gewährung von Rechten an die slawischen Bevölkerungsteile Österreichs schwächte er die Stellung des Deutschtums im österreichischen Viel-Völkerstaat. Trotzdem blieb seine Freundschaft mit dem wilhelminischen Deutschland das Herzstück seiner Außenpolitik. 1914n trug sein Schmerz über die Ermordung seines Sohnes in Sarajewo dazu bei, daß er sich dem Drängen des deutschen Generalstabes zum Weltkriege anschloß.

1848n/1850n Revolution
1848n rot Nationalversammlung
1849n braun Aufstand Ungarns
1851n rot Wieder Deutscher Bund
1853n/1856n Krimkrieg
1859n/1861n Freiheitskampf Italiens
1864n braun Krieg gegen Dänemark
1866n braun Deutscher Krieg
1866n rot Ende des Deutschen Bundes
1867n rot Doppelmonarchie
1873n rot Drei-Kaiser-Bund
1879n rot Zweibund
1882n rot Dreibund
1899n/1901n Boxeraufstand
1900n rot China-Abkommen
1908n rot Annexionen
1914n/1918n Erster Weltkrieg

FRANZ von Assisi, italienischer Wanderprediger.

1182n–1226n Lebenslinie
1209n blau Soziale Forderung
1210n rot Gründung des Bundes
1210n rot Anerkennung durch Kirche
1223n grün Weihnachtskrippe
1224n grün Stigmatisierung
1240n–1302n Cimabue
1257n blau Kirche von Assisi
1263n blau Biographie

FRANZ von Sales (1567n–1622n), französischer Priester und Schriftsteller. Betätigte sich zunächst als Anwalt und wurde nach der Priesterweihe mit der Rückgewinnung protestantischer Christen in Savoyen beauftragt. Führte nach Versagen friedlicher Überredung die Rekatholisierung einzelner Gebiete mit Zwangsmitteln durch und wurde Bischof von Genf. Verfaßte zahlreiche kirchliche Schriften und gründete zusammen mit der fünf Jahre jüngeren Witwe Johanna Chantal einen weiblichen Orden.

1618n rot Ordensgründung

FRANZISKANER, ältester Bettelorden der katholischen Kirche und zweitgrößte Ordensorganisation überhaupt (nach den Jesuiten). Von seinem Stifter Franziskus als eine Gemeinschaft gegründet, deren Mitglieder in völliger Besitzlosigkeit leben sollten. Wurde schon zu Lebzeiten des Franziskus unter dessen Jüngern entgegen dem Ideal vollkommener Armut zu einer in Welt und Leben stehenden kirchlichen Einrichtung. Das führte zur Niederlegung der Ordensleitung durch Franziskus, der einsam und verlassen starb, während sein Orden trotz heftiger Widerstände schnell zu Macht und Besitz kam. Durch unbeschränkte Predigt- und Beicht-Erlaubnis erhielt er vom Papst die Grundlage seines Einflusses, den er gegen den Kaiser und die ihm verbundenen heimattreuen Priester nutzte. Die immer wieder hervortretenden Armutsbestrebungen wurden vom Papst unterdrückt, was dazu führte, daß einzelne Gruppen das ganze Papsttum als antichristlich verwarfen, so die Spiritualen, die vom Papst Bonifatius VIII. der Inquisition überliefert wurden. Teile des Ordens stellten sich nun auf die Seite des Kaisers Ludwig IV., wählten einen Franziskaner als Gegenpapst und wurden als 'Ketzer' verfolgt. Obwohl der Streit um die Notwendigkeit der Armut nie ganz zur Ruhe kam, hinderte er nicht den machtvollen Aufstieg des Ordens zu einem der bedeutendsten Instrumente der Kirche, der heute noch in der 'Katholischen Aktion' eine große Rolle spielt.

1182n–1226n Franziskus
1210n rot Gründung des Bundes
1210n rot Anerkennung des Bundes
1230n–1306n Jacopone von Todi
1247n–1328n Johannes Korvino
1462n grün Leihhaus
1507n rot Ximenes Großinquisitor
1526n rot Kapuziner

FRANZISKUS (Franz von Assisi), italienischer Wanderprediger.

1182n–1226n Lebenslinie
1209n blau Soziale Forderung
1210n rot Gründung des Bundes
1210n rot Anerkennung durch Kirche
1223n grün Weihnachtskrippe
1224n grün Stigmatisierung
1240n–1302n Cimabue
1257n blau Kirche von Assisi
1263n blau Biographie

FRANZÖSISCHE NATIONALVERSAMMLUNG, Bezeichnung für die 1788n einberufene Stände-Versammlung, in der nach Verdoppelung ihrer Abgeordnetenzahl auf 1200 insgesamt 600 Vertreter des Bürgertums ('dritter Stand') den vorher allein bestimmenden beiden Ständen (Adel und Priesterschaft) mit ebenfalls insgesamt 600 Abgeordneten gegenüberstanden. Als die Abgeordneten des 'dritten Standes' auf der Abstimmung nach Kopfzahl statt nach Ständen beharrten, verfügte der König die Auflösung der Versammlung. Doch zogen die Abgeordneten des Bürgertums in die Versailler Tennishalle ('Ballhaus') und erklärten sich als Verfassunggebende Nationalversammlung. Sie beseitigte die Vorrechte von Adel und Kirche, teilte Frankreich in 83 Departements und übertrug Verwaltung und Gerichtsbarkeit auf gewählte Volksvertreter. Sie hob schließlich den Adel überhaupt auf, unterstellte die Kirche dem Staate, verkündete die allgemeinen Menschenrechte und löste sich auf, um einer gesetzgebenden Volksversammlung Platz zu machen.

1788n rot Generalstände
1789n/1795n Französische Revolution
1789n rot Zusammentritt

FRANZÖSISCHE REVOLUTION

1758n–1794n Robespierre
1760n–1797n Babeuf
1769n–1821n Napoleon I.
1773n–1859n Metternich
1788n rot Generalstände einberufen
1789n/1795n Revolution
1789n rot Nationalversammlung
1790n rot Jakobinerklub
1790n grün Assignaten
1791n rot Verfassung
1791n rot Strafarten-Wechsel
1791n blau Ehrentempel
1792n rot Republik
1792n rot Zivilehe
1792n/1795n Revolutionskriege
1792n blau 'Marseillaise'
1792n grün Neuer Kalender
1793n rot Hinrichtung des Königs
1793n blau David: 'Marat'
1794n rot Volksregierung
1794n rot Abschaffung der Sklaverei
1794n rot Hinrichtung Robespierres
1795n braun Jakobiner in Ungarn
1795n rot Direktorium
1795n blau Babeufs Manifest
1796n braun Babeufs Erhebung
1797n rot Hinrichtung Babeufs
1797n blau Chateaubriands Werk
1800n braun Revolutionäre Erhebung
1835n blau Büchner: 'Danton'
1853n blau Michelets Geschichtswerk

FRAU, die Frau in der Gesellschaft, in der Kunst, in der Wissenschaft, in der Politik; Gebrauchsgegenstände, Kleidung und Bräuche der Frau.

2990v grün Schminkpaletten
2942v–2870v Du-Muzi
2926v blau 'Tänzerinnen mit Klappern'
2843v–2791v Merit
2833v blau Tänzerinnen-Motive
2767v grün Arbeit in Tempel-Fabrik
2744v blau 'Dame von Warka'
2699v grün Ohrringe (Sumer)
2696v–2646v Ni-Maat
2683v blau 'Frau mit Brotkorb'
2636v grün Kranzfrisur (Sumer)
2631v–2564v Hetepheres
2620v blau 'Königin mit Stirnband'
2619v blau 'Prinzessin Retaz'
2597v blau 'Kopf mit Perücke'
2594v blau Plastik eines Ehepaares
2587v–2514v Ur-Nina
2580v grün Faltenröcke (Sumer)
2576v–2515v Chefren
2569v blau Prinzenpaar-Standbild
2561v–2500v Mykerinos
2555v–2491v Hemre
2552v–2475v Ku-Baba
2549v blau Ur-Ninas Gesänge
2541v blau Statue einer Sängerin
2535v blau Büste einer Prinzessin
2534v–2470v User-Kaf
2532v blau 'Prinzessin im Tigerfell'
2513v blau Vorsteherin der Hofmusik
2507v blau 'Mykerinos und Frau'
2499v blau 'Jüngling mit Frauen'
2496v blau 'Bootsfahrt einer Dame'
2494v–2416v Schu-Bad
2491v grün Puder (Sumer)
2486v blau Statue einer Tänzerin
2485v blau 'Glückliche junge Frau'
2483v blau 'Die Zuversichtliche'
2449v–2367v Lugal-Anda
2433v grün Harfe für Königin
2423v grün Schmink-Löffelchen
2417v blau 'Frau mit Mantel'
2416v rot Hofstaat-Mitbestattung
2403v rot Konkubinat in Sumer
2382v blau Familien-Gruppe
2370v grün Geschäftsfähigkeit (Sumer)
2369v blau 'Die Lächelnde'
2363v rot Schutz für Witwen
2355v–2298v Pepi I.
2350v blau 'Frau beim Kornmahlen'
2345v blau 'Frau beim Bierbrauen'
2337v rot Hohepriesterin in Ur
2332v–2248v Yao
2316v rot Hinrichtung einer Königin
2291v blau 'König mit Mutter'
2273v–2188v Ipuwer
2266v blau 'Mädchen mit Kopftuch'
2243v rot Hohepriesterin in Ur
2215v blau 'Korbträgerin'
2093v blau 'Entblößte Lastträgerin'
2085v blau 'Frauen beim Frisieren'
2067v grün Tempel-Prostitution
2059v–1997v Anchu
2044v blau 'Bei der Morgentoilette'
2033v blau 'Sitzende Sumererin'
2019v grün Kinder der Priesterinnen
2004v–1932v Sinuhe
1998v blau Künstlerinnen-Relief
1996v grün Textil-Arbeiterinnen
1995v rot Heirat für Priesterinnen
1995v blau Frauenkopf aus Diorit
1984v blau Frauenkopf aus Marmor
1981v–1929v Neferi
1974v blau 'Frau mit Vase'
1970v blau 'Liebeslied an Schusin'
1937v–1865v Libit-Ischtar
1932v blau 'Lastentragende Frauen'
1926v grün Prinzessinnen-Diademe
1893v blau Porträt einer Königin
1875v grün Frauenkrankheiten-Buch
1874v blau 'Weberin mit Spindel'
1826v–1786v Nefer-Sebek-Re
1822v–1780v Sebek-Hotep I.
1797v blau Statuette der Imret
1790v blau Plastik der Senui
1765v rot Hohepriesterin in Ur
1719v rot Tod für Ehebruch
1704v blau 'Göttin von Mari'
1691v blau Gespräch Hammurabis
1597v–1521v Minos
1583v blau 'Zaubersprüche'
1567v blau Kapelle für Königin
1566v grün Frauenkrankheiten-Buch
1559v grün Priesteramts-Verkauf
1540v blau 'Tanzende'
1537v grün Sportkleidung auf Kreta
1535v blau 'Städterin'
1531v–1481v Sen-Mut
1526v–1482v Hatschepsut
1515v–1479v Har-Mosis
1512v–1448v Tut-Mosis III.
1505v blau 'Trauernde'
1502v blau 'Junge Königin'
1500v grün Parfüm (Mesopotamien)
1498v blau 'Amosis mit Mutter'
1490v grün Creme-Dosen (Ägypten)
1488v blau Hatschepsut-Obelisken
1487v grün Lackieren der Nägel
1486v blau Tempel der Hatschepsut
1485v blau Hof der Königin von Punt
1483v blau Hatschepsut-Plastik
1481v blau 'Stierspringerin'
1473v–1409v Neb-Amun
1470v blau 'Schlangen-Beschwörerin'
1469v blau 'Streitende Mädchen'
1468v blau 'Dornauszieherin'
1467v blau 'Tänzerinnen mit Lotos'
1462v blau 'Mädchen im Boot'
1462v–1382v Hapu
1456v–1402v Arta-Tama
1453v blau 'Kind mit Amme'
1449v blau 'Das schöne Paar'
1448v–1392v Kara-Indasch
1444v blau 'Damenkapelle'
1439v blau Porträt einer Kaiserin
1438v blau Bildnis einer Verhärmten
1436v blau 'Dame beim Festmahl'
1435v blau 'Dehut mit Mutter'
1433v blau 'Tänzerin'
1431v blau 'Gewagtes Dekolleté'
1430v grün Modische Frisuren
1426v–1377v Amen-Hotep III.
1424v blau 'Durchsichtige Gewänder'
1423v–1359v Juti
1422v–1356v Teje
1420v rot Brautwerbung des Pharao
1420v blau 'Mädchen mit Papyrus'
1419v rot Heirat des Pharao
1414v blau 'Musizierende Jungfrauen'
1413v rot Prinzessin für Harem
1412v blau 'Frau mit Perlenkette'
1407v blau 'Schönheitstanz zur Flöte'
1403v rot Prinzessin als Nebenfrau
1403v grün Sklavinnen als Mitgift
1402v–1346v Burna-Bu
1402v–1341v Matti-Waza
1401v blau 'Das anmutige Paar'
1400v–1344v Tut-Mes
1398v–1335v Eje
1395v–1328v Assur-U-Baalit
1388v–1354v Nofretete
1383v blau Teje-Bildnis
1381v blau 'Die Klageweiber'
1380v blau 'Königspaar in Barke'
1377v–1302v Ani
1372v blau Kopf einer Prinzessin
1370v rot Schleier-Vorschrift
1370v blau 'Echnaton und Tochter'
1369v blau 'Tochter des Pharao'
1368v rot Ehegesetz (Assyrien)
1366v blau 'Kopf der Nofretete'
1363v rot Politische Heirat
1362v blau 'Echnaton und Nofretete'
1360v blau 'Zärtliche Schwestern'
1358v blau Ägyptische Liebeslieder
1357v blau Teje-Porträt
1355v blau 'Prinzessin aus Nubien'
1352v blau 'Trauernde Jungfrauen'
1349v rot Prinz für Königswitwe
1347v blau Mutter-Verehrung
1346v blau 'Die nackte Königin'
1338v grün Ohrringe (Ägypten)
1330v blau 'Enganliegendes Kleid'
1328v–1252v Hattu-Sili III.
1326v–1234v Ramses II.
1324v blau 'Junge Frau mit Lotos'
1312v blau 'Dame in Hellblau'
1303v grün Tonsur (Ägypten)
1299v blau 'Die beiden Freundinnen'
1294v blau 'Frauen auf der Jagd'
1286v blau 'Königin beim Gebet'
1285v blau 'Mutter mit Sohn'
1281v blau 'Mädchen mit Ente'
1278v blau 'Isis und Nofretere'
1270v blau Musikschule in Babylon
1257v–1210v Sethos II.
1253v blau 'Dame mit Faltenkleid'
1246v–1194v En-Nanna
1232v–1183v Agamemnon
1223v blau 'Tanz zum Tamburin'
1211v blau Statue einer Königin
1209v blau 'Ehepaar beim Brettspiel'
1206v blau Märchen des En-Nanna
1203v–1159v Ramses IV.
1180v blau 'Paar bei Feldbestellung'
1165v rot Haremsverschwörung
1147v blau 'Akrobatin'
1120v blau Debora-Lied
1099v–1016v Tschu
1088v blau 'Hexen'-Buch
1083v rot Todesstrafe für 'Hexen'
1082v–1009v Psu-Sennes
1035v–972v David
976v–924v Scheschonk I.
969v–908v Bilkis
946v blau Haremspalast Salomos
936v blau Jüdische Liebeslieder
905v–850v Ahab
904v rot Politische Heirat
898v–842v Isebel
882v–835v Athalia
863v–796v Joas
852v–774v Pygmalion
843v–782v Semiramis
841v rot Athalia Königin von Juda
798v–746v Kasta
784v–725v Hosea
777v–692v Jesaja
747v blau Statue der Amenirdis
708v–628v Alkman
694v blau 'Schreitende'
639v–561v Alkaios
637v–577v Sappho
633v blau Lieder für Jungfrauenchor
623v blau 'Frau Djet und Sohn'
619v blau 'Tamburin-Spielerin'
613v–525v Amasis
606v blau Königin-Porträt
597v grün Eigene Haartracht (Athen)
589v blau Sapphos Lieder
586v blau Statue einer Prinzessin
579v grün Staat: Prostitutionserlös
558v–492v Bimbisara
545v blau Plastik eines Ehepaares
495v–429v Perikles
480v–406v Euripides
471v blau Mikon: 'Amazonenschlacht'
448v blau Myron: 'Wettläuferin'
442v blau Sophokles: 'Antigone'
431v blau Euripides: 'Medea'
430v–353v Xenophon
427v braun Kampf gegen Adel
427v–347v Plato
418v blau 'Spartanerinnen'
416v blau 'Amazonenschlacht'
415v blau Euripides: 'Troërinnen'
411v blau Aristophanes: 'Lysistrata'
406v blau Euripides: 'Iphigenie'
403v–335v Praxiteles
399v blau Zeuxis: 'Helena'
395v–343v Skopas
368v blau Philosophin Arete
360v–303v Apelles
356v blau Niobiden-Gruppe
327v rot Hochzeit Alexanders

326 v blau Alexanders Heirat gemalt
324 v rot Politische Heiraten
324 v–250 v Herophilos
322 v–246 v Ptolemäus II.
318 v blau Anhängerin des Diogenes
279 v blau Philitas' Liebesgedicht
275 v grün Hebammenbuch
247 v blau 'Locke der Berenike'
234 v–174 v Mao-Tun
212 v–166 v Perseus
166 v blau Terenz' Lustspiel
105 v grün Gynäkologisches Werk
94 v–34 v Publilius
87 v–54 v Katull
82 v–30 v Antonius
77 v grün Schauspielerinnen (Rom)
72 v–4 v Herodes der Große
69 v–30 v Kleopatra
53 v blau Katulls Gedichte
53 v–19 v Tibull
49 v–15 v Properz
47 v rot Cäsar und Kleopatra
37 v rot Antonius und Kleopatra
26 v blau Tibulls Liebeslieder
10 v–54 n Klaudius
2 v–71 n Markus
9 n–79 n Vespasian
31 n–99 n Musonius Rufus
37 n–68 n Nero
53 n blau Seneka: 'Medea'
54 n rot Gattenmord Agrippinas
59 n rot Mord an Agrippina
61 n braun Aufstand unter Boudicca
72 n blau Forderung nach Bildung
82 n–135 n Soranos
86 n blau Pan-Tschai: Geschichtswerk
120 n grün 'Über Frauenkrankheiten'
125 n–178 n Montanus
136 n grün Hebammen bessergestellt
160 n blau Priska über Jesus
164 n rot Schutz des Frauengutes
166 n blau Maximilla gegen Zweitehe
202 n grün Familien-Grenzsiedlungen
208 n–280 n Paulus von Samosata
230 n–273 n Zenobia
260 n grün Jungfrauenchöre
292 n–346 n Pachomius
304 n rot Hinrichtung Lucias
309 n–394 n Ausonius
310 n–379 n Schapur II.
336 n blau Frauenkloster in Ägypten
345 n–406 n Ku-Kai-Tschi
348 n rot Heeresdienste in Persien
350 n–404 n Balamir
360 n–415 n Hypatia
368 n blau Lieder auf Bissula
370 n–414 n Synesios von Kyrene
381 n–444 n Cyrillus
388 n blau 'Lehren der Hofmeisterin'
410 n–453 n Attila
414 n rot Heirat Athaulfs
415 n rot Mord an Hypatia
445 n blau Grab Galla Placidias
449 n rot Verlobung Honoria-Attila
465 n blau 'Hero und Leander'
492 n blau Frauenkloster in Irland
492 n–552 n Tumen
497 n–548 n Theodora
502 n–543 n Al Kais
530 n rot Mütterschutzgesetz
535 n rot Gleichberechtigung
535 n blau Al Kais' Liebesgedichte
556 n blau Klostergründung Radegunds
602 n–661 n Ali
609 n grün Heim für werdende Mütter
617 n–682 n Kädmon
627 n grün Beschränkte Vielweiberei
629 n grün Schrift über Gynäkologie
683 n blau Gedichte Ibn Abirabias
695 n rot Wu-Hous 'Weltachse'
696 n–748 n Yang-Hui
698 n blau Schenkung Irminas
703 n braun Aufstand unter Kahina
710 n–782 n Lioba
726 n–793 n Kynewulf
733 n blau 'Malati und Madhava'
734 n blau 'Plätterinnen'
735 n blau Kloster für Lioba
738 n blau Plastik einer Kurtisane
740 n blau Frauenklöster
751 n blau Doppelkloster
770 n–840 n Einhard
775 n blau 'Rama und Sita'
788 n/812 n Bilderkrieg
789 n blau Kynewulf: 'Helena'
797 n rot Irene Kaiserin Byzanz
821 n grün Studium bei Arabern
848 n blau Preislied Kasias
876 n blau Kloster Gandersheim
878 n–931 n Rollo
883 n blau Lied von Eulalia
884 n–948 n Marozia
885 n–968 n Olga
896 n rot Macht über Päpste
912 n–973 n Otto I., der Große
914 n rot Theodora: Macht über Rom
925 n blau 'Waltharilied'
928 n rot Marozia: Mord am Papst
931 n rot Marozias Sohn Papst
932 n–1020 n Firdausi
939 n–990 n Roswitha
940 n–1015 n Wladimir der Große
951 n braun Befreiung Adelheids
951 n rot Heirat Adelheid-Otto I.
955 n grün Marozias Enkel Papst
958 n blau Roswitha: Proteriuslegende

958 n–1025 n Basilius
963 n blau Roswitha: Faust-Dichtung
966 n blau Roswitha: 'Abraham'
969 n blau Roswitha: Biographie Ottos
972 n rot Heirat Theophano-Otto II.
972 n blau 'Tagebuch' einer Japanerin
972 n–1038 n Stephan I.
977 n blau 'Kriemhilds Rache'
988 n rot Heirat Anna-Wladimir
1004 n blau Sei Schonagons Buch
1008 n blau Murasakis Roman
1014 n blau 'Joseph und Suleika'
1043 n–1099 n Cid
1064 n blau 'Prinzessin Ming'
1065 n blau 'Nonnenhaus' in Mexiko
1079 n–1142 n Abälard
1090 n rot 'Hexen'-Verbrennung
1098 n–1178 n Hildegard von Bingen
1102 n blau Wilhelms Minnelieder
1103 n blau Briefe an Heloise
1105 n blau Spiel von den Jungfrauen
1108 n–1175 n Wace
1113 n blau Frau Avas Gedichte
1120 n blau Prämonstratenser-Klöster
1124 n blau Anna Komnenas Werk
1135 n blau Hildegards Lieder
1140 n blau Minnelieder Marcabrus
1147 n blau Kloster Rupertsberg
1147 n grün Hildegard: Klosterausbau
1152 n blau Bernarts Liebeslieder
1152 n grün Hildegards Heilverfahren
1157 n blau Hildegard: Priesteranklage
1159 n blau Lied vom Mädchen Richeut
1160 n blau Lied einer Brautwerbung
1160 n grün Hildegards Naturkunde
1162 n blau Hildegards Sittenlehre
1163 n rot 'Ketzerinnen' verbrannt
1164 n blau 'Erek und Enide'
1165 n grün Hildegards Hausbuch
1168 n–1220 n Wolfram von Eschenbach
1173 n blau 'Tristan und Isolde'
1177 n blau 'Medschnun und Laila'
1178 n blau Béatrice: 'Weltgesang'
1202 n blau Liebeslied Walthers
1206 n grün Recht an ehelichem Gut
1209 n/1229 n Katharer-Kreuzzug
1210 n blau 'Tristan und Isolde'
1219 n blau Minnelieder Heinrichs
1225 n blau 'Gudrunlied'
1230 n–1306 n Jacopone von Todi
1247 n rot Tod für 'Hexe'
1248 n rot 'Hexen'-Verbrennung
1255 n blau Ulrich: 'Frauendienst'
1256 n blau Uta-Statue (Naumburg)
1265 n–1321 n Dante
1272 n blau Mechthilds Mystik
1275 n rot 'Hexen'-Verbrennungen
1278 n blau 'Engelhard und Engeltraut'
1281 n blau Adams Minnelieder
1292 n blau Dichtung auf Beatrice
1295 n–1366 n Seuse
1304 n–1374 n Petrarca
1311 n rot Beginen-Bund 'ketzerisch'
1313 n–1375 n Boccaccio
1315 n grün Sektionen in Bologna
1326 n blau Minnelieder-Sammlung
1337 n blau Hadamars Liebesgedicht
1338 n/1453 n Hundertjähriger Krieg
1366 n blau Gedichte an Laura
1371 n blau Katharinas Mahnung
1394 n blau Deschamps: 'Ehespiegel'
1399 n blau Christines 'Briefe'
1412 n–1431 n Jeanne d'Arc
1429 n rot Jeanne: Krönung Karls
1430 n rot Gefangennahme Jeannes
1431 n rot Feuertod Jeannes
1431 n–1503 n Alexander VI. Borgia
1451 n–1505 n Isabella von Kastilien
1465 n–1536 n Erasmus von Rotterdam
1477 n–1576 n Tizian
1483 n–1546 n Luther
1484 n rot Verstärkte 'Hexen'-Jagd
1487 n blau 'Hexenhammer'
1488 n rot Ehe Magdalena-Papstsohn
1491 n blau 'Adam und Eva'
1491 n–1547 n Heinrich VIII.
1499 n blau 'La Celestina'
1503 n blau 'Mona Lisa'
1528 n rot Wiedertäufer-Hinrichtung
1531 n blau 'Leda mit dem Schwan'
1533 n–1603 n Elisabeth
1538 n blau 'Jesus und Ehebrecherin'
1542 n–1605 n Akbar
1549 n rot Tod für Johanna von Kent
1562 n–1635 n Lope de Vega
1581 n blau 'Königinnen-Ballett'
1583 n blau 'Raub der Sabinerin'
1586 n rot Mordversuch an Elisabeth
1587 n rot Maria Stuart hingerichtet
1590 n blau Caravaggios Bilder
1591 n blau 'Romeo und Julia'
1594 n blau Peri: 'Dafne'
1599 n–1660 n Velasquez
1604 n blau Margaretes Memoiren
1605 n blau 'Macbeth'
1606 n–1669 n Rembrandt
1609 n blau Ben Jonson: 'Die Stumme'
1617 n blau 'Amazonenschlacht'
1618 n rot Salesianerinnen-Orden
1621 n blau Lope: 'Andromeda'
1622 n–1673 n Molière
1629 n blau 'Amme mit Kind'
1630 n blau 'Susanna im Bade'
1630 n grün Geburtszange
1631 n blau 'Helene Fourment'
1632 n rot Christine Königin

1641 n blau 'Saskia mit roter Blume'
1646 n blau 'Verzückung der Therese'
1648 n blau Tadsch-Mahal
1657 n blau 'Teppichweberinnen'
1675 n blau Vairasses Idealstaat
1677 n blau Racine: 'Phädra'
1678 n blau 'Prinzessin von Cleve'
1683 n blau 'Armin und Thusnelda'
1686 n blau 'Freundin der Wollust'
1691 n blau Racine: 'Athalie'
1692 n rot 'Hexen'-Tötungen
1692 n grün 'Kölnisches Wasser'
1704 n blau 'Hexen'-Prozeß-Verwerfung
1709 n–1762 n Elisabeth Petrowna
1717 n–1780 n Maria Theresia
1723 n rot Weibliche Erbfolge
1727 n blau Karoline Neubers Theater
1729 n–1796 n Katharina II., die Große
1729 n–1781 n Lessing
1731 n blau 'Manon Lescaut'
1732 n blau Voltaire: 'Zaïre'
1733 n blau 'Die Magd als Herrin'
1739 n blau Chardin: 'Scheuerfrau'
1740 n blau Richardson: 'Pamela'
1749 n–1832 n Goethe
1753 n blau Goldoni: 'Mirandolina'
1754 n blau Boucher: Die Pompadour
1756 n rot Hinrichtung einer 'Hexe'
1756 n blau 'Antonius und Kleopatra'
1760 n blau Reynolds: 'Miss Nelly'
1760 n blau Diderot: 'Die Nonne'
1761 n blau Rousseau: 'Neue Heloise'
1762 n blau Angelika Kauffmanns Bild
1763 n blau 'Minna von Barnhelm'
1764 n blau Gozzi: 'Turandot'
1772 n blau 'Emilia Galotti'
1775 n rot 'Hexen'-Hinrichtung
1779 n blau Gluck: 'Iphigenie'
1781 n blau 'Lienhard und Gertrud'
1784 n blau Voß: 'Luise'
1786 n rot Halsband-Affäre
1786 n rot 'Hexen'-Prozeß-Verbot
1787 n blau Goethe: 'Iphigenie'
1792 n blau 'Recht der Frauen'
1793 n rot 'Hexen'-Verbrennung
1800 n blau Schiller: 'Maria Stuart'
1801 n blau Pestalozzi: 'Gertrud'
1804 n–1881 n Disraeli
1807 n blau Kleist: 'Penthesilea'
1810 n blau Germaine Staëls Buch
1813 n blau Jane Austens Roman
1817 n blau Grillparzer: 'Ahnfrau'
1829 n rot Witwenverbrennungs-Verbot
1830 n rot Vielehe bei Mormonen
1834 n blau Elisabeth Brownings Werk
1840 n grün Kindergarten
1844 n blau Hebbel: 'Maria Magdalena'
1845 n blau George Sands Roman
1847 n blau Flotow: 'Martha'
1847 n grün Kindbettfieber-Forschung
1848 n blau Dumas: 'Kameliendame'
1849 n blau Nicolai: 'Lustige Weiber'
1852 n blau H. Beecher-Stowes Roman
1857 n blau Flaubert: 'Madame Bovary'
1857 n blau 'Ährenleserinnen'
1859 n blau Gounod: 'Margarethe'
1861 n blau Bachofen: 'Mutterrecht'
1865 n rot Frauenverein in Leipzig
1865 n grün Lette-Schule in Berlin
1866 n blau 'Die verkaufte Braut'
1869 n blau 'Hörigkeit der Frau'
1869 n–1948 n Gandhi
1870 n blau Feuerbach: 'Medea'
1872 n blau 'Gänserupferinnen'
1873 n blau Degas: 'Tanzschule'
1873 n blau Tolstoi: 'Anna Karenina'
1875 n blau Bizet: 'Carmen'
1875 n blau Blavatsky: Theosophie
1876 n rot Viktoria Kaiserin Indiens
1879 n blau 'Frau und Sozialismus'
1882 n blau 'Frauen in der Kirche'
1887 n blau 'Urteil des Paris'
1889 n blau Bertha Suttners Schrift
1890 n blau Klara Zetkins Zeitschrift
1891 n blau Selma Lagerlöfs Roman
1895 n blau Kollwitz: Weberaufstand
1898 n grün Marie Curies Forschungen
1900 n rot Studium in Deutschland
1900 n blau Ellen Keys Werk
1900 n blau Cézanne: 'Badende'
1901 n blau Tschechow: 'Schwestern'
1902 n rot Wahlrecht in Australien
1902 n blau Helen Kellers Werk
1903 n blau Kollwitz: Bauernaufstand
1904 n blau Slevogt: 'Tänzerin'
1905 n blau Lehár: 'Lustige Witwe'
1905 n blau Matisse: Mädchenakt
1905 n blau R. Strauß: 'Salome'
1905 n blau Gorki: 'Die Mutter'
1907 n blau 'Mädchen von Avignon'
1909 n blau Montessori: Erziehung
1912 n blau Kolbe: 'Tänzerin'
1912 n blau Shaw: 'Pygmalion'
1915 n blau Renée Sintenis: 'Fohlen'
1916 n blau 'Spartakus-Briefe'
1918 n blau Rosa Luxemburgs 'Briefe'
1919 n rot Mord an Rosa Luxemburg
1920 n blau Sigrid Undsets Roman
1923 n blau Shaw: 'Heilige Johanna'
1923 n grün Werk der Webbs
1925 n blau 'Drei rebellische Frauen'
1928 n blau Shaw: 'Wegweiser'
1931 n blau P. S. Buck: 'Gute Erde'
1933 n blau Barlach: 'Lesende'
1934 n grün Irène Curies Forschungen
1935 n blau 'Porgy und Bess'

1936 n blau Margaret Mitchells Roman
1937 n blau Moore: 'Liegende'
1937 n blau Muchina: 'Werktätige'
1938 n blau Oratorium 'Johanna'
1939 n blau 'Lotte in Weimar'
1941 n blau Brecht: 'Mutter Courage'
1942 n blau Orff: 'Die Kluge'
1942 n blau Anna Seghers' Roman
1946 n blau Sartre: 'Ehrbare Dirne'
1946 n blau 'Zwei Kriege – zwei Witwen'
1949 n blau Simone Beauvoirs Werk
1952 n rot Elisabeth II. Königin
1953 n blau Miller: 'Hexenjagd'
1954 n blau Françoise Sagans Roman
1955 n grün 'Natürliche Überlegenheit'
1957 n blau Mason: 'Suzie Wong'
1963 n blau Christa Wolfs Werk
1963 n grün Anti-Baby-Pille
1963 n grün Raumflug einer Frau

FRAUENFRAGE

2843 v–2791 v Merit
2370 v grün Geschäftsfähigkeit (Sumer)
1597 v–1521 v Minos
430 v–353 v Xenophon
427 v–347 v Plato
31 n–99 n Musonius Rufus
72 n blau Forderung nach Bildung
497 n–548 n Theodora
535 n rot Gleichberechtigung
821 n grün Studium bei Arabern
1465 n–1536 n Erasmus von Rotterdam
1542 n–1605 n Akbar
1675 n blau Vairasses Idealstaat
1792 n blau 'Recht der Frauen'
1829 n rot Witwenverbrennungs-Verbot
1865 n rot Frauenverein in Leipzig
1865 n grün Lette-Schule in Berlin
1869 n–1948 n Gandhi
1879 n blau 'Frau und Sozialismus'
1890 n blau Klara Zetkins Zeitschrift
1900 n rot Studium in Deutschland
1902 n rot Wahlrecht in Australien

FRAUENHEILKUNDE und GEBURTSHILFE

1981 v–1929 v Neferi
1875 v grün Ägyptisches Werk
1566 v grün Ägyptisches Handbuch
324 v–250 v Herophilos
275 v grün Hebammenbuch
105 v grün Werk des Demetrios
82 n–135 n Soranos
120 n grün Werk des Soranos
136 n grün Hebammen bessergestellt
629 n grün Werk des Paulus von Ägina
1630 n grün Geburtszange
1847 n grün Kindbettfieber-Forschung

FRAUENKLÖSTER, kirchliche Wohnanlagen für unverheiratete Frauen, die sich zu Ehelosigkeit, Gehorsam, Gebet und Arbeit verpflichten und dafür bis an ihr Lebensende bescheiden versorgt werden.

292 n–346 n Pachomius
336 n blau Kloster in Ägypten
345 n–420 n Hieronymus
492 n blau Kloster in Irland
556 n blau Kloster Poitiers
710 n–782 n Lioba
735 n blau Tauberbischofsheim
740 n blau Ochsenfurt und Kitzingen
751 n blau Doppelkloster Heidenheim
876 n blau Kloster Gandersheim
939 n–980 n Roswitha
1098 n–1178 n Hildegard von Bingen
1120 n blau Prämonstratenser-Klöster
1147 n blau Kloster Rupertsberg
1147 n grün Wasserleitung im Kloster
1618 n rot Salesianerinnen-Orden
1760 n blau Diderot: 'Die Nonne'

FREDEGAR (um 590 n bis um 650 n), fränkischer Geschichtsschreiber. Arbeitete an einer Geschichte des Frankenreiches, die später mit mehreren Zusätzen anderer Geschichtsschreiber ergänzt wurde.

645 n blau Geschichtswerk

FREIBERG, Stadt in Sachsen, an den nördlichen Ausläufern des Erzgebirges südwestlich von Dresden gelegen. Nach der Auffindung bedeutender Silberminen entstand hier eine Stadt zur Aufnahme der vorwiegend aus dem Harz herbeigeeilten Bergleute. Seit 1296 n wurde das Stadtrecht aufgezeichnet. Als die Ergiebigkeit des Bergbaues nach hundertfünfzig Jahren nachließ, entwickelten sich Handel und Gewerbe. Hier wurde die erste Bergakademie der Erde gegründet. Heute ist die Stadt Zentrum der montanwissenschaftlichen Lehre und Forschung der DDR.

1162 n blau Gründung
1286 n blau Heinrich von Freiberg
1765 n grün Bergakademie

FREIBURG im Breisgau, Stadt am Westhang des Schwarzwaldes im milden Klima des Oberrheintales. Fiel 1368 n an die Habsburger und war von 1648 n bis 1805 n Sitz der vorderösterreichischen Regierung. Wahrzeichen der Stadt ist das gotische Münster (115 Meter hoch). In der ersten deutschen Revolution 1525 n von den Bauern erobert, 1848 n/1849 n ein Zentrum der süddeutschen Revolution. Im zweiten Weltkrieg durch Bombenangriffe zu 20 Prozent zerstört.

1120 n blau Gründung
1120 n rot Verfassung
1193 n–1279 n Albertus Magnus
1354 n blau Chor des Münsters
1454 n rot Verfassung aufgehoben
1457 n blau Universität
1514 n blau Baldung-Grien: Hochaltar

FREIDANK (um 1190 n bis um 1233 n), deutscher Dichter. Nach Reisen durch Italien und Palästina, die er als Kreuzfahrer unternahm, schrieb er ein Weisheitsbuch für das Alltagsleben. Unter Verwendung von Sprichwörtern und fremder Literatur, auch aus der Antike, formte er in eigenen Reimen 2- bis 4zeilige Sinnsprüche, kleine Fabeln und Kurzerzählungen. Diese stellte er in seinem Buch 'Bescheidenheit' zusammen. Der Titel bedeutet hier Einsicht, Erfahrenheit, Weisheit — kurz: die Fähigkeit des Lesers zu einer richtigen Entscheidung in allen Wechselfällen des Lebens. Sein Buch, in dem er die Habgier der Kirche und die Macht-Anmaßung des Papstes anprangerte, galt bald als 'weltliche Bibel'.

1228 n blau 'Bescheidenheit'

FREIDENKER, Menschen ohne religiöse Vorurteile, die von ihrer Vernunft frei Gebrauch machen. Angesichts der Jahrtausende alten totalen Herrschaft der Kirchen über das Geistesleben in allen Klassengesellschaften waren es bis in unsere Epoche hinein nur Einzelne, die sich auf diese Weise ein eigenes, vernünftiges Weltbild schufen. Häufig reichte ihre denkerische Kraft nur zur Zurückweisung der kirchlichen Riten, während eine allgemeine Gottesvorstellung oder zumindest ein Jenseitsglauben beibehalten wurde. Erst das Zeitalter der Naturwissenschaften führte sie zur klaren Zurückweisung jedes Gottesglaubens und aller Metaphysik. Mit dieser radikalen geistigen Befreiung ist die revolutionäre Befreiung aus gesellschaftlichem Zwang und kapitalistischer Ausbeutung verbunden, die sich in unserer Epoche vollzieht.

1422 v–1356 v Teje
1391 v–1358 v Echnaton
1377 v blau Liebe statt Götterglauben
1363 v blau Echnatons Sonnenhymne
1108 v–1044 v Wu
1046 v blau Gelehrte statt Priester
694 v–603 v Braspati
649 v blau Angriff auf Priestertum
642 v–555 v Carvaka
636 v blau Materialistische Seelenlehre
616 v blau Braspati: Religion ist Betrug
591 v blau Carvaka: Glückslehre
575 v–483 v Xenophanes
561 v blau Carvaka verneint Jenseits
557 v blau Lehrbuch des Materialismus
501 v–428 v Anaxagoras
489 v–428 v Leukipp
478 v–410 v Protagoras
469 v–399 v Sokrates
455 v–370 v Demokrit
435 v blau Mensch Maß aller Dinge
417 v blau Protagoras: Götterleugnung
410 v rot Protagoras verurteilt
404 v blau Materialistische Seelenlehre
399 v rot Sokrates verurteilt
384 v–322 v Aristoteles
352 v–285 v Dikäarch
341 v–270 v Epikur
338 v–268 v Strato der Physiker
333 v–262 v Zeno der Jüngere
325 v–260 v Euhemeros
306 v blau Epikurs Philosophen-Schule
303 v blau Kritik an Göttersagen
296 v blau Zeno: Pantheismus
289 v blau Sterblichkeit der Seele
288 v blau Epikur: Freiheit von Furcht
284 v blau Epikur: Religionskritik
270 v blau Strato: Religionskritik
214 v–129 v Karneades
97 v–55 v Lukrez
56 v blau 'Natur der Dinge'
27 n–97 n Wang-Tschung
52 n–133 n Epiktet
78 n blau Wang-Tschungs Lehre
125 n–180 n Lukian
169 n blau Schicksalsglauben unsinnig
480 n–524 n Boëthius
524 n blau Boëthius' Trostbüchlein
699 n–748 n Ibn Ata
736 n blau Ibn Ata für Vernunft
741 n blau Willensfreiheit
768 n–824 n Han-Yü
819 n blau Han-Yü gegen Aberglauben
845 n rot Antiklerikalismus in China
865 n–932 n Al Rasi
913 n blau Al Rasi Religionsgegner
973 n–1057 n Al Mari
1009 n blau Freiheit der Philosophie
1028 n blau Al Mari: Religionskritik
1039 n–1123 n Al Kajam
1127 n–1185 n Ibn Tufail

1169n–1240n Ibn Arabi
1473n–1543n Kopernikus
1528n grün Kopernikus: Neues Weltbild
1542n–1605n Akbar
1548n–1600n Giordano Bruno
1564n–1642n Galilei
1569n blau G. Bruno: Religionskritik
1571n blau Akbar: Religionsgespräche
1571n–1630n Kepler
1573n blau Gleichheit der Religionen
1588n–1679n Hobbes
1613n blau Galilei: Bibelkritik
1632n–1677n Spinoza
1679n–1754n Christian Wolff
1694n–1778n Voltaire
1696n blau Bayle: 'Wörterbuch'
1711n–1776n Hume
1712n–1778n Rousseau
1713n–1784n Diderot
1732n blau Voltaire: 'Zaire'
1745n blau Lamettrie: Die Seele
1746n rot Werk Diderots verbrannt
1748n blau 'Mensch als Maschine'
1749n–1832n Goethe
1751n blau Französische Enzyklopädie
1758n blau Helvetius: 'Vom Geist'
1769n blau Voltaire: Religionskritik
1770n blau Holbach: 'Natursystem'
1809n grün Lamarck: Entwicklungslehre
1809n–1882n Darwin
1818n–1883n Karl Marx
1835n blau Strauß: 'Leben Jesu'
1841n blau Feuerbach: 'Christentum'
1843n blau 'Philosophie der Zukunft'
1844n–1900n Nietzsche
1847n blau Kommunistisches Manifest
1855n–1939n Freud
1856n–1950n G. B. Shaw
1863n blau Renan: 'Leben Jesu'
1868n grün Haeckel: Evolutionslehre
1870n–1924n Lenin
1871n grün Darwin: 'Abstammung'
1878n blau Engels: 'Anti-Dühring'
1879n–1953n Stalin
1880n blau Jacobsen: 'Niels Lyhne'
1884n blau Engels: Ursprung
1886n blau 'Jenseits von Gut und Böse'
1892n grün Haeckel: 'Monismus'
1893n– Mao-Tse-Tung
1943n blau Sartre: Existentialismus
1955n blau Bloch: 'Prinzip Hoffnung'

FREIE BÜHNE ('Théâtre libre'), Name eines 1887n in Paris gegründeten Theaters. Spielte mit Laien-Darstellern in gemieteten Restaurationssälen Stücke, die wegen ihres revolutionären Inhaltes oder wegen ihrer wirklichkeitsnahen ('naturalistischen') Sprache sonst nicht aufgeführt wurden. Brachte Werke des jungen Gerhart Hauptmann auf die Bühne sowie Dramen von Ibsen und Tolstoi. Damit gewann es breite Volkskreise, die vorher der Bühnenkunst gleichgültig gegenüberstanden, für das Theater.

1887n blau Gründung

FREIE KÜNSTE, im römischen Reich Bezeichnung der Kenntnisse und Tätigkeiten, die eines freien Mannes würdig sind — im Gegensatz zu den Beschäftigungen der Arbeiter und Sklaven. Durch Martianus zur Siebenzahl zusammengefaßt, zerfielen sie in drei niedere (Grammatik, Dialektik, Rhetorik) und vier höhere Künste (Geometrie, Arithmetik, Astronomie und Musik). Die niederen Künste wurden später in den Elementarschulen gelehrt, die höheren in den Gymnasien.

382n–440n Martianus Kapella
427n blau Einführung

FREIHAFEN, Bezeichnung für einen Hafen (oder den Teil eines Hafens), der den Schiffen aller Länder offensteht und außerhalb der Zollschranken des Landes liegt, zu dem er gehört.

166v grün Delos
1547n grün Livorno

FREIHANDEL, System des ungehinderten Waren-Austausches innerhalb des eigenen Landes und mit der ganzen Welt. Systematisch begründet und dargestellt von dem englischen Volkswirtschaftler Adam Smith. Dient grundsätzlich der bestmöglichen internationalen Arbeitsteilung, macht jedoch die nationalen Volkswirtschaften in hohem Maße vom Ausland abhängig. Im kapitalistischen Wirtschaftssystem begünstigt er die hochindustrialisierten Länder und fördert die Markt-Konzentration beim Großkapital. Deshalb schützen heute praktisch alle Länder ihre eigene Wirtschaft durch Maßnahmen, die mit dem Freihandel unvereinbar sind (Zölle, Einfuhrverbote und Ausfuhrbegünstigungen).

259v–209v Schi-Huang-Ti
220v grün Einführung in China
1723n–1790n Adam Smith
1838n grün Forderung in England
1846n rot Begünstigung in England

FREIHEITSKAMPF

2709v–2661v Ka-Sechem
2672v/2668v Erhebung Unterägyptens
2596v–2515v Ur-Nan-Sche
2449v–2367v Lugal-Anda
2433v braun Erhebung Ummas
2422v–2360v Uru-Kagina
2369v–2295v Una
2367v braun Erhebung in Lagasch
2343v–2285v Rimusch
2314v/2307v Sinai-Krieg
2306v/2305v Erhebung gegen Sargon
2297v–2238v Naramsin
2290v braun Erhebung Elams
2287v/2286v Erhebung Sumers
2279v–2214v Scharka-Li-Scharri
2273v–2188v Ipuwer
2271v braun Aufstand Kischs
2270v braun Erhebung Sumers
2268v braun Aufstand Syriens
2264v braun Erhebung Kappadoziens
2257v braun Erhebung Elams
2240v–2172v Aba
2203v–2147v Imta
2197v/2196v Ägyptische Revolution
2197v blau Ipuwers 'Mahnworte'
2196v rot Volksherrschaft, Ägypten
2107v–2050v Utu-Chengal
2098v–2054v Ti-Ri-Gan
2060v–1983v Schul-Gi
2054v braun Erhebung Sumers
2054v rot Stadtstaaten Sumers frei
2051v blau Lied auf Freiheitskampf
2007v–1955v Ib-I-Sin
1998v braun Bergvölker-Erhebung
1994v braun Aufstand im Zagros
1992v braun Aufstand der Lulubu
1989v–1927v Ischti-Irra
1971v braun Aufstand in Nord-Sumer
1968v braun Erhebung Elams
1957v braun Erhebung der Stadt Mari
1957v rot Mari unabhängig
1956v braun Kämpfe in Akkad
1956v rot Akkad unabhängig
1955v braun Erhebung Elams
1886v–1817v Sumu-Abum
1850v braun Erhebung Assurs
1850v rot Assur unabhängig
1837v–1780v Sumu-La-Ilu
1830v braun Erhebung Babylons
1830v rot Babylon unabhängig
1748v–1695v Zim-Rilim
1720v–1648v Samsu-I-Luna
1717v braun Freiheitskampf Maris
1698v–1629v Iluma-I-Lu
1695v braun Aufstand der Stadt Mari
1685v braun Erhebung Elams
1675v/1665v Freiheitskampf Sumers
1665v rot Sumer selbständig
1661v–1601v Kertos
1614v–1580v Seken-Re
1596v–1570v Kamosis
1590v–1545v Amosis
1580v braun Erhebung Oberägyptens
1574v braun Vorstoß Oberägyptens
1574v rot Teil Oberägyptens frei
1572v–1504v Agum
1563v braun Siegeszug Oberägyptens
1563v rot Ganz Oberägypten frei
1530v braun Kassiten-Erhebung
1523v braun Aufstand in Nubien
1506v–1444v Nemhet
1465v–1422v Amen-Hotep II.
1447v braun Aufstand Assurs
1446v braun Aufstand Syriens
1442v–1413v Tut-Mosis IV.
1439v braun Aufstand von Städten
1432v blau Befreiungssage
1418v braun Erhebung Syriens
1417v–1364v Eriba-Adad
1415v braun Erhebung Nubiens
1371v braun Aufstand Assyriens
1371v rot Assyrien unabhängig
1367v–1315v Mur-Sili II.
1366v braun Erhebung Kanaans
1352v braun Erhebung Palästinas
1340v braun Aufstand Nordsyriens
1331v braun Mitanni-Erhebung
1297v–1218v Tud-Halia IV.
1284v braun Mitanni-Erhebung
1255v braun Mitanni-Erhebung
1250v–1197v Set-Nacht
1240v braun Erhebung Babylons
1201v braun Aufstand Babylons
1201v rot Babylon unabhängig
1200v braun Befreiung Ägyptens
1166v–1105v Nebukadnezar I.
1159v braun Aufstand in Babylon
1159v rot Babylon selbständig
1158v–1094v Ameno
1150v–1076v Pa-He-Nesi
1121v braun Sieg assyrischer Heere
1121v rot Assyrien befreit
1120v blau Debora-Lied
1101v/1100v Ägyptische Volkserhebung
1101v rot Söldner-Unterstützung
1073v/1072v Aufstand in Mesopotamien
981v–959v Ahia
964v braun Erhebung Nubiens
964v rot Nubien selbständig
964v–912v Jerobeam I.
959v–916v Rehabeam
935v braun Erhebung in Juda
933v braun Erneut Erhebung in Juda
895v–825v Salmanassar III.
843v braun Erhebung der Moabiter
843v rot Moab unabhängig
843v blau Siegesmal König Mesas
841v braun Aufstand in China
827v braun Aufstand in Assyrien
827v rot Rückzug Salmanassars III.
752v–699v Hiskia
745v braun Sieg Chinas über Hunnen
745v rot Tschin wieder frei
720v braun Erhebung Palästinas
705v rot Bündnis gegen Assyrien
701v braun Erhebung gegen Assyrer
699v–653v Phraortes
693v–609v Psammetich I.
689v braun Erhebung Babylons
659v braun Aufstand Ägyptens
657v braun Aufstand Ägyptens
657v rot Rückzug der Assyrer
654v–605v Nabopolassar
654v rot Rückzug der Äthiopier
652v rot Rückzug der Nubier
648v braun Erhebung Babylons
647v–585v Kyaxares
646v/628v 2. Messenischer Krieg
642v rot Königsmacht eingeschränkt
640v–586v Zedekia
625v braun Sieg Babylons
625v rot Babylon unabhängig
625v braun Sieg Mediens
625v rot Medien selbständig
599v–529v Kyros
572v–485v Kleisthenes
553v/550v Erhebung gegen Medien
552v rot Persien unabhängig
520v–465v Xerxes
510v braun Aufstand in Athen
510v rot Athen: Ende der Tyrannei
510v rot Demokratie in Athen
510v blau Tyrannenmörder-Denkmal
509v rot Athen: Sklavenbefreiung
500v braun Rom frei von Etruskern
500v rot Rom Republik
499v/494v Ionischer Aufstand
499v rot Bündnis gegen Perser
494v braun Sklavenaufstand
485v/484v Erhebung gegen Perser
484v–424v Artaxerxes
482v–429v Herodot
470v braun Agrigent: Tyrannis-Ende
466v braun Syrakus: Tyrannis-Ende
465v braun Aufstand Baktriens
464v/459v 3. Messenischer Krieg
455v/454v Aufstand Ägyptens
455v rot Aufstandshilfe Athens
448v braun Aufstand der Syrer
427v braun Kampf gegen Adel (Korfu)
427v rot Korfu frei vom Adel
419v braun Sklavenerhebung in Rom
413v braun Sklavenflucht (Athen)
383v–322v Demosthenes
379v rot Theben demokratisch
351v/348v Erhebung gegen Persien
340v/338v Aufstand der Latiner
335v braun Erhebung Griechenlands
323v/301v Diadochenkriege
308v blau Meng-Tse: Tyrannenmord
258v braun Erhebung gegen Rom
241v braun Etrusker-Aufstand
240v/238v Söldneraufstand
198v/196v Sklavenaufstände
195v braun Erhebung Spaniens
193v–160v Judas Makkabäus
189v braun Erhebung Spaniens
185v braun Sklavenaufstand
185v rot 7000 Sklaven gekreuzigt
181v/178v Erhebung Spaniens
180v/139v Viriathus
167v/164v Juden-Erhebung
166v–132v Eunus
163v–129v Aristonikos
163v–133v Tiberius Gracchus
161v rot Bund Roms mit Juden
156v–86v Marius
154v–121v Gajus Gracchus
154v/133v Erhebung Spaniens
144v–101v Athenion
143v rot Bündnis gegen Rom
143v/142v Syrer-Vertreibung
142v rot Unabhängigkeit der Juden
138v–78v Sulla
136v/129v Sklavenaufstand
133v rot T. Gracchus' Reform
133v rot T. Gracchus erschlagen
132v rot 'Sonnenstaat' in Pergamon
130v–102v Tryphon
121v braun G. Gracchus' Aufstand
114v–53v Krassus
109v–71v Spartakus
108v–62v Katilina
104v/100v Sklavenaufstand
100v–44v Cäsar
91v blau Erstes Makkabäer-Buch
91v/88v Bundesgenossenkrieg
89v/82v Erster Bürgerkrieg Roms
86v blau Bericht eines Aufstandes
85v–42v Brutus
82v–30v Antonius
80v–46v Vercingetorix
80v/78v Sertorius-Krieg
78v rot Spanien unabhängig
74v/71v Spartakus-Aufstand
71v rot 6000 Sklaven gekreuzigt
63v/62v Katilinarische Erhebung
58v/51v Gallischer Krieg
48v–9n Varus
44v braun Erhebung gegen Cäsar
43v/30v Dritter Bürgerkrieg Roms
16v–21n Armin
15v–19n Germanikus
10v–30n Judas Ischariot
4n/16n Dritter Germanenkrieg
6n/9n Pannonische Erhebung
17n/24n Numidische Erhebung
21n braun Aufstand der Gallier
25n–70n Civilis
37n–100n Josephus
51n braun Erhebung Britanniens
61n braun Erhebung Britanniens
65n braun Erhebung des Piso
66n/70n Jüdischer Krieg Roms
68n/70n Bataveraufstand
79n blau Jüdische Kriegsgeschichte
116n braun Aufstand der Juden
132n/135n Aufstand der Juden
180n–239n Ardaschir
184n braun Volksaufstand in China
195n braun Aufstand der Juden
207n braun Aufstand des Felix Bulla
215n braun Ägyptischer Aufstand
220n braun Bauernaufstand in China
223n/227n Persischer Freiheitskampf
276n–355n Donatus
284n/286n Bagauden-Aufstand
285n–347n Fasir
291n–347n Axid
344n/347n Zirkumzellionen-Aufstand
397n–454n Aëtius
412n–444n Tibatto
435n/437n Bagauden-Aufstand
470n–531n Kobad
476n–531n Masdak
478n–567n Narses
482n–565n Justinian
492n–552n Tumen
497n–548n Theodora
505n–565n Belisar
511n–579n Chosroes
513n braun Hunnen-Vertreibung
528n braun Inder-Sieg über Hunnen
528n rot Indien befreit
531n rot Niederlage Masdaks
532n braun Nika-Aufstand
532n rot Türken selbständig
560n–618n Yang-Ti
570n–635n Li-Yüan
617n/623n Bürgerkrieg in China
640n–716n Musa
683n braun Berberaufstand
684n/686n Sklavenaufstand von Kufa
703n braun Berberaufstand
712n–775n Al Mansur
740n/742n Berberaufstand
743n–807n Widukind
744n braun Erhebungen gegen Araber
757n braun Berberaufstand
757n rot Berberstaaten unabhängig
766n–809n Harun al Raschid
772n/804n Sachsenkriege
775n/777n Zindiks-Aufstand
804n–876n Ludwig der Deutsche
810n rot Nordafrika unabhängig
812n braun Slawenaufstand
822n–883n Ibn Mohammed
830n–879n Rurik
841n braun Stellinga-Aufstand
852n rot Toledo unabhängig
860n braun Slawenaufstand
861n braun Bauernaufstand in China
864n–910n Karmat
868n rot Unabhängigkeit Ägyptens
869n/883n Sklavenaufstand von Basra
871n rot Kommunistischer Staat
874n rot Barcelona selbständig
874n rot Buchara, Samarkand frei
874n/883n Chinesische Revolution
877n–936n Heinrich I.
878n braun Normannen-Niederlage
890n rot Karmaten-Bewegung
899n/930n Karmaten-Aufstand
899n rot Karmaten-Staat Ahsa
901n rot Karmaten-Staat Multan
912n–973n Otto I., der Große
914n–961n Bogomil
920n–992n Miezko
933n braun Sieg über Ungarn
935n rot Böhmen selbständig
945n/946n Slawenaufstand
948n braun Volksaufstand in Rom
955n braun Sieg über Ungarn
955n braun Slawenaufstand
973n braun Sieg über Araber
973n rot Alpengebiet befreit
975n braun Sieg über Araber
975n rot Südfrankreich frei
980n braun Erhebung Roms
983n braun Slawenaufstand
983n rot Slawen-Stämme frei
996n braun Erhebung Roms
998n braun Erhebung Roms
1001n braun Erhebung Roms
1008n/1009n Volkserhebung in Spanien
1014n braun Iren-Sieg über Normannen
1014n rot Irland frei
1041n braun Aufstand der Motta
1042n braun Befreiung Englands
1043n–1099n Cid
1059n braun Pataria-Aufstand
1068n braun Russische Volkserhebung
1073n/1075n Bauernaufstand in Sachsen
1074n braun Aufstand in Worms
1074n rot Worms unabhängig
1085n/1090n Kriegszug der Kastilier
1093n rot Italienischer Städtebund
1094n braun Cid in Valencia
1098n rot Genua selbständig
1103n–1155n Arnold von Brescia
1107n rot Verona unabhängig
1109n braun Polen-Sieg über Deutsche
1109n rot Polen befreit
1113n braun Aufstand von Kiew
1118n braun Sieg über Araber
1122n–1190n Friedrich I. Barbarossa
1123n braun Erhebung gegen Kitan
1125n braun Katharer-Erhebung
1139n braun Sieg über Araber
1140n/1146n Berberaufstand
1140n–1217n Peter Waldes
1142n/1155n Bürgeraufstand in Rom
1142n rot Rom freie Republik
1145n–1209n Bertran de Born
1147n rot Lissabon frei
1147n rot Berber selbständig
1148n rot Zulauf zu Katharern
1155n rot Tod Arnolds von Brescia
1158n/1162n Städteerhebung, Italien
1160n–1216n Innozenz III.
1176n braun Städteerhebung, Italien
1176n rot Italienische Städte frei
1181n braun Katharer-Kreuzzug
1186n braun Bulgaren-Aufstand
1186n rot Bulgarien unabhängig
1205n rot Rechte für Handwerker
1228n rot Auflehnung der Stedinger
1232n/1234n Stedinger-Kreuzzug
1236n braun Sieg über Araber
1236n rot Cordoba spanisch
1248n braun Sieg über Araber
1261n braun Aufstand der Preußen
1282n braun 'Sizilianische Vesper'
1288n braun Bürger-Aufstand in Köln
1288n rot Köln freie Stadt
1291n rot Eidgenossenschaft
1301n braun Aufstand in Magdeburg
1302n braun Abwehrkampf Flanderns
1304n–1374n Petrarca
1313n–1354n Rienzi
1314n braun Sieg der Schotten
1315n braun Sieg Schweizer Bauern
1319n braun Sieg Dithmarscher Bauern
1323n/1328n Aufstand in Flandern
1325n rot Bann gegen Aufständische
1325n–1381n Wat Tyler
1328n rot Schottland unabhängig
1335n–1381n John Ball
1338n/1453n Hundertjähriger Krieg
1342n braun Weberaufstand
1345n braun Weberaufstand
1347n braun Aufstand unter Rienzi
1349n braun Aufstand in Nürnberg
1351n/1352n Volkserhebung in Rom
1357n braun Erhebung in Paris
1358n braun Aufstand der Jacquerie
1358n rot Mord an Bauernführern
1362n–1437n Sigismund
1368n rot Mongolen-Vertreibung
1368n rot China frei
1370n–1424n Ziska
1371n–1440n Friedrich I.
1371n braun 'Weberschlacht' in Köln
1375n rot Rückzug Englands
1375n blau John Barbours Dichtung
1378n braun Aufstand in Florenz
1378n rot Gewerkschaft in Florenz
1379n braun Aufstand in Flandern
1380n braun Russensieg über Mongolen
1381n blau Reformforderung Tylers
1381n/1382n Aufstand in England
1381n/1382n Aufstände in Frankreich
1386n braun Sieg der Schweizer
1388n braun Städtekrieg
1400n–1450n Jack Cade
1410n braun Sieg über Deutschritter
1412n–1431n Jeanne d'Arc
1413n braun Volksaufstand in Paris
1420n blau Reformforderung Ziskas
1420n/1434n Hussiten-Kreuzzug
1429n rot Orléans befreit
1430n rot Festnahme Jeanne d'Arcs
1431n rot Feuertod Jeanne d'Arcs
1435n/1436n Aufstand in Schweden
1436n rot Mord an Engelbrechtsson
1440n–1505n Iwan III.
1448n braun Erhebung der Berliner
1448n blau Reformforderung Cades
1450n braun Aufstand des Jack Cade
1451n braun Aufstand auf Mallorca
1451n blau Lied von Robin Hood
1451n–1505n Isabella von Kastilien
1452n–1498n Savonarola
1454n braun Preußische Volkserhebung
1457n braun Sieg über Deutschritter
1462n braun Spaniersieg über Araber
1462n braun Aufstand in Katalonien
1466n braun Deutschritter besiegt
1476n braun Deutscher Bauernaufstand
1481n rot Rußland frei
1481n/1492n Letzter Maurenkrieg
1488n–1525n Thomas Münzer
1491n braun Aufstand in Holland
1493n braun Aufstand im Elsaß
1494n braun Volksaufstand in Florenz
1496n–1560n Gustav Wasa
1498n rot Verbrennung Savonarolas
1498n blau Revolutionsprogramm
1499n braun Schweizer Sieg
1499n rot Schweiz selbständig
1500n braun Sieg Dithmarscher Bauern
1502n braun Aufstand in Baden
1513n braun Aufstand im Breisgau
1514n braun Aufstand in Württemberg
1514n braun Aufstand in Ungarn
1515n braun Aufstand in Österreich

1515n braun Aufstand in der Schweiz
1517n braun Aufstand in Baden
1517n braun Aufstand in England
1520n/1521n Aztekenaufstand
1520n braun Erhebung Schwedens
1522n/1526n Deutsche Revolution
1523n braun Erhebung Schwedens
1525n rot Die zwölf Artikel
1525n blau Reformforderung Geyers
1527n–1598n Philipp II.
1533n–1584n Wilhelm von Oranien
1558n braun Niederlage Englands
1558n rot Englischer Rückzug
1562n/1598n Hugenottenkriege
1570n–1607n Iwan Bolotnik
1572n rot Wilhelm Statthalter
1572n/1581n Kampf der Niederlande
1576n rot Genter Zusammenschluß
1578n rot Keine Hilfe für Holland
1581n rot Holland unabhängig
1585n rot Hilfe für Holland
1596n braun Aufstand in Finnland
1599n–1658n Cromwell
1606n blau Reformforderung Bolotniks
1607n braun Aufstand in Rußland
1614n/1616n Frankfurter Aufstand
1618n braun Prager Fenstersturz
1622n braun Aufstand in China
1624n braun Aufstand in Frankreich
1626n braun Aufstand in Österreich
1627n braun Erhebung von La Rochelle
1628n/1644n Bürgerkrieg in China
1628n rot 'Petition of Rights'
1629n–1676n Alexei Michailowitsch
1637n braun Aufstand in Frankreich
1639n braun Aufstand in der Normandie
1640n braun Aufstand Portugals
1640n rot Portugal selbständig
1642n rot Kampf um Parlamentsrechte
1642n/1649n Englische Revolution
1648n/1649n Levellers-Erhebung
1649n rot Hinrichtung Karls I.
1649n rot England Republik
1649n/1652n Irischer Freiheitskampf
1650n rot Einkerkerung Lilbournes
1652n blau 'Recht auf Freiheit'
1653n braun Schweizer Bauernkrieg
1653n/1654n Brasilianische Erhebung
1659n braun Erhebung Mexikos
1670n/1671n Aufstand der Don-Kosaken
1672n braun Franzosen-Vertreibung
1672n rot Madagaskar frei
1679n rot 'Habeas-corpus-Akte'
1688n braun 'Glorious Revolution'
1688n rot 'Declaration of Rights'
1689n/1691n Irische Erhebung
1692n braun Mexikanischer Aufstand
1698n braun Strelitzen-Aufstand
1702n/1710n Kamisarden-Aufstand
1708n rot Auflehnung der Ukraine
1727n braun 'Salpeterer'-Aufstand
1729n–1796n Katharina II., die Große
1730n braun Portugiesen-Vertreibung
1732n–1799n Washington
1758n–1794n Robespierre
1760n–1797n Babeuf
1764n braun Indische Erhebung
1765n rot Auflehnung Nordamerikas
1768n braun Aufstand in Polen
1769n–1821n Napoleon I.
1771n braun Aufstand in Vietnam
1773n braun 'Bostoner Tee-Party'
1773n–1859n Metternich
1774n rot Kongreß Nordamerikas
1775n braun Kosakenaufstand
1775n/1783n Kampf Nordamerikas
1776n rot Unabhängigkeitserklärung
1776n rot Menschenrechte
1778n rot Hilfe Frankreichs für USA
1779n rot Hilfe Spaniens für USA
1780n rot Weitere Hilfe für USA
1780n/1783n Inka-Aufstand
1781n rot Hinrichtung Tupac Amarus
1783n rot Nordamerika unabhängig
1783n blau Chamforts Kampfruf
1783n–1830n Bolivar
1785n/1786n Waldenburger Aufstände
1787n rot Verfassung Nordamerikas
1787n rot Shaker-Gruppe
1787n blau Goethe: 'Egmont'
1788n–1824n Byron
1789n/1795n Französische Revolution
1789n rot Reformen in Frankreich
1790n braun Aufstände in Sachsen
1790n rot Bauernfreiheit in Sachsen
1790n rot Jakobinerklub
1791n rot Französische Verfassung
1791n braun Handwerker-Unruhen
1792n rot Frankreich Republik
1792n blau 'Marseillaise'
1793n braun Weberaufstand
1793n rot Hinrichtung Ludwigs XVI.
1794n braun Polnischer Aufstand
1794n rot Sans-Culotten
1794n rot Kolonialsystem aufgehoben
1794n rot Hinrichtung Robespierres
1795n braun Aufstand in Ungarn
1795n blau 'Manifest der Gleichen'
1796n/1815n Napoleonische Kriege
1796n braun Verschwörung Babeufs
1797n rot Hinrichtung Babeufs
1798n braun Weberaufstand
1798n braun Erhebung Irlands
1799n braun Indischer Aufstand
1800n braun Erhebung gegen Napoleon
1803n braun Aufstand auf Haiti
1804n rot Bauern Dänemarks frei
1804n blau Schiller: 'Wilhelm Tell'
1805n blau Beethoven: 'Fidelio'
1806n blau Arndt: 'Geist der Zeit'
1807n rot Stein'sche Reformen
1807n blau Fichtes 'Reden'
1807n/1808n Guerilla-Krieg
1809n rot Schill'sche Offiziere
1809n blau Schenkendorfs Lied
1809n–1865n Lincoln
1809n/1810n Aufstand in Tirol
1810n rot Erschießung Hofers
1810n rot San Martins Bewegung
1810n–1862n Cavour
1811n/1826n Kampf Lateinamerikas
1811n rot Venezuela unabhängig
1811n rot Bauernfreiheit in Spanien
1812n rot Konvention von Tauroggen
1813n rot Kolumbien unabhängig
1813n blau Körners Lieder
1813n–1883n Wagner
1814n rot Norwegen unabhängig
1816n rot Argentinien unabhängig
1816n rot Christensklaverei beendet
1817n rot Wartburgfest
1818n rot Chile unabhängig
1818n rot Bauernfreiheit in Baden
1818n–1883n Karl Marx
1820n/1823n Spanische Revolution
1821n rot Peru unabhängig
1821n rot Länder Mittelamerikas frei
1821n rot Venezuela unabhängig
1821n/1829n Kampf Griechenlands
1822n rot Brasilien unabhängig
1822n rot Unabhängigkeit Mexikos
1822n rot Ecuador unabhängig
1825n braun Dekabristen-Aufstand
1825n rot Bolivien unabhängig
1826n rot Rückzug Spaniens
1826n braun Janitscharen-Aufstand
1828n rot Uruguay selbständig
1829n rot Griechenland unabhängig
1830n braun Juli-Revolution
1830n blau Delacroix: Freiheitsbild
1830n/1831n Belgischer Aufstand
1831n braun Polnischer Freiheitskampf
1831n rot Belgien selbständig
1832n blau Pellico: 'Gefängnisse'
1833n rot Empire: Sklaverei-Ende
1834n braun Aufstand in Lyon
1834n rot 'Bund der Geächteten'
1836n rot 'Bund der Gerechten'
1837n rot Göttinger Sieben
1838n rot 'Chartisten'-Vereinigung
1840n rot Arbeiter-Bildungsverein
1844n braun Weberaufstand
1844n rot Dominikanische Republik
1847n rot Liberia selbständig
1847n blau Kommunistisches Manifest
1848n/1850n Deutsche Revolution
1848n rot Nationalversammlung
1848n rot Frankreich Republik
1848n braun Juni-Aufstand
1848n blau Menzel: 'Märzgefallene'
1848n blau Petöfis Lied
1849n rot Republik in Rom
1849n braun Niederlage Roms
1849n braun Erhebung Ungarns
1850n/1864n Taiping-Aufstand
1857n braun Indische Erhebung
1858n rot Portugal: Sklaverei-Ende
1858n rot Gewerkschaft (Schweiz)
1859n rot Holland: Sklaverei-Ende
1859n/1861n Befreiungskampf Italiens
1861n rot Einigung Italiens
1861n rot Bauernfreiheit in Rußland
1861n/1865n Sezessionskrieg
1863n braun Polnische Erhebung
1863n rot Lassalles Arbeiterverein
1864n rot Erste Internationale
1865n rot Sklaverei-Ende in USA
1865n rot Frauenverein
1866n–1925n Sun-Yat-Sen
1867n rot 'Granger'-Bewegung
1868n/1869n Spanische Revolution
1868n braun Erhebung Kubas
1869n rot Toleranz in Spanien
1869n blau 'Manifest' russisch
1869n rot Gründung der SPD
1869n–1948n Gandhi
1870n braun Blutbad in Tientsin
1870n rot Frankreich Republik
1870n blau Blanquis Zeitschrift
1870n–1924n Lenin
1871n braun Aufstand der Kommune
1871n blau Pottiers 'Internationale'
1873n blau Bakunin: Anarchismus
1874n braun Spanische Revolution
1875n rot Verfassung Frankreichs
1875n rot Gothaer Zusammenschluß
1879n rot Spanische Arbeiterpartei
1879n–1953n Stalin
1880n braun Buren-Erhebung
1881n rot Buren-Selbstverwaltung
1883n/1884n Erhebung im Sudan
1883n rot Plechanows Partei
1886n braun Aufstand in USA
1888n rot Brasilien: Sklaverei-Ende
1888n/1890n Aufstand in Ostafrika
1889n rot Zweite Internationale
1890n blau Zeitschrift 'Gleichheit'
1891n braun Weberaufstand
1891n rot Erfurter Programm
1892n rot Arbeiterpartei Italiens
1892n blau Hauptmann: 'Die Weber'
1893n braun Zulu-Aufstand
1893n rot Belgien: Wahlrecht
1893n rot Labour-Party
1893n – Mao-Tse-Tung
1894n rot Sun-Yat-Sens Gesellschaft
1895n rot Korea unabhängig
1895n/1898n Kubanischer Krieg
1895n blau Kollwitz: Weberaufstand
1898n braun Aufstand in China
1898n rot Kuba selbständig
1899n/1901n Boxeraufstand
1900n rot Frauenstudium
1900n blau Zeitung 'Der Funke'
1901n – Sukarno
1902n braun Aufstand in Rußland
1902n rot Frauenwahlrecht
1903n rot Lenin Bolschewiki-Führer
1903n blau Kollwitz: Bauernaufstand
1903n/1907n Aufstände in Afrika
1904n blau Zeitung 'Humanité'
1905n/1906n Russische Revolution
1906n rot Parlament in Rußland
1907n braun Aufstand in Rumänien
1908n braun Indische Erhebung
1908n braun Erhebung der 'Jungtürken
1909n braun Revolution in Spanien
1910n braun Erhebung auf Karolinen
1910n braun Revolution in Portugal
1910n rot Portugal Republik
1911n braun Chinesische Revolution
1911n rot Sturz der Mandschu
1911n rot China Republik
1911n rot Mongolei unabhängig
1912n/1913n Balkankriege
1913n rot Rückzug der Türkei
1916n braun Irischer Aufstand
1916n rot Spaltung der SPD
1916n blau 'Spartakusbriefe'
1917n braun Matrosen-Aufstand
1917n blau Lenin: Revolutionstheorie
1917n/1922n Russische Revolution
1917n rot Finnland unabhängig
1917n rot Arbeiter- und Bauernstaat
1917n blau Reed: Revolutionsbericht
1918n/1919n Deutsche Revolution
1918n rot Deutschland Republik
1918n rot Österreich Republik
1918n rot Polen selbständig
1918n rot Ungarn selbständig
1918n rot Jugoslawien selbständig
1918n rot CSR selbständig
1918n – Nasser
1919n braun Ungarischer Aufstand
1919n braun Indische Empörung
1919n rot Komintern
1920n braun Erhebung im Ruhrgebiet
1920n rot Freiheitsbewegung Indiens
1921n braun Irischer Aufstand
1921n rot Irland Freistaat
1921n rot KP Chinas
1922n braun Indische Erhebung
1922n/1923n Aufstand der Rif-Kabylen
1922n blau Gandhi: 'Junges Indien'
1923n braun Hamburger Aufstand
1923n rot Türkei Republik
1924n blau Zeitung 'Unità'
1925n/1926n Drusen-Aufstand
1925n/1949n Chinesische Revolution
1926n braun Erhebung in Indonesien
1926n rot Rechte für Dominions
1926n blau Eisenstein: 'Potemkin'
1927n braun Aufstände in Wien
1927n rot Brüsseler Kongreß
1927n – Castro
1931n braun Revolution in Spanien
1931n rot Spanien Republik
1934n braun Aufstand in Österreich
1936n rot Ägypten selbständig
1936n rot Volksfront in Frankreich
1936n/1939n Spanischer Bürgerkrieg
1944n braun Putsch gegen Hitler
1944n rot Frankreich unabhängig
1945n/1954n Erhebung in Südostasien
1946n/1949n Griechischer Bürgerkrieg
1946n rot Staaten Vorderasiens frei
1947n rot Indien unabhängig
1947n rot Burma unabhängig
1948n rot Ceylon unabhängig
1949n rot Indonesien unabhängig
1951n braun Putsch in Argentinien
1951n rot Libyen unabhängig
1952n braun Aufstand in Barcelona
1952n rot Ägypten Republik
1953n braun Aufstand in der DDR
1953n braun Aufstand in Workuta
1954n rot Vietnam unabhängig
1954n rot Laos unabhängig
1954n rot Kambodscha unabhängig
1954n/1962n Kampf Nordafrikas
1955n braun Aufstand in Argentinien
1955n braun Aufstand auf Zypern
1955n rot Bandung-Konferenz
1956n braun Aufstand in Ungarn
1956n braun Aufstand in Polen
1956n rot Tunesien unabhängig
1956n rot Sudan unabhängig
1956n rot Marokko selbständig
1956n/1959n Kubanische Revolution
1957n braun Aufstand in Oman
1957n braun Aufstand in Kenia
1957n rot Ghana unabhängig
1957n rot Tunesien Republik
1958n braun Revolution im Irak
1958n rot Guinea unabhängig
1959n braun Aufstände auf Zypern
1959n rot Castro Regierungschef
1959n rot Unabhängigkeit Zyperns
1960n rot Kongo selbständig
1960n rot Kamerun unabhängig
1960n rot Senegal unabhängig
1960n rot Tschad unabhängig
1960n rot Mauretanien unabhängig
1960n rot Togo unabhängig
1960n rot Somalia unabhängig
1960n rot Gabun unabhängig
1960n rot Volta unabhängig
1960n rot Dahomey unabhängig
1960n rot Madagaskar unabhängig
1960n/ Revolution Indochinas
1961n/ Kampf Zentralafrikas
1961n rot Sierra Leone unabhängig
1961n rot Tanganjika unabhängig
1962n rot Algerien unabhängig
1962n rot Jamaika unabhängig
1962n rot Trinidad unabhängig
1962n rot Uganda unabhängig
1962n rot West-Neuguinea frei
1963n rot Arabien: Sklaverei-Ende
1963n rot Nigeria unabhängig
1963n rot Sansibar unabhängig
1963n rot Kenia unabhängig
1965n braun Aufstand in Asturien
1965n braun Kämpfe auf Borneo
1965n rot Gambia unabhängig

FREIHEITSKRIEGE, deutsche Bezeichnung für die drei letzten Jahre der Napoleonischen Kriege, in denen nach der Selbstbefreiung Rußlands von den eingefallenen französischen Heeren die russischen Truppen in Verfolgung der zurückweichenden Franzosen allen von Napoleon unterworfenen Ländern bei ihrer Befreiung aus der französischen Herrschaft halfen. Aber allein unter Mitwirkung Preußens gelang die Vertreibung Napoleons aus Mitteleuropa nicht. Napoleon konnte das russisch-preußische Heer nach Schlesien zurückwerfen (Schlacht von Großgörschen und Bautzen). Erst nach dem Beitritt Englands, Schwedens und Österreichs entstand eine Überlegenheit der gegen ihn verbündeten Mächte (500000 Mann gegenüber 440000 Franzosen), so daß Napoleon trotz gelegentlicher Teilerfolge (Dresden) zurückgedrängt wurde (Großbeeren) und bei Leipzig (1813n) die vernichtende Niederlage seiner restlichen 160000 Mann gegen 260000 Verbündete hinnehmen mußte. Nachdem Napoleon günstige Friedensangebote abgelehnt hatte, verfolgten die verbündeten Mächte ihn bis nach Frankreich, nahmen 1814n Paris, setzten ihn ab und verbannten ihn nach Elba. Durch seine überraschende Rückkehr wurden die Erfolge des Krieges vorübergehend zunichte gemacht, doch gelang 1815n seine endgültige Niederwerfung (Waterloo) und Verbannung auf eine verlassene Insel zwischen Afrika und Süd-Amerika (St. Helena). Der Krieg hatte die Völker Europas in ihrem Selbstbewußtsein bestärkt, aber durch Niederwerfung des unter dem Zeichen der Revolution angetretenen Frankreich auch die restaurativen Kräfte gestärkt. Rußland und Preußen gewannen durch ihre führende Rolle in diesem Befreiungskampf europäische Geltung und wirkten auf dem Wiener Kongreß bei der Neuordnung Europas mit.

1769n–1821n Napoleon I.
1796n/1815n Napoleonische Kriege
1806n blau Förderung durch Arndt
1807n blau Förderung durch Fichte
1809n blau Schenkendorf: Freiheitslied
1812n rot Konvention von Tauroggen
1813n blau Körner: Freiheitslieder
1814n rot Wehrpflicht in Preußen
1814n blau Förderung durch Rückert
1815n rot Wiener Kongreß

FREILAUF, Vorrichtung im Hinterrad von Fahrrädern, die als automatische Kupplung zwischen Antrieb (= Tret-Vorrichtung) und Achse wirkt. Seit 1880n in England (Husberg) und Frankreich (Moreau) entwickelt, wurde er in Deutschland zu praktischer Verwendbarkeit gebracht (Ernst Sachs). Seine Erfindung ermöglichte die Ruhigstellung der Füße auf den Pedalen bei rollendem Rad.

1898n grün Erfindung

FREIMAURER, Name einer Männervereinigung, die in zahlreichen Ländern Europas und Amerikas verbreitet ist. Ihre Ideale der Gleichheit aller Menschen, der Duldsamkeit und der Brüderlichkeit sind dem Gedankengut der französischen und englischen Aufklärung entnommen, in deren Blütezeit ihre Entstehung zurückgeht. Ihr skurriles Ritual entstammt den Bräuchen der Handwerker, deren emporgekommene Vertreter den Hauptanteil der ersten 'Brüder' stellten. Ihre Stärke liegt in ihrer Pflicht zur gegenseitigen Hilfeleistung, in ihrem Verschwiegenheitsgelübde und in ihrem streng hierarchischen Aufbau. Ihr Ziel, führende Männer als Mitglieder zu gewinnen, haben sie lange Zeit hindurch erreicht. Goethe, Lessing und Herder, Friedrich der Große, Wilhelm I., Friedrich III. und Stresemann waren ebenso Freimaurer wie Washington und Franklin, Roosevelt und Truman, Garibaldi und Mazzini. Wegen ihrer Toleranz und Kirchenfeindlichkeit mit dem Bannfluch des Papstes belegt und der Inquisition übergeben, bis in unser Jahrhundert hinein wegen ihrer Judenfreundlichkeit, wegen ihrer weltbürgerlichen Gesinnung und wegen ihrer unbedingten Bindung an anonyme Geheimbefehle verfolgt, blieben sie bis zur Gegenwart eine mächtige Kraft: Heute etwa 6 Millionen Mitglieder in 36 Staaten, davon etwa 4 Millionen in den USA.

1712n–1786n Friedrich II., der Große
1717n rot Londoner Loge
1723n blau Niederschrift der Ideale
1729n–1781n Lessing
1730n rot Loge in Amerika
1732n–1799n Washington
1737n rot Hamburger Loge
1738n rot Päpstlicher Bann
1744n–1803n Herder
1749n–1832n Goethe
1754n blau Franklin
1773n rot Loge in Frankreich
1849n braun Mazzini
1849n braun Garibaldi
1871n rot Wilhelm I.
1882n–1945n F. D. Roosevelt

FREISING, Stadt an der Isar nördlich von München (Oberbayern). Die mindestens 1300 Jahre alte Ortschaft wurde im Jahre 724n Bischofssitz, erhielt 996n Stadtrecht und fiel im Jahre 1803n an Bayern. Der Dom wurde als Backsteinbasilika 1160n vollendet. In dem 1021n erbauten Kloster Weihenstephan befindet sich heute die landwirtschaftliche und brautechnische Fakultät der Technischen Hochschule München.

1115n–1158n Otto von Freising

FREMDENLEGION, französische Elitetruppe, in der angeworbene Ausländer unter französischen Kolonialoffizieren zu besonders harten Kämpfern ausgebildet und dann in den französischen Kolonien gegen die einheimische Bevölkerung eingesetzt werden. Da ihre Angehörigen unter falschem Namen dienen dürfen und damit praktisch jeder Strafverfolgung entzogen sind, wurde die Legion insbesondere Zufluchtsstätte von Entwurzelten und Verbrechern, die auf der Grundlage der ihnen für den Dienst in Aussicht gestellten französischen Staatsangehörigkeit ein neues Leben beginnen wollen. Die Stärke der Truppe liegt bei 30000 Mann aus allen Ländern, von denen aber immer Deutsche das Haupt-Kontingent darstellten (bei der letzten Zählung 70%). Obwohl auch Belgien, Holland und Spanien ähnliche Fremdenlegionen aufstellten, blieb die französische Truppe 'die Legion', die durch ihre Kriegführung (insbesondere in Indochina und Algerien) das Ansehen Frankreichs und Europas für Generationen untergrub.

1831n rot Gründung
1830n/1834n Algerischer Krieg
1843n/1844n Nordafrika-Krieg
1856n/1860n Lorcha-Krieg
1862n braun Eroberung Südvietnams
1882n/1885n Chinesischer Krieg
1922n/1923n Aufstand der Rif-Kabylen
1925n/1926n Drusen-Aufstand
1945n/1954n Erhebung Südostasiens
1954n/1962n Kampf Nordafrikas

FREMDWÖRTER-GEBRAUCH

1208n–1270n Tannhäuser
1265n blau Gegnerschaft Tannhäusers

FRENKEL, Jakob Iljitsch (1894n bis 1952n), russischer Physiker. Als Inhaber des Lehrstuhls für theoretische Physik in Leningrad erforschte er die Elektronenbewegung in Metallen. Die Ausstrahlung von Elementarteilen aus dem Kern führte er auf Verdunstung zurück ('Kernverdampfung'). Seine Arbeiten über die elektrische Leitfähigkeit kleinster Materie-Teilchen führten ihn zur Beschreibung von Fehlordnungen und Störstellen ('Frenkel-Defekt'). Leitete auch das Verhalten von Flüssigkeiten aus der Bewegung ihrer Elementarteile ab.

1946n grün Flüssigkeitstheorie

FRESKO-MALEREI, vom italienischen Wort 'fresco' (= 'frisch') abgeleitete Bezeichnung des Malens auf frisch geputzte Wände. Weil die dazu verwendete Wasserfarbe tief in den noch feuchten Kalkputz eindringt, kann diese Art von Malerei nicht abblättern und ist deshalb besonders haltbar. Das Verfahren ist bei Wand- und Deckenmalerei gebräuchlich, besonders bei kunstvoll ausgemalten Kuppeln.

1240n–1302n Cimabue
1266n–1337n Giotto
1293n blau Cimabue: 'Madonna'

1306n blau Giotto: Arena-Kapelle
1365n–1430n Rublew
1401n–1428n Masaccio
1417n–1492n Francesca
1427n blau Masaccio: 'Heidentaufe'
1465n blau Francesca: 'Kreuzlegende'
1475n–1564n Michelangelo
1482n blau Botticellis Fresken
1483n blau 'Schlüsselübergabe'
1483n–1520n Raffael
1490n blau Ghirlandajo: 'Marienleben'
1496n blau Perugino: 'Kreuzigung'
1505n blau Signorelli: 'Weltgericht'
1510n blau Raffael: Stanzen
1512n blau Michelangelos Fresken
1541n blau 'Das jüngste Gericht'
1600n blau Fresken der Carracci
1609n blau Reni: 'Aurora'
1645n blau Cortona: Pitti-Palast
1752n blau Tiepolo: Schloß Würzburg
1756n blau 'Antonius und Kleopatra'
1954n blau Fresko Riveras

FRESNEL, Augustin Jean (1788n–1827n), französischer Physiker. Nach Abschluß seiner Ausbildung am Polytechnikum in Paris wurde er Ingenieur, Sekretär der Kommission für Leuchttürme und Mitglied der Akademie der Wissenschaften. Erforschte das Verhalten des Lichtes, führte jahrelang Untersuchungen über Beugung, Brechung, Doppelbrechung sowie über Polarisation durch und schuf endlich die exakte Wellentheorie des Lichtes. Stellte eine Formel auf, mit deren Hilfe berechnet werden kann, welcher Anteil ausgesandter Lichtstrahlen reflektiert und welcher Teil gebrochen wird ('Fresnel'sche Formel'). Zur Erforschung der gegenseitigen Einwirkung zusammentreffender Lichtstrahlen (Interferenz) erfand er einen nach ihm benannten Doppelspiegel. Verbesserte die Linsensysteme für Leuchttürme und betätigte sich auch als Straßenbauer.

1815n grün Wellenlehre

FREUD, Sigmund, österreichischer Nervenarzt.

1855n–1939n Lebenslinie
1895n grün Psychoanalyse
1900n grün Traumdeutung

FREYTAG, Gustav (1816n–1895n), deutscher Schriftsteller und Geschichtsschreiber. Als Sohn eines schlesischen Arztes studierte er Philologie und wurde Dozent. Daneben betätigte er sich journalistisch und zog sich schließlich ganz auf seine Schriftstellerarbeit zurück. In seinem Roman 'Soll und Haben' wollte er das deutsche Volk bei der Arbeit verewigen. Es wurde aber nur das Bild des deutschen Besitzbürgers seiner Zeit in seinem Nationalismus, seinem Profitstreben, seinem Antisemitismus, seiner Beschränktheit und seinem Eroberungsdrang. Dagegen gelang ihm in dem Bühnenstück 'Die Journalisten' eine treffsichere Darstellung der zunehmenden Bedeutung der Presse sowie der Gefahren ihres Mißbrauchs durch eine Verbindung von Geldmacht und Charakterlosigkeit. 'Die Ahnen' sind eine deutsche Geschichte von der Völkerwanderung bis 1848n auf dem Hintergrund eines Familienschicksals. Mit seinen 'Bildern aus der deutschen Vergangenheit' schuf er eine neue Form lebendiger historischer Einzelschilderung.

1854n blau Roman und Lustspiel

FRIAUL, Landschaft in Norditalien zwischen den Alpen und der Adria. Hier wurden bei einer Belagerung der Stadt Cividale (bei Udine) zum ersten Mal in Europa nachweislich Pulvergeschosse verwendet.

1331n grün Einsatz von Kanonen

FRIEDELL, Egon (1878n–1938n), österreichischer Schriftsteller und Historiker. Nach Ablegung der philosophischen Doktorprüfung trat er am Wiener Brettl auf, wurde Leiter des Kabaretts 'Fledermaus', Theaterkritiker, Schauspieler an Reinhardts Bühnen (Berlin, Wien) und lebte schließlich als freier Schriftsteller in Wien, wo er beim Einmarsch der deutschen Faschisten seinem Leben ein Ende machte. Außer Theaterstücken, Novellen und Aphorismen schrieb er historische Werke, deren Bedeutung in der grundsätzlichen Betonung der kulturellen Seite des Lebens sowie in einer Außerachtlassung aller traditionellen Vorurteile besteht. Schrieb eine dreibändige Kulturgeschichte der Neuzeit, eine Kulturgeschichte Ägyptens und des alten Orients sowie eine Kulturgeschichte Griechenlands.

1932n blau Geschichte der Neuzeit

FRIEDENSLIEBE

628v–553v Hesekiel
475v–393v Me-Ti
378v–289v Meng-Tse
333v–262v Zeno der Jüngere
299v–237v Asoka der Milde
279v–206v Chrysipp
243v blau Preisgedicht auf Frieden
180v–110v Panaitios
163v rot Essener-Bewegung
53v–19v Tibull
31n–99n Musonius Rufus
86n–161n Antoninus Pius
153n blau Frieden Ziel der Politik
590n–648n Harsa
945n blau Isländisches Gedicht
1255n–1311n Pierre Dubois
1283n blau Völkerbund gefordert
1465n–1536n Erasmus von Rotterdam
1539n blau Lehre der Mennoniten
1588n–1679n Hobbes
1647n rot Quäker-Bewegung
1707n blau Castel: Ewiger Friede
1724n–1804n Kant
1795n blau Kant: Ewiger Friede
1889n blau Bertha Suttners Werk
1892n rot Friedensgesellschaft
1914n rot Mord an Kriegsgegner
1914n rot Liebknecht Kriegsgegner
1915n rot Zimmerwalder Konferenz
1920n rot Völkerbund
1928n rot Kellogg-Pakt
1945n rot Gründung der UN
1947n blau Picasso: 'Friedenstaube'

FRIEDENSRICHTER, Nicht-Juristen, die von der Obrigkeit mit der Beilegung kleinerer Vergehen und Streitfälle beauftragt sind. In manchen Ländern mit richterlicher Urteilsgewalt ausgestattet (in England und Frankreich), in anderen Ländern nur mit dem Recht des friedlichen Ausgleichs durch Sühne-Verfahren (so in Deutschland). Die meist ehrenamtliche (also unentgeltliche) Tätigkeit wird traditionsgemäß von Angehörigen der jeweils herrschenden Gesellschaftsklasse ausgeübt (im Feudalstaat von Aristokraten, im kapitalistischen Staat vom Besitzbürger und im sozialistischen Staat vom Arbeiter) und stellt damit ein indirektes, aber wirksames Instrument der Stabilisierung einer Klassenherrschaft dar. Dies wurde zuerst in England erkannt.

1327n rot Einsetzung in England

FRIEDRICH, Caspar David (1774n–1840n), deutscher Maler und Zeichner. In seiner Heimatstadt Greifswald lernte er malen und ging dann an die Akademie von Kopenhagen. Die norddeutsche Grundstimmung seiner Bilder bewahrte er auch in seiner Wahlheimat Dresden. Führte eine Wende der deutschen Malerei herbei: Unendlichkeitsdrang bis zur märchenhaften Unwirklichkeit, Betonung der Gefühlswelt bis zur spielerischen Auflösung bei größter Naturliebe (Romantik). Ursprünglich Zeichner, machte er lange Zeit nur von der Aquarelltechnik Gebrauch und übertrug diese später auf die Ölmalerei. In seinen Bildern steht er stets die Landschaft in den Mittelpunkt, der Mensch steht im Banne der Naturbetrachtung. Charakteristisch für seine Malerei war die zarte Farbgebung und die nuancenreiche Abstufung, mit der er eine vorher unbekannte Tiefenwirkung erzielte. Der tief unter die Bildmitte heruntergezogene Horizont gab seinen Bildern eine neue Weite.

1823n blau 'Einsamer Baum'

FRIEDRICH I. (1657n–1713n), deutscher Fürst. Beherrschte Preußen seit 1688n als Kurfürst von Brandenburg und seit 1701n als erster preußischer König. Zweiter Sohn des Großen Kurfürsten. Gegenüber dem älteren Bruder zurückgesetzt, trat er schon zu Lebzeiten des Vaters heimlich das Gebiet des Kreises Schwiebus an den deutschen Kaiser ab und stellte seine ganze Zukunft auf sein gutes Verhältnis zu Kaiser Leopold I. Nach dem Tode seines Bruders Thronfolger, unterstützte er den holländischen Statthalter Wilhelm III. bei der Besitznahme Englands, eroberte im Kampf gegen Frankreich die Stadt Bonn und leistete dem Kaiser Hilfe gegen die Türken. Mit dessen Erlaubnis ließ er sich dann in Königsberg zum König krönen. Überforderte die Mittel seines Landes durch Heer und Hofstaat. Die Unterhaltung der für die kaiserlichen Interessen im Spanischen Erbfolgekrieg kämpfenden 32 000 Mann hinderte ihn am vollen Einsatz in dem für Preußen wichtigeren Nordischen Krieg. Für seine zweite Frau Sophie Charlotte baute er bei Berlin ein Schloß ('Charlottenburg') und förderte unter ihrem Einfluß Kunst und Wissenschaft.

1663n/1699n Großer Türkenkrieg
1688n/1697n Dritter Krieg Ludwigs XIV.
1694n blau Universität Halle
1695n blau Charlottenburger Schloß
1696n blau Akademie der Künste
1698n blau Schlüters Schloß-Umbau
1700n blau Wissenschafts-Akademie
1700n grün Sternwarte Berlin
1700n/1721n Nordischer Krieg
1701n rot Königreich Preußen
1701n grün Heeresreform
1701n/1714n Spanischer Erbfolgekrieg

FRIEDRICH I. Barbarossa, deutscher Kaiser. Herrschte von 1152n bis 1190n.

1122n–1190n Lebenslinie
1103n–1155n Arnold von Brescia
1115n–1158n Otto von Freising
1129n–1195n Heinrich der Löwe
1142n/1155n Bürgeraufstand in Rom
1153n rot Bündnis mit Papst
1153n rot Waffenverbot für Bauern
1155n rot Krönung
1156n rot Österreich Herzogtum
1157n braun Polenfeldzug
1158n rot Stadtrecht-Entzug, Italien
1158n/1162n Städteerhebung, Italien
1166n/1167n Kriegszug nach Italien
1176n braun Erhebung in Italien
1176n rot Auflehnung Heinrichs
1176n rot Städte unabhängig
1177n rot Anerkennung des Papstes
1181n rot Pommern an Deutschland
1183n rot Italienische Anerkennung
1189n/1192n Dritter Kreuzzug
1191n blau 'Kreuzzugsleich'
1419n blau Kyffhäusersage

FRIEDRICH I. von Hohenzollern, deutscher Fürst.

1371n–1440n Lebenslinie
1362n–1437n Sigismund
1415n rot Belehnung
1420n/1434n Hussiten-Kreuzzug

FRIEDRICH II., deutscher Kaiser. Herrschte von 1215n bis 1250n.

1194n–1250n Lebenslinie
1173n–1239n Hermann von Salza
1224n blau Universität Neapel
1226n rot Preußen an Deutschritter
1228n/1229n Fünfter Kreuzzug
1229n rot König von Jerusalem
1231n rot Rechtsgewinn der Fürsten
1232n rot Strafen für Kirchengegner
1235n rot Landfriedensgesetz
1239n grün Ärzte-Vorschriften
1245n blau Briefwechsel mit Ibn Sabin

FRIEDRICH II., der Große, König von Preußen von 1740n bis 1786n.

1712n–1786n Lebenslinie
1709n–1762n Elisabeth Petrowna
1717n–1780n Maria Theresia
1739n blau 'Antimachiavell'
1740n rot Reformen
1740n/1742n 1. Schlesischer Krieg
1742n rot Gewinn Schlesiens
1744n rot Gewinn Ostfrieslands
1744n/1745n 2. Schlesischer Krieg
1747n blau Schloß Sanssouci
1748n rot Zugeständnis Preußens
1748n rot Zugeständnis Österreichs
1749n rot Strafe für Deserteure
1749n rot Schutz des Bauernlandes
1750n grün Porzellan-Manufaktur
1751n blau Voltaire in Sanssouci
1756n grün Hilfszusage Englands
1756n/1763n Siebenjähriger Krieg
1762n rot Ende englischer Hilfe
1762n rot Sonderfriede mit Rußland
1772n rot Erste Teilung Polens
1778n/1779n Bayrischer Erbfolgekrieg
1785n rot Fürstenbund

FRIEDRICH von Österreich ('Friedrich der Schöne', 1286n–1330n), deutscher König von 1314n bis 1330n. Als Sohn König Albrechts I. von einer Minderheit der Kurfürsten zum deutschen König gewählt, mußte er gegen seinen Vetter Ludwig von Bayern zu Felde ziehen, mit dem er gemeinsam aufgewachsen war und mit dem ihn eine herzliche Freundschaft verband. Unterlag mit seinem Heer und wurde gefangen. Nach Erfolgen seiner Brüder gegen Ludwig auf Ehrenwort freigegeben, stellte er sich seinem Vetter wieder, obwohl der Papst ihn feierlich von diesem Eide entbunden hatte. So gewann er Ludwigs Freundschaft zurück und teilte sich mit ihm zeitweilig in die Regierung des Reiches.

1322n braun Niederlage gegen Ludwig

FRIEDRICH WILHELM, der Große Kurfürst, Herrscher von Brandenburg von 1640n bis 1688n.

1620n–1688n Lebenslinie
1618n/1648n Dreißigjähriger Krieg
1648n rot Westfälischer Friede
1655n/1660n Krieg Schweden–Polen
1656n rot Zusicherung Schwedens
1657n rot Zusicherung Polens
1660n rot Gewinn Ostpreußens
1672n rot Bündnis mit Holland
1672n/1678n 2. Krieg Ludwigs XIV.
1674n/1675n Schwedischer Vorstoß
1682n rot Kolonie in West-Afrika
1685n rot Hugenotten-Ansiedlung
1686n rot Beitritt zur 'Liga'
1700n blau Schlüters Standbild

FRIEDRICH WILHELM I., König von Preußen von 1713n bis 1740n.

1688n–1740n Lebenslinie
1700n/1721n Nordischer Krieg
1715n rot Bündnisbeitritt
1717n rot Schulpflicht
1717n grün Verkauf der Kolonie
1720n rot Gewinn Vorpommerns
1728n rot Außenministerium

FRIEDRICH WILHELM II. ('der dicke Wilhelm', 1744n–1797n), preußischer König von 1786n bis 1797n. Als Neffe Friedrichs des Großen folgte er dem kinderlosen König auf den Thron, erweiterte Preußen auf Kosten Polens, bekämpfte erfolglos das revolutionäre Frankreich und mußte deshalb das linke Rheinufer abtreten. Suchte den Einfluß der Kirche wieder herzustellen (Entlassung Kants) und erhielt dafür zweimal von der Kirche die Erlaubnis zur Doppelehe ('Trauung zur linken Hand'). Hinterließ den preußischen Staat mit Gebietszuwachs, aber wirtschaftlich zerrüttet.

1792n/1795n Revolutionskriege
1793n braun Weber-Unruhen
1793n rot Zweite Teilung Polens
1795n rot Dritte Teilung Polens

FRIEDRICH WILHELM III. (1770n bis 1840n), preußischer König von 1797n bis 1840n. Den großen Umwälzungen in Europa verständnislos gegenüberstehend, suchte er in den Napoleonischen Kriegen zunächst neutral zu bleiben. Sein Zögern führte zu Gebietsverlusten, zur Isolierung Preußens und schließlich zur Halbierung des Staates durch die französisch-russische Verständigung. Seine schwankende Haltung beeinträchtigte auch die Reformen, die Stein, Hardenberg und Scharnhorst zur Rettung Preußens eingeleitet hatten. Obwohl ihm im entscheidenden Augenblick dann auch der Mut zur Auflehnung gegen Napoleon fehlte, rang er sich schließlich doch zu dem Aufruf 'An mein Volk' durch, mit dem die Freiheitskriege begannen. Als ihr siegreicher Ausgang Preußen die Großmachtstellung zurückgegeben hatte, führte er den Staat an die Seite der restaurativen Kräfte und erhielt die Rheinprovinz, Westfalen sowie halb Sachsen. Im Innern sabotierte er das begonnene Reformwerk (Verfassungs-Verweigerung, Demagogen-Verfolgungen). Sein Briefwechsel mit seiner Frau (Königin Luise) wurde mehrfach gedruckt.

1769n–1821n Napoleon I.
1796n/1815n Napoleonische Kriege
1798n braun Weberaufstand
1801n rot Gebietsverlust
1803n rot Deputationshauptschluß
1807n rot Stein'sche Reformen
1809n rot Schill'sche Offiziere
1810n blau Universität Berlin
1812n rot Juden gleichberechtigt
1812n rot Konvention von Tauroggen
1813n grün Englische Unterstützung
1814n rot Allgemeine Wehrpflicht
1815n rot Wiener Kongreß
1815n rot 'Heilige Allianz'
1834n rot Zollverein
1839n rot Kinderarbeit eingeschränkt

FRIEDRICH WILHELM IV. (1795n bis 1861n), preußischer König von 1840n bis 1861n. Verabscheute die von Frankreich ausgegangenen revolutionären Ideen ebenso wie alles Liberale und gefiel sich im Bewußtsein einer göttlichen Auserwähltheit als Herrscher. In diesem 'Gottesgnadentum' gipfelte seine Verbindung von Germanentum und Christentum. Legte den Kirchenstreit bei, erleichterte die Zensur und zog bedeutende Gelehrte nach Berlin (Humboldt, Schelling, Rückert, Tieck). Nach anfänglicher Unterdrückung der Arbeiterschaft kapitulierte er vor der deutschen revolutionären Volksbewegung, kehrte aber nach Konsolidierung seiner Macht wieder zur restaurativen Politik zurück. Die von ihm erstrebte deutsche Kaiserkrone lehnte er ab, weil sie ihm von der liberal-revolutionären Frankfurter Nationalversammlung angeboten wurde. Statt dessen erstrebte er einen kleindeutschen Fürstenbund, gab dies Ziel aber auf österreichisch-russischen Druck preis. Der restaurative Kurs seiner Politik kam auch in der Schaffung eines 'Herrenhauses' zum Ausdruck, mit dessen Hilfe er die Herrschaft des Adels und des Großkapitals verewigen wollte. Wegen zunehmender Geistesgestörtheit mußte er vier Jahre vor seinem Tode die Herrschaft an seinen Bruder abgeben.

1844n braun Weberaufstand
1848n/1850n Deutsche Revolution
1849n rot Kaiserkrone abgelehnt
1850n rot Verzicht auf Einheit
1851n rot Deutscher Bund erneuert

FRIESLAND, FRIESEN, Land und Volk an der Nordseeküste und auf den Nordseeinseln zwischen dem Mündungsgebiet von Rhein und Weser, seit dem 9. Jahrhundert auch an der Westküste Schleswig-Holsteins (Nordfriesland). Die germanischen Bewohner trieben von alters her Fischfang, Seefahrt und Ackerbau. Seit dem ersten Jahrtausend vor unserer Zeitrechnung bis zum 11. Jahrhundert rangen sie dem Meere Land ab, sicherten es durch Eindeichung und bebauten es. Im zweiten Germanenkrieg wurden sie von den Römern unterworfen und erlangten erst im 3. Jahrhundert wieder ihre Unabhängigkeit. Die gewaltsame Christianisierung nach der fränkischen Eroberung gelang nur schrittweise. Bonifatius und Bischof Eoban verloren dabei ihr Leben. Karl Martell verwüstete das Land, aber noch Karl der Große mußte es gewaltsam niederhalten, und erst im 13. Jahrhundert wurde der letzte Widerstand von der Kirche gebrochen. Die Friesen haben eine eigene Sprache und Literatur, in die sich im Laufe der Jahrhunderte zunehmend Bestandteile der holländischen, deutschen, englischen und dänischen Sprache mischten.

12v/7v Zweiter Germanenkrieg
635n–714n Pippin der Mittlere
658n–739n Willibrord
675n–754n Bonifatius
688n–741n Karl Martell
689n braun Sieg der Franken
689n rot Fränkischer Reichsteil
716n/719n Sieg der Franken
738n rot Christianisierung
765n–810n Gottfried
834n braun Normannen-Einfall
1217n/1219n Kreuzzug
1228n rot Auflehnung der Stedinger
1232n/1234n Stedinger-Kreuzzug
1234n grün Kirchenbesitz-Erweiterung
1712n–1786n Friedrich II., der Große
1744n rot Ostfriesland preußisch

FRISCH, Karl (geboren 1886n), österreichischer Zoologe. Beobachtete, zuerst an der Honigbiene, die Lebensäußerungen der Tiere und bewies ihren Farbensinn. Später gelang ihm auch der Nachweis, daß die allgemein für farbenblind gehaltenen Wirbellosen und die Fische ebenfalls einen Farbensinn haben. Nach langjähriger Beobachtung der Verhaltensweise von Bienen beschrieb er auch deren Formensinn, ihren Geruchssinn, ihren Orientierungssinn und ihre Verständigungsweise (die 'Bienensprache'). Von besonderer Bedeutung war sein Nachweis, daß die Fische ein Gehör besitzen. Schrieb auch eine allgemeinverständliche Biologie ('Du und das Leben').

1923n grün 'Leben der Bienen'

FRISCH, Max (geboren 1911n), schweizerischer Schriftsteller. Als Sohn eines Architekten studierte er Germanistik und Architektur, arbeitete nach ersten dichterischen und journalistischen Versuchen als Architekt und wandte sich schließlich ganz dem Beruf des Schriftstellers zu. Mit dem Drama 'Die chinesische Mauer' sowie den Romanen 'Stiller' und 'Homo Faber' sucht er den Standort des geistigen Menschen in der bürgerlichen Gesellschaft zu umreißen. Gegen Krieg und die zunehmende Macht der Kriegstreiber wendet sich sein als 'Requiem' bezeichnetes Stück 'Nun singen sie wieder'. Die Scheinsicherheit der bürgerlichen Welt entlarvte er in dem Drama 'Graf Öderland'. Gegen faschistische Vorurteile ist sein Stück 'Andorra' gerichtet. Das Politikum des angeblich unpolitischen Spießers behandelt er in 'Herr Biedermann und die Brandstifter', das er als 'Lehrstück ohne Lehre' bezeichnete. Ohne eine eigene Konzeption der menschlichen Gesellschaft zu entwickeln, zeigt er die geistige und menschliche Seite der Krise unserer Zeit auf und zieht alle überkommenen Ordnungen in Zweifel. Sein Hauptthema ist die Selbstentfremdung des Menschen in unserer Welt, die er in ihrer Gespaltenheit erkennt und darstellt.

1961n blau 'Andorra'

FRISUR

2947v grün Kämme in Ägypten
2875v grün Langes Haar in Sumer
2864v grün Elfenbeinkämme
2793v blau Geschmückter Kamm
2636v grün Kranzfrisur in Sumer
2597v blau 'Kopf mit Perücke'
2349v blau 'Mann mit Bart'
2085v blau 'Frauen beim Frisieren'
1430v grün Modische Frisuren
1352v blau 'Bärtiger Asiate'
1303v grün Frauentonsur
597v grün Unterschiedliche Frisuren
333v grün Alexander ohne Bart
247v blau 'Locke der Berenike'
196v grün Kurzes Haar in Rom
56n grün Haarpflege mit Seife
362n blau Jesus mit Bart
1143n grün Zopftracht in China

FRITZ JOSS (um 1465n–um 1528n), deutscher Freiheitskämpfer. Führte im Jahre 1502n mehr als 20 000 Bauern in der Gegend von Karlsruhe zum Aufstand gegen ihre weltlichen Fürsten und ihre kirchlichen

Ausbeuter. Das Scheitern dieser Bewegung veranlaßte ihn, in 10jähriger Aufklärung die Bauern des ganzen Freiburger Raumes für den Aufstand zu gewinnen. Aber diese neue Erhebung wurde verraten, und er mußte sich durch die Flucht in die Schweiz retten. Von hier aus gewann er außer den Bauern auch Handwerker und andere Gruppen Ausgebeuteter und Entrechteter. 1517n erhob sich dann das ganze Oberrheingebiet auf beiden Seiten des Stromes bis tief in den Schwarzwald und in die Vogesen hinein. Nachdem auch dieser Aufstand niedergeschlagen war, mußte er sich lange Jahre verborgen halten. An den Vorbereitungen der ersten deutschen Revolution nahm er wieder teil und erlebte noch 1526n das endgültige Scheitern des Freiheitswillens seiner Generation.

1502n braun Aufstand bei Bruchsal
1513n braun Aufstand im Breisgau
1517n braun Aufstand in Baden
1522n/1526n Deutsche Revolution

FRITZLAR, Stadt in Hessen am linken Steilufer der Eder, südlich von Kassel, mit dem ältesten Rathaus Deutschlands. Hier wurde Heinrich I. zum deutschen König gewählt.

675n–754n Bonifatius
723n blau Kapelle
732n blau Kloster
772n/804n Sachsenkriege

FRÖBEL, Friedrich (1782n–1852n), deutscher Erzieher. Nach zweijähriger Lehrzeit bei Pestalozzi in Yverdon nahm er am Befreiungskampf gegen Napoleon teil und gründete 1817n eine Erziehungsanstalt in Keilhau (Thüringen) und weitere Anstalten in der Schweiz. Dann wandte er sich ganz dem Studium der pädagogischen Erfordernisse für die Erziehung des Kleinkindes zu und wurde schließlich zum Schöpfer des modernen Kindergartens. Erkannte im Spiel die altersgemäße Tätigkeit des Kindes. Entwickelte das Beschäftigungsspiel und den Erlebnis-Unterricht. Veranstaltete Lehrgänge für Kindergärtnerinnen. Förderte die Pflege der Muttersprache und den naturwissenschaftlichen Unterricht. Gab eine philosophische Begründung des Arbeits-Unterrichts.

1840n grün Kindergarten

FROISSART, Jean (um 1337n bis um 1410n), französischer Dichter und Geschichtsschreiber. Brachte den größten Teil seines Lebens als Priester, Hofdichter und Sekretär an Fürstenhöfen und auf Ritterburgen zu. So lernte er ganz Frankreich genau kennen und vor allem England, wo er am Hofe König Eduards III. viele Jahre verbrachte. Vollendete in fünfzigjähriger Sammel- und Forschungsarbeit seine Geschichte Frankreichs, Englands, Schottlands und Spaniens, die Zeit von 1326n bis 1400n umfassend. Darin gab er in glänzendem Erzählerstil ein Bild seines Jahrhunderts, das vortrefflich die Anschauungen und Gewohnheiten des Adels dieser Epoche schildert. Pries die Ideale des Rittertums: Tapferkeit, Frauendienst, Ehre, Abenteuer, Turniere, Feste. Verachtete die Tätigkeit des Bürgers, des Handwerkers wie des Bauern und stand deren Empörung und ihrem Freiheitskampf verständnislos und feindselig gegenüber. Schrieb einen Roman in über 30000 Versen in der Art der Artussage.

1410n blau Kulturgeschichte

FRON-ARBEIT, von dem alten deutschen Worte 'fro' (= Herr) abgeleitete Bezeichnung für Arbeiten, die unentgeltlich für den Herrn (Grundbesitzer, Fürst, König) geleistet werden mußten.

2449v rot Freistellung der Priester
1298v–1228v Moses
964v–912v Jerobeam I.
959v–916v Rehabeam
882v–798v Elisa
820v blau Gegnerschaft Elisas
560n–618n Yang-Ti
780n rot Ablösung durch Steuer
1228n rot Widerstand der Stedinger

FRONDE, Name einer Erhebung französischer Adliger und Fürsten gegen die zunehmende Konzentration der Königsmacht (Absolutismus) während der Minderjährigkeit Ludwigs XIV. Die vorwiegend gegen Mazarin gerichtete Bewegung scheiterte.

1651n/1652n Erhebung

FRONLEICHNAM, althochdeutsche Bezeichnung für 'Leib des Herrn'. Name des höchsten Feiertages der katholischen Kirche, an dem nach katholischem Glauben der wirkliche Leib des Herrn Jesus Christus ('das Allerheiligste') durch die Straßen getragen und von Gläubigen angebetet wird. Von der Nonne Juliana 1243n in Lüttich zuerst gefeiert, wurde er schon zwanzig Jahre später durch Anordnung des Papstes Urban IV. für die ganze katholische Kirche eingeführt. Luther verwarf ihn als Veräußerlichung des Abendmahls.

1264n rot Einführung

FRONTINUS, Sextus Julius (um 40n bis 105n), römischer Schriftsteller und Staatsmann. Verwaltete als römischer Statthalter die britische Insel, war dreimal Konsul und bekleidete in Rom noch zahlreiche andere Ämter. Schrieb eine systematische Abhandlung über die Kriegskunst sowie verschiedene Bücher über Kriegslisten. Verfaßte ein Werk über die römischen Wasserleitungen, die unter seiner Aufsicht eine Länge von 404 km erreichten, ferner ein Buch über Vermessungstechnik.

97n grün Wasserversorgung Roms

FRONTO, Markus Cornelius (um 100n bis 170n), römischer Schriftsteller. Als Lehrer der Redekunst berühmt geworden, gründete er eine eigene Schule. Dort lehrte er unter Verwertung der klassischen Schriftsteller Roms und Griechenlands einen altertümlichen Sprachstil und erwarb damit ein so großes Vermögen, daß er sich den Park des Mäcenas kaufen konnte. Erzog den von Antoninus Pius adoptierten Mark Aurel. Dessen Hinwendung zu der von seinem Lehrer abgelehnten Philosophie kennzeichnet das Scheitern des Versuches einer alleinigen Orientierung an der altrömischen Redekunst. In seiner Erörterung über einen Ferien-Aufenthalt des Mark Aurel in Alsium gab er eine allgemeine Begründung für die Notwendigkeit des Erholungs-Urlaubs.

147n blau Rednerschule
168n grün Rechtfertigung der Ferien

FROSCH-MÄUSE-KRIEG, Titel einer unter dem Namen Homers veröffentlichten scherzhaften Nachahmung des Heldengedichtes vom Kampf um Troja ('Ilias'). Frösche und Mäuse treten an die Stelle der Griechen und Trojaner, wodurch alles überkommene Heldentum der Lächerlichkeit preisgegeben wird.

482v blau Abfassung

FROSCHSCHENKEL-VERSUCH, Bezeichnung für das Experiment des italienischen Arztes Galvani, das zur Entdeckung der Berührungselektrizität führte. Dabei wurde ein frischpräparierter Froschschenkel durch eine Induktionsmaschine zum Zucken gebracht.

1780n grün Experiment

FRÜHLINGSBEGINN

196v–125v Hipparch
325n grün Einfluß auf Ostern

FRUTOLF (um 1040n–1103n), deutscher Geschichtsschreiber. Als Vorsteher des Klosters Michelsberg bei Bamberg verfaßte er eine Weltchronik mit einer umfassenden Darstellung des Lebens und Wirkens Heinrichs IV. Dabei bemühte er sich um eine unparteiische Würdigung, auch bei der Schilderung seines Kampfes mit dem Papst. Zog alle erreichbaren Dokumente hinzu, prüfte sie kritisch und gab schließlich eine neutrale Darstellung. Bezog auch nach bester Möglichkeit die Geschichte des Orients ein, der durch den ersten Kreuzzug in den Vordergrund des allgemeinen Interesses gerückt war. Sein Werk wurde nach seinem Tode vom Abt seines Klosters, Ekkehard von Aura, fortgeführt und dabei in pro-kirchlichem Sinne verfälscht.

1125n blau Fortführung seines Werkes

FUCHS, hundeartiges Raubtier, das in Europa, Asien, Afrika und Amerika verbreitet ist und in der ganzen Welt als Symbol der Schläue gilt.

2918v blau Darstellung in Ägypten
1681v blau Mesopotamische Fabel
1053n–1140n Toba-Sojo
1178n blau 'Reinhart Fuchs'

FUCINER SEE, flacher See in Mittelitalien, 70 Kilometer östlich von Rom. Überschwemmte in Regenzeiten weite Landesteile. Deshalb ließ Kaiser Klaudius vor 2000 Jahren einen mehr als 5 Kilometer langen Tunnel durch den angrenzenden Monte Salviano graben. 30000 Arbeiter schufen diesen Abfluß in 11 Jahren. Aber bald verstopfte er. Kaiser Trajan und Kaiser Hadrian ließen ihn wieder öffnen, dann versandete er endgültig. 1875n wurde nach 20jähriger Arbeit ein neuer Kanal vollendet, der den ganzen See bis auf einen kleinen Teil trockenlegte. Dadurch wurden 17000 Hektar Ackerland gewonnen, und das Gebiet wurde malariafrei.

52n grün Entwässerungstunnel

FÜLLFEDERHALTER. Schreibfedern mit winzigem Tintenspeicher gab es seit Anfang des 17. Jahrhunderts, ebenso Vorrichtungen, um in einem Federkiel Tinte zu halten, die während des Schreibens langsam ausfloß. Der Leipziger Mechaniker Scheller fertigte dann das erste Schreibgerät mit einem verschraubbaren Messingkolben für Tinte und einer Feder, die durch ein kleines Loch ständig mit Tinte beschickt wurde. Er nannte sein Gerät 'Reisefeder'.

1634n grün Federkiel zum Füllen
1769n grün Aufkommen
1781n grün Stahlfeder

FÜNFJAHRESPLAN, langfristiger Wirtschaftsplan zur Entwicklung der Volkswirtschaft in sozialistischen Ländern. Die auf ihm beruhende Planwirtschaft setzt Gemeineigentum an den Produktionsmitteln voraus und ist deshalb nur im Sozialismus zu verwirklichen. Andererseits ergibt sich die Planwirtschaft nicht zwangsläufig aus der Vergesellschaftung der Produktionsmittel, sondern stellt nur eine der möglichen Formen sozialistischer Arbeits- und Verbrauchs-Organisation dar. Ihre Einführung in der UdSSR bestimmte indes die Ausrichtung aller sozialistischen Volkswirtschaften auf derartige Pläne staatlicher Wirtschaftsbehörden.

1929n grün Plan der UdSSR
1948n grün Deutscher Zweijahresplan
1953n grün Plan in China

FÜNFKIRCHEN, Stadt in Süd-Ungarn am Fuße des weinreichen Fünfkirchener Gebirges. Der ursprünglich von Kelten besiedelte Ort wurde von den Römern ausgebaut und kam später durch die Franken zu hohem Ansehen. Ihren Namen erhielt die Stadt im 9. Jahrhundert, wurde schon im 14. Jahrhundert Universitätsstadt und stand von 1543n bis 1686n unter türkischer Herrschaft.

1367n blau Universität

FÜNFSTROMLAND, deutsche Bezeichnung für das Land in Nordindien zwischen den Quellflüssen des Indus und des Ganges. Benannt nach den fünf großen Quellströmen des Indus ('Fünfstromland' = 'Pandschab'). Eines der ältesten Kulturgebiete Indiens und der Erde. Hier befand sich vor fast 5000 Jahren ein Zentrum der Indus-Kultur (Harappa) mit mehrstöckigen Häusern, Wasserleitung, Kanalisation und einer streng ausgeprägten Klassenteilung. Hier vollzog sich auch der erste größere staatliche Zusammenschluß auf indischem Boden. Wegen seiner Lage im Nordwesten Indiens wurde das Land häufig Opfer von Angriffen aus dem vorderasiatischen Raume. Perser, Griechen, Hunnen und Araber bemächtigten sich des fruchtbaren Gebietes, das später von Mongolen und Engländern beherrscht wurde. Bei Erlangung seiner Unabhängigkeit (1947n) wurde es durch die englische Kolonialmacht zu einem Drittel an Indien, zu zwei Dritteln an den neugegründeten Staat Pakistan angeschlossen.

2899v blau Entwicklung von Harappa
2857v grün Klassenteilung
2717v blau Entwicklung von Rupar
1915v braun Zerstörung von Harappa
1443v–1389v Sudas
1414v braun Zehn-Königs-Schlacht
1414v rot Indisches Reich
356v–323v Alexander der Große
334v/325v Alexanderzug
182v rot Herrschaft Baktriens
475n braun Hunnen-Einfall
475n rot Hunnen-Herrschaft
633n/732n Arabischer Krieg
899n/930n Karmatenaufstand
901n rot Karmatenstaat Multan
976n–1030n Machmud
1024n braun Vordringen der Türken
1024n rot Türkische Herrschaft
1024n rot Ausbreitung des Islam
1919n braun Blutbad in Amritsar
1947n rot Indien frei, geteilt

FÜRSORGE, Bezeichnung für die Gesamtheit von Hilfs-Maßnahmen, die eine menschliche Gemeinschaft ihren Armen, Schwachen, Kranken und Minderjährigen sowie den Gefährdeten und Aus-der-Bahn-Geworfenen zuteil werden läßt.

2422v–2360v Uru-Kagina
2366v rot Schutz für Arme (Sumer)
2363v rot Witwen- und Waisenschutz
647v–609v Josia
622v rot Armenfürsorge in Juda
480v rot Flüchtlingsfürsorge
299v–237v Asoka der Milde
123v rot Getreidegesetz in Rom
103v rot Krieger-Versorgung
50v grün Bezugsscheine in Rom
315n rot Kinderbeihilfe in Rom
410n grün Krankenbehandlung Armer
497n–548n Theodora
590n grün Kirchliche Fürsorge
590n–648n Harsa
609n grün Mütterheim in Jerusalem
787n grün Findelheim in Mailand
1081n rot Altersversorgung (Inkas)
1419n grün Findelhaus in Florenz
1484n–1531n Zwingli
1601n rot Armenfürsorge Englands
1878n rot Heilsarmee

FÜRSTENSPIEGEL, Bezeichnung für Bücher, in denen das Idealbild eines Herrschers beschrieben wird. Meist zur Vorbereitung heranwachsender Fürsten auf ihren Herrscherberuf geschrieben, oft von den Fürsten selbst, die darin die Prinzipien zur Erziehung ihrer Söhne niederlegten und dabei zugleich ihre Vorstellungen von der eigenen Tätigkeit zusammenfaßten.

2138v–2063v Achtos III.
2069v blau Lehrbuch Achtos' III.
1960v blau Lehrbuch Sesostris' I.
1725v blau Briefwechsel Samsi-Adads
430v–353v Xenophon
370v blau Xenophons Werk
313v blau Kautilyas Handbuch
300n blau 'Pantschatantra'
704n blau Kamandakis Werk
1080n blau Werk des Nizam
1082n blau Werk des Kaikas
1160n blau 'Policraticus'
1509n blau Comines: 'Memoiren'
1513n blau Machiavelli: 'Der Fürst'
1528n blau Castiglione: 'Cortegiano'
1698n blau Fénelons 'Telemach'
1739n blau 'Antimachiavell'

FÜRTH, Stadt in Mittelfranken unweit von Nürnberg, mit dem es durch die erste deutsche Eisenbahn verbunden war und mit dem es heute praktisch zusammengewachsen ist. Die im 7. Jahrhundert von Franken gegründete Stadt steht mindestens seit dem 11. Jahrhundert unter der Landeshoheit des Burggrafen von Nürnberg, wurde 1792n preußisch und fiel 1806n an Bayern. Seit 1808n hat der vorher nur als Marktflecken bestehende Ort eigenes Stadtrecht.

1835n grün Eisenbahn nach Nürnberg

FUGE, höchste Form der musikalischen Kunst nachahmender Wiederholung. Ein kurzes, einprägsames Thema wird dabei von mehreren Stimmen auf verschiedener Tonhöhe aufgenommen, meist im Abstand von fünf Tönen (Quinte). Entwickelte sich aus dem Kanon, bildete sich in Italien im 17. Jahrhundert in der Sonate aus, war in Frankreich die Hauptform der Ouvertüre des 17. und 18. Jahrhunderts und gelangte zur Vollendung durch die Organisten des ausgehenden 17. und beginnenden 18. Jahrhunderts (Gabrieli, Frescobaldi, Buxtehude). Sie gipfelte in den Instrumentalwerken von Johann Sebastian Bach und in den Gesangsstücken von Georg Friedrich Händel.

1679n blau Buxtehudes Werke
1685n–1750n Bach
1685n–1759n Händel
1722n blau 'Wohltemperiertes Klavier'

FUGGER, Name einer deutschen Kaufmannsfamilie, die auf den Weber Hans Fugger aus Graben bei Augsburg zurückgeht. Sein Sohn Hans betrieb seit 1367n neben seiner Weberei einen kleinen Leinenhandel. Dessen Enkel entwickelte daraus die Fugger'sche Handelsgesellschaft, die von dessen Kindern Ulrich, Georg und Jakob zum ersten kapitalistischen Großunternehmen der Welt geführt wurde.

1459n–1525n Jakob Fugger
1473n grün Geschäfte mit Habsburgern
1488n grün Silberbergbau-Monopol
1494n grün Handelsgesellschaft
1498n grün Kupfer-Syndikat
1500n–1558n Karl V.
1506n grün Gewürzhandel
1509n grün Kriegs-Finanzierung
1511n grün Kapital-Anhäufung
1514n grün Geschäft mit Erzbischof
1519n grün Wahl-Finanzierung
1521n rot Reichstag gegen Monopole
1523n grün Kaiserlicher Schutz
1525n grün Hilfe des Kaisers
1540n grün Obligationen an Börsen

FUJIWARA, japanischer Staatsmann.

605n–680n Lebenslinie
626n–672n Tenji
645n rot Reformen
646n rot Bodenreform-Gesetz

FULDA, Stadt in Hessen. Am Oberlauf des gleichnamigen Flusses gelegen, wurde es als Sitz eines Klosters gewählt von dem angelsächsischen Priester Bonifatius, der hier oft bei seinem Lieblingsschüler Sturmi weilte und auch hier begraben wurde. Rabanus Maurus baute später eine Schule auf, die das Kloster berühmt machte und seinen Äbten den ersten Rang unter den deutschen Klostervorstehern verschaffte. Von 1170n bis 1803n hatten die Äbte den Rang von Reichsfürsten. Die in der Reformation katholisch gebliebene Stadt wurde 1867n Sitz der deutschen Bischofskonferenzen und blieb ein Zentrum des Katholizismus in Deutschland.

744n blau Kloster
770n–840n Einhard
784n–856n Rabanus Maurus
808n–875n Otfried

FULTON, Robert (1765n–1815n), nordamerikanischer Erfinder. Kam im Jahre 1802 als Mechaniker nach England und sah dort die Versuche des Bergwerkmechanikers Symington mit einem von Dampfkraft angetriebenen Boot auf dem schottischen Fluß Forth. Schon ein Jahr später stellte er in Paris ein Dampfboot mit einer Maschine von Jacques Périer her, das aber bei der Erprobung zerbrach. In seiner Heimat fand er neue Förderer, baute das Dampfschiff 'Clermont' mit einer Antriebsmaschine von James Watt und befuhr damit den Hudson von New York bis Albany. Für die 230 km lange Strecke benötigte er stromaufwärts 52 Stunden. Diese erste erfolgreiche Dauerleistung eines Dampfschiffes leitete einen schnellen Aufschwung der Dampfschiffahrt ein und brachte ihm selbst ein langjähriges Privileg des Staates New York. Später baute er noch das erste Kriegsschiff mit Dampfantrieb. Es war wie alle Dampfschiffe dieser Zeit ganz aus Holz, doch wurden seine hölzernen Antriebsräder von stabilen Holz-Planken gegen feindlichen Beschuß geschützt.

1807n grün Dampfschiff

FUNK, Casimir (1884n–1967n), polnischer Chemiker. Erforschte die Beri-Beri-Krankheit und andere Krankheiten, die durch Vitaminmangel auftreten. Aus Reiskleie stellte er das erste reine Vitamin her (Vitamin B). Für die winzigen Wirkstoffe der Nahrung, die neben den Nährstoffen für den Menschen unerläßlich sind, prägte er das Wort 'Vitamin' (abgeleitet von dem lateinischen Wort 'vita' = 'Leben'). Auch nach seiner Auswanderung in die USA lehnte er für sich selbst die Aufnahme künstlich hergestellter Vitamine ab. Statt dessen suchte er seinem Körper die lebensnotwendigen Stoffe durch möglichst naturnahe und richtig gemischte Nahrung zuzuführen. Die von der Natur selbst in jedem Blatt und jedem Samenkorn geschaffene Ganzheit erkannte er als unnachahmbar.

1915n grün Vitamin-Isolierung

FUSS als Längenmaß

443v grün Römisches Einheitsmaß

FUSSBALL, Mannschaftsspiel, bei dem zwei gleich starke Parteien darum kämpfen, einen Ball durch Stoßen mit dem Fuß unter Vermeidung jeder Berührung mit der Hand ins gegnerische Tor zu befördern und dabei zugleich das eigene Tor gegen das Eindringen des Balles zu verteidigen. Das in Ostasien aufgekommene Spiel verbreitete sich über Assyrien und Ägypten nach Rom, geriet dann aber in Vergessenheit und wurde erst im 10. Jahrhundert von England aus neu belebt. Dann wurde es wieder einige Jahrhunderte lang nicht gepflegt und kam erst seit 1831n wieder in den englischen Internaten auf (Eton, Westminster, Harrow). Die verbindlichen Regeln wurden 1862n festgelegt ('Cambridge-Regeln') und bis 1894n noch verbessert. Seit 1870n verbreitete sich das Spiel auch in Deutschland.

2639v grün Aufkommen in China
587n grün Einführung in Japan
648n grün Luftgefüllte Bälle

FUST, Johann (um 1400n bis um 1466n), deutscher Druckereibesitzer und Buchhändler. Als reicher Kaufmann lieh er seinem Mainzer Mitbürger Gutenberg 50000 Mark zur Fortentwicklung der Erfindung des Drucks mit beweglichen Lettern gegen Übereignung der gesamten Werkstätte nebst Druckmaschinen, Satz und Papier. Später verklagte er Gutenberg, nahm dem zahlungsunfähigen Erfinder die Werkstätte mit Einrichtung ab und führte sie zusammen mit seinem späteren Schwiegersohn Peter Schöffer unter eigenem Namen fort. Allein aus dem Verkauf der von Gutenberg gedruckten 42zeiligen Bibel konnte er mehr als sein Darlehen erlösen. Der Besitz der ersten Buchdruckerei Europas brachte ihm Ruhm und Vermögen, während Gutenberg arm und unbekannt starb.

1399n–1468n Gutenberg

GABEL, Küchen- und Eßgerät aus einem Griff und mehreren nadelartigen Spitzen ('Zinken'). Vermutlich aus der in der Landwirtschaft früh gebräuchlichen Heugabel entwickelt, wird sie zuerst in der Römerzeit erwähnt als Gerät zum Herausfischen des Fleisches aus der Brühe. Als Tischgerät ist sie erst etwa ein Jahrtausend bekannt. Bis vor dreihundert Jahren wurde sie in Mitteleuropa noch als weibische Marotte der Fürstenhöfe verspottet. Erst vor etwa zweihundert Jahren setzte sie sich — als letztes Eßgerät nach Löffel und Messer — in Europa allgemein durch.

1056n grün Einführung in Italien

GABELSBERGER, Franz Xaver (1789n bis 1849n), deutscher Erfinder. Als Ministerialsekretär empfand er das Mißverhältnis zwischen der Sprech- und der Schreibgeschwindigkeit und suchte eine Schnellschrift. Aus Buchstabenzeichen und Kürzungen schuf er die erste deutsche Kurzschrift und wurde der erste Parlaments-Stenograph Deutschlands. Verfaßte eine 'Anleitung zur deutschen Redezeichenkunst' und gab Stenographie-Unterricht. Erfand auch eine neuartige Rechenmaschine und verbesserte den elektrischen Telegraphen.

1818n grün Kurzschrift

GABIROL, Salomon Ibn (1021n–1070n), jüdischer Dichter und Philosoph. Im islamischen Spanien geboren, verlor er früh beide Eltern. Mit 16 Jahren begann er, wehmütige religiöse Gesänge zu schreiben und führte die poetische Zwiesprache zwischen dem jüdischen Volke und seinem Gotte ein. Seine verklärte Religiosität des Schmerzes brachte er auch noch in ein philosophisches System, das bei seinen Glaubensgenossen aber weniger Anklang fand als bei christlichen Theologen. An der Spitze seiner metaphysischen Stufenleiter steht Gott als eine geistige Substanz, aus der Wille, Weltvernunft und Weltseele hervorgehen, die ihrerseits durch Ausstrahlung die sichtbare Welt schaffen. Sprach und schrieb in arabischer Sprache.

1052n blau Synagogengesänge
1055n blau Religionsphilosophie

GABRIELI, Giovanni (1557n–1612n), italienischer Komponist. Als Schüler seines Onkels Andrea Gabrieli folgte er diesem als Organist der Markuskirche in Venedig. Baute dessen mehrstimmigen Chorgesang aus und gab ihm ein noch farbigeres Gepräge, indem er die Klanggebung der verschiedenen aufeinander abgestimmten Chöre verfeinerte. Trennte Chor- und Sologesang schärfer voneinander und verstärkte die instrumentale Begleitung. Seine Werke brachten den Durchbruch von der nebeneinanderlaufenden Vielstimmigkeit zur miteinander verknüpften Dur-Moll-Harmonie. Lehrer des deutschen Komponisten Heinrich Schütz.

1597n blau 'Heilige Sinfonien'

GABUN, Land und Staat an der Westküste Afrikas zwischen Kamerun und Kongo. Das Gebiet des alten Bantu-Negerstaates Loango wurde um 1470n von Portugiesen entdeckt, die seit dem 16. Jahrhundert von hier aus Sklavenhandel betrieben. Langsam drangen Franzosen ein, machten das Land 1839n zu einer französischen Kolonie und eroberten von hier aus den Kongo. Im Jahre 1849n gründeten befreite Negersklaven die Hauptstadt 'Libreville'. 1959n erhob sich die farbige Bevölkerung (= 98%) gegen ihre Kolonialherren, die sie ein Jahr später freigaben. Im Herzen des Landes errichtete Albert Schweitzer im Jahre 1913n sein Urwald-Hospital (Lambarene).

1960n rot Unabhängigkeit

GADES, alter Name der in Südspanien unweit der Straße von Gibraltar gelegenen Hafenstadt Cadiz. Älteste Stadt Spaniens neben Tartessos, das von ihr unterworfen wurde. Als Umschlagplatz für Waren aus Asien und Nordafrika auch unter karthagischer und römischer Herrschaft bedeutend. Sank aber in gotischer und arabischer Zeit herab. Als Hafen der spanischen Kolonisation Amerikas erlebte die Stadt eine neue Blütezeit; sie erhielt das Monopol für den Amerikahandel.

1128v blau Gründung
844n braun Einfall der Normannen

GAGARIN, Juri, sowjetischer Raumfahrer.

1934n–1968n Lebenslinie
1961n grün Raumflug

GAINSBOROUGH, Thomas (1727n bis 1788n), englischer Maler. Als Sohn eines Handwerkers in Sudbury am Fuße des südenglischen Hochlandes geboren, schuf er viele stimmungsvolle Bilder seiner ländlichen Heimat. In dem Badeort Bath, wo er sich 33jährig niederließ, errang er erste Erfolge und verbesserte seine Technik. Die Farbgebung wurde leichter und flüssiger, die Lichtwirkung eindrucksvoller, die Charakterzeichnung von Mensch und Landschaft inniger. 47jährig ging er nach London und wurde dort zum berühmtesten Maler seiner Zeit. Neben den Porträts bedeutender Persönlichkeiten gestaltete er Landschaften und immer wieder das einfache Leben ('Viehtränke', 'Dorfkarren', 'Kühe auf der Weide', 'Fischerfamilie', 'Dorfkinder').

1770n blau 'Knabe in Blau'

GAJUS (um 120n – um 185n), römischer Rechtslehrer. Schrieb ein übersichtliches, verständliches Buch über die Grundlagen des römischen Rechtes seiner Zeit in drei Teilen (Familienrecht, Vermögensrecht, Prozeßrecht), die er in vier Büchern zusammenfaßte ('Institutionen'). Durch diese systematische Ordnung des Rechtswesens wurde die herrschende römische Rechtsprechung überwunden, die jeden Fall nur in seiner Besonderheit betrachtete (Kasuistik). Verfaßte auch Schriften über Einzelfragen der Rechtsprechung und des Strafvollzugs.

161n blau 'Institutionen'

GALATER, kleinasiatischer Volksstamm keltischen Ursprungs, der vor mehr als zweitausend Jahren vom Balkan über den Hellespont (Dardanellen) kam und im Herzen Kleinasiens einen eigenen Staat gründete. Wegen ihrer kriegerischen Tüchtigkeit gefürchtet, wurden sie von den vereinigten Nachbarvölkern im Zaum gehalten. Nach mehrfacher Abwehr römischer Heere im Jahre 25v endgültig dem Römerreiche einverleibt, hielten sie noch jahrhundertelang an ihrer eigenen Kultur fest. Ihr Name ist mit einem für die Entstehung der christlichen Kirche wichtigen Brief verbunden. Darin trat Paulus für die Befreiung der Christen vom jüdischen Ritual ein und förderte so die Verselbständigung des Christentums, das bis zu diesem Zeitpunkt nur eine jüdische Sekte war.

276v braun Zug durch Kleinasien
225v braun Angriff auf Pergamon
207v blau 'Sterbender Fechter'
188v braun Niederlage gegen Rom
51n blau Galaterbrief

GALBA, Servius Sulpicius (5v–69n), römischer Kaiser von 68n bis 69n. Als Konsul und Statthalter in Gallien, Germanien, Afrika und Spanien bewährt, wurde er von den gegen Nero meuternden gallischen Truppen zum Kaiser ausgerufen und ergriff sein Amt nach Neros Tod. Bei der Auswahl seines Nachfolgers überging er seinen alten Parteigänger Otho, der daraufhin eine Erhebung der Soldaten gegen kaiserliche Strenge und Sparsamkeit unterstützte und ihn auf dem Forum töten ließ.

68n/69n Thronkämpfe

GALEERE, Kriegsschiff mit kombiniertem Ruder- und Segel-Antrieb. In der Regel mit 2 bis 3 Masten ausgestattet und mit einer Besatzung von etwa 500 Mann, die hauptsächlich zur Bedienung der riesigen Ruder eingesetzt wurde. Bei einer Normallänge von 40 Metern und einer Breite von 5 Metern wurde es gleichzeitig durch etwa 50 Ruder bewegt, an denen je 2 bis 3 Mann arbeiteten. Für diese häufig im Innern des Schiffes zu verrichtende Tätigkeit wurden vorwiegend Sträflinge, Sklaven oder Kriegsgefangene eingesetzt. Die vor etwa eintausend Jahren aufgekommene Schiffsart hielt sich trotz ihrer geringen Seetüchtigkeit bis Ende des 18. Jahrhunderts.

990n grün Flotte Venedigs
1532n grün Strafe in Frankreich
1570n–1607n Iwan Bolotnik
1585n–1642n Richelieu
1768n/1774n Russisch-türkischer Krieg
1791n rot Strafarten-Wechsel

GALEN, griechischer Arzt und Naturforscher.

129n–199n Lebenslinie
171n grün Physiologie
173n grün Pulsbeobachtung
177n grün Anatomie
180n grün Hygiene
182n grün Heilmitteltheorie
189n grün Lehre vom Temperament
194n grün Pathologie
197n grün Pharmakologie
806n–873n Abu Hunain
860n grün Übersetzung ins Arabische
1114n–1187n Gerhard von Toledo
1158n grün Lateinische Übersetzung

GALFRED von Monmouth (um 1110n bis 1154n), englischer Schriftsteller und Geschichtsschreiber. Verfaßte eine Geschichte der ersten britischen Könige, die vom legendären Reichsgründer Brutus bis zum geheimnisumwitterten König Artus reicht. In seinem Buch mischte er geschichtliche Überlieferung mit Sagenstoffen und eigener dichterischer Zutat. So gab er insbesondere den Gestalten des Königs Artus und des Zauberers Merlin ihre Ausprägung, die Grundlage aller späteren Behandlung dieser Stoffe wurde.

1137n blau Artussage

GALILÄA, hebräisches Wort für 'Heidenbezirk'. Name der nördlichsten von Juden besiedelten Provinz Palästinas, zwischen Libanon und Karmel-Gebirge. In fruchtbarer Tiefebene am See Genezareth gelegen, wurde es um 3000v besiedelt und um 1200v von den aus Ägypten ausgezogenen Juden in Besitz genommen. Gehörte bis 734v zu Israel und nahm dann als assyrische Provinz auch kulturell eine eigene Entwicklung. Später von Persien und Mazedonien unterworfen, 104v durch König Judas Aristobul wieder dem jüdischen Staat eingegliedert, blieb es bis zum Jahre 48v selbständig und wurde dann durch Cäsar einem politischen Beamten Roms unterstellt. Unter dessen Enkel Herodes Antipas entstand hier die sozialreligiöse Bewegung des Christentums, deren Anführer Jesus in diesem Lande lebte. Nach deren politischem Scheitern wurde das Land 44n römische Provinz. Seit 395n von Byzanz aus beherrscht. 639n arabisch, dann türkisch und schließlich seit 1948n zum größten Teil dem neugegründeten Staat Israel einverleibt.

27v–40n Herodes Antipas
10v–52n Matthäus
6v–30n Jesus Christus
3n–50n Johannes der Evangelist
37n–100n Josephus
66n/70n Freiheitskampf der Juden
1948n rot Gründung Israels

GALILEI, Galileo, italienischer Naturwissenschaftler.

1564n–1642n Lebenslinie
1592n grün Thermometer
1603n grün Akademie-Gründung
1604n grün Bewegungsgesetze
1610n grün Sonnenflecke, Jupitermonde
1611n grün Sonnenlicht-Reflexion
1613n blau Wissenschaft und Bibel
1633n rot Widerruf
1638n grün Mechanische Physik
1942n blau Brechts Drama

GALIZIEN, Land am Nordhang der Karpaten im Gebiet des Oberlaufs von Weichsel und Dnjestr. Die hier ansässigen Germanen verließen ihre Heimat im 5. Jahrhundert. Seit dem 6. Jahrhundert siedelten sich Slawen an. Nach vorübergehender böhmischer Herrschaft wurde die westliche Hälfte um 1000n polnisch, der östliche Teil kam zum Fürstentum Kiew, blieb dann aber seit 1241n zwischen Mongolen, Ungarn, Litauern und Polen umkämpft. Bei den Teilungen Polens (beginnend 1772n) kam das Land an Österreich. 1918n wurde die westliche Hälfte polnisch. Der östliche Teil erklärte als 'Westukrainische Republik' seine Unabhängigkeit, fiel aber 1919n noch einmal an Polen. Im zweiten Weltkrieg wurde die jüdische Bevölkerung, die in Lemberg, Krakau und Tarnopol etwa ein Drittel der Gesamtbevölkerung ausmachte, systematisch ausgerottet. Seit 1945n ist der Osten des Landes russisch und die Westhälfte polnisch.

1257n rot Stadtrecht für Krakau
1309n–1370n Kasimir der Große
1364n blau Universität Krakau
1489n blau Krakauer Altar
1939n/1945n Zweiter Weltkrieg
1944n rot Massenmorde (Auschwitz)

GALL, Franz Joseph (1758n–1828n), deutscher Arzt und Naturforscher. Durch systematisches Vergleichen von Tier- und Menschengehirnen gelang es ihm, den Zusammenhang zwischen geistiger Leistung und Schädelform aufzudecken. Seine Lehre, nach der bestimmte intellektuelle Fähigkeiten und Charakteranlagen an bestimmten Stellen des Gehirns lokalisierbar sind und die Stärke ihrer Entwicklung auf die Schädelform einwirkt, verkündete er seit 1796n in öffentlichen Vorträgen. Als ihm 1802n durch kaiserliches Verbot die Verbreitung der von ihm entwickelten 'Schädellehre' untersagt wurde, verließ er seine badische Heimat und setzte seine Arbeiten in Paris fort.

1796n grün Schädellehre

GALLÄPFEL, Bezeichnung für apfelförmige Wucherungen an Pflanzen, besonders an Eichen- und Weidenblättern. Hervorgerufen durch Pilzbildungen oder durch Ei-Ablage von Insekten (Gall-Wespen). Ihr Saft hat einen hohen Gerbsäuregehalt und diente früher zu medizinischen Zwecken sowie zur Herstellung von Tinte.

265v–202v Philon

GALLA PLACIDIA (389n–450n), römische Kaiserin. Als Tochter des Kaisers Theodosius wurde sie 410n bei der Einnahme Roms durch die Westgoten gefangengenommen, als Geisel nach Gallien verschleppt und dort zur Heirat mit dem Gotenkönig Athaulf gezwungen. Nach dessen Ermordung kehrte sie in ihre Heimat zurück und heiratete auf Wunsch ihres Bruders, des Kaisers Honorius, den Feldherrn und späteren Kaiser Konstantius. Vier Jahre nach dessen Tode übernahm sie die kaiserlichen Geschäfte als Vormund ihres Sohnes Valentinian III., ohne den schnellen Zerfall des Westreiches aufhalten zu können.

390n–477n Geiserich
397n–454n Aëtius
410n–453n Attila
412n–444n Tibatto
414n rot Heirat
425n braun Wandalen-Vorstoß
425n rot Verlust der Balearen
426n rot Rechtsreform
429n/432n Wandalenkrieg
431n/432n Kampf gegen Franken
432n rot Wandalenreich
435n/437n Bagauden-Aufstand
435n/436n Krieg gegen Burgund
436n rot Untergang Burgunds
439n braun Wandalen-Vorstoß
439n rot Karthago an Wandalen
439n braun Wandalen-Vorstoß
439n rot Verlust: Sardinien, Korsika
440n/442n Wandalenkrieg
442n rot Wandalen anerkannt
443n rot Burgunder-Umsiedlung
444n rot Manichäer-Verfolgung
444n rot Bücher-Verbrennung
444n/446n Vordringen der Franken
445n blau Mausoleum
445n grün Bodenreform bei Wandalen
446n rot Gebietsgewinn der Franken
449n rot Verlobung Honoria-Attila
449n rot Feindkoalition

GALLAND, Antoine (1646n–1715n), französischer Sprachforscher und Münzsammler. Er lernte orientalische Sprachen, machte drei ausgedehnte Studienreisen zur Vertiefung seiner arabischen Sprachkenntnisse und wurde Professor des Arabischen am Collège de France. Übersetzte als erster Europäer die 'Geschichten aus 1001 Nacht'. Durch dieses zwölfbändige Werk bewirkte er den schnellen Siegeszug der arabischen Märchen in der westlichen Welt und weckte allgemein das Interesse für den Orient. Übersetzte auch indische Fabeln und Erzählungen und stellte eine Sammlung orientalischer Spruchweisheit zusammen.

1704n blau Märchenübersetzung

GALLE, Bezeichnung für einen Teil der Leber, der täglich etwa einen Liter Verdauungsflüssigkeit (Galle) dem Magen zuführt und damit die Neutralisation des Magensaftes, die Vermischung von Flüssigkeiten und Fetten sowie die Entgiftung des Verdauungsprozesses bewirkt.

304v–240v Erasistratos

GALLI BIBIENA, Ferdinando (1657n bis 1743n), italienischer Baumeister und Bühnenmaler. Schuf Theaterdekorationen und Szenerien für Festlichkeiten in Bologna, Parma, Barcelona und Wien. Seine drei Söhne Allessandro, Giuseppe und Antonio entwickelten diese Kunst weiter.

1719n grün Beruf des Bühnenbildners

GALLIEN, Name des von Kelten bewohnten Gebietes in Frankreich, Belgien, Nordwestitalien, Westdeutschland und der Nordschweiz bis zur Gründung des fränkischen Reiches.

599v rot Kelten in Frankreich
414v rot Kelten in Italien
387v braun Keltenzug nach Rom
347v braun Keltenzug nach Rom
329v rot Vertrag Roms mit Kelten
300v/299v Keltenzug nach Rom
298v/290v Letzter Samnitenkrieg
283v braun Keltenzug nach Rom
232v rot Römer-Ansiedlung
230v braun Kampf Roms gegen Kelten
222v braun Kampf Roms gegen Kelten
222v rot Oberitalien an Rom
145v rot Marseille Handelsvormacht
125v/121v Südgallischer Krieg
121v rot Teilung Südgalliens
118v rot Römer-Kolonie Narbo
113/101v Erster Germanenkrieg
101v–54v Ariovist
100v–44v Cäsar
89v rot Bürgerrecht
80v–46v Vercingetorix
70v rot Sueben-Einwanderung
59v rot Cäsar Statthalter
59v blau Gründung von Lyon
58v/51v Gallischer Krieg
58v rot Vertreibung von Stämmen
55v grün Rheinbrücke
52v rot Paris römisch
51v rot Römische Provinz
51v blau Cäsars Kriegsbericht
17v/16v Krieg Sugambrer — Rom
15v blau Gründung von Trier
13v blau Gründung von Mainz
19n blau Trogus: Weltgeschichte
21n braun Aufstand
25n–70n Civilis
41n braun Kämpfe am Rhein
50n braun Kämpfe am Rhein
50n blau Entwicklung Kölns
51n–96n Domitian
56n grün Seife zur Haarpflege
68n/70n Aufstand der Bataver
86n–161n Antoninus Pius
89n braun Aufstand des Saturninus
89n blau Entwicklung Aachens
118n blau Theater in Trier
125n–180n Lukian
177n rot Christentötung in Lyon
214n–275n Aurelian
252n braun Franken-Einfälle
259n rot Reich des Postumus
273n braun Niederlage gegen Rom
273n rot Erneut Herrschaft Roms
276n/278n Germanenkrieg Roms
284n/286n Bagauden-Aufstand
285n rot Herrschaft eines Mitkaisers
286n/288n Germanenkrieg Roms
294n braun Sieg Roms über Franken
295n rot Ansiedlung von Franken
308n braun Sieg Roms über Germanen
309n grün Rheinbrücke
309n–394n Ausonius
310n braun Sieg Roms über Franken
310n rot Bezeichnung 'Francia'
315n grün Thermen in Trier
315n–367n Hilarius von Poitiers
316n–397n Martin von Tours
340n–397n Ambrosius
342n braun Sieg Roms über Franken
355n/358n Germanenkrieg Roms
358n rot Gebietsgewinn der Franken
358n rot Rhein wieder Grenze
363n grün Sägewerk
370n/455n Hunnenkriege
371n blau Ausonius: 'Mosella'
374n blau Entstehung Basels
378n braun Alemannen-Einfall
386n–418n Wallia
391n–460n Patrick
397n–454n Aëtius
408n/412n Vierter Gotischer Krieg
412n rot Ansiedlung von Westgoten
412n–444n Tibatto
418n rot Gebiete an Westgoten
431n/432n Krieg Roms gegen Franken
435n/437n Bagauden-Aufstand
435n/436n Krieg Roms gegen Burgund
436n rot Ende des Burgunderreiches
440n–484n Eurich
443n rot Umsiedlung der Burgunder
444n/446n Vordringen der Franken
446n rot Franken an der Somme
457n rot Alemannen im Elsaß
466n–511n Chlodwig
472n rot Bretonen-Ansiedlung
486n braun Frankensieg bei Soissons
486n rot Frankenreich
507n braun Niederlage der Westgoten
507n rot Süden an Franken
508n/511n Feldzug der Ostgoten
511n rot Süden an Ostgoten
511n rot Süden an Westgoten
538n–594n Gregor von Tours
633n/732n Arabischer Krieg
720n rot Mittelmeerküste arabisch
725n rot Loire-Gebiet arabisch
759n braun Frankensieg über Araber
759n rot Süden an Franken
760n/768n Aquitanischer Krieg
768n rot Westen an Franken

GALLIKANISCHE FREIHEITEN, Sammelbezeichnung für die Sonderrechte der französischen Kirche gegenüber dem Papst. Vorbereitet und gefördert durch den Kampf des französischen Königs Philipp IV. gegen die päpstlichen Machtansprüche, wurden sie durch die Regierung König Karls VII. als Staats-Grundgesetz verkündet. Beruhten im wesentlichen auf einer gewissen Gleichstellung der französischen Bischöfe mit dem Papst und auf der Abhängigkeit der französischen Kirche vom Königshause. Beschränkten die päpstliche Autorität auf Glaubensfragen. Von Bossuet 1682n neu formuliert. Nach der Trennung von Kirche und Staat in der französischen Revolution überflüssig geworden, wurden sie im Zuge der allgemeinen Restauration des 19. Jahrhunderts wieder aufgegriffen. Durch die Unterwerfung der französischen Bischöfe unter die Vatikanischen Beschlüsse (1870n) formell rückgängig gemacht.

1438n rot Staatsgesetz

GALLIPOLI, Hafenstadt an der Landenge zwischen Europa und Kleinasien (Dardanellen). Auf der gleichnamigen vorgeschobenen europäischen Halbinsel gelegen, hatte sie seit altersher wegen ihrer verkehrstechnisch und strategisch bedeutsamen Lage eine Schlüsselstellung. Bereits in griechischer und römischer Zeit Umschlagplatz des Orienthandels, wurde sie mit dem Aufblühen des Außenhandels der italienischen Städte wieder ein wichtiges Handelszentrum. 1190n wählten sie die deutschen Kreuzfahrer unter Barbarossa als Übergangsort nach Asien. 1354n wurde sie der erste europäische Besitz der aus Kleinasien übergesetzten Türken und blieb trotz der Angriffe, die Frankreich 1854n bis 1855n allein und 1915n gemeinsam mit England unternahm, bis heute unter ihrer Herrschaft.

1189n/1192n Dritter Kreuzzug
1354n braun Türkischer Angriff
1354n rot Türken-Herrschaft
1853n/1856n Krimkrieg
1914n/1918n Erster Weltkrieg

GALLOWAY, Elijah (um 1820n — um 1880n), englischer Erfinder. Schuf aus einer Mischung von Kautschuk und gemahlenem Kork mit einem Zusatz von Guttapercha einen Fußbodenbelag, der fast so weich wie Teppich war, dabei aber abwaschbar und strapazierfähig. Auf der Grundlage des von ihm 'Kamptulikon' genannten Stoffes entwickelte 15 Jahre später sein Landsmann Walton eine Kork-Leinöl-Mischung, von der dieser Kunstbelag dann den Namen 'Linoleum' erhielt.

1843n grün Fußbodenbelag

GALLUS (um 550n — um 641n), irischer Geistlicher. Begleitete seinen Landsmann Kolumban auf dessen Bekehrungsfahrten nach Europa und unternahm schließlich eine eigene Missionsreise ins alemannische Gebiet. Südlich des Bodensees gründete er in landschaftlich schöner Lage das später nach ihm benannte Kloster ('St. Gallen').

613n blau Klostergründung

GALLUS, Älius (um 60v—um 10v), römischer Feldherr. Als Statthalter von Ägypten unternahm er auf Befehl des Augustus einen Feldzug nach Arabien, dem 'glücklichen Land' der Sabäer. Nach verlustreichen Kämpfen mußte er geschlagen zurückkehren. Doch bewirkte seine Expedition eine Stärkung des römischen Warenaustausches mit Arabien und Indien.

25v/24v Vorstoß nach Arabien

GALSWORTHY, John (1867n—1933n), englischer Dichter. Als Sohn eines wohlhabenden Anwalts wurde er selbst Rechtsanwalt, unternahm Weltreisen und schrieb Bücher. In seinen frühen Werken prangerte er den Egoismus, den Kastengeist und die Herzlosigkeit des Großbürgertums an ('Der reiche Mann', 'Justiz', 'Das Herrenhaus'). Bekannt wurde er durch seine Auflehnung gegen Heuchelei und Überheblichkeit ('Auf Englands Pharisäer-Insel'). Weltruhm errang er mit dem Roman-Zyklus 'Forsyte Saga'. Darin schilderte er auf dem Hintergrund einer Familiengeschichte in vier Generationen den Abstieg des zunehmend in materiellen Kategorien denkenden Bürgertums.

1921n blau 'Forsyte Saga'

GALVANI, Luigi (1737n—1798n), italienischer Arzt und Naturforscher, Professor für Geburtshilfe und Anatomie in Bologna. Wurde durch seine Studenten darauf aufmerksam gemacht, daß ein frisch präparierter Froschschenkel unter Einfluß einer Induktionsmaschine zusammenzuckte. Eigene Versuche über zwölf Jahre führten ihn dann zur Entdeckung der Berührungs-Elektrizität. Wegen der kurz zuvor bekannt gewordenen Theorie über die Existenz eines elektrischen Organs beim Zitterrochen nahm er allerdings an, daß es sich um tierische Elektrizität handelte, während er in Wahrheit das 'Strömen' der Elektrizität selbst gefunden hatte, das später in den nach ihm benannten 'Galvanischen Elementen' hervorgerufen wurde. Veröffentlichte mehrere physikalische und anatomische Arbeiten sowie ein Buch über die Lebensvorgänge der Vögel.

1780n grün Berührungs-Elektrizität

GALVANISCHER STROM, Bezeichnung für Elektrizität, die in Akkumulatoren durch Umsetzung chemischer Energie gewonnen wird. Benannt nach dem italienischen Arzt Galvani, zuerst erzeugt durch den italienischen Physiker Volta.

1800n grün Volta: Batterie

GAMA, Vasco da (1469n—1524n), portugiesischer Seefahrer. Vom portugiesischen König mit der Auffindung des Seeweges nach Indien beauftragt, verließ er mit vier Schiffen und 150 Mann Besatzung Lissabon, umschiffte die Südspitze Afrikas und erreichte mit einem indischen Lotsen nach 10 Monaten die indische Stadt Kalikut (Kerala). Drei Jahre später lief er mit einer starken Kriegsflotte erneut aus, um in den entdeckten Ländern Stützpunkte anzulegen. Mit List und Grausamkeit brach er das Monopol der Araber im Indienhandel und wies Europa den Weg zur Eroberung Ostafrikas, Arabiens, Indiens und Chinas. Starb als Vizekönig von Indien auf einer Reise zur Erzwingung der Botmäßigkeit der von ihm selbst eingesetzten portugiesischen Statthalter. Seine Taten wurden von dem Dichter Camoes verherrlicht.

1498n grün Seeweg nach Indien
1503n grün Stützpunkte
1572n blau Camões: 'Lusiaden'

GAMBETTA, Léon (1838n—1882n), französischer Staatsmann. Als Sohn einer jüdischen Kaufmannsfamilie aus Genua wurde er Rechtsanwalt und Politiker. Führer der republikanischen Opposition gegen Napoleon III. Nach dessen Gefangennahme durch die Deutschen verließ er im Ballon das eingeschlossene Paris, um die Massen in der Provinz zur Befreiung der Hauptstadt zu mobilisieren. Nach Scheitern dieses Planes suchte er als Oppositionsführer und später als Ministerpräsident mit Hilfe Englands und Rußlands Elsaß-Lothringen zurückzugewinnen und die Kriegsfolgelasten durch neue europäische Kriege abzuwerfen. Aber sein Plan, Griechenland zum Kriege gegen die Türkei zu treiben, scheiterte ebenso wie seine Idee, Frankreich an der Seite Englands in einen Krieg gegen Ägypten zu führen.

1870n/1871n Deutsch-französischer Krieg
1870n rot Frankreich Republik

GAMBIA, Zwergstaat an der Westküste Afrikas, rings umgeben vom Staate Senegal. Unter der Oberhoheit des Mali-Reiches bestand hier bereits der selbständige Mandingo-Staat, als der Italiener Usodimare 1455n das Gebiet im Auftrage Portugals entdeckte. Die Portugiesen trieben dann von hier aus Handel mit Sklaven und Gold. Auch Engländer ließen sich in dieser Absicht nieder. 1651n nahm der Herzog von Kurland das Gebiet in Besitz und verkaufte es 1664n an englische Handelsgesellschaften. 1765n wurde hier eine britische Verwaltung eingerichtet, und seit 1783n war das Land britische Kolonie. Seit 1830n wurden Erdnüsse angepflanzt, deren plantagenmäßiger Anbau dazu führte, daß sie bald den Hauptausfuhrartikel (95%) bildeten. 1954n erhielt das Land eine Verfassung und wurde 11 Jahre später selbständig.

1965n rot Unabhängigkeit

GANDERSHEIM, Stadt an den westlichen Ausläufern des Harzes zwischen Kassel und Braunschweig. Im Jahre 856n wurde das Benediktinerinnen-Kloster Brunshausen hierher verlegt und schuf sich dort einen vorbildlichen Neubau. Um 1230n wurde aus dem Kloster ein weltliches Damenstift, dessen Vorsteherin seit 1417n eine Reichsfürstin war. 1589n in ein evangelisches Damenstift umgewandelt, wurde der Klosterbau im Jahre 1600n vollständig erneuert.

876n blau Kloster
939n—990n Roswitha

GANDHARA, Land an der Grenze zwischen Indien und Afghanistan. An der alten Seidenstraße nach China gelegen, wurde es im 6. Jahrhundert vor unserer Zeitrechnung persisch, dreihundert Jahre später durch Alexander den Großen griechisch und nach einer Periode schnell wechselnder Herrschaft für vierhundert Jahre dem indischen Staat einverleibt (Kanischka). Dann Bestandteil eines indischen Hunnenreiches und endlich von Arabern dauerhaft dem Islam gewonnen. Nach kurzer Mongolen-Herrschaft teilte es die Geschicke Indiens und gehört heute je zur Hälfte zu Pakistan und zu Afghanistan. Die zahlreichen Kultureinflüsse vermischten sich hier in den Jahrhunderten um die Zeitenwende zu einem eigenen Stil, der in einer von griechischen Formelementen bestimmten Darstellung buddhistischer Motive gipfelt ('Gandhara-Kunst').

550v—486v Dareios I.
521v/519v Vordringen der Perser
519v rot Persische Herrschaft
356v—323v Alexander der Große
334v/325v Alexanderzug
53n—123n Kanischka
150n blau Gandhara-Stil
448n—510n Toramana
465n braun Eroberung durch Hunnen
465n rot Hunnenreich

GANDHI, Mahatma, indischer Freiheitskämpfer.

1869n—1948n Lebenslinie
1920n rot Freiheitsbewegung
1922n blau 'Junges Indien'
1947n rot Unabhängigkeit Indiens
1948n rot Nehru Nachfolger

GANGES, Fluß in Nord-Indien. Neben dem Indus einer der beiden großen Ströme des Landes. Aus dem inneren Himalaya kommend, durchbricht er die vordere Kette dieses größten Gebirges der Erde, fließt südwärts durch eine fruchtbare Ebene und mündet nach 3000 Kilometern in den Indischen Ozean (Golf von Bengalen). Sein Mündungsdelta teilt er mit dem Brahmaputra.

1690n blau Gründung von Kalkutta

GANGHOFER, Jörg (um 1420n—1488n), deutscher Baumeister. Als Maurer an Münchner Bauten arbeitend, eignete er sich Kenntnisse der Architektur an und wurde durch seine nach eigenen Entwürfen ausgeführten Bauten so bekannt, daß man ihm nach dem Rathaus-Bau auch den Bau der Münchner Frauenkirche übertrug. Als er zwanzig Jahre nach Baubeginn starb, hatte er dieses gewaltige Bauwerk bis auf die Türme vollendet. Für diese Turmbauten fehlte aber das Geld, so daß die beiden Türme nur provisorisch mit runden Blechhauben abgedeckt wurden. Auf diese Weise erhielten sie ihre bis heute bewahrte einmalige Form.

1470n blau Münchner Rathaus
1488n blau Münchner Frauenkirche

GANGLIEN, aus dem Griechischen abgeleitete Bezeichnung für Nervenzellen und Nervenknoten im Gehirn oder im Rückgrat. Mit ihrer Erforschung durch den tschechischen Arzt Purkinje begann die experimentelle Nervenheilkunde.

1839n grün Erforschung

GANS, Schwimmvogel mit gedrungenem Körper und langem Hals. Wegen ihres wohlschmeckenden Fleisches und ihrer weichen Federn eines der ersten Haustiere des Menschen und von diesem durch Züchtung für seinen Gebrauch verbessert. Schon in der Kunst des dritten Jahrtausends vor der Zeitrechnung häufig dargestellt, war sie den Römern heilig und wurde auf dem Kapitol gehalten, wo sie durch ihr Schnattern im Jahre 387v einen nächtlichen Angriff auf Rom vereitelt haben soll.

2647v grün Zucht in Ägypten
2473v blau 'Gänse auf der Weide'
182v blau 'Knabe mit Gans'
1872n blau 'Gänserupferinnen'

GANYMED, Gestalt aus der griechischen Sage. Als Sohn des Trojanerkönigs Tros und einer Nymphe wurde er wegen seiner Schönheit von den Göttern entführt, um im Himmel (Olymp) dem Göttervater Zeus als Mundschenk zu dienen. Vom Adler zum Himmel getragen, wurde er in der griechischen Kunst meist zusammen mit einem Adler abgebildet.

396v—328v Leochares
361v blau Leochares' Plastik
1804n blau Thorwaldsens Plastik

GARCIA LORCA, Federico (1899n bis 1936n), spanischer Dichter und Musiker. Als Student schrieb er zarte Gedichte ('Buch der Lieder'), dann Dichtungen voller Heimatliebe ('Zigeunerromanzen'). In seinen Theaterstücken stellte er den Zusammenstoß der menschlichen Natur mit den gesellschaftlichen Schranken dar ('Bluthochzeit', 'Yerma'). Nach einer Amerikareise bekam seine Dichtung eine antikapitalistische Richtung ('Der Dichter in New York'), und er wurde zum Revolutionär. Im Februar 1936n gründete er mit Kommunisten und Katholiken den Bund antifaschistischer Intellektueller. Sechs Monate später wurde er von Faschisten ermordet.

1933n blau 'Bluthochzeit'
1936n/1939n Spanischer Bürgerkrieg

GARDAR, Svafarson (um 820n—um 885n), schwedischer Seefahrer. Auf einer Fahrt von seiner skandinavischen Heimat zur Inselgruppe der Hebriden im Nordwesten der britischen Insel verirrte er sich im Sturm nach Island, stellte bei der Umschiffung fest, daß es sich um eine Insel handelte, und überwinterte in einer Bucht an ihrer Nordostküste. Nach Haus zurückgekehrt, rühmte er die isländischen Wälder, die sich vom Meer bis zum Gebirge hinaufziehen. Etwa gleichzeitig mit ihm erreichten andere Normannen unter Naddod die Insel, die später lange Zeit den Namen Gardars-Insel trug.

862n grün Erreichung Islands

GARIBALDI, Giuseppe (1807n—1882n), italienischer Freiheitskämpfer. Als Mitstreiter Mazzinis wegen revolutionärer Tätigkeit zum Tode verurteilt, floh er nach Südamerika und kämpfte für die Unabhängigkeit von Uruguay und Rio Grande. In der Revolution von 1848n bis 1849n focht er gegen die Österreicher und verteidigte Rom gegen französische Truppen. Später schloß er sich Cavour bei der Einigung Italiens an. Berühmt wurde er durch seinen 'Zug der Tausend', bei dem er mit Freiwilligenverbänden ('Rothemden') Sizilien und Unteritalien freikämpfte. Sein Versuch zur Beseitigung des Kirchenstaates scheiterte. Im Herbst 1870n eilte er der französischen Republik gegen den deutschen Angriff zu Hilfe und wurde in die französische Nationalversammlung gewählt. In seine Heimat zurückgekehrt, lebte er als Landwirt zurückgezogen auf einer Mittelmeer-Insel.

1849n braun Kampf gegen Frankreich
1859n/1861n Freiheitskampf Italiens
1870n/1871n Deutsch-französischer Krieg

GARNERIN, André Jacques (1769n bis 1823n), französischer Ballonfahrer. Unternahm seit 1790n Flugversuche im selbstgebauten Ballon. Als Kriegsgefangener versuchte er, aus der Festung Magdeburg mit Hilfe eines Fallschirms zu entfliehen. Seitdem nahm er bei Flügen stets einen Fallschirm mit. 1797n rettete er sein Leben, indem er seinen Ballon kurz vor dem Zerplatzen verließ und aus 1000 Meter Höhe am Fallschirm zur Erde herabsegelte. Auf weiteren Luftreisen im Ballon unternahm er noch zahlreiche Absprünge, auch in England und Rußland. Zeigte nächtliche Aufstiege mit einem beleuchteten Ballon. Seine Frau war die erste Ballonfliegerin und Fallschirmspringerin der Erde. Seine Nichte zeigte zwischen 1815n und 1836n in Europa und Amerika 40 geglückte Fallschirmabsprünge.

1797n grün Fallschirmabsprung

GARRETT, Joao Baptista Almeida (1799n bis 1854n), portugiesischer Dichter. Wegen seiner freiheitlichen Gesinnung mußte er zweimal seine Heimat verlassen. Kam in der Emigration mit der klassischen englischen (Shakespeare) und deutschen Dichtung (Goethe, Schiller) in Berührung. Sammelte portugiesische Lieder und Balladen, gründete das portugiesische Nationaltheater und schrieb Dramen, in denen er seinem Ideal der Freiheit Ausdruck gab.

1825n blau 'Camões'

GARTENANLAGE, die vom Menschen nach seinem Willen gestaltete Natur. Ursprünglich das besonders intensiv bearbeitete, meist umzäunte Stück Land nahe beim Haus, das der Ernährung ebenso diente wie das weiter entfernte Feld. Allmählich zunehmend der Erholung des Menschen dienend, wurde der Garten zum Park der Reichen und Mächtigen oder zum Kleingarten des städtischen Arbeiters. Mit aufkommendem naturkundlichem Interesse entstanden Botanische Gärten mit seltenen Pflanzen auch aus fremden Ländern. Seit Beginn unseres Jahrhunderts wurden mehr und mehr öffentliche Grünflächen und Parkanlagen in die Stadtplanung einbezogen.

Vorzeittafel: Schlußbalken (5000 Jahre)
2755v grün Dattel-Gärten in Sumer
2633v—2570v Meten
1937v—1865v Libit-Ischtar
1578v blau Gemälde 'Affe im Park'
1397v blau Gemälde 'Teich im Garten'
614v grün 'Hängende Gärten'
299v—237v Asoka der Milde
63v grün Anlage in Rom
1408n—1472n Nezalhual
1489n—1587n Sinan
1525n grün Botanischer Garten Erfurt
1584n grün Einplanung bei Hausbau
1626n grün Botanischer Garten Paris
1639n grün Naturpark in Kyoto
1682n grün Park von Versailles
1742n grün Landschaftsgärten, England
1866n grün Schrebergärten
1889n blau Gemälde van Goghs

GAS, Sammelbezeichnung für Stoffe von luftartiger Beschaffenheit.

1662n grün Boyles Gasgesetz
1702n grün Amontons' Gasgesetz
1743n—1794n Lavoisier
1766n grün Cavendish: Wasserstoff
1771n grün Scheele: Sauerstoff
1771n grün Priestley: Sauerstoff
1772n grün Rutherford: Stickstoff
1774n grün Scheele: Chlor
1775n grün Verbrennungsprozeß
1781n grün Wasser-Zusammensetzung
1792n grün Murdock: Leuchtgas
1799n grün Priestley: Kohlenoxyd
1811n grün Avogadros Gasgesetz
1814n grün Gaslicht in London
1823n grün Faraday: Verflüssigungen
1857n grün Krönigs Gastheorie
1858n—1947n Planck
1859n grün Maxwells Gastheorie
1860n grün Lenoir: Gasmotor
1876n grün Otto: Gasmotor
1877n grün Luft-Verflüssigung
1885n grün Gasglühlicht
1897n grün Wasserstoff-Verflüssigung
1899n grün Stickstoffdünger aus Luft
1909n grün Neonlicht
1915n grün Giftgas

GASCOIGNE, William (1614n—1644n), englischer Astronom. Baute sich zur Sternbeobachtung ein Fernrohr mit einer Zusatzeinrichtung zum Messen der scheinbaren Größe von Himmelskörpern. Sie bestand aus einer Glasplatte mit eingeätzter Skala und wurde an der dem Auge zugekehrten Linse (Okular) angebracht. Auf der Grundlage dieser genau festgelegten Beobachtungsgröße suchte er dann durch Beachtung anderer Faktoren (Lichtintensität, Bewegungsgeschwindigkeit, Entfernung) die wirkliche Größe zu ermitteln.

1640n grün Fernrohr

GASSENDI, Pierre (1592n—1655n), französischer Philosoph, Mathematiker und Physiker. Wurde 16jährig Lehrer der Redekunst, 21jährig Professor der Theologie und drei Jahre später Professor der Philosophie in Aix. Von der idealistischen Philosophie des Aristoteles ebenso abgestoßen wie von der Philosophie des reinen Denkens (Descartes), wandte er sich den Naturwissenschaften zu, begeisterte sich für die großen Erforscher der Wirklichkeit (Galilei, Kopernikus) und rang sich zu einem materialistischen Weltbild durch. Ausgehend von Epikur erklärte er alles Entstehen und Vergehen aus der Trennung und Verbindung von Atomen. Sah in der Erfahrung die alleinige Grundlage aller Erkenntnis. Verfaßte zahlreiche Bücher über Fragen der Physik, der Mathematik und der Astronomie.

1647n grün Atomlehre

GASSNER, Carl (1855n—1942n), deutscher Erfinder. Ließ sich nach Abschluß seiner medizinischen Studien als Spezialarzt für Augen- und Ohrenleiden in Mainz nieder. Nebenbei widmete er sich physikalisch-chemischen Versuchen und erfand dabei eine brauchbare Trockenbatterie. Damit verdiente er viele Millionen, gab seinen Beruf auf und widmete sich seinen Liebhabereien, Sammlungen und Experimenten. Als Junggeselle lebte er zurückgezogen und besorgte auch seinen großen Haushalt selbst. In der Inflation verarmt, wurde er zum Menschenfeind und Sonderling.

1888n grün Trockenbatterie

GATTAMELATA, Erasmo (um 1370n—1443n), italienischer Feldherr. Als Sohn eines Bäckers wurde er Soldat und Heerführer ('Condottiere') der Päpste Martin V. und Eugen IV. Führte die Truppen Venedigs siegreich gegen Mailand. Der Bildhauer Donatello fertigte von ihm ein Standbild an, das ihn hoch zu Roß zeigt. In Padua aufgestellt, wurde es berühmt, weil es das erste lebensgroße Reiterstandbild seit dem Verfall der vorchristlichen Kunst war.

1386n—1466n Donatello
1453n blau Standbild

GAUGUIN, Paul (1848n—1903n), französischer Maler, Holzschnitzer und Keramiker. Verlor dreijährig seinen Vater und verbrachte einen Teil seiner Kindheit in der peruanischen Heimat seiner Mutter. Arbeitete als Seemann und erwarb dann als Bankkaufmann in Paris schnell ein Vermögen. Damit schuf er sich eine Sammlung moderner französischer Maler, die ihn zu eigenem Malen anregte. 35jährig ließ er seinen Beruf und seine Frau mit fünf Kindern hinter sich und ging, vom Großstadtleben abgestoßen, in die Bretagne um zu malen. Erst in Südfrankreich gewannen seine Werke Leuchtkraft. Schließlich verließ er Frankreich und schuf auf den Südsee-Inseln zahlreiche Gemälde, Zeichnungen, Holzschnitte, Reliefs und Schnitzereien. Über seine Wahlheimat Tahiti schrieb er den Roman 'Noa-Noa'. Starb elend, verlassen und verkannt auf den Inseln.

1897n blau Südseebilder

GAULLE, Charles de (geboren 1890n), französischer Staatsmann. Nach Besuch von Jesuitenschule und Militärakademie geriet er 1916n in deutsche Gefangenschaft. 1919n bekämpfte er in Wolhynien die Sowjetmacht. Bei Ausbruch des zweiten Weltkrieges stellvertretender Kriegsminister, erreichte er von London und Afrika aus, daß Frankreich trotz seiner Kapitulation zu den Siegermächten gezählt wurde. 1945n bildete er die erste Regierung, mußte aber 1946n zurücktreten. 1958n zurückgerufen, führte er eine unblutige Entkolonisierung Algeriens durch. Baute eine eigene Atomstreitmacht auf. Gab Frankreich durch Austritt aus der NATO seine Unabhängigkeit von den USA zurück und sicherte es durch freundschaftliche Beziehungen zu den sozialistischen Ländern Europas. Sein hartes Vorgehen gegen kommunistische Studenten führte im Mai 1968n zu schweren Unruhen, deren er nur durch Heranführung von Militär Herr wurde. Im Frühjahr 1969n wurde er durch seine Niederlage bei einer

Volksabstimmung zum Rücktritt gezwungen.

1939n/1945n Zweiter Weltkrieg
1944n rot Frankreich frei
1944n rot Bündnis mit der UdSSR
1954n/1962n Kampf Nordafrikas
1958n rot Guinea unabhängig
1960n rot Kamerun unabhängig
1960n rot Senegal unabhängig
1960n rot Tschad unabhängig
1960n rot Mauretanien unabhängig
1960n rot Togo unabhängig
1960n rot Gabun unabhängig
1960n rot Volta unabhängig
1960n rot Dahomey unabhängig
1960n rot Madagaskar unabhängig
1962n rot Algerien unabhängig

GAUSS, Karl Friedrich (1777n–1855n), deutscher Mathematiker, Physiker und Astronom. Als Sohn eines Tagelöhners fand er schon während seiner Studien die Theorie der Kreisteilung und gab bereits in seiner Dissertation den ersten Beweis für den Fundamentalsatz der Algebra über die Lösbarkeit mathematischer Gleichungen. Mit 24 Jahren schuf er das Grundwerk der modernen Zahlentheorie. Entwickelte eine Methode zur Berechnung des Standortes von Himmelskörpern. Errichtete nach eigenen Plänen die Sternwarte Göttingen. Bereicherte die Kenntnis über den Erd-Magnetismus durch genaue Messungen und führte das absolute Meßsystem ein. Baute zusammen mit Weber den ersten brauchbaren elektromagnetischen Telegraphen. Erforschte gekrümmte Flächen und verbesserte die Erdmessung. Erkannte, daß Euklids Geometrie nur eine der möglichen Geometrien ist, und entwarf eine Geometrie mehrdimensionaler Räume. Seine knapp und verständlich gefaßten wissenschaftlichen Arbeiten füllen elf Bände.

1801n grün 'Höhere Arithmetik'
1809n grün Mathematische Astronomie
1832n grün Schrift über Magnetismus

GAY, John (1685n–1732n), englischer Dichter. Als Arbeiterkind verlor er mit zehn Jahren beide Eltern, wurde Lehrling bei einem Londoner Seidenhändler, dann Sekretär der Herzogin von Monmouth und bald ein beliebter Dichter. Schrieb Fabeln, Lieder, Balladen und schließlich erfolgreiche Komödien. Um die süßlichen italienischen Hofopern von der englischen Bühne zu verdrängen, verfaßte er eine 'Bettleroper', die zu einem großen Erfolg wurde, weil sie in der Londoner Unterwelt spielte, Balladen nach altenglischem Vorbild brachte und mit der wirkungsvollen Musik von Pepusch verbunden war. Obwohl er darin nur die Heuchelei der Reichen verspottete und für die Armen eintrat, wurde das Stück von seinen Zeitgenossen als revolutionär empfunden.

1728n blau 'Bettleroper'
1928n blau Brecht-Weills Fassung

GAY-LUSSAC, Louis Joseph (1778n bis 1850n), französischer Physiker und Chemiker. Erarbeitete eine Methode zur Bestimmung der Dampf-Dichte, untersuchte die Volumens-Veränderung bei der Verbindung gasförmiger Körper und stellte das nach ihm benannte Gay-Lussac'sche Gesetz auf. Danach dehnen sich alle Gase unter gleichbleibendem Druck in gleicher Weise aus, nämlich bei Erwärmung um 1° genau um $^{1}/_{273}$ hres Volumens. Im Auftrag der französischen Akademie der Wissenschaften unternahm er den ersten Ballon-Aufstieg zur Erforschung des Raumes und erreichte eine Höhe von 7000 Metern. Betätigte sich auch politisch und wurde mehrfach ins Parlament gewählt.

1804n grün Ballonaufstieg

GAZALI, arabischer Religionsphilosoph und Reformator persischer Herkunft.

1059n–1111n Lebenslinie
1097n blau Über Glauben und Wissen
1102n blau 'Religionswissenschaft'

GAZELLE, schlankes, zierliches Huftier, das sich von anderen Antilopen durch seine kleinen Hörner unterscheidet. Gilt als besonders scheu und stellt seit alters her in Asien und Afrika eine begehrte Jagdbeute dar. Wegen ihrer anmutigen Gestalt schon in der frühen Kunst häufig dargestellt.

2802v blau Ägyptisches Relief
2768v blau Sumerisches Relief
1473v blau 'Gazellenjagd in der Wüste'
1459v blau 'Gazelle hinter Büschen'

GEBELEN, arabisches Wort für 'die beiden Berge'. Name eines Dorfes im südlichen Ägypten am westlichen Ufer des Nils gegenüber der Tempelstadt Luxor. Seit etwa 2700v Kultort der Liebesgöttin Hathor, wurde es tausend Jahre später dem Krokodilsgotte geweiht.

1775v–1725v Sebek-Hotep III.
1727v rot Krokodilskult

GEBET, religiöse Verrichtung, meist in einer Haltung der Sammlung (Hände-Erheben, Hände-Falten) und der Unterwürfigkeit (Knien, Liegen) vollzogen. Beruht auf dem Glauben an die Existenz von Göttern, denen die Fähigkeit zugesprochen wird, solche Gebete zu erhören und darin ausgesprochene Wünsche zu erfüllen. Seit fast fünftausend Jahren in großen Teilen der Welt geübt, stellte es einen Fortschritt gegenüber dem Menschen- oder Tieropfer dar, das gleichen Zwecken diente. Im Zeitalter der Wissenschaft seiner Voraussetzungen beraubt, verschwindet es allmählich.

2679v grün Händefalten in Sumer
2595v grün Knien in Mesopotamien
1688v blau Statue eines Betenden
1479v grün Grabbeigabe in Ägypten
1367v–1315v Mur-Sili II.
1332v blau Hettitische Pestgebete
1326v blau Ani: Inniges Gebet
1286v blau 'Königin beim Gebet'
1202v blau Plastik betender Paviane
1015v blau Bild betender Paviane
231n blau Schrift des Origenes
251n–356n Antonius
349n grün Anbetung des Kreuzes
480n–547n Benedikt von Nursia
570n–632n Mohammed
624n grün Verneigung nach Mekka
625n grün Gebetsruf des Muezzin

GEBURTSHILFE, Teilgebiet der Heilkunde. Wegen ihrer Bedeutung für den Fortbestand des Menschengeschlechtes überall früh entwickelt, wurde sie im christlichen Teil der Erde infolge des unnatürlichen Verhältnisses dieser Religion zu den Lebensvorgängen niedergehalten und konnte sich hier erst mit der allmählichen Überwindung abergläubischer Vorstellungen in den letzten Jahrhunderten entfalten.

1981v–1929v Neferi
324v–250v Herophilos
275v grün Hebammenbuch
105v grün Werk des Demetrios
82n–135n Soranos
136n grün Hebammen bessergestellt
629n grün Werk des Paulus von Ägina
1630n grün Geburtszange
1847n grün Kindbettfieber-Forschung

GEBURTSZANGE, Gerät zur künstlichen Durchführung des Geburtsvorganges ohne chirurgischen Eingriff. Im 16. Jahrhundert von dem englischen Arzt Chamberlen erfunden, wurde sie erst im 18. Jahrhundert allgemein bekannt, weil der Erfinder und seine Nachkommen die Neuerung aus Gewinnsucht geheimhielten.

1630n grün Erfindung

GEDÄCHTNIS

520v–450v Alkmaion
214n–273n Longinos
249n grün Buch über Ausbildung

GEDICHT

2641v blau Hymne auf König Zoser
2587v–2514v Ur-Nina
2549v blau Ur-Ninas Lieder
2392v–2311v Dingi-Radamu
2357v blau Dingi-Radamus Klagelied
2273v–2188v Ipuwer
2197v blau Ipuwers 'Mahnworte'
2185v–2123v Chun-Anup
2164v blau 'Gespräch mit der Seele'
2143v blau Sumerisches Klagelied
2135v blau 'Klage eines Bauern'
2088v–2020v Gudea
2027v blau Gudeas 'Bau-Hymne'
2018v blau Gedicht über die Schule
2008v–1952v Keti
1994v blau Ägyptisches Harfnerlied
1970v blau Sumerisches Liebeslied
1962v blau 'Lehre des Keti'
1949v blau Sumerisches Klagelied
1921v–1843v Seneb
1889v blau Gedicht auf Iddin-Dagan
1880v blau Klage der Göttin Inanna
1859v blau Lied auf gute alte Zeit
1852v blau Gesang auf Enlil
1845v blau Ägyptische Königslieder
1717v blau Lied eines Unglücklichen
1669v blau Hymnus an den Nil
1463v blau Hymne auf Tut-Mosis III.
1409v blau Lobgedicht auf Amun
1387v blau Lobgedicht auf Ischtar
1382v blau Lobgedicht auf Marduk
1367v–1315v Mur-Sili II.
1363v blau Echnatons Sonnengesang
1358v blau Ägyptische Liebeslieder
1332v blau 'Pestgebete'
1320v blau 'Buch der tausend Lieder'
1214v blau Assyrische Kaiserhymne
1120v blau Deboras Siegeslied
1084v blau Hymne auf Tiglatpileser
1040v blau 'Rigveda'
1035v–972v David
954v blau Jüdische Kriegslieder
936v blau Jüdische Liebeslieder
925v blau 'Buch des Redlichen'
889v blau Linos-Lied
748v blau 'Ilias'
728v–660v Kallinos
714v blau Hymne auf Apollo
712v–642v Terpander
708v–628v Alkman
705v–637v Archilochos
703v blau Hesiod: 'Werke und Tage'
686v–613v Tyrtaios
670v blau Komisches Gedicht
667v blau Kallinos' Kriegslieder
656v–587v Arion
641v–555v Stesichoros
639v–562v Alkaios
637v–577v Sappho
635v blau Tyrtaios' Kriegslieder
633v blau Alkmans Chorlieder
600v blau Abschluß der 'Veden'
593v blau Stesichoros' Lieder
589v blau Sapphos Lieder
586v–501v Anakreon
564v blau Alkaios' Trinklieder
533v blau Ibykos' Gedichte
519v blau Anakreons Lieder
518v blau Xenophanes: 'Die Natur'
502v blau Lehrgedicht des Theognis
494v blau Pindars Preislieder
487v blau Simonides' Chorlieder
484v blau 'Schi-King'
301v–253v Theokrit
295v blau Klagelied Kü-Yüans
289v–235v Kallimachos
279v blau Philitas' Liebesgedicht
277v blau Theokrit: 'Idyllen'
271v blau Kallimachos' Gedichte
268v blau Theokrit: 'Thalysia'
262v blau Kleanthes' Zeus-Hymne
254v blau Possen des Menippos
253v blau Aratos: 'Phainomena'
249v blau Andronikos' Festlied
247v blau 'Locke der Berenike'
245v blau Timons Spottgedichte
239v–169v Ennius
175v blau Ennius: 'Annales'
107v blau 'Totenklage um Adonis'
87v–54v Katull
70v–19v Vergil
65v–8v Horaz
63v blau Katulls Liebesgedichte
56v blau Lukrez: 'Natur der Dinge'
53v–19v Tibull
49v–15v Properz
43v–17n Ovid
28v blau Properz' Elegien
26v blau Tibulls Liebeslieder
19v blau Vergil: 'Äneis'
17v blau Horaz' Friedensgedicht
1v blau Ovid: 'Liebeskunst'
2n blau 'Heilmittel gegen Liebe'
9n blau Ovid: 'Metamorphosen'
34n–112n Asvagoscha
38n–105n Martial
73n blau Spottgedicht Martials
91n blau Statius: 'Wälder'
186n blau Heldenlied 'Ramajana'
306n–373n Ephräm der Syrer
309n–394n Ausonius
346n blau Ephräms Christusdichtung
348n–408n Prudentius
353n–420n Kalidasa
368n blau Ausonius: 'Bissula'
371n blau Ausonius: 'Mosella'
398n blau Kalidasa: 'Jahreszeiten'
402n blau Prudentius' Lieder
406n blau 'Pfirsichblütenquelle'
408n blau Gedicht auf Sonnengott
418n blau Rutilius: Seereise
491n blau Drakontius: 'Sühne'
502n–543n Al Kais
526n blau Romanos' Hymnen
535n blau Al Kais' Liebesgedichte
565n blau Agathias' Gedichtzyklus
577n blau Venantius: Hymnen
584n–641n Georgios Pisides
587n–652n Bhartrihari
617n–682n Kädmon
622n blau Bharawis Heldenlied
629n blau Gedicht über Weltschöpfung
631n blau Lobgedicht auf Mohammed
634n blau Bhartriharis Dichtung
650n blau Geschichte Ramas
670n blau Kädmons Lobgedicht
683n blau Ibn Abirabias Gedichte
699n–759n Wang-Wei
701n–762n Li-Taipo
712n–770n Tu-Fu
715n blau 'Diwan' Ibn Aggags
720n blau Japanische Annalen
721n blau Meng-Haojans Gedichte
723n–799n Paulus Diakonus
726n–793n Kynewulf
730n blau 'Beowulf'
742n blau 'Waldere'
747n blau Li-Taipos Gedichte
755n blau Wang-Weis Trauergedicht
756n–810n Abu Nuwas
759n blau Japanische Volkslieder
760n blau Tu-Fus Gedichte
765n blau Kynewulf: Apostel-Lied
767n blau Tu-Fu: 'Im Schnee'
768n blau 'Traum vom Kreuz'
772n–846n Poh-Küyi
773n blau Arabische Gedichtsammlung
778n blau Kynewulf: Himmelfahrt
779n blau Paulus Diakonus' Rätsel
782n blau Al Mufaddals Sammlung
786n–861n Radbertus
789n blau Kynewulf: 'Helena'
796n–848n Bragi Boddason
797n blau Abu Nuwas' Gedichte
805n blau Deutsche Liedersammlung
808n–875n Otfried
814n blau Rabanus Maurus' Gedichte
816n blau 'Wessobrunner Gebet'
820n blau 'Hildebrandslied'
823n blau Poh-Küyis Gedichte
830n blau 'Ragnarlied'
831n blau 'Heliand'
834n blau 'Muspilli'
836n blau Arabische Liedersammlung
847n blau Thyodolf: 'Ynglingatal'
864n blau 'Petruslied'
878n blau Notkers 'Sequenzen'
881n blau Hornklofis Siegeslied
882n blau 'Ludwigslied'
883n blau 'Eulalialied'
888n blau 'Georgslied'
897n blau 'Aufschneidereien'
899n blau 'Donarlied'
901n–982n Egil Skallagrimssen
905n blau Japanische Sammlung
905n–965n Al Mutanabbi
910n–990n Eyvind Skaldaspillir
925n blau 'Waltharilied'
932n–1020n Firdausi
936n blau Lied auf Erich Blutaxt
942n blau Lied auf Arinbjörn
945n blau 'Weissagung der Volva'
950n blau Kampflied aus Byzanz
955n blau Totenklage Egils
956n blau Al Mutanabbis 'Diwan'
962n blau 'Haakonslied'
977n blau 'Kriemhilds Rache'
985n–1009n Gunnlaug Ormstunga
1010n blau Firdausis Königsbuch
1014n blau 'Joseph und Suleika'
1025n blau 'Gunnlaugssaga'
1041n blau Indische Sammlung
1046n blau 'Alexiuslied'
1052n blau Gabirols Gesänge
1063n blau 'Ezzolied'
1064n blau Yang-Hsius Lied
1085n–1141n Juda Halevi
1098n–1178n Hildegard von Bingen
1102n blau Wilhelms Lieder
1104n blau 'Rolandslied'
1106n blau 'Annolied'
1112n blau Arabisches Klagelied
1113n blau Frau Avas Gedichte
1129n blau 'Alexanderlied'
1135n blau Hildegards Lieder
1140n blau Marcabrus Lieder
1143n–1203n Heinrich von Veldeke
1145n–1209n Bertran de Born
1150n blau Lied vom Cid
1152n blau Bernarts Liebeslieder
1152n–1246n Peire Cardinal
1159n blau Lied vom Mädchen Richeut
1160n blau Lied vom König Rother
1164n blau 'Erek und Enide'
1167n blau Lieder des Archipoeta
1168n–1220n Wolfram von Eschenbach
1172n–1228n Walther von der Vogelweide
1178n blau Béatrice: 'Weltgesang'
1178n–1241n Snorri Sturluson
1179n blau 'Ernst von Schwaben'
1180n–1225n Heinrich von Morungen
1183n blau Bertrans Lieder
1187n blau Russisches Heldenlied
1189n blau 'Eneide'
1191n blau Lied von Barbarossa
1199n blau 'Rabenschlacht'
1200n–1242n Neidhart von Reuenthal
1202n blau 'Unter den Linden'
1204n blau Nibelungenlied
1205n blau Layamons Heldengedicht
1207n blau Rustawelis Heldengedicht
1208n–1270n Tannhäuser
1219n blau Heinrichs Minnelieder
1225n blau 'Gudrunlied'
1228n blau 'Bescheidenheit'
1230n–1306n Jacopone von Todi
1232n blau Carmina burana
1234n blau Lobgedicht auf Mohammed
1238n–1286n Adam de la Halle
1239n blau 'Edda'
1251n blau 'Thidrekssaga'
1256n blau Rutebeufs Gedichte
1258n blau Sadi: 'Rosengarten'
1265n–1321n Dante
1266n blau 'Ecke', 'Sigenot', 'Laurin'
1272n blau Mechthilds Gottesgedicht
1278n blau 'Engelhard und Engeltraut'
1281n blau Adam de la Halle: Lieder
1286n blau Lied einer Ritterfahrt
1292n blau Dante: 'Das neue Leben'
1296n blau Gedichte des Jacopone
1299n blau Lob des Bambusbaumes
1301n blau Jacopones Lieder
1304n–1374n Petrarca
1313n blau 'Der Renner'
1313n–1375n Boccaccio
1325n–1389n Hafis
1326n blau Manessische Handschrift
1337n blau Hadamar: 'Die Jagd'
1351n blau Meisterlieder-Sammlung
1366n blau Petrarca: 'Canzoniere'
1369n blau Hafis: 'Diwan'
1375n blau Barbour: Lied auf Bruce
1394n blau Deschamps: 'Ehespiegel'
1431n–1474n Villon
1461n blau Villons 'Testamente'
1475n–1564n Michelangelo
1492n blau Nunnenpecks Lieder
1493n blau Folz: Meisterlieder
1523n blau Hans Sachs: Lutherlied
1532n blau Ariosto: 'Rasender Roland'
1550n blau Ronsard: 'Oden'
1562n–1635n Lope de Vega
1639n–1699n Racine
1645n blau Paul Gerhardts Lieder
1654n blau Logaus Sinngedichte
1657n blau Silesius: 'Wandersmann'
1711n–1765n Lomonossow
1729n blau Haller: 'Die Alpen'
1730n blau Thomson: 'Jahreszeiten'
1733n blau Pope: 'Der Mensch'
1742n blau Young: 'Nachtgedanken'
1744n–1803n Herder
1749n–1832n Goethe
1759n–1805n Schiller
1760n blau 'Ossianische Gesänge'
1778n blau Herders Liedersammlung
1786n blau Burns' Gedichte
1798n blau 'Lyrische Balladen'
1788n–1824n Byron
1800n blau Hölderlins Dichtungen
1805n blau 'Des Knaben Wunderhorn'
1808n blau Moore: 'Irische Melodien'
1809n blau Schenkendorfs Lied
1813n blau Körners Freiheitslieder
1814n blau Rückerts Gedichte
1815n blau Uhlands Gedichte
1817n blau Keats' Gedichte
1818n blau 'Stille Nacht'
1820n blau 'O Tannenbaum'
1827n blau 'Buch der Lieder'
1828n blau Leopardis Gedichte
1832n blau Mörikes Gedichte
1848n blau Petöfis Nationallied
1855n blau Whitman: 'Grashalme'
1857n blau Baudelaires Gedichte
1865n blau Carduccis 'Hymne'
1871n blau Pottiers Kampflied
1897n blau George: 'Jahr der Seele'
1897n blau Tagores Kindergedichte
1898n–1956n Brecht
1905n blau Rilke: 'Stundenbuch'
1914n blau Bechers Gedichte
1917n blau Block: 'Die Zwölf'
1920n blau Majakowski: '150 Millionen'
1920n blau Valéry: 'Friedhof am Meer'
1950n blau Neruda: 'Großer Gesang'
1950n blau Weinerts Gedichte
1954n blau Brechts Gedichte

GEFÄNGNIS

640v–586v Zedekia
212v–166v Perseus
206v rot Nävius Gefangener
245n–309n Pamphilos
412n–444n Tibatto
480n–524n Boëthius
491n blau Drakontius' Dichtung
524n blau 'Trost der Philosophie'
525n rot Papst Gefangener
1140n rot Abälard und Arnold
1230n–1306n Jacopone von Todi
1301n blau Jacopones Lieder
1313n–1374n Al Katib
1344n rot Bankvertreter Gefangene
1397n grün 'Bastille' Staatsgefängnis
1452n–1507n Kolumbus
1547n–1616n Cervantes
1548n–1600n Giordano Bruno
1668n blau Bunyan: 'Pilgerfahrt'
1791n rot Kettenstrafe abgeschafft
1812n–1870n Charles Dickens
1821n–1880n Dostojewski
1832n blau Pellicos Bericht
1918n blau R. Luxemburgs Briefe

GEFANGENNAHME, GEFANGENSCHAFT

2984v blau Ägyptisches Gemälde
2775v blau Sumerisches Relief
2746v blau Ägyptisches Relief
2461v blau Ägyptisches Relief
2279v–2214v Scharka-Li-Scharri
2248v/2247v Kriegszug Akkads
2225v/2224v Kriegszug Akkads
2098v–2054v Ti-Ri-Gan
2007v–1955v Ib-I-Sin
1955v rot Ib-I-Sin Gefangener
1780v–1697v Rimsin
1328v blau Ägyptisches Relief
1322v blau Ägyptisches Relief
1298v–1228v Moses
1277v–1207v Tu-Kulti
1217v blau Ägyptisches Bild
1183v blau Ägyptisches Relief
1157v blau Ägyptische Plastik
1035v–972v David
671v blau Assyrisches Relief
640v–586v Zedekia
613v–525v Amasis
597v rot Gefangennahme von Juden
595v–525v Krösus
537v rot Rückkehr der Juden
285v–204v Andronikos

185v rot Kreuzigung Gefangener
172v–114v Tschang-Kien
154v/133v Spanische Erhebung
146v grün Versklavung Gefangener
114v–53v Krassus
47v rot Cäsar, Kleopatra Gefangene
37n–100n Josephus
121n–180n Mark Aurel
170n rot Schutz Kriegsgefangener
215n–272n Schapur I.
259n rot Valerian Gefangener
272n/273n Kriegszug Roms
278n rot Ansiedlung Gefangener
391n–460n Patrick
958n–1025n Basilius II.
996n/1014n Bulgarenkrieg
997n grün Repressalie gegen Christen
1236n grün Repressalie gegen Araber
1542n–1605n Akbar
1547n–1616n Cervantes
1570n–1607n Iwan Bolotnik
1573n rot Schutz Kriegsgefangener
1864n rot Schutz Kriegsgefangener
1899n rot Schutz Kriegsgefangener

GEFLÜGEL

2647v grün Zucht in Ägypten
2473v blau 'Gänse auf der Weide'
2390v blau Relief von Züchtern
2141v grün Brutöfen
1472v grün Haushuhn in Ägypten
573v grün Hühnerzucht bei Griechen
1173n grün Brieftaubenpost
1872n blau 'Gänserupferinnen'

GEFLÜGELTE WORTE, Titel eines Buches des deutschen Sprachforschers Georg Büchmann. Enthält die wörtliche Wiedergabe bekannter Stellen aus Dichtungen und anderer Literatur (Zitate) sowie besonders treffende Aussprüche geschichtlicher Persönlichkeiten, die als stehende Redensarten in den Sprachschatz des Volkes übergegangen sind. Der Titel des Buches, der früher bereits mehrfach als Buchtitel verwendet worden war, ist ursprünglich ein Ausspruch des griechischen Dichters Homer. Er wurde durch die weite Verbreitung des Büchmann'schen Buches selbst zum geflügelten Wort.

1864n blau Büchmanns Werk

GEFRIERPUNKT

1665n grün Huygens' Forschungen
1714n grün Fahrenheit-Skala
1730n grün Réaumur-Skala
1742n grün Celsius-Skala
1848n grün Absoluter Nullpunkt

GEGENAUFKLÄRUNG, zusammenfassende Bezeichnung der Maßnahmen zur Verhinderung des Fortschreitens der wissenschaftlichen Erkenntnis und der sozialen Gerechtigkeit.

1368v–1349v Tut-Anch-Amun
1356v rot Ende ägyptischer Reform
1158v–1094v Ameno
1150v–1076v Pa-He-Nesi
516v rot Zensur in Persien
501v rot Teng-Tse hingerichtet
493v rot Zensur in Athen
435v rot Zensoren in Rom
410v rot Urteil über Protagoras
410v rot Bücher-Vernichtung
399v rot Urteil über Sokrates
323v rot Klage gegen Aristoteles
253v rot Lehrverbot für Hegesias
234v–149v Kato der Ältere
213v rot Maßnahmen in China
206v rot Nävius' Gefangenschaft
161v rot Philosophen-Ausweisung
20n blau Philosophie abgewertet
38n–105n Martial
51n–96n Domitian
73n rot Philosophen-Ausweisung
73n blau Spott über 'Feigheit'
89n rot Maßnahmen in Rom
249n blau 'Gegen Celsus'
261n–335n Laktantius
265n–330n Jamblichos
314n blau Wissenschaftsfeindschaft
381n–444n Cyrillus
391n rot Bücher-Vernichtung
399n–461n Leo der Große
411n blau Philosophie als 'Ketzerei'
413n blau Recht zu Verfolgungen
415n rot Mord an Hypatia
428v blau Recht zur Sklavenhaltung
444n rot Bücher-Vernichtung
487n–565n Kosmas
495n rot Index
529n rot Schulschließung in Athen
529n grün Philosophen verdrängt
548n grün Christliche Erdkunde
588n–656n Othman
653n rot Bücher-Vernichtungen
737n–804n Alkuin
748n rot Klage gegen Fergil
801n rot Vergil-Verbot
932n–1002n Ibn Amir
1057n blau Philosophie abgewertet
1199n rot Bibel-Leseverbot
1229n rot Bibel-Besitzverbot
1408n rot Verbot der Volksbibel
1477n rot Zensur in Frankreich
1483n–1546n Luther
1487n grün Fürsten als Komplizen
1522n rot Zensur in Deutschland
1527n rot Feuertod Hergots
1542n rot Bestrafung des Oporinus
1546n rot Verbrennung Dolets
1559n rot Index
1600n rot Verbrennung Brunos
1616n rot Kampf gegen Kopernikus
1622n rot Katholische Propaganda
1624n rot Urteil gegen Viau
1633n rot Zwang gegen Galilei
1656n rot Bann gegen Spinoza
1664n rot Verbot des 'Tartuffe'
1676n rot Kaffeehaus-Schließung
1685n rot Religionszwang
1699n rot Verbot des 'Telemach'
1738n rot Bann gegen Freimaurer
1746n rot Verbrennung der 'Pensées'
1773n–1859n Metternich
1817n rot Bücher-Vernichtung
1865n rot Ku-Klux-Klan
1878n rot Papst gegen Sozialismus
1881n rot Geheimpolizei
1886n rot Feuerbestattungs-Verbot
1889n–1945n Hitler
1916n rot Propagandakonzern
1922n rot Italien faschistisch
1931n rot Urteil gegen Ossietzky
1933n rot Hitler Reichskanzler
1934n rot Gestapo unter Himmler
1936n rot Scheinprozesse in Moskau
1937n rot Papst gegen Kommunismus
1939n rot Spanien faschistisch

GEGENGIFTE

1197n grün Abu Kasim übersetzt

GEGENREFORMATION, Gesamtheit der von der katholischen Kirche und den ihr untertan gebliebenen Staaten ergriffenen Maßnahmen zur Abwendung der Reformation und zur Konsolidierung des Katholizismus.

1477n–1576n Tizian
1491n–1556n Ignatius von Loyola
1500n–1558n Karl V.
1526n rot Kapuzinerorden
1527n–1598n Philipp II.
1533n–1584n Wilhelm von Oranien
1534n rot Jesuitenorden
1534n blau Ordensregel
1538n rot Maßnahmen in Frankreich
1538n rot 'Heiliger Bund'
1540n rot Bestätigung der Jesuiten
1542n rot Inquisition erneuert
1545n rot Tridentinisches Konzil
1546n/1547n Schmalkaldischer Krieg
1548n–1600n Giordano Bruno
1549n rot Christianisierung Japans
1550n rot Jesuiten-Tätigkeit
1553n rot Erneuerungsbeschluß
1553n blau Katholischer Katechismus
1553n–1610n Heinrich IV.
1559n rot Index
1559n rot Maßnahmen in Spanien
1562n/1598n Hugenottenkriege
1564n–1642n Galilei
1567n rot Alba Statthalter
1572n/1581n Kampf der Niederlande
1573n grün Hugenotten-Auswanderung
1576n rot Liga in Frankreich
1583n–1634n Wallenstein
1585n–1642n Richelieu
1586n rot Anschlag auf Elisabeth
1587n rot Hinrichtung Maria Stuarts
1593n rot Übertritt Heinrichs IV.
1598n rot Edikt von Nantes
1600n rot Verbrennung Brunos
1604n rot Sieg in Österreich, Ungarn
1605n braun Verschwörung in England
1609n rot Liga in Deutschland
1610n rot Jesuitenstaat Paraguay
1610n rot Mord an Heinrich IV.
1616n rot Kampf gegen Kopernikus
1618n/1648n Dreißigjähriger Krieg
1622n rot Propagandainstitut
1627n braun Erhebung von La Rochelle
1629n rot Restitutionsedikt
1633n rot Widerruf Galileis
1638n–1715n Ludwig XIV.
1641n braun Morde in Irland
1685n rot Religionszwang
1685n rot Auswanderungs-Verbot
1685n grün Hugenotten-Auswanderung
1717n–1780n Maria Theresia

GEHEIME WAHL

139v rot Einführung in Rom

GEHEIMPOLIZEI, im weiteren Sinne alle Polizei-Abteilungen, die zur Verhinderung und Aufdeckung von Verbrechen sich unerkannt in der Öffentlichkeit bewegen müssen und deshalb keine Uniform tragen. Heute versteht man darunter aber meist nur jene Polizei-Abteilungen, die sich mit politischen Straftaten befassen, also den Staat selbst gegen innere und äußere Gefahren schützen. Mit zunehmender Unsicherheit des Staates kann dieser wesentlich oder vollständig auf ihre Tätigkeit angewiesen sein und dadurch selbst von ihr abhängig werden (Polizeistaat). Dann übernimmt sie unter Ausschaltung von Gericht und Parlament praktisch alle Macht im Staate und beseitigt Meinungsfreiheit wie Rechtssicherheit.

591v rot Einrichtung in Korinth
1881n rot Russische Polizei
1918n rot Tscheka in Rußland
1934n rot Himmler Gestapo-Chef

GEHEIMTINTE

265v–202v Philon

GEHIRNFORSCHUNG, Teilgebiet der medizinischen Wissenschaft, die sich mit der Beschaffenheit und den Funktionen des menschlichen Gehirns beschäftigt. Wegen der hervorragenden Abschirmung des Gehirns durch Schädelknochen und wegen der Kompliziertheit aller Gehirnvorgänge ein spät und vorsichtig angegangener Zweig der ärztlichen Forschung.

1554v grün Operationen in Ägypten
520v–450v Alkmaion
466v grün Sitz der Seele
324v–250v Herophilos
304v–240v Erasistratos
274v grün Sitz des Geistes
190n–265n Hua-To
253n grün Operationen in China
1796n grün Gall: Schädellehre
1924n grün Bergers Forschungen
1926n grün Pawlows Forschungen
1938n grün Elektroschock

GEIAMI (um 1431n–um 1509n), japanischer Maler und Dichter. Als Sohn des berühmten Vaters Noami lernte er von frühester Jugend auf bei seinem Vater in der alten Kaiserstadt Kyoto. Dabei waren ihm, wie seinem Vater, die großen chinesischen Landschaftsmaler der Vergangenheit Vorbild. Als Berater des kunstsinnigen Reichskanzlers Yoshimara erwirkte er die Einfuhr zahlreicher chinesischer Kunstwerke, die den japanischen Künstlern seiner Zeit wertvolle Anregungen vermittelten. Malte selbst nur in Tusche und gab diese Technik auch seinem Sohne Soami weiter.

1484n blau 'Landschaft mit Wasserfall'

GEIERSTELE, Bezeichnung für den 1,60 Meter hohen Grabstein des Königs E-Annatum von Sumer (Süd-Mesopotamien), der allseitig mit Relief-Bildern und Schriftzeichen bedeckt ist. Zeigt den König mit seinen Kriegern beim Kampf sowie bei der Bestattung toter Soldaten. Seinen Namen erhielt der Stein wegen der abgebildeten Geier, die sich um die Köpfe erschlagener Feinde balgen.

2478v blau Anfertigung

GEIGE, kleines, handliches Streich-Instrument mit vier Saiten. Entwickelte sich im 16. Jahrhundert in Norditalien aus der Fiedel und der Viola, daher auch 'Violine' (= kleine Viola) genannt. Setzte sich als Solo-Instrument ebenso durch wie als das führende Instrument der Kammermusik und des großen Orchesters.

1649n grün Amatis Geigen
1685n blau Corelli: Sonaten
1705n grün Stradivaris Geigen
1734n blau Vivaldi: Konzerte
1817n blau Paganini: Konzerte
1938n blau Bartók: 2. Konzert

GEIGER, Hans (1882n–1945n), deutscher Physiker. Als Sohn eines Orientalisten wurde er Schüler von Rutherford und schuf Grundlagen für dessen Atommodell. Unternahm Untersuchungen zur Frage der Atom-Struktur und der Radio-Aktivität. Führte den Nachweis, daß die Ordnungszahl eines Elementes seiner Kernladungszahl entspricht. Nach Deutschland zurückgekehrt, förderte er die Erforschung der Halbwertszeit und erfand in Kiel zusammen mit seinem Schüler Walter Müller ein Strahlenmeßgerät ('Geiger-Zähler'). Im zweiten Weltkrieg Mitarbeiter am deutschen Kernenergie-Projekt.

1928n grün Strahlenmeßgerät

GEIGERZÄHLER, Bezeichnung eines gasgefüllten Meßgerätes, das mittels Röhrenverstärkung auch schwächste Spuren von Radioaktivität anzeigt. Benannt nach dem deutschen Physiker Hans Geiger, der dieses für die moderne Atomphysik unentbehrliche Instrument zusammen mit seinem Schüler Walter Müller erfand.

1928n grün Erfindung

GEISENFELD, Dorf in der Donau-Tiefebene unweit Ingolstadt (Nord-Bayern). Hier wurde durch die Völkerwanderung die Gewohnheit der Perser und der Kaukasus-Völker bekannt, ihr Gerstengetränk durch Hopfenzusatz haltbarer und schmackhafter zu machen. Seitdem wird in diesem Gebiet der Hopfenanbau betrieben. Später siedelten sich in dem frühzeitig zum Marktflecken erhobenen Dorf ein Nonnenkloster (1037n) und eine Bier-Brauerei an.

736n grün Hopfenanbau

GEISERICH, König der Wandalen von 428n bis 477n.

390n–477n Lebenslinie
429n/432n Kämpfe um Nordafrika
432n rot Reichsgründung
439n braun Eroberung Karthagos
439n rot Herrschaft über Karthago
439n braun Vorstoß nach Norden
439n rot Gewinn: Korsika, Sardinien
440n/442n Angriff auf Sizilien
442n rot Anerkennung durch Westrom
445n grün Enteignungen
449n rot Bündnis gegen Westrom
455n braun Plünderung Roms
455n rot Siedlungen in Sizilien

GEISTERGLAUBE, eine der Grundlagen des Aberglaubens. Bereits in frühen Religionen ausgeprägt, wurde er in verfeinerter Form auch von mehreren Weltreligionen übernommen.

2228v rot Unterweltgott Osiris
2121v blau Glaube an Jüngstes Gericht
1583v blau Zaubersprüche
1479v grün Gebete für Totengericht
1394v blau 'Umzug ins Totenreich'
1348v blau Epos von der Unterwelt
1196v blau 'Im Reiche der Schatten'
1088v blau 'Hexen'-Buch
1087v grün Glocken gegen Geister
1083v rot Tod für 'Zauberer', 'Hexen'
1077v blau Gute und böse Geister
1071v blau Jenseitsglaube in Indien
989v blau 'Das Totengericht'
863v blau Orakel von Delphi
795v blau 'Zaubersprüche' (Indien)
699v blau Reliefs guter Geister
604v–514v Lao-Tse
572v–493v Pythagoras
569v–498v Jina Mahavira
557v–477v Buddha
541v blau Wiedergeburts-Lehre
511v blau Orakelsprüche in Rom
490v–430v Empedokles
452v blau 'Odysseus in der Unterwelt'
25v–45n Philo
10v–52n Matthäus
133n–190n Athenagoras
162n–224n Tertullian
182n–253n Origenes
214n blau Tertullian: Dreifaltigkeit
245n blau Novatian: Dreifaltigkeit
265n–330n Jamblichos
302n blau Jamblichos: 'Geheimlehren'
329n–389n Gregor von Nazianz
380n rot Kaiser für Dreifaltigkeit
381n rot Dreifaltigkeits-Dogma
381n blau Reden über Dreifaltigkeit
395n blau Engel-Darstellungen
416n blau Augustin: Dreifaltigkeit
540n–604n Gregor I.
593n rot Fegefeuer-Dogma
716n blau Bild der Hölle (China)
717n–778n Padma Sambawa
726n blau 'Eingang ins Nirwana'
749n blau Lamaismus
930n grün Merseburger Sprüche
993n rot Erste Heiligsprechung
998n grün Allerseelenfest
1023n–1105n Ramanuja
1090n rot 'Hexen'-Verbrennung
1247n rot Feuertod für 'Hexe'
1248n rot 'Hexen'-Verbrennungen
1275n rot 'Hexen'-Verbrennung
1484n rot Verstärkte 'Hexen-Jagd'
1487n blau 'Hexenhammer'
1504n grün Ablaßhandel
1533n grün Agrippa: Magie
1692n rot 'Hexen'-Tötung
1747n blau Swedenborgs Lehre
1756n rot 'Hexen'-Hinrichtung
1775n rot 'Hexen'-Hinrichtung
1793n rot 'Hexen'-Verbrennung
1875n blau Theosophie
1909n blau Anthroposophie

GEITEL, Hans Friedrich (1855n–1923n), deutscher Physiker. Erforschte gemeinsam mit seinem Jugendfreunde und Kollegen Julius Elster die Elektrizität der Luft, den radioaktiven Zerfall von Elementen und den photoelektrischen Effekt. Mit Elster zusammen erfand er auch die Photozelle, die bald auf allen Gebieten der Lichtmessung und später bei der automatischen Steuerung sowie bei Tonfilm und Fernsehen Anwendung fand. Verfaßte schon 1913n ein Buch, in dem er die Atomlehre durch Erkenntnisse der Radioaktivität bestätigte.

1892n grün Photozelle

GELA, Stadt an der Südküste Siziliens. Durch griechische Einwanderer von den Inseln Kreta und Rhodos gegründet, entwickelte sie sich innerhalb von hundert Jahren so weit, daß sie in einer Entfernung von 70 Kilometern eine Tochterstadt (Agrigent) errichtete. Seit 504v beherrschte sie den größten Teil Siziliens und erlebte unter dem Tyrannen Hippokrates (498v bis 491v) eine Blütezeit. Hier verbrachte der griechische Dichter Aischylos seine letzten Lebensjahre. Im Jahre 405v durch Karthager zerstört, wurde die Stadt in fast hundertjähriger Arbeit durch ihre Bewohner in alter Schönheit wieder aufgebaut. Aber um 280v zerstörten sie die Bewohner der von ihr einst gegründeten Nachbarstadt Agrigent vollständig. 1500 Jahre später wurde die Stadt dann durch den deutschen Kaiser Friedrich II. neu gegründet.

690v blau Gründung
455v blau Denkmal für Aischylos
409v/405v Sizilien-Krieg Karthagos

GELASIUS (um 420n–496n), nordafrikanischer Priester, römischer Papst von 492n bis 496n. Trotz der Kürze seines Papsttums lenkte er die Kirche in eine neue Richtung. In seinem Schreiben an Kaiser Anastasius wurde zum erste Male der päpstliche Anspruch auf höchste kirchliche und weltliche Autorität ausgesprochen. Dem Kaiser wurde dann jedes Recht auf Mitwirkung bei kirchlichen Fragen bestritten, während umgekehrt für den Papst wegen der ihm obliegenden Sorge für das Seelenheil des Kaisers eine Mitbestimmung bei weltlichen Fragen in Anspruch genommen wurde. Sein Name ist verbunden mit dem ersten Bücherverzeichnis der Kirche, in dem rechtgläubige und abweichende Bücher getrennt aufgeführt wurden.

493n blau Zwei-Schwerter-Lehre
495n rot Index

GELBER FLUSS, wörtliche Übersetzung von 'Hoang-Ho'. Zweitgrößter Strom Chinas nach dem Jang-Tsekiang. Der Name wurde ihm wegen der Farbe seines von aufgelöstem Löß getrübten Wassers gegeben. In seinen fruchtbaren Tälern bildeten sich die ersten chinesischen Kulturen, Staaten und Reiche. Da sein Strombett auf langen Strecken höher liegt als die umliegenden Tiefebenen, ändert er beständig seinen Weg und bewirkt dadurch immer wieder Überschwemmungen von katastrophalem Ausmaß. In den vergangenen 3000 Jahren mehr als 1000mal über seine Ufer getreten, wird er seit 1950n allmählich gebändigt und eingedämmt. Diese neue Regulierung wird von den chinesischen Kommunisten unter großen Opfern mit dem Ziele einer endgültigen Einbettung des Stromes durchgeführt.

Vorzeittafel: Schlußbalken (5000 Jahre)
2697v–2628v Huang-Ti
2657v rot Ansiedlung der Chinesen
2652v/2646v Chinesischer Vorstoß
2646v rot Ostteil chinesisch
2640v rot Chinesischer Staat
1108v–1044v Wu
985v–907v Mu-Wang
234v–174v Mao-Tun

GELBER TURBAN, Name einer chinesischen Volkserhebung, deren Anhänger sich gelbe Tücher in Turbanform um den Kopf geschlungen hatten. Die vorwiegend von unzufriedenen Bauern getragene Bewegung wurde angeführt durch Tschang-Tschio, der sogleich auf Loyang marschierte. Als die Belagerung der Stadt scheiterte, wurden die Anführer des Aufstandes hingerichtet. Nun flammten überall im Lande Erhebungen ausgebeuteter Bauern auf, und das Reich kam nicht mehr zur Ruhe, bis die Revolution nach 36 Jahren zu einem Erfolg geführt hatte.

184n braun Aufstand

GELD, GELDWIRTSCHAFT

2374v grün Kreditbriefe in Sumer
2350v grün Kupfer- und Silberwährung
2334v grün Münzeinheit in Akkad
2031v grün Zahlungsmittel Gold
1769v grün Kupferbarren Werteinheit
780v grün Aufkommen in China
733v–645v Kuan-Tse
732v grün Geld in Syrien
695v grün Münzprägung in Kleinasien
676v grün Geldabgaben in China
649v grün Vereinheitlichung in Argos
624v grün 'Talent' in Athen
594v grün Abwertung in Athen
593v grün Prägung in Athen: Eule
592v grün Bankgründung in Babylon
550v–486v Dareios I.
510v grün Goldmünzen des Dareios
507v grün Steuer nach Geldwert
476v grün Griechenland: Verbreitung
454v grün Kupferwährung in Rom
407v grün Denkmals-Einschmelzung
327v grün Währung in Alexanderreich
322v–246v Ptolemäus II.
269v grün Silberwährung in Rom
197v grün Goldwährung in Rom
195v grün Geränderte Münzen
189v grün Rhodos Geldzentrum
109v grün Münzprägung Staatsmonopol

86v grün Kriegsgeld des Sulla
54v grün Fallender Goldpreis
46v grün Aufbesserung in Rom
33n grün Hypothekenbank in Rom
172n grün Römischer Währungsverfall
193n grün Falschmünzer-Werkstätten
214n–275n Aurelian
258n grün Wertminderung in Rom
274n grün Aufbesserung in Rom
325n grün Kirche gegen Zinsen
538n grün Geldverleih der Priester
540n grün Goldmünzen bei Franken
618n grün Staatsbank in China
696n grün Arabische Münzen
708n grün Japanische Münzen
713n grün Japanische Geldsteuer
742n–814n Karl der Große
790n rot Geldstrafe bei Franken
807n grün Depositenscheine in China
950n grün Wechsel in Europa
995n–1035n Knut der Große
1024n grün Papiergeld in China
1050n grün Mark verdrängt Pfund
1151n grün Verleiher-Vereinigung
1156n grün Bankgeschäfte in Italien
1247n grün Salzstücke als Geld
1252n grün Gulden in Florenz
1284n grün Dukaten in Venedig
1300n grün Groschen in Böhmen
1309n–1370n Kasimir der Große
1344n grün Rückzahlungs-Weigerung
1345n grün Zusammenbruch von Banken
1364n grün Oresmes Theorie
1401n grün Bank in Barcelona
1402n grün Bank in Frankfurt
1407n grün Girobank in Genua
1459n–1525n Jakob Fugger
1543n rot Aufhebung des Zinsverbots
1546n rot Höchstzinsen in England
1559n grün Reichsmünzordnung
1585n grün Dezimalsystem gefordert
1619n grün Hamburger Bank
1619n grün Staatsbank in Venedig
1623n–1687n Petty
1656n grün Bank von Schweden
1660n grün Privatbank in Japan
1674n grün Petty: Politökonomie
1693n grün Bellers' Theorie
1694n grün Bank von England
1704n grün Prägung des Rubels
1716n grün John Law: Papiergeld
1733n grün Kreditanstalten, Rußland
1769n grün Rothschild Hofbankier
1778n grün Sparkasse in Hamburg
1784n grün Bank in New York
1790n grün Assignaten
1800n grün Bank von Frankreich
1817n grün Ricardo: Volkswirtschaft
1848n grün Mill: Politökonomie
1922n grün USA Gläubiger Europas
1923n grün Inflation
1936n grün Keynes' Theorie
1944n grün Weltbank

GELDSTRAFE

790n rot Strafart bei Franken
1487n grün Druckmittel der Kirche

GELLERT, Christian Fürchtegott (1715n bis 1769n), deutscher Schriftsteller. Als Sohn eines Pfarrers im sächsischen Erzgebirge verdiente er sich sein Studium durch Hauslehrer-Tätigkeit. Hielt Vorlesungen über Moral und Dichtkunst und wurde schließlich Professor der Poesie und Beredsamkeit. Schrieb Romane ('Das Leben der schwedischen Gräfin von G.'), Lustspiele ('Die Betschwester') und Lieder ('Die Himmel rühmen des Ewigen Ehre'). Berühmt wurde er aber durch seine 'Fabeln und Erzählungen', die auf unterhaltsame Weise Moral verbreiteten und mit Humor belehrten.

1746n blau 'Fabeln und Erzählungen'

GELLIUS, Aulus (um 130n–um 200n), römischer Schriftsteller. Stellte ein Sammelwerk des Wissens in 400 Kapiteln (20 Bänden) zusammen. Darin brachte er Auszüge aus den Werken von 275 griechischen und römischen Autoren sowie eigene Abhandlungen, oft in der Form von Gesprächen mit berühmten Zeitgenossen. In bunter Folge wechselten Beiträge aus Philosophie und Literatur mit solchen aus Medizin und Recht sowie Geschichte und Rhetorik. Er nannte sein Werk 'Attische Nächte', weil er mit der Niederschrift an den langen Abenden begonnen hatte, die er auf einem Gut bei Athen (also in Attika) verbracht hatte.

173n blau 'Attische Nächte'

GEMARA, aramäisches Wort für 'Vervollständigung'. Bezeichnung für die zweite Hälfte des jüdischen Religionsbuches Talmud, dessen erster Teil die Überlieferungen des Judentums bis zum Jahre 200n zusammenfaßt. Enthält jene Erläuterungen, Auslegungen, Ergänzungen und Zusätze zum Talmud, die zwischen 200n und 400n entstanden sind.

400n blau 'Talmud'

GEMEINDEÄRZTE, Mediziner im öffentlichen Dienst. Bereits im 6. Jahrhundert vor der Zeitwende begannen einige Griechenstädte sowie Städte in Süditalien und auf Sizilien, Ärzte in öffentliche Besoldung zu übernehmen, allerdings meist zur Behandlung der Staatsbeamten. Erst unter Kaiser Antoninus Pius wurden um die Mitte des zweiten Jahrhunderts in Asien, Griechenland und verschiedenen anderen Provinzen Ärzte im Interesse der öffentlichen Gesundheitspflege von den Städten verpflichtet. Dabei gab es Abstufungen von der vollen öffentlichen Besoldung bis zur bloßen Steuerfreiheit für die Privatpraxis. Je nach Größe der Stadt wurden 5 bis 10 Ärzte in dieser Weise gebunden. Daneben gab es festbesoldete Ärzte für Kasernen, Gladiatorenschulen, Gymnasien und Theater. In der Hauptstadt Rom selbst wurden Gemeindeärzte erst im Jahre 368n angestellt.

142n grün Anstellung im Römerreich

GEMEINER PFENNIG, Name einer Sondersteuer zur Finanzierung des Reichsheeres gegen die Hussiten. Vom Reichstag in Frankfurt beschlossen, mußte er von jedem Mann und jeder Frau vom 15. Lebensjahr an aufgebracht werden, unabhängig von Einkommen und Stand. Er betrug einen böhmischen Groschen, was etwa dem Kaufwert einer D-Mark entspricht.

1427n rot Reichstagsbeschluß

GENERALSTÄNDE, Bezeichnung für die seit dem Jahre 1302n in Frankreich in unregelmäßigen Abständen vom König einberufene Reichsversammlung, deren Mitglieder sich aus den drei anerkannten Ständen zusammensetzten: Geistlichkeit (= erster Stand), Adel (= zweiter Stand) und Bürgertum (= dritter Stand). Durch das ihnen zustehende Recht der Steuerbewilligung von bedeutendem Einfluß, wurden sie mit der Verabsolutierung der königlichen Macht als störend und überflüssig empfunden und seit 1614n nicht mehr einberufen. Erst die Hoffnungslosigkeit der wirtschaftlichen und politischen Lage ließ Ludwig XVI. sie nach 175jähriger Pause wieder zusammenrufen. Ihre Tagung am 5. Mai 1789n war die Vorstufe einer Entwicklung, die über ihre Konstituierung als Nationalversammlung am 17. Juni 1789n zum Ausbruch der Revolution am 14. Juli 1789n führte.

1788n rot Einberufung
1789n rot Nationalversammlung

GENERALSTREIK, demonstrative Arbeitsniederlegung der Angehörigen aller Berufe. Als äußerstes Mittel zur Durchsetzung ihrer Ziele von den gewerkschaftlich organisierten Arbeitern in seltenen Fällen angewendete Kampfmaßnahme. Dient zur Abwendung politischer Maßnahmen gegen die Arbeiterschaft in ihrer Gesamtheit oder zur Demonstration der Solidarität aller Arbeiter mit einer wirtschaftlich besonders hart betroffenen Berufsgruppe.

1842n rot In England
1877n rot In USA
1893n rot In Belgien
1920n braun Sieg über Kapp-Putsch
1953n rot In Frankreich und Italien

GENETIK von dem griechischen Worte 'gignesthai' (= Entstehung) abgeleitete Bezeichnung für die Vererbungslehre.

1809n–1882n Darwin
1866n grün Mendels Lehre
1881n grün Mitschurins Züchtungen
1902n grün Vries: Mutation
1907n grün Morgans Lehre
1951n grün Sonneborns Lehre

GENEZARETH, Name eines 21 Kilometer langen und 11 Kilometer breiten Bergsees. Seeartige Erweiterung des Jordan-Flusses. Schauplatz zahlreicher Geschichten des zweiten Teils der Bibel (Neues Testament). Hier wohnten als Fischer mehrere der ersten Anhänger ('Apostel') des Religionsstifters Jesus.

27v–40n Herodes Antipas
10v–52n Matthäus
6v–30n Jesus Christus
4v–64n Petrus
3n–50n Johannes der Evangelist

GENF, Stadt im äußersten Südwesten der Schweiz, zwischen Schweizer Jura und Montblanc-Massiv malerisch am Ausfluß der Rhône aus dem Genfer See gelegen. Schon in der Steinzeit bewohnt, fiel sie als Wohnsitz der Allobroger um 120v an Rom. Cäsar schlug hier die nach Gallien vordringenden Helvetier. Im 5. Jahrhundert Sitz burgundischer Könige, wurde sie später fränkisch und fiel 1032n an das deutsche Reich. Ihre 1387n bestätigten Rechte, insbesondere das Recht der Abhaltung von Messen, führten zur Verselbständigung und 1526n zum losen Zusammenschluß mit der Schweizer Eidgenossenschaft. In der Reformation spielte die Stadt unter Calvin eine führende Rolle, bildete evangelische Geistliche für Frankreich, England und Holland aus und wurde Zufluchtsstätte verfolgter Protestanten. Vor allem die aus Frankreich kommenden Hugenotten brachten durch ihre handwerklichen Fähigkeiten und ihren Gewerbefleiß der Stadt einen großen Auftrieb und förderten ihre Demokratisierung. 1798n mit Frankreich vereinigt, seit 1814n wieder unabhängig, 1815 als 22. Kanton Mitglied der Schweizer Eidgenossenschaft. Seit Mitte des 19. Jahrhunderts Sitz internationaler Organisationen und Ort neutraler Zusammenkünfte.

58v rot Helvetier-Rückdrängung
443n rot Burgunder-Ansiedlung
534n rot Franken-Herrschaft
1396n–1446n Konrad Witz
1509n–1564n Calvin
1541n rot Reformation
1553n rot Feuertod Michael Servets
1559n blau Akademie
1864n rot Rotes Kreuz
1920n rot Völkerbund

GENFER KONVENTION, Name einer in Genf geschlossenen internationalen Übereinkunft zur Aufrechterhaltung einiger menschlicher Verhaltensweisen im Kriege. Eingeladen durch den Genfer Kaufmann Henri Dunant, der von den Kriegsgreueln bei der Schlacht von Solferino im Jahre 1859n angewidert war, gelobten 1864n sechzehn Staaten im Kriegsfalle eine unterschiedslose Krankenbehandlung verwundeter Freunde und Feinde sowie gegenseitige Mitteilung der Namen von Gefallenen und Verwundeten. 1899n wurde diese Absprache auch auf die Seekriegführung ausgedehnt. Nach zweimaliger Verbesserung, durch die auch die Kriegsgefangenen einbezogen wurden, traten ihr insgesamt 57 Staaten der Erde bei. 1949n wurde sie nach Ausdehnung auf die Behandlung von Zivilpersonen von 64 Staaten unterschrieben. Dabei trat als Schutz- und Erkennungszeichen zum Roten Kreuz der Rote Halbmond der islamischen Welt, der Rote Löwe des Iran und die Rote Sonne Japans.

1864n rot Abschluß
1899n rot Haager Ergänzung

GENJI, japanische Romanfigur. Held eines Liebesromans der Japanerin Murasaki (978n–1030n), die als Hofdame der japanischen Kaiserin ihre intime Kenntnis der höfischen Sitten ihres Landes in dem 44 Kapitel umfassenden Werke niederlegte. In der japanischen Kunst wurde seine anziehende Gestalt häufig dargestellt. Am berühmtesten wurde die auf zahlreiche Papierrollen gemalte Gestaltung seiner Abenteuer durch den Maler Fujiwara Takayoschi (1075n–1160n).

1008n blau Roman
1137n blau Bildrolle

GENOSSENSCHAFT, Vereinigung von Einzelmenschen zur Verwirklichung gemeinsamer Zwecke auf der Grundlage gleicher Rechte und Pflichten. Diese seit der Römerzeit von den Armen und Schwachen immer wieder gegründeten Vereinigungen zur gemeinsamen Behauptung in einer Welt zunehmender wirtschaftlicher Ungleichheit wurden seit dem zwölften Jahrhundert zu verschworenen Gemeinschaften mit sozial-religiöser und später sozialistischer Ausrichtung. Solche echten Genossenschaften haben sich seit 1917n in den sozialistischen Ländern besonders auf dem Gebiete der Landwirtschaft zu Produktions-Genossenschaften fortentwickelt. Sie stellen dort brüderliche Vereinigungen gemeinsam Arbeitender dar und schalten durch ihr Prinzip des Zusammenschlusses der Produzenten selbst eine Ausbeutung menschlicher Arbeitskraft aus. Unter dem gleichen Namen hat sich im Spätkapitalismus eine Form gemeinsamen Unternehmertums gebildet, das umgekehrt die Ausbeutung fremder Arbeitskraft bezweckt und nur insoweit genossenschaftlich ist, als die Besitzer der Produktionsmittel unter sich den Gewinn aus fremder Arbeit brüderlich teilen. Daneben gibt es überall Konsum-Genossenschaften, die auf eine billige Versorgung ihrer Mitglieder mit Verbrauchsgütern gerichtet sind.

133n grün Begräbniskosten-Vereine
1155n grün Humiliaten in Mailand
1385n rot Brüdergemeinde (Groot)
1457n rot 'Böhmische Brüder'
1620n rot 'Mayflower'-Puritaner
1647n rot 'Gesellschaft der Freunde'
1727n rot Herrnhuter Gemeinde
1829n grün Fouriers Forderung
1839n blau Reformforderung Blancs
1844n grün Konsumverein in England
1846n grün Bauern-Genossenschaft
1867n rot Granger-Bewegung

GENREBILD, künstlerische Darstellung von Begebenheiten aus dem Alltagsleben.

2807v blau 'Prozession zu Schiff'
2738v blau 'König auf Löwenjagd'
2732v blau 'Mann am Opfertisch'
2683v blau 'Frau mit Brotkorb'
2667v blau 'Trink-Gelage'
2655v blau 'Der Wagenlenker'
2652v blau 'Beamter mit Schreibzeug'
2649v blau Plastik eines Ringkampfes
2623v blau 'Abneb beim Mahle'
2622v blau 'Schiffsbaumeister mit Axt'
2597v blau 'Frauenkopf mit Perücke'
2576v blau 'Antilopenjagd'
2565v blau 'Schreiber'
2564v blau 'Männer beim Fischen'
2509v blau 'Hirte mit Zicklein'
2499v blau 'Jüngling mit Frauen'
2496v blau 'Bootsfahrt einer Dame'
2492v blau 'Flachsernte auf dem Gute'
2486v blau Statue einer Tänzerin
2471v–2397v Ni-Anch-Pta
2452v–2377v Ti
2444v blau 'Bierbrauer'
2432v blau 'Bauern mit Eselsherde'
2417v blau 'Frau mit Mantel'
2413v blau 'Beim Lesen'
2407v blau 'Künstler beim Mahle'
2401v blau 'Knaben beim Ringkampf'
2395v blau 'Der Eselstreiber'
2393v blau 'Nilpferdjagd'
2390v blau 'Geflügelzüchter'
2388v blau Darstellung eines Tänzers
2385v blau 'Schiffsbau'
2384v blau 'Leben der Hirten'
2382v blau Familiengruppe
2381v blau 'Bildhauer im Atelier'
2379v blau 'Vogelfang mit Netz'
2378v blau 'Segelschiff auf dem Nil'
2373v blau 'Hirten treiben Rinder'
2370v blau 'Tempelschreiber'
2366v blau Opferszene
2361v blau 'Der ruhende Hirte'
2355v blau 'Hungernde'
2346v blau 'Zwerg mit Familie'
2345v blau 'Frau beim Bierbrauen'
2340v blau 'Hirte mit Kalb'
2332v blau Relief einer Kornernte
2327v blau 'Schreiber bei der Arbeit'
2321v blau 'Maler an der Staffelei'
2318v blau 'Kinder-Spiele'
2317v blau 'Bauern bei der Ernte'
2312v blau 'Steuer-Erklärung'
2300v blau 'Flachsernte'
2296v blau 'Gepäckträger'
2215v blau 'Korbträgerin'
2093v blau 'Entblößte Lastträgerin'
2085v blau 'Frauen beim Frisieren'
2080v blau 'Tauchende Fischer'
2075v blau 'Bauer hinterm Pflug'
2064v blau 'Hausboot auf dem Nil'
2047v blau 'Nilkahn mit Ruderern'
2044v blau 'Frau bei Morgentoilette'
2037v blau 'Bauhandwerker'
2021v blau 'Töpfer bei der Arbeit'
2014v blau 'Viehzählung'
2008v blau 'Bäcker beim Brotbacken'
1998v blau Musiker-Relief
1974v blau 'Frau mit Vase'
1972v blau 'Eintreffen einer Karawane'
1932v blau 'Lastentragende Frauen'
1917v blau 'Feigenernte'
1899v blau 'Wandersmann mit Esel'
1885v blau 'Karawane am Hofe'
1882v blau 'Knaben beim Ballspiel'
1874v blau 'Weberin mit Spindel'
1869v blau 'Bootsbau aus Papyrus'
1831v blau 'Antilopenfütterung'
1813v blau 'Nefer singt zur Harfe'
1774v blau 'Familie des Chui'
1771v blau 'In der Bierbrauerei'
1753v blau 'Tischler beim Werk'
1744v blau 'Arbeiterfamilie zuhaus'
1702v blau 'Krieger mit Helm'
1641v blau 'Krieger mit Streitaxt'
1587v blau 'Boxkämpfe'
1558v blau 'Stierspiele'
1549v blau 'Erntefest'
1540v blau 'Tanzende Frau'
1535v blau 'Bild einer Städterin'
1533v blau 'Trachtentanz'
1529v blau 'Prinz mit Federhut'
1495v blau 'Mann mit Trichter'
1491v blau 'Ruderer'
1485v blau Bild vom Hofleben
1481v blau 'Stierspringerin'
1480v blau 'Träumender Negerknabe'
1477v blau Stierfang-Szene
1473v blau 'Gazellenjagd'
1472v blau 'Weingewinnung'
1469v blau 'Streitende Mädchen'
1468v blau 'Die Dornauszieherin'
1467v blau 'Tänzerinnen mit Lotos'
1465v blau 'Empfang beim Pharao'
1462v blau 'Mädchen im Boot'
1457v blau 'Schreiber und Affe'
1453v blau 'Kind mit Amme'
1449v blau 'Das schöne Paar'
1447v blau 'In der Silberschmiede'
1444v blau 'Damenkapelle'
1442v blau 'Die Schusterwerkstatt'
1440v blau 'Abwiegen von Gold'
1437v blau 'Bauer bei Feldarbeit'
1436v blau 'Dame beim Festmahl'
1435v blau 'Dehut mit Mutter'
1433v blau 'Tänzerin mit Perlenschnur'
1431v blau 'Gewagtes Dekolleté'
1430v blau 'Der Lesende'
1429v blau 'Beladen der Lastschiffe'
1428v blau 'Wagenlenker am Start'
1425v blau 'Jüngling mit Lotos'
1424v blau 'Durchsichtige Gewänder'
1423v blau 'Inspektion der Herden'
1423v–1359v Juti
1422v blau 'Bürokratie auf dem Lande'
1421v blau 'Vermessung eines Ackers'
1420v blau 'Mädchen mit Papyrus'
1419v blau 'Diener des Schatzmeisters'
1417v blau 'Verzückter Negertanz'
1414v blau 'Musizierende Jungfrauen'
1413v blau 'Der fruchtbare Nil'
1412v blau 'Frau mit Perlenkette'
1411v blau 'Weinernte am Nil'
1410v blau 'Vier Musketiere'
1408v blau 'Vogelfang mit Lockvögeln'
1407v blau 'Schönheitstanz zur Flöte'
1403v blau 'Schreiber bei der Arbeit'
1402v blau 'Krieger'
1401v blau 'Das anmutige Paar'
1399v blau 'Hasenjagd'
1391v blau 'Pilgerfahrt nach Abydos'
1389v blau 'Arbeitende Handwerker'
1386v blau 'Mann beim Holzsägen'
1384v blau 'Gala-Empfang'
1381v blau 'Die Klageweiber'
1380v blau 'Königspaar in Barke'
1362v blau 'Geschenkverteilung'
1360v blau 'Zärtliche Schwestern'
1355v blau 'Der blinde Harfner'
1353v blau 'Soldat vor Bierkrug'
1350v blau 'Besuch aus dem Mohrenland'
1340v blau 'Trauergemeinde zu Schiff'
1336v blau 'Der lesende König'
1331v blau 'Soldaten grüßen General'
1324v blau 'Frau mit Lotosblüte'
1318v blau 'Schreiber kontrolliert'
1312v blau 'Damen in Hellblau'
1299v blau 'Die beiden Freundinnen'
1294v blau 'Frauen auf der Jagd'
1285v blau 'Mutter mit Sohn'
1281v blau 'Mädchen mit Ente'
1266v blau 'Eberjagd'
1247v blau 'Ein kühler Trunk'
1241v blau 'Heimkehr der Nilfischer'
1223v blau 'Tanz zum Tamburin'
1219v blau Brunnen-Szene
1217v blau Bild eines Ringkampfes
1209v blau 'Ehepaar beim Brettspiel'
1188v blau Melk-Szene
1180v blau 'Feldbestellung'
1147v blau 'Akrobatin'
1141v blau 'Der Lesende'
1085v blau 'Straußenjagd'
686v blau 'Efnemuts Opfer'
657v blau Relief einer Eselsjagd
639v blau 'Bienenzucht'
623v blau 'Frau Djet und Sohn'
619v blau 'Tamburin-Spielerin'
508v blau Epiktetos' Vasenbilder
488v blau Brygos: Trinkschale
418v blau 'Tanzende Spartanerinnen'
380v blau 'Musikkapelle'
345v blau Pamphilos: 'Familienbild'
329v blau 'Alexander auf Löwenjagd'
318v grün Tanagra-Figuren
278v blau 'Bauern bei der Ernte'
204v blau Bilder des Graphikos
182v blau 'Knabe mit Gans'
345n–406n Ku-Kai-Tschi
388n blau 'Lehren der Hofmeisterin'
601n–673n Li-Pen
667n blau 'Teetrinker'
734n blau 'Plätterinnen'
1137n blau Bildrolle vom Hofleben
1375n–1448n Josetsu
1401n–1428n Masaccio
1408n blau 'Welsfang mit Kürbis'
1563n blau 'Hochzeit zu Kana'
1565n blau Brueghel: 'Bauernhochzeit'
1590n blau Caravaggio: Volksszenen
1599n–1660n Velasquez
1606n–1669n Rembrandt
1617n blau Velasquez: 'Wasserträger'
1618n–1682n Murillo
1629n blau Hals: 'Amme mit Kind'
1630n blau 'Susanna im Bade'
1635n blau 'König Karl auf der Jagd'
1636n blau 'Raufende Bauern'
1639n blau 'Heimkehr von Heuernte'
1642n blau Lenain: 'Der Gärtner'
1646n blau 'Holzhackerfamilie'
1650n blau Murillo: 'Gassenbuben'
1657n blau 'Teppichweberinnen'
1662n blau Vermeer: 'Der Brief'
1670n blau Murillo: 'Würfelspieler'
1684n–1721n Watteau
1712n blau Watteau: 'Scherenschleifer'
1717n blau Watteau: 'Einschiffung'
1720n blau Firmenschild von Gersaint
1739n blau Chardin: 'Scheuerfrau'
1752n blau Tiepolo-Fresken
1757n blau 'Der zerbrochene Krug'
1766n blau 'Die Liebesschaukel'
1803n blau Utamaro: Volksleben
1837n blau Spitzweg: 'Armer Poet'
1851n blau Courbet: 'Steinklopfer'
1857n blau 'Die Ährenleserinnen'
1861n blau Schwind: 'Hochzeitsreise'

1863n blau 'Das Frühstück im Freien'
1872n blau 'Gänserupferinnen'
1873n blau Degas: 'Tanzschule'
1873n blau Repin: 'Wolga-Treidler'
1879n blau 'Am Frühstückstisch'
1882n blau 'Frauen in der Kirche'

GENT, Hafenstadt in West-Belgien, durch den Unterlauf der Schelde und durch einen direkten, 33 km langen Kanal mit dem Meer verbunden. Schon im 8. Jahrhundert einer der wichtigsten Handelshäfen der Nordsee, wurde die Stadt mit dem Aufstieg Flanderns zum Zentrum der europäischen Tuch-Erzeugung und erreichte im 12. Jahrhundert den Rang einer Weltstadt. Im 14. Jahrhundert fanden hier unter Führung von Jakob Artevelde und dessen Sohn Philipp erfolgreiche Erhebungen der arbeitenden Stadtbevölkerung gegen ihren Feudalherrn, den Grafen von Flandern, statt. Aber die erkämpfte Selbständigkeit dauerte nicht lange. 1385n fiel die Stadt an Burgund. 1477n wurde hier das erste Schutzzollgesetz verkündet ('Großes Privileg'). 1539n beseitigte Kaiser Karl V. nach einem mißglückten Aufstand der Stadt alle Sonderrechte. Mehrfache Plünderungen durch fremde Truppen vernichteten die Stadt in ihrem Grundbestand. 1714n fiel sie an Österreich, 1794n an Frankreich, 1814n an Holland. 1831n kam sie zu dem neugegründeten belgischen Staat. Heute Mittelpunkt der flämischen Bevölkerung Belgiens und seiner Selbständigkeitsbestrebungen.

1345n braun Weberaufstand
1390n–1441n Jan van Eyck
1432n blau Altarbild
1559n blau Kathedrale
1576n rot Zusammenschluß

GENUA, Hafenstadt am Mittelmeer (Norditalien). Vor 2300 Jahren wurde sie Hauptstadt der auf das Gebiet zwischen Riviera und Alpen zurückgedrängten Ligurer. Seit 218v unter römischem Einfluß. 205v von Karthago zerstört, aber um 200v mit Hilfe Roms wieder aufgebaut. 539n burgundisch, fiel sie 670n den Langobarden zu. Allmählich verselbständigte sich die durch Handel und Gewerbe aufblühende Stadt und stellte seit 1100n gewählte Konsuln an ihre Spitze. Gemeinsam mit Pisa vertrieb sie die Araber von der Insel Sardinien und gewann die Vormacht im westlichen Mittelmeer. Ihr erfolgreiches Vordringen ins östliche Mittelmeer führte zur 100jährigen Fehde mit Venedig, die mit einer Niederlage endete (1381n). Nach kurzer Volksherrschaft (1339n–1363n) aristokratisch, fiel die Stadt 1396n an Frankreich. 1528n durch Andrea Doria endgültig aus französischer Herrschaft befreit. Frankreichs Versuch zur Rückeroberung scheiterte (Verschwörung des Fiesco 1547n). Als Streitobjekt zwischen den europäischen Mächten verlor die Stadt mit ihrer Selbständigkeit Kraft und Bedeutung. 1768n mußte sie die Insel Korsika nach fast 500jähriger Herrschaft an Frankreich abtreten. Seit Errichtung eines selbständigen Italiens (1861n) wurde die Stadt wichtigster Hafen des neuen Staates. Mit zunehmender Industrialisierung (Chemie, Schwerindustrie) wuchs ihre Bedeutung, und sie wurde zu einem Zentrum der italienischen Arbeiterbewegung.

1087n braun Vordringen in Afrika
1087n grün Handel mit Nordafrika
1096n grün Kreuzzugs-Finanzierung
1098n rot Selbständigkeit
1100n grün Vorrechte in Jerusalem
1261n rot Bündnis mit Byzanz
1291n grün Forschungsfahrt der Vivaldi
1299n grün Kanarische Inseln entdeckt
1300n rot Gewinn Korsikas
1323n grün Madeira, Azoren entdeckt
1407n grün Girobank
1447n grün 'Genuesische Weltkarte'
1452n–1507n Kolumbus
1529n rot Unabhängigkeit
1768n rot Verlust Korsikas

GEOFFREY von Monmouth (um 1110n bis 1154n), englischer Name des Schriftstellers und Geschichtsschreibers Galfred, der eine Geschichte der ersten britischen Könige verfaßte, die vom legendären Reichsgründer Brutus bis zum geheimnisumwitterten König Artus reicht. In seinem Buch mischte er geschichtliche Überlieferung mit Sagenstoffen und eigener dichterischer Zutat. So gab er insbesondere den Gestalten des Königs Artus und des Zauberers Merlin ihre Ausprägung, die Grundlage aller späteren Behandlung dieser Stoffe wurde.

1137n blau Artussage

GEOGRAPHIE, aus dem Griechischen abgeleitete Bezeichnung für Erdkunde (wörtlich: Erdbeschreibung).

2463v–2403v Ni-User-Re
2404v blau Relief: Meridian-Messung
2325v grün Mesopotamien: Weltkarte
2295v grün Lehrbuch in Mesopotamien
1773v grün Vermessungs-Handbuch
1421v blau Gemälde: Ackervermessung
1258v grün Landkarte in Ägypten
948v grün Seeweg nach Indien
939v grün Chinesische Expeditionen
658v–595v Necho II.
610v–546v Anaximander
601v grün Umschiffung Afrikas
572v–493v Pythagoras
561v grün Anaximanders Weltkarte
533v grün Kugelgestalt der Erde
513v grün Skylax' Forschungsreise
499v grün Kriegsschauplatz-Karte
497v grün Hekataios' Reisebericht
482v–429v Herodot
450v blau Erdkundliche Geschichte
408v–355v Eudoxos
380v–306v Pytheas
372v–287v Theophrast
352v–285v Dikäarch
340v grün Beweis für Kugelgestalt
337v grün Aristoteles: Erdanziehung
330v grün Aristoteles: Meteorologie
325v grün Nearchos' Reise
324v grün Pytheas' Forschungsreise
323v grün Breite gleich Polhöhe
321v grün Erklärung der Gezeiten
321v–289v Megasthenes
320v grün Pytheas' Reisebericht
304v grün Mathematische Geographie
296v grün Längen- und Breitengrade
284v–212v Archimedes
274v–194v Eratosthenes
228v grün Eratosthenes: Erdumfang
225v grün Wissenschaft 'Geographie'
222v grün Eratosthenes' Weltkarte
172v–114v Tschang-Kien
160v grün Krates' Globus
138v grün Ortsbestimmung
135v–50v Poseidonios
129v grün Tschang-Kiens Reise
117v grün Hippalos: Monsun
97v grün Erklärung des Wetters
75v grün Prognose: Erdumseglung
64v–20n Strabo
23v grün Reichsvermessung Roms
15v grün Agrippas Straßenkarte
13n grün Strabo: Erdgestalt
23n–79n Plinius der Ältere
44n grün Melas Erdbeschreibung
101n–179n Ptolemäus
132n grün Arrianus: Schwarzes Meer
167n grün Kegel-Projektion
170n grün 'Kartenzeichnen'
170n blau Pausanias: Griechenland
288n grün Bericht über Japan
414n grün Bericht über Indien
487n–565n Kosmas
504n–570n Gildas der Weise
548n grün Christliche Erdkunde
602n–664n Hüan-Tsang
646n grün 'Über die Westlande'
692n grün I-Tsings Reisebericht
701n–784n Fergil der Geometer
743n grün 'Antipoden'-Lehre
827n grün Himmels- und Erdatlas
851n–938n Al Baki
862n grün Erreichung Islands
872n grün Ptolemäus arabisch
888n–956n Al Masudi
898n grün Seeweg nach Nord-Rußland
901n grün Entdeckung Grönlands
918n grün Al Masudis Reisen
921n grün Al Balkis Atlas
922n grün Ibn Fadlan: Rußland
940n grün Werk über Arabien
967n–1021n Leif Erikson
973n–1048n Al Biruni
985n grün Bericht vom Araberreich
999n grün Abu Dulafs Reisebericht
1000n grün Entdeckung Amerikas
1017n–1088n Adam von Bremen
1047n grün Erdumfang-Berechnung
1096n–1166n Al Idrisi
1154n grün Al Idrisis Hauptwerk
1164n grün Al Idrisis Weltkarte
1224n blau Erdkundliches Lexikon
1254n–1324n Marco Polo
1255n grün Rubruks Reisebericht
1280n grün 'Wunder der Geschöpfe'
1291n grün Fahrt der Brüder Vivaldi
1295n grün Erd-Globus
1298n grün Marco Polos Bericht
1299n grün Entdeckung der Kanaren
1304n–1377n Ibn Batuta
1318n grün Visconti: Weltkarte
1321n grün Erdoberfläche berechnet
1323n grün Madeira, Azoren entdeckt
1341n grün Pegolottis Reiseführer
1352n grün Reisebericht Ibn Batutas
1368n grün Oresme: Erddrehung
1376n grün Crescas: Weltkarte
1394n–1460n Heinrich der Seefahrer
1401n–1464n Nikolaus von Kues
1434n grün Achsdrehung der Erde
1447n grün 'Genuesische Weltkarte'
1452n–1507n Kolumbus
1456n grün Cadamostos Reise
1459n grün Fra Mauros Weltkarte
1466n grün Trapez-Projektion
1471n grün Entdeckung der Goldküste
1473n–1543n Kopernikus
1478n grün Kupferstich-Karte
1480n–1521n Magellan
1483n grün Kongomündung entdeckt
1484n grün Guinea-Inseln entdeckt
1486n grün Entdeckung Timbuktus
1486n grün Diaz: Kapumseglung
1491n grün Gedruckte Landkarte
1492n grün Kolumbus in Amerika
1492n grün Behaims Globus
1497n grün Caboto: Labrador
1498n grün Seeweg nach Indien
1499n grün Europäer in Südamerika
1500n grün Entdeckung Brasiliens
1500n grün Cosas Weltkarte
1502n grün Festland Mittelamerikas
1505n grün Entdeckung Ceylons
1507n grün Waldseemüllers Weltkarte
1512n grün Entdeckung der Molukken
1513n grün Stiller Ozean entdeckt
1515n grün La-Plata-Gebiet entdeckt
1517n grün Seeweg nach China
1519n grün Erdumseglung begonnen
1521n grün Philippinen entdeckt
1522n grün Entdeckung der Bermudas
1522n grün Erdumseglung beendet
1524n grün Al Vassans Werk
1526n grün Entdeckung Neu-Guineas
1527n grün Hawaii-Inseln entdeckt
1533n grün Entdeckung Kaliforniens
1534n grün Entdeckung Kanadas
1541n grün Münsters Weltbeschreibung
1543n grün Erreichung Japans
1549n grün Herbersteins Buch
1553n grün Chancellors Rußland-Fahrt
1567n grün Salomon-Inseln entdeckt
1569n grün Mercators Weltkarte
1580n grün Drakes Erdumseglung
1590n grün Meßtisch
1595n grün Mercators Atlas
1596n grün Barents' Entdeckungen
1598n grün Erdmagnetismus
1605n grün Entdeckung Australiens
1606n grün Entdeckung Tahitis
1609n grün Hudsons Entdeckungen
1616n grün Baffin-Bai entdeckt
1616n grün Bismarck-Inseln entdeckt
1642n grün Entdeckung Neuseelands
1643n grün Fidschi-Inseln entdeckt
1643n–1727n Newton
1648n grün Deschnew: Beringstraße
1650n–1722n Kang-Hi
1656n grün Atlas von China
1700n grün Roggeveens Entdeckungen
1728n grün Berings Reise
1737n grün Geologische Karte
1740n grün Kap Tscheljuskin entdeckt
1741n grün Kartenaufnahme Sibiriens
1749n grün Tiefseetemperaturen
1759n grün Harrisons Seeuhr
1771n grün Cooks Forschungsreise
1773n grün Werner: Gesteinskunde
1788n grün Hutton: Erdtheorie
1794n blau Forster: 'Niederrhein'
1804n grün Gay-Lussac: Ballonaufstieg
1817n grün Ritters Forschungen
1820n grün Synoptische Wetterkarte
1831n grün Magnetischer Nordpol
1832n grün Erdmagnetismus
1845n blau A. Humboldt: 'Kosmos'
1855n grün Livingstone: Victoriafälle
1859n grün Luftbild
1894n grün Nansen: Nordpol-Expedition
1894n grün Hedin: Asien-Expedition
1909n grün Peary: Nordpol
1911n grün Amundsen: Südpol
1931n grün Piccards Ballonaufstieg
1946n grün Byrds Südpol-Expedition
1951n grün Kuiper: 'Atmosphäre'
1952n grün Meteoro-Biologie
1954n grün Tauchtiefe 4050 m
1960n grün Tauchtiefe 10970 m

GEOLOGIE, vom griechischen Worte 'gea' (= Erde) abgeleitete Bezeichnung für die Wissenschaft von Aufbau und Beschaffenheit der Erde und ihrer Entwicklungsgeschichte (einschließlich der Pflanzen- und Tierwelt).

23n–79n Plinius der Ältere
78n grün Plinius: Naturkunde
1098n–1178n Hildegard von Bingen
1160n grün Hildegards Naturkunde
1555n grün Agricolas Bergwerksbuch
1737n grün Packes Karte
1765n grün Bergakademie Freiberg
1773n grün Werner: Gesteinskunde
1788n grün James Huttons Lehre
1795n grün Historische Geologie
1879n–1968n Otto Hahn

GEOMETRIE, Lehre von den Gesetzmäßigkeiten der Linien, Flächen und Körper. Teilgebiet der Mathematik. Das Wort (eigentlich 'Erdmessung') deutet auf die Herkunft dieser Wissenschaft von der einfachen Feldmessung. Sie entwickelte sich über die Dreiecks- und die Winkellehre zur Kreislehre und zu den Kegelschnitten, zur Projektion und zur Perspektive.

2004v grün Rechtecke in Sumer
1828v grün Wert 'pi' in Ägypten
1773v grün Vermessungs-Handbuch
1421v blau Gemälde: Ackervermessung
995v grün Anfänge in China
959v grün Kreis-Berechnung
624v–546v Thales
572v–493v Pythagoras
546v grün Dreiecks-Satz
442v grün Lehrbuch des Hippokrates
433v–351v Archytas
408v–355v Eudoxos
394v grün Würfelverdoppelung
372v grün Grundlage der Malerei
365v–276v Euklid
363v grün Körperinhalts-Berechnung
358v grün Goldener Schnitt
325v grün Euklids 'Elemente'
316v–250v Aristarch
314v grün Euklids 'Daten'
284v–212v Archimedes
246v grün Apollonios: Kegelschnitte
232v grün Archimedes: Kreis
207v grün Würfelverdoppelungs-Gerät
179v grün Nikomedes: Konchoide
171v grün Kreisteilung in Grade
124v grün Dreiecksflächen-Formel
116v–27v Varro
167n grün Kegel-Projektion
214n–280n Diophant
230n–300n Pappos
276n grün Baryzentrische Regel
280n grün Beweis: Schwerpunktlehre
382n–440n Martianus Kapella
476n–535n Arjabatta
527n grün Sinus-Berechnung
598n–660n Brahmagupta
688n blau Lehrfach in Byzanz
790n grün Euklid arabisch
855n–929n Al Battani
893n grün Vereinfachte Sinus-Lehre
980n grün Abul Wafa: Konstruktionen
1008n grün Quadratur des Kreises
1036n grün Al Birunis Werk
1039n–1123n Al Kajam
1114n–1186n Bhaskara
1153n grün Euklid lateinisch
1251n grün Sphärische Trigonometrie
1372n grün Oresmes Lehre
1415n grün Brunellesco: Perspektive
1417n–1492n Francesca
1466n grün Trapez-Projektion
1482n grün Francesca: Perspektive
1623n–1662n Pascal
1636n grün Analytische Geometrie
1826n grün Lobatschewskis Lehre
1854n grün Riemanns Lehre
1890n grün Lie: Gruppentheorie

GEOPHYSIK, Wissenschaft von den physikalischen Eigenschaften der Erde. Im engeren Sinne nur die Lehre vom festen Erdkörper, umfaßt sie heute auch die Physik des Meeres (Ozeanographie) und die Physik der Atmosphäre (Meteorologie).

380v–306v Pytheas
337v grün Anziehungskraft der Erde
330v grün Aristoteles: Meteorologie
321v grün Erklärung der Gezeiten
135v–50v Poseidonios
97v grün Erklärung des Wetters
133n–205n Kleomedes
185n blau Strahlenbrechung
512n grün Wirbel in Lufthülle
965n–1039n Al Hassan
1004n grün Höhe der Atmosphäre
1021n grün Erklärung der Dämmerung
1548n–1600n Giordano Bruno
1571n grün Bewegende Kraft der Erde
1599n grün Gilbert: Erdmagnetismus
1643n grün Barometer
1643n–1727n Newton
1646n grün Pascal: Luftdruck
1666n grün Gravitationsgesetz
1749n grün Tiefseetemperaturen
1831n grün Magnetischer Nordpol
1832n grün Gauß: Erdmagnetismus
1879n–1955n Einstein
1951n grün Kuiper: Atmosphäre
1958n grün Strahlungsgürtel der Erde

GEORG (um 270n–303n), römischer Offizier aus Kappadozien (Kleinasien). Als Christ wegen Verweigerung der Unterwerfung unter die römische Religion hingerichtet. Von der christlichen Kirche zum Heiligen erklärt, wurde er als Schutzpatron der Ritter und Reiter verehrt. In der christlichen Kunst meist als drachentötender Ritter dargestellt. Englischer Nationalheiliger.

888n blau Georgslied
1407n grün 'Bank des heiligen Georg'

GEORG I. (1660n–1727n), englischer König von 1714n bis 1727n. Sohn des Kurfürsten Ernst August von Hannover. Folgte 1698n seinem Vater als Herrscher des Fürstentums Hannover. Beim Tode der kinderlosen Königin Anna von England (1714n) wählte man ihn als Urenkel des englischen Königs Jakob zum König von England, und er regierte fortan beide Länder. Seine häufige Abwesenheit von England und seine Unkenntnis dieses Landes, dessen Sprache er nicht beherrschte, führten zu Erhebungen, die aber durch den von ihm eingesetzten Ministerpräsidenten Walpole niedergehalten wurden. Durch ein Bündnis mit Frankreich, Holland und dem deutschen Kaiser (Quadrupel-Allianz) sicherte er seine Stellung in Europa, erwarb Bremen und Verden für sein hannoversches Fürstentum und verbesserte die Stellung Englands auf den Meeren.

1700n/1721n Nordischer Krieg
1714n rot Union Hannover-England
1715n rot Bund gegen Schweden
1721n rot Walpole Premierminister

GEORGE, Henry (1839n–1897n), nordamerikanischer Volkswirtschaftler und Schriftsteller. Als Sohn armer Eltern wurde er Laufbursche, Matrose, Goldgräber und Buchdrucker, dann Journalist und Herausgeber bedeutender Zeitungen. Nach Studienreisen durch England und Australien wandte er sich der Erforschung volkswirtschaftlicher Fragen zu und veröffentlichte mehrere Bücher. In seinem Hauptwerk 'Fortschritt und Armut' führte er die soziale Not auf das Privateigentum an Grund und Boden zurück und forderte dessen Beseitigung durch Bodenreform.

1879n blau 'Fortschritt und Armut'

GEORGE, Stefan (1868n–1933n), deutscher Dichter. Als Sohn eines Weinhändlers und Gastwirts studierte er Philosophie und Kunstgeschichte, reiste durch ganz Europa, lernte Mallarmé, Swinburne und d'Annunzio kennen und übersetzte deren Werke ins Deutsche. 24jährig gründete er seine 'Blätter für die Kunst' als Zeitschrift für einen Kreis von Männern, die sich um seine Person sammelten und ihn als 'Meister' verehrten. Seinen Jüngern teilte er ein Elitebewußtsein mit, das auf der priesterlichen, prophetischen Rolle beruhte, die er dem Künstler zuschrieb, und das durch geheimnisvolle Bräuche und exklusive Lebensäußerungen zu einem Kult gesteigert wurde. In seinem Schönheitssinn orientierte er sich am Griechentum, dessen Ideale ihm auch sonst als Maßstab galten. Seine Gedichte sind in einer bewußt hoheitsvollen Sprache geschrieben und von starkem Sendungsbewußtsein getragen ('Teppich des Lebens', 'Der Krieg', 'Hymnen', 'Der siebente Ring', 'Maximin').

1897n blau 'Jahr der Seele'

GEORGIA, nach dem englischen König Georg II. benannter Staat im Südosten Nordamerikas. Das an Florida angrenzende Land wurde 1540n von dem Spanier Soto entdeckt, und seit 1733n von Engländern besiedelt und seit 1754n als letztes der 13 nordamerikanischen Länder englisch. Erklärte 1776n seine Unabhängigkeit und wurde im Kampf mit der englischen Kolonialmacht mehrfach Kriegsschauplatz. Trat 1861n aus den Vereinigten Staaten (USA) aus und behielt die Sklaverei bei. Wurde aber im Sezessionskrieg geschlagen und ist seit 1871n wieder Bundesstaat der USA.

1733n rot Sträflingskolonie
1775n/1783n Kampf Nordamerikas
1776n rot Unabhängigkeitserklärung
1861n/1865n Sezessionskrieg

GEORGIEN, Land und Staat am Südhang des Kaukasus. Geographisch zu Vorderasien gehörig, war es seit alters her ein Durchgangsland, in dem sich europäische und asiatische Einflüsse die Waage hielten. Trotz früher persischer und griechischer Vorstöße blieb das Land bis zur Römerzeit selbständig. Pompejus brachte es unter römische Oberhoheit. Dann rangen die Armenier mit den Persern um das Land und führten das Christentum ein. Im 6. Jahrhundert begann die byzantinische Oberhoheit, unterbrochen durch Araberherrschaft. Um 1200n erstreckte sich das Land unter Georg III. und dessen Tochter Tamara vom Kaspischen bis zum Schwarzen Meere und schloß Armenien sowie Aserbeidschan ein. Bald darauf wurde es durch Mongoleneinfälle verwüstet. Seit dem 16. Jahrhundert geriet es unter türkischen und persischen Einfluß. 1783n begann die Russifizierung, 1878n fiel der letzte Landesteil mit Batumi an Rußland. In die Unabhängigkeitsbestrebungen des Landes mischte sich bald sozialrevolutionäre Empörung. Bewaffnete Arbeiter und Bauern führten seit der Revolution von 1905n Enteignungen durch. Sie erklärten das Land 1921n zum Sowjetstaat, der 1922n der UdSSR angeschlossen wurde.

106v–48v Pompejus
74v/64v 3. Mithridatischer Krieg
455n blau Gründung von Tiflis
633n/732n Arabischer Krieg
1040n–1072n Arsalan der Löwenherzige
1064n braun Seldschuken-Einfall
1155n–1227n Dschingis-Khan
1207n/1279n Großer Mongolenkrieg
1207n blau Rustawelis Dichtung
1223n rot Mongolen-Herrschaft
1336n–1405n Timur
1801n rot Russischer Besitz
1876n/1878n Krieg Rußland — Türkei
1879n–1953n Stalin
1905n/1906n Russische Revolution
1917n/1922n Russische Revolution
1922n rot Anschluß an UdSSR

GEORGIOS Pisides, byzantinischer Dichter.

584n–641n Lebenslinie
629n blau Lehrgedicht

GEOZENTRISCHES WELTBILD, Vorstellung vom Aufbau der Welt nach dem reinen Augenschein mit einer in der Mitte der Welt still stehenden Erde, um die sich alle Himmelskörper bewegen. Seit mehr als 2000 Jahren durch das sich ständig erweiternde wissenschaftliche Weltbild überholt, wurde es durch die katholische Kirche gewaltsam aufrechterhalten, um die auf ihm beruhende Bibel vor Unglaubwürdigkeit zu bewahren. Dadurch wurde der Kampf gegen dieses Weltbild zum Kampf um die Befreiung vom kirchlichen Dogma.

610v–546v Anaximander
554v grün 'Himmelskugel'
496v grün Pythagoreer: Gegnerschaft
408v–355v Eudoxos
390v–310v Herakleides
370v grün Weltbild des Eudoxos
355v grün Planetenbewegung
316v–250v Aristarch
258v grün Aristarch: Gegnerschaft
206v grün Lehre des Apollonios
64v–20n Strabo
5n grün Lehre des Strabo
101n–179n Ptolemäus
153n grün Lehre des Ptolemäus
1473n–1543n Kopernikus
1528n grün Kopernikus: Gegnerschaft
1564n–1642n Galilei
1616n rot Kampf gegen Kopernikus
1633n rot Kampf gegen Galilei

GEPÄCKTRÄGER

2296v blau Ägyptische Plastik

GEPIDEN, germanischer Volksstamm, dessen Heimat vor 2000 Jahren das Mündungsgebiet der Weichsel in die Ostsee war. Im 4. Jahrhundert nach der Zeitwende verließen sie ihre Wohnsitze und gründeten ein neues Reich im unteren Donauraum. Dort wurden sie 375n von den Hunnen unterworfen. Bei der endgültigen Niederlage der Hunnen in Europa erkämpften sie noch einmal ihre Freiheit und dehnten ihr Reich in Ostungarn auf Siebenbürgen und die Walachei aus. Aber hundert Jahre später verloren sie endgültig ihre Unabhängigkeit und blieben entweder an ihren Wohnsitzen als Untertanen der siegreichen Awaren oder sie folgten den Langobarden und gingen in diesem Volke auf.

370n/455n Hunnenkriege
455n rot Reich im Donauraum
541n–572n Alboin
567n braun Niederlage
567n rot Ende des Reiches
568n/569n Kämpfe in Oberitalien

GERASA, Stadt in Jordanien (Vorderasien) unweit des Toten Meeres. Nach Eroberung durch Alexander den Großen zu einer bedeutenden Handelsstadt aufgestiegen, erlebte sie ihre Blüte in den ersten Jahrhunderten nach der Zeitwende unter römischer Herrschaft. 614n durch Perser zerstört und im Arabischen Krieg 635n dem Araberreiche einverleibt. Hier wurde vor 1900 Jahren der griechische Mathematiker und Philosoph Nikomachos geboren.

130n grün Nikomachos: Zahlenlehre
139n grün Nikomachos: Harmonik

GERBERT von Montreuil (um 1190n bis um 1250n), französischer Dichter. Schrieb einen Roman aus der ritterlichen Welt ('Veilchenroman'). Darin behandelte er Verwicklungen um einen Grafen, der im Anschluß an eine Wette damit prahlte, eine Dame der Gesellschaft verführt zu haben. Verfaßte auch eine Fortsetzung der Parsivals-Erzählung seines Landsmanns Christian von Troyes.

1228n blau 'Veilchenroman'

GERBERT von Reims, französischer Priester. Papst von 999n bis 1003n unter dem Namen Silvester II.

943n–1003n Lebenslinie
972n–1038n Stephan I.
980n–1002n Otto III.
999n rot Kirchenhoheit in Ungarn
1001n braun Aufstand in Rom

GERHARD von Toledo, italienischer Gelehrter.

1114n–1187n Lebenslinie
1138n grün Übersetzerschule
1161n blau Aristoteles-Übersetzung
1172n grün Ibn-Sina-Übersetzung

GERHARDT, Paul (1607n–1676n), deutscher Liederdichter. Als evangelischer Geistlicher mußte er Berlin verlassen, weil er die vom Großen Kurfürsten angestrebte Vereinigung aller reformierten Kirchen ablehnte. In dem außerhalb Brandenburgs gelegenen Spreewald-Ort Lübben schrieb er über hundert Lieder, die religiöse Inhalte in volksliedhafter Form ausdrücken und deshalb von den Kirchen schnell eingeführt wurden ('Geh aus, mein Herz, und suche Freud', 'Nun ruhen alle Wälder').

1645n blau Lieder

GERMANIKUS, Gajus Julius Cäsar, römischer Feldherr.

15v–19n Lebenslinie
4n/16n Dritter Germanenkrieg

GERMANIN, Name eines künstlich aus Harnsäure hergestellten Heilmittels. Das geruch- und geschmacklose Pulver ist von besonderer Wirksamkeit gegen die in Afrika verbreitete Schlafkrankheit. Es wird zur Heilung sowie zur Vorbeugung verwendet. In großem Umfang eingesetzt, führt es zur Entseuchung ganzer Gebiete. Von den deutschen Chemikern Dressel und Kothe unter dem Namen 'Bayer 205' entwickelt und von Roehl auf seine Heilwirkung geprüft, wurde es nach fünfjähriger Beobachtung im Hamburger Tropen-Institut zuerst an Menschen erprobt. Die überragenden Heilerfolge führten zu einem schnellen Siegeszug und zu seiner Umbenennung.

1916n grün Erfindung

GERMANIUM, Name eines grauweißen, spröden und sehr seltenen Elementes, das auf der Grenze zwischen Metallen und Nicht-Metallen steht (Halbmetall) und dessen Leitfähigkeit mit steigender Temperatur zunimmt (Halbleiter). Der russische Chemiker Mendelejew hatte 1871n die Existenz dieses Elementes auf Grund seines Periodischen Systems vorausgesagt — fünfzehn Jahre später wurde es von dem deutschen Chemiker Clemens Winkler in Freiberg entdeckt. Die industrielle Produktion von Transistoren und anderen Halbleiter-Fabrikaten wurde erst durch seine massenhafte Erzeugung möglich, die 1950n gelang.

1886n grün Entdeckung
1926n grün Diode

GERMANTOWN, englisches Wort für 'deutsche Stadt'. Name eines Vorortes von Philadelphia, mit dem es gleichzeitig entstand. Gegründet durch den Deutschen Pastorius, der als Gesinnungsfreund Penns mit einer Gruppe deutscher Auswanderer sich hier ansiedelte, und der auch 1688n von hier aus den ersten Protest gegen die Sklaverei erhob. 1702n entstand die erste deutsche Schule Amerikas. 1777n verloren hier die nordamerikanischen Befreiungstruppen unter Washington eine Schlacht gegen die englische Kolonialmacht. Der Ort blieb bis in unser Jahrhundert ein Zentrum deutscher Kultur in Amerika.

1688n blau Protest gegen Sklaverei
1690n grün Papierfabrik
1775n/1783n Kampf Nordamerikas

GERMANUS, Nikolaus (um 1420n bis 1489n), deutscher Geograph. Erlernte in Mainz den Buchdruck und verbreitete die neue Kunst in Italien. In Padua fertigte er als Miniaturmaler mehrere Handschriften des Buches 'Geographie' des Ptolemäus an. Hierfür schuf er auch neue Karten von Spanien, Italien und von nordeuropäischen Ländern. Diesen Karten legte er eine eigene Projektion ('Trapez-Projektion') zugrunde. 1482n gab er in Ulm seine Handschrift mit den Landkarten gedruckt heraus.

1466n grün Trapez-Projektion

GERO (um 900n–965n), deutscher Fürst. Von Kaiser Otto dem Großen als Markgraf für die Ostmark eingesetzt, erweiterte er die deutschen Gebiete an Elbe und Saale durch zähe Kämpfe gegen Slawen und Wenden. Machte die Gebiete bis zur Oder und Warthe tributpflichtig und zwang den neugegründeten polnischen Staat zur Anerkennung der deutschen Oberhoheit. Zur Befestigung der deutschen Macht legte er in den eroberten Gebieten Burgen und Bischofssitze an.

955n braun Sieg über Slawen
955n rot Gebietsgewinn
963n braun Sieg über Polen
963n rot Gebietsgewinn

GERSHWIN, George (1898n–1937n), nordamerikanischer Komponist. In einem Arbeiterviertel von New York aufgewachsen, entwickelte er selbst seine musikalische Begabung, wurde Unterhaltungsmusiker und begann mit der Komposition volkstümlicher Weisen. Auf Veranlassung des Jazzkönigs Paul Whiteman schrieb er ein Musikstück, das Bestandteile des Jazz mit sinfonischen und volkstümlichen Motiven mischte. Der Erfolg dieser Komposition ('Rhapsodie in Blau') ließ ihn auf dem neuen Weg fortschreiten. Schuf Filmmusik ('Ein Amerikaner in Paris'), sinfonische Musik ('Kubanische Ouvertüre'), Klaviermusik ('Konzert in F-Moll'), Unterhaltungsmusik (Schlager) sowie eine sozialkritische Oper ('Porgy und Bess').

1935n blau 'Porgy und Bess'

GERSON, Johannes (1363n–1429n), französischer Theologe. Als Schüler des Peter d'Ailly vertrat er dessen Lehre, daß Entscheidungen der Versammlung aller Kirchenfürsten (Konzil) über päpstlichen Entschlüssen stehen und daß sich infolgedessen der Papst den Konzilsbeschlüssen zu unterwerfen habe. Wurde Rektor der Pariser Theologenschule (Sorbonne). Auf dem Konstanzer Konzil trat er den päpstlichen Ansprüchen entgegen, wandte sich aber noch entschiedener gegen Hus und besiegelte dadurch dessen Schicksal. Vertrat den Standpunkt, daß der Mensch durch Versenkung in sich selbst mit Gott eins werden könne und dazu die Kirche nicht unbedingt benötige (Mystik). Damit geriet er in Gegensatz zur Scholastik, nach deren Auffassung der Mensch nur durch Vermittlung der Kirche sich Gott nähern könne.

1415n blau Vorrang der Konzile

GERSON, Levi ben (1288n–1344n), jüdischer Naturforscher und Religionsphilosoph spanischer Herkunft. In Bagnols (Südfrankreich) geboren, lebte er in der benachbarten Stadt Avignon seinen Studien. Von mathematischen Berechnungen ausgehend, wandte er sich der Sternbeobachtung zu. Unter den Geräten, die er sich hierfür baute, befand sich ein verstellbarer Winkelmesser, über dessen Enden man entfernte Punkte anvisieren konnte ('Jakobsstab') und der zur Ortsbestimmung bei der Seefahrt diente. Mit Hilfe einer geschlossenen Dunkelkammer, die nur ein winziges Loch für den Lichteinfall hatte ('camera obscura'), beobachtete er Mond- und Sonnenfinsternisse. In verschiedenen Schriften versuchte er den jüdischen Glauben so zu verändern, daß er mit den Naturwissenschaften vereinbar wurde.

1320n grün Camera obscura
1325n grün 'Jakobsstab'

GERSTE, vielseitig verwendete Getreideart, die in ihrem vorderasiatischen Ursprungslande (Mesopotamien) vor 4500 Jahren als Währungseinheit galt. Seit alters her als Brotgetreide verwendet, später auch zum Bierbrauen sowie zur Malzbereitung und als Kaffee-Ersatz, aber auch zur Mast-Fütterung von Geflügel und Vieh.

2950v grün Gebrauch beim Bierbrauen
2887v grün Mahlen durch Mühlsteine
2350v grün Ablösung als Werteinheit

GESANDTE, GESANDTSCHAFTEN

1511v blau Kretisches Relief
1465v blau Ägyptisches Gemälde
1118v–1058v Wen-Amun
484v–378v Gorgias
321v–282v Megasthenes
172v–114v Tschang-Kien
157v–87v Wu-Ti
57n rot Japaner in China
107n rot Inder in Rom
166n grün Geschenke nach China
411n–474n Priskus
515n–572n Muhan
651n rot Austausch Arabien–China
765n rot Austausch Franken–Araber
798n rot Araber zu Karl I.
1177n grün Papst-Brief nach Indien
1182n–1250n Johannes Karpini
1245n rot Karpini bei Mongolen
1253n rot Rubruk bei Mongolen
1727n rot Verbindung Rußland–China

GESANG

2587v–2514v Ur-Nina
2560v grün Sologesang in Mari
2555v–2491v Hemre
2549v blau Lieder und Hymnen
2541v blau Statue einer Sängerin
2480v blau Amt für Sänger
2399v blau Statue eines Sängers
2059v–1997v Anchu
1994v blau Ägyptisches Harfnerlied
1894v grün Öffentliche Darbietung
1852v–1786v Nefer
1813v blau 'Nefer singt zur Harfe'
1515v–1479v Har-Mosis
1320v–1258v Nefer
1270v blau Schule in Babylon
712v–642v Terpander
708v–628v Alkman
686v–613v Tyrtaios
682v blau Terpander: Kunstgesang
675v blau Musikschule in Sparta
656v–587v Arion
641v–555v Stesichoros
633v blau Jungfrauenchor in Sparta
625v blau Dramatischer Gesang
254v–184v Plautus
154n–222n Bardesanes
184n blau Syrisches Kirchenlied
208n–280n Paulus von Samosata
260n grün Chöre im Gottesdienst
306n–373n Ephräm der Syrer
315n–367n Hilarius von Poitiers
340n–397n Ambrosius
380n blau Gottesdienst: Volksgesang
517n blau Gesang des 'Ave Maria'
599n blau Gregorianischer Gesang
720n blau Volkslieder in Japan
791n blau Sängerschulen der Franken
864n blau 'Petruslied'
888n grün Mehrstimmiger Gesang
894n blau Regino: Kirchengesang
918n blau Hucbald: Kirchengesang
1098n–1178n Hildegard von Bingen
1135n blau Hildegards Lieder
1143n–1203n Heinrich von Veldeke
1145n–1209n Bertran de Born
1152n–1246n Peire Cardinal
1154n blau Gesangschule in Paris
1168n–1220n Wolfram von Eschenbach
1172n–1228n Walther von der Vogelweide
1180n–1225n Heinrich von Morungen
1200n–1242n Neidhart von Reuenthal
1206n blau 'Sängerkrieg'
1208n–1270n Tannhäuser
1232n blau Carmina Burana
1238n–1286n Adam de la Halle
1271n blau Singspiel
1323n blau Sängerfeste in Toulouse
1361n blau Landinos Madrigale
1425n grün Kirchenlied-Begleitung
1435n blau Dufays Werke
1450n blau Meistersinger-Schule
1501n blau Josquin: Vielstimmigkeit
1525n–1594n Palestrina
1532n–1594n Orlando di Lasso
1583n blau Monteverdis Madrigale
1585n blau A-cappella-Gesang
1585n blau Orlandos Lieder
1585n–1672n Heinrich Schütz
1594n blau Peri: 'Dafne'
1607n blau Monteverdi: 'Orfeo'
1622n blau Auferstehungs-Oratorium
1627n blau Schütz: 'Daphne'
1645n blau Paul Gerhardts Lieder
1672n blau Lully: 'Liebesfeste'
1685n–1750n Bach
1685n–1759n Händel
1691n blau Purcell: 'König Arthur'
1693n blau Da-Capo-Arie
1693n blau Telemanns erste Oper
1723n blau 'Johannes-Passion'
1728n blau Gay-Pepusch: Bettleroper
1729n blau 'Matthäus-Passion'
1732n blau Händel: 'Ezio'
1732n–1809n Haydn
1733n blau Komische Oper
1737n blau 'Castor und Pollux'
1738n blau 'Rule Britannia'
1741n blau Händel: 'Messias'
1742n blau Bach: 'Kaffee-Kantate'
1746n blau Händel: 'Judas Makkabäus'
1756n–1791n Mozart
1762n blau 'Orpheus und Eurydike'
1770n–1827n Beethoven
1779n blau Gluck: 'Iphigenie'
1785n blau 'Figaros Hochzeit'
1787n blau 'Don Juan'
1791n blau 'Die Zauberflöte'
1792n blau 'Die Marseillaise'
1797n–1828n Schubert
1799n blau Haydn: 'Die Jahreszeiten'
1800n blau Cherubini: 'Wasserträger'
1805n blau 'Fidelio'
1809n blau Berliner Akademie
1813n–1883n Wagner
1816n blau 'Der Barbier von Sevilla'
1818n blau 'Stille Nacht'
1820n blau 'O Tannebaum'
1821n blau Weber: 'Der Freischütz'
1821n blau Schuberts Lieder
1823n blau Beethoven: 9. Sinfonie
1831n blau 'Robert der Teufel'
1832n blau Donizetti: 'Liebestrank'
1837n blau 'Zar und Zimmermann'
1841n blau Schumanns Lieder
1843n blau 'Der fliegende Holländer'
1847n blau Flotow: 'Martha'
1849n blau 'Die lustigen Weiber'
1851n blau Verdi: 'Rigoletto'
1858n blau 'Orpheus in der Unterwelt'
1859n blau Gounod: 'Margarethe'
1866n blau 'Die verkaufte Braut'
1867n blau 'Die Meistersinger'
1868n blau 'Deutsches Requiem'
1874n blau Mussorgski: 'Godunow'
1874n blau J. Strauß: 'Fledermaus'
1874n blau 'Ring des Nibelungen'
1875n blau Bizet: 'Carmen'
1877n blau 'Eugen Onegin'
1878n blau Hugo Wolfs Lieder
1890n blau 'Cavalleria Rusticana'
1891n blau Zeller: 'Vogelhändler'
1892n blau Leoncavallo: 'Bajazzo'
1896n blau Puccini: 'La Bohème'
1903n blau D'Albert: 'Tiefland'
1905n blau Lehár: 'Lustige Witwe'
1905n blau R. Strauß: 'Salome'
1907n blau Reger: 'Schlichte Weisen'
1911n blau 'Rosenkavalier'
1911n blau Schönberg: 'Gurre-Lieder'
1927n blau Krenek: 'Jonny'
1928n blau 'Drei-Groschen-Oper'
1929n blau Lehrstück
1935n blau 'Porgy und Bess'
1938n blau Honegger: 'Johanna'
1942n blau Orff: 'Die Kluge'
1945n blau Britten: 'Peter Grimes'
1951n blau Strawinski: 'Wüstling'
1951n blau 'Wächter des Friedens'
1951n blau 'Tanz ums goldene Kalb'
1955n blau Egk: 'Irische Legende'
1957n blau 'Paris für uns zwei'
1963n blau Milhaud: 'Orestie'

GESCHICHTSFÄLSCHER

1408n–1472n Nezalhual
1437n rot Todesstrafe

GESCHICHTSSCHREIBUNG

2838v grün Jahrestäfelchen (Bilder)
2822v–2781v Udimu
2790v grün Jahrestäfelchen (Schrift)
2633v–2570v Meten
2570v blau Autobiographie Metens
2496v–2448v Nefer-Re
2452v blau Aufzeichnungen in Ägypten
2264v grün Annalen in Mesopotamien
1801v blau Königslisten in Assur
1759v blau Königslisten in Sumer
1475v blau Annalen-Saal in Karnak
1367v–1315v Mur-Sili II.
1328v–1252v Hattu-Sili III.
1316v blau Mur-Silis Annalen
1314v blau Ägyptische Königsliste
1254v blau Hattu-Silis Werk
1106v blau Kriegsbericht in Assur
791v blau Synchronistisches Werk
733v–645v Kuan-Tse
673v blau 'Buch der Urkunden'
653v blau Geschichte Chinas
521v blau Wahrheitsgehalt der Sagen
498v blau Taten des Dareios
482v–429v Herodot
480v blau Kon-Fu-Tses Werk
459v–398v Thukydides
457v blau Werk des Pherekydes
450v blau Geschichte Lydiens
436v blau Hellanikos' Forschungen
434v blau Herodots Werk
433v blau Geschichte Persiens
430v–353v Xenophon
403v blau 'Peloponnesischer Krieg'
393v blau Ktesias: 'Persika'
373v blau Xenophon: Zug der 10000
372v–285v Ptolemäus I.
372v–287v Theophrast
352v–285v Dikäarch
344v–268v Berossos
340v blau Werk des Ephoros
336v grün Geschichte der Mathematik
330v blau Altes Testament: 'Chronik'
327v blau Kallisthenes: Alexander
321v–282v Megasthenes
315v–263v Manethos
301v blau Dikäarchs Kulturgeschichte
299v blau Aristobulos: Alexander
298v blau 'Bambusbücher' (China)
293v blau Megasthenes: 'Indika'
286v blau Duris: Kunstgeschichte
275v blau Geschichte Mazedoniens
274v blau Geschichte Babylons
269v blau Geschichte Ägyptens
267v blau Philochoros: 'Atthis'
261v blau Geschichte der Diadochen
260v blau Werk des Timaios
239v blau 'Annalen des Herrn Lü'
234v–149v Kato der Ältere
201v–120v Polybios
200v blau Sosylos: Hannibal
198v blau Fabius Pictors Rom-Werk
149v blau Ursprungsgeschichte Roms
147v blau Religionsgeschichte
145v–86v Sema-Tsien
142v blau Apollodors 'Weltchronik'
135v–50v Poseidonios
134v blau Polybios: Geschichte Roms
116v–27v Varro
99v blau Kulturgeschichte Chinas
90v blau Tatais Geschichten
86v blau Aufstands-Beschreibung
86v–35v Sallust
80v blau Poseidonios' Werk
78v blau Autobiographie Sullas
65v blau Geschichte der Juden
64v–20n Strabo
59v–17n Livius
58v blau Varro: Biographien
52v blau Varro: 'Antiquitates'
51v blau Cäsar: 'Gallischer Krieg'
48v blau Cäsars Bürgerkriegs-Werk
45v blau Attikus: Geschichtstabellen
42v blau Synoptische Königstafel
36v blau Biographien des Nepos
32v blau Literaturgeschichte
23v blau 'Historische Bibliothek'
4n blau Nikolaus: Weltgeschichte
6n blau Augustus: Autobiographie
15n blau Nikolaus: Augustus
17n blau Livius: Geschichte Roms
19n blau Trogus: Weltgeschichte
30n blau Ländergeschichte
37n–100n Josephus
47n–122n Plutarch
52n blau Plinius: Germanenkriege
55n–120n Tacitus

79n blau Josephus: 'Jüdischer Krieg'
86n blau Geschichte Chinas
92n blau Synoptische Geschichte
93n blau Geschichte der Juden
98n blau Tacitus: 'Germania'
101n blau Plutarchs Biographien
108n blau Tacitus: 'Historien'
117n blau Tacitus: 'Annalen'
121n blau Suetons Kaiserbiographien
155n blau Arrianus: Alexanderzug
155n–235n Kassius Dio
158n blau Appians Völkergeschichte
172n–245n Afrikanus
185n–250n Diogenes Laërtios
191n blau Irenäus: Bischofsliste
221n blau Afrikanus: Weltgeschichte
226n blau Werk über Philosophen
234n blau Werk des Kassius Dio
263n–339n Eusebius
303n blau Eusebius: Weltgeschichte
322n blau Eusebius: Kirchengeschichte
329n blau Eusebius: Konstantin
345n–420n Hieronymus
360n blau 'Kaisergeschichte'
367n blau Eutrop: Geschichte Roms
396n blau Ammian: Geschichte Roms
398n–474n Zosimos
403n blau Sulpicius Severus' Werk
411n–474n Priskus
419n blau Orosius: Weltgeschichte
422n blau Geschichte Ceylons
440n blau Kirchengeschichte
449n blau Theodorets Werk
450n blau Priskus: Besuch bei Attila
468n blau Zosimos: Geschichte Roms
474n blau Geschichte Ostroms
480n–573n Kassiodor
490n–562n Prokop
497n–555n Jordanis
504n–570n Gildas der Weise
510n blau Geschichte des Buddhismus
519n blau Kassiodors Weltgeschichte
531n blau Kassiodors Gotengeschichte
538n–594n Gregor von Tours
540n blau Hesychios: Weltgeschichte
544n blau Geschichte Britanniens
545n blau Prokops Zeitgeschichte
550n blau Hesychios: Lexikon
551n blau Jordanis: Gotengeschichte
554n blau Jordanis: Weltgeschichte
558n blau Prokop: Bauten Justinians
559n blau Agathias: Justinian
560n–636n Isidor von Sevilla
568n blau Johannes Malalas' Werk
572n–621n Schotoku
582n blau Gregor: Martinsgeschichte
592n blau Gregor: Frankengeschichte
595n–660n Bana
615n blau Isidors Weltgeschichte
619n blau Geschichte Japans
624n blau Bana: Harsa-Biographie
625n blau Isidors Germanen-Werk
645n blau Fredegars Franken-Werk
673n–735n Beda
685n–762n Hüan-Tsung
698n–768n Ibn Issak
701n–784n Fergil der Geometer
712n blau Japanische Geschichte
720n blau Japanische Annalen
723n–799n Paulus Diakonus
725n blau Beda: Weltgeschichte
725n grün Beda: Zeitrechnung
731n blau Angelsächsische Geschichte
754n blau Geschichte Mohammeds
758n–829n Nikephoros
770n–840n Einhard
785n blau Bischofsgeschichte
789n–873n Al Kindi
793n blau 'Lorscher Annalen'
798n blau Langobardengeschichte
805n–885n Abu Maschar
806n–873n Abu Hunain
811n blau Synkellos: Weltgeschichte
813n blau Theophanes: Weltchronik
825n blau Einhard: Karls-Biographie
829n blau Nikephoros: Weltgeschichte
839n–923n Al Tabari
858n blau Muslim: Überlieferungen
861n blau Einfluß der Sterne
865n blau Plutarch arabisch
872n blau Geschichte der Paulikianer
884n blau Spanische Geschichte
888n–956n Al Masudi
903n grün Geschichte arabischer Ärzte
908n blau Reginos Frankengeschichte
915n blau Al Tabari: Weltgeschichte
924n–998n Widukind von Corvey
931n blau Al Hamdani: 'Iklil'
932n–1020n Firdausi
939n–990n Roswitha
946n blau Al Masudi: Weltgeschichte
964n blau Luitprand: Otto der Große
967n blau Widukinds Sachsen-Werk
969n blau Roswitha: Otto der Große
973n–1048n Al Biruni
989n blau Englisches Geschichtsbuch
1005n blau Al Birunis Werk
1010n blau Firdausi: 'Königsbuch'
1013n blau China: Geschichtslexikon
1017n–1088n Adam von Bremen
1018n blau Thietmars Kaisergeschichte
1020n blau Sampiros Werk
1032n blau Kulturgeschichte Indiens
1054n blau Hermanns Weltgeschichte
1056n–1133n Sämund der Weise
1059n blau Ibn Hasms Werk
1067n–1148n Ari
1069n blau Chinesische Annalen
1076n blau Werk Adams von Bremen
1079n blau Lamberts Annalen
1087n blau Indische Königsgeschichte
1108n–1175n Wace
1111n blau Geschichte Rußlands
1115n blau Sämunds Geschichtswerk
1115n–1158n Otto von Freising
1121n blau Ari: Geschichte Islands
1122n blau Geschichte Böhmens
1124n blau Anna Komnenas Werk
1125n blau Frutolf-Ekkehard-Werk
1130n–1200n Tschu-Hi
1136n blau Zonaras: Weltgeschichte
1148n blau Kalhanas Indien-Werk
1149n blau Deutsche Kaiserchronik
1154n blau Wace: Geschichte Englands
1158n blau Geschichte von Damaskus
1166n blau Geschichte der Normannen
1170n blau Al Dausis Weltgeschichte
1172n blau Benoit: Herzogs-Geschichte
1172n blau Helmolds Slawengeschichte
1178n–1241n Snorri Sturluson
1190n–1235n Eike von Repkow
1203n blau Geschichte Dänemarks
1211n blau Kreuzzugsgeschichte
1211n blau Geschichte der Katharer
1224n blau Ibn Jakuts Lexikon
1226n blau Geschichte Norwegens
1226n blau Eikes 'Weltchronik'
1230n grün Wissenschaftsgeschichte
1231n blau Al Athir: Weltgeschichte
1242n grün Geschichte berühmter Ärzte
1250n blau Geschichte der Mongolen
1260n blau Werk des Dschuwaini
1267n blau Geschichte Syriens
1313n–1374n Al Katib
1331n blau Abul Feda: Weltgeschichte
1332n–1406n Ibn Kaldun
1342n blau Chikafusas Japan-Werk
1347n blau Al Katibs Spanien-Werk
1359n blau Byzantinische Geschichte
1374n blau Frage der Gesetzmäßigkeit
1378n blau Geschichte der Berber
1383n blau Ibn Kaldun: Weltgeschichte
1392n–1450n Ibn Arabscha
1408n–1472n Nezalhual
1408n–1457n Valla
1410n blau Froissarts Kulturgeschichte
1422n blau Geschichte Timurs
1437n rot Tod für Geschichtsfälscher
1440n blau Aufdeckung einer Fälschung
1462n blau Byzantinische Geschichte
1470n blau Mirkhonds Werk
1493n blau Schedels Weltgeschichte
1505n blau Sabellicus: Weltgeschichte
1505n blau Wimpfelings Werk
1509n blau Memoiren des Comines
1521n blau Geschichte Ägyptens
1549n blau Vasaris Biographien
1552n blau Indianer-Geschichte
1555n blau Sleidan: Karl V.
1570n blau Mendoza: Araberaufstand
1574n blau 'Magdeburger Zenturien'
1601n blau Fazl: Geschichte Indiens
1631n blau Guerickes Werk
1639n–1699n Racine
1657n blau Geschichte Japans
1668n–1744n Vico
1681n blau Bossuet: Weltgeschichte
1689n blau Simon: Bibeltext-Kritik
1694n–1778n Voltaire
1699n blau 'Kirchen-, Ketzerhistorie'
1711n–1776n Hume
1711n–1765n Lomonossow
1732n blau Geschichte Dänemarks
1744n–1803n Herder
1751n blau Voltaire: Ludwig XIV.
1752n blau Hume: Geschichte Englands
1759n–1805n Schiller
1763n blau Winckelmanns Werk
1770n–1831n Hegel
1776n blau Gibbon: Geschichte Roms
1784n blau Herder: 'Ideen'
1797n blau Chateaubriand: Revolution
1811n blau Niebuhr: Geschichte Roms
1815n blau Savigny: Rechtsgeschichte
1816n blau Karamsins Werk
1817n grün Geschichte und Erdkunde
1818n–1883n Karl Marx
1822n blau W. Humboldt: Aufgaben
1823n blau Hegels Vorlesungen
1826n blau 1. Band der 'Monumenta'
1827n blau Thierrys 'Briefe'
1827n blau Guizots Werk
1834n blau Ranke: Päpste-Geschichte
1841n blau Carlyle: Heldentum
1843n blau Mignet: 'Notizen'
1847n blau Kommunistisches Manifest
1853n blau Michelet: Revolution
1853n blau Macaulays England-Werk
1855n blau Burckhardt: 'Cicerone'
1855n blau Mommsen: Geschichte Roms
1856n blau Toqueville: Revolution
1860n blau Burckhardt: 'Renaissance'
1861n blau Bachofen: Mutterrecht
1863n blau Renan: Leben Jesu
1863n blau Ploetz' Werk
1871n blau Danilewskis Werk
1884n blau Engels: 'Ursprung'
1893n blau Mehring: 'Lessing-Legende'
1894n blau Kautsky: Sozialismus
1899n blau Chamberlain: 'Grundlagen'
1906n blau Schweitzer: 'Leben Jesu'
1907n blau Helmolts Weltgeschichte
1908n blau Meinecke: Weltbürgertum
1909n blau Werk Lamprechts
1914n grün Geschichte der Technik
1917n blau Reed: 'Zehn Tage'
1918n blau Spengler: Untergang
1920n blau Wells: Weltgeschichte
1922n blau Troeltsch: Historismus
1932n blau Pirenne: Geschichte Belgiens
1932n blau Friedell: Kulturgeschichte
1933n blau Trotzkis Werk
1944n blau Franke: Geschichte Chinas
1953n blau Toynbee: Weltgeschichte
1961n blau Werk Fischers
1965n blau Durants Kulturgeschichte

GESCHIRR

2592v grün Sumerisches Geschirr
2207v grün Eßgeschirr auf Kreta
2129v grün Trinkgeschirr auf Kreta
1883v grün Kreta: Dünne Keramik
488v blau Trinkschale des Brygos
608n–676n Tao-Yü
663v grün Porzellan in China
1518n grün Porzellan nach Europa
1708n grün Böttger-Porzellan
1710n grün Manufaktur Meißen
1750n grün Manufaktur Berlin
1756n grün Manufaktur Sèvres
1761n grün Manufaktur Nymphenburg
1769n grün Wedgwoods Fabrik

GESCHLECHTSBESTIMMUNG. Die Möglichkeit eines sicheren Wissens um die Frage, ob heranwachsendes Leben männlichen oder weiblichen Geschlechtes ist, beschäftigt die Wissenschaft seit Jahrhunderten. Der deutsche Zoologe Max Hartmann versuchte in unserer Epoche ihre Beantwortung durch systematische Ermittlung der Erbfaktoren und Umwelteinflüsse, die eine geschlechtsneutrale Zelle in männliche oder weibliche Richtung entwickeln.

1939n grün Hartmanns Forschungen

GESCHLECHTSLEBEN

2067v grün Tempelprostitution
1370v rot Prostituierte schleierlos
579v grün Staat: Prostitutionserlös
43v–17n Ovid
1v blau Ovid: 'Kunst der Liebe'
168n rot Aufkommen des Zölibats
306n rot Zölibat höherer Priester
480n–547n Benedikt von Nursia
530n blau Benediktiner: Keuschheit
738n blau Statue einer Kurtisane
939n–990n Roswitha
1074n rot Zölibat aller Priester
1109n–1149n Eudo
1133n rot Zwang zum Zölibatbruch
1324n–1384n Wiclif
1483n–1546n Luther
1785n blau Sadismus
1786n blau Casanovas Erinnerungen
1855n–1939n Freud
1895n grün Freud: Psychoanalyse
1900n grün Freud: Traumdeutung
1909n grün Syphilismittel Salvarsan
1949n blau S. Beauvoirs Untersuchung
1953n grün Kinsey-Report
1963n grün Anti-Baby-Pille

GESCHÜTZ

400v grün Pfeilgeschütz
331v grün Steinschleudergeschütz
296v–228v Ktesibios
268v grün Druckluftgeschütz
240v grün Metallfedern
152v–82v Heron
1273n grün Kanonen der Mongolen
1331n grün Kanonen in Italien
1336n grün Metallkanonen
1358n grün Geschützorgel
1359n grün Schiffsgeschütze
1420n grün Haubitze

GESELLEN-VEREIN, organisatorischer Zusammenschluß von gelernten Handwerkern, die keine Aussicht auf die Errichtung einer eigenen Werkstatt haben und daher ihr Gesellen-Dasein nicht als Übergangszeit, sondern als Lebensberuf betrachten. Ihre Gründung fällt in das Zeitalter des Frühkapitalismus, als durch zunehmende Konzentration der Produktionsmittel und durch strenge Zunftordnungen das Handwerk gespalten wurde und die Besitzer der Produktionsmittel (Meister) von den besitzlosen Arbeitern (Handwerkern) sich schieden. Sie gingen später in den Gewerkschaften auf, wo ihre Angehörigen als 'gelernte Arbeiter' den klassenbewußten Kern bildeten. Um dieser Solidarisierung aller arbeitenden Menschen entgegenzuwirken, gründeten die Kirchen Vereinigungen zur Pflege eines Sonder-Standesbewußtseins für Gesellen.

1731n rot Aufhebung
1846n rot Kolpingverein

GESELLSCHAFTSKRITIK, denkende Betrachtung der Lebensbedingungen des Menschen in seiner Umwelt, meist verbunden mit der Absicht ihrer sinnvollen Ordnung.

2422v–2360v Uru-Kagina
2363v blau Raffgier der Priester
2273v–2188v Ipuwer
2240v–2172v Aba
2197v blau Ipuwers 'Mahnworte'
2185v–2123v Chun-Anup
2135v blau 'Klage eines Bauern'
1921v–1843v Seneb
1859v blau Lied auf gute alte Zeit
1288v–1232v Hori
1244v blau Spott des Hori
1199v blau Warnung vor Offiziersberuf
1169v blau 'Katzen- und Mäusekrieg'
1067v blau Satirische Fabeln
981v–918v Ahia
934v blau Neuordnung gefordert
927v–850v Elias
882v–798v Elisa
857v blau Elias gegen Baal-Kult
820v blau Reformforderung Elisas
802v–745v Amos
777v–692v Jesaja
754v blau Lebensrechte der Armen
705v–637v Archilochos
696v–619v Zarathustra
694v–603v Braspati
649v blau Gewinnsucht der Priester
642v–555v Carvaka
636v–564v Äsop
628v–553v Hesekiel
598v–501v Teng-Tse
575v–483v Xenophanes
571v blau Äsops Fabeln
567v blau Gleichheitsforderung
542v blau Leben der Ärmsten
540v blau Ursache der Kriminalität
525v blau Kritik an Beamten
475v–393v Me-Ti
469v–399v Sokrates
454v blau Spott über Demokratie
446v–385v Aristophanes
444v–365v Antisthenes
441v blau Me-Ti gegen Klassen
429v blau Pamphlet gegen Demokratie
429v–370v Phaleas
427v–347v Plato
423v blau Aristophanes: 'Wolken'
422v blau Eupolis: 'Parasiten'
421v blau Aristophanes: 'Frieden'
414v blau 'Wolkenkuckucksheim'
412v blau Eupolis: 'Demen'
411v blau 'Lysistrata'
408v blau Aristophanes: 'Plutos'
407v–323v Diogenes
400v blau Sozialisierungsforderung
390v blau Gleichheitsforderung
378v–289v Meng-Tse
375v blau Rückkehr zur Natur
374v blau Gerechtigkeits-Ideal
369v blau Persönlichkeitsentfaltung
352v blau Kritik an Demokratie
325v–260v Euhemeros
318v blau Anhänger des Diogenes
307v blau Eigentum naturwidrig
301v–253v Theokrit
280v blau Euhemeros' Staatsentwurf
280v–220v Herondas
279v–206v Chrysipp
265v–201v Nävius
258v blau Schrift über Knechtschaft
254v blau Possen des Menippos
254v–184v Plautus
246v blau Herondas' Lustspiele
224v blau Idealstaat des Chrysipp
187v blau Jambulos: 'Sonnenstaat'
170v–102v Lucilius
166v–132v Eunus
163v–129v Aristonikos
163v–133v Tiberius Gracchus
156v–86v Marius
154v–121v Gajus Gracchus
144v–101v Athenion
131v blau Satiren des Lucilius
130v–102v Tryphon
109v–71v Spartakus
108v–62v Katilina
106v–43v Cicero
86v–35v Sallust
53v–19v Tibull
49v blau Reformvorschlag Sallusts
16v–45n Phädrus
6v–30n Jesus Christus
4v–65n Seneka
23n–79n Plinius der Ältere
28n blau Bergpredigt
31n–99n Musonius Rufus
38n–105n Martial
52n–133n Epiktet
55n–120n Tacitus
59n blau Petronius: 'Satiricon'
61n blau Eintreten für Sklaven
64n blau Gleichheitsforderung
67n–140n Juvenal
71n blau Kritik an Grundbesitz
72n blau Gleichheitsforderung
80n–130n Karpokrates
111n blau Juvenals Satiren
123n–140n Epiphanes
125n–180n Lukian
127n blau Eigentum unchristlich
140n blau Epiphanes: Kommunismus
150n–215n Klemens von Alexandria
198n blau Klemens gegen Reichtum
202n–258n Cyprian
217n–276n Mani
240n blau Mani gegen Vorrechte
247n blau Cyprian gegen Eigentum
253n blau Gleichheitsforderung
276n–355n Donatus
285n–347n Fasir
291n–347n Axid
320n blau Kritik des Donatus
328n blau Kritik des Axid
330n–379n Basilius der Große
342n blau Fasir: Kommunismus
354n–407n Chrysostomos
375n blau Eigentum ist Diebstahl
411n–474n Priskus
412n–444n Tibatto
476n–531n Masdak
502n blau Masdak gegen Privatbesitz
504n–570n Gildas der Weise
516n blau Masdak: Kommunismus
528n blau Gleichheitsforderung
605n–680n Fujiwara
626n–672n Tenji
646n–684n Silvanus
712n–770n Tu-Fu
760n blau Herzlosigkeit der Reichen
772n–846n Poh-Küyi
822n–883n Ibn Mohammed
838n blau Angriff auf Mißstände
864n–910n Karmat
868n blau Forderung nach Gleichheit
889n blau Kommunistische Forderung
905n–965n Al Mutanabbi
914n–961n Bogomil
938n blau Forderung nach Neuordnung
943n blau Sklavenarbeit unwürdig
954n blau Forderung nach Gleichheit
1021n–1086n Wang-Anschi
1053n–1140n Toba-Sojo
1058n blau Soziale Denkschrift
1103n–1155n Arnold von Brescia
1109n–1149n Eudo
1110n blau Kritik des Tanchelm
1118n blau Toba-Sojos Bilder
1139n blau Kirchenarmut gefordert
1140n–1217n Peter Waldes
1145n blau Kirchenarmut gefordert
1145n–1209n Bertran de Born
1152n–1246n Peire Cardinal
1167n blau Lieder des Archipoeta
1172n–1228n Walther von der Vogelweide
1176n blau Forderungen an Kirche
1183n blau Lieder des Bertran
1208n–1270n Tannhäuser
1214n blau Angriff auf Priester
1214n–1294n Roger Bacon
1223n blau Habgier des Papstes
1230n–1306n Jacopone von Todi
1232n–1300n Segarelli
1238n–1286n Adam de la Halle
1254n blau Angriff auf Klöster
1255n–1311n Pierre Dubois
1256n blau Rutebeufs Gedichte
1259n blau Kritik an der Kirche
1260n–1327n Meister Eckehart
1261n blau Ruf nach Kirchenreform
1265n blau Spott über Fremdwörter
1271n blau 'Robert und Mariechen'
1290n–1343n Marsilius von Padua
1295n–1366n Seuse
1296n blau Kritik an der Kirche
1299n–1349n Occam
1302n blau Forderung nach Armut
1303n–1361n Tauler
1304n blau Ruf nach Säkularisation
1312n blau Kritik an Kirchenmacht
1313n blau 'Der Renner'
1313n–1354n Rienzi
1324n blau Volksherrschaft gefordert
1324n–1384n Wiclif
1325n–1389n Hafis
1325n–1381n Wat Tyler
1335n–1381n John Ball
1336n blau Eulenspiegels Spott
1344n blau Anklage gegen Kirche
1352n blau Spott über Priester
1360n blau 'Peter der Pflüger'
1365n–1416n Hieronymus von Prag
1367n blau Ball gegen Großgrundbesitz
1369n–1415n Hus
1370n–1424n Ziska
1371n blau Kirchenarmut gefordert
1372n blau Ball: Gütergemeinschaft
1373n blau Toleranz-Forderung
1376n blau Wiclif für Erneuerung
1381n blau Forderung nach Gleichheit
1384n blau Forderung nach Reformen
1398n blau Wiclifs Lehre in Prag
1400n–1450n Jack Cade
1406n blau Ruf nach Säkularisation
1408n–1457n Valla
1412n blau Kirchenarmut gefordert
1420n blau Reform-Forderung
1428n blau Klage über Kirchenverfall
1431n–1474n Villon
1442n blau Vallas Lebensideal
1445n blau Gleichheit vor Gott
1447n blau Plethons Reformvorschlag
1448n blau Jack Cade: Bodenreform
1452n–1498n Savonarola
1461n blau Villons Balladen
1465n–1536n Erasmus von Rotterdam
1483n–1546n Luther
1484n–1531n Zwingli
1488n–1525n Thomas Münzer
1498n blau Kommunistisches Programm
1508n grün Steuerreform-Forderung

1509n blau 'Lob der Torheit'
1516n blau Thomas More: 'Utopia'
1517n blau Angriff auf Ablaß
1520n blau Aretinos Schmähschriften
1525n blau Gleichheitsforderung
1528n blau Forderung der Wiedertäufer
1534n blau Rothmanns Kommunismus
1540n blau 'Indianergeschichte'
1547n–1616n Cervantes
1570n–1607n Iwan Bolotnik
1579n blau Schrift gegen Absolutismus
1588n–1679n Hobbes
1598n blau 'Schildbürger'-Buch
1602n blau Campanella: 'Sonnenstaat'
1605n blau 'Don Quichotte'
1606n blau Bolotniks Forderungen
1615n blau 'Les Tragiques'
1622n–1673n Molière
1623n blau Crusés Staatsideal
1623n–1662n Pascal
1625n blau Bacons Idealstaat
1627n blau Callot: Not des Volkes
1632n–1704n Locke
1633n blau Callot: Krieg
1634n blau 'Verdächtige Wahrheit'
1640n blau Moscherosch: 'Gesichte'
1649n blau 'Anwalt des armen Mannes'
1652n blau Winstanley: Kommunismus
1656n blau Pascals 'Briefe'
1666n blau 'Der Menschenfeind'
1669n blau 'Simplizissimus'
1670n blau 'Bürger als Edelmann'
1673n blau 'Der eingebildete Kranke'
1675n blau Vairasses Staatsentwurf
1679n–1754n Christian Wolff
1684n–1721n Watteau
1688n blau Pastorius gegen Sklaverei
1689n–1755n Montesquieu
1694n–1778n Voltaire
1698n blau Fénelon: 'Telemach'
1699n blau John Bellers' Devise
1705n blau Mandeville: 'Bienenfabel'
1706n grün Vaubans Denkschrift
1709n blau Lesage: 'Turcaret'
1712n–1778n Rousseau
1713n–1784n Diderot
1721n blau 'Persische Briefe'
1722n blau Holberg: 'Kannegießer'
1726n blau 'Gullivers Reisen'
1727n blau Quäker gegen Sklaverei
1728n blau 'Bettleroper'
1729n–1781n Lessing
1731n blau 'Manon Lescaut'
1732n blau Kritik an Kirchenmacht
1741n blau Holberg: 'Niels Klim'
1743n blau L. Saint-Simons Memoiren
1745n blau 'Heirat nach der Mode'
1746n–1827n Pestalozzi
1749n blau Fielding: 'Tom Jones'
1750n blau Lessing: Herrnhuter
1753n blau Rousseau: 'Ungleichheit'
1755n blau Morelly gegen Eigentum
1758n blau Helvetius: 'Vom Geist'
1758n–1794n Robespierre
1759n blau Moser: 'Herr und Diener'
1759n blau Voltaire: 'Candide'
1759n–1805n Schiller
1760n blau Diderot: 'Die Nonne'
1760n–1797n Babeuf
1761n blau 'Die neue Heloise'
1762n blau Rousseau: 'Emile'
1763n blau 'Minna von Barnhelm'
1764n blau Rousseau: 'Bergbriefe'
1768n blau Mably: Kommunismus
1772n blau 'Emilia Galotti'
1772n blau Helvetius: 'Vom Menschen'
1775n blau 'Barbier von Sevilla'
1778n blau 'Figaros Hochzeit'
1779n blau 'Die Räuber'
1782n blau Laclos: 'Liebschaften'
1783n blau Lichtenbergs Aphorismen
1783n blau Chamforts Losung
1788n–1824n Byron
1790n blau Radistschews Kritik
1792n blau Godwin: 'Recht der Frauen'
1792n blau Gleichheitsforderung
1795n blau 'Manifest der Gleichen'
1799n–1850n Balzac
1800n blau Fichtes Staatsentwurf
1809n–1865n Lincoln
1809n–1852n Gogol
1811n blau Goya: 'Krieg'
1812n blau Owen: 'Neue Ansicht'
1812n–1870n Charles Dickens
1813n blau 'Stolz und Vorurteil'
1818n–1883n Karl Marx
1820n blau Saint-Simon: Proletariat
1821n–1880n Dostojewski
1824n blau Tendenz des Eigentums
1825n blau Gray: 'Glück'
1828n–1910n Tolstoi
1830n blau Stendhal: 'Rot und Schwarz'
1832n blau Puschkin: 'Eugen Onegin'
1834n blau 'Schrei der Kinder'
1838n blau Weitling: Kommunismus
1839n blau Blanc gegen Kapitalismus
1840n blau 'Eigentum ist Diebstahl'
1842n blau Gogol: 'Tote Seelen'
1842n blau Cabet: 'Ikarien'
1844n–1900n Nietzsche
1845n blau Engels: Lage der Arbeiter
1847n blau Herzen: 'Wer ist schuld?'
1847n blau Kommunistisches Manifest
1848n blau Daumier: 'Justiz'
1849n blau 'Jahrmarkt der Eitelkeiten'
1850n blau 'David Copperfield'
1850n blau 'Menschliche Komödie'
1856n blau 'Leute von Seldwyla'
1856n–1950n G. B. Shaw
1857n blau Flaubert: 'Madame Bovary'
1858n blau Reuter: 'Kein Hüsung'
1860n blau Ostrowski: 'Das Gewitter'
1862n blau Hugo: 'Die Elenden'
1866n–1925n Sun-Yat-Sen
1868n blau 'Der Idiot'
1869n blau 'Manifest' russisch
1869n blau 'Hörigkeit der Frau'
1870n blau Blanquis Zeitschrift
1870n blau Liebknecht: 'Bodenfrage'
1870n–1924n Lenin
1871n blau Pottier: 'Internationale'
1873n blau Bakunin: Anarchismus
1873n blau Repin: 'Wolga-Treidler'
1877n blau 'Stützen der Gesellschaft'
1878n blau Engels: 'Anti-Dühring'
1879n blau Bodenreform gefordert
1879n blau Bebel: Stellung der Frau
1882n blau 'Der Volksfeind'
1885n blau Maupassant: 'Bel Ami'
1885n blau Zola: 'Germinal'
1886n blau 'Sohn einer Magd'
1886n blau 'Jenseits von Gut und Böse'
1888n blau Bellamy: 'Rückblick'
1889n grün Zeitschrift 'Bodenreform'
1890n blau Zeitschrift 'Gleichheit'
1891n blau 'Frühlings Erwachen'
1892n blau Hauptmann: 'Die Weber'
1893n blau 'Lessing-Legende'
1893n– Mao-Tse-Tung
1895n blau Le Bon: 'Massen'
1895n blau Kollwitz: Weberaufstand
1895n blau 'Über unsere Kraft'
1897n blau Jarry: 'Ubu Roi'
1898n blau Zola: 'J'accuse'
1898n–1956n Brecht
1899n blau Chamberlain: 'Grundlagen'
1900n blau Zeitung 'Der Funke'
1902n blau Gorki: 'Nachtasyl'
1902n blau Sombart: 'Kapitalismus'
1903n blau Kollwitz: Bauernaufstand
1904n blau Zeitung 'Humanité'
1905n blau Gorki: 'Die Mutter'
1906n blau Andersen-Nexö: 'Pelle'
1914n blau Barbusse: 'Wir anderen'
1914n blau Zilles Zeichnungen
1916n blau 'Spartakus-Briefe'
1918n blau 'Untergang des Abendlandes'
1918n blau 'Der Untertan'
1921n blau 'Forsyte Saga'
1921n blau Hasek: 'Schwejk'
1922n blau Lewis: 'Babbitt'
1924n blau Hitler: 'Mein Kampf'
1924n blau Zeitung 'Unità'
1925n blau Chaplin: 'Goldrausch'
1925n blau Dos Passos: 'Manhattan'
1926n blau Nagel: 'Arbeitslos'
1927n blau Sinclair: 'Petroleum'
1927n– Castro
1928n blau 'Drei-Groschen-Oper'
1928n blau Shaws 'Wegweiser'
1929n blau Wolf: 'Cyankali'
1929n blau Döblin: 'Alexanderplatz'
1930n blau 'Aufstand der Massen'
1931n blau 'Hauptmann von Köpenick'
1933n blau Lorca: 'Bluthochzeit'
1936n blau Chaplin: 'Modern Times'
1936n blau Faulkner: 'Absalom'
1939n blau 'Früchte des Zorns'
1939n blau Johnson: 'Ein Sechstel'
1941n blau Sorokin: 'Die Krise'
1941n grün Röpke: 'Krisis'
1945n blau Wright: 'Ich Negerjunge'
1946n blau Sartre: 'Ehrbare Dirne'
1947n blau 'Draußen vor der Tür'
1948n blau 'Griff in den Staub'
1948n blau De Sica: 'Fahrraddiebe'
1949n blau Orwell: '1984'
1950n blau Weinerts Gedichte
1953n blau Miller: 'Hexenjagd'
1953n blau 'Zerstörung der Vernunft'
1954n blau Brecht: Gedichte
1957n blau Djilas: 'Die neue Klasse'
1959n blau Faulkner: 'Das Haus'
1959n blau Grass: 'Die Blechtrommel'
1960n blau 'Die Sorgen und die Macht'
1961n blau Frisch: 'Andorra'
1961n blau Anouilh: 'Die Grotte'
1963n blau Hochhuth: 'Stellvertreter'
1963n blau Wolf: 'Geteilter Himmel'
1964n blau 'Dialektik ohne Dogma'

GESETZBÜCHER, Niederschrift der Rechts-Grundsätze einer Gemeinschaft. Ihr Aufkommen vor 4000 Jahren bedeutete einen Fortschritt in Richtung auf Rechtsgleichheit durch Vereinheitlichung der Rechtsprechung. Sie ermöglichten auch die Durchsetzung von Staats- und Klassen-Interessen nach festen Regeln.

2093v–2030v Ur-Nammu
2039v blau Gesetzbuch Ur-Nammus
1937v–1865v Libit-Ischtar
1902v–1841v Bila-Lama
1872v blau Gesetzbuch Libit-Ischtars
1855v blau Gesetzbuch Bila-Lamas
1760v–1686v Hammurabi
1708v blau Gesetzbuch Hammurabis
1597v–1521v Minos
1518v–1455v Tele-Pinu
1466v blau Aufzeichnung bei Hettitern
1361v blau Assyrisches Gesetzbuch
1232v–1162v Schutruk
659v–601v Drakon
647v–609v Josia
624v rot Gesetz des Drakon
621v rot 'Deuteronomium'
556v blau Chinesisches Rechtsbuch
450v rot Zwölftafelrecht Roms
446v rot Thora
299v–237v Asoka der Milde
270v rot Verkündung in Indien
104n–168n Julianus Salvius
129n blau Julianus' Rechtsbücher
136n blau Julianus' Digesten
170n–229n Ulpian
199n blau Entstehung der Mischna
208n blau Indisches Gesetzbuch
295n blau 'Codex Gregorianus'
296n blau 'Codex Hermogenianus'
400n blau Entstehung des Talmuds
426n rot Zitiergesetz
438n blau 'Codex Theodosianus'
440n–484n Eurich
466n–511n Chlodwig
475n blau Gesetzbuch der Goten
475n–545n Tribonian
482n–565n Justinian
499n blau Abschluß des Talmud
500n blau 'Lex Burgundionum'
506n blau Alarichs Gesetzbuch
508n blau Recht salischer Franken
512n rot Theoderichs Gesetzbuch
533n blau 'Pandekten'
533n blau 'Institutionen'
533n rot 'Corpus juris civilis'
536n blau Rechtssammlung Kassiodors
561n blau 'Novellen'
601n blau Recht der Alemannen
606n–652n Rothari
626n–672n Tenji
643n blau Gesetzbuch Rotharis
701n blau Aufzeichnung in Japan
719n blau 'Lex Alemannorum'
802n blau Aufzeichnung bei Franken
810n–870n Al Buchari
827n blau Fränkische Königsgesetze
840n blau Arabische Rechtsregeln
849n–901n Alfred der Große
855n blau Arabische Sammlung
886n blau 'Basiliken'
918n–961n Haakon der Gute
972n–1038n Stephan I.
1021n rot 'Prawda' in Rußland
1190n–1235n Eike von Repkow
1206n blau Mongolisches Gesetzbuch
1215n rot 'Magna Charta'
1223n blau 'Sachsenspiegel'
1263n blau Sammlung in Spanien
1277n blau Recht der Normandie
1308n–1355n Stephan Duschan
1309n–1370n Kasimir der Große
1318n rot Statut von Triest
1349n rot Verkündung in Serbien
1368n blau Polnisches Gesetzbuch
1440n–1505n Iwan III.
1446n rot Verkündung in Portugal
1494n–1566n Soliman der Große
1497n rot 'Sudebnik' in Rußland
1519n blau Justinian-Verdeutschung
1530n rot 'Kanune' in der Türkei
1530n–1584n Iwan IV.
1532n rot Deutsches Strafgesetzbuch
1629n–1676n Alexei Michailowitsch
1649n blau Russisches Gesetzbuch
1769n–1821n Napoleon I.
1804n rot 'Code Napoléon'
1896n rot Bürgerliches Gesetzbuch

GESTAPO, Abkürzung der Bezeichnung '**Geheime Staats-Polizei**'. Name einer von Göring 1933n geschaffenen Sonderabteilung der Polizei zum Schutz des faschistischen deutschen Staates vor der kommunistischen und sozialistischen Opposition. Nach Übernahme dieser Abteilung durch Himmler praktisch ein Organ der SS-Führung zur Unterdrückung politischer Gegner. Durch Anwendung von Folter-Methoden und durch eigenen unkontrollierten Strafvollzug (Konzentrationslager) erhielt sie den Charakter einer Terror-Organisation. An allen Greueltaten der Hitlerzeit (Kommunistenverfolgung, Judendeportation, Massenvernichtung) maßgeblich beteiligt, wurde sie 1946n vom Internationalen Gerichtshof (Nürnberg) als verbrecherische Organisation erklärt.

1934n rot Himmler Chef
1934n rot Konzentrationslager
1944n braun Putsch niedergeschlagen
1944n rot Massenmord

GESTEINSKUNDE

23n–79n Plinius der Ältere
78n grün Plinius' Werk
1098n–1178n Hildegard von Bingen
1160n grün Hildegards Werk
1555n grün Agricola: Bergwerksbuch
1773n grün Werners Lehre
1788n grün Huttons Lehre

GESTÜTE, von 'Stute' (= weibliches Pferd) abgeleitete Bezeichnung für Pferdezüchtereien.

1752v grün Anlage in Vorderasien
1288v–1232v Hori
461v grün Anlage in Babylon

GESUNDHEITSPFLEGE, Sammelbezeichnung für alle Maßnahmen, die der Gesunderhaltung des Menschen dienen. Sie richtete sich zuerst auf die persönliche Körperpflege: Reinhaltung, ausreichenden Schlaf und ausreichende Bewegung, vernünftige Wohnung, Nahrung und Kleidung, Frischluft-Versorgung sowie die Vermeidung schädlicher Genußmittel. Daneben traten bald öffentliche Maßnahmen: Verhütung von Seuchen und gemeingefährlichen Erkrankungen sowie Einrichtung von Krankenhäusern, Bädern, Sportanlagen. Mit zunehmender Menschenkonzentration in großen Städten entwickelte sie vielfältige Maßnahmen. Ihre systematische Verwirklichung wird erst in unserer Epoche in Angriff genommen.

2808v grün Kanalisation in Indien
2774v grün Toiletten in Indien
2753v grün Badezimmer in Indien
2714v grün Schwimmbecken in Indien
2447v grün Kanalisation in Ur
2415v–2335v Chui
2397v grün Wasserleitung in Nippur
2358v grün Kampf gegen Trachom
1561v grün Badezimmer auf Kreta
1374v grün WC in Ägypten
1330v grün Wassertunnel Jerusalems
1099v grün Wasseranlagen in Tyros
967v grün Wasserleitung Jerusalems
872v grün Aquädukt nach Tuspa
865v grün Wasserversorgung Kalachs
776v blau Olympische Spiele
710v grün Wassertunnel Jerusalems
691v grün Aquädukt nach Ninive
689v grün Kanal nach Ninive
610v grün Kloaka Maxima
582v blau Pythische Spiele
580v blau Isthmische Spiele
539v grün Wasserleitung Athens
532v grün Wassertunnel für Samos
490v–430v Empedokles
486v–430v Hippodamos
473v grün Klima und Mensch
460v–375v Hippokrates
418v grün Heilkraft der Natur
418v–345v Diokles
403v grün Ernährungslehre
366v grün Diokles über Körperpflege
340v–273v Appius Klaudius
339v grün Seele und Krankheit
324v–250v Herophilos
310v grün Wasserleitung für Rom
307v grün Epidauros Kurort
299v–237v Asoka der Milde
270v grün Herophilos: Gymnastik
180v grün Wasserleitung in Pergamon
129v–40v Asklepiades
82v grün Luftwechsel und Bewegung
70v grün Asklepiades: Naturheilung
11v blau Kurort Wiesbaden
56n grün Seife in Gallien
67n–129n Apollodoros von Damaskus
89n blau Badeort Aachen
129n–199n Galen
131n grün Soranos: Säuglingspflege
136n grün Hebammen bessergestellt
142n grün Römerreich: Gemeindeärzte
147n grün Heilkraft des Schlafes
180n grün Galen: Hygiene
190n–265n Hua-To
199n grün Fleischbeschau bei Juden
216n grün Karakalla-Thermen
306n grün Diokletians-Thermen
315n grün Thermen in Trier
354n–407n Chrysostomos
410n grün Behandlung Armer in Indien
459n rot Alkoholverbot in China
497n–548n Theodora
525n–605n Alexander Tralles
590n–648n Harsa
609n grün Mütterheim in Jerusalem
623n grün Weinverbot in Arabien
809n rot Alkoholverbot, Bulgarien
865n–932n Al Rasi
890n–961n Abdar Rachman III.
896n grün Al Rasi über Seuchen
1052n grün Ibn Wafid: Ernährung
1070n grün Heilkraft der Nahrung
1098n–1178n Hildegard von Bingen
1132n grün Müllabfuhr in Straßburg
1135n grün Krankenhaus in Byzanz
1147n grün Wasserleitung im Kloster
1212n grün Ernährung und Heilung
1316n grün Kohleverwendung verboten
1377n grün Quarantäne-Station
1408n–1472n Nezalhual
1530n grün Kanalisation in Bunzlau
1717n grün Pockenschutzimpfung
1729n–1796n Katharina II., die Große
1732n grün Fauchard: Zahnersatz
1749n grün Zahnbürste
1802n grün Kinderklinik in Paris
1812n–1870n Charles Dickens
1830n grün Schwimmhalle in Magdeburg
1847n grün Kindbettfieber-Forschung
1854n grün Lungenheilstätte
1866n grün Schrebergärten
1867n grün Lister: Antisepsis
1867n grün Pasteur: Sterilisieren
1880n grün Tollwutschutzimpfung
1886n grün Formalin-Desinfektion
1896n grün Wieder Olympische Spiele
1896n grün Wandervogel-Bewegung
1907n rot Pfadfinder-Bewegung
1916n grün Germanin
1920n rot Alkoholverbot in USA
1939n grün DDT
1954n grün Kinderlähmungsserum

GETA, Septimius (189n–212n), römischer Kaiser von 209n bis 212n. Als Sohn des Kaisers Septimius Severus übernahm er zusammen mit seinem Bruder Karakalla beim Tode seines Vaters die Herrschaft. Von der britischen Insel, wo ihn die Nachricht erreichte, nach Rom zurückgekehrt, wurde er von Karakalla, dem er eine Teilung der Herrschaft vorgeschlagen hatte, ermordet.

143n–212n Papinian
186n–217n Karakalla

GETEN, Name eines Reitervolkes, das sich um 500v am Unterlauf der Donau niederließ und das Gebiet zwischen den Karpaten und dem Balkan-Gebirge beherrschte. Zunächst von den Persern, dann von den Mazedoniern unterworfen, verlor es nach der Niederlage gegen die römischen Heere vollends sein Selbstbewußtsein und ging im Römerreiche auf.

29v/28v Römischer Siegeszug

GETREIDE

Vorzeittafel: 10 Tausend Jahre
Vorzeittafel: Schlußbalken (5000 Jahre)
3000v–2952v Meschki-Agascher
2973v grün Ausfuhr aus Sumer
2950v grün Bier aus Gerste
2887v grün Mühlsteine
2832v grün Speicher im Industal
2580v rot Höchstpreise in Uruk
2463v grün Sicheln in Mesopotamien
2463v–2403v Ni-User-Re
2350v blau 'Frau beim Kornmahlen'
2350v grün Kornwährung abgeschafft
2332v blau Relief einer Kornernte
2097v grün Anbau in China
1902v–1841v Bila-Lama
1418v–1372v Ka-Em-Het
1325v grün Maisanbau in Amerika
973v grün Ausfuhr aus Israel
777v–692v Jesaja
569v grün Getreidezins in Babylon
463v grün Getreideschiffe Athens
162v grün Plantagensystem in Rom
123v rot Getreidegesetz in Rom
88v grün Wassermühlen in Europa
50v grün Unterstützung Armer
560n–618n Yang-Ti
1222n grün Windmühlen in Europa
1547n–1616n Cervantes
1812n grün Thaer: Bodenlehre
1834n grün Mähmaschine
1839n grün Künstliche Düngung
1846n rot Aufhebung von Zöllen
1857n blau 'Ährenleserinnen'
1899n grün Stickstoffdünger

GETREIDE-MÄHMASCHINE

1834n grün McCormicks Konstruktion

GETREUE VON BASRA, Name einer Gruppe arabischer Gelehrter, die in der Stadt Basra am Persischen Golf ein großes enzyklopädisches Werk herausgaben. Sie gliederten die 52 Bände nach Sachgebieten: Mathematik und Logik (14 Bände), Naturwissenschaften und Psychologie (17 Bände), Metaphysik (10 Bände), Mystik, Astrologie und Magie (11 Bände). Die Mitglieder der Gruppe bildeten über ihre gemeinsame Arbeit hinaus eine Bruderschaft mit gegenseitiger Hilfeleistung.

951n blau Enzyklopädie
973n–1057n Al Mari

GETTO, Bezeichnung für die Judenviertel großer Städte, die durch freiwillige Selbstisolierung der Juden oder infolge gesetzlicher Maßnahmen gegen die Juden entstanden. In Rom und Alexandria gab es sie bereits vor 2000 Jahren, in Norditalien, Spanien und Deutschland seit dem 13. Jahrhundert. Sie wurden zu einer selbstverständlichen Einrichtung in großen Städten (Frankfurt, Augsburg, Köln, Nürnberg, Worms, Wien, Prag) und hatten ihre eigene Ordnung, die meist gesetzlich fixiert war. Später wurden auch hinsichtlich der Einzäunung und Ummauerung Vorschriften erlassen. Meist war nur ein Tor erlaubt. Diese Abriegelung erfolgte auf Betreiben der katholischen Kirche aus Glaubensgründen. Der Name kam erst zu Beginn des 16. Jahrhunderts auf, als die Juden von Venedig zur Niederlassung in dem Viertel um die Gießerei gezwungen wurden, die auf italienisch 'getto' heißt.

1516n grün Getto in Venedig

GEUSEN, niederländische Abwandlung des französischen Schimpfwortes 'gueux' (= Bettler), mit dem niederländische Freiheitskämpfer von den Angehörigen der spanischen Besatzungsmacht belegt wurden. Diese machten aber das Wort zu ihrem Ehrennamen. Sie wählten einen kleinen Bettelsack als Abzeichen. Die 'Wasser-

Geusen' erkämpften durch Eroberung der seeländischen Stadt Briel den ersten großen Sieg über die Spanier. Danach wurde der Name zur allgemeinen Bezeichnung aller Kämpfer für die Freiheit der Niederlande. Die Guerillakämpfer nannten sich 'Busch-Geusen'.

1572n/1581n Kampf der Niederlande

GEWÄCHSHAUS

1249n grün Einrichtung in Köln

GEWALTENTEILUNG, Fachausdruck für die Verteilung der Staatsgewalt auf mehrere voneinander unabhängige Personenkreise. In der Regel als Dreiteilung verstanden (gesetzgebende Gewalt, richterliche Gewalt und vollziehende Gewalt), soll sie den Machtmißbrauch verhindern. Nur wirksam, wenn die Träger der verschiedenen Gewalten wirklich unabhängig voneinander sind und auch keine Interessengleichheit gegeben ist. In der Klassengesellschaft also bestenfalls formal verwirklicht.

384v–322v Aristoteles
324v blau Aristoteles' Lehre
1632n–1704n Locke
1689n–1755n Montesquieu
1748n blau Montesquieus Lehre

GEWEBE

2929v grün Baumwolle in Indien
2922v grün Leinwand in Ägypten
2825v grün Wolle in Sumer
2815v grün Manufakturen in Ägypten
2813v grün Baumwolle nach Sumer
2767v grün Tuchfabrik in Ur
2663v grün Leinen in Sumer
1996v grün Manufakturen in Sumer
1029v grün Seide in China
988v grün Teppichweberei
978v grün Färben bei Phöniziern
687v grün Baumwolle in Mesopotamien
647v grün Stoffe in Griechenland
329v grün Seide in Griechenland
202v grün Seide in Korea
127v grün Seidenhandel Chinas
298n grün Seide in Japan
537n grün Manufakturen in Byzanz
539n grün Monopole in Byzanz
732n grün Seide in Spanien
831n grün Baumwolle auf Sizilien
1149n grün Seidenweberei in Palermo
1200n grün Großwebereien in Florenz
1201n grün Tuchhallen von Ypern
1205n grün Seidenfabriken in Italien
1302n grün Orseille-Farbstoff
1350n grün Manufakturen in England
1463n grün Einfuhrverbot für Tuche
1465n grün Medici-Tuchfabriken
1466n grün Seiden-Manufaktur in Lyon
1516n grün Indigo-Farbstoff
1536n grün Tuchfabrik Malmesbury
1552n grün Strickstrümpfe in Spanien
1589n grün Wirkstuhl
1662n grün Gobelin-Weberei staatlich
1785n grün Cartwrights Webstuhl
1805n grün Jacquards Webstuhl
1884n grün Kunstseide
1889n grün Webautomat
1932n grün Nylon

GEWEHR, Gerät zur Ermordung von Menschen und Tieren. Seine Erfindung ermöglichte die Hinmetzelung ganzer Völker aus sicherer Entfernung und schuf damit die entscheidende Voraussetzung für die Unterjochung der Erde durch die Bewohner einiger kleiner Länder Europas.

1339n grün Handfeuerwaffen
1479n grün Gezogener Lauf
1652n grün Steinschloß
1659n grün Hinterlader
1815n grün Zündhütchen
1827n grün Zündnadel
1883n grün Maschinengewehr

GEWERKSCHAFTEN, Kampf-Organisationen der Arbeiter zur Durchsetzung ihrer gemeinsamen Interessen gegenüber den Unternehmern. Entstanden aus dem Bewußtsein der Ohnmacht des einzelnen Arbeiters gegenüber dem Besitzer der Produktionsmittel, entwickelten sie sich zu mächtigen Einrichtungen. Mit wachsendem Klassenbewußtsein wurden sie im 19. Jahrhundert zum aktiven Kern der Arbeiterbewegung ('Rote'). Dies führte unter dem Einfluß der Kirche zur Verselbständigung der zahlenmäßig geringen nicht-sozialistischen Arbeiter ('Gelbe'). Die zunehmende Proletarisierung der Angestellten und Beamten im Spätkapitalismus erzwang im 20. Jahrhundert auch den Beitritt dieser nichtproletarischen Gruppen. Andererseits wurde dadurch der Kampf um ihre Entpolitisierung eingeleitet mit dem Ziele der Verhinderung einer revolutionären Veränderung der Eigentumsverhältnisse und damit der bürgerlichen Gesellschaft.

1378n rot Ciompi in Florenz
1382n rot Auflösung der Ciompi
1825n rot Kollektiv-Verhandlungen
1838n rot Chartisten-Vereinigung
1858n rot Buchdrucker-Gewerkschaft
1901n rot Internationaler Kongreß

GEWICHTE

2936v grün Wiegen in Indien
2616v grün Normen in Indien
2060v–1983v rot Schul-Gi
2017v grün Normen in Mesopotamien
1989v grün Prüfstelle in Ur
1022v–936v blau Amenope
649v grün Normen in Argos
624v grün Maß als Währungseinheit
259v–209v rot Schi-Huang-Ti
216v grün Normen in China
355n grün Aräometer
1585n grün Stevin für Dezimalsystem

GEWITTER

135v–50v Poseidonios
97v grün Erforschung

GEWÖLBE, Bezeichnung für eine bogenförmige Decke aus Mauerwerk oder Beton.

2786v–2731v Kea
2660v grün Keilschnitt in Ägypten
2503v grün Verwendung in Sumer
143v grün Verwendung in Rom
65n grün Kreuzgewölbe in Rom
1130n blau Gewölbebau Cluny

GEWÜRZHANDEL, seit alters her neben Seiden- und Weihrauch-Handel einer der wichtigsten Zweige des Warenaustauschs zwischen Europa und Asien. Seit dem 8. Jahrhundert in den Händen der Araber. Seit dem 15. Jahrhundert wegen seines günstigen Verhältnisses von Gewicht und Gewinn erste und (neben Gold- und Sklavenhandel) wichtigste Einkommensquelle der seefahrenden europäischen Kolonialmächte und damit ein entscheidender Motor bei der Europäisierung der Erde.

1459n–1525n Jakob Fugger
1506n grün Deutscher Handel

GEYER, Florian (um 1490n–1525n), deutscher Ritter. Sammelte als Landsknechtsführer des Schwäbischen Bundes militärische Erfahrungen und wurde dann vom Hochmeister des Deutschen Ordens in geheimen Missionen nach London, Paris und Brüssel gesandt. Als Anhänger Luthers schloß er sich der ersten deutschen Revolution an und stellte sich dem fränkischen Bauernheer zur Verfügung. Erwirkte die Teilnahme der Odenwaldstädte am Bauernkrieg und suchte auch Würzburg, Rothenburg und Kitzingen für die Sache der Revolution zu gewinnen. Stärkte die Kampfkraft der Bauern durch militärische Übungen. Wurde ermordet. Sein Leben ist häufig künstlerisch nachgestaltet worden. Berühmt wurde ein Bild von Corinth, das den Schauspieler Rittner als Darsteller der Titelrolle des Dramas von Gerhart Hauptmann zeigt.

1522n/1526n Bauernkrieg
1525n blau Gleichheitsforderung
1906n blau Gemälde Corinths

GEZEITEN, Bezeichnung für das regelmäßige Steigen und Fallen des Wasserspiegels der Weltmeere (Ebbe und Flut) durch Einwirkung der Anziehungskraft des Mondes und der Sonne. Bereits vor 3000 Jahren beobachtet und beschrieben, wurde der Vorgang im 4. Jahrhundert richtig erklärt. Obwohl das in ihm enthaltene Kraftpotential seit Jahrhunderten bekannt ist, wurde erst in unseren Tagen ein Kraftwerk zur Ausnutzung dieser Energie gebaut.

380v–306v Pytheas
321n grün Anziehung des Mondes
948n–1009n Ibn Junis
1643n–1727n Newton
1666n grün Gravitationsgesetz

GHANA, Staat an der Atlantikküste Afrikas am Golf von Guinea. Von seefahrenden Mittelmeervölkern (Phönizier) vor 2400 Jahren kolonisiert, entstand hier seit dem 8. Jahrhundert nach unserer Zeitrechnung ein selbständiger Staat, der den Nordteil des jetzigen Territoriums umschloß und sich bis zum Niger ausdehnte. Im 14. Jahrhundert erreichten die Akan-Stämme das Meer und ließen sich an der Küste nieder. Der portugiesischen Entdeckung folgten Niederlassungen zahlreicher europäischer Länder, die mit Gold- und Sklavenhandel Reichtümer erwarben (Goldküste). Im 17. und 18. Jahrhundert bildeten sich hier die Negerstaaten Fanti und Ashanti. Nach Abschaffung der Sklaverei (1844n) wurde das Land von den Engländern erworben und durch Kakao-Anbau nutzbar gemacht. Eine Streikbewegung der Arbeiter auf den Kakao-Plantagen (1937n/1938n) bildete den Auftakt zur nationalen Befreiung. 1951n wurde der politische Häftling Nkrumah von der verfassunggebenden Versammlung zum Chef einer einheimischen Regierung gewählt, die 1957n die Unabhängigkeit des Landes erhielt gegen Zusicherung seines Verbleibens im britischen Commonwealth. 1958n bildete es mit dem benachbarten Staat Guinea eine Union, der sich im Jahre 1960n Mali anschloß. Seit dem Sturz Nkrumahs (1966n) ist diese Union fragwürdig geworden.

469v rot Karthager-Kolonie
1471n grün Portugiesen: Entdeckung
1482n rot Portugiesischer Besitz
1682n rot Brandenburg: Besitzung
1717n grün Preußen: Besitz an Holland
1871n rot Englischer Besitz
1955n rot Bandung-Konferenz
1957n rot Unabhängigkeit

GHASNA, Stadt in Afghanistan (heute Ghasni). Seit 961n Hauptstadt des nach ihr benannten Reiches, das sich bis Buchara, Bagdad und Georgien erstreckte, durch Machmud seine Herrschaft auch über Nordindien ausdehnte und den Islam im Indusgebiet einführte. Im 11. Jahrhundert einer der bedeutendsten Mittelpunkte arabischer Gelehrsamkeit. Um 1040n verlor es seine westlichen Provinzen einschließlich Persiens an die Seldschuken, 1186n ging Nordindien an die Perser ('Ghoriden') verloren, und 1221n fiel die Hauptstadt an die Mongolen.

973n–1048n Al Biruni
976n–1030n Machmud
1024n braun Vorstoß nach Indien
1024n rot Machtgewinn in Indien
1024n rot Islam nach Indien
1221n rot Mongolen-Herrschaft

GHASNAWIDEN, Name einer türkischen Herrscherfamilie, die von 961n bis 1221n von der Stadt Ghasna (Afghanistan) aus einen großen Teil Vorderasiens bis Persien und Nordindien beherrschte, die arabische Wissenschaft zu hoher Blüte entfaltete und die Religion des Islam bis Delhi und in den Pandschab (Indien) verbreitete.

976n–1030n Machmud
1024n braun Vorstoß nach Indien
1024n rot Machtgewinn in Indien
1024n rot Islam nach Indien
1221n rot Herrschaftsende

GHIBELLINE, Anhänger der kaiserlichen Partei in Italien während der großen Auseinandersetzung zwischen Kaiser und Papst zwischen dem 12. und dem 15. Jahrhundert. Ihr gehörten meist die Adligen und Reichen an, während die Bürger der aufstrebenden Städte überwiegend Anhänger der kaiserfeindlichen und damit der päpstlichen Seite waren ('Guelfen').

1265n–1321n Dante

GHIBERTI, Lorenzo (1378n–1455n), italienischer Bildhauer und Architekt. Erlernte zunächst bei seinem Stiefvater das Goldschmiede-Handwerk und wurde dann Maler, bis er für einen Wettbewerb eine Bronzetür von so großer Schönheit schuf, daß er fortan als Bildhauer tätig sein konnte. Seine Statue des Täufers war die erste Groß-Bronze der Renaissance. Schuf die Reliefs für den Taufbrunnen in Siena und den Bronzeschrein für den Dom in Florenz, dessen Kuppel er als Baumeister mitgestaltet hatte und dessen Glasmalereien ebenfalls von seiner Hand stammen. Errichtete in Florenz eine Gießerei-Werkstatt und bildete dort viele Meister aus, darunter Donatello. Schrieb auch ein Buch über die italienische Kunst.

1414n blau 'Johannes der Täufer'
1452n blau 'Paradiestür'

GHIRLANDAJO, Domenico (1449n bis 1494n), italienischer Maler. Sohn eines Goldschmiedes, der wegen seiner schönen silbernen und goldenen Haar-Girlanden den Beinamen 'Ghirlandajo' erhielt. Malte in weicher Freskotechnik große religiöse Bilderzyklen ('Geschichte von Maria und Johannes', 'Legende des Franziskus') und stellte auch das Leben der Bürger seiner Heimatstadt Florenz dar. Hatte eine angesehene Malerschule, in der außer seinen Söhnen auch Michelangelo lernte.

1490n blau Marienleben

GIBBON, Edward (1737n–1794n), englischer Geschichtsschreiber. Durch Jesuiten-Schriften wurde er 16jährig zum Übertritt in die katholische Kirche veranlaßt, der er aber nach einem Jahr wieder den Rücken kehrte. Nach unregelmäßigen Studien in Oxford und Lausanne gab er ein Lehrbuch der Literatur heraus und reiste nach Rom. Dort faßte er den Entschluß, die Geschichte des Untergangs dieser Stadt zu schreiben. Nach politischer und parlamentarischer Tätigkeit zog er sich 46jährig nach Lausanne zurück und vollendete sein großes Geschichtswerk, das in sechs Bänden die erste zusammenfassende Überschau der Ursachen des römischen Niedergangs gab. Bahnbrechend wirkte sein Werk durch die Einbeziehung der sozialen Hintergründe alles politischen Geschehens.

1776n blau Geschichte Roms

GIBEA, Stadt in Palästina nahe bei Jerusalem. Heimatstadt des Königs Saul. Hier tötete dessen Sohn Jonathan den Befehlshaber der Philister-Besatzungsmacht und gab damit den Anstoß zum Befreiungskampf der Israeliten. Nach Vertreibung aller Philister erhob Saul den Ort zur ersten Hauptstadt des entstehenden jüdischen Reiches.

1064v–1010v Saul

GIBRALTAR, Halbinsel und Stadt an der Südküste Spaniens. Ihr 450 Meter hoher steiler Kalkfelsen steht zusammen mit dem Felsen von Ávila bei Ceuta beherrschend über der 14 km breiten Meerenge zwischen Europa und Nordafrika und trägt mit diesem zusammen seit altersher den Namen 'Säulen des Herkules'. Wegen ihrer Lage an der Durchfahrt vom Mittelmeer zum Atlantik seit mindestens 3000 Jahren immer wieder umkämpft. Benannt wurde sie nach dem arabischen Feldherrn Tarik, der mit seinen Heeren hier landete und sogleich den Felsen befestigen ließ. Aus 'Gebel al Tarik' (= Felsen des Tarik) wurde allmählich der heutige Name der Stadt.

398v rot Sperrung der Durchfahrt
554n rot Beherrschung durch Byzanz
633n/732n Arabischer Krieg
711n grün Befestigung
1462n braun Eroberung durch Spanier
1462n rot Spanischer Besitz
1704n rot Englischer Besitz

GIDE, André (1869n–1951n), französischer Schriftsteller. Nach dem frühen Tod des Vaters von der Mutter in streng calvinistischem Geist erzogen, wandte er sich bald einem rauschhaften Sinnenleben zu, verwarf die überkommenen Moralbegriffe und entfaltete eine vielseitige und fruchtbare schriftstellerische Tätigkeit. Übersetzte Goethe, Shakespeare und Puschkin, verfaßte gesellschaftskritische Romane ('Die Falschmünzer'), moderne Theaterstücke über antike Stoffe ('Ödipus'), eine Selbstdarstellung seines Lebens ('Stirb und werde'), Reisebeschreibungen ('Zurück aus der UdSSR'), freimütige Schilderungen sexueller Erlebnisse ('Intimes Tagebuch') sowie eine antikirchliche Kriminalsatire ('Die Verließe des Vatikans'), die er später als Roman umarbeitete ('Symphonie Pastorale'). Durch die von ihm 1909n gegründete Zeitschrift 'Nouvelle Revue Française' nahm er starken Einfluß auf seine Generation. Grundmotiv seines Schaffens war die rückhaltlose Aufdeckung der auf allen Ebenen des Lebens beobachteten Zersetzung der menschlichen Gesellschaft sowie die bedenkenlose Darstellung seelischer und körperlicher Regungen auch abseitiger Art.

1919n blau 'Pastoralsymphonie'

GIEBICHENSTEIN, Dorf und Burg auf einem bei Halle an der Saale gelegenen Hügel. Als vorgeschobener Grenzposten gegen die jenseits der Saale stehenden Slawen befestigt, wurde der Flecken um 900n mit einem Reichsschloß bebaut, das Otto I. 937n der Kirche von Magdeburg schenkte. Wegen der einsamen Lage später zeitweilig Staatsgefängnis, aus dem sich der thüringische Landgraf (Ludwig der Springer) um 1100n durch einen Sprung in die Saale rettete.

806n grün Burg

GIFFARD, Henry (1825n–1882n), französischer Erfinder. Konstruierte als Maschinen-Ingenieur eine kleine Dampfmaschine mit 45 kg Gewicht und einer dreiflügligen Luftschraube von 3,40 m Durchmesser, baute sie in einen Ballon von 44 m Länge (12 m Durchmesser) ein und flog damit in 1800 m Höhe über Paris bei einer Geschwindigkeit von 10 Stundenkilometern. Obwohl sein länglicher Ballon bereits nach halbstarrem System gebaut war, erwies er sich als zu schwerfällig. So baute er einen etwas größeren Lenk-Ballon, der aber verunglückte. Auf der Londoner Weltausstellung ließ er einen Ballon von 25000 Kubikmeter Inhalt aufsteigen. Starb in geistiger Umnachtung.

1852n grün Ballon mit Antrieb

GIFT

2569v grün Gebrauch in Sumer
399v rot Tod des Sokrates
247v–183v Hannibal
190n–265n Hua-To
225n grün Gebrauch zur Narkose
459n rot Alkoholverbot in China
623n grün Mohammeds Weinverbot
809n rot Alkoholverbot bei Bulgaren
1127n grün Alkohol-Destillation
1197n grün Werk über Gegengifte
1586n grün Tabak in England
1621n grün Tabak in Deutschland
1773n grün Opium nach China
1803n grün Morphium
1830n grün Opiumhandel vervielfacht
1839n rot Abwehr Chinas
1839n/1842n Opiumkrieg
1849n grün Zigarette
1915n grün Giftgas
1920n rot Alkoholverbot in USA
1929n blau Drama 'Cyankali'
1939n grün DDT
1964n grün Gefahren des Rauchens

GIFTGAS

1914n/1918n Erster Weltkrieg
1915n grün Einsatz
1944n rot Massenmord (Auschwitz)

GILBERT, William (1540n–1603n), englischer Naturforscher. Als Arzt gelangte er durch systematische Arbeitsweise zu bedeutenden Heilerfolgen und wurde Leibarzt der Königin Elisabeth, die ihm Mittel für seine naturwissenschaftlichen Forschungen zur Verfügung stellte. An einer magnetischen Eisenkugel fand er zwei Magnetpole, dem Nord- und Südpol der Erde entsprechend. So erklärte er den Erdmagnetismus ohne die Hypothese von Magnetbergen am Nordpol. In der durch Bernstein-Reibung erzeugten Kraft fand er eine vom Magnetismus verschiedene Erscheinung und nannte sie nach dem griechischen Wort 'Elektron' (= Bernstein) 'Elektrizität'. In seinen Forschungen stützte er sich nicht auf Aussagen von Autoritäten, sondern auf die Arbeiten von Handwerkern. Sein im Jahre 1600n erschienenes Hauptwerk über Magnetismus widmete er denen, die nach dem Wissen nicht in Büchern forschen, sondern in den Dingen selbst.

1598n grün Elektrizität
1599n grün Erdmagnetismus

GILDAS der Weise, angelsächsischer Geschichtsschreiber.

504n–570n Lebenslinie
544n blau Geschichte Britanniens

GILDEN, Vereinigungen von Kaufleuten und anderen Unternehmern zu gemeinsamer Wahrnehmung ihrer Interessen sowie zu gegenseitiger Hilfeleistung. Sie entsprachen den Zünften der Handwerker und kamen etwa gleichzeitig mit diesen zu Beginn unseres Jahrtausends in den größeren Städten Europas auf. In der Hanse erreichten sie ihren Höhepunkt. Durch die mit zunehmender Kapitalkonzentration steigende Macht und das wachsende Selbstbewußtsein der Unternehmer verloren sie an Bedeutung.

1058n grün Kaufleute der Normandie
1151n grün Geldwechsler in Italien
1157n grün Rechte in England
1161n grün Kaufleute von Wisby
1250n grün 'Stalhof' in London

GILGAMESCH, König des Stadtstaates Uruk im Zwischenstromland (Mesopotamien).

2894v–2817v Lebenslinie
2845v grün Stadtmauer
2810v blau Entstehung des Epos
1979v blau Reliefbild
1863v blau Niederschrift des Epos
1756v blau Reliefbild

GILGAMESCH-EPOS, die Götter- und Heldensage der Sumerer, die vor 5000 Jahren den Süden des Landes zwischen Euphrat und Tigris (Mesopotamien) bewohnten. Es berichtet auf 12 Tafeln von den Heldentaten des Königs Gilgamesch, von seinem Kampf gegen den Riesen Humbaba, von seiner Freundschaft mit Enkidu, von seiner Kränkung der Göttin Ischtar sowie von der Sintflut, die von den Göttern beschlossen wurde, um die Menschen zu vernichten. Im Mittelpunkt der Sage stehen Gedanken über Leben und Tod, Liebe und Unsterblichkeit.

2894v–2817v Gilgamesch
2810v blau Entstehung
1863v blau Niederschrift
1692v blau Babylonische Übersetzung
1458v blau Kurritische Übersetzung
1339v blau Hettitische Übersetzung

GILU (um 1420v–um 1370v), Prinzessin des Mitanni-Reiches in Mesopotamien. Als Tochter des Mitanni-Königs Sutarna wurde sie von ihrem Vater dazu bestimmt, den ägyptischen Herrscher Amen-Hotep III. zu heiraten, der fünfmal um ihre Hand angehalten hatte. Aber bei ihrer Ankunft in Ägypten verschwand sie als Nebenfrau im Harem des Amen-Hotep, der bereits mit Teje verheiratet war.

1403v rot Heirat
1403v grün Mitgift

GIORGIONE, eigentlich Giorgio Barbarelli (1478n–1510n), italienischer Maler,

Schüler des Giovanni Bellini in Venedig. Milderte die harte Farbgebung seiner Vorgänger ab und gelangte zu einer warmen, zarten Lichtwirkung. So führte er die venezianische Malerei auf ihren Höhepunkt. Bezog die Landschaft in einem vorher unbekannten Maße in seine Bildkompositionen ein und stellte auch die Menschen in voller Natürlichkeit dar. Neben der Ausführung von Aufträgen religiöser Darstellungen ('Madonna mit Heiligen') malte er Gegenstände aus der griechischen Sagenwelt ('Schlummernde Venus'), aus dem Alltag ('Schäfer', 'Zigeunerin'), aus der Wissenschaft ('Drei Philosophen') und aus der Kunst ('Das Konzert'). Daneben schuf er lebendige Porträts.

1508n blau	'Ruhende Venus'

GIOTTO, italienischer Maler und Baumeister.

1266n–1337n	Lebenslinie
1306n blau	Fresken in Padua
1315n blau	'Madonna'

GIOVANNI da Bologna (1524n–1608n), flämischer Bildhauer. Schuf seine Hauptwerke in Italien, wo er im Dienste der Fürsten von Medici stand. Vereinigte in seinen Kunstwerken klassische Strenge mit einer ins Barocke weisenden Lebendigkeit und Sinnenfreude. Hatte eine eigene Schule der Bildhauerkunst.

1565n blau	'Fliegender Merkur'
1583n blau	'Raub der Sabinerin'

GIPS, Werkstoff aus einem wasserhaltigen Naturstein, dem durch Erhitzung das Wasser entzogen wurde und der sich bei seiner Verwendung in zermahlenem Zustand durch Wasserzusatz zu einer harten Masse verfestigt. Seit rund fünftausend Jahren beim Bauen verwendet, fand er auch bald in der plastischen Kunst Verwendung, insbesondere für Nachbildungen. Später wurde er zur Anfertigung von Malerfarbe und Wandtafelkreide verwendet. Seit Mitte des 19. Jahrhunderts hat er auch in die Medizin Eingang gefunden.

2893v grün	Mörtel
2658v grün	Gipsstein-Verarbeitung
2509v blau	Statue aus Gipsstein
1372v grün	Nachbildungen
305v grün	Abgüsse
1852n grün	Gipsverband

GIPSVERBAND, Bandage aus Mull und Gips. Dient der Ruhigstellung gebrochener oder verrenkter Glieder durch Fixierung der Gelenke. Das von arabischen Chirurgen seit Jahrhunderten angewendete Verfahren des Eingipsens gebrochener Glieder sah 1794n in Basra (Mesopotamien) der englischen Konsul Eaton und teilte es dem englischen Militärarzt Guthrie mit, durch den es in Europa bekannt wurde. Aber erst die Verbindung der steifmachenden Wirkung des Gipses mit der herkömmlichen Verbandsmethode machte daraus ein praktikables Verfahren, das sich wegen seiner Nützlichkeit schnell über die ganze Welt verbreitete.

1852n grün	Erfindung

GIRAFFEN, langbeinige Säugetiere mit 2 bis 3 Meter langem Hals. Leben in vorgeschichtlicher Zeit in den Steppen zwischen China, Griechenland und der Sahara. Die scheuen Tiere zogen sich aber mit zunehmender Besiedlung dieser Gebiete ganz in die Steppen Afrikas zurück, wo sie gesellig in größeren Gruppen zusammenleben.

2946v blau	Relief zweier Giraffen
2053v blau	Zeichnung einer Giraffe

GIRARDUS (um 985n–1030n), italienischer Sozialrevolutionär. Als Führer norditalienischer Katharer verfolgt, fand er mit seinen Anhängern Zuflucht auf der Burg Monteforte bei Turin. Von hier aus verbreitete sich seine Lehre im ganzen Lande. Verwarf das Privateigentum als Ursache von Selbstsucht und Unmenschlichkeit. Forderte Gemeinschaftsbesitz und brüderliches Zusammenleben. Verurteilte die Tötung von Tieren, die Macht des Papstes und die dogmatische Verkündung der Bibel. Da sich unter seinen Anhängern zahlreiche Adlige befanden, kam Bischof Heribert aus Mailand, um ihn zur Kirche zurückzuführen, indem er ihn zwischen ein Kreuz und einen Scheiterhaufen stellte und ihn wählen ließ. Mit vielen seiner Anhänger, unter denen sich auch die Burgherrin, Gräfin von Monteforte, befand, wählte er den Scheiterhaufen.

1030n rot	Feuertod

GIRAUDOUX, Jean (1882n–1944n), französischer Dichter. Als Sohn eines Ingenieurs studierte er in Paris, München und Bonn, wurde Diplomat und verband seine politische Tätigkeit mit einem fruchtbaren dichterischen Schaffen. Aus einer positiven Haltung zum Leben entstand sein Bestreben, die von ihm treffsicher beschriebenen Zersetzungs-Erscheinungen unserer Gesellschaft lachend darzustellen. Besonders gelang ihm das in seinen Bühnenstücken, in denen er gern moderne Probleme auf antikem Hintergrund behandelte ('Amphitryon', 'Der trojanische Krieg findet nicht statt', 'Sodom und Gomorrha'). Enttäuschung kommt in seinem späten Drama 'Die Irre von Chaillot' zum Ausdruck, das erst nach seinem Tod aufgeführt wurde.

1935n blau	'Kein Krieg in Troja'

GIROBANK, Bezeichnung für ein Geld-Institut, das den bargeldlosen Verkehr seiner Kunden von Konto zu Konto gestattet, wie es heute jede Bank tut. Bei der Entwicklung der oberitalienischen Geldwechsler-Institute zu Banken im modernen Sinne spielte die um 1400n allgemein vollzogene Einführung des Giroverkehrs eine wichtige Rolle.

1407n grün	Bank in Genua

GIRONDISTEN, Name der Partei der gemäßigten Republikaner in der französischen Revolution, benannt nach dem größten französischen Departement (Gironde), aus deren Hauptstadt Bordeaux einige ihrer Führer stammten. Von 1792n bis 1793n die bestimmende politische Kraft Frankreichs, traten sie für Hinrichtung des Königs ein sowie für die Todesstrafe gegen alle Monarchisten und Emigranten und die Verbannung aller Priester, die den Eid auf die Verfassung verweigerten. Andererseits suchten sie die Volksmassen durch einen Krieg gegen Österreich und Preußen von weiterer innenpolitischer Aktivität abzulenken, um das Privateigentum und die Interessen der von ihnen vertretenen Besitzbürger zu schützen. Nachdem die Jakobiner 1793n die Macht übernommen hatten, wollten sie 1794n durch Aufstellung einer Armee unter General Wimpffen die Fortführung der Revolution verhindern. Doch scheiterte das Unternehmen, 37 Führer der Partei wurden hingerichtet, 6 begingen Selbstmord. Nach Rückeroberung der politischen Macht durch das Bürgertum ('Direktorium') traten sie für eine Rückkehr Frankreichs zur Monarchie ein.

1789n/1795n	Französische Revolution
1792n rot	Frankreich Republik
1792n/1795n	Revolutionskriege
1793n rot	Hinrichtung Ludwigs XVI.

GISEH, ägyptischer Ort am westlichen Nilufer gegenüber von Kairo. Nach ihm wurden die 8 km weiter westlich gelegenen Bauten benannt, die uns noch heute lebendige Kunde von einer Menschheitskultur geben, die hier vor 4500 Jahren blühte.

2615v–2550v	Cheops
2576v–2515v	Chefren
2565v grün	Transport von Steinblöcken
2561v–2500v	Mykerinos
2553v blau	Cheops-Pyramide
2529v blau	Sphinx-Tempel
2523v blau	Sphinx
2518v blau	Chefren-Pyramide
2511v blau	Mykerinos-Pyramide
1420v grün	Freilegung der Sphinx

GISELA (um 900n–um 950n), französische Prinzessin. Als Tochter König Karls III. von Frankreich, der dem Normannenführer Rollo das Gebiet der Seinemündung als Lehen gegeben hatte ('Normandie'), heiratete sie auf Wunsch ihres Vaters den Eroberer aus Norwegen und wurde dadurch zur Stamm-Mutter der Herzöge der Normandie.

878n–931n	Rollo

GLADIATOREN, von dem lateinischen Worte 'gladius' (= Schwert) abgeleitete Bezeichnung für Schwertkämpfer im Römerreich, die Schaukämpfe auf Leben und Tod gegeneinander oder gegen wilde Tiere ausführten. Meist Sklaven oder Kriegsgefangene, aber auch verurteilte Verbrecher und Christen, wurden sie in besonderen Schulen für dieses Schauspiel vorbereitet, bei dem der Kaiser oder der höchste anwesende Beamte durch ein Handzeichen über das Leben des unterlegenen Kämpfers entschied: Wer mit besonderer Tapferkeit gekämpft oder sich auf andere Weise die Sympathie der Zuschauer erworben hatte, dem schenkte der nach oben gestellte Daumen der kaiserlichen Hand das Leben. Deutete der Daumen nach unten, so mußte der Sieger den Verlierer sofort töten.

264v grün	Aufkommen der Kämpfe
109v–71v	Spartakus
105v rot	Öffentliche Kämpfe
42v–37n	Tiberius
178n grün	Höchstpreise
334n rot	Fortsetzung der Kämpfe
404n rot	Verbot der Kämpfe

GLADSTONE, William E. (1809n–1898n), englischer Staatsmann. Als Sohn eines reichen Kaufmanns studierte er in Oxford, wandte sich dann der Politik zu und wurde 23jährig als Konservativer ins Unterhaus gewählt. Wechselte dann zu den Liberalen über, deren Partei er bald führte. Fünfmal zum Schatzkanzler gewählt und viermal zum Premierminister ernannt, gewann er die Kapitalisten durch Freihandelsgesetze und Teile der Arbeiterschaft durch soziale Reformen und Wahlrechtsänderung. In Ägypten, im Sudan und in Südafrika behauptete er mit Härte die englische Kolonialpolitik. Irland suchte er durch Selbstverwaltung ('Homerule') zu gewinnen, doch scheiterte er mit dieser Politik im Unterhaus und im Oberhaus sowie in seiner eigenen Partei und mußte deshalb abdanken.

1871n rot	Gewinn der Goldküste
1880n braun	Erhebung der Buren
1881n rot	Buren: Selbstverwaltung
1882n braun	Vorstoß nach Ägypten
1882n rot	Gewinn Ägyptens
1883n/1884n	Aufstand des Sudan
1884n rot	Gewinn Somalias
1893n braun	Erhebung der Zulu

GLAS, von dem germanischen Worte 'Glesum' (= Bernstein) kommende Bezeichnung von Werkstoffen, die sich durch ihre Durchsichtigkeit auszeichnen. Es kommt ganz selten in der Natur vor als Zufallsergebnis vulkanischer Mineral-Schmelze. Im eigentlichen Sinne aber spricht man davon erst mit dem Beginn der künstlichen Herstellung durch Schmelzen von Quarz und Verglasung des erkaltenden Materials durch Zusatz von Salz oder Soda, wie es in Ägypten und Mesopotamien bereits vor rund 5000 Jahren bekannt war. Durch die Phönizier wurde es im Mittelmeerraum verbreitet und kam nach Europa, wo vor rund 2000 Jahren seine Entfärbung gelang. Durch die Araber wurde es optischen Zwecken nutzbar gemacht und half später in Europa bei der Erforschung des Himmels (Fernrohr) und des Atoms (Mikroskop). Früh wurde es auch zu Schmuck verarbeitet. In unserem Jahrhundert entwickelt es sich zu einem neuen Baustoff, der es den Menschen ermöglicht, gesünder und schöner zu wohnen und zu arbeiten.

2986v grün	Herstellung in Ägypten
2890v grün	Gewinnung in Mesopotamien
1592v grün	Gefäße in Ägypten
728v grün	Herstellung in Assyrien
4v grün	Glasblasen bei Phöniziern
1n grün	Fensterscheiben in Rom
99n grün	Glasspiegel mit Zinnfolie
406n grün	Farbige Kirchenfenster
674n grün	Fensterglas nach England
965n–1039n	Al Hassan
991n grün	Vergrößernde Glaskugel
1027n grün	Al Hassan: Optisches Glas
1134n grün	Kirchenfenster-Werkstatt
1257n grün	Fenster von Chartres
1282n grün	Brillen
1330n grün	Butzenscheiben
1558n grün	Optische Linse
1590n grün	Mikroskop
1593n grün	Fernrohr
1656n grün	Jacquin: Glasperlen
1877n grün	Siemens: Preßglas

GLASGOW, Stadt im nördlichen Teil der britischen Insel (Schottland), am Unterlauf des Flusses Clyde verkehrsgünstig gelegen. Ein Zentrum der Bekehrung Schottlands zum Christentum, wurde sie im 6. Jahrhundert Bischofssitz, bald Marktflecken und befestigte Stadt, 1450n Universitätsstadt. Verarbeitete die auf den schottischen Weiden produzierte Wolle früh in Manufakturen. Durch ihre Industrialisierung erfuhr die Stadt eine sprunghafte Aufwärtsentwicklung. Seit dem Zusammenschluß Schottlands mit England ein Zentrum des europäischen Amerika-Handels. Begünstigt durch die in der Nähe befindlichen Kohlevorkommen, wuchs sie zur größten Stadt Schottlands empor und zog hervorragende Wissenschaftler an (Kelvin, Lister).

543n blau	Entwicklung
1848n grün	Kelvin
1867n grün	Lister

GLASPERLEN

1656n grün	Anfertigung durch Jacquin

GLASUR, Bezeichnung für den dünnen, glasartigen Überzug, mit dem Töpferwaren seit Jahrtausenden haltbar und wasserdicht gemacht werden. Besteht meist aus dem gleichen Stoff wie die Grundmasse (Porzellan, Steingut), ist aber durch einen größeren Anteil von Schmelzmitteln zur dichten, glatten Abschließung der Oberfläche geeignet. Für die Brauchbarkeit und Schönheit der Töpfer-Erzeugnisse entscheidend, fällt ihre Entwicklung mit der Geschichte der Keramik zusammen.

2847v grün	Indische Fayence
2781v grün	Ägyptische Fayence
2654v grün	Schmuckperlen
2633v grün	Wandplatten
2041v grün	Emaillierte Ziegel
1625v blau	Fayence-Plastik
1402v grün	Perlen-Handel
1216v grün	Keramik in China
1161v blau	Fayence-Kacheln
752v grün	Schmelzofen-Malerei
717v blau	Fayence-Vase
663n grün	Porzellan in China
1443n grün	Zinnglasur in Italien
1551n blau	Emaille-Malerei
1593n grün	Delfter Fayencen

GLAUKOS (um 700v–um 640v), griechischer Schmied von der Mittelmeer-Insel Chios vor der Küste Kleinasiens. Fertigte für die Orakelstätte von Delphi einen kunstvoll verzierten Dreifuß an, der dann vom Lyderkönig gestiftet wurde. Entwickelte ein Verfahren, um Eisen mit Eisen zusammenzulöten.

669v grün	Löten

GLEICHHEIT, unabdingbare Voraussetzung eines brüderlichen Zusammenlebens der Menschheit. Mit Einführung der Ausbeutung des Menschen durch eine schmarotzende Minderheit vor fünftausend Jahren aufgehoben, ist sie seitdem das Ziel des Kampfes der arbeitenden Klassen. Ihre Verwirklichung wird in unserer Epoche durch Beseitigung der Ausbeutung in einem wachsenden Teil der Welt möglich.

Vorzeittafel:	Schlußbalken (5000 Jahre)
2942v–2870v	Du-Muzi
2888v rot	Kommunismus in Sumer
2843v–2791v	Merit
2449v–2367v	Lugal-Anda
2370v grün	Frauen geschäftsfähig
2367v braun	Erhebung in Lagasch
2240v–2172v	Aba
2197v/2196v	Ägyptische Revolution
2196v rot	Volksherrschaft (Ägypten)
2196v grün	Gemeineigentum in Ägypten
1597v–1521v	Minos
1422v–1356v	Teje
1328v–1252v	Hattu-Sili III.
705v–637v	Archilochos
655v blau	Recht auf Persönlichkeit
642v–555v	Carvaka
628v–553v	Hesekiel
594v rot	Anklagerecht
494v braun	Sklavenaufstand
494v rot	Plebejer Volkstribunen
475v–393v	Me-Ti
471v rot	Beamte der Plebejer
464v/459v	Messenischer Krieg
445v rot	Eheschranke beseitigt
444v–365v	Antisthenes
441v blau	Forderung des Me-Ti
430v–353v	Xenophon
429v–370v	Phaleas
427v–347v	Plato
421v rot	Plebejer im Staatsdienst
419v braun	Sklavenaufstand in Rom
407v–323v	Diogenes
400v blau	Sozialisierungs-Forderung
390v blau	Forderung des Phaleas
351v rot	Plebejer Zensor
333v–262v	Zeno der Jüngere
325v–260v	Euhemeros
307v blau	Eigentum naturwidrig
287v rot	Volksbeschluß Gesetz
283v blau	Zenos Staatsideal
280v blau	Euhemeros' Staatsentwurf
279v–206v	Chrysipp
274v–194v	Eratosthenes
258v braun	Erhebung gegen Rom
258v blau	Schrift eines Sklaven
248v–195v	Han-Kautsu
224v blau	Idealstaat des Chrysipp
198v/196v	Aufstände in Italien
196v rot	Beamte aus dem Volk
187v blau	Jambulos: 'Sonnenstaat'
185v braun	Aufstand in Apulien
166v–132v	Eunus
163v rot	Bund der Essener
163v–129v	Aristonikos
163v–133v	Tiberius Gracchus
154v–121v	Gajus Gracchus
144v–101v	Athenion
139v rot	Volkssouveränität
136v/129v	Großer Aufstand
132v rot	'Sonnenstaat' Pergamon
130v–102v	Tryphon
121v braun	Aufstand des G. Gracchus
114v–53v	Krassus
109v–71v	Spartakus
108v–62v	Katilina
104v/100v	Großer Aufstand
74v/71v	Spartakus-Aufstand
63v/62v	Erhebung des Katilina
6v–30n	Jesus Christus
4v–65n	Seneka
9n grün	Bodenreform in China
28n blau	Bergpredigt
31n–99n	Musonius Rufus
40n blau	Philos Menschenbild
53n–117n	Trajan
61n blau	Eintreten für Sklaven
64n blau	Forderung Senekas
67n–140n	Juvenal
72n blau	Forderung des Musonius
80n–130n	Karpokrates
100n–165n	Justin der Märtyrer
119n blau	Epiktets Menschenbild
123n–140n	Epiphanes
127n blau	Eigentum unchristlich
140n blau	Epiphanes: Kommunismus
146n–211n	Septimius Severus
150n–215n	Klemens von Alexandria
164n rot	Schutz des Frauengutes
202n–258n	Cyprian
207n braun	Aufstand des Felix Bulla
212n rot	Römisches Bürgerrecht
217n–276n	Mani
240n blau	Mani gegen Vorrechte
251n–356n	Antonius
253n blau	Forderung Manis
276n–355n	Donatus
284n/286n	Bagauden-Aufstand
285n–347n	Fasir
291n–347n	Axid
292n–346n	Pachomius
330n–379n	Basilius der Große
342n blau	Fasir: Kommunismus
344n/347n	Zirkumzellionen-Aufstand
375n blau	Eigentum ist Diebstahl
411n–474n	Priskus
412n–444n	Tibatto
435n/437n	Bagauden-Aufstand
470n–531n	Kobad
476n–531n	Masdak
497n–548n	Theodora
516n blau	Masdak: Kommunismus
528n blau	Forderung Masdaks
531n rot	Niederlage Masdaks
535n rot	Gleichstellung der Frau
605n–680n	Fujiwara
626n–672n	Tenji
645n rot	Reformen in Japan
684n/686n	Aufstand von Kufa
775n/777n	Zindiks-Aufstand
804n–876n	Ludwig der Deutsche
821n grün	Frauenstudium
822n–883n	Ibn Mohammed
841n braun	Stellinga-Aufstand
864n–910n	Karmat
868n blau	Forderung Ibn Mohammeds
869n/883n	Aufstand von Basra
871n rot	Staat Basra
883n rot	Ende des Staates Basra
889n blau	Kommunistische Forderung
890n rot	Karmaten-Gemeinschaft
899n rot	Karmaten-Staat Ahsa
899n/930n	Karmaten-Aufstand
901n/rot	Karmaten-Staat Multan
905n–965n	Al Mutanabbi
914n–961n	Bogomil
938n blau	Forderung nach Neuordnung
940n rot	Bogomilen-Bewegung
943n blau	Sklavenarbeit unwürdig
954n blau	Forderung Bogomils
995n–1035n	Knut der Große
1021n–1086n	Wang-Anschi
1022n–1107n	Manko Kapak
1030n rot	Katharer-Verbrennung
1058n blau	Soziale Denkschrift
1067n rot	Inka-Staat
1069n rot	Reformen in China
1116n blau	Lehren der Bogomilen
1140n–1217n	Peter Waldes
1175n rot	'Bund der Armen von Lyon'
1178n rot	Waldenser in Frankreich
1181n braun	Katharer-Kreuzzug
1182n rot	Waldenser in Italien
1190n–1235n	Eike von Repkow
1206n grün	Rechte der Ehefrau
1209n/1229n	Katharer-Kreuzzug
1212n rot	Bogomilen-Verfolgung
1222n rot	Katharer in Bosnien
1223n blau	'Sachsenspiegel'
1232n–1300n	Segarelli
1234n rot	Katharer-Ende in Bosnien
1260n rot	Apostelbrüder-Orden
1305n/1307n	Lombardischer Kreuzzug
1309n–1370n	Kasimir der Große
1313n blau	'Der Renner'
1324n–1384n	Wiclif
1325n–1381n	Wat Tyler
1335n–1381n	John Ball
1372n blau	Ball: Gütergemeinschaft
1376n blau	Wiclif für Erneuerung
1381n blau	Forderung Wat Tylers
1381n/1382n	Aufstände in England
1383n rot	Lollarden in England
1398n blau	Wiclifs Lehre in Prag
1400n–1450n	Jack Cade
1420n/1434n	Hussiten-Kreuzzug
1424n rot	Taboriten-Ausschaltung
1445n blau	Gleichheit vor Gott
1448n blau	Jack Cade: Bodenreform
1450n braun	Aufstand in England
1465n–1536n	Erasmus von Rotterdam
1488n–1525n	Thomas Münzer
1489n–1587n	Sinan
1498n blau	Kommunistisches Programm
1516n blau	Thomas More: 'Utopia'
1522n/1526n	Deutsche Revolution
1525n blau	Reformforderung Geyers
1528n blau	Forderung der Wiedertäufer
1534n blau	Rothmanns Kommunismus
1534n braun	Wiedertäufer-Erhebung
1542n–1605n	Akbar
1570n–1607n	Iwan Bolotnik

1573n blau Gleichheit der Religionen
1602n blau Campanella: 'Sonnenstaat'
1606n blau Bolotniks Forderungen
1607n braun Aufstand in Rußland
1609n blau 'Freiheit der Meere'
1648n/1649n Levellers-Erhebung
1650n rot Einkerkerung Lilbournes
1652n blau Winstanley: Kommunismus
1673n blau Vairasses Staatsentwurf
1683n blau Thomasius: Naturrecht
1699n blau John Bellers' Devise
1712n–1778n Rousseau
1729n–1781n Lessing
1753n blau Rousseau: 'Ungleichheit'
1755n blau Morelly gegen Eigentum
1758n–1794n Robespierre
1760n–1797n Babeuf
1762n blau 'Gesellschaftsvertrag'
1768n blau Mably: Kommunismus
1772n blau Helvetius: Vom Menschen
1776n rot Unabhängigkeitserklärung
1776n rot Menschenrechtserklärung
1779n blau 'Nathan der Weise'
1783n blau Chamforts Losung
1787n rot Shaker-Gruppe
1789n/1795n Französische Revolution
1789n rot Menschenrechtserklärung
1790n rot Jakobinerklub
1792n blau Godwin: 'Recht der Frauen'
1792n blau Forderung Condorcets
1794n rot Sans-Culotten
1795n blau 'Manifest der Gleichen'
1796n braun Babeufs Verschwörung
1807n rot Stein'sche Reformen
1809n–1865n Lincoln
1812n rot Juden gleichberechtigt
1812n blau Owen: 'Neue Ansicht'
1818n–1883n Karl Marx
1820n blau Saint-Simon: Proletariat
1821n–1880n Dostojewski
1824n rot Owens Gemeinden
1828n–1910n Tolstoi
1829n grün Fourier: Genossenschaften
1834n rot 'Bund der Geächteten'
1836n rot 'Bund der Gerechten'
1838n rot Chartisten-Vereinigung
1838n blau Weitling: 'Menschheit'
1839n blau Blanc gegen Kapitalismus
1840n rot Arbeiter-Bildungsverein
1840n blau 'Eigentum ist Diebstahl'
1842n blau L. Steins Untersuchung
1842n blau Cabet: 'Ikarien'
1844n grün Konsumverein
1845n blau Engels: Lage der Arbeiter
1846n grün Bauern-Genossenschaft
1847n blau Herzen: 'Wer ist schuld?'
1847n blau Kommunistisches Manifest
1856n–1950n G. B. Shaw
1858n rot Gewerkschaft
1859n blau Marx: Polit-Ökonomie
1863n rot Lassalles Arbeiterverein
1864n rot Erste Internationale
1865n rot Frauenverein
1866n–1925n Sun-Yat-Sen
1867n rot Granger-Bewegung
1867n blau Marx: 'Das Kapital'
1869n rot Gründung der SPD
1869n blau Manifest russisch
1869n–1948n Gandhi
1870n blau Blanquis Zeitschrift
1870n blau Liebknecht: 'Bodenfrage'
1870n–1924n Lenin
1871n braun Aufstand der Kommune
1871n blau Pottier: 'Internationale'
1873n blau Bakunin: Anarchismus
1875n rot Gothaer Zusammenschluß
1878n blau Engels: 'Anti-Dühring'
1879n rot Arbeiterpartei Spaniens
1879n blau Bodenreform gefordert
1879n blau Bebel: Stellung der Frau
1879n–1953n Stalin
1883n rot Plechanows Partei
1883n rot Fabian-Society
1884n blau Engels: 'Ursprung'
1885n blau Marx: Kapital II
1886n braun Aufstand in USA
1888n blau Bellamy: 'Rückblick'
1889n rot Zweite Internationale
1890n blau Zeitschrift 'Gleichheit'
1891n rot Erfurter Programm
1892n rot Arbeiterpartei Italiens
1893n rot Belgisches Wahlrecht
1893n rot Labour-Party
1893n– Mao-Tse-Tung
1894n blau Marx: Kapital III
1898n blau Kautsky: Sozialismus
1898n–1956n Brecht
1900n rot Frauenstudium
1900n blau Zeitung 'Der Funke'
1901n rot Gewerkschaftskongreß
1901n– Sukarno
1902n rot Frauenwahlrecht
1903n rot Bolschewiki
1904n blau Zeitung 'Humanité'
1905n blau Gorki: 'Die Mutter'
1905n/1906n Russische Revolution
1906n blau Andersen-Nexö: 'Pelle'
1909n braun Revolution in Spanien
1913n blau Stalin: 'Nationale Frage'
1914n blau Barbusse: 'Wir anderen'
1916n rot Spaltung der SPD
1916n rot Munitionsarbeiterstreik
1916n blau 'Spartakus-Briefe'
1917n blau Lenin: Staatstheorie
1917n/1922n Russische Revolution
1917n rot Arbeiter- und Bauernstaat
1917n grün Vergesellschaftung
1918n/1919n Deutsche Revolution
1918n– Nasser
1919n braun Aufstand in Ungarn
1920n braun Erhebung im Ruhrgebiet
1920n rot Gandhis Bewegung
1921n rot KP Chinas
1922n blau Gandhi: 'Junges Indien'
1923n braun Erhebung in Hamburg
1924n rot Mongolei kommunistisch
1924n blau Zeitung 'Unità'
1925n/1949n Chinesische Revolution
1926n braun Erhebung in Indonesien
1926n rot Rechte der Dominions
1927n braun Aufstände in Wien
1927n rot Brüsseler Kongreß
1927n– Castro
1928n blau Shaw: Sozialismus
1931n braun Revolution in Spanien
1934n braun Aufstand in Österreich
1936n rot Volksfront in Frankreich
1936n/1939n Spanischer Bürgerkrieg
1944n rot Jugoslawien kommunistisch
1946n rot Nordkorea kommunistisch
1946n rot Albanien kommunistisch
1946n rot Bulgarien kommunistisch
1946n/1949n Griechischer Bürgerkrieg
1947n rot Polen kommunistisch
1947n rot Rumänien kommunistisch
1948n rot CSR kommunistisch
1948n rot Ungarn kommunistisch
1949n rot China kommunistisch
1952n braun Aufstand in Barcelona
1953n rot Generalstreiks
1955n rot Bandung-Konferenz
1955n rot Nordvietnam kommunistisch
1956n/1959n Kubanische Revolution
1959n rot Castro Ministerpräsident
1960n/ Revolution Indochinas
1961n rot Kuba kommunistisch
1965n braun Aufstand in Asturien
1965n rot Sozialismus in Ägypten
1965n rot Sozialismus in Algerien

GLEICHUNG, Bezeichnung für die rechnerische Verknüpfung zweier wertgleicher Größen von unterschiedlicher Form zur zahlenmäßigen Feststellung einer oder mehrerer darin enthaltener Unbekannter. In der Algebra entwickelt, diente sie später auch der analytischen Geometrie und wurde schließlich auf das Rechnen mit imaginären Zahlen angewendet.

284v–212v Archimedes
214n–280n Diophant
476n–535n Arjabatta
598n–660n Brahmagupta
778n–830n Al Karismi
1039n–1123n Al Kajam
1114n–1186n Bhaskara
1203n grün Fibonaccis Werk
1360n grün Oresme: Exponent
1372n grün Analytische Geometrie
1510n grün Ferros Rechenmethoden
1542n grün Imaginäre Zahlen
1636n grün Descartes' Forschungen

GLEISMÜHL, Name der ersten deutschen Papierfabrik, die von dem Kaufmann Stromer vor den Toren der Stadt Nürnberg in einer Wassermühle an der Pegnitz errichtet wurde. Hier unterwiesen Meister aus italienischen Papierfabriken deutsche Handwerker in der Kunst der Papierherstellung aus Lumpen.

1389n grün Errichtung

GLEITENDE LOHNSKALA. Als Anpassung des Arbeitsentgeltes an steigende Preise ist sie von der herrschenden Klasse der kapitalistischen Länder als Ergebnis jahrzehntelanger Kämpfe grundsätzlich zugestanden, wenngleich sie häufig erst nach Geltendmachung von Lohnforderungen eingeräumt wird. Die darüber hinausgehende Angleichung des Arbeitsentgelts an die ständig steigende Produktivität der Volkswirtschaft muß dagegen auch heute noch in gewerkschaftlichen Kämpfen errungen werden und kann innerhalb des Kapitalismus im besten Fall teilweise erreicht werden.

1563n rot Regelung in England

GLEITFLUGZEUG, einfaches Segelflugzeug mit kleiner Spannweite, das sich nur zum Herabgleiten von einer Höhe eignet.

1848n–1896n Lilienthal
1890n grün Erster Flug

GLOBE-THEATER, Londoner Bühne. 1599n am Südufer der Themse erbaut. Es wurde durch die Stücke berühmt, die sein Miteigentümer Shakespeare dafür schrieb und die er teilweise auch als Schauspieler und Regisseur aufführte.

1564n–1616n Shakespeare

GLOBUS, lateinisches Wort für 'Kugel'. Bezeichnung von naturgetreuen Nachbildungen der Erdkugel in stark verkleinertem Maßstab (bei 63 Zentimeter Durchmesser 1:20 Millionen), daher nur zur groben Orientierung brauchbar. Bietet im Gegensatz zu allen Landkarten ein unverzerrtes Bild der Erdoberfläche mit richtigen Größenverhältnissen und Himmelsrichtungen. Nach der Entdeckung der Kugelgestalt der Erde durch Pythagoras dauerte es noch fast 400 Jahre, bis ein erster Versuch zu ihrer Nachbildung unternommen wurde. Später verwendete man derartige Kugeln auch zur Darstellung des Himmelsgewölbes.

160v grün Krates' Erdglobus
960n grün Al Sufis Himmelsglobus
1295n grün Gebrauch bei Seefahrt
1492n grün Martin Behaims Globus

GLOCKE

1297v grün Musikinstrument in China
1087v grün Herstellung in Assyrien
912v grün Herstellung in Ägypten
835v grün Fertigung in Mesopotamien
438v grün Nachtwächter-Glocken
41v grün Glöckchen für Haustiere
503n grün Aufkommen in Nordafrika
535n grün Kirchenglocke nach Europa
1210n grün 'Gotische Rippe'
1266n–1337n Giotto
1350n blau Glockenturm in Pisa
1353n grün Glockenspiel in Straßburg
1734n grün Kreml-Glocke

GLORIOUS REVOLUTION, ('glorreiche Revolution'), zusammenfassende Bezeichnung der Engländer für die friedlichen Vorgänge, die zur Absetzung Jakobs II. führten. Dieser König wollte in England wieder eine unumschränkte Königsherrschaft und den Katholizismus einführen. Er scheiterte am Widerstand des Parlaments, das seine Absetzung aussprach, seine ganze Familie (die Stuarts) von der Thronfolge ausschloß, den protestantischen Europäer Wilhelm III. zum König wählte und dessen Familie (Oranien) als erbberechtigte Thronfolger erklärte.

1688n braun Absetzung Jakobs II.
1688n rot 'Declaration of Rights'
1689n rot Herrschaft Wilhelms III.
1689n/1691n Irische Erhebung

GLUCK, Christoph Willibald (1714n bis 1787n), deutscher Komponist. Sohn eines Försters. Verließ heimlich das Elternhaus und verdiente sich seinen Lebensunterhalt als Chorknabe und als Musiker. In Mailand wurde die erste Oper des 27jährigen aufgeführt. Durch sieben weitere Opern berühmt geworden, ging er nach England, wo Händel starken Einfluß auf ihn ausübte. Als Leiter der Wiener Hofkapelle löste er sich unter dem Einfluß seines Textdichters Calzabigi von der auf äußere Wirkung bedachten italienischen Manier und entwickelte einen eigenen Opernstil. In seinen vorwiegend nach griechischen Tragödien gestalteten Werken vertiefte die Musik die Charakterzeichnung der handelnden Personen. Sie ordnete sich der klaren, einfachen Handlung unter, so daß ein einheitliches Gesamtkunstwerk entstand. Nach zähen Kämpfen setzte er sich mit dieser Opernreform in Paris durch. Außer 107 Opern schrieb er Orchesterwerke und Ballettmusiken ('Don Juan') sowie 17 Sinfonien.

1762n blau 'Orpheus und Eurydike'
1779n blau 'Iphigenie in Tauris'

GLÜHBIRNE, die heute verbreitetste Lichtquelle. Besteht aus einem luftleeren Glaskolben, in dessen Innerem ein Faden durch Elektrizität zum Glühen gebracht wird. Der Vorschlag hierzu wurde 1819n in Halle von Professor Johann Meinecke gemacht, der sogar schon im Scheine seines Glimmlichtes eine Vorlesung abhielt. 1840n verwendete William Grove erfolgreich einen Platinstab, 1854n fand Heinrich Göbel in einer verkohlten Bambusfaser endlich ein Material, das genügend Helligkeit ausstrahlte und recht haltbar war. Edison hat 25 Jahre später auf der Grundlage dieses Prinzips das massenhaft herstellbare Gebrauchsgut geschaffen.

1847n–1931n Edison
1854n grün Göbels Glühbirne
1879n grün Edisons Glühbirne

GLÜHSTRUMPF, Bezeichnung für einen Glühkörper aus Pflanzenfasern oder anderem Gewebe, der (in Flüssigkeit getränkt) dem Glühvorgang des Leuchtgases dauerhaft standhält. Seine Erfindung durch Auer schuf die Voraussetzung für eine gleichmäßige, helle Beleuchtung von Räumen und Straßen.

1885n grün Erfindung

GNOSIS, eine in den ersten Jahrhunderten nach der Zeitwende entwickelte Form des Christentums. Suchte unter Verwerfung der jüdischen Überlieferung der Bibel ('Altes Testament') das göttliche Wesen aus eigener Erkenntnis (das aus dem Griechischen übernommene Wort bedeutet 'Erkenntnis'). Statt den Judengott des Alten Testamentes anzubeten, stellten ihre Anhänger ('Gnostiker') ihn als Urbild des Bösen einem zeit- und raumlosen Prinzip (= Gott) entgegen. Statt theologischer Spekulation suchten sie philosophische Erkenntnis. Das Christentum erschien ihnen als Erfüllung dieses Suchens, weil es den Menschen zur Tat aus Einsicht führen kann, insbesondere zur freiwilligen Hergabe seines Besitzes an die Armen. Durch die Niederringung dieser starken Bewegung wurde die christliche Kirche zu einer besitzerhaltenden Einrichtung, sie legitimierte sich den römischen Kaisern gegenüber als staatserhaltend und übernahm den bösen Gott des Alten Testamentes endgültig als lieben Gott des Christentums. Zugleich wurde dadurch der Keim gelegt für die über ein Jahrtausend währenden Kämpfe um die Rückkehr der Kirche zu dem urchristlichen Ideal der Besitzlosigkeit, für das Millionen Menschen in Europa starben ('Katharer').

53n–120n Satornil
80n–130n Karpokrates
85n–145n Basilides
88n–165n Marcion
98n–160n Valentin
115n blau Satornils Lehre
115n–182n Apell
116n blau Kerinths Lehre
122n blau Jesus und die Philosophen
123n–140n Epiphanes
125n–190n Tatian
127n blau Verwerfung des Eigentums
132n–200n Irenäus
140n blau Kommunismus
142n blau Kritik am Alten Testament
144n rot Marcioniten-Bewegung
150n–215n Klemens von Alexandria
154n blau Religion des Herzens
154n–222n Bardesanes
163n blau Ptolemäus: 'Brief an Flora'
167n blau Kritik am Alten Testament
188n blau Lehre der Willensfreiheit
194n blau Verdammung durch Irenäus
198n blau Klemens: Zeitkritik
211n blau Klemens: Lehrbuch
306n–373n Ephräm der Syrer

GOA, kleines Land an der Westküste Indiens. Das zum indischen Reiche von Bidschapur gehörende Gebiet wurde 1500n von Portugiesen unter Albuquerque genommen und in den folgenden Jahrzehnten zu einer Zwingburg ausgebaut, von der aus der portugiesische Indienhandel gelenkt wurde. Zugleich wurde es durch die katholische Kirche zum Zentrum der Christianisierung gemacht. Das hier eingerichtete Bistum ließ seine christlichen Missionare von Südafrika bis Japan den europäischen Eroberern folgen. Auch nach Erringung der Unabhängigkeit Indiens im Jahre 1947n blieb das Land portugiesisch. Erst 1961n nahm die erstarkte Indische Union den Europäern gewaltsam dies letzte militärisch-kirchliche Bollwerk auf indischem Boden.

1510n rot Stützpunkt Portugals

GOBELIN, feiner, handgewebter Bildteppich, in den künstlerische Darstellungen eingewirkt sind. Seit etwa 3000 Jahren als Wandschmuck verwendet, erreichte seine kunstvolle Herstellung ihren ersten Höhepunkt im 16. Jahrhundert in Brüssel. Hundert Jahre später führte die Familie Gobelin in Paris dieses zur reinen Kunst entwickelte Handwerk auf seinen Gipfel. Alle späteren Versuche zu einer maschinellen Nachahmung stellten einen künstlerischen Abstieg dar.

1104n blau Teppich von Bayeux
1662n grün Staatliche Manufaktur

GOBI, mongolisches Wort für 'Wüste'. Name einer Hochebene im Herzen Asiens, halbwegs zwischen Tibet und Baikal-See. Seit alters her durchquert von einer Karawanenstraße, die China mit dem Tarimbecken verbindet. Aus diesem Grunde trotz ihrer Öde immer wieder umkämpft, wurde sie im 13. Jahrhundert zur Südhälfte des mongolischen Stammlandes und teilte seitdem das Schicksal der Mongolei, von deren Gebiet sie heute mehr als die Hälfte ausmacht.

552n/563n Asiatischer Türkenkrieg
1254n–1324n Marco Polo

GOBINEAU, Arthur (1816n–1882n), französischer Geschichtsphilosoph, Diplomat und Dichter. Als Gesandter Frankreichs in vielen Ländern Europas, Asiens und Amerikas beobachtete er die Ungleichheit der Rassen. Durch historische und anthropologische Forschungen suchte er diese Erscheinung wissenschaftlich zu ergründen. In seinem Buch 'Über die Ungleichheit der menschlichen Rassen' erklärte er die Geschichte aus dem Kampf der Rassen. Dabei bewertete er die Arier, besonders die Germanen, als staatsaufbauende, kulturschöpferische Rasse. Verwarf jede Rassenmischung wegen der damit verbundenen Verschlechterung der edleren Rasse und erklärte Kultur-Verfall und -Untergang aus Rassen-Vermischung. Seine Eindrücke aus dem Orient schrieb er in 'Asiatische Novellen' nieder. Verfaßte auch eine zweibändige Geschichte Persiens. Seine Darstellung großer schöpferischer Persönlichkeiten des 16. Jahrhunderts ('Die Renaissance') errang unabhängig von seiner Geschichts-Anthropologie Weltgeltung.

1853n grün Rassentheorie
1877n blau 'Die Renaissance'

GODESCALC (um 740n–um 785n), deutscher Schriftenmaler und Illustrator. Fertigte im Auftrag Karls des Großen eine Bibel-Handschrift an, die später mit seinem Namen verbunden einem Kloster in Toulouse zum Geschenk gemacht wurde. Das Buch enthält die vier Evangelien, mit Goldschrift auf rotem Grund geschrieben, und ist mit vielen auf die Texte bezüglichen Bildern geschmückt.

783n blau Bibel-Handschrift

GODWIN, Mary (1759n–1797n), englische Schriftstellerin. Trat für soziale und politische Gleichberechtigung der Frau ein und wurde deshalb zur Zielscheibe der Gehässigkeit ihrer männlichen Landsleute, die sie mit dem Schimpfnamen 'Hyäne in Unterröcken' belegten. Ihr Buch 'Verteidigung der Rechte der Frauen' gab den Frauen in ihrem Ringen um Anerkennung und Gleichstellung Auftrieb. Heiratete den Philosophen William Godwin, der in seinen Schriften sozialistische und materialistische Gedanken zum Ausdruck brachte. Starb bei der Geburt ihrer Tochter Mary, der späteren Frau des Dichters Shelley.

1792n blau 'Recht der Frauen'

GÖBEL, Heinrich (1818n–1893n), deutscher Erfinder. Als Uhrmacher verließ er dreißigjährig seine hannoversche Heimat, um in Amerika sein Glück zu suchen. Er gründete in New York einen kleinen Uhrenladen und versuchte nebenbei, mit Hilfe einer Zink-Kohle-Batterie elektrisches Licht zu erzeugen. Weil seine Versuche mit Kohle-Stäben bei den Nachbarn Ärgernis erregten, schmolz er verkohlte Bambusfasern in luftleer gepumpte Kölnisch-Wasser-Flaschen ein und beleuchtete damit seinen Laden. Als 25 Jahre später, nach der Erfindung des Dynamos, die Zeit für die Glühbirne gekommen war, baute sie Edison nach dem gleichen Prinzip, und dem 75jährigen Erfinder wurde durch ein Gericht die Priorität seiner Leistung bestätigt.

1854n grün Glühbirne

GÖRBERSDORF, Luftkurort in einem bewaldeten Hochtal des Waldenburger Bergwaldes (Schlesien). Hier gründete der Arzt Hermann Brehmer die erste Lungenheilanstalt der Welt.

1854n grün Lungenheilstätte

GÖRLITZ, deutsche Stadt an der Neiße, 100 km östlich von Dresden. Als slawisches Dorf Gorelitz (= Bergstadt) gegründet, wurde der Ort seit dem 12. Jahrhundert von deutschen Einwanderern ausgebaut und erhielt 1303n Stadtrecht. Tuchherstellung und Tuchhandel bewirkten unter böhmischer Herrschaft einen schnellen Aufstieg. Seit 1346n Zentrum des Lausitzer Sechs-Städte-Bundes. Weil die Stadt alle Lausitzer Truppen vorzeitig aus dem Schmalkaldischen Krieg zurückgezogen hatte, hielt der deutsche Kaiser 1547n hier ein furchtbares Strafgericht. 1635n fiel sie an Sachsen, 1815n an Preußen. 1945n wurden die östlich der Neiße gelegenen Stadtteile polnisch.

1071n blau Entwicklung

GOES, Hugo van der (um 1440n–1482n), niederländischer Maler. Bildete sich in seiner Heimatstadt Gent zu einem gediegenen Kunstmaler heran, wurde mit kaiserlichen und kirchlichen Aufträgen bedacht (Wappen, Fahnen) und stieg zum Meister sowie zum Dekan der Malergilde auf. Bei der Hochzeit Karls des Kühnen in Brügge wurde er mit dem Vertreter des Hauses Medici, Tommaso Portinari, bekannt, in dessen Auftrag er den 'Portinari-Altar' für Florenz malte (Mittelbild: 'Anbetung des Kindes'). Auf Grund der Eigenart dieser Arbeit werden ihm noch zahlreiche andere nicht namentlich gezeichnete Bilder zugeschrieben. Mit 35 Jahren, auf der Höhe seines Ruhmes, zog er sich in das 'Rote Kloster' bei Brüssel zurück und starb dort sieben Jahre später in geistiger Umnachtung.

1475n blau 'Anbetung des Kindes'

GOETHE, Johann Wolfgang, deutscher Dichter.

1749n–1832n Lebenslinie
1771n blau 'Götz von Berlichingen'
1774n blau 'Werther'
1774n blau Anfänge des 'Faust'
1787n blau Tischbeins Gemälde
1787n blau 'Egmont' und 'Iphigenie'
1790n grün 'Metamorphose'
1796n blau 'W. Meisters Lehrjahre'
1808n blau 'Faust I'
1810n grün Farbenlehre
1811n blau 'Dichtung und Wahrheit'
1828n blau Stielers Gemälde
1829n blau 'W. Meisters Wanderjahre'
1831n blau 'Faust II'

GOETSCH, Wilhelm (1887n–1960n), deutscher Naturforscher. Sohn eines Verlegers. Studierte Zoologie, unternahm mehrere Reisen nach Südamerika und erforschte das soziale Leben der Ameisen. Dann untersuchte er die nützlichen Dauer-Verbindungen von Lebewesen verschiedener Art ('Symbiosen'). Erforschte die wachstumsfördernde Wirkung von Vitaminen und fand ein neues Vitamin (Vitamin T). Entwickelte eine Bio-Geographie.

1945n grün Vitamin-Forschung

GÖTTERVEREHRUNG, Anbetung der Naturkräfte durch ihre Versinnbildlichung in Menschen- oder Tiergestalt. Bei fast allen Völkern der Erde in einer bestimmten Entwicklungsphase auftretende Form des Aberglaubens.

2963v blau Sonnengott in Sumer
2942v–2870v Du-Muzi
2934v blau Meergott in Sumer
2928v blau Falkengott in Ägypten
2911v blau Kriegsgott in Kisch
2894v–2817v Gilgamesch
2878v rot Gottesname = Königstitel
2863v blau Mondgott in Sumer
2850v blau Liebesgöttin in Uruk
2823v blau Himmelsgott in Uruk
2766v–2702v Neb-Re
2757v–2681v Neter-Imu
2732v blau Darbringen von Opfern
2727v–2672v Per-Ib-Sen
2725v rot Götterbilder in Sumer
2723v rot Königstitel aus Gottesname
2697v–2650v Ka-Sechemui
2695v rot Volksfest für Gott
2695v blau Windgott in Sumer
2679v grün Händefalten beim Gebet
2673v–2631v Zoser
2646v blau 'Gottesberg' in Kisch
2637v blau Götter-Neunheit
2631v blau Sonnenkult in Ägypten
2625v rot Hauptgott in Sumer
2595v grün Knien beim Gebet
2575v blau Liebesgöttin in Assur
2534v–2470v User-Kaf
2514v blau Götterbilder in Ägypten
2496v–2448v Nefer-Re
2496v–2438v Ni-Anch-Sekmet
2476v rot Re-Kult Staatsreligion
2471v rot König als Gottes Sohn
2464v–2397v En-Te-Mena
2449v blau Muttergöttin in Ur
2436v blau Dankopfer an Mondgott
2403v blau Ackerbaugöttin in Sumer
2377v blau 300 Götter in Sumer
2366v blau Opfertiere in Ägypten
2326v rot Vergottung des Herrschers
2297v–2197v Pepi II.
2295v rot Menschenopfer in Europa
2240v rot Kaiser als Gott
2228v rot Gott der Unterwelt
2060v–1983v Schul-Gi
2027v grün Heilgott in Sumer
2024v blau Schwebende Göttin
2013v rot Gott-Königtum
2013v blau 3600 Götter in Sumer
1993v grün Verehrung des Krokodils
1978v blau Mondgöttin in Ur
1911v rot Stieropfer auf Kreta
1852v blau Hymne auf Herrn der Welt
1848v blau Liebesgöttin in Assur
1826v–1786v Nefer-Sebek-Re
1820v blau Stadtgott in Assur
1777v blau Stadtgott in Babylon
1775v–1725v Sebek-Hotep III.
1732v rot Krokodil-Kult vorrangig
1730v blau Windgott in Assur
1719v blau Zweigesichtige Götter
1712v–1640v Apofis
1707v blau Sonnengott in Babylon
1697v blau Viergesichtige Götter
1690v rot Reichsgott in Mesopotamien
1688v blau Statue eines Betenden
1652v rot Seth-Kult Staatsreligion
1610v blau Gold-Statuen in Babylon
1478v blau Gold-Statue in Ägypten
1474v blau Kriegsgöttin in Ägypten
1445v blau Symbole für Götter
1427v blau Pavian als Schreibergott
1410v grün Wundertätiges Götterbild
1409v blau Lobgedicht auf Gott
1396v blau Mondgott in Ägypten
1387v blau Gedicht auf Himmelsgöttin
1382v blau Gedicht auf Stadtgott
1367v–1315v Mur-Sili II.
1364v blau Sonnengott in Larsa
1347v–1282v Muwa-Talli
1344v blau Dichtung vom Gott Erra
1332v blau 'Pestgebete'
1326v blau Haus-Gebet gefordert
1317v blau König kniet vor Göttin
1315v blau König an Brust der Göttin
1314v rot Götternamen für Heer
1311v blau König mit Liebesgöttin
1306v blau Bild eines Götterzuges
1298v–1228v Moses
1287v rot Opfer-Ritual
1286v blau Königin beim Gebet
1257v blau Gott des Niles
1248v blau Moses: Eingott-Gebot
1202v blau Plastik betender Paviane
1179v blau Geflügelte Göttin
1125v–1054v Smendes
1100v blau Tempel für zwei Götter
1086v–1004v Samuel
1015v blau Bild betender Affen
918v blau Heiligtum in Olympia
905v blau Meergott in Griechenland
872v rot Baal-Kult in Israel
843v–782v Semiramis
842v rot Baal-Kult zurückgedrängt
824v blau Wettergott in Syrien
824v–782v Adadnirari III.
806v blau Pyramide von Kui-Kuilko
787v blau Schreibergott in Assyrien
752v–699v Hiskia
719v blau Mondgott im Jemen
714v blau Gott der Künste
714v–642v Manasse
708v–628v Alkman
706v blau Glaube Forderung Gottes
697v blau Götter- und Weltentstehung
656v–587v Arion
649v–583v Jeremias
604v blau Gemeinschaft Gott–Mensch
595v blau Tempel für Göttin Athens
586v blau Griechische Siegesgöttin
558v blau Mutter-Gottes-Verehrung
553v blau Griechische Nachtgöttin
527v blau Tempel für Göttervater Zeus
520v blau Göttin Artemis
509v blau Tempel für Gott Jupiter
504v blau Schönheitsgöttin Aphrodite
490v blau Tempelbau aus Dankbarkeit
490v–430v Empedokles
445v blau Pyramide von Cholula
430v blau Apollo-Tempel in Rom
420v blau Göttin der Ehe
406v blau Menschenopfer verherrlicht
378v–289v Meng-Tse
371v blau Jagdgöttin in Rom
338v blau 20 m hohe Götterstatue
331v rot Vergottung Alexanders
307v grün Heilgott in Griechenland
293v grün Heilgott in Rom
290v blau 32 m hohe Götterstatue
287v blau Tempel für Gott Isis
268v blau Lied auf Bauerngöttin
262v blau Gottesbegriff vergeistigt
249v rot Tieropfer in Rom
226v rot Menschenopfer in Rom
204v rot Kybele-Kult nach Rom
147v blau Götter-Geschichte
80v rot Isis-Kult nach Rom
10v rot Kaiser-Kult in Rom
6v–30n Jesus Christus
5v blau Sonnengöttin in Japan
5n blau Sonnenpyramide in Mexiko
31n blau Mondpyramide in Mexiko
116n blau Geist Gottes in Jesus
133n–190n Athenagoras
154n–222n Bardesanes
181n rot Mithra-Kult nach Rom
184n blau Kirchenlieder
185n blau Eingottglaube verteidigt
199n–251n Decius
208n–280n Paulus von Samosata
214n blau Dreifaltigkeitslehre
214n–275n Aurelian
215n–272n Schapur I.
231n blau Schrift über Gebet
245n blau Novatian: Dreifaltigkeit
260n grün Chöre im Gottesdienst
274n rot Baal-Kult nach Rom
295n–373n Athanasius
315n–367n Hilarius von Poitiers
316n–397n Martin von Tours
318n blau Jesus als Gottesvermittler
325n rot Jesus zum Gott erklärt
356n blau Hilarius: Gottnatur Jesu
377n blau Chinesische Flußgöttin
380n blau Volksgesang im Gottesdienst
381n blau Gregor: Dreifaltigkeit
381n rot Dreifaltigkeit wird Dogma
400n rot Zwei Kulte auf Java
408n blau Gedicht auf Sonnengott
416n blau Augustin: Dreifaltigkeit
431n rot Maria wird Mutter Gottes
435n blau Nonnos' Götterdichtung
437n grün Säulenheiliger
526n blau Hymnen des Romanos
570n–632n Mohammed
577n blau Hymnen des Venantius
617n–682n Kädmon
670n blau Lobgedicht auf Schöpfer
685n grün Private Buddha-Schreine
686n–744n Kumarila
701n rot Übernatürliche Geburt
708n blau Eingottglaube in Indien
717n–778n Padma Sambawa
728n blau Dreifaltigkeit: Vielgötterei
749n blau Lamaismus
764n blau Japanische Glücksgöttin
817n blau Werk über Kulte Arabiens
841n blau Werk über Christenkulte
853n rot Koran ist 'Wort Gottes'
910n–990n Eyvind Skaldaspillir
922n blau Indische Götterdichtung
1023n–1105n Ramanuja
1033n–1109n Anselm von Canterbury
1041n blau Nambi: Götterlieder
1053n–1140n Toba-Sojo
1066n rot Menschenopfer bei Slawen
1078n blau Christlicher Gottesbeweis
1086n blau Indische Gotteslehre
1135n–1204n Maimonides
1161n rot Menschenopfer auf Rügen
1168n blau Jüdischer Gottesglaube
1217n blau Aufgehen in Gott
1239n blau Isländische Götterlieder
1272n blau Mechthilds Gottesgedicht
1408n–1472n Nezalhual
1410n–1469n Montezuma
1487n rot Menschenopfer bei Azteken
1854n rot Unbefleckte Empfängnis

GÖTTINGER SIEBEN, zusammenfassender Name für sieben Professoren der Universität Göttingen, die im Jahre 1837n dem neuen König von Hannover den Treueid verweigerten, weil dieser bei seinem Regierungsantritt wichtige Verfassungsrechte beseitigt hatte. Diese sieben Professoren (Gervinus, Albrecht, Ewald, Dahlmann und Weber sowie die Brüder Grimm) wurden daraufhin entlassen und protestierten durch Flugschriften gegen die Wiederherstellung der unumschränkten Königsherrschaft. Obwohl der Bundestag es ablehnte, sich ihres Falles anzunehmen, stärkten sie durch ihre aufrechte Haltung die revolutionäre Bewegung in ganz Deutschland.

1837n rot Entlassung

GÖTTLICHE KOMÖDIE, Titel einer Dichtung, die von dem Italiener Dante zwischen 1310n und 1320n niedergeschrieben wurde. Sie berichtet in 3×33 Gesängen von einer Reise durch Hölle, Fegefeuer und Paradies, die der Dichter als wirklich bestehende Welten darstellte. Von Dante 'Komödie' genannt, ohne heiter zu sein, wurde ihrem Titel von Boccaccio das Wort 'göttlich' beigegeben.

1265n–1321n Dante
1313n–1375n Boccaccio
1320n blau Abschluß
1491n blau Botticellis Illustrationen

GOGH, Vincent van (1853n–1890n), holländischer Maler. Als Sohn eines Geistlichen in einem Dorf an der belgischen Grenze aufgewachsen, ging er 16jährig in die Kunsthandlung seines Onkels, arbeitete dann im Londoner und Pariser Kunsthandel und suchte schließlich den väterlichen Beruf des Geistlichen zu erlernen. Als Prediger bei den Bergarbeitern im Hennegau rang er sich zu dem Entschluß durch, die seit frühester Jugend geübte Malerei zum Beruf zu machen. Bei anderen Malern vervollkommnete er seine Technik und eignete sich Kenntnisse der Anatomie an. In einer Schaffensperiode von weniger als einem Jahrzehnt vollbrachte er ein großes Lebenswerk. Malte Landschaften ('Brücke in Arles', 'Fischerboote'), Porträts ('Dr. Gachet', 'Briefträger Roulin'), Stilleben ('Sonnenblumen', 'Alte Schuhe') und immer wieder einfache Menschen bei der Arbeit ('Wechselstube', 'Sämann'). Litt an Depressionen, von denen er auch durch einen zweijährigen Aufenthalt in einer Irrenanstalt nicht erlöst wurde. Endete durch Selbstmord.

1889n blau 'Irrenhaus-Garten'

GOGOL, Nikolai, russischer Dichter.

1809n–1852n Lebenslinie
1842n blau 'Tote Seelen'

GOLD, gelbes Edelmetall, das seit 5000 Jahren für die Herstellung von Schmuck und Kunstwerken verwendet wird. Wegen seiner Seltenheit schon in kleinsten Gewichtsmengen von höchstem Wert, wurde es seit mindestens 4000 Jahren als neutrales Tauschmittel (= Zahlungsmittel) benutzt. Zunehmende Vereinheitlichung führte zur Münze, die seit 2500 Jahren durch Prägung in Gewicht und Güte festgelegt wurde. Die durch Besitz von Gold erreichbare Befreiung von eigener Erwerbstätigkeit führte ein neues Zeitalter herauf. Der Besitz von Gold wurde mit dem Besitz von eigener Freiheit und fremder Unterwerfung (Dienstbarkeit) identifiziert. Das Streben nach Gold beflügelte die Menschen zu höchsten Leistungen und bewirkte zugleich ihre tiefste Erniedrigung. In dem Maße, wie es die Menschen ergriff, wurden alle anderen Lebenswerte zerstört. Der Wunsch, Gold künstlich herzustellen, beschäftigt die Menschen seit mindestens 1500 Jahren und förderte zahlreiche Erfindungen zutage. Erst 1950n gelang es, Spuren von Quecksilber durch Elektronenbeschuß in Gold zu verwandeln und damit den 'Stein der Weisen' zu finden.

2953v grün Ägyptischer Goldschmuck
2876v grün Arbeit mit Goldfäden
2860v grün Gravieren in Ägypten
2757v–2681v Neter-Imu
2654v grün Indische Schmuckperlen
2592v grün Hausgerät in Ur
2561v blau Sumerische Tierplastiken
2557v blau Mosaik in Ur
2520v blau Sumerisches Prunkschwert
2494v–2416v Schu-Bad
2471v grün Sumerisches Filigran
2441v blau Tierplastiken in Ur
2441v–2379v Meska-Lamdug
2401v grün Sumerischer Goldhelm
2381v grün Goldminen bei Theben
2319v grün Ausfuhr aus Nubien
2314v blau Löwenbild in Rußland
2307v blau Ägyptischer Falkenkopf
2278v blau Rinderbild in Rußland
2273v–2188v Ipuwer
2059v blau Landschaftsbild, Rußland
2031v grün Zahlungsmittel in Ägypten
2020v grün Wertzuwachs in Ägypten
1926v grün Ägyptische Diademe
1899v–1832v Sebek
1610v blau Babylonische Tempelstatuen
1587v blau Relief 'Boxkämpfe'
1559v grün Ämterkauf in Ägypten
1558v blau Relief 'Stierspiele'
1551v blau Mykenische Gesichtsmasken
1497v–1435v Sausa-Tar
1478v blau Ägyptische Götterstatue
1477v blau Stierfang-Szene
1476v blau Rinderleben-Szene
1456v grün Ägyptischer Orden
1440v blau 'Abwiegen von Gold'
1410v–1353v Pentu
1373v blau Schale in Ugarit
1367v grün Vergolden von Spiegeln
1258v grün Landkarte von Goldfeldern
1189v grün Handelsobjekt
1118v–1058v Wen-Amun
999v–936v Hiram
964v–912v Jerobeam
912v grün Ägyptische Glocken
878v blau Statue Assurnasirpals
758v–672v Bajin
705v grün Schmiedekunst in Europa
696v grün Gewinnung in Arabien
595v–525v Krösus
569v grün Zinserhöhung in Babylon
560v–469v Theodoros
519v grün Indische Tributzahlung
510v grün Persische Goldmünzen
504v blau Kanachos: 'Aphrodite'
493v–432v Phidias
439v blau Phidias: 'Athena'
407v grün Denkmals-Einschmelzung
396v–328v Leochares
197v grün Goldwährung in Rom
54v grün Preissturz in Rom
46v grün Cäsars Währungsreform
274n grün Beutegold der Römer
430n grün Tributzahlungen Ostroms
434n grün Tribut-Erhöhung Ostroms
532n grün Gelder Roms an Persien
540n grün Fränkische Goldmünzen
547n blau Mosaiken in Ravenna
783n blau 'Godescalc-Evangeliar'
810n grün 'Kunst des Goldmachens'
1039n–1123n Al Kajam
1074n grün Prüfung von Legierungen
1252n grün Florentiner Gulden
1284n grün Venetianische Dukaten
1397n blau 'Goldener Pavillon'
1436n–1488n Verrocchio
1471n grün Goldküste entdeckt
1619n–1683n Colbert
1650n blau 'Mann mit Goldhelm'
1657n grün Colbert: 'Merkantilismus'
1754n grün Goldwäscherei in Sibirien
1848n grün Goldfunde in Kalifornien
1925n blau Chaplin: 'Goldrausch'

GOLDENE BULLE, Bezeichnung für Urkunden mit goldenem Siegel, wie sie von deutschen Kaisern und Königen zwischen dem 13. und dem 18. Jahrhundert zur Unterstreichung der Bedeutung staatsrechtlicher Akte verwendet wurden. 1356n wurde durch eine solche Willenserklärung Kaiser Karls IV. ein Reichs-Grundgesetz für die Königswahl geschaffen, das die Zahl der für die Wahl zuständigen Kurfürsten auf 7 festlegte. Hiervon mußten vier weltliche Fürsten sein, wodurch die Unabhängigkeit des Kaisers vom Papst zum Ausdruck kam.

1316n–1378n Karl IV.
1356n rot Wahlgesetz

GOLDENE HORDE, abschätzige Bezeichnung für das mongolische Riesenreich, das unter Batu-Khan, dem Enkel Dschingis-Khans, sich in Rußland und Westsibirien bildete und mehr als zwei Jahrhunderte bestand. Seine Hauptstadt (Sarai) richtete es am Unterlauf der Wolga unweit Astrachans ein. Es reichte in seiner Blütezeit vom Aralsee bis zur polnischen Grenze und von Kaukasus und Krim bis Kasan und Moskau. Die russischen Fürsten durften größtenteils gegen Tributzahlungen in ihren Besitzungen bleiben. Die Verweigerung des Tributs durch den Großfürsten von Moskau gab Ende des 15. Jahrhunderts das Signal zur Befreiung Rußlands, die schrittweise erfolgte und 1505n abgeschlossen wurde.

1207n–1255n Batu-Khan
1240n blau Gründung von Sarai
1242n rot Reichsgründung
1259n rot Hoheit über Nowgorod
1380n braun Niederlage gegen Russen
1440n–1505n Iwan III.
1481n rot Tod eines Khans
1481n rot Machtverlust in Rußland
1505n rot Letzter Khan hingerichtet

GOLDENER PAVILLON, Name eines prächtigen Tempels im Nordwesten der japanischen Kaiserstadt Kyoto. Errichtet von Yoschimitsu, der als Reichskanzler (Schogun) sich nach 26jähriger Regierungszeit hierher zurückzog und als Zen-Priester noch 14 Jahre den Künsten und der Geheim-Politik lebte. In diese Periode fällt die Durchsetzung der chinesischen Kunst in Japan.

1397n blau Fertigstellung

GOLDENER SCHNITT, Bezeichnung für ein ausgewogenes Verhältnis zwischen den beiden Ausdehnungen einer Fläche. Unbewußt vom harmonischen Empfinden des Menschen immer wieder in allen Künsten, besonders in Architektur und Malerei, verwirklicht, bestimmte ihn der griechische Naturforscher Eudoxos rechnerisch: Die kleinere Seite verhält sich zur größeren wie die größere zur Summe der beiden.

408v–355v Eudoxos
358v grün Errechnung

GOLDEN GATE, Name der 1,5 km breiten Meerenge bei San Franzisko (USA), durch die man vom Pazifik in den Hafen der Stadt einfährt. Seit 1937n überbrückt durch die höchste und weitgespannteste freitragende Brücke der Erde. Der englische Name heißt 'Goldenes Tor'.

1937n grün Brücke

GOLDKÜSTE, Bezeichnung eines Landstreifens an der Atlantikküste Nordwestafrikas (Golf von Guinea). Zu den seit dem 14. Jahrhundert hierher vorgedrungenen Akan-Negern gesellten sich im 17. Jahrhundert die Ewe-Stämme. Inzwischen hatten aber verschiedene europäische Staaten Niederlassungen eingerichtet und beuteten das Land und die Bevölkerung aus. Im 19. Jahrhundert vereinigten die Engländer das ganze Land zu einer Kolonie. 1957n erlangte es die Unabhängigkeit als Südteil des Staates Ghana.

469v rot Karthager-Kolonie
1471n grün Portugiesen: Entdeckung
1482n rot Portugiesischer Besitz
1682n rot Brandenburg: Besitzung
1717n grün Preußen: Besitz an Holland
1871n rot Englischer Besitz
1957n rot Ghana unabhängig

GOLDONI, Carlo (1707n–1793n), italienischer Dichter. Als Sohn eines Arztes wurde er Rechtsanwalt, wandte sich aber bald ganz der Bühnendichtung zu. Durch seine lebendigen Lustspiele erneuerte er das meist noch mit Masken gespielte erstarrte italienische Theater. Schrieb über 200 Komödien, in denen er mit einfachen künstlerischen Mitteln in klarer, verständlicher Handlung die Wirklichkeit unverfälscht darstellte. So erhielten die vorwiegend in seiner Heimatstadt Neapel spielenden Stücke eine stark gesellschaftskritische Note ('Diener zweier Herren'). Starb verarmt in Paris, wohin er wegen Zwistigkeiten mit seinem Rivalen Gozzi übergesiedelt war.

1753n blau 'Mirandolina'

GOLDSCHMIEDEKUNST

2953v grün Ägyptischer Goldschmuck
2876v grün Arbeit mit Goldfäden
2860v grün Gravieren in Ägypten
2654v grün Indische Schmuckperlen
2592v grün Hausgerät in Ur
2561v blau Sumerische Miniatur
2557v blau Mosaik in Ur
2520v blau Sumerisches Prunkschwert
2494v–2416v Schu-Bad
2471v grün Sumerisches Filigran
2441v blau Tierplastiken in Ur
2441v–2379v Meska-Lamdug
2401v grün Sumerischer Goldhelm
2314v blau Löwenbild in Rußland
2307v blau Ägyptischer Falkenkopf
2278v blau Rinderbild in Rußland
2059v blau Landschaftsbild, Rußland
1926v grün Ägyptische Diademe
1610v blau Babylonische Tempelstatuen
1587v blau Relief 'Boxkämpfe'
1558v blau Relief 'Stierspiele'
1551v blau Mykenische Gesichtsmasken
1478v blau Ägyptische Götterstatue

1477 v blau Stierfang-Szene
1476 v blau Rinderleben-Szene
1373 v blau Schale in Ugarit
912 v grün Ägyptische Glocken
878 v blau Statue Assurnasirpals
705 v grün Schmiedekunst in Europa
560 v–469 v Theodoros
504 v blau Kanachos: 'Aphrodite'
493 v–432 v Phidias
439 v blau Phidias: 'Athena'
396 v–328 v Leochares
547 n blau Mosaiken in Ravenna
1436 n–1488 n Verrocchio

GOLDSCHMIDT, Rudolf (geboren 1876 n), deutscher Techniker. Verwirklichte sein Ziel der Erzeugung schneller elektrischer Schwingungen von großer Leistung durch den Bau einer Hochfrequenz-Maschine. Diese bestand aus einem Wechselstrom-Dynamo, dessen Magnetfeld selbst von Wechselstrom durchflossen wird. Dazu schuf er eine Schaltung, mit deren Hilfe die Frequenz stufenweise erhöht werden konnte, wobei jede Stufe die Leistung um die Grundfrequenz steigerte. Mit seinem Gerät eröffnete er der drahtlosen Telegraphie neue Möglichkeiten.

1907 n grün Hochfrequenz-Maschine

GOLDSMITH, Oliver (1728 n–1774 n), englischer Dichter. Als Sohn eines Dorfpfarrers studierte er Medizin, blieb aber als Arzt wie als Apotheker erfolglos und wandte sich der Schriftstellerei zu. In seinem Roman 'Der Landprediger von Wakefield' stellte er in humorvoller Weise die ländliche Idylle dem unruhigen, entbehrungsreichen Großstadtleben gegenüber. Vier Jahre später betrauerte er in dem Gedicht 'Das verlassene Dorf' den Verfall des Landlebens und prangerte den Notstand des englischen Dorfes an. Schrieb Komödien ('Irrtümer einer Nacht') und gab eine Wochenschrift heraus ('Die Biene').

1766 n blau 'Der Landprediger'

GOLFSTROM, warme Meeresströmung, benannt nach dem Golf von Mexiko, weil er von dort seine Richtung nach Europa nimmt. Bringt die Meereswärme aus der Äquatorzone mit einer Geschwindigkeit von etwa 10 Stundenkilometern zum Nordatlantik, zur Nordsee, zum Nordkap und nach Nowaja Semlja. Seine wärmende Kraft wurde bereits vor mehr als 2000 Jahren erkannt. Heute wissen wir, daß Nordeuropa sein gemäßigtes Klima und damit seine eigene Kultur erst entwickeln konnte, seit sich vor etwa 10000 Jahren der Strom über die nordatlantische Schwelle zwischen Island und Norwegen hinweg bis ins Nordmeer ausdehnte.

380 v–306 v Pytheas

GOMULKA, Wladislaw (geboren 1905 n), polnischer Staatsmann. Als Sohn eines Arbeiters wurde er Mechaniker, trat der Gewerkschaftsbewegung bei, wurde 17-jährig Mitglied der sozialistischen und 5 Jahre später der kommunistischen Partei. Bis 1939 n wiederholt eingekerkert. Im zweiten Weltkrieg aktiv in der Widerstandsbewegung tätig, seit 1943 n Generalsekretär der kommunistischen Arbeiterpartei. 1945 n wurde er stellvertretender Ministerpräsident. Organisierte die Umsiedlung der polnischen Bevölkerung aus den an Rußland verlorenen Ostgebieten in die vorher zu Deutschland gehörenden neuen Westgebiete sowie die damit verbundene Aussiedlung der noch in diesen Gebieten ansässigen Deutschen. An der Umwandlung Polens aus einem Agrarstaat in eine stark industriell ausgerichtete Volkswirtschaft hatte er wesentlichen Anteil. 1948 n wurde er als Hauptvertreter einer auch gegenüber der Sowjetunion auf Unabhängigkeit bedachten polnischen Politik aus allen Ämtern entlassen und von 1951 n bis 1955 n eingekerkert. 1956 n gegen den Widerstand der Sowjetführung durch einen Aufstand wieder an die Spitze der kommunistischen Partei Polens gestellt, förderte er den Demokratisierungsprozeß im eigenen Lande und in der Sowjetunion. Mit der Berufung Chrustschows zum Ministerpräsidenten der UdSSR verbesserte sich sein Verhältnis zur Sowjetunion, deren Politik er seitdem auch innerhalb des internationalen Kommunismus wieder vertritt.

1939 n/1945 n Zweiter Weltkrieg
1947 n rot Polen kommunistisch
1956 n braun Aufstand
1956 n rot Parteichef

GONTSCHAROW, Iwan (1812 n–1891 n), russischer Dichter. Als Sohn eines Gutsbesitzers wurde er Beamter im Finanzministerium, begleitete Graf Putjatin auf einer Reise um die Welt, schrieb darüber ein Buch ('Die Fregatte Pallas') und ging in die oberste Presse-Behörde am Zarenhof. Weltberühmt wurde er durch seinen Roman 'Oblomow', dessen Titelheld zum Sinnbild des russischen Menschen seiner Zeit wurde: gutherzig, tief empfindend und klar denkend, dabei aber verträumt, fatalistisch und träge. Durch die Romane 'Eine alltägliche Geschichte' und 'Die Schlucht' rundete er dieses Buch zu einer Trilogie, die Einblick in das Leben und Denken der verfallenden russischen Gutsbesitzer-Klasse gibt.

1859 n blau 'Oblomow'

GOODYEAR, Charles (1800 n–1860 n), nordamerikanischer Techniker. Beschäftigte sich neben seiner Arbeit in der Eisenwarenhandlung des Vaters mit Versuchen zur Verbesserung von Rohgummi. Es gelang ihm, durch Schwefelbehandlung dem Gummi die Klebrigkeit zu nehmen. Mit seinem Landsmann Hayward begann er eine kleine Fabrikation. Doch waren die gelieferten Stoffe nicht wärmebeständig. Unter zurückgegebenen Postsäcken befand sich aber zufällig einer, der durch starke Hitzeeinwirkung völlig verdorben war. An diesem entdeckte er eine Ecke, die von der Hitze gehärtet war. Daraufhin entwickelte er ein Verfahren, durch Erhitzung unter Schwefelbeigabe Wärmebeständigkeit zu erreichen (Vulkanisation). Trotz großer Erfolge starb er in finanzieller Bedrängnis.

1838 n grün Vulkanisation

GORAB, Abu Gorab, Name einer Tempelanlage des ägyptischen Königs Ni-User-Re in Abydos, 10 Kilometer südlich von Kairo (Nord-Ägypten). Zu Ehren des Sonnengottes errichtet, ist sie in Gängen und Kammern mit Bildern der belebten und unbelebten Natur geschmückt. Hier findet sich auf einem Relief die erste Darstellung einer Getreide-Ernte sowie das erste reine Landschaftsbild.

2430 v blau Relief

GORGIAS, griechischer Philosoph aus Leontinoi (Sizilien).

484 v–378 v Lebenslinie
405 v blau Nihilismus
391 v blau Wesen der Rhetorik
383 v blau Erkenntnistheorie

GORKI, Stadt an der Wolga im Herzen des europäischen Rußland, halbwegs zwischen Moskau und Kasan. Entstand Anfang des 13. Jahrhunderts als Festung gegen die Wolgabulgaren. 1350 n Residenzstadt, wurde sie 27 Jahre später von Mongolen niedergebrannt. 1417 n mit dem Großfürstentum Moskau vereinigt. 1611 n ging von hier die Erhebung zur Vertreibung der Polen aus. Ein Angriff der Kosaken (Stenka Rasin) scheiterte 1617 n. Seit 1817 n Messestadt. 1932 n wurde ihr Name Nischni-Nowgorod geändert, um den größten lebenden Dichter Rußlands zu ehren, der hier geboren wurde.

1221 n blau Gründung

GORKI, Maxim (1868 n–1936 n), russischer Dichter. Als früh verwaistes Kind eines Arbeiters von den Bildungsstätten seines Landes ausgeschlossen, begann er mit 9 Jahren eine Lehre, wurde Küchenjunge, Hafenarbeiter, Maler, Bahnwärter und lernte im Umherziehen Welt und Menschen kennen ('Meine Universitäten'). Mit 24 Jahren begann er zu schreiben und errang nach 10 Jahren seinen ersten Welterfolg mit dem sozialkritischen Drama 'Nachtasyl'. Mit dem 'Lied vom Sturmvogel' rief er zum Sturz des Zarismus auf und mußte 1906 n seine Heimat verlassen. Über die Revolution von 1905 n schrieb er den Roman 'Die Mutter'. Auf Capri gründete er 1908 n eine kommunistische Schule. 1914 n kehrte er in die Heimat zurück und kämpfte gegen den Krieg. Nach anfänglichem Zögern trat er auf die Seite der Bolschewiki und widmete sich bis 1922 n dem Aufbau einer proletarischen Kultur. Dann ging er nach Sorrent, um seine Lebensgeschichte zu schreiben. 1930 n kehrte er in die Sowjetunion zurück und arbeitete bis zuletzt an seinem Roman 'Klein Samgin'. Durch sein zukunftsfrohes, von tätiger Menschenliebe erfülltes Lebenswerk führte er das neue proletarische Schrifttum auf einen ersten Gipfel.

1902 n blau 'Nachtasyl'
1905 n blau 'Die Mutter'
1923 n blau 'Meine Universitäten'

GOSLAR, Stadt am Nordrand des Harzes. Wegen der reichen Silbervorkommen in ihrer Umgebung seit dem 10. Jahrhundert von den deutschen Herrschern als 'Königsgut' erklärt und mit einem kaiserlichen Palast versehen ('Pfalz'). So wurde die Stadt Sitz zahlreicher Reichstage. Im 11. Jahrhundert begann der Aufstieg des Bürgertums. Adel und Klerus traten allmählich in ihrer Bedeutung zurück. 1108 n mit kaiserlichem Stadtrecht versehen, 1281 n Hansestadt, gab sie sich schließlich selbst ein Stadtrecht ('Goslarische Statuten'), das im 14. Jahrhundert von anderen deutschen Städten übernommen wurde. Bis 1802 n freie Reichsstadt, fiel sie dann an Preußen, Westfalen und Hannover und endlich wieder an Preußen.

969 n grün Kupferbergbau
1050 n blau Kaiserpfalz
1052 n rot 'Ketzer'-Hinrichtung

GOTEN, germanisches Volk, dessen Heimat in Skandinavien lag. Wanderte um die Zeitwende von Südschweden ins Weichselgebiet, zog im 2. Jahrhundert zur unteren Donau weiter und gründete ein Reich am Schwarzen Meer, das sich zeitweilig bis zur Ostsee ausdehnte. Ein Teil blieb dort, während die Hauptmasse des Volkes weiterzog, auf dem Gebiet des untergehenden Römerreichs zwischen Italien, Frankreich und Spanien kurzlebige Staaten gründete und schließlich im 8. Jahrhundert überall in der einheimischen Bevölkerung aufging.

200 n rot Reich am Schwarzen Meer
238 n braun Einfall ins Römerreich
238 n grün 'Jahresgelder' Roms
250 n/269 n Erster Gotischer Krieg
250 n grün Entwicklung der Runen
257 n rot Spaltung Ost-, Westgoten
257 n grün Flottenbau
264 n rot Christianisierung
305 n–370 n Ermanrich
311 n–383 n Wulfila
332 n braun Niederlage gegen Rom
332 n rot Grenzschutz für Rom
334 n braun Hilfe für Rom
340 n/350 n Persischer Krieg Roms
346 n rot Westgoten Arianer
346 n–395 n Theodosius
348 n braun Religionskämpfe
350 n rot Ostgoten-Einigung
350 n blau Gründung von Kiew
350 n/360 n Zweiter Gotischer Krieg
350 n–404 n Balamir
360 n rot Großreich der Ostgoten
365 n–408 n Stilicho
369 n grün Wulfilas Schriftreform
370 n blau Bibelübersetzung
370 n/455 n Hunnenkriege
371 n rot Hunnen-Herrschaft
371 n rot Heeresfolge für Hunnen
374 n–410 n Alarich
376 n rot Ansiedlung im Römerreich
378 n braun Westgoten-Sieg über Rom
386 n–418 n Wallia
395 n/403 n Dritter Gotischer Krieg
403 n rot Siedlung in Kärnten
405 n/406 n Einfall nach Italien
408 n/412 n Vierter Gotischer Krieg
412 n rot Niederlassung in Gallien
414 n rot Politische Heirat
417 n braun Kriegszug nach Spanien
418 n rot Machtgewinn in Gallien
433 n–493 n Odoaker
440 n–484 n Eurich
455 n–526 n Theoderich der Große
456 n braun Sieg über Sueben
456 n rot Westgoten in Spanien
456 n rot Ostgoten in Ungarn
466 n–511 n Chlodwig
468 n braun Sieg über Sueben
468 n rot Westgoten in Portugal
475 n blau Gesetzbuch der Westgoten
478 n–567 n Narses
480 n–573 n Kassiodor
482 n–565 n Justinian
487 n braun Bedrohung Konstantinopels
487 n rot Kampfauftrag für Italien
489 n/493 n Kriegszug nach Italien
490 n–562 n Prokop
493 n rot Ostgoten in Italien
497 n–555 n Jordanis
504 n blau Basilika in Ravenna
505 n–565 n Belisar
506 n rot Westgotische Synode
506 n blau Gesetzbuch Alarichs II.
507 n braun Niederlage gegen Franken
508 n/511 n Südgallischer Feldzug
511 n rot Gebietsverlust der Franken
511 n rot Gebiete an Westgoten
512 n rot Gesetzgebung Theoderichs
513 n–552 n Totila
525 n rot Einkerkerung des Papstes
525 n blau Grabmal Theoderichs
531 n blau Kassiodor: Gotengeschichte
535 n/553 n Letzter Ostgotenkrieg
543 n blau Rechtssammlung
543 n grün Bodenreform in Italien
551 n blau Jordanis: Gotengeschichte
553 n rot Ende des Ostgotenreiches
554 n braun Westgoten-Niederlage
554 n blau Jordanis: Weltgeschichte
589 n rot Abkehr vom Arianismus
612 n rot Verfolgung von Juden
625 n blau Isidors Gotengeschichte
629 n braun Sieg über Byzanz
629 n rot Gewinn ganz Spaniens
633 n/732 n Arabischer Krieg
633 n rot Synode von Toledo
640 n–716 n Musa
693 n rot Handelsverbot für Juden
693 n grün Juden-Enteignung
707 n rot Feindkoalition
711 n rot Ende des Westgotenreiches
711 n rot Arabische Herrschaft
718 n rot Reich von Asturien

GOTHA, Stadt in Thüringen. Seit dem 8. Jahrhundert bewohnte Siedlung, die im 12. Jahrhundert zur Stadt erhoben wurde. Seit 1247 n häufig wechselnder Besitz deutscher Fürsten, die hier vorübergehend Residenzen einrichteten. 1849 n stimmte hier die erbkaiserliche Partei der Nationalversammlung dem preußischen Unionsplan zu. 1875 n schloß sich in dieser Stadt die sozialdemokratische Partei Deutschlands mit dem Deutschen Arbeiterverein Lassalles zusammen und verwässerte dabei ihre vorher klar marxistische Zielsetzung ('Gothaer Programm').

1875 n rot Kongreß

GOTIK, ursprünglich abschätzige Bezeichnung der Italiener für den jenseits der Alpen entstandenen Kunststil, der zuerst Frankreich und England, dann Spanien und Deutschland, aber endlich auch Italien ergriff. Entfaltete sich in der Zeit von der Mitte des 12. Jahrhunderts bis zum Ende des 15. Jahrhunderts. Himmelstrebend in der Anlage, kühn in der Gestaltung, brachte sie die für lange Zeit höchsten Bauwerke Europas hervor. Die Wände der steil aufgerichteten Baukörper lösten sich in schlanke Pfeiler auf, spitz auslaufende, kunstvoll bemalte Fenster und geschnitzte Türen, hohe Hallen und aufstrebende Türme lenkten mit dem Blick das Empfinden der Menschen in die Höhe. Die Bildhauerei schuf zum ersten Male seit Ausbreitung des Christentums wieder vollkörperliche Figuren. Die Malerei durchbrach ihre Bindung an Bauwerk (Fresko) und Buch (Miniatur) und wurde zur eigenständigen Kunstgattung (Tafelbild).

1145 n blau Kathedrale St. Denis
1163 n blau Notre-Dame in Paris
1175 n blau Dom zu Drontheim
1184 n blau Kathedrale von Canterbury
1195 n blau Baubeginn in Chartres
1201 n grün Tuchhallen von Ypern
1208 n blau Kathedrale von Rouen
1212 n blau Kathedrale von Reims
1213 n–1280 n Niccolo Pisano
1221 n blau Kathedrale von Burgos
1227 n blau Kathedrale von Toledo
1235 n blau Katharinenkirche Hamburg
1236 n blau Skulpturen in Reims
1243 n blau Bamberger Reiter
1248 n blau Bau des Kölner Domes
1256 n blau Naumburg: Stifterfiguren
1257 n blau Franziskus-Kirche Assisi
1257 n blau Kathedrale von Salisbury
1257 n grün Fenster von Chartres
1259 n blau Rathaus Thorn
1260 n blau Chartres vollendet
1265 n blau Dom von Münster
1266 n–1337 n Giotto
1268 n blau Kathedrale von Amiens
1269 n blau Westminster-Abtei
1273 n blau Sebaldus-Kirche Nürnberg
1276 n blau Münsterfassade Straßburg
1279 n blau Rathaus Stralsund
1280 n blau Dom von Siena
1288 n blau Kreuzkirche Breslau
1291 n blau Marienkirche Lübeck
1296 n blau Dombau in Florenz
1298 n blau Kathedrale von Barcelona
1298 n blau Bau des Palazzo Vecchio
1306 n blau Fresken in Padua
1308 n–1368 n Orcagna
1307 n blau Antonius-Kirche Padua
1309 n blau Bau der Marienburg
1315 n blau Giotto: 'Madonna'
1322 n blau Chor des Kölner Domes
1326 n blau Manessische Handschrift
1330 n–1399 n Peter Parler
1335 n blau Rathausfassade Münster
1335 n blau Kathedrale von York
1338 n blau Martini: 'Verkündigung'
1340 n blau Stephansdom Wien
1341 n blau Bau des Veits-Domes
1341 n–1406 n Claus Sluter
1351 n blau Jenaer Handschrift
1354 n blau Freiburg: Münster-Chor
1355 n blau Burg Karlstein
1356 n blau Altarbild Orcagnas
1357 n blau Karlsbrücke in Prag
1364 n blau Papst-Schloß Avignon
1370 n blau Aachener Rathaus
1370 n blau Erfurter Domchor
1377 n blau Bau des Ulmer Münsters
1379 n blau Grabower Altar
1379 n blau Kathedrale von Poitiers
1382 n blau Rathaus Danzig
1385 n blau Veits-Dom vollendet
1387 n blau Rathaus Brügge
1390 n–1441 n Jan van Eyck
1396 n–1446 n Konrad Witz
1399 n blau Moses-Brunnen in Dijon
1402 n blau Kathedrale von Sevilla
1405 n blau Frankfurter Rathaus
1410 n–1451 n Stephan Lochner
1410 n blau Bremer Rathaus
1411 n blau Londoner Rathaus
1414 n blau Aachener Münster
1414 n blau Ghiberti: 'Johannes'
1424 n blau Englandfahrer-Altar
1431 n blau Tiefenbronner Altar
1432 n blau Genter Altar
1433 n blau Fra Angelico: 'Madonna'
1435 n blau Dom zu Uppsala
1437 n blau Jan van Eyck: 'Barbara'
1439 n blau Straßburger Münster
1443 n blau Lübecker Rathaus
1443 n blau Dreikönigs-Altar in Köln
1444 n blau Witz: 'Fischzug Petri'
1450 n blau Fouquets Illustrationen
1453 n blau Quarton: 'Marienkrönung'
1454 n blau Rathaus Brüssel
1458 n blau Fouquet: 'Karl VII.'
1462 n blau Van der Weyden: 'Anbetung'
1463 n blau Dogenpalast Venedig
1463 n blau Rathaus Löwen
1467 n blau Rothenburger Altar
1470 n blau Münchner Rathaus
1471 n blau Fouquets Miniaturen
1473 n blau Schongauer: 'Madonna'
1475 n blau Van der Goes: 'Anbetung'
1481 n blau Pacher-Altar
1488 n blau Frauenkirche München
1489 n blau Krakauer Altar
1491 n blau 'Adam und Eva'
1496 n blau Breslauer Rathaus
1502 n blau Heiligenblut-Altar
1511 n blau Isenheimer Altar
1514 n blau Hochaltar in Freiburg
1519 n blau Sebaldusgrab

GOTLAND, schwedische Ostsee-Insel zwischen Süd-Skandinavien und Litauen, benannt nach ihrer Urbevölkerung, den germanischen Goten. Vor 2000 Jahren nördlichstes Ziel des römischen Handels, behielt sie durch ihre zentrale Lage in der Ostsee und durch ihre seetüchtigen Bewohner große Bedeutung für den Waren-Austausch im nordeuropäischen Raum. Seit 900 n geriet sie unter schwedische Oberhoheit, blieb aber Handelszentrum. Deutsche Kaufleute setzten sich seit dem 12. Jahrhundert fest und machten die Hauptstadt Wisby zu einer Hauptniederlassung der Hanse. 1361 n wurde die Insel dänisch, 1394 n von Störtebeker und seinen Vitalienbrüdern erobert, seit 1408 n wieder dänisch und 1645 n endgültig schwedisch.

1161 n grün Deutsche Niederlassung
1195 n grün Handelsvertrag
1347 n rot Gebiet der Hanse
1361 n rot Dänischer Besitz
1362 n/1364 n Hanse-Krieg
1645 n rot Schwedischer Besitz

GOTTESBEWEIS, kirchliche Bezeichnung für den Versuch, das Dasein Gottes logisch zu beweisen. Vom katholischen Christentum seit seiner Entstehung angewendet zur eigenen Behauptung gegenüber der menschlichen Vernunft. Von Kant systematisch untersucht und als nichtig erwiesen in der Schrift 'Kritik der reinen Vernunft'. In nicht-christlichen Religionen unbekannt.

132 n–200 n Irenäus
133 n–190 n Athenagoras
1033 n–1109 n Anselm von Canterbury
1078 n blau Ontologischer Beweis
1781 n blau Kants Widerlegung

GOTTESFRIEDE, Verbot privater Kampftätigkeit ('Fehde') von Mittwochabend bis Montag früh. Eingeführt durch kirchliches Gebot zunächst in dem Gebiet zwischen Pyrenäen und Loire in Südfrankreich (Aquitanien), dann in ganz Frankreich. Vom deutschen Kaiser anfangs abgelehnt, weil er darin einen Einbruch der Kirche in seine Rechte sah und weil er eine umfassendere Regelung im Auge hatte, die private Fehdekämpfe ganz ausschließen sollte. 1085 n sah sich aber Heinrich IV. doch genötigt, die populär gewordene Regelung im ganzen Reiche einzuführen. 1235 n wurde sie dann aber durch das Landfriedensgesetz Rudolfs I. überholt und durch den Reichstagsbeschluß von 1495 n ('Ewiger Landfriede') endgültig gegenstandslos.

1040 n rot Anordnung in Frankreich
1085 n rot Anordnung in Deutschland
1235 n rot Landfriedensgesetz
1495 n rot 'Ewiger Landfriede'

GOTTFRIED, dänischer König.

765 n–810 n Lebenslinie
800 n rot Reichsgründung
808 n grün Bau des Danewerk

GOTTFRIED von Bouillon (um 1060 n bis 1100 n), Herzog von Nieder-Lothringen. Nahm als Führer des deutschen Truppenteils am ersten Kreuzzug teil. Schwor wie die Führer der französischen und der normannischen Truppen dem Kaiser von Byzanz den Treueid für die in Vorderasien zu erobernden Gebiete, erhielt darauf Schiffe und nahm an der Besitznahme Jerusalems teil, wo er einen eigenen Staat ausrief und seinen Bruder als König einsetzte.

1096 n/1099 n Erster Kreuzzug
1096 n rot Eid
1099 n rot Staat von Jerusalem

GOTTFRIED von Straßburg (um 1180n – um 1220n), deutscher Dichter. Schrieb nach älteren Quellen der im Englischen, Spanischen, Französischen, Böhmischen und Norwegischen bekannten 'Tristan und Isolde'-Sage einen Vers-Roman von großer Natürlichkeit, tiefer Seelenkenntnis und betörender Sinnlichkeit. Verfaßte auch einige Gedichte. Der Biederkeit seines Kollegen Wolfram von Eschenbach stellte er die weltmännische Haltung des Städters entgegen, der ritterlichen 'Minne' die echte Liebe. Trat für das Recht der liebenden Frau auf volle Hingabe ein.

1210n blau 'Tristan und Isolde'

GOTTHARD, Name eines Gebirgsmassivs im Herzen der Schweizer Alpen. Bedeutungsvoll für den europäischen Verkehr wegen der gleichnamigen Paßstraße, die es seit dem 13. Jahrhundert erlaubt, die Alpen mit einmaligem Auf- und Abstieg zu überqueren. Ende des 19. Jahrhunderts für eine europäische Nord-Süd-Strecke der Eisenbahn untertunnelt und seit dieser Zeit auch im Winter passierbar.

1221n grün Straße
1881n grün Tunnel

GOTTHELF, Jeremias (1797n–1854n), schweizerischer Schriftsteller. Als Pfarrerssohn verbrachte er seine Kindheit auf einem Bauernhof und ergriff dann den Beruf des Vaters. Mit vierzig Jahren begann er zu schreiben. In seinem Erstlingswerk ('Bauernspiegel') stellte er neben der Schönheit des Bauernberufs auch dessen Mängel und Schwächen schonungslos dar. Mit den folgenden Romanen, die von dem Bauernknecht Uli erzählen, suchte er Aberglauben, Alkoholismus und großbäuerliche Selbstsucht zu bekämpfen. Als Schöpfer des realistischen Bauernromans errang er Weltruhm. Seine Werke decken in ihrer Lebensechtheit ohne ausdrückliche Gesellschaftskritik die Mängel der bestehenden Ordnung auf: Ausbeutung der Hütejungen, Vernachlässigung der Schulbildung, Sitten-Verwahrlosung der höheren Stände.

1842n blau 'Uli, der Knecht'

GOTTSCHED, Johann Christoph (1700n bis 1766n), deutscher Schriftsteller. Nach Abschluß seiner Studien floh er aus der ostpreußischen Heimat, um der Einziehung zum preußischen Militär zu entgehen. Im sächsischen Leipzig gab er Zeitschriften heraus, darunter die erste deutsche Frauenzeitschrift ('Die vernünftigen Tadlerinnen'). Als Universitätsprofessor bemühte er sich um die Verbesserung der deutschen Schriftsprache ('Grundlegung der deutschen Sprachkunst'). Sein Hauptziel war die Entwicklung des erstarrten deutschen Theaters zu einer künstlerischen Bildungsstätte. Übersetzte zusammen mit seiner Frau französische Stücke ins Deutsche (Racine, Molière) und schrieb selbst Theaterstücke ('Der sterbende Cato'). Die Schauspieltruppe der Neuberin suchte zeitweilig seine Bestrebungen zu verwirklichen. Hielt auch Vorlesungen über Logik und Metaphysik.

1727n blau Reformen der Neuberin
1730n blau 'Kritische Dichtkunst'

GOTTWALD, Klement (1896n–1953n), tschechischer Staatsmann. Als Sohn eines Kleinbauern wurde er Tischler, trat der Arbeiterbewegung bei und nahm 1921n an der Gründung der Kommunistischen Partei seines Landes teil, deren Generalsekretär er 1929n wurde. 1938n rief er in der UdSSR die Widerstandsbewegung gegen die deutsche Besetzung seines Landes ins Leben. 1945n mit der Roten Armee zurückgekehrt, übernahm er als Führer der kommunistischen Bewegung das Amt des Ministerpräsidenten und bereitete die Umwandlung der Tschechoslowakei in einen kommunistischen Staat vor. Als er mit Hilfe der sowjetrussischen Besatzungstruppen dies Ziel erreicht hatte, wurde er 1948n Nachfolger des von ihm gestürzten Staatspräsidenten Benesch. Starb unerwartet nach der Rückkehr von Stalins Begräbnis in Prag.

1948n rot CSR kommunistisch

GOUNOD, Charles (1818n–1893n), französischer Komponist. Als Schüler des Pariser Konservatoriums gewann er ein Rom-Stipendium. In Italien studierte er die Kirchenmusik und wurde Organist. Schrieb sentimentale Kirchenlieder und Messen. Von Schumann und Berlioz beeinflußt, wandte er sich dann der Oper zu und errang mit seiner Vertonung der Gretchen-Geschichte aus Goethes 'Faust' einen Welterfolg ('Margarete'). Von seinen zahlreichen sonstigen Opern setzte sich nur noch 'Romeo und Julia' durch. Schrieb auch Klaviermusik und Orchesterwerke.

1859n blau 'Margarethe'

GOWER, John (um 1330n–1408n), englischer Dichter. In seinem Lehrgedicht 'Spiegel des Menschen' gab er eine satirische Schilderung der Todsünden. Den Aufstand von 1381n/1382n stellte er als Angehöriger des Landadels abschätzig dar, prangerte aber zahlreiche Mißstände an ('Stimme des Rufers'). Seine 'Beichte des Liebenden' brachte in einer moralisierenden Rahmenhandlung über 100 klassische Liebesgeschichten. Dadurch erschloß er seinem Lande wertvolle alte Quellen. Schrieb auch Balladen.

1384n blau 'Stimme des Rufers'
1393n blau 'Beichte des Liebenden'

GOYA, Francisco José (1746n–1828n), spanischer Maler, Zeichner und Radierer. Als Bauernsohn erstritt er sich durch Stierkämpfe das Geld für eine Italienreise, wurde mit 20 Jahren Entwerfer für eine Teppichfabrik in Madrid und war 13 Jahre später Hofmaler. Im Alter taub, einsam und mißtrauisch, zog er sich nach Südfrankreich (Bordeaux) zurück, wo er sich noch einmal dem Dasein erschloß. Überlebte 19 seiner 20 Kinder und hinterließ ein Werk, so reich und überschäumend wie sein Leben. Neben zartesten Kinder- und Liebesbildern steht die bittere Anklage gegen Krieg und Not, neben lebensechten Darstellungen von Königen die liebevolle Zeichnung des einfachen Menschen in Stadt und Land, neben zarter Verinnerlichung die ausgelassenste Sinnenfreude. Enthüllte in seinen Bildern die Schönheit und Größe wie die Bosheit und Abscheulichkeit von Mensch und Welt.

1811n blau 'Schrecken des Krieges'

GOZZI, Carlo (1720n–1806n), italienischer Dichter. Als Sohn eines venezianischen Adligen bemühte er sich um die Reinerhaltung des italienischen Theaters von ausländischen, vor allem französischen Einflüssen. So wurde er zu einem Gegner Goldonis, den er als komische Figur in einem Stück verhöhnte. Die auch von ihm als notwendig erkannte Erneuerung des italienischen Theaters erstrebte er unter Erhaltung der alten Zauberwelt. Schrieb zehn Märchen-Stücke, von denen zwei berühmt wurden ('Turandot' und 'Die Liebe zu den drei Orangen').

1764n blau 'Turandot'

GRABENKRIEG, Name einer bewaffneten Auseinandersetzung zwischen den Anhängern Mohammeds und seinen Gegnern. Der von Mekka nach Medina geflohene Mohammed wurde in Medina eingeschlossen und belagert. Mit Beginn der kalten Jahreszeit mußten die Gegner Mohammeds aber unverrichteter Dinge nach Mekka zurückkehren. Dieser Sieg Mohammeds entschied den Kampf für ihn und ermöglichte bald darauf die Rückgewinnung Mekkas. Der Name des Krieges ist darauf zurückzuführen, daß Mohammed zur Verteidigung von Medina einen Graben um die Stadt legte.

570n–632n Mohammed
627n braun Belagerung Medinas

GRABOWER ALTAR, Name eines Altars mit 24 Bildern aus der biblischen Sage, den der deutsche Maler und Bildhauer Bertram für die Petri-Kirche in Hamburg anfertigte. 'Grabower Altar' heißt er, weil er 1734n dem mecklenburgischen Dorfe Grabow geschenkt wurde, von wo er 1903n nach Hamburg zurückkam.

1379n blau Fertigung

GRACCHUS, Gajus, römischer Politiker.

154v–121v Lebenslinie
123v rot Getreidegesetz
121v braun Aufstand
111v rot Aufhebung der Reform

GRACCHUS, Tiberius, römischer Politiker.

163v–133v Lebenslinie
133v rot Ackergesetz
133v rot Ermordung
111v rot Aufhebung der Reform

GRACIAN, Baltasar (1601n–1658n), spanischer Schriftsteller und Philosoph. Als Sohn eines Rechtsanwalts wurde er Jesuit, Prediger und Professor in verschiedenen Klöstern, Hofmann in Madrid und schließlich Rektor des Jesuiten-Kollegs von Saragossa. Mit 35 Jahren schrieb er praktische Anweisungen zur Bildung des Hofmannes und des Mannes von Welt ('Handorakel der Weltklugheit'). Diese Regeln der Lebensweisheit verallgemeinern die zynischen Maximen des Adels, des Besitzbürgertums und der Kirche. Fünfzigjährig begann er, seine Gesellschaft kritisch zu betrachten und verfaßte den Roman 'El Criticón'. Darin übt ein einfacher, natürlich empfindender Mensch Kritik an Verhalten und Moral der herrschenden Klasse. Schrieb in einem neuen doppelsinnigen, gedankenüberladenen, dunklen Stil ('Konzeptismus').

1647n blau 'Handorakel'

GRAFF, Anton (1763n–1813n), schweizerischer Maler und Radierer. Lernte in seiner Heimatstadt Winterthur das Malen, vervollkommnete sich in Augsburg und ging dann nach Dresden, wo er dreißigjährig eine Professur an der neugegründeten Akademie erhielt und schnell zum berühmtesten Porträt-Maler seiner Zeit aufstieg. Schuf schlichte, unbeschönigte Bildnisse berühmter Dichter und Musiker seiner Zeit (Herder, Wieland, Lessing, Gellert, Schiller, Gluck).

1771n blau Porträt Lessings

GRAL, Bezeichnung für einen wundertätigen Gegenstand (Edelstein, Schüssel), dessen Zauberkraft in Sage, Dichtung und Musik vergangener Jahrhunderte eine Rolle spielte (Parsivals-Sage).

1168n–1220n Wolfram von Eschenbach
1180n blau Christian: 'Parsival'
1210n blau Wolfram: 'Parsival'

GRAMMATIK, von dem griechischen Worte 'grammatike' (= Wissenschaft) abgeleitete Bezeichnung für die Sprachlehre, die im alten Griechenland als Grund-Wissenschaft galt. Umfaßt Aufbau und Gesetzmäßigkeiten der Sprache (Satzbau, Lautlehre, Rechtschreibung, Wortbildung). Ihre Entwicklung folgt der Entwicklung der Sprache und fördert sie.

538v blau Theagenes: Sprachregeln
344v blau Sanskrit-Grammatik
116v–27v Varro
101v blau Werk des Dionysios Thrax
33v blau Werk Varros
138n blau Apollonios: Syntax
214n–273n Longinos
265n blau Werk des Longinos
309n–394n Ausonius
353n blau Werk des Donatus
382n–440n Martianus Kapella
427n blau Martianus' Einführung
590n–648n Harsa
673n–735n Beda
703n blau Syrische Grammatik
718n–791n Al Chalil
776n blau Arabische Sprachforschung
781n blau Arabische Grammatik
784n–856n Rabanus Maurus
839n–923n Al Tabari
973n–1048n Al Biruni
1003n blau Werk des Älfric
1038n blau Hebräische Grammatik
1054n–1122n Al Hariri
1103n blau Al Hariri: Sprachlehre
1350n–1415n Chrysoloras
1396n blau Griechisch-Lehrbuch
1506n blau Reuchlin: Hebräisch
1518n blau Griechische Grammatik
1646n–1716n Leibniz
1711n–1765n Lomonossow
1748n blau Russische Sprachkunde
1808n blau Schlegels Indien-Werk
1816n blau Bopp: Sanskrit
1819n blau Deutsche Grammatik
1835n blau W. Humboldt: Kawi-Sprache

GRAMSCI, Antonio (1891n–1937n), italienischer Philosoph, Schriftsteller und Politiker. Trat 22jährig der Sozialistischen Partei Italiens bei. Mißbilligte aber bald den mangelnden Internationalismus und gründete 1919n eine kommunistische Gruppe (Ordine Nuovo), aus der die Kommunistische Partei Italiens hervorging. Gegen den erstarkenden Faschismus gründete er die Zeitschrift 'Unità'. 1926n wurde er verhaftet und zu zwanzigjähriger Kerkerstrafe verurteilt. Starb an den Folgen elfjähriger Haft. Schrieb eine Auseinandersetzung mit der Philosophie Benedetto Croces. In einem anderen Werk behandelte er die nationale Einigung Italiens im 19. Jahrhundert ('Risorgimento'). Untersuchte die Anwendbarkeit der Lehren Machiavellis auf den modernen Staat. Berühmt wurden seine Briefe aus dem Kerker.

1924n blau Gründung der 'Unità'

GRANADA, Stadt in Südspanien am Fuße des höchsten spanischen Gebirges (Sierra Nevada). Das mindestens seit der Zeitwende besiedelte Gebiet gehörte nacheinander Kelten, Römern, Karthagern, Wandalen, Alanen und Westgoten. Im Zuge der Eroberung Spaniens durch die Araber wurde es 711n eingenommen und fiel 755n dem Kalifat von Cordoba zu, dessen Herrscher sogleich unmittelbar neben der bestehenden keltischen Siedlung die arabische Stadt gründete. Zwei Jahre nach der Eroberung Cordobas durch die Spanier erklärte sich die Stadt mit dem größten Teil Andalusiens als Hinterland zum selbständigen arabischen Königreich, anerkannte die kastilische Oberhoheit und erlebte als letztes verbliebenes Zentrum arabischer Kultur in den folgenden zweieinhalb Jahrhunderten eine einzigartige Blütezeit. Die Einwohnerzahl stieg von 200 000 auf 500 000, siebzig Bibliotheken und sechzig Hochschulen wurden Mittelpunkt der Gelehrsamkeit Europas und Nordafrikas. Die 1340n gegründete Universität hatte als einzige Europas eigene Fakultäten für Medizin, Chemie und Astronomie. Mit der Eroberung der Stadt durch die Kastilier verlor Europa seinen letzten Hort wissenschaftlichen Denkens und freien Handelns für Jahrhunderte. Zehn Jahre später begannen die Christen unter Befehl ihres Kardinals Ximenes die Ausrottung des Erbes von acht Jahrhunderten arabischer Kultur. Über eine Million Bücher wurde verbrannt, die arabische Sprache wurde verboten, die arabische Bevölkerung ermordet oder vertrieben. An der Stelle der schönsten Moschee wurde als Denkmal dieses Sieges eine katholische Kirche erbaut.

756n blau Gründung
1066n braun Araberaufstand
1036n braun Vordringen Kastiliens
1236n rot Herrschaft Kastiliens
1238n rot Selbständigkeit
1246n rot Kastilische Oberhoheit
1248n blau Alhambra
1313n–1374n Al Katib
1340n blau Universität
1451n–1505n Isabella von Kastilien
1481n/1492n Letzter Maurenkrieg
1492n rot Juden-Vertreibung
1502n rot Araber-Vertreibung
1570n blau Mendozas Geschichtswerk
1611n rot Morisken-Vertreibung

GRANGER, Name einer Bauern-Bewegung in Nordamerika. Entstanden in den landwirtschaftlichen Überschußgebieten des Mittel-Westens aus Protest gegen die unerträgliche Erhöhung der Frachtsätze für Transporte in die Städte an der Ostküste, entwickelte sie sich zu einer sozialrevolutionären Gruppe. Suchte im Kapitalismus selbst die Wurzel des Übels und kämpfte gegen die Ausbeutung der Landwirtschaft durch das Bankkapital der Städte. Bildete eigene Produktions-Genossenschaften auf sozialistischer Grundlage. Zählte acht Jahre nach ihrer Gründung 1,5 Millionen Mitglieder.

1867n rot Entstehung

GRANIT, das in der Erdrinde am häufigsten vorkommende Gestein. Wegen seiner Billigkeit und seiner Widerstandsfähigkeit seit alters her beliebtes Material für Straßenbau und Bildhauerei.

2838v blau Plastik eines Löwen
2783v grün Fußboden
2648v blau Statue eines Knienden
2573v blau Statue eines Beamten
2565v blau Statue eines Schreibers
2565v grün Transport nilabwärts
2558v blau Bildnis Sechem-Nofers
2547v blau Statue des Dersen
2521v blau Porträt Chefrens
2516v blau 'Schreiber des Königs'
2425v blau Löwenkopf
2413v blau 'Beim Lesen'
2314v–2292v Meren-Re
1893v blau Bildnis der Nofret
1861v blau Bildnis Sesostris' III.
1842v blau Bildnis Sesostris' III.
1828v blau Statue Amen-Em-Hets III.
1803v blau 'König mit Krokodil'
1790v blau Plastik der Senui
1474v blau Plastik der Sachmet
1434v blau Relief Amen-Hoteps II.
1396v blau Bildnis des Chons
1388v blau Plastik eines Löwen
1280v blau Porträt Ramses' II.
1277v blau Bildnis Ramses' II.
1157v blau Plastik eines Libyers
1141v blau Statue eines Lesenden
664v blau Porträt Montem-Hets
83v blau Statue des Harsinebef

GRAPHIK, von dem griechischen Wort 'graphein' (= schreiben) abgeleitete Bezeichnung für die Vervielfältigung zeichnerischer Vorlagen im handwerklichen Einzeldruck-Verfahren unter Verwendung von Holz (= Holzschnitt), Kupfer (= Kupferstich, Radierung) und Stein (= Lithographie). Mit Einführung dieser Techniken verbesserten sich die Einkünfte der Künstler, die häufig auch die technischen Arbeiten hierfür mit großer Sorgfalt selbst leisteten. Seit Erfindung maschinell-chemischer Druck-Verfahren wird das Wort auch als Gesamtbezeichnung für gedruckte Zeichnungen angewendet.

1400n grün Holzschnitt
1430n grün Kupferstich
1461n grün Bilddruck in Deutschland
1471n–1528n Albrecht Dürer
1478n grün Landkarte
1493n blau Schedels Weltgeschichte
1501n blau Dürer: 'Große Passion'
1515n grün Radierung
1526n blau Holbein: 'Totentanz'
1541n grün Münsters Weltbeschreibung
1606n–1669n Rembrandt
1627n blau Callot: Not des Volkes
1633n blau Callot: Krieg
1643n blau Rembrandt: 'Drei Bäume'
1700n grün Japanische Werbeplakate
1768n blau Harunobu: Holzschnitte
1796n grün Senefelder: Steindruck
1811n blau Goya: Krieg
1818n blau Hokusai: 'Die Welle'
1864n blau Dorés Bibelillustrationen
1892n blau Toulouse-Lautrecs Plakate
1895n blau Kollwitz: 'Weberaufstand'
1903n blau Kollwitz: 'Bauernaufstand'
1947n blau Picasso: 'Friedenstaube'
1948n blau Masereel: 'Jugend'
1952n blau Braque: 'Vogel III'

GRAPHIKOS (um 250v–um 190v), griechischer Maler. Nahm sich besonders liebevoll der Darstellung von Begebenheiten aus dem Alltagsleben an.

204v blau Genrebilder

GRAPHIT, grauschwarzes Gestein, das sich wegen seiner Weichheit zum Beschreiben von Papier eignet. Meist in Schiefer-Brüchen vorkommend, findet es sich rein in Mitteleuropa (Alpen), auf Ceylon, in Korea und Mexiko. Seit 1896n wird es durch Erhitzung quarzhaltiger Kohle künstlich hergestellt. Wegen seiner hohen Leitfähigkeit für Elektrizität auch bei der Herstellung von Batterien und Elektroden verwendet.

1122n grün Gebrauch als Bleistift
1564n grün Bleistift mit Holzschutz

GRAPHOLOGIE, Wissenschaft von der Handschrift und ihrer Beziehung zum Wesen des Menschen. Rückschlüsse auf den Charakter wurden aus der Handschrift seit mindestens vier Jahrhunderten gezogen. Anfang des 17. Jahrhunderts gab dann der italienische Arzt Baldo die erste Anleitung, wie man aus der Schrift eines Menschen seinen Charakter erkennt. 1812n erschien ein Buch mit der gleichen Zielsetzung in Frankreich (Horquart). Das Wort wurde erst 63 Jahre später von dem Franzosen Michon geprägt, der nach jahrzehntelangen Schriftvergleichen die Arbeit systematisierte. Adolf Henze hatte sie schon um 1860n in Deutschland bekanntgemacht. Nun verbreitete Busse hier die Ergebnisse Michons. Preyer ließ die Lehre Michons von den Einzelzeichen fallen und griff auf die Schriftbewegung als Ganzes zurück. Hier erst liegt der Übergang zur modernen Wissenschaft, die dann von Klages vollendet wurde. Feststellung, Kombination und Auswertung der Schriftmerkmale wurden damit zu einem eigenen Beruf mit Universitäts-Ausbildung. Im Zeitalter der modernen Großbetriebe wurde sie für die Personal-Auswahl von zunehmender praktischer Bedeutung. Neuerdings werden bereits Versuche mit maschinellen Schrift-Auswertungen gemacht.

1622n grün Camillo Baldo
1875n grün Jean Hippolyte Michon
1916n grün Ludwig Klages

GRASS, Günter (geboren 1927n), deutscher Schriftsteller. Geriet 17jährig in Kriegsgefangenschaft, wurde nach seiner Entlassung Arbeiter, lernte dann den Beruf des Steinmetz, besuchte die Kunstschule und wurde Bildhauer. Während eines vierjährigen Aufenthaltes in Paris schuf er ein kritisches Bild der drei Jahrzehnte seiner eigenen Lebenszeit ('Die Blechtrommel'). Unter Mißachtung aller moralischen und religiösen Tabus gab er darin in humorvoller Sprache seinem Abscheu vor der bürgerlichen Gesellschaft Ausdruck. Auch sein zweiter Roman ('Hundejahre') zeigte seinen Ekel an der gesellschaftlichen Wirklichkeit seiner Zeit. Zu seinen Gedichten schuf er Zeichnungen ('Die Vorzüge der Windhühner') und Graphiken ('Gleisdreieck'). Schrieb auch Theaterstücke ('Hochwasser', 'Onkel, Onkel', 'Davor') und Novellen ('Katz und Maus'). Theoretisch dem Sozialismus zugewandt, unterstützt er die SPD trotz ihrer die bürgerliche Restauration in der Bundesrepublik fördernden politischen Verbindung mit der CDU in der 'Großen Koalition', während er den schwierigen Problemen der sozialistischen Revolution in der DDR verständnislos gegenübersteht ('Die Plebejer proben den Aufstand', 'Über das Selbstverständliche').

1959n blau 'Die Blechtrommel'

GRATIAN, Flavius, römischer Kaiser von 375n bis 383n.

359n–383n Lebenslinie
309n–394n Ausonius
340n–397n Ambrosius
377n rot Kirchengegner 'Ketzer'
378n braun Sieg über Alemannen
379n rot Priestertitel abgelegt

GRAVESANDE, Wilhelm Jakob (1688n bis 1722n), holländischer Erfinder. Baute in seiner Heimatstadt Leiden eine ganz einfache Dampfmaschine in einen Wagen ein und fuhr mit diesem pferdelosen Fahrzeug.

1720n grün Kraftwagen

GRAVIEREN, kunsthandwerkliche Tätigkeit. Überträgt Zeichnungen oder Schriften mit Hilfe von Meißel, Nadel oder Punze in Metall oder Stein. Seit fast fünftausend Jahren bekannte Technik, die sich bis in unsere Zeit erhalten hat.

2860v grün Ägyptische Arbeiten
2011v grün Sumerische Arbeiten

GRAVITATION, von dem lateinischen Wort 'gravis' (= schwer) abgeleitete Bezeichnung für die Schwerkraft (= gegenseitige Anziehung fester Körper (Massen).

330v–306v Pytheas
337v grün Anziehung der Erdmitte
321v grün Erklärung der Gezeiten
1564n–1642n Galilei
1571n–1630n Kepler
1504n grün Galilei: Bewegungsgesetze
1609n grün Kepler: Planetenbewegung
1643n–1727n Newton
1666n grün Gravitationsgesetz
1799n grün Laplace: Himmelsmechanik
1879n–1955n Einstein

GRAY, John (1799n–1850n), englischer Sozialreformer. Nach Verlassen der Mittelschule wurde er kaufmännischer Lehrling in London. In den Notjahren nach 1816n zu sozialkritischem Denken angeregt, ging er als Arbeiter in die kommunistische Kolonie Orbiston, die ein Schüler Owens gegründet hatte. 27jährig veröffentlichte er eine 'Vorlesung über die menschliche Glückseligkeit'. Auf Statistiken gestützt, bewies er darin, daß die produktive Klasse nur ein Fünftel des Ertrags ihrer Tätigkeit erhält, während vier Fünftel in die Taschen der unproduktiven Klasse fließen. Aus dieser Feststellung zog er den Schluß, daß die vielgepriesene Konkurrenz nicht mehr fördernd, sondern hemmend auf die Volkswirtschaft wirkt und deshalb durch eine neue Gesellschaftsordnung ersetzt werden muß. Diese umreißt er in seinem Hauptwerk 'Socialsystem' als eine kommunistische Ordnung, in der die Güter allein auf Grund des produktiven Anteils jedes einzelnen an der Gesamtleistung verteilt werden.

1825n blau 'Glück'

GRAY, Stephan (um 1670n–1736n), englischer Physiker. Erforschte die Eigenschaften der Elektrizität. Dabei unternahm er Versuche mit zwei Würfeln, von denen der eine massiv war und der andere hohl. Aus der Tatsache, daß Elektrizität von beiden gleich gut weitergeleitet wurde, schloß er, daß der ganze Strom an der Oberfläche bleibt. Bei seinen Experimenten entdeckte er, daß Elektrizität von manchen Stoffen gut, von anderen sehr schlecht weitergeleitet wird. So unterschied er zwischen Leitern und Isolatoren. Baute einen Isolierschemel.

1729n grün Leiter und Nichtleiter

GRAZ, Stadt in Österreich. Bereits zur Römerzeit bewohnt. Im 10. Jahrhundert entstand hier eine Burg, im 13. Jahrhundert hatte sich der Ort zur Stadt ausgewachsen. Die Habsburger erhoben sie zur Residenzstadt der Steiermark und befestigten sie. In der Reformation wandte sich die Stadt vom Katholizismus ab, wurde aber seit 1586n (Gründung einer Jesuitenschule) gewaltsam zurückgeführt. m 19. Jahrhundert trat die Bevölkerung für eine großdeutsche Lösung ein und stellte sich deshalb gegen das Habsburger Königshaus (Badeni-Krawall 1897n). 1919n wurde die Stadt vorübergehend kommunistisch regiert.

1281n rot Stadtrecht

GRECO, El, spanischer Maler griechischer Herkunft.

1547n–1614n Lebenslinie
1577n blau 'Mariä Himmelfahrt'
1608n blau 'Blick auf Toledo'

GREENWICH, Stadtteil von London. Hier sollte ursprünglich der königliche Palast errichtet werden. Der fertige Bau wurde dann aber für einen Krankenhauskomplex verwendet. Später diente er der Unterbringung der Marineschule und des Marinemuseums. In dem 76 Hektar großen Park, den der französische Gartenarchitekt Lenôtre angelegt hat, wurde 1675n–1676n eine Sternwarte errichtet, die Weltruhm erlangte, weil bei der Aufstellung des Gradnetzes für die Landkarten der Erde hier der Längengrad Null festgelegt wurde (seit 1883n allgemein anerkannt). Zwischen 1946n und 1953n ist diese Sternwarte dann nach Schloß Herstmonceux in Sussex verlegt worden.

1676n grün Sternwarte

GREGOR I., römischer Papst von 590n bis 604n.

540n–604n Lebenslinie
590n blau Predigtsammlung
590n grün Proletariat abhängig
591n blau 'Anleitung zur Seelsorge'
593n rot Fegefeuer-Dogma
593n grün 'Erbe Petri'
596n rot Angelsachsen-Bekehrung
599n blau Schule für Kirchengesang
600n grün Erbrechts-Forderung
601n rot Bistum in England

GREGOR II. (669n–731n), italienischer Priester. Von 715n bis 731n Papst, bekämpfte er die gegen Bilderanbetung gerichteten Erlasse des byzantinischen Kaisers Leo III. und verlor dadurch die päpstlichen Besitzungen in Süditalien. Entsandte den angelsächsischen Missionar Bonifatius nach Thüringen, weihte ihn zum Bischof und deckte die gewaltsame Bekehrung Deutschlands. Obwohl sein Versuch zur Errichtung einer Rom direkt unterstellten Reichsprovinz Bayern mißlang, legte er den Grund für die strengrömische Ausrichtung der deutschen Kirche.

675n–754n Bonifatius
721n rot Bonifatius in Thüringen
726n rot Edikt des Kaisers
726n rot Lösung von Byzanz
727n rot Bonifatius in Hessen
729n rot Gebietsgewinn
730n rot Bindung an Byzanz

GREGOR III. (um 680n–741n), syrischer Priester. Von 731n bis 741n Papst. Suchte vergeblich den Frankenherrscher Karl Martell zum Eingreifen in die italienischen Streitigkeiten zugunsten der päpstlichen Macht-Ansprüche zu bewegen. Dagegen gelang es ihm, die Macht Roms beim Aufbau der Kirche im Frankenreiche zur Geltung zu bringen und zu stärken. Durch Erhebung seines Vertrauensmannes Bonifatius zum Erzbischof festigte er insbesondere die Bindung der deutschen Kirche an Rom. Den Streit um die Anbetung von Bildern trieb er auf die Spitze und schloß alle Gegner der Bilderanbetung aus der Kirche aus.

688n–741n Karl Martell
731n rot Bann gegen Bilderstürmer
739n rot Abweisung durch Karl

GREGOR V. (Bruno von Kärnten), deutscher Hofgeistlicher, Papst von 996n bis 999n.

972n–999n Lebenslinie
980n–1002n Otto III.
996n rot Einsetzung zum Papst

GREGOR VII., italienischer Priester, Papst von 1073n bis 1085n.

1021n–1085n Lebenslinie
1000n–1088n Berengar von Tours
1013n–1085n Robert Guiskard
1050n–1106n Heinrich IV.
1074n rot Eheverbot für Priester
1075n rot Investitur-Regelung
1076n rot Absetzung durch Kaiser
1076n rot Bann gegen Heinrich IV.
1076n rot Hilfe durch Fürsten
1077n rot Buße Heinrichs IV.
1077n rot Krönung Wilhelms I.
1078n rot Antisemitismus
1079n rot Widerruf Berengars
1084n rot Flucht aus Rom

GREGOR IX. (um 1160n–1241n), italienischer Priester, Papst von 1227n bis 1241n. Im Kampf mit dem Kaisertum zwang er Friedrich II. zur Ausführung eines Kreuzzuges, zum Zugeständnis kirchlicher Gerichtsbarkeit und kirchlicher Steuerprivilegien in Sizilien sowie zur rücksichtslosen Verfolgung von Kirchengegnern. Dabei nutzte er auch die Bedrängnis Deutschlands durch den Mongolen-Einfall in Schlesien für sich aus. Erkannte Gefahren und Möglichkeiten der Bettelorden und machte aus den Neugründungen des Franziskus und des Dominikus Werkzeuge des Papsttums. Die Inquisition nahm er aus den Händen der Bischöfe und machte daraus eine päpstliche Waffe. Er gab diesem erbarmungslosen Gesinnungsterror feste Regeln. In einem Gesetzbuch legte er die päpstlichen Herrschaftsansprüche mit vorher unbekanntem Freimut nieder.

1194n–1250n Friedrich II.
1228n/1229n Fünfter Kreuzzug
1229n rot Bibel-Besitz verboten
1229n grün Geld für Denunzianten
1231n rot Leitung der Inquisition
1232n/1233n Stedinger-Kreuzzug
1233n rot Inquisitor ermordet

GREGOR von Nazianz, kleinasiatischer Priester, Theologe und Dichter.

329n–389n Lebenslinie
381n blau Dreifaltigkeitslehre

GREGOR von Nyssa (um 330n–394n), kleinasiatischer Priester und Kirchenlehrer. Wurde auf Zureden seines Bruders Basilius Geistlicher. Als Bischof von Nyssa wandte er sich gegen die Lehren des Arius von dem einen Gott-Schöpfer und versuchte das Dogma von der Dreifaltigkeit philosophisch zu untermauern. Die Kirche setzte ihn zeitweilig ab. In seiner 'katechetischen Rede' gab er auch eine Unterweisung für Abendmahl und Taufe. Verfaßte noch zahlreiche kirchliche Schriften ('Die Erschaffung des Menschen', 'Sechstagewerk').

385n blau 'Katechetische Rede'

GREGOR von Tours, fränkischer Geschichtsschreiber römischer Herkunft.

538n–594n Lebenslinie
582n blau Geschichte Martins
592n blau Geschichte der Franken

GREGORAS, Nikephoros (1295n–um 1360n), byzantinischer Geschichtsschreiber aus Pontos (Kleinasien). Am Hofe des Kaisers Andronikos II. in Byzanz ging er seinen vielseitigen Studien nach und verfaßte Werke über Gegenstände der Philosophie, der Astronomie sowie über die Kunst der Rede und des Schreibens. Nach dem Tod des Kaisers wegen seines Freimuts vom Hofe vertrieben, zog er sich zurück und schrieb eine Geschichte von Byzanz in 37 Bänden. Darin behandelte er aus seiner Kenntnis der Hintergründe des Geschehens die Zeit von 1204n bis 1359n, insbesondere die kirchlichen Streitfragen, die in dieser Zeit eine Rolle spielten. Entwarf den Plan einer Kalenderreform, der Grundlage des Gregorianischen Kalenders wurde.

1359n blau Byzantinische Geschichte

GREGORIAN (um 240n–um 300n), byzantinischer Rechtsgelehrter. Als Lehrer an der Juristenschule von Berytus (= Beirut) in Syrien trug er alle erhaltenen Gesetze und alle kaiserlichen Einzelentscheidungen seit dem 2. Jahrhundert zusammen und gab diesen vorher nach zeitlicher Abfolge wahllos abgelegten Urkunden eine systematische Ordnung nach sachlichen Gesichtspunkten. Dabei bediente er sich besonders der Erlasse des Kaisers Diokletian und seiner Behörden. Obgleich er die Arbeit als Privatgelehrter angefertigt hatte, erhielt sein Werk schnell das Ansehen eines amtlichen Gesetzbuches und diente als Grundlage der Rechtsprechung.

295n blau Rechtssammlung

GREGORIANISCHER KALENDER, Bezeichnung des geringfügig verbesserten 'julianischen' Kalenders, den Julius Cäsar nach ägyptischem Vorbild im Jahre 46v einführte und dessen Ungenauigkeit sich in den 1627 Jahren bis 1581n auf 10 Tage summiert hatte. Eine von Luigio Lilio nach Rom einberufene Kommission von Astronomen arbeitete 1581n diesen verbesserten Kalender aus, den Papst Gregor XIII. 1582n billigte und durch eine Bulle verkündete. Zunächst nahmen ihn nur die romtreuen Staaten Italiens sowie Spanien, Portugal und Polen an. In Deutschland akzeptierten ihn nach langem Streit der Kaiser und die katholischen Reichsstände. Die norddeutschen Bistümer folgten ihnen erst im 17. Jahrhundert. 1752n/1753n wurde er von Schweden und Großbritannien übernommen. Die deutschen Protestanten sträubten sich bis 1776n gegen seine Annahme.

1582n grün Einführung

GREIF, Name eines Fabeltieres mit Löwenleib, Adlerkopf und riesigen Flügeln. Steht meist als Sinnbild für den starken, klugen und treuen Wächter. Bereits in Ägypten öfters künstlerisch dargestellt, fand er Eingang in die Symbol-Kunst Babylons und Syriens und wurde auf diesem Wege auch in die griechische Sagenwelt übernommen. Von dort der europäischen Kunst mitgeteilt, blieb er hier bis in die letzten Jahrhunderte bei mythologischen Darstellungen fast unentbehrlich.

2888v blau Darstellung in Ägypten

GREIFBAGGER

1591n grün Bau

GREIFSWALD, norddeutsche Stadt nahe der Ostseeküste am Greifswalder Bodden, der die Insel Rügen vom Festland trennt. Etwa seit dem 12. Jahrhundert emporgewachsene deutsche Siedlung, die 1250n Stadt wurde und bald darauf Anteil an den Privilegien der Hansestädte hatte. Vom Ende des Dreißigjährigen Krieges (1648n) bis zum Wiener Kongreß (1815n) schwedisch, seitdem preußisch.

1456n blau Universität

GRENIÉ, Gabriel Joseph (1756n–1837n), französischer Instrumentenbauer. Entwickelte aus der beliebten Zimmer-Orgel ein neues Heim-Instrument, das sich durch seine weichere Tongebung von allen früheren Instrumenten unterschied. Er erreichte diese Wirkung, indem er die vorher aufschlagenden Zungen durch frei schwebende Zungen ersetzte, die ein Auf- und Abschwellen der Töne ermöglichten. Seinem Instrument, das später wegen der harmonischen Tongebung 'Harmonium' genannt wurde, gab er selbst den Namen 'ausdrucksvolle Orgel'.

1810n grün Harmonium

GRENOBLE, Stadt in den französischen Alpen. Bereits in vorrömischer Zeit von Galliern bewohnt, wurde sie nach der Eroberung durch römische Legionen nach Kaiser Gratian benannt ('Gratianopolis'). Nach Abzug der Römer bis 1349n burgundisch, dann französisch. Die von Vauban neubefestigte Stadt öffnete 1815n Napoleon bei dessen Rückkehr von Elba als erste Stadt Frankreichs ihre Tore.

1339n blau Universität

GRENZBEFESTIGUNGEN, seit altersher gebräuchliche Verteidigungseinrichtungen, die vom einfachen Graben bis zur verschanzten Mauer und zur aufgelösten Bunker-Befestigung sich mit der Verbesserung der Angriffswaffen ständig fortentwickelten. In der Epoche des Luftkrieges werden sie zunehmend durch gestaffelte Fliegerabwehrraketen ersetzt, die im beginnenden Raketen-Zeitalter durch Anti-Raketen-Gürtel abgelöst werden.

2644v–2576v Snofru
2624v grün Befestigung Elefantines
2582v grün Befestigte Handelsstraße
2022v–1962v Amen-Em-Het I.
1973v grün Nildelta: 'Fürstenmauer'
1971v grün Mauer am Euphrat
1863v grün Südgrenze Ägyptens
1842v grün Semne-Festung
1698v–1629v Iluma-I-Lu
1653v grün Festungsgürtel Sumers
1424v–1370v Kuri-Gal-Zu
810v grün Wälle in China
259v–209v Schi-Huang-Ti
213v grün Chinesische Mauer
51n–96n Domitian
83n grün Limes
122n grün Hadrianswall
179n grün Festung Regensburg
210n grün Ausbau des Hadrianswalles
260n rot Aufgabe des Limes
321n–375n Valentinian I.
511n–579n Chosroes
532n grün Kaukasus-Befestigungen
560n–618n Yang-Ti
765n–810n Gottfried
795n rot 'Spanische Mark'
806n grün Burg Giebichenstein
808n grün 'Danewerk'

GRESHAM, Thomas (1519n–1579n), englischer Kaufmann und Volkswirtschaftler. Suchte die wirtschaftliche Unabhängigkeit Englands zu stärken. Richtete in London die erste Börse Großbritanniens ein. Ein nach ihm benanntes Gesetz besagt, daß bei einem Nebeneinander von wertvollen und wertloseren Münzen die wertvolleren ins Ausland abwandern oder gehortet werden, daß sich also die Währung beständig verschlechtert. Nach seinem Tod wurde in seinem Hause eine von ihm gewünschte Schule für die wissenschaftliche Fortbildung von Kaufleuten eingerichtet mit Unterricht in Astronomie, Geometrie, Physik, Recht, Rhetorik, Theologie und Musik.

1565n grün Londoner Börse
1597n grün Kaufmännische Schule

GREUZE, Jean Baptiste (1725n–1805n), französischer Maler. Suchte mit seinen Gemälden ('Der bestrafte Sohn', 'Die Verfluchung', 'Vorlesen der Bibel') Rührung und Besserung zu bewirken. Durch diese erzieherische Absicht befand er sich im Einklang mit den Bestrebungen seiner Zeit und errang große Erfolge. Diderot feierte ihn als 'seinen Maler' — aber sein Werk blieb ohne Nachklang, weil die erzieherische Wirkung nicht aus seiner Kunst folgte, sondern ihr als Zweck vorgegeben war.

1757n blau 'Der zerbrochene Krug'

GRIECHENLAND, heute der Staat an der Südspitze des Balkans, geschichtlich der gesamte Lebensraum des griechischen Volkes ('Groß-Griechenland'). Hierzu gehörten im ersten Jahrtausend vor der Zeitwende außer dem heutigen Griechenland insbesondere die Westküste Kleinasiens und die Inselwelt zwischen Kleinasien und dem Balkan (Ägäis), aber auch die Insel Sizilien, Süditalien sowie Teile Nordafrikas (Kyrene, Alexandria), weil diese Gebiete über lange Zeiträume hinweg Mittelpunkte griechischer Kultur gewesen sind. Auch die von griechischen Heeren unter Alexander eroberten Gebiete in Vorderasien, Persien und Indien werden im weiteren Sinne dazugezählt.

Allgemeines (Land, Volk, Staat)

2187v blau Gründung von Tiryns
1597v–1521v Minos
1542v grün Knossos 50000 Einwohner
1523v grün Vulkanausbruch
1424v braun Zerstörung von Knossos
1311v grün Mauer um Mykene
1297v–1218v Tud-Halia IV.
1241v–1184v Priamos
1232v–1183v Agamemnon
1228v braun Kämpfe mit Hettitern
1193v/1184v Trojanischer Krieg
1151v braun Vorstoß der Dorer
1150v rot Siedlung in Kleinasien
1034v rot Kolonie am Schwarzen Meer
979v blau Städte in Kleinasien
863v blau Orakel von Delphi
852v–774v Pygmalion
826v grün Bodenverteilung
820v rot Klassen in Sparta
820v grün Grundbesitz-Vorschrift
819v rot Machtgewinn für Adel
817v rot Staatserziehung in Sparta
776v blau Olympische Spiele
776v grün Olympiaden-Zeitrechnung
758v blau Gründung von Kyme
752v rot Archonten in Athen
750v rot Ephoren in Sparta
743v rot Siedlung auf Sizilien
742v/724v 1. Messenischer Krieg
736v blau Gründung von Naxos
734v rot Niederlassung auf Korfu
734v blau Gründung von Syrakus
729v blau Katane, Leontinoi gegründet
724v rot Messenien an Sparta
724v grün Tribut Messeniens
722v blau Gründung von Tarent
720v blau Gründung von Sybaris
713v rot Athen: Archontat für Adel
710v blau Gründung von Kroton
693v–609v Psammetich I.
690v blau Gründung von Gela
686v–613v Tyrtaios
683v rot Regierungsreform
681v blau Gründung von Neapel
680v rot Mazedonischer Staat
665v braun Angriff Lydiens
662v rot Gesetze des Zaleukos
660v braun Sieg Korfus über Korinth
660v blau Gründung von Megara
659v–601v Drakon
658v blau Gründung von Byzanz
656v rot Siedlung in Ägypten
650v blau Gründung von Naukratis
646v/628v 2. Messenischer Krieg
643v blau Mahnung zur Loyalität
642v rot Königsmacht eingeschränkt
641v–555v Stesichoros
640v–559v Solon
635v blau Appell an Kampfmoral
630v blau Gründung von Kyrene
628v rot Messenien unter Sparta
624v rot Gesetzgebung Drakons
613v–525v Amasis
603v grün Athen von Pest befreit
602v–527v Peisistratos
600v/590v Erster Heiliger Krieg
599v blau Gründung von Marseille
599v–529v Kyros
595v–525v Krösus
594v rot Anklagerecht
593v rot Rechte nach Vermögen
592v rot Strafe für Neutralität
591v rot Geheimpolizei
590v rot Selbständigkeit Delphis
588v rot Sklavenkauf beschränkt
585v blau Gründung von Odessos
582v blau Delphi: Regelmäßige Spiele
581v blau Gründung von Agrigent
580v blau Isthmische Spiele
579v grün Staat: Prostitutionserlös
575v braun Zerstörung Smyrnas
572v–485v Kleisthenes
570v/569v Aufstand in Ägypten
560v rot Peisistratos Alleinherrscher
556v braun Eroberungskrieg Athens
556v rot Herrschaft über Hellespont
550v–486v Dareios I.
549v rot Gegnerschaft Karthagos
547v rot Bündnis Sparta-Lyder
543v braun Niederlagen gegen Persien
543v rot Verlust von Städten
540v braun Niederlage der Flotte
540v rot Machteinbuße
537v blau Gründung Pantikapaions
532v blau Brief an Polykrates
530v–472v Aristides
528v blau Gründung von Theodosia
527v rot Alleinherrschaft erblich
525v–459v Themistokles
520v–465v Xerxes
519v–480v Leonidas
518v rot Peloponnesischer Bund
514v rot Tod für Tyrannenmörder

510v braun Aufstand in Athen
510v rot Athen: Ende der Tyrannis
510v rot Demokratie in Athen
510v blau Tyrannenmörder-Denkmal
509v rot Sklaven-Befreiung
507v rot Adelsvorrechte beseitigt
507v grün Gewerbesteuer
499v/494v Ionischer Aufstand
499v rot Bund mit Aufständischen
495v–429v Perikles
494v braun Sklavenaufstand
493v rot Zensur in Athen
491v rot Unterwerfung verweigert
490v/449v Perserkriege
490v rot Siegesnachricht nach Athen
490v blau Dankestempel
490v–430v Empedokles
488v rot Scherbengericht
487v rot Chor staatlich
486v rot Verfassung Athens
486v–430v Hippodamos
484v–424v Artaxerxes
484v–378v Gorgias
483v rot Flottenbau Athens
483v grün Athos-Kanal der Perser
483v/474v Etruskischer Krieg
482v rot Themistokles Staatsführer
482v grün Flotten-Finanzierung
482v–429v Herodot
481v rot Hellenischer Bund
481v rot Bund Karthago-Persien
480v braun Angriff Karthagos
480v rot Flüchtlingsfürsorge
479v rot Perser-Angebot abgelehnt
478v–410v Protagoras
477v rot Attischer Seebund
477v rot Athen Großmacht
470v braun Tyrannensturz in Agrigent
470v rot Rhodos im Seebund
469v–399v Sokrates
466v braun Tyrannensturz in Syrakus
466v rot Demokratisierung in Italien
465v rot Ausdehnung des Seebundes
464v rot Magnesia an Themistokles
464v grün Erdbeben in Sparta
464v/459v 3. Messenischer Krieg
462v rot Hilfe Athens für Sparta
461v rot Bündnispolitik Athens
461v rot Adelsmacht beschränkt
460v rot Kampf gegen Adel (Kroton)
460v grün Ämterbesoldung
459v–398v Thukydides
457v braun Kampf Athen-Sparta
456v grün Piräus-Mauern
456v–404v Alkibiades
455v rot Hilfe für Ägypten
454v rot Seebund-Schatz nach Athen
450v grün Korinth: Sklavenüberzahl
448v rot Friede mit Persien
448v grün Handel mit Persien
447v braun Kampf Böotien-Athen
447v rot Bündnispolitik Spartas
447v rot Sparta gegen Kongreß
446v–395v Lysander
445v rot Friede Sparta-Athen
444v grün Anlage Thurios
443v rot Athen weiter demokratisch
443v rot Machtgewinn für Perikles
440v grün Athen 100000 Einwohner
433v rot Bündnis Athen-Korfu
433v braun Krieg Korfus gegen Korinth
433v–351v Archytas
432v rot Bündnis Korinth-Sparta
432v grün Handelssperre
431v rot Bündnispolitik Athens
431v/404v Peloponnesischer Krieg
430v rot Friedensangebot Athens
430v grün Pest in Athen
430v–353v Xenophon
427v braun Aufstand auf Korfu
427v rot Korfu frei vom Adel
425v rot Friedensangebot Spartas
424v–367v Dionys der Ältere
420v rot Bündnispolitik Athens
418v–362v Epaminondas
413v braun Sklavenflucht aus Athen
413v rot Bündnis Sparta-Persien
411v braun Adelserhebung in Athen
411v rot Schwächung Athens
410v rot Protagoras verurteilt
410v rot Schriften-Verbrennung
409v/405v Sizilien-Krieg Karthagos
408v rot Alkibiades Führer Athens
408v rot Lysander Führer Spartas
407v grün Denkmals-Einschmelzung
406v rot Friedensangebot Spartas
405v rot Gebietsverlust auf Sizilien
405v grün Flotte für Sparta
404v rot Vormacht Athens beendet
404v rot Vormacht Spartas
403v rot Athen wieder demokratisch
402v grün Mauer um Syrakus
399v rot Todesurteil für Sokrates
397v/392v Sizilien-Krieg Karthagos
396v grün Persische Hilfsgelder
395v rot Bündnispolitik Athens
395v/386v Korinthischer Krieg
392v rot Rückdrängung Karthagos
389v braun Vordringen von Syrakus
389v rot Machtgewinn für Syrakus
387v rot Hilfe Persiens für Sparta
384v–322v Aristoteles
383v–322v Demosthenes
382v/362v Thebanischer Krieg
382v–336v Philipp II.
379v braun Kampf Syrakus-Kroton

379v rot Theben demokratisch
379v rot Sizilien unter Syrakus
377v rot Erneuerung des Seebundes
377v grün Sklavenüberzahl in Athen
376v braun Sieg Athens über Sparta
376v rot Teilung Siziliens
372v–285v Ptolemäus I.
368v rot Vormacht Thebens
362v rot Machtverlust Thebens
359v rot Philipp König Mazedoniens
359v rot Heeresreform Mazedoniens
359v grün Kampfordnung 'Phalanx'
358v braun Krieg Mazedonien-Thrazien
358v rot Erzgebiete an Mazedonien
358v blau Gründung von Philippi
358v–280v Seleukos I.
357v/354v Bundesgenossen-Krieg
356v rot Brandstiftung Herostratos'
356v/346v Zweiter Heiliger Krieg
356v–323v Alexander der Große
354v rot Schwächung Athens
350v rot Demosthenes: 'Philippika'
346v rot Philipp Beschützer Delphis
345v rot Forderung nach Einigung
342v rot Aristoteles Prinzen-Erzieher
342v rot Pakt Mazedonien-Persien
342v/341v Krieg Mazedonien-Thrazien
341v rot Thrazien an Mazedonien
339v/338v Dritter Heiliger Krieg
338v rot Philipp Herrscher
337v rot Entscheidung für Krieg
336v rot Ermordung Philipps
336v rot Thronbesteigung Alexanders
335v braun Aufstand gegen Alexander
335v rot Strafaktion Alexanders
334v/325v Alexanderzug
332v rot Ländergewinn Alexanders
331v rot Gott-Weihe Alexanders
331v blau Gründung von Alexandria
331v grün Anwendung von Geschützen
330v rot Ende des Perserreiches
330v rot Alexander Herr Persiens
327v rot Heirat Alexander-Roxane
327v grün Einheitswährung
326v rot Verlust Neapels
325v rot Großreich Alexanders
324v rot Politische Heiraten
324v rot Babylon Hauptstadt
323v rot Tod Alexanders
323v rot Klage gegen Aristoteles
323v/301v Diadochenkriege
321v–282v Megasthenes
318v–272v Pyrrhus
309v blau Gründung von Lysimacheia
306v rot Ptolemäus Herr Ägyptens
306v rot Seleukos Herr Vorderasiens
304v rot Rhodos selbständig
284v–212v Archimedes
282v braun Vorstoß Roms in Italien
282v/281v Diadochenkrieg
281v/272v Tarentiner Krieg
279v braun Kelten-Einfall
278v rot Gegenkoalition
272v rot Verluste in Italien
242v rot Schulderlaß in Sparta
241v rot Macht Roms auf Sizilien
240v rot Königsmord in Sparta
234v–149v Kato der Ältere
229v braun Vorstoß Roms nach Korfu
229v rot Athen wieder frei
229v rot Machtgewinn Roms
228v rot Schutzversprechen Roms
226v grün Bodenreform in Sparta
215v rot Pakt Mazedonien-Karthago
215v rot Pakt Syrakus-Karthago
215v/205v 1. Mazedonischer Krieg
212v braun Sieg Roms über Syrakus
212v rot Bündnis mit Rom
212v rot Archimedes getötet
212v–166v Perseus
205v rot Machtgewinn Roms
200v/197v 2. Mazedonischer Krieg
198v rot Bündnis gegen Mazedonien
197v rot Rückzug Mazedoniens
197v rot Vormachtstellung Roms
196v rot Selbständigkeit
189v braun Sieg Roms
189v rot Kleinasien-Politik Roms
189v grün Rhodos Handelszentrum
171v/168v 3. Mazedonischer Krieg
169v rot Rhodos: Druck auf Rom
168v rot Rom: Teilung Mazedoniens
168v grün Mazedonier-Versklavung
166v rot Abwertung von Rhodos
166v grün Aufwertung von Delos
161v rot Rom: Griechen-Ausweisung
155v rot Philosophen nach Rom
148v rot Auflehnung Mazedoniens
148v rot Mazedonien Provinz Roms
146v rot Weite Teile unter Rom
136v/129v Sklavenaufstand
132v–63v Mithridates
116v–27v Varro
104v/100v Sklavenaufstand
87v/85v 1. Mithridatischer Krieg
86v grün Geld Roms aus Tempelschatz
67v rot Kreta an Rom
49v/45v 2. Bürgerkrieg Roms
43v/30v 3. Bürgerkrieg Roms
44n rot Rhodos an Rom
76n–139n Hadrian
125n–180n Lukian
130n blau Ausbau Athens
250n/269n Erster Gotischer Krieg
346n–395n Theodosius
374n–410n Alarich

393n grün Letzte Olympische Spiele
394n rot Verbot Olympischer Spiele
395n rot Herrschaft Ostroms
395n/403n Dritter Gotischer Krieg
529n rot Schließung der Akademie
529n grün Philosophen-Auswanderung
540n braun Bulgaren-, Slawen-Einfall
633n/732n Arabischer Krieg
654n rot Rhodos, Kos arabisch
826n braun Vorstoß der Araber
826n rot Kreta unter Arabern
961n braun Kämpfe auf Kreta
961n rot Kreta an Byzanz
996n/1014n Byzanz: Bulgarenkrieg
1013n–1085n Robert Guiskard
1081n/1085n Balkanzug der Normannen
1101n–1154n Roger II.
1185n braun Normannen-Einfall
1204n rot Wechsel der Herrschaft
1308n–1355n Stephan Duschan
1310n braun Kämpfe auf Rhodos
1310n rot Rhodos an Johanniter
1351n grün Pestepidemie
1456n/1458n Kriegszug der Türken
1458n rot Türken-Herrschaft
1522n braun Kämpfe auf Rhodos
1522n rot Rhodos an Türken
1571n braun Schlacht vor Korinth
1663n/1699n Großer Türkenkrieg
1708n blau Shaftesburys Ideal
1763n blau Winckelmanns Werk
1788n–1824n Byron
1821n/1829n Freiheitskampf
1829n rot Unabhängigkeit
1893n grün Ausgrabungen auf Kreta
1896n grün Wieder Olympische Spiele
1912n/1913n Balkankriege
1913n rot Rückzug der Türkei
1914n/1918n Erster Weltkrieg
1920n rot Beitritt zum Völkerbund
1939n/1945n Zweiter Weltkrieg
1945n rot Mitglied der UN
1946n/1949n Bürgerkrieg
1955n braun Aufstand auf Zypern
1959n braun Aufstände auf Zypern
1959n rot Zypern unabhängig
1964n braun Kämpfe auf Zypern

GRIECHENLAND: Baukunst

1937v blau Palast von Phaistos
1905v blau Palast von Knossos
1664v blau Palast von Mallia
1617v blau Palast von Kato Zaktro
1597v–1521v Minos
1581v grün Aussichts-Fenster
1565v blau Palast von Hagia Triada
1562v blau Neuer Palast von Knossos
1552v grün Fensterfronten
1323v blau 'Schatzhaus' in Mykene
1309v blau Löwentor in Mykene
918v blau Hera-Tempel in Olympia
905v blau Poseidon-Tempel
789v grün Ovale Wohnhäuser
637v grün Marmor-Verwendung
595v blau Athene-Tempel in Athen
595v–525v Krösus
560v–469v Theodoros
557v grün Andron-Haus
527v blau Zeus-Tempel in Athen
526v blau Apollo-Tempel in Delphi
520v blau Artemis-Tempel in Ephesos
495v–429v Perikles
493v–432v Phidias
490v blau Pan-Tempel Athens
486v–430v Hippodamos
483v blau Theater in Syrakus
470v blau Theater in Athen
469v grün Peristyl-Haus
468v grün Regeln für Theaterbau
456v blau Zeus-Tempel in Olympia
447v blau Bau des Parthenon
432v blau Propyläen in Athen
395v–343v Skopas
353v blau Athene-Tempel in Tegea
350v blau Grabmal für Mausolos
349v blau Theater in Megalopolis
334v blau Lysikrates-Denkmal
279v grün Leuchtturm von Alexandria
220v blau Artemis-Tempel, Magnesia

GRIECHENLAND: Bildhauerei

2175v blau 'Harfenspieler'
2157v blau 'Mann ohne Gesicht'
1947v grün Töpferscheibe
1883v grün Eierschalendünne Keramik
1587v blau 'Boxkämpfe'
1558v blau 'Stierspiele'
1551v blau Gesichtsmasken
1549v blau 'Erntefest'
1514v blau Relief einer Wildziege
1511v blau 'Gesandtschaft'
1505v blau 'Trauernde'
1477v blau Stierfang-Szene
1476v blau Rinderleben-Szene
1470v blau 'Schlangen-Beschwörerin'
1309v blau Löwentor in Mykene
568v blau Archermos: 'Nike'
560v–469v Theodoros
555v blau Vasen des Lydos
553v blau Rhoikos: 'Die Nacht'
522v grün Theodoros: Erzguß
513v blau Aristion-Stele
510v blau Antenor: Tyrannenmörder
508v blau Vasen des Epiktetos
506v–446v Myron
504v blau Kanachos: 'Aphrodite'
493v blau Vasen des Duris

493v–432v Phidias
488v blau Brygos' Trinkschale
478v–408v Polyklet
477v blau 'Tyrannenmörder' erneuert
469v blau Onatas: 'Helden'
464v blau Myron: 'Die Kuh'
462v blau 'Wagenlenker'
455v blau Denkmal für Aischylos
453v blau Myron: 'Diskuswerfer'
448v blau Myron: 'Wettläuferin'
446v blau Kresilas: Perikles-Statue
440v blau Parthenonfries
439v blau Phidias: 'Athene'
432v blau Propyläen
425v blau Paionios: 'Nike'
420v blau Kallimachos: 'Hera'
419v blau Polyklets 'Kanon'
418v blau 'Tanzende Spartanerinnen'
416v blau Tempelfries in Bassai
403v–335v Praxiteles
398v blau Statuette eines Armen
396v–328v Leochares
395v–343v Skopas
367v–307v Lysipp
365v blau Praxiteles: 'Apollo'
364v blau 'Kalydonischer Eber'
363v blau Praxiteles: 'Aphrodite'
361v blau Leochares: 'Ganymed'
356v blau Gruppe der Niobiden
351v blau Skopas: 'Apollo'
341v blau Praxiteles: 'Hermes'
338v blau Zeus-Statue in Tarent
336v blau 'Satyr mit Flöte'
334v blau Lysikrates-Denkmal
333v blau Leochares: 'Apoll'
332v blau Bryaxis: 'Serapis'
329v blau 'Alexander auf Löwenjagd'
319v blau Alexander-Sarkophag
318v grün Tanagra-Figuren
314v blau 'Alexander mit Lanze'
305v grün Gipsabgüsse
290v blau Koloß von Rhodos
286v blau Schriften des Duris
210v blau Büste Homers
207v blau 'Sterbender Fechter'
182v blau Boethos: 'Knabe mit Gans'
151v blau 'Farnesischer Stier'
109v blau 'Venus von Milo'
50v blau Laokoon-Gruppe
43v blau Kleomenes: 'Germanikus'
150n blau Gandhara-Stil

GRIECHENLAND: Dichtung und andere Literatur

889v blau Linos-Lied
837v blau Daidalos-Sage
809v–724v Homer
753v–680v Hesiod
748v blau 'Ilias'
728v–660v Kallinos
727v blau 'Odyssee'
714v blau Apollo-Hymnus
712v–642v Terpander
708v–628v Alkman
705v–637v Archilochos
703v blau 'Werke und Tage'
697v blau Hesiod: Theogonie
686v–613v Tyrtaios
670v blau 'Margites'
667v blau Kallinos' Lieder
656v–587v Arion
655v blau Recht auf Persönlichkeit
641v–555v Stesichoros
639v–562v Alkaios
637v–577v Sappho
636v–564v Äsop
635v blau Tyrtaios' Lieder
633v blau Alkmans Lieder
625v blau Dramatischer Gesang
593v blau Stesichoros' Lieder
589v blau Sapphos Lieder
586v–501v Anakreon
583v–513v Thespis
571v blau Fabeln des Äsop
564v blau Alkaios' Trinklieder
542v blau Hipponax' Schriften
533v blau Gedichte des Ibykos
525v–456v Aischylos
521v blau Wahrheit der Sagen
519v blau Anakreons Lieder
518v blau Xenophanes: 'Natur'
505v blau Epicharmos' Komödien
502v blau Lehrgedicht des Theognis
497v grün Hekataios' Reisebericht
496v–406v Sophokles
494v blau Preislieder Pindars
493v rot Zensur
491v blau Phrynichos' Tragödien
490v–430v Empedokles
487v blau Simonides' Chorlieder
484v–378v Gorgias
482v blau Ilias-Parodie
480v–406v Euripides
476v blau Phrynichos: 'Phönissen'
473v blau Aischylos: 'Die Perser'
468v blau Dichter-Wettkampf
467v blau 'Sieben gegen Theben'
459v blau Aischylos: 'Orestie'
454v blau Komödien des Kratinos
446v–385v Aristophanes
442v blau Sophokles: 'Antigone'
438v blau Prolog zum Drama
431v blau Euripides: 'Medea'
430v–353v Xenophon
429v blau Pamphlet gegen Demokratie
424v blau 'Herkules am Scheidewege'

423v blau Aristophanes: 'Wolken'
422v blau Eupolis: 'Parasiten'
421v blau Aristophanes: 'Frieden'
415v blau Euripedes: 'Troërinnen'
414v blau 'Wolkenkuckucksheim'
412v blau Eupolis: 'Demen'
411v blau Aristophanes: 'Lysistrata'
410v blau Euripides: 'Archelaos'
410v grün Mithaikos: Kochbuch
408v blau Aristophanes: 'Plutos'
407v blau 'Ödipus auf Kolonos'
406v blau Euripides: 'Iphigenie'
393v blau Ktesias: 'Persika'
384v–322v Aristoteles
381v blau Politische Broschüren
377v blau Erwähnung Roms
373v blau Xenophon: Zug der 10000
370v blau Xenophon: Fürstenspiegel
364v grün Buch der Haushaltsführung
359v blau Anweisung für Reiterführer
343v–292v Menander
325v–260v Euhemeros
322v blau Aristoteles: 'Poetik'
320v blau Theopompos: 'Meropis'
311v blau Menander: 'Schiedsgericht'
301v–253v Theokrit
289v–235v Kallimachos
285v–204v Andronikos
282v blau Philemon: 'Der Kaufmann'
281v blau Textkritik an Homer
280v–220v Herondas
279v blau Philitas: 'Bittis'
279v–206v Chrysipp
277v blau Theokrit: 'Idyllen'
274v–194v Eratosthenes
272v blau Philemon: 'Der Schatz'
271v blau Kallimachos' Gedichte
268v blau Theokrit: 'Thalysia'
265v blau Kallimachos: Bibliographie
264v blau Apollonios: Argonauten
262v blau Kleanthes: Zeus-Hymne
258v blau Bion über Knechtschaft
254v blau Possen des Menippos
254v–184v Plautus
253v blau Aratos: 'Phainomena'
249v blau Preislied auf Rom
247v blau 'Locke der Berenike'
246v blau Herondas' Komödien
245v blau Timons Spottgedichte
244v blau 'Odyssee' lateinisch
242v blau 'Über die alte Komödie'
240v blau Drama des Andronikos
239v–169v Ennius
195v–159v Terenz
192v blau Lykophron: 'Alexandra'
170v–102v Lucilius
156v blau Artemidor: 'Traumdeutung'
142v blau Apollodor: 'Weltchronik'
107v blau Bion: Klage um Adonis
106v–43v Cicero
32v blau Literaturgeschichte
16v–45n Phädrus
46n blau 'Glossen'-Lexikon
47n–122n Plutarch
58n grün 'Pflichten des Feldherrn'
105n blau Berufskundliches Werk
131n blau Phlegon: 'Seltsame Dinge'
132n grün Arrianus: Schwarzes Meer
144n blau Preisrede auf Rom
162n grün Arrianus: Indien-Bericht
170n blau Werk des Pausanias
180n blau Herodianos: Verslehre
196n blau Werke des Babrios
212n blau Philostratos' Roman
214n–274n Longinos
232n–304n Porphyrios
248n blau Longos' Roman
249n grün Werk über Gedächtnis
358n–441n Mesrop
400n–470n Nonnos
410n blau 'Der Lachlustige'
435n blau 'Zug des Dionysos'
465n blau 'Hero und Leander'
853n blau Verzeichnis des Photios
1304n–1374n Petrarca
1350n–1415n Chrysoloras
1485n blau Äsop deutsch
1537n blau 'Odyssee' deutsch
1610n blau 'Ilias' deutsch
1621n–1695n Lafontaine
1639n–1699n Racine
1777n blau Voß: Homer-Übersetzung

GRIECHENLAND: Geschichtsschreibung

521v blau Hekataios' Forschungen
482v–429v Herodot
459v–398v Thukydides
457v blau Werk des Pherekydes
450v blau Geschichte Lydiens
436v blau Hellanikos' Forschungen
434v blau Herodots Werk
433v blau Geschichte Persiens
430v–353v Xenophon
403v blau 'Peloponnesischer Krieg'
393v blau Ktesias: 'Persika'
373v blau Xenophon: Zug der 10000
372v–287v Theophrast
352v–285v Dikäarch
340v blau Werk des Ephoros
336v grün Geschichte der Mathematik
327v blau Kallisthenes: Alexander
321v–282v Megasthenes
301v blau Dikäarchs Kulturgeschichte
299v blau Aristobulos: Alexander
293v blau Megasthenes: 'Indika'

286v blau Duris: Kunstgeschichte
275v blau Geschichte Mazedoniens
267v blau Philochoros: 'Atthis'
261v blau Geschichte der Diadochen
260v blau Werk des Timaios
201v–120v Polybios
200v blau Sosylos: Hannibal
147v blau Religionsgeschichte
142v blau Apollodors 'Weltchronik'
135v–50v Poseidonios
134v blau Polybios: Geschichte Roms
86v blau Aufstands-Beschreibung
80v blau Poseidonios' Werk
65v blau Geschichte der Juden
64v–20n Strabo
42v blau Synoptische Königstafeln
32v blau Literaturgeschichte
23v blau 'Historische Bibliothek'
4n blau Nikolaus: Weltgeschichte
15n blau Nikolaus: Augustus
47n–122n Plutarch
101n blau Plutarchs Biographien
155n blau Arrianus: Alexanderzug
185n–250n Diogenes Laërtios
226n blau Werk über Philosophen
411n–474n Priskus
440n blau Kirchengeschichte
450n blau Priskus: Besuch bei Attila
474n blau Geschichte Ostroms
490n–562n Prokop
540n blau Hesychios' Weltgeschichte
545n blau Prokops Zeitgeschichte
550n blau Hesychios' Lexikon
558n blau Prokop: Bauten Justinians

GRIECHENLAND: Malerei

1597v–1521v Minos
1578v blau 'Affe im Park'
1571v blau 'Katze belauert Fasan'
1555v blau 'Mädchen mit Krokus'
1547v blau 'Fliegende Fische'
1545v blau 'Tintenfisch'
1535v blau 'Städterin'
1533v blau 'Trachtentanz'
1529v blau 'Prinz mit Federhut'
1495v blau 'Mann mit Trichter'
1481v blau 'Stierspringerin'
1294v blau 'Frauen auf der Jagd'
1266v blau 'Eberjagd'
575v blau Buchillustrationen
560v blau François-Vase
555v blau Vasen des Lydos
508v blau Vasen des Epiktetos
498v–438v Polygnot
493v blau Vasen des Duris
488v blau Brygos: Trinker-Szenen
474v blau Mikon: Taten des Theseus
471v blau 'Amazonenschlacht'
465v blau Mikon: Argonautensage
460v blau Kriegsgemälde Polygnots
452v blau 'Troja', 'Odysseus'
436v grün Schrift über Perspektive
423v grün Malen mit Pinsel
419v grün Holztafel-Malerei
416v grün Körperhafte Malerei
399v blau Zeuxis: 'Helena'
379v grün Wachsfarben
372v grün Geometrie als Grundlage
360v–303v Apelles
354v blau Zeichnen Unterrichtsfach
345v blau Gemälde des Pamphilos
337v blau Antiphilos: Bild Philipps
326v blau Aëtion: Heirat Alexanders
325v blau Apelles: Alexander
321v blau Apelles: Aphrodite
286v blau Schriften des Duris
204v blau Graphikos' Genrebilder
1547n–1614n El Greco

GRIECHENLAND: Musik

712v–642v Terpander
708v–628v Alkman
698v grün Notenschrift
686v–613v Tyrtaios
682v blau Kunstgesang mit Begleitung
678v grün Siebensaitige Lyra
675v blau Musikschule
656v–587v Arion
641v–555v Stesichoros
637v–577v Sappho
625v blau Dramatischer Gesang
572v–493v Pythagoras
514v blau Schrift des Lasos
435v grün Elfsaitige Lyra
433v–351v Archytas
365v–276v Euklid
348v grün Aristoxenos: Harmonik
101n–179n Ptolemäus
139n grün Nikomachos: Harmonik

GRIECHENLAND: Philosophie

624v–546v Thales
610v–546v Anaximander
585v–525v Anaximenes
575v–483v Xenophanes
572v–493v Pythagoras
570v blau Naturphilosophie
549v blau Triebkraft der Gegensätze
544v–484v Heraklit
540v–457v Parmenides
535v blau Grundstoff der Natur
531v blau Schule des Pythagoras
530v blau Schule des Xenophanes
520v–450v Alkmaion
518v blau Xenophanes: 'Natur'
506v blau Heraklit: Dialektik
501v blau Körper und Seele
501v–428v Anaxagoras
499v blau Abhängigkeit des Denkens
495v blau Heraklit: Weltvernunft
491v–433v Zeno
490v–430v Empedokles
489v blau Weltprinzip: Bewegung
489v–428v Leukipp
486v–430v Hippodamos
484v–378v Gorgias
478v–410v Protagoras
469v–399v Sokrates
467v grün Naturwissenschaft autonom
460v rot Schule Krotons verbrannt
455v–370v Demokrit
451v blau Zeno: Dialektik
449v blau Hippodamos' Staatsideal
444v blau Denken als Körperfunktion
444v–365v Antisthenes
443v blau Gewissen Stimme des Guten
436v–355v Aristipp
435v blau Mensch Maß aller Dinge
433v–351v Archytas
430v–353v Xenophon
429v–370v Phaleas
428v blau Relativität des Beweises
427v–347v Plato
426v blau Feste Begriffe
426v grün Protagoras' Honorare
423v blau Verspottung der Sophistik
417v blau Atheismus des Protagoras
413v blau Kulturphilosophie
410v rot Urteil gegen Protagoras
410v rot Schriften-Verbrennung
408v–355v Eudoxos
407v–323v Diogenes
405v blau Gorgias: Nihilismus
404v blau Demokrit: Materialismus
400v blau Sozialisierungs-Forderung
399v rot Verurteilung des Sokrates
394v blau Plato: Sokrates-Apologie
392v blau Natur der Freundschaft
390v blau Freiheit durch Gleichheit
390v–310v Herakleides
388v blau Schule des Plato
387v blau Arbeitsethos
386v blau Platos Ideenlehre
385v blau Xenophon: Sokrates
384v blau Plato: 'Das Gastmahl'
384v–322v Aristoteles
383v blau Gorgias: Erkenntnistheorie
379v blau Platos Seelenlehre
376v blau Schule des Aristipp
375v blau Rückkehr zur Natur
374v blau Platos Staatsideal
372v–287v Theophrast
368v blau Frau Philosophielehrerin
367v blau Kosmopolitismus
361v–268v Pyrrhon
352v blau Demokratie abgelehnt
352v–285v Dikäarch
346v blau Aristoteles: Logik
342v blau Aristoteles: Dialektik
341v–270v Epikur
339v blau Aristoteles: Metaphysik
338v–268v Strato der Physiker
335v blau Lyzeum des Aristoteles
333v–262v Zeno der Jüngere
328v blau 'Nikomachische Ethik'
325v–260v Euhemeros
324v blau Gewaltenteilungs-Prinzip
323v rot Anklage gegen Aristoteles
320v blau Theopompos' Staatsideal
318v blau Anhänger des Diogenes
316v blau Teilung in Disziplinen
307v blau Eigentum naturwidrig
306v blau Schule des Epikur
304v–232v Kleanthes
303v blau Deutung der Göttersagen
300v blau Schule der Stoiker
297v blau Pyrrhon: Skeptizismus
296v blau Zeno: Pantheismus
292v blau Buch der Naturphilosophie
291v blau Krantors Trostbuch
289v blau Sterblichkeit der Seele
288v blau Philosophie des Glücks
284v blau Ablehnung der Religion
283v blau Zeno: Weltstaatsgedanke
280v blau Euhemeros: Gleichheitsideal
279v–206v Chrysipp
276v blau Epikurs Erkenntnistheorie
274v–194v Eratosthenes
270v blau Strato: Religionskritik
266v blau Arkesilaos: Skeptizismus
262v blau Gottesbegriff vergeistigt
258v blau Bion über Knechtschaft
253v rot Lehrverbot für Hegesias
245v blau Timons Spottgedichte
224v blau Chrysipp: Gleichheitsideal
214v blau Chrysipp: Dialektik
214v–129v Karneades
180v–110v Panaitios
162v blau Wahrscheinlichkeitslehre
161v rot Gegnerschaft in Rom
155v rot Gesandtschaft nach Rom
148v blau Panaitios Lehrer in Rom
142v blau Apollodors 'Weltchronik'
136v blau Begriff 'Humanität'
135v–50v Poseidonios
130v blau Beschränkung auf Erziehung
129v–40v Asklepiades
77v blau Romanisierung
66v blau Glauben und Wissen
64v rot Ehrung für Poseidonios
35v blau 'Weisheit Salomos'
25v–45n Philo
47n–122n Plutarch
52n–133n Epiktet
80n–130n Karpokrates
100n–165n Justin der Märtyrer
119n blau Gleichheit der Menschen
125n blau Vergleich mit Arztberuf
125n–190n Tatian
129n–199n Galen
133n–190n Athenagoras
141n blau Aristides' Apologie
160n–242n Ammonios
165n grün Freitod des Peregrinus
174n blau Lehrstuhl in Athen
177n blau Athenagoras' Apologie
182n–253n Origenes
185n blau Athenagoras: Monotheismus
185n–250n Diogenes Laërtios
190n blau Kritik am Dogmatismus
198n blau Kritik am Eigentumsbegriff
204n–270n Plotin
210n blau Aristoteles-Kommentar
214n–273n Longinos
226n blau Geschichte der Philosophie
229n blau Neuplatonismus
232n–304n Porphyrios
244n blau Schule des Plotin
260n blau Kommentare des Longinos
264n blau Philosophenstadt-Plan
265n–330n Jamblichos
266n blau Werk über Aristoteles
269n blau 'Glaube-Weisheit'
270n blau Gegner der Gottnatur Jesu
278n blau Ethik des Porphyrios
321n blau Plato lateinisch
330n–379n Basilius der Große
354n–430n Augustin
360n–415n Hypatia
370n–414n Synesios von Kyrene
398n–474n Zosimos
400n–470n Nonnos
401n blau Synesios: 'Vorsehung'
410n–485n Proklos
412n blau Einheit mit Christentum
447n blau Syrian: Aristoteles-Kritik
459n blau Proklos: Theologie Platos
471n blau Kreislauf des Lebens
514n blau Aristoteles-Kommentare
529n rot Schließung der Akademie
529n grün Philosophen-Auswanderung
584n–641n Georgios Pisides
806n–873n Abu Hunain
810n blau 'Politik' arabisch
827n–869n Kyrill
844n blau Plato arabisch
849n blau 'Metaphysik' arabisch
870n–950n Al Farabi
871n blau Vorbild für Araber
904n blau Aristoteles-Kommentar
1006n blau Aristoteles deutsch
1093n–1162n Ibn Badscha
1135n–1204n Maimonides
1161n blau Aristoteles lateinisch
1193n–1279n Albertus Magnus
1216n blau Aristoteles lateinisch
1350n–1415n Chrysoloras
1459n blau Plato-Akademie Florenz
1495n blau Aristoteles-Druck
1497n–1560n Melanchthon

GRIECHENLAND: Recht

1597v–1521v Minos
662v rot Gesetze des Zaleukos
659v–601v Drakon
640v–559v Solon
624v rot Gesetzgebung Drakons
594v rot Recht zur Klage
593v rot Rechte nach Vermögen
572v–485v Kleisthenes
488v rot Scherbengericht
486v rot Verfassung Athens
479v blau Anwalt Korax: Rhetorik
478v–410v Protagoras
461v rot Adel und Blutgericht
384v–322v Aristoteles
383v–322v Demosthenes
324v blau Gewaltenteilungs-Prinzip
279v–206v Chrysipp
64v–20n Strabo

GRIECHENLAND: Religion

1911v rot Stieropfer
918v blau Hera-Tempel in Olympia
905v blau Tempel für Poseidon
863v blau Orakel von Delphi
809v–724v Homer
753v–680v Hesiod
714v blau Apollo-Hymne
712v–642v Terpander
708v–628v Alkman
697v blau Hesiod: Theogonie
656v–587v Arion
639v–562v Alkaios
600v/590v Erster Heiliger Krieg
595v blau Athene-Tempel in Athen
595v–525v Krösus
590v rot Delphi selbständig
583v–513v Thespis
579v grün Staat: Prostitutionserlös
575v–483v Xenophanes
572v–493v Pythagoras
568v blau Standbild der Nike
560v–469v Theodoros
547v blau Orphiker-Kult
527v blau Zeus-Tempel in Athen
526v blau Apollo-Tempel in Delphi
520v blau Artemis-Tempel in Ephesos
511v blau Orakelsprüche in Rom
506v–446v Myron
504v blau Standbild der Aphrodite
501v–428v Anaxagoras
493v–432v Phidias
490v blau Pan-Tempel Athens
490v–430v Empedokles
487v blau Simonides' Chorlieder
480v–406v Euripides
478v–410v Protagoras
469v–399v Sokrates
460v–375v Hippokrates
456v blau Zeus-Tempel in Olympia
455v–370v Demokrit
447v blau Bau des Parthenon
439v blau Standbild der Athene
430v blau Apollo-Tempel in Rom
420v blau Statue der Hera
410v rot Urteil gegen Protagoras
410v rot Schriften-Verbrennung
403v–335v Praxikles
399v rot Urteil gegen Sokrates
396v–328v Leochares
395v–343v Skopas
384v–322v Aristoteles
372v–287v Theophrast
367v–307v Lysipp
365v blau Statue des Apollo
363v blau Statue der Aphrodite
360v–303v Apelles
356v/346v Zweiter Heiliger Krieg
351v blau Statue des Apollo
346v rot Philipp Schützer Delphis
341v blau Hermes-Plastik
341v–270v Epikur
339v/338v Dritter Heiliger Krieg
338v blau Zeus-Statue in Tarent
338v–268v Strato der Physiker
333v blau Statue des Apollo
333v–262v Zeno der Jüngere
325v–260v Euhemeros
323v rot Anklage gegen Aristoteles
307v grün Asklepios-Kult
304v–232v Kleanthes
293v grün Äskulap-Kult in Rom
290v blau Sonnengott-Standbild
284v blau Epikur: Religionskritik
270v blau Strato: Religionskritik
262v blau Gottesbegriff vergeistigt
220v blau Artemis-Tempel, Magnesia
214v–129v Karneades
180v–110v Panaitios
147v blau Religionsgeschichte
135v–50v Poseidonios
109v blau Statue der Venus
66v blau Poseidonios: Theologie
5v–64n Paulus
22n–74n Lukas
47n–122n Plutarch
51n rot Christengemeinde Korinth
57n blau Korinther-Briefe
96n blau Klemens-Brief
131n blau Phlegon: 'Seltsame Dinge'
131n–182n Celsus
133n–190n Athenagoras
141n blau Apologie des Aristides
160n–242n Ammonios
177n blau Apologie des Athenagoras
182n rot Mission des Pantainos
185n blau Athenagoras: Monotheismus
232n–304n Porphyrios
269n blau 'Glaube-Weisheit'
358n–441n Mesrop
370n–414n Synesios von Kyrene
401n blau Synesios: 'Vorsehung'
410n–485n Proklos
440n blau Kirchengeschichte
459n blau Proklos: Theologie Platos
827n–869n Kyrill
978n blau Mönche auf Athos

GRIECHENLAND: Sitten und Gebräuche

2207v grün Krüge und Schüsseln
2129v grün Kannen und Tassen
1958v grün Eigentums-Siegel
1585v grün Stiersprung-Sport
1561v grün Badezimmer mit Wanne
1550v grün Bernstein-Einfuhr
1537v grün Sportkleidung für Frauen
789v grün Ovale Häuser
776v blau Olympische Spiele
776v grün Olympiaden-Zeitrechnung
770v grün Anbau der Rose
688v grün Sportprogramm erweitert
647v grün Leinen- und Wollstoffe
637v–577v Sappho
603v grün 'Wundertäter' gegen Pest
597v grün Unterschiedliche Frisuren
593v grün Eule als Münzbild
586v–501v Anakreon
582v blau Pythische Spiele
580v blau Isthmische Spiele
579v grün Staat: Prostitutionsgewinne
575v–483v Xenophanes
563v grün Eßlöffel
557v grün Andron-Haus
501v grün Eieruhren
469v grün Peristyl-Haus
449v grün Kletterkreiselspiel
438v grün Glocken für Nachtwächter
390v grün Filz-Herstellung
364v grün Buch der Haushaltsführung
333v grün Alexander ohne Bart
329v grün Verarbeitung von Seide

GRIECHENLAND: Sprache und Schrift

1667v grün Silbenschrift auf Kreta
1521v grün Schrift Kretas nach Mykene
903v grün Phönizisches Alphabet
875v grün Vokalzeichen
618v grün Schrift nach Italien
538v blau Theagenes: Sprachregeln
350v grün Stenographie
302v grün Schreibschrift
257v blau Asianismus
242v blau Sprachkundliches Werk
205v grün Interpunktion
193v blau Aristophanes: Wörterbuch
101v blau Dionysios: Sprachlehre
46n blau 'Glossen'-Lexikon
138n blau Lehre vom Satzbau
214n–273n Longinos
254n grün Bestandteil des Koptischen
265n blau Werk des Longinos
311n–383n Wulfila
369n grün Bestandteil des Gotischen
621n rot Amtssprache in Byzanz
1350n–1415n Chrysoloras
1396n blau Chrysoloras' Lehrbuch
1466n blau Lehrstuhl in Paris
1478n blau Unterricht in Deutschland
1497n–1560n Melanchthon
1518n blau Melanchthons Grammatik
1530n blau Schule in Paris
1532n blau Stephanus' Wörterbuch

GRIECHENLAND: Technik

2155v grün Bronze-Herstellung
1947v grün Töpferscheibe
1615v grün Kiel-Spanten-Bauweise
1563v grün Streitwagen
1311v grün Mauer um Mykene
695v grün Münzprägung
678v grün Siebensaitige Lyra
669v grün Löten
560v–469v Theodoros
539v grün Wasserrohre
536v grün Winkelmaß
532v grün Wassertunnel
531v grün Wasserwaage
528v grün Drehbank
522v grün Vollendeter Erzguß
501v grün Wasseruhren
493v grün Hafenbau Athens
486v–430v Hippodamos
468v grün Theaterbau-Regeln
456v grün Piräus-Mauern
444v grün Anlage Thuriois
435v grün Elfsaitige Lyra
433v–351v Archytas
425v grün Brücke nach Euböa
424v–367v Dionys der Ältere
408v grün Hafenbau auf Rhodos
405v grün Flotte für Sparta
402v grün Mauer um Syrakus
400v grün Pfeilgeschütz
399v grün Schiffsbau in Syrakus
386v grün Mechanische Taube
369v grün Verhüttung mit Kohle
354v grün Luftschlauch für Taucher
346v grün Zahnräder
331v grün Steinschleuder-Geschütz
305v grün Gipsabgüsse
300v grün Sonnenuhr
296v–228v Ktesibios
288v grün Taschen-Wasseruhr
284v–212v Archimedes
279v grün Leuchtturm von Alexandria
268v grün Antrieb durch Druckluft
265v–202v Philon
261v grün Wasser-Hebeschraube
259v grün Feuerspritze
248v grün Zahnrad-Uhr
245v grün Orgel
240v grün Metallfedern
239v grün Flaschenzug
238v grün Ringgelenk
233v grün Selbsttätige Öllampe
231v grün Dreimaster
230v grün Treträder
229v grün Werk über Mechanik
224v grün Bagger, Taucherglocke
221v grün Waschkugel-Automat
218v grün Thermoskop
208v grün Eisen- statt Bronzefeilen
152v–82v Heron
135v–50v Poseidonios
116v grün Heronsbrunnen
111v grün Nutzung des Dampfes
107v grün Gebläse-Windrad
100v grün 'Goldene Regel'
91v grün Mechanikerschule
671n grün Brandwerfer

GRIECHENLAND: Theater

625v blau Dramatischer Gesang
583v–513v Thespis
539v blau Thespis-Wagen
536v blau Einzelschauspieler
534v blau Tragödien-Aufführung
525v–456v Aischylos
496v–406v Sophokles
491v blau Weibliche Hauptrollen
487v rot Staatlicher Chor
486v blau Zweiter Schauspieler
483v blau Theater in Syrakus
480v–406v Euripides
470v blau Theater in Athen
468v blau Dramatischer Wettkampf
468v grün Theaterbau-Regeln
461v blau Dritter Schauspieler
438v blau Einführung des Prologs
349v blau Theater in Megalopolis

GRIECHENLAND:
Wirtschaft und Verkehr

1955v–1895v Amen-Em-Het II.
1769v grün Kupfer-Währung
1691v–1628v Chian
1637v grün Handel mit Ägypten
1597v–1521v Minos
1550v grün Bernstein-Einfuhr
1404v grün Kaufleute auf Zypern
826v grün Landverteilung Spartas
753v–680v Hesiod
700v grün Ölbaum nach Italien
695v grün Münzprägung
674v grün Papyrus-Einfuhr
652v grün Steigender Zinssatz
649v grün Normen
640v–559v Solon
624v grün Zahlungsmittel 'Talent'
602v–527v Peisistratos
594v grün Abwertung
593v grün Silbermünzen Athens
588v rot Sklavenkauf beschränkt
573v grün Hühnerzucht
507v grün Gewerbesteuer
493v grün Hafen von Piräus
482v grün Flotten-Finanzierung
476v grün Geldwirtschaft
463v grün Getreideschiffe
459v grün Nachrichten-Übermittlung
448v grün Wieder Handel mit Persien
432v grün Handelssperre
429v–370v Phaleas
425v grün Brücke nach Euböa
408v grün Hafen von Rhodos
400v blau Sozialisierungs-Forderung
383v–322v Demosthenes
334v grün Versicherung
327v grün Silber-Währung
318v grün Massenproduktion
306v grün Vertrag Rom–Rhodos
227v grün Optischer Telegraph
226v grün Bodenreform Spartas
189v grün Rhodos Wirtschaftszentrum
166v rot Abwertung von Rhodos
166v grün Ausbau von Delos
128v grün Sklaven-Großumsatz
117v grün Nutzen des Monsuns
114v grün Handel mit China

GRIECHENLAND: Wissenschaft

624v–546v Thales
610v–546v Anaximander
602v–527v Peisistratos
584v grün Magnetismus im Eisen
577v grün Magnetismus im Bernstein
572v–493v Pythagoras
566v grün Anaximander: Abstammung
561v grün Anaximander: Erdkarte
560v–469v Theodoros
554v grün Himmelsmodell
546v grün Pythagoras: Dreieckssatz
533v grün Kugelgestalt der Erde
525v grün Erde Stern unter Sternen
520v–450v Alkmaion
513v grün Forschungsreise des Skylax
504v grün Ärzteschule in Kroton
503v grün Experiment als Beweis
501v–428v Anaxagoras
499v grün Landkarte
496v grün Erdbewegung
495v–429v Perikles
490v–430v Empedokles
489v–428v Leukipp
482v–429v Herodot
479v blau Korax: Rhetorik
478v grün Alkmaion: Sektionen
473v grün Wirkung des Klimas
471v grün Alkmaion: Sehnerv
467v grün Lösung von Philosophie
466v grün Lokalisation der Seele
460v–375v Hippokrates
457v grün Bau der Lebewesen
455v–370v Demokrit
453v grün Lehre von vier Elementen
452v grün Teilchen-Theorie
447v grün Begriff 'Atom'
442v grün Lehrbuch der Geometrie
433v grün Metons Zeitrechnung
433v–351v Archytas
427v grün Demokrits Atomlehre
424v grün Schrift über Gelenke
418v grün Heilkraft der Natur
418v–345v Diokles
415v grün Kallias: Quecksilber
412v grün Funktion des Herzens
408v–355v Eudoxos
403v grün Bedeutung der Ernährung
397v blau Pflichten des Arztes
394v grün Würfelverdoppelung
392v grün Milchstraßen-Forschung
391v blau Wesen der Rhetorik
390v–310v Herakleides
389v blau Isokrates' Rednerschule
385v grün Grundsäfte des Körpers
384v–322v Aristoteles
382v grün Achsendrehung der Erde
380v–306v Pytheas
376v grün Zahnschmerz-Mittel
375v grün Schule des Eudoxos
372v–287v Theophrast
370v grün Weltbild des Eudoxos
366v grün Leitfaden der Körperpflege
365v–276v Euklid
363v grün Körperinhalts-Berechnung
361v grün Wissenschaftliche Mechanik
358v grün Goldener Schnitt
356v grün Heilkraft der Pflanzen
355v grün Planeten-Bewegung
353v grün Privatkliniken
352v grün Unendlichkeit des Alls
352v–285v Dikäarch
349v grün Jeder Stern eine Welt
344v grün Erklärung der Tageszeit
344v–268v Berossos
343v grün Aristoteles: Physiognomik
340v grün Beweis für Kugelgestalt
339v grün Psyche und Krankheit
338v–268v Strato der Physiker
337v grün Anziehung der Erdmitte
336v grün Geschichte der Mathematik
335v blau Lyzeum des Aristoteles
332v grün Aristoteles: Physik
330v grün Aristoteles: Meteorologie
328v grün Erklärung des Echos
326v grün Aristoteles: Zoologie
325v grün Reise des Nearchos
325v grün Euklid: Geometrie
324v grün Pytheas' Forschungsreise
324v–250v Herophilos
323v grün Pytheas' Forschungen
322v grün Aristoteles: Psychologie
321v grün Erklärung der Gezeiten
320v grün Bericht des Pytheas
317v grün Charakterforschung
316v blau Teil der Philosophie
316v–250v Aristarch
314v grün Übungen zur Geometrie
309v grün Theophrast: Biologie
307v grün Epidauros Kurort
304v grün Mathematische Geographie
304v–240v Erasistratos
297v grün Theophrast: Physiologie
296v grün Längen- und Breitengrade
296v–228v Ktesibios
292v grün Begriff 'Leerer Raum'
290v grün Bedeutung der Pulszählung
289v grün Sonne- und Mond-Messung
289v–235v Kallimachos
288v grün Pulsuhr
286v grün Euklid: Sternkunde
284v–212v Archimedes
283v grün Herophilos: Sektion
282v grün Beschaffenheit der Materie
280v grün Schule für Astronomie
278v grün Weltentstehungs-Theorie
275v grün Hebammenbuch
274v grün Gehirnforschung
274v–194v Eratosthenes
271v grün Aristarch: Ekliptik
270v grün Wert der Gymnastik
265v grün Nervensystem
265v–202v Philon
262v grün Arterien und Venen
258v grün Zweifache Erdbewegung
257v grün Folgen der Blutfülle
254v grün Fiebermessung
253v blau Aratos: 'Phainomena'
250v grün Hebelgesetz, schiefe Ebene
249v grün Zwei Nervensysteme
246v grün Apollonios: Kegelschnitte
242v grün Gesetz der Spirale
236v grün Auftriebsgesetz
234v grün Archimedes: Himmelsmodell
234v–149v Kato der Ältere
232v grün Kreisberechnungen
229v grün Schrift über Mechanik
228v grün Erdumfangs-Bestimmung
225v grün Geographie
222v grün Eratosthenes: Weltkarte
219v grün Facharzt in Rom
217v grün Integralrechnung
214v grün Spezifisches Gewicht
212v grün Mathematische Physik
211v grün Staroperationen
207v grün Würfelverdoppelungs-Gerät
206v grün Epizyklen-Scheinlehre
203v grün Einrichten von Brüchen
196v–125v Hipparch
190v blau Beschreibung der Akropolis
184v grün Diokles: Brennspiegel
179v grün Nikomedes: Konchoide
178v blau Inschriften der Akropolis
171v grün Hypsikles: Kreisteilung
160v grün Krates' Globus
155v grün Hipparch: Meßgeräte
152v–82v Heron
150v grün Altertumsforschung
147v grün Entfernung Erde–Mond
138v grün Ortsbestimmung
135v–50v Poseidonios
134v grün Nova-Beobachtung
131v grün Sternkatalog
129v–40v Asklepiades
124v grün Dreiecksflächen-Formel
105v grün Werk über Gynäkologie
100v grün Herons 'Goldene Regel'
97v grün Erklärung des Wetters
82v grün Heilkraft des Luftwechsels
75v grün Prognose: Erdumseglung
74v grün Schrift über Tierkrankheit
70v grün Naturheilverfahren
64v–20n Strabo
60v grün Solidarpathologie
5n grün Leugnung der Erdbewegung
13n grün Werk über Erdgestalt
20n–79n Dioskurides
23n–79n Plinius der Ältere
47n–122n Plutarch
49n grün 'Der Augenarzt'
50n grün Akut und chronisch
66n grün Dioskurides' Arzneikunde
101n–179n Ptolemäus
121n grün Phlegon: Langlebigkeit
129n–199n Galen
130n grün Nikomachos: Zahlenlehre
133n–205n Kleomedes
143n grün Operation an Schlagader
153n grün Geozentrisches Weltbild
155n grün Fachbuch über Optik
158n grün Buch über Himmelskörper
163n grün Sternkunde des Ptolemäus
167n grün Kegel-Projektion
170n grün Werk über Kartenzeichnen
171n grün Galen: Physiologie
173n grün Galen: Pulsbeobachtung
177n grün Galen: Anatomie
180n grün Galen: Hygiene
182n grün Galen: Allopathie
185n grün Strahlenbrechung
189n grün Galen: Temperamente
190n grün Lichtreflexion des Mondes
194n grün Galen: Pathologie
197n grün Galen: Pharmakologie
214n–280n Diophant
230n–300n Pappos
231n grün Eumelos: Tiermedizin
255n blau Longinos: Rhetorik
264n grün Diophant: Arithmetik
265n–330n Jamblichos
276n grün Baryzentrische Regel
280n grün Schwerpunktlehre bewiesen
294n grün Werk der Mathematik
294n–354n Apsyrtos
338n grün Briefe zur Tiermedizin
348n grün Bücher über Tiermedizin
360n–415n Hypatia
374n grün Oribasios: Enzyklopädie
387n grün Folgen von Aderlässen
480n blau Nikolaus: Rhetorik
515n grün Eingeprägte Kraft
534n grün Geographisches Handbuch
629n grün Paulus: Gynäkologie
789n–873n Al Kindi
790n grün Euklid arabisch
806n–873n Abu Hunain
828n grün Ptolemäus arabisch
850n grün Werk der Tiermedizin
860n grün Hippokrates, Galen arabisch
865n–932n Al Rasi
872n grün 'Geographie' arabisch
890n grün Archimedes arabisch
904n grün Lehre Demokrits ausgebaut
907n grün Dioskurides arabisch
913n grün Ptolemäus-Widerlegung
1022n grün Tierkunde übersetzt
1114n–1187n Gerhard von Toledo
1126n–1198n Ibn Rasd (Averroes)
1153n grün Euklid lateinisch
1158n grün Galen lateinisch
1182n grün Aristoteles-Kommentar
1187n grün Ptolemäus lateinisch
1374n grün Aristoteles französisch
1647n grün Lehre Epikurs ausgebaut

GRIECHISCHES FEUER, Bezeichnung für einen Kampfstoff, der vor 1300 Jahren in Byzanz (Konstantinopel) entwickelt wurde. Er bestand aus Erdöl, das mit Pulver, Kalk, Schwefel, Harz oder Pech vermengt und aus langen Rohren auf den Feind geschleudert wurde. Er brannte auch auf dem Wasser und war deshalb besonders für den Seekrieg geeignet. Seinen Namen verdankte er dem Umstand, daß er von einem Griechen erfunden wurde, der bei der Einnahme seiner Heimatstadt nahe Damaskus durch Araber nach Byzanz flüchtete. Trotz strengster Geheimhaltung benutzten ihn aber bald auch die Araber und andere Völker.

671n grün Erfindung

GRIECHISCH-ORTHODOXE KIRCHE, Name einer vom Papst unabhängigen christlichen Kirche, die ihre Tätigkeit vor allem im Balkan und in Rußland entfaltet.

815n–891n Photios
828n–907n Boris
866n blau Gegnerschaft zum Papst
867n rot Unabhängigkeitserklärung
885n–968n Olga
940n–1015n Wladimir der Große
958n–1025n Basilius II.
978n blau Mönchtum auf Athos
989n rot Zwangstaufen in Kiew
991n rot Russische Staatskirche
1030n blau Kathedrale in Kiew
1053n blau Höhlenkloster Kiew
1054n rot Trennung von Rom
1251n rot Einigungsversuch
1308n–1355n Stephan Duschan
1330n blau Erlöser-Kirche in Moskau
1365n–1430n Rublew
1398n rot Metropolit in Moskau
1426n blau Rublews Ikonen
1439n rot Zeitweise geeint mit Rom
1560n blau Kathedrale in Moskau
1589n rot Selbständigkeit Rußlands
1589n rot Patriarchat Moskau
1666n rot Raskolniken-Bewegung
1672n–1725n Peter I., der Große
1917n/1922n Russische Revolution

GRIEG, Edvard (1843n–1907n), norwegischer Komponist. Als Sohn eines Kaufmannes erhielt er bei seiner hochmusikalischen Mutter ersten Klavierunterricht, ging dann zur weiteren Ausbildung nach Leipzig und fünf Jahre später nach Kopenhagen. Dort gewann ihn der junge norwegische Komponist Nordraak für den Gedanken einer an nordischen Volksweisen geschulten neuen Musik. In Oslo gründete er einen Musikverein und lebte dann als Komponist in Bergen. Mit seiner Frau, der Sängerin Nina Grieg, unternahm er zahlreiche Konzertreisen. Er schrieb Violinsonaten, Klavier- und Orchesterkonzerte sowie Tondichtungen zu Dramen von Ibsen und Björnson, mit dem ihn eine lebenslange Freundschaft verband.

1874n blau 'Peer-Gynt-Suite'

GRIFFEL

2955v grün Gebrauch in Sumer
824v–782v Adadnirari III.

GRILLPARZER, Franz (1791n–1872n), österreichischer Dichter. Als Sohn eines Juristen studierte er Rechtswissenschaft, wurde Hauslehrer, trat früh in den Staatsdienst ein und stieg bis zum Hofrat auf. Schrieb als Achtzehnjähriger sein erstes Bühnenstück. Acht Jahre später errang er mit der Schicksalstragödie 'Die Ahnfrau' seinen ersten großen Erfolg. Aber seine nächsten Dramen ('Sappho' und 'Das goldene Vlies') stießen auf Verständnislosigkeit. Prangerte Kriegs- und Eroberungspolitik an ('König Ottokars Glück und Ende') und behandelte den Konflikt zwischen dem Recht auf Liebe und den Geboten der Macht ('Des Meeres und der Liebe Wellen'). Erkannte Notwendigkeit und Unmöglichkeit der Wahrheit in der herrschenden Gesellschaft ('Weh dem, der lügt'). Nach Mißerfolgen zog er sich verbittert zurück und schrieb noch drei Dramen, ohne sie zu veröffentlichen. Treu an seiner Seite blieb 50 Jahre lang seine 'ewige Braut' Katharina Fröhlich. Ungeachtet der ihm seit 1806n zugefallenen österreichischen Staatsangehörigkeit fühlte er sich zeitlebens als Deutscher.

1817n blau 'Die Ahnfrau'

GRIMM, Friedrich Melchior (1723n–1807n), deutscher Schriftsteller. Sohn eines Pfarrers. Wurde Fürsten-Erzieher und begleitete den Prinzen von Sachsen-Gotha nach Paris. Als Musikkenner nahm er im Streit um die Gestaltung der Oper für die Komische Oper der Italiener Partei und wandte sich dabei so heftig gegen die französische Nationaloper, daß er nur knapp der Inhaftierung entging. Durch Rousseau mit Diderot, D'Alembert und Holbach in freundschaftlicher Verbindung, arbeitete er an einigen Artikeln der französischen Enzyklopädie mit. Gab auch eine literarische Korrespondenz heraus, die für einige europäische Fürsten geschrieben wurde und zu deren Lesern Friedrich II. gehörte.

1713n–1784n Diderot

GRIMM, Jacob (1785n–1863n), deutscher Sprachforscher und Rechtswissenschaftler. Studierte bei Savigny in Marburg die Rechte, wurde dann Bibliothekar in Kassel und Universitätsprofessor in Göttingen. Wegen seines Widerstandes gegen die königliche Restaurationspolitik entlassen und ausgewiesen, fand er in Berlin Zuflucht und konnte hier als Hochschullehrer und Mitglied der Akademie seine Arbeiten vollenden. Begründete die deutsche Sprachwissenschaft ('Deutsche Grammatik') und leitete zusammen mit seinem Bruder Wilhelm die Sammlung und Erforschung deutscher Märchen und Sagen ein. Gemeinsam mit ihm begann er auch das 'Deutsche Wörterbuch'.

1812n blau Märchen
1819n blau Deutsche Grammatik
1828n blau Rechtsaltertümer
1837n rot Protest
1852n blau Wörterbuch begonnen
1960n blau Wörterbuch vollendet

GRIMM, Wilhelm (1786n–1859n), deutscher Dichter und Sprachforscher. Von frühester Jugend bis zum Tode in inniger Lebens-, Güter- und Arbeitsgemeinschaft mit seinem Bruder Jacob, mit dem er die Erforschung der deutschen Sprache und Geschichte betrieb und das 'Deutsche Wörterbuch' herausgab. Wie sein Bruder zunächst Universitätsprofessor in Göttingen und dann in Berlin. Wegen seiner besonderen dichterischen Gabe war er es, der hauptsächlich die Niederschrift der Kinder- und Hausmärchen ausführte, die er gemeinsam mit seinem Bruder gesammelt, geordnet und durchforscht hatte.

1812n blau Märchen
1837n rot Protest
1852n blau Wörterbuch begonnen
1960n blau Wörterbuch vollendet

GRIMMELSHAUSEN, Hans Jakob Christoffel (um 1620n–1676n), deutscher Dichter. Als Sohn eines Handwerkers früh verwaist, 13jährig von Soldaten verschleppt, wurde er Pferdeknecht, Soldat, Gutsverwalter, Gastwirt und endlich Bürgermeister in dem badischen Dorf Renchen. Mit 33 Jahren begann er zu schreiben. Humorvoll, klar und wirklichkeitsnah schilderte er den von ihm selbst miterlebten 30jährigen Krieg und die verwilderte Nachkriegsgesellschaft in Deutschland ('Der Abenteuerliche Simplicissimus Teutsch'). Ein weibliches Gegenstück zur Titelgestalt schuf er im Roman über 'Die Ertzbetrügerin und Landstörtzerin Courasche'. Verachtete die gelehrttuerischen Schriftsteller, die fremdwörterreich nur für eine kleine Schicht schreiben und auf das Volk herabsehen. Die Schmarotzerrolle des Adels durchschaute er und prangerte sie an. Schrieb auch Novellen und Schwänke.

1669n blau 'Simplizissimus'

GRÖNLAND, größte Insel der Erde. Das Landesinnere ist (= 85%) unter ewigem Eis begraben, während es an den Küsten durch die Auswirkung des Golfstroms Buschwerk, Bäume und Wiesen gibt. Die Normannen nannten sie vor 1100 Jahren bei ihren ersten Besuchen 'Grünes Land' (= Grönland). Von Island aus wurde sodann die Südküste besiedelt, und um das Jahr 1000n gab es schon zahlreiche Niederlassungen. Die kühnen Seefahrer, die damals hier wohnten, erreichten auch als erste Europäer den amerikanischen Kontinent. Im 12. Jahrhundert verbreitete sich die Kunde von der grünen Nordinsel in Europa, und der König von Norwegen nahm sie in Besitz. Ende des 14. Jahrhunderts waren die normannischen Siedler ausgestorben oder in ihre Heimat zurückgekehrt. Von Amerika aus nahm nun das mongolische Polarvolk der Eskimos die Insel in Besitz und besiedelte sie dauerhaft. Ihre Handelsverbindungen mit baskischen und niederländischen Walfängern weckten aber neues Besitz-Interesse, und Mitte des 19. Jahrhunderts nahm Dänemark die Insel und erhielt sie nach langem Streit mit Norwegen 1933n zugesprochen. Seit 1953n entsendet sie zwei Abgeordnete ins dänische Parlament, während die USA durch den Ausbau ihrer seit 1940n hier errichteten Stützpunkte längst die wahren Herren des Landes sind.

901n grün Entdeckung
964n–1000n Olaf Tryggvason
967n–1021n Leif Erikson
984n grün Ansiedlung von Normannen
1001n–1072n Adalbert von Bremen
1017n–1088n Adam von Bremen
1204n–1263n Haakon der Alte
1261n rot Norwegischer Besitz

GROOT, Gerhart (1340n–1384n), niederländischer Prediger und Reformator. Aus wohlhabender Bürgerfamilie, studierte er in Paris und führte ein genußfreudiges Leben. 34jährig bekannte er sich unter dem Einfluß Ruisbroeks zur apostolischen Armut, verschenkte alle seine Habe, zog sich zurück und begann einige Jahre später zu predigen. Schonungslos griff er die Mißstände der Kirche an und offenbarte die heimliche Unsittlichkeit sowie die Geldgier der Priester. Im Pfarrhause seiner Heimatstadt Deventer fanden sich bald Anhänger und Verehrer mit ihm zu einem gemeinsamen Leben auf kommunistischer Grundlage zusammen. Bettelei war verboten, jeder mußte durch eigene Arbeit seinen Lebensunterhalt verdienen, um so Gott zu dienen und durch das Beispiel zu wirken. Nach seinem Tode nannten sich die von ihm Zusammengeführten 'Brüder vom gemeinsamen Leben' und 'Schwestern vom gemeinsamen Leben'.

1385n rot Brüdergemeinde

GROPIUS, Walter (1883n–1969n), deutscher Architekt. Als Sproß einer Berliner Baumeister- und Bühnentechnikerfamilie lernte er bei Peter Behrens, der gerade mit der AEG-Turbinenhalle einen neuen, dem industriellen Zeitalter angemessenen Baustil geschaffen hatte. Bald baute er selbst die erste Fabrik (Faguswerke) und schuf damit das Vorbild für die beginnende Glas-Beton-Bauweise. In Weimar vereinigte er die Kunstgewerbeschule mit der Hochschule für bildende Kunst zum 'Bauhaus'. Hier brach er mit aller durch den Krieg fragwürdig gewordenen Tradition und entwickelte auf der Grundlage des versachlichten Weltbildes einen Baustil, der dem neuen heraufkommenden Lebensstil entsprach und ihn mitformte. Sein Wesen war die zweckgerichtete, schlichte Form, verwirklicht durch das einander durchdringende Zusammenwirken von Handwerk, Technik und Kunst. 1937n ging er in die Vereinigten Staaten und baute dort die neue Harvard-Universität, an der er selbst unterrichtete. Hier entwickelte er auch eine neue Form der Kollektivarbeit ('Architects Collaborative'). Seit 1966n baute er im Südosten Berlins an einer Satelliten-Wohnstadt, die seinen Namen trägt.

1919n blau Bauhaus

GROSCHEN, Name einer Münze, die zu den verschiedenen Zeiten in den verschiedenen Ländern von sehr unterschiedlichem Wert gewesen ist. Die Bezeichnung kommt von dem lateinischen Wort 'grossus' (= dick) und diente zunächst als Benennung dicker, silberner Geldstücke, deren Wert $^1/_{30}$ des Talers ausmachte, später $^1/_{100}$ des österreichischen Schillings und $^1/_{100}$ des polnischen Sloty. Das Wort wird im Volksmund auch zur Bezeichnung von $^1/_{10}$ Mark (= 10 Pfennig) verwendet.

1300n grün Prägung in Böhmen

GROSSBRITANNIEN, Selbstbezeichnung Englands seit der endgültigen Einverleibung Schottlands.

Allgemeines (Land, Volk, Staat)

1707n rot Union England–Schottland
1709n rot Schutz des Urheberrechtes
1711n grün Südsee-Gesellschaft
1711n–1776n Hume
1713n rot Erwerb Nordost-Kanadas
1713n grün Sklavenmonopol (Amerika)
1714n rot Union mit Hannover
1717n rot Freimaurervereinigung
1720n grün 'Südsee-Skandal'
1721n rot Walpole Premierminister
1730n rot Freimaurer in Amerika
1732n–1799n Washington
1733n rot Sträflingskolonie Georgia
1741n/1748n Österreich-Erbfolgekrieg
1755n/1763n Kolonialkrieg
1756n rot Pitt Premierminister
1756n grün Hilfe-Zusage an Preußen
1756n/1763n Siebenjähriger Krieg
1757n rot Erschießung von Byng
1757n rot Vormacht in Indien
1759n rot Besitz ganz Kanadas
1762n rot Hilfe für Preußen beendet
1763n rot Landgewinn in Amerika
1764n braun Erhebung in Indien
1765n rot Kampf um Stempelsteuer
1768n rot Kolonial-Sekretariat
1773n grün Opiumeinfuhr nach China
1773n braun 'Bostoner Tee-Party'
1774n rot Kolonialstaaten-Kongreß
1774n grün Handelsabbruch Amerikas
1775n/1783n Kampf Nordamerikas
1776n rot Abtrennung Nordamerikas
1777n grün Miete deutscher Soldaten
1778n rot Gegenbündnis Frankreichs
1779n rot Gegnerschaft Spaniens
1780n rot Drohung Neutraler
1783n rot Anerkennung Nordamerikas
1783n rot Verlust des Senegal
1784n rot 'Indiengesetz'
1788n rot Australien Strafkolonie
1792n/1795n Revolutionskriege
1796n/1815n Napoleonische Kriege
1797n rot Besitz Trinidads
1798n braun Erhebung Irlands
1798n rot Besitz Ceylons
1799n braun Indischer Aufstand
1800n rot Vereinigung mit Irland
1800n rot Besitz Maltas
1801n braun Sieg über Dänemark
1802n rot Kinderarbeit: Zeitgrenze
1804n–1881n Disraeli
1806n braun Eroberung Südafrikas
1806n rot Besitz Südafrikas
1806n grün Kontinentalsperre
1810n–1862n Cavour
1811n rot Besitz Javas
1811n/1812n Kaffernkrieg
1812n blau Reformforderung Owens
1812n–1870n Charles Dickens
1813n rot 'Maschinenstürmer'-Urteil
1813n grün Geld an Preußen, Rußland
1814n braun Zerstörung Washingtons
1815n rot Wiener Kongreß
1816n rot Verlust Javas
1819n rot Kinderarbeit: Altersgrenze
1819n rot Besitz Singapurs
1821n/1829n Kampf Griechenlands
1824n rot Besitz Malayas
1825n rot Kollektiv-Verhandlungen
1827n blau Guizots Geschichtswerk
1829n rot Witwenschutz in Indien
1830n grün Opiumexport vervielfacht
1833n rot Abschaffung der Sklaverei
1835n blau Gründung von Melbourne
1838n rot Besitz Adens
1838n rot Chartisten-Vereinigung
1838n grün Freihandels-Forderung
1839n rot Opium-Vernichtung Chinas
1839n/1842n Opiumkrieg
1839n/1842n Afghanischer Krieg
1842n rot Besitz Hongkongs
1842n rot Generalstreik
1843n rot Besitz Natals
1844n grün Konsumverein
1845n blau Engels: Lage der Arbeiter
1846n rot Aufhebung der Kornzölle
1850n/1864n Taiping-Aufstand
1851n grün Erste Weltausstellung
1853n/1856n Krimkrieg
1855n rot Sonderstatus Neufundlands
1855n rot 'Schwarze Listen'
1856n/1860n Lorcha-Krieg
1856n rot Grenzgarantie für Türkei
1857n braun Indische Erhebung
1860n rot Maßnahmen gegen China
1864n rot Erste Internationale
1869n–1948n Gandhi
1871n rot Besitz der Goldküste
1874n rot Erwerb der Fidschi-Inseln
1875n grün Suezkanal: Aktienmehrheit
1876n rot Viktoria Kaiserin Indiens
1877n rot Gewinn Transvaals
1878n rot Besitz Zyperns
1879n braun Sieg über Zulu-Kaffern
1880n braun Buren-Erhebung
1880n rot Schulpflicht
1881n rot Buren-Selbstverwaltung
1882n braun Vorstoß nach Ägypten
1882n rot Gewinn Ägyptens
1882n–1945n F. D. Roosevelt
1883n/1884n Erhebung im Sudan
1883n rot Fabian-Society
1884n rot Besitz der Somaligebiete
1885n/1886n Burma-Krieg
1886n rot Besitz Burmas
1887n rot Miterwerb: Neue Hebriden
1887n rot Commonwealth
1888n rot Gewinn Nord-Borneos
1893n braun Zulu-Aufstand
1893n rot Labour-Party
1896n braun Niederlage gegen Buren
1896n blau Zeitung 'Daily Mail'
1897n/1898n Sudankrieg
1899n rot Gewinn des Sudans
1899n/1901n Boxeraufstand
1899n/1902n Burenkrieg
1900n rot China-Abkommen
1902n rot Bündnis mit Japan
1902n rot Südafrika Kolonie
1904n rot 'Entente Cordiale'
1906n rot Algeciras-Konferenz
1907n rot 'Triple-Entente'
1907n rot Pfadfinderbund
1908n braun Indische Erhebung
1909n rot Oberhaus: Rechtsverlust
1910n rot Südafrikanische Union
1914n/1918n Erster Weltkrieg
1916n braun Irischer Aufstand
1917n/1922n Russische Revolution
1918n– Nasser
1919n braun Indische Empörung
1919n rot Friedensverträge
1920n rot Freiheitsbewegung Indiens
1920n rot Beitritt zum Völkerbund
1921n braun Irischer Aufstand
1921n rot Irak Königreich
1921n rot Irland Freistaat
1922n braun Indische Erhebung
1926n rot Rechte für Dominions
1928n rot Kellogg-Pakt
1936n rot Selbständigkeit Ägyptens
1938n rot Münchner Abkommen
1939n rot Garantie für Polen
1939n/1945n Zweiter Weltkrieg
1940n rot Stützpunkte an USA
1940n rot Churchill Premierminister
1941n rot Hilfe der USA
1941n rot Atlantik-Charta
1942n rot Garantie für Abessinien
1943n rot Konferenz von Teheran
1945n rot Besetzungen
1945n rot Potsdamer Konferenz
1945n rot Mitglied der UN
1946n rot Souveränität Jordaniens
1947n rot Unabhängigkeit Indiens
1947n rot Unabhängigkeit Burmas
1947n grün USA-Kredite
1948n rot Unabhängigkeit Ceylons
1948n rot Gründung Israels
1949n rot Mitglied der NATO
1950n/1953n Korea-Krieg
1951n grün Iran: Öl verstaatlicht
1952n rot Elisabeth II. Königin
1952n rot Deutschland-Vertrag
1954n rot Mitglied der SEATO
1955n braun Aufstand auf Zypern
1955n rot Österreich souverän
1956n grün Suezkanal enteignet
1956n braun Suez-Krieg
1956n rot Unabhängigkeit des Sudan
1957n braun Aufstand in Kenia
1957n rot Unabhängigkeit Ghanas
1959n braun Aufstände auf Zypern
1959n rot Unabhängigkeit Zyperns
1960n rot Somalia selbständig
1961n rot Sierra Leone selbständig
1961n rot Tanganjika selbständig
1962n rot Selbständigkeit Jamaikas
1962n rot Unabhängigkeit Trinidads
1962n rot Unabhängigkeit Ugandas
1963n rot Unabhängigkeit Nigerias
1963n rot Unabhängigkeit Sansibars
1963n rot Selbständigkeit Kenias
1965n braun Kämpfe mit Indonesiern
1965n rot Unabhängigkeit Gambias

GROSSBRITANNIEN: Baukunst

1710n blau Pauls-Kathedrale
1740n blau Westminster-Abtei: Türme
1851n grün Kristallpalast
1888n grün Firth-of-Forth-Brücke

GROSSBRITANNIEN: Bildhauerei

1937n blau Moore: 'Liegende'

GROSSBRITANNIEN: Dichtung und andere Literatur

1709n blau 'Tatler'
1719n blau Defoe: 'Robinson Crusoe'
1723n blau Ideale der Freimaurer
1726n blau 'Gullivers Reisen'
1730n blau Thomson: 'Jahreszeiten'
1733n blau Popes Lehrgedicht
1740n blau Richardson: 'Pamela'
1742n blau Youngs 'Nachtgedanken'
1749n blau Fielding: 'Tom Jones'
1760n blau Macpherson: 'Ossian'
1766n blau Goldsmith: 'Landprediger'
1769n blau Sterne: 'Tristram Shandy'
1777n blau Sheridan: 'Lästerschule'
1786n blau Burns: Gedichte
1788n–1824n Byron
1792n blau 'Recht der Frauen'
1798n blau 'Lyrische Balladen'
1804n–1881n Disraeli
1808n blau Moore: 'Irische Melodien'
1812n blau 'Harolds Pilgerfahrt'
1812n blau Owen: Gesellschaftskritik
1812n–1870n Charles Dickens
1813n blau 'Stolz und Vorurteil'
1814n blau Scott: 'Waverley'
1817n blau Keats: Gedichte
1820n blau Shelley: 'Prometheus'
1826n blau Shakespeare deutsch
1834n blau 'Schrei der Kinder'
1836n blau 'Die Pickwickier'
1849n blau Thackerays Roman
1850n blau 'David Copperfield'
1856n–1950n G. B. Shaw
1865n blau Carroll: 'Alice'
1891n blau Wilde: 'Dorian Gray'
1893n blau Doyle: 'Sherlock Holmes'
1894n blau Kiplings 'Dschungelbuch'
1912n blau Shaw: 'Pygmalion'
1921n blau Galsworthy: 'Forsyte Saga'
1923n blau Shaw: 'Heilige Johanna'
1926n blau Lawrence: 'Sieben Säulen'
1928n blau Shaw: Sozialismus
1939n blau Johnson: 'Ein Sechstel'
1944n blau 'Auf Messers Schneide'
1949n blau Orwell: '1984'
1957n blau Mason: 'Suzie Wong'
1962n blau Huxley: 'Insel'
1962n blau Ustinov: 'Endspurt'

GROSSBRITANNIEN: Geschichtsschreibung

1711n–1776n Hume
1752n blau Hume: Geschichte Englands
1776n blau Gibbons Rom-Werk
1841n blau Carlyles Untersuchung
1853n blau Macaulays England-Werk
1899n blau Chamberlain: Grundlagen
1920n blau H. G. Wells' Werk
1953n blau Toynbee: Weltgeschichte

GROSSBRITANNIEN: Malerei und Graphik

1745n blau Hogarth: 'Heirats'-Zyklus
1760n blau Reynolds: 'Miss Nelly'
1770n blau Gainsborough: 'Knabe'
1872n blau Whistler: 'Carlyle'
1941n blau Nash: 'Bomber über Berlin'

GROSSBRITANNIEN: Musik

1711n grün Stimmgabel
1728n blau Gay-Pepusch: 'Bettleroper'
1738n blau 'Rule Britannia'
1945n blau Britten: 'Peter Grimes'

GROSSBRITANNIEN: Philosophie

1708n blau Shaftesburys Ideal
1710n blau Berkeley: Wissen
1711n–1776n Hume
1723n–1790n Adam Smith
1733n blau Popes Lehrgedicht
1747n blau Hume: Verstand
1775n blau Spence: Menschenrechte
1825n blau Gray: Glück
1841n blau Carlyle: Heldentum
1847n grün Boole: Logik
1869n blau Mill: Hörigkeit der Frau
1876n blau Spencer: Soziologie
1899n blau Chamberlains Werk
1910n grün Russell: Logik

GROSSBRITANNIEN: Religion

1717n rot Freimaurer
1739n rot Methodisten
1804n–1881n Disraeli
1878n rot Heilsarmee

GROSSBRITANNIEN: Sitten und Gebräuche

1742n grün Landschaftsgärten
1754n grün Chippendale-Möbelstil
1769n grün Wedgwood-Keramik
1770n grün Radiergummi
1788n grün Einfuhr der Hortensie
1830n grün Paraffinkerzen
1907n rot Pfadfinder

GROSSBRITANNIEN: Technik

1712n grün Newcomens Dampfmaschine
1713n grün Kokshochöfen
1714n grün Mills Schreibmaschine
1730n grün Saundersons Maschine
1736n grün Eisenschienen im Bergbau
1736n–1819n James Watt
1744n grün Dampfheizungs-Entwurf
1759n grün Harrison: Seeuhr
1762n grün Zementherstellung
1765n grün Watts Dampfmaschine
1767n grün Jenny-Spinnmaschine
1770n grün Maßeinheit 'PS'
1779n grün Eiserne Brücke
1781n grün Stahlfedern
1782n grün Schwungrad
1785n grün Mechanischer Webstuhl
1787n grün Eisenschiff
1789n grün Gußeiserner Pflug
1790n grün Nähmaschine aus Holz
1793n grün Bentham: Kreissäge
1794n grün Vaughan: Kugellager
1804n grün Trevithiks Lokomotive
1806n grün Congreve: Rakete
1807n grün Newberry: Bandsäge
1811n grün Davy: Bogenlicht
1814n grün Stephenson: Lokomotive
1814n grün Metall-Hobelmaschine
1814n grün Gaslicht in London
1815n grün Egg: Zündhütchen
1824n grün Portlandzement
1825n grün Eisenbahn
1826n grün Eisenbahntunnel
1831n grün Jones: Streichholz
1832n grün Dampfpflug
1841n grün Negativ-Photographie
1843n grün Galloway: Linoleum
1843n grün Bain: Bildtelegraph
1844n grün Thomson: Luftreifen
1855n grün Typendrucktelegraph
1856n grün Bessemer-Verfahren
1876n grün Photoelement
1876n grün Bell: Telephon
1878n grün Hughes: Mikrophon
1888n grün Firth-of-Forth-Brücke
1904n grün Fleming: Elektronenröhre
1915n grün Panzerwagen
1919n grün Luftschiff: Atlantikflug
1934n grün Radar

GROSSBRITANNIEN: Wirtschaft und Verkehr

1711n grün Südsee-Gesellschaft
1713n grün Sklavenmonopol
1716n grün Law: Bank in Frankreich
1720n grün 'Südsee-Skandal'
1723n–1790n Adam Smith
1740n grün Gußstahlfabrik
1753n grün Börse in Edinburgh
1769n grün Keramikfabrik
1773n grün Opiumexport nach China
1774n grün Handelsabbruch Amerikas
1776n grün Smith: Nationalökonomie
1779n grün Eiserne Brücke
1802n rot Kinderarbeit: Stundenzahl
1804n–1881n Disraeli
1806n grün Kontinentalsperre
1814n grün Straßenbeleuchtung
1817n grün Ricardo: Volkswirtschaft
1818n grün Dampfer: Atlantikfahrt
1819n rot Kinderarbeit: Altersgrenze
1825n rot Kollektiv-Verhandlungen
1825n grün Eisenbahn
1826n grün Eisenbahntunnel
1833n rot Abschaffung der Sklaverei
1838n grün Freihandels-Forderung
1839n/1842n Opiumkrieg
1840n grün Briefmarke
1841n grün Cooks Reisebüro
1842n rot Maßnahmen gegen China
1842n rot Generalstreik
1844n grün Konsumverein der Weber
1846n rot Aufhebung der Kornzölle
1848n grün Mill: Politökonomie
1851n grün Erste Weltausstellung
1855n rot 'Schwarze Listen'
1858n grün Atlantikkabel
1874n–1937n Marconi
1875n grün Suez-Kanal: Aktienmehrheit
1888n grün Firth-of-Forth-Brücke
1923n grün Webbs: Kapitalismus
1936n grün Keynes: Volkswirtschaft
1947n grün USA-Kredite

GROSSBRITANNIEN: Wissenschaft

1717n grün Pockenschutzimpfung
1718n grün Bewegung der Fixsterne
1726n grün Hales: Blutdruckmessung
1728n grün Abirrung des Lichtes
1729n grün Leiter und Nichtleiter
1737n grün Packe: Geologische Karte
1743n grün Hales: Physiologie
1748n grün Schwanken der Erdachse
1753n grün Britisches Museum
1757n grün Black: Latente Wärme
1766n grün Cavendish: Wasserstoff
1767n grün Priestley: Elektroenergie
1771n grün Priestley: Sauerstoff
1771n grün Cooks Forschungsreise
1772n grün Rutherford: Stickstoff
1781n grün Herschel: Uranus
1783n grün Sonnensystem-Bewegung
1784n grün Natur der Milchstraße
1788n grün Hutton: Erdtheorie
1792n grün Murdock: Leuchtgas
1795n grün Historische Geologie
1798n grün Malthus: Bevölkerungslehre
1799n grün Priestley: Kohlenoxyd
1801n grün Young: Licht als Welle
1807n grün Davy: Kalium
1808n grün Daltons Atomlehre
1809n–1882n Darwin
1815n grün Prout: Atomgewicht
1823n grün Faradays Verflüssigungen
1824n grün Bluttransfusion
1825n grün Faraday: Benzol
1831n grün Elektrische Induktion
1831n grün Ross: Magnetischer Pol
1833n grün Elektrolyse
1847n grün Boole: Mathematik/Logik
1847n grün Chloroform-Narkose
1848n grün Kelvins Temperaturskala
1854n grün Ausgrabungen im Irak
1855n grün Viktoriafälle entdeckt
1857n grün Ruskins Kunsttheorie
1859n grün Entstehung der Arten
1859n grün Maxwells Gastheorie
1863n grün Maxwell: Ätherwellen
1863n grün Th. Huxley: Abstammung
1867n grün Lister: Antisepsis
1871n grün Darwins Abstammungslehre
1875n grün Kerr: Doppelbrechung
1893n grün Ausgrabungen auf Kreta
1897n grün Erreger der Malaria
1897n grün Rutherford: Atomkerne
1897n grün Wasserstoff-Verflüssigung
1899n grün Alpha- und Beta-Strahlen
1910n grün Soddy: Isotopenlehre
1910n grün Russell: Mathematik/Logik
1911n grün Rutherfords Atommodell
1919n grün Atomzertrümmerung
1928n grün Fleming: Penicillin
1932n grün Chadwick: Neutron
1943n grün J. Huxley: Evolution
1956n grün Strahlengefährdung

GROSSER KURFÜRST, Bezeichnung für den Kurfürsten Friedrich Wilhelm, der Brandenburg durch Eroberungen zum preußischen Staat erweiterte.

1620n–1688n Lebenslinie
1618n/1648n Dreißigjähriger Krieg
1648n rot Westfälischer Friede
1655n/1660n Krieg Schweden–Polen
1656n rot Zusicherung Schwedens
1657n rot Zusicherung Polens
1660n rot Gewinn Ostpreußens
1672n rot Bündnis mit Holland
1672n/1678n 2. Krieg Ludwigs XIV.
1674n/1675n Schwedischer Vorstoß
1682n rot Kolonie in West-Afrika
1685n rot Hugenotten-Ansiedlung
1686n rot Beitritt zur 'Liga'
1700n blau Schlüters Standbild

GROSSETESTE, Robert (um 1175n–1253n), englischer Gelehrter. Studierte Rechtskunde, Medizin und Naturwissenschaften an der Universität Oxford, zu deren Kanzler er früh gewählt wurde. Förderte das Studium der griechischen Sprache und der griechischen Denkweise. Verfaßte Kommentare zu Schriften des Aristoteles. Erklärte die Mathematik als Grundlage aller Wissenschaft. Suchte vergeblich, das vorchristliche und nichtchristliche Denken der Griechen und Araber mit dem christlichen Glaubensgebäude (insbesondere des Augustin) zu versöhnen. Auch seine Versuche zu einer Reform der katholischen Kirche scheiterten. In einem Schreiben an den Papst gab er dem päpstlichen Hofe in Rom die Schuld für den Verfall der Kirche. Forderte eine Kalenderreform. Führte in Oxford eine zinslose Darlehenskasse für Studenten und Gelehrte ein. Lehrer des Roger Bacon, dem er die theoretischen Grundlagen des Mikroskops und des Fernrohrs vermittelte.

1227n grün Lehre vom Licht

GROSS-FRIEDRICHSBURG, Name einer Festung, die von dem brandenburgischen Offizier Gröben auf dem Berg Manfro an der westafrikanischen Atlantikküste (Goldküste) angelegt wurde. Mit der Flaggenhissung (1683n) hatte Brandenburg eine Kolonie, die es aber schon 34 Jahre später an die Holländer verkaufte.

1682n rot Brandenburger Besitz
1717n grün Verkauf

GROSSGRUNDBESITZ

2633v–2570v Meten
2452v–2377v Ti
2449v–2367v Lugal-Anda
2443v grün Verbreitung in Ägypten
2297v–2197v Pepi II.
2240v–2172v Aba
2197v/2196v Ägyptische Revolution
2196v grün Abschaffung in Ägypten
2172v braun Adelserhebung in Ägypten
2172v rot Restauration in Ägypten
581v grün Bodenreform in China
429v–370v Phaleas
424v–367v Dionys der Ältere
340v–273v Appius Klaudius
240v rot Mord an Reformer
234v–149v Kato der Ältere
226v grün Bodenreform in Sparta
203v–157v Wen-Ti
192v rot Beschränkte Rechte
179v rot Bauern-Schutz in China
163v–133v Tiberius Gracchus
133v rot Bodenreform des Gracchus
23n–79n Plinius der Ältere
71n blau Verfallsursache
312n grün Sondersteuer in Rom
390n–477n Geiserich
412n–444n Tibatto
435n/437n Bagauden-Aufstand

445 n grün Bodenreform der Wandalen
513 n–552 n Totila
540 n–604 n Gregor I.
543 n grün Bodenreform in Italien
554 n grün Aufhebung der Reform
570 n–635 n Li-Yüan
593 n grün 'Erbe Petri'
605 n–680 n Fujiwara
606 n–652 n Rothari
620 n grün Bodenreform in China
626 n–672 n Tenji
645 n rot Bodenreform in Japan
717 n grün Bodenreform in Spanien
922 n rot Abwehrmaßnahme
1021 n–1086 n Wang-Anschi
1069 n rot Reformen in China
1073 n grün Türkische Bodenreform
1160 n–1216 n Innozenz III.
1218 n–1291 n Rudolf I. von Habsburg
1316 n–1378 n Karl IV.
1335 n–1381 n John Ball
1367 n blau Abschaffung gefordert
1400 n–1450 n Jack Cade
1448 n blau Abschaffung gefordert
1528 n grün Venezuela an Welser
1562 n rot Schutz für Bauernland
1712 n–1786 n Friedrich II., der Große
1783 n–1830 n Bolivar
1866 n–1925 n Sun-Yat-Sen
1870 n–1924 n Lenin
1917 n grün Vergesellschaftung

GROSSMOGULE, Titel mongolischer Herrscher in Indien. Danach benannt das Reich, das von Babar, einem Nachkommen Dschingis-Khans, im ersten Viertel des 16. Jahrhunderts errichtet wurde, zweihundert Jahre lang ganz Vorderindien unter seiner Herrschaft vereinigte und dem Land eine kulturelle und wirtschaftliche Blütezeit schenkte. Auch nach der allmählichen Unterjochung des Landes durch die Engländer im 18. Jahrhundert blieben sie formell Herrscher. Als Titularkaiser in Delhi erhielten sie von den Engländern ein Jahresgehalt. Erst als sich die Familie 1857 n an dem Aufstand des indischen Volkes gegen England beteiligte, wurden sie abgesetzt. Ihr bedeutendster Herrscher war Akbar, der fast zweihundert Jahre vor dem Versuch einer westeuropäischen Aufklärung in seinem Lande Aufklärung verwirklichte.

1504 n braun Vorstoß nach Kabul
1504 n rot Herrschaft über Kabul
1525 n braun Eroberungskrieg
1525 n rot Reichsgründung
1542 n–1605 n Akbar
1571 n blau Religionsgespräche Akbars
1573 n rot Schutz Kriegsgefangener
1573 n blau Religiöse Toleranz
1601 n blau Fazls Geschichtswerk
1648 n blau Tadsch-Mahal
1857 n braun Aufstand

GROTEFEND, Georg Friedrich (1775 n bis 1853 n), deutscher Sprachforscher. Als Schullehrer in Göttingen unternahm er den Versuch zur Entzifferung der Keilschrift, wurde dann Gymnasialdirektor in Hannover und vollendete hier das begonnene Werk erfolgreich mit der Übersetzung von Königsnamen altpersischer Inschriften. Dadurch ermöglichte er die Erforschung der Geschichte der vorderasiatischen Reiche im Euphrat-Tigris-Gebiet (Mesopotamien). 35 Jahre später veröffentlichte er 'Neue Beiträge zur Erläuterung der persepolitanischen Keilschrift'. Verfaßte auch Bücher über lateinische Grammatik und über alt-italienische Sprachen.

1802 n grün Keilschrift-Entzifferung

GROTEWOHL, Otto (1894 n–1964 n), deutscher Staatsmann. Als Buchdrucker schloß er sich der Sozialdemokratie an und wurde in seiner Heimatstadt Braunschweig Leiter der sozialistischen Jugend, 1918 n Vorsitzender des Arbeiter- und Soldatenrates, dann Landtagsabgeordneter, Minister für Volksbildung, Inneres und Justiz. Seit 1925 n Reichstagsabgeordneter der SPD. 1933 n verlor er sein Amt als Präsident der Landesversicherungsanstalt und wurde 1938 n wegen Hochverrat eingekerkert. 1945 n Vorsitzender der SPD in der sowjetischen Besatzungszone, vereinigte er die Partei mit der KPD zur Sozialistischen Einheitspartei (SED) und organisierte zusammen mit dem Kommunisten Wilhelm Pieck die allmähliche Umwandlung Ostdeutschlands in einen sozialistischen Staat. Von 1949 n bis zu seinem Tode Ministerpräsident der DDR.

1949 n rot Gründung der DDR

GROTIUS, Hugo (1583 n–1645 n), niederländischer Gelehrter und Staatsmann. Beschäftigte sich seit seinem elften Lebensjahr mit Altertumskunde und Rechtswesen. 23jährig ließ er sich im Haag als Rechtsanwalt nieder, trat aber bald in den Staatsdienst und stieg zu höchsten Ämtern auf. Wegen anti-kirchlicher und anti-monarchischer Gesinnung zu lebenslanger Haft verurteilt, schrieb er im Gefängnis eine 'Einführung in die Rechtswissenschaft von Holland'. Nach zweijähriger Haft gelang ihm die Flucht. Weltberühmt wurde er durch seine Begründung des Völkerrechts, das er aus dem natürlichen Daseinsrecht des Menschen ableitete. Den Staat führte er auf eine freiwillige Übertragung von Rechten des Einzelnen zum gemeinsamen Wohl zurück. Durch seine Lehre von der Freiheit der Meere schuf er die rechtliche Grundlage für die Eroberung überseeischer Gebiete durch die europäischen Kolonialmächte. Vertrat das unbedingte Vorrecht des Staates gegenüber der Kirche.

1609 n blau 'Freiheit der Meere'
1625 n blau Völkerrecht

GRÜNEWALD, Matthias (um 1460 n bis 1528 n), deutscher Maler. Als Werkmeister in Aschaffenburg und Seligenstadt widmete er sich dem Bau der Residenz des Mainzer Erzbischofs und schuf in Isenheim (Elsaß) zwei Altäre. Dann arbeitete er am Brandenburger Hofe, bis er durch seine Parteinahme für die revolutionären Bauern diese Stellung verlor. Ein gegen ihn erlassener Urfehdebrief zwang zur Flucht. Über Frankfurt gelangte er nach Halle, wo er nicht mehr malte, sondern seinen Lebensunterhalt verdiente, indem er die Brunnen der Stadt als 'Wasserkunstmeister' betreute. Hinterließ ein reiches, zum größten Teil nicht namentlich gezeichnetes malerisches Lebenswerk, wovon bisher 23 Tafelbilder und 36 Zeichnungen aufgefunden wurden. Bezog das Licht als wesentliches Gestaltungsmoment in einem vorher unbekannten Ausmaß in seine Darstellungen ein.

1511 n blau Isenheimer Altar

GRÜNSTEINPLASTIK, Bezeichnung für eine in Mexiko aufgefundene Vogelgott-Statuette aus grünem Jade-Stein, die ein frühes Datum aus der Geschichte Amerikas (162 n) bewahrt hat. Erlangte große Bedeutung für die Datierung der mexikanischen Frühgeschichte.

162 n blau Entstehung

GRUNDBUCH, amtliches Register mit Eintragungen über Lage, Eigentümer und Belastungen (Hypotheken, Grundschulden, Dienstbarkeiten) von Grundstücken. Entwickelte sich in Europa aus dem 'Domesday-Book', das in England vor allem zur Steuer-Erfassung angelegt wurde.

1027 n–1087 n Wilhelm I., der Eroberer
1086 n grün Grundbuch in England
1133 n grün Eintragungen in Köln

GRUNDRENTE, Bezeichnung für arbeitsloses Einkommen aus privatem Grundbesitz ohne den aus der Erwerbsarbeit Fremder unmittelbar gezogenen Mehrwert. Wird herkömmlich durch die den Boden bearbeitenden Bauern, Landarbeiter und Forstarbeiter zusätzlich erwirtschaftet. Im weiteren Sinne auch das aus dem Besitz an städtischem Boden (Mieten) und aus der Ausnutzung von Bodenschätzen (Bergwerken) dem Grundeigentümer zufließende Einkommen. Als Grundlage der Ausbeutung des Menschen durch den Menschen in den sozialistischen Ländern abgeschafft oder in der Beseitigung begriffen.

1623 n–1687 n Petty
1674 n grün Lehre Pettys

GRUNDSÄFTE-LEHRE, von dem griechischen Arzt Hippokrates entwickelte Auffassung, daß die menschliche Gesundheit in der richtigen Mischung der vier Grundsäfte des Körpers (Blut, Schleim, gelbe Galle, schwarze Galle) besteht. Diese Säftelehre ('Humoralpathologie') beherrschte trotz ihrer Widerlegung durch Asklepiades ('Solidarpathologie') mehr als zweitausend Jahre lang die europäische Medizin, bis sie durch Morgagni ('pathologische Anatomie') und Virchow ('Zellularpathologie') endgültig überwunden wurde.

460 v–375 v Hippokrates
385 v grün Hippokrates' Lehre
304 v–240 v Erasistratos
129 v–40 v Asklepiades
60 v grün Asklepiades Gegner
1761 n grün Organ-Erkrankungen
1858 n grün Zellen-Erkrankungen

GRUNDSTEINLEGUNG

2537 v grün Aufkommen in Sumer
1944 v blau Obelisk in Ägypten

GRUNDSTEUER

2692 v grün Einführung in Ägypten

GRUPPENTHEORIE, Bezeichnung für die Lehre von der Verknüpfung mathematischer Elemente, die so beschaffen sind, daß jeweils zwei Elemente durch ihre gesetzmäßige Verbindung wiederum ein Element gleicher Art bilden. Auf Grund einer Gleichungs-Definition des französischen Mathematikers Lagrange (1770 n) von dessen 19jährigem Landsmann Galois beschrieben (1830 n), wurde sie von dem deutschen Mathematiker Felix Klein auf die Geometrie angewandt (1872 n) und von dem Norweger Lie systematisiert. Sie findet zunehmend Anwendung in der Mathematik (Algebra und Geometrie) und vor allem in der Physik (Elektrizitätslehre, Kristallographie, Quantentheorie).

1890 n grün Systematik des Lie

GRYPHIUS, Andreas (1616 n–1664 n), deutscher Dichter. Verlor seine Eltern im Dreißigjährigen Krieg und verlebte eine freudlose Jugend in den andauernden Kriegswirren. Als Hauslehrer verdiente er sein erstes Geld, ging nach Leiden, wo er nach Abschluß seiner Studien ein Lehramt übernahm, und kehrte schließlich in seine schlesische Heimat zurück. Dichtete seit seinem 20. Lebensjahr Sonette, Singspiele und Satiren. Schrieb acht Theaterstücke in deutscher Sprache. Diese bilden den Auftakt einer eigenen deutschen Bühnendichtung. Sie geben seiner Friedenssehnsucht Ausdruck sowie seinem Protest gegen die Gewaltherrschaft des Adels und seiner Verachtung gegenüber aller Liebedienerei vor Fürstenthronen. Behandelte auch das Thema Recht und Gewalt ('Papinianus') sowie die erotischen und seelischen Verirrungen junger Menschen ('Cardenio und Celinde'). Schrieb gegen die Sprachverderbnis seiner Zeit ('Horribilicribifax').

1647 n blau 'Cardenio und Celinde'

GUATEMALA, Land und Staat in der Mitte von Mittelamerika zwischen Atlantischem und Pazifischem Ozean. Wegen seiner Fruchtbarkeit und seines milden Klimas bereits vor Jahrtausenden von den Mayas besiedelt, bildete es während des ganzen ersten Jahrtausends unserer Zeitrechnung den Mittelpunkt des 'Alten Reiches', das sich bis in die Berge Honduras' und zur mexikanischen Halbinsel Yukatan erstreckte und besonders in der Astronomie, in der Mathematik und in der Baukunst Hervorragendes leistete. Um 700 n verlagerte sich diese Kultur nach Norden (Yukatan), und das Land entvölkerte sich. Um 1450 n begann durch Quiché-Indianer ein neuer Aufstieg, der durch die spanische Eroberung 1523 n/1524 n jäh unterbrochen wurde. Nach Beendigung der spanischen Schreckensherrschaft 1823 n–1838 n Kernland der 'Vereinigten Staaten von Mittelamerika', wurde das Land vorübergehend selbständig, geriet aber seit Beginn des 20. Jahrhunderts zunehmend unter den Einfluß der USA. 1952 n begann Präsident Arbenz eine Bodenreform und wurde daraufhin vom Geheimdienst der USA gestürzt. Seitdem herrscht eine Militärdiktatur, gegen die sich die Bevölkerung 1960 n und 1963 n vergeblich erhob.

94 n grün Rechnen mit der Null
221 n grün Stellenwert der Zahl
282 n grün Hieroglyphen
288 n blau Gründung von Uaxaktun
455 n blau Gründung von Kopan
700 n rot Ende des Maya-Altreiches
700 n grün Auszug der Mayas
1524 n braun Vordringen der Spanier
1524 n rot Spanischer Besitz
1524 n blau Stadt Guatemala
1811 n/1826 n Kampf Lateinamerikas
1821 n rot Unabhängigkeit
1920 n rot Beitritt zum Völkerbund
1945 n rot Mitglied der UN
1954 n braun Putsch
1963 n braun Aufstand

GUAYANA, Staat an der Nordküste Südamerikas. Das klimatisch ungünstige, aber bewohnte Land wurde nach seiner Entdeckung gelegentlich durch europäische Seefahrer heimgesucht (Pizarro 1541 n, Hutten 1545 n, Berio 1591 n), aber nie besiedelt. Erst um 1600 n begannen britische, niederländische und französische Schiffe, die Küste wegen ihrer kostbaren Edelhölzer regelmäßig anzulaufen und Niederlassungen zu gründen. Die drei Staaten teilten sich dann auch in den Besitz des Landes. Die indianische Urbevölkerung ließ sich nicht versklaven, sondern zog sich ins Hinterland zurück. So wurden viele Schiffsladungen mit Negersklaven aus Afrika hierher gebracht, um die für die Ausbeutung des Landes notwendige Arbeit zu leisten. Aber Sklaven-Aufstände (1730 n) und Flucht ins Landesinnere erschwerten die Fortsetzung der Kolonisation. Nach Aufhebung der Negersklaverei (zwischen 1834 n und 1863 n) suchte Frankreich durch Massen-Einfuhr von Sträflingen die Sklaverei auf eine moderne Grundlage zu stellen, während sich Holland und England durch Einfuhr freier Arbeiter aus anderen Teilen der Erde (Indien, Indochina) halfen. Seit 1945 n haben die USA etwa 75 % der Wirtschaft des Landes unter Kontrolle, ohne die zunehmende Links-Orientierung (Jagan) aufzuhalten. Das Land wurde in Europa bekannt durch Raleighs Suche nach dem sagenhaften Goldland (El Dorado), durch die Deportierung des Obersten Dreyfus in den französischen Landesteil und durch den dort gewonnenen Cayenne-Pfeffer.

1499 n grün Entdeckung
1585 n–1642 n Richelieu
1625 n rot Holländischer Besitz
1634 n rot Cayenne französisch
1852 n rot Cayenne Strafkolonie

GUDEA, sumerischer Fürst des Stadtstaates Lagasch in Süd-Mesopotamien.

2088 v–2020 v Lebenslinie
2032 v blau Tempelbau
2028 v blau Porträt-Plastik
2027 v blau 'Bau-Hymne'
2026 v blau Tontafel-Bibliothek
2025 v grün Plantagen
2022 v blau Sitzbild
1997 v blau Mausoleum

GUDRUNLIED, Name einer deutschen Heldensage. Entstand in der ersten Hälfte des 13. Jahrhunderts in der Steiermark. Sein Dichter ist unbekannt. Es behandelt das aus der Normannensage übernommene Thema von der geraubten Prinzessin Gudrun, die in der Fremde als Magd arbeitet und schließlich dank der Treue des mit ihr verlobten Königs von Seeland befreit wird. Damit verkoppelt ist die ebenso abenteuerliche Geschichte von Gudruns Mutter Hilde, weshalb das Lied auch 'Doppellied' genannt wird.

1225 n blau Entstehung

GUERICKE, Otto (1602 n–1686 n), deutscher Erfinder. Studierte Rechtswissenschaft, Mathematik, Astronomie sowie Festungsbau und Mechanik. In seiner Heimatstadt Magdeburg wurde er Ratsbaumeister und war dann 35 Jahre lang Bürgermeister. Daneben erforschte er die Kräfte der Natur. Bei der Nachprüfung von Descartes' Behauptung, daß die Natur keinen leeren Raum dulde, gelang es ihm, einen luftleeren Raum zu schaffen. Dabei erkannte er die Luft als ein körperhaftes Etwas, bestimmte den Luftdruck und beschrieb wesentliche Eigenschaften der Luft. Nebenbei erfand er bei seinen Experimenten die Luftpumpe. Weltberühmt wurde er durch seinen Versuch, zwei aufeinandergelegte Halbkugeln nach dem Auspumpen der Innenluft durch 20 Pferde auseinanderreißen zu lassen. Durch den sichtbaren Umstand, daß seine 'Magdeburgischen Halbkugeln' dieser Kraftprobe trotzten, bewies er die Kraft des äußeren Luftdrucks. Ein selbstgebautes Gerät zur Erzeugung von Reibungselektrizität führte ihn zur Erkenntnis der anziehenden und abstoßenden Wirkung sowie zur Entdeckung der Leuchtkraft der Elektrizität.

1631 n blau Geschichtswerk
1640 n grün Luftpumpe
1654 n grün Halbkugel-Versuch
1663 n grün Elektrisiermaschine

GUERILLA, spanische Bezeichnung für den Kampf eines besetzten Landes gegen seine Besatzungstruppen (wörtlich 'Kleinkrieg'). In Spanien als Name für den Kampf der einheimischen Bevölkerung gegen eine bereits im Lande befindliche feindliche Übermacht verwendet. Die Sache ist so alt wie der Krieg, wurde in allen Ländern und zu allen Zeiten als letztes Mittel ohnmächtiger Völker gegen ihre verhaßten Besieger angewendet, spielte auch im zweiten Weltkrieg eine entscheidende Rolle und beweist in Vietnam die überraschende Tatsache, daß ein freiheitliebendes Volk sich auch der stärksten und bestausgerüsteten fremden Macht dauerhaft erwehren kann.

180 v–139 v Viriathus
1807 n/1808 n Kämpfe in Spanien

GUERNICA, Stadt in der Provinz Biscaya (Nordspanien). Seit dem 13. Jahrhundert Fürstensitz. Hier tagte bis zum Jahre 1878 n unter einer Eiche die Volksversammlung der Basken. Im spanischen Bürgerkrieg wurde sie von den Faschisten mit Hilfe der deutschen Luftwaffe ('Legion Condor') völlig zerstört. Der spanische Maler Picasso schuf als Protest gegen diese Unmenschlichkeit des Faschismus ein Bild von der Zerstörung der Stadt.

1937 n blau Gemälde Picassos

GÜTER-GEMEINSCHAFT

2942 v–2870 v Du-Muzi
2888 v rot Kommunismus in Sumer
2729 v–2662 v Agga
2671 v grün Ablösung in Mesopotamien
2606 v grün Ablösung in Ägypten
2449 v–2367 v Lugal-Anda
2240 v–2172 v Aba
2196 v grün Gemeineigentum in Ägypten
2172 v rot Reform aufgehoben
2172 v grün Wieder Privateigentum
825 v–730 v Parshva
628 v–553 v Hesekiel
567 v blau Gleichheitsforderung
475 v–393 v Me-Ti
441 v blau Me-Ti gegen Klassen
429 v–370 v Phaleas
427 v–347 v Plato
422 v grün Me-Ti: Produktionsplanung
407 v–323 v Diogenes
390 v blau Gleichheitsforderung
374 v blau Platos Staatsentwurf
325 v–260 v Euhemeros
307 v blau Eigentum naturwidrig
280 v blau Euhemeros' Staatsentwurf
279 v–206 v Chrysipp
224 v blau Idealstaat des Chrysipp
187 v blau Jambulos' Staatsentwurf
163 v rot Bund der Essener
163 v–129 v Aristonikos
132 v rot 'Sonnenstaat' Pergamon
6 v–30 n Jesus Christus
9 n grün Gemeineigentum in China
23 n grün Wieder Privateigentum
80 n–130 n Karpokrates
100 n–165 n Justin der Märtyrer
123 n–140 n Epiphanes
127 n blau Eigentum unchristlich
140 n blau Epiphanes: Kommunismus
150 n–215 n Klemens von Alexandria
198 n blau Klemens gegen Eigentum
202 n–258 n Cyprian
217 n–276 n Mani
247 n blau Cyprian gegen Eigentum
251 n–356 n Antonius
253 n blau Gleichheitsforderung
276 n–355 n Donatus
285 n–347 n Fasir
291 n–347 n Axid
292 n–346 n Pachomius
330 n–379 n Basilius der Große
331 n blau Ideal der Besitzlosigkeit
342 n blau Forderung Fasirs
375 n blau 'Eigentum ist Diebstahl'
476 n–531 n Masdak
480 n–547 n Benedikt von Nursia
502 n blau Gemeineigentum gefordert
822 n–883 n Ibn Mohammed
864 n–910 n Karmat
868 n blau Forderung nach Gleichheit
889 n blau Forderung des Karmat
890 n rot Karmaten-Gemeinschaft
905 n–965 n Al Mutanabbi
914 n–961 n Bogomil
938 n blau Kommunismus gefordert
940 n rot Bogomilen-Bewegung
954 n blau Forderung nach Gleichheit
1022 n–1107 n Manko Kapak
1067 n rot Inka-Staat
1116 n blau Ideal der Besitzlosigkeit
1140 n–1217 n Peter Waldes
1155 n grün Humiliaten in Mailand
1175 n rot 'Bund der Armen von Lyon'
1178 n rot Waldenser in Frankreich
1182 n rot Waldenser in Italien
1182 n–1226 n Franziskus
1210 n rot Franziskaner-Orden
1216 n rot Dominikaner-Orden
1222 n rot Katharer in Bosnien
1232 n–1300 n Segarelli
1256 n rot Augustiner-Orden
1260 n rot Apostelbrüder-Orden
1260 n–1327 n Meister Eckehart
1299 n–1349 n Occam
1324 n–1384 n Wiclif
1325 n–1381 n Wat Tyler
1335 n–1381 n John Ball
1372 n blau Forderung John Balls
1376 n blau Wiclif für Erneuerung
1381 n blau Forderung nach Gleichheit
1383 n rot Lollarden-Bewegung
1385 n rot Brüdergemeinde (Groot)
1400 n–1450 n Jack Cade
1452 n–1498 n Savonarola
1457 n rot 'Böhmische Brüder'
1488 n–1525 n Thomas Münzer
1498 n blau Kommunistisches Programm
1516 n blau Mores Staatsideal
1526 n rot Kapuziner-Orden
1528 n blau Forderung der Wiedertäufer
1534 n blau Rothmann: Kommunismus
1534 n braun Wiedertäufer-Erhebung
1570 n–1607 n Iwan Bolotnik
1602 n blau Staatsideal Campanellas
1606 n blau Bolotniks Forderungen
1652 n blau Forderung Winstanleys
1675 n blau Vairasses Staatsentwurf
1712 n–1778 n Rousseau
1753 n blau Rousseau: 'Ungleichheit'
1755 n blau Morelly gegen Eigentum
1768 n blau Forderung Mablys
1787 n rot Shaker-Gruppe
1824 n rot Owens Gemeinden
1828 n–1910 n Tolstoi
1838 n blau Weitlings Staatsideal
1884 n blau Engels' Untersuchung

GUGGENHEIM-MUSEUM, Name eines Museums für moderne Kunst in New York (USA). Benannt nach einer der reichsten Familien der USA, die seine Anlage finanzierte.

1959 n blau Errichtung

GUIDO von Arezzo, italienischer Tonsetzer französischer Herkunft.

995n–1050n blau Lebenslinie
1023n grün Ganz- und Halbtöne
1024n blau Lehrbuch
1026n grün Notenschrift

GUILLAUME de Lorris (um 1200n bis um 1235n), französischer Dichter. Schrieb einen gereimten Roman in 4000 Versen ('Rosenroman'). Darin erzählte er die Geschichte eines Dichters, der von einem Pfeil des Liebesgottes getroffen wird und eine knospende Rose pflücken will, das Symbol der Liebe. Die sich dabei ergebenden Erlebnisse stellte er mit immer neuen Gleichnissen dar. Durch seinen frühen Tod hinterließ er das Werk unfertig, und Jean de Meung vollendete es fünfzig Jahre später.

1230n blau 'Rosenroman'

GUINEA, Land und Staat an der Westküste Afrikas. Gehörte seit dem 12. Jahrhundert zum Reiche von Mali. Um 1300n siedelte sich an der Küste das Volk der Susu an. Um 1460n erreichten portugiesische Seefahrer die Küste. Sie errichteten Niederlassungen, die den Handel mit den Eingeborenen organisierten. Hierzu gehörte von Anfang an der Sklavenhandel. Nach der zusätzlichen Besitznahme von Küstenstreifen durch Engländer und Franzosen im 17. Jahrhundert häuften sich die Sklavenverschleppungen so sehr, daß die eingeborene Bevölkerung dezimiert wurde. Das Land verlor mit Angola und dem Kongo zusammen etwa 40 Millionen Menschen im besten Alter. Im 19. Jahrhundert übernahm Frankreich allein die Kolonialherrschaft und suchte durch den Betrieb von Bananen- und Kaffee-Plantagen sowie durch Ausbeutung der Eisen-, Bauxit- und Diamant-Vorkommen die durch Aufhören des Sklavenhandels verlorenen Profite wettzumachen. Nach einem Generalstreik (1951n) und jahrelangen Aufständen gegen die Kolonialherrschaft errang das Volk seine Unabhängigkeit und schloß sich unter Führung Sékou Tourés 1961n mit Mali und Ghana zu einer Union zusammen.

1632n rot Europäer-Niederlassung
1850n rot Vordringen Frankreichs
1891n rot Kolonie Frankreichs
1958n rot Unabhängigkeit

GUINEA-INSELN, Sammelbezeichnung für eine Inselgruppe im Golf von Guinea vor der Westküste Zentral-Afrikas. Sie haben bis heute die Herrschaft ihrer europäischen Kolonialherren nicht abschütteln können und sind noch immer spanisch (Fernando Póo, Annobon) oder portugiesisch (Principe, Sao Thomé) regiert und ausgebeutet.

1484n grün Entdeckung

GUISE, Franz (1519n–1563n), französischer Feldherr. Durch Eroberung des letzten englischen Festlandbesitzes (Calais) berühmt geworden, bemächtigte er sich 1559n nach dem Tode des Königs Heinrich II. des Thronfolgers Franz II. und führte praktisch die Politik des Landes. Verfolgte die Protestanten, lockte ihren Führer Condé an den Hof und ließ ihn hinrichten. Durch den frühen Tod Franz' II. verlor er 1560n seinen beherrschenden Einfluß und löste nun durch den von ihm heimlich organisierten Protestantenmord ('Blutbad von Vassy') den offenen Religionskrieg aus. Eroberte Rouen, Bourges und andere reformierte Städte und war seinem Ziel der völligen Ausrottung des Protestantismus nahe, als er beim Angriff auf den Haupt-Waffenplatz der Protestanten (Orléans) niedergeschossen wurde.

1558n braun Vorstoß nach Calais
1558n rot Calais französisch
1562n/1598n Hugenottenkriege

GUISE, Heinrich (1550n–1588n), französischer Feldherr. Als ältester Sohn von Franz Guise nahm er früh an den Kämpfen gegen die französischen Protestanten (Hugenotten) teil und erfocht 19jährig einen ersten großen Sieg über die von Coligny angeführten Hugenotten (Poitiers). Gründete die Katholische Liga, organisierte in der Bartholomäusnacht die Ermordung von 30000 französischen Protestanten und führte persönlich den Meuchelmord an dem Hugenottenführer Coligny aus. Im Bunde mit Spanien, dem er die Abtretung französischer Provinzen versprach, strebte er nun selbst nach der Krone. Durch einen Katholikenaufstand in Paris ('Barrikadentag') wollte er den König gefangennehmen. Doch entkam Heinrich III. aus dem Schloß und ließ ihn töten.

1562n/1598n Hugenottenkriege
1576n rot Katholische Liga

GUISKARD, Robert, normannischer Staatsmann.

1013n–1085n Lebenslinie
1021n–1085n Gregor VII.
1043n braun Sieg über Byzanz
1043n rot Gewinn Apuliens
1053n braun Kämpfe in Süditalien
1053n rot Oberhoheit des Papstes
1059n rot Papsthoheit bestätigt
1059n rot Unterstützung durch Papst
1061n braun Sieg über Araber
1061n rot Gewinn Siziliens
1071n braun Sieg über Byzanz
1071n rot Vormacht in Italien
1081n/1085n Balkankrieg
1084n rot Schutz für Papst

GUIZOT, François (1787n–1874n), französischer Staatsmann und Historiker. Als Geschichtsprofessor an der Sorbonne schrieb er eine zweibändige Geschichte der englischen Revolution. Eine sechsbändige Geschichte der Steinzeit und eine fünfbändige französische Kulturgeschichte folgten. Bekämpfte die klerikale Politik des französischen Königshauses (Bourbonen) und gab durch seinen Protest gegen die Juli-Erlasse den Anstoß zur Revolution von 1830n. Als Unterrichtsminister förderte er die vernachlässigte Volksschulbildung. Als Ministerpräsident wurde er wegen seiner strikten Ablehnung der Wahlreform zur verhaßten Verkörperung des neuen Juli-Königtums. 1848n floh er nach London. In den folgenden Jahren versuchte er immer wieder in die Politik einzugreifen, zog sich dann aber ganz auf wissenschaftliche Arbeiten zurück.

1827n blau 'Revolution in England'

GULDEN, Name der ersten über-lokalen Goldmünze des aufsteigenden Europa. Zur Überwindung des Münzen-Durcheinanders in Florenz aus purem Golde geprägt, wurde er schnell die allgemein anerkannte Grundwährung Europas. Der Wert einer Münze entsprach dem Wert von einem Pfund Silber. Bei der späteren Nachprägung durch deutsche Fürsten wurde vom Kaiser diese Münze als Muster vorgeschrieben. Trotzdem verschlechterte sich der Goldgehalt schnell. Auch ein Versuch der Stadt Florenz, durch eine päpstliche Bulle diese Entwicklung aufzuhalten, scheiterte. Ende des 16. Jahrhunderts stellte dann Florenz seine Prägung ein. Der Name wurde nun wegen seines guten Klanges noch für zahllose verschiedene Münzen von unterschiedlichstem Wert verwendet. Es gab auch bald Silbermünzen mit dieser Bezeichnung, so daß für den alten Gulden das Wort 'Goldgulden' eingeführt werden mußte.

1252n grün Einführung

GULDIN, Johannes (um 1190n–1230n), deutscher Priester. Verkündete in Straßburg die Lehren des Peter Waldes. Forderte Gemeinbesitz an Grund und Boden sowie die Aufhebung allen Privateigentums. Wandte sich gegen die Pflichtvergessenheit der Kirchenfürsten und trat für ein Leben in apostolischer Armut ein. Durch den päpstlichen Inquisitor Konrad von Marburg zum Widerruf aufgefordert, blieb er standhaft bei seinen Auffassungen und wurde öffentlich verbrannt, während man seine Genossen einkerkerte oder vertrieb.

1230n rot Verbrennung

GUMMI, Bezeichnung für den durch Veredelung elastisch gewordenen Rohgummi (= Kautschuk). Seit Jahrtausenden aus dem geronnenen Saft verschiedener wolfsmilchhaltiger Bäume gewonnener Stoff, der zunächst zum Kleben diente, aber auch schon früh durch Zusatz von Ameisensäure oder Essig zum Gerinnen gebracht wurde und dadurch einen weichen, federnden Werkstoff abgab. Durch Zugabe von Schwefel verlor er seine Klebrigkeit und wurde durch Erhitzen (Vulkanisation) wärmebeständig. Die sprunghaft steigende Nachfrage infolge unserer schnellen Motorisierung führte zur künstlichen Erzeugung aus Kohle und später aus Erdöl.

2466v grün Einfuhr nach Ägypten
1193n grün Bälle
1739n grün Kautschuk nach Europa
1768n grün Schlauch
1770n grün Radiergummi
1838n grün Vulkanisation
1878n grün Kaugummi
1926n grün Kunstgummi

GUNADHYA (um 200n–um 270n), indischer Dichter. Sammelte Märchen, Erzählungen und Fabeln und schrieb sie in einem Sammelwerk nieder. Sein Werk, das nicht erhalten ist, aber aus Abschriften auszugsweise überliefert wurde, soll 100000 Strophen umfaßt haben. Es hatte den Titel 'Große Erzählung'.

257n blau Sammelwerk

GUNDAHAR (um 385n–436n), König der germanischen Burgunder von 413n bis 436n. Gründete links des Rheins im Raume Worms ein eigenes kleines Reich, das er durch Verträge mit Rom absicherte. Als er versuchte, nach Westen bis in den belgischen Raum vorzudringen, ließ ihn der römische Feldherr Aëtius durch Hunnen-Heere vernichten. Der Untergang seines Reiches ist Gegenstand der Nibelungen-Sage, in der er den Namen 'Gunther' trägt.

397n–454n Aëtius
413n rot Reichsgründung
435n/436n Kämpfe
436n rot Ende des Reiches
1204n blau Nibelungenlied

GUNNBJÖRN (um 850n–um 920n), normannischer Seefahrer. Auf einer Fahrt von der norwegischen Küste über die Shetland- und Färöer-Inseln nach Island verfehlte er durch heftige Stürme sein Ziel und entdeckte westlich von Island die Insel Grönland. Seine Kunde von diesem Lande führte zur späteren Besiedlung Grönlands.

901n grün Entdeckung Grönlands

GUNNLAUG Ormstunga, isländischer Dichter.

985n–1009n Lebenslinie
1025n blau 'Gunnlaugssaga'

GUSMAO, Bartholomäus (1685n–1724n), brasilianischer Priester. Beschäftigte sich in Portugal mit Flugversuchen und führte nach vorhergegangenem Probeflug am 8. 8. 1709n dem König von Portugal einen Flug seines mit heißer Luft gefüllten Ballons vor. Er erhielt daraufhin ein königliches Privileg für die Herstellung von Luftschiffen.

1709n grün Ballonflug

GUSTAV ADOLF, König von Schweden von 1611n bis 1632n.

1594n–1632n Lebenslinie
1583n–1634n Wallenstein
1613n grün Steuerpflicht des Adels
1614n/1617n Krieg gegen Rußland
1617n rot Gebietsgewinn
1618n/1648n Dreißigjähriger Krieg
1632n rot Christine Nachfolgerin

GUSTAV WASA, schwedischer König von 1523n bis 1560n.

1496n–1560n Lebenslinie
1518n braun Vorstoß Dänemarks
1518n rot Schweden dänisch
1523n grün Hilfe der Hanse
1523n rot Wahl zum König
1523n braun Freiheitskampf
1523n rot Reformation
1551n grün Hafen Helsinki

GUTÄER, Name eines Bergvolkes in Vorderasien. Fühlte sich durch die Zusammenballung der Macht über ganz Mesopotamien in den Händen des Staates Akkad bedroht und suchte seine Unabhängigkeit kämpfend zu behaupten. Nach anfänglicher Niederlage gelang ihm ein vollständiger Sieg über das mächtige Akkad. Für fast einhundert Jahre riß es dann die Herrschaft über ganz Mesopotamien an sich. Anschließend zog es sich wieder ins Hochland zurück und versuchte, gegenüber den aufstrebenden Großmächten in Mesopotamien (Babylon, Assyrien) seine Unabhängigkeit so gut wie möglich zu behaupten.

2279v–2214v Scharka-Li-Scharri
2225v/2224v Krieg gegen Akkad
2203v–2147v Imta
2190v–2141v Inki-Schu
2154v–2096v Jar-Lagab
2149v/2148v Krieg gegen Akkad
2148v rot Ende des Reiches Akkad
2148v rot Herrschaft über Akkad
2147v/2143v Sumerischer Krieg
2143v rot Herren Mesopotamiens
2143v rot Inki-Schu Kaiser
2110v rot Selbstverwaltung in Sumer
2107v–2050v Utu-Chengal
2098v–2054v Ti-Ri-Gan
2054v braun Erhebung Sumers
2054v rot Ende des Reiches
1242v braun Krieg gegen Assyrien
1242v rot Assyrische Herrschaft

GUTENBERG, Johann, deutscher Erfinder.

1399n–1468n Lebenslinie
1437n grün Druckerpresse
1444n grün Zweiseitiger Druck
1448n grün Gießgerät
1450n grün Schulbuch-Druck
1455n grün Bibel-Druck

GUTHORN (um 850n–um 890n), englischer Herrscher normannischer Herkunft. Landete mit seinen dänischen Landsleuten in mittlerer Höhe der britischen Insel, plünderte die Ortschaften, erschlug oder vertrieb die Bevölkerung, nahm das Land in Besitz und nannte sich König von Northumbrien. Bald darauf drang er nach Süden vor, eroberte das Land bis zur Themse und setzte zum Sturm auf die Stadt Reading westlich von London an. Nach wechselvollem Kampf wurde er von König Alfred geschlagen. Während sich sein halbes Heer über den Kanal nach Frankreich rettete, schloß er mit Alfred Frieden, wurde Christ und zog sich nach Northumbrien zurück, dessen Herrschaft er behielt.

849n–901n Alfred der Große
876n rot Gewinn Nordenglands
878n rot Annahme des Christentums

GUTTUSO, Renato (geboren 1912n), italienischer Maler aus einem kleinen Dorf bei Palermo. Unter Einfluß van Goghs und Picassos gestaltete er das Los Leidender und Verfolgter ('Kreuzigung'). Dann wurde er zu einem realistischen Gestalter des Volkslebens ('Näherin', 'Wäscherin'). In seiner sizilischen Heimat fand er zur sozialen Frage ('Landnahme der Bauern') und gestaltete endlich als aktiver Kämpfer für einen freien Kommunismus politische Themen der Gegenwart. Wirkt als Professor für Malerei in Rom.

1959n blau 'Politische Diskussion'

GYGES (um 700v–652v), König des Reiches Lydien in Kleinasien. Nach Beseitigung des Königs Kandaules machte er sich selbst zum Herrscher. Führte Lydien zu Macht und Ansehen, indem er seine Nachbarn besiegte und das Reich ausdehnte. Kämpfte auch erfolgreich gegen Griechenstädte an der Küste Kleinasiens, unterhielt aber gleichzeitig freundliche Beziehungen zum griechischen Nationalheiligtum Delphi. Im Kampf gegen die Kimmerer verlor er die Hauptstadt Sardes und das Leben. Seine Persönlichkeit wirkte stark auf die Griechen, und sie verherrlichten ihn in Märchen und Fabeln. Die Sage von seinem unsichtbar machenden Ring wurde von Herodot und Plato überliefert, Hebbel gestaltete sie in 'Gyges und sein Ring'.

665v braun Sieg über Griechen
665v rot Machterweiterung
652v braun Kampf gegen Kimmerer

GYMNASTIK, von dem griechischen Worte 'gymnos' (= nackt) abgeleitete Bezeichnung für regelmäßige sportliche Übungen zur Erhaltung der Gesundheit und Körperfrische. Wurde notwendig, als ein zunehmender Teil der Menschheit nicht mehr ausreichend körperlich arbeitete. Bei den Griechen verstand man darunter die Gesamtheit der Leibesübungen, die gleichberechtigt neben der Geistesbildung stand. Unter dem Einfluß des Christentums mit seinem unnatürlichen Verhältnis zum Körper geriet sie in Vergessenheit und lebte erst nach der endgültigen Befreiung des Menschen aus kirchlicher Bevormundung vor gut 150 Jahren wieder auf.

324v–250v Herophilos
270v grün Herophilos' Schrift
129v–40v Asklepiades

GYNÄKOLOGIE, von dem griechischen Worte 'gynaikos' (= Frau) abgeleitete Bezeichnung für die Lehre von den Frauenkrankheiten. Infolge der untergeordneten Rolle der Frau in der bisherigen Geschichte auch nach der Entwicklung der allgemeinen Heilkunde ein wenig beachteter Zweig der Medizin. Gelangt erst im 20. Jahrhundert unter dem Einfluß einer beginnenden Gleichberechtigung der Frau zu seiner vollen Bedeutung.

1981v–1926v Neferi
1875v grün Ägyptisches Werk
1566v grün Ägyptisches Handbuch
105v grün Werk des Demetrios
82n–135n Soranos
120n grün Werk des Soranos
629n grün Werk des Paulus von Ägina

GYOGI (668n–749n), koreanischer Mönch. Verschmolz in Japan den alten Volksglauben mit dem neu eingedrungenen Buddhismus. Erklärte, daß der herrschende Volksglaube (Schintoismus) nur eine andere Form des gleichen Glaubens sei, der auch im Buddhismus seinen Ausdruck findet. Versuchte, die in alten Schreinen verehrten Schinto-Götter als Verkörperungen Buddhas zu deuten. So trug er wesentlich zur Verbreitung des Buddhismus in Japan bei.

743n blau Religions-Verschmelzung

HAAGER KONVENTION, Name einer Übereinkunft von 26 Staaten, beschlossen auf Anregung Rußlands in der holländischen Hauptstadt (Den Haag) zum Zwecke einer Abmilderung der Schrecken des Krieges. 1907n erweitert und von 44 Staaten unterzeichnet. Grenzt den Kreis der Kriegsführenden ab und regelt die Behandlung der Kriegsgefangenen sowie die Pflichten einer Besatzungsmacht. Besonders grausame und hinterlistige Waffen sowie die Tötung von Wehrlosen und Verwundeten wurden verboten. Das Beuterecht wurde geregelt. Früher in Genf getroffene Vereinbarungen wurden auf den Seekrieg ausgedehnt. Auch wurde die friedliche Erledigung übernationaler Streitfragen als wünschbar erklärt und ein Schiedsgericht hierfür gebildet.

1899n rot Landkriegsordnung

HAAKON, Jarl (um 930n–995n), norwegischer Feldherr und Statthalter. Besiegte 994n die vom Gebiet der Oder-Mündung aus vorgedrungenen Jomswikinger und festigte dadurch die Unabhängigkeit seines Landes.

910n–990n Eyvind Skaldaspillir

HAAKON V., norwegischer König von 1299n bis 1319n.

1270n–1319n Lebenslinie
1299n rot Oslo Hauptstadt

HAAKON der Alte, König von Norwegen von 1217n bis 1263n.

1204n–1263n Lebenslinie
1260n rot Erbmonarchie
1261n rot Erwerb Grönlands
1262n rot Herrschaft über Island

HAAKON der Gute, König von Norwegen von 933n bis 961n.

918n–961n Lebenslinie
910n–990n Eyvind Skaldaspillir
933n rot Thronbesteigung
933n rot Bauernfreiheit
962n blau 'Haakonslied'

HAAR

Vorzeittafel: 80 Tausend Jahre
2947v grün Kämme in Ägypten
2875v grün Langes Haar in Sumer
2864v grün Elfenbeinkämme
2793v blau Geschmückter Kamm
2636v grün Kranzfrisur in Sumer
2597v blau 'Kopf mit Perücke'
2349v blau 'Mann mit Bart'
2085v blau 'Frauen beim Frisieren'
1430v grün Modische Frisuren
1352v blau 'Bärtiger Asiate'
1303v grün Frauentonsur
1234v blau 'Schlecht rasierter Pharao'
597v grün Unterschiedliche Frisuren
390v grün Filz aus Tierhaaren
333v grün Alexander ohne Bart
247v blau 'Locke der Berenike'
215v grün Haarpinsel in China
196v grün Kurzes Haar in Rom
56n grün Haarpflege mit Seife
362n blau Jesus mit Bart
1143n grün Zopftracht in China

HABANA, Stadt an der Nordküste der Insel Kuba (Mittelamerika), der Halbinsel Florida zugewandt. Größte Stadt und bedeutendster Hafen der mittelamerikanischen Inselwelt (Westindien). Von Velasquez, einem Gefährten des Kolumbus, im Jahre 1515n an der Südküste gegründet, wurde sie vier Jahre später an ihren heutigen Ort verlegt. In der zweiten Hälfte des 16. Jahrhunderts überflügelte sie Santiago und wurde an deren Stelle Hauptstadt der spanischen Kolonie. Wegen ihres Reichtums häufig von Seeräubern geplündert, wurde sie 1762n von Engländern erobert, aber ein Jahr später den Spaniern zurückgegeben, die sie noch bis 1898n behielten. 1959n von Fidel Castro eingenommen, entwickelte sie sich zur Keimzelle des Kommunismus in Amerika.

1515n blau Gründung

HABEAS-CORPUS-AKTE, Name eines englischen Gesetzes, das die Unverletzlichkeit der Person gegen willkürliche Verhaftung sicherte. Bedrohte jedermann mit 500 Pfund Strafe, der einen Verhafteten nicht unverzüglich einem ordentlichen Richter vorführte. Diese Strafandrohung bewirkte bei den königlichen Behörden, daß Ernst gemacht wurde mit der Versicherung von Freiheit und Rechtssicherheit, die in der Magna Charta (1215n) und in der Petition of Rights (1628n) niedergelegt worden waren. Wurde zunächst nach ihrem Schöpfer 'Shaftesbury-Akte' genannt und erhielt erst später den heute gebräuchlichen lateinischen Namen. Dieser verewigte die Anfangsworte des früheren Verhaftungsbriefes ('Du habest den Körper').

1679n rot Verkündung

HABSBURGER, deutsche Herrscherfamilie, benannt nach der Habichtsburg bei Brugg (Schweiz). Deutsche Könige und Kaiser von 1273n–1806n (außer 1308n–1440n und 1742n–1745n). Auch nach Verlust der deutschen Kaiserkrone (1806n) blieben sie Herrscher des östlichen Alpenlandes und weiter Balkangebiete mit dem Kernland Österreich, wo sie bis 1918n regierten.

1218n–1291n Rudolf I. von Habsburg

1273 n rot	Herrschaftsbeginn
1278 n braun	Sieg über Böhmen
1278 n rot	Besitzerweiterung
1281 n rot	Stadtrecht für Graz
1291 n rot	Gegenbündnis der Schweiz
1301 n/1302 n	Fürstenerhebung
1301 n rot	Aufhebung der Rheinzölle
1315 n braun	Schlacht am Morgarten
1322 n braun	Niederlage Friedrichs
1340 n blau	Stephansdom in Wien
1365 n blau	Universität Wien
1386 n braun	Sieg der Eidgenossen
1454 n rot	Zunftverfassung aufgehoben
1457 n blau	Universität Freiburg
1459 n–1525 n	Jakob Fugger
1473 n grün	Beziehungen zu Fuggern
1477 n rot	Gebietszuwachs
1477 n–1576 n	Tizian
1495 n rot	Rechtsreform
1499 n braun	Sieg der Eidgenossen
1499 n rot	Schweiz selbständig
1500 n–1558 n	Karl V.
1509 n grün	Fugger: Kriegsfinanzierung
1512 n rot	Landfriedenskreise
1516 n rot	Gewinn Spaniens
1519 n grün	Finanzhilfe der Fugger
1519 n rot	Karl V. Kaiser
1519 n rot	Gewinn Mexikos
1520 n/1521 n	Aztekenaufstand
1521 n rot	Reichstag zu Worms
1522 n/1526 n	Revolution
1522 n rot	Zensur
1523 n grün	Schutz für Fugger
1524 n braun	Sieg über Mayas
1524 n rot	Gewinn in Mittelamerika
1525 n grün	Zulassung von Monopolen
1526 n rot	Reichstag zu Speyer
1527 n braun	Eroberung Roms
1527 n braun	Sieg über Ungarn
1527 n rot	Gewinn Böhmens, Ungarns
1527 n–1598 n	Philipp II.
1528 n grün	Venezuela an Welser
1529 n braun	Türken vor Wien
1529 n rot	Verbot der Reformation
1529 n rot	Protest der Lutheraner
1530 n rot	Malta an Johanniter
1531 n rot	Schmalkaldischer Bund
1531 n/1533 n	Inka-Krieg
1532 n rot	Reichsstrafgesetzbuch
1533 n rot	Ende des Inka-Reiches
1533 n rot	Gewinn von Peru
1533 n–1603 n	Elisabeth
1533 n–1584 n	Wilhelm von Oranien
1535 n braun	Tunis-Feldzug
1535 n rot	Gewinn Kaliforniens
1536 n rot	Gegenbündnis Frankreichs
1536 n/1539 n	Chibcha-Krieg
1538 n rot	Bund gegen Luthertum
1539 n rot	Erweiterung Perus
1542 n/1544 n	Krieg gegen Frankreich
1544 n rot	Friede mit Frankreich
1545 n rot	Konzil zu Trient
1546 n/1547 n	Schmalkaldischer Krieg
1548 n rot	Interim
1548 n blau	Tizians Gemälde
1551 n grün	Aktiengesetz
1552 n braun	Fürstenerhebung
1552 n rot	Passauer Vertrag
1554 n rot	Regentschaft Ferdinands
1555 n rot	Augsburger Friede
1555 n blau	Sleidans Geschichtswerk
1556 n rot	Philipp König Spaniens
1556 n grün	Venezuela an Spanien
1557 n grün	Bankrott Spaniens
1558 n braun	Eroberung Chiles
1558 n rot	Chile spanisch
1559 n rot	Autodafés in Spanien
1559 n grün	Reichsmünzordnung
1563 n blau	Bau des 'Escorial'
1567 n rot	Alba Statthalter
1571 n braun	Seesieg über Türken
1572 n/1581 n	Kampf der Niederlande
1572 n rot	Gewinn der Philippinen
1576 n rot	Genter Gegenbündnis
1580 n rot	Gewinn Portugals
1581 n rot	Holland unabhängig
1583 n–1634 n	Wallenstein
1585 n rot	Gegenbündnis Englands
1585 n–1642 n	Richelieu
1588 n braun	Niederlage der Armada
1588 n rot	Gegenbündnis Hollands
1588 n rot	Machtverlust Spaniens
1594 n–1632 n	Gustav Adolf
1597 n braun	Verlust der Armada
1600 n–1681 n	Calderon
1602 n rot	Besitz Kaliforniens
1604 n rot	Gegenreformation
1605 n rot	Verlust der Molukken
1608 n rot	Protestantische Union
1609 n rot	Katholische Liga
1609 n rot	Toleranz in Böhmen
1611 n rot	Intoleranz in Spanien
1618 n braun	Prager Fenstersturz
1618 n/1648 n	Dreißigjähriger Krieg
1629 n rot	Restitutionsedikt
1634 n rot	Mord an Wallenstein
1635 n grün	Lohn für Piccolomini
1640 n braun	Portugiesischer Aufstand
1640 n rot	Loslösung Portugals
1640 n rot	Portugal selbständig
1648 n rot	Westfälischer Friede
1655 n/1660 n	Krieg Schweden—Polen
1655 n braun	Vorstoß Englands
1655 n rot	Verlust Jamaikas
1658 n braun	Niederlage bei Dünkirchen
1658 n rot	Erster Rheinbund
1659 n braun	Mexikanischer Aufstand
1659 n rot	Machtgewinn Frankreichs
1663 n/1699 n	Großer Türkenkrieg
1663 n–1736 n	Prinz Eugen
1667 n/1668 n	1. Krieg Ludwigs XIV.
1668 n rot	Verluste in Flandern
1672 n/1678 n	2. Krieg Ludwigs XIV.
1674 n rot	Bündnis gegen Frankreich
1678 n rot	Verluste an Frankreich
1680 n rot	Reunionen
1681 n rot	Straßburg französisch
1684 n rot	Bündnis gegen Türken
1686 n rot	Stärkung des Bündnisses
1687 n rot	Erbherrschaft in Ungarn
1688 n/1697 n	3. Krieg Ludwigs XIV.
1692 n braun	Mexikanischer Aufstand
1696 n blau	Schloß Schönbrunn
1699 n rot	Gebietsgewinne
1700 n rot	Dynastie-Ende in Spanien
1701 n/1714 n	Spanischer Erbfolgekrieg
1709 n–1762 n	Elisabeth Petrowna
1712 n–1786 n	Friedrich II., der Große
1713 n rot	Pragmatische Sanktion
1714 n rot	Gebietsgewinne
1714 n/1718 n	Türkenkrieg
1716 n blau	Karlskirche in Wien
1717 n–1780 n	Maria Theresia
1718 n rot	Gebietsgewinne
1723 n rot	Anerkennung der Sanktion
1733 n/1735 n	Polnischer Erbfolgekrieg
1735 n rot	Wiener Friede
1735 n/1739 n	Türkenkrieg
1740 n/1742 n	1. Schlesischer Krieg
1741 n/1748 n	Erbfolgekrieg
1742 n rot	Verlust Schlesiens
1744 n/1745 n	2. Schlesischer Krieg
1745 n rot	Franz I. Kaiser
1747 n rot	Schutz der Bauern
1748 n rot	Zugeständnis Preußens
1748 n rot	Zugeständnis Österreichs
1756 n/1763 n	Siebenjähriger Krieg
1769 n–1821 n	Napoleon I.
1772 n rot	Erste Teilung Polens
1773 n–1859 n	Metternich
1778 n/1779 n	Bayrischer Erbfolgekrieg
1781 n rot	Reform Josephs II.
1781 n rot	Säkularisation
1785 n rot	Gegenbund von Fürsten
1786 n rot	'Hexen'-Prozeß-Verbot
1787 n/1792 n	Krieg Rußland—Türkei
1792 n/1795 n	Revolutionskriege
1795 n braun	Aufstand in Ungarn
1795 n rot	Dritte Teilung Polens
1796 n/1815 n	Napoleonische Kriege
1803 n rot	Deputationshauptschluß
1806 n rot	Rheinbund
1806 n rot	Ende des deutschen Reiches
1810 n–1862 n	Cavour
1815 n rot	Wiener Kongreß
1815 n rot	'Heilige Allianz'
1815 n–1898 n	Bismarck
1848 n/1850 n	Revolution
1848 n rot	Nationalversammlung
1849 n braun	Erhebung Ungarns
1851 n rot	Wieder Deutscher Bund
1853 n/1856 n	Krimkrieg
1859 n/1861 n	Freiheitskampf Italiens
1864 n braun	Krieg gegen Dänemark
1866 n braun	Deutscher Krieg
1866 n rot	Ende des Deutschen Bundes
1867 n rot	Doppelmonarchie
1873 n rot	Drei-Kaiser-Bund
1879 n rot	Zweibund
1882 n rot	Dreibund
1899 n/1901 n	Boxeraufstand
1900 n rot	China-Abkommen
1908 n rot	Annexionen
1914 n/1918 n	Erster Weltkrieg
1918 n rot	Ende der Herrschaft

HACKS, Peter (geboren 1928 n), deutscher Schriftsteller. Als Sohn eines Rechtsanwalts studierte er in München, schrieb Erzählungen und Hörspiele und ging 1955 n nach Berlin. Lernte bei Bert Brecht und trat bald mit eigenen Theaterstücken hervor. Blieb nach Brechts Tod bei dessen Ensemble und wurde DDR-Bürger. In seinem Lustspiel 'Der Müller von Sanssouci' verwandelte er nach einer Idee von Brecht die rührende Geschichte des gerechten Preußen-Königs in eine humorvolle Entlarvung friderizianischer Pfiffigkeit. Erstrebt die Aktivierung des Theaterbesuchers im Sinne des Sozialismus durch das 'Vergnügen der Einsicht'. Dabei scheut er auch vor einer Kritik des sozialistischen Staates nicht zurück. Lehnt die seit Aristoteles geltenden dramaturgischen Regeln ab und sucht durch Verallgemeinerung aus Brechts Arbeiten eine neue Theater-Theorie abzuleiten.

1960 n blau	'Die Sorgen und die Macht'

HADAMAR von Laber (um 1300 n bis um 1360 n), deutscher Dichter. Als Adliger aus der Pfalz wurde er Gefolgsmann Ludwigs des Bayern. In seinem Gedicht 'Die Jagd' schilderte er sich selbst als einen Jäger und sein Herz als einen Spürhund, der ihn auf die Fährte eines edlen Wildes führt: der Geliebten. In dunklen Redewendungen hat er diese sinnbeladene Ausdrucksweise gleichnishaft durchgeführt.

1337 n blau	'Die Jagd'

HADRAMAUT, Hochland im Süden Arabiens, an der Küste östlich von Aden steil auf 2000 Meter ansteigend. Wegen seines reichen Weihrauch-Vorkommens seit 5000 Jahren wichtiger Lieferant für den Geruchsbedarf bei Kulthandlungen vieler Religionsgemeinschaften (Ägypter, Babylonier, Juden, Christen, Mohammedaner), erhielt es den Namen 'Land des Qualms' ('Hadramaut'). Seit dem 12. Jahrhundert vor unserer Zeitrechnung schlossen sich seine Bewohner zu einem kleinen Reich zusammen, das durch seinen lebhaften Handel in inniger Berührung mit der Welt stand. Es bewahrte 1400 Jahre seine Unabhängigkeit, wurde dann dem arabischen Südreich der Himjaren eingegliedert, geriet zeitweilig unter abessinische und persische Herrschaft und ging schließlich in dem von Mohammed geschaffenen Araberstaat auf. Nach dessen Ausdehnung zu einem Weltreich und der damit verbundenen Verlagerung des arabischen Macht- und Kulturzentrums nach Vorderasien verarmt, kam es unter die Botmäßigkeit Ägyptens. Zu Beginn des 16. Jahrhunderts übernahmen Türken die Herrschaft. Durch das Vordringen der Portugiesen verfiel auch noch der Indienhandel, und das Land sank weiter herab. Seit Mitte des 19. Jahrhunderts nahm englischer Einfluß zu und führte zur faktischen Abhängigkeit, aus der sich das Volk seit dem Ende des zweiten Weltkrieges befreite. Seit 1967 n sozialistisch.

1137 v rot	Reichsbildung
281 n braun	Sieg der Himjaren
281 n rot	Himjaren-Herrschaft
345 n rot	Ende der Himjarenmacht
345 n rot	Herrschaft Aksums
570 n rot	Herrschaft Persiens
570 n–632 n	Mohammed
631 n rot	Anschluß an Araberreich

HADRIAN, Publius Älius, römischer Kaiser von 117 n bis 139 n.

76 n–139 n	Lebenslinie
67 n–129 n	Apollodoros von Damaskus
117 n rot	Rückzug in Vorderasien
117 n grün	Direkte Steuern
120 n blau	Neubau des Pantheon
122 n rot	Rückzug aus Schottland
122 n grün	Grenzwall in Britannien
125 n grün	Verteilung von Domänen
130 n rot	Sklaven-Schutzgesetz
130 n blau	Ausbau Athens
131 n rot	Rechtspflege-Edikt
132 n/135 n	Juden-Erhebung
134 n rot	Lohnarbeiter-Gesetz
134 n blau	Athenäum in Rom
135 n rot	Sperrung Jerusalems
135 n blau	Tempelbau in Jerusalem
139 n blau	Engelsburg

HADRIAN I. (um 720 n–795 n), römischer Priester, Papst seit 772 n. Stützte im Kampf zwischen Franken und Langobarden die fränkische Partei und ließ den Führer der langobardischen Partei in Rom hinrichten. Der von ihm zu Hilfe gerufene neue Frankenherrscher Karl der Große vernichtete zwar wunschgemäß das Langobardenreich, verwehrte aber dem Papsttum jede Einmischung in die Politik und machte ihm nur geringe territoriale Zugeständnisse (Erneuerung der 'Pippin'schen Schenkung'). Selbst das Recht zur Entscheidung kirchlicher Fragen ging auf Karl über (Bilderstreit). Erwirkte die formelle Anerkennung der Unabhängigkeit des römischen Papsttums von Byzanz, die tatsächlich schon lange gegeben war.

773 n/774 n	Langobardenkrieg
774 n rot	Karolingische Schenkung
781 n rot	Gebietsgewinn
786 n grün	'Peters-Pfennig'
787 n rot	Bilderverehrung
792 n rot	Streit um Natur Jesu
792 n blau	Schrift gegen Bilderkult
794 n rot	Synode zu Frankfurt

HADRIAN IV. (um 1110 n–1159 n), englischer Priester, Papst seit 1154 n. In Frankreich erzogen, wurde er von seinem Vorgänger Eugen III. in die nordischen Länder entsandt und später als einziger Engländer zum Papst gewählt. Zwang die Bürger Roms durch Verbot von Gottesdienst, Taufe, Trauung und Beerdigung (erstes päpstliches Interdikt) zur Ausweisung des Reformators Arnold von Brescia. Später veranlaßte er Kaiser Friedrich Barbarossa zur Auslieferung Arnolds und ließ diesen auf grausame Weise hinrichten. Im anschließenden Kampf mit dem Kaiser suchte er vergeblich die Anerkennung der Kaiserkrone als eines päpstlichen Lehens gegen den Reichstag durchzusetzen. Auch die italienischen Rechtslehrer wiesen seine Machtansprüche zurück. Durch Herbeirufung der Normannen verschärfte er den Gegensatz zwischen Kaisertum und Papsttum.

1103 n–1155 n	Arnold von Brescia
1122 n–1190 n	Friedrich I. Barbarossa
1142 n/1155 n	Bürgeraufstand
1154 n rot	Papst
1155 n rot	Wieder Macht über Rom
1155 n rot	Hinrichtung Arnolds
1155 n rot	Krönung Friedrichs I.

HADRIANSSTADT, Name eines Stadtteiles von Athen, der vom römischen Kaiser Hadrian angelegt wurde. Durch einen eigenen Mauerring umschlossen, enthielt er eine große Bibliothek, Bäder und den Zeus-Tempel, den größten Tempel Griechenlands ('Olympieion'). Dieser Bau, den Peisistratos 700 Jahre zuvor begonnen hatte, wurde erst von Hadrian vollendet. Ähnliche nach ihm benannte Stadtteile legte er auch in anderen Griechenstädten an.

76 n–139 n	Hadrian
130 n blau	Bau

HADRIANSWALL, Name einer militärischen Befestigungslinie, die vom römischen Kaiser Hadrian in England angelegt wurde, um den von Römern beherrschten Südteil der Insel wirksam gegen den freien Teil (Schottland mit Northumberland) zu verteidigen. Schnitt die Insel an ihrer schmalsten (nur 100 km breiten) Stelle in zwei Hälften und stellte durch eine Kombination von Dämmen, Straßen, Flüssen, Schutzmauern und Kanälen ein wirksames Verteidigungssystem dar. 90 Jahre nach seiner Errichtung wurde er in eine Grenzsperre verwandelt, die aus einer geschlossenen Mauer mit Kastellen bestand. Nach dem Namen der in Schottland heimischen Urbevölkerung (Pikten) wurde die Anlage auch 'Piktenwall' genannt.

76 n–139 n	Hadrian
122 n grün	Baubeginn
210 n grün	Ausbau

HADSCHAD, Ibn (817 n–875 n), Name des arabischen Gelehrten Muslim aus Persien. Als Schüler und Freund Al Bucharis sammelte er im Araberreiche 300000 Überlieferungen, die Aufschluß über Leben und Werk Mohammeds geben konnten. 12000 davon veröffentlichte er als 'Wahre Sammlung', den Rest verwarf er als Entstellung oder spätere Erfindung. Von islamischen Theologen angefeindet, durch seinen Lehrer Al Buchari verteidigt, verbesserte er sein Werk immer wieder und schuf damit eine wesentliche Grundlage für das islamische Weltbild und die in den arabischen Ländern darauf beruhende Rechtsprechung.

858 n blau	Überlieferungen

HAECKEL, Ernst (1834 n–1919 n), deutscher Naturforscher. Als Arzt in Berlin Assistent Virchows, wandte er sich später den Naturwissenschaften zu und wurde Professor der Zoologie in Jena. Unternahm Forschungsreisen in die Mittelmeerländer und zum Indischen Ozean. Lehrte die Einheit von organischer und anorganischer Natur und schuf eine Theorie von der Entstehung des Lebens aus der Materie ('Autogenie'). Entwickelte die Lehren seines englischen Kollegen Darwin zu einem umfassenden System und erhob sie zu einer eigenen Wissenschaft ('Phylogenetik'), in die er auch den Menschen einbezog. Führte alle Lebensvorgänge auf die 'biogenetische Grundregel' zurück, nach der die individuelle Entwicklung jedes Lebewesens eine gedrängte Wiederholung seiner gesamten Stammesgeschichte ist. Als erster großer Naturwissenschaftler schloß er sich auch der Schönheit der Natur auf und bildete sie in 1600 eigenen Aquarellen ab. Philosophie ließ er nur gelten, soweit sie auf Naturwissenschaft beruht. Die Frage nach den 'letzten Gründen' hielt er für ebenso unnütz und abwegig wie die Frage nach den 'ersten Ursachen'. Bekämpfte die Kirchen, die mit solchen unbeantwortbaren Fragen und unwahren Antworten darauf die Menschen in Unwissenheit und Aberglauben halten. Lehrte, daß man jede Erscheinung nur aus ihrer Entwicklung verstehen könne.

1868 n grün	Schöpfungsgeschichte
1892 n grün	Monismus

HÄNDEL, Georg Friedrich, deutscher Tondichter.

1685 n–1759 n	Lebenslinie
1728 n blau	Kritik durch Bettleroper
1732 n blau	'Ezio'
1741 n blau	'Messias'
1746 n blau	'Judas Makkabäus'

HÄNGEBRÜCKEN

68 n grün	Bau in China
1937 n grün	Golden-Gate-Brücke

HÄNGENDE GÄRTEN, Bezeichnung für eine terrassenförmige Gartenanlage in der Stadt Babylon (Vorderasien), die sich bis auf die Dachhöhe des Königspalastes heraufzog. Galt jahrhundertelang als eines der wunderbarsten Bauwerke der Erde und als eines der sieben Weltwunder.

614 v grün	Anlage

HAFEN, ein durch seine natürliche Lage oder durch künstlich angelegte Wälle geschützter Liegeplatz für Schiffe.

1055 v grün	Kaimauer-Reparatur
979 v rot	Indienhafen Palästinas
493 v grün	Hafen von Piräus
486 v–430 v	Hippodamos
456 v grün	Piräus-Mauern
408 v grün	Hafen von Rhodos
342 v grün	Ausbau Ostias
279 v grün	Leuchtturm von Alexandria
265 v–202 v	Philon
31 v grün	Zementbauten in Rom
10 v–54 n	Klaudius
42 n grün	Versorgungshafen Roms
67 n–129 n	Apollodoros von Damaskus
1408 n–1472 n	Nezalhual
1551 n grün	Hafen Helsinki
1644 n blau	Gemälde Lorrains

HAFIS, persischer Dichter und Theologe.

1325 n–1389 n	Lebenslinie
1352 n blau	Spott über Priestertum
1369 n blau	Gedichtsammlung
1373 n blau	Forderung nach Toleranz

HAFTPFLICHT

1937 v–1865 v	Libit-Ischtar
1902 v–1841 v	Bila-Lama
1717 v grün	Haftung der Tierärzte

HAGEL

135 v–50 v	Poseidonios
97 v grün	Erforschung

HAGIA SOPHIA, Name einer Moschee in Istanbul an der Landenge zwischen Europa und Asien. Sie wurde zu einer Zeit erbaut, als die Stadt noch 'Byzanz' hieß und stellt den Gipfel der 'byzantinischen' Baukunst dar. Kaiser Justinian ließ sie als christliche Kirche in einer Bauzeit von nur 5 Jahren an dem Ort errichten, wo kurz zuvor eine Basilika abgebrannt war. Nach seinem Willen sollte sie alle Kultbauten der Erde an Glanz und Größe übertreffen. In dem zu seinem Bereich gehörenden Kleinasien gewann er dafür zwei große Architekten: Anthemios von Tralles und Isidor von Milet. Die beiden wölbten über einem Innenraum von 77 × 72 Metern in 55 Meter Höhe eine freitragende Flachkuppel mit einem Durchmesser von 31 Metern. Damit vollbrachten sie eine in der Weltgeschichte der Architektur einmalige Leistung. Die Kosten waren mit 300 000 Goldpfund wesentlich höher als die Baukosten der Peterskirche in Rom. Nach der Einnahme der Stadt durch die Türken (1453 n) wurde sie in eine islamische Moschee umgewandelt. Dabei sind die Mosaikarbeiten nur übertüncht worden, so daß diese schönen Arbeiten bei der Umwandlung der Moschee in ein Museum (1934 n) wieder freigelegt werden konnten.

537 n blau	Vollendung

HAGIA TRIADA, Name eines Dorfes an der Südküste der Mittelmeer-Insel Kreta. Hier wurde vor 3500 Jahren ein Palast erbaut, der sich durch seine herrliche Aussicht über Meer und Berge auszeichnete. Er wurde 1902 n von zwei italienischen Forschern ausgegraben. Dabei fanden sich gut erhaltene Wandgemälde, die rund um die ganzen Räume laufen und eine Geschichte in Einzelbildern darstellen. Auch eine Säulenhalle und ein Pfeilersaal wurden ausgegraben sowie kunstvoll gestaltete Gefäße und andere Gebrauchsgegenstände.

1571 v blau	Wandgemälde
1565 v blau	Palast
1555 v blau	Freskobild

HAHN, Otto, deutscher Naturwissenschaftler.

1879 n–1968 n	Lebenslinie
1938 n grün	Atomzertrümmerung
1955 n grün	Kobalt 60

HAHN, Siegmund (1664 n–1742 n), deutscher Arzt. Übernahm die väterliche Praxis in der schlesischen Stadt Schweidnitz. Seine Heilerfolge machten ihn so berühmt, daß er Leibarzt des polnischen Thronfolgers wurde. Bei seinen Bemühungen um gesunde Lebens- und Heilmethoden fand er die heilsame Wirkung des kalten Wassers, die fast in Vergessenheit geraten war, und empfahl es neben Licht und Luft als drittes Mittel des Gesund-Erhaltens und Gesund-Werdens. Nachdem er seinem Sohn bei einer schweren Flecktyphus-Erkrankung durch Wasserbehandlung das Leben gerettet hatte, wendete er die Methode auch bei anderen schweren Erkrankungen an (Gicht, Lähmungen, Rachitis, Wassersucht, Hautkrankheiten).

Dabei verordnete er Bäder, Waschungen und Packungen. Zusammen mit seinen Söhnen entwickelte er eine regelrechte Kaltwasser-Therapie, die sich durch die schlesischen Kriege schnell in ganz Europa verbreitete. Verfaßte mehrere Schriften.

1737 n grün Kaltwasserheilung

HAHN, Ulrich (um 1410 n–1478 n), deutscher Drucker. Verließ seine Heimat Ingolstadt und begab sich nach Rom, wo er eine eigene Druckerei betrieb. Dort stellte er ein Liederbuch her, in dem er schwarze Noten auf rote Notenlinien druckte ('Römisches Meßbuch'). 20 Jahre nach Erscheinen dieses Druckes wurde dem Italiener Petrucci in Venedig ein Patent für den Notendruck mit beweglichen Lettern erteilt.

1476 n grün Metall-Lettern

HAHNEMANN, Samuel (1755 n bis 1843 n), deutscher Arzt und Naturforscher. Bei Selbstversuchen mit Chinin stellte er fest, daß dieses Anti-Fiebermittel beim gesunden Menschen Fieber hervorruft. Systematische Forschungen führten ihn dann dazu, die gebräuchliche Anwendung von Arzneien als Gegenmittel (Allopathie) durch ein neues Verfahren zu ersetzen, bei dem Gleiches durch Gleiches geheilt wird (Homöopathie). 1797 n veröffentlichte er erste Ergebnisse und verallgemeinerte 1805 n die Schlußfolgerungen in seinem Aufsatz 'Heilkunde der Erfahrung'. Griff die Schulmedizin heftig an und wurde dafür von den Fachgelehrten verhöhnt und befehdet. Zog jahrzehntelang von Ort zu Ort, ohne Anerkennung zu finden. 75jährig veröffentlichte er sein Werk über die chronischen Krankheiten, die er sämtlich auf Hautkrankheiten zurückführte. Die letzten acht Jahre seines Lebens verbrachte er in Paris, wo er eine einträgliche Praxis hatte.

1805 n grün Homöopathie

HAIDERABAD, Stadt in Süd-Indien, Hauptstadt des gleichnamigen Staates, des ersten und wichtigsten englischen Vasallenstaates in Indien. Hier ließ Mohammed Kuli Ende des 16. Jahrhunderts eine prächtige Moschee bauen, die mit ihren vier Minaretten das Stadtbild prägt.

1591 n blau Char-Minar-Moschee

HAILE SELASSIE (geboren 1892 n), Kaiser ('Negus') von Abessinien. Zwanzigjährig Statthalter der Provinz Harar, machte er sich 1916 n als Regent der Kaiserin Zauditu zum Herrscher des ganzen Landes und 1928 n durch Staatsstreich zum Kaiser. Beseitigte die Sklaverei und gab seinem Lande eine Verfassung. Den Eroberungsabsichten des faschistischen Italien stellte er sich entgegen und emigrierte nach der militärischen Besetzung des Landes durch die Italiener. 1941 n zurückgekehrt, betrieb er eine Neutralitätspolitik, unterstützte aber die Freiheitsbewegungen der Völker Afrikas und Asiens auf der Grundlage der Beschlüsse der Bandung-Konferenz. Eine gegen ihn gerichtete Rebellion schlug er 1960 n nieder, ohne damit der auf Demokratie und Sozialismus gerichteten Volksbestrebungen Herr zu werden.

1935 n/1936 n Vorstoß Italiens
1936 n rot Abessinien italienisch
1942 n rot Vertrag mit England
1955 n rot Bandung-Konferenz

HAITHABU, Stadt in Norddeutschland (Schleswig-Holstein). Von dänischen Normannen unter Gottfried an Stelle der alten Siedlung Sliesthorp (bei Schleswig) gegründet. Entwickelte sich wegen ihrer verkehrsgünstigen Lage an der schmalsten Stelle der Halbinsel Jütland zu einem bedeutenden Umschlagplatz des Normannen-Handels. Weniger als 8 km weit war der Weg zur Schlei (und damit zur Ostsee) und nur 5 km weit zum Treenefluß (und damit zur Nordsee). Im 9. Jahrhundert ließen sich hier Handwerker aus vielen Ländern nieder, die Stadt prägte eigene Münzen. 934 n machte sie Heinrich I. zum deutschen Ostseehafen. Unter Otto I. wurde sie auch politisch Teil des Reiches, aber schon 984 n wieder von den Dänen zurückerobert, ohne jedoch ihre alte Stellung wieder einzunehmen. Seit 1000 n verödete die Stadt.

796 n blau Gründung

HAITI, Insel vor der Küste Mittelamerikas, neben Kuba gelegen und nach ihr die zweitgrößte Insel der Gruppe (Antillen). Hier legte Kolumbus auf seiner ersten Amerikafahrt einen Stützpunkt an und gründete damit die erste europäische Stadt Amerikas (Santo Domingo). Die indianische Urbevölkerung der Insel (etwa 100 000 Menschen) wurde in wenigen Jahren ausgerottet und seit 1505 n durch afrikanische Negersklaven ersetzt. 1697 n verlor Spanien die Westhälfte der Insel an Frankreich. Dieser Teil errang nach jahrzehntelangen Kämpfen 1804 n seine Unabhängigkeit und wurde die erste Negerrepublik der Erde ('Haiti'). 1844 n endete auch die Kolonialherrschaft im größeren Ostteil der Insel ('Dominikanische Republik'). Beide sind seitdem zunehmend unter den Einfluß der USA geraten, die die Insel wirtschaftlich ausbeuten, politisch kontrollieren und zeitweise auch militärisch besetzt halten. Durch den zunehmenden Druck der einheimischen Bevölkerung und durch die siegreiche Revolution auf Kuba ist die Vorherrschaft Nordamerikas rückläufig.

1452 n–1507 n Kolumbus
1492 n grün Reise des Kolumbus
1496 n blau Gründung Santo Domingos
1533 n braun Indianer ausgerottet
1631 n rot Seeräuber-Besitz
1794 n rot Kolonialsystem aufgehoben
1802 n rot Wieder Kolonialsystem
1803 n braun Freiheitskampf
1804 n rot Unabhängigkeit
1844 n rot Dominikanische Republik
1920 n rot Mitglied im Völkerbund
1945 n rot Mitglied der UN

HAKAM II., Al (um 920 n–976 n), arabischer Herrscher (Kalif) von Spanien seit 961 n. Als Sohn des Kalifen Abdar Rachman III. zur Macht gelangt, überließ er die Regierungsgeschäfte seinem Kanzler (Wesir Hasdai) und kümmerte sich um die Bildung im arabischen Spanien. Förderte die Gleichstellung der Frau durch allgemeine Verbreitung des Schulbesuchs für Mädchen sowie durch künstlerische und literarische Ausbildung und Betätigung. Richtete neben den auf Schulgeld-Zahlung beruhenden öffentlichen Schulen zahlreiche Schulen mit kostenlosem Unterricht für die Armen ein, allein in der Hauptstadt Cordoba schuf er 27 solcher schulgeldfreier Schulen. Die Universität Cordoba machte er durch systematische Bücherkäufe und Heranziehung erster Gelehrter zur führenden Bildungsstätte seiner Epoche. Galt als der gebildetste Fürst aller Zeiten.

936 n–1013 n Abu Kasim
976 n blau Großbibliothek Cordoba

HAKIM, Al (985 n–1021 n), arabischer Herrscher in Ägypten (Kalif) von 996 n bis 1021 n. Im Gegensatz zu seinen Vorgängern ein unduldsamer, unberechenbarer Machthaber. Förderte die Wissenschaft mit reichen Mitteln, suchte ihr aber zu befehlen und bestrafte Mißerfolge grausam. Tötete mehrere Minister und befahl die Verfolgung aller Nicht-Mohammedaner. Sein christlicher Sekretär bestimmte ihn zur Zerstörung der Grabeskirche in Jerusalem, dem Allerheiligsten der Christenheit, und trug dadurch zur Begründung der Kreuzzüge bei. Seine Vorstellungen vom Gottesgnadentum des Herrschers stärkten die Annahme seiner Umgebung, er sei dem Wahnsinn verfallen, und führten zu seiner Beseitigung.

948 n–1009 n Ibn Junis
1009 n rot Intoleranz
1021 n rot Ermordung
1022 n blau Heiligung durch Drusen

HALBERSTADT, deutsche Stadt im Harzvorland westlich von Magdeburg. Wuchs im 9. Jahrhundert zur Stadt empor, erhielt 989 n Stadtrecht, wurde Anfang des 13. Jahrhunderts ummauert, 1387 n Mitglied der Hanse. Als Zentrum des Warenaustausches mit Holland, Flandern und England wurde sie 1648 n von Brandenburg in Besitz genommen ('Westfälischer Friede') und trug wesentlich zur Stärkung der Wirtschaftskraft des aufstrebenden Preußen bei. Im zweiten Weltkrieg wurde die Stadt zu 82% zerstört. Geburtsstadt des Dichters Albrecht von Halberstadt.

1215 n blau Albrechts Übersetzung
1620 n–1688 n Der Große Kurfürst

HALBLEITER, ein Stoff, dessen elektrische Leitfähigkeit zwischen der eines metallischen Leiters und der eines Isolators liegt. Mit Aufkommen der Funktechnik und der Elektronik im 20. Jahrhundert von schnell zunehmender Bedeutung wegen seiner Eigenschaft, nur auf Ströme bestimmter Stärke, Richtung oder Wellenlänge zu reagieren.

1876 n grün Photoelement
1886 n grün Germanium
1926 n grün Germanium-Diode
1948 n grün Transistor

HALES, Alexander von (1175 n–1246 n), englischer Philosoph und Theologe. Lehrer der Theologie an der Universität Paris. Durch Nutzbarmachung der Philosophie für die Theologie versuchte er, die christlichen Lehren als notwendige Vernunftwahrheiten auszugeben. Dadurch vertiefte er die von der Kirche planmäßig betriebene Selbstentfremdung der Philosophie. Unternahm es als erster, auch die Kategorien des Aristoteles und der in seiner Nachfolge befindlichen arabischen Philosophen im christlichen Sinne anzuwenden. Hierdurch und durch den Versuch einer Zusammenfassung der kirchlichen Lehren in der Art wissenschaftlicher Systematik führte er die Geistesverwirrung im christlichen Europa zu einem ersten Gipfel (Hochscholastik).

1246 n blau 'Summe der Theologie'

HALES, Stephen (1677 n–1761 n), englischer Naturforscher. Suchte die hinter den Lebensvorgängen bei Pflanze und Tier wirksamen physikalischen Gesetze. Erforschte die Ernährung der Pflanzen und die Saftbewegung in ihrem Innern. Nachdem er bei Tieren die Schenkel-Arterie durch ein Glasrohr ersetzt und die Blutbewegung beobachtet und gemessen hatte, nahm er erste Blutdruck-Messungen beim Menschen vor. Begründete die Lehre vom Blutdruck in Anlehnung an die neuesten Druck-Gesetze der Physik. Beschäftigte sich auch mit Fragen des Stoffwechsels und der Ernährung.

1726 n grün Blutdruck-Messung
1743 n grün Physiologie

HALIKARNASSOS, griechische Hafenstadt an der Südwestküste Kleinasiens. Entstand vor etwa 3000 Jahren und entwickelte sich infolge ihrer verkehrsgünstigen, geschützten Lage schnell zu wirtschaftlicher und kultureller Blüte. Unter der Herrschaft des Artemisian I. kämpfte sie auf seiten Persiens gegen Griechenland. Ihren Höhepunkt erlebte sie als Hauptstadt des persischen Statthalters Mausolos, dessen Grabmal als eines der sieben Weltwunder galt. Im Jahre 334 v leistete die Stadt dem Eroberer Alexander dem Großen hartnäckigen Widerstand und wurde zerstört. Unter der Herrschaft seines Feldherrn Ptolemäus I. wieder aufgebaut, erreichte sie ihre alte Größe nicht wieder. Nach kurzer Selbständigkeit wurde sie im Jahre 129 v der römischen Provinz Asia eingefügt.

482 v–429 v Herodot
396 v–328 v Leochares
350 v blau Mausoleum

HALLE, Stadt an der Saale unweit Leipzig und mit dieser Nachbargemeinde zu einem Wirtschaftsraum verbunden. Als Stätte der Salzgewinnung (Solquellen) seit Jahrtausenden bekannt und bewohnt, entwickelte sich die Siedlung um 1000 n im Schutze einer fränkischen Burg zur Stadt (seit 1280 n Hansestadt). Der Anschluß an Brandenburg-Preußen (1680 n) führte zu wirtschaftlichem und kulturellem Aufschwung. Durch ihre zahlenmäßig starke Arbeiterschaft wurde sie zu einem revolutionären Zentrum Deutschlands seit den ersten sozialen Kämpfen der Salzarbeiter ('Halloren') gegen ihre Ausbeuter ('Pfänner') im Jahre 1474 n. 1890 n fand hier der erste Parteitag der SPD nach der Verbotszeit ('Sozialistengesetz') statt. An der Abwehr des Kapp-Putsches nahm die Arbeiterschaft der Stadt maßgeblich teil (Schlacht um Halle). 1920 n fand hier der Parteitag der USPD statt, auf dem die Partei ihre Vereinigung mit der KPD beschloß.

806 n grün Burg Giebichenstein
1694 n blau Universität
1708 n grün Semlers Schule
1920 n braun Kapp-Putsch

HALLE, Adam de la, französischer Dichter und Tonsetzer.

1238 n–1286 n Lebenslinie
1271 n blau Singspiel
1281 n blau Lieder

HALLER Albrecht (1708 n–1777 n), schweizerischer Naturforscher und Dichter. Studierte Medizin, wurde Arzt und Lehrer der Anatomie in Basel. Als Professor in Göttingen gründete er eine Entbindungsanstalt, den Botanischen Garten und die Gesellschaft der Wissenschaften. 45jährig kehrte er in seine Heimatstadt Bern zurück. Beschrieb die Mechanik des Atmungsvorganges, die Sensibilität der Nerven und die Reizbarkeit der Muskeln. Als Schriftsteller wurde er durch sein Gedicht über die Alpen berühmt, in dem er die Naturschilderung und die Darstellung sozialer Tatbestände miteinander verband. In der Arbeit erkannte er die wahre Grundlage des menschlichen Lebens. Trat für Freiheit und Gleichheit ein.

1729 n blau 'Die Alpen'
1747 n grün Physiologie

HALLEY, Edmund (1656 n–1742 n), englischer Astronom. Begab sich zur Erforschung des Südhimmels immer wieder zur südlichen Erdhälfte, besonders nach Australien. 53jährig wurde er Leiter der Sternwarte Greenwich und später königlicher Hofastronom. Berechnete die Bahn von 24 Kometen und entdeckte dabei, daß die Kometenerscheinungen der Jahre 1456 n, 1531 n, 1607 n und 1682 n von dem gleichen Himmelskörper ausgegangen sind. Sagte 1705 n das erneute Erscheinen dieses Kometen für das Jahr 1759 n richtig voraus. Seitdem trägt der Komet seinen Namen. Fand eine Methode zur Bestimmung des Sonnen-Winkels zwischen der Beobachtungsposition auf der Erdoberfläche und der Erdachse (Sonnen-Parallaxe). Verbesserte die Längenbestimmung aus der Mondbeobachtung und erleichterte dadurch die Ortung der Seefahrer. Bewies die Eigenbewegung der Fixsterne und erklärte das Nordlicht als magnetischen Vorgang.

1705 n grün Kometenbahn
1718 n grün Fixsternbewegung

HALS, Frans (um 1580 n–1666 n), niederländischer Maler. Ging aus der flämischen Stadt Mecheln nach Holland und ließ sich dort als Maler ausbilden. Arbeitete zeitlebens in Haarlem, vorwiegend als Porträtmaler (Hille Bobbe, Descartes). Nach dem frühen Tod seiner ersten Frau ging er 36jährig eine zweite Ehe ein. Als Vorsteher der Malergilde und Mitglied der Rhetorikergesellschaft war er angesehen und empfing den Besuch berühmter Gäste, darunter van Dyck und Rubens. Unter seinen Schülern waren seine sieben Söhne. Durch seine außerordentlich schnelle Malweise konnte er die Menschen in der Bewegung erfassen ('Der lustige Zecher', 'Die übermütigen Gitarristen') und auch große Gruppen lebendig darstellen ('Festmahl von Offizieren', 'Schützengilde'). Immer dem Lebensgenusse hingegeben, trat mit fünfzig Jahren ein Abstieg ein. Er wurde zum Trinker. Als verarmter Greis malte er noch die Leiter seines Altersheimes ('Vorsteher des Altmännerhauses').

1629 n blau 'Amme mit Kind'
1664 n blau Gruppenbild

HALSBAND-AFFÄRE, Bezeichnung für einen Skandal, der das öffentliche Leben Frankreichs kurz vor der Revolution beeinflußte. Die Königin Marie-Antoinette hatte bei einem Juwelier ein kostbares Halsband gesehen, das ihr aber zu teuer war. Ein lebenslustiger Kardinal gab eine Anzahlung und eine Bürgschaft, um die Neigung der Königin zu gewinnen, doch wurde er von einer Schwindlerin betrogen. Durch den König dem Gericht übergeben, wurde der Kardinal freigesprochen. Dadurch entstand der Eindruck, daß die Königin in die Sache verwickelt war. So wurde das ohnehin wenig gute Ansehen des Königshauses weiter verschlechtert.

1786 n rot Freispruch des Kardinals

HALSBAND FÜR TIERE

41 v grün Glöckchen in Rom

HALYS, alter Name eines Flusses in Kleinasien, der heute zur Türkei gehört (Kysyl-Irmak). Entspringt im Nordosten Kleinasiens, fließt zunächst südwärts, wendet sich dann im Herzen Kleinasiens in großem Bogen nordwärts und mündet zwischen den alten Griechenstädten Trapezunt und Sinope ins Schwarze Meer. Sein Mittellauf bildete lange die Grenze zwischen dem Perserreich und Lydien.

1834 v–1773 v Anitta
595 v–525 v Krösus

HAMADANI, Al, arabischer Dichter persischer Herkunft.

968 n–1007 n Lebenslinie
994 n blau 'Makame'

HAMANN, Johann Georg (1730 n–1788 n), deutscher Schriftsteller. Als Sohn eines Wundarztes studierte er Rechtswissenschaft und Theologie und beschäftigte sich mit Poesie und Philosophie. Wurde Hauslehrer in Livland. Arbeitete als Kaufmann, Zeitungsredakteur, Zollinspektor, Packhofverwalter und erhielt schließlich in seiner Heimatstadt Königsberg eine Beamtenstelle. Betonte das gläubig-hinnehmende Gefühl gegenüber der Zeitströmung einer vernunftgemäßen Ausrichtung des menschlichen Lebens und wirkte dadurch dem Durchbruch des wissenschaftlichen Zeitalters entgegen. Seine Schriften fanden im Volk keinen Anklang, wurden aber durch ihren Einfluß auf Herder, Goethe und andere Dichter wirksam.

1759 n blau 'Denkwürdigkeiten'

HAMBURG, Hafenstadt im Mündungsgebiet der Elbe. Nach ihrer Gründung 200 Jahre lang Angriffsziel normannischer Seefahrer, wurde sie 1188 n um die Neustadt erweitert und erhielt 1189 n vom deutschen Kaiser weitgehende Selbständigkeit. Durch ihren Schutzvertrag mit Lübeck (1241 n) und Bremen (1259 n) legte sie den Grund zur Hanse. Das Überwiegen des Handels nahm mit dem Ausbau des Schiffsverkehrs zu. Nach der Reformation (1529 n) Zufluchtsstätte verfolgter Handwerker aus England und Frankreich. Durch Teilnahme am überseeischen Gewürzhandel stieg der Reichtum der Stadt gewaltig an. Kontinentalsperre (1806 n bis 1812 n) und französische Besatzung (1810 n–1814 n) entvölkerten die Stadt, konnten aber ihren Aufstieg ebensowenig aufhalten wie der Stadtbrand von 1842 n. 1867 n schloß sich die Stadt dem Norddeutschen Bund und 1871 n dem Deutschen Reich an. Im 20. Jahrhundert wurde sie zur größten Hafen- und Handelsstadt des europäischen Festlandes. Das Nebeneinander von reichen Kaufleuten ('Pfeffersäcken') und einem zahlenmäßig starken Proletariat führte immer wieder zu Spannungen, Streiks und blutigen Kämpfen. Im zweiten Weltkrieg durch englisch-amerikanische Luftangriffe zu 56% zerstört (55 000 Tote), richtig se seitdem um die Rückgewinnung ihrer alten Weltgeltung.

807 n blau Gründung
845 n braun Normannen-Einfall
1001 n–1072 n Adalbert von Bremen
1017 n–1088 n Adam von Bremen
1037 n blau Dom
1076 n blau Kirchengeschichte
1235 n blau Katharinenkirche
1241 n rot Vertrag mit Lübeck
1379 n blau Grabower Altar
1401 n braun Kampf mit Liekedeelern
1401 n rot Hinrichtung Störtebekers
1424 n blau Thomasaltar
1540 n grün Börse
1619 n grün Bank
1737 n rot Freimaurerloge
1767 n blau Lessing: 'Dramaturgie'
1768 n rot Freie Reichsstadt
1778 n grün Sparkasse
1791 n braun Gesellenaufstand
1897 n blau Rathaus
1923 n braun Kommunistische Erhebung
1923 n blau Chile-Haus
1939 n/1945 n Zweiter Weltkrieg
1945 n rot Besetzung
1949 n rot Land der BRD

HAMDANI, Al (um 880 n–945 n), arabischer Geschichtsschreiber und Geograph. Selbst im Süden der arabischen Halbinsel zu Hause, beschrieb er in zehn Büchern die älteste Stammesgeschichte und die frühe Geschichte des südarabischen Reiches von Saba. Beschäftigte sich auch mit Erdmessung, Karten- und Länderkunde.

931 n blau Geschichte des Altertums
940 n grün Geographie Arabiens

HAMELN, Stadt am Mittellauf der Weser, 30 km südwestlich von Hannover. Entstand vor etwa 1000 Jahren als Siedlung von Fischern, die in der Weser den begehrten Lachs fingen. Seit 1427 n Hansestadt, seit 1866 n preußisch. Weltbekannt wurde die Stadt durch einen Rattenfänger, der mit seinem Flötenspiel 130 Kinder aus der Stadt lockte und entführte.

1284 n blau Rattenfängergeschichte

HAMILKAR, karthagischer Feldherr und Politiker.

282 v–229 v Lebenslinie
264 v/241 v Erster Punischer Krieg
247 v–183 v Hannibal
241 v rot Verlust Siziliens
241 v rot Machtgewinn Roms
240 v/238 v Söldner-Aufstand
237 v/236 v Spanischer Krieg
237 v rot Sardinien, Korsika an Rom
236 v rot Niederlassung in Spanien
231 v rot Warnung durch Rom

HAMLET, Name eines dänischen Prinzen aus sagenhafter Zeit. Zuerst erwähnt bei dem dänischen Historiker Saxo, kehrte er 1559 n im 5. Band der 'Tragischen Geschichten' von Belleforest wieder, dann um 1580 n bei dem Engländer Thomas Kyd. Dessen Landsmann Shakespeare gab der Gestalt 1601 n ihre klassische Ausprägung. Wieland schuf 1766 n die erste deutsche Übersetzung.

1203 n blau Aufzeichnung der Sage
1601 n blau Shakespeares Drama

HAMMERKLAVIER, alte Bezeichnung für das eigentliche Klavier, bei dem im Gegensatz zu anderen Tasten-Instrumenten (Klavichord, Spinett, Cembalo) die Saiten nicht mechanisch gezupft, sondern mit kleinen Hämmern mechanisch angeschlagen wurden. Von dem italienischen Instrumentenbauer Christofori erfunden.

1709 n grün Erfindung

HAMMURABI, Kaiser von Mesopotamien.

1760 v–1686 v Lebenslinie
1785 v–1717 v Samsi-Adad
1780 v–1697 v Rimsin
1748 v–1695 v Zim-Rilim
1726 v rot König von Babylon
1724 v rot Vertrag mit Assyrien
1722 v braun Sieg über Isin

1722v rot Macht über Isin, Uruk
1720v–1648v Samsu-I-Luna
1712v rot Dreibund
1708v blau Gesetzes-Kodex
1707v rot Gesetzes-Verkündung
1707v blau Relief
1699v braun Sieg über Larsa
1699v rot Machtgewinn
1699v blau Statue
1698v braun Sieg über Elam
1698v rot Beherrschung Elams
1698v blau Siegessäule
1697v braun Sieg über Assur
1697v rot Herrschaft über Assyrien
1696v braun Sieg über Mari
1696v rot Herrschaft über Mari
1695v braun Aufstand Maris
1695v rot Einigung Mesopotamiens
1695v rot Kaiser Mesopotamiens
1695v blau Relief
1694v grün Werft in Babylon
1693v rot Beamtenstaat
1691v blau Gesprächsaufzeichnung
1691v grün Kanalbau
1690v rot Marduk oberster Gott
1690v grün Kalenderreform

HAMSUN, Knut (1859n–1952n), norwegischer Dichter. Als Sohn eines Schneiders wurde er Schusterlehrling und zog in der Welt umher als Wegearbeiter, Straßenbahnschaffner, Erntehelfer und schließlich als Journalist. Dreißigjährig hatte er mit seinem ersten Roman 'Hunger' Erfolg und schrieb dann bis ins hohe Alter Romane, Dramen und Erzählungen. Darin verwarf er die städtische Zivilisation ('Kinder ihrer Zeit') und suchte die Wurzeln der Lebenskraft des Menschen in dessen Einklang mit der Natur ('Segen der Erde'). Nach zweimaligem Aufenthalt in den USA warnte er die Welt vor der Amerikanisierung. Verherrlichte den arbeitenden Menschen. Suchte das Seelen- und Triebleben des Menschen aufzudecken. Verwarf das Christentum. Seine Liebe zu Deutschland ließ ihn in beiden Weltkriegen gegen die Neutralität seines Heimatlandes Partei ergreifen. Der 86jährige wurde deshalb nach dem zweiten Weltkrieg zu einer hohen Geldstrafe verurteilt.

1888n blau 'Hunger'

HANAU, Stadt in Hessen an der Mündung der Kinzig in den Main. Aus einer Wasserburg emporgewachsen, erhielt sie 1303n Stadtrecht. Nach der Reformation siedelten sich protestantische Flüchtlinge aus den katholischen Niederlanden an. Richard Küch erfand hier die Quarzlampe, die von W. C. Heracus gebaut wurde und sich als 'Hanauer Höhensonne' in vielen Ländern verbreitete.

1904n grün 'Höhensonne'

HANBAL, Ibn Achmed (780n–855n), arabischer Rechtslehrer und Schriftsteller. Studierte in seiner Heimatstadt Bagdad, unternahm dann weite Reisen durch das Araberreich und gab sich nach seiner Rückkehr ganz der Sammlung und kritischen Verarbeitung des arabischen Rechtes hin. Als einzige Grundlage der Rechtsprechung anerkannte er die Grundsätze des Koran und verwarf die Freiheit der richterlichen Entscheidung. Für seine Ansichten eingekerkert und gefoltert, setzte er sich schließlich durch. Als angesehener Rechtslehrer konnte er noch viele Schüler heranbilden, die später seine Vorträge zu einem System zusammenfaßten. Schrieb auch ein Buch über Askese sowie eine Abhandlung über Disziplin im Gottesdienst.

840n blau Rechtssammlung

HANDEL, Teilgebiet der Volkswirtschaft, das alle unproduktiven Tätigkeiten zwischen Erzeuger und Verbraucher umfaßt. Erfüllte seine mit zunehmender Spezialisierung der Produktion immer wichtiger werdende Aufgabe der Waren-Verteilung unter dem Gesichtspunkt größtmöglichen Gewinns. Förderte den durch Aufkommen der Arbeitsteilung einsetzenden Prozeß der Entfremdung des Menschen von seiner Arbeit und damit von der Grundlage seiner Existenz. Mit dem Anwachsen seiner Bedeutung und seines Einflusses auf Staat und Gesellschaft erhob er den unverhüllten Egoismus zur bestimmenden Gesinnung des Menschen. Verschärfte die in der Geschichte auftretenden Wirtschaftskrisen durch Ausnutzung der eigenen Gewinnchancen und beschleunigte so den Untergang aller auf der Ausbeutung des Menschen durch den Menschen beruhenden Gesellschaftssysteme, insbesondere des Kapitalismus. In der sozialistischen Gesellschaft mit dem grundsätzlichen Fortfall des Profits seiner Grundlage beraubt, wird er durch kommunale, staatliche oder genossenschaftliche Verteilerorganisationen ersetzt, die ohne Gewinn alle volkswirtschaftlichen Produkte dem Verbraucher zuführen.

Vorzeittafel: Schlußbalken (5000 Jahre)
3000v–2952v Meschki-Agascher
2973v grün Tauschhandel Sumers
2967v grün Buchführung in Sumer
2902v blau Karawanenplatz Mekka
2854v grün Karawanenweg in Arabien
2830v grün Buchführung in Ägypten
2813v grün Baumwolle nach Sumer
2804v grün Handel Ägypten—Syrien
2797v grün Elfenbein nach Sumer
2743v grün Weihrauchhandel
2740v grün Handel Sumer—Ägypten
2727v grün Kupfer nach Sumer
2644v–2576v Snofru
2584v grün Handelsflotte Ägyptens
2582v grün Befestigte Straßen
2580v rot Höchstpreise in Uruk
2576v grün Assuan Karawanenplatz
2570v–2481v Ur-Enlil
2547v grün Diorit nach Sumer
2545v–2478v Mes-Anni-Padda
2512v–2458v Sahu-Re
2510v rot Privileg für Händler
2508v grün Handelshaus Ur-Enlils
2494v grün Handel Ägypten—Punt
2494v–2416v Schu-Bad
2489v rot Niederlassung Kanesch
2485v grün Handel Sumers erweitert
2466v grün Ausfuhren Punts
2464v–2397v En-Te-Mena
2449v–2367v Lugal-Anda
2379v grün Höchstzins in Sumer
2374v grün Kreditbriefe in Sumer
2350v grün Metallwährung in Sumer
2335v rot Buchführungspflicht
2334v grün Silbermünzen in Akkad
2329v rot Schutzgesuch Kaneschs
2319v grün Gold nach Ägypten
2311v rot Kaufvertrags-Vorschrift
2311v grün Handel Ägypten—Nubien
2301v grün Elfenbein nach Ägypten
2292v grün Handelsplatz Kerma
2102v–2040v Meri-Kare
2088v–2020v Gudea
2060v–1983v Schul-Gi
2034v grün Zedernholz nach Sumer
2031v grün Gold-Währung in Ägypten
2002v–1928v Sesostris I.
1988v grün Steigende Zinsen in Sumer
1955v–1895v Amen-Em-Het II.
1950v grün Aufwertung von Kerma
1902v–1841v Bila-Lama
1897v grün Frachtbriefe, Mesopotamien
1886v–1817v Sumu-Abum
1885v blau Gemälde 'Handelskarawane'
1876v–1816v Iri-Suma
1859v rot Schutz für Kanesch
1769v grün Kupferbarren als Währung
1748v–1695v Zim-Rilim
1716v grün Mari Umschlagplatz
1703v grün Pferdehandel Karkemischs
1694v grün Schiffsbau in Babylon
1691v–1628v Chian
1637v grün Handel Ägyptens erweitert
1597v–1521v Minos
1550v grün Handel mit Bernstein
1526v–1482v Hatschepsut
1496v grün Kupfer nach Ägypten
1404v grün Griechen auf Zypern
1402v grün Handel Ägypten—England
1367v rot Protest gegen Ausraubung
1297v–1218v Tud-Halia IV.
1241v–1184v Priamos
1240v grün Sperre gegen Assyrien
1232v–1183v Agamemnon
1193v/1184v Trojanischer Krieg
1189v grün Handel Sabas
1176v grün Vormachtstellung Sabas
1118v–1058v Wen-Amun
1111v/1090v Mesopotamischer Krieg
1102v grün Kamel als Lasttier
1038v grün Einfuhren nach Saba
999v grün Handelszentrum Kition
999v–936v Hiram
992v–933v Salomo
979v rot Indienhafen Palästinas
973v grün Handel Phönizien—Israel
969v–908v Bilkis
929v grün Handel Phönizien—Afrika
905v–850v Ahab
852v–774v Pygmalion
803v grün Nordeuropa-Handel
780v grün Geldwirtschaft in China
758v–672v Bajin
733v–645v Kuan-Tse
732v grün Geld in Syrien
707v rot Höchstpreise in Assyrien
695v grün Münzprägung der Griechen
693v–609v Psammetich I.
659v grün Handelssteuern in China
658v–595v Necho II.
652v grün Steigende Zinsen in Athen
624v grün 'Talent' Währung Athens
624v–561v Nebukadnezar II.
602v–527v Peisistratos
592v grün Bank in Babylon
569v grün Babylon: Steigende Zinsen
510v grün Goldmünzen der Perser
493v grün Hafen von Piräus
476v grün Griechen: Geldwirtschaft
454v grün Kupfer-Währung in Rom
448v grün Handel Griechen—Perser
432v grün Sperre gegen Megara
408v grün Hafen von Rhodos
398v grün Vertrag Roms mit Karthago
329v grün Seide-Import, Griechenland
327v grün Währung im Alexanderreich
322v–246v Ptolemäus II.
306v grün Vertrag Roms mit Rhodos
276v grün Papyrusausfuhr-Monopol
273v grün Vertrag Roms mit Ägypten
269v grün Silber-Währung in Rom
259v–209v Schi-Huang-Ti
220v grün Freihandel in China
197v grün Gold-Währung in Rom
189v grün Rhodos Handelszentrum
184v blau Markthalle in Rom
166v rot Abwertung von Rhodos
166v grün Aufwertung von Delos
157v–87v Wu-Ti
145v rot Vormacht von Marseille
128v grün Sklaven-Großumsatz
127v grün Handel China—Parther
121v grün Ausbau der Seidenstraße
114v grün Handel China—Europa
114v–53v Krassus
54v grün Fallender Goldpreis (Rom)
26v grün Ausbau ägyptischer Flotte
9v grün Steigende Sklavenpreise
9n rot Sklavenhandels-Verbot
10n rot Ausgleichsämter in China
31n grün Einfuhrüberhang in Rom
245n grün Verbindung China—Japan
294n rot Kinderverkaufs-Verbot
301n grün Höchstpreise in Rom
314n grün Handelssteuer in Rom
325n grün Kirche gegen Zinsen
538n grün Kirche für Zinsen
540n grün Goldmünzen der Franken
618n grün Staatsbank in China
651n grün Expeditionen nach China
680n grün Niederlassung Kanton
693n rot Handelsverbot für Juden
696n grün Münzprägung bei Arabern
699n–767n Abu Hanifa
705n grün Handel Normannen-Slawen
708n grün Münzprägung in Japan
746n grün Route Schweden—China
766n–809n Harun al Raschid
793n grün Teehandels-Steuer, China
796n blau Handelsstadt Haithabu
805n grün Stapelplatz Magdeburg
807n grün Depositenscheine in China
830n–879n Rurik
835n grün Handelsroute verkürzt
911n grün Vertrag Rußland—Byzanz
950n grün Wechsel in Europa
990n grün Handelsflotte Venedigs
1024n grün Papiergeld in China
1050n grün Verbreitung der 'Mark'
1058n grün Gilden in der Normandie
1082n grün Freihandel für Venedig
1087n grün Pisa, Genua: Afrikahandel
1096n grün Kreuzzugs-Finanzierung
1100n grün Vorrechte für Städte
1129n–1195n Heinrich der Löwe
1151n grün Geldverleiher-Vereinigung
1156n grün Bankgeschäfte in Italien
1157n grün Anfänge der Hanse
1161n grün Deutsche auf Gotland
1163n grün Boykott gegen Katharer
1179n grün Boykott gegen Araber
1181n grün Deutsche in Nowgorod
1194n grün Messe in Troyes
1194n grün Messe in Provins
1195n grün Vertrag Deutsche—Russen
1204n grün Orienthandel über Italien
1204n–1263n Haakon der Alte
1214n–1294n Kublai-Khan
1241n rot Vertrag Hamburg—Lübeck
1247n grün Geld in Tibet
1250n grün 'Stalhof' in London
1252n grün Gulden in Florenz
1254n–1324n Marco Polo
1268n grün Leipziger Messe
1270n grün Italiener auf der Krim
1270n–1319n Haakon V.
1278n grün Deutsche in Norwegen
1280n rot Bund der Hanse
1284n grün Dukaten in Venedig
1300n grün Groschen in Böhmen
1301n rot Aufhebung der Rheinzölle
1301n/1302n Erhebung wegen Zöllen
1301n grün Salz-Kartell
1303n grün Kritik des Duns Scotus
1338n/1453n Hundertjähriger Krieg
1341n grün Pegolottis Reiseführer
1347n rot Ausdehnung der Hanse
1359n grün Privilegien für Hanse
1362n/1364n Krieg der Hanse
1364n grün Sperre gegen Hanse
1367n rot Hanse: Kriegsbeschluß
1367n/1370n Krieg der Hanse
1370n rot Machtgewinn der Hanse
1392n grün Handel England—Venedig
1394n–1460n Heinrich der Seefahrer
1401n grün Bank in Barcelona
1402n grün Bank in Frankfurt
1407n grün Bank in Genua
1408n grün Ravensburger Konzern
1425n rot Konzern-Verbot
1428n grün Messe-Vorrang Lyons
1440n–1505n Iwan III.
1453n grün Kapital-Handel
1459n–1525n Jakob Fugger
1463n grün Tucheinfuhr-Verbot
1473n grün Beziehung Kaiser—Fugger
1494n rot Rückdrängung der Hanse
1494n grün Doppelte Buchführung
1494n grün Fugger-Gesellschaft
1494n–1566n Soliman der Große
1496n–1560n Gustav Wasa
1497n grün Messe-Privileg Leipzigs
1498n grün Kupfer-Syndikat
1500n–1558n Karl V.
1502n grün Sklaven nach Amerika
1503n grün Amt für Amerika-Handel
1503n grün Portugiesen in Indien
1506n grün Gewürze aus Indien
1509n grün Fugger: Kriegsfinanzierung
1511n grün Fugger: Kapitalzuwachs
1517n rot Papst für Sklavenhandel
1519n grün Fuggerhilfe für Karl V.
1521n rot Monopol-Verbot
1523n grün Hansehilfe für Wasa
1523n grün Schutz für Fugger
1525n grün Monopole, Preisdiktat
1530n–1584n Iwan IV.
1531n grün Börse von Antwerpen
1533n–1603n Elisabeth
1535n braun Hanse-Reform-Versuch
1535n grün Vertrag Frankreich—Türkei
1537n grün Nürnberger Börse
1537n grün Augsburger Börse
1540n grün Hamburger Börse
1540n grün Schuldverschreibungen
1541n grün Börse von Lyon
1543n rot Zinserlaubnis der Kirche
1546n rot Höchstzinsen in England
1547n grün Livorno Freihafen
1549n grün Börse von Toulouse
1551n grün Hafen Helsinki
1553n grün Handel Rußland—England
1562n grün Sklavenhandel Englands
1563n/1570n Dreikronen-Krieg
1565n grün Londoner Börse
1566n grün Börse von Rouen
1577n grün Importverbot für Indigo
1577n grün Preisgesetze
1592n grün Kölner Börse
1597n grün Kaufmanns-College
1600n grün Sklavenhandel verpachtet
1600n grün Indienkompanie Englands
1601n grün Sklavenmonopol Portugals
1602n grün Indienkompanie Hollands
1605n grün Bank in Rom
1605n grün Lübecker Börse
1612n grün Meistbegünstigungsklausel
1619n grün Bank in Hamburg
1619n grün Bank in Venedig
1619n–1683n Colbert
1623n grün Königsberger Börse
1627n grün Bremer Börse
1628n grün Compagnie du Canada
1631n grün Afrikakompanie Englands
1632n grün Frankfurter Börse
1634n grün Leipziger Börse
1637n rot Senegal an Sklavenhändler
1641n grün Monopol-Verbot
1650n grün Sklavenmonopol Hollands
1651n rot Navigationsakte
1656n grün Bank von Schweden
1657n grün Merkantilismus
1660n grün Unternehmen des Mitsui
1663n grün Privileg für Gesellschaft
1664n rot Schutzzölle (Frankreich)
1664n grün Colbert: Handelskompanie
1672n grün Sklavenmonopol Englands
1673n rot Frankreich: Handelsrecht
1688n rot Recht zum Sklavenhandel
1694n grün Bank von England
1696n grün Schiffsnachrichtenblatt
1698n grün Verkehr Rußland—China
1702n grün Börse von Paris
1709n–1762n Elisabeth Petrowna
1711n grün Südseekompanie Englands
1713n grün Sklavenmonopol Englands
1716n grün Berliner Börse
1716n grün Geld einer Privatbank
1720n grün 'Südsee-Skandal'
1723n–1790n Adam Smith
1724n grün Schutzzölle in Rußland
1727n rot Kontor Rußlands in Peking
1750n grün Börse von Rotterdam
1753n grün Börse von Edinburgh
1753n grün Wiener Börse
1754n rot Zollreform in Rußland
1768n grün Sklaven-Massenumsatz
1773n grün Opium nach China
1774n grün Handelsabbruch Amerikas
1784n grün Bank von New York
1800n blau Fichte: 'Handelsstaat'
1800n grün Bank von Frankreich
1806n grün Kontinentalsperre
1811n grün Petersburger Börse
1817n grün New Yorker Börse
1830n grün China: Opiumimport erhöht
1834n rot Zollreform Deutschlands
1838n grün Freihandels-Forderung
1839n–1937n Rockefeller
1841n grün List: Zollunion
1842n rot Zugeständnis Chinas
1846n rot Kornzoll-Aufhebung
1852n grün Warenhaus in Paris
1870n grün 'Standard Oil'
1920n grün Internationale Kammer
1921n rot Neue Ökonomische Politik
1957n grün Gründung der EWG

HANDELSSPERRE, Maßnahme zur wirtschaftlichen Schädigung einer feindlichen Macht, meist in Kriegszeiten. Zielt auf eine Schwächung der Kampfkraft des Gegners.

1240v grün Sperre gegen Assyrien
432v grün Sperre gegen Megara
1359n grün Sperre gegen Flandern
1364n grün Sperre gegen Hanse
1806n grün Sperre gegen England

HANDFEUERWAFFEN

1339n grün Aufkommen
1435n grün Pistole
1479n grün Gezogener Gewehrlauf
1652n grün Steinschloß
1659n grün Hinterlader
1815n grün Zündhütchen
1827n grün Zündnadel

HANDHARMONIKA, Musikinstrument, dessen freischwebende Metallzungen durch die aus einem Balg herausgedrückte Luft zum Klingen gebracht werden. Aus einem von Johann David Buschmann gebauten Reise-Harmonium ('Terpodion') entwickelt von dessen Sohne Friedrich. 36 Jahre nach dieser Erfindung begann der Uhrmacher Matthias Hohner in Trossingen (Württemberg) die industrielle Herstellung des Instrumentes.

1822n grün Erfindung

HANDPUPPENSPIEL, Theateraufführung, bei der die handelnden Personen durch Puppen dargestellt werden, die von der unsichtbaren Hand des Puppenspielers bewegt sind. Eine in Ostasien (auch in der abgewandelten Form des Schattenspiels) seit alters her bekannte Kunst, besonders in China und Japan und auf Java. Kam um 900n in die arabischen Teile Spaniens und Italiens und verbreitete sich nach 1300n von Flandern aus über ganz Europa: Um 1580n nach Deutschland (Nördlingen) und nach Frankreich (Paris), wo die von oben an Schnüren bewegten Puppen um 1600n den Namen 'Marionetten' erhielten.

1011n blau Schattentheater nach Java
1335n grün Aufkommen in Europa
1810n blau Kleist: Marionetten
1850n blau Pocci: 'Kasperle'-Spiele

HANDSCHRIFTENDEUTUNG (Graphologie), Wissenschaft von der Handschrift und ihrer Beziehung zum Wesen des Menschen. Rückschlüsse auf den Charakter wurden aus der Handschrift seit mindestens vier Jahrhunderten gezogen. Anfang des 17. Jahrhunderts gab dann der italienische Arzt Baldo die erste Anleitung, wie man aus der Schrift eines Menschen seinen Charakter erkennt. 1812n erschien ein Buch mit der gleichen Zielsetzung in Frankreich (Horquart). Das Wort wurde erst 63 Jahre später von dem Franzosen Michon geprägt, der nach jahrzehntelangen Schriftvergleichen die Arbeit systematisierte. Adolf Henze hatte sie schon um 1860n in Deutschland bekanntgemacht. Nun verbreitete Busse hier die Ergebnisse Michons. Preyer ließ die Lehre Michons von den Einzelzeichen fallen und griff auf die Schriftbewegung als Ganzes zurück. Hier erst liegt der Übergang zur modernen Wissenschaft, die dann von Klages vollendet wurde. Feststellung, Kombination und Auswertung der Schriftmerkmale wurden damit zu einem eigenen Beruf mit Universitäts-Ausbildung. Im Zeitalter der modernen Großbetriebe wurde sie für die Personal-Auswahl von zunehmender praktischer Bedeutung. Neuerdings werden bereits Versuche mit maschinellen Schrift-Auswertungen gemacht.

1622n grün Camillo Baldo
1875n grün Jean Hippolyte Michon
1916n grün Ludwig Klages

HANDWERKER, Bezeichnung für die ersten Spezialisten der Geschichte. Sie lösten sich vor etwa 5000 Jahren aus der allgemeinen menschlichen Erwerbstätigkeit, bei der alle für das eigene Dasein benötigten Dinge selbst hergestellt wurden, und sie leisteten fortan nur noch eine einzige Arbeit. Ihre Spezialisierung kam mit der Metall-Bearbeitung auf und bewirkte die Arbeitsteilung, die ihrerseits zum Warenaustausch, zum Handel und zum Geld führte. Damit lösten sie eine Entwicklung aus, die zur Absonderung des Eigentums an den immer mehr zu Maschinen anwachsenden Werkzeugen führte und ihnen selbst schließlich nur noch die Wahl ließ, zu einem von der ausführenden Arbeit entfremdeten Besitzer der Produktionsmittel (= Kapitalisten) zu werden oder zu einem vom Besitz der Produktionsmittel ausgeschlossenen Handarbeiter (= Proletarier). Kommunistische Bestrebungen zur Rückgängig-Machung dieses Entfremdungsprozesses sind geschichtlich so alt wie dieser Spaltungsvorgang der menschlichen Gesellschaft selbst. Das moderne Proletariat als enterbter Erbe der ausführenden Seite des Handwerks erkannte die Forderung nach Wiederherstellung der alten idyllischen Zustände als utopisch und setzte sich das Ziel einer Wiederherstellung der ganzheitlichen Lebens- und Arbeitsweise des Handwerkers auf höchster industrieller Ebene durch eine der modernen gesellschaftlichen Arbeitsteilung entsprechende gesellschaftliche Eigentums-Verteilung (Sozialismus).

Vorzeittafel: Schlußbalken (5000 Jahre)
2904 v grün Schmiede in Ägypten
2878 v grün Maurer in Indien
2622 v blau 'Schiffsbaumeister'
2545 v–2478 v rot Mes-Anni-Padda
2464 v–2397 v rot En-Te-Mena
2452 v–2377 v grün Ti
2385 v blau 'Zimmerleute'
2125 v blau 'Der Handwerker'
2037 v blau 'Bauhandwerker'
2036 v blau Kaiser als Handwerker
2021 v blau 'Töpfer bei der Arbeit'
2008 v blau 'Bäcker beim Backen'
1874 v blau 'Weberin mit Spindel'
1753 v blau 'Tischler beim Werk'
1447 v blau 'In der Silberschmiede'
1442 v blau 'Die Schuster-Werkstatt'
1389 v blau 'Handwerker'
1318 v blau 'Betriebskontrolle'
1090 v blau 'Priester bei Tempelbau'
992 v–933 v rot Salomo
970 v grün Phönizier in Jerusalem
691 v rot Auszeichnung
602 v–527 v rot Peisistratos
152 v–82 v grün Heron
91 v grün Mechanikerschule
1061 n grün Kerzenzieher-Innung
1099 n grün Weberbund in Mainz
1112 n rot Schuhmacher-Bruderschaft
1128 n rot Schuhmacher-Verband
1134 n grün Kirchenfenster-Werkstatt
1148 n rot Anschluß an Katharer
1149 n rot Weberzunft in Köln
1149 n rot Bestätigung der Zunft
1149 n grün Seidenweber in Palermo
1155 n grün Humiliaten in Mailand
1157 n rot Recht für Schuhmacher
1183 n grün Zunftzwang für Schneider
1198 n grün Bund in Mailand
1205 n rot Machtgewinn in Mailand
1250 n rot Zunftverfassung, Florenz
1301 n braun Erhebung in Magdeburg
1302 n braun Sieg über Ritter
1323 n blau Sängerfeste in Toulouse
1323 n/1328 n Aufstand in Flandern
1329 n rot Streik in Breslau
1330 n–1399 n rot Peter Parler
1342 n braun Aufstand in Konstanz
1345 n braun Aufstand in Flandern
1349 n braun Aufstand in Nürnberg
1351 n rot Streik in Speyer
1370 n–1424 n rot Ziska
1371 n braun Aufstand in Köln
1379 n braun Aufstand in Flandern
1413 n braun Aufstand in Paris
1425 n rot Kampf gegen Konzern
1436 n–1488 n blau Verrocchio
1440 n–1505 n rot Iwan III.
1449 n blau Rosenplüt: Fastnachtsspiel
1450 n blau Meistersinger-Schule
1454 n rot Zunftverfassung verboten
1490 n grün Buchbinder
1492 n blau Nunnenpecks Lieder
1493 n blau Folz' Lieder
1523 n blau Sachs: Lutherlied
1524 n blau Sachs: Streitgespräch
1550 n blau Sachs: Fastnachtsspiele
1754 n grün Chippendales Möbel
1785 n/1786 n Aufstände in Schlesien
1791 n braun Aufstände und Streiks
1793 n braun Aufstand und Streik
1798 n braun Aufstand in Schlesien
1834 n braun Aufstand in Lyon
1837 n blau 'Zar und Zimmermann'
1844 n braun Aufstand in Schlesien
1846 n rot Kolping-Verein
1858 n rot Drucker-Gewerkschaft
1867 n blau 'Meistersinger'
1891 n braun Aufstand in Frankreich
1892 n blau Hauptmann: 'Die Weber'
1895 n blau Kollwitz: Weberaufstand

HANDY, William (1873 n–1958 n), nordamerikanischer Komponist und Dirigent. Neben seiner Tätigkeit als Schullehrer spielte er als Trompeter, wurde dann Kapellmeister und baute sich schließlich ein eigenes Orchester auf. Dem bis dahin vorwiegend in gehämmertem Klavierstil dargebotenen Jazz ('Ragtime') gab er eine melancholische Note. Dadurch stärkte er das Gewicht der Melodie in dem vorher ausschließlich vom Rhythmus geprägten Jazz. Seine gefühlsbetonten Musikstücke nannte er 'Blues'. Bekannt wurde sein für den Wahlkampf von 1911 n um den Bürgermeisterposten von Memphis geschriebener 'Memphis Blues'. Drei Jahre später gelangte er mit dem 'St. Louis Blues' zu Weltruhm. Gründete einen eigenen Musikverlag, den er auch nach seiner Erblindung weiterführte.

1910 n blau 'Blues'

HAN-DYNASTIE, Bezeichnung einer Periode der chinesischen Geschichte, in der die Angehörigen der Familie Han über das Land herrschten (202 v–220 n). Begann unmittelbar nach der endgültigen Festlegung der chinesischen Grenzen durch Vollendung der Großen Mauer und brachte den Aufstieg Chinas zur asiatischen Weltmacht. Durch Festigung der Sittenlehre des Kon-Fu-Tse wurde China vor einem Abgleiten in religiöse Daseinsformen bewahrt und erhielt seine Duldsamkeit gegenüber fremden Glaubensformen. Auch wurden die immer wieder andrängenden Hunnen abgewehrt. Vorsichtige Demokratisierung führte zum Zusammenschluß revolutionärer Gruppen und zu Aufständen. Die wirtschaftliche Verbindung mit Europa wurde gefestigt.

248 v–195 v rot Han-Kautsu
206 v/202 v Interregnum
203 v–157 v rot Wen-Ti
196 v rot Abschaffung des Adels
196 v rot Beamte aus dem Volk
195 v rot Konfuzianismus
179 v rot Schutz der Bauern
172 v–114 v grün Tschang-Kien
170 v rot Stehendes Heer
157 v–87 v rot Wu-Ti
145 v–86 v blau Sema-Tsien
127 v braun Feldzug gegen Hunnen
127 v rot Gesetz über Erbteilung
127 v grün Handel mit Parthern
124 v rot Beamtenbildung
124 v blau Universität
121 v grün Seidenstraße
120 v rot Prüfungsordnung
119 v braun Feldzug gegen Hunnen
119 v rot Gebietsgewinn
119 v grün Staatsmonopole
114 v grün Handel mit Europa
111 v rot Erwerb von Kanton
109 v grün Münzmonopol
108 v rot Beherrschung Nordkoreas
104 v grün Kalenderreform
102 v rot Macht über Ostturkestan
1 v rot Eindringen des Buddhismus
9 n rot Verbot des Sklavenhandels
9 n grün Bodenreform
10 n rot Preis- und Marktordnung
23 n braun Bürgerkrieg
23 n grün Privater Grundbesitz
27 n–97 n blau Wang-Tschung
53 n–123 n rot Kanischka
57 n rot Japanische Gesandtschaft
67 n rot Buddhismus anerkannt
73 n/91 n Hunnenkrieg
86 n blau Geschichtswerk Pan-Kus
91 n rot Ausdehnung nach Westen
121 n–180 n rot Mark Aurel
150 n grün Papierexport
166 n grün Geschenke des Mark Aurel
184 n braun Volksaufstand
220 n braun Bauernaufstand
220 n rot Ende der Dynastie

HANF, Name einer 1–4 Meter hohen krautartigen Kulturpflanze, die wegen ihrer Faser (Bast) und wegen ihres Fettgehaltes (Öl) seit über 4000 Jahren in China angebaut wird und sich von dort über die warmen und gemäßigten Länder der Erde verbreitete. Aus ihren Blättern und insbesondere aus ihren weiblichen Blüten wird seit Jahrtausenden ein Rauschgift gewonnen (Haschisch). In Pfeifen geraucht, mit Kaffee getrunken oder als Pille geschluckt, erzeugt es unter Verlust des Zeitgefühls einen heiteren, gelösten Gemütszustand, belebt die Phantasie und fördert die Eßlust sowie den Sexualtrieb, führt aber zu Hemmungslosigkeit und zum Persönlichkeitsverfall. Von China und Indien gelangte es über Persien nach Vorderasien und Nordafrika sowie über Südrußland nach Griechenland, wo es die Skythen bereits vor mehr als 2500 Jahren einführten. In unserer Epoche kam es auch nach Nordamerika und Nordeuropa.

48 n–118 n blau Tsai-Lun
105 n grün Rohmaterial für Papier

HAN-FEI (um 288 v–233 v), chinesischer Philosoph und Staatsrechtler. Bewies die Bedeutung der Erfahrung für den Erkenntnis-Vorgang. Am absoluten Kaisertum orientierte er seine Philosophie der Herrschaft. Danach soll der Fürst still sein und im Verborgenen wirken wie das von Lao-Tse beschriebene 'Tao', dessen Wirksamkeit man überall spürt, ohne seine Ursache zu kennen. Nicht in Liebe und Wohltätigkeit soll sein Handeln zum Ausdruck kommen, sondern in klaren Rechtsverordnungen, denn das Volk muß mit Hilfe von Gesetzen gelenkt werden. Der Herrscher darf sich nicht darauf verlassen, daß die Untertanen von sich aus Gutes tun, er muß sie durch seine Maßnahmen dazu veranlassen. Stellte die Ackerbauer über die Kaufleute. Von seinem Herrscher in schwieriger Lage als Botschafter an den Hof des Königs von Tsiu gesandt, wurde er von diesem zum Bleiben genötigt. Endete durch Gift, das ihm der eifersüchtige Minister Li-Zse gesandt hatte mit der Aufforderung, sich selbst zu töten.

236 v blau Staatsphilosophie

HANIFA, Abu, arabischer Rechtsschöpfer.

699 n–767 n blau Lebenslinie
748 n blau Grundlagen des Rechts

HANIGALBAT, Land in Nord-Mesopotamien am Oberlauf des Tigris.

943 v–890 v rot Adadnirari II.

HAN-KAN, chinesischer Maler.

718 n–781 n blau Lebenslinie
757 n blau Pferdebilder

HAN-KAUTSU, Kaiser von China von 202 v bis 195 v.

248 v–195 v rot Lebenslinie
206 v/202 v Interregnum
203 v–157 v rot Wen-Ti
196 v rot Abschaffung des Adels
196 v rot Beamte aus dem Volk
195 v rot Konfuzianismus

HANLIN-AKADEMIE, chinesische Hochschule. Gegründet als Ausbildungsstätte für die Anwärter auf höchste Staatsämter, entwickelte sie sich schnell zum Mittelpunkt chinesischer Gelehrsamkeit. Während der Mandschu-Zeit (1644 n–1911 n) überließen die Chinesen den fremden Landesherren die oberste militärische Macht gegen die feierliche Zusicherung, daß niemals ein Mandschu Präsident der Akademie werden dürfe. So trug sie in dieser Epoche von fast 300 Jahren wesentlich zur Erhaltung der chinesischen Kultur und damit der chinesischen Nation bei.

685 n–762 n rot Hüan-Tsung
717 n blau Gründung

HANNIBAL, karthagischer Feldherr.

247 v–183 v rot Lebenslinie
242 v–187 v rot Antiochus III.
235 v–183 v rot Scipio der Ältere
218 v/201 v 2. Punischer Krieg
216 v rot Machtgewinn
215 v rot Bündnis mit Mazedonien
215 v rot Bündnis mit Syrakus
215 v/205 v 1. Mazedonischer Krieg
212 v braun Verlust von Syrakus
200 v blau Lebensgeschichte
204 n rot Ehrung durch Rom

HANNO (um 500 v bis um 455 v), karthagischer Admiral. Als Sohn des Admirals Hamilkar verließ er mit 60 Schiffen den karthagischen Hafen Gades (das heutige Cadiz in Spanien), um Afrika zu umschiffen und Niederlassungen an der afrikanischen Küste anzulegen. Jedes seiner Schiffe hatte 50 Ruderer und 500 Kolonisten an Bord. Nachdem er an mehreren Stellen der Goldküste und an der Küste Kameruns die Siedler gelandet hatte, setzte er seine Reise entlang der Küste südwärts fort und kam bis in die Höhe von Gabun. Nach seiner Rückkehr schrieb er einen Bericht über die Gründung der karthagischen Kolonien.

469 v rot Kolonien

HANNOVER, Stadt in Norddeutschland. Die alte Siedlung an der Leine wuchs im 12. Jahrhundert zur Stadt empor. 1163 n hielt Heinrich der Löwe hier einen Hoftag ab. 1241 n wurde das Stadtrecht vom Kaiser bestätigt. Um diese Zeit bestanden auf der Grundlage des Kornhandels und der Brauerei bereits Handelsverbindungen bis Flandern und Nowgorod. Die Stadt gehörte seit 1368 n zur Hanse und war seit 1495 n Mittelpunkt eines Fürstentums, das zeitweilig große Teile Norddeutschlands (von Göttingen bis Bremen) umschloß und dessen jeweiliger Herrscher zwischen 1714 n und 1837 n gleichzeitig König von England war (Personalunion). In den Napoleonischen Kriegen vorübergehend dem von Napoleons Bruder regierten Königreich Westfalen zugeschlagen, wurde es auf dem Wiener Kongreß zu einem selbständigen Königreich erhoben. 1866 n kämpfte es auf österreichischer Seite gegen Preußen, wurde geschlagen und dem preußischen Königreiche einverleibt. Seit 1945 n als selbständiges Bundesland Niedersachsen ungefähr in den Grenzen von 1866 n wiederhergestellt.

1153 n blau Entwicklung der Stadt
1700 n/1721 n Nordischer Krieg
1714 n rot Personalunion mit England
1715 n rot Bündnis gegen Schweden
1796 n/1815 n Napoleonische Kriege
1815 n rot Wiener Kongreß
1837 n rot Göttinger Sieben
1866 n braun Deutscher Krieg

HANSE, Name einer Vereinigung deutscher Kaufleute, später deutscher Handelsstädte zur gemeinsamen Wahrung ihrer Interessen und zur machtpolitischen Behauptung gegenüber fremden Staaten, Seeräubern und dem eigenen Adel. Begann mit der Eröffnung gemeinsamer Büros im Ausland (London, Wisby, Nowgorod, Gent, Bergen). Führte zum Zusammenschluß von etwa 100 vorwiegend norddeutschen Städten, zur Unterhaltung eigener Flotten und Streitkräfte, zur Beherrschung des Verkehrs in der ganzen Ostsee und vielen Teilen der Nordsee sowie zur Entfaltung einer eigenen Diplomatie, insbesondere in den skandinavischen Ländern, zur Veranstaltung eigener Kriege und zur Gründung eigener Städte (Dorpat). Dabei blieb die Sicherung der Handelsgewinne immer das eigentliche Ziel. Der Konkurrenzkampf der beteiligten Städte untereinander führte im 16. Jahrhundert zu einer Schwächung der Organisation, während bereits durch den Aufstieg anderer europäischer Mächte zu eigener Nationalstaatlichkeit (Holland) ihre Vormacht eingeengt wurde. Religionskriege und Klassenkämpfe in den Hanse-Städten beschleunigten den Verfall, so daß im 17. Jahrhundert ein schneller Niedergang folgte. Der letzte Hansetag im Jahre 1669 n, an dem nur noch 6 Städte teilnahmen, kennzeichnet das Ende einer großen Organisation, deren Erbe im Namen der Hansestädte Hamburg und Bremen bis in die Gegenwart fortlebt, wie auch in der Hansestadt Lübeck, die seit 1156 n ihr Zentrum war.

1157 n grün Rechte in England
1161 n grün Verein auf Gotland
1181 n grün Niederlassung in Nowgorod
1195 n grün Vertrag mit Nowgorod
1241 n rot Vertrag Hamburg–Lübeck
1250 n grün Niederlassung in London
1270 n–1319 n rot Haakon V.
1278 n grün Niederlassung in Bergen
1280 n rot Zusammenschluß
1347 n rot Ausdehnung
1359 n grün Privilegien in Flandern
1361 n rot Verlust von Wisby
1362 n/1364 n Krieg gegen Dänemark
1364 n grün Boykott durch Dänemark
1367 n rot Kriegsbeschluß
1367 n/1370 n Krieg gegen Dänemark
1370 n rot Vormacht über Ostsee
1401 n braun Sieg über Liekedeeler
1401 n rot Hinrichtung Störtebekers
1440 n–1505 n rot Iwan III.
1494 n rot Schließung in Rußland
1496 n–1560 n rot Gustav Wasa
1523 n grün Hilfe für Gustav Wasa
1535 n braun Niederlage Lübecks

HANSEN, Armauer (1841 n–1912 n), norwegischer Naturforscher. Als Arzt in der Hafenstadt Bergen wurde er Direktor eines Pflegeheims für Aussätzige. Erforschte den Lepra-Erreger und fand ihn in einem Bazillus, den er in den Lepraknoten nachwies.

1873 n grün Leprabazillus

HAN-YÜ, chinesischer Philosoph, Dichter und Staatsmann.

768 n–824 n blau Lebenslinie
803 n blau Protest gegen Buddhismus
819 n blau Kritik am Aberglauben

HAPU, ägyptischer Baumeister, Arzt und Beamter.

1462 v–1382 v grün Lebenslinie
1426 v–1377 v rot Amen-Hotep III.
1385 v blau 'Memnonskolosse'

HARAKIRI, japanisches Wort für 'Bauchaufschlitzen'. Bezeichnung der im alten Japan für die Angehörigen der Militärkaste ('Samurai') vorgeschriebenen Art der Selbst-Hinrichtung in bestimmten Fällen: Als Treuebeweis, aus Protest oder um einer gesetzlichen Strafe zu entgehen.

1186 n grün Einführung

HARALD (um 790 n–um 840 n), dänischer König. Mußte seine Thron-Ansprüche gegen die Söhne seines Vorgängers Gottfried durchsetzen. Dazu suchte er die Hilfe Ludwigs des Frommen. Die vom Kaiser dafür geforderte Bekehrung zum Christentum erfüllte er und ließ sich mit seinem Gefolge in Mainz taufen. Ein Jahr später mußte er aus seiner Heimat fliehen und starb als fränkischer Vasall in Norddeutschland.

826 n rot Taufe

HARALD Schönhaar, König von Norwegen.

850 n–932 n rot Lebenslinie
872 n braun Sieg über Teilkönige
872 n rot Reichsgründung
878 n–931 n rot Rollo
881 n blau Preislied
910 n–990 n blau Eyvind Skaldaspillir
918 n–961 n rot Haakon der Gute

HARAPPA, Stadt in Indien. An einem Quellfluß des Indus im hohen Norden des Landes (Pakistan) entstand sie vor knapp 5000 Jahren als eine der ersten Städte der Erde mit mehrstöckigen Häusern, Kanalisation, öffentlichen Gebäuden und einer Einteilung der Stadtviertel nach Klasse und Vermögen. Wurde mehrmals durch Angriffe von außen zerstört. Bald nach der Eroberung der Stadt durch die Araber (um 660 n) wurde sie von ihren Bewohnern verlassen und verfiel. Mehr als 1000 Jahre später diente sie als Steinbruch beim Aufbau eines Dorfes in der Nachbarschaft. Seit 1921 n wird die Stadt von indischen Archäologen ausgegraben.

2899 v blau Entstehung
2857 v grün Getrenntes Arbeiterviertel
1915 v braun Zerstörung

HARDOUIN-MANSART, Jules (1646 n bis 1708 n), französischer Architekt. Als Großneffe des Baumeisters François Mansart erlernte er bei diesem die Baukunst und hängte seinem Familiennamen Hardouin aus Dankbarkeit dessen Namen an. Es gelang ihm, das Vertrauen Ludwigs XIV. zu erwerben und die zahlreichen Bauten des Königs in ganz Frankreich als dessen Erster Baumeister planend, beratend oder auch ausführend mitzugestalten. Vermied große Experimente und errichtete unter Verwendung klassischer Stilelemente Bauten von harmonischen Proportionen und gemütvoller Repräsentation. In Versailles führte er die begonnenen Bauten fort (Spiegelgalerie, Schloßkapelle) und fügte nach eigenen Plänen im Park das Schloß 'Grand Trianon' hinzu. Baute den Invalidendom und entwarf die Pariser Plätze Victoire und Vendôme. Errichtete auch mehrere kleinere Schlösser (Marly, Dampierre, Meudon, St. Cloud) und schuf die Fassade des Stadthauses von Lyon. Sein Name lebt fort in der Bezeichnung für ausgebaute Dachstuben, deren Einrichtung durch eine von ihm beim Bau der Stallungen von Versailles entwickelte Dachkonstruktion möglich wurde ('Mansarden').

1687 n blau 'Grand Trianon'
1706 n blau Invalidendom

HAREM, von dem arabischen Wort 'harim' ('verboten') abgeleitete Bezeichnung des Frauenhauses, in dem kein Mann außer dem Hausherrn und seinen Blutsverwandten Zutritt hatte. Seit ältesten Zeiten werden Frauen in solchen Häusern (oder Hausteilen) von den Mächtigen und Reichen gehalten, während das arbeitende Volk weder genügend Geld für die Unterhaltung von mehreren Frauen hatte noch auf die Mithilfe der Frau außerhalb des Hauses verzichten konnte. Mit der Herrschaft der Araber kam seit dem 7. Jahrhundert die vorher auf Asien und Afrika beschränkte Einrichtung auch nach Südeuropa (Spanien, Süditalien), verlor sich dort aber wieder mit dem Auszug der Araber. Die türkische Ausbreitung im Balkan brachte sie aber wieder nach Europa herein. Hier wurde sie erst 1926 n mit der Aufhebung der Mehrehe beseitigt. Durch Verbreitung der Einehe über die ganze Welt heute im Aussterben begriffen.

2369 v–2295 v rot Una
2355 v–2298 v rot Pepi I.
2316 v rot Haremsverschwörung
1426 v–1377 v rot Amen-Hotep III.
1413 v rot Prinzessin für Harem
1224 v–1165 v rot Ramses III.
1203 v–1159 v rot Ramses IV.
1165 v rot Haremsverschwörung
946 v blau Haremspalast Salomos

HAREMHAB, ägyptischer Herrscher (Pharao).

1384 v–1318 v rot Lebenslinie
1365 v–1317 v rot Ramses I.
1349 v blau Relief
1344 v rot Scharfe Strafen
1336 v blau Plastik
1335 v braun Libyer-Einfall

HARFE, Saiten-Instrument zum Zupfen. Vor etwa 4500 Jahren in Vorderasien eingeführt, hat es sich bis in die Gegenwart seine Beliebtheit bewahrt und wird heute in großen Orchestern wie auch gelegentlich als Solo-Instrument verwendet.

2587 v grün Einführung in Sumer
2494 v–2416 v rot Schu-Bad
2433 v grün Harfe der Schu-Bad
2175 v blau Harfenspieler-Plastik
2059 v–1997 v rot Anchu
1998 v blau Relief eines Harfners
1994 v blau Ägyptisches Harfnerlied
1852 v–1786 v rot Nefer
1813 v blau 'Nefer singt zur Harfe'
1697 v grün Standharfe
1438 v grün Winkelharfe
1355 v blau Relief 'Blinder Harfner'

HARGREAVES, James (um 1740 n bis 1778 n), englischer Erfinder. Als gelernter Zimmermann arbeitete er in einer Weberei und baute die erste brauchbare Wagen-Spinnmaschine, an der ein Mann achtzig Spindeln gleichzeitig bedienen konnte. Seine Kollegen fürchteten, durch diese Maschine ihre Arbeit zu verlieren, stürmten sein Haus, zertrümmerten sie und verjagten ihn mit seiner Familie. Ein Jahr später machte er sich in einer anderen Stadt selbständig.

1767 n grün Spinnmaschine

HARIRI, Al, arabischer Dichter und Sprachforscher.

- 1054n–1122n Lebenslinie
- 1095n blau Schrift über Sprachfehler
- 1103n blau Sprachlehre
- 1108n blau 'Abu Said'

HARMODIOS (um 532v–514v), griechischer Tyrannenmörder. Verschwor sich mit seinem Freund Aristogeiton, stieß bei einem Festmahl einen der beiden Tyrannen von Athen (Hipparch) nieder und wurde sofort von dessen Leibwache getötet. Obwohl er für den Mord persönliche Motive hatte, wurde er nach dem vier Jahre später eintretenden Ende der Tyrannis als Befreier Athens gefeiert und durch Aufstellung von Denkmälern geehrt.

- 514v rot Hinrichtung
- 510v blau Denkmal
- 477v blau Neues Denkmal

HARMONIELEHRE, Bezeichnung für die Gesamtheit der Gesetzmäßigkeiten des Zusammenklanges von Tönen. Beruht auf der Erklärung der Denkvorgänge beim Anhören von Musik. Durch die Möglichkeit der Systematisierung aller Tonkombinationen sowie durch die Erforschung der Natur der Harmonie selbst nähert sie sich immer mehr einer Wissenschaft, ohne dabei ihre praktische Anwendbarkeit für den Aufbau von Tonwerken aus dem Auge zu verlieren. Seit Rameau sich ihren naturgesetzlichen Grundlagen zuwandte, haben Riemann, Rimsky-Korssakow, Schönberg und Hindemith daran weitergearbeitet.

- 365v–276v Euklid
- 348v grün Schrift des Aristoxenos
- 101n–179n Ptolemäus
- 139n grün Handbuch des Nikomachos
- 1558n grün Zarlinos Lehre
- 1722n grün Rameaus Lehre

HARMONIUM, klavierförmiges Tasteninstrument mit orgelartiger Tongebung. Als der russische Orgelbauer Kirsnik um 1780n die Orgelregister mit Zungen zur Erzeugung eines allmählich an- und abschwellenden Tones erfunden hatte, wurde es möglich, das zwischen Orgel und Klavier stehende Orchestrion damit auszurüsten. Der Franzose Grenié schuf 30 Jahre später das erste Instrument, das nur solche freischwingenden Zungenwerke hatte, und nannte es 'Expressiv-Orgel'. Den Namen 'Harmonium' verdankt das Instrument seinem Landsmann Debain, der es 1840n mit mehreren Registern baute. Obwohl der Tongebung Prägnanz und Tragfähigkeit fehlten, wurde es schnell volkstümlich. Die ursprünglich mit den Füßen zu bedienenden Gebläse werden seit einigen Jahrzehnten auch elektrisch betrieben.

- 1810n grün Instrument Greniés

HAR-MOSIS, ägyptischer Sänger und Lautenspieler.

- 1515v–1479v Lebenslinie

HARNSTOFF-SYNTHESE, erste künstliche (chemische) Herstellung eines organischen Stoffes, durchgeführt von dem deutschen Chemiker Friedrich Wöhler.

- 1800n–1882n Friedrich Wöhler
- 1828n grün Versuche

HARPUNE, Bezeichnung für einen mit Widerhaken versehenen Wurfspieß, der an einem Seil befestigt ist. Als Jagdwaffe benutzt, insbesondere beim Wal- und Haifang.

- 2604v grün Verwendung in Ägypten

HARRISON, John (1693n–1776n), englischer Uhrmacher. Beschäftigte sich zeitlebens mit der Erhöhung der Genauigkeit von Zeitmessern. Verbesserte die Uhren seiner Zeit durch einige von ihm selbst entwickelte und gebaute Teile. So erfand er neue Gegensperren für die Gewichtswalze, das Rostpendel und verschiedene Hemm-Vorrichtungen. Auf der Grundlage dieser Verbesserungen erneuerte er den von ihm bereits 25 Jahre vorher unternommenen Versuch, eine Schiffsuhr für eine hinreichend genaue Ortsbestimmung zu bauen. Seine Längenuhr eignete sich für diesen Zweck, und er gab der englischen Seefahrt damit ein wichtiges Werkzeug in die Hand. Verfaßte ein Buch über den Bau von Präzisionsuhren.

- 1759n grün Seeuhr

HARSA, indischer König von 606n bis 648n.

- 590n–648n Lebenslinie
- 595n–660n Bana
- 602n–664n Hüan-Tsang
- 624n blau Lebensgeschichte
- 646n grün Bericht Hüan-Tsangs
- 648n rot Schutz des Lebens

HARSDÖRFFER, Georg Philipp (1607n bis 1658n), deutscher Dichter. Nach Abschluß seiner Studien durchreiste er viele Länder Europas, gründete eine Zeitschrift und einen literarischen Verein, wurde Stadtrat seiner Heimatstadt Nürnberg und Dichter. Um Erforschung der deutschen Sprache bemüht, trat er für eine von Fremdwörtern gereinigte, klarverständliche Ausdrucksweise ein, bediente sich aber selbst eines überladenen, gekünstelten und verspielten Stils. Seine dreibändige Reimschule ('Poetischer Trichter, die deutsche Dicht- und Reimkunst in 6 Stunden einzugießen') wurde unter dem Namen 'Nürnberger Trichter' weltbekannt. Schrieb etwa 50 Bände, davon 8 Bände 'Frauenzimmer-Gespräche', mit denen er den Bürgern seiner Stadt Bildung und Umgangsformen beibringen, das Interesse für die Wissensgüter wecken und eine Veredlung des gesellschaftlichen Lebens erreichen wollte.

- 1653n blau 'Poetischer Trichter'

HARSINEBEF (um 130v–75v), ägyptischer Beamter unter dem Ägypter-Könige Ptolemäus IX., der nach Vertreibung durch seine Mutter König von Zypern wurde und erst den ägyptischen Thron besteigen konnte, nachdem sein jüngerer Bruder von den Bewohnern Alexandrias wegen seiner Judenfreundlichkeit vertrieben worden war.

- 83v blau Statue

HARTMANN, Max (1876n–1962n), deutscher Zoologe und Philosoph. Erforschte einzellige Pflanzen (Algen) und Tiere (Protozoen) und beschäftigte sich mit der möglichen Unsterblichkeit des ungeschlechtlich fortdauernden niederen Lebens. Durch Ermittlung der Erbfaktoren und Umwelteinflüsse, die eine geschlechtsneutrale Zelle in männliche oder weibliche Richtung führen, versuchte er die Grundlagen für eine Vorherbestimmung des Geschlechts werdender Organismen zu schaffen. Schrieb eine Allgemeine Biologie und ein Buch über die philosophischen Grundlagen der Naturwissenschaften.

- 1939n grün Geschlechtsbestimmung

HARTMANN von Aue (um 1170n bis um 1210n), deutscher Dichter. Nach Besuch einer Klosterschule wurde er Dienstmann des Herzogs von Aue bei Schaffhausen. In den Ritterstand erhoben, nahm er an einem Kreuzzug teil. Dichtete Liebeslieder und Kriegsgesänge. Nach dem Stoff der Artussage schrieb er die Reim-Erzählungen 'Erek' mit 10 000 Versen und 'Iwein' mit 8000 Versen. In seiner Novelle 'Der arme Heinrich' schilderte er die Opferbereitschaft eines Bauernmädchens für einen an Aussatz unheilbar erkrankten Ritter. Auch in der Verslegende 'Gregorius' behandelte er die ritterliche Welt. In einem erdachten Zwiegespräch zwischen Seele und Leib ('Büchlein') legte er die Ideale ritterlicher Liebe (Minne) dar.

- 1200n blau 'Der arme Heinrich'

HARUN AL RASCHID, Herrscher Arabiens ('Kalif') von 786n bis 809n.

- 766n–809n Lebenslinie
- 786n–833n Al Mamun
- 798n rot Friede mit Byzanz
- 798n rot Gesandtschaft an Karl
- 801n blau '1001 Nacht'

HARUNOBU, Suzuki (um 1720n–1770n), japanischer Maler und Zeichner. Erlernte die Kunst des Holzschnitts und verbesserte den in seiner Jugend in Tokio aufgekommenen Farb-Holzschnitt-Druck durch Verwendung von zehn Farben gegenüber den gebräuchlichen 2- bis 5-Farben-Drucken. So hatte er auch die Möglichkeit, seinen Bildern durch farbige Abstufung des Hintergrundes eine räumliche Wirkung zu geben. Verwendete besonderes Papier, selbstgefertigte hauchdünne Farben sowie neue Bildformate. 35jährig gründete er einen eigenen Verlag. Gab 640 Farb-Holzschnitte heraus und schuf zahlreiche Buchillustrationen. Seine stimmungsvollen Motive sind dem Alltag entnommen ('Flötenstunde', 'Kellnerin O-Sen', 'Mädchen im Winde', 'Liebespaar').

- 1768n blau Farbige Holzschnitte

HARVARD, John (1607n–1638n), englischer Geistlicher. Wanderte nach Nordamerika aus und erwarb mit einem ererbten Vermögen Ländereien bei der Ortschaft Cambridge unweit Boston. Als er bald darauf dem unzuträglichen Klima erlag, vererbte er die Hälfte seines Landes sowie seine Bibliothek dem von ihm mitbegründeten College, das bis 1701n die einzige Universität Nordamerikas blieb. Als Theologenschule gedacht, blieb sie lange Zeit kirchlich bestimmt, aber der dem Puritanismus zugrundeliegende Wirklichkeitssinn führte um 1800n dazu, sie in eine Universität nach deutschem Vorbild umzuwandeln. Neben ihrer Sternwarte und ihrer Bibliothek hat ihr ökonomisches Institut Weltgeltung erlangt. Es beschäftigt sich damit, die Krisen der kapitalistischen Wirtschaft vorauszuberechnen.

- 1636n blau Universität

HARVEY, William (1578n–1657n), englischer Naturforscher. Studierte in Cambridge und vervollständigte seine medizinischen Kenntnisse in Padua, wo er nach mehrjährigen Studien promovierte. In London wurde er Krankenhaus-Arzt, Professor der Medizin und Leibarzt des Königs. Erforschte zwanzig Jahre lang die Herztätigkeit von über 80 verschiedenen Tierarten und veröffentlichte dann seine Schrift über den Blutkreislauf. Widerlegte die biblische Schöpfungsgeschichte und die griechische Urzeugungshypothese durch seine Schrift über die natürliche Fortpflanzung aller Lebewesen.

- 1618n grün Blutkreislauf-Lehre
- 1651n grün Fortpflanzungs-Lehre

HARZBURGER FRONT, Zusammenschluß Hitlers mit den Deutschnationalen (Hugenberg) und dem Stahlhelm (Seldte) zum Sturz der Regierung Brüning sowie zur gemeinsamen Eroberung der Macht. Verband die aktivsten nationalistischen Kräfte mit dem deutschen Großkapital. Unter Mithilfe des Reichsbankpräsidenten Schacht im Jahre 1931n in dem Kurort Bad Harzburg entstanden, legte sie trotz ihres Zerfalls im Jahre 1932n den Grund für die Unterstützung der Machtübernahme Hitlers durch die bürgerlichen Parteien.

- 1889n–1945n Hitler
- 1931n rot Abkommen

HASE, seit ältesten Zeiten über die ganze Erde verbreitetes Nagetier. Wegen seines wohlschmeckenden Fleisches und seines häufigen Vorkommens das beliebteste Jagdtier. Konnte sich durch seine Schnelligkeit (80 km/h), seine Geschicklichkeit und seine Fruchtbarkeit vor der Ausrottung durch den Menschen bewahren.

- 1399v blau Bild einer Hasenjagd

HASEK, Jaroslaw (1883n–1923n), tschechoslowakischer Schriftsteller. Wegen politischer Betätigung vom Gymnasium gewiesen, arbeitete er in verschiedenen Berufen und schrieb humoristische Kurzgeschichten für Zeitungen. Als Soldat geriet er im ersten Weltkrieg in russische Gefangenschaft, wurde Kommunist und diente der Revolution als politischer Kommissar. 1920n kehrte er nach Prag zurück und setzte schreibend seinen Kampf gegen die bürgerliche Gesellschaft, gegen die Kirche und gegen die Bürokratie fort. Weltberühmt wurde er durch seinen Roman 'Die Abenteuer des braven Soldaten Schwejk'. Mit der Gestalt des scheinbar einfältigen Soldaten, der durch wortgetreue Befolgung aller Befehle das ganze System von Befehl und Gehorsam der Lächerlichkeit preisgibt, entlarvt er das Militär in seiner ganzen Unmenschlichkeit.

- 1921n blau 'Schwejk'

HASM, Ibn (994n–1064n), arabischer Schriftsteller, Staatsmann, Historiker und Religionsphilosoph. Als Enkel eines zum Islam übergetretenen Spaniers studierte er in Cordoba und wurde Wesir zweier Kalifen. Nach dem Sturz des Herrscherhauses (Omaijaden) zog er sich zurück und lebte als freier Schriftsteller und Privatgelehrter. Verfaßte eine vernichtende Kritik der christlichen und der jüdischen Religion, ließ aber auch vom Islam nicht viel mehr gelten als das persönliche Beispiel Mohammeds. Über Philosophie, Ethik, Dichtkunst, Geschichte, Logik und Liebe schrieb er insgesamt 400 Werke mit etwa 80 000 Seiten.

- 1027n blau Grundlagen der Liebe
- 1035n blau Religionskritik
- 1059n blau Geschichtswerk

HASSAN, Al, arabischer Naturwissenschaftler.

- 965n–1039n Lebenslinie
- 991n grün Optischer Effekt
- 996n grün Bau des Auges
- 1004n grün Höhe der Atmosphäre
- 1008n grün Quadratur des Kreises
- 1011n grün Camera obscura
- 1013n grün Über Ausbreitung des Lichts
- 1016n grün 'Optik'
- 1021n grün Erklärung der Dämmerung
- 1027n grün Über geschliffenes Glas
- 1030n grün Brechung der Lichtstrahlen
- 1034n grün Regenbogenfarben
- 1114n–1187n Gerhard von Toledo
- 1169n grün 'Optik' lateinisch

HASSAN IBN SABBAH (um 1065n bis 1124n), persischer Ordensstifter. Nahm sich der Armen und Rechtlosen an und gründete angesichts der Hartherzigkeit der Reichen und Mächtigen eine eigene Organisation ('Assassinen'). Mit seinen Anhängern eroberte er um 1100n die Bergfestung Alamut, verschanzte sich hier und stellte praktische Forderungen zur Verwirklichung sozialer Gerechtigkeit. Bei Nichterfüllung fällte er eigene Urteile (bis zur Todesstrafe) und ließ sie durch seine Getreuen vollstrecken. Seine Anhänger bestanden aus verarmten Bauern und verelendeten Handwerkern. Sie nannten sich 'Fidei' ('die Opfernden').

- 1113n rot Assassinen-Bewegung

HASTINGS, Stadt in Südengland. Am Ärmelkanal unmittelbar gegenüber der Normandie gelegen, war sie eine der fünf großen Hafenstädte, die zur Wiege der englischen Seemacht wurden. Am Anfang ihrer Geschichte aber stand die große Niederlage der Inselbewohner gegen die andrängenden Normannen. Doch fanden sich die Engländer schnell mit der hier erlittenen Niederlage ab und krönten den siegreichen Normannen-Herzog Wilhelm noch im gleichen Jahr zu ihrem König ('Wilhelm der Eroberer').

- 1027n–1087n Wilhelm I., der Eroberer
- 1066n braun Normannen-Vorstoß
- 1104n blau Bild der Schlacht

HATNUB, Ortschaft in Mittelägypten, etwa 50 Kilometer südlich von Hermopolis. Hier wurde weißer Alabaster mit honiggelber Maserung für Bauzwecke und für Kunstwerke gebrochen.

- 1923v–1861v Tut-Hotep

HATRA, Stadt in Mesopotamien. Als befestigter Karawanen-Stützpunkt in der Nähe der Trümmer von Assur vor etwa 2500 Jahren entstanden, wuchs sie als wichtiger Umschlagplatz des europäischen Orienthandels schnell zur blühenden Metropole eines arabischen Königreichs empor. Durch eine 5 km lange, fast kreisrunde Befestigungsmauer geschützt, hielt sie im Jahre 199n dem militärischen Ansturm der Römer stand, blieb aber vom Handel des Mittelmeer-Raumes nach Asien ausgeschlossen und verödete. Im 4. Jahrhundert war sie bereits völlig verlassen.

- 194n/199n Partherkrieg Roms

HATSCHEPSUT, ägyptische Königin.

- 1526v–1482v Lebenslinie
- 1531v–1481v Sen-Mut
- 1515v–1479v Har-Mosis
- 1512v–1448v Tut-Mosis III.
- 1488v blau Obelisken
- 1486v blau Terrassentempel
- 1483v blau Darstellung als Sphinx

HATTUSA, Stadt im Herzen Kleinasiens. Entwickelte sich vor etwa viertausend Jahren zum ersten Stadtstaat der eingewanderten Hettiter. Durch den schneller aufgestiegenen hettitischen Stadtstaat Kuschar wurde ihrer weiteren Ausdehnung ein Ende gesetzt. Mehr als 200 Jahre nach ihrer Zerstörung wurde sie Hauptstadt des neuen Hettiterreiches und spielte vierhundert Jahre lang eine bedeutende Rolle in Vorderasien. Mit ihrer endgültigen Zerstörung endete die Macht der Hettiter. Die Ruinen der Stadt wurden 1834n in der Nähe des türkischen Dorfes Bogazkoi entdeckt und seit 1907n ausgegraben. Durch die dabei aufgefundene Tontafel-Bibliothek mit Tausenden von Keilschrifttafeln in sieben Sprachen erhielt die Nachwelt Kunde von dieser versunkenen Stadt und der hettitischen Kultur.

- 1966v blau Bronze 'Sitzender Mann'
- 1834v–1773v Anitta
- 1797v braun Zerstörung
- 1612v–1550v Hattu-Sili I.
- 1563v–1530v Mur-Sili I.
- 1402v–1341v Matti-Waza
- 1338v blau Stadttor
- 1335v blau Sphinx
- 1258v–1203v Arnu-Wanda
- 1203v braun Zerstörung

HATTU-SILI I., hettitischer König.

- 1612v–1550v Lebenslinie
- 1557v grün Spitzmütze Königstracht
- 1556v/1551v Zweiter Hettiterkrieg
- 1553v rot Gebietszuwachs

HATTU-SILI III., hettitischer König.

- 1328v–1252v Lebenslinie
- 1297v–1218v Tud-Halia IV.
- 1282v rot Friede mit Ägypten
- 1281v rot Bündnis mit Babylon
- 1254v blau Lebensgeschichte

HAUBITZE, Name für ein vielseitig verwendbares Geschütz, das in die Weite schießen kann (wie eine Kanone), aber auch in die Höhe (wie ein Mörser). Von den durch romtreue Reichsheere hart bedrängten Hussiten zuerst angewendet, fand sie wegen des Erfolges der Hussiten schnell Eingang bei den Heeren Europas.

- 1420n grün Entwicklung

HAUPTMANN, Gerhart (1862n–1946n), deutscher Dichter. Nach landwirtschaftlicher Ausbildung besuchte er die Breslauer Kunstschule, studierte Naturwissenschaft und Geschichte, ging als Bildhauer nach Rom, nahm Schauspielunterricht und begann Stücke zu schreiben. 27jährig errang er seinen ersten Erfolg ('Vor Sonnenaufgang') und brachte Naturtreue und Lebenswahrheit als neues Stilprinzip zum Durchbruch ('Naturalismus'). Drei Jahre später stellte er erstmals statt einer Person eine ganze Gesellschaftsklasse in den Mittelpunkt eines Stückes ('Die Weber'). So begründete er den sozialen Realismus, der fortan als künstlerische Vertiefung des internationalen Befreiungskampf des Proletariats begleitete. In der ein Jahr später geschriebenen Komödie 'Der Biberpelz' gab er das Besitzbürgertum der Lächerlichkeit preis. 'Hanneles Himmelfahrt' zeigte die Ausweglosigkeit der Armen, 'Florian Geyer' wurde zu einem Heldenlied auf die erste deutsche Revolution. In weiteren Stücken, Romanen und Novellen stellte er das aussichtslose Ringen des Arbeiters um persönliches Glück dar und wurde so zum Ankläger des Kapitalismus, den er in seiner ganzen Herzlosigkeit und Menschenfeindlichkeit darstellte. Auch die Rolle von Kirche und Religion in der bürgerlichen Welt hat er durchschaut und klargestellt.

- 1892n blau 'Die Weber'

HAUPTSTÄDTE

- 2861v rot Thinis Hauptstadt
- 2673v–2631v Zoser
- 2649v rot Memphis Hauptstadt
- 2645v blau 'Lehre von Memphis'
- 2393v–2340v Lugal-Zagesi
- 2324v blau Gründung von Akkad
- 2230v–2158v Achtos I.
- 2093v–2030v Ur-Nammu
- 2045v rot Ur Hauptstadt
- 2022v–1962v Amen-Em-Het I.
- 2002v–1928v Sesostris I.
- 1986v blau Entstehung von Ittani
- 1986v rot Ittani Residenzstadt
- 1899v–1832v Sebek
- 1886v–1817v Sumu-Abum
- 1834v–1773v Anitta
- 1830v rot Babylon Residenz
- 1826v–1786v Nefer-Sebek-Re
- 1793v rot Nesa Hauptstadt
- 1789v rot Krokodilopolis Hauptstadt
- 1780v–1697v Rimsin
- 1752v–1692v Sa-Litis
- 1735v blau Assyrische Residenzstadt
- 1712v–1640v Apofis
- 1694v rot Awaris Hauptstadt
- 1691v–1628v Chian
- 1612v–1550v Hattu-Sili I.
- 1590v–1545v Amosis
- 1526v–1460v Parra-Tarna
- 1424v–1370v Kuri-Gal-Zu
- 1401v grün Schmuck durch Zierteich
- 1384v–1318v Haremhab
- 1376v grün Königsname für Stadt
- 1372v rot Amarna Hauptstadt
- 1356v rot Theben Hauptstadt
- 1347v–1282v Muwa-Talli
- 1326v–1234v Ramses II.
- 1298v rot Ramsesstadt Hauptstadt
- 1294v rot An-Yang Hauptstadt
- 1231v blau Assyrische Residenzstadt
- 1125v–1054v Smendes
- 1099v–1016v Tschu
- 1064v–1010v Saul
- 1044v rot Loyang Hauptstadt
- 998v rot Jerusalem Hauptstadt
- 953v rot Napata Hauptstadt
- 930v–871v Omri
- 908v–830v Sardur
- 792v–720v Ping-Lo
- 780v–717v Pianki
- 760v–715v Bok-Choris
- 758v–672v Bajin
- 757v–703v Sabaka
- 716v rot Marib Hauptstadt
- 699v–653v Phraortes
- 694v rot Ninive Hauptstadt
- 674v rot Ekbatana Hauptstadt
- 517v blau Palaststadt Persepolis
- 324v rot Babylon Hauptstadt
- 72v–4v Herodes der Große
- 69v–30v Kleopatra
- 243n–316n Diokletian
- 280n–337n Konstantin
- 286n rot Nikomedia Residenz
- 318n rot Nanking Hauptstadt
- 330n rot Konstantinopel Hauptstadt
- 402n rot Ravenna Residenz
- 410n–453n Attila
- 411n–474n Priskus
- 446n blau 'Hölzerne Stadt'
- 448n–510n Toramana

459n–498n Romulus Augustulus
477n rot Sakala Hauptstadt
492n–552n Tumen
508n rot Paris Hauptstadt
515n–572n Muhan
560n–618n Yang-Ti
602n–661n Ali
605n blau Palaststadt Loyang
609n–680n Moawija
634n rot Lhasa Hauptstadt
661n rot Damaskus Hauptstadt
710n rot Nara Hauptstadt
711n blau Gründung von Chichen Itza
712n–775n Al Mansur
755n grün Changan 2-Millionen-Stadt
794n blau Entwicklung von Kyoto
911n blau Entwicklung von Rouen
947n blau Palaststadt Al Zahra
968n blau Entwicklung von Posen
1022n–1107n Manko Kapak
1077n blau Gründung von Kuzko
1106n rot Konya Hauptstadt
1118n rot Saragossa Hauptstadt
1147n rot Lissabon Hauptstadt
1259n–1326n Osman I.
1264n rot Peking Hauptstadt
1270n–1319n Haakon V.
1299n rot Oslo Hauptstadt
1326n rot Brussa Hauptstadt
1365n rot Adrianopel Hauptstadt
1394n rot Seoul Hauptstadt
1550n rot Warschau Hauptstadt
1713n rot Petersburg Hauptstadt
1782n rot Bangkok Hauptstadt
1788n rot Teheran Hauptstadt
1868n rot Tokio Hauptstadt
1870n rot Rom Hauptstadt

HAUSBAU

Vorzeittafel: Schlußbalken 5000 Jahre)
2997v grün Luftgetrocknete Ziegel
2969v grün Hausmodell aus Ton
2957v grün Naturstein-Fundamente
2907v grün Ziegelbrand in Indien
2900v grün Ziegelbrand in Sumer
2893v grün Mörtel in Indien
2878v grün Mauern im festen Verband
2805v grün Atrium-Haus in Sumer
2774v grün Innen-Toiletten
2753v grün Badezimmer
2751v–2681v Ru-A-Ben
2737v grün Särge in Hausform
2689v grün Zweistockhäuser in Sumer
2681v grün Vorbild für Grabanlage
2613v grün Wachsende Größe
2356v grün Fensterplatten in Sumer
1711v rot Strafe für Baufehler
1648v grün Hilani-Haus, Kleinasien
1581v grün Aussichtsfenster
1552v grün Fensterfronten
1374v grün Komfort-Häuser in Ägypten
1124v grün Atrium-Haus in Italien
933v grün Megaron-Haus
789v grün Ovale Häuser
557v grün Andron-Haus
486v–430v Hippodamos
469v grün Peristyl-Haus
174v grün Säulenhalle in Rom
114v–53v Krassus
98v grün Warmluftheizung
1n grün Fensterscheiben
10n grün Sprechrohrleitungen
1584n grün Ebenerdiges Wohnhaus
1744n grün Dampfheizung
1762n grün Zement-Herstellung
1824n grün Portland-Zement
1847n–1931n Edison
1866n grün Eisenbeton
1883n grün Erste Wolkenkratzer
1919n blau Bauhaus Reformen
1931n blau Empire-State-Building
1952n blau Lever-Haus in New York
1956n blau UNESCO-Gebäude in Paris

HAUSBOOT

2064v blau Ägyptische Plastik

HAU-SI (um 300v–um 240v), chinesischer Erfinder. Als General an einer Palastrevolte beteiligt, ließ er von draußen einen unterirdischen Gang bis zum Kaiserpalast graben. Zur Bestimmung der Entfernung baute er einen Papierdrachen und ließ ihn vom Wind über den Palast tragen. Aus der Länge der abgewickelten Schnur schätzte er dann die Entfernung.

251v grün Steigdrachen

HAUSMEIER, Beamte des fränkischen Königs. Ursprünglich nur Oberste des unfreien Hausgesindes, dann Vorsteher des königlichen Haushaltes, errangen sie durch Unterstellung der am Hofe wohnenden Gefolgsleute politischen Einfluß. Nach Übernahme der Domänenverwaltung und des Hofgerichtes erhielten sie auch noch den Oberbefehl über das Heer und beherrschten schließlich als Stellvertreter des Königs praktisch das Frankenreich (Pippin der Ältere, Pippin der Mittlere). Nachdem sie auch vorübergehend die Regentschaft ausgeübt hatten (Karl Martell für fünf Jahre), schaffte der Sohn Karl Martells (Hausmeier Pippin der Kleine) das Königtum der Merowinger auch formell ab und nahm selbst den Königstitel an.

633n/732n Arabischer Krieg
635n–714n Pippin der Mittlere
658n–739n Willibrord
675n–754n Bonifatius
687n braun Machtkampf
687n rot Machtgewinn Pippins
688n–741n Karl Martell
689n braun Sieg über Friesen
689n rot Einverleibung Frieslands
709n/712n Alemannenkrieg
712n rot Alemannen-Eingliederung
716n–768n Pippin der Kleine
716n/719n Machtkampf
719n rot Machtgewinn Karl Martells
722n rot Heeresreform
722n grün Vergabe von Lehen
739n rot Keine Hilfe für Papst
741n rot Teilung des Reiches
745n rot Kirchenbesitz beschränkt
745n rot Staatskirche
747n rot Bischöfe staatsunabhängig
751n rot Königtum

HAUSTIERE, Sammelbezeichnung für die vom Menschen meist bereits vor Jahrtausenden gezähmten Tiere, die ihm bei der Verrichtung seiner Arbeit helfen, als Produzenten von Nahrung (Milch, Eier) und Kleidung (Pelz, Wolle) dienen und endlich fast alle von ihm selbst verspeist werden. Außerdem gehören dazu Jagdtiere und Wachtiere, die ihm bei der Verteidigung gegen andere Tiere und gegen feindliche Menschen helfen. Dazu traten in späterer Zeit Tiere, die nur der menschlichen Unterhaltung dienen. Die Dienstbarmachung und Verspeisung von Tieren hatte sich längst zu einem unabdingbaren Bestandteil der menschlichen Kultur entwickelt; da wurde in unserem Jahrhundert die tierische Arbeitskraft beim Personen- und Lastentransport wie bei der Ackerbestellung mit der Verbreitung der Motorisierung überflüssig. Durch das Aufkommen von Baumwolle und Kunstfasern ging auch die Bedeutung des Tieres für die menschliche Bekleidung schnell zurück. Tendenzen zur Vermeidung tierischer Nahrung verbreiten sich (Vegetarismus). Die grundsätzliche Verwerfung der Dienstbarmachung des Tieres aus sittlichen Gründen trat dazu. Doch haben diese Bestrebungen keine Aussicht auf Verwirklichung in einer Gesellschaft, die noch auf der Dienstbarmachung des Menschen durch den Menschen beruht.

Vorzeittafel: 20 Tausend Jahre
2942v–2870v Du-Muzi
2940v grün Rinder als Zugtiere
2918v blau Bildnis eines Hundes
2865v grün Esel als Zugtiere
2827v blau Jagdhund-Plastik
2825v grün Schafzucht in Sumer
2802v blau 'Hunde auf Gazellenjagd'
2736v grün Hundegräber in Ägypten
2673v blau Plastik eines Hundes
2647v grün Geflügelzucht in Ägypten
2550v grün Vieh-Zählungen in Ägypten
2524v grün Esel vor Streitwagen
2509v blau 'Hirte mit Zicklein'
2475v blau 'Stallung und Molkerei'
2473v blau 'Gänse auf der Weide'
2432v blau 'Bauern mit Esel'
2426v grün Bienenzucht in Ägypten
2395v blau 'Der Eseltreiber'
2390v blau 'Geflügelzüchter'
2389v blau 'Dressierte Affen'
2387v blau 'Kalbende Kuh'
2373v blau 'Hirten treiben Rinder'
2360v blau 'Gezähmte Bären'
2340v blau 'Hirte mit Kalb'
2311v grün Esels-Karawanen
2278v blau Rinderbild aus Gold
2185v–2123v Chun-Anup
2141v grün Brutöfen in Ägypten
2093v–2030v Ur-Nammu
2078v grün Stall-Modelle
2060v–1983v Schul-Gi
2015v grün Tierzuchtstation in Sumer
2014v blau 'Viehzählung'
2006v grün Neue Schafrasse, Ägypten
1965v blau 'Kuh mit Kälbchen'
1943v grün Hauskatze in Ägypten
1939v grün Zugpferd in Kleinasien
1899v blau 'Wandersmann mit Esel'
1888v grün Tierärztliche Rezepte
1865v grün Nüsternringe
1826v blau 'Trächtige Hündin'
1782v blau Hundeplastik in Sumer
1779v grün Trense in Vorderasien
1752v grün Gestüte in Vorderasien
1723v blau Sumerische Fabel
1717v grün Tierärzte: Ersatzpflicht
1712v–1640v Apofis
1705v grün Zugpferd in Ägypten
1703v grün Pferdehandel Karkemischs
1575v grün Werk der Tierheilkunde
1563v grün Pferde vor Streitwagen
1528v grün Reitesel in Punt
1519v grün Reitpferd in Ägypten
1512v grün Zähmung des Kamels
1494v blau 'Hündin des Neb-Amun'
1477v blau Stierfang-Szene
1476v blau Rinderleben-Szene
1472v grün Haushuhn in Ägypten
1468v grün Reitsättel in Ägypten
1465v–1422v Amen-Hotep II.
1457v blau 'Schreiber mit Affen'
1434v grün Pferdezucht in China
1423v blau 'Besichtigung der Herden'
1408v blau 'Vogelfang mit Lockvögeln'
1405v–1326v Kikkuli
1398v–1335v Eje
1393v grün Pferderennen bei Hettitern
1388v grün Stier-Mumifizierung
1386v grün Zähmung von Elefanten
1375v blau Relief eines Pferdekopfes
1353v grün Schimmelzucht in Assyrien
1342v grün Kampfwagen in China
1334v grün Kikkulis Pferdebuch
1288v–1232v Hori
1281v blau 'Mädchen mit Ente'
1279v grün Pferdebuch syrisch
1261v grün Pferdebuch assyrisch
1189v grün Tierhandel Sabas
1188v blau Melkszene
1130v grün Kriegs-Elefanten in China
1103v blau 'Hunde verfolgen Hyäne'
1102v grün Kamel als Lasttier
1059v grün Kamel als Reittier
1029v grün Seidenraupen in China
869v grün Reiterheere in Assyrien
850v grün Steigbügel in Assyrien
795v grün Hufschutz für Pferde
785v grün Futtermittel Luzerne
758v–672v Bajin
753v–680v Hesiod
737v grün Tierfriedhöfe in Ägypten
661v braun Kamelreiter-Niederlage
639v blau 'Bienenzucht'
634v grün Katzen-Mumifizierung
573v grün Hühnerzucht bei Griechen
572v–493v Pythagoras
506v–446v Myron
464v blau Myron: 'Die Kuh'
461v grün Gestüt in Babylon
430v–353v Xenophon
418v–345v Diokles
390v grün Filz aus Tierhaaren
360v blau 'Pharao mit Kuh'
359v blau Schrift für Reiterführer
305v rot Elefanten Tauschobjekt
299v–237v Asoka der Milde
202v grün Seidenraupen in Korea
192v grün Hufeisen in Europa
182v blau 'Knabe mit Gans'
127v grün Pferdeeinfuhr nach China
74v grün Werk über Pferdeleiden
70v–19v Vergil
41v grün Glöckchen am Halsband
38v–9v Drusus
178n blau Reiterstandbild Mark Aurels
199n grün Fleischbeschau
231n grün Eumelos: Tiermedizin
291n grün Hufeisen und -nägel
294n–354n Apsyrtos
298n grün Seidenraupen in Japan
338n grün Briefe zur Tiermedizin
348n grün Bücher zur Tiermedizin
350n–404n Balamir
360n grün Hauskatze in Europa
366n grün Pelagonius: Tiermedizin
370n/455n Hunnenkriege
419n grün Vegetius: Krankheitskunde
552n grün Seidenraupen in Byzanz
590n–648n Harsa
602n–664n Hüan-Tsang
648n rot Schutz des Lebens
657n/661n Kamelschlacht von Basra
685n–762n Hüan-Tsung
688n–741n Karl Martell
718n–781n Han-Kan
732n grün Seidenraupen in Spanien
757n blau Han-Kans Pferdebilder
806n blau 'Buch der Pferde'
850n grün Werk der Tiermedizin
877n–936n Heinrich I.
973n–1057n Al Mari
1018n grün Al Mari gegen Tiertötung
1173n grün Brieftaubenpost
1243n blau 'Bamberger Reiter'
1271n rot Tierprozesse in Europa
1386n–1466n Donatello
1453n blau Reiterstandbild in Padua
1477n–1576n Tizian
1485n grün Kanarienvögel nach Europa
1488n blau Reiterstandbild Colleonis
1548n blau 'Karl V. zu Pferd'
1662n grün Pferdeomnibus
1700n blau Schlüters Reiterstandbild
1778n blau Falconets Reiterstatue
1786n grün Künstliche Befruchtung
1864n rot Letzter Tierprozeß
1872n blau 'Gänserupferinnen'
1891n blau 'Der Vogelhändler'

HAUTKRANKHEITEN

1981v–1929v Neferi
1717n grün Pocken-Schutzimpfung

HAUTSCH, Hans (1595n–1670n), deutscher Erfinder. Als Schmied in Nürnberg baute er ein vierrädriges Fahrzeug, das sich scheinbar selbsttätig fortbewegte. In Wirklichkeit waren im Innern zwei Menschen versteckt, die mit Kurbeln die Hinterachse antrieben, während der Erbauer auf dem Kutschbock saß und die Vorderräder mit einem deichselartigen Gestänge lenkte. Der Wagen entwickelte eine Geschwindigkeit von 1,6 Stundenkilometern und war mit einer Hupe in Gestalt eines Posaunenengels ausgerüstet. Ein schwedischer Prinz kaufte das Fahrzeug für 500 Taler und verwendete es bei den Feierlichkeiten aus Anlaß seiner Thronbesteigung.

1649n grün Handkurbel-Antrieb

HAUTSINNE

1834n grün Erforschung

HAVAMAL, Titel eines isländischen Gedichtes mit vorchristlichen Lebensregeln und Weisheitssprüchen, die von den Normannen aus Norwegen und Dänemark mitgebracht worden waren.

1002n blau Entstehung

HAVAS, Charles (1785n–1858n), französischer Journalist. Gründete in Paris ein Übersetzungsbüro, um der französischen Presse und den Gesandtschaften Berichte ausländischer Zeitungen in französischer Sprache zu liefern. Durch Verwendung von Brieftauben und später durch telegraphische Übermittlung suchte er diese Berichte so schnell wie möglich herbeizuschaffen. Durch den Erfolg seines Unternehmens ermutigt, entsandte er ständige Berichterstatter in die Hauptstädte Europas und bei wichtigen Ereignissen Sonderberichterstatter in alle Welt. Sein Sohn Auguste gliederte dem Unternehmen ein Anzeigenbüro an.

1835n grün Nachrichtenbüro

HAVEL, Fluß in Norddeutschland. Entspringt in Mecklenburg und mündet in die Elbe. Gehörte zum ersten slawischen Reich und wurde zwischen dem 8. und dem 12. Jahrhundert deutsch. Ihr Mittellauf berührt Berlin und trägt zur Schönheit seiner Umgebung bei. Seit dem 20. Jahrhundert wird sie zunehmend ins Stadtbild einbezogen.

595n–662n Samo
789n braun Frankensieg
812n braun Slawenaufstand

HAVEMANN, Robert (geboren 1910n), deutscher Naturwissenschaftler und Philosoph. Als Chemiker erforschte er den roten Farbstoff des Blutes (Hämoglobin), beschäftigte sich mit Photochemie und konstruierte ein Gerät zur Farbmessung (Kolorimeter). Trat 1932n der Kommunistischen Partei bei, wurde 1943n wegen seines Widerstandes gegen den Faschismus zum Tode verurteilt und blieb bis Kriegsende inhaftiert. Nach 1945n leitete er das Kaiser-Wilhelm-Institut in West-Berlin. 1950n wurde er aus politischen Gründen entlassen und ging als Leiter eines Akademie-Institutes nach Ost-Berlin. Hielt Vorträge über Naturwissenschaft und Marxismus. Darin behandelte er Fragen der Erkenntnislehre und der Moral abweichend von der herrschenden Lehrmeinung. Dies führte zu seiner Entlassung als Lehramt, Institut und Partei. Seitdem arbeitet er als Privatgelehrter an der Vertiefung seiner Erkenntnistheorie.

1964n blau 'Dialektik ohne Dogma'

HAWAII, Inselgruppe im Stillen Ozean, halbwegs zwischen Amerika, Asien und Australien. Benannt nach der größten Insel der Gruppe. Die von Spaniern schon zu Beginn des 16. Jahrhunderts entdeckte Inselkette geriet wegen ihrer weiten Entfernung von Europa bald in Vergessenheit. 250 Jahre später wurde sie nochmals entdeckt von James Cook, der hier 1779n ermordet wurde. Kame-Hameha gründete um 1800n ein Königreich. Seit 1820n von nordamerikanischen Missionaren und Plantagen-Besitzern besiedelt, wurden die Inseln 1898n den USA als Kolonie angegliedert. Der hier angelegte Flottenstützpunkt Pearl Harbor war Ziel eines japanischen Überraschungsangriffs im zweiten Weltkrieg. 1959n erhielten die Inseln als 50. Mitgliedsstaat der USA einen neuen Status, ohne daß sich an der Ausbeutung der zu zwei Dritteln farbigen Bevölkerung etwas änderte.

1527n grün Entdeckung
1897n braun Eroberung durch USA
1897n rot USA-Besitz
1939n/1945n Zweiter Weltkrieg

HAWARA, Ortschaft in Nord-Ägypten am Rande eines vor 4000 Jahren durch Kanalisation kultivierten Sumpflandes. Hier baute sich der ägyptische König Amen-Em-Het III. nach Vollendung der Trockenlegung des Fayum neben seiner Pyramide einen Totentempel, der 3000 Gemächer, Hallen und Gänge in zwei Stockwerken sehr unübersichtlicher Anordnung enthielt und der später von den Griechen als Labyrinth zu den sieben Weltwundern gezählt wurde.

1865v–1792v Amen-Em-Het III.
1806v blau Pyramide und Tempel

HAYDN, Joseph, deutscher Komponist.

1732n–1809n Lebenslinie
1791n blau Paukenschlag-Sinfonie
1799n blau 'Die Jahreszeiten'

HEBAMME, Bezeichnung für den Beruf des Geburtshelfers, der seit ältesten Zeiten von Frauen ausgeübt, in höheren, städtischen Kulturen aber häufig von spezialisierten Ärzten übernommen wurde. Seit Beginn unseres Jahrhunderts wird die Geburtshilfe häufig von Hebamme und Arzt gemeinsam geleistet.

324v–250v Herophilos
275v grün Hebammenbuch
136n grün Gleichstellung mit Ärzten

HEBBEL, Friedrich (1813n–1863n), deutscher Dichter. Als Sohn eines Maurers wurde er Maurerlehrling, Schreibergehilfe und Schriftsteller. Während seiner Bildungsjahre lebte er mit der Näherin Elise Lensing zusammen, die seinen Lebensunterhalt verdiente und ihm mehrere Kinder schenkte. Mit Rücksicht auf gesellschaftliche Vorurteile heiratete er dann aber eine Hofschauspielerin. Die erbarmungslose Härte der bürgerlichen Gesellschaft deckte er in seinem Trauerspiel 'Maria Magdalena' auf. Mit psychologisch vertieften historischen Dramen bereitete er das moderne Drama vor ('Gyges und sein Ring', 'Agnes Bernauer', 'Nibelungen'). Der Konflikt zwischen Individuum und Gesellschaft steht im Mittelpunkt seines Lebenswerkes, zu dem auch Gedichte, Novellen und Lustspiele gehören.

1844n blau 'Maria Magdalena'
1862n blau Nibelungen-Trilogie

HEBEL-GESETZ

284v–212v Archimedes
265v–202v Philon
250v grün Archimedes' Forschungen

HEBE-MASCHINEN

284v–212v Archimedes
265v–202v Philon
261v grün Wasser-Hebeschraube
239v grün Flaschenzug
230v grün Treträder
152v–82v Heron
1329n grün Drehkran
1591n grün Greifbagger
1816n–1892n Siemens

HEBRÄISCH, Bezeichnung für Sprache und Schrift der Juden. Als Muttersprache von Abraham, Moses und Jesus Ursprache der Bibel und des Talmud. Damit auch von großem Einfluß auf die Sprache christlicher Länder, deren religiöse Begriffe ihr weitgehend entnommen sind (Amen, Hallelujah, Messias). Von den aus Ägypten heimkehrenden Juden mindestens seit 1250v gesprochen und bald darauf mit 22 Buchstaben auch geschrieben (von rechts nach links laufend). Mit dem Verfall und der Zerstreuung des Judentums ging ihr Gebrauch in Palästina seit 70n zurück, hielt aber andererseits die Juden von Alexandria bis Spanien, England und Amerika zusammen. Mit der Neugründung des Judenstaates Israel wieder Amtssprache in Palästina.

843v blau König Mesas Siegesstein
1038n blau Ben Gunachs Grammatik
1146n blau Bibelerklärung
1238n blau Katholische Schulen
1506n blau Reuchlins Sprachlehre
1530n blau Schule in Paris

HEBRIDEN, Inselgruppe mit 500 Inseln vor der Nordwestküste der britischen Insel (Schottland). Die Bevölkerung der über 100 bewohnbaren Inseln lebte in den ersten Jahrhunderten nach unserer Zeitrechnung unter eigenen Häuptlingen, die sich um 400n den schottischen Königen unterstellten. Im 6. Jahrhundert versuchte Kolumban die Christianisierung einiger Inseln und gründete 563n auf einer der kleinsten, dem Festland am nächsten liegenden Insel ein Kloster (Jona). Seit dem 9. Jahrhundert standen die Inseln größtenteils unter normannischer Herrschaft, wurden dann wieder schottisch, bewahrten sich aber unter eigenen Herrschern große Selbständigkeit. 1748n wurden sie von Großbritannien eingenommen.

802n rot Normannen-Ansiedlung
850n–932n Harald Schönhaar

HEDI-HEKENU (um 2560v–um 2500v), ägyptische Königin. Eine der Frauen des Ägypterkönigs Chefren.

2576v–2515v Chefren

HEDIN, Sven (1865n–1952n), schwedischer Forschungsreisender und Schriftsteller. Ging zwanzigjährig als Hauslehrer nach Baku und unternahm von hier aus Reisen nach Mesopotamien, Persien und Turkestan. 1894n trat er seine erste große

Innerasien-Expedition an, die ihn in drei Jahren durch den Pamir und Tibet nach Peking führte. Auf einer zweiten Forschungsreise entdeckte er in Tibet die Ruinenstadt Loulan. Auf einer dritten Fahrt erforschte er die Quellgebiete des Brahmaputra und des Indus sowie das von ihm entdeckte Transhimalaya-Gebirge ('Hedin-Gebirge'). 1923n unternahm er eine Reise um die Welt und vier Jahre später mit deutschen, schwedischen und chinesischen Gelehrten noch eine Forschungsreise in die Mongolei. Durch seine spannenden Reisebücher weckte er das Interesse Europas für die unerforschten Gebiete Innerasiens ('Zu Land nach Indien', 'Von Pol zu Pol').

1894n grün Asien-Expedition

HEDSCHAS, Land an der Westküste der arabischen Halbinsel zwischen dem Roten Meer und dem arabischen Hochland. Seit fünf Jahrtausenden als Durchgangsland für Karawanen in Verbindung mit den Gütern der Erde, wurde dies kleine Land zum Ausgangspunkt eines der größten Weltreiche aller Zeiten. In seinen Städten Mekka und Medina nahm die durch Mohammed gegründete Sammlungsbewegung des Islam ihren Anfang und verbreitete sich von hier aus über ganz Nordafrika, Südeuropa und Südwestasien. Doch führte der vollständige Sieg des Islam dazu, daß der Schwerpunkt des neuen Weltreiches von hier weg nach Damaskus verlegt wurde. Nach dem Niedergang des Islam fiel es unter die Oberhoheit Ägyptens und 1517n unter die Herrschaft der Türken, die aber Mekka weitgehende Selbständigkeit ließen. Im ersten Weltkrieg mit Hilfe des englischen Obersten Lawrence als unabhängiges Königreich aus dem Türkenreiche herausgebrochen, wurde es durch Anschluß anderer Landesteile zum saudi-arabischen Reich erweitert. Der Einfluß Englands ging allmählich auf die USA über.

2902v blau Entstehung Mekkas
2854v grün Karawanenweg
1265v braun Minäer-Vorstoß
1265v rot Teil des Minäerreiches
530n braun Abessinier-Vorstoß
570n–632n Mohammed
602n–661n Ali
620n rot Bekehrung Medinas
622n rot Hedschra
623n rot Mohammed Herr Medinas
624n grün Verneigung nach Mekka
627n braun Grabenkrieg
627n rot Judenverfolgung
630n braun Besetzung Mekkas
630n rot Herrschaft Mohammeds
630n grün Mekka Wallfahrtsort
656n rot Regierungssitz verlegt
709n blau Grabmoschee in Medina
770n blau Rechtsschule in Medina
899n/930n Karmatenaufstand
1185n blau Bericht einer Pilgerfahrt

HEDSCHRA, arabisches Wort für 'Auswanderung'. Bezeichnet den Fortgang Mohammeds aus seiner Heimatstadt Mekka nach der 350 Kilometer nördlich davon gelegenen Oasenstadt Medina, der den Beginn des Zeitalters des Islam bildet. Ausgangspunkt einer neuen Zeitrechnung, die bis heute bei den islamischen Völkern gebräuchlich ist.

570n–632n Mohammed
582n–644n Omar
622n rot Auswanderung Mohammeds
637n grün Zeitrechnung

HEDWIG (1370n–1399n), polnische Königin. Jüngere Tochter des Königs Ludwig von Ungarn und Polen. Durch ihre Wahl zur Königin durchkreuzten die Polen die Absicht ihres Vaters, der durch Verheiratung seiner Erbtochter Maria mit dem späteren Kaiser Sigismund Polen dem Reiche erhalten wollte. Bald nach ihrer Krönung heiratete sie den Großfürsten von Litauen, der Polen endgültig dem Einfluß des Deutschen Ordens entzog.

1386n rot Heirat

HEFE-GÄRUNG

1860n grün Pasteurs Lehre

HEGEL, Georg Wilhelm, deutscher Philosoph.

1770n–1831n Lebenslinie
1807n blau 'Phänomenologie'
1821n blau 'Philosophie des Rechts'
1823n blau Geschichts-Vorlesungen

HEGESIAS (um 310v–um 245v), griechischer Philosoph aus Nordafrika (Kyrene). Erklärte den vollen Lebensgenuß angesichts der Widrigkeiten des Daseins als ein unerreichbares Ziel. Da aber andererseits das Leben nur um dessentwillen lohne und erträglich sei, muß der Mensch frei sein, sein Leben zu beenden oder fortzusetzen. In einer Schrift über den Selbstmord verteidigte er den freiwilligen Tod als erwünschte Befreiung aus den Leiden der Menschen. Deshalb erhielt er den Namen 'Anstifter zum Tode'. Nachdem sich manche seiner Schüler durch seine Vorträge tatsächlich zum Selbstmord hatten bestimmen lassen, wurde ihm seine Vorlesungstätigkeit in Alexandrien durch den Ägypterkönig Ptolemäus II. untersagt.

253v rot Lehrverbot

HEGIAS (um 305v–um 250v), griechischer Schriftsteller in der kleinasiatischen Stadt Magnesia, die Alexander der Große für die Veteranen seines Asien-Feldzuges gebaut hatte. Schuf einen Sprachstil, der mit Gedankenspielen und Bildern beladen, glatt geschliffen, rhythmisch gegliedert, oft bis zur Weichlichkeit biegsam war und bei fast schwülstigem Gedankenreichtum im Kern doch hohl blieb. In diesem von den Athenern 'Asianismus' genannten Stil verfaßte er zahlreiche historische Werke, darunter eine Geschichte Alexanders.

257v blau 'Asianismus'

HEHLEREI

1937v–1865v Libit-Ischtar
1872v blau Gesetzbuch Libit-Ischtars
1872v rot Bestrafung in Isin

HEIDEGGER, Martin (geboren 1889n), deutscher Philosoph. Studierte katholische Theologie, beschäftigte sich anschließend mit Mathematik und Physik, um sich dann ganz der Philosophie zuzuwenden. Habilitierte sich mit einer Arbeit über den christlichen Scholastiker Duns Scotus, der für die Einschränkung des Wissens zugunsten des Glaubens eintrat. Als Schüler von Husserl versuchte er, die seit der Aufklärung nur noch von katholischer Seite vertretene Seins-Lehre ('Ontologie') wiederzuerwecken und damit die Philosophie auf Metaphysik zu reduzieren. Das 'Sein' ist bestimmt von Existenzangst, von Todesfurcht und von der Konfrontation mit dem 'Nichts', das den Gegensatz des 'Seins' und zugleich dessen Entsprechung bildet. Die Anpassung dieser lebensfeindlichen Existenz-Philosophie an den Liberalismus (Ordinarius in Marburg 1925n), an den deutschen Faschismus (Mitglied der NSDAP und Rektor in Freiburg nach 1933n) und an die abendländische Bewußtseinsweise (Lehrtätigkeit in Freiburg nach 1945n) hat er nahtlos vollzogen und damit den Beweis für das Sich-Gleichbleiben der Ideologie des deutschen Bürgertums erbracht.

1927n blau 'Sein und Zeit'

HEIDELBERG, Stadt in Süddeutschland am Durchbruch des Neckars aus dem Odenwald in die oberrheinische Tiefebene. Auf den Trümmern einer römischen Siedlung wuchs sie im 12. Jahrhundert empor, erhielt 1239n Stadtrecht und wurde für 500 Jahre Residenzstadt einer deutschen Fürstenfamilie. In der Reformationszeit lehrten an der Universität Agricola und Reuchlin. Im Dritten Krieg Ludwigs XIV. zweimal im Abstand von vier Jahren von den Franzosen zerstört. Als die Stadt 1803n badisch wurde, nahm sie einen neuen Aufschwung, insbesondere die darniederliegende Universität (Arnim, Brentano). 1848n wurde hier der Beschluß zur Einberufung der Frankfurter Nationalversammlung vorbereitet ('Heidelberger Versammlung').

1386n blau Universität
1619n blau Schloß
1688n/1697n Dritter Krieg Ludwigs XIV.
1803n rot Deputationshauptschluß
1848n/1850n Zweite deutsche Revolution

HEIDEN, verächtliche Bezeichnung der Christen für alle, die ihrem Aberglauben nicht anhängen. Abgeleitet von dem alten Worte für den auf der Heide lebenden Bauern, der wegen seines Mangels an Bildung und Gesittung von den Angehörigen der herrschenden Klasse verachtet wurde.

2495v–2405v Pta-Hotep
1995v–1911v Enotes
1391v–1358v Echnaton
1377v–1302v Ani
1298v–1228v Moses
1086v–1004v Samuel
1022v–936v Amenope
981v–918v Ahia
927v–850v Elias
882v–798v Elisa
825v–730v Parshva
802v–745v Amos
784v–725v Hosea
777v–692v Jesaja
753v–680v Hesiod
696v–619v Zarathustra
694v–603v Braspati
649v–583v Jeremias
642v–555v Carvaka
639v–562v Alkaios
628v–553v Hesekiel
624v–546v Thales
610v–546v Anaximander
604v–514v Lao-Tse
598v–501v Teng-Tse
585v–525v Anaximenes
575v–483v Xenophanes
572v–493v Pythagoras
569v–498v Jina Mahavira
557v–477v Buddha
552v–479v Kon-Fu-Tse
544v–484v Heraklit
540v–457v Parmenides
520v–450v Alkmaion
501v–428v Anaxagoras
491v–433v Zeno
490v–430v Empedokles
489v–428v Leukipp
487v blau Simonides
484v–378v Gorgias
478v–410v Protagoras
475v–393v Me-Ti
469v–399v Sokrates
455v–370v Demokrit
444v–365v Antisthenes
436v–355v Aristipp
433v–351v Archytas
430v–353v Xenophon
429v–370v Phaleas
427v–347v Plato
408v–355v Eudoxos
407v–323v Diogenes
390v–310v Herakleides
384v–322v Aristoteles
378v–289v Meng-Tse
372v–287v Theophrast
361v–269v Pyrrhon
352v–285v Dikäarch
344v–268v Berossos
341v–270v Epikur
338v–268v Strato der Physiker
333v–262v Zeno der Jüngere
325v–260v Euhemeros
315v–263v Manethos
304v–232v Kleanthes
299v–237v Asoka der Milde
279v–206v Chrysipp
274v–194v Eratosthenes
214v–129v Karneades
196v blau Patanjali
194v blau Jesus Sirach
193v–160v Judas Makkabäus
180v–110v Panaitios
157v–87v Wu-Ti
135v–50v Poseidonios
129v–40v Asklepiades
97v–55v Lukrez
70v–19v Vergil
25v–45n Philo
4v–65n Seneka
27n–97n Wang-Tschung
31n–99n Musonius Rufus
34n–112n Asvagoscha
47n–122n Plutarch
52n–133n Epiktet
53n–123n Kanischka
53n–117n Trajan
67n–140n Juvenal
86n–161n Antoninus Pius
125n–180n Lukian
131n–182n Celsus
160n–242n Ammonios
170n–229n Ulpian
185n–250n Diogenes Laërtios
214n–273n Longinos
217n–276n Mani
232n–304n Porphyrios
321n–375n Valentinian I.
331n–363n Julian
360n–415n Hypatia
370n–414n Synesios von Kyrene
384n blau Symmachus
398n–474n Zosimos
400n–470n Nonnos
408n blau Kalidasa
410n–485n Proklos
480n–524n Boëthius
518n blau Bodhi-Dharma
570n–632n Mohammed
584n–641n Georgios Pisides
587n–652n Bhartrihari
590n–648n Harsa
595n–660n Bana
686n–744n Kumarila
699n–748n Ibn Ata
717n–778n Padma Sambawa
718n–791n Al Chalil
768n–824n Han-Yü
788n–820n Schankara
789n–873n Al Kindi
806n–873n Abu Hunain
810n–870n Al Buchari
839n blau Bistami
839n–923n Al Tabari
851n–938n Al Balki
865n–932n Al Rasi
870n–950n Al Farabi
874n–935n Al Aschari
901n–982n Egil Skallagrimssen
910n–990n Eyvind Skaldaspillir
932n–1020n Firdausi
965n–1039n Al Hassan
973n–1057n Al Mari
980n–1037n Ibn Sina (Avicenna)
1023n–1105n Ramanuja
1035n blau Ibn Hasm
1039n–1123n Al Kajam
1041n blau Nambi
1052n blau Gabirol
1053n–1140n Toba-Sojo
1059n–1111n Al Gazali
1085n–1141n Juda Halevi
1091n blau Raschi
1093n–1162n Ibn Badscha
1126n–1198n Ibn Rasd
1127n–1185n Ibn Tufail
1130n–1200n Tschu-Hi
1131n blau Sanai
1135n–1204n Maimonides
1146n blau Abraham ben Meir
1169n–1240n Ibn Arabi
1217n blau Al Farid
1247n blau Rumi
1319n blau Ibn Taimija
1325n–1389n Hafis
1375n–1448n Josetsu
1380n blau Madhava Acharya
1392n–1450n Ibn Arabscha
1447n blau Plethon
1489n–1587n Sinan
1542n–1605n Akbar
1548n–1600n Giordano Bruno
1596n blau Tulsidas
1632n–1677n Spinoza
1679n–1754n Christian Wolff
1694n–1778n Voltaire
1696n blau Bayle
1711n–1776n Hume
1712n–1778n Rousseau
1713n–1784n Diderot
1729n–1781n Lessing
1745n blau Lamettrie
1749n–1832n Goethe
1758n blau Helvetius
1770n blau Holbach
1809n grün Lamarck
1809n–1882n Darwin
1818n–1883n Karl Marx
1835n blau Strauß
1841n blau Feuerbach
1844n–1900n Nietzsche
1855n–1939n Freud
1856n–1950n G. B. Shaw
1863n blau Renan
1870n–1924n Lenin
1878n blau Engels
1879n–1953n Stalin
1880n blau Jacobsen
1892n grün Haeckel
1893n– Mao-Tse-Tung
1943n blau Sartre
1955n blau Bloch

HEIDENHEIM, Ortschaft am Südhang des Hahnenkamm-Berges in der Fränkischen Alb, 50 km südlich von Nürnberg. Hier gründete der englische Missionar Wynnebald ein Kloster mit Mühle und versuchte, die Bauern der Umgebung zum Christentum zu bekehren. Da er aus England auch Nonnen mitgebracht hatte, wurde das Kloster ein 'Doppelkloster' für Mönche und Nonnen. Es blieb für zweihundert Jahre das einzige Doppelkloster in Deutschland. Im 12. Jahrhundert wurde der Bau durch eine Klosterkirche gekrönt. 1540n wurde das Kloster infolge der Reformation aufgehoben.

751n blau Kloster

HEILIGE ALLIANZ, selbstgewählte Bezeichnung eines Bündnisses zwischen den Monarchen Rußlands, Österreichs und Preußens. Bezweckte die Unterdrückung der revolutionären Bewegung Europas und die Erhaltung der noch bestehenden europäischen Kaiser- und Königsthrone. Erstrebte eine europäische Einheit durch brüderliche Verbundenheit der Monarchen auf streng christlicher Grundlage. Vom Zaren gegründet, wurde sie ein Werkzeug in der Hand des österreichischen Kanzlers Metternich. Ihr traten alle gekrönten Häupter Europas außer dem König von England und dem Sultan der Türkei bei. Durch die russisch-österreichischen Gegensätze im griechischen Freiheitskampf bedeutungslos geworden, zerfiel sie endgültig im Krim-Krieg.

1815n rot Abschluß

HEILIGE LIGA, Selbstbezeichnung eines Bündnisses europäischer Mächte zur Eindämmung der gewaltsam nach Mitteleuropa vordringenden Türken. Entstanden aus einem Vertrag des besonders bedrängten Österreich mit Polen und Venedig, wurde sie durch Beitritt Rußlands, Schwedens, Brandenburgs, Sachsens und Bayerns sowie des Papstes zu einer Allianz Mittel- und Osteuropas, die sich im Kampf gegen die Türken bewährte.

1663n/1699n Großer Türkenkrieg
1684n rot Bündnis
1686n rot Bündniserweiterung

HEILIGER BUND, Selbstbezeichnung eines Zusammenschlusses katholischer Fürsten zur Abwehr des Protestantismus in Deutschland. Durch den kaiserlichen Vizekanzler Held betrieben, wurde er von den Herrschern Sachsens, Bayerns, Böhmens und Braunschweigs sowie von den Bischöfen der Städte Salzburg und Mainz getragen. Wirkte aufreizend auf die Protestanten, ohne eine entsprechende Stärkung der katholischen Seite zu bewirken.

1538n rot Abschluß

HEILIGES RÖMISCHES REICH DEUTSCHER NATION, Name eines europäischen Reiches, das außer dem heutigen Deutschland über längere Zeiträume große Gebiete zahlreicher heute selbständiger Staaten umfaßte, vor allem Italien (mit dem heute französischen Savoyen und der französischen Riviera), Österreich, die Schweiz, Holland, Belgien, Luxemburg, die Tschechoslowakei, Polen und zweitweilig Spanien mit seinen amerikanischen Besitzungen. Es entstand nach der Teilung des Frankenreiches aus dessen östlicher Hälfte, konstituierte sich 962n, erhielt seine Bezeichnung im 15. Jahrhundert und bestand bis zur Absetzung des letzten deutschen Kaisers durch Napoleon (1806n). Es hieß 'heilig' wegen seiner engen Verbindung mit dem Papst, der die gewählten Könige zu Kaisern krönte, 'römisch', weil es sich in der rechtmäßigen Nachfolge des Römerreiches und seiner Kaiser glaubte, 'Reich', weil es über verschiedene, in ihrer Eigenständigkeit fortbestehende Völker gebot, 'Deutscher Nation', weil grundsätzlich der deutsche König sein Beherrscher (= Kaiser) war. Als einziges Kaiserreich Europas wurde es auch einfach 'Das Reich' genannt.

912n–973n Otto I., der Große
955n–983n Otto II.
962n rot Kaiserkrönung in Rom
963n braun Sieg über Polen
963n rot Gebietsgewinn im Osten
964n blau Geschichte Ottos I.
968n rot Erzbistum Magdeburg
970n blau Entstehung von Brüssel
972n rot Heirat Ottos II.
972n–999n Gregor V. (Bruno)
972n–1038n Stephan I.
976n braun Erhebung Bayerns
976n rot Gebietsverlust Bayerns
976n rot Kärnten selbständig
978n braun Französischer Angriff
978n braun Vorstoß bis Paris
980n braun Römischer Aufstand
980n–1002n Otto III.
981n/982n Krieg gegen Araber
981n rot Feindkoalition
983n braun Slawenaufstand
983n rot Slawen unabhängig
985n blau Polensiedlung Danzig
990n–1031n Aribo
992n blau Polensiedlung Breslau
996n braun Erhebung Roms
996n rot Papst deutscher Herkunft
998n braun Erhebung Roms
998n rot Anspruch: Nachfolge Roms
1001n braun Erhebung Roms
1001n blau Entstehung Essens
1001n–1072n Adalbert von Bremen
1013n–1085n Robert Guiskard
1015n blau Entstehung Leipzigs
1017n blau Slawensiedlung Schwerin
1017n–1056n Heinrich III.
1021n–1085n Gregor VII.
1023n rot Synode zu Seligenstadt
1030n rot Katharer-Verbrennung
1031n blau Entwicklung Braunschweigs
1031n blau Entwicklung Innsbrucks
1033n braun Niederlage Polens
1033n rot Gewinn der Lausitz
1033n rot Herrschaft über Polen
1037n grün Erblichkeit kleiner Lehen
1043n blau Entwicklung Nürnbergs
1046n braun Einzug in Rom
1046n rot Papstpolitik Heinrichs
1050n–1106n Heinrich IV.
1052n rot 'Ketzer'-Hinrichtung
1053n braun Normannen-Sieg
1060n rot Slawen-Christianisierung
1063n rot Erziehung Heinrichs IV.
1066n rot Bischof Slawen-Opfer
1071n blau Slawensiedlung Görlitz
1073n/1075n Aufstand in Sachsen
1073n blau Wartburg
1074n braun Aufstand in Worms
1074n rot Worms unabhängig
1075n rot Investitur-Bestimmung
1076n rot Papstabsetzung
1076n rot Bann gegen Heinrich IV.
1076n rot Fürsten gegen Kaiser
1077n rot Gang nach Canossa
1081n/1085n Balkanzug der Normannen
1081n–1125n Heinrich V.
1085n rot 'Gottesfriede'
1090n rot 'Hexen'-Verbrennung
1093n rot Gegenbündnis in Italien
1096n rot Juden-Verfolgung
1096n grün Kreuzzugsfinanzierung
1096n/1099n Erster Kreuzzug
1099n grün Webervertrag mit Kirche
1103n rot Schutz für Juden
1103n grün Sondersteuer für Juden
1103n–1155n Arnold von Brescia
1107n rot Verona unabhängig
1109n braun Niederlage gegen Polen
1109n rot Polen selbständig
1111n rot Begräbnis Heinrichs IV.
1111n rot Rechte für Speyer
1115n–1158n Otto von Freising

1120 n blau	Gründung Freiburgs
1120 n rot	Freiburger Verfassung
1122 n rot	Wormser Konkordat
1122 n blau	Entwicklung Wiens
1122 n–1190 n	Friedrich I. Barbarossa
1124 n rot	Bekehrung Pommerns
1125 n braun	Katharer-Aufstand
1128 n rot	Schuhmacherbund Würzburg
1134 n rot	Altmark an Albrecht
1135 n blau	Entstehung Düsseldorfs
1138 n rot	Staufer-Herrschaft
1140 n–1217 n	Peter Waldes
1142 n rot	Widerstand in Rom
1142 n/1155 n	Aufstand in Rom
1143 n blau	Gründung von Lübeck
1145 n rot	Morde an Katharern
1146 n rot	Juden-Verfolgung
1147 n/1149 n	Zweiter Kreuzzug
1147 n braun	Wenden-Kreuzzug
1148 n grün	Siedlung in Siebenbürgen
1149 n rot	Weberzunft in Köln
1149 n rot	Bestätigung der Zunft
1150 n rot	Brandenburg an Albrecht
1150 n rot	Stadtrecht für Soest
1153 n rot	Bündnis gegen Rom
1153 n rot	Waffenverbot für Bauern
1153 n blau	Entstehung Hannovers
1155 n rot	Rom wieder unter Papst
1155 n rot	Tod für Arnold
1155 n rot	Krönung Friedrichs
1156 n rot	Rechte für Worms
1156 n rot	Herzogtum Österreich
1157 n braun	Krieg gegen Polen
1157 n rot	Rechte für Handwerker
1158 n rot	Städtefeindliche Maßnahme
1158 n/1162 n	Städteerhebung in Italien
1158 n blau	Gründung Münchens
1159 n rot	Stadtrecht für Lübeck
1159 n grün	'Stadtluft macht frei'
1162 n braun	Sieg über Slawen
1162 n rot	Mecklenburg deutsch
1162 n blau	Gründung Freibergs
1163 n rot	Katharer-Verbrennung
1165 n rot	Schlesien selbständig
1165 n–1197 n	Heinrich VI.
1166 n/1167 n	Kriegszug nach Italien
1172 n rot	Stadtrecht für Rothenburg
1173 n rot	Stadtrecht für Münster
1173 n–1239 n	Hermann von Salza
1176 n braun	Städteerhebung in Italien
1176 n rot	Ablehnung der Heeresfolge
1176 n rot	Städte Italiens unabhängig
1177 n rot	Zugeständnis an Papst
1181 n rot	Herrschaft über Pommern
1183 n rot	Zugeständnis der Städte
1183 n grün	Zunftzwang in Magdeburg
1187 n braun	Niederlage in Jerusalem
1187 n rot	Verlust Jerusalems
1189 n/1192 n	Dritter Kreuzzug
1190 n rot	Deutschritterorden
1191 n blau	Gründung von Bern
1194 n rot	Gebietsgewinn in Italien
1194 n–1250 n	Friedrich II.
1197 n/1198 n	Thronkämpfe
1198 n rot	Philipp König
1198 n rot	Otto IV. Gegenkönig
1201 n blau	Gründung Rigas
1204 n–1263 n	Haakon der Alte
1207 n/1279 n	Großer Mongolenkrieg
1208 n rot	Ermordung des Königs
1211 n rot	Katharer-Verbrennung
1212 n braun	Kinder-Kreuzzug
1213 n blau	Entstehung Amsterdams
1214 n braun	Niederlage der Welfen
1216 n blau	Entwicklung Dresdens
1217 n/1219 n	Kreuzzug
1218 n–1291 n	Rudolf I. von Habsburg
1222 n–1263 n	Alexander Newski
1225 n rot	Ungarn: Ordensvertreibung
1226 n rot	Lübeck Reichsstadt
1226 n rot	Preußen an Deutschritter
1227 n braun	Sieg über Dänemark
1228 n rot	Widerstand der Stedinger
1228 n/1229 n	Fünfter Kreuzzug
1229 n rot	Friedrich König Jerusalems
1230 n braun	Unterwerfung Preußens
1230 n rot	Katharer-Verfolgung
1231 n rot	Rechtsgewinn der Fürsten
1231 n grün	Katharer-Zusammenhalt
1232 n rot	Strafen für 'Ketzer'
1232 n/1234 n	Stedinger-Kreuzzug
1233 n rot	Inquisitor erschlagen
1234 n grün	Enteignung der Stedinger
1235 n rot	Landfriedensgesetz
1235 n–1303 n	Bonifatius VIII.
1237 n blau	Entwicklung Berlins
1241 n rot	Vertrag Hamburg–Lübeck
1242 n braun	Deutschritter-Niederlage
1242 n rot	Stadtrecht für Kiel
1243 n rot	Stadtrecht für Stettin
1248 n blau	Entwicklung Weimars
1250 n rot	Stadtrecht für Bielefeld
1252 n blau	Gründung Memels
1254 n rot	Interregnum
1254 n rot	Rheinischer Städtebund
1255 n rot	Prag: Deutsches Recht
1255 n blau	Gründung von Königsberg
1257 n rot	Krakau: Deutsches Recht
1261 n braun	Aufstand der Preußen
1261 n rot	Stadtrecht für Breslau
1262 n rot	Straßburg Reichsstadt
1265 n–1321 n	Dante
1266 n braun	Niederlage in Süditalien
1266 n rot	Verlust Siziliens
1267 n rot	Stadtrecht für Stuttgart
1268 n braun	Niederlage bei Rom

1270 n–1319 n	Haakon V.
1273 n rot	Ende des Interregnums
1278 n braun	Sieg über Böhmen
1278 n rot	Gebietsgewinn für Rudolf
1281 n rot	Stadtrecht für Graz
1284 n rot	Stadtrecht für Flensburg
1288 n braun	Aufstand in Köln
1288 n rot	Köln frei vom Bischof
1288 n rot	Köln freie Stadt
1291 n rot	Eidgenossenschaft
1297 n rot	Stadtrecht für Frankfurt
1299 n rot	Stadtrecht für Rotterdam
1301 n braun	Handwerkeraufstand
1301 n rot	Aufhebung von Rheinzöllen
1301 n/1302 n	Erhebung gegen Kaiser
1310 n blau	Hradschin gegründet
1310 n/1313 n	Kriegszug nach Italien
1315 n braun	Schlacht am Morgarten
1315 n rot	Katharer-Verbrennungen
1316 n–1378 n	Karl IV.
1319 n braun	Bauernsieg über Ritter
1322 n braun	Sieg Ludwigs des Bayern
1322 n rot	Ludwig der Bayer König
1329 n rot	Streik in Breslau
1330 n rot	Stadtrecht für Darmstadt
1331 n rot	Schwäbischer Städtebund
1334 n rot	Stadtrecht für Linz
1336 n rot	Katharer-Verbrennung
1338 n rot	Kaiserwahl ohne Papst
1342 n braun	Aufstand in Konstanz
1346 n grün	Kauf Estlands durch Orden
1346 n rot	Estland Ordensgebiet
1347 n rot	Ausdehnung der Hanse
1349 n braun	Aufstand in Nürnberg
1351 n rot	Lohnstreik in Speyer
1351 n grün	Pestepidemie
1356 n rot	'Goldene Bulle'
1359 n grün	Handelssperre der Hanse
1361 n rot	Wisby an Dänemark
1362 n/1364 n	Krieg der Hanse
1362 n–1437 n	Sigismund
1364 n grün	Gegenaktion Dänemarks
1365 n–1416 n	Hieronymus von Prag
1367 n rot	Kriegsbeschluß der Hanse
1367 n/1370 n	Krieg der Hanse
1369 n–1415 n	Hus
1370 n rot	Machtgewinn der Hanse
1370 n rot	'Pfaffenbrief'
1370 n blau	Entwicklung Karlsbads
1370 n–1424 n	Ziska
1371 n braun	Weberaufstand in Köln
1371 n–1440 n	Friedrich I.
1374 n rot	Rechtsbuch verdammt
1378 n grün	Verbot des Kartenspielens
1384 n rot	Ausdehnung Burgunds
1386 n braun	Kampf gegen Schweizer
1388 n braun	Fürstensieg über Städte
1388 n rot	Hinrichtung des Schwarz
1389 n rot	Bündnisverbot für Städte
1396 n braun	Niederlage gegen Türken
1397 n grün	Fabrikationsvorschrift
1401 n braun	Sieg über Liekedeeler
1401 n rot	Hinrichtung Störtebekers
1409 n rot	Feindseligkeit Prags
1410 n braun	Schlacht bei Tannenberg
1410 n rot	Bann gegen Hus
1411 n rot	Verlust von Ordensland
1411 n grün	Tribut der Ordensritter
1412 n rot	Reformversuch der Ritter
1415 n rot	Verbrennung des Hus
1415 n rot	Mark an Hohenzollern
1416 n rot	Tod des Hieronymus
1418 n rot	Kirchenreform gescheitert
1420 n blau	Reformforderung Ziskas
1420 n/1434 n	Hussiten-Kreuzzug
1424 n rot	Machtkämpfe bei Hussiten
1425 n rot	Konzern-Verbot
1427 n rot	'Gemeiner Pfennig'
1429 n blau	Schrift zur Reichsreform
1433 n–1477 n	Karl der Kühne
1434 n rot	Hussitenkampf beendet
1440 n–1505 n	Iwan III.
1443 n–1490 n	Matthias Corvinus
1448 n rot	Konzil zu Basel
1448 n braun	Erhebung der Berliner
1451 n grün	Zwingburg in Berlin
1454 n braun	Preußische Volkserhebung
1454 n rot	Verfassung aufgehoben
1457 n braun	Verlust der Marienburg
1459 n–1525 n	Jakob Fugger
1460 n rot	Abfall Schleswig-Holsteins
1460 n rot	Schleswig-Holstein Einheit
1466 n braun	Sieg Polens über Ritter
1466 n rot	Ordensland an Polen
1473 n grün	Geschäfte der Habsburger
1474 n grün	Soldaten für Frankreich
1475 n braun	Krieg Burgund-Lothringen
1475 n rot	Lothringen an Burgund
1476 n braun	Bauernaufstand
1476 n braun	Bauernsieg über Ritter
1477 n braun	Untergang Burgunds
1477 n rot	Gebietsgewinn Habsburgs
1483 n–1546 n	Luther
1488 n–1525 n	Thomas Münzer
1489 n rot	Städte im Reichstag
1491 n braun	Aufstand in Holland
1493 n braun	Aufstand im Elsaß
1494 n–1566 n	Soliman der Große
1495 n rot	Rechtsreform
1496 n–1560 n	Gustav Wasa
1497 n–1560 n	Melanchthon
1498 n blau	Kommunistisches Programm
1499 n braun	Niederlage gegen Schweiz
1499 n rot	Schweiz selbständig
1500 n braun	Bauernsieg über Ritter
1500 n–1558 n	Karl V.

1502 n braun	Aufstand in Baden
1503 n rot	Ablaßhandel der Ritter
1509 n grün	Fugger: Kriegsfinanzierung
1512 n rot	Landfriedenskreise
1513 n braun	Aufstand im Breisgau
1514 n braun	Aufstand in Württemberg
1515 n braun	Aufstand in Österreich
1516 n rot	Spanien an Karl V.
1517 n braun	Aufstand in Baden
1517 n rot	Reformationsbeginn
1519 n grün	Wahl-Einfluß der Fugger
1519 n rot	Kaiserwahl
1519 n rot	Gewinn Mexikos
1520 n rot	Bann gegen Luther
1520 n rot	Verurteilung Reuchlins
1520 n grün	Abkommen gegen Streik
1520 n/1521 n	Aztekenaufstand
1521 n rot	Reichstag zu Worms
1522 n rot	Zensur
1522 n/1526 n	Revolution
1523 n grün	Hilfe für Gustav Wasa
1523 n grün	Hilfe Karls für Fugger
1524 n braun	Sieg über Mayas
1524 n rot	Gewinn in Mittelamerika
1524 n blau	Gründung von Guatemala
1524 n rot	'Zwölf Artikel'
1525 n blau	Luther gegen Revolution
1525 n blau	Reformforderung Geyers
1525 n grün	Monopol-Erlaubnis
1526 n rot	Reichstag zu Speyer
1527 n braun	Sieg über Ungarn
1527 n braun	Plünderung Roms
1527 n rot	Verbrennung Hans Hergots
1527 n rot	Ausdehnung Österreichs
1527 n–1598 n	Philipp II.
1528 n rot	Hinrichtung Hubmayrs
1528 n grün	Venezuela an Welser
1529 n braun	Türken vor Wien
1529 n rot	Verbot der Reformation
1529 n rot	Protest der Lutheraner
1529 n rot	Genua unabhängig
1530 n rot	Malta an Johanniter
1531 n rot	Schmalkaldischer Bund
1531 n/1533 n	Inka-Krieg
1532 n rot	Reichsstrafgesetzbuch
1532 n grün	Briefgeheimnis in Tirol
1533 n rot	Ende des Inka-Reiches
1533 n rot	Gewinn von Peru
1534 n braun	Wiedertäufer-Erhebung
1535 n braun	Kriegsaktion Lübecks
1535 n braun	Tunis-Feldzug
1535 n rot	Gewinn Kaliforniens
1535 n blau	Buenos Aires gegründet
1536 n rot	Gegenbündnis Frankreichs
1536 n/1539 n	Chibcha-Krieg
1538 n rot	Bund gegen Luthertum
1539 n rot	Kolonie Peru erweitert
1542 n/1544 n	Krieg gegen Frankreich
1544 n rot	Friede mit Frankreich
1545 n rot	Konzil zu Trient
1546 n grün	Silberfunde in Amerika
1546 n/1547 n	Schmalkaldischer Krieg
1548 n rot	Interim
1551 n grün	Aktiengesetz
1552 n braun	Fürstenerhebung
1552 n rot	Passauer Vertrag
1552 n grün	Kirchenbesitz-Wechsel
1554 n rot	Regentschaft Ferdinands
1555 n rot	Augsburger Friede
1556 n rot	Spanien selbständig
1556 n grün	Landverlust der Welser
1559 n grün	Reichsmünzordnung
1561 n rot	Estland an Schweden
1563 n/1570 n	Dreikronen-Krieg
1570 n rot	Vertrag von Stettin
1577 n grün	Einfuhrverbot für Indigo
1578 n rot	Keine Hilfe für Holland
1583 n–1634 n	Wallenstein
1585 n–1642 n	Richelieu
1594 n–1632 n	Gustav Adolf
1601 n rot	Hinrichtung Krells
1604 n rot	Gegenreformation
1607 n rot	Stadtrecht für Mannheim
1607 n rot	Schulpflicht in Anhalt
1608 n rot	Protestantische Union
1609 n rot	Katholische Liga
1609 n rot	Toleranz in Böhmen
1613 n rot	Ratsbeschluß gegen Juden
1613 n grün	Zinssenkung bei Juden
1614 n/1616 n	Frankfurter Aufstand
1614 n rot	Vertrag von Xanten
1618 n braun	Prager Fenstersturz
1618 n/1648 n	Dreißigjähriger Krieg
1618 n rot	Ostpreußen an Brandenburg
1620 n–1688 n	Der Große Kurfürst
1624 n grün	Auswanderungen
1626 n braun	Aufstand in Österreich
1629 n rot	Restitutionsedikt
1634 n rot	Ermordung Wallensteins
1635 n grün	Belohnung Piccolominis
1638 n–1715 n	Ludwig XIV.
1648 n rot	Westfälischer Friede
1655 n/1660 n	Krieg Schweden–Polen
1656 n rot	Zusicherung Schwedens
1657 n rot	Zusicherung Polens
1658 n rot	Rheinbund
1660 n rot	Gewinn Ostpreußens
1663 n rot	Ständiger Reichstag
1663 n/1699 n	Großer Türkenkrieg
1663 n–1736 n	Prinz Eugen
1672 n rot	Bund Brandenburg–Holland
1672 n/1678 n	2. Krieg Ludwigs XIV.
1674 n rot	Bündnis mit Holland
1674 n/1675 n	Schwedischer Angriff
1678 n rot	Verluste an Frankreich
1680 n rot	Reunionen

1681 n rot	Straßburg französisch
1682 n rot	Kolonie Brandenburgs
1683 n blau	Stadtgründung in Amerika
1684 n rot	'Heilige Liga'
1685 n rot	Hugenotten-Einwanderung
1686 n rot	Bündnisstärkung
1687 n rot	Ungarn zu Österreich
1688 n/1697 n	3. Krieg Ludwigs XIV.
1688 n–1740 n	Friedrich Wilhelm I.
1690 n rot	Briefgeheimnis verankert
1697 n rot	Rückzug Ludwigs XIV.
1697 n rot	Sächsischer Polenkönig
1699 n rot	Gebietsgewinn Österreichs
1700 n rot	Bündnis gegen Schweden
1700 n/1721 n	Nordischer Krieg
1701 n rot	Königreich Preußen
1701 n grün	Heeresreform Preußens
1701 n/1714 n	Spanischer Erbfolgekrieg
1709 n–1762 n	Elisabeth Petrowna
1712 n–1786 n	Friedrich II., der Große
1713 n rot	Pragmatische Sanktion
1714 n rot	Gebiete an Österreich
1714 n rot	Union Hannover–England
1714 n/1718 n	Türkenkrieg
1715 n rot	Bündnisverstärkung
1715 n blau	Entstehung Karlsruhes
1717 n rot	Schulpflicht in Preußen
1717 n grün	Kolonie Preußens verkauft
1717 n–1780 n	Maria Theresia
1718 n rot	Gebietsgewinn Österreichs
1720 n rot	Gebietsgewinn Preußens
1723 n rot	Zugeständnis Ungarns
1727 n braun	Bauernaufstand
1728 n rot	Außenministerium Preußens
1729 n–1796 n	Katharina II., die Große
1731 n rot	Gesellenrechte beschränkt
1733 n/1735 n	Polnischer Erbfolgekrieg
1735 n rot	Wiener Friede
1735 n/1739 n	Türkenkrieg
1737 n rot	Freimaurerloge Hamburg
1740 n rot	Reformen in Preußen
1740 n/1742 n	1. Schlesischer Krieg
1741 n/1748 n	Österreich: Erbfolgekrieg
1742 n rot	Schlesien an Preußen
1744 n rot	Ostfriesland an Preußen
1744 n/1745 n	2. Schlesischer Krieg
1745 n rot	Krönung Franz' I.
1747 n rot	Kreisämter in Österreich
1748 n rot	Zugeständnis Preußens
1748 n rot	Zugeständnis Österreichs
1749 n rot	Strafe für Desertion
1749 n rot	Schutz für Bauernland
1756 n rot	'Hexen'-Hinrichtung
1756 n grün	Hilfszusage Englands
1756 n/1763 n	Siebenjähriger Krieg
1762 n rot	Ende englischer Hilfe
1762 n rot	Friede Rußland–Preußen
1768 n rot	Hamburg Reichsstadt
1769 n–1821 n	Napoleon I.
1772 n rot	Erste Teilung Polens
1775 n rot	Letzter 'Hexen'-Prozeß
1777 n grün	Soldaten-Vermietung
1778 n/1779 n	Bayrischer Erbfolgekrieg
1779 n grün	Steuben in Amerika
1781 n rot	Reform Josephs II.
1781 n rot	Säkularisation
1785 n rot	Deutscher Fürstenbund
1785 n/1786 n	Weberaufstände
1786 n rot	'Hexen'-Prozeß-Verbot
1787 n/1792 n	Krieg Rußland–Türkei
1790 n braun	Erhebung in Sachsen
1790 n rot	Bauernfreiheit in Sachsen
1791 n braun	Gesellen-Erhebungen
1792 n/1795 n	Revolutionskriege
1793 n braun	Aufstand in Breslau
1793 n rot	Zweite Teilung Polens
1795 n rot	Dritte Teilung Polens
1796 n/1815 n	Napoleonische Kriege
1798 n braun	Aufstand in Schlesien
1801 n rot	Rheinufer an Frankreich
1803 n rot	Deputations-Hauptschluß
1806 n rot	Rheinbund
1806 n rot	Ende des Reiches

HEILKUNDE

2653 v grün	Chinesische Heilkunde
2578 v grün	Pulsbeobachtung in China
2496 v–2438 v	Ni-Anch-Sekmet
2468 v grün	Ägypten: Chirurgie-Buch
2419 v grün	Spezialärzte in Ägypten
2415 v–2335 v	Chui
2358 v grün	Augenkrankheit bekämpft
2239 v–2162 v	Ir-En-Achat
2183 v grün	Darm-Forschung
2105 v grün	Sumerisches Handbuch
2090 v grün	Chirurgen in Mesopotamien
2055 v–1975 v	Ur-Edina
2027 v grün	Sumer: Gott der Heilkunst
1999 v grün	Verordnungen in Sumer
1981 v grün	Kuren in Sumer
1981 v–1929 v	Neferi
1951 v grün	Krebs- und Tbc-Behandlung
1930 v grün	Epilepsie-Forschung
1888 v grün	Tierärztliche Rezepte
1875 v grün	Frauenkrankheiten-Buch
1717 v grün	Ersatzpflicht für Tierärzte
1715 v rot	Strafen für Kunstfehler
1713 v grün	Unglückstage in Babylon
1707 v grün	Honorar-Berechnung
1643 v grün	Erforschung des Stotterns
1602 v grün	Behandlung der Augen
1575 v grün	Buch der Tierheilkunde
1566 v grün	Frauenkrankheiten-Buch
1554 v grün	Ägypten: Schädeloperation
1546 v grün	Handbuch der Chirurgie
1473 v–1409 v	Neb-Amun

1462 v–1382 v	Hapu
1425 v grün	Ausländische Patienten
1410 v–1353 v	Pentu
1383 v grün	Ruf ägyptischer Ärzte
800 v grün	Arztberuf in Indien
718 v grün	Ägyptische Ärzteschule
708 v grün	Assyrische Rezeptsammlung
683 v grün	Zahnziehen in Assyrien
672 v grün	Versuche an Sklaven
603 v grün	'Wundertäter' aus Kreta
520 v–450 v	Alkmaion
504 v grün	Ärzteschule in Italien
478 v grün	Alkmaion: Sektionen
473 v grün	Klima und Mensch
471 v grün	Alkmaion: Sehnerv
466 v grün	Sitz der Seele
460 v–375 v	Hippokrates
424 v grün	Hippokrates über Gelenke
418 v grün	Heilkraft der Natur
418 v–345 v	Diokles
412 v grün	Herzfunktion
403 v grün	Ernährungslehre
397 v blau	Pflichten des Arztes
385 v grün	Säftelehre
376 v grün	Mittel gegen Zahnschmerzen
366 v grün	Diokles über Körperpflege
356 v grün	Diokles: Kräuterbuch
353 v grün	Privatkliniken
339 v grün	Seele und Krankheit
324 v–250 v	Herophilos
322 v–246 v	Ptolemäus II.
315 v grün	Indische Heilkunde
307 v grün	Epidaurus Kurort
304 v–240 v	Erasistratos
299 v–237 v	Asoka der Milde
293 v grün	Äskulap Heilgott Roms
290 v grün	Herophilos: Pulszählung
288 v grün	Pulsuhr
283 v grün	Herophilos: Sektionen
275 v grün	Hebammenbuch
274 v grün	Gehirn-Forschung
270 v grün	Herophilos: Gymnastik
265 v grün	Herophilos: Nervensystem
262 v grün	Arterien und Venen
257 v grün	Erasistratos: Blutfülle
254 v grün	Fiebermessung
249 v grün	Zwei Nervensysteme
234 v–149 v	Kato der Ältere
223 v grün	Fachärzte in Alexandria
219 v grün	Grieche Facharzt in Rom
211 v grün	Staroperation
203 v grün	Einrichten von Brüchen
129 v–40 v	Asklepiades
116 v–27 v	Varro
105 v grün	Demetrios: Frauenheilkunde
82 v grün	Luftwechsel und Bewegung
74 v grün	Tiermedizinisches Werk
70 v grün	Asklepiades: Naturheilkunde
60 v grün	Solidarpathologie
37 v grün	Varro: Bakteriologie
11 v blau	Kurort Wiesbaden
3 v–64 n	Aulus Celsus
20 n–79 n	Dioskurides
22 n–74 n	Lukas
37 n grün	Aulus Celsus: Sammelwerk
49 n grün	'Der Augenarzt'
50 n grün	Trennung: akut, chronisch
54 n grün	Rom: Operationsbestecke
66 n grün	Dioskurides: Arzneikunde
81 n–144 n	Archigenes
82 n–135 n	Soranos
89 n blau	Badeort Aachen
102 n grün	Harnzucker als Symptom
108 n grün	Sprechstunden in Rom
111 n grün	Soranos: Lähmungen
114 n grün	Archigenes: Zahnheilkunde
120 n grün	Soranos: Gynäkologie
124 n–170 n	Apulejus
129 n–199 n	Galen
131 n grün	Soranos: Säuglingspflege
136 n grün	Hebammen bessergestellt
142 n grün	Gemeindeärzte in Rom
143 n grün	Schlagader-Operation
147 n grün	Heilkraft des Schlafes
171 n grün	Galen: Physiologie
173 n grün	Galen: Pulslehre
177 n grün	Galen: Anatomie
180 n grün	Galen: Hygiene
182 n grün	Galen: Heilmitteltheorie
189 n grün	Galen: Temperamente
190 n–265 n	Hua-To
194 n grün	Galen: Pathologie
197 n grün	Galen: Pharmakologie
225 n grün	Narkose in China
231 n grün	Eumelos: Tierheilkunde
253 n grün	Schädeloperation in China
294 n–354 n	Apsyrtos
338 n grün	Briefe zur Tiermedizin
348 n grün	Bücher über Tiermedizin
354 n–407 n	Chrysostomos
366 n grün	Pelagonius: Tiermedizin
387 n grün	Oribasios: Lähmungen
410 n grün	Behandlung Armer in Indien
419 n grün	Vegetius: Krankheitskunde
442 n grün	Sammelwerk Susrutas
497 n–548 n	Theodora
525 n–605 n	Alexander Trailes
590 n–648 n	Harsa
598 n grün	Innere Krankheiten
602 n grün	Schrift über Würmer
629 n grün	Paulus: Gynäkologie
653 n grün	Vagbhata: Lehrbuch
699 n–759 n	Wang-Wei
701 n grün	Hochschule in Japan
737 n rot	Arabien: Arzneikontrolle
737 n grün	Arabien: Arzneiproduktion

770 n grün Apotheke in Bagdad
789 n–873 n Al Kindi
806 n–873 n Abu Hunain
812 n grün Kräuterbuch Walafrieds
839 n–923 n Al Tabari
850 n grün Werk der Tiermedizin
860 n grün Abu Hunains Übersetzungen
865 n–932 n Al Rasi
890 n–961 n Abdar Rachman III.
896 n grün Arabische Seuchenkunde
903 n grün Ärzte-Geschichte
907 n grün Dioskurides arabisch
927 n grün Al Rasis Enzyklopädie
936 n–1013 n Abu Kasim
965 n–1039 n Al Hassan
966 n grün Abu Kasim: Sektionen
973 n grün Abu Kasim: Vivisektionen
973 n–1048 n Al Biruni
975 n grün Persische Heilmittellehre
982 n grün Ibn Abbas: Handbuch
987 n grün Hormon-Präparate in China
989 n grün Abu Kasim: Kauterisation
993 n grün Entwicklung der Chirurgie
996 n grün Anatomie des Auges
1001 n grün Heilmittel Quecksilber
1010 n grün Hochschule in Salerno
1012 n grün Ibn Isa: Augenheilkunde
1015 n grün Heilmittel Koffein
1033 n grün Ibn Sinas 'Kanon'
1052 n grün Ibn Wafid: Ernährung
1070 n grün Simon Seth: Ernährung
1085 n–1141 n Juda Halevi
1093 n–1162 n Ibn Badscha
1098 n–1178 n Hildegard von Bingen
1106 n grün Narkoseschwämme
1114 n–1187 n Gerhard von Toledo
1126 n–1198 n Ibn Rasd (Averroes)
1127 n–1185 n Ibn Tufail
1135 n grün Krankenhaus in Byzanz
1135 n–1204 n Maimonides
1137 n grün Hochschule in Montpellier
1140 n grün Prüfung für Ärzte
1152 n grün Hildegard: Homöopathie
1158 n grün Galen lateinisch
1162 n grün Verbot für Geistliche
1165 n grün Hildegards Hausbuch
1170 n grün Hochschule in Damaskus
1172 n grün Ibn Sina lateinisch
1176 n grün Chirurgiebuch übersetzt
1180 n grün Apothekenordnung
1197 n grün 'Gegengifte' lateinisch
1212 n grün Ibn Baitar: Naturheilung
1215 n grün Praxisverbot für Priester
1228 n grün Eiterlose Wundbehandlung
1237 n grün Ibn Baitars Rezeptbuch
1239 n grün Vorschriften für Ärzte
1241 n grün Apotheke in Trier
1242 n grün Ärzte-Biographien
1258 n grün Werk der Augenheilkunde
1261 n grün Chirurgenschule Paris
1263 n grün Lungen-Blutkreislauf
1282 n grün Brillen in Italien
1286 n grün Sektion in Cremona
1290 n–1343 n Marsilius von Padua
1315 n grün Mondino de Luzzi: Sektion
1356 n grün Al Katib: Handbuch
1363 n grün Chauliac: Chirurgie
1441 n grün Erdöl zu Heilzwecken
1472 n grün Kinderheilkunde
1493 n–1541 n Paracelsus
1536 n grün Paracelsus: 'Wundarznei'
1543 n grün Vesal: Anatomie
1544 n grün Cordus: Arzneibuch
1545 n grün Paré: Chirurgie
1546 n grün Fracastoro: Bakteriologie
1563 n grün Anatomie des Ohres
1565 n grün Tabak zu Heilzwecken
1575 n grün Maurolico: Augenfehler
1618 n grün Harvey: Blutkreislauf
1630 n grün Chamberlen: Geburtszange
1632 n grün Irrenanstalt in Paris
1658 n grün Rote Blutkörperchen
1660 n grün Nils Stensen: Herzmuskel
1661 n grün Malpighi: Kapillargefäße
1666 n grün Blinder Fleck im Auge
1667 n grün Transfusion Tier/Mensch
1683 n grün Leeuwenhoek: Bakteriologie
1717 n grün Pockenschutzimpfung
1726 n grün Blutdruckmessung
1729 n–1796 n Katharina II., die Große
1732 n grün Fauchard: Zahnersatz
1737 n grün Hahn: Kaltwässer
1745 n grün Daviel: Staroperation
1746 n grün Paradentose-Forschung
1760 n grün Auenbrugger: Perkussion
1761 n grün Pathologische Anatomie
1776 n grün Verdauungsvorgang
1791 n grün Pinel: Geisteskrankheit
1796 n grün Galls Schädellehre
1802 n grün Kinderklinik in Paris
1803 n grün Sertürner: Morphium
1805 n grün Hahnemann: Homöopathie
1819 n grün Laennec: Stethoskop
1819 n grün Pelletier: Chinin
1824 n grün Transfusion Mensch/Mensch
1824 n grün Priessnitz: Kaltwasser
1834 n grün Weber: Hautsinne
1837 n grün Flourens: Atmungszentrum
1839 n grün Purkinje: Ganglien
1842 n grün Jackson: Äther-Narkose
1847 n grün Kindbettfieber-Forschung
1847 n grün Chloroform-Narkose
1849 n grün Hormonforschung
1850 n grün Helmholtz: Augenspiegel
1850 n grün Nervenuntersuchung
1852 n grün Mathysen: Gipsverband
1854 n grün Lungenheilstätte
1855 n–1939 n Freud
1858 n grün Zellularpathologie
1867 n grün Lister: Antisepsis
1873 n grün Hansen: Leprabazillus
1874 n grün Billroth: Mikrokokken
1878 n grün Koch: Bakteriologie
1880 n grün Tollwutschutzimpfung
1881 n grün Charcot: Hysterie
1882 n grün Koch: Tuberkelbazillus
1886 n grün Formalin-Desinfektion
1887 n grün Kneipp: 'Wasserkur'
1889 n grün Eikman: Vitamine
1890 n grün Behring: Serumbehandlung
1891 n grün Tesla: Diathermie
1892 n grün Örtliche Betäubung
1893 n grün Ehrlich: Chemotherapie
1895 n grün Freud: Psychoanalyse
1895 n grün Röntgenstrahlen
1897 n grün Malaria-Erreger
1899 n grün Dreser: Aspirin
1900 n grün Freud: Traumdeutung
1901 n grün Landsteiner: Blutgruppen
1904 n grün Höhensonne
1906 n grün Koch: Schlafkrankheit
1909 n grün Ehrlich: Salvarsan
1911 n grün Elektrokardiogramm
1912 n grün Individualpsychologie
1916 n grün Germanin
1921 n grün Insulin
1924 n grün Bergers Hirnforschung
1926 n grün Pawlow: 'Nerventätigkeit'
1926 n grün Künstliches Vitamin
1928 n grün Fleming: Penicillin
1934 n grün Hormonsynthese
1935 n grün Domagk: Sulfonamid
1938 n grün Elektroschock-Behandlung
1940 n grün Rhesusfaktor
1941 n grün Viren sichtbar
1944 n grün Streptomyzin
1945 n grün Goetsch: Vitaminforschung
1947 n grün Künstliches Vitamin A
1948 n grün Künstliches Herz
1952 n grün Meteoro-Biologie
1954 n grün Salk: Kinderlähmungsserum
1955 n grün Kobalt 60
1956 n grün Strahlungs-Schäden
1957 n grün Verschluckbarer Sender
1962 n grün Contergan-Schäden
1963 n grün Anti-Baby-Pille
1964 n grün Gefahren des Rauchens

HEILMITTEL

2055 v–1975 v Ur-Edina
1999 v grün Salben und Öle
1981 v grün Wasser und Kräuter
1602 v grün Augenbehandlung
708 v grün Assyrische Rezeptsammlung
672 v grün Erprobung an Sklaven
418 v–345 v Diokles
376 v grün Mittel gegen Zahnschmerzen
356 v grün Diokles' Kräuterbuch
244 v grün Heilpflanzen-Anbau
129 v–40 v Asklepiades
3 v–64 n Aulus Celsus
20 n–79 n Dioskurides
66 n grün Systematische Arzneikunde
81 n–144 n Archigenes
129 n–199 n Galen
182 n grün Heilkraft des Gegensätzlichen
190 n–265 n Hua-To
197 n grün Pharmakologie
231 n grün Eumelos: Arzneilehre
294 n–354 n Apsyrtos
366 n grün Pelagonius: Tierarzneikunde
737 n rot Staatliche Kontrolle
737 n grün Spezialisierung
770 n grün Apotheke in Bagdad
812 n grün Walafrieds Kräuterbuch
865 n–932 n Al Rasi
907 n grün Dioskurides-Übersetzung
927 n grün Enzyklopädie des Al Rasi
975 n grün Persisches Fachbuch
987 n grün Hormon-Präparate
1001 n grün Quecksilber
1015 n grün Koffein
1052 n grün Ibn Wafid: Heilkräuter
1098 n–1178 n Hildegard von Bingen
1152 n grün Heilkraft des Ähnlichen
1180 n grün Apothekenvorschrift
1197 n grün Abu-Kasim-Übersetzung
1237 n grün Ibn Baitars Rezeptbuch
1241 n grün Apotheke in Trier
1441 n grün 'Quirinusöl'
1493 n–1541 n Paracelsus
1536 n grün Paracelsus' Werk
1544 n grün Cordus' Arzneibuch
1565 n grün Tabak
1803 n grün Morphium
1805 n grün Homöopathie
1819 n grün Chinin
1893 n grün Chemotherapie
1899 n grün Aspirin
1909 n grün Salvarsan
1916 n grün Germanin
1921 n grün Insulin
1926 n grün Künstliches Vitamin D
1928 n grün Penicillin
1935 n grün Sulfonamid
1944 n grün Streptomyzin
1947 n grün Künstliches Vitamin A
1954 n grün Serum gegen Kinderlähmung
1962 n grün Contergan-Schäden

HEILPFLANZEN, Sammelbezeichnung für alle Pflanzen, denen durch Kauen oder Essen, durch Abkochen oder Auspressen oder auf andere Weise Wirkstoffe entnommen werden können, die als Arzneien heilende Wirkung auf den Organismus ausüben. **Vor 5000 Jahren wurden fast allen** Pflanzen irgendwelche Heilkräfte zugeschrieben. Mit der Entwicklung der Medizin zu einer Wissenschaft ging die zunehmend systematische Untersuchung der Eigenschaften aller vorkommenden Pflanzen und ihrer Heilwirkung einher. Dadurch engte sich der Kreis wirklich wirksamer Pflanzen immer mehr ein. Seit Aufkommen der Erzeugung von Arzneien auf nichtpflanzlicher Grundlage, insbesondere durch die chemische Industrie, ist ihr Anteil an den Heilmitteln rückläufig. Doch gewinnt das Bewußtsein ihrer besonderen, dem menschlichen Organismus gemäßen Wirkkraft neuerdings wieder an Boden.

2055 v–1975 v Ur-Edina
1981 v grün Kräuterkuren in Sumer
418 v–345 v Diokles
356 v grün Diokles' Kräuterbuch
244 v grün Anbau in Indien
20 n–79 n Dioskurides
66 n grün Werk des Dioskurides
812 n grün Walafrieds Beschreibung
1052 n grün Ibn Wafids Schrift
1565 n grün Tabak Heilmittel
1819 n grün Gewinnung von Chinin

HEILSARMEE, Selbstbezeichnung einer privaten Fürsorge-Organisation auf christlicher Grundlage. Entstand aus einer zur Linderung der Not in den Londoner Armenvierteln (East-End) ins Leben gerufenen Gruppe sozial empfindender Menschen um den aus der Kirche ausgetretenen Prediger William Booth. Wollte das Versagen der christlichen Gesellschaft gegenüber der Arbeiterschaft wettmachen. Durch strenge, militärische Organisation gelang ihr die Entfaltung einer umfangreichen sozialen Hilfstätigkeit (Suppenküchen, Obdachlosen-Asyle, Trinkerheime). Weil sie durch ihre Erfolge die Klassengegensätze entschärfte, wurde sie bald personell und materiell in großem Umfang vom Besitzbürgertum unterstützt und konnte sich besonders in den hochkapitalistischen Ländern mit weitsichtiger Führung (England, USA) schnell zu einer wirklichen Armee entwickeln, die 1963 n fast 30000 angestellte Offiziere und über 100000 unbesoldete Helfer zählte.

1878 n rot Gründung

HEINE, Heinrich (1797 n–1856 n), deutscher Dichter und Journalist. Als Sohn eines Tuchhändlers wurde er kaufmännischer Lehrling und studierte dann Rechtswissenschaft. Seit seinem 20. Lebensjahr schrieb er Gedichte und hatte dreißigjährig mit seinem Versband 'Buch der Lieder' großen Erfolg. Vier Jahre später übersiedelte er ganz nach Paris und versuchte dort vom Schreiben zu leben. Dies zwang ihn zunehmend in die Presse-Arbeit, so daß er seine dichterische Begabung nicht voll entfalten konnte. Seine Versuche, Deutsche und Franzosen einander näherzubringen, gingen auf Kosten des Charakterbildes der Deutschen, die er weitgehend mit ihrer restaurativen Gesellschaftsform identifizierte, während er umgekehrt den Franzosen noch Napoleon als Volkskaiser zugute hielt. In der Religion vom Judentum zum Christentum, zum Atheismus und wieder zum Judentum wechselnd, war er auch politisch bei aller zeitweisen Parteinahme für den sozialen Fortschritt standortlos. Mit seiner Mischung von Innigkeit und Zynismus, von Seelentiefe und Plattheit brachte er den Durchbruch zur Zwiespältigkeit und Bindungslosigkeit eines auf Wirkung und Witz bedachten Journalismus. In seinen letzten acht Lebensjahren unheilbar krank, vollendete er noch zahlreiche Gedichte und Lieder.

1827 n blau 'Buch der Lieder'

HEINKEL, Ernst (1888 n–1958 n), deutscher Erfinder. Als Chefkonstrukteur der Brandenburger Flugzeugwerke machte er sich selbständig und gründete in Rostock die nach ihm benannten Werke. Spezialisierte sich auf schnelle Verkehrs- und Kampf-Flugzeuge. Baute das erste Flugzeug der Welt, das mit einem Strahltriebwerk angetrieben wurde (He 178), sowie die ersten Raketenflugzeuge (He 176). Mit der Anwendung des Düsen-Antriebs leitete er eine neue Epoche in der Geschichte der Luftfahrt ein und schuf die wesentlichste Voraussetzung für die Raumfahrt. Baute auch das erste von einem Schiff startende Katapultflugzeug.

1939 n grün Düsenflugzeug

HEINRICH (1155 n–1183 n), englischer Prinz. Sohn der Eleonore von Aquitanien, die durch ihre Heirat mit dem englischen König Heinrich II. ganz Westfrankreich unter englische Herrschaft gebracht hatte. Von seiner Mutter ermutigt, empörte er sich zusammen mit seinen Brüdern Gottfried, Johann und Richard Löwenherz gegen seinen Vater und fiel 28jährig.

1145 n–1209 n Bertran de Born

HEINRICH I., deutscher König von 919 n bis 936 n.

877 n–936 n Lebenslinie
908 n–929 n Wenzel
919 n rot Königswahl
919 n rot Rückweisung der Kirche
924 n/925 n Ungarn-Einfall
928 n/929 n Krieg gegen Slawen
928 n rot Brennabor deutsch
929 n rot Oder-Elb-Gebiete deutsch
929 n blau Burg Meißen
933 n grün Ende der Tributzahlungen
933 n braun Sieg über Ungarn
934 n braun Sieg über Normannen
934 n rot Schleswig deutsch
935 n rot Verlust Böhmens

HEINRICH I. (1068 n–1135 n), englischer König seit 1100 n. Als jüngster Sohn Wilhelms des Eroberers bestieg er nach dem Tode seines älteren Bruders den Thron. Sicherte allen Bürgern einige bescheidene Grundrechte (Charta). Um im ganzen Lande Rechtsgleichheit zu schaffen, setzte er einen Obersten Gerichtshof ein. Das Längenmaß (Yard), das damals noch jeder nach seinem eigenen Körperumfang messen konnte, legte er auf die Länge seines Armes bis zur Spitze des Mittelfingers fest und gab damit seinem Land ein einheitliches Grundmaß.

1101 n grün Längenmaß 'Yard'

HEINRICH II. (973 n–1024 n), deutscher Kaiser. Herrschte seit 1002 n. Als Sohn Heinrich des Zänkers sollte er Priester werden. Wurde als Nachfolger seines Vaters Herzog von Bayern, hielt treu zu Kaiser Otto III. und wurde nach dessen Tod auf Betreiben der Kirche überraschend zum Kaiser gewählt, während sein aussichtsreicher Nebenbuhler Eckard gleichzeitig im Kloster Pöhldi ermordet wurde. Förderte die vom Kloster Cluny ausgehenden kirchlichen Reformbestrebungen und führte wiederholt Kriegszüge nach Polen und Italien. In der Regierung Deutschlands stützte er sich ganz auf die Bischöfe und die Äbte der großen Klöster. Machte der Kirche erhebliche wirtschaftliche und politische Zugeständnisse und wurde heilig gesprochen. Ließ sich in dem von ihm gestifteten Bamberger Dom beisetzen.

1012 n blau Bamberger Dom

HEINRICH II. (1133 n–1189 n), englischer König seit 1154 n. Vereinigte durch Erbschaft und Heirat außer dem englischen Mutterland ganz Nord- und West-Frankreich unter seiner Herrschaft, so daß er allein auf dem Festland mehr Land besaß als der König von Frankreich. Durch einen Feldzug nach Irland legte er den Grund für die englische Herrschaft über diese Insel. Den König von Schottland zwang er zur Anerkennung seiner Oberhoheit. Verkündete die Unabhängigkeit der englischen Priester vom Papste. (Konstitutionen von Clarendon.) Nachdem aber das widerstrebende Oberhaupt der englischen Kirche, Erzbischof Becket, in der Kathedrale von Canterbury ermordet worden war, mußte er diese Konstitutionen zurückziehen. Auch in Frankreich konnte er die Empörung gegen seine Herrschaft nicht verhindern. Seine letzten Lebensjahre waren von der Auflehnung seiner vier Söhne (darunter der Thronfolger Richard Löwenherz) überschattet.

1108 n–1175 n Wace
1118 n–1170 n Thomas Becket
1145 n–1209 n Bertran de Born
1152 n rot Gebietszuwachs
1164 n rot Kirchenmacht beschränkt
1170 n rot Mord an Becket
1171 n/1172 n Irischer Krieg
1172 n rot Herrschaft über Irland
1174 n rot Buße

HEINRICH III., deutscher Kaiser. Herrschte von 1039 n bis 1056 n.

1017 n–1056 n Lebenslinie
1046 n braun Vorstoß nach Rom
1046 n rot Papstpolitik
1050 n blau Kaiserpfalz in Goslar
1052 n rot 'Ketzer'-Hinrichtung
1053 n braun Sieg der Normannen

HEINRICH III. (1551 n–1589 n), französischer König von 1574 n bis 1589 n. In den französischen Religionskriegen zur Macht gelangt, hielt er unter dem Einfluß Heinrich Guises zu den Katholiken und verbannte alle Protestanten (Hugenotten) aus Frankreich. Dadurch beraubte er sein Land einer großen Anzahl handwerklich hervorragender Kräfte. Als er erkannte, daß die katholische Partei ihn beseitigen wollte, um Heinrich Guise zum König zu machen, suchte er bei den Protestanten Hilfe. Darauf veranstalteten die Katholiken in Paris einen Aufstand ('Barrikadentag') und suchten ihn im Schloß festzunehmen. Doch gelang ihm die Flucht, und er ließ den Katholikenführer Heinrich Guise töten. Ein Jahr später fiel er einem katholischen Mordanschlag zum Opfer.

1553 n–1610 n Heinrich IV.
1562 n/1598 n Hugenottenkriege

HEINRICH IV., deutscher Kaiser.

1050 n–1106 n Lebenslinie
1001 n–1072 n Adalbert von Bremen
1021 n–1085 n Gregor VII.
1063 n rot Erziehung durch Adalbert
1073 n/1075 n Bauernaufstand
1075 n rot Papst: Investitur-Regelung
1076 n rot Absetzung des Papstes
1076 n rot Bann
1076 n rot Druck der Fürsten
1077 n rot Buße in Canossa
1081 n/1085 n Balkanzug der Normannen
1081 n–1125 n Heinrich V.
1085 n rot 'Gottesfriede'
1093 n rot Städtebündnis in Italien
1103 n rot Schutz für Juden
1103 n grün Sondersteuer der Juden
1111 n rot Bestattung in Speyer
1115 n–1158 n Otto von Freysing
1125 n blau Frutolfs Weltchronik

HEINRICH IV., König von Frankreich.

1553 n–1610 n Lebenslinie
1562 n/1598 n Hugenottenkriege
1593 n rot Glaubenswechsel
1598 n rot Edikt von Nantes
1610 n rot Ermordung
1938 n blau Heinrich Manns Roman

HEINRICH V., deutscher Kaiser. Herrschte von 1106 n bis 1125 n.

1081 n–1125 n Lebenslinie
1050 n–1106 n Heinrich IV.
1109 n braun Niederlage gegen Polen
1109 n rot Polen frei
1113 n grün Schmuck des Mantels
1122 n rot Wormser Konkordat

HEINRICH V. (1387 n–1422 n), englischer König von 1413 n bis 1422 n. Nach einer zügellosen Jugend suchte er als König durch Kriege sein Ziel einer Herrschaft über ganz Frankreich zu verwirklichen. Landete mit 30000 Mann in der Normandie, besiegte die Franzosen bei Azincourt, zog in Paris ein und nahm den Titel eines Königs von Frankreich an. Im Frieden von Troyes 1420 n setzte er seine Anerkennung als Erbe des französischen Thrones durch und vermählte sich mit der Tochter des französischen Königs, Katharina. Unterdrückte die Anhänger Wiclifs (Lollarden), ließ viele von ihnen aufhängen und ihren Führer Oldcastle auf grausame Weise hinrichten.

1338 n/1453 n Hundertjähriger Krieg
1417 n rot Hinrichtung Oldcastles
1420 n rot Bündnis mit Burgund

HEINRICH VI., deutscher Kaiser. Herrschte von 1190 n bis 1197 n.

1165 n–1197 n Lebenslinie
1194 n rot Gebietsgewinn

HEINRICH VI. (1421 n–1471 n), König von England von 1422 n bis 1461 n. Durch den frühen Tod seines Vaters Heinrich V. fiel ihm der englische Thron zu, als er ein Jahr alt war. Im gleichen Jahr wurde er durch den Tod seines Großvaters mütterlicherseits auch König von Frankreich. Nach Ablauf der Regentschaft seiner Verwandten zeigte er sich unfähig zu regieren. Die ihm aufgezwungene Verheiratung mit der französischen Prinzessin Margarete von Anjou entfremdete ihn seinem Volk vollends. Im englischen Bürgerkrieg ('Rosenkriege') setzte sich die Partei der 'roten Rose' für ihn ein, weil sie seine Schwäche zur Stärkung der Stellung des Adels nutzen wollte. Der Sieg der 'weißen Rose' führte 1461 n zu seiner Absetzung. Drei Jahre später warf man ihn ins Staatsgefängnis (Tower). Sechs Jahre darauf wurde er kurz befreit, aber nach Niederlage und Tod seines Sohnes Eduard im Jahre darauf erneut in den Tower geworfen und schließlich ermordet.

1338 n/1453 n Hundertjähriger Krieg
1400 n–1450 n Jack Cade
1412 n–1431 n Jeanne d'Arc
1430 n rot Jeanne d'Arc ausgeliefert
1431 n rot Jeanne d'Arc verbrannt
1435 n rot Bündnisrücktritt Burgunds
1450 n braun Aufstand des Jack Cade
1453 n rot Gebietsverlust

HEINRICH VII. (um 1275 n–1313 n), deutscher Kaiser. Herrschte seit 1308 n. Als Sohn des Grafen von Luxemburg auf Betreiben der Erzbischöfe von Trier und Köln gewählt, belohnte er die rheinischen Fürsten durch Einführung der von diesen gewünschten Rheinzölle. Trieb eine gegen die österreichischen Herrscher (Habsburger) gerichtete Politik. Band Böhmen an die eigene, von ihm begründete Hausmacht ('Luxemburger'). Unternahm einen glücklosen Kriegszug nach Italien. Von den Kaisertreuen (Ghibellinen) wurde er stürmisch begrüßt. Dante feierte ihn als Nachkomme des Augustus und Urbild deutschen Kaisertums. In Rom gelang es ihm nicht, die Stadthälfte mit der Peterskirche von den Papsttreuen (Guelfen) freizukämpfen. So ließ er sich im Lateranpalast krönen. Mitten in den Vorbereitungen zum großen Krieg gegen die Guelfen starb er.

1265n–1321n Dante
1310n/1313n Italienzug

HEINRICH VII. (1457n–1509n), englischer König seit 1485n. Als Thronanwärter der Familie Lancaster (= weiße Rose) landete er mit Truppen aus der Normandie in England, besiegte Richard III. von York (= rote Rose) und beendete den englischen Bürgerkrieg ('Rosenkriege'). Suchte die aufgebrochenen Gegensätze zu überwinden, indem er die Thronerbin Elisabeth aus der besiegten Familie York heiratete und seiner Familie einen neuen Namen gab ('Tudor'). Auch begünstigte er die aufstrebenden Städte, indem er die Wollproduktion förderte und durch Ausschaltung ausländischer Kaufleute beim Wollhandel der deutschen Hanse den Boden entzog.

1485n braun Sieg über Richard III.
1485n rot König von England
1496n rot Auftrag an Caboto
1497n grün Caboto in Amerika

HEINRICH VIII., englischer König von 1509n bis 1547.

1491n–1547n Lebenslinie
1517n braun Arbeiteraufstand
1533n–1603n Elisabeth
1534n rot Nationalkirche
1536n rot Kirchenbesitz staatlich
1546n rot Zins-Höchstsatz

HEINRICH der Gleißner (um 1130n bis um 1190n), deutscher Dichter. In seiner elsässischen Heimat kam er mit französischen Fabeln in Berührung und schrieb nach uralten Geschichten vom schlauen Fuchs eines der ersten deutschen Tiergedichte. In humorvoller, volkstümlicher Weise nahm er dabei Kirche und Adel aufs Korn und übte in gleichnishafter Form an diesen beiden Säulen der Gesellschaft seiner Zeit schonungslos Kritik. Nannte den Fuchs 'Isegrimm' und 'Reinhart Fuchs'.

1178n blau 'Reinhart Fuchs'

HEINRICH der Löwe, deutscher Fürst.

1129n–1195n Lebenslinie
1122n–1190n Friedrich I. Barbarossa
1147n braun Wenden-Kreuzzug
1158n blau Gründung von München
1159n rot Stadtrecht für Lübeck
1159n grün 'Stadtluft macht frei'
1162n braun Sieg über Slawen
1162n rot Mecklenburg deutsch
1173n blau Dombau in Braunschweig
1176n rot Unbotmäßigkeit

HEINRICH der Seefahrer, Prinz von Portugal.

1394n–1460n Lebenslinie
1415n braun Kampf um Ceuta
1419n rot Einnahme Madeiras
1420n grün Seefahrts-Schule
1422n grün Sternwarte
1444n rot Sklavenjagd
1452n rot Päpstliche Unterstützung
1456n grün Cadamostos Reisen

HEINRICH der Zänker (951n–995n), Herzog von Bayern seit 955n. Als Enkel Heinrichs I. erbte er die bayerische Herzogswürde. Empörte sich gegen seinen Onkel, den deutschen Kaiser Otto II., und wurde deshalb für neun Jahre seines Herzogtums beraubt. Nach dem Tode Ottos II. strebte er vergeblich nach der deutschen Königswürde. Seinen Beinamen 'der Zänker' erhielt er wegen seiner wiederholten Erhebungen gegen die Kaiser Otto II. und Otto III. In reiferem Alter wurde er aber wegen seiner späteren Treue zu Otto III. 'der Friedfertige' genannt.

955n–983n Otto II.
976n braun Erhebung
976n rot Verlust Kärntens

HEINRICH von Freiberg (um 1240n bis um 1295n), deutscher Dichter. In seiner sächsischen Heimatstadt Freiberg trat er als Dichter hervor, ging nach Böhmen und lebte am Hofe König Wenzels II. Schrieb eine lebendige Erzählung über die Fahrt des Ritters Johann von Michelsberg nach Paris. Außerdem verfaßte er einen Schwank von Kobold und Wasserbär, sowie eine Fortsetzung für den Versroman 'Tristan und Isolde' des Gottfried von Straßburg.

1286n blau Lied einer Turnierfahrt

HEINRICH von Lausanne (um 1100n bis um 1143n), französischer Priester. Wurde als Kind dem Benediktinerkloster Cluny übergeben und dort zum Mönch erzogen. Erkannte die Unzulänglichkeit der Cluniazensischen Kirchenreform, verließ das Kloster und predigte gegen die Mißstände der Kirche. Vor dem Konzil zu Pisa angeklagt, rettete er sich durch Widerruf. Bald erkannte er aber das Krebsübel in dem Besitzstreben der Orden und der Kirche selbst und forderte nun die Verwirklichung der von Jesus und den Aposteln geforderten Besitzlosigkeit. Darauf wurde er erneut verhaftet. Starb im Kerker.

1129n blau Anklage gegen Priester

HEINRICH von Morungen, deutscher Dichter.

1180n–1225n Lebenslinie
1219n blau Minnelieder

HEINRICH von Rugge (um 1145n bis um 1200n), deutscher Dichter. Lebte als unfreier Dienstmann ('Ministeriale') am Hofe des Pfalzgrafen von Tübingen in Blaubeuren. Schrieb eine gereimte Erzählung vom Tode Barbarossas. Darin ermahnte er die Deutschen, angesichts dieses erschütternden Todes ihres Kaisers das Unternehmen des Kreuzzuges tatkräftig zu unterstützen.

1191n blau 'Kreuzzugsleich'

HEINRICH von Veldeke, deutscher Dichter und Minnesänger.

1143n–1203n Lebenslinie
1189n blau 'Eneide'

HEIRAT

2942v–2870v Du-Muzi
2843v–2791v Merit
2696v–2646v Ni-Maat
2638v blau Relief 'Heilige Hochzeit'
2561v–2500v Mykerinos
2403v rot Mehrehe in Sumer
2332v–2248v Yao
1995v rot Heirat von Priesterinnen
1426v–1377v Amen-Hotep III.
1422v–1356v Teje
1420v rot Erfolgreiche Brautwerbung
1403v rot Prinzessin als Nebenfrau
1403v grün Sklavinnen als Mitgift
1099v–1016v Tschu
1031v blau Chinesisches Zeremoniell
456v rot Mischehen-Verbot (Juden)
445v rot Stände-Vermischung in Rom
440v rot Auflösung von Mischehen
9n rot Gesetz gegen Ehelosigkeit
166n blau Maximilla gegen Zweitehe
168n rot Eheverzicht von Priestern
306n rot Zölibat für Kirchenobere
339n rot Mischehen-Verbot (Rom)
375n rot Heiratseinschränkung
382n–440n Martianus Kapella
627n grün Mohammeds Ehevorschrift
1074n rot Eheverbot für Priester
1324n–1384n Wiclif
1483n–1546n Luther
1488n rot Hochzeit im Vatikan
1542n–1605n Akbar
1563n blau 'Hochzeit zu Kana'
1565n blau 'Bauern-Hochzeit'
1580n rot Zivilehe in Holland
1653n rot Zivilehe in England
1792n rot Zivilehe in Frankreich
1830n rot Vielehe bei Mormonen
1869n–1948n Gandhi

HEISENBERG, Werner, deutscher Naturwissenschaftler.

1901n– Lebenslinie
1925n grün Quantenmechanik

HEISSLUFTBALLON

1709n grün Gusmaos Ballon
1731n grün Aufstieg in Rußland
1782n grün Montgolfier-Ballon
1783n grün Flug eines Menschen

HEIZUNG, künstliche Erwärmung von Räumen, meist zur Erhöhung des Wohlbefindens von Mensch und Tier. Erste große schöpferische Leistung des Menschen nach der Schaffung von Werkzeugen. Jeder technische Fortschritt in der Geschichte der Menschheit von der Kohle-, Dampf- und Ölgewinnung bis zur Erzeugung von Gas, Elektrizität und Atomkraft sowie zur Elektronik wurde sogleich ihrer Verbesserung nutzbar gemacht.

Vorzeittafel: 500 Tausend Jahre
Vorzeittafel: 80 Tausend Jahre
2141v grün Brutofen
1405v–1326v Kikkuli
1124v grün Feuerplatz im Innenhof
98v grün Warmluftheizung
1316n grün Steinkohle-Verbot
1744n grün Dampfheizung

HEKATAIOS (um 550v–um 470v), griechischer Geschichtsschreiber und Geograph aus Milet (Kleinasien). Unternahm ausgedehnte Reisen nach Europa und Asien. Dann zeichnete er auf Grund aller erreichbaren Mitteilungen eine Erdkarte. Darauf ist nicht mehr das Ägäische Meer Mittelpunkt der Welt. Europa und Asien stehen bereits als gleich-gewichtige Erdteile da. Durch Berücksichtigung der Himmelsrichtung suchte er auch die Stellung der Orte zueinander wirklichkeitsgetreu darzustellen. Indem er Rechtecke und Linien über seine Karte legte, schuf er eine einfache Form des Gradnetzes. Suchte auch Ordnung in die geschichtlichen Vorstellungen des Menschen zu bringen, indem er eine Chronologie aufstellte. Ausgehend von der Lebenszeit des Herakles ordnete er darin die Spartanerkönige ebenso ein wie die griechischen Sagengestalten.

521v blau Glaubwürdigkeit von Sagen
497v grün Reisebeschreibung
473v grün Wirkung des Klimas

HEKTOR, Held der griechischen Sage. Ältester der 50 Söhne des Königs Priamos von Troja. Fiel im Zweikampf mit dem Griechen Achill während der Belagerung seiner Stadt im Trojanischen Krieg. In der griechischen Kunst häufig dargestellt.

1193v/1184v Trojanischer Krieg
809v–724v Homer
748v blau 'Ilias'
469v blau Onatas' Plastik

HELENE (um 260n–um 330n), römische Kaiserin. Von ihrem Manne wegen ihrer Herkunft aus dem arbeitenden Volk vom Hof verwiesen, trat sie im Jahre 312n zum Christentum über und bestimmte ihren Sohn Konstantin, sich dieser Religion der Sklaven und Verachteten aufzuschließen. Unternahm eine Reise nach Palästina. Gilt in der katholischen Überlieferung als Stifterin der Grabeskirche von Jerusalem. Auch wird ihr die Auffindung des Kreuzes zugeschrieben, an dem Jesus fast 300 Jahre vorher hingerichtet worden sein soll, das aber erst 15 Jahre nach ihrem Tode auftauchte.

726n–793n Kynewulf
789n blau Lied des Kynewulf

HELGOLAND, Felseninsel vor der deutschen Nordseeküste, weniger als ein Quadratkilometer groß und 50 km vom Festland entfernt, war sie seit alters her ein unbedeutender Außenbesitz der Herzöge von Schleswig-Holstein. 1401n kämpften hier hamburgische Schiffe gegen Klaus Störtebeker. 1714n wurde sie dänisch. Im Jahre 1807n wurde sie für den durch Napoleons Kontinentalsperre verbotenen Handel mit dem Festland von den Engländern besetzt. Von ihnen übernahm sie Deutschland im Jahre 1890n im Tausch gegen die ostafrikanische Insel Sansibar und baute sie als Festung aus. In beiden Weltkriegen umkämpft, wurde sie nach 1945n von den Engländern nach Vertreibung der Bewohner als Bombenziel benutzt. Der Versuch, sie mit 6700 Tonnen Sprengstoff zu versenken, scheiterte. 1952n an Deutschland zurückgegeben, wurde sie wieder aufgebaut (Vogelwarte, Aquarium, Leuchtturm, Seebad).

658n–739n Willibrord
1401n braun Liekedeeler-Niederlage

HELIAND, Titel einer Heldensage. In 6000 Versen wird darin der Heiland ('Heliand') Jesus Christus besungen als ein germanischer Volkskönig, dessen Jünger als Gefolgsleute dargestellt sind. Damit wollte die katholische Kirche den deutschen Stämmen, besonders den Sachsen, das Christentum als eine ihrem Wesen entsprechende Religion schmackhaft machen.

831n blau Abfassung

HELIODOR (um 200v–um 140v), griechischer Schriftsteller. Als Fremdenführer in Athen widmete er sich der Erforschung der Altertümer der Stadt und beschrieb die Akropolis in 15 Bänden. Dabei gab er eine bauliche wie eine historische Übersicht und berücksichtigte auch die alten mykenischen Teile der Burg, die in den Perserkriegen zerstört worden waren.

150v grün Altertums-Forschungen

HELIOPOLIS ('Sonnenstadt'), Stadt in Nordägypten bei Kairo. Entstand vor 4500 Jahren und entwickelte sich zum Mittelpunkt der Sonnen-Verehrung des Landes. Diente auch als Ausgangspunkt für militärische Unternehmungen der Ägypter gegen die Halbinsel Sinai und nach Vorderasien. Ägyptische Schriftgelehrte führten hier jahrhundertelang die geschichtlichen Jahres-Aufzeichnungen (Annalen). Deshalb galt die Stadt den Griechen als Mittelpunkt ägyptischer Weisheit. Nach der Gründung von Alexandria (331v) verlor sie an Bedeutung und verödete.

2766v–2702v Neb-Re
2764v blau Entstehung
2673v–2631v Zoser
2637v blau Sonnenkult
2631v blau Sonnen-Heiligtum
2534v–2470v User-Kaf
2476v rot Sonnenkult Staatsreligion
2476v blau Religiöser Mittelpunkt
2002v–1928v Sesostris I.
1946v blau Tempel Sesostris' I.
1944v blau Obelisk Sesostris' I.
1445v grün Tempelinschrift Lehrmittel
643n grün Nutzung als Steinbruch

HELIOZENTRISCHES WELTBILD, Vorstellung vom All, bei dem die Sonne im Mittelpunkt der Welt steht. Gegenüber dem alten Bewußtsein der Menschen von der Erde als Mittelpunkt der Welt (geozentrisches Weltbild) stellte es einen Fortschritt dar. Nach der Auffindung unendlich vieler Sonnen in einem größeren Weltbilde aufgegangen.

390v–310v Herakleides
355v grün Planetenbewegung
316v–250v Aristarch
258v grün Lehre des Aristarch
206v grün Apollonios: Gegnerschaft
64v–20n Strabo
5n grün Strabo: Gegnerschaft
101n–179n Ptolemäus
153n grün Ptolemäus: Gegnerschaft
1473n–1543n Kopernikus
1528n grün Weltbild des Kopernikus
1564n–1642n Galilei
1571n–1630n Kepler
1616n rot Verfolgung der Lehre
1633n rot Widerruf Galileis
1643n–1727n Newton

HELLANIKOS (um 480v–um 395v), griechischer Geschichtsschreiber. Ordnete alle ihm zugänglichen Stadtgeschichten der griechischen Welt sowie die griechischen Sagen von historischem Wert und brachte alles in eine zeitliche Ordnung. So schuf er eine Chronologie der griechischen Frühgeschichte auf Grund griechischer Quellen. Verfaßte auch eine geschichtliche Abhandlung über das Perserreich, unter dessen Herrschaft seine Heimatinsel Lesbos zeitweise stand, sowie über Ägypten und das Skythenreich. Damit wies er dem griechischen Geschichtsbewußtsein den Weg zu einer selbstkritischen Sicht der eigenen Entwicklung auf dem Hintergrund der Weltgeschichte.

436v blau Kritische Haltung
433v blau Geschichte Persiens

HELLENISCHER BUND, Name zweier griechischer Bündnisse. Das erste kam zu Beginn der Perserkriege auf Betreiben des Athener Staatsmannes Themistokles zustande und vereinigte alle Griechenstädte des Festlandes unter der Führung Spartas. Nichtbeteiligung wurde zum Landesverrat erklärt. Das zweite Bündnis war Ausdruck der von außen durch militärischen Erfolg und politische Vernunft des Mazedonierkönigs Philipp herbeigeführten Bereitschaft aller Griechen zum Rachefeldzug gegen Persien unter mazedonischer Führung.

481v rot Erster Bund
382v–336v Philipp II.

HELLENISMUS, Bezeichnung für eine von den Griechen (Hellenen) geprägte Epoche zwischen 330v und 30v. Herbeigeführt durch die Feldzüge Alexanders des Großen nach Nordafrika und Vorderasien, ist sie gekennzeichnet durch eine Verschmelzung des jungen griechischen Geistes mit den ältesten Menschheitskulturen in Ägypten und Mesopotamien sowie mit der persischen Kultur. Erreichte ihre höchste Blüte in Alexandria, bestimmte stark die römische Kultur und wirkte bis nach Indien und China hinein. Endete mit der Unterwerfung Ägyptens unter die Herrschaft Roms.

372v–285v Ptolemäus I.
372v–287v Theophrast
367v–307v Lysipp
365v–276v Euklid
361v–268v Pyrrhon
360v–303v Apelles
358v–280v Seleukos I.
356v–323v Alexander der Große
352v–285v Dikäarch
343v–292v Menander
341v–270v Epikur
338v–268v Strato der Physiker
333v–262v Zeno der Jüngere
331v blau Gründung von Alexandria
329v blau Alexander-Plastik
326v blau Aëtion: Alexanderhochzeit
325v blau Apelles: Alexander-Bild
325v grün Euklid: 'Elemente'
325v–260v Euhemeros
324v–250v Herophilos
322v–246v Ptolemäus II.
321v blau Apelles: Aphrodite-Bild
321v–282v Megasthenes
320v blau Theopompos: 'Meropis'
319v blau Alexandersarkophag
318v grün Tanagra-Figuren
318v–272v Pyrrhus
317v grün Charakterforschung
316v blau System der Philosophie
316v–250v Aristarch
315v blau Museion in Alexandria
314v blau Lysipp: 'Alexander'
314v grün Euklid: 'Daten'
312v blau Gründung von Seleukeia
311v blau Menander: 'Schiedsgericht'
309v blau Gründung von Lysimacheia
309v grün Theophrast: Naturkunde
307v blau Dikäarch gegen Eigentum
307v grün Epidauros Kurort
306v blau Epikurs Philosophenschule
305v blau Bibliothek in Alexandria
305v grün Gips-Vervielfältigungen
304v grün Mathematische Geographie
304v–240v Erasistratos
304v–232v Kleanthes
303v blau Deutung der Göttersagen
302v grün Schreibschrift
301v blau Kulturgeschichte
301v–253v Theokrit
300v blau Schule der Stoiker
299v blau Geschichte Alexanders
297v blau Skeptizismus
297v grün Pflanzen-Forschungen
296v blau Zeno: Pantheismus
296v grün Gradeinteilung der Erde
296v–228v Ktesibios
293v blau Megasthenes: 'Indika'
293v grün Äskulap-Kult in Rom
292v blau Naturphilosophie
292v grün Begriff 'Leerer Raum'
291v blau Krantors Trostschrift
290v blau Statue des Sonnengottes
290v grün Pulsforschung
289v blau Sterblichkeit der Seele
289v grün Sonnen- und Mondforschung
289v–235v Kallimachos
288v blau Philosophie des Glücks
288v grün Taschen-Wasseruhr
286v blau Duris: Kunstgeschichte
286v grün Euklid: 'Phainomena'
285v–204v Andronikos
284v blau Religion lebensfeindlich
284v–212v Archimedes
283v blau Zenos Staatsideal
282v blau Philemon: 'Der Kaufmann'
282v grün Strato: Atomlehre
281v blau Zenodot: Textkritik
280v grün Astronomieschule auf Kos
280v blau Euhemeros' Staatsentwurf
280v–220v Herondas
279v blau Philitas' Liebesgedicht
279v grün Leuchtturm von Alexandria
279v–206v Chrysipp
278v grün Epikur: Weltentstehung
277v blau Theokrits Idyllen
276v blau Epikur: Erkenntnislehre
275v grün Hebammenbuch
274v grün Gehirnforschung
274v–194v Eratosthenes
272v blau Philemon: 'Der Schatz'
271v blau Gedichte des Kallimachos
271v grün Aristarch: Ekliptik
270v blau Stratos Gotteslehre
270v grün Schrift über Gymnastik
268v blau Theokrit: 'Thalysia'
268v grün Geschütz des Ktesibios
267v blau Philochoros: 'Atthis'
266v blau Arkesilaos über Dogmatik
265v blau Bibliographie
265v grün Nervenforschung
265v–202v Philon
264v blau Argonautensage
262v blau Kleanthes: Zeus-Hymnus
262v grün Arterien und Venen
261v blau Diadochen-Geschichte
261v grün Wasser-Hebeschraube
260v blau Timaios' Geschichtswerk
259v grün Feuerspritze
258v grün Aristarch über Erdbewegung
257v blau Sprachstil 'Asianismus'
257v grün Erasistratos: Blutfülle
255v grün Erfindung des Pergaments
254v blau Menippos' Possen
254v grün Fiebermessung
253v blau Aratos: 'Phainomena'
250v grün Gesetze der Mechanik
249v blau Festlied auf Rom
249v grün Zweierlei Nerven
248v grün Ktesibios: Wasseruhr
247v blau 'Locke der Berenike'
247v grün Großbibliothek Alexandria
246v rot Baktrisches Reich
246v blau Herondas' Lustspiele
246v grün Apollonios: Kegelschnitte
245v blau Timons Spottgedichte
245v grün Orgel
242v blau Sprachkundliches Werk
242v grün Gesetz der Spirale
240v grün Metallfedern am Geschütz
239v grün Flaschenzug
239v–169v Ennius
238v grün Philon: Ringgelenk
236v grün Auftriebsgesetz
234v grün Himmelsmodell
233v grün Philons Öllampe
232v grün Kreisberechnung
231v grün Dreimaster

229v grün Philon: Mechanik
228v grün Erdumfangs-Berechnung
227v grün Optischer Telegraph
225v grün Geographie
224v blau Chrysipps Idealstaat
224v grün Bagger, Taucherglocke
223v grün Fachärzte in Alexandria
222v grün Weltkarte
221v grün Philon: Waschautomat
220v blau Artemis-Tempel
218v grün Thermoskop
217v grün Integralrechnung
214v blau Chrysipp: Dialektik
214v grün Spezifisches Gewicht
214v–129v Karneades
212v grün Mathematische Physik
211v grün Staroperationen
210v blau Homer-Büste
208v grün Eisenfeilen
207v blau 'Der sterbende Fechter'
207v grün Würfelverdoppelung
206v grün Epizyklen-Scheinlehre
205v grün Zeichensetzung
204v blau Graphikos: Genrebilder
203v grün Einrenken von Brüchen
201v–120v Polybios
196v–125v Hipparch
194v blau Judentum und Hellenismus
193v blau Aristophanes: Wörterbuch
192v blau Lykophron: Weltstaat
190v blau Polemons Kunstführer
189v blau Bibliothek in Pergamon
187v blau Jambulos: 'Sonnenstaat'
184v grün Diokles: Brennspiegel
182v blau 'Knabe mit Gans'
180v blau Altar von Pergamon
180v grün Wasserleitung (Pergamon)
180v–110v Panaitios
178v blau Werk über Akropolis
172v–114v Tschang-Kien
170v–102v Lucilius
162v blau Wahrscheinlichkeitslehre
160v grün Erdglobus
156v blau Artemidor: Traumdeutung
155v grün Hipparch: Meßinstrumente
152v–82v Heron
151v blau 'Farnesischer Stier'
150v grün Heliodor: Altertümer
148v blau Panaitios in Rom
147v blau Religionsgeschichte
147v grün Entfernung Erde–Mond
142v blau 'Weltchronik'
138v grün Ortsbestimmung
136v blau Panaitios: Humanität
135v–50v Poseidonios
134v grün Beobachtung einer Nova
131v grün Hipparch: Sternkatalog
130v blau Panaitios: Erziehung
129v grün Reise des Tschang-Kien
129v–40v Asklepiades
124v grün Dreiecksformel
116v grün Heronsbrunnen
111v grün Nutzung des Dampfes
109v blau 'Venus von Milo'
107v blau Bions 'Totenklage'
107v grün Heron: Windrad
105v grün Demetrios: Gynäkologie
104v blau Septuaginta
101v blau Dionysios: Sprachlehre
100v grün Herons 'Goldene Regel'
91v grün Mechanikerschule
82v grün Heilkraft des Luftwechsels
77v blau Poseidonios: Philosophie
74v grün Schrift über Pferdeleiden
71v blau Aldobrandinische Hochzeit
70v grün Asklepiades: Naturheilung
69v blau Jupiter-Tempel in Rom
65v blau Alexanders Geschichtswerk
60v grün Solidar-Pathologie
50v blau Laokoon-Gruppe
43v blau Kleomenes: 'Germanikus'
32v blau Literaturgeschichte
30v blau 'Der Dornauszieher'
150n blau Gandhara-Stil

HELLESPONT (griechischer Name für die Dardanellen), Meerenge zwischen der Balkanhalbinsel und Kleinasien, 65 km lang und 26 km breit. Trennt Europa von Asien und hat deshalb seit Jahrtausenden große militärische, politische und wirtschaftliche Bedeutung. Troja verdankte seine Machtstellung der Lage an dieser Meerenge und wurde deshalb von den Griechen zerstört. 480v setzten hier die Perserheere unter Xerxes nach Europa über, 334v die Griechenheere unter Alexander nach Asien. Seit 1354n von den Türken beherrscht. Spielte in den beiden Weltkriegen eine wichtige Rolle als Tor zum Schwarzen Meer.

2756v blau Entstehung Trojas
1241v–1184v Priamos
1232v–1183v Agamemnon
1193v/1184v Trojanischer Krieg
992v rot Neuansiedlung in Troja
602v–527v Peisistratos
556v braun Eroberung durch Athen
556v rot Herrschaft Athens
520v–465v Xerxes
490v/449v Perserkriege
480v grün Schiffsbrücke
356v/323v Alexander der Große
334v/325v Alexanderzug
1354n braun Vordringen der Türken
1841n rot Sperrung durch Türkei
1914n/1918n Erster Weltkrieg
1939n/1945n Zweiter Weltkrieg

HELM

2531v grün Kupferhelm in Sumer
2441v–2379v Meska-Lamdug
2401v grün Goldener Helm
1712v–1640v Apofis
1702v blau 'Krieger mit Helm'
1696v grün Metallhelm in Ägypten
760v grün Eisenhelme in Assyrien

HELMHOLTZ, Hermann (1821n–1894n), deutscher Naturforscher. Als Sohn eines Lehrers studierte er Medizin und wurde Arzt. Erforschte die Tätigkeit der menschlichen Sinne und schuf eine experimentell begründete Lehre des Gehörs sowie des Gesichts-Sinnes. Unternahm Messungen der Geschwindigkeit der Nervenerregung. Durch Versuche an Tieren und Menschen gelang ihm der Beweis, daß im arbeitenden Muskel chemische Prozesse vor sich gehen. 50jährig gab er seine medizinische Professur auf und übernahm ein Lehramt für Physik. Analysierte den Klang und erforschte das Wesen der Luftschwingungen. Untersuchte die Anwendbarkeit der mechanischen Wärmelehre auf chemische Vorgänge und beschäftigte sich mit Problemen der Meteorologie. Als Wissenschaftler lehnte er alle Metaphysik als Spekulation ab. Die Philosophie suchte er auf eine durch Erfahrung gründbare Erkenntnislehre zu reduzieren.

1850n grün Augenspiegel
1850n grün Nervenforschung

HELMOLD (um 1125n–1178n), deutscher Geschichtsschreiber. Als Dorfpfarrer am Plöner See in der Holsteinischen Schweiz erlebte er die Unterwerfung des slawischen Teils von Holstein (Wagrien) durch deutsche Truppen und katholische Priester. Von dieser Besitznahme des Gebietes zwischen Lübeck und Kiel unter Anführung Heinrichs des Löwen berichtete er ausführlich und voller Begeisterung in seiner 'Slawenchronik', an deren beiden Bänden er zehn Jahre arbeitete.

1172n blau Geschichte der Slawen

HELMOLT, Hans (1865n–1929n), deutscher Geschichtsschreiber. Als Privatgelehrter entwarf er den Plan einer nach Ländern geordneten Universalgeschichte und verwirklichte ihn in seinem neunbändigen Werke unter Mithilfe anderer Fachleute. In getrennten Abhandlungen wurde darin die geschichtliche Entwicklung der einzelnen Völker und Staaten dargestellt, eingeteilt nach geographischen Räumen. Durch die selbstgewählte Systematik war er gezwungen, auch die vorher als 'geschichtslos' geltenden Völker in seine Darstellung einzubeziehen. So gab er mit seinem Werk eine erste Ahnung vom Reichtum der Weltgeschichte und zeigte, daß die Entwicklung Europas nur ein Vorgang unter zahlreichen historischen Prozessen von vergleichbarer Bedeutung ist. Mit Lamprecht gab er das 'Weltbild der Gegenwart' heraus. Verfaßte Einzelabhandlungen über Bismarck, Friedrich den Großen, Ranke und Kautsky.

1907n blau Weltgeschichte

HELOISE (um 1100n–1164n), französische Nonne. Als Waisenkind im Kloster aufgewachsen, kam sie fünfzehnjährig in das Haus ihres Onkels, der Domherr in Paris war. Dort lernte sie den 22 Jahre älteren Religionsphilosophen Abälard kennen, gebar ihm einen Sohn und wurde für kurze Zeit seine Frau. Nachdem der Onkel ihren Mann hatte kastrieren lassen, ging sie — wie er — ins Kloster und wurde bald Kloster-Vorsteherin. Als Abälard die von ihm und seinen Schülern aufgebaute Klause Paraklete bei Fontainebleau aufgeben mußte, um Abt eines Klosters in der Bretagne zu werden, zog sie mit ihren Nonnen nach Paraklete und lebte dort dem Andenken ihres Geliebten, der ihr noch bei der Einrichtung ihres Klosters half, um dann seinen Kampf mit der Kirche fortzusetzen. In Paraklete neben Abälard bestattet.

1079n–1142n Abälard
1114n blau Briefe Abälards

HELOTEN, abschätzige Bezeichnung der eingewanderten Spartaner für die ursprüngliche Bevölkerung des von ihnen eroberten Südzipfels Griechenlands (Lakonien). Diese blieben auf dem von ihnen bearbeiteten Land, mußten es weiter wie vorher bebauen, behielten aber nur noch einen Teil des Ertrages. Sie gehörten nicht zum persönlichen Eigentum des Grundherrn, sondern waren diesem vom Staat nur zugeteilt. Trotzdem waren sie vollständig unterjocht und rechtlos. Sie mußten im Krieg Hilfsdienste leisten, nach Aufbau der spartanischen Flotte wurden sie auch als Ruderer eingesetzt. Durch ihre Arbeit ermöglichten sie der herrschenden Klasse Spartas (Spartiaten) ein arbeitsfreies Leben in Wohlstand.

820v rot Klasseneinteilung
464v/459v 3. Messenischer Krieg
462v rot Gegnerschaft Athens

HELSINGBORG, Hafenstadt in Südschweden. An der Meerenge zwischen dem schwedischen Festland und der Hauptinsel Dänemarks (Seeland) gelegen, bildet sie einen strategisch wichtigen Punkt der Ostsee. Hier wurde 1362n die Seemacht der deutschen Hanse geschlagen, nachdem sie Kopenhagen zerstört hatte. Die Stadt war bis 1658n dänisch und wurde dann schwedisch. 1710n wurden hier die Dänen von Schweden besiegt.

1362n/1364n Krieg der Hanse

HELSINKI, Hafenstadt an der Südküste Finnlands. In dem seit mindestens sieben Jahrtausenden bewohnten Gebiet um die Mitte des 16. Jahrhunderts als schwedischer Stützpunkt durch König Gustav Wasa angelegt, wurde die Stadt 1729n von Schweden gegen russische Angriffe befestigt und fast ein Jahrhundert lang umkämpft, bis sie 1809n an Rußland fiel. Drei Jahre später Hauptstadt eines Großherzogtums unter russischer Oberhoheit und zugleich Zentrum der finnischen Freiheitsbestrebungen. Seit der Verkündung der Unabhängigkeit Finnlands durch Stalin im Jahre 1917n Hauptstadt eines selbständigen finnischen Staates.

1551n grün Gründung
1808n/1809n Krieg Rußland–Schweden
1917n rot Finnland unabhängig

HELVETIER, mitteleuropäischer Volksstamm, der den Kelten zugerechnet wird. Verließ vor etwa 2000 Jahren sein süddeutsches Heimatgebiet um den Schwarzwald, wanderte südwestwärts über die Alpen, ließ sich im Schweizer Hochland nieder und gründete dort 12 Städte und 400 Dörfer. Bald darauf bestimmte sie ihr Herrscher Orgetorix zur Weiterwanderung nach Frankreich. Am Genfer See schlugen sie ein römisches Heer, aber an einem Quellfluß der Rhône (Saône) wurden sie von Cäsars Legionen besiegt. 250 000 Mann wurden getötet, der Rest von 110 000 Mann zur Heimkehr gezwungen. So ließen sie sich für immer in den Schweizer Bergen nieder.

76v rot Wanderung
58v rot Vertreibung aus Gallien

HELVETISCHE REPUBLIK, offizielle Bezeichnung des ersten Schweizer Einheitsstaates, der als 'Tochterrepublik Frankreichs' auf Betreiben Napoleons nach französischem Vorbild eingerichtet wurde. Sie bestand nur fünf Jahre, dann löste Napoleon unter dem Druck der aufsässigen Schweizer den eben erst geschaffenen Zentralstaat auf und erneuerte das alte Kantonalsystem. Damit scheiterte der erste Versuch zur Schaffung eines die ganze Schweiz umfassenden Volksstaates mit gleichberechtigter Teilnahme der arbeitenden Bevölkerung an Verwaltung und Regierung.

1796n/1815n Napoleonische Kriege
1798n rot Gründung

HELVETIUS, Claude Adrien (1715n bis 1771n), französischer Philosoph. Als Sohn eines beim Königshof beliebten Arztes wurde er mit 23 Jahren Generalpächter, mußte aber die Stelle bald wieder aufgeben, weil er das Volk gegen die Bedrückungen der Obrigkeit in Schutz nahm. Schrieb Gedichte, aus denen sein erstes philosophisches Werk erwuchs, das auf Betreiben der Jesuiten als staatsgefährdend und religionsfeindlich öffentlich verbrannt wurde. In seinen Lehren ging er von der natürlichen Güte des Menschen aus, die nur durch Kirche und Staat verdorben wird. Forderte die Überwindung der nach privaten und öffentlichen Interessen geteilten Moral durch eine Gesellschaft, in der persönliches Glück und allgemeines Wohl in Übereinstimmung sind. In der Materie fand er die einzig wirkliche Grundlage des Daseins, aus der sich alles erklären läßt. Alle Versuche zur Auffindung eines selbständigen geistigen Prinzips hinter der materiellen Erscheinungswelt erklärte er als bewußte Täuschung, als Priester-Betrug. Verkündete, daß es nur der Aufklärung über die metaphysischen Hirngespinste bedürfe, um die Menschen von den herrschenden Vorurteilen zu befreien und ihnen den Weg zum Glück zu öffnen.

1758n blau 'Vom Geist'
1772n blau 'Vom Menschen'

HEMAKA, ägyptischer Staatsbeamter.

2846v–2784v Lebenslinie
2822v–2781v Udimu

HEMINGWAY, Ernest (1898n–1961n), nordamerikanischer Schriftsteller. Sohn eines Landarztes. Verließ achtzehnjährig sein Elternhaus, um Abenteuer und Gefahren zu suchen. Als Reporter zogen ihn Jagd, Kampf und Krieg an, wo Tapferkeit und Todesverachtung persönliche Bewährung in einer als sinnlos empfundenen Welt ermöglichten. In seinen Romanen und Erzählungen gab er dieser düsteren Gesinnung Ausdruck und wurde zum bedeutendsten Sprecher seiner Altersgenossen, die sich nach dem ersten Weltkrieg als Angehörige der 'verlorenen Generation' fühlten. Sein von Kriegshaß erfüllter Roman 'In einem anderen Land' machte ihn 1929n weltberühmt. Sieben Jahre später gab er eine harte Kritik der kapitalistischen Gesellschaft ('Haben und Nichthaben'). Als Berichterstatter im spanischen Bürgerkrieg bekundete er seine Sympathie für die unterlegene rotspanische Seite in dem Roman 'Wem die Stunde schlägt'. Brachte einen neuen, auf nüchterner Tatsachenschilderung beruhenden Stil zum Durchbruch. Gab der Kurzgeschichte durch seelische Vertiefung der Charaktere künstlerische Ausdruckskraft ('Schnee am Kilimandscharo'). In Kuba, wo er sich in den letzten Lebensjahren aufhielt, begrüßte er die Revolution. Um dem Siechtum einer Krankheit zu entgehen, machte er seinem Leben ein Ende.

1940n blau 'Wem die Stunde schlägt'
1952n blau 'Der alte Mann und das Meer'

HEMON (um 2595v–um 2530v), ägyptischer Prinz. Neffe des Ägypterkönigs Cheops. Stieg zu hohen Staatsämtern auf. Als Minister für öffentliche Arbeiten leitete er den Einsatz des ägyptischen Volkes bei der Errichtung der großen Bauwerke seiner Zeit, insbesondere der als Grabmal seines Onkels bestimmten Cheops-Pyramide.

2553v blau Cheops-Pyramide
2539v blau Porträtplastik

HEMRE, ägyptische Tänzerin und Sängerin.

2555v–2491v Lebenslinie
2513v blau Hofmusikerin

HENLEIN, Peter (1479n–1542n), deutscher Erfinder. Als Schlosser und Uhrmacher baute er die erste handliche Uhr. Sie war so klein, daß man sie hätte in die Tasche stecken können, aber ihre stolzen Besitzer trugen sie als Anhänger an einer Halskette. Die kurze Zeit vorher aufgekommenen Federwerke hatte er so verkleinert, daß sie samt dem Räderwerk der Uhr in einer flachen Pillenschachtel Platz fanden. Da seine Heimatstadt ein wichtiges Handels-Zentrum war, fand sein 'Nürnbergisch Eierlein' (= Ührlein) schnell Verbreitung in ganz Europa.

1510n grün Taschenuhr

HENOCH, jüdische Bezeichnung für eine Sagengestalt vorderasiatischer Religionen. In Mesopotamien als siebenter babylonischer Urkönig verehrt (Emmedu-Ranki), wurde er im Jahwe-Glauben zu einem Enkel Adams, in der Bibel zu dessen siebentem Nachkommen. Ihm wurden 365 Lebensjahre und besondere Weisheit zugeschrieben. Soll Himmel und Hölle besucht und sein Wissen über diese Reisen in einer Geheimliteratur niedergelegt haben. Ihm wurde die Ankündigung eines gottgesandten Welt-Erlösers (Messias) zugeschrieben.

126v blau 'Buch Henoch'

HERA, Name einer griechischen Göttin. Als Schwester und Ehefrau des höchsten griechischen Gottes (Zeus) wurde sie von den Griechen im ersten Jahrtausend vor unserer Zeitrechnung hoch verehrt. Sie galt als Göttin der Frauen und sollte Geburt und Ehe schützen, obwohl ihre eigene Ehe durch die ständigen Liebschaften des Zeus mit anderen Göttinnen und Halbgöttinnen stark getrübt war.

918v blau Tempel in Olympia
420v blau Kallimachos' Statue

HERAKLEIDES, griechischer Philosoph und Naturforscher.

390v–310v Lebenslinie
355v grün Planetenbahn
352v grün Unendlichkeit des Alls
349v grün Sterne autonome Welten
344v grün Achsdrehung der Erde

HERAKLEIDES Tarentinus (um 120v bis um 70v), römischer Arzt aus dem griechischen Teil Süditaliens. Stellte die Erfahrung in den Mittelpunkt der Heilkunst. Schrieb nur über Dinge, die er selbst geprüft hatte. Verfaßte vielgelesene Bücher über die Behandlung innerer und äußerer Krankheiten, über die Arzneimittel-Lehre sowie über vernünftige Lebensweise. Wies auf Haarwuchs- und Schönheitsmittel hin. Beschäftigte sich auch mit Tierheilkunde und verfaßte eine Anweisung für die Behandlung von Pferde-Erkrankungen.

74v grün Werk über Pferdeleiden

HERAKLEOPOLIS, Stadt in Nordägypten. Jahrhundertelang Gau-Hauptstadt, stieg sie durch die Tatkraft ihrer Gaufürsten für mehr als hundert Jahre zum kulturellen Mittelpunkt eines selbständigen Zwischenreiches empor, dessen Hauptstadt Memphis war und dem die ägyptische Kunst und Literatur wesentliche Beiträge verdankt. Diese 'Herakleopoliten-Zeit' begann mit Achtos I. (2169v) und endete mit der Niederlage des Meri-Kare gegen Theben (2040v).

2273v–2188v Ipuwer
2230v–2158v Achtos I.
2197v blau Ipuwer: 'Mahnworte'
2185v–2123v Chun-Anup
2169v rot Einigung Unterägyptens
2164v blau 'Gespräch mit der Seele'
2162v–2081v Antef
2135v blau 'Klage eines Bauern'
2102v–2040v Meri-Kare
2040v braun Vorstoß Thebens

HERAKLES, Held der griechischen Göttersage. Unehelicher Sohn des Gottes Zeus und der Frau des griechischen Königs Amphitryon von Theben (Alkmene). Mußte zwölf schwere Aufgaben bewältigen, so die Reinigung des Augiasstalles, die Bändigung des kretischen Stiers und die Bezwingung des Höllenhundes Zerberus. In der Kunst häufig dargestellt, auch im Römerreich, wo sein Name in 'Herkules' geändert wurde.

424v blau Prodikos' Erzählung
1908n blau Bourdelles Plastik

HERAKLIT, griechischer Philosoph.

544v–484v Lebenslinie
506v blau Dialektik
495v blau Weltvernunft
489v blau Prinzip der Bewegung

HERAKLIUS (575n–641n), Kaiser des byzantinischen Reiches seit 610n. Als Sohn des byzantinischen Statthalters von Afrika stürzte er Kaiser Phokas, um selbst den Thron zu besteigen. Führte erfolgreiche Kämpfe gegen die Perser und Awaren, vermochte aber nicht das Vordringen der Araber in Nordafrika und Vorderasien zu verhindern. Zur Abwendung der arabischen Gefahr ergänzte er das aus Berufssoldaten bestehende Heer durch Bauernkrieger. Diese 'Stratioten' gewann er durch Schaffung von Soldatengütern, die als erblicher Besitz an kleinasiatische und slawische Bauern übergeben wurden gegen die Verpflichtung zum Heeresdienst.

582n–644n Omar
611n/629n Kreuz-Christi-Krieg
620n rot Reformen
621n rot Griechisch Amtssprache
626n braun Awaren-Slawen-Angriff
626n rot Bündnis mit Khasaren
629n braun Niederlage in Spanien
629n rot Verlust Spaniens
633n/732n Arabischer Krieg
635n rot Südsyrien arabisch
638n rot Palästina arabisch
640n rot Syrien arabisch
641n rot Mesopotamien arabisch

HERBART, Johann Friedrich (1776n bis 1841n), deutscher Pädagoge und Philosoph. Als Hauslehrer in der Schweiz lernte er bei Pestalozzi dessen Erziehungsweise kennen und schuf nach seiner Heimkehr eine eigene Pädagogik. Diese gründete er auf Ethik (= Ziel) und Psychologie (= Mittel). Forderte den erziehenden Unterricht, der sich nicht in der Vermittlung von Wissen erschöpft, sondern die Charakterbildung in den Vordergrund stellt. Als Nachfolger Kants lehrte er in Königsberg seine Philosophie, deren Methoden er der Mathematik und der naturwissenschaftlichen Arbeitsweise entnahm. Verfaßte eine zweibändige 'Psychologie', nach der auch seelische Vorgänge sich auf eine nach mechanischen Gesetzen vollziehende Veränderung von Erlebnis-Inhalten und Vorstellungen zurückführen lassen.

1818n grün 'Psychologie'

HERBERSTEIN, Siegmund (1486n bis 1566n), deutscher Staatsmann und Geschichtsschreiber. Als Geheimer Rat des deutschen Kaisers bereiste er fast alle Länder Europas. Nach zwei mehrjährigen Rußland-Aufenthalten schrieb er ein Buch über Moskau. Darin gab er dem übrigen Europa verläßliche Mitteilungen über das russische Land und das russische Volk.

Fügte auch eine Karte bei, die auf astronomischen Ortsbestimmungen beruhte und eine richtige geographische Vorstellung des russischen Reiches bis zum Ob vermittelte.

1549 n grün Moskau-Buch

HERBST

2463 v–2403 v Ni-User-Re
2428 v blau Ägyptisches Relief
1201 n blau Chinesisches Gemälde

HERDER, Johann Gottfried, deutscher Dichter, Geschichtsphilosoph und Theologe.

1744 n–1803 n Lebenslinie
1778 n blau Liedersammlung
1784 n blau Geschichtsphilosophie

HERERO, Name eines Negervolkes in Südwest-Afrika. Wanderte vor etwa 300 Jahren vom Oberlauf des Sambesi-Flusses in seine klimatisch günstiger gelegene jetzige Heimat. 1884 n von Deutschland in Besitz genommen. Seit dieser Zeit kämpft das Volk um seine Freiheit, die ihm seit Beseitigung der deutschen Kolonialherrschaft nach dem ersten Weltkrieg durch die Regierung der Südafrikanischen Union vorenthalten wird.

1884 n rot Deutsche Herrschaft
1903 n/1907 n Aufstand

HERGOT, Hans (um 1485 n–1527 n), deutscher Buchdrucker. Trat für die Lehren des Freiheitskämpfers Thomas Münzer ein und druckte in 500 Exemplaren dessen Schrift 'Ausgedruckte Entblößung des falschen Glaubens der ungetreuen Welt'. 450 Exemplare wurden beschlagnahmt. Später vertrieb er die Schrift 'Von der neuen Wandlung eines christlichen Lebens', in der eine Neuordnung der Gesellschaft auf kommunistischer Grundlage gefordert wurde. Der katholische Herzog Georg der Bärtige ließ ihn deshalb gefangensetzen und in Leipzig öffentlich verbrennen.

1527 n rot Verbrennung

HERIHOR, ägyptischer Oberpriester. König von Theben in den Jahren 1084 v bis 1057 v.

1128 v–1057 v Lebenslinie
1085 v rot Zerfall des Reiches
1084 v rot 'Gottesstaat'

HERING, in großen Schwärmen lebender Meeresfisch, der nur in den Gewässern der nördlichen Erdhälfte vorkommt. Ernährt sich von winzigen Meerestieren, die mit umhertreibenden Pflanzen eine Lebensgemeinschaft eingegangen sind (Plankton), frißt aber auch kleinere Fische. Dient selbst Wassersäugetieren (Walen, Seehunden), Fischen (Haien, Dorschen, Thunfischen, Makrelen) und Meeresvögeln (Möwen) als Nahrung, seit Aufkommen der Hochseefischerei auch dem Menschen.

1384 n grün Einpökeln

HERJEDALEN, Name einer Gebirgslandschaft im mittleren Schweden mit mehreren reißenden Strömen. Reich an Wäldern und Bodenschätzen. An der norwegischen Grenze gelegen, gehörte das Land mit ganz Norwegen bis 1645 n zu Dänemark und ist seitdem schwedisch.

1645 n rot Schwedischer Besitz

HERKULANEUM, Stadt in der Bucht von Neapel (Süditalien), die vor etwa 2500 Jahren entstanden ist. Ihre rechtwinklige Anlage entspricht dem Grundriß der in der Nähe befindlichen griechischen Städte (Kyme, Neapolis) und dürfte auch in den ersten Jahrhunderten von griechischen Kolonisten bewohnt gewesen sein. Seit 307 v römisch. Die kunstsinnige, reiche Stadt wurde zusammen mit dem benachbarten Pompeji durch einen plötzlichen Ausbruch des Vesuv überrascht und unter einer zwanzig Meter dicken Lavaschicht begraben. Nachdem der Bauer Nocerino aus Resina im Jahre 1709 n beim Brunnenbau auf Überreste der alten Stadt gestoßen war und damit den deutschen Prinzen d'Elboeuf zu den ersten Ausgrabungen veranlaßt hatte, sind durch Ausgrabungen geschichtliche Zeugnisse von einmaliger Lebensnähe zutage gefördert worden. 1738 n wurde durch Auffindung einer Inschrift der Beweis erbracht, daß es sich hier tatsächlich um die versunkene Stadt Herkulaneum handelte. 1752 n wurde eine Bibliothek mit über 1800 Papyrus-Rollen gefunden. Die Ausgrabungen fanden wegen ihrer eindrucksvollen Funde große Beachtung und riefen allgemein den Wunsch nach Freilegung weiterer verschütteter Kulturdenkmäler hervor.

79 n grün Ausbruch des Vesuv
1709 n grün Ausgrabung

HERKULES, lateinischer Name des Herakles. Held der griechischen Göttersage. Unehelicher Sohn des Gottes Zeus und der Frau des griechischen Königs Amphitryon von Theben (Alkmene). Mußte zwölf schwere Aufgaben bewältigen, so die Reinigung des Augiasstalles, die Bändigung des kretischen Stiers und die Bezwingung des Höllenhundes Zerberus. In der Kunst häufig dargestellt.

424 v blau Prodikos' Erzählung
1908 n blau Bourdelles Plastik

HERLIN, Friedrich (um 1435 n–um 1500 n), deutscher Maler. Studierte in seinen Wanderjahren die Kunst der niederländischen Meister und richtete dann in seiner Heimatstadt Nördlingen eine Altar-Werkstätte ein. Malte die gebräuchlichen biblischen Stoffe nach dem Vorbild Roger von der Weydens und versorgte damit mehrere Kirchen in Württemberg und Franken.

1467 n blau Hochaltar in Rothenburg

HERMANN von Reichenau (1013 n bis 1054 n), deutscher Geschichtsschreiber. Auf Grund genauer Quellenstudien schrieb er eine weltgeschichtliche Übersicht, die den Stoff durch streng chronologische Anordnung verständlich darstellte. In klarem, einfachem Stil beschrieb er die Geschehnisse der ihm bekannten Welt von der Zeitwende bis 1050 n. Als echter Universalgeist dichtete und komponierte er auch und verfaßte Schriften über Mathematik, Astronomie und Musik. Zog einen großen Schülerkreis auf die Insel Reichenau (Bodensee).

1054 n blau Weltgeschichte

HERMANN von Salza, deutscher Staatsmann.

1173 n–1239 n Lebenslinie
1225 n rot Vertreibung aus Ungarn
1226 n rot Preußen Lehen
1230 n braun Unterwerfung Preußens

HERMAS (um 105 n–um 150 n), römischer Schriftsteller. Als freigelassener Sklave wurde er Christ und verfaßte religiöse Schriften. Darin rief er zur Buße auf und forderte die allgemeine Bekehrung zum Christentum. Weil er seinen Bußengel in Hirtengestalt erscheinen ließ, wurden seine Schriften unter dem Namen 'Hirt' (= 'Pastor') zusammengefaßt. Einige Gemeinden rechneten sie dem Neuen Testament zu.

144 n blau Ruf zur Buße

HERMES, Gestalt der griechischen Göttersage. Sohn des Gottes Zeus und der Nymphe Maja. Tat als Götterbote Dienst. In der Kunst häufig geflügelt dargestellt. Die römische Göttersage übernahm seine Gestalt unter dem Namen 'Merkur'.

341 v blau Praxiteles' Plastik

HERMOGENES (um 260 v–um 180 v), griechischer Architekt in Kleinasien. Baute in seiner Heimatstadt Priene bei Milet den Tempel der Athene. Die Abgewogenheit der Proportionen dieses Baues machte ihn schnell berühmt. In Teon errichtete er den Dionysos-Tempel. Sein Hauptwerk ist der Artemis-Tempel in Magnesia mit einem Fries von 175 Metern Länge, der die Amazonenschlacht darstellt. Verwarf die im griechischen Mutterland gebräuchliche ('dorische') Bauweise auch theoretisch und gab dem Schönheitsempfinden der kleinasiatischen ('ionischen') Griechen klassischen Ausdruck.

220 v blau Tempel in Magnesia

HERMOGENIAN (um 240 n–um 300 n), römischer Rechtsgelehrter. Sammelte die zu seiner Zeit gebräuchlichen Gesetze und stellte sie in einem Buch zusammen. Diesen Codex gab er noch dreimal in erweiterter Form heraus und schuf damit eine weitgehend als verbindliche Rechtsnorm angenommene Grundlage der Gerichtsbarkeit.

296 n blau Gesetzsammlung

HERMOPOLIS, Stadt im unteren Niltal (Nordägypten). Als Hauptstadt des 15. Gaues ('Hasengau') entwickelte sie sich vor viertausend Jahren zu einem kulturellen Mittelpunkt. Stätte der Verehrung des Gottes Thot, der als Schutzherr des Wissens und des Schreibens galt.

1923 v–1861 v Tut-Hotep
1574 v braun Vorstoß Oberägyptens
1574 v rot Ende der Hyksos-Herrschaft
780 v–717 v Pianki
726 v/725 v Belagerung

HERODES der Große, König der Juden von 37 v bis 4 v.

72 v–4 v Lebenslinie
27 v–40 n Herodes Antipas

HERODES Antipas, Statthalter der Juden.

27 v–40 n Lebenslinie
6 v–30 n Jesus Christus
29 n rot Johannes hingerichtet
30 n rot Jesus hingerichtet

HERODIANOS, Älius (um 140 n–um 190 n), griechischer Sprachgelehrter. Als Sohn des Sprachforschers Apollonios Dyskolos in Alexandria (Ägypten) geboren, übersiedelte er in die Stadt Rom und erhielt dort das Bürgerrecht. Verfaßte eine große Sprachlehre, in der er die Schreibweise und Aussprache von 60000 Wörtern niederlegte. In 20 Büchern behandelte er die Länge der Silben und ihre Betonung im Vers. Stellte auch mehrere Nachschlagwerke zusammen.

180 n blau Verslehre

HERODOT, griechischer Geschichtsschreiber.

482 v–429 v Lebenslinie
434 v blau Geschichtswerk

HERON, griechischer Naturwissenschaftler und Erfinder aus Alexandria.

152 v–82 v Lebenslinie
124 v grün Flächenberechnung
116 v grün Springbrunnen
111 v grün Dampfantrieb
107 v grün Windrad
100 v grün 'Goldene Regel'
91 v grün Mechanikerschule

HERONDAS, griechischer Dichter.

280 v–220 v Lebenslinie
246 v blau Lustspiele

HEROPHILOS, griechischer Arzt und Naturforscher.

324 v–250 v Lebenslinie
290 v grün Pulslehre
283 v grün Sektionen
275 v grün Hebammenbuch
270 v grün Schrift über Gymnastik
265 v grün Schrift über Nerven
262 v grün Arterien und Venen

HEROSTRATOS (um 385 v–356 v), griechischer Bürger der kleinasiatischen Griechenstadt Ephesos. Setzte den Artemis-Tempel seiner Heimatstadt in Brand und zerstörte auf diese Weise vorsätzlich eines der sieben Weltwunder. Bei seiner Folterung nannte er als Motiv seiner Tat den Wunsch, auf diese Weise berühmt zu werden. Sein Todesurteil wurde darauf durch die Bestimmung ergänzt, daß sein Name ewiger Vergessenheit verfallen solle.

356 v rot Brandstiftung

HERO UND LEANDER, **Name eines Liebespaares der griechischen Sage, das nur zusammenkommen konnte, wenn Leander nachts über die Meeresstraße zwischen Europa und Asien (Hellespont) zu seiner Geliebten Hero schwamm. Als er eines Nachts in den Fluten umkam, nahm sich Hero das Leben. Der Stoff wurde von vielen Dichtern bearbeitet (Ovid, Musaios, Marlowe, Schiller, Grillparzer) und fand auch Eingang ins Volkslied ('Es waren zwei Königskinder').**

465 n blau Musaios' Dichtung

HERRAD (um 1140 n–um 1195 n), deutsche Schriftstellerin und Zeichnerin. Als Leiterin des Klosters Hohenburg im Elsaß schuf sie für ihre Schüler ein Unterrichtswerk, dem sie den Namen 'Lustgarten' gab. Darin faßte sie griechisches und römisches Wissen mit biblischer Weltsicht zu einem christlichen Wissensbuch zusammen und illustrierte es durch rührende Erbauungsbilder im Stil byzantinischer Miniaturen.

1179 n blau 'Lustgarten'

HERRENMORAL, **Bezeichnung für die sittlichen Normen der Herrschenden und Besitzenden in der Klassengesellschaft. Beruht auf einem eingebildeten Überlegenheits-Bewußtsein gegenüber den Arbeitern, die als Knechte betrachtet werden. Entstand mit der Dienstbarmachung von Menschen durch ihre Mitmenschen vor etwa fünftausend Jahren und wird mit der Beseitigung des Privateigentums an den Produktionsmitteln und der auf ihm beruhenden Ausbeutung in unserer Epoche aufgehoben.**

1705 n blau Mandevilles Kritik
1844 n–1900 n Nietzsche
1886 n blau Nietzsches Lehre

HERRNHUT, Stadt in der Lausitz zwischen Dresden und Görlitz. Hier siedelten sich 1722 n aus Böhmen und Mähren geflüchtete Anhänger einer protestantischen Reformbewegung auf dem Gute des Grafen Zinzendorf an ('Böhmische Brüder'). Fünf Jahre später gründeten sie mit Bewohnern der nahegelegenen Ortschaft Berthelsdorf eine brüderliche Gemeinde für die strenge Verwirklichung der von Jesus verkündeten Forderungen ('Brüdergemeine'). Während der weltweiten Ausbreitung dieser Bewegung innerhalb der evangelischen Kirche blieb die Stadt Sitz ihres Bischofs, ihrer Schulen und ihres Missionsseminars.

1727 n rot Gründung der Gemeinde
1750 n blau Lessing: Verteidigung

HERSCHEL, Friedrich Wilhelm (1738 n bis 1822 n), deutscher Astronom. Als Sohn eines hannoverschen Militärmusikers wurde er Musiklehrer und ging als Organist nach England. Für seine aus Liebhaberei betriebenen Sternbeobachtungen baute er unter Mithilfe seines Bruders Himmelsfernrohre mit einem Spiegel-Durchmesser bis 1,22 m und einer Brennweite bis 11,89 m. Entdeckte den erdfernen Planeten Uranus und wandte sich nun ganz der Himmelsforschung zu. Durch Selbststudium erarbeitete er sich astronomische und mathematische Kenntnisse. Erkannte, daß die Milchstraße eine linsenförmige Anhäufung von Sonnen ist und daß wir uns mitten darin befinden. Entdeckte, daß unser eigenes Sonnensystem sich insgesamt in schneller Bewegung innerhalb des Weltalls befindet. Erkannte das Wesen der Doppelsterne. Fand zahlreiche unbekannte Monde innerhalb unseres Planetensystems und bestimmte die Himmels-Nebel richtig als Sternsysteme, die dem unsrigen vergleichbar und bis zu 2 Millionen Lichtjahre von der Erde entfernt sind.

1781 n grün Entdeckung des Uranus
1783 n grün Sonnensystem-Bewegung
1784 n grün Aufbau der Milchstraße

HERSFELD, **Lambert von (um 1030 n – um 1080 n), deutscher Geschichtsschreiber. Als Sohn reicher Eltern erhielt er eine gute Schulbildung, unternahm eine Reise nach Palästina und wurde Mönch im Kloster Hersfeld. Dort schuf er eine gereimte Heldendichtung über seine eigene Epoche. Verfaßte eine Lebensgeschichte über den ersten Abt seines Klosters, den Bonifatius-Schüler Lullus. In seinen letzten Lebensjahren schrieb er eine umfassende Geschichte der ihm bekannten Welt von den Anfängen bis zum Jahre 1077 n ('Annalen'). Wegen der übersichtlichen Anordnung und des guten Stils wurde dieses Werk trotz seiner sachlichen Unzulänglichkeit weit verbreitet. Die Kirche förderte es, weil es den Streit zwischen Kaiser und Papst einseitig romtreu darstellte und ein gehässiges Charakterbild des Papstgegners Heinrichs IV. gab.**

1079 n blau 'Annalen'

HERTI-HOTEP (um 1920 v–um 1860 v), ägyptischer Beamter. Als Gutsvorsteher im Nillande tätig. **Ließ sich von einem Bildhauer in hoheitsvoller Gebärde auf einer 75 cm hohen Statue abbilden.**

1877 v blau Bildnis

HERTZ, Heinrich (1857 n–1894 n), deutscher Physiker. Studierte bei Helmholtz und wurde Hochschullehrer. Erforschte die Eigenschaften der Elektrizität und erkannte ihren Wellencharakter. Bewies, daß elektrische Wellen sich mit einer endlichen, meßbaren Geschwindigkeit ausbreiten und daß ihre Verhaltensweisen (Spiegelung, Brechung, Polarisation) denen der Lichtwellen entsprechen. Durch seine erfolgreichen Versuche zur Erzeugung elektrischer Wellen konnte er den Beweis für die Richtigkeit der Maxwell'schen Theorie der Elektrizität erbringen und wichtige Grundlagen für drahtlose Telegraphie, Rundfunk und Fernsehen schaffen.

1887 n grün Elektrische Wellen

HERULER, germanisches Volk, das ursprünglich in Südschweden und auf der Ostsee-Insel Seeland beheimatet war, dann aber nach Süden zog, die Grenzen des römischen Reiches bedrohte und sich schließlich in Südrußland, im Balkan, am Rhein und in Frankreich niederließ. Zwischen Ungarn und den Alpen gründeten sie ein großes Reich. Die von ihnen unterworfenen und in der Pußta angesiedelten Langobarden erhoben sich jedoch gegen ihre Herrschaft und vertrieben sie. In der zweiten Hälfte des ersten Jahrtausends gingen sie ganz in den Völkern auf, in deren Räumen sie sich angesiedelt hatten.

505 n braun Sieg der Langobarden

HERZ, Hohlmuskel der Menschen und aller Tiere mit Blutgefäß-System. Bewirkt den Blutkreislauf im Organismus.

2578 v grün Pulsbeobachtung in China
2496 v–2438 v Ni-Anch-Sekmet
412 v grün Kenntnis der Funktion
324 v–250 v Herophilos
304 v–240 v Erasistratos
290 v grün Herophilos: Pulszählung
288 v grün Pulsuhr
173 n grün Galen: Pulslehre
1263 n grün Lungen-Blutkreislauf
1618 n grün Doppelter Blutkreislauf
1660 n grün Herz als Muskel
1911 n grün Elektrokardiogramm
1948 n grün Maschine

HERZEGOWINA, Landschaft im Nordwesten der Balkanhalbinsel zwischen Serajewo und dem Adriatischen Meer (Jugoslawien). Ursprünglich von Thrakern und Illyrern bewohnt, dann als Teil der Provinz Dalmatien römisch und endlich seit dem 7. Jahrhundert von Serbo-Kroaten besiedelt. Teils selbständig, teils unter der Herrschaft von Byzanz und Bosnien, wurde das Land 1440 n von Kaiser Friedrich III. zu einem Herzogtum erhoben (daher 'Herzegowina' = Herzogsland). Seit 1482 n für 400 Jahre türkisch. Von Österreich 1878 n besetzt und 30 Jahre später einverleibt. Aber schon nach dem ersten Weltkrieg mußte Österreich im Frieden von St. Germain seiner Verselbständigung innerhalb des neugeschaffenen jugoslawischen Staates zustimmen. Im zweiten Weltkrieg von deutschen Truppen besetzt, nahm es an der Befreiung des Landes unter Tito teil und wurde 1944 n kommunistisch.

1482 n braun Vorstoß der Türken
1876 n/1878 n Russisch-Türkischer Krieg
1908 n rot Österreichisch
1918 n rot Jugoslawien frei
1919 n rot Vertrag von St. Germain
1939 n/1945 n Zweiter Weltkrieg
1944 n rot Jugoslawien kommunistisch

HERZEN, Alexander Iwanowitsch (1812 n bis 1870 n), russischer Schriftsteller und Philosoph. Als unehelicher Sohn eines Gutsbesitzers erhielt er den Namen ('mein Herz') vom Kosenamen seiner deutschen Mutter Luise Haag aus Stuttgart. Begeisterte sich für sozialistische Ideen, wurde Revolutionär, emigrierte nach Paris, gründete in London eine russische Druckerei und gab Zeitschriften heraus, die von Einfluß auf die russische Geistesentwicklung waren ('Westlertum'). Wandte sich gegen die Weltmachtansprüche der slawophilen russischen Intellektuellen. Bekämpfte die Leibeigenschaft (Roman 'Wer ist schuld?'). Entwickelte eine revolutionäre Theorie, derzufolge Rußland ungeachtet seiner technischen Rückständigkeit für den Sozialismus besonders geeignet sei und deshalb seine revolutionäre Verwirklichung sogleich vollziehen müsse.

1847 n blau 'Wer ist schuld?'

HERZL, Theodor (1860 n–1904 n), österreichischer Schriftsteller. Verließ seine Heimatstadt Budapest, um in Wien Rechtswissenschaften zu studieren. Schrieb früh Theaterkritiken, Reiseberichte und auch Theaterstücke. In Paris arbeitete er als Berichterstatter für die Wiener 'Neue Freie Presse'. Als Jude erkannte er durch den Dreyfuß-Prozeß, daß der Antisemitismus durch keine gesellschaftliche Emanzipation der Juden zu beseitigen ist und daß die Juden deshalb immer Fremde in ihren Wirtsvölkern bleiben. Deshalb forderte er in seinem Buch 'Der Judenstaat' die Rückgewinnung Palästinas durch Rückkehr aller auf der Welt verstreuten Juden in diese alte Heimat. Die von ihm dadurch ins Leben gerufene Bewegung ('Zionismus') verbreitete sich schnell in der jüdischen Jugend der Welt.

1896 n blau 'Der Judenstaat'

HESEKIEL, jüdischer Prophet.

628 v–553 v Lebenslinie
597 v rot Vertreibung
567 v blau Gottesstaat

HESIOD, griechischer Dichter.

753 v–680 v Lebenslinie
703 v blau 'Werke und Tage'
697 v blau Götter- und Weltentstehung

HESIRE, ägyptischer Beamter.

2704 v–2634 v Lebenslinie

Viktor (1883 n–1964 n), österreichischer Physiker. Beschäftigte sich mit Strahlenforschung und wurde Hochschullehrer in Graz und Innsbruck. Führte den Nachweis für das Vorhandensein einer oft vermuteten radioaktiven Höhenstrahlung, die aus dem Weltraum einfällt, die ganze Erdatmosphäre durchsetzt und sich durch eine Ionisation der Luft bemerkbar macht ('Kosmische Strahlung'). Bei der Eingliederung Österreichs in das faschistische Deutschland verließ er seine Heimat und setzte seine Arbeiten in New York fort.

1912 n grün Kosmische Strahlung

HESSE, Hermann (1877 n–1962 n), deutscher Dichter. Als Sohn eines Predigers sollte er Theologie studieren, floh aber aus dem Seminar Maulbronn, wurde Schlosser, Buchhändler und freier Schriftsteller. In seinem ersten Erfolgsroman ('Peter Camenzind') schilderte er den Zusammenprall eines einfachen Menschen mit Geschäftigkeit und Kunstbetrieb der Großstadt. Schon hier zeigte sich seine bohrende Suche nach dem Sinn des Lebens, in die sich bald sozialrevolutionäre Gesinnung mischte. In dem Roman 'Demian' wies er auf die Brüchigkeit der Moral und die Haltlosigkeit der Jugend in der bürgerlichen Gesellschaft. Nach dem ersten Weltkrieg, gegen den er leidenschaftlich angekämpft hatte, verließ er sein Haus am Bodensee und ging für immer in die Schweiz. Hier wirkte psychoanalytische Begreifensweise auf ihn ein ('Der Steppenwolf'). Im Mittelpunkt seines Schaffens stand der Versuch zur Überbrückung des Gegensatzes von Geist und Natur. Bei dieser Suche nach harmonischem Ausgleich half ihm die seit einer Indienreise nachwirkende östliche Geisteswelt ('Narziß und Goldmund'), die er in seinem letzten großen Werke mit der westlichen Vernunft versöhnen wollte ('Das Glasperlenspiel').

1943 n blau 'Glasperlenspiel'

HESSEN, Land in Mitteldeutschland zwischen Werra, Fulda, Main, Rhein und Lahn, durchzogen von zahlreichen Mittelgebirgsketten. Hier wohnte schon zur Römerzeit vor 2000 Jahren der germanische Stamm der Katten. Später Ausgangspunkt und Zentrum der Christianisierung Deutschlands. Auch die von den Gebrüdern Grimm gesammelten Märchen haben zum größten Teil hier ihren Ursprung. Im Kampf um die Unabhängigkeit Deutschlands vom Frankenreiche immer wieder von Bedeutung. Nach der Reformation mehrfach geteilt und von kleineren, häufig einander bekämpfenden Fürsten beherrscht. Seit 1866 n wurde das Land preußisch und kam 1871 n als Bestandteil Preußens zum Deutschen Reich. Nach 1945 n von amerikanischen Truppen besetzter selbständiger Staat innerhalb der Bundesrepublik.

24 v–37 n rot Marbod
12 v/7 v Zweiter Germanenkrieg
11 v blau Wiesbaden Kurort
51 n–96 n rot Domitian
83 n rot Taunus römisch
83 n grün Limes
675 n–754 n rot Bonifatius
722 n blau Kloster Amöneburg
723 n blau Peterskapelle (Fritzlar)
727 n rot Christianisierung
732 n blau Kloster Fritzlar
744 n blau Kloster Fulda
772 n/804 n Sachsenkriege
784 n–856 n Rabanus Maurus
794 n rot Synode zu Frankfurt
1079 n blau Lambert von Hersfeld
1235 n blau Limburger Dom
1297 n rot Stadtrecht für Frankfurt
1330 n rot Stadtrecht für Darmstadt
1355 n grün Drahtmühle in Frankfurt
1402 n grün Bank in Frankfurt
1405 n blau Frankfurter Rathaus
1427 n rot Reichstag zu Frankfurt
1522 n/1526 n Bauernkrieg
1527 n blau Universität Marburg
1632 n grün Frankfurter Börse
1658 n rot Erster Rheinbund
1670 n rot Pietisten-Bewegung
1769 n grün Rothschild Hofbankier
1777 n grün Soldatenvermietung
1803 n rot Deputationshauptschluß
1806 n rot Zweiter Rheinbund
1848 n rot Nationalversammlung
1848 n/1850 n Revolution
1866 n braun Deutscher Krieg
1939 n/1945 n Zweiter Weltkrieg
1945 n rot Besetzung
1949 n rot Land der BRD

HESYCHIOS (um 510 n–um 585 n), griechischer Geschichtsschreiber aus Milet (Kleinasien). Als Sohn eines Rechtsanwaltes wurde er Schriftsteller und wandte sich der Darstellung historischer Vorgänge zu. Gab eine Weltgeschichte in sechs Bänden heraus, die von den Assyrern bis zu den Römern alle bekannten Kulturvölker berücksichtigte. Sein Hauptwerk war ein Lexikon der berühmtesten Persönlichkeiten der griechisch-römischen Welt, geordnet nach Sachgebieten (Dichtung, Philosophie, Geschichte, Redekunst, Sprachlehre, Medizin) und innerhalb der einzelnen Gruppen nach zeitlicher Folge.

540 n blau Weltgeschichte
550 n blau Lexikon

HETÄREN, griechische Bezeichnung für Prostituierte (wörtlich: 'Gefährtinnen'). Sie waren in der Blütezeit Griechenlands vor fast 2500 Jahren im Gegensatz zu den Ehefrauen meist gebildet, nahmen auch an der sonst den Männern vorbehaltenen Geselligkeit teil und standen oft in hohem Ansehen. So war es möglich, daß der führende Staatsmann Perikles eine Hetäre heiratete (Aspasia) und ihr großen Einfluß in Staatsangelegenheiten gab. Thais begleitete Alexander nach Persien und gebar später dessen Feldherrn und späterem König von Ägypten (Ptolemäus) drei Kinder. Lais lebte mit dem Staatsmann Demosthenes, und Rhodopis heiratete einen Pharao.

495 v–429 v Perikles
403 v–335 v Praxiteles

HETEPHERES, ägyptische Königin.

2631 v–2564 v Lebenslinie
2644 v–2576 v Snofru
2615 v–2550 v Cheops

HETTITER, Name eines Volkes, das sich im Innern der kleinasiatischen Halbinsel vor etwa 4000 Jahren niederließ. 500 Jahre später errichteten sie ein Reich, das bis tief nach Vorderasien hineinreichte und dort die ägyptische Vormacht brach. Bei ihren Kriegszügen gab ihnen der Besitz von Eisenwaffen Überlegenheit. Als die besiegten Völker die Technik der Eisengewinnung und -verarbeitung von ihnen gelernt hatten, wurden sie von diesen vertrieben und zogen sich auf ihr Stammland in Kleinasien zurück. Hier erlagen sie den von ihnen vorher unterworfenen Mächten.

Allgemeines (Land, Volk, Staat)

2000 v rot Niederlassung
1834 v–1773 v Anitta
1797 v braun Zerstörung von Hattusa
1797 v rot Staatsbildung
1793 v rot Nesa Hauptstadt
1786 v grün Vasallen-Geschenke
1641 v blau Darstellung in Ägypten
1637 v–1579 v La-Barna
1610 v rot Staatliche Einigung
1605 v/1601 v Erster Hettiterkrieg
1601 v rot Zugang zum Schwarzmeer
1600 v rot Erste Dynastie
1600 v rot Erbkönigtum
1579 v rot Königstitel
1572 v–1504 v Agum
1563 v–1530 v Mur-Sili I.
1556 v/1551 v Zweiter Hettiterkrieg
1553 v rot Zugang zum Mittelmeer
1536 v/1530 v Dritter Hettiterkrieg
1533 v rot Gewinn Nordsyriens
1526 v–1460 v Parra-Tarna
1518 v–1455 v Tele-Pinu
1515 v–1449 v Idrimi
1482 v–1425 v Tud-Halia II.
1478 v rot Verfassung
1466 v blau Rechtsaufzeichnung
1463 v rot Rechtsverkündung
1458 v braun Vorstoß des Idrimi
1422 v–1373 v Tus-Ratta
1417 v–1364 v Eriba-Adad
1413 v–1346 v Suppi-Luli-Uma
1402 v–1341 v Matti-Waza
1379 v rot Stärkung der Königsmacht
1378 v/1373 v Vierter Hettiterkrieg
1376 v rot Gewinn Nordsyriens
1373 v rot Herrschaft über Mitanni
1367 v–1315 v Mur-Sili II.
1349 v rot Verbindung mit Ägypten
1349 v rot Prinzenmord in Ägypten
1348 v/1346 v Feldzug in Vorderasien
1347 v–1282 v Muwa-Talli
1345 v–1301 v Sethos I.
1340 v braun Aufstand Nordsyriens
1331 v braun Erhebung der Mitanni
1328 v–1252 v Hattu-Sili III.
1326 v–1234 v Ramses II.
1311 v braun Vorstoß Ägyptens
1297 v rot Abfall der Amoriter
1297 v/1282 v Krieg gegen Ägypten
1297 v–1218 v Tud-Halia IV.
1290 v braun Vorstoß der Assyrer
1290 v rot Mitanni-Reich verloren
1282 v rot Friede mit Ägypten
1281 v rot Bündnis gegen Assyrien
1258 v–1203 v Arnu-Wanda
1240 v grün Blockade Assyriens
1228 v braun Kämpfe mit Griechen
1203 v braun Zerstörung Hattusas
1203 v rot Ende des Reiches
1195 v rot Herrschaft der Phryger
717 v braun Eroberung der Reichs-Reste

HETTITER: Baukunst und Bildhauerei

1966 v blau Plastik 'Sitzender Mann'
1834 v–1773 v Anitta
1793 v blau Tempel von Nesa
1540 v blau Relief 'Tanzende Frau'
1345 v blau Kinderfigur
1338 v blau Stadttor von Hattusa
1335 v blau Sphinx
1329 v blau Stierkopf
1306 v blau Relief eines Götterzuges

HETTITER: Dichtung und andere Literatur

1405 v–1326 v Kikkuli
1367 v–1315 v Mur-Sili II.
1339 v blau Gilgamesch-Epos übersetzt
1334 v grün Kikkulis Pferdebuch
1332 v blau 'Pestgebete'
1328 v–1252 v Hattu-Sili III.
1254 v blau Autobiographie

HETTITER: Geschichtsschreibung

1367 v–1315 v Mur-Sili II.
1328 v–1252 v Hattu-Sili III.
1316 v blau Annalen
1254 v blau Autobiographie

HETTITER: Recht

1518 v–1455 v Tele-Pinu
1466 v blau Aufzeichnung
1463 v rot Verkündung

HETTITER: Religion

1367 v–1315 v Mur-Sili II.
1347 v–1282 v Muwa-Talli
1332 v blau 'Pestgebete'
1306 v blau Felsrelief 'Götterzug'
1287 v rot Opfer-Vorschriften

HETTITER: Sitten und Gebräuche

1620 v grün Feuerbestattung
1557 v grün Königsmütze
1393 v grün Wagen-Rennen

HETTITER: Technik und Wirtschaft

1482 v–1425 v Tud-Halia II.
1297 v–1218 v Tud-Halia IV.
1276 v grün Stahlherstellung

HEUSCHRECKE, Insekt mit langen Hinterbeinen (Springbeinen), in denen sich auch die Gehörorgane befinden. Legt in der Stunde 10—20 km zurück, kann sich von Rot bis Grün verfärben und erzeugt mit den Flügeln ein zirpendes Geräusch. Frißt das 30- bis 40fache ihres Eigengewichtes und ist deshalb seit alters her ein gefürchteter Schädling in Nordafrika, Südasien und Südamerika. Tritt in Schwärmen von 10—30 km Länge (bis zu 10 km Breite) auf und verwüstet ganze Landstriche. Legt dabei Tausende von Kilometern zurück. Kam früher auch in Schwärmen nach Europa, seit der letzten großen Plage in Deutschland (1889 n) tritt sie aber hier nur noch vereinzelt auf. Eine wirksame Bekämpfung ist seit Erfindung des Flugzeuges durch Ausstreuen chemischer Mittel möglich.

1368 v blau Mesopotamisches Relief

HEXAMETER, Bezeichnung für ein Versmaß, das von dem Dichter Homer in die griechische Dichtung eingeführt wurde. Von dem griechischen Wort 'hex' (= sechs) abgeleitet, bestand es in einer gleichbleibenden Betonungsfolge sechsteiliger Sätze, die meist ungereimt einander folgten und nur durch diese Betonungsgleichheit dichterisch verknüpft wurden. Das Versmaß wurde später in die lateinische Sprache übernommen (Vergil, Ovid) und fand auch ins Deutsche Eingang (Klopstock, Goethe).

809 v–724 v Homer
748 v blau 'Ilias'
727 v blau 'Odyssee'
239 v–169 v Ennius
70 v–19 v Vergil
19 v blau 'Äneis'
1749 n–1832 n Goethe
1773 n blau Klopstock: 'Messias'
1777 n blau Voß: Homer-Übersetzung

HEXENHAMMER, Titel eines Buches, das die kirchlichen Regeln für die 'Hexen'-Verfolgung zusammenfaßt. Niedergeschrieben von den beiden Dominikanermönchen Heinrich Institoris und Jakob Sprenger, die von Papst Innozenz III. mit der Inquisition in Nord- und Süddeutschland beauftragt waren. Enthielt genaue Anweisungen für das Anzeigen, Auffinden, Überführen, Foltern und Verbrennen der Hexen. Das in 200 Jahren 29 mal neuaufgelegte Buch war die exakte Gebrauchsanweisung der katholischen Kirche für die bis ins 18. Jahrhundert in Europa von ihr ausgeübte Schreckensherrschaft.

1487 n blau Erscheinen

'HEXEN'-VERFOLGUNG, in Vorderasien vor etwa 3000 Jahren zuerst aufgetretene Verfolgung von Frauen auf Grund abergläubischer Vorstellungen. Durch die Verbreitung eines aufgeklärten Weltbildes (Hellenismus) dort überwunden, trat sie in Europa vor etwa 900 Jahren erneut auf und erlebte ihren Höhepunkt zwischen 1570 n und 1700 n. Mehr als eine Million Frauen fielen ihr mit Sicherheit zum Opfer, davon mindestens 200 000 durch protestantischen Religionseifer. Ganz Mittel- und Westeuropa beugte sich für etwa 700 Jahre diesem erbarmungslosen christlichen Terror, der auch auf Männer ausgedehnt wurde ('Hexenmeister').

1088 v blau Mesopotamisches Hexenbuch
1083 v rot Todesstrafe in Assyrien
1090 n rot Verbrennung in Bayern
1231 n rot Inquisition
1247 n rot Feuertod in Carcassonne
1248 n rot Verbrennung in Toul
1275 n rot Verbrennung in Toulouse
1484 n rot Befehl zur Verstärkung
1487 n blau 'Hexenhammer'
1692 n rot Verfolgung in Amerika
1704 n blau Gegnerschaft Thomasius'
1756 n rot Hinrichtung in Bayern
1775 n rot Ende in Deutschland
1786 n rot Verbot durch Joseph II.
1793 n rot Ende in Europa
1953 n blau Millers Drama

HI (um 2330 v–um 2250 v), chinesischer Staatsmann. Als Minister des Kaisers Yao regte er eine Kalenderreform an, um durch genauere Beobachtung des Jahresablaufs die verheerenden Überschwemmungen des Landes besser vorausberechnen zu können.

2332 v–2248 v Yao
2269 v grün Kalenderreform

HIA, Name einer chinesischen Herrscherfamilie, die den Kaiserthron erblich machte und ihn von 2158 v bis 1525 v innehatte.

2252 v–2158 v Yü
2158 v rot Herrschaftsbeginn
2123 v braun Aufstand von Lehnsfürsten
2123 v rot Stärkung des Kaisers
1575 v–1509 v I-Yin
1559 v–1494 v Tang
1525 v braun Adelserhebung
1525 v rot Herrschaftsende

HIDEJOSCHI, Tojotomi (1536 n–1598 n), japanischer Staatsmann und Feldherr. Stieg als Sohn armer Bauern zum Kanzler des japanischen Reiches auf. Schuf eine zentrale Verwaltung, vereinheitlichte die Rechtsprechung, förderte die wirtschaftliche Entfaltung des Landes und hob die Künste durch eine lebhafte Bautätigkeit (Schloß Osaka). Verwies die Jesuiten des Landes und drängte den Einfluß des Christentums zurück (26 Mönche hingerichtet). Sein Versuch, durch einen Feldzug nach Korea die japanische Macht auf das asiatische Festland auszudehnen, scheiterte nach Anfangserfolgen (Einnahme von Seoul) am Widerstand der Chinesen.

1592 n braun Korea-Feldzug

HIERAKONPOLIS, Stadt in Oberägypten am linken Nilufer südlich von Theben. Eine der ältesten ägyptischen Siedlungen. Vor 5000 Jahren Hauptstadt eines oberägyptischen Reiches. Von hier ging die Einigung des Nil-Reiches aus. Fundort zahlreicher Felsgräber, eines Tempels und einer Festung sowie einer frühen historischen Bild-Überlieferung (Narmerpalette). Die Stadt verdankt ihren Namen (griechische Bezeichnung für 'Falkenstadt') dem Umstande, daß hier der in Falken-Gestalt dargestellte Gott Horus verehrt wurde.

2984 v blau Wandgemälde
2933 v–2868 v Skorpion
2917 v rot Vormacht in Oberägypten
2860 v blau 'Narmerpalette'
2307 v blau Goldener Falkenkopf

HIEROGLYPHEN, Bezeichnung für die ägyptische Lautschrift, die vor fast 5000 Jahren erfunden wurde. Sie bediente sich noch bildlicher Darstellungen, verwendete diese aber nicht immer im unmittelbaren Bildsinne, sondern legte den Bildern eine eigene Schrift-Bedeutung bei. Wahrscheinlich ist diese erste Gedanken-Schrift von einem einzelnen Menschen in einem einzigen schöpferischen Prozeß aus früheren Bilderschriften entwickelt worden. Sie blieb mehr als 3000 Jahre ohne grundsätzliche Veränderungen in Gebrauch. Bestand aus 600 Wort-, Silben- und Konsonanten-Zeichen. Eine in ihrem Wesen verwandte Schrift entstand vor 1700 Jahren in Mittelamerika.

2870 v grün Erfindung
2822 v–2781 v Udimu
2657 v grün Zeilenordnung
1936 v grün Abgekürzte Schrift
655 v grün Demotische Schrift
254 n grün Koptische Schrift
282 n grün Schrift in Amerika
1822 n grün Entzifferung
1882 n blau Wörterbuch

HIEROKLES (um 480 n–um 545 n), griechischer Geograph in Byzanz. Stellte ein Handbuch des oströmischen Reiches zusammen. Darin beschrieb er die 64 Provinzen und deren 912 Städte. Machte auch statistische Angaben und gab historische Hinweise. Sein Werk nannte er 'Reisebegleiter'.

534 n grün Handbuch Ostroms

HIEROKLES von Alexandria, griechischer Philosoph in Alexandria (Ägypten). Verfaßte ein Moralbuch, das nach Pflichtenkreisen geordnet ist. Es beginnt mit den Pflichten des Menschen gegenüber Gott und Vaterland, kommt dann zu den Pflichten gegenüber Eltern und Geschwistern und endet mit Regeln über die rechte Führung von Haushalt und Ehe.

128 n blau Moralbuch

HIERON I. (um 530 v–466 v), Herrscher von Syrakus seit 478 v. In seiner Jugend siegte er mehrfach im Wagenrennen von Olympia und Delphi. Im Jahre 485 v folgte er seinem Bruder Gelon als Herrscher über die sizilische Stadt Gela. Sieben Jahre später war er auch Herr über Syrakus. Schmückte diese größte griechische Stadt mit zahlreichen Bauten, förderte Kunst und Wissenschaft und holte bedeutende Griechen an seinen Hof (Pindar, Aischylos, Epicharmos). So machte er Syrakus zum Kulturzentrum für die Griechen Süditaliens und Siziliens. Im Etruskischen Krieg rettete er Rom durch Vernichtung der etruskischen Flotte.

483 v/474 v Etruskischer Krieg

HIERONYMOS von Kardia (um 350 v bis 246 v), griechischer Politiker und Geschichtsschreiber. In den Kämpfen der Feldherren Alexanders des Großen um das Erbe des Alexanderreiches ('Diadochenkämpfe') suchte er mit wechselndem Glück zu vermitteln und Bündnisse zu knüpfen. Stieg bis zum Statthalter der Provinz Böotien (Mittel-Griechenland) auf. Nahm an der Schlacht bei Ipsos in Kleinasien teil, wo Antigonos Reich und Leben gegen Lysimachos und Seleukos verlor. Verfaßte ein Geschichtsbuch über die Zeit vom Tode Alexanders bis zum Tode des Pyrrhus, mit dem er freundschaftlich verbunden war. Eigene Erinnerung, eigene politische Erfahrung sowie hervorragende Urkunden-Kenntnis erhoben sein Werk über viele gleichzeitige Versuche zur zusammenfassenden Darstellung dieser Epoche.

261 v blau Geschichtsbuch

HIERONYMUS, römischer Kirchenschriftsteller aus Dalmatien.

345 n–420 n Lebenslinie
405 n blau Bibelübersetzung
412 n grün Verbot des Warmbadens
414 n blau Streitschriften

HIERONYMUS von Prag, tschechischer Reformator.

1365 n–1416 n Lebenslinie
1406 n blau Reformforderung
1416 n rot Verbrennung

HIKETAS (um 420 v–um 360 v), griechischer Philosoph. In seiner Heimatstadt Syrakus (Sizilien) begründete er nach langjährigen Himmelsbeobachtungen eine neue Lehre von der Stellung der Erde im Weltall. In dieser 'Kosmologie' brach er mit der Vorstellung, daß Himmel und Gestirne sich um die Erde drehen und führte die scheinbare Himmelsbewegung auf eine Drehung der Erde um ihre eigene Achse zurück.

382 v grün Achsdrehung der Erde

HILANI, Bezeichnung für einen Häuser-Typ, der von den Hettitern in ihren kleinasiatischen Städten vor mehr als 3500 Jahren entwickelt wurde. Bestand aus einem langgestreckten Wohnhaus, dem eine auf Säulen ruhende Laube vorgebaut war.

1648 v grün Bau in Kleinasien

HILARIUS von Poitiers, gallischer Theologe.

315 n–367 n Lebenslinie
356 n blau Dreifaltigkeitslehre

HILBERT, David (1862 n–1943 n), deutscher Mathematiker. Unterzog alle grundlegenden Begriffe und Schlüsse der Mathematik einer kritischen Überprüfung und kam auf zahlreichen Gebieten zu neuen Ergebnissen. Bewies am Beispiel der Geometrie, daß die Mathematik nicht aus der Wirklichkeit ableitbar, sondern durch willkürlich gesetzte Vorgegebenheiten vom Menschen konstruiert ist, daß also die unmittelbar einleuchtenden Grundlagen (Axiome) austauschbar sind und Auswechslung zu immer neuen Systemen führt ('Grundlagen der Geometrie'). Überwand den dreidimensionalen Euklidschen Raum durch Konstruktion eines Raumes mit unendlich vielen Dimensionen ('Hilbert-Raum'). Förderte die Zahlentheorie durch eine neue Theorie der algebraischen Zahlenkörper ('Zahlenbericht').

1907 n grün 'Zahlenbericht'

HILD (um 610 n–680 n), angelsächsische Prinzessin. Gründete im Jahre 657 n in Streaneshalch (Nord-England) das Kloster Witby und leitete es bis zu ihrem Tode. Nahm den Hirten Kädmon als Laien in ihr Kloster auf und ließ seine Lieder aufzeichnen.

617 n–682 n Kädmon

HILDEBRANDSLIED, Titel eines Gedichtes, das in Stabreimen vom unfreiwilligen Kampf Hildebrands mit seinem Sohne Hadubrand berichtet. Es wurde in Fulda von zwei Mönchen auf den Umschlagseiten einer lateinischen Handschrift aufgezeichnet.

820 n blau Niederschrift

HILDEBRANDT, Johann Lukas (1668n bis 1745n), deutscher Baumeister. Als Sohn eines Offiziers lebte er bis zu seinem dreißigsten Jahre in seiner Geburtsstadt Genua und arbeitete dort als Heeres-Techniker. Dann ging er in die österreichische Heimat seiner Eltern und wurde auf Empfehlung des Prinzen Eugen in Wien Architekt. Als Sommersitz für diesen Feldherrn baute er dort das Schloß Belvedere. Auch seine übrigen Bauwerke sind phantasievoll, heiter und volkstümlich: In Wien das Palais Daun-Kinsky und die Staatskanzlei, in Salzburg das Schloß Mirabell. Wirkte am Bau des Würzburger Schlosses mit.

1724n blau Schloß Belvedere

HILDEGARD von Bingen, deutsche Schriftstellerin, Naturforscherin, Predigerin und Ärztin.

1098n–1178n Lebenslinie
1135n blau Geistliche Lieder
1147n blau Kloster Rupertsberg
1147n grün Wasserleitung
1152n grün Homöopathie
1157n blau Anklage gegen Priester
1160n grün Naturkunde
1162n blau Sittenlehre
1165n grün Ärztliches Hausbuch

HILDESHEIM, Stadt in Mitteldeutschland, 25 km südlich von Hannover. Der im Jahre 815n gegründete Bischofssitz geriet in Fehde mit der emporwachsenden Stadt, die 1217n Stadtrecht erhielt und 1367n der Hanse beitrat. Mehrere deutsche Fürsten machten einander die Oberhoheit streitig. 1815n bis 1866n gehörte die Stadt zum Königreich Hannover, fiel dann an Preußen, 1945n an die Bundesrepublik (Land Niedersachsen). Die einzigartige Altstadt mit ihren 700 Fachwerkhäusern fiel 1945n zum größten Teil einem englischen Fliegerangriff zum Opfer. Dabei wurde auch das 1529n erbaute Knochenhauer-Haus zerstört.

1033n blau Michaelskirche
1193n–1279n Albertus Magnus
1200n blau Gemälde 'Sündenfall'

HIMERA, Stadt an der Nordküste Siziliens, 50 km östlich von Palermo. 648v gegründet durch ausgewanderte Griechen, die man aus den Städten Messina und Syrakus an der Ostküste der Insel vertrieben hatte. Hier wurden die aus Nordafrika übergesetzten Heere Karthagos im Jahre 480v von einer vereinigten sizilischen Streitmacht unter Gelon von Syrakus geschlagen. Siebzig Jahre später siegten sie jedoch am gleichen Orte über die Griechenheere Siziliens, opferten 3000 gefangene Griechen und zerstörten die Stadt völlig. Heimatstadt des Dichters Stesichoros.

641v–555v Stesichoros
480v braun Niederlage Karthagos
409v/405v Sizilien-Krieg Karthagos

HIMJAREN, Name eines Bergvolkes, das vor mehr als 2000 Jahren an der Südspitze der arabischen Halbinsel ein mächtiges Reich gründete. Dem Reiche von Saba tributpflichtig, bemächtigte es sich dieses Reiches, als ein Dammbruch die innere Ordnung Sabas erschütterte. Später dehnte es seine Herrschaft auch auf Aden und das benachbarte Hadramaut aus. Beherrschte jahrhundertelang den Seeweg zum Indischen Ozean und die Landwege bis Syrien. Mit dem gegenüberliegenden afrikanischen Reiche von Aksum (Abessinien) war es zunächst freundschaftlich verbunden. Später wurde es von diesem unterworfen und rief die Perser zu Hilfe. Tatsächlich sandte der persische König eine mächtige Flotte und befreite das Land. So gelangte es unter die Oberhoheit der Perser, bis es in dem von Mohammed gegründeten arabischen Weltreich aufging.

116v braun Sieg über Saba
116v rot Oberhoheit über Saba
281n braun Sieg über Hadramaut
281n rot Einverleibung Hadramauts
345n rot Ende des Reiches
345n rot Herrschaft Aksums
525n braun Vorstoß Abessiniens
570n rot Persische Herrschaft
631n rot Arabische Einigung

HIMMELFAHRT, Bezeichnung für den Aufstieg einzelner Menschen in jene Höhen, in die menschliche Vorstellung das Reich der Götter legte und mit denen sie die Sehnsucht nach eigenem ewigen Leben auf vielfältige Weise verband. Dieser Glaube beruhte auf dem vorwissenschaftlichen Weltbild von der Erde als einer Scheibe, über der sich der Himmel wölbt. Er hatte seine Entsprechung in der Höllenfahrt, die alles Böse und Schlechte unten lokalisierte. Vorbereitet durch die mesopotamische Sage von Etana, der sich von einem Adler emportragen läßt, um für seine in den Geburtswehen liegende Frau das Kraut des Gebärens vom Himmel zu holen. In der persischen und jüdischen Religion ausgeprägt (Mithra und Moses) als Erhebung des Menschen über das Irdische, fand die Vorstellung Eingang in die römische, christliche und islamische Religion (Romulus, Jesus, Mohammed). In der Kunst häufig dargestellt.

3000v–2947v Etana
2249v blau Mesopotamische Plastik
1840v blau Mesopotamische Dichtung
691n blau Islamische Lehre
726n–793n Kynewulf
778n blau Christliche Dichtung
1577n blau El Grecos Gemälde

HIMMELS-GLOBUS, Bezeichnung für eine globusartige Vollkugel mit einer Darstellung des Sternhimmels. Wurde lange vor dem ersten Erd-Globus gebaut.

554v grün Anaximanders Modell
960n grün Al Sufis Werk

HIMMELS-MECHANIK, Teilgebiet der Astronomie. Erforscht die Gesetzmäßigkeiten in der Bewegung der Himmelskörper.

1571n–1630n Kepler
1609n grün Kepler'sche Gesetze
1643n–1727n Newton
1666n grün Gravitationsgesetz
1705n grün Halley: Kometenbahn
1744n grün Eulers Berechnung
1748n grün Bradley: Nutation
1799n grün Laplaces Forschungen
1809n grün Gauß' Berechnungen

HIMMELS-MODELL, Nachbildung des Weltalls mit der Erde und den sie umgebenden Sternen. Zur Veranschaulichung der Stellung unseres Planeten im All seit alters her immer wieder neu gebaut, fand es im Projektions-Planetarium eine den technischen Möglichkeiten unserer Epoche entsprechende Form.

554v grün Anaximanders Modell
284v–212v Archimedes
234v grün Archimedes' Konstruktion
960n grün Al Sufis Modell
1919n grün Projektions-Planetarium

HIMMELS-PHOTOGRAPHIE, Teilgebiet der Astronomie. Photographische Aufnahme von Himmelskörpern und ihrer Licht-Ausstrahlung (Spektrum) mit Hilfe von Fernrohren.

1930n grün Entdeckung des Pluto

HIMMLER, Heinrich (1900n–1945n), deutscher Staatsmann. Als Sohn eines katholischen Oberlehrers schlug er die Offizierslaufbahn ein, kämpfte nach 1918n in Freikorps und schloß sich der Partei Hitlers (NSDAP) an. Als SA-Führer erkannte er die Notwendigkeit, neben der vorwiegend aus alten Soldaten und Arbeitslosen gebildeten Sturm-Abteilung (SA) eine schlagkräftige Truppe für ehemalige Offiziere sowie für Angehörige des Adels und des Bürgertums zu schaffen. So baute er den Saal-Schutz (SS) der NSDAP zur Elitetruppe des deutschen Faschismus aus und wurde 1929n ihr Reichsführer. 1933n zerschlug er damit die Macht der SA und übernahm die Verfolgung der Kommunisten und Sozialisten mit verfeinerter Brutalität. Nach Erlaß der Nürnberger Gesetze leitete er die Judenverfolgungen. Im Kriege führte er die physische Vernichtung von über 7 Millionen Menschen, vorwiegend osteuropäischer Juden, durch. Als Hauptvertreter eines militanten Antikommunismus und einer mörderischen Rassenpolitik wurde er zur Verkörperung der Unmenschlichkeit des deutschen Bürgers in der Epoche des Faschismus. Endete durch Selbstmord.

1934n rot Chef der Gestapo
1934n rot Erschießung Röhms
1934n rot KZ-Übernahme
1944n rot Massenmord (Auschwitz)

HINDEMITH, Paul (1895n–1963n), deutscher Komponist. Trat 14jährig ins Konservatorium ein, wurde fünf Jahre später Bratschist und Konzertmeister in Frankfurt am Main und später Hochschullehrer in Berlin. In seinen frühen Kompositionen der konservativen Harmonik verhaftet, löste er sich in den zwanziger Jahren aus aller Tradition und wurde zum Vorkämpfer einer regelfeindlichen Modernität (Oper 'Cardillac'). In den dreißiger Jahren fand er allmählich auf neue Weise zu Ordnung, Maß und Form zurück (Oper 'Mathis der Maler'). Nach einem längeren Aufenthalt in der Türkei emigrierte er in die Schweiz und die USA, wo er zum Ausgleich zwischen der alten Harmonie und der neuen Freiheit fand. 1953n in die Schweiz zurückgekehrt, wirkte er seitdem vor allem als Lehrer und Dirigent. Sein reiches Lebenswerk umfaßt Kammermusik, Orchesterwerke, Lehrstücke, Chorwerke, Opern und Lieder.

1929n blau Lehrstück

HINDENBURG, Paul (1847n–1934n), deutscher Heerführer und Staatsmann. Als Sohn eines adligen preußischen Majors wurde er Offizier. Nach Teilnahme an den Kriegen von 1866n und 1870n/1871n stieg er zum Generalstabsoffizier und zum kommandierenden General auf. Im ersten Weltkrieg nach Siegen in Ostpreußen (Tannenberg, Masurische Seen) Generalstabschef. Obwohl er zusammen mit Ludendorff die Verantwortung für die militärische Niederlage Deutschlands trug, glorifizierte ihn das deutsche Bürgertum nach 1918n als Besieger der Russen und wählte ihn 1925n zum Reichspräsidenten. Nachdem er seit 1930n durch Notverordnungen seine Bereitschaft zu außerparlamentarischen Regierungsformen bekundet hatte, wurde er 1932n wegen seiner antikommunistischen und antirussischen Politik mit den Stimmen der SPD wiedergewählt. 1933n ernannte er Hitler zum Reichskanzler und ermöglichte dadurch die rechtmäßige Übernahme der Macht durch die Faschisten. Nach Ausschaltung des Parlaments (Ermächtigungsgesetz) und der Institutionalisierung des antikommunistischen Terrors (Konzentrationslager) ließ er sich an der Seite Hitlers als Befreier Deutschlands feiern (Tag von Potsdam).

1889n–1945n Hitler
1914n/1918n Erster Weltkrieg
1925n rot Reichspräsident
1932n rot Wiederwahl
1933n rot Ernennung Hitlers

HINDUISMUS, indische Religion. Aus dem Brahmanismus hervorgegangen, wurde er zur tragenden Religion Indiens. Hielt an den Veden als Grundlage des Glaubens fest. Verewigte die erbliche Klasseneinteilung der indischen Gesellschaft durch Beibehaltung des Kastenwesens. Mit Hilfe einer Dreifaltigkeitslehre deutete er die Hauptgötter (Wischnu, Schiwa und Brahma) als Erscheinungsweisen einer einzigen Gottheit. So stellte er den persönlichen Gottesbegriff wieder her, der vom späten Brahmanismus bereits überwunden worden war. Seelenwanderungsglaube, Natur-Verehrung, Heiligung von Rindern und Affen sowie der Glaube an die Belohnung guter Werke wurden beibehalten.

950v blau Brahmanismus
846v rot Kastenordnung
802v blau Lehre der Upanischads
600v blau Veda-Literatur
310v blau 'Bhagavad-Gita'
196v blau Patanjali: Yoga
186n blau 'Ramajana'
208n blau 'Gesetzbuch des Manu'
317n blau Bhasa: Krischna-Drama
353n–420n Kalidasa
363n blau 'Mahabharata'
393n blau 'Purana'-Schriften
400n rot Schiwa-Kult auf Java
408n blau Kalidasa: Rama-Dichtung
424n blau Yoga-Lehren 'Sutras'
587n–652n Bhartrihari
595n–660n Bana
622n blau Bharawi: Schiwa-Dichtung
634n blau Dichtung Bhartriharis
650n blau Geschichte Ramas
686n–744n Kumarila
708n blau Monotheismus
739n blau Veden-Bearbeitung
743n rot Ausbreitung in Indien
775n blau Rama-Schauspiel
788n–820n Schankara
812n blau Menschen- und Weltseele
818n blau Schankara: Brahma-Lehre
857n blau Kailasa-Tempel Ellora
922n blau 'Bhagavata-Purana'
976n–1030n Machmud
991n blau Lingaraja-Tempel
1023n–1105n Ramanuja
1024n rot Verbreitung des Islam
1086n blau Lehre des Ramanuja
1107n blau 'Jagannath'-Tempel
1262n blau Sonnentempel von Konarak
1268n blau Keschawa-Tempel Maisur
1380n blau Madhava: Brahmanismus
1596n blau Tulsidas: Rama-Dichtung

HINDUKUSCH, unwegsames Hochgebirge mit mehreren über 7000 m hohen Berggipfeln (Afghanistan). Von den Persern als 'indisches Gebirge' ('Hindukusch') bezeichnet, gehört es heute fast vollständig zu Afghanistan. Schirmte Indien Jahrtausende hindurch im Nordwesten gegen die innerasiatischen Völkerbewegungen ab.

1221n rot Mongolisch

HINRICHTUNGEN

2355v–2298v Pepi I.
2316v rot Königin hingerichtet
1719v rot Strafe für Ehebruch
1711v rot Strafe für Baufehler
1518v–1455v Tele-Pinu
1384v–1318v Haremhab
1344v rot Strafe in Ägypten
1083v rot Tod für 'Hexen', 'Zauberer'
852v–774v Pygmalion
760v–715v Bok-Choris
757v–703v Sabaka
598v–501v Teng-Tse
514v rot Strafe für Tyrannenmörder
501v rot Teng-Tse hingerichtet
461v rot Todesurteile durch Adel
213v rot Gelehrten-Hinrichtung
185v rot Sklaven-Kreuzigung
114v–53v Krassus
71v rot Sklaven-Kreuzigung
27v–40n Herodes Antipas
19v–38n Pontius Pilatus
6v–30n Jesus Christus
5v–64n Paulus
4v–64n Petrus
29n rot Tod Johannes des Täufers
30n rot Jesus hingerichtet
31n rot Steinigung des Stephanus
61n rot Sklaven-Hinrichtung
64n rot Apostel-Hinrichtung
67n–129n Apollodoros von Damaskus
100n–165n Justin der Märtyrer
117n rot Christen-Hinrichtung
130n rot Rechtsschutz für Sklaven
156n rot Verbrennung des Polykarp
165n rot Hinrichtung Justins
176n rot Christen-Hinrichtung
176n grün Strafmaß nach Vermögen
177n rot Christen-Hinrichtung
184n rot Apollonius hingerichtet
190n–265n Hua-To
193n rot Senatoren-Hinrichtung
199n–251n Decius
202n–258n Cyprian
203n rot Christen-Hinrichtung
245n–309n Pamphilos
250n rot Hinrichtung des Papstes
258n rot Strafe für Christenpriester
304n rot Hinrichtung Lucias
315n rot Kreuzigung abgeschafft
385n rot 'Ketzer'-Hinrichtung
447n rot Androhung durch Kirche
459n rot Strafe für Trinker
480n–524n Boëthius
524n blau Boëthius' Trostbuch
590n–648n Harsa
782n rot Strafe bei Taufweigerung
1022n rot Katharer-Verbrennung
1030n rot Katharer-Verbrennung
1052n rot 'Ketzer'-Hinrichtung
1090n rot 'Hexen'-Verbrennung
1103n–1155n Arnold von Brescia
1115n rot Katharer-Verbrennung
1132n rot Katharer-Verbrennung
1155n rot Tod Arnolds von Brescia
1163n rot Katharer-Verbrennung
1163n rot Katharer-Verbrennung
1184n rot Inquisition
1194n–1250n Friedrich II.
1197n rot Strafe für Katharer
1206n rot Strafe für Ehebruch
1209n rot Amalrikaner-Verbrennung
1211n rot Katharer-Verbrennung
1230n rot Katharer-Verbrennung
1232n rot Strafe für Katharer
1232n–1300n Segarelli
1237n rot Katharer-Verbrennung
1239n rot Katharer-Verurteilung
1247n rot 'Hexen'-Verbrennung
1248n rot 'Hexen'-Verbrennung
1249n rot Katharer-Verbrennung
1275n rot 'Hexen'-Verbrennung
1307n rot 'Ketzer'-Verbrennung
1310n rot Templer-Verbrennung
1315n rot Katharer-Verbrennung
1336n rot Katharer-Verbrennung
1362n–1437n Sigismund
1365n–1416n Hieronymus von Prag
1369n–1415n Hus
1388n rot Hinrichtung des Schwarz
1393n rot Katharer-Verbrennung
1408n–1472n Nezalhual
1412n–1431n Jeanne d'Arc
1415n rot Verbrennung des Hus
1416n rot Hieronymus' Feuertod
1417n rot Lollarden-Hinrichtung
1431n rot Tod der Jeanne d'Arc
1433n rot Feuertod Conectes
1437n rot Geschichtsfälscher-Strafe
1452n–1498n Savonarola
1487n blau 'Hexenhammer'
1488n–1525n Thomas Münzer
1491n–1547n Heinrich VIII.
1498n rot Feuertod Savonarolas
1509n–1564n Calvin
1527n rot Tod Hans Hergots
1528n rot Hinrichtung Hubmayrs
1542n rot Inquisition erneuert
1546n rot Verbrennung Dolets
1548n–1600n Giordano Bruno
1549n rot Tod Johannas von Kent
1553n rot Verbrennung Servets
1559n rot Autodafés in Spanien
1587n rot Tod Maria Stuarts
1599n–1658n Cromwell
1600n rot Tod Giordano Brunos
1601n rot Calvinist hingerichtet
1623n rot Strafe für Verschwörer
1649n rot Hinrichtung Karls I.
1692n rot 'Hexen'-Verbrennung
1753n rot Ablösung in Rußland
1756n rot Hinrichtung einer 'Hexe'
1757n rot Admiral erschossen
1758n–1794n Robespierre
1760n–1797n Babeuf
1775n rot Hinrichtung einer 'Hexe'
1781n rot Tod Tupac Amarus
1793n rot 'Hexen'-Verbrennung
1793n rot Hinrichtung Ludwigs XVI.
1794n rot Hinrichtung Robespierres
1797n rot Hinrichtung Babeufs
1809n rot Tod Schill'scher Offiziere
1810n rot Erschießung Hofers
1813n rot Maschinenstürmer-Strafe
1826n rot 'Ketzer'-Hinrichtung
1828n rot Letzter Inquisitions-Tod
1923n blau Shaw: 'Heilige Johanna'

HINTERINDIEN, zusammenfassende Bezeichnung für die zweitgrößte südliche Halbinsel Asiens, die etwa die Größe der indischen Halbinsel hat. Besitzt eine eigene Bevölkerung, Geschichte und Kultur und hat mit Indien nicht mehr zu tun, als daß es von Europa aus gesehen hinter Indien liegt. Umfaßt die Länder Burma, Thailand (früher Siam) sowie Vietnam, Laos und Kambodscha (früher insgesamt Indochina) und Malaya (mit Singapur). Politisch zersplittert, mußte es sich in der Vergangenheit in immer neuen Kämpfen gegen seine beiden großen Nachbarn Indien und China sowie gegen die überseeischen Kolonialmächte (Portugal, Holland, England, Frankreich, USA) behaupten. Die Bevölkerung des fruchtbaren, an Bodenschätzen reichen Gebietes steht nun im Begriffe, ihr Schicksal in die eigenen Hände zu nehmen.

217v/214v Einfall der Chinesen
214v rot Chinesische Herrschaft
673n rot Einwanderung der Thai
849n rot Reich von Pagan
877n rot Reich von Laos
1044n rot Burmesisches Reich
1060n blau Ananda-Tempel in Pagan
1121n blau Tempel von Angkor Wat
1214n–1294n Kublai-Khan
1254n–1324n Marco Polo
1257n braun Sieg der Thai über Khmer
1257n rot Reich von Sukota
1284n braun Vorstoß der Mongolen
1287n braun Vorstoß der Mongolen
1287n rot Burma mongolisch
1304n–1377n Ibn Batuta
1511n rot Malaya portugiesisch
1602n grün Holland: Handelskompanie
1641n rot Malaya holländisch
1664n grün Handel mit Frankreich
1753n blau Gründung von Rangun
1771n braun Bauernaufstand in Vietnam
1782n rot Thailändischer Staat
1782n rot Bangkok Hauptstadt
1819n rot Singapur an England
1824n rot Malaya englisch
1862n braun Einfall der Franzosen
1862n rot Franzosen in Vietnam
1883n rot Annam französisch
1884n rot Kambodscha französisch
1885n rot Tonking französisch
1885n/1886n Burma-Krieg
1886n rot Burma englisch
1888n rot Gründung Indochinas
1893n rot Laos französisch
1917n blau Universität Bangkok
1939n/1945n Zweiter Weltkrieg
1945n/1954n Freiheitskampf
1947n rot Burma unabhängig
1954n rot Vietnam unabhängig, geteilt
1954n rot Laos unabhängig
1954n rot Kambodscha unabhängig
1954n rot Gründung der SEATO
1955n rot Nordvietnam kommunistisch
1955n rot Bandung-Konferenz
1960n/ Revolution Indochinas

HINTERLADER, veraltete Bezeichnung für das heute gebräuchliche Gewehr. Sie sollte nach seiner Erfindung den Unterschied zum alten Gewehr ausdrücken, das von vorn mit Hilfe eines Ladestocks geladen wurde. Diesen 'Vorderladern' war es durch vereinfachtes Laden und die damit verbundene schnellere Schußfolge überlegen.

1659n grün Bau

HIOBSBUCH, Bezeichnung für ein Kapitel der Bibel (Altes Testament). Preist in 42 Abschnitten die Geduld des vom Unglück verfolgten Hiob, dessen stummes Erdulden der ihm ungerechterweise zugefügten Leiden als Vorbild für das Verhalten des Menschen dargestellt wird. Entstand als Nachdichtung eines vor 3700 Jahren niedergeschriebenen mesopotamischen Klageliedes.

1717v blau Babylonisches Werk

HIPPALOS (um 150v–um 95v), griechischer Seefahrer. Als nautischer Leiter einer Expedition des Ägypterkönigs entdeckte er die Gesetzmäßigkeit im Wechsel der Richtung des Monsun-Windes zwischen der arabischen und der indischen Halbinsel. Durch Ausnutzung des Monsuns wurde es nun möglich, Indien segelnd übers offene Meer zu erreichen. Seine Entdeckung führte zur unmittelbaren Verbindung zwischen Indien und dem Mittelmeerraum.

117v grün Nutzung des Monsuns

HIPPARCH, griechischer Naturforscher.

196v–125v Lebenslinie
155v grün Bessere Meßinstrumente
147v grün Entfernung Mond–Erde
138v grün Ortsbestimmung
134v grün Beobachtung einer Nova
131v grün 'Sternkatalog'

HIPPARCHIA (um 350v–um 290v), griechische Philosophin. Schwester des Metrokles, der als Schüler des Krates ein Buch mit Weisheitssprüchen in Anekdotenform herausgab. Wurde die Lebensgefährtin des Philosophen Krates, trennte sich von ihrem Vermögen und teilte dessen Dasein in völliger Bedürfnislosigkeit.

318v blau Diogenes-Anhängerin

HIPPARCHIKOS, Titel einer Schrift des griechischen Historikers Xenophon. Enthält Vorschläge für die Verbesserung der Kampfkraft der berittenen Truppen seiner Heimatstadt Athen.

430v–353v Xenophon
359v blau Abfassung

HIPPO REGIUS, Stadt in Algerien (Nordafrika). Vor mehr als 2500 Jahren von Phöniziern aus dem benachbarten Karthago gegründet, entwickelte sie sich zu einer bedeutenden Handelsstadt und wurde Residenz numidischer Könige. Durch Cäsar der römischen Provinz Africa nova einverleibt. Der Historiker Sallust war ihr erster römischer Gouverneur. Von Augustus zur Provinz-Hauptstadt erhoben, wuchs sie schnell zum Haupt-Umschlagplatz des Sklavenhandels empor, der hier fast ganz in jüdischen Händen lag. So wurde die Stadt auch früh zu einem Zentrum des Christentums, dem in den ersten Jahrhunderten vorwiegend Sklaven anhingen. Der christliche Kirchenlehrer Augustin wirkte hier als Bischof und kam bei der Belagerung der Stadt durch Wandalen ums Leben, die sie 431n eroberten. 533n durch oströmische Heere für Byzanz gewonnen, wurde sie im Arabischen Krieg 697n völlig zerstört. In der Nähe wurde später die Stadt Bône aufgebaut, die bis in die Gegenwart erhalten blieb.

354n–430n Augustin
429n/432n Wandalenkrieg
533n/534n Vorstoß der Byzantiner
633n/732n Arabischer Krieg

HIPPODAMOS, griechischer Architekt.

486v–430v Lebenslinie
449v blau Staatsideal
444v grün Anlage von Thurioi

HIPPOKRATES, griechischer Arzt und Naturforscher.

460v–375v Lebenslinie
424v grün Schrift über Gelenke
418v grün Naturheilverfahren
412v grün Herzforschung
403v grün Ernährungslehre
397v blau Pflichten des Arztes
385v grün Säftelehre
304v–240v Erasistratos
806n–873n Abu Hunain
860n grün Arabische Übersetzung
1114n–1187n Gerhard von Toledo

HIPPOKRATES von Chios (um 470v bis um 410v), griechischer Mathematiker von der Insel Chios (Kleinasien). Beschäftigte sich mit dem Versuch, den Inhalt eines Kreises durch Konstruktion eines flächengleichen Quadrates wiederzugeben ('Quadratur des Kreises'). Statt diese unlösbare Aufgabe zu bewältigen, gelang ihm aber erstmals die Verwandlung gekrümmter Flächen ('Möndchen') in flächengleiche gradlinige Flächen. Brachte das Problem der Würfel-Verdopplung durch die Einschiebung von zwei Hilfsebenen seiner Lösung näher.

442v grün Lehrbuch der Geometrie

HIPPONAX (um 580v–um 510v), griechischer Dichter. Lebte als Straßensänger in seiner Heimatstadt Ephesos (Kleinasien). So lernte er die Ärmsten dieser Hafenstadt verstehen und schilderte in seinen Liedern und Versen das Leben der Handwerker, der Bettler, der Prostituierten und der Verbrecher. Dabei bediente er sich häufig der Sprache dieser Ausgestoßenen und gab seiner Empörung über das Schicksal der Armen in einer Welt voller Reicher Ausdruck. Vor dem Zorn der Tyrannen von Ephesos flüchtete er in die 60 km weiter nördlich gelegene Stadt Klazomenai. Aus Bitterkeit und Resignation schrieb er Parodien und schuf damit eine neue Stilform.

542v blau Armutsschilderungen

HIRAM, phönizischer König.

999v–936v Lebenslinie
973v grün Handel mit Israel
970v grün Handwerker nach Israel

HIRNFORSCHUNG, Teilgebiet der medizinischen Wissenschaft, das sich mit der Beschaffenheit und den Funktionen des menschlichen Gehirns beschäftigt.

1554v grün Operationen in Ägypten
520v–450v Alkmaion
466v grün Sitz der Seele
324v–250v Herophilos
304v–240v Erasistratos
274v grün Sitz des Geistes
190n–265n Hua-To
253n grün Operationen in China
1796n grün Gall: Schädellehre
1924n grün Bergers Forschungen
1926n grün Pawlows Forschungen
1938n grün Elektroschock

HIROSHIMA, Stadt an der Südküste der japanischen Hauptinsel Hondo. Sie wurde 1945n vom Generalstab der USA als Ziel für den Abwurf der ersten Atombombe ausgewählt. Von den 350000 Einwohnern kamen 86000 sofort um, etwa doppelt so viel starben unter furchtbaren Leiden in den folgenden zehn Jahren, viele weitere Menschen trugen Dauerschäden davon. Die Stadt, deren Gebäude zu zwei Dritteln zerstört wurde, ist inzwischen wieder aufgebaut worden.

1939n/1945n Zweiter Weltkrieg
1945n rot Atomexplosion

HIRSCH, weltweit verbreitetes Wild von besonderer Schönheit. Lebt in Rudeln, die nach Geschlechtern getrennt sind und sich nur zur Paarungszeit vereinigen. Wird bis zu 17 Jahre alt und bis zu 350 kg schwer. Wegen seines wohlschmeckenden Fleisches und seines für die Lederverarbeitung geeigneten Felles seit alters her begehrtes Ziel der Jagd, die bereits vor 5000 Jahren mit Hilfe gezähmter Locktiere betrieben wurde. In einzelnen Kulturen auch gezähmt als Zugtier verwendet, besonders in polnahen Gebieten (Rentier).

2561v blau Sumerische Plastik
2455v blau Sumerisches Relief

HIRSE, eine der ältesten Getreidearten. Vom Menschen aus fruchttragenden Gräsern entwickelt, verbreitete sie sich von Asien nach Afrika und Europa, wurde aber hier früh von anderen Getreidesorten verdrängt.

2097v grün Anbau in China

HIRTEN

2707v blau 'Der gute Hirte'
2509v blau 'Hirte mit Zicklein'
2384v blau 'Leben der Hirten'
2373v blau 'Treiben von Rindern'
2361v blau 'Ruhender Hirte'
2340v blau 'Hirte mit Kalb'
802v–745v Amos
731v blau 'Der gute Hirte'
641v–555v Stesichoros
47v blau Vergils Dichtung
248n blau Longos' Roman

HIRTENLIEDER, eigentlich die Lieder der Schaf- und Rinderhirten, die seit Jahrtausenden gesungen, aber niemals aufgezeichnet wurden, weil Hirten nicht schreiben lernten. Ihre Gesänge gingen in das mündliche Liedgut der Völker ein. In den städtischen Spät-Kulturen entwickelte sich aber unter diesem Namen eine Kunstlied-Gattung von stark sinnlicher Ausprägung. Analog der Schäfer-Szene in der Malerei stellte der von der Natur entfremdete Dichter in diesen Liedern naturhaft derbe Liebe dar, von der er glaubte, sie den Hirten zuschreiben zu können.

641v–555v Stesichoros
301v–253v Theokrit
277v blau Theokrits 'Idyllen'
70v–19v Vergil
47v blau Vergils Hirtengedicht
1238n–1286n Adam de la Halle
1271n blau 'Robert und Mariechen'

HISKIA, König von Juda von 727v bis 699v.

752v–699v Lebenslinie
740v–681v Sanherib
705v rot Bündnis gegen Assyrien
701v braun Erhebung
701v grün Tribute an Assyrien

HISTORIKER

1367v–1315v Mur-Sili II.
733v–645v Kuan-Tse
482v–429v Herodot
480v blau Kon-Fu-Tse
459v–398v Thukydides
457v blau Pherekydes
450v blau Xanthos
436v blau Hellanikos
430v–353v Xenophon
393v blau Ktesias
372v–287v Theophrast
352v–285v Dikäarch
344v–268v Berossos
340v blau Ephoros
336v grün Eudemos
327v blau Kallisthenes
321v–282v Megasthenes
315v–263v Manethos
299v blau Aristobulos
286v blau Duris
267v blau Philochoros
261v blau Hieronymos von Kardia
260v blau Timaios
234v–149v Kato der Ältere
201v–120v Polybios
200v blau Sosylos
198v blau Fabius Pictor
145v–86v Sema-Tsien
142v blau Apollodor
135v–50v Poseidonios
116v–27v Varro
90v blau Tatai
86v–35v Sallust
65v blau Alexander Polyhistor
64v–20n Strabo
59v–17n Livius
51v blau Cäsar
45v blau Attikus
42v blau Kastor
36v blau Nepos
32v blau Didymos
23v blau Diodoros
4n blau Nikolaus von Damaskus
19n blau Trogus
30n blau Vellejus Paterkulus
37n–100n Josephus
47n–122n Plutarch
52n blau Plinius der Ältere
55n–120n Tacitus
86n blau Pan-Ku, Pan-Tschai
92n blau Justus von Tiberias
121n blau Sueton
155n blau Arrianus
155n–235n Kassius Dio
158n blau Appian
172n–245n Afrikanus
185n–250n Diogenes Laërtios
263n–329n Eusebius
345n–420n Hieronymus
360n blau Viktor Aurel
367n blau Eutrop
396n blau Ammian
398n–474n Zosimos
403n blau Sulpicius Severus
411n–474n Priskus
419n blau Orosius
440n blau Sokrates Scholastikus
449n blau Theodoret
480n–573n Kassiodor
490n–562n Prokop
497n–555n Jordanis
504n–570n Gildas der Weise
510n blau Mahanama
538n–594n Gregor von Tours
550n blau Hesychios
559n blau Agathias
560n–636n Isidor von Sevilla
568n blau Johannes Malalas
572n–621n Schotoku
595n–660n Bana
645n blau Fredegar
673n–735n Beda
698n–768n Ibn Issak
701n–784n Fergil der Geometer
723n–799n Paulus Diakonus
758n–829n Nikephoros
770n–840n Einhard
789n–873n Al Kindi
805n–885n Abu Maschar
806n–873n Abu Hunain
811n blau Synkellos
813n blau Theophanes
839n–923n Al Tabari
858n blau Muslim
872n blau Peter von Sizilien
884n blau Albeldense
888n–956n Al Masudi
903n grün Ibn Hunain
908n blau Regino
924n–998n Widukind von Corvey
931n blau Al Hamdani
932n–1020n Firdausi
939n–990n Roswitha
964n blau Luitprand
973n–1048n Al Biruni
1017n–1088n Adam von Bremen
1018n blau Thietmar
1020n blau Sampiro
1054n blau Hermann von Reichenau
1056n–1133n Sämund der Weise
1059n blau Ibn Hasm
1067n–1148n Ari
1079n blau Lambert von Hersfeld
1108n–1175n Wace
1115n–1158n Otto von Freising
1122n blau Kosmas von Prag
1124n blau Anna Komnena
1125n blau Frutolf, Ekkehard
1130n–1200n Tschu-Hi
1136n blau Zonaras
1148n blau Kalhana
1158n blau Ibn Asakir
1170n blau Al Dausi
1172n blau Benoit
1172n blau Helmold
1178n–1241n Snorri Sturluson
1190n–1235n Eike von Repkow
1203n blau Saxo
1211n blau Villehardouin
1211n blau Akominatos
1224n blau Ibn Jakut
1230n grün Al Kifti
1231n blau Al Athir
1242n grün Ibn Usaibia
1250n blau Johannes Karpini
1260n blau Dschuwaini
1267n blau Abul Faradsch
1313n–1374n Al Katib
1331n blau Abul Feda
1332n–1406n Ibn Kaldun
1342n blau Chikafusa
1359n blau Nikephoros Gregoras
1392n–1450n Ibn Arabscha
1408n–1457n Valla
1410n blau Froissart
1462n blau Dukas
1470n blau Mirkhond
1493n blau Schedel
1505n blau Sabellicus
1505n blau Wimpfeling
1521n blau Ibn Ayas
1549n blau Vasari
1552n blau Gonzalo Oviedo
1555n blau Sleidan
1570n blau Mendoza
1601n blau Fazl
1631n blau Guericke
1639n–1699n Racine
1657n blau Mitsokuni
1668n–1744n Vico
1681n blau Bossuet
1689n blau Simon
1694n–1778n Voltaire
1699n blau Gottfried Arnold
1711n–1776n Hume
1711n–1765n Lomonossow
1732n blau Holberg
1744n–1803n Herder
1763n blau Winckelmann
1770n–1831n Hegel
1776n blau Gibbon
1797n blau Chateaubriand
1811n blau Niebuhr
1815n blau Savigny
1816n blau Karamsin
1817n grün Ritter
1818n–1883n Karl Marx
1822n blau W. Humboldt
1827n blau Thierry
1827n blau Guizot
1834n blau Ranke
1841n blau Carlyle
1843n blau Mignet
1853n blau Michelet
1853n blau Macaulay
1855n blau Mommsen
1856n blau Tocqueville
1860n blau Burckhardt
1861n blau Bachofen
1863n blau Renan
1863n blau Ploetz
1871n blau Danilewski
1884n blau Engels
1893n blau Mehring
1894n blau Kautsky
1899n blau Chamberlain
1906n blau Schweitzer
1907n blau Helmolt
1908n blau Meinecke
1909n blau Lamprecht
1914n grün Feldhaus
1917n blau Reed
1918n blau Spengler
1920n blau Wells
1922n blau Troeltsch
1932n blau Pirenne
1932n blau Friedell
1933n blau Trotzki
1944n blau Franke
1953n blau Toynbee
1961n blau Fischer
1965n blau Durant

HISTORISCHE GEOLOGIE, die geschichtliche Gesteinskunde. Beruht auf Altersbestimmung der Erdschichten durch Vergleich der eingeschlossenen Versteinerungen von Tieren und Pflanzen. Neuerdings auch auf chemischem Wege und durch Methoden der Kernphysik (Halbwertzeit) möglich.

1795n grün Begründung
1879n–1968n Otto Hahn

HISTORISCHE RECHTSSCHULE, Bezeichnung für eine von Gustav Hugo begründete und von Friedrich Karl Savigny vollendete Rechtslehre des 19. Jahrhunderts. Wollte die Neuschöpfung eines auf der Natur des Menschen beruhenden Rechtes (Naturrecht) verhindern, indem sie das römische Recht neu zusammenstellte und als historisch-gewachsenes Recht anpries. Lehnte auch die Anpassung des bestehenden Rechtes an die bürgerliche Gesellschaft ab und verwarf deshalb die Schaffung eines bürgerlichen Gesetzbuches. Indem sie so die geschichtliche Entwicklung mißachtete und dem bürgerlich-kapitalistischen Staat des 19. Jahrhunderts ein Recht aus der römischen Sklavenhaltergesellschaft empfahl, erwies sie sich als eine in Wahrheit unhistorische Rechtsschule. Mit ihrem extrem restaurativen Klassenrecht vermochte sie aber das Heraufkommen eines bürgerlichen Rechts nicht abzuwenden.

1815n blau Savignys Werk

HISTORISCHER MATERIALISMUS, Lehre von der Bedeutung der Wirtschaft, der Eigentumsverhältnisse und der Klassenkämpfe für die Menschheitsgeschichte.

1818n–1883n Karl Marx
1824n blau St. Simon über Klassen
1838n blau Lavergne über Wirtschaft
1847n blau Kommunistisches Manifest
1859n blau Marx: Politökonomie
1867n blau Marx: 'Das Kapital'
1870n–1924n Lenin
1878n blau Engels: Anti-Dühring
1879n blau Bebel: Stellung der Frau
1879n–1953n Stalin
1884n blau Engels: 'Ursprung'
1893n blau Mehring: 'Lessing-Legende'
1893n– Mao-Tse-Tung
1894n blau Kautsky: Sozialismus
1916n blau Lenin: 'Imperialismus'
1917n blau Lenin: Staatslehre
1924n blau Stalin: 'Leninismus'
1928n blau Shaw: 'Wegweiser'
1950n blau Stalin: Sprachwissenschaft

HISTORISMUS, Bezeichnung für eine Betrachtungsweise von Welt und Leben, die sich darauf beschränkt, alle Erscheinungen in ihrer geschichtlichen Gewordenheit zu verstehen. Im 19. Jahrhundert in Deutschland entstanden, stellte er gegenüber dem von religiöser, politischer und wirtschaftlicher Nützlichkeit geprägten Weltbild der 'ewigen Werte' einen Fortschritt dar, insbesondere durch seine Einbeziehung der Kultur- und Geistesgeschichte. Sein bewußter Verzicht auf das Herausarbeiten übergreifender Gesetzmäßigkeiten der geschichtlichen Entwicklung machte ihn jedoch nutzlos für den um die Erarbeitung von Grundlagen zur Gegenwartsbeurteilung und Zukunftsgestaltung bemühten Menschen des 20. Jahrhunderts.

1883n blau Dilthey: Geisteswissenschaft
1908n blau Simmel: 'Soziologie'
1922n blau Troeltsch: 'Historismus'

HITLER, Adolf, deutscher Staatsmann aus Braunau (Österreich).

1889n–1945n Lebenslinie
1923n braun Putsch
1924n blau 'Mein Kampf'
1931n rot 'Harzburger Front'
1932n rot Hilfe durch Industrie
1932n grün Arbeitslosigkeit
1933n rot Reichskanzler
1933n rot Ermächtigungsgesetz
1933n rot Konkordat
1933n grün Wirtschaftslenkung
1934n rot Himmler Gestapo-Chef
1934n rot Erschießung Röhms
1934n rot KZ-Übernahme durch SS
1934n rot Pakt mit Polen
1934n grün Autobahnen
1935n rot Saargebiet deutsch
1935n rot Nürnberger Gesetze
1936n/1939n Spanischer Bürgerkrieg
1937n rot Antikominternpakt
1937n blau München: Haus der Kunst
1938n rot 'Großdeutsches Reich'
1938n rot Münchner Abkommen
1939n rot Polen-Garantie Englands
1939n rot Vertrag mit UdSSR
1939n/1945n Zweiter Weltkrieg
1939n rot Teilung Polens
1943n rot Frontwechsel Italiens
1944n braun Offiziersputsch
1944n rot Massenmorde (Auschwitz)
1945n rot Besetzung Deutschlands

HO (um 2320v–um 2240v), chinesischer Staatsmann und Gelehrter. Als Minister des Kaisers Yao beschäftigte er sich mit Sternbeobachtungen und arbeitete an der Verbesserung des Kalenders.

2332v–2248v Yao
2269v rot Kalenderreform

HOANG-HO, mit 4845 Kilometer Länge der zweitgrößte Strom Chinas nach dem Jang-Tsekiang. Windet sich in zwei riesigen Doppelbogen aus der Inneren Mongolei durch das Hochland von Schan-Si und Schen-Si in die Tiefebene von Honan und über die Provinz Schan-Tung ins Gelbe Meer. Schwemmt gewaltige Mengen des lehmhaltigen gelben Bodenschlammes ('Löß') mit und heißt deshalb 'Gelber Strom'. In seinen fruchtbaren Tälern bildeten sich die ersten chinesischen Kulturen, Staaten und Reiche. Da sein Strombett auf langen Strecken höher liegt als die umliegenden Tiefebenen, ändert er beständig seinen Weg und bewirkt dadurch immer wieder Überschwemmungen von katastrophalem Ausmaß. In den vergangenen 3000 Jahren mehr als 1000mal über seine Ufer getreten, wird er seit 1950n allmählich gebändigt und eingedämmt. Diese neue Regulierung wird von den chinesischen Kommunisten unter großen Opfern mit dem Ziele einer endgültigen Einbettung des Stromes durchgeführt.

Vorzeittafel: Schlußbalken (5000 Jahre)
2697v–2628v rot Huang-Ti
2657v rot Ansiedlung der Chinesen
2652v/2646v Chinesischer Vorstoß
2646v rot Ostteil chinesisch
2640v rot Chinesischer Staat
1108v–1044v Wu
985v–907v Mu-Wang
234v–174v Mao-Tun

HOBBES, Thomas, englischer Philosoph.

1588n–1679n Lebenslinie
1651n blau 'Leviathan'

HOBELMASCHINE, Werkzeugmaschine zur spanabhebenden Bearbeitung von Holz- oder Metallflächen.

1814n grün Metall-Hobelmaschine

HOCHFREQUENZMASCHINE, Gerät zur Erzeugung von Wechselstrom mit hoher Schwingungszahl. Wichtige Grundlage der Funktechnik.

1907n grün Goldschmidts Konstruktion

HOCHHUTH, Rolf (geboren 1931n), deutscher Dichter. Nach Abschluß einer Buchhändlerlehre wurde er Verlagslektor, dann freier Schriftsteller. Mit seinem Bühnenstück 'Der Stellvertreter — Ein christliches Trauerspiel' rief er der Welt die Mitschuld des Papstes für den Faschismus am Beispiel der Judenvernichtung ins Bewußtsein und wurde dafür von Christen und Faschisten heftig angegriffen. Trotzdem setzte er seine öffentliche Aufklärung durch dramatische Dichtung fort und entlarvte den Anteil der Siegermächte an den Kriegsverbrechen des zweiten Weltkrieges durch sein Churchill-Stück 'Soldaten', in dem er die Greuel des Bombenkrieges darstellt.

1963n blau 'Der Stellvertreter'

HOCHÖFEN, Bezeichnung für 20–50 Meter hohe Öfen aus feuerfesten Steinen zur Gewinnung von Roheisen aus eisenhaltigem Gestein (Erz). Die durch ihre Einführung ermöglichte Gewinnung großer Eisenmengen war eine wesentliche Voraussetzung für den Durchbruch des Maschinen-Zeitalters.

1713n grün Kokshochöfen

HOCHSCHULEN, Sammelbezeichnung für alle auf höherer Schulbildung aufbauenden Unterrichtsanstalten, die der wissenschaftlichen Lehre und Forschung dienen.

733v–645v Kuan-Tse
718v grün Ärzteschule in Ägypten
668v blau Rechtsschule in China
575v–483v Xenophanes
531v blau Schule des Pythagoras
530v blau Schule des Xenophanes
504v grün Ärzteschule in Kroton
460v rot Schule Krotons verbrannt
436v–355v Aristipp
427v–347v Plato
388v blau Schule des Plato
376v blau Schule des Aristipp
375v grün Schule des Eudoxos
372v–287v Theophrast
344v–268v Berossos
335v blau Schule des Aristoteles
333v–262v Zeno der Jüngere
306v blau Schule des Epikur
304v–232v Kleanthes
300v blau Schule der Stoiker
280v grün Astronomieschule auf Kos
124v blau Universität in China
15v blau Rechtsschule des Labeo
63n blau Rechtsschule des Prokulus
134n blau Hochschule in Rom
174n blau Lehrstühle in Athen
232n blau Theologenschule
244n blau Schule des Plotin
333n blau Hochschule Konstantinopel
425n blau Lehrergehälter in Byzanz
462n blau Universität Nalanda
529n rot Schulschließung in Athen
685n–762n Hüan-Tsung
688n blau Universität Byzanz
701n grün Medizinschule in Japan
737n–804n Alkuin
770n blau Rechtsschule in Medina
784n–856n Rabanus Maurus
790n blau Alkuin Hofschulleiter
824n blau Hochschule in Bagdad
839n–923n At Tabari
859n blau Universität Fes
988n blau Universität Kairo
988n grün Stipendien in Kairo
1010n grün Hochschule in Salerno
1056n–1133n Sämund der Weise
1067n blau Universität Bagdad
1068n grün Stipendien in Bagdad
1092n blau Institut auf Island
1101n blau Rechtsschule in Bologna
1137n grün Medizinschule Montpellier
1163n blau Hochschule in Damaskus
1167n blau Universität Oxford
1170n blau Universität Paris
1170n grün Medizinschule Damaskus
1193n–1279n Albertus Magnus
1220n blau Universität Montpellier
1222n blau Universität Salamanca
1222n blau Universität Padua
1224n blau Universität Neapel
1229n blau Universität Cambridge
1229n blau Universität Toulouse
1238n blau Sprachenschulen
1243n blau Universität Tunis
1253n blau Gründung der Sorbonne
1260n–1327n Meister Eckehart
1261n grün Chirurgenschule
1290n blau Universität Lissabon
1290n–1343n Marsilius von Padua
1303n blau Universität Rom
1309n–1370n Kasimir der Große
1325n–1389n Hafis
1339n blau Universität Grenoble
1343n blau Universität Pisa
1346n blau Universität Valladolid
1348n blau Universität Prag
1364n blau Universität Krakau
1365n blau Universität Wien
1365n–1416n Hieronymus von Prag
1367n blau Universität Fünfkirchen
1386n blau Universität Heidelberg
1388n blau Internat von Winchester
1389n blau Universität Köln
1392n blau Universität Erfurt
1404n blau Universität Turin
1409n rot Prager Rektor vertrieben
1409n blau Universität Leipzig
1419n blau Universität Rostock
1420n grün Seefahrtsschule Sagres
1425n blau Universität Löwen
1441n blau Eton-College
1443n–1490n Matthias Corvinus
1444n blau Universität Catania
1456n blau Universität Greifswald
1457n blau Universität Freiburg
1460n blau Universität Basel
1467n blau Universität Preßburg
1474n blau Universität Saragossa
1477n blau Universität Uppsala
1477n blau Universität Mainz
1477n blau Universität Tübingen
1479n blau Universität Kopenhagen
1483n–1546n Luther
1497n–1560n Melanchthon
1502n blau Universität Wittenberg
1527n blau Universität Marburg
1530n blau Sprachenschule in Paris
1537n blau Universität Lausanne
1544n blau Universität Königsberg
1558n blau Universität Jena
1559n blau Akademie Genf
1575n blau Universität Leiden
1597n grün Kaufmanns-College
1621n blau Universität Straßburg
1636n blau Harvard-Universität
1687n blau Vorlesungen auf deutsch
1694n blau Universität Halle
1702n blau Universität Breslau
1709n–1762n Elisabeth Petrowna
1711n–1765n Lomonossow
1755n blau Universität Moskau
1765n grün Bergakademie Freiberg
1795n grün Technische Schule Paris
1804n blau Universität Charkow, Kasan
1810n blau Universität Berlin
1864n blau Universität Bukarest
1886n blau Universität Tokio
1917n blau Universität Bangkok
1947n blau Universität Mexiko
1953n blau Lomonossow-Universität

HOCHZEIT

2942v–2870v Du-Muzi
2638v blau Relief 'Heilige Hochzeit'
1420v rot Erfolgreiche Brautwerbung
1403v grün Sklavinnen als Mitgift
1099v–1016v Tschu
1031v blau Chinesisches Zeremoniell
382n–440n Martianus Kapella
1488n rot Hochzeit im Vatikan
1563n blau Veroneses Gemälde
1565n blau Brueghels Gemälde
1580n rot Zivilehe in Holland
1653n rot Zivilehe in England
1792n rot Zivilehe in Frankreich

HÖCHSTPREISE

2580v rot Festsetzung in Sumer
707v rot Vorschrift in Assyrien
178n grün Gladiatoren-Preis
301n grün Arbeitsleistungen-Preis

HÖCHSTZINS

2379v rot Vorschrift in Sumer

HÖGER, Fritz (1877n–1949n), deutscher Architekt. Als gelernter Zimmermann besuchte er die Hamburger Baugewerbeschule und wurde Baumeister. Erfüllte die neuzeitlichen Bestrebungen zu klarer, schmuckloser Bauweise mit Strukturwillen und natürlicher Monumentalität. So wurde er zum Erneuerer des norddeutschen Backsteinbaues. Schuf vorwiegend Zweckbauten: Bürohäuser (Chile-Haus), Industriegebäude, Schulen, Rathäuser und Wohnsiedlungen.

1923n blau Chile-Haus

HÖHENSONNE, Bezeichnung für eine elektrische Lampe, die durch Quecksilberdampf-Lichtbogen ultraviolette Strahlen erzeugt und sich dadurch für Heilbehandlungen eignet (Rachitis, Tuberkulose, Hautkrankheiten). Wegen ihrer anregenden Wirkung wird sie auch zur allgemeinen Belebung sowie zur Bräunung der Haut benutzt. Durch ihren Reichtum an chemisch-wirksamen ultravioletten Strahlen hat sie in ihrer Wirkung mit der Sonnenbestrahlung Ähnlichkeit. Doch fehlen ihr die übrigen Bestandteile des Sonnenlichts, so daß ihre Strahlen kalt und bläulich sind.

1904n grün Konstruktion

HÖHLENBILDER, Malereien an den Wänden von Felshöhlen entstanden seit etwa 30000 Jahren in vielen Weltgegenden, besonders in Spanien, Südfrankreich und Nordafrika. Sie zeigen meist Tiere und Menschen und haben sich teilweise sehr gut erhalten.

Vorzeittafel: 30 Tausend Jahre
1879n grün Altamira-Bilder entdeckt
1940n grün Lascaux-Bilder entdeckt

HÖLDERLIN, Friedrich (1770n–1843n), deutscher Dichter. Verlor zweijährig seinen Vater, wurde in Klosterschulen erzogen und studierte in Tübingen Theologie. Dort trat er mit Schelling und Hegel in Verbindung. Seine frühe Begeisterung für die sozialen Ideen Rousseaus und der französischen Revolution brachten ihn in freundschaftliche Beziehung zu Schiller und Fichte. Als Hauslehrer bei einem Frankfurter Bankier verliebte er sich in dessen Frau und verherrlichte sie in seiner Dichtung 'Hyperion'. 32jährig kam er geisteskrank von einer Reise nach Bordeaux heim und lebte nach kurzer Besserung bis an sein Ende teilnahmslos im Hause eines Tübinger Tischlermeisters. In seinen Dichtungen verband sich tiefe Naturliebe mit Sehnsucht nach der griechischen Klassik und mit deutschem Sendungsbewußtsein. Meister der kleinen Form (Gedichte, Oden, Hymnen). Übersetzte zwei Stücke des griechischen Dichters Sophokles ins Deutsche.

1794n blau 'Hyperion'
1800n blau Hymnen und Elegien

HÖLLENMASCHINE, getarnte Sprengladung, die durch Uhrwerk oder durch Berührung zur Explosion gebracht wird. 1405n zeichnete der Eichstätter Kriegstechniker Konrad Kyeser ein Gerät in Gestalt eines ausgehöhlten Knochens, der mit Sprengstoff gefüllt unauffällig im Speiseraum abgelegt werden konnte. Später entwarf Leonardo da Vinci eine vervollkommnete Maschine. Erstmals angewendet wurde ein solches Gerät durch den Polenkönig Stephan, der es in einer Kiste dem Verteidiger der russischen Festung Pleskau (Iwan Schujski) zuschickte und damit nicht diesen selbst, aber einige von dessen Gefährten tötete. 1800n erfolgte ein Attentat auf Napoleon, 1835n auf König Louis Philippe, 1853n auf Napoleon III. Zar Alexander II. wurde 1881n von einer solchen Maschine getötet, während Hitler 1944n das Stauffenberg-Attentat überlebte.

1581n grün Erste Anwendung

HÖLZERNE STADT, Name der Residenzstadt des Hunnenkönigs Attila in Pannonien (Ungarn). Von hier aus regierte er ein Reich, das vom Aralsee bis zum Rhein sich erstreckte und dem das Römische Reich tributpflichtig war. Die aus Holz errichteten Bauten der Stadt sind in den letzten 1500 Jahren so spurlos vergangen, daß heute ihre Lage nicht mehr genau bestimmt werden kann.

410n–453n Attila
411n–474n Priskus
446n blau Fertigstellung

HOFER, Andreas (1767n–1810n), österreichischer Freiheitskämpfer. Als Gastwirt in St. Leonhard (Südtirol) Führer einer Schützenkompanie. Vom Erzherzog Johann in Wien persönlich für die österreichischen Pläne zur Befreiung Tirols aus bayerischer Herrschaft gewonnen, machte er sich zum Anführer der verabredeten Volkserhebung und schlug die bayerischen und die mit diesen verbündeten französischen Truppen wiederholt am Berge Isel bei Innsbruck. In den Friedensverhandlungen wurde er vom Wiener Hof fallengelassen, führte den Kampf allein fort, wurde geschlagen, nach der Flucht verraten und erschossen.

1809n/1810n Aufstand
1810n rot Erschießung

HOFFMANN, Ernst Theodor Amadeus (1776n–1822n), deutscher Dichter, Musiker und Zeichner. Als Sohn eines Rechtsanwaltes wurde er Richter. Neben seiner Berufsarbeit schrieb er Opern ('Undine'), Singspiele, Kammermusik, Orchesterkompositionen sowie Klavierstücke und betätigte sich als Kapellmeister. Verfaßte Märchen ('Der goldene Topf') und Erzählungen ('Nußknacker und Mausekönig'), Spukgeschichten ('Kater Murr'), Novellen ('Das Fräulein von Scuderi') und Künstlerromane ('Die Elixiere des Teufels'). Beschrieb die Konflikte des musischen Menschen in der kunstfeindlichen bürgerlichen Gesellschaft. Wegen seiner Karikaturen preußischer Offiziere wurde er strafversetzt. Zeitlebens suchte er seine künstlerische Begabung und seinen Brotberuf in Einklang zu bringen. Tröstete sich über die Unlösbarkeit dieser Aufgabe mit Gleichgesinnten bei abendlichem Zechgelage in den Berliner Weinstuben von Lutter & Wegener ('Serapionsabende').

1815n blau 'Elixiere des Teufels'

HOFMANNSTHAL, Hugo (1874n bis 1929n), österreichischer Dichter. Als Sohn eines Bankdirektors studierte er Rechtswissenschaft und Romanistik, unternahm zahlreiche Reisen und lebte als freier Schriftsteller und Herausgeber literarischer Zeitschriften bei Wien. In seinen Frühwerken ('Der Tor und der Tod') noch dem selbstzerstörerischen Seelenkult Stefan Georges verpflichtet, suchte er bald durch Auseinandersetzung mit der Vergangenheit ('Elektra', 'Ödipus und die Sphinx') seine Lebensstellung neu zu bestimmen. Schuld und Erlösung ('Jedermann'), Schönheit und Tod bliében im Mittelpunkt seiner Dichtung. Als Schöpfer der Salzburger Festspiele schrieb er 1923n 'Das große Welttheater'. Darin ließ er einen Bettler zu der Erfahrung gelangen, daß Leiden besser sei als Aufbegehren. Verfaßte Textbücher zu Opern von Richard Strauß ('Rosenkavalier', 'Ariadne', 'Josefslegende', 'Arabella').

1911n blau 'Jedermann'

HOGARTH, William (1697n–1764n), englischer Maler, Kupferstecher und Zeichner. Gelernter Goldschmied und Graveur. Machte sich 20jährig als Kupferstecher für Buchhändler selbständig. Zehn Jahre später wandte er sich der Malerei zu und lernte bei James Thornhill, dessen Tochter er entführte und heiratete. In zahlreichen großen Bildfolgen geißelte er den sittlichen Verfall und die gesellschaftliche Heuchelei des Besitzbürgertums ('Leben eines Wüstlings', 'Wahlen'). Fertigte auch Holzschnittfolgen an ('Fleiß und Faulheit'). Bekämpfte den Alkoholismus ('Brandweingasse') und erwirkte den gesetzlichen Urheberschutz für Zeichner und Stecher ('Hogarth-Akte'). Als bedeutendster Porträtist seiner Epoche wurde er Hofmaler.

1745n blau 'Heirat nach der Mode'

HOHENSTAUFEN (= Staufer), deutsche Herrscherfamilie, benannt nach einem steilen Berge der Schwäbischen Alb bei Göppingen (Württemberg), wo ihre Stammburg stand. Inhaber der deutschen Kaiserkrone von 1138n bis 1254n.

1103n–1155n Arnold von Brescia
1115n–1158n Otto von Freising
1122n–1190n Friedrich I. (Barbarossa)
1129n–1195n Heinrich der Löwe
1138n rot Herrschaftsbeginn
1142n rot Widerstand in Rom
1142n/1155n Aufstand in Rom
1147n/1149n Zweiter Kreuzzug
1153n rot Bündnis gegen Rom
1155n rot Rom wieder unter Papst
1155n rot Tod Arnolds von Brescia
1155n rot Kaiserkrönung in Rom
1156n rot Herzogtum Österreich
1157n braun Krieg gegen Polen
1158n rot Städtefeindliche Maßnahme
1158n/1162n Städteerhebung in Italien
1162n rot Mecklenburg deutsch
1165n rot Schlesien selbständig
1165n–1197n Heinrich VI.
1166n/1167n Kriegszug nach Italien
1172n–1228n Walther von der Vogelweide
1173n–1239n Hermann von Salza
1176n braun Städteerhebung in Italien
1176n rot Ablehnung der Heeresfolge
1176n rot Städte Italiens unabhängig
1177n rot Zugeständnis an Papst
1181n rot Pommern deutsch
1183n rot Zugeständnis der Städte
1189n/1192n Dritter Kreuzzug
1191n blau Lied auf Barbarossa
1194n rot Gebietsgewinn in Italien
1194n–1250n Friedrich II.
1197n/1198n Kampf um den Thron
1198n rot Philipp König
1198n rot Welfe Gegenkönig
1208n rot Ermordung des Königs
1214n braun Niederlage der Welfen
1224n blau Universität Neapel
1226n rot Deutschritter-Belehnung
1228n/1229n Fünfter Kreuzzug
1229n rot Friedrich König Jerusalems
1231n rot Rechtsgewinn der Fürsten
1232n rot Strafen für 'Ketzer'
1235n rot Landfriedensgesetz
1239n grün Ausbildungsgang der Ärzte
1245n blau Briefe über Philosophie
1254n rot Tod Konrads IV.
1266n braun Niederlage in Süditalien
1266n rot Verlust Siziliens
1268n braun Niederlage bei Rom

HOHENZOLLERN, deutsche Herrscherfamilie, benannt nach der Stammburg auf dem aus einer weiten Ebene kegelförmig aufragenden 'hohen' Zollernberg bei Hechingen (Württemberg). Bauten seit 1415n im vorwiegend slawischen Nordosten Deutschlands ein Fürstentum auf (Brandenburg), das sie zu einem Königreich entwickelten (Preußen) und schließlich zum Mittelpunkt eines deutschen Kaiserreiches machten.

1362n–1437n Sigismund
1371n–1440n Friedrich I.
1415n rot Erwerb Brandenburgs
1420n/1434n Hussiten-Kreuzzug
1448n braun Aufstand in Berlin
1451n grün Zwingburg in Berlin
1544n blau Universität Königsberg
1614n rot Vertrag von Xanten
1618n rot Ostpreußen Lehen
1618n/1648n Dreißigjähriger Krieg
1620n–1688n Der Große Kurfürst
1648n rot Westfälischer Friede
1655n/1660n Krieg Schweden–Polen
1656n rot Schwedische Zusicherung
1657n rot Polnische Zusicherung
1660n rot Gewinn Ostpreußens
1672n rot Bündnis mit Holland
1674n/1675n Schwedischer Angriff
1682n rot Kolonie in Westafrika
1685n rot Hugenotten-Einwanderung
1686n rot Bündnis gegen Türkei
1688n–1740n Friedrich Wilhelm I.
1695n blau Charlottenburger Schloß
1696n blau Akademie der Künste
1698n blau Schlüters Schloßumbau
1700n blau Schlüters Reiterstandbild
1700n blau Wissenschafts-Akademie
1700n grün Sternwarte Berlin
1700n/1721n Nordischer Krieg
1701n rot Königreich Preußen
1701n grün Heeresreform
1701n/1714n Spanischer Erbfolgekrieg
1709n–1762n Elisabeth Petrowna
1712n–1786n Friedrich II., der Große
1715n rot Bündnis gegen Schweden
1716n grün Berliner Börse
1717n rot Allgemeine Schulpflicht
1717n grün Verkauf der Kolonie
1717n–1780n Maria Theresia
1720n rot Gewinn Vorpommerns
1728n rot Außenministerium
1732n–1799n Washington
1739n blau 'Antimachiavell'
1740n rot Reformen
1740n/1742n 1. Schlesischer Krieg
1742n rot Gewinn Schlesiens
1744n rot Gewinn Ostfrieslands
1744n/1745n 2. Schlesischer Krieg
1747n blau Schloß Sanssouci
1748n rot Zusage an Österreich
1748n rot Zugeständnis Österreichs
1749n rot Strafe für Deserteure
1749n rot Schutz des Bauernlandes
1750n grün Porzellanmanufaktur
1751n blau Voltaire in Sanssouci
1756n grün Hilfszusage Englands
1756n/1763n Siebenjähriger Krieg
1762n rot Ende englischer Hilfe
1762n rot Friede mit Rußland
1769n–1821n Napoleon I.
1772n rot Erste Teilung Polens
1778n/1779n Bayerischer Erbfolgekrieg
1779n grün Steuben in Amerika
1785n rot Deutscher Fürstenbund
1785n/1786n Waldenburger Aufstände
1789n blau Brandenburger Tor
1792n/1795n Revolutionskriege
1793n braun Aufstand in Breslau
1793n rot Zweite Teilung Polens
1795n rot Dritte Teilung Polens
1796n/1815n Napoleonische Kriege
1798n braun Aufstand in Schlesien
1803n rot Deputationshauptschluß
1810n blau Berliner Universität
1812n rot Juden gleichberechtigt
1812n rot Konvention von Tauroggen
1813n grün Englische Hilfsgelder
1814n rot Allgemeine Wehrpflicht
1815n rot Wiener Kongreß
1815n rot 'Heilige Allianz'
1815n–1898n Bismarck
1834n rot Deutscher Zollverein
1839n rot Kinderarbeit beschränkt
1844n braun Aufstand in Schlesien

1848n/1850n Deutsche Revolution
1849n rot Ablehnung der Kaiserkrone
1850n rot Verzicht auf Einheit
1851n rot Deutscher Bund erneuert
1862n rot Bismarck Ministerpräsident
1864n braun Krieg gegen Dänemark
1866n braun Deutscher Krieg
1866n rot Ende des Deutschen Bundes
1866n rot Norddeutscher Bund
1870n/1871n Deutsch-französischer Krieg
1871n rot Einigung Deutschlands
1871n rot Bismarck Kanzler
1871n rot Wilhelm I. Kaiser
1873n rot Drei-Kaiser-Bund
1873n rot Mai-Gesetze
1878n rot Sozialistengesetz
1879n rot Zweibund
1879n grün Verstaatlichung der Bahn
1882n rot Dreibund
1884n rot Kolonien in Afrika
1885n rot Weitere Kolonien
1887n rot Rückversicherungsvertrag
1888n/1890n Aufstand in Ostafrika
1889n rot Bergarbeiter-Streik
1890n rot Entlassung Bismarcks
1890n rot Sozialistengesetz-Wegfall
1890n rot Verzicht auf Bündnis
1891n rot Alldeutscher Verband
1894n blau Reichstagsgebäude
1896n rot Bürgerliches Gesetzbuch
1897n rot Gewinn Kiautschous
1899n rot Kolonien im Pazifik
1899n/1901n Boxeraufstand
1900n rot China-Abkommen
1903n/1907n Aufstände in Afrika
1905n rot Bergarbeiter-Streik
1906n rot Marokko-Krise
1910n braun Aufstand auf Karolinen
1914n/1918n Erster Weltkrieg
1914n rot Kampf um Kriegskredite
1915n rot Kriegseintritt Italiens
1916n rot Munitionsarbeiter-Streik
1918n rot Ende der Herrschaft

HOJEDA, Alonso (um 1473n–1515n), spanischer Seefahrer. Als junger Mann drehte er auf dem Turm der Kathedrale von Sevilla eine Pirouette, um die Aufmerksamkeit der Königin auf sich zu lenken. 20jährig begleitete er dann Kolumbus auf dessen zweiter Reise nach Amerika, fand die Goldvorkommen von Cibao (Haiti) und überwältigte die Ureinwohner. Nach Spanien zurückgekehrt, setzte er sich in den Besitz der Karte des Kolumbus und unternahm eine selbständige Fahrt, auf der ihn Amerigo Vespucci begleitete. Dabei entdeckte er die Nordküste Südamerikas. Weil dort Indianer in wasserumspülten Pfahlbauten lebten, nannte er das Land Klein-Venedig ('Venezuela'). Vor der Küste fand er die Perlbänke, die neben den Goldvorkommen Hauptausbeutungsobjekt der Spanier wurden. Starb in Armut.

1499n grün Südamerika-Fahrt

HOKUSAI, Katsushika (1760n–1849n), japanischer Maler, Holzschnitt-Zeichner und Schriftsteller. Von der europäischen Kunst beeinflußt, wandte er sich der Darstellung des japanischen Alltags zu und schuf humorvolle Darstellungen aus dem Leben des japanischen Volkes. Mit seinen vielfarbigen Holzschnitten illustrierte er 500 zum Teil selbstgeschriebene Bücher. In Europa wurde er durch seine '100 Ansichten des Fuji-Yama' bekannt. Darauf fügte er diesen noch 36 weitere Ansichten des heiligen Berges der Japaner hinzu. Seine Meisterwerke faßte er in 15 Bänden zusammen ('Vermischte Skizzen').

1818n blau 'Die Welle'

HOLBACH, Paul H. D. (1723n–1789n), französischer Philosoph aus der deutschen Stadt Edesheim (Rheinpfalz). Lebte in Paris von seinem Vermögen, schloß sich den Aufklärern an und half Diderot bei der Arbeit an der 'Enzyklopädie'. Bemühte sich um die Schaffung eines wissenschaftlichen Weltbildes. In seiner 'Taschentheologie' erklärte er die Gottes-Idee als Ausgeburt menschlicher Phantasie und ihre Verbreitung als vorsätzlichen Volksbetrug. Fand die Ursache dafür in der Absicht der Herrschenden, die Völker in Ohnmacht und Elend zu halten, um zu verhindern, daß sich die Ausgebeuteten gegen ihre Bedrücker erheben. In Furcht und Unwissenheit erkannte er die entscheidenden Grundlagen der Religion und erstrebte deren Überwindung. Bewies die grundsätzliche Unvereinbarkeit von Religion und Wissenschaft. Führte die ganze bestehende Welt mit allen Funktionen einschließlich des menschlichen Denkens auf kleinste stoffliche Teile (Atome) und ihre Bewegung zurück.

1713n–1784n Diderot
1770n blau 'Natursystem'

HOLBEIN der Jüngere, Hans (1497n bis 1543n), deutscher Maler und Zeichner. Als Sohn des Begründers der berühmten 'Augsburger Malerschule' (Hans Holbein des Älteren) ging er 16jährig nach Basel, wo er seine Ausbildung abschloß und Bilder für mehrere Kirchen malte ('Madonna des Bürgermeisters Meyer'). Unter dem Einfluß der Reformation wandte er sich von der christlichen Malerei ab und schuf Porträts (Erasmus, Thomas Morus), die sich durch Klarheit, Natürlichkeit und Schönheit auszeichneten. 34jährig ging er ganz nach London, wo er Staatsmänner und Geschäftsleute sowie Mitglieder der königlichen Familie malte und endlich Hofmaler Heinrichs VIII. wurde. Schuf auch Wandgemälde, Holzschnitte, Glasgemälde und kunstgewerbliche Zeichnungen.

1526n blau 'Totentanz'

HOLBERG, Ludvig (1684n–1754n), dänischer Dichter, Geschichtsschreiber und Philosoph. Als Sohn eines armen norwegischen Offiziers früh verwaist, wurde er Soldat und ging zum Studium nach Kopenhagen, wo er sich nach zahlreichen ausgedehnten Reisen als Universitätslehrer und Schriftsteller niederließ. Für das von ihm mitbegründete dänische Nationaltheater schrieb er über 20 Lustspiele voll ätzender Gesellschaftskritik. Darin tadelte er den Adelsstolz der Feudalherren, den religiösen Aberglauben, den Bildungsdünkel der Gelehrten und die Besserwisserei des Spießbürgers ('Kannegießerei'). Die herrschende Ordnung in den europäischen Staaten griff er in seinem satirischen Roman 'Niels Klims unterirdische Reise' an. Als Historiker entwickelte er eine quellenkritische Methode und versuchte eine synoptische Zusammenschau der Weltgeschichte. Befaßte sich auch mit der Naturrechtslehre.

1722n blau 'Kannegießer'
1732n blau Geschichte Dänemarks
1741n blau 'Niels Klims Reise'

HOLL, Elias (1573n–1646n), deutscher Architekt. Einer Baumeister-Familie entstammend, studierte er nach Beendigung seiner handwerklichen Lehre die italienische Baukunst. In seiner Heimatstadt Augsburg, die um diese Zeit eine Blüte ihres Gewerbefleißes erlebte, wandte er sich der Errichtung von Zweckbauten zu (Metzgerhaus, Krankenhaus, Zunfthaus der Bäcker, Siegelhaus, Stadtbrücken, Zeughaus). Mit dem Rathaus schuf er durch eine Verbindung von italienischer Form und deutscher Bau-Gesinnung ein Symbol des jungen Bürgerstolzes. Seine hoffnungsvolle Entwicklung wurde durch den Dreißigjährigen Krieg jäh beendet.

1620n blau Augsburger Rathaus

HOLLAND: Allgemeines (Land, Volk, Staat)

100v–44v Cäsar
58v/51v Gallischer Krieg
38v–9v Drusus
12v/7v Zweiter Germanenkrieg
25n–70n Civilis
68n/70n Aufstand der Bataver
286n/288n Kämpfe Roms
294n braun Franken-Niederlage
635n–714n Pippin der Mittlere
658n–739n Willibrord
675n–754n Bonifatius
689n braun Friesen-Niederlage
689n rot Friesland an Franken
716n/719n Kämpfe Karl Martells
738n rot Friesen-Christianisierung
834n braun Normannen-Vorstoß
841n rot Walcheren normannisch
863n braun Normannen-Vorstoß
1213n blau Entstehung Amsterdams
1217n/1219n Kreuzzug
1299n rot Stadtrecht für Rotterdam
1338n/1453n Hundertjähriger Krieg
1385n rot Brüdergemeinde (Groot)
1477n rot Habsburger-Herrschaft
1491n braun Bauernaufstand
1500n–1558n Karl V.
1508n grün Steuerreform-Forderung
1527n–1598n Philipp II.
1533n–1584n Wilhelm von Oranien
1556n rot Herrschaft Philipps II.
1567n rot Alba Statthalter
1572n/1581n Freiheitskampf
1572n rot Wilhelm Statthalter
1576n rot Bund gegen Spanien
1578n rot Absage der Deutschen
1580n rot Zivilehe
1581n rot Unabhängigkeit
1585n rot Hilfe von England
1588n rot Hilfe für England
1596n rot Besitz in Indonesien
1596n grün Barents: Spitzbergen
1599n–1658n Cromwell
1600n grün Sklavenhandels-Pacht
1602n grün Indien-Gesellschaft
1605n rot Gewinn der Molukken
1605n grün Jansson: Australien
1610n blau Gründung Batavias
1612n grün Meistbegünstigung
1613n rot Siedlung auf Manhattan
1616n grün Bismarck-Inseln entdeckt
1618n/1648n Dreißigjähriger Krieg
1623n rot Engländer-Hinrichtung
1625n rot Besitz Guayanas
1626n grün Kauf Manhattans
1626n rot Besitz Manhattans
1626n blau Gründung Neu-Amsterdams
1630n rot Gewinn Pernambucos
1638n rot Gewinn Ceylons
1638n–1715n Ludwig XIV.
1641n rot Besitz Malayas
1642n grün Tasman: Neuseeland
1643n grün Tasman: Fidschi-Inseln
1648n rot Westfälischer Friede
1650n grün Sklavenhandels-Monopol
1651n rot Gegnerschaft Englands
1652n rot Kapkolonie
1652n/1654n 1. Seekrieg gegen England
1653n/1654n Erhebung in Brasilien
1654n rot Verlust Pernambucos
1655n/1660n Krieg Schweden—Polen
1664n/1667n 2. Seekrieg gegen England
1664n rot Verlust Neu-Amsterdams
1668n rot Bündnis gegen Frankreich
1670n rot Feindkoalition
1672n/1678n 2. Krieg Ludwigs XIV.
1672n rot Bund mit Brandenburg
1674n rot Bund gegen Frankreich
1688n/1697n 3. Krieg Ludwigs XIV.
1689n rot Vereinigung mit England
1701n/1714n Spanischer Erbfolgekrieg
1717n grün Kauf einer Kolonie
1721n grün Roggeveen: Pazifik-Inseln
1741n/1748n Österreich—Erbfolgekrieg
1775n/1783n Kampf Nordamerikas
1792n/1795n Revolutionskriege
1796n/1815n Napoleonische Kriege
1798n rot Verlust Ceylons
1815n rot Wiener Kongreß
1816n rot Erneut Gewinn Javas
1830n/1831n Aufstand Belgiens
1831n rot Belgien selbständig
1859n rot Sklaverei-Aufhebung
1899n rot Haager Konvention
1900n rot China-Abkommen
1901n– Sukarno
1920n rot Mitglied im Völkerbund
1926n braun Erhebung in Indonesien
1939n/1945n Zweiter Weltkrieg
1945n rot Mitglied der UN
1945n/1954n Erhebung Südostasiens
1949n rot Mitglied der NATO
1949n rot Indonesien unabhängig
1957n grün Mitglied der EWG
1962n rot Verlust West-Neuguineas

HOLLAND: Baukunst und Bildhauerei

1341n–1406n Claus Sluter
1399n blau Sluter: Moses-Brunnen
1655n blau Rathaus von Amsterdam

HOLLAND: Dichtung

1654n blau Vondel: 'Lucifer'

HOLLAND: Malerei und Graphik

1606n–1669n Rembrandt
1629n blau Hals: 'Amme mit Kind'
1632n blau Rembrandt: 'Anatomie'
1634n blau Rembrandt: Selbstporträt
1641n blau 'Saskia mit roter Blume'
1642n blau 'Nachtwache'
1643n blau 'Drei Bäume'
1646n blau 'Holzhackerfamilie'
1650n blau 'Mann mit Goldhelm'
1662n blau 'Vorsteher der Tuchhalle'
1662n blau Vermeer: 'Der Brief'
1664n blau Franz Hals: 'Vorsteher'
1670n blau Ruisdael: 'Mühle'
1677n blau 'Judenfriedhof'
1889n blau Gogh: 'Irrenhaus-Garten'

HOLLAND: Philosophie

1465n–1536n Erasmus von Rotterdam
1509n blau 'Lob der Torheit'
1632n–1677n Spinoza
1656n rot Bann über Spinoza
1659n blau Spinoza: Kausalität
1676n blau Scheinbare Willensfreiheit
1677n blau Spinoza: 'Ethik'
1939n blau Huizinga: 'Homo ludens'

HOLLAND: Recht

1609n blau 'Freiheit der Meere'
1625n blau Grotius: Völkerrecht

HOLLAND: Religion

658n–739n Willibrord
675n–754n Bonifatius
738n rot Friesen-Christianisierung
1110n blau Kritik des Tanchelm
1126n rot Ermordung Tanchelms
1217n/1219n Kreuzzug
1385n rot Brüdergemeinde (Groot)
1465n–1536n Erasmus von Rotterdam
1509n blau Kritik des Erasmus
1516n blau Neues Testament übersetzt
1527n–1598n Philipp II.
1533n–1584n Wilhelm von Oranien
1553n blau Canisius: Katholizismus
1567n rot Kampfauftrag Albas
1572n/1581n Unabhängigkeitskampf
1580n rot Zivilehe
1632n–1677n Spinoza
1656n rot Bann über Spinoza

HOLLAND: Sitten und Gebräuche

1225n grün Schlittschuhlauf
1610n grün Teetrinken

HOLLAND: Technik

1358n grün Geschützorgel
1384n grün Bökel: Einsalzen
1585n grün Stevin: Dezimalsystem
1590n grün Janssen: Mikroskop
1593n grün Delfter Fayencen
1599n grün Stevin: Segelwagen
1622n grün Drebbel: U-Boot
1656n grün Huygens: Pendeluhr
1665n grün Huygens: Thermometer
1671n grün Mahlwalze
1673n grün Pulverkraft als Antrieb
1720n grün Kraftwagen
1911n grün Elektrokardiogramm
1925n grün Zuidersee-Trockenlegung
1948n grün Künstliches Herz

HOLLAND: Wirtschaft und Verkehr

12v grün Kanalbau der Römer
1585n grün Stevin: Dezimalsystem
1602n grün Indien-Gesellschaft
1610n grün Tee-Import
1612n grün Handelsvertrag
1650n grün Sklavenhandels-Monopol
1651n rot Gegnerschaft Englands
1686n grün Kaffee-Plantagen (Java)
1750n grün Börse von Rotterdam
1925n grün Zuidersee-Trockenlegung
1957n grün Mitglied der EWG

HOLLAND: Wissenschaft

1575n blau Universität Leiden
1620n grün Snellius: Strahlenbrechung
1655n grün Huygens: Saturnring
1658n grün Swammerdam: Blutforschung
1669n grün Huygens: Krafterhaltung
1675n grün Aufgußtierchen
1678n grün Wellennatur des Lichtes
1683n grün Leeuwenhoek: Bakterien
1852n grün Mathysen: Gipsverband
1889n grün Eikman: Vitaminforschung
1895n grün Zeeman-Effekt
1902n grün Vries: Mutationslehre
1905n grün Lorentz: Elektronen
1911n grün Elektrokardiogramm
1948n grün Künstliches Herz

HOLLERITH, Hermann (1860n–1929n), nordamerikanischer Erfinder. Als Sohn deutscher Auswanderer wurde er Beamter im Statistischen Amt der USA in Washington. Konstruierte eine Maschine, die Datenmaterial statistisch auswerten konnte. Dabei bediente er sich der Lochkarte, die Joseph Marie Jacquard 1805n für seinen Webstuhl erfolgreich angewendet hatte und die bereits 1821n von dem Engländer Charles Babbage für Datenverarbeitung entwickelt worden war. Mit Hilfe dieser Maschine konnte er im Jahre 1890n die Ergebnisse der 11. nordamerikanischen Volkszählung auswerten.

1880n grün Lochkartenmaschine

HOLLYWOOD, nördlicher Vorort der Stadt Los Angeles an der Pazifik-Küste der Vereinigten Staaten unweit der mexikanischen Grenze. Wegen des gleichmäßigen Sonnen-Einfalls und wegen der geschützten Lage zwischen den Beverly Hills und den Santa Monica Mounts für Freilicht-Filmaufnahmen besonders geeignet, wurde es in der Frühzeit des Films eine beliebte Atelierstätte. Mit dem Aufstieg des amerikanischen Films in der Epoche des Hochkapitalismus wurde es zum bedeutendsten Zentrum der Filmproduktion der Erde. In dieser Zeit entpolitisierte es mit seinen flachen Liebes- und Revuefilmen die Erdbevölkerung ('Traumfabrik') und brutalisierte die Menschen zugleich durch Wildwest- und Kriminalfilme bis zur Kriegsreife.

1910n grün Filmstadt

HOLSTEIN, norddeutsches Land zwischen Nordsee und Ostsee. Im Norden begrenzt vom Lande Schleswig, im Süden von Mecklenburg, Hamburg und Niedersachsen. Durch seine beiden Hafenstädte Lübeck und Kiel von großer Bedeutung für den Ostsee-Handel. Das seit ältesten Zeiten bewohnte Gebiet wurde vor 1200 Jahren durch den Sieg Karls des Großen über die hier ansässigen Sachsenstämme fränkisch. Mit Hilfe der von Karl angelegten Essefeldoburg (Itzehoe) sollte das Reich gegen die Normannen verteidigt werden. In jahrhundertelangen Kämpfen wechselten sich deutsche und dänische Herrscher ab. Seit 1326n mit dem benachbarten Schleswig vereinigt, seit 1489n durch Personalunion auch mit Dänemark. Als Reichsland blieb es dauernd mit Deutschland verbunden, trat 1815n dem Deutschen Bund bei und ging über den Norddeutschen Bund ins deutsche Reich ein.

742n–814n Karl der Große
772n/804n Sachsenkriege
1129n–1195n Heinrich der Löwe
1143n blau Gründung von Lübeck
1159n rot Stadtrecht für Lübeck
1159n grün 'Stadtluft macht frei'
1226n rot Lübeck Reichsstadt
1227n braun Sieg über Dänen
1241n rot Vertrag Hamburg-Lübeck
1242n rot Stadtrecht für Kiel
1262n blau Stadtschule in Lübeck
1291n blau Marienkirche Lübeck
1310n grün Straßenpflaster in Lübeck
1319n braun Bauernsieg über Ritter
1367n/1370n Krieg der Hanse
1398n grün Elbe-Trave-Kanal
1405n grün Turmuhr in Lübeck
1443n blau Rathaus in Lübeck
1460n rot Machtgewinn der Dänen
1460n rot Zusicherung der Dänen
1500n braun Bauernsieg über Ritter
1535n braun Vorstoß Lübecks
1563n/1570n Dreikronen-Krieg
1605n grün Lübecker Börse

HOLZ

2943v grün Hölzerne Schildrahmen
2940v grün Holzpflug in Sumer
2875v blau Nilpferd-Skulptur
2838v grün Aufzeichnungen auf Tafeln
2829v grün Schiffsbau mit Planken
2737v grün Holzsärge für Arme
2652v blau Relief eines Beamten
2640v blau Grabrelief
2636v blau Relief König Zosers
2622v blau 'Baumeister mit Axt'
2570v–2481v Ur-Enlil
2500v blau Statue 'Dorfschulze'
2466v grün Einfuhr nach Ägypten
2385v blau Relief von Zimmerleuten
2380v blau Porträt Per-Her-Nofrets
2364v blau Statue eines Jünglings
2296v blau Statue 'Gepäckträger'
2219v grün Schiffsmodelle
2215v blau Statue 'Korbträgerin'
2177v grün Holzsoldaten
2093v blau Statue 'Lastträgerin'
2075v blau Plastik eines Bauers
2064v blau Plastik eines Hausboots
2047v blau Figurengruppe 'Ruderer'
2034v grün Einfuhr nach Sumer
2021v blau Plastik 'Töpfer'
2014v blau Figurengruppe 'Viehzählung'
2008v blau Plastik eines Bäckers
1797v blau Statuette der Imret
1771v blau Figurengruppe 'Brauerei'
1753v blau Plastik 'Tischler'
1744v blau Figurengruppe 'Familie'
1615v grün Kiel-Spanten-Schiffsbau
1455v blau Plastik 'Der Aufseher'
1439v blau Porträt Merit-Amuns
1414v grün Wurfholz
1402v blau Schnitzerei 'Krieger'
1386v blau 'Mann beim Sägen'
1357v blau Porträt der Teje
1253v blau Schnitzerei 'Dame'
1208v grün Verwendung für Bücher
1118v–1058v Wen-Amun
973v grün Einfuhr nach Israel
816v grün Schrift auf Holztafeln
686v blau Gemälde auf Holz
623v blau Plastik 'Frau Djet'
621v grün Tiberbrücke
425v grün Brücke nach Euböa
419v grün Gemälde auf Holztafeln
60v blau Theater in Rom
55v grün Rheinbrücke
205n grün Spannsäge
363n grün Sägewerk
410n–453n Attila
432n blau Geschnitztes Kruzifix
446n blau 'Hölzerne Stadt'
596n grün China: Holztafel-Druck
607n blau Japan: Holztempel
765n grün Japan: Holztafel-Druck
995n blau Stabkirchen
1243n grün Sägewerk mit Automatik
1400n grün Holzschnitt
1646n blau Gemälde 'Holzhackerfamilie'
1793n grün Kreissäge
1807n grün Bandsäge
1839n grün Zellulose-Isolierung
1843n grün Papier aus Holzschliff
1874n grün Zellulose-Produktion

HOLZSCHNITT, Zweig der Graphik. Ermöglicht die Vervielfältigung durch unmittelbaren Abdruck von der in eine Holzplatte geschnittenen Zeichnung. Auch nach dem Aufkommen von Reproduktionstechniken für andere Kunstformen behielt er seine Beliebtheit wegen der Klarheit seiner Aussage und wegen der Eindringlichkeit seiner Wirkung.

596n grün Erfindung in China
765n grün Einführung in Japan
1400n grün Aufkommen in Europa
1461n grün Aufnahme in Bücher
1471n–1528n Albrecht Dürer
1493n blau Schedels Weltchronik
1501n blau Dürer: 'Große Passion'
1526n blau Holbein: 'Totentanz'
1541n grün Münsters Weltbeschreibung
1700n grün Werbeplakate in Japan
1768n blau Harunobus Werke
1818n blau Hokusai: 'Die Welle'
1946n blau Masereel: 'Jugend'

HOLZSCHUHER, Hieronymus (um 1470n–1529n), deutscher Kaufmann. Als

Ratsherr der Stadt Nürnberg ließ er sich von dem Nürnberger Maler Albrecht Dürer porträtieren.

1526n blau Dürers Gemälde

HOMER, griechischer Dichter.

809v–724v Lebenslinie
748v blau 'Ilias'
727v blau 'Odyssee'
482v blau Ilias-Parodie
285v–204v Andronikos
281v blau Textkritik
244v blau 'Odyssee' lateinisch
239v–169v Ennius
210v blau Büste
1304n–1374n Petrarca
1350n–1415n Chrysoloras
1537n blau 'Odyssee' deutsch
1610n blau 'Ilias' deutsch
1777n blau Voß: Übersetzungen

HOMÖOPATHIE, Name einer neuzeitlichen Heilmethode, die, von dem deutschen Arzt Hahnemann vor mehr als 150 Jahren entwickelt, noch heute um ihre allgemeine Anerkennung ringt. Beruht auf dem Grundsatz, Krankheiten durch Arzneien zu heilen, die geeignet sind, gerade jene Krankheiten hervorzurufen, die sie bekämpfen sollen ('Ähnliches durch Ähnliches'). Dabei werden diese Arzneien nur in kleinsten Mengen verabreicht, um eine Schädigung des Patienten zu verhüten und die beabsichtigte Heilwirkung zu erreichen. Wegen der Ungefährlichkeit ihrer Mittel und wegen ihrer großen Heilerfolge findet sie seit der Jahrhundertwende immer allgemeinere Verbreitung und wird zunehmend auch von der Schulmedizin angewendet.

1098n–1178n Hildegard von Bingen
1152n grün Hildegards Heilverfahren
1805n grün Hahnemanns Lehre

HOMO SAPIENS, lateinische Art-Bezeichnung für den heute lebenden Menschen (wörtlich: 'der vernunftbegabte Mensch'). Vor rund 100000 Jahren aus dem Affenmenschen hervorgegangen, von dem er sich durch aufrechten Gang, artikulierte Sprache, Werkzeuggebrauch und abstraktes Denken unterscheidet.

Vorzeittafel: 100 Tausend Jahre
1766n grün Linnés Bezeichnung

HOMOSEXUALITÄT, Bezeichnung für sexuelle Beziehungen zwischen Angehörigen des gleichen Geschlechts (wörtlich: 'Eingeschlechtlichkeit'). Vor etwa 2700 Jahren in Griechenland als moralisch anerkannt, wurde sie geübt von Dichtern (Aischylos, Sophokles), von Philosophen (Plato, Aristoteles) und von Künstlern (Phidias, Polyklet), aber auch von Staatsmännern (Themistokles, Aristides), von Gesetzgebern (Lykurg, Solon) und von Königen (Philipp, Alexander der Große). In Rom ist die Sitte erst unter griechischem Einfluß im 3. Jahrhundert vor unserer Zeitrechnung heimisch geworden. In Assyrien verboten, in Palästina geächtet, fand sie bei Arabern und Türken Eingang. Im christlichen Europa verfolgt, seit der Gesetzgebung Kaiser Karls V. sogar mit Feuertod bedroht, wurde sie in Wahrheit durch die unnatürliche Einstellung der Kirche zur Sexualität und zur Frau, durch das Gebot der Ehelosigkeit für Priester sowie durch die reinen Männergemeinschaften in Klöstern und Kasernen gefördert. Nach dem Rückgang der kirchlichen Macht im Spätkapitalismus wurde sie durch die Übersättigung der herrschenden Klasse begünstigt. Da die arbeitenden Klassen von ihr im allgemeinen nur als Opfer betroffen wurden, ist sie in den sozialistischen Ländern eine absterbende Randerscheinung.

586v–501v Anakreon
533v blau Ibykos: Gedichte
502v blau Theognis: Lehrgedicht
87v–54v Katull
797n blau Abu Nuwas: Gedichte

HONAN, Name einer chinesischen Provinz im Innern des Landes. Wegen ihres milden Klimas, ihres fruchtbaren Lößbodens und ihrer hervorragenden Bewässerungsmöglichkeit durch den Hoang-Ho und andere Flüsse ist sie der 'Garten Chinas'. Hier gedeihen Reis, Mais, Weizen, Hirse, Baumwolle sowie Mohn für die Opiumgewinnung und der Maulbeerstrauch für die Seidenraupenzucht, die diese Provinz in der ganzen Welt bekannt machte. Reich an Bodenschätzen (Eisen, Kohle). Der Norden des Landes ist die Wiege der ältesten chinesischen Kultur (Hoang-Ho-Kultur) und ein Ausgangspunkt der staatlichen Einigung Chinas.

2697v–2628v Huang-Ti
1319v blau Gründung von An-Yang
1294v rot An-Yang Hauptstadt
1287v grün Weiße Keramik
1108v–1044v Wu
1099v–1016v Tschu
1044v rot Loyang Hauptstadt
792v–720v Ping-Lo
560n–618n Yang-Ti
605n blau Palaststadt Loyang

HONDO, größte Insel Japans. Umfaßt 62 % der Fläche des Inselreiches mit 67 % der Einwohner. Haupt-Schauplatz der japanischen Geschichte.

607n blau Horyuji-Tempel
623n blau Buddha-Gruppe in Nara
710n rot Nara Hauptstadt
710n blau Kaiserpalast in Nara
752n blau Buddha-Statue in Nara
794n blau Kyoto Residenzstadt
1397n blau 'Goldener Pavillon', Kyoto
1456n blau Entstehung Tokios
1480n blau Silberner Kaiserpalast
1639n grün Katsura-Park in Kyoto
1703n grün Zerstörung Tokios
1868n rot Tokio Hauptstadt
1886n blau Universität Tokio
1945n rot Atombombe auf Hiroschima

HONDURAS, Land in Mittelamerika zwischen Pazifischem und Atlantischem Ozean. Das ursprünglich von Leukas bewohnte Gebiet wurde im dritten Jahrhundert von Mayas in Besitz genommen. Nach einer etwa 600 Jahre währenden kulturellen Blütezeit der Mayas zog der größte Teil der Angehörigen dieses schöpferischen Indianervolkes nach Norden weiter. 1502n entdeckte dann Kolumbus das Land. 20 Jahre später wurde es spanisch und erhielt erst 300 Jahre später unter Francisco Morazan seine Unabhängigkeit zurück. Um die Jahrhundertwende geriet das bis heute fast ausschließlich von Farbigen bewohnte Land in wirtschaftliche Abhängigkeit von den USA, die es zum größten Bananen-Exportland der Erde entwickelten und allmählich auch politisch zu beherrschen suchten, ohne jedoch den Freiheitswillen des Volkes unterdrücken zu können.

1502n grün Entdeckung
1524n braun Spanischer Vorstoß
1524n rot Besitz Spaniens
1811n/1826n Kampf Lateinamerikas
1821n rot Unabhängigkeit
1920n rot Mitglied im Völkerbund
1945n rot Mitglied der UN

HONEGGER, Arthur (1892n–1955n), schweizerischer Komponist. In Le Havre geboren, ließ er sich nach Studien in Zürich mit 21 Jahren für immer in Paris nieder. Von der klassischen Musik geprägt, durch die moderne Verwerfung aller Regeln angesprochen, suchte er der Festlegung auf einen bestimmten neuen Stil zu entgehen, indem er für jedes Werk eine eigene, gerade seinem Inhalte entsprechende Form entwickelte. Auf diese Weise wurde sein Stil so bunt, wie es die Gegenstände seiner Kompositionen waren, die vom antiken Sagenstoff ('Antigone', 'König David') über Märchen ('1001 Nacht') und Geschichte ('Johanna auf dem Scheiterhaufen') bis zur modernen Technik ('Pacific 231') und zum Sport ('Rugby') alle Bereiche des menschlichen Lebens umfaßten.

1938n blau 'Johanna'

HONGKONG, Hafenstadt in Südchina auf der Insel Hongkong vor der Mündung des Perlflusses. Die 83 Quadratkilometer große unwirtliche Insel war im Opiumkrieg Hauptstützpunkt der englischen Flotte bei ihren Operationen gegen China. Sie mußte von den Chinesen nach ihrer Niederlage an die Engländer abgetreten werden, die sie zum bedeutendsten Handelshafen Ostasiens ausbauten. Von hier aus griffen die Engländer auch in die inneren chinesischen Umwälzungen ein. 1860n durch weite Gebiete der Halbinsel Kaulun erweitert, blieb sie auch nach der Befreiung des chinesischen Volkes von mandschurischer Fremdherrschaft (1911n) und von den eigenen, durch England und Amerika unterstützten Ausbeutern (1949n) noch in englischem Besitz, obwohl die Bevölkerung zu 99 % aus Chinesen besteht.

1839n/1842n Opiumkrieg
1842n rot Englischer Besitz
1860n rot Gebietserweiterung

HONIG, eines der ältesten Nahrungsmittel der Menschheit. Besteht aus süßem Saft von Blüten oder Blättern (Nektar), der im Körper von Bienen umgewandelt und durch Austrocknen haltbar geworden ist. In der germanischen Göttersage und in orientalischen Religionsbüchern (auch der Bibel) erwähnt, stellte er bis vor 200 Jahren in Europa das gebräuchliche Mittel zum Süßen von Speisen und Getränken dar. Um ein Mehrfaches teurer als Zucker, behauptete er sich bis heute als Stärkungs-, Genuß- und Heilmittel. Das vom sprichwörtlichen Fleiß der Bienen für die Ernährung ihrer Brut zusammengetragene Nahrungsmittel (etwa 1 Million erfolgreiche Suchflüge für 1 kg Honig) wird den Tieren weggenommen oder gegen minderwertigere Nahrung (Zuckerwasser) vertauscht.

2426v grün Bienenzucht in Ägypten
639v blau Relief 'Bienenzucht'
70v–19v Vergil

HONNECOURT, Villard de (um 1180n–um 1250n), französischer Bildhauer, Baumeister und Ingenieur. Verließ sein Heimatdorf in der Picardie (Nordfrankreich) und arbeitete in den Werkstätten der Kathedralen von Reims, Cambrai und Laon. Wegen der Kühnheit seiner Konstruktionen holte man ihn in die Schweiz (Lausanne) und nach Ungarn, wo er bei verschiedenen Kirchenbauten planend und gestaltend mitwirkte. Über seine Tätigkeit führte er ein Werkbuch mit 325 Federzeichnungen, das erhalten ist. Darin schrieb er auch die technischen Einzelheiten seiner Bauten nieder. Entwarf ein selbsttätig arbeitendes Sägewerk mit Wasserkraft-Antrieb und beschäftigte sich mit dem Plan zu einer Maschine, die sich aus eigener Kraft endlos bewegt (Perpetuum mobile).

1233n grün Bauhüttenbuch
1243n grün Sägewerks-Plan
1245n grün Perpetuum-mobile-Plan

HONNY SOIT, QUI MAL Y PENSE französische Inschrift auf der Ordensschnalle, die seit über 600 Jahren vom englischen König an die 25 höchsten Persönlichkeiten des Landes vergeben wird. Sie bedeutet 'Schande über den, der Schlechtes dabei denkt'. Nach einer im 17. Jahrhundert entstandenen Deutung soll König Eduard III. auf einem Hofball der von ihm geliebten Gräfin Salisbury ein Strumpfband aufgehoben haben und den spottenden Höflingen das spätere Ordensmotto zugerufen haben.

1348n grün Stiftung

HONORIA, Justa Grata (um 420n–um 450n), römische Prinzessin. Als Tochter des Kaisers Konstantius III. und der Galla Placidia mußte sie ein Keuschheitsgelübde ablegen, um nicht durch Nachkommen die Rechte ihres Bruders (Kaiser Valentinian III.) zu gefährden. Sieben Jahre später ging sie mit ihrem Vermögensverwalter Eugenius ein Liebesverhältnis ein. Als sie diesem ein Kind gebar, wurde sie nach Konstantinopel geschickt, während Eugenius sterben mußte. Durch Übersendung ihres Ringes an den Hunnenkönig Attila wollte sie dem ihr zugedachten Schicksal eines lebenslangen Kloster-Aufenthaltes entgehen. Als Attila daraufhin um ihre Hand anhielt, wurde sie schleunigst mit einem unbedeutenden Konsul verheiratet und verschwand für den Rest ihres Lebens streng bewacht im Schlosse von Ravenna.

410n–453n Attila
449n rot Verlobung mit Attila

HONORIUS, Flavius (384n–423n), römischer Kaiser. Jüngerer Sohn des Kaisers Theodosius II. Nach der Teilung des Römerreiches erster Herrscher über die westliche Hälfte und damit über Italien, Gallien, Britannien, Spanien, Portugal, Marokko, Algerien, Tunesien, Tripolitanien, Österreich, Schweiz, Bayern, Dalmatien und Pannonien. Neunjährig zum Kaiser ausgerufen, war er ein Werkzeug seines Feldherrn Stilicho, mit dessen Tochter er als 14jähriger verheiratet wurde. Auch nachdem er seinen Schwiegervater hatte ermorden lassen, vermochte er keine selbständigen Entscheidungen zu treffen, so daß die eigentliche Herrschaft in der Hand seiner Ratgeber und Feldherren blieb.

365n–408n Stilicho
374n–410n Alarich I.
377n–408n Arkadius
386n–418n Wallia
395n rot Herrscher Westroms
395n/403n Dritter Gotischer Krieg
397n rot Hosen-Verbot
398n rot Bodenreform
402n rot Residenz in Ravenna
403n rot Westgoten-Ansiedlung
404n rot Gladiatorenkampf-Verbot
405n/406n Kampf gegen Ostgoten
407n braun Rückzug aus Britannien
408n/412n Vierter Gotischer Krieg
409n rot Fremdvölker in Spanien
411n rot Portugal: Alanen-Reich
411n rot Spanien: Sueben-Reich
412n rot Westgoten in Gallien
413n rot Burgunder-Reich am Rhein
414n rot Ehe Schwester–Gotenkönig
416n rot Privileg für Christen
417n braun Sieg verbündeter Goten
417n rot Ende des Alanen-Reiches
418n rot Teile Galliens an Goten

HONORIUS I. (um 570n–638n), römischer Priester, Papst seit 625n. Als Sohn eines Konsuls zum Oberhaupt der katholischen Kirche aufgestiegen. Suchte die Stellung der Kirche auf der britischen Insel zu stärken und machte York zum Sitz eines Erzbischofs. Förderte in der Stadt Rom den Bau zahlreicher Kirchen. In einem Streit um die Frage des göttlichen oder menschlichen Wesens in Jesus Christus entschied er, daß nicht zwei Willen in Jesus wirksam gewesen sind, sondern nur ein einziger. Die Verurteilung dieser seiner Lehre durch ein späteres Konzil führte dazu, daß er selbst 43 Jahre nach seinem Tode von der Kirche als Ketzer verdammt wurde. Hierdurch erlitt die von der Kirche verkündete Unfehlbarkeit des Papstes in Glaubensfragen eine empfindliche Einbuße.

636n rot Machtgewinn in Irland
681n rot Verdammung

HONORIUS III. (um 1150n–1227n), römischer Priester, Papst seit 1216n. Als päpstlicher Schatzmeister ordnete er die Finanzen und wurde zum Oberhaupt der Kirche gewählt. Suchte der Bedrohung durch die Armutsbewegungen dadurch Herr zu werden, daß er auf der einen Seite die bereits sozialrevolutionär gewordenen Christen als Ketzer grausam verfolgte, dagegen aber den im Grunde ebenso eigentumsfeindlichen Franziskaner-Orden voll in die Kirche integrierte. Den von ihm gekrönten Kaiser Friedrich II. suchte er vergeblich zur Teilnahme an einem Kreuzzug nach Palästina zu bewegen. Durch seine Hilfestellung beim Aufbau des Dominikaner-Ordens schuf er der Kirche eine schlagkräftige Truppe.

1172n–1228n Walther von der Vogelweide
1192n blau 'Zinsbuch'
1194n–1250n Friedrich II.
1209n/1229n Katharer-Kreuzzug
1216n rot Dominikaner-Bestätigung
1223n blau Anklage durch Walther

HOOD, Robin, Heldengestalt der englischen Sage. Beschützte die Armen und Bedrückten gegen Grundherren, Gläubiger und Pfaffen. Verhöhnte die Richter, die im Interesse der Reichen und Mächtigen urteilten, und lebte als Geächteter mit seinen Getreuen in den Wäldern. In zahllosen Sagen, Balladen und Legenden seit dem 14. Jahrhundert verehrt. Eine erste Sammlung dieser Überlieferungen gab ein englischer Buchdrucker im 15. Jahrhundert heraus. Auch in die englische Dichtung von Shakespeare bis Scott ('Ivanhoe') fanden seine Heldentaten Eingang.

1451n blau Ballade

HOOKE, Robert (1635n–1703n), englischer Naturforscher. Als gelernter Mechaniker baute er ein verbessertes Mikroskop und entdeckte damit den Aufbau der Pflanzen aus einzelnen Zellen. Verbesserte die Genauigkeit der Taschen-Uhr durch eine Feder-Unruhe, baute ein Quecksilber-Barometer, ein Spiegel-Fernrohr, einen selbsttätig arbeitenden Regenmesser und erfand das für den Maschinenbau wichtige Universalgelenk. Erkannte in der Atmung einen der Verbrennung ähnlichen Prozeß. Fand das nach ihm benannte Gesetz der Elastizität über den Zusammenhang zwischen der inneren Spannung und der äußeren Form-Veränderung von Körpern. Entwarf eine Flugmaschine mit Windrad-Antrieb. Als Kurator der Royal Society stellte er dieser ersten europäischen Akademie der Wissenschaften die Aufgabe, durch das Experiment die vernünftigen Ursachen der Erscheinungen aufzufinden. Ermahnte die Gelehrten, ihre Zeit nicht mit Theologie und Metaphysik zu verlieren, sondern in der Wissenschaft vom Wort zur Tat fortzuschreiten.

1667n grün Pflanzenzelle
1676n grün Elastizitätsgesetz

HOPFEN, Kletterpflanze mit starken Wurzeln, die sich an Stangen bis zu 10 m emporranken kann. Aus ihren unreif geernteten Früchten (Zapfen) wird bitterer Würzextrakt von narkotisierender Wirkung für die Bierherstellung gewonnen. Die in Asien seit alters her bekannte Pflanze wird in Europa seit etwa 2500 Jahren angebaut, seit gut 1200 Jahren auch in Deutschland.

736n grün Anbau in Deutschland

HORAZ, römischer Dichter.

65v–8v Lebenslinie
20v blau Briefe über Dichtkunst
17v blau Preisgedicht

HORI, ägyptischer Schriftsteller.

1288v–1232v Lebenslinie
1244v blau Spottschrift

HORMONE, Sammelbezeichnung für feinste Wirkstoffe im menschlichen und tierischen Organismus. Von Drüsen oder Geweben erzeugt, bestimmt ihre Absonderung oder Abgabe ans Blut wesentliche Körper-Funktionen. Sie sind von Einfluß auf Wachstum, Erbmasse und Nerventätigkeit sowie auf das Gleichgewicht der Kräfte und Säfte. Ihre in Asien seit mindestens 1000 Jahren bekannte Wirksamkeit wird in Europa seit mehr als 100 Jahren erforscht. Durch medikamentöse Steuerung ihrer Produktion im menschlichen Körper sowie durch Zuführung tierischer oder künstlich gewonnener Präparate werden sie von der modernen Medizin in Heilvorgänge einbezogen. Ihren Namen, der auf das griechische Wort 'hormeo' (= 'ich treibe an') zurückgeht, gab ihnen 1905n der englische Physiologe E. H. Starling, mit dessen Arbeiten ihre planmäßige Erforschung begann.

987n grün Präparate in China
1849n grün Bertholds Forschungen
1921n grün Gewinnung von Insulin
1934n grün Butenandt: Synthese

HORN, Blasinstrument aus Blech, das sich durch besonders weichen Ton von allen anderen blechernen Blasinstrumenten unterscheidet. Aus dem Jagdhorn wurde es im 18. Jahrhundert zum Orchesterinstrument entwickelt. 1753n fand der deutsche Instrumentenbauer Hampel die gestopften Töne, sieben Jahre später fügte er dem Instrument die Stimmbögen der Trompete hinzu. Blühmel versah es 1815n mit Ventilen. Seit dieser Zeit wird es auch als Solo-Instrument verwendet.

1751n grün Orchesterinstrument

HORNKLOFI, Thornbjörn (um 850n bis um 910n), norwegischer Dichter. Als Gefolgsmann des norwegischen Normannen-Königs Harald Schönhaar nahm er an dessen Feldzügen teil und dichtete nach gewonnenen Kämpfen Loblieder auf seinen König. Nach der siegreichen Schlacht in der Hrafns-Bucht gelang ihm ein besonders schönes Lied, das unter dem Namen des Schlachtortes überliefert wurde.

881n blau Preislied

HORTENSIE, Name einer immergrünen Pflanze mit kopfgroßen Blütendolden, die aus unfruchtbaren Blütenblättern mit verfärbten Kelchen bestehen. Die vor fast 200 Jahren durch den Engländer Joseph Banks nach Europa eingeführte Pflanze wurde von dem französischen Naturforscher Commerson nach seiner Freundin Hortense benannt.

1788n grün Einführung in Europa

HORUS, Name eines Gottes der Ägypter, der in der Gestalt eines Falken symbolisiert wurde, dessen Flügel den Himmel bilden und dessen Augen Sonne und Mond darstellen. In der ägyptischen Göttersage Sohn von Isis und Osiris, rächte er den Tod seines Vaters an dessen Mörder Seth. In der ägyptischen Politik wurde sein Name zum Titel und Beinamen des Königs, der als seine irdische Verkörperung ausgegeben wurde.

2928v blau Höchster Gott
2878v rot Königstitel
2757v–2681v Neter-Imu
2727v–2672v Per-Ib-Sen
2697v–2650v Ka-Sechemui
2695v rot Volksfest
172v blau Tempel in Edfu

HORYUJI-TEMPEL, Name des bedeutendsten buddhistischen Heiligtums in Japan. Die fünfstöckige Pagode erlangte Berühmtheit durch ihre 'goldene Halle'. Im Jahre 586n wurde auf Veranlassung des fünfzehnjährigen Prinzen Schotoku mit dem Bau begonnen, der nach zwanzig Jahren vollendet war. Einer der ältesten Holzbauten, der sich bis in die Gegenwart erhalten hat.

572n–621n Schotoku
607n blau Fertigstellung

HOSEA, Prophet in Israel.

784v–725v Lebenslinie
741v blau Sündenvergebung

HOSENBANDORDEN, Name der höchsten englischen Auszeichnung, deren Verleihung mit der Aufnahme in den Kreis von höchstens 26 Persönlichkeiten verbunden ist, zu denen stets der englische Herrscher gehört. Wird nur Angehörigen regierender Herrscherhäuser und des englischen Hochadels verliehen. Mit der Verleihung ist die Übergabe der Ordensschnalle verbunden, die aus einem blauen Strumpfband besteht, auf dem in Goldstickerei in französischer Sprache das Motto steht: 'Honni soit qui mal y pense' ('Schande über den, der Schlechtes dabei denkt'). Seine weltweite Berühmtheit verdankt der Orden einer Geschichte, die erst 324 Jahre nach seiner Stiftung in einem Buche von Elias Ashinole auftauchte. Danach soll König Eduard III. auf einem Hofball der von ihm geliebten Gräfin Salisbury ein Strumpfband aufgehoben haben und den spottenden Höflingen das spätere Ordensmotto zugerufen haben.

1348n grün Stiftung

HOSENTRÄGER, Haltebänder zum Festhalten schlecht anliegender Hosen. Für Kinder seit Jahrhunderten bekannt und auch bei Volkstrachten und in der Handwerkerkleidung gebräuchlich, fanden sie mit dem Aufkommen von weiten Hosen nach der französischen Revolution allgemeine Verbreitung.

1794n grün Aufkommen in Frankreich

HOSTIA (um 55v–um 25v), Römerin. Errang die Neigung des 18jährigen Dichters Properz und blieb fünf Jahre seine Geliebte. Als 'Zynthia' ging sie in seine Dichtungen ein. Auch nach ihrem frühen Tode wurde sie noch von Properz besungen.

49v–15v Properz

HOSTIE, von dem lateinischen Worte 'hostia' (= Opfer) abgeleitete Bezeichnung für das Brot, das sich nach christlichem Glauben beim Gottesdienst vom Priester in den Leib des Religionsstifters Jesus Christus verwandelt. Meist als dünne Scheibe aus Wasserteig von Weizenmehl (Oblate) den Gläubigen dargeboten und von ihnen verzehrt.

786n–861n Radbertus
845n blau Leib des Jesus
1000n–1088n Berengar von Tours
1044n blau Nicht Leib des Jesus
1308n–1368n Orcagna

HO-TSCHI-MINH (1890n–1969n), vietnamesischer Staatsmann. Sohn eines gelehrten Beamten (Mandarin). Nach der Einkerkerung seiner Familie durch die französischen Kolonialherren seiner indonesischen Heimat schlug er sich als Schiffsjunge nach Europa durch, wo er in England und Frankreich arbeitete und studierte. Als Kommunist ausgewiesen, ging er nach China und wurde Berater Tschiang-Kai-Scheks. 1930n gründete er die Kommunistische Partei Indochinas und kämpft seitdem für die Befreiung seines Heimatlandes. Nach der Vertreibung der französischen Kolonialmacht wurde er Staatsoberhaupt des befreiten Nordvietnam, wo er den Kommunismus einführte. Seit der Besetzung Südvietnams durch Truppen der USA unterstützt er die dort um ihre endgültige Befreiung ringenden Kräfte. Durch seinen Sieg über die Franzosen im Jahre 1954n (Dien-Bien-Phu) und durch seinen Widerstand gegen die waffenmäßige Übermacht der Nordamerikaner wurde er in weiten Teilen der Welt zum Symbol der Unbesiegbarkeit der farbigen Völker und des Kommunismus.

1945n/1954n Erhebung Südostasiens
1954n rot Vietnam frei und geteilt
1955n rot Nordvietnam kommunistisch
1960n/ Revolution Indochinas

HOTTENTOTTEN, Hirtenvolk im Süden Afrikas. Der Name bedeutet 'Stotterer' und wurde den Angehörigen dieses Volkes von den Holländern Südafrikas gegeben wegen der Schnalzlaute in ihrer Sprache. Lebten vor dem Eindringen der Europäer als Nomaden in mitgeführten Hütten aus Matten und ernährten sich von Viehzucht, Jagd und Wurzelsuche. Kannten bereits die Eisengewinnung und -verarbeitung. Durch Branntwein und Tabak der Weißen demoralisiert, wurden sie schnell das Opfer der europäischen Kolonialmächte, die ihren Widerstand mit überlegenen Waffen brachen. Nach der Aufhebung der deutschen Kolonialherrschaft durch den Völkerbund (1920n) wurden sie als Bürger zweiter Klasse der Südafrikanischen Union einverleibt.

1903n/1907n Aufstände

HOWARD, Katharina (1521n–1542n), englische Königin. Fünfte Frau des englischen Königs Heinrich VIII., der die knapp 20jährige als 50jähriger Mann heiratete. Nach fast zweijähriger Ehe von ihrem Manne der Untreue bezichtigt, wurde sie im englischen Staatsgefängnis (Tower) eingekerkert und hingerichtet.

1491n–1547n Heinrich VIII.

HOWE, Elias (1819n–1867n), nordamerikanischer Erfinder. Als Mechaniker einer Maschinenfabrik beschäftigte er sich bereits 18jährig in seiner Freizeit mit der Verbesserung der Nähmaschine. Seine aus Metall gebaute Maschine stattete er mit einer Nadel aus, deren Öhr unmittelbar unter ihrer Spitze lag. So konnte er in die durch den Stoff gestochene Fadenschleife mit Hilfe eines Schiffchens einen zweiten Faden schießen, wodurch eine Doppelnaht entstand. Als 25jähriger vollendete er seine Maschine, indem er den einzuschiebenden Stoff waagerecht statt hochkant einschob. Dieses mit 300 Stichen pro Minute arbeitende Modell ließ er sich patentieren und baute es in einer eigenen Werkstatt. Verdiente 2 Millionen Dollar an seiner Erfindung.

1845n grün Nähmaschine

HRADSCHIN, Stadtteil von Prag (Tschechoslowakei) hoch über der übrigen Stadt auf dem linken Ufer der Moldau. Hier erhebt sich neben Palästen und Kirchen (Veitsdom) beherrschend die mehrmals umgebaute Hofburg mit über 700 Räumen. Der Dreißigjährige Krieg nahm hier seinen Anfang, als im Jahre 1618n zwei Statthalter und der Geheimschreiber des deutschen Kaisers von böhmischen Protestanten aus dem Fenster der Hofburg geworfen wurden.

1310n blau Stadtgründung
1330n–1399n Peter Parler
1341n blau Veitsdom begonnen
1385n blau Veitsdom vollendet
1618n braun Fenstersturz

HSIA, Kwei (um 1180n–um 1230n), chinesischer Maler. Ersetzte die liebliche Farbigkeit der Landschaftsmalerei durch eine Schwarz-Weiß-Technik in Tusche. Dabei wurde das Motiv nur angedeutet, das Bild erhielt aber durch vielfältige Abstufung des Grau Tiefe und Atmosphäre. So sprach er die Phantasie des Betrachters an. Seine Stärke lag in der Darstellung von Tages- und Jahreszeit, die er durch Dichte und Gestalt des Dunstes charakterisierte ('Sommerlandschaft', 'Regentag', 'Morgen am Bach').

1201n blau 'Herbststurm'
1208n blau 'Wasserfall'

HSIAN-WANG, chinesischer Kaiser von 828v bis 782v.

849v–782v Lebenslinie
822v braun Sieg über Hunnen
810v grün Bau von Wällen
791v braun Angriff der Hunnen

HUANG-TI, chinesischer Kaiser.

2697v–2628v Lebenslinie
2664v rot Einigung der Stämme
2657v rot Ansiedlung am Hoang-Ho
2652v/2646v Ausdehnungskrieg
2646v rot Gebietsgewinn
2640v rot Staatsgründung
2637v braun Sieg über Hunnen
2637v rot China Kaiserreich
2637v rot Kaiser Chinas
2630v grün Kalender

HUANG-TSCHIN (um 720v–643v), chinesischer Fürst. Als Herrscher über das volkreichste Land Chinas (Tschin) baute er, gestützt auf dessen reiche Eisen-Vorkommen, das stärkste Heer Chinas auf. In Kuan-Tse hatte er den überragendsten Staatsmann der Zeit zum Kanzler. Von den 14 Fürsten des chinesischen Reiches wurde er zum Präsidenten gewählt. Aber seine Hoffnung, an die Stelle des Kaisers treten zu können, erfüllte sich nicht.

733v–645v Kuan-Tse
685v rot Präsident
685v grün Staatsmonopole
676v grün Geldabgaben
659v grün Handelssteuern

HUA-TO, chinesischer Arzt und Naturforscher.

190n–265n Lebenslinie
225n grün Narkose
253n grün Schädeloperation

HUBAISCH (um 750n–um 850n), arabischer Arzt. Nach Abschluß seiner medizinischen Studien ließ er sich in seiner Heimatstadt Bagdad als Arzt nieder. Übersetzte zahlreiche medizinische Schriften der Griechen ins Arabische, darunter den Schwur des griechischen Arztes Hippokrates, in dem er die Grundlage der ärztlichen Ethik erblickte. Übertrug auch die fünfbändige Arzneimittellehre des griechischen Arztes Dioskurides.

907n grün Dioskurides-Übersetzung

HUBERT van Eyck (um 1370n–1426n), niederländischer Maler aus Maaseyck (Belgien). Überwand die Temperatechnik durch die Verwendung von Harzölfarben. Begann den Genter Altar. Dabei verzichtete er auf eine architektonische Verbindung der Einzelbilder durch die üblichen Schnitzereien und schloß die Gemälde nur durch Zolzrahmen zusammen.

1390n–1441n Jan van Eyck
1432n blau Genter Altar vollendet

HUBMAYR, Balthasar (um 1485n bis 1528n), deutscher Freiheitskämpfer. Als Prediger eines reformierten Christentums in Waldshut (Oberrhein) persönlicher Freund von Thomas Münzer und Zwingli. Erklärte den an Unmündigen vollzogenen Taufakt als ungültig und forderte die Taufe der Erwachsenen ('Wiedertäufer'). Sein Eintreten für die aufständischen Bauern führte zu der Beschuldigung, daß er der Verfasser ihrer 12 Artikel sei und trug ihm Kerkerhaft ein. In Zürich zum Widerruf gezwungen, ging er über seinen Heimatort Friedberg bei Augsburg nach Nikolsburg in Mähren. Dort scharten sich in einem Jahre 12 000 Anhänger um ihn, und er verfaßte für sie 18 Schriften. Darin verwarf er allen staatlichen und kirchlichen Zwang. Forderte apostolische Gütergemeinschaft und verfocht die Freiheit des menschlichen Willens. Auf persönlichen Befehl Ferdinands I. erneut verhaftet und in Wien nach Folterung verbrannt, während man seine Frau in der Donau ertränkte.

1528n rot Hinrichtung

HUBSCHRAUBER

1937n grün Fockes Konstruktion

HUCBALD (um 840n–930n), flandrischer Musik-Schriftsteller. Als Mönch des Klosters St. Armand (Belgien) baute er mehrstimmige Chöre auf und wurde Leiter einer Sängerschule. Zur Veranschaulichung des Steigens und Fallens der Tonhöhen benutzte er parallele waagerechte Striche und stellte in dieses erste System von Notenlinien lateinische Buchstaben zur Bezeichnung der Töne. Schrieb die Regeln des mehrstimmigen Gesanges in einem Buche nieder. Verfaßte auch Lebensbeschreibungen berühmter Männer.

918n blau Mehrstimmiger Gesang

HUDSON, Fluß in Nordamerika. Benannt nach dem englischen Seefahrer Henry Hudson, der ihn 1609n entdeckte. Entspringt östlich des Ontario-Sees nahe der kanadischen Grenze der USA und fließt in südlicher Richtung, wo er nach 520 Kilometern den Atlantik erreicht. Die in seinem Mündungstrichter gelegene Insel Manhattan ist das Zentrum der Stadt New York. Durch Kanäle mit dem Erie-See verbunden, bildet er die direkte Wasser-Straße von dem bedeutenden Industrie-Gebiet um Chicago und Detroit zum New Yorker Hafen.

1609n grün Entdeckung
1613n rot Holländer auf Manhattan
1626n grün Handel mit Manhattan
1626n rot Manhattan holländisch
1626n blau Gründung von New York

HUDSON, Henry (um 1550n–1611n), englischer Seefahrer. Im Auftrage reicher Kaufleute suchte er einen Seeweg nach China durch das nördliche Eismeer. Dabei entdeckte er den Tier-Reichtum des Polargebiets und gab durch seine Kunde hiervon Anstoß zu den großen Robben-Jagden der folgenden Jahrhunderte. Bei seinem dritten Versuch zur Auffindung der Nord-Passage zwang ihn seine Mannschaft auf der Höhe von Nowaja-Semlja (Nord-Rußland) zur Umkehr, und er landete in Nordamerika bei der Mündung des später nach ihm benannten Flusses. Auf einer neuerlichen Fahrt in dieses Gebiet überwinterte er in Amerika und wurde auf der Rückfahrt nach Europa von der meuternden Mannschaft mit seinem Sohn und sechs ihm treu ergebenen Matrosen in einem Beiboot dem Meere preisgegeben.

1609n grün Entdeckung des Hudson

HÜAN-TSANG, chinesischer Forschungsreisender.

602n–664n Lebenslinie
646n grün Reisebericht

HÜAN-TSUNG, chinesischer Kaiser von 713n bis 756n.

685n–762n Lebenslinie
714n blau Schauspielschule
717n blau Hanlin-Akademie
725n blau Gelehrten-Kollegium
730n grün Verkehrsprobleme
745n grün Postwesen
748n grün Zeitung
751n braun Niederlage gegen Araber
751n rot Gebietsgewinn der Araber
755n grün Changan Millionen-Stadt
756n/764n Bürgerkrieg

HUFEISEN, schützender Belag des Hornschuhes (Huf) bei Arbeitstieren.

795v grün Flechtwerk-Hufschutz
192v grün Gebrauch in Europa
291n grün Befestigung durch Nägel

HUGENBERG, Alfred (1865n–1951n), deutscher Politiker. Im Alldeutschen Verband für Großmachtpolitik führend tätig, wurde er 1909n Generaldirektor der bedeutendsten deutschen Rüstungsfabrik (Krupp). Im ersten Weltkrieg gründete er mit Geldern der Großindustrie eine Propaganda-Zentrale. Kaufte den Scherl-Verlag, das Nachrichtenbüro TU, das Anzeigenbüro ALA und die Ufa-Filmgesellschaft. Mit Hilfe dieser Führungsmittel der öffentlichen Meinung (Hugenberg-Konzern) erzeugte er nach dem verlorenen ersten Weltkriege eine neue nationalistische Stimmung. Die klassenbewußten Besitzbürger sammelte er in der Deutschnationalen Volkspartei, die er seit 1928n leitete. Beim Zusammenbruch des liberalen Kapitalismus führte ihn seine Furcht vor einer kommunistischen Revolution zum offenen Bündnis mit den Faschisten (Harzburger Front). Nach der von ihm betriebenen Machtübergabe an Hitler wurde er dessen erster Wirtschaftsminister.

1891n rot Alldeutscher Verband
1916n rot Propagandakonzern
1931n rot Harzburger Front
1933n rot Hitler Reichskanzler

HUGENOTTEN, Name der französischen Protestanten, die mit ihrem Versuche zur Reformation Frankreichs scheiterten und die daraufhin zu Hunderttausenden nach Holland und der Schweiz sowie in die nicht-katholischen deutschen Länder auswanderten oder in Frankreich für ihre Gleichberechtigung kämpften.

1532n rot Zulauf zu Protestanten
1538n rot Verfolgung
1553n–1610n Heinrich IV.
1561n rot Vermittlungsversuch
1562n/1598n Hugenottenkriege
1573n grün Auswanderung
1576n rot Bund der Gegner
1579n blau Plessis-Mornays Schrift
1585n–1642n Richelieu
1593n rot Heinrich IV. Katholik
1598n rot Duldung
1604n blau Memoiren der Margarete
1615n blau Buch über Verfolgungen
1620n–1688n Der Große Kurfürst
1627n braun Erhebung von La Rochelle
1638n–1715n Ludwig XIV.
1685n rot Ende der Toleranz
1685n rot Auswanderungsverbot
1685n rot Aufnahme in Brandenburg
1685n grün Auswanderung
1702n/1710n Kamisarden-Aufstand
1938n blau H. Mann: 'Heinrich IV.'

HUGHES, David Edward (1831n–1900n), englischer Naturwissenschaftler. Seit seinem 7. Lebensjahr in Nordamerika, erhielt er 20jährig ein Lehramt für Musik und bald darauf eine Professur für Naturwissenschaft in Kentucky. Vier Jahre später zog er sich zurück, um sich ganz dem Bau des Telegraphen zu widmen, der selbsttätig Buchstaben druckt. Durch genaue Übereinstimmung der Sende- und Empfangsgeschwindigkeit war sein Gerät allen gleichzeitig entwickelten überlegen. Nach London zurückgekehrt, baute er ein Mikrophon, das leiseste Geräusche in Stromschwingungen verwandelte. Auch hier setzte sich seine Erfindung infolge ihrer Qualität durch gegenüber früheren Konstruktionen von Robert Lüdtge in Berlin und Emil Berliner in Amerika. Baute schon 1879n eine aus Sender und Empfänger bestehende Anlage zur drahtlosen Übermittlung von Geräuschen über eine Entfernung von 400 Metern.

1855n grün Telegraph
1878n grün Mikrophon

HUGO, Victor (1802n–1885n), französischer Dichter. Als Sohn eines Generals begleitete er früh den Vater auf Kriegszügen. Aller Gewalt abhold, wandte er sich 15jährig der Dichtkunst zu, studierte in Paris und wurde freier Schriftsteller. Nach Gedichten und Romanen durchbrach er mit seinem Theaterstück 'Cromwell' das Gesetz der Einheit von Ort, Zeit und Handlung. In seiner Zeitschrift 'Die französische Kunst' machte er sich zum Wortführer einer neuen gefühlsbetonten, unbürgerlichen Dichtkunst (Romantik) und machte sich zu ihrem Wortführer durch Herausgabe der Zeitschrift 'Die französische Kunst'. Sein Drama 'Der König vergnügt sich' wurde verboten. So wandte sich der herkömmlich kaisertreue Dichter stärker den liberalen und revolutionären Kräften zu und wechselte in der Nationalversammlung von 1848n von der Rechten auf die äußerste Linke über. Nach seiner Verbannung durch Napoleon III. rechnete er von der Kanalinsel Jersey aus mit der Restauration ab ('Napoleon der Kleine'). In seinem zehnbändigen Roman 'Die Elenden' griff er die soziale Frage auf. Seine Sympathie für die Pariser Kommune machte ihn zu einem Gegner Deutschlands, dessen Truppen an ihrer Niederwerfung teilnahmen.

1831n blau 'Glöckner von Notre Dame'
1862n blau 'Die Elenden'

HUGO von Cluny (1024n–1109n), französischer Priester. Als Sohn eines flandrischen Grafen wurde er Schüler des Abtes Odilo und dessen Nachfolger als Vorsteher des Klosters Cluny (Frankreich). Durch seine weitreichenden persönlichen Beziehungen führte er Cluny auf den Höhepunkt seiner Macht. War Berater des Kaisers Heinrich III. und Taufpate Heinrichs IV., zugleich aber Ratgeber von neun Päpsten, die ihm teilweise ihre Wahl ins höchste Kirchenamt verdankten. Der Anschluß von rund 2000 europäischen Benediktiner-Klöstern mit mehr als 10 000 Mönchen stellte seine Entscheidungen auf eine breite Grundlage. Auf dem Höhepunkt des Kampfes zwischen Kaisertum und Papsttum war er in Canossa anwesend und bestimmte Papst Gregor VII. zum Einlenken gegenüber dem Kaiser.

1049n rot Abt von Cluny
1077n rot Canossa-Gang Heinrichs
1090n blau Bau der Klosterkirche
1100n rot Kloster-Vereinigung

HUGO von St. Viktor (1096n–1141n), deutscher Philosoph und Naturforscher. Nach Abschluß seiner Ausbildung in der Klosterschule von Hamersleben trat er 19jährig in das Kloster St. Viktor von Paris ein, wurde dort später Lehrer und schließlich Schulleiter. Förderte Lehre und Forschung der Physik durch seine Theorie vom atomistischen Aufbau der Materie. Erkannte den elementaren Wert der Mathematik für alle Wissenschaften. Wegen seiner Gleichsetzung des Gottesbegriffes mit einer angenommenen Weltseele und der Forderung nach unmittelbarer Verbindung des Menschen mit dem göttlichen Prinzip durch Selbstversenkung (Mystik) wurde er von kirchlicher Seite heftig angegriffen. Schrieb eine Geschichtsphilosophie, derzufolge die Menschheitskultur von einem Volke zum anderen wandert, und zwar von Osten nach Westen.

1141n blau 'Geheimnisse des Glaubens'

HUGO von Trimberg (um 1230n bis 1314n), deutscher Dichter. Verfaßte als Schulleiter in Bamberg mehrere Lehrgedichte. Berühmt wurde er durch sein Gedicht 'Der Renner', an dem er über 20 Jahre lang arbeitete. In 24 000 Versen enthält es eine große Morallehre, eingeteilt nach den sieben Todsünden und durchsetzt mit immer neuen Fabeln, Märchen, Anekdoten, Legenden, Gleichnissen und persönlichen Erlebnissen. Seine Kritik an den gesellschaftlichen Schwächen seiner Zeit klingt aus in der Ermahnung, daß auch Richter und Pfaffen mit dem Volke verwandt sind. Schrieb eine Geschichte der lateinischen Literatur und ein Sammelwerk mit 200 Kurzbiographien berühmter Männer.

1313n blau 'Renner'

HUHN, Haustier aus der Gattung der Fasan-Vögel. In Vorderasien vor mindestens 5000 Jahren gezähmt, entwickelte es sich zu einem besonders nützlichen Wesen. Von allen Abfällen in Haus und Feld leicht zu ernähren, legte es mit kurzen Unterbrechungen täglich ein Ei, war selbst eine schmackhafte, leicht verdauliche Nahrung und lieferte Bettfedern. Verbreitete sich über die ganze Erde.

1472v grün Zucht in Ägypten
573v grün Zucht in Griechenland

HUIZINGA, Johan (1872n–1945n), holländischer Historiker. Wurde Schullehrer, dann Geschichtsprofessor in seiner Heimatstadt Groningen und in Leiden. Aller Geschichtsphilosophie abhold, sah er in der historischen Überlieferung nicht mehr und nicht weniger als die Rechenschaft der Menschheit über ihren eigenen Werdegang. In seinem Hauptwerk suchte er die Einheit Europas aus ihren historischen Wurzeln darzutun ('Herbst des Mittelalters'). Schrieb kulturkritische Studien über das Spiel ('Homo ludens') und die Gesellschaft ('Gemarterte Welt'). Nach der Besetzung Hollands durch deutsche Truppen als Gegner des Faschismus eingekerkert.

1939n blau 'Homo ludens'

HULAGU-KHAN, mongolischer Herrscher von 1256n bis 1265n.

1217n–1265n Lebenslinie
1207n/1279n Großer Mongolenkrieg
1256n rot Gewinn Persiens
1258n rot Ende des Araber-Reiches
1258n rot Gewinn Bagdads
1259n grün Sternwarte
1265n grün Postdienst

HUMANISMUS, aus dem lateinischen Worte 'humanus' (= menschlich) abgeleitete Bezeichnung für Bestrebungen des 14., 15. und 16. Jahrhunderts, die Unmenschlichkeit des christlichen Europa zu überwinden durch Wiederbelebung der vorchristlichen und von der Kirche als 'heidnisch' verworfenen altgriechischen und altrömischen Kultur. Später kennzeichnete das Wort ein Erziehungssystem, das Menschenbildung aus der Lektüre griechischer und lateinischer Bücher schöpfen wollte. Seit dem 19. Jahrhundert diente es zur Behauptung eines Dünkels jener Teile des Besitzbürgertums, die sich Kenntnisse der griechischen und lateinischen Sprache angeeignet hatten und glaubten, damit auch eine höhere Form von Menschlichkeit erworben zu haben.

1304n–1374n Petrarca
1313n–1375n Boccaccio
1350n–1415n Chrysoloras
1377n–1446n Brunellesco
1396n blau Griechisch-Lehrbuch
1404n–1472n Alberti
1408n–1457n Valla
1442n blau Vallas Lebensideal
1445n blau Gleichheitsideal
1447n blau Plethons Reformforderung
1452n–1519n Leonardo da Vinci
1454n blau Peurbachs Vorlesungen
1457n blau Albertis Lebensideal
1459n blau Plato-Akademie Florenz
1460n blau Philosophische Religion
1465n–1536n Erasmus von Rotterdam
1466n blau Griechisch-Lehrstuhl
1478n blau Griechisch-Unterricht
1485n blau Äsop-Übersetzung
1494n blau Lehre des Mirandola
1495n blau Aristoteles-Druck
1497n–1560n Melanchthon
1505n blau Wimpfelings Geschichte
1506n blau Hebräische Sprachlehre
1507n blau Cäsar-Übersetzung
1509n blau Spottschrift auf Kirche
1513n blau Machiavelli: 'Der Fürst'
1515n blau 'Dunkelmänner-Briefe'
1516n blau Thomas More: 'Utopia'
1516n blau Erasmus: Neues Testament
1518n blau Griechische Grammatik
1519n blau Justinian-Übersetzung
1521n blau Hutten: Gesprächsbüchlein
1527n blau Vives: Persönlichkeit
1530n blau Collège royal in Paris
1532n blau Stephanus: Wörterbuch
1537n blau Homer-Übersetzung
1542n blau Franck gegen Kirche
1543n blau Fürstenschulen

HUMANITÉ, Name einer französischen Tageszeitung (wörtlich: 'Menschlichkeit'). Sie wurde von dem französischen Sozialistenführer Jean Jaurès gegründet und unter Leitung von Marcel Cachin 1920n Organ der Kommunistischen Partei Frankreichs.

1904n blau Gründung

HUMBER, Name der 60 km langen Mündungsbucht der beiden Flüsse Ouse und Trent an der Ostküste Englands, etwa 200 Kilometer nördlich von London.

43n/50n Erster Britannischer Krieg

HUMBOLDT, Alexander (1769n–1859n), deutscher Naturforscher. Nach Studienjahren in Berlin und Göttingen besuchte er die Bergakademie Freiberg und wurde Oberbergmeister. Erforschte Gesteine und verbesserte die Bergbau-Technik (Erfindung einer nicht auslöschenden Lampe). Unternahm Entdeckungsfahrten nach Mittel- und Südamerika sowie ins russische Asien. Bei der Besteigung des Chimborazo bezwang er mit 5759 Metern die größte von Menschen bis dahin erreichte Höhe. Veröffentlichte eine Reisebeschreibung in 30 Bänden. Dann systematisierte er seine Beobachtungen und stellte sie zusammenfassend dar ('Kosmos'). An der Berliner Universität suchte er Hegels spekulative 'Naturphilosophie' naturwissenschaftlich zu widerlegen. Entschiedener Gegner der Sklaverei und Freund der antikolonialen Freiheitsbewegungen. Schuf eine Klimalehre und legte den Grund für eine Tier- und Pflanzen-Geographie.

1845n blau 'Kosmos'

HUMBOLDT, Wilhelm (1767n–1835n), deutscher Staatsmann und Sprachforscher. Wie sein Bruder Alexander von universalem Wissensdrang. Wandte sich nach Studien des griechisch-römischen Altertums der Dichtung zu, trat in freundschaftliche Verbindung mit Goethe und Schiller und schrieb selbst Gedichte, Übersetzungen und literaturkritische Arbeiten. Die Hoffnung auf durchgreifende Reformen ließ ihn als Leiter des Kulturressorts in den preußischen Staatsdienst eintreten. Baute die Berliner Universität auf, förderte das Erlernen alter Sprachen in den Gymnasien und setzte sich für die Heranbildung freier, selbstbewußter Persönlichkeiten ein. Wegen seiner Kritik an den restaurativen Karlsbader Beschlüssen (Zensur) entlassen, zog er sich auf seine wissenschaftlichen Arbeiten zurück. Begründete die vergleichende Sprachwissenschaft. Verkündete das Recht des Einzelnen gegenüber dem Staate in seiner Schrift über die natürlichen Grenzen der Staatsgewalt.

1810n blau Universität Berlin
1822n blau Über Geschichtsschreibung
1835n blau Über Kawi-Sprache

HUME, David, englischer Philosoph, Geschichtsschreiber und Staatsmann.

1711n–1776n Lebenslinie
1747n blau 'Über den Verstand'
1752n blau Geschichte Englands

HUMILIATEN, Name einer Bruderschaft von Mailänder Webern, die sich der Ausbeutung durch genossenschaftlichen Zusammenschluß entziehen wollten. Von Peter Waldes über den engen Zusammenhang zwischen religiöser und sozialer Befreiung belehrt, gründeten sie ein Arbeitskloster und schlossen sich der starken antipäpstlichen Katharerbewegung an. 1184n wurden sie deshalb von Papst Lucius III. exkommuniziert. Papst Innozenz III. gliederte sie 17 Jahre später der katholischen Kirche ein, um die für die Kirche bedrohlich angestiegene Katharerbewegung durch Spaltung zu schwächen.

1155n grün Zusammenschluß
1201n rot Kirchlicher Orden

HUMORAL-PATHOLOGIE, von dem griechischen Arzt Hippokrates entwickelte Auffassung, daß die menschliche Gesundheit in der richtigen Mischung der vier Grundsäfte des Körpers (Blut, Schleim, gelbe Galle, schwarze Galle) besteht. Diese 'Säftelehre' beherrschte trotz ihrer Widerlegung durch Asklepiades ('Solidar-Pathologie') mehr als zweitausend Jahre lang die europäische Medizin, bis sie durch Morgagni ('pathologische Anatomie') und Virchow ('Zellular-Pathologie') endgültig überwunden wurde.

460v–375v Hippokrates
385v grün Hippokrates' Lehre
304v–240v Erasistratos
129v–40v Asklepiades
60v grün Asklepiades Gegner
1761n grün Organ-Erkrankungen
1858n grün Zellen-Erkrankungen

HUNAIN, Abu, arabischer Sprachgelehrter, Philosoph, Naturforscher und Arzt

806n–873n Lebenslinie
844n blau Plato-Übersetzung
849n blau Aristoteles-Übersetzung
860n grün Medizin-Werke übersetzt
869n blau Bibel-Übersetzung

HUNAIN, Ibn (um 840n–911n), arabischer Arzt. Als Sohn des Medizin-Historikers Abu Hunain setzte er nach dem Selbstmord seines Vaters im Jahre 873n dessen Geschichtswerk über die großen Ärzte der Araber fort und brachte es 20 Jahre später zum Abschluß.

903n grün Geschichte großer Ärzte

HUND, ältestes wirkliches Haustier des Menschen. In etwa 300 Arten über die ganze Erde verbreitet. Durch Zähmung und Dressur verschiedener Klein-Raubtiere (Wolf und Schakal) vor etwa acht Jahrtausenden herangezogen, befähigte er den Menschen zur Haltung von Nutztieren in Herden. Durch seine Bereitschaft, sich zur Bewachung anderer Tiere gebrauchen zu lassen, legte er den Grund für eine gesicherte Existenz des Menschen, schuf aber zugleich das Modell für die Beherrschung ganzer Völker durch einzelne Menschen mit Hilfe von Beamten, Richtern, Priestern, Polizisten und Soldaten sowie für die Dienstbarmachung arbeitender Menschenmassen durch eine schmarotzende Minderheit mit Hilfe von Angestellten und privilegierten Vorarbeitern (Klassengesellschaft). Sein Gehorsam und seine Intelligenz erlaubten seine Verwendung als Jagd-Gehilfe, als Wächter, als Blindenführer. Neben diese nützlichen Tätigkeiten trat in den Städten seine Benutzung als bloßer Gespiele des Menschen.

2918v blau Ägyptische Darstellung
2827v blau Jagdhund-Plastik
2802v blau Relief 'Windhunde'
2736v grün Ägyptische Hundegräber
2673v blau Kupferplastik in Lotal
1826v blau 'Trächtige Hündin'
1782v blau 'Hund des Sumu-La-Ilu'
1494v blau 'Lieblings-Hündin'
1103v blau 'Hunde verfolgen Hyäne'
737v grün Hunde-Friedhöfe
1477n–1576n Tizian

HUNDERTJÄHRIGER KRIEG

1338n/1453n Krieg
1340n rot Ansprüche auf Flandern
1346n rot Normandie englisch
1375n rot Rückzug Englands
1412n–1431n Jeanne d'Arc
1422n rot Nordfrankreich englisch
1429n rot Rückzug Englands
1430n rot Jeanne d'Arc gefangen
1431n rot Jeanne d'Arc verbrannt
1439n grün Heeresreform Frankreichs
1453n rot Rückzug Englands

HUNDSSTERN, hellster Fixstern. Von den Ägyptern 'Sothis' genannt, wurde er Ausgangspunkt des ägyptischen Kalenders. War er nach längerer Unsichtbarkeit zum ersten Male am Morgenhimmel wieder zu sehen, so feierte man den Beginn eines neuen Jahres. Da dieses 'Sothisjahr' aber um einen Vierteltag vom Sonnenkalender und damit vom Ablauf der Jahreszeiten (Nilüberschwemmung) abwich, begann man daneben nach dem Mondjahr zu rechnen, dem das Sonnenjahr zugrunde liegt. Als der Beginn von Sothisjahr und Mondjahr wieder einmal zusammenfiel (was bei der Verschiebung um einen Vierteltag jährlich sich erst nach 365 mal 4 = 1460 Jahren wieder ereignet), stellten die Ägypter ihre Zeitrechnung ganz auf das Mondjahr ein und feierten fortan auch das Neujahrsfest nur noch nach dem Mond-Kalender (und damit immer zur gleichen Jahreszeit). Das Wissen um die 'Sothisperiode' des alten ägyptischen Kalenders (= 1460 Jahre) gab den Wissenschaftlern unserer Epoche einen wichtigen Anhalt für die Datierung der ägyptischen Geschichte.

1317v grün Ablösung durch Mondjahr

HUNI, ägyptischer König.

2655v–2601v Lebenslinie
2624v grün Befestigung Elefantines
2610v blau Stufenpyramide
2606v grün Privateigentum

HUNNEN, Sammelbezeichnung für mehrere Hirtenvölker, die vor 5000 Jahren die weiten Ebenen Innerasiens und Osteuropas bevölkerten und die allmählich durch Reichsgründungen in Ostasien (China, Mongolei), Südasien (Persien, Indien) und Süd-Osteuropa (Römisches Reich) in ihrer Bewegungsfreiheit eingeengt wurden. Sie rannten mit großem Erfolg immer wieder gegen alle diese Reiche an und zwangen sie häufig zu Tributleistungen und Heeresfolge. Da sie aber nicht bereit waren, ihr Hirtendasein für ein seßhaftes Leben einzutauschen, vermochten sie nicht, ihren Siegen durch Reichsgründungen Dauer zu verleihen. So gingen sie nach der Aufteilung ganz Osteuropas und Zentralasiens in den Völkern und Staaten auf, die sich ihrer Gebiete bemächtigten.

2697v–2628v Huang-Ti
2637v braun Niederlage gegen China
1132v–1049v Wen
1055v braun Vorstoß nach China
849v–782v Hsian-Wang
822v braun Vorstoß nach China
811v–757v Siang-Tschin
792v–720v Ping-Lo
791v braun Vorstoß nach China
771v braun Vorstoß nach China
745v braun Niederlage gegen China
745v rot Gebietsverlust an China
259v–209v Schi-Huang-Ti
234v–174v Mao-Tun
213v grün Abwehrmauer Chinas
190v braun Sieg über Nachbarvölker
190v rot Gewinn der Süd-Mongolei
176v braun Vorstoß zum Tarim-Becken
176v rot Gewinn Ost-Turkestans
176v rot Großmachtstellung
172v–114v Tschang-Kien
157v–87v Wu-Ti
127v braun Vorstoß Chinas
119v braun Niederlage gegen China
119v rot Gebietsverlust an China
73n/91n Chinesischer Hunnenkrieg
305n–370n Ermanrich
310n–379n Schapur II.
350n–404n Balamir
352n/354n Alanenkrieg
357n rot Heeresfolge der Alanen
363n rot Hilfe Roms für Gegner
365n braun Niederlage gegen Perser
370n/455n Hunnenkriege
371n rot Unterwerfung der Ostgoten
371n rot Heeresfolge der Ostgoten
397n–454n Aëtius
410n–453n Attila
411n–474n Priskus
423n rot Gewinn des Save-Gebietes
423n rot Hunnen im Römerheer
427n rot Europäisches Hunnenreich
430n grün Tribut Ostroms
433n rot Gewinn Pannoniens
434n rot Reichsteilung
434n grün Tribut Ostroms erhöht
435n/436n Sieg über Burgund
445n rot Attila Alleinherrscher
446n blau 'Hölzerne Stadt'
447n rot Friede mit Ostrom
447n grün Weitere Tributerhöhung
448n–510n Toramana
449n rot Verlöbniswunsch Honorias
449n rot Bündnis gegen Rom
450n rot Großreich
450n blau Bericht des Priskus
453n rot Reich am Aralsee
455n rot Ende des Reiches in Europa
457n braun Vorstoß nach Indien
465n braun Vorstoß nach Indien
465n rot Reich in Indien
470n–531n Kobad
474n blau Geschichtswerk des Priskus
475n braun Sieg über Gupta-Reich
475n rot Gebietsgewinn in Indien
477n rot Sakala Hauptstadt
484n braun Sieg über Persien
484n rot Gewinn Nordost-Persiens
484n grün Tribut Persiens
497n–555n Jordanis
501n braun Vorstoß in Indien
501n rot Gebietsgewinn in Indien
505n–565n Belisar
511n–579n Chosroes
513n braun Vertreibung aus Persien
528n braun Niederlage gegen Indien
528n rot Verlust Indiens
558n braun Niederlage gegen Ostrom
565n braun Sieg der Perser und Türken
590n–648n Harsa
925n blau Ekkehart: Waltharilied

HUNTSMAN, Benjamin (1704n–1776n), englischer Techniker deutscher Herkunft. Erlernte das Uhrmacher-Handwerk. Weil der für Uhrfedern verwendete Stahl nicht die notwendigen Qualitäten hatte, bemühte er sich um ein neues Verfahren der Stahlherstellung. Nach langwierigen Versuchen gelang ihm 36jährig die Herstellung von Stahl im Schmelztiegel (Gußstahl). Er übersiedelte in das Zentrum der englischen Stahl-Manufaktur (Handsworth bei Sheffield) und eröffnete dort die erste Gußstahlfabrik der Erde. Trotz strenger Geheimhaltung blieb er nicht lange im Alleinbesitz seines Verfahrens.

1740n grün Gußstahlfabrik

HURTADO von Mendoza, Diego (1503n–1575n), spanischer Dichter, Historiker und Staatsmann. Erlernte außer den klassischen Sprachen auch das Arabische, studierte Philosophie und Staatswissenschaften, wurde Soldat und begab sich schließlich als Diplomat in die Dienste des deutschen Kaisers Karl V. Nach 36jähriger Tätigkeit in Venedig, London, Rom, Lissabon und Madrid wegen Streits mit einem Höfling verbannt, zog er sich auf sein Landgut bei Granada zurück und schrieb die Geschichte des Aufstands der arabischen Bevölkerung gegen den spanischen König Philipp II. (1568n/1571n). Aus seiner intimen Kenntnis der Vorgänge hinter den Kulissen konnte er diesen 'Krieg von Granada' in einem objektiven Bericht außerordentlich spannend darstellen. Verfaßte auch Gedichte und Satiren.

1570n blau 'Krieg von Granada'

HUS, Johannes, tschechischer Reformator.

1369n–1415n Lebenslinie
1362n–1437n Sigismund
1365n–1416n Hieronymus von Prag
1398n blau Eintreten für Wiclif
1410n rot Kirchenbann
1412n blau Reformforderung
1415n rot Verbrennung

HUSSAIN, Taha (1889n–1960n), ägyptischer Schriftsteller. Siebentes Kind eines Angestellten. Obgleich er in frühester Jugend erblindete, studierte er an der Universität Kairo. In seiner Dissertation über den blinden arabischen Dichter Al Mari würdigte er dessen Sozialkritik und geriet damit in Widerspruch zur herrschenden Klasse. 1915n verließ er für einige Jahre seine Heimat und studierte in Paris die französische Literatur. Wegen seiner scharfen Gesellschaftskritik mußte er sein Lehramt als Dekan für arabische Literatur niederlegen. 1950n wurde er ägyptischer Erziehungsminister. Als er erkannte, daß er mit seinen Bemühungen um allgemeine Schulbildung nicht durchdrang, legte er sein Amt nieder. Weltberühmt wurde er durch seinen Roman 'Kindheitstage'.

1925n blau Kindheitsroman

HUSSERL, Edmund (1859n–1938n), deutscher Philosoph. Studierte Naturwissenschaft, Mathematik und Philosophie. In seiner ersten Arbeit bemühte er sich um eine psychologische Aufhellung mathematischer Begriffe ('Philosophie der Arithmetik'). 10 Jahre später verkündete er eine neue Logik des reinen Bewußtseins, der gegenüber er alle auf Erfahrung beruhende Erkenntnis als Psychologismus verwarf ('Logische Untersuchungen'). Als Professor der Philosophie in Freiburg vollendete er diese Kehrtwendung der Philosophie zurück zur Metaphysik mit seiner 'Phänomenologie'. In diesem Hauptwerk wies er der Philosophie die Aufgabe zu, Bedeutungs- und Sinnforschung zu sein, nicht Seinsforschung, also von der Wirklichkeit der Erscheinungen abzusehen und dahinter liegende 'Wesenheiten' zu suchen.

1913n blau 'Phänomenologie'

HUSSITEN, Anhänger des tschechischen Reformators Johannes Hus, den die Kirche in Konstanz als Ketzer verbrannte. Sie versuchten, die von ihm verkündeten religiösen und sozialen Ziele zu verwirklichen. Ihr revolutionärer Flügel ('Taboriten') wollte darüber hinaus auch die sozialen Forderungen seines Lehrers Wiclif durchführen. Doch wurden sie vom gemäßigten Flügel der Bewegung ('Utraquisten') besiegt. Die Überlebenden bildeten später den tätigen Kerntrupp der 'Böhmischen Brüder'.

1324n–1384n Wiclif
1362n–1437n Sigismund
1369n–1415n Hus
1370n–1424n Ziska
1371n–1440n Friedrich I.
1415n rot Verbrennung des Hus
1420n rot Gegnerschaft des Papstes
1420n blau Reformforderung
1420n/1434n Hussiten-Kreuzzug
1420n grün Entwicklung der Haubitze
1424n rot Taboriten ausgeschaltet
1427n rot Kriegssteuer des Reiches
1434n rot Kapitulation
1457n rot 'Böhmische Brüder'

HUTTEN, Ulrich (1488n–1523n), deutscher Dichter und Freiheitskämpfer. Als Sohn eines Ritters sollte er Priester werden, floh aber aus dem Kloster Fulda und studierte an deutschen und italienischen Universitäten Sprachen und Literatur. Die Ermordung eines Verwandten durch Herzog Ulrich veranlaßte ihn zur Niederschrift eines 'Tyrannengesprächs' ('Ich hab's gewagt'). Im Kampf der Kirche gegen Reuchlin focht er für die Freiheit der Wissenschaft und gab die Kirche in ihrer Barbarei und Sittenlosigkeit dem öffentlichen Spott preis ('Dunkelmänner-Briefe'). Seine lateinisch verfaßten Schriften gab er auch in deutscher Sprache heraus ('Gesprächsbüchlein'). Da er weder Luther noch Franz von Sickingen dazu bestimmen konnte, die revolutionäre Bewegung der deutschen Bauern in ihre Bestrebungen einzubeziehen, ging er zu Zwingli nach Zürich. Ständig von der katholischen Kirche verfolgt und gehetzt, fand er auf der Insel Ufenau im Zürichsee letzte Zuflucht.

1515n blau 'Dunkelmänner-Briefe'
1521n blau 'Gesprächsbüchlein'

HUTTON, James (1726n–1797n), englischer Naturforscher. Studierte in seiner Heimatstadt Edinburgh Medizin, zog sich dann aber auf sein Landgut zurück, um sich mit der Lehre von der stofflichen Beschaffenheit der Erde (Geologie) zu befassen. Widerlegte die allgemeine, auch von Goethe vertretene Annahme, daß alles irdische Gestein mit wenigen Ausnahmen aus dem Wasser hervorgegangen sei. Stellte eine neue Theorie auf, derzufolge das meiste Gestein aus erstarrter Lava besteht, also durch Vulkanausbruch entstanden ist.

1788n grün 'Theorie der Erde'

HUXLEY, Aldous (1894n–1963n), englischer Schriftsteller. Als Enkel des berühmten Biologen Thomas Huxley in Eton erzogen, wurde er Dozent in Oxford. Nach dem ersten Weltkrieg wandte er sich dem Journalismus zu, hielt sich immer häufiger im Ausland auf (Italien, Indien) und übersiedelte schließlich ganz nach Kalifornien (USA). In seinen Romanen entlarvte er die Verlogenheit der bürgerlichen Gesellschaft ('Parallelen der Liebe') und warnte vor dem Verfall der sittlichen Werte ('Kontrapunkt des Lebens'). In negativen Zukunftsvisionen zeichnete er ein beängstigendes Bild der kommenden menschlichen Gesellschaft ('Schöne neue Welt', 'Insel'). Schrieb Anti-Kriegsbücher ('Geblendet in Gaza').

1962n blau 'Insel'

HUXLEY, Julian (geboren 1887n), englischer Naturforscher. Nach Abschluß seiner Studien in Oxford wandte er sich wie sein Großvater Thomas der Biologie zu. Wurde Direktor des Londoner Zoos und Universitätslehrer. In seiner Lehre von der Entwicklung des Lebens ('Evolution') trat er für eine Höherentwicklung der Menschheit durch sinnvollen Einsatz biologischer Möglichkeiten (Geburten-Lenkung, Erbmassen-Steuerung) ein. In den überholten sittlichen Normen der Kirche erkannte er ein wesentliches Hindernis für den Fortschritt der Menschheit. Nach der Gründung der UNESCO wurde er ihr erster Generaldirektor und bestimmte maßgeblich die Ziele dieser Welt-Kultur-Organisation.

1943n grün Evolutionstheorie

HUXLEY, Thomas (1825n–1895n), englischer Naturforscher. Nach Abschluß seiner Studien der Medizin sowie der vergleichenden Anatomie nahm er an einer vierjährigen Expedition in die australischen Gewässer teil. Das Ergebnis seiner Untersuchungen veröffentlichte er in einem Werk über die niedere Klasse der wirbellosen Tiere. Wurde Professor für Naturgeschichte und Präsident der Akademie der Wissenschaften (Royal Society). Revolutionierend wirkte er auf das Weltbild durch seine Arbeiten zur Entwicklungslehre. Bewies, daß die Menschenaffen mit den Menschen näher verwandt sind als mit den anderen Affen und bereitete dadurch die Einbeziehung des Menschen in die allgemeine Lehre von der Entstehung der Arten durch Darwin vor (Abstammungslehre).

1863n grün Abstammungslehre

HUYGENS, Christian (1629n–1695n), holländischer Naturwissenschaftler. Sohn eines Dichters, der zugleich Geheimschreiber Wilhelms von Oranien war. Studierte Mathematik und Physik und ging für 16 Jahre an die Akademie der Wissenschaften nach Paris, wo ihm Colbert ein ansehnliches Jahresgehalt zahlte. Nach Beseitigung der Glaubensfreiheit zog er sich aber in seine holländische Heimat zurück und lebte als Privatgelehrter. Fertigte Himmelsfernrohre mit selbstgeschliffenen Linsen. Damit entdeckte er die Abplattung des Planeten Mars und maß die Umlaufzeit des von ihm aufgefundenen Saturnmondes. Begründete eine Theorie der Zentrifugalkraft von Körpern, die sich an der Peripherie eines Kreises bewegen. Baute die erste Uhr mit einem Pendel und leitete daraus die physikalische Pendel-Theorie ab. Fand das Gesetz von der Ausbreitung allseitig sich fortpflanzender Wellen (Huygens'sches Prinzip). Begründete die Wahrscheinlichkeitsrechnung. Verbesserte die Genauigkeit der Uhr durch Einbau einer Unruhe.

1655n grün Saturn-Forschungen
1656n grün Pendeluhr
1665n grün Thermometer-Fixpunkte
1669n grün Kraft-Gesetz
1673n grün Pulverkraftmaschine
1678n grün Wellennatur des Lichts

HVEN, kleine Insel in der schmalen Meeresstraße zwischen der dänischen Hauptinsel Seeland und der Südspitze Schwedens. Der Stadt Kopenhagen vorgelagert, gehörte sie seit alters her zu Dänemark. Der dänische König überließ sie dem dänischen Astronomen Tycho Brahe auf Lebenszeit und trug die Kosten für die dort errichtete Sternwarte Uranienburg. Im schwedisch-polnischen Krieg wurde sie 1658n von Schweden erobert und bleib seitdem in schwedischem Besitz.

1546n–1601n Tycho Brahe
1576n grün Sternwarte

HY, kleine Insel unmittelbar vor der Nordostküste Englands. Hier befand sich vor 1500 Jahren ein Heiligtum von keltischen Priestern (Druiden). Der irische Mönch Kolumban gründete im Jahre 563n ein christliches Kloster, das sich zum Zentrum der Christianisierung Schottlands durch die Iren entwickelte. 1203n übernahmen Benediktiner-Mönche das Kloster, im Jahre 1567n ging es in den Besitz der anglikanischen Kirche über.

534n–615n Kolumban

HYÄNE, nächtlich umherstreifendes wolfsgroßes Raubtier mit durchdringender Stimme und übelriechender Ausdünstung (Aasfresser). Seit alters her in Afrika und Vorderasien beheimatet. Der Name ist von dem griechischen Wort 'hys' (= Schwein) abgeleitet.

1103v blau Ägyptisches Gemälde

HYATT, John W. (1837n–1920n), nordamerikanischer Erfinder. Als Drucker in New York beteiligte er sich zusammen mit seinem Bruder an einem Wettbewerb für die Erfindung eines Elfenbein-Ersatzstoffes. Hierfür schuf er elf Jahre, nachdem der Engländer Alexander Parker 1858n Kunst-Elfenbein aus Schießbaumwolle und Eisessig hergestellt hatte ('Parkerid'), den ersten praktisch verwendbaren Kunststoff (= eingetrocknete Schießbaumwoll-Lösung mit Kampfer). Errichtete eine eigene Werkstatt zur fabrikmäßigen Herstellung seines 'Zelluloid'. Erfand eine Zuckerrohr-Mühle, baute ein neues Rollenlager und verbesserte die Nähmaschine.

1869n grün Zelluloid

HYDRAULISCHER ZEMENT, von dem griechischen Worte 'hydor' (= Wasser) abgeleitete Bezeichnung für Zement, der auch unter Wasser erhärtet und sich deshalb für den Bau von Kanal-, Hafen- und Brunnen-Anlagen eignet.

1796n grün Herstellung

HYGIENE, vom griechischen Worte für Gesundheit abgeleitete Sammelbezeichnung für alle der Gesunderhaltung des Menschen dienenden Maßnahmen und Verhaltensweisen, und zwar sowohl die öffentlich angeordneten (Impfungen, ärztliche Untersuchungen) wie die von ihm persönlich bewirkten (Reinhaltung des Körpers, naturnahe Kost, körpergerechte Kleidung, ausreichender Schlaf, Bewegung in Luft, Licht, Sonne, Vermeidung von Alkohol, Tabak, Kaffee und anderen Giften).

2808v grün Kanalisation in Indien
2774v grün Toiletten in Indien
2753v grün Badezimmer in Indien
2714v grün Schwimmbecken in Indien
2447v grün Kanalisation in Ur
2415v–2335v Chui
2397v grün Wasserleitung in Nippur
2358v grün Augenkrankheit bekämpft
1561v grün Badezimmer auf Kreta
1374v grün WC in Ägypten
1330v grün Wassertunnel Jerusalems
1099v grün Wasseranlagen in Tyros
967v grün Wasserleitung Jerusalems
872v grün Aquädukt nach Tuspa
865v grün Wasserversorgung Kalachs
776v blau Olympische Spiele
710v grün Wassertunnel Jerusalems
691v grün Aquädukt nach Ninive
689v grün Kanal nach Ninive
610v grün Kloaka Maxima
582v blau Pythische Spiele
580v blau Isthmische Spiele
539v grün Wasserleitung Athens
532v grün Wassertunnel für Samos
490v–430v Empedokles
473v grün Klima und Mensch
460v–375v Hippokrates
418v grün Heilkraft der Natur
418v–345v Diokles
403v grün Ernährungslehre
366v grün Diokles über Körperpflege
340v–273v Appius Klaudius
339v grün Seele und Krankheit
324v–250v Herophilos
310v grün Wasserleitung für Rom
307v grün Epidauros Kurort
299v–237v Asoka der Milde
270v grün Herophilos: Gymnastik
180v grün Wasserleitung in Pergamon
129v–40v Asklepiades
82v grün Luftwechsel und Bewegung
70v grün Asklepiades: Naturheilung
11v blau Kurort Wiesbaden
56n grün Seife in Gallien
67n–129n Apollodoros von Damaskus
89n blau Badeort Aachen
129n–199n Galen
131n grün Soranos: Säuglingspflege
136n grün Hebammen bessergestellt
142n grün Römerreich: Gemeindeärzte
147n grün Heilkraft des Schlafes
180n grün Galen: Hygiene
190n–265n Hua-To
199n grün Fleischbeschau bei Juden
216n grün Karakalla-Thermen
306n grün Diokletians-Thermen
315n grün Thermen in Trier
354n–407n Chrysostomos
410n grün Behandlung Armer in Indien
459n rot Alkoholverbot in China
497n–548n Theodora
525n–605n Alexander Tralles
590n–648n Harsa
609n grün Mütterheim in Jerusalem
623n grün Weinverbot in Arabien
809n rot Alkoholverbot in Bulgarien
865n–932n Al Rasi
890n–961n Abdar Rachman III.
896n grün Al Rasi über Seuchen
1052n grün Ibn Wafid: Ernährung
1070n grün Heilkraft der Nahrung
1098n–1178n Hildegard von Bingen
1132n grün Müllabfuhr in Straßburg
1135n grün Krankenhaus in Byzanz
1147n grün Wasserleitung im Kloster
1212n grün Ernährung und Heilung
1316n grün Kohleverwendung verboten
1377n grün Quarantäne-Station
1408n–1472n Nezalhual
1530n grün Kanalisation in Bunzlau
1717n grün Pockenschutzimpfung
1729n–1796n Katharina II., die Große
1732n grün Fauchard: Zahnersatz
1749n grün Zahnbürste
1802n grün Kinderklinik in Paris
1812n–1870n Charles Dickens
1830n grün Schwimmhalle in Magdeburg
1847n grün Kindbettfieber-Forschung
1854n grün Lungenheilstätte
1866n grün Schrebergärten
1867n grün Lister: Antisepsis
1867n grün Pasteur: Sterilisieren
1880n grün Tollwutschutzimpfung
1886n grün Formalin-Desinfektion
1896n grün Wieder Olympische Spiele
1896n grün Wandervogel-Bewegung
1907n rot Pfadfinder-Bewegung
1916n grün Germanin
1920n rot Alkoholverbot in USA
1939n grün DDT
1954n grün Kinderlähmungsserum

HYKSOS, vorderasiatisches Reitervolk, das ganz Ägypten unterwarf und über hundert Jahre lang beherrschte.

1752v–1692v Sa-Litis
1712v–1640v Apofis
1709v braun Vorstoß nach Ägypten
1709v rot Reichsgründung
1705v grün Zugpferd in Ägypten
1703v braun Kämpfe in Unterägypten
1703v rot Macht über Unterägypten
1701v braun Vorstoß nach Oberägypten
1701v rot Macht über Oberägypten
1701v blau Gründung von Awaris
1701v grün Hiebwaffen
1696v grün Helm und Schild
1694v rot Awaris Hauptstadt
1691v–1628v Chian
1673v grün Heere mit Streitwagen
1667v/1659v Hyksos-Krieg
1663v rot Beherrschung Unterägyptens
1661v–1601v Kertos
1659v rot Beherrschung Oberägyptens
1659v rot Einigung Ägyptens
1652v rot Seth-Kult Staatsreligion
1638v braun Feldzug nach Nubien
1637v grün Handelsverkehr
1634v braun Krieg gegen Palästina
1634v rot Gewinn Südpalästinas
1614v–1580v Seken-Re
1596v–1570v Kamosis
1590v–1545v Amosis
1580v braun Erhebung Oberägyptens
1574v braun Erhebung Oberägyptens
1574v rot Teil Oberägyptens frei
1563v braun Kampf um Awaris
1563v rot Oberägypten frei
1563v–1524v Amen-Hotep I.
1558v braun Verfolgung durch Ägypter
1432v blau Befreiungs-Sage

HYMNE. In Griechenland Bezeichnung für Lieder zu Ehren von Göttern und Helden, wurde das Wort später zum Ausdruck für alle feierlichen Gesänge (Loblieder, Nationalhymnen).

2549v blau Hymnen in Mari
2088v–2020v Gudea
2027v blau 'Bau-Hymne'
1669v blau 'Hymnus an den Nil'
1084v blau Hymne auf Tiglatpileser
714v blau Apollo-Hymne
262v blau 'Hymnus an Zeus'
306n–373n Ephräm der Syrer
348n–408n Prudentius
526n blau Hymnen des Romanos
577n blau Hymnen des Venantius
1800n blau Hölderlins Hymnen

HYPATIA, Philosophin und Naturforscherin in Alexandria (Ägypten).

360n–415n Lebenslinie
370n–414n Synesios von Kyrene
381n–444n Cyrillus
415n rot Ermordung

HYPOTHEKENBANK, Geschäftsunternehmen für die Verleihung von Geld gegen Übertragung von Rechten auf Haus- und Grundbesitz. Die Bezeichnung geht auf das lateinische Wort 'hypotheca' (= 'Pfand') zurück.

33n grün Gründung in Rom

HYPSIKLES (um 220v–um 165v), griechischer Mathematiker in Alexandria (Nordägypten). Verfaßte eine systematische Untersuchung der regelmäßigen Körper (Polyeder) sowie eine Schrift über die Verschiebung der scheinbaren Sonnenbahn aus der Erdperspektive (Ekliptik). Darin teilte er den Kreis nach babylonischem Vorbild in 360 Grade à 60 Minuten à 60 Sekunden.

171v grün Kreisteilung

HYSTERIE, von dem griechischen Worte 'hystera' (= Gebärmutter) abgeleitete Bezeichnung einer zunächst bei Frauen wahrgenommenen, tatsächlich aber auch bei Männern vorkommenden seelischen Erkrankung. Äußert sich in körperlichen Krankheitserscheinungen, denen keine Organschäden zugrunde liegen. Erkannt und zuerst beschrieben von Charcot, baute Freud auf ihrer Erforschung seine Lehre von der Psychoanalyse auf.

1855n–1939n Freud
1881n grün Charcots Forschungen
1895n grün Psychoanalyse

IBARA Saikaku (1642n–1693n), japanischer Schriftsteller. Als reicher Kaufmann widmete er sich der Dichtkunst. In seinen Romanen und Erzählungen schilderte er das Leben des Besitzbürgers und die Erwerbsmethoden seiner Zeit. Sein erotischer Roman aus den Vergnügungsvierteln seiner Heimatstadt Osaka ('Eine Freundin der Wollust') war so erfolgreich, daß er sogleich eine Fortsetzung schrieb ('Fünf Freundinnen der Wollust'). Verfaßte auch historische Erzählungen.

1686n blau 'Freundin der Wollust'

IB-I-SIN, Kaiser von Mesopotamien.

2007v–1955v Lebenslinie
1995v–1940v Napal-Num
1989v–1927v Ischti-Irra
1971v braun Bergvölker-Aufstand
1968v braun Erhebung Elams
1957v braun Erhebung Maris
1957v rot Mari unabhängig
1956v braun Vertreibung aus Akkad
1956v rot Akkad unabhängig
1955v braun Erhebung Elams
1955v rot Ende des Kaiserreiches
1955v rot Gefangennahme

IBN ABBAS (um 910n–994n), arabischer Mediziner. Nach Abschluß seiner Studien ließ er sich als praktischer Arzt nieder. Schrieb ein zusammenfassendes Nachschlagewerk für die ärztliche Praxis.

982n grün Handbuch der Medizin

IBN ABIRABIA (643n–718n), arabischer Dichter. Als Angehöriger des angesehensten Stammes der Stadt Mekka hatte er das Aufsichtsrecht über das arabische Heiligtum (Kaaba). Führte ein ganz dem Genusse hingegebenes Leben. Seine Gedichte sind bei aller Vielfalt der Handlung und bei allem Reichtum der Form nur einem einzigen Gegenstande gewidmet: Der Liebe zu anmutigen Frauen, deren Schönheit er in immer neuen Reimen preist.

683n blau Liebesgedichte

IBN AGGAG (um 690n–762n), arabischer Dichter. Als umherziehender Hirte wurde er Soldat, nahm an mehreren Feldzügen in Vorderasien teil, arbeitete dann als reisender Händler in Persien und ließ sich schließlich in der Stadt Basra am Persischen Golf (Mesopotamien) nieder. Schrieb Gedichte und gab sie in einer Sammlung (Diwan) heraus. An einem Aufstand beteiligt, wurde er verfolgt und starb auf der Flucht.

715n blau Gedichte

IBN AMIR, arabischer Staatsmann.

932n–1002n Lebenslinie
985n braun Vorstoß nach Barcelona
997n braun Zerstörung Santiagos
997n grün Zwang gegen Christen

IBN ANAS (715n–795n), arabischer Rechtsgelehrter. Sammelte das alte arabische Gewohnheitsrecht und suchte es in Übereinstimmung mit den mohammedanischen Geboten zu bringen. So schuf er das grundlegende Rechtsbuch des Islam und veröffentlichte es unter dem Titel 'Muwatta' (= 'Geebneter Weg'). Es trug entscheidend zur Vereinheitlichung der Rechtsprechung im Araberreiche bei. Gründete in seiner Heimatstadt Medina eine Ausbildungsstätte für Juristen.

770n blau Rechtsschule

IBN ANNAFIS (um 1210n–1288n), arabischer Naturforscher. Als Chefarzt des Nasiri-Krankenhauses in Kairo erforschte er den Gang des Blutes durch den menschlichen Körper. Dabei entdeckte er, daß sich das Blut von der rechten Herzhälfte durch die Lunge zur linken Herzhälfte bewegt (kleiner Kreislauf).

1263n grün Lungen-Blutkreislauf

IBN ARABI, arabischer Rechtsgelehrter, Philosoph und Theologe.

1169n–1240n Lebenslinie
1237n blau 'Steine der Weisheit'

IBN ARABSCHA, arabischer Geschichtsschreiber.

1392n–1450n Lebenslinie
1422n blau Geschichte Timurs

IBN ASAKIR (1105n–1176n), arabischer Historiker. Schrieb eine Geschichte seiner Heimatstadt Damaskus (Syrien) in 80 Bänden. Wegen der zentralen Lage und der großen Bedeutung dieser Stadt wurde sein Werk zu einem wichtigen Dokument für die Geschichte ganz Vorderasiens.

1158n blau Geschichte von Damaskus

IBN ATA, arabischer Philosoph.

699n–748n Lebenslinie
728n blau Gegen Trinitätsglauben
736n blau Bedeutung der Vernunft
741n blau Freiheitsprinzip

IBN AYAS (1448n–1524n), arabischer Historiker. Verfaßte eine Geschichte Ägyptens von 928n bis auf seine Zeit. Ordnete sein Werk nach Jahren und Monaten.

1521n blau Geschichte Ägyptens

IBN BADSCHA, arabischer Philosoph, Arzt, Mathematiker und Astronom.

1093n–1162n Lebenslinie
1133n blau 'Verhalten des Einsamen'

IBN BAITAR (um 1180n–1248n), arabischer Naturforscher. Als Sohn eines Tierarztes studierte er im arabischen Spanien (Malaga) Botanik und unternahm Forschungsreisen nach Marokko, Ägypten, Syrien und Kleinasien. In Kairo schrieb er sein umfassendes Werk über die Wirkung der Heilmittel aus pflanzlichen, tierischen und mineralischen Stoffen. Es war in 1400 alphabetisch geordneten Artikeln abgefaßt und gab eine vollständige Übersicht aller zu seiner Zeit in der arabischen Welt bekannten Heilmittel. Bei der Übernahme fremder Rezepte vermerkte er, von welchem alten oder modernen Verfasser er etwas übernommen hatte und setzte hinzu, ob er sich für die Richtigkeit solcher Angaben verbürgen konnte.

1212n grün Naturheilkunde
1237n grün Rezept-Sammlung

IBN BATUTA, arabischer Weltreisender aus Tanger (Marokko).

1304n–1377n Lebenslinie
1352n grün Reisebericht

IBN BISRIK (um 750n–815n), arabischer Sprachgelehrter. Übersetzte mehrere Schriften des Aristoteles aus dem Griechischen in seine arabische Muttersprache.

810n blau Übersetzung der 'Politik'

IBN CHONDSCHA (1433n–1498n), arabischer Name des persischen Geschichtsschreibers Mirkhond. Lebte am Hofe des Sultans Hussein in Herat (Afghanistan) und schrieb ein großes Geschichtswerk ('Lustgarten der Lauterkeit'). Im Mittelpunkt dieser stark anekdotischen Darstellung stand die Geschichte Persiens, doch berücksichtigte er auch die Vergangenheit aller ihm bekannten Länder. Das siebenbändige Werk wurde von seinem Enkel Chondemir vollendet.

1470n blau Geschichte Persiens

IBN DARASI (um 1180n–um 1240n), arabischer Religionsstifter. Als gläubiger Mohammedaner verkündete er in Kairo die Göttlichkeit des ägyptischen Herrschers Al Hakim. Nach dessen Ermordung erklärte er in Syrien, daß Al Hakim gar nicht endgültig gestorben sei, sondern am Weltende wiederkommen würde. Zusammen mit Al Hamsa schuf er ein ganzes Glaubensgebäude von der stufenweisen Selbstoffenbarung Gottes und organisierte seine Anhänger, die sich später nach ihm 'Drusen' nannten.

1021n rot Al Hakim ermordet
1022n blau Lehre der Drusen

IBN DSCHUBAIR (1145n–1218n), arabischer Schriftsteller. Verließ 1183n seine Heimatstadt Valencia im arabischen Spanien, um sich über Ceuta, Alexandrien und Kairo nach Mekka und Medina zu begeben. Von dort fuhr er nach Damaskus, Bagdad und Aleppo weiter. 1185n kehrte er über Sizilien nach Spanien zurück. Hier schrieb er über seine Erlebnisse auf dieser Reise eine spannende Erzählung mit gründlicher Schilderung der arabischen Kultur auf der Insel Sizilien. Später unternahm er noch zwei weitere Reisen in den Orient.

1185n blau Bericht einer Pilgerfahrt

IBN DURAID (837n–933n), arabischer Sprachforscher, Schriftsteller und Historiker. Schrieb in Bagdad (Mesopotamien) ein Wörterbuch, das auch die arabischen Stammesnamen enthält. In einem Gedicht schilderte er die Unberechenbarkeit des Wechsels von Glück und Unglück. Verfaßte eine Abhandlung über doppeldeutige Redewendungen mit der Empfehlung, sich dieser Ausdrucksweise bei der Ableistung erzwungener Eide zu bedienen.

887n blau Doppeldeutiger Eid
890n blau Wörterbuch

IBN ESRA (1092n–1167n), arabischer Name des jüdischen Dichters Abraham ben Meir, der die arabische Wissenschaft Spaniens bei den Juden jener Länder verbreitete, die er bereiste (England und Italien sowie Nordafrika und Vorderasien). Die Bibel erklärte er als mit der menschlichen Vernunft unvereinbar.

1146n blau Bibel-Kommentar

IBN FADLAN (um 880n–932n), arabischer Schriftsteller. Begab sich im Jahre 921n im Auftrage des Kalifen Al Muktadir an den Hof des Bulgarenkönigs, wo er auch Russen begegnete. Über dieses ihm vorher unbekannte Volk berichtete er in einer ausführlichen Reisebeschreibung, die er nach seiner Rückkehr verfaßte.

922n grün Reisebericht

IBN HADSCHAD (817n–875n), Name des arabischen Gelehrten Muslim aus Persien. Als Schüler und Freund Al Bucharis sammelte er im Araberreiche 300000 Überlieferungen, die Aufschluß über Leben und Werk Mohammeds geben konnten. 12000 davon veröffentlichte er als 'Wahre Sammlung', den Rest verwarf er als Entstellung oder spätere Erfindung. Von islamischen Theologen angefeindet, durch seinen Lehrer Al Buchari verteidigt, verbesserte er sein Werk immer wieder und schuf damit eine wesentliche Grundlage für das islamische Weltbild und die in den arabischen Ländern darauf beruhende Rechtsprechung.

858n blau Überlieferungen

IBN HANBAL, Achmed (780n–855n), arabischer Rechtslehrer und Schriftsteller. Studierte in seiner Heimatstadt Bagdad, unternahm dann weite Reisen durch das Araberreich und gab sich nach seiner Rückkehr ganz der Sammlung und kritischen Verarbeitung des arabischen Rechtes hin. Als einzige Grundlage der Rechtsprechung anerkannte er die Grundsätze des Koran und verwarf die Freiheit der richterlichen Entscheidung. Für seine Ansichten eingekerkert und gefoltert, setzte er sich schließlich durch. Als angesehener Rechtslehrer konnte er noch viele Schüler heranbilden, die später seine Vorträge zu einem System zusammenfaßten. Schrieb auch ein Buch über Askese sowie eine Abhandlung über Disziplin im Gottesdienst.

840n blau Rechtssammlung

IBN HASM (994n–1064n), arabischer Schriftsteller, Staatsmann, Historiker und Religionsphilosoph. Als Enkel eines zum Islam übergetretenen Spaniers studierte er in Cordoba und wurde Wesir zweier Kalifen. Nach dem Sturz des Herrscherhauses (Omaijaden) zog er sich zurück und lebte als freier Schriftsteller und Privatgelehrter. Verfaßte eine vernichtende Kritik der christlichen und der jüdischen Religion, ließ aber auch vom Islam nicht viel mehr gelten als das persönliche Beispiel Mohammeds. Über Philosophie, Ethik, Dichtkunst, Geschichte, Logik und Liebe schrieb er insgesamt 400 Werke mit etwa 80000 Seiten.

1027n blau Grundlagen der Liebe
1035n blau Religionskritik
1059n blau Geschichtswerk

IBN HUNAIN (um 840n–911n), arabischer Arzt. Als Sohn des Medizin-Historikers Abu Hunain setzte er nach dem Selbstmord seines Vaters im Jahre 873n dessen Geschichtswerk über die großen Ärzte der Araber fort und brachte es 20 Jahre später zum Abschluß.

903n grün Geschichte großer Ärzte

IBN ISA (um 950n–um 1030n) arabischer Arzt. In seiner Heimatstadt Bagdad (Mesopotamien) studierte er Medizin und ließ sich als Augenarzt nieder. Für die Praxis seiner Kollegen faßte er das Fachwissen seines Gebietes in einem Handbuch zusammen, das unter dem Titel 'Erinnerungsbuch für Augenärzte' zum Standardwerk der arabischen Medizin wurde.

1012n grün Lehrbuch

IBN ISSAK, arabischer Geschichtsschreiber.

698n–768n Lebenslinie
754n blau Geschichte Mohammeds

IBN JAKUT (1178n–1229n), arabischer Geograph. Kam als Kind aus Griechenland in arabische Sklaverei. Erhielt in Bagdad eine sorgfältige Erziehung und unternahm für seinen Herrn ausgedehnte Reisen. Mit 21 Jahren freigelassen, ließ er sich als Buchhändler in Bagdad nieder und trat mit den führenden Geistern seiner Zeit in Verbindung. Nach weiteren Reisen, die ihn bis nach Innerasien führten, schrieb er ein Lexikon, das in alphabetischer Reihenfolge alle bekannten Orte aufführte. Es enthielt außer einer genauen Lagebeschreibung und einer Aufzählung aller Bauwerke Angaben aus der politischen Geschichte und aus der kulturellen Entwicklung sowie die Namen der Dichter, die dort lebten, mit Zitaten aus ihren Werken. Vermerkte bei Übernahme von Angaben aus anderen Büchern genau die Verfasser und Titel der ausgeschriebenen Werke.

1224n blau Lexikon

IBN JUNIS, arabischer Naturwissenschaftler.

948n–1009n Lebenslinie
974n grün Sternwarte Kairo
1006n grün Ekliptik

IBN KALDUN, arabischer Historiker, Geschichtsphilosoph und Staatsmann.

1332n–1406n Lebenslinie
1374n blau Gesetze der Geschichte
1378n blau Geschichte der Berber
1383n blau Weltgeschichte

IBN KALLIKAN (1211n–1282n), arabischer Historiker. Nach Abschluß seiner Studien Hochschullehrer und Oberrichter, mußte er wegen Beteiligung an revolutionären Umsturzplänen mehrmals seine Ämter zur Verfügung stellen. Schrieb ein Buch mit 865 Lebensbeschreibungen berühmter Zeitgenossen und historischer Persönlichkeiten. Sein Werk zeichnete sich durch hohe Zuverlässigkeit aus und war durch Beigabe von Anekdoten, Aussprüchen und Gedichten außerordentlich lebendig.

1274n blau Lebensbilder

IBN KUTAIBA (828n–889n), arabischer Schriftsteller und Philosoph. Als Richter mußte er sein Amt aufgeben, weil er sich öffentlich für ein Festhalten an der freien Entfaltung des Geisteslebens einsetzte. Damit war er in Gegensatz zu der immer mächtiger werdenden Priesterschaft geraten, die sich bemühte, auch das Denken unter ihre Kontrolle zu bringen. Verfaßte eine enzyklopädische Zusammenstellung des Grundwissens seiner Zeit. In 10 Bänden gab er einen Überblick über die Fragen der Herrschaft, des Krieges, der Privilegien sowie über Charakter-Eigenschaften, zwischenmenschliche Verhältnisse und die einzelnen Wissenschaften. Dabei behandelte er auch Fragen des praktischen Lebens wie Ernährung, Umgang mit Frauen, Verfassung von Bittschriften. Sein Werk, in dem er mit bitterem Spott das Zunehmen des religiösen Zwanges erwähnte, wurde schnell zu einem Standardwerk.

860n blau Enzyklopädie

IBN LUKA (820n–912n), arabischer Sprachgelehrter. Nach Beendigung seiner Studien zog er sich in seine Heimatstadt Baalbek bei Damaskus (Syrien) zurück und betätigte sich als Übersetzer. Aus dem Griechischen übertrug er die Schriften des Plato, des Aristoteles, des Euklid und des Plutarch ins Arabische. Nahm sich auch der kleineren Nebenwerke griechischer Schriftsteller an. (Aristoteles: 'Über Schlaf und Traum', Plutarch: 'Ansichten der Philosophen über Physik und Tugend').

865n blau Plutarch-Übersetzung

IBN MAHASIN, Halifa (um 1230n–um 1285n), arabischer Mediziner. Als Augenarzt in seiner Heimatstadt Aleppo (Syrien) verfaßte er ein Lehrbuch 'Von dem Notwendigen in der Augenheilkunde'. Empfahl die Verwendung des Magneten zur Entfernung abgebrochener Instrumentenspitzen.

1258n grün Buch der Augenheilkunde

IBN MANSUR (1232n–1311n), arabischer Sprachgelehrter in Tripolis (Nordafrika). Nach Abschluß seiner Studien als Richter tätig, zog er sich bald ganz auf seine wissenschaftlichen Arbeiten zurück und schuf in zehn Jahren das umfassendste Wörterbuch der arabischen Sprache (20 Bände).

1308n blau Wörterbuch

IBN MOHAMMED, arabischer Freiheitskämpfer.

822n–883n Lebenslinie
868n blau Gleichheitsforderung
869n/883n Sklavenaufstand
871n rot Kommunistischer Staat
873n blau Gründung von Muchtara
883n rot Niederlage

IBN RASD (Averroes), arabischer Philosoph und Naturforscher in Spanien.

1126n–1198n Lebenslinie
1151n blau Scholastik
1166n grün Sonnenflecken-Theorie
1174n grün Psychologie
1182n grün Aristoteles-Kommentar

IBN SABIN (1225n–1269n), arabischer Philosoph. In Murcia (Spanien) geboren, lebte er an der äußersten Nordspitze Afrikas (Ceuta) seinen philosophischen Studien. An ihn leitete der Almohaden-Kalif aus Spanien eine Anfrage Kaiser Friedrichs II. über den Stand des menschlichen Wissens von Erde und Himmel. Obwohl er Friedrich II. statt einer sachlichen Antwort eine überhebliche Belehrung zuteil werden ließ, sandte ihm der Kaiser als Dank ein fürstliches Geschenk. Später wandte er sich einer islamischen Glaubensrichtung zu, die eine unmittelbare Verbindung von Mensch und Gott erstrebte (Mystik). Da er die Vereinigung mit Gott als höchstes Ziel ansah, begab er sich nach Mekka und beging dort Selbstmord, um unverzüglich zu Gott zu gelangen.

1245n blau Briefwechsel.

IBN SAUD, Abd al (1880n–1953n), arabischer König seit 1926n. Als Erbe eines verlorenen Gebietes (Saudi-Arabien) wuchs er im Exil (Kuweit) auf. 22jährig gewann er ein Teilstück seines Reiches zurück. 1925n eroberte er Mekka und vertrieb dort seinen Gegenspieler Hussein, dem England die Herrschaft über ganz Arabien versprochen hatte. Machte die arabischen Hirtenvölker seßhaft, modernisierte das Land und gründete etwa 100 neue Städte. Durch die Vergabe von Ölkonzessionen an nordamerikanische Gesellschaften erwarb er ungeheure Reichtümer. Die hierdurch bewirkte Überfremdung des Landes, die Anlage von nordamerikanischen Militärstützpunkten, die ungerechte Verteilung des Reichtums und seine persönliche Verschwendung schwächten seine Stellung. Von seinen über 100 Frauen wurden ihm 44 legitime Söhne geboren, von denen ihn 33 überlebten, darunter sein Nachfolger Saud.

1926n rot König von Arabien
1945n rot Arabische Liga

IBN SINA (Avicenna), arabischer Naturwissenschaftler und Philosoph persischer Herkunft.

980n–1037n Lebenslinie
1015n grün Koffein als Heilmittel
1026n blau Enzyklopädie
1028n grün Begriffsschrift
1033n grün System der Medizin
1034n blau Philosophisches Hauptwerk
1114n–1187n Gerhard von Toledo
1172n grün Übersetzung

IBN TABIT, Hasan (590n–674n), arabischer Dichter. In seiner Jugend zog er als Gelegenheitsdichter umher und weilte häufig an Fürstenhöfen. Nachdem er in seiner Heimatstadt Medina durch Mohammed für die arabische Erneuerung gewonnen war, diente er dem Propheten als Hofdichter. Beim Empfang arabischer Stammesfürsten, die traditionsgemäß Dichter zum Vortrag ihres eigenen Ruhmes mitbrachten, verkündete er Mohammeds Lob. Die von ihm aufgezeichneten Gedichte entsprechen dieser Anspruchslosigkeit, wurden aber wegen ihrer vorbehaltlosen Verherrlichung Mohammeds in die kritiklosen Anbetungen derjenigen aufgenommen, die Mohammed in den Himmel versetzen und aus seiner Lehre eine Religion machen wollten.

631n blau Lobgedichte

IBN TAIMIJA, Achmed (1263n–1328n), arabischer Rechtsgelehrter. Als Inhaber des juristischen Lehrstuhls an der Universität von Damaskus (Syrien) wehrte er sich gegen die Ersetzung alten Volksrechtes durch Berufung auf die Unfehlbarkeit der höchsten lebenden Autoritäten des Islam. Hierdurch geriet er in Gegensatz zur hohen Priesterschaft und zu den Kalifen. Seines Amtes enthoben und mehrfach eingekerkert, wurde er zum Symbol des Widerstandes gegen eine Verfälschung der ursprünglichen islamischen Lehre. Bekämpfte die Ablegung religiöser Gelübde, die Einführung islamischer Heiliger und die Veranstaltung von Wallfahrten. Verurteilte die abergläubischen Inhalte des Christentums, des Judentums sowie der griechischen Göttersage und wehrte sich gegen ihre teilweise Übernahme in den Islam. Forderte den Abriß der Synagoge von Kairo. Verfaßte über 300 Schriften. Starb im Gefängnis, nachdem man ihm die Möglichkeit zur schriftlichen Arbeit entzogen hatte. An seinem Begräbnis nahmen über 200000 Menschen teil.

1319n blau Gegen Heiligenkult

IBN TUFAIL, arabischer Philosoph, Astronom und Arzt.

1127n–1185n Lebenslinie
1169n blau Philosophischer Roman

IBN TULUN, Achmed (um 830n–884n), arabischer Staatsmann. Als Sohn eines türkischen Kriegsgefangenen aus Usbekistan wuchs er in Bagdad am Hofe des Kalifen auf, erhielt eine umfassende Bildung und wurde Heerführer. Zur Wiederherstellung der Oberhoheit Bagdads nach dem sich verselbständigenden Ägypten entsandt, erklärte er die Unabhängigkeit des Nillandes und schaffte die Tributzahlungen an Bagdad ab. Die ersparten Mittel nutzte er zum Bau von Krankenhäusern, Schlössern und Schulen sowie für den Unterhalt der Gelehrten und Armen. Beim Tode des Statthalters von Damaskus gliederte er ganz Syrien seinem Reiche ein. Mußte die Erhebung seines Sohnes Abbas niederschlagen. Erlag einer Krankheit, die er sich auf einem Feldzuge nach Kleinasien bei der Belagerung von Tarsus zugezogen hatte.

868n rot Statthalter in Ägypten
868n rot Unabhängigkeit Ägyptens
879n blau Moschee in Kairo

IBN USAIBIA (1203n–1270n), arabischer Arzt und Historiker. Als Sohn eines berühmten Arztes besuchte er zunächst in seiner Heimatstadt Damaskus eine Hochschule für Medizin und ging dann nach Kairo, wo er noch Pflanzenkunde studierte. Neben seiner Tätigkeit als praktischer Arzt schrieb er ein Sammelwerk mit den Biographien 400 berühmter arabischer und griechischer Ärzte. Bei der Universalität der arabischen Gelehrten waren die meisten dieser Ärzte zugleich Mathematiker, Sternforscher und Philosophen, so daß sein Werk zu einer Übersicht über die berühmtesten Wissenschaftler wurde.

1242n grün Biographien

IBN WAFID, Abdul (999n–1068n), arabischer Staatsmann und Arzt. Nach Abschluß seiner medizinischen Studien wurde er Wesir seiner Heimatstadt Toledo im arabischen Spanien, zog sich aber bald auf seine Arztpraxis zurück. Erkannte die Bedeutung der Ernährung für die menschliche Gesundheit und schrieb ein allgemeinverständliches Buch über Nahrungsmittel, Heilkräuter und Arzneien ('Buch des Kopfkissens').

1052n grün Medizinisches Werk

IBSEN, Henrik (1828n–1906n), norwegischer Dichter. Als Sohn eines reichen Kaufmanns sollte er nach dem Konkurs des väterlichen Unternehmens Apotheker werden. Studierte in Oslo Medizin, schloß sich revolutionären Kreisen an und gab eine Zeitschrift heraus. Als Theaterleiter in Oslo schrieb er ein gesellschaftskritisches Stück, das einen Sturm der Entrüstung hervorrief ('Komödie der Liebe'). Bald darauf verließ er für 28 Jahre Norwegen. In Deutschland und Italien verfaßte er Dramen, die ihn als Neuerer des Theaters weltberühmt machten. Seine Stücke strebten nicht mehr nach Schönheit, Würde und Moral, sondern nach Wahrheit (Tendenzstücke). Stellte den Konventionen des Bürgertums die Wirklichkeit entgegen und wurde so zum Ankläger des Kapitalismus. Das Schicksal des Einzelnen diente ihm zur Darstellung sozialer Vorgänge. Seine Zuneigung gehörte den Arbeitern, in denen er die Erneuerer der menschlichen Gesellschaft erblickte und deren revolutionären Bestrebungen er auch als Lehrer und Redakteur diente. Kämpfte für die Gleichberechtigung der Frau.

1866n blau 'Brand'
1867n blau 'Peer Gynt'
1877n blau 'Stützen der Gesellschaft'
1882n blau 'Volksfeind'

IBYKOS (um 560v–um 510v), griechischer Dichter aus der Stadt Rhegion (Reggio) in Unteritalien, unmittelbar gegenüber der Insel Sizilien. Hielt sich längere Zeit an Fürstenhöfen auf. Da zu seiner Zeit in der vornehmen griechischen Welt die Liebe reifer Männer zu Jünglingen verbreitet war, besang er in seinen Gedichten die Knabenliebe und wurde damit schnell berühmt. Tragischer Held in Schillers Ballade 'Die Kraniche des Ibykos'.

533v blau Gedichte

IDDIN-DAGAN (um 1950v–um 1885v), König der Stadt Isin am Euphrat (Mittelmesopotamien). Dehnte die Herrschaft seines Stadtstaates über weite Teile des mittleren und südlichen Zwischenstromlandes aus. Zum Zeichen seines Festhaltens am Inanna-Kult vollzog er alljährlich die 'Heilige Hochzeit' mit der Priesterin dieses Heiligtums. Hiervon wird in einem Gedicht berichtet, das von einem unbekannten Zeitgenossen niedergeschrieben wurde.

1889v blau Lobgedicht

IDRIMI, König des Landes Muki in Nordsyrien.

1515v–1449v Lebenslinie
1526v–1460v Parra-Tarna
1490v braun Vertreibung
1471v braun Rückkehr
1471v rot Thronbesteigung
1467v rot Oberhoheit der Mitanni
1458v braun Beutezug
1454v blau Statue

IDRISI, Al, arabischer Geograph und Kartenzeichner aus Nordafrika (Ceuta).

1096n–1166n Lebenslinie
1154n grün Erdkunde
1164n grün Weltkarte

IFFLAND, August Wilhelm (1759n–1814n), deutscher Dichter und Schauspieler. Gab 18jährig heimlich sein Theologie-Studium auf und trat als Schauspieler ins Gothaer Theater ein. 20 Jahre später wurde er Direktor des Berliner Nationaltheaters und 15 Jahre darauf Leiter der Königlichen Schauspiele. Neben seiner darstellerischen Tätigkeit schrieb er 65 bühnenwirksame Theaterstücke und wurde damit zum meistgespielten Dramatiker neben Kotzebue. Förderte Schiller und fand die Anerkennung Goethes, der 1791n das Weimarer Hoftheater mit seinem Stück 'Die Jäger' eröffnete. Die Gediegenheit seiner Persönlichkeit trug wesentlich zur Anerkennung des Schauspieler-Berufes in der bürgerlichen Gesellschaft bei.

1785n blau 'Die Jäger'

IGEL, größtes insektenfressendes Säugetier Europas. Seit mindestens 5000 Jahren in Asien, Afrika und Europa bekannt. Sein Fell wurde in Rom vor 2000 Jahren zum Anrauhen von Wolle verwendet. Vom Menschen seit alters her geschätzt, weil er außer Insekten auch Mäuse und Schlangen vertilgt. Lebt als Einzelgänger, höchstens paarweise, schläft tagsüber und geht in der Dämmerung auf die Jagd. Wegen seiner Fähigkeit, sich zu einer stachelbespickten Kugel zusammenzurollen, fürchtet er sich auch vor großen Tieren nicht, während ihm Uhu und Fuchs gefährlich werden.

1007v blau Plastik 'Blauer Igel'

IG-FARBEN, Abkürzung der Firmenbezeichnung 'Interessen-Gemeinschaft Farbenindustrie Aktiengesellschaft'. Unter diesem Namen schlossen sich die größten chemischen Unternehmungen Deutschlands nach dem ersten Weltkriege in einem Konzern zusammen, dessen Anfänge bis zum Jahre 1904n zurückreichen (Zusammenschluß von Bayer, Agfa und BASF). 1916n traten 5 weitere Unternehmen bei (darunter Hoechst). 1925n durch formelle Einverleibung aller dieser Konzerne in die Badische Anilin- und Sodafabrik (BASF) zu einer echten Wirtschaftseinheit verschmolzen. Bis 1939n konnte sie sich 170 deutsche und über 300 ausländische Gesellschaften angliedern und war damit das größte deutsche Wirtschaftsunternehmen. Im Nürnberger Kriegsverbrecherprozeß wurde ihr Anteil an den deutschen Kriegsvorbereitungen, an der Ausbeutung der unterworfenen Völker und an der Machtergreifung des deutschen Faschismus der Weltöffentlichkeit unterbreitet. In Ostdeutschland und in den an Polen abgetretenen Gebieten wurden die dort befindlichen Werke (55% des Anlagevermögens) nach 1945n enteignet. In Westdeutschland wurden vier Nachfolge-Gesellschaften gegründet (Bayer, Hoechst, BASF, Cassella), die bald wieder 90% der chemischen Industrie kontrollierten.

1925n grün Gründung

I-GING, Titel eines chinesischen Buches. Vor über 3000 Jahren als Weltsagebuch entstanden, wurden aus seinen 8 Orakeln allmählich 64 gedichtete Weisheitssprüche, die sich zur Grundlage der chinesischen Charakterbildung entwickelten. Auch auf die Politik und die Geistesgeschichte Chinas war es von großem Einfluß. Sein Titel 'Buch der Wandlungen' beruht auf dem Grundsatz der chinesischen Philosophie, daß beständige Veränderung das Wesen aller Dinge ausmacht.

1049v blau Entstehung

IGNATIUS (um 50n–um 117n), syrischer Priester. Als Bischof der Stadt Antiochia im Zuge einer Christenverfolgung verhaftet, wurde er nach Rom gebracht und dort im Kolosseum den Löwen vorgeworfen. Auf dem Wege nach Rom hatte er noch Briefe an verschiedene Christengemeinden Kleinasiens geschrieben, in denen er das Leiden verherrlichte und den Begriff 'Katholische Kirche' für die Gesamtheit der christlichen Kirchen gebrauchte.

109n rot Begriff 'katholisch'
114n blau Briefe
117n rot Tod

IGNATIUS von Loyola, spanischer Priester.

1491n–1556n Lebenslinie
1522n blau 'Geistliche Übungen'
1534n rot Jesuitenorden
1534n blau Ordensregel
1540n rot Bestätigung des Ordens

IGOR (877n–945n), russischer Herrscher seit 912n. Als Sohn Ruriks trat er nach dem Tode seines Verwandten Oleg die Herrschaft über das russische Reich an, das sich vom Dnjepr und Dnjestr im Süden über Nowgorod bis an die Ostsee erstreckte. Mit Hilfe normannischer Seefahrer unternahm er einen Angriff auf Byzanz, seine Flotte wurde aber durch eine flammenwerferartige Waffe der Byzantiner ('Griechisches Feuer') vernichtet. Drei Jahre später griff er Byzanz vom Lande her an und erzwang Tributzahlungen sowie die Erneuerung des von Oleg geschlossenen Handelsvertrages. Widersetzte sich erfolgreich der Christianisierung Rußlands. Durch Einverleibung weiter slawischer Gebiete in Mittelrußland stärkte er das Übergewicht der Slawen in seinem Staate. Von slawischen Drewlanen hingerichtet.

885n–968n Olga
941n braun Angriff auf Byzanz

944n braun Angriff auf Byzanz
944n grün Tribute von Byzanz
945n/946n Aufstand

IGOR (1151n–1202n), russischer Fürst. Als Herrscher von Nowgorod (Nordrußland) unternahm er einen erfolglosen Feldzug gegen ein Hirtenvolk (Polowzer). Von seinem Kampf, seiner Gefangennahme und Flucht berichtet das älteste russische Heldengedicht ('Mär von der Heerfahrt Igors').

1187n blau Heldengedicht

IKONE, Bezeichnung für religiöse Bilder in griechisch-orthodoxen Kirchen. Aus der Wachsfarben-Technik der ägyptischen Mumienporträts entwickelt, wurden sie jahrhundertelang als überirdische Gebilde mit Wunderkraft verehrt und bis in unser Jahrhundert hinein angebetet. Durch technische Perfektionierung gelang es den Priestern sogar, die abgebildeten Heiligen selbsttätig weinen zu lassen. Seit dem 13. Jahrhundert entwickelte sich ihre Herstellung besonders in Rußland zu einer eigenen Kunstform.

1365n–1430n Rublew
1426n blau Rublews Bilder

IKONION, Stadt im südlichen Kleinasien. Vor 3000 Jahren von Phrygern gegründet, wurde sie im 6. Jahrhundert vor der Zeitwende persisch, dann durch Alexander den Großen gewonnen. Kam 189v an das Reich Pergamon und mit diesem im Jahre 133v durch Erbschaft an Rom, das es 129v seiner neugegründeten Provinz Asia einfügte. Gehörte seit der Reichsteilung zu Ostrom (Byzanz). Nach dem Siege der türkischen Seldschuken über die byzantinischen Heere im Ikonischen Türkenkrieg wurde sie für zwei Jahrhunderte Hauptstadt des kleinasiatischen Seldschukenreiches (Konya). Nach Vertreibung der Seldschuken (1307n) verfiel die Stadt.

1071n/1077n Ikonischer Türkenkrieg
1106n rot Hauptstadt
1259n–1326n Osman I.
1307n braun Seldschuken-Vertreibung

IKTINOS (um 490v–um 410v), griechischer Architekt. Bereicherte die Baukunst seiner Heimatstadt Athen durch umlaufende Innensäulen. Gliederte auch größere Saalbauten durch Säulenreihen. Auf dem Berge über der Stadt (Akropolis) errichtete er über den Trümmern der von Persern zerstörten alten Heiligtümer ('Perserschutt') den alles überragenden Athene-Tempel ('Parthenon'). Fertigte auch die Pläne für Tempel anderer griechischer Städte (Eleusis, Bassai). Verfaßte eine Schrift über seine Baupläne für den Parthenon.

447v blau Bau des Parthenon

ILIAS, Titel einer Heldendichtung des Griechen Homer, abgeleitet vom griechischen Namen für die Stadt Troja in Kleinasien ('Ilion'). Berichtet in 16000 Versen vom Kampfe um die wichtige Handelsstadt Troja unweit des Überganges von Europa und Asien (Dardanellen). Von den 10 Kriegsjahren werden nur 51 Tage des letzten Jahres geschildert. Dabei treten die persönlichen Motive der kämpfenden Griechen (Achilles, Agamemnon) und Trojaner (Hektor, Priamos) in den Vordergrund und der Anteil der sehr menschlich gezeichneter Götter wird ausführlich dargetan.

809v–724v Homer
748v blau Vollendung
482v blau Parodie
1610n blau Deutsche Übersetzung

IL-KUKU, König von Kisch.

2781v–2716v Lebenslinie
2733v rot Kampf mit der Kirche

ILLUSTRATIONEN, von dem lateinischen Wort für 'erhellen' ('illustrare') abgeleitete Bezeichnung für Bildbeigaben zu Büchern und Schriften. Wegen ihrer unmittelbaren Anschaulichkeit und ihrer direkten Ansprache des Gemüts gebräuchlich, seit die Menschheit beim Übergang von der Bilder- zur Silben- und Buchstabenschrift die Anschaulichkeit ihres Mitteilungssystems preisgab, um abstrakte Gedankeninhalte übermitteln zu können. Mit der Einführung moderner Drucktechniken traten sie in unserem Jahrhundert in den Vordergrund und hatten wesentlichen Anteil an der Ablösung einer Epoche rein denkerischer Aneignung durch eine Epoche unmittelbarer Anschauung.

575v blau Griechischer Buchschmuck
116v–27v Varro
58v blau Varro: '700 Bildnisse'
262n blau Manis Bilder
783n blau Godescalc-Evangeliar
1179n blau Herrad: 'Lustgarten'
1326n blau 'Mannessische Handschrift'
1450n blau Fouquet: Stundenbuch
1461n grün Druck bebilderter Bücher
1471n blau Fouquet: Boccaccio
1491n blau Botticelli: Dantes 'Komödie'
1493n blau Schedels Weltgeschichte
1541n grün Münsters Weltbeschreibung
1864n blau Doré: Bibel

ILLYRER, Name eines Volkes, das sich vor dreitausend Jahren an den Küsten des Adriatischen Meeres niederließ und fünfhundert Jahre später das Gebiet des heutigen Jugoslawien zu seiner Heimat gemacht hatte. Von Römern und Griechen zu Seeräubern erklärt, wurden sie unter ihrer Königin Teuta geschlagen und allmählich dem Römerreiche einverleibt. Seit 11v Teil der römischen Provinz Dalmatien, aus der später mehrere römische Herrscher (die 'illyrischen Kaiser') kamen (Decius, Valens).

229v braun Niederlage gegen Rom
219v braun Niederlage gegen Rom
219v rot Römische Herrschaft
199n–251n Decius

ILMENSEE, Binnensee im Norden des europäischen Rußlands 150 km südlich von Leningrad. Hier münden etwa 50 meist kleinere Flüsse. Durch das starke Schwanken ihrer Wasserzufuhr verändert der See im Laufe des Jahres seine Tiefe (2 bis 10 Meter) und seine Ausdehnung (600 bis 2200 Quadratkilometer). Am Ausfluß des Wolchow, der ihn mit dem Ladogasee und über diesen mit dem Meer verbindet, gründete das Seefahrervolk der Normannen die erste Hauptstadt des ersten russischen Reiches (Nowgorod).

862n rot Reich von Nowgorod

ILUMA-I-LU, König von 'Meerland' (Südmesopotamien).

1698v–1629v Lebenslinie
1720v–1648v Samsu-I-Luna
1675v/1665v Freiheitskampf
1665v rot Selbständigkeit
1653v grün Festungsgürtel

ILU-SUMA, König von Assyrien.

1911v–1845v Lebenslinie
1876v–1816v Iri-Suma
1859 rot Schutz der Stadt Kanesch
1850v braun Erhebung gegen Isin
1850v rot Unabhängigkeit
1848v blau Ischtar-Tempel
1847v braun Vorstoß nach Süden
1847v rot Machtgewinn
1846v grün Befestigung Assurs

IMAGINÄRE ZAHLEN, von dem französischen Worte 'imaginaire' (= unwirklich) abgeleitete Bezeichnung für Zahlen, die mit der Wurzel aus minus 1 multipliziert sind, also keine Beziehung zur Wirklichkeit, sondern nur eine rechnerische Bedeutung haben (unwirkliche Zahlen). Von dem italienischen Mathematiker Tartaglia entdeckt, von dessen Landsmann Cardano zur Auflösung von Gleichungen dritten Grades angewendet, fanden sie bald Eingang in die Mathematik aller Länder.

1542n grün Cardanos Rechnungen

IMAMITEN, Selbstbezeichnung der Anhänger einer arabischen Organisation, die nur Nachkommen von Mohammeds Tochter Fatima als Herrscher Arabiens ('Imame' = Führer) anerkennt und alle übrigen Herrscher als bloße Nachfolger (= 'Kalifen') bekämpft.

851n–938n Al Balki

IMHOTEP, ägyptischer Baumeister.

2707v–2626v Lebenslinie
2643v blau Totenstadt
2639v blau Stufenpyramide
613v blau Statue

IMPETUS-THEORIE, Lehre von einer allen Körpern ursprünglich innewohnenden Kraft. Entwickelt durch den christlichen Naturforscher Philoponos zur Versöhnung der naturwissenschaftlichen Gesetze mit der christlichen Vorstellung von einem allmächtigen und alles bewegenden Gott. Von dem französischen Philosophen Buridan auf die Himmelskörper angewendet zur Erklärung ihrer Eigenbewegung. Wegen der Autorität der Verfechter dieser falschen Lehre verzögerte sie den Durchbruch wissenschaftlichen Denkens.

515n grün Philoponos' Lehre
1333n grün Buridans Lehre

IMPFUNG, Sammelbezeichnung für ärztliche Maßnahmen, die den Schutz des Körpers gegen Krankheiten durch künstliche Zuführung abgeschwächter Krankheits-Erreger oder Gifte bewirken ('Immunisierung'). In Ostasien seit mehr als 1000 Jahren bekannt (etwa durch das Schnupfen zerriebenen Pockenschorfs), ist sie seit einem Jahrhundert in Europa zum wichtigen Mittel der öffentlichen Gesundheitspflege geworden und wird gegen Pocken, Tollwut, Wundstarrkrampf, Diphtherie, Keuchhusten, Tuberkulose und spinale Kinderlähmung angewandt. Auch in der Tier-Seuchenbekämpfung mit zunehmendem Erfolge erprobt (Maul- und Klauenseuche, Rotlauf, Tollwut, Schweinepest).

1717n grün Pockenschutzimpfung
1729n–1796n Katharina II., die Große
1880n grün Pasteur: Tollwutimpfung
1890n grün Behring: Serumbehandlung
1954n grün Kinderlähmungs-Serum

IMPRESSIONISMUS, Entwicklungsstufe der europäischen Kunst zwischen der Mitte des 19. Jahrhunderts und dem Beginn des 20. Jahrhunderts. Strebte nach möglichst unmittelbarer Wiedergabe des persönlichen Augenblicks-Eindrucks ('Impression'). Ging daher von der Malerei aus und wurde wesentlich von ihr geprägt, ergriff aber auch die anderen Künste. Allgemein zeigte sie eine starke Hinwendung zur Natur, die aber nicht bloß wiedergegeben, sondern in ihrer Wirkung auf Sinne und Gemüt dargestellt wurde.

1863n blau Manet: 'Frühstück im Freien'
1872n blau Whistler: Carlyle
1873n blau Degas: 'Tanzschule'
1879n blau Renoir: 'Frühstückstisch'
1893n blau Monet: Kathedrale Rouen
1901n blau Ravel: 'Wasserspiele'
1904n blau Slevogt: 'Tänzerin'
1906n blau Corinth: 'Rittner als 'Geyer'
1915n blau Falla: 'Liebeszauber'

IMRET (um 1820v–um 1780v), ägyptische Prinzessin, von der uns eine bemalte Holzstatue (85 cm Höhe) erhalten ist.

1797v blau Statuette

IMTA, König der Gutäer.

2203v–2147v Lebenslinie
2190v–2141v Inki-Schu
2149v/2148v Erhebung
2148v rot Ende des Reiches Akkad
2148v rot Macht über Akkad

INANNA, Name der Göttin von Liebe, Fruchtbarkeit und Wachstum im südlichen Mesopotamien (Sumer). Ihr Kult kam mit der Ausdehnung der sumerischen Macht auch ins mittlere Mesopotamien (Babylon) und von dort in den Norden des Landes (Assyrien), wo aber ihr Name geändert wurde ('Ischtar').

2850v blau Tempel in Uruk
2675v blau Tempel in Chafadschi
2575v blau Tempel in Assur
1911v–1845v Ilu-Suma
1880v blau Klagelied
1848v blau Tempel in Assur
1830v blau 'Inannas Höllenfahrt'
1387v blau Lobgedicht
1251v blau Tempel in Ninive
1239v blau Tempel in Assur
740v–681v Sanherib
624v–561v Nebukadnezar II.
576v blau Prunktor in Babylon

INDEX, aus dem lateinischen Worte für 'Zeiger' abgeleitete Bezeichnung für 'Verzeichnis'. Im engeren Sinne das Bücherverzeichnis der katholischen Kirche, das bei seiner ersten Abfassung vor 1500 Jahren alle bekannten Bücher in zwei Gruppen aufführte, von denen die erste die erlaubten, die zweite die von der Kirche verbotenen Bücher enthielt. Mit dem Erstarken der Reformation erneuerte der Papst diese Sitte durch Schaffung eines Verzeichnisses, das nur noch die von der Kirche verbotenen Bücher enthielt. Sein Titel ('Index librorum prohibitorum' = 'Index verbotener Bücher') wurde bald auf das Wort 'Index' verkürzt. Dieser päpstliche Katalog erschien in den letzten 400 Jahren über vierzig Mal, zuletzt im Jahre 1948n. Er trug durch Abschnürung der Katholiken vom neuen wissenschaftlichen Weltbilde wesentlich zur Erhaltung des katholischen Glaubens bei.

495n rot Erster Index
1559n rot Neuer Index

INDIANER, Bezeichnung für die Ur-Einwohner Amerikas. Der Name 'Indios' wurde ihnen von Kolumbus gegeben, der annahm, es handele sich bei dem von ihm entdeckten Land um das von Westen erreichte Indien ('West-Indien').

2190v grün Quarz Waffenmaterial
2167v grün Okarina
1325v grün Anbau von Mais
806v blau Pyramide von Kui-Kuilko
445v blau Pyramide von Cholula
5n blau Sonnenpyramide in Mexiko
31n blau Mondpyramide in Mexiko
94n grün Null als Fehlzeichen
162n blau Plastik mit Mayaschrift
221n grün Stellenwert der Zahl
282n grün Hieroglyphen
288n blau Gründung von Uaxaktun
455n blau Gründung von Kopan
700n rot Ende des Maya-Altreiches
700n grün Mayas auf Yukatan
711n blau Gründung von Chichen Itza
856n blau Gründung von Tollan
947n braun Vorstoß der Tolteken
947n rot Tolteken Herren Mexikos
967n–1021n Leif Erikson
999n blau Gründung von Mayapan
1007n rot Liga von Mayapan
1022n–1107n Manko Kapak
1048n rot Reich der Chimu
1065n blau 'Nonnenhaus' der Mayas
1067n rot Inkastaat in Peru
1070n blau Gründung von Kuzko
1081n rot Altersversorgung in Peru
1116n braun Ende des Toltekenreiches
1116n rot Reich der Chichimeken
1193n grün Gummi-Bälle
1225n blau Tempel in Chichen Itza
1325n blau Stadt Mexiko gegründet
1408n–1472n Nezalhual
1410n–1469n Montezuma
1431n rot Aztekischer Staatenbund
1431n blau Königspalast in Tezcuco
1436n blau Bibliothek in Tezcuco
1437n rot Tod für Geschichtsfälscher
1440n braun Zerstörung Mayapans
1440n rot Großreich Montezumas
1455n blau Pyramiden der Azteken
1487n rot Menschenopfer bei Azteken
1496n rot Sklavenhandels-Verbot
1496n grün Inka-Straße
1508n rot Jamaika spanisch
1511n rot Kuba spanisch
1519n rot Aztekenreich spanisch
1520n/1521n Aztekenaufstand
1524n braun Niederlage der Mayas
1524n rot Gebietsgewinn Spaniens
1528n grün Venezuela an Welser
1531n/1533n Inka-Krieg
1533n braun Ausrottung auf Haiti
1533n rot Ende des Inkareiches
1533n rot Peru spanisch
1535n rot Kalifornien spanisch
1535n rot Kanada französisch
1536n/1539n Chibcha-Krieg
1537n rot Papst: Schutzerklärung
1539n rot Kolonie Peru erweitert
1540n blau Casas: 'Indianergeschichte'
1550n rot Christianisierung
1552n blau Oviedos Geschichte
1558n braun Unterwerfung Chiles
1558n rot Chile spanisch
1584n rot Virginien englisch
1610n rot Jesuitenstaat Paraguay
1612n rot Bermudas englisch
1625n rot Guayana holländisch
1626n grün Verkauf Manhattans
1626n rot Manhattan holländisch
1630n rot Pernambuco holländisch
1634n rot Cayenne französisch
1635n rot Antillen französisch
1637n grün Skalp-Prämien
1653n/1654n Brasilianische Erhebung
1654n rot Portugiesen in Brasilien
1655n rot Jamaika englisch
1659n braun Erhebung Mexikos
1664n rot New York englisch
1671n blau Drama Calderons
1692n braun Erhebung Mexikos
1724n grün Lafiteau: Indianer-Sitten
1759n rot Kanada englisch
1780n/1783n Inka-Aufstand
1781n rot Hinrichtung Tupac Amarus
1797n rot Trinidad englisch
1826n blau Cooper: 'Mohikaner'
1893n blau Karl May: 'Winnetou'

INDIEN: Allgemeines (Land, Volk, Staat)

2974v blau Entwicklung von Kot-Diji
2958v blau Entwicklung von Amri
2899v blau Entwicklung von Harappa
2858v blau Entwicklung von Rangpur
2857v grün Arbeiterviertel gesondert
2836v blau Gründung von Mohenjo
2834v grün Stadtplanung
2741v blau Entwicklung von Lotal
2731v blau Entwicklung von Kanhu
2717v blau Entwicklung von Rupar
2175v rot Kurriter-Abwanderung
1915v braun Zerstörung von Städten
1443v–1389v Sudas
1414v braun Zehn-Königs-Schlacht
1414v rot Sudas Oberkönig
979v rot Indienhafen Palästinas
969v–908v Bilkis
950v blau Brahmanismus
948v grün Entdeckung durch Phönizier
846v rot Kastenordnung
558v–492v Bimbisara
550v–486v Dareios I.
524v rot Bimbisara Buddhist
521v/519v Vorstoß Persiens
519v rot Gebietsgewinn Persiens
519v grün Tribute an Persien
513v grün Seeweg nach Suez
453v rot Vormacht Magadhas
358v–280v Seleukos I.
356v–323v Alexander der Große
334v/325v Alexanderzug
325v rot Teil des Alexanderreiches
325v grün Seeweg nach Mesopotamien
322v rot Mauria-Reich
321v–282v Megasthenes
305v rot Rückzug des Seleukos
299v–237v Asoka der Milde
293v blau Megasthenes' Geschichtswerk
270v rot Gesetze Asokas
261v rot Asoka Buddhist
250v rot Buddhismus nach Ceylon
242v–187v Antiochus III.
182v rot Gebietsgewinn Baktriens
129v grün Reise Tschang-Kiens
117v grün Bedeutung des Monsuns
75v grün Ziel einer Weltumseglung
26v grün Seehandel mit Rom
22v blau Entstehung von Delhi
31n grün Außenhandels-Überschuß
53n–123n Kanischka
96n rot Mahajana-Buddhismus
107n rot Gesandtschaft nach Rom
162n grün Arrianus' Beschreibung
320n rot Gupta-Reich
400n–470n Nonnos
410n rot Gupta-Reich erweitert
410n grün Arztbetreuung für Arme
414n grün Bericht des Fa-Hien
448n–510n Toramana
457n braun Vorstoß der Hunnen
465n braun Vorstoß der Hunnen
465n rot Gandhara Hunnenreich
475n braun Vorstoß der Hunnen
475n rot Gebietsgewinn der Hunnen
477n rot Sakala Hunnenhauptstadt
501n braun Vorstoß der Hunnen
501n rot Gebietsgewinn der Hunnen
515n–572n Muhan
528n braun Sieg über Hunnen
528n rot Frei von Hunnenherrschaft
552n/563n Asiatischer Türkenkrieg
563n rot Gebietsgewinn der Türken
590n–648n Harsa
602n–664n Hüan-Tsang
630n blau Bekehrungsroman
633n/732n Arabischer Krieg
638n braun Vorstoß Tibets
638n rot Nordgebiete zu Tibet
646n grün Bericht Hüan-Tsangs
646n/647n Niederlage gegen China
647n rot Gebietsgewinn Chinas
648n rot Schutz aller Lebewesen
664n rot Nordgebiete an Araber
675n–715n Welid
692n grün Bericht des I-Tsing
711n rot Indusgebiet an Araber
728n rot Mord an Gauda
728n rot Ende des Gupta-Reiches
789n–873n Al Kindi
888n–956n Al Masudi
899n/930n Karmatenaufstand
901n rot Karmaten-Staat Multan
918n grün Reise des Al Masudi
973n–1048n Al Biruni
976n–1030n Machmud
1024n braun Vorstoß der Türken
1024n rot Nordwesten türkisch
1024n rot Islam im Nordwesten
1032n blau Geschichtswerk Al Birunis
1155n–1227n Dschingis-Khan
1177n grün Gesandtschaft des Papstes
1193n braun Vorstoß der Araber
1193n rot Islam in Bengalen
1207n/1279n Großer Mongolenkrieg
1221n rot Indus-Gebiete mongolisch
1291n grün Reise der Vivaldi
1304n–1377n Ibn Batuta
1336n–1405n Timur
1352n grün Bericht Ibn Batutas
1398n braun Mongolen-Vorstoß
1398n rot Nordgebiete mongolisch
1405n rot Befreiung des Nordens
1452n–1507n Kolumbus
1498n grün Fahrt des Vasco da Gama
1503n grün Handelsplätze Portugals
1503n/1506n Portugiesischer Krieg
1504n braun Mongolen-Vorstoß
1504n rot Kabul an Mongolen
1506n rot Portugiesischer Vizekönig
1506n grün Handel mit Deutschland
1509n braun Seeschlacht bei Diu
1510n rot Niederlassung Goa
1525n braun Siegeszug Babars
1525n rot Reich der Großmogule
1533n–1603n Elisabeth
1534n rot Bombay portugiesisch
1542n–1605n Akbar
1553n–1610n Heinrich IV.
1573n rot Schutz Gefangener
1600n grün Handelskompanie Englands
1601n blau Geschichtswerk Fazls
1612n rot Englische Niederlassung
1662n rot Bombay an England
1690n blau Gründung von Kalkutta
1755n/1763n Kolonialkrieg
1757n rot Englische Vormacht
1764n braun Erhebung
1773n grün Opium nach China
1784n rot Pitts 'Indiengesetz'
1799n braun Erhebung
1804n–1881n Disraeli
1829n rot Witwenverbrennungsverbot
1839n/1842n Afghanischer Krieg
1857n braun Erhebung
1869n–1948n Gandhi
1876n rot Viktoria Kaiserin
1908n braun Erhebung
1914n/1918n Erster Weltkrieg
1919n braun Erhebung
1920n rot Gandhis Freiheitsbewegung
1922n braun Erhebung
1939n/1945n Zweiter Weltkrieg
1947n rot Unabhängigkeit
1948n rot Amtsantritt Nehrus
1955n rot Bandung-Konferenz
1964n rot Schastri Ministerpräsident

INDIEN: Baukunst

475v blau Grab-Kuppelbau für Buddha
250v blau Felsentempel
75v blau Felsentempel von Karli
857n blau Kailasa-Tempel in Ellora
981n blau Tempelstadt Kajuraho
991n blau Lingaraja-Tempel
1107n blau Jagannath-Tempel
1196n blau 'Kutab-Minarett' in Delhi
1262n blau Sonnentempel von Konarak
1268n blau Keschawa-Tempel, Maisur
1418n blau Moschee von Ahmadabad
1591n blau Moschee in Haiderabad
1648n blau Grabmal 'Tadsch-Mahal'

INDIEN: Bildhauerei

2815v blau 'Affenmutter mit Jungem'
2809v blau 'Knabberndes Eichhörnchen'
2796v blau Taubenwägelchen aus Ton
2773v blau 'Affe mit Menschengesicht'
2729v blau 'Nashorn am Futtertrog'
2705v blau 'Elefanten-Männchen'
2683v blau 'Frau mit Brotkorb'
2678v blau 'Tiger und Mann auf Baum'
2673v blau Plastik eines Hundes
2659v blau Relief eines Büffels
2629v blau 'Der Herr der Tiere'
2614v blau 'Mann mit zwei Tigern'
2591v blau Relief eines Krokodils
2579v blau 'Kniender vor Tiger'
2486v blau Statue einer Tänzerin
2388v blau Plastik eines Tänzers
2349v blau 'Mann mit Bart'
2192v blau 'Stummer Beobachter'
230v blau Tore von Santschi
104n blau Buddha-Figuren
150n blau Gandhara-Stil

INDIEN: Dichtung und andere Literatur

1040v blau 'Rigveda'
795v blau Zauberspruch-Literatur
600v blau Abschluß der Veden
313v blau Kautilya: Staatskunst
243v blau 'Mahabharata' begonnen
34n–112n Asvagoscha
35n blau 'Jatakas' auf Ceylon
99n blau Asvagoscha: Leben Buddhas
186n blau 'Ramajana'
257n blau Sammlung Gunadhyas
275n–335n Bhasa
300n blau 'Pantschatantra'
317n blau Bhasa: Krischna-Drama
353n–420n Kalidasa
363n blau 'Mahabharata' vollendet
373n blau 'Der Wolkenbote'
390n blau 'Sakuntala'
393n blau 'Purana'-Schriften
398n blau Kalidasa: Jahreszeiten
408n blau Lied auf Rama
587n–652n Bhartrihari
590n–648n Harsa
595n–660n Bana
622n blau Bharawi: Heldengedicht
624n blau Bana: Harsa-Biographie
634n blau Bartriharis Dichtung
650n blau 'Gedicht des Bhatti'
659n blau Bana: Kadambari
700n blau Spiel vom 'Tonwägelchen'
704n blau Kamandaki: Staatskunst
727n blau Dandins Schelmenroman
729n blau Al Mukaffas Übersetzung
733n blau 'Malati und Madhava'
737n blau Dandin: Dichtkunst
745n blau 'Pantschatantra' arabisch
775n blau Bhavabuti: 'Rama und Sita'
922n blau 'Bhagavata-Purana'
1035n–1082n Somadeva
1041n blau Nambi: 'Heiliges Buch'
1070n blau Somadeva: Märchen
1087n blau Bilhanas Königsgeschichte
1471n blau Pforrs Übersetzung
1596n blau Tulsidas: Rama-Dichtung
1621n–1695n Lafontaine
1897n blau Tagores Kindergedichte
1922n blau Gandhi: 'Junges Indien'

INDIEN: Geschichtsschreibung

624n blau Bana: Harsa-Biographie
1087n blau Bilhana: Königsgeschichte
1148n blau Kalhanas Werk

INDIEN: Malerei

485n blau Höhlengemälde von Ajanta

INDIEN: Musik

275n–335n Bhasa
353n–420n Kalidasa

INDIEN: Philosophie

1040v blau 'Rigveda'
974v blau 'Brahmana der 100 Pfade'
825v–730v Parshva
802v blau Lehre der Upanischads
766v blau Ideal der Vergeistigung
694v–603v Braspati
642v–555v Carvaka
636v blau Braspati: Materialismus
628v blau Braspatis Erkenntnislehre
616v blau Braspati Religionsgegner
602v blau Carvaka: Individualismus
600v blau 'Veden'
591v blau Glück Sinn des Daseins
587v blau Samkhya-Lehre
569v–498v Jina Mahavira
562v blau Yoga-Lehre
561v blau Atheismus des Carvaka
557v blau Lehrbuch des Materialismus
557v–477v Buddha
541v blau Jinismus
524v blau Lehrbeginn Buddhas
361v–268v Pyrrhon
299v–237v Asoka der Milde
196v blau Patanjalis Lebensregeln
34n–112n Asvagoscha
424n blau Yoga-Lehren 'Sutras'
587n–652n Bhartrihari
634n blau Werk Bhartriharis
788n–820n Schankara
812n blau Menschen- und Weltseele
818n blau Schankara: Brahma
1023n–1105n Ramanuja
1086n blau Gottesbegriff Ramanujas
1808n blau Schlegels Werk

INDIEN: Recht

409v blau Aufzeichnung
299v–237v Asoka der Milde
270v rot Asokas Gesetze
208n blau Gesetzbuch des Manu

INDIEN: Religion

1071v blau Vedischer Glaube
1040v blau 'Rigveda'
974v blau 'Brahmana der 100 Pfade'
950v blau Brahmanismus
846v rot Kastenordnung
825v–730v Parshva
802v blau Lehre der Upanischads
800v grün Auch Nichtpriester Ärzte
766v blau Ideal der Vergeistigung
694v–603v Braspati
649v blau Braspati gegen Priester
642v–555v Carvaka
616v blau Braspati Religionsgegner
600v blau Abschluß der Veden
569v–498v Jina Mahavira
562v blau Yoga-Lehre
561v blau Atheismus des Carvaka
558v–492v Bimbisara
557v–477v Buddha
541v blau Jinismus
524v blau Lehrbeginn Buddhas
524v rot Bimbisara Buddhist
475v blau Grabbau für Buddha
321v–282v Megasthenes
310v blau 'Bhagavad-Gita'
299v–237v Asoka der Milde
261v rot Asoka Buddhist
259v blau Gedenksäule für Buddha
250v rot Buddhismus nach Ceylon
250v blau Felsentempel
243v blau 'Mahabharata' begonnen
196v blau Patanjali: Yoga
75v blau Felsentempel von Karli
34n–112n Asvagoscha
53n–123n Kanischka
90n blau Buddhistisches Kloster
96n rot Spaltung des Buddhismus
99n blau Asvagoscha: Leben Buddha
100n rot Konzil von Kaschmir
104n blau Buddha-Figuren
186n blau Lied auf Rama
317n blau Bhasa: Krischna-Drama
353n–420n Kalidasa
363n blau 'Mahabharata' vollendet
393n blau 'Purana'-Schriften
408n blau Lied auf Rama
424n blau Yoga-Lehre 'Sutras'
497n blau Heilige Bücher der Jainas
587n–652n Bhartrihari
590n–648n Harsa
595n–660n Bana
622n blau Dichtung über Schiwa
634n blau Dichtung Bhartriharis
648n rot Schutz aller Lebewesen
650n blau Geschichte Ramas
686n–744n Kumarila
708n blau Kumarila: Monotheismus
717n–778n Padma Sambawa
739n blau Bearbeitung der Veden
743n rot Ausbreitung des Hinduismus
749n blau Lamaismus
775n blau Bhavabuti: Rama-Dichtung
788n–820n Schankara
812n blau Menschen- und Weltseele
818n blau Lehre des Schankara
857n blau Kailasa-Tempel in Ellora
922n blau 'Bhagavata-Purana'
976n–1030n Machmud
981n blau Tempelstadt Kajuraho
991n blau Lingaraja-Tempel
1023n–1105n Ramanuja
1024n rot Islam im Nordwesten
1041n blau Nambi: 'Heiliges Buch'
1086n blau Gottesbegriff Ramanujas
1107n blau Jagannath-Tempel
1193n rot Islam in Bengalen
1196n blau 'Kutab-Minarett' in Delhi
1262n blau Sonnentempel von Konarak
1268n blau Keschawa-Tempel, Maisur
1380n blau Brahmanismus-Kommentar
1418n blau Moschee von Ahmadabad
1542n–1605n Akbar
1571n blau Religionsgespräche
1573n blau Akbar über Religionen
1591n blau Moschee von Haiderabad
1596n blau Tulsidas: Rama-Dichtung

INDIEN: Sitten und Gebräuche

2862v grün Feuerbestattung
2774v grün Innen-Toiletten
2753v grün Badezimmer
2714v grün Schwimmbecken
2676v grün Würfelspiel
2654v grün Schmuckperlen
1386v grün Zähmung von Elefanten
795v blau Zaubersprüche
770v grün Rose nach Europa
466n grün Schachspiel
900n grün Schachspiel zu Arabern
1829n rot Witwenverbrennungsverbot

INDIEN: Sprache und Schrift

2765v grün Schrift im Industal
797v grün Phönizisches Alphabet
344v blau Paninis Sanskrit
563n blau Amara: Sanskrit
590n–648n Harsa
710n grün Vorbild für Japan
1808n blau Schlegels Buch
1816n blau Bopp: Sanskrit

INDIEN: Technik

2997v grün Luftgetrocknete Ziegel
2985v grün Zweirädrige Wagen
2977v grün Metallverarbeitung
2957v grün Naturstein-Fundamente
2907v grün Gebrannte Ziegel
2893v grün Verwendung von Mörtel
2878v grün Mauern im festen Verband
2871v grün Töpferscheibe
2847v grün Fayence
2832v grün Kornspeicher
2808v grün Kanalisation
2774v grün Innen-Toiletten
2753v grün Badezimmer
2751v grün Treppen
2749v grün Isoliermittel
2730v grün Wasserdichte Fußböden
2714v grün Schwimmbecken
2694v grün Drill-Bohrer
2631v grün Herstellung von Bronze
963v grün Herstellung von Eisen
891v grün Rostfreie Eisensäule

INDIEN: Theater

275n–335n Bhasa
290n blau Bharata: Schauspielkunst
353n–420n Kalidasa
640n blau Spiel mit Rahmenhandlung

INDIEN: Wirtschaft und Verkehr

2936v grün Waage und Gewichte
2929v grün Anbau von Baumwolle
2832v grün Kornspeicher
2822v grün Straßenbau
2813v grün Ausfuhr von Baumwolle
2797v grün Ausfuhr von Elfenbein
2616v grün Normen
2570v–2481v Ur-Enlil
2485v grün Handel mit Sumer
1386v grün Zähmung von Elefanten
1189v grün Ausfuhren nach Saba
1176v grün Handel mit Saba
979v rot Indienhafen Palästinas
969v–908v Bilkis
252v grün Chausseebäume
117v grün Monsun und Schiffahrt
26v grün Seehandel mit Rom
31n grün Außenhandels-Überschuß
350n grün Zucker-Erzeugung
746n grün Handelsstraße
750n grün Zuckerrohr nach Ägypten
1503n grün Handel mit Portugal
1506n grün Handel mit Deutschland
1533n–1603n Elisabeth
1600n grün Handelskompanie Englands

INDIEN: Wissenschaft

2842v grün Zwei Rechensysteme
2779v grün Rechnen mit der Null
800v grün Auch Nichtpriester Ärzte
640v grün Lehre von 4 Elementen
315v grün Lehre von 3 Grundkräften
244v grün Anbau von Heilpflanzen
102n grün Urin-Untersuchung
147n grün Heilkraft des Schlafes
420n grün Schrift über die Sonne
442n grün Susrutas Medizin-Werk
462n blau Universität Nalanda
474n grün Länge des Jahres
476n–535n Arjabatta
493n grün Wert 'pi'
498n grün Lehrbuch der Sternkunde
501n grün Sonnen- und Mondfinsternis
507n grün Dreisatzaufgaben
512n grün Achsdrehung der Erde
518n grün Arjabattas Kurieraufgabe
527n grün Sinus-Berechnung
558n grün Varahami: Astronomie
598n–660n Brahmagupta
628n grün Werk Brahmaguptas
633n grün Negative Zahlen
653n grün Vaghbata: Medizin-Werk
657n grün Regeln des Null-Rechnens
773n grün Sternkunde-Übersetzung
778n–830n Al Karismi
786n–833n Al Mamun
802n grün Indische Zahlen in Arabien
809n grün 'Über indisches Rechnen'
855n–929n Al Battani
893n grün Sinus-Lehre bei Arabern
973n–1048n Al Biruni
1001n grün Quecksilber als Heilmittel
1029n grün Al Biruni: Sternkunde
1114n–1186n Bhaskara
1150n grün Bhaskaras Sammelwerk

INDIGO, Bezeichnung für einen tiefblauen pflanzlichen Farbstoff, der in Indien bereits vor mindestens 4000 Jahren hergestellt wurde. Seit dem 16. Jahrhundert kam er zunehmend nach Mittel- und West-Europa. Auch in Deutschland verdrängte er wegen seiner Licht-Echtheit und Wasch-Festigkeit die einheimischen Farbstoffe. Hier hat vor 100 Jahren seine chemische Herstellung die alte pflanzliche Gewinnung abgelöst. Dieser synthetische Farbstoff (Bayer-Indigo) hat der jungen chemischen Industrie zu weltweitem Ansehen verholfen.

1516n grün Verwendung in Europa
1577n grün Einfuhrverbot
1870n grün Künstliches Blau

INDIVIDUAL-PSYCHOLOGIE, Bezeichnung für die Erforschung der geistig-seelischen Vorgänge von Einzelpersonen. Durch den österreichischen Nervenarzt Alfred Adler zu einer besonderen Lehre ausgebaut, die den Geltungsdrang des Einzelnen in den Mittelpunkt seines Wesens rückt. Betrachtet jede Lebensentfaltung unter dem Gesichtspunkt der 'Überkompensation' dieses Geltungsdranges (= Höchstleistung) oder als Versagen, das zu Minderwertigkeitskomplexen und Nervenleiden (Neurosen) führt. Ihr Ziel ist die Heilung dieser Leiden durch das Aufzeigen ihrer Ursachen.

1912n grün Adlers Lehre

INDOCHINA, Bezeichnung für die zeitweilig von Frankreich zusammengefaßten Teile Hinterindiens (Kambodscha, Laos, Vietnam).

217v/214v Einfall der Chinesen
214v rot Chinesische Herrschaft
1121n blau Tempel von Angkor Wat
1771n braun Bauernaufstand in Vietnam
1862n braun Einfall der Franzosen
1862n rot Franzosen in Vietnam
1883n rot Annam französisch
1884n rot Kambodscha französisch
1885n rot Tonking französisch
1888n rot Zusammenfassung
1893n rot Laos französisch
1939n/1945n Zweiter Weltkrieg
1945n/1954n Freiheitskampf
1954n rot Vietnam frei und geteilt
1954n rot Laos unabhängig
1954n rot Kambodscha unabhängig
1955n rot Nordvietnam kommunistisch
1960n/ Revolution

INDONESIEN, Name des aus 3000 Inseln bestehenden Reiches zwischen Südwest-Asien und Australien.

101n–179n Ptolemäus
400n rot Buddhismus auf Java
600n rot Bekehrung zum Buddhismus
692n grün Chinesischer Reisebericht
800n blau Tempelanlage 'Borobudur'
1011n blau Schattentheater nach Java
1214n–1294n Kublai-Khan
1254n–1324n Marco Polo
1292n braun Flottenangriff auf Java
1304n–1377n Ibn Batuta
1352n grün Reisebericht Ibn Batutas
1407n rot Machtgewinn Chinas
1512n grün Entdeckung der Molukken
1512n rot Molukken portugiesisch
1596n rot Sumatra, Java holländisch
1605n rot Molukken holländisch
1610n blau Gründung von Batavia
1623n rot Verschwörung
1686n grün Kaffeeplantagen auf Java
1811n rot Java englisch
1816n rot Java wieder holländisch
1835n blau Humboldt: Kawi-Sprache
1888n rot Nordborneo englisch
1901n– Sukarno
1926n braun Aufstand
1939n/1945n Zweiter Weltkrieg
1945n/1954n Erhebung Südostasiens
1949n rot Unabhängigkeit
1955n rot Bandung-Konferenz
1962n rot West-Neuguinea frei
1965n braun Kampf gegen Engländer

INDUKTION, Bezeichnung für die Übertragung von Energie zwischen zwei sich nicht berührenden elektrischen Leitern. Beruht auf der allmählichen Veränderung des magnetischen Kraftfeldes. Ihre Entdeckung durch den englischen Physiker Faraday förderte die Erkenntnis der gemeinsamen Natur elektrischer und magnetischer Kräfte.

1831n grün Entdeckung

INDUKTIVE METHODE, Bezeichnung für eine Begreifensweise, die vom Einzelnen auf das Allgemeine schließt. Erkenntnismethode aller naturwissenschaftlichen Theorie. Von dem griechischen Philosophen Epikur (der alle Erkenntnis auf sinnliche Wahrnehmung zurückführte) vorbereitet, wurde sie durch den englischen Philosophen Francis Bacon als alleinige Methode wissenschaftlichen Denkens dem Schluß vom Allgemeinen auf das Besondere (Deduktion) entgegengestellt.

341v–270v Epikur
1561n–1626n Francis Bacon

INDUS, längster Strom Indiens (3190 km). Durchquert von seiner Quelle in Tibet aus das Himalaya-Gebirge und fließt durch Kaschmir und zum Pakistan zum Arabischen Meer. An seinem Oberlauf (Harappa), Mittellauf (Mohenjo Daro) und Unterlauf Amri) wuchsen vor 5000 Jahren frühe Kulturen heran. Bei der Teilung Indiens durch die Engländer im Jahre 1947n wurde sein Tal, das seit alters her die Kornkammer Indiens ist, abgetrennt und zum Herzstück eines neu gegründeten Separat-Staates gewendet (Pakistan).

2977v grün Metall-Verarbeitung
2974v blau Entwicklung von Kot-Diji
2958v blau Entwicklung von Amri
2957v grün Naturstein-Fundamente
2936v grün Waage und Gewichte
2929v grün Anbau von Baumwolle
2907v grün Gebrannte Ziegel
2899v blau Entwicklung von Harappa
2893v grün Mörtel
2878v grün Mauern in festem Verbande
2871v grün Töpferscheibe
2862v grün Feuerbestattung
2857v grün Arbeiterviertel gesondert
2847v grün Fayence
2842v grün Binäres Rechensystem
2836v blau Gründung von Mohenjo
2834v grün Stadtplan
2832v grün Kornspeicher-Anlage
2822v grün Straßenbau
2815v blau 'Affenmutter mit Jungem'
2813v grün Ausfuhr von Baumwolle
2809v blau 'Knabberndes Eichhörnchen'
2808v grün Kanalisation
2774v grün Innen-Toiletten
2773v blau 'Affe mit Menschengesicht'
2765v grün Schrift
2753v grün Badezimmer
2751v grün Treppen
2749v grün Bitumen Isoliermaterial
2741v blau Entwicklung von Lotal
2731v blau Entwicklung von Kanhu
2730v grün Wasserdichte Fußböden
2729v blau Relief eines Nashorns
2717v blau Entwicklung von Rupar
2714v grün Schwimmbecken
2683v blau 'Frau mit Brotkorb'
2676v grün Würfelspiel
2673v blau Plastik eines Hundes
2654v grün Schmuckperlen
2631v grün Bronze-Herstellung
2629v blau 'Herr der Tiere'
2616v grün Normen
2614v blau 'Mann mit zwei Tigern'
2591v blau Relief eines Krokodils
2486v blau Statue einer Tänzerin
2349v blau 'Mann mit Bart'
2192v blau 'Stummer Beobachter'
1915v braun Zerstörung von Städten
550v–486v Dareios I.
521v/519v Vorstoß Persiens
519v rot Persische Herrschaft
513v grün Reise des Skylax
358v–280v Seleukos I.
356v–323v Alexander der Große
334v/325v Alexanderzug
325v rot Teil des Alexanderreiches
325v grün Seeweg nach Mesopotamien
448n–510n Toramana
515n–572n Muhan
563n rot Gebietsgewinn der Türken
633n/732n Arabischer Krieg
675n–715n Welid
711n rot Arabische Herrschaft
901n rot Karmatenstaat Multan
1221n rot Mongolische Herrschaft
1947n rot Abspaltung von Indien

INDUSTRIE, von dem lateinischen Wort für 'Fleiß' ('industria') abgeleitete Bezeichnung für eine gewerbliche, auf Arbeitsteilung beruhende Produktionsweise zur Massenherstellung einzelner Waren. In weiterem Sinne gehört dazu auch die ihr dienende Gewinnung von Bodenschätzen.

2815v grün Manufakturen in Ägypten
2767v grün Tuchfabrik in Ur
2029v grün Spinnereien in Sumer
1996v grün Manufakturen in Sumer
1694v grün Werft in Babylon
1449v grün Arbeitsteilung (Ägypten)
383v–322v Demosthenes
322v–246v Ptolemäus II.
318v grün Tonfiguren-Produktion
285v grün Staatsmonopole (Ägypten)
267v grün Akkordlöhne in Ägypten
150v rot Bergwerksbau verboten
537n grün Seideproduktion (Byzanz)
539n grün Monopole in Byzanz
766n–809n Harun al Raschid
794n grün Papiermanufaktur (Bagdad)
890n–961n Abdar Rachman III.
1101n–1154n Roger II.
1107n grün Papiermanufaktur (Spanien)
1110n grün Steinkohlenbergbau
1149n grün Seiden-Weberei (Palermo)
1185n grün Arbeitsteilung in Italien
1200n grün Tuchwebereien in Florenz
1205n grün Seidenfabriken in Italien
1267n grün Papierherstellung (Italien)
1301n grün Salz-Kartell
1338n grün Papiermanufaktur Pielle
1350n grün Tuchproduktion (England)
1389n grün Papierfabrik bei Nürnberg

1397 n grün Produktionsvorschrift
1459 n–1525 n Jakob Fugger
1465 n grün Medici-Fabriken (England)
1466 n grün Seidenmanufaktur Lyon
1470 n grün Alaun-Kartell
1488 n grün Silbermonopol für Fugger
1495 n grün Papierfabrik in England
1521 n rot Monopol-Verbot
1525 n grün Monopol-Erlaubnis
1536 n grün Tuchfabrik Malmesbury
1599 n–1660 n Velasquez
1619 n–1683 n Colbert
1623 n–1687 n Petty
1641 n grün Monopolverbot (England)
1657 n grün Merkantilismus
1662 n grün Weberei-Verstaatlichung
1672 n–1725 n Peter I., der Große
1674 n grün Petty: Arbeitsteilung
1690 n grün Papierfabrik in Amerika
1699 n grün Eisengießereien (Rußland)
1710 n grün Manufaktur Meißen
1723 n–1790 n Adam Smith
1740 n grün Gußstahlfabrik (England)
1750 n grün Manufaktur Berlin
1756 n grün Manufaktur Sèvres
1760 n–1797 n Babeuf
1761 n grün Manufaktur Nymphenburg
1769 n grün Wedgwood-Fabrik
1800 n–1882 n Friedrich Wöhler
1802 n rot Kinderarbeit: Zeitgrenze
1802 n grün Achards Zuckerfabrik
1812 n grün Krupps Gußstahlfabrik
1813 n rot Maschinenstürmer-Urteil
1816 n–1892 n Siemens
1818 n–1883 n Karl Marx
1819 n rot Kinderarbeit: Altersgrenze
1825 n rot Kollektiv-Verhandlungen
1838 n grün Freihandels-Forderung
1839 n rot Kinderarbeit: Altersgrenze
1839 n–1937 n Rockefeller
1845 n blau Engels: Lage der Arbeiter
1846 n grün Zeiß-Werke
1863 n–1947 n Ford
1870 n grün Fließarbeit in USA
1870 n grün 'Standard Oil'
1870 n–1924 n Lenin
1876 n rot Deutscher Verband
1879 n–1953 n Stalin
1888 n grün Zeiß-Werke an Abbe
1889 n–1945 n Hitler
1893 n– Mao-Tse-Tung
1895 n grün Taylor: Rationalisierung
1900 n grün Stahltrust in USA
1903 n grün Ford: Autofabrik
1911 n grün Fließband in USA
1916 n rot Hugenberg-Konzern
1917 n grün Vergesellschaftung
1925 n grün IG-Farben
1926 n grün Deutscher Stahltrust
1932 n rot Unterstützung Hitlers
1947 n grün Marshall-Plan
1951 n grün Öl-Verstaatlichung
1952 n grün Halbautomatische Fabriken
1963 n grün Raumfahrt-Industrie

INFEKTIONSKRANKHEITEN, Sammelbezeichnung für alle Krankheiten, die durch Ansteckung übertragbar sind. Wegen ihrer Gefährlichkeit für die Volksgesundheit (Epidemien, Seuchen) galt ihrer Bekämpfung seit Bestehen größerer Gemeinwesen, insbesondere in den Städten, die besondere Aufmerksamkeit der Ärzte.

2415 v–2335 v Chui
2358 v grün Kampf gegen Trachom
1981 v–1929 v Neferi
1951 v grün Tb-Behandlung
1413 v–1346 v Suppi-Luli-Uma
1379 v grün Kinderlähmung in Ägypten
1367 v–1315 v Mur-Sili II.
1332 v blau 'Pestgebete'
742 v/724 v 1. Messenischer Krieg
603 v grün Pest in Athen
490 v–430 v Empedokles
430 v grün Pest in Athen
116 v–27 v Varro
37 v grün Varro: Bakteriologie
540 n/562 n Byzantinischer Perserkrieg
865 n–932 n Al Rasi
896 n grün Schrift des Al Rasi
1013 n–1085 n Robert Guiskard
1166 n/1167 n Deutscher Feldzug
1286 n grün Seuchenopfer-Sektion
1338 n/1453 n Hundertjähriger Krieg
1351 n grün Pest in Europa
1377 n grün Quarantäne-Station
1410 n–1451 n Stephan Lochner
1546 n grün Fracastoro: Bakteriologie
1717 n grün Pockenschutzimpfung
1729 n–1796 n Katharina II., die Große
1847 n grün Kindbettfieber-Forschung
1854 n grün Lungenheilstätte
1867 n grün Antisepsis
1873 n grün Leprabazillus
1874 n grün Mikrokokken
1878 n grün Koch: Bakteriologie
1880 n grün Impfung gegen Tollwut
1882 n grün Tuberkelbazillus
1886 n grün Desinfektion
1890 n grün Serumbehandlung
1897 n grün Malaria-Erreger
1906 n grün Schlafkrankheit-Erreger
1909 n grün Heilmittel Salvarsan
1916 n grün Heilmittel Germanin
1928 n grün Heilmittel Penicillin
1935 n grün Heilmittel Sulfonamid
1939 n grün Insektengift DDT
1941 n grün Viren sichtbar
1944 n grün Streptomyzin
1954 n grün Kinderlähmungs-Serum

INFINITESIMALRECHNUNG, von dem lateinischen Worte für unendlich ('infinitus') abgeleitete Bezeichnung eines Teilgebietes der Mathematik (Unendlichkeits-Rechnung). Besteht aus Differential- und Integral-Rechnung.

217 v grün Archimedes' Forschungen
1643 n–1727 n Newton
1646 n–1716 n Leibniz
1666 n grün Newtons Forschungen
1675 n grün Leibniz' Forschungen
1689 n grün Bernoullis Forschungen

INFLATION, volkswirtschaftlicher Fachausdruck für Geldentwertung durch Geldvermehrung bei gleichzeitiger Preiserhöhung. Brach früher als seltene Katastrophe nach besonders schweren Erschütterungen (Krieg, Absatz-Krise) über die Volkswirtschaften kapitalistischer Staaten herein. In unserer Epoche ist sie zum Steuerungsmittel der grundsätzlich krisenhaften hochkapitalistischen Wirtschaft und als Mittel teilweiser indirekter Rücknahme der von Arbeitern erkämpften Lohnerhöhungen geworden. Beständig in kleinen Dosen verabreicht ('Schleichende Inflation'), trägt sie zur Verminderung der Krisengefahr und zur Erhöhung des kapitalistischen Gewinns bei.

1923 n grün Deutsche Inflation

INFORMATIONSTHEORIE, Teilgebiet der Kybernetik. Beschäftigt sich mit den Methoden der Sammlung und Übertragung von Nachrichten, ihrer Verarbeitungstechnik und den sich daraus ergebenden Steuerungsvorgängen.

1948 n grün Shannons Lehre

INGELHEIM, kleine Stadt im Rheinknie bei Mainz. Hier ließ sich der Frankenherrscher Karl der Große nach Erringung der Alleinherrschaft eine Hofburg errichten, in der er auch Gericht hielt und die in Anlehnung an den Namen des römischen Kaiserpalastes (Palatium) 'Pfalz' genannt wurde. Auch im Stil hielt sich der Bau mit seinen 100 Säulen und zahlreichen Mosaiken eng an römische Vorbilder. Häufig Schauplatz wichtiger Reichsversammlungen, wurde die Pfalz 1462 n von Mainzer Bürgern in Brand gesteckt und 1689 n von Franzosen zerstört.

774 n blau Kaiserpfalz

INGERMANLAND, Name der nordrussischen Landschaft um Leningrad an der Küste der Ostsee (Finnischer Meerbusen) zwischen den Flüssen Wolchow und Narwa. Das von einem finnischen Stamm (Ingern) bewohnte Gebiet gehörte zum Normannenreich von Nowgorod und teilt seitdem die Geschichte Rußlands. Zwischenzeitlich war es fast 100 Jahre schwedisch.

1614 n/1617 n Vorstoß Schwedens
1617 n rot Schwedischer Besitz
1704 n rot Russischer Besitz

INKA-REICH, Name eines bedeutenden Königreiches in Amerika vor der Entdeckung des Kontinents durch Kolumbus. Umfaßte ein breites südamerikanisches Küstengebiet am Stillen Ozean von Ecuador über Peru und Bolivien bis Chile. Das nach kommunistischen Grundsätzen aufgebaute Staatswesen wurde durch spanische Eroberer endgültig zerschlagen, die Bevölkerung größtenteils niedergemacht oder vertrieben.

1022 n–1107 n Manko Kapak
1067 n rot Reichsgründung
1077 n blau Gründung von Kuzko
1081 n rot Altersversorgung
1496 n grün Straßenbau
1531 n/1533 n Eroberung durch Spanier
1533 n rot Ende des Reiches
1533 n rot Spanische Herrschaft
1780 n/1783 n Aufstand
1781 n rot Hinrichtung Tupac Amarus

INKI-SCHU, Kaiser von Mesopotamien.

2190 v–2141 v Lebenslinie
2147 v/2143 v Sumerischer Krieg
2143 v rot Einigung Mesopotamiens
2143 v rot Kaiser von Mesopotamien

INNICHEN, Bergdorf in Südtirol zwischen den Dolomitengipfeln Zwölferkofel und Dreischusterspitze. Hier legte vor 1200 Jahren der Kirchenfürst Paulinus aus der Hafenstadt Aquileja bei Venedig ein Kloster an, das Ausgangspunkt für die Christianisierung Kärntens und anderer Alpenländer wurde.

769 n blau Kloster

INNOZENZ II. (um 1060 n–1143 n), italienischer Priester, Papst seit 1130 n. Von 16 Kardinälen zum Oberhaupt der katholischen Kirche gewählt, erhielt er durch die Entscheidung von 20 anderen Kardinälen wenige Stunden nach seiner Wahl einen Gegenpapst aus einer reichen jüdischen Familie. Obwohl er rücksichtslos seine Gegner verfolgte, konnte er sich bis zum Tode seines Gegenspielers im Jahre 1138 n trotz Unterstützung durch den Kaiser und Bernhard von Clairvaux nicht voll durchsetzen. Sein Versuch, den normannischen König Roger von Sizilien mit Gewalt zur Unterwerfung zu zwingen, endete mit seiner Gefangennahme durch Roger. Die Bürger Roms erhoben sich gegen seine Willkürherrschaft und erklärten die Stadt zur unabhängigen Republik.

1101 n–1154 n Roger II.
1103 n–1155 n Arnold von Brescia
1132 n rot Peter von Bruys verbrannt
1138 n rot Eingreifen in Königswahl
1139 n blau Reformforderung Arnolds
1140 n rot Abälard, Arnold verfolgt
1142 n/1155 n Erhebung Roms
1142 n rot Rom freie Republik

INNOZENZ III., italienischer Papst von 1198 n bis 1216 n.

1160 n–1216 n Lebenslinie
1198 n rot Thronbesteigung
1199 n rot Verbot des Bibellesens
1199 n grün Drehlade
1201 n rot Humiliaten-Eingliederung
1202 n/1204 n Vierter Kreuzzug
1204 n rot Macht Ostroms beendet
1207 n rot Gesandte zu Katharern
1208 n rot Aufruf zum Kreuzzug
1209 n/1229 n Katharer-Kreuzzug
1210 n rot Franziskaner-Anerkennung
1213 n rot Lehnshoheit über England
1215 n rot Judentracht gefordert
1215 n grün Laterankonzil

INNOZENZ VIII. (1432 n–1492 n), italienischer Priester, Papst seit 1484 n. Förderte die Verfolgung, Folterung und Verbrennung von Frauen als 'Hexen' durch päpstliche Verordnung ('Hexen-Bulle'). Anerkannte als erster Papst öffentlich seine unehelichen Kinder und feierte die Hochzeit seines Sohnes Franceschetto mit einer Tochter des Lorenzo Medici im Vatikan. Verkündete das Recht der Kirche zur Prüfung aller neuen Bücher vor ihrem Erscheinen, machte die Ausübung dieses Rechtes allen katholischen Kirchenbehörden zur Pflicht und ersuchte die weltlichen Behörden um Vollstreckung der kirchlichen Urteile gegen Überlassung von 50% der verhängten Strafgelder. Während er öffentlich zum Kreuzzug gegen die Türken aufrief, ließ er sich insgeheim vom türkischen Sultan ein Jahresgeld von 40000 Dukaten dafür zahlen, daß er in Rom den rechtmäßigen türkischen Thronerben gefangenhielt.

1484 n rot 'Hexen'-Verfolgung
1487 n grün Straferlös-Geschäfte
1488 n rot Verheiratung seines Sohnes

INNSBRUCK, Stadt in Tirol (Österreich) am Fuße des steilabfallenden Karwendel-Gebirges. Auf den Trümmern einer römischen Siedlung entstand hier vor fast tausend Jahren eine Ortschaft, die 1239 n Stadtrecht erhielt. Der am nördlichen Ausgang der Brennerstraße gelegene Ort ist seit 1363 n Hauptstadt des Landes Tirol. Dreihundert Jahre lang Residenzstadt einer habsburgischen Fürstenfamilie, wurde die Stadt 1805 n für acht Jahre bayrisch. Vor ihren Toren am Berg Isel fand der Freiheitskampf der Tiroler Bauern unter Andreas Hofer seinen Höhepunkt.

1031 n blau Entstehung
1809 n/1810 n Freiheitskampf

INNUNG, alter Ausdruck für die organisatorische Vereinigung der Handwerker eines Gewerbes zur Wahrnehmung gemeinsamer wirtschaftlicher und politischer Interessen (Zunft). Vollberechtigte Mitglieder waren nur die Meister. Sie setzten die Arbeitszeit und die Arbeitsbedingungen der Gesellen fest, bestimmten Ausbildungsdauer und Anzahl der Lehrlinge und übten teilweise eigene Gerichtsbarkeit. Die Zugehörigkeit war Voraussetzung zur Ausübung des Gewerbes. Aus Konkurrenzangst wurde der Aufbau neuer Betriebe häufig von den bereits tätigen Meistern behindert. Auch störten die strengen Bräuche zunehmend die auf Freizügigkeit ausgerichtete kapitalistische Wirtschaft, so daß ihre Macht allmählich schwand. Sie wurden gesetzlich aufgehoben (in Deutschland durch Gewerbeordnung von 1869 n) oder sanken zu bloßen Fachverbänden herab.

1061 n grün Kerzenzieher-Innung

INQUISITION, Bezeichnung für die gemeinsame Verfolgung von Kirchengegnern durch die kirchlichen und staatlichen Organe. 1183 n zwischen Papst Lucius III. und Kaiser Friedrich Barbarossa beschlossen und ein Jahr später kirchlich organisiert, vereinigte sie die geschlossene Macht der herrschenden Klassen Europas zur Unterdrückung jeder fortschrittlichen Regung. Durch Gesinnungsschnüffelei, Spitzelunwesen und bezahlten Verrat wurde der katholische Teil Europas mit Folter, Kerker, Brandmarkung und öffentlicher Verbrennung für ein halbes Jahrtausend unter den offenen Terror der Kirche gebeugt. Durch die Reformation in ihrer Auswirkung eingeschränkt, andererseits aber durch Schaffung eines obersten Inquisitionstribunals unter Leitung des Papstes zentralisiert und in der Gegenreformation wieder verstärkt, bestand sie 675 Jahre, bis sie 1859 n aufgehoben wurde (im Kirchenstaat erst 1870 n). Da auch alle Veröffentlichungen dieser Epoche kirchlicher Zensur unterstanden, fehlt über das Ausmaß des Schreckens und die Zahl der Opfer verläßliche Kunde.

1184 n rot Einführung
1194 n–1250 n Friedrich II.
1197 n rot Todesstrafe für Katharer
1209 n rot 'Ketzer'-Verbrennung
1211 n rot Katharer-Verbrennung
1230 n rot Katharer-Verbrennung
1231 n rot Leitung durch den Papst
1232 n–1300 n Segarelli
1233 n rot Mord an Ober-Inquisitor
1237 n rot Katharer-Verbrennung
1239 n rot Katharer-Verurteilung
1243 n rot Aufgabe der Dominikaner
1249 n rot Katharer-Verbrennung
1252 n rot Anordnung der Folter
1294 n rot Verdammung Segarellis
1307 n rot Feuertod Fra Dolcinos
1315 n rot Katharer-Verbrennung
1336 n rot Katharer-Verbrennung
1365 n–1416 n Hieronymus von Prag
1369 n–1415 n Hus
1393 n rot Katharer-Verbrennung
1400 n rot Hilfe von Staatsgerichten
1415 n rot Verbrennung des Hus
1416 n rot Hieronymus' Feuertod
1433 n rot Feuertod Conectes
1451 n–1505 n Isabella von Kastilien
1452 n–1498 n Savonarola
1483 n rot Torquemada Großinquisitor
1485 n rot Mord an Inquisitor
1498 n rot Feuertod des Savonarola
1507 n rot Ximenes Großinquisitor
1542 n rot Erneuerung
1548 n–1600 n Giordano Bruno
1549 n rot Tod für Johanna von Kent
1559 n rot Autodafés in Spanien
1564 n–1642 n Galilei
1600 n rot Feuertod Giordano Brunos
1616 n rot Kopernikus' Lehren verfolgt
1633 n rot Widerruf Galileis
1826 n rot 'Ketzer'-Hinrichtung
1834 n rot Letzte Hinrichtung
1834 n rot Ende in Spanien
1859 n rot Aufhebung

INSEKTEN

Vorzeittafel: 300 Millionen Jahre
2841 v grün Mistkäfer-Verehrung
2426 v grün Bienenzucht in Ägypten
1368 v blau Relief einer Heuschrecke
1341 v blau Relief einer Biene
1054 v blau Relief 'Bienenschwarm'
47 v blau Dichtung 'Die Mücke'
1668 n grün Redi: Fortpflanzung
1760 n grün Koelreuter: Bestäubung
1906 n grün Koch: Tse-Tse-Fliege
1921 n grün Forel: Ameisenstaat
1923 n grün Frisch: Leben der Bienen
1939 n grün Insektengift

INSTITUTIONEN, von dem lateinischen Worte 'institutio' (= Einrichtung) abgeleitete Bezeichnung für Bücher, die eine zusammenfassende Übersicht über die Gesamtheit der Erscheinungen eines Sachbereichs geben wollen. Insbesondere auf dem Gebiete des Rechts gebräuchlicher Buchtitel.

161 n blau Gajus' Lehrbuch
533 n blau Byzantinisches Lehrbuch
553 n blau Kassiodors Werk

INSULIN, Name eines wichtigen, den Stoffwechsel regelnden Hormons. Wird vom normalen Organismus in der Bauchspeicheldrüse in so großen Mengen produziert, wie es für die im Körper ständig erfolgende Verbrennung des aufgenommenen Zuckers erforderlich ist. Durch Gewinnung aus der Bauchspeicheldrüse von Tieren wurde es möglich, Zuckerkranken diesen Stoff künstlich zuzuführen und ihnen so zum Ausgleich ihres gestörten Zucker-Abbaues zu verhelfen. Diese Entdeckung durch den kanadischen Mediziner Banting und seinen Assistenten Best verbesserte das Los der Zuckerkranken entscheidend. Seit 1963 n auch synthetisch gewonnen.

1921 n grün Gewinnung

INTEGRALRECHNUNG, Teilgebiet der Mathematik, das sich mit der Berechnung von Summen aus unendlich vielen, unendlich kleinen Posten beschäftigt. Das bereits vor mehr als zweitausend Jahren bekannte Problem wurde seit Archimedes immer wieder neu gelöst. Der deutsche Astronom Kepler und der italienische Mathematiker Cavalieri beschäftigten sich damit, Leibniz und Newton fanden unabhängig voneinander ähnliche Lösungen. Der schweizerische Mathematiker Jakob Bernoulli prägte dann nach dem lateinischen Wort 'integer' (= unangetastet) für diese Rechnung die Bezeichnung 'Integral'. Seitdem haben der französische Universalgeist d'Alembert sowie der schweizerische Astronom Euler sie ausgebildet. In unserem Jahrhundert dehnte der französische Mathematiker Henri Lebesgue ihre Anwendbarkeit auf Erscheinungen der modernen Physik aus.

217 v grün Archimedes' Forschungen
1643 n–1727 n Newton
1675 n grün Leibniz' Entdeckung
1689 n grün Bernoullis Forschungen

INTERDIKT, lateinisches Wort für 'Verbot'. Fachausdruck der katholischen Priestersprache. Bedeutet das Verbot der Abhaltung von Gottesdiensten, der Abnahme von Beichten, der priesterlichen Sündenvergebung, der Taufe, der kirchlichen Trauung und der Leichen-Einsegnung. Vom Papst zeitweilig über Gemeinden oder ganze Länder verhängt, um deren Herrscher unter den Willen der Kirche zu zwingen. Da man die Bevölkerung jahrhundertelang an diese Bräuche gewöhnt hatte, wirkte sich ihre vorübergehende Sperrung häufig so aus, daß die Kirche sich durchsetzte. Die vor mehr als 900 Jahren von Papst Johann XIX. eingeführte Waffe wurde mit zunehmender Aufgeklärtheit der Menschen stumpf, der Schaden für die Kirche größer als der Nutzen. Letzte Anwendung 1730 n gegen Sizilien.

1031 n rot Einführung

INTERIM (lateinisches Wort für 'inzwischen'), Bezeichnung von Übergangslösungen der Religionsfrage im Zeitalter der Reformation in Deutschland. Vom katholischen Kaiser Karl V. 1541 n und 1548 n getroffene Regelung, nach der man Protestanten gewisse kirchliche Sonderbräuche zugestand, wogegen sie auf die Abhaltung eigener Gottesdienste zu verzichten hatten. Zielte auf die Erhaltung der kirchlichen Einheit in Deutschland. Mußte in Norddeutschland teilweise erzwungen werden. Scheiterte am Widerstand des Papstes wie der Protestanten.

1548 n rot Augsburger Interim

INTERNATE, Bezeichnung für Bildungsstätten, in denen die Zöglinge auch wohnen und verpflegt werden.

1067 n blau Internat in Bagdad
1253 n blau Internat in Paris
1264 n blau Internat in Oxford
1388 n blau Internat in Winchester

INTERNATIONALE, Titel des Kampfliedes der internationalen Arbeiterklasse. Von dem Pariser Kistenmacher Eugène Pottier, der an der Kommune teilnahm, 1871 n auf der Flucht gedichtet, von dem Liller Arbeiter Pierre Degeyter 1888 n komponiert, wurde es schnell von den revolutionären Arbeiterparteien der Welt übersetzt (deutsch von Luckhardt) und als Ausdruck des Internationalismus der proletarischen Weltbewegung bei Demonstrationen und Veranstaltungen gesungen. Nach dem Sieg der Arbeiterbewegung in Rußland trat es dort an die Stelle der Nationalhymne, bis sich im zweiten Weltkrieg die Sowjetunion nach Auflösung der kommunistischen Internationale 1943 n doch eine eigene Nationalhymne gab.

1871 n blau Entstehung

INTERNATIONALE, Name mehrerer Arbeiter-Vereinigungen, die sich zur revolutionären Verwirklichung des Sozialismus im Weltmaßstabe zusammenschlossen. Die erste Internationale wurde politisch geprägt von Karl Marx, der ihre wichtigsten Dokumente verfaßte ('Inaugural-Adresse', 'Statuten', 'Bürgerkriegsadresse'). Nach Marxens Tod entstand unter Mitwirkung von Friedrich Engels auf breiterer Grundlage die zweite Internationale mit dem Ziele einer Koordinierung der sozialistischen Arbeiterparteien aller Länder. Sie zerfiel im ersten Weltkrieg durch nationale Ausrichtung vieler Parteien, insbesondere durch die kriegsfreundliche Politik ihrer stärksten und best-organisiertesten Mitgliedspartei, der SPD. Kriegsfeindliche Minderheiten der europäischen Arbeiterparteien fanden sich in der neutralen Schweiz zusammen ('Zimmerwalder Konferenz'). Daraus entwickelte sich nach dem Siege der bolschewistischen Revolution in Rußland unter Lenins Führung die dritte sozialistische Internationale ('**Komm**unistische **Intern**ationale' = 'Komintern'). Ihr Ziel war die Erhaltung des ersten sozialistischen Staates der Erde durch die Solidarität der internationalen Arbeiterklasse bis zum

Übergreifen der Weltrevolution auf andere Länder.

1864 n rot Erste gegründet
1871 n blau Pottiers Lied
1889 n rot Zweite gegründet
1889 n rot Weltfeiertag der Arbeiter
1915 n rot Konferenz von Zimmerwald
1919 n rot Dritte (Komintern)
1943 n rot Komintern aufgelöst

INTERNATIONALE HANDELSKAMMER, organisatorischer Zusammenschluß der führenden Wirtschaftsgruppen (Handel, Industrie, Bank, Verkehr, Versicherung) aus 65 kapitalistischen Ländern. Erstrebt die Verbesserung der Voraussetzungen des Welthandels und das reibungslose Ineinandergreifen der Wirtschafts-Organe. Unterhält auch ein internationales Schiedsgericht.

1920 n grün Gründung

INTERNATIONALISMUS, Bezeichnung für eine Weltordnung, die alle Völker und und Nationen gleichberechtigt umfaßt und Kriege zwischen einzelnen Staaten oder Völkern ausschließt. Neben dem Gemeineigentum an den Produktionsmitteln wichtigste Grundlage des Kommunismus.

367 v blau Kosmopolitismus
333 v–262 v Zeno der Jüngere
283 v blau Zenos Staatsideal
279 v–206 v Chrysipp
274 v–194 v Eratosthenes
224 v blau Chrysipps Staatsideal
180 v–110 v Panaitios
1255 n–1311 n Pierre Dubois
1283 n blau Ruf nach Völkerbund
1707 n blau Castel: Ewiger Friede
1818 n–1883 n Marx
1847 n blau Kommunistisches Manifest
1864 n rot Erste Internationale
1866 n–1925 n Sun-Yat-Sen
1869 n blau Manifest russisch
1870 n–1924 n Lenin
1871 n blau Pottier: 'Internationale'
1879 n–1953 n Stalin
1889 n rot Zweite Internationale
1889 n rot Weltfeiertag der Arbeiter
1893 n– Mao-Tse-Tung
1901 n rot Gewerkschaftskongreß
1914 n rot Kriegskredite verweigert
1915 n rot Zimmerwalder Konferenz
1916 n rot Munitionsarbeiter-Streik
1916 n blau 'Spartakus-Briefe'
1918 n– Nasser
1919 n rot Gründung der Komintern
1920 n rot Völkerbund
1927 n rot Brüsseler Kongreß
1927 n– Castro
1943 n rot Ende der Komintern
1945 n rot Gründung der UN
1950 n rot Vertrag UdSSR–China
1955 n rot Bandung-Konferenz

INTERNISTEN, Bezeichnung für Ärzte, die sich auf die Behandlung innerer Krankheiten spezialisiert haben. In ihre Zuständigkeit fallen Erkrankungen des Herzens und des Blutkreislaufs, der Atmungsorgane und des Stoffwechsels sowie der Verdauungsorgane.

2419 v grün Spezialärzte in Ägypten
2239 v–2162 v Ir-En-Achat
1981 v–1929 v Neferi
525 n–605 n Alexander Tralles

INTERPUNKTION

205 v grün Komma, Punkt, Bindestrich

INTERREGNUM, von dem lateinischen Worte für 'Zwischenregierung' abgeleitete Bezeichnung für eine zwanzigjährige kaiserlose Übergangszeit in Deutschland. Begann mit dem Tode des letzten Kaisers aus der Staufer-Familie und endete mit dem Übergang der Macht auf eine neue Herrscherfamilie (Habsburger). Von den Fürsten der einzelnen Länder zum Ausbau ihrer Zuständigkeiten auf Kosten der Zentralgewalt genutzt.

1254 n rot Beginn
1273 n rot Ende

INTERVALLE, von dem lateinischen Wort für 'Zwischenraum' abgeleitete Bezeichnung für die Abstände der Töne innerhalb der Tonleiter. Ihre Festlegung war Grundlage der musikalischen Harmonie.

712 v–642 v Terpander
365 v–276 v Euklid

INVESTITURSTREIT, zusammenfassende Bezeichnung für den im 11. Jahrhundert offen ausgebrochenen Kampf zwischen Kaiser und Papst um das Recht der Wahl und Einsetzung von Priestern in ihr Amt und damit um den Einfluß des deutschen Kaisers auf die Kirche, deren Fürsten als Reichsbeamte Träger kaiserlicher Macht waren. Endete infolge der wechselseitigen Abhängigkeit mit einer Verständigung, die das weltliche Machtstreben der Kirche begünstigte. In England und Frankreich gab es etwa gleichzeitig ähnliche Machtkämpfe.

1021 n–1085 n Gregor VII.
1050 n–1106 n Heinrich IV.
1075 n rot Vorschrift des Papstes
1076 n rot Absetzung des Papstes
1076 n rot Bann gegen Heinrich IV.
1076 n rot Fürsten gegen Kaiser
1077 n rot Buße Heinrichs IV.
1122 n rot Wormser Konkordat

IONESCO, Eugène (geboren 1912 n), französischer Schriftsteller rumänischer Herkunft. Studierte in Bukarest, wurde Lehrer und schrieb nebenbei Theaterkritiken. 26jährig ging er nach Paris und blieb in der französischen Hauptstadt. Nach ersten Gedichten schrieb er ein Theaterstück, das sich dadurch von anderen Theaterstücken unterschied, daß es keine Handlung entwickelte und keinen sinnvollen Dialog hatte ('Die kahle Sängerin'). Seine Absicht war es, mit dieser Darstellung des Sinnlosen die Leere zum Ausdruck zu bringen, die er in sich selbst und in der ihn umgebenden spätbürgerlichen Gesellschaft wahrnahm. Zu diesem Zweck löste er die Sprache in zusammenhanglose und nur gelegentlich durch äußeren Rhythmus miteinander verbundene Laute auf ('Die Nashörner'). Mit dieser neuen Art von Dramen war er in der kapitalistischen Welt sehr erfolgreich ('Die Zukunft liegt in den Eiern'). Schrieb auch Erzählungen und Essays von ähnlicher Geisteshaltung und Formgebung.

1962 n blau 'Fußgänger der Luft'

IONIER, griechischer Volksstamm (neben Achäern, Dorern und Äolern), der bei der Besiedlung der kleinasiatischen Küste durch Griechen aus Attika vor etwa 3000 Jahren entstand. Betrachteten lange Zeiten Athen als Vaterstadt. Errichteten Niederlassungen auf Sizilien und in Süditalien sowie an der Schwarzmeerküste und im ganzen östlichen Mittelmeer, doch blieb die Westküste Kleinasiens ihre eigentliche Heimat. Ihre Hafenstadt Milet an der Westküste Kleinasiens war jahrhundertelang die größte aller griechischen Städte.

1151 v braun Vorstoß der Dorer
1150 v rot Siedlung in Kleinasien
979 v blau Städte in Kleinasien
758 v blau Gründung von Kyme
736 v blau Gründung von Naxos
729 v blau Gründung von Katane
728 v–660 v Kallinos
681 v blau Gründung von Neapel
667 v blau Kallinos' Lieder
665 v braun Angriff Lydiens
656 v rot Siedlung in Ägypten
650 v blau Gründung von Naukratis
636 v–564 v Äsop
599 v blau Gründung von Marseille
599 v–529 v Kyros
595 v–525 v Krösus
585 v blau Gründung von Odessos
575 v braun Zerstörung Smyrnas
560 v–469 v Theodoros
543 v braun Vordringen der Perser
543 v rot Persische Herrschaft
537 v blau Gründung Pantikapaions
528 v blau Gründung von Theodosia
520 v blau Artemis-Tempel in Ephesos
499 v/494 v Ionischer Aufstand
499 v rot Bund mit Aufständischen
464 v rot Magnesia an Themistokles
460 v–375 v Hippokrates
411 v rot Schwächung Athens
356 v rot Brandstiftung Herostratos'
220 v blau Artemis-Tempel, Magnesia
129 v rot Römische Provinz

IONISCHER STIL, Kunstform eines griechischen Stammes (Ionier), der hauptsächlich an der Westküste Kleinasiens, auf den Inseln des Meeres zwischen Kleinasien und Griechenland (Ägäis) sowie in Attika beheimatet war. Unterschied sich von dem älteren dorischen Stil durch stärker gegliederte, mannigfaltigere Grundrisse, zierlichere Bau-Ausführung und schlankere Säulen. Der Gesamteindruck dieses um 600 v aufgenommenen Stils war zarter, der Figuren-Schmuck feiner, ohne daß dabei die klare Form verlorenging.

560 v–469 v Theodoros
520 v blau Tempel in Ephesos
432 v blau Propyläen in Athen
395 v–343 v Skopas
353 v blau Tempel in Tegea
350 v blau Grabmal des Mausolos
220 v blau Tempel in Magnesia

IPU (um 1335 v–um 1275 v), ägyptischer Bildhauer und Maler. Schmückte sein Grabmal in Theben mit Darstellungen aus dem ägyptischen Alltag. Das Leben des arbeitenden Volkes ist darauf in humorvoller Weise geschildert.

1281 v blau Mädchenbild

IPUKI, ägyptischer Maler.

1437 v–1373 v Lebenslinie
1384 v blau 'Gala-Empfang'

IPUWER, ägyptischer Dichter.

2273 v–2188 v Lebenslinie
2197 v blau 'Mahnworte'

IRAK, Name eines vorderasiatischen Staates auf dem Boden des alten Kulturgebietes zwischen Euphrat und Tigris, dessen Geschichte bis in unser Jahrhundert hinein mit der Geschichte Mesopotamiens zusammenfällt. Nach dem ersten Weltkrieg von den Engländern zunächst als Mandatsgebiet und dann als selbständiges Königreich eingerichtet. Seit der Ausrufung der Republik im Jahre 1958 n auf dem Wege zum Sozialismus.

1921 n rot Königreich
1945 n rot Arabische Liga
1955 n rot Bandung-Konferenz
1958 n braun Revolution

IRAN, Name eines großen Hochlandes in Südwestasien. Seine Geschichte fällt bis zum ersten Weltkrieg mit der Geschichte Persiens zusammen. Dann wurde das zwischen Engländern und Russen geteilte Land unter diesem Namen ein selbständiges Königreich, das seine Unabhängigkeit von den beiden großen Weltmächten durch freundschaftliche Beziehungen zur UdSSR und Vergabe der wirtschaftlichen Machthebel (Öl) an die Engländer sicherte. Im zweiten Weltkrieg trafen sich hier die Regierungschefs der drei gegen die faschistischen Länder verbündeten Weltmächte.

1914 n/1918 n Erster Weltkrieg
1939 n/1945 n Zweiter Weltkrieg
1943 n rot Konferenz von Teheran
1945 n rot Mitglied der UN
1951 n grün Erdöl-Verstaatlichung
1955 n rot Bandung-Konferenz

IR-EN-ACHAT, ägyptischer Arzt.

2239 v–2162 v Lebenslinie
2183 v grün Darmkrankheiten

IRENÄUS, kleinasiatischer Priester und Kirchenlehrer.

132 n–200 n Lebenslinie
189 n blau Glaubenslehre
191 n blau Liste der Bischöfe Roms
194 n blau Gegner der Gnostiker

IRENE (um 752 n–803 n), Kaiserin von Ostrom (Byzanz). Heiratete als sechzehnjähriges armes Waisenkind aus Athen den Sohn des Kaisers von Byzanz, der sieben Jahre später selbst Kaiser wurde (Leo IV.). An seiner Seite erwarb sie die Fähigkeit des Regierens und übernahm nach dem frühen Tod ihres Mannes im Jahre 780 n die Herrschaft als Vormund ihres unmündigen Sohnes Konstantin VI., der sich 790 n ihrer Macht entwand und mit Hilfe der Truppen die Herrschaft eroberte. Später errang sie aber wieder die Oberhand und ließ ihren Sohn blenden und einkerkern, um selbst zu herrschen. Förderte den Bilderkult der Kirchen. Fünfzigjährig wurde sie endgültig gestürzt und auf die Insel Lesbos verbannt, wo sie in Armut noch ein Jahr lebte.

787 n rot Bilderkult erlaubt
788 n/812 n Bilderkrieg
797 n rot Thronbesteigung
798 n rot Friede mit Arabern

IRI-SUMA, König von Assyrien.

1876 v–1816 v Lebenslinie
1820 n blau Tempelbau

IRLAND, Insel im Atlantischen Ozean westlich der britischen Insel, von der sie durch eine 30 km breite Meeresstraße getrennt ist. Fast unbewaldet, ist sie durch ihre immergrünen Wiesen seit alters her von der Tierzucht beherrscht (Rinder, Schafe). Die von Kelten vor mehr als 2000 Jahren besiedelte Insel blieb von römischer Herrschaft frei, führte aber regen Handel mit den von Römern besetzten Ländern Britannien und Gallien. Nach ihrer frühen Bekehrung zum Christentum wurde sie Ausgangspunkt der Christianisierung großer Teile Nord- und Mittel-Europas. Den jahrzehntelangen Kämpfen gegen die angreifenden Normannen folgte ein jahrhundertelanger Kampf gegen die englischen Eroberer. Mit der Erringung der Unabhängigkeit für Süd-Irland (seit 1921 n) war ein Teilerfolg um den Preis der Teilung errungen. Das kleinere, aber reichere Nord-Irland blieb bis heute unter englischer Herrschaft.

Allgemeines (Land, Volk, Staat)

391 n–460 n Patrick
432 n rot Christianisierung
636 n rot Südirische Kirche zu Rom
697 n rot Ganze Kirche zu Rom
820 n braun Normannen-Einfall
820 n rot Normannen-Siedlung
839 n braun Kämpfe mit Normannen
839 n rot Normannisches Reich
937 n braun Einfall in England
1014 n braun Sieg über Normannen
1014 n rot Normannen-Vertreibung
1171 n/1172 n Angriff Englands
1172 n rot Englische Herrschaft
1351 n grün Pestepidemie
1560 n rot Reformations-Versuch
1641 n braun Aufstand gegen England
1649 n/1652 n Aufstand gegen England
1689 n/1691 n Aufstand gegen England
1798 n braun Aufstand gegen England
1800 n rot Vereinigung mit England
1916 n braun Aufstand gegen England
1921 n braun Aufstand gegen England
1921 n rot Freistaat

IRLAND: Dichtung

1726 n blau Swift: 'Gulliver'
1766 n blau Goldsmith: 'Landprediger'
1808 n blau Moore: 'Irische Melodien'
1856 n–1950 n G. B. Shaw
1891 n blau Wilde: 'Dorian Gray'
1922 n blau Joyce: 'Ulysses'
1963 n blau Beckett: 'Spiel'

IRLAND: Philosophie

375 n–435 n Pelagius
420 n blau Pelagius gegen Erbsünde
814 n–877 n Eriugena
862 n blau Eriugena gegen Erbsünde

IRLAND: Religion

375 n–435 n Pelagius
391 n–460 n Patrick
420 n blau Pelagius gegen Erbsünde
432 n rot Christianisierung
492 n blau Frauenkloster
534 n–615 n Kolumban
564 n rot Bekehrung Schottlands
610 n rot Bekehrung Süddeutschlands
636 n rot Südirische Kirche zu Rom
658 n–739 n Willibrord
697 n rot Ganze Kirche zu Rom
701 n–784 n Fergil der Geometer
814 n–877 n Eriugena
862 n blau Eriugena gegen Erbsünde
1560 n rot Abwehr der Reformation
1641 n braun Protestanten-Verfolgung

IRLAND: Wissenschaft

701 n–784 n Fergil der Geometer
743 n grün Lehre von Antipoden
748 n rot Klage gegen Fergil

IRMINA (um 650 n–um 710 n), fränkische Fürstin. Zum Christentum übergetreten, schenkte sie ihr Schlößchen in Echternach (im heutigen Luxemburg) dem Bischof Willibrord, der hier ein Kloster einrichtete, das zum Ausgangspunkt der Christianisierung der ganzen Moselgegend und großer Gebiete bis herauf zur Nordsee wurde.

658 n–739 n Willibrord
698 v blau Abtei Echternach

IRRA-I-MITTI, König von Isin.

1869 v–1804 v Lebenslinie
1842 v–1780 v Ellil-Bani
1804 v rot Tod

IRRENHAUS

1632 n grün Einrichtung in Paris
1889 n blau Gogh: 'Irrenhaus-Garten'

IRRSINN

1632 n grün Irrenanstalt in Paris
1791 n grün Pinel: Behandlung
1881 n grün Charcot: Hysterie
1864 n blau Lombrosos Untersuchung

IRSU (um 1250 v–1200 v), ägyptischer König vorderasiatischer Herkunft. Machte sich die innere Zerrissenheit Ägyptens zunutze, um das Land von Vorderasien her mit einem in Syrien und Palästina aufgestellten Heer anzugreifen. Besetzte das Nildelta und herrschte zwei Jahre über große Teile Nord-Ägyptens.

1250 v–1197 v Set-Nacht
1202 v rot Thronbesteigung
1200 v braun Erhebung Ägyptens

IRTYSCH, Fluß in West-Asien. Entspringt auf den Höhen des Altai an der Westgrenze der Mongolei, fließt in Richtung auf das Nördliche Eismeer und mündet in Nord-Sibirien in den Ob. Mit über 4000 Kilometern Länge achtgrößter Strom der Erde.

492 n–552 n Tumen
515 n–572 n Muhan
1587 n blau Gründung von Tobolsk
1716 n blau Gründung von Omsk

IRU-KAPTA (um 2430 v–um 2360 v), ägyptischer Priester. Als Hohepriester des Gottes Pta zugleich 'Oberster Leiter der Handwerker', war er am Bau des Grabmals des Pharao in Sakkara beteiligt. Legte auch sein eigenes Grabmal in dieser Totenstadt unweit der ägyptischen Hauptstadt Memphis im Nildelta an.

2382 v blau Statue
2367 v blau Pyramide in Sakkara

ISA, Ibn (um 950 n–um 1030 n) arabischer Arzt. In seiner Heimatstadt Bagdad (Mesopotamien) studierte er Medizin und ließ sich als Augenarzt nieder. Für die Praxis seiner Kollegen faßte er das Fachwissen seines Gebietes in einem Handbuch zusammen, das unter dem Titel 'Erinnerungsbuch für Augenärzte' zum Standardwerk der arabischen Medizin wurde.

1012 n grün Lehrbuch

ISAAK der Große (um 350 n–um 440 n), armenischer Kirchenfürst. Übersetzte zusammen mit dem Gelehrten Mesrop die Bibel ins Armenische. Bekannt unter seinem armenischen Namen Sahak (Katholikos Sahak).

358 n–441 n Mesrop
433 n blau Bibelübersetzung

ISABELLA von Kastilien, spanische Königin.

1451 n–1505 n Lebenslinie
1469 n rot Heirat Ferdinands
1480 n rot Einsetzung von Beamten
1481 n/1492 n Letzter Maurenkrieg
1482 n rot Papst-Macht beschränkt
1483 n braun Sieg auf den Kanaren
1483 n rot Herrschaft über Kanaren
1483 n rot Torquemada Großinquisitor
1492 n rot Juden-Vertreibung
1492 n grün Kolumbus in Amerika
1493 n rot Weltaufteilung in Übersee
1496 n rot Verbot cer Sklaveneinfuhr
1502 n rot Mauren-Vertreibung
1502 n grün Entdeckung Mittelamerikas
1502 n grün Sklaven nach Amerika
1503 n grün Amt für Amerika-Handel

ISCHTAR, Name der babylonischen Liebesgöttin, die zugleich Herrin der Fruchtbarkeit und des Wachstums war. Ihr Kult wurde in Babylon (Mittel-Mesopotamien) durch die Bewohner Süd-Mesopotamiens (Sumer) eingeführt, wo sie 'Inanna' hieß.

2850 v blau Tempel in Uruk
2675 v blau Tempel in Chafadschi
2575 v blau Tempel in Assur
1911 v–1845 v Ilu-Suma
1848 v blau Tempel in Assur
1880 v blau Klagelied
1830 v blau 'Inannas Höllenfahrt'
1387 v blau Lobgedicht
1251 v blau Tempel in Ninive
1239 v blau Tempel in Assur
740 v–681 v Sanherib
624 v–561 v Nebukadnezar II.
576 v blau Prunktor in Babylon

ISCHTI-IRRA, König von Isin in Mittel-Mesopotamien.

1989 v–1927 v Lebenslinie
1957 v braun Erhebung
1957 v rot Unabhängigkeit
1956 v braun Vorstoß nach Akkad
1956 v rot Herrschaft über Akkad
1954 v rot Staatenbildung

ISEBEL, Königin von Israel.

898 v–842 v Lebenslinie
905 v–850 v Ahab
890 v–814 v Jehu
882 v–835 v Athalia
882 v–798 v Elisa
872 v rot Baal-Kult eingeführt
871 v–842 v Joram
857 v blau Elias gegen Baal-Kult
842 v braun Erhebung

ISENHEIMER ALTAR, der mit Schnitzwerk und Malereien reich geschmückte Altar in der Kirche von Isenheim südlich von Colmar (Elsaß). Berühmt wegen der Gemälde, die von dem deutschen Maler Matthias Grünewald auf Innenseiten und Klappen des Altars gemalt worden sind.

1511 n blau Vollendung

ISE-TEMPEL, schlichte Kultstätte aus Holz unweit der Stadt Osaka auf der japanischen Hauptinsel Hondo. Für die Sonnengöttin Amaterasu vor fast 2000 Jahren errichtet und seit dieser Zeit in regelmäßigen Abständen (jetzt alle 20 Jahre) im alten Stile immer wieder aus Holz erneuert. Als Heimat des Schinto-Glaubens ist der Tempel bis in die Gegenwart das religiöse Zentrum Japans.

5 v blau Fertigstellung

ISFAHANI, Al (897 n–967 n), arabischer Literaturhistoriker. Gab ein zwanzigbändiges Sammelwerk mit Liedern der frühen Zeiten und der Gegenwart heraus. Darin machte er auch genaue Angaben über die Dichter, Komponisten und Sänger der Lieder und überlieferte damit zugleich eine Fülle genauer Angaben aus dem alten Arabien, auch aus vorislamischer Zeit.

940 n blau Liedersammlung

ISIDOR von Sevilla, spanischer Gelehrter, Schriftsteller und Priester.

560 n–636 n Lebenslinie
615 n blau Weltgeschichte

625n blau Germanen-Geschichte
636n blau Enzyklopädie

ISIN, Stadtstaat in Mesopotamien (Vorderasien). Unterwarf sich vor fast 4000 Jahren große Teile des Landes zwischen Euphrat und Tigris (Mesopotamien). Beherrschte für einige Jahrzehnte auch Assyrien und Babylon. Bald nach der Befreiung dieser Länder ging er im Reiche Hammurabis auf.

1995v–1940v Napal-Num
1989v–1927v Ischti-Irra
1954v rot Entstehung
1937v–1865v Libit-Ischtar
1920v blau Wiederaufbau von Ur
1911v–1845v Ilu-Suma
1886v–1817v Sumu-Abum
1872v blau Gesetzbuch
1872v rot Rechtsverkündigung
1869v–1804v Irra-I-Mitti
1865v rot Ur-Ni-Nurta König
1850v braun Erhebung Assurs
1850v rot Verlust von Assur
1842v–1780v Ellil-Bani
1835v braun Krieg mit Larsa
1835v rot Verlust von Ur
1830v braun Erhebung Babylons
1830v rot Verlust von Babylon
1804v rot Ellil-Bani König
1780v–1697v Rimsin
1760v–1686v Hammurabi
1728v braun Vorstoß des Rimsin
1728v rot Machtverlust
1722v braun Vorstoß Babylons
1722v rot Babylons Herrschaft
1698v–1629v Iluma-I-Lu

ISIS, Name einer ägyptischen Göttin, die wegen abenteuerlicher Wiederbelebung ihres Mannes Osiris als Sinnbild der Gattenliebe und wegen der für ihren Sohn Horus gebrachten Opfer als Sinnbild der Mutterliebe verehrt wurde. Von Theben in Oberägypten aus verbreitete sich ihr Kult über das ganze Nilreich und später bis Rom und zu den germanischen Völkern.

2647v blau Osiris-Legende
1317v blau 'Ramses und Isis'
1278v blau 'Königin und Isis'
1179v blau Darstellung mit Flügeln
1174v blau 'Prinz und Isis'
287v blau Tempel auf Philä
80v rot Verehrung in Rom

ISLAM, aus dem arabischen Worte für 'Hingabe' hervorgegangene Bezeichnung für die von Mohammed geschaffene Religion der arabischen Völker. Stellt im wesentlichen eine Mischung von Judentum, Christentum und arabischem Volksglauben dar.

570n–632n Mohammed
570n–634n Abu Bekr
582n–644n Omar
588n–656n Othman
602n–661n Ali
609n–680n Moawija
610n blau Lehrbeginn Mohammeds
620n rot Bekehrung Medinas
622n rot 'Hedschra'
623n rot Anerkennung Mohammeds
623n grün Verbot des Weintrinkens
624n grün Vereinigung nach Mekka
625n grün Gebetsruf des Muezzin
626n blau Beginn des 'Koran'
627n braun Religionskrieg
627n rot Judenverfolgung in Medina
627n grün Heiratsvorschrift
630n braun Besetzung Mekkas
630n rot Mohammed Herr Mekkas
630n rot Unduldsamkeit
630n grün 'Kaaba' Wallfahrtsort
631n blau Lobgedichte auf Mohammed
632n blau Sammlung der Lehre
632n rot 'Heiliger Krieg' gefordert
633n/732n Arabischer Krieg
637n grün Neue Zeitrechnung
640n grün Steuerfreiheit der Gläubigen
641n blau Moschee in Bosra
644n blau Amr-Moschee in Kairo
651n rot Schiiten-Bewegung
653n rot Bücherverbrennungen
653n blau Verbindlicher Koran
657n rot Spaltung des Islam
675n–715n Welid
691n blau Moschee in Jerusalem
698n–768n Ibn Issak
699n–748n Ibn Ata
705n blau Moschee in Damaskus
709n blau Grabmoschee in Medina
712n–775n Al Mansur
728n blau Angriff auf 'Dreifaltigkeit'
732n blau Moschee in Tunis
736n blau Ibn Ata über Vernunft
741n blau Schicksalsfügung verneint
754n blau Geschichte Mohammeds
756n–810n Abu Nuwas
783n rot 'Ketzer'-Verfolgung
788n blau Moschee in Cordoba
795n blau 'Sunna'
806n–873n Abu Hunain
810n–870n Al Buchari
817n blau Schrift über alte Kulte
837n blau Moschee in Tunis
839n blau Bistami gegen Dogmatik
839n–923n Al Tabari
851n–938n Al Balki
852n blau Moschee in Samarra
853n rot Koran 'Wort Gottes'
855n blau Rechtsgrundlagen des Islam
859n blau Moschee in Fes
865n–932n Al Rasi
869n blau Altes Testament übersetzt
874n–935n Al Aschari
879n blau Ibn-Tulun-Moschee, Kairo
885n rot Islam bei Khasaren
885n blau Kommentar zum Koran
890n rot Karmaten-Bewegung
890n–971n Abdar Rachman III.
905n–965n Al Mutanabbi
913n blau Religionsfeindliche Schrift
915n blau Islamische Weltgeschichte
917n blau Al Aschari: Dialektik
927n blau Al Aschari: Scholastik
932n–1002n Ibn Amir
938n blau Al Mutanabbi: Reform
950n blau Kampfgedicht gegen Islam
957n rot Islam bei Türken
973n–1057n Al Mari
976n–1030n Machmud
997n grün Zwang gegen Christen
1009n rot Intoleranz
1021n rot Al Hakim ermordet
1022n blau Lehre der Drusen
1024n rot Islam in Indien
1028n blau Al Maris Kritik
1035n blau Ibn Hasm: Religionskritik
1039n–1123n Al Kajam
1059n–1111n Al Gazali
1097n blau Problem Glaube–Wissen
1102n blau 'Religionswissenschaft'
1113n rot Assassinen-Bewegung
1126n–1198n Ibn Rasd (Averroes)
1127n rot Derwisch-Orden
1127n blau Armutsforderung
1127n–1185n Ibn Tufail
1131n blau Sanai: Gott und Mensch
1138n–1193n Saladin
1140n/1146n Berberaufstand
1142n blau Koran lateinisch
1151n blau Ibn Rasd: Scholastik
1169n–1240n Ibn Arabi
1171n blau Attar: 'Vogel-Gespräch'
1185n blau Bericht einer Pilgerfahrt
1193n rot Islam in Bengalen
1195n blau Moschee in Sevilla
1196n blau Kutab-Minarett in Delhi
1217n blau Al Farid: Mystik
1234n blau Lobgedicht auf Mohammed
1247n blau Rumi: Pantheismus
1316n rot Steinigung eines Missionars
1319n blau Heiligenkult verurteilt
1325n–1389n Hafis
1336n–1405n Timur
1352n blau Spott über Priester
1362n blau Hassan-Moschee in Kairo
1373n blau Hafis: Toleranz-Forderung
1418n blau Moschee in Ahmadabad
1475n blau Kait-Bai-Moschee in Kairo
1489n–1587n Sinan
1542n rot Strafe für Koran-Druck
1542n–1605n Akbar
1551n blau Mirimahmoschee, Istanbul
1556n blau Solimanmoschee, Istanbul
1571n blau Religionsgespräche Akbars
1574n blau Selimjemoschee
1591n blau Moschee in Haiderabad
1615n blau Achmedmoschee, Istanbul
1779n blau Lessing: 'Nathan'

ISLAND, Insel im nördlichen Atlantik, Grönland näher als Europa. Unmittelbar unterhalb des Polarkreises gelegen, vergletschert und vulkanisch, ist nur ihr Küstenstreifen bewohnbar. Seit mehr als tausend Jahren von Menschen aufgesucht, besiedelt und zu hoher Kulturblüte entwickelt.

850n–932n Harald Schönhaar
862n grün Normannen-Landung
874n rot Normannischer Besitz
901n–982n Egil Skallagrimssen
930n rot Freistaat
930n rot Althing
936n blau Egil: Lied auf Erich
942n blau Egil: Lied auf Freundschaft
945n blau 'Weissagung der Volva'
955n blau Egil: Lied auf Söhne
964n–1000n Olaf Tryggvason
967n–1021n Leif Erikson
984n grün Besiedlung Grönlands
985n–1009n Gunnlaug Ormstunga
996n blau Joms-Vikinga-Saga
1000n grün Entdeckung Amerikas
1001n rot Christianisierung
1001n–1072n Adalbert von Bremen
1002n blau Sprichwort-Sammlung
1010n rot Zweikampfverbot
1017n–1088n Adam von Bremen
1025n blau 'Gunnlaugssaga'
1056n–1133n Sämund der Weise
1067n–1148n Ari
1092n blau Sämunds Lehrstätte
1115n blau Sämunds Geschichtswerk
1121n blau Aris Geschichtswerk
1178n–1241n Snorri Sturluson
1204n–1263n Haakon der Alte
1226n blau Snorris Geschichtswerk
1239n blau 'Edda'
1262n rot Norwegische Herrschaft
1380n rot Dänische Herrschaft
1944n blau Laxneß: 'Islandglocke'
1949n rot Mitglied der NATO

ISMAIL (um 1470n–1542n), persischer König ('Schah') von 1501n bis 1542n. Als Nachkomme des Scheichs Safa leitete er den von diesem aufgebauten Orden der Bettelmönche ('Derwische'), dessen Angehörige von seinem Vater mit roten Mützen ausgestattet worden waren ('Rotkappen'). Nachdem er seine Anhänger militärisch geschult hatte, eroberte er Armenien, Mesopotamien mit Bagdad, ganz Persien, Usbekistan und das Gebiet von Herat (Afghanistan), verlor jedoch wieder weite Gebiete an die Türken. In Persien richtete er für mehr als 200 Jahre die Herrschaft seiner Familie ein ('Safawiden'). Indem er alle Perser zu Anhängern der von ihm bevorzugten Form des Islams machte ('Schiiten'), durchbrach er die von Nordafrika über Vorderasien und Kleinasien bis Indien bestehende religiöse Gemeinschaft der islamischen 'Sunniten'.

1501n rot Reichsgründung

ISOKRATES (436v–338v), griechischer Schriftsteller und Lehrer der Redekunst. Als Sohn eines reichen Fabrikanten erlebte er den wirtschaftlichen Niedergang des väterlichen Unternehmens nach dem Peloponnesischen Krieg. Entwarf Reden, die von den Prozeßbeteiligten bei Gericht vorgetragen wurden. Später eröffnete er eine Rednerschule. Hier wollte er nicht bloße Redefertigkeit vermitteln, sondern auf Grund der von ihm angenommenen Übereinstimmung von Rede und Wesen eine Charakterbildung bewirken. Selbst von schwacher Stimme, schrieb er seine eigenen politischen Reden zum Lesen nieder. Trat für einen neuen Krieg gegen die Perser ein, von dem er die Überwindung der innergriechischen Streitigkeiten erhoffte.

389v blau Rednerschule
381v blau Politische Broschüren
345v rot Einigungs-Bestrebung

ISOLIER-MITTEL

2749v grün Verwendung in Indien

ISOTOPE, von dem englischen Chemiker Frederick Soddy eingeführte Bezeichnung für Atome eines Elementes, deren Gewicht geringfügig voneinander abweicht. Die Ursache für diese Erscheinung fand Soddy darin, daß die Atomkerne wohl die gleiche Anzahl positiver Elementarteilchen (Protonen) enthalten, aber in der Zahl ihrer negativen Teilchen (Neutronen) voneinander abweichen.

1910n grün Soddys Forschungen

ISOTROPE STOFFE, von dem englischen Physiker John Kerr angewendete Bezeichnung für Stoffe mit gleichen physikalischen Eigenschaften (gleiche Elastizität, gleiche Wärme-Leitfähigkeit und gleiche Lichtgeschwindigkeit).

1875n grün Kerrs Forschungen

ISPERICH, Bulgarenfürst ('Khan') von 679n bis 700n.

652n–700n Lebenslinie
679n braun Vorstoß zum Balkan
679n rot Reichsgründung

ISRAEL, in Anlehnung an den Namen eines alten jüdischen Teilstaates auf dem Boden Palästinas gewählte Bezeichnung für den nach dem zweiten Weltkrieg in Palästina gegründeten jüdischen Staat.

1896n blau Herzl: 'Der Judenstaat'
1948n rot Staatsgründung
1956n braun Suez-Krieg

ISSAK, Ibn, arabischer Geschichtsschreiber.

698n–768n Lebenslinie
754n blau Geschichte Mohammeds

ISSOS, Hafenstadt in Kleinasien gegenüber der Insel Zypern. Hier schlugen die vereinigten Griechenheere unter Alexander dem Großen ein zahlenmäßig überlegenes Perserheer. Sie kämpften sich dadurch den Weg frei für ihre Eroberungszüge über Syrien nach Ägypten und über Mesopotamien nach Persien und Indien. Mutter, Frau und Kinder des Perserkönigs gerieten in Gefangenschaft.

334v/325v Alexanderzug

ISTANBUL, Stadt an der Meerenge zwischen Europa und Asien. Unter dem Namen 'Byzanz' gegründet, wurde sie vom römischen Kaiser Konstantin umbenannt ('Konstantinopel') und erhielt schließlich nach der Eroberung durch die Türken ihren heutigen Namen ('Istanbul' = 'Pforte des Glücks').

658v blau Gründung
146n–211n Septimus Severus
196n braun Zerstörung
280n–337n Konstantin
326n blau Neugründung
330n rot Hauptstadt
333n blau Christliche Hochschule
354n–407n Chrysostomos
374n–410n Alarich I.
381n rot Konzil
386n–451n Nestorius
399n–461n Leo der Große
410n–485n Proklos
451n rot Bischof gleichberechtigt
478n–567n Narses
482n–565n Justinian
487n braun Bedrohung durch Goten
497n–548n Theodora
510n grün Schutzmauer
532n braun Nika-Aufstand
537n blau Sophienkirche
539n rot Paß- und Meldewesen
626n braun Awaren- und Slawenangriff
633n/732n Arabischer Krieg
681n rot Konzil
688n blau Universität
758n–829n Nikephoros
815n–891n Photios
866n braun Russischer Angriff
941n braun Russischer Angriff
944n braun Russischer Angriff
1135n grün Krankenhaus
1202n/1204n Vierter Kreuzzug
1259n–1326n Osman I.
1453n braun Niederlage gegen Türken
1453n rot Türkenherrschaft
1489n–1587n Sinan
1538n grün Kaffeeausfuhr
1545n blau Prinzen-Moschee
1551n blau Mirimah-Moschee
1554n grün Kaffeehaus
1556n blau Soliman-Moschee
1615n blau Achmed-Moschee

ISTHMISCHE SPIELE, Name von Wettkämpfen, die fast 200 Jahre nach den Wettspielen von Olympia in Griechenland begonnen und alle zwei Jahre abgehalten wurden auf der Landenge (= 'Isthmos') von Korinth, etwa halbwegs zwischen Sparta und Athen. Als Turn- und Reiterspiele begonnen, wurden sie im dritten Jahrhundert vor unserer Zeitrechnung durch musische Wettkämpfe ergänzt (Dichtkunst, Gesang, Instrumentalmusik). Der zunächst als Siegespreis ausgesetzte Fichtenkranz wurde später durch den Palmzweig ergänzt. Die Stadt Athen zahlte jedem Bürger ihrer Stadt, der hier siegte, zusätzlich einen Geldpreis in Höhe von etwa 1000 Mark. Bei der Eröffnung der Spiele des Jahres 196v erklärte der römische Feldherr Flamininus Griechenland für frei.

580v blau Gründung
494v blau Pindars Preislieder
196v rot Freiheits-Erklärung

ISTRIEN, Mittelmeer-Halbinsel, die sich unmittelbar südlich von Triest in die Adria erstreckt.

788n/812n Bilderkrieg

ITALIEN: Allgemeines (Land, Volk, Staat)

1597v–1521v Minos
999v–936v Hiram
983v rot Etrusker-Ansiedlung
965v blau Entstehung von Palermo
950v rot Besiedlung des Palatin
758v blau Gründung von Kyme
743v rot Griechen auf Sizilien
736v blau Gründung von Naxos
734v blau Gründung von Syrakus
729v blau Katane, Leontinoi gegründet
722v blau Gründung von Tarent
720v blau Gründung von Sybaris
710v blau Gründung von Kroton
690v blau Gründung von Gela
681v blau Gründung von Neapel
662v rot Gesetze des Zaleukos
660v blau Gründung von Megara
610v blau Gründung von Ostia
590v blau Entwicklung Roms
581v blau Gründung von Agrigent
549v rot Bund gegen Griechen
540v braun Seeschlacht bei Korsika
509v grün Zeitrechnung nach Konsuln
506v braun Kampf Latiner-Etrusker
506v rot Machteinbuße der Etrusker
500v braun Freiheitskampf Roms
500v rot Rom: Ende der Monarchie
500v rot Rom Republik
494v rot Plebejer Volkstribunen
492v rot Immunität der Tribunen
490v–430v Empedokles
486v–430v Hippodamos
483v/474v Etruskischer Krieg
481v rot Sizilienpolitik Xerxes'
480v braun Niederlage Karthagos
478v–410v Protagoras
474v rot Machtverlust der Etrusker
473v rot Klassen nach Vermögen
471v rot Beamte der Plebejer
470v braun Tyrannensturz in Agrigent
466v braun Tyrannensturz in Syrakus
466v rot Demokratisierung(Griechen)
460v rot Kampf gegen Adel
456v–404v Alkibiades
454v grün Kupfer-Währung Roms
450v rot Zwölftafelrecht
445v rot Ehen Patrizier-Plebejer
444v grün Anlage Thuriois
435v rot Zensoren in Rom
431v/404v Peloponnesischer Krieg
424v–367v Dionys der Ältere
421v rot Rechtsgewinn für Plebejer
419v braun Sklavenaufstand
414v rot Roms Machtgewinn
409v/405v Sizilien-Krieg Karthagos
405v rot Gebietsgewinn Karthagos
402v grün Mauer um Syrakus
401v rot Heerverstärkung Roms
398v grün Vertrag Roms mit Karthago
397v/392v Sizilien-Krieg Karthagos
396v braun Krieg Rom-Etrusker
396v rot Machtgewinn Roms
392v rot Rückdrängung Karthagos
389v braun Krieg unter Griechen
389v rot Ausdehnung von Syrakus
387v braun Kelten-Einfall
384v rot Mord an Manlius
380v grün Mauer um Rom
379v braun Kampf Syrakus-Kroton
379v rot Sizilien unter Syrakus
377v blau Griechen: Erwähnung Roms
376v rot Teilung Siziliens
372v rot Bund Roms mit Latinern
366v rot Plebejer Konsul
351v rot Plebejer Zensor
348v rot Vertrag Roms mit Karthago
347v braun Kelten-Angriff auf Rom
342v grün Ausbau Ostias
340v/338v Aufstand der Latiner
340v–273v Appius Klaudius
338v rot Latiner-Rechte abgestuft
334v rot Anschluß Kapuas an Rom
334v rot Machtgewinn Roms
329v rot Vertrag Roms mit Kelten
326v rot Anschluß Neapels an Rom
326v/304v Großer Samnitenkrieg
320v grün Bericht über Germanen
318v–272v Pyrrhus
312v rot Söhne Freigelassener Beamte
311v rot 'Flottenherren' in Rom
308v rot Friede Roms mit Etruskern
306v grün Vertrag Roms mit Rhodos
304v rot Machtausdehnung Roms
300v rot Plebejer-Gleichstellung
300v/299v Kelten-Einfall nach Rom
298v/290v Letzter Samnitenkrieg
295v rot Anschluß Umbriens an Rom
290v rot Bund Roms mit Samniten
290v rot Sabiner Halbbürger Roms
287v rot Volksbeschluß als Gesetz
284v–212v Archimedes
283v braun Kelten-Einfall
282v braun Vorstoß Roms nach Süden
282v–229v Hamilkar
281v/272v Tarentiner Krieg
278v rot Bund gegen Griechen
273v grün Vertrag Roms mit Ägypten
272v rot Südgebiete an Rom
269v grün Silber-Währung Roms
268v braun Kampf Rom-Picener
268v rot Anschluß Picenums an Rom
266v braun Kampf Rom-Sallentiner
266v rot Vormacht Roms
265v–201v Nävius
264v braun Sieg Roms über Etrusker
264v rot Vordringen Roms zum Arno
264v rot Rom Großmacht
264v/241v Erster Punischer Krieg
260v grün Enterbrücken-Taktik
258v braun Aufstand gegen Rom
249v rot Jahrhundert-Fest Roms
247v–183v Hannibal
241v braun Etrusker-Aufstand
241v rot Teile Siziliens an Rom
237v rot Sardinien, Korsika an Rom
235v–183v Scipio der Ältere
234v–149v Kato der Ältere
232v rot Grenzsiedlungen
230v braun Kelten-Einfall
227v rot Erste Provinzen Roms
226v rot Menschenopfer
222v braun Krieg Rom-Kelten
222v rot Nordgebiete an Rom
222v rot Ausdehnung Roms bis Alpen
218v/201v Zweiter Punischer Krieg
216v rot Auflehnung gegen Rom
215v rot Syrakus Gegner Roms
212v braun Kampf Rom-Syrakus
212v rot Archimedes getötet
212v–166v Perseus
206v rot Urteil gegen Nävius
199v grün Sklaven-Zeichnung
198v/196v Sklavenaufstände
197v grün Gold-Währung Roms
186v rot Bacchanalien-Verbot
185v braun Sklavenaufstand
185v rot Sklaven-Kreuzigungen
183v rot Arbeiter neben Sklaven
181v rot Rhetoren in Rom
166v–132v Eunus
163v–129v Aristonikos
163v–133v Tiberius Gracchus
161v rot Philosophen-Ausweisung
158v–104v Jugurtha
156v–86v Marius
155v rot Philosophen aus Athen
154v–121v Gajus Gracchus
153v grün Jahresbeginn festgelegt
151v rot Reform der Konsul-Wahl
150v rot Bergwerks-Ausbau verboten
144v–101v Athenion
139v rot Geheime Wahl
139v rot 'Majestät des Volkes'

138v–78v rot Sulla
136v/129v Sklavenaufstand
135v–50v Poseidonios
133v rot Reform des T. Gracchus
133v rot Mord an T. Gracchus
130v–102v Tryphon
123v rot G. Gracchus' Getreidegesetz
121v braun Aufstand des G. Gracchus
116v–27v Varro
114v–53v Krassus
113v/101v Erster Germanenkrieg
111v rot Ende der Gracchen-Reform
109v rot Korruptions-Prozeß
109v–71v Spartakus
108v–62v Katilina
107v rot Berufsheer
106v–43v Cicero
106v–48v Pompejus
105v rot Ständige Schaukämpfe
104v/100v Sklavenaufstand
103v rot Soldaten-Versorgung
103v grün Heeresform des Marius
100v rot Wahlgesetz durchbrochen
100v–44v Cäsar
91v rot Mord an Livius Drusus
91v/88v Bundesgenossen-Krieg
89v rot Bürgerrecht für Italiker
89v/82v Erster Bürgerkrieg
85v–42v Brutus
82v rot Diktatur Sullas
82v–30v Antonius
81v rot Rede Ciceros gegen Sulla
80v–46v Vercingetorix
79v rot Rücktritt Sullas
74v/71v Sklavenaufstand
71v rot Sklaven-Kreuzigungen
64v rot Ehrung für Poseidonios
63v/62v Erhebung Katilinas
63v rot Cicero Gegner Katilinas
63v–12v Agrippa
63v–14n Augustus (Oktavian)
61v grün Krassus' Hilfe für Cäsar
60v rot Erstes Triumvirat
59v rot Konsulat Cäsars
59v rot Ackergesetze Cäsars
50v grün Kornverteilung Cäsars
49v rot Bruch Cäsar — Pompejus
49v blau Reformforderung Sallusts
49v/45v Zweiter Bürgerkrieg
46v rot Diktatur Cäsars
45v rot Alleinherrschaft Cäsars
45v rot Adoption Oktavians
44v grün Ehrung für Cäsar
44v braun Ermordung Cäsars
44v rot Antonius Alleinherrscher
43v rot Zweites Triumvirat
43v rot Schreckensherrschaft
43v/30v Dritter Bürgerkrieg
42v rot Prätorianer-Garde
42v–37n Tiberius
33v rot Bruch Antonius-Oktavian
29v rot Oktavian Alleinherrscher
29v rot Janus-Tempel geschlossen
27v rot 'Augustus'-Titel
24v–37n Marbod
23v rot Regierung auf Lebenszeit
12v rot Augustus Oberpriester
10v rot Vergottung des Augustus
10v–54n Klaudius
8v grün Ehrung für Augustus
5v–64n Paulus
4v–64n Petrus
4v–65n Seneka
2v rot Augustus 'pater patriae'
2v rot Freilassung eingeengt
4n rot Sklavenstrafen verschärft
9n rot Geburtenförderung
9n–79n Vespasian
15n rot Beamtenwahl neu geregelt
15n blau Augustus-Biographie
23n rot Kasernierung der Garde
23n–79n Plinius der Ältere
31n grün Außenhandels-Defizit
37n–68n Nero
37n–100n Josephus
45n rot Juden-Vertreibung
51n grün Rom Millionenstadt
51n–96n Domitian
52n rot Sklaven-Schutzgesetz
53n–117n Trajan
54n rot Mord an Klaudius
55n–120n Tacitus
59n rot Mord an Agrippina
61n rot Vergeltung an Sklaven
64n rot Brand in Rom
64n rot Christen-Verfolgung
64n rot Tod für Paulus, Petrus
65n braun Erhebung gegen Nero
68n/69n Kampf um Kaiserthron
69n grün Enttrümmerungs-Zwang
73n rot Philosophen-Ausweisung
75n grün Gehälter für Rhetoren
76n–139n Hadrian
79n grün Ausbruch des Vesuvs
83n rot Sklaven-Schutzgesetz
86n–161n Antoninus Pius
89n rot Wissenschaft unterdrückt
100n–165n Justin der Märtyrer
107n rot Gesandtschaft aus Indien
117n rot Tod des Ignatius
117n grün Direkte Steuern
121n–180n Mark Aurel
125n grün Domänen-Verpachtung
125n–180n Lukian
130n rot Sklaven-Schutzgesetz
131n rot Richtlinien für Richter

133n grün Begräbnis-Vereine
134n rot Arbeiter-Schutzgesetz
144n blau 'Preisrede auf Rom'
146n rot Sklaven-Schutzgesetz
146n–211n Septimius Severus
155n–235n Kassius Dio
164n rot Schutz des Frauengutes
165n rot Hinrichtung Justins
166n grün Verbindung mit China
166n/180n Markomannen-Kriege
181n rot Mithra-Kult am Kaiserhof
186n–217n Karakalla
193n braun Thronkämpfe
193n rot Senatoren-Hinrichtung
193n rot Vorrang Italiens beendet
199n–251n Decius
207n braun Aufstand des Felix Bulla
214n–275n Aurelian
232n–282n Probus
238n rot Ende der Adelsherrschaft
243n–316n Diokletian
248n rot Tausendjahrfeier Roms
250n rot Feuertod für Papst
271n braun Germanen-Einfall
271n grün Mauer um Rom
280n–337n Konstantin
286n rot Regierungssitz verlegt
294n rot Verbot des Kinderhandels
304n rot Tod für Lucia
311n rot Edikt von Mailand
321n–375n Valentinian I.
330n rot Vorrang Roms beendet
340n–397n Ambrosius
346n–395n Theodosius
348n–408n Prudentius
359n–383n Gratian
365n–408n Stilicho
370n/455n Hunnenkriege
374n–410n Alarich I.
390n–477n Geiserich
394n rot Intoleranz
395n/403n Dritter Gotischer Krieg
397n rot Hosen-Verbot
397n–454n Aëtius
402n rot Ravenna Regierungssitz
403n grün Neue Mauer um Rom
404n rot Gladiatorenkampf-Verbot
405n/406n Germanen-Einfall
408n/412n Vierter Gotischer Krieg
433n–493n Odoaker
439n braun Vorstoß der Wandalen
439n rot Sardinien an Wandalen
440n/442n Wandalenkrieg
444n rot Manichäer-Verfolgung
444n rot Bücherverbrennung
452n blau Gründung Venedigs
454n rot Aëtius getötet
455n braun Wandalen-Einfall
455n rot Sizilien an Wandalen
455n–526n Theoderich der Große
459n–498n Romulus Augustulus
476n braun Germanen-Aufstand
476n rot Ende Weströms
476n rot Odoaker König
478n–567n Narses
480n–524n Boëthius
480n–573n Kassiodor
482n–565n Justinian
487n rot Auftrag für Theoderich
488n braun Sieg über Rugier
489n/493n Vordringen der Ostgoten
490n–562n Prokop
493n rot Reich der Ostgoten
505n–565n Belisar
512n rot Theoderichs Gesetzbuch
513n–552n Totila
525n rot Gefangennahme des Papstes
535n/553n Letzter Ostgotenkrieg
540n–604n Gregor I.
541n–572n Alboin
543n grün Bodenreform
553n rot Ende des Ostgotenreiches
553n rot Byzantinische Herrschaft
554n grün Wieder Großgrundbesitz
568n rot Zivilverwaltung
568n/569n Langobarden-Einfall
569n rot Oberitalien an Langobarden
585n rot Rückdrängung von Byzanz
590n braun Kämpfe gegen Langobarden
590n rot FriedeLangobarden-Franken
590n grün Arme abhängig von Kirche
593n grün Kirchenbesitz vereinigt
606n–652n Rothari
633n/732n Arabischer Krieg
643n braun Langobarden-Vorstoß
690n braun Langobarden-Erhebung
690n rot Langobarden Christen
697n rot Venedig selbständig
716n–768n Pippin der Kleine
729n rot Landschenkung an Papst
742n–814n Karl der Große
751n braun Langobarden-Vorstoß
754n rot Pippin Schutzherr Roms
754n/756n Langobarden-Krieg Pippins
756n rot Langobardenmacht beendet
756n rot Pippinsche Schenkung
773n/774n Franken-Angriff
774n rot Gebietserwerb der Franken
774n rot Karolingische Schenkung
781n rot Kirchenstaat erweitert
788n/812n Bilderkrieg
799n rot Anklage gegen Papst
799n rot Papst wiedereingesetzt
800n rot Kaiserkrönung in Rom
812n rot Venedig an Byzanz
827n/831n Arabischer Sizilienkrieg

828n blau Einhard: Reliquienraub
831n rot Araber auf Sizilien
834n–907n Arpad
842n braun Araber-Einfall
842n rot Araber in Apulien
846n braun Araber-Einfall
848n grün Leo-Stadt
849n braun Angriff der Araber
859n braun Normannen-Einfälle
871n braun Niederlage der Araber
878n rot Ganz Sizilien arabisch
879n rot Tribut an Araber
884n–948n Marozia
896n rot Pornokratie
899n braun Ungarn-Einfall
912n–973n Otto I., der Große
914n rot Herrschaft Theodoras
915n braun Niederlage der Araber
915n rot Befreiung Süditaliens
924n/925n Ungarn-Einfall
928n rot Mord am Papst
931n rot Marozias Sohn Papst
937n grün Bevölkerungsverlust Roms
939n–990n Roswitha
942n braun Kämpfe mit Arabern
948n braun Volksaufstand in Rom
951n braun Deutscher Kriegszug
955n–983n Otto II.
962n braun Deutscher Kriegszug
962n rot Kaiserkrönung in Rom
963n rot Verbrecherpapst abgesetzt
980n braun Erhebung Roms
980n–1002n Otto III.
981n rot Bündnis gegen Otto II.
981n/982n Kämpfe in Süditalien
984n rot Amalfi unabhängig
990n grün Flottenbau in Venedig
996n braun Erhebung Roms
998n braun Erhebung Roms
1001n braun Erhebung Roms
1013n–1085n Robert Guiskard
1021n–1085n Gregor VII.
1029n rot Normannen in Süditalien
1029n blau Gründung von Aversa
1030n rot Katharer-Verbrennung
1041n braun Aufstand in Mailand
1041n grün Mailänder Lehen erblich
1043n braun Normannensieg über Byzanz
1043n rot Apulien normannisch
1046n braun Vordringen der Deutschen
1046n rot Papstpolitik des Kaisers
1050n–1106n Heinrich IV.
1052n braun Eroberung Sardiniens
1052n rot Sardinien an Pisa
1053n braun Sieg der Normannen
1053n rot Papsthoheit über Apulien
1059n braun Aufstand in Mailand
1059n rot ZugeständnisderNormannen
1059n rot Zugeständnis des Papstes
1061n braun Normannensieg über Araber
1061n rot Normannen auf Sizilien
1071n braun Normannensieg über Byzanz
1071n rot Normannische Vormacht
1077n rot Gang nach Canossa
1078n braun Eroberung Korsikas
1078n rot Korsika an Pisa
1080n rot Verfassung in Lucca
1081n/1085n Balkanzug der Normannen
1082n rot Machtgewinn Venedigs
1082n grün Freihandel für Venedig
1084n rot Flucht des Papstes
1085n rot Syrakus an Normannen
1087n braun Vordringen in Afrika
1087n grün Pisa, Genua: Afrikahandel
1091n braun Vorrücken der Normannen
1091n rot Sizilien normannisch
1093n rot Städtebund gegen Kaiser
1096n–1166n Al Idrisi
1098n rot Genua selbständig
1100n grün Vorrechte für Städte
1101n–1154n Roger II.
1103n–1155n Arnold von Brescia
1107n rot Verona unabhängig
1114n braun Eroberung der Balearen
1114n rot Balearen an Pisa
1122n–1190n Friedrich I. Barbarossa
1125n braun Katharer-Erhebung
1129n–1195n Heinrich der Löwe
1130n rot Reich Rogers II.
1140n–1217n Peter Waldes
1142n/1155n Erhebung Roms
1142n rot Rom freie Republik
1144n rot Römisches Parlament
1146n braun Sieg über Nordafrika
1153n rot Bündnis gegen Rom
1155n rot Erneut Papstmacht in Rom
1155n rot Hinrichtung Arnolds
1155n rot Krönung Friedrichs I.
1155n grün Humiliaten in Mailand
1158n rot Maßnahme gegen Städte
1158n/1162n Erhebung der Städte
1160n–1216n Innozenz III.
1163n rot Katharer-Verbrennung
1165n–1197n Heinrich VI.
1166n/1167n Deutscher Kriegszug
1176n braun Erhebung der Städte
1176n rot Unabhängigkeit der Städte
1177n rot Machtgewinn des Papstes
1182n rot Waldenser-Bewegung
1182n–1250n Johannes Karpini
1183n rot Anerkennung des Kaisers
1185n braun Normannenzug zum Balkan
1194n rot Südgebiete deutsch
1194n–1250n Friedrich II.
1198n rot Innozenz III. Papst
1198n grün Handarbeiter-Bund

1198n grün Nichthandarbeiter-Bund
1201n rot Humiliaten-Eingliederung
1202n/1204n Vierter Kreuzzug
1204n rot Gebietsgewinn Venedigs
1205n rot Zunftkämpfe in Mailand
1209n/1229n Katharer-Kreuzzug
1232n–1300n Segarelli
1247n–1328n Johannes Korvino
1261n rot Bündnis Genua-Byzanz
1265n–1321n Dante
1266n braun Kampf Deutsche-Franzosen
1266n rot Sizilien französisch
1268n braun Kampf Deutsche-Franzosen
1282n braun 'Sizilianische Vesper'
1282n braun Vordringen der Spanier
1282n rot Sizilien spanisch
1291n grün Reise der Vivaldi
1292n grün Rückkehr Marco Polos
1293n rot Bürgermacht in Florenz
1294n rot Verdammung Segarellis
1299n grün Entdeckung der Kanaren
1300n rot Korsika an Genua
1301n grün Salz-Kartell
1304n–1374n Petrarca
1305n/1307n Lombardischer Kreuzzug
1307n rot Feuertod Fra Dolcinos
1309n rot Papst nach Avignon
1310n/1313n Deutscher Kriegszug
1312n blau Reformforderung Dantes
1313n–1354n Rienzi
1316n–1378n Karl IV.
1318n rot Statut von Triest
1323n grün Madeira, Azoren entdeckt
1324n blau Volksherrschaft gefordert
1344n rot Repressalien Englands
1344n grün Rückzahlungsweigerung
1345n grün Wirtschaftskrise
1347n braun Volksaufstand in Rom
1350n–1415n Chrysoloras
1351n grün Pestepidemie
1351n/1352n Volksaufstand in Rom
1357n rot Kirchenstaats-Verfassung
1376n rot Rückkehr des Papstes
1378n braun Aufstand in Florenz
1378n rot Gewerkschaft in Florenz
1381n grün Venedig 200000 Einwohner
1382n rot Gewerkschaft aufgelöst
1431n–1503n Alexander VI. Borgia
1442n rot Neapel spanisch
1449n grün Befestigung des Vatikans
1449n–1492n Lorenzo Medici
1452n–1507n Kolumbus
1452n–1498n Savonarola
1456n grün Reise des Cadamosto
1470n grün Alaun-Kartell
1479n rot Verlust Albaniens
1488n rot Heirat des Papstsohnes
1489n rot Zypern an Venedig
1492n rot Kauf des Papstamtes
1492n grün Kolumbus in Amerika
1494n braun Volksaufstand in Florenz
1494n–1566n Soliman der Große
1496n rot Auftrag für Caboto
1497n grün Caboto in Nordamerika
1498n rot Feuertod für Savonarola
1499n grün Vespucci in Südamerika
1500n–1558n Karl V.
1502n grün Kolumbus in Mittelamerika
1509n grün Fugger: Kriegsfinanzierung
1512n braun Kampf um Florenz
1516n rot Gebiete an Karl V.
1516n grün Getto in Venedig
1527n braun Plünderung Roms
1527n–1598n Philipp II.
1529n rot Genua unabhängig
1542n/1544n Kampf Deutsche-Franzosen
1544n rot Rückzug Frankreichs
1547n grün Livorno Freihafen
1548n–1600n Giordano Bruno
1556n rot Gebiete an Philipp II.
1573n rot Verlust Zyperns
1600n rot Feuertod Giordano Brunos
1663n/1699n Großer Türkenkrieg
1684n rot Bündnis gegen Türken
1699n rot Gebietsgewinn Venedigs
1701n/1714n Spanischer Erbfolgekrieg
1714n rot Gebiete an Österreich
1714n/1718n Türkenkrieg
1735n rot Südgebiete spanisch
1741n/1748n Österreich-Erbfolgekrieg
1749n–1832n Goethe
1763n blau Winckelmanns Werk
1768n rot Korsika an Frankreich
1769n–1821n Napoleon I.
1796n/1815n Napoleonische Kriege
1796n rot Napoleon Armeeführer
1810n–1862n Cavour
1815n rot Wiener Kongreß
1815n–1898n Bismarck
1834n blau Ranke: Päpste-Geschichte
1849n rot Rom freie Republik
1849n braun Freiheitskampf Roms
1853n/1856n Krimkrieg
1855n blau Burckhardt: 'Cicerone'
1859n/1861n Freiheitskampf
1860n blau Burckhardt: 'Renaissance'
1861n rot Einigung
1866n braun Krieg gegen Österreich
1870n rot Rom Hauptstadt
1882n rot Dreibund
1885n braun Vorstoß nach Abessinien
1885n rot Gewinn Eritreas
1889n braun Krieg gegen Abessinien
1892n rot Sozialistische Partei
1894n/1896n Krieg gegen Abessinien
1899n/1901n Boxeraufstand

1900n rot China-Abkommen
1906n rot Algeciras-Konferenz
1909n rot Vertrag mit Rußland
1911n/1912n Libyscher Krieg
1912n rot Gewinn Libyens
1914n/1918n Erster Weltkrieg
1915n rot Umschwenken im Krieg
1919n rot Vertrag von St. Germain
1920n rot Beitritt zum Völkerbund
1922n rot Faschistisch
1924n blau Zeitung 'Unità'
1929n rot Lateranvertrag
1935n/1936n Krieg gegen Abessinien
1936n rot Gewinn Abessiniens
1936n/1939n Spanischer Bürgerkrieg
1937n rot Antikominternpakt
1938n rot Münchner Abkommen
1939n/1945n Zweiter Weltkrieg
1943n rot Umschwenken im Krieg
1947n grün Marshall-Plan
1949n rot Mitglied der NATO
1953n rot Generalstreik
1957n grün Mitglied der EWG
1960n rot Unabhängigkeit Somalias

ITALIEN: Baukunst

509v blau Jupiter-Tempel in Rom
486v–430v Hippodamos
483v blau Theater in Syrakus
430v blau Apollo-Tempel in Rom
371v blau Diana-Tempel in Rom
184v blau Basilika in Rom
143v grün Gewölbebau
74v blau Theater in Pompeji
69v blau Neuer Jupiter-Tempel, Rom
63v–14n Augustus
60v blau Theater in Rom
46v blau Bauten zu Ehren Cäsars
31v grün Zement-Bauten
27v blau Pantheon in Rom
14v blau Lateran-Palast in Rom
14v grün Lehrbuch Vitruvs
9v blau Friedensaltar in Rom
2v blau Augustus-Forum
9n–79n Vespasian
53n–117n Trajan
65n grün Kreuzgewölbe
67n–129n Apollodoros von Damaskus
76n–139n Hadrian
80n blau Kolosseum in Rom
106n blau Odeon in Rom
112n blau Trajans-Forum
120n blau Neubau des Pantheon
139n blau Engelsburg
146n–211n Septimius Severus
186n–217n Karakalla
216n grün Karakalla-Thermen
306n grün Diokletians-Thermen
404n blau Dom von Ravenna
445n blau Mausoleum in Ravenna
449n grün Marmorsäulen in Ravenna
453n blau Taufhaus in Ravenna
455n–526n Theoderich der Große
504n blau San Apollinare in Ravenna
525n blau Grabmal Theoderichs
547n blau San Vitale in Ravenna
549n blau San Apollinare in Classe
1094n blau Markuskirche in Venedig
1117n blau Dom von Pisa
1186n blau Dom von Palermo
1213n–1280n Niccolo Pisano
1257n blau Franziskus-Kirche, Assisi
1266n–1337n Giotto
1280n blau Dom von Siena
1296n blau Dom von Florenz
1298n blau Palazzo Vecchio, Florenz
1307n blau Antonius-Kirche in Padua
1308n–1368n Orcagna
1350n blau Glockenturm von Pisa
1377n–1446n Brunellesco
1404n–1472n Alberti
1419n grün Findelhaus in Florenz
1436n blau Domkuppel in Florenz
1452n grün Alberti: 'Baukunst'
1455n blau Ausbau des Vatikans
1463n blau Dogenpalast in Venedig
1472n blau Andrea-Kirche in Padua
1475n–1564n Michelangelo
1481n blau Sixtinische Kapelle
1483n–1520n Raffael
1497n blau 'Santa Maria' in Mailand
1506n blau Bramante: Petersdom
1538n blau Palazzo Farnese in Rom
1547n blau Michelangelo: Petersdom
1570n grün Palladios Lehrbuch
1610n blau Petersdom: Eingangshalle
1621n blau Quirinalpalast in Rom
1626n blau Maderna: Petersdom
1641n blau Borromini: San Carlo
1667n blau Petersplatz-Kolonnaden
1738n blau Chiaveri: Hofkirche

ITALIEN: Bildhauerei

545v blau Cervetri-Sarkophag
455v blau Aischylos-Denkmal
338v blau Zeus-Statue in Tarent
43v blau 'Germanikus'
9v blau Friedensaltar
66n blau Germanen-Figuren
113n blau Trajanssäule
178n blau Standbild Mark Aurels
432n blau Kruzifix in Rom
1213n–1280n Niccolo Pisano
1277n blau Brunnen in Perugia
1308n–1368n Orcagna
1377n–1446n Brunellesco

1386n–1466n Donatello
1414n blau Ghiberti: 'Johannes'
1430n blau Donatello: 'David'
1436n–1488n Verrocchio
1439n blau 'Sängerkanzel'
1443n grün Luca: Terrakotta
1452n blau Ghibertis Paradiestür
1453n blau Donatello: Gattamelata
1475n–1564n Michelangelo
1480n blau 'Thomas und Christus'
1488n blau Verrocchio: Colleoni
1500n blau Michelangelo: 'Pietà'
1504n blau Michelangelo: 'David'
1554n blau Cellini: 'Perseus'
1565n blau G. Bologna: 'Merkur'
1583n blau 'Raub der Sabinerin'
1639n blau Berninis Brunnen
1646n blau 'Verzückung der Therese'
1665n blau Bernini: Ludwig XIV.

ITALIEN: Dichtung und andere Literatur

641v–555v Stesichoros
593v blau Lieder des Stesichoros
533v blau Gedichte des Ibykos
518v blau Xenophanes: 'Natur'
505v blau Epicharmos' Komödien
490v–430v Empedokles
410v grün Kochbuch
340v–273v Appius Klaudius
301v–253v Theokrit
285v–204v Andronikos
277v blau Theokrit: 'Idyllen'
268v blau Theokrit: 'Thalysia'
265v–201v Nävius
254v–184v Plautus
249v blau Preislied auf Rom
244v blau Odyssee-Übersetzung
240v blau Drama des Andronikos
239v–169v Ennius
234v blau Dramen des Nävius
234v–149v Kato der Ältere
206v rot Kerker für Nävius
201v blau Nävius: 'Punischer Krieg'
195v–159v Terenz
186v blau Plautus: 'Goldener Topf'
183v blau Schriften Katos
175v blau Ennius: 'Annales'
170v–102v Lucilius
166v blau 'Mädchen von Andros'
160v blau Terenz: 'Brüder'
158v grün Kato: Landwirtschaft
131v blau Satiren des Lucilius
116v–27v Varro
106v–43v Cicero
97v–55v Lukrez
94v–34v Publilius
87v–54v Katull
78v blau Memoiren Sullas
70v blau Schule der Dichtkunst
70v–19v Vergil
66v grün Verlag des Attikus
65v–8v Horaz
63v blau Gedichte auf Lesbia
59v grün Zeitung in Rom
58v blau Varros Biographien
56v blau Lukrez: 'Natur der Dinge'
55v blau Cicero: 'Vom Redner'
53v–19v Tibull
52v blau Varro: 'Antiquitates'
49v–15v Properz
47v blau Vergil: 'Die Mücke'
43v–17n Ovid
36v blau Biographien des Nepos
29v grün Vergil: Landwirtschaft
28v blau Elegien des Properz
26v blau Gedichte auf Delia
20v blau Horaz: 'Dichtkunst'
19v blau Vergil: 'Äneis'
17v blau Friedenslied des Horaz
16v–45n Phädrus
14v grün Werk des Vitruv
4v–65n Seneka
3v–64n Aulus Celsus
1v blau 'Kunst der Liebe'
2n blau 'Heilmittel gegen Liebe'
6n blau Augustus: Autobiographie
9n blau Ovid: 'Metamorphosen'
37n–68n Nero
38n blau Phädrus' Fabeln
38n–105n Martial
53n blau Dramen Senekas
58n grün 'Pflichten des Feldherrn'
59n blau Petronius: 'Saturae'
61n grün Columella: Landwirtschaft
62n blau Lukan: Bürgerkriegs-Epos
63n grün Enzyklopädie
67n–140n Juvenal
73n blau Spottgedicht Martials
91n blau Statius: 'Wälder'
109n blau Briefe des Plinius
11[illegible]n blau Satiren Juvenals
131n blau Phlegon: 'Seltsame Dinge'
168n grün Fronto über Ferien
173n blau 'Attische Nächte'
193n blau 'Dicta Catonis'
309n–394n Ausonius
348n–408n Prudentius
368n blau Gedicht auf Bissula
371n blau Ausonius: 'Mosella'
402n blau Lieder des Prudentius
407n blau 'Psychomachia'
418n blau Gedicht auf Seereise
723n–799n Paulus Diakonus
949n blau Luitprand: Byzantinismus
1230n–1306n Jacopone von Todi
1254n–1324n Marco Polo
1263n blau Bonaventura: Franziskus
1265n–1321n Dante
1290n–1343n Marsilius von Padua
1292n blau 'Das neue Leben'
1296n blau Jacopones Satiren
1298n grün Marco Polos Bericht
1301n blau Jacopones Lieder
1304n–1374n Petrarca
1306n blau Dantes Werk vom Dichten
1313n–1375n Boccaccio
1320n blau 'Göttliche Komödie'
1341n grün Pegolottis Reiseführer
1353n blau Boccaccio: 'Decamerone'
1366n blau Petrarcas Gedichte
1404n–1472n Alberti
1425n blau Alberti: 'Philodoxas'
1449n–1492n Lorenzo Medici
1452n–1519n Leonardo da Vinci
1475n–1564n Michelangelo
1520n blau Aretino: Schmähschriften
1528n blau Castiglione: 'Cortegiano'
1532n blau Ariosto: 'Rasender Roland'
1549n blau Vasari: Biographien
1561n blau Cellinis Memoiren
1575n blau Tassos Heldengedicht
1585n–1672n Heinrich Schütz
1622n blau Basiles Märchensammlung
1753n blau Goldoni: 'Mirandolina'
1764n blau Gozzi: 'Turandot'
1775n blau Alfieri: 'Philipp II.'
1786n blau Casanovas Memoiren
1825n blau Manzoni: 'Die Verlobten'
1828n blau Leopardis Gedichte
1832n blau Pellico: 'Gefängnisse'
1865n blau Carducci: 'Hymne'
1921n blau Pirandello: '6 Personen'

ITALIEN: Geschichtsschreibung

340v blau Werk des Ephoros
260v blau Werk des Timaios
234v–149v Kato der Ältere
198v blau Werk des Fabius Pictor
149v blau Werk Katos
135v–50v Poseidonios
116v–27v Varro
86v–35v Sallust
78v blau Memoiren Sullas
65v blau Geschichte der Juden
59v–17n Livius
58v blau Varro: Biographien
52v blau Varro: 'Antiquitates'
51v blau Cäsar: 'Gallischer Krieg'
48v blau Cäsars Bürgerkriegs-Werk
45v blau Attikus: Kulturgeschichte
36v blau Biographien des Nepos
23v blau 'Historische Bibliothek'
6n blau Augustus: Autobiographie
17n blau Livius: Geschichte Roms
19n blau Trogus: Weltgeschichte
23n–79n Plinius der Ältere
30n blau Vellejus Paterkulus' Werk
52n blau Plinius: Germanenkriege
55n–120n Tacitus
98n blau Tacitus: 'Germania'
108n blau Tacitus: 'Historien'
117n blau Tacitus: 'Annalen'
121n blau Suetons Biographien
155n–235n Kassius Dio
172n–245n Afrikanus
185n–250n Diogenes Laërtios
221n blau Afrikanus: Weltgeschichte
234n blau Werk des Kassius Dio
360n blau Werk Viktor Aurels
367n blau Eutrop: Geschichte Roms
396n blau Ammian: Geschichte Roms
419n blau Orosius: Weltgeschichte
480n–573n Kassiodor
497n–555n Jordanis
519n blau Kassiodors Weltgeschichte
525n grün Christliche Zeitrechnung
531n blau Kassiodor: Goten
551n blau Jordanis: Goten
554n blau Jordanis' Weltgeschichte
723n–799n Paulus Diakonus
798n blau Langobarden-Geschichte
964n blau Luitprand: Otto
1250n blau Karpini: Mongolen
1408n–1457n Valla
1440n blau Beweis einer Fälschung
1505n blau Sabellicus' Weltgeschichte
1668n–1744n Vico

ITALIEN: Malerei und Mosaik

399v blau Zeuxis: 'Helena'
71v blau 'Aldobrandinische Hochzeit'
58v blau Buch-Illustrationen
11n blau 'Alexanderschlacht'
126n blau Madonnenbild
220n blau Christusbild
445n blau Mosaiken im Mausoleum
520n blau 'Scheidung Schafe/Böcke'
547n blau Mosaiken in San Vitale
1240n–1302n Cimabue
1266n–1337n Giotto
1293n blau Cimabue: 'Madonna'
1306n blau Giottos Fresken
1308n–1368n Orcagna
1311n blau Duccio: 'Madonna'
1315n blau Giotto: 'Madonna'
1338n blau Martini: 'Verkündigung'
1356n blau Orcagnas Altarbild
1401n–1428n Masaccio
1404n–1472n Alberti
1415n grün Brunellesco: Perspektive
1417n–1492n Francesca
1427n blau Masaccio: 'Heidentaufe'
1433n blau Fra Angelico: 'Madonna'
1436n–1488n Verrocchio
1452n–1519n Leonardo da Vinci
1465n blau Francesca: 'Kreuzlegende'
1475n–1564n Michelangelo
1476n blau 'Taufe Christi'
1477n–1576n Tizian
1479n blau 'Anbetung der Könige'
1482n blau Botticellis Fresken
1482n grün Francesca: Perspektive
1483n blau Peruginos Petrusbild
1483n–1520n Raffael
1490n blau Ghirlandajo: Marienleben
1491n blau Illustrationen Botticellis
1495n blau Leonardo: 'Abendmahl'
1496n blau Perugino: 'Kreuzigung'
1503n blau Leonardo: 'Mona Lisa'
1505n blau Signorelli: 'Weltgericht'
1507n blau 'Madonna mit Stieglitz'
1508n blau Giorgione: 'Venus'
1508n blau Leonardos 'Traktat'
1510n blau Raffael: Stanzenmalerei
1512n blau Michelangelo: Deckenbild
1514n blau Tizian: 'Liebe'
1518n blau 'Sixtinische Madonna'
1518n blau Tizian: 'Zinsgroschen'
1531n blau Correggio: 'Leda'
1541n blau 'Jüngstes Gericht'
1548n blau Tizian: 'Karl V.'
1563n blau 'Hochzeit zu Kana'
1589n blau Tintoretto: 'Paradies'
1590n blau Caravaggios Volksszenen
1592n blau Tintoretto: 'Abendmahl'
1600n blau Fresken der Carracci
1609n blau Reni: 'Aurora'
1645n blau Cortonas Deckengemälde
1719n grün Beruf des Bühnenbildners
1752n blau Tiepolos Würzburg-Fresken
1756n blau Tiepolos Wandgemälde
1959n blau Guttuso: 'Diskussion'

ITALIEN: Musik

433v–351v Archytas
348v grün Aristoxenos: Harmonielehre
20v grün Theatermusik
37n–68n Nero
340n–397n Ambrosius
380n blau Gesang der Gemeinde
480n–524n Boëthius
599n blau Gregorianischer Gesang
995n–1050n Guido von Arezzo
1023n grün Ganze und halbe Töne
1024n blau Guidos Lehrbuch
1026n grün Notenschrift
1246n grün Aufkommen der Pauke
1361n blau Landinos Madrigale
1404n–1472n Alberti
1525n–1594n Palestrina
1532n–1594n Orlando di Lasso
1555n grün Archicembalo
1558n grün Zarlinos Harmonielehre
1583n blau Monteverdis Chorlieder
1585n blau Palestrinas Chormusik
1594n blau Peri: 'Dafne'
1597n blau Gabrielis Sinfonien
1607n blau Monteverdi: 'Orfeo'
1649n grün Amati-Geigen
1685n blau Corellis Sonaten
1693n blau Scarlatti: Da-Capo-Arie
1705n grün Stradivari-Geigen
1709n grün Hammerklavier
1712n blau Corelli: Concerti grossi
1728n blau Englische Parodie
1733n blau Pergolesi: 'Serva padrona'
1734n blau Vivaldi: Violinkonzerte
1800n blau Cherubini: 'Wasserträger'
1816n blau Rossini: 'Barbier'
1817n blau Paganini: 'Capricci'
1832n blau Donizetti: 'Liebestrank'
1851n blau Verdi: 'Rigoletto'
1890n blau Mascagni: 'Cavalleria'
1892n blau Leoncavallo: 'Bajazzo'
1896n blau Puccini: 'La Bohème'

ITALIEN: Philosophie

575v–483v Xenophanes
572v–493v Pythagoras
540v–457v Parmenides
531v blau Schule des Pythagoras
530v blau Schule des Xenophanes
520v–450v Alkmaion
518v blau Xenophanes: 'Natur'
501v blau Lehre der Pythagoreer
499v blau Abhängigkeit des Denkens
491v–433v Zeno
490v–430v Empedokles
484v–378v Gorgias
460v rot Schule Krotons verbrannt
451v blau Zeno: Dialektik
444v blau Denken Körperfunktion
433v–351v Archytas
214v–129v Karneades
180v–110v Panaitios
162v blau Wahrscheinlichkeitslehre
161v rot Philosophen-Ausweisung
155v rot Gesandtschaft aus Athen
148v blau Panaitios Lehrer in Rom
135v–50v Poseidonios
129v–40v Asklepiades
97v–55v Lukrez
77v blau Romanisierung
64v rot Ehrung für Poseidonios
56v blau Lukrez: 'Natur der Dinge'
4v–65n Seneka
3v–64n Aulus Celsus
23n–79n Plinius der Ältere
31n–99n Musonius Rufus
42n blau Seneka: Nächstenliebe
51n–96n Domitian
52n–133n Epiktet
61n blau Eintreten für Sklaven
64n blau Gleichheitsforderung
71n blau Grund römischen Verfalls
72n blau Ruf nach Frauenbildung
73n rot Philosophen-Ausweisung
86n–161n Antoninus Pius
89n rot Philosophen-Verfolgung
98n–160n Valentin
100n–165n Justin der Märtyrer
115n–182n Apell
121n–180n Mark Aurel
128n blau Hierokles: Moralbuch
129n–199n Galen
131n–182n Celsus
134n blau Lehrfach in Rom
145n blau Apologie des Justin
154n blau Gesetz des Herzens
165n rot Hinrichtung Justins
167n blau Altes Testament als Fabel
173n blau Aulus Gellius' Werk
176n blau Mark Aurels Gedanken
179n blau Schrift gegen Christentum
185n–250n Diogenes Laërtios
204n–270n Plotin
226n blau Geschichte der Philosophie
244n blau Schule Plotins
249n blau 'Gegen Celsus'
264n blau Philosophenstadt-Plan
321n blau Plato-Übersetzung
331n–363n Julian
394n blau Makrobius: 'Saturnalien'
480n–524n Boëthius
523n blau Leben in Gegensätzen
524n blau 'Trost der Philosophie'
1009n blau Verteidigung gegen Kirche
1057n blau Vorrang der Theologie
1194n blau Lehre Joachims von Fiore
1225n–1274n Thomas von Aquin
1274n blau Thomas: Theologie
1290n–1343n Marsilius von Padua
1404n–1472n Alberti
1408n–1457n Valla
1442n blau Vallas Lebensideal
1445n blau Gleichheit vor Gott
1452n–1519n Leonardo da Vinci
1457n blau Albertis Lebensideal
1459n blau Plato-Akademie Florenz
1460n blau Einheit mit Theologie
1494n blau Lehre Mirandolas
1513n blau Machiavelli: 'Der Fürst'
1548n–1600n Giordano Bruno
1569n blau G. Bruno: Religiosität
1600n rot Feuertod Giordano Brunos
1602n blau Campanella: 'Sonnenstaat'
1668n–1744n Vico
1903n blau Croce: Geistesphilosophie

ITALIEN: Recht

662v rot Gesetze des Zaleukos
492v rot Immunität
478v–410v Protagoras
450v rot Zwölftafelrecht
304v blau Prozeßrecht veröffentlicht
287v rot Volks-Legislative
184v blau Gerichtshalle in Rom
171v rot Sondergerichtshof
139v rot 'Majestät des Volkes'
96v blau Scävola: Zivilrecht
55v rot Klage: Völkerrechtsbruch
16v blau Werk des Kapito
15v blau Schule des Labeo
3v–64n Aulus Celsus
4n rot Brandmarkung und Folter
55n blau Sabinus: Zivilrecht
63n blau Schule des Prokulus
76n–139n Hadrian
104n–168n Julianus Salvius
112n rot Anonyme Anzeigen zwecklos
129n blau Werke des Julianus
131n rot Richtlinien für Richter
134n blau Lehrfach in Rom
136n blau Julianus: Digesten
143n–212n Papinian
146n–211n Septimius Severus
161n blau Gajus: Institutionen
170n–229n Ulpian
207n blau Papinian: Rechtsbücher
213n blau Ulpian: Gewohnheitsrecht
217n blau Ulpian: Zivilrecht
223n blau Julius Paulus: Sentenzen
295n blau 'Codex Gregorianus'
296n blau 'Codex Hermogenianus'
512n rot Theoderichs Gesetzbuch
536n blau Sammlung Kassiodors
606n–652n Rothari
643n blau Langobarden-Gesetzbuch
1080n rot Verfassung in Lucca
1101n blau Rechtsschule in Bologna
1140n blau 'Decretum Gratiani'
1247n–1328n Johannes Korvino
1303n blau Rechtslehre in Rom
1318n rot Statut von Triest
1764n blau Beccaria gegen Folter

ITALIEN: Religion

511v blau Orakelsprüche
509v blau Jupiter-Tempel in Rom
490v–430v Empedokles
430v blau Apollo-Tempel in Rom
371v blau Diana-Tempel in Rom
293v grün Äskulap-Verehrung
249v rot Tieropfer
226v rot Menschenopfer
217v rot Saturnfeiern
204v rot Kybele-Kult
186v rot Bacchanalien-Verbot
180v–110v Panaitios
135v–50v Poseidonios
80v rot Isis-Kult
70v–19v Vergil
69v blau Neuer Jupiter-Tempel, Rom
63v–14n Augustus
40v blau Messias-Prophezeiung
29v rot Janus-Tempel geschlossen
12v rot Augustus Oberpriester
10v rot Vergottung des Augustus
9v blau Friedensaltar
5v–64n Paulus
4v–64n Petrus
22n–74n Lukas
49n rot Christentum in Rom
51n–96n Domitian
58n blau Paulus: Römerbrief
96n blau 'Klemensbrief'
98n–160n Valentin
100n–165n Justin der Märtyrer
115n–182n Apell
124n blau Quadratus: Christentum
125n–190n Tatian
144n blau Hermas: 'Pastor'
145n blau Justin: Christentum
154n blau Valentin: Religiosität
165n rot Hinrichtung Justins
167n blau Altes Testament als Fabel
169n–222n Kalixt I.
170n–229n Ulpian
172n–245n Afrikanus
179n blau Spottschrift des Celsus
181n rot Mithra-Kult
191n blau Bischofsliste
192n rot Osterdatum anerkannt
199n–251n Decius
200n blau Bekehrungsschrift
204n–270n Plotin
217n rot Kalixt Bischof Roms
218n rot Vorrang Roms gefordert
220n blau Spottbild auf Jesus
221n rot Ehebruch als Sünde
245n blau Novatian: Dreifaltigkeit
250n rot Feuertod für Papst
261n–335n Laktantius
304n rot Tod für Lucia
310n blau Christliche Rhetorik
311n rot Edikt von Mailand
312n rot Lateran-Palast Papstbesitz
314n blau Wissenschaftsfeindlichkeit
340n–397n Ambrosius
343n rot Autorität des Papstes
345n–420n Hieronymus
348n–408n Prudentius
351n blau Mönchtum
354n rot Weihnachtsfest
380n blau Gesang der Gemeinde
384n blau Schrift für alten Glauben
394n rot Intoleranz
399n–461n Leo der Große
402n blau Lieder des Prudentius
415n blau Rutilius gegen Einsiedler
440n rot Bezeichnung 'Papst'
444n rot Manichäer-Verfolgung
444n rot Bücherverbrennung
445n rot Richteramt des Papstes
447n rot Papst: Tod für Gegner
451n rot Gleichstellung Rom-Byzanz
480n–547n Benedikt von Nursia
480n–524n Boëthius
480n–573n Kassiodor
513n blau Benedikts Lehre
521n blau Benedikt: Maßhalten
525n rot Gefangennahme des Papstes
525n grün Christliche Zeitrechnung
529n blau Kloster Monte Cassino
530n blau Benedikts Mönchsregeln
534n–615n Kolumban
540n–604n Gregor I.
542n blau Kloster-Arbeit
553n blau Lexikon für Mönche
590n grün Arme abhängig von Kirche
593n grün Kirchenbesitz vereinigt
599n blau Gregorianischer Gesang
612n blau Kloster Bobbio
690n braun Langobarden-Widerstand
690n rot Langobarden Christen
716n–768n Pippin der Kleine
729n rot Landschenkung an Papst
742n–814n Karl der Große
754n rot Pippin Schutzherr
756n rot Pippin'sche Schenkung
774n rot Karolingische Schenkung
781n rot Kirchenstaat erweitert
799n rot Anklage gegen Papst
799n rot Papst wieder eingesetzt
800n rot Kaiserkrönung in Rom
848n grün Leo-Stadt
884n–948n Marozia
896n rot Pornokratie
897n rot Gericht über toten Papst
914n rot Herrschaft der Theodora
928n rot Mord am Papst
931n rot Marozias Sohn Papst
962n rot Kaiserkrönung in Rom
963n rot Verbrecherpapst abgesetzt
1009n blau Philosophie und Dogma
1013n–1085n Robert Guiskard
1021n–1085n Gregor VII.
1030n rot Katharer-Verbrennung
1046n rot Papstpolitik des Kaisers

1049n blau Anklage gegen Priester
1057n blau Philosophie abgewertet
1059n braun Aufstand in Mailand
1084n rot Flucht des Papstes
1096n grün Kreuzzugs-Finanzierung
1103n–1155n Arnold von Brescia
1125n braun Katharer-Erhebung
1140n blau 'Decretum Gratiani'
1140n–1217n Peter Waldes
1142n/1155n Aufstand in Rom
1153n rot Bündnis gegen Rom
1155n rot Erneut Papstmacht in Rom
1155n rot Hinrichtung Arnolds
1155n rot Kaiserkrönung in Rom
1160n–1216n Innozenz III.
1163n rot Katharer-Verbrennung
1177n rot Machtgewinn des Papstes
1182n rot Waldenser-Bewegung
1182n–1226n Franziskus
1182n–1250n Johannes Karpini
1194n blau Lehre Joachims von Fiore
1194n–1250n Friedrich II.
1198n rot Innozenz III. Papst
1201n rot Humiliaten-Eingliederung
1202n/1204n Vierter Kreuzzug
1209n blau Forderung des Franziskus
1209n/1229n Katharer-Kreuzzug
1210n rot Franziskaner-Orden
1210n rot Anerkennung des Ordens
1224n grün Stigmatisation
1225n–1274n Thomas von Aquin
1230n–1306n Jacopone von Todi
1231n grün Katharer-Zusammenhalt
1232n–1300n Segarelli
1247n–1328n Johannes Korvino
1259n blau Angriff auf Kirche
1260n rot Apostelbrüder-Orden
1265n–1321n Dante
1274n blau Thomas: Theologie
1294n rot Verdammung Segarellis
1294n blau Korvinos Bibelübersetzung
1296n blau Jacopones Gedichte
1301n blau Jacopones Lieder
1302n blau Kirchenarmut gefordert
1303n blau Lehrfach in Rom
1305n/1307n Lombardischer Kreuzzug
1307n rot Feuertod Fra Dolcinos
1309n rot Papst nach Avignon
1312n blau Reformforderung Dantes
1318n blau Angriff auf Papsttum
1324n blau Volksherrschaft gefordert
1344n blau Angriff auf Kirche
1357n rot Kirchenstaats-Verfassung
1371n blau Kirchenarmut gefordert
1376n rot Rückkehr des Papstes
1408n–1457n Valla
1431n–1503n Alexander VI. Borgia
1440n blau Beweis einer Fälschung
1445n blau Gleichheit vor Gott
1449n grün Befestigung des Vatikans
1452n–1498n Savonarola
1460n blau Lehre des Ficino
1462n grün Franziskaner-Leihhaus
1470n grün Papst: Kartellpolitik
1488n rot Hochzeit im Vatikan
1492n rot Kauf des Papstamtes
1498n rot Feuertod Savonarolas
1512n braun Papstsieg über Florenz
1526n rot Kapuziner-Orden
1545n rot Konzil zu Trient
1548n–1600n Giordano Bruno
1564n–1642n Galilei
1569n blau G. Bruno: Religiosität
1600n rot Feuertod Giordano Brunos
1605n grün Bank des Heiligen Geistes
1613n blau Galilei über Wahrheit
1834n blau Rankes Päpste-Geschichte
1859n/1861n Kampf gegen Kirchenstaat
1929n rot Lateranvertrag

ITALIEN: Sitten und Gebräuche

1124v grün Atrium-Haus
789v grün Ovale Häuser
511v blau Orakelsprüche
469v grün Peristyl-Haus
435v rot Zensur
428v grün Schwimmgurte
410v grün Kochbuch
362v grün Schere
264v grün Gladiatorenkämpfe
249v rot Jahrhundert-Festspiele
217v rot Saturnfeiern
196v grün Kurzer Haarschnitt
188v grün Kerzen
186v rot Bacchanalien-Verbot
186v grün Toiletten
174v grün Wohnhaus mit Säulenhalle
105v rot Ständige Schaukämpfe
84v grün Messer als Eßgerät
73v grün Anbau des Kirschbaumes
68v grün Bälle
63v grün Garten des Lukull
59v grün Zeitung
44v grün Monatsname 'Juli'
41v grün Halsband-Glöckchen
25v grün Reise-Sonnenuhren
8v grün Monatsname 'August'
1n grün Fensterscheiben
10n grün Sprech-Rohrleitungen
27n grün Aprikosen-Anbau
60n grün Schränke und Truhen
85n grün Geheftete Bücher
108n grün Sprechstunden der Ärzte
133n grün Begräbnis-Vereine
160n grün Seife
178n grün Gladiatoren-Höchstpreis
216n grün Karakalla-Thermen
306n grün Diokletians-Thermen
334n rot Weiter Gladiatorenkämpfe
397n rot Hosen-Verbot
404n rot Gladiatorenkampf-Verbot
412n grün Verbot des Warmbadens
787n grün Findel- und Waisenhaus
1056n grün Gabel als Eßgerät
1199n grün Drehlade für Findelkinder
1370n grün Kartenspiel
1528n blau Buch über Hofsitten
1547n grün Billardspiel
1659n grün Speiseeis
1692n grün Kölnisch Wasser

ITALIEN: Sprache und Schrift

618v grün Griechische Schrift
577v blau Lateinisch entsteht
538v blau Regeln des Theagenes
234v–149v Kato der Ältere
200v grün Lateinisch vervollkommnet
106v–43v Cicero
57v grün Tiros Stenographie
48n grün Senekas Stenographie
353n blau Grammatik des Donatus
573n blau Kassiodor: Rechtschreibung
1265n–1321n Dante
1306n blau Dantes Buch vom Dichten
1313n–1375n Boccaccio
1468n grün Jenson: Antiqua-Schrift
1582n blau Sprachakademie Florenz

ITALIEN: Technik

1149v grün Eisenherstellung
621v grün Tiber-Brücke
610v grün Kloaka Maxima
486v–430v Hippodamos
443v grün Einheitsmaß
433v–351v Archytas
402v grün Mauer um Syrakus
400v grün Geschütz
399v grün Schiffsbau in Syrakus
386v grün Mechanische Taube
380v grün Mauer um Rom
369v grün Verhüttung von Kohle
362v grün Schere
361v grün Archytas: Mechanik
342v grün Ausbau Ostias
340v–273v Appius Klaudius
310v grün Wasserleitung für Rom
284v–212v Archimedes
263v grün Kriegsschiffe Roms
261v grün Wasser-Hebeschraube
239v grün Flaschenzug
234v grün Himmelsmodell
231v grün Dreimaster
210v grün Prothese
195v grün Gerändelte Münzen
143v grün Gewölbebau
135v–50v Poseidonios
98v grün Warmluftheizung
31v grün Zementbauten
25v grün Reise-Sonnenuhren
14v grün Lehrbuch Vitruvs
1n grün Fensterscheiben
10n grün Sprech-Rohrleitungen
18n grün Drahtseile
21n grün Schreib- und Reißfedern
23n–79n Plinius der Ältere
52n grün Entwässerungstunnel
65n grün Kreuzgewölbe
67n grün Flugversuch
71n grün Drehschlösser
77n grün Destillation
97n grün Werk über Wasserleitungen
99n grün Spiegel mit Zinnfolie
216n grün Thermen des Karakalla
271n grün Mauer um Rom
306n grün Thermen des Diokletian
403n grün Neue Mauer um Rom
406n grün Farbige Fenster
848n grün Papst-Paläste befestigt
1267n grün Papierherstellung
1272n grün Spinnmaschine
1282n grün Brillen
1331n grün Kanonen
1404n–1472n Alberti
1435n grün Pistolen
1445n grün Schrift über Wasserkraft
1449n grün Befestigung des Vatikans
1452n–1519n Leonardo da Vinci
1476n grün Metall-Lettern
1478n grün Kupferstich-Landkarte
1491n grün Weckeruhren
1508n grün Lampen mit Zylinder
1555n grün Archicembalo
1558n grün Verbesserte Lochkamera
1591n grün Greifbagger
1592n grün Thermometer
1593n grün Fernrohre
1594n grün Seilbahnen
1615n grün Wagenfederung
1629n grün Dampfmaschine
1643n grün Barometer
1649n grün Amatis Geigen
1670n grün Lana: Luftschiff-Plan
1705n grün Stradivaris Geigen
1709n grün Hammerklavier
1775n grün Schokolade-Herstellung
1800n grün Galvanische Batterie
1850n grün Prismenfernrohr
1874n–1937n Marconi
1897n grün Drahtlose Telegraphie

ITALIEN: Theater und Film

483v blau Theater in Syrakus
254v–184v Plautus
195v–159v Terenz
94v–34v Publilius
81v grün Fortfall der Maske
77v grün Schauspielerinnen
74v blau Theater in Pompeji
60v blau Theater in Rom
20v grün Ausstattungsstücke
67n–129n Apollodoros von Damaskus
80n blau Kolosseum
1594n blau Erste Oper
1719n grün Bühnenbildner-Beruf
1733n blau Erste komische Oper
1948n blau De Sica: 'Fahrraddiebe'

ITALIEN: Wirtschaft und Verkehr

999v–936v Hiram
700v grün Anbau des Ölbaumes
621v grün Tiber-Brücke
454v grün Kupfer-Währung Roms
443v grün Einheitsmaß
398v grün Vertrag Roms mit Karthago
340v–273v Appius Klaudius
306v grün Vertrag Roms mit Rhodos
273v grün Vertrag Roms mit Ägypten
269v grün Silber-Währung Roms
234v–149v Kato der Ältere
197v grün Gold-Währung Roms
158v grün Kato: Landwirtschaft
120v grün Straße nach Spanien
114v–53v Krassus
70v–19v Vergil
66v grün Verlag
54v grün Fallender Goldpreis
29v grün Vergil: Landwirtschaft
10v–54n Klaudius
3v–64n Aulus Celsus
31n grün Außenhandels-Defizit
33n grün Hypothekenbank
42n grün Versorgungshafen Ostia
46n grün 'Donaustraße'
61n grün Columella: Landwirtschaft
125n grün Domänen-Verpachtung
455n–526n Theoderich
513n–552n Totila
543n grün Bodenreform
554n grün Wieder Großgrundbesitz
606n–652n Rothari
831n grün Baumwollanbau
990n grün Handelsflotte Venedigs
1082n grün Privileg für Venedig
1087n grün Handel mit Nordafrika
1096n grün Kreuzzugs-Finanzierung
1100n grün Vorrechte in Jerusalem
1101n–1154n Roger II.
1149n grün Seidenweberei in Palermo
1151n grün Geldwechsler-Vereinigung
1155n grün Humiliaten in Mailand
1156n grün Entstehung von Banken
1185n grün Arbeitsteilung
1198n grün Handarbeiter-Bund
1198n grün Nichthandarbeiter-Bund
1200n grün Großwebereien
1204n grün Orienthandel
1205n grün Seidenfabrikation
1221n grün Gotthardstraße
1252n grün Gulden in Florenz
1254n–1324n Marco Polo
1270n grün Kaufleute auf der Krim
1284n grün Dukaten in Venedig
1291n grün Rückkehr Marco Polos
1292n grün Salz-Kartell
1341n grün Pegolottis Reiseführer
1344n rot Repressalien Englands
1344n grün Zahlungsverweigerung
1345n grün Wirtschaftskrise
1378n rot Gewerkschaft
1392n grün Handel mit England
1407n grün Bank in Genua
1449n–1492n Lorenzo Medici
1462n grün Leihhaus
1465n grün Fabriken in England
1470n grün Alaun-Kartell
1474n grün Erfindungsschutz
1480n grün Monte-Viso-Tunnel
1494n grün Paccioli: Buchführung
1547n grün Livorno Freihafen
1605n grün Bank des Heiligen Geistes
1619n grün Staatsbank in Venedig
1772n grün Brennerstraße
1871n grün Mont-Cenis-Tunnel
1947n grün Marshall-Plan
1957n grün Mitglied der EWG

ITALIEN: Wissenschaft

572v–493v Pythagoras
525v grün Stellung der Erde
520v–450v Alkmaion
504v grün Ärzteschule
503v grün Experiment als Beweis
496v grün Erdbewegung
490v–430v Empedokles
479v blau Korax: Rhetorik
478v grün Sektionen
471v grün Sehnerv
466v grün Sitz der Seele
457v grün Aufbau des Lebens
453v grün Vier Elemente
433v–351v Archytas
394v grün Würfelverdoppelung
382v grün Achsendrehung der Erde
361v grün Archytas: Mechanik
284v–212v Archimedes
250v grün Hebel, schiefe Ebene
242v grün Gesetz der Spirale
236v grün Auftriebsgesetz
234v grün Himmelsmodell
232v grün Kreisberechnungen
219v grün Facharzt in Rom
217v grün Integralrechnung
214v grün Spezifisches Gewicht
212v grün Mathematische Physik
135v–50v Poseidonios
129v–40v Asklepiades
116v–27v Varro
82v grün Luftwechsel und Bewegung
74v grün Werk über Pferdeleiden
70v grün Naturheilung
60v grün Solidar-Pathologie
46v grün Julianischer Kalender
39v blau Öffentliche Bibliothek
37v grün Varro: Bakterien
33v blau Varro: Enzyklopädie
3v–64n Aulus Celsus
20n–79n Dioskurides
23n–79n Plinius der Ältere
37n grün Kompendium der Medizin
44n grün Erdbeschreibung
51n–96n Domitian
54n grün Operationsbestecke
63n grün Aulus Celsus: Lexikon
66n grün Dioskurides: Arzneikunde
68n blau Rednerschule Quintilians
75n grün Gehälter für Rhetoren
78n grün Plinius: Naturkunde
81n–144n Archigenes
82n–135n Soranos
89n rot Wissenschafts-Feindschaft
94n blau Quintilian: Rhetorik
102n blau Tacitus: Rhetorik
108n grün Sprechstunden der Ärzte
111n grün Soranos: Schlaganfall
114n grün Archigenes: Zahnmedizin
120n grün Soranos: Gynäkologie
121n grün Phlegon: Langlebigkeit
129n–199n Galen
131n grün Soranos: Babypflege
134n blau Hochschule in Rom
147n blau Rednerschule Frontos
171n grün Galen: Physiologie
173n grün Galen: Pulsbeobachtung
177n grün Galen: Anatomie
180n grün Galen: Hygiene
194n grün Galen: Pathologie
197n grün Galen: Pharmakologie
314n blau Gegnerschaft Laktantius'
366n grün Pelagonius: Tiermedizin
419n grün Vegetius: Krankheitskunde
480n–524n Boëthius
480n–573n Kassiodor
1010n grün Hochschule in Salerno
1068n blau Konstantins Übersetzungen
1106n grün Narkoseschwämme
1114n–1187n Gerhard von Toledo
1140n grün Ärzteprüfung in Sizilien
1203n grün Fibonacci: Mathematik
1222n blau Universität Padua
1224n blau Universität Neapel
1228n grün Eiterlose Wundbehandlung
1239n grün Vorschriften für Ärzte
1247n–1328n Johannes Korvino
1264n blau Enzyklopädie
1286n grün Sektion in Cremona
1290n–1343n Marsilius von Padua
1302n grün Orseille-Farbstoff
1303n blau Universität Rom
1313n–1375n Boccaccio
1315n grün Sektion in Bologna
1318n grün Viscontis Weltkarte
1343n blau Universität Pisa
1350n–1415n Chrysoloras
1394n–1460n Heinrich der Seefahrer
1404n blau Universität Turin
1408n–1457n Valla
1415n grün Gesetze der Perspektive
1417n–1492n Francesca
1441n blau Bücherei in Florenz
1444n blau Universität Catania
1447n grün Genuesische Weltkarte
1449n–1492n Lorenzo Medici
1452n–1519n Leonardo da Vinci
1459n blau Akademie in Florenz
1472n grün 'Kinderkrankheiten'
1482n grün Francesca: Perspektive
1493n grün Vorgänge im Auge
1494n grün Paccioli Rechenbuch
1495n grün Perpetuum-mobile-Problem
1505n grün Möglichkeit des Fliegens
1510n grün Kubische Gleichungen
1512n grün Tonschwingungen
1542n grün Imaginäre Zahlen
1545n grün Cardano: 'Rechenkunst'
1546n grün Bakteriologie
1560n grün Akademie in Neapel
1563n grün Anatomie des Ohres
1564n–1642n Galilei
1571n grün G. Brunos Weltbild
1575n grün Kurz- und Weitsichtigkeit
1582n blau Sprachakademie Florenz
1582n grün Gregorianischer Kalender
1589n grün Wärmewirkung des Lichtes
1603n grün Akademie in Rom
1604n grün Bewegungsgesetze
1610n grün Sonnenflecke, Jupitermonde
1611n grün Licht der Planeten
1613n blau Vorrang vor Bibel
1622n grün Baldo: Graphologie
1638n grün Mechanische Physik
1661n grün Malpighi: Blutumlauf
1668n grün Zeugung der Insekten
1668n–1744n Vico
1709n grün Grabungen in Herkulaneum
1725n grün Vico: Völkerkunde
1748n grün Grabungen in Pompeji
1761n grün Pathologische Anatomie
1776n grün Spallanzani: Verdauung
1780n grün Berührungselektrizität
1786n grün Künstliche Befruchtung
1792n grün Volta: Elektrizität
1800n grün Galvanische Batterie
1811n grün Avogadro'sches Gesetz
1864n blau 'Genie und Irrsinn'
1909n blau Montessori: Erziehung
1935n grün Fermi: Kernumwandlung
1938n grün Elektroschock-Behandlung
1942n grün Fermi: Atomreaktor

ITHOME, Name eines Berges auf der Südspitze Griechenlands (Peloponnes). Sein Gipfel war durch Mauern befestigt. Hier verschanzten sich die Bewohner Messeniens, als ihre Unabhängigkeit durch die Krieger Spartas bedroht wurde, und verteidigten sich bis zu ihrer Unterwerfung. Nach vierhundertjähriger Herrschaft der Spartaner befreit, gründeten die Messenier am Fuße des Berges ihre Hauptstadt (Messene). Die Bergfeste wurde als Schutzburg (Akropolis) und als Stätte der Verehrung des Zeus Ithomatas in die Stadt einbezogen.

742v/724v 1. Messenischer Krieg

I-TSING (634n–713n), chinesischer Schriftsteller. Unternahm eine Pilgerfahrt in die indische Heimat des von ihm verehrten Buddha. Auf seiner Reise besuchte er die Insel Sumatra wegen ihrer vielen buddhistischen Klöster. Nach 25 Jahren kehrte er mit zahlreichen buddhistischen Schriften und Kunstwerken in seine Heimatstadt Loyang zurück, wo er von der chinesischen Kaiserin Wu-Hou gefördert wurde. Übersetzte 56 Bücher und verfaßte fünf eigene Werke, darunter eine Zusammenstellung der Lebensbilder von 60 chinesischen Indien-Reisenden.

692n grün Reisebericht

ITTANI, Residenzstadt in Nord-Ägypten unweit vom heutigen Kairo. Hierher verlegte der Ägypterkönig vor fast 4000 Jahren seine Regierung und damit das Schwergewicht der ägyptischen Kultur. Aber 200 Jahre später wurde die nahe, landschaftlich noch schönere Stadt Krokodilopolis Residenzstadt des Nilreiches.

2022v–1962v Amen-Em-Het I.
2002v–1928v Sesostris I.
1986v blau Entstehung
1986v rot Residenz
1986v–1915v Chen
1899v–1832v Sebek
1789v rot Verlegung der Residenz

ITZA, Name eines mittelamerikanischen Maya-Volkes, das sich mit seinen Nachbarn (Cocom und Xiu) vor fast 1000 Jahren auf der Halbinsel Yukatan (Mexiko) in einem Verbande der Maya-Staaten zusammenschloß ('Liga von Mayapan'). Seine Hauptstadt (Chichen Itza) wurde religiöser Mittelpunkt des neuen Staatenbundes.

711n blau Gründung von Chichen Itza
1007n rot Dreibund
1065n blau 'Nonnenhaus'
1225n blau Tempel der Jaguare

IWAN I. (1304n–1340n), russischer Fürst. Wegen seiner besonderen Unterwürfigkeit gegenüber den mongolischen Herren des Landes wurde er Nachfolger des abgesetzten Fürsten von Moskau. Mit Genehmigung des Khans durfte er sich Großfürst nennen, obwohl sein Herrschaftsbereich kleiner war als der Bodensee und nur ein Stück Land um die noch unbedeutende Stadt Moskau umfaßte.

1328n rot Großfürstentum Moskau

IWAN III., Herrscher Rußlands von 1462n bis 1505n.

1440n–1505n Lebenslinie
1463n rot Gewinn Jaroslaws
1474n rot Gewinn Rostows
1478n braun Feldzug gegen Nowgorod
1478n rot Gewinn Nowgorods
1478n rot Rußland geeint
1481n rot Tod des Mongolen-Khans
1481n rot Ende der Mongolen-Hoheit
1485n blau Bau des Kreml
1492n blau Gründung von Iwangorod
1494n rot Hanse-Kontor geschlossen
1496n/1497n Krieg gegen Schweden
1497n rot Gesetzbuch
1499n braun Sieg über Mongolen
1499n rot Gebietsgewinn

IWAN IV., russischer Zar von 1547n bis 1584n.

1530n–1584n Lebenslinie
1551n rot Hoheit über Mongolen
1552n braun Sieg über Mongolen
1553n grün Handel mit England
1556n braun Sieg über Mongolen
1556n rot Wolgalauf russisch
1557n blau Gründung von Zarizyn

1563n/1570n Drei-Kronen-Krieg
1574n grün Erschließung Sibiriens
1581n rot Gewinn Westsibiriens
1582n rot Sträflingsverbannung

IWANGOROD, Stadt in Nordrußland. An der Narwa vor fast 500 Jahren von dem russischen Herrscher Iwan III. als Festung angelegt. Sollte die Ausfahrt russischer Schiffe aus dem Peipussee in die Ostsee sichern, von deren Küste Rußland um diese Zeit noch abgeschnitten war. Wechselte in den folgenden Jahrhunderten öfters zwischen Schweden und Rußland, bis es 1704n endgültig von den Russen erobert wurde.

1440n–1505n Iwan III.
1492n blau Gründung
1704n rot Rückgewinn

IWANOW, Simon (geboren 1906n), russischer Erfinder. Nach seiner Ausbildung zum Bühnenbildner wandte er sich der Film-Herstellung zu und leitete ein Studio für Kinderfilme. Seit seinem 30. Lebensjahre beschäftigte er sich zunehmend mit der Möglichkeit zur Schaffung plastischwirkender Filme, zu deren Betrachtung der Zuschauer keine besondere Brille mehr braucht. 1940n gelang ihm die erste Vorführung eines solchen Filmes mit vollkommener Raumwirkung ('Das Konzert'). Durch den Krieg wurde seine Arbeit unterbrochen. Nach 1945n schuf er zusammen mit seinem Landsmann Andrijewski eine Vorführfläche für besonders lichtstarke Projektion auf der Grundlage des von ihm entwickelten Raster-Verfahrens ('Stereo-Leinwand').

1940n grün Stereoskopischer Film

I-YIN, chinesischer Staatsmann und Philosoph.

1575v–1509v Lebenslinie
1559v–1494v Tang
1525v braun Erhebung
1525v rot Regierung des Tang

IZMIR, Hafenstadt an der Westküste Kleinasiens (früher Smyrna). Die von Griechen vor etwa 3000 Jahren angelegte Stadt wurde 250 Jahre nach ihrer Zerstörung durch die Lyder von einem Feldherrn Alexanders des Großen (Antigonos) 4 km südlich der Ruinen wieder aufgebaut. Unter römischer Herrschaft bedeutendste Stadt der Provinz Asia und seit dem 2. Jahrhundert Zentrum hellenistischer Bildung. Bei der Reichsteilung an das Ostreich (Byzanz) gefallen, blieb sie ein Jahrtausend byzantinisch, wurde dann mongolisch und fiel 1425n an die Türkei, zu deren wichtigstem Ausfuhrhafen sie sich entwickelte.

575v braun Zerstörung durch Lyder
156n rot Feuertod des Bischofs

JACKSON, Charles (1805n–1880n), nordamerikanischer Chemiker und Geologe. Atmete die Dämpfe eines mit Äther begossenen Handtuches ein, um sich von dem Erstickungsgefühl zu befreien, das ihn bei einem Experiment mit Chlorgas befiel. Als er dabei an sich selbst die betäubende Wirkung des Äthers feststellte, empfahl er, Operationsschmerzen durch Einatmen von Ätherdämpfen auszuschalten. Trotz des großen Erfolges seiner Entdeckung mußte er um die Ansprüche daraus jahrelang kämpfen und nahm sich schließlich das Leben.

1842n grün Äther-Narkose

JACOBSEN, Jens Peter (1847n–1885n), dänischer Naturforscher und Dichter. Nach Abschluß seiner botanischen Studien befaßte er sich mit der Abstammungslehre, übersetzte Darwin ins Dänische und gewann seine Heimat für dessen Lehren. Führte den historischen Roman auf gewissenhafte Beachtung geschichtlicher Tatsachen zurück und schuf mit 'Marie Grubbe' ein scharfes Bild der Klassengesellschaft vergangener Zeiten, in dem auch die seelischen Regungen der in ihr lebenden Menschen Ausdruck fanden. Als Wissenschaftler aller Religion und der Kirche abhold, zeichnete er in seinem Romanhelden 'Niels Lyhne' das Bild des modernen Menschen, der auf seinem Lebensweg weder Trost noch Zuspruch braucht. Als Schöpfer dieser Fibel des Atheismus wurde er in Europa berühmt. Schrieb auch Novellen und Gedichte. Erlag mit 38 Jahren einer Lungen-Tuberkulose.

1880n blau 'Niels Lyhne'

JACOPONE von Todi, italienischer Dichter.

1230n–1306n Lebenslinie
1296n blau Satirische Gedichte
1301n blau Christliche Lieder

JACQUARD, Joseph Marie (1752n bis 1834n), französischer Erfinder. Als gelernter Buchbinder wurde er Schriftgießer und wandte sich schließlich der aufblühenden Seidenweberei zu, von der seine Heimatstadt Lyon zunehmend beherrscht wurde. Entwickelte in fast zwanzigjähriger Arbeit einen durch Lochkarten gesteuerten Webstuhl für reich gemusterte Stoffe. Durch ein Dekret Napoleons wurde die Stadt Lyon veranlaßt, seine Erfindung allgemein einzuführen und ihm ein Jahresgeld von 3000 Francs auszuzahlen. Aber die um ihre Arbeitsplätze besorgten Weber zerstörten seine erste Maschine auf dem Marktplatz von Lyon. Er selbst geriet in bittere Not. Doch zehn Jahre später hatte sich sein programmierter Webstuhl durchgesetzt, und die Bürger von Lyon setzten ihm ein Denkmal. Mit seinem Lochkartensystem hatte er eine wichtige Voraussetzung für Automation und Kybernetik geschaffen.

1805n grün Webstuhl

JACQUERIE, Bezeichnung für einen Bauernaufstand in Nordfrankreich, abgeleitet von 'Jacques Bonhomme', dem Spottnamen des Adels für die französischen Bauern. Dehnte sich über die Provinzen rund um Paris aus (Oise, Picardie, Champagne) und wurde zusammen mit dem Aufstand des Etienne Marcel in Paris zu einer Erhebung des ganzen arbeitenden Volkes.

1358n braun Erhebung
1358n rot Ermordung der Führer

JACQUIN von Passy (um 1600n–um 1670n), französischer Kunsthandwerker. Fertigte in dem Pariser Vorort Passy Gebetskränze ('Rosenkränze') für Katholiken an. Dabei entwickelte er ein Verfahren zur Herstellung künstlicher Perlen aus Glas. Kleine, sorgfältig geblasene Glaskügelchen färbte er mit einer aus Fischschuppen gewonnenen Perlen-Essenz und füllte sie dann von innen mit Wachs. Seine Technik verbreitete sich bald nach Württemberg, Böhmen und Venedig, wo Zentren einer neuen Schmuck-Industrie darauf aufbauten.

1656n grün Glasperlen

JADE, grünlich-weißliches Gestein von großer Härte. Es wurde früh zu Beilen und anderen Steinwerkzeugen verarbeitet. Nach Aufkommen von Metall für die Werkzeugherstellung nur noch bei der Anfertigung von feinem Geschirr und Säbelgriffen verwendet, diente es schließlich allein der Schmuckherstellung.

1017v grün Verarbeitung zu Schmuck
608n–676n Tao-Yü

JÄMTLAND, Provinz in Mittel-Schweden. An der norwegischen Grenze gelegen, gehörte das Land mit ganz Norwegen bis 1645n zu Dänemark und ist seitdem schwedisch.

1645n rot Schwedischer Besitz

JAFFA, Name der alten Hafenstadt Joppe in Israel (Vorderasien). Seit mindestens 4000 Jahren bewohnt, wurde sie zeitweilig ägyptisch, dann von phönizischen Seefahrern ausgebaut, nach deren Fortgang syrisch. Dem Juden-König Salomo diente sie als Hafen, später wurde sie Seeräuber-Festung, fiel an Rom und wurde schließlich arabisch. Gelegentlich von christlichen Kreuzfahrern benutzt und vorübergehend erobert, kam sie für Jahrhunderte unter türkische Herrschaft. Napoleon I. erstürmte die Stadt auf seinem Ägypten-Feldzug. Nach der Gründung des jüdischen Staates Israel wurde sie mit der 1906n gegründeten modernen Stadt Tel-Aviv vereinigt. Größter Hafen Israels.

1499v–1450v Tuti

JAGANNATH, Name des Haupttempels der Wallfahrtsstadt Puri an der Ostküste Indiens, 400 Kilometer südlich von Kalkutta. Besteht aus vier quadratischen Hallen. Die erste Halle ist für den Empfang der Pilger, die zweite für die Opfergaben, die dritte für die Tänzerinnen bestimmt. Die vierte und größte Halle mit 60 Meter hoher Kuppel birgt das Allerheiligste: Ein Holzschnitzbild des Hindu-Gottes Jagannath (= Krischna) mit seinen Geschwistern (Schiwa und Sabhadra).

1107n blau Entstehung

JAGD, vorsätzliche Tötung von Tieren in der freien Natur mit Hilfe von Waffen, die im Laufe der Menschheitsgeschichte vom einfachen Wurfgeschoß über Pfeil und Bogen zum Jagdgewehr sich entwickelten. Diente zur Beseitigung gefährlicher Gegner (Bären, Wölfe, Tiger, Löwen) sowie der Beschaffung hochwertiger tierischer Nahrung und warmer Kleidung und blieb jahrhunderttausendelang wichtigstes Mittel zur Behauptung der menschlichen Existenz. Mit dem Zunehmen von Ackerbau und Viehzucht und dem Aufkommen der Städte verlor sie an Bedeutung. Gleichzeitig ging sie zunehmend auf die herrschenden Klassen über (Adel, später Besitzbürgertum), so daß in vielen Ländern die Bauern jahrhundertelang um das Recht kämpfen mußten, ihre eigenen Äcker und Wälder vor Wildschaden zu schützen. Heute ist sie in großen Teilen der Erde zu einer Unterhaltung für mordlustige Müßiggänger herabgesunken.

Vorzeittafel: 80 Tausend Jahre
Vorzeittafel: 20 Tausend Jahre
2998v blau Löwenjagd-Darstellung
2933v–2868v Skorpion
2829v blau Sumerisches Jagdrelief
2827v blau Plastik eines Jagdhundes
2738v blau 'König auf Löwenjagd'
2633v–2570v Meten
2604v grün Nilpferdjagd mit Harpunen
2576v blau Relief einer Antilopenjagd
2526v grün Jagdwaffe Bumerang
2452v–2377v Ti
2434v blau 'Katze beim Vogelfang'
2393v blau Relief einer Nilpferdjagd
2379v blau 'Vogelfang mit Netz'
1834v–1773v Anitta
1712v blau 'Löwenjagd'
1514v grün Elefantenjagd
1506v–1444v Nemhet
1476v grün Jagdwagen in Ägypten
1473v blau 'Gazellenjagd'
1414v grün Bumerang in Ägypten
1408v blau 'Vogelfang mit Lockvögeln'
1399v blau 'Hasenjagd'
1399v grün Stierjagden
1373v blau 'Steinbockjagd'
1349v blau 'Pharao auf Löwenjagd'
1294v blau 'Frauen auf der Jagd'
1266v blau 'Eberjagd'
1107v grün Wal- und Robbenjagd
1085v blau 'Straußenjagd'
985v–907v Mu-Wang
657v blau Relief einer Eselsjagd
396v–328v Leochares
364v blau 'Kalydonischer Eber'
329v blau 'Alexander auf Löwenjagd'
756n–810n Abu Nuwas
1337n blau Hadamars Jagd-Symbol
1525n rot Bauern fordern Jagdrecht
1635n blau Van Dyck: Jagdgemälde

JAGELLO (1348n–1434n), König von Polen seit 1386n. Als Sohn des litauischen Fürsten Olgierd wurde er durch Ermordung seines Onkels alleiniger Großfürst von Litauen. Nach seinem Übertritt zum Christentum nahm er den Namen Wladislaw II. an, heiratete die Erbin des polnischen Thrones und vereinigte als König von Polen beide Länder vorübergehend unter seiner Herrschaft. Durch die Zusammenfassung der Streitkräfte beider Länder konnte er den Deutschrittern eine entscheidende Niederlage beibringen.

1386n rot Heirat
1410n braun Sieg über Deutschritter
1411n rot Gebietsgewinn
1411n grün Tribute der Deutschritter

JAGELLONEN, polnische Königsfamilie. Herrschte von 1386n bis 1572n. Ihr eigentlicher Begründer war Gedimin, der 1317n Großfürst von Litauen wurde. Ihm folgten seine Söhne Olgierd und Kristuti, die gemeinsam über Litauen herrschten. Nach Olgierds Tode folgte diesem sein Sohn Jagello, der seinen Onkel Kristuti ermorden ließ und allein das litauische Reich regierte. Durch Verheiratung mit der Tochter des Polen-Königs errang er die Herrschaft über Polen. Mit dieser Machtübernahme begann das polnische Königtum seiner Familie.

1386n rot Union Litauen–Polen
1410n braun Sieg über Deutschritter
1411n rot Gebietserweiterung
1411n grün Tribute der Deutschritter
1444n braun Niederlage gegen Türken
1457n braun Sieg über Deutschritter
1466n braun Sieg über Deutschritter
1466n rot Hoheit über Ordensgebiet
1550n rot Warschau Hauptstadt
1563n/1570n Dreikronen-Krieg

JAGUAR, Raubtier von der Größe eines Leoparden, aber von plumperem Körperbau und mit kürzeren Beinen, das nur in Amerika vorkommt.

1225n blau 'Tempel der Jaguare'

JAHRES-BERECHNUNG

2913v grün Kalender in Sumer
2880v grün Neujahrsfest in Sumer
2850v grün Jahresbeginn bei Nilflut
2848v grün Ägyptische Jahresnamen
2769v grün Ägyptischer Kalender
2630v grün Kalender in China
2600v grün Steuerjahre in Ägypten
2332v–2248v Yao
2269v grün Kalenderreform in China
1953v grün Beginn bei Regierung
1857v grün Assyrische Jahresnamen
1822v grün Babylonische Jahresnamen
1685v grün Beginn bei Regierung
1333v grün Kalender in Arabien
1321v grün 60-Jahre-Zyklus (China)
1317v grün Mondjahr in Ägypten
776v grün Olympiaden-Ära
509v grün Rechnung nach Konsuln
433v grün Meton'scher Zyklus
237v grün Sonnenjahr in Ägypten
153v grün 1. Januar Jahresanfang
46v grün Julianischer Kalender
474n grün Genaue Jahreslänge (Indien)
525n grün Christliche Zeitrechnung
582n–644n Omar
637n grün Islamische Zeitrechnung
673n–735n Beda
725n grün Beda: 'Über Zeitrechnung'
973n–1048n Al Biruni
1039n–1123n Al Kajam
1079n grün Al Kajams Kalender
1582n grün Gregorianischer Kalender
1792n grün Revolutionskalender

JAHRES-TÄFELCHEN

2838v grün Bildliche Aufzeichnungen
2822v–2781v Udimu
2790v grün Schriftliche Aufzeichnungen

JAHRESZEITEN

2463v–2403v Ni-User-Re
2428v blau Darstellung in Ägypten
1570v–1518v Amenem
1534v grün Einfluß auf Nachtlänge
316v–250v Aristarch
398n blau Kalidasas Dichtung
1201n blau Hsias Gemälde
1663n blau Poussins Gemälde

JAHRMARKT

1194n grün Messe in Troyes
1194n grün Messe in Provins

JAHWE, Name des Gottes der Juden. Das Aussprechen seines Namens war den Juden streng verboten und nur dem Hohepriester einmal im Jahr erlaubt. Wo in den Schriften sein Name gedruckt war, las der gläubige Jude 'adonai' (= der Herr). Daher blieb sein Name ziemlich unbekannt, obwohl er als Gott der Juden auch der Gott der von Juden für Juden geschriebenen Bibel ist und mithin auch der Gott der Christen.

1298v–1228v Moses
1248v blau Moses: Zehn Gebote
1086v–1004v Samuel
981v–918v Ahia
964v–912v Jerobeam I.
959v blau Tempel von Jerusalem
954v blau 'Buch der Kriege Jahwes'
934v blau Reformforderung Ahias
930v–871v Omri
927v–850v Elias
905v–850v Ahab
898v–842v Isebel
890v–814v Jehu
882v–835v Athalia
882v–798v Elisa
872v rot Aufkommen des Baal-Kultes
871v–842v Joram
863v–796v Joas
857v blau Elias gegen Baal-Kult
842v rot Ende des Baal-Kultes
835v rot Baal-Tempel zerstört
802v–745v Amos
784v–725v Hosea
777v–692v Jesaja
752v–699v Hiskia
741v blau Sünden und Buße
714v–642v Manasse
706v blau Glaube als Gebot Gottes
649v–583v Jeremias
647v–609v Josia
628v–553v Hesekiel
604v blau Gemeinschaft Gott–Mensch
567v blau Staatsideal Hesekiels
515v blau Neuer Tempel in Jerusalem
401v blau Altes Testament
193v–160v Judas Makkabäus
164v rot Religionsfreiheit
137v rot Partei der Pharisäer
25v–45n Philo
24n blau Philo: Gottesgesetz
53n–120n Satornil
132n/135n Kampf gegen Jupiter-Kult
199n blau Mischna
400n blau Talmud

JAKOB I. (1566n–1625n), englischer König seit 1603n. Als Sohn der Maria Stuart wurde er nach der Ermordung seines Vaters und der erzwungenen Abdankung seiner Mutter 1567n im Alter von einem Jahre zum König des nördlichen Teiles der britischen Insel (Schottland) gekrönt. Zehnjährig übernahm er selbst die Regierung. Nach dem Tode der Königin Elisabeth erbte er den englischen Thron und errichtete die Herrschaft seiner Familie (Stuarts). Enttäuschte die Hoffnungen des Papstes auf eine Rekatholisierung Englands. Jesuiten und katholische Adlige versuchten daraufhin, ihn durch ein Attentat umzubringen ('Pulver-Verschwörung'). Schwächte die Stellung des Adels zugunsten des Bürgertums in den aufstrebenden Städten.

1603n rot Union mit England
1605n braun 'Pulver-Verschwörung'
1612n rot Niederlassung in Indien
1612n rot Besitz der Bermudas
1620n rot Flucht von Puritanern

JAKOB II. (1633n–1701n), englischer König von 1685n bis 1688n. Als Sohn des hingerichteten Königs Karl I. in Frankreich erzogen, versuchte er nach Beendigung der englischen Revolution im Jahre 1650n mit einer Streitmacht zu landen, wurde aber von den Volksheeren unter Cromwell geschlagen und floh. Zehn Jahre später vom Parlament zurückgerufen, trat er offen zum Katholizismus über und versuchte, die Rekatholisierung Englands ins Werk zu setzen, wobei er sich auf die Hilfe des französischen Königs Ludwig XIV. und des Papstes stützte. Dadurch setzte er sich in einen unüberbrückbaren Gegensatz zu allen Parteien seines Landes. Als daraufhin sein Schwiegersohn Wilhelm von Oranien herbeigerufen wurde, floh er nach Frankreich und blieb dort nach einigen vergeblichen Versuchen zur Rückeroberung der Macht bis zu seinem Tode.

1688n braun Vertreibung
1689n/1691n Erhebung Irlands

JAKOB von Edessa, (640n–708n), syrischer Historiker und Sprachforscher. Als christlicher Bischof der nordsyrischen Stadt Edessa (Urfa) hatte er in der bald nach seiner Geburt arabisch gewordenen Stadt wenig Arbeit. So widmete er sich geschichtlichen Studien und Sprachforschungen, gab sein Bischofsamt auf und verfaßte das erste Lehrbuch der syrischen Grammatik.

703n blau Syrische Grammatik

JAKOBINER, Bezeichnung für die entschiedenen Verfechter der französischen Revolution, benannt nach dem Jakobinerkloster in Paris, wo der aus dem 1789n in Versailles gegründeten 'Club breton' hervorgegangene 'Jakobinerklub' seine Sitzungen abhielt. Nachdem 1791n die Anhänger eines gemäßigten Königtums ('Feuillanten') und 1792n die schärfsten Verfechter des Privateigentums ('Girondisten') aus dem Klub ausgeschieden waren, bildeten sie den harten Kern der Revolution (Danton, Marat, Robespierre, St. Just). Nutzten die von ihnen ausgeübte Diktatur nicht zur grundlegenden Veränderung der Eigentumsverhältnisse und erlagen so dem wiedererstarkten Besitzbürgertum am 9. Thermidor (= 27. 7. 1794). Ihre Führer wurden hingerichtet.

1758n–1794n Robespierre
1789n/1795n Französische Revolution
1790n rot Jakobinerklub
1794n rot Sans-Culotten
1794n rot Hinrichtung Robespierres
1795n braun Aufstand in Ungarn

JAKOBLEW POSTNIK (um 1520n–um 1580n), russischer Baumeister. Erhielt vom Zaren Iwan IV. nach dessen Sieg über die Mongolen bei Kasan den Auftrag zur Errichtung einer Kathedrale vor den Toren des Kreml in Moskau. Unter Verwendung der Formgebung altrussischer Holzkirchen baute er die Basilius-Kathedrale, indem er um einen 47 Meter hohen Zentralbau acht kleinere Einzelkirchen mit acht verschiedenen, farbigen Zwiebeltürmen gruppierte. Im Innern verband er diese neun Bauten, von denen jeder eine eigene Kuppel hat, mit Durchgängen. Nach seinen Plänen wurde auch das neue befestigte Stadtzentrum (Kreml) der Stadt Kasan erbaut.

1560n blau Basilius-Kathedrale

JAKOBSSTAB, verstellbares Holzgerät zur Ortsbestimmung auf hoher See durch Anvisieren von Himmelskörpern.

1325n grün Konstruktion

JAKOBUS (um 2v–44n), jüdischer Prediger. Wurde von seinem jüngeren Bruder Johannes für die Lehren des Jesus gewonnen und gesellte sich dem Kreise der ersten Anhänger (Apostel) zu. Wegen seines heftigen Temperamentes erhielt er den Spitznamen 'Donnersohn'. 14 Jahre nach der Hinrichtung des Jesus wurde er ebenfalls zum Tode verurteilt.

3n–50n Johannes der Evangelist

JAKOBUS (um 8v–62n), jüdischer Prediger. Bekannte sich nach dem Tode seines Verwandten Jesus zu dessen Lehren und wurde nach dem Fortgang des Petrus zum unbestrittenen Führer der Gemeinde von Jerusalem, die als Mittelpunkt der Bewegung des jungen Christentums galt.

48n rot Apostelkonzil

JAKUT, Ibn (1178n–1229n), arabischer Geograph. Kam als Kind aus Griechenland in arabische Sklaverei. Erhielt in Bagdad eine sorgfältige Erziehung und unternahm für seinen Herrn ausgedehnte Reisen. Mit 21 Jahren freigelassen, ließ er sich als Buchhändler in Bagdad nieder und trat mit den führenden Geistern seiner Zeit in Verbindung. Nach weiteren Reisen, die ihn bis nach Innerasien führten, schrieb er ein Lexikon, das in alphabetischer Reihenfolge alle bekannten Orte aufführte. Es enthielt außer einer genauen Lagebeschreibung und einer Aufzählung aller Bauwerke Angaben aus der politischen Geschichte und aus der kulturellen Entwicklung sowie die Namen der Dichter, die dort lebten, mit Zitaten aus ihren Werken. Vermerkte bei Übernahme von Angaben aus anderen Büchern genau die Verfasser und Titel der ausgeschriebenen Werke.

1224n blau — Lexikon

JAKUTSK, Stadt im Osten Sibiriens, 600 Kilometer vom Stillen Ozean inmitten eines reichen Steinkohlenvorkommens gelegen. Mit Temperaturen zwischen plus 35 und minus 70 Grad ist sie die Stadt mit den schroffsten Temperaturschwankungen. Als Zentrum des Pelzhandels wenige Jahre nach der Eroberung Ostsibiriens durch die Russen angelegt, wurde sie trotz ihrer unwirtlichen und verkehrsungünstigen Lage zu einem bedeutenden Handelsplatz (Messestadt). Als Verbannungsort benutzt und nach der Revolution industrialisiert. Erhielt 1956n eine Universität.

1632n blau — Gründung

JAMAIKA, Insel im Karibischen Meer (Mittelamerika), 150 Kilometer südlich von Kuba. Von Kolumbus auf der zweiten Amerikafahrt entdeckt (1494n), wurde sie von den Spaniern nach 1514n in kurzer Zeit verwüstet, die indianische Urbevölkerung ausgerottet. Mehr als 100 Jahre später den Engländern abgetreten, wurde die Insel Umschlagplatz für die von den Engländern aus Afrika verschleppten Negersklaven und damit Zentrum der englischen Machtentfaltung im amerikanischen Raum. Entlaufene Sklaven siedelten sich im Innern der Insel an. Nach einem Aufstand der Schwarzen im Jahre 1831n wurde die Sklaverei abgeschafft. Aber erst 131 Jahre später erhielt die Insel ihre politische Unabhängigkeit. Seitdem ist der soziale Befreiungskampf der zu 97% farbigen Einwohner (77% Neger) entbrannt.

1508n rot — Spanische Herrschaft
1655n braun — Vorstoß Englands
1655n rot — Englische Herrschaft
1693n blau — Gründung von Kingston
1940n rot — Stützpunkt der USA
1962n rot — Unabhängigkeit

JAMBLICHOS, syrischer Philosoph.

265n–330n — Lebenslinie
302n blau — 'Geheimlehren'
306n blau — Pythagoras-Roman

JAMBULOS (um 225v–um 160v), syrischer Schriftsteller. Als Sohn eines reichen Kaufmanns unternahm er Handelsreisen ins Somaliland und rund um die arabische Halbinsel. In der Form eines Reiseberichtes entwarf er eine kommunistische Idealordnung auf einer fernen Insel im Indischen Ozean. In diesem 'Sonnenstaat' herrscht Gütergemeinschaft und ein turnusmäßiger Arbeitswechsel, so daß sich Kopf- und Handarbeit für alle von Zeit zu Zeit ablösen und auch die unangenehmsten Arbeiten für kurze Zeit jedem zufallen. Staatsgewalt fehlt ebenso wie die Einrichtung der Ehe. Die Kinder werden gemeinschaftlich aufgezogen, Frau und Mann sind gleichberechtigt. Alle werden von öffentlichen Küchen versorgt. Religion und Politik gibt es in seinem Idealstaat nicht.

187v blau — 'Sonnenstaat'

JAMES, William (1842n–1910n), nordamerikanischer Philosoph. Studierte Medizin und Psychologie. Dann wandte er sich der Philosophie zu. Schuf eine Lehre, die alles Geschehen einschließlich des Denkens und Forschens allein vom Standpunkt der Nützlichkeit aus betrachtet ('Pragmatismus'). Für ihn sind Vorstellungen wahr, wenn sie sich als Antriebe zu zweckmäßigem, lebensförderndem Handeln bewähren. Da dies aber für jeden Menschen andere sind, kann es auch keine allgemein verbindliche Wahrheit geben. Das Weltbild des Menschen ist für ihn dann richtig, wenn es zur vollen Lebensentfaltung führt. Dabei kann es sowohl vom Denken bestimmt sein wie vom Gemüt. Suchte die Psychologie zu einer reinen Erfahrungswissenschaft zu entwickeln.

1907n blau — 'Pragmatismus'

JAMESTOWN, Name der ersten englischen Niederlassung in Nordamerika an der Einmündung des James-Flusses in den Atlantischen Ozean. Obwohl die Siedlung nur wenige Jahre bestand, bildete sie den Ausgangspunkt für weitere Vorstöße Englands in das vorher von Spanien allein beherrschte Nordamerika.

1607n blau — Gründung

JAMUT-BAL, Name eines Berglandes im südwestlichen Persien. Vor fast 4000 Jahren Stammland des Staates Elam, dessen Herrscher sich von hier aus für einige Jahrzehnte des benachbarten Sumer (Süd-Mesopotamien) bemächtigten.

1822v–1750v — Kudur-Mabuk

JANG-TSEKIANG, mit etwa 5200 Kilometern längster Strom Asiens und viertgrößter der Erde. Aus dem Tibetanischen Bergland kommend, bildet er in den Tiefebenen Mittelchinas tausende großer und kleiner Seen, die mit zahlreichen Nebenflüssen und Kanälen große Fruchtbarkeit bewirken. Gut reguliert, ist er etwa auf seiner halben Länge schiffbar. In dem von ihm bewässerten Fünftel der Gesamtfläche Chinas lebt fast die Hälfte aller Bewohner des Landes.

318n rot — Grenze Chinas
608n–676n — Tao-Yü
1472n blau — 'Tempel am Jang-Tsekiang'

JANITSCHAREN, Name einer Fußtruppe der türkischen Herrscher (Sultane). Nach dem Tode des Reichsgründers Osman aufgestellt von dessen Nachfolger Orkhan aus christlichen Kriegsgefangenen und seit 1360n ergänzt aus den Christenkindern des Türkenreiches. Wuchs in 100 Jahren auf eine Stärke von 50 000 Mann, die sich in den darauffolgenden 200 Jahren noch verdoppelte. Bildete den Kern der türkischen Streitmacht. Entwickelte sich zu einem Staat im Staate und setzte die Sultane ab oder ein, bis Machmud II. im Jahre 1826n ihre Auflösung verfügte. Der darauf ausgebrochene Aufstand wurde niedergeschlagen (10 000 Tote), und die Truppe hörte endgültig auf zu bestehen.

1329n rot — Gründung der Truppe
1826n braun — Aufstand

JANSEN, Cornelius (1585n–1638n), niederländischer Theologe. Suchte als katholischer Bischof gegen die Jesuiten eine neue, aufgeklärtere Form des Glaubens durchzusetzen. Seine Lehre griff auf die freiheitlichen Grundsätze des nordafrikanischen Religionsphilosophen Augustin zurück, über den er ein Buch schrieb. Glaubte an die Vorherbestimmtheit des Menschenschicksals durch Gott ('Prädestination'). Starb an der Pest.

1638n blau — Freie Religiosität

JANSENISMUS, Bezeichnung für eine aufgeklärte Form katholischer Religiosität, die auf den niederländischen Theologen Cornelius Jansen zurückgeht. Nach dem Verbot der Lehre durch den Papst und ihrer wütenden Verfolgung durch Jesuiten und Inquisition bemächtigten sich ihrer die größten Denker Frankreichs (Pascal, Descartes). Im Pariser Kloster Port Royal bildete sich ein geistiges Zentrum unter der Äbtissin Angelika und ihrem Bruder Antoine Arnauld. Es wollte der Jugend eine moderne, aufgeklärte Christlichkeit vermitteln. Aber der Papst verdammte diese Bestrebungen (1653n), und der französische König Ludwig XIV. unterstützte den Kampf der Jesuiten dagegen. Nach Zerstörung des Klosters Port Royal und der Verhaftung von 20 000 Anhängern verlor die Bewegung ihre Bedeutung.

1623n–1662n — Pascal
1710n rot — Port Royal zerstört

JANSSEN, Zacharias (um 1570n bis um 1630n), niederländischer Optiker. Als Brillenmacher auf der Insel Walcheren in der Scheldemündung (Holland) baute er zusammen mit seinem Vater Hans Janssen ein zweilinsiges Mikroskop und schuf damit das erste Gerät zur Sichtbarmachung kleinster Gegenstände.

1590n grün — Mikroskop

JANSSON, Willem (um 1575n–um 1620n), holländischer Seefahrer. Erhielt von der ostindischen Handelsgesellschaft seines Landes den Auftrag, als Kapitän eine Expedition nach Neu-Guinea zu führen, um die tatsächliche Größe dieser Insel zu ermitteln. Dabei stieß er von der Südküste Neu-Guineas aus auf die an dieser Stelle nur 170 Kilometer entfernte Küste Australiens.

1605n grün — Entdeckung Australiens

JANUAR

153v grün — 1. Januar Jahresbeginn

JANUS, Name eines der ältesten Götter der Stadt Rom, der als 'Gott der Götter' gefeiert wurde. Der erste Monat des Jahres trug deshalb seinen Namen (Januar). Seine Weisheit wurde sinnbildhaft durch einen Kopf mit zwei Gesichtern veranschaulicht, so daß er gleichzeitig nach vorn (Zukunft) und zurück (Vergangenheit) sehen konnte. Als höchster Gottheit wurde ihm auch die Entscheidung über Krieg und Frieden zugesprochen. Deshalb war sein Tempel in Friedenszeiten geschlossen, die Öffnung war Ausdruck des Kriegszustandes.

29v rot — Schließung des Tempels

JAN van Eyck, niederländischer Maler.

1390n–1441n — Lebenslinie
1432n blau — Genter Altar
1437n blau — Bild der Barbara

JAPAN, Inselreich im Pazifischen Ozean vor der Ostküste Asiens. Dem asiatischen Teil der UdSSR, der chinesischen Küste und der Halbinsel Korea vorgelagert, besteht es aus einer großen Insel (Hondo), drei mittleren (Kiuschu, Hokkaido, Schikoku) sowie einer großen Anzahl kleiner Inseln.

Allgemeines (Land, Volk, Staat)

57n rot — Gesandtschaft nach China
245n grün — Verbindung mit China
252n rot — Trennung Kirche-Staat
288n grün — Bericht eines Chinesen
350n–430n — Wa-Ni
364n braun — Vorstoß nach Korea
364n rot — Gewinn Südkoreas
405n rot — Ansiedlung von Chinesen
572n–621n — Schotoku
604n rot — Zentralisierungs-Versuch
605n–680n — Fujiwara
611n rot — Vordringen des Buddhismus
611n grün — 5 Millionen Einwohner
626n–672n — Tenji
645n rot — Taikwa-Reform
646n rot — Gesetz gegen Grundbesitz
685n rot — Buddhismus Staatsreligion
702n rot — Verbannung, Zwangsarbeit
708n grün — Münzprägung
710n rot — Nara Hauptstadt
713n grün — Steuererhebung in Geld
794n blau — Kyoto Residenz
1185n rot — Machtgewinn der Fürsten
1207n/1279n — Großer Mongolenkrieg
1214n–1294n — Kublai-Khan
1281n braun — Angriff der Mongolen
1456n blau — Entwicklung Tokios
1543n grün — Ankunft von Portugiesen
1549n rot — Christianisierungs-Beginn
1568n blau — Gründung von Nagasaki
1592n braun — Festlands-Feldzug
1603n rot — Machtgewinn der Kanzler
1638n braun — Christlicher Aufstand
1639n rot — Feudaler Polizeistaat
1703n grün — Erdbeben
1854n rot — Einfluß der USA
1868n rot — Erstarken des Kaisertums
1868n rot — Tokio Hauptstadt
1877n braun — Samurai-Aufstand
1889n rot — Verfassung
1894n/1895n — Krieg gegen China
1895n rot — Gewinn Formosas
1899n/1901n — Boxeraufstand
1900n rot — China-Abkommen
1902n rot — Bündnis mit England
1904n/1905n — Krieg gegen Rußland
1905n rot — Gebietszuwachs
1910n rot — Annektion Koreas
1914n/1918n — Erster Weltkrieg
1917n/1922n — Russische Revolution
1920n rot — Mitglied im Völkerbund
1925n/1949n — Chinesische Revolution
1928n rot — Kellogg-Pakt
1931n/1932n — Krieg gegen Mandschurei
1937n rot — Antikominternpakt
1937n/1938n — Krieg gegen China
1939n/1945n — Zweiter Weltkrieg
1945n rot — Atombomben-Abwurf
1945n rot — Besetzung
1950n rot — Wiederaufrüstung
1951n rot — Friede von San Franzisko
1955n rot — Bandung-Konferenz

JAPAN: Baukunst

5v blau — Ise-Tempel, Yomada
607n blau — Horyuji-Tempel
710n blau — Kaiserpalast, Nara
1397n blau — 'Goldener Pavillon', Kyoto
1480n blau — Yoschimasas Palast

JAPAN: Bildhauerei

600n blau — Buddha-Plastiken
623n blau — Tori: Buddha-Statue
752n blau — Großstatue von Buddha

JAPAN: Dichtung

720n blau — Annalen
759n blau — Volkstümliche Liedsammlung
897n blau — 'Aufschneidereien'
902n blau — 'Bambussammler'
905n blau — Gedicht-Sammlung
935n blau — 'Tagebuch von Tosa'
972n blau — 'Eintagsfliege'
1004n blau — 'Kopfkissen-Buch'
1008n blau — Murasaki: Genji-Roman
1233n blau — Kriegsroman um Familie Hei
1395n blau — 'Übergabe der Blume'
1686n blau — 'Freundin der Wollust'

JAPAN: Geschichtsschreibung

572n–621n — Schotoku
619n blau — Erstes Geschichtswerk
712n blau — Geschichte des Altertums
720n blau — Annalen
1342n blau — Chikafusas Werk
1657n blau — Mitsokunis Werk

JAPAN: Malerei und Graphik

764n blau — Gemälde der Glücksgöttin
953n blau — Eschin: 'Buddha mit Chor'
1053n–1140n — Toba-Sojo
1118n blau — Toba-Sojos Bilder
1128n blau — Bildrollen mit Fabeln
1137n blau — Bildrolle über Hofleben
1193n blau — Geschichtliche Motive
1375n–1448n — Josetsu
1408n blau — Josetsu: 'Welsfang'
1446n blau — Josetsu: 'Landschaft'
1458n blau — Schubun: Landschaftsbilder
1464n blau — Noamis Bilder
1472n blau — Seschu: 'Tempel'
1484n blau — Geiami: Landschaft
1486n blau — Seschu: Mori-Rolle
1512n blau — Motonobu: 'Landschaft'
1674n blau — Tanyu: 'Tiger'
1700n grün — Kiyonobus Werbeplakate
1702n blau — 'Miwa-Schreibkasten'
1768n blau — Harunobus Holzschnitte
1803n blau — Utamaro: Volksszenen
1818n blau — Hokusai: 'Die Welle'

JAPAN: Recht

626n–672n — Tenji
701n blau — 'Taiho-Gesetze'
702n rot — Verbannung, Zwangsarbeit
1889n rot — Verfassung

JAPAN: Religion

5v blau — Ise-Tempel, Yomada
252n rot — Trennung Kirche – Staat
552n blau — Buddhistische Schriften
572n–621n — Schotoku
600n blau — Buddha-Plastiken
607n blau — Horyuji-Tempel
611n rot — Buddhismus: Durchsetzung
623n blau — Buddha-Bronzegruppe
685n rot — Buddhismus Staatsreligion
685n grün — Buddha-Schreine
743n blau — Religions-Verschmelzung
752n blau — Kolossal-Bronze von Buddha
764n blau — Glücksgöttin
953n blau — Buddha-Gemälde
1053n–1140n — Toba-Sojo
1118n blau — Kritik des Toba-Sojo
1128n blau — Satirische Fabelbilder
1375n–1448n — Josetsu
1397n blau — Tempel 'Goldener Pavillon'
1549n rot — Christianisierungs-Beginn
1638n braun — Christlicher Aufstand

JAPAN: Sitten und Gebräuche

280n rot — Ende der Mitbestattung
587n grün — Fußballspiel
685n grün — Buddha-Schreine
805n grün — Teetrinken
1186n grün — 'Harakiri'
1191n grün — 'Bushido'
1639n grün — Naturpark in Kyoto
1906n grün — Jiu-Jitsu in Europa

JAPAN: Sprache und Schrift

350n–430n — Wa-Ni
379n grün — Chinesische Schrift
382n blau — Schreibschule
710n grün — Silbenschrift
935n blau — Buch in Volkssprache

JAPAN: Technik

610n grün — Papierherstellung
666n grün — Erzmühlen
765n grün — Holzplattendruck
1772n grün — Drehbühne

JAPAN: Theater

1363n blau — No-Drama
1772n grün — Drehbühne

JAPAN: Wirtschaft

245n grün — Verbindung mit China
298n grün — Seidenraupen-Zucht
626n–672n — Tenji
708n grün — Münzprägung
713n grün — Steuererhebung in Geld
1660n grün — Unternehmen des Mitsui
1700n grün — Werbeplakate
1896n grün — Zuchtperlen

JAPAN: Wissenschaft

350n–430n — Wa-Ni
701n grün — Medizinische Hochschule
1886n blau — Universität Tokio
1909n grün — Salvarsan

JAR-LAGAB, Kaiser von Mesopotamien.

2154v–2096v — Lebenslinie
2110v rot — Selbstverwaltung

JAROSLAW, Name eines russischen Fürstentums. Benannt nach dem gleichnamigen Großfürsten, der sich im 11. Jahrhundert aus dem ererbten Newgorod durch Eroberung weiterer Gebiete Mittelrußlands das Reich von Kiew zusammengeschmiedet hatte. Durch Anschluß der Reste dieses alten Fürstentums an Moskau unter Iwan III. wurde der Grundstein für den Aufbau des Zarenreiches gelegt.

1440n–1505n — Iwan III.
1463n rot — Anschluß an Moskau

JARRY, Alfred (1873–1907n), französischer Dichter. Kam aus einer Kleinstadt der Bretagne nach Paris und wurde hier schnell zu einer Schlüsselgestalt des literarischen Lebens. Prangerte in seinen Werken die Scheinmoral der kapitalistischen Gesellschaft an. In seinem Drama 'König Ubu' gab er den charakterlosen, eingebildeten Bürger und seinen Stolz auf ein sinnloses gesellschaftliches Ansehen der Lächerlichkeit preis.

1897n blau — 'Ubu Roi'

JASPERS, Karl (1883n–1969n), deutscher Philosoph. Studierte Medizin und Psychologie. Schrieb ein Sammelwerk über die Geisteskrankheiten. Suchte die geistigen Grundhaltungen der Geschichte vom Standpunkt des Seelenarztes aus zu ordnen ('Psychologie der Weltanschauungen'). Schließlich unternahm er es, die Ausweglosigkeit der bürgerlichen Gesellschaft als eine im menschlichen Wesen begründete Unabwendbarkeit darzutun ('Existenzphilosophie'). Ausgehend von der tragischen Einsamkeit des Menschen verneinte er die Möglichkeit echter Gemeinschaftsbildung. Das Scheitern des Menschen erklärte er als notwendig für die Aufhellung seiner Existenz. Verwarf die Möglichkeit einheitlicher Weltschau auf dem Wege des Forschens und Denkens. Obgleich er wirkliches Führertum als Rettungsmöglichkeit anerkannte, mußte er 1937n seine Professur der Philosophie aufgeben. Nach 1945n wieder ins Lehramt eingesetzt. Verließ Deutschland 1948n und gab von seiner Basler Wahlheimat aus neben philosophischen Wegweisungen Analysen der deutschen Gegenwart.

1965n blau — 'Kleine Schule'

JATAKAS, Bezeichnung für Geschichten aus den verschiedenen Leben des indischen Religionsstifters Buddha. 547 davon sind in einem Buche zusammengefaßt, das als Bestandteil der heiligen Schriften des Buddhismus gilt. Es sind Anekdoten, Fabeln, Legenden und Märchen, die auf die Person Buddhas zugeschnitten wurden. Sie enden meist mit einer Belehrung oder Erklärung. Da sie die menschliche Phantasie stark ansprechen, wurden die in ihnen geschilderten Begebenheiten in der buddhistischen Kunst immer wieder dargestellt.

35n blau — Niederschrift

JAURÈS, Jean (1859n–1914n), französischer Politiker. Als Professor der Philosophie in Toulouse ins Parlament gewählt, trat er bald von den Republikanern zu den Sozialisten über und wurde zum leidenschaftlichen Befürworter einer Einigung der Linksparteien. Als diese 'Vereinigte sozialistische Partei' 1904n zustande kam, wurde er zu ihrem Wortführer und machte sie zu einer starken politischen Kraft. Ihr Gewicht setzte er gegen alle Kriegsvorbereitungen ein und wirkte für eine deutsch-französische Verständigung. Förderte den Streik als Kampfmittel der Arbeiterklasse und suchte bis zuletzt den Ausbruch des Weltkrieges mit allen Mitteln zu verhindern. Deshalb wurde er 1914n ermordet. Schrieb zahlreiche historische, philosophische und politische Werke, darunter eine Geschichte der französischen Revolution.

1904n blau — Zeitung 'Humanité'
1914n rot — Ermordung

JAVA, Insel im Stillen Ozean. Kleinste, aber bedeutendste der fünf großen Inseln des Indonesischen Reiches. Auf nur einem Zwanzigstel der Fläche Indonesiens wohnt fast die Hälfte der Bevölkerung des Inselreiches. 1891n wurden hier von dem holländischen Arzt Eugen Dubois Teile eines Knochengerüstes gefunden, das sich als Überrest eines gleichermaßen dem Affen wie dem Menschen verwandten Lebewesens erwies ('Affenmensch' = 'Pithecanthropus'). Dadurch wurde die Lehre von der natürlichen Entstehung des Menschen aus niederen Formen des Lebens unwiderlegbar erhärtet ('Javamensch').

101n–179n — Ptolemäus
400n rot — Buddha- und Schiwa-Kult
600n rot — Buddhistisch
800n blau — Tempelanlage 'Borobudur'
1011n blau — Schattentheater
1214n–1294n — Kublai-Khan
1292n braun — Flottenangriff
1407n rot — Chinesische Oberhoheit
1596n rot — Holländische Herrschaft
1610n blau — Gründung von Batavia
1686n grün — Kaffee-Plantagen

1811 n rot Englische Herrschaft
1816 n rot Holländische Herrschaft
1835 n blau Humboldt: Kawi-Sprache
1901 n – Sukarno
1939 n/1945 n Zweiter Weltkrieg
1945 n/1954 n Erhebung Südostasiens
1949 n rot Indonesien selbständig

JAZZ, Name einer Musikgattung, die zu Beginn unseres Jahrhunderts im Süden der Vereinigten Staaten aufkam als Ausdruck der überschäumenden Lebensfreude der ersten frei-geborenen Neger-Generation in den USA, aber auch als Ausdruck der Melancholie ihrer nur formalen Freiheit. In den Kaffeehäusern an der Mississippi-Mündung (New-Orleans) zu einem revolutionär-neuen Musik-Stil entwickelt, eroberte er die ganze kapitalistische Welt in jenen Jahrzehnten, da Rundfunk und Schallplatte die Musik zu einem Massen-Artikel machten. Als Auflehnung gegen die Formsprache des Bürgertums trat er seinen Siegeszug an und wurde nach seiner Kommerzialisierung zu ihrem adäquaten Ausdruck. Vollkommen dem Rhythmus verpflichtet, förderte er die Loslösung der Sexualität aus der Ganzheit der menschlichen Erlebensweise und ihre Absolutsetzung im Spätkapitalismus. In den sozialistischen Ländern wurde er zu einem Symbol jugendlicher Auflehnung gegen Prüderie und Enge der parteioffiziellen Moral und Ästhetik.

1903 n blau Aufkommen in New Orleans
1910 n blau Handy: Blues
1927 n blau Oper 'Jonny'

JEAN de Meung (um 1240 n–um 1305 n), französischer Dichter. Vollendete den von seinem Landsmann Guillaume de Lorris begonnenen 'Rosenroman', indem er dessen 4000 Liebesreime um über 18 000 Verse ergänzte, die das Schwergewicht des Werkes auf eine gesellschaftskritische Ebene verschoben. Gegen Adel und Kirche gerichtet, von Sehnsucht nach Natürlichkeit erfüllt und vernunftgemäßer Erkenntnis verpflichtet, wurde das Buch richtungsgebend für die Entwicklung der französischen Literatur.

1280 n blau 'Rosenroman' vollendet

JEANNE d'Arc, französische Freiheitskämpferin.

1412 n–1431 n Lebenslinie
1338 n/1453 n Hundertjähriger Krieg
1429 n rot Krönung Karls VII.
1430 n rot Gefangennahme
1431 n rot Feuertod
1923 n blau Shaw: 'Heilige Johanna'
1938 n blau Honegger-Claudels Werk

JEAN PAUL, Deckname des deutschen Dichters Jean Paul Friedrich Richter (1763 n–1825 n). Sohn eines Lehrers. Verlor frühzeitig seinen Vater und wuchs in Armut auf. Konnte sein Philosophie-Studium nicht beenden und schlug sich als Hauslehrer durch, bis er dreißigjährig seine ersten Buch-Erfolge hatte. Wurde Legationsrat des Herzogs von Meiningen und erhielt später Jahresgelder von deutschen Fürsten. In seinen Erzählungen und Romanen zeichnete er liebevoll und humorig das Leben des kleinen Mannes, das von den großen Dichtern seiner Zeit nicht gestaltet wurde. So waren seine Bücher mehr gelesen als diejenigen seiner berühmteren Zeitgenossen Goethe, Schiller und Herder, mit denen er persönlich bekannt war. Die Gesinnung seiner Werke war volksfreundlich und den antikirchlichen Gedanken der Aufklärung wie der französischen Revolution verpflichtet. Die Feigheit des deutschen Spießers prangerte er ebenso an wie die Unmoral und Unmenschlichkeit des Adels. In seinen Erziehungsromanen ('Hesperus', 'Titan', 'Flegeljahre') forderte er die vielseitig gebildete tätige Persönlichkeit in einer freien Gesellschaft. Entschiedener Kriegsgegner.

1790 n blau 'Wuz'
1805 n blau 'Flegeljahre'

JEFFERSON, Thomas (1743 n–1826 n), nordamerikanischer Staatsmann. Studierte Rechtswissenschaft und wurde in die gesetzgebende Versammlung seines Heimatstaates Virginia gewählt. Während des Freiheitskampfes als Statthalter von Virginia Mitglied des Kongresses, entwarf er die Unabhängigkeitserklärung. Als Gesandter in Frankreich Anhänger der Revolution. 1801 wurde er zum dritten Präsidenten der USA gewählt. Erwarb Louisiana von Frankreich, schützte die Vereinigten Staaten gegen alle Anmaßungen der einstigen englischen Kolonialherren und führte das Zwei-Parteien-System ein. Vereinheitlichte Maß, Geld und Gewicht. Einmal wiedergewählt, lehnte er eine dritte Präsidentschaft ab und wandte sich wissenschaftlichen Arbeiten zu. Als Freidenker suchte er das Volk von den Fesseln christlicher Überlieferung zu befreien. In finanzieller Bedrängnis verkaufte er seine Besitzungen und endlich auch seine Bibliothek.

1775 n/1783 n Freiheitskampf
1776 n rot Unabhängigkeitserklärung

JEHOVA, eine von dem Franziskanermönch Galatin im Jahre 1500 n aufgebrachte Namensform für den Gott der Juden und Christen (Jahwe). Von Luther übernommen, fand sie weite Verbreitung, gilt aber heute als falsch.

1298 v–1228 v Moses
1248 v blau Moses: Zehn Gebote
1086 v–1004 v Samuel
981 v–918 v Ahia
964 v–912 v Jerobeam I.
959 v blau Tempel von Jerusalem
954 v blau 'Buch der Kriege Jahwes'
934 v blau Reformforderung Ahias
930 v–871 v Omri
927 v–850 v Elias
905 v–850 v Ahab
898 v–842 v Isebel
890 v–814 v Jehu
882 v–835 v Athalia
882 v–798 v Elisa
872 v rot Aufkommen des Baal-Kultes
871 v–842 v Joram
863 v–796 v Joas
857 v blau Elias gegen Baal-Kult
842 v rot Ende des Baal-Kultes
835 v rot Baal-Tempel zerstört
802 v–745 v Amos
784 v–725 v Hosea
777 v–692 v Jesaja
752 v–699 v Hiskia
741 v blau Sünden und Buße
714 v–642 v Manasse
706 v blau Glaube als Gebot Gottes
649 v–583 v Jeremias
647 v–609 v Josia
628 v–553 v Hesekiel
604 v blau Gemeinschaft Gott–Mensch
567 v blau Staatsideal Hesekiels
515 v blau Neuer Tempel in Jerusalem
401 v blau Altes Testament
193 v–160 v Judas Makkabäus
164 v rot Religionsfreiheit
137 v rot Partei der Pharisäer
25 v–45 n Philo
24 n blau Philo: Gottesgesetz
53 n–120 n Satornil
132 n/135 n Kampf gegen Jupiter-Kult
199 n blau Mischna
400 n blau Talmud

JEHU, König von Israel.

890 v–814 v Lebenslinie
898 v–842 v Isebel
882 v–798 v Elisa
871 v–842 v Joram
842 v braun Erhebung
842 v rot Ende des Baal-Dienstes
841 v grün Tribut an Assyrien

JEMEN, Land und Staat an der Südwestspitze der arabischen Halbinsel. Durch seine verkehrsgünstige Lage zwischen Rotem Meer und Indischem Ozean sowie zwischen Ostafrika und Vorderasien wurde es früh besiedelt und umkämpft.

1292 v blau Gründung von Maan
1272 v rot Minäer-Reich
1265 v braun Eroberung der Westküste
1265 v rot Reichs-Ausdehnung
1204 v blau Gründung von Sirwah
1191 v rot Reich von Saba
1189 v grün Handel Sabas
1176 v grün Indienhandel über Saba
1038 v grün Saba: Einfuhr aus Ostafrika
1019 v rot Ausdehnung Sabas
985 v blau Gründung von Aksum
969 v–908 v Bilkis
931 v blau Gründung von Aden
884 v blau Gründung von Marib
830 v grün Staudammbau
758 v–672 v Bajin
738 v braun Vorstoß Assyriens
738 v rot Saba tributpflichtig
735 v grün Schleusenbau
719 v blau Tempel in Marib
718 v braun Sieg Sabas über Minäer
718 v rot Machtausdehnung Sabas
716 v rot Marib Hauptstadt Sabas
715 v grün Vollendung des Staudammes
661 v grün Marib 100 000 Einwohner
116 v braun Sieg der Himjaren
116 v rot Ende des Reiches Saba
116 v rot Himjaren-Herrschaft
25 v/24 v Vorstoß Roms
345 n rot Ende des Himjaren-Reiches
345 n rot Herrschaft Aksums
525 n braun Besetzung durch Abessinier
566 n grün Staudammbruch
631 n rot Einigung Arabiens
1838 n rot Aden englisch
1945 n rot Arabische Liga
1955 n rot Bandung-Konferenz

JENA, Stadt im Saaletal (Thüringen). Die seit mehr als 1000 Jahren bestehende Siedlung erhob sich im 13. Jahrhundert zur Stadt und lebte unter der gelegentlich wechselnden Herrschaft kleiner mitteldeutscher Fürsten, die früh das kulturelle Leben förderten. Als der Weinbau an den Hängen der Saale zurückging, sicherte das Handwerk die Erwerbsgrundlage. Nur 20 Kilometer von Weimar entfernt, erlebte die Stadt in der Epoche Goethes eine Blütezeit ihrer geistigen Entwicklung. 1806 n wurden hier die preußischen Heere von Napoleon geschlagen. In den Zeiß-Werken vereinigte sich der wissenschaftliche Fleiß und die handwerkliche Begabung mit dem sozialen Sinn der Bevölkerung zu einem in der Welt einzigartigen Unternehmen. Im zweiten Weltkrieg wurde die Innenstadt durch englisch-amerikanische Luftangriffe fast völlig zerstört. Nach 1945 n zunächst amerikanisch, dann russisch besetzt, wurde sie eines der Industrie- und Kulturzentren der DDR.

1558 n blau Universität
1846 n grün Gründung der Zeißwerke
1888 n grün Zeißwerke an Abbe

JENAER HANDSCHRIFT, Bezeichnung für eine Sammlung von Liedern deutscher Handwerksmeister. Wegen der angefügten Noten besonders wertvoll.

1351 n blau Entstehung

JENISSEI, wasserreichster Strom Sibiriens und der UdSSR. Von Süden nach Norden ins Eismeer fließend, teilt er das asiatische Rußland in zwei fast gleichgroße Hälften. Da seine Quellflüsse aus etwa 3000 Meter Höhe kommen, eignet sich sein Oberlauf besonders für die Elektrizitätsgewinnung. Hierdurch wurde die Schaffung industrieller Zentren begünstigt (Krasnojarsk).

1607 n rot Grenze Rußlands
1618 n blau Gründung von Jenisseisk

JENISSEISK, Stadt am Ufer des Jenissei im asiatischen Teile Rußlands (Sibirien). Trotz ihres rauhen Klimas im langen Winter (30 bis 50 Kältegrade) ließen sich hier bereits im vorigen Jahrhundert Pelztierjäger nieder und legten einen Hafen an. Von Sowjetstaat als Industriezentrum ausgebaut. Hier entsteht das größte Wasserkraftwerk der UdSSR.

1618 n blau Gründung

JENSON, Nikolaus (um 1410 n–1480 n), französischer Schriftenzeichner. Vom französischen König Karl VII. zur Erlernung der Buchdruckerkunst nach Mainz gesandt, kehrte er nach dem Tode des Königs nicht nach Frankreich zurück, sondern begab sich nach Venedig und eröffnete dort eine eigene kleine Druckerei. In zehn Jahren gab er 150 Druckwerke heraus, für die er eine eigene Schrift geschnitten hatte. Durch ihre Klarheit, Schönheit und Eleganz, durch ihre völlige Abkehr vom gotischen Schriftcharakter und vor allem durch ihre hervorragende Leserlichkeit übertrafen seine Buchstaben die wenigen früheren Versuche. So verhalf er der neuen 'lateinischen' Schrift in ganz Europa zum Siege über die gotische Mönchsschrift.

1468 n grün Antiqua-Satzschrift

JEREMIAS, Prophet in Juda.

649 v–583 v Lebenslinie
604 v blau Wesen der Religion

JEROBEAM I., König von Israel.

964 v–912 v Lebenslinie
933 v braun Volkserhebung
933 v rot Reich Israel

JERSEY, Insel in der Meeresstraße zwischen der französischen Nordküste und der englischen Insel (Kanal). Im Bereiche der französischen Festlandslinie gelegen und nur 24 km von der französischen Küste entfernt, gehört sie dem über 130 km entfernten England und ist die größte seiner 'Kanalinseln'.

1108 n–1175 n Wace

JERUSALEM, Stadt in Palästina (Vorderasien) auf einer wasserarmen Hochebene zwischen Mittelmeer und Totem Meer. Vor etwa 3500 Jahren angelegt, wurde sie zu einer heiligen Stätte für drei eng miteinander verwandte vorderasiatische Religionen: Den Juden als Davidsstadt und wegen des von Salomo errichteten Tempels (Klagemauer); den Christen als Sterbeort ihres Religionsstifters, der nach ihrem Glauben von hier zum Himmel aufgestiegen sein soll; den Mohammedanern als Ort der Himmelfahrt Mohammeds. Aus der Rivalität der drei Religionen untereinander und aus dem unduldsamen, kriegerischen Charakter ihrer Anhänger ergab sich für die Stadt eine sehr unruhige Geschichte.

1330 v grün Wasserleitung
1035 v–972 v David
998 v rot Hauptstadt Judas
992 v–933 v Salomo
976 v–924 v Scheschonk I.
970 v blau Königsburg
970 v grün Phönizische Handwerker
967 v grün Wasserleitung
964 v–912 v Jerobeam I.
959 v blau Jahwe-Tempel
959 v grün Kreisumfang-Berechnung
959 v–916 v Rehabeam
956 v grün Tempel- und Hofkapelle
946 v blau Haremspalast
928 v braun Plünderung durch Ägypter
863 v–796 v Joas
835 v rot Baal-Tempel zerstört
710 v grün Wasserleitung
649 v–583 v Jeremias
647 v–609 v Josia
640 v–586 v Zedekia
621 v rot Deuteronomium
597 v braun Eroberung durch Babylon
597 v rot Vertreibung der Juden
586 v braun Zerstörung
537 v rot Heimkehr der Juden
515 v blau Wiederaufbau des Tempels
458 v rot Heimkehr letzter Juden
446 v rot Thora
445 v grün Neue Stadtmauer
440 v rot Auflösung von Mischehen
193 v–160 v Judas Makkabäus
167 v/164 v Makkabäer-Aufstand
72 v–4 v Herodes der Große
64 v/63 v Vorstoß Roms
63 v rot Römische Herrschaft
2 v–71 n Markus
30 n rot Kreuzigung Jesu
31 n rot Steinigung des Stephanus
66 n/70 n Jüdischer Krieg Roms
70 n rot Zerstörung
132 n/135 n Juden-Erhebung
135 n rot Sperrung für Juden
135 n blau Jupiter-Tempel
172 n–245 n Afrikanus
335 n blau Grabeskirche
345 n grün Angebliches Kreuz Christi
609 n grün Mütterheim
611 n/629 n Kreuz-Christi-Krieg
624 n grün Abwendung des Islam
691 n blau Moschee
1009 n rot Grabeskirche zerstört
1045 n blau Neubau der Grabeskirche
1070 n braun Eroberung durch Türken
1070 n rot Johanniter-Orden
1096 n/1099 n Erster Kreuzzug
1099 n rot Kreuzfahrer-Staat
1100 n grün Vorrechte von Städten
1128 n grün Zuckerlieferungen
1138 n–1193 n Saladin
1173 n–1239 n Hermann von Salza
1187 n braun Eroberung durch Araber
1187 n rot Arabische Herrschaft
1189 n/1192 n Dritter Kreuzzug
1190 n rot Deutschritterorden
1192 n rot Zugang für Pilger
1228 n/1229 n Fünfter Kreuzzug
1229 n rot Friedrich II. König
1244 n braun Niederlage der Kreuzritter
1244 n rot Ägyptische Herrschaft
1575 n blau Tasso: 'Befreites Jerusalem'

JESAJA, Prophet in Israel und Juda.

777 v–692 v Lebenslinie
706 v blau Glaube als Gebot Gottes

JESUITEN, Name der Angehörigen einer Organisation der katholischen Kirche, die unmittelbar nach der Reformation entstand und sich schnell zur stärksten Waffe des Papsttums entwickelte. Die von anderen Orden angewandte und in der Reformation gescheiterte Gewalt (Inquisition) ergänzten sie durch List (Philosophie). In langjährigen Studien vorbereitet, gingen sie ihrem Beruf in ganz weltlicher Weise nach. Weder an klösterliches Leben noch an Mönchstracht gebunden, fanden sie überall Eingang und gewannen durch Einrichtung von Schulen und Hochschulen, Zeitungen, Verlagen und Wirtschaftsunternehmen sowie als Beichtväter weitreichenden Einfluß, den sie auch in den überseeischen Kolonialgebieten ausnutzten. Aber die Methoden, mit denen sie ihre Erfolge erzielten, erregten überall Unwillen und Empörung. So mußte sie der Papst unter dem Druck der revolutionären Aufklärung in Westeuropa verbieten. Er begründete diesen ungewöhnlichen Schritt mit ihrer Heuchelei sowie mit ihrer Einmischung in die Politik, ihrer Störung des Friedens unter den Völkern, ihrem Mißbrauch der Seelsorge und ihrer Geldgier. Als sich aber vierzig Jahre später der Sieg der Restauration deutlich abzeichnete, wurden sie wieder zugelassen und stellen heute mit über 30000 Angehörigen eine der stärksten Stützen der katholischen Kirche dar. Sie unterrichten in 60 Hochschulen und 700 sonstigen Schulen 600000 Jugendliche und erreichen mit ihren 1300 Zeitschriften rund 13 Millionen Leser. Doch übersteigt ihre auf indirektem Wege ausgeübte Macht in Wirtschaft, Politik und Kultur diese direkte Wirkung um ein Vielfaches.

1491 n–1556 n Ignatius von Loyola
1522 n blau 'Geistliche Übungen'
1534 n rot Gründung des Ordens
1534 n blau Ordensregel
1540 n rot Bestätigung
1550 n rot Missionstätigkeit
1553 n blau Katholischer Katechismus
1600 n–1681 n Calderon
1610 n rot Staat in Paraguay
1623 n–1662 n Pascal
1652 n blau 'Bequeme Frömmigkeit'
1656 n blau Verurteilung durch Pascal
1683 n rot Abwehr durch Kang-Hi
1710 n rot Intoleranz
1719 n rot Vertreibung aus Rußland
1724 n rot Bekämpfung in Thorn
1759 n rot Vertreibung aus Portugal
1759 n grün Enteignung in Portugal
1767 n rot Ausweisung aus Paraguay
1767 n rot Ausweisung aus Spanien
1767 n rot Ausweisung aus Frankreich
1773 n rot Aufhebung des Ordens
1814 n rot Wiederherstellung

JESUS Christus, Religionsstifter aus Palästina.

6 v–30 n Lebenslinie
27 v–40 n Herodes Antipas
19 v–38 n Pontius Pilatus
10 v–30 n Judas Ischariot
10 v–52 n Matthäus
7 v–29 n Johannes der Täufer
4 v–64 n Petrus
3 n–50 n Johannes der Evangelist
28 n blau Bergpredigt
30 n rot Kreuzigung

JESUS Sirach (um 250 v–um 180 v), jüdischer Schriftsteller. Um dem Eindringen griechischer Bildung aus dem schnell emporwachsenden Alexandria in Jerusalem entgegenzuwirken, stellte er eine Sammlung jüdischer Spruchweisheit zusammen. Mit Angriffen gegen die von ihm als 'Scheinbildung' abgewertete alexandrinische Geisteswelt durchsetzt, wurde sie zur Streitschrift des im Religiösen verhafteten Judentums gegen das griechische Wissenschaftsdenken.

194 v blau Weisheitssprüche

JEUX FLORAUX, Bezeichnung für Dichter-Wettkämpfe, zu denen seit mehr als 600 Jahren die Handwerker von Toulouse (Südfrankreich) einmal jährlich aufriefen (wörtlich: 'Blumenspiele'). Entstanden in Anlehnung an die Sängerzünfte, die in verschiedenen französischen Städten den Meistergesang pflegten (Arras, Lille, Tournai, Dieppe, Rouen, Amiens). Der Preis für das beste Gedicht war ein goldenes Veilchen, später traten Tausendschönchen und Rose für Prosadichtungen hinzu. Die einberufene Gesellschaft verlieh den Siegern gleichzeitig den Titel eines 'Doktors der fröhlichen Wissenschaft'. König Ludwig XIV. erhob die Gesellschaft 1696 n zu einer Akademie und bewilligte ihr Staatszuschüsse. In Spanien (Barcelona) und Deutschland (Köln) wurden diese Wettkämpfe unter dem gleichen Namen nachgeahmt.

1323 n blau Entstehung

JINA Mahavira, indischer Religionsstifter.

569 v–498 v Lebenslinie
558 v–492 v Bimbisara
541 v blau Wiedergeburt und Nirwana

JINGO-KOGO (um 320 n–um 370 n), japanische Kaiserin. Eroberte auf dem asiatischen Festland den südlichen Teil Koreas, dessen nördliche Hälfte unter chinesischer Herrschaft stand. Dadurch brachte sie ihrem Inselstaat den Anschluß an die Festlandskultur.

364 n braun Vorstoß nach Korea
364 n rot Gewinn Südkoreas

JINISMUS, Name einer indischen Religion. Ihr Ziel ist die Befreiung des Menschen aus dem ewigen Kreislauf des Lebens durch das Eingehen ins Nichts ('Nirwana'). Beruht auf einem strengen Tötungsverbot ('Ahimsa'), das auch alle Tiere einschließt und die Gläubigen zu Vegetariern macht. Als Mönchsbewegung entstanden, ergriff sie wegen ihrer Kastenfeindlichkeit bald große Volksmassen. Seit etwa 700 Jahren vom Islam allmählich zurückgedrängt.

825 v–730 v Parshva
766 v blau Ideal der Vergeistigung
569 v–498 v Jina Mahavira
541 v blau Wiedergeburtslehre
497 n blau Heilige Bücher

JIU-JITSU, japanischer Name für einen waffenlosen Zweikampf, der auf Grundlage von 300 Griffen eine so wirksame Verteidigung darstellt, daß auch der Schwächere sich des Stärkeren damit erwehren kann (wörtliche Übersetzung: 'Sanfte Kunst'). Kam nach dem japanisch-russischen Krieg nach Europa, wo der Deutsche Erich Rahn die erste Schule eröffnete. Langsam entwickelte sich diese Sportart, und 1926 n fanden erste Meisterschaftskämpfe in Deutschland statt. Aber erst in seiner entschärften, ungefährlichen Form

('Judo') wurde daraus ein allgemeiner Wettkampf-Sport.

1906n grün Einführung in Europa

JOACHIM von Fiore (1132n–1202n), italienischer Mönch. Dem Macht- und Besitzstreben der Kirche abhold, lebte er als Einsiedler und gründete dann in Fiore auf der Südspitze Italiens (Kalabrien) ein Kloster zur Verwirklichung eines brüderlichen Lebens in christlicher Armut. Verkündete den Anbruch eines dritten Reiches des Geistes, das ein Reich der Freiheit und der Gerechtigkeit sein sollte und das notwendig dem ersten Reiche des Vaters (= der Sklaverei) und dem zweiten des Sohnes (= dem Patriarchat) folgen müsse. In der Kirche erkannte er eine vergängliche Einrichtung, die mit dem zweiten Reiche entstanden ist und mit diesem vergeht. Obwohl der Papst seine Lehren verdammte, wirkten diese innerhalb und außerhalb der Kirche weiter.

1194n blau Lehre von 3 Zeitaltern

JOACHIMSTHAL, Stadt am Südhang des Erzgebirges in der Nähe von Karlsbad (Böhmen). Vor 500 Jahren befanden sich hier die reichsten Silberbergwerke Mitteleuropas. Seit 1519n wurde eine Silbermünze geprägt, die wegen ihrer Reinheit und Gleichmäßigkeit Weltruf erlangte. Zunächst als 'Joachimsthaler' bezeichnet, wurde sie bald nur noch 'Taler' genannt und gab damit den Namen für eine Reihe ähnlicher Münzen.

1520n grün Abkommen gegen Streik

JOAO IV. (Johann IV., 1604n–1656n), portugiesischer König von 1640n bis 1656n. Als Nachkomme des portugiesischen Königs Johann I. nahm er am Freiheitskampf Portugals gegen Spanien teil. Seine Frau Luiz, die als Spanierin die Erhebung gegen ihr eigenes Land leitete, rief ihn nach Vertreibung der Spanier zum König aus. Vier Jahre später verteidigte er das Land erfolgreich gegen einen neuen Angriff der Spanier. 1654n gelang ihm die Rückeroberung Brasiliens für Portugal.

1640n braun Erhebung gegen Spanien
1640n rot Unabhängigkeitserklärung
1640n rot Portugiesischer König
1654n rot Gewinn Brasiliens

JOAS, König von Juda.

863v–796v Lebenslinie
882v–835v Athalia
835v rot Baal-Tempel zerstört

JOD, chemisches Element, das vor allem in Salpeter und in Meerpflanzen vorkommt. In Alkohol und brauner Farbe gelöst, findet das grünschwarze Kristall in der Medizin vielseitige Verwendung.

1812n grün Entdeckung

JOHANN (1167n–1216n), englischer König seit 1199n. Als jüngster Sohn König Heinrichs II. von seinem Vater wegen seines erfolglosen Irland-Feldzuges scherzhaft 'John Lackland' (Johann ohne Land) genannt, erbte er größere Besitzungen und folgte seinem Bruder Richard Löwenherz auf den Thron, unter Übergehung seines Neffen Arthur. Als er diesen ermorden ließ, kam es zum Kriege mit Frankreich, in dessen Verlauf er die Normandie und die Bretagne verlor. Der Papst nutzte seine Schwäche, um ihn zur Rücknahme der von seinem Vater eingeführten Beschränkung der päpstlichen Macht zu zwingen. Der Adel rang ihm die feierliche Zusicherung einiger Grundrechte ab. Durch diesen Erlaß (Magna Charta) wurde der erste Schritt zur Einschränkung der königlichen Macht in Europa getan.

1213n rot Lehnshoheit des Papstes
1214n braun Hilfe für Welfen
1215n rot 'Magna Charta'

JOHANN I. (1357n–1433n), portugiesischer König von 1385n bis 1433n. Stürzte mit englischer Hilfe die regierende Königin und tötete ihren Günstling Aveiro. Dann ließ er sich von der Nationalversammlung zum Präsidenten wählen und von der Ständeversammlung zum König ernennen. Einen Angriff aus dem benachbarten Kastilien schlug er zurück. Bekämpfte die Araber mit wechselndem Glück und nahm ihnen einige Städte ab. Durch Reformen festigte er den portugiesischen Staat. Unterstützte seinen jüngsten Sohn Heinrich den Seefahrer bei der Vorbereitung und Durchführung überseeischer Unternehmungen. Durch Eroberung der wichtigen Hafenstadt Ceuta (Nordafrika) legte er den Grund für das überseeische Reich Portugals.

1385n braun Kampf um den Thron
1387n rot Portugiesisch Amtssprache
1394n–1460n Heinrich der Seefahrer
1415n braun Angriff auf Ceuta
1415n rot Herrschaft über Ceuta
1419n rot Gewinn Madeiras

JOHANN IV. (Joao IV., 1604n–1656n), portugiesischer König von 1640n bis 1656n. Als Nachkomme des portugiesischen Königs Johann I. nahm er am Freiheitskampf Portugals gegen Spanien teil. Seine Frau Luiz, die als Spanierin die Erhebung gegen ihr eigenes Land leitete, rief ihn nach Vertreibung der Spanier zum König aus. Vier Jahre später verteidigte er das Land erfolgreich gegen einen neuen Angriff der Spanier. 1654n gelang ihm die Rückeroberung Brasiliens für Portugal.

1640n braun Erhebung gegen Spanien
1640n rot Unabhängigkeitserklärung
1640n rot Portugiesischer König
1654n rot Gewinn Brasiliens

JOHANN VIII. (um 820n–882n), italienischer Priester, Papst von 872n bis 882n. Suchte die Stadt Rom gegen die Araber Siziliens und Süditaliens zu schützen. Indem er den Frankenkönig Karl den Kahlen zum Kaiser krönte, verärgerte er Ludwig den Deutschen, ohne deshalb Karls Hilfe gegen die Araber zu erhalten. So sah er sich genötigt, den Patriarchen von Konstantinopel trotz dessen heftiger Gegnerschaft gegen Rom anzuerkennen, um so die Hilfe des Kaisers von Byzanz (Konstantinopel) gegen die Araber zu erkaufen. Aber auch diese Hoffnung erfüllte sich nicht, so daß er die Araber durch hohe Tributzahlungen von der Eroberung Roms abhalten mußte. Wurde vergiftet und, als das Gift zu langsam wirkte, noch mit dem Hammer erschlagen.

815n–891n Photios
823n–877n Karl der Kahle
879n rot Tribut an Araber

JOHANN X. (860n–928n), italienischer Priester, Papst seit 914n. Durch die Gunst der Theodora ins höchste Kirchenamt gewählt, gelang es ihm, die italienischen Fürsten gegen die angreifenden Araber zu einigen und so die Unabhängigkeit Italiens zu bewahren. Doch war seine Herrschaft in Rom so geschrumpft, daß er die Erdrosselung seines eigenen Bruders im Vatikan mitansehen mußte. Als er versuchte, sich durch ein Bündnis mit Hugo von Burgund aus der Abhängigkeit von der in Rom allmächtigen Marozia zu befreien, wurde er eingekerkert und ermordet.

877n–936n Heinrich I.
884n–948n Marozia
914n rot Herrschaft Theodoras
915n braun Kampf gegen Araber
915n rot Machtverlust der Araber
919n rot Widerstand Heinrichs I.
928n rot Ermordung

JOHANN XI. (909n–935n), italienischer Priester, Papst seit 931n. Als unehelicher Sohn des Papstes Sergius III. und der Marozia wurde er 22jährig zum Oberhaupt der katholischen Kirche gewählt. Durch die Wiederaufnahme des Planes zur Kaiserkrönung des Burgunderkönigs Hugo in Rom zog er den Zorn seines Halbbruders Alberich auf sich, des ehelichen Sohnes der Marozia. Dieser setzte seine Mutter und ihn gefangen, ließ ihn aber bis zu seinem frühen Tode formell das Papstamt behalten.

884n–948n Marozia
931n rot Einsetzung

JOHANN XII. (937n–964n), römischer Priester, Papst von 955n bis 963n. Als Enkel der Marozia auf Betreiben seines Vaters Alberich 17jährig zum Oberhaupt der katholischen Kirche gewählt, vereinigte er die vom Vater ererbte weltliche Macht über die Stadt Rom mit der kirchlichen Gewalt. Zur Festigung seiner Herrschaft rief er den deutschen Kaiser Otto I. zu Hilfe und krönte ihn in Rom. Doch wurde er von Otto wegen seiner Ausschweifungen und wegen seines verräterischen Verhaltens abgesetzt und starb bald darauf außerhalb Roms, wo ihn ein von ihm betrogener Ehemann erschlug.

884n–948n Marozia
912n–973n Otto I.
955n grün Phantasiename
962n braun Vorstoß der Deutschen
962n rot Krönung Ottos I.
963n rot Absetzung

JOHANN XV. (um 950n–996n), italienischer Priester, Papst seit 985n. Erklärte den bei der Verteidigung von Augsburg gegen die Ungarn hervorgetretenen katholischen Bischof Ulrich als Diener Gottes und versicherte, daß Ulrich im Himmel der Verklärung teilhaftig sei, weshalb er in allen katholischen Kirchen bedenkenlos angebetet werden könne. Damit führte er die Sitte der Heiligsprechung historischer Personen ein. Zur Überwindung inneritalienischer Schwierigkeiten rief er Kaiser Otto III. nach Rom, starb aber noch vor dessen Eintreffen.

992n rot Macht über Kirche Polens
993n rot Erste Heiligsprechung

JOHANN XXII. (um 1250n–1334n), französischer Priester. Als Sohn eines Schusters stieg er zu hohen Stellungen auf und wurde 1316n zum Papst gewählt. Nutzte die Rivalität zwischen Ludwig von Bayern und Friedrich von Österreich zur Festigung der Stellung des Papsttums. Reformierte die Finanzordnung der Kirche und bereicherte sich und seine Verwandten aus den erhöhten Aufkommen der Gläubigen. Beteiligte sich an der Unterdrückung eines Aufstandes flandrischer Handwerker, Lohnarbeiter und Bauern. Im Streit zwischen Dominikanern und Franziskanern um die Frage der apostolischen Armut verwarf er die Lehre von der Besitzlosigkeit des Jesus Christus und seiner Jünger. Hartnäckige Verteidiger der Armutslehre, wie Occam und Marsilius von Padua, die von der Kirche Besitzlosigkeit forderten, wurden von ihm der Inquisition übergeben. Auch gegen Meister Eckehart ließ er einen Inquisitionsprozeß führen und verurteilte 28 von dessen Lehrsätzen.

1260n–1327n Meister Eckehart
1290n–1343n Marsilius von Padua
1299n–1349n Occam
1318n blau Kritik des Marsilius
1323n rot Gegner der Armutslehre
1323n/1328n Aufstand in Flandern
1324n blau Gegnerschaft Marsilius'
1325n rot Bann gegen Aufständische
1329n blau Gegnerschaft Occams

JOHANN von Michelsberg (um 1250n–um 1300n), böhmischer Ritter. Unternahm eine Fahrt nach Paris, um dort an einem Turnier teilzunehmen. Die Abenteuer dieser Reise wurden von dem deutschen Dichter Heinrich von Freiberg in einem Loblied besungen.

1286n blau Loblied

JOHANN von Sevilla (um 1100n–um 1165n), jüdischer Sprachgelehrter im arabischen Spanien. Übersetzte zahlreiche wissenschaftliche Werke aus dem Arabischen ins Spanische und wirkte an deren Weiter-Übertragung ins Lateinische mit. Dadurch machte er die Lehren von Ibn Sina (Avicenna), Al Battani, Al Farabi und Al Karismi dem nichtarabischen Teile Europas bekannt und förderte hier wissenschaftliches Denken. Aus den ihm zugänglichen arabischen Quellenwerken über Sternkunde und Sterndeutung stellte er einen Grundriß der Astrologie zusammen mit einer Abhandlung über Horoskope.

1142n grün Grundriß der Astrologie

JOHANN von Speyer (um 1440n bis 1470n), deutscher Buchdrucker. Erlernte in Mainz die Buchdruckerkunst. Dann begab er sich mit seinem Bruder Wendelin nach Venedig und richtete hier die erste Buchdruckerei außerhalb Deutschlands ein. Mit einer eigens für das italienische Publikum geschnittenen Schrift aus lateinischen Buchstaben druckte er klassische Texte und juristische Bücher. Als er nach zweijährigem Aufenthalt in Italien starb, setzte sein Bruder das begonnene Werk fort und bildete zahlreiche italienische Buchdrucker in seiner Werkstatt aus.

1469n grün Druckerei in Venedig

JOHANN von Würzburg (um 1285n bis um 1330n), deutscher Dichter. Schrieb einen Vers-Roman über die Liebe des österreichischen Herzogs Wilhelm zu Aglye. Darin behandelte er die Möglichkeit einer Verbindung von Liebe und Pflicht. Wegen der von ihm berichteten Abenteuer in einer gefahrenreichen Umwelt sowie wegen der rührend dargestellten Kinderliebe wurde sein Werk sehr beliebt; Wilhelm und Aglye wurden neben Tristan und Isolde zum klassischen Liebespaar seiner Zeit.

1314n blau 'Wilhelm von Österreich'

JOHANNA von Kent (um 1525n bis 1549n), englische Freiheitskämpferin. Erklärte die Dreifaltigkeitslehre als Vielgötterei, verwarf den Krieg als gegen göttliches Gebot verstoßend und forderte ein menschliches Zusammenleben nach den kommunistischen Grundsätzen des Evangeliums. Auf Befehl des Erzbischofs Cranmer von Kent wurde sie eingekerkert, gefoltert und nach Scheitern aller Versuche zur Erzwingung eines Widerrufs lebendig verbrannt.

1549n rot Verbrennung

JOHANNA von Orléans, deutscher Name der französischen Freiheitskämpferin Jeanne d'Arc.

1412n–1431n Lebenslinie
1338n/1453n Hundertjähriger Krieg
1429n rot Krönung Karls VII.
1430n rot Gefangennahme
1431n rot Feuertod
1923n blau Shaw: 'Heilige Johanna'
1938n blau Honegger-Claudels Werk

JOHANNES, Meister Johannes (um 1275n–1331n), deutscher Baumeister. Als Sohn des Kölner Dom-Baumeisters Arnold lernte er bei seinem Vater und übernahm nach dessen Tode die Leitung seiner Bauarbeiten. Vollendete den Altarteil (Chor) des Kölner Doms nach den Plänen des Meisters Gerhard, die schon seinem Vater bei der Anlage des fünfschiffigen Chors als Grundlage gedient hatten. Plante auch das neue fünfschiffige Langhaus, dessen Bau nach Abbruch des alten Langhauses in seinen letzten Lebensjahren begonnen wurde.

1322n blau Chor des Kölner Domes

JOHANNES der Evangelist, jüdischer Prediger und Apostel.

3n–50n Lebenslinie
48n rot Apostelkonzil
110n blau Evangelium (Niederschrift)
391n blau Adler als Symbol
1526n blau Gemälde Dürers

JOHANNES der Täufer, jüdischer Prediger.

7v–29n Lebenslinie
27v–40n Herodes Antipas
29n rot Hinrichtung
1414n blau Standbild Ghibertis
1476n blau Gemälde Verrocchios
1511n blau Gemälde Grünewalds
1905n blau R. Strauss: 'Salome'

JOHANNES von Damaskus, syrischer Kirchenlehrer.

675n–752n Lebenslinie
746n blau 'Quelle der Erkenntnis'
750n blau 'Heilige Parallelen'

JOHANNES von Saaz (um 1350n bis 1414n), deutscher Schriftsteller aus dem Dorfe Schüttwa bei Pilsen im Böhmerwald. Nach Besuch der Lateinschule studierte er an der Prager Universität und ging dann als Stadtsekretär und Schulrektor in die kleine Stadt Saaz an der Eger. Als er seine erste Frau im Kindbett verlor, verließ er Saaz und ging nach Prag. Unter dem Namen 'Ackermann aus Böhmen' schrieb er ein Streitgespräch zwischen Mensch und Tod über den Sinn des Lebens und die Notwendigkeit des Sterbens. Dabei verficht der Ackermann das Recht des einfachen, schaffenden Menschen auf Liebe, Glück und Freude — der Tod hält ihm die Naturgesetzlichkeit entgegen, derzufolge auch das Sterben in den großen Kreislauf des Lebens gehört. Der Dialog mündet in ein Bekenntnis des Dichters zur Überwindbarkeit des Todes durch die Liebe.

1400n blau 'Ackermann aus Böhmen'

JOHANNES von Salisbury (um 1120n bis 1180n), englischer Philosoph und Historiker. Studierte in Paris und Chartres. Nach einer Italienreise kehrte er in die Heimat zurück und wurde Sekretär des Thomas Becket. In Kirchenkämpfe verstrickt, floh er nach Frankreich und schrieb nach der Ermordung Beckets dessen Lebensgeschichte. In seiner Schrift 'Metalogicus' verwarf er den toten Formalismus der katholischen Scholastik und bereitete eine neue Wissenschaftslehre vor, die auf der Logik beruht und als einzige Erkenntnisquelle die Sinneswahrnehmung anerkennt. Verfaßte eine Geschichte der Philosophie Griechenlands und Roms sowie eine Geschichte des Papstes Eugen III. Schöpfer der ersten systematischen Staatslehre Nordeuropas.

1160n blau Staatstheorie

JOHANNES-EVANGELIUM, Name einer Schrift aus dem zweiten Teil der Bibel ('Neues Testament'). Dieses angeblich von einem Zeitgenossen und Vertrauten Jesu in Palästina niedergeschriebene Buch über das Leben und die Lehre Jesu entstand in Kleinasien etwa 60 Jahre nach dem Tode des Johannes.

110n blau Niederschrift

JOHANNITER-ORDEN, Name einer kirchlichen Organisation, die sich in drei Klassen teilt: Ritter, Priester und dienende Brüder. Seine Angehörigen legten außer dem Mönchsgelübde ein Gelöbnis zum Kampf gegen alle Nicht-Christen ab. So hatte er starken Zuzug von Rittern aus europäischen Ländern, die durch das Aufblühen der Städte zurückgedrängt waren und in Vorderasien noch lange Zeit ihrem Kriegshandwerk nachgehen konnten. Ihre Erfahrung in der Ausbeutung von Bauern befähigte sie zum Aufbau mehrerer Kolonien, die durch ihren Reichtum berühmt wurden. Durch Türken allmählich aus Vorderasien vertrieben, ließen sie sich auf einigen Mittelmeerinseln nieder. 1312n beerbten sie den aufgelösten Templerorden und wurden zum mächtigsten Ritterorden. Da außer dem Papst auch der Kaiser aus ihren Unternehmungen Nutzen zog, erhielten sie von Karl V. die Insel Malta als Geschenk und nannten sich nun 'Malteser'. An der Organisation von Kreuzzügen, die wesentlich der Erhaltung ihres Besitzes dienten, nahmen sie Anteil. Seit 300 Jahren zurückgedrängt, wandten sie sich wieder stärker ihrer ursprünglichen Aufgabe zu und pflegten Kranke. Anfang des 19. Jahrhunderts fast überall unter Einziehung der Güter aufgehoben. Im Zuge der europäischen Restauration neu belebt (1968n bereits 7000 Mitglieder).

1070n rot Gründung
1310n braun Sieg über Türken
1310n rot Gewinn von Rhodos
1522n braun Niederlage gegen Türken
1522n rot Verlust von Rhodos
1530n rot Beschenkung mit Malta

JOHNSON, Hewlett (1874n–1966n), englischer Freiheitskämpfer. Als Priester der englischen Hochkirche zum Dekan von Canterbury aufgestiegen, gelangte er nach Reisen durch die Sowjetunion und andere kommunistische Länder zu der Einsicht, daß der Kommunismus die Verwirklichung der von Jesus Christus erstrebten Menschheitsideale ist. Veröffentlichte Bücher über die Sowjetunion und das kommunistische China und trat öffentlich für die Verständigung der westlichen Welt mit den kommunistischen Staaten ein. Durch sein Ansehen gewann die von ihm mitunterzeichnete Verurteilung des nordamerikanischen Krieges gegen das vietnamesische Volk ein weltweites Echo.

1939n blau 'Ein Sechstel der Erde'

JOHNSON, Lyndon B. (geboren 1908n), nordamerikanischer Staatsmann. Wurde 24jährig Sekretär eines Kongreßabgeordneten seiner texanischen Heimat und dann Berufspolitiker. 29jährig Abgeordneter der Demokratischen Partei, unterstützte er Roosevelts 'New Deal'-Programm und wurde ein Mann des Ausgleichs zwischen den verschiedenen Interessengruppen innerhalb der Partei. Bei seiner Bewerbung um das Präsidentenamt unterlag er Kennedy, stellte sich ihm dann aber als Vize-Präsident zur Verfügung. So fiel ihm nach dessen Ermordung die Präsidentschaft zu, in der er 1964n bestätigt wurde. Unfähig, die Rassenkonflikte und die sozialen Probleme im eigenen Lande zu lösen, suchte er die Einheit der Nation und die Prosperität der Volkswirtschaft durch den Vietnamkrieg zu erhalten. Vom französischen Volke wurde er zum Rückzug der amerikanischen Truppen aus einem Teile Westeuropas gezwungen. 1968n verzichtete er auf eine Neubewerbung um das Präsidentenamt.

1960n / Revolution Indochinas
1963n rot Tod Kennedys
1964n rot Wahl zum Präsidenten

JOJADA (um 880v–um 815v), jüdischer Priester. Rettete einen Sohn des Königs von Juda (Joas) vor der Ermordung durch dessen Großmutter Athalia, ermordete später selbst Königin Athalia und setzte seinen Schützling als König auf den Thron von Juda. Bestimmte Joas zu rücksichtsloser Ausrottung der Baal-Religion.

882v–835v Athalia
863v–796v Joas

JO-JO, Name eines Kletter-Kreisel-Spiels, abgeleitet aus der Bezeichnung 'Jou-Jou de Normandie', die es in Frankreich führt. Dort kam es 1792n auf, nachdem es unter dem Namen 'Bandelico' zwei Jahre vorher durch englische Matrosen eingeführt worden war, die es aus Indien mitgebracht hatten. Es wurde schon vor 2500 Jahren in Griechenland gespielt und auf Vasenbildern dargestellt.

449v grün Aufkommen in Griechenland

JOLIOT, Frédéric (1900n–1958n), französischer Physiker. Fand zusammen mit seiner Frau Irène Joliot-Curie künstlich-radioaktive Umwandlungsprozesse. Nach der Spaltung des Uran-Atoms durch Otto Hahn und Fritz Straßmann gelang es ihm, die von Hahn vermutete Abgabe zusätzlicher Neutronen experimentell zu beweisen und damit den Weg zur Kettenreaktion aufzuzeigen, die zur Nutzbarmachung der Atom-Energie führte. Lehnte die Verwendung der Atomenergie zur Herstellung von Bomben ab und kämpfte als Präsident des Weltfriedensrates und Mitglied der kommunistischen Partei Frankreichs gegen die Kriegsgefahren nach Beendigung des zweiten Weltkrieges.

1879n–1968n Otto Hahn
1934n grün Künstliche Radioaktivität

JOLIOT-Curie, Irène (1897 n–1956 n), französische Physikerin und Chemikerin. Als Tochter des Forscher-Ehepaares Marie und Pierre Curie wandte sie sich der Erforschung des Atoms zu und entdeckte zusammen mit ihrem Manne Frédéric Joliot die künstliche Radioaktivität. Während der Besetzung ihres Landes durch deutsche Truppen beteiligte sie sich aktiv am Befreiungskampf ihres Volkes. Wegen ihres öffentlichen Eintretens für den Kommunismus wurde sie aus der französischen Atomenergie-Kommission entlassen. Veröffentlichte 54 Arbeiten zu Einzelfragen der Kern-Forschung.

1879 n–1968 n Otto Hahn
1934 n grün Künstliche Radioaktivität

JOMS-VIKINGA-SAGA, Name einer normannischen Dichtung, die vor fast 1000 Jahren auf Island entstand. Sie berichtete von der Errichtung einer Burg ('Vineta') auf der Insel Wollin in der Mündung der Oder in die Ostsee durch dänische Normannen (Wikinger). Außerdem wurde darin von der Seeschlacht in der Hjörungenbucht erzählt, bei der die dänischen Normannen eine Niederlage erlitten.

996 n blau Entstehung

JONES, Samuel (um 1800 n–um 1850 n), englischer Erfinder. Tauchte kleine Holzspeile in ein Gemisch von Schwefel und Knallquecksilber. Zog man diese Hölzchen durch ein zusammengefaltetes Schmirgelpapier, so entstand eine Flamme. Obgleich er sich seine Erfindung noch im gleichen Jahre patentieren ließ, wurde sein 'Zündholz' bald in vielen Ländern nachgeahmt, ohne daß er einen Nutzen davon hatte.

1831 n grün Streichholz

JONSON, Ben (1573 n–1637 n), englischer Dichter. Lernte das Maurerhandwerk, wurde Student, Soldat und Schauspieler. 25jährig schrieb er sein erstes Erfolgsstück, das von seinem Freunde Shakespeare durchgesetzt und aufgeführt wurde. Sein Versuch zur Erneuerung der antiken Tragödie scheiterte. Dagegen drang er mit seinen Lustspielen durch, in denen er Mißstände seiner Zeit ('Volpone') und menschliche Schwächen ('Bartolomäusmarkt') anprangerte. Wegen Beleidigung des Königs inhaftiert, richtete er seine literarischen Angriffe nur noch gegen die Höflinge, lobte aber Königin Elisabeth, König Jakob und auch Karl I., der seinen von Jakob ausgesetzten Jahressold aus Dank für groteske Schmeicheleien auf 100 Pfund erhöhte. Als Hofdichter schuf er zahlreiche Gelegenheitsgedichte. Schrieb auch einige Erzählungen und Essays. Sein Drama 'Die Stumme' wurde Grundlage eines Operntextes, den Stefan Zweig für Richard Strauß schrieb.

1609 n blau 'Die Stumme'

JOPPE, alter Name der Hafenstadt Jaffa in Israel (Vorderasien). Seit mindestens 4000 Jahren bewohnt, wurde sie zeitweilig ägyptisch, dann von phönizischen Seefahrern ausgebaut, nach deren Fortgang syrisch. Dem Juden-König Salomo diente sie als Hafen, später wurde sie Seeräuber-Festung, fiel an Rom und wurde schließlich arabisch. Gelegentlich von christlichen Kreuzfahrern benutzt und vorübergehend erobert, kam sie für Jahrhunderte unter türkische Herrschaft. Napoleon I. erstürmte die Stadt auf seinem Ägypten-Feldzug. Nach der Gründung des jüdischen Staates Israel wurde sie mit der 1906 n gegründeten modernen Stadt Tel-Aviv vereinigt. Größter Hafen Israels.

1499 v–1450 v Tuti
1481 v/1460 v Vorderasienzug Ägyptens
1796 n/1815 n Napoleonische Kriege

JORAM, König von Israel.

871 v–842 v Lebenslinie
898 v–842 v Isebel
890 v–814 v Jehu
882 v–798 v Elisa
843 v braun Erhebung Moabs
843 v rot Verlust von Moab
842 v braun Aufstand

JORDAN, Fluß in Vorderasien. Entspringt auf dem Berge Hermon unweit Damaskus, durchfließt Palästina von Nord nach Süd und mündet ins Tote Meer, dessen Hauptwasserzufuhr er bildet.

200 v braun Sieg syrischer Heere
7 v–29 n Johannes der Täufer

JORDANIEN, Land und Staat in Vorderasien. Entstand als englisches Herrschaftsgebiet (Mandat) nach der türkischen Niederlage im ersten Weltkriege. Von den Engländern bald zum Emirat und 1946 n zu einem unabhängigen Königreich gemacht, blieb das Land wirtschaftlich und politisch stark von England abhängig und hemmte dadurch die Aktionen der Arabischen Liga, der es beitrat. 1951 n wurde der Staat dem nordamerikanischen Kapital erschlossen. König Abdullah wurde ermordet, sein Nachfolger Talal zur Abdankung gezwungen und der englische Günstling Hussein zum König gemacht. Durch einen Staatsstreich festigte Hussein seine Stellung und rief zeitweilig US-Truppen zu seinem Schutz ins Land. Sein Versuch, durch Zusammenschluß mit dem Irak der von Ägypten ausgehenden arabischen Freiheitsbewegung entgegenzuwirken, scheiterte wegen einer Revolution im Irak. Seitdem sucht er durch halbe Unterstützung der arabischen Sache seine Stellung zu halten und mit Hilfe Englands und der USA die überholte Gesellschaftsordnung seines Landes möglichst lange zu bewahren.

1945 n rot Arabische Liga
1946 n rot Unabhängigkeit

JORDANIS, ostgotischer Geschichtsschreiber.

497 n–555 n Lebenslinie
551 n blau Geschichte der Goten
554 n blau Weltgeschichte

JOSEPH (um 30 v–um 25 n), jüdischer Zimmermann. Führte nach christlichem Glauben eine ungeschlechtliche Ehe mit seiner Frau Maria ('Josephs-Ehe') und wird deshalb nicht als Vater des Religionsstifters Jesus betrachtet, den Maria nach biblischer Überlieferung von Gott persönlich empfing ('unbefleckte Empfängnis'). Nachdem er seine Bedenken gegen die von ihm nicht bewirkte Nachkommenschaft auf Fürsprache eines Engels überwunden hatte, soll er Jesus als rechtmäßigen Sohn anerkannt haben.

10 v–52 n Matthäus
6 v–30 n Jesus Christus
1504 n blau Gemälde Cranachs
1531 n blau Gemälde Orleys

JOSEPH II. (1741 n–1790 n), deutscher Kaiser seit 1765 n. Als Sohn Maria Theresias stand er nach seiner Thronbesteigung mehr als die Hälfte seiner 26jährigen Regierungszeit stark unter der Vorherrschaft seiner Mutter. So konnte er seinen Plan zur Errichtung eines österreichischen Staates mit deutscher Sprache und Kultur nur teilweise verwirklichen. Insbesondere scheiterte er mit seinem Plane, Bayern im Tausch gegen Belgien seinem Reiche anzugliedern. Schaffte die Folter ab, setzte sich für die Aufhebung der Leibeigenschaft ein und wies die katholische Kirche in ihre Schranken. Durch Aufhebung von 700 Klöstern und die Einziehung ihres Besitzes beseitigte er das Haupthindernis für die Verbreitung eines aufgeklärteren Geistes. Gleichzeitig erließ er das Toleranzpatent und nahm der Kirche durch Verstaatlichung der Schulen die Basis ihrer vorbewußten Beeinflussung. Dem Gesinnungsterror der Kirche setzte er auch durch Verbot der Hexenprozesse ein Ende. Doch mußte er später der Kirche wieder einige Konzessionen machen, weil er die politische Hilfe des Papstes brauchte. So kam er durch Reformen einer revolutionären Entwicklung seines Landes zuvor. Gab die Bindung an Frankreich auf und verbündete sich mit Rußland.

1717 n–1780 n Maria Theresia
1772 n rot Erste Teilung Polens
1778 n/1779 n Bayrischer Erbfolgekrieg
1781 n rot Bauernfreiheit
1781 n rot Säkularisation
1785 n rot Bund der Gegner
1786 n rot Verbot der Hexenprozesse
1787 n/1792 n Russisch-türkischer Krieg

JOSEPHUS, Flavius, jüdischer Geschichtsschreiber.

37 n–100 n Lebenslinie
66 n/70 n Jüdischer Krieg
79 n blau Kriegs-Geschichte
93 n blau Geschichte der Juden

JOSETSU, japanischer Maler.

1375 n–1448 n Lebenslinie
1408 n blau 'Welsfang'
1446 n blau 'Landschaft mit Einsiedler'

JOSIA, König von Juda.

647 v–609 v Lebenslinie
658 v–595 v Necho II.
622 v rot Fürsorge
621 v rot Deuteronomisches Gesetz

JOSQUIN des Préz (um 1450 n–1521 n), niederländischer Komponist. Nach musikalischen Studien in Paris ging er als Sänger nach Mailand und Rom. Zum ersten Sänger am Hofe des Königs von Frankreich aufgestiegen, widmete er sich mehr und mehr der Komposition. Dabei erweiterte er die Skala der Klangmöglichkeiten, so daß es ihm möglich wurde, den Sinngehalt von Liedtexten musikalisch auszudrücken. Schrieb 180 Lieder, Motetten und Messen, die er meist vier- bis sechsstimmig aufbaute. Dabei gelang ihm die Herausbildung harmonisch zusammenpassender selbständiger Tonläufe in vollendeter Weise.

1501 n blau Lieder und Messen

JOSS, Fritz (um 1465 n–um 1528 n), deutscher Freiheitskämpfer. Führte im Jahre 1502 n mehr als 20 000 Bauern in der Gegend von Karlsruhe zum Aufstand gegen ihre weltlichen Fürsten und ihre kirchlichen Ausbeuter. Das Scheitern dieser Bewegung veranlaßte ihn, in zehnjähriger Aufklärung die Bauern des ganzen Freiburger Raumes für den Aufstand zu gewinnen. Aber diese neue Erhebung wurde verraten, und er mußte sich durch die Flucht in die Schweiz retten. Von hier aus gewann er außer den Bauern auch Handwerker und andere Gruppen Ausgebeuteter und Entrechteter. 1517 n erhob sich dann das ganze Oberrheingebiet auf beiden Seiten des Stromes bis tief in den Schwarzwald und in die Vogesen hinein. Nachdem auch dieser Aufstand niedergeschlagen war, mußte er sich lange Jahre verborgen halten. An den Vorbereitungen der ersten deutschen Revolution nahm er wieder teil und erlebte noch 1526 n das endgültige Scheitern des Freiheitswillens seiner Generation.

1502 n braun Aufstand bei Bruchsal
1513 n braun Aufstand im Breisgau
1517 n braun Aufstand in Baden
1522 n/1526 n 1. deutsche Revolution

JOSUA (um 1280 v–um 1200 v), israelitischer Volksführer. Nach Moses' Tod leitete er die Geschichte des Volkes Israel. Besetzte in Nord-Palästina das Gebiet zwischen Jordan und Mittelmeer (Kanaan) und verteilte dieses verkehrsgünstige und fruchtbare Land unter die Stämme Israels.

1220 v braun Vorstoß nach Palästina
1220 n rot Gewinn von Kanaan

JOURNAL DES SAVANTS, französischer Titel einer von dem Parlamentsrat Denis de Sallo gegründeten Zeitschrift ('Gelehrten-Blatt'). Erschien einmal monatlich mit Nachrichten aus der wissenschaftlichen Welt und mit Literatur-Besprechungen. Dieser erste 'Gelehrten-Anzeiger' fand bald in vielen Ländern (besonders in Deutschland) Nachahmung. Außer in den Jahren 1792 n bis 1816 n kam das Blatt ununterbrochen bis in die Gegenwart heraus, seit 1701 n durch ein Gelehrtenkollegium geleitet, dessen Mitglieder von der französischen Regierung ernannt werden.

1665 n blau Gründung

JOYCE, James (1882 n–1941 n), irischer Schriftsteller. Für den Priesterberuf bestimmt, besuchte er in Dublin eine Jesuitenschule, sagte sich aber zwanzigjährig von der Kirche los und begann, Medizin zu studieren. Bald verließ er seine von England bedrängte irische Heimat. Schlug sich als Sprachlehrer in Triest und Paris durch und wurde freier Schriftsteller. Mit seinem Novellenband 'Dubliner Skizzen' errang er erste Erfolge. Sein Roman 'Jugendbildnis' war eine Absage an die bestehenden Mächte. Sieben Jahre arbeitete er an seinem großen Romanwerk 'Ulysses'. Darin schildert er in entfernter Symbol-Beziehung zur 'Odyssee' einen Tag im Leben eines jüdischen Anzeigenmaklers in Dublin mit seiner Frau und einem jungen Manne. Doch stellte er nicht die tatsächlichen Geschehnisse in den Mittelpunkt der Handlung, sondern die unausgesprochenen Gedanken der drei Personen. In seinem letzten Werk ('Finnegans Wachen') über dessen Niederschrift er fast erblindete, suchte er die in 'Ulysses' begonnene Loslösung der Sprache von ihren Inhalten zu vollenden. Er brachte hier die unbewußten Bilder und Vorstellungen des Menschen so ungeordnet, wie sie durcheinandergehen, ehe sie ihre sprachliche Ausprägung erhalten. Damit überschritt er die Grenze der Ausdrucksfähigkeit des Wortes und der Verständlichkeit.

1922 n blau 'Ulysses'

JUAN d'Austria (1547 n–1578 n), spanischer Feldherr und Staatsmann. Als Sohn Kaiser Karls V. und der Regensburgerin Barbara Blomberg wurde er in Spanien am Hofe seines 20 Jahre älteren Halbbruders Philipp II. erzogen. 22jährig führte er die spanischen Heere siegreich gegen die Araber. Nach diesem Erfolg befehligte er die spanische Streitmacht gegen die Türken und siegte abermals. Als er sich dann nach Tunis wandte, um sich dort ein eigenes Königreich zu schaffen, sandte ihn Philipp II. als Statthalter in die Niederlande, wo eine für Spanien hoffnungslose Lage entstanden war. Obwohl es ihm auch dort gelang, der Schwierigkeiten Herr zu werden, traf ihn die Mißgunst seines Halbbruders. Starb 31jährig, ohne seine Erfolge stabilisiert zu haben.

1571 n braun Seesieg über Türken
1572 n/1581 n Kampf der Niederlande

JUAREZ, Benito (1806 n–1872 n), mexikanischer Staatsmann. Als armer Indianerjunge verließ er seinen Stamm (Zapoteken) und studierte in der Hauptstadt Rechtswissenschaft. Wurde Anwalt, Richter und bald Präsident des obersten Gerichtshofes. Folgte dem Präsidenten der Republik 1858 n im Amte. Nun verwirklichte er die schon lange angenommene Verfassung des Landes, die wesentlich sein Werk war. Führte die Trennung von Kirche und Staat durch, hob alle Klöster auf und zog den Kirchenbesitz ein. Aus diesen Mitteln baute er Schulen und Straßen. Sicherte Freiheit und Rechtssicherheit für alle. Die katholische Kirche bestimmte das restaurative Frankreich zum militärischen Eingreifen. Während der Besetzung des Landes durch die Heere Napoleons III. zog er sich in den äußersten Norden des Landes zurück und kämpfte bald wieder ganz Mexiko frei. Den von Frankreich als Kaiser von Mexiko eingesetzten österreichischen Fürsten (Maximilian I.) ließ er hinrichten und wurde vom mexikanischen Volke mit großer Mehrheit wieder als Präsident eingesetzt.

1857 n rot Verfassung

JUBELJAHR, volkstümliche Bezeichnung für ein 'Heiliges Jahr', wie es von Zeit zu Zeit durch die katholische Kirche veranstaltet wird. Im Jahre 1300 n eingeführt, als viele gläubige Katholiken nach Rom zogen, weil nach uralten Prophezeiungen in diesem Jahre dort ein großer Erlaß für begangene Sünden (Ablaß) stattfinden sollte. Obwohl Papst Bonifatius VIII. vergeblich in den päpstlichen Archiven nach einem Anhalt für diese Erwartung suchen ließ, wollte er die Pilger nicht enttäuscht heimschicken und läutete das große Jubeljahr ein mit der Ankündigung, daß es nur alle 100 Jahre stattfinden würde. Aber der für 6 Monate verkündete Sonder-Ablaß erwies sich als so anziehend, daß das Jubeljahr für die Stadt Rom wie für die katholische Kirche ein großes Geschäft wurde. So wiederholte man es schon nach 50 Jahren, dann nach $33^1/_3$ Jahren und veranstaltete es schließlich zusätzlich noch bei jeder Papst-Einsetzung. Allmählich erhielten alle katholischen Kirchen die Erlaubnis zur Sündenvergebung, und endlich wurde sogar eine besondere Form des Sünden-Erlasses (Ablaß) durch herumreisende Vertreter verkauft.

1300 n rot Erstes Jubeljahr
1300 n grün Spendengelder
1431 n–1503 n Alexander VI. Borgia

JUDA, Teilstaat des von Juden bewohnten Palästina. Errang durch David vorübergehend die Herrschaft über ganz Palästina und behielt dann die Südhälfte des Landes mit Jerusalem. Vom Namen dieses Teilstaates wurde später der Name des jüdischen Volkes abgeleitet.

1086 v–1004 v Samuel
1064 v–1010 v Saul
1035 v–972 v David
1000 v braun Sieg über Philister
999 v–936 v Hiram
998 v rot Jerusalem Hauptstadt
992 v–933 v Salomo
990 v braun Sieg über Ammon
990 v rot Ammoniter-Ausrottung
981 v–918 v Ahia
979 v braun Zug zum Roten Meer
979 v rot Gewinn Elanas
976 v–924 v Scheschonk I.
973 v grün Handel mit Phönizien
970 v blau Königsburg Jerusalem
970 v grün Phönizier als Baumeister
969 v–908 v Bilkis
967 v grün Wasserleitung Jerusalems
964 v–912 v Jerobeam I.
960 v grün Steuererhöhung
959 v–916 v Rehabeam
959 v blau Tempel von Jerusalem
956 v grün Berufsmusiker
954 v blau 'Buch der Kriege Jahwes'
946 v blau Haremspalast Salomos
942 v grün Schmelzöfen
936 v blau 'Hohes Lied'
935 v braun Volksaufstand
934 v blau Reformforderung Ahias
933 v braun Volksaufstand
933 v rot Abtrennung Israels
930 v–871 v Omri
928 v braun Ägyptischer Kriegszug
925 v blau 'Buch des Redlichen'
882 v–835 v Athalia
863 v–796 v Joas
841 v rot Athalia Königin
835 v rot Baal-Tempel zerstört
802 v–745 v Amos
777 v–692 v Jesaja
754 v blau Amos: Rechte der Armen
752 v–699 v Hiskia
714 v–642 v Manasse
710 v grün Wassertunnel Jerusalems
705 v rot Bündnis gegen Assyrien
701 v braun Freiheitskampf
701 v grün Tribute an Assyrer
658 v–595 v Necho II.
649 v–583 v Jeremias
647 v–609 v Josia
640 v–586 v Zedekia
628 v–553 v Hesekiel
622 v rot Fürsorge
621 v rot Gesetzbuch
597 v braun Krieg mit Babylon
597 v rot Gefangenschaft der Juden
586 v braun Vorstoß Babylons
567 v blau Reformforderung Hesekiels
537 v rot Heimkehr unter Serubabel
515 v blau Neuer Tempel in Jerusalem
458 v rot Heimkehr letzter Juden
456 v rot Mischehen-Verbot
446 v rot Thora
445 v grün Neue Stadtmauer
440 v rot Mischehen-Auflösung
334 v/325 v Alexanderzug
332 v rot Mazedonier-Herrschaft
64 v/63 v Römischer Vorstoß
63 v rot Römische Provinz
66 n/70 n Freiheitskampf
70 n rot Zerstörung Jerusalems

JUDA HALEVI, jüdischer Dichter, Theologe und Arzt.

1085 n–1141 n Lebenslinie
1138 n blau Jüdische Apologie
1141 n grün Auswanderung

JUDAS Ischariot, jüdischer Freiheitskämpfer.

10 v–30 n Lebenslinie
6 v–30 n Jesus Christus

JUDAS Makkabäus, jüdischer Freiheitskämpfer.

193 v–160 v Lebenslinie
167 v/164 v Erhebung
164 v rot Religionsfreiheit

JÜNGSTES GERICHT, in mehreren Religionen bestehende Vorstellung eines Gottesgerichtes über die Toten. Oft mit dem Glauben an ein bevorstehendes Ende der Welt verbunden.

2121 v blau Vorstellung in Ägypten
6 v–30 n Jesus Christus
570 n–632 n Mohammed
1453 n blau Gemälde Quartons
1475 n–1564 n Michelangelo
1505 n blau Gemälde Signorellis
1541 n blau Gemälde Michelangelos

JÜRGENS, Hans (um 1490 n–um 1545 n), deutscher Erfinder. Als Bildhauer in Watenbüttel bei Braunschweig tätig, wurde er mit den gebräuchlichen Spinnrädern vertraut, deren Antriebsrad für Handbetrieb eingerichtet war. Durch Hinzufügung einer einfachen Tretvorrichtung, die mit einer Schnur auf das Antriebsrad wirkte, verbesserte er das Spinnrad entscheidend, weil nun beide Hände für andere Arbeiten beim Spinnvorgang frei wurden.

1530 n grün Tret-Spinnrad

JÜTLAND, Halbinsel in Nordeuropa. Ragt von Norddeutschland (Schleswig-Holstein) weit ins Meer hinaus und wird begrenzt von der Ostsee im Osten, von der Nordsee im Westen, von Kattegat und Skagerrak im Norden. Enthält zwei Drittel Dänemarks (ohne die auf der Insel Seeland gelegene Hauptstadt Kopenhagen). Seit Jahrtausenden bewohnt von seefahrenden Germanen (Kimbern, Teutonen, Jüten), wurde die Halbinsel vor 1400 Jahren von dänischen Normannen besiedelt und ist seit 1200 Jahren in ihrem Besitz.

1550 v grün Bernsteinhandel
118 v grün Sturmflut

JUGENDBEWEGUNG, Sammelbezeichnung für die zu Beginn unseres Jahrhunderts aufgebrochenen Bestrebungen der Jugend, sich vom Erwachsenen-Verhalten freizumachen und ein Leben nach eigenen Gesetzen zu führen. Äußerte sich in Großstadt-Flucht (Wandervogel), Sangesfreude (Zupfgeigenhansl), Volkstanz, zeitloser, gesunder Kleidung (Mode-Feindschaft), naturnaher Ernährung (Lebensreform), Alkohol- und Tabakverzicht (Abstinenz), Ablehnung von Sensationsliteratur (Schmutz und Schund) sowie einer ehrlicheren Gestaltung des Verhältnisses der Geschlechter untereinander. Diese Bestrebungen führten bei einem Teil der Jugend zur Erkenntnis der gesellschaftlichen Ursachen für alle Übel und damit zum Anschluß an die Weltrevolution (Arbeiterjugend) oder aber zur Isolierung in einzelnen Gruppen (bündische Jugend), die sich spätestens im Weltkrieg wieder der Welt der Erwachsenen einfügten.

1896n grün Wandervogel
1907n rot Pfadfinder

JUGENDWEIHE (Jünglingsweihe), Bezeichnung für die Aufnahme der heranwachsenden Jugend in die Gemeinschaft der Erwachsenen. Bereits bei den Naturvölkern mit feierlichen Bräuchen verbunden und seit alters her auch in den meisten Kulturen festlich begangen. Von den christlichen Religionen unter Abwandlung ihres Sinngehalts in das Ritual einbezogen (Kommunion, Konfirmation), wird sie in unserer Epoche von dem sich aus religiöser Bindung befreienden Teil der Menschheit in bewußter Abwendung von kirchlicher Tradition als rein gesellschaftliches Ereignis gefeiert.

1099v–1016v rot Tschu
1031v blau Chinesisches Zeremoniell

JUGOSLAWIEN

229v braun Sieg Roms über Seeräuber
228v rot Schutz Roms für Griechen
219v braun Sieg Roms über Illyrer
219v rot Illyrien römisch
67n–129n rot Apollodoros von Damaskus
104n grün Steinerne Donaubrücke
128n grün Vorzeit-Funde
199n–251n rot Decius
345n–420n blau Hieronymus
423n rot Save-Gebiet an Hunnen
582n braun Vorstoß der Awaren
582n rot Gebiete an Awaren
788n/812n Bilderkrieg
877n braun Byzantinischer Sieg
877n rot Gebietsgewinn Byzanz'
927n rot Teil des Bulgarenreiches
1180n rot Katharer-Verfolgung
1218n–1291n rot Rudolf I. von Habsburg
1222n rot Katharer in Bosnien
1234n rot Katharer-Verfolgung
1278n rot Krain an Habsburg
1308n–1355n rot Stephan Duschan
1349n rot Gesetzbuch
1351n grün Pestepidemie
1377n grün Quarantänestation
1389n braun Niederlage gegen Türken
1389n rot Serbien türkisch
1396n rot Bosnien türkisch
1521n braun Türken in Belgrad
1663n/1699n Großer Türkenkrieg
1699n rot Gebietsverlust der Türkei
1714n/1718n Türkenkrieg
1718n rot Nordserbien an Österreich
1735n/1739n Türkenkrieg
1739n rot Belgrad wieder türkisch
1796n/1815n Napoleonische Kriege
1876n/1878n Russisch-türkischer Krieg
1891n grün Tesla: Diathermie
1908n rot Gewinne Österreichs
1912n/1913n Balkankriege
1914n/1918n Erster Weltkrieg
1918n rot Selbständigkeit
1919n rot Vertrag von St. Germain
1920n rot Mitglied im Völkerbund
1939n/1945n Zweiter Weltkrieg
1944n rot Kommunistisch
1945n rot Mitglied der UN
1957n blau Djilas: 'Die neue Klasse'

JUGURTHA, König des nordafrikanischen Numiderreiches.

158v–104v rot Lebenslinie
156v–86v rot Marius
138v–78v rot Sulla
112v/105v Jugurthinischer Krieg
109v rot Bestochene Senatoren

JULI

2615v–2250v rot Cheops
44v grün Römischer Monatsname

JULIAN, Flavius Klaudius, römischer Kaiser.

331n–363n rot Lebenslinie
329n–389n blau Gregor von Nazianz
355n/358n Germanenkrieg Roms
359n/363n Persischer Krieg
361n rot Kampf gegen Christentum
362n rot Schulgesetz

JULIANUS Salvius, römischer Rechtsgelehrter aus Nordafrika.

104n–168n blau Lebenslinie
129n blau Rechtsbücher
131n rot Edikt
136n blau Digesten

JULI-REVOLUTION, Erhebung des französischen Volkes gegen sein altes Königshaus (Bourbonen). Führte nach dreitägigen Straßenkämpfen in Paris zur Vertreibung Karls X. Mit dem Bürgerkönig Louis-Philippe begann jedoch nur eine neue Restauration, in der das Wahlrecht nach dem Vermögen bemessen wurde und in der an der Seite Englands eine verschärfte Kolonialpolitik einsetzte.

1830n braun Erhebung
1830n rot Louis-Philippe König

JUNG, Carl Gustav (1875n–1961n), schweizerischer Arzt und Psychologe. Nach Beendigung seines Medizinstudiums wandte er sich der Erforschung der Bewußtseinsspaltung (Schizophrenie) zu und wurde von Sigmund Freud in die Psychoanalyse eingeführt. Suchte die klare Absage seines Lehrers an alle Religion durch eine psychologische Relativierung der Religionen zu ersetzen und verstand seine eigene 'Tiefenpsychologie' als verweltlichte Seelsorge. Verwässerte auch Freuds Begriff 'libido' durch Einengung seines sexuellen Grundbezuges. Andererseits erweiterte er Freuds rein individuelle Psychoanalytik durch historische und kollektive Verallgemeinerungen. Dabei arbeitete er Urformen des Unbewußten heraus ('Archetypen'), die er in alten Kulturen und Religionen fand (Held, Mutter). Für die Praxis des Seelenarztes schuf er eine psychologische Typenlehre.

1920n grün Lehre der Archetypen

JUNGFRÄULICHE GEBURT, christliche Vorstellung von der Entstehung ihres Religionsstifters Jesus, wie er sich aus der Glaubenslehre von der 'unbefleckten Empfängnis' ergibt. Dieser Glaube beruht auf den Aussagen der Apostel Matthäus und Lukas im 2. Teil der Bibel ('Neues Testament'). Danach hat Maria die Bedenken ihres Mannes wegen der von ihm nicht verursachten Schwangerschaft mit dem Hinweis auf den 'Heiligen Geist' zerstreut. Als Grundlage der Lehren von der göttlichen Natur Jesu und von der Dreifaltigkeit von zentraler Bedeutung in allen christlichen Religionen. 1439n hat das Konzil zu Basel darüber hinausgehend auch die Empfängnis der Maria durch ihre Mutter Anna als 'unbefleckte Empfängnis' bezeichnet. Durch die 1854n vom Papst zum Dogma erhobene Vorstellung wurde Jesus noch über die Halbgötter erhoben, die nach orientalischen und griechischen Göttersagen des öfteren durch Zeugung zwischen Gott und Mensch entstanden sind. Auch der ältere Zeitgenosse des Jesus, Kaiser Augustus, wurde nach römischem Glauben bei seiner Mutter Atia nicht durch ihren Mann, sondern durch eine Schlange gezeugt. Der Ausdruck 'unbefleckt' für die Empfängnis der Maria beruht auf der christlichen Grundauffassung, daß jede durch natürlichen Geschlechtsverkehr zustande gekommene Empfängnis einen Menschen mit der Erbsünde belastet, also 'befleckt' sei.

10v–52n blau Matthäus
22n–74n blau Lukas
182n–253n blau Origenes
381n–444n blau Cyrillus
786n–861n blau Radbertus
1108n–1175n blau Wace
1338n blau Martini: 'Verkündigung'
1678n blau Murillos Gemälde
1854n rot Dogma

JUNGTÜRKEN, Bezeichnung für eine 1889n gegründete türkische Partei ('Einheit und Fortschritt'). In ihr vereinigten sich reformfreudige Kräfte des Bürgertums, die seit 1870n durch gemeinsame politische Ziele verbunden waren. Seit 1897n verboten und verfolgt. Durch einen Aufstand im Balkan zwang sie dem Sultan 1908n eine Verfassung auf und gewann 1909n maßgeblichen Einfluß auf die türkische Politik. Verhinderte eine Bodenreform und verlor dadurch ihren Anhang im Volke. Zeitweilig von der Regierung verdrängt, war sie seit 1913n wieder an der Macht. Schloß ein Bündnis mit Deutschland, das der Türkei die Niederlage im ersten Weltkrieg und den Verlust des ganzen vorderasiatischen Besitzes (Syrien, Libanon, Palästina, Irak) brachte. Seitdem von der Regierung ausgeschlossen. Nachdem 1926n ihr Versuch zum Sturz des türkischen Staatsmannes Kemal Atatürk gescheitert war, wurde die Bewegung nach Hinrichtung ihrer Führer endgültig aufgelöst.

1908n braun Aufstand
1908n rot Verfassung
1914n/1918n Erster Weltkrieg

JUNI-AUFSTAND, Erhebung der Pariser Arbeiter gegen den Versuch des französischen Besitzbürgertums zur Niederhaltung der revolutionären Entwicklung. Von 45000 Arbeitern wurden wichtige Punkte der Stadt vier Tage lang gehalten, dann gelang den Regierungstruppen unter Cavaignac die Niederschlagung des Aufstandes.

1848n braun Aufstand

JUNIS, Ibn, arabischer Naturwissenschaftler.

948n–1009n grün Lebenslinie
974n grün Sternwarte Kairo
1006n grün Ekliptik

JUNKERS, Hugo (1859n–1935n), deutscher Erfinder. Studierte Maschinenbau, verbesserte den Gasmotor und erfand ein Gerät zur Messung von Wärmemengen (Kalorimeter). Im Zuge dieser Arbeiten entwickelte er den Gas-Durchlauf-Erhitzer und erhielt eine Professur für Wärmetechnik. Dann wandte er sich dem Flugzeugbau zu und schuf im zweiten Jahr des ersten Weltkrieges das erste Ganzmetall-Flugzeug der Welt mit freitragenden Flügeln. Ein Jahr später nahm er die Serienproduktion dieses Flugzeuges auf und baute seit 1919n die ersten Ganzmetall-Verkehrsflugzeuge. Zehn Jahre später erfand er den Schweröl-Flugzeugmotor und erhöhte damit Sicherheit und Wirtschaftlichkeit des Fliegens. Die von ihm gebaute 'Ju 52' wurde in der Welt zum Begriff von Zuverlässigkeit im Flugwesen. Gründete zahlreiche Fabrikationsbetriebe und Fluggesellschaften.

1915n grün Metallflugzeug

JUPITER, größter Planet unseres Sonnen-Systems. Er ist zehnmal größer als die Erde. Von seinen bisher entdeckten zwölf Monden wurden die vier hellsten durch den Italiener Galilei aufgefunden, der letzte erst im Jahre 1951n.

1564n–1642n grün Galilei
1610n grün Entdeckung von Monden

JUPITER, Name des obersten Gottes im Römerreich. Als 'Lichtvater' römischer Hauptgott, wurde er auf dem Kapitolshügel in Rom verehrt. Galt auch als Verkörperung der römischen Staatsidee.

509v blau Tempel in Rom
69v blau Wiederaufbau des Tempels
132n/135n Widerstand der Juden
135n blau Tempel in Jerusalem
215n blau Tempel in Baalbek

JURA, Schweizer Jura, Name eines Mittelgebirges in der Nordwest-Schweiz zwischen Rhein und Rhône.

1384n rot Herrschaft Burgunds

JURISTEN

598v–501v blau Teng-Tse
479v blau Korax
478v–410v blau Protagoras
409v blau Apastamba
384v–322v blau Aristoteles
383v–322v rot Demosthenes
279v–206v blau Chrysipp
96v blau Scävola
64v–20v grün Strabo
16v blau Kapito
15v blau Labeo
55n blau Sabinus
63n blau Prokulus
104n–168n blau Julianus Salvius
143n–212n blau Papinian
161n blau Gajus
162n–224n blau Tertullian
170n–229n blau Ulpian
223n blau Julius Paulus
295n blau Gregorian
296n blau Hermogenian
475n–545n blau Tribonian
490n–562n blau Prokop
536n blau Kassiodor
652n blau Li-Chi
699n–767n blau Abu Hanifa
770n blau Ibn Anas
810n–870n blau Al Buchari
815n blau Al Schafi
839n–923n blau Al Tabari
840n blau Ibn Hanbal
1059n–1111n blau Al Gazali
1169n–1240n blau Ibn Arabi
1190n–1235n blau Eike von Repkow
1247n–1328n rot Johannes Korvino
1304n–1377n blau Ibn Batuta
1392n–1450n blau Ibn Arabscha
1468n blau John Fortescue
1519n blau Murner
1576n blau Bodin
1625n blau Grotius
1646n–1716n blau Leibniz
1672n blau Pufendorf
1688n blau Thomasius
1689n–1755n blau Montesquieu
1737n blau Moser
1764n blau Beccaria
1815n blau Savigny
1828n blau Jacob Grimm

JUSSUF ibn Taschfin (1010n–1106n), arabischer Staatsmann und Feldherr. Vereinigte die Berberstämme Nordafrikas unter seiner Führung und schuf ein einheitliches Reich, das vom Senegal bis Marokko reichte (Almoraviden-Reich). Als Hauptstadt gründete er im Landesinnern am Nordhang des Atlasgebirges die Stadt Marrakesch. Auf einen Hilferuf der spanischen Araber setzte er nach Europa über und schlug die unter Alfons von Kastilien angreifenden Christenheere. Durch Absetzung der selbstherrlichen Araberfürsten stellte er die Einheit des arabischen Spanien wieder her und bewahrte es so für Jahrzehnte vor weiteren Angriffen der kastilischen Christen.

1062n braun Sieg über Berber
1062n rot Reichsgründung
1062n blau Gründung von Marrakesch
1085n/1090n Angriff Kastiliens

JUSTIN I. (um 450n–527n), Kaiser von Ostrom (Byzanz) seit 518n. Als Bauernsohn aus einem mazedonischen Dorfe bei Skopje wurde er Soldat, kam zur Gardetruppe des Kaisers Anastasius I. und wurde Feldmarschall. Nach dem Tode seines Kaisers bestieg er selbst den Thron. Einigte sich mit dem Papst und bekämpfte im Oströmischen Reiche alle Christen, die nicht an die doppelte Natur Jesus' glaubten und ihn nur entweder als Mensch oder als Gott gelten lassen wollten ('Monophysiten'). Adoptierte seinen Neffen Justinian und machte aus diesem Bauernjungen seinen Nachfolger.

482n–565n rot Justinian

JUSTIN der Märtyrer, römischer Religionsphilosoph aus Palästina.

100n–165n blau Lebenslinie
125n–190n blau Tatian
145n blau Apologie
165n rot Hinrichtung

JUSTINIAN, byzantinischer Kaiser von 527n bis 565n.

482n–565n rot Lebenslinie
475n–545n blau Tribonian
478n–567n rot Narses
490n–562n blau Prokop
497n–548n rot Theodora
502n–543n blau Al Kais
505n–565n rot Belisar
511n–579n rot Chosroes
513n–552n rot Totila
527n braun Slawen-Vorstoß
527n rot Siedlung der Slawen
527n/532n Perserkrieg
529n rot Akademie geschlossen
529n grün Philosophen-Ausweisung
530n rot Mütterschutzgesetz
532n braun 'Nika'-Aufstand
532n rot Friede mit Persien
532n rot Absolutismus
532n grün Zahlung für Befestigungen
533n blau 'Pandekten'
533n blau 'Institutionen'
533n rot 'Corpus juris cicilis'
533n/534n Krieg gegen Wandalen
534n rot Herrschaft über Wandalen
535n rot Gleichberechtigung der Frau
535n/553n Letzter Ostgotenkrieg
536n rot Schutz der Bauern
537n blau Sophienkirche
539n rot Paß- und Zuzugskontrolle
539n grün Monopole
540n/562n Perserkrieg
541n rot Konsulat abgeschafft
545n blau Prokops Geschichtswerk
546n rot Christianisierung Nubiens
546n/548n Kämpfe gegen Slawen
548n rot Autorität über Kirche
551n braun Sieg der Slawen
553n rot Ende des Ostgotenreiches
553n rot Herrschaft über Italien
554n braun Sieg über Westgoten
554n rot Gewinn der Gibraltar-Enge
554n grün Großgrundbesitz in Italien
558n braun Siege über Hunnen, Slawen
558n blau Prokop: Bauwerke
559n blau Agathias' Geschichtswerk
561n blau 'Novellen'
562n rot Friede mit Persien
562n grün Tribute an Persien

JUSTINIAN II. (um 670n–711n), Kaiser von Ostrom (Byzanz) zwischen 685n und 695n sowie von 705n bis zu seinem Tode. Als Sohn des Kaisers Konstantin IV. früh zur Macht gelangt, führte er erfolgreiche Feldzüge gegen Araber, Bulgaren und Slawen. Wegen seiner Grausamkeit wurde er aber nach zehnjähriger Herrschaft von seinem Feldherrn Leontios gestürzt, verstümmelt und verbannt. Zehn Jahre später kehrte er jedoch an der Spitze eines Bulgarenheeres wieder, eroberte seinen Thron zurück und nahm Rache. Sechs Jahre darauf wurde er endgültig gestürzt und ermordet. Mit ihm endete die Herrschaft seiner Familie (Heraklius-Dynastie).

705n rot Zarentitel für Bulgaren

JUSTUS von Tiberias (um 40n–um 110n), jüdischer Geschichtsschreiber aus der Residenzstadt Tiberias am Westufer des Sees Genezareth. Nahm am Aufstand gegen die römische Fremdherrschaft teil. Nach der Niederlage zog er sich auf wissenschaftliche Arbeiten zurück. Schrieb ein historisches Werk, in dem er die jüdische Geschichte seit Moses mit der griechisch-römischen Geschichte in zeitliche Parallele setzte. Durch diese Synchronisierung hat er die jüdische Religionsgeschichte der Weltgeschichte eingefügt.

92n blau Geschichtswerk

JUTI, ägyptischer Bildhauer.

1423v–1359v blau Lebenslinie
1383v blau Bildnis der Teje
1367v blau Selbstbildnis

JUVENAL, römischer Dichter.

67n–140n blau Lebenslinie
111n blau Satiren

KAABA, Name des größten Heiligtums der mohammedanischen Religionsgemeinschaft (Islam), aber viel älter als diese. Inmitten des Hofes einer großen Moschee in der arabischen Stadt Mekka gelegen, besteht es aus einem 19 Meter hohen würfelförmigen Steingebäude ('Kaaba' = 'Würfel'). Im Innern dieses fensterlosen grauen Steinquaders, der mit schwarzem Brokat überzogen ist, befindet sich das Allerheiligste, der Schwarze Stein. Dieser Meteor-Stein, der nach islamischem Glauben bei seiner Überbringung durch Erzengel Gabriel schneeweiß gewesen ist, soll durch die Sünden der Menschen schwarz geworden sein. In seiner Oberfläche befindet sich eine tellerförmige Vertiefung, die von den Küssen der Gläubigen stammen soll. Zu diesem Steine hin verneigen sich die Mohammedaner in der ganzen Welt beim Gebet. Seine Verehrung ist wahrscheinlich mindestens 3000 Jahre alt. Früher für den Mondgott Hubal bestimmt, wurde er von Mohammed vor 1350 Jahren mit leicht veränderter Singgebung in sein neues Glaubensgebäude einbezogen. Seitdem wird das Heiligtum dreimal jährlich geöffnet: Einmal für die Männer, einmal für die Frauen und einmal für die Reinigung.

630n grün Wallfahrtsort
899n/930n Karmatenaufstand

KA-APER (um 2550v–um 2490v), ägyptischer Beamter. Ließ sich traditionsgemäß für sein Grab eine Statue anfertigen. Als diese hölzerne Schnitzplastik zu Beginn unseres Jahrhunderts bei der Ausgrabung einer Gräberstadt bei Kairo (Sakkara) freigelegt wurde, fanden die ausgrabenden Ägypter den dargestellten Mann ihrem eigenen Bürgermeister so ähnlich, daß sie ihn 'Dorfschulze' nannten.

2500v blau Statue

KABBALA, Name einer jüdischen Geheimlehre. Das hebräische Wort bedeutet 'Überlieferung', und die unter diesem Titel erschienene Lehre enthielt zunächst jenen Teil der fünf Bücher Moses, der nur für die Herrschenden bestimmt war und dem Volke vorenthalten werden sollte. Diese unter großer Geheimnistuerei von Generation zu Generation mündlich weitergegebenen Texte änderten im Laufe der Jahre ihren Charakter. Als sie vor 700 Jahren zu einem System zusammengefaßt wurden, war daraus eine in dunklen Redewendungen gehaltene Anweisung für die Meisterung philosophischer, moralischer und praktischer Lebensfragen geworden. Besonders ihre Methode der Deutung eines Wortsinnes auf dem Umweg über die den Buchstaben zugeordneten Zahlen verbreitete sich schnell und führte zum Glauben an die Wunderkraft bestimmter Worte und Schriftzeichen.

1275n blau Buch 'Sohar'

KABEL, Bezeichnung für elektrische Leitungen, die durch Umhüllung mit Isoliermaterial so geschützt sind, daß sie unmittelbar im Erdreich oder unter Wasser verlegt werden können. Enthalten bis zu 4000 Einzeldrähte. 1851n glückte der Versuch einer Kabellegung durch den Kanal nach England. Sieben Jahre später wurde das erste Kabel zwischen Europa und Amerika verlegt (Länge 3745 km). Werner Siemens verbesserte die Qualität durch Schaffung nahtloser Blei-Umhüllungen, und 1860n gelang es ihm, die 5500 km lange Strecke von Suez nach Indien einwandfrei zu überbrücken. Seit 1881n gab es neben Telegraphen-Kabeln auch Telephon-Kabel, und 1935n wurde das erste Fernseh-Kabel zwischen Berlin und Leipzig in Betrieb genommen. Durch die schnelle Verbesserung der drahtlosen Übertragungstechnik ging die Bedeutung des Kabels in der Telegraphie seit einigen Jahrzehnten zurück.

1816n–1892n grün Siemens
1858n grün Atlantik-Kabel

KABUL, Stadt am Südhang des Hindukusch-Gebirges in Afghanistan, dessen Hauptstadt sie ist. An dem gleichnamigen Nebenfluß des Indus gelegen, bildete sie seit alters her eine Karawanenstation auf dem Wege von Indien nach Turkestan und nach Vorderasien. Nachdem sie von Alexander dem Großen im Alexanderzug erobert worden war, wurde ihre Bedeutung durch Anlage einer Nachbarstadt (Alexandria) zurückgedrängt, doch erlangte sie nach ihrer Eingliederung ins baktrische Reich ihre beherrschende Stellung zurück. Später Hauptstadt eines mächtigen Hunnenreiches. Dann geriet sie im Arabischen Krieg unter die Herrschaft der Araber, wurde von Mongolenheeren im Großen Mongolenkrieg erobert und gehörte seit Beginn des 16. Jahrhunderts zum Reich der Großmogule, das von Delhi aus regiert wurde. Seit dem 18. Jahrhundert Zentrum der Unabhängigkeitsbewegung Afghanistans. Im Afghanischen Krieg von den Engländern 1839n besetzt und wegen des hartnäckigen Widerstandes des afghanischen Volkes gegen die britische Vorherrschaft 1842n fast völlig zerstört. 1879n bis 1880n nochmals von Engländern besetzt, war die Stadt erst seit der völligen Unabhängigkeit des Landes (1919n) vor englischen Übergriffen sicher. Seit 1932n auch Universitätsstadt.

334v/325v Alexanderzug
182v rot Herrschaft Baktriens
448n–510n Toramana
633n/732n Arabischer Krieg
1207n/1279n Großer Mongolenkrieg
1221n rot Mongolische Herrschaft
1504n braun Vorstoß Babars
1504n rot Herrschaft der Großmogule
1839n/1842n Afghanischer Krieg

KACHELN

1161v blau Ägyptische Kacheln
1593n grün Delfter Fayencen

KADAR, Janos (geboren 1912n), ungarischer Staatsmann. Als Mechaniker trat er der Gewerkschaftsbewegung bei und wurde zwanzigjährig Kommunist. Nach zehnjähriger Arbeit in der illegalen Kommunistischen Partei ins Zentralkomitee gewählt, organisierte er den Widerstand gegen die deutschen Faschisten im zweiten Weltkrieg. 1945n Mitglied des Politbüros, 1948n Innenminister. 1950n wegen der Opposition gegen die von der Sowjetunion eingesetzte und gelenkte Parteiführung verhaftet, gefoltert und drei Jahre eingekerkert. 1956n war er einer der Führer des Aufstandes und Mitglied der Regierung Nagy. Als aber der anti-stalinistische Aufstand eine anti-kommunistische Richtung nahm, bildete er eine Gegenregierung, die mit Hilfe der Roten Armee den Kommunismus in Ungarn wieder herstellte und deren Politik er seitdem als Ministerpräsident und Generalsekretär der Partei führt.

1939n/1945n Zweiter Weltkrieg
1948n rot Ungarn kommunistisch
1956n braun Aufstand

KADAVERGEHORSAM

1491n–1556n Ignatius von Loyola
1534n blau Vorschrift für Jesuiten

KADESCH, Stadt in Syrien (Vorderasien). Etwa 130 km nördlich von Damaskus über dem großen Knie des Orontes-Flusses auf einer Hochebene gelegen. Vor etwa 4000 Jahren entstanden, konnte sie später als Stadtstaat nur schwer ihre Unabhängigkeit behaupten. Nachdem sie sich der Tributpflicht Babylons entwunden hatte, unterlag sie den Ägyptern und wurde schließlich der südliche Vorposten des vorderasiatischen Hettiterreiches, mit dessen Untergang sie ihre Bedeutung verlor.

1512v–1448v Tut-Mosis III.
1481v/1460v Vorderasien-Krieg Ägyptens
1460v rot Ägyptische Herrschaft
1347v–1282v Muwa-Talli
1326v–1234v Ramses II.
1311v braun Ägyptische Niederlage
1297v/1282v Krieg Ägypter-Hettiter
1287v blau Darstellung der Schlacht

KADIR, Al (1077n–1166n), arabischer Philosoph und Mönch. Nach Jahren der Zurückgezogenheit verließ er seine persische Heimat und begab sich nach Bagdad, wo er bald einen großen Schülerkreis um sich sammelte und die erste festorganisierte religiöse Bruderschaft des Islam gründete ('Derwisch'-Orden). Forderte einen ständigen Wechsel von Welterleben und Weltabkehr; auf eine Periode der Zurückgezogenheit und der inneren Läuterung soll eine Periode der Rückkehr und der Ausstrahlung auf die Menschen folgen. Verzicht auf Besitz ist ihm und dem von ihm gegründeten Orden unabdingbares Gebot.

1127n rot Armutsorden
1127n blau Läuterung gefordert

KÄDMON, angelsächsischer Dichter.

617n–682n Lebenslinie
670n blau Lobgedicht

KA-EM-HET, ägyptischer Beamter.

1418v–1372v Lebenslinie

KÄRNTEN, Bergland in Österreich, dessen südlichsten Teil es bildet. Der Name geht auf den germanischen Stamm der Karner zurück, der sich vor mehreren Jahrtausenden hier niederließ. Von Römern besetzt, wurde es Kampfplatz römischer Legionen mit südwärts drängenden Kimbern und Teutonen. Später siedelte Rom hier Fremdvölker zum Schutz der Grenzgebiete an. Nach Abzug der Römer drangen aus dem Osten slawische Völker ein, die von Salzburg her christianisiert wurden. 772n fiel das Land für 200 Jahre an Bayern, wurde dann vorübergehend ein selbständiges Herzogtum und nach einer Periode wechselnder Fürstenherrschaft 1335n habsburgisch. Blieb seitdem fast ununterbrochen bei Österreich.

113v/101v Erster Germanenkrieg
403n rot Westgoten-Ansiedlung
769n rot Christianisierung
804n–876n Ludwig der Deutsche
976n rot Herrschaft Bayerns beendet
976n rot Selbständigkeit
1218n–1291n Rudolf I. von Habsburg

KÄSE

2460v grün Gewinnung in Mesopotamien

KÄSTNER, Erich (geboren 1899n), deutscher Schriftsteller. Vom Lehrerseminar 18jährig eingezogen, wurde er nach dem Kriege Bankbeamter, Redakteur und mit 28 Jahren freier Schriftsteller. Gestaltete in erzieherischer Absicht die Welt der Kinder und wurde mit seinen Jugendbüchern weltberühmt ('Emil und die Detektive', 'Das doppelte Lottchen'). Vieles wurde auch verfilmt. In Gedichten wandte er sich gegen die bürgerliche Moral und gegen den deutschen Militarismus ('Kennst Du das Land, wo die Kanonen blühn'). Sein erster großer Roman ('Fabian') erzählt die 'Geschichte eines Moralisten', der an der Ausweglosigkeit der kapitalistischen Gesellschaft zerbricht. Als Antifaschist nach 1933n vom Veröffentlichen seiner Werke weitgehend ausgeschlossen, schrieb er nach 1945n für Münchener Kabaretts (Schaubude, Kleine Freiheit), setzte seine 'Gebrauchslyrik' fort und verfaßte Autobiographisches ('Als ich ein kleiner Junge war').

1931n blau 'Fabian'

KAFFA, Hafenstadt am Schwarzen Meer im Nordosten der Halbinsel Krim. Unter dem Namen 'Theodosia' von Griechen gegründet, wurde sie im Jahre 131n zerstört, während die Burg stehen blieb. 1262n bauten Siedler aus Genua die Stadt wieder auf. 1475n wurde sie türkisch. Nachdem sie 1771n von den Russen eingenommen worden war, erhielt sie 1783n den Namen Feodosia, den sie bis heute behielt.

528v blau Gründung
1475n braun Eroberung durch Türken
1475n rot Türkische Herrschaft
1768n/1774n Russisch-türkischer Krieg

KAFFEE, Getränk aus den gebrannten Früchten des gleichnamigen Strauches. Ursprünglich im abessinischen Kaffa und später im arabischen Mokkaan gebaut, diente er wegen seines Giftes (Koffein) als Arznei. Als Getränk setzte er sich nur langsam durch, zuerst zur Anregung bei Gebetsstunden in den Moscheen. 1511n wurde er aber wegen seiner Schädlichkeit in islamischen Ländern verboten. Knapp vierzig Jahre später kam er nach Konstantinopel. Aber erst fast 100 Jahre danach gelangte er durch venezianische Kaufleute nach Italien. 1652n erhielt ihn England durch Seefahrer, und in der zweiten Hälfte des 17. Jahrhunderts wurde er durch einen türkischen Gesandten am französischen Hofe bekannt. Gleichzeitig kam er nach Deutschland. Wegen seines hohen Preises blieb sein Genuß jahrhundertelang den Reichen in den Städten vorbehalten. Erst als die Kolonialmächte in Mittel- und Südamerika eigene Plantagen anlegten (seit 1762n in Brasilien), wurde das Getränk breiteren Volksschichten zugänglich. Seit Beginn unseres Jahrhunderts klärte die Lebensreform-Bewegung das Volk über die schädigenden Wirkungen des Koffeins auf, ohne den Siegeszug des Getränkes damit aufzuhalten. Etwa zwei Drittel der Welt-Erzeugung werden heute in den USA verbraucht.

970n grün Getränk in Abessinien
1015n grün Koffein als Heilmittel
1538n grün Einführung in Europa
1554n grün Kaffeehaus in Istanbul
1676n rot Kaffeehaus-Verbot
1683n grün Kaffeehaus in Wien
1686n grün Anbau auf Java
1710n grün Anbau in Amerika
1742n blau Bach: 'Kaffee-Kantate'

KAFFEEHÄUSER

1554n grün Aufkommen in Istanbul
1676n rot Schließung in England
1683n grün Einrichtung in Wien

KAFFERN, Sammelbezeichnung für mehrere Negervölker im Südosten Afrikas (Zulus, Bantus, Betschuanen). Ihr Name wurde ihnen von den Arabern gegeben (Kaffern = Ungläubige). Durch ihre tapfere Gegenwehr gegen die Buren und gegen die englischen Kolonialherren errangen sie große Achtung in der freiheitlich-gesinnten Welt. Jedoch vertauschten sie bei Aufhebung ihres Kolonial-Status nur die englische Ausbeutung gegen die nicht weniger gnadenlose Ausbeutung durch die weiße Minderheit ihres eigenen Landes.

1811n/1812n Vorstoß Englands
1879n braun Vorstoß Englands
1893n braun Aufstand gegen England

KAFKA, Franz (1883n–1924n), österreichischer Schriftsteller. Als Sohn eines tschechischen Fabrikanten und einer deutschen Mutter studierte er in Prag Rechtswissenschaft, arbeitete kurze Zeit an einem Gericht, wurde dann Versicherungsbeamter, bis er sich vierzigjährig mit schwerer Lungen-Tuberkulose aus dem Beruf zurückzog und nach einem letzten Jahre in Berlin starb. Seine Erzählungen, Romane, Tagebücher und Briefe sind Ausdruck seiner eigenen Vereinsamung, Daseinsangst und Leere, hinter der die Sehnsucht nach sinnvoller Lebenserfüllung spürbar wird. Er entlarvte in seinen Werken die hinter bürgerlicher Wohlanständigkeit verborgene Selbstentfremdung in allen Sparten unserer Gesellschaft: Die zerstörerische Gewalt der Rechtsprechung ('Der Prozeß'), das seelenlose Räderwerk der Bürokratie ('Das Schloß') und die kalte Geldgier des Hochkapitalismus ('Amerika'). Das von ihm geschilderte wirkliche Geschehen stellte er meist vor einen spukhaft-unwirklichen Hintergrund.

1915n blau 'Die Verwandlung'

KA-GEMNI (um 2390v–um 2315v), ägyptischer Staatsmann. Stieg unter König Teti ins höchste Staatsamt auf und regierte als erster Minister (Wesir) das Nilreich. Stellte in einem Buche Verhaltensregeln und Anweisungen für den Umgang mit Menschen zusammen. Forderte Duldsamkeit, Mäßigkeit und Bescheidenheit. Verwarf Schlemmerei, Schwätzertum und Unbeherrschtheit. Warnte angesichts der Unsicherheit der menschlichen Existenz vor Übermut im Erfolg. Im Anstand erkannte er die äußere Erscheinungsform der Weisheit.

2330v blau Anstandsregeln

KAHINA (um 660n–703n), Herrscherin des Berberreiches von Gurawa in Nordafrika. Einigte die Berberstämme Nordafrikas zum Widerstand gegen die Araber. Nach ihrem vollständigen Sieg über die angreifenden Araber ließ sie auf weiten Küstenstrecken zwischen Marokko und Tunesien Städte und Pflanzungen zerstören. Damit wollte sie die Araber von neuen Vorstößen abhalten. Aber die betroffenen Landstriche begrüßten nun die Araber als Befreier, so daß immer größere Teile ihres Reiches verlorengingen. Da sandte sie ihre beiden Söhne in das arabische Lager, damit sie den Islam annahmen, während sie selbst mit letzter Kraft den Kampf noch einmal aufnahm und unterging.

703n braun Aufstand

KAIKAS (um 1040n–um 1105n), persischer Herrscher und Schriftsteller. Als Enkel des Fürsten Kabus wurde er König des persischen Staates Gilan am Südwestufer des Kaspischen Meeres. Dieses fruchtbare und besonders verkehrsgünstig gelegene Reich führte er zu einer friedlichen Blütezeit. Um die Grundsätze für die Erziehung seines Sohnes Gilanschah festzulegen, schrieb er ein Buch über die Tugenden, die ein Herrscher haben muß. Diesen 'Fürstenspiegel' widmete er seinem Großvater, dem er die Grundlage seiner Macht und seine eigenen Herrscherqualitäten verdankte.

1082n blau Fürstenspiegel

KAILASA-TEMPEL, brahmanischer Felsentempel in Ellora (West-Indien), 200 Kilometer landeinwärts von Bombay. Größter und schönster von 30 Tempeln, die hier aus einem Granit-Berge herausgemeißelt worden sind. Seine Hallen sind bis 45 Meter breit, 75 Meter lang und 27 Meter hoch. Sie sind von Säulenreihen und kunstvoll verzierten Pfeilern durchzogen. Tausende von Bildsäulen mit Darstellungen aus Sagen und Kämpfen beleben dieses weltberühmte Meisterwerk indischer Fels-Skulptur, das auf einem 9 Meter hohen, mit lebensgroßen Elefanten-Plastiken geschmückten Sockel ruht.

857n blau Fertigstellung

KAIRO, Stadt in Nordägypten am Eintritt des Nils in sein verzweigtes Mündungsgebiet (Delta). Von den Arabern nach der Eroberung des Landes angelegt, übertraf sie an Größe und Bedeutung bald die alte Griechenstadt Alexandria und wurde neben Bagdad zweite Hauptstadt des Araberreiches. Nach der Eroberung durch die Türken (1518n) verlor sie ihre führende Stellung. Doch blüht sie seit 50 Jahren mit dem erwachenden Selbstbewußtsein des Nillandes erneut auf und wuchs nach der Erringung der ägyptischen Unabhängigkeit über die Bedeutung der Hauptstadt eines freien, dem Sozialismus zustrebenden Ägypten hinaus zum Zentrum der arabischen Einigungsbestrebungen.

642n blau Gründung
643n grün Steine aus Heliopolis
644n blau Amr-Moschee
879n blau Ibn-Tulun-Moschee
948n–1009n Ibn Junis
974n grün Sternwarte
988n blau Universität
988n grün Stipendien
1016n blau Großbibliothek
1135n–1204n Maimonides
1138n–1193n Saladin
1173n grün Brieftaubenpost
1362n blau Sultan-Hassan-Moschee
1403n blau Märchen aus '1001 Nacht'
1475n blau Kait-Bai-Moschee

KAIS, Al, arabischer Dichter.

502n–543n Lebenslinie
535n blau Gedichtsammlung
539n blau Regeln der Dichtkunst

KAISERCHRONIK, Name des ersten deutschsprachigen Geschichtswerkes, das in dichterischer Form ein Bild der römischen und deutschen Kaiser von Cäsar bis auf Lothar III. gibt. Mit zahlreichen Legenden, Sagen und Märchen durchsetzt, trug die aus 17 000 Reimen bestehende Dichtung dazu bei, die deutschen Herrscher als Nachfolger der römischen Kaiser auszugeben und dadurch den legendären Ruhm des untergegangenen Römerreiches den deutschen Machthabern nutzbar zu machen. Die hierbei unterstellte geschichtliche Kontinuität wirkte jahrhundertelang fort und prägte noch das Weltmachtstreben des deutschen Bürgertums in unserem Jahrhundert.

1149n blau Entstehung

KAISERKANAL, Name eines Systems künstlicher Wasserstraßen, das den Norden Chinas (Peking) in Nord-Süd-Richtung mit den großen in west-östlicher Richtung verlaufenden Strömen Chinas (Hoang-Ho und Jang-Tsekiang) verbindet und damit einen Verkehrsweg von der nördlichen Hauptstadt ins Landesinnere schafft. Vor fast 2500 Jahren begonnen und nach 1700jähriger Bauzeit von den Mongolen vollendet, war er vor allem Tributstraße für die Ablieferung von Reis und Hirse an den Kaiser. Mit 1700 Kilometer Länge größter künstlicher Schiffahrtsweg der Erde.

486v grün Bau
1283n grün Vollendung

KAIT-BAI-MOSCHEE, von dem ägyptischen Herrscher Sultan Kait-Bai als Begräbnisstätte gebaute zierliche Moschee in Kairo.

1475n blau Fertigstellung

KAJAM, Al, arabischer Mathematiker, Physiker, Sternforscher und Philosoph persischer Herkunft.

1039n–1123n Lebenslinie
1074n grün Prüfung von Legierungen
1079n grün Kalender

KAJURAHO, Stadt im nördlichen Indien, 500 Kilometer südlich von Neu-Delhi zwischen zwei rechten Nebenflüssen des Ganges gelegen. Von hier aus herrschten zwischen 950n und 1050n die Candella-Könige über das ganze Land Bundelkhand. In dieser Epoche entstand eine Tempelstadt, die im Laufe der Jahrhunderte Kultbauten dreier verschiedener Religionen erhielt. Die Bauwerke haben sich bis in die Gegenwart sehr gut erhalten.

981n blau Tempelstadt

KAKAO, Bezeichnung für ein Pulver, das aus gemahlenen Kernen der Frucht des Kakaobaumes besteht und das mit Kuhmilch und Zucker zu einem wohlschmeckenden Getränk oder einer süßen Kraftnahrung (Schokolade) verarbeitet wird. Nach der Entdeckung Südamerikas durch Spanier bei der indianischen Urbevölkerung des Kontinentes vorgefunden, wurde er bald nach Europa gebracht und errang hier schnell große Beliebtheit.

1521n grün Einführung in Europa

KALACH, Stadt in Mesopotamien (Vorderasien). Von dem Assyrerkönig Salmanassar I. am Tigris 70 Kilometer stromaufwärts von Assur als Festung gegründet. Wegen ihrer strategisch und verkehrstechnisch günstigen Lage wurde sie Hauptstadt des Assyrer-Reiches und ging 612v mit diesem unter (Zerstörung durch Meder).

1302v–1244v Salmanassar I.
1255v blau Gründung
912v–860v Assurnasirpal II.
895v–825v Salmanassar III.
873v blau Palast
867v grün Sternwarte
865v grün Trinkwasserkanal
833v blau Obelisk
827v rot Machtbereich Salmanassars
824v–782v Adadnirari III.
787v blau Nabu-Tempel

KALB

2387v blau 'Kalbende Kuh'
2340v blau 'Hirte mit Kalb'
1965v blau Ägyptische Zeichnung
1188v blau Ägyptisches Relief
1951n blau 'Tanz ums goldene Kalb'

KALBI, Al, Hischam (um 740n–819n), arabischer Gelehrter. Als Sohn des Muhamed al Kalbi, der sein Leben lang Aufzeichnungen und mündliche Überlieferungen aus der vorislamischen Epoche Arabiens gesammelt hatte, vollendete er dessen Lebenswerk durch die zusammenfassende Niederschrift des religiösen Weltbildes der arabischen Völker vor ihrer Bekehrung zum Islam.

817n blau Religionskunde

KALDUN, Ibn, arabischer Historiker, Geschichtsphilosoph und Staatsmann.

1332n–1406n Lebenslinie
1374n blau Gesetze der Geschichte
1378n blau Geschichte der Berber
1383n blau Weltgeschichte

KALENDER, Bezeichnung für die Einteilung des Zeitablaufes in wiederkehrende Perioden. Zunächst unmittelbar auf den Ablauf der Natur gegründet (Veränderung von Temperatur, Niederschlag und Wasserstand). Nach Erkenntnis der auf die Natur einwirkenden Kraft von Sonne und Mond richtete er sich direkt nach dem Umlauf dieser Gestirne. Eine der ersten Kulturschöpfungen des Menschen.

2913v grün Kalender in Sumer
2880v grün Neujahrsfest in Sumer
2850v grün Jahresbeginn bei Nilflut
2848v grün Ägyptische Jahresnamen
2769v grün Ägyptischer Kalender
2630v grün Kalender in China
2600v grün Steuerjahre in Ägypten
2332v–2248v Yao
2269v grün Kalenderreform in China
1953v grün Beginn bei Regierung
1857v grün Assyrische Jahresnamen
1822v grün Babylonische Jahresnamen
1690v grün Reform in Babylon
1685v grün Beginn bei Regierung
1333v grün Kalender in Arabien
1321v grün 60-Jahre-Zyklus (China)
1317v grün Mondjahr in Ägypten
841v grün Reform in China
776v grün Olympiaden-Ära
753v–680v Hesiod
509v grün Rechnung nach Konsuln
433v grün Meton'scher Zyklus
274v–194v Eratosthenes
259v–209v Schi-Huang-Ti
237v grün Sonnenjahr in Ägypten
153v grün 1. Januar Jahresanfang
104v grün Reform in China
46v grün Julianischer Kalender
44v grün Monatsname 'Juli'
8v grün Monatsname 'August'
155n rot Streit um Osterdatum
192n rot Osterdatum erzwungen
325n grün Osterdatum festgelegt
354n rot Weihnachtsdatum
474n grün Genaue Jahreslänge (Indien)
525n grün Christliche Zeitrechnung
582n–644n Omar
637n grün Islamische Zeitrechnung
673n–735n Beda
725n grün Beda: 'Über Zeitrechnung'
855n–929n Al Battani
973n–1048n Al Biruni
1039n–1123n Al Kajam
1056n–1133n Sämund der Weise
1079n grün Al Kajams Kalender
1277n grün Reform in China
1436n grün Nikolaus: Reformforderung
1582n grün Gregorianischer Kalender
1583n grün Scaliger: Chronologie
1792n grün Revolutionskalender

KALHANA (um 1090n–um 1160n), indischer Historiker. Am Hofe des Königs von Kaschmir lebend, verfaßte er eine Geschichte dieses nordindischen Teilreiches am Oberlauf des Indus (Himalaya-Gebirge). In dieser gereimten Chronik gab er genaue Kunde von den Königen der letzten 450 Jahre und bemühte sich neben einer Aufzählung der Geschehnisse dieser historisch überschaubaren Zeit auch um ein Charakterbild jedes einzelnen Herrschers. In die Zeit vor 700n tastete er sich an Hand der Sagen zurück. Suchte auch die geschichtsbildenden Kräfte herauszuschälen. Bekannte sich zur Pflicht des Historikers, aus der denkenden Betrachtung des Vergangenen Folgerungen zu ziehen, die den Weg in die Zukunft erleichtern.

1148 n blau 'Strom der Könige'

KALIDASA, indischer Dichter.

353 n–420 n Lebenslinie
373 n blau 'Der Wolkenbote'
390 n blau 'Sakuntala'
398 n blau 'Kreis der Jahreszeiten'
408 n blau Heldendichtung

KALIFORNIEN, Land im Südwesten Nordamerikas. Zwischen Gebirge (Rocky Mountains) und Meer (Stiller Ozean) klimatisch sehr günstig gelegen mit fruchtbarer Erde und reich an Bodenschätzen. Außer diesem Nordkalifornien (USA) gehört dazu das ebenso große Südkalifornien (Mexiko), das zuerst entdeckt, in Besitz genommen und besiedelt wurde. Im Norden entstanden erst seit 1769 n Niederlassungen. Bei der Befreiung Mexikos aus spanischer Herrschaft fiel das ganze Land an den neugegründeten Staat. Aber nach der Entdeckung großer Goldvorkommen wurde der Norden von den USA mit Gewalt genommen und durch Zahlung von 15 Millionen Dollar an Mexiko endgültig vereinnahmt. Der Goldrausch brachte viele Einwanderer ins Land, die sich zum großen Teile niederließen und den Boden kultivierten. Die Auffindung von Öl zog dann auch eine rasche Industrialisierung nach sich. Weltberühmt wurde das Land durch seine Filmproduktion (Hollywood).

1533 n grün Entdeckung
1535 n rot Anspruch Spaniens
1602 n rot Spanischer Besitz
1776 n blau Gründung San Franziskos
1781 n blau Los Angeles gegründet
1846 n/1848 n Mexikanischer Krieg
1848 n rot USA-Besitz
1848 n grün Goldfunde
1910 n grün Entstehung Hollywoods
1937 n grün Golden-Gate-Brücke

KALININGRAD (Königsberg), Stadt an der Mündung des Pregel ins Frische Haff (Ostsee). Auf einem Kreuzzug des Deutschritterordens gegen die nicht-christlichen Preußen als Burg angelegt, wuchs sie schnell zur Stadt empor. Von den freiheitsliebenden Preußen 1261 n zerstört. Seit 1263 n im Tal unterhalb des Schloßberges wieder aufgebaut. 1286 n erhielt sie Stadtrecht. In unmittelbarer Nachbarschaft wuchs eine zweite Siedlung empor (Lobenicht) und auf der Insel Kneiphof entstand eine dritte Stadt. Sie wurden 1724 n der heutigen Stadt von König Friedrich Wilhelm I. einverleibt. Sein hier geborener Vater war in dieser Stadt im Jahre 1701 n zum ersten 'König in Preußen' gekrönt worden und hatte dem aufstrebenden brandenburgischen Staate den Namen 'Preußen' gegeben. Seit 1756 n lehrte Kant an der Universität und wurde 1788 n ihr Rektor. In den Napoleonischen Kriegen ging von hier die Erhebung Preußens gegen Napoleon aus. Noch der deutsche Kaiser Wilhelm I. ließ sich 1861 n in der Stadt zum preußischen König krönen. 1945 n von der Roten Armee besetzt, wurde sie nach Aussiedlung des größten Teiles ihrer deutschen Bevölkerung der Sowjetuinon eingegliedert und erhielt den russischen Namen Kaliningrad.

1255 n blau Gründung
1544 n blau Universität
1623 n grün Börse
1701 n rot Königskrönung
1724 n–1804 n Kant
1796 n/1815 n Napoleonische Kriege
1939 n/1945 n Zweiter Weltkrieg
1945 n rot Besetzung
1945 n rot Potsdamer Abkommen

KALIUM, Name eines Metalles, dessen spezifisches Gewicht geringer ist als das des Wassers und das infolgedessen auf dem Wasser schwimmt. Salze und Verbindungen waren bereits seit Jahrtausenden bekannt (Pottasche), doch wurde das reine Metall erst zu Beginn des 19. Jahrhunderts entdeckt.

1807 n grün Entdeckung

KALIXT I., römischer Bischof von 217 n bis 222 n.

169 n–222 n Lebenslinie
217 n rot Bischof Roms
218 n rot Forderung des Vorrangs
221 n rot Sündenvergebung

KALIXT II. (um 1050 n–1124 n), französischer Priester, Papst von 1119 n bis 1124 n. Sicherte die Mitbestimmung der Kirche bei der Priester-Einsetzung ('Investitur'). Diese bedeutsame Handlung war vorher dem Kaiser allein vorbehalten, weil die Kirchenfürsten im Reiche zugleich den größten Teil der Länder beherrschten. Ordnete die Verfolgung von Kirchengegnern als 'Ketzer' an und forderte die staatlichen Vollzugsorgane auf, bei der Ausrottung dieser Menschen mitzuwirken (Synode von Toulouse).

1119 n rot Kampf gegen 'Ketzer'
1122 n rot Wormser Konkordat

KALIXT III. (1378 n–1458 n), spanischer Priester, Papst von 1455 n bis 1458 n. Als Ratgeber des spanischen Königs Alfons V. erwirkte er die päpstliche Erlaubnis für die Versklavung der Eingeborenen in den überseeischen Kolonialgebieten. Zum Papst gewählt, versuchte er, den Vorstoß der Türken zum Balkan aufzuhalten. Rüstete eine Flotte aus, die ohne Erfolg in den griechischen Gewässern operierte. Auch sein Aufruf zum Kreuzzug blieb ergebnislos, obgleich der für die Teilnehmer gewährte Sündenablaß von ihm auch auf die Geldgeber des Unternehmens ausgedehnt wurde. Gehörte der spanischen Adelsfamilie der Borgia an, die durch ihn in den Besitz des höchsten Kirchenamtes kam. Begünstigte und bereicherte seine Verwandten so sehr, daß es bei seinem Tode zu einem Haßausbruch des römischen Volkes kam.

1452 n rot Versklavungs-Erlaubnis
1455 n rot Kreuzzugs-Aufruf
1455 n braun Angriff auf Türken

KALK, Bezeichnung für technisch-verwendbar gemachtes kohlensaures Kalzium. Aus Kalkstein gewonnen, der im Ofen gebrannt und anschließend mit Wasser 'gelöscht' wird.

160 n grün Verwendung für Seife
1762 n grün Verwendung für Zement

KALKSTEIN

2922 v blau Tempel in Uruk
2855 v grün Treppe in Sumer
2582 v blau Plastik eines Prinzen
2576 v blau Relief 'Antilopenjagd'
2569 v blau Skulpturen eines Paares
2550 v blau Statue eines Jünglings
2539 v blau Porträt eines Prinzen
2538 v blau Büste des Ank-Haf
2499 v blau Plastik eines Jünglings
2485 v blau Skulptur einer Frau
2483 v blau Statue 'Die Zuversichtliche'
2453 v blau Statue des Ra-No-Fer
2444 v blau Plastik 'Bierbrauer'
2443 v blau Relief einer Antilope
2434 v blau Relief einer Katze
2401 v blau Relief 'Ringkampf'
2395 v blau Relief eines Eselstreibers
2393 v blau Relief einer Nilpferdjagd
2388 v blau Plastik eines Tänzers
2384 v blau Relief 'Hirtenleben'
2370 v blau Statue eines Schreibers
2369 v blau Statue 'Die Lächelnde'
2366 v blau Relief eines Opfers
2360 v blau Plastik zahmer Bären
2350 v blau Statue 'Frau beim Mahlen'
2346 v blau Plastik einer Familie
2345 v blau Plastik 'Frau beim Brauen'
2300 v blau Relief einer Ernte
2266 v blau Statue eines Mädchens
2085 v blau Plastik 'Beim Frisieren'
2002 v–1928 v Sesostris I.
1941 v blau Tempel in Karnak
1823 v blau Statue Amen-Em-Hets III.
1502 v blau Skulptur einer Königin
1496 v blau Plastik 'Der Günstling'
1491 v blau Relief 'Ruderer'
1483 v blau Plastik einer Sphinx
1480 v blau Statue eines Negerknaben
1446 v blau Relief 'Totenklage'
1438 v blau Bildnis einer Verhärmten
1429 v blau Relief 'Beladen der Schiffe'
1405 v blau Porträt eines Richters
1401 v blau Plastik eines Paares
1375 v blau Relief eines Pferdekopfes
1369 v blau Büste einer Prinzessin
1366 v blau Kopf Nofretetes
1346 v blau Plastik 'Nackte Königin'
1285 v blau Plastik 'Mutter mit Sohn'
1269 v blau Bild eines Kahlköpfigen
1147 v blau Bild einer Akrobatin
1054 v blau Relief 'Bienenschwarm'
913 v blau Tempel in Megiddo
639 v blau Relief 'Bienenzucht'
637 v grün Verdrängung durch Marmor
595 v blau Tempel der Athene
548 v blau Plastik eines Priesters
396 v blau Relief einer Schwalbe
380 v blau Relief einer Kapelle

KALKUTTA, Stadt im weitverzweigten Mündungsgebiet (Delta) des Ganges zwischen der vorderindischen und der hinterindischen Halbinsel. Vor fast 300 Jahren von dem englischen Kaufmann Job Charnod als Handelsniederlassung nahe dem gleichnamigen indischen Dorfe gegründet, wurde sie sechs Jahre später durch einen militärischen Stützpunkt befestigt (Fort William). Entwickelte sich mit der schnellen Ausbreitung der englischen Macht über das Land zur größten Stadt Indiens.

1690 n blau Gründung
1757 n rot Englische Vormacht

KALLIAS (um 470 v–um 380 v), griechischer Naturforscher. Der reichsten Familie Athens entstammend, widmete er sich der Dichtkunst, der Redekunst, der Politik und der Erforschung der Natur. Fand im geriebenen Zinnoberstein das Quecksilber und entdeckte damit das einzige Metall, das ohne Erhitzung eine flüssige Zustandsform hat. Entwickelte auch eine einfache Methode zur Gewinnung des neuen Elementes.

415 v grün Quecksilber

KALLIKAN, Ibn (1211 n–1282 n), arabischer Historiker. Nach Abschluß seiner Studien Hochschullehrer und Oberrichter, mußte er wegen Beteiligung an revolutionären Umsturzplänen mehrmals seine Ämter zur Verfügung stellen. Schrieb ein Buch mit 865 Lebensbeschreibungen berühmter Zeitgenossen und historischer Persönlichkeiten. Sein Werk zeichnete sich durch hohe Zuverlässigkeit aus und war durch Beigabe von Anekdoten, Aussprüchen und Gedichten außerordentlich lebendig.

1274 n blau Lebensbilder

KALLIMACHOS, Texitechnos (um 460 v bis um 400 v), griechischer Bildhauer aus Korinth. Entwickelte die Marmorbearbeitung handwerklich zu höchster Vollendung und verbesserte die Technik des Marmor-Bohrens. Für einen Tempel auf der Akropolis (Erechtheion) schuf er eine goldene Lampe, die Tag und Nacht brannte. Als Rauchfang baute er eine stilisierte Palme bis hinauf zur Decke. Aus dieser Form entwickelte sich dann der gezierte Säulenkopf, der nach seiner Heimatstadt Korinth 'korinthisch' genannt wurde. Damit war den beiden einfachen griechischen Säulenköpfen (dorisch und ionisch) ein dritter und letzter hinzugefügt.

420 v blau 'Sitzende Hera'
418 v blau 'Tanzende Spartanerinnen'

KALLIMACHOS, griechischer Dichter und Gelehrter.

289 v–235 v Lebenslinie
271 v blau Gedichte
265 v blau Bibliographie
247 v blau 'Locke der Berenike'

KALLINIKOS (um 640 n–um 700 n), griechischer Erfinder aus Syrien (Vorderasien). Als Kriegsbaumeister in Konstantinopel (Byzanz) schuf er einen einfachen Flammenwerfer ('Griechisches Feuer'). Damit gab er seinem Lande eine so wirksame Waffe in die Hand, daß es sich erfolgreich gegen den immer heftiger werdenden Druck der Araber zur Wehr setzen konnte.

633 n/732 n Arabischer Krieg
671 n grün Brandwerfer

KALLINOS, griechischer Dichter.

728 v–660 v Lebenslinie
667 v blau Kriegslieder

KALLISTHENES (um 360 v–327 v), griechischer Geschichtsschreiber. Als Neffe des Aristoteles verfaßte er gemeinsam mit seinem Onkel die Liste der Sieger bei den musisch-sportlichen Wettkämpfen der Griechen ('Pythien'). Dann schrieb er 10 Bände über die Geschichte Griechenlands zwischen 386 v und 356 v ('Hellenika'). Begleitete Alexander den Großen auf Feldzügen und schrieb als Hofhistoriograph einseitig-lobende Berichte über dessen Unternehmungen. Jedes einzelne Buch, das er unterwegs abschloß, wurde sofort nach Griechenland geschickt, um dort genaue Kunde von Alexanders Erfolgen zu geben und die Stimmung für ihn zu bewahren. Als Alexander an seinem Hofe die persische Form der Königshuldigung durch Niederwerfen und Berühren der Erde mit dem Gesicht (Proskynese) einführte, wandte er sich gegen diese demütigende Überfremdung griechischer Sitten. Darauf wurde er eingekerkert, gefoltert und im Gefängnis ermordet.

334 v/325 v Alexanderzug
327 v blau Geschichte Alexanders

KALMARER UNION, Bezeichnung für eine Einigung der drei skandinavischen Staaten auf Anerkennung eines gemeinsamen Königtums. Herbeigeführt durch die dänische Königin Margarete, die nach dem Tode ihres Mannes, des norwegischen Königs Haakon, seit 1380 n auch Herrscherin Norwegens war. Mit der Streitmacht beider Länder vertrieb sie den deutschen Schwedenkönig Albrecht und legte in der Stadt Kalmar in Südschweden für alle drei Länder ein gemeinsames Wahl-Königtum fest. Endgültig aufgehoben wurde diese Vereinbarung 1523 n durch die Thronbesteigung Gustav Wasas in Schweden.

1397 n rot Verkündung

KALSADI, Al (um 1410 n–1486 n), arabischer Mathematiker. Wendete das Wurzelzeichen und das Gleichheitszeichen an und schrieb ein Lehrbuch der Arithmetik.

1460 n grün Lehrbuch

KALTWASSERKUR

1737 n grün Anwendung durch Hahn
1824 n grün Priessnitz' Verfahren
1887 n grün Kneipps Heilmethode

KALYDONISCHER EBER, Ungeheuer aus der griechischen Sage. Von der Göttin Artemis in den Stadtstaat Kalydon (Südgriechenland) geschickt, weil dessen König sie mißachtet hatte. Er verheerte das Hinterland der kleinen Hafenstadt, bis der Königssohn Meleagros mit den tapfersten Männern des Landes den Eber in einer abenteuerlichen Jagd erlegte. Aus dieser Heldentat folgte Streit und Kampf. Gegenstand vieler Sagen (Euripides, Sophokles).

364 v blau Skopas' Plastik

KAMANDAKI (um 650 n–um 720 n), indischer Staatsmann. Schrieb die sittlichen Grundsätze und die praktischen Regeln der indischen Staatspolitik seiner Zeit in einem Lehrbuch nieder.

704 n blau Lehrbuch der Politik

KAMARES, Bezeichnung für eine besonders fein gearbeitete Keramik, die hauptsächlich in der Stadt Phaistos auf der Mittelmeer-Insel Kreta hergestellt wurde. Benannt nach einer Höhle in der Südwand des Ida-Gebirges bei Phaistos, in der viel von diesen Ton-Gegenständen gefunden wurde.

1883 v grün Herstellung

KAMBODSCHA, Land und Staat im Süden Hinterindiens, durchflossen vom Mekong, dessen Tal eines der fruchtbarsten Reis-Anbaugebiete der Erde ist. Vor etwa 2000 Jahren Teil des großen Königreiches Fu-Nan, das ganz Hinterindien umfaßte. Seit dem 6. Jahrhundert bildete sich hier ein selbständiger kleinerer Staat (Tscheu-La), der dreihundert Jahre später durch Einnahme von Nachbarländern sich zum Reiche der Khmer erweiterte. 1320 n wurde der Buddhismus Staatsreligion. Nach dem Sieg der Thai verkleinerte sich das Staatsgebiet, weil sich die Nachbarreiche Siam und Annam ausdehnten. Nachdem das Land unter König Norodom 1863 n zur Anerkennung einer französischen Schutzherrschaft gezwungen worden war, wurde zwanzig Jahre später die französische Kolonialherrschaft errichtet. Seit 1863 n (Aufstand des Atschar Soa) kämpfte das Volk um seine Unabhängigkeit, die es erst nach 90 Jahren wiedererlangte.

1121 n blau Tempel von Angkor Wat
1257 n braun Sieg der Thai über Khmer
1884 n rot Französische Herrschaft
1939 n/1945 n Zweiter Weltkrieg
1945 n/1954 n Erhebung Südostasiens
1954 n rot Unabhängigkeit
1955 n rot Bandung-Konferenz

KAMBYSES, Kaiser von Persien von 529 v bis 522 v.

565 v–522 v Lebenslinie
525 v braun Vorstoß nach Ägypten
525 v rot Ende des Ägypterreiches
525 v rot Ägypten Provinz

KAMEL, Reittier und Lastträger der afrikanischen und asiatischen Länder. Seine Fähigkeit, Flüssigkeit und Nahrung im eigenen Körper zu speichern, macht es zur Bewältigung von Wüsten und Steppen tauglich. Es kann mit 200–300 kg beladen werden und trägt diese Last täglich 30–40 Kilometer weit. Seit Jahrtausenden auch wegen seiner Milch und seines Fleisches vom Menschen gezähmt.

1512 v grün Zähmung
1102 v grün Lasttier
1059 v grün Reittier
661 v braun Verwendung im Kriege
657 n/661 n Kamelschlacht

KAMELIE, eine dem Teestrauch verwandte Zierpflanze, die in China, Japan, Hinterindien und auf den Philippinen seit alters her als Gartenstrauch bis zu 10 Metern hoch gezüchtet wurde. 1739 n kam sie nach England und verbreitete sich wegen ihres glänzenden vollen Blattschmuckes und ihrer schönen Blüte schnell in Europa, allerdings als Zimmerpflanze. Benannt wurde sie von dem schwedischen Naturforscher Linné nach einem Mönch, der sie beschrieb, als er sie in Ostasien fand.

1739 n grün Einfuhr nach Europa

KAMERUN, Land und Staat an der westafrikanischen Atlantik-Küste unmittelbar über dem Äquator. Vor 2500 Jahren durch seefahrende Karthager aufgefunden, blieb es im Gesichtskreis der Mittelmeer-Völker. Im 13. Jahrhundert nahm es den islamischen Glauben an. 1472 n drangen portugiesische Seefahrer ins Landesinnere vor. In den folgenden Jahrhunderten wurde ein großer Teil seiner Bevölkerung durch europäische Kolonialmächte (vor allem England) verschleppt und in die Sklaverei verkauft, hauptsächlich nach Amerika. Mit dem Rückgang der Sklaverei in Nordamerika verlor England das Interesse an dem Lande, so daß Deutschland seit 1857 n hier Fuß fassen konnte. 1868 n gründete das Hamburger Handelshaus Woermann eine Niederlassung, 16 Jahre später konnte das Land als deutsche Kolonie vereinnahmt werden und behielt diesen Status trotz mehrerer Erhebungen (1904 n, 1905 n, 1906 n, 1911 n, 1914 n). Nach dem ersten Weltkrieg zwischen Frankreich und England geteilt, mußte es noch vierzig Jahre europäischer Ausbeutung ertragen.

469 v rot Karthagische Kolonie
1884 n rot Deutsche Kolonie
1919 n rot Versailler Vertrag
1960 n rot Unabhängigkeit

KAMISARDEN, Bezeichnung der Protestanten in einem Teile Südfrankreichs (Cevennen). Der Name bedeutet 'Blusenmänner'. Nach der Zurücknahme des Erlasses zur Duldung des Protestantismus (Edikt von Nantes) durch Ludwig XIV. erhoben sie sich gegen den Abbé de Chaila, der die Protestanten aufspürte, einkerkerte und aufhängen ließ. Nachdem der Abbé 1702 n erschlagen worden war, begann ein mörderischer Kampf gegen die königlichen Heere, die zunächst geschlagen wurden. Ludwig XIV. schickte darauf 60 000 Mann, die 466 Dörfer dem Erdboden gleichmachten. Das Volk brannte danach 200 Kirchen nieder und erwürgte 84 Priester. Daraufhin wurde ein neuer Marschall entsandt, der die Aufständischen durch halbe Zugeständnisse zum Niederlegen der Waffen bewegte und ihren Anführer Jean Cavalier als Oberst in die Armee aufnahm. Trotzdem flammten die Kämpfe wieder auf und endeten erst, als das ganze Gebiet verwüstet und entvölkert war.

1702 n/1710 n Aufstand

KAMM, Gerät zum Ordnen der Haare, das in früheren Zeiten auch zum Haar-Reinigen und zum Haar-Färben (Blei-Kamm) benutzt wurde.

2947 v grün Kurzzackige Kämme
2864 v grün Kämme aus Horn
2793 v blau Bildschmuck

KAMMIN, Stadt in Pommern, 4 Kilometer von der Ostsee entfernt am Kamminer Bodden in der Odermündung bei Stettin. Von Slawen vor mehr als tausend Jahren gegründet, wurde sie 1123 n Residenzstadt des Herzogs von Polen. 1274 n erhielt sie auf Drängen des deutschfreundlichen Bischofs deutsches Stadtrecht, doch wurde der Bischof 1304 n dem slawischen Herzog von Pommern unterstellt. 1536 n schloß sich der Bischof Manteuffel der Reformation an, 1648 n gelangte die Stadt unter die Herrschaft des Kurfürsten von Brandenburg. So war sie seit Entstehung des preußischen Staates deutsch. Nach dem zweiten Weltkrieg polnisch.

1620 n–1688 n Der Große Kurfürst
1648 n rot Westfälischer Friede
1945 n rot Potsdamer Abkommen

KAMOSIS, König von Oberägypten.

1596 v–1570 v Lebenslinie
1577 v rot Angriff Nubiens
1574 v braun Sieg über Hyksos
1574 v rot Oberägypten frei

KAMPANIEN, Land an der Südwestküste Italiens rund um die Bucht von Neapel. Wegen seiner Fruchtbarkeit und Schönheit früh begehrt und umkämpft. Die bäuerlichen Urbewohner (Osker) wurden bald von Griechen-Siedlungen zurückgedrängt. Sie mußten schließlich den Etruskern weichen. Diese wurden von den Samniten besiegt, deren Niederlage gegen Rom das Land jahrhundertelang römisch machte. In der Völkerwanderung von germanischen Völkern heimgesucht, wurde es arabisch, normannisch und dann Streitball zwischen zahlreichen italienischen und fremden Fürsten. 1861 n wurde es endgültig dem neugegründeten italienischen Reiche einverleibt.

758 v blau Gründung von Kyme
483 v/474 v Etruskischer Krieg
334 v rot Anschluß Kapuas an Rom
326 v/304 v Kampf Roms gegen Samniten
326 v rot Bündnis Neapels mit Rom
312 v grün Via Appia
304 v rot Römischer Machtbereich
216 v rot Abfall von Rom
74 v blau Theater von Pompeji
79 n grün Ausbruch des Vesuvs
984 n rot Amalfi unabhängig
1010 n grün Hochschule von Salerno
1029 n rot Normannen-Herrschaft

1029 n blau Gründung von Aversa
1101 n–1154 n Roger II.
1130 n rot Reich Rogers II.
1194 n rot Deutsche Herrschaft
1224 n blau Universität Neapel
1266 n braun Vorstoß Frankreichs
1266 n rot Französischer Besitz
1301 n grün Salz-Kartell
1310 n/1313 n Deutscher Italienzug
1344 n grün Rückzahlungsweigerung
1442 n rot Spanischer Besitz
1470 n grün Alaun-Kartell
1516 n rot Besitz Karls V.
1544 n rot Rückzug Frankreichs
1556 n rot Besitz Philipps II.
1709 n grün Grabungen in Herkulaneum
1714 n rot Herrschaft Österreichs
1735 n rot Spanische Herrschaft
1748 n grün Ausgrabungen in Pompeji
1861 n rot Einigung Italiens

KAMPFWAGEN, zwei- oder vierrädriges Gefährt, das Platz für den Lenker der Zugtiere sowie für einen oder mehrere Kämpfer bietet. Seine Erfindung revolutionierte vor fast fünftausend Jahren die Kriegstechnik. Mit dem Aufkommen berittener Krieger vor etwa 3000 Jahren wurde er wegen seiner Schwerfälligkeit unbrauchbar. Aus Tradition wurde er aber noch lange Zeit bei Wettkämpfen verwendet und in Triumphzügen mitgeführt.

2524 v grün Wagen in Sumer
1724 v grün Wagen der Kurriter
1673 v grün Wagen der Hyksos
1563 v grün Wagen in Griechenland
1476 v grün Verwendung als Jagdwagen
1428 v blau Ägyptische Darstellung
1405 v–1326 v Kikkuli
1393 v grün Wagenrennen bei Hettitern
1345 v–1301 v Sethos I.
1342 v grün Wagen in China
1334 v grün Kikkuli: Wagenlenkung
1315 v grün Ägyptische Verbände
1302 v–1244 v Salmanassar I.
1267 v grün Assyrische Abteilungen
688 v grün Wagenrennen der Griechen
462 v blau Statue eines Wagenlenkers

KAMTSCHATKA, sibirische Halbinsel im Stillen Ozean, halbwegs zwischen Japan und Beringstraße. Das fast unbewohnte Gebiet wurde von dem Kosaken Moroskow und 16 Mann in Besitz genommen, der aus der russischen Niederlassung Anadyr an der Beringstraße aufbrach, um die südlichen Gebiete tributpflichtig zu machen.

1697 n braun Vordringen Rußlands
1697 n rot Russischer Besitz

KANA, Ort in Palästina nördlich von Nazareth. Hier hat nach biblischer Sage der Religionsstifter Jesus bei einer Hochzeitsfeier sechs Krüge Wasser in Wein verwandelt und durch dieses erste von ihm vollbrachte Wunder das Vertrauen der Bevölkerung in seine göttliche Natur errungen. In der christlichen Kunst wurde diese 'Hochzeit zu Kanaan' häufig dargestellt.

1563 n blau Veroneses Gemälde

KANAAN, hebräische Bezeichnung für das Küstenland Palästinas und des Libanon (wörtlich: Tiefland). Später von den Juden auf die bergigen Gebiete zwischen der Mittelmeerküste und dem Jordan ausgedehnt. Das von den Kanaanitern und Phöniziern unter eigenen Königen bewohnte Land wurde vor 3200 Jahren durch jüdische Nomaden (Israeliten) erobert und unterworfen. Die Kanaaniter und Phönizier erhielten als völkische Minderheiten noch 200 Jahre ihre Eigenart, seit 1000 v gingen sie dann ganz in den Stämmen Israels auf. Durch die Bibel hat sich aber ihr Name bis in unsere Epoche lebendig erhalten.

1515 v–1449 v Idrimi
1441 v rot Einfluß auf Ägypten
1366 v braun Erhebung gegen Ägypten
1314 v braun Vorstoß Ägyptens
1220 v braun Vorstoß der Israeliten
1220 v rot Herrschaft Israels
1120 v blau Israelisches Siegeslied

KANACHOS (um 535 v–475 v), griechischer Bildhauer. Gründete zusammen mit seinem Bruder Aristokles eine Werkstätte für Erzguß, durch die seine Heimatstadt Sikyon (bei Athen) berühmt wurde. Stellte Götterbilder, Reiterfiguren und Athletenbilder her, die als Ehrenpreise für Wettkämpfe dienten. Schuf eine Plastik des Apollo mit einem Hirsch, der durch einen Mechanismus in Bewegung gesetzt werden konnte. Dieses Standbild gefiel den Persern so sehr, daß sie es raubten. Aber König Seleukos I. brachte es aus Achtung vor der Heimat des Künstlers wieder nach Griechenland zurück.

504 v blau Statue der Aphrodite

KANADA, nördliche Hälfte von Nordamerika. Von Asien her über die früher bei der Beringstraße bestehende Landverbindung vor Jahrtausenden besiedelt, wurde es vor tausend Jahren von Normannen besucht, die sich hier für kurze Zeit niederließen. 500 Jahre später begann die Entdeckung und Kolonisierung durch europäische Mächte. Das zunächst von den Franzosen eroberte Land fiel später an England und entwickelte sich durch die Verbindung mit diesem technisch fortgeschrittenen Lande zum viertgrößten Industriestaat der Erde. Wiederholte Einverleibungsversuche der USA führten zu einer so innigen Bindung an England, daß es bis heute Mitglied des Commonwealth geblieben ist, obwohl es seit 1926 n fast alle Freiheiten eines selbständigen Staates besitzt. 1949 n gliederte es sich Labrador und Neufundland an.

967 n–1021 n Leif Erikson
1000 n grün Entdeckung durch Leif
1003 n rot Normannen-Siedlung
1497 n grün Entdeckung durch Caboto
1534 n grün Erforschung
1535 n rot Französischer Besitz
1540 n rot Übergabe an Roberval
1553 n–1610 n Heinrich IV.
1583 n rot Engländer auf Neufundland
1585 n–1642 n Richelieu
1608 n blau Gründung von Quebec
1628 n grün Compagnie du Canada
1642 n blau Gründung von Montreal
1674 n rot Französischer Gouverneur
1713 n rot Nordosten englisch
1755 n/1763 n Kolonialkrieg
1759 n rot Englischer Besitz
1914 n/1918 n Erster Weltkrieg
1920 n rot Mitglied im Völkerbund
1921 n grün Insulin-Gewinnung
1926 n rot Erhöhte Selbständigkeit
1939 n/1945 n Zweiter Weltkrieg
1945 n rot Mitglied der UN
1949 n rot Mitglied der NATO

KANALBAUTEN, von Menschenhand angelegte Wasserstraßen zur Verbindung bestehender Schiffahrtswege (Flüsse, Seen, Meere) oder zur Bewässerung von Ackerland. Ihr Bau steht am Beginn der menschlichen Zivilisation. An ihm lernten die Menschen, daß sie gemeinsam Werke vollbringen können, die über die Kräfte des Einzelmenschen hinausgehen und deren Ergebnisse ihnen allen zugute kommen.

Vorzeittafel: Schlußbalken (5000 Jahre)
2933 v grün Kanäle der Sumerer
2933 v–2868 v Skorpion
2915 v–2852 v Melam
2884 v grün Kanäle in Ägypten
2596 v–2515 v Ur-Nan-Sche
2570 v–2481 v Ur-Enlil
2540 v grün Schiffahrtskanäle in Sumer
2464 v–2397 v En-Te-Mena
2405 v grün Wasserstraßen in Sumer
2387 v grün Kanalisierung des Tigris
2366 v grün Kanäle in Lagasch
2253 v grün Kanalbau Nippurs
2252 v–2158 v Yü
2212 v grün Kanäle in China
2093 v–2030 v Ur-Nammu
2044 v grün Kanal von Ur zum Meer
1904 v–1841 v Sesostris III.
1867 v grün Nil-Katarakt-Kanal
1780 v–1697 v Rimsin
1691 v grün Kanal von Kisch zum Meer
693 v–609 v Psammetich I.
658 v–595 v Necho II.
624 v–561 v Nebukadnezar II.
605 v grün Kanalbau in Ägypten
585 v grün Reparaturen in Babylon
550 v–486 v Dareios I.
490 v grün Kanal Nil–Rotes Meer
486 v grün Kanäle in China
483 v grün Athos-Kanal
281 v grün Schleuse in Ägypten
12 v grün Kanalbau in Holland
560 n–618 n Yang-Ti
605 n grün Nord-Süd-Kanal in China
608 n grün Arbeitskräfte-Organisation
675 n–715 n Welid
685 n–762 n Hüan-Tsung
793 n grün Kanalbau Rhein–Donau
1283 n grün 'Kaiserkanal' in China
1398 n grün Elbe-Trave-Kanal
1672 n–1725 n Peter I., der Große
1681 n grün Kanal Atlantik–Mittelmeer
1731 n grün Ladoga-Kanal
1853 n grün Rhein-Marne-Kanal
1869 n grün Suezkanal
1913 n grün Panamakanal
1952 n grün Wolga-Don-Kanal

KANALISATION, Bezeichnung für ein System von Abwasser-Ableitungen. Zur Vermeidung von Seuchen Grundvoraussetzung für die Anlage jeder größeren Siedlung. Findet sich bereits in den ältesten Städten.

2808 v grün Kanäle in Mohenjo
2447 v grün Kanäle in Ur
610 v grün Entwässerung Roms
31 v grün Anlagen aus Zement
1530 n grün Rieselfeld-System

KANARIENVÖGEL, Finken-Vögel von den Kanarischen Inseln vor der Nordwestküste Afrikas (Atlantik). Kamen bald nach der Eroberung dieses Gebietes durch die Spanier nach Europa, konnten sich aber wegen ihrer Unansehnlichkeit und ihres mäßigen Gesanges nicht durchsetzen. Erst nachdem sie durch Höherzüchtung ihr Olivgrau gegen ein leuchtendes Gelb eingetauscht und singen gelernt hatten, wurden sie um die Mitte des vorigen Jahrhunderts zu einem begehrten Hausgenossen des Menschen.

1485 n grün Einfuhr nach Europa

KANARISCHE INSELN, gemeinsamer Name für sieben mittelgroße und sechs kleinere Atlantik-Inseln vor der Nordwestküste Afrikas. Nur 100 Kilometer vom Festland entfernt, waren sie schon vor 3000 Jahren den Phöniziern bekannt. Später wurden sie auch von Römern und Arabern besucht. Vor 700 Jahren rückten sie erneut ins Blickfeld Europas. Ihr spanischer Name ('Islas Canarias' = 'Hunde-Inseln') geht auf die Zucht von Bluthunden zurück, die früher neben den Kanarienvögeln ein wichtiger Ausfuhrartikel waren.

1299 n grün Entdeckung durch Italiener
1483 n braun Vorstoß Spaniens
1483 n rot Spanischer Besitz
1485 n grün Kanarienvögel-Export

KANDINSKY, Wassily (1866 n–1944 n), russischer Maler und Zeichner. Studierte Volkswirtschaft und Rechtswissenschaft, verließ aber 30jährig seine akademische Laufbahn, um sich ganz der Malerei zu widmen. Nach Studienjahren in München unternahm er Reisen nach Italien, Tunesien und Frankreich. Dann ließ er sich in München nieder und gründete hier mit Franz Marc 1911 n eine Künstlergruppe, die sich nach einem seiner Gemälde 'Blauer Reiter' nannte. Nach der kommunistischen Revolution kehrte er in seine russische Heimat zurück und nahm als Professor der Moskauer Akademie am Aufbau einer revolutionären Kultur teil. Aber mit seiner abstrakten Kunst fand er auf die Dauer keine Gegenliebe beim russischen Volk, und so ging er wieder nach Deutschland, wo er am Bauhaus in Weimar und Dessau lehrte, und schließlich nach Paris, wo er das letzte Jahrzehnt verbrachte. Mit seinem Versuch, die Malerei als reine Farbkomposition ganz von der Wirklichkeit loszulösen, beherrschte er etwa 25 Jahre lang die Kunst-Diskussionen in den spätkapitalistischen Ländern, obwohl er auch dort keine Resonanz beim Volke fand.

1912 n blau 'Das Geistige in der Kunst'

KANESCH, Stadt im Herzen Kleinasiens. Von assyrischen Kaufleuten vor fast 4500 Jahren angelegt, wurde sie zum Mittelpunkt des Kleinasien-Handels der Assyrer und damit für mehr als tausend Jahre zu einem wichtigen Verkehrszentrum. Das blieb sie auch noch für einige Jahrhunderte unter der Herrschaft der Kurriter. Aber nach ihrem Aufgehen im Hettiterreiche verödete die durch zahlreiche Kämpfe stark zerstörte Stadt. In ihren Trümmern fand man durch Ausgrabungen (seit 1925 n) über 20000 Tontafeln mit Texten in altassyrischer Sprache, vorwiegend Geschäftsaufzeichnungen.

2489 v rot Gründung
2329 v rot Bitte um Schutz
1876 v–1816 v Iri-Suma
1859 v rot Assyrischer Schutz

KAN-FU (um 170 v–um 105 v), hunnischer Reiseführer. Begleitete den chinesischen Beamten Tschang-Kien auf dessen diplomatischer Reise nach Baktrien (Afghanistan), wo dieser mit dem dort ansässigen Volke der Yü-Tschi einen Pakt gegen die Hunnen abschließen sollte. Aber er geriet mit Tschang-Kien in die Gefangenschaft der Hunnen. Erst nach 10 Jahren konnte er für sie beide die Freiheit wiedererlangen. Als einziger von über 100 Begleitern kehrte er mit Tschang-Kien nach China zurück.

172 v–114 v Tschang-Kien
129 v grün Tschang-Kiens Reise

KANG-HI, chinesischer Kaiser mandschurischer Herkunft.

1650 n–1722 n Lebenslinie
1671 n blau 'Heiliges Edikt'
1680 n grün Technische Laboratorien
1682 n braun Vorstoß nach Yün-nan
1682 n rot Herrschaft über China
1683 n braun Vorstoß nach Formosa
1683 n rot Gewinn Formosas
1683 n rot Abwehr der Jesuiten
1689 n rot Grenzvertrag
1692 n rot Religionsfreiheit
1696 n braun Sieg über Westmongolei
1696 n rot Gewinn der Mongolei
1698 n grün Karawanenverkehr
1717 n/1720 n Tibetischer Krieg
1720 n rot Gewinn Tibets
1725 n blau Enzyklopädie vollendet

KANHU, Stadt in Indien. Entstand zusammen mit etwa fünfzig weiteren Städten vor fast fünftausend Jahren im Industal. Zentrum der Schmuck-Herstellung. In den Werkstätten der Stadt wurden Gold, Silber und Kupfer verarbeitet, sowie echte Perlen, Muscheln und vor allem ein mit Kieselsäure behandelter blutroter Edelstein (Karneol). Dabei bedienten sich die Handwerker feinster Steinbohrer und natürlicher Schleifpasten. Es bestanden auch keramische Werkstätten, in denen Fayencen hergestellt wurden. Nach etwa 1500jährigem Bestehen verfiel sie wie die meisten übrigen Städte des Industals.

2731 v blau Entwicklung zur Stadt
2654 v grün Schmuck-Herstellung

KANISCHKA, indischer König von 82 n bis 123 n.

53 n–123 n Lebenslinie
90 n blau Buddhistisches Kloster
96 n rot Mahajana-Buddhismus
100 n rot Konzil von Kaschmir

KANNIBALISMUS, Bezeichnung für das Verzehren von Angehörigen der eigenen Art, insbesondere für Menschenfresserei. Bei vielen Naturvölkern bis in die jüngste Vergangenheit und Gegenwart verbreitete Sitte. Wie alle herrschenden Gewohnheiten durch die Religionen dieser Völker gerechtfertigt. Danach gehen die Fähigkeiten oder Kräfte eines Menschen auf denjenigen über, der ihn verzehrt. Auf höherer Kulturstufe wurde deshalb das Verspeisen von Herz und Gehirn bevorzugt. Auch bei Tieren häufige Erscheinung, besonders bei Krokodilen und anderen Raubtieren. Hier werden meist Junge verzehrt, oft die eigenen. Bei manchen Spinnen, Fischen und Fliegen pflegen die Weibchen die eigenen Männchen nach der Hochzeit zu verspeisen.

2500 v grün Rhein-Elbe-Gebiet

KANO Motonobu (1476 n–1559 n), japanischer Maler. Als Sohn des Masonobu entwickelte er dessen eng an die klassische chinesische Schwarz-Weiß-Technik angelehnten Stil zu voller Reife und begründete eine eigene Schule (Kano-Akademie). Sein Bruder Utanosuke leitete als der größte Blumen- und Vogelmaler Japans eine Klasse dieser Malschule. Heiratete die Tochter des berühmtesten Meisters der mit seiner Schule konkurrierenden konservativen Tosa-Schule, ohne daß die künstlerische Richtung einer der beiden Malschulen sich änderte. Seine Stärke lag in der Gestaltung des Alltags einfacher Menschen. Daneben pflegte er die höfische und heldische Malerei.

1512 n blau Landschaftsgemälde

KANONEN, Sammelbezeichnung für schwere Geschütze mit Explosivkraft. Bald nach der chinesischen Erfindung des Schießpulvers von den Mongolen entwickelt, verbreiteten sie sich durch deren Siegeszüge schnell über ganz Eurasien.

1273 n grün Verwendung bei Mongolen
1331 n grün Verwendung in Italien
1336 n grün Metallkanonen in Europa
1358 n grün Geschützorgel
1359 n grün Schiffsgeschütz
1420 n grün Haubitze

KANSAS, Land im Herzen der Vereinigten Staaten von Nordamerika. 1541 n von dem Spanier Coronado entdeckt, wurde es im 18. Jahrhundert französisch. 1803 n von den USA gekauft. Seit 1856 n von Bewohnern des benachbarten Sklavenhalterstaates Missouri weitgehend in Besitz genommen und auf Sklavenarbeit umgestellt. Diese gesetzwidrige Ausdehnung der Sklaverei in einen Staat ohne Sklavenarbeit führte zu heftigen Auseinandersetzungen zwischen Anhängern und Gegnern der Sklaverei. Diese Kämpfe trugen wesentlich zum Bürgerkrieg (Sezessionskrieg) bei, der mit der Beseitigung der Sklaverei in allen Staaten der USA endete. Trotz formaler Gleichberechtigung bleiben aber die ehemaligen Sklaven bis in die Gegenwart deklassiert.

1857 n rot Verfassung
1861 n/1865 n Sezessionskrieg

KANT, Immanuel, deutscher Philosoph.

1724 n–1804 n Lebenslinie
1755 n grün Urnebel-Theorie
1781 n blau 'Reine Vernunft'
1788 n blau 'Praktische Vernunft'
1795 n blau 'Zum ewigen Frieden'

KANTABRIEN, Land an der Nordostküste Spaniens. Unterstützte die benachbarte Asturien in seinem Kampfe gegen die römische Fremdherrschaft. Unterlag aber den Heeren des Augustus, verlor seine Unabhängigkeit und ging im Römerreiche auf.

27 v/25 v Kampf gegen Rom
19 v braun Kampf gegen Rom
19 v rot Herrschaft Roms

KANTON, Hafenstadt an der Südküste Chinas. In der Mündung des Perlflusses und am Endpunkt der Nord-Süd-Verbindung Chinas gelegen. Einer der wichtigsten Handelsplätze Asiens. Vor mehr als 2500 Jahren zur Hauptstadt des hunnischen Staates Nan-Jü aufgestiegen, fiel sie vor gut 2000 Jahren an China, das sich vorher das ganze Land durch Anlage von Verbrecher-Kolonien und Militär-Niederlassungen einverleibt hatte. Vor 1300 Jahren wurde sie Zentrum des arabischen Ostasienhandels. Im 16. Jahrhundert entwickelte sie sich zum Hauptumschlagplatz des europäischen Warenverkehrs mit dem chinesischen Reiche. Von 1757 n bis 1842 n erlebte die Stadt als einziger für die Schiffe Europas geöffneter Hafen Chinas ihre Blütezeit. Mit dem Aufstieg des 100 km flußabwärts am Meer angelegten englischen Hafens Hongkong und mit der Öffnung von fünf weiteren chinesischen Hafenstädten für den Überseehandel verlor sie ihre beherrschende Stellung im Europahandel, ohne deshalb ihre Bedeutung als südchinesisches Kulturzentrum einzubüßen.

111 v rot Chinesische Herrschaft
680 n grün Arabisches Handelskontor
1517 n grün Reise des Andrade

KAOLIN, Bezeichnung für fette, aber dabei lockere Tonerde, die sich besonders zur Porzellan-Herstellung eignet ('Porzellanerde'). Benannt nach dem chinesischen Berge Kao-Ling, wo zuerst größere Vorkommen aufgefunden und der Porzellan-Manufaktur nutzbar gemacht wurden.

608 n–676 n Tao-Yü
663 n grün Verwendung für Porzellan

KAP BON, Name der Landzunge, die sich von Tunis (Nordafrika) der Insel Sizilien entgegenstreckt. Wichtiger strategischer Stützpunkt für die Seeherrschaft im Mittelmeer.

468 n braun Seesieg der Wandalen

KAP DER GUTEN HOFFNUNG, Name einer weit in den südlichen Atlantik vorgestreckten Landzunge Südafrikas. Nicht die südlichste Halbinsel Afrikas (diese heißt 'Nadelkap'), aber die für die Schiffahrt gefährlichste Halbinsel an der Südspitze Afrikas.

1486 n grün Umseglung durch Diaz

KAPET, Hugo (um 940 n–996 n), französischer König von 987 n bis 996 n. Als Sohn des mächtigen Fürsten Hugo des Weißen und der Schwester des deutschen Kaisers erhielt er das Land zwischen Seine und Loire (Francien) mit Paris und Orléans. Selbst Abt eines Klosters, förderte er die Interessen der Kirche und wurde durch ihren Einfluß in der Versammlung der Kron-Vasallen zum König von Frankreich gewählt. Bemühte sich mit Erfolg um die Stärkung der Königsmacht gegenüber den selbstherrlichen Fürsten. Durch Übergabe der Macht an seinen Sohn beseitigte er das Wahlkönigtum, errichtete die Herrschaft seiner Familie ('Kapetinger') und führte damit für Jahrhunderte die Erblichkeit der Königswürde ein.

978 n braun Verteidigung von Paris
987 n rot Krönung

KAPETINGER, Name einer französischen Herrscherfamilie, die von 987 n bis 1328 n den französischen Thron innehatte. Durch Heiraten verbanden sich ihre Angehörigen mit den Herrscherfamilien Valois, Bourbon und Orléans. Dadurch nahmen Mitglieder der Familie bis 1848 n an der Herrschaft über Frankreich teil.

987 n rot Krönung Hugo Kapets
1050 n rot Le Mans selbständig
1090 n–1153 n Bernhard von Clairvaux
1096 n/1099 n Erster Kreuzzug
1140 n–1217 n Peter Waldes
1143 n rot Stadtrecht für Reims
1145 n–1209 n Bertran de Born
1147 n/1149 n Zweiter Kreuzzug
1152 n rot Gebiete an England
1160 n–1216 n Innozenz III.
1175 n rot 'Bund der Armen von Lyon'
1178 n rot Waldenser-Bewegung
1181 n braun Katharer-Kreuzzug
1187 n braun Niederlage gegen Araber
1187 n rot Verlust Jerusalems
1189 n/1192 n Dritter Kreuzzug
1202 n/1204 n Vierter Kreuzzug
1209 n/1229 n Katharer-Kreuzzug
1214 n braun Sieg über die Welfen
1229 n rot Sieg des Katholizismus
1235 n–1303 n Bonifatius VIII.
1248 n/1254 n Sechster Kreuzzug
1253 n rot Gesandter zu Mongolen
1255 n grün Rubruks Reisebericht
1255 n–1311 n Pierre Dubois
1270 n braun Siebenter Kreuzzug
1302 n braun Niederlage gegen Flandern
1303 n rot Gefangennahme des Papstes
1304 n blau Ruf nach Säkularisation
1306 n rot Ausweisung der Juden
1309 n rot Avignon Papst-Residenz
1323 n/1328 n Aufstand in Flandern

KAPILLAREN, von dem lateinischen Worte 'capillus' (= Haar) abgeleitete Bezeichnung für feine, netzartig angeordnete Gefäße, in denen Blutspuren zirkulieren. Der italienische Arzt Malpighi entdeckte in ihnen die Verbindung zwischen den vom Herzen wegführenden Adern (Arterien) und den zum Herzen zurücktragenden Blutbahnen (Venen).

1661 n grün Entdeckung

KAPITALISMUS, Bezeichnung für eine Gesellschaftsordnung, deren Antrieb der Drang nach möglichst schneller Vermehrung des Kapitals ist. Die Besitzer der Bodenschätze und Fabriken, der Handelshäuser, Banken und Dienstleistungsbetriebe sind Nutznießer dieser Gesellschaft, deren Güter durch die von ihnen ausgebeuteten Arbeiter und Angestellten (Proletarier) erzeugt werden. Durch das Preis-Verhältnis zwischen Industriegütern und landwirtschaftlichen Erzeugnissen werden auch Bauern und Landarbeiter diesem Ausbeutungsprozeß unterworfen. Auf der Grundlage von Arbeitsteilung und Mechanisierung sowie aus Erträgen von Sklavenhandel und kolonialer Ausbeutung in Westeuropa zuerst zur vollen Entfaltung gekommen, bewirkte er den Übergang von der handwerklichen Herstellungsweise zur industriellen Massenproduktion. Dabei wurde die Arbeit nach militärischen Prinzipien organisiert. Auch politisch auf dem Militarismus beruhend, stieß er nach Eroberung fast aller Länder der Erde zwischen dem 16. und dem 19. Jahrhundert an die Grenzen seiner äußeren Ausdehnung. So richtete er seine Machtmittel in unserem Jahrhundert auf einen selbstzerstörerischen Konkurrenzkampf der kapitalistischen Mächte untereinander, der in zwei Weltkriege mündete. Dieser äußerste Ausdruck seines hemmungslosen Gewinnstrebens führte jedoch zu seiner Zurückdrängung aus dem größten Teile der von ihm unterworfenen Länder der Erde und ermöglichte seine Niederringung durch die arbeitende Bevölkerung (Weltrevolution).

1151 n grün Geldwechsler-Vereinigung
1156 n grün Bankgeschäfte in Italien
1198 n grün Arbeiter-Bund
1198 n grün Bürger-Bund
1301 n braun Handwerker-Erhebung
1301 n grün Salz-Kartell
1323 n/1328 n braun Aufstand in Flandern
1329 n rot Streik in Breslau
1342 n braun Erhebung in Konstanz
1345 n braun Aufstand in Gent, Brügge
1345 n grün Wirtschaftskrise in Europa
1349 n braun Erhebung in Nürnberg
1351 n rot Streik in Speyer
1371 n braun Weberschlacht in Köln
1378 n braun Aufstand in Florenz
1378 n rot Gewerkschaft in Florenz
1379 n braun Aufstand in Flandern
1382 n rot Gewerkschafts-Auflösung
1401 n grün Bank in Barcelona
1402 n grün Bank in Frankfurt
1407 n grün Bank in Genua
1408 n grün Ravensburger Konzern
1413 n braun Aufstand in Paris
1425 n rot Konzern-Verbot
1449 n–1492 n Lorenzo Medici
1453 n grün Beurses Kapital-Handel
1459 n–1525 n Jakob Fugger
1470 n grün Alaun-Kartell
1473 n grün Beziehungen der Fugger
1488 n grün Silberbergbau der Fugger
1494 n grün Fugger-Gesellschaft
1498 n grün Kupfer-Syndikat
1500 n–1558 n Karl V.
1509 n grün Fugger: Kriegsfinanzierung
1511 n grün Kapitalzuwachs der Fugger
1514 n grün Ablaß-Verpfändung
1517 n braun Aufstand in England
1519 n grün Fugger: Wahlfinanzierung
1520 n grün Abkommen gegen Streik
1521 n rot Reichstag gegen Monopole
1523 n grün Kaiser-Schutz für Fugger
1525 n grün Quecksilber-Monopol
1525 n grün Kaiser für Monopole
1528 n grün Venezuela an Welser
1531 n grün Börse in Antwerpen
1537 n grün Börse in Nürnberg
1537 n grün Augsburger Börse
1540 n grün Hamburger Börse
1540 n grün Handel mit Obligationen
1541 n grün Börse in Lyon
1543 n rot Zinserlaubnis der Kirche
1546 n rot Höchstzinsen in England
1549 n grün Börse von Toulouse
1551 n grün Aktiengesetz
1556 n grün Landverlust der Welser
1565 n grün Londoner Börse
1566 n grün Börse in Rouen
1575 n rot Kinderarbeit: Teilverbot
1592 n grün Kölner Börse
1600 n grün Indien-Kompanie Englands
1602 n grün Indien-Kompanie Hollands
1605 n grün 'Bank des Heiligen Geistes'
1605 n grün Lübecker Börse
1619 n grün Hamburger Bank
1619 n grün Bank in Venedig
1619 n–1683 n Colbert
1623 n grün Königsberger Börse
1623 n–1687 n Petty
1627 n grün Bremer Börse
1628 n grün Compagnie du Canada
1631 n grün Afrika-Kompanie Englands
1632 n grün Frankfurter Börse
1634 n grün Börse in Leipzig
1641 n grün Monopol-Verbot Englands
1648 n/1649 n Levellers-Erhebung
1650 n rot Einkerkerung Lilburnes
1652 n blau Winstanley: Kommunismus
1656 n grün Schwedische Bank
1657 n grün Merkantilismus
1660 n grün Unternehmen des Mitsui
1662 n grün Verstaatlichung
1674 n grün Petty: Politökonomie
1693 n grün Bellers: Volkswohlstand
1694 n grün Bank von England
1702 n grün Börse von Paris
1711 n grün Englische Südsee-Kompanie
1712 n–1778 n Rousseau
1716 n grün Berliner Börse
1716 n grün Geld einer Privatbank
1720 n grün 'Südsee-Skandal'
1723 n–1790 n Adam Smith
1750 n grün Börse von Rotterdam
1753 n grün Börse von Edinburgh
1753 n grün Wiener Börse
1755 n blau Morelly gegen Eigentum
1760 n–1797 n Babeuf
1768 n blau Mably: Kommunismus
1769 n grün Rothschild Hofbankier
1776 n grün Lehre des Adam Smith
1783 n blau Chamforts Losung
1784 n grün Bank von New York
1785 n/1786 n Waldenburger Aufstände
1787 n rot Shaker-Gruppe
1789 n/1795 n Französische Revolution
1790 n rot Jakobinerklub
1791 n braun Gesellenerhebung
1793 n braun Aufstand in Breslau
1794 n rot Sans-Culotten
1795 n rot Direktorium
1795 n blau 'Manifest der Gleichen'
1796 n braun Babeufs Verschwörung
1797 n rot Hinrichtung Babeufs
1798 n braun Aufstand in Schlesien
1800 n blau Fichtes Staatsentwurf
1800 n grün Bank von Frankreich
1802 n rot Kinderarbeit: Zeitgrenze
1804 n–1881 n Disraeli
1807 n rot Stein'sche Reformen
1811 n grün Petersburger Börse
1812 n blau Owen: 'Neue Ansicht'
1812 n grün Krupps Fabrik
1813 n rot Maschinenstürmer-Urteil
1815 n–1898 n Bismarck
1816 n–1892 n Siemens
1817 n grün Börse von New York
1817 n grün Ricardo: Volkswirtschaft
1818 n–1883 n Karl Marx
1819 n rot Kinderarbeit: Altersgrenze
1820 n blau Saint-Simon: Proletariat
1821 n–1880 n Dostojewski
1824 n rot Owens Gemeinden
1824 n blau Tendenz des Eigentums
1825 n rot Kollektiv-Verhandlungen
1828 n–1910 n Tolstoi
1829 n grün Fourier: Genossenschaften
1831 n rot Streik in Lyon
1834 n braun Aufstand in Lyon
1834 n rot 'Bund der Geächteten'
1836 n rot 'Bund der Gerechten'
1838 n rot Chartisten-Vereinigung
1838 n blau Gegnerschaft Weitlings
1838 n grün Freihandels-Forderung
1839 n blau Blanc gegen Kapitalismus
1839 n–1937 n Rockefeller
1840 n rot Arbeiter-Bildungsverein
1840 n blau 'Eigentum ist Diebstahl'
1842 n rot Generalstreik in England
1844 n braun Aufstand in Schlesien
1844 n grün Konsumverein
1845 n blau Engels: Lage der Arbeiter
1847 n blau Kommunistisches Manifest
1847 n grün Wirtschaftskrise in Europa
1848 n braun Juni-Aufstand
1848 n grün Mill: Politökonomie
1855 n rot 'Schwarze Listen'
1856 n–1950 n G. B. Shaw
1858 n rot Gewerkschaft
1859 n blau Marx: Politökonomie
1863 n rot Lassalles Arbeiterverein
1863 n–1947 n Ford
1864 n rot Erste Internationale
1866 n–1925 n Sun-Yat-Sen
1867 n rot Granger-Bewegung
1867 n blau Marx: 'Das Kapital'
1868 n/1869 n Spanische Revolution
1869 n rot Gründung der SPD
1869 n blau 'Manifest' russisch
1870 n blau Blanquis Zeitschrift
1870 n blau Liebknecht: 'Bodenfrage'
1870 n grün 'Standard Oil'
1870 n–1924 n Lenin
1871 n braun Aufstand der Kommune
1873 n grün Weltwirtschaftskrise
1874 n braun Spanische Revolution
1876 n rot Industrieverband
1876 n rot Kongo-Gesellschaft
1877 n rot Generalstreik in USA
1878 n rot Sozialistengesetz
1878 n blau Engels: 'Anti-Dühring'
1879 n blau Kritik Henry Georges
1879 n blau Bebel: Stellung der Frau
1879 n–1953 n Stalin
1882 n–1945 n F. D. Roosevelt
1883 n rot Plechanows Partei
1883 n rot Fabian-Society
1884 n blau Engels: 'Ursprung'
1885 n blau Marx: 'Kapital II'
1888 n grün Zeiß-Werke an Abbe
1889 n rot Streik im Ruhrgebiet
1889 n rot Zweite Internationale
1889 n–1945 n Hitler
1890 n rot Sozialistengesetz-Wegfall
1891 n braun Aufstand in Frankreich
1891 n rot Erfurter Kampfprogramm
1892 n rot Arbeiterpartei Italiens
1893 n rot Generalstreik in Belgien
1893 n rot Labour-Party
1893 n– Mao-Tse-Tung
1894 n blau Marx: 'Kapital III'
1894 n blau Kautsky: Sozialismus
1895 n grün Taylor-System
1898 n–1956 n Brecht
1900 n grün Morgans Stahltrust
1901 n rot Gewerkschaftskongreß
1902 n blau Sombarts Untersuchung
1903 n rot Bolschewiki
1903 n grün Fords Autofabrik
1905 n rot Streik im Ruhrgebiet
1905 n/1906 n Russische Revolution
1909 n braun Revolution in Spanien
1916 n rot Hugenberg-Konzern
1916 n rot Spaltung der SPD
1916 n rot Munitionsarbeiter-Streik
1916 n blau Lenin: 'Imperialismus'
1917 n/1922 n Russische Revolution
1917 n rot Arbeiter- und Bauernstaat
1917 n grün Vergesellschaftung
1918 n/1919 n Deutsche Revolution
1918 n– Nasser
1919 n braun Aufstand in Ungarn
1919 n rot Mord an Arbeiterführern
1919 n rot Komintern
1920 n braun Kapp-Putsch
1920 n braun Erhebung im Ruhrgebiet
1921 n rot KP Chinas
1921 n grün M. Webers Untersuchung
1922 n rot Italien faschistisch
1923 n braun Erhebung in Hamburg
1923 n grün Webbs: Verfall
1923 n grün Inflation in Deutschland
1924 n rot Mongolei kommunistisch
1925 n grün I G-Farben
1925 n/1927 n Chinesische Revolution
1926 n braun Erhebung in Indonesien
1926 n grün Deutscher Stahltrust
1927 n braun Aufstände in Wien
1927 n rot Brüsseler Kongreß
1927 n– Castro
1928 n blau Shaw: Sozialismus
1929 n grün Weltwirtschaftskrise
1931 n braun Revolution in Spanien
1932 n rot Industriepakt mit Hitler
1932 n grün Arbeitslose (Deutschland)
1933 n rot Hitler Reichskanzler
1933 n grün Arbeitslose in USA
1933 n grün Wirtschaftslenkung
1934 n braun Putsch in Frankreich
1934 n braun Aufstand in Österreich
1935 n braun Putsch in Österreich
1936 n rot Volksfront in Frankreich
1936 n/1939 n Spanischer Bürgerkrieg
1937 n rot Antikomintern
1941 n blau Burnham: 'Manager'
1943 n rot Streik in USA
1944 n rot Jugoslawien kommunistisch
1946 n rot Nordkorea kommunistisch
1946 n rot Albanien kommunistisch
1946 n rot Bulgarien kommunistisch
1946 n/1949 n Griechischer Bürgerkrieg
1947 n rot Polen kommunistisch
1947 n rot Rumänien kommunistisch
1947 n rot Streikverbot in USA
1947 n grün Marshall-Plan
1948 n rot CSR kommunistisch
1948 n rot Ungarn kommunistisch
1949 n rot China kommunistisch
1951 n rot McCarthyismus
1951 n grün Öl-Verstaatlichung (Iran)
1952 n braun Aufstand in Barcelona
1953 n rot Generalstreiks
1955 n rot Nordvietnam kommunistisch
1956 n rot KPD-Verbot
1956 n/1959 n Kubanische Revolution
1957 n grün Gründung der EWG
1960 n/ Revolution Indochinas
1961 n rot Kuba kommunistisch
1965 n braun Aufstand in Asturien
1965 n rot Sozialismus in Ägypten
1965 n rot Sozialismus in Algerien

KAPITO (um 45 v–22 n), römischer Staatsmann und Rechtslehrer. Als Sohn eines Volkstribunen studierte er die Redekunst und die Rechte. Obwohl sein Vater ein Gegner des Kaisertums war, wurde er Monarchist und Günstling des Augustus. Begründete eine eigene Rechtsschule, in der er trotz mancher Reformversuche für das Festhalten an den überkommenen Rechtsnormen wirkte. Schrieb eine Auslegung zu den von Augustus ins Heiligtum des Apollo überführten 'Sibyllinischen' Orakelbüchern.

16 v blau Orakel-Kommentar

KAPITOL, Name eines der sieben Hügel Roms. Der hier errichtete Jupiter-Tempel machte ihn zum religiösen Mittelpunkt der Stadt. Da in diesem Kult-Zentrum auch die Konsuln alljährlich ihre Opfer darbrachten und die Prozessions- und Triumphstraße hier endete, erhielt er auch politische Bedeutung und wurde schließlich zum Symbol der Macht und Größe des römischen Reiches. Hier fand die Reiterstatue des Kaisers Mark Aurel Aufstellung. Michelangelo fertigte später Pläne für eine Bebauung mit drei Palästen.

509 v blau Jupiter-Tempel
69 v blau Neubau des Tempels
178 n blau Standbild Mark Aurels

KAPITULARIEN, Titel einer Sammlung von 29 Gesetzen fränkischer Könige (Karl, Ludwig), eingeteilt in vier Bücher, die wiederum in numerierte Kapitel unterteilt waren. Daher erhielten sie den Namen 'Kapitularien', der später zu einer allgemeinen Bezeichnung für alle von den fränkischen Königen erlassenen Gesetze wurde.

827 n blau Sammlung

KAP-KOLONIE, Name einer von den Holländern am Kap der Guten Hoffnung (Südafrika) gegründeten Kolonie. Das Gebiet war den Arabern vor 1300 Jahren bekannt und wurde vor 500 Jahren von Portugiesen erreicht. Anfang des 16. Jahrhunderts begann die holländische Besiedlung und bald darauf mit Errichtung der ersten Befestigung die koloniale Unterwerfung. 150 Jahre später entriß England den Holländern das strategisch wichtige und reiche Land. Die Machtkämpfe der holländischen Kolonialherren gegen die englischen Ausbeuter führten 1881 n zu einer gewissen Selbstregierung für die Holländer (Buren). Nach ihrer Niederwerfung (Burenkrieg) errangen die Engländer die Oberhand und bewahrten ihre Vormacht auch nach Einverleibung des Gebietes in die 1910 n gegründete Südafrikanische Union, die bis 1961 n als Mitglied des britischen Commonwealth unter englischer Oberhoheit blieb. Auch nach Loslösung aus dem Commonwealth setzte die weiße Minderheit in dieser größten Provinz der Südafrikanischen Union die Ausbeutung und Entrechtung der farbigen Mehrheit fort (Apartheid).

1652 n rot Holländischer Besitz
1806 n braun Vorstoß Englands
1806 n rot Englischer Besitz
1880 n braun Erhebung der Buren
1881 n rot Rechte für Buren
1899 n/1902 n Burenkrieg
1910 n rot Südafrikanische Union

KAPP, Wolfgang (1858 n–1922 n), deutscher Politiker. Als Sohn eines linksliberalen Reichstagsabgeordneten wurde er Staatsbeamter in Ostpreußen. Politisch wandte er sich dem äußersten rechten Flügel zu und vertrat als Alldeutscher die zum Kriege treibenden Kreise der Gutsbesitzer und Fabrikanten. Forderte den uneingeschränkten U-Boot-Krieg und bestand noch auf dem 'Siegfrieden' Deutschlands, als sogar seine Parteigänger die Sinnlosigkeit einer Fortsetzung des längst verlorenen Krieges einsahen. Nach der Beseitigung des Kaisertums suchte er die sich bildende republikanische Ordnung zu stürzen. Da er weder unter den heimkehrenden Soldaten noch unter den antikommunistischen Baltikumkämpfern genügend Anhang fand, unternahm er einen Umsturzversuch mit Hilfe der Freikorps. Beim Scheitern dieses Putsches floh er nach Schweden, kehrte aber zwei Jahre später zurück, wurde verhaftet und starb im Leipziger Untersuchungsgefängnis.

1920 n braun Putsch

KAPPADOZIEN, Land im nordöstlichen Kleinasien. Vor 4500 Jahren von assyrischen Kaufleuten verkehrstechnisch erschlossen, blieb es für ein Jahrtausend unter dem Einfluß der Herrscher von Mesopotamien. Dann kamen mit den Kurritern und Hettitern kleinasiatische Reiche zur Herrschaft, die jedoch nach einigen Jahrhunderten von den Persern abgelöst wurden. Nach dem Alexanderzug folgten einer kurzen griechischen Zwischenzeit bald selbständigere Herrscher, die ihre Reiche zunehmend auf die Macht Roms stützten. Im 4. Jahrhundert verlor das Land völlig seine Eigenständigkeit und teilte fortan das Schicksal des übrigen Kleinasien.

2489 v rot Niederlassung Kanesch
2347 v/2325 v 'Krieg der Weltgegenden'
2329 v rot Schutzbitte Kaneschs
2328 v rot Oberhoheit Akkads
2297 v–2238 v Naramsin
2264 v braun Erhebung gegen Akkad
1876 v–1816 v Iri-Suma
1859 v rot Schutz für Kanesch
17 n rot Römische Provinz

KAPPELER RELIGIONSKRIEG, Bezeichnung für den Glaubenskampf der Schweiz, der sich bei dem Dorfe Kappel südlich von Zürich in zwei Kämpfen entschied. Der Sieg der katholischen Land-Kantone über die reformierten Stadt-Kantone verewigte die Glaubensspaltung in der Schweiz. Durch die zwangsweise Rekatholisierung Solothurns erhielt die katholische Seite außerdem noch für fast 200 Jahre ein leichtes Übergewicht, nachdem vorher sieben von den dreizehn Kantonen vom katholischen Glauben abgefallen waren.

1484 n–1531 n Zwingli
1531 n braun Religionskrieg

KAPP-PUTSCH, Name eines gewaltsamen Umsturzversuchs in Deutschland. Zwei Jahre nach dem Ende des ersten Weltkrieges von den restaurativen Kräften unter Führung von Wolfgang Kapp geplant und mit Hilfe der Freikorps verwirklicht. Nach Anfangserfolgen (Vertreibung der Reichsregierung und Besetzung Berlins) erhob sich dagegen die deutsche Arbeiterschaft und stürzte mit Hilfe von Streiks und bewaffneten Kampfgruppen die zahlenmäßig kleine, aber militärisch erfahrene und von den Offizieren der Wehrmacht begünstigte Gruppe.

1920 n braun Putsch

KAPUA, Stadt in Süditalien. Zwischen Neapel und dem heutigen Capua vor etwa 3000 Jahren entstanden, wurde sie vor 2500 Jahren von eingewanderten Etruskern nach einem festen Bebauungsplan umgewandelt. Die schnell aufblühende Stadt fiel 471 v in die Hände der Samniten und wurde 137 Jahre später römisch. Doch benutzten die Bewohner den ersten großen Angriff auf Rom, um sich auf die Seite des gegen Rom kämpfenden Karthagos zu stellen. Nach Rückeroberung durch Rom wurde die Bevölkerung versklavt, das Gebiet wurde römische Staatsdomäne und dann Kolonie. Blieb ein Zentrum des inneren Widerstandes, wuchs aber trotzdem wieder zur achtgrößten Stadt des Römerreiches empor. Gut 400 Jahre später beim Hereinbrechen der Wandalen teilweise zerstört, wurde sie 840 n von den Arabern völlig vernichtet.

334 v rot Anschluß an Rom
312 v grün 'Via Appia'
218 v/201 v Zweiter Punischer Krieg
216 v rot Abfall von Rom
109 v–71 v Spartakus
155 n–235 n Kassius Dio

KAPUZINER, Name von Angehörigen einer katholischen Mönchs-Organisation, die sich von den verbürgerlichten Franziskanern abspalteten. Unterschieden sich äußerlich durch Kapuze und Bart von ihren früheren Ordensbrüdern. Entwickelten eine strenge Armutslehre, wurden 1528 n vom Papst anerkannt und gaben sich 1592 n ihre auf apostolischer Besitzlosigkeit beruhende Regel. Bis 1573 n beschränkte der Papst ihre Wirksamkeit auf Italien. Dann verbreiteten sie sich schnell über alle christlichen Länder und verfügten 100 Jahre später bereits über 1500 Klöster.

1526 n rot Armutsgelübde

KAPVERDISCHE INSELN, Name einer Gruppe von 9 bewohnten und 7 unbewohnten Inseln vor der Westküste Afrikas (Atlantik). Seit 1456 n von dem italienischen Seefahrer Cadamosto mit portugiesischen Siedlern bevölkert, die bald für die körperliche Arbeit auf den heißen Inseln Negersklaven aus dem gegenüberliegenden Afrika einführten. Portugal behauptete seine Kolonialherrschaft hier bis in die Gegenwart, obwohl nur 2 Prozent der Bevölkerung europäisch sind.

1394 n–1460 n Heinrich der Seefahrer
1456 n grün Vorstoß Cadamostos

KARA-INDASCH, König von Babylonien (Mesopotamien).

1448 v–1392 v Lebenslinie
1415 v blau Tempel in Uruk
1413 v rot Heiratspolitik

KARAKALLA, Markus Aurelius Antonius, römischer Kaiser von 211 n bis 217 n.

186 n–217 n Lebenslinie
143 n–212 n Papinian
212 n rot Bürgerrechts-Politik
212 n grün Allgemeine Erbsteuer
213 n braun Alemannen-Einfall
215 n braun Aufstand Ägyptens
215 n rot Schreckensherrschaft
216 n grün Thermen
216 n/217 n Partherkrieg

KARAKORUM, Stadt im Herzen der Mongolei. 300 km südwestlich von Ulan-Bator in einer mehr als 1000 m hohen, felsigen Hochebene Innerasiens gelegen, wurde sie vor mehr als 700 Jahren von Dschingis-Khan gegründet. 1220 n zur Hauptstadt des größten Weltreiches der Geschichte erhoben. Dschingis-Khans Sohn

Ügedei befestigte die Stadt. Nach der Erhebung Pekings zur mongolischen Hauptstadt verfiel sie. 1585n wurde auf ihren Trümmern ein buddhistisches Kloster errichtet (Erdenitso). Seit 1877n wird die alte Stadt ausgegraben.

1182n–1250n Johannes Karpini
1235n grün Befestigung
1264n rot Peking Hauptstadt

KARAMSIN, Nikolai Michailowitsch (1766n bis 1826n), russischer Geschichtsschreiber und Dichter. Schrieb Erzählungen für Kinder. Unternahm eine Reise durch Deutschland, die Schweiz und Frankreich ('Briefe eines reisenden Russen'). Zurückgekehrt, gab er eine Zeitschrift heraus. In seinen Erzählungen wandte er sich zunehmend geschichtlichen Themen zu ('Meine Bagatellen'). Stellte eine Sammlung von Gedichten ausländischer Autoren zusammen sowie ein ähnliches Werk mit Arbeiten von Dichtern seiner Heimat ('Pantheon russischer Autoren'). 1806n zum Reichs-Historiographen ernannt, arbeitete er 23 Jahre lang an einer Geschichte des russischen Reiches. Der Zar ließ ihm alle Archive öffnen und unterstützte den Druck seines 12bändigen Werkes, das von den Anfängen Rußlands bis zum Jahre 1611n reichte und wegen seiner einfachen, klaren Sprache allgemeine Verbreitung fand.

1816n blau Geschichte Rußlands

KARATAKUS (um 5n–um 65n), britannischer Freiheitskämpfer. Als Sohn des britannischen Königs Kunobelin unterlag er mit seinen Heeren im Kampf gegen die eingefallenen Römer (Britannischer Krieg). Nach dieser Niederlage sammelte er ein Heer freiheitsliebender Britannen zur Vertreibung der fremden Herren. Seine Erhebung wurde aber von der romhörigen Königin Kartimandua verraten, er selbst gefangen nach Rom gebracht. Wegen seiner aufrechten Haltung und seines Freimuts wurde er vom römischen Kaiser Klaudius begnadigt.

43n/50n 1. Britannischer Krieg
51n braun Erhebung gegen Rom

KARAUSIUS (um 250n–294n), römischer Gegenkaiser. Als keltischer Soldat zum Hauptmann aufgestiegen, wurde er von Kaiser Diokletian mit der Niederwerfung von Sachsen, Franken und anderen aufsässigen Völkern beauftragt (Bagauden-Aufstand). Schuf sich in Gallien unmittelbar an der Kanalküste (Boulogne) ein persönliches Machtzentrum, segelte mit der Flotte nach England, ließ sich dort zum Kaiser von Britannien ausrufen und erklärte seine Unabhängigkeit von Rom. Kaiser Diokletian ließ ihn gewähren, baute ihn in ein System von Unterkaisern ein und betraute ihn mit der Wahrung der römischen Macht im Nordmeer gegen seefahrende Germanen. Kaiser Konstantius versuchte ihn später durch einen Feldzug zur Unterwerfung zu zwingen, mußte aber unverrichteter Dinge umkehren und ihn 287n ebenfalls anerkennen. Sieben Jahre später ermordete ihn der Befehlshaber seiner Leibgarde und machte sich selbst zu seinem Nachfolger.

284n/286n Bagauden-Aufstand
287n rot Britannien selbständig

KARAWANEN, Bezeichnung für Züge von Lasttieren, Reittieren und Menschen über weite, oft menschenleere Wegstrecken. Dienten in Asien und Nordafrika früh dem Waren-Austausch, später auch Pilgerfahrten, sowie Forschungs- und Vergnügungsreisen. Durch Karawanen-Straßen mit Karawanen-Stationen bereits vor fünf Jahrtausenden zu einem Verkehrs-System ausgebaut, hielt sich diese erste Form menschlicher Gemeinschaftsreisen in Landschaften ohne Eisenbahn und Autostraßen bis in unsere Zeit.

2902v blau Mekka Stützpunkt
2854v grün Von Arabien zum Mittelmeer
2576v grün Assuan Stützpunkt
2311v grün Esels-Karawanen
1972v blau Ägyptisches Relief
1885v blau Ägyptisches Gemälde
1691v–1628v Chian
1367v rot Protest wegen Ausraubung
999v–936v Hiram
758v–672v Bajin
1489n–1587n Sinan
1698n grün Zwischen Rußland und China

KARDAN-GELENK, Bezeichnung für ein allseitig bewegliches Ringgelenk. Auf Schiffen zur erschütterungsfreien Aufhängung von Instrumenten (Kompaß) verwendet, in Automobilen bei der Kraft-Übertragung vom Motor zu den Hinterrädern. Benannt nach dem italienischen Mathematiker Cardano, der aber an seiner Erfindung nicht beteiligt ist.

238v grün Philons Konstruktion

KARDIA, Hieronymos von (um 350v bis 246v), griechischer Politiker und Geschichtsschreiber. In den Kämpfen der Feldherren Alexanders des Großen um das Erbe des Alexanderreiches ('Diadochenkämpfe') suchte er mit wechselndem Glück zu vermitteln und Bündnisse zu knüpfen. Stieg bis zum Statthalter der Provinz Böotien (Mittel-Griechenland) auf. Nahm an der Schlacht bei Ipsos in Kleinasien teil, wo Antigonos Reich und Leben gegen Lysimachos und Seleukos verlor. Verfaßte ein Geschichtsbuch über die Zeit vom Tode Alexanders bis zum Tode des Pyrrhus, dem er freundschaftlich verbunden war. Eigene Erinnerung, eigene politische Erfahrung sowie hervorragende Urkunden-Kenntnis erhoben sein Werk über viele gleichzeitige Versuche zur zusammenfassenden Darstellung dieser Epoche.

261v blau Geschichtsbuch

KARELIEN, Land in Nordeuropa, heute der russische Teil Skandinaviens (östlich von Finnland). Zum Teil bereits in die normannische Gründung des russischen Reiches von Nowgorod vor 1100 Jahren einbezogen, kam es mit diesem 1478n an das Moskauer Zarenreich. Im 17. Jahrhundert wurde es von dem zur Großmacht aufgestiegenen Schweden erobert. Nach dem Nordischen Krieg fiel es wieder Moskau zu und blieb trotz zahlreicher Aufstände gegen die Zarenherrschaft bis in unser Jahrhundert russisch. Nach der Oktober-Revolution zunächst autonomes Gebiet, später Teil der Sowjetunion. Während des Zweiten Weltkrieges 1941n teilweise von finnischen Streitkräften erobert.

862n rot Reich von Nowgorod
1478n braun Vorstoß Moskaus
1478n rot Nowgorod unter Iwan III.
1478n rot Anschluß an Zentralstaat
1614n/1617n Vorstoß Schwedens
1617n rot Schwedischer Besitz
1700n/1721n Nordischer Krieg
1721n rot Russischer Besitz
1917n/1922n Russische Revolution
1939n/1945n Zweiter Weltkrieg

KARIEN, Name eines Hochlandes im Südwesten Kleinasiens. Seine Ur-Einwohner wurden vor 3000 Jahren von einwandernden Griechen (Ionier und Dorer) ins Landesinnere verdrängt.

979v blau Stadtgründungen
665v braun Niederlage gegen Lydien
665v rot Lyder-Herrschaft
652v braun Kimmerer-Sieg über Lyder
599v–529v Kyros
543v braun Niederlage gegen Persien
543v rot Persische Herrschaft
499v/494v Ionischer Aufstand
482v–429v Herodot
465v rot Beitritt zum Seebund
464v rot Magnesia als Geschenk
411v rot Abfall von Athen
396v–328v Leochares
395v–386v Korinthischer Krieg
363v blau 'Aphrodite von Knidos'
356v–323v Alexander der Große
350v blau Mausoleum Halikarnassos
334v/325v Alexanderzug
220v blau Tempel in Magnesia
189n rot Geschenk an Rhodos

KARIKATUR, von dem italienischen Worte 'caricare' (= überladen) abgeleitete Bezeichnung für Bilder, die durch Überbetonung einzelner Züge das wahre Gesicht eines Menschen, eines Geschehens oder einer Lage darstellen. Seit Jahrtausenden ein wirksames und gefürchtetes Mittel der Gesellschaftskritik.

1169v blau Kritik am Pharao
1053n–1140n Toba-Sojo
1118n blau Japanische Bilder
1745n blau Hogarth' Bilder
1811n blau Goyas Bilder
1848n blau Daumiers Bilder

KARISMI, Al, arabischer Mathematiker und Astronom aus Chiwa (Usbekistan).

778n–830n Lebenslinie
809n grün 'Über indisches Rechnen'
816n grün Rechensystem
823n grün Rechenbuch
827n grün Himmels- und Erdatlas
1114n–1187n Gerhard von Toledo
1145n grün 'Arithmetik' lateinisch

KARKEMISCH, Stadt in Vorderasien. Am Oberlauf des Euphrat an der Hauptstraße zwischen Kleinasien und Mesopotamien sowie am Wege vom Mittelmeer nach den Ländern am Kaspischen Meer (Euphrat-Übergang) gelegen, ist sie seit über 4000 Jahren ein bedeutender Handelsplatz. Vorübergehend kurritisch und mitannisch, wuchs sie in der Epoche des aufsteigenden Hettiterreiches vor 3500 Jahren zu einem mächtigen Stadtstaate empor, der sich nach dem Untergang des Hettiterreiches unter hettitischen Königen noch fast ein halbes Jahrtausend behauptete. Dann wurde die Stadt assyrisch, bis hier der Babylonier-König Nebukadnezar über die letzte Streitmacht der Assyrer siegte und die Stadt seinem Reiche einverleibte. Später persisch, danach Teil des Alexanderreiches und schließlich römisch (Europos), bis Ostrom (Byzanz) sie an die Araber verlor. Dann zum osmanischen Reiche gehörig, liegt sie heute an der Grenze zwischen Syrien und der Türkei (Dscherabis).

1703v grün Pferdehandel
1258v–1203v Arnu-Wanda
1243v rot Umsiedlung
717v braun Vorstoß Assyriens
605v braun Babylonischer Sieg
605v rot Herrschaft Babylons

KARL I., **der Große**, Herrscher des Frankenreiches.

742n–814n Lebenslinie
743n–807n Widukind
723n–799n Paulus Diakonus
737n–804n Alkuin
765n–810n Gottfried
770n–840n Einhard
771n rot Alleinherrscher
772n/804n Sachsenkriege
773n/774n Krieg gegen Langobarden
774n rot Langobardenreich fränkisch
774n rot Karolingische Schenkung
774n blau Kaiserpfalz Ingelheim
776n rot Schöffengerichte
777n rot Zwangschristianisierung
778n braun Krieg gegen Araber
778n–840n Ludwig der Fromme
779n grün Kirchensteuer
781n rot Kirchenstaat erweitert
782n rot Taufzwang für Sachsen
787n blau Entwicklung Bremens
788n rot Unterwerfung Bayerns
788n/812n Bilderkrieg
789n braun Sieg über Slawen
789n rot Ausdehnung nach Osten
790n rot Zwang zur Heeresfolge
790n blau Alkuin Hofschul-Leiter
791n/796n Krieg gegen Awaren
791n rot Hoheit über Böhmen
792n rot Ende des Dogmenstreits
792n blau Libri Carolini
793n grün Kanalbau
794n rot Synode zu Frankfurt
795n rot Spanische Mark
796n rot Awarische Mark
798n rot Arabische Gesandtschaft
799n rot Hilfe für den Papst
800n rot Kaiserkrönung
801n braun Eroberung Barcelonas
802n blau Rechts-Aufzeichnung
803n braun Sieg über Araber
803n rot Spanische Mark erweitert
804n rot Norddeutschland fränkisch
804n blau Pfalzkapelle Aachen
805n blau Liedersammlung
805n grün Magdeburg Handelsplatz
806n grün Burg Giebichenstein
807n rot Wehrpflicht nach Vermögen
808n rot Christianisierung
808n grün Abwehrwall Dänemarks
810n/811n Krieg gegen Dänen
811n rot Friedensvertrag mit Dänen
812n rot Abtretungen an Byzanz
812n rot Anerkennung durch Byzanz
813n braun Sieg über Araber
813n rot Spanische Mark erweitert
813n rot Krönung Ludwigs
825n blau Lebensgeschichte
1165n rot Heiligsprechung

KARL I. (1600n–1649n), englischer König. Als zweiter Sohn König Jakobs I. wurde er durch den frühen Tod seines älteren Bruders 1612n Thronfolger und 1625n König. Nach Ermordung seines beim Volke verhaßten Günstlings Buckingham regierte er 12 Jahre ohne Parlament und brachte dadurch das Bürgertum der erstarkten Städte gegen sich auf. Mit der katholischen Tochter des Franzosenkönigs verheiratet, geriet er auch noch wegen seiner Förderung des Katholizismus in Konflikt mit der Bevölkerung. Als er dann einige Abgeordnete verfassungswidrig im Sitzungssaal verhaften ließ, brach die Revolution aus. Er floh aus London und suchte mit den ihm treuen Truppen von York aus das Königtum zu behaupten. Doch unterlag er nach zweijährigem Kampf und floh nach Schottland. Wurde für 400 000 Pfund an das englische Parlament ausgeliefert. Cromwell, der gemäßigte Führer der Revolution, ließ ihn entkommen, um eine Verständigung vorzubereiten. Doch zerschlug er diese letzte Chance durch eine geheime Verschwörung gegen Cromwell. Nach seiner erneuten Gefangennahme wurde er hingerichtet.

1599–1658n Cromwell
1628n rot 'Petition of Rights'
1629n rot Parlamentsauflösung
1631n grün Afrika-Gesellschaft
1632n rot Engländer in Guinea
1635n blau Van Dycks Gemälde
1641n rot 'Langes Parlament'
1642n rot Kampf um Parlamentsrechte
1642n/1649n Englische Revolution
1648n/1649n Levellers-Erhebung
1649n rot Hinrichtung

KARL II. (1630n–1685n), englischer König. Als Sohn Karls I. von seiner Mutter in deren französischer Heimat erzogen, wurde er trotz Ausrufung der Republik durch Cromwell von den Iren und Schotten 1649n zum König gewählt. Landete in Schottland und wurde nach Anerkennung der Parlamentsforderungen gekrönt, unterlag aber den republikanischen Heeren unter Cromwell und floh. In Holland schmiedete er immer neue Pläne für eine Rückkehr. Aber erst nach Cromwells Tode konnte die Königspartei sich durchsetzen. An seinem 30. Geburtstag zog er in London ein. Doch schlug die erste Begeisterung schnell um, als er die Richter seines Vaters hinrichten ließ und Cromwell aus dem Grabe holte, um dessen Leichnam aufzuhängen. Sein Plan, mit Hilfe Ludwigs XIV. England wieder in einen katholischen Feudalstaat zu verwandeln und das absolute Königtum wiederherzustellen, scheiterte. Er mußte durch Annahme der Testakte und der Habeas-Corpus-Akte die Rechte des Bürgertums sichern. Auf dem Sterbebette wurde er katholisch und anerkannte neun seiner ungezählten unehelichen Kinder.

1660n rot Erneuerung des Königtums
1662n rot Dünkirchen an Frankreich
1662n rot Tanger, Bombay englisch
1663n grün Kolonial-Privileg
1664n/1667n Seekrieg gegen Holland
1664n rot Neu-Amsterdam englisch
1668n rot Bündnis gegen Frankreich
1670n rot Bündnis mit Frankreich
1672n/1678n Zweiter Krieg Ludwigs XIV.
1672n grün Sklavenhandels-Monopol
1676n rot Kaffeehaus-Schließung
1678n rot Parlament gegen Katholiken
1679n rot 'Habeas-corpus-Akte'

KARL II., **der Kahle**, fränkischer König von 840n bis 877n.

823n–877n Lebenslinie
770n–840n Einhard
804n–876n Ludwig der Deutsche
842n rot Bündnis mit Ludwig
842n blau Bündnis bekräftigt
843n braun Normannen-Einfall
843n rot Vertrag von Verdun
848n braun Normannen-Einfall
850n braun Niederlage auf Korsika
850n rot Korsika arabisch
865n/866n Normannen-Einfall
866n grün Tribute an Normannen
870n rot Vertrag von Meersen
876n braun Niederlage gegen Deutsche
876n rot Wiedervereinigungsversuch
877n grün Erblichkeit der Lehen

KARL III., **der Einfältige** (879n–929n), französischer König von 898n bis 923n. Als unehelicher Sohn Ludwigs des Stammlers mußte er jahrelang kämpfen, bis er im ganzen Lande als König anerkannt wurde. Die selbstherrlich gewordenen Fürsten vermochte er nicht wieder voll unter seine Gewalt zu bringen. Mußte den angreifenden Normannen Nordfrankreich als Lehen überlassen ('Normandie'). Durch Vermählung seiner Tochter mit dem Normannenführer Rollo erreichte er aber dessen Übertritt zum Christentum und die Anerkennung seiner Oberhoheit über die Normandie. Während der innerdeutschen Zwistigkeiten eroberte er Lothringen für Frankreich. Von den französischen Fürsten besiegt und abgesetzt, geriet er durch Verrat in die Hände seiner Feinde und lebte noch sechs Jahre als Gefangener eines französischen Grafen.

878n–931n Rollo
900n rot Nordgebiete normannisch
910n rot Cluny staatsunabhängig
911n rot Normandie Lehen Rollos

KARL IV., deutscher Kaiser. Herrschte von 1346n bis 1378n.

1316n–1378n Lebenslinie
1330n–1399n Peter Parler
1341n blau Bau des Veitsdomes
1348n blau Universität Prag
1355n blau Burg Karlstein
1356n rot 'Goldene Bulle'
1357n blau Bau der Karlsbrücke
1370n blau Entwicklung Karlsbads

KARL V., deutscher Kaiser von 1519n bis 1556n.

1500n–1558n Lebenslinie
1459n–1525n Jakob Fugger
1477n–1576n Tizian
1483n–1546n Luther
1494n–1566n Soliman der Große
1516n rot Gewinn Spaniens
1519n grün Finanzhilfe der Fugger
1519n rot Wahl zum Kaiser
1520n/1521n Aztekenaufstand
1521n rot Wormser Edikt
1522n/1526n Bauernkrieg
1522n rot Zensur
1523n grün Schutz für Fugger
1524n braun Sieg über Mayas
1524n rot Gewinne in Südamerika
1525n grün Zulassung von Monopolen
1527n braun Eroberung Roms
1527n–1598n Philipp II.
1528n grün Kolonie für die Welser
1529n braun Türken vor Wien
1529n rot Verbot der Reformation
1529n rot Protest der Lutheraner
1530n rot Malta an Johanniter
1531n rot Schmalkaldischer Bund
1531n/1533n Inka-Krieg
1532n rot Strafgesetzbuch
1533n rot Ende des Inka-Reiches
1533n rot Gewinn von Peru
1535n braun Tunis-Feldzug
1535n rot Gewinn Kaliforniens
1536n/1539n Chibcha-Krieg
1536n rot Gegenbündnis Frankreichs
1538n rot Bund gegen Protestanten
1539n rot Erweiterung Perus
1542n/1544n Krieg gegen Franz I.
1544n rot Friede mit Frankreich
1545n rot Konzil zu Trient
1546n/1547n Schmalkaldischer Krieg
1548n rot Interim
1548n blau Gemälde Tizians
1551n grün Aktiengesetz
1552n braun Fürstenerhebung
1552n rot Passauer Vertrag
1554n rot Regierung Ferdinands
1555n rot Augsburger Friede
1555n blau Sleidans Geschichtswerk

KARL VI. (1685n–1740n), deutscher Kaiser von 1711n bis 1740n. Als Sohn des Kaisers Leopold I. aus dessen dritter Ehe suchte er mit Hilfe Englands, Hollands, Portugals und Preußens das spanische Erbland seiner Familie (Habsburger) gegen Frankreichs Ansprüche zurückzuerobern (Spanischer Erbfolgekrieg). Als ihm aber nach dem Tode seines Bruders Joseph I. die deutsche Kaiserkrone zufiel, befürchtete England ein Wiederaufleben der Großmachtstellung Karls V. und stellte die Unterstützung seiner spanischen Erbansprüche ein, die er allein auch nicht durchzusetzen vermochte. Bekräftigte die Unteilbarkeit des österreichischen Stammlandes der Habsburger, indem er die Erbfolge zugunsten seiner Tochter Maria Theresia so festlegte, daß stets der ungeteilte Länderbesitz an den erstgeborenen Erben fallen sollte, unabhängig davon, ob dieser Erbe männlich oder weiblich war (Pragmatische Sanktion).

1663n–1736n Prinz Eugen
1701n/1714n Spanischer Erbfolgekrieg
1713n rot Pragmatische Sanktion
1714n rot Gebietsgewinn
1714n/1718n Türkenkrieg
1717n–1780n Maria Theresia
1718n rot Gebietsgewinn
1723n rot Sanktion anerkannt
1733n/1735n Polnischer Erbfolgekrieg
1735n rot Abtretung Neapel-Siziliens
1735n/1739n Türkenkrieg
1739n rot Verlust Belgrads
1741n/1748n Kampf um Erbfolge

KARL VII. (1403n–1461n), französischer König. Als dritter Sohn König Karls VI. nach dem frühen Tode seiner älteren Brüder Thronfolger, wurde er 1417n Regent für seinen geisteskranken Vater ('Karl der Wahnsinnige'). Aus Paris vertrieben, regierte er von Bourges aus das ihm verbliebene Restreich südlich der Loire. Sein Versuch, sich durch Meuchelmord wieder in den Besitz verlorener Gebiete zu bringen, führte zur Besetzung ganz Nordfrankreichs durch englische Heere. Von Jeanne d'Arc für kurze Zeit aus seinem ganz dem Vergnügen gewidmeten Dahinleben gerissen, wurde er auch von seiner Geliebten Agnes Sorel angespornt, so daß ihm die Rückeroberung von Paris und die Vertreibung der Engländer aus ganz Nordfrankreich gelang. Durch Einführung direkter Besteuerung nahm er dem Adel die Möglichkeit zur Ausbeutung der Bauern und stärkte die königliche Zentralgewalt.

1338n/1453n Hundertjähriger Krieg
1412n–1431n Jeanne d'Arc
1420n rot Feindkoalition
1422n rot Nordgebiete englisch
1429n rot Krönung
1435n rot Ende der Feindkoalition
1438n rot 'Gallikanische Freiheiten'
1439n grün Direkte Steuer
1439n grün Stehendes Heer
1442n rot Bürgerlicher Minister
1443n rot Rückzug Englands
1458n blau Fouquets Gemälde

KARL XII. (1682n–1718n), schwedischer König von 1697n bis 1718n. Bald nach dem Tode seines Vaters übernahm er 15jährig die Herrschaft über das zur europäischen Großmacht aufgestiegene

Schweden. Drei Jahre später wurde er in einen großen Krieg mit Ländern verwickelt, die ihre früher an Schweden verlorenen Ostseeländer zurückhaben wollten. Nach einigen Überraschungssiegen gegen Dänemark und Rußland schlug er auch die sächsischen Heere und zwang August den Starken zum Verzicht auf den polnischen Thron. Doch unterlag er den russischen Heeren unter Peter dem Großen, nachdem der mit ihm verbündete Mazeppa mit seiner Absicht zur Loslösung der Ukraine gescheitert war. Von den Heeren Preußens und Hannovers wurden ihm neue Niederlagen zugefügt. Auch sein Versuch, die an der Ostsee erlittenen Gebietsverluste durch die Eroberung Norwegens wettzumachen, scheiterte. So verlor Schweden unter seiner Herrschaft die fast hundert Jahre lang behauptete Großmachtstellung.

1672n–1725n Peter I., der Große
1700n rot Feindkoalition
1700n/1721n Nordischer Krieg
1704n rot Narwa russisch
1708n rot Revolte des Mazeppa
1710n rot Ausdehnung Rußlands
1715n rot Feindkoalition verstärkt

KARL XIV. (1763n–1844n), schwedischer Herrscher französischer Herkunft (Jean Baptiste Bernadotte). Als Sohn eines Rechtsanwaltes trat er 17jährig ins Heer ein und stieg nach der Revolution schnell zum General auf. Durch seine Erfolge im Italienfeldzug 1857n erwarb er das Vertrauen Napoleons, diente ihm nach der Ernennung zum Konsul und Kaiser treu, erregte aber durch große militärische Erfolge immer wieder dessen Mißmut. Wurde als Marschall von Frankreich zum Kronprinzen von Schweden gewählt und kämpfte in den Napoleonischen Kriegen 1813n gegen Napoleon. Entwarf als Befehlshaber der Nordarmee den Feldzugsplan gegen die französischen Armeen, zwang nach dem Siege Dänemark zur Abtretung Norwegens und regierte Schweden und Norwegen von 1818n bis 1844n.

1796n/1815n Napoleonische Kriege
1814n rot Norwegen-Politik
1818n rot Thronbesteigung

KARL AUGUST (1757n–1828n), deutscher Fürst, Großherzog von Sachsen-Weimar. Von Wieland erzogen, lernte er siebzehnjährig auf einer Reise nach Paris den acht Jahre. älteren Goethe kennen. Als er achtzehnjährig die Regierung seines Fürstentums selbst übernahm, berief er den Dichter nach Weimar. Nachdem er auch Schiller und Herder in sein Land gezogen hatte, entwickelte sich Weimar zum Mittelpunkt des Geisteslebens in Deutschland. Politisch erstrebte er die Erneuerung Deutschlands unter Führung Preußens und kämpfte als preußischer General 1792n und 1793n am Rhein. Als Napoleon mit russischer Hilfe bei Leipzig geschlagen worden war, trat er in den Dienst des Zaren. Befehligte in Belgien ein aus Russen, Sachsen und Hessen gebildetes Heer und wurde Statthalter von Belgien. Nach dem Wiener Kongreß, der seinem Lande beträchtliche Gebietserweiterungen brachte, kehrte er in sein Fürstentum zurück und gab ihm eine neue Verfassung mit etwas größeren Volksrechten. Sicherte die Pressefreiheit.

1744n–1803n Herder
1749n–1832n Goethe
1759n–1805n Schiller
1792n/1795n Revolutionskriege
1796n/1815n Napoleonische Kriege
1815n rot Wiener Kongreß

KARL der Kühne, Herrscher (Herzog) von Burgund.

1433n–1477n Lebenslinie
1475n braun Feldzug gegen Lothringen
1475n rot Lothringen burgundisch
1476n braun Niederlage gegen Schweizer
1477n braun Schlacht bei Nancy

KARL Martell, Herrscher des Frankenreiches von 714n bis 741n.

688n–741n Lebenslinie
658n–739n Willibrord
675n–754n Bonifatius
633n/732n Arabischer Krieg
716n–768n Pippin der Kleine
716n/719n Einigungskrieg
719n rot Einheit des Reiches
720n rot Mittelmeerküste arabisch
721n rot Bekehrung Thüringens
722n rot Heeresreform
722n grün Lehnswesen
725n rot Loire-Gebiet arabisch
727n rot Christianisierung Hessens
738n rot Friesen-Christianisierung
739n rot Keine Hilfe für Papst
741n rot Reichsteilung

KARL von Anjou (1220n–1285n), König von Neapel und Sizilien von 1265n bis 1282n. Als fünfter Sohn des französischen Königs Ludwig VIII. erhielt er die Grafschaft Anjou in Nordwest-Frankreich. Auf einem erfolglosen Kreuzzug der Gefangenschaft entronnen, ließ er sich vom Papst mit Unteritalien und Sizilien belehnen, das aber gar nicht dem Papst gehörte, sondern dem Hohenstaufen Manfred. Nachdem er durch eine siegreiche Schlacht (Benevent) sein neues Reich in Besitz genommen hatte, reizte er das Volk durch übermäßige Steuern und Gewaltakte zum Aufstand. Nach dessen Niederschlagung ließ er viele Deutsche, Araber und Einheimische hinrichten, ohne seine Lage damit zu verbessern. Als er dem Papst die versprochenen Jahrestribute von 8000 Unzen Gold nicht mehr voll zahlte, war sein Schicksal besiegelt. Das Volk von Sizilien erhob sich, ermordete alle Franzosen und befreite sich endgültig aus der verhaßten französischen Herrschaft ('Sizilianische Vesper'). Starb bei den Vorbereitungen für einen Rachefeldzug.

1248n/1254n Sechster Kreuzzug
1266n braun Sieg über Deutsche
1266n rot Herrschaft über Sizilien
1268n braun Sieg über Deutsche
1282n braun 'Sizilianische Vesper'
1282n rot Verlust Siziliens

KARLI, indisches Dorf an der Straße von Bombay nach Poona. Hier wurde vor mehr als 2000 Jahren in eine 260 Meter hohe Felswand eine Höhle gehauen und zu einem buddhistischen Tempel ausgestaltet, der mit seiner fast 38 Meter langen Haupthalle der größte Felsentempel Indiens ist. Durch 16 Pfeiler in ein Mittelschiff und zwei Seitenschiffe unterteilt, wurde er im Laufe der ersten vier Jahrhunderte unserer Zeitrechnung durch reiche Ausschmückung mit Steinplastiken zu einem der großen buddhistischen Kunstwerke. In kleineren Seitenhöhlen wurden Wohnungen für Mönche und Einsiedler angelegt.

75v blau Felsentempel

KARLSBAD, Kurort am Südhang des Erzgebirges (Tschechoslowakei). Hier fand der deutsche Kaiser Karl IV. 1349n die als 'Warmbad' bereits seit Jahrhunderten bekannte heiße Quelle und erkannte die Möglichkeit zu ihrer Nutzung als Heil- und Kurbad. Er bestimmte einen Teil der Einwohner des benachbarten Dorfes Tiergarten durch Gewährung von Vergünstigungen zur Niederlassung am Orte der Quelle, baute sich dort selbst ein Schloß und förderte den Ausbau der Badeanlagen. Nach zwanzig Jahren verlieh er dem aufblühenden Orte das Stadtrecht und gab ihm seinen eigenen Namen. 1711n entstand das Kurhaus, 1762n ließ Maria Theresia das Badehaus bauen, in dem seit 1520n auch Trinkkuren verabreicht wurden. Goethe erholte sich hier gern. Im Jahre 1819n trafen sich unter Anführung des österreichischen Kanzlers Metternich die deutschen Fürsten und vereinbarten die Verschärfung der Zensur, die Einschränkung der Freiheit der Universitäten, die Einsetzung einer Zentralbehörde zur Überwachung und Verfolgung revolutionärer Tätigkeit sowie zahlreiche andere Maßnahmen zur gewaltsamen Restauration Mitteleuropas. Diese 'Karlsbader Beschlüsse' blieben bis 1848n in Kraft.

1316n–1378n Karl IV.
1370n blau Entwicklung zur Stadt

KARLSEFNI, Thornfinn (um 960n bis um 1020n), normannischer Seefahrer. Fuhr mit drei Schiffen von Grönland nach Nordamerika, wo er an der Küste von Labrador (Kanada) eine Niederlassung gründete. Nach drei Jahren kehrte er aber nach Grönland und später nach Island zurück.

1003n rot Niederlassung

KARLSRUHE, Stadt in Südwestdeutschland. Im milden Klima der Oberrheinischen Tiefebene direkt am Rhein gelegen, wählte sie der Markgraf Karl Wilhelm von Baden zur Anlage eines Jagdschlosses und baute sie zu einer Residenzstadt aus. In zwei Jahrhunderten wurde sie zu einem blühenden Gewerbe-, Handels- und Kulturzentrum. In der Revolution von 1848n/49n traten die in der Stadt kasernierten Soldaten auf die Seite der aufständischen Bürger und verjagten den Großherzog. Im ersten Weltkrieg (1916n) Ziel des ersten schweren französischen Fliegerangriffs, der 257 Tote forderte, darunter 52 Kinder.

1715n blau Jagdschloß

KARLSTEIN, Name einer Burg, 20 km südwestlich von Prag (Tschechoslowakei). Hier ließ der deutsche Kaiser Karl IV. ein befestigtes Schloß anlegen, das nicht militärischen Zwecken diente, sondern zur Aufbewahrung von Krone, Zepter und Schwert (Reichskleinodien) bestimmt war. Nachdem 1348n der Grundstein von Karl IV. gelegt war, konnte der Hauptteil nach sieben Jahren vollendet werden. Zehn Jahre darauf waren auch die kostbaren Kunstwerke fertig, so daß 1365n die Einweihung stattfinden konnte. 2 Burggrafen, 22 Ritter und 18 Dienstmannen übernahmen die Bewachung und wurden dafür mit den umliegenden Gütern belehnt.

1355n blau Fertigstellung

KARLUKEN, Name eines türkischen Volkes, das vor tausend Jahren am Oberlauf des Jenissei nördlich der Mongolei in Sibirien ansässig war. Von den aus Nordchina vertriebenen Mongolen geschlagen, zogen sie nach Südwest-Asien weiter.

1130n braun Niederlage gegen Kitan

KARMA, Begriff aus der Vorstellungswelt indischer Religionen. Beruht auf der Vorstellung, daß der Mensch immer wieder geboren wird, um Verfehlungen aus früheren Leben abzutragen. Durch dieses Denkbild vorgeburtlicher Belastungen gelang es den indischen Religionen, die Unterschiedlichkeit der menschlichen Anlagen und Schicksale mit der Vorstellung überirdischer Gerechtigkeit zu vereinen.

825v–730v Parshva
569v–498v Jina Mahavira

KARMAT, arabischer Freiheitskämpfer.

864n–910n Lebenslinie
889n blau Kommunistische Forderung
890n rot Gründung der Gemeinschaft
899n rot Karmaten-Staat Ahsa
899n/930n Karmaten-Aufstand
901n rot Karmaten-Staat Multan
905n–965n Al Mutanabbi

KARMATEN, Name einer sozial-revolutionären Bewegung, die von Mesopotamien ausgehend große Teile des Araberreiches erfaßte und von der arabischen Halbinsel (Mekka) bis Indien (Multan) das arbeitende Volk gegen die Herrschenden und Besitzenden vereinte. Gegründet und geführt von dem Kommunisten Karmat, ergriffen sie in Süd-Mesopotamien die Macht und machten ihre Hauptstadt Ahsa am Persischen Golf zu einem revolutionären Zentrum. Doch wurde ihre Zielsetzung ins Religiöse gewendet und ihre Macht von politischen Abenteurern zu persönlicher Herrschaft mißbraucht, so daß sie um die Mitte des 10. Jahrhunderts zusammenbrach.

864n–910n Karmat
889n blau Ziel des Kommunismus
890n rot Gründung
899n/930n Aufstand
899n rot Staat von Ahsa
901n rot Staat von Multan
905n–965n Al Mutanabbi

KARMEL, Name eines Gebirges in Palästina (Vorderasien). Sein bei Haifa an das Mittelmeer vorstoßendes Hochplateau ('Berg Karmel') wurde vor fast drei Jahrtausenden wegen seiner zahlreichen Klüfte und Höhlen von Einsiedlern bewohnt. Auf dem Gipfel stritt der jüdische Prophet Elias mit den Baals-Priestern um die Rechte der Armen. Während der Kreuzzüge richtete Berthold von Kalabrien in den Trümmern der alten Einsiedelei eine christliche Mönchsgemeinde ein, die sich nach dem Berge 'Karmeliter' nannte und sich zu einem Leben in Besitzlosigkeit verpflichtete.

1481v/1460v Vorderasienkrieg
1156n blau Kloster

KARMELITER, Name eines Mönchs-Ordens, der nach dem zweiten Kreuzzug von europäischen Christen gegründet wurde, die in Palästina zurückgeblieben waren. Benannt nach dem Berge Karmel, auf dem sie ihr erstes Kloster errichteten. Aber schon nach wenigen Jahrzehnten wurden sie von Arabern vertrieben. 1238n ließen sie sich dann auf der Mittelmeerinsel Zypern nieder, erklärten sich 1253n zu einem Bettelorden und gründeten bald auch Klöster auf dem europäischen Festlande.

1156n blau Erstes Kloster

KARNAK, Tempelstadt bei Theben im südlichen Ägypten. Entstand vor fast viertausend Jahren und wurde 1500 Jahre lang durch immer neue Bauten und plastische Kunstwerke vervollkommnet. Der 5000 Quadratmeter große Säulen-Saal des Haupttempels erhielt sich bis in die Gegenwart.

2002v–1928v Sesostris I.
1941v blau Tempel Sesostris' I.
1516v blau Obelisken Tut-Mosis' I.
1488v blau Hatschepsut-Obelisken
1478v blau Amun-Statue
1475v blau Annalen-Saal
1459v blau Relief 'Gazelle'
1396v blau Mondgott-Plastik
1345v–1301v Sethos I.
1304v blau Bilderzyklus
1302v blau Widder-Allee
1287v blau Schlachten-Relief
1262v blau Plastik 'Der Kniende'
1249v blau Säulenhalle
1191v blau Tempel des Mondgottes
1141v blau Plastik 'Der Lesende'
747v blau Statue der Amenirdis

KARNEADES, griechischer Philosoph.

214v–129v Lebenslinie
162v blau Wahrscheinlichkeitslehre
155v rot Reise nach Rom

KAROLINEN, Inselgruppe im Pazifischen Ozean nordöstlich von Indonesien. Umfaßt 700 Inseln auf einer 3000 Kilometer langen und 1000 km breiten Meeresfläche. 1525n von dem Portugiesen Rocha entdeckt, 1686n von dem Spanier Lazeano nach dem spanischen König Karl II. benannt. Die Inselbewohner sollten von Jesuiten christianisiert werden, aber als nach mehreren mißlungenen Versuchen 1731n Pater Cantova ermordet wurde, verloren die Spanier das Interesse und ließen die Inseln unbeachtet liegen. Erst als Deutschland Ende des 19. Jahrhunderts einzelne Niederlassungen errichtete, suchte Spanien sein Besitzrecht geltend zu machen. Nachdem aber der von den Spaniern entsandte Gouverneur samt seinen Offizieren ermordet worden war, entschloß sich Spanien 1899n, die Inselgruppe gegen Zahlung von 25 Millionen Peseten Deutschland zu überlassen. Mehrere Aufstände der Eingeborenen wurden niedergeschlagen. Im ersten Weltkriege besetzte Japan die Inseln und behielt sie als Mandatsmacht des Völkerbundes bis 1946n. 1947n traten die USA die japanische Erbschaft an und beherrschen seitdem die Inselgruppe als UN-Mandat.

1899n rot Deutscher Besitz
1910n braun Erhebung

KAROLINGER, fränkische Herrscherfamilie, die zunächst für das Königshaus der Merowinger die Macht ausübte, seit 751n aber selbst die Königswürde des fränkischen Reiches innehatte. Benannt nach ihrem bedeutendsten Herrscher, Karl dem Großen.

633n/732n Arabischer Krieg
635n–714n Pippin der Mittlere
658n–739n Willibrord
675n–754n Bonifatius
687n braun Sieg über Teilreiche
687n rot Pippin Herrscher
688n–741n Karl Martell
689n braun Sieg über Friesen
689n rot Einverleibung Frieslands
691n rot Willibrords Mission
701n–784n Fergil der Geometer
709n/712n Alemannenkrieg
712n rot Alemannen-Eingliederung
716n–768n Pippin der Kleine
716n/719n Kämpfe mit Teilreichen
719n rot Vormacht Karl Martells
720n rot Mittelmeerküste arabisch
721n rot Bekehrung Thüringens
722n rot Heeresreform
722n grün Kirchengüter als Lehen
723n–799n Paulus Diakonus
725n rot Loire-Gebiet arabisch
727n rot Bekehrung Hessens
737n–804n Alkuin
739n rot Keine Hilfe für Papst
741n rot Teilung des Reiches
742n–814n Karl der Große
743n–807n Widukind
745n rot Kirchengut-Einschränkung
745n rot Staatskirche
747n rot Bischöfe staatsunabhängig
751n rot Wahl Pippins zum König
752n rot Petrus-Banner
753n grün Besuch des Papstes
754n rot Schutz für Papst
754n rot Salbung des Königs
754n/756n Langobardenkrieg
756n rot Macht über Langobarden
756n rot Pippin'sche Schenkung
759n braun Sieg über Araber
759n rot Gebietszuwachs
760n/768n Aquitanischer Krieg
765n rot Beziehungen zu Arabern
765n–810n Gottfried
768n rot Gewinn Aquitaniens
770n–840n Einhard
771n rot Alleinherrschaft Karls
772n/804n Sachsenkriege
773n/774n Krieg gegen Langobarden
774n rot Gewinn der Lombardei
774n rot Karolingische Schenkung
774n blau Kaiserpfalz Ingelheim
776n rot Schöffengerichte
777n rot Sachsen-Christianisierung
778n braun Krieg gegen Araber
778n–840n Ludwig der Fromme
779n grün Kirchensteuer
780n–839n Egbert
781n rot Kirchenstaat erweitert
782n rot Religionszwang
784n–856n Rabanus Maurus
786n blau Bezeichnung 'deutsch'
786n–861n Radbertus
788n rot Einverleibung Bayerns
788n/812n Bilderkrieg
789n braun Sieg über Slawen
789n rot Gebietszuwachs
790n rot Zwang zur Heeresfolge
790n blau Alkuin Hofschulleiter
791n/796n Awarenkrieg
791n rot Hoheit über Böhmen
792n rot Glaubensstreit
792n blau 'Libri Carolini'
793n blau 'Lorscher Annalen'
793n grün Kanalbau Rhein-Donau
794n rot Reichssynode
795n rot 'Spanische Mark'
796n rot 'Awarische Mark'
798n rot Arabische Gesandtschaft
799n braun Normannen-Einfall
799n rot Einsetzung des Papstes
800n rot Krönung Karls
801n braun Eroberung von Barcelona
802n blau Rechtsaufzeichnung
803n braun Sieg über Araber
803n rot Ausdehnung in Spanien
804n rot Gewinn Norddeutschlands
804n blau Pfalz-Kapelle Aachen
804n–876n Ludwig der Deutsche
805n blau Liedersammlung
805n grün Magdeburger Handelsplatz
806n grün Burg Giebichenstein
807n rot Wehrpflicht nach Vermögen
808n rot Christianisierung bis Elbe
810n/811n Krieg gegen Dänemark
811n rot Friede mit Dänemark
812n braun Slawenaufstand
812n rot Gebiete an Byzanz
812n rot Anerkennung durch Byzanz
813n braun Sieg über Araber
813n rot Neuer Gewinn in Spanien
813n rot Karl: Krönung Ludwigs
816n rot Papst: Krönung Ludwigs
817n rot Erbfolgeordnung
823n–877n Karl II., der Kahle
825n blau Einhards Karlsbiographie
827n blau 'Kapitularien'
830n/833n Erbfolgekrieg
834n braun Normannen-Einfall
840n rot Loire-Insel normannisch
841n braun Bauernaufstand in Sachsen
841n rot Walcheren normannisch
842n rot Heeresvereinigung
842n blau Zwei Amtssprachen
843n braun Normannen-Einfall
843n rot Vertrag von Verdun
845n braun Normannen-Einfall
848n braun Normannen-Einfall
850n braun Niederlage auf Korsika
850n rot Korsika arabisch
863n braun Normannen-Einfall
865n/866n Normannen-Einfall
866n grün Tribute an Normannen
870n rot Vertrag von Meersen
871n braun Sieg über Araber
876n braun Sieg deutscher Franken
876n rot Wiedervereinigungsversuch
877n grün Erblichkeit der Lehen
878n–931n Rollo
879n braun Sieg über Normannen
880n braun Normannen-Einfall
881n braun Sieg über Normannen
885n braun Normannen-Einfall
885n braun Normannen-Einfall
885n grün Tribut an Normannen
887n braun Angriffe der Araber
887n rot Gebietsverlust
891n braun Vordringen der Araber
891n rot Alpengebiet arabisch
892n braun Normannen-Einfall
900n rot Norden normannisch
906n/907n Ungarn-Einfall
908n blau Reginos Geschichtswerk
910n rot Cluny staatsunabhängig
911n rot Belehnung Rollos
911n blau Entwicklung Rouens
924n/925n Ungarn-Einfall
943n–1003n Silvester II.
955n–983n Otto II.
973n braun Sieg über Araber
973n rot Alpengebiet befreit
975n braun Sieg über Araber
975n rot Südfrankreich befreit
978n braun Einfall nach Deutschland
978n braun Deutsche Heere vor Paris
987n rot Ablösung durch Kapetinger

KAROLUS, August, deutscher Naturwissenschaftler.

1893n– Lebenslinie
1924n grün Fernsehgerät

KARPATEN, Name eines Gebirges, das als östlichster Ausläufer des mit den Alpen beginnenden mitteleuropäischen Hochrückens bis nach Rumänien und in den Westzipfel der Ukraine sich erstreckt. Umfaßt in weitem Bogen die ganze ungarische Tiefebene und ist nur durch das Wiener Becken von der Alpenkette getrennt.

834n–907n Arpad

KARPINI, Johannes, italienischer Priester.

1182n–1250n Lebenslinie
1245n rot Gesandter
1250n blau Geschichte der Mongolen

KARPOKRATES, Religionsphilosoph aus Alexandria.

80 n–130 n	Lebenslinie
122 n blau	Christentum und Philosophie
127 n blau	Gegen Privateigentum

KARTÄUSER, Name einer Mönchs-Organisation der katholischen Kirche. Entstand durch Anlage eines Klosters in den Bergen bei Grenoble (Südfrankreich), indem Bruno von Köln hier für sich und sechs weitere Einsiedler einzelne kleine Häuschen (Klausen) baute. Das ihm angetragene Erzbistum schlug er aus und errichtete statt dessen noch eine zweite ähnliche Anlage in Süditalien. Daraus entwickelte sich ein von der katholischen Kirche im Jahre 1133 n bestätigter Orden, der über hundert solcher Einzelhaus-Klöster in sieben europäischen Ländern anlegte, von denen heute noch 23 erhalten sind. 20 bis 50 Mönchen leben jeweils in einer klösterlichen Gemeinschaft. Sie sind zu Handarbeit, Studium und Gebet verpflichtet und müssen außerhalb der gemeinsamen Mahlzeiten und Gottesdienste strenges Schweigen bewahren.

1084 n blau	Klostergründung

KARTELL, von dem italienischen Worte 'cartello' (= Urkunde) abgeleitete Bezeichnung für den urkundlich besiegelten wirtschaftlichen Zusammenschluß von rechtlich selbständig bleibenden Unternehmen. Ziel auf Ausschaltung der Konkurrenz zur Erzielung des höchstmöglichen Gewinnes. Diese mit dem Frühkapitalismus in Europa aufkommende Form gemeinsamer Interessenwahrung erreichte im 19. Jahrhundert ihren Höhepunkt. Seit der Beherrschung ganzer Wirtschaftszweige durch Monopol-Gesellschaften und der starken wirtschaftlichen Verflechtung innerhalb des gesamten Spätkapitalismus ist die ihm zugrundeliegende lose Interessengemeinschaft für einige Wirtschaftszweige überholt.

1301 n grün	Salz-Kartell
1470 n grün	Alaun-Kartell

KARTENSPIEL. In China seit Jahrtausenden mit bemalten Täfelchen aus Elfenbein oder Holz gespielt. Vor mindestens tausend Jahren kam in Arabien nach chinesischem Vorbild die handgemalte Karton-Karte auf. Nach ihrer Einführung in Europa wurden die Karten in Holzschnitt- oder Kupferstich-Technik bedruckt. Der Siegeszug des neuen Unterhaltungsspiels war durch kein Verbot aufzuhalten, und es verbreitete sich seit 500 Jahren in allen Volksschichten.

1370 n grün	Einführung in Europa
1378 n grün	Verbot in Deutschland
1892 n blau	Gemälde Cézannes

KARTHAGO, Hafenstadt in Nordafrika gegenüber der Westspitze Siziliens. Von phönizischen Seefahrern aus Tyros (Syrien) als Handelsniederlassung gegründet, entwickelte sie sich wegen ihrer zentralen Lage an der engsten Stelle des Mittelmeeres zu einem mächtigen Stadtstaat, überflügelte ihre Mutterstadt Tyros und beherrschte fast alle phönizischen Handelsstädte im westlichen Mittelmeer. Kämpfe mit Griechen, Etruskern und Römern führten zunächst zur weiteren Stärkung ihrer Macht, dann aber zur Zurückdrängung und schließlich zur Zerstörung der Stadt durch römische Heere. Nach ihrer Neugründung durch Cäsar entwickelte sie sich schnell zur Hauptstadt der römischen Provinz Afrika. Später wurde sie Hauptstadt des nordafrikanischen Wandalenreiches, fiel dann unter arabische Herrschaft und wurde schließlich von der in ihrer unmittelbaren Nachbarschaft angelegten Hafenstadt Tunis überflügelt.

852 v–774 v	Pygmalion
814 v blau	Gründung
549 v rot	Pakt mit Etruskern
540 v braun	Sieg über Griechen
540 v rot	Rückdrängung der Griechen
481 v rot	Kriegspolitik Xerxes'
480 v braun	Sizilischer Krieg
469 v rot	Kolonien in Afrika
424 v–367 v	Dionys der Ältere
409 v/405 v	Sizilischer Krieg
405 v rot	Gebietsgewinn (Sizilien)
398 v rot	Gibraltar-Enge gesperrt
398 v grün	Handelsvertrag mit Rom
397 v/392 v	Sizilischer Krieg
392 v rot	Machtverlust auf Sizilien
376 v rot	Teilung Siziliens
348 v rot	Machtgewinn Roms
318 v–272 v	Pyrrhus
282 v–229 v	Hamilkar
278 v rot	Bündnis mit Rom
265 v–201 v	Nävius
264 v/241 v	1. Punischer Krieg
260 v grün	Enterbrücken der Römer
247 v–183 v	Hannibal
242 v–187 v	Antiochus III.
241 v rot	Verlust Siziliens
241 v rot	Machtgewinn Roms
240 v/238 v	Söldner-Aufstand
237 v rot	Sardinien, Korsika an Rom
237 v/236 v	Krieg in Spanien
236 v rot	Gebietsgewinn (Spanien)
235 v–183 v	Scipio der Ältere
234 v–149 v	Kato der Ältere
231 v rot	Warnung durch Rom
229 v blau	Gründung Neu-Karthagos
226 v rot	Vertrag mit Rom
218 v/201 v	2. Punischer Krieg
216 v rot	Machtgewinn in Italien
215 v rot	Bündnis mit Mazedonien
215 v rot	Bündnis mit Syrakus
215 v/205 v	1. Mazedonischer Krieg
212 v braun	Verlust von Syrakus
204 v rot	Gegenbündnis Roms
201 v rot	Abtretung Spaniens
201 v rot	Abtretungen an Numidien
201 v rot	Zerstörung der Flotte
201 v blau	Nävius: 'Punischer Krieg'
200 v blau	Geschichte Hannibals
200 v/197 v	2. Mazedonischer Krieg
195 v–159 v	Terenz
162 v grün	Plantagensystem in Rom
149 v/146 v	3. Punischer Krieg
146 v rot	Römische Provinz
146 v grün	Versklavung
146 v blau	Kleitomachos' Trostschrift
145 v grün	Magos Lexikon lateinisch
124 n–170 n	Apulejus
159 n blau	'Der goldene Esel'
203 n rot	Christenverfolgung
204 n rot	Ehrung für Hannibal
276 n–355 n	Donatus
320 n blau	Kirchenreform gefordert
328 n rot	Donatisten-Bewegung
382 n–440 n	Martianus Kapella
427 n blau	Werk des Martianus
439 n braun	Eroberung durch Wandalen
439 n rot	Wandalenherrschaft
491 n blau	Drakontius: Gedicht
495 n blau	Drakontius: Erzählung
505 n–565 n	Belisar
533 n/534 n	Niederlage der Wandalen
534 n rot	Byzantinische Herrschaft
633 n/732 n	Arabischer Krieg
640 n–716 n	Musa
698 n rot	Arabische Herrschaft

KARTOFFEL, Kulturpflanze mit eßbarer Knolle, die von den spanischen Eroberern in Südamerika gefunden und nach Europa mitgebracht wurde. Doch wurde sie zunächst als Zierpflanze angebaut und nur gelegentlich gegessen. Erst in der zweiten Hälfte des 18. Jahrhunderts begann sie sich infolge von Hungersnöten durchzusetzen, zuerst in Preußen, wo Friedrich der Große nach dem Siebenjährigen Krieg ihren befohlenen Anbau durch Dragoner überwachen ließ. Die allgemeine Verbreitung dieser nahrhaften und billigen Frucht ermöglichte das sprunghafte Ansteigen der Bevölkerung Europas im 19. Jahrhundert.

1548 n grün	Einführung in Europa

KARTOGRAPHIE, Bezeichnung für die Gesamtheit der Arbeiten, die zur Herstellung von Landkarten notwendig sind. Mit der einfachen Aufzeichnung der Landschaft aus dem Gedächtnis begonnen, erhielt sie ihre sichere Grundlage durch die Festlegung der Himmelsrichtungen, durch die Vermessung der Erde, sowie durch Schaffung eines Netzes von Längen- und Breitengraden.

2404 v blau	Relief: Meridian-Messung
2325 v grün	Mesopotamien: Weltkarte
1773 v grün	Vermessungs-Handbuch
1421 v blau	Gemälde: Ackervermessung
1258 v grün	Karte nubischer Goldfelder
610 v–546 v	Anaximander
561 v grün	Anaximanders Weltkarte
499 v grün	Kriegsschauplatz-Karte
352 v–285 v	Dikäarch
296 v grün	Längen- und Breitengrade
274 v–194 v	Eratosthenes
222 v grün	Eratosthenes' Weltkarte
138 v grün	Ortsbestimmung
23 v grün	Reichsvermessung Roms
15 v grün	Agrippas Straßenkarte
101 n–179 n	Ptolemäus
167 n grün	Kegel-Projektion
170 n grün	Ptolemäus: Anleitung
487 n–565 n	Kosmas
548 n grün	Kosmas' Erdkunde
827 n grün	Atlas Al Karismis
851 n–938 n	Al Balki
921 n grün	Al Balkis Atlas
1096 n–1166 n	Al Idrisi
1164 n grün	Al Idrisis Weltkarte
1318 n grün	Visconti: Weltkarte
1376 n grün	Crescas: Weltkarte
1447 n grün	'Genuesische Weltkarte'
1459 n grün	Fra Mauros Weltkarte
1466 n grün	Trapez-Projektion
1478 n grün	Kupferstich-Karte
1491 n grün	Gedruckte Landkarte
1500 n grün	Cosas Weltkarte
1507 n grün	Waldseemüllers Weltkarte
1541 n grün	Münsters Weltbeschreibung
1549 n grün	Rußland-Karte
1569 n grün	Mercators Weltkarte
1590 n grün	Meßtisch
1595 n grün	Mercators Atlas
1602 n grün	Sternatlas
1650 n–1722 n	Kang-Hi
1656 n grün	Atlas von China
1737 n grün	Geologische Karte
1741 n grün	Kartenaufnahme Sibiriens
1820 n grün	Synoptische Wetterkarte
1914 n grün	Debes' Mondatlas

KARYSTOS, Stadt an der Südspitze der griechischen Insel Euböa, die der Halbinsel Attika vorgelagert ist. Bereits vor 3000 Jahren wegen ihres Marmors bekannt, wurde sie im Jahre 490 v von den Persern eingenommen und 467 v von Athen bekriegt. 449 v kämpfte sie in der Schlacht von Salamis auf persischer Seite. Später entwickelte sie sich zu einem Mittelpunkt des Handels. Im Jahre 1348 n siegte hier die Flotte Venedigs über Genuas Seemacht. Geburtsort des griechischen Mediziners Andreas von Karystos.

490 v/449 v	Perserkriege
203 v grün	Andreas von Karystos

KASACHSTAN, Land im mittleren West-Asien. Zweitgrößter Teilstaat der UdSSR. Erstreckt sich vom Kaspischen Meer bis zur chinesischen Grenze und vom sibirischen Rußland bis Kirgisien und Usbekistan. Seit zwei Jahrtausenden von türkischen Völkern bewohnt, wurde das Land im 13. Jahrhundert mongolisch, verselbständigte sich im 16. Jahrhundert und gelangte seit 1731 n allmählich unter die Herrschaft der Russen, die ihre Besitznahme 1847 n abgeschlossen hatten. Noch 1916 n erhob sich das Volk gegen die russische Herrschaft. Nach der bolschewistischen Revolution Teilstaat der UdSSR mit kultureller Eigenständigkeit.

1847 n rot	Russischer Besitz

KASAN, Stadt im europäischen Rußland, halbwegs zwischen Moskau und dem Ural am Oberlauf der Wolga. Hauptstadt eines großen und fruchtbaren Landes, das bis ins 13. Jahrhundert von Bulgaren bewohnt war. Es geriet dann unter die Herrschaft der Mongolen, deren Khan 1437 n die vierzig Jahre vorher zerstörte Stadt 45 Kilometer weiter südwestlich neu gründete und zur Hauptstadt seines Reiches machte. Im Jahre 1469 n von Russen erobert, aber 1502 n von den Mongolen zurückgewonnen, wobei alle Russen der Stadt ermordet wurden. Mitte des 16. Jahrhunderts gelang es den Russen dann, den Mongolen die Stadt endgültig zu entreißen. Während des Pugatschew-Aufstandes durch Feuer stark zerstört, wurde sie unter Katharina II. wieder aufgebaut. Die mongolische Bevölkerung erhob sich noch wiederholt, aber erfolglos gegen die russische Herrschaft. Nach der bolschewistischen Revolution Hauptstadt eines autonomen tatarischen Staates innerhalb der russischen Sowjetrepublik.

1530 n–1584 n	Iwan IV.
1552 n braun	Sieg der Russen
1775 n braun	Pugatschew-Aufstand
1804 n blau	Universität

KASCHMIR, Bergland im Norden Indiens. Durch seine abgeschlossene Lage konnte es bis ins 14. Jahrhundert seine Selbständigkeit bewahren. Dann verlor die letzte einheimische Herrscherin ihre Macht, das Land geriet unter die Herrschaft von Hindu-Fürsten. 1586 n wurde es von Akbar dem Reiche von Delhi einverleibt. 1752 n geriet es für fast hundert Jahre unter afghanische Herrschaft und stand dann unter der Macht Englands, das die Fürsten einsetzte, die Finanzen kontrollierte und sich bereicherte. Als England nach dem zweiten Weltkrieg ganz Indien räumen mußte, ließ es die Frage seiner Zugehörigkeit zu einem der beiden willkürlich geschaffenen Staaten auf indischem Boden offen. So entzündete sich der erste große Streit zwischen Indien und Pakistan hier und kostete hunderttausende Tote, ohne zu einer Lösung zu führen.

53 n–123 n	Kanischka
100 n rot	Buddhistisches Konzil
1148 n blau	Kalhanas Geschichtswerk
1207 n/1279 n	Großer Mongolenkrieg
1221 n rot	Mongolen-Herrschaft
1947 n rot	Teilung Indiens

KA-SECHEM, ägyptischer König.

2709 v–2661 v	Lebenslinie
2672 v/2668 v	Erhebung Unterägyptens
2668 v rot	Reichseinheit
2663 v braun	Sieg über Nubien
2663 v blau	Statue

KA-SECHEMUI, ägyptischer König.

2697 v–2650 v	Lebenslinie
2696 v–2646 v	Ni-Maat

KASE UND BRODVOLK, Name einer von Stadtarmen unterstützten Bauern-Erhebung, die den ganzen Norden der Niederlande erschütterte. Blutig niedergeschlagen.

1491 n braun	Aufstand

KASIA (um 810 n–um 870 n), byzantinische Dichterin. Gehörte zu den Mädchen, die von der Kaiserin zur Brautschau für den Thronfolger Theophilos geholt wurden. Doch verscherzte sie sich durch selbstbewußtes, freimütiges Auftreten die sichere Anwartschaft auf den Thron. Gründete ein Kloster und lebte zurückgezogen ihren dichterischen Arbeiten. In einer Parabel verglich sie Augustus mit Jesus, schrieb Lieder und ein Lobgedicht auf den Karmittwoch..

848 n blau	Preisgedicht

KASIM, Abu, arabischer Mediziner aus Zahra (Spanien).

936 n–1013 n	Lebenslinie
966 n grün	Sektion
973 n grün	Vivisektion
989 n grün	Kauterisation
993 n grün	'Chirurgie'
1114 n–1187 n	Gerhard von Toledo
1176 n grün	'Chirurgie' lateinisch
1197 n grün	'Gegengifte' lateinisch

KASIMIR der Große, König von Polen von 1333 n bis 1370 n.

1309 n–1370 n	Lebenslinie
1364 n blau	Universität Krakau
1368 n blau	Gesetzbuch

KASPERLE-THEATER, volkstümliche Bezeichnung für das Puppentheater mit lustiger Hauptperson ('Kasperle'). Entwickelte sich aus dem Handpuppenspiel, das vor tausend Jahren nach Europa kam. Der Münchner Dichter Franz Pocci schrieb vierzig der zum großen Teil im Volke entstandenen Kasperle-Spiele nieder.

1335 n grün	Aufkommen in Europa
1850 n blau	Poccis Spiele

KASPISCHES MEER, größter Binnensee der Erde. Zwischen Persischem Hochland und Uralgebirge an der Grenze zwischen Europa und Asien gelegen, gehören Nord-, Ost- und West-Ufer zur UdSSR, das Süd-Ufer zu Persien.

843 v–782 v	Semiramis
809 v braun	Assyrischer Feldzug
809 v rot	Assyrische Staatsgrenze
262 v rot	Abwanderung der Parther
73 n/91 n	Chinesischer Hunnenkrieg
352 n/354 n	Alanenkrieg der Hunnen
370 n/455 n	Hunnenkriege
450 n rot	Grenze des Hunnenreiches
515 n–572 n	Muhan
563 n rot	Grenze des Türkenreiches
746 n grün	Handelsstraße
803 n grün	Petroleum-Veredelung
839 n–923 n	Al Tabari
1207 n/1279 n	Großer Mongolenkrieg
1723 n rot	Russisches Vordringen

KASSANDER (um 335 v–297 v), mazedonischer Heerführer. Sohn des Feldherrn Antipater, der nach Alexanders Tod Reichsverweser wurde. Übernahm von seinem Vater bei dessen Tode dieses Amt und riß die Herrschaft über Griechenland und Mazedonien an sich. Statt die Länder für Alexanders Sohn zu verwalten, ließ er diesen erdolchen. Ermordete auch Alexanders Witwe Roxane und Alexanders Mutter. Heiratete Alexanders Schwester Thessalonike.

323 v/301 v	Diadochenkriege

KASSIODOR, Flavius Magnus Aurelius, römischer Gelehrter und Staatsmann, später Mönch.

480 n–573 n	Lebenslinie
497 n–555 n	Jordanis
519 n blau	Weltgeschichte
531 n blau	Geschichte der Goten
536 n blau	Gesetzsammlung
542 n blau	Abschriften
553 n blau	Lexikon
573 n blau	Abriß der Rechtschreibung

KASSITEN, vorderasiatisches Volk, das im iranischen Hochlande beheimatet war. Als Fremdarbeiter ins babylonische Reich geholt, schlossen sie sich zusammen und errangen nach einigen vergeblichen Erhebungen die Macht in Babylon. Einigten zeitweise ganz Mesopotamien unter ihrer Führung und behaupteten sich fast 400 Jahre auf dem babylonischen Thron.

1677 v braun	Angriff auf Babylon
1572 v–1504 v	Agum
1530 v braun	Erhebung in Babylon
1530 v rot	Herrschaft über Babylon
1525 v grün	Vergabe von Lehen
1475 v–1420 v	Ulam-Buriasch
1448 v–1392 v	Kara-Indasch
1445 v blau	Götter-Symbole
1432 v braun	Feldzug gegen Sumer
1427 v braun	Sieg über 'Meerreich'
1427 v rot	Machtausdehnung
1424 v–1370 v	Kuri-Gal-Zu
1418 v blau	Kreuz-Motiv
1417 v–1364 v	Eriba-Adad
1413 v rot	Prinzessin für Pharao
1402 v–1346 v	Burna-Bu
1395 v–1328 v	Assur-U-Baalit
1380 v braun	Sieg über Elam
1380 v rot	Gewinn Elams
1376 v blau	Schloß Kuri-Gal-Zus
1376 v grün	'Kuri-Gal-Zu-Stadt'
1367 v rot	Protestnote an Ägypten
1363 v rot	Politische Heirat
1357 v grün	Belehnungssteine
1328 v–1252 v	Hattu-Sili III.
1325 v braun	Abwehr Elams
1309 v braun	Niederlage gegen Assyrien
1281 v rot	Bündnis mit Hettitern
1277 v–1207 v	Tu-Kulti
1241 v braun	Niederlage gegen Assyrien
1241 v rot	Assyrische Herrschaft
1240 v braun	Erhebung gegen Tu-Kulti
1232 v–1162 v	Schutruk
1205 v braun	Abwehr Elams
1201 v braun	Aufstand gegen Assyrien
1201 v rot	Befreiung von Assyrien
1199 v braun	Sieg über Assyrien
1199 v rot	Oberhoheit über Assyrien
1198 v grün	Berittene Bogenschützen
1166 v–1105 v	Nebukadnezar I.

KASSIUS DIO, römischer Geschichtsschreiber und Staatsmann aus Kleinasien.

155 n–235 n	Lebenslinie
234 n blau	Römische Geschichte

KASTA, König in Ägypten.

798 v–746 v	Lebenslinie
780 v–717 v	Pianki
748 v braun	Vorstoß nach Norden
748 v rot	Gewinn Oberägyptens
747 v blau	Statue der Tochter

KASTELLE, Bezeichnung für befestigte Truppenstützpunkte, wie sie von den römischen Legionen an den Reichsgrenzen angelegt wurden, um das Römerreich gegen die ständigen Bedrohungen von außen zu schützen. Diese zunächst provisorisch errichteten Feldlager wurden im Laufe der Zeit in kleine Festungen verwandelt.

48 v–9 n	Varus
13 v blau	Mainz
12 v/7 v	Zweiter Germanenkrieg
179 n grün	Regensburg

KASTENORDNUNG, Bezeichnung für eine religiös begründete Klasseneinteilung, die seit mindestens drei Jahrtausenden die indische Gesellschaft zerreißt. Unterscheidet sich von anderen Klassenordnungen durch die Unabänderlichkeit der Zugehörigkeit zu jener Gesellschaftsschicht, in die der Mensch hineingeboren ist, sowie durch die Strenge, mit der jede nähere Berührung oder Vermischung mit anderen Gesellschaftsschichten ausgeschlossen ist. Bis in die Gegenwart stärkstes Hindernis für die Errichtung einer gerechten Sozialordnung in diesem Teile der Erde.

950 v blau	Brahmanismus
846 v rot	Ausbreitung
34 n–112 n	Asvagoscha
1023 n–1105 n	Ramanuja
1869 n–1948 n	Gandhi

KASTILIEN, auf dem Boden der römischen Kolonie Hispania erwachsenes Königreich, das seinen Namen von dem spanischen Worte für Burg ('Castillo') erhalten hat ('Burgenland'). Beherrschte seit dem 13. Jahrhundert zwei Drittel Spaniens und schloß sich im 15. Jahrhundert mit dem wesentlich kleineren Aragonien zum spanischen Königreich zusammen.

154 v/133 v	Erhebung gegen Rom
633 n rot	Synode von Toledo
694 n rot	Konzil von Toledo
852 n rot	Toledo unabhängig
880 n blau	Gründung von Burgos
932 n braun	Aufstand in Toledo
932 n rot	Toledo arabisch
1020 n blau	Geschichte der Könige
1035 n rot	Unabhängiges Königreich
1043 n–1099 n	Cid
1083 n rot	Gewinn Madrids
1085 n/1090 n	Angriff auf Araber
1085 n–1141 n	Juda Halevi
1095 n rot	Gründung Portugals
1114 n–1187 n	Gerhard von Toledo
1138 n grün	Übersetzerschule Toledo
1139 n braun	Sieg über Araber
1195 n braun	Niederlage gegen Berber
1221 n blau	Kathedrale von Burgos
1227 n blau	Kathedrale von Toledo
1230 n rot	Vereinigt mit Leon
1236 n braun	Sieg über Araber
1236 n rot	Gewinn Cordobas
1246 n rot	Oberhoheit über Granada
1248 n braun	Sieg über Araber
1248 n grün	Alfons' Planetentafeln
1263 n blau	Gesetzessammlung
1451 n–1505 n	Isabella von Kastilien
1462 n braun	Sieg über Araber
1462 n rot	Gewinn Gibraltars
1469 n rot	Vereinigt mit Aragonien
1481 n/1492 n	Letzter Maurenkrieg
1547 n–1614 n	El Greco
1563 n blau	'Escorial' bei Madrid

1575n grün Schachturnier in Madrid
1577n blau Hochaltar von Toledo
1608n blau El Greco: Toledo

KASTOR (um 90v–41v), griechischer Geschichtsschreiber von der Insel Rhodos vor der Südwestküste Kleinasiens. Verfaßte eine Geschichte der ihm bekannten Welt in sechs Bänden, beginnend mit Gestalten der griechischen Götter- und Heldensage über die Assyrerkönige, die Stadtstaaten Griechenlands bis zur römischen Republik. Dabei zeigte er die Gleichzeitigkeit von Personen und Geschehnissen der vorderasiatischen und der mittelmeerischen Geschichte auf. Von seinem Schwiegervater, König Dejotaros von Galatien (Kleinasien), ermordet, weil er diesen wegen eines Mordanschlages gegen Cäsar angeklagt hatte.

42v blau Übersichtstafeln

KASWINI, Al (1203n–1283n), arabischer Gelehrter. Behandelte in einem enzyklopädischen Werke ausgehend von Erde und Himmel die Erscheinungen unserer Welt: Steine, Pflanzen, Tiere und Menschen. Gab eine umfassende Naturbeschreibung.

1280n grün Erdbeschreibung

KATAKOMBEN, Bezeichnung für die unterirdischen Begräbnisstätten der Juden und Christen, die in zahlreichen Städten des Mittelmeer-Raumes angelegt wurden (Rom, Neapel, Syrakus, Malta, Alexandria, Tunis, Sizilien). In 2 m hohen Gängen wurden jeweils sechs Gräber übereinander in die Wände gehauen und nach der Bestattung durch Steinplatten verschlossen. Später führte man die Gänge in reich ausgeschmückte zentrale Räume und hielt hier Gottesdienste ab. In den rund 1200 Kilometer langen Katakomben Roms fanden Ausgräber guterhaltene Malereien aus den ersten vier Jahrhunderten nach der Zeitwende.

126n blau Madonnenbild

KATALAUNISCHE FELDER, Bezeichnung für eine Ebene zwischen Seine und Marne in Nordfrankreich, etwa 100 Kilometer östlich von Paris, benannt nach der Stadt Châlons (Catalaunum), in deren Nähe diese Ebene liegt. Hier fand im Jahre 451n eine Schlacht statt, bei der römische Heere mit Hilfe der Westgoten, Alanen, Sarmaten und Burgunder die Hunnen besiegten, die von Ostgoten, Rugiern und Gepiden unterstützt wurden.

370n/455n Hunnenkriege
397n–454n Aëtius
410n–453n Attila

KATALONIEN, spanische Landschaft an der Küste des Mittelmeers unmittelbar an der französischen Grenze. Erstreckt sich vom Ebro-Tal bis zu den Gipfeln der Pyrenäen. Wurde 217v römische Provinz, nach dem Niedergange Roms von Goten und Alanen beherrscht, dann arabisch. Seit 1137n Teil Aragoniens, vereinigte es sich mit Kastilien im spanischen Königreich.

633n/732n Arabischer Krieg
711n rot Gebiete an Araber
778n braun Vorstoß der Franken
801n braun Vorstoß der Franken
803n braun Vorstoß der Franken
803n rot Gebiete an Franken
813n braun Vorstoß der Franken
813n rot Gebiete an Franken
874n rot 'Mark' selbständig
932n–1002n Ibn Amir
985n braun Vordringen der Araber
1116n rot Päpstliche Lehnshoheit
1298n blau Kathedrale von Barcelona
1401n grün Bank in Barcelona
1909n braun Revolution
1952n braun Aufstand in Barcelona

KATANE, Stadt an der Ostküste Siziliens zwischen Messina und Syrakus am Südfuße des Ätna (heute Catania). Durch Auswanderer von der griechischen Insel Naxos vor 2700 Jahren gegründet, entwickelte sie sich zu einer blühenden Siedlung. Im Jahre 475v vertrieb der Herrscher von Syrakus (Hieron I.) die Griechen, siedelte 10000 Neubürger an und gab der Stadt einen neuen Namen. Aber wenige Jahre nach Hierons Tod kehrten die alten Bewohner 461v zurück. Die Stadt geriet dann unter karthagische, römische, ostgotische, byzantinische, arabische, normannische, deutsche, französische, spanische Herrschaft und gehört seit 1861n zum neugegründeten italienischen Staat. Im zweiten Weltkrieg durch englisch-amerikanische Luftangriffe und durch Erdkämpfe stark zerstört.

729v blau Gründung
1444n blau Universität

KATARAKTE, aus dem Griechischen übernommenes Wort für wasserfallartige Stromschnellen. Die Bezeichnung wird insbesondere auf die großen Stromschnellen des Nils angewendet, die ein durchgehendes Befahren des Flusses mit Schiffen verhindern und deshalb teilweise beseitigt wurden.

2369v–2295v Una
2314v–2292v Meren-Re
2297v grün Schiffbarmachung
1904v–1841v Sesostris III.
1867v grün Überwindung durch Kanal

KATECHISMUS, von dem griechischen Ausdruck für den mündlichen Unterricht 'kat-echein' (= wörtlich 'entgegentönen') abgeleitete Bezeichnung für ein kurzgefaßtes Lehrbuch, meist in Frage- und Antwort-Form. Insbesondere angewendet für zwei von Luther nach dem Vorbild des Erasmus zusammengestellte christliche Volksbücher, deren Erfolg die katholische Kirche zur Herausgabe eines ähnlichen Buches veranlaßte.

1529n blau Luthers Katechismen
1553n blau Katholischer Katechismus

KATEGORISCHER IMPERATIV, von Kant geprägter Begriff, der ein überpersönliches, überzeitliches und übernationales Sittengesetz begründen sollte. Verlangt vom Einzelmenschen, er solle so handeln, daß sein Tun Gesetz für das Tun aller sein kann. Diese Forderung, die er in mehreren Werken unterschiedlich ausdrückte und begründete, geht von der Natur des Menschen als individuellem und sozialem Wesen aus und versöhnt die darin begründeten Widersprüche im Bekenntnis zur Pflicht.

1724n–1804n Kant
1788n blau 'Praktische Vernunft'

KATHARER, von dem griechischen Worte 'katharos' (= rein) abgeleitete Bezeichnung für Christen, die nach Verwirklichung der reinen Lehre ihres Religionsstifters Jesus Christus strebten. Durch strenge Befolgung seiner Verurteilung des Reichtums wurden sie zu Gegnern der Reichen und der zunehmend mit ihnen verbündeten Priesterschaft. Trotz Anwendung grausamster Mittel (Verfolgung, Folterung und Verbrennung) wurde die Kirche ihrer unter immer anderen Namen sich neu vereinigenden Anhänger nicht Herr. Die Bewegung fand später Eingang in die Reformation. Als aber auch die reformierte Kirche sich zum Beschützer der Reichen entwickelte, erkannten ihre Anhänger, daß sie die urchristliche Forderung nach sozialer Gerechtigkeit nur außerhalb der Kirche und im offenen Kampfe gegen sie verwirklichen konnten. Sie gingen in den revolutionären Bewegungen Europas auf.

444n rot Manichäer-Verfolgung
646n–684n Silvanus
665n rot Paulikianer-Bewegung
665n blau Paulikianer-Forderung
668n rot Paulikianer-Verfolgung
760n rot Paulikianer im Balkan
835n rot Mord an Paulikianer
872n blau Paulikianer-Geschichte
873n braun Paulikianer-Niederlage
914n–961n Bogomil
920n rot Paulikianer in Bulgarien
940n rot Bogomilen-Bewegung
943n blau Bogomil gegen Sklaverei
954n blau Bogomil für Gleichheit
973n blau Cosmas gegen Bogomilen
1022n rot Verbrennung in Orléans
1030n rot Verbrennung in Italien
1048n blau Verteidigung durch Wazzo
1058n rot Verdammung von Mönchen
1090n–1153n Bernhard von Clairvaux
1109n–1149n Eudo
1115n rot Verbrennung in Byzanz
1116n blau Lehren der Bogomilen
1119n blau Angriff auf Kreuz-Kult
1123n blau Gegnerschaft Peters
1125n braun Erhebung in Italien
1132n rot Peter von Bruys verbrannt
1133n rot Aktion der Petrobusianer
1140n–1217n Peter Waldes
1144n rot Bischofs-Absetzung
1145n rot Ermordung in Köln
1148n rot Zulauf von Webern
1152n–1246n Peire Cardinal
1153n blau Lateinische Bibel
1155n grün Humiliaten in Mailand
1157n rot Brandmarkung angeordnet
1160n–1216n Innozenz III.
1163n rot Verbrennung in Italien
1163n rot Verbrennung in Köln
1163n grün Boykott durch Kirche
1166n rot Brandmarkung in England
1167n rot Konzil zu Toulouse
1170n–1221n Dominikus
1175n rot 'Bund der Armen von Lyon'
1176n blau Angriff auf Kirche
1178n rot Waldenser-Bewegung
1179n rot Laterankonzil
1180n rot Bogomilen-Verfolgung
1180n rot Kreuzzugs-Aufruf
1181n braun Kreuzzug
1182n rot Waldenser in Italien
1183n blau Französische Bibel
1184n rot Inquisition
1194n blau Deutsche Bibel
1197n rot Todesstrafe in Spanien
1198n blau Waldenser: Fortbildung
1201n rot Abkehr der Humiliaten
1207n rot Gesandtschaft des Papstes
1208n rot Kreuzzugs-Forderung
1209n/1229n Kreuzzug
1211n rot Verbrennung in Straßburg
1211n blau Akominatos' Geschichtswerk
1212n rot Bogomilen-Verfolgung
1222n rot Gewinn Bosniens
1229n grün Geld für Denunzianten
1230n rot Verbrennung im Elsaß
1231n blau Schulen in Trier
1231n grün Zusammenhalt
1232n–1300n Segarelli
1234n rot Vernichtung in Bosnien
1237n rot Feuertod in Frankreich
1239n rot Verfolgung in Frankreich
1249n rot Verbrennung in Toulouse
1259n blau Kritik an der Kirche
1260n rot Apostelbrüder-Orden
1294n rot Verdammung Segarellis
1302n blau Forderung nach Armut
1305n/1307n Lombardischer Kreuzzug
1307n rot Feuertod Fra Dolcinos
1315n rot Verbrennung in Österreich
1324n–1384n Wiclif
1336n rot Verbrennung, Deutschland
1362n–1437n Sigismund
1365n–1416n Hieronymus von Prag
1369n–1415n Hus
1370n–1424n Ziska
1371n–1440n Friedrich I.
1376n blau Wiclif für Reformation
1377n rot Verdammung Wiclifs
1377n rot Schutz vor Kirche
1383n rot Lollarden in England
1393n rot Verbrennung in Embrun
1398n blau Verteidigung Wiclifs
1406n blau Kirchenarmut gefordert
1410n rot Bann gegen Hus
1412n blau Hus für Reformen
1413n rot Schriften-Verbrennung
1415n rot Verbrennung des Hus
1416n rot Hieronymus' Feuertod
1417n rot Hinrichtung Oldcastles
1420n rot Kreuzzugs-Aufruf
1420n/1434n Hussiten-Kreuzzug
1424n rot Machtkämpfe bei Hussiten
1428n rot Schändung Wiclifs
1452n–1498n Savonarola
1498n rot Feuertod Savonarolas
1528n blau Kommunismus gefordert
1528n rot Wiedertäufer-Hinrichtung
1532n rot Anhänger der Reformation
1534n blau Rothmanns Protestantismus
1534n braun Wiedertäufer-Erhebung
1686n braun Waldenser-Bekämpfung

KATHARINA II., die Große, russische Zarin deutscher Herkunft von 1762n bis 1796n.

1729n–1796n Lebenslinie
1764n rot Polen-Thron an Günstling
1768n braun Erhebung in Polen
1768n/1774n Erster Türkenkrieg
1768n blau Winterpalais
1772n rot Erste Teilung Polens
1775n braun Pugatschew-Aufstand
1775n rot Gouvernementsverfassung
1775n/1783n Kampf Nordamerikas
1780n rot Bewaffnete Seeneutralität
1784n rot Gebietsgewinn im Süden
1785n rot Adels- und Städte-Stärkung
1787n grün 'Potemkinsche Dörfer'
1787n/1792n Zweiter Türkenkrieg
1790n blau Kritik Radistschews
1792n rot Dnjestr-Mündung russisch
1793n rot Zweite Teilung Polens
1794n braun Polnischer Aufstand
1794n blau Gründung von Odessa
1795n rot Dritte Teilung Polens
1795n rot Gewinn Litauens

KATHARINA Medici (1519n–1589n), Königin von Frankreich. Als einzige Tochter des Florenzer Herzogs Lorenzo II. Medici und der Nichte des Papstes Klemens VII. wurde sie 13jährig an den gleichaltrigen französischen Thronfolger verheiratet. Infolge ihrer Nachsicht mit den Liebschaften ihres Mannes erwarb sie allmählich dessen Vertrauen und folgte ihm nach seinem Tode als Regentin für ihren minderjährigen Sohn. Aus persönlicher Abneigung gegen die Katholikenführer (Guise) unterstützte sie zeitweilig die antikatholische Reformpartei (Hugenotten). Als diese aber ihren Sohn Karl IX. zu gewinnen suchte, stellte sie sich ihr leidenschaftlich entgegen. Vereitelte die angebahnte Versöhnung zwischen den Konfessionen, indem sie 1572n der katholischen Kirche die Ermordung der französischen Protestanten (Hugenotten) erlaubte (Bartholomäusnacht). Dadurch lud sie die Schuld an den Hugenottenkriegen auf sich. Ihr Sohn Karl IX. überließ ihr auch nach Erreichung der Volljährigkeit weitgehend die Regierungspolitik. Erst nach dessen Tode wurde sie durch ihren dritten Sohn (Heinrich III.) von der Macht verdrängt.

1562n/1598n Hugenottenkriege

KATHARINA von Aragonien (1485n bis 1536n), englische Königin. Tochter der Königin Isabella von Kastilien und König Ferdinands von Aragonien. Wurde 1501n mit dem englischen Thronfolger Arthur vermählt. Als dieser schon im darauffolgenden Jahre starb, wurde sie wegen ihrer reichen Mitgift mit dem neuen Thronfolger verlobt und heiratete 1509n als 24jährige Witwe den als Heinrich VIII. gekrönten 17jährigen Monarchen. Nach 20jähriger Ehe suchte Heinrich beim Papst um die Erlaubnis zur Scheidung nach und ließ nach dessen Weigerung die Ehe vier Jahre später durch englische Geistliche auflösen. Dadurch war ein wesentlicher Schritt zur Loslösung Englands von der katholischen Kirche getan. Da Katharina jedoch mit ihrer Scheidung nicht einverstanden war und den Weg für die Verbindung des Königs mit Anna Boleyn nicht freigeben wollte, wurde sie eingekerkert.

1491n–1547n Heinrich VIII.

KATHARINA von Siena (1347n–1380n), italienische Priesterin. Als jüngste Tochter eines Färbers in Siena (bei Florenz) gelobte sie achtjährig ewige Keuschheit. In ein Dominikanerkloster eingetreten, sprach sie drei Jahre lang außerhalb der Beichte kein Wort und wurde dann wegen ihrer unwiderstehlichen Beredsamkeit berühmt. Als Abgesandte der Stadt Florenz bestimmte sie den Papst zur Rückkehr aus Avignon nach Rom und half durch ihr Verhandlungsgeschick bei der Überwindung der Kirchenspaltung (Schisma). Behauptete, daß sie mit Jesus Christus verlobt sei, daß dieser sein Herz mit ihr getauscht, ihr sein Blut zu trinken gegeben und die Wundmale seiner Kreuzigung ihr eingedrückt habe.

1371n blau Mahnung an Kirche

KATHODENSTRAHLEN, Bezeichnung für die Bewegung kleinster frei herumfliegender Elementarteilchen (Elektronen), die vom Minus-Pol einer Elektroden-Stromquelle (Kathode) ausgesandt werden. Wenn sie in ihrer freien Bewegung durch Materialteilchen gehemmt werden, erzeugen sie Licht und Wärme. Beim Durchgang durch Gase regen sie deren Atome zum Glühen an. Der deutsche Physiker und Mathematiker Julius Plücker entdeckte sie in einer von ihm gebauten Röhre bei der Beobachtung der Ablenkbarkeit magnetischer Felder. Ihre vielseitige Anwendbarkeit (Röntgen, Photozelle, Fernsehröhre) machte ihre Erforschung zu einer Aufgabe, an der sich Tausende von Wissenschaftlern in der ganzen Welt beteiligten.

1857n grün Entdeckung
1906n grün Lenards Forschungen

KATHOLIKOS SAHAK (um 350n–um 440n), armenischer Kirchenfürst. Übersetzte zusammen mit dem Gelehrten Mesrop die Bibel ins Armenische.

358n–441n Mesrop
433n blau Bibelübersetzung

KATHOLISCHE KIRCHE

98n–160n Valentin
109n rot Bezeichnung 'katholisch'
112n rot Verbot im Römerreich
125n–190n Tatian
131n–182n Celsus
132n–200n Irenäus
155n rot Streit um Osterfest
156n rot Bischof verbrannt
160n–242n Ammonios
162n–224n Tertullian
168n rot Aufkommen des Zölibats
169n–222n Kalixt I.
176n rot Verbot im Römerreich
179n blau Spottschrift des Celsus
182n–253n Origenes
189n blau Glaubenslehre
191n blau Bischofsliste
192n rot Osterdatum
194n blau Gnostiker-Verdammung
199n–251n Decius
202n rot Strafe für Übertritt
202n–258n Cyprian
208n–280n Paulus von Samosata
217n rot Kalixt Bischof von Rom
218n rot Vorrang Roms gefordert
221n rot Ehebruch: tilgbare Sünde
222n blau Dogmatik
232n blau Theologenschule
243n–316n Diokletian
249n rot Verfolgung in Rom
249n blau 'Gegen Celsus'
250n rot Verbrennung des Papstes
251n blau 'Allein-seligmachend'
251n–356n Antonius
256n blau Kirchendisziplin
258n rot Verfolgung durch Staat
258n–336n Arius
260n rot Ende der Verfolgung
260n grün Chöre im Gottesdienst
261n–335n Laktantius
263n–339n Eusebius
264n rot Goten-Christianisierung
265n–330n Jamblichos
270n blau Gottnatur Jesu abgelehnt
276n–355n Donatus
280n–337n Konstantin
285n blau Bibliothek in Cäsarea
285n–347n Fasir
291n–347n Axid
292n–346n Pachomius
295n–373n Athanasius
299n rot Armenische Staatsreligion
303n rot Verfolgung durch Staat
306n rot Zölibat höherer Priester
306n–373n Ephräm der Syrer
310n blau Christliche Rhetorik
310n–379n Schapur II.
311n rot Ende der Verfolgung
312n braun Krieg im Zeichen Jesu
312n rot Lateran-Palast Papstsitz
313n rot Religionsfreiheit
313n rot Rückgabe von Christengut
313n grün Staatlicher Priestersold
314n rot Abkehr vom Pazifismus
314n blau Wissenschaftsfeindlichkeit
315n–367n Hilarius von Poitiers
316n–397n Martin von Tours
320n blau Gegnerschaft des Donatus
321n rot Sonntag Staatsfeiertag
321n rot Rechtsgewinn
321n grün Erbrecht
322n blau Eusebius' Geschichtswerk
324n rot Staatsreligion in Rom
325n rot Jesus zum Gott erklärt
325n grün Osterdatum
325n grün Zinserhebung abgelehnt
326n rot Fürsprache bei Perserkönig
328n rot Donatisten-Bewegung
328n blau Kritik des Axid
329n–389n Gregor von Nazianz
330n–379n Basilius der Große
331n–363n Julian
333n blau Christliche Hochschule
338n rot 'Heiden'-Verfolgung
340n rot Verfolgung bei Persern
340n rot Kirche in Abessinien
340n grün Geld für Donatisten
340n–397n Ambrosius
341n rot Konzil zu Antiochia
342n blau Gegnerschaft des Fasir
343n rot Papst Kirchenherr
344n/347n Zirkumzellionen-Aufstand
345n grün Angebliches Kreuz Christi
345n–420n Hieronymus
346n rot Arianismus bei Westgoten
346n–395n Theodosius
348n blau Religionsbuch des Cyrillus
348n–408n Prudentius
349n grün Kreuzes-Anbetung
351n rot Staatsreligion, Abessinien
351n blau Mönchtum in Europa
354n rot Weihnachtsfest
354n–430n Augustin
354n–407n Chrysostomos
355n rot Widerruf eines Dogmas
356n blau Hilarius: Dreifaltigkeit
358n–441n Mesrop
359n blau Basilius: Mönchsregeln
359n–383n Gratian
360n–415n Hypatia
361n rot Gegnerschaft Julians
361n blau Kloster Ligugé
370n–414n Synesios von Kyrene
375n–435n Pelagius
377n rot Gegner als 'Ketzer'
378n blau Kirchenordnung
379n rot Demonstration des Kaisers
380n rot Einfluß des Staates
380n blau Gottesdienst: Volksgesang
381n rot Dreifaltigkeitsdogma
381n blau Reden über Dreifaltigkeit
381n–444n Cyrillus
382n rot Durchsetzung eines Dogmas
385n rot 'Ketzer'-Hinrichtung
385n blau Abendmahl und Taufe
386n rot Hoheit über Staat
386n–451n Nestorius
387n blau Kritik des Chrysostomos
389n rot Nur christliche Feiertage
389n blau Bezeichnung 'Bibel'
390n rot Buße des Kaisers
391n rot Bibliotheks-Verbrennung
391n–460n Patrick
394n rot Intoleranz
394n rot Verbot Olympischer Spiele
398n grün Einführung des Weihrauchs
399n rot Verdammung des Origenes
399n–461n Leo der Große
405n blau Bibelübersetzung 'Vulgata'
411n blau Philosophie 'ketzerisch'
412n grün Verbot des Warmbadens
413n blau Augustin gegen 'Ketzer'
414n blau Hieronymus' Streitschriften
415n rot Ermordung Hypatias
416n rot Ämterprivileg
416n blau Augustin: Dreifaltigkeit
417n rot Papst gegen Erbsünde
418n rot Papst für Erbsünde
420n rot Prügel für 'Ketzer'
420n blau Pelagius gegen Erbsünde
426n blau Augustin: 'Gottesstaat'
430n blau Kritik des Nestorius
431n rot Maria Mutter Gottes
432n rot Christianisierung Irlands
440n rot Selbstbezeichnung 'Papst'
440n blau Kirchengeschichte
444n rot Manichäer-Verfolgung
444n rot Bücherverbrennung
445n rot Richteramt des Papstes
445n grün Enteignung

447n rot	Papst: Tod für Gegner
449n blau	Kirchengeschichte
451n rot	Gleichstellung Rom–Byzanz
455n grün	Ohrenbeichte
466n–511n	Chlodwig
480n–547n	Benedikt von Nursia
480n–573n	Kassiodor
487n–565n	Kosmas
492n blau	Frauenkloster in Irland
493n blau	Zwei-Schwerter-Lehre
495n rot	Index
496n rot	Übertritt Chlodwigs
503n grün	Glocken in Afrika
516n rot	Burgunderkönig Katholik
517n blau	Gesang des 'Ave Maria'
525n rot	Einkerkerung des Papstes
529n blau	Kloster Monte Cassino
530n blau	Benedikt: Mönchsregeln
534n–615n	Kolumban
535n grün	Glocken in Europa
538n rot	Verbot der Sonntagsarbeit
538n grün	Geldverleih gegen Zins
538n–594n	Gregor von Tours
540n–604n	Gregor I.
548n rot	Autorität des Kaisers
556n blau	Kloster Poitiers
560n–636n	Isidor von Sevilla
564n rot	Bekehrung Schottlands
585n grün	Strafe für Sonntagsarbeit
585n grün	Kirchensteuer-Forderung
589n rot	Westgoten katholisch
589n grün	Weiße Priestertracht
590n blau	Papst Gregors Predigten
590n grün	Proletariat abhängig
591n blau	Gregor: Seelsorge
593n rot	Fegefeuer-Dogma
593n grün	Grundbesitz 'Erbe Petri'
594n rot	Beichte in ganz Europa
594n blau	Kloster Luxeuil
596n rot	Angelsachsen-Bekehrung
599n blau	Schule für Kirchengesang
600n grün	Forderung nach Erbrecht
601n rot	Bistum Canterbury
604n blau	Kolumbans Mönchsregel
610n rot	Bekehrung Süddeutschlands
611n blau	Kloster Bregenz
612n blau	Kloster Bobbio
613n blau	Kloster St. Gallen
616n blau	Abtei Westminster
633n rot	Hoheitsanspruch
635n–714n	Pippin der Mittlere
636n rot	Hoheit in Süd-Irland
646n–692n	Silvanus
658n–739n	Willibrord
664n rot	England christianisiert
665n rot	Paulikianer-Bewegung
665n blau	Kritik des Silvanus
675n–754n	Bonifatius
675n–752n	Johannes von Damaskus
681n rot	Konzil zu Konstantinopel
688n–741n	Karl Martell
690n braun	Abwehr durch Langobarden
690n rot	Langobarden katholisch
691n rot	Auftrag für Willibrord
694n rot	Juden-Versklavung (Konzil)
696n blau	Kloster Salzburg
697n rot	Hoheit in ganz Irland
698n blau	Abtei Echternach
699n–748n	Ibn Ata
701n–784n	Fergil der Geometer
710n–782n	Lioba
716n–768n	Pippin der Kleine
721n rot	Bekehrung Thüringens
722n blau	Kloster Amöneburg
722n grün	Kirchengüter als Lehen
723n blau	Fällen der Donar-Eiche
724n blau	Kloster Ohrdruf
724n blau	Kloster Reichenau
726n rot	Bilderanbetungs-Verbot
726n rot	Unabhängigkeit Roms
727n rot	Christianisierung Hessens
728n blau	Angriff Ibn Atas
729n rot	Schenkung an Papst
730n rot	Vormacht von Byzanz
731n rot	Bilderverehrung erlaubt
731n blau	Bedas Kirchengeschichte
732n blau	Kloster Fritzlar
735n blau	Kloster in Baden
737n–804n	Alkuin
738n rot	Friesen-Christianisierung
739n rot	Absage an Papst
740n blau	Frauenklöster
742n rot	Synode in Deutschland
742n–814n	Karl der Große
743n–807n	Widukind
744n blau	Kloster Fulda
745n rot	Kirchenbesitz beschränkt
745n rot	Fränkische Staatskirche
747n rot	Papsthoheit bei Franken
748n rot	Klage gegen Fergil
751n blau	Doppelkloster Heidenheim
752n rot	Petrus-Banner für Heer
753n rot	'Konstantinische Schenkung'
753n grün	Papst-Reise zu Franken
754n rot	Schutz für Papst
754n rot	Salbung Pippins
756n rot	Pippin'sche Schenkung
758n–829n	Nikephoros
766n blau	Regeln für Domgeistliche
769n rot	Bekehrung Kärntens
769n blau	Kloster Innichen
770n–840n	Einhard
772n/804n	Sachsenkriege
774n rot	Karolingische Schenkung
777n rot	Sachsen-Zwangsbekehrung
778n–840n	Ludwig der Fromme
779n grün	Kirchensteuer bei Franken
781n rot	Kirchenstaat erweitert
782n rot	Todesdrohung für Sachsen
784n–856n	Rabanus Maurus
785n blau	Bischofsgeschichte
786n grün	'Peters-Pfennig'
786n–861n	Radbertus
787n rot	Byzanz für Bilderkult
787n rot	Rom für Bilderkult
791n blau	Schulen für Kirchengesang
792n rot	Streit um Gottnatur Jesu
792n blau	Schrift gegen Bilderkult
794n rot	Fränkische Reichssynode
796n grün	Schwarz 'religiöse Farbe'
799n rot	Anklage gegen Papst
799n rot	Papst wieder eingesetzt
800n rot	Krönung Karls
808n rot	Vordringen bis zur Elbe
813n rot	Kaiserkrönung ohne Papst
813n grün	Michaelisfest
814n–877n	Eriugena
815n–891n	Photios
816n rot	Kaiserkrönung durch Papst
822n blau	Nikephoros für Bilderkult
823n–877n	Karl II., der Kahle
826n rot	Dänenkönig Christ
827n–869n	Kyrill
829n rot	Bekehrung Skandinaviens
845n blau	Radbertus: Abendmahl
848n grün	'Leo-Stadt'
849n–901n	Alfred der Große
851n rot	Gefälschte Dekretalen
862n blau	Eriugena gegen Erbsünde
863n rot	Mähren christianisiert
864n blau	'Petruslied'
865n rot	Bulgarien christianisiert
866n blau	Angriff der Ostkirche
867n rot	Byzanz unabhängig
876n blau	Kloster Gandersheim
877n–936n	Heinrich I.
878n rot	Normannenkönig Christ
878n blau	Notkers 'Sequenzen'
879n rot	Tribut an Araber
884n–948n	Marozia
896n rot	Pornokratie
897n rot	Papst richtet Vorgänger
910n blau	Kloster Cluny
910n rot	Cluny unter Papsthoheit
912n–973n	Otto I., der Große
914n rot	Herrschaft Theodoras
914n–961n	Bogomil
919n rot	Absage Heinrichs I.
920n–992n	Miezko
928n rot	Mord am Papst
931n rot	Sohn Marozias Papst
940n rot	Bogomilen-Bewegung
940n–1015n	Wladimir der Große
943n–1003n	Silvester II.
955n grün	Phantasiename für Papst
962n rot	Krönung Ottos I.
963n rot	Verbrecher-Papst abgesetzt
964n–1000n	Olaf Tryggvason
966n rot	Miezko Christ
966n rot	Staatsreligion in Polen
968n rot	Erzbistum Magdeburg
972n–999n	Gregor V. (Bruno)
972n–1038n	Stephan I.
980n–1002n	Otto III.
983n braun	Abwehr durch Slawen
987n rot	Krönung Hugo Kapets
989n rot	Zwangstaufen in Kiew
990n–1031n	Aribo
991n rot	Russische Staatskirche
992n rot	Kirche Polens unter Papst
993n rot	Erste Heiligsprechung
996n rot	Deutscher als Papst
997n rot	Staatsreligion in Ungarn
998n grün	Allerseelenfest
999n rot	Kirche Ungarns zum Papst
999n rot	Norwegen christianisiert
1000n blau	Kritik des Leutardus
1000n–1088n	Berengar von Tours
1001n rot	Island christianisiert
1001n–1072n	Adalbert von Bremen
1002n–1066n	Eduard der Bekenner
1008n rot	Schweden christianisiert
1009n blau	Philosophie und Dogma
1013n–1085n	Robert Guiskard
1017n–1056n	Heinrich III.
1021n–1085n	Gregor VII.
1022n rot	Katharer-Verbrennung
1023n rot	Synode zu Seligenstadt
1030n rot	Katharer-Verbrennung
1031n rot	Kirchenstrafe Interdikt
1033n blau	Kloster Mont-Saint-Michel
1033n–1109n	Anselm von Canterbury
1044n blau	Berengar: Abendmahl
1046n rot	Deutscher als Papst
1048n blau	Kritik des Wazzo
1049n rot	Hugo Abt von Cluny
1049n blau	Kritik des Petrus Damiani
1050n–1106n	Heinrich IV.
1051n blau	Dialektik in Theologie
1052n rot	'Ketzer'-Hinrichtung
1053n braun	Sieg der Normannen
1053n rot	Zusicherung an Normannen
1053n–1123n	Roscelin
1054n rot	Kirchenspaltung
1056n blau	Denkfreiheit gefordert
1058n rot	Verdammung von Mönchen
1059n braun	Volkserhebung
1059n rot	Anspruch auf Italien
1059n rot	Rechte für Normannen
1060n rot	Bekehrung Mecklenburgs
1064n rot	Pilgerfahrt-Katastrophe
1066n rot	Bischof Slawen-Opfer
1070n rot	Johanniter-Orden
1074n rot	Allgemeines Zölibat
1075n rot	Investitur-Bestimmung
1076n rot	Absetzung des Papstes
1076n rot	Bann gegen Kaiser
1076n rot	Fürsten gegen Kaiser
1077n rot	Gang nach Canossa
1077n rot	Krönung Wilhelms I.
1078n rot	Judenfeindliche Erklärung
1079n rot	Zwang gegen Berengar
1079n–1142n	Abälard
1081n–1125n	Heinrich V.
1083n blau	Grenzen der Gewalt
1084n rot	Flucht des Papstes
1084n blau	Kartäuser-Kloster
1089n rot	Hoheit über Aragonien
1089n blau	Kloster Melk
1090n rot	'Hexen'-Verbrennung
1090n–1153n	Bernhard von Clairvaux
1092n rot	Zwang gegen Roscelin
1094n rot	Hilfegesuch an Papst
1095n rot	Kreuzzugs-Forderung
1096n grün	Kreuzzugsfinanzierung
1096n/1099n	Erster Kreuzzug
1098n blau	Kloster Citeaux
1098n–1178n	Hildegard von Bingen
1099n grün	Weber-Vertrag mit Kirche
1100n rot	Cluniazenser-Bewegung
1101n–1154n	Roger II.
1103n–1155n	Arnold von Brescia
1104n rot	Hoheit in Skandinavien
1106n blau	Annolied
1109n–1149n	Eudo
1110n blau	Anklage durch Tanchelm
1115n blau	Kloster Clairvaux
1115n–1158n	Otto von Freising
1116n rot	Hoheit in Katalonien
1118n–1170n	Thomas Becket
1119n rot	Templer-Orden
1119n rot	Papst: 'Ketzer'-Ausrottung
1120n blau	Prämonstratenser
1122n rot	Wormser Konkordat
1122n–1190n	Friedrich I. Barbarossa
1123n blau	Schrift gegen 'Ketzer'
1124n rot	Bekehrung Pommerns
1125n braun	Katharer-Aufstand
1125n rot	Slawenfürst Christ
1126n rot	Mord an Tanchelm
1126n blau	Abälard gegen Erbsünde
1129n blau	Anklage durch Heinrich
1132n rot	Peter von Bruys verbrannt
1132n blau	Abälard: 'Ja und Nein'
1133n rot	Rache der Petrobrusianer
1134n blau	Neue Jesus-Verehrung
1138n rot	Einfluß auf Kaiserwahl
1138n blau	Eudo gegen Taufe
1138n–1193n	Saladin
1139n rot	Armbrust-Vorschrift
1139n blau	Kritik des Arnold
1140n rot	Strafen für Unbequeme
1140n blau	Kirchenrechts-Wissenschaft
1140n–1217n	Peter Waldes
1142n/1155n	Bürgeraufstand in Rom
1144n rot	Bischöfe abgesetzt
1145n rot	Mord an Katharern
1145n blau	Kritik des Eudo
1146n rot	Kreuzzugs-Aufruf
1146n grün	Zinserlaß für Kreuzfahrer
1147n braun	Wenden-Kreuzzug
1147n/1149n	Zweiter Kreuzzug
1148n rot	Zulauf zu Katharern
1152n–1246n	Peire Cardinal
1153n rot	Bündnis mit Kaiser
1154n rot	Bekehrung Finnlands
1154n rot	Engländer als Papst
1155n rot	Wieder Papstmacht in Rom
1155n rot	Hinrichtung Arnolds
1155n rot	Krönung Friedrichs I.
1155n blau	Kirchenväter-Zitate
1156n blau	Karmeliter-Kloster
1157n rot	Katharer-Brandmarkung
1157n blau	Kritik Hildegards
1160n–1216n	Innozenz III.
1162n grün	Chirurgie-Verbot
1163n rot	Katharer-Verbrennung
1163n grün	Katharer-Boykott
1164n rot	Machtverlust in England
1165n rot	Heiligsprechung Karls
1165n–1197n	Heinrich VI.
1166n rot	Katharer-Brandmarkung
1167n blau	Spottlieder auf Kirche
1168n rot	Christianisierung Rügens
1170n rot	Ermordung Beckets
1170n–1221n	Dominikus
1172n–1228n	Walther von der Vogelweide
1173n–1239n	Hermann von Salza
1174n rot	Buße Heinrichs II.
1176n blau	Klage über Verweltlichung
1177n rot	Zugeständnis des Kaisers
1177n grün	Gesandter nach Indien
1178n rot	Waldenser-Bewegung
1178n–1241n	Snorri Sturluson
1179n rot	Katharer-Verurteilung
1179n grün	Araber-Boykott
1180n rot	Kreuzzugs-Aufruf
1181n braun	Katharer-Kreuzzug
1182n rot	Waldenser in Italien
1182n–1226n	Franziskus
1182n–1250n	Johannes Karpini
1184n rot	Inquisition
1189n/1192n	Dritter Kreuzzug
1190n rot	Deutschritter-Orden
1190n–1235n	Eike von Repkow
1192n blau	Cencius: 'Zinsbuch'
1192n grün	Ostereier-Weihe
1193n–1279n	Albertus Magnus
1194n–1250n	Friedrich II.
1197n rot	Todesstrafe für Katharer
1198n rot	Innozenz III. Papst
1199n rot	Bibelverbot für Volk
1201n rot	Humiliaten-Eingliederung
1202n/1204n	Vierter Kreuzzug
1207n rot	Gesandte zu Katharern
1208n rot	Kreuzzugs-Forderung
1209n rot	'Ketzer'-Verbrennung
1209n/1229n	Katharer-Kreuzzug
1210n rot	Franziskaner-Orden
1210n rot	Franziskaner anerkannt
1211n rot	Katharer-Verbrennung
1212n braun	Kinder-Kreuzzug
1213n rot	Papsthoheit in England
1214n blau	Klage über Priester
1214n–1294n	Roger Bacon
1215n rot	Papst für Judentracht
1215n grün	Arztberuf eingeschränkt
1216n rot	Dominikaner-Orden
1216n rot	Dominikaner anerkannt
1217n rot	Judentracht in England
1217n/1219n	Kreuzzug
1218n–1291n	Rudolf I. von Habsburg
1222n rot	Katharer in Bosnien
1222n–1263n	Alexander Newski
1223n blau	Angriff auf Papst
1225n rot	Deutschritter-Vertreibung
1225n–1274n	Thomas von Aquin
1226n rot	Preußen an Deutschritter
1228n/1229n	Fünfter Kreuzzug
1229n rot	Sieg in Frankreich
1229n rot	Verbot des Bibelbesitzes
1229n grün	Geld für Denunzianten
1230n braun	Unterwerfung Preußens
1230n rot	Katharer-Verbrennung
1230n–1306n	Jacopone von Todi
1231n rot	Papst Inquisitions-Leiter
1232n rot	Strafen für 'Ketzer'
1232n/1234n	Stedinger-Kreuzzug
1232n–1300n	Segarelli
1233n rot	Mord an Ober-Inquisitor
1234n grün	Bauernboden Kirchenbesitz
1235n–1303n	Bonifatius VIII.
1237n rot	Katharer-Verbrennung
1238n blau	Fremdsprachen-Schulen
1239n rot	Katharer-Verurteilung
1243n rot	Dominikaner: Inquisition
1244n braun	Verlust Jerusalems
1245n rot	Gesandter zu Mongolen
1247n rot	Feuertod für 'Hexe'
1247n–1328n	Johannes Korvino
1248n rot	'Hexen'-Verbrennung
1248n/1254n	Sechster Kreuzzug
1249n rot	Katharer-Verbrennung
1251n rot	Kirchen-Einigungsversuch
1252n rot	Anordnung der Folter
1253n blau	Theologenschule in Paris
1254n blau	Kritik Roger Bacons
1255n–1311n	Pierre Dubois
1256n rot	Augustiner-Orden
1259n blau	Kritik Segarellis
1260n rot	Apostelbrüder-Orden
1260n–1327n	Meister Eckehart
1261n blau	Forderung nach Reform
1264n rot	Fronleichnamsfest
1265n–1321n	Dante
1265n–1308n	Duns Scotus
1270n braun	Siebenter Kreuzzug
1270n–1319n	Haakon V.
1274n blau	Thomas Theologie
1275n rot	'Hexen'-Verbrennung
1276n blau	Missionsschule
1282n blau	Gnade auch ohne Kirche
1288n braun	Aufstand gegen Erzbischof
1288n rot	Köln frei vom Erzbischof
1290n–1343n	Marsilius von Padua
1294n rot	Verdammung Segarellis
1295n–1366n	Seuse
1296n rot	Steuerzahlungs-Verbot
1296n blau	Kritik des Jacopone
1298n rot	Teil-Bekehrung Chinas
1299n–1349n	Occam
1300n rot	Erstes 'Jubeljahr'
1300n grün	Spendengelder
1301n/1302n	Erhebung gegen Kaiser
1302n rot	Bulle 'Unam sanctam'
1302n blau	Kritik Fra Dolcinos
1303n rot	Gefangennahme des Papstes
1304n blau	Ruf nach Säkularisation
1305n rot	Anklage gegen Templer
1305n/1307n	Lombardischer Kreuzzug
1307n rot	Bischof in Peking
1307n rot	Feuertod Fra Dolcinos
1309n rot	Avignon Papst-Sitz
1311n rot	Verdammung der Beginen
1312n rot	Templerorden-Auflösung
1312n blau	Reformforderung Dantes
1315n rot	Katharer-Verbrennung
1316n–1378n	Karl IV.
1318n rot	Christus-Orden
1318n blau	Kritik des Marsilius
1323n rot	Papst gegen Armutslehre
1323n/1328n	Aufstand in Flandern
1324n blau	Marsilius für Volksgewalt
1324n–1384n	Wiclif
1325n rot	Bann gegen Aufständische
1329n blau	Occam: Staatskirche
1335n–1381n	John Ball
1336n rot	Katharer-Verbrennung
1338n rot	Kaiserwahl ohne Papst
1344n blau	Kritik Petrarcas
1353n rot	Machtverlust in England
1356n rot	Einfluß auf Königswahl
1357n rot	Kirchenstaats-Verfassung
1362n–1437n	Sigismund
1364n blau	Papst-Schloß in Avignon
1365n–1416n	Hieronymus von Prag
1369n–1415n	Hus
1370n rot	Weltliche Jurisdiktion
1370n–1424n	Ziska
1371n rot	Machteinbuße in England
1371n blau	Kritik Katharinas
1371n–1440n	Friedrich I.
1374n rot	Bann über Rechtsbuch
1376n rot	Papst wieder in Rom
1376n blau	Wiclif für Reformation
1377n rot	Verdammung Wiclifs
1377n rot	Bürgerschutz für Wiclif
1379n rot	Gegenpapst in Avignon
1383n rot	Lollarden-Bewegung
1384n blau	Kritik John Gowers
1391n rot	Druck auf Judentum
1393n rot	Katharer-Verbrennung
1394n–1460n	Heinrich der Seefahrer
1398n blau	Hus Verteidiger Wiclifs
1400n rot	Hilfe von Staatsgerichten
1406n blau	Ruf nach Säkularisation
1408n rot	Bibelverbot für England
1408n–1457n	Valla
1410n rot	Bann gegen Hus
1412n blau	Kritik des Hus
1412n–1431n	Jeanne d'Arc
1413n rot	Werke Wiclifs verbrannt
1414n rot	Zwang gegen Juden
1415n rot	Verbrennung des Hus
1415n blau	Konzil höher als Papst
1416n rot	Hieronymus' Feuertod
1416n blau	Konzil und Papst fehlbar
1417n rot	Hinrichtung Oldcastles
1418n rot	Reformversuch gescheitert
1420n rot	Kreuzzugs-Aufruf
1420n blau	Ziska für Neuordnung
1420n/1434n	Hussiten-Kreuzzug
1428n rot	Schändung Wiclifs
1428n blau	Anklage durch Conecte
1431n rot	Feuertod der Jeanne d'Arc
1431n–1503n	Alexander VI. Borgia
1433n rot	Feuertod Conectes
1434n rot	Hussitenkampf beendet
1438n rot	Gallikanische Freiheiten
1439n rot	Einigung Rom–Byzanz
1440n blau	Nachweis einer Fälschung
1445n blau	Gleichheit vor Gott
1448n rot	Reform-Konzil von Basel
1449n grün	Befestigung des Vatikans
1451n–1505n	Isabella von Kastilien
1452n rot	Papst für Sklaverei
1452n–1498n	Savonarola
1455n rot	Aufruf zum Türkenkrieg
1455n braun	Angriff auf Türken
1455n blau	Papst-Wohnung im Vatikan
1459n–1525n	Jakob Fugger
1462n grün	Leihhaus der Franziskaner
1465n–1536n	Erasmus von Rotterdam
1470n grün	Papst Kartell-Mitglied
1473n–1543n	Kopernikus
1477n–1576n	Tizian
1482n rot	Machteinbuße in Spanien
1483n–1546n	Luther
1484n rot	Verstärkte 'Hexen'-Jagd
1484n–1531n	Zwingli
1485n rot	Mord an Inquisitor
1487n blau	'Hexenhammer'
1487n grün	Fürsten als Komplizen
1488n rot	Hochzeit im Vatikan
1491n–1547n	Heinrich VIII.
1491n–1556n	Ignatius von Loyola
1492n rot	Kauf des Papst-Amtes
1493n rot	Weltaufteilung in Übersee
1496n–1560n	Gustav Wasa
1498n rot	Feuertod des Savonarola
1500n–1558n	Karl V.
1503n rot	Ablaßhandel der Ritter
1504n grün	Tetzels Ablaßhandel
1507n rot	Ximenes Groß-Inquisitor
1509n blau	Spott des Erasmus
1509n–1564n	Calvin
1512n braun	Eroberung von Florenz
1514n grün	Ablaßgewinn verpfändet
1515n blau	'Dunkelmänner-Briefe'
1517n blau	Luthers Thesen
1517n rot	Reformationsbeginn
1517n rot	Papst für Sklavenhandel
1518n rot	Reformation in der Schweiz
1520n rot	Bann gegen Luther
1520n rot	Bannbulle verbrannt
1520n rot	Reuchlin 'Ketzer'
1522n blau	Ignatius: 'Übungen'
1523n rot	Reformation in Schweden
1525n–1594n	Palestrina
1526n rot	Kapuziner-Mönche
1527n–1598n	Philipp II.
1528n rot	Wiedertäufer-Hinrichtung
1531n braun	Kappeler Religionskrieg
1531n rot	Bund der Protestanten
1532n rot	Zulauf zu Protestanten
1533n–1603n	Elisabeth
1533n–1584n	Wilhelm von Oranien
1534n braun	Wiedertäufer-Erhebung
1534n rot	Jesuiten-Orden
1534n rot	Anglikanische Kirche
1534n blau	Ignatius: Ordensregel
1536n rot	Reformation in Dänemark
1536n rot	Besitzverlust in England
1536n grün	Kloster als Tuchfabrik
1537n rot	Reformation in Norwegen
1537n rot	Eintreten für Indianer
1538n rot	Protestanten-Verfolgung
1538n rot	Bund gegen Protestantismus
1540n rot	Jesuiten-Orden anerkannt
1541n rot	Reformation in Genf

1542 n rot Inquisition erneuert
1543 n rot Zinserlaubnis
1545 n rot Konzil zu Trient
1546 n rot Verbrennung des Dolet
1546 n/1547 n Schmalkaldischer Krieg
1548 n rot Papst für Sklaverei
1548 n–1600 n Giordano Bruno
1549 n rot Tod für Johanna von Kent
1549 n rot Christianisierung Japans
1550 n rot Missionen der Jesuiten
1552 n rot Passauer Vertrag
1552 n grün Kirchenbesitz-Wechsel
1553 n rot Erneuerungsbeschluß
1553 n–1610 n Heinrich IV.
1555 n rot Augsburger Friede
1555 n blau Sleidans Geschichtswerk
1559 n rot Bücher-Verbote
1559 n rot Verfolgung Reformierter
1560 n rot Reformation in Schottland
1560 n rot Irland: Reformationsversuch
1561 n rot Fronten in Frankreich
1562 n/1598 n Hugenottenkriege
1562 n–1635 n Lope de Vega
1564 n–1642 n Galilei
1567 n rot Kampfauftrag für Alba
1572 n/1581 n Kampf der Niederlande
1573 n grün Hugenotten-Auswanderung
1576 n rot Bund gegen Protestanten
1576 n blau Bodin: 'Vom Staate'
1585 n–1642 n Richelieu
1588 n–1679 n Hobbes
1593 n rot Heinrich IV. Katholik
1598 n rot Edikt von Nantes
1600 n rot Feuertod Giordano Brunos
1604 n rot Gegenreformation
1605 n grün 'Bank des Heiligen Geistes'
1609 n rot Bund gegen Protestantismus
1609 n rot Toleranz in Böhmen
1610 n rot Jesuitenstaat Paraguay
1610 n rot Ermordung Heinrichs IV.
1613 n blau Galilei: Bibelkritik
1615 n blau Aubigné: Hugenottenkriege
1616 n rot Kopernikus-Lehren verfolgt
1618 n rot Salesianerinnen-Orden
1618 n braun Protestanten-Aufstand
1618 n/1648 n Dreißigjähriger Krieg
1622 n rot Propaganda-Institut
1623 n–1662 n Pascal
1624 n rot Verurteilung Théophiles
1627 n braun Protestanten-Erhebung
1629 n rot Restitutions-Forderung
1633 n rot Widerruf Galileis
1641 n braun Protestantenmorde (Irland)
1642 n rot Tabak-Verbot
1650 n–1722 n Kang-Hi
1651 n blau Hobbes: 'Leviathan'
1652 n blau 'Bequeme Frömmigkeit'
1656 n blau Pascals Jesuiten-Anklage
1663 n rot Trappisten-Reform
1678 n rot Machtverlust in England
1679 n–1754 n Christian Wolff
1683 n rot Jesuiten-Abwehr in China
1685 n rot Toleranz-Ende (Frankreich)
1685 n grün Hugenotten-Auswanderung
1686 n braun Waldenser-Bekämpfung
1689 n–1755 n Montesquieu
1694 n–1778 n Voltaire
1699 n blau Geschichtswerk Arnolds
1710 n rot Port Royal zerstört
1717 n–1780 n Maria Theresia
1719 n rot Rußland ohne Jesuiten
1724 n rot Jesuiten-Kolleg zerstört
1738 n rot Bann gegen Freimaurer
1756 n rot 'Hexen'-Hinrichtung
1759 n rot Portugal ohne Jesuiten
1759 n grün Jesuitenbesitz enteignet
1760 n blau Kritik am Klosterleben
1767 n rot Paraguay ohne Jesuiten
1767 n rot Spanien ohne Jesuiten
1767 n rot Frankreich ohne Jesuiten
1773 n rot Jesuiten-Orden aufgehoben
1781 n rot Klöster-Auflösung
1789 n/1795 n Französische Revolution
1792 n rot Zivilehe in Frankreich
1801 n rot Konkordat mit Napoleon
1801 n grün Priestersold vom Staat
1803 n rot Deputationshauptschluß
1814 n rot Erneut Jesuiten-Orden
1815 n–1898 n Bismarck
1820 n/1823 n Spanische Revolution
1826 n rot 'Ketzer'-Hinrichtung
1828 n rot Letzter Inquisitions-Tod
1833 n blau Gegnerschaft Lamennais'
1834 n rot Inquisitionsende (Spanien)
1834 n blau Ranke: 'Römische Päpste'
1846 n rot Kolpings Gesellen-Verein
1854 n rot Marien-Dogma
1859 n rot Inquisition aufgehoben
1859 n/1861 n Befreiungskampf Italiens
1870 n rot Unfehlbarkeitsdogma
1873 n rot Mai-Gesetze
1878 n rot Papst gegen Sozialismus
1886 n rot Feuerbestattungs-Verbot
1905 n rot Trennung Kirche–Staat
1929 n rot Konkordat mit Mussolini
1933 n rot Konkordat mit Hitler
1937 n rot Papst gegen Kommunismus
1953 n rot Konkordat mit Franco
1963 n blau Kritik Hochhuths

KATHOLISCHE LIGA, Bezeichnung für Bündnisse katholischer Kräfte zwecks gemeinsamer Niederkämpfung des Protestantismus. Die unter dem Herzog von Guise in Frankreich geschlossene Liga war erfolgreich (Hugenottenkriege). Nachdem sich ihr 1585 n auch der spanische König angeschlossen hatte, entfachte sie den Bürgerkrieg gegen Heinrich III., der von einem Mönch ermordet wurde, und gegen Heinrich IV., der nach seinem Übertritt zum Katholizismus im Sinne der Kirche beeinflußt und schließlich ebenfalls ermordet wurde. Die vom Bayernkönig Maximilian I. angeführte deutsche Liga entstand später. Obgleich es ihr gelang, eine protestantische Erhebung in Prag zum Dreißigjährigen Kriege auszuweiten und zeitweilig den deutschen Kaiser auf ihre Seite zu bringen, erfüllte sich ihre Hoffnung auf Rekatholisierung Norddeutschlands nicht.

1576 n rot Französische Liga
1609 n rot Deutsche Liga

KATIB, Al, arabischer Gelehrter, Schriftsteller und Politiker.

1313 n–1374 n Lebenslinie
1347 n blau Geschichtswerk
1356 n grün Handbuch der Medizin

KATILINA, Lucius Sergius, römischer Politiker.

108 v–62 v Lebenslinie
106 v–43 v Cicero
63 v/62 v Erhebung
63 v rot Gegnerschaft Ciceros

KATILINARISCHE ERHEBUNG

108 v–62 v Katilina
106 v–43 v Cicero
63 v/62 v Erhebung
63 v rot Gegnerschaft Ciceros

KATO der Ältere, Markus Porcius, römischer Feldherr.

234 v–149 v Lebenslinie
195 v braun Sieg über Spanier
183 v blau Schriften an den Sohn
158 v grün Werk über Landwirtschaft
149 v blau Geschichte Roms
149 v/146 v 3. Punischer Krieg

KATO, Valerius (um 100 v–um 40 v), römischer Dichter aus Gallien (Frankreich). Verlor in seiner Heimat durch kriegerische Wirren seinen Besitz und ging nach Rom, wo er als Hauslehrer die Söhne reicher Bürger unterrichtete. Gründete eine Schule für Dichtung und Sprache. Schrieb Liebesgedichte, eine gereimte Selbstdarstellung ('Entrüstung') und Dichtungen nach Sagenstoffen ('Lydia').

70 v blau Schule der Dichtkunst

KATO ZAKTRO, Palaststadt an der Ostspitze der Mittelmeer-Insel Kreta. Seit 1962 n von griechischen Archäologen des Akropolis-Museums unter seinem Direktor Platon ausgegraben, brachte sie Aufschlüsse über einen Vulkanausbruch auf Kreta vor 3500 Jahren. Dritter großer Fundort auf Kreta neben Knossos und Phaistos. Enthielt Kunstschätze, Schrifttafeln und Gebrauchsgegenstände von großem Wert für unsere Kenntnis über die frühe vorgriechische Mittelmeerkultur.

1617 v blau Palast

KATSURA-PARK, die parkartige Gartenanlage um den Katsura-Palast der alten japanischen Hauptstadt Kyoto, geschaffen von dem Gartenarchitekten Kobori Enshu.

1639 n grün Fertigstellung

KATULL, Gajus Valerius, römischer Dichter.

87 v–54 v Lebenslinie
63 v blau Gedichte an Lesbia

KATZE, durch Zähmung zum Haustier gewordenes Klein-Raubtier. Wegen ihrer Eignung zur Ratten- und Mäuse-Jagd verbreitete sie sich von Ägypten aus schnell in Asien, Europa, dem restlichen Afrika und mit der Europäisierung der Erde auch in den übrigen Kontinenten.

2434 v blau 'Katze beim Vogelfang'
1943 v grün Haustier in Ägypten
1836 v blau 'Katze im Papyrusdickicht'
1571 v blau 'Katze belauert Fasan'
1169 v blau 'Katzen- und Mäusekrieg'
737 v grün Bestattung auf Friedhöfen
634 v grün Mumifizierung
360 n grün Haustier in Europa
1697 n blau 'Der gestiefelte Kater'

KAUFFMANN, Angelika (1741 n–1807 n), schweizerische Malerin. Als Tochter eines Malers lernte sie bei ihrem Vater, ging mit ihm nach Italien und schuf dort sehr früh Porträts. In Florenz wandte sie sich zwanzigjährig der Musik zu, kehrte aber zwei Jahre später ganz zur Malerei zurück und ließ sich in Rom von Winckelmann in die altrömische Kunst einführen. Dort lernte sie auch Goethe kennen, den sie porträtierte. In England heiratete sie einen Betrüger, der sich ihr als schwedischer Graf genähert hatte und sie um den größten Teil ihres Vermögens brachte. Später verband sie sich mit einem Schweizer Maler. Schuf über 600 Gemälde in zarter Farbgebung ('Die Mutter der Gracchen', 'Das Opfer der Messalina'), vor allem Porträts (Kaiser Joseph II., Zar Paul I.) sowie Radierungen, Zeichnungen und Stiche. Ihr gastliches Haus war Treffpunkt bedeutender Männer (Klopstock, Goethe).

1762 n blau Selbstbildnis

KAUFHAUS, Verkaufsgeschäft, in dem alle Waren des allgemeinen Bedarfs an jedermann verkauft werden. Meist in eigenem Gebäude untergebracht. Entstand mit zunehmender Kapitalkonzentration beim Handel seit Mitte des 19. Jahrhunderts in den Zentren der Großstädte und erleichterte den Einkauf.

1852 n grün Aufkommen

KAUFLEUTE

2967 v grün Buchführung in Sumer
2830 v grün Buchführung in Ägypten
2570 v–2481 v Ur-Enlil
2510 v rot Privileg in Sumer
2508 v grün Handelshaus Ur-Enlils
2489 v rot Niederlassung Kanesch
2374 v grün Kreditbriefe in Sumer
2335 v rot Buchführungspflicht
2311 v rot Kaufvertrags-Vorschrift
2292 v grün Handelsplatz Kerma
1897 v grün Frachtbriefe, Mesopotamien
1876 v–1816 v Iri-Suma
1716 v grün Mari Umschlagplatz
1703 v grün Pferdehandel Karkemischs
1404 v grün Griechen auf Zypern
1367 v rot Protest gegen Ausraubung
999 v grün Handelszentrum Kition
905 v–850 v Ahab
592 v grün Bank in Babylon
282 v blau Philemons Komödie
189 v grün Rhodos Handelszentrum
314 n grün Handelssteuer in Rom
570 n–632 n Mohammed
651 n grün Expedition nach China
680 n grün Niederlassung Kanton
693 n rot Handelsverbot für Juden
796 n blau Handelsstadt Haithabu
805 n grün Stapelplatz Magdeburg
807 n grün Depositenscheine in China
950 n grün Wechsel in Europa
1058 n grün Gilden in der Normandie
1096 n grün Kreuzzugs-Finanzierung
1140 n–1217 n Peter Waldes
1151 n grün Geldverleiher-Vereinigung
1156 n grün Bankgeschäfte in Italien
1157 n grün Anfänge der Hanse
1161 n grün Deutsche auf Gotland
1181 n grün Deutsche in Nowgorod
1194 n grün Messe in Troyes
1194 n grün Messe in Provins
1195 n grün Vertrag Deutsche–Russen
1250 n grün 'Stalhof' in London
1254 n–1324 n Marco Polo
1268 n grün Leipziger Messe
1270 n grün Italiener auf der Krim
1270 n–1319 n Haakon V.
1278 n grün Deutsche in Norwegen
1280 n rot Bund der Hanse
1292 n grün Rückkehr Marco Polos
1298 n grün Marco Polos Reisebericht
1301 n grün Salz-Kartell
1341 n grün Pegolottis Reiseführer
1408 n grün Ravensburger Konzern
1425 n rot Konzern-Verbot
1428 n grün Messe-Vorrang Lyons
1453 n grün Geldhandel (Beurse)
1459 n–1525 n Jakob Fugger
1473 n grün Beziehung Kaiser–Fugger
1494 n grün Doppelte Buchführung
1494 n grün Fugger-Gesellschaft
1497 n grün Messe-Privileg Leipzigs
1498 n grün Kupfer-Syndikat
1500 n–1558 n Karl V.
1503 n grün Portugiesen in Indien
1509 n grün Fugger: Kriegsfinanzierung
1511 n grün Fugger: Kapitalzuwachs
1519 n grün Fuggerhilfe für Karl V.
1521 n rot Monopol-Verbot
1523 n grün Schutz für Fugger
1525 n grün Monopole, Preisdiktat
1540 n grün Schuldverschreibungen
1553 n grün Moskaukompanie Englands
1562 n grün Sklavenhandel
1574 n grün Stroganow in Sibirien
1597 n grün Kaufmanns-College
1600 n grün Indienkompanie Englands
1602 n grün Indienkompanie Hollands
1628 n grün Kanadagesellschaft
1631 n grün Afrikakompanie Englands
1637 n rot Senegal an Sklavenhändler
1641 n grün Monopol-Verbot
1660 n grün Unternehmen des Mitsui
1663 n grün Privileg für Gesellschaft
1673 n rot Frankreich: Handelsrecht
1696 n grün Schiffsnachrichtenblatt
1711 n grün Südseekompanie Englands
1716 n grün Geld einer Privatbank
1727 n rot Kontor Rußlands in Peking
1839 n–1937 n Rockefeller
1846 n rot Kornzoll-Aufhebung

KAUGUMMI

1878 n grün Aufkommen in USA

KAUKASUS, Gebirge im Süden der UdSSR. Erstreckt sich von der Ostküste des Schwarzen Meeres bis zur Westküste des Kaspischen Meeres und trennt Europa von Asien.

2727 v grün Kupfer-Ausfuhr
2570 v–2481 v Ur-Enlil
2485 v grün Handel mit Sumer
2059 v blau Zeichnung auf Goldbecher
1277 v–1207 v Tu-Kulti
908 v–830 v Sardur
803 v rot Grenze von Urartu
706 v braun Angriff der Kimmerer
702 v rot Skythen-Niederlassung
532 n grün Befestigungen
598 n braun Vordringen der Khasaren
652 n–700 n Isperich
1336 n–1405 n Timur
1823 n grün Öl-Destillation

KAUTERISATION, aus dem Griechischen stammender Ausdruck der ärztlichen Fachsprache. Bezeichnet ein Verfahren zur Sterilisierung von Wunden durch Ausbrennen oder Ätzen der Gewebe-Oberfläche.

936 n–1013 n Abu Kasim
989 n grün Anwendung durch Araber

KAUTILYA (um 360 v–um 300 v), indischer Staatsmann und Schriftsteller. Als Kanzler des Königs Tschandra-Mauria verfaßte er ein Buch über die Staats- und Regierungskunst. Darin beschrieb er die vier Verfahren der Außenpolitik: Krieg, Versöhnung, Entzweiung, Bestechung. Empfahl Spionage, Überlistung durch Frauen, Verrat und Folter als Mittel der Politik. Den Tageslauf des Königs teilte er genau ein, wobei nur 4 Stunden Schlaf, dafür aber 13 Stunden Regierungszeit herauskamen. Oberstes Ziel war ihm das Staatswohl, dem sich alle Handlungen, alles Denken, selbst das Gewissen zu beugen habe.

313 v blau 'Handbuch der Staatskunst'

KAUTSCHUK, Bezeichnung für einen pflanzlichen Stoff, der aus dem milchigen Saft verschiedener Bäume gewonnen wird, die in den heißen Ländern der Erde häufig vorkommen ('Gummibäume'). Seit mehr als viertausend Jahren als Klebemittel bekannt, vor fast tausend Jahren in Amerika für die Herstellung von Bällen verwendet, verbreitete er sich nach der Entdeckung Amerikas auch in Europa. Hier wurde er durch ein neues Verarbeitungsverfahren (Vulkanisation) wärmebeständig gemacht und wegen seiner Elastizität als Federung für Fahrzeug-Räder benutzt. Das Zeitalter der Motorisierung machte ihn zu einem der gefragtesten Rohstoffe. Seit 1926 n künstlich hergestellt aus Kohle und Rohöl. Das Wort ist von der indianischen Bezeichnung 'Cabu-Chu' (= weinender Baum) abgeleitet.

1193 n grün Bälle in Mittelamerika
1739 n grün Einfuhr nach Europa
1768 n grün Gummischlauch
1770 n grün Radiergummi
1838 n grün Vulkanisation
1878 n grün Kaugummi
1926 n grün Ablösung durch Kunstgummi

KAUTSKY, Karl (1854 n–1938 n), deutscher Politiker tschechisch-polnischer Herkunft. Als Sohn eines Prager Malers besuchte er in Wien das Gymnasium. Durch die Pariser Kommune auf die revolutionäre Bewegung aufmerksam geworden, studierte er Schriften französischer Sozialisten und englischer Ökonomen. Schloß sich der Arbeiterbewegung an und wurde bald zum theoretischen Kopf der deutschen Sozialdemokratie, die sich unter seinem Einfluß von Lassalle abwandte und zu einer marxistischen Partei wurde. Das von ihm verfaßte 'Erfurter Programm' trat klar für die Vergesellschaftung der Produktionsmittel und für den proletarischen Internationalismus ein, ohne den revolutionären Weg zu diesen Zielen zu bejahen. Dem dadurch begünstigten Versuch einer Revision des Marxismus (Bernstein) trat er entgegen. Nach dem Siege der sozialistischen Revolution in Rußland verurteilte er den revolutionären Terror. Stellte den marxistischen Sozialismus in eigenen Werken als Erfüllung einer uralten Menschheitssehnsucht dar. Als langjähriger Privatsekretär von Friedrich Engels wirkte er an der Herausgabe der Schriften von Marx und Engels mit.

1891 n rot Erfurter Programm
1894 n blau 'Vorläufer des Sozialismus'

KAWI, Bezeichnung für die alte Literatursprache der Insel Java (Indonesien). Sage, Geschichte, Religion, Dichtung und Recht Javas sind in dieser Sprache aufgezeichnet und nicht in der allgemein gesprochenen Volkssprache ('Dschawi').

1835 n blau W. Humboldts Forschungen

KAWIT (um 2070 v–um 2030 v), ägyptische Prinzessin. Kam als Nebenfrau an den Hof des Königs Mentu-Hotep und wurde eine seiner acht Hauptfrauen. Mentu-Hotep ließ ihr ein kunstvolles Grabmal in Verbindung mit seinem eigenen Totentempel bauen.

2044 v blau Relief

KEA, ägyptischer König.

2786 v–2731 v Lebenslinie
2750 v rot Namenstilgung

KEATS, John (1795 n–1821 n), englischer Dichter. Als Sohn eines Londoner Kutschers wurde er 15jährig Waise und blieb ohne ausreichende Schulbildung. Nach seiner Lehre bei einem Wundarzt war er in einem Krankenhaus tätig und erarbeitete sich selbst eine umfassende literarische Bildung. 20jährig schrieb er sein erstes großes Sonett und wandte sich bald ganz der Dichtkunst zu. Schuf zahlreiche Gedichte, vorwiegend nach Stoffen der griechischen Sagenwelt. 23jährig ging er lungenkrank nach Italien und starb bald darauf in Rom.

1817 n blau Gedichte

KEGEL, Bezeichnung für eine runde Pyramide.

284 v–212 v Archimedes
246 v grün Apollonios: Kegelschnitte
167 n grün Kegel-Projektion
1623 n–1662 n Pascal

KEGELSCHNITT, mathematische Bezeichnung für die Fläche, die entsteht, wenn man einen Kegel glatt durchschneidet oder wenn man ebenso mit zwei Kegeln verfährt, deren Spitzen gegeneinandergestellt sind (Doppelkegel).

246 v grün Apollonios' Forschungen
1623 n–1662 n Pascal

KEILSCHNITT, Bezeichnung für eine Technik des Mauerns von Rundbogen, bei der jeder einzelne Stein genau in dem Keil sitzt, der von der Kreismitte zum Rundgewölbe gezogen werden kann. Vor fast 5000 Jahren in Ägypten aufgekommen, wurde diese Bauweise wegen ihrer Schönheit und ihrer Tragfähigkeit zur allgemein gebräuchlichen Gewölbebautechnik.

2660 v grün Aufkommen in Ägypten

KEILSCHRIFT, Sammelbezeichnung für eine Gruppe von Schriften, die in Vorderasien vor 3000 bis 4500 Jahren entstanden, und deren Schriftzeichen der keilförmige Strichcharakter gemeinsam ist. Aus einer reinen Bilderschrift entstanden, erhielt sie Silbenschrift- und schließlich Buchstabenschrift-Charakter. Durch ihre Entzifferung wurde die Erforschung der Geschichte eines der ältesten Kulturgebiete möglich.

2482 v grün Erfindung in Sumer
2337 v grün Übernahme durch Akkad
2021 v grün Schulfach in Sumer
1870 v grün Assyrische Schrift
1802 n grün Entzifferung

KEIMFREIHEIT, Bezeichnung für die Abwesenheit lebender Fäulnis- oder Krankheitserreger. Wird durch Keimabtötung mit Hilfe von Hitze oder mit chemischen Mitteln bewirkt.

963 n–1013 n Abu Kasim
989 n grün Ausbrennen
1228 n grün Eiterlose Wundbehandlung
1546 n grün Fracastoro: Keim-Lehre
1803 n grün Appert: Konservierung
1847 n grün Kindbettfieber-Bekämpfung
1860 n grün Gärungsbakterien
1867 n grün Wund-Desinfektion
1867 n grün Pasteurisieren
1878 n grün Koch: Bakteriologie
1886 n grün Gebrauch von Formalin

KEISCHU, Stadt im Süden der Halbinsel Korea. Hier entstand die erste Sternwarte Ostasiens.

631 n grün Sternwarte

KELLER, Friedrich Gottlob (1816 n–1895 n), deutscher Erfinder. Als Sohn eines Webers wurde er Webermeister und beschäftigte sich mit der Herstellung von Papier unter Einsparung von Textil-Fasern (Lumpen). Dabei versuchte er, Holz auf einem nassen Schleifstein so fein zu zerreiben, daß er es dem Lumpen-Papierbrei zusetzen konnte. Dadurch wurde er zum Erfinder der Holzschleif-Maschine und zum Wegbereiter des Holzschliff-Papiers, das erst eine billige Papierherstellung und damit die Massen-Auflagen von Druckwerken ermöglichte. Steckte seine geringen wirtschaftlichen Mittel in die Entwicklung seiner Erfindung und verarmte völlig.

1843 n grün Papier aus Holzschliff

KELLER, Gottfried (1819 n–1890 n), schweizerischer Dichter. Als Sohn eines Drechslers besuchte er die Industrieschule, begann dann aber mit aufopfernder Unterstützung der Mutter ein Malerei-Studium in München. Nahm am revolutionären Kampf gegen die Luzerner Jesuiten teil. Seine ersten Gedichte verhalfen ihm zu einem Stipendium des Kantons Zürich, so daß er noch in Heidelberg studieren konnte. Anschließend für fünf Jahre in Berlin, schrieb er die Geschichte seiner Jugend mit ihrem Suchen und ihren Irrtümern nieder ('Der grüne Heinrich'). Als Kantonsschreiber verfaßte er zwei Bände 'Züricher Novellen' sowie den staatspolitischen Roman 'Martin Salander'. Seine Werke waren von der Sehnsucht nach geistiger und politischer Freiheit erfüllt. Der selbstgefälligen Heuchelei des Bürgertums stand er mit gutmütigem Humor gegenüber und entlarvte sie in launiger Weise ('Kleider machen Leute'). Auch der Kirche begegnete er mit überlegener Ironie ('Sieben Legenden').

1854n blau — 'Der grüne Heinrich'
1856n blau — 'Die Leute von Seldwyla'

KELLER, Helen (1880n–1968n), nordamerikanische Schriftstellerin. Durch eine Gehirnhaut-Entzündung erblindete sie in ihrem zweiten Lebensjahre und verlor gleichzeitig Sprache und Gehör. Seit ihrem achten Lebensjahre erhielt sie Unterricht von der halb-blinden Blindenlehrerin Anne Sullivan, der es gelang, ihr eine Beziehung zur Umwelt zu geben. Durch das Auflegen der Finger auf die Lippen des Sprechenden lernte sie verstehen und erschloß sich das Blindenalphabet. Dann eignete sie sich eine umfassende Bildung an, studierte und legte ihre Doktor-Prüfung ab. Wurde Inspektorin der Taubstummen- und Blindeninstitute in den USA. Organisierte und förderte die Blindenerziehung auch in mehreren europäischen Ländern und in Ostasien. Bemühte sich um eine internationale Blindenschrift. Bekannte sich zum Sozialismus ('Mein Weg zum Sozialismus'). Schrieb ihre Lebensgeschichte, mehrere Werke über Blindenerziehung sowie ein Buch über ihre Lehrmeisterin und lebenslange Begleiterin ('Meine Lehrerin und Freundin Anne Sullivan').

1902n blau — Autobiographie

KELLOGG, Frank Billings (1856n–1937n), nordamerikanischer Staatsmann. Als Rechtsanwalt stieg er zum amerikanischen Botschafter in London und zum Außenminister auf. Stärkte den Einfluß der USA in Mittelamerika. Die Erhebungen der Bevölkerung von Panama gegen die zunehmende Überfremdung entschärfte er durch einen Bündnisvertrag, der den USA auch die militärische Beherrschung des unruhigen Landes sicherte. Die von Frankreich gewünschte Garantie für seinen europäischen Besitzstand lehnte er ab. Statt dessen schloß er einen allgemeinen Kriegsächtungsvertrag ab (Kellogg-Pakt), der aber keine Abrüstungsbestimmungen enthielt und keine Zwangsmaßnahmen gegen Friedensbrecher. Da er außerdem den Verteidigungskrieg weiter zuließ und niemals dem Völkerbundsstatut eingefügt wurde, blieb er praktisch wirkungslos, obgleich ihm fast alle Staaten der Erde beitraten.

1928n rot — Kellogg-Pakt

KELTEN, Sammelbezeichnung für eine Völkergruppe, die vor 3000 Jahren in verschiedenen Teilen Deutschlands und Frankreichs beheimatet war, später nach England, Italien, Spanien und über den Balkan nach Kleinasien vorstieß und schließlich vor etwa 1500 Jahren in den Völkern aufging, die sie unterworfen hatte oder auf deren Gebiet sich ihre Niederlassungen befanden.

632v rot — Einwanderung in England
599v rot — Auszug aus Deutschland
414v rot — Niederlassung in Italien
387v braun — Zerstörung Roms
347v braun — Angriff auf Rom
329v rot — Vertrag mit Rom
300v/299v — Einfall in Römer-Gebiet
298v/290v — Letzter Samnitenkrieg
283v braun — Angriff auf Rom
279v braun — Einfall in Griechenland
276v braun — Zug durch Kleinasien
230v braun — Angriff auf Italien
225v braun — Niederlage vor Pergamon
222v braun — Niederlage gegen Rom
207v blau — Plastik eines Sterbenden
188v blau — Niederlage gegen Rom
125v/121v — Südgallischer Krieg
121v rot — Aufteilung Südgalliens
101v–54v — Ariovist
100v–44v — Cäsar
80v–46v — Vercingetorix
76v rot — Siedlung in der Schweiz
70v blau — Katos Schule
59v blau — Gründung von Lyon
58v/51v — Gallischer Krieg
52v rot — Paris römisch
51v rot — Ganz Gallien römisch
51v blau — Cäsar: 'Gallischer Krieg'
21n braun — Gallieraufstand
25n–70n — Civilis
43n/50n — 1. Britannischer Krieg
51n braun — Aufstand unter Karatakus
56n grün — Gebrauch von Seife
61n braun — Aufstand unter Boudicca
68n/70n — Aufstand der Bataver
71n/84n — 2. Britannischer Krieg
76n rot — Wales römisch
84n rot — England römisch
208n/210n — 3. Britannischer Krieg
472n rot — Bretonen in Frankreich

KELTERN, das Auspressen von Trauben und anderen Früchten zur Gewinnung von Obstsaft und Wein.

2787v grün — Weingewinnung in Ägypten
2684v grün — Dattelwein in Sumer
2304v grün — Traubenwein in Akkad
1472v blau — Ägyptische Darstellung
583v–513v — Thespis

KELVIN, William (1824n–1907n), englischer Physiker aus Belfast (Irland). Verband die Grundlagenforschung mit ihrer praktisch-technischen Anwendung. Untersuchte die Wärmeleitung in festen Körpern sowie die atmosphärische Elektrizität. Schuf eine Lehre von Ebbe und Flut und baute einen Apparat zu ihrer Berechnung. Entwickelte eine Theorie über die innere Beschaffenheit der Erde. Als Hochschulprofessor bemühte er sich, alle chemischen Vorgänge durch Modelle zu veranschaulichen. Dazu führte er die chemische Zersetzung durch elektrischen Strom auf ihre mechanische Grundlage zurück und stellte auch eine mechanische Theorie des Lichtäthers auf. Formulierte die Theorie des von ihm entdeckten 'Wärmetods' und baute auf dem absoluten Nullpunkt eine neue Thermometer-Skala auf. In der Kabeltelegraphie führte er die Arbeitsweise mit schwachen Strömen ein und baute hochempfindliche Instrumente zu deren Messung. Nahm die erste erfolgreiche Verlegung eines Kabels über den Nord-Atlantik vor.

1848n grün — Temperaturskala

KEMAL Atatürk (1880n–1938n), türkischer General und Staatsmann. Als junger Offizier nahm er am Aufstand der 'Jungtürken' teil, der dem Lande eine bürgerliche Verfassung erzwang. Am verlorenen Balkankrieg beteiligt, kämpfte er im ersten Weltkrieg an der Seite Deutschlands und Österreichs bis zur Niederlage. Dann vertrieb er die Griechen aus Kleinasien, um nach Verlust der nordafrikanischen, vorderasiatischen und europäischen Besitzungen dieses Gebiet für den türkischen Staat zu erhalten. Unterstützte die Revolution von 1922n, die den Sultan vertrieb. Seit 1923n Präsident der neugegründeten türkischen Republik. Beseitigte die religiöse Rückständigkeit, indem er an die Stelle des islamischen Rechtes ein modernes bürgerliches Gesetzbuch setzte, die Mehrehe verbot und die islamische Kleidung (Fez, Schleier) untersagte. Ersetzte auch die arabische Schrift durch lateinische Schriftzeichen und schaffte den Islam als Staatsreligion ab. Außenpolitisch in enger Freundschaft mit der Sowjetunion, verhinderte er im Innern alle sozialistischen Reformen. Durch Festhalten am Privatbesitz ließ er die soziale Frage ungelöst.

1908n braun — Jungtürken-Erhebung
1912n/1913n — Balkankrieg
1914n/1918n — Erster Weltkrieg
1923n rot — Präsident

KEMPEN, Thomas van (1380n–1471n), deutscher Schriftsteller. Als Sohn eines Handwerkers besuchte er eine kirchliche Schule, wurde Priester, Mönch und stellvertretender Klostervorsteher. Schrieb eine Biographie über den Laienprediger Gerhart Groot. Bemühte sich um Fortentwicklung der von Groot gegründeten Bewegung einer 'neuen Frömmigkeit', die in der Kirche nur ein notwendiges Übel sah. Wesentlich war ihm allein die innere Erbauung, für die er zahlreiche Bücher schrieb ('Selbstgespräch der Seele'). Verfaßte auch eine Chronik seines Klosters Agnetenberg (Holland). Das ihm zugeschriebene 4bändige Andachtsbuch 'Von der Nachfolge Christi' wurde von der Kirche in 95 Sprachen übersetzt und in mehr als 5000 Auflagen ins Volk getragen.

1417n blau — 'Nachfolge Christi'

KENIA, Land in Ostafrika an der Küste des Indischen Ozeans. Benannt nach dem zweithöchsten Berg Afrikas, der sich auf seinem Gebiete befindet. Seit Jahrtausenden bewohnt, wurde das Land um 600n von Bantu-Negern besiedelt. Hundert Jahre später ließen sich hier Araber nieder, die sich vorwiegend mit Sklavenhandel beschäftigten. Allmählich entstanden Handelszentren, darunter die Hafenstadt Mombasa, die von dem Portugiesen Vasco da Gama auf dessen erster Indienfahrt 1498n entdeckt und 10 Jahre später von Portugal für gut 200 Jahre in Besitz genommen wurde. Es folgte eine fast hundertjährige Selbständigkeit, dann geriet das Land unter die Herrschaft des Sultanats von Sansibar, das sich um die Mitte des 19. Jahrhunderts zur ostafrikanischen Großmacht entwickelt hatte. Nach dem Bau des Suezkanals zu großer Bedeutung aufgestiegen, wurde es seit 1887n Opfer der britischen Kolonialisierung, der es sich trotz wiederholter Aufstandsversuche erst nach dem zweiten Weltkrieg entledigen konnte.

1498n grün — Vasco da Gamas Reise
1509n rot — Portugiesischer Gouverneur
1957n braun — Mau-Mau-Aufstand
1963n rot — Unabhängigkeit

KENNEDY, John Fitzgerald (1917n bis 1963n), nordamerikanischer Staatsmann. Als Sohn eines der reichsten Geschäftsleute der USA zum Präsidenten gewählt, stellte er den friedlichen Ausgleich nach innen und außen in den Mittelpunkt seiner Politik. Bemühte sich um die rechtliche Gleichstellung der Neger in den USA. Förderte die internationale Entspannung durch Vereinbarung eines Atomversuchs-Stop mit der UdSSR. Nach dem Scheitern vorsichtiger Einmischungsversuche fand er sich in realistischer Einschätzung der Kräfte seines Landes mit dem Siege des Kommunismus in Kuba ebenso ab wie mit der Berliner Mauer. Um den russischen Vorsprung in der Raumfahrt aufzuholen, konzentrierte er die Anstrengungen seines Landes auf das Projekt eines bemannten Mondfluges. Wurde ermordet.

1927n — Castro
1960n/ — Revolution Indochinas
1961n rot — Präsident
1961n rot — Kuba kommunistisch
1961n rot — Berliner Mauer
1963n rot — Ermordung

KENNETH (um 800n–859n), schottischer König. Als König der Skoten, die im 5. Jahrhundert von Irland aus einen Teil Schottlands genommen hatten, eroberte er allmählich Teile des schottischen Piktenreiches. Unter dem Druck der normannischen Bedrohung schlossen sich ihm schließlich alle Pikten an, und er konnte sein lose zusammenhängendes Reich 'Alban' erfolgreich gegen alle von Skandinavien her vorgetragenen Normannen-Angriffe schützen.

844n rot — Schottisches Reich

KENT, Landschaft an der Kanalküste im äußersten Südosten Englands, unmittelbar gegenüber der nordfranzösischen Küste mit dem Brückenkopf Dover im Süden und bis zur Themsemündung im Norden hinaufreichend. Umfaßt nur etwa ein Fünfzigstel Großbritanniens, hatte aber wegen seiner dem Festland zugekehrten Lage große Bedeutung für die englische Geschichte. Seit dem Ende des dritten Jahrhunderts nahmen die gelegentlichen Landungen germanischer Festlandvölker (Angeln und Sachsen) zu. In den ersten Jahrzehnten des fünften Jahrhunderts ließen sich diese aus Norddeutschland kommenden Stämme hier nieder und schlossen sich nach dem Abzug der römischen Besatzungstruppen zusammen. Wenige Jahrzehnte später setzten sie die Gründung eines angelsächsischen Staates auf englischem Boden ins Werk und bestimmten die Geschichte der Insel für ein halbes Jahrtausend.

407n braun — Abzug der Römer
448n rot — Germanen-Ansiedlung
601n rot — Bistum Canterbury
780n–839n — Egbert
823n/827n — Englischer Einigungskrieg
827n rot — Einigung
851n/852n — Normannen-Einfall
1033n–1109n — Anselm von Canterbury
1118n–1170n — Thomas Becket
1170n rot — Mord an Becket
1184n blau — Kathedrale von Canterbury
1400n–1450n — Jack Cade
1450n braun — Aufstand des Jack Cade

KENTAUREN, Bezeichnung für Sagengestalten mit Pferdeleib und menschlichem Oberkörper. Vor 3000 Jahren in Vorderasien bekannt, spielten sie in der griechischen Kunst eine bedeutende Rolle als rauhe, tierische Gesellen, die in Bergen und Wäldern hausen und voller wilder Begierde nach Wein und Frauen sind.

1057v blau — Darstellung in Assyrien
416v blau — Darstellung in Bassai

KENYATTA, Jomo (geboren um 1900n), ostafrikanischer Staatsmann. Als Angehöriger des Negerstammes der Kikuyu ('Brennender Speer') studierte er in London und Moskau, wurde Präsident eines panafrikanischen Verbandes für die Vereinigung aller Neger und kämpfte seit 1947n für die Befreiung der englischen Kolonie Kenia. Als Führer der von den Kolonialherren gefürchteten Mau-Mau-Bewegung wurde er 1952n durch die Engländer zu einer siebenjährigen Zuchthausstrafe verurteilt und lebte dann unter Hausarrest. 1962n Mitglied des Gesetzgebenden Rates. 1963n bildete er die erste Regierung der Republik Kenia und setzte ihre politische Unabhängigkeit von England durch.

1957n braun — Aufstand der Mau-Mau
1963n rot — Kenia unabhängig

KEPLER, Johannes, deutscher Naturwissenschaftler.

1571n–1630n — Lebenslinie
1609n grün — 'Neue Astronomie'
1611n grün — Astronomisches Fernrohr
1619n grün — 'Harmonie der Welten'

KERAMIK, Sammelbezeichnung für alle Kunst- und Gebrauchsgegenstände, die aus Ton mit verschiedenen Zusätzen geformt und durch Brennen haltbar gemacht werden. Eine der ersten Kulturschöpfungen des Menschen.

2997v grün — Luftgetrocknete Ziegel
2996v blau — Vasenmalerei in Ägypten
2969v grün — Wohnhaus-Modell
2967v grün — Buchführung auf Tontafeln
2955v grün — Schreibtafeln aus Ton
2949v blau — Verzierte Tongefäße
2926v blau — Zeichnung auf Vase
2907v grün — Indien: Gebrannte Ziegel
2900v grün — Sumer: Gebrannte Ziegel
2895v grün — Uruk: Tonstift-Mosaik
2894v blau — Vasen mit Schiffbildern
2871v grün — Töpferscheibe in Indien
2867v blau — Iran: Bemalte Tongefäße
2847v grün — Fayence im Industal
2833v blau — Vasenschmuck: Tänzerinnen
2830v grün — Tonscherben-Buchführung
2815v blau — Tonplastik 'Affenmutter'
2809v blau — Tonplastik 'Eichhörnchen'
2796v blau — Taubenwägelchen-Plastik
2782v blau — Vasenschmuck: Tierfiguren
2781v grün — Fayence in Ägypten
2773v blau — Tonplastik 'Affe'
2751v grün — Ziegeltreppen im Industal
2713v blau — Vasen in Vorderasien
2698v blau — 'Sitzender Löwe' aus Ton
2683v blau — Tonplastik einer Frau
2654v grün — Verarbeitung zu Schmuck
2633v grün — Fayence Baumaterial
2407v grün — China: Bemalte Tongefäße
2356v grün — Tonplatten als Fenster
2307v grün — Ziegel mit Kaiserstempel
2207v grün — Krüge und Schüsseln
2167v grün — Flöten in Amerika
2141v grün — Ägypten: Ziegel-Brutöfen
2129v grün — Kannen und Tassen
2041v grün — Email-Ziegel in Ur
2021v blau — 'Töpfer bei der Arbeit'
1983v grün — Terrakotta in Sumer
1974v blau — Terrakotta-Plastik 'Frau'
1947v grün — Töpferscheibe auf Kreta
1928v grün — Nubien: Schwarze Keramik
1883v grün — Kreta: Dünne Keramik
1733v grün — Tonkrüge zum Einpökeln
1625v blau — Plastik 'Nilpferd'
1545v blau — Vasenmalerei auf Kreta
1514v blau — Tonrelief von Ziegen
1470v blau — 'Schlangen-Beschwörerin'
1402v grün — Handel mit Fayence-Perlen
1329v blau — Hettischer Stierkopf
1287v grün — Weißer Ton in China
1216v grün — Glasur in China
1161v blau — Ägypten: Fayence-Kacheln
752v grün — Fayence in Assyrien
717v blau — Ägypten: Fayence-Vase
619v blau — Relief in Terrakotta
607v grün — Kinderklappern in Babylon
560v blau — François-Vase
555v blau — Vasen des Lydos
539v grün — Rohr-Wasserleitung
508v blau — Vasen des Epiktetos
498v–438v — Polygnot
493v blau — Vasen des Duris
488v blau — Trinkschale des Brygos
398v blau — Statue eines Armen
318v grün — Tanagra-Figuren
608n–676n — Tao-Yü
663n grün — Porzellan in China
696n–748n — Yang-Hui
738n blau — Plastik einer Kurtisane
1094n blau — Ziegelkirche in Venedig
1413n blau — Porzellanturm in Nanking
1443n grün — Zinnglasur in Italien
1518n grün — Porzellan nach Europa
1593n grün — Delfter Fayencen
1708n grün — Böttger-Porzellan
1710n grün — Manufaktur Meißen
1732n grün — Zahnersatz aus Porzellan
1750n grün — Manufaktur Berlin
1756n grün — Manufaktur Sèvres
1761n grün — Manufaktur Nymphenburg
1769n grün — Wedgwoods Fabrik

KERENSKY, Alexander Ferdinand (geboren 1881n), russischer Staatsmann. Wurde Rechtsanwalt, trat der antizaristischen Partei der Sozialrevolutionäre bei, wurde 30jährig Abgeordneter der Volksversammlung ('Duma') und gehörte hier der sozialistischen Gruppe ('Trudowiki') an. Als stellvertretender Vorsitzender des Arbeiter- und Soldatenrates wurde er nach Absetzung des Zaren (Februar-Revolution) Justizminister, Kriegsminister und endlich Ministerpräsident. Doch unternahm er keine sozialistische Neuordnung der Gesellschaft, sondern nur einen neuen Angriff gegen die geschwächten deutsch-österreichischen Heere. Nach dessen Scheitern wurde er in der Oktoberrevolution von den Bolschewisten abgesetzt und floh ins Don-Gebiet. Als er die Aussichtslosigkeit einer Fortsetzung des Kampfes gegen die Sowjetmacht erkannte, emigrierte er in die USA.

1914n/1918n — Erster Weltkrieg
1917n/1922n — Russische Revolution

KERINTH (um 80n–um 140n), Religionsphilosoph aus Ephesos an der Küste Kleinasiens. Im Gegensatz zur herrschenden Kirchenlehre erklärte er Jesus als leiblichen Sohn des Zimmermannes Joseph und der Maria. In seinen Körper sei Gott erst durch die Taufe eingegangen. Er sei in Taubengestalt herabgekommen und bis zu Jesus' Kreuzigung darin geblieben.

116n blau — Lehre von Jesu Taufe

KERKER

640v–586v — Zedekia
212v–166v — Perseus
206v rot — Nävius Gefangener
245n–309n — Pamphilos
412n–444n — Tibatto
480n–524n — Boëthius
491n blau — Drakontius' Dichtung
524n blau — 'Trost der Philosophie'
525n rot — Papst Gefangener
1140n rot — Abälard und Arnold
1230n–1306n — Jacopone von Todi
1301n blau — Jacopones Lieder
1313n–1374n — Al Katib
1344n rot — Bankvertreter Gefangene
1397n grün — 'Bastille' Staatsgefängnis
1452n–1507n — Kolumbus
1547n–1616n — Cervantes
1548n–1600n — Giordano Bruno
1668n blau — Bunyan: 'Pilgerfahrt'
1791n rot — Kettenstrafe abgeschafft
1812n–1870n — Charles Dickens
1821n–1880n — Dostojewski
1832n blau — Pellicos Bericht
1918n blau — R. Luxemburgs Briefe

KERKYRA, griechischer Name der Insel Korfu vor der Nordwestküste Griechenlands. Seit mindestens 3000 Jahren von Illyrern bewohnt, wurde sie seit Mitte des 8. Jahrhunderts vor unserer Zeitrechnung von Bewohnern der griechischen Stadt Korinth besiedelt und bald zur Kolonie erklärt. Die Insel nahm wegen ihrer günstigen Lage und wegen des Gewerbefleißes ihrer Bewohner bald eine führende Stellung ein und verselbständigte sich. Für mehr als ein Jahrtausend geriet sie dann unter die Herrschaft Roms. Bei der Reichsteilung fiel sie an Ostrom (Byzanz). 1186n wurde sie von in Sizilien herrschenden Normannen genommen, im 15. Jahrhundert geriet sie unter die Herrschaft Venedigs. Seit Ende des 18. Jahrhunderts wechselten die Herren schnell: Franzosen, Türken, Russen und Engländer. Gegen letztere erhob sich die Bevölkerung mehrfach, bis sie 1864n endlich den von ihr erstrebten Anschluß an Griechenland vollziehen konnte.

734v rot — Niederlassung Korinths
660v braun — Seesieg über Korinth
433v braun — Seekrieg gegen Korinth
433v rot — Bündnis mit Athen
427v braun — Vernichtung des Adels
427v rot — Ende der Adelsherrschaft
229v braun — Besetzung durch Römer
229v rot — Römische Herrschaft

KERMA, Stadt am Mittellauf des Nil (Sudan). Hier gründeten ägyptische Kaufleute vor mehr als 4000 Jahren ein Handelszentrum, das sich mit dem Aufblühen des Waren-Austausches nach Innerafrika und der afrikanischen Ostküste zum Zentrum des ägyptischen Afrikahandels entwickelte.

2292v grün — Gründung
1950v grün — Umschlagplatz

KERNPHYSIK, Wissenschaft vom Aufbau, Verhalten und von der Umwandlung der Atomkerne.

1879n–1968n — Otto Hahn
1885n–1962n — Niels Bohr
1896n grün — Becquerel: Radioaktivität
1897n grün — Rutherford: Struktur
1898n grün — Radium, Polonium
1899n grün — Alpha- und Betastrahlen
1901n – — Heisenberg
1905n grün — Elektronentheorie
1910n grün — Soddy: Isotope
1911n grün — Rutherford: Atommodell
1913n grün — Bohr: Atommodell

1919n grün Atomzertrümmerung
1920n grün Bohr: Periodisches System
1925n grün Quantenmechanik
1925n grün Pauli-Prinzip
1927n grün Wellenmechanik
1927n grün Elektronen-Beugung
1928n grün Geigerzähler
1932n grün Neutron
1932n grün Positron
1934n grün Künstliche Radioaktivität
1935n grün Fermi: Neutronen-Beschuß
1938n grün Kernspaltung
1941n grün Broglie: Elementarteilchen
1942n grün Atomreaktor
1945n grün Atombombe
1952n grün Wasserstoffbombe
1954n grün Atomkraftwerk
1954n grün Atom-U-Boot
1955n grün Hahn: Kobalt 60
1956n grün Strahlengefährdung

KERNREAKTOR, Bezeichnung für eine Anlage zur technischen Umwandlung von Atomkernen.

1942n grün Fermis Konstruktion
1954n grün Nutzung für Kraftwerk
1954n grün Nutzung für U-Boot

KERR, John (1824n–1907n), englischer Physiker und Mathematiker. Studierte Theologie, wandte sich aber nach Beendigung seiner Ausbildung von der Religion ab, studierte Mathematik und wurde Dozent einer Lehrerbildungsanstalt in Glasgow. Bewies die doppelte Brechung des Lichtes bei Stoffen mit allseitig gleichen physikalischen Eigenschaften ('isotrope Stoffe') in einem elektrischen Feld. Dieser nach ihm benannte Effekt und der darauf beruhende Kondensator ('Kerr-Zelle') war eine der wesentlichsten Voraussetzungen für die elektrische Bildübertragung (Fernsehen) und darüber hinaus für die Meßtechnik.

1875n grün Doppelbrechung
1924n grün 'Kerr-Zelle' verwendet

KERTOS, ägyptischer König.

1661v–1601v Lebenslinie

KERTSCH, Hafenstadt in Südrußland am Ausfluß des Asow'schen Meeres in das Schwarze Meer. Vor 2500 Jahren von Griechen aus Milet (Kleinasien) gegründet, entwickelte sie sich schnell zu einem bedeutenden Handelsplatz für Getreide und Sklaven (Pantikapaion). Im Jahre 480v wurde sie Hauptstadt eines eigenen Staates ('Bosporanisches Reich'), der bis zum Jahre 107v seine Unabhängigkeit behauptete, dann vom Reiche des Mithridates unterworfen wurde. Seit 17v Residenz eines von Rom abhängigen Königreiches. Im 4. Jahrhundert von Hunnen erobert. Im 6. Jahrhundert wurde sie von Justinian befreit und dem Reiche von Byzanz (Ostrom) einverleibt. Seit 1305n von der Stadt Genua beherrscht, fiel sie 1475n mit der Krim an die Türkei und 1771n an Rußland. Im Krimkrieg wurde sie von den Verbündeten der Türkei (England und Frankreich) eingenommen und dem Erdboden gleichgemacht, später aber von den Russen wieder aufgebaut. Im zweiten Weltkrieg mehrfach hart umkämpft.

537v blau Gründung
132v–63v Mithridates
370n/455n Hunnenkriege
1475n rot Krim an Türken
1768n/1774n Krieg Rußland–Türkei
1853n/1856n Krimkrieg
1939n/1945n Zweiter Weltkrieg

KERZEN

188v grün Gebrauch in Rom
1061n grün Kerzenzieher-Innung
1830n grün Paraffin-Kerzen

KESCHAWA-TEMPEL, freistehende Tempelanlage am linken Ufer des Kaneri-Flusses in Südindien unweit der Stadt Mysore (Maisur). Besteht aus einem großen Mittelsaal mit Vorhalle und drei runden Seitenschiffen. Er ist mit einer Überfülle von Reliefs und Skulpturen geschmückt, deren Stoffe aus der Götter- und Sagenwelt sowie aus dem Liebesleben entnommen sind. Er ruht auf einem sechsgliedrigen Sockel, der mit einem Elefantenfries sowie mit Reiterbildern und Schwanen-Plastiken verziert ist. Durch die Verwendung des marmorähnlichen, glänzend-schwarzen Specksteins wurde die Wirkung der Plastiken erhöht. Das nur 10 Meter hohe Bauwerk wurde mit einer Pfeilergalerie und 64 kleinen Kapellen umgeben, die rund um einen Hof angelegt sind.

1268n blau Vollendung

KESSELPAUKE, veraltete Bezeichnung für die Pauke. Entstammt einer Zeit, da man auch große Trommeln als Pauken bezeichnete und sollte das besondere der echten Pauke (den halbkugeligen Kessel) hervorheben.

2609v grün Aufkommen in Sumer

KETI, ägyptischer Dichter.

2008v–1952v Lebenslinie
1962v blau Lob des Beamtentums

KETTENBRÜCKE

68n grün Bau in China

KETTENREAKTION, Bezeichnung für die Verwendung der bei Spaltung eines Atomkernes freiwerdenden Elektronen zur Spaltung weiterer Atomkerne in ununterbrochener Folge. Grundlage der Atomkraft-Gewinnung und der Atombomben-Wirkung. Ihre Entdeckung durch den deutschen Chemiker Otto Hahn und den französischen Physiker Frédéric Joliot eröffnete dem Menschen durch Freisetzung ungeheurer Energien ganz neue technische Möglichkeiten und führte eine neue Epoche der Geschichte herauf ('Atomzeitalter').

1879n–1968n Otto Hahn
1938n grün Kernspaltung
1942n grün Atomreaktor
1945n grün Atombombe
1954n grün Atomkraftwerk
1954n grün Atom-U-Boot

KETZER, abschätzige Bezeichnung einzelner Religionsgemeinschaften für Gegner der jeweils herrschenden Glaubenslehre.

478v–410v Protagoras
469v–399v Sokrates
410v rot Urteil über Protagoras
410v rot Schriften-Verbrennung
399v rot Urteil über Sokrates
384v–322v Aristoteles
323v rot Klage gegen Aristoteles
6v–30n Jesus Christus
30n rot Hinrichtung Jesu
31n rot Steinigung des Stephanus
98n–160n Valentin
132n–200n Irenäus
177n blau Vorwurf gegen Christentum
182n–253n Origenes
194n blau Gnostiker als 'Ketzer'
208n–280n Paulus von Samosata
360n–415n Hypatia
377n rot Staatshilfe für Kirche
381n–444n Cyrillus
385n rot Erste Hinrichtung
386n–451n Nestorius
399n rot Verdammung des Origenes
399n–461n Leo der Große
411n blau Kampf gegen Philosophie
413n blau Augustin für Verfolgung
415n rot Ermordung Hypatias
420n rot Prügelstrafe gefordert
431n rot Verbannung des Nestorius
444n rot Manichäer-Verfolgung
444n rot Bücher-Verbrennung
447n rot Papst für Todesstrafe
646n–684n Silvanus
665n rot Paulikianer-Bewegung
668n rot Paulikianer-Verfolgung
681n rot Papst als 'Ketzer'
701n–784n Fergil der Geometer
748n rot Klage gegen Fergil
783n rot Verfolgung bei Arabern
814n–877n Eriugena
815n–891n Photios
835n rot Mord an Paulikianer
866n blau Enzyklika des Photios
873n braun Paulikianer-Niederlage
914n–961n Bogomil
920n rot Paulikianer in Bulgarien
940n rot Bogomilen-Bewegung
973n blau Cosmas gegen Bogomilen
1000n–1088n Berengar von Tours
1022n rot Katharer-Verbrennung
1030n rot Katharer-Verbrennung
1048n blau Eintreten für Katharer
1052n rot Hinrichtung in Goslar
1053n–1123n Roscelin
1058n rot Verdammung von Mönchen
1079n rot Zwang gegen Berengar
1079n–1142n Abälard
1090n–1153n Bernhard von Clairvaux
1092n rot Zwang gegen Roscelin
1109n–1149n Eudo
1115n rot Katharer-Verbrennung
1119n rot Papst für Ausrottung
1123n blau Schrift gegen 'Ketzer'
1125n braun Aufstand in Orvieto
1126n rot Mord an Tanchelm
1132n rot Peter von Bruys verbrannt
1133n rot Rache der Petrobrusianer
1140n rot Zwang gegen Abälard
1140n–1217n Peter Waldes
1144n rot Absetzung von Bischöfen
1145n rot Katharer-Morde in Köln
1148n rot Zulauf zu Katharern
1152n–1246n Peire Cardinal
1153n blau Katharer-Bibel lateinisch
1155n grün Humiliaten in Mailand
1157n rot Papst: Katharer-Zeichnung
1160n–1216n Innozenz III.
1163n rot Katharer-Verbrennung
1163n rot Katharer-Verbrennung
1163n grün Katharer-Boykott
1166n rot Katharer-Brandmarkung
1167n rot Katharer-Konzil
1170n–1221n Dominikus
1175n rot 'Bund der Armen von Lyon'
1178n rot Waldenser-Bewegung
1179n rot Urteil über Katharer
1180n rot Bogomilen-Verfolgung
1180n rot Kreuzzugs-Aufruf
1181n braun Kreuzzug gegen Katharer
1182n rot Waldenser in Italien
1183n blau Französische Bibel
1184n rot Inquisition
1194n blau Deutsche Katharer-Bibel
1194n–1250n Friedrich II.
1197n rot Todesstrafe in Spanien
1201n rot Rückzug der Humiliaten
1207n rot Gesandte zu Katharern
1208n rot Kreuzzugs-Forderung
1209n rot Amalrikaner-Verbrennung
1209n/1229n Katharer-Kreuzzug
1211n rot Katharer-Verbrennung
1212n rot Bogomilen-Verfolgung
1222n rot Katharer in Bosnien
1229n grün Geld für Denunzianten
1230n rot Katharer-Verbrennung
1230n–1306n Jacopone von Todi
1231n rot Papst Inquisitions-Leiter
1231n blau Katharer-Schulen
1231n grün Katharer-Zusammenhalt
1232n rot Strafen in Deutschland
1232n/1234n Stedinger-Kreuzzug
1232n–1300n Segarelli
1234n rot Katharer-Ende in Bosnien
1234n grün Enteignung der Stedinger
1237n rot Katharer-Verbrennungen
1239n rot Katharer-Verurteilung
1243n rot Inquisition an Dominikaner
1249n rot Katharer-Verbrennung
1252n rot Anordnung der Folter
1260n rot Apostelbrüder-Orden
1260n–1327n Meister Eckehart
1294n rot Verdammung Segarellis
1295n–1366n Seuse
1305n rot Anklage gegen Templer
1305n/1307n Lombardischer Kreuzzug
1307n rot Feuertod Fra Dolcinos
1311n rot Verdammung der Beginen
1312n rot Templerorden-Auflösung
1315n rot Katharer-Verbrennung
1323n rot Papst gegen Armutslehre
1324n–1384n Wiclif
1336n rot Katharer-Verbrennung
1362n–1437n Sigismund
1365n–1416n Hieronymus von Prag
1369n–1415n Hus
1370n–1424n Ziska
1371n–1440n Friedrich I.
1374n rot Bann über Rechtsbuch
1377n rot Verdammung Wiclifs
1377n rot Bürgerschutz für Wiclif
1383n rot Lollarden-Bewegung
1393n rot Katharer-Verbrennung
1400n rot Staatshilfe für Kirche
1410n rot Bann gegen Hus
1412n–1431n Jeanne d'Arc
1413n rot Werke Wiclifs verbrannt
1415n rot Verbrennung des Hus
1416n rot Hieronymus' Feuertod
1417n rot Hinrichtung Oldcastles
1420n rot Kreuzzugs-Aufruf
1420n/1434n Hussiten-Kreuzzug
1424n rot Machtkämpfe bei Hussiten
1428n rot Schändung Wiclifs
1431n rot Feuertod der Jeanne d'Arc
1433n rot Feuertod Conectes
1451n–1505n Isabella von Kastilien
1452n–1498n Savonarola
1473n–1543n Kopernikus
1483n–1546n Luther
1484n–1531n Zwingli
1487n grün Fürsten Papst-Komplizen
1491n–1556n Ignatius von Loyola
1498n rot Feuertod Savonarolas
1507n rot Ximenes Groß-Inquisitor
1509n–1564n Calvin
1517n rot Reformationsbeginn
1520n rot Bann gegen Luther
1520n rot Bannbulle verbrannt
1520n rot Verurteilung Reuchlins
1527n–1598n Philipp II.
1528n rot Wiedertäufer-Hinrichtung
1531n braun Kappeler Religionskrieg
1532n rot Zulauf zu Protestanten
1533n–1584n Wilhelm von Oranien
1534n braun Wiedertäufer-Erhebung
1538n rot Protestanten-Verfolgung
1542n rot Inquisition erneuert
1546n rot Verbrennung des Dolet
1546n/1547n Schmalkaldischer Krieg
1548n–1600n Giordano Bruno
1549n rot Tod für Johanna von Kent
1553n rot Gegner Calvins verbrannt
1553n–1610n Heinrich IV.
1559n rot Autodafés in Spanien
1562n/1598n Hugenottenkriege
1564n–1642n Galilei
1567n rot Vernichtungsauftrag Albas
1572n/1581n Kampf der Niederlande
1573n grün Hugenotten-Auswanderung
1585n–1642n Richelieu
1600n rot Feuertod Giordano Brunos
1601n rot Calvinist hingerichtet
1610n rot Ermordung Heinrichs IV.
1615n blau Aubigné: Hugenottenkriege
1616n rot Kopernikus-Lehren verfolgt
1618n braun Protestanten-Aufstand
1618n/1648n Dreißigjähriger Krieg
1624n rot Verurteilung Théophiles
1627n braun Protestanten-Erhebung
1633n rot Widerruf Galileis
1638n–1715n Ludwig XIV.
1641n braun Protestantenmorde (Irland)
1678n rot Katholiken-Ausschluß
1685n rot Toleranz-Ende (Frankreich)
1685n grün Hugenotten-Auswanderung
1685n rot Auswanderungsverbot
1686n braun Waldenser-Bekämpfung
1689n–1755n Montesquieu
1694n–1778n Voltaire
1710n rot Port Royal zerstört
1717n–1780n Maria Theresia
1738n rot Bann gegen Freimaurer
1826n rot Hinrichtung des Ripoll
1828n rot Letzter Inquisitions-Tod
1834n rot Inquisitions-Ende (Spanien)
1859n rot Inquisition aufgehoben
1923n blau Shaw: 'Heilige Johanna'
1942n blau Brecht: 'Galileo Galilei'

KEY, Ellen (1849n–1926n), schwedische Schriftstellerin und Pädagogin. Als Tochter eines Gutsbesitzers wurde sie Lehrerin und Dozentin am Arbeiter-Institut in Stockholm. Verurteilte die Lernschule und trat für eine dem Wesen des Kindes entsprechende Erziehung ein. Das Christentum lehnte sie ab und forderte die Abschaffung des kirchlichen Einflusses auf die Erziehung. Für die Frau erstrebte sie die gleichen Bildungsmöglichkeiten wie für den Mann und eine ihr gemäße Stellung in Erwerbsleben und Gesellschaft. Als Verfasserin des Buches 'Das Jahrhundert des Kindes' wurde sie weltberühmt. Wies dem 20. Jahrhundert den Weg zu einer gleichberechtigten kindgemäßen Einbeziehung des heranwachsenden Menschen in Familie und Gemeinschaft. Schrieb auch mehrere Bücher über neue Formen des Verhältnisses zwischen Mann und Frau ('Liebe und Ehe').

1900n blau 'Jahrhundert des Kindes'

KEYNES, John Maynard (1883n–1946n), englischer Volkswirtschaftler. Als Sachverständiger bei den Pariser Friedensverhandlungen erkannte er die Undurchführbarkeit und die Gefahr des Versailler Vertrages und trat zurück, als er sich mit seinen Ansichten nicht durchsetzen konnte. Lehrte in seiner Heimatstadt Cambridge die Fragwürdigkeit der liberalen Wirtschaft. Entwarf ein volkswirtschaftliches System, das bei Fortbestehen des Privateigentums an den Produktionsmitteln und Beibehaltung der freien Unternehmensführung die Krisen des kapitalistischen Systems durch staatliche Maßnahmen ausschließen oder in ihrer Auswirkung abschwächen soll. Hierzu empfahl er hauptsächlich die Lenkung der umlaufenden Geldmenge. Seine Theorie wurde zu einem brauchbaren Rezept für die weitere Erhaltung des Kapitalismus, ohne dessen krisenhafte Natur grundsätzlich aufheben zu können.

1936n grün Nationalökonomie

KHASAREN, Name eines türkischen Hirtenvolkes, das vor 1500 Jahren aus Westasien nach Südrußland einwanderte und hier für fast vierhundert Jahre ein selbständiges Reich gründete. Auf dem Höhepunkt seiner Machtentfaltung erstreckte sich der Staat nördlich des Kaukasus von der Nordküste des Schwarzen Meeres über das Mündungsgebiet der Wolga (Kaspisches Meer) bis zum Aralsee.

598n braun Vorstoß nach Rußland
598n rot Reichsgründung
626n rot Bündnis mit Byzanz
885n rot Religiöse Aufteilung
965n braun Niederlage gegen Russen
965n rot Russische Oberhoheit

KHMER, Name eines asiatischen Volkes, das vor etwa 2000 Jahren in Kambodscha (Hinterindien) sich niederließ und ein Reich gründete, das zwischen dem 10. und 14. Jahrhundert seine Blütezeit hatte (Hauptstadt Angkor). Später von dem Volke der Thai unterworfen.

1121n blau Tempel von Angkor Wat
1257n braun Niederlage gegen Thai
1782n rot Vereinigung mit Thai
1884n rot Kambodscha französisch
1954n rot Kambodscha frei

KIAUTSCHOU, Name eines kleinen Landstreifens beiderseits der gleichnamigen Meeresbucht in Nordchina gegenüber der Halbinsel Korea und den japanischen Inseln. Durch die auf seinem Boden liegende Hafenstadt Tsingtau von wirtschaftlicher Bedeutung. Bereits im 8. Jahrhundert als Hafen für den arabischen Korea-Handel eine blühende Stadt, verlor sie durch den 300 km landeinwärts gebauten Kaiserkanal ihre führende Stellung. 1897n landeten hier deutsche Kriegsschiffe und zwangen China im Jahre 1898n zu einer Überlassung des Gebietes auf 99 Jahre. Im Jahre 1914n eroberten es japanische Truppen, mußten es aber 1922n an China zurückgeben.

1897n rot Deutsche Herrschaft
1937n/1938n Vorstoß Japans

KIEL, deutsche Hafenstadt an der Ostsee. Vor mehr als tausend Jahren von deutschen Siedlern als Stützpunkt innerhalb eines slawischen Gebietes gegründet, wurde sie im Jahre 1072n von Slawen zerstört, im 12. Jahrhundert aber wieder aufgebaut. Gehörte seit 1284n zur Hanse und erhielt 1318n eigenes Münzrecht. Später Mittelpunkt des schleswig-holsteinischen Widerstandes gegen eine dänische Eroberung. 1773n wurde die Stadt dänisch. Seit 1867n preußisch, wurde sie 1871n Reichskriegshafen. Mit dem Aufstand der Matrosen der deutschen Hochseeflotte begann hier nach dem verlorenen Weltkrieg 1918n die deutsche Revolution. Nach dem zweiten Weltkrieg Hauptstadt des Landes Schleswig-Holstein.

1242n rot Stadtrecht
1918n/1919n Deutsche Revolution

KIERKEGAARD, Sören, dänischer Philosoph.

1813n–1855n Lebenslinie
1844n blau 'Begriff der Angst'

KIEW, Stadt in Südrußland an den Hügeln des Dnjepr-Ufers. Vor mehr als 1600 Jahren vom Gotenkönig Ermanrich als Hauptstadt seines Reiches angelegt, verfiel sie mit dem Untergang dieses Goten-Staates. Von den normannischen Staatsgründern als Hauptstadt des ersten russischen Reiches wieder aufgebaut. Später zeitweise litauisch, fiel die Stadt 1569n an Polen. 1654n wieder russisch, entwickelte sie sich zum geistigen und politischen Mittelpunkt eines Landes ('Ukraine'), das zur Kornkammer Rußlands wurde und seine Eigenständigkeit in immer neuen Kämpfen gegen das Zarentum behauptete. In der russischen Revolution wurde sie hart umkämpft, bis 1918n die Sowjets endgültig siegten. Im zweiten Weltkrieg für zwei Jahre von deutschen Truppen besetzt, wurde sie durch heftige Kämpfe stark zerstört.

305n–370n Ermanrich
350n blau Gründung
838n–912n Oleg der Weise
864n rot Staatsgründung
882n rot Reichsgründung
885n–968n Olga
940n–1015n Wladimir der Große
958n–1025n Basilius II.
988n rot Heirat Wladimirs
989n rot Zwangstaufe
1019n grün Schreibschulen
1030n blau Sophien-Kathedrale
1053n blau Höhlenkloster
1068n braun Volkserhebung
1113n braun Aufstand
1240n rot Besitz der Mongolen
1654n rot Anschluß an Rußland
1917n/1922n Russische Revolution
1939n/1945n Zweiter Weltkrieg

KIFTI, Al (1172n–1248n), arabischer Wissenschaftler und Staatsmann. Als Sohn eines hohen Beamten des Sultans Saladin wurde er Finanzminister und später Wesir in Aleppo (Syrien). Sein Sammelwerk über die naturwissenschaftlich tätigen Araber besteht aus den Lebensbildern von 414 Astronomen, Ärzten, Mathematikern und Philosophen und zeigt den Entwicklungsgang der exakten Wissenschaften in der arabischen Welt.

1230n grün Geschichtswerk

KIKKULI, hettischer Schriftsteller.

1405v–1326v Lebenslinie
1334v grün Pferdebuch
1279v grün Übersetzung ins Syrische
1261v grün Übersetzung ins Assyrische

KIMBERN, Name eines germanischen Volkes, das seinen Wohnsitz auf Jütland (Dänemark) größtenteils durch eine Naturkatastrophe verlor und zusammen mit Teutonen und anderen Stämmen über Schlesien und Mähren nach Kärnten zog. Dort schlugen sie die römischen Heere und wandten sich nach Süddeutschland, wo ein Teil des Volkes blieb, während der Hauptteil sich mit Helvetiern und anderen Völkern verbündete und über das Rhônetal nach Gallien weiterzog. Alle gegen sie ausgeschickten Römerheere wurden von ihnen geschlagen. Aber ihr Einbruch ins römische Spanien wurde abgewehrt, so daß sie sich nach Italien wandten, wo der 'Kimbrische Schrecken' die Römer zum Einsatz einer großen Heeresmacht veranlaßte. Von den Teutonen getrennt, wurden sie vernichtend geschlagen. Die Frauen, die sich in ihren Wohnburgen verteidigten, töteten ihre Kinder und sich selbst, um der römischen Gefangenschaft zu entgehen. Die in Jütland verbliebenen Angehörigen gingen in den sich dort bildenden Völkern auf.

156v–86v Marius
118v grün Sturmflut in Jütland
113v/101v 1. Germanenkrieg Roms

KIMMERER, Name eines Reitervolkes, das vor 3000 Jahren im Gebiete des Schwarzen

Meeres (Südrußland) ansässig war. Von Skythen vertrieben, zogen sie nach Kleinasien, wo sie das von Süden her bereits durch die Assyrer angegriffene Reich von Urartu schwer bedrängten. Wandten sich dann aber nach dem westlichen Kleinasien und fielen in die reichen Küstenländer (Lydien, Ionien und Phrygien) ein. Dabei half ihnen ihre Reiterkunst und ihre Fertigkeit im Bogenschießen. Nach 500 Jahren waren sie vernichtet oder in den von ihnen bekriegten Völkern Kleinasiens aufgegangen.

706 v braun Kämpfe mit Urartu
676 v braun Sieg über Urartu
652 v braun Sieg über Lyder

KIN, Name eines mongolischen Hirtenvolkes, das vor tausend Jahren in der östlichen Mongolei ansässig war. Zeitweilig von China aus durch die dort ansässigen Kitan-Mongolen unterworfen, befreiten sie sich im 12. Jahrhundert und brachten ganz Nordchina unter ihre Herrschaft. Die Bevölkerung der besetzten Gebiete mußte ihre mongolische Kleidung und Haartracht übernehmen, während sie selbst bald weitgehend die alte chinesische Kultur sich zueigen machten. Nach fast hundertjähriger Herrschaft unterlagen sie den aus der inneren Mongolei eingebrochenen Mongolenheeren.

1143 n grün Zopftracht nach China
1234 n rot Mongolen-Herrschaft

KINDBETTFIEBER, lebensgefährliche Infektionskrankheit, die bei gebärenden Müttern nach Abschluß des Geburtsvorganges durch Ansteckung der Gebärmutterhöhle eintritt. Nachdem der ungarische Arzt Semmelweis ihre Hauptursache in der Unsauberkeit der untersuchenden Ärzte entdeckt hatte, dauerte es noch Jahrzehnte, bis sich die Fachwelt dieser Einsicht anschloß und diese Gefährdung gebärender Mütter ausschaltete. Seitdem ist die Krankheit, die viele Millionen Frauen das Leben kostete, zu einem außerordentlich seltenen Ausnahmefall geworden.

1847 n grün Erforschung

KINDERARBEIT. Die Heranziehung der Jugendlichen zur Hilfe in Haus und Feld ist so alt wie die menschliche Kultur. Sie hielt sich aus Gründen der natürlichen Vernunft meist in dem Rahmen, der erzieherisch förderlich und der Gesundheit nicht abträglich war. Mit zunehmender Klassenspaltung verlor sie im gleichen Umfang ihr gesundes Maß, wie die Ausbeutung der Arbeitenden allgemein sich verschärfte. In ihrer zugespitzten Form (Sklaverei, Leibeigenschaft, Kapitalismus) wurde die Klassengesellschaft zur unmenschlichsten Knechtung der gesamten Arbeiterschaft einschließlich ihrer Familien getrieben. Dabei wurden die Kinder der Ausbeuter in gleichem Maße von aller Arbeit freigestellt, wie die Kinder der Ausgebeuteten in den Produktionsprozeß hineingezogen wurden. Auf diese Weise wurde die Klassenspaltung bis in die frühe Jugend getrieben, was durch den Ausbau eigener Schulen für die Kinder der Ausbeuterklasse ('höhere Schulen') zu einer der Kasten-Trennung vergleichbaren Entfremdung innerhalb der menschlichen Gemeinschaft führte. Die allgemeine Schulpflicht ('Volksschule') schränkte die Ausbeutung der Arbeiterkinder ein. Mit der allmählichen Verlagerung der härtesten Ausbeutung in die Kolonialgebiete verschob sich auch das Schwergewicht der Kinderarbeit dorthin, während die Kinder der Arbeiter in den hochkapitalistischen Ländern durch Gesetze vor der unternehmerischen Profitgier geschützt wurden. Umgekehrt wurden die Kinder der herrschenden Klasse durch Arbeitsschulen wieder zunehmend an die Arbeit herangeführt, ohne daß dadurch eine wirkliche Gleichstellung der Kinder erzielt worden wäre. In manchen sozialistischen Ländern wurde durch Einführung des polytechnischen Unterrichts die erzieherische Kraft der Arbeit erhalten, ohne die Jugend der Ausbeutung preiszugeben.

2767 v grün Arbeit in Mesopotamien
1932 v blau Darstellung in Ägypten
1575 n rot Verbot der Bergwerksarbeit
1607 n rot Schulpflicht in Anhalt
1717 n rot Schulpflicht in Preußen
1802 n rot Zeitgrenze in England
1819 n rot Altersgrenze in England
1839 n rot Altersgrenze in Preußen
1880 n rot Schulpflicht in England
1958 n grün Polytechnischer Unterricht

KINDEREHE. Die Heirat zwischen zwei Minderjährigen oder zwischen einem Volljährigen und einem Minderjährigen findet sich bei zahlreichen Naturvölkern. Am stärksten ausgeprägt war sie in Indien, wo die Kastenschranken seit Jahrtausenden unüberwindbar sind. Hier diente sie der festen Bindung des Menschen an seine eigene Klasse vor Eintritt der Geschlechtsreife. Von Indien aus verbreitete sie sich nach Indonesien, Polynesien und Neuguinea.

1542 n–1605 n Akbar
1869 n–1948 n Gandhi

KINDER-ERZIEHUNG, sinnvolle Einwirkung auf die körperliche und geistig-seelische Entwicklung des heranwachsenden Menschen. Vollzieht sich zunächst unbewußt durch das Vorbild und später durch die Anleitung sowie durch die Reaktionsweise der Erwachsenen auf das kindliche Verhalten. Die Höherentwicklung der menschlichen Gesellschaft führte zu immer bewußterer, gezielterer Einwirkung auf das Kind und den Jugendlichen zur bestmöglichen Entwicklung seiner Begabungen im Interesse der menschlichen Gemeinschaft sowie zur Entfaltung seiner persönlichen Eigenart bei gleichzeitiger Festigung seines sozialen Charakters.

2289 v blau Tempelschulen in Akkad
2021 v grün Schulfächer in Sumer
2019 v grün Priesterinnen-Kinder
2018 v blau Gedicht über die Schule
2008 v–1952 v Keti
1962 v blau Lehre des Keti
1857 v–1803 v Sehet
1811 v blau Sehets Lehrdichtung
1531 v–1481 v Sen-Mut
1462 v–1382 v Hapu
1445 v grün Lehrstoff in Ägypten
1377 v–1302 v Ani
1342 v blau Lehre des Ani
1199 v blau Warnung vor Offiziersberuf
817 v rot Staatserziehung in Sparta
430 v–353 v Xenophon
370 v blau Xenophons Buch
285 v–204 v Andronikos
157 v–87 v Wu-Ti
331 n–363 n Julian
345 n–406 n Ku-Kai-Tschi
353 n blau Schulgrammatik
354 n–407 n Chrysostomos
362 n rot Römisches Schulgesetz
379 n blau Christliche Erziehung
710 n–782 n Lioba
1082 n blau Kaikas: Prinzenerziehung
1262 n blau Stadtschule Lübeck
1269 n blau Schulen der Mongolen
1388 n blau Internatsschule in England
1450 n grün Gedrucktes Schulbuch
1491 n–1556 n Ignatius von Loyola
1543 n blau Fürstenschulen
1607 n rot Schulpflicht in Anhalt
1628 n blau Comenius: 'Große Lehre'
1632 n–1704 n Locke
1633 n blau Kleinkinder-Erziehung
1658 n blau Anschauungsunterricht
1696 n grün John Bellers: Handarbeit
1708 n grün Realschule
1717 n rot Schulpflicht in Preußen
1746 n–1827 n Pestalozzi
1780 n blau Salzmann: 'Krebsbüchlein'
1801 n blau Erziehungsroman
1812 n–1870 n Charles Dickens
1840 n grün Kindergarten
1880 n rot Schulpflicht in England
1890 n blau Klara Zetkins Ratschläge
1900 n blau Ellen Keys Werk
1909 n blau Montessori-System
1933 n blau Werk Makarenkos
1958 n grün Polytechnischer Unterricht
1961 n grün Kybernetische Pädagogik

KINDERGARTEN

1840 n grün Einrichtung durch Fröbel

KINDER-HEILKUNDE, Teilgebiet der Medizin, das sich mit den körperlichen und seelischen Erkrankungen von Säuglingen und Kindern beschäftigt.

131 n grün Soranos: Säuglingspflege
1472 n grün Bagellardos Werk
1802 n grün Kinderklinik in Paris
1954 n grün Serum gegen Kinderlähmung

KINDERHEIM

787 n grün Einführung in Mailand
1199 n grün Drehlade in Rom
1419 n grün Findelhaus in Florenz

KINDER-KREUZZUG, Versuch fanatisierter Kinder, an der von der Kirche propagierten Eroberung Jerusalems teilzunehmen. Gleichzeitig in Frankreich und Deutschland von katholischen Mönchen betrieben. Die deutschen Kinder kamen über die Alpen bis Genua und zogen nach Brindisi weiter. Weil sie kein Schiff fanden, kehrten sie um, jedoch erlagen die meisten unterwegs den Anstrengungen. Die französischen Kinder wurden in Marseille eingeschifft und kamen im Sturm um oder landeten in der Sklaverei.

1212 n braun Kreuzzug

KINDERLÄHMUNG, Name einer ansteckenden Krankheit, die vorwiegend Kinder befällt, Teile des Rückenmarks zerstört und dadurch Lähmungen bewirkt. Seit Jahrtausenden besonders in hochentwickelten Kulturen vorkommend, wurde sie 1840 n in Deutschland als eine eigene Krankheit erkannt und beschrieben. Eine Heilmethode ist bis heute nicht gefunden worden, jedoch wurde durch Entdeckung eines Impfstoffes ihre Ausbreitung eingedämmt.

1379 v grün Auftreten in Ägypten
1954 n grün Impfstoff

KINDERWAGEN. Fahrzeuge zur Beförderung von Kindern gibt es seit mindestens 3000 Jahren. Seit dem 16. Jahrhundert wurden in Mitteleuropa schöne leichte Korbwagen hergestellt. Doch trugen sorgsame Mütter ihre Kinder lieber, weil alle diese Wagen gezogen werden mußten, so daß die Kinder der Beobachtung entzogen waren und deshalb leicht aus dem Wagen fielen. Mitte des 19. Jahrhunderts erfand der englische Steindrucker Burton den Kinderwagen zum Schieben. Er hatte zunächst aus Sicherheitsgründen 3 Räder, erhielt aber in den Städten mit glattem Pflaster bald 4 Räder. Seit Mitte des 20. Jahrhunderts zur Mitnahme in Auto und Eisenbahn zerlegbar.

1848 n grün Burtons Konstruktion

KINDI, Al, arabischer Philosoph und Naturwissenschaftler.

789 n–873 n Lebenslinie
786 n–833 n Al Mamun
843 n grün Schwerter-Kunde
861 n blau Geschichtstheorie
871 n blau Griechische Vorbilder
1114 n–1187 n Gerhard von Toledo

KINETISCHE FLÜSSIGKEITSTHEORIE, Bezeichnung für eine Lehre des russischen Physikers Frenkel, die das Verhalten von Flüssigkeiten aus der Bewegung ihrer Elementarteile ableitet.

1946 n grün Entwicklung

KINETISCHE GASTHEORIE, Lehre von Aufbau und Verhaltensweise der Gase, insbesondere der Wechselbeziehung zwischen Temperatur und Druck einerseits und der Geschwindigkeit der Bewegung ihrer kleinsten Teile (Moleküle) andererseits.

1662 n grün Boyles Gasgesetz
1811 n grün Avogadros Gasgesetz
1857 n grün Krönigs Lehre
1859 n grün Maxwells Theorie
1878 n grün Boltzmanns Forschungen

KING-FU (um 920 n–um 990 n), chinesischer Erfinder. Verband zwei offene Kästen an den Böden durch eine straffgespannte Schnur und übertrug mit ihrer Hilfe gesprochene Worte über kleinere Entfernungen. Damit wurde er zum Erfinder des Faden-Telephons.

968 n grün Faden-Telephon

KINGSTON, Hafenstadt an der Südküste der Insel Jamaika (Mittelamerika). Von den Engländern nach der Besitznahme Jamaikas in unmittelbarem Feuerschutze der Festung Port Royal angelegt, entwickelte sie sich mit dem Aufschwung des Sklavenhandels schnell zu einer blühenden Stadt, in der sich der Außenhandel Jamaikas konzentrierte. 1887 n wurde sie Hauptstadt der Insel an Stelle des von den spanischen Entdeckern gegründeten Spanishtown. 1907 n durch ein Erdbeben fast völlig zerstört, wurde sie an der gleichen Stelle wieder aufgebaut.

1693 n blau Gründung

KINSEY, Alfred (1894 n–1956 n), nordamerikanischer Naturforscher. Als Professor der Zoologie befaßte er sich im Rahmen biologischer Forschungen mit dem sexuellen Verhalten des Menschen. Durch gewissenhafte Befragung von Männern und Frauen gewann er einen statistischen Überblick über das Geschlechtsleben von 20 000 Amerikanern. Die Veröffentlichung der Ergebnisse seiner Erhebung löste eine leidenschaftliche Diskussion aus, weil sie bewies, daß die herrschende bürgerliche Moral beziehungslos neben der gelebten Wirklichkeit steht, und daß andererseits die christlichen Sittengesetze eine natürliche Entfaltung des Sexuallebens verhindern.

1953 n grün Sexual-Report

KINTETSCHEN, Stadt in der Provinz Kiangsi (Süd-China). Hier finden sich reiche Vorkommen von reinem weißen Ton (Kaolin), aus dem seit 1400 Jahren besonders feines Porzellan hergestellt wird.

608 n–676 n Tao-Yü
663 n grün Porzellan-Herstellung

KIPLING, Rudyard (1865 n–1936 n), englischer Schriftsteller. Wurde in Indien als Sohn eines Malers geboren, der Kurator des Museums von Lahore war und Bücher illustrierte. Besuchte seit seinem siebenten Lebensjahr englische Schulen, kehrte aber siebzehnjährig nach Indien zurück und schrieb für Zeitungen. Unternahm als Journalist Reisen nach China und Amerika und war auf englischer Seite Berichterstatter im Burenkrieg. In seinen Erzählungen verherrlichte er das Leben der Europäer in den Kolonien als Kulturtat ('Schlichte Geschichten aus Indien'). Pries Tapferkeit und Gehorsam als wichtigste männliche Tugenden ('Soldatengeschichten'). Weltberühmt wurde er durch sein 'Dschungelbuch' mit spannenden Tiergeschichten.

1894 n blau 'Dschungelbuch'

KIRCHE, ursprünglich Name des Gebäudes, in dem gottesdienstliche Kulthandlungen vorgenommen werden, heute meist Bezeichnung für die Gesamtheit der Einrichtungen und Organisationen zur Durchführung des Religionsbetriebes.

2942 v–2870 v Du-Muzi
2888 v rot Religiöser Kommunismus
2880 v grün Sumerisches Neujahrsfest
2878 v rot Königstitel 'Horus'
2781 v–2716 v Il-Kuku
2767 v grün Tempel-Fabrik in Ur
2766 v–2702 v Neb-Re
2733 v rot Machtkämpfe mit Staat
2729 v–2862 v Agga
2723 v rot Königstitel 'Re'
2676 v–2595 v Mesilim
2673 v–2631 v Zoser
2671 v rot Trennung Kirche—Staat
2653 v blau Bildnis eines Priesters
2627 v blau Trennung Tempel—Palast
2621 v rot Staatsvormacht in Kisch
2534 v–2470 v User-Kaf
2510 v rot Priester kriegsdienstfrei
2476 v rot Staatsreligion in Ägypten
2471 v rot König als Gottessohn
2452 v–2377 v Ti
2449 v rot Priester fronarbeitsfrei
2449 v–2367 v Lugal-Anda
2422 v–2360 v Uru-Kagina
2382 v–2320 v Teti
2367 v braun Aufstand gegen Priester
2365 v grün Begräbniskosten-Senkung
2363 v blau Angriff auf Priester
2363 v grün Tempelspenden-Entzug
2341 v grün Tempelbesitz steuerfrei
2337 v rot Kaisertochter Priesterin
2326 v rot Gott-Kaisertum Sargons
2289 v blau Tempelschulen in Akkad
2243 v rot Kaiserenkelin Priesterin
2240 v rot Gott-Kaisertum Naramsins
2067 v grün Tempelprostitution
2060 v–1983 v Schul-Gi
2019 v grün Priesterinnen-Privileg
2013 v rot Gott-Kaisertum Schul-Gis
1995 v rot Heirat der Priesterinnen
1945 v grün Tempel-Monopole
1775 v–1725 v Sebek-Hotep III.
1765 v rot Königsschwester Priesterin
1732 v rot Krokodil-Kult Staatsreligion
1652 v rot Seth-Kult Staatsreligion
1575 v–1509 v I-Yin
1559 v grün Priesteramts-Verkauf
1526 v blau Trennung Gruft—Tempel
1521 v rot Machtgewinn in China
1422 v–1356 v Teje
1391 v–1358 v Echnaton
1368 v–1349 v Tut-Anch-Amun
1321 v–1235 v Bek-Necho
1252 v rot 'Vorsteher aller Götter'
1208 v–1137 v Ram-Se-Na
1204 v braun Priester-Aufstand
1203 v–1159 v Ramses IV.
1168 v–1115 v Ramses IX.
1158 v–1094 v Ameno
1150 v–1076 v Pa-He-Nesi
1142 v–1085 v Ramses XI.
1128 v–1057 v Herihor
1125 v–1054 v Smendes
1108 v–1044 v Wu
1101 v/1100 v Erhebung gegen Priester
1086 v–1004 v Samuel
1084 v rot Priestermacht in Theben
1082 v–1009 v Psu-Sennes
1046 v blau Weniger Priester in China
956 v grün Berufs-Tempelmusiker
950 v blau Priesterreligion in Indien
863 v–796 v Joas
852 v–774 v Pygmalion
713 v–669 v Asarhaddon
694 v–603 v Braspati
693 v–609 v Psammetich I.
649 v blau Anklage gegen Priester
642 v–555 v Carvaka
579 v grün Prostitutionsgewinn-Entzug
522 v rot Staatsreligion in Persien
331 v rot Alexander Herrscher-Gott
137 v rot Pharisäer-Partei
63 v–14 n Augustus (Oktavian)
19 v–38 n Pontius Pilatus
12 v rot Kaiser als Oberpriester
51 n–96 n Domitian
64 n grün Taufe Neugeborener
88 n–165 n Marcion
98 n–160 n Valentin
100 n rot Konzil von Kaschmir
100 n blau Gottesdienstregel
109 n rot Bezeichnung 'katholisch'
125 n–178 n Montanus
125 n–190 n Tatian
131 n–182 n Celsus
132 n–200 n Irenäus
144 n rot Marcioniten-Kirche
154 n–222 n Bardesanes
160 n–242 n Ammonios
162 n–224 n Tertullian
168 n rot Aufkommen des Zölibates
169 n–222 n Kalixt I.
180 n–239 n Ardaschir
182 n–253 n Origenes
184 n blau Syrisches Kirchenlied
191 n blau Liste der Bischöfe Roms
199 n–251 n Decius
202 n–258 n Cyprian
208 n–280 n Paulus von Samosata
214 n–275 n Aurelian
217 n rot Kalixt Bischof Roms
218 n rot Vorrang Roms gefordert
251 n blau 'Allein-seligmachend'
251 n–356 n Antonius
252 n rot Trennung Kirche—Staat
256 n blau Kirchendisziplin
258 n rot Christenpriester verfolgt
258 n–336 n Arius
260 n grün Chöre im Gottesdienst
261 n–335 n Laktantius
263 n–339 n Eusebius
274 n rot Baal-Kult Staatsreligion
276 n–355 n Donatus
280 n–337 n Konstantin
285 n–347 n Fasir
292 n–346 n Pachomius
295 n–373 n Athanasius
299 n rot Armenien: Staatsreligion
306 n rot Zölibat für Kirchenobere
306 n–373 n Ephräm der Syrer
312 n rot Lateran-Palast Papstsitz
313 n grün Priestersold vom Staat
314 n rot Abkehr vom Pazifismus
314 n blau Kampf gegen Wissenschaft
315 n–367 n Hilarius von Poitiers
316 n–397 n Martin von Tours
320 n blau Donatus gegen Staatskirche
321 n rot Sonntag Staatsfeiertag
321 n rot Rechtsgewinn
321 n grün Erbrecht
322 n blau Kirchengeschichte
324 n rot Christentum Staatsreligion
325 n rot Konzil zu Nikäa
325 n grün Osterfest-Datum
325 n grün Zinserhebung abgelehnt
328 n rot Donatisten-Kirche
328 n blau Anklage durch Axid
338 n rot 'Heiden'-Verfolgung
340 n rot Christenkirche, Abessinien
340 n grün Geld für Donatisten
340 n–397 n Ambrosius
341 n rot Konzil zu Antiochia
343 n rot Papst oberste Instanz
344 n/347 n Zirkumzellionen-Aufstand
345 n–420 n Hieronymus
346 n rot Westgoten Arianer
346 n–395 n Theodosius
351 n rot Abessinien: Staatsreligion
354 n rot Weihnachtsfest
355 n rot Zwang durch Kaiser
356 n rot Privileg für Christenkult
359 n–383 n Gratian
360 n–415 n Hypatia
377 n rot Gegner als 'Ketzer'
378 n blau Kirchenordnung
379 n rot Demonstration des Kaisers
380 n blau Gottesdienst: Volksgesang
381 n rot Konzil zu Konstantinopel
382 n rot Durchsetzung eines Dogmas
385 n rot 'Ketzer'-Hinrichtung
386 n rot Hoheit über Staat
390 n rot Buße des Kaisers
391 n–460 n Patrick
398 n grün Weihrauch im Gottesdienst
399 n rot Verdammung des Origenes
399 n–461 n Leo der Große
431 n rot Maria als Mutter Gottes
440 n rot Selbstbezeichnung 'Papst'
440 n blau Kirchengeschichte
444 n rot Manichäer-Verfolgung
444 n rot Bücherverbrennung
445 n rot Richteramt des Papstes
445 n grün Enteignung
447 n rot Papst: Tod für Gegner
449 n blau Kirchengeschichte
451 n rot Koptische Kirche
451 n rot Gleichstellung Rom—Byzanz
455 n grün Ohrenbeichte
466 n–511 n Chlodwig
480 n–547 n Benedikt von Nursia
480 n–573 n Kassiodor
483 n rot Persische Christenkirche
492 n blau Nonnenkloster (Irland)
493 n blau Zwei-Schwerter-Lehre
495 n rot Erster Index
506 n rot Bann für Sklaventötung
506 n rot Westgotische Synode
517 n blau Ave Maria'-Gesang
525 n rot Papst gefangengenommen
534 n–615 n Kolumban
538 n rot Sonntagsarbeit beschränkt
538 n grün Zinserlaubnis für Priester
538 n–594 n Gregor von Tours
540 n–604 n Gregor I.
548 n rot Autorität des Kaisers
560 n–636 n Isidor von Sevilla
585 n grün Strafe für Sonntagsarbeit
585 n grün Kirchensteuer-Forderung
589 n rot Westgoten katholisch

589 n grün Weiße Priestertracht
590 n grün Proletariat abhängig
593 n grün Grundbesitz 'Erbe Petri'
594 n rot Beichte in ganz Europa
600 n grün Forderung nach Erbrecht
601 n rot Bistum Canterbury
625 n grün Ruf des Muezzin
630 n grün Mekka Wallfahrtsort
633 n rot Hoheitsanspruch
635 n–714 n Pippin der Mittlere
636 n rot Papstmacht über Südirland
658 n–739 n Willibrord
675 n–754 n Bonifatius
681 n rot Papst als 'Ketzer'
685 n rot Staatsreligion in Japan
688 n–741 n Karl Martell
691 n rot Auftrag für Willibrord
694 n rot Konzil von Toledo
697 n rot Ganze Irenkirche zu Rom
701 n–784 n Fergil der Geometer
716 n–768 n Pippin der Kleine
717 n–778 n Padma Sambawa
722 n grün Vergabe von Kirchengut
726 n rot Papst: Rom unabhängig
729 n rot Schenkung an Papst
730 n rot Byzanz Vormacht
731 n rot Papst für Bilderanbetung
731 n blau Bedas Kirchengeschichte
737 n–804 n Alkuin
739 n rot Absage an Papst
742 n rot Synode in Deutschland
742 n–814 n Karl der Große
745 n rot Kirchenbesitz-Beschränkung
745 n rot Fränkische Staatskirche
747 n rot Papsthoheit bei Franken
748 n rot Anklage gegen Fergil
752 n rot Petrus-Banner für Heer
753 n rot 'Konstantinische Schenkung'
753 n grün Reise des Papstes
754 n rot Pippin: Schutz für Papst
754 n rot Salbung Pippins
756 n rot Pippin'sche Schenkung
766 n blau Regeln für Domgeistliche
774 n rot Karolingische Schenkung
777 n rot Sachsen-Zwangsbekehrung
778 n–840 n Ludwig der Fromme
779 n grün Kirchensteuer bei Franken
781 n rot Kirchenstaat erweitert
783 n rot Araber: 'Ketzer'-Verfolgung
785 n blau Bischofs-Geschichte
786 n grün 'Peters-Pfennig'
786 n–861 n Radbertus
787 n rot Byzanz für Bilderkult
787 n rot Papst für Bilderkult
794 n rot Synode in Frankfurt
796 n grün Schwarz 'religiöse Farbe'
799 n rot Anklage gegen Papst
799 n rot Papst wiedereingesetzt
800 n rot Krönung Karls I.
813 n rot Krönung ohne Papst
813 n grün Michaelisfest
814 n–877 n Eriugena
815 n–891 n Photios
816 n rot Krönung durch Papst
823 n–877 n Karl II., der Kahle
848 n grün Leo-Stadt in Rom
851 n rot Dokumentenfälschung
864 n blau 'Petruslied'
866 n blau Enzyklika des Photios
867 n rot Byzanz unabhängig von Rom
877 n–936 n Heinrich I.
879 n rot Papst-Tribut an Araber
884 n–948 n Marozia
896 n rot Pornokratie
897 n rot Gericht über toten Papst
910 n rot Cluny unter Papsthoheit
912 n–973 n Otto I., der Große
914 n rot Herrschaft Theodoras
919 n rot Absage Heinrichs I.
920 n–992 n Miezko
928 n rot Mord am Papst
931 n rot Marozias Sohn Papst
940 n–1015 n Wladimir der Große
943 n–1003 n Silvester II.
955 n grün Phantasiename für Papst
962 n rot Krönung Ottos I.
963 n rot Verbrecher-Papst abgesetzt
966 n rot Staatsreligion in Polen
968 n rot Erzbistum Magdeburg
972 n–999 n Gregor V. (Bruno)
972 n–1038 n Stephan I.
976 n–1030 n Machmud
987 n rot Krönung Hugo Kapets
989 n rot Zwangstaufen in Kiew
990 n–1031 n Aribo
991 n rot Russische Staatskirche
992 n rot Polenkirche unter Papst
993 n rot Erste Heiligsprechung
996 n rot Deutscher wird Papst
997 n rot Staatsreligion in Ungarn
998 n grün Allerseelenfest
999 n rot Ungarnkirche unter Papst
1000 n blau Kritik des Leutardus
1000 n–1088 n Berengar von Tours
1001 n–1072 n Adalbert von Bremen
1002 n–1066 n Eduard der Bekenner
1013 n–1085 n Robert Guiskard
1017 n–1056 n Heinrich III.
1021 n–1085 n Gregor VII.
1022 n rot Katharer-Verbrennung
1023 n rot Synode zu Seligenstadt
1030 n rot Katharer-Verbrennung
1031 n rot Kirchenstrafe Interdikt
1033 n–1109 n Anselm von Canterbury

1046 n rot Papst-Politik des Kaisers
1048 n blau Eintreten für Katharer
1049 n rot Hugo Abt von Cluny
1049 n blau Anklage gegen Priester
1050 n–1106 n Heinrich IV.
1052 n rot 'Ketzer'-Hinrichtung
1053 n rot Zusicherung an Normannen
1053 n–1123 n Roscelin
1054 n rot Trennung Rom-Byzanz
1056 n blau Denkfreiheit gefordert
1058 n rot Verdammung von Mönchen
1059 n braun Erhebung gegen Kirche
1059 n rot Anspruch auf Italien
1059 n rot Rechte für Normannen
1066 n rot Bischof Slawen-Opfer
1074 n rot Zölibat aller Priester
1075 n rot Investitur-Bestimmung
1076 n rot Kaiser: Papst-Absetzung
1076 n rot Bann gegen Kaiser
1076 n rot Fürsten gegen Kaiser
1077 n rot Canossa-Gang Heinrichs
1077 n rot Krönung Wilhelms I.
1078 n rot Papst: Antisemitismus
1079 n rot Zwang gegen Berengar
1079 n–1142 n Abälard
1081 n–1125 n Heinrich V.
1084 n rot Papst-Flucht aus Rom
1089 n rot Hoheit über Aragonien
1090 n rot 'Hexen'-Verbrennung
1090 n–1153 n Bernhard von Clairvaux
1092 n rot Zwang gegen Roscelin
1094 n rot Hilfegesuch an Papst
1095 n rot Kampfruf des Papstes
1096 n/1099 n Erster Kreuzzug
1098 n–1178 n Hildegard von Bingen
1099 n grün Vertrag mit Webern
1100 n rot Cluniazenser-Bewegung
1103 n–1155 n Arnold von Brescia
1109 n–1149 n Eudo
1110 n blau Anklage durch Tanchelm
1115 n rot Katharer-Verbrennung
1115 n–1158 n Otto von Freising
1116 n rot Hoheit über Katalonien
1118 n–1170 n Thomas Becket
1119 n rot Papst: 'Ketzer'-Ausrottung
1122 n rot Wormser Konkordat
1122 n–1190 n Friedrich I. Barbarossa
1123 n blau Abt gegen 'Ketzer'
1125 n braun Katharer-Aufstand
1126 n rot Ermordung Tanchelms
1129 n blau Anklage durch Heinrich
1132 n rot Tod für Peter von Bruys
1138 n rot Einfluß auf Kaiserwahl
1139 n rot Armbrust-Vorschrift
1139 n blau Kritik des Arnold
1140 n rot Strafen für Unbequeme
1140 n blau Kirchenrechts-Wissenschaft
1140 n–1217 n Peter Waldes
1142 n/1155 n Bürgeraufstand in Rom
1144 n rot Bischöfe abgesetzt
1145 n rot Mord an Katharern
1145 n blau Kritik des Eudo
1146 n rot Kreuzzugs-Aufruf
1146 n grün Vorteil für Kreuzfahrer
1147 n braun Wenden-Kreuzzug
1147 n/1149 n Zweiter Kreuzzug
1148 n rot Zulauf zu Katharern
1152 n–1246 n Peire Cardinal
1153 n rot Bündnis mit Kaiser
1154 n rot Engländer wird Papst
1155 n rot Rom wieder unter Papst
1155 n rot Hinrichtung Arnolds
1155 n rot Krönung Friedrichs I.
1157 n rot Strafen für Katharer
1157 n blau Kritik Hildegards
1160 n–1216 n Innozenz III.
1162 n grün Chirurgie-Verbot
1163 n rot Katharer-Verbrennung
1163 n rot Katharer-Verbrennung
1163 n grün Katharer-Boykott
1164 n rot Machtverlust in England
1165 n rot Heiligsprechung
1165 n–1197 n Heinrich VI.
1166 n rot Katharer-Brandmarkung
1167 n blau Spottlieder auf Kirche
1170 n–1221 n Dominikus
1172 n–1228 n Walther von der Vogelweide
1173 n–1239 n Hermann von Salza
1174 n rot Buße Heinrichs II.
1175 n blau Klage über Verfall
1176 n blau Klage über Verweltlichung
1177 n rot Zugeständnis des Kaisers
1177 n grün Gesandter nach Indien
1178 n rot Waldenser-Bewegung
1178 n–1241 n Snorri Sturluson
1179 n rot Katharer-Verurteilung
1179 n grün Araber-Boykott
1180 n rot Bogomilen-Verfolgung
1180 n rot Kreuzzugs-Forderung
1181 n braun Kreuzzug gegen Katharer
1182 n rot Katharer in Norditalien
1182 n–1226 n Franziskus
1182 n–1250 n Johannes Karpini
1184 n rot Inquisition
1189 n/1192 n Dritter Kreuzzug
1190 n–1235 n Eike von Repkow
1192 n blau Cencius: 'Zinsbuch'
1192 n grün Ostereier-Weihe
1193 n–1279 n Albertus Magnus
1194 n–1250 n Friedrich II.
1197 n rot Todesstrafe für Katharer
1198 n rot Innozenz III. Papst
1199 n rot Bibelverbot für das Volk
1201 n rot Humiliaten-Eingliederung
1202 n/1204 n Vierter Kreuzzug

1207 n rot Gesandte zu Katharern
1208 n rot Kreuzzugs-Aufruf
1209 n rot 'Ketzer'-Verbrennung
1209 n/1229 n Katharer-Kreuzzug
1211 n rot Katharer-Verbrennung
1212 n rot Bogomilen-Verfolgung
1213 n rot Lehnshoheit über England
1214 n blau Klage über Priester
1214 n–1294 n Roger Bacon
1215 n rot Papst für Judentracht
1215 n grün Arztberuf eingeschränkt
1222 n rot Katharer in Bosnien
1222 n–1263 n Alexander Newski
1223 n blau Angriff auf Papst
1225 n–1274 n Thomas von Aquin
1228 n/1229 n Fünfter Kreuzzug
1229 n rot Sieg in Frankreich
1229 n rot Bibelbesitz verboten
1229 n grün Geld für Denunzianten
1230 n rot Katharer-Verbrennung
1230 n–1306 n Jacopone von Todi
1231 n rot Papst Inquisitions-Leiter
1232 n rot Strafen für 'Ketzer'
1232 n/1234 n Stedinger-Kreuzzug
1232 n–1300 n Segarelli
1233 n rot Mord an Ober-Inquisitor
1234 n rot Katharer-Verfolgung
1234 n grün Bauernland Kirchenbesitz
1235 n–1303 n Bonifatius VIII.
1237 n rot Katharer-Verbrennung
1239 n rot Katharer-Verbrennung
1243 n rot Dominikaner: Inquisition
1245 n rot Gesandter zu Mongolen
1247 n rot 'Hexen'-Verbrennung
1247 n–1328 n Johannes Korvino
1248 n rot 'Hexen'-Verbrennung
1248 n/1254 n Sechster Kreuzzug
1249 n rot Katharer-Verbrennung
1251 n rot Kirchen-Einigungsversuch
1252 n rot Folter bei Inquisition
1254 n blau Kritik Roger Bacons
1255 n–1311 n Pierre Dubois
1259 n blau Kritik Segarellis
1260 n rot Apostelbrüder-Orden
1260 n–1327 n Meister Eckehart
1261 n blau Kirchenreform gefordert
1264 n rot Fronleichnamsfest
1265 n–1321 n Dante
1265 n–1308 n Duns Scotus
1270 n braun Siebenter Kreuzzug
1270 n–1319 n Haakon V.
1275 n rot 'Hexen'-Verbrennung
1276 n blau Missionsschule
1282 n blau Gnade auch ohne Kirche
1288 n braun Aufstand gegen Erzbischof
1288 n rot Köln frei vom Erzbischof
1290 n–1343 n Marsilius von Padua
1294 n rot Verdammung Segarellis
1295 n–1366 n Seuse
1296 n rot Steuerzahlungs-Verbot
1296 n blau Kritik des Jacopone
1298 n rot Bekehrungen in China
1299 n–1349 n Occam
1300 n rot Erstes 'Jubeljahr'
1300 n grün Spendengelder
1301 n/1302 n Erhebung gegen Kaiser
1302 n rot Macht über Staat verlangt
1302 n blau Kritik Fra Dolcinos
1303 n rot Gefangennahme des Papstes
1304 n blau Säkularisation gefordert
1305 n rot Anklage gegen Templer
1305 n/1307 n Lombardischer Kreuzzug
1307 n rot Bischof in Peking
1307 n rot Feuertod Fra Dolcinos
1308 n–1355 n Stephan Duschan
1309 n rot Papst in Avignon
1311 n rot Verdammung der Beginen
1312 n rot Konzil zu Vienne
1312 n blau Reformforderung Dantes
1315 n rot Katharer-Verbrennung
1316 n–1378 n Karl IV.
1318 n blau Kritik des Marsilius
1323 n rot Papst gegen Armutslehre
1323 n/1328 n Aufstand in Flandern
1324 n blau Volksherrschaft gefordert
1324 n–1384 n Wiclif
1325 n rot Bann gegen Aufständische
1325 n–1389 n Hafis
1329 n blau Staatskirche gefordert
1335 n–1381 n John Ball
1336 n rot Katharer-Verbrennung
1338 n rot Kaiserwahl ohne Papst
1344 n blau Kritik Petrarcas
1352 n blau Spott über Priester
1353 n rot Machtverlust in England
1356 n rot Einfluß auf Königswahl
1357 n rot Kirchenstaats-Verfassung
1362 n–1437 n Sigismund
1364 n blau Papstschloß in Avignon
1365 n–1416 n Hieronymus von Prag
1369 n–1415 n Hus
1370 n rot Weltliche Rechtsprechung
1371 n rot Machteinbuße in England
1371 n blau Mahnung Katharinas
1371 n–1440 n Friedrich I.
1374 n rot Bann über Rechtsbuch
1376 n rot Papst wieder in Rom
1376 n blau Wiclif für Reformation
1377 n rot Verdammung Wiclifs
1377 n rot Bürgerschutz für Wiclif
1379 n rot Gegenpapst in Avignon
1383 n rot Lollarden-Bewegung
1384 n blau Kritik John Gowers
1391 n rot Druck auf Judentum
1393 n rot Katharer-Verbrennung

1394 n–1460 n Heinrich der Seefahrer
1398 n rot Metropolit in Moskau
1398 n blau Hus Verteidiger Wiclifs
1400 n rot Hilfe von Staatsgerichten
1406 n blau Säkularisation gefordert
1408 n rot Bibelverbot in England
1408 n–1457 n Valla
1410 n rot Bann gegen Hus
1412 n blau Kritik des Hus
1412 n–1431 n Jeanne d'Arc
1413 n rot Werke Wiclifs verbrannt
1414 n rot Zwang gegen Juden
1415 n rot Feuertod des Hus
1415 n blau Autorität des Konzils
1416 n rot Feuertod des Hieronymus
1416 n blau Konzil und Papst fehlbar
1417 n rot Hinrichtung Oldcastles
1418 n rot Reformversuch gescheitert
1420 n rot Kreuzzugs-Aufruf
1420 n/1434 n Hussiten-Kreuzzug
1428 n rot Schändung Wiclifs
1428 n blau Anklage durch Conecte
1431 n rot Feuertod der Jeanne d'Arc
1431 n–1503 n Alexander VI. Borgia
1433 n rot Feuertod Conectes
1434 n rot Hussitenkampf beendet
1438 n rot Gallikanische Freiheiten
1439 n rot Vereinigung Rom–Byzanz
1440 n blau Nachweis einer Fälschung
1448 n rot Reform-Konzil von Basel
1449 n grün Befestigung des Vatikans
1452 n rot Papst für Sklaverei
1452 n–1498 n Savonarola
1455 n rot Kreuzzugs-Aufruf
1455 n braun Angriff auf Türken
1455 n blau Papstwohnung im Vatikan
1459 n–1525 n Jakob Fugger
1465 n–1536 n Erasmus von Rotterdam
1470 n grün Papst Kartell-Mitglied
1473 n–1543 n Kopernikus
1482 n rot Machtverlust in Spanien
1483 n–1546 n Luther
1484 n rot Verstärkte 'Hexen'-Jagd
1484 n–1531 n Zwingli
1485 n rot Mord an Inquisitor
1487 n rot Menschenopfer bei Azteken
1487 n blau 'Hexenhammer'
1487 n grün Fürsten als Komplizen
1488 n rot Hochzeit im Vatikan
1491 n–1547 n Heinrich VIII.
1491 n–1556 n Ignatius von Loyola
1492 n rot Kauf des Papst-Amtes
1493 n rot Weltaufteilung in Übersee
1496 n–1560 n Gustav Wasa
1498 n rot Feuertod für Savonarola
1500 n–1558 n Karl V.
1503 n rot Ablaßhandel der Ritter
1504 n grün Tetzel: Ablaßhandel
1507 n rot Ximenes Groß-Inquisitor
1509 n blau Spott des Erasmus
1509 n–1564 n Calvin
1512 n braun Kampf um Florenz
1514 n grün Ablaßgewinn verpfändet
1515 n blau 'Dunkelmänner-Briefe'
1517 n blau Luthers Thesen
1517 n rot Reformationsbeginn
1517 n rot Papst für Sklavenhandel
1518 n rot Schweiz: Reformation
1520 n rot Bann gegen Luther
1520 n rot Bannbulle verbrannt
1520 n rot Verurteilung Reuchlins
1523 n rot Reformation in Schweden
1524 n grün Schwarzer Talar
1525 n–1594 n Palestrina
1527 n–1598 n Philipp II.
1528 n rot Wiedertäufer-Hinrichtung
1531 n braun Kappeler Religionskrieg
1531 n rot Schmalkaldischer Bund
1532 n rot Zulauf zu Protestanten
1532 n–1594 n Orlando di Lasso
1533 n–1603 n Elisabeth
1533 n–1584 n Wilhelm von Oranien
1534 n braun Wiedertäufer-Erhebung
1534 n rot Jesuiten-Orden
1534 n rot Anglikanische Kirche
1536 n rot Reformation in Dänemark
1536 n rot Besitzverlust in England
1536 n blau Calvin: Kirchenzucht
1537 n rot Reformation in Norwegen
1537 n rot Eintreten für Indianer
1538 n rot Protestanten-Verfolgung
1538 n rot Bund gegen Protestantismus
1541 n rot Reformation in Genf
1542 n rot Inquisition erneuert
1543 n rot Zinsverbot aufgehoben
1545 n rot Konzil zu Trient
1546 n rot Verbrennung Dolets
1546 n/1547 n Schmalkaldischer Krieg
1548 n rot Papst für Sklavenhaltung
1548 n–1600 n Giordano Bruno
1549 n rot Tod für Johanna von Kent
1549 n rot Christianisierung Japans
1550 n rot Missionen der Jesuiten
1552 n rot Passauer Vertrag
1552 n grün Kirchenbesitz-Wechsel
1553 n rot Erneuerungsbeschluß
1553 n rot Feuertod des Servet
1553 n–1610 n Heinrich IV.
1555 n rot Augsburger Friede
1555 n blau Sleidans Geschichtswerk
1559 n rot Bücherverbot 'Index'
1559 n rot Autodafés in Spanien
1560 n rot Reformation in Schottland
1560 n rot Reformationsversuch, Irland
1562 n/1598 n Hugenottenkriege

1562 n–1635 n Lope de Vega
1564 n–1642 n Galilei
1567 n rot Kampfauftrag für Alba
1573 n grün Hugenotten-Auswanderung
1574 n blau Magdeburger Zenturien
1576 n rot Katholische Liga
1577 n rot Mongolei: Staatsreligion
1580 n rot Zivilehe in Holland
1585 n blau Orlandos Kirchenlieder
1585 n–1642 n Richelieu
1588 n–1679 n Hobbes
1589 n rot Eigene russische Kirche
1589 n rot Patriarchat Moskau
1593 n rot Heinrich IV. Katholik
1598 n rot Edikt von Nantes
1600 n rot Tod für Giordano Bruno
1601 n rot Tod für Nikolaus Krell
1604 n rot Gegenreformation
1605 n grün 'Bank des Heiligen Geistes'
1608 n rot 'Protestantische Union'
1609 n rot Katholischer Fürstenbund
1609 n rot Böhmen: Religionsfreiheit
1610 n rot Jesuitenstaat Paraguay
1610 n rot Mord an Heinrich IV.
1615 n blau Buch über Hugenottenjagd
1616 n rot Kirche gegen Kopernikus
1618 n braun Protestanten-Erhebung
1618 n/1648 n Dreißigjähriger Krieg
1622 n rot Katholische Propaganda
1624 n rot Verurteilung Théophiles
1627 n braun Protestanten-Erhebung
1629 n rot Restitutions-Forderung
1633 n rot Zwang gegen Galilei
1641 n braun Protestanten-Ermordung
1642 n/1649 n Englische Revolution
1643 n blau Dalai-Lama-Residenz
1645 n blau Gerhardts Kirchenlieder
1646 n–1716 n Leibniz
1650 n–1722 n Kang-Hi
1653 n rot Zivilehe in England
1666 n rot Spaltung in Rußland
1669 n blau Leibniz: Einheitskirche
1672 n–1725 n Peter I., der Große
1679 n–1754 n Christian Wolff
1686 n braun Waldenser-Bekämpfung
1689 n–1755 n Montesquieu
1692 n rot 'Hexen'-Tötungen
1694 n–1778 n Voltaire
1699 n blau Geschichtswerk Arnolds
1710 n rot Zerstörung Port Royals
1724 n–1804 n Kant
1732 n blau Kritik Voltaires
1738 n rot Bann gegen Freimaurer
1756 n rot 'Hexen'-Hinrichtung
1775 n rot 'Hexen'-Hinrichtung
1792 n rot Zivilehe in Frankreich
1793 n rot 'Hexen'-Verbrennung
1801 n rot Konkordat mit Napoleon
1801 n grün Priestersold vom Staat
1804 n–1881 n Disraeli
1815 n–1898 n Bismarck
1820 n/1823 n Spanische Revolution
1826 n rot 'Ketzer'-Hinrichtung
1828 n rot Letzter Inquisitions-Tod
1828 n–1910 n Tolstoi
1830 n rot Mormonen-Kirche
1833 n blau Gegnerschaft Lamennais'
1834 n rot Inquisitionsende, Spanien
1834 n blau Ranke: 'Römische Päpste'
1859 n rot Inquisition aufgehoben
1859 n/1861 n Befreiungskampf Italiens
1870 n rot Unfehlbarkeitsdogma
1873 n rot Mai-Gesetze
1878 n rot Papst gegen Sozialismus
1886 n rot Feuerbestattungs-Verbot
1905 n rot Trennung Kirche–Staat
1917 n/1922 n Russische Revolution
1929 n rot Konkordat mit Mussolini
1933 n rot Konkordat mit Hitler
1937 n rot Papst gegen Kommunismus
1953 n rot Konkordat mit Franco
1963 n blau Kritik Hochhuths

KIRCHENBAUTEN

3000 v–2952 v Meschki-Agascher
2988 v–2925 v En-Merkar
2970 v blau Tempelstadt Eanna
2934 v blau Enki-Tempel in Eridu
2922 v blau Tempel in Uruk
2920 v grün Künstliche Hügel
2850 v blau Inanna-Tempel in Uruk
2823 v blau Anu-Tempel in Uruk
2760 v blau Eye-Tempel
2697 v–2650 v Ka-Sechemui
2695 v blau Enlil-Tempel in Nippur
2675 v blau Tempel von Chafadschi
2646 v blau Tempelturm in Kisch
2631 v blau Heiligtum von Heliopolis
2605 v–2542 v Dedefre
2596 v–2515 v Ur-Nan-Sche
2575 v blau Inanna-Tempel in Assur
2545 v blau Tempel in Lagasch
2542 v blau Tempel des Dedefre
2534 v–2470 v User-Kaf
2529 v blau Sphinx-Tempel in Giseh
2512 v–2458 v Sahu-Re
2472 v blau Re-Kultstätte User-Kafs
2464 v blau Re-Kultstätte Sahu-Res
2464 v–2397 v En-Te-Mena
2463 v–2403 v Ni-User-Re
2462 v blau Tempel des Sahu-Re
2458 v blau Re-Bauten statt Pyramiden
2449 v blau Muttergöttin-Tempel (Ur)
2431 v blau Tempel des Ni-User-Re

2429 v blau 'Freude des Re'
2154 v – 2096 v Jar-Lagab
2088 v – 2020 v Gudea
2084 v – 2012 v Mentu-Hotep
2060 v – 1983 v Schul-Gi
2040 v blau Tempelturm in Ur
2032 v blau Neuer Tempel in Lagasch
2016 v blau Tempel bei Theben
2003 v blau Tempelstadt Eridu
2002 v – 1928 v Sesostris I.
1978 v blau Mondgöttin-Tempel in Ur
1946 v blau Tempel von Heliopolis
1941 v blau Tempel Sesostris' I.
1911 v – 1845 v Ilu-Suma
1876 v – 1816 v Iri-Suma
1865 v – 1792 v Amen-Em-Het III.
1848 v blau Ischtar-Tempel in Assur
1820 v blau Assur-Tempel in Assur
1806 v blau Tempel in Hawara
1801 v – 1759 v Warad-Sin
1793 v blau Tempel von Nesa
1777 v blau Marduk-Tempel in Babylon
1766 v blau Neuer Tempel in Ur
1730 v blau Enlil-Tempel in Assur
1691 v – 1628 v Chian
1572 v – 1504 v Agum
1542 v – 1505 v Tut-Mosis I.
1531 v – 1481 v Sen-Mut
1486 v blau Terrassentempel bei Theben
1462 v – 1382 v Hapu
1452 v blau Tempel für Sesostris III.
1448 v – 1392 v Kara-Indasch
1426 v – 1377 v Amen-Hotep III.
1402 v – 1346 v Burna-Bu
1392 v blau Tempel von Luxor
1375 v blau Aton-Tempel in Theben
1364 v blau Sonnengott-Tempel in Larsa
1353 v blau Halle von Luxor
1345 v – 1301 v Sethos I.
1313 v blau Bet-Sche-An-Tempel
1308 v blau Tempel von Abydos
1302 v – 1244 v Salmanassar I.
1291 v blau Tempel von Abu Simbel
1272 v blau 'Ramesseum' in Theben
1271 v blau Halle von Abu Simbel
1251 v blau Ischtar-Tempel (Ninive)
1249 v blau Halle von Karnak
1239 v blau Tempel-Neubau (Assur)
1191 v blau Mondgott-Tempel (Karnak)
1100 v blau Doppeltempel in Assur
1090 v blau 'Priester beim Tempelbau'
959 v blau Tempel in Jerusalem
918 v blau Hera-Tempel in Olympia
913 v blau Tempel von Megiddo
905 v blau Poseidon-Tempel
870 v blau Baal-Tempel in Samaria
863 v – 796 v Joas
806 v blau Pyramide von Kui-Kuilko
787 v blau Nabu-Tempel in Kalach
740 v – 681 v Sanherib
719 v blau Mondgott-Tempel (Jemen)
713 v – 669 v Asarhaddon
624 v – 561 v Nebukadnezar II.
595 v blau Athene-Tempel in Athen
595 v – 525 v Krösus
578 v blau Babylonischer Turm
560 v – 469 v Theodoros
527 v blau Zeus-Tempel in Athen
526 v blau Apollo-Tempel in Delphi
520 v blau Artemis-Tempel in Ephesos
515 v blau Neuer Tempel in Jerusalem
509 v blau Jupiter-Tempel in Rom
493 v – 432 v Phidias
490 v blau Pan-Tempel Athens
456 v blau Zeus-Tempel in Olympia
447 v blau Bau des Parthenon
445 v blau Pyramide von Cholula
430 v blau Apollo-Tempel in Rom
395 v – 343 v Skopas
371 v blau Diana-Tempel in Rom
353 v blau Athene-Tempel in Tegea
287 v blau Isis-Tempel auf Philä
250 v blau Felsentempel in Indien
226 v blau Löwentempel in Nubien
220 v blau Artemis-Tempel (Magnesia)
206 v blau Knum-Tempel in Esne
172 v blau Horus-Tempel in Edfu
114 v blau Tempel von Medinet-Habu
75 v blau Tempel von Karli
69 v blau Neuer Jupiter-Tempel (Rom)
9 v blau Friedensaltar in Rom
5 v blau Ise-Tempel in Japan
5 n blau Sonnenpyramide in Mexiko
31 n blau Mondpyramide in Mexiko
103 n blau Baal-Tempel in Palmyra
135 n blau Jupiter-Tempel (Jerusalem)
201 n blau Kirche in Edessa
215 n blau Jupiter-Tempel in Baalbek
215 n – 272 n Schapur I.
330 n blau Geburtskirche (Bethlehem)
335 n blau Grabeskirche (Jerusalem)
366 n blau Buddhistische Felsenkirche
404 n blau Dom von Ravenna
453 n blau Taufhaus in Ravenna
504 n blau Basilika in Ravenna
537 n blau 'Hagia Sophia'
547 n blau San Vitale in Ravenna
549 n blau Basilika in Classe
607 n blau Horyuji-Tempel in Japan
641 n blau Moschee in Bosra
644 n blau Amr-Moschee in Kairo
651 n blau Wildgans-Pagode (China)
675 n – 715 n Welid
691 n blau Moschee in Jerusalem
705 n blau Moschee in Damaskus
709 n blau Grabmoschee in Medina

723 n blau Peterskapelle Fritzlar
732 n blau Klosterkirche Fritzlar
732 n blau Olivenmoschee in Tunis
788 n blau Moschee in Cordoba
799 n blau Basilika in Abbeville
800 n blau Borobudur auf Java
804 n blau Pfalz-Kapelle in Aachen
837 n blau Sidi-Okba-Moschee (Tunis)
852 n blau Moschee in Samarra
857 n blau Kailasa-Tempel (Indien)
859 n blau Moschee in Fes
879 n blau Ibn-Tulun-Moschee (Kairo)
890 n – 961 n Abdar Rachman III.
981 n blau Tempelstadt in Indien
991 n blau Lingaraja-Tempel (Indien)
995 n blau Holzkirchen in Norwegen
1012 n blau Bamberger Dom
1019 n blau Basler Münster
1030 n blau Sophienkirche in Kiew
1030 n blau Klosterkirche Ripoll
1033 n blau Kirche Mont-Saint-Michel
1033 n blau Michaelskirche Hildesheim
1036 n blau Mainzer Dom
1037 n blau Hamburger Dom
1045 n blau Neue Grabeskirche Jesu
1060 n blau Ananda-Tempel (Burma)
1061 n blau Dom von Speyer
1061 n blau Kathedrale von Toulouse
1075 n blau Kathedrale von Santiago
1089 n blau Konstanzer Münster
1090 n blau Kirche Cluny begonnen
1094 n blau Markuskirche in Venedig
1099 n blau Halle von Westminster
1107 n blau Jagannath-Tempel (Indien)
1117 n blau Dom von Pisa
1119 n blau Kathedrale von Saragossa
1121 n blau Tempel von Angkor Wat
1130 n blau Kirche Cluny vollendet
1145 n blau Kathedrale St. Denis
1150 n blau Kathedrale von Lissabon
1159 n blau Dom in Breslau
1163 n blau Notre-Dame in Paris
1165 n blau Brandenburger Dom
1173 n blau Braunschweiger Dom
1175 n blau Dom in Drontheim
1184 n blau Kathedrale von Canterbury
1186 n blau Dom in Palermo
1188 n blau Würzburger Dom
1195 n blau Moschee in Sevilla
1195 n blau Chartres begonnen
1196 n blau Kutab-Minarett (Delhi)
1199 n blau Apostelkirche in Köln
1207 n blau Magdeburger Dom
1208 n blau Kathedrale von Rouen
1212 n blau Kathedrale von Reims
1213 n blau Thomaskirche Leipzig
1221 n blau Kathedrale von Burgos
1225 n blau Tempel in Chichen Itza
1227 n blau Kathedrale von Toledo
1234 n blau Dom von Worms
1235 n blau Limburger Dom
1235 n blau Katharinenkirche Hamburg
1248 n blau Kölner Dom begonnen
1257 n blau Kirche in Assisi
1257 n blau Kathedrale von Salisbury
1260 n blau Chartres vollendet
1262 n blau Sonnentempel in Indien
1265 n blau Dom von Münster
1266 n – 1337 n Giotto
1268 n blau Kathedrale von Amiens
1268 n blau Keschawa-Tempel in Indien
1269 n blau Westminster-Abtei
1273 n blau Sebaldus-Kirche Nürnberg
1280 n blau Dom von Siena
1288 n blau Kreuzkirche in Breslau
1291 n blau Marienkirche in Lübeck
1295 n blau Christenkirche in Peking
1296 n blau Dombau in Florenz
1298 n blau Kathedrale von Barcelona
1307 n blau Antonius-Kirche in Padua
1322 n blau Chor des Kölner Domes
1330 n blau Steinkirche in Moskau
1330 n – 1399 n Peter Parler
1335 n blau Kathedrale von York
1340 n blau Stephansdom in Wien
1341 n blau Prager Dom begonnen
1354 n blau Freiburger Münster (Chor)
1362 n blau Hassan-Moschee in Kairo
1370 n blau Erfurter Dom (Chor)
1377 n blau Bau des Ulmer Münsters
1377 n – 1446 n Brunellesco
1379 n blau Kathedrale von Poitiers
1385 n blau Prager Dom vollendet
1397 n blau 'Goldener Pavillon'
1402 n blau Kathedrale von Sevilla
1408 n – 1472 n Nezalhual
1410 n – 1469 n Montezuma
1414 n blau Aachener Münster
1418 n blau Moschee in Ahmadabad
1421 n blau Himmelstempel in Peking
1435 n blau Domkirche von Uppsala
1436 n blau Domkuppel in Florenz
1439 n blau Straßburger Münster
1455 n blau Pyramiden der Azteken
1472 n blau Andrea-Kirche in Padua
1475 n blau Kait-Bai-Moschee in Kairo
1475 n – 1564 n Michelangelo
1481 n blau Sixtinische Kapelle
1483 n – 1520 n Raffael
1488 n blau Frauenkirche in München
1489 n – 1587 n Sinan
1506 n blau Bramante: Petersdom
1545 n blau Prinzen-Moschee
1547 n blau Michelangelo: Petersdom
1551 n blau Mirimah-Moschee
1556 n blau Soliman-Moschee

1559 n blau Genter Kathedrale
1560 n blau Kathedrale in Moskau
1574 n blau Selimje-Moschee
1591 n blau Moschee in Haiderabad
1610 n blau Petersdom: Eingangshalle
1615 n blau Achmed-Moschee
1626 n blau Maderna: Petersdom
1641 n blau San Carlo in Rom
1667 n blau Kathedrale von Mexiko
1706 n blau Invalidendom in Paris
1710 n blau Pauls-Kathedrale (London)
1716 n blau Karlskirche in Wien
1726 n blau Frauenkirche in Dresden
1738 n blau Hofkirche in Dresden
1740 n blau Westminster vollendet
1744 n blau Kirche Neresheim (Plan)
1749 n blau Wies-Kirche
1880 n blau Kölner Dom vollendet
1955 n blau Kirche Ronchamp

KIRCHENBESITZ, KIRCHENEINKOMMEN

2767 v grün Tempel-Fabrik in Ur
2729 v – 2662 v Agga
2452 v – 2377 v Ti
2449 v – 2367 v Lugal-Anda
2422 v – 2360 v Uru-Kagina
2382 v – 2320 v Teti
2365 v grün Begräbniskosten-Senkung
2363 v blau Kritik an Raffgier
2363 v grün Tempelspenden-Entzug
2341 v grün Tempelbesitz steuerfrei
2067 v grün Prostitution
1945 v grün Tempel-Monopole
1321 v – 1235 v Bek-Necho
1208 v – 1137 v Ram-Se-Na
863 v – 796 v Joas
694 v – 603 v Braspati
649 v blau Kritik an Gewinnsucht
579 v grün Prostitutionsgewinn-Entzug
321 n grün Erbrecht für Kirche
354 n – 407 n Chrysostomos
445 n grün Enteignung
504 n – 570 n Gildas der Weise
538 n grün Zinserlaubnis für Priester
540 n – 604 n Gregor I.
585 n grün Kirchensteuer-Forderung
593 n grün Grundbesitz 'Erbe Petri'
600 n grün Erbrecht gefordert
688 n – 741 n Karl Martell
716 n – 768 n Pippin der Kleine
722 n grün Vergabe von Kirchengut
729 n rot Schenkung an Papst
742 n – 814 n Karl der Große
745 n rot Kirchenbesitz beschränkt
753 n rot 'Konstantinische Schenkung'
756 n rot Pippin'sche Schenkung
774 n rot Karolingische Schenkung
779 n grün Kirchensteuer bei Franken
781 n rot Kirchenstaat erweitert
786 n grün 'Peters-Pfennig'
823 n – 877 n Karl II., der Kahle
912 n – 973 n Otto I., der Große
1000 n blau Kritik an Kirchensteuer
1103 n – 1155 n Arnold von Brescia
1139 n blau Arnold: Armuts-Forderung
1140 n – 1217 n Peter Waldes
1145 n blau Eudo: Armuts-Forderung
1152 n – 1246 n Peire Cardinal
1160 n – 1216 n Innozenz III.
1170 n – 1221 n Dominikus
1172 n – 1228 n Walther von der Vogelweide
1176 n blau Kritik am Besitzstreben
1192 n blau Cencius: 'Zinsbuch'
1223 n blau Kritik an Habgier
1230 n – 1306 n Jacopone von Todi
1234 n grün Bauernland Kirchenbesitz
1255 n – 1311 n Pierre Dubois
1265 n – 1308 n Duns Scotus
1299 n – 1349 n Occam
1300 n rot Erstes 'Jubeljahr'
1300 n grün Spendengelder
1302 n blau Kritik des Fra Dolcino
1304 n blau Ruf nach Säkularisation
1323 n rot Papst gegen Armutslehre
1324 n – 1384 n Wiclif
1365 n – 1416 n Hieronymus von Prag
1369 n – 1415 n Hus
1371 n blau Mahnung Katharinas
1406 n blau Ruf nach Säkularisation
1408 n – 1457 n Valla
1412 n blau Hus: Armuts-Forderung
1431 n – 1503 n Alexander VI. Borgia
1440 n blau Nachweis einer Fälschung
1452 n – 1498 n Savonarola
1462 n grün Franziskaner-Leihhaus
1470 n grün Papst Kartell-Mitglied
1483 n – 1546 n Luther
1491 n – 1547 n Heinrich VIII.
1496 n – 1560 n Gustav Wasa
1503 n rot Deutschritter: Ablaßhandel
1504 n grün Tetzel: Ablaßhandel
1514 n grün Ablaßgewinn verpfändet
1517 n blau Luther gegen Ablaßhandel
1536 n rot Kirchenbesitz-Einziehung
1552 n grün Kirchenbesitz-Wechsel
1605 n grün 'Bank des Heiligen Geistes'
1629 n rot Restitutions-Forderung
1759 n grün Jesuitenbesitz enteignet
1781 n rot Klöster-Auflösung
1803 n rot Deputationshauptschluß
1929 n rot Lateranvertrag

KIRCHENMUSIK

2587 v – 2514 v Ur-Nina
2555 v – 2491 v Hemre
2549 v blau Lieder und Hymnen
1894 v grün Öffentliche Darbietung
1320 v – 1258 v Nefer
956 v grün Berufsmusiker im Tempel
708 v – 628 v Alkman
656 v – 587 v Arion
154 n – 222 n Bardesanes
184 n blau Syrisches Kirchenlied
208 n – 280 n Paulus von Samosata
260 n grün Chöre im Gottesdienst
306 n – 373 n Ephräm der Syrer
315 n – 367 n Hilarius von Poitiers
340 n – 397 n Ambrosius
380 n blau Gottesdienst: Volksgesang
517 n blau Gesang des 'Ave Maria'
599 n blau Gregorianischer Gesang
791 n blau Sängerschulen der Franken
864 n blau 'Petruslied'
888 n grün Mehrstimmigkeit
894 n blau Regino: Kirchengesang
918 n blau Hucbald: Kirchengesang
1089 n – 1178 n Hildegard von Bingen
1135 n blau Hildegards Lieder
1154 n blau Gesangsschule in Paris
1321 n blau 'Ars Nova'
1425 n grün Kirchenlied-Begleitung
1435 n blau Dufays Gesangswerke
1483 n – 1546 n Luther
1501 n blau Josquin: Vielstimmigkeit
1525 n – 1594 n Palestrina
1532 n – 1594 n Orlando di Lasso
1585 n blau A-cappella-Gesang
1585 n blau Orlandos Lieder
1585 n – 1672 n Heinrich Schütz
1622 n blau Auferstehungs-Oratorium
1645 n blau Paul Gerhardts Lieder
1679 n blau Buxtehudes Orgelmusik
1685 n – 1750 n Bach
1723 n blau 'Johannes-Passion'
1729 n blau 'Matthäus-Passion'
1732 n – 1809 n Haydn
1756 n – 1791 n Mozart
1818 n blau 'Stille Nacht'
1872 n blau Bruckner: F-Moll-Messe

KIRCHENRECHT

445 n rot Richteramt des Papstes
851 n rot Dokumentenfälschung
1031 n rot Kirchenstrafe 'Interdikt'
1140 n blau Eigene Wissenschaft
1353 n rot Machtverlust des Papstes
1357 n rot Kirchenstaats-Verfassung

KIRCHENSTAAT, Bezeichnung für die Gebiete Italiens, die sich die katholische Kirche zwischen dem 8. und dem 16. Jahrhundert aneignete und die vom Papst als Staatsoberhaupt regiert wurden. Unter Berufung auf eine gefälschte Schenkungsurkunde des römischen Kaisers Konstantin wurde der Frankenkönig Pippin durch den Papst dazu bestimmt, der Kirche ein Stück Italiens zu übereignen, das gar nicht ihm, sondern Ostrom (Byzanz) gehörte. Diese 'Pippin'sche Schenkung' wurde zum Grundstock des päpstlichen Besitzes. Nach Eroberung der Campagna, der Sabina, der Mark Ancona, der Herzogtümer Spoleto, Orvieto und Urbino sowie Perugias, Ferraras, Bolognas und der Romagna war der Papst Herr über ganz Mittelitalien außer dem Gebiete um Florenz (Toskana). Zeitweilig gehörten ihm auch noch Parma und Modena sowie Pontecorvo und Benevent. Durch die Herrschaft über diese Gebiete verhinderte das Papsttum mehr als ein Jahrtausend lang die Bildung eines italienischen Staates. Erst nach der französischen Revolution wurde 1810n durch Napoleon der Kirchenstaat aufgehoben, aber 5 Jahre später auf dem Wiener Kongreß durch die restaurativen Mächte Europas wieder hergestellt. Nach Errichtung des Königreichs Italien durch eine Volksabstimmung im Jahre 1870n aufgehoben, wurde er durch das faschistische Italien im Jahre 1929n unter Beschränkung auf einen Teil Roms wieder hergestellt ('Vatikanstadt'). In dieser Form besteht er bis in die Gegenwart.

540 n – 604 n Gregor I.
593 n grün Grundbesitz 'Erbe Petri'
716 n – 768 n Pippin der Kleine
729 n rot Schenkung an Papst
742 n – 814 n Karl der Große
753 n rot 'Konstantinische Schenkung'
756 n rot Pippin'sche Schenkung
774 n rot Karolingische Schenkung
781 n rot Erweiterung um Sabina
851 n rot Dokumentenfälschung
1160 n – 1216 n Innozenz III.
1192 n blau Cencius: 'Zinsbuch'
1357 n rot Verfassung
1408 n – 1457 n Valla
1440 n blau Nachweis einer Fälschung
1796 n / 1815 n Napoleonische Kriege
1810 n – 1862 n Cavour
1815 n rot Wiener Kongreß
1849 n rot Rom Republik
1849 n braun Niederlage Roms
1859 n / 1861 n Freiheitskampf Italiens
1861 n rot Einigung Italiens
1870 n rot Rom Hauptstadt Italiens
1929 n rot Lateranvertrag

KIRCHENSTEUER, regelmäßige Geldleistungen von Personen und Unternehmungen an die Kirchen. In zahlreichen Staaten bis in unsere Epoche vom Staat festgesetzt und durch den Gerichtsvollzieher zwangsweise eingetrieben, so in der Bundesrepublik Deutschland, wo die Kirchen jährlich auf diese Weise mehr als 3 Milliarden DM einnehmen.

585 n grün Forderung der Kirche
779 n grün Einführung bei Franken
1000 n blau Kritik

KIRCHE UND STAAT

2942 v – 2870 v Du-Muzi
2888 v rot Verbindung in Sumer
2878 v rot Königstitel 'Horus'
2781 v – 2716 v Il-Kuku
2766 v – 2702 v Neb-Re
2757 v – 2681 v Neter-Imu
2733 v rot Machtkämpfe
2729 v – 2662 v Agga
2723 v rot Königstitel 'Re'
2695 v rot Steuer-Erhebung bei Fest
2676 v – 2595 v Mesilim
2671 v rot Trennung in Mesopotamien
2627 v blau Trennung Tempel—Palast
2621 v rot Staatsvormacht in Kisch
2510 v rot Priester kriegsdienstfrei
2496 v – 2448 v Nefer-Re
2476 v rot Staatsreligion in Ägypten
2471 v rot Titel 'Sohn des Re'
2449 v rot Priester fronarbeitsfrei
2422 v – 2360 v Uru-Kagina
2382 v – 2320 v Teti
2367 v braun Aufstand gegen Priester
2365 v grün Begräbniskosten-Senkung
2363 v grün Tempelspenden-Entzug
2341 v grün Tempelbesitz steuerfrei
2337 v rot Kaisertochter Priesterin
2326 v rot Gott-Kaisertum Sargons
2243 v rot Kaiserenkelin Priesterin
2240 v rot Gott-Kaisertum Naramsins
2060 v – 1983 v Schul-Gi
2013 v rot Gott-Kaisertum Schul-Gis
1869 v – 1804 v Irra-I-Mitti
1775 v – 1725 v Sebek-Hotep III.
1765 v rot Königsschwester Priesterin
1732 v rot Staatsreligion in Ägypten
1690 v rot Reichsgott Marduk
1652 v rot Staatsreligion in Ägypten
1575 v – 1509 v I-Yin
1521 v rot Priestermacht in China
1438 v – 1368 v Ra-Mosis
1422 v – 1356 v Teje
1398 v – 1335 v Eje
1391 v – 1358 v Echnaton
1368 v – 1349 v Tut-Anch-Amun
1321 v – 1235 v Bek-Necho
1314 v rot Götternamen für Heer
1287 v rot König: Opfer-Ritual
1257 v – 1210 v Sethos II.
1208 v – 1137 v Ram-Se-Na
1204 v braun Priester-Aufstand
1203 v – 1159 v Ramses IV.
1168 v – 1115 v Ramses IX.
1158 v – 1094 v Ameno
1150 v – 1076 v Pa-He-Nesi
1142 v – 1085 v Ramses XI.
1128 v – 1057 v Herihor
1125 v – 1054 v Smendes
1108 v – 1044 v Wu
1101 v / 1100 v Erhebung gegen Priester
1086 v – 1004 v Samuel
1084 v rot Priestermacht in Theben
1082 v – 1009 v Psu-Sennes
981 v – 918 v Ahia
890 v – 814 v Jehu
882 v – 835 v Athalia
882 v – 798 v Elisa
871 v – 872 v Joram
863 v – 796 v Joas
852 v – 774 v Pygmalion
713 v – 669 v Asarhaddon
693 v – 609 v Psammetich I.
579 v grün Staat: Prostitutionsgewinn
558 v – 492 v Bimbisara
522 v rot Staatsreligion in Persien
331 v rot Alexander Herrscher-Gott
63 v – 14 n Augustus (Oktavian)
12 v rot Kaiser als Oberpriester
180 n – 239 n Ardaschir
214 n – 275 n Aurelian
252 n rot Trennung in Japan
274 n rot Römische Staatsreligion
276 n – 355 n Donatus
280 n – 337 n Konstantin
285 n – 347 n Fasir
295 n – 373 n Athanasius
299 n rot Armenien: Staatsreligion
312 n braun Krieg im Zeichen Jesu
313 n grün Priestersold vom Staat
314 n rot Konzil: Waffendienst
320 n blau Donatus gegen Staatskirche
321 n rot Sonntag Staatsfeiertag
321 n rot Rechtsgewinn der Kirche
324 n rot Staatsreligion in Rom
328 n blau Axid gegen Staatskirche
340 n grün Geld für Donatisten
340 n – 397 n Ambrosius
346 n – 395 n Theodosius
351 n rot Abessinien: Staatsreligion
355 n rot Zwang durch Kaiser
356 n rot Privileg für Christenkult
359 n – 383 n Gratian

377n rot Staatshilfe für Kirche
379n rot Demonstration des Kaisers
380n rot Kaiser für Dreifaltigkeit
382n rot Durchsetzung eines Dogmas
386n rot Kirchenhoheit über Staat
389n rot Nur Christen-Feiertage
390n rot Buße des Kaisers
394n rot Verbot Olympischer Spiele
399n–461n Leo der Große
416n rot Ämterprivileg der Christen
445n grün Enteignung der Kirche
466n–511n Chlodwig
470n–531n Kobad
482n–565n Justinian
493n blau Zwei-Schwerter-Lehre
540n–604n Gregor I.
548n rot Zugeständnis an Kaiser
633n rot Kirche: Hoheitsanspruch
635n–714n Pippin der Mittlere
675n–754n Bonifatius
685n rot Staatsreligion in Japan
688n–741n Karl Martell
716n–768n Pippin der Kleine
722n grün Vergabe von Kirchengut
729n rot Schenkung an Papst
739n rot Absage an Papst
742n–814n Karl der Große
745n rot Kirchenbesitz beschränkt
745n rot Fränkische Staatskirche
752n rot Petrus-Banner für Heer
753n rot Konstantinische Schenkung
754n rot Pippin: Schutz für Papst
754n rot Salbung Pippins
756n rot Pippin'sche Schenkung
774n rot Karolingische Schenkung
778n–840n Ludwig der Fromme
779n grün Kirchensteuer bei Franken
781n rot Kirchenstaat erweitert
800n rot Krönung Karls
813n rot Krönung ohne Papst
816n rot Krönung durch Papst
823n–877n Karl II., der Kahle
851n rot Dokumentenfälschung
877n–936n Heinrich I.
910n rot Cluny staatsunabhängig
912n–973n Otto I., der Große
919n rot Absage Heinrichs I.
920n–992n Miezko
940n–1015n Wladimir der Große
943n–1003n Silvester II.
962n rot Krönung Ottos I.
966n rot Staatsreligion in Polen
972n–1038n Stephan I.
976n–1030n Machmud
980n–1002n Otto III.
987n rot Krönung Hugo Kapets
991n rot Russische Staatskirche
997n rot Staatsreligion in Ungarn
1001n–1072n Adalbert von Bremen
1002n–1066n Eduard der Bekenner
1017n–1056n Heinrich III.
1021n–1085n Gregor VII.
1033n–1109n Anselm von Canterbury
1046n rot Papst-Politik des Kaisers
1050n–1106n Heinrich IV.
1075n rot Investitur-Bestimmung
1076n rot Kaiser: Papst-Absetzung
1076n rot Bann gegen Kaiser
1076n rot Fürsten gegen Kaiser
1077n rot Canossa-Gang Heinrichs
1077n rot Krönung Wilhelms I.
1081n–1125n Heinrich V.
1106n blau Annolied
1115n–1158n Otto von Freising
1118n–1170n Thomas Becket
1122n rot Wormser Konkordat
1122n–1190n Friedrich I. Barbarossa
1138n rot Einfluß auf Kaiserwahl
1152n–1246n Peire Cardinal
1153n rot Bündnis Papst—Kaiser
1155n rot Krönung Friedrichs I.
1160n–1216n Innozenz III.
1164n rot Kirchenfreiheit begrenzt
1165n–1197n Heinrich VI.
1170n rot Mord an Becket
1173n–1239n Hermann von Salza
1174n rot Buße Heinrichs II.
1178n–1241n Snorri Sturluson
1192n blau Cencius: 'Zinsbuch'
1194n–1250n Friedrich II.
1213n rot Papsthoheit über England
1218n–1291n Rudolf I. von Habsburg
1232n rot Staatsstrafen für 'Ketzer'
1235n–1303n Bonifatius VIII.
1255n–1311n Pierre Dubois
1270n–1319n Haakon V.
1290n–1343n Marsilius von Padua
1296n rot Steuerzahlungs-Verbot
1301n/1302n Erhebung gegen Kaiser
1302n rot Kirchenmacht über Staat
1303n rot Gefangennahme des Papstes
1304n blau Ruf nach Säkularisation
1312n blau Machttrennung gefordert
1316n–1378n Karl IV.
1329n blau Ruf nach Staatskirche
1338n rot Kaiserwahl ohne Papst
1353n rot Machtverlust der Kirche
1356n rot 'Goldene Bulle'
1370n rot Weltliche Gerichtsbarkeit
1371n rot Machteinbuße der Kirche
1400n rot Hilfe von Staatsgerichten
1406n blau Ruf nach Säkularisation
1438n rot Gallikanische Freiheiten
1483n–1546n Luther
1484n–1531n Zwingli
1487n grün Fürsten als Komplizen
1491n–1547n Heinrich VIII.
1493n rot Papst: Länderverteilung
1496n–1560n Gustav Wasa
1500n–1558n Karl V.
1533n–1603n Elisabeth
1534n rot Anglikanische Kirche
1536n rot Kirchenbesitz-Einziehung
1552n rot Passauer Vertrag
1553n–1610n Heinrich IV.
1555n rot Augsburger Friede
1577n rot Mongolei: Staatsreligion
1580n rot Zivilehe in Holland
1593n rot Heinrich IV. Katholik
1598n rot Edikt von Nantes
1609n rot Böhmen: Religionsfreiheit
1629n rot Restitutions-Forderung
1653n rot Zivilehe in England
1672n–1725n Peter I., der Große
1678n rot Maßnahmen gegen Katholiken
1685n rot Toleranz-Ende, Frankreich
1692n rot China: Religionsfreiheit
1712n–1786n Friedrich II., der Große
1717n–1780n Maria Theresia
1740n rot Toleranz in Preußen
1759n grün Jesuitenbesitz enteignet
1781n rot Klöster-Auflösung
1792n rot Zivilehe in Frankreich
1801n rot Konkordat mit Napoleon
1801n grün Priestersold vom Staat
1815n–1898n Bismarck
1869n rot Toleranz in Spanien
1873n rot Mai-Gesetze
1905n rot Trennung in Frankreich
1929n rot Konkordat mit Mussolini
1933n rot Konkordat mit Hitler
1953n rot Konkordat mit Franco

KIRCHHOFF, Gustav Robert (1824n bis 1887n), deutscher Physiker. Durch mathematische Behandlung physikalischer Probleme gelangte er zu bahnbrechenden Entdeckungen auf dem Gebiete der Elektrizität, der Wärmelehre, der Optik und der Schwingungslehre. Fand ein nach ihm benanntes Gesetz über die Temperaturstrahlung fester Körper sowie eine Regel über die Verzweigung elektrischer Ströme und eine Theorie über die Ausbreitung des Lichtes. Die von ihm und anderen Wissenschaftlern aufgestellten Theorien betrachtete er nicht als Erklärungen von Erscheinungen, sondern nur als deren Beschreibungen. Gemeinsam mit Bunsen entwickelte er ein Verfahren, um aus der Untersuchung von Lichtstrahlen auf die chemische Zusammensetzung des Körpers zu schließen, der diese Lichtstrahlen aussendet oder zurückwirft ('Spektralanalyse'). Dadurch schuf er die Möglichkeit zur Bestimmung der stofflichen Beschaffenheit entferntester Himmelskörper.

1861n grün Spektralanalyse

KIRGISIEN, Bergland Innerasiens nordwestlich des Tarim-Beckens unmittelbar an der Nordwestgrenze Chinas. Hier ließen sich seit dem 6. Jahrhundert türkische Kirgisen nieder, die vorher am Oberlauf des Jenissei beheimatet waren. Seit dem 10. Jahrhundert mongolisch, unterstand es seit 1810n dem Khanat von Kokand, das seit 1862n von russischen Heeren angegriffen und bald darauf vernichtet wurde. 1866n von den Russen als Teil des Generalgouvernements Turkestan verwaltet, wurde es 1918n als Teil der Turkestanischen Sowjetrepublik kommunistisch. Seit 1936n selbständige Republik innerhalb der UdSSR.

1866n rot Russischer Besitz

KIRSCHBAUM

73v grün Anbau in Europa

KISCH, Stadt in Vorderasien. Am Mittellauf des Euphrat zentral für Mesopotamien gelegen, brachte sie nach ihrem Aufstieg zum mächtigsten Stadtstaat das ganze Gebiet zwischen Euphrat und Tigris unter ihre Herrschaft. Durch Eroberung weiterer Teile Vorderasiens Keimzelle des ersten Weltreiches der Geschichte, das sich nach Verlegung der Hauptstadt ins neu gegründete Akkad 'Reich von Akkad' nannte. Seit 1912n ausgegraben.

3000v–2947v Etana
2978v blau Entwicklung zur Stadt
2915v–2852v Melam
2911v blau Kriegsgott
2781v–2716v Il-Kuku
2729v–2662v Agga
2676v–2595v Mesilim
2646v blau Tempelbau
2645v rot Vorrangstellung
2635v rot Grenzfestsetzung
2627v blau Königspalast
2621v rot Rückdrängung der Kirche
2605v blau Einlege-Arbeiten
2596v–2515v Ur-Nan-Sche
2552v–2475v Ku-Baba
2549v rot Vormachtstellung gebrochen
2522v–2434v E-Annatum
2469v braun Niederlage gegen Lagasch
2469v rot Herrschaft E-Annatums
2393v–2340v Lugal-Zagesi
2376v–2294v Sargon der Große
2354v braun Niederlage gegen Sumer
2350v braun Erhebung
2350v rot Sargon König
2324v blau Neue Residenz
2271v braun Aufstand
1837v–1780v Sumu-La-Ilu
1806v braun Sieg Babylons
1806v rot Babylonische Oberhoheit

KISSEN

2979v grün Fertigung aus Leder

KITABATAKE Chikafusa (1293n–1354n), japanischer Heerführer, Staatsmann und Historiker. Schrieb eine Geschichte Japans, die von der Gründung durch die Sonnengöttin Amaterasu über die Heldentaten der Sagenkaiser bis in die geschichtliche Zeit eine einzige Ruhmeslegende darstellte. Damit trug er wesentlich zur Bildung des extremen Nationalbewußtseins des Japaners bei.

1342n blau Geschichte Japans

KITAN, Name eines mongolischen Staates, der sich von der Mongolei über die Mandschurei bis Korea erstreckte, große Teile Chinas beherrschte und auf chinesischer Grundlage eine mongolische Kultur entwickelte. Ging im Weltreich des Dschingis-Khan auf.

871n–926n Apaoki
916n rot Reichsgründung
916n grün Befestigte Städte
920n grün Schriftsystem
926n braun Sieg über die Moho
926n rot Reichserweiterung
936n rot Gewinn Nordchinas
993n braun Sieg über Korea
993n rot Einverleibung Koreas
1004n braun Sieg über China
1005n grün Chinesische Tributzahlung
1042n grün Erhöhung der Tribute
1123n braun Erhebung
1123n rot Zerfall des Reiches
1130n braun Sieg über Karluken
1155n–1227n Dschingis-Khan
1218n rot Herrschaft Dschingis-Khans

KITCHENER, Horatio Herbert (1850n bis 1916n), englischer Feldherr und Staatsmann. Kämpfte 1870n/1871n als Freiwilliger auf französischer Seite gegen Deutschland, trat als Major in die ägyptische Armee ein, wurde zehn Jahre später ihr Oberbefehlshaber und eroberte den Sudan der englischen Kolonialherrschaft. Dann unterwarf er Südafrika. Anschließend hielt er die Inder nieder und baute in Australien und Neuseeland schlagkräftige Heere auf. Nach Ausbruch des ersten Weltkrieges wurde er englischer Kriegsminister, führte die Wehrpflicht ein und baute einen Generalstab auf. Ertrank beim Untergang eines Kriegsschiffes auf dem Wege nach Rußland, wo er das zaristische Heer zum Kampf gegen Deutschland ertüchtigen wollte.

1897n/1898n Sudankrieg
1899n/1902n Burenkrieg
1908n braun Erhebung in Indien
1914n/1918n Erster Weltkrieg

KITHARA, Name eines harfenartigen Zupf-Instrumentes, das vor etwa 3000 Jahren in Griechenland aufkam. Es hatte bis zu 18 Saiten, stand auf einem Fuß und wurde hauptsächlich bei feierlichen Anlässen gebraucht. Unter allen Instrumenten der Griechen nahm es den höchsten Rang ein. Die Namen zweier neuerer Zupf-Instrumente haben sich aus seinem Namen entwickelt (Zither, Gitarre).

712v–642v Terpander
656v–587v Arion
351v blau Skopas: 'Apollo mit Kithara'

KITION, Stadt an der Südostküste der Insel Zypern. Vor 3000 Jahren von den auf der gegenüberliegenden Küste Vorderasiens beheimateten Phöniziern als Handelsniederlassung gegründet, wurde sie zur ersten Stadt der Insel und zu einem Mittelpunkt des Wirtschafts- und Kulturaustausches im Mittelmeerraum. Unterstützte die Perser in ihrem Kampfe gegen Griechenland, wurde später römisch, verfiel seit dem 3. Jahrhundert und ging im 10. Jahrhundert ganz unter.

999v grün Handelszentrum

KITZINGEN, Stadt am Main bei Würzburg. Entwickelte sich aus einem hier bereits vor mehr als 1200 Jahren angelegten Kloster.

740n blau Kloster

KIYONOBU, Torii (1664n–1729n), japanischer Maler und Holzschnitzer. Als Sohn eines Schauspielers, der auch als Maler von Theaterplakaten bekannt war, illustrierte er zunächst Bücher, wandte sich dann aber ganz der Herstellung von Plakaten und Handzetteln für die Theaterwerbung zu. Entsprechend seiner Aufgabe malte er mit wenigen festen Pinselstrichen und gab dadurch seinen Farbholzschnitten Klarheit und Aussagekraft. So machte er eine Kunst volkstümlich, die vorher nur den Herrschenden und Besitzenden vorbehalten war. Kolorierte seine Holzschnitte mit der Hand nach, wobei er leuchtende Farben verwandte. Schuf auch Lackarbeiten. Um seine Kunst weiterzugeben, gründete er eine Schule ('Torii-Schule').

1700n grün Werbeplakate

KLABUND, Deckname des deutschen Dichters Alfred Henschke (1890n–1928n). Als Sohn eines Apothekers lernte er den Beruf seines Vaters, studierte dann aber noch Philosophie, Sprachen und Literatur und wandte sich endlich ganz dem Schriftstellerberuf zu. Obwohl er schon nach Erscheinen seines ersten Gedichtbandes ('Morgenrot') wegen Gotteslästerung angeklagt wurde, setzte er seinen Kampf gegen die Heuchelei des Bürgertums unbeirrt fort. Während des ersten Weltkrieges schrieb er Anti-Kriegs-Gedichte ('Dumpfe Trommel'). Berühmt wurde er durch Nachdichtungen fernöstlicher Werke, vor allem durch sein Drama 'Der Kreidekreis', das er nach einem chinesischen Stoff gestaltete. Schrieb Romane ('Moreau'), Erzählungen ('Marketenderwagen') und immer wieder Gedichte ('Harfenjule'). Starb 37jährig an einer Lungentuberkulose.

1924n blau 'Der Kreidekreis'

KLAGES, Ludwig (1872n–1956n), deutscher Philosoph und Psychologe. Nach Abschluß seines Studiums der Chemie ließ er sich als Privatgelehrter nieder und wandte sich der Ausdruckskunde zu. Suchte Menschenkenntnis zu einer Wissenschaft zu machen und systematisierte dabei die Handschriftendeutung. Im Gesamtbilde des Menschen lehnte er jede Überbetonung des Geistes ab und suchte stattdessen die Ausgewogenheit der Seele ('Der Geist als Widersacher der Seele'). Der christlichen Verachtung des Körperlichen stellte er das natürliche Ganzheits-Erleben entgegen, das er in seiner 'Lebensphilosophie' begründete.

1916n grün Graphologie

KLAGEWEIBER

1381v blau Ägyptisches Gemälde

KLAPPERN

2926v blau Ägyptische Zeichnung
607v grün Spielzeug in Babylon

KLAPROTH, Martin (1743n–1817n), deutscher Chemiker. Als Apotheker in Berlin erforschte er die chemische Zusammensetzung von Gesteinen und wurde wegen seiner bahnbrechenden Arbeiten zum ersten Professor der Chemie an die Berliner Universität sowie zum ordentlichen Mitglied der Akademie der Wissenschaften berufen. Entdeckte vier metallische Elemente: Uran, Strontium, Titan und Tellur. Mit dem Uran fand er das schwerste der natürlich vorkommenden Elemente und den Grundstoff für die Kernspaltung (Kettenreaktion).

1789n grün Entdeckung des Urans

KLASSENKAMPF. Als Auflehnung der Ausgebeuteten und Entrechteten gegen die sich zu einer Klasse der Herrschenden und Besitzenden formierenden Besitzer der Produktionsmittel so alt wie die Spaltung der Menschheit in einander entgegengesetzte Klassen (Klassen-Spaltung). Später trat dazu ein Kampf der Ausbeuterklassen untereinander (Adel, Bürgertum) mit dem Ziele der Erringung eines möglichst großen Anteiles an Vorrechten und Gewinnen für die eigene Gruppe. Dieser interne Machtkampf der Ausbeuter wird aber seit einem Jahrhundert überschattet vom zielbewußten Kampf der Arbeiterklasse zur endgültigen Überwindung der Klassen-Spaltung durch die Errichtung einer klassenlosen, kommunistischen Gesellschaft. Dieser Kampf treibt in der Gegenwart seinem Höhepunkt zu und ergreift immer mehr Bereiche des öffentlichen und persönlichen Lebens in allen Ländern der Erde (Weltrevolution).

2729v–2662v Agga
2449v–2367v Lugal-Anda
2422v–2360v Uru-Kagina
2382v–2320v Teti
2367v braun Erhebung in Lagasch
2367v rot Sozialreformer König
2360v rot Aufhebung von Reformen
2297v–2197v Pepi II.
2273v–2188v Ipuwer
2240v–2172v Aba
2230v–2158v Achtos I.
2197v/2196v Ägyptische Revolution
2197v blau Ipuwers 'Mahnworte'
2196v rot Volksherrschaft (Ägypten)
2196v grün Gemeineigentum in Ägypten
2172v braun Adelserhebung in Ägypten
2172v rot Restauration in Ägypten
2172v grün Wieder Privateigentum
2123v braun Fürstenerhebung in China
2123v rot Fürstenrechte eingeschränkt
2002v–1928v Sesostris I.
1935v–1878v Sesostris II.
1904v–1841v Sesostris III.
1575v–1509v I-Yin
1572v–1504v Agum
1559v–1494v Tang
1530v braun Erhebung der Kassiten
1525v braun Adelserhebung in China
1438v–1368v Ra-Mosis
1391v–1358v Echnaton
1368v–1349v Tut-Anch-Amun
1168v rot Streik in Theben
1158v–1094v Ameno
1150v–1076v Pa-He-Nesi
1142v–1085v Ramses XI.
1128v–1057v Herihor
1108v–1044v Wu
1101v/1100v Erhebung in Ägypten
1047v braun Fürstenerhebung in China
985v–907v Mu-Wang
981v–918v Ahia
882v–798v Elisa
852v–774v Pygmalion
784v–720v Tef-Nacht
693v–609v Psammetich I.
602v–527v Peisistratos
572v–435v Kleisthenes
507v rot Adelsvorrechte beseitigt
500v rot Rom: Ende der Monarchie
500v rot Rom Republik
494v braun Sklaven-Aufstand
464v/459v 3. Messenischer Krieg
462v rot Hilfe für Herren Spartas
461v rot Machtverlust für Adel
460v rot Adelszentrum verbrannt
427v braun Aufstand gegen Adel
427v rot Korfu frei vom Adel
419v braun Sklaven-Aufstand in Rom
411v braun Adels-Aufstand in Athen
403v rot Athen wieder Demokratie
384v rot Mord an Reformer
281v rot Streiks in Ägypten
258v braun Sklaven-Erhebung
240v rot Mord an Reformer
198v/196v Aufstände in Italien
193v–160v Judas Makkabäus
185v braun Aufstand in Apulien
185v rot Sklaven-Massenhinrichtung
167v/164v Juden-Erhebung
166v–132v Eunus
163v–129v Aristonikos
163v–133v Tiberius Gracchus
156v–86v Marius
154v–121v Gajus Gracchus
144v–101v Athenion
138v–78v Sulla
136v/129v Großer Aufstand
132v rot 'Sonnenstaat' Pergamon
130v–102v Tryphon
121v braun Aufstand des G. Gracchus
114v–53v Krassus
111v rot Aufhebung von Reformen
109v–71v Spartakus
108v–62v Katilina
106v–43v Cicero
106v–48v Pompejus
104v/100v Großer Aufstand
89v/82v Bürgerkrieg in Rom
74v/71v Spartakus-Aufstand
71v rot Sklaven-Massenhinrichtung
63v/62v Erhebung des Katilina
63v rot Cicero gegen Katilina
23n braun Bürgerkrieg in China
61n rot Vergeltung an Sklaven
89n braun Aufstand des Saturninus
180n–239n Ardaschir
184n braun Aufstand in China
207n braun Aufstand des Felix Bulla
220n braun Revolution in China
238n rot Machteinbuße für Adel
243n–316n Diokletian
276n–355n Donatus
284n/286n Bagauden-Aufstand
285n–347n Fasir
291n–347n Axid
344n/347n Zirkumzellionen-Aufstand
397n–454n Aëtius
412n–444n Tibatto
435n/437n Bagauden-Aufstand
470n–531n Kobad
476n–531n Masdak
511n–579n Chosroes
531n rot Niederlage Masdaks
570n–635n Li-Yüan
605n–680n Fujiwara
606n–652n Rothari
614n rot Machtgewinn für Adel
626n–672n Tenji
684n/686n Aufstand von Kufa
775n/777n Zindiks-Aufstand
804n–876n Ludwig der Deutsche
822n–883n Ibn Mohammed
841n braun Stellinga-Aufstand
861n braun Aufstand in China
864n–910n Karmat
869n/883n Aufstand von Basra
871n rot Staat Basra
874n/883n Chinesische Revolution
883n rot Ende des Staates Basra
890n rot Karmaten-Gemeinschaft
890n–961n Abdar Rachman III.
899n rot Karmatenstaat Ahsa

899 n/930 n Karmatenaufstand
901 n rot Karmatenstaat Multan
905 n–965 n Al Mutanabbi
912 n–973 n Otto I., der Große
914 n–961 n Bogomil
932 n braun Adelserhebung in Spanien
932 n rot Machtverlust für Adel
940 n rot Bogomilen-Bewegung
948 n braun Aufstand in Rom
1008 n/1009 n Erhebung in Spanien
1012 n rot Adelsbündnis gegen König
1013 n braun Adelsaufstand in England
1016 n braun Thronkämpfe in England
1021 n–1086 n Wang-Anschi
1028 n braun Adelssieg über König
1031 n braun Adelsaufstand in Spanien
1041 n braun Aufstand der Motta
1059 n braun Pataria-Aufstand
1068 n braun Aufstand in Rußland
1069 n rot Reformen in China
1073 n/1075 n Aufstand in Sachsen
1081 n–1125 n Heinrich V.
1103 n–1155 n Arnold von Brescia
1113 n braun Aufstand von Kiew
1122 n–1190 n Friedrich I. Barbarossa
1125 n braun Katharer-Aufstand
1140 n–1217 n Peter Waldes
1142 n/1155 n Aufstand in Rom
1148 n rot Zulauf zu Katharern
1153 n rot Waffenverbot für Bauern
1155 n rot Tod für Arnold
1209 n/1229 n Katharer-Kreuzzug
1212 n rot Bogomilen-Verfolgung
1228 n rot Widerstand der Stedinger
1232 n/1234 n Stedinger-Kreuzzug
1288 n braun Bürgersieg über Bischof
1288 n rot Köln frei vom Bischof
1293 n rot Machtverlust für Adel
1301 n braun Handwerker-Erhebung
1301 n/1302 n Kampf um Zölle
1302 n braun Handwerkersieg über Ritter
1305 n/1307 n Lombardischer Kreuzzug
1313 n–1354 n Rienzi
1315 n braun Bauernsieg über Ritter
1319 n braun Bauernsieg über Ritter
1323 n/1328 n Aufstand in Flandern
1325 n rot Bann gegen Aufständische
1325 n–1381 n Wat Tyler
1329 n rot Streik in Breslau
1335 n–1381 n John Ball
1342 n braun Erhebung in Konstanz
1345 n braun Aufstand in Gent, Brügge
1347 n braun Aufstand in Rom
1349 n braun Erhebung in Nürnberg
1351 n rot Streik in Speyer
1351 n/1352 n Erhebung in Rom
1357 n braun Erhebung in Paris
1358 n braun Aufstand der Jacquerie
1358 n rot Mord an Bauernführern
1362 n–1437 n Sigismund
1370 n–1424 n Ziska
1371 n braun Weberschlacht in Köln
1371 n–1440 n Friedrich I.
1378 n braun Aufstand in Florenz
1378 n rot Gewerkschaft in Florenz
1379 n braun Aufstand in Flandern
1381 n/1382 n Aufstände in England
1381 n/1382 n Aufstand in Frankreich
1382 n rot Gewerkschafts-Auflösung
1383 n rot Lollarden-Bewegung
1388 n braun Fürstensieg über Städte
1400 n–1450 n Jack Cade
1413 n braun Aufstand in Paris
1417 n rot Hinrichtung Oldcastles
1420 n/1434 n Hussitenkreuzzug
1424 n rot Taboriten-Ausschaltung
1433 n–1477 n Karl der Kühne
1434 n rot Hussiten für Stände
1435 n/1436 n Aufstand in Schweden
1436 n rot Mord an Engelbrechtsson
1448 n braun Erhebung in Berlin
1450 n braun Aufstand in England
1451 n braun Aufstand auf Mallorca
1451 n–1505 n Isabella von Kastilien
1452 n–1498 n Savonarola
1462 n braun Aufstand in Katalonien
1472 n braun Fürstenkampf mit König
1472 n rot Fürstenmacht eingeschränkt
1476 n braun Aufstand deutscher Bauern
1476 n braun Bauernsieg über Ritter
1483 n–1546 n Luther
1488 n–1525 n Thomas Münzer
1491 n braun Aufstand in Holland
1493 n braun Aufstand im Elsaß
1494 n braun Aufstand in Florenz
1498 n rot Verbrennung Savonarolas
1500 n braun Bauernsieg über Ritter
1502 n braun Aufstand in Baden
1512 n braun Rückkehr der Medici
1513 n braun Aufstand im Breisgau
1514 n braun Aufstand in Württemberg
1514 n braun Aufstand in Ungarn
1515 n braun Aufstand in Österreich
1515 n braun Aufstand in der Schweiz
1517 n braun Aufstand in Baden
1517 n braun Aufstand in England
1520 n grün Abkommen gegen Streik
1522 n/1526 n Deutsche Revolution
1525 n rot 12 Artikel der Bauern
1525 n blau Luther gegen Revolution
1527 n rot Hans Hergot verbrannt
1528 n rot Wiedertäufer-Hinrichtung
1530 n–1584 n Iwan IV.
1534 n braun Wiedertäufer-Erhebung
1552 n braun Fürsten-Erhebung
1570 n–1607 n Iwan Bolotnik

1585 n–1642 n Richelieu
1596 n braun Aufstand in Finnland
1599 n–1658 n Cromwell
1603 n rot Kanzler-Macht in Japan
1607 n braun Aufstand in Rußland
1614 n/1616 n Aufstand in Frankfurt
1622 n braun Aufstand in China
1624 n braun Aufstand in Frankreich
1626 n braun Aufstand in Österreich
1628 n/1644 n Bürgerkrieg in China
1629 n rot Parlaments-Auflösung
1629 n–1676 n Alexei Michailowitsch
1637 n braun Aufstand in Frankreich
1639 n braun Aufstand in der Normandie
1641 n rot Parlament unauflösbar
1642 n rot Kampf um Parlamentsrecht
1642 n/1649 n Englische Revolution
1648 n/1649 n Levellers-Erhebung
1649 n rot Hinrichtung Karls I.
1649 n rot England Republik
1650 n rot Einkerkerung Lilburnes
1651 n/1652 n Adelserhebung (Frankreich)
1653 n braun Schweizer Bauernkrieg
1657 n rot Einschränkung für Adel
1660 n rot England wieder Monarchie
1670 n/1671 n Donkosaken-Aufstand
1688 n braun 'Glorious Revolution'
1702 n/1710 n Kamisarden-Aufstand
1709 n–1762 n Elisabeth Petrowna
1723 n–1790 n Adam Smith
1727 n braun Erhebung im Schwarzwald
1729 n–1796 n Katharina II., die Große
1731 n rot Gesellenrechte beschränkt
1758 n–1794 n Robespierre
1760 n–1797 n Babeuf
1771 n braun Aufstand in Vietnam
1783 n blau Chamforts Losung
1783 n–1830 n Bolivar
1785 n rot Adelsmacht in Rußland
1785 n/1786 n Waldenburger Aufstände
1789 n/1795 n Französische Revolution
1790 n braun Aufstände in Sachsen
1790 n rot Jakobinerklub
1791 n braun Gesellenerhebungen
1792 n rot Frankreich Republik
1793 n braun Aufstand in Breslau
1793 n rot Hinrichtung Ludwigs XVI.
1794 n rot Sans-Culotten
1794 n rot Hinrichtung Robespierres
1795 n braun Aufstand in Ungarn
1795 n rot Direktorium
1796 n braun Verschwörung Babeufs
1797 n rot Hinrichtung Babeufs
1798 n braun Aufstand in Schlesien
1815 n–1898 n Bismarck
1818 n–1883 n Karl Marx
1830 n braun Juli-Revolution
1830 n rot Louis Philippe König
1831 n rot Streik in Lyon
1834 n braun Aufstand in Lyon
1842 n rot Generalstreik in England
1844 n braun Aufstand in Schlesien
1847 n blau Kommunistisches Manifest
1848 n rot Frankreich Republik
1848 n braun Juni-Aufstand
1848 n/1850 n Deutsche Revolution
1849 n rot Rom Republik
1850 n/1864 n Taiping-Aufstand
1855 n rot 'Schwarze Listen'
1858 n rot Gewerkschaft (Schweiz)
1859 n blau Marx: Politökonomie
1864 n rot Erste Internationale
1865 n rot Ku-Klux-Klan
1866 n–1925 n Sun-Yat-Sen
1868 n rot Machtverschiebung in Japan
1868 n/1869 n Spanische Revolution
1869 n rot Gründung der SPD
1869 n blau 'Manifest' russisch
1870 n rot Frankreich Republik
1870 n–1924 n Lenin
1871 n braun Aufstand der Kommune
1871 n blau Pottier: 'Internationale'
1874 n braun Spanische Revolution
1876 n rot Industrieverband
1877 n braun Aufstand der Samurai
1877 n rot Generalstreik in USA
1878 n rot Sozialistengesetz
1878 n blau Engels: 'Anti-Dühring'
1879 n rot Arbeiterpartei Spaniens
1879 n–1953 n Stalin
1883 n rot Plechanows Partei
1884 n blau Engels: 'Ursprung'
1886 n braun Aufstand in USA
1889 n rot Streik im Ruhrgebiet
1889 n rot Zweite Internationale
1889 n rot Feiertag der Arbeiter
1889 n–1945 n Hitler
1890 n blau Zeitschrift 'Gleichheit'
1891 n braun Aufstand in Frankreich
1891 n rot Erfurter Programm
1892 n rot Arbeiterpartei Italiens
1893 n rot Generalstreik in Belgien
1893 n– Mao-Tse-Tung
1894 n blau Kautsky: Sozialismus
1895 n blau Kollwitz: Weberaufstand
1898 n braun Aufstand in China
1898 n–1956 n Brecht
1900 n blau Zeitung 'Der Funke'
1901 n rot Gewerkschaftskongreß
1902 n braun Aufstände in Rußland
1903 n rot Bolschewiki
1903 n blau Kollwitz: 'Bauernaufstand'
1904 n blau Zeitung 'Humanité'
1905 n rot Streik im Ruhrgebiet
1905 n blau Gorki: 'Die Mutter'
1905 n/1906 n Russische Revolution

1907 n braun Aufstand in Rumänien
1909 n braun Revolution in Spanien
1910 n braun Aufstand in Portugal
1910 n rot Portugal Republik
1911 n braun Chinesische Revolution
1911 n rot China Republik
1915 n rot Zimmerwalder Konferenz
1916 n rot Hugenbergs Konzern
1916 n rot Spaltung der SPD
1916 n rot Munitionsarbeiter-Streik
1916 n blau 'Spartakus-Briefe'
1917 n/1922 n Russische Revolution
1917 n rot Arbeiter- und Bauernstaat
1917 n blau Reed: Revolutionsbericht
1917 n grün Vergesellschaftung
1918 n rot Deutschland Republik
1918 n rot Österreich Republik
1918 n/1919 n Deutsche Revolution
1918 n– Nasser
1919 n braun Aufstand in Ungarn
1919 n rot Mord an Arbeiterführern
1919 n rot Komintern
1920 n braun Erhebung im Ruhrgebiet
1920 n braun Kapp-Putsch
1921 n braun Kronstädter Aufstand
1921 n rot KP Chinas
1923 n braun Erhebung in Hamburg
1923 n rot Türkei Republik
1923 n rot Arbeiterstaat beseitigt
1924 n rot Mongolei kommunistisch
1924 n blau Zeitung 'Unità'
1925 n/1949 n Chinesische Revolution
1927 n braun Aufstände in Wien
1927 n rot Brüsseler Kongreß
1927 n– Castro
1931 n braun Revolution in Spanien
1931 n rot Spanien Republik
1931 n rot Harzburger Front
1932 n rot Industriepakt mit Hitler
1934 n braun Putsch in Frankreich
1934 n braun Aufstand in Österreich
1935 n braun Putsch in Österreich
1936 n rot Volksfront in Frankreich
1936 n/1939 n Spanischer Bürgerkrieg
1937 n rot Antikomintern
1943 n rot Streik in USA
1944 n rot Jugoslawien kommunistisch
1946 n rot Nordkorea kommunistisch
1946 n rot Albanien kommunistisch
1946 n rot Bulgarien kommunistisch
1946 n/1949 n Griechischer Bürgerkrieg
1947 n rot Polen kommunistisch
1947 n rot Rumänien kommunistisch
1947 n rot Streikverbot in USA
1948 n rot CSR kommunistisch
1948 n rot Ungarn kommunistisch
1949 n rot China kommunistisch
1951 n braun Aufstand gegen Peron
1951 n rot McCarthyismus
1952 n braun Aufstand in Barcelona
1952 n rot Ägypten Republik
1953 n rot Generalstreiks
1955 n braun Vertreibung Perons
1955 n rot Nordvietnam kommunistisch
1956 n rot Verbot der KPD
1956 n/1959 n Kubanische Revolution
1957 n rot Tunesien Republik
1958 n braun Aufstand im Irak
1958 n rot Apartheid
1960 n/ Revolution Indochinas
1961 n rot Kuba kommunistisch
1965 n braun Aufstand in Asturien
1965 n rot Sozialismus in Ägypten
1965 n rot Sozialismus in Algerien

KLASSEN-SPALTUNG, Bezeichnung für einen historischen Prozeß, der vor rund 5000 Jahren mit der Dienstbarmachung von Menschen durch ihre Mitmenschen begann. Zerstörte die ursprüngliche Solidarität zwischen den Angehörigen menschlicher Gemeinschaften, setzte an ihre Stelle die Ausbeutung der arbeitenden Mehrheit durch eine schmarotzende Minderheit und spaltete dadurch die aus Freien und Gleichen bestehende Menschheit in Herren und Knechte. Hebel dieses Prozesses wurde das Privateigentum am Boden, an den Werkzeugen und Werkstätten, den Rohstoffen, Bodenschätzen und Fabriken sowie an den Banken, Handelshäusern und Dienstleistungsbetrieben. Bewirkte eine schnelle Entwicklung von Technik und Wissenschaft um den Preis des Verlustes von Freiheit, Gleichheit und Brüderlichkeit. Damit zerstörte sie auch die Ganzheit des Menschen. Sie entfremdete ihn von seiner Gesellschaft, von seiner Arbeit, von seinen Mitmenschen und endlich von sich selbst und seiner eigenen Natur. Die Überwindung dieser Entfremdung ist das Ziel der Ausgebeuteten seit Beginn der Klassen-Spaltung. Jedoch gelang es den besitzenden Klassen mit Gewalt und List, ihre Herrschaft bis in unsere Epoche hinein aufrechtzuerhalten. Seit 1917 n vollzieht sich von Rußland ausgehend auf der ganzen Erde die Überwindung dieses Spaltungs-Prozesses durch Aufhebung des Privateigentums an den Produktionsmitteln und Verwirklichung einer klassenlosen Gesellschaft.

Vorzeittafel: Schlußbalken (5000 Jahre)
2857 v grün Stadtvierteltrennung
2853 v–2804 v Djer
2834 v rot Ägypten Erbmonarchie
2822 v–2781 v Udimu

2812 v grün Beamte in Ägypten
2737 v grün Holzsärge Armer
2736 v grün Tiergräber Reicher
2733 v grün Anwachsen des Eigentums
2729 v–2662 v Agga
2671 v grün Privatisierung
2633 v–2570 v Meten
2621 v grün Schutz des Eigentums
2606 v grün Grundeigentum (Ägypten)
2605 v–2542 v Dedefre
2570 v–2481 v Ur-Enlil
2533 v rot Kaiserwahl durch Fürsten
2510 v rot Unabkömmlichkeit
2508 v grün Handelshaus des Ur-Enlil
2494 v–2416 v Schuh-Bad
2452 v–2377 v Ti
2449 v rot Privileg für Priester
2449 v–2367 v Lugal-Anda
2443 v grün Großgrundbesitz (Ägypten)
2439 v rot Adel: Nachfolgeregelung
2422 v–2360 v Uru-Kagina
2382 v–2320 v Teti
2376 v–2294 v Sargon der Große
2367 v braun Erhebung in Lagasch
2367 v rot Sozialreformer König
2366 v rot Schutzgesetze in Lagasch
2363 v blau Kritik am Priestertum
2360 v rot Aufhebung von Reformen
2343 v rot Erbfürstentum
2341 v grün Tempelbesitz steuerfrei
2319 v rot Berufsbeamte in Akkad
2297 v–2197 v Pepi II.
2288 v–2206 v Schun
2281 v rot Unabhängige Fürsten
2273 v–2188 v Ipuwer
2252 v–2158 v Yü
2240 v–2172 v Aba
2230 v–2158 v Achtos I.
2197 v/2196 v Ägyptische Revolution
2197 v blau Ipuwers 'Mahnworte'
2196 v rot Volksherrschaft (Ägypten)
2196 v grün Gemeineigentum in Ägypten
2193 v–2135 v Achtos II.
2185 v–2123 v Chun-Anup
2172 v braun Adelserhebung in Ägypten
2172 v rot Restauration in Ägypten
2172 v grün Wieder Privateigentum
2158 v rot China Erbmonarchie
2138 v–2063 v Achtos III.
2135 v blau 'Klage eines Bauern'
2123 v braun Fürstenerhebung in China
2123 v rot Adelsrechte beschränkt
2115 v grün Ackerbauer-Städte
2025 v–1953 v Knum-Hotep
2019 v grün Priesterinnen-Privileg
2008 v–1952 v Keti
2002 v–1928 v Sesostris I.
1962 v blau Lob des Beamtentums
1945 v grün Monopol für Priester
1935 v–1878 v Sesostris II.
1929 v rot Mitregentschaft
1904 v–1841 v Sesostris III.
1887 v grün Stadtvierteltrennung
1869 v–1804 v Irra-I-Mitti
1760 v–1686 v Hammurabi
1693 v rot Mesopotamien Beamtenstaat
1637 v–1579 v La-Barna
1600 v rot Hettiter: Erbmonarchie
1597 v–1521 v Minos
1575 v–1509 v I-Yin
1572 v–1504 v Agum
1559 v–1494 v Tang
1530 v braun Erhebung der Kassiten
1525 v braun Adelserhebung in China
1525 v grün Lehen in Mesopotamien
1518 v–1455 v Tele-Pinu
1497 v–1435 v Sausa-Tar
1438 v–1368 v Ra-Mosis
1426 v–1377 v Amen-Hotep III.
1403 v grün Sklavinnen als Mitgift
1391 v–1358 v Echnaton
1368 v–1349 v Tut-Anch-Amun
1321 v–1235 v Bek-Necho
1208 v–1137 v Ram-Se-Na
1203 v–1159 v Ramses IV.
1168 v rot Streik in Theben
1168 v–1115 v Ramses IX
1158 v–1094 v Ameno
1150 v–1076 v Pa-He-Nesi
1142 v–1085 v Ramses XI.
1228 v–1057 v Herihor
1108 v–1044 v Wu
1101 v/1100 v Erhebung gegen Priester
1084 v rot Priester- und Militärmacht
1082 v–1009 v Psu-Sennes
1047 v braun Fürstenerhebung in China
985 v–907 v Mu-Wang
981 v–918 v Ahia
950 v blau Brahmanismus
934 v blau Reformforderung Ahias
927 v–850 v Elias
895 v–825 v Salmanassar III.
882 v–798 v Elisa
857 v blau Elias gegen Baal-Kult
852 v–774 v Pygmalion
849 v–782 v Hsian-Wang
846 v rot Indische Kastenordnung
826 v grün Landaufteilung in Sparta
820 v rot Klassen in Sparta
820 v blau Reformforderung Elisas
819 v rot Adelsmacht in Sparta
802 v–745 v Amos
792 v–720 v Ping-Lo
784 v–720 v Tef-Nacht
777 v–692 v Jesaja
756 v blau Gespräch Sklave–Herr

754 v blau Lebensrechte der Armen
753 v–680 v Hesiod
722 v blau Stadt 'Unwürdiger'
713 v rot Adelsregierung Athens
705 v–637 v Archilochos
698 v rot China Fürstenbund
696 v–619 v Zarathustra
693 v–626 v Assurbanipal
693 v–609 v Psammetich I.
686 v–613 v Tyrtaios
672 v grün Versuche an Sklaven
659 v–601 v Drakon
655 v blau Recht auf Persönlichkeit
647 v–609 v Josia
642 v rot Rechtsgewinn der Bürger
642 v–555 v Carvaka
640 v–559 v Solon
639 v–562 v Alkaios
636 v–564 v Äsop
628 v–553 v Hesekiel
622 v rot Staatshilfe für Arme
602 v–527 v Peisistratos
598 v–501 v Teng-Tse
593 v rot Rechte nach Vermögen
588 v rot Sklavenkauf beschränkt
581 v grün Bodenreform in China
572 v–485 v Kleisthenes
567 v blau Gleichheitsforderung
558 v–492 v Bimbisara
542 v blau Leben der Ärmsten
540 v blau Ursache der Kriminalität
537 v grün Sklaven der Juden
525 v blau Kritik an Beamten
525 v–459 v Themistokles
509 v rot Athen: Rechte für Sklaven
507 v rot Adelsvorrechte beseitigt
500 v rot Rom: Ende der Monarchie
495 v–429 v Perikles
494 v braun Sklaven-Aufstand
494 v rot Tribunat für Plebejer
486 v–430 v Hippodamos
475 v–393 v Me-Ti
473 v rot Klassen nach Vermögen
471 v rot Beamte der Plebejer
464 v/459 v 3. Messenischer Krieg
462 v rot Hilfe für Herren Spartas
461 v rot Machtverlust für Adel
460 v rot Adelszentrum verbrannt
450 v grün Korinth: Sklavenüberzahl
449 v blau Hippodamos' Staatsideal
446 v–385 v Aristophanes
445 v rot Eheschranke beseitigt
444 v–365 v Antisthenes
441 v blau Me-Ti gegen Klassen
429 v–370 v Phaleas
427 v braun Aufstand gegen Adel
427 v rot Korfu frei vom Adel
427 v–347 v Plato
419 v braun Sklaven-Aufstand in Rom
413 v braun Sklaven-Flucht aus Athen
411 v braun Adels-Aufstand in Athen
407 v–323 v Diogenes
403 v rot Athen wieder Demokratie
400 v blau Sozialisierungsforderung
390 v blau Gleichheitsforderung
384 v rot Mord an Reformer
383 v–322 v Demosthenes
377 v grün Athen: Sklavenüberzahl
374 v blau 'Politeia' des Plato
366 v rot Konsulat für Plebejer
352 v–285 v Dikäarch
351 v rot Zensoramt für Plebejer
340 v–273 v Appius Klaudius
335 v rot Thebaner-Versklavung
333 v–262 v Zeno der Jüngere
325 v–260 v Euhemeros
312 v rot Söhne Freigelassener Beamte
307 v blau Eigentum naturwidrig
283 v blau Ideal der Brüderlichkeit
281 v rot Streiks in Ägypten
280 v blau Kritik am Klassenstaat
280 v–220 v Herondas
279 v–206 v Chrysipp
258 v braun Sklaven-Erhebung
258 v blau Schrift über Knechtschaft
254 v–184 v Plautus
248 v–195 v Han-Kautsu
242 v rot Schuldenerlaß in Sparta
240 v rot Mord an Reformer
234 v–149 v Kato der Ältere
230 v grün Sklaven in Treträdern
226 v grün Bodenreform in Sparta
224 v blau Chrysipp: Gleichheitsideal
220 v grün Grundeigentum in China
203 v–157 v Wen-Ti
199 v grün Sklaven-Zeichnung
198 v/196 v Aufstände in Italien
196 v rot Adels-Ende in China
196 v rot Beamte aus dem Volk
193 v–160 v Judas Makkabäus
192 v rot Druck auf Großgrundbesitz
187 v blau Jambulos: Gleichheitsideal
185 v braun Aufstand in Apulien
185 v rot Sklaven-Massenhinrichtung
183 v rot Arbeiter neben Sklaven
179 v rot Bauern-Schutz in China
170 v–102 v Lucilius
168 v grün Mazedonier-Versklavung
167 v/164 v Juden-Erhebung
166 v grün Sklavenmarkt auf Delos
166 v–132 v Eunus
163 v–129 v Aristonikos
163 v–133 v Tiberius Gracchus
156 v–86 v Marius
154 v–121 v Gajus Gracchus
146 v grün Karthager-Versklavung

144 v–101 v Athenion
140 v grün Sklavenüberzahl in Rom
138 v–78 v Sulla
136 v/129 v Großer Aufstand
133 v rot Bodenreform in Rom
133 v rot Mord an T. Gracchus
132 v rot Kommunistischer Staat
130 v–102 v Tryphon
128 v grün Delos: Sklaven-Großumsatz
123 v rot Hilfe für Proletarier
121 v braun Aufstand des G. Gracchus
114 v–53 v Krassus
111 v rot Aufhebung von Reformen
109 v–71 v Spartakus
108 v–62 v Katilina
107 v rot Heer aus Proletariern
106 v–43 v Cicero
106 v–48 v Pompejus
104 v/100 v Großer Aufstand
89 v/82 v Bürgerkrieg in Rom
86 v–35 v Sallust
80 v–46 v Vercingetorix
74 v/71 v Spartakus-Aufstand
71 v rot Sklaven-Massenhinrichtung
63 v/62 v Erhebung des Katilina
63 v rot Cicero gegen Katilina
59 v rot Cäsars Ackergesetze
49 v blau Reformvorschlag Sallusts
16 v–45 n Phädrus
9 v grün Steigende Sklavenpreise
6 v–30 n Jesus Christus
4 v–65 n Seneka
2 v rot Gesetz gegen Freilassung
4 n rot Sklavenstrafen verschärft
9 n rot Sklavenhandels-Ende (China)
9 n grün Gemeineigentum in China
9 n–79 n Vespasian
23 n braun Bürgerkrieg in China
23 n grün Privateigentum in China
23 n–79 n Plinius der Ältere
28 n blau Bergpredigt
34 n–112 n Asvagoscha
61 n rot Vergeltung an Sklaven
61 n blau Eintreten für Sklaven
64 n blau Seneka: Gleichheitsideal
67 n–140 n Juvenal
71 n blau Kritik an Großgrundbesitz
80 n–130 n Karpokrates
100 n–165 n Justin der Märtyrer
123 n–140 n Epiphanes
125 n grün Domänen an Kleinpächter
127 n blau Eigentum unchristlich
133 n grün Begräbniskosten-Vereine
134 n rot Schutz für Arbeiter
140 n blau Epiphanes: Kommunismus
150 n–215 n Klemens von Alexandria
176 n grün Strafmaß nach Vermögen
180 n–239 n Ardaschir
184 n braun Aufstand in China
198 n blau Kritik des Klemens
202 n–258 n Cyprian
207 n braun Aufstand des Felix Bulla
217 n–276 n Mani
220 n braun Revolution in China
238 n rot Machteinbuße für Adel
240 n blau Mani gegen Vorrechte
243 n–316 n Diokletian
247 n blau Cyprian gegen Eigentum
251 n–356 n Antonius
253 n blau Gleichheitsforderung
276 n–355 n Donatus
280 n–337 n Konstantin
284 n/286 n Bagauden-Aufstand
285 n–347 n Fasir
291 n–347 n Axid
292 n–346 n Pachomius
315 n rot Beihilfen für Arme
330 n–379 n Basilius der Große
342 n blau Fasir: Kommunismus
344 n/347 n Zirkumzellioner-Aufstand
354 n–430 n Augustin
354 n–407 n Chrysostomos
375 n blau 'Eigentum ist Diebstahl'
390 n–477 n Geiserich
392 n blau Augustin über Reichtum
397 n–454 n Aëtius
410 n grün Fürsorge für Arme
411 n–474 n Priskus
412 n–444 n Tibatto
428 n blau Augustin für Sklaverei
435 n/437 n Bagauden-Aufstand
445 n grün Bodenreform der Wandalen
470 n–531 n Kobad
476 n–531 n Masdak
502 n blau Reformforderung Masdaks
504 n–570 n Gildas der Weise
511 n–579 n Chosroes
513 n–552 n Totila
516 n blau Masdak: Kommunismus
528 n blau Gleichheitsforderung
531 n rot Niederlage Masdaks
536 n rot Verbot des Bauernlegens
540 n–604 n Gregor I.
543 n grün Bodenreform in Italien
554 n grün Aufhebung der Reform
570 n–635 n Li-Yüan
582 n–644 n Omar
590 n grün Kirche und Proletariat
598 n–649 n Tai-Tsung
605 n–680 n Fujiwara
606 n–652 n Rothari
609 n–680 n Moawija
614 n rot Machtgewinn für Adel
620 n grün Bodenreform in China
626 n–672 n Tenji
635 n–714 n Pippin der Mittlere

645 n rot Reformen in Japan
646 n rot Gesetz gegen Grundbesitz
646 n–684 n Silvanus
665 n rot Paulikianer-Bewegung
684 n/686 n Aufstand von Kufa
712 n–775 n Al Mansur
712 n–770 n Tu-Fu
717 n grün Bodenreform in Spanien
722 n grün Fränkische Lehen
756 n–810 n Abu Nuwas
760 n blau Anklage gegen Reiche
772 n–846 n Poh-Küyi
775 n/777 n Zindiks-Aufstand
804 n–876 n Ludwig der Deutsche
807 n rot Wehrpflicht nach Vermögen
822 n–883 n Ibn Mohammed
823 n–877 n Karl II., der Kahle
830 n–879 n Rurik
838 n blau Kritik des Poh-Küyi
841 n braun Stellinga-Aufstand
850 n–932 n Harald Schönhaar
861 n braun Aufstand in China
864 n–910 n Karmat
868 n blau Gleichheitsforderung
869 n/883 n Aufstand von Basra
871 n rot Sklavenstaat Basra
874 n/883 n Chinesische Revolution
877 n grün Frankreich: Lehen erblich
877 n–936 n Heinrich I.
883 n rot Ende des Staates Basra
889 n blau Kommunistische Forderung
890 n rot Karmaten-Gemeinschaft
890 n–961 n Abdar Rachman III.
899 n rot Karmatenstaat Ahsa
899 n/930 n Karmatenaufstand
901 n rot Karmatenstaat Multan
905 n–965 n Al Mutanabbi
912 n–973 n Otto I., der Große
914 n–961 n Bogomil
918 n–961 n Haakon der Gute
922 n rot Schutz für Bauernland
932 n braun Adelserhebung in Spanien
932 n rot Machtverlust für Adel
933 n rot Bauern Norwegens frei
938 n blau Kritik Al Mutanabbis
940 n rot Bogomilen-Bewegung
943 n blau Sklavenarbeit unwürdig
948 n braun Aufstand in Rom
954 n blau Gleichheitsforderung
1002 n–1066 n Eduard der Bekenner
1008 n/1009 n Erhebung in Spanien
1012 n rot Adelsbündnis gegen König
1013 n braun Adelsaufstand in England
1016 n braun Thronkämpfe in England
1021 n–1086 n Wang-Anschi
1022 n–1107 n Manko Kapak
1023 n–1105 n Ramanuja
1027 n–1087 n Wilhelm I., der Eroberer
1028 n braun Adelssieg über König
1030 n rot Katharer-Verbrennung
1031 n braun Adelsaufstand in Spanien
1037 n grün Deutsche Lehen erblich
1041 n braun Aufstand gegen Adel
1041 n grün Mailänder Lehen erblich
1050 n–1106 n Heinrich IV.
1058 n blau Soziale Denkschrift
1059 n braun Pataria-Aufstand
1061 n grün Kerzenzieher-Innung
1067 n rot Kommunistischer Staat
1068 n braun Aufstand in Rußland
1069 n rot Reformen in China
1073 n grün Türkische Bodenreform
1073 n/1075 n Aufstand in Sachsen
1081 n–1125 n Heinrich V.
1097 n grün Erblicher Fürstenbesitz
1103 n–1155 n Arnold von Brescia
1112 n rot Schuhmacher-Bruderschaft
1113 n braun Aufstand von Kiew
1122 n–1190 n Friedrich I. Barbarossa
1125 n braun Katharer-Aufstand
1128 n rot Handwerkerverband
1129 n–1195 n Heinrich der Löwe
1140 n–1217 n Peter Waldes
1142 n/1155 n Aufstand in Rom
1148 n rot Zulauf zu Katharern
1149 n rot Weberzunft in Köln
1149 n rot Anerkennung der Zunft
1152 n–1246 n Peire Cardinal
1153 n rot Waffenverbot für Bauern
1155 n rot Tod für Arnold
1155 n grün Humiliaten in Mailand
1157 n rot Rechte für Schuhmacher
1160 n–1216 n Innozenz III.
1165 n–1197 n Heinrich VI.
1173 n–1239 n Hermann von Salza
1175 n rot 'Bund der Armen von Lyon'
1178 n rot Waldenser in Frankreich
1181 n braun Katharer-Kreuzzug
1182 n rot Waldenser in Italien
1188 n rot Cortes in Leon
1190 n–1235 n Eike von Repkow
1191 n grün Japanische Ehrenregel
1194 n–1250 n Friedrich II.
1198 n grün Arbeiter-Bund
1198 n grün Bürger-Bund
1205 n rot Rechte für Handwerker
1209 n/1229 n Katharer-Kreuzzug
1212 n rot Bogomilen-Verfolgung
1218 n–1291 n Rudolf I. von Habsburg
1222 n rot Katharer in Bosnien
1223 n blau Eike: Rechtsgleichheit
1228 n rot Widerstand der Stedinger
1230 n–1306 n Jacopone von Todi
1231 n rot Rechte deutscher Fürsten
1232 n/1234 n Stedinger-Kreuzzug
1232 n–1300 n Segarelli

1234 n rot Katharer-Ende in Bosnien
1250 n rot Zunftverfassung in Florenz
1256 n blau Kritik des Rutebeuf
1260 n rot Apostelbrüder-Orden
1260 n rot Norwegen Erbmonarchie
1260 n–1327 n Meister Eckehart
1270 n–1319 n Haakon V.
1288 n braun Bürgersieg über Bischof
1288 n rot Köln frei vom Bischof
1290 n–1343 n Marsilius von Padua
1293 n rot Machtverlust für Adel
1294 n rot Verdammung Segarellis
1295 n rot Bürger im Parlament
1299 n–1349 n Occam
1301 n braun Handwerker-Erhebung
1301 n/1302 n Kampf um Zölle
1302 n braun Handwerkersieg über Ritter
1304 n–1374 n Petrarca
1305 n/1307 n Lombardischer Kreuzzug
1309 n–1370 n Kasimir der Große
1313 n blau Kritik an Ungleichheit
1313 n–1354 n Rienzi
1315 n braun Bauernsieg über Ritter
1319 n braun Bauernsieg über Ritter
1323 n rot Papst gegen Armutslehre
1323 n/1328 n Aufstand in Flandern
1324 n blau Volksherrschaft gefordert
1324 n–1384 n Wiclif
1325 n rot Bann gegen Aufständische
1325 n–1381 n Wat Tyler
1327 n rot Grundbesitzer-Recht
1329 n rot Streik in Breslau
1335 n–1381 n John Ball
1336 n blau Spott über Bürgertum
1342 n braun Erhebung in Konstanz
1343 n rot Ober- und Unterhaus
1345 n braun Aufstand in Gent, Brügge
1347 n braun Aufstand in Rom
1349 n braun Erhebung in Nürnberg
1351 n rot Streik in Speyer
1351 n rot Arbeitspflicht in England
1351 n/1352 n Erhebung in Rom
1357 n braun Erhebung in Paris
1358 n braun Aufstand der Jacquerie
1358 n rot Mord an Bauernführern
1360 n rot Zwang zur Arbeit
1360 n blau Kritik des Langland
1362 n–1437 n Sigismund
1363 n rot Arbeiter-Diskriminierung
1367 n blau Ball gegen Großgrundbesitz
1370 n–1424 n Ziska
1371 n braun Weberschlacht in Köln
1371 n–1440 n Friedrich I.
1372 n blau Ball: Gütergemeinschaft
1376 n blau Wiclif für Erneuerung
1377 n rot Papst gegen Wiclif
1378 n braun Aufstand in Florenz
1378 n rot Gewerkschaft in Florenz
1379 n braun Aufstand in Flandern
1381 n blau Gleichheitsforderung
1381 n/1382 n Aufstände in England
1381 n/1382 n Aufstand in Frankreich
1382 n rot Gewerkschafts-Auflösung
1383 n rot Lollarden-Bewegung
1384 n blau Kritik John Gowers
1388 n braun Fürstensieg über Städte
1394 n–1460 n Heinrich der Seefahrer
1400 n–1450 n Jack Cade
1408 n grün Ravensburger Konzern
1413 n braun Aufstand in Paris
1417 n rot Hinrichtung Oldcastles
1420 n blau Ziska für Neuordnung
1420 n/1434 n Hussiten-Kreuzzug
1424 n rot Taboriten-Ausschaltung
1425 n rot Konzern-Verbot
1431 n–1474 n Villon
1433 n–1477 n Karl der Kühne
1434 n rot Hussiten für Stände
1435 n/1436 n Aufstand in Schweden
1436 n rot Mord an Engelbrechtsson
1442 n rot Bürgerlicher Minister
1444 n rot Negerjagd in Afrika
1445 n blau Gleichheit vor Gott
1448 n braun Erhebung in Berlin
1448 n blau Jack Cade: Bodenreform
1449 n–1492 n Lorenzo Medici
1450 n braun Aufstand in England
1451 n braun Aufstand auf Mallorca
1451 n–1505 n Isabella von Kastilien
1452 n rot Papst für Versklavung
1452 n–1498 n Savonarola
1459 n–1525 n Jakob Fugger
1461 n blau Villons Zeitkritik
1462 n braun Aufstand in Katalonien
1465 n–1536 n Erasmus von Rotterdam
1472 n braun Fürstenkampf mit König
1472 n rot Fürstenmacht beschränkt
1473 n grün Beziehungen der Fugger
1476 n braun Aufstand deutscher Bauern
1476 n braun Bauernsieg über Ritter
1481 n/1492 n Letzter Maurenkrieg
1483 n–1546 n Luther
1484 n–1531 n Zwingli
1485 n braun Ende der Rosenkriege
1488 n grün Silberbergbau der Fugger
1488 n–1525 n Thomas Münzer
1489 n rot Städte im Reichstag
1489 n–1587 n Sinan
1491 n braun Aufstand in Holland
1491 n–1556 n Ignatius von Loyola
1493 n braun Aufstand im Elsaß
1494 n braun Aufstand in Florenz
1494 n grün Fugger-Gesellschaft
1496 n–1560 n Gustav Wasa
1497 n–1560 n Melanchthon
1498 n rot Verbrennung Savonarolas

1498 n blau Kommunistisches Programm
1500 n braun Bauernsieg über Ritter
1500 n–1558 n Karl V.
1502 n braun Aufstand in Baden
1502 n grün Negersklaven nach Amerika
1508 n grün Steuerreform-Forderung
1509 n grün Fugger: Kriegsfinanzierung
1511 n grün Kapitalzuwachs der Fugger
1512 n braun Rückkehr der Medici
1513 n braun Aufstand im Breisgau
1514 n braun Aufstand in Württemberg
1514 n braun Aufstand in Ungarn
1515 n braun Aufstand in Österreich
1515 n braun Aufstand in der Schweiz
1516 n blau Thomas More: 'Utopia'
1517 n braun Aufstand in Baden
1517 n braun Aufstand in England
1517 n rot Papst für Sklavenhandel
1519 n grün Fugger: Wahlfinanzierung
1520 n blau Bauernfreiheit gefordert
1520 n grün Abkommen gegen Streik
1522 n/1526 n Deutsche Revolution
1523 n grün Kaiser-Schutz für Fugger
1525 n rot 12 Artikel der Bauern
1525 n blau Luther gegen Revolution
1525 n blau Gleichheitsforderung
1527 n rot Hans Hergot verbrannt
1528 n blau Wiedertäufer: Reformen
1528 n rot Wiedertäufer-Hinrichtung
1530 n–1584 n Iwan IV.
1533 n–1603 n Elisabeth
1534 n rot Elite-Orden (Jesuiten)
1534 n blau Rothmanns Kommunismus
1534 n braun Wiedertäufer-Erhebung
1542 n–1605 n Akbar
1543 n blau Fürstenschulen
1548 n rot Papst für Sklavenhaltung
1552 n braun Fürsten-Erhebung
1562 n rot Schutz für Bauernland
1562 n grün Englischer Sklavenhandel
1570 n–1607 n Iwan Bolotnik
1575 n rot Kinderarbeit: Teilverbot
1585 n–1642 n Richelieu
1588 n–1679 n Hobbes
1594 n–1632 n Gustav Adolf
1596 n braun Aufstand in Finnland
1597 n rot Bindung für Bauern
1599 n–1658 n Cromwell
1599 n–1660 n Velasquez
1600 n grün Sklavenhandel verpachtet
1600 n–1681 n Calderon
1601 n rot Armenfürsorge in England
1601 n grün Sklavenhandel Portugals
1602 n blau Campanella: 'Sonnenstaat'
1603 n rot Kanzler-Macht in Japan
1606 n blau Bolotniks Forderungen
1607 n braun Aufstand in Rußland
1613 n grün Adel steuerpflichtig
1614 n/1616 n Fettmilch-Aufstand
1618 n–1682 n Murillo
1620 n–1688 n Der Große Kurfürst
1622 n braun Aufstand in China
1623 n–1662 n Pascal
1624 n braun Aufstand in Frankreich
1626 n braun Aufstand in Österreich
1626 n rot Machtverlust des Adels
1627 n blau Callot: Not des Volkes
1628 n/1644 n Chinesischer Bürgerkrieg
1629 n rot Parlaments-Auflösung
1629 n–1676 n Alexei Michailowitsch
1632 n–1704 n Locke
1637 n braun Aufstand in Frankreich
1639 n braun Aufstand in der Normandie
1641 n rot Parlament unauflösbar
1642 n rot Kampf um Parlamentsrecht
1642 n/1649 n Englische Revolution
1648 n/1649 n Levellers-Erhebung
1649 n rot Hinrichtung Karls I.
1649 n rot England Republik
1649 n blau 'Anwalt des armen Mannes'
1650 n rot Einkerkerung Lilburnes
1650 n grün Sklavenhandel Hollands
1651 n/1652 n Adelserhebung (Frankreich)
1652 n blau Winstanley: Kommunismus
1653 n braun Schweizer Bauernkrieg
1657 n rot Einschränkung für Adel
1660 n rot England wieder Monarchie
1660 n grün Unternehmen des Mitsui
1665 n rot Dänemark Erbmonarchie
1670 n/1671 n Donkosaken-Aufstand
1670 n blau 'Bürger als Edelmann'
1672 n grün Sklavenhandels-Monopol
1675 n blau Vairasses Staatsentwurf
1684 n–1721 n Watteau
1688 n braun 'Glorious Revolution'
1688 n rot 'Declaration of Rights'
1688 n blau Pastorius gegen Sklaverei
1688 n–1740 n Friedrich Wilhelm I.
1689 n–1755 n Montesquieu
1699 n blau John Bellers' Devise
1702 n/1710 n Kamisarden-Aufstand
1705 n blau Mandeville: Bienenfabel
1706 n grün Vaubans Denkschrift
1709 n blau Lesage: 'Turcaret'
1709 n–1762 n Elisabeth Petrowna
1712 n–1786 n Friedrich II., der Große
1712 n–1778 n Rousseau
1713 n grün Sklavenmonopol Englands
1716 n grün Geld einer Privatbank
1723 n–1790 n Adam Smith
1727 n braun Erhebung im Schwarzwald
1727 n blau Quäker gegen Sklaverei
1728 n blau 'Bettleroper'
1729 n–1796 n Katharina II., die Große
1729 n–1781 n Lessing
1731 n rot Gesellenrechte beschränkt

1743 n blau Saint-Simon: 'Mémoires'
1746 n–1827 n Pestalozzi
1753 n blau Rousseau: 'Ungleichheit'
1755 n blau Morelly gegen Eigentum
1758 n–1794 n Robespierre
1759 n blau 'Herr und Diener'
1760 n–1797 n Babeuf
1768 n braun Adelserhebung in Polen
1768 n blau Mably: Kommunismus
1768 n grün Großer Sklavenumsatz
1769 n grün Rothschild Hofbankier
1771 n braun Aufstand in Vietnam
1772 n blau 'Emilia Galotti'
1773 n–1859 n Metternich
1776 n rot Menschenrechte
1777 n grün Adel: Soldaten-Vermietung
1778 n blau 'Figaros Hochzeit'
1779 n blau 'Die Räuber'
1782 n blau 'Kabale und Liebe'
1783 n blau Chamforts Losung
1783 n–1830 n Bolivar
1785 n rot Adelsmacht in Rußland
1785 n/1786 n Waldenburger Aufstände
1787 n rot Shaker-Gruppe
1788 n rot Generalstände-Tagung
1789 n/1795 n Französische Revolution
1790 n braun Aufstände in Sachsen
1790 n rot Jakobinerklub
1790 n blau Kritik des Radistschew
1791 n braun Gesellenerhebungen
1792 n rot Frankreich Republik
1792 n blau Condorcet: Gleichheit
1793 n braun Aufstand in Breslau
1793 n rot Hinrichtung Ludwigs XVI.
1794 n rot Sans-Culotten
1794 n rot Hinrichtung Robespierres
1795 n braun Aufstand in Ungarn
1795 n rot Direktorium
1795 n blau 'Manifest der Gleichen'
1796 n braun Babeufs Verschwörung
1797 n rot Hinrichtung Babeufs
1798 n braun Aufstand in Schlesien
1802 n rot Kinderarbeit: Zeitgrenze
1804 n–1881 n Disraeli
1808 n grün Farmen für Sklavenzucht
1809 n–1852 n Gogol
1809 n–1865 n Lincoln
1812 n blau Owen: 'Neue Ansicht'
1812 n–1870 n Charles Dickens
1813 n rot Maschinenstürmer-Urteil
1815 n–1898 n Bismarck
1818 n–1883 n Karl Marx
1819 n rot Kinderarbeit: Altersgrenze
1820 n blau Saint-Simon: Proletariat
1820 n/1823 n Spanische Revolution
1821 n–1880 n Dostojewski
1824 n rot Owens Gemeinden
1824 n blau Tendenz des Eigentums
1825 n braun Dekabristen-Aufstand
1825 n rot Kollektiv-Verhandlungen
1825 n blau Gray: Klassenfrage
1828 n–1910 n Tolstoi
1829 n grün Fourier: Genossenschaften
1830 n braun Juli-Revolution
1830 n rot Louis Philippe König
1831 n rot Streik in Lyon
1833 n rot Sklaverei-Ende im Empire
1834 n braun Aufstand in Lyon
1834 n rot 'Bund der Geächteten'
1836 n rot 'Bund der Gerechten'
1836 n grün Sklaven-Massenzucht
1838 n rot Chartisten-Vereinigung
1838 n blau Kritik Weitlings
1839 n blau Blanc gegen Kapitalismus
1840 n rot Arbeiter-Bildungsverein
1840 n blau 'Eigentum ist Diebstahl'
1842 n rot Generalstreik in England
1842 n blau L. Steins Untersuchung
1842 n blau Kritik des Cabet
1844 n braun Aufstand in Schlesien
1844 n grün Konsumverein
1844 n–1900 n Nietzsche
1845 n blau Engels: Lage der Arbeiter
1846 n grün Bauern-Genossenschaft
1847 n blau Herzen: 'Wer ist schuld?'
1847 n blau Kommunistisches Manifest
1848 n braun Juni-Aufstand
1848 n rot Frankreich Republik
1848 n blau Daumier: 'Justiz'
1848 n/1850 n Deutsche Revolution
1849 n rot Rom Republik
1850 n blau 'David Copperfield'
1850 n blau 'Menschliche Komödie'
1850 n/1864 n Taiping-Aufstand
1852 n blau 'Onkel Toms Hütte'
1855 n rot 'Schwarze Listen'
1856 n–1950 n G. B. Shaw
1857 n rot Sklaverei legitimiert
1858 n rot Schweiz: Gewerkschaft
1858 n blau Reuter: 'Kein Hüsung'
1859 n blau Marx: Politökonomie
1861 n/1865 n Sezessionskrieg
1862 n blau Hugo: 'Die Elenden'
1863 n rot Lassalles Arbeiterverein
1863 n–1947 n Ford
1864 n rot Erste Internationale
1865 n rot Ku-Klux-Klan
1866 n–1925 n Sun-Yat-Sen
1867 n rot Granger-Bewegung
1868 n rot Machtverschiebung in Japan
1868 n/1869 n Spanische Revolution
1869 n rot Gründung der SPD
1869 n blau 'Manifest' russisch
1869 n–1948 n Gandhi
1870 n rot Frankreich Republik
1870 n blau Blanquis Zeitschrift

1870n blau Liebknecht: 'Bodenfrage'
1870n–1924n Lenin
1871n braun Aufstand der Kommune
1871n blau Pottier: 'Internationale'
1873n blau Anarchismus
1874n braun Spanische Revolution
1875n rot Gothaer Zusammenschluß
1875n–1955n Thomas Mann
1876n rot Industrieverband
1876n rot Kongo-Gesellschaft
1877n braun Aufstand der Samurai
1877n rot Generalstreik in USA
1877n blau Kritik Ibsens
1878n rot Papst gegen Sozialismus
1878n rot Sozialistengesetz
1878n blau Engels: 'Anti-Dühring'
1879n rot Arbeiterpartei Spaniens
1879n blau Kritik Henry Georges
1879n blau Bebel: Stellung der Frau
1879n–1953n Stalin
1882n rot Kein Zuzug Armer (USA)
1882n–1945n F. D. Roosevelt
1883n rot Plechanows Partei
1883n rot Fabian-Society
1884n blau Engels: 'Ursprung'
1885n blau Zola: 'Germinal'
1886n braun Aufstand in USA
1888n blau Kritik Bellamys
1888n grün Zeiß-Werke an Abbe
1889n rot Streik im Ruhrgebiet
1889n rot Zweite Internationale
1889n rot Feiertag der Arbeiter
1889n–1945n Hitler
1890n rot Sozialistengesetz-Wegfall
1890n blau Zeitschrift 'Gleichheit'
1891n braun Aufstand in Frankreich
1891n rot Erfurter Kampfprogramm
1891n rot Alldeutscher Verband
1892n rot Arbeiterpartei Italiens
1892n blau Hauptmann: 'Die Weber'
1893n rot Generalstreik in Belgien
1893n rot Labour-Party
1893n– Mao-Tse-Tung
1894n blau Kautsky: Sozialismus
1895n blau Kollwitz: Weberaufstand
1898n braun Aufstand in China
1898n–1956n Brecht
1900n blau Zeitung 'Der Funke'
1901n rot Gewerkschaftskongreß
1901n blau 'Die Buddenbrooks'
1901n– Sukarno
1902n braun Aufstände in Rußland
1902n blau Gorki: 'Nachtasyl'
1903n rot Bolschewiki
1903n blau Kollwitz: Bauernaufstand
1904n blau Zeitung 'Humanité'
1905n rot Streik im Ruhrgebiet
1905n blau Gorki: 'Die Mutter'
1905n/1906n Russische Revolution
1907n braun Aufstand in Rumänien
1909n braun Revolution in Spanien
1909n rot Oberhaus: Rechtsverlust
1910n braun Revolution in Portugal
1910n rot Portugal Republik
1911n braun Chinesische Revolution
1911n rot China Republik
1914n blau Barbusse: 'Wir anderen'
1914n blau Zilles Zeichnungen
1916n rot Spaltung der SPD
1916n rot Munitionsarbeiter-Streik
1916n blau 'Spartakus-Briefe'
1916n blau Lenin: 'Imperialismus'
1917n blau 'Staat und Revolution'
1917n/1922n Russische Revolution
1917n rot Arbeiter- und Bauernstaat
1917n blau Reed: Revolutionsbericht
1917n grün Vergesellschaftung
1918n rot Deutschland Republik
1918n rot Österreich Republik
1918n blau H. Mann: 'Untertan'
1918n/1919n Deutsche Revolution
1918n– Nasser
1919n braun Aufstand in Ungarn
1919n rot Mord an Arbeiterführern
1920n braun Erhebung im Ruhrgebiet
1920n braun Kapp-Putsch
1921n rot KP Chinas
1921n rot Irak Königreich
1922n blau Lewis: 'Babbitt'
1923n braun Erhebung in Hamburg
1923n rot Türkei Republik
1923n rot Arbeiterstaat beseitigt
1923n grün Webbs: Kapitalismus
1924n rot Mongolei kommunistisch
1924n blau Zeitung 'Unità'
1925n/1949n Chinesische Revolution
1926n braun Erhebung in Indonesien
1927n braun Aufstände in Wien
1927n rot Brüsseler Kongreß
1927n– Castro
1928n blau 'Drei-Groschen-Oper'
1928n blau Shaw: Sozialismus
1931n braun Revolution in Spanien
1931n rot Spanien Republik
1931n rot Harzburger Front
1932n rot Industriepakt mit Hitler
1934n braun Putsch in Frankreich
1934n braun Aufstand in Österreich
1935n braun Putsch in Frankreich
1936n rot Volksfront in Frankreich
1936n/1939n Spanischer Bürgerkrieg
1937n rot Papst gegen Kommunismus
1943n rot Streik in USA
1944n rot Jugoslawien kommunistisch
1945n blau Wright: 'Ich Negerjunge'
1945n/1954n Erhebung Südostasiens
1946n rot Nordkorea kommunistisch
1946n rot Albanien kommunistisch
1946n rot Bulgarien kommunistisch
1946n/1949n Griechischer Bürgerkrieg
1947n rot Polen kommunistisch
1947n rot Rumänien kommunistisch
1947n rot Streikverbot in USA
1948n rot CSR kommunistisch
1948n rot Ungarn kommunistisch
1948n blau De Sica: 'Fahrraddiebe'
1949n rot China kommunistisch
1951n braun Aufstand gegen Peron
1951n rot McCarthyismus
1952n braun Aufstand in Barcelona
1952n rot Ägypten Republik
1953n rot Generalstreiks
1955n braun Vertreibung Perons
1955n rot Nordvietnam kommunistisch
1956n rot KPD-Verbot
1956n/1959n Kubanische Revolution
1957n rot Tunesien Republik
1957n blau Djilas: 'Die neue Klasse'
1958n braun Aufstand im Irak
1958n rot Apartheid
1960n/ Revolution Indochinas
1961n rot Kuba kommunistisch
1965n braun Aufstand in Asturien
1965n rot Sozialismus in Ägypten
1965n rot Sozialismus in Algerien

KLASSIZISMUS, Entwicklungsstufe der europäischen Kunst. Suchte nach der Überladenheit des Barock und der Verspieltheit des Rokoko die Rückkehr zu Einfachheit und Klarheit der Gestaltung. Ihren Namen erhielt die Epoche, weil sie ihre Vorbilder in der vorchristlichen Kunst fand, insbesondere in der Kunst der Griechen, die allgemein als 'klassisch' bezeichnet wurde. Die Architektur bediente sich bei blockhafter Gliederung wieder der Säule und des sichtbaren Giebels, die Bildhauerei suchte in weißem Marmor die Schönheit des Menschen darzustellen, Malerei und Dichtung rückten Gestalten und Konflikte der griechischen Sagenwelt in den Mittelpunkt ihres Schaffens. Ausgrabungen förderten mit der Kenntnis der alten Welt die Ausrichtung auf ihre Formensprache, die sich auch auf andere Künste (Musik, Dichtung) auswirkte.

1748n grün Grabungen in Pompeji
1749n–1832n Goethe
1762n blau Gluck: 'Orpheus'
1763n blau Winckelmanns Werk
1776n blau Gibbon: Geschichte Roms
1777n blau Homer-Übersetzung
1779n blau Gluck: 'Iphigenie'
1787n blau 'Goethe in der Campagna'
1787n blau Goethe: 'Iphigenie'
1789n blau Brandenburger Tor
1791n blau Ehrentempel Panthéon
1793n blau David: 'Tod des Marat'
1800n blau Hölderlins Dichtungen
1804n blau Thorwaldsen: 'Ganymed'
1818n blau Berliner Schauspielhaus

KLAUDIUS, römischer Kaiser von 41n bis 54n.

10v–54n Lebenslinie
40n/42n Afrika-Feldzug
42n rot Gebietsgewinn in Afrika
42n grün Versorgungshafen Ostia
43n/50n Erster Britannischer Krieg
43n braun Eroberung Lykiens
43n rot Mittelmeerküste römisch
44n rot Gewinn von Rhodos
45n rot Judenvertreibung
46n rot Gewinn Thraziens
50n braun Vorstoß von Germanen
50n rot Süd-Britannien Provinz
50n blau Entwicklung Kölns
51n braun Aufstand in Britannien
51n grün Rom Millionenstadt
52n rot Sklavenschutzgesetz
52n grün Entwässerungstunnel
54n rot Ermordung

KLAUDIUS II. (219n–270n), römischer Kaiser von 268n bis 270n. Als Offizier von Kaiser Gallianus mit dem Oberkommando über die römischen Heere betraut, wurde er zum Haupt einer Offiziersverschwörung gegen den Kaiser und bestieg nach dessen Ermordung selbst den Thron. Schlug die eingedrungenen Alemannen in Oberitalien und vertrieb die Goten aus den römischen Donauprovinzen. Nach zweijähriger Herrschaft erlag er in Pannonien (Balkan) der Pest.

250n/269n Erster Gotischer Krieg
269n braun Vordringen Palmyras
269n rot Verlust Ägyptens, Arabiens

KLAVIER, von dem lateinischen Worte 'clavis' (Tasten) abgeleitete Bezeichnung, die zunächst für alle Tasten-Instrumente galt. Als die Unzulänglichkeit der gezupften Tasten-Instrumente (Archicembalo, Klavichord) zur Entwicklung eines Hammer-Klaviers geführt hatte, wurde der Name nur noch für dieses Instrument gebraucht. Es erlaubte zartesten Anschlag wie stärkste Tonfülle, überwand das schnelle Verhallen der Töne und setzte sich deshalb gegenüber allen anderen Tasten-Instrumenten durch.

1555n grün Archicembalo
1685n–1750n Bach
1692n blau Kuhnau: Klaviersonate
1709n grün Hammerklavier
1722n blau 'Wohltemperiertes Klavier'
1732n–1809n Haydn
1770n–1827n Beethoven
1797n–1828n Schubert
1799n blau Beethoven: 'Pathétique'
1821n blau Schuberts Lieder
1834n blau 'Lieder ohne Worte'
1840n blau Chopin: Mazurken, Walzer
1841n blau Schumanns Lieder
1853n blau Liszt: Rhapsodien
1878n blau Wolfs Lieder
1901n blau Ravel: 'Wasserspiele'
1907n blau Reger: 'Schlichte Weisen'
1931n grün Elektromagnetisches Klavier

KLEANTHES, griechischer Philosoph.

304v–232v Lebenslinie
262v blau 'Hymnus an Zeus'

KLEE, Paul (1879n–1940n), schweizerischer Maler und Zeichner. Als Sohn eines Musikers lernte er das Geigenspiel, ging dann aber 19jährig nach München und wandte sich der Malerei zu. Nach einer Italienreise blieb er noch 20 Jahre in München und suchte seinen neuen Stil zum Ausdruck zu bringen, der nur das innerlich Erschaute wiedergab und daher immer wirklichkeitsferner (abstrakter) wurde. Schließlich stellte er bestimmte Inhalte durch Zeichen und Ziffern dar. In Kandinsky und Franz Marc fand er gleichgesinnte Kollegen und schloß sich mit ihnen in dem Kreise 'Blauer Reiter' zusammen. Später lehrte er am Bauhaus in Weimar, dann in Dessau und Düsseldorf. 1933n aus dem Lehramt entlassen, kehrte er in seine schweizerische Heimat zurück. Dort zeichnete er zunächst Karikaturen. In drohenden Zeichen suchte er dann die Gefährdung des Menschen seiner Epoche optisch zum Ausdruck zu bringen. Später malte er Unterbewußtes, Träume und Phantasien.

1911n blau 'Held mit Flügel'

KLEIDUNG

Vorzeittafel: 80 Tausend Jahre
2839v grün Männerröcke in Sumer
2724v grün Schutzhüllen für Schuhe
2653v blau 'Mann im Pantherfell'
2580v grün Faltenröcke in Sumer
2532v blau 'Prinzessin im Tigerfell'
2417v blau 'Frau mit Mantel'
2266v blau 'Mädchen mit Kopftuch'
2028v blau 'Kopf mit Turban'
1557v grün Spitzmütze Königstracht
1537v grün Sportkleidung für Frauen
1533v blau 'Trachtentanz'
1529v blau 'Prinz mit Federhut'
1431v blau 'Gewagtes Dekolleté'
1424v blau 'Durchsichtige Gewänder'
1330v blau 'Enganliegendes Kleid'
1312v blau 'Dame in Hellblau'
1253v blau 'Dame mit Faltenkleid'
647v grün Leinen- und Wollstoffe
94v–34v Publilius
214n–275n Aurelian
273n grün Königstracht Aurelians
397n rot Hosen-Verbot in Rom
589n grün Weiße Priestertracht
1113n grün Kaisermantel-Stickerei
1160n–1216n Innozenz III.
1215n rot Papst für Judentracht
1217n rot Judentracht in England
1276n grün Briefträger-Uniform
1363n rot Vorschrift für Arbeiter
1524n grün Schwarzer Talar
1552n grün Strickstrümpfe
1556n grün Uniformen in England
1630n grün Schuhabsatz
1670n grün Uniformen in Frankreich
1794n grün Hosenträger

KLEIST, Ewald Jürgen (1700n–1748n), deutscher Erfinder. Unternahm neben seiner Tätigkeit als Beamter der evangelischen Kirche (Dekan) auf der Insel Wollin physikalische Versuche. Bemühte sich um ein Verfahren, elektrischen Strom zu speichern. Es gelang ihm, den Strom einer Elektrisiermaschine mit Hilfe eines Nagels in eine mit Wasser gefüllte Arzneiflasche zu bringen, der darin auch blieb, wenn er die Stromzufuhr durch Abschaltung des Elektrisiergerätes unterbrach. Diese Bindung der Elektrizität wurde später in Leiden von einem holländischen Physiker in vollkommenerer Weise vorgenommen. Deshalb erhielt sein Konservierungsgerät für elektrischen Strom später den Namen 'Leidener Flasche'.

1745n grün 'Leidener Flasche'

KLEIST, Heinrich, deutscher Dichter und Journalist.

1777n–1811n Lebenslinie
1806n blau 'Der zerbrochene Krug'
1807n blau 'Penthesilea'
1810n blau 'Marionettentheater'

KLEISTHENES, griechischer Politiker.

572v–485v Lebenslinie
510v braun Aufstand in Athen
510v rot Ende der Tyrannis
510v rot Demokratie
507v rot Verfassungsreform

KLEITOMACHOS (187v–110v), griechischer Philosoph aus Karthago. Studierte an der von Plato gegründeten Akademie in Athen. Schrieb etwa 400 Bücher. Als Karthago von den Römern endgültig zerstört worden war und die Karthager im Mittelmeerraum verstreut wurden, verfaßte er auf Veranlassung seines Lehrers Karneades eine Trostschrift für seine Landsleute. Darin stellte er Gründe dafür zusammen, daß der Weise auch nach Verlust der Heimat sich nicht der Trauer hingibt.

146v blau Trostschrift

KLEMENS V. (um 1260n–1314n), französischer Priester, Papst von 1305n bis 1314n. Als Erzbischof von Bordeaux zum Papst gewählt, kam er zu seiner Krönung nicht nach Rom, sondern ließ die Kardinäle nach Lyon reisen. Dann verlegte er seine Residenz mehrfach innerhalb Südfrankreichs und richtete das in Rom unhaltbar gewordene Papsttum endlich in Avignon ein. Hier wurde es stark vom französischen König abhängig. Erwarb während seines neunjährigen Papsttums über eine Million Goldgulden Privatvermögen, die er seinen Angehörigen vererbte.

1305n rot Anklage gegen Templer
1307n rot Peking Bischofssitz
1309n rot Avignon Residenz
1311n rot Anklage gegen Beginen
1312n rot Templerorden aufgelöst

KLEMENS VII. (1342n–1394n), französischer Priester. Gegen-Papst von 1378n bis 1394n. Wurde in Rom von einem Kardinalskollegium zum Papste gewählt, das vorher Urban als abgesetzt erklärt hatte. Da Urban aber seine Stellung in Rom behauptete, kehrte Klemens nach Avignon zurück und führte weiter den Titel eines Papstes. Durch dieses Doppel-Papsttum begann die Zeit der Kirchenspaltung ('Schisma').

1379n rot Rückkehr nach Avignon

KLEMENS XII. (1652n–1740n), italienischer Priester, Papst von 1730n bis 1740n. Versuchte vergeblich, die protestantischen Fürsten Deutschlands durch wirtschaftliche Zugeständnisse in die katholische Kirche zurückzuführen. Auch seine Absicht zur Ausdehnung des Kirchenstaates durch Einverleibung von Parma und Piacenza scheiterte. Ebenso fruchtlos blieb sein Bemühen, den Mongolen das Christentum beizubringen. Der allgemeinen Feindschaft gegen das Papsttum schlossen sich nun sogar die katholischen Regierungen Europas an. Erließ einen Bannfluch gegen die Freimaurer. Dieser päpstliche Erlaß wurde im größten Teile der betroffenen Länder nicht einmal veröffentlicht, auch in Deutschland nicht, wo Maria Theresias Mann, der kommende Kaiser Franz I., selbst Freimaurer war.

1738n rot Bann gegen Freimaurer

KLEMENS XIV. (1705n–1774n), italienischer Priester, Papst von 1769n bis 1774n. Als Sohn eines Arztes nach Studien der Theologie und Philosophie im höheren Kirchendienst schnell aufgestiegen, erklärte er die Beschuldigungen der europäischen Regierungen gegen den Jesuitenorden als berechtigt. Von den französischen und spanischen Kirchenfürsten gegen den Widerstand der römischen Kardinäle zum Papst gewählt, ging er daran, die mächtigste Kirchen-Organisation aufzuheben. Nachdem er den Neueintritt in den Orden verboten und mehrere Kollegien geschlossen hatte, setzte er den General sowie die Ordensobersten in der Engelsburg fest. Dann erließ er das Verbot des Jesuitenordens und klärte die Öffentlichkeit über die verbrecherische Tätigkeit der Jesuiten auf. Die trostlose finanzielle Lage des Kirchenstaates suchte er durch sparsamste Verwaltung und durch den Aufbau einer Industrie zu überwinden. Nach seinem Tode wurden die Jesuiten beschuldigt, ihn vergiftet zu haben.

1773n rot Verbot des Jesuitenordens

KLEMENS von Alexandria, Religionsphilosoph in Ägypten.

150n–215n Lebenslinie
198n blau Gegen Besitz- und Geldgier
211n blau Einführung ins Christentum

KLEMENSBRIEF, Bezeichnung für einen Brief, den Klemens I. als Bischof von Rom an die Christengemeinde der griechischen Stadt Korinth gerichtet haben soll. Darin wird die Frage der Gemeinde Korinth nach der Absetzbarkeit der Kirchenvorsteher von Rom aus beantwortet. Er diente den römischen Bischöfen zum Beweis ihrer Führerstellung innerhalb der katholischen Kirche und trug dazu bei, ihre Vormacht gegenüber anderen Bischöfen durchzusetzen.

96n blau Niederschrift

KLEOMEDES, griechischer Naturforscher.

133n–205n Lebenslinie
158n grün Sternkunde
185n grün Strahlenbrechung
190n grün Lichtreflexion des Mondes

KLEOMENES (um 65v–um 10v), griechischer Bildhauer. Sohn eines Athener Bildhauers gleichen Namens, bei dem er auch seine Kunst erlernte. Gestaltete die Portraitplastik eines vornehmen Römers und setzte diesen Kopf auf eine als Gestalt des Gottes Hermes bekannte Statue, wie es der Sitte der Zeit entsprach. Schuf auch Musenbilder.

43v blau 'Germanikus'

KLEOPATRA, ägyptische Königin.

69v–30v Lebenslinie
100v–44v Cäsar
82v–30v Antonius
47v rot Gefangenschaft
43v/30v Dritter Bürgerkrieg Roms
37v rot Heirat
37v rot Gebietszuwachs
1756n blau Gemälde Tiepolos

KLEOXENOS (um 260v–um 205v), griechischer Erfinder. Verbesserte zusammen mit Demokleitos die Fackel-Telegraphie durch Erfindung des Drei-Turm-Systems. Dieses bestand aus drei übereinanderliegenden Signal-Punkten auf drei nebeneinanderstehenden Türmen. Durch Flaggen (nachts durch Fackeln) wurden diese 9 Punkte positiv oder negativ signalisiert, so daß es für jeden der 24 Buchstaben des griechischen Alphabets eine eigene feststehende Punkt-Kombination gab. Hannibal machte sich diese Erfindung schon wenige Jahre später in Nordafrika und Spanien zunutze.

227v grün Optischer Telegraph

KLETTERKREISELSPIEL, bekannt unter dem Namen Jo-Jo, der abgeleitet ist von seiner französischen Bezeichnung 'Jou-Jou de Normandie' (= Spiel-Spiel der Normandie). Dort kam es 1792n auf, nachdem es unter dem Namen 'Bandelica' zwei Jahre zuvor durch englische Soldaten aus Indien eingeführt worden war. Es wurde schon vor 2500 Jahren in Griechenland gespielt und auf Vasenbildern dargestellt.

449v grün Spiel in Griechenland

KLIMA-KUNDE, Lehre von der Summe der Lebensbedingungen, die auf der Erdoberfläche herrschen, und die bestimmt sind von Temperatur, Feuchtigkeit, Sonneneinwirkung sowie Luftdruck, Luftzusammensetzung und Luftbewegung. Beschäftigt den Menschen, seit er sich der Einwirkung dieser Kräfte auf sein Leben bewußt geworden ist, also seit mindestens drei bis vier Jahrtausenden. Mit den im 19. Jahrhundert entwickelten Methoden der exakten Wissenschaften wurde sie durch den Österreicher Julius Hann systematisiert und zu einem eigenen Fach ausgebaut ('Handbuch der Klimatologie', 1883n).

473v grün Klima und Mensch
330v grün Schrift des Aristoteles
135v–50v Poseidonios
117v grün Hippalos: Monsun
97v grün Wetter-Entstehung
1643n grün Barometer
1820n grün Synoptische Wetterkarte
1952n grün Meteoro-Biologie

KLINGER, Friedrich Maximilian (1752n bis 1831n), deutscher Dichter. Als Sohn eines Soldaten verlor er früh den Vater. Da ihm seine Mutter von ihrer Arbeit als Wäscherin keine gute Schulbildung ermöglichen konnte, studierte er aus eigener Kraft und später mit Goethes Hilfe Rechtswissenschaft. Mit 22 Jahren schrieb er sein erstes Bühnenstück. Sein Drama 'Zwillinge' wurde preisgekrönt und trug ihm eine Anstellung als Theaterdichter ein. Bald darauf schrieb er das Stück 'Wirrwarr', das von seinen Freunden den Titel 'Sturm und Drang' erhielt und das einer Epoche der deutschen Dichtung ihren Namen gab. 28jährig ging er als Soldat nach Petersburg, heiratete eine Tochter der Kaiserin Katharina II. und stieg im Dienste des Zaren zum Generalleutnant auf. Zum Kurator der Universität

Dorpat ernannt, schrieb er noch einige philosophische Romane.

1776 n blau 'Sturm und Drang'

KLINGER, Max (1857 n–1920 n), deutscher Maler, Bildhauer und Radierer. Studierte in Karlsruhe und Berlin, Brüssel, Paris und Rom, kehrte dann aber in seine Heimatstadt Leipzig zurück. Begann mit Ölgemälden, wandte sich der Federzeichnung und der Radierung zu, illustrierte Bücher und begann 33jährig mit der Bildhauerei. Schuf auch kunstgewerbliche Arbeiten. Sein reiches Lebenswerk ist von keinem bestimmten Stil geprägt. Es enthält vom vordergründigen Naturalismus über Jugendstil und Klassizismus bis zum abstrakten Surrealismus alle nur denkbaren Formelemente, auch im gleichen Kunstwerk und unvermittelt nebeneinandergestellt. Seine Stoffe entnahm er der griechisch-römischen Sagenwelt, der Dichtkunst Europas, aber auch der Natur und der Gesellschaft, die er teilweise sozialkritisch gestaltete. Schrieb ein Buch über das Malen und Zeichnen.

1887 n blau 'Urteil des Paris'

KLITIAS (um 600 v–um 540 v), griechischer Maler. Arbeitete in Athen zusammen mit dem Kunsttöpfer Ergotimos, dessen Vasen, Trinkgefäße und Schalen er mit kunstvollen Darstellungen aus der Tier- und Sagenwelt schmückte. Dabei malte er seine Figuren in schwarzer Farbe auf hellrotem Grund. Schuf den Bildschmuck für die von dem französischen Radierer François 1844 n in Italien aufgefundene Vase, die auf fünf übereinanderliegenden Streifen mit künstlerisch und handwerklich vollendeten Miniaturgemälden bedeckt ist.

560 v blau François-Vase

KLÖSTER, Sammelbezeichnung für abgeschlossene Wohnanlagen, die zur Unterbringung von Menschen bestimmt sind, denen aus religiösen Gründen ein weltabgeschiedenes Leben auferlegt oder erwünscht ist. Beherbergten zu allen Zeiten die ergebensten Anhänger wie die unbeirrtesten Rebellen verschiedener Religionsgemeinschaften.

53 n–123 n Kanischka
90 n blau Buddhistisches Kloster
292 n–346 n Pachomius
316 n–397 n Martin von Tours
323 n blau Erstes Christen-Kloster
330 n–379 n Basilius der Große
331 n blau Regeln des Pachomius
336 n blau Nonnenkloster in Ägypten
345 n–420 n Hieronymus
359 n blau Mönchsregel des Basilius
361 n blau Kloster Ligugé
391 n–460 n Patrick
480 n–547 n Benedikt von Nursia
480 n–573 n Kassiodor
492 n blau Frauenkloster in Irland
529 n blau Kloster Monte Cassino
530 n blau Mönchsregel Benedikts
534 n–615 n Kolumban
542 n blau Abschreibe-Arbeit
556 n blau Kloster Poitiers
594 n blau Kloster Luxeuil
604 n blau Mönchsregel Kolumbans
611 n blau Kloster Bregenz
612 n blau Kloster Bobbio
613 n blau Kloster St. Gallen
616 n blau Westminster-Abtei
617 n–682 n Kädmon
658 n–739 n Willibrord
675 n–754 n Bonifatius
696 n blau Kloster Salzburg
698 n blau Abtei Echternach
710 n–782 n Lioba
722 n blau Kloster Amöneburg
724 n blau Kloster Ohrdruf
724 n blau Kloster Reichenau
732 n blau Kloster Fritzlar
735 n blau Tauberbischofsheim
737 n–804 n Alkuin
740 n blau Ochsenfurt und Kitzingen
744 n blau Kloster Fulda
751 n blau Doppelkloster Heidenheim
769 n blau Kloster Innichen
770 n–840 n Einhard
771 n blau Lamaistisches Kloster
784 n–856 n Rabanus Maurus
786 n–861 n Radbertus
793 n rot Normannen in Lindisfarne
808 n–875 n Otfried
845 n rot Schließung in China
876 n blau Nonnenkloster Gandersheim
910 n blau Kloster Cluny
910 n rot Cluny staatsunabhängig
924 n–998 n Widukind von Corvey
939 n–990 n Roswitha
998 n grün Allerseelenfest in Cluny
1030 n blau Klosterkirche Ripoll
1033 n blau Kirche Mont-Saint-Michel
1049 n rot Hugo Abt von Cluny
1053 n blau Höhlenkloster Kiew
1058 n rot Mönche Sazawas Katharer
1084 n blau Kartäuser-Kloster
1089 n blau Kloster Melk
1090 n blau Kirchenbau in Cluny
1090 n–1153 n Bernhard von Clairvaux
1098 n blau Zisterzienser-Kloster
1098 n–1178 n Hildegard von Bingen
1100 n rot Cluniazenser-Bewegung
1109 n–1149 n Eudo
1115 n blau Kloster Clairvaux
1115 n–1158 n Otto von Freising
1120 n blau Prämonstratenser-Klöster
1123 n blau Abt gegen 'Ketzer'
1130 n blau Kirche Cluny vollendet
1147 n blau Kloster Rupertsberg
1147 n grün Wasserleitung
1156 n blau Karmeliter-Kloster
1247 n–1328 n Johannes Korvino
1249 n grün Gewächshaus in Köln
1254 n blau Kritik Roger Bacons
1406 n blau Ruf nach Säkularisation
1536 n grün Kloster als Tuchfabrik
1639 n–1699 n Racine
1701 n blau Neubau von Melk
1710 n rot Zerstörung Port Royals
1744 n blau Entwurf Kirche Neresheim
1760 n blau Diderots Kritik
1781 n rot Aufhebung in Österreich

KLOPSTOCK, Friedrich Gottlieb (1724 n bis 1803 n), deutscher Dichter. Als ältestes von 17 Kindern eines Quedlinburger Rechtsanwaltes studierte er Theologie. Zwanzigjährig beschloß er, eine große deutsche Heldendichtung zu schreiben. Zunächst wollte er die Gestalt des Königs Heinrich I. in den Mittelpunkt stellen, entschied sich dann aber für Jesus Christus. Nach Veröffentlichung der ersten drei Gesänge seines 'Messias' war er umstritten-berühmt und gab seine Hauslehrerstellung auf, um in Zürich bei Verehrern weiterzuarbeiten. Doch fand er Kritik wegen genußfrohen Auftretens, weil die Schweizer darin einen Gegensatz zu seinem Anspruch sahen, der Dichter müsse Seher und Erzieher des Volkes sein. Bald setzte ihm der dänische König einen Jahressold von 300 Talern aus, so daß er in Kopenhagen weiterarbeiten konnte. Aber erst in seinem 50. Lebensjahre vollendete er nach wechselvollen Schicksalen den 'Messias'. Seine Bühnenstücke und sonstigen Dichtungen blieben ohne Widerhall, weil die von ihm als 'Dichtersprache' bewußt neben die Volkssprache gesetzte Ausdrucksweise ebensowenig Anklang fand wie seine erhabenen Gegenstände (Vaterland, Gott, Ehre, Treue). Seine anfängliche Begeisterung für die französische Revolution ('Freiheitskrieg') nahm er später zurück ('Mein Irrtum').

1773 n blau Vollendung des 'Messias'

KLUNIAZENSER, Bezeichnung für Benediktinermönche, die vor mehr als tausend Jahren eine Reform des Klosterlebens und der Kirche Mittel- und West-Europas bewirkten. Ausgehend von dem französischen Kloster Cluny (daher 'Kluniazenser'), schlossen sie sich mehr als 2000 Klöster mit über 10000 Mönchen an und brachten das Papsttum unter ihren Einfluß. Ihre Bestrebungen zielten auf die Erhebung der päpstlichen Herrschaft über alle weltliche Macht und auf die Befreiung des Papstes vom Mitspracherecht höherer Priester. Im Klosterleben ergab sich aus ihrer Verachtung jeglicher Arbeit die Zurückweisung körperlicher wie geistiger Tätigkeit für die Mönche, die sich auf Gottesdienst und Schweigen konzentrierten.

1100 n rot Ausbreitung der Bewegung

KLYTÄMNESTRA (um 1220 v–um 1180 v), Königin des Stadtstaates Mykene in Süd-Griechenland. Als Frau des Königs Agamemnon brach sie die Ehe mit Ägisthos, während ihr Mann vor Troja kämpfte. Nachdem Agamemnon bei seiner Rückkehr aus dem Trojanischen Krieg erschlagen worden war, heiratete sie Ägisthos, der damit König von Mykene wurde. Aber ihr Sohn Orest tötete sie beide. Auch als Mutter von Iphigenie und Elektra lebte sie in der griechischen Heldensage fort.

1232 v–1183 v Agamemnon
459 v blau Aischylos: 'Orestie'

KNABENLIEBE, Erscheinungsform der Homosexualität, bei der erwachsene Männer sich zu minderjährigen Angehörigen ihres eigenen Geschlechtes zuwenden. In der Militärgesellschaft der griechischen Dorer (Sparta) öffentlich anerkannt, verbreitete sie sich auch nach Athen und galt in Griechenland seit dem 8. Jahrhundert vor unserer Zeitrechnung als moralisch einwandfrei. Sie wurde von Dichtern geübt (Aischylos, Sophokles), von Philosophen (Plato, Aristoteles) und von Künstlern (Phidias, Polyklet), aber auch von Staatsmännern (Themistokles, Aristides), von Gesetzgebern (Lykurg, Solon) und von Königen (Philipp, Alexander der Große). In Rom ist die Sitte erst unter griechischem Einfluß im 3. Jahrhundert vor unserer Zeitrechnung heimisch geworden. In Assyrien verboten, in Palästina geächtet, fand sie bei Arabern und Türken Eingang. Im christlichen Europa verfolgt, seit der Gesetzgebung Kaiser Karls V. sogar mit Feuertod bedroht, wurde sie in Wahrheit durch die unnatürliche Einstellung der Kirche zur Sexualität und zur Frau, durch das Gebot der Ehelosigkeit für Priester sowie durch die reinen Männergemeinschaften in Klöstern und Kasernen gefördert. Nach dem Rückgang der kirchlichen Macht im Spätkapitalismus wurde sie durch die Übersättigung der herrschenden Klasse begünstigt. Da die arbeitenden Klassen von ihr im allgemeinen nur als Opfer betroffen wurden, ist sie in den sozialistischen Ländern eine absterbende Randerscheinung.

586 v–501 v Anakreon
533 v blau Ibykos: Gedichte
502 v blau Theognis: Lehrgedicht
87 v–54 v Katull
797 n blau Abu Nuwas: Gedichte

KNEIPP, Sebastian (1821 n–1897 n), deutscher Naturheilkundiger. Arbeitete bis zu seinem 22. Lebensjahr als Weber und studierte dann Theologie. Während seiner Studienzeit wurde er lungenkrank und heilte sich selbst durch Kalt-Wasser-Kuren, deren Anwendung er aus einem Buche des Schweidnitzer Stadtarztes Hahn gelernt hatte. Nachdem seine Gesundheit wiederhergestellt war, trat er für naturgemäße Heilweise ein. Neben seiner Tätigkeit als Kaplan und später als Dorfpfarrer wandte er Wasserkuren mit großem Erfolg an. In Wörishofen (Bayern) richtete er eine Kuranstalt ein, wo er das Barfußgehen auf nassen Wiesen zur Gesundheitshaltung wie zu Heilzwecken anwandte und Bewegungsübungen einführte. Später verallgemeinerte er seine natürliche Heilweise zu einem System naturgemäßer einfacher Lebensweise und schrieb mehrere Bücher darüber.

1887 n grün 'Wasserkur'

KNICKERBOCKER, Hubert R. (1898 n bis 1949 n), nordamerikanischer Schriftsteller. Als Berichterstatter für mehrere US-Blätter bereiste er mehrfach die Sowjetunion und erkannte die wechselseitigen Möglichkeiten und Gefahren des Handels zwischen kapitalistischen und kommunistischen Ländern. Hierüber verfaßte er die Bücher 'Der rote Handel lockt' und 'Der rote Handel droht'. Angesichts des Versagens des liberalen Kapitalismus in Deutschland erkannte er früh den Kommunismus als einzige wirkliche Alternative zur Brutalisierung des Kapitalismus im Faschismus ('Deutschland — so oder so?').

1932 n blau 'Deutschland — so oder so?'

KNIDOS, Stadt auf der weit vorgeschobenen Südwestspitze Kleinasiens, durch einen langgestreckten, schmalen Landstreifen mit dem Festlande verbunden. Von phönizischen Seefahrern gegründet, wurde sie früh durch eine Stadtmauer befestigt. Später als Siedlung griechischer Dorer im Kampf zwischen Persien und Griechenland hin- und hergerissen. Hier führte Eudoxos den ersten Beweis für die Kugelgestalt der Erde und Ktesias schrieb seine Geschichte Vorderasiens. Nach einigen Jahrhunderten römischer Herrschaft und einer Periode der Selbständigkeit wurde sie arabisch und schließlich Bestandteil des türkischen Reiches.

411 v rot Abfall von Athen
408 v–355 v Eudoxos
395 v/386 v Korinthischer Krieg
393 v blau Ktesias' Geschichtswerk
363 v blau Statue der Aphrodite

KNIEFALL

2595 v grün Mesopotamische Sitte
2579 v blau Indisches Relief
1688 v blau Babylonische Plastik
1416 v blau Ägyptisches Gemälde
1317 v blau Ägyptisches Relief
1298 v blau Gemälde 'Kniender Pharao'
1262 v blau Ägyptische Plastik
548 v blau Plastik eines Knienden
66 n blau Germanen-Darstellung
333 n grün Byzantinismus
949 n blau Luitprands Bericht

KNIGGE, Adolf (1752 n–1796 n), deutscher Schriftsteller. Als Sohn eines verschuldeten Junkers auf Schloß Bredenbeck bei Hannover geboren, begann er Rechtswissenschaft zu studieren und ging 19jährig als Hofjunker nach Kassel. Wegen seines schlechten Benehmens mußte er aber bald seine Stellung aufgeben und reiste einige Jahre in Europa umher, bis er sich als Kammerherr am Weimarer Hof verdingte. Mitglied des Geheimbundes der 'Illuminaten', dem auch Goethe, Pestalozzi und Herder beitraten, und der im Namen der Geistesfreiheit gegen katholischen Gesinnungsterror (Jesuiten und Rosenkreuzer) kämpfte. Verfaßte philosophische Schriften im Sinne der Aufklärung, schrieb Romane und Theaterstücke. Weltberühmt wurde er durch sein Buch über den Umgang mit Menschen. Darin gab er allgemeine Lebensregeln sowie Anweisungen für gutes Benehmen und für erfolgreiches Auftreten.

1788 n blau 'Umgang mit Menschen'

KNIVA (um 205 n–um 260 n), König der Ostgoten. Unternahm mit 70000 Goten und fremden Soldaten einen Angriff auf die römischen Legionen in Kleinasien. Nach Anfangserfolgen wurde er jedoch vom römischen Kaiser Decius mit überlegenen Kräften zum Rückzug gezwungen. An einer strategisch günstigen Stelle wandte er sich aber gegen die ihn verfolgenden Römer und schlug sie vernichtend. Später kehrte Decius mit einem neuen Heere zurück und wurde erneut besiegt und erschlagen. Darauf wandte er sich dem Balkan zu, wo er aber in Mösien (Bulgarien) vom römischen Statthalter geschlagen wurde und sich gegen Zusicherung von Tributzahlungen nach Südrußland zurückzog.

250 n/269 n Erster Gotischer Krieg

KNOBELSDORFF, Georg Wenzeslaus (1699 n–1753 n), deutscher Baumeister und Maler. Als Sohn eines märkischen Gutsbesitzers wurde er Offizier, nahm aber 30jährig den Abschied, um sich der Landschafts- und Porträt-Malerei zu widmen. Nach einer Italienreise trat er in den Dienst Friedrichs des Großen, für den er Schloß Rheinsberg ausbaute. Auf Wunsch des Preußen-Königs studierte er noch die französische Architektur- und Gartenbaukunst. Dann baute er Schloß Sanssouci, ergänzte die Schlösser in Potsdam und Charlottenburg und schuf den Berliner Stadtpark (Tiergarten). Im Gegensatz zu diesen Anlagen, die dem Geschmack seiner Zeit entsprachen (Rokoko), schuf er mit dem Berliner Opernhaus den ersten Bau nach dem Vorbilde der griechisch-römischen Klassik (Klassizismus).

1743 n blau Berliner Opernhaus
1747 n blau Schloß Sanssouci

KNOSSOS, Stadt im Norden der Mittelmeer-Insel Kreta. Vor etwa 4000 Jahren auf den Trümmern älterer Siedlungen entstanden, wurde sie bald zu einem blühenden Stadtstaat, zum Ausgangspunkt der staatlichen Einigung Kretas und zum Regierungssitz des Königs der Insel. Im Schnittpunkt der großen Kulturen des östlichen Mittelmeerraumes gelegen, war sie ein halbes Jahrtausend hindurch selbst kultureller Mittelpunkt.

1905 v blau Palast
1691 v–1628 v Chian
1597 v–1521 v Minos
1585 v grün Stiersprung-Sport
1581 v grün Aussichts-Fenster
1578 v blau Gemälde 'Affe im Park'
1562 v blau Neubau des Palastes
1561 v grün Badezimmer mit Wanne
1552 v grün Fensterfronten
1542 v grün 50000 Einwohner
1535 v blau Bildnis 'Städterin'
1533 v blau 'Trachtentanz'
1529 v blau 'Prinz mit Federhut'
1495 v blau 'Mann mit Trichter'
1481 v blau 'Stierspringerin'
1424 v braun Zerstörung

KNOX, John (1505 n–1572 n), englischer Reformator im Nordteil der Insel (Schottland). Sohn eines Bauern. Nach der Hinrichtung seines Freundes Wishart dessen Nachfolger als geistiger Führer der schottischen Reformation. Mit den Verteidigern von Schloß Andrew nach der Einnahme dieser Rückzugsstellung der Protestanten durch französische Heere gefangen, wurde er in Rouen eingekerkert und auf einer Galeere angekettet. Wieder in Freiheit, predigte er in seiner Heimat weiter, mußte aber bald fliehen. Von der katholischen Kirche in Abwesenheit zum Feuertod verurteilt, übersetzte er in Genf die Bibel ins Englische. Dann kehrte er zurück und wurde begeistert vom Volke aufgenommen, das sofort mit der Zertrümmerung der katholischen Altäre begann und gegen die Klöster vorging. Am Ende dieses Religionskampfes stand der Sieg der Reformation.

1560 n rot Reformation Schottlands

KNUM, Name eines ägyptischen Gottes. Als Widder oder als Mensch mit Widderkopf dargestellt, sollte er die Fruchtbarkeit symbolisieren. Weil er als Schöpfer der Götter und Menschen galt, wurde er auch an der Töpferscheibe arbeitend dargestellt, aus Ton den Menschen formend.

206 v blau Tempel in Esne

KNUM-HOTEP, ägyptischer Gaufürst.

2025 v–1953 v Lebenslinie
2022 v–1962 v Amen-Em-Het I.
1968 v blau Basalt-Statue

KNUT der Große, normannischer König aus Dänemark.

995 n–1035 n Lebenslinie
1002 n–1066 n Eduard der Bekenner
1016 n braun Thronkämpfe in England
1016 n rot Englischer König
1018 n rot König von Dänemark
1018 n rot Personalunion mit England
1027 n rot Hoheit über Schottland
1028 n braun Vertreibung Olafs
1028 n rot König in Norwegen

KOBAD, König von Persien von 488 n bis 531 n.

470 n–531 n Lebenslinie
476 n–531 n Masdak
513 n braun Vertreibung der Hunnen
527 n/532 n Krieg mit Byzanz
531 n rot Scheitern des Masdak

KOBALT, Name eines Metalls, das chemisch widerstandsfähiger ist als Eisen und härter als Stahl. Als Farbstoff bereits vor 4000 Jahren in Ägypten benutzt. Auch in Mesopotamien, Griechenland und Rom war vor Beginn unserer Zeitrechnung das Erz bekannt, doch gelang es erst 1742 n, daraus Metall zu gewinnen. Als Träger von Radioaktivität ('Kobalt 60') für medizinische Zwecke verwendbar (Krebsbestrahlung).

1955 n grün Kobalt 60

KOBERGER, Anton (um 1445 n–1513 n), deutscher Buchdrucker und Buchhändler. Baute seine Nürnberger Druckerei bis auf 24 Maschinen aus, an denen 100 Drucker arbeiteten. Daneben organisierte er den Vertrieb seiner Druckwerke in ganz Europa und kaufte schließlich den Verfassern der von ihm hergestellten Bücher das Druck- und Vertriebsrecht ab, um deren Werke zu eigenem Nutzen zu vertreiben. So schuf er das erste echte Verlags-Unternehmen. Veröffentlichte in dreißig Jahren 250 Bücher, von der Bibel bis zu Schedels illustrierter Weltgeschichte. Als der Vertrieb die Leistungsfähigkeit seiner eigenen Druckerei überstieg, beschäftigte er fremde Druckereien bis Basel und Lyon.

1490 n grün Verlagshaus
1493 n blau Schedels Weltchronik

KOBLENZ, Stadt an der Einmündung der Mosel in den Rhein, die vor 2000 Jahren im zweiten Germanenkrieg als römische Festung (Kastell) gegründet wurde. Seit der Vertreibung der Römer aus Gallien durch die Franken im Jahre 486 n Teil des Frankenreiches. Bei der Teilung des Frankenreiches kam die Stadt zum Ostreich (Deutschland). Die bis hierhier vorgedrungenen Normannen wurden 881 n zurückgeschlagen. 1018 n übergab der deutsche Kaiser die Stadt dem Bischof, der sie bis 1794 n behielt. Dann wurde sie durch die Revolutionskriege von der Kirchenherrschaft befreit, die Klöster wurden aufgehoben. Durch den Wiener Kongreß kam die Stadt 1815 n zu Preußen. Nach dem ersten Weltkrieg bis 1929 n zuerst von Nordamerikanern und dann von Franzosen besetzt, wurde sie ein Zentrum der französischen Bestrebungen zur Abtrennung des Rheinlandes von Deutschland ('Separatismus'). Doch bereiteten die Arbeiter der Stadt den 'Separatisten' 1923 n eine Niederlage. Im zweiten Weltkrieg wurden durch englisch-nordamerikanische Luftangriffe 80 Prozent der Stadt zerstört. Geburtsstadt des österreichischen Staatsmannes Metternich.

12 v/7 v Zweiter Germanenkrieg
486 n rot Teil des Frankenreiches
881 n braun Vorstoß der Normannen
1254 n rot Mitglied im Städtebund
1773 n–1859 n Metternich
1792 n/1795 n Revolutionskriege
1815 n rot Wiener Kongreß
1939 n/1945 n Zweiter Weltkrieg

KOCH, Robert (1843 n–1910 n), deutscher Naturforscher. Als Stadtarzt in Wollstein (Posen) begann er, durch mikroskopische Untersuchungen und Tierversuche das Wesen der ansteckenden Krankheiten und der Wund-Infektion zu erforschen. Es gelang ihm die künstliche Hervorrufung einer Infektionskrankheit (Milzbrand) durch selbstgezüchtete lebende Erreger. Ins Reichsgesundheitsministerium nach Berlin berufen, verfeinerte er seine Untersuchungsmethoden durch bessere Mikroskope und neue Färbtechniken für die Präparate. Fand den Erreger der Tuberkulose und entwickelte das Heilmittel 'Tuberkulin'. Bei Forschungen in Ägypten und Indien entdeckte er den Cholera-Bazillus. Zur Bekämpfung der Rinderpest nach Südafrika gerufen, fand er in der Galle verendeter Tiere ein Heilmittel gegen diese Krankheit. Bei seinen mehrfachen Afrikareisen erforschte er auch Malaria und Beulenpest sowie Amöbenruhr und Schlafkrankheit. Die Systematik seiner Arbeitsweise wurde Vorbild der modernen Bakteriologie.

1878n grün Bakteriologie
1882n grün Tuberkelbazillus
1906n grün Schlafkrankheit

KOCHKUNST

2510v rot Privileg für Köche
501v grün Uhren zum Eierkochen
410v grün Buch des Mithaikos

KÖBIS, Albin (1892n–1917n), deutscher Freiheitskämpfer. Als Heizer auf dem Kriegsschiff 'Prinzregent Luitpold' erkannte er 1917n die Sinnlosigkeit des Weltkrieges und gewann die Besatzung des Linienschiffes für revolutionäre Gedanken. Durch Verbindung mit der Spartakus-Gruppe und der USPD suchte er die Voraussetzungen für einen allgemeinen Aufstand zu schaffen. 1917n führte er den Streik von 800 Matrosen und Heizern auf seinem Kriegsschiff, ging mit ihnen an Land und hielt in Wilhelmshaven eine Anti-Kriegskundgebung ab. Zusammen mit dem Oberheizer des Kriegsschiffes 'Friedrich der Große', Max Reichpietsch, hingerichtet.

1914n/1918n Erster Weltkrieg
1917n braun Erhebung

KÖLN, Stadt am Niederrhein zwischen dem Braunkohlenrevier und dem fruchtbaren Bergischen Lande. Die hier vor 2000 Jahren angelegte Germanen-Siedlung wuchs schnell zur Stadt empor. Jahrhundertelang größte Stadt des deutschen Reiches, blieb sie bis heute ein Mittelpunkt von Handel und Gewerbe mit dem zweitgrößten Binnenhafen Europas.

50n blau Entwicklung zur Stadt
309n grün Steinerne Brücke
355n/358n Germanenkrieg Roms
1133n grün Grundbucheintragungen
1145n rot Mord an Katharern
1149n rot Weberzunft
1149n rot Bestätigung der Zunft
1163n rot Verbrennung von Bischöfen
1182n blau Maurinus-Schrein
1192n blau Dreikönigs-Schrein
1193n–1279n Albertus Magnus
1199n blau Neubau der Apostelkirche
1222n grün Windmühlen
1248n blau Bau des Domes
1249n grün Pflanzenhaus
1260n–1327n Meister Eckehart
1288n braun Bürgeraufstand
1288n rot Befreiung vom Erzbischof
1288n rot Freie Stadt
1295n–1366n Seuse
1322n blau Chor des Domes
1367n rot Kriegsbeschluß der Hanse
1371n braun Weberaufstand
1389n blau Universität
1397n grün Fabrikations-Vorschrift
1410n–1451n Stephan Lochner
1443n blau Dreikönigs-Altar
1588n grün Zeitung
1592n grün Börse
1658n rot Beitritt zum Rheinbund
1692n grün 'Kölnisch Wasser'
1880n blau Vollendung des Domes

KÖLNISCHES WASSER, KÖLNISCH WASSER, Bezeichnung für eine wohlriechende, erfrischende Flüssigkeit aus 98% Alkohol und 2% Duftstoffen (Zitronenöl, Orangenblütenöl, Rosmarin, Lavendel und Bergamotte). Das zunächst nur in der Stadt Köln hergestellte Duftwasser wurde wegen seiner Beliebtheit bald andernorts nachgemacht.

1692n grün Erste Herstellung

KOELREUTER, Joseph Gottlieb (1733n bis 1806n), deutscher Naturforscher. Studierte Botanik und führte Untersuchungen über die Befruchtung der Pflanzen durch. Entdeckte die Blütenstaubübertragung durch Insekten und erkannte die Bedeutung des Blüten-Honigs für die Blütenbestäubung. Unternahm planmäßig Kreuzungen zwischen verschiedenen Pflanzen zur Herausbildung gewünschter Eigenschaften und schuf damit die Grundlage für eine wissenschaftliche Pflanzenzucht.

1760n grün Blütenbestäubung

KÖNIG, Friedrich (1774n–1833n), deutscher Erfinder. Als Buchdrucker besuchte er in Leipzig philosophische Vorlesungen und beschäftigte sich mit wissenschaftlichen Fragen. Seit seinem 30. Lebensjahre bemühte er sich um die Verbesserung der Drucktechnik. Aus Geldmangel konnte er aber seine Pläne nicht ausführen. Da er in Deutschland, Österreich und Rußland keine Unterstützung fand, begab er sich nach England. In London konnte er 1810n endlich seine Flachdruckmaschine ('Tiegelpresse') vollenden und sie auch patentieren lassen. Noch im gleichen Jahre verbesserte er sie durch Erfindung des zylindrischen Gegendrucks gegen den auf der flachen Platte liegenden Satz (Zylinderpresse). Diese 1811n patentierte Schnelldruck-Maschine revolutionierte die gesamte Drucktechnik und setzte sich schnell durch. Die Unredlichkeit seines englischen Partners Bensley veranlaßte ihn 1817n zur Rückkehr nach Deutschland. Zusammen mit dem Mechaniker Bauer gründete er in dem ehemaligen Kloster Oberzell bei Würzburg eine Maschinenfabrik, der er später noch eine Papierfabrik angliederte.

1810n grün Buchdruck-Schnellpresse

KÖNIGGRÄTZ, befestigte Stadt an der Einmündung der Adler in die Elbe (Böhmen). Hier schlugen 240000 preußische Soldaten das mit 500 Geschützen überlegen ausgerüstete österreichische Heer von 220000 Mann. Dieser Sieg entschied den Deutschen Krieg und gab Preußen die Vormacht innerhalb Deutschlands.

1866n braun Deutscher Krieg

KÖNIG ROTHER, Heldengestalt eines in Bayern entstandenen Gedichtes, das von der Brautwerbung des Königs von Bari (Italien) um die Tochter des Kaisers von Byzanz (Konstantinopel) erzählt. Nachdem die von ihm entsandten 12 Grafen eingekerkert worden waren, zog der König selbst nach Konstantinopel und gewann nach abenteuerlichen Heldentaten die Geliebte und die Freundschaft ihres kaiserlichen Vaters.

1160n blau Entstehung des Liedes

KÖNIGSBERG, Stadt an der Mündung des Pregel ins Frische Haff (Ostsee). Auf einem Kreuzzug des Deutschritterordens gegen die nicht-christlichen Preußen als Burg angelegt, wuchs sie schnell zur Stadt empor. Von den freiheitsliebenden Preußen 1261n zerstört. Seit 1263n im Tal unterhalb des Schloßberges wieder aufgebaut. 1286n erhielt sie Stadtrecht. In unmittelbarer Nachbarschaft wuchs eine zweite Siedlung empor (Lobenicht) und auf der Insel Kneiphof entstand eine dritte Stadt. Sie wurden 1724n der heutigen Stadt vom Preußenkönig Friedrich Wilhelm I. einverleibt. Sein hier geborener Vater war in dieser Stadt 1701n zum ersten 'König in Preußen' gekrönt worden und hatte dem aufstrebenden brandenburgischen Staate den Namen 'Preußen' gegeben. Seit 1756n lehrte Kant an der Universität und wurde 1788n ihr Rektor. In den Napoleonischen Kriegen ging von hier die Erhebung Preußens gegen Napoleon aus. Noch der deutsche Kaiser Wilhelm I. ließ sich 1861n in der Stadt zum preußischen König krönen. 1945n von der Roten Armee besetzt, wurde sie nach Aussiedlung des größten Teiles der deutschen Bevölkerung der UdSSR eingegliedert ('Kaliningrad').

1255n blau Gründung
1544n blau Universität
1623n grün Börse
1701n rot Königskrönung
1724n–1804n Kant
1796n/1815n Napoleonische Kriege
1939n/1945n Zweiter Weltkrieg
1945n rot Besetzung
1945n rot Potsdamer Abkommen

KÖPENICK, Stadt auf einer Spree-Insel im Osten Berlins. Im 12. Jahrhundert Residenz des slawischen Fürsten Jakzo, wurde sie 1240n brandenburgischer Besitz und häufiger Aufenthaltsort des Kurfürsten. Friedrich der Große mußte sich hier 1730n als preußischer Kronprinz zusammen mit seinem Jugendfreund Katte vor einem Kriegsgericht verantworten. 1920n als Vorort der Stadt Groß-Berlin eingemeindet. Hier wurde 1906n der preußische Untertanengeist durch ein Schelmenstück des Schuhmachers Voigt lächerlich gemacht, der in einer entliehenen Hauptmanns-Uniform die Stadtkasse beschlagnahmte.

1931n blau 'Hauptmann von Köpenick'

KÖRNER, Theodor (1791n–1813n), deutscher Dichter. Als Student der Rechtswissenschaft wegen Teilnahme an einem Duell von der Universität Leipzig verwiesen, ging er nach Berlin und wandte sich der Philosophie zu. Nach schwerer Krankheit in Wien als Theaterdichter tätig, verlobte er sich mit einer Schauspielerin und schrieb sieben Bühnenstücke. Als in Preußen der Befreiungskampf gegen Napoleon ausbrach, meldete er sich freiwillig und suchte sich als Adjutant des Kommandanten Lützow zu bewähren. Schwer verwundet, kehrte er halbwegs genesen wieder zu Lützow zurück und fiel 21jährig bei Gadebusch in der Nähe von Schwerin (Norddeutschland). Seine Freiheits- und Kampflieder wurden schnell bekannt.

1813n blau Freiheitslieder

KÖRPERPFLEGE

2990v grün Schminken in Ägypten
2494v–2416v Schu-Bad
2491v grün Roter Puder in Sumer
2423v grün Schminklöffelchen, Sumer
1500v grün Mesopotamien: Riechwasser
1490v grün Creme in Ägypten
1487v grün Nagellack in Ägypten
366v grün Diokles' Leitfaden
56n grün Haarseife in Gallien
160n grün Seife in Rom
1692n grün 'Kölnisches Wasser'
1749n grün Zahnbürste

KOFFEIN, anregender Giftstoff, der in Kaffee und Tee enthalten ist. Wegen seiner belebenden Wirkung auf die Tätigkeit des Herzens, der Nieren und der Nerven seit mehr als einem Jahrtausend als Heilmittel angewendet.

1015n grün Arabisches Heilmittel

KOHLE, Sammelbezeichnung für brennbares Gestein, das sich in der Erdrinde aus untergegangenen Urwäldern der frühen Erdgeschichte gebildet hat. Seit etwa drei Jahrtausenden in Indien und Kleinasien verwendet, wurde sie seit dem 9. Jahrhundert auch in Nordeuropa (England) bekannt und seit dem 15. Jahrhundert planmäßig abgebaut (Ruhrgebiet). Mit dem Aufkommen der Dampfmaschine vor etwa 200 Jahren wurde es möglich, die ihr innewohnende Energie in mechanische Kraft zu verwandeln. Damit war das industrielle Zeitalter angebrochen. Durch die Elektrizitätsgewinnung aus Wasserkraft und die Auffindung des Erdöls verlor sie an Bedeutung. Von der aufkommenden Atom-Energie immer mehr zurückgedrängt, erobert sie sich als Ausgangs-Material der Kunststoff-Industrie einen bedeutenden Platz in der modernen Chemie.

369v grün Braunkohle-Verwendung
1110n grün Steinkohlenbergbau
1316n grün Hausbrand-Verbot
1640n grün Koks
1713n grün Kokshochöfen
1913n grün Benzin aus Kohle
1926n grün Gummi aus Kohle
1935n grün Stachanow-Methode

KOHLENOXYD, farb- und geruchloses, brennbares und sehr giftiges Gas. Bestandteil der Kohle und des aus ihr gewonnenen Leuchtgases.

1799n grün Entdeckung

KOHLENSÄURE, ungiftige, farblose, sehr schwache Säure von säuerlichem Geruch. Entsteht durch Verbindung von Kohlendioxyd mit Wasser.

1823n grün Verflüssigung

KOKOSCHKA, Oskar (geboren 1886n), österreichischer Maler, Zeichner und Dichter. Nach Beendigung seiner Studien an der Wiener Kunstgewerbeschule spürte er in Bildern und Dramen den psychologischen Hintergründen der Erscheinungswelt nach. In seinen Porträts betonte er Augen, Mund und Hände zur Sichtbarmachung des seelischen Ausdrucks. Nach fruchtbaren Jahren in der Schweiz arbeitete er in Berlin und schloß sich dort der revolutionären Künstlergruppe um den Kommunisten Herwarth Walden an ('Sturm'). Immer stärker wandte er sich der Darstellung abstrakter Bildinhalte zu ('Die Musik'). Auf Reisen durch Europa, Nordafrika und Vorderasien bemühte er sich, das Charakteristische jeder Landschaft symbolisch herauszuarbeiten ('Themse-Landschaft'). Seine zeichnerischen Zyklen richteten sich gegen alles Menschenfeindliche, besonders gegen den Faschismus. Nach dem zweiten Weltkrieg schuf er Bilder von starker, warmer Farbigkeit. Sein Drama 'Mörder, Hoffnung der Frauen' wurde von Hindemith vertont.

1956n blau 'Thermopylen'

KOKS, Bezeichnung für den festen Rückstand bei der Entgasung von Kohle (hauptsächlich Steinkohle). Wegen seines hohen Heizwertes für die Eisengewinnung in Hochöfen geeignet, aber auch als Hausbrand, besonders für Zentralheizungen.

1640n grün Herstellung
1713n grün Heizung von Hochöfen

KOLBE, Georg (1877n–1947n), deutscher Bildhauer und Zeichner. Wurde zunächst Maler, wandte sich aber in Paris unter dem Einfluß Rodins der plastischen Formgebung zu. In Rom bildete er sich dann vollends zum Bildhauer aus. In seinen frühen Werken stellte er fast ausschließlich die Schönheit des weiblichen Körpers dar ('Kauerndes Mädchen'); später schuf er vorwiegend kraftvolle Männergestalten ('Ruhender Athlet'), Porträts (van de Velde) und Gruppen ('Rathenau-Brunnen'). Arbeitete fast ausschließlich in Bronze, weil in diesem Material die Geschlossenheit seiner Kunst am besten zum Ausdruck kam. Zwei Jahrzehnte brauchte er zur Vollendung des Frankfurter Beethoven-Denkmals. Suchte die Maßstäbe seines Schönheitsempfindens jenseits der künstlerischen Experimente seiner Zeit. In seinen Zeichnungen strebte er nach einer neuen Harmonie.

1912n blau 'Tänzerin'

KOLIN, Stadt in Böhmen, 50 km östlich von Prag an der Elbe. Im Siebenjährigen Kriege erlitt hier das preußische Heer unter Friedrich dem Großen die erste schwere Niederlage gegen Österreich, wodurch der Versuch zur Einnahme der Stadt Prag scheiterte.

1330n–1399n Peter Parler
1756n/1763n Siebenjähriger Krieg

KOLLWITZ, Käthe (1867n–1945n), deutsche Graphikerin. Als Malerin und Bildhauerin ausgebildet, wandte sie sich der Graphik zu, um das arbeitende Volk anzusprechen. Ihr Mann war Arzt in einem Berliner Arbeiterviertel. Hier sah sie die tägliche Not der Ausgebeuteten. Schon ihr erster großer Bilder-Zyklus ('Weberaufstand') war eine klare Stellungnahme für den Befreiungskampf des Proletariats, dessen Elend sie in ihren Lithographien darstellte ('Arbeitsloser'). Nach dem Weltkrieg, in dem sie einen Sohn verloren hatte, trat sie auf die revolutionäre Seite der Arbeiterbewegung ('Für Karl Liebknecht'). Als der junge Sowjetstaat durch Bürgerkrieg und Hunger gefährdet war, schuf sie das Plakat für die Rußlandhilfe ('Brot'). Jedes ihrer Bilder war eine Anklage gegen die Unmenschlichkeit der kapitalistischen Gesellschaft ('Zertretene'). Ihre Stellungnahme angesichts der Gefahr eines Krieges gegen die UdSSR drückte sie in einem Bekenntnis zur internationalen Solidarität des Proletariats aus ('Wir schützen die Sowjetunion'). Nach der Machtübernahme durch die Faschisten blieb sie trotz ihres Ausschlusses aus der Akademie der Künste und des gegen sie erlassenen Veröffentlichungsverbotes in Deutschland.

1895n blau 'Weberaufstand'
1903n blau 'Bauernaufstand'

KOLONOS, Hügelgruppe und Ortschaft im Norden der Stadt Athen (Griechenland). Hier wurde der Dichter Sophokles geboren. Er verewigte den Namen in einem seiner Theaterstücke.

496v–406v Sophokles
407v blau 'Ödipus auf Kolonos'

KOLOSS VON RHODOS, Bezeichnung für eine von dem griechischen Bildhauer Chares zur Aufstellung auf der Mittelmeer-Insel Rhodos angefertigte Riesenstatue. Das 32 Meter hohe Erzbild des Sonnengottes (Helios) galt als eines der sieben Weltwunder und stand mehr als 500 Jahre lang in der Nähe des Hafens von Rhodos an der Nordspitze der Insel. Im Jahre 223v brachte ein Erdbeben die Statue zum Einsturz. Achtzehn Jahre nach der Besetzung der Insel durch die Araber wurden die Reste an einen Juden verkauft, der das Erz auf 900 Kamelen fortführte.

290v blau Errichtung

KOLOSSEUM, Name des größten Freilicht-Theaters der Stadt Rom. Mit seinen rund 50000 Sitzplätzen in vier Stockwerken (Höhe 50 m) gewaltigstes Bauwerk des römischen Weltreiches. Hier fanden Kämpfe zwischen Menschen auf Leben und Tod statt (Gladiatorenkämpfe) sowie Kämpfe zwischen Menschen und Tieren. Es wurden auch ganze Seeschlachten veranstaltet, bei denen die Besatzungen kleiner Schiffe in der Arena einander auf Leben und Tod bekriegten ('Naumachien'). Das Theater war seit seiner Einweihung im Jahre 80n etwa 500 Jahre lang in Betrieb. Es stand dann jahrhundertelang unbenutzt, bis es wegen seiner kostbaren Travertin-Quader von den Päpsten als Steinbruch verwendet wurde. Trotz dieses jahrhundertelangen Raubbaus gibt noch heute eine beachtliche Ruine einen Eindruck von der einstigen Größe.

80n blau Fertigstellung

KOLPING, Adolf (1813n–1865n), deutscher Priester. Als gelernter Schuhmacher begann er Theologie zu studieren und wurde katholischer Priester. Seit 1845n Kaplan in Elberfeld, erkannte er die Gefahr, die der Kirche durch die sich bildende klassenbewußte Arbeiterbewegung erwuchs, und gründete einen katholischen Gesellen-Verein. Diese als 'Kolping-Familie' bezeichnete Organisation bewährte sich als Mittel für die Ablenkung des Proletariats von seinen Klassen-Interessen und fand allgemeine Verbreitung. Wegen seiner vorausschauenden Handlungsweise stieg er zum Rektor der Minoritenkirche in Köln auf und wurde päpstlicher Geheimkämmerer.

1846n rot Gesellen-Verein

KOLUMBAN, irischer Missionar und Mönch.

534n–615n Lebenslinie
564n rot Bekehrung Schottlands
594n rot Einführung der Beichte
594n blau Kloster Luxeuil
604n blau Mönchsregel
610n rot Bekehrung Süddeutschlands
611n blau Kloster Bregenz
612n blau Kloster Bobbio

KOLUMBIEN, Land und Staat an der Nordküste Südamerikas. Hier gründeten Spanier um 1510n die erste europäische Siedlung auf südamerikanischem Boden. In den darauffolgenden drei Jahrzehnten unterwarfen sie die eingeborene Bevölkerung (Chibcha-Indianer) und festigten für fast 200 Jahre ihr Kolonialsystem. Dann befreite sich die farbige Urbevölkerung unter Bolivar. 1903n wurde durch eine von Nordamerika geförderte Gruppe mit militärischer Unterstützung der USA der Nordteil abgetrennt und in einen formal selbständigen Staat (Panama) verwandelt, der mit nordamerikanischem Kapital den Panamakanal errichtete. 1958n brach der Aufstand gegen die auf Großgrundbesitz beruhende soziale Ordnung des Landes aus. Seit seiner Niederschlagung kämpfen Partisanen für den gewaltsamen Umsturz. Bis 1968n verloren dabei 250000 Menschen ihr Leben.

1499n grün Entdeckung
1536n/1539n Chibcha-Krieg
1539n rot Spanische Herrschaft
1783n–1830n Bolivar
1811n/1826n Kampf Lateinamerikas
1813n rot Unabhängigkeit
1903n rot Abtrennung Panamas
1920n rot Mitglied im Völkerbund
1945n rot Mitglied der UN

KOLUMBUS, Christoph, italienischer Entdecker.

1452n–1507n Lebenslinie
1451n–1505n Isabella von Kastilien
1492n grün Erreichung Amerikas
1496n blau Gründung Santo Domingos
1502n grün Festland Mittelamerikas
1614n blau Lope de Vega: 'Kolumbus'

KOMENSKY (Comenius), Johann Amos (1592n–1670n), tschechischer Pädagoge. Nach Studien in Herborn und Heidelberg in seine mährische Heimat zurückgekehrt, wurde er Lehrer, Prediger, Rektor und Schulreformer. Durch Kriegswirren in ganz Mitteleuropa umhergetrieben, verfaßte er mehrere große Wissenswerke, insbesondere auf dem Gebiete der Pädagogik. Bahnbrechend war sein Plan eines auf Anschauung der wirklichen Welt oder mindestens ihrer Abbildung aufgebauten Unterrichtes, für den er durch sein Buch 'Die sichtbare Welt' ('Orbis pictus') die Grundlage schuf. Forderte eine allgemeine, gleiche Bildung und die Verbindung der Geisteserziehung mit handwerklicher Übung. Erstrebte die Heranbildung natürlicher, selbstverantwortlicher, sittlicher Menschen. Führte mit seinen Schriften den Hauptstoß gegen die zunehmend jesuitisch ausgerichtete kirchliche Erziehung.

1628n blau 'Große Unterrichtslehre'
1633n blau Kleinkinder-Erziehung
1658n blau Anschauungs-Unterricht

KOMETEN, von dem griechischen Wort 'kome' (= Haar) abgeleitete Bezeichnung für Sterne mit einem Licht-Schweif. Bestehen aus einer verhältnismäßig geringen Masse und einer großen Hülle; ihr Schweif ist gasförmig und leuchtet nur in Sonnennähe auf. Sie lösen sich allmählich in Meteoriten (Sternschnuppen) auf.

1531n grün Apians Forschungen
1705n grün Halleys Berechnung

KOMINTERN, Abkürzung von '**Kom**munistische **Intern**ationale', Name einer überstaatlichen Organisation kommunistischer Parteien, die 1919n von Lenin ins Leben gerufen wurde. Ihr Ziel war die Sicherung des ersten sozialistischen Staates der Erde durch die Solidarität der internationalen Arbeiterklasse bis zum Übergreifen der Weltrevolution auf andere Länder. Diesem Ziele diente sie auch noch unter der Herrschaft Stalins, der sie außerdem als Hebel zur Durchsetzung eines Moskauer Führungsanspruchs in der kommunistischen Weltbewegung benutzte und sie 1943n auflöste.

1919n rot Gründung
1943n rot Auflösung

KOMMA

205v grün Einführung

KOMMUNE, Name der proletarischen Aufstandsbewegung, die im Jahre 1871n in Paris das Bürgertum besiegte und für zwei Monate die Stadt beherrschte. Entstand, als nach der militärischen Niederlage Frankreichs gegen Deutschland und der Gefangennahme Napoleons III. das Bürgertum die Macht ergriff und das Proletariat entwaffnen wollte. Die siegreichen Arbeiter beseitigten den bestehenden Staatsapparat durch Aufhebung von Polizei, Verwaltung und Heer. Sie setzten an seine Stelle die allgemeine Volksbewaffnung und die Errichtung von Arbeitergenossenschaften in den Betrieben (Diktatur des Proletariats). Diese scheiterte, weil die gleichgerichteten Erhebungen anderer Städte (Lyon, Marseille, Bordeaux, Toulouse) niedergeschlagen wurden, weil die Landbevölkerung sich ihr entgegenstellte und weil die deutschen Besatzungstruppen die Konterrevolution unterstützten. Nach ihrer Niederlage wurden über 30000 Pariser Arbeiter ermordet. Das Proletariat zog aus diesem Scheitern wichtige Folgerungen für die Revolution (vollständige Enteignung, Einbeziehung der Bauern, revolutionärer Terror, internationale Solidarität).

1871n braun Aufstand

KOMMUNISMUS, Bezeichnung für das Ideal brüderlichen Zusammenlebens Freier und Gleicher in einer Welt ohne Ausbeutung und Krieg. Als Sehnsucht der Menschheit so alt wie ihre Spaltung in arbeitende und besitzende Klassen, zielt er auf die Wiederherstellung der verlorenen menschlichen 'Urgemeinschaft' auf höherer Entwicklungsstufe durch Beseitigung des Privateigentums an den Produktionsmitteln (klassenlose Gesellschaft). Nach fünf Jahrtausenden vergeblichen Ringens steht er in unserer Epoche im Begriffe, sich weltgeschichtlich zu verwirklichen.

2942v–2870v Du-Muzi
2888v rot Kommunismus in Sumer
2729v–2662v Agga
2671v grün Ablösung in Mesopotamien
2606v grün Ablösung in Ägypten
2449v–2367v Lugal-Anda
2240v–2172v Aba
2197v/2196v Ägyptische Revolution
2196v rot Volksherrschaft
2196v grün Gemeineigentum in Ägypten
2172v braun Adelserhebung in Ägypten
2172v rot Restauration in Ägypten
2172v grün Wieder Privateigentum
981v–918v Ahia
934v blau Neuordnung gefordert
927v–850v Elias
882v–798v Elisa
842v braun Erhebung in Israel
825v–730v Parshva
802v–745v Amos
777v–692v Jesaja
705v–637v Archilochos
628v–553v Hesekiel
567v blau Gleichheitsforderung
475v–393v Me-Ti
444v–365v Antisthenes
441v blau Me-Ti gegen Klassen
429v–370v Phaleas
427v–347v Plato
422v grün Me-Ti: Produktionsplanung
407v–323v Diogenes
400v blau Sozialisierungsforderung
390v blau Gleichheitsforderung
374v blau Platos Staatsideal
325v–260v Euhemeros
318v blau Anhänger des Diogenes
307v blau Eigentum naturwidrig
280v blau Euhemeros' Staatsentwurf
279v–206v Chrysipp
240v rot Mord an Reformer
224v blau Idealstaat des Chrysipp
187v blau Jambulos' Staatsentwurf
163v rot Bund der Essener
163v–129v Aristonikos
132v rot 'Sonnenstaat' Pergamon
6v–30n Jesus Christus
4v–65n Seneka
9n grün Gemeineigentum in China
23n grün Wieder Privateigentum
64n blau Gleichheitsforderung
67n–140n Juvenal
80n–130n Karpokrates
100n–165n Justin der Märtyrer
123n–140n Epiphanes
127n blau Eigentum unchristlich
140n blau Epiphanes: Kommunismus
150n–215n Klemens von Alexandria
198n blau Klemens gegen Eigentum
202n–258n Cyprian
217n–276n Mani
240n blau Mani gegen Vorrechte
247n blau Cyprian gegen Eigentum
251n–356n Antonius
253n blau Gleichheitsforderung
276n–355n Donatus
285n–347n Fasir
291n–347n Axid
292n–346n Pachomius
330n–379n Basilius der Große
331n blau Ideal der Besitzlosigkeit
342n blau Forderung Fasirs
344n/347n Zirkumzellionen-Aufstand
354n–430n Augustin
375n blau 'Eigentum ist Diebstahl'
470n–531n Kobad
476n–531n Masdak
480n–547n Benedikt von Nursia
502n blau Gemeineigentum gefordert
511n–579n Chosroes
516n blau Verhältnis zur Religion
528n blau Gleichheitsforderung
531n rot Niederlage Masdaks
775n/777n Zindiks-Aufstand
822n–883n Ibn Mohammed
864n–910n Karmat
868n blau Forderung nach Gleichheit
869n/883n Aufstand von Basra
871n rot Staat Basra
874n/883n Chinesische Revolution
883n rot Ende des Staates Basra
889n blau Forderung des Karmat
890n rot Karmaten-Gemeinschaft
899n rot Karmaten-Staat Ahsa
899n/930n Karmatenaufstand
901n rot Karmaten-Staat Multan
905n–965n Al Mutanabbi
914n–961n Bogomil
938n blau Forderung nach Neuordnung
940n rot Bogomilen-Bewegung
954n blau Forderung nach Gleichheit
1021n–1086n Wang-Anschi
1022n–1107n Manko Kapak
1067n rot Inka-Staat
1069n rot Reformen in China
1140n–1217n Peter Waldes
1155n grün Humiliaten-Bewegung
1160n–1216n Innozenz III.
1170n–1221n Dominikus
1175n rot 'Bund der Armen von Lyon'
1178n rot Waldenser in Frankreich
1181n braun Katharer-Kreuzzug
1182n rot Waldenser in Italien
1182n–1226n Franziskus
1209n/1229n Katharer-Kreuzzug
1210n rot Franziskaner-Orden
1212n rot Bogomilen-Verfolgung
1216n rot Dominikaner-Orden
1222n rot Katharer in Bosnien
1230n–1306n Jacopone von Todi
1232n–1300n Segarelli
1234n rot Katharer-Ende in Bosnien
1247n–1328n Johannes Korvino
1256n rot Augustiner-Orden
1260n rot Apostelbrüder-Orden
1260n–1327n Meister Eckehart
1294n rot Verdammung Segarellis
1299n–1349n Occam
1305n/1307n Lombardischer Kreuzzug
1313n blau Kritik an Ungleichheit
1324n–1384n Wiclif
1325n–1381n Wat Tyler
1335n–1381n John Ball
1365n–1416n Hieronymus von Prag
1367n blau Ball gegen Großgrundbesitz
1369n–1415n Hus
1370n–1424n Ziska
1372n blau Forderung John Balls
1376n blau Wiclif für Erneuerung
1381n blau Forderung nach Gleichheit
1381n/1382n Aufstand in England
1383n rot Lollarden-Bewegung
1385n rot Brüdergemeinde (Groot)
1398n blau Wiclifs Lehre in Prag
1400n–1450n Jack Cade
1420n blau Reform-Forderung
1420n/1434n Hussiten-Kreuzzug
1424n rot Taboriten-Ausschaltung
1448n blau Forderung Jack Cades
1450n braun Aufstand in England
1452n–1498n Savonarola
1457n rot 'Böhmische Brüder'
1476n braun Aufstand in Deutschland
1476n rot Hinrichtung Böheims
1483n–1546n Luther
1488n–1525n Thomas Münzer
1498n rot Verbrennung Savonarolas
1498n blau Kommunistisches Programm
1516n blau Thomas More: 'Utopia'
1520n blau Gleichheitsforderung
1522n/1526n Deutsche Revolution
1525n blau Luther gegen Revolution
1526n rot Kapuziner-Orden
1527n rot Hans Hergot verbrannt
1528n blau Forderung der Wiedertäufer
1528n rot Wiedertäufer-Hinrichtung
1534n blau Rothmanns Kommunismus
1534n braun Wiedertäufer-Erhebung
1570n–1607n Iwan Bolotnik
1602n blau Staatsideal Campanellas
1606n blau Bolotniks Forderungen
1607n braun Aufstand in Rußland
1623n–1662n Pascal
1648n/1649n Levellers-Erhebung
1650n rot Einkerkerung Lilburnes
1652n blau Forderung Winstanleys
1675n blau Vairasses Staatsentwurf
1712n–1778n Rousseau
1753n blau Rousseau: 'Ungleichheit'
1755n blau Morelly gegen Eigentum
1760n–1797n Babeuf
1768n blau Forderung Mablys
1783n blau Chamforts Losung
1787n rot Shaker-Gruppe
1789n/1795n Französische Revolution
1794n rot Sans-Culotten
1795n blau 'Manifest der Gleichen'
1796n braun Babeufs Verschwörung
1797n rot Hinrichtung Babeufs
1812n blau Owen: 'Neue Ansicht'
1818n–1883n Karl Marx
1820n blau Saint-Simon: Proletariat
1821n–1880n Dostojewski
1824n rot Owens Gemeinden
1828n–1910n Tolstoi
1829n grün Fourier: Genossenschaften
1834n rot 'Bund der Geächteten'
1836n rot 'Bund der Gerechten'
1838n rot Chartisten-Vereinigung
1838n blau Weitling: 'Die Menschheit'
1840n rot Arbeiter-Bildungsverein
1842n blau L. Steins Untersuchung
1842n blau Cabet: 'Ikarien'
1845n blau Engels: Lage der Arbeiter
1847n blau Kommunistisches Manifest
1858n rot Gewerkschaft
1859n blau Marx: Politökonomie
1863n rot Lassalles Arbeiterverein
1864n rot Erste Internationale
1867n rot Granger-Bewegung
1868n/1869n Spanische Revolution
1869n rot Gründung der SPD
1869n blau Manifest russisch
1870n blau Blanquis Zeitschrift
1870n blau Liebknecht: 'Bodenfrage'
1870n–1924n Lenin
1871n braun Aufstand der Kommune
1871n blau Pottier: 'Internationale'
1873n blau Bakunin: Anarchismus
1874n braun Spanische Revolution
1878n rot Papst gegen Sozialismus
1878n rot Sozialistengesetz
1878n blau Engels: 'Anti-Dühring'
1879n blau Bebel: Stellung der Frau
1879n–1953n Stalin
1883n rot Plechanows Partei
1884n blau Engels: 'Ursprung'
1886n braun Aufstand in USA
1888n blau Bellamy: 'Rückblick'
1889n rot Zweite Internationale
1889n–1945n Hitler
1890n blau Zeitschrift 'Gleichheit'
1891n rot Erfurter Programm
1892n rot Arbeiterpartei Italiens
1893n blau Mehring: 'Lessing-Legende'
1893n– Mao-Tse-Tung
1894n blau Kautsky: Sozialismus
1898n–1956n Brecht
1900n blau Zeitung 'Der Funke'
1901n rot Gewerkschaftskongreß
1901n– Sukarno
1902n blau Lenin: 'Was tun?'
1903n rot Bolschewiki
1904n blau Zeitung 'Humanité'
1905n rot Streik im Ruhrgebiet
1909n braun Revolution in Spanien
1913n blau Stalin: 'Nationale Frage'
1914n rot Kampf gegen Kriegskredite
1914n blau Barbusse: 'Wir anderen'
1915n rot Zimmerwalder Konferenz
1916n rot Spaltung der SPD
1916n rot Munitionsarbeiter-Streik
1916n blau 'Spartakus-Briefe'
1916n blau Lenin: 'Imperialismus'
1917n blau Staatstheorie Lenins
1917n/1922n Russische Revolution
1917n rot Arbeiter- und Bauernstaat
1917n grün Vergesellschaftung
1917n blau Reed: Revolutionsbericht
1918n blau 'Briefe aus dem Gefängnis'
1918n/1919n Deutsche Revolution
1919n braun Aufstand in Ungarn
1919n rot Mord an Arbeiterführern
1919n rot Komintern
1920n braun Erhebung im Ruhrgebiet
1921n braun Kronstädter Aufstand
1921n rot KP Chinas
1923n braun Erhebung in Hamburg
1923n rot Sächsische Regierung
1924n rot Mongolei kommunistisch
1924n blau Zeitung 'Unità'
1924n blau Stalin: 'Leninismus'
1925n/1949n Chinesische Revolution
1926n braun Erhebung in Indonesien
1927n braun Aufstände in Wien
1927n rot Sozialismus in einem Land
1927n– Castro
1929n grün Fünfjahrplan der UdSSR
1931n braun Revolution in Spanien
1932n blau Gründung von Komsomolsk
1933n blau Trotzkis Revolutionswerk
1934n braun Aufstand in Österreich
1935n grün Stachanow-Arbeit
1936n rot Volksfront in Frankreich
1936n rot Moskauer Scheinprozesse
1936n rot UdSSR-Verfassung
1936n/1939n Spanischer Bürgerkrieg
1937n rot Antikomintern
1937n rot Papst gegen Kommunismus
1939n blau Johnson: 'Ein Sechstel'
1943n rot Ende der Komintern
1944n rot Jugoslawien kommunistisch
1945n/1954n Erhebung Südostasiens
1946n rot Nordkorea kommunistisch
1946n rot Albanien kommunistisch
1946n rot Bulgarien kommunistisch
1946n/1949n Griechischer Bürgerkrieg
1947n rot Polen kommunistisch
1947n rot Rumänien kommunistisch
1948n rot CSR kommunistisch
1948n rot Ungarn kommunistisch
1948n grün Plan in Ostdeutschland
1949n rot China kommunistisch
1949n rot Gründung der DDR
1950n rot Vertrag UdSSR–China
1950n blau Stalin: Sprachwissenschaft
1951n rot McCarthyismus
1953n braun Aufstand in der DDR
1953n rot Ende der Stalin-Ära
1953n grün Fünfjahresplan Chinas
1955n rot Nordvietnam kommunistisch
1955n rot Warschauer Pakt
1956n braun Aufstand in Ungarn
1956n braun Aufstand in Polen
1956n rot Gomulka wieder Chef
1956n rot KPD-Verbot
1956n/1959n Kubanische Revolution
1957n rot Volkskommunen
1957n blau Djilas: 'Neue Klasse'
1957n blau 'Tausend Blumen'
1958n rot Chrustschow Regierungschef
1958n grün Polytechnischer Unterricht
1960n/ Revolution Indochinas
1961n rot Kuba kommunistisch
1964n rot Absetzung Chrustschows
1964n blau Schaff: 'Marx oder Sartre?'
1964n blau Havemann: Dialektik

KOMMUNISTISCHE INTERNATIONALE, Name einer überstaatlichen Organisation kommunistischer Parteien, die 1919n von Lenin ins Leben gerufen wurde. Ihr Ziel war die Sicherung des ersten sozialistischen Staates der Erde durch die Solidarität der internationalen Arbeiterklasse bis zum Übergreifen der Weltrevolution auf andere Länder. Diesem Ziele diente sie auch noch unter der Herrschaft Stalins, der sie außerdem als Hebel zur Durchsetzung eines Moskauer Führungsanspruchs in der kommunistischen Weltbewegung benutzte und sie 1943n auflöste.

1919n rot Gründung
1943n rot Auflösung

KOMMUNISTISCHE PARTEI DEUTSCHLANDS
Name der politischen Bewegung, die sich eine Verwirklichung einer klassenlosen Gesellschaft in Deutschland und in der ganzen Welt zum Ziele gesetzt hat. Entstand während des ersten Weltkrieges durch den Zusammenschluß der Kriegsgegner innerhalb der Sozialdemokratischen Partei Deutschlands und führte über die Gründung der Gruppe Internationale und des Spartakusbundes im Jahre 1918n zur eigenen Partei (KPD). Ihr Versuch zur sozialen Vollendung der deutschen Revolution scheiterte. Nach Ermordung ihrer Führer Karl Liebknecht und Rosa Luxemburg trat sie der Moskauer kommunistischen Internationale bei und vertrat fortan bedingungslos die Politik des ersten sozialistischen Staates. Ihr schnelles Anwachsen zur drittstärksten Partei zwang das Besitzbürgertum 1933n zur Ablösung des demokratischen Kapitalismus durch die kapitalistische Diktatur (Faschismus). Von 1933n bis 1945n verboten, nahm sie nach dem Zusammenbruch des Faschismus am Neuaufbau des Landes teil. In Westdeutschland blieb sie infolge der ideologischen und politischen Nachwirkungen des Faschismus eine Minderheit, die nach Festigung der vom amerikanischen Besatzungsregime geförderten kapitalistischen Restauration verboten wurde. In Ostdeutschland baut sie als beherrschende politische Kraft in enger Zusammenarbeit mit der sowjetrussischen Besatzungsmacht einen revolutionären Staat mit zunehmend sozialistischen Zügen auf.

1916n blau Spartakusgruppe
1918n/1919n Deutsche Revolution
1919n rot Rosa Luxemburg ermordet
1919n rot Karl Liebknecht ermordet
1920n braun Erhebung im Ruhrgebiet
1923n braun Erhebung in Hamburg
1923n rot Sächsische Regierung
1949n rot Gründung der DDR
1956n rot Verbot

KOMMUNISTISCHES MANIFEST,
Name der grundlegenden Schrift der internationalen sozialistischen Bewegung. Enthält eine Kritik der kapitalistischen Gesellschaft, eine Ableitung der Menschheitsgeschichte aus den Klassengegensätzen sowie ein Programm für die Herbeiführung der klassenlosen Gesellschaft durch die Weltrevolution.

1818n–1883n Karl Marx
1847n blau Abfassung
1869n blau Russische Übersetzung

KOMMUNISTISCHE WELTBEWEGUNG

1870n–1924n Lenin
1879n–1953n Stalin
1893n– Mao-Tse-Tung
1903n rot Bolschewiki
1917n/1922n Russische Revolution
1917n rot Arbeiter- und Bauernstaat
1918n/1919n Deutsche Revolution
1919n braun Aufstand in Ungarn
1919n rot Komintern
1920n braun Erhebung im Ruhrgebiet
1921n rot KP Chinas
1923n braun Erhebung in Hamburg
1923n rot Sächsische Regierung
1924n rot Mongolei kommunistisch
1925n/1949n Chinesische Revolution
1926n braun Erhebung in Indonesien
1927n– Castro
1934n braun Aufstand in Österreich
1936n/1939n Spanischer Bürgerkrieg
1944n rot Jugoslawien kommunistisch
1946n rot Nordkorea kommunistisch
1946n rot Albanien kommunistisch
1946n rot Bulgarien kommunistisch
1946n/1949n Griechischer Bürgerkrieg
1947n rot Polen kommunistisch
1947n rot Rumänien kommunistisch
1948n rot CSR kommunistisch
1948n rot Ungarn kommunistisch
1949n rot China kommunistisch
1949n rot Gründung der DDR
1955n rot Nordvietnam kommunistisch
1956n/1959n Kubanische Revolution
1959n rot Castro Ministerpräsident
1960n/ Revolution Indochinas
1961n rot Kuba kommunistisch

KOMMUNIZIERENDE RÖHREN, Bezeichnung für Röhren, die an ihrem unteren Ende miteinander verbunden sind und in denen (unabhängig von der Röhrenstärke) Flüssigkeiten gleich hoch stehen.

265v–202v Philon

KOMNENA, Anna (1083n–1150n), Tochter des byzantinischen Kaisers Alexios I. Mit einem Historiker verheiratet, suchte sie nach dem Tode ihres Vaters vergeblich ihren Mann zum Kaiser von Byzanz zu machen. Schrieb die Geschichte des byzantinischen Reiches von 1069n bis 1118n ('Alexias'). Darin schilderte sie den Aufstieg des Reiches von Byzanz zu neuer Blüte unter der Herrschaft ihres Vaters, dessen Kampf gegen Türken und Normannen, seine Unterdrückung der Katharer-Bewegungen sowie die Hintergründe des ersten Kreuzzuges.

1124n blau Geschichtswerk

KOMÖDIE, von dem griechischen Worte 'komodia' (= Festgesang) abgeleitete Bezeichnung für 'Lustspiel'. Entwickelte sich im alten Athen aus vorgetragenen Scherzliedern zu einer eigenen Kunstform.

505v blau Epicharmos' Werke
454v blau Kratinos' Komödien
446v–385v Aristophanes
423v blau Aristophanes: 'Wolken'
422v blau Eupolis: 'Parasiten'
421v blau Aristophanes: 'Frieden'
414v blau 'Wolkenkuckucksheim'
412v blau Eupolis: 'Demen'
411v blau 'Lysistrata'
408v blau Aristophanes: 'Plutos'
343v–292v Menander
311v blau 'Das Schiedsgericht'
282v blau Philemon: 'Der Kaufmann'
280v–220v Herondas
272v blau Philemon: 'Der Schatz'
265v–201v Nävius
254v–184v Plautus
246v blau Lustspiele des Herondas
195v–159v Terenz
186v blau Plautus: 'Goldener Topf'
166v blau 'Mädchen von Andros'
160v blau Terenz: 'Brüder'
94v–34v Publilius
1404n–1472n Alberti
1425n blau Alberti: 'Philodoxas'
1449n blau Rosenplüt: 'Weinsegen'
1547n–1616n Cervantes
1550n blau Sachs: Fastnachtsspiele
1562n–1635n Lope de Vega
1564n–1616n Shakespeare
1593n blau 'Sommernachtstraum'
1600n–1681n Calderon
1609n blau Jonson: 'Die Stumme'
1621n–1695n Lafontaine
1622n–1673n Molière
1634n blau 'Verdächtige Wahrheit'
1666n blau 'Der Menschenfeind'
1670n blau 'Bürger als Edelmann'
1673n blau 'Der eingebildete Kranke'
1709n blau Lesage: 'Turcaret'
1722n blau Holberg: 'Kannegießer'
1729n–1781n Lessing
1730n blau Marivaux' Komödie
1753n blau Goldoni: 'Mirandolina'
1763n blau 'Minna von Barnhelm'
1775n blau Beaumarchais: 'Barbier'
1777n blau Sheridan: 'Lästerschule'
1777n–1811n Kleist
1778n blau Beaumarchais: 'Figaro'
1803n blau Kotzebue: 'Kleinstädter'
1806n blau 'Der zerbrochene Krug'
1809n–1852n Gogol
1833n blau 'Lumpacivagabundus'
1833n blau Raimunds 'Verschwender'
1856n–1950n G. B. Shaw
1898n–1956n Brecht
1912n blau Shaw: 'Pygmalion'
1931n blau 'Hauptmann von Köpenick'

KOMPASS, Gerät zur Bestimmung der Himmelsrichtung. Besteht aus einem magnetischen Metallstück, das frei aufgehängt ist und sich in der Nord-Süd-Richtung einpendelt. Seine Erfindung machte die

Schiffahrt von der Himmelsbeobachtung unabhängig. Der Nachweis einer geringen Ungenauigkeit dieses Orientierungsgerätes durch Foucault (1852n) führte um die Jahrhundertwende zur Konstruktion eines von diesen Abweichungen freien Schiffs-Kompasses ('Kreisel-Kompaß').

374 v grün Eisenstück-Verwendung
1102 n grün Chinesische Seefahrt
1190 n grün Magnetisierung von Stahl
1306 n grün Nadel und Richtungsscheibe

KOMSOMOLSK, russische Stadt am Unterlauf des Amur-Flusses im äußersten Osten Sibiriens, 200 km vom Stillen Ozean entfernt. Erbaut durch Mitglieder des kommunistischen Jugendverbandes der Sowjetunion (Komsomol). Mitten in den sibirischen Wäldern (Taiga) entwickelte sie sich in knapp vier Jahrzehnten zu einem Wirtschafts- und Kulturzentrum mit über 200000 Einwohnern.

1932 n blau Gründung

KONARAK, frühere Hauptstadt des indischen Teilstaates Orissa, südwestlich von Kalkutta am Indischen Ozean. Hier entstand vor 800 Jahren eine Kultstätte für die Sonnen-Verehrung ('Schwarze Pagode') mit reichem plastischen Schmuck.

1262 n blau Sonnentempel

KONCHOIDE, Fachausdruck der Mathematik für eine komplizierte Kurve, die zur Bewältigung geometrischer Aufgaben dient sowie zur graphischen Lösung von Gleichungen dritten und vierten Grades. Das Wort kommt aus dem Griechischen und bedeutet 'Muschellinie'.

179 v grün Erfindung

KON-FU-TSE, chinesischer Philosoph.

552 v–479 v Lebenslinie
529 v blau Lehrbeginn
484 v blau 'Schi-King'
480 v blau Geschichtswerk
402 v blau Niederschrift der Lehren
378 v–289 v Meng-Tse
302 v blau Verbreitung in China
248 v–195 v Han-Kautsu
203 v–157 v Wen-Ti
195 v rot Einfluß auf China
157 v–87 v Wu-Ti
124 v rot Beamte: Kenntnis der Lehre
27 n–97 n Wang-Tschung
175 n blau Aufzeichnung in Stein
175 n grün Druck in China
350 n–430 n Wa-Ni
572 n–621 n Schotoku
683 n–755 n Wu-Taotse
753 n blau Gemälde Wu-Taotses
768 n–824 n Han-Yü
803 n blau Verteidigung durch Han-Yü
1130 n–1200 n Tschu-Hi
1174 n blau Tschu-His 'Kleine Lehre'

KONGO, Land im Herzen Afrikas unmittelbar am Äquator. Umfaßt das ganze Gebiet des gleichnamigen Stromes. Dieser wasserreichste Fluß Afrikas macht zusammen mit seinen linken Nebenflüssen das Land außerordentlich fruchtbar und ermöglicht durch seine 25000 km schiffbarer Flußläufe den Verkehr auch in den unzugänglichen Urwaldgebieten. Das von Nimi a Lukeni im 13. Jahrhundert hier gegründete Negerreich entwickelte sich im 16. Jahrhundert zu seiner höchsten Blüte. Um diese Zeit begannen bereits die seit 1500 n an der Küste des Südatlantik angelegten Niederlassungen europäischer Mächte mit dem Sklavenhandel, der 300 Jahre lang das Land zu einem Jagdgebiet für Menschen machte. Nach der endgültigen Aufhebung der Sklaverei in Amerika bereiste der Engländer Stanley 1874 n in belgischem Auftrag das Land. Dann wurde es von Belgiern in Besitz genommen, die in den ersten 25 Jahren ihrer Kolonialherrschaft die Bevölkerung um 12 Millionen verminderten. Aufstände führten nach dem zweiten Weltkriege zur Freigabe des Gebietes, das wegen seines Reichtums an Uran mehr als andere unabhängig gewordene Länder Afrikas unter ausländischen Eingriffen in die innere Entwicklung leiden mußte. Seit der Ermordung Lumumbas ist der Weg des führerlosen Volkes gegen die vom Ausland unterstützte eigene Herrenschicht noch schwerer geworden.

1483 n grün Strom-Mündung entdeckt
1876 n rot Kongo-Gesellschaft
1908 n rot Belgische Kolonie
1960 n rot Unabhängigkeit
1961 n / Kampf Zentralafrikas
1961 n rot Ermordung Lumumbas

KONKORDAT, von dem lateinischen Worte 'concordare' (= in Übereinstimmung bringen) abgeleitete Bezeichnung für Verträge zwischen Kirche und Staat. Legen auf Grundlage der wechselseitigen Abhängigkeit dieser Einrichtungen der Klassengesellschaft die beiderseitigen Rechte und Pflichten fest. In der Regel erkauft der Staat dabei das Recht der Mitwirkung bei der Besetzung hoher Kirchenämter (Investitur) und die kirchliche Mithilfe seiner Kriegsvorbereitungen (Militär-Seelsorge) durch Hergabe von Macht und Geld, durch Mithilfe bei der Eintreibung der Kirchensteuer sowie durch vollständige oder teilweise (stundenweise) Überlassung der Schuljugend an die Kirche. Die enge Verflechtung der Kirche mit den rückschrittlichsten und brutalsten Staatsgewalten fand in unserer Epoche beim Abschluß der Konkordate deutlichen Ausdruck.

1122 n rot Ämterbesetzung geregelt
1801 n rot Vertrag mit Napoleon I.
1929 n rot Vertrag mit Mussolini
1933 n rot Vertrag mit Hitler
1953 n rot Vertrag mit Franco

KONKORDIENBUCH, Name der vollständigen Sammlung evangelischer Bekenntnisschriften. Enthält alle religiösen Texte, die als Grundlage des Gottesdienstes und des Religionsunterrichtes in protestantischen Kirchen anerkannt sind.

1580 n blau Herausgabe

KONKUBINEN, von dem lateinischen Worte 'concubitus' (= Beischlaf) abgeleitete Bezeichnung für Frauen, die ohne eheliche Verbindung in dauernder Geschlechtsgemeinschaft mit einem Manne leben. Ihre Rechtsstellung wechselte in den vergangenen Jahrtausenden in den verschiedenen Kulturen immer wieder und ist bis heute uneinheitlich geblieben.

2403 v rot Duldung in Sumer

KONRAD IV. (1228 n–1254 n), deutscher König von 1237 n bis 1254 n. Als zweiter Sohn Friedrichs II. an Stelle seines abgesetzten Bruders Heinrich zum deutschen König gewählt, führte er während der langen Italien-Aufenthalte seines Vaters die Regierung in Deutschland. 1240 n hielt er einen Reichstag ab, auf dem sich die Fürsten offen gegen den Papst erklärten. Ein bald darauf eingesetzter Gegenkönig wurde von ihm vertrieben. Einem Anschlag des Bischofs von Regensburg auf sein Leben entging er, doch mußte er vor den Heeren eines neuen Gegenkönigs nach Italien zurückweichen und erlag dort einem Fieber.

1254 n rot Tod

KONRAD von Marburg (um 1175 n bis 1233 n), deutscher Priester. Als Dominikanermönch vom Papst mit der 'Ketzer'-Verfolgung (Inquisition) in Deutschland beauftragt, errichtete er von Marburg aus mit Hilfe der Bischöfe und seiner Ordensbrüder eine Schreckensherrschaft, bei der ihm auf Befehl des Kaisers seit 1232 n auch die staatlichen Stellen halfen. Wer der 'Ketzerei' beschuldigt wurde, konnte sich vor Folter und Feuertod nur durch das Geständnis nicht begangener Taten retten und erhielt dann lebenslängliche Kerkerstrafe. Sein Versuch, den Grafen Sayn vor ein 'Ketzer'-Gericht zu stellen, führte dazu, daß er vor die Reichsversammlung nach Mainz geladen und mit einem Verweis entlassen wurde. Einige Ritter, die seines Terrors überdrüssig waren, erschlugen ihn auf dem Heimwege und erstickten damit die Inquisition in Deutschland.

1232 n rot Hilfe des Staates
1233 n rot Tod

KONRAD von Megenberg (1309 n bis 1374 n), deutscher Schriftsteller. Verfaßte das erste allgemeinverständliche Werk über die Natur in deutscher Sprache. Auf der Grundlage älterer Bücher in lateinischer Sprache sowie nach eigenen Beobachtungen beschrieb er darin systematisch alle Naturerscheinungen: das Himmelsgewölbe, die Planeten, die Erde, die Metalle, die Edelsteine, die Wasserquellen, die Pflanzen, die Fische, die Kriechtiere, die Vögel, die Säugetiere und den Menschen. Außerdem stellte er unter Verwendung einer englischen Vorlage das erste deutsche Handbuch der Physik zusammen. Schrieb auch historische und politische Werke.

1349 n grün Naturkunde

KONRAD von Würzburg (um 1225 n bis 1287 n), deutscher Dichter. Nach Besuch einer Klosterschule verließ er seine Heimatstadt und zog als Dichter in Deutschland umher, bis er sich in Straßburg und schließlich in Basel niederließ und als erster Deutscher allein von Einkünften aus literarischen Arbeiten lebte. Meister der kleinen Form. Außer Liedern und Gedichten schrieb er Erzählungen, Sagen, Legenden, Schwänke und Novellen. Seine Romane waren langatmig und wurden kaum gelesen. Unvollendet hinterließ er ein großes Heldengedicht über den trojanischen Krieg, das mit seinen 40000 Versen die umfangreichste Dichtung seiner Epoche war. In seiner Erzählung 'Heinrich von Kempten' verspottete er das Rittertum. Starb an der Pest.

1278 n blau 'Engelhard und Engeltraut'

KONSERVIERUNG, Haltbarmachung von Lebensmitteln. Seit Jahrtausenden auf verschiedenste Weise versucht, um die Ernährung des Menschen unabhängig von Ernte und Schlachtzeit das ganze Jahr über zu sichern. Grundsätzlich mit dem Verlust wichtiger Vitamine verbunden, wird sie seit einigen Jahrzehnten durch vitamin-erhaltende Tiefkühlverfahren ersetzt.

1733 v grün Einpökeln von Fleisch
1384 n grün Einpökeln von Heringen
1691 n grün Porter-White-Verfahren
1803 n grün Verfahren von Appert
1867 n grün Pasteurisieren

KONSTANTIN, Flavius Valerius, römischer Kaiser von 306 n bis 337 n.

280 n–337 n Lebenslinie
258 n–336 n Arius
261 n–335 n Laktantius
263 n–339 n Eusebius
276 n–355 n Donatus
294 n–354 n Apsyrtos
308 n braun Sieg über Germanen
310 n braun Sieg über Germanen
311 n rot Edikt von Mailand
312 n braun Sieg über Gegenkaiser
313 n rot Religionsfreiheit
313 n rot Rückgabe von Christengut
313 n grün Staatlicher Priestersold
314 n rot Christen für Waffendienst
314 n grün Handels- und Gewerbesteuer
315 n rot Abschaffung der Kreuzigung
315 n rot Kinderbeihilfe
315 n grün Thermen in Trier
316 n rot Sklavenschutzgesetz
319 n rot Schutz für Sklavenfamilien
320 n blau Donatus gegen Staatskirche
321 n rot Sonntag Staatsfeiertag
321 n rot Rechtsgewinn der Kirche
321 n grün Erbrecht für Kirche
324 n rot Christentum Staatsreligion
325 n rot Konzil zu Nikäa
326 n rot Parteinahme für Christen
326 n blau Gründung Konstantinopels
328 n rot Donatisten-Bewegung
328 n blau Axid gegen Staatskirche
329 n blau Biographie
330 n rot Konstantinopel Hauptstadt
330 n grün Kaiserkrone
332 n braun Sieg über Goten
332 n rot Goten Verbündete
333 n rot Schutz für Gelehrte
333 n blau Christliche Hochschule
333 n grün Hofzeremoniell
334 n braun Wandalen-Einfall
334 n rot Weiter Gladiatorenspiele
335 n blau Grabeskirche Jerusalem
337 n rot Erbteilung
340 n / 350 n Persischer Krieg Roms
753 n rot Fälschung einer Schenkung
1408 n–1457 n Valla
1440 n blau Fälschung aufgedeckt

KONSTANTIN VI. (770 n – um 802 n), Kaiser von Ostrom (Byzanz). Als Sohn Kaiser Leos IV. kam er nach dem Tode seines Vaters unter Vormundschaft seiner Mutter (Kaiserin Irene) im Jahre 780 n auf den Thron. Neunzehnjährig unternahm er eine Erhebung gegen seine Mutter, die ihn trotz Volljährigkeit von der Regierung fernhielt, um selbst weiter zu herrschen. Zwei Jahre später gelang es ihm, mit Hilfe der Truppen selbst die Macht zu übernehmen. Da er sich aber als unfähig erwies und die Leibwache durch sein lasterhaftes Verhalten gegen sich aufbrachte, vermochte es seine Mutter, ihn nach sechsjähriger Herrschaft wieder zu stürzen. Sie ließ ihn blenden. Als ihr Gefangener lebte er noch einige Jahre.

797 n rot Absetzung und Blendung

KONSTANTIN der Afrikaner (um 1015 n–1087 n), arabischer Gelehrter. Als Drogist in Karthago (Nordafrika) bildete er sich medizinisch und philosophisch. 1060 n siedelte er nach Salerno (Süditalien) über und gab für die dortige medizinische Hochschule zahlreiche arabische Schriften heraus. Da er seine lateinischen Übersetzungen der großen Araber unter seinem eigenen Namen herausgab, erhielt er schnell großes Ansehen und hatte einen großen Schülerkreis. Berühmt wurde seine Übersetzung eines großen Sammelwerkes über die gesamte ärztliche Kunst ('Pantechne'). Zahlreiche in der arabischen Welt bewährte Medikamente wurden durch ihn in Italien eingeführt. Insgesamt übersetzte er 76 Werke ins Lateinische und hob dadurch das wissenschaftliche Niveau Europas. Zeitweilig war er Sekretär des normannischen Herrschers Robert Guiskard, zu dessen süditalienischem Reich Salerno gehörte.

1068 n blau Übersetzungen

KONSTANTINISCHE SCHENKUNG, kirchliche Bezeichnung für ein Dokument, das angeblich vom römischen Kaiser Konstantin verfaßt sein sollte, der die Stadt Byzanz an Stelle Roms zur Hauptstadt des Römerreiches gemacht hatte. In dieser Urkunde sollte er nach einer durch die christliche Taufe bewirkten Heilung vom Aussatz dem Papste Silvester und dessen Nachfolgern aus Dankbarkeit die Stadt Rom und ganz Italien geschenkt haben. Das Dokument wurde im 8. Jahrhundert von katholischen Priestern verfaßt und 778 n durch Papst Hadrian I. zum ersten Male zur Geltendmachung päpstlicher Ansprüche auf italienisches Gebiet benutzt. 73 Jahre später wurde es in die kirchliche Urkundensammlung aufgenommen, die zur Stärkung der Machtansprüche von Kirche und Papst bestimmt war (Pseudo-Isidorische Dekretalen). Erst sechshundert Jahre später entlarvte der italienische Historiker Laurentius Valla die Urkunde als kirchliche Fälschung.

753 n rot Abfassung
851 n rot Dekretalen
1408 n–1457 n Valla
1440 n blau Beweis der Unechtheit

KONSTANTINOPEL, Stadt an der Meerenge zwischen Europa und Asien (Bosporus). Ihr ursprünglicher Name (Byzanz) wurde von dem römischen Kaiser Konstantin geändert, der sie an Stelle Roms zur Hauptstadt des römischen Weltreiches erhob und nach sich selbst benannte. Bei ihrer Einnahme durch die Türken erhielt sie ihren heutigen Namen 'Istanbul' (= 'Pforte des Glücks').

658 v blau Gründung
146 n–211 n Septimius Severus
196 n braun Zerstörung
280 n–337 n Konstantin
326 n blau Neugründung
330 n rot Hauptstadt
333 n blau Christliche Hochschule
354 n–407 n Chrysostomos
374 n–410 n Alarich
381 n rot Konzil
386 n–451 n Nestorius
399 n–461 n Leo der Große
410 n–485 n Proklos
451 n rot Bischof gleichberechtigt
478 n–567 n Narses
482 n–565 n Justinian
487 n braun Bedrohung durch Goten
497 n–548 n Theodora
510 n grün Schutzmauer
532 n braun Nika-Aufstand
537 n blau Sophienkirche
539 n rot Paß- und Meldewesen
626 n braun Awaren- und Slawenangriff
633 n / 732 n Arabischer Krieg
681 n rot Konzil
688 n blau Universität
758 n–829 n Nikephoros
815 n–891 n Photios
866 n braun Russischer Angriff
941 n braun Russischer Angriff
944 n braun Russischer Angriff
1135 n grün Krankenhaus
1202 n / 1204 n Vierter Kreuzzug
1259 n–1326 n Osman I.
1453 n braun Niederlage gegen Türken
1453 n rot Türkenherrschaft
1489 n–1587 n Sinan
1538 n grün Ausfuhr von Kaffee
1545 n blau Prinzen-Moschee
1551 n blau Mirimah-Moschee
1554 n grün Kaffeehaus
1556 n blau Soliman-Moschee
1615 n blau Achmed-Moschee

KONSTANZ, Stadt am Südwest-Ufer des Bodensees. In dem seit vielen Jahrtausenden bewohnten Gebiet an der Einmündung des Rheines in den See gründeten die Römer neben Pfahlbauten eine befestigte Siedlung (Kastell). 1153 n schloß hier der deutsche Kaiser einen Vertrag mit dem Papst. 1183 n mußte er im Frieden von Konstanz den norditalienischen Städten gegen formelle Anerkennung seiner Hoheitsrechte weitgehende Selbständigkeit gewähren. Seit 1192 n Reichsstadt, trat sie 1331 n dem Schwäbischen Städtebund bei. Auf Drängen des deutschen Kaisers Sigismund wurde hier für 1414 n eine katholische Bischofsversammlung einberufen, die bis 1418 n tagte (Konstanzer Konzil). Dabei wurde zum ersten Male nicht nach Köpfen, sondern nach Nationen abgestimmt, wodurch das Übergewicht der italienischen Bischöfe nicht zum Tragen kam. Trotz Absetzung mehrerer Päpste wurde eine grundlegende Reform der Kirche nicht erreicht. Es kam vielmehr zur blutigen Unterdrückung der kirchlichen Reformbewegung. 1527 n schloß sich die Stadt der Reformation an und trat dem Schmalkaldischen Bunde bei. Nach Verhängung der Reichsacht wurde sie aber zum Katholizismus zurückgezwungen. Im 19. Jahrhundert Zentrum des gegen Rom gerichteten Katholizismus der 'Alt-Katholiken'. 1848 n rief Friedrich Hecker hier die Republik aus und machte die Stadt zum Ausgangspunkt der Revolution in Baden.

304 n blau Gründung
1089 n blau Münster
1153 n rot Bündnis Kaiser–Papst
1183 n rot Vertrag Kaiser–Städte
1295 n–1366 n Seuse
1331 n rot Mitglied im Städtebund
1342 n braun Weber-Aufstand
1350 n–1415 n Chrysoloras
1362 n–1437 n Sigismund
1365 n–1416 n Hieronymus von Prag
1369 n–1415 n Hus
1415 n rot Feuertod des Hus
1416 n rot Feuertod des Hieronymus
1418 n rot Konzil beendet
1425 n rot Weber gegen Konzern
1531 n rot Schmalkaldischer Bund
1848 n / 1850 n Deutsche Revolution

KONSULN, Bezeichnung für die beiden höchsten Beamten des römischen Reiches während der republikanischen Periode. Sie wurden jeweils für ein Jahr gewählt, konnten aber wiedergewählt werden. Sie beriefen die Volksversammlungen ein, standen auch dem Senat vor, führten alle Beschlüsse aus und hatten im Kriege die oberste Befehlsgewalt. Durch Einführung des Kaisertums (Augustus) sank ihre Stellung zu einem bloßen Ehrenamt herab. Nach der französischen Revolution wurde 1799 n von Napoleon dieses Amt für den französischen Staat geschaffen, um den Übergang zu seiner Alleinherrschaft zu erleichtern. Heute bezeichnet das Wort Vertreter fremder Staaten für Verkehrs- und Wirtschafts-Fragen, insbesondere für Paß-Angelegenheiten.

509 v grün Zeitrechnung
384 v rot Mord an Konsul
366 v rot Konsulat für Plebejer
340 v–273 v Appius Klaudius
153 v grün Antrittsdatum
151 v rot Wahlgesetz
144 v–101 v Athenion
100 v rot Bruch des Wahlgesetzes
59 v rot Wahl Cäsars
155 n–235 n Kassius Dio
541 n rot Abschaffung in Byzanz
1799 n rot Konsulat Napoleons

KONSUM-VEREIN, Zusammenschluß von Verbrauchern (Konsumenten) zu genossenschaftlichem Einkauf. Erstrebt Preis-Vergünstigung durch Ausschaltung der Handelsgewinne. Mit dem Erwachen des Klassenbewußtseins der Arbeiterschaft in der Mitte des 19. Jahrhunderts entstanden, stärkte die schnell wachsende Organisation das Vertrauen des Proletariats in seine eigene Kraft. Seit einigen Jahrzehnten bedient sich auch das Bürgertum zunehmend der Vorteile dieser Arbeiter-Organisation, die ihre Dienste der allgemeinheit zur Verfügung stellte und sie damit dem Prozeß der Verbürgerlichung aussetzte.

1844 n grün Gründung in England

KONTINENTALSPERRE, Bezeichnung für die Anordnung, die der französische Kaiser Napoleon im besetzten Berlin erließ, um England vom Europahandel abzuschnüren. Es war danach für englische Schiffe verboten, Häfen des europäischen Kontinentes anzulaufen, während umgekehrt allen Ländern Europas die Ausfuhr nach England untersagt wurde. Durch diese Maßnahme sollte vor allem die Abhängigkeit des europäischen Marktes von englischen Lieferungen beendet werden, um der französischen Wirtschaft den gesamten Festlandsmarkt zu erschließen. Tatsächlich bewirkte sie den Aufbau zahlreicher neuer Industrien auf dem Kontinent. Sie wurde aber schließlich durch die ablehnende Haltung mehrerer europäischer Mächte (besonders Rußlands) vereitelt.

1806 n grün Anordnung

KONTRAPUNKT, Bezeichnung für ein mehrstimmiges Musikstück melodisch selbständiger, harmonisch aufeinander abgestimmter Tonsätze. Als erste musikalische Satzlehre bestimmte die ihm zugrundeliegende Regel die Musik bis ins 17. Jahrhundert.

1423 n blau Einführung

KONVERSATIONS-LEXIKON, Sammelbegriff für alphabetisch geordnete Wissenswerke, die mit dem Anspruch auf umfassende Darstellung aller Erscheinungen in Natur und Gesellschaft auftreten. Diese Handbücher lösten im 18. Jahrhundert die vorher gebräuchlichen Enzyklopädien ab, die nicht alphabetisch, sondern systematisch nach Sachgebieten geordnet waren.

1796 n blau Löbels Lexikon

KONYA, Stadt im südlichen Kleinasien. Vor 3000 Jahren von Phrygern gegründet (Ikonion), wurde sie im 6. Jahrhundert vor der Zeitwende persisch, dann durch Alexander den Großen gewonnen. Kam 189v an das Reich Pergamon und mit diesem im Jahre 133v durch Erbschaft an Rom, das es 129v seiner neugegründeten Provinz Asia einfügte. Gehörte seit der Reichsteilung zu Ostrom (Byzanz). Nach dem Siege der türkischen Seldschuken über die byzantinischen Heere im Ikonischen Türkenkrieg wurde sie für zwei Jahrhunderte Hauptstadt des kleinasiatischen Seldschukenreiches. Nach Vertreibung der Seldschuken (1307n) verfiel die Stadt.

1071n/1077n Ikonischer Türkenkrieg
1106n rot Hauptstadt
1259n–1326n Osman I.
1307n braun Seldschuken-Vertreibung

KONZENTRATIONSLAGER, Name der Straf-, Arbeits- und Vernichtungslager, die von den deutschen Faschisten 1933n eingerichtet wurden zur Unschädlichmachung der Kommunisten und anderer Antifaschisten, die hier mit kriminellen Verbrechern zusammengesperrt wurden. Entwickelten sich während des zweiten Weltkrieges einerseits zu Arbeitslagern für die deutsche Großindustrie (IG-Farben, Krupp, Siemens), andererseits zu Massenvernichtungslagern, in denen vorwiegend die jüdische Bevölkerung der besetzten polnisch-tschechisch-russischen Gebiete durch Gas getötet und verbrannt wurde. Von den etwa 15 Millionen Gefangenen wurden mehr als die Hälfte umgebracht.

1889n–1945n Hitler
1934n rot Übernahme durch SS
1934n blau Bredel: 'Die Prüfung'
1935n blau Langhoff: 'Moorsoldaten'
1942n blau Seghers: 'Das 7. Kreuz'
1944n rot Massenmord (Auschwitz)
1955n blau Apitz: 'Nackt unter Wölfen'
1958n blau Buchenwald-Plastiken

KONZERNE, Bezeichnung für Unternehmensgruppen, in denen mehrere selbständige Einzelbetriebe durch Kapital-Verflechtung und gemeinsame Oberleitung verbunden sind. Durch höhere Kapitalstärke, größeren Marktanteil und rationellere Arbeitsweisen den Einzelbetrieben überlegen, bildeten sie seit der vollen Entfaltung des Frühkapitalismus eine immer häufiger werdende Form der Wirtschaftskonzentration. Ihrer Entstehung traten früh breite Volksschichten entgegen, weil durch die mit ihnen verbundene Machtzusammenballung eine Gefahr für die Arbeiter, aber auch für Einzelbetriebe eintrat. Trotz zahlreicher Gesetze ließ sich aber die im Wesen des Kapitalismus liegende Tendenz zur Wirtschafts- und Machtkonzentration nicht aufhalten, so daß ihr Anteil an der gesamten Volkswirtschaft beständig stieg.

1408n grün Deutscher Handelskonzern
1425n rot Verbot des Konzerns
1916n rot Hugenberg-Konzern
1925n grün IG-Farben

KONZILE, Bezeichnung für Versammlungen von Kirchenfürsten, die feierlich einberufen werden, um wichtige Entscheidungen in Glaubensfragen oder in kirchlichen Angelegenheiten zu fällen oder zu bestätigen.

48n rot Apostelkonzil
100n rot Buddhistisches Konzil
325n rot Nikäa
341n rot Antiochia
381n rot Konstantinopel
431n rot Ephesos
681n rot Konstantinopel
694n rot Toledo
787n rot Nikäa
1000n–1088n Berengar von Tours
1139n rot Zweites Laterankonzil
1179n rot Drittes Laterankonzil
1215n grün Viertes Laterankonzil
1312n rot Vienne
1362n–1437n Sigismund
1415n rot Verbrennung des Hus
1415n blau Gerson über Unfehlbarkeit
1416n rot Feuertod des Hieronymus
1416n blau Unfehlbarkeit bestritten
1418n rot Konstanzer Konzil beendet
1448n rot Basel
1545n rot Trient
1870n rot Vatikanisches Konzil

KOPAN, Stadt in Honduras (Mittelamerika). Entstand vor 1500 Jahren, als das Reich der Mayas seinem Höhepunkt entgegenging. Von einem Berge mit Tempelanlage überragt, war sie kulturelles und wirtschaftliches Zentrum für die Bewohner der umliegenden Dörfer.

455n blau Gründung

KOPENHAGEN, Stadt an der Ostküste der Ostseeinsel Seeland, die nur durch den knapp 30 Kilometer breiten Sund von der Südspitze Schwedens getrennt ist. Entstand im 12. Jahrhundert aus einem Fischerdorf und erhielt 1254n Stadtrecht. Seitdem mehrfach von Hanseschiffen angegriffen, schützte sie sich durch starke Befestigungen. 1445n wurde sie dänische Residenzstadt. Sie widerstand mehreren schwedischen Angriffen und rettete durch tapfere Abwehr der Schwedenheere 1659n die Selbständigkeit des Landes. Es folgten heftige Angriffe der Engländer, die 1807n die Stadt von 75 Schiffen aus in Brand schossen. Nach Annahme der dänischen Verfassung (1849n) versammelte sich hier der Reichstag. Seit 1870n wurde die Stadt zur bedeutendsten Festung Dänemarks ausgebaut. 1940n–1945n war sie von deutschen Truppen besetzt.

1168n blau Entwicklung zur Stadt
1362n/1364n Krieg der Hanse
1367n/1370n Krieg der Hanse
1479n blau Universität
1801n braun Seeschlacht

KOPERNIKUS, Nikolaus, deutscher Naturwissenschaftler polnischer Staatsangehörigkeit.

1473n–1543n Lebenslinie
1528n grün Heliozentrisches Weltbild
1616n rot Verfolgung der Lehre
1633n rot Widerruf des Galilei

KOPFSTEUER, Bezeichnung für eine frühe Form der Besteuerung, die ohne Rücksicht auf Einkommens- und Vermögensverhältnisse jedem Untertanen eine festgelegte Einheitssteuer auferlegt.

297n grün Einführung in Rom
1379n grün Einführung in England
1427n rot Erhebung in Deutschland
1718n grün Einführung in Rußland
1842n blau Gogols Satire

KOPIERPRESSE, Gerät zum originalgetreuen Vervielfältigen von Briefen und Dokumenten durch Druck auf feuchtes Fließpapier unter Verwendung einer Kopierflüssigkeit. Seit Aufkommen photographischer Vervielfältigungsmethoden überholt.

1736n–1819n James Watt

KOPTEN, Bezeichnung für die in Ägypten lebenden Christen. Bedienten sich der ägyptischen Sprache, die in griechisch-römischer Zeit stark zurückgedrängt worden war, und vereinfachten die Schrift durch Einführung griechischer Zeichen. Als die Christen des übrigen Römerreiches sich für die Lehre der göttlichen und menschlichen Doppelnatur des Religionsstifters Jesus entschieden, verselbständigten sie sich und bildeten fortan eine eigene Kirche, der sich später auch die Christen Abessiniens anschlossen. Seit Beginn der Araberherrschaft über Ägypten verloren sie neun Zehntel ihrer Anhänger; der verbleibende Stamm aber widersetzte sich beharrlich dem Übertritt zum Islam und erhielt sich bis in die Gegenwart als kleine geschlossene Gemeinde, die ihr ägyptisches Erbe zu bewahren sucht.

254n grün Schrift
451n rot Kirche

KOPTOS, Stadt in Ägypten, 70 Kilometer nordwestlich von Theben. Vor über 4000 Jahren Zentrum eines Goldminenfeldes, das sich tief in die Wüste zwischen Nil und Rotem Meer erstreckte.

2381v grün Goldfunde

KORAN, Titel des Grundwerkes der arabischen Religion (Islam). Enthält eine Sittenlehre, Rechtssätze, Gesundheitsregeln sowie Gebete, Predigten und Glaubensbekenntnisse. Gliedert sich in 114 Abschnitte ('Suren'), die nach Stichworten benannt und nach Länge geordnet sind. Zwanzig Jahre nach Mohammeds Tod niedergeschrieben, erhebt das Buch den Anspruch, die einzig gültige Sammlung der Offenbarungen des Religionsstifters zu sein. Alle früheren Aufzeichnungen wurden im Jahre seiner Fertigstellung vernichtet auf Anordnung des Kalifen Othman, der persönlich die Redaktion geleitet hatte.

570n–632n Mohammed
570n–634n Abu Bekr
582n–644n Omar
588n–656n Othman
626n blau Beginn der Niederschrift
632n blau Verkündigungs-Sammlung
653n blau Fertigstellung
653n rot Alter Koran verbrannt
675n–715n Welid
699n–748n Ibn Ata
718n–791n Al Chalil
810n–870n Al Buchari
839n–923n Al Tabari
853n rot 'Wort Gottes'
874n–935n Al Aschari
885n blau Auslegung
973n–1057n Al Mari
1142n blau Übersetzung
1325n–1389n Hafis
1542n rot Strafe für Herausgabe

KORAX (um 510v–um 445v), griechischer Staatsmann auf der Insel Sizilien. Als Rechtsanwalt stieg er wegen seiner großen Beredsamkeit zum Oberhaupt des Stadtstaates Syrakus auf. Legte aber nach kurzer Regierungszeit sein Amt nieder, um ganz den Wissenschaften zu leben. Schrieb ein Buch über die Anwendung der Redekunst in der Politik und in der Staatsführung. Gründete auch eine Schule, in der er die Kunst der politischen Rede lehrte.

479v blau Lehre der Redekunst

KORB, KORBTRÄGER

2215v blau Statue 'Korbträgerin'
1992v blau Korbträger-Symbolik
1770v blau König als Korbträger
1499v–1450v Tuti

KOREA, Land und Staat in Ostasien auf der gleichnamigen Halbinsel, die sich zwischen Gelbem Meer und Japanischem Meer dem Inselreich Japan entgegenstreckt. Seine Bevölkerung vereinigt mongolische Züge aus der festländischen Besiedlungsperiode und Merkmale der Südsee-Bewohner aus der Epoche der insularen Einwanderung. Durch seine Lage zwischen China und Japan immer Kulturmittler zwischen den beiden großen Nachbarn und immer in Gefahr, von einem der beiden Reiche eingenommen zu werden. Außerdem von Hunnen, Türken und Mongolen sowie von Bewohnern der benachbarten Mandschurei bedrängt und zeitweilig beherrscht.

202v grün Verwendung von Seide
108v rot Nordgebiete chinesisch
298n grün Seide nach Japan
350n–430n Wa-Ni
364n braun Japanischer Angriff
364n rot Südgebiete japanisch
372n rot Einführung des Buddhismus
379n grün Schrift aus China
382n blau Schrift nach Japan
405n rot Chinesen nach Japan
552n blau Buddhismus nach Japan
610n grün Papier nach Japan
612n braun Chinesischer Angriff
620n blau Tamamuschi-Schrein
631n grün Sternwarte
645n braun Chinesischer Angriff
743n blau Religions-Verschmelzung
871n–926n Apaoki
926n rot Nordgebiete an Kitan
935n rot Königreich
993n braun Niederlage gegen Kitan
993n rot Herrschaft der Kitan
1155n–1227n Dschingis-Khan
1219n rot Mongolen-Herrschaft
1394n rot Seoul Hauptstadt
1592n braun Japanischer Angriff
1894n/1895n Krieg China—Japan
1895n rot Unabhängigkeit
1904n/1905n Japanisch-russischer Krieg
1905n rot Japanische Vorherrschaft
1910n rot Japanische Provinz
1939n/1945n Zweiter Weltkrieg
1946n rot Nordkorea kommunistisch
1950n/1953n Korea-Krieg

KORFU, Insel vor der Nordwestküste Griechenlands. Seit mindestens 3000 Jahren von Illyrern bewohnt, wurde sie seit Mitte des 8. Jahrhunderts vor unserer Zeitrechnung von Bewohnern der griechischen Stadt Korinth besiedelt und bald zur Kolonie erklärt. Die Insel nahm wegen ihrer günstigen Lage und wegen des Gewerbefleißes ihrer Bewohner bald eine führende Stellung ein und verselbständigte sich. Für mehr als ein Jahrtausend geriet sie dann unter die Herrschaft Roms. Bei der Reichsteilung fiel sie an Ostrom (Byzanz). 1186n wurde sie von den in Sizilien herrschenden Normannen genommen, im 15. Jahrhundert geriet sie unter die Herrschaft Venedigs. Seit Ende des 18. Jahrhunderts wechselten die Herren schnell: Franzosen, Türken, Russen und Engländer. Gegen letztere erhob sich die Bevölkerung mehrfach, bis sie 1864n endlich den von ihr erstrebten Anschluß an Griechenland vollziehen konnte.

734v rot Niederlassung Korinths
660v braun Seekrieg gegen Korinth
433v braun Seekrieg gegen Korinth
433v rot Bündnis mit Athen
427v braun Vernichtung des Adels
427v rot Ende der Adelsherrschaft
229v braun Besetzung durch Römer
229v rot Römische Herrschaft

KORIN, Ogata (1655n–1716n), japanischer Maler. Als Sohn eines reichen Seidenhändlers lernte er bei zwei berühmten Malern und durchlief auch eine handwerkliche Lehre. Seine Zeichnungen, Gemälde und Lackarbeiten sind von einer so ausgeprägten Eigenart, daß er als der japanischste der japanischen Maler bezeichnet wurde. Gestaltete die Natur in leuchtenden Farben, in Gold und Silber, aber auch in Schwarz-Weiß-Technik: Blumen, Bäume, Tiere, Landschaften, das Meer, den Mond. Entwarf Kleiderstoffe, Schirmmuster und Fächer. Zeitlebens wirtschaftlich unabhängig, liebte er es, den satten Bürger durch Bilder satirischen Inhalts vor den Kopf zu stoßen.

1702n blau 'Miwa-Schreibkasten'

KORINTH, Stadt an der Landenge zwischen Griechenland und seiner großen südlichen Halbinsel (Peloponnes). Schnittpunkt des Nord-Süd-Landverkehrs und zugleich Umschlagplatz für die Waren von Seefahrern, die den Umweg von 325 Kilometern um die Südspitze des Peloponnes scheuten. Die mindestens 3000 Jahre alte Stadt wurde durch den Aufstieg Athens und Spartas bedrängt. Auch nachdem sie von Athen überflügelt worden war, blieb sie eine mächtige Stadt. Philipp und Alexander der Große wurden hier zu Heerführern der Griechen gegen die Perser ernannt. Der Niederwerfung durch Rom folgte 146v die völlige Zerstörung der Stadt. Hundert Jahre später ließ Cäsar sie für Kriegsveteranen und Freigelassene wieder aufbauen. Ende des 3. Jahrhunderts wurde sie von Goten verwüstet, im 8. Jahrhundert von Slawen zerstört. Von 1459n bis 1822n türkisch, 1829n Bestandteil eines freien Griechenlands, wurde sie 19 Jahre später von einem Erdbeben zerstört und dann unmittelbar am Meer wieder aufgebaut. 1893n wurde die Landenge durch den Kanal durchstochen, den schon 2500 Jahre vorher die Herrscher der Stadt herbeigesehnt hatten, den Cäsar plante, und an dem unter Nero bereits jahrelang gearbeitet worden war.

734v rot Niederlassung auf Korfu
660v braun Seekrieg gegen Korfu
591v rot Geheimpolizei
588v rot Sklavenkauf beschränkt
580v blau Isthmische Spiele
450v grün Mehr Sklaven als Freie
446v–395v Lysander
433v braun Seekrieg gegen Korfu
432v rot Bündnis mit Sparta
431v/404v Peloponnesischer Krieg
407v–323v Diogenes
396v grün Persische Hilfsgelder
395v rot Bündnis mit Athen
395v/386v Korinthischer Krieg
382v–336v Philipp II.
51n rot Christengemeinde
57n blau Briefe des Paulus
96n blau 'Klemensbrief'
395n/403n Dritter Gotischer Krieg
1571n braun Spanischer Seesieg

KORINTHERBRIEFE, Bezeichnung für zwei Briefe, die der Apostel Paulus an Christen in Korinth (Griechenland) geschrieben haben soll. Darin behandelte er Fragen der Auferstehung von Toten, des Genusses von Opferfleisch sowie der Liebe und der Ehe.

57n blau Abfassung

KORINTHISCHER STIL, griechische Kunstform. Entwickelte sich im vierten Jahrhundert vor unserer Zeitrechnung aus dem ionischen Stil, von dem er sich vor allem durch seinen blattförmig-verzierten Säulenkopf unterschied.

395v–343v Skopas
353v blau Tempel in Tegea
334v blau Lysikrates-Denkmal

KORK

428v grün Schwimmgurte aus Kork

KORN, eigentlich die aus grasartigen Pflanzen gewonnene körnerartige Frucht, wird das Wort meist als Bezeichnung für das vorherrschende Getreide einer Kultur gebraucht (in Deutschland und Rußland: Roggen, in Frankreich: Weizen, in den USA: Mais).

Vorzeittafel: 10 Tausend Jahre
Vorzeittafel: Schlußbalken (5000 Jahre)
3000v–2952v Meschki-Agascher
2973v grün Getreidehandel Sumers
2950v grün Bier aus Gerste
2887v grün Mühlsteine für Getreide
2832v grün Speicher im Industal
2580v rot Höchstpreise in Uruk
2463v grün Sicheln in Mesopotamien
2463v–2403v Ni-User-Re
2350v blau 'Frau beim Kornmahlen'
2350v grün Kornwährung abgeschafft
2332v blau Relief einer Kornernte
2097v grün Getreide in China
2008v blau Plastik eines Brotbäckers
1902v–1841v Bila-Lama
1559v grün Preis für Priesteramt
1418v–1372v Ka-Em-Het
1325v grün Maisanbau in Amerika
973v grün Holz- und Getreidehandel
777v–692v Jesaja
569v grün Getreidezins in Babylon
463v grün Getreideschiffe Athens
162v grün Plantagensystem in Rom
123v rot Getreidegesetz in Rom
88v grün Wassermühlen
50v grün Unterstützung Armer
560n–618n Yang-Ti
1222n grün Windmühlen
1547n–1616n Cervantes
1812n grün Thaer: Bodenlehre
1834n grün Mähmaschine
1839n grün Künstliche Düngung
1846n rot Kornzölle aufgehoben
1857n blau 'Ährenleserinnen'
1899n grün Stickstoffdünger

KORN, Arthur (1870n–1945n), deutscher Physiker. Nach Beendigung seiner Studien in seiner Heimatstadt Breslau widmete er sich in Berlin der Erforschung und Entwicklung von Verfahren zur telegraphischen Bild-Übermittlung. Führte die relais-gesteuerte Leuchtröhre ein und erzielte durch zahlreiche weitere kleine Erfindungen eine Verbesserung der Übertragungsqualität sowie eine wesentliche Erhöhung der Übertragungsweite. 1904n gelang ihm eine Bild-Übertragung über 300 Kilometer. Drei Jahre später telegraphierte er ein Bild von München über Paris nach Berlin und weiter nach London. Nach diesen Erfolgen wandte er sich auch der drahtlosen Bild-Übermittlung zu. 1923n gelang es ihm, ein Bild über den Atlantik nach Amerika zu funken. Verfaßte 1904n bereits ein Buch über elektrische Fernphotographie, 1926n schrieb er ein grundlegendes Werk über 'Bildrundfunk'.

1902n grün Bildtelegraphie

KOROIBOS (um 795v–um 740v), griechischer Sportler. Gewann bei den Olympischen Spielen im Jahre 776v den Wettlauf und wurde später von dem Dichter Pindar durch ein Preislied geehrt.

776v blau Olympia-Sieger

KOROSKA, Stadt in Ägypten am rechten Nilufer im nördlichen Teil der nubischen Wüste. Vor fast 4000 Jahren erlag sie einem Angriff Amen-Em-Hets I. und geriet unter die Oberhoheit des ägyptischen Reiches. Heute liegt sie unmittelbar an der Südgrenze Ägyptens gegen den Sudan und ist durch ein in der englischen Kolonialzeit angelegtes Fort befestigt.

1963v braun Vorstoß Ägyptens
1963v rot Ägyptische Herrschaft

KORPUSKEL, von dem lateinischen Worte 'corpus' (= Körper) abgeleitete Sammelbezeichnung für kleinste Materie-Teile (Proton, Neutron, Positron, Elektron, Meson, Ion).

1885n–1962n Niels Bohr
1899n grün Strahlung
1901n– Heisenberg
1905n grün Elektronen-Theorie
1911n grün Rutherford: Atommodell
1913n grün Bohr: Atommodell
1925n grün Quantenmechanik
1925n grün Pauli-Prinzip
1927n grün Wellenmechanik
1927n grün Elektronen-Beugung
1928n grün Geigerzähler
1932n grün Entdeckung des Neutron
1932n grün Entdeckung des Positron
1941n grün Broglies Untersuchung

KORRESPONDENZ-PRINZIP, Lehre von der grundsätzlichen Übereinstimmung der herkömmlichen ('klassischen') Physik mit der über sie hinausgehenden modernen ('Quanten'-)Physik. Von dem dänischen Naturwissenschaftler Niels Bohr eingeführt als Hilfsmittel für die Lösung von Aufgaben, die mit keiner der beiden Methoden allein zu lösen waren (Berechnung von Spektrallinien).

1885n–1962n Niels Bohr

KORRUPTION, von dem lateinischen Worte 'corrumpere' (= verderben) abgeleitete Bezeichnung für Bestechung.

2449v–2367v Lugal-Anda
2365v rot Bekämpfung in Sumer
1208v–1137v Ram-Se-Na
1168v–1115v Ramses IX.
1142v–1085v Ramses XI.
446v–385v Aristophanes
170v–102v Lucilius
158v–104v Jugurtha
156v–86v Marius
112v/105v Jugurthinischer Krieg
109v rot Bekämpfung in Rom
478n–567n Narses
504n–570n Gildas der Weise
598n–649n Tai-Tsung
1431n–1503n Alexander VI. Borgia
1809n–1852n Gogol
1839n–1937n Rockefeller

KORSIKA, bergige Mittelmeerinsel südlich der Hafenstadt Genua und nördlich der mehr als doppelt so großen Insel Sardinien. Die seit Jahrtausenden von Korsen bewohnte Insel wurde um 600v Ziel griechischer Auswanderer, die 564v an der Westküste die Stadt Aleria gründeten. Wenige Jahrzehnte später wurden die Griechen vertrieben, und die etruskische Besiedlung begann. In den folgenden Jahrhunderten besetzten die militärisch stärkeren Karthager die wichtigsten Häfen, bis sie selbst von den Römern vertrieben wurden. Nach dem Zusammenbruch des römischen Reiches erlebte die Insel einen häufigen Wechsel fremder Herren (Wandalen, Byzantiner, Araber, Pisa, Genua), deren letzte die Franzosen waren. Napoleon wurde hier geboren, ein Jahr nachdem Frankreich die Insel für 2 Millionen Franc von Genua gekauft hatte. 1793n befreite sie sich mit englischer Hilfe für drei Jahre von der französischen Herrschaft. Danach blieb sie bei Frankreich, ohne daß die italienisch-sprechende Bevölkerung das Bewußtsein ihrer Eigenständigkeit verloren hätte.

540v braun Griechische Niederlage
237v rot Römische Herrschaft
439n braun Besetzung durch Wandalen
439n rot Wandalen-Herrschaft
850n braun Sieg der Araber
850n rot Arabische Herrschaft
1078n braun Eroberung durch Pisa
1078n rot Herrschaft Pisas
1300n rot Herrschaft Genuas
1768n rot Französischer Besitz

KORVINO, Johannes, italienischer Richter, Gelehrter und Priester.

1247n–1328n Lebenslinie
1294n blau Bibelübersetzung
1295n blau Kirche in Peking
1298n rot Christianisierung
1307n rot Bischof von Peking

KOS, Insel vor der äußersten Südwestspitze Kleinasiens. Vor etwa 3000 Jahren durch Griechen besiedelt, wurde sie wegen ihrer günstigen Lage schnell zu einem Mittelpunkt von Handel und Gewerbe sowie von Kunst und Wissenschaft. Ihr vortrefflicher Wein machte sie im östlichen Mittelmeer bekannt. Auch Weingefäße (Amphoren) wurden hier hergestellt und ausgeführt. Berühmtheit erlangte die Insel durch die durchsichtigen Kleider aus feinsten Seidenstoffen ('Koïsche Gewänder'). An ihrer medizinischen Hochschule studierten Ärzte aus ganz Griechenland. Es befand sich hier auch eine Heilanstalt. Die auf der Insel hergestellten Salben genossen hohes Ansehen. Der Arzt Hippokrates wurde hier geboren sowie der Ägypterkönig Ptolemäus II. und der griechische Maler Apelles.

360v–303v Apelles
354v rot Unabhängigkeit
344v–268v Berossos
322v–246v Ptolemäus II.
280v grün Astronomie-Schule
633n/732n Arabischer Krieg
654n rot Arabische Herrschaft

KOSAKEN, Sammelname für Menschengruppen, die sich in Rußland und in der Ukraine seit Mitte des 15. Jahrhunderts zusammenschlossen, um ein von der Obrigkeit möglichst unabhängiges Leben zu führen. Das Wort kommt aus dem Türkischen und bedeutet 'Landstreicher' oder 'Räuber'. Sie wurden so genannt, weil sie zunächst meist von Bettelei und Straßenraub lebten. Allmählich machten sie Jagd, Fischfang, Handel und Kriegsdienst zu ihrer Erwerbsgrundlage und wurden teilweise in den von ihnen beherrschten Gebieten auch seßhafte Viehzüchter und Ackerbauer. Anfangs hauptsächlich aus Abenteurern, Pioniernaturen und Angehörigen unterdrückter Minderheiten bestehend, erhielten sie viel Zulauf durch entflohene Leibeigene. Jahrhundertelang gegen die zaristische und polnische Regierung kämpfend, entwickelten sie sich in der zweiten Hälfte des 19. Jahrhunderts zu zarentreuen Elitetruppen, die bei der Unterdrückung revolutionärer Bewegungen halfen. Im ersten Weltkrieg gegen Deutschland eingesetzt. In der Revolution kämpften sie überwiegend gegen die Bolschewiken und stellten das Haupt einer von den Deutschen eingesetzten Gegenregierung (Hetman Skoropadski). Deshalb unterlag ihre Aufnahme in die Rote Armee bis 1936n harten Beschränkungen. Wegen ihres ausgeprägt individualistischen Bewußtseins war ihre Einfügung in die Sowjetgesellschaft überhaupt schwer. Doch bewährten sie sich im zweiten Weltkrieg im Kampfe gegen die deutschen Angreifer und sind heute vollberechtigte Bürger der UdSSR.

1670n/1671n Aufstand unter Rasin
1775n braun Aufstand unter Pugatschew

KOSAN-JI, Bezeichnung für drei japanische Bildrollen mit Tuschmalerei, die buddhistische Frömmelei der Lächerlichkeit preisgeben. Sie stellen den Gottesdienst in Form einer Fabel dar. Ein aufgeblasener Frosch sitzt als Buddha auf einem Lotusblatt mit einem Heiligenschein aus Bananenblättern. Ein Affe liest die Messe; andere Tiere stellen die Gemeinde dar, darunter ein Fuchs mit Pilgerhut, der eifrig seinen Rosenkranz ableiert. Die Satire richtete sich gegen die Priester und Mönche des Hieizan-Ordens, die sich mit Söldnerheeren am Kampf um die Macht beteiligten.

1128n blau Entstehung

KOSCHIUTZKO, Thaddäus (1746n bis 1817n), polnischer Freiheitskämpfer. Nach Besuch der Pariser Militärakademie ging er nach Nordamerika und beteiligte sich als Adjutant Washingtons am Unabhängigkeitskrieg gegen die englische Kolonialmacht. Nach seiner Rückkehr besiegte er 1792n ein russisches Heer, mußte dann aber fliehen und erlebte die zweite Teilung Polens als Emigrant in Leipzig. Von seinen Kampfgenossen zurückgerufen, stellte er sich an die Spitze des Aufstandes für die Wiederherstellung eines unabhängigen Polens, schlug die Russen und zwang die Preußen zur Aufgabe der Belagerung Warschaus. Dann wurde er aber verwundet und geriet in russische Gefangenschaft. Vom Zaren nach zweijähriger Haft freigelassen, emigrierte er nach Nordamerika und schließlich in die Schweiz.

1775n/1783n Kampf Nordamerikas
1793n rot Zweite Teilung Polens
1794n braun Polnischer Aufstand

KOSMAS, ägyptischer Geograph.

487n–565n Lebenslinie
548n grün Christliche Erdkunde

KOSMAS von Prag (1045n–1125n), böhmischer Geschichtsschreiber polnischer Herkunft. Studierte an der flandrischen Universität von Lüttich und wurde Sekretär des Bischofs von Prag, den er auf mehreren Reisen begleitete. Im Kirchendienst bis zum Dekan von Prag aufgestiegen, zog er sich zurück und schrieb als erster eine Geschichte Böhmens mit Vergleichsdaten aus der allgemeinen Geschichte. Darin brachte er eine bunte Mischung von Sagen, Volksmärchen und echter Überlieferung. Seiner eigenen Forderung nach Sachlichkeit entsprach sein pro-kirchliches, anti-deutsches Geschichtswerk nicht ganz.

1122n blau Geschichte Böhmens

KOSMETIK, Bezeichnung für die Kunst des Menschen, durch eigenes Bemühen schön zu sein und schön zu bleiben. Seit mehreren Jahrtausenden bei fast allen Völkern verbunden mit dem Bestreben nach Annäherung der individuellen Schönheit an ein allgemeines Schönheits-Ideal. Besteht im Pudern und Bemalen der Haut, im Einfärben und Aufstecken der Haare, im Lackieren der Nägel sowie im Besprengen mit wohlriechenden Flüssigkeiten. Im weiteren Sinne zählen dazu auch die Mittel zur Reinhaltung und Pflege des Körpers (Seife, Zahnpasta, Öl, Creme). Von der modernen Medizin ergänzt durch Operationstechniken zur Herstellung oder Wiederherstellung von Schönheit und jugendlichem Aussehen.

2990v grün Schminken in Ägypten
2494v–2416v Schu-Bad
2491v grün Puder in Sumer
2423v grün Schminklöffelchen, Sumer
1500v grün Mesopotamien: Riechwasser
1490v grün Creme-Dosen in Ägypten
1487v grün Nagellack in Ägypten
366v grün Diokles über Körperpflege
56n grün Haarseife in Gallien
160n grün Seife in Rom
1692n grün 'Kölnisches Wasser'
1749n grün Zahnbürste

KOSMISCHE STRAHLUNG, Bezeichnung für die im Weltraum bestehende und auf die Erde einwirkende Strahlung. In unserem Jahrhundert als eine die ganze Atmosphäre erfüllende, meterdicke Bleiwände durchdringende Kraft erkannt und analysiert. Seit Beginn der Raumfahrt hat ihre Erforschung auch außerhalb der Erdatmosphäre begonnen.

1912n grün Entdeckung durch Heß
1936n grün Regeners Untersuchungen
1958n grün Strahlungsgürtel entdeckt

KOSMOPOLITISMUS, Bezeichnung für das Bewußtsein der Zugehörigkeit des Einzelmenschen zur gesamten Menschheit, dergegenüber die Volks- und Staatszugehörigkeit als zweitrangig zurücktritt. Das aus dem Griechischen stammende Wort bedeutet 'Weltbürgertum'. Es stellte vor 2500 Jahren als Bekenntnis einen großen Fortschritt gegenüber dem Bewußtsein der Griechen dar, die alles Fremde als so minderwertig betrachteten, daß die Bezeichnung 'Fremder' ('Barbar') zum Schimpfwort wurde. Im Zeitalter der Nationalstaaten ist aus diesem bloßen Bekenntnis ein praktisch-politisches Ziel geworden ('Internationalismus'), dessen Verwirklichung von der Weltrevolution erstrebt wird.

367v blau Diogenes' Bezeichnung
333v–262v Zeno der Jüngere
283v blau Forderung Zenos
192v blau Lykophron: Weltstaat
119n blau Forderung Epiktets
1542n blau Forderung Francks
1887n blau Esperanto
1908n blau Meineckes Abhandlung

KOT-DIJI, Stadt in Indien. Im mittleren Industal vor fast 5000 Jahren entstanden, entwickelte sie sich zu einem wichtigen Handelszentrum. Wegen ihrer hartgebrannten, mit reichem Figurenschmuck verzierten Keramik berühmt.

2974v blau Entstehung

KOTSCHINCHINA, Landschaft in Ostasien (Mittel- und Süd-Vietnam). Umfaßt das weitläufige Mündungsgebiet des Mekong-Flusses (Mekong-Delta). Wegen seiner Fruchtbarkeit und durch den Fleiß seiner Bewohner entwickelte es sich zum größten Reis-Anbaugebiet der Erde und wurde häufig umkämpft. Bis vor 2000 Jahren selbständig, war es fast während des ganzen ersten Jahrtausends nach der Zeitwende chinesische Provinz. Seitdem gehörte es zu Kambodscha, bis es im 18. Jahrhundert wieder selbständig wurde als Teil des vereinigten Nord- und Südvietnam (Annam). Im 19. Jahrhundert fiel es unter französische Kolonialherrschaft. Daraus befreite es sich nach dem zweiten Weltkrieg und wurde dem südlichen Teile Vietnams zugeschlagen, den bald darauf die Truppen der USA besetzten. Seitdem kämpft es erneut um seine Unabhängigkeit.

1254n–1324n Marco Polo
1862n braun Französischer Sieg
1862n rot Besitz Frankreichs
1888n rot Teil Indochinas
1945n/1954n Erhebung Südostasiens
1954n rot Vietnam geteilt, unabhängig
1960n/ Revolution Indochinas

KOTZEBUE, August (1761n–1819n), deutscher Schriftsteller. Sohn eines Weimarer Diplomaten. Ließ sich als Rechtsanwalt nieder, ging aber kurze Zeit später als Richter nach Rußland und dann nach Paris. Später reiste er noch mehrmals nach Rußland, wo er in sibirische Haft geriet ('Das merkwürdigste Jahr meines Lebens'), aber durch ein kleines Drama ('Der Leibkutscher Peters III.') die Gunst des Zaren zurückgewann und Direktor des deutschen Theaters in Petersburg wurde. Nach Deutschland zurückgekehrt, zog er in einer eigenen Zeitschrift gegen Goethe und Schiller zu Felde. Auch trat er für die Befreiung Europas aus französischer Herrschaft ein. Nach der Vertreibung Napoleons gab er in Berlin das 'russisch-deutsche Volksblatt' heraus. Verspottete die patriotischen Burschenschaften, die auch seine Bücher verbrannt hatten. Darauf wurde er von dem Burschenschafter Sand ermordet. Schrieb 75 Dramen, 73 Lustspiele, 30 Possen, 17 Opern und Singspiele sowie Gedichte und Erzählungen und zwei Werke zur deutschen Geschichte.

1789n blau 'Menschenhaß und Reue'
1803n blau 'Die deutschen Kleinstädter'

KRÄUTER-BEHANDLUNG

2055v–1975v Ur-Edina
1981v grün Kräuterkuren in Sumer
418v–345v Diokles
356v grün Diokles' Kräuterbuch
244v grün Heilpflanzen-Anbau
20n–79n Dioskurides
66n grün Werk des Dioskurides
812n grün Walafrieds Beschreibung
1052n grün Ibn Wafids Schrift
1565n grün Tabak Heilmittel

KRÄUTERBÜCHER

418v–345v Diokles
356v grün Buch des Diokles
20n–79n Dioskurides
66n grün Werk des Dioskurides
812n grün Werk des Walafried
907n grün Dioskurides-Übersetzung
1052n grün Ibn Wafids Schrift
1349n grün Werk des Konrad

KRAFTFAHRZEUG

1720n grün Dampfkraftwagen
1863n–1947n Ford
1864n grün Markus: Automobil
1885n grün Daimler: Motorrad
1886n grün Benz: Automobil
1887n grün Daimler: Automobil
1903n grün Ford: Autofabrik
1911n grün Fließband-Fertigung
1915n grün Panzerwagen
1928n grün Raketenantrieb
1934n grün Autobahnen

KRAFTWERKE, Anlagen zur Erzeugung von elektrischem Strom aus der Energie der Kohle, aus Wasserkraft, aus Ölkraft oder aus Atomkraft. Beruht auf der Möglichkeit zur Umwandlung mechanischer Bewegung in Elektrizität.

1816n–1892n Siemens
1847n–1931n Edison
1866n grün Dynamo
1927n grün Dnjepr-Werk
1938n grün Boulderdamm-Werk
1954n grün Atom-Kraftwerk
1964n grün Bau des Assuan-Dammes

KRAIN, Land in Nord-Jugoslawien zwischen Kärnten, Triest und der ungarischen Tiefebene. Während der Blütezeit Roms Teil der römischen Provinz Pannonien. Nach dem Untergang des Römerreiches von den slawischen Slowenen in Besitz genommen, die seitdem über 90% der Bevölkerung bilden. Um 750n kam das Land mit Kärnten unter bayerische Oberhoheit und wurde dann Herrschaftsbereich verschiedener deutscher Fürsten, zuletzt der Habsburger, die es 700 Jahre lang fast ununterbrochen besaßen. Sie verloren es erst nach dem ersten Weltkrieg, als in dem Pariser Vorort St. Germain der Vertrag unterzeichnet wurde, durch den ganz Slowenien Bestandteil eines neuen Staates (Jugoslawien) wurde. Im zweiten Weltkrieg nochmals von Deutschen besetzt, befreite es sich durch Partisanen und wurde kommunistisch.

1218n–1291n Rudolf I. von Habsburg
1278n rot Habsburgischer Besitz
1918n rot Jugoslawien selbständig
1919n rot Vertrag von St. Germain
1939n/1945n Zweiter Weltkrieg
1944n rot Jugoslawien kommunistisch

KRAKAU, Stadt in Polen, benannt nach dem slawischen Fürsten Krakus, der in der polnischen Sage als Stammvater des polnischen Herrscherhauses gilt und hier um 700n eine Burg anlegte. 1241n, 1260n und 1281n von mongolischen Heeren eingenommen, lehnte sich die Stadt an Deutschland an, wurde Mitglied der Hanse und ein Zentrum des deutschen Osthandels. 1320n ließ sich der polnische König hier krönen. Zweihundert Jahre lang blieb sie dann Hauptstadt und weitere zweihundert Jahre Krönungsstadt der polnischen Könige. Als im 18. Jahrhundert nach Angriffen der Schweden, Russen, Österreicher und Preußen der polnische Staat zunehmend unter Fremdherrschaft geriet, wurde sie zum Mittelpunkt des polnischen Freiheitswillens. 1815n zum Freistaat erhoben, blieb sie das revolutionäre Zentrum Polens. Nach dem Zusammenbruch des hier 1846n ausgerufenen polnischen Nationalstaates österreichisch, wurde sie 1918n durch den Vertrag von St. Germain Bestandteil eines unabhängigen polnischen Staates.

1257n rot Deutsches Stadtrecht
1309n–1370n Kasimir der Große
1364n blau Universität
1365n–1416n Hieronymus von Prag
1489n blau Altar des Veit Stoß
1795n rot Dritte Teilung Polens
1815n rot Wiener Kongreß
1919n rot Vertrag von St. Germain

KRAN, Hebegerät für schwere Lasten, benannt nach dem Kranich, mit dessen Schattenbild seine Silhouette früher Ähnlichkeit hatte. Griechische Mechaniker bauten solche Hebemaschinen schon vor mehr als 2000 Jahren (Philon, Heron), doch reichen ihre Anfänge wesentlich weiter zurück.

265v–202v Philon
229v grün Beschreibung
152v–82v Heron
1329n grün Drehkran in Lüneburg

KRANICH, storch-ähnlicher Stelzvogel, der sich in den sumpfigen Gebieten Europas sowie im klimatisch gemäßigten Asien und Nordamerika aufhält und bei Einbruch der kalten Jahreszeit bis Nordafrika und Indien zieht.

2647v grün Zucht in Ägypten
1497v blau Ägyptisches Wandbild
1379v blau Ägyptisches Relief

KRANKENHAUS

299v–237v Asoka der Milde
354n–407n Chrysostomos
497n–548n Theodora
590n–648n Harsa
865n–932n Al Rasi
890n–961n Abdar Rachman III.
1135n grün Krankenhaus in Byzanz
1377n grün Quarantäne-Station Ragusa
1489n–1587n Sinan
1802n grün Kinderklinik in Paris
1854n grün Lungenheilstätte

KRANKHEIT, KRANKHEITSBESTIMMUNG

2653v grün Chinesische Heilkunde
2578v grün Pulsbeobachtung in China
2496v–2438v Ni-Anch-Sekmet
2468v grün Ägypten: Chirurgie-Buch
2419v grün Spezialärzte in Ägypten
2415v–2335v Chui
2358v grün Augenkrankheit bekämpft
2239v–2162v Ir-En-Achat
2183v grün Darm-Forschung
2105v grün Sumerisches Handbuch
2090v grün Chirurgen in Mesopotamien
2055v–1975v Ur-Edina
1999v grün Verordnungen in Sumer
1981v grün Kuren in Sumer
1981v–1929v Neferi
1951v grün Krebs- und Tbc-Behandlung
1930v grün Epilepsie-Forschung
1888v grün Tierärztliche Rezepte
1875v grün Frauenkrankheiten-Buch
1643v grün Erforschung des Stotterns
1602v grün Behandlung der Augen
1575v grün Buch der Tierheilkunde
1566v grün Frauenkrankheiten-Buch
1554v grün Ägypten: Schädeloperation
1546v grün Handbuch der Chirurgie
1473v–1409v Neb-Amun
1413v–1346v Suppi-Luli-Uma
1379v grün Kinderlähmung in Ägypten
1367v–1315v Mur-Sili II.
1332v blau 'Pestgebete'
800v grün Arztberuf in Indien
742v/724v 1. Messenischer Krieg
718v grün Ägyptische Ärzteschule
708v grün Assyrische Rezeptsammlung
672v grün Versuche an Sklaven
603v grün 'Wundertäter' aus Kreta
520v–450v Alkmaion
504v grün Ärzteschule in Italien
490v–430v Empedokles
460v–375v Hippokrates
430v grün Pest in Athen
424v grün Hippokrates über Gelenke
418v grün Heilkraft der Natur
418v–345v Diokles
385v grün Säftelehre
376v grün Mittel gegen Zahnschmerzen
356v grün Diokles: Kräuterbuch
353v grün Privatkliniken
339v grün Seele und Krankheit
324v–250v Herophilos
315v grün Indische Heilkunde
307v grün Epidauros Kurort
304v–240v Erasistratos
290v grün Herophilos: Pulszählung
288v grün Pulsuhr
257v grün Erasistratos: Blutfülle
254v grün Fiebermessung
223v grün Fachärzte in Alexandria
219v grün Grieche Facharzt in Rom
211v grün Staroperation
203v grün Einrichten von Brüchen
129v–40v Asklepiades
116v–27v Varro
105v grün Demetrios: Frauenheilkunde
74v grün Tiermedizinisches Werk
70v grün Asklepiades: Naturheilung
60v grün Solidarpathologie
37v grün Varro: Bakteriologie
11v blau Kurort Wiesbaden
3v–64n Aulus Celsus
20n–79n Dioskurides
37n grün Aulus Celsus: Sammelwerk
47n grün 'Der Augenarzt'
50n grün Trennung: akut, chronisch
54n grün Rom: Operationsbestecke
66n grün Dioskurides: Arzneikunde
81n–144n Archigenes
82n–135n Soranos
89n blau Badeort Aachen
102n grün Harnzucker als Symptom
111n grün Soranos: Lähmungen
114n grün Archigenes: Zahnheilkunde
120n grün Soranos: Gynäkologie
129n–199n Galen
131n grün Soranos: Säuglingspflege
147n grün Heilkraft des Schlafes
173n grün Galen: Pulslehre
182n grün Galen: Heilmitteltheorie
190n–265n Hua-To
194n grün Galen: Pathologie
197n grün Galen: Pharmakologie
231n grün Eumelos: Tierheilkunde
253n grün Schädeloperation in China
294n–354n Apsyrtos
338n grün Briefe zur Tiermedizin
348n grün Bücher über Tiermedizin
366n grün Pelagonius: Tiermedizin
387n grün Oribasios: Lähmungen
410n grün Behandlung Armer in Indien
419n grün Vegetius: Krankheitskunde
442n grün Sammelwerk Susrutas
525n–605n Alexander Tralles
540n/562n Byzantinischer Perserkrieg
598n grün Innere Krankheiten
629n grün Paulus: Frauenheilkunde
653n grün Vagbhata: Lehrbuch
737n rot Arabien: Arzneikontrolle
737n grün Pharmakologie selbständig
770n grün Apotheke in Bagdad
812n grün Kräuterbuch Walafrieds
850n grün Werk der Tiermedizin
865n–932n Al Rasi
896n grün Arabische Seuchenkunde
927n grün Al Rasis Enzyklopädie
936n–1013n Abu Kasim
975n grün Persische Heilmittellehre

982 n grün Ibn Abbas: Handbuch
987 n grün Hormon-Präparate in China
989 n grün Desinfektion
993 n grün Entwicklung der Chirurgie
1001 n grün Heilmittel Quecksilber
1012 n grün Ibn Isa: Augenheilkunde
1013 n–1085 n Robert Guiskard
1015 n grün Heilmittel Koffein
1098 n–1178 n Hildegard von Bingen
1126 n–1198 n Ibn Rasd (Averroes)
1135 n grün Krankenhaus in Byzanz
1152 n grün Hildegard: Homöopathie
1165 n grün Hildegards Hausbuch
1166 n/1167 n Deutscher Feldzug
1176 n grün Chirurgiebuch übersetzt
1180 n grün Apothekenordnung
1197 n grün 'Gegengifte' lateinisch
1228 n grün Eiterlose Wundbehandlung
1237 n grün Ibn Baitars Rezeptbuch
1241 n grün Apotheke in Trier
1258 n grün Werk der Augenheilkunde
1261 n grün Chirurgenschule Paris
1286 n grün Seuchenopfer-Sektion
1338 n/1453 n Hundertjähriger Krieg
1351 n grün Pest in Europa
1356 n grün Al Katib: Handbuch
1363 n grün Chauliac: Chirurgie
1441 n grün Erdöl zu Heilzwecken
1472 n grün Kinderheilkunde
1493 n–1541 n Paracelsus
1536 n grün Paracelsus: 'Wundarznei'
1544 n grün Cordus: Arzneibuch
1545 n grün Paré: Chirurgie
1546 n grün Fracastoro: Bakteriologie
1565 n grün Tabak zu Heilzwecken
1577 n grün Quarantäne-Station
1683 n grün Leeuwenhoek: Bakteriologie
1717 n grün Pockenschutzimpfung
1726 n grün Blutdruckmessung
1729 n–1796 n Katharina II., die Große
1737 n grün Hahn: Kaltwasserkur
1745 n grün Daviel: Staroperation
1746 n grün Paradentose-Forschung
1760 n grün Auenbrugger: Abklopfen
1761 n grün Pathologische Anatomie
1791 n grün Pinel: Geisteskrankheit
1802 n grün Kinderklinik in Paris
1810 n grün Hahnemann: Homöopathie
1819 n grün Stethoskop
1819 n grün Pelletier: Chinin
1824 n grün Priessnitz: Kaltwasserkur
1847 n grün Kindbettfieber-Forschung
1849 n grün Hormonforschung
1850 n grün Helmholtz: Augenspiegel
1852 n grün Mathysen: Gipsverband
1854 n grün Lungenheilstätte
1855 n–1939 n Freud
1858 n grün Zellularpathologie
1867 n grün Lister: Antisepsis
1873 n grün Hansen: Leprabazillus
1874 n grün Billroth: Mikrokokken
1878 n grün Koch: Bakteriologie
1880 n grün Tollwutschutzimpfung
1881 n grün Charcot: Hysterie
1882 n grün Koch: Tuberkelbazillus
1886 n grün Formalin-Desinfektion
1887 n grün Kneipp: 'Wasserkur'
1890 n grün Behring: Serumbehandlung
1891 n grün Tesla: Diathermie
1893 n grün Ehrlich: Chemotherapie
1895 n grün Freud: Psychoanalyse
1895 n grün Röntgenstrahlen
1897 n grün Malaria-Erreger
1899 n grün Heilmittel Aspirin
1904 n grün Hohensonne
1906 n grün Koch: Schlafkrankheit
1909 n grün Heilmittel Salvarsan
1911 n grün Elektrokardiogramm
1916 n grün Heilmittel Germanin
1921 n grün Heilmittel Insulin
1928 n grün Heilmittel Penicillin
1934 n grün Hormonsynthese
1935 n grün Heilmittel Sulfonamid
1938 n grün Elektroschock-Behandlung
1939 n grün Insektengift DDT
1940 n grün Rhesusfaktor
1941 n grün Viren sichtbar
1944 n grün Heilmittel Streptomyzin
1954 n grün Mittel gegen Kinderlähmung
1955 n grün Kobalt-Bestrahlung
1956 n grün Strahlungs-Schäden
1957 n grün Verschluckbarer Sender
1962 n grün Contergan-Schäden
1964 n grün Gefahren des Rauchens

KRANTOR (um 350 v–um 280 v), griechischer Philosoph. Als Schüler der Athener Akademie deutete er Schriften ihres Gründers Plato. Von dessen Abwertung der irdischen Existenz des Menschen angeregt, verfaßte er eine Schrift, die bei Schicksalsschlägen Trauer und Schmerz lindern sollte. In Abwandlung der altgriechischen Gesinnung des Gleichmuts gegenüber den Wechselfällen des Lebens rechtfertigte er den Schmerz als eine zum menschlichen Dasein notwendig gehörende Erscheinung. Durch die von ihm geschaffene 'Trostliteratur' suchte er das dauerhafte Absinken des Menschen in tiefe Trauer abzuwenden.

291 v blau 'Über den Schmerz'

KRANZFRISUR

2636 v grün Sumerische Frisur

KRASSUS, Markus Licinius, römischer Politiker und Feldherr.

114 v–53 v Lebenslinie
109 v–71 v Spartakus
106 v–48 v Pompejus
100 v–44 v Cäsar
74 v/71 v Sklavenaufstand
71 v rot Sklavenkreuzigung
61 v grün Finanzhilfe für Cäsar
60 v rot Erstes Triumvirat
53 v braun Krieg gegen Parther

KRATES (um 210 v–um 145 v), griechischer Geograph und Philosoph. Als Leiter der Bibliothek von Pergamon (Kleinasien) gründete er im Hofe der Bücherei eine Schule. Schrieb neun Bücher über die Dichtungen Homers. Darin bemühte er sich zu beweisen, daß Homer bereits um die Kugelgestalt der Erde gewußt habe. So deutete er die Irrfahrt des Odysseus als eine Reise durch alle Weltmeere. Baute einen Erdglobus, der durch einen Längen- und einen Breitenkreis in vier Stücke eingeteilt war und vier Kontinente zeigte: Eurasien, Afrika sowie zwei unbekannte Erdteile, von denen er einen als Land der 'Periöken' (Umwohner) bezeichnete. Sein Globus bildete in Pergamon eine Sehenswürdigkeit. Als Gesandter des Königs Attalos II. von Pergamon lebte er zeitweilig in Rom.

160 v grün Erdglobus

KRATES von Theben (um 360 v–um 280 v), griechischer Philosoph. Schüler des Diogenes. Erkannte die Unmöglichkeit, als Reicher ein Dasein in Weisheit zu führen, verschenkte deshalb sein beträchtliches Vermögen und führte fortan in Armut ein naturverbundenes Leben. Forderte von seinen Schülern Bedürfnislosigkeit, Gütergemeinschaft und Überwindung aller Konvention. In Hipparchia, der Schwester seines Schülers Metrokles, fand er eine Gefährtin, die sein Leben teilte.

318 v blau Diogenes-Anhänger

KREBS-KRANKHEIT

1981 v–1929 v Neferi
1951 v grün Behandlung in Ägypten
1955 n grün Bestrahlung (Kobalt)

KREDIT, Bezeichnung für die zeitweise Überlassung von Geld gegen Zins. Als Mittel der Bereicherung ohne eigene Arbeit in der bürgerlichen Gesellschaft noch angesehener als die direkte Ausbeutung fremder Arbeitskraft, besonders seit der Einschaltung von Banken zwischen Kreditgeber und Kreditnehmer. Infolge steigenden Kapitalbedarfs nimmt er jedoch im Hochkapitalismus wieder stärker den Charakter unmittelbarer Ausbeutung an, weil die Banken zunehmend selbst Inhaber von Kapitalgesellschaften und damit Besitzer der Produktionsmittel werden. Die durch ihn geförderte Kapitalkonzentration beschleunigt die Entfaltung des Kapitalismus, damit aber auch seine Erschöpfung und seinen endgültigen Niedergang. Von zahlreichen sozialistischen Ländern übernommen als Mittel zur staatlichen Steuerung der Volkswirtschaft, verhindert er noch den Durchbruch des Kommunismus.

2379 v rot Höchstzins in Sumer
2374 v grün Kreditbriefe in Sumer
1988 v grün Steigende Zinsen in Ur
1902 v–1841 v Bila-Lama
652 v grün Athen: Steigende Zinsen
592 v grün Bank in Babylon
569 v grün Zinserhöhung in Babylon
33 n grün Hypothekenbank in Rom
325 n grün Kirche gegen Zinsen
538 n grün Geldverleih durch Priester
618 n grün Staatsbank in China
807 n grün Depositenscheine in China
950 n grün Wechsel in Europa
1151 n grün Geldverleiher-Vereinigung
1156 n grün Bankgeschäfte in Italien
1344 n grün Rückzahlungs-Weigerung
1345 n grün Banken-Zusammenbruch
1401 n grün Bank in Barcelona
1402 n grün Bank in Frankfurt
1407 n grün Girobank in Genua
1540 n grün Handel mit Obligationen
1543 n rot Zinserlaubnis der Kirche
1546 n rot Höchstzinsen in England
1605 n grün Bank in Rom
1619 n grün Hamburger Bank
1619 n grün Staatsbank in Venedig
1656 n grün Bank von Schweden
1660 n grün Privatbank in Japan
1694 n grün Bank von England
1716 n grün John Laws Privatbank
1733 n grün Rußland: Kreditanstalten
1769 n grün Rothschild Hofbankier
1778 n grün Hamburger Sparkasse
1784 n grün Bank von New York
1800 n grün Bank von Frankreich
1846 n grün Kredit-Genossenschaften
1914 n rot Kampf um Kriegskredite
1944 n grün Weltbank
1947 n grün Marshall-Plan

KREIDE, besonders feinkörnige Kalkablagerung in der Erdoberfläche. Nach Reinigung durch Ausschlämmen ('Schlämmkreide') verwendet als Deckfarbe und Tafelkreide sowie zur Herstellung von Glaserkitt. Früher auch für die Glasherstellung gebraucht.

728 v grün Rohstoff für Glas

KREIS-BERECHNUNG

1828 v grün Wert 'pi' in Ägypten
959 v grün Berechnung in Jerusalem
284 v–212 v Archimedes
232 v grün Archimedes' Forschungen
171 v grün Gradteilung
493 n grün Wert 'pi' in Indien

KREISLAUF DER PLANETEN

390 v–310 v Herakleides
355 v grün Herakleides' Lehre
1473 n–1543 n Kopernikus
1528 n grün Bewegung um die Sonne
1571 n–1630 n Kepler
1609 n grün Kepler'sche Gesetze
1643 n–1727 n Newton
1666 n grün Gravitationsgesetz
1783 n grün Sonnensystem-Bewegung
1799 n grün Laplace: Himmelsmechanik

KREISLAUF DES BLUTES

412 v grün Hippokrates: Herzfunktion
262 v grün Arterien und Venen
1263 n grün Lungen-Blutkreislauf
1618 n grün Zweifacher Blutkreislauf
1660 n grün Stensen: Herzfunktion
1661 n grün Kapillar-Gefäße
1948 n grün Herz-Lungen-Maschine

KREISSÄGE

1793 n grün Erfindung

KRELL, Nikolaus (1551 n–1601 n), deutscher Staatsmann. Als Sekretär des sächsischen Prinzen Christian wurde er nach dessen Regierungsantritt sächsischer Kanzler. Erstrebte eine Einigung der beiden reformierten Bekenntnisse (Lutheraner und Calvinisten) durch Verständigung in der strittigen Frage des Abendmahles. Führte deshalb einen neuen Katechismus sowie eine mit Randanmerkungen versehene Bibel ein. Die Lutheraner veranstalteten daraufhin ein Kesseltreiben, ließen ihn nach dem Tode des Kurfürsten einkerkern und nach zehnjähriger Haft in Dresden enthaupten.

1601 n rot Hinrichtung

KREML, Bezeichnung für die befestigte Burg in russischen Städten, besonders für den mitten in Moskau gelegenen alten russischen Regierungssitz, der von einer 2,5 km langen, 18–20 m hohen Festungsmauer umgeben ist. Er besteht aus mehreren Palästen, Kirchen, einer Schatzkammer und einer Rüstkammer, die heute in öffentliche Museen verwandelt sind, sowie dem alten Glockenturm und dem Senatsgebäude, das Sitz der Sowjetregierung ist. Seit dem 12. Jahrhundert beherrschten von hier aus die Großfürsten von Moskau ihr Reich, bis Peter der Große im Jahre 1712 n das Herrschaftszentrum des Zarenreiches nach Petersburg verlegte. 1812 n zerstörte Napoleon nach seinem Einmarsch in Moskau einen Teil der Anlagen. 1918 n verlegten die siegreichen Bolschewiki das Zentrum des Reiches wieder hierher.

1330 n blau 'Erlöser-Kirche'
1485 n blau Befestigung
1734 n grün Größte Glocke der Welt
1961 n blau Kongreßhalle

KREMS, Balthasar (1760 n–1813 n), deutscher Erfinder. Als Mützenmacher in der Eifel-Stadt Mayen baute er eine Nähmaschine aus Metall, um damit die Kanten und Säume der von ihm angefertigten Zipfelmützen zu nähen. Seine Maschine war mit einem selbsttätigen Stoff-Vorschub versehen, wurde von einem Schwungrad mit Fußantrieb betätigt und führte mit Hilfe eines Schlingenfängers automatisch Kettenstiche aus. Sie übertraf mit ihrer Leistung von 100 Stichen in der Minute die Handarbeit um das Doppelte. Seine Erfindung der Näh-Nadel mit dem Öhr in der Spitze brachte den Durchbruch zur modernen Nähmaschine.

1800 n grün Nähmaschine

KRENEK, Ernst (geboren 1900 n), österreichischer Komponist. Nach Studien in Wien und Berlin arbeitete er in der Schweiz und in Deutschland und seit 1938 n in den USA. Schrieb Sinfonien, Opern, Konzerte, Klaviermusik, Gesangswerke und Militärmusik. Benutzte in buntem Wechsel fast alle Stilmittel der letzten 150 Jahre, von harmonischem Wohlklang und melodischer Tonfülle bis zur Atonalität, zur Zwölftonmusik, zum Jazz und zur elektronischen Musik. Seine textlichen Vorlagen, die er zum Teil selbst schreibt, reichen von Volksmärchen und Sagen bis zur katholischen Neu-Mystik und zum Existenzialismus.

1927 n blau 'Jonny spielt auf'

KRESILAS (um 480 v–um 420 v), griechischer Bildhauer. Auf der Insel Kreta geboren, ging er nach Athen und wurde zu einem der begehrtesten Porträt-Künstler. Man sagte von ihm, daß edle Männer durch ihn noch edler würden — und berühmte Männer noch berühmter. Modellierte auch den Staatsmann Perikles.

446 v blau Perikles-Porträt

KRETA, Insel im östlichen Mittelmeer. Nahm die Einflüsse der Hochkulturen Vorderasiens und Ägyptens auf und erreichte um 1500 vor unserer Zeitrechnung eine eigene Blütezeit, die sie zur Anlage großer Städte mit herrlichen Palästen und eindrucksvollen Kunstwerken befähigte. Erdbeben und die Erhebung der griechischen Achäer und Dorer führten bald zur Zerstörung der unbefestigten Städte. Nach mehr als anderthalb Jahrtausenden römischer und byzantinischer Herrschaft, die nur für ein Jahrhundert durch Araber unterbrochen war, bemächtigten sich die Türken im Jahre 1669 n für mehr als zwei Jahrhunderte der Insel. Nach zahlreichen Aufständen erhielt sie 1898 n Selbstverwaltung. Im Jahre 1908 n wurde sie mit Griechenland vereinigt, dessen Kultur sie dreitausend Jahre vorher befruchtet und entscheidend geprägt hatte.

2207 v grün Keramik-Gefäße
2155 v grün Bronze-Herstellung
2129 v grün Keramik-Geschirr
1958 v grün Eigentums-Siegel
1955 v–1895 v Amen-Em-Het II.
1947 v grün Töpferscheibe
1937 v blau Palast von Phaistos
1911 v rot Stieropfer
1905 v blau Palast von Knossos
1883 v grün Eierschalendünne Keramik
1742 v blau Bild eines Erntefestes
1691 v–1628 v Chian
1667 v grün Silbenschrift
1664 v blau Palast von Mallia
1637 v grün Handelsverkehr mit Ägypten
1617 v blau Palast von Kato Zaktro
1615 v grün Kiel-Spanten-Bauweise
1597 v–1521 v Minos
1587 v blau Gold-Relief 'Boxkämpfe'
1585 v grün Stiersprung Volkssport
1581 v grün Aussichts-Fenster
1578 v blau Gemälde 'Affe im Park'
1571 v blau 'Katze belauert Fasan'
1565 v blau Palast von Hagia Triada
1562 v blau Knossos: Palast-Neubau
1561 v grün Badezimmer
1558 v blau Gold-Relief 'Stierspiele'
1555 v blau 'Mädchen mit Krokus'
1552 v grün Fensterfronten
1549 v blau Relief 'Erntefest'
1545 v blau Vase mit Tintenfisch
1542 v grün Knossos 50000 Einwohner
1537 v grün Sportkleidung der Frauen
1535 v blau Bildnis einer 'Städterin'
1533 v blau Gemälde 'Trachtentanz'
1529 v blau 'Prinz mit Federhut'
1523 v grün Vulkanausbruch
1521 v grün Schrift nach Mykene
1514 v blau Relief 'Wildziege'
1511 v blau Relief 'Gesandtschaft'
1505 v blau Statue 'Die Trauernde'
1495 v blau 'Mann mit Trichter'
1481 v blau 'Stierspringerin'
1477 v blau Stierfang-Szene
1476 v blau Rinderleben-Szene
1470 v blau 'Schlangen-Beschwörerin'
1424 v braun Zerstörung von Knossos
603 v grün 'Wundertäter' in Athen
67 v rot Römische Provinz
826 n braun Arabischer Flottenangriff
826 n rot Araber-Herrschaft
961 n braun Byzantinischer Sieg
961 n rot Byzantinische Herrschaft
1663 n/1699 n Großer Türkenkrieg
1893 n grün Ausgrabungen

KREUZ

1418 v blau Motiv in Mesopotamien
1371 v blau Malteserkreuz
90 n grün Sitte der Bekreuzigung
345 n grün Angebliches Kreuz Jesu
349 n grün Christliches Wahrzeichen
432 n blau Kruzifix in Rom
611 n/629 n Kreuz-Christi-Krieg
646 n–684 n Silvanus
665 n blau Silvanus gegen Anbetung
726 n–793 n Kynewulf
768 n blau 'Traum vom Kreuz'
789 n blau 'Helena'
799 n blau Kreuzförmiger Kirchenbau
814 n blau Rabanus Maurus' Gedichte
1000 n blau Leutardus gegen Anbetung
1119 n blau Verbrennung gefordert
1417 n–1492 n Francesca
1465 n blau Francesca: Kreuzlegende

KREUZGEWÖLBE, Bezeichnung für das bei kreuzweiser Durchdringung von zwei einfachen halbrunden Gewölben entstehende Bau-Element.

65 n grün Bau in Rom

KREUZIGUNG, Hinrichtungsform, bei der Menschen lebendig an ein großes Holzkreuz gebunden oder genagelt wurden und in stundenlangen (bis zu drei Tagen andauernden) Qualen zugrunde gingen. Vor drei bis vier Jahrtausenden übliche Vollstreckung der Todesstrafe in Indien, Persien, Mesopotamien, Ägypten, Phönizien, Karthago und Griechenland. Im römischen Reiche auf die Hinrichtung von Sklaven, Revolutionären, Hochverrätern und Gewaltverbrechern beschränkt.

185 v rot Sklaven-Kreuzigung
114 v–53 v Krassus
71 v rot Sklaven-Kreuzigung
19 v–38 n Pontius Pilatus
6 v–30 n Jesus Christus
4 v–64 n Petrus
30 n rot Hinrichtung Jesu
315 n rot Abschaffung
432 n blau Kruzifix in Rom
1496 n blau Gemälde Peruginos
1511 n blau Gemälde Grünewalds
1611 n blau Gemälde Rubens'

KREUZZÜGE, Sammelbezeichnung für die von der katholischen Kirche betriebenen Kriegszüge. Zielten auf die Eroberung nicht-christlicher Gebiete Kleinasiens, Vorderasiens und Nordost-Europas sowie auf die Unterdrückung der sozialrevolutionären Volkserhebungen und der religiösen Reformbewegungen im christlichen Teile Europas.

1090 n–1153 n Bernhard von Clairvaux
1094 n rot Hilfsersuchen von Byzanz
1095 n rot Aufruf des Papstes
1096 n rot Juden-Verfolgung
1096 n grün Geldhilfe von Kaufleuten
1096 n/1099 n Erster Kreuzzug
1096 n rot Lehnseid der Kreuzfahrer
1099 n rot Staat von Jerusalem
1100 n grün Rechte für Handelsstädte
1115 n–1158 n Otto von Freising
1119 n rot Templer-Orden
1122 n–1190 n Friedrich I. Barbarossa
1128 n grün Zucker aus Jerusalem
1138 n–1193 n Saladin
1140 n–1217 n Peter Waldes
1146 n rot Aufruf des Papstes
1146 n grün Zinserlaß für Kreuzfahrer
1147 n braun Wenden-Kreuzzug
1147 n/1149 n Zweiter Kreuzzug
1147 n rot Gewinn Lissabons
1152 n–1246 n Peire Cardinal
1160 n–1216 n Innozenz III.
1168 n–1220 n Wolfram von Eschenbach
1173 n–1239 n Hermann von Salza
1180 n rot Aufruf des Papstes
1181 n braun Katharer-Kreuzzug
1182 n–1250 n Johannes Karpini
1187 n braun Niederlage gegen Araber
1187 n rot Verlust Jerusalems
1189 n grün Teilnahme-Privileg
1189 n/1192 n Dritter Kreuzzug
1190 n rot Deutschritter-Orden
1191 n blau Heinrich: 'Kreuzzugsleich'
1192 n rot Rechte für Pilger
1194 n–1250 n Friedrich II.
1202 n/1204 n Vierter Kreuzzug
1204 n rot Aufteilung von Byzanz
1208 n–1270 n Tannhäuser
1208 n rot Aufruf des Papstes
1209 n/1229 n Katharer-Kreuzzug
1211 n blau Kreuzzugsgeschichte
1212 n braun Kinderkreuzzug
1217 n/1219 n Erfolgloser Kreuzzug
1228 n/1229 n Fünfter Kreuzzug
1229 n rot Friedrich König Jerusalems
1232 n/1234 n Stedinger-Kreuzzug
1234 n grün Enteignung der Stedinger
1244 n braun Kampf um Jerusalem
1244 n rot Verlust Jerusalems
1248 n/1254 n Sechster Kreuzzug
1270 n braun Siebenter Kreuzzug
1305 n/1307 n Lombardischer Kreuzzug
1362 n–1437 n Sigismund
1371 n–1440 n Friedrich I.
1370 n–1424 n Ziska
1420 n rot Forderung des Papstes
1420 n/1434 n Hussiten-Kreuzzug
1420 n grün Geschütz der Hussiten
1427 n rot Kriegssteuer des Reiches
1434 n rot Hussitenkampf beendet
1455 n rot Aufruf des Papstes
1455 n braun Kampf gegen Türken
1575 n blau Tasso: 'Jerusalem'

KRIEGSGEFANGENE, Bezeichnung für Soldaten, die kämpfend in die Hand des Gegners fallen. Galten bis ins vorige Jahrhundert als Eigentum des Siegers und wurden jahrtausendelang getötet. Ihre Verwendung als Arbeitskraft in den wirtschaftlich entwickelten Ländern des Mittelmeer-Raumes war deshalb ein Fortschritt, legte aber zugleich den Grund zur Sklaverei und damit zur Herabwürdigung der körperlichen Arbeit. Auch wurden nun Kriegszüge zur Beschaffung von Arbeitskräften durchgeführt. Die wirtschaftlich weniger entwickelten Staaten Mittel- und Nordeuropas versklavten ihre Kriegsgefangenen auch später nicht, sondern gaben sie den besiegten Völkern gegen Lösegeld zurück.

2984 v blau Ägyptisches Gemälde
2775 v blau Sumerisches Relief
285 v–204 v Andronikos
154 v/133 v Spanische Erhebung
121 n–180 n Mark Aurel
170 n rot Schutzgesetz
278 n rot Ansiedlung
958 n–1025 n Basilius II.
996 n/1014 n Bulgarenkrieg Byzanz'
997 n grün Glocken nach Cordoba
1236 n grün Glocken nach Santiago
1542 n–1605 n Akbar
1573 n rot Schutz in Indien
1864 n rot Genfer Konvention
1899 n rot Haager Konvention

KRIEGSGEGNER

475 v–393 v Me-Ti
378 v–289 v Meng-Tse
333 v–262 v Zeno der Jüngere
299 v–237 v Asoka der Milde
279 v–206 v Chrysipp
243 v blau Preisgedicht auf Frieden
180 v–110 v Panaitios
163 v rot Essener-Bewegung
53 v–19 v Tibull
31 n–99 n Musonius Rufus
86 n–161 n Antoninus Pius
153 n blau Frieden Ziel der Politik
590 n–648 n Harsa
1255 n–1311 n Pierre Dubois
1283 n blau Völkerbund gefordert
1465 n–1536 n Erasmus von Rotterdam
1539 n blau Mennoniten
1588 n–1679 n Hobbes
1647 n rot Quäker-Bewegung
1707 n blau Castel: Ewiger Friede
1724 n–1804 n Kant
1795 n blau Kant: Ewiger Friede
1889 n blau Bertha Suttners Werk
1892 n rot Friedensgesellschaft
1914 n rot Mord an Kriegsgegner
1914 n rot Liebknecht Kriegsgegner
1915 n rot Zimmerwalder Konferenz
1920 n rot Gründung des Völkerbundes
1928 n rot Kellogg-Pakt
1945 n rot Gründung der UN
1947 n blau Picasso: 'Friedenstaube'

KRIEGSWESEN

2977 v grün Metallwaffen in Indien
2964 v grün Kupfer-Pfeilspitzen
2943 v grün Schilde in Ägypten
2911 v blau Kriegsgott in Kisch
2894 v–2817 v Gilgamesch
2775 v blau Relief: Kriegsgefangener
2659 v rot Stammrollen in Sumer
2531 v grün Helm, Speer in Sumer
2524 v grün Streitwagen in Sumer
2510 v rot Kriegsdienst-Befreiung
2382 v–2320 v Teti
2376 v–2294 v Sargon der Große
2369 v–2295 v Una
2355 v–2298 v Pepi I.
2347 v grün Akkad: Speer und Bogen
2331 v rot Militär Gau-Sache
2318 v rot Akkad: Stehendes Heer
2314 v rot Fremde in Ägyptens Heer
2260 v grün Festung Tell Brak
2245 v grün Burgen in Mesopotamien
2190 v grün Waffen mit Quarzspitzen
2035 v rot Söldnerheer in Sumer
2021 v rot Elite-Soldaten in Ur
1899 v–1832 v Sebek
1863 v grün Grenzforts in Ägypten
1842 v grün Grenzfestung Semne
1724 v grün Streitwagen der Kurriter
1712 v–1640 v Apofis
1709 v grün Spionage in Mesopotamien
1701 v grün Hiebwaffen in Ägypten
1698 v–1629 v Iluma-I-Lu
1696 v grün Helm und Schild aus Metall
1673 v grün Streitwagen der Hyksos
1653 v grün Festungsgürtel in Sumer
1572 v–1504 v Agum
1563 v grün Griechenland: Streitwagen
1525 v grün Lehen für Krieger
1512 v–1448 v Tut-Mosis III.
1506 v–1444 v Nemhet
1499 v–1450 v Tuti
1474 v blau Statue einer Kriegsgöttin
1438 v–1368 v Ra-Mosis
1418 v–1372 v Ka-Em-Het
1417 v–1364 v Eriba-Adad
1402 v blau 'Beim Befehlsempfang'
1395 v–1328 v Assur-U-Baalit
1391 v–1358 v Echnaton
1384 v–1318 v Haremhab
1380 v grün Heeres-Finanzierung
1368 v–1349 v Tut-Anch-Amun
1365 v–1317 v Ramses I.
1349 v blau Auszeichnung
1345 v–1301 v Sethos I.
1342 v grün Kampfwagen in China
1315 v grün Streitwagen-Verbände
1314 v rot 'Legionen' in Ägypten
1302 v–1244 v Salmanassar I.
1267 v grün Streitwagen in Assyrien
1242 v grün Heerstraßen in Assyrien
1199 v blau Warnung vor Offiziersberuf
1198 v grün Berittene Bogenschützen
1169 v blau Kritik am Militarismus
1164 v–1107 v Per-Pet
1158 v–1094 v Ameno
1150 v–1076 v Pa-He-Nesi
1142 v–1085 v Ramses XI.
1130 v grün Kriegselefanten in China
1128 v–1057 v Herihor
1084 v rot Militärmacht in Theben
1064 v–1010 v Saul
1059 v grün Kamel für Kriegszwecke
895 v–825 v Salmanassar III.
882 v grün Kriegsgeräte der Assyrer
869 v grün Reiterheere in Assyrien
858 v grün Eisen-Waffen der Assyrer
763 v–705 v Sargon II.
760 v grün Eisen-Helme der Assyrer
728 v–660 v Kallinos
716 v grün Eiserne Pfeilspitzen
686 v–613 v Tyrtaios
667 v blau Kallinos: Kriegslieder
635 v blau Tyrtaios: Kriegslieder
613 v–525 v Amasis
525 v–459 v Themistokles
483 v grün Kanalbau des Perserheeres
482 v grün Flotten-Finanzierung
480 v grün Schiffsbrücke
459 v grün Fernmeldetechnik
430 v–353 v Xenophon
421 v blau Kritik des Aristophanes
421 v grün Chinesisches Reiterheer
418 v–362 v Epaminondas
402 v grün Festung Syrakus
401 v rot Rom: 20000-Mann-Heer
400 v grün Syrakus: Pfeilgeschütz
396 v grün Hilfsgelder Persiens
373 v blau Xenophon: Zug der 10000
359 v rot Mazedonien: Stehendes Heer
359 v blau Xenophon: 'Hipparchikos'
359 v grün Schiefe Schlachtordnung
331 v grün Steinschleudergeschütze
311 v rot 'Flottenherren' in Rom
296 v–228 v Ktesibios
268 v grün Geschütz des Ktesibios
263 v grün Schiffsbau Roms
260 v grün Römische Seetaktik
240 v grün Geschütz mit Metallfedern
234 v–174 v Mao-Tun
203 v–157 v Wen-Ti
180 v–139 v Viriathus
170 v rot China: Stehendes Heer
156 v–86 v Marius
152 v–82 v Heron
130 v rot Militärstaat Baktrien
107 v rot Berufsheer in Rom
103 v rot Soldatenversorgung in Rom
103 v grün Rom: Heeresneugliederung
100 v–44 v Cäsar
86 v grün Kriegsgeld
55 v grün Militärischer Brückenbau
53 v grün Bogenschützen-Einsatz
42 v rot Prätorianer-Garde
3 v–64 n Aulus Celsus
23 n rot Kasernierung der Garde
51 n–96 n Domitian
58 n grün 'Pflichten des Feldherrn'
73 n blau Spottgedicht auf 'Feigheit'
90 n rot Heerlager-Vorschrift
121 n–180 n Mark Aurel
146 n–211 n Septimius Severus
170 n rot Schutz Kriegsgefangener
179 n grün Festung Regensburg
202 n grün Grenzsiedlungen
207 n grün Armbrust in China
232 n–282 n Probus
243 n–316 n Diokletian
295 n rot Franken im Römerheer
297 n rot Eigene Verwaltung
310 n–379 n Schapur II.
314 n rot Christen für Waffendienst
348 n rot Frauen-Hilfsdienst
370 n rot Selbstverstümmelungsverbot
398 n rot Abgaben für Soldaten
423 n rot Hunnen im Römerheer
539 n grün Waffenmonopol in Byzanz
609 n–680 n Moawija
620 n rot Heeresreform in Byzanz
638 n grün Pensionen für Soldaten
671 n grün Brandwerfer
688 n–741 n Karl Martell
711 n grün Befestigung Gibraltars
722 n rot Heeresreform bei Franken
722 n grün Lehen für Heeresfolge
752 n rot Petrus-Feldzeichen
757 n grün Spionage bei Arabern
780 n rot Ersatz für Militärdienst
790 n rot Zwang zur Heeresfolge
807 n rot Wehrpflicht nach Vermögen
877 n–936 n Heinrich I.
887 n grün Armbrust in Europa
958 n–1025 n Basilius II.
995 n–1035 n Knut der Große
1096 n grün Kreuzzugs-Finanzierung
1130 n grün Schießpulver in China
1139 n rot Armbrust-Bestimmung
1146 n grün Hilfe für Kreuzfahrer
1153 n rot Waffenverbot für Bauern
1155 n–1227 n Dschingis-Khan
1190 n rot Pflege Verwundeter
1220 n grün China: Raketenwaffe
1232 n grün Schießpulver-Gebrauch
1273 n grün Kanonen der Mongolen
1309 n–1370 n Kasimir der Große
1331 n grün Kanonen in Italien
1336 n grün Metallkanonen in Europa
1339 n grün Handfeuerwaffen
1358 n grün Geschützorgel
1359 n grün Schiffsgeschütze
1370 n–1424 n Ziska
1420 n grün Haubitze
1427 n rot Reichssteuer für Heer
1435 n grün Pistolen
1439 n grün Stehendes Heer
1459 n–1525 n Jakob Fugger
1474 n grün Soldaten für Frankreich
1479 n grün Gezogener Gewehrlauf
1509 n grün Fugger: Finanzhilfe
1530 n–1584 n Iwan IV.
1556 n grün Uniformierte Kampfgruppen
1620 n–1688 n Der Große Kurfürst
1622 n grün Unterseeboot
1629 n–1676 n Alexei Michailowitsch
1638 n–1715 n Ludwig XIV.
1652 n grün Steinschloß-Gewehr
1659 n grün Hinterlade-Gewehr
1663 n–1736 n Prinz Eugen
1669 n rot Vauban Festungsbaumeister
1670 n grün Uniform in Frankreich
1672 n–1725 n Peter I., der Große
1688 n–1740 n Friedrich Wilhelm I.
1701 n grün Gleichschritt
1712 n–1786 n Friedrich II., der Große
1732 n–1799 n Washington
1749 n rot Strafen für Deserteure
1777 n grün Deutsche Söldner
1806 n grün Raketengeschoß
1814 n rot Wehrpflicht in Preußen
1815 n grün Zündhütchen
1827 n grün Zündnadelgewehr
1829 n blau Clausewitz' Werk
1845 n grün Schießbaumwolle
1864 n rot Rotes Kreuz
1872 n rot Wehrpflicht in Frankreich
1874 n rot Wehrpflicht in Rußland
1883 n grün Maschinengewehr
1899 n rot Haager Konvention
1914 n rot Kampf um Kriegskredite
1915 n grün Metallflugzeug
1915 n grün Panzerwagen
1915 n grün Giftgas-Einsatz
1916 n rot Munitionsarbeiter-Streik
1937 n grün Hubschrauber
1939 n grün Düsenflugzeug
1940 n rot US-Stützpunkte
1941 n rot Leih- und Pachtgesetz
1942 n grün Braun: Rakete
1944 n grün Flugzeug: 1000 km/h
1945 n grün Atombomben-Fertigung
1945 n rot Atombomben-Abwurf
1947 n grün Überschall-Flugzeug
1949 n rot Gründung der NATO
1949 n grün Rakete: 414 km Höhe
1950 n rot Wiederaufrüstung
1950 n grün Rakete: 3000 km/h
1952 n grün Wasserstoffbombe
1953 n rot Militärpakt USA-Spanien
1954 n rot Gründung der SEATO
1954 n grün Atom-U-Boot
1955 n rot Warschauer Pakt

KRIM, Schwarzmeer-Halbinsel in Südrußland (Ukraine). Seit Jahrtausenden Heimat von Völkerstämmen aus dem asiatisch-europäischen Grenzgebiet und aus dem iranischen Hochlande (Skythen, Kimmerer, Sarmaten). Vor 2500 Jahren legten Griechen an den Küsten Hafenstädte an. Später ließen sich hier Goten, Hunnen und Mongolen nieder. Nach einer Periode türkischer Herrschaft wurde sie schließlich russisch. Im Bürgerkrieg Stützpunkt der Konterrevolution unter Wrangel. Im Zarismus Sommersitz des Adels und der Besitzbürger, entwickelte sich die landschaftlich reizvolle, klimatisch günstig gelegene Halbinsel seit dem endgültigen Siege der Revolution zum Erholungszentrum des russischen Volkes.

537 v blau Hafenstadt Pantikapaion
528 v blau Hafenstadt Theodosia
598 n braun Vorstoß der Khasaren
598 n rot Herrschaft der Khasaren
1270 n grün Italienische Niederlassung
1475 n braun Vorstoß der Türken
1475 n rot Türkische Besitznahme
1768 n/1774 n Russisch-türkischer Krieg
1784 n rot Russische Herrschaft
1810 n–1862 n Cavour
1853 n/1856 n Krimkrieg

KRIMINALITÄT

598 v–501 v Teng-Tse
540 v blau Bedingt durch Umwelt
1764 n blau Beccarias Untersuchung

KRIMKRIEG

1810 n–1862 n Cavour
1853 n/1856 n Krimkrieg
1856 n rot Donaumündung türkisch
1856 n rot Türkeigrenzen garantiert

KRISA, Stadt im Südwesten Griechenlands nahe bei Delphi. Stieg als eine der ersten griechischen Siedlungen schon vor 3000 Jahren zu einem selbständigen Stadtstaate auf, in dessen Gebiet auch das nahegelegene Heiligtum von Delphi lag. Den ständig wachsenden Pilgerstrom zu dieser alten Orakelstätte nützte die Stadt durch Erhebung eines Wegegeldes. Darauf wurde sie von einer Vereinigung griechischer Heere unter Führung Athens besiegt, zerstört und mit dem ewigen Verbot eines Neuaufbaues belegt.

600 v/590 v Erster Heiliger Krieg

KRISE, von dem griechischen Worte 'krinein' abgeleitete Bezeichnung für die entscheidende Wendung einer Entwicklung. In der Volkswirtschaft eine meist durch Überproduktion oder Absatzschwund hervorgerufene Störung des Gleichgewichtes zwischen Herstellung und Verkauf, wie sie für den Kapitalismus kennzeichnend ist. Der Ausweg wird oft in unproduktiver Beschäftigung (Aufrüstung) gesucht und führt häufig zum Krieg. Die früher in bestimmten Abständen wiederkehrenden ('zyklischen') großen Krisen werden in unserer Epoche des Hochkapitalismus zunehmend ersetzt durch dauernde Inkaufnahme dosierter Krisenerscheinungen (Geldentwertung, Arbeitslosigkeit, Aufsaugung kapitalschwacher Betriebe, Rüstungsproduktion, kalter Krieg, Interventionskrieg). Seit der Entdeckung ihrer Ursache im Grundwiderspruch zwischen dem gesellschaftlichen Charakter der hochindustrialisierten Produktion und der privaten Aneignung ihrer Produkte durch einzelne Kapitalisten wird in immer mehr Ländern durch die Arbeiterschaft eine krisenfreie (sozialistische) Planwirtschaft erkämpft.

31 n grün Außenhandelsdefizit Roms
172 n grün Währungsverfall in Rom
258 n grün Währungsverfall in Rom
1345 n grün Wirtschaftskrise in Europa
1644 n grün Arbeitslose in England
1818 n–1883 n Karl Marx
1847 n grün Wirtschaftskrise in Europa
1867 n blau Marx: 'Das Kapital'
1873 n grün Weltwirtschaftskrise
1882 n–1945 n F. D. Roosevelt
1889 n–1945 n Hitler
1894 n blau Marx: Kapital III
1921 n rot 'Neue Ökonomische Politik'
1923 n grün Inflation in Deutschland
1929 n grün Weltwirtschaftskrise
1932 n grün Arbeitslose in Deutschland
1933 n grün Arbeitslose in USA
1933 n grün Wirtschaftslenkung

KRISTALLPALAST, Gebäude aus Glas und Stahl, das für die erste Weltausstellung 1851 n im Londoner Hyde Park aufgebaut wurde. Anschließend stellte es sein Architekt Joseph Paxton in dem Londoner Vorort Sydenham auf. Hier diente die mittlere Querhalle (117 Meter lang, 36 Meter breit, 53 Meter hoch) als Konzertraum für 4000 Personen. In der 490 Meter langen Mittelhalle waren Nachbildungen von Bauwerken aus verschiedenen Stilepochen untergebracht (ägyptischer Tempel sowie griechischer, römischer, arabischer, byzantinischer, gotischer und italienischer Gebäude). Gemäldegalerien, Wasserspiele und Gartenanlagen, ein Aquarium, eine Sammlung von Gipsabgüssen berühmter Werke der Bildhauerei und viele andere Einmaligkeiten machten das Bauwerk zu einer Sehenswürdigkeit, die jährlich von über 2 Millionen Menschen besucht wurde. Seine Baukosten betrugen fast 100 Millionen DM. 1936 n abgebrannt.

1851 n grün Fertigstellung

KROATIEN, Land in Nord-Jugoslawien. Wurde vor 1300 Jahren von seinen heutigen Bewohnern (Kroaten) besiedelt, die aus dem Norden hierher kamen, um sich der Herrschaft der Awaren zu entziehen. Nach kurzer Zugehörigkeit zum Frankenreich und zu Byzanz wurde es 925 n selbständiges Königreich. Um der Vormacht Venedigs zu entgehen, dem es zeitweilig tributpflichtig war, schloß es sich 1091 n durch Personalunion mit seinem nordwestlichen Nachbarn Ungarn zusammen, behielt aber seinen eigenen Landtag. Mit Ungarn fiel es 1527 n unter die Herrschaft Wiens (Habsburger), dann wurde es für mehr als ein Jahrhundert türkisch und schloß sich danach noch fester an Wien an, um der Überfremdung durch die Ungarn zu entgehen. 1849 n wurde es österreichisches Kronland, 1918 n durch den Friedensvertrag von St. Germain Bestandteil des neugegründeten jugoslawischen Staates, gegen dessen serbische Mehrheit es sich zu behaupten suchte. Seit 1945 n kulturell selbständiger Teil der kommunistischen Volksrepublik Jugoslawien.

788 n/812 n Bilderkrieg
877 n braun Vorstoß von Byzanz
877 n rot Byzantinische Herrschaft
1527 n rot Habsburger-Herrschaft
1918 n rot Jugoslawien selbständig
1919 n rot Vertrag von St. Germain
1944 n rot Jugoslawien kommunistisch

KRÖNIG, August Karl (1822 n–1879 n), deutscher Naturwissenschaftler. Nach Beendigung seines Physik-Studiums wandte er sich der Erforschung von Gasen zu und stellte eine allgemeine Theorie über deren physikalischen Aufbau und deren Verhaltensweisen auf. Darin führte er Temperatur und Druck von Gasen auf die ständige, sehr schnelle Bewegung kleinster Teilchen zurück (kinetische Gas-Theorie). Stellte auch die grundsätzlich gradlinige Bewegung dieser kleinsten Teilchen fest, die nur durch Zusammenprall mit anderen Teilchen oder mit der Gefäßwandung ihre Richtung ändern.

1857 n grün Kinetische Gas-Theorie

KRÖSUS, König von Lydien.

595 v–525 v Lebenslinie
599 v–529 v Kyros
547 v rot Bündnispolitik
546 v braun Vorstoß Persiens
546 v rot Ende des Reiches
546 v rot Vormacht Persiens

KROKODIL, gefährliches Raubtier, dessen größte Arten 8—10 m lang werden und auch Menschen fressen. Zu Lande schwerfällig, bewegt es sich im Wasser geschickt und kraftvoll. Es wird über 100 Jahre alt. Fleisch und Eier werden von zahlreichen Völkern gegessen, die gepanzerte Haut dient zur Lederherstellung. Wegen seiner Nützlichkeit und Gefährlichkeit seit Jahrtausenden besonders in Ägypten verehrt und gefürchtet. Heute sind uns 25 Arten bekannt, von denen aber nur wenige dem Menschen gefährlich werden.

2716 v grün Gehege in Ägypten
2591 v blau Indisches Relief
2338 v blau Ägyptisches Gemälde
1993 v grün Verehrung in Ägypten
1833 v blau Krokodilopolis
1826 v–1786 v Nefer-Sebek-Re
1803 v blau Ägyptische Plastik
1789 v rot Krokodilopolis Residenz
1775 v–1725 v Sebek-Hotep III.
1732 v rot Kult als Staatsreligion
1727 v rot Verlegung der Kultstätte
1712 v–1640 v Apofis

KROKODILOPOLIS, Stadt in Nordägypten, Zentrum des ägyptischen Krokodil-Kultes. Hauptstadt der Oase Fayum, die vor fast 4000 Jahren durch den Ägypterkönig Amen-Em-Het III. kultiviert wurde. Von dessen Tochter Nefer-Sebek-Re für kurze Zeit zur Residenzstadt erhoben.

1865 v–1792 v Amen-Em-Het III.
1833 v blau Gründung
1826 v–1786 v Nefer-Sebek-Re
1789 v rot Residenzstadt
1775 v–1725 v Sebek-Hotep III.
1727 v rot Verlegung der Kultstätte

KRONSTADT, russische Hafenstadt am Finnischen Meerbusen (Ostsee), 30 Kilometer westlich von Leningrad. 1703 n von Zar Peter dem Großen gegründet, wurde sie im 19. Jahrhundert als Standort der russischen Ostseeflotte befestigt. Hier erhoben sich die Matrosen in der Revolution von 1905 n/1906 n und hatten an der bolschewistischen Oktoberrevolution 1917 n führenden Anteil. Seitdem galten sie als Revolutionshelden. Ihre Erhebung gegen die bolschewistische Herrschaft im Jahre 1921 n war besonders gefährlich, weil sie unter dem Motto stand 'Für den Kommunismus – gegen die Bolschewiki'. Nach ergebnislosen Verhandlungen von der Roten Armee unter Trotzki und Tuchatschewski niedergeschlagen, trug dieser Aufstand wesentlich zur Neu-Orientierung der bolschewistischen Politik im Sinne einer stärkeren Berücksichtigung der Lebensansprüche des arbeitenden Volkes unter Zurückstellung einer übereilten Industrialisierung bei ('Neue Ökonomische Politik').

1905 n/1906 n Russische Revolution
1917 n/1922 n Russische Revolution
1921 n braun Erhebung

KROTON, Hafenstadt an der Südspitze Italiens (Kalabrien). Von Griechen aus dem Peloponnes gegründet, entwickelte sie sich zu einem bedeutenden Handelszentrum, gründete weitere Städte, bezwang im Bunde mit Sybaris die Streitmacht von Siris (530 v) und siegte zwanzig Jahre später über Sybaris. Damit war sie für mehr als ein Jahrhundert die mächtigste Stadt Süditaliens. Im ganzen Mittelmeerraum berühmt durch ihre Ärzteschule und durch ihre Sportler, die bei einer Olympiade in allen Konkurrenzen siegten. Nach ihrer Niederlage gegen die größte Stadt Siziliens (Syrakus) ging ihre Bedeutung zurück. Seit 288 v geriet sie unter römischen Einfluß und war seit 277 v römische Kolonie. Hannibals Eroberung der Stadt (215 v) fügte ihr im Krieg Roms gegen Karthago schwere Opfer zu, von denen sie sich nicht mehr erholte.

710 v blau Gründung
531 v blau Pythagoreer-Schule
504 v grün Ärzteschule
460 v rot Kampf gegen Pythagoreer
399 v blau Zeuxis: 'Helena'
379 v braun Vorstoß von Syrakus
218 v–201 v Zweiter Punischer Krieg

KRÜGER, Paul (1825 n–1904 n), südafrikanischer Heerführer und Staatsmann. Der englischen Ausbeutung überdrüssig, verließ er zusammen mit anderen europäischen Einwanderern (Buren) seine Heimat (Kap-Kolonie) und zog nordwärts über den Oranje-Fluß. Dort organisierte er die Verteidigung des Landes (Oranje-Freistaat) gegen die Engländer, wurde aber geschlagen. Darauf wandte er sich mit seinen Landsleuten noch weiter nordwärts über den Vaal, wo er den Zusammenschluß der vereinzelten 'Transvaal-Staaten' zur 'Südafrikanischen Union' förderte und ihr kommandierender General wurde. Schlug die Erhebungen der Basuto-Neger nieder und wehrte den Versuch der Engländer zur Einverleibung des Gebietes ab. Seit 1883n wurde er viermal zum Präsidenten der Republik gewählt ('Ohm Krüger'). Obwohl er die Unterdrückung der Farbigen in seinem Staate guthieß, wurde er zum Symbol des antikolonialen Kampfes gegen die Engländer. Als diese angesichts großer Goldfunde erneut die Eroberung der Republik versuchten, beglückwünschte ihn der deutsche Kaiser Wilhelm II. telegraphisch zu seinem ersten Sieg ('Krüger-Depesche'). Als er aber nach Europa kam, um Hilfe zu erbitten, wurde er weder von Wilhelm II. noch vom Zaren empfangen. So verbrachte er die letzten Jahre in der Schweiz, während sein Land von den Engländern erneut unterjocht wurde.

1877n rot Transvaal englisch
1880n braun Erhebung
1881n rot Selbstverwaltung
1899n/1902n Burenkrieg

KRUM (um 770n–814n), Herrscher des Bulgarenreiches. Als Führer der am Unterlauf der Donau beheimateten Bulgaren dehnte er nach dem Zusammenbruch des Awarenreiches seine Herrschaft bis zur Theiß aus und wurde im Jahre 803n zum Kaiser der Bulgaren gewählt. Gab seinem Volke die ersten festen Gesetze. Neben Diebstahl, Lüge und Verleumdung verbot er darin auch den Genuß von Wein. Vertrieb die byzantinischen Truppen aus weiten Gebieten des Balkans und brachte im Jahre 809n die Stadt Sofia unter bulgarische Herrschaft. Nach weiteren siegreichen Schlachten, in deren Verlauf der byzantinische Kaiser Nikephoros fiel, kam er bis vor Konstantinopel (Byzanz), doch starb er vor dem Sturm auf die Stadt an einem Blutsturz.

809n braun Eroberung Sofias
809n rot Alkoholverbot

KRUPP, Name einer deutschen Fabrikantenfamilie. Als Stammvater gilt Friedrich Krupp, der 1811n in Essen ein kleines Werk unter der Bezeichnung 'Gußstahlfabrik zur Verfertigung des englischen Gußstahls' gründete. Seine Idee, den durch die Kontinentalsperre vom europäischen Festland ferngehaltenen Stahl ersetzen zu können, schlug fehl. Die Aufhebung der Kontinentalsperre zwang ihn zu einer Konkurrenz mit dem englischen Stahl, die er nicht bestehen konnte. Sein Sohn Alfred spezialisierte sich seit 1847n auf die Herstellung von Geschützen und entwickelte damit in vierzig Jahren das darniederliegende Unternehmen zur größten Gußstahl- und Geschützfabrik der Erde mit 21 000 Arbeitern. In den folgenden 25 Jahren bis zum Beginn des ersten Weltkrieges vervierfachte sich die Zahl der Arbeiter. Bis zum Beginn des zweiten Weltkrieges stieg sie auf 126 000 Beschäftigte, die in 175 deutschen und 60 ausländischen Betrieben das im Privatbesitz der Familie befindliche Kapital vermehrten und Kriegsmaterial an 72 Staaten der Erde lieferten. Während des zweiten Weltkrieges stieg durch Kriegsgefangene, ausländische Zwangsarbeiter und Konzentrationslager-Insassen die Zahl der Beschäftigten weiter an. Nach dem zweiten Weltkrieg, der das Unternehmen auf seinen Höhepunkt führte, wurde der Inhaber Alfried Krupp von Bohlen und Halbach vom Internationalen Gerichtshof in Nürnberg zu zwölf Jahren Gefängnis und Vermögensbeschlagnahme verurteilt. 1951n vorzeitig entlassen, baute er das Unternehmen wieder auf und erreichte 1966n mit 125 000 Arbeitern den Vorkriegsstand bei einem auf 7 Milliarden erhöhten Umsatz. Damit war er zum größten Fabrikanten der Weltgeschichte geworden. 1967n geriet er in Zahlungsschwierigkeiten und mußte sein Unternehmen in eine Kapitalgesellschaft umwandeln. Dieser Sturz des zum Symbol des Hochkapitalismus gewordenen Industriellen verschärfte die Wirtschaftskrise, der er selbst zum Opfer gefallen war.

1812n grün Gußstahl-Fabrik

KRYLOW, Iwan (1768n–1844n), russischer Dichter. Als Sohn eines armen Unteroffiziers mußte er schon 13jährig mit Büroarbeit Geld verdienen. 15jährig schrieb er eine Oper und wurde 22jährig Journalist. Sechs Jahre später gab er eine eigene humoristische Zeitschrift heraus ('Sünderpost') und kritisierte in satirischer Weise die herrschende Gesellschaftsordnung. Daneben schrieb er Lustspiele, Tragödien, Erzählungen, Gedichte und eine Märchenoper. 40jährig wandte er sich der Fabel-Dichtung zu und errang damit so großen Anklang, daß er insgesamt 169 Fabeln schrieb. Durch ihren gutmütigen Humor und ihre milde Moral wurde sein Fabelbuch schnell zu einem beliebten russischen Volksbuch. Übertrug die Fabeln des Franzosen Lafontaine ins Russische.

1809n blau Fabeln

KTESIAS (um 440v–um 380v), griechischer Schriftsteller. Als Arzt in der Stadt Kition (Kleinasien) geriet er in persische Kriegsgefangenschaft und wurde Leibarzt des Perserkönigs Artaxerxes II. Im Bürgerkrieg, den dieser mit einem Gegenkönig (Kyros dem Jüngeren) zu bestehen hatte, heilte er die Wunden des Artaxerxes und durfte in die Heimat zurückkehren. Dort vollendete er ein Geschichtswerk in 23 Büchern. Die ersten sechs Bände enthielten die frühe Geschichte Mesopotamiens, die restlichen 17 Bände die Geschichte Persiens. Darin verarbeitete er wertvolles Material aus den Archiven des Perserkönigs und lokkerte es durch Beimischung von Sage, Legende und Anekdote auf. Verfaßte außerdem eine Spezial-Abhandlung über die Tributzahlungen im Perserreich, drei Bücher über Erdkunde sowie ein Buch über Indien, das den Griechen erste ausführliche Kunde von diesem Teil der Erde gab.

393v blau Geschichte Vorderasiens

KTESIBIOS, griechischer Mechaniker und Naturforscher.

296v–228v Lebenslinie
268v grün Geschütz
259v grün Feuerspritze
248v grün Wasseruhr
245v grün Orgel

KUAN-TSE, chinesischer Staatsmann und Geschichtsschreiber.

733v–645v Lebenslinie
685v rot Huang-Tschin Präsident
685v grün Staatsmonopole
676v grün Geldabgaben
668v blau Rechtsschule
659v grün Handelssteuern
653v blau Geschichte Chinas

KUBA, Insel vor der Ostküste Mittel-Amerikas. 200 Kilometer vor der Küste Mexikos gelegen und ebenso weit von der Südküste Floridas (USA) entfernt, ist sie die größte der dem amerikanischen Kontinent vorgelagerten Inseln. Als Kolumbus im Jahre 1492n hier landete, war die Insel von Indianern bewohnt. Nach deren Ausrottung durch die spanischen Kolonialherren wurden Negersklaven angesiedelt, die sich von 1523n bis zur Abschaffung der Sklaverei im Jahre 1880n in acht großen Aufständen erhoben. Der Unabhängigkeit von Spanien folgte zu Beginn unseres Jahrhunderts die wirtschaftliche Ausbeutung, politische Durchdringung und militärische Beherrschung durch die USA, die 1903n einen Flottenstützpunkt in der Guantanamo-Bucht anlegten. Die Bevölkerung mußte auch in beiden Weltkriegen Soldaten für die US-Armeen stellen. Streiks und Aufstände bereiteten den Befreiungskampf gegen die von den USA abhängige Regierung vor, der 1959n unter der Führung Fidel Castros politisch gewonnen und 1961n durch die wirtschaftliche Unabhängigkeit von den USA und die Vergesellschaftung der Produktionsmittel vollendet wurde. Seit 1961n wird hier mit Unterstützung der UdSSR ein freiheitlicher Kommunismus aufgebaut, der sich durch seine Autoritätsfeindlichkeit und seine Jugendlichkeit von den kommunistischen Ordnungen in Europa und Asien unterscheidet. Eine von den USA unterstützte Konterrevolution wurde 1961n besiegt. Ein Jahr später scheiterte der Versuch der USA zur offenen Intervention am geschlossenen Widerstandswillen des Volkes und an der festen Haltung der Sowjetunion (Kuba-Krise). Die USA verzichteten feierlich auf jede weitere Einmischung, ohne jedoch ihren Flottenstützpunkt auf der Insel zu räumen.

1452n–1507n Kolumbus
1492n grün Entdeckung
1511n rot Spanischer Besitz
1515n blau Gründung von Habana
1868n braun Aufstand
1895n/1898n Kubanischer Krieg
1898n rot Selbständigkeit
1920n rot Mitglied im Völkerbund
1927n– Castro
1945n rot Mitglied der UN
1956n/1959n Revolution
1959n rot Castro Ministerpräsident
1961n rot Kommunistisch

KU-BABA, König von Kisch.

2552v–2475v Lebenslinie

KUBAN, Fluß im äußersten Süden des europäischen Rußland. Entspringt am Nordhang des Kaukasus, durchquert ein fruchtbares Tiefland, und fließt durch das Asowsche Meer ins Schwarze Meer. An seinen Ufern entstand vor mehr als 4000 Jahren eine von Kleinasien und Vorderasien befruchtete Kultur.

2314v blau Goldenes Löwenbild
2278v blau Goldenes Rinderbild
1784n rot Russischer Besitz

KUBIKWURZEL, von dem lateinischen Worte 'cubus' (= Würfel) abgeleitete Bezeichnung für die Zurückführung eines Würfelinhaltes auf seine Kantenlänge (= dritte Wurzel).

1985v grün Zeichen in Sumer

KUBLAI-KHAN, mongolischer Herrscher.

1214n–1294n Lebenslinie
1207n/1279n Großer Mongolenkrieg
1254n–1324n Marco Polo
1264n rot Übertritt zum Buddhismus
1264n rot Peking Hauptstadt
1264n grün Ackerbau
1266n grün Schrift
1269n rot Bitte an den Papst
1273n grün Einsatz von Kanonen
1276n rot Mittelchina mongolisch
1277n grün Kalender-Überarbeitung
1279n rot Ganz China mongolisch
1279n grün Sternwarte Peking
1281n braun Angriff auf Japan
1283n grün Kanalbau
1287n braun Vorstoß nach Burma
1287n rot Herrschaft über Burma
1292n braun Angriff auf Java
1292n grün Rückkehr Marco Polos
1293n grün Seeherrschaft
1298n grün Bericht Marco Polos

KUCKUCKS-UHR

1726n grün Herstellung

KUDUR-MABUK, König des Landes Elam.

1822v–1750v Lebenslinie
1801v–1759v Warad-Sin
1771v braun Vorstoß nach Sumer
1771v rot Herrschaft über Larsa
1771v rot Sohn König von Larsa
1770v blau Statue

KÜCHE

2082v grün Eigener Raum im Haus

KÜNSTLICHE DÜNGUNG, Bezeichnung für die Düngung mit chemischen Mitteln im Gegensatz zur Düngung mit Stallmist oder Humus. Ihre Einführung bewirkte ein sprunghaftes Ansteigen der Ernte-Erträge.

1839n grün Einführung
1899n grün Stickstoffdünger

KUES, Nikolaus von, deutscher Philosoph, Theologe und Naturwissenschaftler.

1401n–1464n Lebenslinie
1429n blau Schrift zur Reichsreform
1434n grün Achsdrehung der Erdkugel
1436n grün Schrift zur Kalenderreform
1438n blau Einheit der Gegensätze

KÜ-YÜAN (332v–277v), chinesischer Dichter. Als Minister des Königs von Tschu verfaßte er in der Volkssprache Südchinas eine Göttersage ('Himmels-Dichtung'). In Ungnade gefallen und verbannt, schrieb er ein großes Klagegedicht. Stürzte sich aus Verzweiflung über das Leben in die Fluten des Jang-Tsekiang. Zu seiner Trauerfeier fuhren die Chinesen mit ihren geschmückten Booten auf dem Fluß. Hieraus geht das bis heute alljährlich begangene Fest der Drachenboote zurück.

295v blau Klagelied

KUFA, Stadt in Mesopotamien (Vorderasien). Am rechten Ufer des Euphrat unweit des alten Babylon von dem Kalifen Omar als arabische Festung angelegt, entwickelte sie sich schnell zu einem Mittelpunkt von Handel und Gewerbe. Zwanzig Jahre nach ihrer Gründung für einige Jahre Sitz des Kalifats, wurde sie zu einem Zentrum arabischer Gelehrsamkeit. Mit dem Aufstieg des 150 Kilometer weiter nördlich gelegenen Bagdad verlor sie an Bedeutung.

602n–661n Ali
637n blau Gründung
656n rot Regierungssitz
661n rot Damaskus Hauptstadt
684n/686n Sklavenaufstand

KUGELGESTALT DER ERDE

572v–493v Pythagoras
533v grün Pythagoras' Entdeckung
408v–355v Eudoxos
340v grün Beweis: Mondfinsternis
284v–212v Archimedes
160v grün Krates: Globus
101n–179n Ptolemäus
167n grün Kegel-Projektion
487n–565n Kosmas
701n–784n Fergil der Geometer
1401n–1464n Nikolaus von Kues
1434n grün Lehre des Nikolaus
1492n grün Behaims Globus
1522n grün Beweis: Erdumseglung
1569n grün Mercator-Projektion
1643n–1727n Newton

KUGELLAGER, mechanische Vorrichtung, die das Drehen von Achsen in ihren Lagerungen durch Verminderung der Reibung erleichtert. Wurde in den letzten 150 Jahren zu einem unentbehrlichen Bestandteil des Maschinenbaus.

1794n grün Erfindung

KUGELWÖLBUNG DER MEERE

284v–212v Archimedes

KUH

2387v blau Relief 'Kalbende Kuh'
1965v blau Zeichnung 'Kuh mit Kalb'
1188v blau Relief 'Weinende Kuh'
506v–446v Myron
464v blau Myrons Plastik
360v blau Plastik 'Pharao mit Kuh'

KUHNAU, Johann (1660n–1722n), deutscher Komponist. Studierte in Leipzig Rechtswissenschaften und wurde Organist an der Thomaskirche. Behielt diese Stellung auch bei, nachdem er sich als Rechtsanwalt niedergelassen hatte. Wurde dann Universitäts-Musikdirektor und kehrte als Chorleiter und Musiklehrer an die Thomaskirche zurück ('Thomaskantor'). Schrieb Gesangsstücke, Klavier- und Orgelmusik. Übertrug die in der Kammermusik gebräuchliche Form der mehrsätzigen Instrumentalmusik ('Sonate') auf die Klaviermusik. Übersetzte zahlreiche Werke aus dem Griechischen und Hebräischen. Verfaßte auch eine Satire auf die italienische Musik ('Der musikalische Quacksalber').

1692n blau Klavier-Sonate

KUI-KUILKO, Ort in Mittelamerika, heute im Stadtgebiet von Mexiko-City gelegen. Hier baute die indianische Urbevölkerung Mexikos vor fast 2800 Jahren eine runde Pyramide aus Lehm mit einem Mantel aus unbehauenen Steinen. Dieses Bauwerk hatte bei einem Durchmesser von 135 Metern eine Höhe von 20 Metern und war in vier große Stufen geteilt.

806v blau Pyramide

KUIPER, Gerard P. (geboren 1905n), nordamerikanischer Physiker holländischer Herkunft. Studierte an der Universität Leiden und wanderte 1933n in die USA aus. Führte Messungen zur Ermittlung des Durchmessers von Planeten durch. Entdeckte den zweiten Neptun-Mond. Erforschte die Lebensbedingungen im Weltall und fand 1942n Anhaltspunkte für eine Atmosphäre bei einem Saturn-Mond. Neun Jahre später erbrachte er den Nachweis für das Vorhandensein von Kohlensäure auf kleinen Planeten und von Methangas auf großen Planeten. Stellte eine Theorie auf, nach der sich Planeten bei einem Zehntel aller Fixsterne finden ('Die Entstehung der Planeten').

1951n grün Schrift über Atmosphäre

KUJIKI, Titel des ersten japanischen Geschichtswerkes. Niedergeschrieben vom japanischen Kaiser Schotoku und seinem allmächtigen Kanzler Umako. Es umfaßte die Herrschaft der ersten 33 Herrscher des japanischen Reiches, also die Zeit von den ersten sagenhaften Kaisern bis zum Beginn des 7. Jahrhunderts nach der Zeitwende. Nach Schotokus Tod führte es Umako noch bis zum Jahre 626n fort. 17 Jahre nach seiner Vollendung verbrannte das Werk größtenteils. Die erhaltenen chronologischen Übersichten wurden Grundlage aller späteren japanischen Geschichtsschreibung.

572n–621n Schotoku
619n blau Niederschrift

KUJUK-KHAN (um 1220n–1247n), Herrscher der Mongolen. Als Sohn des Ogodai-Khan wurde er nach dem Tode seines Vaters zum Oberhaupt aller Mongolen gewählt und 1246n zum Großkhan berufen. Bei seiner feierlichen Krönung in Ungarn waren über 3000 Gesandte aus allen Teilen des Reiches anwesend. Starb bereits ein Jahr nach seiner Krönung.

1182n–1250n Johannes Karpini

KU-KAI-TSCHI, chinesischer Maler und Schriftsteller.

345n–406n Lebenslinie
377n blau 'Göttin des Lo-Flusses'
388n blau 'Lehren der Hofmeisterin'

KU-KLUX-KLAN, Name eines nordamerikanischen Geheimbundes. Entstand nach der Aufhebung der Sklaverei in den Sklavenhalterstaaten der USA. Bezweckte die Fortdauer der Ausbeutung und Unterdrückung des farbigen Teiles der Bevölkerung sowie die Verhinderung von Mischehen zwischen Schwarzen und Weißen und die Ausschaltung der Schwarzen von der Mitbestimmung in öffentlichen Angelegenheiten. Erreichte sein Ziel durch Terror und Hinrichtung nach geheimen Urteilen ('Lynchjustiz'). Durch gespensterhafte Verkleidung suchten sich seine Mitglieder unerkennbar zu machen und die Schwarzen einzuschüchtern. Trotz eines im Jahre 1871n erlassenen bundesgesetzlichen Verbotes besteht die Organisation fort und erweiterte ihre Tätigkeit im Jahre 1915n noch durch antijüdischen Terror.

1865n rot Gründung

KULIKOW-FELD, Tiefebene am oberen Don, etwa 250 Kilometer südlich von Moskau. Hier schlug der Großfürst von Moskau im Jahre 1380n ein Mongolenheer. Obgleich die Oberhoheit der Mongolen über Moskau und Rußland damit nicht endete, zerstörte dieser Sieg doch bei den Russen den Glauben an die Unbesiegbarkeit der Mongolen und förderte die Einigung der russischen Fürsten unter Führung Moskaus zur endgültigen Befreiung des Landes.

1380n braun Schlacht

KULTURKAMPF, Bezeichnung für den Kampf des vorwiegend protestantischen deutschen Reiches gegen den Einfluß der katholischen Kirche auf die deutsche Kultur. Ein vom Reichstag 1872n erlassenes Gesetz entzog den Priestern das bis dahin von ihnen ausgeübte Schulaufsichtsrecht. Ein Betätigungsverbot für den Jesuitenorden nahm dem Papst die Möglichkeit, seine ergebenste Truppe weiterhin in Deutschland einzusetzen. Im Mai 1873n beschränkte der Reichstag die kirchlichen Zucht- und Strafmittel, unterwarf die Priester der staatlichen Gerichtsbarkeit und vereinfachte den Kirchenaustritt. Im Jahr darauf wurde der Kirche die Trauung der vorher vollzogene standesamtliche Eheschließung verboten. Der Widerstand der katholischen Kirche führte 1875n zu dem Gesetz über die Einstellung der Leistungen des Staates an kirchliche Stellen, die sich den neuen Gesetzen nicht fügten ('Brotkorb-Gesetz'). Es folgten das Verbot der Tätigkeit mehrerer Mönchs-Orden sowie die Aufhebung weiterer kirchlicher Sonderrechte. Doch brauchte Bismarck die Unterstützung der Kirchen zur Niederhaltung der Arbeiterschaft. So lenkte er beim Tode des Papstes Pius IX. ein. Es kam zu einer Verständigung, bei der die Kirche einige Privilegien zurückerhielt, aber die klare Trennung zwischen Kirche und Staat beibehalten wurde.

1815n–1898n Bismarck
1873n rot Mai-Gesetze

KULTURPFLANZEN, Sammelbezeichnung für die von Menschen auf Äckern sowie in Gärten und Plantagen angebaute Pflanzen.

Vorzeittafel: 10 Tausend Jahre
Vorzeittafel: Schlußbalken (5000 Jahre)
3000v–2952v Meschki-Agascher
2973v grün Getreidehandel Sumers
2931v grün Flachsseile in Ägypten
2929v grün Baumwolle im Industal
2922v grün Leinwand aus Flachs
2887v grün Mühlsteine für Getreide
2832v grün Kornspeicher im Industal
2813v grün Baumwollhandel
2787v grün Weine in Ägypten
2755v grün Dattel-Gärten in Sumer
2684v grün Dattelwein in Sumer
2663v grün Flachsanbau in Sumer
2558v grün Dattelbaumsteuer, Ägypten
2492v blau Relief einer Flachsernte
2480v grün Sirup aus Datteln
2463v–2403v Ni-User-Re
2403v blau Göttin des Ackerbaus
2350v blau 'Frau beim Kornmahlen'
2350v grün Kornwährung abgeschafft
2332v blau Relief einer Kornernte
2328v grün Rose in Mesopotamien
2323v grün Feigenbaum, Mesopotamien
2317v blau 'Bauern bei der Ernte'
2315v grün Weinbau in Mesopotamien
2304v grün Traubenwein in Akkad
2300v blau Relief einer Flachsernte
2223v grün Rhabarber in China
2097v grün Getreide in China
2025v grün Obstplantagen in Lagasch

1902 v–1841 v Bila-Lama
1555 v blau Mädchen mit Krokus
1472 v blau Fries: Weingewinnung
1418 v–1372 v Ka-Em-Het
1411 v blau 'Weinernte am Nil'
1325 v grün Maisanbau in Amerika
1089 v grün Plantagen in Mesopotamien
973 v grün Holz- und Getreidehandel
785 v grün Luzerne in Vorderasien
770 v grün Rose in Griechenland
700 v grün Ölbaum nach Italien
687 v grün Baumwolle, Mesopotamien
614 v grün 'Hängende Gärten'
569 v grün Getreidezins in Babylon
299 v–237 v Asoka der Milde
278 v blau 'Bauern bei der Ernte'
252 v grün Chausseebäume in Indien
244 v grün Heilpflanzenanbau, Indien
162 v grün Plantagensystem in Rom
73 v grün Kirschbaum nach Europa
70 v–19 v Vergil
63 v grün Garten des Lukull
27 n grün Aprikosenbaum in Italien
281 n grün Weinbau an Rhein, Donau
350 n grün Zucker in Indien
560 n–618 n Yang-Ti
736 n grün Hopfen in Deutschland
750 n grün Zuckerrohr in Ägypten
761 n grün Zuckerrohr in Spanien
831 n grün Baumwollanbau in Europa
882 n grün Spinatpflanze in Spanien
1055 n grün Zitronenbaum in Spanien
1249 n grün Gewächshaus in Köln
1264 n grün Ackerbau bei Mongolen
1408 n–1472 n Nezalhual
1525 n grün Botanischer Garten Erfurt
1529 n grün Tabakpflanze in Spanien
1548 n grün Kartoffel nach Europa
1554 n grün Tulpe, Flieder in Europa
1560 n grün Tabak nach Frankreich
1565 n grün Tabak Heilmittel
1626 n grün Botanischer Garten Paris
1639 n grün Katsura-Park Kyoto
1644 n grün Zuckerrohr auf Antillen
1682 n grün Park von Versailles
1686 n grün Kaffee-Plantagen auf Java
1710 n grün Kaffee nach Amerika
1739 n grün Kamelie nach Europa
1742 n grün Landschaftsgärten
1747 n grün Zuckergehalt der Rübe
1788 n grün Hortensie nach Europa
1802 n grün Achards Zuckerfabrik
1812 n grün Thaers Bodenlehre
1839 n grün Künstliche Düngung
1866 n grün Mendel: Vererbung
1866 n grün Schrebergärten
1881 n grün Mitschurins Züchtungen
1899 n grün Stickstoffdünger
1939 n grün Schutzmittel DDT

KULTURREVOLUTION, Bezeichnung für die letzte große Umwandlung der chinesischen Gesellschaft, die 1965 n verkündet wurde und seit 1966 n verwirklicht wird. Von Mao-Tse-Tung durch einen Appell an die Jugend ('Rote Garden') ins Leben gerufen, sollte sie die Erstarrung der chinesischen Revolution sowie die Bildung einer neuen Herrenschicht aus altgedienten kommunistischen Funktionären abwenden. Ohne alle gesteckten Ziele zu erreichen, bewirkte diese Revolution innerhalb der Revolution eine Erneuerung der Führungskräfte und eine so große Verunsicherung der alten Funktionäre, daß sich auch die früheren Revolutionäre weiterhin an die Spitze der tiefgreifendsten Umwälzung Chinas stellen mußten.

1893 n– Mao-Tse-Tung

KUMANEN, Name eines türkischen Hirtenvolkes, das im elften Jahrhundert aus dem iranischen Hochland nach Südrußland vordrang und sich in Ungarn niederließ. Fast zweihundert Jahre später folgte ihnen eine zweite Welle ihres Volkes und nahm auf der Flucht vor den Mongolen ebenfalls am Mittellauf der Donau ihren Wohnsitz. Die Tiefebene zwischen Donau und Theiß wurde ihre Heimat ('Klein Kumanien'). Im 14. Jahrhundert beugten sie sich der Christianisierung, und als man ihnen im Jahre 1638 n ihre letzten Vorrechte nahm, gingen sie ganz im ungarischen Volke auf.

1067 n braun Eindringen in Südrußland
1072 n braun Vorstoß nach Ungarn
1173 n–1239 n Herman von Salza

KUMARILA, indischer Reformator.

686 n–744 n Lebenslinie
708 n blau Monotheismus
739 n blau Überarbeitung der Veden
743 n rot Vordringen des Hinduismus

KUN, Béla (1885 n–1939 n), ungarischer Politiker. Als Sohn eines Rechtsanwaltes wurde er Angestellter bei einer Arbeiterkrankenkasse und wandte sich dem Journalismus zu. Als Leutnant im ersten Weltkrieg geriet er in russische Kriegsgefangenschaft und organisierte unter seinen Mitgefangenen eine kommunistische Zelle. Nach dem Siege der bolschewistischen Revolution befehligte er ein Armeekorps der Roten Armee, kehrte dann aber in seine Heimat zurück und baute dort die kommunistische Partei auf. 1919 n wurde er verhaftet. Beim Sieg der Revolution befreit, rief er die Räterepublik aus und wurde als Außenminister ihr tatsächlicher Führer während ihres 131tägigen Bestehens. Nachdem die Revolution zusammengebrochen war, floh er nach Österreich und kehrte von dort in die Sowjetunion zurück. Als Roter Kommissar bekämpfte er nach dem Abzug der weißen Truppen auf der Krim konterrevolutionäre Elemente. Dann bereiste er als Beauftragter der Kommunistischen Internationale große Teile der Welt und setzte auch bei der Kommunistischen Partei Deutschlands ihre Beschlüsse durch. Als Parteifeind verurteilt und hingerichtet.

1917 n/1922 n Russische Revolution
1919 n braun Aufstand in Ungarn

KUNSTDÜNGER, Bezeichnung für chemische Mittel zur Düngung von Garten, Ackerland und Baumpflanzungen. Ihre Einführung an Stelle von Stallmist und Humus bewirkte ein sprunghaftes Ansteigen der Ernte-Erträge.

1839 n grün Einführung
1899 n grün Stickstoffdünger

KUNSTFASERN, Bezeichnung für chemisch hergestellte Fäden, aus denen textile Stoffe gewebt werden. Ihre Haltbarkeit übertrifft diejenige natürlicher (pflanzlicher) Stoffe. Wegen ihrer leichten Pflegbarkeit setzten sie sich schnell durch.

1884 n grün Kunstseide
1932 n grün Nylonfaser

KUNSTGESCHICHTE, Bezeichnung für die Gesamtheit der Geschichte von Architektur, Malerei, Bildhauerei und Graphik.

286 v blau Begründung durch Duris
190 v blau Beschreibung der Akropolis
178 v blau Inschriften der Akropolis
150 v grün Heliodors Forschungen
145 v–86 v Sema-Tsien
142 v blau Apollodors 'Weltchronik'
64 v–20 n Strabo
14 v grün Werk des Vitruv
23 n–79 n Plinius der Ältere
170 n blau Werk des Pausanias
490 n–562 n Prokop
558 n blau Werk des Prokop
1549 n blau Vasaris Biographien
1763 n blau Winckelmanns Werk
1855 n blau Burckhardt: 'Cicerone'

KUNSTSEIDE, auf chemischem Weg erzeugter seidenartiger Stoff. Erstes künstliches Textilprodukt. Von dem Franzosen Chardonnet aus Nitrozellulose hergestellt, die er durch feine Düsen preßte, um sie dann zu verspinnen und zu verweben.

1884 n grün Herstellung

KUNSTSTOFFE, Sammelbezeichnung für Werkstoffe, die durch chemische Umwandlung von Grundstoffen wie Kohle, Erdöl, Luft, Wasser, Sand erzeugt werden. Ihre Entwicklung ermöglicht die Versorgung einer sprunghaft steigenden Erdbevölkerung mit den von ihr benötigten Industrie-Gütern.

1800 n–1882 n Friedrich Wöhler
1869 n grün Zelluloid
1884 n grün Kunstseide
1909 n grün Bakelit
1926 n grün Buna
1932 n grün Nylonfaser

KUNST-THEORIE, Lehre von den Gesetzen des Kunst-Schaffens und der Kunst-Betrachtung.

514 v blau Lasos: Musiktheorie
419 v blau Polyklet: 'Kanon'
384 v–322 v Aristoteles
372 v grün Geometrie und Malerei
365 v–276 v Euklid
348 v grün Aristoxenos: Harmonik
322 v blau Aristoteles: 'Poetik'
70 v blau Schule der Dichtkunst
20 v blau Horaz: Dichtkunst
139 n grün Nikomachos: Harmonik
180 n blau Herodianos: Verslehre
502 n–543 n Al Kais
539 n blau Al Kais: Dichtkunst
718 n–791 n Al Chalil
737 n blau Dandin: Dichtkunst
761 n blau Al Chalil: Verslehre
777 n blau Alkuin: 'Musica'
839 n–923 n Al Tabari
894 n blau Regino: Musiktheorie
918 n blau Hucbald: Musiktheorie
932 n blau Al Farabi: Musiktheorie
1054 n–1122 n Al Hariri
1093 n blau Ablehnung von Regeln
1178 n–1241 n Snorri Sturluson
1239 n blau Lehrbuch 'Edda'
1265 n–1321 n Dante
1306 n blau Dantes Werk vom Dichten
1392 n blau Deschamps: Dichtkunst
1404 n–1472 n Alberti
1415 n grün Brunellesco: Perspektive
1417 n–1492 n Francesca
1450 n blau Meistersingerschule
1452 n grün Alberti: Baukunst
1454 n blau Peurbachs Vorlesungen
1482 n grün Francesca: Perspektive
1508 n blau Leonardo: Malkunst
1558 n grün Zarlino: Harmonik
1624 n blau Opitz: 'Poeterei'
1653 n blau Harsdörffers 'Trichter'
1674 n blau Boileau: Dichtkunst
1711 n–1765 n Lomonossow
1713 n–1784 n Diderot
1722 n grün Rameau: Harmonik
1729 n–1781 n Lessing
1730 n blau Gottsched: Dichtkunst
1744 n–1803 n Herder
1763 n blau Winckelmanns Werk
1767 n blau Lessing: 'Dramaturgie'
1849 n blau 'Kunst und Revolution'
1855 n blau Burckhardts 'Cicerone'
1857 n grün Ruskins Kunsttheorie
1898 n–1956 n Brecht
1910 n blau Zeitschrift 'Der Sturm'
1912 n blau Schrift Kandinskys
1953 n blau Lukacs' Untersuchung

KUOMINTANG, Name der chinesischen Volkspartei, die sich nach dem Sturz des Mandschu-Kaisertums aus dem geheimen 'Chinesischen Revolutionären Bund' bildete und maßgeblich an der Errichtung einer republikanischen Ordnung in China beteiligt war. Unter Führung des Staatspräsidenten Sun-Yat-Sen war sie die große Einheitspartei, in der Liberale, Sozialisten und Nationale sich zum Aufbau eines neuen China zusammenfanden. Unter dem Einfluß der Sowjetunion wurde sie eindeutig auf den Sozialismus eingeschworen. Aber nach dem Tode Sun-Yat-Sens führte Tschiang-Kai-Schek sie auf einen bürgerlichen Kurs, was den Rückzug der Kommunisten aus der Bewegung zur Folge hatte. Dadurch wurde ihre Basis im Volke immer schwächer, und sie mußte sich zunehmend auf die Hilfe der USA stützen. Nach ihrer völligen Niederlage gegen die kommunistischen Kräfte zog sie sich auf die Insel Formosa zurück, wo sie seitdem unter dem Schutz der USA ein parasitäres Dasein fristet.

1866 n–1925 n Sun-Yat-Sen
1911 n braun Chinesische Revolution
1911 n rot Ende des Kaiserreiches
1911 n rot China Republik
1925 n/1949 n Chinesische Revolution
1928 n rot Tschiang-Kai-SchekPräsident
1949 n rot China kommunistisch

KUO-MOJO (geboren 1892 n), chinesischer Dichter und Geschichtsschreiber. Obwohl er Sohn eines Gutsbesitzers war, begeisterte er sich für die russische Revolution und trat für eine soziale Erneuerung Chinas ein. 1928 n emigrierte er nach Japan. Dort erarbeitete er die Frühgeschichte Chinas nach alten Quellen und schrieb historische Bücher ('Untersuchungen der alten chinesischen Gesellschaft'). Im Jahre 1937 n schloß er sich Mao-Tse-Tung an und kehrte nach China zurück. Half beim Aufbau des Widerstandes gegen den japanischen Angriff und nahm am Kampf der Kommunisten um die Einführung des Sozialismus in China teil. Nach dem Sieg der Revolution wurde er Präsident der Akademie der Wissenschaften. Übersetzte Werke von Goethe ins Chinesische. Schrieb Theaterstücke ('Das Tigerzeichen'), Erzählungen ('Klage des Hirten') und Gedichte ('Sternenraum').

1949 n rot China kommunistisch
1925 n blau 'Drei Rebellische'

KUPFER, Schwermetall von glänzend roter Farbe. Wegen seines häufigen Vorkommens und seiner leichten Formbarkeit das erste vom Menschen verwendete Gebrauchs-Metall. Durch Verschmelzung mit Zinn zur härteren Bronze verarbeitet, führte es eine neue Epoche der Menschheitsgeschichte herauf ('Metallzeit'). Als hervorragender Leiter von Elektrizität ist es in der Gegenwart von nicht weniger großer Bedeutung als am Beginn dieser Epoche vor 5000 Jahren.

2994 v grün Nähnadeln in Ägypten
2977 v grün Verarbeitung in Indien
2964 v grün Pfeilspitzen in Sumer
2961 v grün Gußtechnik in Sumer
2904 v grün Kupferschmiede in Ägypten
2852 v grün Spiegel in Ägypten
2820 v grün Kannen in Ägypten
2798 v–2751 v Semer-Chet
2753 v rot Sinai-Minen ägyptisch
2747 v grün Skulpturen in Sumer
2727 v grün Einfuhr nach Sumer
2708 v grün Versilbern in Ägypten
2673 v blau Hundefigur in Indien
2654 v grün Schmuckperlen in Indien
2649 v blau Sumer: Ringkampf-Plastik
2644 v–2576 v Snofru
2641 v rot Wege zum Sinai ägyptisch
2631 v grün Bronze in Indien
2582 v grün Straßenbau zum Sinai
2580 v rot Höchstpreise in Sumer
2570 v–2481 v Ur-Enlil
2531 v grün Kriegshelm in Sumer
2505 v grün Bronze in Sumer
2489 v blau Löwenköpfe in Sumer
2463 v grün Sicheln in Mesopotamien
2455 v blau Sumerisches Relief
2454 v grün Bronze in Kleinasien
2452 v–2377 v Ti
2446 v blau Löwenköpfe in Sumer
2350 v grün Werteinheit in Sumer
2306 v blau Königsstatue in Ägypten
2155 v grün Bronze auf Kreta
1977 v grün Schmelzofen in Sumer
1818 v grün Bronze in China
1769 v grün Währung im Mittelmeerraum
1627 v grün Bronze in Europa
1496 v grün Einfuhr nach Ägypten
942 v grün Schmelzöfen in Juda
908 v–830 v Sardur
454 v grün Zahlungsmittel in Rom
18 n grün Drahtseile in Rom
694 n grün Chinesische Säule
969 n grün Bergbau in Deutschland
1430 n grün Kupferstich-Technik
1471 n–1528 n Albrecht Dürer
1498 n grün Syndikat der Fugger
1515 n grün Ätztechnik für Radierung

KUPFERSTICH, Bezeichnung für ein Druckverfahren, bei dem Zeichnungen in Kupferplatten geritzt werden, um sie auf feuchtes Papier abzuziehen. Gegenüber dem älteren Holzschnitt bot er die Möglichkeit einer feineren Farb-Abstufung. Die schwierige handwerkliche Arbeit des Einritzens in die Kupferplatten wurde von vielen Zeichnern selbst vorgenommen. Eine Verfeinerung der Technik wurde mit einem Verfahren geschaffen, bei dem die Zeichnungen nicht unmittelbar in die Platte gestochen, sondern in eine die Platte bedeckende Schicht geritzt und dann durch Ätzung ins Metall übertragen werden ('Radierung').

1430 n grün Aufkommen
1471 n–1528 n Albrecht Dürer
1478 n grün Landkarte
1515 n grün Ätztechnik
1606 n–1669 n Rembrandt
1627 n blau Callot: Not des Volkes
1633 n blau Callot: Krieg
1643 n blau Rembrandt: 'Drei Bäume'
1811 n blau Goya: Krieg
1895 n blau Kollwitz: 'Weberaufstand'
1903 n blau Kollwitz: 'Bauernaufstand'
1952 n blau Braque: 'Vogel III'

KUPPELBAUTECHNIK, Bezeichnung für die gewölbte, freitragende Überdachung großer Räume aus Stein, Holz oder Metall. Ihr Aufkommen vor mehr als 4000 Jahren bedeutete den Durchbruch zu einer Bauweise, die bis zur Einführung der freitragenden Überdachung (Eisenbeton-, Spannbauweise) in unserer Epoche bestimmend blieb. Die bedeutendsten Rundbauten (das Pantheon und die Peterskirche in Rom, die Hagia Sophia in Konstantinopel) sind in dieser Bauweise errichtet worden.

2410 v grün Einführung in Sumer

KURDISTAN, Bergland in Vorderasien. Umfaßt das Quellgebiet und den Oberlauf von Euphrat und Tigris. Seit mindestens 5000 Jahren von einem freiheitsliebenden Hirtenvolk (Kurden) bewohnt. Zwischen der mesopotamischen Tiefebene, dem persischen Hochland, den Kaukasus-Ausläufern und Kleinasien gelegen, wurde es immer wieder teilweise oder ganz in fremde Reiche einbezogen und blieb als Gebiet mit einheitlicher, solidarisch empfindender Bevölkerung ohne eigenen Staat. Heute aufgeteilt zwischen Türkei, Sowjetunion, Iran, Irak und Syrien.

2297 v–2238 v Naramsin
2261 v braun Vorstoß Akkads
2261 v rot Mesopotamische Hoheit
2260 v blau Felsenrelief

KURIERAUFGABE, Bezeichnung für eine rechnerische Elementar-Aufgabe, die seit über 2000 Jahren in den verschiedenen Kulturen in unterschiedlicher Form gestellt wird. Ihre Merkwürdigkeit besteht darin, daß ein schnellerer Läufer (Kurier) einen langsameren, mit Vorsprung gestarteten Boten theoretisch nicht einholen kann, weil dieser in der Zeit, da der Schnellere die vorgegebene Strecke zurückgelegt hat, bereits wieder einen Vorsprung errungen hat, und so fort. Die Lösung zwischen der theoretischen Unmöglichkeit und der praktischen Gewißheit des Überholens hat die Mathematiker vieler Epochen beschäftigt.

476 n–535 n Arjabatta
518 n grün Indische Aufgabe

KURI-GAL-ZU, König von Mesopotamien.

1424 v–1370 v Lebenslinie
1380 v braun Vorstoß nach Elam
1380 v rot Beherrschung Elams
1378 v blau Statue
1376 v blau Wandgemälde im Schloß
1376 v grün Benennung der Residenz

KURLAND, Name einer Landschaft zwischen Ostsee und der Düna. Bildet den südlichen Teil Lettlands. Das von Slawen bewohnte Gebiet wurde im 13. Jahrhundert durch Deutschritter unterworfen. Von 1583 n an blieb das Land für 200 Jahre mit kurzer Unterbrechung unter der Herrschaft Polens, das es 1795 n an Rußland verlor. 1918 n wurde es infolge der Schwäche des jungen Sowjetstaates von Rußland abgetrennt, aber 1944 n nach der Vertreibung der deutschen Heere durch die Rote Armee wieder russisch.

1173 n–1239 n Hermann von Salza
1795 n rot Dritte Teilung Polens

KURORTE, Bezeichnung für Dörfer oder Städte, die vorwiegend der Heilung und Genesung des Menschen dienen. Sie entstanden meist in Gegenden, die durch natürliche Bedingungen (Quellen, Klima) oder künstliche Nachhilfe (Tempel, Wunder) hierfür besonders geeignet erschienen.

307 v grün Epidauros
11 v blau Wiesbaden
89 n blau Aachen

KURRITER, Name eines vorderasiatischen Volkes, das vor 3500 Jahren ein mächtiges Reich aufrichtete. Als dieses 'Mitanni-Reich' nach 300jähriger Herrschaft über ganz Vorderasien zusammenbrach, ging es im Laufe von weiteren vier Jahrhunderten in den Völkern auf, deren Reiche es einst erobert hatte.

2175 v rot Niederlassung in Armenien
1724 v grün Streitwagen
1705 v braun Niederlage gegen Mari
1550 v rot Reichsgründung
1526 v–1460 v Parra-Tarna
1515 v–1449 v Idrimi
1497 v–1435 v Sausa-Tar
1482 v–1425 v Tud-Halia II.
1481 v/1460 v Vorderasien-Krieg Ägyptens
1467 v rot Oberhoheit über Muki
1465 v–1422 v Amen-Hotep II.
1458 v blau Gilgamesch-Epos übersetzt
1456 v–1402 v Arta-Tama
1454 v braun Vorstoß nach Syrien
1454 v rot Gewinn Nordsyriens
1450 v braun Vorstoß nach Assur
1450 v rot Oberhoheit über Assyrien
1450 v blau Königssiegel
1447 v braun Aufstand Assurs
1443 v blau Palast in Wassukanni
1442 v–1413 v Tut-Mosis IV.
1436 v braun Krieg mit Ägypten
1422 v–1373 v Tus-Ratta
1420 v rot Prinzessin für Pharao
1419 v rot Freundschaft mit Ägypten
1417 v–1364 v Eriba-Adad
1416 v braun Vorstoß nach Palästina
1416 v rot Oberhoheit über Palästina
1413 v–1346 v Suppi-Luli-Uma
1410 v grün Götterbild nach Ägypten
1402 v–1341 v Matti-Waza
1405 v–1326 v Kikkuli
1403 v rot Heirat Prinzessin-Pharao
1403 v grün Mitgift der Prinzessin
1378 v/1373 v Vierter Hettiterkrieg
1373 v rot Hettitische Oberhoheit
1371 v braun Erhebung Assyriens
1371 v rot Assyrien unabhängig
1355 v braun Vorstoß der Assyrer
1355 v rot Gebietsverlust
1347 v–1282 v Muwa-Talli
1334 v grün Kikkulis Pferdebuch
1331 v braun Erhebung gegen Hettiter
1302 v–1244 v Salmanassar I.
1290 v braun Vorstoß Assyriens
1290 v rot Machtverlust der Hettiter
1290 v rot Assyrische Oberhoheit
1284 v braun Erhebung gegen Assyrien
1255 v braun Erhebung gegen Assyrien
1255 v rot Assyrische Herrschaft
1255 v rot Umsiedlung
908 v–830 v Sardur
874 v braun Niederlage gegen Sardur
874 v rot Reich von Urartu

KURTISANE (Courtisane), von dem französischen Worte 'cour' (= Hof) abgeleitete Bezeichnung für ein Hoffräulein. Da ein an Fürstenhöfen lebendes Fräulein meist eine gehobene Form von Prostitution betrieb, erhielt das Wort bald die Bedeutung einer Prostituierten der Herrschenden und Reichen.

738 n blau Chinesische Statue

KURZSCHRIFT, Bezeichnung für Schreibsysteme, die eine Verkürzung der Niederschriftsdauer durch Vereinfachung der Schriftzeichen und durch den Gebrauch von Silben- und Wortzeichen ('Kürzel') erreichen.

350 v grün Akropolis-System
57 v grün 'Tironische Noten'
48 n grün Senekas Zusammenstellung

1587n grün Brights Kurzschrift
1818n grün Gabelsbergers Kurzschrift

KURZSICHTIGKEIT
1575n grün Maurolicos Forschungen

KUSCHAR, Stadt im Herzen Kleinasiens, etwa 100 km östlich von Ankara. Stieg vor fast 4000 Jahren zu einem mächtigen Stadtstaate auf, der zur Keimzelle des Hettiterreiches wurde.
1834v–1773v Anitta

KUTAB-MINARETT, Name des Turms der ersten islamischen Kirche in Indien. Er ragt in fünf sich verjüngenden Stockwerken 74 Meter hoch auf und dient dem Gebets-Rufer (Muezzin) beim Herbeirufen der Gläubigen zum Gottesdienst. Von dem arabischen Eroberer Delhis, Kutab-Din, im Jahre 1196n begonnen, wurde der kunstvolle Bau 1235n vollendet.
1196n blau Baubeginn

KUTAIBA, Ibn (828n–889n), arabischer Schriftsteller und Philosoph. Als Richter mußte er sein Amt aufgeben, weil er sich öffentlich für ein Festhalten an der freien Entfaltung des Geisteslebens einsetzte. Damit war er in Gegensatz zu der immer mächtiger werdenden Priesterschaft geraten, die sich bemühte, auch das Denken unter ihre Kontrolle zu bringen. Verfaßte eine enzyklopädische Zusammenstellung des Grundwissens seiner Zeit. In 10 Bänden gab er einen Überblick über die Fragen der Herrschaft, des Krieges, der Privilegien sowie über Charakter-Eigenschaften, zwischenmenschliche Verhältnisse und die einzelnen Wissenschaften. Dabei behandelte er auch Fragen des praktischen Lebens wie Ernährung, Umgang mit Frauen, Verfassung von Bittschriften. Sein Werk, in dem er mit bitterem Spott das Zunehmen des religiösen Zwanges erwähnte, wurde schnell zu einem Standardwerk.
860n blau Enzyklopädie

KUTTENBERG, Stadt in Böhmen (Tschechoslowakei), etwa 70 km südöstlich von Prag. Ihre Silbergruben wurden vor 700 Jahren zur Grundlage des Reichtums der Könige von Böhmen, die zeitweilig in der Stadt ihren Sitz hatten. Hier unterzeichnete König Wenzel IV. eine Anordnung zur Umwandlung der deutschen Universität von Prag in eine tschechische Einrichtung ('Kuttenberger Dekret'). Berühmt wurde die Stadt durch ihre Silbergroschen.
1300n grün Silbergroschen
1330n–1399n Peter Parler
1409n rot 'Kuttenberger Dekret'

KUZKO, Stadt in einem Hochtal der Anden im Süden von Peru (Südamerika). Der 3500 m hoch gelegene Ort entstand vor 900 Jahren als Hauptstadt des Inka-Reiches. Gepflasterte Straßen führten von hier aus in alle Teile des Reiches. In der Stadt befand sich auch die Erziehungsanstalt für Inka-Prinzessinnen ('Tempel der Sonnenjungfrauen'). 1533n von Pizarro erobert und besetzt, wurde die Stadt von den Inkas selbst drei Jahre später belagert und niedergebrannt. Auf den Trümmern bauten die Spanier sie neu auf. 1821n wurde sie aus ihrer Kolonialherrschaft befreit und Teil des selbständigen Staates Peru.
1022n–1107n Manko Kapak
1077n blau Gründung
1531n/1533n Inka-Krieg Spaniens

KWENLUN-GEBIRGE, Name einer langgestreckten Gebirgskette, die sich vom Pamir (Afghanistan) parallel zu dem weiter südlich verlaufenden Himalaya bis zum Oberlauf des Hoang-Ho (Mittelchina) erstreckt.
985v–907v Mu-Wang

KYAXARES, König von Medien von 625v bis 585v.
647v–585v Lebenslinie
625v braun Sieg über Assyrien
625v rot Medien selbständig
617v braun Angriff auf Ninive
616v braun Sieg über Skythen
614v braun Eroberung Assurs
614v rot Bündnis mit Babylon
612v braun Eroberung Ninives
612v rot Teilung Assyriens
612v rot Medien Großmacht

KYBELE, Name einer Göttin, die als Erhalterin der Fruchtbarkeit in Kleinasien vor 3000 Jahren verehrt wurde. Ihr Kult verbreitete sich auch in Griechenland und schließlich im ganzen Mittelmeerraum. In Rom wurde ihr auf dem Palatin-Hügel ein Tempel errichtet. Dorthin holten die Römer einen als ihr Heiligtum betrachteten Meteoriten aus der Stadt Pessinus (Kleinasien). Seit der Zeitwende wurde sie in Volksfesten gefeiert. Die ihr geweihten Frühlingsfeste waren sinnenfroh, voller Musik und endeten in erotischer Raserei.
204v rot Kult in Rom

KYBERNETIK, Bezeichnung für die Gesamtheit technischer Vorgänge, die für eine automatische Steuerung mechanischer, biologischer und soziologischer Prozesse notwendig ist. Beruht im wesentlichen auf elektronischer Daten-Verarbeitung in Verbindung mit photochemischer Registrierung.
1894n–1964n Norbert Wiener
1948n grün Shannon: Information
1948n grün Wiener: Kybernetik
1961n grün Kybernetische Pädagogik

KYFFHÄUSER, Name eines einsamen Bergrückens im nördlichen Thüringen, überragt von der Ruine einer Burg, die hier vor etwa 1000 Jahren errichtet wurde zum Schutz für ein nahegelegenes kaiserliches Schloß. Nach einer alten Sage soll der auf einem Kreuzzug ertrunkene deutsche Kaiser Barbarossa hier schlafen, um eines Tages das deutsche Reich in alter Größe wieder erstehen zu lassen.
1419n blau Sage

KYKLADEN, Name einer Inselgruppe im Mittelmeer. Erstreckt sich von der Südostküste Griechenlands (Attika) in südöstlicher Richtung halbwegs bis vor die Küste Kleinasiens. Ihre Geschichte ist seit 3000 Jahren eng verbunden mit der Geschichte Griechenlands. Ihren Namen (Kykladen = Ringinseln) verdanken sie dem Umstand, daß sie ringförmig um die Insel Delos gruppiert sind.
2175v blau Harfenspieler-Plastik
2157v blau Marmorkopf
477v rot 1. Attischer Seebund
454v rot Schatz-Abgabe an Athen
377v rot 2. Attischer Seebund
376v braun Seeschlacht vor Naxos
166v grün Delos Freihafen
136v/129v Sklaven-Aufstand
128v grün Großer Sklaven-Umsatz
104v/100v Sklaven-Aufstand

KYME, Stadt in Süditalien, etwa 50 Kilometer nördlich des Golfs von Neapel. Erste griechische Stadt auf italienischem Boden. Entstand vor mehr als 2700 Jahren als Niederlassung von Auswanderern aus der Griechenstadt gleichen Namens an der Westküste Kleinasiens. Entwickelte sich in wenigen Jahrzehnten zu einer blühenden Stadt und einem wichtigen Handelshafen. Ihre Bewohner gründeten in Süditalien und auf Sizilien noch einige weitere Griechenstädte, darunter Neapel und Messina. Durch Beistand dieser Tochterstädte und mit Hilfe der Flotte von Syrakus behauptete sich die Stadt gegen die Etrusker, wurde aber im Jahre 421n von Samniten genommen und 334v römisch. In ihrer schönen Umgebung hatten viele reiche Römer ihre Sommerhäuser, auch Cicero und Pompejus. Im 6. Jahrhundert wurde sie als letztes Bollwerk der Goten zerstört und nach ihrem Wiederaufbau 1207n durch die Heere Neapels endgültig vernichtet.
758v blau Gründung
681v blau Gründung von Neapel
506v braun Sieg über Etrusker
483v/474v Etruskischer Krieg

KYNEWULF, angelsächsischer Dichter.
726n–793n Lebenslinie
765n blau Lobgesang auf Apostel
768n blau 'Traum vom Kreuz'
778n blau Himmelfahrtsdichtung
789n blau 'Helena'

KYOTO, japanische Stadt im Herzen der Insel Hondo. Mehr als 1000 Jahre hindurch Sitz des Kaisers von Japan, der erst vor 100 Jahren seine Residenz von hier nach Tokio verlegte.
794n blau Entstehung (Residenz)
1397n blau 'Goldener Pavillon'
1480n blau 'Silberner Palast'
1638n braun Christlicher Aufstand
1639n grün Katsura-Park
1868n rot Tokio wird Residenz

KYRENAIKA, Kyrene, Land und Stadt im Nordosten Libyens (Nordafrika). Vor 2600 Jahren durch griechische Siedler von der Insel Thera angelegt. 200 Jahre lang ein selbständiges kleines Königreich unter den Nachfolgern ihres Gründers Battos I. ('Battiaden'). Nach Ermordung des letzten Königs (Arkesilaos IV.) Demokratie bis zur Unterwerfung durch Alexander, dessen Herrschaft durch die ägyptischen Ptolemäer fortgeführt wurde. Einzige griechische Kolonie in Nordafrika, erhielt sie sich trotz der fremden Umgebung ihre griechische Kultur. In der von Aristipp gegründeten Philosophenschule lehrten bedeutende griechische Forscher und Denker (Kallimachos, Eratosthenes, Karneades). Wirtschaftliche Grundlage war die Ausfuhr einer wild wachsenden Pflanze, deren Stiel als Gemüse geschätzt war und aus deren Saft eine Arznei gewonnen wurde (Silphion). Nach kurzer Unabhängigkeit von Ägypten (117v–96v) wurde das Land römische Provinz, der griechische Geist wurde allmählich von einer jüdischen Einwandererschicht verdrängt. 114n ging von hier ein Juden-Aufstand aus, der große Teile Nordafrikas ergriff. Nach einer Periode byzantinischer Herrschaft wurde ganz Nordafrika arabisch und schließlich türkisch. Seit Beginn des 20. Jahrhunderts italienische Kolonie, wurde das Land nach dem zweiten Weltkrieg mit ganz Libyen politisch unabhängig.
630v blau Gründung von Kyrene
436v–355v Aristipp
376v blau Philosophenschule
334v/325v Alexanderzug
323v/301v Diadochenkriege
289v–235v Kallimachos
274v–194v Eratosthenes
214v–129v Karneades
96v rot Römische Herrschaft
67v rot Vereinigung mit Kreta
370n–414n Synesios von Kyrene
633n/732n Arabischer Krieg
1911n/1912n Libyscher Krieg
1912n rot Libyen italienisch
1951n rot Libyen unabhängig

KYRILL, griechischer Philosoph und Priester.
827n–869n Lebenslinie
863n rot Christianisierung Mährens
863n blau Bibelübersetzung
863n grün Slawische Schrift

KYRILLISCHE SCHRIFT, Bezeichnung für die Schrift der Russen, Serben, Ukrainer und Bulgaren. Entstand aus griechischen Großbuchstaben, die durch einige neue Zeichen ergänzt wurden. Der Versuch Peters des Großen zur allmählichen Angleichung an das im übrigen Europa gebräuchliche lateinische Alphabet blieb in den Anfängen stecken. Auch nach dem Sieg der kommunistischen Revolution kam es nicht zu der vielfach erstrebten Übernahme der lateinischen Buchstaben, sondern nur zu einer Vereinfachung der grundsätzlich beibehaltenen Schrift.
827n–869n Kyrill
828n–907n Boris

KYRNOS (um 520v–um 470v), griechischer Jüngling, der in Megara (Sizilien) von dem Dichter Theognis verehrt wurde. Ihm widmete der berühmte Dichter seine Gedichtsammlung.
502v blau Theognis' Lehrgedicht

KYROS, Kaiser von Persien. Herrschte von 559v bis 529v.
599v–529v Lebenslinie
595v–525v Krösus
559v rot Herrscher von Ansan
553v/550v Freiheitskampf
552v rot Herrscher Persiens
550v rot Ende des Meder-Reiches
550v rot Medien Provinz
547v rot Feindkoalition
546v braun Sieg über Lyder
546v rot Ende des Lyder-Reiches
546v rot Lydien Provinz
544v blau 'Avesta'
543v braun Sieg über Griechenstädte
543v rot Griechenstädte persisch
539v braun Sieg über Babylon
539v rot Babylonien Provinz
539v rot Vormacht Vorderasiens
538v rot 'König der Könige'
537v rot Rückkehr der Juden
430v–353v Xenophon

KYTHERA (früher Cythere), griechische Insel zwischen der Südspitze Griechenlands (Peloponnes) und der Insel Kreta. Hier befand sich vor 2500 Jahren ein berühmtes Heiligtum der Aphrodite, die als Göttin der Schönheit und der Liebe immer wieder Gegenstand künstlerischer Darstellungen wurde.
1717n blau Watteaus Gemälde

LA BARNA, hettitischer König.
1637v–1579v Lebenslinie
1612v–1550v Hattu-Sili I.
1610v rot Einigung
1605v/1601v Erster Hettiterkrieg
1601v rot Zugang zum Schwarzmeer
1600v rot Dynastie-Gründung
1600v rot Erbmonarchie
1579v rot Name als Königstitel

LABEO, Markus (um 50v–20n), römischer Rechtslehrer. Sohn eines berühmten Rechtsgelehrten, der als überzeugter Republikaner im dritten Bürgerkrieg fiel. Lehnte die Übernahme eines führenden Staatsamtes (Konsul) im entstehenden Kaiserreich ab und zog sich ganz auf seine wissenschaftlichen Arbeiten zurück. Schrieb 400 Bände über rechtliche Probleme und gründete in Rom eine Rechtsschule. Besonderes Gewicht legte er auf eine genaue Erklärung des Sinngehaltes der Worte, die in den Rechtssätzen vorkommen. Seine Definitionen wurden grundlegend für das römische Recht. Verbrachte jeweils die Hälfte des Jahres lehrend in Rom, die übrigen sechs Monate zurückgezogen auf dem Lande, wo er seine Bücher schrieb.
15v blau Rechtsschule

LABEO, Notker (um 950n–1022n), deutscher Sprachlehrer an der Klosterschule von St. Gallen (Schweiz). Übersetzte biblische, wissenschaftliche und literarische Texte ins Deutsche und wurde deshalb 'Notker der Deutsche' genannt. Übertrug die Dichtungen von Terenz und Vergil, verdeutschte die 'Kategorien' und die 'Hermeneutik' des Aristoteles und übersetzte für seine Schüler die 150 Gesänge des Alten Testaments (Psalmen). Auch vom philosophischen Trostbuch des Boëthius und vom Lexikon des Martianus Kapella erstellte er eine deutsche Fassung. Schrieb ein theoretisches Werk über Musik. Starb an der Pest.
1006n blau Aristoteles-Übersetzung

LABOUR PARTY, Eigenname einer englischen Arbeiter-Partei. Ging 1906n aus der seit 1893n bestehenden 'Unabhängigen Arbeiterpartei' hervor durch Zusammenschluß mit mehreren Gewerkschaften, der 'Fabian-Society' und einem seit 1900n bestehenden Wählerblock. Ohne sich zum Marxismus zu bekennen, nahm sie sozialistische und pazifistische Forderungen in ihr Programm auf und stellte sich zugleich positiv zum Christentum. 1915n trat sie in ein Kriegskabinett ein. In der Nachkriegszeit zur stärksten Partei aufgestiegen, regierte sie zusammen mit den Liberalen, ohne ihre sozialistischen Forderungen zu verwirklichen. 1928n gab sie diese Programmpunkte überhaupt preis und beteiligte sich fortan auch an Regierungsbildungen mit den Konservativen. 1932n trennten sich die sozialistischen Kräfte von ihr ('Unabhängige Arbeiterpartei'). Im zweiten Weltkrieg unterstützte sie die Politik der Konservativen und trat in deren Kabinett ein. Nach 1945n mehrfach Regierungspartei, setzte sie die bürgerliche Politik der Konservativen mit anderen Mitteln fort (Verstaatlichung von Schlüssel-Industrien, aktive Sozialpolitik). Dabei hielt sie sowohl an der englischen Kolonialpolitik wie an der engen Bindung Englands an die USA fest und förderte den Zusammenschluß des westlichen Europa gegen den Osten des Kontinents (NATO).
1893n rot Entstehung

LABRADOR, Name des nordöstlichsten Teiles des amerikanischen Festlandes gegenüber der Südspitze Grönlands. Vor fast 1000 Jahren durch normannische Seefahrer entdeckt, die von Grönland herüberkamen, um hier neue Siedlungsgebiete zu finden, aber das unwirtliche Land bald wieder verließen. 500 Jahre später erreichte es der Italiener Caboto. Von Hudson seit 1610n erforscht und umschifft. 1759n nahmen dann die Engländer endgültig Besitz von dem Lande, das seit Jahrtausenden den von Asien über die Beringstraße hierher gekommenen Eskimos gehörte. 1949n kam es zu Kanada.
967n–1021n Leif Erikson
1000n grün Entdeckung durch Leif
1003n rot Normannen-Niederlassung
1497n grün Entdeckung durch Caboto

LABYRINTH, Bezeichnung für Gebäude mit einer verwirrenden Fülle von Räumen und Gängen, die so ineinander verschlungen sind, daß man den Ausgang nicht wiederfindet. Das ägyptische Wort heißt 'Bau an der Kanalmündung' und war vor fast 4000 Jahren der Name für einen am Ende des Nil-Kanals in der Oase Fayum vom Ägypterkönig Amen-Em-Het III. erbauten Tempel mit mehreren tausend Räumen. Später wurden andere Tempel- und Palastanlagen danach benannt (auf der Insel Samos, in Italien und auf der Insel Kreta). Nach der griechischen Sage befreite Theseus die Bewohner Kretas von einem darin hausenden menschenfressenden Ungeheuer (Minotauros) und fand an einem Faden zurück, den ihm die Königstochter Ariadne nachrollen ließ.
1865v–1792v Amen-Em-Het III.
1806v blau Tempel von Hawara
1562v blau Palast von Knossos

LACK
1487v grün Nagellack
816v grün Schreiblack
301v grün Lackiertechnik verbessert

LACKARBEITEN, Bezeichnung für kunstvolle Gegenstände (Dosen, Schalen, Kästen), die, nachdem sie glattgeschliffen sind, immer wieder (bis zu 25 mal) mit hauchdünnen Lackschichten überstrichen und dann mit Ornamenten, Landschaftsbildern oder Tierdarstellungen bemalt werden. Manchmal auch mit Einlegearbeiten verbunden. Von China ausgehend verbreitete sich diese vor etwa 3500 Jahren entstandene Kunst ostwärts über Korea nach Japan und westwärts bis Persien. Sie erreichte etwa vor 200 Jahren ihren künstlerischen Höhepunkt und ist heute noch weit verbreitet.
301v grün Verbesserung der Technik
1702n blau 'Miwa'-Schreibkasten

LACLOS, Pierre Choderlos de (1741n bis 1803n), französischer Schriftsteller. Als Sohn eines Adligen wurde er Offizier und Privatsekretär des Herzogs von Orléans. Nach der Revolution gab er die Zeitschrift der Freunde der Verfassung heraus und wurde General der Revolutionsarmee. In einen Prozeß gegen den Herzog von Orléans verwickelt, wurde er durch Fürsprache Robespierres freigesprochen. Berühmt wurde er durch einen Roman in Briefform. Darin stellte er das Liebesleben der untergehenden Gesellschaft als bloße Technik der Verführung dar.
1782n blau 'Gefährliche Liebschaften'

LADOGA-KANAL, Name einer Wasserstraße, die auf einer Länge von 110 km parallel zum Südufer des Ladoga-Sees verläuft. Obwohl er keine Berührung mit dem Ladoga-See hat, trägt er dessen Namen, weil er angelegt wurde, um den Binnenschiffen die gefährliche Überquerung des riesigen Ladoga-Sees zu ersparen. Der Kanal wurde 15 Jahre nach Gründung der Stadt Petersburg durch den russischen Baumeister Pisarew begonnen und von dem deutschen Ingenieur Münnich vollendet. Die 18 m breite Wasserstraße verband die Newa mit dem Flusse Wolchow und erlaubte die Verbindung von den korn- und holzreichen Gebieten Nordrußlands zu dem neuen Hafen von Petersburg am Finnischen Meerbusen. Durch den späteren Ausbau des innerrussischen Kanal-Systems wurde er mit einer Länge von 162 km zur Verbindungsstraße des größten russischen Ostseehafens mit dem gesamten Wolga-Don-Gebiet.
1731n grün Vollendung

LADOGA-SEE, größter Süßwasser-See Europas. In Nordrußland zwischen Leningrad und der finnischen Grenze gelegen, vom Finnischen Meerbusen (Ostsee) über die Newa erreichbar. An seinen Ufern ließen sich die ersten Normannen nieder und stießen von hier aus ins Innere des Landes vor. So wurde das Gebiet zum Ausgangspunkt der späteren russischen Reichsgründung. Im zweiten Weltkriege war der fast halbjährig zugefrorene See zeitweilig die einzige Versorgungsstraße der von deutschen Heeren eingeschlossenen Stadt Leningrad.
833n rot Normannen-Niederlassung
1939n/1945n Zweiter Weltkrieg

LÄHMUNGEN
1379v grün Kinderlähmung in Ägypten
82n–135n Soranos
111n grün Soranos' Forschungen
387n grün Oribasios' Forschungen
1954n grün Serum gegen Kinderlähmung

LÄNGENGRADE, Bezeichnung für gedachte Linien, die vom Nordpol zum Südpol laufen und die Erdoberfläche in 360 gleiche Segmente teilen.
352v–285v Dikäarch
296v grün Einführung
138v grün Festlegung durch Hipparch
101n–179n Ptolemäus

LÄNGENMASSE
2616v grün Einheitsmaß in Indien
2061v grün Einführung in Nippur
2060v–1983v Schul-Gi
2017v grün Normen in Mesopotamien
1989v grün Prüfstelle in Ur
649v grün Einheitsmaß in Argos
443v grün Römisches Einheitsmaß
259v–209v Schi-Huang-Ti
216v grün Einheitsmaß in China
1101n grün 'Yard'
1585n grün Dezimalsystem gefordert
1791n grün 'Meter'

LAENNEC, René (1781n–1826n), französischer Mediziner. Wurde Wundarzt bei der Armee, studierte noch weiter und arbeitete anschließend an einem Pariser Krankenhaus. Dort sammelte er Erfahrungen in der Diagnose von Erkrankungen der Lunge und des Herzens. Dabei bediente er sich der von dem deutschen Arzte Auenbrugger entwickelten Methode der Schallbeobachtung beim Beklopfen des Brustkorbes (Perkussion). Fand darüber hinaus eine eigene Diagnose-Methode (Auskultation): Mit zwei durch ein Holzrohr verbundenen Holz-Muscheln (Stethoskop) hörte er die Organ-Geräusche im Innern der Brust ab. Entgegen der herrschenden Lehre von verschiedenen Lungen-Erkrankungen bestimmte er die unterschiedlichen Krankheitsbilder der Lunge als einer einzigen Krankheit, der Tuberkulose, zugehörig ('Unitätslehre'). Verfaßte mehrere medizinische Werke.

1819 n grün Stethoskop

LAFAYETTE, Marie-Joseph (1757 n–1834 n), französischer Politiker. Als Sohn eines vermögenden Herzogs rüstete er aus seiner Erbschaft ein eigenes Schiff aus und fuhr damit 20jährig nach Nordamerika, wo er als Freiwilliger am Unabhängigkeitskampf des Landes gegen die englische Kolonialherrschaft teilnahm. Er wurde General und trug entscheidend zur Niederlage der Engländer in der Schlacht von Yorktown bei. Nach Frankreich zurückgekehrt, wurde er als Vertreter des Adels in die verfassunggebende Versammlung gewählt. Stellte sich zunächst auf die Seite des Volkes. Als sich aber die Revolution gegen das Königtum wandte, wurde er zum Konterrevolutionär und ließ 1791 n die demonstrierenden Volksmassen auf dem Marsfeld niederschießen. Beim siegreichen Fortschreiten der Revolution floh er nach Österreich, kehrte aber unter Napoleon I. zurück und unterstützte nach dessen Abdankung die Restauration des französischen Königtums.

1775 n/1783 n Kampf Nordamerikas
1788 n rot Generalstände-Tagung
1789 n/1795 n Französische Revolution

LAFAYETTE, Marie-Madeleine (1634 n–1693 n), französische Schriftstellerin. Als Tochter eines Marschalls heiratete sie den Grafen Lafayette, verließ ihn aber bald wieder, lebte mit dem Schriftsteller La Rochefoucauld zusammen und machte ihr Heim in Paris zu einem Treffpunkt der literarischen Welt ihrer Zeit. Gewann auch Einfluß auf den Hof Ludwigs XIV. In ihrem Roman 'Die Prinzessin von Clève' schilderte sie das unerfüllte unglückliche Leben einer Frau, die an ihrer Liebe zerbricht, weil sie es nicht wagt, der Stimme ihres Herzens zu folgen. Die seelischen Regungen ihrer Titelheldin stellte sie dabei so lebensecht dar, daß dies Werk als Beginn des psychologischen Romans gilt. Schrieb noch zahlreiche weitere Romane ('Die Prinzessin von Montpensier', 'Die Gräfin von Trende').

1678 n blau 'Prinzessin von Clève'

LAFITEAU, Joseph François (1670 n bis 1740 n), französischer Naturforscher. Als Missionar in Kanada beobachtete er die Lebensgewohnheiten der indianischen Urbevölkerung Amerikas und verglich deren Sitten mit den Sitten der frühen Menschheit. Durch sein hierüber verfaßtes Buch trug er diese entwicklungsgeschichtliche Betrachtungsweise in die Völkerkunde hinein. Verfaßte auch eine Schrift über die Geschichte der portugiesischen Entdeckungen und Eroberungen.

1724 n grün Völkerkundliches Werk

LAFONTAINE, Jean de, französischer Dichter.

1621 n–1695 n Lebenslinie
1668 n blau Fabeln

LAGASCH, Stadt in Vorderasien (Mesopotamien). Im Mündungsgebiet von Euphrat und Tigris gelegen, wuchs sie wegen des Gewerbefleißes ihrer Bewohner schnell zu einer wohlhabenden Siedlung empor. Vorübergehend von dem mittel-mesopotamischen Stadtstaat Kisch unterworfen, befreite sie sich selbst und die Nachbarstaaten und eroberte nach Unterwerfung der Stadt Kisch die Vorherrschaft in Mittel- und Südmesopotamien. Der schnelle Aufstieg zu einem großen, reichen Staate verschärfte aber die Klassengegensätze so sehr, daß eine Revolution unausbleiblich wurde. Ihr Scheitern führte zum Untergange des Staates. Unter fremder Oberhoheit erlebte sie eine Nachblüte von Kunst und Wissenschaft und gelangte nochmals zu einer kurzen Unabhängigkeit.

2915 v blau Gründung
2676 v–2595 v Mesilim
2635 v braun Krieg mit Umma
2635 v rot Grenzfestsetzung
2634 v blau Friedenssäule
2611 v blau Relief eines Adlers
2596 v–2515 v Ur-Nan-Sche
2549 v rot Unabhängigkeit
2545 v blau Tempelbau
2535 v blau Porträt einer Prinzessin
2525 v blau Relief des Ur-Nan-Sche
2522 v–2479 v E-Annatum
2479 v braun Krieg mit Umma
2479 v rot Umma tributpflichtig
2478 v blau 'Geierstele'
2475 v braun Krieg mit Ur
2475 v rot Oberhoheit über Ur
2473 v braun Krieg mit Uruk
2473 v rot Oberhoheit über Uruk
2469 v braun Sieg über Kisch
2469 v rot Vormacht Mesopotamiens
2467 v braun Sieg über Elam
2467 v rot Oberhoheit über Elam
2464 v–2397 v En-Te-Mena
2449 v–2367 v Lugal-Anda
2433 v braun Erhebung Ummas
2433 v rot Unabhängigkeit Ummas
2427 v blau Statue 'Mann aus Lagasch'
2422 v–2420 v Uru-Kagina
2420 v braun Sieg über Umma
2420 v rot Herrschaft über Umma
2413 v braun Vorstoß Elams
2410 v blau Statue des En-Te-Mena
2409 v rot Vertrag mit Ur
2408 v blau Silbervase
2405 v grün Kanäle
2393 v–2340 v Lugal-Zagesi
2392 v–2311 v Dingi-Radamu
2379 v grün 36 000 Einwohner
2367 v braun Revolution
2367 v rot Uru-Kagina König
2366 v rot Sozialgesetzgebung
2366 v grün Kanäle
2365 v rot Gesetze gegen Bestechung
2365 v grün Begräbniskosten-Senkung
2363 v rot Witwen- und Waisenschutz
2363 v blau Angriff auf Priester
2363 v grün Maßnahme gegen Priester
2360 v braun Niederlage gegen Umma
2360 v rot Oberhoheit Ummas
2360 v rot Sozialreform beseitigt
2357 v blau Dingi-Radamus Klagelied
2285 v blau Schlachten-Relief
2251 v blau Bogenschützen-Relief
2109 v blau Statue des Ur-Ban
2088 v–2020 v Gudea
2055 v–1975 v Ur-Edina
2042 v braun Vorstoß Elams
2037 v blau Bauhandwerker-Relief
2033 v blau Statue einer Frau
2033 v grün 200 000 Einwohner
2032 v blau Tempelbau
2028 v blau Porträt-Plastik Gudeas
2027 v blau 'Bau-Hymne'
2026 v blau Bibliothek
2025 v grün Obstbaum-Plantagen
2024 v blau Relief einer Göttin
2022 v blau Sitzbild des Gudea
2010 v blau Statue des Fürsten
1999 v grün Salben und Öle
1997 v blau Mausoleum
1981 v grün Wasser- und Kräuterkuren

LAGERLÖF, Selma (1858 n–1940 n), schwedische Dichterin. Als Tochter eines Gutsbesitzers wurde sie Lehrerin, unternahm Reisen in südliche Länder von Italien bis Vorderasien und wandte sich schließlich ganz der Schriftstellerei zu. In zahlreichen Romanen und Novellen schilderte sie Land und Menschen ihrer schwedischen Heimat ('Gösta Berling'). Dabei verwob sie immer wieder Volksmärchen und nordische Sagenstoffe in ihre Erzählungen. Nachdem sie fünfzigjährig den Nobelpreis erhalten hatte, wurde sie als erste Frau in die schwedische Akademie aufgenommen. Aus Autorenhonoraren und dem Nobelpreis konnte sie das väterliche Gut kaufen, das die Familie nach dem Tode des Vaters hatte veräußern müssen. Dorthin zog sie sich zurück, um ihr Lebenswerk zu vollenden. Große Beliebtheit erwarb sich ihre als Volks-Lesebuch geschaffene Geschichte 'Nils Holgerssons wunderbare Reise mit den Gänsen'. Schrieb von der Unbeständigkeit und immerwährenden Gefährdung des Lebens und gab in ihren Büchern auch ihrem Mitgefühl mit den Armen Ausdruck.

1891 n blau 'Gösta Berling'

LA HOGUE, Name einer vorgeschobenen Landzunge der nordfranzösischen Halbinsel Cotentin unmittelbar gegenüber der englischen Südküste. Hier wurde im Jahre 1692 n die französische Seemacht von der vereinigten englisch-holländischen Flotte besiegt und fast vollständig vernichtet.

1688 n/1697 n Dritter Krieg Ludwigs XIV.

LAHUN, Ort in Nordägypten zwischen dem Unterlauf des Nil und der Oase Fayum an der Schleuse des Nil-Kanals. Hier entstand vor fast 4000 Jahren eine Stadt, die nach etwa 100 Jahren wieder verlassen wurde.

1935 v–1878 v Sesostris II.
1892 v grün Planmäßige Stadtanlage
1891 v blau Pyramide
1887 v grün Arbeiterviertel abgetrennt

LAKTANTIUS, nordafrikanischer Priester und Kirchenlehrer.

261 n–335 n Lebenslinie
310 n blau Christliche Rhetorik
314 n blau Wissenschaftsfeindlichkeit

LAMAISMUS, Bezeichnung für die in Tibet herrschende Religion. Entstand aus dem Buddhismus, der vor mehr als 1300 Jahren hierher kam und sich mit altem tibetischem Geisterglauben und Zauberei vermischte. Bis zum Jahre 1000 n hatte er sich in ganz Tibet endgültig durchgesetzt und eine streng hierarchisch aufgebaute Kirchenorganisation geschaffen, der bis zu einem Fünftel der männlichen Bevölkerung angehörten. Zum großen Teil in Klöstern lebend, brachten seine Priester auch die politische Herrschaft völlig in ihre Hand. Ende des 16. Jahrhunderts begann die Bekehrung der Mongolei. Seit der Besetzung Tibets durch die chinesischen Kommunisten verlor er seine politische Macht, seinem religiösen Einfluß wird durch Aufklärung entgegengewirkt.

717 n–778 n Padma Sambawa
749 n blau Begründung
771 n blau Klostergründung
1577 n rot Religion der Ost-Mongolei
1643 n blau Residenz des Dalai Lama

LAMARCK, Jean (1744 n–1829 n), französischer Naturforscher und Philosoph. Für die Offizierslaufbahn bestimmt, nahm er seinen Abschied, studierte Medizin und wandte sich der Gesteinskunde, der Meteorologie und schließlich der Botanik zu. Verfaßte ein grundlegendes Werk über die französische Pflanzenwelt, mit dem jedermann ohne Vorbildung die Pflanzen seiner Heimat bestimmen konnte. Der Erfolg dieses Buches trug ihm eine Anstellung als 'Botaniker des Königs' ein. Doch widmete er sich bald ganz der Zoologie und teilte die Tierwelt nach neuen Prinzipien ein ('Zoologische Philosophie'). Ausgehend von der Veränderung des Organismus aller Lebewesen durch Umwelteinflüsse, erkannte er die Vererbung solcher Veränderungen. Daraus zog er den Schluß, daß keine Gattung oder Art ausstirbt, daß sich vielmehr ein Wandel der Arten durch ständige Anpassung an eine sich dauernd verändernde Umwelt vollzieht. In dieses Naturgesetz bezog er auch den Menschen ein, dessen Entwicklung aus einer Affenart er erkannte.

1778 n grün Botanisches Werk
1794 n grün Einteilung der Tierwelt
1809 n grün Entwicklungslehre

LAMBERT von Hersfeld (um 1030 n bis um 1080 n), deutscher Geschichtsschreiber. Als Sohn reicher Eltern erhielt er eine gute Schulbildung, unternahm eine Reise nach Palästina und wurde Mönch im Kloster Hersfeld. Dort schuf er eine gereimte Heldendichtung über seine eigene Epoche. Verfaßte eine Lebensgeschichte über den ersten Abt seines Klosters, den Bonifatius-Schüler Lullus. In seinen letzten Lebensjahren schrieb er eine umfassende Geschichte der ihm bekannten Welt von den Anfängen bis zum Jahre 1077 n ('Annalen'). Wegen der übersichtlichen Anordnung und des guten Stils wurde dieses Werk trotz seiner sachlichen Unzulänglichkeit weit verbreitet. Die Kirche förderte es, weil es den Streit zwischen Kaiser und Papst einseitig romtreu darstellte und ein gehässiges Charakterbild des Papstgegners Heinrichs IV. gab.

1079 n blau 'Annalen'

LAMENNAIS, Félicité (1782 n–1854 n), französischer Schriftsteller. Als Sohn eines Reeders studierte er Mathematik, wurde Lehrer in Paris, betätigte sich als Schriftsteller und trat 34jährig in ein Kloster ein. Verfaßte programmatische Werke für die Demokratisierung der katholischen Kirche. Erkannte die Abhängigkeit der politischen Ordnung von den gesellschaftlichen Zuständen und setzte sich für soziale Reformen ein. Der Zensurierung seiner Schriften durch den Papst trat er öffentlich entgegen. Seine Forderung nach klarer Trennung von Kirche und Staat sowie sein Verlangen nach völliger Freiheit des religiösen Bekenntnisses führte zur Verdammung seiner Lehren durch den Papst. Mit Hilfe Metternichs setzte die Kirche ein Verbot der Verbreitung seiner Schriften in den meisten Ländern Europas durch. Nachdem der Kirchenbann gegen ihn verhängt war, trennte er sich ganz vom Katholizismus und bekannte sich zu einer sozialistischen Umgestaltung.

1833 n blau 'Worte des Glaubens'

LAMETTRIE, Julien (1709 n–1751 n), französischer Naturwissenschaftler und Philosoph. Nach Abschluß seiner medizinischen Studien wurde er Militärarzt. Bei einer Schlacht sah er viele Menschen sterben und schrieb unter diesem Eindruck seine Zweifel am Vorhandensein einer vom Körper unabhängigen menschlichen Seele nieder. Auf Betreiben der Kirche wurde diese Schrift öffentlich verbrannt, er selbst als Atheist und Materialist verfolgt. Nach England und schließlich nach Holland geflohen, verfaßte er sein Hauptwerk über den Mechanismus des menschlichen Körpers. Darin beschrieb er Denken und Fühlen als körperliche Funktionen. Verwarf die Spekulationen der Philosophen über das Wesen der Seele und wies die Frage der Theologen nach dem Ursprung der Materie als unbeantwortbar und also überflüssig zurück. Forderte die Behandlung aller Fragen allein auf Grund von Beobachtung und Erfahrung. Die Verkündung dieser Grundforderung des wissenschaftlichen Zeitalters führte dazu, daß er auch aus Holland verjagt wurde. Er ging nach Berlin, wo er am Hofe Friedrichs des Großen lebte und an die Akademie der Künste berufen wurde. Hier vollendete er sein Lebenswerk, das entscheidend zur Überwindung religiöser Vorstellungen durch vernunftgemäße Erkenntnisse beitrug. Verfaßte auch eine Spottschrift über die Unwissenheit und Großsprecherei berühmter Ärzte.

1745 n blau 'Geschichte der Seele'
1748 n blau 'Der Mensch als Maschine'

LAMM, das Jungtier bei Schaf und Ziege bis zur Vollendung des ersten Lebensjahres.

315 n blau Symbol für Jesus

LAMPE

2763 v grün Öllampen in Ägypten
233 v grün Philons Öllampe
1508 n grün Leonardos Lampen
1665 n grün Straßenbeleuchtung
1814 n grün Gas-Straßenbeleuchtung
1847 n–1931 n Edison
1854 n grün Göbels Glühbirne
1855 n grün Petroleumlampe
1879 n grün Edisons Glühbirne
1885 n grün Gas-Glühlicht
1914 n grün Scheinwerfer

LAMPRECHT (um 1070 n bis um 1150 n), deutscher Dichter. Als Priester in Trier ('der Pfaffe Lamprecht') schrieb er in Anlehnung an die Bibel ein Gedicht über die Heilung des blinden Tobias durch dessen Sohn. Sein Hauptwerk war eine romanhafte Gestaltung der Lebensgeschichte Alexanders des Großen, die er nach einer Vorlage des Franzosen Alberich von Besançon frei bearbeitete. Darin suchte er Alexander als einen Helden nach christlich-deutschen Maßstäben darzustellen. Durch diese erste Behandlung einer nicht-christlichen Gestalt in deutscher Sprache gab er ein Vorbild für die begeisterte Übernahme von vorher als 'heidnisch' verpönten Persönlichkeiten der vorchristlichen Zeit in die Dichtung Mitteleuropas.

1129 n blau Alexanderlied

LAMPRECHT, Karl (1856 n–1915 n), deutscher Geschichtsschreiber. Nach kurzer Tätigkeit als Schullehrer wurde er Universitätsprofessor und veröffentlichte zahlreiche Arbeiten über die Geschichte des Wirtschaftslebens in Deutschland und Frankreich. Später dehnte er seinen historischen Gesichtskreis auf andere Seiten des menschlichen Lebens aus und gelangte schließlich zu einer allseitigen Betrachtungsweise der Geschichte ('Kulturhistorische Methode'). Suchte bleibende Gesetzmäßigkeiten im Wandel des historischen Ablaufs zu finden und Ursache und Wirkung in allem Geschehen aufzudecken. Seine zwölfbändige 'Deutsche Geschichte' teilte er in fünf Epochen. Diese 'Kulturzeitalter' suchte er dann als allgemeines Ablaufsschema auch in anderen Kulturen aufzufinden. Erkannte die Bedeutung der Technik und der Produktionsweise für die Geschichte der Menschheit. Setzte die Gesellschaft als oberste historische Kategorie und ordnete den Staat als zeitlich begrenzte Erscheinungsform der Gesellschaft zu. Ohne den Blick für große Persönlichkeiten zu verlieren, orientierte er sein Geschichtsbild weitgehend an den arbeitenden Massen. Diese revolutionären Auffassungen mußte er gegen die herkömmliche, auf Staat und Helden abgestellte Geschichtsschreibung durchsetzen ('Methodenstreit'). Verfaßte zahlreiche Streitschriften ('Was ist Kulturgeschichte?').

1909 n blau 'Deutsche Geschichte'

LANA, Francesco (1631 n–1687 n), italienischer Naturforscher. Griff das von Otto Guericke erprobte Verfahren zum Auspumpen der Luft aus Hohlkugeln auf und entwarf einen Plan, die dadurch gewonnene Kraft zum Auftrieb eines Luftschiffs zu nutzen. In einer ausführlichen Schrift entwickelte er seinen Gedanken zum Bau einer 'fliegenden Barke', die von vier luftleeren Kugeln aus dünnem Kupferblech emporgetragen und durch ein Segel angetrieben werden sollte. Die Hauptgefahr für sein Projekt sah er darin, daß die leichten, sehr dünnen Kupferhüllen dem starken Außendruck nicht gewachsen sein könnten. Drei Jahre vor seinem Tode begann er mit der Zusammenstellung einer Enzyklopädie des Wissens seiner Zeit und schloß den zweiten Band dieses groß angelegten Werkes noch selbst ab.

1670 n grün Luftschiff-Plan

LANDFRIEDEN, Bezeichnung für das Vorhandensein allgemeiner öffentlicher Reichs-Gerichtsbarkeit in Deutschland. Überwand das jahrhundertelang in Gültigkeit befindliche Fehde-Recht, das als privates Faustrecht ein massives Mittel der Adelsherrschaft und die Grundlage des Raubrittertums war. Erst dessen Einschränkung seit dem 12. Jahrhundert und seine endgültige Aufhebung durch den 'Ewigen Landfrieden' verwandelte Deutschland in einen zivilisierten Staat. Durch die Übernahme von drei Sammlungen römischen Rechtes und die Einführung der schriftlichen Verhandlung durch Volljuristen wurde Vorsorge getroffen, daß die geschaffene Rechtssicherheit nur formalen Charakter hatte. Tatsächlich wurde dadurch nur die Fehde-Justiz des Adels in eine bürgerliche Klassen-Justiz verwandelt.

1050 n–1106 n Heinrich IV.
1103 n rot Gesetz Heinrichs IV.
1218 n–1291 n Rudolf I.
1235 n rot Gesetz Friedrichs II.
1495 n rot 'Ewiger Landfriede'
1512 n rot Landfriedenskreise

LANDINO, Francesco (um 1325 n-1397 n), italienischer Komponist. In seiner Heimatstadt Florenz wurde er trotz seiner Blindheit schon in früher Jugend ein berühmter Orgelspieler. Als Komponist trug er wesentlich zur Einführung einer neuen mehrstimmigen Musik ('ars nova') bei. Schuf über hundert Chorlieder, die nicht mehr kirchlichen Gegenständen und Personen galten, sondern weltlichen Charakter trugen ('Madrigale'). Daneben schrieb er Liebeslieder und Balladen.

1361 n blau Madrigale

LANDKARTEN, Bezeichnung für verkleinerte, vereinfachte Wiedergaben von Teilen der Erdoberfläche. Seit alters her unerläßliche Orientierungsmittel des Menschen, haben sie sich mit der Verbesserung der Meß- und Zeichentechnik sowie mit der Ausweitung und Vertiefung des Weltbildes laufend vervollkommnet.

2325 v grün Weltkarte in Mesopotamien
1258 v grün Karte nubischer Goldfelder
610 v–546 v Anaximander
561 v grün Anaximanders Weltkarte
499 v grün Kriegsschauplatz-Karte
274 v–194 v Eratosthenes
222 v grün Eratosthenes' Weltkarte
15 v grün Agrippas Straßenkarte
101 n–179 n Ptolemäus
170 n grün Anleitung zum Zeichnen
827 n grün Atlas Al Karismis
851 n–938 n Al Balki
921 n grün Al Balkis Atlas
1096 n–1166 n Al Idrisi
1164 n grün Al Idrisis Weltkarte
1318 n grün Norden am Kartenkopf
1376 n grün Crescas' Weltkarte
1447 n grün Genuesische Weltkarte
1459 n grün Kreisförmige Weltkarte
1466 n grün Trapez-Projektion
1478 n grün Kupferstich-Landkarte
1491 n grün Gedruckte Landkarte
1500 n grün Cosas Weltkarte
1507 n grün Waldseemüllers Weltkarte
1541 n grün Münsters Weltbeschreibung
1549 n grün Rußland-Karte
1569 n grün Mercators Weltkarte
1595 n grün Mercators Atlas
1656 n grün Atlas von China
1741 n grün Kartenaufnahme Sibiriens

LANDSCHAFTSDARSTELLUNG in Malerei, Zeichnung, Graphik und Relief

2829 v blau 'Jagd im Gebirge'
2496 v blau 'Fahrt auf dem Nil'
2492 v blau Relief einer Flachsernte
2473 v blau 'Gänse auf der Weide'
2430 v blau 'Bäume und Gräser'
2428 v blau 'Die drei Jahreszeiten'
2414 v blau Wasser- und Wüstentiere
2391 v blau 'Tiere im Papyrusdickicht'
2379 v blau Relief eines Vogelfanges
2378 v blau 'Segelschiff auf dem Nil'
2373 v blau Relief vom Rindertreiben
2332 v blau Relief einer Kornernte
2317 v blau 'Bauern bei der Ernte'
2300 v blau 'Flachsernte'
2059 v blau Bild des Kaukasus
1959 v blau 'Vögel im Akazienbaum'
1917 v blau 'Paviane bei der Ernte'
1836 v blau 'Katze im Papyrusdickicht'
1831 v blau 'Antilopenfütterung'
1578 v blau 'Affe im Park'

1473 v blau 'Jagd in der Wüste'
1459 v blau 'Gazelle hinter Büschen'
1421 v blau 'Vermessung eines Ackers'
1413 v blau 'Der fruchtbare Nil'
1411 v blau 'Weinernte am Nil'
1397 v blau 'Teich im Garten'
1343 v blau 'Enten im Papyrusgestrüpp'
1321 v blau 'Verwüstete Landschaft'
498 v–438 v Polygnot
452 v blau Gemälde Polygnots
278 v blau 'Bauern bei der Ernte'
345 n–406 n Ku-Kai-Tschi
377 n blau 'Göttin des Lo-Flusses'
651 n–716 n Li-Sse-Sün
683 n–755 n Wu-Taotse
699 n–759 n Wang-Wei
707 n blau 'Landschaft mit Palast'
716 n blau Bild der Hölle
758 n blau 'Landschaft mit Landgütchen'
1085 n blau Mi-Feis Gemälde
1201 n blau 'Herbststurm'
1208 n blau 'Wasserfall'
1375 n–1448 n Josetsu
1396 n–1446 n Konrad Witz
1408 n blau Bild eines Welsfanges
1410 n–1451 n Stephan Lochner
1417 n–1492 n Francesca
1444 n blau 'Fischzug Petri'
1446 n blau Gemälde Josetsus
1450 n blau Gemälde Fouquets
1458 n blau 'König hält Gerichtstag'
1458 n blau Gemälde Schubuns
1472 n blau Gemälde Seschus
1484 n blau Gemälde Geiamis
1486 n blau Bild der Jahreszeiten
1504 n blau Gemälde Cranachs
1512 n blau 'Landschaft mit Spielern'
1541 n–1614 n El Greco
1577 n–1640 n Rubens
1608 n blau 'Blick auf Toledo'
1629 n blau Claude Lorrains Bilder
1635 n blau 'König auf der Jagd'
1643 n blau 'Drei Bäume'
1644 n blau 'Hafen bei Sonnenuntergang'
1663 n blau Poussin: 'Jahreszeiten'
1670 n blau 'Die Mühle am Flusse'
1674 n blau 'Tiger im Bambusdickicht'
1677 n blau 'Judenfriedhof'
1717 n blau 'Einschiffung nach Cythere'
1766 n blau 'Die Liebesschaukel'
1768 n blau Harunobus Holzschnitte
1787 n blau 'Goethe in der Campagna'
1823 n blau 'Einsamer Baum'
1837 n blau 'Überfahrt am Schreckenstein'
1863 n blau 'Frühstück im Freien'
1867 n blau Bild vom Schwarzwald
1873 n blau 'Wolga-Treidler'
1878 n blau 'Gefilde der Seligen'
1889 n blau 'Irrenhaus-Garten'
1889 n blau 'Frühling'
1897 n blau Gauguins Südseebilder
1940 n blau 'Nachmittagswolken'

LANDSHUT, Stadt in Bayern. Vor etwa tausend Jahren als Burg im Isartal 50 Kilometer nordöstlich von München gegründet, erhielt sie 1279 n Stadtrecht, wurde später Residenzstadt und schließlich Hauptstadt von Niederbayern.

1756 n rot Hinrichtung einer 'Hexe'

LANDSTEINER, Karl (1868 n–1943 n), österreichischer Naturforscher. Nach Beendigung seines Medizinstudiums wurde er Assistent des Wiener Bakteriologen Weichselbaum und wandte sich dann selbständigen Forschungen über die Zusammenballung und Verklebung der Blutzellen (Agglutination) zu. Dabei entdeckte er das Vorhandensein mehrerer Blutgruppen und beschrieb deren Merkmale. Fortan wurden Blutübertragungen nur noch zwischen Personen gleicher Blutgruppe vorgenommen. Dadurch verlor die fast ein Jahrhundert lang immer wieder versuchte Blutübertragung von Mensch zu Mensch ihre Gefährlichkeit und wurde zu einer wichtigen Hilfe der modernen Medizin, insbesondere der Chirurgie. Bei seinen weiteren Forschungen entdeckte er zusammen mit seinen Mitarbeitern Levine und Wiener weitere Faktoren, durch die sich das menschliche Blut unterscheidet, insbesondere den für die Gerichtsmedizin bedeutsamen M/N-Faktor und den für die Bekämpfung der Säuglingssterblichkeit wichtigen Rh-Faktor. Sein letztes Jahrzehnt verbrachte er als Leiter einer großen Forschungsgruppe in Nordamerika.

1901 n grün Blutgruppen
1940 n grün Rh-Faktor

LANDWIRTSCHAFT

Vorzeittafel: 20 Tausend Jahre
Vorzeittafel: 10 Tausend Jahre
Vorzeittafel: Schlußbalken (5000 Jahre)
2940 v grün Holzpflug in Sumer
2933 v grün Bewässerung in Sumer
2933 v–2868 v Skorpion
2929 v grün Baumwollanbau in Indien
2915 v–2852 v Melam
2884 v grün Bewässerung in Ägypten
2825 v grün Schafzucht in Sumer
2803 v–2758 v Adjib
2787 v grün Weingewinnung in Ägypten
2755 v grün Dattelgärten in Sumer
2697 v–2628 v Huang-Ti
2684 v grün Dattelwein in Sumer
2663 v grün Flachsanbau in Sumer
2647 v grün Geflügelzucht in Ägypten
2645 v grün Drainage in Sumer
2596 v–2515 v Ur-Nan-Sche
2563 v grün Butter in Sumer
2545 v–2478 v Mes-Anni-Padda
2509 v blau 'Hirte mit Zicklein'
2492 v blau 'Flachsernte auf dem Gute'
2480 v grün Sirup in Mesopotamien
2475 v blau 'Stallung und Molkerei'
2473 v blau 'Gänse auf der Weide'
2471 v–2397 v Ni-Anch-Pta
2464 v–2397 v En-Te-Mena
2463 v grün Sicheln in Mesopotamien
2463 v–2403 v Ni-User-Re
2460 v grün Käse in Mesopotamien
2452 v–2377 v Ti
2432 v blau 'Bauern mit Esels-Herde'
2428 v blau 'Die drei Jahreszeiten'
2426 v grün Bienenzucht in Ägypten
2403 v blau Relief: Ackerbau-Göttin
2390 v blau 'Geflügelzüchter'
2384 v blau 'Leben der Hirten'
2373 v blau 'Hirten treiben Rinder'
2350 v blau 'Frau beim Kornmahlen'
2340 v blau 'Hirte mit Kalb'
2332 v blau 'Kornernte bei Musik'
2323 v grün Feigenbaum, Mesopotamien
2317 v blau 'Bauern bei der Ernte'
2315 v grün Wein in Mesopotamien
2304 v grün Weingewinnung in Akkad
2300 v blau Relief einer Flachsernte
2223 v grün Rhabarber in China
2193 v–2135 v Achtos II.
2141 v grün Brutöfen in Ägypten
2138 v–2063 v Achtos III.
2115 v grün Ackerbauer-Städte, Ägypten
2097 v grün Reisanbau in China
2093 v–2030 v Ur-Nammu
2075 v blau 'Bauer hinterm Pflug'
2060 v–1983 v Schul-Gi
2025 v grün Plantagen in Lagasch
2015 v grün Tierzuchtstation in Sumer
2006 v grün Neue Schafrasse, Ägypten
1917 v blau 'Paviane helfen bei Ernte'
1865 v–1792 v Amen-Em-Het III.
1832 v grün Trockenlegung Fayums
1742 v blau Bild eines Erntefestes
1691 v grün Bewässerungskanal
1549 v blau 'Fest der Olivenbauern'
1476 v blau Rinderleben-Szene
1472 v blau Fries: Weingewinnung
1472 v grün Haushuhn nach Ägypten
1437 v blau 'Bauer bei Feldarbeit'
1423 v blau 'Besichtigung der Herden'
1421 v blau 'Vermessung eines Ackers'
1411 v blau 'Weinernte am Nil'
1325 v grün Maisanbau in Amerika
1188 v blau Relief einer Melkszene
1180 v blau 'Paar bei Feldbestellung'
1089 v grün Plantagen in Mesopotamien
992 v–933 v Salomo
785 v grün Futtermittel Luzerne
767 v grün Eisenbeschlagene Pflüge
758 v–672 v Bajin
753 v–680 v Hesiod
700 v grün Ölbaum nach Italien
692 v grün Bewässerung in Assyrien
687 v grün Baumwolle in Mesopotamien
639 v blau Relief der Bienenzucht
624 v–561 v Nebukadnezar II.
602 v–527 v Peisistratos
573 v grün Hühnerzucht bei Griechen
299 v grün Eisenpflug in Europa
278 v blau 'Bauern bei der Ernte'
268 v blau Theokrit: 'Thalysia'
234 v–149 v Kato der Ältere
162 v grün Plantagensystem in Rom
158 v grün Werk des Kato
145 v grün Mago-Übersetzung
88 v grün Wassermühlen in Europa
73 v grün Kirschbaum nach Europa
70 v–19 v Vergil
29 v grün Werk des Vergil
10 v–54 n Klaudius
3 v–64 n Aulus Celsus
27 n grün Aprikosenbaum, Italien
30 n grün Karrenpflug bei Römern
48 n–118 n Tsai-Lun
61 n grün Werk des Columella
192 n grün Ausbau der Bodennutzung
232 n–282 n Probus
281 n grün Weinbau an Rhein, Donau
297 n grün Kopfsteuer in Rom
350 n grün Zuckergewinnung, Indien
736 n grün Hopfenanbau in Bayern
750 n grün Zuckerrohr in Ägypten
761 n grün Zuckerrohr in Spanien
782 n grün Bewässerung in Spanien
831 n grün Baumwollanbau in Europa
871 n–926 n Apaoki
882 n grün Spinatpflanze nach Spanien
890 n–961 n Abdar Rachman III.
1055 n grün Zitronenbaum, Spanien
1209 n grün Entsumpfung der Picardie
1222 n grün Windmühlen in Europa
1249 n grün Gewächshaus in Köln
1264 n grün Ackerbau bei Mongolen
1548 n grün Kartoffel nach Europa
1639 n blau 'Heimkehr von Heuernte'
1644 n grün Zuckerrohr nach Amerika
1686 n grün Kaffee-Plantagen, Java
1710 n grün Kaffee in Amerika
1758 n grün Physiokratismus
1789 n grün Pflüge aus Gußeisen
1793 n grün Baumwolle-Erntemaschine
1812 n grün Thaers Bodenlehre
1832 n grün Dampfpflug
1834 n grün Getreidemähmaschine
1839 n grün Künstliche Düngung
1864 n grün Milchzentrifuge
1881 n grün Mitschurins Züchtungen
1899 n grün Stickstoffdünger
1925 n grün Zuidersee-Trockenlegung
1939 n grün Pflanzenschutz durch DDT

LANGES PARLAMENT, Bezeichnung für die Versammlung von Vertretern der herrschenden Klassen (Adel und Priestertum), die der englische König Karl I. im Jahre 1640 n zur Bewilligung der Gelder für den Krieg gegen Schottland einberief. Untersuchte statt dessen die Politik des Königs, erklärte sich selbst für unauflösbar, verfügte die Aufhebung der vom König abhängigen Gerichte, schloß die wenigen Königstreuen aus und wurde zu einem Antrieb der Revolution. 1648 n beschloß es unter dem Einfluß Cromwells die Hinrichtung Karls I. Acht Jahre später wurde es von Cromwell aufgelöst, trat aber nach dessen Tod wieder zusammen und vollzog als letzte Amtshandlung 1660 n die Wahl eines neuen Königs.

1599 n–1658 n Cromwell
1641 n rot Widerstand gegen König
1642 n rot Widerstand des Königs
1642 n/1649 n Englische Revolution
1649 n rot Hinrichtung des Königs
1649 n rot England Republik
1660 n rot England wieder Monarchie

LANGEVIN, Paul (1872 n–1946 n), französischer Physiker. Erforschte das Verhalten kleinster elektrisch-geladener Elementarteilchen (Ionen) bei Entladungen. Stellte eine Theorie des Magnetismus auf. Während des ersten Weltkrieges unternahm er Versuche zur Ortsbestimmung feindlicher Unterseeboote. Dabei fand er in der Druck-Elektrizität von Quarzplatten das Mittel zur Erzeugung von Schallwellen mit Schwingungszahlen weit oberhalb der Hörgrenze ('Ultraschall'). Förderte auch die Wärmelehre, die Kernphysik, die Relativitätstheorie und die kinetische Gastheorie durch wesentliche Entdeckungen. Als Präsident der französischen Akademie der Wissenschaften gab er die erkenntnistheoretische marxistische Zeitschrift 'Pensée' heraus und förderte als Mitglied der Kommunistischen Partei Frankreichs die Welt-Friedens-Bewegung und die Weltrevolution.

1915 n grün Ultraschall

LANGHANS, Carl Gotthard (1732 n bis 1808 n), deutscher Baumeister. Studierte Mathematik und fremde Sprachen, unternahm zahlreiche Auslandsreisen und wandte sich dann ganz der Architektur zu. In seiner Heimatstadt Breslau baute er nach altgriechischem Vorbild das Hatzfeld'sche Palais. Von Friedrich dem Großen als Leiter des neugeschaffenen Oberhofbauamtes nach Berlin berufen, schuf er in stilistischer Anlehnung an das Tor der Athener Akropolis ('Propyläen') das Brandenburger Tor. Baute auch die Theater von Berlin, Charlottenburg und Potsdam.

1789 n blau Brandenburger Tor

LANGHOFF, Wolfgang (geboren 1901 n), deutscher Schauspieler, Regisseur und Schriftsteller. Verließ sechzehnjährig sein Freiburger Elternhaus, um zur See zu fahren. Dann wurde er Schauspieler in Königsberg, Hamburg und Düsseldorf und baute dort mit Laiengruppen ein proletarisch-revolutionäres Theater auf. 1933 n wurde er wegen seiner Mitarbeit in der Arbeiterbewegung verhaftet. Nach seiner Freilassung emigrierte er in die Schweiz, wo er am Züricher Theater wirkte. Hier schrieb er über seine 13 Monate in Hitlers Konzentrationslager ein Buch ('Moorsoldaten') und gab damit der ganzen außerdeutschen Welt Kenntnis von den Methoden der deutschen Faschisten. 1945 n in seine Heimat zurückgekehrt, wurde er Generalintendant des Düsseldorfer Theaters. Von der westdeutschen Restauration abgestoßen, übersiedelte er 1946 n in die DDR und machte in Berlin das Deutsche Theater und die Kammerspiele zu führenden Bühnen. Schrieb auch Erzählungen ('Eine Fuhre Holz').

1935 n blau 'Moorsoldaten'

LANGLAND, William (um 1330 n–1399 n) englischer Dichter. Als Sohn eines Landarbeiters besuchte er eine Theologenschule und wurde Geistlicher. Vom Kirchenbetrieb abgestoßen, ging er nach London, wo er als Sänger und Schreiber mit Frau und Tochter lebte. Über die Mißstände seiner Zeit im politischen und kirchlichen Bereich schrieb er eine Dichtung in zwölf Gesängen. In diesem später auf 23 Gesänge erweiterten Werk prangerte er den Widerspruch zwischen der christlichen Lehre und der unbrüderlichen Gesellschaft an. Dabei stellte er auch die Frage des Eigentums und folgerte aus dem Gebote 'Du sollst nicht stehlen', daß Gott offenbar vom Privatbesitz ausgegangen sei, weil darin die notwendige Voraussetzung für die Möglichkeit eines Diebstahls liege. In der Arbeit sah er den entscheidenden Hebel zur Gesundung der Gesellschaft. Seine Spruch-Weisheit legte er einem Landarbeiter in den Mund ('Peter der Pflüger'). Den verschwenderischen König und das ohnmächtige Parlament verspottete er. Seine Ideen wirkten auf die reformatorischen Bestrebungen (Wiclif) und die kommunistische Bewegung (Wat Tyler) seiner Zeit ein.

1360 n blau 'Peter der Pflüger'

LANGOBARDEN, Name der Angehörigen eines germanischen Volksstammes, die vor zweitausend Jahren ihre Heimat in Süd-Skandinavien verließen und sich an der Elbe ansiedelten. Fünfhundert Jahre später wanderten sie nach Süden weiter, zogen über Österreich in den Balkan, wurden Untertanen des oströmischen Reiches von Byzanz und setzten sich schließlich in Italien fest, dessen nördliche Hälfte sie zu einem eigenen Reiche ausbauten. Nach ihrer Niederlage gegen die Frankenheere unter Pippin dem Kleinen mußten sie die Oberhoheit der Franken anerkennen. Mit der Eroberung Norditaliens durch Karl den Großen nahm ihre kurze Selbständigkeit ein Ende, das Volk ging in dem staatlich noch über ein Jahrtausend zerissenen Italien auf und bildet bis heute den Hauptanteil der Bevölkerung der Lombardei.

505 n braun Sieg über Heruler
505 n rot Niederlassung in Ungarn
534 n–615 n Kolumban
541 n–572 n Alboin
567 n braun Sieg über Gepiden
568 n/569 n Vorstoß nach Italien
569 n rot Gewinn Oberitaliens
570 n braun Kämpfe mit Franken
571 n rot Feindkoalition
590 n braun Kampf mit Franken, Byzanz
590 n rot Friede mit Franken
606 n–652 n Rothari
612 n blau Klostergründung
643 n braun Sieg über Römer
643 n blau Rotharis Gesetzbuch
690 n braun Kampf gegen Katholisierung
690 n rot Sieg des Katholizismus
716 n–768 n Pippin der Kleine
723 n–799 n Paulus Diakonus
729 n rot Landschenkung an Papst
751 n braun Eroberung Ravennas
754 n/756 n Krieg mit Franken
756 n rot Ende der Selbständigkeit
773 n/774 n Krieg mit Franken
774 n rot Herrschaft der Franken
798 n blau Paulus Diakonus: Geschichte
912 n–973 n Otto I., der Große
949 n blau Luitprand: Byzantinismus
951 n braun Befreiung Adelheids
951 n rot Heirat Adelheid-Otto
951 n rot Otto I. 'Langobardenkönig'
964 n blau Luitprand: Geschichte Ottos

LANGSIEB-PAPIERMASCHINE, Bezeichnung für eine von dem Franzosen Louis Robert erfundene Maschine zur Herstellung von Papier in fortlaufender endloser Bahn.

1798 n grün Erfindung

LANZE, Jagd- und Kriegswaffe, die von den ältesten Zeiten bis zum ersten Weltkrieg in Gebrauch war.

2544 v grün Gebrauch bei Fischjagd
314 v blau 'Alexander mit Lanze'

LAOKOON, Gestalt der griechischen Sage. Warnte als Priester die Bewohner der Stadt Troja vor dem Holzpferd, in dem griechische Krieger versteckt waren ('Trojanisches Pferd'). Mit seinen Söhnen durch zwei Schlangen erwürgt, die von der griechischen Göttin Athene gesandt wurden. In der griechischen und römischen Kunst häufig dargestellt.

50 v blau Plastik

LAON, Stadt in Nordfrankreich, etwa 100 km nordöstlich von Paris. Die auf einem freistehenden Hügel über dem Flusse Aisne gelegene Ortschaft wurde bereits während der römischen Periode Galliens als Kastell befestigt. 515 n wurde sie Sitz eines katholischen Bischofs. Im zehnten Jahrhundert war sie außerdem Residenz und letzter Besitz der Frankenkönige (Karolinger). Neben ertragreichem Ackerbau entwickelten sich früh Weberei, Gerberei und Glasmacherei. Gestützt auf diese Gewerbe und einen aufstrebenden Warenhandel rangen die Bürger um ihre Unabhängigkeit vom Bischof und erkämpften sie mit Hilfe des Königs. 1111 n verkündeten sie bereits ihre Rechte und Freiheiten, die ihnen 17 Jahre später durch Genehmigung von Bischof und König als Verfassung bestätigt wurden. 1814 n wurden hier Napoleons Heere durch die verbündeten Gegner unter dem deutschen Heerführer Blücher geschlagen. 1870 n wurde das Pulvermagazin beim Einmarsch der deutschen Truppen von den Einwohnern in die Luft gesprengt, wobei 500 Menschen den Tod fanden. Im zweiten Weltkrieg siegten hier deutsche Panzerverbände über starke französische Kräfte.

1128 n rot Verfassung

LAOS, Land und Staat im östlichen Hinterindien. Begrenzt von China im Norden, Vietnam im Osten, Burma und Thailand im Westen und Kambodscha im Süden. Die Ureinwohner des Landes (Jao, Mao und Kha) wurden vor etwa 1500 Jahren von dem Volke der Lao verdrängt, die im Jahre 877 n einen Staat gründeten und ihn 'Lan-Xang' nannten (= 'Reich der tausend Elefanten'). Nach vierhundertjährigem Bestand durch Mongolenheere vernichtet. 1353 n einte Phangu das Land, doch strebten allmählich die kleinen Fürsten zu größerer Selbständigkeit. Anhaltende innere Kämpfe bewirkten 1707 n eine Teilung in ein Nordreich (Luang-Prabang) und ein Südreich (Vientiane). Beide wurden im 19. Jahrhundert vom Nachbarreich Siam (Thailand) erobert. 1893 n erzwang Frankreich die Herausgabe der beiden Teilreiche und machte sie zum Bestandteil seines Kolonialreiches in Hinterindien ('Indochina'). Seit 1901 n erhob sich das Volk mehrfach gegen die französische Herrschaft, erkämpfte aber erst nach der Schwächung Frankreichs im zweiten Weltkrieg wieder seine Unabhängigkeit. Bald darauf begann der Kampf der arbeitenden Klassen gegen ihre eigenen Ausbeuter. Dabei errangen die kommunistischen Kräfte (Pathet Lao) bereits zeitweilig die Herrschaft über den Norden des Landes.

877 n rot Entstehung des Reiches
1284 n braun Mongolen-Einfall
1893 n rot Französischer Besitz
1939 n/1945 n Zweiter Weltkrieg
1945 n/1954 n Erhebung Südostasiens
1954 n rot Unabhängigkeit
1955 n rot Bandung-Konferenz
1960 n/ Revolution Indochinas

LAO-TSE, chinesischer Philosoph.

604 v–514 v Lebenslinie
551 v blau Lehre vom Tao
523 v blau 'Tao-te-king'

LAPETHOS, Hafenstadt an der Nordküste der Mittelmeer-Insel Zypern gegenüber der Südküste Kleinasiens. Die vor dreitausend Jahren von Phöniziern gegründete Handelsstadt wurde später von griechischen Dorern zum Mittelpunkt eines kleinen selbständigen Reiches ausgebaut. Von den Römern zur Hauptstadt des nördlichen Teiles der Insel erhoben. Mit dem Niedergang des oströmischen Reiches (Byzanz) verödete sie.

1063 v blau Gründung

LAPISLAZULI, Edelstein von tiefblauer Farbe. Seit alters her für Einlegearbeiten verwendet, wurde er im Römerreich zu einem bevorzugten Schmuck-Stein. Das christliche Europa verwandte ihn vornehmlich bei Mosaikarbeiten für die Darstellung des Himmels. Später wurde er auch für die Herstellung von Leuchtern, Uhrgehäusen, Schalen und Dosen verwendet. In der modernen Architektur dient er der farbigen Vertäfelung ganzer Häuserfronten.

2520 v blau Schwertgriff
2273 v–2188 v Ipuwer

LAPLACE, Pierre Simon (1749 n–1827 n), französischer Mathematiker und Astronom. Als Mathematiklehrer an der Militärschule seiner Heimatstadt Beaumont wurde er auf Grund seiner wissenschaftlichen Arbeiten in die Akademie nach Paris berufen. Dort wirkte er für die Vereinheitlichung von Maßen und Gewichten. Napoleon ernannte ihn zum Innenminister, doch gab er das Amt nach sechs Wochen wieder auf. Nach 27jähriger Vorarbeit veröffentlichte er die ersten beiden Bände seines Hauptwerkes ('Himmelsmechanik'), das er nach weiteren 27 Jahren mit Band 5 abschloß. Darin bewies er die Unveränderlichkeit der mittleren Entfernung von der Sonne zu den Planeten und behandelte das Problem der Störung von Umlaufbahnen der Planeten. Förderte die Wahrscheinlichkeitsrechnung durch grundlegende Arbeiten und führte sie als Unterrichtsfach ein. Stellte eine Theorie der Entstehung unseres Sonnensystems auf. Befreite das wissenschaftliche Denken von allen religiösen und metaphysischen Überresten und stellte es auf eine streng materialistische Grundlage. Erfand einen Wärmemesser.

1799 n grün 'Himmelsmechanik'

LA PLATA, Name einer großen Meeresbucht an der Ostküste Südamerikas im Mündungstrichter der Flüsse Rio Parana und Rio Uruguay. An ihren Ufern liegen die Hafenstädte Buenos Aires und Montevideo.

1515n grün	Vordringen der Spanier
1535n blau	Buenos Aires gegründet
1724n blau	Montevideo gegründet

LAREN, Sammelbezeichnung für die Schutzgötter der römischen Familien. Im Hause aufgestellt, sollten ihre Standbilder den Herd schützen, Geburten und Heiraten segnen und sichere Heimkehr von Reisen gewähren. Ihnen wurden Schafe geopfert sowie alle Speisen, die vom Tisch auf die Erde fielen.

10v rot	Gleichstellung Oktavians

LA ROCHEFOUCAULD, François (1613n–1680n), französischer Schriftsteller. Als Angehöriger einer der führenden Adelsfamilien wurde er Offizier und beteiligte sich an der Erhebung gegen die zunehmende Machtkonzentration in der Hand des Königs ('Fronde'). Nach dem Tode seines Hauptgegners Mazarin söhnte ihn seine Geliebte, die Herzogin von Longueville, mit dem König aus. Fortan spielte er eine bedeutende Rolle am Hofe. Wurde der geistreiche Liebling führender Frauen wie der Herzogin von Chevreuse und der Frau von Lafayette, so daß ihn seine Memoiren schnell berühmt machten. Sein Hauptwerk aber waren die dreimal ergänzten 'Maximes morales'. In 504 Leitsätzen gab er damit eine Anleitung zum Verständnis und zur Meisterung des Lebens für die Reichen und Vornehmen seiner Zeit. Ausgehend von der Eitelkeit, Furcht und Schwäche des Herzens, empfahl er in nüchterner Spekulation auf Eigenliebe und Selbstsucht zweckmäßige Verhaltensweisen. In ihrer souveränen Außerachtlassung aller sittlichen Grundsätze wurden sie durch ihre entwaffnende Offenheit zum klassischen Moralbuch der herrschenden Klasse seiner Epoche.

1651n/1652n	Erhebung der Fronde
1664n blau	Lebensregeln

LA ROCHELLE, Hafenstadt in Westfrankreich. Vor tausend Jahren aus einem Fischerdorf entstanden, entwickelte sie sich zum zweitgrößten Fischereihafen Frankreichs. Im 11. und 12. Jahrhundert unter englischer Herrschaft, im 16. Jahrhundert ein Haupt-Stützpunkt der französischen Protestanten (Hugenotten), wurde sie 1627n als letzte Stadt Frankreichs von den königlichen Heeren unter Kardinal Richelieu mit Waffengewalt genommen und die Bevölkerung zum Katholizismus zurückgezwungen. Später wichtiger Handelshafen für den Verkehr mit Amerika. Heute ein beliebter Badeort.

1585n–1642n	Richelieu
1562n/1598n	Hugenottenkriege
1627n braun	Erhebung

LARSA, Stadt am Persischen Golf im Mündungsgebiet des Euphrat (Mesopotamien). Entwickelte sich vor fast viertausend Jahren aus einem Stadtstaat zum Mittelpunkt eines kleinen Reiches, wurde aber bald von dem benachbarten Elam erobert und ging schließlich im mesopotamischen Großreiche des Hammurabi auf.

2924v blau	Gründung
2393v–2340v	Lugal-Zagesi
2359v braun	Krieg mit Umma
2359v rot	Oberhoheit Ummas
1995v–1940v	Napal-Num
1954v rot	Bildung des Staates
1937v–1865v	Libit-Ischtar
1835v braun	Vorstoß nach Ur
1835v rot	Herrschaft über Ur
1822v–1750v	Kudur-Mabuk
1801v–1759v	Warad-Sin
1780v–1697v	Rimsin
1771v braun	Eroberung durch Elam
1771v rot	Oberhoheit Elams
1771v rot	Warad-Sin König
1766v blau	Tempel-Neubau in Ur
1765v rot	Amt für Königsschwester
1760v–1686v	Hammurabi
1740v braun	Vorstoß nach Uruk
1740v rot	Oberhoheit über Uruk
1728v braun	Sieg über Isin
1728v rot	Machtgewinn
1712v rot	Bündnis mit Babylon
1699v braun	Niederlage gegen Babylon
1699v rot	Babylonische Herrschaft
1402v–1346v	Burna-Bu
1364v blau	Tempel für Sonnengott

LAS CASAS, Bartolomé (1474n–1566n), spanischer Seefahrer und Geschichtsschreiber. Begleitete Kolumbus auf dessen erster Reise und wurde nach seiner Rückkehr Mönch. Überquerte dann als Priester noch sechsmal den Atlantik, um die Indianer zum Christentum zu bekehren. Wirkte in Spanien gegen die Ausrottung der Indianer. Setzte sich für die Einfuhr von Negersklaven nach Amerika ein. Die letzten dreißig Jahre seines Lebens arbeitete er an einer Geschichte der Entdeckung und Eroberung Amerikas. Hierbei verwendete er auch den Nachlaß des Kolumbus. Als Gegner der grausamen Methoden spanischer Kolonisation schuf er mit seinem Buch die wichtigste Quelle für ein wahrheitsgemäßes Bild dieser Epoche. Von seinem auf sechs Bände angelegten Werke vollendete er nur die ersten drei, in denen die Zeit von 1492n bis 1520n dargestellt wird.

1540n blau	'Indianergeschichte'

LASCAUX, Name einer Höhle in Südwestfrankreich, 120 km landeinwärts von Bordeaux. Hier wurden vor etwa 30000 Jahren farbige Bilder von starker künstlerischer Aussagekraft an die Felswände gemalt, auf denen Tiere und Menschen dargestellt sind. Sie haben sich bis heute gut erhalten.

Vorzeittafel:	30 Tausend Jahre
1940n grün	Entdeckung der Bilder

LASER, Kurzwort für 'Lichtverstärkung durch angeregte Strahlungs-Energie.' Bezeichnet ein Gerät zur Verstärkung von Mikrowellen durch optische Brechung. Besteht aus einem geschliffenen Kristall, dessen Flächen als Spiegel wirken und die eingefallenen Strahlen gebündelt wieder aussenden. Für die Nachrichtentechnik, für industrielle Fertigungsmethoden sowie für militärische Vernichtungsaufgaben von hoher Bedeutung, wird das neue System in zahlreichen Forschungszentren der Erde mit größter Anstrengung weiterentwickelt. Die Temperatur seiner Strahlen ist bereits heute höher als die Temperatur der Sonne, deren Strahlung sie auch im Hinblick auf die Reinheit übertreffen.

1960n grün	Entwicklung

LASOS (um 550v–um 480v), griechischer Dichter und Musiker. Schrieb Gedichte und entwickelte aus den zu Ehren des Gottes Dionysos entstandenen Chorwerken ('Dithyramben') szenische Aufführungen. Die vortragende Singstimme wurde dabei mehrstimmig begleitet. In einem theoretischen Werke stellte er die Bedeutung der Musik als eine die Dichtkunst und die ganze Geistesbildung umfassende Gesamtkunst dar und wies ihr hohe erzieherische und sittliche Aufgaben zu. Lehrer des Dichters Pindar, den er auch in der Kunst der dramatischen Chor-Gestaltung unterwies.

514v blau	Schrift über Musik

LASSALLE, Ferdinand (1825n–1864n), deutscher Philosoph und Politiker. Als Sohn eines reichen jüdischen Seidenhändlers sollte er Kaufmann werden, studierte aber Philosophie und Altertumskunde. Während er sich mit einer Arbeit über Heraklit auf die wissenschaftliche Laufbahn vorbereitete, kam er mit Karl Marx in Berührung und wurde Sozialist. Arbeitete das Programm für eine deutsche Arbeiterpartei aus, nahm an der von 600 Mitgliedern getragenen Gründung des 'Allgemeinen deutschen Arbeitervereins' teil und wurde dessen erster Präsident. Sein Versuch, Bismarck durch Zugeständnisse zur Einführung des allgemeinen Wahlrechts zu bestimmen, scheiterte. Obwohl er sich zur Umwälzung durch Wahl bekannte und für die Einigung Deutschlands unter Führung Preußens eintrat, wurde er mehrfach eingekerkert. Schrieb politische und philosophische Abhandlungen sowie ein historisches Trauerspiel nationalen Inhalts ('Franz von Sickingen'). Fiel in einem Pistolenduell, zu dem ihn der Verlobte seiner alten Freundin Helene Dönniges gefordert hatte.

1863n rot	Arbeiterverein

LASSO, Orlando di, niederländischer Komponist.

1532n–1594n	Lebenslinie
1585n blau	Lieder

LATEINAMERIKA, Bezeichnung für den Teil Amerikas, der Sprachen lateinischer Herkunft benutzt, nämlich spanisch und portugiesisch. Praktisch der gesamte amerikanische Kontinent außer den USA und Kanada. Von den Bewohnern sind rund 60% Indianer, Neger oder Mischlinge, deren Anteil in Nordamerika nur etwa 10% beträgt. Erst fünfzig Jahre später als die USA von europäischer Kolonialherrschaft befreit, ist es gegenüber Nordamerika industriell zurückgeblieben. Von den USA wirtschaftlich ausgebeutet und politisch bevormundet, sucht es in unserer Epoche einen eigenen Weg in eine unabhängige Zukunft.

Allgemeines (Land, Volk, Staat)

288n blau	Gründung von Uaxaktun
455n blau	Gründung von Kopan
700n rot	Ende des alten Mayareiches
700n grün	Mayas auf Yukatan
711n blau	Gründung von Chichen Itza
856n blau	Gründung von Tollan
947n braun	Vorstoß der Tolteken
947n rot	Toltekenmacht in Mexiko
999n blau	Gründung von Mayapan
1007n rot	Liga von Mayapan
1022n–1107n	Manko Kapak
1048n rot	Peru: Reich der Chimu
1067n rot	Inka-Staat
1077n blau	Gründung von Kuzko
1081n rot	Altersversorgung in Peru
1116n braun	Tolteken-Reich vernichtet
1116n rot	Chichimeken-Reich
1325n blau	Stadt Mexiko
1408n–1472n	Nezalhual
1410n–1469n	Montezuma
1431n rot	Bündnis dreier Reiche
1431n–1503n	Alexander VI. Borgia
1437n rot	Tod für Geschichtsfälscher
1440n braun	Zerstörung Mayapans
1440n rot	Großreich Montezumas
1452n–1507n	Kolumbus
1487n rot	Menschenopfer bei Azteken
1492n grün	Kolumbus auf Antillen
1493n rot	Aufteilung
1496n rot	Indianerexport-Verbot
1496n blau	Gründung Santo Domingos
1496n grün	Inka-Straße
1499n grün	Entdeckung Südamerikas
1500n grün	Entdeckung Brasiliens
1500n rot	Brasilien an Portugal
1502n grün	Kolumbus: Mittelamerika
1502n grün	Erste Negersklaven
1503n grün	Spanisches Handelsamt
1507n grün	Bezeichnung 'Amerika'
1508n rot	Jamaika an Spanien
1511n rot	Kuba an Spanien
1513n grün	Entdeckung des Pazifik
1515n blau	Gründung von Habana
1515n grün	La-Plata-Gebiet entdeckt
1519n rot	Aztekenreich spanisch
1520n/1521n	Azteken-Aufstand
1521n grün	Kakao nach Europa
1524n braun	Niederlage der Mayas
1524n rot	Gebietsgewinn Spaniens
1524n blau	Stadt Guatemala
1528n grün	Venezuela an Welser
1529n grün	Tabak nach Europa
1533n braun	Haiti: Indianer-Ausrottung
1531n/1533n	Inka-Krieg
1533n rot	Ende des Inka-Reiches
1533n rot	Peru spanische Kolonie
1535n blau	Buenos Aires gegründet
1536n/1539n	Chibcha-Krieg
1537n rot	Eintreten für Indianer
1539n rot	Kolonie Peru erweitert
1540n blau	Casas: 'Indianergeschichte'
1546n grün	Silberfunde
1548n grün	Kartoffel nach Europa
1550n rot	Christianisierung
1552n blau	Oviedos Geschichtswerk
1556n grün	Venezuela spanisch
1558n braun	Unterwerfung Chiles
1558n rot	Chile spanisch
1567n blau	Rio de Janeiro gegründet
1567n blau	Gründung von Caracas
1600n grün	Sklavenhandel verpachtet
1601n grün	Sklavenhandel Portugals
1610n rot	Jesuiten-Staat Paraguay
1625n rot	Karibische Inseln englisch
1625n rot	Guayana holländisch
1630n rot	Pernambuco holländisch
1631n rot	Seeräuber auf Haiti
1634n rot	Cayenne französisch
1635n rot	Antillen französisch
1650n grün	Holland: Sklavenmonopol
1653n/1654n	Brasilianische Erhebung
1654n rot	Pernambuco portugiesisch
1655n braun	Vorstoß Englands
1655n rot	Jamaika englisch
1659n braun	Erhebung Mexikos
1664n grün	Handelsgesellschaft
1671n blau	Calderon: Mexiko-Drama
1692n braun	Erhebung Mexikos
1693n blau	Gründung von Kingston
1710n grün	Kaffeepflanze
1713n grün	England: Sklavenmonopol
1724n blau	Gründung von Montevideo
1739n grün	Kautschuk nach Europa
1767n rot	Jesuiten-Vertreibung
1780n/1783n	Inka-Aufstand
1781n rot	Inka-Herrscher hingerichtet
1783n–1830n	Bolivar
1797n rot	Trinidad englisch
1803n braun	Freiheitskampf Haitis
1804n rot	Haiti unabhängig
1810n rot	Auflehnung Argentiniens
1811n rot	Auflehnung Venezuelas
1811n/1826n	Freiheitskampf
1813n rot	Kolumbien unabhängig
1816n rot	Argentinien unabhängig
1818n rot	Chile unabhängig
1821n rot	Peru unabhängig
1821n rot	Panama unabhängig
1821n rot	Nicaragua unabhängig
1821n rot	Costarica unabhängig
1821n rot	Honduras unabhängig
1821n rot	Guatemala unabhängig
1821n rot	Venezuela unabhängig
1822n rot	Brasilien unabhängig
1822n rot	Mexiko unabhängig
1822n rot	Ecuador unabhängig
1825n rot	Bolivien unabhängig
1826n rot	Rückzug Spaniens
1828n rot	Uruguay unabhängig
1844n rot	Dominikanische Republik
1846n/1848n	Mexikanischer Krieg
1848n rot	Gebietsverlust Mexikos
1852n rot	Cayenne Strafkolonie
1857n rot	Verfassung in Mexiko
1868n braun	Erhebung Kubas
1879n/1883n	Salpeterkrieg
1888n rot	Brasilien: Sklaverei-Ende
1895n/1898n	Kubanischer Krieg
1898n rot	Portorico an USA
1898n rot	Kuba selbständig
1903n rot	USA-Kontrolle in Panama
1911n/1913n	Revolte in Mexiko
1913n grün	Panama-Kanal
1927n–	Castro
1940n rot	Stützpunkte der USA
1951n braun	Putsch in Argentinien
1954n braun	Putsch in Guatemala
1955n braun	Aufstand in Argentinien
1956n/1959n	Kubanische Revolution
1959n rot	Castro Regierungschef
1960n blau	Stadt Brasilia
1961n rot	Kuba kommunistisch
1962n rot	Jamaika unabhängig
1962n rot	Trinidad unabhängig
1963n braun	Aufstand in Guatemala

LATEINAMERIKA: Kunst

806v blau	Pyramide von Kui-Kuilko
445v blau	Pyramide von Cholula
5n blau	Sonnenpyramide
31n blau	Mondpyramide
162n blau	Grünsteinplastik
1065n blau	'Nonnenhaus' der Mayas
1225n blau	Tempel in Chichen Itza
1408n–1472n	Nezalhual
1410n–1469n	Montezuma
1431n blau	Palast von Tezcuco
1455n blau	Pyramiden der Azteken
1667n blau	Kathedrale der Stadt Mexiko
1950n blau	Neruda: 'Großer Gesang'
1954n blau	Gemälde Riveras
1960n blau	Bauten von Brasilia

LATEINAMERIKA: Religion

806v blau	Pyramide von Kui-Kuilko
445v blau	Pyramide von Cholula
5n blau	Sonnenpyramide
31n blau	Mondpyramide
1065n blau	'Nonnenhaus' der Mayas
1225n blau	Tempel in Chichen Itza
1408n–1472n	Nezalhual
1410n–1469n	Montezuma
1431n–1503n	Alexander VI. Borgia
1455n blau	Pyramiden der Azteken
1487n rot	Menschenopfer bei Azteken
1550n rot	Christianisierung
1667n blau	Kathedrale der Stadt Mexiko
1767n rot	Jesuiten-Vertreibung

LATEINAMERIKA: Sitten und Gebräuche

2167v grün	Okarina
1193n grün	Ballspiel
1521n grün	Kakao nach Europa
1529n grün	Tabak nach Europa

LATEINAMERIKA: Schrift

162n blau	Plastik mit Maya-Schrift
282n grün	Hieroglyphen

LATEINAMERIKA: Technik

2190v grün	Waffen mit Quarzspitzen
1193n grün	Gummibälle
1408n–1472n	Nezalhual
1496n grün	Inka-Straße
1557n grün	Amalgamierungsverfahren
1709n grün	Gusmao: Luftballon
1913n grün	Panama-Kanal
1962n grün	Maracaibo-Brücke

LATEINAMERIKA: Wirtschaft und Verkehr

1325v grün	Anbau von Mais
1022n–1107n	Manko Kapak
1408n–1472n	Nezalhual
1496n grün	Inka-Straße
1502n grün	Erste Negersklaven
1503n grün	Spanisches Handelsamt
1546n grün	Silberfunde
1600n grün	Sklavenhandel verpachtet
1601n grün	Sklavenhandel Portugals
1619n–1683n	Colbert
1644n grün	Antillen: Zuckerrohranbau
1650n grün	Holland: Sklavenmonopol
1664n grün	Handelsgesellschaft
1710n grün	Kaffeepflanze
1713n grün	England: Sklavenmonopol
1739n grün	Kautschuk nach Europa
1888n rot	Brasilien: Sklaverei-Ende
1913n grün	Panama-Kanal
1962n grün	Maracaibo-Brücke

LATEINAMERIKA: Wissenschaft

94n grün	Null als Fehlzeichen
221n grün	Stellenwert der Zahl
1408n–1472n	Nezalhual
1436n blau	Bibliothek in Tezcuco
1437n rot	Tod für Geschichtsfälscher
1947n blau	Neue Universität Mexiko

LATEINISCHES KAISERREICH, Bezeichnung für ein Reich, das von europäischen Rittern unter dem flandrischen Grafen Balduin mit Hilfe der mächtigen Flotte Venedigs während des vierten Kreuzzuges nach Einnahme der Stadt Byzanz (Konstantinopel) gegründet wurde. Es umfaßte Teile des nördlichen Kleinasiens und des Balkans. Erst nach 57 Jahren gelang es dem seiner Hauptstadt beraubten byzantinischen Staate mit Unterstützung Genuas, die beutegierigen Kreuzritter mit ihren venezianischen Geldgebern zu vertreiben und damit seine Unabhängigkeit wiederherzustellen.

1202n/1204n	Vierter Kreuzzug
1204n rot	Reichsgründung
1251n rot	Kirchen-Einigungsversuch
1261n rot	Gegenbündnis Genuas

LATEINISCHE SPRACHE, die Sprache der in Mittel-Italien lebenden Latiner. Sie wurde durch den Aufstieg Roms zur führenden Macht Italiens die Sprache der ganzen italienischen Halbinsel. Mit der Ausdehnung des Römerreiches im Mittelmeerraum wurde sie Reichssprache für Südeuropa, Nordafrika, Kleinasien und Vorderasien. Seit Entwicklung der Volkssprachen im ersten Jahrtausend (italienisch, französisch, spanisch) nur noch Sprache der Dichter und Gelehrten und schließlich reine Schriftsprache ('tote Sprache'). Die katholische Kirche nahm sich ihrer an, um ihrer Religion den Anschein von Gelehrsamkeit zu geben, ihrer Kirche das Ansehen des Römerreiches hinzuzufügen und das Volk von einer vernunftgemäßen Überprüfung ihrer Glaubenslehren abzuhalten. Juristen und Ärzte bedienten sich der Sprache wegen ihrer Verbreitung unter den Gebildeten vieler Länder sowie um das arbeitende Volk einzuschüchtern und an der Nachprüfung ihrer Entscheidungen zu hindern. Selbst nach Einführung der allgemeinen Schulpflicht wurde ihre Kenntnis nur durch besondere Schulen vermittelt, deren Besuch den Kindern der Besitzbürger vorbehalten war ('höhere Schulen'). Die Reformation führte den Kampf um ihre vollständige Ersetzung durch die Volkssprache, den die Dichter mehrerer Länder bereits begonnen hatten.

577v blau	Entwicklung
200v grün	Lautzeichen
106v–43v	Cicero
65v–8v	Horaz
162n–224n	Tertullian
193n blau	'Dicta Catonis'
197n blau	Kirchenlatein
353n blau	Schulgrammatik
538n–594n	Gregor von Tours
710n–782n	Lioba
786n blau	Deutsch neben Latein
1003n blau	Älfrics Grammatik
1056n–1133n	Sämund der Weise
1114n–1187n	Gerhard von Toledo
1138n grün	Übersetzerschule Toledo
1265n–1321n	Dante
1306n blau	Abkehr Dantes
1340n–1400n	Chaucer
1369n–1415n	Hus
1483n–1546n	Luther
1488n–1525n	Thomas Münzer
1532n blau	Wörterbuch
1653n blau	Abkehr Harsdörffers
1687n blau	Vorlesungen auf deutsch

LATERANKONZILE, Bezeichnung für fünf Versammlungen höchster Kirchenfürsten, die zwischen dem 12. und dem 16. Jahrhundert im Lateranpalast in Rom stattfanden.

1139n rot	Armbrust-Vorschrift
1179n rot	Verurteilung der Katharer
1215n grün	Arztberuf eingeschränkt

LATERANPALAST, Name eines von der Familie Laterani in Rom vor zweitausend Jahren errichteten Palastes, der später zeitweilig von Angehörigen der kaiserlichen Familie bewohnt wurde. Gelangte im 4. Jahrhundert in den Besitz der katholischen Kirche und war seitdem Wohnsitz des Papstes. Im 14. Jahrhundert wurde er durch zwei Großbrände beschädigt. Die Päpste zogen deshalb bei ihrer Rückkehr aus ihrem Ausweichquartier Avignon (Südfrankreich) in einen anderen Palast (Vatikan). Im 16. Jahrhundert wurde der zerstörte Bau abgerissen. Fontana errichtete 1588n einen Neubau. Er diente bald zur Aufnahme von Kostbarkeiten, die von der Kirche in aller Welt zusammengetragen wurden. 1929n wurde hier der Vertrag der katholischen Kirche mit dem faschistischen Italien abgeschlossen, der den Kirchenstaat wiederherstellte.

14v blau	Haus der Laterani
312n rot	Residenz der Päpste
1309n rot	Residenz verlegt
1929n rot	Vertragsabschluß

LATERANVERTRAG, Bezeichnung für den im Lateranpalast in Rom abgeschlossenen Vertrag zwischen dem Papst und dem Führer des faschistischen Italien (Mussolini).

Löste den mitten in Rom gelegenen Sitz des Papstes (Vatikan) aus dem italienischen Staatsgebiet und räumte ihm Eigenstaatlichkeit ein. Sicherte den Einfluß der katholischen Kirche auf Staat und Schule in Italien. Die mit ihm verbundene Anerkennung und offene Unterstützung der Herrschaft Mussolinis durch die katholische Kirche stabilisierte den ersten faschistischen Staat der Erde.

1929 n rot — Abschluß

LATERNA MAGICA, 'Zauberlaterne', aus dem Lateinischen kommender Name eines einfachen Bildwerfers, der mit Hilfe einer durch Linsen konzentrierten Lichtquelle gezeichnete Vorlagen vergrößert an die Wand wirft. Von Giambattista Porta in der zweiten Hälfte des 16. Jahrhunderts entworfen, wurde sie 100 Jahre später von Thomas Walgenstein gebaut und vorgeführt.

1663 n grün — Walgensteins Bildwerfer

LATINER, Name der Bewohner des Landes Latium (Mittel-Italien).

506 v braun — Sieg über Etrusker
372 v rot — Bündnis mit Rom
371 v blau — Gemeinsames Heiligtum
340 v/338 v — Erhebung gegen Rom
338 v rot — Abstufung der Rechte
198 v/196 v — Sklavenaufstand
91 v/88 v — Bundesgenossenkrieg
89 v rot — Bürgerrechte

LATINI, Brunetto (1220 n–1294 n), italienischer Schriftsteller und Staatsmann. Aus politischen Gründen mußte er seine Heimat Florenz für fünfzehn Jahre verlassen, ging nach Frankreich und verfaßte dort eine große Enzyklopädie in französischer Sprache. Darin versuchte er einen zusammenfassenden Überblick über das gesamte Wissen seiner Zeit zu geben. 1273 n kehrte er als Kanzler in seine Heimatstadt Florenz zurück und behauptete ihre Selbständigkeit gegen die Vormachtansprüche des deutschen Kaisers.

1264 n blau — Enzyklopädie

LAUE, Max (1879 n–1960 n), deutscher Physiker. Als Schüler von Max Planck erforschte er die kleinsten Bausteine der Materie (Atome) und beschäftigte sich dabei mit Fragen der Materie-Wellen. Bei seinen Arbeiten zum Nachweis der Wellenstruktur von Röntgenstrahlen entdeckte er, daß Röntgenstrahlen in Kristallen gebeugt werden. Erforschte die Gesetzmäßigkeiten dieser Beugung und fand, daß die Teilchen, an denen die Röntgenstrahlen gebeugt werden, die Größe von Atomen haben. Damit wies er einen Weg zur Erforschung von Lage, Größe und Gestalt der Atome durch Beobachtung der Strahlenbeugung ('Kristall-Struktur-Analyse'). Schrieb die erste zusammenfassende Abhandlung über die Relativitätstheorie seines Freundes Einstein. Entwickelte eine relativistische Wärmelehre.

1912 n grün — Natur der Röntgenstrahlen

LAUF-RAD, Bezeichnung für den Vorläufer des Fahrrades. Hatte noch keinen Tretkurbel-Antrieb, so daß sich der Fahrer mit den Füßen am Boden abstoßen mußte. Von dem deutschen Forstmeister Karl Ludwig Drais gebaut, wurde es auch 'Draisine' genannt.

1813 n grün — Erfindung

LAURIN, Titel einer Sage, die vor 700 Jahren in Deutschland entstand. Schilderte den Kampf des Dietrich von Bern (= Theoderich der Große) gegen den Tiroler Zwergkönig Laurin, der eine Schwester des Gotenkönigs entführt hatte.

1266 n blau — Heldenlied

LAUSANNE, Stadt am Nordufer des Genfer Sees. An dem schönen und verkehrsgünstigen Platz legten bereits die Römer eine Siedlung an. Im 6. Jahrhundert Mittelpunkt kirchlicher Machtentfaltung (Bistum). 1434 n zur freien Reichstadt erklärt, fiel sie nach ihrer Reformation 1536 n unter die Oberhoheit der Stadt Bern und wurde 1803 n Hauptstadt des französisch-sprachigen Kantons Waadt. Seitdem ist die Stadt häufig Ort internationaler Konferenzen gewesen; 1912 n wurde hier der Friede zwischen Italien und der Türkei abgeschlossen. Die Konferenz von 1932 n beendete für Deutschland praktisch die Reparationszahlungen aus dem ersten Weltkriege.

1129 n blau — Heinrich: Priester-Kritik
1537 n blau — Akademie
1912 n rot — Konferenz Italien-Türkei

LAUSITZ, Land am Oberlauf der Spree zwischen Oder und Elbe. Seit Jahrtausenden von Kulturvölkern bewohnt, wurde das ursprünglich slawische Gebiet im zehnten Jahrhundert deutsch. 1945 n wurde der östliche Teil polnisch.

1117 v grün — Lausitzer Kultur
963 n rot — Deutsche Oberhoheit
1025 n rot — Polnische Herrschaft
1033 n rot — Deutsche Herrschaft
1071 n blau — Gründung von Görlitz
1316 n–1378 n — Karl IV.

LAUSITZER KULTUR, Bezeichnung für eine vom Mittellauf der Oder (Lausitz) vor mehr als 3000 Jahren ausgegangene Kultur. Bewirkte für etwa 1500 Jahre mit der Verbreitung des Eisens eine einheitliche Technik des Feldbaus, der Töpferei, der Burganlage sowie der Brandbestattung in Mitteleuropa von Böhmen und Mähren über Schlesien bis Sachsen, Polen und Brandenburg.

1117 v grün — Gebrauch des Eisens

LAUTE, handliches Saiteninstrument zum Zupfen. Vor etwa 3500 Jahren in Ägypten entwickelt, wurde sie 2000 Jahre später das Lieblingsinstrument der Araber. Über die in Spanien ansässigen Araber fand sie auch in Mitteleuropa Eingang und wurde hier im 16. Jahrhundert zum beliebtesten Hausinstrument. Zweihundert Jahre später wurde sie durch die Gitarre und durch Tasteninstrumente weitgehend verdrängt. Zu Beginn unseres Jahrhunderts fand sie durch die Wandervogel-Bewegung noch einmal weitere Verbreitung.

1515 v–1479 v — Har-Mosis
1506 v grün — Dreisaitige Laute
1590 n blau — Gemälde 'Lautenspielerin'

LAVAL, Carl Gustav (1845 n–1913 n), schwedischer Techniker. Erfand eine Milchzentrifuge sowie ein Gerät zur Bestimmung des Fettgehaltes der Milch. Mit Hilfe einer selbstgebauten Düse verwirklichte er den 250 Jahre vorher von dem italienischen Architekten Giovanni Branca entwickelten Plan einer Dampfturbine. Das von ihm geschaffene 'Dampfrad' bestand aus einer Turbine, deren Flügel durch den aus Düsen ausströmenden Dampf in schnelle Drehung versetzt wurden (400 Umdrehungen pro Sekunde). Entwickelte auch eine Methode zum Verschmelzen bleihaltiger Zinkerze.

1880 n grün — Dampfturbine

LAVATER, Johann Kaspar (1741 n–1801 n), schweizerischer Schriftsteller. Als Sohn eines Züricher Arztes zog er sich durch seine Auflehnung gegen das tyrannische Regiment des Landvogts Grebel die Feindschaft der Schweizer Besitzbürger zu. Suchte eine Charakterlehre aus den Gesichtszügen zu entwickeln und schrieb ein Buch über die Kunst, das Innere eines Menschen durch Beobachtung seines Äußeren zu erkennen ('Physiognomik'). Liebevolle Spiegelung der eigenen Seele fand Niederschlag in zahlreichen Büchern ('Geheimes Tagebuch von einem Beobachter seiner selbst'). Als Pastor seiner Heimatstadt bekämpfte er die antireligiöse Haltung des heraufziehenden wissenschaftlichen Zeitalters und wandte sich gegen jede Aufklärung. Dadurch verlor er die Zuneigung Goethes, mit dem er in Briefwechsel stand.

1775 n grün — Physiognomik

LAVERGNE, Léonce Guilhaud (1809 n–1880 n), französischer Volkswirtschaftler, Politiker und Schriftsteller. Studierte Rechtskunde und Sprache, erhielt einen Lehrstuhl für ausländische Literatur und wurde 29jährig als Kabinettschef ins Innenministerium berufen. Fünf Jahre später nahm er eine führende Stellung im Außenministerium ein. Nach der Revolution von 1848 n zog er sich aus der Politik zurück und wandte sich volkswirtschaftlichen Arbeiten zu. Untersuchte die Grundlagen der Landwirtschaft und das französische Bankwesen. Verfaßte Schriften über die Landwirtschaft in England, Schottland und Irland, über das Weltbild der römischen Philosophen und über die französischen Volkswirtschaftler des 18. Jahrhunderts. 1871 n in die Politik zurückgekehrt, war er als Präsident einer Dreißiger-Kommission am Zustandekommen der bürgerlichen Verfassung von 1875 n maßgeblich beteiligt. Erkannte die Abhängigkeit der Politik und der Kultur von der Wirtschaft. Schrieb eine 'Geschichte der Sklaverei im Altertum'.

1838 n blau — Wirtschaftstheorie

LAVOISIER, Antoine Laurent, französischer Naturforscher.

1743 n–1794 n — Lebenslinie
1775 n grün — Natur der Verbrennung
1781 n grün — Bestandteile des Wassers
1789 n grün — Erhaltung der Materie

LAW, John (1671 n–1729 n), englischer Volkswirtschaftler. Als Sohn eines schottischen Goldschmiedes, der zugleich einen Geldverleih betrieb, studierte er in seiner Heimatstadt Edinburgh Mathematik und wandte sich dem Finanzwesen zu. Bereiste ganz Europa, um die Grundlagen der Staatsfinanzen kennenzulernen und gewann dabei in Spielsälen und durch Börsenspekulation ein Millionen-Vermögen. Veröffentlichte mehrere Schriften über Finanzfragen. Darin forderte er die Ersetzung der immer knapper werdenden Geldmünzen durch Papiergeld. Gewann den französischen Regenten für seinen Plan und errichtete in Paris eine Privatbank, die gut gedeckte Papiernoten ausgab. Der zunehmende Geldbedarf des Königs führte zur Umwandlung seiner Bank in eine Staatsbank, die nach zwei Jahren zahlungsunfähig war und eine Staatskrise zur Folge hatte. Damit scheiterten auch seine Spekulationen auf unermeßliche Bereicherung durch Ausbeutung der französischen Kolonien, die er als Generalkontrolleur der französischen Finanzen durch Gründung einer Handelsgesellschaft eingeleitet hatte. Nach Venedig geflohen, starb er arm und verlassen über Arbeiten zur Währungsfrage, im Bewußtsein, deren Lösung gefunden zu haben.

1716 n grün — Papiergeld

LAWRENCE, Thomas Edward (1888 n–1935 n), englischer Schriftsteller, Politiker und Altertumsforscher. Studierte Orientalistik und Archäologie. 23jährig ging er nach Vorderasien und beteiligte sich an den Ausgrabungsarbeiten in Karkemisch am Euphrat. Im ersten Weltkrieg organisierte er dort in Zusammenarbeit mit dem Sohne des Fürsten von Mekka (Faisal) den Aufstand von Araberstämmen gegen die Türkei. Nach Kriegsende wurde er Berater im englischen Kolonialministerium und betrieb die Ernennung Faisals zum König des Irak. 1922 n trat er aus Protest gegen die Wortbrüchigkeit Englands gegenüber den Arabern von seinem Posten zurück und wurde Soldat bei der englischen Luftwaffe. Seit 1930 n beschäftigte er sich mit der Entwicklung von Schnellbooten für die englische Marine. Verunglückte bei einer Motorradfahrt tödlich. Berühmt wurde er durch ein Buch über seine Erlebnisse im Orient ('Die sieben Säulen der Weisheit').

1926 n blau — 'Die sieben Säulen'

LAXNESS, Halldor (geboren 1902 n), isländischer Dichter. Als Sohn eines Arbeiters, der später Kleinbauer wurde, ergriff er den Beruf des Landwirts. Unter dem Einfluß früher isländischer Erzählungen ('Sagas') begann er Romane zu schreiben, die das Schicksal der Arbeiter und Bauern seiner isländischen Heimat wirklichkeitstreu und humorvoll darstellen ('Der Freisasse'). Das alte isländische Heldentum machte er lächerlich ('Recken') und zeigte den inneren Zerfall der bürgerlichen Gesellschaft im Island der Gegenwart ('Schornsteinspiel'). Weltberühmt wurde er durch seinen historischen Roman 'Islandglocke'. Nach einer Reise in die USA wurde er Sozialist und warnte vor dem Einfluß Nordamerikas auf Island ('Atomstation'). Nach einer Reise in die UdSSR trat er öffentlich für den Kommunismus ein.

1944 n blau — 'Islandglocke'

LAYAMON (um 1150 n–um 1220 n), englischer Dichter. Als Prediger in der Ortschaft Ernley (Südengland) schuf er ein großes Heldengedicht in 32250 Versen. Darin gab er einen Überblick über die Geschichte Englands seit dem sagenhaften Stammvater der Briten, Brut, dessen Namen er zum Titel seiner Dichtung machte. Den größten Teil des Buches füllte er mit Sagen über König Artus und die zwölf Ritter seiner Tafelrunde, deren Kämpfe gegen die Angelsachsen er breit schilderte. Schlachten und Kriege bildeten auch für die spätere Zeit den roten Faden. Daneben wurde das Leben am Hofe noch kurz behandelt. Das Buch endete mit der vollständigen Unterwerfung der Kelten durch die Angelsachsen. Im Vorwort zu seiner Dichtung nannte er als seine Quellen die Werke von Beda, Albin und Wace und vermerkte getreulich, daß er vor allem den Roman des französischen Dichters und Geschichtsschreibers Wace ausgeschrieben habe. Tatsächlich stellte er aber die Schlüsselgestalt, König Artus, viel ritterlicher und heldischer dar als Wace und gab dessen Kampfgefährten Gawein eine bedeutende Rolle neben dem Könige.

1205 n blau — 'Brut'

LAZARILLO von Tormes, Titelheld eines spanischen Romans. Steigt als armer Knabe bis zum königlichen Ausrufer in Toledo auf, nachdem er gelernt hat, sich auf die Verhaltensweise seiner Umwelt einzustellen. Im Dienste eines geizigen Priesters, eines heruntergekommenen Junkers, eines Mönches, eines Gendarmen und eines Ablaßkrämers erkennt er das wahre Gesicht der christlichen Gesellschaft Spaniens.

1554 n blau — Erscheinen des Romans

LAZIKA, Land an der Ostküste des Schwarzen Meeres, unmittelbar am Fuße des Kaukasus. In der griechischen Sage unter dem Namen 'Kolchis' Heimat der Königstochter Medea, die hier vor 3300 Jahren fünfzig griechischen Seefahrern ('Argonauten') durch Verzauberung eines Drachen zur Wiedererlangung eines zauberbehafteten Widderfelles ('Goldenes Vlies') verhalf. Unter Mithridates zeitweilig dem Reiche Pontos zugeschlagen, wurde es durch Antonius dem Römerreiche angegliedert, behielt aber immer eine weitgehende Selbständigkeit. 527 n vom oströmischen Reiche (Byzanz) zum Schutzgebiet erklärt und besetzt, rief es die Perser zu Hilfe und wurde nun zwischen den beiden Reichen umkämpft, bis es von den Arabern besetzt wurde. Im 9. Jahrhundert befreite es sich mit Hilfe der Georgier und blieb für einige Jahrhunderte Bestandteil des Georgischen Reiches. Von Mongolen und Hunnen unterworfen, von Persern und Türken beherrscht, wurde es schließlich im 19. Jahrhundert russisch und bildet heute mit seiner reizvollen Küste zwischen Suchumi und Batum ein beliebtes Erholungsgebiet für die Werktätigen der UdSSR.

540 n/562 n — Krieg Byzanz-Persien

LEANDER UND HERO, Name eines Liebespaares der griechischen Sage, das nur zusammenkommen konnte, wenn Leander nachts über die Meeresstraße zwischen Europa und Asien (Hellespont) zu seiner Geliebten Hero schwamm. Als er eines Nachts in den Fluten umkam, nahm sich Hero das Leben. Der Stoff wurde von vielen Dichtern bearbeitet (Ovid, Musaios, Marlowe, Schiller, Grillparzer) und fand auch Eingang ins Volkslied ('Es waren zwei Königskinder').

465 n blau — Musaios' Dichtung

LEBENSBILDER, Bezeichnung für Schriften über das Leben bedeutender Persönlichkeiten (Biographien) oder über das eigene Leben (Auto-Biographien).

2633 v–2570 v — Meten
2570 v blau — Lebensgeschichte des Meten
2030 v blau — Ur-Nammus Taten
2004 v–1932 v — Sinuhe
1935 v blau — Sinuhes Erinnerungen
1924 v blau — Si-Renputs Werk
1857 v–1803 v — Sehet
1801 v blau — Königslisten in Assur
1698 v blau — Hammurabis Taten
1475 v blau — Tut-Mosis III.: Annalen
1454 v blau — Idrimi: Autobiographie
1367 v–1315 v — Mur-Sili II.
1328 v–1252 v — Hattu-Sili III.
1316 v blau — Mur-Sili II.: Annalen
1304 v blau — Sethos' I. Taten
1254 v blau — Hattu-Silis Lebensgeschichte
498 v blau — Dareios' Taten
327 v blau — Kallisthenes: Alexander
299 v blau — Aristobulos: Alexander
230 v blau — Buddhas Leben
200 v blau — Sosylos: Hannibal
116 v–27 n — Varro
78 v blau — Sullas Erinnerungen
64 v–20 v — Strabo
58 v blau — Varros 'Bildnisse'
36 v blau — Nepos' Lebensbilder
6 n blau — Augustus' Taten
15 n blau — Nikolaus: Augustus
47 n–122 n — Plutarch
55 n–120 n — Tacitus
99 n blau — Asvagoscha: Buddhas Leben
101 n blau — Plutarchs Lebensbilder
121 n blau — Sueton: Römische Kaiser
121 n–180 n — Mark Aurel
176 n blau — Mark Aurels 'Zwiesprache'
182 n blau — Paulusakten
226 n blau — Laërtios: Philosophen
232 n–304 n — Porphyrios
263 n–339 n — Eusebius
265 n–330 n — Jamblichos
295 n–373 n — Athanasius
306 n blau — Jamblichos: Pythagoras
329 n blau — Eusebius: Konstantin
329 n–389 n — Gregor von Nazianz
357 n blau — Athanasius: Antonius
360 n blau — Viktor Aurel: Kaiser Roms
396 n blau — Ammian: Römische Kaiser
399 n blau — Augustin: 'Bekenntnisse'
443 n blau — Buddhagoscha: Buddha
538 n–594 n — Gregor von Tours
550 n blau — Hesychios: Lexikon
559 n blau — Agathias: Justinian
582 n blau — Gregor: Martin von Tours
586 n blau — Venantius: Martinsdichtung
595 n–660 n — Bana
624 n blau — Bana: Geschichte Harsas
698 n–768 n — Ibn Issak
723 n–799 n — Paulus Diakonus
754 n blau — Ibn Issak: Mohammed
770 n–840 n — Einhard
785 n blau — Paulus: Bischöfe von Metz
800 n blau — Buddhas Lebensweg
825 n blau — Einhard: Karl der Große
939 n–990 n — Roswitha
964 n blau — Luitprand: Otto der Große
969 n blau — Roswitha: Otto der Große
1017 n–1088 n — Adam von Bremen
1018 n blau — Thietmar: Kaisergeschichte
1020 n blau — Sampiro: Kastilische Könige
1056 n–1133 n — Sämund der Weise
1072 n blau — Anselms 'Monologia'
1087 n blau — Bilhana: Königsgeschichte
1115 n blau — Sämund: Königsgeschichte
1148 n blau — Kalhana: Könige
1149 n blau — Kaiserchronik
1178 n–1241 n — Snorri Sturluson
1226 n blau — Sturluson: Königsbuch
1254 n–1324 n — Marco Polo
1255 n blau — Lichtenstein: 'Frauendienst'
1263 n blau — Bonaventura: Franziskus
1274 n blau — Ibn Kallikan: Lebensbilder
1295 n–1366 n — Seuse
1298 n grün — Marco Polos Reisebericht
1313 n–1375 n — Boccaccio
1313 n–1374 n — Al Katib
1422 n blau — Ibn Arabscha: Timur
1509 n blau — Comines' Memoiren
1521 n blau — Hutten: Gesprächsbüchlein
1549 n blau — Vasari: Künstlerbiographien
1559 n blau — Nikolaus Rejs Lebensbild
1561 n blau — Cellinis Erinnerungen
1566 n blau — Mathesius: Martin Luther
1596 n blau — Lebensbild des Rama
1604 n blau — Margaretes Memoiren
1669 n blau — Pepys: Tagebuch
1743 n blau — L. Saint-Simon: Memoiren
1777 n blau — Rousseaus 'Bekenntnisse'
1786 n blau — Casanovas Erinnerungen
1811 n blau — 'Dichtung und Wahrheit'
1832 n blau — Pellicos 'Gefängnisse'
1856 n blau — Aksakows Werk
1886 n blau — Strindberg: Autobiographie
1898 n blau — Bismarcks Erinnerungen
1902 n blau — Helen Kellers Lebensbild
1923 n blau — Gorki: 'Meine Universitäten'
1934 n blau — Ostrowskis Werk
1938 n blau — Heinrich Mann: 'Henri IV.'
1945 n blau — Wright: 'Ich Negerjunge'
1946 n blau — H. Mann: Autobiographie

LEBER, Bezeichnung für ein großes Drüsen-Organ bei Mensch und Säugetier, das rechts unter dem Zwerchfell liegt und wichtige Lebensfunktionen erfüllt: Absonderung von Galle, Harnsäure und Harnstoff; Regulierung des Eiweiß- und Zucker-Stoffwechsels; Entgiftung der durch die Darmwände aufgenommenen Stoffe; Entlastung des Herzens durch vorübergehende Aufnahme großer Blutmengen. Die Erforschung ihrer Funktionen trug entscheidend zur Begründung einer wissenschaftlichen Medizin bei.

2391 v grün — Leberbeschau in Sumer
304 v–240 v — Erasistratos

LE BLON, Jakob (1667 n–1741 n), deutscher Erfinder. Als Maler und Kupferstecher verließ er 37jährig seine Heimatstadt Frankfurt am Main und ging nach Amsterdam, wo er sich mit Möglichkeiten des Farbdrucks beschäftigte. Dabei ging er von Newtons Lehre der Zusammensetzung des Lichtes aus und zerlegte die zu druckenden Bilder in drei Grundfarben. Diese schabte er in einer dem Kupferstich ähnlichen Technik punktförmig in drei verschiedene Platten. Durch den Übereinanderdruck der drei Farbplatten (gelb, rot, blau) erzielte er die Buntheit der Vorlage. Nachdem er sein Verfahren noch durch Zugabe einer vierten Platte abgerundet hatte (Schwarzplatte), verließ er Holland, um in England seine Erfindung auszuwerten. Doch erlitt er dort Fehlschläge und hatte auch mit einer von ihm errichteten Tapetenfabrik kein Glück. So ging er nach Paris, wo er ein königliches Privileg für die farbige Vervielfältigung von Ölbildern erhielt. Da er alle genau aufeinander abgestimmten Farbplatten in mühsamer Handarbeit selbst herstellte, konnte er insgesamt nur etwa 50 Ölgemälde in Farbdruck übertragen.

1710 n grün — Dreifarbendruck

LE BON, Gustave (1841 n–1931 n), französischer Wissenschaftler. Wurde Arzt und kam über die Psychologie zur Soziologie. Nach zahlreichen Auslandsreisen, die ihn bis nach Indien führten, arbeitete er als Privatgelehrter an der Aufhellung der Zusammenhänge zwischen Mensch und Gesellschaft. Entdeckte wichtige Gesetze in den Verhaltensweisen der Volksmassen der spätbürgerlichen Gesellschaft. Durch ihre systematische Zusammenstellung schuf er die geistige Grundlage für eine erfolgreiche Manipulation der vom Kapitalismus zur Masse erniedrigten Völker ('Psychologie der Massen'). Als Gegner aller Gleichheitsideen und Volksbewegungen bemühte er sich um den Nachweis, daß die Menschheit zur Ungleichheit fortschreitet.

1895 n blau — 'Psychologie der Massen'

LEBRUN, Charles (1619 n–1690 n), französischer Maler und Zeichner. Ging 23jährig nach Rom und beteiligte sich fünf Jahre später in Paris an der Gründung der Akademie, wurde ihr Leiter und gleichzeitig Direktor der königlichen kunstgewerblichen Manufaktur. Obwohl er durch Fürsprache seines Gönners Colbert zum ersten Hofmaler aufstieg, verdankte er seine Berühmtheit nicht seinen zahlreichen Gemälden, sondern seiner Innenausstattung der Schlösser Ludwigs XIV. Seine phantasievolle Gestaltung der Prunkräume des 'Sonnenkönigs' begründete einen lange fortwirkenden Stil französischer Wohnkultur, der sich durch überreichen Prunk auszeichnete und über den Adel auf das Besitzbürgertum überging ('Stil Louis quatorze' = Stil Ludwigs XIV.).

1682n blau Versailles: Spiegelsaal

LECHFELD, nach dem bayerischen Flusse Lech benannte Ebene bei Augsburg (Süddeutschland). Hier wurden die wiederholt nach Mitteleuropa vorgedrungenen Ungarn von deutschen Heeren unter Kaiser Otto I. vernichtend geschlagen und zogen sich darauf ganz an den Mittellauf der Donau zurück.

912n–973n Otto I., der Große
955n braun Sieg über Ungarn

LE CORBUSIER, Charles Edouard (1887n–1965n), schweizerischer Architekt, Maler und Zeichner. Nach Abschluß seiner Lehre als Kupferstecher wandte er sich der Baukunst zu. Von dem französischen Architekten Perret in der Verwendung von Eisen und Beton unterwiesen, lernte er bei Behrens in Berlin die Klarheit und Sachlichkeit einer neuen Zweck-Bauweise. 29jährig machte er sich in Paris selbständig und entwickelte einen eigenen Baustil, der den Möglichkeiten der neuen Baumaterialien Glas-Stahl-Beton entsprach. Seine horizontal gegliederten Baukörper setzte er auf schlanke Stützen und bemühte sich, dem Gesamt-Bauwerk auch durch Balkone und Dachgärten die Schwere zu nehmen. Durchbrach die strenge Stockwerk-Teilung und machte die Zwischenwände innerhalb der Wohnungen verstellbar. Die Großzügigkeit seiner Planung wurde durch sorgfältige Ausgestaltung der Einzelheiten nach den Bedürfnissen der Benutzer ergänzt. Baute Wohnblocks, Verwaltungsgebäude, ganze Vorstädte, Stadtviertel und Städte. In bewußtem Gegensatz zu diesen lichtdurchfluteten Planungen steht sein dumpfer, freudloser Kirchenbau in Ronchamp.

1955n blau Kirche Ronchamp

LEDA, griechische Sagengestalt. Als Frau des Königs von Sparta wurde sie vom Gotte Zeus verführt, der sich ihr als Schwan näherte. Sie gebar ihm die Zwillingsbrüder Kastor und Pollux, die als Helfer aus Seenot göttlich verehrt und im Sternbild der Zwillinge symbolisiert wurden. Mutter der Helena und Klytämnestra.

1531n blau Gemälde Correggios

LEDER, Bezeichnung für bearbeitete Tierhäute, die enthaart und haltbar gemacht sind. Mindestens seit zehntausend Jahren ist eine Haltbarmachung ('Gerben') durch Einkneten von Fett bekannt. Vor etwa 6000 Jahren kam das Gerben mit Hilfe von Säuren aus Baumrinde auf. Im Jahre 1858n wurde die Gerbung mit Chromsalz erfunden, seit 1912n gibt es Gerbung mit synthetischen Stoffen.

2979v grün Ziegenleder
1468v grün Reitsättel
890n–961n Abdar Rachman III.

LEE, William (um 1550n–1610n), englischer Erfinder. Studierte Theologie und wurde Pfarrer in der Ortschaft Calverton. Hier baute er in seinen Mußestunden in Fortentwicklung des Webstuhls ein Gerät zum mechanischen Verknüpfen von Fäden ('Wirkstuhl'). Damit machte er das Stricken überflüssig. Als er mit dem ersten, in seiner Gemeinde aufgestellten Strumpf-Wirkstuhl keinen Erfolg hatte, begab er sich nach Frankreich. In Rouen wurde die Bedeutung seiner Erfindung gewürdigt, so daß er in Frankreich blieb und später nach Paris übersiedelte.

1589n grün Wirkstuhl

LEEUWENHOEK, Antony (1632n–1723n), holländischer Naturforscher. Als Gerichtsdiener und Buchhalter einer Amsterdamer Tuchhandlung baute er Mikroskope mit selbstgeschliffenen Linsen aus besonders feinem Glas und erreichte eine 160fache Vergrößerung. Mit seinen Hochleistungsgeräten begann er die Erforschung kleinster Strukturen des menschlichen Organismus sowie der Pflanzen- und Tierwelt. Dabei entdeckte er im Speichel des Menschen winzige, sich lebhaft bewegende Lebewesen (Bakterien). Erforschte die Blutzirkulation im Körper von Froschlarven und die Zellen der Hefe. An Grashalmen fand er einzellige Lebewesen ('Aufgußtierchen'), beobachtete ihre Verhaltensweisen und beschrieb sie in ihren verschiedenen Erscheinungsformen. Entdeckte die Zahnkanälchen und die eingeschlechtliche Fortpflanzung der Blattläuse.

1675n grün Aufgußtierchen
1683n grün Bakterien

LEGIERUNG, von dem lateinischen Worte 'ligare' (= binden) abgeleitete Bezeichnung für die Vermischung von Metallen.

2631v grün Bronze in Indien
2505v grün Bronze in Sumer
2454v grün Bronze in Kleinasien
2155v grün Bronze auf Kreta
1818v grün Bronze in China
1627v grün Bronze in Europa
1039n–1123n Al Kajam
1074n grün Prüfung des Goldgehaltes

LEGNANO, Stadt in Oberitalien zwischen Mailand und Venedig. Hier schlugen die Bürger oberitalienischer Städte das Ritter-Heer des deutschen Kaisers. Mit diesem ersten Siege eines zu Fuß kämpfenden Heeres aus Städtern über berittene Truppen brach das Ende der Epoche des Rittertums in Europa an.

1176n braun Schlacht

LEHAR, Franz (1870n–1948n), österreichischer Komponist aus der Donaustadt Komorn (Ungarn). Als Sohn eines Musikers kam er zwölfjährig auf eine Prager Musikschule, wurde Geiger und Militärmusiker, wandte sich dann aber ganz der Komposition zu und dirigierte nur noch seine eigenen Werke. Durch große Melodienfreudigkeit, leichte Einprägsamkeit und eindeutige musikalische Charakter-Zeichnung wurden seine Operetten schnell volkstümlich ('Zarewitsch', 'Graf von Luxemburg', 'Land des Lächelns'). Ihre einfachen Handlungen sind ebenso wie die Musik voller Sentimentalität und ganz dem Wunschdenken eines auf Ablenkung bedachten kleinbürgerlichen Publikums angepaßt.

1905n blau 'Lustige Witwe'

LEHM, durch Eisenbestandteile braun-gefärbtes Erdreich, meist ton-, sand- oder kalkhaltig. Fruchtbarer, aber schwer zu bearbeitender Ackerboden. Auch als Baumaterial (sonnengetrocknet oder gebrannt) sowie für grobe Keramik und für ärztliche Verbände und Wickel verwendet.

2957v grün Verwendung für Ziegel
2900v grün Gebrannte Ziegel
2893v grün Verwendung für Mörtel

LEHNSWESEN, Bezeichnung für eine wirtschaftlich begründete Form politischer Abhängigkeit. Beruht auf der Entgegennahme von Grundbesitz, Ämtern oder Pfründen als Leihgabe ('Lehen') gegen die Verpflichtung zur Bereitstellung von Soldaten oder zur regelmäßigen Aufbringung von Geldabgaben. Zwischen den Fürsten (= Lehnsherr) und das arbeitende Volk wurde hier eine Klasse von 'Lehnsmännern' geschoben. Diese Gefolgsleute waren persönlich frei. Dem Lehnsherrn zu unbedingtem Gehorsam verpflichtet, hatten sie gegenüber dem arbeitenden Volk praktisch unumschränkte Rechte. Auf der Grundlage dieses 'Nach oben ducken, nach unten treten' stabilisierte sich die auf Ackerbau beruhende frühe Ausbeutergesellschaft in vielen Ländern. Die Macht der Lehnsmänner wuchs aber häufig so an, daß sie ihre Lehen als Eigentum verwalteten, die Pflichten gegenüber dem Lehnsherrn vernachlässigten und sich endlich nach Möglichkeit politisch unabhängig machten. Auch hemmten sie die technische Entwicklung durch Niederhaltung der in den Städten heranwachsenden industriellen Fertigung und standen mit ihrer Kleinstaaterei der Wirtschaftstendenz zum Großraum entgegen. So verschwand diese Ausbeutungsform überall, wo neuzeitliche Herstellungsweisen sich durchsetzten.

2439v rot Beginn in Ägypten
2382v–2320v Teti
2343v rot Regelung in Ägypten
2288v–2206v Schun
2252v–2158v Yü
2123v braun Lehnsfürsten-Aufstand
2123v rot Einschränkung in China
1935v–1878v Sesostris II.
1572v–1504v Agum
1559v–1494v Tang
1525v braun Aufstand in China
1525v rot Tang Lehnsherren-Führer
1525v grün Lehen in Mesopotamien
1413v–1346v Suppi-Luli-Uma
1379v rot Ablösung bei Hettitern
1357v grün Kennzeichnung von Lehen
811v–757v Siang-Tschin
792v–720v Ping-Lo
771v rot Lehnsvergabe in China
733v–645v Kuan-Tse
595v–525v Krösus
203v–157v Wen-Ti
179v rot Verhinderung in China
688n–741n Karl Martell
722n grün Fränkische Lehen
850n–932n Harald Schönhaar
877n grün Franken-Lehen erblich
878n–931n Rollo
911n rot Lehen an Normannen
1013n–1085n Robert Guiskard
1027n–1087n Wilhelm I., der Eroberer
1037n grün Deutsche Lehen erblich
1041n grün Mailänder Lehen erblich
1053n rot Apulien Papst-Lehen
1089n rot Aragonien Papst-Lehen
1096n rot Lehnseid der Kreuzfahrer
1097n grün Russische Lehen erblich
1116n rot Katalonien Papst-Lehen
1190n–1235n Eike von Repkow
1191n grün Japanischer Lehnsbegriff
1213n rot England Papst-Lehen
1223n blau Lehnsrecht aufgezeichnet
1226n rot Preußen an Deutschritter
1362n–1437n Sigismund
1415n rot Lehen für Hohenzollern

LEIBEIGENSCHAFT, Sammelbezeichnung für verschiedene Formen der Knechtschaft, die auf eine dauerhafte Ausbeutung von Ackerbauern abzielten. Beruhte auf der unauflöslichen Bindung des Leibeigenen an das von ihm bebaute Land und dessen Eigentümer, der ihn aber (im Gegensatz zum Sklaven) nur mit diesem Lande verkaufen konnte. Sie zwang den Leibeigenen zu Frondiensten, verbot ihm die Freizügigkeit, unterstellte ihn der Gerichtsbarkeit des Grundbesitzers und erlegte ihm darüber hinaus mannigfache Pflichten auf. In ihrer milderen Form (Hörigkeit) gewährte sie dem Ausgebeuteten das Recht zum Besitz persönlicher beweglicher Habe. Die Auflehnung gegen die Leibeigenschaft ist so alt wie die Leibeigenschaft selbst. Mit fortschreitender technischer und wirtschaftlicher Entwicklung machte sie feineren und zugleich wirksameren Formen der Ausbeutung Platz.

659v–601v Drakon
640v–559v Solon
464v/459v Dritter Messenischer Krieg
804n–876n Ludwig der Deutsche
841n braun Stellinga-Aufstand
1073n/1075n Aufstand in Sachsen
1325n–1381n Wat Tyler
1335n–1381n John Ball
1358n braun Aufstand in Frankreich
1358n rot Mord an Bauernführern
1381n/1382n Aufstand in England
1381n/1382n Aufstände in Frankreich
1400n–1450n Jack Cade
1435n/1436n Aufstand in Schweden
1436n rot Mord an Bauernführer
1450n braun Aufstand des Jack Cade
1476n braun 'Pfeifer von Niklashausen'
1484n–1531n Zwingli
1488n–1525n Thomas Münzer
1491n braun Aufstand in Holland
1493n braun Aufstand im Elsaß
1502n braun Aufstand bei Bruchsal
1513n braun Aufstand im Breisgau
1514n braun 'Armer Konrad'
1514n braun Aufstand in Ungarn
1515n braun Aufstand in Österreich
1515n braun Aufstand in der Schweiz
1517n braun Aufstand in Baden
1520n blau Abschaffung gefordert
1522n/1526n Erste deutsche Revolution
1525n rot Abschaffung gefordert
1570n–1607n Iwan Bolotnik
1597n rot Aufhebung der Freizügigkeit
1606n blau Forderung nach Aufhebung
1607n braun Russischer Aufstand
1620n–1688n Der Große Kurfürst
1624n braun Aufstand in Frankreich
1626n braun Aufstand in Österreich
1629n–1676n Alexei Michailowitsch
1637n braun Aufstand in Frankreich
1639n braun Aufstand in der Normandie
1642n/1649n Englische Revolution
1702n/1710n Kamisarden-Aufstand
1709n–1762n Elisabeth Petrowna
1712n–1786n Friedrich II., der Große
1727n braun 'Salpeter'-Aufstand
1729n–1796n Katharina II., die Große
1779n rot Teilaufhebung, Frankreich
1781n rot Beschränkung in Österreich
1789n rot Aufhebung in Frankreich
1790n braun Aufstände in Sachsen
1790n rot Aufhebung in Sachsen
1790n blau Radistschews Kritik
1804n rot Aufhebung in Dänemark
1807n rot Aufhebung in Preußen
1811n rot Aufhebung in Spanien
1818n rot Aufhebung in Baden
1847n blau Herzens Kritik
1858n blau Reuters Kritik
1861n rot Aufhebung in Rußland

LEIBESÜBUNGEN

2649v blau Ringkampf-Szene
2639v grün Fußball in China
2401v blau 'Knaben beim Ringkampf'
1910v grün Ballspiele in Ägypten
1882v blau 'Knaben beim Ballspiel'
1587v blau Boxkampf-Relief
1585v grün Stiersprung auf Kreta
1537v grün Sportkleidung für Frauen
1481v blau 'Stierspringerin'
1465v–1422v Amen-Hotep II.
1393v grün Wagenrennen bei Hettitern
1217v blau Bild eines Ringkampfes
1147v blau Bild einer Akrobatin
776v blau Olympische Spiele
688v grün Neue Kämpfe bei Olympiade
666v grün Schießsport in Babylon
582v blau Pythische Spiele
580v blau Isthmische Spiele
575v–483v Xenophanes
506v–446v Myron
494v blau Pindars Preislieder
453v blau Myron: 'Diskuswerfer'
448v blau Myron: 'Wettläuferin'
324v–250v Herophilos
270v grün Schrift über Gymnastik
129v–40v Asklepiades
68v grün Aufblasbare Bälle
67n–129n Apollodoros von Damaskus
216n grün Sportpalast in Rom
346n–395n Theodosius
393n grün Letzte Olympische Spiele
394n rot Verbot Olympischer Spiele
587n grün Fußball in Japan
648n grün Luftgefüllte Bälle
1193n grün Ballspiele in Amerika
1225n grün Schlittschuhlauf
1286n blau Lied einer Turnierfahrt
1365n grün Schießsport statt Tennis
1404n–1472n Alberti
1689n grün Skilauf
1789n grün Rollschuhlauf
1830n grün Schwimmhalle
1896n grün Erneut Olympische Spiele
1903n grün Tour de France
1906n grün Jiu-Jitsu in Europa

LEIBL, Wilhelm (1844n–1900n), deutscher Maler. Verließ neunzehnjährig seine Heimatstadt Köln, um sich in München zum Maler auszubilden. Nach einem Studienaufenthalt in Paris ließ er sich ganz in München nieder. Da seinen Werken die rechte Anerkennung versagt blieb, zog er sich immer stärker auf sich selbst und seine Arbeit zurück. Seit seinem 40. Lebensjahre lebte er in Oberbayern auf Dörfern, zu deren hart arbeitenden Bewohnern er sich hingezogen fühlte und die er in vielen seiner Bilder darstellte. Durch immer neue Techniken suchte er das Spiel des Lichtes zu erfassen. Ersann ein Verfahren zur dauernden Feuchthaltung des in Arbeit befindlichen Bildes.

1882n blau 'Frauen in der Kirche'

LEIBNIZ, Gottfried Wilhelm, deutscher Universalgelehrter.

1646n–1716n Lebenslinie
1669n blau Einheitskirche
1671n grün Elektrischer Funke
1675n grün Infinitesimalrechnung
1695n grün Rechenmaschine
1700n blau Wissenschafts-Akademie
1710n blau 'Theodizee'
1714n blau Monadologie

LEIBWACHE, Bezeichnung für die bewaffnete Garde von Herrschern. Für den persönlichen Schutz bestimmt, hat sie häufig das ihr anvertraute Leben vernichtet oder die Abhängigkeit des von ihr Beschützten zu eigener Machtausübung genutzt.

2441v–2379v Meska-Lamdug
2393v rot Sumerische Leibwache
1035v–972v David
613v–525v Amasis
42v rot Prätorianer-Garde
42v–37n Tiberius
23n rot Kasernierung
146n–211n Septimius Severus
360n–415n Hypatia
381n–444n Cyrillus
415n rot Aktion christlicher Wache
478n–567n Narses
1530n–1584n Iwan IV.

LEIDEN, Stadt in Südholland. Vor tausend Jahren eine dörfliche Siedlung, seit 1200n Stadt, nahm sie durch die hier heimische Weberei einen schnellen Aufschwung. Zwischen dem 14. und 17. Jahrhundert waren die Erzeugnisse ihrer Textilindustrie in ganz Europa geschätzt. Im Freiheitskampf der Niederlande befreite Wilhelm von Oranien die Stadt nach einjähriger spanischer Belagerung. Er gründete eine Universität, die bald europäische Geltung hatte. Wilhelm Jakob Gravesande baute hier 1720n einen von einer Dampfmaschine angetriebenen Wagen und fuhr damit durch die Stadt.

1533n–1584n Wilhelm von Oranien
1572n/1581n Kampf der Niederlande
1575n blau Universität
1720n grün Kraftwagen

LEIDENER FLASCHE, Bezeichnung eines Gerätes zur Bindung von Elektrizität (Kondensator). Unabhängig von den ersten Versuchen ihres deutschen Erfinders Kleist in der holländischen Stadt Leiden hergestellt von dem Physiker Pieter Muschenbrock. Besteht aus einem Glasgefäß, das innen und außen mit echtem Silberpapier (Stanniol) belegt ist. Durch den Zusammenschluß mehrerer solcher Flaschen entstand eine leistungsfähige Batterie.

1745n grün Erfindung

LEIER, ältestes Saiten-Instrument. Kam vor 4500 Jahren in Mesopotamien (Vorderasien) auf. Die Saiten wurden mit der Hand gezupft. Weil das Instrument kein Griffbrett hatte, konnte man nur so viele Töne damit erzeugen, wie Saiten vorhanden waren. Das führte zu einer schnellen Vermehrung der zunächst vier Saiten. Nach dem Aufkommen anderer Saiten-Instrumente (Harfe, Laute) trat sie in ihrer Bedeutung zurück. Bei den Griechen wurde sie zu einem handlichen Begleitinstrument, dessen Saiten mit einem Stäbchen 'geschlagen' wurden ('Lyra').

2759v grün Leier in Sumer
678v grün Siebensaitige Lyra
435v grün Elfsaitige Lyra

LEIF Erikson, normannischer Entdecker.

967n–1012n Lebenslinie
984n grün Besiedlung Grönlands
1000n grün Entdeckung Amerikas

LEIHHAUS, geschäftliches Unternehmen, das Geld gegen pfandweise Überlassung von persönlichen Gebrauchsgegenständen verleiht. Diese Einrichtung verbreitete sich von den italienischen Städten aus mit dem Kapitalismus schnell über ganz Europa.

1462n grün Gründung in Italien

LEIH- UND PACHT-GESETZ, Bezeichnung für ein 1941n verabschiedetes nordamerikanisches Gesetz, das den Präsidenten der USA zur Überlassung von Kriegsmaterial an fremde Staaten ohne Rücksicht auf Bezahlung allein auf Grund militärischer Erwägungen bevollmächtigte. Es war zunächst für die Unterstützung Englands gedacht, bot aber später auch die Grundlage für die Rüstungslieferungen an andere Länder. Insgesamt wurde von 1941n bis 1945n auf Grund dieses Gesetzes von den USA Kriegsmaterial im Werte von über 200 Milliarden Mark an 39 Staaten geliefert, davon für 125 Milliarden an England und für 45 Milliarden an die UdSSR, die damit 4% ihres Rüstungsbedarfs deckte. Das Gesetz trug wesentlich zur deutschen Kriegserklärung an die USA bei.

1941n rot Verabschiedung

LEINEWEBER, frühere Bezeichnung für Weber, die sich auf die Anfertigung von Stoffen aus Flachs (= Lein) spezialisiert hatten. Sie waren fast überall in einer eigenen Zunft zusammengeschlossen. Dazu gehörten auch die Hersteller halbwollener, halbseidener und baumwollener Stoffe.

1342n braun Erhebung in Konstanz

LEINWAND, Bezeichnung für Stoffe, die aus gesponnenen Flachsfasern gewebt sind. Ihre Herstellung aus dem an der Sonne getrockneten Flachs kam vor etwa 5000 Jahren in Ägypten auf, verbreitete sich schnell nach Vorderasien und von hier aus über das Mittelmeer nach Europa und über Persien nach Indien. Später wurde der Name auf Gewebe aus Hanf ausgedehnt, dann auch auf solche aus Baumwolle angewendet und neuerdings sogar auf Webwaren aus chemisch erzeugten Fasern.

2922v grün Herstellung in Ägypten
2815v grün Manufakturen in Ägypten
2663v grün Flachsanbau in Sumer
1559v grün Handelsobjekt
1468v grün Verwendung für Sättel
647v grün Stoff in Griechenland

LEIPZIG, Stadt in Sachsen (Deutschland). Nach der Unterwerfung der sorbischen Wenden durch die Sachsen im 10. Jahrhundert als Burg entstanden, in deren Schutze eine Siedlung emporwuchs, die um 1106n Stadtrecht erhielt. Die freiheitliebende Bevölkerung erhob sich bereits 1215n gegen fürstliche Bedrückung und war seitdem auf eine weitgehende Unabhängigkeit bedacht. Wirtschaftliche Tüchtigkeit, geistige Regsamkeit und handwerklicher Fleiß führten dazu, daß die Stadt sich schnell zu einem Mittelpunkt der Gewerbe, des Handels und des Geisteslebens entwickelte; sie wurde Universitäts- und Messestadt. Hier fand die geistige Auseinandersetzung Luthers mit der katholischen Kirche statt (Disputation mit Eck 1519n), Bach schuf hier seine Musik, und im 19. Jahrhundert wurde die Stadt Zentrum des deutschen Verlagswesens. 1813n wurden Napoleons Heere hier von den vereinigten deutschen und russischen Streitkräften geschlagen. Der erste organisatorische Zusammenschluß des zum Klassenkampf erwachenden Proletariats entstand 1863n in dieser Stadt. Lenins revolutionäre Zeitschrift 'Der Funke' wurde hier gedruckt. Seit der Teilung Deutschlands nach Berlin zweitgrößte Stadt des sozialistischen Landesteils (DDR).

1015n blau Entstehung
1213n blau Thomaskirche
1268n grün Messe-Schutzbrief
1409n blau Universität
1497n grün Messe-Privileg
1556n blau Rathaus
1634n grün Börse
1685n–1750n Bach
1687n blau Thomasius' Vorlesungen
1778n grün Taubstummenschule
1796n/1815n Napoleonische Kriege
1863n rot Arbeiterverein
1865n rot Frauenverein
1866n grün Schrebergärten
1900n blau Lenin: 'Der Funke'
1913n blau Deutsche Bücherei

LEIPZIGER MESSE, die seit 1170n nachgewiesenen Jahrmärkte entwickelten sich in der ersten Hälfte des 13. Jahrhunderts zum Treffpunkt von Kaufleuten, die hier Produkte austauschten, kauften und verkauften. 1268n erteilte der Landesfürst der Stadt ein Privileg, das in seinem Versprechen bestand, Kaufleute in Leipzig weder persönlich zu belästigen noch ihre Waren zu beschlagnahmen. Diese Zusicherung förderte das Aufblühen der zweimal jährlich abgehaltenen Märkte, die 1466n durch ein kaiserliches Privileg erweitert und gesichert wurden. Nach der Erhebung zur Reichsmesse erhielt die Stadt eine vom Kaiser verbürgte Sicherheitszone ('Bannkreis'), innerhalb derer die Ritter und Fürsten Kaufleute nicht ausrauben durften. Damit erhielt sie ein Übergewicht über alle übrigen Messen des Reiches, das sich mit kurzen Unterbrechungen bis heute erhalten hat.

1268n grün Schutzbrief
1497n grün Privileg

LE MANS, Stadt in Nordfrankreich, 160 Kilometer westlich von Paris. Von den Römern als gallische Provinz-Hauptstadt gegründet, entwickelte sie sich durch ihre ertragreiche Landwirtschaft in Verbindung mit Gewerbefleiß und Handel zu einer der bedeutendsten Städte des Frankenreiches. Wegen ihres Wohlstandes häufig umkämpft zwischen den französischen Herrschern, den Normannen, den Grafen von Anjou, den Herzögen der Normandie und den englischen Königen aus der Familie Plantagenet. Die Bürger nutzten diesen Streit ihrer immer wieder wechselnden Herren, um sich sehr früh eine Selbstverwaltung zu geben und diese gegen alle Bevormundungen der Fürsten zu behaupten. Seit 1923n werden hier alljährlich 24-Stunden-Autorennen mit serienmäßig hergestellten Sportwagen auf einer sehr gefährlichen Strecke abgehalten.

1050n rot Selbständigkeit

LEMOINE, Pierre (1602n–1672n), französischer Priester. Als Angehöriger des Jesuitenordens suchte er den trotz Gegenreformation anhaltenden Rückgang des Katholizismus dadurch aufzuhalten, daß er eine dichterische Glaubenslehre niederschrieb, die in leicht faßlicher Form Anleitung zu katholischer Frömmigkeit sein sollte.

1652n blau 'Bequeme Frömmigkeit'

LENAIN, Louis (1593n–1648n), französischer Maler. Zweitältester von drei Brüdern, die in der kleinen Stadt Laon (Nordfrankreich leben, alle Maler wurden, gemeinsam arbeiteten und ihre Bilder nur mit 'L' zeichneten. Obwohl er auch Stoffe aus der biblischen Sagenwelt gestaltete, lag seine Stärke in der Darstellung der bäuerlichen Arbeit, die er in warmen, lebensnahen Bildern festhielt.

1639n blau 'Heimkehr von der Ernte'

LENAIN, Mathieu (1607n–1677n), französischer Maler. Jüngster von drei Brüdern, die alle Maler wurden, gemeinsam arbeiteten und ihre Bilder nur mit 'L' zeichneten. Überlebte seine Brüder Antoine und Louis, die im Abstand von 3 Tagen starben, um dreißig Jahre. Aus der kleinen Stadt Laon (Nordfrankreich) stammend, schuf er Bilder seiner Welt — der Welt des arbeitenden Volkes. Er malte Bauern bei der Arbeit, den Schmied, den Gärtner, tanzende Kinder, die Milchhändlerin. Wie seine Brüder wurde er in die Akademie aufgenommen, aber mit dem vollständigen Siege des höfischen Lebens im Absolutismus, mit der einsetzenden Verachtung der Hauptstadt für die Provinz verschwand er wieder aus der Liste ihrer Mitglieder. Blieb unbeirrt seiner kraftvollen, lebenswahren Gestaltung treu.

1642n blau 'Der Gärtner'

LENARD, Philipp (1862n–1947n), deutscher Physiker aus Preßburg. Als Schüler von Helmholtz, Bunsen und Hertz widmete er sich der Erforschung der kleinsten Materieteilchen. Mit Hilfe eines selbstgebauten Gasentladungsrohres gelang es ihm, Kathodenstrahlen durch ein mit dünnem Aluminium verschlossenes Fenster in die Luft austreten zu lassen und ihr Verhalten zu beobachten. Dabei erkannte er 1903n, daß fast die ganze Masse der Atome in deren winzig kleinen Kernen steckt. Auf der Grundlage dieser Entdeckung baute er ein Atommodell und schuf die Voraussetzung für Rutherfords Modell. Durch diese Arbeiten und seine Erforschung des lichtelektrischen Effekts legte er den Grund für die Quantentheorie. Untersuchte die Schwingungen fallender Körper und entdeckte die Ionisation der Luft durch ultraviolettes Licht (Lenard-Effekt). Schuf eine neue Vorstellung vom Äther. In einem vierbändigen Werke über 'Deutsche Physik' lehnte er die Beiträge aller jüdischen Forscher zum modernen physikalischen Weltbild als unwissenschaftlich ab und verwarf auch Einsteins Relativitätstheorie.

1906n grün 'Über Kathodenstrahlen'

LENIN, Wladimir Iljitsch, sowjetischer Staatsmann.

1870n–1924n Lebenslinie
1879n–1953n Stalin
1900n blau Zeitung 'Der Funke'
1902n blau 'Was tun?'
1903n rot Führer der Bolschewiki
1914n/1918n Erster Weltkrieg
1915n rot Zimmerwalder Konferenz
1916n blau 'Imperialismus'
1917n blau 'Staat und Revolution'
1917n/1922n Revolution
1917n rot Arbeiter- und Bauernstaat
1917n grün Vergesellschaftung
1918n rot Tscheka
1919n rot Komintern
1921n braun Kronstädter Aufstand
1921n rot Neue Ökonomische Politik
1922n rot Gründung der UdSSR
1922n rot Rapallo-Vertrag
1924n blau Stalin: 'Leninismus'

LENIN-BIBLIOTHEK, Name der Staatsbibliothek der UdSSR in Moskau. 1862n als Museumsbücherei gegründet, seit 1925n Nationalbibliothek der Sowjetunion, wurde sie durch systematische Sammlung gut zwanzig Jahre später mit 10 Millionen Bänden zur größten Bibliothek der Erde. Weitere zehn Jahre später hatte sich ihr Bestand verdoppelt. Sie besitzt Bücher in 160 Sprachen aus 9 Jahrhunderten und wird jährlich von 2 Millionen Menschen benutzt.

1949n blau Größte Bücherei der Welt

LENINGRAD, Stadt am Finnischen Meerbusen (Ostsee). Zweitgrößte Stadt Rußlands und von 1713n bis 1917n seine Hauptstadt. Durch Peter den Großen als Rußlands Tor zur Welt im sumpfigen Mündungs-Delta der Newa gegründet ('Petersburg') und zehn Jahre später zur Hauptstadt des russischen Reiches erhoben. War seit ihrer Entstehung Symbol der Öffnung des Landes für die westliche Kultur. Von italienischen und französischen Architekten nach einem festen Bebauungsplan im Stile westeuropäischer Großstädte angelegt, wurde sie Sammelplatz von Wissenschaftlern und Künstlern aus Deutschland, Frankreich und anderen Ländern Mittel- und Westeuropas. Seit dem 19. Jahrhundert auch Zentrum der revolutionären Bewegung gegen den zaristischen Despotismus. Der Dekabristen-Aufstand von 1825n und die Revolution von 1905n/1906n fanden hier statt. Im Februar 1917n wurde hier die Zarenherrschaft gestürzt, im November 1917n errangen hier die russischen Kommunisten (Bolschewiki) die Macht. Sie verlegten die Regierung ins Landesinnere zurück und entwickelten die Stadt zu einer modernen Industriemetropole. Nach dem Tode Lenins gaben sie ihr den Namen des Mannes, der von hier aus die Weltrevolution ins Werk gesetzt hatte. Im zweiten Weltkrieg verteidigte sich die Bevölkerung unter härtesten Entbehrungen (Blockade von Ende 1941n bis Anfang 1943n) erfolgreich gegen die deutschen Angreifer.

1646n–1716n Leibniz
1672n–1725n Peter I., der Große
1703n blau Gründung
1713n rot Hauptstadt
1725n blau Wissenschafts-Akademie
1756n blau Nationaltheater
1757n blau Akademie der Künste
1768n blau Winterpalais
1778n blau Standbild Peters I.
1811n grün Börse
1825n braun Dekabristen-Aufstand
1905n/1906n Russische Revolution
1917n/1922n Russische Revolution
1939n/1945n Zweiter Weltkrieg
1942n blau 'Leningrader Sinfonie'

LENOIR, Etienne (1822n–1900n), französischer Erfinder aus Luxemburg. Kam als Kellner nach Paris, wurde Mechaniker und beschäftigte sich in seiner Freizeit mit dem Bau eines gasbetriebenen Motors, wie ihn die Italiener Barsanti und Matteuci 1854n theoretisch vorgeschlagen hatten. 1860n stellte er den ersten Gasmotor fertig. Sein doppelt wirkender Zweitakt-Motor beruhte auf der Zündung eines unverdichteten Leuchtgas-Luft-Gemisches durch elektrischen Funken. Er baute ihn 1863n in ein Fahrzeug ein und legte damit die 15 km lange Strecke von Paris nach Joinville zurück. Trotz der Schwere des Motors und des hohen Gas-Verbrauchs vermochte er mit Hilfe einer eigenen Gesellschaft zahlreiche seiner Motor-Fahrzeuge zu bauen und zu verkaufen.

1859n grün Elektrische Zündung
1860n grün Gasmotor

LENÔTRE, André (1613n–1700n), französischer Gartenarchitekt. Als Sohn eines königlichen Beamten wurde er Maler und Baumeister. Dann wandte er sich der Gartengestaltung zu. In Rom legte er den Garten der Villa Ludovisi an. Nach seiner Rückkehr fertigte er die Pläne für den Garten des französischen Finanzministers an, den später der König kaufte. Für Ludwig XIV. gestaltete er dann die Gartenanlage von Versailles sowie die für die Schlösser Trianon, St. Cloud und St. Germain. Als Aufseher aller königlichen Gärten verwirklichte er sein Prinzip einer harmonischen Gesamtgestaltung aus regelmäßig angelegten Einzelteilen mit offenem Blick in die Weite. Wegen der Geschlossenheit ihrer Wirkung und der Großzügigkeit ihrer Anlage wurden seine Gärten Vorbild für die Fürsten Europas. Der englische König ließ ihn die Pläne für die Parks von St. James und Greenwich anfertigen.

1682n grün Gartenanlage in Versailles

LEO I., der Große, weströmischer Priester, Papst von 440n bis 461n.

399n–461n Lebenslinie
440n rot Bezeichnung 'Papst'
444n rot Manichäer-Verfolgung
444n rot Bücher-Verbrennung
445n rot Oberster Kirchenrichter
447n rot Kampf gegen Kirchengegner
451n rot Gleichstellung Rom—Byzanz

LEO III. (um 675n–741n), Kaiser des Reiches von Byzanz (Konstantinopel). Als Sohn eines Schuhmachers wurde er Soldat und stieg in der Leibwache des Kaisers so schnell auf, daß ihn Justinian II. an die Front schickte. Dort bewährte er sich und wurde Oberbefehlshaber des Ostheeres. Durch Thronwirren ermutigt, riß er 717n die Macht an sich. In diesem Jahre drangen arabische Heere über Kleinasien nach Konstantinopel vor und belagerten die Stadt, während von der Seeseite die arabische Flotte angriff. Durch seine klugen militärischen Maßnahmen konnten die byzantinischen Heere diese gefährliche Bedrohung des Reiches abwenden und das bereits in Spanien und Südfrankreich von Arabern besetzte Europa vor dem Eindringen der arabischen Heere im Südosten bewahren. Später eroberte er große Teile Kleinasiens zurück. Seine Verwerfung der Bilderanbetung führte zu einem Streit mit den Kirchenfürsten und zum Bruch mit dem Papst. Aber auch durch die Verbrennung der von den Christen angebeteten Bilder konnte er den Sieg über die Kirche nicht zu einem endgültigen machen, so daß er diese Frage ungelöst seinem von ihm als Thronerben eingesetzten Sohn hinterließ.

633n/732n Arabischer Krieg
726n rot Verbot des Bilderkultes
726n rot Auflehnung des Papstes
730n rot Vormacht gegenüber Papst
731n rot Bann durch Papst

LEO III. (um 740n–816n), italienischer Priester, Papst von 795n bis 816n. Gleich nach seiner Wahl sandte er dem Frankenherrscher Karl dem Großen die Schlüssel des Petrusgrabes sowie das Banner der Stadt Rom. Erkannte damit Karls Herrschaft auch über Kirche und Papst an. Bald darauf mußte er ins Frankenreich fliehen, weil man ihn in Rom wegen Ehebruch und Meineid verfolgte. Nachdem Karl ihn hatte nach Rom zurückbringen und erneut in sein Amt einsetzen lassen, suchte er nach einem Wege, um das verlorene päpstliche Ansehen wiederherzustellen. Als Karl ein Jahr später nach Rom kam, krönte er ihn ohne dessen Zustimmung überraschend zum Kaiser. Durch diese Schaffung eines zweiten Kaisertums in Europa stärkte er die Unabhängigkeit des Papsttums vom byzantinischen Kaiser. Gleichzeitig erhob er sich auf diese Weise über die inzwischen praktisch gleichberechtigten übrigen Metropoliten des karolingischen Reiches und erweckte den Anschein, als sei das mitteleuropäische Kaiserreich sein Werk und mithin der Frankenherrscher von ihm abhängig. Die Plumpheit seines Vorgehens hatte allerdings zur Folge, daß Karl später seinen Sohn selbst zum Kaiser krönte; dennoch war seine Handlung ein Baustein zum Machtgebäude des Papsttums.

742n–814n Karl der Große
799n rot Anklage
799n rot Wiedereinsetzung
800n rot Kaiserkrönung

LEO IV. (um 800n–855n), italienischer Priester, Papst von 847n bis 855n. Trat sein Amt unmittelbar nach Einnahme und Plünderung Roms durch die Araber an. Befestigte das Stadtviertel auf dem rechten Tiber-Ufer mit der Peterskirche und seiner Residenz ('Leo-Stadt'). Dann rüstete er eine Flotte aus, die zusammen mit der Flotte Neapels einen arabischen Angriff zur See verhindern sollte, aber nicht zu kämpfen brauchte, weil die arabische Flotte vor dem römischen Hafen Ostia bereits durch einen Sturm zerstört wurde. In seine Regierungszeit fällt die Zusammenstellung einer angeblich um 600n durch den Bischof Isidor von Sevilla niedergeschriebenen Dokumentensammlung, die dazu bestimmt war, die Stellung des Papstes gegenüber den anderen Bischöfen wie gegenüber dem Kaiser zu stärken.

848n grün 'Leo-Stadt'
849n braun Araber-Angriff
851n rot Gefälschte Dekretalen

LEO VI., der Weise (866n–912n), Kaiser des Reiches von Byzanz (Konstantinopel) von 886n bis 912n. Als Sohn des Kaisers Basilius I. von dem romfeindlichen Patriarchen Photios erzogen, setzte er diesen sogleich nach seiner Thronbesteigung ab und ernannte seinen Bruder zum Oberhaupt der Kirche. In seinen Kriegen gegen Araber und Bulgaren erfolglos, schrieb er ein Buch über Kriegstaktik. Verfaßte auch ein historisches Werk und eine Lebensgeschichte seines Vaters. Die von diesem geplante übersichtliche Zusammenfassung des byzantinischen Rechtes vollendete er. Mit seinen 60 Büchern umfassenden Gesetzessammlung schuf er das größte Rechtswerk seines Reiches und nannte es nach seinem Vater Basilius 'Basiliken'. Damit sicherte er die absolute Herrschaft des Kaisertums auch gegenüber der Kirche und schützte die Bauern vor der Willkür der Grundbesitzer, ohne jedoch deren Reichtum und Vorrechte anzutasten. Förderte das Bildungswesen. Hinterließ seinem Land einen Thronerben, indem er seine schöne Geliebte Zoe, die ihm einen Sohn geboren hatte, zu seiner vierten Frau machte.

838n–912n Oleg der Weise
886n blau 'Basiliken'
911n braun Russischer Angriff
911n grün Handelsvertrag mit Rußland

LEO IX. (1002n–1054n), deutscher Priester, Papst von 1048n bis 1054n. Als Vetter des deutschen Kaisers Heinrich III. zum Bischof von Toul ernannt, verteidigte er die Interessen des Reiches gegen französische Ansprüche. Reichstag und Kaiser wählten ihn zum Papst. In Rom ließ er sich sein Amt durch die Bischöfe bestätigen. Mit tiefgreifenden Reformen suchte er Zucht und Ordnung in der Kirche herzustellen und den sittlichen Verfall von mehr als einem Jahrhundert zu überwinden. In die oberste Kirchenführung (Kardinals-Kollegium), die traditionsgemäß nur von römischen Priestern besetzt worden war, berief er die ersten Ausländer. Sein Versuch zur Ausdehnung der päpstlichen Macht auf Süditalien scheiterte am Widerstand der Normannen, doch einigte er sich mit diesem Volk in einer für den päpstlichen Stuhl vorteilhaften Weise. Mit der Ostkirche (Byzanz) brach er endgültig. Dafür bereitete er das Papsttum für einen Kampf um die Macht mit dem Kaisertum vor und berief den späteren Papst Gregor VII., um diesen Kampf zu führen.

1013n–1085n Robert Guiskard
1053n braun Kampf mit Normannen
1053n rot Normannischer Lehnsherr
1054n rot Kirchenspaltung

LEO Afrikanus (1492n–1550n), lateinischer Name des arabischen Geographen und Schriftstellers Al Vassan aus Granada (Spanien). In Marokko aufgewachsen, wurde er auf einer Reise durch Nordafrika und Vorderasien von Seeräubern gefangen, nach Rom gebracht und dem Papst Leo X. zum Geschenk gemacht, der ihn 'Leo Afrikanus' nannte und zum Christen machte. In seine nordafrikanische Heimat zurückgekehrt, trat er wieder zum Islam über. Seine Beschreibung Nordafrikas übersetzte er selbst ins Italienische. Schrieb ein arabisch-hebräisch-lateinisches Wörterbuch.

1524n grün Beschreibung Afrikas

LEOCHARES, griechischer Bildhauer.

396v–328v Lebenslinie
361v blau Plastik des Ganymed
350v blau Grabmal für Mausolos
333v blau Statue des Apoll
329v blau Statue Alexanders

LEON, Land und Stadt im Nordosten Spaniens zwischen Asturien und der Nordgrenze Portugals. Seit alters her von Iberern bewohnt, wurde es im Jahre 201v Standort einer römischen Legion und blieb seitdem römisch. Sechshundert Jahre später von Wandalen, Alanen und Goten in Besitz genommen, wurde es 711n arabisch, zweihundert Jahre später selbständiges Königreich und zeitweise mit Asturien verschmolzen, bis es 1037n an Navarra fiel. 1230n ging es mit Navarra in das Königreich Kastilien ein und wurde bei dessen Zusammenschluß mit Aragonien Bestandteil des neugegründeten spanischen Staates.

755n braun Asturischer Sieg
932n–1002n Ibn Amir
1020n rot Vorrechte
1188n rot 'Cortes'
1230n rot Vereinigung mit Kastilien

LEONARDO da Vinci, italienischer Universalgeist.

1452n–1519n Lebenslinie
1436n–1488n Verrocchio
1449n–1492n Lorenzo Medici
1476n blau 'Die Taufe Christi'
1479n blau 'Anbetung der Könige'
1491n grün Weckuhr
1493n grün Erforschung des Sehens
1495n blau 'Abendmahl'
1495n grün Perpetuum-mobile-Problem
1503n blau 'Mona Lisa'
1505n grün Möglichkeit des Fliegens
1508n blau 'Traktat über Malerei'
1508n grün Lampe mit Zylinder
1512n grün Tonschwingungen

LEONCAVALLO, Ruggiero (1858n bis 1919n), italienischer Komponist aus Neapel, wo er als Sänger begann und sich dann der Tondichtung zuwandte. Schlug sich mit allerlei Arbeiten mehr als zehn Jahre in Deutschland, Frankreich, Holland und Ägypten durch. Bemühte sich um eine Erneuerung der Oper. Mit seinen dem Alltag abgelauschten, wirklichkeitsnahen Stoffen ('veristisches Musikdrama') setzte er sich nicht durch. So schrieb er für das Preisausschreiben eines Musikverlegers die an herkömmlichen Stoffen orientierte Oper 'Bajazzo' und errang damit einen Welterfolg. Auf diesen Ruhm gestützt, unternahm er es mit den Musikdramen 'Chatterton' und 'Zaza' nochmals, der erstarrten Oper neue Wege zu weisen. Doch er scheiterte wiederum. Schrieb auch Lieder, Ballette und Sinfonien. Im Auftrag des deutschen Kaisers schuf er die Oper 'Roland von Berlin'.

1892n blau 'Bajazzo'

LEONIDAS, König von Sparta von 491v bis 480v.

519v–480v Lebenslinie
520v–465v Xerxes
490v/449v Perserkriege
481v rot Hellenischer Bund

LEONIN (um 1110n–um 1170n), französischer Komponist. Als Kapellmeister bemühte er sich um die Schaffung einer mehrstimmigen Musik. Dadurch war er gezwungen, die Zeitdauer der einzelnen Töne festzulegen. So wurde er zu einem der Schöpfer der Notenschrift mit Angabe der Dauer jedes Tones (Mensural-Notenschrift). Gründete in Paris eine Gesangsschule, die bald großes Ansehen erlangte.

1154n blau Gesangsschule

LEONOW, Alexei (geboren 1935n), russischer Raumfahrer. Unternahm dreißigjährig seinen ersten Flug ins Weltall und umkreiste mit dem Raumschiff Woschod II in 26 Stunden 17mal die Erde. Dabei verließ er als erster Mensch außerhalb der Erdatmosphäre seine Raumkapsel und bewegte sich 10 Minuten lang frei im Weltraum. Durch diesen Versuch bewies er, daß ein Raumanzug dem Menschen im Weltraum einen genügenden Schutz gegen Strahlungen gewährt und daß der Mensch ohne eigenen Antriebsmotor die Geschwindigkeit des verlassenen Raumschiffes als Eigengeschwindigkeit im schwerelosen Raum beibehält.

1965n grün Weltraum-Ausflug

LEONTINOI, Stadt im Osten der Insel Sizilien. Vor 2700 Jahren unweit der Mittelmeerküste am Flusse Lissus gegründet, dessen Tal zu den fruchtbarsten Gegenden Siziliens gehört. Die ersten Siedler waren Griechen von der Mittelmeerinsel Naxos. In der neuen Umgebung konnte der zahlenmäßig schwache Adel seine alte Ausnahmestellung nicht wieder einnehmen. So verbündete er sich mit dem mächtigen Syrakus und unterwarf mit dessen Heeren die eigene Stadt. Im Jahre 213v unterstützte die Stadt die Karthager im Kriege gegen Rom. Darauf wurde sie von den siegreichen Römern niedergeworfen und geplündert, womit ihre Blütezeit zu Ende war

729v blau Gründung
484v–378v Gorgias
218v/201v 2. Punischer Krieg

LEOPARD, Name einer gefährlichen Raubkatze, die nur 1,50 m lang ist, aber auch große Tiere und Menschen anfällt. Als gewandter Kletterer springt er seine Beute auch von Bäumen aus an. In Nordafrika und Vorderasien seit etwa vier Jahrtausenden wegen seines leuchtend gelben Felles mit schwarzen Flecken eine begehrte Jagdbeute. Als Wappentier Sinnbild von Tapferkeit. Wenn sein meist gelblich-schwarz geflecktes Fell ganz schwarz ist, heißt er 'Panther'.

2653v blau 'Mann im Pantherfell'
1351v blau 'König auf Leopard'

LEOPARDI, Giacomo (1798n–1837n), italienischer Dichter und Philosoph. Erwarb sich früh durch Selbststudium Kenntnis der alten Sprachen und begeisterte sich für die griechische Geisteskultur sowie für das römische Reich. Suchte die Besinnung des italienischen Volkes auf seine einstige Größe zu beschwören und die nationale Einigung zu fördern ('Ode an Italien'), mußte jedoch das Scheitern dieser Bestrebungen erleben. Wurde von Krankheit und Not getroffen und in seiner Entfaltung gebrochen. Vor seinem frühen Ende schrieb er 79 Gedichte von schwermütiger Weltauffassung und seelischer Zerrissenheit.

1828n blau Gedichte

LEOPOLD von Dessau ('der alte Dessauer') (1676n–1747n), deutscher Fürst. Wurde 12jährig von Kaiser Leopold zum Obersten ernannt und übernahm 17jährig die Regierung seines Fürstentums. Das Regiment seines Vaters erzog er mit großer Strenge zu Ordnung und Pünktlichkeit. 19jährig beteiligte er sich mit seinem Heere an einem Feldzug gegen den Franzosenkönig Ludwig XIV. Heiratete gegen den Widerstand seiner Familie eine Apothekerstochter aus Dessau. Nach der Erhebung Preußens zum Königreich beteiligte er sich an der Aufstellung einer schlagkräftigen preußischen Armee. Führte den eisernen Ladestock zum Gewehr ein, der schwerer zu tragen, aber sicherer zu handhaben war als der hölzerne. Der bereits im römischen Heer bekannte, aber durch die Ritterheere jahrhundertelang vergessene Gleichschritt wurde von ihm als Gangart der preußischen Armee eingeführt.

1701n grün Heeresreform

LEPIDUS, Markus Ämilius (um 90v–12v), römischer Staatsmann. Als Sohn eines Konsuls stieg er zum höchsten Beamten der römischen Republik auf ('Prätor') und setzte Cäsars Ernennung zum Diktator durch. Bei dessen Ermordung war er Statthalter in Spanien, nahm den vom Senat besiegten Antonius bei sich auf und bildete mit diesem und Oktavian das herrschende Drei-Männer-Kollegium ('Zweites Triumvirat'). Von Oktavian zum Kampfe gegen Pompejus aufgefordert, setzte er nach Sizilien über und zögerte dort so lange mit einer Entscheidung, bis sein Heer zu Oktavian überlief. Seitdem mußte er sich mit der Stellung des Oberpriesters ('Pontifex Maximus') begnügen, die er, von Oktavian verachtet, bis zu seinem Tode behielt.

82v–30v Antonius
63v–14n Augustus (Oktavian)
43v rot Zweites Triumvirat
43v/30v Dritter Bürgerkrieg

LEPRA, von dem griechischen Worte 'lepros' (= schuppig) abgeleitete ärztliche Bezeichnung für den Aussatz. Diese gefährliche Infektionskrankheit, die durch einen dem Tuberkel-Bazillus ähnlichen Erreger (meist in früher Kindheit) übertragen wird, kommt häufig erst nach Jahren sehr langsam zum Ausbruch und führt zu jahrzehntelangem Siechtum. Seit Jahrtausenden besonders in Asien und Afrika verbreitet, kam die Krankheit durch die Kreuzzüge in größerem Umfange nach Europa. Sie wurde von der Kirche als Gottesstrafe für Heimsuchung durch den 'Teufel' erklärt, die Erkrankten wurden aus der Gemeinschaft ausgeschlossen. Seit der Überwindung dieses christlichen Aberglaubens durch die medizinische Wissenschaft wird die Krankheit auch in Europa ärztlich behandelt. Trotz Entwicklung moderner Medikamente und Einrichtung von Heilstätten sind heute noch etwa 8 Millionen Menschen von ihr befallen.

1981v–1929v Neferi
1873n grün Entdeckung des Bazillus

LERMONTOW, Michail (1814n–1841n), russischer Dichter. Nachdem seine Mutter 21jährig gestorben war, wuchs er auf dem Gut seiner Großmutter auf, besuchte die Moskauer Universität und wurde Offizier. Wegen eines Lobgedichtes auf Puschkin mußte er aber seine Militär-Laufbahn aufgeben. Als leidenschaftlicher Anhänger Puschkins strebte er diesem in seinen Dichtungen wie im Leben nach und wandte sich gegen die zaristische Despotie in Rußland (Lied vom Zaren Iwan Wassiljewitsch). Unter Einfluß Byrons fand er zur Vers-Erzählung ('Der Dämon'), zum Schauspiel ('Menschen und Leidenschaften') und schließlich zum Roman ('Ein Held unserer Zeit'). Fiel wie sein großes Vorbild Puschkin im Duell.

1840n blau 'Ein Held unserer Zeit'

LESAGE, Alain-René (1668n–1747n), französischer Dichter. Wurde zunächst Anwalt, lebte aber seit seinem 30. Jahre ganz als Übersetzer und Schriftsteller. Wesentlichstes Motiv seiner Dichtung war die Verderbnis des Menschen durch den Trieb nach Reichtum und Geltung ('Crispin, der Rivale seines Herrn'). Das Finanzkapital geißelte er in seinem Lustspiel 'Turcaret'. Darin stellte er die Skrupellosigkeit der Geldleute und des Adels bloß. Weil er auch die Frömmelei des Königshauses und die Gelehrttuerei der Akademie lächerlich machte, wurden seine Werke an den großen Bühnen nicht aufgeführt. So gab er seine Stücke an Volkstheater und hob deren künstlerisches Niveau. Mit einem vierbändigen Romanwerk voller ironischer Gesellschaftskritik begründete er den französischen Sittenroman ('Die Abenteuer des Gil Blas von Santillana'). Schrieb über 100 komische Opern und Possen.

1709n blau 'Turcaret'
1735n blau 'Gil Blas'

LESBIA, Clodia (um 80v–um 30v), römische Prostituierte. Als Tochter des Statthalters von Mazedonien heiratete sie den Schwager des Pompejus (Caelius), der an der Niederwerfung des Katilina entscheidenden Anteil hatte. Weil sie als Geliebte vieler Römer (Katull, Rufus) in Verruf geriet, trennte sich ihr Mann von ihr. Doch stellte sie ihn vor Gericht und ließ ihn bald darauf vergiften. Allmählich sank sie zu einer käuflichen Dirne herab und hatte in Rom den Beinamen 'Quadrantaria' (= Viergroschendirne).

87v–54v Katull
63v blau Katulls Gedichte

LESBISCHE LIEBE, Bezeichnung für geschlechtliche Liebe zwischen Frauen. Benannt nach der Mittelmeerinsel Lesbos, auf der vor 2500 Jahren die griechische Dichterin Sappho in ungezwungener Gemeinschaft mit jungen Mädchen lebte.

637v–577v Sappho

LESBOS, Insel im östlichen Mittelmeer zwischen Kleinasien und Griechenland (Ägäisches Meer). Größte der zahlreichen Inseln vor der kleinasiatischen Westküste. Um 1100v von Griechen (Äolern) besiedelt, entwickelte sie sich wegen ihrer Fruchtbarkeit (Oliven, Weizen, Wein, Südfrüchte) schnell zu Wohlstand und Kultur. Es bildeten sich Städte und kleine Staaten, die zeitweise das gegenüberliegende Ufer Kleinasiens beherrschten. In der frühen griechischen Dichtkunst bedeutend (Heimat des Alkaios und der Sappho). 546v fiel sie mit Lydien für 50 Jahre ans Perserreich und schloß sich dann dem Bündnis der Griechen (Attischer Seebund) an. Im Jahre 333v dem Reiche Alexanders des Großen einverleibt, von den Diadochen umkämpft, verbündete sie sich 191v mit den Römern gegen Antiochos von Syrien und wurde schließlich dem Römerreiche einverleibt. Der Herrschaft von Ostrom (Byzanz) entwand sie sich und wurde im 14. Jahrhundert selbständiges Herzogtum. Von 1462n bis 1913n türkisch, gehört sie seitdem zu Griechenland.

712v–642v Terpander
639v–562v Alkaios
637v–577v Sappho
589v blau Sapphos Lieder
564v blau Alkaios' Lieder

LESCOT, Pierre (um 1510n–1578n), französischer Baumeister. Nach einem Studium der italienischen Architektur plante und leitete er in Paris den Bau des königlichen Schlosses ('Louvre'). Dabei mußte er die Reste eines burgartigen Bauwerkes aus dem 12. Jahrhundert umbauen oder abreißen. Den Westflügel konnte er noch gemeinsam mit dem Bildhauer Goujon vollenden, dem die Gestaltung der Fassaden und die Innendekoration oblag. Seine Hoffassade wurde Vorbild für die Baukunst Frankreichs und anderer Länder. Auch am Südteil des Schlosses hat er noch selbst gebaut. Für die übrigen später vollendeten Bauteile blieb sein Gesamtplan verbindlich.

1546n blau Beginn des Louvre-Baues

LESEN

2413v blau Plastik 'Beim Lesen'
1430v blau Plastik 'Der Lesende'
1336v blau Plastik 'Lesender König'
1141v blau Statue eines Lesenden
613v blau 'Lesender Imhotep'

LESEN UND SCHREIBEN

2633v–2570v Meten
2021v grün Schulfach in Sumer
350n–430n Wa-Ni
382n blau Unterricht in Japan
601n–673n Li-Pen
683n–755n Wu-Taotse
1019n grün Schulfach in Kiew

LESSING, Gotthold Ephraim, deutscher Dichter und Kritiker.

1729n–1781n Lebenslinie
1750n blau Herrnhuter-Verteidigung
1763n blau 'Minna von Barnhelm'
1767n blau 'Hamburger Dramaturgie'
1771n blau Gemälde Graffs
1772n blau 'Emilia Galotti'
1779n blau 'Nathan der Weise'
1780n blau 'Erziehung'
1893n blau Mehring: 'Lessing-Legende'

LETTE, Wilhelm Adolf (1799n–1868n), deutscher Politiker. Als Student der Rechte wegen Teilnahme am Wartburgfest eingekerkert. Wurde Richter und stieg zum preußischen Staatsrat auf. Wegen seines Eintretens für die Befreiung der Landgemeinden aus der Vormundschaft der Großgrundbesitzer wurde er entlassen. Als Führer der Links-Liberalen im Norddeutschen Reichstag gründete er in Berlin den 'Verein für die Förderung der Erwerbstätigkeit des weiblichen Geschlechtes', dem eine Ausbildungsstätte für Frauenberufe angeschlossen wurde. Obgleich diese Einrichtung den Töchtern wohlhabender Bürger vorbehalten war, stellte sie für die Frau einen wichtigen Schritt auf dem Wege zur gesellschaftlichen Gleichberechtigung dar, deren Abhängigkeit von beruflicher Erwerbstätigkeit er erkannte.

1865n grün Schule für Frauenberufe

LETTERNDRUCK, im Gegensatz zum Druck von ganzen Platten mit eingeschnittenen Schriftzeichen ein Verfahren, bei dem jeder einzelne Buchstabe (= Letter) für sich besteht und deshalb für mehrere Druckvorgänge auf immer neue Weise mit anderen Buchstaben zum Druckstock zusammengeschlossen werden kann.

1016n–1076n Pi-Scheng
1045n grün Aufkommen in China
1399n–1468n Gutenberg
1448n grün Gutenberg: Letternguß
1476n grün Metallene Notenlettern
1804n grün Letterngußmaschine
1884n grün Zeilengießmaschine

LETTLAND, Land und Staat an der Ostseeküste. Im Norden von Estland, im Süden von Litauen begrenzt, ist es der größte dieser drei 'baltischen Staaten'. Vor mehr als 1000 Jahren von baltischen Letten besiedelt. Im 13. Jahrhundert von Deutschrittern ('Schwertbrüder') erobert und christianisiert, blieb es bei wechselnder staatlicher Zugehörigkeit bis ins 19. Jahrhundert unter deutschem Kultur-Einfluß. Es entwickelte zunehmend ein nationales Selbstbewußtsein und wurde nach dem ersten Weltkrieg für kurze Zeit unabhängig, als der junge Sowjetstaat den Frieden mit Deutschland durch Verzicht auf dieses Gebiet erkaufte. Nach dem Vertrag UdSSR–Deutschland legte die Sowjetunion hier seit 1939n mehrere Häfen an. 1940n wurde das Land der UdSSR einverleibt. 1941n bis 1945n von deutschen Truppen besetzt, seit deren Vertreibung wieder Bestandteil der UdSSR.

1173n–1239n Hermann von Salza
1201n blau Gründung von Riga
1347n rot Bereich der Hanse
1629n rot Livland schwedisch
1700n/1721n Nordischer Krieg
1710n rot Riga russisch
1721n rot Russische Herrschaft
1914n/1918n Erster Weltkrieg
1939n/1945n Zweiter Weltkrieg
1940n rot Teil der UdSSR

LEUCHTGAS, Bezeichnung für das zu Beleuchtungszwecken hergestellte Steinkohlengas. Seine Einführung brachte während des 19. Jahrhunderts eine vorher unbekannte Helligkeit in die nächtlichen Städte Europas. Während des ganzen 18. Jahrhunderts hatten zahlreiche erfinderische Menschen die Brennbarkeit von Gasen zur Beleuchtung erprobt. Aber weder die durch Destillation von Knochenmark gewonnenen brennbaren Gase des Würzburger Apothekers Johann Pickel noch die zu Leuchtzwecken genutzten Holzkohlengase des Franzosen Philipp Lebon hatten eine ausbaufähige Lösung gebracht. Erst der englische Ingenieur Murdock schuf durch die Entwicklung von Steinkohlengas die Grundlage für eine allgemeine Anwendung der neuen Erfindung.

1792n grün Erfindung
1814n grün Straßenbeleuchtung
1885n grün Glühlicht

LEUCHTTÜRME, Bezeichnung für Turmbauten an Meeresküsten, die errichtet werden, um Leuchtsignale für die Schiffahrt weithin sichtbar zu machen. Der älteste bekannte Leuchtturm wurde vor mehr als 2200 Jahren auf der Insel Pharos bei Alexandria (Nordafrika) erbaut, wahrscheinlich aber zunächst nur als Tages-Zeichen für die nach Alexandria einfahrenden Schiffe. Leuchtfeuer gab der Turm erst etwa seit dem Jahre 50n; sie waren 50 km weit sichtbar. Er stand 1700 Jahre und wurde dann durch ein Erdbeben zerstört. Er galt als eins der sieben Weltwunder und blieb bis heute der höchste Leuchtturm der Geschichte, weil sich inzwischen eine Höhe von 60 bis 90 Metern als die zweckmäßigste durchgesetzt hat.

279v grün Turm von Alexandria

LEUKIPP, griechischer Philosoph und Naturforscher.

489v–428v Lebenslinie
455v–370v Demokrit
447v grün Begriff 'Atom'

LEUTARDUS (um 950n bis um 1005n), französischer Reformer. Als Bauer in dem Dorfe Vertu in der Champagne (Nordfrankreich) wandte er sich gegen die kirchlichen Bräuche der Kreuzanbetung und der Christusverehrung. Dabei berief er sich auf die Bibel, in der solche Sitten ausdrücklich verworfen seien. Verweigerte auch die Kirchensteuer, die nur die Faulheit der Priester belohne und der Bibel ebenso widerspreche wie die ganze Einrichtung der Kirche. Als sich zahlreiche Anhänger um ihn scharten, wurde er von der Kirche so bedrängt und verfolgt, daß er sich in einem Brunnen ertränkte.

1000n blau Kritik

LEUTHEN, schlesisches Dorf, westlich von Breslau. Hier siegte im Siebenjährigen Krieg das preußische Heer unter Friedrich dem Großen mit 34000 Mann über das 82000 Mann starke österreichische Heer.

1712n–1786n Friedrich II., der Große
1756n/1763n Siebenjähriger Krieg

LEVELLERS, wörtlich 'Gleichmacher', Name einer entschiedenen Bewegung innerhalb der englischen Revolution, die auf eine gesellschaftliche Umgestaltung zielte. Hatte in Cromwells Parlamentsheer viele Anhänger, die den Versuch unternahmen, die Armee auf der Grundlage gewählter Soldatenräte zu organisieren. Als sie mit der Volksherrschaft Ernst machen wollten, wurden sie von Cromwell unterdrückt, ihre Führer verfolgt und eingekerkert.

1648n/1649n Erhebung
1650n rot Einkerkerung Lilburnes

LEVI BEN GERSON (1288n–1344n), jüdischer Naturforscher und Religionsphilosoph spanischer Herkunft. In Bagnols (Südfrankreich) geboren, lebte er in der benachbarten Stadt Avignon seinen Studien. Von mathematischen Berechnungen ausgehend, wandte er sich der Sternbeobachtung zu. Unter den Geräten, die er sich hierfür baute, befand sich ein verstellbarer Winkelmesser, über dessen Enden man entfernte Punkte anvisieren konnte ('Jakobsstab') und der zur Ortsbestimmung bei der Seefahrt diente. Mit Hilfe einer geschlossenen Dunkelkammer, die nur ein winziges Loch für den Lichteinfall hatte ('camera obscura'), beobachtete er Mond- und Sonnenfinsternisse. In verschiedenen Schriften versuchte er den jüdischen Glauben so zu verändern, daß er mit den Naturwissenschaften vereinbar wurde.

1320n grün Camera obscura
1325n grün 'Jakobsstab'

LEWIS, Sinclair (1885n–1951n), nordamerikanischer Schriftsteller. Als Sohn eines Landarztes begeisterte er sich während seines Studiums in Yale für die sozialistischen Ideen Upton Sinclairs und beteiligte sich an dessen Gründung einer Kolonie der Brüderlichkeit in New Jersey. Erkannte aber bald, daß es unmöglich war, ein nach kommunistischen Grundsätzen arbeitendes und lebendes Kollektiv innerhalb der USA zu bilden. Wurde Journalist und begann mit 30 Jahren, große Erzählungen und Romane zu schreiben. Darin entlarvte er die geistige Enge, die verlogene Moral und die aufdringliche Selbstgefälligkeit des amerikanischen Bürgers ('Die Hauptstraße'). Verurteilte auch die Frömmelei einer heuchlerischen Geistlichkeit ('Elmer Gantry'). Griff die Profitgier der Kapitalisten an ('Babbitt') und stellte die kalte Geschäftstüchtigkeit der Ärzte bloß ('Dr. med. Arrowsmith').

1922n blau 'Babbitt'

LEXIKON, aus dem Griechischen (lexis = Wort) abgeleitete Bezeichnung für Wörterbücher, insbesondere für solche Sammelwerke, die in alphabetisch geordneter Stichwörterfolge Kenntnisse über ein Fachgebiet oder über das gesamte Wissen der Menschheit vermitteln.

2468v grün Chirurgie-Handbuch
2105v grün Medizin-Handbuch
1895v blau Zweisprachen-Wörterbücher
1773v grün Vermessungs-Handbuch
1575v grün Tiermedizin-Handbuch
1566v grün Frauenkrankheiten-Buch
1546v grün Chirurgie-Handbuch
677v blau Wörterbücher in Assur
193v blau Byzantinisches Wörterbuch
176v grün Werk über Sternkunde
145v grün Lexikon der Landwirtschaft
116v–27v Varro
33v blau Varros 'Disziplinen'
3v–64n Aulus Celsus
20n–79n Dioskurides
23n–79n Plinius der Ältere
37n grün Sammelwerk der Medizin
46n blau Glossen-Lexikon
63n grün Enzyklopädie
66n grün Werk über Arzneikunde
78n grün Plinius' Werk
129n–199n Galen
139n grün 'Handbuch der Harmonik'
172n–245n Afrikanus
173n grün Werk über Pulsbeobachtung
194n grün Pathologie-Handbuch
230n–300n Pappos
294n grün Sammelwerk der Mathematik
382n–440n Martianus Kapella
427n blau Martianus Kapellas Werk
480n–573n Kassiodor
550n blau Hesychios' Werk
553n blau Kassiodors Werk
560n–636n Isidor von Sevilla
563n blau Sanskrit-Wörterbuch
636n blau Isidors Sammelwerk
718n–791n Al Chalil
784n–856n Rabanus Maurus
850n blau Rabanus' Handbuch
850n grün Werk der Tiermedizin
853n grün Sternkunde-Handbuch
860n blau Ibn Kutaibas Werk
865n–932n Al Rasi
890n blau Arabisches Wörterbuch
919n grün Sternkunde-Handbuch
927n grün Enzyklopädie der Medizin
951n blau Arabische Enzyklopädie
971n blau Byzantinisches Lexikon
980n–1037n Ibn Sina (Avicenna)
982n grün Handbuch der Medizin
983n blau Chinesische Enzyklopädie
1013n blau Geschichtslexikon
1026n blau Ibn Sinas Werk
1224n blau Ibn Jakuts Lexikon
1252n blau Vinzenz' Enzyklopädie
1264n blau Latinis 'Bücher-Schatz'
1356n grün Handbuch der Medizin
1532n blau Stephanus' Wörterbuch
1561n–1626n Francis Bacon
1650n–1722n Kang-Hi
1679n blau Werk über Malerei Chinas
1694n blau Wörterbuch der Académie
1696n blau Bayles Wörterbuch
1713n–1784n Diderot
1725n blau Chinesische Enzyklopädie
1751n blau Französische Enzyklopädie
1796n blau Konversations-Lexikon
1852n blau Grimms Werk begonnen
1880n blau Duden: Wörterbuch
1960n blau Grimms Werk vollendet

LHASA, Stadt am Südfuße des Himalaya-Gebirges im Herzen Asiens (Tibet); auf einer Hochebene von 3600 Metern Höhe über dem Meeresspiegel. Kegelförmig erhebt sich über der Stadt ein Felsen mit dem Palast des Oberpriesters (Dalai Lama), der seit dem 17. Jahrhundert zugleich weltlicher Herrscher Tibets war. Seit mindestens einem Jahrtausend Wallfahrtsort. Die in den zahlreichen Klöstern gepflegte Religion ('Lamaismus') ist eine Form des in großen Teilen Asiens verbreiteten Buddhismus. Seit Besetzung der Stadt durch die chinesische Volksarmee ist seine beherrschende Macht gebrochen.

634 n rot Hauptstadt
1643 n blau Residenz des Dalai Lama
1717 n/1720 n Vorstoß Chinas
1720 n rot Tibet chinesisch
1913 n rot Tibet selbständig
1950 n rot Tibet chinesisch

LI, Name eines Volkes, das vor 5000 Jahren am fruchtbaren Unterlauf des Hoang-Ho-Flusses (Nord-China) ansäßig war. Von den aus dem Hochland herabdrängenden Chinesen besiegt, ging es um die Mitte des 3. Jahrtausends vor unserer Zeitrechnung im chinesischen Volke auf, dessen Kultur von ihm mitgeprägt wurde. Teile des Volkes, die sich nicht unterwarfen, wanderten nach Süden in die Ebene des Jang-Tsekiang ab und wurden in den folgenden Jahrhunderten von den südwärts vorstoßenden Chinesen immer weitergedrängt. Als das ganze südostasiatische Festland chinesisch wurde, wichen die Standhaftesten nach der Insel Formosa (Taiwan) aus, in deren Innerem sie ihre Eigenart bis in die Gegenwart erhielten.

2697 v–2628 v Huang-Ti
2652 v/2646 v Vorstoß der Chinesen
2646 v rot Chinesische Herrschaft

LIANG-KAI (um 1140 n–1210 n), chinesischer Maler und Zeichner. Landschaftsmaler und humorvoller Schilderer des chinesischen Volkslebens. In seiner sparsamen Tusch-Technik schuf er aber auch Bilder berühmter Chinesen. Seine Zeichnung des Dichters Li-Taipo, die er mit wenigen knappen Pinselstrichen auf ein 30 × 80 cm großes Papier setzte, machte ihn in ganz Ostasien und später auch in Europa bekannt. Noch beliebter wurde in seiner Heimat das Bild des kauzigen Bettelmönches Pu-Tai beim Hahnenkampf. Dem Wein und den Sinnenfreuden ergeben, nannte er sich selbst 'Liang der Ausschweifende' (= 'Liang-Kai').

1190 n blau Bildnis des Li-Taipo

LIBANON, Name eines 150 Kilometer langen Gebirgszuges in Vorderasien. Steigt von der alten phönizischen Mittelmeerküste bis zu schneebedeckten Höhen von 3000 Metern auf. Bildet heute den Hauptteil des gleichnamigen Landes.

2512 v–2458 v Sahu-Re
2376 v–2294 v Sargon
2347 v/2325 v Sargons Siegeszug
2333 v rot Grenze zum Reich Akkad
2034 v grün Zedernholz nach Sumer
1413 v–1346 v Suppi-Luli-Uma
1378 v/1373 v Vierter Hettiterkrieg
1376 v rot Hettiterreich-Grenze
1118 v–1058 v Wen-Amun
973 v grün Zedernholz nach Israel

LIBANON, Land und Staat in Vorderasien an der Ostküste des Mittelmeeres. Im Norden und Osten von Syrien begrenzt, im Süden von Israel. Der vom gleichnamigen Gebirge geschützte Küstenstreifen wurde vor 5000 Jahren von Phöniziern besiedelt, die von hier aus den ganzen Mittelmeerraum mit ihren Handelsniederlassungen überzogen und die in Mesopotamien und Ägypten entwickelte Kultur nach Europa, Westafrika und Südamerika trugen. Vor 2500 Jahren geriet das Land unter die Herrschaft der Assyrer, die aber bald von den Persern abgelöst wurden. Griechenland, Rom, Byzanz machten es sich untertan, bis es im arabischen Krieg für viele Jahrhunderte von Arabern erobert wurde. Seit 1516 n türkisch. Im Jahre 1861 n wurde es infolge einer Erhebung unter Selbstverwaltung gestellt. Nach dem ersten Weltkrieg von Engländern und Franzosen besetzt, wurde es 1945 n der UN unterstellt und erhielt bald seine politische Unabhängigkeit. Seitdem ringt es um wirtschaftliche Unabhängigkeit und soziale Befreiung.

2991 v rot Phönizier-Niederlassung
2954 v blau Entstehung von Byblos
2879 v blau Entstehung von Tyros
2512 v–2458 v Sahu-Re
2376 v–2294 v Sargon
2347 v/2325 v Sargons Siegeszug
2333 v rot Grenze zum Reich Akkad
2034 v grün Zedernholz nach Sumer
2001 v grün Silbenschrift
1955 v–1895 v Amen-Em-Het II.
1691 v–1628 v Chian
1512 v–1448 v Tut-Mosis III.
1481 v/1460 v Krieg gegen Ägypten
1469 v rot Ägyptische Herrschaft
1413 v–1346 v Suppi-Luli-Uma
1378 v/1373 v Vierter Hettiterkrieg
1376 v rot Hettiterreich-Grenze
1148 v–1074 v Tiglatpileser I.
1128 v blau Gründung von Gades
1118 v–1058 v Wen-Amun
1111 v/1090 v Mesopotamischer Krieg
1107 v rot Tribut an Assyrien
1107 v grün Wal- und Robbenjagd
1099 v grün Wasserwirtschaft

1073 v grün Wen-Amuns Reisebericht
1063 v blau Gründung von Lapethos
1025 v blau Gründung von Lixos
1005 v grün Verbreitung der Schrift
999 v grün Handelszentrum auf Zypern
999 v–936 v Hiram
978 v grün Purpurfarbe
973 v grün Handel mit Israel
970 v grün Bauten in Jerusalem
948 v grün Seeweg nach Indien
930 v–871 v Omri
929 v grün Handel mit Ostafrika
905 v–850 v Ahab
903 v grün Alphabet in Griechenland
898 v–842 v Isebel
872 v rot Baalkult in Israel
852 v–774 v Pygmalion
814 v blau Gründung von Karthago
797 v grün Alphabet in Indien
701 v braun Erhebung gegen Assyrien
701 v rot Assyrische Oberhoheit
671 v blau Assyrisches Relief
658 v–595 v Necho II.
601 v grün Umseglung Afrikas
599 v–529 v Kyros
539 v rot Persien Vormacht
356 v–323 v Alexander der Große
351 v/348 v Aufstand gegen Persien
334 v/325 v Alexanderzug
332 v rot Teil des Alexanderreiches
64 v/63 v Vorstoß Roms
63 v rot Römische Herrschaft
37 v rot Ägyptische Herrschaft
4 v grün Glasbläserei
215 n blau Jupiter-Tempel Baalbek
245 n–309 n Pamphilos
633 n/732 n Arabischer Krieg
1516 n braun Vorstoß der Türkei
1925 n/1926 n Drusen-Aufstand
1945 n rot Mitglied der UN
1945 n rot Arabische Liga
1946 n rot Souveränität
1955 n rot Bandung-Konferenz

LIBERIA, Staat an der Westküste Afrikas. In diesem Gebiet wurden seit Ende des 15. Jahrhunderts durch portugiesische Kolonisatoren Sklaven gefangen und zunächst nach Europa, später in großem Umfange nach Amerika verkauft. Mit der im 19. Jahrhundert schnell fortschreitenden Industrialisierung wurden die nach den USA verschleppten Sklaven überflüssig und zunächst in den Industrie-Staaten der Ostküste, später auch in den stärker auf Sklaverei beruhenden Plantagenstaaten des Südens entlassen. Durch weiße Nordamerikaner ermutigt, kehrten sie zum Teil in ihre alte afrikanische Heimat zurück. Hier riefen sie eine freie Negerrepublik aus ('Liberia'), brachen den Widerstand der dort verbliebenen Neger und suchten ihr Land zur Auffangstelle für die noch in Amerika lebenden Schwarzen zu machen. Dabei wurden sie zunehmend unterstützt von den Weißen in den USA, die auf diese Weise das Rassenproblem lösen wollten, ohne den Negern Gleichberechtigung zu gewähren. Die Bindung des Staates an die USA wurde durch die wachsende Abhängigkeit von dieser Unterstützung immer enger. Nach dem zweiten Weltkrieg wurde das Land ein Militärstützpunkt der USA.

1847 n rot Gründung
1920 n rot Mitglied im Völkerbund
1945 n rot Mitglied der UN
1955 n rot Bandung-Konferenz

LIBIT-ISCHTAR, König von Isin.

1937 v–1865 v Lebenslinie
1872 v blau Gesetzbuch
1872 v rot Rechts-Verkündung
1865 v rot Ur-Ni-Nurta Nachfolger

LIBON (um 500 v–um 440 v), griechischer Architekt aus Elis (Peloponnes). Baute aus der Kriegsbeute, die Elis aus seinem Siege über einen benachbarten griechischen Stamm (Pisaten) zog, in Olympia den Zeus-Tempel, der durch das von Phidias angefertigte Tempelbild schnell berühmt wurde.

456 v blau Zeus-Tempel in Olympia

LIBRI CAROLINI, ('Die Bücher Karls'), lateinischer Titel einer Denkschrift, die von den Beratern des Frankenkönigs Karl des Großen über die Frage der Bilderanbetung angefertigt und in ganz Europa verbreitet wurde. Anlaß für die Abfassung war die Übersendung der Akten eines Kirchen-Konzils (Nikäa) über diese Frage an Karl durch Papst Hadrian I. Die Schrift lehnte die Bilderanbetung durch Christen ab, gab hierfür aber die zurückhaltende Begründung, daß Bilder für den Schmuck der Kirchen und als Anschauungsmittel bestimmt seien und deshalb keine angebetet noch zerstört werden sollten. Der Papst versuchte, diese für ihn peinliche Entscheidung durch spitzfindige Übersetzungs-Auslegung abzuschwächen. 1564 n setzte die katholische Kirche das Werk auf die Liste verbotener Schriften ('Index').

792 n blau Niederschrift

LIBYEN, Land und Staat in Nordafrika. Grenzt im Westen an Tunesien, im Osten an Ägypten und im Norden ans Mittelmeer. Da der größte Teil des Landes von Wüste bedeckt ist, wohnen 95% der Bevölkerung an der Küste. Seit 5000 Jahren immer wieder vom benachbarten Ägypten aus angegriffen und zu Kriegsfolge sowie zu Tributen gezwungen, stießen die Bewohner selbst nach Ägypten vor und ließen sich zum Teil dort nieder. Vor 3000 Jahren gründeten Phönizier aus Tyros und Sidon (Libanon) an der Küste Handelsniederlassungen, die nach Erstarkung des phönizischen Karthago von dort beherrscht wurden. Auch Griechen siedelten sich hier an (Tripolitanien). Seit 96 v römisch, gelangte es nach dem Untergang Roms unter die Herrschaft der Wandalen, wurde dann von Konstantinopel (Byzanz) beherrscht und ist seit dem arabischen Krieg Bestandteil der islamischen Welt. Die Araber wurden durch die Berber abgelöst und diese durch die Türken. Kurz vor dem ersten Weltkrieg geriet das Land für 40 Jahre unter italienische Kolonialherrschaft, bis es nach dem zweiten Weltkrieg seine politische Unabhängigkeit erhielt. Seit 1969 sozialistisch.

2933 v–2868 v Skorpion
2904 v braun Niederlage gegen Ägypten
2904 v rot Tributhoheit Ägyptens
2644 v–2576 v Snofru
2592 v braun Niederlage gegen Ägypten
2512 v–2458 v Sahu-Re
2468 v braun Niederlage gegen Ägypten
2419 v blau Relief 'Verwundeter Libyer'
2355 v–2298 v Pepi I.
2314 v rot Kriegsdienst für Ägypten
2004 v–1932 v Sinuhe
2002 v–1928 v Sesostris I.
1962 v braun Ägyptischer Vorstoß
1384 v–1318 v Haremhab
1335 v braun Vorstoß nach Ägypten
1305 v braun Krieg mit Ägypten
1286 v–1220 v Meren-Pta
1257 v–1210 v Sethos II.
1224 v–1165 v Ramses III.
1230 v braun Vorstoß nach Ägypten
1227 v rot Siedlung im Nildelta
1193 v braun Niederlage gegen Ägypten
1187 v braun Angriff auf Ägypten
1183 v blau Relief 'Gefangener Fürst'
1161 v blau Ägyptisches Libyer-Bild
1157 v blau Plastik eines Gefangenen
1101 v/1100 v Ägyptischer Aufstand
1101 v rot Aufstands-Unterstützung
976 v–924 v Scheschonk I.
945 v rot Scheschonk Ägypter-König
784 v–720 v Tef-Nacht
760 v–715 v Bok-Choris
757 v–703 v Sabaka
727 v rot Einigung Unterägyptens
715 v braun Sieg Oberägyptens
715 v rot Herrschaftende in Ägypten
630 v blau Gründung von Kyrene
436 v–355 v Aristipp
376 v blau Philosophenschule
372 v–285 v Ptolemäus I.
368 v blau Lehrtätigkeit Aretes
334 v/325 v Alexanderzug
323 v/301 v Diadochenkriege
96 v rot Kyrenaika römisch
67 v rot Vereinigung mit Kreta
370 n–414 n Synesios von Kyrene
497 n–548 n Theodora
633 n/732 n Arabischer Krieg
643 n rot Arabische Herrschaft
1101 n–1154 n Roger II.
1146 n braun Sizilischer Flottensieg
1160 n braun Vorstoß der Berber
1160 n rot Herrschaft der Berber
1551 n braun Vorstoß der Türken
1551 n rot Tripolitanien türkisch
1911 n/1912 n Libyscher Krieg
1912 n rot Herrschaft Italiens
1939 n/1945 n Zweiter Weltkrieg
1951 n rot Selbständigkeit
1955 n rot Bandung-Konferenz

LI-CHI (um 595 n–659 n), chinesischer Staatsmann. Während des Bürgerkrieges gegen die Herrschaft der Sui kämpfte er auf der Seite von Li-Yüan und dessen Sohn Tai-Tsung. Nach Abdankung des Kaisers wurde er Gouverneur einer Provinz, Minister und schließlich Kanzler des neuen Kaisers Tai-Tsung, der seine Schwester geheiratet hatte. Beim Tode Tai-Tsungs gelobte er, als treuer Berater dessen Sohn zur Seite zu stehen, wurde aber von der jungen Kaiserin verleumdet, entlassen, verbannt und endlich zum Selbstmord gezwungen. In seinen letzten Jahren faßte er das unter Li-Yüan und Tai-Tsung gewachsene neue Strafrecht zusammen, systematisierte es und versah es mit Kommentaren. Dadurch schuf er die Grundlage für eine einheitliche Straf-Gerichtsbarkeit in der beginnenden Tang-Zeit.

652 n blau Strafgesetz-Kommentar

LICHT

Vorzeittafel: 500 Tausend Jahre
2763 v grün Öllampen in Ägypten
365 v–276 v Euklid
338 v–268 v Strato der Physiker
284 v–212 v Archimedes
233 v grün Automatische Öllampe
188 v grün Kerzen in Rom
184 v grün Diokles: Brennspiegel
133 n–205 n Kleomedes
155 n grün Ptolemäus' Handbuch
185 n grün Strahlenbrechung
789 n–873 n Al Kindi
965 n–1039 n Al Hassan
991 n grün Funktion der Glaskugel
1011 n grün Camera obscura
1013 n grün Ausbreitung des Lichtes
1016 n grün Hauptwerk Al Hassans
1021 n grün Erklärung der Dämmerung
1027 n grün Natur geschliffenen Glases
1030 n grün Brechung und Ablenkung
1034 n grün Regenbogen-Untersuchung
1169 n grün Al Hassan übersetzt
1227 n grün Robert Grossetestes Lehre
1275 n grün Witelos Lehrbuch
1508 n grün Leonardos Lampen
1589 n grün Wärmewirkung
1620 n grün Snellius: Brechungswinkel
1643 n–1727 n Newton
1665 n grün Straßenbeleuchtung
1666 n grün Newton: Spektralfarben
1669 n grün Doppelte Lichtbrechung
1676 n grün Lichtgeschwindigkeit
1678 n grün Huygens' Wellentheorie
1704 n grün Newton: 'Über Optik'
1711 n–1765 n Lomonossow
1727 n grün Lichtempfindlichkeit
1728 n grün Entdeckung der Abirrung
1749 n–1832 n Goethe
1792 n grün Leuchtgas
1801 n grün Youngs Wellentheorie
1810 n grün Goethes Farbenlehre
1811 n grün Bogenlicht
1814 n grün Gas-Straßenbeleuchtung
1815 n grün Fresnels Wellentheorie
1816 n–1892 n Siemens
1830 n grün Paraffinkerzen
1842 n grün Licht der Doppelsterne
1847 n–1931 n Edison
1849 n grün Lichtgeschwindigkeit
1854 n grün Göbel: Glühbirne
1855 n grün Petroleumlampe
1858 n–1947 n Planck
1861 n grün Spektralanalyse
1863 n grün Maxwell: Lichttheorie
1875 n grün Kerr: Doppelbrechung
1876 n grün Photoelement
1879 n grün Edison: Glühbirne
1879 n–1955 n Einstein
1885 n grün Gas-Glühlicht
1887 n grün Hertz: Lichttheorie
1892 n grün Photozelle
1893 n– Karolus
1900 n grün Planck: Quantentheorie
1901 n grün Lichtton-Aufzeichnung
1909 n grün Neonlicht
1914 n grün Ostwalds Farbenlehre
1914 n grün Scheinwerfer
1960 n grün Laser-Strahl

LICHT-EMPFINDLICHKEIT

1727 n grün Empfindliche Salze
1822 n grün Photographie
1837 n grün Belichtungsdauer verkürzt
1888 n grün Rollfilm
1891 n grün Farbphotographie

LICHTENBERG, Georg Christoph (1742 n–1799 n), deutscher Physiker und Schriftsteller. Als Sohn eines Pfarrers aller Religion abhold, wandte er sich den Naturwissenschaften zu. Nach Studium der Mathematik, Physik und Astronomie wurde er Gelehrter. Durch Bestreuen einer Glasplatte mit einer Mennige-Schwefel-Mischung machte er Funken-Entladungen sichtbar ('Lichtenberg'sche Figuren'). Als Ordinarius für Experimentalphysik in Göttingen suchte er die Enge des Professoren-Daseins durch vielseitige Beschäftigung mit allerlei Wissensgebieten zu durchbrechen. Gab zwei Zeitschriften heraus, in denen er wissenschaftliche Vorgänge durch volkstümliche Darstellung populär machte. Beschrieb die Kupferstiche des Engländers Hogarth und das englische Theaterleben. Bekämpfte die überschwengliche Gefühlsseligkeit der deutschen Klassik. Lehnte Goethes 'Goetz' ebenso ab wie den 'Werther' und verhöhnte den Bekehrungseifer dessen Freundes Lavater als töricht. In kurzen Aussprüchen ('Aphorismen') legte er seine Gedanken über Grundfragen des menschlichen Lebens, der Kunst, der Wissenschaft, der Literatur und der Gesellschaft nieder.

1783 n blau Aphorismen

LICHTENSTEIN, Ulrich von (um 1200 n–1275 n), deutscher Dichter. Als Angehöriger einer Adelsfamilie wurde er zum Ritter geschlagen und erhielt hohe Verwaltungsämter in seiner Heimat (Steiermark). Schrieb eine romanhafte Dichtung, in der er den Dienst für hochgestellte Frauen (Minnedienst) als Hauptinhalt des Ritterdaseins pries. Das Buch erzählte sein eigenes Leben ('Frauendienst'). In seinem zweiten Werk ('Frauenbuch') beklagte er den Niedergang des höfischen Lebens und der ritterlichen Ideale in Form eines Lehrgesprächs zwischen Ritter und Dame. Veranstaltete eine Turnierfahrt nach Böhmen. Politisch trat er für die Interessen Rudolfs von Habsburg ein.

1255 n blau 'Frauendienst'

LICHTGESCHWINDIGKEIT

965 n–1039 n Al Hassan
1013 n grün Arabische Forschungen
1676 n grün Römers Forschungen
1849 n grün Fizeaus Messungen
1879 n–1955 n Einstein
1893 n– Karolus

LICHT-SCHATTEN-WIRKUNG

416 v grün Apollodoros' Malweise
1266 n–1337 n Giotto

LICHTTON, Bezeichnung für die optische Aufzeichnung akustischer Erscheinungen. Erfolgt auf dem Wege der Umsetzung von Tönen in Stromschwingungen, die ihrerseits in Licht verwandelt und dann auf lichtempfindlichen Film aufgenommen, entwickelt und fixiert werden. Auf umgekehrtem Wege können diese Filme dann beliebig oft wieder über Stromschwingungen in die ursprünglichen Töne zurückverwandelt werden. Die Erfindung wurde Grundlage für Tonfilm und Fernsehen.

1901 n grün Erfindung

LIDDA (um 2560 v–um 2500 v), mesopotamische Prinzessin. Tochter des Königs Ur-Nan-Sche, der als Herrscher von Lagasch am Unterlauf des Tigris seinen Stadtstaat aus der Oberhoheit der Stadt Kisch befreite.

2535 n blau Porträt-Büste

LIE, Sophus (1842 n–1899 n), norwegischer Mathematiker. Nach Beendigung seiner Studien hielt er sich mit Staats-Unterstützung in Berlin und Paris auf. Lehrte 16 Jahre in Oslo und wurde dann Professor in Leipzig. Dort faßte er die Ergebnisse seiner Lebensarbeit in einem dreibändigen Werke zusammen. Darin wandte er den von Cauchy und Galois geschaffenen mathematischen Begriff der 'Gruppe' auf die Geometrie an und entwickelte ihn durch Verallgemeinerung zu einer geschlossenen Theorie.

1890 n grün Gruppentheorie

LIEBERMANN, Max (1847 n–1935 n), deutscher Maler, Zeichner und Radierer. Nach Studienjahren in Weimar, Paris und München ließ er sich in seiner Heimatstadt Berlin nieder. Seine erste Schaffensperiode war geprägt von Bildern aus dem täglichen Leben des Volkes ('Konservenmacherinnen', 'Arbeiter im Rübenfeld'). Später wandte er sich stärker der Landschaft ('Reiter am Strand') und dem Porträt zu ('Bürgermeister Petersen'). Setzte den Natureindruck unmittelbar in Farbe um und wurde so einer der Hauptvertreter der neuen Kunstrichtung des 'Impressionismus'. Verfaßte Bücher über andere Künstler ('Degas') und über Fragen der Kunst ('Die Phantasie in der Malerei').

1872 n blau 'Gänserupferinnen'

LIEBIG, Justus (1803 n–1873 n), deutscher Chemiker. Wurde mit 14 Jahren Apothekerlehrling, studierte dann in Erlangen und Bonn, ging 20jährig nach Paris und wurde auf Grund einer Arbeit über Knallsäure mit 21 Jahren Professor der Chemie in Gießen. Hier errichtete er das erste Laboratorium für Experimental-Unterricht. Entdeckte das Chloroform. Mit 36 Jahren wandte er sich ganz der Erforschung der chemischen Vorgänge bei der Ernährung von Pflanze, Tier und Mensch zu. Bewies die Wichtigkeit organischer und mineralischer Stoffe für den bebauten Boden und empfahl den Bauern eine künstliche Zuführung dieser Stoffe. Schöpfer der modernen Düngelehre, die zur Erhöhung des Ernte-Ertrages um ein Mehrfaches führte und auf diese Weise ausreichende Nahrung für die sprunghaft ansteigende Bevölkerung sicherte. Seine Untersuchungen über die Zusammensetzung der Muskelfasern führten zur Herstellung des nach ihm benannten Fleisch-Extrakts. Entwickelte ein Backpulver. Durch Erforschung des Stoffwechsels schuf er die Grundlage für eine Wissenschaft von der menschlichen Ernährung.

1839 n grün Künstliche Düngung
1840 n grün Nahrungsmittel-Forschung

LIEBKNECHT, Karl (1871 n–1919 n), deutscher Politiker und Gelehrter. Sohn des revolutionären Sozialisten Wilhelm Liebknecht. Stieß als Student der Rechte zur Arbeiterbewegung, wurde Rechtsanwalt in Berlin und Reichstagsabgeordneter der SPD, deren revolutionären Flügel er führte. Bekämpfte die Kriegspläne des Kaiserreiches ('Militarismus und Antimilitarismus') und trat den deutschen Kriegsvorbereitungen aktiv entgegen ('Antimilitarismus und Hochverrat'). 1914n verweigerte er im Reichstag die Kriegskredite und rief zum aktiven Widerstand auf ('Klassenkampf gegen den Krieg'). Die Bewilligung der Kriegskredite durch die SPD veranlaßte ihn zum Aufbau einer eigenen politischen Gruppe ('Spartakus'). Als er 1916n in Berlin eine Anti-Kriegs-Demonstration veranstaltete, wurde er eingekerkert. Beim deutschen Zusammenbruch und der Flucht des Kaisers suchte er die Entwicklung in revolutionäre Bahnen zu lenken und rief die deutsche sozialistische Republik aus. Nach Niederschlagung des Arbeiteraufstandes gründete er die Kommunistische Partei Deutschlands. Im Januar 1919n von deutschen Offizieren ermordet. Durch seine 'Studien über die Bewegungsgesetze der gesellschaftlichen Entwicklung' hat er die Grundlagen für eine kommunistische Geschichtsphilosophie geschaffen.

1914n rot — Ablehnung der Kriegskredite
1916n blau — Spartakus-Briefe
1918n/1919n — Deutsche Revolution
1919n rot — Ermordung

LIEBKNECHT, Wilhelm (1826n–1900n), deutscher Politiker und Schriftsteller. Studierte in seiner Heimatstadt Gießen Philosophie und Theologie, beteiligte sich an den revolutionären Kämpfen in Baden, wurde eingekerkert, kämpfte nach seiner Entlassung 1849n weiter und mußte nach dem Scheitern der Revolution fliehen. Über die Schweiz kam er nach England, wo er unter dem Einfluß von Marx und Engels Kommunist wurde. Nach Deutschland zurückgekehrt, gründete er 1869n mit August Bebel die SPD als erste marxistische Arbeiterpartei der Welt. 1872n wurde er mit Bebel wegen Hochverrats eingekerkert. Während der Haft in den Reichstag gewählt, kämpfte er gegen die Einigung Deutschlands unter preußischer Vormacht und verweigerte 1870n die Kriegskredite für den Krieg gegen Frankreich. Verurteilte die Besitznahme Elsaß-Lothringens durch Deutschland und trat öffentlich für die Pariser Kommune ein. Als Chefredakteur des 'Vorwärts' hielt er die SPD in enger persönlicher Verbindung mit Engels auf revolutionärem Kurs. Schrieb eine Geschichte der französischen Revolution, Biographien über Owen und Robert Blum sowie ein Fremdwörterbuch, mit dessen Hilfe sich der Arbeiter Zugang zu den Bildungsgütern verschaffen sollte.

1869n rot — Gründung der SPD
1870n blau — 'Zur Bodenfrage'
1875n rot — Gothaer Kongreß

LIEGNITZ, Stadt nahe der Mündung des Schwarzwassers in die Katzbach (Schlesien). Vor mehr als tausend Jahren gegründet, seit 1163n Residenz der polnischen Herzöge von Schlesien. Im Großen Mongolenkrieg unterlag hier ein deutsch-polnisches Ritterheer unter Herzog Heinrich II. im Jahre 1241n den auf kleinen Pferden angreifenden Mongolen; die Stadt wurde zerstört. Wieder aufgebaut, fiel sie 1675n an Österreich und 1742n an Preußen. Im Siebenjährigen Krieg vorübergehend von österreichischen Heeren erobert, 1760n aber durch einen Sieg der Preußenheere unter Friedrich dem Großen zurückgenommen. 1813n schlug die schlesische Armee unter Blüchers Führung in der Nähe der Stadt an der Katzbach die französischen Heere vernichtend.

1182n–1250n — Johannes Karpini
1207n/1279n — Großer Mongolenkrieg
1742n rot — Preußischer Besitz
1756n/1763n — Siebenjähriger Krieg
1796n/1815n — Napoleonische Kriege

LIEKEDEELER (wörtlich 'Gleichteiler'), Spottname für deutsche Seefahrer, die im 14. und 15. Jahrhundert Nordsee und Ostsee unsicher machten. Während der Belagerung Stockholms durch die Dänen (1391n) versorgten sie die Stadt unter Durchbrechung der dänischen Blockade mit Lebensmitteln, die ihnen von der Hanse und von den Angehörigen des gefangenen Schwedenkönigs geliefert wurden. Nach dem Fall Stockholms besetzten sie die schwedische Insel Gotland. Sechs Jahre später wurde ihnen diese Niederlassung vom Deutschritter-Orden abgenommen, weil sie als Blockadebrecher den von Deutschrittern und der Hanse blockierten Städten halfen. Von Hamburg und Lübeck wurden sie zu Feinden der Hanse erklärt. Darauf zogen sie sich in die freiere Nordsee zurück, verbündeten sich mit den der Hanse feindlichen Friesen und lebten zunehmend von der Beraubung der von Hamburg und Lübeck nach England, Dänemark und Schweden verkehrenden Schiffe der Hanse. Obwohl der größte Teil ihrer Flotte 1401n vernichtet wurde und man in Hamburg ihre Anführer Klaus Störtebeker und Godecke Michels mit 150 Mann hinrichtete, hielten sie sich noch mehrere Jahrzehnte hindurch in der Nord- und Ostsee. 1429n brannten sie die Stadt Bergen nieder, die sich der Plünderung widersetzt hatte.

1401n braun — Niederlage gegen Hanse
1401n rot — Hinrichtung Störtebekers

LIGUGÉ, Ortschaft in Westfrankreich. Hier gründete der Bischof Martin von Tours das erste christliche Kloster Frankreichs, das zu einem Ausgangspunkt des europäischen Mönchstums wurde.

316n–397n — Martin von Tours
361n blau — Kloster

LI-KAN (um 1240n–um 1320n), chinesischer Schriftsteller. Verfaßte ein Buch über den Bambus. Darin lobte er die Schönheit dieser Pflanze, ihre biegsame Härte, ihre Reinheit, ihre Festigkeit und ihre Beständigkeit. ('Aufzeichnungen von Einzelheiten zu einer Abhandlung über den Bambus').

1299n blau — Buch über Bambus

LIKI, Titel eines chinesischen Buches, in dem wahllos und ungeordnet alle chinesischen Schriftstücke zusammengestellt sind, die Sittenregeln enthalten oder die sich mit der Ordnung des Kultes, besonders dem der Fürsten und Beamten des Kaiserreiches befassen. Fixierte das verwickelte Ordnungssystem der chinesischen Gesellschaft. Ausschließlich für die bevorrechtigten Stände zusammengestellt und die Belange der arbeitenden Menschen ausklammernd, erreichte es doch die breiten Volksmassen und beeinflußte sie nachhaltig im Sinne einer an Drill grenzenden Selbstdisziplinierung.

151n blau — Abfassung

LILBURNE, John (um 1614n–1657n), englischer Freiheitskämpfer. Als Angehöriger der Parlamentsarmee versuchte er, dieses Heer durch Wahl von Soldatenräten zu revolutionieren und die englische Revolution in kommunistischem Sinne fortzuführen. Verfaßte auch mehrere programmatische Schriften für die von ihm geführte Bewegung der 'Levellers' ('Gleichmacher'). Seit seiner Empörung gegen Karl I. (1638n) immer wieder eingekerkert, zweifelte er nach dem endgültigen Scheitern der Revolution an der Möglichkeit einer gewaltsamen Veränderung der Gesellschaft und schloß sich den Quäkern an.

1648n/1649n — Aufstand der 'Levellers'
1650n rot — Einkerkerung

LILIENTHAL, Otto, deutscher Erfinder.

1848n–1896n — Lebenslinie
1890n grün — Erster Flug

LILIO, Luigio (1510n–1576n), italienischer Astronom. Erkannte die Unzulänglichkeit des bestehenden Kalenders und arbeitete den Vorschlag für eine Kalenderreform aus, die geeignet war, die seit Einführung des 'Julianischen' Kalenders durch Julius Cäsar aufgehäuften Fehler auszugleichen. Insbesondere wurden dadurch die zehn Tage beseitigt, die sich wegen des alten Kalenderfehlers angesammelt hatten. Durch Streichung des Schaltjahres in jedem vollen Jahrhundert-Jahr ('Säkularjahr') vermied er eine Wiederholung dieses Fehlers. Sein Vorschlag wurde Grundlage der Arbeit einer von Papst Gregor eingesetzten Kommission international anerkannter Astronomen, die darauf den 'Gregorianischen Kalender' aufbauten.

1582n grün — Gregorianischer Kalender

LIMBURG, Stadt am Unterlauf der Lahn, 30 Kilometer vor deren Einmündung in den Rhein. Im Schutze der hier um 940n errichteten Burg wuchs eine Siedlung empor, die 1279n Stadtrecht erhielt und sich zu einem Mittelpunkt des Handels entwickelte. Gegen die Vorrechte der Reichen erhob sich 1525n die hauptsächlich aus Handwerkern bestehende Bürgerschaft. 1802n fiel die Stadt an Nassau, 1866n an Preußen und gehörte mit diesem seit 1871n zum deutschen Reich. Nach dem zweiten Weltkrieg von amerikanischen Truppen besetzt, kam sie zum Lande Hessen (Bundesrepublik).

1235n blau — Dom

LIMES, von dem lateinischen Wort 'Grenze' kommende Bezeichnung für den befestigten Grenzwall des Römerreiches in Deutschland. Zunächst nur aus eingerammten Pfählen bestehend und für Grenzüberwachung und Zoll bestimmt, wurde er mit zunehmender Bedrohung des Reiches durch germanische Völker zu einem Erdwall und schließlich zu einer teilweise gemauerten Befestigung. Die Wachmannschaften waren dahinter in befestigten Truppenlagern ('Kastellen') untergebracht. Dieses 548 km lange Festungswerk verband den Rhein (der von seiner Mündung bis in den Frankfurter Raum Grenze war) zwischen Schwäbischer und Fränkischer Alb hindurch mit der Donau (die dann die Nordgrenze des Römerreiches bis zur Mündung ins Schwarze Meer bildete). Ähnliche Befestigungen hatten die Römer an der Grenze zwischen England und Schottland gezogen sowie in anderen Grenzgebieten des Reiches.

51n–96n — Domitian
83n grün — Bau des Walles
260n rot — Aufgabe

LIMOSIN, Léonard (um 1505n–um 1575n), französischer Maler. Spezialisierte sich früh auf die in der Stadt Limoges (Mittelfrankreich) und in der umliegenden Provinz Limousin betriebene Emaille-Malerei. Auf farbige Schalen, Platten, Kannen, Medaillons und Täfelchen malte er Begebenheiten aus der griechischen Sagenwelt ('Kampf der Kentauren') sowie biblische Motive ('Ruth bei der Ernte'). Dabei gab er seinen Gestalten häufig die Gesichtszüge französischer Könige (Franz I. als Heiliger Thomas). Als Hofmaler arbeitete er für Heinrich II. und Katharina von Medici.

1551n blau — Emaille-Malereien

LINCOLN, Abraham, nordamerikanischer Staatsmann.

1809n–1865n — Lebenslinie
1861n/1865n — Sezessionskrieg
1865n rot — Aufhebung der Sklaverei

LINCOLN, Stadt im östlichen Teil Mittel-Englands. Die von den Römern angelegte Stadt wurde Residenz der Könige des Kleinen Reiches Mercia. Wilhelm der Eroberer erbaute hier im 11. Jahrhundert ein Schloß, etwa gleichzeitig wurde der Bau einer großen Kathedrale begonnen, die 1350n fertig wurde. Um diese Zeit entwickelte sich in der Stadt eine Übergangsform vom Handwerk zur Industrieproduktion: Einige Weber wurden in 'Tuchhallen' zur Verrichtung ihrer Arbeit zusammengefaßt, während andere in Heimarbeit für kleine Kapitalisten ('Tuchmacher') webten, also gegen Lohn und nicht mehr auf eigene Rechnung arbeiteten.

1350n grün — Tuch-Manufakturen

LINDBERGH, Charles (geboren 1902n), nordamerikanischer Pilot. Acht Jahre nachdem die beiden Engländer Alcock und Whitten den Nordatlantik in 16 Stunden von Neufundland nach Irland überquert hatten, flog er in 33 Stunden von New York nach Paris. Dabei hatte er weder einen Begleiter bei sich noch verfügte er über ein Funkgerät; er bediente sich eines neuen, noch nicht erprobten Eindeckers und flog in Straßenanzug und Strohhut. Gewann mit diesem Fluge einen hohen Geldpreis, wurde Oberst, Volksheld und ein reicher Mann. Schrieb mehrere Bücher. Die ganze Welt wurde durch die Entführung seines Kindes erschüttert, für das er ein hohes Lösegeld zahlte, ohne es wiederzuerhalten. Wandte sich gegen den Eintritt der USA in den zweiten Weltkrieg, wurde deshalb aus der Armee entlassen, aber 1954n als Brigadegeneral wieder eingestellt.

1927n grün — Atlantikflug

LINDISFARNE, Name eines Klosters auf der Nordseeinsel 'Holy Island' vor der englischen Ostküste unweit der schottischen Grenze. Bei Ebbe vom englischen Festland aus zu Fuß erreichbar.

793n rot — Normannen-Besitz

LINGARAJA-TEMPEL, Name des größten und bedeutendsten Tempels des alten indischen Königreiches Orissa südwestlich vom Ganges-Delta. Er befindet sich in der Stadt Bhubaneswar, die vom 5. bis 10. Jahrhundert Hauptstadt des Reiches von Orissa war und über 500 Tempel enthält. Er besteht aus einer großen Haupthalle, die von zwei Vorhallen ('Mandapa') umgeben ist. Aus ziegelrotem Naturstein (Laterit) ohne Mörtel zusammengefügt, ist der von vertikalen Rippen gegliederte, mit einem flachen Knauf gekrönte Bau in seinem klaren Grundriß und seiner Monumentalität ein Kunstwerk von zeitloser Schönheit.

991n blau — Fertigstellung

LINGNER, Max (1888n–1959n), deutscher Maler und Zeichner. Unter dem Einfluß von Käthe Kollwitz fand er zur künstlerischen Gestaltung des Lebens der Arbeiter. Ging 1928n nach Paris und zeichnete für Zeitungen ('Monde', Humanité'). Daneben gestaltete er den französischen Alltag ('Mademoiselle Yvonne'). Als Kommunist kehrte er 1949n in den sozialistischen Teil Deutschlands zurück und schuf dort noch ein Jahrzehnt lang Werke von Monumentalität und Ausdrucksstärke ('Der Bauernkrieg'). Malte auch große Bilder-Zyklen ('Die Jahreszeiten').

1946n blau — 'Zwei Kriege'

LINNÉ, Carl (1707n–1778n), schwedischer Naturforscher. Als Professor der Medizin und Leibarzt des Königs widmete er sich seit frühester Jugend der Pflanzen- und Tierkunde, leitete einen botanischen Garten und erhielt schließlich eine Professur für Botanik. Schuf ein System zur schnellen Bestimmung von Pflanzen und verfaßte ein Buch über die Pflanzenwelt seiner Heimat ('Schwedische Fauna'). Die von dem Schweizer Botaniker Bauhin um 1600n entwickelte Doppel-Benennung von Pflanzen nach Gattung und Art (binäres System) führte er allgemein ein und dehnte sie auf die Tierwelt und endlich auch auf den Menschen aus. Den von Bauhin beschriebenen 6000 Pflanzen fügte er etwa 12 000 hinzu. Sein Hauptwerk ('System der Natur') war in der ersten Auflage ein kleines Faltheft, aber er vervollständigte es über 11 Auflagen zu einem mehrbändigen Standardwerk. Seine weltweite Autorität hinderte lange die Korrektur der seiner Arbeit zugrundeliegenden starren vorwissenschaftlichen Vorstellung von der Unveränderlichkeit der Natur, deren göttliche Erschaffenheit für ihn als Pfarrerssohn auch dann noch außer Zweifel stand, als er sich in vorgeschrittenem Lebensalter der mechanischen Vorstellung organischer Abläufe aufschloß.

1735n grün — Benennungs-System
1766n grün — Einordnung des Menschen

LINOLEUM, Bezeichnung für einen Fußbodenbelag, der durch Aufpressen einer Mischung von Korkmehl und Leinöl auf eine grobe Gewebeunterlage hergestellt wird. Wegen seiner Undurchlässigkeit für Wasser und Schall sowie wegen seiner Billigkeit verbreitete er sich schnell über die ganze Welt. Von dem Engländer Galloway als Kork-Kautschuk-Mischung hergestellt und Kamptulion genannt. 15 Jahre später ersetzte dessen Landsmann Walton den Kautschuk durch Leinöl. Dann erst erhielt er seinen heutigen Namen, der aus den beiden lateinischen Worten linum (= Lein) und oleum (= Öl) zusammengesetzt wurde.

1843n grün — Erfindung

LINOS-LIED, Name eines gefühlvollen Klageliedes, das vor 3000 Jahren im Mittelmeerraum bei Ernte, Weinlese, Gastmahl und Tanz gesungen wurde. Es handelt von dem Hirtenknaben Linos, dessen Tod gleichnishaft für die unter der unerbittlichen Sonne der Hundstage gnadenlos versengende Natur steht.

889v blau — Aufkommen in Griechenland

LINSEN, durchsichtige runde Scheiben mit gewölbter Oberfläche aus Glas, Edelstein oder Kunststoff. Wegen ihrer vergrößernden Wirkung seit Jahrhunderten für Lesesteine, Sehgläser, Brillen und optische Geräte verwendet. Benannt nach einer Nutzpflanze, deren eßbare Samen die gleiche Form haben.

643v grün — Gebrauch in Vorderasien
1027n grün — Arabische Forschungen
1282n grün — Brillen in Italien
1558n grün — Sammellinse
1593n grün — Fernrohre in Italien
1611n grün — Astronomisches Fernrohr
1784n grün — Bifokale Brille

LINZ, Stadt an der Donau (Österreich). Schon zur Römerzeit wichtiger Mittelpunkt von Handel und Verkehr an der Nordgrenze des Reiches. Fiel im 12. Jahrhundert der österreichischen Herrscherfamilie (Habsburger) zu, wurde im 13. Jahrhundert befestigt und erhielt im 14. Jahrhundert Stadtrecht. Um 1600n Mittelpunkt revolutionärer Aktivität von Bauern, die zeitweilig die Stadt belagerten.

1334n rot — Stadtrecht

LIOBA, angelsächsische Erzieherin.

710n–782n — Lebenslinie
735n blau — Tauberbischofsheim

LI-PE (um 2700v–um 2630v), chinesischer Arzt. Schrieb ein Buch über den 'Bau des Menschen'. Darin gab er neben einer einfachen Anatomie auch eine Eingeweidelehre und eine Gefäßlehre sowie Hinweise für die praktische Medizin. Seine Systematik beruhte ganz auf der Zahl 5, die in der chinesischen Naturphilosophie eine beherrschende Rolle spielte (5 Planeten, 5 Jahreszeiten, 5 Tageszeiten, 5 Töne, 5 Farben, 5 Elemente) und teilte etwa die Eingeweide in Leber, Herz, Niere, Milz und Lunge. Wegen seiner großen Heilerfolge wurde er Leibarzt des Kaisers Huang-Ti.

2653v grün — Regeln der Heilkunde

LI-PEN, der Farbenzauberer, chinesischer Maler, Schreibkünstler und Staatsmann.

601n–673n — Lebenslinie
638n blau — 'Gelehrte vergleichen Texte'
667n blau — 'Teetrinker'

LIPPMANN, Gabriel (1845n–1921n), luxemburgischer Physiker. Erforschte als Professor an der Sorbonne (Paris) die Veränderung von Magnetfeldern unter der Einwirkung von unterkühlten Metallen ('Supraleitern'). Förderte die Wärmelehre. Entwickelte ein Instrument zur Messung elektrischer Spannungen unter 1 Volt ('Kapillarelektrometer'). Nach jahrelangen Versuchen mit eigenen photographischen Aufnahme-, Entwicklungs- und Meß-Verfahren gelang ihm die erste Farbphotographie. Obwohl die Natur durch sein Mehr-Schichten-System in schönen Farben wiedergegeben wurde, bot das komplizierte Ausgleichsverfahren ('Interferenzmethode') keine praktischen Entwicklungsmöglichkeiten. Doch konnte er damit die Farben des Sonnenspektrums sichtbar machen. Schuf photographische Platten, die nach dem Prinzip des Insektenauges aufgebaut waren, ohne Linse aufnahmen und nach Entwicklung und Übertragung auf ein Positiv einen plastischen Eindruck vermittelten.

1891n grün — Farbphotographie

LISLE, Claude Joseph Rouget de (1760n–1836n), französischer Dichter und Komponist. Als Hauptmann der technischen Truppen wurde er 1791n zur Rheinarmee versetzt. Um die französischen Soldaten zum Kampf gegen die Interventionstruppen des deutschen Kaiserreiches zu begeistern, schrieb er die 'Marseillaise' und komponierte auch die Melodie dazu. Außer diesem berühmten Lied verfaßte er noch zahlreiche Kriegs- und Revolutionslieder sowie Gedichte, ein Lustspiel, eine Tragödie und einen Operettentext. Geriet im vorgerückten Alter in wirtschaftliche Bedrängnis und verbrachte längere Zeit im Schuldgefängnis.

1792n blau — 'Marseillaise'

LISSABON, Stadt im Südwesten der spanischen Halbinsel am Ausfluß des Tejo in den Atlantischen Ozean. Vor 2500 Jahren Hauptstadt des Reiches Lusitanien, das unter Viriathus den Römern trotzte. Nach einer Periode römischer Fremdherrschaft wurde sie von Goten besetzt und anschließend noch einige Jahrhunderte arabisch. Seit dem 12. Jahrhundert Hauptstadt eines unabhängigen Staates Portugal, der nur noch vorübergehend unter spanische Herrschaft geriet. 1755n wurde die Stadt durch ein schweres Erdbeben nahezu völlig vernichtet, danach aber wieder aufgebaut.

180v–139v — Viriathus
154v/133v — Spanische Erhebung
1147n rot — Frei von Araber-Herrschaft
1147n rot — Hauptstadt Portugals
1150n blau — Kathedrale
1290n blau — Universität
1560n grün — Ausfuhr von Tabak
1580n rot — Portugal zu Spanien
1640n braun — Aufstand Portugals
1640n rot — Unabhängigkeit erklärt
1640n rot — Portugal selbständig

LI-SSE-SÜN, chinesischer Maler.

651n–716n — Lebenslinie
707n blau — 'Landschaft mit Palast'

LIST, Friedrich (1789n–1846n), deutscher Politiker und Schriftsteller. Als Sohn eines Gerbers wurde er Amtsschreiber, stieg in der Staatsverwaltung schnell auf und wurde 28jährig zum Professor der Staatswissenschaften berufen. Trat für die Beseitigung der innerdeutschen Zollschranken und für die wirtschaftliche Einheit des in Kleinstaaten zerrissenen Deutschlands ein. Entgegen der weltoffenen liberalen Volkswirtschaftslehre forderte er eine national-geschlossene Wirtschaft, die durch 'Schutzzölle' ihre Industrie vor der Konkurrenz des Auslandes bewahrt. Wegen seiner Einheitsbestrebungen mußte er seine Professur aufgeben und wurde zu einer Haftstrafe verurteilt. Er wanderte nach Nordamerika aus, wo er als Landwirt, Besitzer von Kohlengruben und Herausgeber einer deutschen Wochenzeitung ein Vermögen erwarb und wieder verlor. Als amerikanischer Konsul nach Deutschland zurückgekehrt, trat er für ein deutsches Eisenbahnnetz ein. Verarmt und krank setzte er seinem Leben durch einen Pistolenschuß selbst ein Ende.

1841n grün — Forderung der Zollunion

LISTER, Joseph (1827n–1912n), englischer Mediziner. Als einer der führenden Chirurgen seines Landes erkannte er die Gefahr der in der Luft befindlichen Bakterien für die Wunden Frisch-Operierter und suchte ihr durch neue Verbandsmethoden zu begegnen. Er schloß die

Operations-Wunden entweder durch Öl-Gewebe luftdicht ab oder machte durch Karbolsprühung aus dem Verbandsmull einen desinfizierenden Luftfilter. Die so erreichte Sicherheit für ein eiterfreies Verheilen der Wunden ermutigte ihn zur Ausführung von Operationen, die er vorher wegen der Größe der damit verbundenen Wunden nicht gewagt hatte.

1867n grün Antisepsis

LISZT, Franz (1811n–1886n), ungarischer Komponist und Pianist. Als neunjähriger Knabe erregte er in Preßburg durch sein Klavierspiel Aufsehen und wurde von reichen Gönnern zur Ausbildung nach Wien geschickt. Seit seinem zwölften Lebensjahre unternahm er in Begleitung seines Vaters Konzertreisen durch ganz Europa. 13jährig komponierte er eine Operette, die bald darauf in Paris aufgeführt wurde, wo er nach dem frühen Tode des Vaters mit seiner Mutter lebte. Paganinis Geigenkunst regte ihn an, das Klavierspiel zu einer vorher unbekannten Klangfülle und Geschlossenheit zu entwickeln. Durch neue Griffe und Akkorde begründete er einen eigenen Stil und schuf selbst zahlreiche Klavier-Kompositionen. Schrieb auch Orchesterstücke und Lieder. Nachdem er mehr als ein Jahrzehnt Hofkapellmeister in Weimar gewesen war, lebte er abwechselnd in Paris, Budapest, Weimar und Rom. Starb in Bayreuth, wo seine Tochter Cosima kurz vorher ihren Mann, den von ihm geförderten Wagner, verloren hatte.

1853n blau Ungarische Rhapsodien

LI-TAIPO, chinesischer Dichter.

701n–762n Lebenslinie
712n–770n Tu-Fu
747n blau Gedichte
1190n blau Liang-Kais Porträt

LITAUEN, Land und Staat an der Ostseeküste. Bildet zusammen mit Lettland und Estland das Baltikum, dessen südlichster Staat es ist. Seit dem 9. Jahrhundert unter eigenen kleinen Fürsten selbständig, wuchs es im 13. Jahrhundert zu einem Staate zusammen. Durch Vereinigung mit Polen konnte es sich des Deutschritterordens erwehren. Bei der dritten Teilung Polens wurde es russisch und blieb es trotz mehrfacher Bauernerhebungen. Zwischen den Weltkriegen noch einmal für kurze Zeit ein selbständiger Staat, wurde es 1940n als Sowjetrepublik der UdSSR eingegliedert.

1222n–1263n Alexander Newski
1245n braun Vorstoß nach Rußland
1252n blau Gründung von Memel
1386n rot Vereinigung mit Polen
1410n braun Sieg über Deutschritter
1411n rot Gebietszuwachs
1411n grün Tribute von Deutschrittern
1505n rot Mongolen-Khan hingerichtet
1795n rot Dritte Teilung Polens
1795n rot Russische Herrschaft
1812n rot Konvention von Tauroggen
1914n/1918n Erster Weltkrieg
1939n/1945n Zweiter Weltkrieg
1940n rot Teil der UdSSR

LITHOGRAPHIE, griechisches Wort für 'Steindruck'. Bezeichnung für ein Druck-Verfahren, das sich besonders für die Vervielfältigung von Zeichnungen eignet. Erfunden von Alois Senefelder, der auf eine geschliffene Steinplatte mit Fett-Tusche ein Bild zeichnete, durch Chemikalien den nicht geschwärzten Teil der Platte aufrauhte und durch Anfeuchtung farbabstoßend machte, so daß nur der mit Fett-Tusche gezeichnete Teil Druckerschwärze annahm. Später wurde nach dem gleichen Verfahren auch von Metallplatten gedruckt.

1796n grün Erfindung
1892n blau Toulouse-Lautrecs Plakate
1947n blau Picasso: Friedenstaube

LI-TSCHU-TSCHENG (1606n–1645n), chinesischer Freiheitskämpfer. Trat nach dem Scheitern des Aufstandes der 'Roten Mützen' an die Spitze der chinesischen Volkserhebung gegen die Mißwirtschaft der kaiserlichen Beamten und gegen soziale Ungleichheit. Führte den durch Hungersnöte in mehreren Landesteilen ausgebrochenen Bürgerkrieg zum Siege. Nach der Eroberung von Peking und dem Selbstmord des letzten Ming-Kaisers nahm er selbst den Kaisertitel an. Ordnete das ganze Land radikal neu, hob alle alten Vorrechte auf, ließ die korrupten Beamten beseitigen und teilte den Besitz der Reichen unters Volk. Doch unterlag er mit seinem Volksheer dem kaiserlichen General Wu, der ihn mit Hilfe der Reiterheere des benachbarten Mandschu-Reiches vernichtend schlug. Nachdem so die Herrschaft über China den ausländischen Mandschu zugefallen war, nahm er sich das Leben.

1628n/1644n Bürgerkrieg

LIUTPRAND (um 680n–744n), König des Langobarden-Reiches Nord-Italien von 712n bis 744n. Als Sohn des Herzogs Anspránd erweiterte er das ererbte Reich durch Eroberung von Süd-Tirol (Meran) und der Romagna (Ravenna, Bologna, Ferrara). Unterwarf die Herzogtümer von Spoleto (Mittel-Italien) und Benevent (Süd-Italien), die sich mit Unterstützung des Papstes aus der langobardischen Hoheit gelöst hatten. Damit war er der Herr über fast ganz Italien und nahm den Königstitel an. Schenkte einige eroberte Ländereien in der Umgebung Roms dem Papst, nachdem er von diesem eine größere Geldsumme erhalten hatte. Half dem ihm befreundeten Frankenkönig Karl Martell mit seinen Truppen bei der Vertreibung der Araber aus der Provence (Süd-Frankreich).

729n rot Schenkung an den Papst

LIU-YEN (um 690n–um 760n), chinesischer Volkswirtschaftler. Baute für das Kriegsministerium einen regelmäßigen Kurierdienst auf, der über 13 große Straßen in alle Teile des Reiches ging ('Tributstraßen'). Außer der Amtspost wurde auch Geschäftspost ('Reisepost') befördert. Alle Sendungen wurden im Staffettensystem weitergegeben, wobei die einzelnen Stationen jeweils 16 km voneinander entfernt waren. Durch die Einsetzung geschulter Beamter erreichte er große Schnelligkeit und eine hohe Zuverlässigkeit. Baute auch die Wasserwege aus und bezog sie in das Post-Netz ein.

745n grün Postverkehr

LIVERPOOL, Hafenstadt an der englischen Westküste gegenüber Irland. Die im 12. Jahrhundert entstandene Siedlung entwickelte sich sehr langsam und hatte fünfhundert Jahre später erst fünftausend Einwohner. Durch den im 18. Jahrhundert einsetzenden Sklavenhandel wuchs die Stadt schnell empor (jährlicher Sklavenumschlag etwa 30000), weil sie das Monopol für den Amerika-Handel hatte. Die massenhafte Überführung afrikanischer Neger-Sklaven nach Nordamerika entwickelte sich bald zu einem Dreiecks-Handel: Englische Textilien und Industrie-Erzeugnisse reisten von Liverpool nach Afrika, Menschenfracht füllte die Schiffe von dort nach Nordamerika, von wo Baumwolle, Petroleum und Tabak nach hier zurückkam. Auf diese Weise wurde die Stadt in kurzer Zeit zum größten Überseehafen der englischen Insel. Reichtum und Armut wuchsen mit gleicher Geschwindigkeit, so daß die Gegensätze des Kapitalismus hier besonders kraß zutage traten und die soziale Frage immer wieder zu Kämpfen zwischen Proletariat und Besitzbürgertum führte. Die ärmlichen, dunklen Keller der Stadt wurden in unserer Epoche zum Ausgangspunkt einer pseudo-revolutionären Jugendbewegung, die ihre Auflehnung gegen die bestehende Gesellschaft durch eine neue Art von Musik, Kleidung und Haarschnitt zum Ausdruck bringt ('Beat').

1197n blau Entwicklung

LIVINGSTONE, David (1813n–1873n), englischer Forschungsreisender. Als Baumwollspinner begab er sich 27jährig nach Betschuanaland (Südafrika) und verbrachte von den folgenden 33 Jahren 28 in Afrika. Dabei durchstreifte er, meist zusammen mit seinem Bruder Charles, das Innere des Kontinents und schrieb Bücher über die zum großen Teil in Europa noch unbekannten Gebiete. Erforschte die Kongo-Quellen und das Sambesigebiet, wobei er die Viktoria-Fälle entdeckte. Zahlreiche weitere Länder, Seen und Flüsse wurden von ihm erstmals beschrieben. Am Tanganjika-See verschollen, wurde er durch den Journalisten Stanley gefunden. Auf der Suche nach den Quellen des Nils starb er am Bangweolo-See im Herzen Afrikas. Durch seine größtenteils im Auftrage der anglikanischen Kirche und der englischen Regierung unternommenen Entdeckungsreisen bereitete er die koloniale Erschließung weiter unberührter Gebiete Afrikas vor und ermöglichte durch seine allgemein anerkannte Forschungsarbeit die Bemäntelung der Ausbeutung des schwarzen Erdteils.

1855n grün Viktoria-Fälle

LIVIUS, Titus, römischer Geschichtsschreiber.

59v–17n Lebenslinie
17n blau Geschichte Roms

LIVIUS DRUSUS (um 130v–91v), römischer Staatsmann. Nachdem sein Vater als Volkstribun die Gesetzentwürfe des Gajus Gracchus nur deshalb durch noch volksfreundlichere Vorschläge übertroffen hatte, um die Gracchen aus der Gunst des Volkes zu verdrängen, wurde er nach seiner Wahl zum Volkstribun ein ehrlicher Sprecher der Armen und Benachteiligten. Beantragte die Gleichstellung von Bürgern und Nicht-Bürgern, die Rückübertragung der Gerichtsbarkeit von den Rittern auf den Senat sowie eine gerechtere Verteilung der Äcker im Sinne der Gracchen. Wurde in seinem eigenen Hause ermordet, ehe er seine Reformen durchsetzen konnte.

91v rot Ermordung

LIVLAND, alter Name eines Teils der baltischen Ostseestaaten. Heute das südliche Estland und das nördliche Lettland.

1173n–1239n Hermann von Salza
1201n blau Gründung von Riga
1347n rot Bereich der Hanse
1629n rot Schwedischer Besitz
1700n/1721n Nordischer Krieg
1710n rot Riga russisch
1721n rot Russische Herrschaft

LIVORNO, italienische Hafenstadt am Mittelmeer südlich der Mündung des Arno, mit dem sie durch einen Kanal verbunden ist. Der hier befindliche Hafen (Portus Liburni) war nach dem Untergang des Römerreiches zu einem verlassenen Fischerdorf herabgesunken, als durch den Verfall des benachbarten Hafens von Pisa ('Pisani') der Bedarf für einen neuen Hafen erwuchs. 1421n an Florenz gefallen, wurde die Stadt durch eine Mauer geschützt und erhielt eine starke Befestigung ('Zitadelle'). Sodann wurde der Hafen als erster Mittelmeerhafen zum zollfreien Gebiet erklärt und bildete bald eine begehrte Anlegestelle für ausländische Handelsschiffe. Durch einen Freiheitsbrief des deutschen Kaisers 1593n als Zufluchtsstätte Verfolgter anerkannt, blühten in der Stadt durch den Zustrom verjagter Protestanten (vor allem Hugenotten) auch die Gewerbe auf. Im Zeitalter des Kapitalismus zu einem Industriezentrum entwickelt, wurde die Stadt im 19. Jahrhundert Schauplatz revolutionärer Erhebungen des Proletariats. 1921n wurde hier die kommunistische Partei Italiens gegründet.

1547n grün Freihafen

LI-WANG (um 900v–um 835v), chinesischer Kaiser. Suchte vergeblich, die starke Zentralgewalt der Tschu-Herrschaft mit Härte gegen die eigenwilligen Fürsten aufrechtzuerhalten. Von seiner eigenen Familie verlassen, mußte er unter dem Druck der höchsten Würdenträger die Flucht ergreifen und den Thron seinem minderjährigen Sohn überlassen, der unter der Vormundschaft eigensüchtiger Regenten die Selbständigkeitswünsche der Einzelstaaten erfüllen mußte.

841v braun Aufstand

LIXOS, Hafenstadt in Marokko (Nordafrika). Von phönizischen Seefahrern unweit der Straße von Gibraltar an der Küste des Atlantischen Ozeans vor mehr als 3000 Jahren angelegt, entwickelte sie sich zu einem wichtigen Zentrum des Handels im westlichen Mittelmeer.

1025v blau Gründung

LI-YÜ (um 1620n–um 1695n), chinesischer Verleger. Gab zusammen mit Wang-Kai ein Handbuch der chinesischen Malerei heraus unter dem Titel 'Der Garten, so groß wie ein Senfkorn'. In fünf Bänden stellte er als Anleitung für Amateur-Maler eine Übersicht aller bekannten Maltechniken zusammen und gab dazu Farbholzschnitte von Landschaften, Pflanzen, Vögeln und Blüten.

1679n blau Lexikon der Malerei

LI-YÜAN, Kaiser von China von 618n bis 626n.

570n–635n Lebenslinie
560n–618n Yang-Ti
598n–649n Tai-Tsung
617n/623n Bürgerkrieg
618n rot Herrschaftsbeginn
620n grün Bodenreform
623n rot Einigung Chinas

LLOYD, Edward (um 1650n–1713n), englischer Kaffeehausbesitzer. In seiner Gaststätte trafen sich Londoner Kaufleute und Politiker. Seit 1696n gab er ein wöchentlich erscheinendes Handelsblatt heraus ('Lloyd's News'). Doch wurde die Zeitschrift wegen ihrer freimütigen Berichterstattung in politischen Fragen bald unterdrückt. Seit 1726n erschien sie entpolitisiert als 'Lloyd's List' weiter. Wegen ihrer Informationen aus allen Häfen der Welt entwickelte sie sich zu einem gefragten Orientierungsmittel. Sie bildete eine Grundlage für das auf genauer Information beruhende Lloyd-Versicherungs-Unternehmen, das später hieraus entstand und das den unbedingten Kundendienst (Service) des Kaffeehausbesitzers zum beherrschenden Geschäftsprinzip erhob.

1696n grün Schiffsnachrichtenblatt

LLOYD GEORGE, David (1863n–1945n), englischer Staatsmann. Als Rechtsanwalt wegen seiner Rednergabe 27jährig ins Unterhaus gewählt, wurde er als radikaler Gegner des Burenkriegs bekannt. Seit 1905n Mitglied der Regierung, zunächst Handelsminister, dann Schatzkanzler. Führte nach deutschem Vorbild eine Sozialgesetzgebung ein, die den Arbeiter gegen die wirtschaftlichen Folgen von Krankheit und Arbeitslosigkeit sicherte und ihm eine bescheidene Altersversorgung gewährte. Seine Reform für die Landbevölkerung brachte ihn in Gegensatz zu den englischen Großgrundbesitzern und damit zum Oberhaus. So konnte er seine ländliche Siedlungsplanung nur teilweise verwirklichen. Auch sein Kampf für die Unabhängigkeit Irlands endete nur mit einem Teil-Erfolg (Freiheit des größeren Teiles der Insel gegen engere Bindung des reicheren Gebietes an England). Als Premierminister im ersten Weltkrieg setzte er die allgemeine Wehrpflicht durch und führte England an der Seite Frankreichs und Nordamerikas zum Siege. Nach Durchsetzung der englischen Kriegsziele (Zerstörung der deutschen Flotte und Wegnahme der deutschen Kolonien) trat er für eine Mäßigung der Friedensbedingungen ein, ohne sich ganz gegen die radikalen Forderungen Frankreichs zu behaupten. Als Symbol des gewonnenen Krieges ließ man ihn trotz einer Wahlniederlage noch bis 1922n an der Spitze der Regierung. Seitdem waren er und die von ihm geleitete Liberale Partei bedeutungslos.

1914n/1918n Erster Weltkrieg
1919n rot Versailler Vertrag
1921n braun Irischer Aufstand
1921n rot Irland Freistaat

LOBATSCHEWSKI, Nikolai (1793n bis 1856n), russischer Mathematiker. Während seines Studiums suchte er erfolglos nach einem exakten Beweis für Euklids Parallelen-Axiom. Später zog er auch den Satz von der Winkelsumme im Dreieck in Zweifel. Als Professor der Mathematik in Kasan bewies er, daß man im Gegensatz zu dem Axiom des Euklid durch einen Punkt außerhalb einer Geraden nicht nur eine, sondern zwei und also unendlich viele Parallelen ziehen kann, und daß auch ein Dreieck denkbar und also möglich ist, dessen Winkelsumme nicht 180° beträgt. Erkannte die Möglichkeit einer widerspruchsfreien Geometrie unter Aufgabe von Axiomen des Euklid und verkündete, daß diese 'imaginäre Geometrie' der Euklid'schen gleichwertig gegenübersteht. In einer ausführlichen Schrift baute er seine neue Geometrie zu einem geschlossenen System aus ('Pangeometrie').

1826n grün Neue Geometrie

LOBEIRA, Vasco de (um 1360n–1403n), portugiesischer Schriftsteller. Verfaßte als erste große Dichtung in portugiesischer Sprache den Roman des Amadis, der als Sohn des Königs von Wales abenteuerliche Dinge erlebte. Dabei unterbaute er die Schilderung jedes einzelnen Abenteuers mit einer faustdicken Moral. Wegen der Helden-Gestalt des treu liebenden Ritters verbreitete sich sein Werk bald in ganz Europa.

1391n blau 'Amadis'

LOCARNO-PAKT, Vertragssystem zur Beendigung der politischen Ächtung Deutschlands nach dem ersten Weltkriege. Abgeschlossen in dem südschweizerischen Städtchen Locarno am Lago Maggiore. Unterzeichnet von Frankreich, Belgien und Deutschland, garantiert durch England und Italien. Legte die neuen Westgrenzen Deutschlands fest, ließ aber die Frage der deutschen Ostgrenzen offen, obwohl Polen und die Tschechoslowakei mit Nebenverträgen gebunden wurden. Durch seine Aufnahme in den Völkerbund sollte Deutschland in die europäische Völkerfamilie zurückgeführt werden. Bewirkte eine Stärkung des deutschen Nationalismus und die Hinlenkung seiner Angriffsabsichten nach Osten.

1925n rot Abschluß
1926n rot Deutschland im Völkerbund

LOCHKAMERA, allseitig geschlossener Kasten, in den man durch ein feines Loch Licht einfallen läßt, wodurch auf der dem Loch gegenüberliegenden Innenwand ein seitenverkehrtes und auf dem Kopf stehendes Bild der Außenwelt entsteht. Auf dieser Wirkung beruht die gesamte Photographie, sowie die Film-, Fernseh- und Röntgentechnik.

965n–1039n Al Hassan
1011n grün Benutzung durch Araber
1320n grün Hilfe bei Sternbeobachtung
1558n grün Sammellinse

LOCHKARTE, Bezeichnung für eine aus Karteikarton bestehende Karte, die durch Lochung oder Einkerbung an bestimmten Stellen gekennzeichnet wird und durch diese Markierung bestimmte mechanische oder elektrische Vorgänge auslöst, sobald sie in eine dafür bestimmte Maschine gesteckt wird. Entwickelte sich zur Grundlage der Programmierung automatisch erfolgender Verrichtungen. In der modernen Wirtschaft auch angewendet für Buchhaltung, Rechnungsstellung und Kalkulation. In Verbindung mit elektronischen Rechenmaschinen bewirkt sie in unserer Epoche eine Vielfalt komplizierter Vorgänge in kürzester Zeit und ist für die Steuerung der Produktion, für Verteilung und Statistik bereits heute unentbehrlich, obwohl ihre Verwendung erst am Anfang der Entwicklung steht.

1805n grün Jacquard-Webstuhl
1880n grün Hollerith-Maschine

LOCHNER, Stephan, deutscher Maler.

1410n–1451n Lebenslinie
1443n blau Dreikönigs-Altar

LOCKE, John, englischer Philosoph und Erzieher.

1632n–1704n Lebenslinie
1690n blau Empirismus

LÖBEL, Renatus Gotthelf (1767n–1799n), deutscher Gelehrter. Stellte eine kleine, alphabetisch geordnete Enzyklopädie für den allgemeinen Gebrauch zusammen und begann 1796n mit der Herausgabe des ersten Bandes. Er nannte sein Werk 'Konversationslexikon' und prägte damit die Bezeichnung für Nachschlagewerke, die vorwiegend für allgemein-interessierte, aber wissenschaftlich unvorgebildete Leser bestimmt sind. Nach der Fertigstellung von vier geplanten Bänden starb er und hinterließ seinem Mitarbeiter Franke die Herausgabe, der das Werk auf sechs Bände erweiterte und es für den Buchhändler Brockhaus zu Ende führte.

1796n blau Konversationslexikon

LÖFFEL, Küchen- und Eßgerät aus Holz, Knochen, Horn, Elfenbein, Metall, Glas, Hartgummi, Porzellan oder Kunststoff. Bereits vor 7000 Jahren wurden dünne Knochenstifte am Ende löffelartig ausgehöhlt, um damit das Mark aus den Knochen zu holen. Vor mehr als 4000 Jahren in Ägypten für verschiedene Zwecke verwendet, so zum Entnehmen von Schminke aus der Dose und zum Streuen von Weihrauch auf die Räucherpfanne. Bei den Griechen früh zum Schöpfen und zum Austeilen von Wein und anderen Flüssigkeiten gebraucht, ehe er sich als Eßgerät für Brühe durchsetzte. Erst die Römer verwendeten ihn auch bei der Tafel vielseitiger. Doch blieb seine Benutzung bis ins 18. Jahrhundert auf eine kleine Schicht beschränkt. 1710n erfanden dann zwei Metallarbeiter in Bayersfeld (Erzgebirge) seine Herstellung aus Blech. Damit begann das besonders in Sachsen beheimatete neue Handwerk der Löffelschmiede und die allgemeine Verbreitung dieses Eßgerätes.

2423v grün Schminklöffel in Ägypten
563v grün Eßlöffel in Athen

LÖSCHBLATT

1633n grün Aufkommen in Europa

LÖTEN, Verbindung zweier Metallteile unter Verwendung eines schmelzbaren Binde-Metalls.

669v grün Erfindung

LOEW, Oskar (1844n–1941n), deutscher Chemiker. Erforschte die chemischen Vorgänge in der Pflanzenzelle und ging als Professor für Landwirtschafts-Chemie nach Tokio, München, New York und Portorico. Bei Versuchen zur künstlichen Zucker-Erzeugung kondensierte er Formaldehyd und entdeckte dessen keimtötende Wirkung. Unter dem Namen 'Formalin' führte er diese Wasserstoff-Verbindung als Desinfektionsmittel ein. Brachte die Wirkungen der natürlichen Gifte in ein verständliches System, erkannte die Selbstreinigung der Flüsse, untersuchte die Wirkung des Blutserums auf Bakterien, ermittelte den Kalkbedarf des Menschen und schrieb ein grundlegendes Werk über die chemische Energie der lebenden Zellen.

1886n grün Formalin-Desinfektion

LÖWE, große Raubkatze, die früher in Europa, Asien und Afrika zuhause war, sich aber nun fast völlig nach Afrika zurückgezogen hat. Seit alters her als

Sinnbild von Kraft, Edelmut und Heldentum verehrt und gejagt. Ernährt sich von Säugetieren, die er meist nachts beschleicht. Den Menschen greift er nur selten an. Läßt sich jung leicht zähmen, gedeiht in der Gefangenschaft und pflanzt sich in Zoologischen Gärten fort. Seit mindestens 3000 Jahren in zahllosen Fabeln dargestellt als König der Tiere.

2998 v blau Löwenjagd-Darstellung
2838 v blau Plastik 'Hungriger Löwe'
2738 v blau Relief in Uruk
2722 v blau Elfenbein-Relief
2698 v blau Ton-Plastik in Ägypten
2691 v blau Sumerisches Relief
2611 v blau 'Löwenköpfiger Adler'
2576 v – 2515 v Chefren
2523 v blau Sphinx von Giseh
2489 v blau Akurgals Löwenköpfe
2446 v blau Löwenköpfe für Tempeltor
2425 v blau Löwenkopf aus Granit
2415 v blau Relief 'Gefangene Löwen'
2314 v blau Löwenbild in Maikop
2293 v blau 'Kampf mit dem Löwen'
2205 v blau Bronze 'Brüllender Löwe'
1851 v blau 'Sesostris als Sphinx'
1828 v blau 'Amen-Em-Het als Sphinx'
1712 v blau Wandgemälde 'Löwenjagd'
1483 v blau 'Hatschepsut als Sphinx'
1388 v blau Löwe von Soleb
1349 v blau 'König auf Löwenjagd'
1338 v blau Portal-Löwen von Hattusa
1335 v blau Sphinx von Hattusa
1309 v blau Löwentor von Mykene
779 v blau Löwentor von Sam-Al
771 v blau Relief 'Brüllender Löwe'
712 v blau Relief 'Löwenbezwinger'
645 v blau Relief 'Sterbende Löwin'
396 v – 328 v Leochares
329 v blau 'Alexander auf Löwenjagd'
226 v blau Löwentempel in Nubien
391 n blau Symbol für Markus

LÖWEN, Stadt in Belgien, 20 Kilometer westlich von Brüssel. Mittelpunkt des flämischen Bevölkerungsteiles, der sich auf Grund eigener Sprache und Geschichte als selbständige Volksgruppe gegenüber den französisch sprechenden Wallonen fühlt. Im 9. Jahrhundert als normannischer Lagerplatz entstanden. Nach Vertreibung der Normannen (891 n) Residenzstadt der Herzöge von Brabant. Durch die um 1200 n aufblühende Tuchindustrie wurde sie in 150 Jahren zur größten und reichsten Stadt des Landes (100 000 Einwohner). 1362 n setzten die Weber ihre gleichberechtigte Teilnahme an der Verwaltung durch, 1382 n erhoben sich alle Arbeiter der Stadt gegen den Herzog, wurden aber besiegt und wanderten zum größten Teil nach England aus, wo sie die Tuchherstellung zum führenden Gewerbe des Landes machten. Der hierdurch entstandenen Konkurrenz nicht gewachsen, verlor die Stadt an Bedeutung. Im 16. Jahrhundert von der Pest heimgesucht, überließ sie ihre verödeten Tuchhallen 1679 n der Universität.

1425 n blau Universität
1463 n blau Rathaus

LÖWENHERZ, Richard (1157 n – 1199 n), englischer König von 1189 n bis 1199 n. Als Sohn des englischen Königs Heinrich II. empörte er sich mehrfach gegen seinen Vater. Nach dessen Tod nahm er als König an einem Kreuzzug nach Palästina teil. Vereinigte sich mit König Philipp von Frankreich, eroberte die Mittelmeer-Insel Zypern, beteiligte sich an der Einnahme von Akkon (Vorderasien) und wurde bei der Heimkehr vom Sturm an die italienische Küste verschlagen. Gegner des deutschen Kaisers, wollte er verkleidet nach England zurückkehren. Vor Wien wurde er von Herzog Leopold gefangengenommen, den er auf dem Kreuzzug persönlich beleidigt hatte. Wurde an den Kaiser ausgeliefert und konnte sich erst zwei Jahre später durch Ablegung des Lehnseides gegenüber dem deutschen Kaiser sowie durch ein Lösegeld von 100 000 Mark freikaufen. Nach England zurückgekehrt, mußte er zur Sicherung seiner Herrschaft einen vierjährigen Feldzug gegen den mit seinem Bruder verbündeten König von Frankreich führen. Bald nach dem Friedensschluß starb er an einer Verwundung. Durch seine ständige Abwesenheit von England hatte er die Königsmacht geschwächt und der Selbstherrlichkeit von Fürsten und Adel aufgeholfen.

1189 n / 1192 n Dritter Kreuzzug

LOGARITHMENTAFEL, Bezeichnung von Übersichtstafeln, auf denen Verhältniszahlen (= Logarithmen) zusammengestellt sind. Hilfsmittel zur Lösung schwieriger mathematischer Aufgaben durch Zurückführung des Multiplizierens und Dividierens auf einfaches Zu- oder Abziehen unter Verwendung tabellarischer Vorberechnungen.

1614 n grün Napiers Tafel
1617 n grün Briggs' Tafel

LOGAU, Friedrich (1604 n – 1655 n), deutscher Dichter. Studierte Rechtskunde und wurde Hofbeamter. Als Kanzleirat brachte er in den Mußestunden seine Gedanken über Welt und Leben in Versform und ließ sie 34jährig drucken ('Erstes Hundert deutscher Reimsprüche'). 16 Jahre später waren daraus 'Deutscher Sinngedichte dreitausend' geworden. Wandte sich gegen den sittlichen Verfall an den Fürstenhöfen, deren Prunk er für unvereinbar mit der Not des Volkes erklärte. Die Lasterhaftigkeit und Gewissenlosigkeit des Adels, dem er selbst zugehörte, das Nachäffen französischer Kleidung, Lebensweise und Sprache, die Sinnlosigkeit des Krieges, der Müßiggang der Reichen, das Schinden der Bauern durch die Gutsherren waren der Inhalt seiner auf Besinnung zielenden Sinnsprüche.

1654 n blau Sinngedichte

LOHENSTEIN, Daniel Casper (1635 n – 1683 n), deutscher Dichter. Studierte Rechtswissenschaft, heiratete die Erbin von drei großen Gütern, wurde kaiserlicher Rat und Syndikus von Breslau. Schrieb Gedichte ('Blumen'), Theaterstücke ('Ibrahim Bassa', 'Agrippina') sowie einen Roman mit 3076 zweispaltigen Seiten ('Großmütiger Feldherr Arminius oder Hermann nebst seiner durchlauchtigsten Thusnelda'). Darin schilderte er mit Hingabe bestialischste Geschehnisse der Vergangenheit und verweilte besonders bei der Ausmalung unsittlicher, grausamer Vorgänge. Die schmutzigsten Szenen beschrieb er mit offenbarem Behagen. So spiegelt sein Werk die Verrohung und den geistig-sittlichen Tiefstand der herrschenden Klasse Deutschlands nach dem 30jährigen Kriege wieder.

1683 n blau 'Armin und Thusnelda'

LOHN, Entgelt für Arbeitskraft, das in Waren (Naturallohn) oder in Geld gezahlt wird. Seine Höhe ist in der auf Gewinn gerichteten Ausbeuter-Gesellschaft grundsätzlich geringer als der Wert der erbrachten Arbeitsleistung. Er stellt das einzige Einkommen des abhängigen Berufstätigen dar, der keine eigenen Produktionsmittel besitzt und deshalb genötigt ist, seine Arbeitskraft täglich stundenweise an den Besitzer der Produktionsmittel zu verkaufen. Der Lohn-Empfang ist in der Klassengesellschaft das Merkmal des Angehörigen der ausgebeuteten Klasse (Proletariat).

2615 v – 2550 v Cheops
1915 v grün Regelmäßige Zahltage
1902 v – 1841 v Bila-Lama
1168 v rot Erkämpfung durch Streik
267 v grün Akkordlohn in Ägypten
134 n rot Schutz für Lohnarbeiter
1351 n rot Lohnstreik in Speyer
1360 n rot Druck auf Lohnarbeiter
1378 n rot Lohnarbeiter-Gewerkschaft
1563 n rot Gleitende Lohnskala
1723 n – 1790 n Adam Smith
1839 n – 1937 n Rockefeller
1863 n – 1947 n Ford
1882 n – 1945 n F. D. Roosevelt
1933 n grün Lohn-Lenkung

LOIRE, mit 1010 Kilometern Länge größter Fluß Frankreichs. Durchfließt in zahllosen Windungen gemächlich die Mitte des Landes. Entspringt unweit der Rhône in 1370 m Höhe im Cevennen-Gebirge, fließt nordwärts der Rhône entgegen und oft nicht mehr als 50 km von ihr entfernt, wendet sich dann etwa 100 km vor Paris nach Westen und erreicht über Orléans und Tours den Atlantischen Ozean bei Nantes in einem 8 km breiten Mündungstrichter. Die Schönheit ihres Tales zog viele Jahrhunderte hindurch die Reichen und Mächtigen des Landes so sehr an, daß sie hier zahlreiche Schlösser und Landsitze errichteten, die heute der Landschaft ihren besonderen Reiz geben.

725 n rot Loire – Gebiet arabisch
865 n / 866 n Beutezüge der Normannen
1338 n / 1453 n Hundertjähriger Krieg
1422 n rot Grenze zu England

LOKOMOTIVE, Bezeichnung für eine Antriebsmaschine auf Rädern, die an Schienenwege gebunden ist. Ihre Erfindung bescherte dem Menschen die Eisenbahn und damit den schnellen Waren- und Personen-Verkehr über weite Strecken in kurzer Zeit.

1804 n grün Trevithiks Maschine
1814 n grün Stephensons Maschine
1825 n grün Eisenbahn in England
1835 n grün Eisenbahn in Deutschland

LO-KUAN (um 1260 n – um 1340 n), chinesischer Dichter. Verfaßte in jahrzehntelanger Arbeit das erste große Romanwerk Chinas ('Geschichte der drei Reiche'). In 120 Bänden trug er aus über tausend Quellen Nachrichten über eine kurze Periode seines Landes zusammen und gab ein farbiges Bild des dritten Jahrhunderts, als nach dem Sturz der Han-Dynastie China in drei Teile zerfiel. Seine meisterhafte Gestaltung des Stoffes machte das Buch für Jahrhunderte zum volkstümlichsten literarischen Werk seines Landes.

220 n rot Zerfall Chinas
1300 n blau 'Die drei Reiche'

LOLLARDEN, von dem lateinischen Worte 'lollium' (= Unkraut) abgeleiteter Spottname für die Anhänger Wiclifs, die für dessen religiöse und soziale Reformen eintraten ('Unkrautsäer'). Sie wurden von der Kirche als 'Ketzer' betrachtet und verfolgt. Der Name war bereits vorher einer religiös-sozialen Bewegung in Antwerpen gegeben worden, die von der katholischen Inquisition verfolgt wurde.

1324 n – 1384 n Wiclif
1383 n rot Aufkommen in England
1417 n rot Hinrichtung Oldcastles
1420 n rot Aufruf zum Kreuzzug

LOLLIUS, Markus (um 60 v – 2 n), römischer Staatsmann und Feldherr. Von Augustus wegen seiner Tüchtigkeit ungeachtet seiner plebejischen Herkunft in höchste Staatsämter berufen. Nach erfolgreicher Tätigkeit als Statthalter in Galatien (Kleinasien) führte er im Balkan erfolgreiche Kämpfe gegen die Thraker und wurde schließlich Statthalter in Gallien. Bei einer Strafexpedition gegen die Germanen mußte er am Rhein eine Niederlage hinnehmen. Nach Klein-Asien zurückgekehrt, wurde er von dem 18jährigen Adoptivsohn des Augustus der Bestechlichkeit beschuldigt, fiel in Ungnade und nahm sich das Leben.

17 v / 16 v Sieg der Sugambrer

LOMBARDEI, Landschaft in Norditalien. Umfaßt die mittlere Po-Ebene mit Mailand und erstreckt sich vom Südrand der Alpen bis zur Küste des Mittelmeeres bei Genua. Benannt nach den Langobarden, die hier vor 1400 Jahren ein Reich gründeten und es zweihundert Jahre lang behaupteten.

222 v braun Römischer Vorstoß
222 v rot Herrschaft Roms
311 n rot Edikt von Mailand
340 n – 397 n Ambrosius
370 n / 455 n Hunnenkriege
489 n / 493 n Vorstoß der Ostgoten
493 n rot Reich der Ostgoten
541 n – 572 n Alboin
568 n / 569 n Germanen-Vorstoß
569 n rot Langobarden-Herrschaft
742 n – 814 n Karl der Große
773 n / 774 n Angriff der Franken
774 n rot Fränkische Herrschaft
787 n grün Waisenhaus in Mailand
912 n – 973 n Otto I., der Große
951 n braun Deutscher Kriegszug
951 n rot Heirat Ottos
951 n rot Otto I. Langobardenkönig
962 n braun Deutscher Kriegszug
1041 n braun Aufstand der Motta
1041 n grün Erblichkeit der Lehen
1059 n braun Aufstand der Pataria
1122 n – 1190 n Friedrich I. Barbarossa
1141 n blau Petrus Lombardus: Psalmen
1151 n grün Geldhändler-Vereinigung
1155 n grün Genossenschaft in Mailand
1156 n grün Bankgeschäfte
1158 n rot Ende der Städtefreiheit
1158 n / 1162 n Erhebung gegen Deutsche
1166 n / 1167 n Deutscher Kriegszug
1176 n braun Erhebung gegen Deutsche
1176 n rot Städte unabhängig
1183 n rot Deutsche Hoheit
1198 n grün Arbeiter-Bund
1198 n grün Bürger-Bund
1205 n rot Rechte für Handwerker
1205 n grün Seidenfabriken
1231 n grün Zusammenhalt der Katharer
1232 n – 1300 n Segarelli
1286 n grün Sektion in Cremona
1305 n / 1307 n Lombardischer Kreuzzug
1544 n rot Rückzug Frankreichs
1649 n grün Amati: Geigenbau
1705 n grün Stradivari: Geigenbau
1714 n rot Besitz Österreichs
1796 n / 1815 n Napoleonische Kriege
1815 n rot Wiener Kongreß
1859 n / 1861 n Befreiungskampf Italiens

LOMBARDUS, Petrus (um 1105 n – 1160 n), italienischer Theologe. Studierte in Bologna, Reims und Paris, wo er sich niederließ. Seit 1140 n dozierte er an der Domschule und wurde Bischof von Paris. Erklärte es als Aufgabe der Philosophie, das Dasein Gottes und die Unsterblichkeit der Seele zu beweisen. Mit seinem Hauptwerk '4 Bücher Lehrmeinungen' fügte er die christliche Dogmatik in ein systematisches Lehrgebäude. Darin gliederte er die Aussprüche der Kirchenväter nach Sachgebieten (1. Gott, 2. Geschöpfe, 3. Erlösung, 4. Gottesdienst) und gab Argumente zur Entkräftung vernunftgemäßer Einwände.

1141 n blau Psalmen-Kommentar
1155 n blau Lehrbuch der Dogmatik

LOMBROSO, Cesare (1836 n – 1909 n), italienischer Mediziner. Als Militärarzt nahm er am Kampf Italiens um seine staatliche Einheit teil. 26jährig wurde er Leiter der Irrenanstalt von Pesaro und Professor der Psychiatrie. Untersuchte die seelisch-körperliche Veranlagung von Verbrechern und gelangte zu dem Ergebnis, daß Straftaten nicht auf persönliche Schuld, sondern auf Erbanlage und stammesgeschichtliche Einflüsse zurückzuführen sind. In seinem Buche 'Der Verbrecher in anthropologischer, ärztlicher und juristischer Beziehung' forderte er die Behandlung des Verbrechers als eines Kranken. Von Kirche und Bürgertum angefeindet, wandte er sich dem Marxismus zu und bezog in seine Kriminal-Anthropologie auch die gesellschaftlichen Verhältnisse ein. Seine Untersuchung über die konstitutionelle Verwandschaft zwischen dem Genie und dem Irren löste ein weltweites Echo aus. Erforschte auch die Psychologie der Prostituierten.

1864 n blau 'Genie und Irrsinn'

LOMONOSSOW, Michail Wassiljewitsch, russischer Gelehrter und Dichter.

1711 n – 1765 n Lebenslinie
1748 n blau Sprachkunde
1755 n blau Universität Moskau
1757 n grün Materie und Energie
1953 n blau Lomonossow-Universität

LOMONOSSOW-UNIVERSITÄT, seit 1940 n Name der ältesten und größten Universität der UdSSR in Moskau. Vor mehr als 200 Jahren auf Betreiben des russischen Gelehrten Lomonossow aufgebaut, hatte sie bei ihrer Gründung nur eine medizinische, eine philosophische und eine juristische Fakultät. Seit der Revolution wurden insbesondere die naturwissenschaftlichen Disziplinen ausgebaut und die Zahl der Fakultäten auf zwölf erhöht. Außer zahlreichen Forschungsstätten sind ihr vier Museen angeschlossen sowie drei astronomische Observatorien und eine Bibliothek. 1953 n wurde für sie auf den Leninbergen über der Stadt Moskau ein neuer Gebäudekomplex erstellt, in dem die Studenten auch wohnen können.

1711 n – 1765 n Lomonossow
1755 n blau Gründung
1953 n blau Ausbau

LONDON, Stadt in Süd-England. An beiden Ufern der Themse 50 Kilometer vor ihrer Mündung in die Nordsee wurde die alte keltische Siedlung seit dem Jahre 50 n zu einem befestigten Militärlager der römischen Kolonie Britannien ausgebaut. Elf Jahre später als Zentrum einer antirömischen Erhebung zerstört und dann als römische Siedlung wieder aufgebaut. Bis zum Jahre 120 n war die neue Stadt mit Mauer, Forum, Basilika und Münzstätte fertiggestellt und blieb für die Dauer der römischen Besatzung der wichtigste Hafen und das Verwaltungszentrum der römischen Kolonie. Dann wurde sie Hauptstadt eines von den germanischen Angelsachsen gegründeten Königreiches (Essex). Im 9. und 10. Jahrhundert mehrmals von dänischen Normannen angegriffen und beraubt. Seit Eroberung Englands durch den Normannenkönig Wilhelm I. im Jahre 1066 n Residenzstadt englischer Könige. 1191 n zur freien Stadt erklärt, wurde sie Hauptschauplatz der englischen Freiheitsbewegung. Nach den vergeblichen Aufständen von Wat Tyler und Jack Cade wurden hier in der englischen Revolution Bürgerrechte für ganz England erkämpft. Von Mitte des 18. Jahrhunderts bis Mitte des 20. Jahrhunderts Zentrum des größten Kolonialreiches der Weltgeschichte. Hierher flossen die Erträge aus dem Viertel der Erde, das zwei Jahrhunderte hindurch von England unterworfen und ausgebeutet war. Zugleich Zentrum der Industrialisierung des technisch fortgeschrittensten Landes, wurde es zum Mittelpunkt des Welt-Kapitalismus. Hier schrieb Karl Marx sein Hauptwerk, in dem er den Ausbeutungscharakter des Kapitalismus aufdeckte und die Arbeiterklasse zu seiner Überwindung aufrief ('Das Kapital'). Hier wurde von Karl Marx und Friedrich Engels die erste Internationale gegründet. Bereits im ersten Weltkrieg Ziel deutscher Luftangriffe, wurde die Stadt im zweiten Weltkrieg auch durch Raketen ('V 2') angegriffen. Mit dem Scheitern der Luftschlacht über London mußte Deutschland 1942 n seine Hoffnung auf Eroberung Englands aufgeben. Die Londoner Konferenz der Siegermächte brachte 1947 n den klaren Bruch zwischen den kapitalistischen und den kommunistischen Verbündeten des zweiten Weltkrieges.

43 n / 50 n Vorstoß Roms
43 n blau Gründung
61 n braun Zerstörung
407 n braun Abzug der Truppen Roms
616 n blau Benediktiner-Abtei
851 n / 852 n Normannen-Vorstoß
1081 n blau Tower
1099 n blau Westminster Hall
1250 n grün 'Stalhof'
1269 n blau Westminster-Abtei
1280 n rot Hanse
1288 n grün Turmuhr von Westminster
1325 n – 1381 n Wat Tyler
1344 n rot Bankvertreter verhaftet
1377 n rot Bürgerschutz für Wiclif
1381 n / 1382 n Arbeiter-Aufstand
1400 n – 1450 n Jack Cade
1411 n blau Bau des Rathauses
1450 n braun Aufstand Jack Cades
1544 n grün Zuckerraffinerie
1565 n grün Börse
1597 n grün Gresham-College
1644 n grün Arbeitslosigkeit
1703 n blau Buckingham-Palast
1709 n blau Wochenschrift
1710 n blau Pauls-Kathedrale
1717 n rot Freimaurervereinigung
1740 n blau Westminster-Abtei: Türme
1753 n grün Britisches Museum
1814 n grün Straßenbeleuchtung
1840 n rot Deutscher Arbeiter-Verein
1851 n grün Weltausstellung
1864 n rot Erste Internationale
1914 n / 1918 n Erster Weltkrieg
1939 n / 1945 n Zweiter Weltkrieg

LONDON, Jack (1876 n – 1916 n), nordamerikanischer Schriftsteller. Als uneheliches Kind eines umherziehenden Sterndeuters wuchs er in ärmlichen Verhältnissen auf und mußte sich früh selbst ernähren. Wurde Zeitungsjunge, Fabrikarbeiter, Matrose, Goldsucher und Seepolizist. In spannenden Erzählungen und Romanen beschrieb er sein eigenes abenteuerliches Leben ('Abenteuer des Schienenstranges', 'König Alkohol'). Das Schicksal des Proletariats in den Londoner Slums ('Menschen der Tiefe') wie die Empörung der arbeitenden Massen gegen ihre Ausbeuter ('Die eiserne Ferse') führten ihn immer entschiedener auf die Seite des Sozialismus ('Der Krieg zwischen den Klassen') und zur Bejahung der Weltrevolution ('Revolution'). In seinem Buch 'Der Ruf der Wildnis' übertrug er das Gesetz der kapitalistischen Gesellschaft auf die Tierwelt und entlarvte es damit in seiner ganzen Unmenschlichkeit.

1904 n blau 'Der Seewolf'

LONGINOS, griechischer Philosoph und Sprachforscher syrischer Herkunft.

214 n – 273 n Lebenslinie
249 n grün Gedächtnis-Ausbildung
255 n blau Einführung in die Redekunst
260 n blau Kommentare zur Philosophie
265 n blau Sprachkunde

LONGOS (um 200 n – um 260 n), griechischer Schriftsteller auf der Mittelmeer-Insel Lesbos vor der Küste Kleinasiens. Schrieb einen Roman über zwei junge Menschen ('Daphnis und Chloe'), die als Kinder unter Hirten groß werden, einander liebgewinnen als Abkömmlinge reicher Eltern erkannt werden, aber aus Liebe zum einfachen, naturverbundenen Leben bei den Hirten bleiben und heiraten. Gestaltete die Handlung mit zarter Einfühlungsgabe und tiefer Seelenkenntnis. Dabei entwickelte er jedes neue Geschehen aus dem vorangegangenen und gab ein farbiges Bild der Naturschönheiten seiner Heimatinsel Lesbos, wo das Romangeschehen sich zutrug.

248 n blau Hirtenroman

LOPE de Vega, spanischer Dichter.

1562 n – 1635 n Lebenslinie
1614 n blau 'Kolumbus'
1621 n blau 'Andromeda'

LORCA Garcia, Federico (1899 n bis 1936 n), spanischer Dichter und Musiker. Als Student schrieb er zarte Gedichte ('Buch der Lieder'), dann Dichtungen voller Heimatliebe ('Zigeunerromanzen'). In seinen Theaterstücken stellte er den Zusammenstoß der menschlichen Natur mit den gesellschaftlichen Schranken dar ('Bluthochzeit', 'Yerma'). Nach einer Amerikareise bekam seine Dichtung eine antikapitalistische Richtung ('Der Dichter in New York'), und er wurde zum Revolutionär. Im Februar 1936 n gründete er mit Kommunisten und Katholiken den Bund antifaschistischer Intellektueller. Sechs Monate später wurde er von Faschisten ermordet.

1933 n blau 'Bluthochzeit'
1936 n / 1939 n Spanischer Bürgerkrieg

LORCHA-KRIEG

1856 n / 1860 n Krieg
1860 n rot Gebietsverlust Chinas

LORENTZ, Hendrik Antoon (1853 n bis 1928 n), holländischer Mathematiker und Physiker. Als Mathematiklehrer in seiner Heimatstadt Arnheim schrieb er ein Lehrbuch der Differential- und Integralrechnung. 25jährig wurde er Professor für mathematische Physik in Leiden und erfüllte später Lehr- und Forschungsaufträge in New York und Paris. Durch seine Untersuchungen über den Zusammenhang zwischen elektrischen und optischen Erscheinungen in bewegten Körpern schuf er eine wesentliche Grundlage für die Relativitätstheorie. Führte den Beweis, daß Veränderungen des Zustandes der Elektronen Ursache für jede Licht-Ausstrahlung durch Atome sind. Verband diese Erkenntnis mit der Maxwellschen Feldlehre zu einer allgemeinen Elektronen-Theorie. Erkannte zuerst die Verkürzung bewegter Körper in ihrer Bewegungsrichtung (Lorentz-Kontraktion). Erforschte die Zusammensetzung des Äthers und fertigte zu dessen Veranschaulichung ein Modell an. Beteiligte sich an den wissenschaftlichen Vorarbeiten für die Trockenlegung einer ganzen Meeresbucht (Zuidersee), deren Land zu einer neuen holländischen Provinz wurde.

1905n grün Elektronen-Theorie
1925n grün Zuidersee-Trockenlegung

LORRAIN, Claude (1600n–1682n), französischer Maler und Zeichner. Als Sohn armer lothringischer Landbewohner besuchte er nur kurz die Schule, ohne richtig schreiben zu lernen. Mit 12 Jahren Vollwaise, sollte er Pastetenbäcker werden, begab sich aber zu seinem älterem Bruder, der in Freiburg als Holzschnitzer arbeitete. 15jährig ging er nach Rom, bildete sich zum Maler aus und blieb bis zu seinem Ende in der Stadt unverheiratet einem rastlosen Kunstschaffen hingegeben. 27jährig wurde er durch zwei Bilder als Landschaftsmaler bekannt. Suchte eine naturgetreue Abbildung der Landschaft mit einer Wiedergabe seines eigenen Gemütseindrucks zu verbinden. Schuf auch Tuschzeichnungen mit Pinsel und Feder sowie zahlreiche Radierungen. 200 Entwürfe zu seinen Bildern stellte er in einem Skizzenbuch zusammen.

1629n blau Italienische Landschaften
1644n blau Hafen bei Sonnenuntergang

LORRIS, Guillaume de (um 1200n – um 1235n), französischer Dichter. Schrieb einen gereimten Roman in 4000 Versen ('Rosenroman'). Darin erzählte er die Geschichte eines Dichters, der von einem Pfeil des Liebesgottes getroffen wird und eine knospende Rose pflücken will, das Symbol der Liebe. Die sich dabei ergebenden Erlebnisse stellte er mit immer neuen Gleichnissen dar. Durch seinen frühen Tod hinterließ er das Werk unfertig, und Jean de Meung vollendete es fünfzig Jahre später.

1230n blau 'Rosenroman'

LORSCHER ANNALEN, Name eines Geschichtswerkes, das im Kloster Lorsch an der Bergstraße (bei Mannheim) niedergeschrieben wurde. Am Hofe Karls des Großen entstanden, enthält es fast ausschließlich Aufzeichnungen über die politischen Handlungen dieses Franken-Herrschers.

793n blau Entstehung

LORTZING, Albert (1801n–1851n), deutscher Komponist. Als Sohn eines Berliner Schauspielers erhielt er früh Kinderrollen und wurde ein erfolgreicher Bühnendarsteller und Opernsänger. Über die Tätigkeit des Kapellmeisters fand er zur Komposition und schuf ein Dutzend meist komischer Opern, von denen einige zu großem und bleibendem Erfolg gelangten ('Wildschütz', 'Waffenschmied', 'Undine'). Trotzdem fehlten ihm oft die Mittel für den Unterhalt seiner großen Familie. Seine Doppelbegabung als Schauspieler und Sänger befähigte ihn zu Opern, die eine vollkommene Einheit von Text und Musik bilden und für die er fast ausnahmslos auch die Bühnenhandlungen, die Dialoge und die Texte seiner volkstümlichen Lieder selbst schrieb.

1837n blau 'Zar und Zimmermann'

LOS ANGELES, Stadt an der Pazifik-Küste Nordamerikas. Vor fast 200 Jahren von spanischen Siedlern gegründet, wurde sie 1822n als Teil Mexikos unabhängig von Spanien, aber 1846n von den USA genommen. Wegen ihres günstigen Klimas sowie wegen der Fruchtbarkeit ihrer auch an Bodenschätzen reichen Umgebung entwickelte sie sich bald zur größten Stadt Kaliforniens und zur drittgrößten Stadt der USA. In ihrem nördlichen Vorort Hollywood entstand in den ersten Jahrzehnten unseres Jahrhunderts die größte Filmstadt der Erde.

1781n blau Gründung
1910n grün Filmstadt Hollywood

LOTAL, Hafenstadt in Indien nördlich von Bombay an der Mündung des Sabarmati-Flusses ins Arabische Meer. Vor etwa 5000 Jahren entstanden, entwickelte sie sich bald zu einer Siedlung mit städtischem Charakter. Ihre mehrstöckigen Häuser aus gebrannten Lehmziegeln hatten Terrassen und Baderäume. Durch ihre Straßen führten gemauerte Abwässerkanäle. Ihre Schiffe betrieben Handel an den Küsten Asiens. Die Menschen dieser Stadt waren kunstsinnig, und ihre Frauen trugen Perlenschmuck. Die vor mehr als 2000 Jahren vom Sande verwehte Siedlung wird seit 1956n ausgegraben.

2741v blau Entwicklung
2673v blau Plastik eines Hundes

LOTHAR I. (795n–855n), deutscher Kaiser von 840n bis 855n. Ältester Sohn Ludwigs des Frommen. Von seinem Vater zum Erben des Reiches bestimmt, unterlag er seinen jüngeren Brüdern und mußte sich trotz seiner Kaiserwürde auf Italien zurückziehen, während seine Brüder sich die Herrschaft über Deutschland (Ludwig der Deutsche) und Frankreich (Karl der Kahle) teilten.

778n–840n Ludwig der Fromme
804n–876n Ludwig der Deutsche
817n rot Erbfolge-Anspruch
823n–877n Karl II., der Kahle
830n/833n Erbfolgekrieg
842n rot Gegenbündnis
842n blau Gegenbündnis bekräftigt
843n rot Teilung des Reiches

LOTHAR III. (1075n–1137n), deutscher Kaiser von 1125n bis 1137n. Als reichster Fürst Norddeutschlands führte er den Aufstand der sächsischen Fürsten gegen Kaiser Heinrich V. Als dieser zehn Jahre später kinderlos starb, wurde er wegen seiner Romtreue auf Betreiben des Papstes zum Kaiser gewählt und behauptete sich gegen den Staufer Friedrich von Schwaben. Vertrieb auf Verlangen des Papstes die Normannen aus Süditalien, stellte die deutsche Oberhoheit über Polen wieder her und machte den Dänenkönig zu seinem Vasallen. Durch Belehnung Albrechts des Bären mit einem von Slawen bewohnten Gebiete Norddeutschlands (Altmark) legte er den Grund zum Aufbau des brandenburgisch-preußischen Staates.

1134n rot Belehnung Albrechts

LOTHRINGEN, Land in Ost-Frankreich zwischen Champagne und Vogesen. Seit der Teilung des Frankenreiches vor mehr als 1100 Jahren Grenzland zwischen Deutschland und Frankreich. Was das ihm benachbarte Elsaß wechselte es mehrmals den Besitzer. Es hat zahlreiche starke Festungen, die häufig und hart umkämpft wurden (Sedan, Verdun, Metz, Toul, Epinal). Das von König Lothar II. seit 855n als selbständiges Reich organisierte Land zerfällt in einen französischsprachigen Teil (Hauptstadt Nancy) und einen Teil mit vorwiegend deutscher Kultur (Hauptstadt Metz).

804n–876n Ludwig der Deutsche
823n–877n Karl II., der Kahle
843n rot Vertrag von Verdun
870n rot Vertrag von Meersen
1248n rot 'Hexen'-Tötung in Toul
1433n–1477n Karl der Kühne
1475n braun Niederlage gegen Burgund
1475n rot Herrschaft Burgunds
1477n braun Sieg über Burgund
1552n braun Fürsten-Erhebung
1678n rot Gebiete an Frankreich
1735n rot Herrschaft Frankreichs
1870n/1871n Deutsch-französischer Krieg
1914n/1918n Erster Weltkrieg
1939n/1945n Zweiter Weltkrieg

LOTOS, Wasserrose mit großen, schildförmigen Blättern und schöner Blüte, die sich bei Sonnenuntergang schließt. Wegen dieser sichtbaren Verbundenheit mit dem Sonnenablauf galt sie bei den Ägyptern vor 4000 Jahren als göttliches Urwesen und wurde als Sinnbild der Befruchtung Ägyptens durch den Nil verehrt. Die Inder schmückten die Tempel mit ihren Blüten in der Annahme, daß sie im Milchmeere aus dem Nabel ihres Gottes Wischnu emporgewachsen sei. Die Chinesen essen ihre kandierten Früchte seit alters her als Süßspeise.

1467v blau 'Tänzerinnen mit Lotos'
1425v blau 'Jüngling mit Lotos'
1324v blau 'Junge Frau mit Lotos'

LOUIS NAPOLEON (1808n–1873n), französischer Politiker. Als Neffe Napoleons I. begleitete er nach dessen Sturz seine Mutter in die Verbannung, besuchte in Augsburg die Schule und lebte dann in der Schweiz, wo er als Hauptmann in die Miliz eintrat. Beteiligte sich an einem Umsturzversuch in Italien und bereitete 1836n von Baden-Baden aus einen Putsch in Frankreich vor ('Straßburger Attentat'). Sein Versuch scheiterte, und er wurde nach Nordamerika verbannt. Von England aus stärkte er später den Napoleonkult. 1840n landete er bei Boulogne, wurde aber gefangen. Nach fünfjähriger Haft entflohen, kehrte er 1848n zurück und wurde nach Niederschlagung der Revolution zum Präsidenten der Republik gemacht. Vier Jahre später Kaiser (Napoleon III.), suchte er durch Kriege von der Unhaltbarkeit der bestehenden Ordnung abzulenken. Nach Erfolgen im Krimkrieg und im Kampf gegen Österreich bei der Befreiung Italiens ergriff er zugunsten des Papstes gegen den Freiheitskampf der Italiener Partei. Durch einen Mißerfolg bei der Eroberung Mexikos isoliert, suchte er den erstarkenden Preußen entgegenzutreten. Doch führte er damit 1870n nur die Niederlage Frankreichs und seine eigene Gefangennahme durch das preußische Heer herbei (Sedan). Nach England abgeschoben, starb er drei Jahre später.

1810n–1862n Cavour
1815n–1898n Bismarck
1849n braun Eingreifen in Italien
1851n braun Staatsstreich
1852n rot Kaiser
1853n/1856n Krimkrieg
1856n/1860n Lorchakrieg
1856n rot Grenzgarantie für Türkei
1859n/1861n Befreiungskampf Italiens
1862n braun Vorstoß nach Vietnam
1862n rot Kotschinchina französisch
1870n/1871n Krieg mit Deutschland
1870n rot Herrschaftsende

LOUIS-PHILIPPE (1773n–1850n), französischer König von 1830n bis 1848n. Als Sohn des Herzogs von Orléans schloß er sich 1789n der Revolution an und wurde Mitglied des Jakobinerklubs. Später trat er auf die Seite der Konterrevolutionäre, mußte in die Schweiz fliehen und ging von dort nach Amerika. Vier Jahre später kehrte er nach England und 1817n nach Frankreich zurück. Als die nach Abdankung Napoleons an die Macht zurückgekehrten Bourbonen vom Volke vertrieben waren (Juli-Revolution), beseitigte er die revolutionäre Verwaltung von Paris und machte sich selbst zum König (Juli-Königtum). Stärkte Macht und Einkommen des Besitzbürgertums und unterdrückte die Aufstände der Arbeiter. Führte in Nordafrika erfolgreiche Kriege. Die schrankenlose Bereicherung seiner Familie und des Großbürgertums sowie die Unterdrückung aller demokratischen Regungen führte nach 18jähriger Herrschaft zu seinem Sturz (Februar-Revolution).

1830n braun Juli-Revolution
1830n rot Thronbesteigung
1830n/1834n Algerischer Krieg
1831n rot Fremdenlegion
1834n braun Arbeiter-Aufstand
1843n/1844n Nordafrika-Krieg
1844n rot Gewinn Algeriens
1848n rot Sturz

LOUVRE, Name eines Palastes im Herzen von Paris, der seit 1793n zur Aufbewahrung wissenschaftlicher Sammlungen und wertvoller Kunstwerke dient. Größte Kunstsammlung der Erde. Von Pierre Lescot und Jean Goujon als Schloß errichtet an einem Platz, der vor tausend Jahren Sammelplatz der Wolfsjäger gewesen ist (= 'Louverie').

1546n blau Baubeginn

LOYOLA, Ignatius von, spanischer Priester.

1491n–1556n Lebenslinie
1522n blau 'Geistliche Übungen'
1534n rot Jesuitenorden
1534n blau Ordensregel
1540n rot Bestätigung des Ordens

LOYANG, chinesische Stadt an der Mündung des Lo-Hu in den Hoang-Ho. Von Kaiser Tschu wegen ihrer Lage mitten im chinesischen Reiche als Ort für die Hauptstadt ausgewählt, verlor sie mit dem Zerfall des Reiches um 700v ihre Bedeutung und verfiel. 1300 Jahre später wurde sie durch Kaiser Yang-Ti als Palaststadt in einer alles überragenden Pracht erneuert. Für ihn schufen 2 Millionen Menschen in wenigen Jahren eine Anlage von 112 km Umfang mit Bergen, Terrassen, Seen, Kanälen, Gärten und Parkanlagen sowie mit einer großen Anzahl kleinerer Paläste für den Kaiser, sein Gefolge und seine unermeßlichen Kunstschätze.

1099v–1016v Tschu
1044v rot Hauptstadt
698v rot Reichs-Zerfall
560n–618n Yang-Ti
605n blau Palaststadt

LUCA della Robbia (1399n–1482n), italienischer Bildhauer und Kunsthandwerker. Neben Arbeiten in Bronze und Marmor schuf er Figuren in gebranntem Ton (Keramik). Als er mit einfarbiger Glasur seiner Tonarbeiten Erfolg hatte, entwickelte er diese Technik, indem er weiße Figuren auf blauen Hintergrund stellte. Später wurden seine Glasuren immer farbiger, und er gestaltete auch Großplastiken, Freigruppen, ganze Altäre und Reliefs in dieser lebendigen neuen Technik ('Fayence'). Die bedeutendsten Werke schuf er für seine Heimatstadt Florenz. Gab seine Kunstfertigkeit in seiner Werkstatt an zahlreiche Schüler weiter, unter denen sein Neffe Andrea hervorragte.

1439n blau 'Sängerkanzel'
1443n grün Glasur

LUCCA, Stadt im Norden Italiens, 50 km westlich von Florenz. Die ursprünglich etruskische Stadt wurde 177v römisch. Cäsar erneuerte hier 56v seinen im Jahre 60v geschlossenen Bund mit Pompejus und Krassus. Nach dem Zusammenbruch des Römerreiches von Langobarden beherrscht, wurde sie Hauptstadt eines selbständigen Herzogtums. 1081n gewährte Kaiser Heinrich IV. der Stadt durch ein Privileg die autonome Verfassung, die sie sich ein Jahr zuvor durch gewählte Räte ('Konsuln') gegeben hatte und die Vorbild für die übrigen Städte der Toskana und Lombardei (Norditalien) wurde. Mit kurzen Unterbrechungen blieb die Stadt dann selbständig bis zur Gründung des italienischen Staates im 19. Jahrhundert.

1080n rot Verfassung
1213n–1280n Niccolo Pisano

LUCIA (um 280n–304n), Römerin aus Syrakus (Sizilien). Von ihrem Bräutigam verlassen, gelobte sie ewige Jungfräulichkeit und verschrieb sich dem Christentum. Infolge der harten Gesetze des Kaisers Diokletian wurde sie deshalb in ihrer Heimatstadt Syrakus hingerichtet.

304n rot Hinrichtung

LUCILIUS, Gajus, römischer Dichter.

170v–102v Lebenslinie
131v blau Satiren

LUCIUS II. (um 1085n–1145n), italienischer Priester, Papst von 1144n bis 1145n. Versuchte vergeblich, die um ihre Unabhängigkeit vom Papste kämpfenden Römer niederzuwerfen. Auch sein Bemühen, den deutschen Kaiser Konrad III. zu Hilfe zu rufen, scheiterte. So mußte er die Wahl eines Senats und eines Bürgermeisters durch die römische Bevölkerung hinnehmen. Bei Straßenkämpfen in der Stadt wurde er durch einen Steinwurf am Kopf getroffen und erlag seiner Verletzung.

1142n/1155n Bürgeraufstand in Rom
1144n rot Senat in Rom

LUDENDORFF, Erich (1865n–1937n), deutscher Feldherr und Politiker. Wurde 16jährig in seiner Heimatstadt Posen Offizier, nahm bei Ausbruch des ersten Weltkrieges im Handstreich die Zitadelle von Lüttich, leitete dann mit Hindenburg die Kämpfe gegen das russische Heer, verwaltete die eroberten Ostgebiete und organisierte als deutscher Generalstabschef die totale Mobilisierung Deutschlands für seine Kriegsziele. Neben Hindenburg wurde er zum Symbol des deutschen Eroberungskrieges ('Siegfrieden'). Nach der Niederlage floh er vor der Revolution ins Ausland, kehrte aber bald nach München zurück, nahm am Kapp-Putsch teil, schloß sich Hitler an und marschierte 1923n bei dessen Putsch mit auf die Feldherrnhalle. Von der Anklage des Hochverrats freigesprochen, zog er 1924n als Führer der Nationalsozialisten in den Reichstag ein. Später gründete er infolge persönlicher Differenzen mit Hitler eigene politische Organisationen mit den gleichen nationalistischen und antisemitischen Zielen.

1914n/1918n Erster Weltkrieg
1920n braun Kapp-Putsch
1923n braun Hitler-Putsch

LUDWIG I., der Große (1326n–1382n), ungarischer König von 1342n bis 1382n. Als Sohn des Karl Robert von Ungarn und der Elisabeth von Polen fielen ihm diese beiden Länder zu. Durch Eroberung von Serbien, Dalmatien und Bulgarien führte er sein Land auf den Höhepunkt äußerer Machtentfaltung. Das von ihm geschaffene Reich erstreckte sich von der Ostsee bis zur Adria und bis zum Schwarzen Meer. Es schloß zeitweilig noch das Königreich Neapel ein. Stärkte die Verbreitung der deutschen Kultur in seinem Lande.

1370n rot Gewinn Polens

LUDWIG III. (863n–882n), fränkischer König. Als ältester Sohn des Königs Ludwig II. erhielt er nach dem Tode seines Vaters die Herrschaft über Nord-Frankreich (Neustrien). Schlug als Achtzehnjähriger mit dem westfränkischen Heer unweit der Mündung der Somme in den Kanal (Nordfrankreich) die Normannen. Über diesen Sieg schrieb ein deutscher Dichter das 'Ludwigslied'.

881n braun Sieg über Normannen
882n blau 'Ludwigslied'

LUDWIG IV., der Bayer (1287n–1347n), deutscher Kaiser von 1314n bis 1347n. Als Sohn des Herzogs von Bayern erhielt er nach Kämpfen mit seinem Bruder die Herrschaft über das bayerische Erbland. Von vier den Habsburgern feindlich gesinnten Kurfürsten zum Kaiser gewählt, mußte er vierzehn Jahre lang gegen die Habsburger, den Papst und Frankreich kämpfen, ehe er sich in Rom zum Kaiser krönen lassen konnte. Von den deutschen Fürsten heimlich oder offen bekämpft, stützte er sich auf die aufstrebenden Städte sowie auf sein eigenes Fürstentum Bayern ('Hausmacht'), das er durch Gewinnung Niederbayerns erweiterte. Die Krone nahm er nicht vom Papst, sondern aus der Hand eines Vertreters der römischen Bürgerschaft (Colonna). Den Papst setzte er ab und machte einen ihm ergebenen Mönch zum Oberhaupt der Kirche. Erlag einer Verletzung, die er sich auf der Bärenjagd bei München zugezogen hatte.

1322n braun Sieg über Friedrich
1322n rot Machtgewinn
1331n rot Schwäbischer Städtebund
1338n rot Papstrechte beschränkt

LUDWIG IX. (1214n–1270n), französischer König von 1226n bis 1270n. Beendete den Kreuzzug gegen die Katharer und verleibte Toulon seinem Reiche ein. Führte erfolglose Kreuzzüge nach Ägypten und Tunis. Dabei wurde er von den Arabern vorübergehend gefangengenommen. Nach seiner Freilassung rüstete er eine Gesandtschaft an den Mongolenkaiser aus, um ihn zu einem Bündnis gegen die Araber zu bewegen, doch kehrte sein Gesandter unverrichteter Dinge aus Karakorum (Innerasien) zurück. Erwarb von England die Normandie (Nordfrankreich) und stärkte die Königsgewalt durch Einschränkung der kirchlichen Gerichtsbarkeit.

1209n/1229n Katharer-Kreuzzug
1229n rot Sieg des Katholizismus
1248n/1254n Sechster Kreuzzug
1253n rot Gesandter zu Mongolen
1270n braun Siebenter Kreuzzug

LUDWIG XI. (1423n–1483n), französischer König von 1461n bis 1483n. Erhob sich als 21jähriger Kronprinz (Dauphin) gegen seinen Vater, König Karl VII., und mußte fliehen. Nach dem Tode des Vaters zurückgekehrt, verjagte er dessen Ratgeber und brach den Widerstand der hierüber erzürnten Fürsten. Durch Stärkung der Zentralgewalt machte er das Königtum unabhängig. Stützte sich zunehmend auf das Bürgertum in den schnell wachsenden Städten und stärkte deren Freiheiten. Vergrößerte sein Reich durch Einverleibung von Anjou und Maine sowie der Picardie, Bourgogne und der Provence.

1472n braun Sieg über Fürsten
1472n rot Fürstenmacht beschränkt
1474n grün Soldaten aus der Schweiz
1480n rot Gebietszuwachs

LUDWIG XIII. (1601n–1643n), französischer König von 1610n bis 1643n. Sohn König Heinrichs IV. Nach der Ermordung seines Vaters durch einen militanten Katholiken wurde er neunjährig König, während seine Mutter, Maria Medici, für ihn die Vormundschaft führte. Nachdem er sich von ihrer Bevormundung befreit hatte, geriet er unter den Einfluß der Günstlinge seiner Frau Anna von Österreich. Endlich nahm Richelieu die Staatsgeschäfte für ihn in die Hand, sicherte ihn gegen die Eigenmächtigkeiten des Adels, zog ihn in den Dreißigjährigen Krieg hinein, erhob Frankreich zur führenden Macht in Europa und machte ihn zum unumschränkten Alleinherrscher. Die Protestanten, die aufständischen Bauern und alle freiheitlichen Kräfte, die sich gegen ihn erhoben, wurden mit Gewalt niedergehalten.

1585n–1642n Richelieu
1618n/1648n Dreißigjähriger Krieg
1624n braun Bauernaufstand
1626n rot Schlösser-Schleifung
1627n braun Protestanten-Erhebung
1628n grün Compagnie du Canada
1634n rot Gewinn von Cayenne
1635n rot Gewinn in Mittelamerika
1635n blau Académie française
1637n braun Bauernaufstand
1639n braun Bauernaufstand

LUDWIG XIV., König von Frankreich.

1638n–1715n Lebenslinie
1619n–1683n Colbert
1639n–1699n Racine
1661n rot Übernahme der Regierung
1661n rot Colbert Finanzminister
1661n blau Schloßbau in Versailles

1662n rot Gewinn Dünkirchens
1662n grün Verstaatlichung
1663n–1736n Prinz Eugen
1664n rot Schutzzölle
1664n rot Verbot des 'Tartuffe'
1664n grün Tabakmonopol
1664n grün Handelsgesellschaft
1665n blau Büste Berninis
1666n rot Geburtenförderung
1666n blau Wissenschafts-Akademie
1667n/1668n Erster Krieg
1668n rot Machtgewinn in Flandern
1668n rot Feindkoalition
1669n rot Vauban Festungsbaumeister
1670n rot Bündnis gegen Holland
1670n grün Armee-Uniformen
1672n braun Unruhen auf Madagaskar
1672n rot Verlust Madagaskars
1672n rot Feindkoalition
1672n/1678n Zweiter Krieg
1673n rot Neuer Pakt mit Türkei
1673n rot Handelsrecht
1674n rot Herrschaft über Kanada
1674n rot Feindkoalition
1678n rot Gebietszuwachs
1680n rot Reunionen
1681n rot Gewinn Straßburgs
1681n grün Nord-Süd-Kanal
1682n blau Spiegelsaal in Versailles
1682n grün Park von Versailles
1685n rot Religionsfreiheit beendet
1685n rot Auswanderungsverbot
1685n grün Hugenotten-Flucht
1686n braun Kampf gegen Waldenser
1687n blau Schloß 'Grand Trianon'
1688n/1697n Dritter Krieg
1689n/1691n Irischer Aufstand
1697n rot Rückzug
1699n rot Verbot des 'Telemach'
1700n rot Enkel spanischer König
1701n blau Gemälde von Rigaud
1701n/1714n Spanischer Erbfolgekrieg
1702n/1710n Kamisarden-Aufstand
1706n grün Reformforderung Vaubans
1710n rot Kampf gegen Jansenismus
1713n rot Teile Kanadas abgetreten
1714n rot Gebietsgewinn Österreichs
1751n blau Geschichtswerk Voltaires

LUDWIG XVI. (1754n–1793n), französischer König von 1774n bis 1792n. Als Enkel Ludwigs XV. übernahm er nach dessen Tod den heruntergewirtschafteten Staat, der seine führende Stellung in Europa um den Preis völliger Ausblutung erreicht hatte. Unfähig, den Zusammenbruch abzuwenden, brachte er das Volk durch seinen Versuch zur Aufrechterhaltung des verhaßten Absolutismus gegen sich auf. Obwohl er durch Aufhebung der Folter, der Leibeigenschaft und der Ausbeutung durch die Geistlichen (Pfründen) einzulenken versuchte, vermochte er mit Rücksicht auf den Adel keine durchgreifenden Reformen zu verwirklichen. Trotzdem wurde er in der Revolution zunächst geschont. Aber er verkannte die Lage und versuchte weiterhin, seine Stellung zum Schutze der Kirche und des Adels zu nutzen. Darauf wurde er vom Konvent mit 361 gegen 360 Stimmen zum Tode verurteilt und hingerichtet.

1774n rot Wieder 'Parlamente'
1775n/1783n Freiheitskampf Amerikas
1778n rot Bündnis mit Freistaaten
1779n rot Bauernfreiheit auf Domänen
1779n rot Spanien Bündnispartner
1780n rot Abschaffung der Folter
1786n rot 'Halsband-Affäre'
1788n rot Generalstände einberufen
1789n/1795n Revolution
1792n rot Absetzung
1793n rot Hinrichtung

LUDWIG der Deutsche, ostfränkischer König von 843n bis 876n.

804n–876n Lebenslinie
770n–840n Einhard
778n–840n Ludwig der Fromme
817n rot Besitz in Deutschland
823n–877n Karl II., der Kahle
830n/833n Erbfolgekrieg
841n braun 'Stellinga'-Aufstand
842n rot Bund mit Karl
842n blau 'Straßburger Eide'
843n rot Vertrag von Verdun
845n braun Normannen-Einfall
863n braun Normannen-Einfall
870n rot Vertrag von Meersen

LUDWIG der Fromme, Herrscher des Frankenreiches von 814n bis 840n.

778n–840n Lebenslinie
742n–814n Karl der Große
770n–840n Einhard
804n–876n Ludwig der Deutsche
813n rot Krönung durch Vater
816n rot Krönung durch Papst
817n rot Erbfolgeordnung
823n–877n Karl II., der Kahle
826n rot Dänenkönig Christ
827n blau Gesetzsammlung
829n rot Mission Ansgars
830n/833n Erbfolgekrieg

LUDWIG der Springer (1042n–1123n), Landgraf von Thüringen von 1076n bis 1123n. Als Verfechter der Macht der kleinen Fürsten stellte er sich gegen den Kaiser und trat auf die Seite der ebenfalls gegen die Stärkung der kaiserlichen Macht gerichteten kirchlichen Partei. Ließ den Pfalzgrafen Friedrich von Sachsen ermorden, um dessen Frau Adelheid heiraten zu können. Vom Kaiser auf der Burg Giebichenstein bei Halle gefangengesetzt, rettete er sich durch einen Sprung in die Saale. Begann den Bau der Wartburg bei Eisenach.

1073n blau Wartburg

LUDWIGSLIED, Name eines deutschen Lobliedes auf den Frankenkönig Ludwig III., der achtzehnjährig durch einen Sieg über die Streitmacht der Normannen an der Kanalküste Nordfrankreich aus der Fremdherrschaft der Nordländer befreite. Es schildert kurz das ganze Leben Ludwigs, der mit neunzehn Jahren starb.

882n blau Niederschrift

LÜBECK, Stadt in Norddeutschland. Die alte slawische Siedlung (Liubice) gelangte im 11. Jahrhundert unter den Wendenfürsten Gottschalk und Heinrich zu einer ersten Blüte, wurde aber 1138n von Germanen (Rugiern) besiegt und zerstört. Fünf Jahre später wurde sie durch Graf Adolf von Holstein an einer günstigeren Stelle neu gegründet und an Heinrich den Löwen geschenkt, der sich persönlich um ihren Aufbau kümmerte. Auch sandte er Boten in die Ostseeländer, um sie zum Handel mit der Stadt einzuladen. In wenigen Jahrzehnten zu einem wichtigen Umschlagplatz zwischen West-, Nord- und Osteuropa geworden, gab sie sich ein selbstbewußtes Stadtrecht, das Vorbild für viele andere Städte wurde. Durch einen Kanal zur Elbe wurden die Verbindungswege verbessert. Ihr Zusammenschluß mit Hamburg wurde zur Grundlage einer Handelsgenossenschaft freier Städte, die ohne Vorbild in der Welt war (Hanse) und die von hier aus geleitet wurde. 1408n scheiterte durch Intervention des deutschen Kaisers und des Königs von Dänemark der Versuch, die Besitzbürger der Stadt (Patrizier) aus ihrer Allein-Herrschaft zu verdrängen und eine wirkliche Volksherrschaft einzurichten. In der Folgezeit sank die Macht der Stadt. 1669n wurde hier der letzte Hansetag abgehalten. Durch den Aufbau von Industrien (Fischverarbeitung, Werften, Marzipan) suchte sich die Stadt zu behaupten. In den Napoleonischen Kriegen führte der Versuch einer neutralen Haltung zur Besetzung durch Preußen, Franzosen, Russen und Schweden. 1866n trat sie dem Norddeutschen Bund bei und wurde 1871n Bestandteil des deutschen Reiches.

1129n–1195n Heinrich der Löwe
1143n blau Neugründung
1159n rot Stadtrecht
1159n grün 'Stadtluft macht frei'
1195n grün Vertrag mit Nowgorod
1226n rot Reichsstadt
1241n rot Vertrag mit Hamburg
1262n blau Schulgründung
1291n blau Neubau der Marienkirche
1310n grün Straßenpflaster
1398n grün Elbe-Trave-Kanal
1405n grün Turmuhr für Marienkirche
1443n blau Rathaus
1535n braun Hanse-Erneuerung versucht
1563n/1570n Dreikronen-Krieg
1605n grün Börse
1875n–1955n Thomas Mann
1901n blau 'Die Buddenbrooks'

LÜGENFELD, Name einer Ebene bei Colmar (Elsaß), wo es 833n zur Schlacht zwischen Kaiser Ludwig dem Frommen und seinen drei Söhnen aus erster Ehe (Lothar, Pippin und Ludwig der Deutsche) kam. Nach dem Überlaufen seines Heeres zu seinen Söhnen wurde Ludwig der Fromme gefangen und mußte sein Vorhaben zur Übergabe des ganzen Reiches an seinen Sohn aus zweiter Ehe (Karl den Kahlen) aufgeben.

830n/833n Fränkischer Erbfolgekrieg

LÜNEBURG, Stadt in Norddeutschland, 30 km südlich von Hamburg. Die seit 1400 Jahren bestehende Siedlung wurde früh durch ihre Salzquellen bekannt. 1013n Stadt, trat sie nach Bestätigung des Stadtrechtes durch den Kaiser (1247n) der Hanse bei. Nach dem Niedergang der Hanse erhielt sich die Stadt durch ihren Salzhandel sowie durch Einrichtung neuer Gewerbe und Teilnahme am industriellen Aufbau (Textil, Papier und Eisen). Gegen die Herrschaft der Besitzbürger (Patrizier) erhob sich um 1450n das arbeitende Volk (Prälatenkrieg).

956n grün Salinen
1329n grün Drehkran

LÜTTICH, Wazzo von (980n–1048n), flandrischer Priester. Als Bischof von Lüttich wandte er sich in einem Briefe an den Bischof von Chalons gegen die Hinrichtung von 'Ketzern'. Dabei wies er auf den Umstand hin, daß es offenbar Gottes Wille sei, die 'Ketzer' am Leben zu lassen.

1048n blau Gegen 'Ketzer'-Verfolgung

LÜTZEN, Stadt südwestlich von Leipzig. Hier fand 1632n eine Hauptschlacht des Dreißigjährigen Krieges statt. Die protestantischen Schweden siegten über die von Wallenstein geführten katholischen Heere des deutschen Kaisers. Sie verloren aber ihren König Gustav Adolf, der sich selbst in die Schlacht gestürzt hatte.

1594n–1632n Gustav Adolf
1618n/1648n Dreißigjähriger Krieg

LUFTBILD, Photographie der Oberfläche eines Himmelskörpers von einem Luft- oder Raumfahrzeug aus.

1859n grün Bild der Erde
1959n grün Bild des Mondes
1965n grün Bild vom Mars

LUFTDRUCK, Bezeichnung für das Gewicht der Luft, das beständig auf der Erde ruht. Entsteht durch die Anziehungskraft, die von der Erde auf die Luft ausgeübt wird und beträgt etwa 1 kg pro Quadratzentimeter Erdoberfläche.

1643n grün Barometer
1646n grün Pascals Forschungen
1654n grün Guerickes Nachweis

LUFTFAHRT

837v blau Daidalossage
433v–351v Archytas
425v blau Statue einer Fliegenden
386v grün Künstliche Taube
251v grün Steigdrachen in China
67n grün Flugversuch in Rom
880n grün Arabischer Flugversuch
1065n grün Flugversuch in England
1251n blau Wielandssage
1256n grün Bacons Flugmaschine
1442n grün Deutsche Steigdrachen
1505n grün Leonardos Forschungen
1670n grün Lana: Luftschiff-Plan
1678n grün Besniers Flugversuch
1709n grün Gusmaos Ballon
1731n grün Flugversuch mit Ballon
1782n grün Montgolfiers Ballon
1783n grün Erster Ballonflug
1785n grün Kanalüberquerung
1797n grün Fallschirmabsprung
1804n grün Gay-Lussacs Aufstieg
1848n–1896n Lilienthal
1852n grün Ballon mit Antrieb
1859n grün Luftbild
1884n grün Zielfahrt mit Luftschiff
1890n grün Lilienthals erster Flug
1899n grün Zeppelins Luftschiff
1903n grün Wright: Motorflug
1911n/1912n Erste Bombenwürfe
1915n grün Junkers: Metallflugzeug
1919n grün Atlantikflug (Luftschiff)
1927n grün Atlantikflug (Flugzeug)
1931n grün Piccard: Ballonaufstieg
1934n grün Radar
1935n grün Luftkissen-Fahrzeug
1937n grün Focke: Hubschrauber
1939n grün Heinkel: Düsenflugzeug
1944n grün Flugzeug: 1000 km/h
1947n grün Überschall-Flug
1949n grün Erdumkreisung

LUFTKISSEN-FAHRZEUG, Bezeichnung für ein Verkehrsmittel, daß sich ohne Räder über Land und Wasser bewegt. Durch gleichbleibende, aus dem Fahrzeug senkrecht nach unten wirkende Druckluft wird eine Bodenfreiheit zwischen 1 Zentimeter und 1 Meter erzeugt ('Luftkissen'). Dadurch ist eine berührungs- und erschütterungsfreie Fortbewegung möglich, die mit Geschwindigkeiten bis zu 200 Stundenkilometern erfolgt. 1935n von dem Finnen Kaaerio erfunden, wurde es inzwischen so weit entwickelt, daß bereits eine größere Anzahl von Passagier-Fahrzeugen im öffentlichen Verkehr eingesetzt werden konnte. So verkehren zwischen der französischen Nordküste und England Luftkissenschiffe, die 250 Passagiere und 30 Autos in 40 Minuten über den Kanal befördern. Doch steckt die Entwicklung dieses neuen Verkehrsmittels noch in den Anfängen.

1935n grün Erfindung

LUFTPUMPE

1640n grün Erfindung

LUFTREIFEN, Bezeichnung für ringförmige Hohlkörper aus Gummi oder Kunststoff. Schützen die Räder von Fahrzeugen und verbessern deren Straßenlage durch gute Bodenanpassung und Elastizität. Ihre Erfindung war eine wichtige Voraussetzung für die Erzielung höherer Geschwindigkeiten im Straßenverkehr.

1844n grün Erfindung

LUFTSCHIFF, Bezeichnung für ein Luftfahrzeug, das aus einem gasgefüllten Hohlkörper besteht. Insgesamt leichter als die unteren Luftschichten, schwimmt es in der Luft wie ein Schiff auf dem Wasser. Im Gegensatz zum Ballon ist es lenkbar.

1670n grün Entwurf von Lana
1852n grün Ballon mit Antrieb
1884n grün Zielfahrt
1899n grün Zeppelins Luftschiff
1919n grün Atlantikflug

LUFT-VERFLÜSSIGUNG. Dem französischen Physiker Louis Cailletet und seinem Schweizer Kollegen Raoul Pictet gelang 1877n unabhängig voneinander durch Abkühlung unter Druck die Umwandlung der gasförmigen Luft in einen flüssigen Aggregatzustand.

1877n grün Erfindung

LUFTWECHSEL als Kurmittel

129v–40v Asklepiades
82v grün Asklepiades' Forderung

LUGAL-ANDA, König der Stadt Lagasch (Süd-Mesopotamien).

2449v–2367v Lebenslinie
2422v–2360v Uru-Kagina
2367v braun Erhebung
2367v rot Uru-Kagina Nachfolger

LUGAL-DALU (um 2620v–um 2555v), König des Stadtstaates Adab zwischen Euphrat und Tigris (Mesopotamien) unweit des Persischen Golfs.

2567v blau Statue

LUGAL-ZAGESI, Großkönig von Mesopotamien.

2393v–2340v Lebenslinie
2422v–2360v Uru-Kagina
2392v–2311v Dingi-Radamu
2376v–2294v Sargon der Große
2360v braun Vorstoß nach Lagasch
2360v rot Oberhoheit über Lagasch
2360v rot Sozialreform aufgehoben
2359v braun Krieg gegen Ur und Larsa
2359v rot Herrscher über Ur und Larsa
2358v braun Vorstoß nach Uruk
2358v rot Oberhoheit über Uruk
2357v/2356v Krieg gegen Stadtstaaten
2357v blau Sumerisches Klagelied
2356v rot Herrschaft über Sumer
2354v braun Vorstoß nach Kisch
2354v rot Herrscher Mesopotamiens
2353v rot Uruk Hauptstadt
2352v braun Vorstoß zum Mittelmeer
2347v/2325v Krieg der Weltgegenden
2341v rot Herrschaftsende
2340v rot Zur-Schau-Stellung

LUITPRAND (um 920n–972n), italienischer Geschichtsschreiber langobardischer Herkunft. Als Gesandter König Berengars II. begab er sich an den Hof des Kaisers von Byzanz (Konstantinopel) und beschrieb bei seiner Rückkehr die dortigen Hofsitten so bösartig, daß 'byzantinisch' fortan gleichbedeutend mit 'unterwürfig' wurde. Nachdem er sich mit König Berengar verfeindet hatte, ging er zu dessen Gegner, dem deutschen Kaiser Otto I., und begleitete diesen auf seinem Zuge nach Italien, der zur Absetzung Berengars führte. Von Otto I. als Bischof von Cremona eingesetzt, mußte er im Auftrage des Kaisers abermals nach Konstantinopel reisen. Aber er scheiterte mit seiner Mission, die Abtretung Unteritaliens zu erlangen, obwohl er zugleich im Namen Ottos um die Hand der Prinzessin Theophano für Ottos Sohn anhielt. Verfaßte eine sechsbändige Geschichte des deutschen und des byzantinischen Reiches in der Zeit von 886n bis 949n unter besonderer Berücksichtigung der italienischen Verhältnisse. Das Werk war eindeutig gegen Berengar gerichtet, an dem er sich damit rächen wollte. Sachlicher ist sein Buch über Otto I.

949n blau Bericht über Byzanz
964n blau Geschichte Ottos

LUKA, Ibn (820n–912n), arabischer Sprachgelehrter. Nach Beendigung seiner Studien zog er sich in seine Heimatstadt Baalbek bei Damaskus (Syrien) zurück und betätigte sich als Übersetzer. Aus dem Griechischen übertrug er die Schriften des Plato, des Aristoteles, des Euklid und des Plutarch ins Arabische. Nahm sich auch der kleineren Nebenwerke griechischer Schriftsteller an (Aristoteles: 'Über Schlaf und Traum', Plutarch: 'Ansichten der Philosophen über Physik und Tugend').

865n blau Plutarch-Übersetzung

LUKACS, Georg (geboren 1885n), ungarischer Philosoph. Verfaßte früh grundlegende Werke zur Literatur-Geschichte ('Die Entwicklung des modernen Dramas') und schloß sich der kommunistischen Bewegung an. Beteiligte sich an der Revolution von 1919n und wurde Volkskommissar für Kultur in der ungarischen Räte-Republik unter Béla Kun. Nach Niederschlagung der Revolution lebte er in Wien und Berlin, wo er Arbeiten über die Beziehungen zwischen Dichtung und Gesellschaft schrieb ('Theorie des Romans', 'Geschichte und Klassenkampf'). Wandte sich gegen die meist volksfremde Gestaltungsweise der sozialistischen Künstler und forderte von der kommunistischen Kultur eine für den Arbeiter verständliche Sprache und Form. Die stärkere Hinwendung der russischen Kunst zur Wirklichkeit in der Natur und im menschlichen Leben ('sozialistischer Realismus') begrüßte er, verurteilte aber die Forderung nach Parteilichkeit als mit dem Wesen der Kunst unvereinbar. Verkündete stattdessen Aufrichtigkeit und Wahrhaftigkeit als oberste Prinzipien kommunistischer Kultur. Entlarvte die Verwandtschaft der modernen bürgerlichen Literatur mit dem Faschismus durch den Nachweis ihrer gemeinsamen Verwurzelung im Anti-Rationalismus ('Die Zerstörung der Vernunft'). Nach 1945n wieder als Universitätslehrer in Ungarn tätig, bereitete er eine Erneuerung des Kommunismus im Sinne größerer persönlicher Freiheit und Rechtssicherheit vor. Als führender Kopf des Petöfi-Kreises am Aufstand von 1956n beteiligt, wurde er Kultusminister der Regierung des antistalinistischen Alt-Kommunisten Imre Nagy. Nach dem Einmarsch der Roten Armee wurde er vorübergehend gefangengenommen und arbeitet seitdem als Privatgelehrter in Budapest.

1919n braun Ungarische Revolution
1953n blau 'Zerstörung der Vernunft'
1956n braun Ungarische Revolution

LUKAN, Markus Annäus (39n–65n), römischer Dichter. Als Neffe des Staatsmannes Seneka kam er an den Hof des Kaisers Nero. Wegen seiner Erfolge erregte er aber die Eifersucht Neros, der ihm das öffentliche Vorlesen seiner Gedichte untersagte. Schrieb ein Heldengedicht in zehn Bänden über den Bürgerkrieg zwischen Cäsar und Pompejus. Bei aller Genauigkeit der Wiedergabe des historischen Geschehens gab er darin klar seiner Sympathie für Pompejus Ausdruck. An einer Verschwörung gegen Nero beteiligt, suchte er sich durch den Verrat seiner Genossen zu retten, wurde aber von Nero zum Selbstmord gezwungen.

62n blau Buch über Bürgerkrieg
65n braun Verschwörung

LUKAS, Prediger und Missionar griechischer Herkunft.

22n–74n Lebenslinie
82n blau Lukas-Evangelium
391n blau Stier als Symbol

LUKIAN, syrischer Philosoph, Schriftsteller und Redner.

125n–180n Lebenslinie
169n blau Gegen Schicksalsgedanken

LUKREZ, Titus Carus, römischer Dichter und Philosoph.

97v–55v Lebenslinie
56v blau Materialismus

LUKULL, Lucius Licinius (um 115v bis um 55v), römischer Staatsmann und Feldherr. Nahm als Begleiter Sullas am ersten Krieg Roms gegen König Mithridates in Kleinasien teil und erhielt nach seiner Rückkehr das Amt des obersten Richters (Prätor), verwaltete die Provinz Nordafrika, wurde Konsul und führte siegreich den Entscheidungskampf gegen Mithridates. Doch wurde unterdessen in Rom seine Stellung von der Partei der Reichen ('Ritter') untergraben, weil er dem hungernden Volke Kleinasiens durch Senkung der Einkünfte der Steuerpächter geholfen hatte. Dies führte zu seiner Ablösung durch Pompejus, der seinen Sieg vollendete. Obwohl ihm auf Ciceros Eingreifen hin auch noch ein Triumph bereitet wurde, zog er sich von den Staatsgeschäften zurück und gab sich einem Privatleben hin, das seine Feinde als bloßes Schlemmerdasein ('lukullisch') verhöhnten, während er vom römischen Volke und von Künstlern wie Wissenschaftlern nicht nur wegen seiner Freigiebigkeit verehrt wurde.

87v/85v 1. Mithridatischer Krieg
74v/64v 3. Mithridatischer Krieg
73v grün Einführung der Kirsche
63v grün Gartenanlage
433n–493n Odoaker

LULLUS, Raimundus (1235n–1316n), spanischer Philosoph, Schriftsteller und Theologe. Nachdem er am Hofe von Aragonien bis zu seinem 30. Jahr ein ganz den Genüssen hingegebenes Leben geführt hatte, wandte er sich dem Christentum zu und widmete sich der Bekehrung von Arabern. Mit der wissenschaftlichen Überlegenheit der Araber bekannt geworden, gründete er eine Schule, auf der Arabisch und Hebräisch gelehrt wurde. 1311 n erwirkte er die Einführung des Unterrichts dieser Sprachen an den Universitäten von Bologna, Oxford, Salamanca und Paris. Entwickelte ein System der Überzeugungskunst, das er für unwiderstehlich hielt ('Lullische Kunst'). Verfaßte etwa 300 Schriften in der Volkssprache Kataloniens und Valencias ('Katalanisch') und schuf eine geheime Zahlentheorie. Auf seinen drei Missionsreisen nach Tunesien und Marokko wurde er von den Mohammedanern, denen er mit seinen unwiderstehlichen Methoden das Christentum beibringen wollte, übel aufgenommen, mißhandelt und am Ende erschlagen.

1276 n blau Missionsschule
1297 n blau System der Philosophie
1316 n rot Steinigung

LULLY, Jean Baptiste (1632 n–1687 n), französischer Komponist aus Florenz (Italien). Ging 14jährig als Küchenjunge zur Schwester des Königs nach Paris, erhielt eine musikalische Ausbildung und trat als Geiger am Hofe Ludwigs XIV. auf. Der König ernannte ihn zum Kapellmeister und zum Hofkomponisten. Schrieb zunächst Balletteinlagen zu italienischen Opern, dann Ballette, Orchestersuiten und schließlich Opern, die sich in Stoff und Gestaltung an die griechische Tragödie anlehnten. Mit diesen Werken, in denen die Musik zugunsten des Textes zurücktrat, prägte er den Charakter der französischen Oper, wie er sich bis in unsere Epoche erhalten hat. Das von ihm geleitete Orchester wurde zur berühmtesten Geigen-Kapelle Europas. Bestimmte den König Ludwig XIV., ein bereits an zwei andere Franzosen erteiltes Privileg zur Errichtung eines Opernhauses rückgängig zu machen und ihm zu übergeben. Dadurch wurde er zum Gründer der National-Oper. Starb an einer Verletzung, die er sich beim Taktstampfen an einem Rohrstock zugezogen hatte.

1672 n blau 'Liebesfeste'

LULUBU, Name eines Bergvolkes, das vor 4500 Jahren im westlichen Teile des persischen Hochlandes (Zagros-Gebirge) lebte, dann unter die Oberhoheit Mesopotamiens geriet, sich immer wieder dieser Fremdherrschaft erwehrte, von Kassiten und Elamiten bedrängt wurde und endlich im persischen Volke aufging.

2297 v–2238 v Naramsin
2266 v/2265 v Vorstoß Akkads
2265 v rot Oberhoheit Naramsins
1992 v braun Aufstand gegen Sumer

LUMUMBA, Patrice (1925 n–1961 n), kongolesischer Staatsmann. Als Postangestellter wandte er sich der Befreiung seines Landes zu und blieb diesem Ziele auch treu, als er zum Direktor einer Brauerei aufgestiegen war. Wurde Präsident der kongolesischen Nationalbewegung, die für völlige Befreiung des Kongo aus der belgischen Kolonialherrschaft kämpfte. Nach Abzug der Belgier, die ihn eingekerkert hatten, erster Ministerpräsident der unabhängigen Republik Kongo. Der Versuch Belgiens, mit Hilfe des schwarzen Politikers Tschombé den reichen Landesteil Katanga vom Kongo abzutrennen und wirtschaftlich weiter auszubeuten, wurde von ihm nur mit Appellen an die Vereinten Nationen beantwortet. Während die Belgier und der hinter ihnen stehende nordamerikanische Geheimdienst handelten, entschloß er sich zögernd, die kommunistische Welt um Hilfe zu ersuchen. Aber es war zu spät. In den ausgebrochenen Wirren wurde er nach Katanga entführt und dort von Tschombé mit seinen engsten Mitarbeitern ermordet.

1960 n rot Kongo unabhängig
1961 n/ Kampf Zentralafrikas
1961 n rot Ermordung

LUND, Stadt an der äußersten Südspitze Schwedens, gegenüber der dänischen Inselstadt Kopenhagen. Die im 9. Jahrhundert durch Handel und Schiffahrt zur Stadt aufgestiegene Siedlung wurde 940 n von Normannen erobert. Hundert Jahre später Sitz eines christlichen Bischofs, der von hier aus zunächst in Dänemark und dann in ganz Skandinavien teils mit den Königen, teils gegen sie seine Absichten verwirklichte. 1104 n unmittelbar dem Papste unterstellt, wurde von hier aus der Einfluß der deutschen Kirche in Skandinavien ausgeschaltet. Wiederholt Residenzstadt Dänemarks und lange Zeit hindurch größte Stadt Skandinaviens. Seit 1658 n unter der Herrschaft des Königs von Schweden. Die von ihm zehn Jahre später gegründete Universität trug wesentlich zur Überwindung der trotz Reformation schwer ausrottbaren kirchlichen Gesinnung durch eine wissenschaftliche Denkweise bei.

1104 n rot Erzbistum

LUNGE, Lungenleiden

1981 v–1929 v Neferi
1263 n grün Blutkreislauf
1854 n grün Heilstätte
1882 n grün Koch: Tuberkelbazillus
1944 n grün Streptomyzin gegen Tbc
1964 n grün Gefahren des Rauchens

LUNGENHEILSTÄTTEN, Bezeichnung für Krankenanstalten, die vorwiegend der Behandlung von Lungentuberkulose dienen. Infolge der besonderen klimatischen Erfordernisse sowie im allgemeinen Zuge der Spezialisierung der Heilkunde hat sich die Errichtung solcher Heilstätten in waldgeschützten Hochtälern der Mittel- und Hochgebirge verbreitet, seit der deutsche Arzt Hermann Brehmer Mitte des 19. Jahrhunderts im Waldenburger Bergland die erste derartige Anstalt errichtete (Görbersdorf).

1854 n grün Gründung

LUNTE, Bezeichnung für eine mit Salpetersäure getränkte und mit Bleizucker gebeizte Hanfschnur, die bei den ersten Feuerwaffen zur Entzündung der Pulverladung verwendet wurde. Da sie mit unterschiedlicher Schnelligkeit verglomm, war der Zeitpunkt des Abschusses schwer vorauszuberechnen, so daß ihre Ersetzung durch eine neue Zündtechnik das Schießen erleichterte.

1652 n grün Ablösung

LU-SCHAN (um 700 n–764 n), chinesischer General türkischer Herkunft. Obwohl er nicht lesen und schreiben konnte, stieg er bis zum Militär-Gouverneur der inneren Mongolei auf und wurde von Kaiser Hüan-Tsung mit der Abwehr der Kitan beauftragt. Errang einen glänzenden Sieg und wurde der Vertraute des Kaisers. Doch als er beim Kanzlerwechsel um Stellung und Leben fürchten mußte, entschloß er sich zum Aufstand, eroberte die Hauptstadt und ließ sich zum Kaiser krönen. In jahrelangen Kämpfen suchte er seine Herrschaft im ganzen Reiche durchzusetzen. Inzwischen fand aber der Sohn des vertriebenen Kaisers die Hilfe ausländischer Heere und trat ihm entgegen. Nach Verlust der alten Hauptstadt Loyang wurde er von seinem eigenen Heer getötet.

756 n/764 n Chinesischer Bürgerkrieg

LUSTSPIEL

505 v blau Epicharmos' Werke
454 v blau Kratinos' Komödien
446 v–385 v Aristophanes
423 v blau Aristophanes: 'Wolken'
422 v blau Eupolis: 'Parasiten'
421 v blau Aristophanes: 'Frieden'
414 v blau 'Wolkenkuckucksheim'
412 v blau Eupolis: 'Demen'
411 v blau 'Lysistrata'
408 v blau Aristophanes: 'Plutos'
343 v–292 v Menander
311 v blau 'Das Schiedsgericht'
282 v blau Philemon: 'Der Kaufmann'
280 v–220 v Herondas
272 v blau Philemon: 'Der Schatz'
265 v–201 v Nävius
254 v–184 v Plautus
246 v blau Lustspiele des Herondas
195 v–159 v Terenz
186 v blau Plautus: 'Goldener Topf'
166 v blau 'Mädchen von Andros'
160 v blau Terenz: 'Brüder'
94 v–34 v Publilius
1404 n–1472 n Alberti
1425 n blau Alberti: 'Philodoxas'
1449 n blau Rosenplüt: 'Weinsegen'
1547 n–1616 n Cervantes
1550 n blau Sachs: Fastnachtsspiele
1562 n–1635 n Lope de Vega
1564 n–1616 n Shakespeare
1593 n blau 'Sommernachtstraum'
1600 n–1681 n Calderon
1609 n blau Jonson: 'Die Stumme'
1621 n–1695 n Lafontaine
1622 n–1673 n Molière
1634 n blau 'Verdächtige Wahrheit'
1666 n blau 'Der Menschenfeind'
1670 n blau 'Bürger als Edelmann'
1673 n blau 'Der eingebildete Kranke'
1709 n blau Lesage: 'Turcaret'
1722 n blau Holberg: 'Kannegießer'
1729 n–1781 n Lessing
1730 n blau Marivaux' Komödie
1753 n blau Goldoni: 'Mirandolina'
1763 n blau 'Minna von Barnhelm'
1775 n blau Beaumarchais: 'Barbier'
1777 n blau Sheridan: 'Lästerschule'
1777 n–1811 n Kleist
1778 n blau Beaumarchais: 'Figaro'
1803 n blau Kotzebue: 'Kleinstädter'
1806 n blau 'Der zerbrochene Krug'
1809 n–1852 n Gogol
1833 n blau 'Lumpacivagabundus'
1833 n blau Raimunds 'Verschwender'
1856 n–1950 n G. B. Shaw
1898 n–1956 n Brecht
1912 n blau Shaw: 'Pygmalion'
1931 n blau 'Hauptmann von Köpenick'

LUTHER, Martin, deutscher Reformator.

1483 n–1546 n Lebenslinie
1484 n–1531 n Zwingli
1497 n–1560 n Melanchthon
1500 n–1558 n Karl V.
1517 n rot Thesen
1517 n blau Angriff auf Ablaß
1520 n rot Kirchenbann
1520 n rot Verbrennung der Bannbulle
1521 n rot Reichstag zu Worms
1522 n blau Bibelübersetzung
1522 n/1526 n Bauernkrieg
1523 n blau Hans Sachs: Lutherlied
1524 n grün Predigerkleidung
1525 n blau Schriften gegen Bauernkrieg
1529 n blau Katechismen
1533 n blau Cranachs Porträt
1566 n blau Mathesius' Biographie

LUXEMBURG, Zwergstaat in Mitteleuropa zwischen Frankreich, Belgien und Deutschland. Vor 2000 Jahren dem nordwestlichen Teile der römischen Provinz Gallien (Belgica) eingefügt, kam es nach Zusammenbruch des Römerreiches zum östlichen (deutschen) Teile des Frankenreiches (Austrien). Es verselbständigte sich im 10. Jahrhundert unter den Grafen von Luxemburg, die seit 1308 n für einige Zeit den deutschen Kaiserthron innehatten. 1477 n fiel das Land zusammen mit Burgund durch Heirat an die Herrscher von Österreich (Habsburger), die es in den Revolutionskriegen (1792 n/1795 n) an Frankreich verloren. Nach endgültiger Niederschlagung des napoleonischen Frankreich wurde es auf dem Wiener Kongreß 1815 n deutscher Bundesstaat. 1866 n durch Auflösung des Deutschen Bundes selbständiges Herzogtum. Nach dem ersten Weltkrieg wurde der seit 1842 n bestehende Post- und Zoll-Verband mit Deutschland durch den Versailler Vertrag aufgehoben. Im zweiten Weltkrieg erneut von Deutschland besetzt, schloß es sich seit 1944 n mit Belgien und Holland zu einer Wirtschaftsgemeinschaft zusammen (Benelux). Es gab auch seine 'ewige Neutralität' auf und trat 1949 n dem Nordatlantikpakt bei (NATO) sowie 8 Jahre später der Wirtschaftsgemeinschaft von sechs westeuropäischen Ländern (EWG).

658 n–739 n Willibrord
698 n blau Abtei Echternach
1477 n rot Habsburger-Besitz
1680 n rot Französische Herrschaft
1697 n rot Wieder habsburgisch
1792 n/1795 n Revolutionskriege
1815 n rot Wiener Kongreß
1830 n/1831 n Belgischer Aufstand
1866 n rot Deutscher Bund aufgelöst
1891 n grün Lippmanns Forschungen
1914 n/1918 n Erster Weltkrieg
1919 n rot Versailler Vertrag
1939 n/1945 n Zweiter Weltkrieg
1949 n rot Mitglied der NATO
1957 n grün Mitglied der EWG

LUXEMBURG, Rosa (1870 n–1919 n), deutsche Politikerin und Wissenschaftlerin polnischer Herkunft. Studierte in Zürich Volkswirtschaft und wurde dort durch Plechanow und Leo Jogiches für den Marxismus gewonnen, dessen politische Verwirklichung in Deutschland sie sich als Lebensziel setzte. Innerhalb der SPD vertrat sie den revolutionären Flügel ('Sozialreform oder Revolution'). Die Unterstützung des deutschen Angriffskrieges durch die SPD im Jahre 1914 n veranlaßte sie zur Gründung einer eigenen Gruppe (Spartakus), die sie zusammen mit Karl Liebknecht führte. Wegen ihrer Kriegsgegnerschaft immer wieder eingekerkert, gründete sie nach Ausbruch der Revolution 1918 n die kommunistische Partei und wurde kurz darauf von deutschen Offizieren ermordet. In ihren Schriften hat sie den Marxismus auf die Epoche des Finanzkapitals angewendet ('Akkumulation des Kapitals'). Sie glaubte nicht an die Organisierbarkeit von Revolutionen, sondern an deren spontanes Hervorbrechen bei Eintreten bestimmter historischer Bedingungen. Den demokratischen Gedanken verfocht sie leidenschaftlich auch innerhalb der Arbeiterbewegung und wandte sich gegen Lenins Organisationsprinzip ausgewählter Berufsrevolutionäre. Deshalb lehnte sie bei voller Bejahung der bolschewistischen Revolution in Rußland die Übertragung der ihr zugrundeliegenden Prinzipien auf die Arbeiterbewegung Mittel- und Westeuropas ab.

1916 n blau 'Spartakus-Briefe'
1918 n blau 'Briefe aus dem Gefängnis'
1918 n/1919 n Revolution
1919 n rot Ermordung

LUXEMBURGER, deutsche Fürstenfamilie, die als Grafen des Zwergstaates Luxemburg seit 1308 n vier deutsche Kaiser und Könige stellten (Heinrich VII., Karl IV., Wenzel und Sigismund).

1310 n/1313 n Italienzug Heinrichs VII.
1316 n–1378 n Karl IV.
1330 n–1399 n Peter Parler
1348 n blau Universität Prag
1355 n blau Burg Karlstein
1356 n rot 'Goldene Bulle'
1357 n blau Karlsbrücke in Prag
1362 n–1437 n Sigismund
1365 n–1416 n Hieronymus von Prag
1369 n–1415 n Hus
1370 n blau Entwicklung Karlsbads
1370 n–1424 n Ziska
1371 n–1440 n Friedrich I.
1385 n blau Veitsdom vollendet
1389 n rot Verbot der Städtebünde
1409 n rot Prager Feindseligkeit
1415 n rot Verbrennung des Hus
1416 n rot Tod des Hieronymus
1418 n rot Konzil zu Konstanz
1420 n/1434 n Hussitenkreuzzug
1427 n rot Reichswehrsteuer

LUXEUIL, Stadt in Ost-Frankreich, 100 km westlich von Basel am Fuße der Vogesen. Wegen ihrer warmen Heilquellen von den Römern als Badeort ausgebaut ('Luxovium'), wurde sie nach dem Ende des weströmischen Reiches von der Kirche für ein Kloster ausgewählt. Später entwickelten sich in der Stadt Spinnerei, Weberei, Papier- und Seifenherstellung.

534 n–615 n Kolumban
594 n blau Kloster

LUXOR, Stadt in Ägypten am Mittellauf des Nils, 600 km nilaufwärts von Kairo. Vor über 3000 Jahren als Tempelstadt zu Ehren des Gottes der Fruchtbarkeit (Amun) auf dem Boden der alten Königstadt Theben erbaut. Wesentliche Teile haben sich bis heute erhalten. In der Nähe befinden sich die Grabstätten der ägyptischen Herrscher von fünf Jahrhunderten ('Tal der Könige').

1542 v–1505 v Tut-Mosis I.
1507 v blau Erstes Königsgrab
1426 v–1377 v Amen-Hotep III.
1395 v blau Tempel-Kolonnade
1392 v blau Tempelbau
1353 v blau Ausbau des Tempels
1321 v blau Gemälde einer Landschaft
1275 v blau Standbilder Ramses' II.
1263 v blau Säulenhalle
1055 v grün Kaimauer-Reparatur

LUZERNE, kniehohe Ackerpflanze mit 2–3 Meter tiefen Wurzeln. Wegen ihres Gehaltes an Eiweiß, Vitaminen und Mineralien eine der wertvollsten Futterpflanzen.

785 v grün Futtermittel

LUZZI, Mondino de (1275 n–1362 n), italienischer Arzt. Als Professor der Anatomie in Bologna stellte er ein Lehrbuch über Lage und Beschaffenheit der menschlichen Körperteile zusammen, das für Jahrhunderte Grundlage des anatomischen Unterrichts in Europa wurde. Der Sitte seiner Zeit entsprechend zerschnitt er bei der Sezierung nicht selbst die Leiche, sondern überließ diese Arbeit dem medizinisch unvorgebildeten, sozial geringer geachteten Leichenzerleger. Deshalb waren seine anatomischen Befunde und Beschreibungen noch unzulänglich. Durch Einbeziehung weiblicher Leichen in seine anatomischen Forschungsarbeiten brach er ein Tabu seiner Epoche.

1315 n grün Sektionen

LYDIEN, Name eines Landes an der Westküste Kleinasiens. Seit fast 3000 Jahren in enger Verbindung mit den Griechen, die auf den seiner Küste vorgelagerten Inseln wohnten und später auch seine Küste besiedelten. Das hier gegründete lydische Reich erlangte zeitweilig die Herrschaft über ganz Kleinasien, wurde dann aber von den Persern unterworfen, später dem Alexanderreich eingefügt und endlich römisch. Bei der Reichsteilung zum Kerngebiet des Reiches von Ostrom (Byzanz) gehörend, wurde es um 1400 n von Mongolen unter Timur erobert und dreißig Jahre später endgültig dem türkischen Reiche eingefügt, dem es bis heute zugehört.

665 v braun Sieg über Griechen
665 v rot Machterweiterung
652 v braun Vorstoß der Kimmerer
647 v–585 v Kyaxares
599 v–529 v Kyros
595 v–525 v Krösus
575 v braun Eroberung Smyrnas
575 v rot Größte Ausdehnung
547 v rot Bündnispolitik
546 v braun Vorstoß Persiens
546 v rot Ende des Reiches
546 v rot Persische Provinz
450 v blau Geschichtswerk des Xanthos

LYDOS (um 590 v–um 525 v), griechischer Maler. Kam als Sklave aus Lydien (Kleinasien) nach Athen und wurde dort zu einem geschätzten Vasen-Maler. Gestaltete Jagd-Szenen und Begebenheiten aus der griechischen Sagenwelt (Taten des Herakles, Kampf mit dem Riesen). Trug seine Figuren mit einer dunkelbraunen Tonmasse auf die gebrannten Gefäße auf, so daß sie beim Nachbrennen schwarz wurden ('schwarz-figuriger Stil').

555 v blau Vasenmalerei

LYKIEN, Name einer Halbinsel an der Südküste Kleinasiens, die in den Mittelmeerraum zwischen den Inseln Rhodos und Zypern hineinragt. Vor 2500 Jahren besiedelt, trat das Land in das Spannungsfeld zwischen Südeuropa und Vorderasien. So konnte es immer nur für kurze Zeit seine Selbständigkeit behaupten, wurde im 6. Jahrhundert vor unserer Zeit persisch, 200 Jahre später Teil des Alexanderreiches, dann römisch, byzantinisch, arabisch und schließlich vor fast 600 Jahren endgültig türkisch.

465 v rot Beitritt zum Seebund
43 n braun Eroberung durch Rom

LYKOPHRON (um 250 v–um 180 v), griechischer Dichter. Beschrieb in einem Gedicht mit 1474 Versen den Kampf um Troja ('Alexandra'). In diesem Werk stellte er das Geschehen aus der Sicht der Weissagerin Kassandra dar, die wegen ihrer Sehergabe in einen Turm gesperrt ist, während ihr Wächter dem nach Griechenland aufbrechenden trojanischen Prinzen Paris von ihren schlimmen Prophezeiungen erzählt. In diesem Bericht des Wächters ist auch von dem ewigen Kampf zwischen Asien und Europa die Rede. Dabei wird als glücklicher Ausgang des Ringens um die Weltherrschaft zwischen Ost und West die Vereinigung in einem Reiche vorausgesagt.

192 v blau 'Alexandra'

LYON, Stadt in Süd-Frankreich am Mittellauf der Rhône, wo sich der vom Genfer See kommende Fluß nach Süden zum Mittelmeer hinwendet. Seit 43 v römische Kolonie, wurde sie durch Augustus zum Zentrum des gallischen Straßennetzes gemacht, erhielt als einzige Stadt Westeuropas römisches Münzrecht und wurde die Hauptstadt der römischen Gallien. Seit 443 n Mittelpunkt des Burgunderreiches, 542 n fränkisch, gehörte sie von 1033 n bis 1312 n zum deutschen Reich und ist seitdem französisch. Im 15. Jahrhundert führte die Seidenweberei zu neuem Reichtum. Doch ein Jahrhundert später vernichtete die Metzelei der Hugenottenkriege die Blüte der Stadt, die von 1560 n bis 1563 n im Besitze der Hugenotten war. Die in ihrer Ablehnung des Katholizismus festen Arbeiter flüchteten nach Aufhebung der Glaubensfreiheit. In der französischen Revolution von der revolutionären Bürgerwehr unter dem Jakobiner Chalier beherrscht, fiel sie den Besitzbürgern nach dessen Ermordung zu. Die aus Paris herbeigeeilten Truppen des Konvents stellten aber unter großen Opfern die revolutionäre Ordnung wieder her. In der Folgezeit war das Proletariat von Lyon wachsamer und übernahm im 19. Jahrhundert dreimal für kurze Zeit die Macht. 1870 n/1871 n wehte die rote Fahne sechs Monate über der Stadt, die auch nach der Niederwerfung der Kommune ein revolutionäres Zentrum Frankreichs blieb. 1940 n durch deutsche Truppen besetzt, befreite sie sich 1944 n durch eigene Partisanentruppen.

59 v blau Gründung
132 n–200 n Irenäus
177 n rot Christen-Verfolgung
1140 n–1217 n Peter Waldes
1175 n rot Bund der Armen
1428 n grün Vorrang der Messe
1466 n grün Seiden-Manufaktur
1541 n grün Börse
1789 n/1795 n Französische Revolution
1831 n rot Streik
1834 n braun Weber-Aufstand

LYRA, harfenartiges Saiten-Instrument. Von Griechen aus der größeren Kithara entwickelt. Es wurde gezupft und war wegen seiner handlichen Form als Begleit-Instrument beliebt. Der Schallkasten bestand aus Schildkröten-Gehäusen. Ihr Name wurde vor 400 Jahren auf ein kleines Streichinstrument angewendet, aus dem sich dann die Violine entwickelte.

712 v–642 v Terpander
678 v grün Siebensaitige Lyra
435 v grün Elfsaitige Lyra

LYRISCHE DICHTUNG, von dem griechischen Saiteninstrument 'Lyra' abgeleitete Sammel-Bezeichnung für jene Formen der Dichtkunst, die sich unmittelbar an das Gemüt und an das Gefühl wenden (Lied, Sonett, Ode, Hymne, Elegie).

2641 v blau Hymne auf König Zoser

2587 v – 2514 v	Ur-Nina
2549 v blau	Ur-Ninas Lieder
2392 v – 2311 v	Dingi-Radamu
2357 v blau	Dingi-Radamus Klagelied
2273 v – 2188 v	Ipuwer
2197 v blau	Ipuwers 'Mahnworte'
2185 v – 2123 v	Chun-Anup
2164 v blau	'Gespräch mit der Seele'
2143 v blau	Sumerisches Klagelied
2135 v blau	'Klage eines Bauern'
2088 v – 2020 v	Gudea
2027 v blau	Gudeas 'Bau-Hymne'
2008 v – 1952 v	Keti
1994 v blau	Ägyptisches Harfnerlied
1970 v blau	Sumerisches Liebeslied
1962 v blau	'Lehre des Keti'
1949 v blau	Sumerisches Klagelied
1921 v – 1843 v	Seneb
1889 v blau	Gedicht auf Iddin-Dagan
1880 v blau	Klage der Göttin Inanna
1859 v blau	Lied auf gute alte Zeit
1852 v blau	Gesang auf Enlil
1845 v blau	Ägyptische Königslieder
1717 v blau	Lied eines Unglücklichen
1669 v blau	Hymnus an den Nil
1463 v blau	Hymne auf Tut-Mosis III.
1409 v blau	Lobgedicht auf Amun
1387 v blau	Lobgedicht auf Ischtar
1382 v blau	Lobgedicht auf Marduk
1367 v – 1315 v	Mur-Sili II.
1363 v blau	Echnatons Sonnengesang
1358 v blau	Ägyptische Liebeslieder
1332 v blau	'Pestgebete'
1320 v blau	'Buch der tausend Lieder'
1214 v blau	Assyrische Kaiserhymne
1084 v blau	Hymne auf Tiglatpileser
1040 v blau	'Rigveda'
1035 v – 972 v	David
936 v blau	Jüdische Liebeslieder
889 v blau	Linos-Lied
728 v – 660 v	Kallinos
714 v blau	Hymne auf Apollo
712 v – 642 v	Terpander
708 v – 628 v	Alkman
705 v – 637 v	Archilochos
686 v – 613 v	Tyrtaios
667 v blau	Kallinos' Kriegslieder
656 v – 587 v	Arion
641 v – 555 v	Stesichoros
639 v – 562 v	Alkaios
637 v – 577 v	Sappho
635 v blau	Tyrtaios' Kriegslieder
633 v blau	Alkmans Chorlieder
600 v blau	Abschluß der 'Veden'
593 v blau	Stesichoros' Lieder
589 v blau	Sapphos Lieder
586 v – 501 v	Anakreon
564 v blau	Alkaios' Trinklieder
533 v blau	Ibykos' Gedichte
519 v blau	Anakreons Lieder
494 v blau	Pindars Preislieder
487 v blau	Simonides' Chorlieder
484 v blau	'Schi-King'
301 v – 253 v	Theokrit
295 v blau	Klagelied Kü-Yüans
289 v – 235 v	Kallimachos
279 v blau	Philitas' Liebesgedicht
277 v blau	Theokrit: 'Idyllen'
271 v blau	Kallimachos' Gedichte
268 v blau	Theokrit: 'Thalysia'
262 v blau	Kleanthes' Zeus-Hymne
254 v blau	Possen des Menippos
249 v blau	Andronikos' Festlied
247 v blau	'Locke der Berenike'
245 v blau	Timons Spottgedichte
107 v blau	'Totenklage um Adonis'
87 v – 54 v	Katull
65 v – 8 v	Horaz
63 v blau	Katulls Liebesgedichte
53 v – 19 v	Tibull
49 v – 15 v	Properz
43 v – 17 n	Ovid
28 v blau	Properz' Elegien
26 v blau	Tibulls Liebeslieder
17 v blau	Horaz' Friedensgedicht
34 n – 112 n	Asvagoscha
91 n blau	Statius: 'Wälder'
306 n – 373 n	Ephräm der Syrer
309 n – 394 n	Ausonius
346 n blau	Ephräms Christusdichtung
348 n – 408 n	Prudentius
353 n – 420 n	Kalidasa
368 n blau	Ausonius: 'Bissula'
371 n blau	Ausonius: 'Mosella'
398 n blau	Kalidasa: 'Jahreszeiten'
402 n blau	Prudentius' Lieder
406 n blau	'Pfirsichblütenquelle'
418 n blau	Rutilius: Reisegedicht
491 n blau	Drakontius: 'Sühne'
502 n – 543 n	Al Kais
526 n blau	Romanos' Hymnen
535 n blau	Al Kais' Liebesgedichte
565 n blau	Agathias' Gedichtzyklus
577 n blau	Venantius: Hymnen
587 n – 652 n	Bhartrihari
617 n – 682 n	Kädmon
631 n blau	Lobgedichte auf Mohammed
634 n blau	Bhartriharis Dichtung
670 n blau	Kädmons Lobgedicht
683 n blau	Ibn Abirabias Gedichte
699 n – 759 n	Wang-Wei
701 n – 762 n	Li-Taipo
712 n – 770 n	Tu-Fu
715 n blau	'Diwan' Ibn Aggags
720 n blau	Japanische Annalen
721 n blau	Meng-Haojans Gedichte
723 n – 799 n	Paulus Diakonus
747 n blau	Li-Taipos Gedichte
755 n blau	Wang-Weis Trauergedicht
756 n – 810 n	Abu Nuwas
759 n blau	Japanische Volkslieder
760 n blau	Tu-Fus Gedichte
767 n blau	Tu-Fu: 'Im Schnee'
772 n – 846 n	Poh-Küyi
773 n blau	Arabische Gedichtsammlung
779 n blau	Paulus Diakonus' Rätsel
782 n blau	Al Mufaddals Sammlung
786 n – 861 n	Radbertus
797 n blau	Abu Nuwas' Gedichte
814 n blau	Rabanus Maurus' Gedichte
823 n blau	Poh-Küyis Gedichte
836 n blau	Arabische Liedersammlung
864 n blau	'Petruslied'
878 n blau	Notkers 'Sequenzen'
897 n blau	'Aufschneidereien'
905 n blau	Japanische Sammlung
905 n – 965 n	Al Mutanabbi
956 n blau	Al Mutanabbis 'Diwan'
1041 n blau	Indische Sammlung
1052 n blau	Gabirols Gesänge
1064 n blau	Yang-Hsius Lied
1085 n – 1141 n	Juda Halevi
1098 n – 1178 n	Hildegard von Bingen
1102 n blau	Wilhelms Lieder
1112 n blau	Arabisches Klagelied
1113 n blau	Frau Avas Gedichte
1135 n blau	Hildegards Lieder
1140 n blau	Marcabrus Lieder
1143 n – 1203 n	Heinrich von Veldeke
1145 n – 1209 n	Bertran de Born
1152 n blau	Bernarts Liebeslieder
1152 n – 1246 n	Peire Cardinal
1167 n blau	Lieder des Archipoeta
1168 n – 1220 n	Wolfram von Eschenbach
1172 n – 1228 n	Walther von der Vogelweide
1178 n blau	Béatrice: 'Weltgesang'
1180 n – 1225 n	Heinrich von Morungen
1183 n blau	Bertran de Borns Lieder
1200 n – 1242 n	Neidhart von Reuenthal
1202 n blau	'Unter der Linden'
1208 n – 1270 n	Tannhäuser
1219 n blau	Heinrichs Minnelieder
1230 n – 1306 n	Jacopone von Todi
1232 n blau	Carmina burana
1234 n blau	Lobgedicht auf Mohammed
1238 n – 1286 n	Adam de la Halle
1239 n blau	'Edda'
1258 n blau	Sadi: 'Rosengarten'
1265 n – 1321 n	Dante
1272 n blau	Mechthilds Dichtung
1281 n blau	Adam de la Halle: Lieder
1292 n blau	Dante: 'Das neue Leben'
1296 n blau	Gedichte des Jacopone
1299 n blau	Lob des Bambus
1331 n blau	Jacopones Lieder
1334 n – 1374 n	Petrarca
1313 n – 1375 n	Boccaccio
1325 n – 1389 n	Hafis
1326 n blau	Manessische Handschrift
1337 n blau	Hadamar: 'Die Jagd'
1351 n blau	Meisterlieder-Sammlung
1366 n blau	Petrarca: 'Canzoniere'
1369 n blau	Hafis: 'Diwan'
1394 n blau	Deschamps: 'Ehespiegel'
1431 n – 1474 n	Villon
1461 n blau	Villons 'Testamente'
1475 n – 1564 n	Michelangelo
1492 n blau	Nunnenpecks Lieder
1493 n blau	Folz: Meisterlieder
1523 n blau	Hans Sachs: Lutherlied
1550 n blau	Ronsard: 'Oden'
1562 n – 1635 n	Lope de Vega
1645 n blau	Paul Gerhardts Lieder
1657 n blau	Silesius: 'Wandersmann'
1711 n – 1765 n	Lomonossow
1730 n blau	Thomson: 'Jahreszeiten'
1742 n blau	Young: 'Nachtgedanken'
1744 n – 1803 n	Herder
1749 n – 1832 n	Goethe
1759 n – 1805 n	Schiller
1778 n blau	Herders Liedersammlung
1786 n blau	Burns' Gedichte
1788 n – 1824 n	Byron
1798 n blau	'Lyrische Balladen'
1800 n blau	Hölderlins Dichtungen
1805 n blau	'Des Knaben Wunderhorn'
1808 n blau	Moore: 'Irische Melodien'
1809 n blau	Schenkendorfs Lied
1813 n blau	Körners Freiheitslieder
1814 n blau	Rückerts Gedichte
1815 n blau	Uhlands Gedichte
1817 n blau	Keats' Gedichte
1818 n blau	'Stille Nacht'
1820 n blau	Shelley: 'Prometheus'
1820 n blau	'O Tannebaum'
1827 n blau	'Buch der Lieder'
1828 n blau	Leopardis Gedichte
1832 n blau	Mörikes Gedichte
1848 n blau	Petöfis Nationallied
1855 n blau	Whitman: 'Grashalme'
1857 n blau	Baudelaires Gedichte
1865 n blau	Carduccis 'Hymne'
1871 n blau	Pottiers Kampflied
1897 n blau	George: 'Jahr der Seele'
1897 n blau	Tagores Kindergedichte
1898 n – 1956 n	Brecht
1905 n blau	Rilke: 'Stundenbuch'
1914 n blau	Bechers Gedichte
1917 n blau	Block: 'Die Zwölf'
1920 n blau	Majakowski: '150 Millionen'
1920 n blau	Valéry: 'Friedhof am Meer'
1950 n blau	Neruda: 'Großer Gesang'
1950 n blau	Weinerts Gedichte
1954 n blau	Brechts Gedichte

LYSANDER, griechischer Feldherr und Politiker.

446 v – 395 v	Lebenslinie
456 v – 404 v	Alkibiades
431 v / 404 v	Peloponnesischer Krieg
408 v rot	Oberbefehl in Sparta
404 v rot	Niederlage Athens
404 v rot	Vormacht Spartas
395 v / 386 v	Korinthischer Krieg

LYSIKRATES (um 390 v – um 320 v), griechischer Kaufmann. Entsprechend einer Athener Sitte, nach der jeder reiche Bürger eine Staatslast zu übernehmen hatte, unterhielt er einen Chor. Er bezahlte den Chorleiter, versorgte die Choranghörigen mit Lebensmitteln, stattete die öffentlichen Aufführungen aus und stellte den Ehrenpreis bei Wettkämpfen. Als Siegespreis für den besten Chor im Jahre 334 v stiftete er ein kunstvolles Denkmal, das an der zur Akropolis hinaufführenden Straße aufgestellt wurde.

334 v blau	Denkmal

LYSIMACHEIA, Stadt auf der europäischen Halbinsel Gallipoli am Übergang von Europa nach Kleinasien (Hellespont = Dardanellen). Von Lysimachos, einem Feldherrn Alexanders des Großen, angelegt, der sich hier nach Alexanders Tod ein Reich einrichtete. Fiel später an Rom, bei der Reichsteilung an Ostrom (Byzanz) und wurde mit der Halbinsel Gallipoli Mitte des 14. Jahrhunderts türkisch.

309 v blau	Gründung
1354 n rot	Türken-Herrschaft

LYSIMACHOS (um 355 v – 281 v), mazedonischer Feldherr. Begleitete Alexander den Großen als Leibwächter und später als Heerführer auf Feldzügen und nahm sich nach dessen Tode den Südostzipfel Europas bis zu den Dardanellen und zum Bosporus. Gründete unmittelbar am Übergang nach Kleinasien seine Hauptstadt und gab ihr seinen Namen. Eroberte große Teile Kleinasiens, des Balkans und der Schwarzmeerküste, nahm den Königstitel an und errang die Herrschaft über einen Teil Griechenlands und Mazedoniens. Ließ seinen Sohn Agathokles ermorden, den seine Frau eines Mordanschlages gegen ihn beschuldigte. Darauf flohen die Anhänger des Agathokles zu einem anderen Feldherrn Alexanders (Seleukos), der mit seinem Heere gegen ihn zog. In der Entscheidungsschlacht verlor er Reich und Leben.

334 v / 325 v	Alexanderzug
323 v / 301 v	Diadochenkriege
309 v blau	Gründung von Lysimacheia
282 v / 281 v	Krieg gegen Seleukos

LYSIPP, griechischer Bildhauer.

367 v – 307 v	Lebenslinie
396 v – 328 v	Leochares
338 v blau	Zeus-Statue
329 v blau	'Alexander auf Löwenjagd'
314 v blau	'Alexander mit der Lanze'

LYSISTRATOS (um 350 v – um 290 v), griechischer Bildhauer. Bruder des Lysipp. Um dem nach Alexanders Siegeszug sprunghaft gestiegenen Bedarf an plastischen Bildwerken aus Griechenland nachzukommen, entwickelte er ein Verfahren, um Gipsabgüsse von Plastiken herzustellen. Später fand er auch eine Technik, um auf dem Umweg über Wachsabgüsse die Gesichter lebender Menschen zu kopieren, statt sie künstlerisch nachzumodellieren.

305 v grün	Gipsabgüsse

LYZEUM, Name einer Philosophenschule in Athen. Von Aristoteles nach seiner Rückkehr aus Mazedonien, wo er den jungen Alexander erzogen hatte, in seiner Heimatstadt gegründet. Der Name (eigentlich 'Lykeion' = Heiligtum) wurde später auch anderen Schulen beigelegt und entwickelte sich schließlich zu einer Bezeichnung für die verschiedensten Schultypen, zeitweilig sogar für Theologenschulen. In der Gegenwart wird unter dem Namen meist eine höhere Mädchenschule verstanden.

335 v blau	Gründung

MAAN, Stadt an der Südwestspitze der arabischen Halbinsel. Entwickelte sich vor 3000 Jahren zu einem Zentrum des Orienthandels und wurde die Hauptstadt des Minäer-Reiches, das 500 Jahre lang eine führende Rolle als Weihrauchlieferant im nahen Osten spielte.

1292 v blau	Gründung

MABLY, Gabriel (1709 n – 1785 n), französischer Historiker und Schriftsteller. In seinen Frühwerken verteidigte er die absolute Monarchie. Als Sekretär seines Onkels, der Kardinal und Außenminister war, lernte er den absoluten Staat wie die katholische Kirche dann aber gründlich kennen und übte nun scharfe Kritik an den bestehenden Verhältnissen ('Bedenken gegen die philosophischen Ökonomen'). Im Eigennutz sah er das Hauptübel und forderte Rückkehr zu den ursprünglichen Lebens- und Eigentumsformen des Menschen. Entwarf einen kommunistischen Ideal-Staat, dessen oberstes Gesetz es ist, kein Sondereigentum zu dulden, und in dem folglich allgemeine Freiheit und Brüderlichkeit herrschen. Im Auftrage der polnischen Regierung schuf er zusammen mit Rousseau einen Verfassungsentwurf. Entlarvte die Einseitigkeit der bürgerlichen Geschichtsschreibung ('Über die Art, Geschichte zu schreiben') und zeigte die historischen Ansätze kommunistischen Lebens von Lykurg bis Plato.

1768 n blau	Kritik am Eigentum

MACAO, Name einer Hafenstadt im Mündungstrichter des Kanton-Flusses neben der Stadt Kanton (Süd-China). Erste europäische Niederlassung in Ostasien. Von hier aus beherrschte Portugal zwei Jahrhunderte lang den Chinahandel, bis es durch England überflügelt wurde, das in unmittelbarer Nachbarschaft den Hafen von Hongkong anlegte. 1848 n stellte Portugal seine Pachtzahlung an China ein, die es seit 1557 n jährlich geleistet hatte. Dem Ausbau des Hafens zum Zentrum des Menschenhandels von Asien nach Amerika ('Kulihandel') setzte die chinesische Regierung 1873 n durch Verbot ein Ende.

1557 n rot	Portugiesischer Besitz

MACAULAY, Thomas (1800 n – 1859 n), englischer Geschichtsschreiber und Staatsmann. Als Student gewann er Preise mit Gedichten über geschichtliche Stoffe ('Pompeji'). Mit seinem ersten historischen Porträt ('Machiavelli') erwarb er Berühmtheit und wurde ins Unterhaus gewählt. Ging für einige Jahre nach Indien, entwarf nach seiner Rückkehr ein Strafgesetzbuch und wurde Kriegsminister. Dann zog er sich aus der Politik zurück und vollendete seine fünfbändige Geschichte Englands, die auf gründlicher Tatsachenkenntnis beruhte, von gutem Charakter- und Seelenverständnis zeugte und sich durch klare Anordnung und glückliche Zitaten-Auswahl auszeichnete. Eine ihm angebotene Professur in Cambridge schlug er aus, arbeitete als Privatgelehrter weiter und nahm noch gelegentlich aktiven Anteil am politischen Leben.

1853 n blau	Geschichte Englands

MACH, Ernst (1838 n – 1916 n), österreichischer Physiker und Philosoph aus Mähren. Als Professor für Experimentalphysik an der Prager Universität erforschte er die Beziehungen der Wärme zu anderen Energieformen und deren wechselseitige Umwandelbarkeit ('Thermodynamik'). Seine Widerlegung der klassischen Mechanik schuf eine Voraussetzung für die Relativitätstheorie. 57 jährig übernahm er in Wien einen philosophischen Lehrstuhl und zog aus seinen naturwissenschaftlichen Forschungen erkenntnistheoretische Schlüsse. In der Wissenschaft sah er nichts als ein Mittel zur Erhaltung des Lebens und zur Beherrschung der Natur und wies ihr allein die Aufgabe zu, Tatsachen zu beobachten und zu ordnen sowie allgemeingültige Beziehungen zwischen ihnen herzustellen. Alle wissenschaftlichen Theorien, Hypothesen, Kategorien, Strukturen und Modelle erklärte er als bloße Spekulationen und verwarf sie ebenso wie die Religion und jede andere Form der Metaphysik. Bestritt die Existenz von Ursache und Wirkung und ersetzte das kausale Erfassen der Wirklichkeit durch eine funktionale Begreifensweise, die lediglich Abläufe und ihre wechselseitigen Einwirkungen untersucht. Leugnete das Vorhandensein einer objektiven Wirklichkeit und reduzierte alle Erscheinungen auf Sinneswahrnehmungen.

1883 n grün	'Mechanik'

MACHIAVELLI, Niccolo (1469 n – 1527 n), italienischer Staatsmann, Geschichtsphilosoph und Schriftsteller. Baute die Armee seiner Heimatstadt Florenz auf und schrieb 'Sieben Bücher über die Kriegskunst'. Bei einem Machtwechsel gefoltert und eingekerkert, zog er sich nach seiner Freilassung auf ein kleines Landgut zurück, bestellte seinen Acker und schrieb nach getaner Arbeit Bücher. In einer zweibändigen Geschichte von Florenz führte er die Konflikte des Stadtstaates auf die Gegensätze und Kämpfe der Gesellschaftsklassen zurück. Den Fortschrittsgedanken ersetzte er durch die Vorstellung immerwährender Wiederholung geschichtlicher Abläufe. In einem Lehrbuch der Staatskunst legte er die Regeln erfolgreicher Herrschaft in Ausbeuterstaaten illusionslos nieder ('Il principe'). Als Vorbild des Herrschers dienten ihm Gewaltmenschen, die sich mit ihrer Spekulation auf Egoismus und Bestechlichkeit durchsetzten und durch jede neue Schandtat in ihrem Siegeszuge gefördert wurden (Cesare Borgia und dessen Vater Papst Alexander VI.). 200 Jahre nach seinem Tode übertrug der Preußenkönig Friedrich II. diese in italienischen Stadtstaaten gewonnenen Prinzipien auf größere Nationalstaaten und suchte sie dabei abzumildern. Verfaßte auch Lustspiele ('Mandragola').

1513 n blau	'Der Fürst'
1739 n blau	'Antimachiavell'

MACHMUD, türkischer Herrscher in Ghasna von 998 n bis 1030 n.

976 n – 1030 n	Lebenslinie
1024 n braun	Sieg über Pandschab-Heere
1024 n rot	Herr über Nordwest-Indien
1024 n rot	Verbreitung des Islam

MACPHERSON, James (1736 n – 1796 n), englischer Dichter. Nach Abschluß seines Theologiestudiums wurde er Lehrer. 24 jährig veröffentlichte er 15 Gesänge eines blinden keltischen Dichters der Frühzeit (Ossian), im schottischen Hochland aufgefunden und ins Englische übersetzt von ihm. Diese 'Ossianischen Gesänge' entsprachen so sehr der empfindsamen heldendürstigen Stimmung seiner Zeit, daß sie sogleich in viele Sprachen übertragen wurden. Von den deutschen Sturm- und Drang-Dichtern (Goethe, Herder, Hölderlin) wie eine Offenbarung aufgenommen, wurden sie in England Grundlage einer eigenen Literaturströmung ('romantisch-empfindsam'). Indessen reiste er als Sekretär des Gouverneurs von Florida in die amerikanischen Kolonien und wurde nach seiner Rückkehr Politiker und Parlamentarier. Nach seinem Tode erwiesen sich die 'Ossianischen Gesänge' als sein eigenes Werk, und es begann ein jahrzehntelanger Streit, ob seine Fälschungen jeder Grundlage entbehrten oder doch auf echten Überlieferungen beruhten.

1760 n blau	'Ossianische Gesänge'

MACQUER, Pierre Joseph (1718 n – 1784 n), französischer Chemiker. Erforschte die Verwendbarkeit des aus Südamerika eingeführten Rohstoffes Kautschuk. Im Äther fand er die geeignete Flüssigkeit, um den Kautschuk löslich zu machen. Nachdem der französische Ingenieur François Fresneau dann Mitteilungen über die Kautschuk-Bearbeitung durch die Indianer veröffentlicht hatte, ahmte er deren Form-Technik nach und stellte das erste Gummirohr her. Auf einen Wachszylinder strich er den durch das Lösungsmittel flüssig gemachten Kautschuk und schmolz nach dem Trocknen des Kautschuks das Wachs heraus. Weil der Kautschuk noch klebrig war, blieb seine Erfindung aber ohne praktischen Nutzen.

1768 n grün	Gummischlauch

MADACH, Emerich (1823 n – 1864 n), ungarischer Dichter. Wurde Notar, nahm am Befreiungskampf seines Landes gegen die Österreicher teil und wurde eingekerkert. Nach seiner Freilassung zog er sich in ländliche Einsamkeit zurück und schrieb historische Dramen sowie lyrische Gedichte. In seinem Hauptwerk 'Die Tragödie des Menschen' stellte er in fünfzehn Traumbildern den Weg Adams durch die ganze Menschheitsgeschichte dar. Der Satan und Eva sind seine launigen Begleiter auf dieser im Grunde traurigen Wanderung.

1861 n blau	'Tragödie des Menschen'

MADAGASKAR, viertgrößte Insel der Erde (nach Grönland, Neu-Guinea und Borneo). Der Südostküste Afrikas vorgelagert und nur durch eine 400 km breite Meeresstraße von ihr getrennt, wurde sie doch stärker von den mehr als zehnmal weiter entfernten Inseln des Pazifik (Polynesien, Indonesien) bevölkert, deren Bewohner sich mit den hier ansässigen Negern vermischten. Im 9. Jahrhundert wurden die Küsten der Insel für fast sechs Jahrhunderte von Arabern besetzt. Im 16. Jahrhundert ließ der französische König Heinrich IV. hier eine Festung anlegen (Fort Dauphin). Seit dem 17. Jahrhundert hielten dann die Franzosen die Insel mit einer Unterbrechung von 200 Jahren unter ihrer Kolonialherrschaft, die sie erst nach dem zweiten Weltkriege unter dem revolutionären Druck der Bevölkerung zögernd aufgaben.

1585 n – 1642 n	Richelieu
1643 n rot	Herrschaft Frankreichs
1672 n braun	Vertreibung Frankreichs
1672 n rot	Selbständigkeit

1885n rot Wieder französisch
1960n rot Unabhängigkeit

MADEIRA, Insel im Atlantischen Ozean, etwa 600 km vor der marokkanischen Küste. Vor 3000 Jahren den phönizischen Seefahrern als Holz-Insel bekannt, wurde sie im 14. Jahrhundert wiederentdeckt. Anfang des 15. Jahrhunderts war sie noch unbewohnt, wurde aber dann von Portugal aus allmählich besiedelt, nachdem die ersten Portugiesen aus Leichtfertigkeit fast den ganzen Wald abgebrannt hatten. Mit der Erschließung Amerikas gewann die Insel als Stützpunkt der Atlantik-Schiffahrt Bedeutung. England besetzte sie zweimal für wenige Jahre und behielt nach der endgültigen Räumung (1814n) wichtige Handelsrechte. Durch ihr gleichmäßig warmes Klima wurde die zu Portugal gehörende Insel in unserer Epoche Urlaubsziel einer schnell ansteigenden Zahl sonnenhungriger Mitteleuropäer.

1323n grün Entdeckung
1394n–1460n Heinrich der Seefahrer
1419n rot Portugiesischer Besitz

MADERNA, Carlo (1556n–1629n), italienischer Architekt. Nach Lehrjahren bei seinem Onkel Fontana machte er sich in Rom selbständig. Als Bauleiter der Peterskirche fügte er dem Bau ein Langhaus und eine Vorhalle hinzu und stellte das Bauwerk in zwanzig Jahren fertig. Baute auch Paläste (Odescalchi) und Kirchen (Santa Susanna). Lockerte die Architektur auf, indem er die eingemauerten Pfeiler (Pilaster) durch Säulen ersetzte.

1610n blau Peterskirche: Eingangshalle
1626n blau Peterskirche vollendet

MADHAVA ACHARYA (um 1315n bis um 1395n), indischer Philosoph. Als Abt des Hindu-Klosters Sringeri (Süd-Indien) untersuchte er kritisch die 16 wichtigsten Richtungen des Brahmanismus, der neben den alten Volksreligionen (Veden) die geistige Grundlage des Hinduismus bildet. Mit dieser systematischen Zusammenstellung schuf er zugleich die umfassendste Darstellung der mit dem Brahmanismus verwobenen indischen Philosophie.

1380n blau Brahmanismus-Kommentar

MADONNA, Bezeichnung der katholischen Christen für die Mutter ihres Religionsstifters Jesus (Maria). Das italienische Wort heißt 'Meine Herrin' und drückt die Beziehung aus, die katholische Christen zu dieser von ihnen als 'jungfräuliche Mutter' bezeichneten zentralen Gestalt ihrer Glaubensübungen haben. Beliebter Gegenstand der kirchlichen Kunst.

10v–52n Matthäus
22n–74n Lukas
82n blau Lukas-Evangelium
126n blau Erstes Gemälde
182n–253n Origenes
381n–444n Cyrillus
386n–451n Nestorius
431n rot Mutter Gottes
517n blau Gesang des 'Ave Maria'
786n–861n Radbertus
1108n–1175n Wace
1163n blau Notre-Dame-Kathedrale
1198n blau Darstellung in Senlis
1240n–1302n Cimabue
1241n blau Berceo: 'Marienwunder'
1291n blau Marienkirche in Lübeck
1293n blau Cimabues Wandgemälde
1309n blau Bau der Marienburg
1311n blau Gemälde Duccios
1315n blau Gemälde Giottos
1338n blau Martini: 'Verkündigung'
1410n–1451n Stephan Lochner
1433n blau Gemälde Fra Angelicos
1453n blau Quarton: 'Marienkrönung'
1473n blau Gemälde Schongauers
1483n–1520n Raffael
1488n blau Frauenkirche in München
1490n blau Ghirlandajos Wandgemälde
1500n blau Michelangelo: 'Pietà'
1504n blau 'Ruhe auf der Flucht'
1507n blau 'Madonna mit Stieglitz'
1518n blau 'Sixtinische Madonna'
1531n blau Orley: 'Heilige Familie'
1577n blau Greco: 'Himmelfahrt'
1618n–1682n Murillo
1678n blau 'Unbefleckte Empfängnis'
1726n blau Frauenkirche in Dresden
1854n rot Marien-Dogma

MADRID, Stadt im Herzen der spanischen Halbinsel. Im 9. Jahrhundert von Arabern gegründet ('Majerit'), wurde sie 939n durch den König von Leon erstürmt, dann aber von den Arabern wieder eingenommen und bis 1083n gehalten. Danach Residenz des Königs von Kastilien während der Jagdzeit. 1561n durch Philipp II. zur Hauptstadt Spaniens erhoben. Nach der Besetzung Spaniens durch französische Truppen gab die Stadt 1808n das Signal für einen allgemeinen Aufstand, der mit der Vertreibung Napoleons endete. 1820n erkämpften die Bürger gegen den König die Inkraftsetzung der Verfassung. Drei Jahre später wurden sie vom König mit Hilfe französischer Truppen niedergeschlagen. 1854n gab die Empörung der Soldaten in der Stadt das Zeichen zu einer neuen revolutionären Erhebung, die aber auch erfolglos blieb. 1873n wurde hier die spanische Republik ausgerufen, aber 1874n noch einmal für 57 Jahre durch das Königtum ersetzt. Im Bürgerkrieg hielt sich die Stadt mit Unterstützung internationaler Brigaden als letztes Widerstandszentrum gegen die von Italien und Deutschland unterstützten Faschisten. Seit ihrer Niederringung haben sich ihre Bewohner mehrmals gegen die Herrschaft Francos erhoben.

1083n rot Kastilische Herrschaft
1575n grün Schachturnier
1807n/1808n Spanische Erhebung
1820n/1823n Spanische Revolution
1936n/1939n Spanischer Bürgerkrieg

MADRIGAL, Bezeichnung einer Musikgattung (bedeutete ursprünglich nur 'Hirtenlied'). Mit der kirchlichen Durchdringung der Musik wurde das Wort zur Bezeichnung für jeden mehrstimmigen Gesang nicht-kirchlichen Inhaltes.

1361n blau Landinos Madrigale
1525n–1594n Palestrina
1532n–1594n Orlando di Lasso
1583n blau Monteverdis Chorlieder
1585n blau Palestrinas Chormusik
1585n blau Orlandos Lieder
1585n–1672n Heinrich Schütz

MÄHMASCHINE, Gerät zur mechanischen Getreide-Ernte. Ihre Erfindung brachte zusammen mit der fast gleichzeitigen Erfindung des Dampfpfluges den Durchbruch zur maschinellen Landwirtschaft.

1834n grün McCormicks Konstruktion

MÄHREN, Land in Südost-Europa, das heute die Mitte der Tschechoslowakei bildet. Wurde im ersten Jahrtausend von germanischen und später von slawischen Stämmen bevölkert, die sich unter eigenen Fürsten zusammenschlossen, im 9. Jahrhundert ein Großmährisches Reich schufen und seit 1000 Jahren meist unter der Herrschaft anderer Völker standen (Böhmen, Polen, Franken, Deutsche, Ungarn, Österreicher). 1918n ging das Land in der Tschechoslowakei auf, der es nach vorübergehender Besetzung durch deutsche Heere (1939n–1945n) wieder zugehört.

595n–662n Samo
624n braun Sieg über Awaren
624n rot Reichsgründung
827n–869n Kyrill
834n–907n Arpad
863n rot Christianisierung
863n blau Bibel-Übersetzung
863n grün Slawische Schrift
906n/907n Ungarn-Einfall
906n rot Ungarische Herrschaft
1207n/1279n Großer Mongolenkrieg
1918n rot CSR selbständig
1939n/1945n Zweiter Weltkrieg

MÄNADEN, als Begleiterinnen des Wein-Gottes Dionysos geltende junge Mädchen, die bei griechischen Volksfesten und Umzügen mitwirkten. Ihren Namen (Mänade = 'Rasende') verdankten sie ihrer hemmungslosen Ausgelassenheit bei Tanz und Gesang.

395v–343v Skopas

MÄNNEKEN PIS, Bronze-Brunnen hinter dem Rathaus von Brüssel. Die ein Meter hohe Statue eines Knaben, der seine Notdurft verrichtet, gilt als Wahrzeichen der Stadt und wird an Festtagen bekleidet und geschmückt. 1519n nach einem Entwurf des Bildhauers Jérôme Duquesnoy gegossen, wurde sie bald Gegenstand von Sagen und Geschichten, die dem Knaben die Rettung der Stadt zuschrieben.

1619n blau Statue

MÄRCHEN, unwirkliche Geschichten wunderbarer Begebenheiten, die in Kindern den Glauben erwecken, als ginge es in der Welt grausam, aber gerecht zu. Ihre Handlungen werden seit alters her von Generation zu Generation mündlich weitergegeben und entsprachen in ihrer überspitzten Vereinfachung dieser Form der Überlieferung. Seit der allgemeinen Verbreitung der Schrift, des Films und des Fernsehens kehren ihre Grundmotive in Erzählungen, Romanen und Filmen wieder, obwohl diese Kunstmittel die Möglichkeit zu differenzierter Darstellung der in Wahrheit vielschichtigen und widerspruchsvollen Wirklichkeit haben.

1895v–1834v Amoni
1850v blau Märchenhafte Erzählung
1676v blau 'Cheops und der Zauberer'
1246v–1194v En-Nanna
1206v blau Märchen von zwei Brüdern
1172v blau Der verwunschene Prinz
35n blau 'Jatakas'
300n blau 'Pantschatantra'
353n–420n Kalidasa
390n blau Kalidasa: 'Sakuntala'
595n–660n Bana
659n blau 'Kadambari'
729n blau Al Mukaffas Übersetzung
745n blau 'Pantschatantra' arabisch
801n blau '1001 Nacht' begonnen
919n blau Rudakis Märchen
1035n–1082n Somadeva
1070n blau 'Ozean der Märchenströme'
1403n blau '1001 Nacht' vollendet
1471n blau Pforrs Übersetzung
1548n blau Waldis' Märchen
1622n blau Basile: 'Pentamerone'
1697n blau Märchen des Perrault
1704n blau '1001 Nacht' französisch
1764n blau Gozzi: 'Turandot'
1782n blau Musäus: Volksmärchen
1797n blau Tieck: Volksmärchen
1812n blau Grimms Märchen
1866n blau Andersens Märchen
1943n blau 'Der kleine Prinz'

MÄRTYRER, von dem griechischen Worte 'martyr' (= Blutzeuge) abgeleitete Bezeichnung für Menschen, die wegen standhaften Festhaltens an ihrer Überzeugung getötet werden.

598v–501v Teng-Tse
501v rot Hinrichtung Teng-Tses
469v–399v Sokrates
399v rot Tod des Sokrates
384v rot Mord an Manlius
240v rot Mord an Agis
180v–139v Viriathus
163v–129v Aristonikus
163v–133v Tiberius Gracchus
133v rot Mord an T. Gracchus
91v rot Mord an Livius Drusus
27v–40n Herodes Antipas
19v–38n Pontius Pilatus
7v–29n Johannes der Täufer
6v–30n Jesus Christus
5v–64n Paulus
4v–64n Petrus
29n rot Tod des Johannes
30n rot Tod des Jesus
31n rot Steinigung des Stephanus
37n–68n Nero
64n rot Christen-Verfolgungen
64n rot Tod des Paulus, Petrus
100n–165n Justin der Märtyrer
117n rot Tod des Ignatius
156n rot Tod des Polykarp
165n rot Tod des Justin
176n rot Christen-Hinrichtungen
177n rot Christen-Hinrichtungen
184n rot Tod des Apollonius
199n–251n Decius
202n–258n Cyprian
203n rot Christen-Hinrichtungen
235n blau Schrift des Origenes
243n–316n Diokletian
245n–309n Pamphilos
249n rot Christen-Verfolgungen
250n rot Verbrennung des Papstes
258n rot Gesetz gegen Christen
303n rot Erlaß Diokletians
304n rot Tod der Lucia
348n–408n Prudentius
360n–415n Hypatia
385n rot 'Ketzer'-Hinrichtung
402n blau Lieder auf Märtyrer
415n rot Mord an Hypatia
675n–754n Bonifatius
835n rot Mord an Paulikianer
864n–910n Karmat
1022n rot Katharer-Verbrennung
1052n rot 'Ketzer'-Hinrichtungen
1066n rot Bischof Opfer der Slawen
1115n rot Katharer-Verbrennung
1119n rot Papst: 'Ketzer'-Ausrottung
1126n rot Mord an Tanchelm
1132n rot Peter von Bruys verbrannt
1140n–1217n Peter Waldes
1145n rot Mord an Katharern
1160n–1216n Innozenz III.
1163n rot Katharer-Verbrennung
1163n rot Katharer-Verbrennung
1181n braun Kreuzzug gegen Katharer
1184n rot Inquisition
1194n–1250n Friedrich II.
1197n rot Todesstrafe für Katharer
1209n rot 'Ketzer'-Verbrennung
1209n/1229n Katharer-Kreuzzug
1211n rot Katharer-Verbrennung
1212n rot Bogomilen-Verfolgung
1230n rot Katharer-Verbrennung
1232n–1300n Segarelli
1237n rot Katharer-Verbrennungen
1239n rot Katharer-Verurteilung
1249n rot Katharer-Verbrennung
1305n/1307n Lombardischer Kreuzzug
1307n rot Fra Dolcinos Feuertod
1313n–1354n Rienzi
1315n rot Katharer-Verbrennungen
1325n–1381n Wat Tyler
1336n rot Katharer-Verbrennung
1358n rot Mord an Bauernführern
1362n–1437n Sigismund
1365n–1416n Hieronymus von Prag
1369n–1415n Hus
1393n rot Katharer-Verbrennung
1400n–1450n Jack Cade
1412n–1431n Jeanne d'Arc
1415n rot Verbrennung des Hus
1416n rot Hieronymus' Feuertod
1417n rot Hinrichtung Oldcastles
1420n/1434n Hussiten-Kreuzzug
1431n rot Feuertod Jeanne d'Arcs
1433n rot Feuertod Conectes
1436n rot Mord an Engelbrechtsson
1451n–1505n Isabella von Kastilien
1452n–1498n Savonarola
1498n rot Feuertod des Savonarola
1509n–1564n Calvin
1528n rot Hinrichtung Hubmayrs
1546n rot Verbrennung des Dolet
1548n–1600n Giordano Bruno
1549n rot Johanna von Kent verbrannt
1553n rot Calvin-Gegner verbrannt
1559n rot Autodafés in Spanien
1562n/1598n Hugenottenkriege
1600n rot Feuertod Giordano Brunos
1601n rot Calvinist hingerichtet
1641n braun Protestantenmorde
1826n rot 'Ketzer'-Hinrichtung
1828n rot Letzter Inquisitions-Tod
1869n–1948n Gandhi
1914n rot Mord an Jaurès
1919n rot Rosa Luxemburg ermordet
1919n rot Karl Liebknecht ermordet
1948n rot Mord an Gandhi
1961n rot Mord an Lumumba

MÄRZGEFALLENE, Bezeichnung für die im März 1848n in Berlin ermordeten Arbeiter und Studenten, deren Kampf die erfolglose Revolution von 1848n auslöste. Der preußische König mußte barhäuptig die 187 von seinen Soldaten Hingemordeten ehren, konnte aber die von ihnen ausgelöste Freiheits-Bewegung unterdrücken.

1848n/1850n Deutsche Revolution
1848n blau Menzels Gemälde

MÄZENAS, Gajus (um 70v–8v), römischer Staatsmann. Als reicher Grundbesitzer dem Ritterstande zugehörig, suchte er die bestehende Gesellschaftsordnung durch Errichtung der Alleinherrschaft eines starken Mannes zu stabilisieren. Nachdem er in Oktavian (Augustus) den geeignetsten Mann für dieses Amt erkannt hatte, förderte er dessen Weg zur Monarchie mit allen Mitteln. Nahm selbst kein Staatsamt an, sondern gab sich seinen privaten Lebensgenüssen hin. Sammelte Edelsteine, Ringe und Perlen. Schrieb Gedichte und naturgeschichtliche Abhandlungen. Schenkte dem Dichter Horaz ein Landgut ('Sabinum') und sorgte dafür, daß Vergil sein väterliches Gut zurückerhielt. Auch sonst umgab er sich gern mit bekannten Dichtern (Properz und Varius Rufus) und war freigiebig gegen sie. Dafür erwartete er keine Gegenleistung, setzte aber stillschweigend voraus, daß diese Dichter die Monarchie im allgemeinen und seinen Freund Augustus im besonderen dezent priesen. Diese Form der Förderung von Künstlern ist seitdem mit seinem Namen verbunden ('Mäzenatentum') Sein beträchtliches Vermögen vererbte er dem Augustus.

49v–15v Properz

MAGADHA, Staat im Nordosten Indiens am Mittel- und Unterlauf des Ganges. Entwickelte sich vor fast 2500 Jahren zum bedeutendsten Königreich Indiens. Hier lebte Jina und lehrte Buddha. Unter Tschandra-Mauria wurde das Land 200 Jahre später Mittelpunkt eines Reiches, das ganz Nordindien umfaßte.

569v–498v Jina Mahavira
558v–492v Bimbisara
557v–477v Buddha
524v rot Fürst Anhänger Buddhas
453v rot Machtzuwachs
358v–280v Seleukos I.
322v rot Mauria-Dynastie
305v rot Rückzug des Seleukos
320n rot Gupta-Reich
475n rot Rest des Gupta-Reiches
728n rot Mord an Gauda
728n rot Ende des Gupta-Reiches

MAGDEBURG, Stadt am Mittellauf der Elbe (Norddeutschland). Von Karl dem Großen als äußerster östlicher Handelsplatz bestimmt, über den die fränkischen Kaufleute nicht vordringen durften, entwickelte sich der Ort zum Zentrum des Warenaustausches des Frankenreiches mit Awaren und Slawen. Seit der Teilung des Frankenreiches zum östlichen deutschen Reiche gehörig. Durch Errichtung eines Erzbistums Ausgangspunkt der Christianisierung des Gebietes zwischen Elbe und Oder, die in deutscher Sprache erfolgte und so die Eindeutschung dieses Gebietes vorbereitete. 1188n zur Stadt erhoben, seit 1294n der Hanse zugehörig, wehrte sich die arbeitende Bevölkerung immer heftiger gegen die Herrschaft des Erzbischofs, der sich bald ganz nach Halle und auf die Burg Giebichenstein zurückzog, ohne das Bistum aufzugeben. Durch Verbindung von sächsischem Gewohnheitsrecht und städtischem Lokalrecht schufen die Laienrichter der Stadt ein Schöffenrecht, das im Gebiet zwischen Elbe und Oder bald in den meisten Städten eingeführt wurde. Die in der Reformation erkämpfte Glaubensfreiheit wurde im Dreißigjährigen Kriege noch einmal durch die katholischen Heere des Kaisers gebrochen. Nach deren Vertreibung durch die Schweden erlebte sie unter ihrem Bürgermeister Otto von Guericke einen schnellen Wiederaufstieg. 1680n fiel die Stadt gegen den Willen ihrer Bewohner an Brandenburg-Preußen und wurde zu einer starken Festung ausgebaut. 1806n von französischen Truppen erobert, war sie 1807n–1814n Teil des Königreiches Westfalen, das von Napoleons Bruder Jérôme ('König Lustik') regiert wurde. Seit 1815n wieder preußisch, seit 1871n Teil des deutschen Reiches, seit der Spaltung Deutschlands nach dem zweiten Weltkriege Bezirks-Hauptstadt der DDR.

805n grün Handelsplatz
968n rot Erzbistum
1157n rot Rechte für Schuhmacher
1183n grün Zunftzwang für Schneider
1207n blau Neubau des Domes
1301n braun Handwerker-Aufstand
1574n blau Magdeburger Zenturien
1618n/1648n Dreißigjähriger Krieg
1620n–1688n Der Große Kurfürst
1631n blau Geschichte der Zerstörung
1654n grün Magdeburger Halbkugeln
1830n grün Schwimmhalle

MAGDEBURG, Mechthild von (um 1210n–1283n), deutsche Dichterin. Schloß sich 25jährig in Magdeburg einer religiösen Frauengemeinschaft (Beginen) an und trat dann als Nonne in das thüringische Kloster Helfta ein. Schrieb ihre Vorstellungen von Himmel, Hölle und Fegefeuer in ihr Tagebuch. Auch legte sie darin ihre Prophezeiungen nieder sowie ihre angeblichen Begegnungen und Gespräche mit Jesus Christus. Diese lateinische Niederschrift wurde durch Heinrich von Nördlingen bearbeitet und 1345n in deutscher Sprache herausgegeben.

1272n blau 'Das fließende Licht'

MAGDEBURGER HALBKUGELN, zwei halbe Hohlkugeln, die von dem Magdeburger Bürgermeister Otto von Guericke gebaut wurden, um die Kraft des Luftdruckes zu beweisen. Sie wurden lose aufeinandergelegt und dann luftleer gepumpt. Zwanzig in entgegengesetzter Richtung angespannte Pferde versuchten vergeblich, sie auseinanderzureißen.

1654n grün Konstruktion

MAGDEBURGER ZENTURIEN, Titel einer dreizehnbändigen, in 13 Jahrhundertabschnitte (= Zenturien) eingeteilten Kirchengeschichte, die im protestantischen Magdeburg von Luther-Anhängern zusammengestellt wurde, um der katholischen Kirchengeschichte eine weniger voreingenommene Beschreibung der Entwicklung der christlichen Kirche entgegenzusetzen. Unter der Redaktion des Matthias Flacius ausgearbeitet durch protestantische Theologen (Corvinus, Wigand, Judex, Faber, Holzhuber) und auf Kosten protestantischer Fürsten gedruckt, wurde sie ein wesentliches Mittel im Kampf gegen den Katholizismus.

1574n blau Vollendung

MAGELLAN, Fernao, portugiesischer Entdecker.

1480n–1521n Lebenslinie
1519n grün Beginn der Erdumseglung
1521n grün Entdeckungen
1522n grün Rückkehr Überlebender

MAGIE, Bezeichnung für unerforschte und deshalb als geheimnisvoll empfundene Naturkräfte sowie für die Kunst ihrer Beherrschung. Umfaßte in der Frühgeschichte fast die gesamte Erscheinungswelt, bis der Mensch allmählich lernte, die ihm unverständlichen Naturerscheinungen zu begreifen und zu meistern. Das aus Persien stammende Wort bezeichnete zunächst das Feuerhüten, das zugleich ein Feuerbeschwören war, bis die Gesetze der Feuerentstehung und -beherrschung allgemein bekannt wurden. Dann übertrug sich die Bezeichnung auf den Sternkundigen, Heilkundigen, Zahlenkundigen, den Alchemisten. Aber auf allen Gebieten lernte der Mensch die hinter den zunächst unerklärlichen Erscheinungen verborgenen natürlichen Kräfte selbst kennen und entwickelte so die ersten Wissenschaften (Astronomie, Medizin, Mathematik und Chemie). Der Wunderglaube flüchtete sich in Sage und Märchen oder wurde Gegenstand religiöser Gaukelei. Priester bemächtigten sich seiner, retteten ihn auf das für die Wissenschaft bedeutungslose Gebiet der Todesangst und Jenseitshoffnung und behaupteten wesentliche Elemente innerhalb und außerhalb der Weltreligionen durch Orakel, Prophezeiung, Opfer, Beschwörung, Teufelsfurcht und Gottesanbetung noch viele Jahrhunderte, teilweise bis in unsere Epoche.

2786v–2731v Kea
2750v rot Namenstilgung
2055v–1975v Ur-Edina
1676v blau 'Cheops und der Zauberer'
1583v blau Zaubersprüche in Ägypten
2496v–2438v Ni-Anch-Sekmet
1410v grün Heilendes Götterbild
1118v–1058v Wen-Amun
1088v blau 'Hexen'-Buch
1087v grün Glocken gegen Geister
1083v rot Tod für Hexen, Zauberer
795v blau Zaubersprüche in Indien
714v–642v Manasse
604v–514v Lao-Tse
603v grün Wundertäter gegen Pest
460v–375v Hippokrates
124n–170n Apulejus
265n–330n Jamblichos
302n blau 'Geheimlehren'
525n–605n Alexander Tralles
717n–778n Padma Sambawa
810n grün 'Kunst des Goldmachens'
930n grün Merseburger Zaubersprüche
939n–990n Roswitha
963n blau Roswitha: Faust-Legende
1090n rot 'Hexen'-Verbrennungen
1247n rot Verbrennung einer 'Hexe'
1248n rot 'Hexen'-Verbrennungen
1275n rot 'Hexen'-Verbrennungen
1275n blau Kabbala-Werk 'Sohar'
1484n rot Papst: 'Hexen'-Verfolgung
1487n blau 'Hexenhammer'
1533n grün Werk des Agrippa
1587n blau Volksbuch von Dr. Faust
1588n blau Marlowe: 'Faust'
1692n rot 'Hexen'-Tötungen
1756n rot Kind als 'Hexe'
1749n–1832n Goethe
1774n blau Goethe: Urfaust
1775n rot 'Hexen'-Hinrichtung
1793n rot Letzte 'Hexen'-Tötung
1808n blau Goethe: Faust I
1831n blau Goethe: Faust II
1859n blau Gounod: Faust-Oper
1875n–1955n Thomas Mann
1947n blau Th. Mann: 'Dr. Faustus'

MAGNA CHARTA, Name einer Urkunde, die vom englischen König auf Verlangen des Adels, der Kirche und der Städte widerstrebend unterzeichnet wurde. Sie unterstellte das öffentliche Leben, das vorher allein auf der Macht des Königs beruhte, Gesetzen, an die auch der König und seine Beamten gebunden waren. Ihre 63 Artikel stellten im wesentlichen eine Zusammenfassung von Gewohnheitsrechten und Gesetzen aus früherer Zeit dar. Doch wurde nun auch der König auf ihre Innehaltung verpflichtet, und es wurde als Schiedsgericht gegenüber dem Könige eine Reichsversammlung eingesetzt, die auch das alleinige Recht zur Bewilligung außerordentlicher Steuern hatte. Im Artikel 39 wurde die Festnahme, Inhaftierung und Besitz-Einziehung aller Freien von einer richterlichen Verfügung abhängig gemacht. Da die Reichsversammlung nur aus Angehörigen des Adels und der Priesterschaft bestand, wurde durch diese Urkunde praktisch nur die Stellung der Grafen, Barone, Bischöfe und Äbte gegenüber dem König verbessert. Doch bot ihre allgemeine Formulierung auch dem englischen Volke eine erste Möglichkeit zur Durchsetzung gewisser Freiheiten und Rechte.

1215n rot Erlaß

MAGNESIA, Stadt im Westen Kleinasiens auf einer Anhöhe über dem Mäander-Fluß unweit der Küste zwischen den Hafenstädten Ephesos und Milet. Von griechischen Siedlern vor fast 3000 Jahren gegründet, wurde sie durch König Gyges nach einem Sieg über die Griechen dem kleinasiatischen Reiche der Lyder eingefügt. Der Perserkönig Kyros nahm sie nach seinem Sieg über die Lyder. Sein Urenkel Artaxerxes übergab Herrschaft und Einnahmen dem griechischen Staatsmann Themistokles, als dieser wegen seines Eintretens für einen Frieden mit Persien aus Athen verbannt wurde. Durch Alexander den Großen der Perserherrschaft entrissen, wurde sie Teil des Reiches seines Feldherrn Seleukos und geriet dann unter syrische Herrschaft. Die Römer schlugen hier im Syrischen Krieg die Hauptmacht des feindlichen Heeres und gaben die Stadt an das Reich Pergamon. Wegen ihres tapferen Widerstandes gegen den aus dem Norden Kleinasiens angreifenden Mithridates wurde sie von dem römischen Feldherrn Sulla im Jahre 84v für frei erklärt. Die mit dem Römerreiche untergegangene Stadt wurde seit 1880n durch die deutschen Archäologen Kern und Humann ausgegraben.

665v braun Niederlage gegen Lydien
665v rot Lydischer Besitz
599v–529v Kyros
546v braun Vorstoß der Perser
546v rot Persische Herrschaft
464v rot Geschenk für Themistokles
220v blau Bau des Artemis-Tempels
192v/190v Syrischer Krieg Roms
190v rot Ende der Syrermacht
189v rot Besitz Pergamons

MAGNETISCHER NORDPOL, Bezeichnung für den Punkt der Erdoberfläche, an dem sich die sonst horizontal schwebende Nordseite der Kompaßnadel senkrecht zum Erdmittelpunkt richtet, weil dort der sie anziehende Punkt des magnetischen Erd-Feldes sich befindet. Fällt nicht mit dem geographischen Nordpol zusammen, sondern befindet sich in ständiger Bewegung in der Gegend des Nordpols, jedoch zeitweise bis zu 3000 Kilometer von ihm entfernt.

1831n grün Entdeckung

MAGNETISMUS, Bezeichnung für die Anziehungskraft einiger Stoffe (vor allem des Eisens). Beruht auf der ihnen innewohnenden oder künstlich zugeführten Elektrizität. Durch seine Entdeckung erhielt der Mensch erste Kunde von der Wirksamkeit elektrischer Kräfte. Seine Erforschung führte zur Verallgemeinerung der Wissenschaft von den magnetischen Feldern (Gilbert, Coulomb, Örstedt, Faraday, Gauß, Maxwell, Hertz, Zeeman).

624v–546v Thales
584v grün Entdeckung im Eisenstein
577v grün Entdeckung im Bernstein
374v grün Einfacher Kompaß
1190n grün Magnetisierung von Stahl
1269n grün Zwei Magnetpole
1306n grün Verbesserter Kompaß
1599n grün Gilbert: Erdmagnetismus
1785n grün Coulomb'sches Gesetz
1819n grün Elektromagnetismus
1831n grün Faradays Forschungen
1831n grün Magnetischer Nordpol
1832n grün Gauß: Erdmagnetismus
1863n grün Maxwells Wellenlehre
1866n grün Nutzung im Dynamo
1887n grün Hertz' Wellenlehre
1895n grün Zeeman -Effekt

MAGNETZÜNDUNG, elektrischer Vorgang beim Betrieb von Verbrennungsmotoren. Entzündet das im Zylinder zusammengedrückte Gas mit Hilfe von Strom, der im Kraftfeld eines Stahlmagneten durch Drehung einer Spule erzeugt wird. Ihre Erfindung stellte einen wesentlichen Fortschritt in der Automobil-Technik dar, weil der für die Zündung benötigte Strom dadurch vom laufenden Motor selbst erzeugt wurde.

1902n grün Erfindung

MAGO (um 210v–um 146v), karthagischer Schriftsteller. Faßte das Wissen seiner Zeit über die Landwirtschaft in 28 Bänden zusammen. Dieses Werk war die theoretische Grundlage des Plantagen-Anbaus, wie er in der Großraum-Wirtschaft Nordafrikas entwickelt worden war. Ein Jahr nach der endgültigen Vernichtung seiner Heimatstadt Karthago (Nordafrika) durch die Römer, bei der er wahrscheinlich den Tod fand, wurde sein Werk auf Beschluß des römischen Senats ins Lateinische übersetzt. Es förderte die radikale Umstellung der Landwirtschaft Italiens auf Großflächen-Bebauung und bildete für die Römer die fachliche Voraussetzung zur Fortführung des ertragreichen Landbaus in den eroberten Gebieten Nordafrikas, die sich zur Kornkammer Roms entwickelten.

145v grün Übersetzung

MAGYAREN, Name eines Volksstammes, der vor 1500 Jahren in Südrußland ansässig war, im 9. Jahrhundert zum Balkan vordrang, dort zum Einiger des ungarischen Volkes wurde und in ihm aufging.

834n–907n Arpad
860n rot Ansiedlung im Balkan
895n rot Ungarisches Reich

MAHABHARATA, Titel der größten Heldendichtung Indiens. Faßte vor etwa zwei Jahrtausenden in über 80000 Doppelversen Volkssage, Legende, Götterglauben, Philosophie und Recht des indischen Volkes innerhalb einer Rahmenerzählung zusammen: Heldenkampf, Brautwerbung, Frauenraub, Würfelspiel, Tieropfer, Sintflut werden dargestellt, Heimtücke und Edelmut, Verrat und Vergebung. König Pandu und sein blinder Bruder Drita-Raschtra symbolisieren in ihrem Thronstreit das Böse und das Gute, deren Ringen zur gemeinsamen Vernichtung führt. Und am Ende stehen die sittlichen Schlußfolgerungen, die den Geboten des Brahmanismus entsprechen und seine Kasten-Ordnung rechtfertigen. Vor 2500 Jahren zum großen Teil bereits in mündlicher Überlieferung vorhanden, wurde es in Einzelteilen bearbeitet. Eines dieser Teilstücke ist die Bhagavad-Gita. 600 Jahre nach Beginn der Niederschrift wurde das ganze Werk vollendet.

310v blau Bhagavad-Gita
243v blau Teil-Niederschrift
363n blau Niederschrift vollendet

MAHAJANA, Name einer Glaubensrichtung innerhalb des Buddhismus, die sich durch Aufnahme zahlreicher Elemente aus asiatischen Volksreligionen von der reinen Lehre Buddhas unterscheidet. Formte die streng-philosophische Religion zu einer Volksreligion um. Ausgehend von Menschenliebe und Erlösungsglauben, ist sie von den Tugenden der Hingabe und des Erbarmens getragen und nähert die Buddha-Gestalt an die Vorstellung des alten Sonnengottes an. Entstand während des Rückganges der Buddha-Verehrung in Indien und machte den Buddhismus reif zur Eroberung anderer Länder und Völker Asiens.

96n rot Entstehung

MAHAL, Mumtaz (um 1590n–1629n), indische Kaiserin. Als Frau des Kaisers Dschehan lebte sie in der Residenzstadt Agra, 150 Kilometer südlich von Delhi. Als sie bei der Geburt ihres 14. Kindes starb, ließ ihr Mann eine Erinnerungsstätte für sie errichten, die wegen ihrer Schönheit weltbekannt wurde.

1648n blau Grabmal

MAHANAMA (um 450n–um 520n), ceylonesischer Dichter. Verfaßte in indischer Sprache (Pali) eine Geschichte seiner Heimatinsel Ceylon unter besonderer Berücksichtigung der Einführung des Buddhismus ('Chronik der großen Geschlechter'). Sein Werk ist in erzählenden Versen geschrieben. Es geht im wesentlichen auf eine frühere Chronik von Ceylon zurück, die ungereimt war, bringt aber eine Fülle neuer Tatsachen. Es wurde mehr als ein Jahrtausend lang immer wieder ergänzt und fortgeführt.

510n blau Geschichtswerk

MAHASIN, Halifa ibn (um 1230n–um 1285n), arabischer Mediziner. Als Augenarzt in seiner Heimatstadt Aleppo (Syrien) verfaßte er ein Lehrbuch 'Von dem Notwendigen in der Augenheilkunde'. Empfahl die Verwendung des Magneten zur Entfernung abgebrochener Instrumentenspitzen.

1258n grün Buch der Augenheilkunde

MAHAVIRA, *Jina Mahavira*, indischer Religionsstifter.

569v–498v Lebenslinie
541v blau Wiedergeburts-Lehre

MAHDI, Ehrentitel des sudanesischen Freiheitskämpfers Mohammed Achmed (1844n–1885n). Eigentlich Bezeichnung für den erwarteten Heilsbringer (Messias) der Araber, der das Zeitalter des islamischen Glaubens heraufführen sollte, wurde er Mohammed Achmed von den Bewohnern des Sudan (Afrika) beigelegt, nachdem dieser große Teile des Landes von den Ägyptern befreit hatte. Nach Ausrufung des Mahdi-Staates in Khartum schaffte er die Besitzunterschiede ab und verwirklichte die vom Volke erhoffte Gleichstellung von arm und reich. Doch starb er kurz darauf, und sein Nachfolger erlag dem Angriff der Engländer, die Lord Kitchener mit Elitetruppen entsandt hatten, um die gefährliche soziale Befreiungsbewegung niederzuwerfen. Die von ihm ins Leben gerufene revolutionäre Derwisch-Organisation bestand noch Jahrzehnte fort.

1883n braun Erhebung

MAHDI, Obeid Allah al (um 865n–939n), arabischer Politiker. Begründer und erster Kalif der Fatimiden-Dynastie in Nordafrika. Nutzte die Wirren des Karmatenaufstandes zur Errichtung eines eigenen, von Bagdad unabhängigen Gegen-Kalifats. Verwarf die islamische Orthodoxie, bezeichnete sich als unmittelbarer Nachkomme von Fatima, der Tochter Mohammeds, und nannte die Herrschaft seiner Familie deshalb 'Fatimiden-Dynastie'. Gründete südlich von Tunis seine neue Hauptstadt (Mahdia).

899n/930n Karmatenaufstand
909n rot Unabhängig von Bagdad

MAHDIA, Hafenstadt in Nordafrika, südlich von Tunis gegenüber der Insel Sizilien. 912n von Al Mahdi gegründet und in den darauf folgenden Jahrzehnten zur prächtigen Residenz des von Bagdad unabhängigen Araberreiches ('Fatimiden-Reich') ausgebaut. Die Stadt wurde Ende des 11. Jahrhunderts von den vereinigten Flotten der italienischen Stadtstaaten Pisa und Genua angegriffen und besiegt. Sie mußte Tribute zahlen und alle europäischen Sklaven freilassen. 1195n von sizilischen Normannen erobert, fiel sie 1570n unter türkische Herrschaft. 1705n wurde sie Bestandteil eines selbständigen tunesischen Königreiches und im 19. Jahrhundert französisch. Seit 1956n wichtige Hafenstadt der unabhängigen Republik Tunesien.

1087n braun Arabische Niederlage
1087n rot Sklavenfreiheit

MAHLEN, Bezeichnung für das durch Drehen von Steinen oder Walzen bewirkte Zerkleinern. Vor Jahrtausenden für das Zermahlen von Getreide eingeführt, wurde es später auch für andere technische Zwecke verwendet.

2887v grün Mühlsteine in Sumer
2810v grün Kegelförmige Steine
2350v blau 'Frau beim Kornmahlen'
88v grün Wassermühlen
666n grün Mühlen zur Erzverarbeitung
1222n grün Windmühlen
1445n grün Alberti: Mühlenbau
1671n grün Mahlwalze

MAHLER, Gustav (1860n–1911n), österreichischer Komponist aus Böhmen. Als Schüler Bruckners wurde er Kapellmeister in Prag, Leipzig, Budapest und Hamburg sowie Operndirektor in Wien und New York. In seinen Kompositionen opferte er langsam das Harmonische einer erstrebten Modernität. Dabei ging er bis an die Grenzen der Atonalität und bediente sich ganz neuer musikalischer Mittel zur Erzielung besonderer Wirkungen. So baute er in seine neun Sinfonien Frauen- und Knabenchöre ein und suchte solistische Leistungen neben dem Orchesterspiel zur Geltung zu bringen. Der von ihm betriebene Aufwand stand oft im Mißverhältnis zum musikalischen Gehalt seiner Werke. In seiner 'Sinfonie der Tausend' setzte er neben hundert Orchestermusikern Hunderte in Chören und 'Fern-Orchestern' ein, so daß er mit 1000 Mitwirkenden eine Rekordzahl erreichte. Schrieb auch Lieder und Märsche sowie eine Oper und ein Märchenspiel.

1910n blau Es-Dur-Sinfonie

MAIFEIER, Bezeichnung für die alljährlich am 1. Mai von den Arbeitern der sozialistischen Staaten begangene Feier zu Ehren des Sieges der Weltrevolution in ihrem Lande und zur Bekräftigung der internationalen Solidarität der Arbeiterklasse. Hervorgegangen aus dem Beschluß eines internationalen Arbeiterkongresses zur Jahrhundertfeier der französischen Revolution. Sollte zunächst den Forderungen der Arbeiter nach Ermäßigung der Arbeitszeit auf acht Stunden täglich Nachdruck verschaffen. Wegen des Widerstandes der kapitalistischen Staaten hiergegen entwickelte sich der Tag zu einem Streiktag und wurde schließlich vom Proletariat als arbeitsfreier Tag gegen den Willen der Kapitalisten in den bürgerlichen Staaten alljährlich neu erkämpft. Diesen revolutionären Charakter hat er noch heute in vielen kapitalistischen Ländern. Eine Ausnahme bildet Deutschland, wo die Faschisten 1933n aus Furcht vor einer solidarischen Aktion der Arbeiterschaft diesen Tag zu einem allgemeinen Feiertag machten.

1889n rot Weltfeiertag

MAI-GESETZE, Sammelbezeichnung für vier Gesetze, die kurz nacheinander im Mai 1873n vom preußischen Kultusminister Falk erlassen wurden. Sie unterwarfen die Priesterseminare der Staatsaufsicht, regelten den Kirchenaustritt, unterstellten die Priesterschaft staatlicher Gerichtsbarkeit und beschränkten das Recht der Kirche zur Verhängung von Strafen. Obwohl diese Gesetze alle Kirchen betrafen, wehrte sich die katholische Kirche besonders dagegen, weil sie vorher die meisten Vorrechte in Anspruch genommen hatte. Nach heftigem Kampf ('Kulturkampf') wurden sieben Jahre später die meisten Bestimmungen zurückgenommen oder abgemildert, so daß die Sonderrechte der katholischen Kirche weitgehend fortbestanden.

1873n rot Erlaß

MAIKOP, Stadt in Südrußland unweit der Nordküste des Schwarzen Meeres am Fuße des Kaukasus. Hier entstand vor mehr als 4000 Jahren ein Kulturzentrum, das sich durch einen hohen Stand der Goldschmiedekunst auszeichnete. Weil die Stadt an einem Quellarm des Kubanflusses liegt, gab man dieser noch unerforschten Kultur den Namen 'Kuban-Kultur'.

2314v blau Löwenbild in Gold
2278v blau Rinderbild in Gold

MAILAND, Stadt am Südfuße der Alpen (Nord-Italien). Seit ihrer Gründung durch Gallier vor fast 2500 Jahren Durchgangspunkt des Nord-Süd-Verkehrs in Europa, wurde sie bald zu einem wichtigen Handelsplatz, der auch nach Frankreich und zum Balkan seine Verbindungen stärkte. Nach dem Zusammenbruch des Römerreiches von Hunnen erobert, wurde sie in den folgenden Jahrhunderten durch Ostgoten, Langobarden und Franken eingenommen. Dann geriet sie unter die Herrschaft des deutschen Kaisers, konnte aber zeitweilig ihre Unabhängigkeit vom deutschen Reiche durchsetzen. Handwerk und Industrie entwickelten sich früh und führten zur Befreiung der Stadt aus kirchlicher Bevormundung. Im Zuge der großen Machtkämpfe in Europa immer wieder von fremden Staaten unterworfen, wurde sie Mittelpunkt des nationalen und sozialen Befreiungskampfes. An der Einigung Italiens im 19. Jahrhundert maßgeblich beteiligt, wurde sie mit dem benachbarten Turin Zentrum der um ihre soziale Befreiung ringenden italienischen Arbeiterschaft. Als Mittelpunkt des Europa zugewandten Nord-Italien wuchs sie zur zweitgrößten Stadt des Landes sowie zu seinem größten Industrie- und Geldzentrum heran.

222v braun Vorstoß Roms
222v rot Römische Herrschaft
311n rot Edikt über Christentum
340n–397n Ambrosius
370n/455n Hunnenkriege
489n/493n Ostgoten-Krieg
568n/569n Langobarden-Vorstoß
569n rot Langobarden-Herrschaft
773n/774n Franken-Vorstoß
774n rot Fränkische Herrschaft
787n grün Waisen- und Findelheim
912n–973n Otto I., der Große
962n braun Vordringen Deutscher
1041n braun Aufstand der Motta
1041n grün Erblichkeit der Lehen
1059n braun Pataria-Aufstand
1155n grün Humiliaten-Bewegung
1158n/1162n Erhebung
1183n rot Deutsche Hoheit
1198n grün Arbeiter-Bund
1198n grün Nichthandarbeiter-Bund
1205n rot Handwerker in Verwaltung
1231n grün Zusammenhalt der Katharer
1495n blau Leonardo: 'Abendmahl'
1497n blau 'Maria delle Grazie' (Chor)
1544n rot Rückzug Frankreichs
1714n rot Besitz Österreichs
1859n/1861n Befreiungskampf Italiens

MAIMONIDES, Moses, jüdischer Religionsphilosoph, Mathematiker und Arzt.

1135n–1204n Lebenslinie
1168n blau Glaubenslehre
1180n blau 'Wegweiser'

MAIN, größter deutscher Nebenfluß des Rheins. Seine Quellflüsse entspringen im Fichtelgebirge und in der Fränkischen Schweiz. Sie vereinigen sich bei Kulmbach. Von hier aus fließt der Strom in großen Schleifen westwärts über Bamberg, Schweinfurt, Würzburg, Aschaffenburg, Hanau, Offenbach und Frankfurt bis Mainz, wo er nach 524 Kilometern in den Rhein mündet.

113v/101v Erster Germanenkrieg
90v rot Ansiedlung von Sueben
496n rot Verdrängung der Alemannen
595n–662n Samo
702n blau Entwicklung von Würzburg

MAINE, Land in Westfrankreich zwischen Seine und Loire (Hauptstadt: Le Mans). Das von Kelten (Cenomanen) bewohnte Gebiet wurde nach Beendigung der Römerherrschaft fränkisch, verselbständigte sich unter eigenen Grafen, gehörte seit 1063n zur Normandie, seit 1110n zu Anjou, wurde mit diesem englisch und wechselte seit 1204n mehrfach den Besitz, bis es 1480n endgültig an den französischen König fiel.

58v/51v Gallischer Krieg
51v rot Römische Herrschaft
486n rot Teil des Frankenreiches
1050n rot Le Mans selbständig

MAINZ, Stadt in Westdeutschland am linken Ufer des Rheins gegenüber der Einmündung des Mains. Vor mehr als 1200 Jahren durch Bonifatius zum Mittelpunkt der katholischen Kirche in Deutschland gemacht. Ihre Erzbischöfe waren als Kurfürsten Leiter der Königswahl. Zahlreiche Reichstage fanden hier statt. Trotz Erhebung der Bürger, die 1159n ihren Erzbischof hinrichteten, behielt der romtreue Klerus fest die Macht in der Hand. Nach der französischen Revolution bildete sich hier in den Revolutionskriegen eine Jakobinergesellschaft, die Träger der ersten demokratischen Republik auf deutschem Boden wurde. Aber die Einführung revolutionärer Einrichtungen nach französischem Vorbild war nicht von Dauer. Dagegen bewährte sich die Stadt 1819n bis 1829n als Sitz der 'Zentral-Untersuchungs-Kommission zur Ermittlung demagogischer Umtriebe'. 1848n erhoben sich die Bürger jedoch in Straßenkämpfen gegen ihre Obrigkeit. 1873n wurde die Stadt Reichsfestung. Nach dem ersten Weltkrieg bis 1930n von Franzosen besetzt, wurde sie Stätte separatistischer Bestrebungen zur Schaffung eines katholischen Rheinstaates. Aber 1919n traten die Arbeiter der Stadt in einen Generalstreik gegen diesen klerikalen Anschlag auf die deutsche Einheit. Im zweiten Weltkrieg stark zerstört, wurde sie als Sitz der französischen Besatzungsmacht ein Zentrum der Bestrebungen zur dauernden Teilung Deutschlands durch Schaffung eines westdeutschen Bundesstaates unter katholischer Vorherrschaft.

13v blau	Gründung
51n–96n	Domitian
89n braun	Aufstand des Saturninus
675n–754n	Bonifatius
804n–876n	Ludwig der Deutsche
990n–1031n	Aribo
1036n blau	Neubau des Domes
1064n rot	Pilgerfahrt
1099n grün	Weber-Vertrag mit Kirche
1254n rot	Rheinischer Städtebund
1356n rot	Goldene Bulle
1399n–1468n	Gutenberg
1477n blau	Universität
1514n grün	Ablaß-Verpfändung
1658n rot	Beitritt zum Rheinbund
1789n/1795n	Französische Revolution
1848n/1850n	Deutsche Revolution
1914n/1918n	Erster Weltkrieg
1939n/1945n	Zweiter Weltkrieg

MAIS, neben Weizen und Reis dritte große Getreideart. In Amerika seit Jahrtausenden Haupt-Nahrungsmittel, kam er im 16. Jahrhundert nach Europa, setzte sich aber hier zunächst nur als Viehfutter sowie zur Herstellung von Stärke, Sirup und Traubenzucker durch. Da er nur bei Temperaturen über 10 Grad gedeiht, ist sein Anbau auf die warmen Länder beschränkt.

1325v grün	Anbau in Amerika

MAISUR, Staat und Stadt im Südwesten Indiens am Arabischen Meer. Seit dem 5. Jahrhundert selbständiges Reich, das große Teile Südindiens bis ins 11. Jahrhundert beherrschte. Nach wechselvollen Kämpfen mit anderen indischen Königreichen fiel das Land unter die Herrschaft der mongolischen Kaiser Indiens ('Großmogule'). Seit 1610n wieder unter eigenen Herrschern selbständig, bis sein letzter König Tipu Sahib im Kampfe gegen die Engländer auf den Trümmern seiner Hauptstadt fiel. Dann regierten englische Vasallen-Könige das Land, bis es unter dem Namen 'Mysore' 1831n der Kolonialregierung unterstellt und durch einen vom englischen Vizekönig eingesetzten Maharadscha beherrscht wurde. Seit 1947n Bestandteil eines politisch unabhängigen indischen Staates, wurde es in seiner Gesamtfläche mehr als verdoppelt durch Hinzufügung von Teilen der Staaten Bombay, Madras und Haiderabad.

1268n blau	Keschawa-Tempel
1799n braun	Aufstand gegen England
1947n rot	Indien unabhängig

MAITLAND, Charles (1668n–1748n), englischer Mediziner. Als Arzt in Istanbul impfte er den vierjährigen Sohn des englischen Gesandten gegen die dort verbreitete Pocken-Krankheit, indem er ihm aufgebrochene Pocken-Absonderung einritzte. Dies Verfahren, das bereits seit Jahrzehnten in Istanbul erfolgreich angewandt worden war, machte er bald in England bekannt. Auf Wunsch des englischen Königs unternahm er zunächst Versuche an sechs Gefangenen, dann impfte er Angehörige der königlichen Familie und erhielt für eine Impfung bis zu 20000 Mark. 1724n führte er die erste Pocken-Schutzimpfung in Deutschland durch. Von Fachkollegen und von der Kirche heftig angegriffen, setzte er seine Impfungen unbeirrt fort und wurde zu einem der reichsten und angesehensten Ärzte seines Landes. Verfaßte auch mehrere Schriften über die Pocken-Schutzimpfung.

1717n grün	Pocken-Schutzimpfung

MAJAKOWSKI, Wladimir (1893n–1930), sowjetrussischer Dichter aus Georgien. Trat vierzehnjährig der bolschewistischen Partei bei, wurde mehrfach eingekerkert, als Revolutionär vom Gymnasium verwiesen und ging nach Moskau, wo er Malerei und Bildhauerei studierte. 1912n brach er mit aller herkömmlichen Kunst und gesellte sich zu den 'Futuristen', die eine Kunst für die Zukunft schaffen wollten (Manifest 'Eine Ohrfeige für den öffentlichen Geschmack'). Zwanzigjährig druckte er seine ersten Gedichte. Nach der Oktoberrevolution agitierte er rastlos für den Kommunismus, ohne der Partei anzugehören ('Linker Marsch', 'Ode an die Revolution'). Sein Lobgesang auf den Sowjetstaat ('150 Millionen') fand in der ganzen Welt Begeisterung. Aber Lenin war abgestoßen von seinem Pathos. Erst als er der Partei einen kritischen Spiegel vorhielt ('Die auf Sitzungen Versessenen'), erwärmte sich auch Lenin für seine Arbeit. Nach dessen Tode fand er mit seiner Kritik an den Mängeln des Sowjetstaates kein Verständnis mehr. Das hielt ihn nicht davon ab, in Büchern, Filmen, Theaterstücken, durch Verlagsgründungen sowie durch die Herausgabe von Zeitschriften für den Kommunismus einzutreten und auf Vortragsreisen nach Deutschland, Frankreich und Nordamerika für den jungen Sowjetstaat zu wirken. Gleichzeitig trat er der Bürokratisierung des öffentlichen Lebens in der Sowjetunion entgegen ('Die Wanze', 'Das Bad'). Aber seine Stücke wurden abgesetzt. Seinem weltberühmten Loblied auf die Revolution ('Gut und Schön') ließ er nun 'Schlecht' folgen. Dem Kommunismus trotzdem anhängend, aber ohnmächtig einer allgewaltigen Bürokratie gegenüberstehend, verzagte er an der Vermenschlichung des Kommunismus und setzte seinem Leben selbst ein Ende.

1920n blau	'150 Millionen'

MAJESTÄTSBRIEF, Bezeichnung für einen Erlaß des deutschen Kaisers, der allen Böhmen Bekenntnisfreiheit und freie Religionsausübung zusicherte. Von Rudolf II. gegen den Wunsch der ihn beratenden Jesuiten auf Drängen seiner Brüder und aus Furcht vor einem Aufstand der Böhmen widerwillig unterzeichnet, wurde er Grundlage einer friedvollen Entwicklung von Staat und Wirtschaft in Böhmen.

1609n rot	Erlaß

MAKAME, Bezeichnung für eine arabische Form der Dichtkunst. Entwickelte sich aus der Niederschrift geistvoller Unterhaltungen, wie sie im 7. und 8. Jahrhundert im Araberreich üblich waren. Von Al Hamadani in feste Regeln gebracht, wurde sie ein Jahrhundert später von Al Hariri zu höchster Vollkommenheit entwickelt.

968n–1007n	Al Hamadani
994n blau	Entwicklung
1054n–1122n	Al Hariri
1108n blau	'Makamat'

MAKARENKO, Anton (1888n–1939n), sowjetrussischer Pädagoge und Schriftsteller. Errichtete nach der bolschewistischen Revolution in seiner ukrainischen Heimat ein Arbeitslager zur Erziehung verwahrloster Kinder (Besprisornys). Er ging davon aus, daß die ihm anvertrauten jugendlichen Banditen von Natur aus gut und nur durch Krieg und Bürgerkrieg aus der Bahn geworfen waren. So machte er aus Dieben, Mördern und Dirnen ordentliche Menschen. Seine bei der Lager-Erziehung Entwurzelter gewonnenen Prinzipien (Selbst-Disziplin, Arbeits-Erziehung, Kollektiv-Bildung) wurden Grundlage der Sowjet-Erziehung, er selbst (obwohl nicht Parteimitglied) zum Klassiker kommunistischer Pädagogik. Schrieb zahlreiche pädagogische Werke ('Buch für Eltern') sowie ein Poem über die erzieherische Kraft sozialer Gesinnung ('Der Weg ins Leben').

1933n blau	'Der Weg ins Leben'

MAKE UP, Bezeichnung für Schönheitspflege und die für sie benötigten Hilfsmittel. Das englische Wort bedeutet 'aufmachen'.

2990v grün	Schminken in Ägypten
2494v–2416v	Schu-Bad
2491v grün	Roter Puder in Sumer
2423v grün	Schminklöffelchen, Sumer
1500v grün	Mesopotamien: Riechwasser
1490v grün	Creme-Dosen in Ägypten
1487v grün	Nagellack in Ägypten
366v grün	Diokles über Körperpflege
56n grün	Haarseife in Gallien
160n grün	Seife in Rom
1692n grün	'Kölnisches Wasser'
1749n grün	Zahnbürste

MAKIMONO, japanische Bezeichnung für Bilderrollen, auf denen ganze Geschichten in aufeinanderfolgenden Einzelbildern dargestellt werden. Wenn eine Rolle nicht ausreicht, werden zur Darstellung auch mehrere Makimonos benutzt, die zusammenhängend betrachtet werden. Bei historischen und religiösen Bilderzählungen wurden bis zu 60 Meter solcher Rollen aneinandergefügt.

1128n blau	Fabel-Motive
1137n blau	Bilder aus dem Hofleben
1193n blau	Geschichtliche Motive
1486n blau	Landschaftsmalerei

MAKKABÄER, Name einer jüdischen Herrscherfamilie. Ihr Stammvater Mattathias ermordete als Priester im Jahre 167v den syrischen Statthalter und gab damit das Signal zur Erhebung der Juden gegen die Fremdherrschaft. Vor seinem Tode übertrug er die Führung des Kampfes dem dritten seiner fünf Söhne (Judas). Als dieser in der Schlacht fiel, folgte ihm sein Bruder Jonathan. Nach dessen Hinrichtung erkämpfte sein Bruder Simon die ersehnte Unabhängigkeit, wurde aber nach sechsjähriger Herrschaft ermordet. Sein Enkel Aristobulos nahm im Jahre 105v den Königstitel an. Bald entartete die Herrschaft der Familie in Despotismus. Unter römischer Vormacht behauptete sie sich noch bis zum Jahre 37v das Amt des Hohepriesters. Dann wurde sie durch Herodes auch aus dieser Machtstellung verjagt. Zur Sicherheit ließ Herodes alle Angehörigen der Familie ermorden.

193v–160v	Judas Makkabäus
167v/164v	Erhebung
164v rot	Zugeständnis Syriens
161v rot	Bündnis mit Rom
143v/142v	Erhebung
142v rot	Unabhängigkeit
91v blau	1. Buch der Makkabäer
72v–4v	Herodes der Große
64v/63v	Vorstoß Roms
63v rot	Römische Herrschaft

MAKKABÄUS, Judas, jüdischer Freiheitskämpfer.

193v–160v	Lebenslinie
167v/164v	Erhebung
164v rot	Zugeständnis Syriens

MAKKABÄUS, Simon (194v–136v), Herrscher von Palästina. Übernahm nach dem Tode seines Bruders Judas die Führung des Unabhängigkeits-Kampfes gegen Syrien und behauptete die Herrschaft über das Land, nachdem er sich von Syrien losgesagt hatte. Nach sechsjähriger Regierung wurde er zusammen mit zwei Söhnen ermordet.

143v/142v	Erhebung
142v rot	Unabhängigkeit

MAKROBIUS, Theodosius (um 350n bis um 425n), römischer Gelehrter und Schriftsteller. Verfaßte ein Sammelwerk mit Betrachtungen über Gegenstände aus Philosophie und Dichtkunst sowie aus Sage und Geschichte. Darin behandelte er besonders gründlich die Beherrschung aller Mittel der Sprachkunst, wobei ihm der römische Dichter Vergil als Vorbild diente. Das mit Anekdoten und Witzen gespickte Werk umfaßte sieben Bände und hatte die Form zwangloser Tischgespräche bei einem Fest zu Ehren des Saturn ('Saturnalien'). In einem Kommentar zu einer Schrift des Cicero ('Scipios Traum') setzte er sich mit Staatstheorien auseinander. Aus älteren Büchern anderer Schriftsteller (Quellen) übernahm er wörtlich ganze Partien in seine Arbeiten und empfahl dies Verfahren an Stelle einer Abwandlung solcher Texte, die leicht zu Verfälschung und Verwässerung führe.

394n blau	'Saturnalien'

MALACHIT, Name eines Gesteins, das wegen seines Kupfergehaltes eine tiefgrüne Farbe besitzt. Aus ihm wurde seit mindestens 5000 Jahren Kupfer gewonnen. Wegen seiner intensiven Farbe und seiner guten Polierfähigkeit seit alters her auch für die Herstellung von Schmuckstücken sowie für Vasen, Schalen, Dosen, Messergriffe und auch für Mosaik-Arbeiten verwendet.

2798v–2751v	Semer-Chet

MALAGA, Hafenstadt am Mittelmeer, 100 km östlich von Gibraltar (Südspanien). Wegen ihrer geschützten Lage in einer Meeresbucht am Südhange des andalusischen Berglandes vor etwa 3000 Jahren von den phönizischen Seefahrern angelegt (Malch), blieb sie dann bei der phönizischen Großmacht Karthago und fiel 205v an Rom. 571n von Westgoten genommen, stand sie seit 711n unter arabischer Herrschaft, wobei sie zunächst zum Kalifat von Cordoba gehörte und dann zum Königreich Granada. Erst 1487n erlag sie nach dreimonatigem erbittertem Widerstand den Heeren von Ferdinand und Isabella. Seitdem Bestandteil Spaniens.

711n rot	Arabische Herrschaft
1451n–1505n	Isabella von Kastilien
1481n/1492n	Letzter Maurenkrieg

MALAKKA, Name der südlichsten Halbinsel Hinterindiens. Erstreckt sich bis dicht an die Küste der Insel Sumatra (Indonesien).

1254n–1324n	Marco Polo
1511n rot	Niederlassung Portugals
1641n rot	Holländische Herrschaft
1819n rot	Singapur an England
1824n rot	Englische Herrschaft
1939n/1945n	Zweiter Weltkrieg
1947n rot	Burma unabhängig

MALALAS, Johannes (um 490n–578n), byzantinischer Geschichtsschreiber. Verfaßte in griechischer Volkssprache eine nach Jahren geordnete Geschichte der ihm bekannten Welt von den Anfängen bis zum Jahre 563n. Dabei stützte er sich auf zahlreiche frühere Geschichtswerke, aus denen er besonders das Anekdotische übernahm. Allen Verallgemeinerungen und Geschichtsdeutungen abhold, schilderte er liebevoll das historische Einzelgeschehen.

568n blau	Weltchronik

MALARIA, ansteckende Fieberkrankheit, die durch Insektenstich übertragen wird. Trotz Entdeckung ihrer Ursache und Entwicklung wirksamer Medikamente ist noch immer fast die Hälfte der Menschheit von ihr bedroht, und alljährlich fordert sie noch 2 Millionen Todesopfer. Sie kommt vorwiegend in warmen und tropischen Ländern vor, besonders in sumpfiger Landschaft. Der Name der Krankheit kommt von dem italienischen Wort 'Mala aria' (= 'schlechte Luft').

1897n grün	Entdeckung des Erregers
1939n grün	Gift gegen Überträger

MALAYA, Staat in Südostasien auf dem südlichen Teile der Halbinsel Malakka. Streckt sich von Hinterindien aus dem indonesischen Inselreich entgegen. Von dessen nördlichster Insel (Sumatra) ist sie nur durch eine 67 km breite Meerenge (Straße von Malakka) getrennt. Vor 2000 Jahren befanden sich hier bereits indische und chinesische Handelsniederlassungen. Im sechsten Jahrhundert Teil eines indisch-malaiischen Königreiches (Schriwid-Schaja). 683n wurde es zum Buddhismus bekehrt. Im 13. Jahrhundert von einem mächtigen javanischen Reiche erobert (Madscha-Pahit). Im 14. Jahrhundert errang der Staat seine Unabhängigkeit und nahm unter dem Einfluß arabischer Händler die Religion des Islam an. Seit dem 16. Jahrhundert unter der Herrschaft europäischer Mächte. 1880n wurden von den Engländern hier brasilianische Kautschukpflanzen eingeführt, deren Anbau in unserem Jahrhundert neben Zinn zur wichtigsten Grundlage der Volkswirtschaft wurde. Im zweiten Weltkrieg von Japanern besetzt, befreite sich das Volk 1945n, wurde aber noch im gleichen Jahre durch 250000 britische Soldaten unter die englische Herrschaft gebeugt. Seitdem ist der Kampf um die endgültige Befreiung des Landes aus der britischen Vorherrschaft im Gange. 1963n fügten die Engländer das Land mit Singapur und Nord-Borneo zu einem neuen Staatengebilde zusammen ('Malaysia'), um so den mehr als ein Drittel ausmachenden chinesischen Bevölkerungsteil zu neutralisieren. Seit dem Austritt Singapurs aus diesem Staate (1965n) ist der künstliche Charakter dieses Provisoriums offenbar geworden, und das Volk drängt auf die endgültige und vollständige Befreiung des Landes.

1254n–1324n	Marco Polo
1407n rot	Oberhoheit Chinas
1511n rot	Portugiesischer Besitz
1641n rot	Holländische Herrschaft
1819n rot	Singapur an England
1824n rot	Englischer Besitz
1939n/1945n	Zweiter Weltkrieg

MALEDIVEN, Inselgruppe im Indischen Ozean, etwa 500 km südwestlich der Südspitze Indiens. Besteht aus etwa 10000 Koralleninseln, von denen aber nur 3 Prozent bewohnt sind. Von Indien, Ceylon, Indonesien, Arabien und Afrika aus besiedelt, werden sie seit mehr als einem Jahrtausend durch einen Sultan regiert, der von 1802n bis 1953n den Engländern Tribute zahlte. An der Einführung des arabischen Rechtes, das noch heute in Gültigkeit ist, war Ibn Batuta beteiligt, der auch in seinem Reisebericht nähere Kunde von den Inseln gab.

1304n–1377n	Ibn Batuta
1352n grün	Ibn Batutas Bericht

MALEREI

Vorzeittafel:	30 Tausend Jahre
2996v blau	Ägypten: Tongefäßmalerei
2984v blau	'Krieger mit Feinden'
2949v blau	Mesopotamien: Vasenmalerei
2894v blau	Bilder von Schiffen
2867v blau	Iran: Bemalte Tongefäße
2833v blau	Tänzerinnen-Motiv
2713v blau	Schwarz-rote Vasenmalerei
2594v grün	Pastenmalerei in Ägypten
2473v blau	'Gänse auf der Weide'
2471v–2397v	Ni-Anch-Pta
2463v–2403v	Ni-User-Re
2416v grün	Einheit mit Reliefkunst
2407v grün	Bemalte Gefäße in China
2405v blau	'Jubiläum des Ni-User-Re'
2381v blau	'Bildhauer im Atelier'
2355v blau	'Hungernde'
2340v blau	'Hirte mit Kalb'
2338v blau	'Krokodile'
2321v blau	'Maler an der Staffelei'
1959v blau	'Singvögel im Akazienbaum'
1917v blau	'Feigenernte'
1911v blau	'Häßliche Fremdlinge'
1901v blau	'Fürst Si-Renput und Sohn'
1899v blau	'Wandersmann mit Esel'
1885v blau	'Handelskarawane am Hofe'
1882v blau	'Knaben beim Ballspiel'
1874v blau	'Weberin mit Spindel'
1836v blau	'Katze im Papyrusdickicht'
1831v blau	'Antilopenfütterung'
1826v blau	'Trächtige Hündin'
1774v blau	'Familie des Fürsten Chui'
1714v blau	'Thronbesteigung'
1712v blau	'Löwenjagd'
1597v–1521v	Minos
1578v blau	'Affe im Park'
1571v blau	'Katze belauert Fasan'
1555v blau	'Mädchen mit Krokus'
1547v blau	'Fliegende Fische'
1545v blau	Bild eines Tintenfisches
1535v blau	Bild einer Städterin
1533v blau	'Trachtentanz'
1529v blau	'Prinz mit Federhut'
1497v blau	Wandbild eines Kranichs
1495v blau	'Mann mit Trichter'
1494v blau	'Lieblings-Hündin'
1490v blau	'Pharao in Grün'
1481v blau	'Stierspringerin'
1473v blau	'Gazellenjagd'
1469v blau	'Streitende Mädchen'
1468v blau	'Die Dornauszieherin'
1467v blau	'Tänzerinnen mit Lotos'
1465v blau	'Empfang beim Pharao'
1462v blau	'Mädchen im Boot'
1457v blau	'Schreiber und Affe'
1453v blau	'Kind mit Amme'
1447v blau	'In der Silberschmiede'
1444v blau	'Damenkapelle'
1440v blau	'Abwiegen von Gold'
1437v blau	'Bauer bei Feldarbeit'
1437v–1373v	Ipuki
1436v blau	'Dame beim Festmahl'
1435v blau	'Dehut mit Mutter'
1433v blau	'Tänzerin mit Perlenschnur'
1431v blau	'Gewagtes Dekolleté'
1428v blau	'Wagenlenker am Start'
1426v blau	'Gerechtigkeit mit Waage'
1425v blau	'Jüngling mit Lotos'
1424v blau	'Durchsichtige Gewänder'
1423v blau	'Inspektion der Herden'
1423v–1359v	Juti
1422v blau	'Bürokratie auf dem Lande'
1421v blau	'Vermessung eines Ackers'
1420v blau	'Mädchen mit Papyrus'
1419v blau	'Diener des Schatzmeisters'
1417v blau	'Verzückter Negertanz'
1416v blau	'Unterworfene Fürsten'
1414v blau	'Musizierende Jungfrauen'
1413v blau	'Der fruchtbare Nil'
1412v blau	'Ägypterin mit Perlenkette'
1411v blau	'Weinernte am Nil'
1410v blau	'Vier Musketiere'
1408v blau	'Vogelfang mit Lockvögeln'
1407v blau	'Schönheitstanz zur Flöte'
1403v blau	'Schreiber bei der Arbeit'
1399v blau	'Hasenjagd'
1398v blau	'Trauernde'
1397v blau	'Der Teich im Garten'
1395v–1321v	Bek
1394v blau	'Umzug ins Totenreich'
1391v blau	'Pilgerfahrt nach Abydos'
1389v blau	'Arbeitende Handwerker'
1386v blau	'Mann beim Holzsägen'
1384v blau	'Gala-Empfang'
1381v blau	'Die Klageweiber'
1376v blau	Schloß-Ausschmückung
1360v blau	'Zärtliche Schwestern'
1355v blau	'Prinzessin aus Nubien'
1350v blau	'Besuch aus dem Mohrenland'
1343v blau	'Wildenten im Gestrüpp'
1340v blau	'Trauergemeinde zu Schiff'
1321v blau	'Verwüstete Landschaft'
1312v blau	'Dame in Hellblau'
1311v blau	'Liebesgöttin und Pharao'
1299v blau	'Die beiden Feundinnen'
1298v blau	'Der kniende Pharao'
1294v blau	'Frauen auf der Jagd'
1289v blau	Bildnis eines Priesters
1286v blau	'Königin beim Gebet'
1281v blau	'Mädchen mit Ente'
1266v blau	'Eberjagd'
1257v blau	'Der blaue Nilgott'
1247v blau	'Ein kühler Trunk'
1241v blau	'Heimkehr der Nilfischer'
1234v blau	'Schlecht rasierter Pharao'
1229v blau	Wandmalereien in Assyrien
1209v blau	'Ehepaar beim Brettspiel'
1196v blau	'Im Reiche der Schatten'
1180v blau	'Ehepaar bei Feldarbeit'
1174v blau	'Prinz begibt sich zu Isis'
1169v blau	'Katzen-Mäuse-Krieg'
1147v blau	'Akrobatin'
1103v blau	'Hunde verfolgen Hyäne'
1082v–1009v	Psu-Sennes
1015v blau	'Anbetende Paviane'
989v blau	'Totengericht'
752v grün	Schmelzofenmalerei
717v blau	Sieges-Darstellung
686v blau	'Efnemuts Opfer'
575v blau	Griechische Buchmalerei
560v blau	Zierkrug des Klitias
508v blau	Epiktetos: Vasenbilder
498v–438v	Polygnot
493v blau	Duris: Vasenmalerei
488v blau	Brygos: Trinkschale
474v blau	Mikon: Taten des Theseus
471v blau	Mikon: 'Amazonenschlacht'
465v blau	Mikon: Argonautensage

460 v blau Polygnot: Sieg über Perser
452 v blau 'Troja' und 'Odysseus'
436 v grün Agatharchos: Perspektive
423 v grün Malen mit Pinsel
419 v grün Apollodoros: Holztafelbilder
416 v grün Schattenwirkung
399 v blau Zeuxis: 'Helena'
379 v grün Wachsfarben
372 v grün Geometrie als Grundlage
360 v–303 v Apelles
345 v blau 'Odysseus', 'Familienbild'
337 v blau Antiphilos: 'Philipp'
326 v blau 'Alexanders Hochzeit'
325 v blau 'Alexander mit Blitz'
321 v blau Apelles: 'Aphrodite'
286 v blau Duris: Kunstgeschichte
204 v blau Graphikos: Genrebilder
149 v grün Hoher Kaufpreis
116 v–27 v Varro
71 v blau 'Aldobrandinische Hochzeit'
58 v blau Römische Buchmalerei
126 n blau Erstes Madonnenbild
220 n blau Spottbild auf Jesus
262 n blau Manis Illustrationen
315 n blau Lamm als Jesus-Symbol
337 n blau Jesus mit Heiligenschein
345 n–406 n Ku-Kai-Tschi
362 n blau Jesus mit Bart
377 n blau 'Göttin des Lo-Flusses'
388 n blau 'Lehren der Hofmeisterin'
391 n blau Symbole für Evangelisten
395 n blau Christliche Engelbilder
485 n blau Felsgemälde in Indien
601 n–673 n Li-Pen
638 n blau Li-Pen: 'Gelehrte'
651 n–716 n Li-Sse-Sün
667 n blau Li-Pen: 'Teetrinker'
683 n–755 n Wu-Taotse
699 n–759 n Wang-Wei
707 n blau 'Landschaft mit Palast'
713 n blau China: 'Mutter Gottes'
716 n blau China: Bild der Hölle
718 n–781 n Han-Kan
726 n blau Wu-Taotse: 'Buddha'
734 n blau 'Plätterinnen'
753 n blau Bildnis Kon-Fu-Tses
757 n blau Chinesische Pferdebilder
758 n blau Wang-Wei: 'Landschaft'
764 n blau Bild einer Glücksgöttin
783 n blau Godescalc-Evangeliar
953 n blau 'Buddha mit Himmelschor'
1021 n blau 'Schlafender Christus'
1053 n–1140 n Toba-Sojo
1085 n blau Mi-Fei: Landschaften
1118 n blau Toba-Sojos Satiren
1128 n blau Bildrollen mit Tierfabeln
1137 n blau Bildrolle vom Hofleben
1190 n blau Liang-Kai: 'Li-Taipo'
1193 n blau Makimono in Japan
1200 n blau 'Sündenfall' (Hildesheim)
1201 n blau Hsia: 'Herbststurm'
1208 n blau Hsia: 'Wasserfall'
1240 n–1302 n Cimabue
1266 n–1337 n Giotto
1293 n blau Cimabue: 'Madonna'
1306 n blau Giottos Fresken
1308 n–1368 n Orcagna
1311 n blau Duccio: 'Madonna'
1315 n blau Giotto: 'Madonna'
1326 n blau 'Manessische Handschrift'
1338 n blau Martini: 'Verkündigung'
1356 n blau Orcagna: Altarbild
1365 n–1430 n Rublew
1375 n–1448 n Josetsu
1379 n blau Grabower Altar
1390 n–1441 n Jan van Eyck
1396 n–1446 n Konrad Witz
1401 n–1428 n Masaccio
1404 n–1472 n Alberti
1408 n blau Josetsu: 'Welsfang'
1410 n–1451 n Stephan Lochner
1415 n grün Brunellesco: Perspektive
1417 n–1492 n Francesca
1424 n blau Thomas-Altar
1426 n blau Rublews Ikonen
1427 n blau Masaccio: 'Heiden-Taufe'
1431 n blau Magdalenen-Altar
1432 n blau Genter Altar
1433 n blau Fra Angelico: 'Madonna'
1436 n–1488 n Verrocchio
1437 n blau Jan van Eyck: Barbara
1443 n blau Lochner: Dreikönigsaltar
1444 n blau Witz: 'Fischzug Petri'
1446 n blau Josetsu: 'Einsiedler'
1450 n blau Fouquets Landschaftsbilder
1452 n–1519 n Leonardo da Vinci
1453 n blau Quarton: 'Marienkrönung'
1458 n blau Fouquet: 'Gerichtstag'
1458 n blau Schubuns Landschaftsbilder
1462 n blau 'Anbetung des Kindes'
1464 n blau Noami: Blumen, Tiere
1465 n blau Francesca: Kreuzlegende
1467 n blau Rothenburger Altar
1471 n blau Boccaccio-Miniaturen
1471 n–1528 n Albrecht Dürer
1472 n blau 'Tempel am Jang-Tsekiang'
1473 n blau Schongauer: 'Madonna'
1475 n blau Van der Goes: 'Anbetung'
1475 n–1564 n Michelangelo
1476 n blau Verrocchio: 'Taufe Christi'
1477 n–1576 n Tizian
1479 n blau Leonardo: 'Anbetung'
1481 n blau Pacher-Altar
1482 n blau Botticelli-Fresken
1482 n grün Francesca: Perspektive
1483 n blau 'Schlüsselübergabe'
1483 n–1520 n Raffael
1484 n blau Geiami: Landschaft
1486 n blau 'Rolle des Mori'
1489 n blau Memling: 'Ursula-Schrein'
1490 n blau Ghirlandajo: Marienleben
1495 n blau Leonardo: 'Abendmahl'
1496 n blau Perugino: 'Kreuzigung'
1503 n blau Leonardo: 'Mona Lisa'
1503 n blau Dürer: Selbstbildnis
1504 n blau 'Ruhe auf der Flucht'
1505 n blau Signorelli: 'Weltgericht'
1507 n blau 'Madonna mit Stieglitz'
1508 n blau Giorgione: 'Venus'
1508 n blau 'Traktat über Malerei'
1510 n blau Raffael: Deckengemälde
1511 n blau Isenheimer Altar
1512 n blau Motonobu: Landschaft
1512 n blau Michelangelo: Fresken
1514 n blau Tizian: 'Liebe'
1514 n blau Freiburger Hochaltar
1518 n blau 'Sixtinische Madonna'
1518 n blau Tizian: 'Zinsgroschen'
1526 n blau 'Apostel', 'Holzschuher'
1531 n blau Orley: 'Heilige Familie'
1531 n blau Correggio: 'Leda'
1533 n blau Cranach: 'Luther'
1538 n blau 'Jesus und Ehebrecherin'
1541 n blau 'Jüngstes Gericht'
1547 n–1614 n El Greco
1548 n blau Tizian: 'Karl V.'
1551 n blau Limosin: Emaille-Malerei
1563 n blau 'Hochzeit zu Kana'
1565 n blau Brueghel: 'Bauernhochzeit'
1577 n blau El Greco: 'Himmelfahrt'
1577 n–1640 n Rubens
1589 n blau Tintoretto: 'Paradies'
1590 n blau Caravaggio: Volksszenen
1592 n blau Tintoretto: 'Abendmahl'
1599 n–1660 n Velasquez
1600 n blau Fresken der Carracci
1606 n–1669 n Rembrandt
1608 n blau 'Blick auf Toledo'
1609 n blau Reni: 'Aurora'
1611 n blau Rubens: 'Kreuzabnahme'
1614 n blau 'Frierende Venus'
1617 n blau Velasquez: 'Wasserträger'
1617 n blau Rubens: 'Amazonenschlacht'
1618 n–1682 n Murillo
1624 n blau Rubens: 'Anbetung'
1629 n blau Lorrain: Landschaften
1629 n blau Hals: 'Amme mit Kind'
1630 n blau Van Dyck: 'Susanna'
1631 n blau 'Helene Fourment'
1632 n blau 'Übergabe von Toledo'
1632 n blau Rembrandt: 'Anatomie'
1634 n blau Rembrandt: Selbstbildnis
1634 n blau Van Dyck: 'König Karl'
1636 n blau 'Raufende Bauern'
1639 n blau 'Heimkehr von Heuernte'
1641 n blau 'Saskia mit Blume'
1642 n blau 'Nachtwache'
1642 n blau Lenain: 'Der Gärtner'
1644 n blau 'Hafen bei Sonnenuntergang'
1645 n blau Cortona: Deckengemälde
1646 n blau 'Holzhackerfamilie'
1650 n blau 'Mann mit Goldhelm'
1650 n blau Murillo: 'Gassenbuben'
1651 n blau Velasquez: 'Venus'
1657 n blau 'Teppichweberinnen'
1662 n blau 'Vorsteher der Tuchhalle'
1662 n blau Vermeer: 'Der Brief'
1663 n blau Poussin: 'Jahreszeiten'
1664 n blau 'Altmännerhaus-Vorsteher'
1670 n blau Ruisdael: 'Mühle am Fluß'
1670 n blau Murillo: 'Würfelspieler'
1674 n blau Tanyu: 'Der Tiger'
1677 n blau Ruisdael: 'Judenfriedhof'
1678 n blau 'Unbefleckte Empfängnis'
1679 n blau Malerei-Lexikon (China)
1684 n–1721 n Watteau
1701 n blau Rigaud: 'Ludwig XIV.'
1717 n blau Watteau: 'Einschiffung'
1719 n grün Bühnenbildnerberuf
1720 n blau Firmenschild von Gersaint
1739 n blau Chardin: 'Scheuerfrau'
1745 n blau Hogarth: 'Heirat'
1752 n blau Tiepolo-Fresken
1754 n blau Boucher: Die Pompadour
1756 n blau 'Antonius und Kleopatra'
1757 n blau Greuze: 'Zerbrochener Krug'
1760 n blau Reynolds: 'Miss Nelly'
1762 n blau Kauffmann: Selbstbildnis
1766 n blau 'Die Liebesschaukel'
1770 n blau 'Der Knabe in Blau'
1771 n blau Graff: 'Lessing'
1787 n blau Tischbein: 'Goethe'
1793 n blau David: 'Marat'
1803 n blau Utamaro: Volksszenen
1806 n blau Runge: Eltern-Bild
1823 n blau C. D. Friedrich: 'Baum'
1826 n blau Stieler: 'Goethe'
1830 n blau Delacroix: 'Freiheit'
1832 n blau Spitzweg: 'Armer Poet'
1837 n blau Richter: 'Überfahrt'
1848 n blau Menzel: 'Märzgefallene'
1851 n blau Courbet: 'Steinklopfer'
1857 n blau Millet: 'Ährenleserinnen'
1861 n blau Schwind: 'Hochzeitsreise'
1863 n blau Manet: 'Frühstück'
1867 n blau Thoma: 'Schwarzwald'
1870 n blau Feuerbach: 'Medea'
1872 n blau 'Gänserupferinnen'
1872 n blau Whistler: 'Carlyle'
1873 n blau Degas: 'Tanzschule'
1873 n blau Repin: 'Wolga-Treidler'
1875 n blau Menzel: 'Walzwerk'
1878 n blau 'Gefilde der Seligen'
1879 n blau Renoir: 'Frühstück'
1879 n grün Altamira-Bilder entdeckt
1882 n blau Leibl: 'Drei Frauen'
1887 n blau Klinger: 'Paris-Urteil'
1889 n blau 'Irrenhaus-Garten'
1889 n blau Munch: 'Frühling'
1892 n blau Cézanne: 'Kartenspieler'
1893 n blau 'Kathedrale von Rouen'
1897 n blau Gauguin: Südseebilder
1900 n blau Cézanne: 'Badende'
1904 n blau Slevogt: 'Tänzerin'
1905 n blau Matisse: Mädchenakt
1906 n blau Corinth: Rittner als Geyer
1907 n blau 'Mädchen von Avignon'
1911 n blau Klee: 'Held mit Flügel'
1912 n blau Schrift Kandinskys
1913 n blau 'Turm der blauen Pferde'
1926 n blau Nagel: 'Arbeitslos'
1929 n blau Dix: 'Spielende Kinder'
1937 n blau Picasso: 'Guernica'
1940 n grün Lascaux-Bilder entdeckt
1940 n blau Nolde: 'Nachmittagswolken'
1941 n blau Nash: 'Bomber über Berlin'
1946 n blau Lingner: 'Zwei Kriege'
1951 n blau Pollock: 'Bild 9'
1954 n blau Rivera: Wandmalerei
1956 n blau Kokoschka: 'Thermopylen'
1959 n blau Guttuso: 'Diskussion'

MALI, Land im nördlichen West-Afrika zwischen Algerien, Mauretanien, Niger, Guinea und Elfenbeinküste. Das vom Niger durchflossene Land war vor 1000 Jahren bereits ein mächtiger Staat, dessen Anfänge ins 4. Jahrhundert zurückgehen. Goldbergbau, Salzgewinnung und später auch Sklavenhandel waren die Grundlagen seines Reichtums. Im 14. Jahrhundert erlebte das Reich unter Mansa Musa eine Blütezeit und zerfiel dann schnell. Ende des 15. Jahrhunderts von Europäern entdeckt, seit dem 19. Jahrhundert kolonisiert und seit 1883 n von französischen Truppen erobert, wurde das Gebiet 1894 n zur französischen Kolonie erklärt. 1960 n errang das Land zusammen mit 15 anderen afrikanischen Staaten die Unabhängigkeit. 1961 n wurde ein Fünfjahresplan zur Entwicklung der Industrie beschlossen, 1962 n der Aufbau einer sozialistischen Gesellschaft.

1486 n grün Entdeckung
1960 n rot Unabhängigkeit

MALKUNST, Bezeichnung für die Gesamtheit der technischen und künstlerischen Grundlagen des Malens. Umfaßt auch die Theorie der Malerei.

Vorzeittafel: 30 Tausend Jahre
2594 v grün Pastenmalerei in Ägypten
2471 v–2397 v Ni-Anch-Pta
2416 v grün Einheit Malerei/Relief
1437 v–1373 v Ipuki
752 v grün Schmelzofenmalerei
498 v–438 v Polygnot
436 v grün Agatharchos: Perspektive
423 v grün Malen mit Pinsel
419 v grün Apollodoros: Holztafelbilder
416 v grün Schattenwirkung
379 v grün Wachsfarben
372 v grün Geometrie als Grundlage
651 n–716 n Li-Sse-Sün
1240 n–1302 n Cimabue
1266 n–1337 n Giotto
1308 n–1368 n Orcagna
1365 n–1430 n Rublew
1375 n–1448 n Josetsu
1390 n–1441 n Jan van Eyck
1415 n grün Brunellesco: Perspektive
1417 n–1492 n Francesca
1482 n grün Francesca: Perspektive
1508 n blau Leonardos 'Traktat'
1547 n–1614 n El Greco
1551 n blau Emaille-Malerei
1606 n–1669 n Rembrandt
1719 n grün Bühnenbildnerei
1912 n blau Schrift Kandinskys

MALLIA, Stadt auf der Insel Kreta im östlichen Mittelmeer, 22 km von der alten Hauptstadt Knossos entfernt an der Nordküste der Insel. Hier entstand vor fast 4000 Jahren eine Siedlung, die im Gegensatz zu den meisten Städten der Insel ihr Gebiet durch eine Stadtmauer schützte. Inmitten der Stadt lag ein Palast, der von den Villen reicher Bürger umgeben war. Vom Nordflügel des Palastes führte ein Weg zum Meer. Die zerstörten und verschütteten Bauten werden seit 1921 n von französischen Archäologen ausgegraben.

1664 v blau Palast

MALLORCA, Insel im westlichen Mittelmeer. Größte der Balearen-Inseln vor der Küste Spaniens, mit dessen Geschichte sie eng verflochten ist. Vor 3500 Jahren von Kretern und 500 Jahre später von Phönizern besiedelt, wurde sie im 6. Jahrhundert vor unserer Zeitrechnung karthagisch, dann römisch, wandalisch, westgotisch, arabisch, aragonisch und beim Zusammenschluß Aragoniens mit Kastilien zum Königreich Spanien endlich spanisch. Wegen ihres gleichmäßig warmen Klimas vielbesuchte Ferien-Insel.

123 v/122 v Vorstoß Roms
122 v rot Römische Herrschaft
425 n braun Eroberung durch Wandalen
425 n rot Wandalen-Herrschaft
903 n braun Besetzung durch Araber
903 n rot Arabische Herrschaft
1114 n braun Eroberung durch Pisa
1114 n rot Herrschaft Pisas
1451 n braun Bauernaufstand

MALMESBURY, Stadt in Südengland nahe der Hafenstadt Bristol. Hier unternahm der Mönch Oliver vor 900 Jahren einen Flugversuch. Sein Kloster wurde 500 Jahre später von dem englischen Tuchmacher Stumpe gekauft und in eine Fabrik verwandelt. Geburtsstadt des Philosophen Hobbes.

1065 n grün Olivers Flugversuch
1536 n grün Tuchfabrik

MALPIGHI, Marcello (1628 n–1694 n), italienischer Arzt und Naturforscher. Entdeckte mit Hilfe eines Mikroskops in einer Froschlunge feine netzartig angeordnete Gefäße, in denen winzige Blutspuren zirkulierten. Weitere Forschungen brachten ihm die Gewißheit, daß es sich bei diesen Gefäßen um die Verbindung zwischen Arterien und Venen handelte, durch deren Vorhandensein der Kreislauf des Blutes geschlossen wird. Er nannte diese winzigen Gefäße, die mit bloßem Auge nicht wahrnehmbar sind, 'Kapillaren', weil sie so fein wie ein Haar (lateinisch 'capillus') sind. Ermutigt durch diese Entdeckung, erforschte er die mikroskopische Struktur der Pflanzen, wandte sich dann den Insekten zu und endlich nochmals den höheren Tieren und ihren Organen. Durch seine planmäßigen Forschungen wurde er zum Begründer der mikroskopischen Anatomie, die ein neues Zeitalter der Medizin heraufführte. Nach 22jähriger Vorarbeit veröffentlichte er eine Schrift über die Struktur der Drüsen. Untersuchte auch das Gehirn und die Nerventätigkeit. Von seinen Kollegen an der Universität Bologna seiner Erfolge wegen beneidet und gehaßt, erhielt er nicht den Lehrstuhl für Anatomie. Nach seiner weltweiten Anerkennung verfolgte man ihn tätlich, zerstörte seine Instrumente, plünderte sein Haus und verbrannte seine Papiere. Als die Bedrohungen lebensgefährlich wurden, verließ er seine Heimatstadt Bologna und verlebte noch einige ruhigere Jahre in Rom.

1661 n grün Kapillargefäße

MALTA, Insel im Mittelmeer zwischen Sizilien und Nordafrika, etwa 100 km südlich der Südküste Siziliens. Wegen ihrer Lage im Herzen des Mittelmeeres seit alters her trotz ihrer geringen Größe als Stützpunkt der Seefahrt begehrt und zusammen mit der kleineren Nachbarinsel Gozo immer wieder umkämpft. Vor fast 3000 Jahren legten hier die Phönizier Häfen und Siedlungen an. Seit dem 7. Jahrhundert vor unserer Zeitrechnung ließen sich Griechen nieder, 300 Jahre später wurde die Insel karthagisch. Sie lieferte feinste Baumwollwaren, Honig und Rosen. Im ersten Jahr des zweiten Punischen Krieges wurde sie römisch. 454 n setzten sich hier die Wandalen fest, die aber schon 494 n den Ostgoten weichen mußten. 40 Jahre später fiel sie dem oströmischen Reiche (Byzanz) zu. Nach einer 200jährigen Blütezeit unter Araberherrschaft verödete die Insel unter den Normannen. Vom deutschen Kaiser den aus Vorderasien vertriebenen Kreuzrittern (Johannitern) zugewiesen, die sich fortan 'Malteser' nannten, wurde sie gewaltig befestigt. Napoleon entriß sie ihnen 1798 n auf dem Wege nach Ägypten. Zwei Jahre später verloren sie die Franzosen aber an die Engländer, denen sie als Stützpunkt beim Aufbau ihres Weltreiches von größtem Wert war, und die sie bis in die Gegenwart erfolgreich behaupten.

870 n braun Vorstoß der Araber
870 n rot Arabische Herrschaft
1090 n braun Vorstoß der Normannen
1090 n rot Normannen-Herrschaft
1530 n rot Besitz der Johanniter
1800 n rot Besitz Englands

MALTESERKREUZ, Bezeichnung für ein Kreuz, dessen vier Balken jeweils in zwei Spitzen enden. Es war das Abzeichen des katholischen Johanniter-Ordens, der im 14. Jahrhundert zum mächtigsten Ritterorden aufstieg und sich nach Besitznahme der Mittelmeer-Insel Malta 'Malteser' nannte. Das Kreuz wurde Vorbild für die gleichnamige Vorrichtung der Film-Technik, durch die eine kontinuierliche Drehung in ruckartige Bewegung verwandelt werden kann.

1371 v blau Mesopotamisches Symbol

MALTHUS, Thomas Robert (1766 n bis 1834 n), englischer Volkswirtschaftler. Studierte in Cambridge Theologie, erhielt eine kirchliche Pfründe und bildete am Kollegium der ostindischen Handelskompanie die englischen Kolonialbeamten aus. Auf Grund geschichtlicher und wirtschaftlicher Studien gelangte er zu dem Ergebnis, daß die Bevölkerungszahl mit gesetzmäßiger Notwendigkeit schneller wächst als die Mittel zu ihrem Lebens-Unterhalt. Hieraus folgerte er, daß die Übel der kapitalistischen Gesellschaft (Massen-Elend, Krisen und Kriege) durch ein unumstößliches Naturgesetz verursacht und deshalb nur durch Heraufsetzung des Heiratsalters sowie durch gesetzliche Geburtenbeschränkung überwindbar sind. Erhärtete seine Ansicht durch ein 'Gesetz vom abnehmenden Bodenertrag'. Sein Hauptwerk ('Abhandlung über das Bevölkerungsgesetz') war bis zur Erfindung des künstlichen Düngers (Liebig) und zur Entdeckung der Gesetze des Kapitalismus (Marx) von nachhaltigem Einfluß auf die Volkswirtschaftslehre. Seine Theorie, daß Sparen die Übereinstimmung von Angebot und Nachfrage stört, wirkt in kapitalistischen Volkswirtschaften bis zur Gegenwart nach.

1798 n grün Bevölkerungslehre

MALWA, Land in Mittel-Indien. An den südlichen Quellflüssen des Ganges gelegen, umfaßt es eine besonders fruchtbare Hochebene. Seit fast 3000 Jahren selbständiges Reich unter verschiedenen Hindu-Herrschern. Nach vorübergehender Hunnen-Herrschaft wurde es 1309 n von den mohammedanischen Herrschern Neu-Delhis unterworfen. Seit Besitznahme durch Akbar (1562 n) wurde es von Königen mongolischer Herkunft beherrscht (Reich der Großmogule). 1817 n fiel es unter britische Kolonialherrschaft, aus der es erst nach dem zweiten Weltkriege zusammen mit dem übrigen Indien befreit wurde.

448 n–510 n Toramana
501 n braun Vorstoß der Hunnen
501 n rot Hunnen-Herrschaft
1947 n rot Indien frei

MALZ, Bezeichnung für Getreide (meist Gerste, aber auch Roggen, Weizen), das durch Quellen in Wasser künstlich zum Keimen gebracht wird und dadurch einen Teil seiner Stärke in Zucker verwandelt. Grundstoff der Bier-Erzeugung, aber auch bei der Herstellung von Kraftnahrung (Malz-Extrakt) und ungiftigem Kaffee (Malzkaffee) verwendet.

2950 v grün Verwendung für Bier

MAMUN, Al, arabischer Herrscher (Kalif) von 813 n bis 833 n.

786 n–833 n Lebenslinie
789 n–873 n Al Kindi
820 n grün Sternwarte in Bagdad
824 n blau Hochschule in Bagdad
832 n blau Übersetzungsinstitut

MAN, Name einer mittelgroßen Insel im Atlantischen Ozean zwischen England und Irland. Sie war schon den Römern bekannt, die sie dem von ihnen besetzten Teile Englands (Britannia) zurechneten. Nach dem Zusammenbruch des Römerreiches hatte sie lange Zeit eigene Könige, geriet nach längerer Normannen-Besetzung unter die Herrschaft Norwegens, fiel 1266 n an Schottland und bald darauf an England, dem sie bis in die Gegenwart zugehört.

820 n rot Normannen-Niederlassung
1204 n–1263 n Haakon der Alte

MANAGER, von dem englischen Tätigkeitswort 'to manage' (= handhaben) abgeleitete Bezeichnung für die leitenden Direktoren großer Wirtschafts-Unternehmen. Aus ihrer im Hochkapitalismus anwachsenden Machtfülle sowie aus der Beibehaltung ihrer Stellung in der Plan-Wirtschaft einiger sozialistischer Länder folgerte der nordamerikanische Anti-Kommunist Burnham, daß die Verfügungsgewalt über die Produktionsmittel allmählich mehr Bedeutung erhält als das Eigentum und daß jenseits des Gegensatzes zwischen dem Hochkapitalismus der USA und dem Sowjet-Kommunismus eine Interessengemeinschaft der allmächtigen Wirtschaftskapitäne sich bildet.

1941 n blau Burnhams Theorie

MANASSE, Herrscher von Juda.

714 v–642 v Lebenslinie

MANCHESTER, Stadt in Mittel-England. Durch einen 57 km langen Kanal mit der Hafenstadt Liverpool an der Westküste der Insel verbunden. Während der römischen Besetzung Englands vor 2000 Jahren Militärlager, von den Angelsachsen als befestigter Burgort ausgebaut, wurde sie später von Normannen besetzt und dänischer Herrschaft unterstellt, 1301n erhielt sie eigenes Stadtrecht, verselbständigte sich und entwickelte sich im 18. Jahrhundert zum größten Zentrum der Baumwollindustrie in der Welt. Friedrich Engels weilte hier in seiner Jugend und schrieb über die Ausbeutung des Proletariats sein anklägerisches Buch 'Die Lage der arbeitenden Klasse in England'. Später leitete er hier 20 Jahre lang eine ererbte Textilfabrik, aus der er den Lebensunterhalt für Marx und sich selbst bezog. Mit der Anhäufung von Reichtum und Armut in dieser Stadt wurde sie zu einem Zentrum der aufstrebenden Kapitalisten wie der sich organisierenden Arbeiterklasse.

1301n blau Entwicklung zur Stadt
1838n grün Freihandels-Forderung
1845n blau Engels: Lage der Arbeiter

MANCHESTERTUM, Bezeichnung für eine Richtung der kapitalistischen Wirtschaftstheorie, die für eine absolute Freiheit des Wirtschaftslebens eintritt ('Freihandel') und jede staatliche Wirtschaftspolitik ablehnt. In der englischen Stadt Manchester entstanden aus einer Interessengemeinschaft von Fabrikanten gegen die Kornzölle, die dem Landadel zugute kamen und den Fabrikbesitzern schadeten.

1838n grün Forderung nach Freihandel
1846n rot Aufhebung der Kornzölle

MANDEVILLE, Bernard (1670n–1733n), englischer Philosoph und Schriftsteller französischer Herkunft. Nach Abschluß seines Medizin-Studiums ließ er sich als Arzt in London nieder und studierte nebenbei englische Philosophie und Volkswirtschaftslehre. 35jährig schrieb er seine Auffassung von der bürgerlichen Gesellschaft in Form eines satirischen Gedichts nieder ('Der summende Bienenkorb'). Darin erklärte er die Begriffe Gut und Böse, Recht und Unrecht, Ehre und Schande für eine Erfindung der herrschenden Klasse. Bezeichnete die Philosophie als Volksbetrug, die sittlichen Normen als Mittel zur Niederhaltung der Massen durch eine kleine Minderheit, die Religion als Hirngespinst von Narren und den Egoismus als die einzige wirkliche Triebkraft der bürgerlichen Ordnung. 23 Jahre dauerte es dann noch, bis er seine Thesen in einem zweibändigen Werke ausgearbeitet hatte. Wegen umstürzlerischer Absicht vor Gericht gestellt, erklärte er, sein Werk nur zu seinem eigenen Zeitvertreib niedergeschrieben zu haben.

1705n blau Bienenfabel

MANDSCHU, Name eines ostasiatischen Volkes im Nordostzipfel Chinas zwischen dem Sungari-Fluß und der Pazifikküste gegenüber dem japanischen Inselreiche. Eingekeilt zwischen Mongolei, China und Korea, wurde es Jahrtausende lang von diesen Ländern abwechselnd beherrscht. Im 15. Jahrhundert wurde es unter Nushatschi geeinigt und mit einem starken Reiterheer ausgerüstet. Als bald darauf in China der 'Aufstand der roten Mützen' ausbrach, der in eine soziale Revolution einmündete und zur Absetzung des Kaisers führte, stießen seine Heere nach Peking vor, besiegten die Aufständischen und übernahmen, gestützt auf die restaurativen Kräfte des alten China, für fast drei Jahrhunderte den chinesischen Thron (Mandschu-Dynastie). In dieser Zeit ging das mandschurische Volk in dem zahlenmäßig um ein Vielfaches stärkeren chinesischen Volke auf, während umgekehrt ihr Ursprungsgebiet (Mandschurei) von Chinesen besiedelt wurde. Obwohl dieser wechselseitige Verschmelzungsprozeß die Mandschurei zu einem Teile Chinas gemacht hat, versuchte der 1911n abgesetzte Mandschu-Kaiser von China im Jahre 1922n mit japanischer Hilfe die Abspaltung der Mandschurei. Doch wurden die Japaner 1945n von sowjetrussischen Truppen vertrieben. Das befreite Land ist seit dem Siege der chinesischen Revolution Bestandteil der Chinesischen Volksrepublik.

1628n/1644n Chinesischer Bürgerkrieg
1644n rot Herrschaftsbeginn
1650n–1722n Kang-Hi
1671n blau Lehrbuch für Staatsbürger
1680n grün Technische Laboratorien
1682n braun Vorstoß nach Yün-nan
1682n rot Herrschaft über ganz China
1683n braun Eroberung Formosas
1683n rot Formosa chinesisch
1683n rot Ausschaltung der Jesuiten
1689n rot Grenzvertrag mit Rußland
1692n rot Religionsfreiheit
1696n braun Sieg über Westmongolei
1696n rot Gewinn der Mongolei
1717n/1720n Eroberung Tibets
1720n rot Herrschaft über Tibet
1727n rot Beziehungen zu Rußland
1759n rot Ost-Turkestan an China
1773n grün Opiumeinfuhr
1796n rot Großreich
1830n grün Opiumeinfuhr vervielfacht
1839n rot Opiumvernichtung
1839n/1842n Opiumkrieg
1842n rot Zugeständnisse an England
1850n/1864n Taiping-Aufstand
1856n/1860n Lorcha-Krieg
1858n rot Verlust des Amur-Gebietes
1860n rot Gebietsverlust an England
1866n–1925n Sun-Yat-Sen
1870n braun Blutbad von Tientsin
1882n/1885n Krieg gegen Frankreich
1894n rot Republikanischer Bund
1894n/1895n Krieg gegen Japan
1895n rot Verlust von Formosa
1895n rot Unabhängigkeit Koreas
1896n rot Bahn-Konzession
1897n rot Kiautschou deutsch
1898n braun Bauernaufstand
1899n/1901n Boxeraufstand
1900n rot Europäische Abkommen
1911n braun Revolution
1911n rot Ende des Kaisertums

MANDSCHUKUO, Bezeichnung für die Mandschurei nach ihrer Besetzung durch Japaner im Jahre 1932n. Durch Einsetzung des 1911n vertriebenen chinesischen Kaisers Pu-Yi (der als letzter Mandschu-Kaiser über China geherrscht hatte) hoffte Japan auf eine Unterwerfung Chinas. Nach großen militärischen Erfolgen scheiterte dieser Plan durch Japans Niederlage im zweiten Weltkrieg, die 1945n zur Wiedereingliederung des Landes in den chinesischen Staat führte.

1931n/1932n Vorstoß Japans
1939n/1945n Zweiter Weltkrieg

MANDSCHUREI, Land nördlich von Korea, das im Osten an das Japanische Meer, im Westen an die Mongolei grenzt. Von Süden her seit viertausend Jahren von Chinesen besiedelt, geriet sie vor mehr als 2000 Jahren in Abhängigkeit von China und wurde schließlich dem chinesischen Reiche einverleibt. Seit 352n wieder selbständig, fiel sie nach fast 600jähriger Unabhängigkeit unter mongolische Herrschaft. Nach erneuter Verselbständigung verlor sie zwischen 1644n und 1689n weite Gebiete am Amur und am Japanischen Meer an Rußland. 1683n erkämpfte sie den chinesischen Kaiserthron und behauptete für 230 Jahre die Herrschaft über ganz China. Da ihre Bewohner aber nur weniger als ein Zehntel der von ihnen beherrschten Chinesen ausmachten, ging das Volk im chinesischen Volke auf. Und die Befreiung Chinas von ihrer Herrschaft konnte diese Verschmelzung der beiden Völker nicht rückgängig machen. Seit 1911n bildete sie den nordöstlichsten Teil der chinesischen Republik. Vorher war zwischen Rußland und Japan der Kampf um die Beherrschung des Landes entbrannt. Im Boxeraufstand und im Japanisch-Russischen Krieg hatten beide Seiten versucht, günstige Ausgangsstellungen zu gewinnen. 1932n errichtete Japan hier das Kaiserreich von Mandschukuo. Indem es den Thron des Reiches mit dem aus China vertriebenen letzten chinesischen Kaiser (Pu-Yi) besetzte, der aus mandschurischer Dynastie stammte, hoffte Japan, über eine gewaltsame chinesische Restauration zur Herrschaft in China gelangen zu können. 1937n begann es diesen ehrgeizigen Plan durch einen von hier aus nach China vorgetragenen Angriff zu verwirklichen. Aber seine Niederlage im zweiten Weltkrieg machte diesen Plänen ein Ende. 1945n fanden hier harte Kämpfe zwischen der chinesischen Revolutionsarmee und den Truppen Tschiang-Kai-Scheks statt. Nach dem kommunistischen Siege ging das Land endgültig in der chinesischen Volksrepublik auf.

125v rot Chinesische Herrschaft
871n–926n Apaoki
926n braun Niederlage der Moho
926n rot Herrschaft der Kitan
1123n braun Aufstand gegen Kitan
1123n rot Zerfall Kitans
1155n–1227n Dschingis-Khan
1207n/1279n Großer Mongolenkrieg
1211n rot Mongolen-Herrschaft
1628n/1644n Chinesischer Bürgerkrieg
1644n rot China: Mandschu-Dynastie
1644n rot Vorrücken der Russen
1650n–1722n Kang-Hi
1682n braun Einnahme von Yün-nan
1682n rot Beherrschung Chinas
1689n rot Grenzvertrag
1850n/1864n Taiping-Aufstand
1858n rot Amur-Gebiet russisch
1860n rot Weiterer Gewinn Rußlands
1866n–1925n Sun-Yat-Sen
1896n rot Transmandschu-Bahn
1899n/1901n Boxeraufstand
1904n/1905n Krieg Japan–Rußland
1911n braun Chinesische Revolution
1911n rot Ende der Dynastie
1925n/1949n Chinesische Revolution
1931n/1932n Japanische Invasion
1937n/1938n Angriffsbasis Japans
1939n/1945n Zweiter Weltkrieg
1949n rot Teil der VR China

MANESSISCHE HANDSCHRIFT, Name eines handgeschriebenen und mit farbigen Bildern versehenen Liederbuches, das vor 650 Jahren in der Schweiz entstand. Es enthält 7000 Strophen von 138 verschiedenen Dichtern ('Minnesängern'), die auf 138 kleinen Handzeichnungen (Miniaturen) abgebildet sind. Seinen Namen erhielt das Buch nach den Züricher Ratsherren Rüdiger und Johannes Manesse, die im 13. Jahrhundert die Liedertexte und Miniaturen gesammelt hatten, nach denen dann das Werk durch einen Schweizer Buchkünstler angefertigt wurde.

1326n blau Zusammenstellung

MANET, Edouard (1832n–1883n), französischer Maler. Lernte in Paris bei dem Maler Couture, studierte aber vor allem die Bilder im Louvre. Dann unternahm er Studienreisen nach Belgien, Deutschland und Italien. Endlich öffnete er sich den Einflüssen ostasiatischer Kunst. Begeistert von der starken Farbgebung und der klaren Pinselführung japanischer Holzschnitte, gepackt von der ungekünstelten Gestaltung der Natur, setzte er seine eigenen Eindrücke in revolutionär neuer Weise in Bilder um. Als seine Werke von der Pariser Galerie zurückgewiesen wurden, gründete er den 'Salon der Zurückgewiesenen'. Hier stellten mit ihm jene Maler aus, die aus den Ateliers in die Natur zogen, um Stimmungen und Eindrücke des Augenblicks in Farben zu erfassen (Impressionisten). In seiner Heimatstadt Paris entdeckte er den malerischen Reiz des Alltäglichen. Seine sinnesfrohe Gestaltung des nackten Menschen versteckte sich nicht mehr hinter historischen und religiösen Motiven oder fernen Welten, sondern bemächtigte sich seiner eigenen Zeit, seiner eigenen Welt. Schuf auch einige Porträts (Zola) sowie Radierungen und Lithographien.

1863n blau 'Frühstück im Freien'

MANETHOS, ägyptischer Geschichtsschreiber und Priester.

315v–263v Lebenslinie
269v blau 'Ägyptische Geschichte'

MANGU-KHAN (um 1211n–1259n), mongolischer Herrscher (Khan) seit 1251n. Als Enkel Dschingis-Khans letzter Herrscher des Gesamtreiches ('Großkhan'). Seine Wahl beendete eine Periode der Zerrissenheit. Nachdem er eine Erhebung niedergeschlagen und vorsichtshalber auch alle Verwandten hingerichtet hatte, die sich bei seiner Wahl ferngehalten hatten, war die Einheit noch einmal hergestellt. Nun konnte die Unterwerfung Persiens vollendet werden. Dann wandten sich seine Heere unter Führung seines Bruders Hulagu-Khan nach Mesopotamien (Irak) und eroberten Bagdad. Damit war die Niederwerfung des Araberreiches vollendet, und das Mongolenreich hatte den Gipfel seiner Macht erreicht.

1207n/1279n Großer Mongolenkrieg
1217n–1265n Hulagu-Khan
1253n rot Gesandter aus Frankreich
1253n grün Gewerbescheine
1255n grün Bericht des Rubruk
1256n rot Persien mongolisch
1258n rot Ende des Araber-Reiches
1258n rot Bagdad mongolisch

MANHATTAN, Felseninsel in der Mündung des Hudson-Flusses an der Ostküste der USA. Herz der Stadt New York, von deren Einwohnern etwa ein Fünftel hier wohnt.

1609n grün Entdeckung durch Hudson
1613n rot Holländische Niederlassung
1626n grün Kauf durch Holländer
1626n rot Besitz Hollands
1626n blau Gründung Neu-Amsterdams
1664n rot Englischer Besitz
1784n grün Bank von New York
1817n grün Börse
1931n blau Empire-State-Building
1952n blau Lever-Haus
1959n blau Guggenheim-Museum

MANI (um 2290v–um 2240v), König des Araberreiches von Magan im Südosten der arabischen Halbinsel, das einen besonders festen und schönen schwarzen Stein (Diorit) bis nach Vorderasien und Nordafrika lieferte. Erlag mit seinem Heer der Streitmacht des Kaisers Naramsin von Mesopotamien, der für die Bauten seines Reiches einen besonders großen Bedarf an Diorit-Stein hatte.

2297v–2238v Naramsin
2248v/2247v Vorstoß Akkads
2247v rot Machtverlust

MANI, persischer Religionsstifter aus Babylon.

217n–276n Lebenslinie
215n–272n Schapur I.
238n blau Glaubenslehre

240n blau Gegner von Vorrechten
242n blau Lehrbeginn
253n blau Gleichheit aller Menschen
262n blau Illustrationen
282n rot Verbreitung der Lehre
354n–430n Augustin
444n rot Verfolgung der Lehre
588n rot Lehre in Armenien

MANIFEST DER GLEICHEN, programmatische Schrift des französischen Freiheitskämpfers Babeuf für eine Bewegung, die er nach der Hinrichtung Robespierres zur sozialen Vollendung der Revolution ins Leben rief ('Verschwörung der Gleichen'). Seine wichtigste Forderung war die Vergesellschaftung der Produktionsmittel durch das Proletariat.

1760n–1797n Babeuf
1795n blau Abfassung

MANIFEST DER KOMMUNISTISCHEN PARTEI, Name der grundlegenden Schrift der internationalen sozialistischen Bewegung. Enthält eine Kritik der kapitalistischen Gesellschaft, eine Ableitung der Menschheitsgeschichte aus den Klassengegensätzen sowie ein Programm für die Herbeiführung der klassenlosen Gesellschaft durch die Weltrevolution.

1818n–1883n Karl Marx
1847n blau Abfassung
1869n blau Russische Übersetzung

MANISCH-TUSU, Kaiser von Mesopotamien.

2330v–2271v Lebenslinie
2276v/2275v Krieg gegen Elam
2275v rot Statthalter für Elam
2275v grün Silber aus Elam
2273v blau Statue

MANKO KAPAK, König der Inkas von 1067n bis 1107n.

1022n–1107n Lebenslinie
1067n rot Staatsgründung
1077n blau Gründung von Kuzko
1081n rot Altersversorgung

MANLIUS Kapitolinus (um 420v–384v), römischer Staatsmann und Feldherr. Verteidigte als Konsul die Stadt Rom gegen einen Angriff der aus Gallien eingebrochenen Kelten, nachdem ihm nach der Sage das Schnattern der auf dem Kapitol gehaltenen heiligen Gänse das Herannahen der Feinde angezeigt hatte. Später setzte er sein Ansehen für die Armen des Römerreiches ein. Beschuldigte seine Standesgenossen der Unmenschlichkeit und opferte sein beträchtliches Vermögen, um Arme aus der Schuldhaft loszukaufen. Als er Gesetze zum Schutze des Volkes vor Ausbeutung einbrachte, wurde er von römischen Besitzbürgern (Patriziern) vom Tarpejischen Felsen gestürzt, sein Haus auf dem Kapitol wurde abgerissen.

387v braun Vorstoß der Kelten
384v rot Ermordung

MANN, Heinrich (1871n–1950n), deutscher Dichter. Als Sohn eines Lübecker Kaufmanns wurde er Buchhändlerlehrling und Verlagsangestellter, wandte sich dann aber wie sein jüngerer Bruder Thomas Mann ganz der Schriftstellerei zu. Schon in seinen ersten Romanen ('Schlaraffenland', 'Jagd nach Liebe') zeigt sich seine Verachtung des Bürgertums, dessen moralische Heuchelei er in 'Professor Unrat' (verfilmt als 'Der blaue Engel') bloßstellte. Den Ausweg suchte er zunächst in einem ganz freien, ungebundenen Lebensgenuß, den er in seiner Trilogie 'Die Göttinnen' feierte. Im ersten Weltkriege erhielt seine Sozialkritik eine kämpferische Richtung gegen den deutschen Militarismus ('Der Untertan', 'Die Armen'). Später warnte er in Büchern und Aufsätzen unablässig vor dem Faschismus und emigrierte 1933n. In Paris vollendete er sein großes Romanwerk über den französischen König Heinrich IV. In Kalifornien rang er sich zu einer Bejahung des Sozialismus durch, in dem er die einzige wirkliche und dauerhafte Alternative zum Faschismus sah ('Ein Zeitalter wird besichtigt'). Deshalb wollte er in den sozialistischen Teil Deutschlands zurückkehren. Starb aber unmittelbar vor der Heimkehr. Verfaßte das Revolutionsdrama 'Madame Legros'.

1918n blau 'Der Untertan'
1938n blau 'Henri Quatre'
1946n blau 'Ein Zeitalter'

MANN, Thomas, deutscher Dichter.

1875n–1955n Lebenslinie
1901n blau 'Die Buddenbrooks'
1939n blau 'Lotte in Weimar'
1947n blau 'Doktor Faustus'

MANNESMANN, Name eines großen deutschen Industriekonzerns, der 1890n gegründet wurde, um die Erfindung der Brüder Reinhard und Max Mannesmann zur Herstellung nahtloser Metallröhren auszuwerten. Der Erwerb ausgedehnter Eisengruben in Marokko sowie die Einrichtung von 14 Niederlassungen der Firma auf marokkanischem Boden führte 1906n zum Ausbruch der Spannungen zwischen Deutschland und Frankreich ('Marokkokrise'). Durch den ersten Weltkrieg, die Inflation, den Faschismus, den zweiten Weltkrieg und die kapitalistische Restauration in Westdeutschland nach 1945n hat der Konzern sich zu einem der bedeutendsten Unternehmen der Erde entwickelt, das bei einem Stammkapital von über einer Milliarde mit fast 80000 Arbeitern und Angestellten einen Jahresumsatz von fast 4 Milliarden erzielt.

1885n grün Nahtlose Röhren
1906n rot Algeciras-Konferenz

MANNHEIM, deutsche Stadt an der Mündung des Neckar in den Rhein, gegenüber von Ludwigshafen, mit dem es zu einer Stadt verschmolzen ist. 765n noch ein Dorf, war es um 1000n schon ein bekannter Rheinhafen und entwickelte sich in den folgenden Jahrhunderten langsam zur Stadt. Im Dreißigjährigen Krieg in harten Kämpfen gegen französische Heere behauptet, wurde die Stadt 1688n nach 17tägiger Belagerung von den Franzosen genommen und niedergebrannt. Nach ihrem Wiederaufbau kurfürstliche Residenz, erhielt sie ein Theater, das auch als Musikbühne Weltgeltung erlangte. In den Revolutionskriegen abermals von Franzosen genommen, kam sie 1802n zu Baden, dessen größte Stadt sie noch heute ist. 1819n wurde hier der Schriftsteller Kotzebue von einem Studenten ermordet. 1848n/1849n war die Stadt ein Mittelpunkt der Revolution. Durch die schnelle Entwicklung der Industrie bildeten sich im 19. Jahrhundert Arbeiterorganisationen. 1903n wurde hier die erste proletarische Jugendbewegung Süddeutschlands gegründet. 1918n streikten die Arbeiter der Stadt gegen den Krieg.

1607n rot Stadtrecht
1618n/1648n Dreißigjähriger Krieg
1688n/1697n 3. Krieg Ludwigs XIV.
1751n grün Stamitz: Orchesterreform
1792n/1795n Revolutionskriege
1848n/1850n 2. deutsche Revolution

MANS, le Mans, Stadt in Nordfrankreich, 160 Kilometer westlich von Paris. Von den Römern als gallische Provinz-Hauptstadt gegründet, entwickelte sie sich durch ihre ertragreiche Landwirtschaft in Verbindung mit Gewerbefleiß und Handel zu einer der bedeutendsten Städte des Frankenreiches. Wegen ihres Wohlstandes häufig umkämpft zwischen den französischen Herrschern, den Normannen, den Grafen von Anjou, den Herzögen der Normandie und den englischen Königen aus der Familie Plantagenet. Die Bürger nutzten diesen Streit ihrer immer wieder wechselnden Herren, um sich sehr früh eine Selbstverwaltung zu geben und diese gegen alle Bevormundungen der Fürsten zu behaupten. Seit 1923n werden hier alljährlich 24-Stunden-Autorennen mit serienmäßig hergestellten Sportwagen auf einer sehr gefährlichen Strecke abgehalten.

1050n rot Selbständigkeit

MANSART, Jules (1646n–1708n), französischer Architekt. Als Großneffe des Baumeisters François Mansart erlernte er bei diesem die Baukunst und hängte seinem Familiennamen Hardouin aus Dankbarkeit dessen Namen an. Es gelang ihm, das Vertrauen Ludwigs XIV. zu erwerben und die zahlreichen Bauten des Königs in ganz Frankreich als dessen Erster Baumeister planend, beratend oder auch ausführend mitzugestalten. Vermied große Experimente und errichtete unter Verwendung klassischer Stilelemente Bauten von harmonischen Proportionen und gemütvoller Repräsentation. In Versailles führte er die begonnenen Bauten fort (Spiegelgalerie, Schloßkapelle) und fügte noch eigenen Plänen im Park das Schloß 'Grand Trianon' hinzu. Baute den Invalidendom und entwarf die Pariser Plätze Victoire und Vendôme. Errichtete auch mehrere kleinere Schlösser (Marly, Dampierre, Meudon, St. Cloud) und schuf die Fassade des Stadthauses von Lyon. Sein Name lebt fort in der Bezeichnung für ausgebaute Dachstuben, deren Einrichtung durch eine von ihm beim Bau der Stallungen von Versailles entwickelte Dachkonstruktion möglich wurde ('Mansarden').

1687n blau 'Grand Trianon'
1706n blau Invalidendom

MANSUR, Al, arabischer Herrscher ('Kalif') von 754n bis 775n.

712n–775n Lebenslinie
755n braun Sieg Asturiens über Berber
755n rot Cordoba unabhängig

757n braun Berberaufstand
757n rot Berberreich unabhängig
757n grün Spionagedienst
759n braun Niederlage durch Franken
759n rot Verlust Südfrankreichs
763n blau Gründung von Bagdad
765n rot Gesandtenaustausch

MANSUR, Ibn (1232n–1311n), arabischer Sprachgelehrter in Tripolis (Nordafrika). Nach Abschluß seiner Studien als Richter tätig, zog er sich bald ganz auf seine wissenschaftlichen Arbeiten zurück und schuf in zehn Jahren das umfassendste Wörterbuch der arabischen Sprache (20 Bände).

1308n blau Wörterbuch

MANTINEIA, Stadt im Herzen der südgriechischen Halbinsel (Peloponnes). Zwischen Sparta (im Süden) und Athen (im Norden) gelegen, wurde sie von diesen beiden rivalisierenden Polen Griechenlands bedrängt. 385v von den Spartanern zerstört, wurde sie fünfzehn Jahre später wieder aufgebaut. Im letzten Jahre des Thebanischen Krieges fiel Epaminondas vor ihren Toren im siegreichen Kampfe gegen Sparta. Wegen ihres Widerstandes gegen die Mazedonier wurden die Bewohner der Stadt in die Sklaverei verkauft, ihr Name wurde geändert. Aber die Römer gaben ihr den alten Namen zurück. Unter der Herrschaft des oströmischen Reiches (Byzanz) erlebte die Stadt eine neue Blütezeit. Seit mehr als 1000 Jahren verschüttet, wurde sie seit 1887n durch französische Archäologen ausgegraben.

431v/404v Peloponnesischer Krieg
420v rot Bündnis mit Athen
418v–362v Epaminondas
382v/362v Thebanischer Krieg

MANU, Gestalt aus der indischen Göttersage. Als Sohn des Sonnengottes erster Mensch und Stammvater der Menschheit. Ihm wird mit der Schöpfung von Ordnung und Sitte auch die Schaffung der Gesetze zugeschrieben. Durch Verbindung mit seinem Namen ('Gesetzbuch des Manu') wurde das von der herrschenden Kaste Indiens (Brahmanen) unter Verwendung alter Gesetze vor 1800 Jahren geschaffene Gesetzbuch den übrigen Kasten als göttlich und also unantastbar auferlegt.

208n blau 'Gesetzbuch des Manu'

MANUFAKTUR, Bezeichnung für eine Produktionsstätte, in der zwar die Arbeit mit der Hand (lateinisch 'manus') gemacht wird, jedoch nicht mehr wie in der Zeit des Handwerks im Hause des Produzenten, sondern im Gewerbebetrieb eines Unternehmers. Dadurch wurde die Möglichkeit der Arbeitsteilung zwischen den am Produktionsprozeß Beteiligten geschaffen. Die Werkzeuge und die verarbeiteten Rohstoffe gehörten nun nicht mehr dem Produzenten, sondern dem Unternehmer. Der Produzent hörte damit auf, zugleich Schöpfer und Verkäufer seines Produkts zu sein. Da er nicht mehr seine Erzeugnisse verkaufen konnte, blieb ihm nur noch der Verkauf seiner Arbeitskraft. Damit verwandelte sich der freie Produzent in einen Lohnarbeiter (Proletarier), der nach Leistung (Stückzahl) oder nach Zeit (Stunden) bezahlt wird. Diese besonders für die Tuchherstellung geeignete Produktionsweise bildete den Übergang von der freien Erwerbsarbeit zur kapitalistischen Ausbeutung in der Fabrik.

2815v grün Ägypten: Leinenweberei
2767v grün Tuchfabrik in Ur
2029v grün Spinnereien in Sumer
1996v grün Tuchweberei in Sumer
1449v grün Arbeitsteilung in Ägypten
383v–322v Demosthenes
267v grün Akkordlöhne
537n grün Seidenweberei in Byzanz
794n grün Papiermanufaktur in Bagdad
1101n–1154n Roger II.
1107n grün Spanien: Papiermanufaktur
1149n grün Seidenweberei in Palermo
1185n grün Arbeitsteilung in Italien
1200n grün Großbetriebe in Italien
1205n grün Seidenfabriken in Italien
1267n grün Italien: Papierherstellung
1338n grün Pielle: Papiermanufaktur
1350n grün Tuchwebereien in England
1389n grün Papierfabrik 'Gleismühl'
1465n grün Tuchfabriken in England
1466n grün Seidenherstellung in Lyon
1495n grün Papierfabrik in England
1536n grün Tuchfabrik Malmesbury
1619n–1683n Colbert
1662n grün Staatliche Teppichweberei
1690n grün Papierfabrik in Amerika
1710n grün Manufaktur Meißen
1750n grün Manufaktur Berlin
1756n grün Manufaktur Sèvres
1761n grün Manufaktur Nymphenburg

MANZIKERT, Stadt in Armenien. Hier schlugen die türkischen Seldschuken unter Arsalan das unter seinem Kaiser Romanus Diogenes kämpfende Heer von Ostrom (Byzanz). Durch diesen Sieg war für sie der Weg frei zur Eroberung Kleinasiens, das immer zum Kern des Reiches von Byzanz gehört hatte. Der gefangene byzantinische Kaiser erhielt von seinem Besieger Arsalan die Freiheit geschenkt, wurde aber in Byzanz abgesetzt.

1040n–1072n Arsalan der Löwenherzige
1071n/1077n Ikonischer Türkenkrieg

MANZONI, Alessandro (1785n–1873n), italienischer Dichter. Überwand mit seinen historischen Dramen die Abhängigkeit des italienischen Theaters von den französischen Regeln der Dramatik. Auch seine Erzählungen und Romane waren in Stoff und Sprache heimatgebunden. In dem zweibändigen historischen Roman 'Die Verlobten' schilderte er die Liebe des italienischen Seidenspinners Renzo zu Lucia in der Zeit spanischer Fremdherrschaft. Wegen der Volkstümlichkeit der Handlung, aber auch wegen der deutlichen Parallele zur fremden Besetzung seiner Heimat wurde das Buch in ganz Italien bekannt und förderte die Bestrebungen zur nationalen Befreiung. Vierzigjährig beendete er seine schriftstellerische Tätigkeit und verschrieb sich ganz der politischen Einigung seines Landes. Als dieses Ziel erreicht war, wurde er Senator und bemühte sich um die sprachliche Einheit des Landes. Indem er seine Bücher von allen lombardischen Wörtern und Redewendungen seiner Mailänder Heimat reinigte, entschied er sich klar für den toskanischen Dialekt, der in der Landesmitte (Florenz) gesprochen wurde, und trug so wesentlich dazu bei, daß diese Sprache zur Schriftsprache Italiens wurde.

1825n blau 'Die Verlobten'

MAO-TSE-TUNG, chinesischer Staatsmann.

1893n– Lebenslinie
1925n/1949n Chinesische Revolution
1949n rot China kommunistisch
1950n/1953n Korea-Krieg
1950n braun Vorstoß nach Tibet
1950n rot Herrschaft über Tibet
1950n rot Freundschaft mit UdSSR
1953n grün Fünfjahresplan
1957n rot Volkskommunen
1957n blau 'Tausend Blumen'

MAO-TUN, Hunnenkönig von 209v bis 174v.

234v–174v Lebenslinie
190v braun Vorstoß nach Osten
190v rot Gewinn der Süd-Mongolei
176v braun Vorstoß zum Tarim-Becken
176v rot Gewinn Ost-Turkestans
176v rot Großmachtstellung

MARACAIBO, Hafenstadt in Venezuela (Süd-Amerika). 1529n von dem Deutschen Alfinger gegründet, entwickelte sie sich unter spanischer Kolonialherrschaft zu einem bedeutenden Rohstofflieferanten (Felle, Kakao, Holz, Chinin). Nach der politischen Verselbständigung Venezuelas im 19. Jahrhundert wurde Kaffee Hauptausfuhrartikel. Seine Bedeutung wurde aber in unserem Jahrhundert durch die großen Erdölfunde übertroffen. Als Teilstück der Panamerikanischen Autostraße entstand hier 1962n die größte Brücke der Erde.

1962n grün Brücke

MARAGA, Stadt in Aserbeidschan (Persien). Hier gründete der Enkel Dschingis-Khans (Hulagu-Khan) im 13. Jahrhundert seine Hauptstadt und befestigte sie. Schuf auch mehrere Lehr- und Forschungsstätten und zog die berühmtesten Gelehrten an seinen Hof. Dabei bevorzugte er trotz seiner Abneigung gegen die islamische Religion arabische Wissenschaftler, weil deren Kenntnisse und Fähigkeiten den höchsten Stand hatten. Auch als er später seine Hauptstadt ins nahe Täbris verlegte, förderte er die Entwicklung der Stadt.

1217n–1265n Hulagu-Khan
1259n grün Sternwarte

MARAT, Jean Paul (1744n–1793n), französischer Revolutionär. Studierte Medizin, ging als Sprachlehrer ins Ausland und veröffentlichte in London eine Schrift gegen den französischen Absolutismus sowie gegen den englischen Parlamentarismus ('Die Ketten der Sklaverei'). Als Arzt und Privatgelehrter (Physiker) in Paris schloß er sich der Revolution an. Trat für die Hinrichtung des Königs und aller Konterrevolutionäre ein. Als Präsident des Jakobinerklubs und einer der führenden Köpfe der Bergpartei forderte er, die vorher herrschende Klasse mit revolutionärem Terror niederzuhalten. Nahm am Kampf gegen die Konterrevolution der gemäßigten Republikaner ('Girondisten') teil und wurde deshalb von einer Girondistin ermordet.

1789n/1795n Französische Revolution
1793n blau Gemälde Davids

MARATHON, Ort an der Ostküste Süd-Griechenlands, 42 km von Athen entfernt. In der Bucht hatte die persische Flotte im Jahre 490v ein großes Heer gelandet, das sich aber wieder einschiffen wollte, um einen günstigeren Landeplatz für den Angriff auf Athen zu suchen. Da trat den Persern eine zahlenmäßig unterlegene griechische Streitmacht entgegen und schlug sie vernichtend. Die Botschaft von dem überraschenden Siege brachte Pheidippides nach Athen, dessen Bevölkerung in banger Sorge den Ausgang der Schlacht erwartete. Doch war er so schnell gelaufen, daß er nach der Mitteilung des Sieges tot zusammenbrach. Zur Erinnerung hieran wird bei den modernen Olympischen Spielen seit 1896n ein Lauf über 42,195 km als Wettkampf ausgetragen ('Marathonlauf').

490v/449v Perserkriege
490v rot Siegesbotschaft
490v blau Dankestempel Athens
460v blau Gemälde des Polygnot
1896n grün Neue Olympische Spiele

MARBOD, König der germanischen Markomannen.

24v–37n Lebenslinie
8v braun Eroberung Böhmens
8v rot Reichsgründung in Böhmen
17n/19n Germanischer Bruderkrieg

MARBURG, Stadt am Mittellauf der Lahn (Hessen), 100 km nördlich von Frankfurt am Main. Hier bildete sich nahe einer Klostergründung des 8. Jahrhunderts eine Siedlung (1227n Stadtrecht). Die Wollweber der Stadt kämpften im 15. Jahrhundert mit den Bestitzbürgern um die Vorherrschaft. Es kam mehrfach zu Straßenschlachten (1410n, 1414n, 1428n, 1446n). Seit 1458n Residenz der Fürsten von Hessen. Nach der Reformation entstand hier die erste protestantische Universität. 1529n fand ein Religionsgespräch der bedeutendsten Reformatoren statt (Luther, Melanchthon, Zwingli). Es führte nicht zu voller Einigung, jedoch zur gemeinsamen Anerkennung der von Luther formulierten 'Marburger Artikel'.

1527n blau Universität

MARC, Franz (1880n–1916n), deutscher Maler. Studierte an der Münchner Akademie und blieb zeitlebens in Oberbayern, unternahm aber Reisen nach Italien, Griechenland und Frankreich, die auf seine künstlerische Entwicklung nachhaltig einwirkten. Zunächst stellte er den Menschen in der Natur dar. Dann fand er im Tier ein vollkommeneres Geschöpf und wandte ihm seine ganze Schaffenskraft zu. Dabei bemühte er sich nicht um natürliche Wiedergabe, sondern löste sich von Formtreue und Farbtreue. Gestaltete Tiere zunehmend in geometrischen Formen und unwirklichen Farben, wobei er die Absicht hatte, Wesenszüge zum Ausdruck zu bringen (Fliegelust des Vogels, Behagen der Kuh, Springfreude des Affen). Durch diesen Versuch, auf das sinnlich Wahrnehmbare zugunsten einer Wesensdarstellung zu verzichten, schuf er 'abstrakte Kunst'. Weil er und sein Freundeskreis (Kandinsky, Macke) diese Richtung der Malerei für die kommende hielten, nannten sie sich 'Futuristen'. Fiel als Kriegsfreiwilliger vor Verdun.

1913n blau 'Turm der blauen Pferde'

MARCABRU (um 1110n–um 1150n), französischer Dichter aus dem äußersten Süden des Landes (Gascogne). Von seinen Eltern ausgesetzt, wurde er nach freudloser Jugend von einem fahrenden Dichter-Sänger (Troubadour) erzogen und unterrichtet. Lebte dann an den Fürstenhöfen Südfrankreichs und Spaniens und dichtete anmutige Lieder auf adlige Damen, die er verehren ('minnen'), aber nicht lieben durfte. Über dieses musikalisch-poetische Umgarnen auf Entfernung gegen Entgelt ('Minnesang') führte er in seinen Liedern bittere Klage. Auch meinte er, die Ritter würden durch die Sitte des Minnesangs verweichlicht. Kritisierte den Sittenverfall auf den Schlössern und Burgen. Schrieb 40 seiner Lieder nieder. Wurde ermordet.

1140n blau Lieder

MARCEL, Etienne (um 1300n–1358n), französischer Freiheitskämpfer. Als Tuchmacher wurde er wegen seiner bezwingenden Beredsamkeit Vorstand der Pariser Fabrikanten-Vereinigung. Verlangte die Absetzung unfähiger und korrupter Beamter und die Einsetzung einer aus Vertretern des Adels und des Besitzbürgertums ('Stände') zusammengesetzten Aufsichtsbehörde für die Staatsfinanzen. Als die Forderungen unerfüllt blieben, setzte er einen Revolutionsrat ein, der zwei Marschälle zum Tode verurteilte und hinrichtete. Dem Könige verhalf er zur Flucht. Als er die Regierung von Paris zunehmend auf Handwerker und Arbeiter stützte und sich mit den aufständischen Bauern in der Provinz verbündete, witterten die Besitzbürger Gefahr für ihr Eigentum und verbündeten sich mit dem Adel zur Wiederherstellung der Monarchie. Vom Führer der Reichen (Jean Maillart) ermordet.

1357n braun Aufstand

MARCHFELD, Name einer Ebene, die sich nördlich der Donau von Wien bis an die March erstreckt. Hier besiegte im Jahre 1260n König Ottokar von Böhmen und Mähren mit seinem Heer die Ungarn und entriß ihnen große Teile der Donauebene. 18 Jahre später wurde er selbst hier vom Heer des deutschen Königs Rudolf I. von Habsburg besiegt und getötet. Auch während der Napoleonischen Kriege fanden hier Kämpfe statt.

1218n–1291n Rudolf I. von Habsburg
1278n braun Sieg Rudolfs
1796n/1815n Napoleonische Kriege

MARCION, kleinasiatischer Religionsphilosoph.

88n–165n Lebenslinie
142n blau Kritik am Alten Testament
144n rot Gründung einer Kirche

MARCONI, Guglielmo, italienischer Erfinder.

1874n–1937n Lebenslinie
1897n grün Drahtlose Telegraphie

MARCO POLO, italienischer Kaufmann.

1254n–1324n Lebenslinie
1292n grün Rückkehr aus China
1298n grün Reisebericht

MARDUK, Name eines Gottes, der in Mesopotamien (Vorderasien) verehrt wurde. Ursprünglich Frühlingsgott der Stadt Babylon, dessen Fest am 12. März als Jahresanfang gefeiert wurde. Sein Zeichen war die Hacke (Symbol der Fruchtbarkeit). Nach der Eroberung großer Teile Vorderasiens durch die Babylonier verbreitete sich sein Kult im ganzen babylonischen Reich. Nach der Unterwerfung Babylons wurde er von den siegreichen Assyrern übernommen. Im ersten Jahrtausend mit der Ausdehnung des Perserreiches nach Westen gedrängt, wurde sein Kult im Römerreiche beseitigt.

1777v blau Tempel in Babylon
1690v rot Reichsgott Mesopotamiens
1688v blau Statue eines Anbeters
1572v–1504v Agum
1382v blau Lobgedicht
478v rot Tempel-Zerstörung

MARE (um 650v– um 600v), Name eines Ägypters, der im 7. Jahrhundert vor unserer Zeitrechnung unter König Psammetich die Befreiung seines Landes aus assyrischer Fremdherrschaft erlebte. Ließ sich und seine Mutter Djet von einem Bildhauer in Holz schnitzen.

623v blau Plastik

MARGARETE Valois (1533n–1615n), französische Königin. Als einziges Kind des französischen Königs Heinrich II. und der Katharina Medici letztes Mitglied der Herrscherfamilie Valois, die von 1328n bis 1589n Frankreich regierte. Von großer Schönheit und allseits verehrt, mußte sie 19jährig den 18jährigen Heinrich von Navarra heiraten, um die von ihrem Vater gewünschte Versöhnung des katholischen Herrscherhauses mit dem protestantischen Volksteil zu besiegeln. Nachdem diese Absicht durch den in ihrer Hochzeitsnacht von den Katholiken mit Hilfe ihrer Mutter veranstalteten Protestantenmord (Bartholomäusnacht) sowie durch den Übertritt ihres Mannes zum Katholizismus vereitelt worden war, blieb auch ihre Ehe glücklos. Sie kehrte nach einiger Zeit zu ihren Eltern nach Paris zurück und führte hier ein freies Leben. Nach seiner Thronbesteigung wollte der König die kinderlose Ehe scheiden lassen, doch willigte sie erst nach zehn Jahren ein, als Heinrichs Favoritin (Gabrielle d'Estrées) gestorben war. Ihre letzten Jahre verbrachte sie in freiem Verkehr mit einer Vielzahl ausgezeichneter Männer ihrer Zeit.

1553n–1610n Heinrich IV.
1562n/1598n Hugenottenkriege
1604n blau Lebenserinnerungen

MARGARINE, Sammelbezeichnung für butter-ähnliches Fettgemisch, dem durch einen Gärungs- und Rührprozeß sehr feine Milch- oder Wassertröpfchen beigemengt sind. In der zweiten Hälfte des 19. Jahrhunderts auf Veranlassung des französischen Kaisers Napoleon III. von dem Chemiker Mège-Mouriès als Butter-Ersatz für das schnell anwachsende Großstadtproletariat entwickelt. 1870n zuerst fabrikmäßig hergestellt in Frankreich, bald darauf in allen Industriestaaten.

1868n grün Erfindung

MARGERITA, Name einer Frauengestalt, die von der katholischen Kirche als Heilige verehrt wird. Ihr Leben wurde von christlichen Schriftstellern immer wieder bis ins einzelne beschrieben, ohne daß sich ein Nachweis für ihre geschichtliche Existenz erbringen ließ.

1108n–1175n Wace

MARGGRAF, Andreas (1709n–1782n), deutscher Chemiker. Lernte in der Apotheke seines Vaters in Berlin, studierte Medizin, widmete sich dann der Gesteinskunde sowie der Metallurgie und wandte sich endlich ganz seinen chemischen Forschungen zu. Untersuchte die Verbindungen des Phosphors. Fand die Ameisensäure. Berühmt wurde er durch seine Entdeckung des Zuckergehalts der Runkelrübe, aus der später durch Züchtung die stärker zuckerhaltige Zuckerrübe hervorging. Das von ihm entwickelte Verfahren zur Zuckergewinnung aus Rüben wurde von seinem Schüler Achard industriell genutzt und verbreiterte entscheidend die Ernährungsgrundlage der europäischen Völker.

1747n grün Zuckergehalt der Rübe
1802n grün Achards Zuckerfabrik

MARI, Stadtstaat in Mesopotamien (Vorderasien) am Oberlauf des Euphrat, etwa 300 km nordwestlich von Bagdad. Im 3. Jahrtausend vor unserer Zeitrechnung zur Stadt emporgewachsen, wurde es vor 3700 Jahren durch seinen Königspalast berühmt, dessen Thronsaal mit prächtigen Wandgemälden geschmückt war. Von Assyrern vorübergehend unterworfen, geriet es unter die Herrschaft des Babyloniers Hammurabi, erhob sich aber bald und wurde zerstört. Nach seinem Wiederaufbau führte es noch einige Jahrhunderte ein bescheidenes Dasein. Seine Reste wurden seit 1933n ausgegraben, darunter eine Tontafelbibliothek mit 20 000 Inschriften.

2715v blau Empörwachsen zur Stadt
2587v–2514v Ur-Nina
2560v grün Solo- und Chorgesang
2549v blau Ur-Ninas Lieder
2541v blau Statue Ur-Ninas
2399v blau Statue eines Sängers
2007v–1955v Ib-I-Sin
1989v–1927v Ischti-Irra
1976v blau Statue eines Fürsten
1957v braun Erhebung gegen Ib-I-Sin
1957v rot Unabhängigkeit
1956v braun Vorstoß nach Akkad
1956v rot Akkad unter Ischti-Irra
1956v blau Statue eines Fürsten
1785v–1717v Samsi-Adad
1760v–1686v Hammurabi
1759v braun Krieg gegen Terka
1759v rot Vertreibung Samsi-Adads
1748v–1695v Zim-Rilim
1730v braun Niederlage gegen Assyrien
1730v rot Herrschaft Assyriens
1720v grün Briefe im Stadtarchiv
1717v braun Erhebung gegen Assyrien
1717v rot Selbständigkeit
1716v grün Haupt-Umschlagplatz
1715v blau Königspalast
1714v blau 'Thronbesteigung'
1713v rot Beamtenschule
1712v rot Dreibund
1712v blau 'Löwenjagd'
1710v braun Krieg gegen Benjaminiten
1710v blau Auftreten von Propheten
1705v braun Sieg über Kurriter
1704v blau Plastik einer Frau
1702v blau 'Krieger mit Helm'
1696v braun Kampf gegen Babylon
1696v rot Herrschaft Hammurabis
1695v braun Erhebung gegen Babylon
1536v/1530v Dritter Hettiterkrieg

MARI, Al, arabischer Philosoph und Dichter.

973n–1057n Lebenslinie
1018n grün Ablehnung der Tiertötung
1028n blau Religionskritik

MARIA (um 25v– um 40n), Mutter des Religionsstifters Jesus, die nach christlichem Glauben mit dem jüdischen Zimmermann Joseph eine ungeschlechtliche Ehe führte ('Josephs-Ehe') und ihren Sohn von Gott persönlich empfing ('unbefleckte Empfängnis'). Gegenstand gläubiger Verehrung und Mittelpunkt der katholischen Kulthandlung, spielt sie auch in der griechisch-orthodoxen Kirche eine wichtige Rolle, tritt aber bei den Protestanten hinter der Jesus-Verehrung zurück. Auch streiten sich die christlichen Konfessionen über die Frage, ob sie nach ihrem Tode leiblich zum Himmel gefahren sei. In der von christlicher Moral niedergehaltenen Kunst eines ganzen Jahrtausends (500n–1500n) war sie eine der wenigen Frauengestalten, die bildlich dargestellt werden konnten.

10v–52n Matthäus
6v–30n Jesus Christus
22n–74n Lukas
82n blau Lukas-Evangelium
126n blau Erstes Gemälde
182n–253n Origenes
381n–444n Cyrillus
386n–451n Nestorius
431n rot Mutter Gottes
517n blau Gesang des 'Ave Maria'
786n–861n Radbertus
1108n–1175n Wace
1163n blau Notre-Dame-Kathedrale
1198n blau Darstellung in Senlis
1240n–1302n Cimabue
1241n blau Berceo: 'Marienwunder'
1291n blau Marienkirche in Lübeck
1293n blau Cimabues Wandgemälde
1309n blau Bau der Marienburg
1311n blau Gemälde Duccios
1315n blau Gemälde Giottos
1338n blau Martini: 'Verkündigung'
1410n–1451n Stephan Lochner
1433n blau Gemälde Fra Angelicos
1453n blau Quarton: 'Marienkrönung'
1473n blau Gemälde Schongauers
1483n–1520n Raffael
1488n blau Frauenkirche in München
1490n blau Ghirlandajos Wandgemälde
1500n blau Michelangelo: 'Pietà'
1504n blau 'Ruhe auf der Flucht'
1507n blau 'Madonna mit Stieglitz'
1518n blau 'Sixtinische Madonna'
1531n blau Orley: 'Heilige Familie'
1577n blau Greco: 'Himmelfahrt'
1618n–1682n Murillo
1678n blau 'Unbefleckte Empfängnis'
1726n blau Frauenkirche in Dresden
1854n rot Marien-Dogma

MARIA (um 20v – um 30n), Anhängerin der Lehren des Religionsstifters Jesus. Ihr Haus in Jerusalem war Versammlungsort der Verehrer des Jesus und gilt deshalb als Stätte der ersten Christengemeinde. Ihr Sohn Markus wurde einer der ersten Verkünder der neuen Religion.

6v–30n Jesus Christus
2v–71n Markus

MARIA (um 295n – um 350n), ägyptische Klostervorsteherin. Als Schwester des Mönches Pachomius übernahm sie die Leitung von zwei Frauenklöstern und führte ein tätiges Leben in Gütergemeinschaft mit allen Angehörigen der Klostergemeinde.

292n–346n Pachomius
336n blau Frauenkloster

MARIA STUART (1542n–1587n), Königin des nördlichen Teiles der englischen Insel (Schottland). In Paris erzogen, wurde sie 15jährig mit dem 14jährigen französischen Thronfolger verheiratet, der ein Jahr später König wurde und nach einem weiteren Jahre starb. 18jährig nach Schottland zurückgekehrt, versuchte sie vergeblich, von der englischen Königin Elisabeth als Thronfolgerin anerkannt zu werden. Dann heiratete sie ihren katholischen Vetter und suchte als Haupt der katholischen Partei mit Hilfe des Papstes und der Könige katholischer Länder (Frankreich, Spanien) ihre Ansprüche auf den englischen Thron gegen Elisabeth noch zu deren Lebzeiten geltend zu machen. Dabei stützte sie sich darauf, daß sie eine echte Urenkelin des englischen Königs Heinrich VII. war, Elisabeth hingegen nur die Tochter einer erst nachträglich geheirateten Geliebten Heinrichs VIII. (Anna Boleyn). Zunächst volkstümlich, verlor sie ihr Ansehen durch die Heirat mit Graf Bothwell, der als ihr Geliebter ihren Mann ermordet hatte. Wiederholt an Verschwörungen und Kämpfen zur Re-Katholisierung Englands beteiligt, unterlag sie den Truppen der Königin Elisabeth und wurde nach 18jähriger Gefangenschaft hingerichtet.

1533n–1603n Elisabeth
1562n–1635n Lope de Vega
1586n rot Anschlag auf Elisabeth
1587n rot Hinrichtung
1603n rot Sohn englischer König
1800n blau Drama Schillers

MARIA THERESIA, deutsche Kaiserin von 1740n bis 1780n.

1717n–1780n Lebenslinie
1709n–1762n Elisabeth Petrowna
1712n–1786n Friedrich II., der Große
1740n/1742n 1. Schlesischer Krieg
1741n/1748n Erbfolgekrieg
1742n rot Verlust Schlesiens
1744n/1745n 2. Schlesischer Krieg
1745n rot Krönung Franz' I.
1747n rot Schutz der Bauern
1748n rot Anerkennung durch Preußen
1748n rot Bestätigung für Preußen
1756n/1763n Siebenjähriger Krieg
1762n rot Rückzug Rußlands
1772n rot 1. Teilung Polens
1778n/1779n Bayrischer Erbfolgekrieg

MARIAMNE (um 55v–29v), Königin der Juden. Als Enkelin des Juden-Königs Hyrkanos II. heiratete sie Herodes, der als Minister am Hofe ihres Großvaters wirkte. Nach der Thronbesteigung ihres Mannes in Machtkämpfe hineingezogen, wurde sie von Herodes unter dem Verdacht des Ehebruchs und des versuchten Giftmordes hingerichtet, ein Jahr, nachdem er ihren Großvater Hyrkanos umgebracht hatte.

72v–4v Herodes der Große

MARIANEN, Inselgruppe im Pazifischen Ozean, halbwegs zwischen Neu-Guinea und Japan. Besteht aus 16 bogenförmig nebeneinander liegenden Inseln, die von dem Portugiesen Magellan während der ersten Erd-Umseglung entdeckt wurden. Seit 1565n spanischer Besitz, wurden sie nach der Witwe des Spanierkönigs benannt. 1898n fiel den USA die Hauptinsel Guam zu, während Deutschland ein Jahr später die ganze Gruppe kaufte. Nach dem ersten Weltkrieg von Japanern besetzt, wurde die Inselgruppe durch den Versailler Vertrag Japan zugesprochen. Im zweiten Weltkrieg (1944n) unter Vertreibung der inzwischen dort angesiedelten Japaner von Nordamerikanern besetzt, ist sie seit 1947n Treuhandgebiet der USA.

1521n grün Entdeckung
1899n rot Deutscher Besitz
1914n/1918n Erster Weltkrieg
1919n rot Versailler Vertrag
1939n/1945n Zweiter Weltkrieg

MARIB, Stadt im Süden der arabischen Halbinsel (Jemen). In einem geschützten Hochtal gelegen, wurde die Stadt durch Anlage eines Staudammes zum Mittelpunkt eines mit Hilfe künstlicher Bewässerung fruchtbar gemachten Landes. Als Hauptstadt des Reiches von Saba wuchs sie zur größten Stadt Arabiens empor. Nach einer mehr als tausendjährigen Blütezeit verfiel sie infolge eines Dammbruchs.

884v blau Gründung
830v grün Staudamm begonnen
758v–672v Bajin
735v grün Schleuse
719v blau Mondgott-Tempel
716v rot Hauptstadt von Saba
715v grün Staudamm vollendet
661v grün 100 000 Einwohner
566n grün Staudammbruch

MARICOURT, Pierre de (um 1235n bis um 1295n), französischer Naturforscher. Stieß bei seiner Untersuchung magnetischer Erscheinungen auf die Tatsache, daß magnetische Eisenstücke sich nicht nur anziehen, sondern manchmal auch abstoßen. Durch Experimente entdeckte er dann die Existenz zweier verschiedener Magnetpole und erkannte, daß es gleiche Pole sind, die einander abstoßen. Legte die Ergebnisse seiner Untersuchungen in einem Buche nieder, das Grundlage der Elektrizitätslehre wurde. Indem er sich des Experimentes bediente und zu einer systematischen Darstellung der Naturerscheinungen vorstieß, wurde er mit seiner Arbeit wegweisend für die europäische Wissenschaft.

1269n grün Zweierlei Magnetpole

MARIE-ANTOINETTE (1755n–1793n) französische Königin. Als jüngste Tochter des deutschen Kaisers Franz I. und der Maria Theresia wurde sie 14jährig mit dem 15jährigen französischen Thronfolger verheiratet und vier Jahre später zur Königin von Frankreich gekrönt. Durch ihren hauptsächlich dem Vergnügen ergebenen Lebenswandel schürte sie den Haß des französischen Volkes auf das Königtum. Mit den verschwenderischen Höflingen auf Gedeih und Verderb verbunden, stellte sie sich allen Reformen in den Weg und veranlaßte die Absetzung volksfreundlicher Minister. Nach der Revolution verhinderte sie durch ihre Ablehnung von Verfassung und Parlament die Verwirklichung eines auf verbürgten Volksrechten beruhenden Königtums ('Konstitutionelle Monarchie'). Ihr Fluchtversuch steigerte die Erbitterung des Volkes. Als sie ausländische Truppen herbeirief, wurde sie durch ein Revolutionsgericht zum Tode verurteilt und enthauptet.

1786n rot 'Halsband-Affäre'
1789n/1795n Französische Revolution
1792n/1795n Revolutionskriege

MARIENBURG, Stadt und Burg am Ufer der Nogat im Mündungsdelta der Weichsel, 50 km südöstlich von Danzig (Polen). 1274n mit einem Schloßbau der Deutschritter begonnen, erhielt die Siedlung zwei Jahre später bereits Stadtrecht und wurde durch Anlage einer mächtigen Burg geschützt. Entwickelte sich bald zu einem wichtigen Handelsplatz. 1457n erlitten hier die Deutschritter eine Niederlage gegen Polen. Drei Jahre später begann die polnische Herrschaft, die mehr als 300 Jahre dauerte. Im Siebenjährigen Krieg fiel die Stadt an die Russen und bei der ersten Teilung Polens an Preußen. Nach dem ersten Weltkrieg entschied sich im Jahre 1920n die Bevölkerung mit 99% für ein Verbleiben bei Deutschland. Nach dem zweiten Weltkrieg wurde die Stadt durch das Potsdamer Abkommen polnisch, die deutsche Bevölkerung vertrieben.

1309n blau Bau der Burg
1457n braun Polnischer Sieg
1756n/1763n Siebenjähriger Krieg
1772n rot Preußischer Besitz
1945n rot Polnischer Besitz

MARIONETTEN, Bezeichnung für Puppen, die an dünnen Schnüren von unsichtbarer Hand gelenkt werden. Auf kleinen Bühnen werden mit ihnen ganze Theaterhandlungen aufgeführt, bei denen die Texte von nicht sichtbaren Menschen gesprochen werden ('Marionettentheater'). In China seit fast 4000 Jahren bekannt, kam es über Indien und Persien vor etwa 2500 Jahren nach Griechenland, dann nach Rom und verbreitete sich seit etwa 1000 Jahren in Mittel- und Nordeuropa.

1810n blau Kleist: 'Marionettentheater'

MARIOTTE, Edme (um 1620n–1684n), französischer Naturforscher. Durch Messung fließender Gewässer fand er mehrere Strömungsgesetze. Mit einer umfassenden Lehre vom Stoß vervollständigte er die Mechanik der festen Körper. Formulierte ein von Boyle gefundenes Gesetz, demzufolge bei allen Gasen gleicher Temperatur das Ergebnis aus Druck und Ausdehnung stets gleich bleibt. Baute eine nach ihm benannte Flasche, die es erlaubt, Flüssigkeit mit gleichbleibendem Druck und gleichbleibender Geschwindigkeit herausfließen zu lassen. Entdeckte, daß die Eintrittsstelle des Sehnervs ins menschliche Auge blind ist und beschrieb die Auswirkung dieses 'blinden Flecks' auf das Sehen. Erforschte die Veränderung der Größe des Hofes von Sonne und Mond.

1666n grün Blinder Fleck im Auge

MARIUS, Gajus, römischer Feldherr und Politiker.

156v–86v Lebenslinie
138v–78v Sulla
113v/101v Erster Germanenkrieg
112v/105v Jugurthinischer Krieg
107v rot Berufsheer
103v rot Soldatenversorgung
103v grün Heeresreform
100v rot Zum 6. Mal Konsul
91v/88v Bundesgenossen-Krieg
89v/82v Erster Bürgerkrieg

MARIVAUX, Pierre (1688n–1763n), französischer Dichter. Wandte sich nach Verlust seines ererbten Vermögens dem Journalismus zu, gab eine Zeitschrift heraus und schrieb Theaterstücke. In seinen geschickt aufgebauten Lustspielen brachte er in immer neuen Abwandlungen Liebesgeschichten, die wegen ihrer Problemlosigkeit, ihrer Darstellung geheimster Seelenregungen sowie wegen ihrer anmutigen Sprache großen Anklang fanden ('Solche Streiche spielt die Liebe'). Verfaßte auch einige Romane ('Das Leben der Marianne').

1730n blau 'Spiel von Liebe und Zufall'

MARK AUREL, römischer Kaiser von 161n bis 180n.

121n–180n Lebenslinie
129n–199n Galen
161n rot Teilung der Regierung
166n grün Gesandtschaft nach China
166n/180n Markomannen-Kriege
170n rot Schutz Entrechteter
172n grün Währungsverfall
174n blau Lehrstühle in Athen
175n braun Erhebung in Syrien
176n rot Verbot des Christentums
176n blau Philosophische Schrift
178n blau Reiterstandbild
178n grün Gladiatoren-Höchstpreise
179n grün Festung Regensburg

MARKOMANNEN, germanischer Volksstamm. Ihr Name bedeutet: die in der Mark (= an der Grenze) wohnenden Mannen (= Männer). Ursprünglich in Thüringen und Hessen ansässig, zogen sie sich nach einer Niederlage gegen die Römer bis Böhmen zurück, ohne der Abhängigkeit von Rom dadurch ganz zu entgehen. Nach einem gescheiterten Italienzug ließen sie sich im Donauraum nieder und gingen größtenteils im Volksstamm der Bayern auf.

24v–37n Marbod
8v braun Vorstoß nach Böhmen
8v rot Reich in Böhmen
17n/19n Krieg gegen Cherusker
19n rot 'Schutzvolk' Roms
89n braun Krieg gegen Rom
92n/93n Krieg gegen Rom
166n/180n Krieg gegen Rom

MARKT

2389v blau Relief einer Schaustellung
410v rot Verbrennung von Büchern
338v blau Statue für Marktplatz
184v blau Markthalle in Rom
1194n grün Messe in Troyes
1194n grün Messe in Provins

MARKTPREIS

1563n rot Anpassung der Löhne

MARK TWAIN, eigentlich: Samuel L. Clemens (1835n–1910n), nordamerikanischer Schriftsteller. Verließ als Schuljunge seine Heimat im Süden der USA, wurde Setzer, kehrte 17jährig nach Hause zurück und wurde Lotse auf einem Mississippi-Dampfer. Nahm am Sezessionskrieg teil und war Sekretär seines Bruders, der zum Gouverneur von Nevada aufgestiegen war. Dann suchte er als Goldgräber vergeblich sein Glück, wurde Redakteur einer kleinen Provinz-Zeitung und veröffentlichte humoristische Skizzen. Weltberühmt wurde er durch humorvolle Romane aus seiner Jugendzeit ('Tom Sawyers Abenteuer' und 'Die Abenteuer des Huckleberry Finn'). Auch über seine Lotsenzeit schrieb er ein Buch ('Das Leben auf dem Mississippi'). Unternahm Reisen nach Europa, Ägypten, Vorderasien und zu den Sandwichinseln. Dann ließ er sich an der Ostküste Nordamerikas nahe bei New York nieder und verfaßte zunehmend gesellschaftskritische Bücher ('Ein Yankee an König Artus' Hof', 'Wie die Stadt Hadleyburg verderbt wurde'). Prangerte religiöse Heuchelei, koloniale Ausbeutung und kapitalistische Profitgier an ('Der geheimnisvolle Fremde', 'Was ist der Mensch?'). Schrieb humoristische Kurzgeschichten und gab sie gesammelt heraus ('Der gestohlene weiße Elefant'). Zur Abdeckung seiner Schulden unternahm er immer wieder Vortragsreisen, besonders nach Europa, wo er früh bekannt wurde.

1876n blau 'Tom Sawyer'

MARKUS, jüdischer Missionar und Evangelist.

2v–71n Lebenslinie
65n rot Gemeinde in Alexandria
70n blau Markus-Evangelium
391n blau Löwe als Symbol
1526n blau Gemälde Dürers

MARKUS, Siegfried (1831n–1898n), deutscher Erfinder. Nach Beendigung seiner Lehre verließ er seine mecklenburgische Heimatstadt Malchin und ging als Mechaniker nach Berlin. Arbeitete in der Werkstätte von Halske, die durch den Bau der von Siemens erfundenen Geräte bekannt geworden war. Hier lernte er den engen Zusammenhang zwischen schöpferischen Gedanken und handwerklicher Ausführung auf dem Gebiete der Technik kennen. 21jährig zog er nach Wien und gründete eine eigene Werkstatt. Baute zahlreiche von ihm selbst verbesserte Apparate und wurde immer mehr zum Erfinder, der auf den Gebieten der Telegraphie, der Elektrotechnik und der Gastechnik wichtige Fortschritte verwirklichte. Zehn Jahre nach Gründung der Werkstatt konzentrierte er sich ganz auf die Verbesserung des Gas-Motors und baute 1864n einen leichten Motor in einen hölzernen Handwagen ein. Verbesserte rastlos seine Maschine und konnte 1870n schon eine Probefahrt durch Wien machen. Drei Jahre später führte er sein Fahrzeug auf der Wiener Weltausstellung vor. 1875n hatte er dann das erste wirkliche Automobil fertiggestellt. Es bewegte sich auf vier Rädern und war von einem Benzin-Motor angetrieben. Es wurde vom Fahrer mit Hilfe eines Steuerrades gelenkt, das über eine Schnecke auf die Vorderräder wirkte. Es besaß auch eine durch Fußpedal zu bedienende Kupplung zwischen Maschine und Antriebsrädern sowie drei Gänge, die wahlweise eingelegt werden konnten, und einen Kühler. Das Benzin wurde durch einen Zerstäuber-Vergaser mit Luft vermischt und dem Viertakt-Motor zugeführt, der es mit Hilfe einer elektrischen Magnetzündung zur Explosion brachte. Da er niemals ein Patent auf seine Erfindung beantragte und sie auch nicht industriell auswertete, konnten Benz und Daimler allein Ruhm und Erfolg für ihre mehr als zehn Jahre später gebauten Fahrzeuge ernten.

1864n grün Kraftwagen

MARLOWE, Christopher (1564n–1593n), englischer Dichter. Als Sohn eines Schuhmachers lernte er Lateinisch und übersetzte zwanzigjährig Verse des römischen Dichters Ovid ins Englische. Drei Jahre später wurde er mit seinem ersten Theaterstück ('Timur der Große') berühmt. In neuer Versform stellte er darin erstmalig einen Helden aus der Geschichte auf der englischen Bühne dar. Verfaßte auch ein Faust-Drama und baute zum ersten Male in eine Bühnenhandlung eine kleine Theateraufführung ein ('Die spanische Tragödie'). Berühmte Persönlichkeiten und große Leidenschaften standen im Mittelpunkt fast aller seiner Dramen ('Das Blutbad von Paris', 'Königin Dido von Karthago', 'Der Jude von Malta'). Wegen einer Liebesaffäre wurde er von einem Nebenbuhler erstochen.

1586n blau Timur-Drama
1588n blau Faust-Drama

MARMOR, Name eines körnigen Kalksteins, der durch seine Festigkeit zum Schleifen geeignet ist und sich durch schöne Färbung sowie durch einen lebhaften Glanz auszeichnet. Für Bildhauerarbeiten seit 5000 Jahren verwendet, wurde er später auch für kostbare Bauwerke genutzt.

2650v grün Verwendung in Sumer
2157v blau 'Mann ohne Gesicht'
1984v blau Frauenkopf in Sumer
637v grün Baumaterial der Griechen
526v blau Tempel in Delphi
493v–432v Phidias
395v–343v Skopas
356v blau Niobiden-Gruppe
255v blau Plastik des Nilgottes
151v blau 'Farnesischer Stier'
109v blau 'Venus von Milo'
63v–14n Augustus
50v blau Laokoon-Gruppe
80n blau Kolosseum in Rom
449n grün Säulen im Kirchenbau
1500n blau Michelangelo: 'Pietà'

MARNE, größter rechter Nebenfluß der Seine (Nordfrankreich). Entspringt halbwegs zwischen Paris und Basel, durchfließt in einem großen Bogen die Champagne und mündet nach 525 Kilometern bei Paris in die Seine.

1853n grün Kanal zum Rhein

MAROKKO, Land und Staat in Nordwestafrika gegenüber von Spanien. Grenzt im Norden an das Mittelmeer, im Westen an den Atlantik und im Süden an die Sahara. Durch diese natürlichen Grenzen konnte es seine Größe und Gestalt ziemlich unverändert durch die Jahrtausende seiner Geschichte bewahren.

1025v blau Gründung von Lixos
40n/42n Feldzug Roms
42n rot Römische Provinz
344n/347n Zirkumzellionen-Aufstand
429n/432n Wandalenkrieg
432n rot Teil des Wandalenreiches
533n/534n Krieg Byzanz-Wandalen
534n rot Byzantinische Herrschaft
633n/732n Arabischer Krieg
640n–716n Musa
703n rot Araber-Herrschaft
740n/742n Berberaufstand
757n braun Berberaufstand
757n rot Berber-Unabhängigkeit
789n rot Berberreich
808n blau Gründung von Fes
844n braun Normannen-Einfall
859n blau Fes: Universität, Moschee
1062n braun Einigungskampf
1062n rot Jussufs Berberreich
1062n blau Gründung von Marrakesch
1096n–1166n Al Idrisi
1140n/1146n Berberaufstand
1147n rot Almohaden-Dynastie
1304n–1377n Ibn Batuta
1415n braun Angriff Portugals
1415n rot Ceuta an Portugal
1437n braun Angriff Portugals
1471n braun Angriff Portugals
1471n rot Tanger an Portugal
1591n braun Sieg über Negerreich
1591n rot Herrschaft über Songhoy
1662n rot Tanger an England
1816n rot Christensklaverei-Ende
1843n/1844n Französischer Feldzug
1906n rot Algeciras-Konferenz
1912n rot Französische Herrschaft
1922n/1923n Rif-Kabylen-Aufstand
1939n/1945n Zweiter Weltkrieg
1954n/1962n Kampf Nordafrikas
1956n rot Selbständigkeit

MAROZIA, italienische Politikerin.

884n–948n Lebenslinie
914n rot Herrschaft der Mutter
928n rot Beseitigung des Papstes
931n rot Sohn zum Papst erhoben

MARRAKESCH, Stadt in Marokko (Nordafrika). Vor 900 Jahren in einer fruchtbaren Oase am Nordhang des Atlas-Gebirges angelegt durch den arabischen Staatsmann Jussuf als Hauptstadt des von ihm geschaffenen Reiches, das vom Senegal über Mauretanien und Marokko bis Spanien sich erstreckte. Wegen ihrer roten Stadtmauer wurde sie von den Arabern 'die Rote' genannt. 1153n erhielt sie eine Moschee mit 68 m hohem Turm. Mit dem Rückgang der arabischen Macht verfiel sie 300 Jahre später wieder, blieb aber bis heute eine wichtige Stadt Marokkos, das seine Hauptstadt ans Meer verlegte.

1062n blau Gründung

MARS, mit Erde, Venus und Merkur einer der vier sonnennahen Planeten. In seiner physikalischen Beschaffenheit und in seinen klimatischen Bedingungen der Erde am verwandtesten und nach der Venus am erdnächsten, wurde er zu einem wichtigen Forschungsgegenstand. Neben dem Mond eines der ersten Ziele der Raumfahrt, wird er seit 1956n mit unbemannten Raketen ('Sonden') angeflogen.

1965n grün Forschungsrakete

MARSEILLAISE, Name des Liedes, das die aus Marseille herbeigeeilten Revolutionäre bei der Erstürmung des königlichen Palastes in Paris (Tuilerien) am 10.8.1792n sangen. Als Symbol der Revolution nach dem Siege der Konterrevolution verboten, wurde sie 1870n zur Nationalhymne der Dritten Republik. Komponiert von dem Offizier Rouget de Lisle, der damit die französische Rheinarmee zum Kampf gegen die deutschen Interventionstruppen anfeuern wollte.

1792n blau Abfassung

MARSEILLE, Hafenstadt an der Einmündung der Rhône ins Mittelmeer. Älteste Stadt Frankreichs, größter Hafen des Landes und nach Paris zweitgrößte französische Stadt. Wetteiferte vor 2500 Jahren mit dem nordafrikanischen Handelszentrum Karthago im westlichen Mittelmeer. In den Punischen Kriegen hielt sie zu Rom und wurde nach der Niederlage Karthagos durch Gebietszuwachs belohnt. Während des 2. römischen Bürgerkrieges trotz hartnäckiger Verteidigung im Jahre 49v durch Cäsar erobert, behielt sie innerhalb des Römerreiches eine Vorzugsstellung. Nach dessen Zusammenbruch burgundisch, gotisch und dann fränkisch. Um 900n von Arabern erobert und zerstört, erholte sie sich bald wieder. Um 1000n Mittelpunkt einer Grafschaft (Vicomté), die sich aber aufsplitterte, so daß die Bürger ihr Stadtgebiet allmählich zurückkaufen konnten. 1214n erklärte sich die Stadt zur freien Republik, wurde aber durch den Bruder des französischen Königs wieder unterworfen. 1423n durch die Heere Aragoniens zerstört und nochmals aufgebaut, fiel sie 1480n mit der Provence an Frankreich. Durch Ludwig XIV. ihrer Freiheiten beraubt, war sie in der Revolution entschiedener Gegner des Königtums. Ihre Freiwilligen, zu denen auch die befreiten Galeerensträflinge gehörten, waren 1792n in Paris am Sturz der Monarchie (Sturm auf die Tuilerien) beteiligt. Eine bald darauf in der Stadt ausgebrochene Gegenrevolution wurde von Revolutionsheeren besiegt. Seit der Vollendung des Suezkanals ist ihre Bedeutung als Hafenstadt noch wesentlich gestiegen. Die Kommune war hier 1871n siegreich, doch wurde sie schon nach 14 Tagen niedergeschlagen. Seitdem ist die Stadt neben Paris ein Mittelpunkt der revolutionären Arbeiterbewegung Frankreichs.

599v blau Gründung
380v–306v grün Pytheas
145v rot Handelszentrum
121v rot Teilung Südgalliens
49v/45v 2. Bürgerkrieg Roms
1480n rot Herrschaft Frankreichs
1789n/1795n Französische Revolution
1871n braun Aufstand der Kommune

MARSHALL-INSELN, Name einer Inselgruppe im Pazifischen Ozean, halbwegs zwischen Indonesien und Hawaii. Besteht aus 350 meist kleinen Inseln, von denen nur wenige bewohnt sind. 1526n von Spaniern entdeckt, wurden sie 1788n von dem Engländer Marshall wiedergefunden, dann allmählich von deutschen Kaufleuten erschlossen und 1885n von Deutschland annektiert. Bei Ausbruch des ersten Weltkrieges von Australien besetzt, durch den Versailler Vertrag den Japanern zugesprochen. 1944n durch Truppen der USA erobert und 1947n zu nordamerikanischem Besitz erklärt, dient die Inselgruppe den USA als Versuchsgelände für den Abwurf von Atom- und Wasserstoffbomben.

1885n rot Deutscher Besitz
1914n/1918n Erster Weltkrieg
1919n rot Versailler Vertrag
1939n/1945n Zweiter Weltkrieg

MARSHALL-PLAN, Bezeichnung für das vom nordamerikanischen Außenminister George Marshall vorgeschlagene Wiederaufbauprogramm nach dem zweiten Weltkrieg. Bestand aus Krediten im Werte von rund 50 Milliarden Mark, die sich auf 14 westeuropäische Länder verteilten. Bezweckte einen schnellen Wohlstands-Anstieg zur Verhütung sozialer Revolutionen, Aufrechterhaltung der amerikanischen Wirtschaftsblüte über das Kriegsende hinaus sowie die weitgehende Beherrschung der Schlüssel-Industrien in den nichtkommunistischen Ländern Europas durch nordamerikanisches Kapital.

1947n grün Verkündung

MARSILIUS von Padua, italienischer Philosoph, Schriftsteller und Arzt.

1290n–1343n Lebenslinie
1318n blau Antipäpstliche Schrift
1324n blau Ruf nach Volksherrschaft

MARSYAS, kleinasiatischer Wald- und Flußgott. In der griechischen Sage fand er die Flöte der Göttin Athene und forderte nun den Gott Apollo zum Wettstreit heraus. Doch unterlag er, und Apollo ließ ihm die Haut abziehen.

506v–446v Myron

MARTELL, Karl, Herrscher des Frankenreiches von 714n bis 741n.

688n–741n Lebenslinie
633n/732n Arabischer Krieg
658n–739n Willibrord
673n–754n Bonifatius
716n–768n Pippin der Kleine
716n/719n Einigungskrieg
719n rot Einheit des Reiches
720n rot Mittelmeerküste arabisch
721n rot Bekehrung Thüringens
722n rot Heeresform
722n grün Lehnswesen
725n rot Loire-Gebiet arabisch
727n rot Christianisierung Hessens
738n rot Friesen-Christianisierung
739n rot Keine Hilfe für Papst
741n rot Reichsteilung

MARTIAL, Markus Valerius, römischer Dichter aus Spanien.

38n–105n Lebenslinie
73n blau Spottgedicht

MARTIANUS Kapella, nordafrikanischer Philosoph und Schriftsteller aus Karthago.

382n–440n Lebenslinie
427n blau Enzyklopädie

MARTIN von Tours, gallischer Priester aus Pannonien (Ungarn).

316n–397n Lebenslinie
361n blau Klostergründung
397n blau Legende
582n blau Lebensgeschichte
586n blau Fortunatus' Dichtung

MARTINI, Martino (1614n–1661n), italienischer Geograph. Hielt sich als Jesuiten-Missionar mehrere Jahre in China auf und sammelte Karten der einzelnen Provinzen des chinesischen Reiches. Nach diesen Karten fertigte er einen 'chinesischen Atlas' an und schuf damit eine verläßliche Grundlage für die Erforschung der fernöstlichen Welt.

1656n grün Atlas von China

MARTINI, Simone (1284n–1344n), italienischer Maler. Befreite sich von dem starken Einfluß der byzantinischen Malerei und schuf Wandmalereien (Fresken) von heller Farbigkeit und räumlicher Wirkung. Malte aber auch Tafelbilder und Miniaturen. Neben Motiven aus der biblischen Sagenwelt gestaltete er Porträts und kriegerische Szenen. Hauptsächlich in Siena (bei Florenz) tätig. Arbeitete in seinen letzten Lebensjahren in Avignon (Südfrankreich) an der Ausschmückung des Papstpalastes und der Kathedrale.

1338n blau 'Verkündigung'

MARTINOVICS, Ignaz (1755n–1795n), ungarischer Freiheitskämpfer. Für den Priesterberuf bestimmt, verließ er 25jährig das Kloster, um sich den exakten Wissenschaften zuzuwenden. Wurde Professor für Naturwissenschaft an der Lemberger Akademie, schrieb mathematische und philosophische Bücher und trat als Hofchemiker in die Dienste des deutschen Kaisers. Von den Ideen der französischen Revolution begeistert, gründete er eine Organisation zur Verwirklichung von Freiheit, Gleichheit und Brüderlichkeit in seinem eigenen Lande ('Geheimbund ungarischer Jakobiner'). Doch wurde der von ihm vorbereitete Aufstand grausam niedergeschlagen, er selbst mit sieben seiner Genossen hingerichtet.

1795n braun Aufstand

MARX, Karl, deutscher Philosoph und Politiker.

1818n–1883n Lebenslinie
1847n blau Kommunistisches Manifest
1848n/1850n Deutsche Revolution
1859n blau 'Politische Ökonomie'
1864n rot Erste Internationale
1867n blau 'Das Kapital'
1869n blau Manifest russisch
1885n blau 'Kapital II'
1894n blau 'Kapital III'

MARXISMUS, Bezeichnung für die durch Karl Marx und Friedrich Engels begründete Lehre von der Befreiung der Menschheit durch Beseitigung des Privateigentums an den Produktionsmitteln, durch Überwindung der Ausbeutung menschlicher Arbeitskraft und durch Aufhebung der Beherrschung von Menschen durch Menschen.

1818n–1883n Karl Marx
1845n blau Engels: Lage der Arbeiter
1847n blau Kommunistisches Manifest
1859n blau Marx: Politökonomie
1867n blau Marx: 'Das Kapital'
1869n rot Gründung der SPD
1869n blau Manifest russisch
1870n blau W. Liebknecht: 'Bodenfrage'
1870n–1924n Lenin
1875n rot Gothaer Zusammenschluß
1878n blau Engels: 'Anti-Dühring'
1879n blau Bebel: Stellung der Frau
1879n–1953n Stalin
1883n rot Plechanow: Partei
1884n blau Engels: 'Ursprung'
1885n blau Marx: Kapital II
1890n blau Zeitschrift 'Gleichheit'
1891n rot Erfurter Programm
1893n blau Mehring: 'Lessing-Legende'
1893n– Mao-Tse-Tung
1894n blau Marx: Kapital III
1894n blau Kautsky: Sozialismus
1898n–1956n Brecht
1900n blau Zeitung 'Der Funke'
1902n blau Lenin: 'Was tun?'
1903n rot Bolschewiki
1904n blau Zeitung 'Humanité'
1913n blau Stalin: 'Nationale Frage'
1916n rot Spaltung der SPD
1916n blau 'Spartakus-Briefe'
1916n blau Lenin: 'Imperialismus'
1917n blau 'Staat und Revolution'
1924n blau Zeitung 'Unità'
1924n blau Stalin: 'Leninismus'
1927n– Castro
1936n rot Verfassung der UdSSR
1950n blau Stalin: Sprachwissenschaft
1957n blau Djilas: 'Die neue Klasse'
1957n blau Mao: 'Tausend Blumen'
1964n blau Schaff: 'Marx oder Sartre?'
1964n blau Havemann: 'Dialektik'

MASACCIO, italienischer Maler.

1401n–1428n Lebenslinie
1427n blau 'Taufe der Heiden'

MASCAGNI, Pietro (1863n–1945n), italienischer Komponist. Nach Besuch des Mailänder Konservatoriums wurde er Kapellmeister einer Wanderbühne, Direktor einer Musikschule und ein berühmter Dirigent. 27jährig schuf er die Oper 'Cavalleria rusticana' ('Sizilianische Bauernehre'), in der er entgegen den klassischen Gesetzen des Opernschaffens das Volksleben so wahrhaftig wie möglich auf die Bühne stellte ('Verismus'). Durch dieses Erstlingswerk zu Weltruhm gelangt, vermochte er mit seinen übrigen 13 Opern nicht diesen Erfolg zu wiederholen ('Freund Fritz', 'Parisina'). Schrieb auch Kammermusik, eine Operette und Filmmusik.

1890n blau 'Cavalleria rusticana'

MASCHAR, Abu, arabischer Astronom und Sterndeuter persischer Herkunft.

805n–885n Lebenslinie
856n grün Sterndeutung
876n grün 'Gestirns-Konjunktionen'
1125n grün Lateinische Übersetzung

MASCHINENBAU

Vorzeittafel: Schlußbalken (5000 Jahre)
2871v grün Töpferscheibe in Indien
1947v grün Töpferscheibe auf Kreta
882v grün Belagerungsmaschinen
560v–469v Theodoros
528v grün Theodoros: Drehbank
433v–351v Archytas
400v grün Pfeilgeschütz in Syrakus
386v grün Mechanische Taube
346v grün Zahnräder in Griechenland
331v grün Steinschleudergeschütze
296v–228v Ktesibios
284v–212v Archimedes
268v grün Ktesibios: Geschütz
265v–202v Philon
261v grün Wasser-Hebeschraube
259v grün Ktesibios: Feuerspritze
240v grün Philon: Metallfedern
239v grün Archimedes: Flaschenzug
230v grün Treträder in Griechenland
229v grün Philon: Mechanik
224v grün Bagger
221v grün Waschkugel-Automat
152v–82v Heron
91v grün Mechanikerschule
88v grün Wassermühlen in Europa
14v grün Vitruvs Lehrbuch
363n grün Sägewerk (Wasserantrieb)
666n grün Wassermühlen in Japan
1222n grün Windmühlen in Europa
1243n grün Villard: Automatik
1272n grün Borghesano: Zwirnmaschine
1329n grün Drehkran in Lüneburg
1355n grün 'Drahtmühle' in Frankfurt
1397n grün Fabrikationsvorschrift
1399n–1468n Gutenberg
1404n–1472n Alberti
1437n grün Saspach: Druckerpresse
1445n grün Alberti: Mühlenbau
1448n grün Gutenberg: Letternguß
1452n–1519n Leonardo da Vinci
1530n grün Tret-Spinnrad
1555n grün Agricolas Bergwerksbuch
1561n grün Besson: Drehbank
1589n grün Lee: Wirkstuhl
1591n grün Veranzio: Greifbagger
1623n grün Schickard: Rechenmaschine
1623n–1662n Pascal
1629n grün Dampfmaschinen-Entwurf
1642n grün Pascal: Rechenmaschine
1646n–1716n Leibniz
1649n grün Wagen mit Kurbelantrieb
1663n grün Elektrisiermaschine
1671n grün Papier-Mahlwalze
1673n grün Pulver als Antriebskraft
1690n grün Papin: Dampfmaschine
1695n grün Leibniz: Rechenmaschine
1697n grün Savery: Dampfmaschine
1712n grün Newcomen: Dampfmaschine
1714n grün Mill: Schreibmaschine
1720n grün Dampfkraftwagen
1730n grün Saunderson-Schreibmaschine
1734n grün Rückstoß-Prinzip
1736n–1819n James Watt
1765n grün Watt: Dampfmaschine
1767n grün Jenny-Spinnmaschine
1770n grün Leistungsmaß 'PS'
1775n grün Schokolade-Maschine
1782n grün Watt: Schwungrad
1785n grün Cartwright: Webstuhl
1790n grün Saint: Nähmaschine
1793n grün Baumwollentkernung
1793n grün Bentham: Kreissäge
1794n grün Vaughan: Kugellager
1795n grün Lehranstalt in Paris
1798n grün Langsieb-Papiermaschine
1800n grün Krems: Nähmaschine
1804n grün Trevithik: Lokomotive
1804n grün Didot: Letternguß
1805n grün Jacquard: Webstuhl
1807n grün Newberry: Bandsäge
1810n grün Buchdruck-Schnellpresse
1813n rot Maschinenstürmer
1814n grün Stephenson: Lokomotive
1814n grün Metall-Hobelmaschine
1816n–1892n Siemens
1832n grün Dampfpflug in England
1834n grün Getreidemähmaschine
1845n grün Howe: Nähmaschine
1847n–1931n Edison
1851n grün Singers Nähmaschine
1859n grün Elektrische Zündung
1860n grün Lenoir: Gasmotor
1860n grün Rotationsmaschine
1864n grün Milchzentrifuge
1864n grün Markus: Kraftwagen
1866n grün Siemens: Dynamo
1870n grün Remington: Schreibmaschine
1876n grün Otto-Motor
1880n grün Laval: Dampfturbine
1880n grün Hollerith: Zählmaschine
1883n grün Daimler-Motor
1884n grün Mergenthaler: Zeilenguß
1885n grün Daimlers Motorrad
1886n grün Benz: Automobil
1887n grün Daimler: Automobil
1889n grün Northrop: Webautomat
1893n grün Diesel-Motor
1902n grün Bosch: Magnetzündung
1907n grün Hochfrequenzmaschine
1910n grün Rotations-Tiefdruck
1927n grün Dnjepr-Kraftwerk
1928n grün Raketen-Motor
1938n grün Boulderdamm-Kraftwerk
1941n grün Programmiertes Rechnen
1942n grün Elektronisches Rechnen
1952n grün Halbautomatische Fabriken
1954n grün Atom-Motor
1963n grün Groß-Rechenmaschine

MASCHINENGEWEHR, Bezeichnung für eine Schnellfeuerwaffe, die pro Minute mehrere hundert Schuß ausspeit. Beruht auf der Ausnutzung des Rückstoßes oder des Drucks der Pulvergase zum Auswerfen der alten und Einschieben der neuen Patronen. Seine Erfindung stärkte die Bedeutung der technischen Ausrüstung gegenüber der soldatischen Tüchtigkeit bei der Kriegführung.

1883n grün Erfindung

MASCHINENSTÜRMER, Bezeichnung für eine von Arbeitern getragene Bewegung des beginnenden Industrie-Zeitalters. Entstand in England, als dort mit der Einführung der Dampfmaschine die industrielle Produktion begann, und breitete sich über Frankreich auf den europäischen Kontinent aus. Die Arbeiter sahen den Wert der Handarbeit sinken und fürchteten um ihre Arbeitsplätze. Sie machten die Maschinen für ihr Elend verantwortlich und schlossen sich zusammen, um sie zu zerstören, ehe ihre Zahl so anwuchs, daß sie ohnmächtig dagegen wären. Die ersten Maschinen wurden in den Jahren 1767n und 1768n in Mittel- und Nord-England zertrümmert, wo die industrielle Entwicklung am schnellsten vor sich ging. 1769n wurde das erste Gesetz gegen die Zerstörung von Fabriken erlassen. Obwohl dadurch die Aktionen der Arbeiter wie gemeine Verbrechen bestraft wurden, zertrümmerten Strumpfwirker und Weber immer wieder die neuen Maschinen. 1811n häuften sich die Fälle so sehr, daß Maschinenzerstörung 1812n durch ein neues Gesetz mit Todesstrafe bedroht wurde, obwohl Byron zur Verhinderung dieses Gesetzes im Oberhause eine flammende Rede gehalten hatte. Durch Geldprämien im Werte bis zu 100000 Mark suchte man die Arbeiter zum Verrat ihrer Anführer zu bestimmen. 1813n gelang es, drei Führer der Bewegung zu ermitteln. Sie wurden in York hingerichtet. Drei Tage später folgte die Hinrichtung von 15 weiteren Arbeitern. Obwohl sich unter den Ermordeten auch der Anführer der Bewegung, Georg Mellor, befand, hörten die Aktionen nicht auf. 1816n zerstörten die Strumpfwirker von Nottingham 30 Maschinen. In Birmingham, Preston, Newcastle, Dundee und Glasgow kam es zu Demonstrationen und Kämpfen. 1819n begann mit einer Riesendemonstration in Manchester die politische Zielsetzung der Bewegung (Wahlrecht, Sozialgesetze). Das dagegen aufgebotene Militär schoß wahllos in die Arbeitermassen, wobei mehrere hundert Menschen getötet und verwundet wurden. 1820n erfolgte nach der ersten Arbeiterkundgebung die Hinrichtung von 5 Demonstranten. Aber der Durchbruch von der durch harte Gesetze verfemten Abwehr-Aktion der Arbeiter zur politischen Organisation gegen das kapitalistische System war nicht mehr aufzuhalten. Nachdem Männer wie Owen, Combe und Thompson den Arbeitern klargemacht hatten, daß nicht die Maschinen, sondern die Ausbeutung der Arbeiter die Ursache ihres Elends ist, begann ihr Kampf für eine kommunistische Ordnung der Eigentumsverhältnisse, um die Maschinen aus einem Mittel zur Erzeugung von Profit und Elend in ein Werkzeug zur Schaffung allgemeinen Wohlstands zu verwandeln.

1736n–1819n James Watt
1765n grün Dampfmaschine
1813n rot Hinrichtung

MASDAK, persischer Freiheitskämpfer und Philosoph.

476n–531n Lebenslinie
470n–531n Kobad
502n blau Gegner des Privatbesitzes
511n–579n Chosroes
516n blau Religiöser Kommunismus
528n blau Gleichheitsforderung
531n rot Vernichtung der Bewegung

MASEREEL, Frans (geboren 1889n), belgischer Maler und Graphiker. Nach Beendigung seines Studiums bereiste er Frankreich, England und Nordafrika und ließ sich dann in Genf nieder. Hier trat er mit Holzschnitten dem Kriege entgegen und gründete er eine Zeitschrift, in der er Werke pazifistischer Dichter veröffentlichte, meist von ihm selbst illustriert. Später griff er die bürgerliche Gesellschaft an und stellte ihre Scheinheiligkeit an den Pranger ('Totentanz'). Seine in hartem Schwarz-Weiß-Kontrast gehaltenen großflächigen Holzschnitte klagen die Ausbeutung der arbeitenden Massen durch die Kapitalisten an ('Proletarische Graphik'). Daneben steht bei ihm die Vision einer besseren Gesellschaft in Schönheit, Liebe, Glück ('Passion eines Menschen'). Genußsucht und gesellschaftlichem Zwang der Großstadt stellt er ein Leben in Naturverbundenheit und Freiheit entgegen. Illustrierte Costers 'Ulenspiegel' sowie Werke von Romain Rolland, Tolstoi und Zola. Schuf auch zahlreiche Ölgemälde und Aquarelle.

1948n blau 'Jugend'

MASKEN

1551v blau Mykenische Goldmasken
525v–456v Aischylos
94v–34v Publilius

MASON, Richard (geboren 1919n), englischer Schriftsteller. Als Sohn eines Ingenieurs besuchte er eine gute Schule und wurde dann Redakteur an einem Film-Magazin. Nach Tätigkeit bei einer Organisation für englische Kultur-Propaganda ('British Council') lernte er im Auftrage der britischen Luftwaffe Japanisch und wurde dann beim Verhör japanischer Kriegsgefangener eingesetzt. In Ostasien schrieb er sein erstes Erfolgsbuch ('Denn der Wind kann nicht lesen'). Nach dem zweiten Weltkrieg unternahm er Reisen nach Europa, Afrika und Mittelamerika. Durch rührende Liebesgeschichten wurde er schnell berühmt. Seine Romane und Erzählungen wurden auch verfilmt ('Die Welt der Suzie Wong').

1957n blau 'Suzie Wong'

MASSACHUSETTS, Gliedstaat der USA im Nordosten der Vereinigten Staaten. Hier landeten 1620n die Siedler der 'Mayflower', 1775n nahm hier der Freiheitskampf Nordamerikas seinen Anfang. Ein Hexenprozeß, der 1692n in der Stadt Salem zur Hinrichtung von 20 unschuldigen Frauen führte, wurde von dem Dichter Arthur Miller in dem Theaterstück 'Hexenjagd' als historische Parallele zur Kommunistenverfolgung unserer Epoche dargestellt.

1620n rot Landung der Puritaner
1630n blau Gründung von Boston
1636n blau Harvard-Universität
1692n rot 'Hexen'-Verfolgung
1773n braun Auflehnung
1775n/1783n Kampf Nordamerikas
1953n blau Miller: 'Hexenjagd'

MASSAGE, aus dem Französischen übernommene Bezeichnung für das Kneten, Streichen und Klopfen des Körpers. Fördert die Durchblutung der Gewebe, regt die Nerventätigkeit an, stärkt die Muskulatur und hebt das Gesamtbefinden. In China bereits vor 2500 Jahren bekannt, kam sie über Indien und Persien nach Vorderasien, Ägypten und Griechenland. Im 19. Jahrhundert verbreitete sie sich von Schweden aus in Nordeuropa.

304v–240v Erasistratos
129v–40v Asklepiades
70v grün Griechische Heilmethode

MASSALIA, griechischer Name der von Griechen gegründeten Hafenstadt an der Einmündung der Rhône ins Mittelmeer (jetzt: Marseille). Älteste Stadt Frankreichs, größter Hafen des Landes und nach Paris zweitgrößte französische Stadt. Wetteiferte vor 2500 Jahren mit dem nordafrikanischen Handelszentrum Karthago im westlichen Mittelmeer. In den Punischen Kriegen hielt sie zu Rom und wurde nach der Niederlage Karthagos durch Gebietszuwachs belohnt. Während des 2. römischen Bürgerkrieges trotz hartnäckiger Verteidigung im Jahre 49v durch Cäsar erobert, behielt sie innerhalb des Römerreiches eine Vorzugsstellung. Nach dessen Zusammenbruch burgundisch, gotisch und dann fränkisch. Um 900n von Arabern erobert und zerstört, erholte sie sich bald wieder. Um 1000n Mittelpunkt einer Grafschaft (Vicomté), die sich aber aufsplitterte, so daß die Bürger ihr Stadtgebiet allmählich zurückkaufen konnten. 1214n erklärte sich die Stadt zur freien Republik, wurde aber durch den Bruder des französischen Königs wieder unterworfen. 1423n durch die Heere Aragoniens zerstört und nochmals aufgebaut, fiel sie 1480n mit der Provence an Frankreich. Durch Ludwig XIV. ihrer Freiheiten beraubt, war sie in der Revolution entschiedener Gegner des Königtums. Ihre Freiwilligen, zu denen auch die befreiten Galeerensträflinge gehörten, waren 1792n in Paris am Sturz der Monarchie (Sturm auf die Tuilerien) beteiligt. Eine bald darauf in der Stadt ausgebrochene Gegenrevolution wurde von Revolutionsheeren besiegt. Seit der Vollendung des Suezkanals ist ihre Bedeutung als Hafenstadt noch wesentlich gestiegen. Die Kommune war hier 1871n siegreich, doch wurde sie schon nach 14 Tagen niedergeschlagen. Seitdem ist die Stadt neben Paris ein Mittelpunkt der revolutionären Arbeiterbewegung Frankreichs.

599v blau Gründung
380v–306v Pytheas
145v rot Handelszentrum
121v rot Teilung Südgalliens
49v/45v 2. Bürgerkrieg Roms
1480n rot Herrschaft Frankreichs
1789n/1795n Französische Revolution
1871n braun Aufstand der Kommune

MASSE, verächtliche Bezeichnung von Angehörigen der herrschenden und besitzenden Klasse für die arbeitenden Volksmassen in der modernen kapitalistischen Gesellschaft ('Massen-Gesellschaft'). Zum wissenschaftlichen Begriff erhoben, sagt das Wort etwas über die Anzahl sowie über die Eigenschaften und die Verhaltensweisen der Massen aus, jedoch einseitig vom Standpunkte ihrer Lenkbarkeit durch eine die Gesetze ihrer Führung anwendende Herrenschicht.

1844n–1900n Nietzsche
1886n blau Nietzsche: Herrenmoral
1895n blau Le Bons Theorie
1899n blau Chamberlain Gegner
1902n blau Sombart: 'Kapitalismus'
1908n blau Sorel: 'Über Gewalt'
1918n blau Gegnerschaft Spenglers
1924n blau Hitler: 'Mein Kampf'
1930n blau 'Mann ohne Eigenschaften'
1930n blau Ortegas Theorie
1936n blau Chaplin: 'Modern Times'
1941n blau Gegnerschaft Sorokins
1941n blau Gegnerschaft Burnhams

MASSENPRODUKTION

1449v grün Arbeitsteilung in Ägypten
318v grün Tanagra-Figuren
1185n grün Arbeitsteilung in Italien
1200n grün Großbetriebe
1863n–1947n Ford
1870n grün Fließarbeit
1895n grün Taylor: Rationalisierung
1911n grün Fließband
1952n grün Halbautomatische Fabriken

MASS UND GEWICHT, Bezeichnung für festgelegte Grund-Einheiten der Länge und der Schwere. Sie dienen dem mühelosen Vergleich von Entfernungen und Mengen an Hand verbindlicher Normen. Ihre Festlegung bezeichnete den Übergang von der selbstgenügsamen Eigenversorgung des Menschen zum Güteraustausch und Handel.

2936v grün Wiegen in Indien
2616v grün Normen in Indien
2061v grün Längenmaß in Nippur
2060v–1983v Schul-Gi
2017v grün Normen in Mesopotamien
1989v grün Prüfstelle in Ur
649v grün Normen in Argos
443v grün Römisches Einheitsmaß
259v–209v Schi-Huang-Ti
253v grün Normen in Ägypten
216v grün Normen in China
1101n grün 'Yard'
1585n grün Stevin für Dezimalsystem
1736n–1819n James Watt
1743n–1794n Lavoisier
1770n grün 'PS'
1791n grün 'Meter'

MASUD (um 995n–1042n), Herrscher des nordindischen Reiches von Ghasna. Als zweiter Sohn des türkischen Herrschers Machmud besiegte er seinen Bruder Mohammed und trat die Herrschaft über ein Reich an, das von der Indusmündung bis Delhi, Buchara, Georgien und Bagdad reichte und den größten Teil Persiens einschloß. Seine Hauptstadt war Ghasna, 2350 Meter hoch im afghanischen Bergland, ein Mittelpunkt des arabischen Geisteslebens und der naturwissenschaftlichen Forschung. Um das Großreich zusammenzuhalten, hatte er schwere Kämpfe mit Hindus und Seldschuken zu bestehen.

973n–1048n Al Biruni

MASUDI, Al, arabischer Forschungsreisender, Geograph und Historiker.

888n–956n Lebenslinie
918n grün Reisen in Asien und Afrika
946n blau Weltgeschichte

MATERIALISMUS, von dem lateinischen Worte 'materia' (= 'Stoff') abgeleitete Bezeichnung für eine Begreifensweise der Welt und des Lebens von seiner wirklichen (stofflichen) Grundlage her. Durch Zurückweisung aller Behauptungen über das Vorhandensein und das Einwirken nichtmaterieller ('metaphysischer') Kräfte sowie durch Erklärung aller geistig-seelischen Vorgänge aus materiellen Abläufen bewahrte er die menschliche Erkenntnis immer wieder vor dem völligen Absinken in die auf dem bloß Geglaubten oder Gedachten beruhende Spekulation. Mit dem allgemeinen Durchbruch des ihm zugrundeliegenden aufgeklärten, wissenschaftlichen Denkens verliert das Wort in dem Maße an Bedeutung, wie mit der Religion und allen übrigen Formen des Aberglaubens die metaphysische Betrachtensweise ausstirbt.

2960v grün Astronomie in Sumer
2055v grün Zeitmessung in Ägypten
1965v grün Sternkatalog in Babylon
1568v grün Stern-Tafeln in Babylon
1554v grün Entdeckung des Gehirns
1534v grün Messung der Nacht-Länge
1079v grün Tschu-Kong: Ekliptik
959v grün Kreisumfangs-Berechnung
694v–603v Braspati
642v–555v Carvaka
640v grün Lehre von vier Elementen
636v blau Indischer Materialismus
628v blau Braspati: Erkenntnislehre
624v–546v Thales
616v blau Braspati Religionsgegner
610v–546v Anaximander
602v blau Carvaka: Individualismus
591v blau Glück Sinn des Daseins
585v–525v Anaximenes
572v–493v Pythagoras
570v blau Griechische Naturphilosophie
566v grün Abstammung des Menschen
561v blau Indischer Atheismus
557v blau Indisches Lehrbuch
544v–484v Heraklit
533v grün Kugelgestalt der Erde
525v grün Erde Stern unter Sternen
503v grün Experimente als Beweis
501v–428v Anaxagoras
496v grün Erdbewegung
490v–430v Empedokles
489v–428v Leukipp
473v grün Klima und Mensch
467v grün Naturwissenschaft autonom
466v grün Gehirn Sitz der Seele
460v–375v Hippokrates
457v grün Empedokles: Teilchentheorie
455v–370v Demokrit
453v grün Aufbau der Materie
452v grün Teilchen-Theorie
447v grün Begriff 'Atom'
444v blau Denken als Körperfunktion
433v–351v Archytas
427v grün Demokrits Atomlehre
408v–355v Eudoxos
404v blau Demokrits Seelenlehre
392v grün Aufbau der Milchstraße
390v–310v Herakleides
382v grün Achsendrehung der Erde
372v–287v Theophrast
365v–276v Euklid
361v grün Wissenschaftliche Mechanik
352v grün Unendlichkeit des Alls
352v–285v Dikäarch
349v grün Jeder Stern eine Welt
344v grün Erklärung der Tageszeit
341v–270v Epikur
340v grün Kugelgestalt der Erde
338v–268v Strato der Physiker
333v–262v Zeno der Jüngere
332v grün Aristoteles: Physik
321v grün Erklärung der Gezeiten
316v–250v Aristarch
296v–228v Ktesibios
292v grün Begriff 'Leerer Raum'
289v grün Aristarch: Sternmessung
289v blau Sterblichkeit der Seele
284v blau Epikur Religionsgegner
284v–212v Archimedes
282v grün Atomlehre des Strato
278v grün Epikur: Weltentstehung
276v blau Epikur: Erkenntnistheorie
274v grün Gehirn-Forschung
274v–194v Eratosthenes
270v blau Strato: Religionskritik
265v grün Nervensystem beschrieben
265v–202v Philon
258v grün Zweifache Erdbewegung
250v grün Hebelgesetz, schiefe Ebene
249v grün Zweierlei Nerven
236v grün Auftriebsgesetz
228v grün Erdumfangs-Bestimmung
212v grün Mathematische Physik
196v–125v Hipparch
152v–82v Heron
147v grün Entfernung Erde–Mond
129v–40v Asklepiades
97v grün Poseidonios: Wetterkunde
97v–55v Lukrez
56v blau Lukrez: 'Natur der Dinge'
27n–97n Wang-Tschung
78n blau Lehre Wang-Tschungs
101n–179n Ptolemäus
129n–199n Galen
133n–205n Kleomedes
171n grün Galen: Physiologie
185n grün Strahlenbrechung
190n grün Lichtreflexion des Mondes
230n–300n Pappos
360n–415n Hypatia
476n–535n Arjabatta
501n grün Ursache der Mondfinsternis
512n grün Ursache der Achsdrehung
598n–660n Brahmagupta
701n–784n Fergil der Geometer
805n–885n Abu Maschar
855n–929n Al Battani
865n–932n Al Rasi
904n grün Al Rasi: Atomlehre
906n grün Al Battani: Exzentrizität
910n grün Stoffverwandlung
913n grün Ptolemäus-Widerlegung
948n–1009n Ibn Junis
965n–1039n Al Hassan
980n–1037n Ibn Sina (Avicenna)
1004n grün Höhe der Atmosphäre
1006n grün Winkel der Sonnenbahn
1021n grün Ursache der Dämmerung
1029n grün Al Biruni: Sternkunde
1030n grün Lichtstrahlen-Forschung
1034n grün Regenbogen-Erklärung
1039n–1123n Al Kajam
1047n grün Erdumfangs-Bestimmung
1053n–1123n Roscelin
1097n blau Glauben und Wissen
1114n–1186n Bhaskara
1126n–1198n Ibn Rasd (Averroes)
1166n grün Sonnenflecken-Theorie
1174n grün Ibn Rasd: Seelenkunde
1214n–1294n Roger Bacon
1227n grün Robert: Lehre vom Licht
1321n grün Erdoberfläche berechnet
1333n grün Kraftbegriff der Physik
1340n grün Trägheitsgesetz
1368n grün Tägliche Erdbewegung
1401n–1464n Nikolaus von Kues
1434n grün Achsdrehung der Erde
1452n–1519n Leonardo da Vinci
1473n–1543n Kopernikus
1494n blau Mirandolas Lehre
1512n grün Tonschwingungen
1528n grün Sonne im Mittelpunkt
1531n grün Apian: Kometenbahn
1546n grün Fracastoro: Bakteriologie
1546n–1601n Tycho Brahe
1548n–1600n Giordano Bruno
1561n–1626n Francis Bacon
1564n–1642n Galilei
1571n grün Innere Kräfte der Welt
1571n–1630n Kepler
1572n grün Fixstern-Bewegung
1588n–1679n Hobbes
1596n–1650n Descartes
1598n grün Gilbert: Elektrizität
1599n grün Gilbert: Erdmagnetismus
1604n grün Galilei: Bewegungsgesetze
1609n grün Kepler: Planetenbewegung
1611n grün Planeten: Lichtreflexion
1613n blau Galilei: Religionskritik
1618n grün Harvey: Blutkreislauf
1619n grün Kepler: Sternkunde
1620n grün Bacon: Wärmelehre
1620n blau Bacon: Empirismus
1632n–1677n Spinoza
1638n grün Mechanische Physik
1643n–1727n Newton
1646n–1716n Leibniz
1647n grün Gassendi: Atomlehre
1651n grün Harvey: Urschöpfung
1654n grün Magdeburger Halbkugeln
1659n blau Kausalität der Natur
1660n grün Herz als Muskel
1661n grün Analytische Chemie
1661n grün Malpighi: Kapillargefäße
1666n grün Newtons Forschungen
1669n grün Krafterhaltungs-Gesetz
1676n blau Spinoza: Determinismus
1676n grün Lichtgeschwindigkeit
1676n grün Elastizitätsgesetz
1678n grün Huygens: Wellentheorie
1683n grün Leeuwenhoek: Bakterien
1711n–1765n Lomonossow
1713n–1784n Diderot
1718n grün Halley: Fixsternbewegung
1728n grün Abirrung des Lichtes
1743n grün Hales: Physiologie
1743n–1794n Lavoisier
1745n blau Lamettrie: Seele
1747n grün Haller: Physiologie
1748n grün Schwanken der Erdachse
1748n blau 'Der Mensch als Maschine'
1754n blau Condillac: Sensualismus
1757n grün Lomonossows Theorie
1757n grün Materie-, Energie-Gesetz
1758n blau Helvetius: 'Vom Geist'
1766n grün Mensch als Säugetier
1767n grün Elektroenergie-Theorie
1770n blau Holbach: 'Natursystem'
1772n blau Helvetius: 'Vom Menschen'
1775n grün Verbrennungsprozeß
1776n grün Verdauungsvorgang
1780n grün Galvanis Forschungen
1781n grün Analyse des Wassers
1783n grün Sonnensystem-Bewegung
1784n grün Milchstraßen-Erforschung
1785n grün Coulomb'sches Gesetz
1789n grün Materie-Gesetz
1789n blau Forster: 'Geschichte'
1799n grün Laplace: Himmelsmechanik
1800n–1882n Friedrich Wöhler
1801n grün Young: Wellentheorie
1808n grün Dalton: Atomlehre
1809n grün Lamarck: Entwicklungslehre
1809n grün Gauß: Astronomie
1809n–1882n Darwin
1811n grün Avogadros Gasgesetz
1812n blau Owen: Gesellschaftskritik
1815n grün Fresnel: Wellentheorie
1818n–1883n Karl Marx
1819n grün Elektromagnetismus
1821n grün Ampère: Elektrodynamik
1821n grün Fourier: Wärmeströmung
1821n grün Thermoelektrizität
1824n grün Carnot: Wärmeprozeß
1825n grün W. Weber: Wellenlehre
1827n grün Baer: Menschliches Ei
1828n grün Harnstoff-Synthese
1831n grün Faraday: Induktion
1832n grün Gauß: Magnetismus
1834n grün E. H. Weber: Hautsinne
1839n grün Purkinje: Ganglien
1841n blau Feuerbach: Christentum
1842n grün Mayers Energie-Gesetz
1843n blau Feuerbach: Philosophie
1849n grün Lichtgeschwindigkeit
1849n grün Berthold: Hormone
1850n grün Helmholtz: Nervenforschung
1851n grün Clausius: Wärmelehre
1854n grün Riemann: Raum-Geometrie
1855n–1939n Freud
1857n grün Krönig: Gastheorie
1858n–1947n Planck
1859n grün Darwin: Ursprung der Arten
1859n blau Marx: Politökonomie
1860n grün Pasteur: Bakteriologie
1861n grün Fechner: Psycho-Physik
1863n grün Maxwell: Ätherwellen
1863n grün Th. Huxley: Abstammung
1865n grün Clausius: Entropie
1866n grün Mendel: Vererbungsgesetze
1867n blau Marx: 'Das Kapital'
1868n grün Haeckel: Schöpfungslehre
1870n–1924n Lenin
1871n grün Darwin: Abstammung
1875n grün Kerr: Doppelbrechung
1878n grün Boltzmann: Mechanik
1878n grün Koch: Bakteriologie
1878n blau Engels: 'Anti-Dühring'
1879n grün Stefan: Strahlungsgesetz
1879n–1953n Stalin
1879n–1955n Einstein
1879n–1968n Otto Hahn
1883n grün Mach: Mechanik
1884n blau Engels: Soziologie
1885n blau Marx: Kapital II.
1885n–1962n Niels Bohr
1887n grün Hertz: Wellen
1892n blau Haeckel: Monismus
1893n blau Mehring: Lessing-Legende
1893n– Mao-Tse-Tung
1894n blau Marx: Kapital III.
1895n grün Freud: Psychoanalyse
1895n grün Zeeman-Effekt
1895n grün Röntgen-Strahlen
1897n grün Rutherford: Atomkern
1899n grün Alpha-, Beta-Strahlen
1900n grün Planck: Quantentheorie
1901n– Heisenberg
1902n grün Vries: Mutation
1905n grün Lorentz: Elektronen
1905n grün Spezielle Relativitätstheorie
1905n grün Poincarés Untersuchung
1910n grün Soddy: Isotope
1911n grün Rutherfords Atommodell
1912n grün Heß: Kosmische Strahlung
1912n grün Natur der Röntgenstrahlen
1913n grün Bohrs Atommodell
1916n blau Lenin: 'Imperialismus'
1916n grün Allgemeine Relativitätslehre
1919n grün Atomzertrümmerung
1920n grün Periodisches System
1924n grün Bergers Hirnforschung
1924n blau Stalin: 'Leninismus'
1925n grün Quantenmechanik
1925n grün Pauli-Prinzip
1926n grün Pawlows Nervenforschung
1927n grün Wellenmechanik
1927n grün Elektronen-Beugung
1932n grün Chadwick: Neutron
1932n grün Anderson: Positron
1934n grün Hormonsynthese
1935n grün Atomkern-Umwandlung
1936n grün Speman: Entwicklung
1936n grün Regener: Strahlung
1938n grün Atomkern-Spaltung
1941n grün Broglie: Teilchentheorie
1941n grün Viren sichtbar
1943n grün J. Huxley: Evolution
1943n grün Weizsäcker: Planetentheorie
1944n grün Schrödinger: 'Leben'
1945n grün Goetsch: Vitaminforschung
1946n grün Clayton: Sonnenflecke
1946n grün Flüssigkeitstheorie
1948n grün Kybernetik
1950n grün Einsteins Feldtheorie
1951n grün Kuiper: Atmosphäre
1951n grün Sonneborn: Vererbung
1952n grün Meteoro-Biologie
1953n blau Lukacs: Vernunft
1955n blau Bloch: 'Prinzip Hoffnung'
1956n grün Strahlengefährdung
1957n blau Mao: '1000 Blumen'
1958n grün Strahlungsgürtel
1964n blau Schaff: 'Marx oder Sartre?'
1964n blau Havemann: Dialektik

MATERIE, von dem lateinischen Worte 'materia' (= Stoff) abgeleitete Bezeichnung für die ganze stoffliche Wirklichkeit und damit für die gesamte belebte und unbelebte Natur einschließlich ihrer Funktionen (Denken, Empfinden).

587v blau Trennung vom Geist
572v–493v Pythagoras
501v–428v Anaxagoras
489v–428v Leukipp
455v–370v Demokrit
452v grün Teilchen-Theorie
447v grün Begriff 'Atom'
427v grün Demokrits Atomlehre
390v–310v Herakleides
338v–268v Strato der Physiker
292v grün Begriff 'leerer Raum'
282v grün Beschaffenheit der Materie
278v grün Weltentstehungs-Theorie
129v–40v Asklepiades
97v–55v Lukrez
27n–97n Wang-Tschung
78n blau Materialismus
204n–270n Plotin
217n–276n Mani
232n–304n Porphyrios
865n–932n Al Rasi
904n grün Al Rasis Atomlehre
910n grün Stoffverwandlung
1596n–1650n Descartes
1647n grün Gassendis Atomlehre
1711n–1765n Lomonossow
1713n–1784n Diderot
1757n grün Lomonossows Gesetz
1789n grün Lavoisiers Gesetz
1808n grün Chemische Atomlehre
1815n grün Prout: Atomgewicht
1858n–1947n Planck
1879n–1955n Einstein
1879n–1968n Otto Hahn
1885n–1962n Niels Bohr
1897n grün Rutherford: Atomkerne
1900n grün Planck: Quantentheorie
1901n– Heisenberg
1911n grün Rutherfords Atommodell
1913n grün Bohr Atommodell

1916 n grün Allgemeine Relativitätslehre
1919 n grün Atomzertrümmerung
1925 n grün Quantenmechanik
1927 n grün Wellenmechanik
1932 n grün Entdeckung des Neutrons
1932 n grün Entdeckung des Positrons
1935 n grün Atomkern-Umwandlung
1938 n grün Kernspaltung
1941 n grün Broglie: Teilchen-Theorie
1950 n grün Einsteins Feldtheorie

MATHEMATIK, Sammelbezeichnung für die Lehre von Mengen und Größen. Beruht auf Zählbarkeit und Meßbarkeit und umfaßt Arithmetik (= Zahlenlehre mit den Gesetzen des Rechnens), Algebra (= Lehre von den Gleichungen) und Geometrie (= Flächen- und Körperlehre). Aus den ersten Wissenschaften (Astronomie und Mechanik) hervorgegangen, stellte sie in jeder Epoche die gemeinsame Grundlage aller exakten Wissenschaften dar und entwickelte sich mit ihnen. Ergebnis und Voraussetzung der gesamtwissenschaftlichen Situation, war sie zu jeder Zeit Ausdruck wie Grundlage des Weltbildes der Menschheit.

2992 v grün Sumerische Zahlenschrift
2925 v grün Bruchzahlen in Sumer
2842 v grün Indische Rechensysteme
2817 v grün Sumerische Rechensysteme
2779 v grün Indien: Null-Rechnung
2021 v grün Schulfach in Sumer
2009 v grün Multiplikations-Tafeln
2004 v grün Flächenberechnung
1985 v grün Wurzelzeichen in Sumer
1838 v grün Ägyptisches Rechenbuch
1828 v grün Wert 'pi' in Ägypten
1807 v grün Bruchtafeln in Ägypten
1773 v grün Ägypten: Vermessungsbuch
1700 v grün Bruchrechnung in Babylon
1683 v grün Astronomisches Lehrbuch
1568 v grün Planetenbahn-Berechnung
1390 v grün Rechensysteme in China
1079 v grün Tschu-Kong: Ekliptik
995 v grün China: Dreieck, Wurzel
959 v grün Kreisumfangs-Berechnung
624 v–546 v Thales
572 v–493 v Pythagoras
546 v grün Pythagoras: Dreiecksatz
542 v grün China: Stellenwert
442 v grün Lehrbuch der Geometrie
433 v grün Meton: Zeitrechnung
433 v–351 v Archytas
408 v–355 v Eudoxos
394 v grün Würfelverdoppelung
389 v grün China: Rechnen mit Null
375 v grün Schule des Eudoxos
372 v grün Geometrie und Malerei
365 v–276 v Euklid
363 v grün Eudoxos: Stereometrie
361 v grün Wissenschaftliche Mechanik
358 v grün Goldener Schnitt
352 v–285 v Dikäarch
336 v grün Geschichte der Mathematik
325 v grün Euklids 'Elemente'
316 v–250 v Aristarch
314 v grün Euklids 'Daten'
304 v grün Mathematische Geographie
289 v grün Aristarch: Sternmessung
286 v grün Euklids 'Phainomena'
284 v–212 v Archimedes
274 v–194 v Eratosthenes
271 v grün Aristarch: Ekliptik
265 v–202 v Philon
258 v grün Aristarch: Erdbewegung
250 v grün Hebelgesetz, schiefe Ebene
246 v grün Apollonios: 'Kegelschnitte'
242 v grün Gesetz der Spirale
241 v grün Chinesisches Rechenbuch
232 v grün Kreisberechnungen
229 v grün Schrift über Mechanik
228 v grün Eratosthenes: Erdumfang
217 v grün Integralrechnung
212 v grün Mathematische Physik
207 v grün Würfelverdoppelungs-Gerät
196 v–125 v Hipparch
184 v grün Diokles über Brennspiegel
179 v grün Nikomedes: Konchoide
171 v grün Hypsikles: Kreisteilung
155 v grün Sternmeßinstrumente
152 v–82 v Heron
147 v grün Mond-Erde-Entfernung
135 v–50 v Poseidonios
124 v grün Dreiecksflächen-Formel
116 v–27 v Varro
100 v grün 'Goldene Regel'
94 n grün Null-Rechnung in Amerika
101 n–179 n Ptolemäus
130 n grün Nikomachos: Zahlenlehre
133 n–205 n Kleomedes
158 n grün Sternkunde des Kleomedes
214 n–280 n Diophant
221 n grün Stellenwert in Amerika
230 n–300 n Pappos
264 n grün Diophant: Arithmetik
276 n grün Baryzentrische Regel
280 n grün Pappos:Schwerpunkt-Beweis
294 n grün Pappos: Sammelwerk
360 n–415 n Hypatia
382 n–440 n Martianus Kapella
427 n blau Martianus: Einführung
474 n grün Jahresberechnung (Indien)
476 n–535 n Arjabatta
480 n–524 n Boëthius
493 n grün Wert 'pi' in Indien
507 n grün Dreisatzaufgaben
518 n grün Kurieraufgabe
527 n grün Sinus-Berechnung
598 n–660 n Brahmagupta
628 n grün Brahmaguptas Lehrbuch
633 n grün Negative Zahlen in Indien
657 n grün Indische Rechenregeln
688 n blau Lehrfach in Byzanz
770 n–840 n Einhard
778 n–830 n Al Karismi
789 n–873 n Al Kindi
790 n grün Euklid arabisch
802 n grün Indische Zahlen in Arabien
809 n grün 'Über indisches Rechnen'
816 n grün Al Karismis Rechensystem
823 n grün Al Karismis Rechenbuch
839 n–923 n Al Tabari
851 n–938 n Al Balki
855 n–929 n Al Battani
865 n–932 n Al Rasi
876 n grün 'Gestirns-Konjunktionen'
890 n grün Archimedes arabisch
893 n grün Vereinfachte Sinus-Lehre
906 n grün Al Battani: Exzentrizität
948 n–1009 n Ibn Junis
963 n grün Europa: Arabische Zahlen
965 n–1039 n Al Hassan
973 n–1048 n Al Biruni
980 n grün Abul Wafa: Geometrie
1006 n grün Ibn Junis: Ekliptik
1008 n grün Quadratur des Kreises
1036 n grün Al Biruni: Geometrie
1039 n–1123 n Al Kajam
1047 n grün Erdumfang-Berechnung
1079 n grün Al Kajams Kalender
1090 n grün Deutschland: Neue Ziffern
1093 n–1162 n Ibn Badscha
1114 n–1186 n Bhaskara
1135 n–1204 n Maimonides
1145 n grün Al Karismi lateinisch
1150 n grün Bhaskaras Sammelwerk
1153 n grün Euklid lateinisch
1203 n grün Fibonacci über Algebra
1251 n grün Sphärische Trigonometrie
1297 n blau Philosophie und Mathematik
1321 n grün Erdoberfläche berechnet
1360 n grün Oresme: Algebra
1372 n grün Analytische Geometrie
1404 n–1472 n Alberti
1415 n grün Brunellesco: Perspektive
1417 n–1492 n Francesca
1460 n grün Al Kalsadi: Lehrbuch
1467 n grün Dezimalbruchsystem
1473 n–1543 n Kopernikus
1482 n grün Francesca: Perspektive
1494 n grün Pacciolis Rechenbuch
1510 n grün Kubische Gleichungen
1514 n grün Böschensteins Rechenbuch
1531 n grün Apian: Kometenbahn
1542 n grün Imaginäre Zahlen
1545 n grün Cardano: 'Rechenkunst'
1546 n–1601 n Tycho Brahe
1550 n grün Adam Rieses Rechenbuch
1564 n–1642 n Galilei
1571 n–1630 n Kepler
1579 n grün Vieta: Dezimalbruch
1596 n–1650 n Descartes
1614 n grün Napier: Logarithmen
1617 n grün Briggs: Logarithmen
1623 n grün Schickards Rechenmaschine
1623 n–1662 n Pascal
1632 n–1677 n Spinoza
1636 n grün Analytische Geometrie
1642 n grün Pascals Rechenmaschine
1643 n–1727 n Newton
1645 n grün Schall Institutsleiter
1646 n–1716 n Leibniz
1654 n grün Wahrscheinlichkeitsrechnung
1666 n grün Differentialrechnung
1675 n grün Infinitesimalrechnung
1676 n grün Lichtgeschwindigkeit
1679 n–1754 n Christian Wolff
1689 n grün J. Bernoullis Forschungen
1695 n grün Leibniz' Rechenmaschine
1705 n grün Halley: Kometenbahn
1713 n–1784 n Diderot
1744 n grün Euler: Variationsrechnung
1799 n grün Laplace: Himmelsmechanik
1801 n grün Gauß: Arithmetik
1809 n grün Mathematische Astronomie
1826 n grün Nichteuklidische Geometrie
1847 n grün Boole: Mathematik/Logik
1854 n grün Riemann: Raum-Geometrie
1873 n grün Cantor: Mengenlehre
1890 n grün Lie: Gruppentheorie
1894 n–1964 n Norbert Wiener
1901 n– Heisenberg
1907 n grün Hilbert: 'Zahlenbericht'
1907 n grün Minkowskis Zahlentheorie
1910 n grün Russell: Mathematik/Logik
1921 n blau Wittgensteins Theorie
1941 n grün Programmiertes Rechnen
1942 n grün Elektronisches Rechnen
1948 n grün Kybernetik
1963 n grün Hochleistungsmaschine

MATHESIUS, Johannes (1504 n–1565 n), deutscher Theologe. Nach Beendigung seiner Studien wurde er Rektor der Lateinschule in Joachimsthal (Erzgebirge). 1540 n bis 1542 n war er in Wittenberg Luthers täglicher Tischgenosse. Dann kehrte er nach Joachimsthal zurück und wurde Bergwerkspfarrer. In 17 Predigten gab er eine Beschreibung von Luthers Leben, die unmittelbar nach dessen Tod im Druck erschien und als erste Luther-Biographie bei den Protestanten schnell beliebt wurde. Schrieb auch Kirchenlieder und evangelische Predigten. Stellte eine Sammlung von Aussprüchen des Melanchthon zusammen.

1566 n blau Luther-Biographie

MATHYSEN, Antonius (1805 n–1878 n), holländischer Mediziner. Als Militärarzt erfuhr er von seinem englischen Kollegen Guthrie, daß die Araber gebrochene Glieder durch eine Gipshülle ruhigstellen. Von der Nützlichkeit dieser Methode überzeugt, entwickelte er einen Verband, der mit so viel Gips durchtränkt ist, daß er bei nasser Verwendung durch das Auftrocknen hart wird. Dieser leicht zu handhabende Verband bewährte sich in Feldlazaretten, weil er die Verwundeten beim Transport vor Schmerzen bewahrte und zugleich den Heilungsprozeß förderte. Sein Gipsverband verbreitete sich bald in der europäischen Chirurgie.

1852 n grün Gipsverband

MATISSE, Henri (1869 n–1954 n), französischer Maler, Bildhauer und Graphiker. Nachdem er sein Studium der Rechtswissenschaften abgeschlossen hatte, besuchte er in Paris die Kunstschule und ging dann nach Südfrankreich. Sein Ringen um soziale Gerechtigkeit führte ihn in die Reihen der Kommunistischen Partei. Gegen die Besetzung seiner Heimat durch Hitler wehrte er sich als Widerstandskämpfer. An der Mittelmeerküste und auf Korsika schuf er Gemälde von starker Farbwirkung und großer dekorativer Kraft, wobei er bewußt auf eine räumliche Wirkung verzichtete. Durch Umrißlinien trennte er die einzelnen Flächen, um sie voneinander abzuheben. Seine Zurückführung der Formen und Farben auf einige großflächige Akkorde machte er durch eine eigene Schule zu einem weiterwirkenden Stil. Als Motiv wählte er meist weibliche Schönheit in der Landschaft ('Der Tanz'). Schuf auch Plastiken ('Der Sklave'), Lithographien, Radierungen und Holzschnitte.

1905 n blau Mädchenakt

MATTHÄUS, jüdischer Missionar und Apostel.

10 v–52 n Lebenslinie
49 n blau Aussprüche Jesu

MATTHÄUS-EVANGELIUM, Bezeichnung für ein Kapitel im zweiten Teil der Bibel ('Neues Testament'). Benannt nach dem jüdischen Missionar Matthäus, dem es von der katholischen Kirche zugeschrieben wird. Weil es dem Apostel Petrus eine Vorzugsstellung unter den Jüngern einräumt, wurde es von der römischen Papstkirche, die ihre Führerrolle innerhalb des Christentums auf diese Sonderstellung des Petrus zurückführt, seit alters her besonders propagiert.

75 n blau Niederschrift

MATTHIAS Corvinus, König von Ungarn seit 1458 n und von Böhmen seit 1467 n.

1443 n–1490 n Lebenslinie
1467 n blau Universität Preßburg
1474 n blau Bibliothek 'Corvina'

MATTHIAS von Arras (um 1290 n–1352 n), französischer Baumeister. Von dem in Frankreich erzogenen deutschen Herrscher Karl IV. nach Prag gerufen, schuf er nach südfranzösischen Vorbildern den Plan für eine fünfschiffige Kathedrale auf dem Hradschin (Veits-Dom). Bis zu seinem Tode leitete er dann den Bau dieser letzten monumentalen Basilika, der von Peter Parler fortgeführt und erst nach über 500 Jahren (1929 n) abgeschlossen wurde. Von seinem ursprünglichen Projekt, das den Kölner Dom an Größe und Schönheit übertreffen sollte, wurden während des Baues immer wieder Abstriche gemacht.

1341 n blau Bau des Veits-Domes

MATTI-WAZA, König des Mitanni-Reiches.

1402 v–1341 v Lebenslinie
1413 v–1346 v Suppi-Luli-Uma
1373 v rot Vasall der Hettiter
1371 v braun Erhebung Assyriens
1371 v rot Assyrien unabhängig
1355 v braun Vorstoß der Assyrer
1355 v rot Gebietsverlust

MAUERN, MAUERBAU

2997 v grün Ziegel in Indien
2957 v grün Naturstein-Fundamente
2907 v grün Ziegelbrand in Indien
2900 v grün Ziegelbrand in Sumer
2895 v grün Mosaikwände
2894 v–2817 v Gilgamesch
2893 v grün Mörtel in Indien
2882 v–2825 v Menes
2878 v grün Mauern im festen Verband
2857 v grün Arbeiterviertel abgetrennt
2845 v grün Mauer um Uruk
2836 v grün Weiße Schutzmauer
2707 v–2626 v Imhotep
2641 v grün Naturstein und Ziegel
2633 v grün Fayence-Platten
2260 v grün 10 Meter dicke Mauern
2041 v grün Email-Ziegel
2037 v grün Mauer um Ur
2022 v–1962 v Amen-Em-Het I.
1973 v grün Nildelta-Mauer
1971 v grün Euphrat-Mauer
1935 v–1878 v Sesostris II.
1911 v–1845 v Ilu-Suma
1887 v grün Arbeiterviertel abgetrennt
1846 v grün Befestigung Assurs
1837 v–1780 v Sumu-La-Ilu
1789 v grün Schutzmauer Babylons
1311 v grün Mauer um Mykene
1173 v grün Mauer um Palast
882 v grün Mauerbrecher
589 v grün Medische Mauer
560 v–469 v Theodoros
536 v grün Winkelmaß
531 v grün Wasserwaage
456 v grün Piräus-Mauern
445 v grün Mauer um Jerusalem
402 v grün Mauer um Syrakus
380 v grün Verteidigungsmauer Roms
259 v–209 v Schi-Huang-Ti
213 v grün Chinesische Mauer
31 v grün Zementbauten in Rom
271 n grün Neue Mauer um Rom
403 n grün Stadtmauer Roms erneuert
510 n grün Mauer um Konstantinopel
511 n–579 n Chosroes
823 n–877 n Karl II., der Kahle
1762 n grün Zementherstellung
1796 n grün Hydraulischer Zement
1826 n grün Portlandzement
1866 n grün Eisenbeton
1961 n rot Berliner Mauer

MAUERBRECHER, Gerät zum Zerstören von Schutzmauern. Bestand zunächst aus einem aufgehängten Rammbalken, wurde dann aber zu einem fahrbaren Kriegsgerät ausgebaut, mit dem die Mauern belagerter Städte gerammt wurden. Die Bedienungsmannschaften wurden zunächst durch ausgespannte Felle und später durch Holzdächer gegen Wurfgeschosse geschützt.

822 v grün Assyrische Konstruktion

MAUGHAM, W. Somerset (1874 n–1965 n), englischer Schriftsteller. In Paris geboren, studierte er in Heidelberg Medizin, wandte sich dann aber dem Schreiben zu. Unternahm ausgedehnte Reisen nach Ost-Asien und Amerika. Im ersten Weltkrieg englischer Geheimagent in der Schweiz, zog er sich später an die französische Riviera zurück. Wurde als Meister der Kurzgeschichte berühmt und fand auch Anerkennung mit seinen Erzählungen ('Schein und Wirklichkeit') und Romanen ('Des Menschen Hörigkeit'). In seinen frühen Theaterstücken stark sozialkritisch ('Ein Ehrenmann'), wandte er sich später der kritiklosen Schilderung von Einzelschicksalen zu ('Katilina'). Mit Vorliebe stellte er die Hintergründe von Liebe und Ehe dar.

1944 n blau 'Auf Messers Schneide'

MAULTIER, Kreuzung zwischen männlichem Esel und Pferd. Leistungsfähiger als der Esel und widerstandsfähiger als das Pferd, ist es wegen seiner ausdauernden Trag- und Steigfähigkeit besonders in südlichen Gebirgsgegenden ein seit alters her geschätztes Haustier. Im Gegensatz zum Maulesel (= Kreuzung zwischen Eselin und Pferd) ist es in Größe, Aussehen und Charakter dem Pferde ähnlicher und wird deshalb häufiger gezüchtet. Es verbindet die Genügsamkeit und den sicheren Tritt des Esels mit der Kraft des Pferdes.

418 v–345 v Diokles

MAU-MAU, englische Bezeichnung für eine Freiheitsbewegung, die sich 1947 n in Kenia (Ostafrika) bildete, als die englische Kolonialpolitik durch immer neuen Landraub die Lebensgrundlagen der Bevölkerung gefährdete. Das Wort bedeutet 'Die Verborgenen'. Nach andauernden Guerillakämpfen gegen die weißen Kolonialherren und gegen die mit ihnen zusammenarbeitenden Schwarzen führte diese Bewegung seit 1953 n größere Aufstände und zwang so die Engländer zur Freigabe des Landes. Ihre mehr als eine Million Mitglieder wurden seit 1963 n zur tragenden Schicht des unabhängigen Staates Kenia.

1957 n braun Kämpfe
1963 n rot Kenia unabhängig

MAUPASSANT, Guy (1850 n–1893 n), französischer Schriftsteller. Als Sohn eines adligen Großgrundbesitzers wurde er Beamter. Dreißigjährig zog er sich auf den Schriftstellerberuf zurück. Mit unbestechlicher Wahrheitsliebe zeichnete er die bürgerliche Gesellschaft in ihrer ganzen Verderbtheit und Hoffnungslosigkeit ('Fettklößchen'). In fast 300 Novellen und 8 Romanen stellte er Mittelmäßigkeit und Gleichgültigkeit der Menschen dar vom Adel über den Besitzbürger und den Beamten zur Pariser Halbwelt und den Bauern der Normandie. Er schilderte ihren Überdruß, ihre Langeweile, ihre Erotik und ihre Herzenskälte. In seinen Reisebüchern klagte er die französische Kolonialpolitik an ('In der Sonne'). Der skrupellose Lebensweg eines ehemaligen Kolonialsoldaten ist Gegenstand seines berühmtesten Romans ('Bel Ami'). Endete im Wahnsinn.

1885 n blau 'Bel Ami'

MAUREN, Bezeichnung für die in Spanien und Portugal seit dem 8. Jahrhundert ansässigen Araber, die während ihrer mehr als 700jährigen Herrschaft die iberische Halbinsel zum Kulturzentrum Europas machten. Ihr Name stammt von der alten Bezeichnung für die Völker des westlichen Nordafrika (Marokko, Algerien, Tunesien). Aus diesen Gebieten kamen sie, und dorthin kehrten einige nach ihrer Vertreibung durch christliche Europäer um 1500 n zurück, während der größere Teil längst im spanischen und portugiesischen Volk aufgegangen war.

633 n/732 n Arabischer Krieg
640 n–716 n Musa
670 n rot Tunesien arabisch
675 n–715 n Welid
698 n rot Algerien arabisch
703 n rot Marokko arabisch
707 n rot Bündnis gegen Westgoten
711 n rot Ende des Gotenreiches
711 n rot Spanien, Portugal arabisch
711 n grün Befestigung Gibraltars
712 n–775 n Al Mansur
717 n grün Bodenreform in Spanien
720 n rot Gewinn Südfrankreichs
725 n rot Gewinn Mittelfrankreichs
732 n grün Seidenraupenzucht
740 n/742 n Berberaufstand
742 n–814 n Karl der Große
755 n braun Niederlage gegen Asturien
755 n rot Cordoba unabhängig
756 n blau Gründung von Granada
759 n braun Niederlage gegen Franken
759 n rot Verlust Südfrankreichs
761 n grün Anbau von Zuckerrohr
778 n braun Vorstoß der Franken
782 n grün Bewässerung in Spanien
788 n blau Moschee in Cordoba
795 n rot Grenzmark der Franken
801 n braun Vorstoß der Franken
803 n braun Vorstoß der Franken
803 n rot Franken-Mark erweitert
813 n braun Niederlage gegen Franken
813 n rot Weiterer Gebietsverlust
844 n braun Normannen-Einfall
852 n rot Toledo unabhängig
859 n braun Normannen-Einfall
882 n grün Anbau von Spinat
887 n braun Sieg über Frankreich
887 n rot Gewinn Südfrankreichs
890 n–961 n Abdar Rachman III.
891 n braun Vordringen in die Alpen
891 n rot Gewinn der Westalpen
903 n braun Besetzung der Balearen
903 n rot Herrschaft über Balearen
932 n braun Machtkampf in Spanien
932 n rot Toledo an Cordoba
932 n rot Adel Spaniens entmachtet
932 n–1002 n Ibn Amir
935 n grün Cordoba Millionenstadt
936 n–1013 n Abu Kasim
942 n braun Verteidigung der Alpen
943 n–1003 n Silvester II.
947 n blau Palaststadt Al Zahra
947 n grün Schachspiel nach Europa
950 n grün Wechsel nach Europa
965 n–1039 n Al Hassan
966 n grün Abu Kasim: Sektionen
973 n braun Niederlage in den Alpen
973 n rot Verlust des Alpengebietes
973 n grün Abu Kasim: Vivisektionen
975 n braun Niederlage in Frankreich
975 n rot Verlust Südfrankreichs
976 n blau Großbibliothek Cordoba
985 n braun Vordringen bis Barcelona
989 n grün Abu Kasim: Kauterisation
993 n grün Abu Kasim: Chirurgie
997 n braun Zerstörung Santiagos
997 n grün Repressalie gegen Christen
1008 n/1009 n Volkserhebung in Spanien
1031 n braun Adelsaufstand in Spanien
1031 n rot Cordoba selbständig
1043 n–1099 n Cid
1055 n grün Zitronenbaum in Spanien
1083 n rot Verlust Madrids
1085 n/1090 n Angriff der Kastilier
1093 n–1162 n Ibn Badscha
1094 n braun Verlust Valencias
1095 n rot Kastilier in Portugal
1104 n blau 'Rolandslied'
1107 n grün Papiermanufaktur
1114 n braun Vorstoß Pisas
1114 n rot Balearen an Pisa
1114 n–1187 n Gerhard von Toledo
1118 n braun Sieg der Aragonier
1118 n rot Verlust Saragossas
1126 n–1198 n Ibn Rasd (Averroes)
1127 n–1185 n Ibn Tufail

1133n blau 'Verhalten des Einsamen'
1138n grün Übersetzerschule
1139n braun Niederlage in Portugal
1143n rot Portugal unabhängig
1147n rot Verlust Lissabons
1151n blau Ibn Rasd: Scholastik
1166n grün Ibn Rasd: Sonnenflecke
1169n blau Ibn Tufail: 'Der Lebende'
1169n–1240n Ibn Arabi
1174n grün Ibn Rasd: Seelenkunde
1181n blau Alkazar in Sevilla
1182n grün Aristoteles-Kommentar
1185n blau Bericht einer Pilgerfahrt
1195n blau Moschee in Sevilla
1236n braun Sieg der Kastilier
1236n rot Verlust von Cordoba
1236n grün Repressalie der Christen
1237n blau 'Steine der Weisheit'
1238n rot Granada selbständig
1246n rot Machteinbuße Granadas
1248n braun Niederlage von Sevilla
1248n blau Alhambra in Granada
1313n–1374n Al Katib
1318n rot Christlicher Kampforden
1347n blau Al Katib: Geschichtswerk
1356n grün Al Katib: Medizinwerk
1451n–1505n Isabella von Kastilien
1462n braun Niederlage gegen Spanier
1462n rot Verlust Gibraltars
1481n/1492n Letzter Maurenkrieg
1502n rot Vertreibung aus Spanien
1570n blau Mendozas Geschichtswerk
1611n rot Morisken-Ausweisung

MAURETANIEN, Land und Staat an der Westküste Nordafrikas zwischen Marokko und Senegal. Vor 2500 Jahren legten hier karthagische Seefahrer Niederlassungen an und warben Soldaten für ihre Heere. Vor 2000 Jahren wurde das Land als Teil Marokkos römische Provinz. Im 8. Jahrhundert begann die Durchdringung mit arabischer Kultur, die im 11. und 12. Jahrhundert durch das Berberreich Jussufs zur völligen Islamisierung führte. Trotz gelegentlicher Besuche portugiesischer Seefahrer seit dem 15. Jahrhundert und Belästigungen durch andere europäische Mächte (Sklavenraub) erhielt sich das Land bis zum Beginn unseres Jahrhunderts unter arabischen Fürsten unabhängig. 1903n von Frankreich zum Schutzgebiet erklärt und bis 1920n völlig unterworfen. Bis 1959n französische Kolonie, wurde es ein Jahr später unabhängig. Schloß aber sogleich mit Frankreich ein Abkommen über technische, wirtschaftliche, politische und militärische Zusammenarbeit, das den französischen Einfluß verewigen soll.

1960n rot Unabhängigkeit

MAURIA-DYNASTIE, Name einer indischen Herrscherfamilie. Begründet durch Tschandra-Mauria im vierten Jahrhundert vor unserer Zeitrechnung unmittelbar nach dem Vorstoß europäischer Heere bis zum Indus (Alexanderzug). Nach Vertreibung der Heere Alexanders des Großen schuf er ein Königreich, das ganz Nordindien umfaßte. Unter Asoka erlebten die Völker eine glückliche Friedenszeit, doch wurde das Reich bald durch rivalisierende Teilfürsten auseinandergerissen und durch Eindringen fremder Völker von außen zerrieben.

322v rot Reichsbildung
305v rot Gebietsgewinn
299v–237v rot Asoka der Milde
270v rot Gesetzgebung Asokas
261v rot Asoka Buddhist
250v rot Bekehrung Ceylons

MAURINUS-SCHREIN, Truhe mit kunstvoller Emaille-Malerei. Vor 800 Jahren für die Gebeine des Abtes Maurinus angefertigt, der als Christ in Köln erschlagen wurde und den die katholische Kirche deshalb als Märtyrer verehrt.

1182n blau Entstehung

MAURO, Fra (um 1400n–1460n), italienischer Geograph. Schuf auf der Grundlage arabischer Forschungen die erste Weltkarte mit einer wirklichkeitsnahen Darstellung Europas, Asiens und Afrikas. Darauf ist die wahre Größe Asiens berücksichtigt und mit der Umschiffbarkeit Afrikas der mögliche Seeweg nach Indien aufgezeigt. Außerdem hat er auf seiner kreisförmigen Karte von 1,96 m Durchmesser erstmals im christlichen Europa Jerusalem aus dem Mittelpunkt der Erde genommen und an seinen rechten Platz gestellt. Mit dieser Karte, die er im Auftrag Heinrichs des Seefahrers unter Mithilfe des Venezianers Andrea Bianco anfertigte, krönte er sein Lebenswerk. Ihre Fertigstellung war ein so großes Ereignis, daß zur Erinnerung daran eine Gedenkmünze geprägt wurde, auf der er als 'der unvergleichliche Geograph' bezeichnet war.

1459n grün Weltkarte

MAUROLICO, Francesco (1494n–1575n), italienischer Gelehrter griechischer Herkunft. Als Sohn eines Arztes, der sich auf der Flucht vor den Türken auf Sizilien niedergelassen hatte, studierte er in Messina. Arbeitete auf den Gebieten der Mathematik, der Sternkunde, der Musik, der Geschichte, der Erdkunde und der Dichtkunst. Im Zusammenhang mit seiner Untersuchung der Wirkungsweise von Hohlspiegeln und Linsen erforschte er den Mechanismus des menschlichen Sehens. Erklärte den Seh-Vorgang richtig als Wirkung einer Linse, hinter der sich die einfallenden Strahlen überkreuzen. Durch eine die tatsächlichen Ursachen stark vereinfachende Deutung der Kurz- und Weitsichtigkeit aus übermäßiger oder zu geringer Krümmung der Augenlinse gab er den Optikern eine theoretische Grundlage für die Brillen-Herstellung. Schrieb ein Buch über die Gesetze der Optik ('Über Licht und Schatten'). Verfaßte zwei Schriften über Arithmetik, in denen er systematisch Zahlen durch Buchstaben ersetzte. Baute Befestigungen, Kirchen und Brunnen.

1575n grün Kurz- und Weitsichtigkeit

MAURUS, Rabanus, deutscher Gelehrter, Mönch und Erzieher.

784n–856n Lebenslinie
808n–875n Otfried
814n blau Gedichte
850n blau Enzyklopädie

MAUSOLEUM, kunstvolle Begräbnisstätte mit Andachtsraum. Benannt nach dem kleinasiatischen König Mausolos, der für sich und seine Schwester Artemisia in der Hauptstadt seines karischen Reiches (Halikarnassos) ein Grabmal errichten ließ, das zu den sieben Weltwundern gezählt wurde. Auf dem Sockel von 33 × 39 Metern erhob sich ein Andachtsraum, der von einer durch 36 Säulen getragenen Rundhalle umgeben war. Das Dach wurde durch eine Pyramide gebildet, deren Spitze ein Viergespann mit Statuen des Königs und seiner Schwester schmückte, die nach der Landessitte zugleich seine Frau war. An dem reichen Relief- und Skulpturenschmuck wirkten die berühmtesten Künstler dieser Epoche mit (Skopas, Timotheos, Leochares, Bryaxis).

2060v–1983v Schul-Gi
2005v blau Grab des Schul-Gi
1997v blau Grab des Gudea
396v–328v Leochares
350v blau Grab des Mausolos
139n blau Grabmal Hadrians
445n blau Grab Galla Placidias
525n blau Grabmal Theoderichs

MAUSOLOS (um 410v–353v), König des Landes Karien an der Südwestküste Kleinasiens. Als Vasall des Kaisers von Persien hielt er sich von den Aufständen anderer persischer Gebiete (Satrapien) gegen die kaiserliche Zentralgewalt fern und konnte dadurch sein Gebiet und seine Selbständigkeit vergrößern. Die Inseln Rhodos, Chios und Kos unterstellten sich seiner Oberhoheit. Machte Halikarnassos zu seiner Hauptstadt, befestigte es und baute es zu einer Großstadt aus. Nach seinem Tode vollendete seine Schwester Artemisia, mit der er nach der Sitte des karischen Königshauses verheiratet war, sein Grabmal. Auf einem quadratischen Steinsockel von etwa 40 m Länge stand eine durch 36 Säulen getragene Pyramide mit Statuen von ihm und Artemisia. Der Bau war mit Bildwerken und Relieffriesen reich geschmückt und galt als eines der sieben Weltwunder.

396v–328v Leochares
350v blau 'Mausoleum'

MAXENTIUS, Markus (um 280n–312n), römischer Kaiser seit 306n. Als Sohn des Mitkaisers Maximian nach der Abdankung des Diokletian von der kaiserlichen Leibwache (Prätorianergarde) zum Mitkaiser ausgerufen, verlor er 310n Spanien an seinen Schwager Konstantin. Nach dem Tode des Oberkaisers Galerius (311n) zog Konstantin gegen ihn zu Felde, eroberte Italien und schlug ihn in Rom, das er in Straßenkämpfen verteidigte. Nach der letzten Schlacht auf einer Tiberbrücke ertrank er auf der Flucht.

312n braun Sieg Konstantins

MAXIM, Hiram (1840n–1916n), nordamerikanischer Erfinder. Erlernte den Beruf des Wagenbauers, wandte sich dann aber dem Maschinenbau zu und schuf zahlreiche Neuerungen auf den verschiedensten Gebieten. Als erfolgreicher Erfinder übersiedelte er 40jährig nach England, wo er seine Schöpferkraft voll entfalten konnte. Aus seinen 120 amerikanischen und seinen 150 englischen Patenten zog er ein riesiges Vermögen, das er größtenteils für die Verwirklichung seiner immer kühner werdenden Ideen verwendete. Verbesserte die Gasgewinnung und die Glühbirne. Erfand das Maschinengewehr, ein rauchloses Pulver und eine mit Luftdruck betriebene Dynamit-Kanone sowie automatische Dampfpumpen und Maschinenregler. Nachdem seine Versuche zum Bau eines Hubschraubers fehlgeschlagen waren, arbeitete er an einem Düsenflugzeug und wandte dafür mehrere Millionen auf. Nach dreijähriger Bauzeit vollendete er 1893n einen Doppeldecker mit 30 m Spannweite und einem 360-PS-Motor, der zwei Propeller antrieb.

1883n grün Maschinengewehr

MAXIMIAN, Markus (um 240n–310n), römischer Kaiser von 285n bis 305n. Als Soldat mit Diokletian bekanntgeworden, wurde er nach dessen Aufstieg zum Kaiser Mitkaiser, nachdem er beim Bagauden-Aufstand und bei den Erhebungen der Germanen Roms Interessen erfolgreich verfochten hatte. Bei der Verlegung der Hauptstadt des Reiches von Rom nach Kleinasien erhielt er von Diokletian die Oberhoheit über Italien und Afrika, wo er (besonders in Mauretanien) schwere Kämpfe zu bestehen hatte. Bei der Abdankung Diokletians (305n) legte auch er sein Amt nieder. Als aber ein Jahr später sein Sohn Maxentius zum Kaiser ausgerufen wurde und sich gegen Konstantin behaupten mußte, kehrte er zurück und zog mit einem Heer gegen Konstantin, obwohl dieser Kaiser sein Schwiegersohn geworden war. Bei Marseille (Südfrankreich) verlor er gegen Konstantins Heere Schlacht und Leben.

243n–316n Diokletian
284n/286n Bagauden-Aufstand
285n rot Mitherrscher
286n/288n Germanen-Einfall
305n rot Abdankung

MAXIMILIAN I. (1459n–1519n), deutscher Kaiser von 1493n bis 1519n. Durch Rückgewinnung Ungarns und Tirols stellte er den alten Besitzstand seiner Familie (Habsburger) wieder her. Heiratete die Erbin von Burgund (Maria) und gewann so dieses Land für Habsburg. Erwarb durch Verheiratung seines Sohnes Philipp Spanien mit Neapel und den überseeischen Besitzungen. Nach dem frühen Tode seines Sohnes konnte er seinem Enkel Karl V. ein Weltreich hinterlassen, 'in dem die Sonne nicht unterging', weil es von Mitteleuropa bis an die pazifische Küste Amerikas reichte. Wiederholte Aufstände der Bauern in Baden und Österreich schlug er nieder. Weil sein Ritterheer von einem Schweizer Volksheer geschlagen wurde (Dornach) und er wirtschaftlich bereits von einzelnen Kapitalisten abhängig war (Fugger), galt er als 'der letzte Ritter'. Ließ Heldengedichte und Minnelieder in einer großen Handschrift sammeln (Ambraser Heldenbuch).

1459n–1525n Jakob Fugger
1495n rot Verfassungsreform
1497n grün Privileg für Leipzig
1499n braun Niederlage bei Dornach
1499n rot Verlust der Schweiz
1502n braun Aufstand bei Bruchsal
1509n grün Finanzhilfe durch Fugger
1512n rot Landfriedenskreise
1513n braun Aufstand im Breisgau
1514n braun Aufstand in Württemberg
1515n braun Aufstand in Österreich
1516n rot Spanien an Karl V.
1517n braun Aufstand in Baden
1517n rot Reformationsbeginn
1519n rot Karl V. Nachfolger

MAXIMILLA (um 130n–um 190n), kleinasiatische Priesterin. Als Anhängerin des Priesters Montanus verkündete sie in Phrygien (West-Kleinasien) dessen Lehre von der Heraufkunft des durch Christus verheißenen Zeitalters der Vollkommenheit. Verwarf Kunst, Bildung und Ehe. Forderte strenge Enthaltsamkeit und ein sittliches Leben.

125n–178n Montanus
166n blau Verbot zweiter Ehe

MAXWELL, James (1831n–1879n), englischer Naturforscher aus Edinburgh (Schottland). Verfaßte mit 15 Jahren eine Theorie der Mechanik, wurde 24jährig Professor der Physik und zog sich 5 Jahre später auf sein Landgut zurück, ging dann aber noch einmal für einige Jahre als Universitätslehrer nach Cambridge. Bemühte sich, die bahnbrechenden Forschungsergebnisse seines Landsmannes Faraday theoretisch zu begründen, indem er sie in mathematischen Formeln ausdrückte. Dabei ging er von Modellen aus, gelangte aber immer stärker zu abstrakten Bestimmungen und verzichtete schließlich ganz auf Anschaulichkeit und Vorstellbarkeit seiner Gleichungen. Auf diesem rein denkerischen Wege gelangte er zu dem Ergebnis, daß der Äther aus kleinsten Teilchen besteht, daß diese Teilchen elektrische Eigenschaften besitzen, daß elektromagnetische Schwingungen im Äther Wellen erzeugen müssen und daß sich diese Wellen mit Lichtgeschwindigkeit ausbreiten. Hierdurch schuf er die theoretische Grundlage für die drahtlose Telegraphie, ohne sich um ihre experimentelle Entwicklung zu kümmern. Bei der Auffindung der nach ihm benannten Geschwindigkeitsverteilung von Gasen bediente er sich statistischer Methoden und gab an Stelle absoluter Aussagen nur eine Wahrscheinlichkeits-Kurve. Schrieb Werke zur Farbenlehre, zur Geometrie und zur Atomlehre.

1859n grün Gastheorie
1863n grün Ätherwellen

MAY, Karl (1842n–1912n), deutscher Schriftsteller. Als Sohn eines armen Webers wurde er nach Überwindung seiner Blindheit Lehrer. Wegen Diebstahls aus dem Lehramt entlassen und ins Gefängnis geworfen, begann er zu schreiben. Nach seiner Freilassung lebte er als Redakteur von Familienblättern und freier Schriftsteller. Verfaßte über 60 Abenteuer-Romane aus der Welt der Indianer Nordamerikas ('Der Schatz im Silbersee') und des nahen Orients ('Von Bagdad nach Stambul'). Die spannenden Handlungen seiner Bücher beruhten auf der klaren Herausarbeitung eines Helden, der allen Gefahren trotzt, alle Hindernisse überwindet und alle Feinde vernichtet, dabei den Schwachen hilft, die Unschuldigen schützt und die Gerechtigkeit zum Siege führt. Durch die Ich-Form seiner Romane erleichterte er dem Leser die Identifizierung mit seinem Helden Old Shatterhand (in Amerika) und Kara ben Nemsi (im Nahen Osten). Die nach Werten suchende Jugend fand in seinen Büchern die Ideale der Freundschaft, der Treue, der Tapferkeit und der Opferbereitschaft. Auch weckte er ihre Zuneigung zu farbigen Völkern, die in dem Indianer Winnetou und dem Araber Hadschi Halef Omar verkörpert waren.

1893n blau 'Winnetou'

MAYA, Name eines mittelamerikanischen Volkes, das bereits vor 2000 Jahren eine hohe Kulturstufe erreicht hatte. In zahlreiche Stämme aufgespalten, bewohnte es das heutige Mexiko sowie Teile von Guatemala, Honduras und Salvador. Obwohl sein Kalender bis auf das Jahr 3113 vor unserer Zeitrechnung zurückgeht, sind bisher nur Kulturzeugnisse aus den letzten 2000 Jahren zu Tage gefördert worden. Doch deutet der hohe Stand von Astronomie, Mathematik, Architektur, Kunst und Schrift darauf hin, daß der Beginn seiner Kulturentwicklung zeitlich etwa mit dem Beginn der asiatisch-afrikanischen Hochkulturen zusammenfallen dürfte.

94n grün Rechnen mit der Null
162n blau Schriftenstein
221n grün Stellenwert der Zahl
282n grün Hieroglyphen
288n blau Gründung von Uaxaktun
455n blau Gründung von Kopan
700n rot Ende des alten Reiches
700n grün Niederlassung auf Yukatan
711n blau Gründung von Chichen Itza
999n blau Gründung von Mayapan
1007n rot Liga von Mayapan
1065n blau 'Nonnenhaus'
1193n grün Ballspiel
1225n blau Tempel in Chichen Itza
1440n braun Zerstörung von Mayapan
1524n braun Vorstoß Spaniens
1524n rot Spanische Herrschaft

MAYAPAN, Stadt im Norden der Halbinsel Yukatan (Mittelamerika). Nach der Besiedlung Yukatans durch die Maya-Stämme wurde sie Verwaltungszentrum (Hauptstadt) des neu entstandenen Maya-Reiches, dessen religiöser Mittelpunkt die Tempelstadt Chichen Itza war. Wurde bald von Tolteken besetzt und schließlich durch Mayas zurückerobert und zerstört. Damit war zugleich das Ende der staatlichen Einheit Yukatans gekommen.

999n blau Gründung
1007n rot Liga von Mayapan
1440n braun Zerstörung

MAYER, Robert (1814n–1878n), deutscher Naturforscher. Studierte Medizin, ging als Schiffsarzt nach Indonesien und ließ sich dann als praktischer Arzt in seiner Heimatstadt Heilbronn nieder. Dort suchte er die Ursache für eine Erscheinung, die er auf Java beobachtet hatte, daß nämlich das zum Herzen zurückfließende Blut in warmen Ländern dunkler fließt als in kälteren Breiten. Er zog daraus grundsätzliche Schlüsse auf die Beziehung von Arbeit und Wärme. Durch Verallgemeinerung fand er das Gesetz der Entsprechung ('Äquivalenz') von Bewegung und Wärme. Durch Messungen gelang ihm die Feststellung, welcher Arbeitsleistung die Temperatur-Erhöhung von 1 Gramm Wasser um 1 Grad entspricht. Nachdem er so Bewegung und Wärme als zwei verschiedene Formen von Kraft erkannt hatte, formulierte er das Gesetz von der Erhaltung der Energie. Danach wird Energie nicht vernichtet, sondern nur von einer Form in eine andere umgewandelt. Indem er neben Arbeit und Bewegung auch Elektrizität, Licht und alle chemischen Veränderungen in seine Wärme-Gleichung einbezog, schuf er den ersten Grundsatz der modernen Physik und Chemie. Von den Fachgelehrten geschmäht und bekämpft, mußte er zeitweilig eine Heilanstalt aufsuchen. Gab auch eine Erklärung für die Entstehung der Sonnenwärme. In seinen letzten Lebensjahren drang er zu der Erkenntnis vor, daß es neben kausalen Ursachen auch 'auslösende' Ursachen gibt, die nicht der von ihnen herbeigeführten Wirkung angemessen sind. Damit leitete er auf streng mechanischer Grundlage die Loslösung vom herkömmlichen Kausalprinzip ein, wobei er die umwälzenden Konsequenzen seiner Entdeckung für die physikalische Wissenschaft wie für das philosophische und biologische Weltbild klar erkannte.

1842n grün Energie-Gesetz

MAYFLOWER ('Maiblume'), Name eines englischen Schiffes, mit dem 1620n englische Puritaner nach Nord-Amerika auswanderten. Sie waren vorher aus ihrer Heimat nach Leiden geflüchtet, weil ihnen die englische Staatskirche noch zu stark katholisch gefärbt war. Nun trieb sie ihr Nationalgefühl in ein englisches Kolonialgebiet. Sie fuhren dorthin auf Grund einer Zusage der englischen Regierung, die ihnen freie Religionsausübung zusicherte. Vor ihrer Landung in Massachusetts schlossen sie einen Vertrag über die Form ihres künftigen Zusammenlebens ab. Darin legten sie die Grundsätze ihrer Selbstverwaltung nieder und versprachen einander Hilfe gegen die Ansprüche besitzloser Neusiedler.

1620n rot Abreise

MAZARIN, Jules (1602n–1661n), französischer Staatsmann. Als Sohn eines sizilianischen Adligen in Mittelitalien geboren, trat er nach Abschluß seiner Studien (Theologie und Rechtskunde) in den päpstlichen Militärdienst. 32jährig vertauschte er die Offiziersuniform mit dem Priesterrock und wurde päpstlicher Gesandter in Paris. Richelieu zog ihn in französische Staatsdienste, verhalf ihm zur Kardinalswürde und empfahl ihn bei seinem Tode als Nachfolger. So wurde er leitender Minister Frankreichs und führte nach dem Tode Ludwigs XIII. im Namen der Königin Anna die Regierung. Als er die Königin heimlich geheiratet hatte, begann der Kampf des Adels, des Parlamentes und des Volkes gegen ihn. Mehrmals mußte er ins Ausland flüchten, aber Königin Anna operierte nach seinen Anweisungen so geschickt, daß er immer zurückkehren konnte, obwohl er öffentlich zum Feind des Vaterlandes erklärt worden war. Von 1653n an regierte er ununterbrochen bis zu seinem Tode. Errang für Frankreich die Rheingrenze durch Einverleibung des Elsaß. Durch ein Bündnis mit den katholischen Rheinfürsten sicherte er den französischen Einfluß auf die deutsche Politik. Brach die spanische Vormacht in Westeuropa und beeinflußte die Politik Schwedens und Hollands. So vollendete er Frankreichs Großmachtstellung in Europa und hinterließ Ludwig XIV. einen unter die absolute Macht des Königtums gebeugten Staat. Führte die italienische Oper in Frankreich ein.

1638n–1715n Ludwig XIV.
1643n rot 'Erster Minister'
1648n rot Westfälischer Friede
1651n/1652n Erhebung des Adels
1657n rot Versammlungsverbot
1658n braun Sieg über Spanien
1658n rot Dünkirchen englisch
1658n rot Erster Rheinbund
1659n rot Frankreich Vormacht
1661n rot Tod

MAZEDONIEN, Name des gebirgigen Kernlandes der Balkan-Halbinsel. Vor 4000 Jahren von Thrakern und Illyrern besiedelt, wurde es vor fast 2700 Jahren unter Perdikkas I. ein selbständiges Königreich. 300 Jahre später begann es unter Philipp II. die Unterwerfung Griechenlands. Durch dessen Sohn Alexander wurde es Ausgangsbasis eines Weltreiches, das von Griechenland bis Ägypten und Indien reichte, aber schnell wieder zerfiel. Nach 500jähriger römischer Herrschaft war es Jahrhunderte lang Zankapfel zwischen Bulgarien und Byzanz. Anschließend blieb es über 550 Jahre türkisch. Im Jahre 1913n zwischen Bulgarien und Griechenland aufgeteilt. Infolge der Niederlage Bulgariens im ersten Weltkrieg erhielt auch der neugegründete Staat Jugoslawien einen Teil zugesprochen.

680v rot Staatsgründung
431v rot Bündnis mit Athen
410v blau Euripides: 'Archelaos'
396v–328v Leochares
384v–322v Aristoteles
383v–322v Demosthenes
382v–336v Philipp II.
372v–285v Ptolemäus I.
359v rot Philipp König
359v rot Stehendes Heer
359v grün Phalanx
358v braun Vordringen in Thrazien
358v rot Gewinn von Erzgebieten
358v blau Gründung von Philippi
358v–280v Seleukos I.
356v/346v Zweiter Heiliger Krieg
356v–323v Alexander der Große
350v rot Demosthenes: 'Philippika'
346v rot Schutz für Delphi
345v rot Isokrates Anhänger
342v rot Erziehung Alexanders
342v rot Vertrag mit Persien
342v/341v Krieg gegen Thrazien
341v rot Thrazien Provinz
339v/338v Dritter Heiliger Krieg
338v rot Hoheit über Griechenland
337v rot Beschluß über Perserkrieg
336v rot Ermordung Philipps
336v rot Alexander König
335v braun Erhebung Griechenlands
335v rot Rache an Theben
334v/325v Alexanderzug
333v grün Alexander ohne Bart
332v rot Gebietsgewinn
331v rot Vergottung Alexanders
331v blau Gründung von Alexandria
331v grün Gebrauch von Geschützen
330v rot Ende des Perserreiches
330v rot Herrschaft über Persien
327v rot Heirat Alexander – Roxane
327v blau Kallisthenes' Geschichte
327v grün Silberwährung
325v rot Großreich
325v grün Reise des Nearchos
324v rot Heiraten in Susa
324v rot Babylon Hauptstadt
323v rot Zerfall des Reiches
323v/301v Diadochenkriege
299v blau Aristobulos' Geschichte
275v blau Geschichtswerk des Duris
229v rot Athen wieder selbständig
215v/205v Erster Krieg mit Rom
215v rot Bündnis mit Karthago
212v rot Feindkoalition
212v–166v Perseus
205v rot Gebietsverlust an Rom
200v/197v Zweiter Krieg mit Rom
198v rot Feindkoalition
197v rot Machteinbuße
196v rot Griechenland frei
171v/168v Dritter Krieg mit Rom
169v rot Rhodos: Druck auf Rom
168v rot Aufteilung durch Rom
168v grün Versklavung der Einwohner
148v rot Einigungsversuch
148v rot Römische Provinz
136v/129v Sklavenaufstand
43v/30v Dritter Bürgerkrieg Roms
16v–45n Phädrus
155n blau Arrianus: Alexanderzug
280n–337n Konstantin
395n rot Byzantinische Herrschaft
1081n/1085n Balkanzug der Normannen
1355n rot Türkischer Besitz
1912n/1913n Balkankriege
1913n rot Ende der Türkenherrschaft
1914n/1918n Erster Weltkrieg

MAZEPPA, Iwan (um 1645n–1709n), ukrainischer Staatsmann. Als Page am polnischen Hofe wurde er beim Ehebruch ertappt, nackt auf sein Pferd gebunden und kam geschunden in der Ukraine an, wo er Adjutant des Kosakenführers und nach dessen Tode selbst 'Hetman' wurde. Schützte das Land gegen die Tataren und leistete dem russischen Zaren Peter dem Großen Waffenhilfe gegen Türken und Schweden. Nachdem ihm der Schwedenkönig Unterstützung für die Unabhängigkeitsbestrebungen der Ukraine zugesichert hatte, trat er auf die polnisch-schwedische Seite und kämpfte gegen die russischen Heere Peters des Großen. Nach dessen Sieg floh er in die Türkei, wo er bald darauf umkam.

1700n/1721n Nordischer Krieg
1708n rot Revolte

MAZURKA, polnischer Reigentanz, zeitweilig auch Gesellschaftstanz. Durch Chopin in die europäische Kunstmusik eingeführt.

1840n blau Chopins Mazurken

MAZZINI, Giuseppe (1805n–1872n), italienischer Freiheitskämpfer. Als Rechtsanwalt in seiner Heimatstadt Genua schrieb er Aufsätze für die Einigung und Befreiung Italiens. Wegen seiner Zugehörigkeit zu dem revolutionären Geheimbunde der Carbonari wurde er eingekerkert und ausgewiesen. Im Ausland gründete er den republikanischen Bund 'Junges Italien' und organisierte Aufstände in Genua und Savoyen. Nach der geglückten Erhebung Mailands kehrte er 1848n dorthin zurück, trat in Garibaldis Befreiungsarmee ein und leitete die Verteidigung Roms gegen die Franzosen. Nach der Gefangennahme Garibaldis brach er ganz mit der Monarchie, weigerte sich, ein Amt im monarchisch geeinten Italien zu übernehmen und arbeitete unablässig weiter für ein republikanisches Italien.

1849n braun Niederlage

McCARTHY, Joseph (1909n–1957n), nordamerikanischer Politiker. Studierte Rechtskunde und wurde Bezirksrichter in Milwaukee (Michigansee). 1946n in den Senat gewählt, wurde er zum entschiedensten Verfechter des Anti-Kommunismus in den USA. Seine Methoden zielten darauf ab, durch Rufmord und politischen Druck alle Gegner des Groß-Kapitals und der Hochfinanz zu Kommunisten zu stempeln und der öffentlichen Ächtung preiszugeben ('unamerikanisch'). Auf diese Weise unterdrückte er die Opposition des amerikanischen Volkes gegen den kalten Krieg und gegen die erneute Einmischung der USA im Fernen Osten (Korea). Nachdem seine terroristischen Methoden zur Auswanderung berühmter Künstler sowie zu zahlreichen Selbstmorden geführt hatten, wurde die Empörung des Volkes so groß, daß der Senat ihn öffentlich tadelte.

1951n rot Antikommunismus

McCORMICK, Cyrus Hall (1809n–1884n), nordamerikanischer Erfinder. Als Sohn eines Konstrukteurs von Landmaschinen erlernte er den Beruf des Vaters und beschäftigte sich seit seinem 20. Lebensjahr mit der Entwicklung einer Mechanisierung des Getreidemähens. 24jährig baute er die erste praktisch brauchbare Getreidemähmaschine. Dadurch erleichterte er die Umstellung der nordamerikanischen Landwirtschaft auf Großflächenbau. Zusammen mit seinen Brüdern errichtete er in Chicago eine Fabrik für den Bau seiner Maschine und eroberte damit in zehn Jahren den Weltmarkt.

1834n grün Getreidemähmaschine

MECHANIK, von dem griechischen Worte 'mechane' (= Werkzeug, Maschine) abgeleitete Bezeichnung für die Lehre von der Bewegung und den sie bewirkenden Kräften. Als Teilgebiet der Physik entwickelte sie sich mit den praktischen Fortschritten der Technik, deren theoretische Grundlage sie darstellt.

433v–351v Archytas
361v grün Wissenschaftliche Mechanik
296v–228v Ktesibios
284v–212v Archimedes
268v grün Ktesibios: Geschütz
265v–202v Philon
250v grün Hebelgesetz, schiefe Ebene
248v grün Uhr mit Zahnradantrieb
245v grün Ktesibios: Orgel
242v grün Gesetz der Spirale
240v grün Metallfeder-Geschütz
239v grün Flaschenzug
236v grün Auftriebsgesetz
233v grün Selbsttätige Öllampe
229v grün Philons Schrift
224v grün Bagger
221v grün Waschkugel-Automat
214v grün Spezifisches Gewicht
152v–82v Heron
116v grün Heronsbrunnen
111v grün Nutzung des Dampfes
107v grün Windrad
100v grün Herons 'Goldene Regel'
91v grün Mechanikerschule
88v grün Wassermühlen in Europa
230n–300n Pappos
363n grün Ruwer-Sägewerk
666n grün Wassermühlen in Japan
1193n–1279n Albertus Magnus
1222n grün Windmühlen in Europa
1243n grün Sägewerks-Plan
1288n grün Uhr von Westminster
1329n grün Drehkran in Lüneburg
1333n grün Buridan: Impetus
1340n grün Trägheitsgesetz
1353n grün Glockenspiel in Straßburg
1404n–1472n Alberti
1405n grün Turmuhr in Lübeck
1445n grün Alberti: Mühlenbau
1452n–1519n Leonardo da Vinci
1491n grün Leonardos Wasseruhr
1510n grün Henleins Taschenuhr
1530n grün Tret-Spinnrad
1564n–1642n Galilei
1571n–1630n Kepler
1589n grün Strumpf-Wirkstuhl
1591n grün Veranzio: Greifbagger
1604n grün Bewegungsgesetze
1619n grün 'Harmonie der Welten'
1623n grün Schickards Rechenmaschine
1623n–1662n Pascal
1629n grün Dampfmaschine (Entwurf)
1638n grün Mechanische Physik
1642n grün Pascals Rechenmaschine
1643n–1727n Newton
1646n–1716n Leibniz
1649n grün Wagen mit Kurbelantrieb
1656n grün Huygens: Pendeluhr
1666n grün Gravitationsgesetz
1669n grün Krafterhaltungs-Gesetz
1676n grün Elastizitätsgesetz
1690n grün Papin: Dampfmaschine
1695n grün Leibniz: Rechenmaschine
1697n grün Savery: Dampfmaschine
1709n grün Hammerklavier
1712n grün Newcomen: Dampfmaschine
1714n grün Mill: Schreibmaschine
1720n grün Dampfkraftwagen
1726n grün Kuckucks-Uhren
1730n grün Saundersons Maschine
1736n–1819n James Watt
1765n grün Watts Dampfmaschine
1767n grün Jenny-Spinnmaschine
1770n grün Begriff 'PS'
1780n grün Uhr mit Selbst-Aufzug
1782n grün Watt: Schwungrad
1785n grün Cartwright: Webstuhl
1790n grün Saint: Nähmaschine
1793n grün Baumwollentkernung
1799n grün Laplace: Himmelsmechanik
1800n grün Krems: Nähmaschine
1804n grün Trevithick: Lokomotive
1805n grün Jacquard-Webstuhl
1810n grün Buchdruck-Schnellpresse
1814n grün Stephenson: Lokomotive
1816n–1892n Siemens
1834n grün Getreidemähmaschine
1845n grün Howe: Nähmaschine
1847n–1931n Edison
1851n grün Clausius: Wärmelehre
1858n–1947n Planck
1860n grün Lenoir: Gasmotor
1860n grün Rotationsmaschine
1864n grün Markus: Kraftwagen
1865n grün Entropie-Gesetz
1870n grün Remingtons Maschine
1876n grün Otto-Motor
1878n grün Statistische Mechanik
1879n–1955n Einstein
1880n grün Laval: Dampfturbine
1880n grün Hollerith-Maschine
1883n grün Daimler-Motor
1883n grün Machs Schrift
1885n grün Daimlers Motorrad
1885n–1962n Niels Bohr
1886n grün Benz' Automobil
1887n grün Daimlers Automobil
1889n grün Northrop: Webautomat
1893n grün Diesel-Motor
1901n– Heisenberg
1905n grün Spezielle Relativitätslehre
1925n grün Quantenmechanik
1927n grün Wellenmechanik
1950n grün Feldtheorie

MECHTHILD von Magdeburg (um 1210n–1283n), deutsche Dichterin. Schloß sich 25jährig in Magdeburg einer religiösen Frauengemeinschaft (Beginen) an und trat dann als Nonne in das thüringische Kloster Helfta ein. Schrieb ihre Vorstellungen von Himmel, Hölle und Fegefeuer in ihr Tagebuch. Auch legte sie darin ihre Prophezeiungen nieder sowie ihre angeblichen Begegnungen und Gespräche mit Jesus Christus. Diese lateinische Niederschrift wurde von Heinrich von Nördlingen bearbeitet und 1345n in deutscher Sprache herausgegeben.

1272n blau 'Das fließende Licht'

MECKLENBURG, Land zwischen dem Unterlauf der Elbe und der Ostseeküste (Norddeutschland). Vor mehr als 2000 Jahren von Germanen bewohnt. Seit 1500 Jahren durch slawische Stämme besiedelt, die vor 1000 Jahren von Deutschen abhängig wurden. Im 12. Jahrhundert völlig unterworfen durch Heinrich den Löwen, der seine Tochter mit dem slawischen Fürsten des Landes verheiratete. Durch Ansiedlung deutscher Bauern und Handwerker sowie durch die Errichtung deutscher Klöster und Bistümer wurde das Land eingedeutscht. Die im Dreißigjährigen Krieg drohende Re-Katholisierung wurde durch den Schwedenkönig Gustav Adolf abgewendet. Durch den Westfälischen Frieden (1648n) wurde die Hafenstadt Wismar für 150 Jahre schwedisch. Seit 1867n Mitglied des Norddeutschen Bundes, trat das Land ein Jahr später auch dem deutschen Zollverein und 1871n dem deutschen Reiche bei. 1945n wurde ihm Rügen und Vorpommern zugeschlagen. Die gleichzeitig durchgeführte Bodenreform beendete eine jahrhundertelange Ausbeutung der bäuerlichen Bevölkerung, die bis in unsere Epoche der Leibeigenschaft nahekam.

928n/929n Eindringen Deutscher
929n rot Deutsche Oberhoheit
955n braun Slawenaufstand
955n rot Küstengebiet an Deutsche
1001n–1072n Adalbert von Bremen
1017n blau Entstehung Schwerins
1060n rot Christianisierung
1066n rot Opferung des Bischofs
1129n–1195n Heinrich der Löwe
1162n braun Vordringen Deutscher
1162n rot Deutsche Herrschaft
1367n/1370n Krieg der Hanse
1419n blau Universität Rostock
1618n/1648n Dreißigjähriger Krieg
1648n rot Gebietserwerb Schwedens
1871n rot Teil des Reiches
1939n/1945n Zweiter Weltkrieg
1945n rot Besetzung
1949n rot Teil der DDR

MEDEA, Gestalt der griechischen Sage. Als Frau des Königssohnes Jason wurde sie nach zehnjähriger Ehe von ihrem Mann verstoßen, der die Königstochter Kreusa heiraten wollte. Sie vergiftete Kreusa, tötete ihre von Jason gezeugten Kinder, zerstörte den Palast ihres Mannes und floh in die Stadt Athen, dessen König sie heiratete. Aus der Argonautensage wurde ihre Gestalt von vielen Dichtern entlehnt und als Urbild der rachsüchtigen verlassenen Ehefrau immer neu gestaltet (Aischylos, Euridipes, Seneka Ovid, Ennius, Corneille, Grillparzer). Auch auf Bildern (Feuerbach) und in der Oper (Cherubini) wurde sie dargestellt.

431v blau Euripides' Drama
53n blau Senekas Drama
1870n blau Feuerbachs Gemälde

MEDICI, Katharina (1519n–1589n), Königin von Frankreich. Als einzige Tochter des Florenzer Herzogs Lorenzo II. Medici und der Nichte des Papstes Klemens VII. wurde sie 13jährig an den gleichaltrigen französischen Thronfolger verheiratet. Infolge ihrer Nachsicht mit den Liebschaften ihres Mannes erwarb sie allmählich dessen Vertrauen und folgte ihm nach seinem Tode als Regentin für ihren minderjährigen Sohn. Aus persönlicher Abneigung gegen die Katholikenführer (Guise) unterstützte sie zeitweilig die antikatholische Reformpartei (Hugenotten). Als diese aber ihren Sohn Karl IX. zu gewinnen suchte, stellte sie sich ihr leidenschaftlich entgegen. Vereitelte die angebahnte Versöhnung zwischen den Konfessionen, indem sie 1572n der katholischen Kirche die Ermordung der französischen Protestanten (Hugenotten) erlaubte (Bartholomäusnacht). Dadurch lud sie die Schuld an den Hugenottenkriegen auf sich. Ihr Sohn Karl IX. überließ ihr auch nach Erreichung der Volljährigkeit weitgehend die Regierungspolitik. Erst nach dessen Tode wurde sie durch ihren dritten Sohn (Heinrich III.) von der Macht verdrängt.

1562n/1598n Hugenottenkriege

MEDICI, Lorenzo, italienischer Dichter, Gelehrter und Herrscher von Florenz.

1449n–1492n Lebenslinie
1465n grün Tuchfabriken in England

MEDICI, Magdalena (1472n–1519n), italienische Herzogin. Als Tochter des Florenzer Herzogs Lorenzo Medici mußte sie den unehelichen Sohn des Papstes Innozenz VIII. heiraten, weil ihr Vater durch diese Ehe die Freundschaft des Papstes für die Stadt Florenz erkaufen wollte. Ihre Hochzeit war die erste Heirat eines Papst-Kindes, die offiziell im Palaste des Papstes gefeiert wurde. Wegen dieser Verbindung konnte die Familie Medici nach ihrer Vertreibung durch das Volk die Herrschaft über Florenz mit Hilfe päpstlicher Heere zurückerobern.

1488n rot Hochzeit im Vatikan
1494n braun Vertreibung der Medici
1512n braun Rückkehr der Medici

MEDIEN, Land in Vorderasien zwischen Nord-Mesopotamien und dem Kaspischen Meer. Vor 3000 Jahren durch Meder besiedelt, die bald durch Assyrer unterworfen wurden. Vor 2600 Jahren erkämpfte es die Unabhängigkeit und wurde nach Niederwerfung Assyriens und Persiens zum mächtigsten Reiche Vorderasiens. Durch Erhebung der Perser wurde es aber wenige Jahrzehnte später bezwungen und ging im Perserreiche auf, dessen Kerngebiet es bildete.

843v–782v Semiramis
820v braun Vorstoß Assyriens
809v braun Vorstoß Assyriens
809v rot Assyrer-Herrschaft
699v–653v Phraortes
675v rot Reichseinigung
674v rot Ekbatana Hauptstadt
654v–605v Nabopolassar
653v braun Vorstoß Assyriens
647v–585v Kyaxares
625v braun Sieg über Assyrer
625v rot Selbständigkeit
617v braun Angriff auf Ninive
616v braun Sieg über Skythen
614v rot Bündnis mit Babylon
614v braun Eroberung von Assur
612v braun Zerstörung von Ninive
612v rot Aufteilung Assyriens
612v rot Vormacht in Vorderasien
599v–529v Kyros
589v grün Abwehrmauer Babylons
585v braun Sieg über Urartu
585v rot Gewinn Urartus
559v rot Kyros medischer Vasall
553v/550v Freiheitskampf der Perser
550v rot Ende des Reiches
550v rot Persische Provinz
611n/629n Kreuz-Christi-Krieg
633n/732n Arabischer Krieg

MEDIKAMENTE, von dem lateinischen Worte 'medicamen' (= Heilmittel) abgeleitete Bezeichnung für Arzneien.

2055v–1975v Ur-Edina
1999v grün Salben und Öle
1981v grün Wasser und Kräuter
1602v grün Augenbehandlung
708v grün Assyrische Rezeptsammlung
672v grün Erprobung an Sklaven
418v–345v Diokles
376v grün Mittel gegen Zahnschmerzen
356v grün Diokles' Kräuterbuch
244v grün Heilpflanzen-Anbau
129v–40v Asklepiades
3v–64n Aulus Celsus
20n–79n Dioskurides
66n grün Systematische Arzneikunde
81n–144n Archigenes
129n–199n Galen
182n grün Heilkraftdes Gegensätzlichen
190n–265n Hua-To
197n grün Pharmakologie
231n grün Eumelos: Arzneilehre
294n–354n Apsyrtos
366n grün Pelagonius: Tierarzneikunde
737n rot Staatliche Kontrolle
737n grün Spezialisierung
770n grün Apotheke in Bagdad
812n grün Walafrieds Kräuterbuch
865n–932n Al Rasi
907n grün Dioskurides-Übersetzung
927n grün Enzyklopädie des Al Rasi
975n grün Persisches Fachbuch
987n grün Hormon-Präparate
1001n grün Quecksilber
1015n grün Koffein
1052n grün Ibn Wafid: Heilkräuter
1098n–1178n Hildegard von Bingen
1152n grün Heilkraft des Ähnlichen
1180n grün Apothekenvorschrift
1197n grün Abu-Kasim-Übersetzung
1237n grün Ibn Baitars Rezeptbuch
1241n grün Apotheke in Trier
1441n grün 'Quirinusöl'
1493n–1541n Paracelsus
1536n grün Paracelsus' Werk
1544n grün Cordus' Arzneibuch
1565n grün Tabak
1803n grün Morphium
1805n grün Homöopathie
1819n grün Chinin
1893n grün Chemotherapie
1899n grün Aspirin
1909n grün Salvarsan
1916n grün Germanin
1921n grün Insulin
1926n grün Künstliches Vitamin
1928n grün Penicillin
1935n grün Sulfonamid
1944n grün Streptomyzin
1947n grün Künstliches Vitamin A
1954n grün Serum gegen Kinderlähmung
1962n grün Contergan-Schäden

MEDINA, Stadt im Westen der arabischen Halbinsel. Als Oase auf dem Hochlande in halber Höhe zwischen Mittelmeer (Ägypten) und dem Süden Arabiens ('Weihrauchküste') war sie schon vor 5000 Jahren Karawanen-Station für die Weihrauch-Transporte nach Norden. Mit dem Aufstieg der Reiche Südarabiens (Minäer, Sabäer, Himjaren) wuchs ihre Bedeutung. Seide, Gewürze und Gold kamen über das Arabische Meer aus Indien und wurden nach Ägypten und Mesopotamien sowie an die Phönizier weitergeliefert. Dagegen brachten die Karawanen Metalle, Wein und Pelze aus dem Norden zurück. Bereits vor 3000 Jahren hatte sich hier ein selbständiger, befestigter Handelsplatz entwickelt. Im folgenden Jahrtausend zur Stadt emporgewachsen, wurde sie das Wirtschafts-Zentrum des Landes, während Mekka religiöser Mittelpunkt war. Als Mohammed vor mehr als 1300 Jahren in seiner Heimatstadt Mekka wegen seiner Verkündigung einer neuen Religion verfolgt wurde, floh er hierher, wo die liberale Gesinnung einer vorwiegend auf den Handel orientierten Bevölkerung seiner Predigt nichts in den Weg legte. So wurde sie als erste Stadt von Mohammed für seine Religion gewonnen. Mit Hilfe ihrer Bürger besiegte Mohammed dann Mekka und machte sie aus Dankbarkeit zu seiner Residenzstadt. Auch seine ersten Nachfolger (Kalifen) regierten von hier aus das Araber-Reich. Die Gräber Mohammeds, seiner Tochter Fatima und der ersten Kalifen machten die Stadt zu einer zweiten Wallfahrtsstätte neben Mekka.

2854v grün Karawanen-Station
570n–632n Mohammed
602n–661n Ali
620n rot Bekehrung

622n rot	Hedschra
623n rot	Herrschaft Mohammeds
627n braun	Angriff Mekkas
627n rot	Juden-Verfolgung
630n rot	Mit Mekka unter Mohammed
656n rot	Regierungssitz verlegt
698n–768n blau	Ibn Issak
709n blau	Grabmoschee
770n blau	Rechtsschule

MEDINE, Name einer westlichen Vorstadt von Theben (eigentlich: Deir-el-Medine). Hier wohnten die Handwerker und Künstler der thebanischen Gräberstadt. In den Privathäusern und Gräbern wurden bei Ausgrabungen viele Bilder aus dem ägyptischen Alltagsleben gefunden.

1209v blau	Bild eines Ehepaares

MEDINET HABU, Name einer ägyptischen Tempelanlage am linken Ufer des Nils gegenüber der Tempelstadt Luxor (Theben). Von Königin Hatschepsut durch Bau eines kleinen Tempels erschlossen, von ihrem Halbbruder Tut-Mosis III. umgebaut, erhielt sie ihre Haupttempel durch König Ramses III., der sie mit einer gewaltigen Festungsmauer schützte. Außer dem Palast des Königs wurden Wohnungen für Beamte, Priester und Soldaten errichtet sowie Wirtschaftsgebäude und Stallungen. Diente dem meist im Nildelta residierenden Könige bei seinen Aufenthalten in Oberägypten als Wohnung und Regierungssitz.

1177v blau	Palast Ramses' III.
1173v grün	Mauer
114v blau	Kleiner Tempel

MEDISCHE MAUER, Schutzmauer der Stadt Babylon (Vorderasien). Errichtet von Nebukadnezar II. zum Schutze gegen das aufsteigende Meder-Reich. Die 30 km lange Mauer lag etwa 100 km vor der Stadt. Sie ging vom Euphrat bis zum Tigris an der Stelle, wo sich die beiden Flüsse bis auf eine Entfernung von 30 km annähern, und schützte den Norden des Stadtstaates.

624v–561v	Nebukadnezar II.
589v grün	Bau

MEDITATION, von dem lateinischen Worte 'meditatio' (= Nachdenken) abgeleitete Bezeichnung für die denkende Betrachtung durch nachsinnende Versenkung.

518n blau	Buddhistische Schule

MEDIZIN, Sammelbezeichnung für die gesamte Heilkunde, die sich in früher Zeit auf Wundbehandlung und Verabreichung von Heilmitteln beschränkte, aber schon seit mehr als 4500 Jahren ausgebaut wurde und sich bald spezialisierte. Neben der Astronomie älteste Wissenschaft der Geschichte.

2653v grün	Chinesische Heilkunde
2578v grün	Pulsbeobachtung in China
2496v–2438v	Ni-Anch-Sekmet
2468v grün	Ägypten: Chirurgie-Buch
2419v grün	Spezialärzte in Ägypten
2415v–2335v	Chui
2358v grün	Augenkrankheit bekämpft
2239v–2162v	Ir-En-Achat
2183v grün	Darm-Forschung
2105v grün	Sumerisches Handbuch
2090v grün	Chirurgen in Mesopotamien
2055v–1975v	Ur-Edina
2027v grün	Sumer: Gott der Heilkunst
1999v grün	Verordnungen in Sumer
1981v grün	Kuren in Sumer
1981v–1929v	Neferi
1951v grün	Krebs- und Tbc-Behandlung
1930v grün	Epilepsie-Forschung
1888v grün	Tierärztliche Rezepte
1875v grün	Frauenkrankheiten-Buch
1717v grün	Ersatzpflicht für Tierärzte
1715v rot	Strafen für Kunstfehler
1713v grün	Unglückstage in Babylon
1707v grün	Honorar-Berechnung
1643v grün	Erforschung des Stotterns
1602v grün	Behandlung der Augen
1575v grün	Buch der Tierheilkunde
1566v grün	Frauenkrankheiten-Buch
1554v grün	Ägypten: Schädeloperation
1546v grün	Handbuch der Chirurgie
1473v–1409v	Neb-Amun
1462v–1382v	Hapu
1425v grün	Ausländische Patienten
1410v–1353v	Pentu
1383v grün	Ägyptische Ärzte berühmt
800v grün	Arztberuf in Indien
718v grün	Ägyptische Ärzteschule
708v grün	Assyrische Rezeptsammlung
683v grün	Zahnziehen in Assyrien
672v grün	Versuche an Sklaven
603v grün	'Wundertäter' aus Kreta
520v–450v	Alkmaion
504v grün	Ärzteschule in Italien
478v grün	Alkmaion: Sektionen
473v grün	Klima und Mensch
471v grün	Alkmaion: Sehnerv
466v grün	Sitz der Seele
460v–375v	Hippokrates
424v grün	Hippokrates über Gelenke
418v grün	Heilkraft der Natur
418v–345v	Diokles
412v grün	Herzfunktion
403v grün	Ernährungslehre
397v blau	Pflichten des Arztes
385v grün	Säftelehre
376v grün	Mittel gegen Zahnschmerzen
366v grün	Diokles über Körperpflege
356v grün	Diokles: Kräuterbuch
353v grün	Privatkliniken
339v grün	Seele und Krankheit
324v–250v	Herophilos
322v–246v	Ptolemäus II.
315v grün	Indische Heilkunde
307v grün	Epidauros Kurort
304v–240v	Erasistratos
299v–237v	Asoka der Milde
293v grün	Äskulap Heilgott Roms
290v grün	Herophilos: Pulszählung
288v grün	Pulsuhr
283v grün	Herophilos: Sektionen
275v grün	Hebammenbuch
274v grün	Gehirn-Forschung
270v grün	Herophilos: Gymnastik
265v grün	Herophilos: Nervensystem
262v grün	Arterien und Venen
257v grün	Erasistratos: Blutfülle
254v grün	Fiebermessung
249v grün	Zwei Nervensysteme
234v–149v	Kato der Ältere
223v grün	Fachärzte in Alexandria
219v grün	Grieche Facharzt in Rom
211v grün	Staroperation
203v grün	Einrichten von Brüchen
129v–40v	Asklepiades
116v–27v	Varro
105v grün	Demetrios: Frauenheilkunde
82v grün	Luftwechsel und Bewegung
74v grün	Tiermedizinisches Werk
70v grün	Asklepiades: Naturheilkunde
60v grün	Solidarpathologie
37v grün	Varro: Bakteriologie
11v blau	Kurort Wiesbaden
3v–64n	Aulus Celsus
20n–79n	Dioskurides
22n–74n	Lukas
37n grün	Aulus Celsus: Sammelwerk
49n grün	'Der Augenarzt'
50n grün	Trennung: akut, chronisch
54n grün	Rom: Operationsbestecke
66n grün	Dioskurides: Arzneikunde
81n–144n	Archigenes
82n–135n	Soranos
89n blau	Badeort Aachen
102n grün	Harnzucker als Symptom
108n grün	Sprechstunden in Rom
111n grün	Soranos: Lähmungen
114n grün	Archigenes: Zahnheilkunde
120n grün	Soranos: Gynäkologie
124n–170n	Apulejus
129n–199n	Galen
131n grün	Soranos: Säuglingspflege
136n grün	Hebammen bessergestellt
142n grün	Gemeindeärzte in Rom
143n grün	Schlagader-Operation
147n grün	Heilkraft des Schlafes
171n grün	Galen: Physiologie
173n grün	Galen: Pulslehre
177n grün	Galen: Anatomie
180n grün	Galen: Hygiene
182n grün	Galen: Heilmitteltheorie
189n grün	Galen: Temperamente
190n–265n	Hua-To
194n grün	Galen: Pathologie
197n grün	Galen: Pharmakologie
225n grün	Narkose in China
231n grün	Eumelos: Tierheilkunde
253n grün	Schädeloperation in China
294n–354n	Apsyrtos
338n grün	Briefe zur Tiermedizin
348n grün	Bücher über Tiermedizin
354n–407n	Chrysostomos
366n grün	Pelagonius: Tiermedizin
374n grün	Oribasios' Enzyklopädie
387n grün	Oribasios: Lähmungen
410n grün	Behandlung Armer in Indien
419n grün	Vegetius: Krankheitskunde
442n grün	Sammelwerk Susrutas
497n–548n	Theodora
525n–605n	Alexander Tralles
590n–648n	Harsa
598n grün	Innere Krankheiten
602n grün	Schrift über Würmer
629n grün	Paulus: Gynäkologie
653n grün	Vagbhata: Lehrbuch
699n–759n	Wang-Wei
701n grün	Hochschule in Japan
737n rot	Arabien: Arzneikontrolle
737n grün	Arabien: Arzneiproduktion
770n grün	Apotheke in Bagdad
789n–873n	Al Kindi
806n–873n	Abu Hunain
812n grün	Kräuterbuch Walafrieds
839n–923n	Al Tabari
850n grün	Werk der Tiermedizin
860n grün	Abu Hunains Übersetzungen
865n–932n	Al Rasi
890n–961n	Abdar Rachman III.
896n grün	Arabische Seuchenkunde
903n grün	Ärzte-Geschichte
907n grün	Dioskurides arabisch
927n grün	Al Rasis Enzyklopädie
936n–1013n	Abu Kasim
965n–1039n	Al Hassan
966n grün	Abu Kasim: Sektionen
973n grün	Abu Kasim: Vivisektionen
973n–1048n	Al Biruni
975n grün	Persische Heilmittellehre
982n grün	Ibn Abbas: Handbuch
987n grün	Hormon-Präparate in China
989n grün	Abu Kasim: Kauterisation
993n grün	Entwicklung der Chirurgie
996n grün	Anatomie des Auges
1001n grün	Heilmittel Quecksilber
1010n grün	Hochschule in Salerno
1012n grün	Ibn Isa: Augenheilkunde
1015n grün	Heilmittel Koffein
1033n grün	Ibn Sinas 'Kanon'
1052n grün	Ibn Wafid: Ernährung
1070n grün	Simon Seth: Ernährung
1085n–1141n	Juda Halevi
1093n–1162n	Ibn Badscha
1098n–1178n	Hildegard von Bingen
1106n grün	Narkoseschwämme
1114n–1187n	Gerhard von Toledo
1126n–1198n	Ibn Rasd (Averroes)
1127n–1185n	Ibn Tufail
1135n grün	Krankenhaus in Byzanz
1135n–1204n	Maimonides
1137n grün	Hochschule in Montpellier
1140n grün	Prüfung für Ärzte
1152n grün	Hildegard: Homöopathie
1158n grün	Galen lateinisch
1162n grün	Verbot für Geistliche
1165n grün	Hildegards Hausbuch
1170n grün	Hochschule in Damaskus
1172n grün	Ibn Sina lateinisch
1176n grün	Chirurgiebuch übersetzt
1180n grün	Apothekenordnung
1197n grün	'Gegengifte' lateinisch
1212n grün	Ibn Baitar: Naturheilung
1215n grün	Praxisverbot für Priester
1228n grün	Eiterlose Wundbehandlung
1237n grün	Ibn Baitars Rezeptbuch
1239n grün	Vorschriften für Ärzte
1241n grün	Apotheke in Trier
1242n grün	Ärzte-Biographien
1258n grün	Werk der Augenheilkunde
1261n grün	Chirurgenschule Paris
1263n grün	Lungen-Blutkreislauf
1282n grün	Brillen in Italien
1286n grün	Sektion in Cremona
1290n–1343n	Marsilius von Padua
1315n grün	Mondino de Luzzi: Sektion
1356n grün	Al Katib: Handbuch
1363n grün	Chauliac: Chirurgie
1441n grün	Erdöl zu Heilzwecken
1472n grün	Kinderheilkunde
1493n–1541n	Paracelsus
1536n grün	Paracelsus: 'Wundarznei'
1543n grün	Vesal: Anatomie
1544n grün	Cordus: Arzneibuch
1545n grün	Paré: Chirurgie
1546n grün	Fracastoro: Bakteriologie
1563n grün	Anatomie des Ohres
1565n grün	Tabak zu Heilzwecken
1575n grün	Maurolico: Augenfehler
1618n grün	Harvey: Blutkreislauf
1630n grün	Chamberlen: Geburtszange
1632n grün	Irrenanstalt in Paris
1658n grün	Rote Blutkörperchen
1660n grün	Nils Stensen: Herzmuskel
1661n grün	Malpighi: Kapillargefäße
1666n grün	Blinder Fleck im Auge
1667n grün	Transfusion Tier/Mensch
1683n grün	Leeuwenhoek: Bakteriologie
1717n grün	Pockenschutzimpfung
1726n grün	Blutdruckmessung
1729n–1796n	Katharina II., die Große
1732n grün	Fauchard: Zahnersatz
1737n grün	Hahn: Kaltwasser
1745n grün	Daviel: Staroperation
1746n grün	Paradentose-Forschung
1760n grün	Auenbrugger: Perkussion
1761n grün	Pathologische Anatomie
1776n grün	Verdauungsvorgang
1791n grün	Pinel: Geisteskrankheit
1796n grün	Galls Schädellehre
1802n grün	Kinderklinik in Paris
1803n grün	Sertürner: Morphium
1805n grün	Hahnemann: Homöopathie
1819n grün	Laennec: Stethoskop
1819n grün	Pelletier: Chinin
1824n grün	Transfusion Mensch/Mensch
1824n grün	Priessnitz: Kaltwasser
1834n grün	Weber: Hautsinne
1837n grün	Flourens: Atmungszentrum
1839n grün	Purkinje: Ganglien
1842n grün	Jackson: Äther-Narkose
1847n grün	Kindbettfieber-Forschung
1847n grün	Chloroform-Narkose
1849n grün	Hormonforschung
1850n grün	Helmholtz: Augenspiegel
1850n grün	Nervenuntersuchung
1852n grün	Mathysen: Gipsverband
1854n grün	Lungenheilstätte
1855n–1939n	Freud
1858n grün	Zellularpathologie
1867n grün	Lister: Antisepsis
1873n grün	Hansen: Leprabazillus
1874n grün	Billroth: Mikrokokken
1878n grün	Koch: Bakteriologie
1880n grün	Tollwutschutzimpfung
1881n grün	Charcot: Hysterie
1882n grün	Koch: Tuberkelbazillus
1886n grün	Formalin-Desinfektion
1887n grün	Kneipp: 'Wasserkur'
1889n grün	Eikman: Vitamine
1890n grün	Behring: Serumbehandlung
1891n grün	Tesla: Diathermie
1892n grün	Örtliche Betäubung
1893n grün	Ehrlich: Chemotherapie
1895n grün	Freud: Psychoanalyse
1895n grün	Röntgenstrahlen
1897n grün	Malaria-Erreger
1899n grün	Dreser: Aspirin
1900n grün	Freud: 'Traumdeutung'
1901n grün	Landsteiner: Blutgruppen
1904n grün	Höhensonne
1906n grün	Koch: Schlafkrankheit
1909n grün	Ehrlich: Salvarsan
1911n grün	Elektrokardiogramm
1912n grün	Individualpsychologie
1916n grün	Germanin
1921n grün	Insulin
1924n grün	Bergers Hirnforschung
1926n grün	Pawlow: 'Nerventätigkeit'
1926n grün	Künstliches Vitamin
1928n grün	Fleming: Penicillin
1934n grün	Hormonsynthese
1935n grün	Domagk: Sulfonamid
1938n grün	Elektroschock-Behandlung
1940n grün	Rhesusfaktor
1941n grün	Viren sichtbar
1944n grün	Streptomyzin
1945n grün	Goetsch: Vitaminforschung
1947n grün	Künstliches Vitamin A
1948n grün	Künstliches Herz
1952n grün	Meteoro-Biologie
1954n grün	Salk: Kinderlähmungsserum
1955n grün	Kobalt 60
1956n grün	Strahlungs-Schäden
1957n grün	Verschluckbarer Sender
1962n grün	Contergan-Schäden
1963n grün	Anti-Baby-Pille
1964n grün	Gefahren des Rauchens

MEDIZINISCHE INSTRUMENTE UND GERÄTE

288v grün	Pulsuhr
203v grün	Einrichten von Brüchen
54n grün	Operationsbestecke
1630n grün	Geburtszange
1819n grün	Stethoskop
1850n grün	Augenspiegel
1891n grün	Diathermie
1895n grün	Röntgenstrahlen
1904n grün	Höhensonne
1911n grün	Elektrokardiogramm
1938n grün	Elektroschock
1948n grün	Künstliches Herz
1957n grün	Verschluckbarer Sender

MEDUM, Stadt in Nord-Ägypten, 75 km nilaufwärts von Kairo. Hier wurde vor mehr als 4500 Jahren eine Pyramide in Stufenform errichtet, der ein natürlicher Erdhügel als Kern diente. Ihre Oberfläche bestand aus Kalkstein-Quadern, die vermauert wurden. Sie diente als Grabmal des Ägypterkönigs. In ihrer Nähe befindet sich eine kleine Kapelle. Außerdem hatten dort mehrere hohe Würdenträger ihr Grabmal (Mastaba) erbaut und mit Kunstwerken geschmückt.

2610v blau	Stufenpyramide
2569v blau	Skulpturen
2473v blau	Gemälde

MEDUSA, eine von drei Schreckgestalten der griechischen Sage ('Gorgonen'). Ihr Anblick versteinerte. Ein Sohn des Gottes Zeus (Perseus) überlistete sie aber, schlug ihr das Haupt ab, schreckte seine Gegner damit und weihte es schließlich seiner Schutzgöttin Athene.

1554n blau	Cellinis Statue

MEER-REICH, Name eines Reiches im Mündungsgebiet des Euphrat und Tigris am Persischen Golf (Süd-Mesopotamien). Unter Iluma-I-Lu zur Unabhängigkeit von Babylon gelangt, behauptete es mehr als 200 Jahre seine Selbständigkeit, ehe es vom Babylonischen Reiche wieder unterworfen wurde.

1698v–1629v	Iluma-I-Lu
1675v/1665v	Freiheitskampf Sumers
1665v rot	Unabhängiges Reich
1653v grün	Festungsgürtel
1475v–1420v	Ulam-Buriasch
1432v braun	Vorstoß Babylons
1427v braun	Vorstoß Babylons
1427v rot	Babylonische Herrschaft
1427v rot	Ende des Reiches

MEERSBURG, Stadt am Nordufer des Bodensees. Wuchs um ein Schloß empor, dessen ältester Teil 628n erbaut wurde. 1526n bis 1803n Residenz der Bischöfe von Konstanz. Geburtsstadt des Malers Stephan Lochner und langjähriger Aufenthaltsort der Dichterin Annette Droste-Hülshoff.

1410n–1451n	Stephan Lochner

MEERSEN, Stadt im äußersten Süden Hollands, unmittelbar an der belgischen Grenze und 25 km vor Aachen. Entstand als Hofburg (Pfalz), die Karl der Große hatte anlegen lassen. Seine Enkel Ludwig der Deutsche und Karl der Kahle einigten sich hier 56 Jahre nach seinem Tod über die Grenzen ihrer Teilreiche. Das Elsaß, Ost-Lothringen, Friesland und Teile von Burgund fielen dabei Ludwig und damit Deutschland zu.

870n rot	Vertrag

MEGALOPOLIS (wörtlich 'große Stadt'), Name einer griechischen Stadt im Herzen der großen Halbinsel, die den Südteil des Landes bildet (Peloponnes). Entstand im Jahre 366v durch Zusammenlegung von 40 vorher selbständigen Dörfern. Entwickelte sich schnell zu einem bedeutenden Kultur-Zentrum. Das größte Theater Griechenlands wurde hier gebaut. Als Gegengewicht gegen die Vormacht Spartas im Peloponnes von den arkadischen Stämmen angelegt, wurde die Stadt 144 Jahre nach ihrer Gründung von spartanischen Heeren erobert, geplündert und größtenteils zerstört.

349v blau	Theater

MEGARA, griechischer Stadtstaat in Attika, 30 km westlich von Athen, bestehend aus Burg, Stadt und Hafen. Hier entstand schon im 7. Jahrhundert vor unserer Zeitrechnung ein demokratisches Staatswesen, das Kolonien am Schwarzen Meer und auf Sizilien gründete. Die infolge ihres Alters und ihres Reichtums stolze Stadt wurde wegen ihrer Parteinahme für das mit Sparta verbündete Korinth von Athen durch eine Handelssperre bestraft. Diese Maßnahme bildete einen Anlaß für den ein Jahr danach beginnenden griechischen Bruderzwist (Peloponnesischer Krieg). Unter römischer Herrschaft führte sie nur noch ein Schattendasein und verfiel im 5. Jahrhundert nach unserer Zeitrechnung ganz, wurde aber später noch einmal aufgebaut.

660v blau	Kolonie auf Sizilien
432v grün	Handelssperre

MEGARA, Stadt an der Ostküste Siziliens, 20 km nördlich von Syrakus. Gegründet von Siedlern aus dem griechischen Stadtstaat gleichen Namens. Ihr schneller Aufstieg erregte den Neid des benachbarten Syrakus, dessen Heere die Stadt 482v zerstörten. Die Bewohner fanden in Syrakus Aufnahme. Siebzig Jahre später als vorgeschobene Festung von Syrakus aus neu aufgebaut, erreichte sie ihre alte Blüte nicht wieder.

660v blau	Gründung

MEGARON, griechisches Wort für 'Halle'. Es wurde vor 3000 Jahren zur Bezeichnung für einen Haus-Typ, der aus einem großen Hauptraum bestand und den man meist durch einen Vorraum betrat. Zunächst in Kleinasien und Vorderasien verbreitet, kam diese Hausform bald nach der Insel Kreta und nach der griechischen Stadt Mykene. Von hier aus fand sie Eingang in die Städte des übrigen Griechenland und prägte die griechische Tempelform. In Nordeuropa nur als Holzhaus gebaut.

933v grün	Aufkommen

MEGASTHENES, griechischer Schriftsteller und Politiker.

321v–282v	Lebenslinie
293v blau	Geschichte Indiens

MÈGE-MOURIÈS, Hippolyte (1817n–1880n), französischer Chemiker. Erforschte mehrere Reben-Krankheiten, verbesserte die Zucker-Raffinerie, schuf ein Verfahren zur Gewinnung von Salz aus Meerwasser und fand mehrere für die menschliche Ernährung wichtige Wirkstoffe. Entwickelte ein butter-ähnliches Kunstfett (Margarine). Dazu entnahm er frischem Gewebefett von Rindern das Stearin (Rindertalg) und vermischte es durch einen Gärungs- und Rührprozeß mit feinsten Tropfen frischer Kuhmilch. Mit diesem Verfahren gewann er einen Geld-Preis, der von der französischen Regierung für die Entdeckung eines billigen Butter-Ersatzes ausgeschrieben worden war. Von diesem Gelde baute er eine kleine Fabrik und brachte das neue Kunstfett selbst auf den Markt. Bald darauf wurden auf der Grundlage seiner Patente in allen Industriestaaten Europas ähnliche Fabriken errichtet. Verbesserte die Aufbereitung des Brot-Teigs sowie die Herstellung von Frucht- und Gemüsekonserven.

1868n grün	Margarine

MEGENBERG, Konrad von (1309n bis 1374n), deutscher Schriftsteller. Verfaßte das erste allgemeinverständliche Werk über die Natur in deutscher Sprache. Auf der Grundlage älterer Bücher in lateinischer Sprache sowie nach eigenen Beobachtungen beschrieb er darin systematisch alle Naturerscheinungen: das Himmelsgewölbe, die Planeten, die Erde, die Metalle, die Edelsteine, die Wasserquellen, die Pflanzen, die Fische, die Kriechtiere, die Vögel, die Säugetiere und den Menschen. Außerdem stellte er unter Verwendung einer englischen Vorlage das erste deutsche Handbuch der Physik zusammen. Schrieb auch historische und politische Werke.

1349n grün	Naturkunde

MEGERLE, Hans Ulrich (1644n–1709n), deutscher Schriftsteller. Verließ 18jährig seine badische Heimat und wurde in Wien Augustinermönch. Als Prediger in Augsburg, Graz und Wien erregte er durch seine volkstümliche Sprache, seine freie Denkweise und seinen derben Humor Aufsehen und wurde als kaiserlicher Hofprediger nach Wien berufen. Auch in dieser Stellung prangerte er rücksichtslos die Fehler und Mängel der Gesellschaft an und suchte die Not des arbeitenden Volkes zu mildern. Durch scharfen Witz, durch Wortspiele und Anekdoten sowie durch eine zupackende, bilderreiche Sprache bemühte er sich, die gesellschaftliche Heuchelei zu durchstoßen und den Menschen in seinem Innersten wachzurütteln. Die hereinbrechende Pest veranlaßte ihn zur Niederschrift seiner Gedanken, die er unter dem Decknamen 'Abraham a Santa Clara' veröffentlichte.

1695n blau 'Judas der Erzschelm'

MEGIDDO, Stadt in Palästina zwischen Jordan und Mittelmeer. Vor etwa 5000 Jahren gründeten hier Kanaanäer eine Siedlung, die vor etwa 4000 Jahren unter ägyptischen Einfluß geriet, dann zeitweilig tributpflichtig wurde, aber die Selbstverwaltung nicht verlor. Ihre Lage am Wege zwischen Ägypten und Damaskus machte sie zu einem wichtigen Punkt für den Handel wie für Kriegszüge. Erst infolge der Beteiligung Israels an einer anti-ägyptischen Koalition Vorderasiens geriet sie völlig unter die Herrschaft der Ägypter. Nach Errichtung eines selbständigen Staates in Palästina (Juda) wurde die mehrfach zerstörte Stadt befestigt und beherbergte unter König Salomo die Wagenkämpfer des jüdischen Staates.

1512v–1448v Tut-Mosis III.
1481v/1460v Vorderasien-Krieg
1479v rot Ägyptische Herrschaft
913v blau Tempel
771v blau Relief eines Löwen

MEHRING, Franz (1846n–1919n), deutscher Historiker und Publizist. Nach Beendigung seines Philosophie-Studiums wurde er Mitarbeiter bürgerlicher Zeitungen und verfaßte eine kritische Geschichte der SPD. Die für diese Arbeit notwendige Beschäftigung mit dem Marxismus wirkte aber in ihm nach. Unter dem Eindruck der antisozialistischen 'Sozialisten-Gesetze' Bismarcks wurde er Sozialdemokrat und schrieb eine neue, marxistische Geschichte der SPD. Als Kriegsgegner lehnte er 1914n die Kriegskredite ab und gründete nach ihrer Bewilligung durch die SPD-Führer mit Karl Liebknecht und Rosa Luxemburg die Gruppe 'Internationale'. Gab die kriegsfeindlichen 'Spartakus-Briefe' mit heraus und wurde eingekerkert. 1918n gehörte er zu den Gründern der Kommunistischen Partei Deutschlands. Entlarvte die Abhängigkeit der öffentlichen Meinung in der bürgerlichen Gesellschaft ('Kapital und Presse'). Einer kritischen Untersuchung des bürgerlichen Lessingbildes ('Lessing-Legende') fügte er als Anhang die Zusammenfassung der Grundsätze des historischen Materialismus bei. Diese Prinzipien wandte er auf die Untersuchung einzelner Epochen der politischen Geschichte Deutschlands an.

1893n blau 'Lessing-Legende'

MEILENSTEINE

340v–273v Appius Klaudius
312v grün Via Appia

MEINECKE, Friedrich (1862n–1954n), deutscher Historiker. Ging nach Beendigung seines Studiums in den preußischen Archivdienst und wurde dann Universitätsprofessor. Von der traditionellen, rein politisch-militärischen Geschichtsbetrachtung kommend ('Das Leben des Generalfeldmarschalls Hermann von Boyen'), fand er langsam auch Sinn für die geistigen Triebkräfte der Geschichte ('Weltbürgertum und Nationalstaat'). Damit verbunden war eine zunehmende Betonung der Bedeutung des Einzelnen im historischen Geschehen ('Persönlichkeit und geschichtliche Welt'). Besondere Aufmerksamkeit widmete er der Beschreibung deutscher Erhebungen, zu denen er auch den ersten Weltkrieg zählte ('Die Erhebung von 1914n'). Die geschichtliche Bedingtheit allen Geschehens (Historismus) stellte er in Gegensatz zu einer rein vernunftgemäßen Betrachtungsweise (Rationalismus) und sah die Zurückdrängung der westeuropäischen Aufklärung durch eine bloß historisierende Weltsicht als ein deutsches Verdienst an.

1908n blau 'Weltbürgertum'

MEISENBACH, Georg (1841n–1912n), deutscher Erfinder. Als Kupferstecher entwickelte er ein Verfahren zur Verwandlung von grauen Bildtönen in winzige schwarze Punkte, die nach ihrer Drucklegung wieder den Eindruck der grauen Zwischentöne hervorrufen. Durch seine Zerlegung abgestufter Grautöne in Schwarzpunkte verschiedener Dichtigkeit mit Hilfe eines Netz-Gitters (Raster) schuf er die Möglichkeit zum Druck von Photographien auf chemisch-mechanischem Wege. So machte er die mühsame und unzulängliche Umsetzung von Photographien durch die Handarbeit des Kupferstechers überflüssig. Gründete ein Unternehmen zur Auswertung seiner Erfindung.

1882n grün Autotypie

MEISSEN, Stadt am Oberlauf der Elbe, 20 km nordwestlich von Dresden. Entstand aus dem slawischen Dorfe Misni, nachdem der deutsche König Heinrich I. hier vor mehr als 1000 Jahren eine Zwingburg angelegt hatte. Erhielt im 13. Jahrhundert Stadtrecht und im 14. Jahrhundert Selbstverwaltung und wurde Keimzelle des sächsischen Staates. Im 16. Jahrhundert errang sie durch ihre Tuchmacherei europäischen Ruf, der aber im 18. Jahrhundert durch die Weltgeltung der hier von August dem Starken gegründeten ersten Porzellanmanufaktur Europas überschattet wurde. Daneben erfolgte im 19. Jahrhundert eine allgemeine Industrialisierung. Nach dem zweiten Weltkrieg entstand hier im Gebäude einer ehemaligen Fürstenschule die Hochschule für landwirtschaftliche Produktionsgenossenschaften.

929n blau Burg
1180n–1225n Heinrich von Morungen
1543n blau Fürstenschule
1710n grün Porzellanmanufaktur

MEISTBEGÜNSTIGUNGSKLAUSEL, Bestandteil zwischenstaatlicher Wirtschaftsverträge. Sichert beiden Handelspartnern die gleichen Vorrechte, die jeder von ihnen dritten Ländern einräumt. Entwickelte sich aus Vertragsbestimmungen, die 1535n von Frankreich einseitig der Türkei aufgezwungen wurden ('Kapitulationen'). Mit der Gewährung dieser Vorrechte durch die Türkei an eine dritte Macht (Holland) begann die allgemeine Verbreitung dieser Klausel, die ihre volle Ausbildung 1669n in einem englisch-dänischen Vertrage fand. Sie beruht in der Regel auf Gegenseitigkeit, wurde jedoch als Kriegsfolge besiegten Staaten auch einseitig auferlegt, zuletzt im Versailler Vertrag den Verlierern des ersten Weltkrieges.

1612n grün Vorrecht für Holland

MEISTER BERTRAM (1345n bis 1415n), deutscher Maler und Bildschnitzer. Durch Vermenschlichung der Heiligengeschichten gab er der religiösen Kunst seiner Zeit Lebendigkeit und Wirklichkeitsnähe. Sein Hauptwerk ist der mit 24 biblischen Bildern geschmückte Altar für die Petri-Kirche zu Hamburg. Er trägt den Namen 'Grabower Altar', weil er 1734n dem mecklenburgischen Dorfe Grabow geschenkt wurde, von wo er 1903n nach Hamburg zurückkam.

1379n blau Grabower Altar

MEISTER ERWIN (um 1240n–1318n), deutscher Architekt. Als Werkmeister am Bau des Straßburger Münsters beteiligt, schuf er den Entwurf für die Fassade des Domes. Doch wurde sein Plan nur teilweise ausgeführt, insbesondere wich die Turmgestaltung von seinem Entwurf ab und störte die von ihm erstrebte Gesamtwirkung. Stellte auch das durch Brand beschädigte Langhaus des Münsters nach eigenem Plan wieder her.

1276n blau Domfassade

MEISTER JOHANNES (um 1275n bis 1331n), deutscher Baumeister. Als Sohn des Kölner Dom-Baumeisters Arnold lernte er bei seinem Vater und übernahm nach dessen Tode die Leitung seiner Bauarbeiten. Vollendete den Altarteil (Chor) des Kölner Doms nach den Plänen des Meisters Gerhard, die schon seinem Vater bei der Anlage des fünfschiffigen Chors als Grundlage gedient hatten. Plante auch das neue fünfschiffige Langhaus, dessen Bau nach Abbruch des alten Langhauses in seinen letzten Lebensjahren begonnen wurde.

1322n blau Chor des Kölner Domes

MEISTERSINGER, Bezeichnung für die singenden und dichtenden Handwerksmeister, die im 14., 15. und 16. Jahrhundert in deutschen Städten und in Südfrankreich diese Künste pflegten. Zunächst dachten sich die Meister zu alten Handwerksliedern neue Texte aus, dann ersannen sie Melodien dazu, und schließlich schufen sie ganze Bühnenaufführungen (Fastnachtsspiele). In eigenen Schulen wurde der Nachwuchs herangebildet und mußte sich vom Schüler über den Sänger und Dichter zum Meister entwickeln, wenn er zur Teilnahme an festlichen Aufführungen zugelassen werden wollte. Eine hohe Blüte wurde zu Beginn des 16. Jahrhunderts in Nürnberg erreicht, wo mit Hans Sachs etwa 250 Meistersinger wirkten.

1449n blau Rosenplüt
1450n blau Schule in Augsburg
1492n blau Nunnenpeck
1493n blau Hans Folz
1524n blau Hans Sachs
1867n blau Wagners Oper

MEKKA, Stadt im Westen der arabischen Halbinsel. 80 km landeinwärts von der Küste des Roten Meeres geschützt in einem Hochtal gelegen, war sie früh Karawanen-Station für die Weihrauchtransporte von der Südküste Arabiens zum Mittelmeerraum. Sie entwickelte sich bald zum religiösen Mittelpunkt der arabischen Welt, die schon vor drei Jahrtausenden durch die gemeinsame Verehrung des heiligen Steines in dieser Stadt (Kaaba) einen Zusammenhalt fand. Hier wurde Mohammed geboren, dessen Familie zu den Aufsehern der Kaaba gehörte und der den Arabern die politische Einheit brachte. Doch entwand sie sich schon 835n der Herrschaft von Mohammeds Nachfolgern ('Kalifen') und blieb selbständig, bis sie 1517n für 400 Jahre unter türkische Herrschaft geriet. Seit 1926n Bestandteil eines unter Ibn Saud sich bildenden Araberstaates.

2902v blau Karawanenstützpunkt
2854v grün Karawanenweg
530n braun Angriff der Abessinier
570n–632n Mohammed
622n rot Hedschra
624n grün Gebetshaltung
627n braun Kampf gegen Medina
630n braun Vorstoß Mohammeds
630n rot Herrschaft Mohammeds
630n grün Wallfahrtsort des Islam
899n/930n Karmatenaufstand
1185n blau Bericht einer Pilgerfahrt
1304n–1377n Ibn Batuta

MELAM, König von Kisch im Lande zwischen Euphrat und Tigris (Mesopotamien).

2915v–2852v Lebenslinie

MELANCHTHON, Philipp, deutscher Religionsphilosoph.

1497n–1560n Lebenslinie
1518n blau Griechische Grammatik
1521n blau Evangelische Dogmatik
1530n blau Augsburger Konfession

MELBOURNE, Hafenstadt an der äußersten Südostküste Australiens. Trotz ihrer Europa abgewandten Lage wuchs sie wegen ihres günstigen Klimas und der Goldfunde in ihrer Nähe (seit 1851n) schnell zur zweitgrößten Stadt des australischen Kontinents empor. 1854n entstand hier die erste Universität Australiens.

1835n blau Gründung

MELK, Stadt am Mittellauf der Donau, 100 km oberhalb von Wien (Österreich). Schon zur Römerzeit besiedelt, spielte sie in der frühen deutschen Sage eine Rolle als das 'Medelike' im Nibelungenlied. Später erhielt sie ein Kloster, wurde befestigt und mehrfach erstürmt, zuletzt 1683n von den Türken.

1089n blau Kloster
1701n blau Neubau des Klosters

MELOS, Name einer Insel vor der Südküste Griechenlands, halbwegs zwischen dem griechischen Festlande und der Insel Kreta. Schon vor fast 4000 Jahren von Phöniziern errichteter Handelsplatz und Stätte einer hohen künstlerischen Kultur. Kämpfte auf griechischer Seite gegen die Perser, verweigerte aber den Beitritt zum Attischen Seebund und behauptete ihre Selbständigkeit. Im Jahre 416v von den Athenern besiegt, wurde die Bevölkerung getötet oder in die Sklaverei verkauft. In der Römerzeit hieß die Insel 'Milo'. Ihr Name wurde als Fundort einer stark beschädigten Statue mit dem Inbegriff klassischer Frauenschönheit ('Venus von Milo') weltberühmt.

1547v blau Wandgemälde
109v blau 'Venus von Milo'

MELVILLE, Herman (1819n–1891n), nordamerikanischer Schriftsteller. Verließ seine Banklehre, wurde Landarbeiter, Matrose, Lehrer und Schriftsteller. Beschrieb in packenden Abenteuer-Romanen das Leben bei den Südsee-Insulanern, deren Gefangener er vier Monate lang war ('Taipi'). Verurteilte die Tätigkeit christlicher Missionare bei den Eingeborenen und machte sie für den Untergang der hohen Kultur dieser Inselvölker verantwortlich ('Omu'). In seinem großen Walfang-Roman 'Moby Dick' schilderte er auf Grund eigener Erlebnisse den Kampf des Menschen mit der Natur, in dem sich für ihn der menschliche Schicksalskampf symbolisierte. In seinen Erzählungen machte er sich zum Anwalt der Ausgebeuteten und Entrechteten ('Das Mahl der Armen und die Brosamen von des Reichen Tische'). Kämpfte auch gegen die Moral der bürgerlichen Gesellschaft ('Das Junggesellenparadies und die Hölle der Mädchen').

1851n blau 'Moby Dick'

MEMEL, Hafenstadt an der Ostsee. Im Schutze einer von Deutschrittern angelegten Burg emporgewachsen, erhielt sie 1254n Lübecker Stadtrecht und wurde 1328n Besitz der Deutschritter. In zahlreichen Kriegen gegen die umwohnenden Litauer und Polen, später auch gegen Schweden und Russen, wurde die Stadt mehrfach umkämpft, beraubt und niedergebrannt. Sie behauptete sich aber bis 1919n als nördlichste deutsche Stadt. 1807n war sie letzte Zufluchtsstätte der preußischen Königsfamilie vor den vordringenden Heeren Napoleons. Durch den Versailler Vertrag von Deutschland abgetrennt, wurde sie Hafenstadt des aus dem russischen Staatsverband herausgelösten Litauen. Mit der Einverleibung Litauens durch die Rote Armee während des zweiten Weltkrieges wurde sie Teil der UdSSR.

1252n blau Gründung
1919n rot Versailler Vertrag
1939n/1945n Zweiter Weltkrieg
1940n rot Teil der UdSSR

MEMLING, Hans (um 1430n–1494n), niederländischer Maler deutscher Herkunft. Verließ als junger Mann seine Heimat Seligenstadt bei Mainz, studierte die Kunst der niederländischen Maler (Roger van der Weyden) und ließ sich als Maler in der blühenden Handelsmetropole Brügge (Flandern) nieder. Schuf Porträts (Maria Moreel), Einzel-Darstellungen biblischer Stoffe ('Die sieben Freuden der Maria') und Altäre (Dreikönigsaltar, Beweinungsaltar, Johannesaltar). Einen Schrank zur Aufbewahrung von Reliquien der britischen Königstochter Ursula bemalte er mit Sagenbildern aus Ursulas Leben und von ihrer Tötung durch die Hunnen bei Köln am Rhein ('Ursula-Schrein'). Auf seinen religiösen Bildern stellte er unbekümmert nackte Menschen dar ('Adam und Eva').

1489n blau 'Ursula-Schrein'

MEMNONS-KOLOSSE, Bezeichnung für die beiden Riesen-Statuen des sitzenden Ägypterkönigs Amen-Hotep III. Sie wurden vor mehr als 3300 Jahren beiderseits des Eingangs zu seinem Tempel bei Theben (Oberägypten) aufgestellt, nachdem man die beiden 700 000 kg schweren Blöcke mehr als 500 km nilaufwärts transportiert hatte. Im Jahre 27v wurde eine der beiden Statuen durch ein Erdbeben gespalten und gab seitdem bei Sonnenaufgang einen klirrenden Ton. Nun wurden die 'singenden Kolosse' als neues Weltwunder angestaunt. Der römische Kaiser Septimius Severus ließ nach einem Besuche in Theben die langsam verfallenden Statuen im Jahre 199n instandsetzen. Dadurch verstummten sie wieder, erhielten sich aber bis in unsere Zeit.

1462v–1382v Hapu
1426v–1377v Amen-Hotep III.
1385v blau Aufstellung

MEMOIREN, von dem lateinischen Wort 'memoria' (= Erinnerung) abgeleitete Bezeichnung für eigenhändig niedergeschriebene Lebenserinnerungen.

2633v–2570v Meten
2570v blau Lebensgeschichte des Meten
2004v–1932v Sinuhe
1935v blau Sinuhes Erinnerungen
1924v blau Si-Renputs Werk
1857v–1803v Sehet
1698v blau Bildsäule Hammurabis
1475v blau Tut-Mosis III.: Annalen
1454v blau Idrimi
1367v–1315v Mur-Sili II.
1328v–1252v Hattu-Sili III.
1316v blau Mur-Sili II.: Annalen
1254v blau Hattu-Silis Lebensgeschichte
78v blau Sullas Erinnerungen
6n blau Augustus' Taten
121n–180n Mark Aurel
176n blau Mark Aurels 'Zwiesprache'
329n–389n Gregor von Nazianz
399n blau Augustins 'Bekenntnisse'
1072n blau Anselms 'Monologia'
1254n–1324n Marco Polo
1255n blau Lichtenstein: 'Frauendienst'
1295n–1366n Seuse
1298n grün Marco Polos Reisebericht
1509n blau Comines' Memoiren
1521n blau Hutten: Gesprächsbüchlein
1559n blau Nikolaus Rejs Lebensbild
1561n blau Cellinis Erinnerungen
1604n blau Margaretes Memoiren
1669n blau Pepys' Tagebuch
1743n blau L. Saint-Simon: Memoiren
1777n blau Rousseaus 'Bekenntnisse'
1786n blau Casanovas Erinnerungen
1811n blau Goethe Autobiographie
1832n blau Pellicos Werk
1886n blau Strindbergs Werk
1898n blau Bismarcks Memoiren
1902n blau Helen Kellers Lebensbild
1923n blau Gorki: 'Meine Universitäten'
1934n blau Ostrowskis Werk
1945n blau Wright: 'Ich Negerjunge'
1946n blau Heinrich Manns Werk

MEMPHIS, Stadt am Unterlauf des Nils kurz vor seinem Eintritt ins Mündungsdelta. Nach Schaffung der Einheit Ägyptens gegründet, wurde sie bald Regierungsstadt des Reiches. Mit wenigen Unterbrechungen blieb sie Residenzstadt und Metropole Ägyptens über einen Zeitraum von fast drei Jahrtausenden, bis sie durch Alexandria und später durch Kairo abgelöst wurde, die beide ebenfalls nahe der Nilmündung gegründet worden sind.

2882v–2825v Menes
2840v blau Gründung
2836v grün Schutzmauer
2673v–2631v Zoser
2649v rot Regierungssitz
2645v blau 'Lehre von Memphis'
2355v–2298v Pepi I.
2305v blau Pyramiden des Pepi
2230v–2158v Achtos I.
1752v–1692v Sa-Litis
1709v braun Eroberung durch Hyksos
1446v blau Relief 'Totenklage'
693v–609v Psammetich I.
671v rot Assyrische Oberhoheit
380v blau Relief 'Musikkapelle'
642n rot Arabische Herrschaft

MENAM, Fluß in Ostasien. Mit einer Länge von mehr als 800 km Hauptstrom von Thailand. Entspringt in den Bergen Nord-Thailands, durchfließt das ganze Land und mündet 50 km südlich von Bangkok in den Golf von Siam. Sein Stromtal ist das fruchtbarste Gebiet Thailands.

673n rot Niederlassung der Thai

MENANDER, griechischer Dichter.

343v–292v Lebenslinie
311v blau 'Das Schiedsgericht'

MENDANA, Alvaro (1541n–1595n), spanischer Seefahrer. Begleitete seinen Onkel auf einer Fahrt nach Peru (Südamerika). Von hier aus fuhr er über den Pazifik zurück und entdeckte unterwegs eine unbekannte Inselgruppe (Marshall-Inseln) sowie östlich von Neu-Guinea die Salomon-Inseln. Fast dreißig Jahre später unternahm er wiederum von Südamerika aus einen Vorstoß in den Pazifik und entdeckte verschiedene kleinere Insel-Gruppen (Marquesas-Inseln). Kam auf der Insel Santa Cruz (Philippinen) um.

1567n grün Salomon-Inseln entdeckt

MENDEL, Gregor Johann (1822n–1884n), deutscher Naturforscher. Verließ 21jährig seine schlesische Heimatstadt Heinzendorf, studierte in Wien Naturwissenschaften, ging als Lehrer nach Brünn und wurde Abt des dortigen Klosters. Nachdem er acht Jahre lang durch künstliche Blütenbestäubungen mehr als 10 000 Kreuzungsversuche mit Erbsen verschiedener Art gemacht hatte, gelangte er zu der Erkenntnis, daß zahlreiche Wesensmerkmale unveränderliche Erbanlagen zugrunde liegen, die sich nach bestimmten Gesetzmäßigkeiten durchsetzen. Doch nahm von seinen Regeln der Vererbung niemand Notiz. Erst als 35 Jahre später Correns die gleichen Gesetze auf anderem Wege neu erforscht hatte, wurde die Bedeutung seiner Arbeiten erkannt. Schrieb auch Bücher über künstliche Befruchtung und über die Kreuzung von Pflanzen.

1866n grün Vererbungslehre

MENDELEJEW, Dimitri (1834n–1907n), russischer Naturwissenschaftler. Studierte in Petersburg Naturwissenschaften, wurde Schullehrer, studierte noch in Heidelberg Chemie und kehrte als Universitätsprofessor nach Petersburg zurück. Durch Beachtung der atomaren Struktur der Materie fand er das Gesetz des periodischen Systems der Elemente. Dadurch konnte er das Atomgewicht bekannter Elemente berichtigen sowie das Vorhandensein noch unbekannter Elemente feststellen und deren Eigenschaften richtig voraussagen (Gallium, Germanium). Schuf eine physikalische Theorie der Gewichte und entwickelte auf ihrer Grundlage eine Methode für feinste Gewichtsmessungen. Arbeitete auch auf den Gebieten der Metallurgie, der chemischen Lösungen sowie des Erdöls. Empfahl die unterirdische Vergasung der Kohle.

1869n grün 'System der Elemente'

MENDELSSOHN, Moses (1729n–1786n), deutscher Schriftsteller und Philosoph. Studierte in Berlin in bitterster Armut, bis ihn ein reicher jüdischer Seidenhändler zum Hauslehrer, zum Buchhalter und schließlich für immer zum Teilhaber seines

Geschäftes machte. Als der ihm freundschaftlich verbundene Lessing seine 'Philosophischen Gespräche' heimlich drucken ließ, wurde er bekannt. Verkündete die Unsterblichkeit der Seele und versuchte die Existenz Gottes aus dem Vorhandensein des Wortes 'Gott' zu beweisen ('ontologischer Gottesbeweis'). Blieb zeitlebens Mitglied der jüdischen Kirche und übersetzte den Pentateuch sowie Psalmen ins Deutsche. Als man Lessing des Pantheismus und des Atheismus beschuldigte, war er darüber so gekränkt, daß er sogleich eine Verteidigung begann ('M. M. an die Freunde Lessings').

1767 n blau 'Unsterblichkeit der Seele'

MENDELSSOHN-BARTHOLDY, Felix (1809 n–1847 n), deutscher Komponist. Enkel von Moses Mendelssohn. Trat neunjährig öffentlich als Klavierspieler auf und erhielt als Sohn eines Bankiers früh Unterricht (Berger, Zelter). Schrieb 14jährig Klavierquartette und schuf 17jährig die Ouvertüre zu Shakespeares 'Sommernachtstraum'. Die erhofften großen Werke des Wunderkindes blieben aus, doch wurde er zu einem Meister der kleinen Form ('Lieder ohne Worte'). 18jährig führte er seine erste Oper auf, dirigierte als Zwanzigjähriger Bachs fast vergessene 'Matthäus-Passion' und wurde 26jährig Gewandhauskapellmeister in Leipzig. Schrieb Klaviermusik, Kammerkonzerte und einige Sinfonien sowie Lieder und Chorwerke.

1834 n blau 'Lieder ohne Worte'

MENDOZA Alarcon, Juan Ruiz de (1581 n–1639 n), spanischer Dichter. Nach Studien in Salamanca kehrte er in seinen Geburtsort Taxco in Mexiko zurück und ließ sich 30jährig endgültig in Spanien nieder, wo er seiner Tätigkeit als Rechtsanwalt nachging. Im Mittelpunkt seiner gesellschaftskritischen Dramen stehen Charaktere, die sich gegen die moralische Minderwertigkeit ihrer Umwelt behaupten.

1634 n blau 'Verdächtige Wahrheit'

MENDOZA, Antonio (1490 n–1552 n), spanischer Seefahrer. Als Gefolgsmann des Eroberers Cortez zum Vizekönig von Neuspanien (Mexiko) ernannt. Suchte den spanischen Besitz in Amerika durch einen Vorstoß nach Norden zu erweitern. Dabei erreichte er Kalifornien. Weil sich aber seine Hoffnung auf Goldfunde nicht verwirklichte, kehrte er zurück, ohne eine Besiedlung des neu entdeckten Landes ins Auge zu fassen. Sein Verhalten fand nicht die Billigung von Cortez, der zwei Jahre später selbst aufbrach, um Kalifornien für Spanien in Besitz zu nehmen.

1533 n grün Entdeckung Kaliforniens

MENDOZA, Diego (1503 n–1575 n), spanischer Dichter, Historiker und Staatsmann. Erlernte außer den klassischen Sprachen auch das Arabische, studierte Philosophie und Staatswissenschaften, wurde Soldat und begab sich schließlich als Diplomat in die Dienste des deutschen Kaisers Karl V. Nach 36jähriger Tätigkeit in Venedig, London, Rom, Lissabon und Madrid wegen Streits mit einem Höfling verbannt, zog er sich auf sein Landgut bei Granada zurück und schrieb die Geschichte des Aufstands der arabischen Bevölkerung gegen den spanischen König Philipp II. (1568 n/1571 n). Aus seiner intimen Kenntnis der Vorgänge hinter den Kulissen konnte er diesen 'Krieg von Granada' in einem objektiven Bericht außerordentlich spannend darstellen. Verfaßte auch Gedichte und Satiren.

1570 n blau 'Krieg von Granada'

MENES, ägyptischer König.

2882 v–2825 v Lebenslinie
2853 v–2804 v Djer
2850 v rot Einigung Ägyptens
2840 v braun Feldzug nach Nubien
2840 v blau Gründung von Memphis
2836 v grün Mauer um Memphis
2834 v rot Erbmonarchie
1314 v blau Königsliste

MENEZES, Jorge (um 1490 n–1537 n), portugiesischer Seefahrer. Als Kolonialoffizier in Diensten des Gouverneurs von Indien, wurde er zum Gouverneur der Gewürzinseln (Molukken) ernannt und brach mit einem arabischen Lotsen zum Pazifischen Ozean auf, um seinen Posten zu übernehmen. Unterwegs wurde er durch einen tropischen Wind (Monsun) an die Nordküste der Insel Neu-Guinea verschlagen, die er nach ihren Bewohnern 'Papua' nannte. Als er nach acht Monaten auf den Molukken ankam, verweigerte der abgesetzte Gouverneur den Rücktritt und ließ ihn einkerkern. Durch Anhänger befreit, übernahm er sein Amt, ging aber mit so großer Grausamkeit gegen seine Widersacher vor, daß er als Gefangener nach Indien gebracht wurde. Von hier aus wurde er nach Südamerika geschickt, wo er im Kampf gegen die Eingeborenen Brasiliens umkam.

1526 n grün Entdeckung Neu-Guineas

MENGENLEHRE, Teil der Mathematik und eines ihrer Bindeglieder zur Philosophie. Befaßt sich mit den Eigenschaften endlicher und unendlicher Mengen sowie mit den Arten von Mengen und den Beziehungen zwischen ihnen.

1873 n grün Begründung

MENG-HAOJAN (689 n–740 n), chinesischer Dichter. Nach vergeblichen Bemühungen um eine Staatsstellung ging er in die Einsamkeit und begann zu schreiben. In seinen Gedichten verherrlichte er das naturverbundene Leben des Einsiedlers. Schuf auch zarte Melodien zu seinen Reimen. Von Zeit zu Zeit zog er, auf einem Esel reitend, durch das Land. Aber immer wieder kehrte er in seine stille Klause zurück, um das Erlebte niederzuschreiben.

721 n blau Gedichte

MENG-TSE, chinesischer Philosoph.

378 v–289 v Lebenslinie
308 v blau Tyrannenmord bejaht
302 v blau Neuer Konfuzianismus

MENIPPOS (um 300 v–um 240 v), griechischer Dichter aus Gadara (Vorderasien). Kam als Sklave nach Griechenland. Später wurde er freigelassen und begann zu schreiben. Verspottete die Gelehrttuerei der Philosophen ebenso wie den Götterglauben der Gebildeten. Lobte das schlichte Leben des einfachen Mannes. Seine in 13 Büchern zusammengefaßten Werke enthielten Erzählungen mit eingestreuten Versen ('Geburtslegende Epikurs', 'Himmelfahrt', 'Der Verkauf des Diogenes'). Von geistreichen Einfällen, amüsanten Darstellungen und sarkastischer Kritik erfüllt, wurden sie häufig nachgeahmt ('Menippeische Satire'). Setzte seinem Leben selbst ein Ende.

254 v blau Possen

MENNO SIMONS (1492 n–1559 n), deutscher Prediger. Wurde Geistlicher, trat aber 44jährig aus der katholischen Kirche aus. Verfocht die Ideale der Wiedertäufer (Ablehnung der Taufe unmündiger Kinder sowie von Kirche, Eid und Kriegsdienst). Wurde Oberhaupt einer freien Gemeinde in Amsterdam. Als Wanderprediger durchzog er dann seine friesische Heimat und Holstein, um überall Gemeinden für die Bewegung zu gründen, die später seinen Namen annahm ('Mennoniten').

1539 n blau Gegen Eid und Kriegsdienst

MENNONITEN, Name einer antikirchlichen christlichen Organisation, die 1523 n in Zürich entstand und in dem 1536 n beigetretenen Prediger Menno Simons ihr Oberhaupt sah (daher Menno-niten). Erklärten die Taufe unmündiger Kinder als ungültig, weil sie ohne den Willen des Getauften erfolgt, und tauften deshalb den erwachsenen Menschen noch einmal (Wiedertäufer). Verwarfen Kriegs- und Waffendienst in jeder Form, verweigerten auch die Eidesleistung. Ihre Anhänger erzwangen durch ihre Standhaftigkeit die Anerkennung der Kriegsdienstverweigerung in fast allen Ländern der Erde, sogar in Preußen. In Europa immer wieder unterdrückt und verfolgt, wanderten viele von ihnen aus. Deshalb leben heute mehr als die Hälfte ihrer 1/2 Millionen Anhänger in den USA und Kanada, wo sie als Siedler wertvolle Aufbauarbeit geleistet haben.

1539 n blau Reformforderung Mennos

MENORCA, Insel im westlichen Mittelmeer vor der Küste Spaniens. Bildet mit Mallorca, Ibiza und einigen kleineren Inseln die Inselgruppe der Balearen. Vor mehr als 3000 Jahren von Kretern und bald darauf von Phöniziern besiedelt, wurde sie um 600 v karthagisch, dann römisch, wandalisch, arabisch, aragonisch und ist seit dem Zusammenschluß Aragoniens mit Kastilien spanisch.

1597 v–1521 v Minos
123 v/122 v Vorstoß Roms
122 v rot Römische Herrschaft
425 n braun Eroberung durch Wandalen
425 n rot Teil des Wandalenreiches
903 n braun Besetzung durch Araber
903 n rot Arabische Herrschaft
1114 n braun Eroberung durch Pisa
1114 n rot Besitz der Stadt Pisa

MENSCHENAFFEN, Bezeichnung für hochentwickelte Säugetiere, die anatomisch mit dem Menschen näher verwandt sind als mit den Affen (Schimpanse, Gorilla, Orang-Utan).

1863 n grün Huxley: Abstammungslehre

MENSCHENFRESSEREI, Bezeichnung für das Verzehren getöteter Menschen durch Menschen. Bei Naturvölkern verbreitet, durch Religion und Kult in rituelle Formen gebracht, erhielt sich diese Sitte bis in unser Jahrhundert in großen Teilen Afrikas, Amerikas und Australiens, vor allem aber bei den Bewohnern Indonesiens (Sumatra), der Südsee (Tahiti, Salomon-Inseln, Fidschi-Inseln) und bei den Eskimos. Auch aus großen Teilen Europas von England und Irland bis Spanien, Frankreich, Belgien und Italien, Deutschland, Dänemark und Rußland liegen Beweise für ihr Vorhandensein aus geschichtlicher Zeit vor. Hunger, Geisterglaube, Feinschmeckerei waren Motive für diese Sitte, die heute nur noch in Südamerika und Indonesien geübt wird.

2500 v grün Im Rhein-Elbe-Gebiet

MENSCHENOPFER, Bezeichnung für eine besonders grausame Ausdrucksform religiösen Denkens. Beruht auf der Vorstellung, daß irdisches Mißgeschick (Krieg, Seuchen, Hungersnot, Mißernte) eine von einem Gott willkürlich herbeigeführte Strafe sei, die durch Opfer abgewendet werden kann, weil dieser Gott durch solche Opfer besänftigt wird. Derartige Vorstellungen bewirkten Jahrtausende hindurch in zahlreichen Ländern der Erde die Hinschlachtung der schönsten und den Opfernden liebsten Menschen. In den jüdischen Reichen (Juda und Israel) war diese Sitte bis zu deren Unterwerfung unter die Herrschaft Roms gebräuchlich. Im ersten Teil der Bibel (Altes Testament) als selbstverständliche Gewohnheit erwähnt, lebte es in der christlichen Vorstellung von der Opferung Jesu zwecks Erlösung der Menschheit fort (Neues Testament). Der ihm zugrunde liegende Glaube wirkt bis heute in der katholischen Kirche fort durch Gelübde, bei denen ein Gläubiger für die Gesundung der Frau, die Wiederkehr des Mannes aus dem Krieg oder in ähnlichen Fällen die Hergabe eines Kindes an die Kirche gelobt, wobei dies Kind nicht mehr getötet, sondern zu lebenslänglichem Kirchendienst in Armut und Ehelosigkeit als Priester, Mönch oder Nonne geopfert wird. Auch die Verbrennung von Millionen unschuldiger Menschen als 'Hexen' oder 'Ketzer', wie sie während des letzten Jahrtausends von der katholischen wie von der evangelischen Kirche betrieben wurde, stellt eine Form von Menschenopfer dar, weil auch sie meist aus religiösem Aberglauben veranstaltet wurde.

2295 v rot Opfer in Mitteleuropa
752 v–699 v Hiskia
714 v–642 v Manasse
406 v blau Euripides: 'Iphigenie'
226 v rot Opfer in Rom
1022 n rot Katharer-Verbrennung
1030 n rot Katharer-Verbrennung
1066 n rot Bischof als Opfer
1090 n rot 'Hexen'-Verbrennung
1115 n rot Katharer-Verbrennung
1132 n rot Peter von Bruys verbrannt
1161 n rot Opfer slawischer Priester
1163 n rot Katharer-Verbrennung
1163 n rot Katharer-Verbrennung
1184 n rot Inquisition
1209 n rot 'Ketzer'-Verbrennung
1211 n rot Katharer-Verbrennung
1230 n rot Katharer-Verbrennung
1237 n rot Katharer-Verbrennung
1239 n rot Katharer-Verurteilung
1247 n rot Feuertod für 'Hexe'
1248 n rot 'Hexen'-Verbrennung
1249 n rot Katharer-Verbrennung
1275 n rot 'Hexen'-Verbrennung
1307 n rot Feuertod Fra Dolcinos
1315 n rot Katharer-Verbrennung
1336 n rot Katharer-Verbrennung
1393 n rot Katharer-Verbrennung
1410 n–1469 n Montezuma
1415 n rot Verbrennung des Hus
1416 n rot Hieronymus' Feuertod
1417 n rot Hinrichtung Oldcastles
1431 n rot Feuertod der Jeanne d'Arc
1433 n rot Feuertod Conectes
1487 n rot Opfer bei Azteken
1498 n rot Feuertod des Savonarola
1546 n rot Verbrennung des Dolet
1549 n rot Tod Johannas von Kent
1559 n rot Verfolgung Reformierter
1600 n rot Feuertod Giordano Brunos
1692 n rot 'Hexen'-Verfolgung
1756 n rot 'Hexen'-Hinrichtung
1775 n rot 'Hexen'-Hinrichtung
1793 n rot 'Hexen'-Verbrennung
1826 n rot 'Ketzer'-Hinrichtung
1829 n rot Witwenverbrennungsverbot

MENSCHENRECHTE, Bezeichnung für die Gesamtheit der im Wesen des Menschen begründeten, zu einer Lebenserfüllung unabdingbaren und deshalb unverzichtbaren Grundrechte; insbesondere das Recht auf Leben und Gesundheit, auf Gleichheit vor dem Gesetz, Freizügigkeit, freie Berufswahl, freie Unterrichtung und freie Meinungsäußerung, Unverletzlichkeit der Person und der Wohnung sowie das Recht gleichberechtigter Mitbestimmung bei allen die Allgemeinheit betreffenden Fragen und das Recht des Widerstandes gegen Willkür und Unterdrückung. Zu diesen Grundrechten, die keiner Bestätigung in Verfassung oder Gesetz bedürfen, weil sie dem Menschen eingeboren und also unverzichtbar sind, trat seit 1776 n, ausgehend von Virginia, die Verkündung des uneingeschränkten Rechtes auf Eigentum. Es fand als ebenbürtiges 'Menschenrecht' Aufnahme in die Verfassungen fast aller bürgerlichen Staaten. Dadurch wurden aber in Wahrheit die übrigen Grundrechte des Menschen eingeschränkt, weil das unbegrenzte Eigentumsrecht auch das Recht zum Besitz von Acker, Wäldern, Bodenschätzen, Werkstätten und Fabriken einschloß und so mit der Ausbeutung die Klassengesellschaft verewigte, in der alle Menschenrechte nur formalen Charakter haben. Durch Einschränkung des Eigentumsrechtes auf das Recht zum Besitz persönlicher Habe bei gleichzeitiger Überführung des Eigentums an Boden und Fabriken in den Besitz der Allgemeinheit wurde in unserer Epoche in den kommunistischen Ländern die Voraussetzung für die tatsächliche Verwirklichung aller Menschenrechte geschaffen.

1672 n blau Pufendorf: Naturrecht
1688 n blau Thomasius: Naturrecht
1776 n rot Verkündung in Amerika
1789 n rot Verkündung in Frankreich
1917 n rot Arbeiter- und Bauernstaat
1924 n rot Mongolei kommunistisch
1944 n rot Jugoslawien kommunistisch
1946 n rot Nordkorea kommunistisch
1946 n rot Albanien kommunistisch
1946 n rot Bulgarien kommunistisch
1947 n rot Polen kommunistisch
1947 n rot Rumänien kommunistisch
1948 n rot CSR kommunistisch
1948 n rot Ungarn kommunistisch
1949 n rot China kommunistisch
1955 n rot Nordvietnam kommunistisch
1961 n rot Kuba kommunistisch

MENSCHEN-ZUCHT

1808 n grün Sklaven-Zucht

MENSCHEWIKI, Bezeichnung für den gemäßigten Flügel in der sozialdemokratischen Partei Rußlands. Ihren Namen (wörtlich: 'Minderheitler') erhielten sie nach einer Zufalls-Abstimmung im Londoner Exil (1903 n), bei der ihre Anhänger (Martow, Axelrod) gegenüber den Vertretern des revolutionären Flügels der 'Bolschewiki' (Lenin) in die Minderheit geriet. Zu ihren Anhängern gehörte der Theoretiker Plechanow und bis 1917 n auch Trotzki. In der Revolution von 1905 n kämpften sie zusammen mit den Bolschewisten gegen den Zarismus.

1903 n rot Spaltung der Partei
1905 n/1906 n Russische Revolution

MENTEL, Johann (um 1410 n–1478 n), deutscher Buchdrucker. Wurde zunächst Gerichtsschreiber, dann Notar. Gründete in Straßburg eine Druckerei, deren Maschinen er selbst entwarf, und galt lange Zeit als Erfinder der Buchdruckerkunst, die er wahrscheinlich bei Gutenberg erlernt hat. Druckte die erste Bibel in deutscher Sprache sowie altdeutsche Heldensagen (Parsival). Betätigte sich auch als Verleger und stellte die ersten gedruckten Buch-Anzeigen her.

1466 n blau Bibeldruck

MENTU-HOTEP, ägyptischer König.

2084 v–2012 v Lebenslinie
2102 v–2040 v Meri-Kare
2044 v braun Vorstoß nach Norden
2044 v rot Gewinn Mittel-Ägyptens
2040 v braun Vorstoß nach Norden
2040 v rot Einigung Ägyptens
2040 v rot König von Ägypten
2016 v blau Tempelbau

MENUA (um 840 v–785 v), König von Urartu (Vorderasien). Als Sohn des Königs Ispuini erbte er die Herrschaft über das von seinem Großvater Sardur geschaffene Reich von Urartu, das sich quer vom Kaukasus bis zum Oberlauf des Tigris (Mesopotamien) und Persien erstreckte. Durch Eroberung weiter Gebiete Nordost-Armeniens dehnte er sein Reich fast bis an das Kaspische Meer aus. Im Süden drängte er durch militärische Erfolge die Vormacht Assyriens zurück.

803 v braun Kämpfe in Armenien
803 v rot Gebietsgewinn

MENZEL, Adolf (1815 n–1905 n), deutscher Maler und Zeichner. Trat 15jährig in die Kupferstecher-Werkstatt seines Vaters ein, die er zwei Jahre später übernahm. Die Kunstakademie besuchte er nur gelegentlich neben seiner Arbeit, bildete sich aber selbst in fast allen Mal- und Zeichentechniken. Obgleich er auch bedeutende Ölgemälde ('Balkonzimmer') und Pastelle ('Badegäste') schuf, liegt das Schwergewicht seiner Kunst auf den Zeichnungen, von denen er etwa 40000 anfertigte. Berühmt wurde er durch seine 400 Illustrationen zu Kuglers Geschichtswerk über Friedrich den Großen, die er in drei Jahren zeichnete. Das Leben der preußischen Könige stand lange im Mittelpunkt seines Schaffens ('Flötenkonzert von Sanssouci'). 15 Jahre dauerten die Studien zu seinen 600 kolorierten Lithographien 'Die Armee Friedrichs des Großen in ihrer Uniformierung', die dann in 30 Exemplaren gedruckt wurden. Sympathisierte mit der Revolution zur Schaffung einer deutschen Republik und ehrte ihre Opfer durch das Gemälde 'Die Märzgefallenen'. Mit seinem Gemälde eines Eisen-Walzwerkes gab er die erste großangelegte Darstellung des modernen Industrie-Proletariats in seiner Arbeitswelt.

1848 n blau 'Märzgefallene'
1875 n blau 'Walzwerk'

MERCATOR, Gerhard (1512 n–1594 n), deutscher Mathematiker und Geograph. Neben seinen Studien der Philosophie und der Mathematik erlernte er das Kupferstecher-Handwerk und zeichnete 25jährig eine Landkarte von Palästina, die wegen ihrer Genauigkeit Aufsehen erregte. Bald darauf fertigte er im Auftrage des deutschen Kaisers Karl V. einen Erdglobus und einen Himmelsglobus an. Seine anschließend hergestellte Europakarte trug ihm den Ruf des bedeutendsten lebenden Geographen ein. 55jährig schuf er mit seiner Weltkarte die erste winkeltreue Darstellung der Erdoberfläche. Mit ihrer Hilfe konnten die Seefahrer sicherer ihre überseeischen Ziele ansteuern. Die letzten 27 Jahre seines Lebens widmete er der Arbeit an einem Atlasband, dessen Karten er selbst in Kupfer stach. In seinem Sterbejahr vollendete er dies größte Werk seines Lebens, das von seinem Sohn im darauffolgenden Jahre herausgegeben wurde.

1569 n grün Weltkarte
1595 n grün Atlasband

MERCIA, Name eines Königreiches in Mittelengland, das um 500 n von Angelsachsen gegründet wurde. Es dehnte seine Macht von der Nordsee bis nach Wales aus und erreichte im 8. Jahrhundert unter den Königen Äthelbald und Offa seine höchste Blüte. 827 n unterlag sein König Wiglaf in der Schlacht dem König Egbert von Wessex. Damit verlor das Reich seine Selbständigkeit und wurde Teil des sich allmählich herausbildenden englischen Einheitsstaates.

780 n–839 n Egbert
823 n/827 n Einigungskrieg
827 n rot Einigung Englands

MEREN-PTA, ägyptischer Herrscher (Pharao).

1286 v–1220 v Lebenslinie
1230 v braun Sieg über Libyer
1229 v braun Siege in Vorderasien
1227 v rot Libyer im Nildelta

MEREN-RE, ägyptischer König.

2314 v–2292 v Lebenslinie
2369 v–2295 v Una
2306 v blau Statue
2297 v grün Nilkatarakt schiffbar

MERE-RUKA (um 2370 v–um 2320 v), ägyptischer Minister (Wesir) unter König Teti. Durch das Erstarken der Teilfürsten und die damit verbundene Einschränkung der Königsgewalt wurde seine Stellung als Mittler zwischen der Zentralgewalt und der Macht der Gaufürsten gestärkt. Sein Grabmal baute er nicht mehr als bescheidene Beigabe des Königsgrabes, sondern mit fast königlichem Aufwand (32 Räume) an einem selbstgewählten Platz.

2325 v blau Porträtstatue
2322 v blau Grabmal

MERGENTHALER, Ottmar (1854 n bis 1899 n), deutscher Erfinder. Als Sohn eines württembergischen Dorfschullehrers erlernte er das Uhrmacherhandwerk und ging 18jährig in die Vereinigten Staaten, wo er in einer Maschinenfabrik arbeitete. Hier mußte er für den Erfinder eine Schreibmaschine für Steindruck bauen und wurde dadurch mit den Problemen des Setzens und Druckens vertraut. Er entwickelte eine Maschine, die das bisher mühsam vom Setzer vorgenommene Aneinanderreihen von Buchstaben zu Wörtern und Druckzeilen mechanisch ausführte, die gesetzten Zeilen durch ein Gießverfahren druckfertig machte und die Buchstaben-Vorlagen (Matrizen) wieder selbsttätig ablegte. Verbesserte seine Maschine noch mehrfach in einer eigenen Werkstätte, die bald ihre 'Liniensetzer' ('Linotype') auch nach Europa lieferte.

obgleich die Londoner Setzer gegen ihre Einführung streikten. Starb 45jährig an Tuberkulose.

1884n grün Zeilengießmaschine

MERIDIAN, von dem lateinischen Worte 'meridies' (= Mittag) abgeleiteter Name des Mittagskreises, der den höchsten Stand der Sonnenbahn (Zenit) bezeichnet. Der Name dient auch zur Benennung des diesem Kreise entsprechenden Längengrades und wird schließlich allgemein für 'Längengrad' angewendet.

2589v grün Festlegung in Ägypten
2463v–2403v Ni-User-Re
2404v blau Relief des Absteckens

MERI-ES-ANCH (um 2576v–um 2525v), ägyptische Königin. Wurde mit dem gleichaltrigen Thronfolger Chefren verheiratet und gebar ihm einen Sohn (Mykerinos). Da ihr Mann mehrere Frauen hatte und auch mehrere Söhne, mußte Mykerinos seine Alleinherrschaft gegen seine Halbbrüder durchsetzen.

2576v–2515v Chefren
2561v–2500v Mykerinos

MERI-KARE, ägyptischer König.

2102v–2040v Lebenslinie
2138v–2063v Achtos III.
2084v–2012v Mentu-Hotep
2069v blau Lehrbuch des Vaters
2061v braun Vordringen Thebens
2044v braun Niederlage gegen Theben
2044v rot Verlust Mittelägyptens
2040v braun Vorstoß Thebens
2040v rot Herrschaftsende

MERIT, ägyptische Königin.

2843v–2791v Lebenslinie
2853v–2804v Djer

MERIT-AMUN (um 1470v–um 1410v), ägyptische Kaiserin. Als Tochter des Pharao Tut-Mosis III. wurde sie der Sitte ihres Landes entsprechend mit ihrem Bruder Amen-Hotep II. verheiratet, der nach dem Tode Tut-Mosis' III. den Thron des Nil-Reiches erbte.

1512v–1448v Tut-Mosis III.
1465v–1422v Amen-Hotep II.

MERKANTILISMUS, Bezeichnung für ein Wirtschaftssystem, dessen Leitgedanke das Streben des Staates nach dem Besitz von möglichst viel Bargeld oder Gold ist. Entstand in Europa aus dem zunehmenden Bedürfnis der Fürsten, durch kostspielige Bauten, großen Hofstaat, mächtige Heere, einen aufgeblähten Beamtenapparat und eine ungeheure Prachtentfaltung sich selbst und ihren Ländern die eigene Größe und Herrlichkeit zu beweisen. Bewirkte eine schnelle Entwicklung der industriellen Produktivität auf Kosten der Lebenshaltung des Volkes, das durch hohe Schutzzölle von billigen Einkaufsmöglichkeiten des Weltmarktes abgeschnitten wurde. Durch dieses in England von dem Direktor der ostindischen Handelsgesellschaft Thomas Mun um 1600n entwickelte System wurden auch die Mittel für den Kapital-Export der Kolonialmächte angesammelt. Doch war seine Durchführung nur möglich, wenn entweder das wirtschaftlich daran interessierte Besitzbürgertum den Staat bereits weitgehend beherrschte (wie in England), oder wenn die dadurch benachteiligten Volksmassen durch den 'absoluten Staat' gewaltsam niedergehalten wurden (wie in Frankreich, Preußen und Rußland).

1619n–1683n Colbert
1638n–1715n Ludwig XIV.
1651n rot Navigationsakte
1657n grün Colberts Lehre
1662n grün Verstaatlichung
1664n rot Schutzzollpolitik

MERKUR, Name des sonnennächsten Sterns in unserem Planetensystem, benannt nach dem römischen Gott Merkur.

390v–310v Herakleides
355v grün Erforschung seiner Bahn

MERKUR, Gestalt der römischen Göttersage. Galt wie sein griechisches Vorbild Hermes als Sohn des Jupiter (= Zeus) und der Maja. Nach römischer wie nach griechischer Vorstellung Götterbote, wurde er als Gott der Kaufleute und des Handels verehrt.

382n–440n Martianus Kapella
427n blau Martianus' Allegorie
1565n blau Bronzeplastik

MEROWINGER, Name einer Herrscherfamilie, die seit 446n Teile Frankreichs regierte. Benannt nach ihrem ersten Fürsten Merowech. Nach dreihundertjähriger Herrschaft verlor sie 751n die Macht auch formal an die Familie ihrer Kanzler ('Hausmeier'), die schon lange die tatsächliche Regierungsgewalt ausübte ('Karolinger').

444n/446n Vorstoß nach Frankreich
446n rot Gebietszuwachs
466n–511n Chlodwig
486n braun Statthalter Roms besiegt
486n rot Reichsgründung
496n braun Sieg über Alemannen
496n rot Gebietszuwachs
496n rot Chlodwig Christ
507n braun Sieg über Westgoten
507n rot Gebietszuwachs
508n rot Paris Hauptstadt
508n blau Rechtsaufzeichnung
508n/511n Krieg gegen Ostgoten
511n rot Gebietsverlust
531n braun Sieg über Thüringer
531n rot Aufteilung Thüringens
534n braun Sieg über Burgund
534n rot Gewinn Burgunds
535n/553n Letzter Ostgotenkrieg
538n–594n Gregor von Tours
540n rot Abhängigkeit Bayerns
540n grün Münzen Theudeberts
541n–572n Alboin
562n braun Kämpfe gegen Awaren
562n rot Friede mit Awaren
562n grün Tribute an Awaren
570n braun Angriff der Langobarden
571n rot Bündnis mit Byzanz
579n grün Einkommensteuer
579n braun Volksaufstand
580n grün Abschaffung der Steuer
585n grün Strafe für Sonntagsarbeit
590n braun Kampf gegen Langobarden
590n rot Friede mit Langobarden
592n blau Gregors Frankengeschichte
595n–662n Samo
614n rot Stärkung des Adels
631n braun Niederlage gegen Slawen
633n/732n Arabischer Krieg
635n–714n Pippin der Mittlere
639n rot Teilung des Reiches
645n blau Fredegars Geschichtswerk
658n–739n Willibrord
675n–754n Bonifatius
680n rot Zentralisierung
680n rot Grenzprovinzen selbständig
687n braun Machtkampf Pippins
687n rot Pippin Herrscher
688n–741n Karl Martell
689n braun Sieg über Friesen
689n rot Einverleibung Frieslands
691n rot Mission Willibrords
709n/712n Alemannenkrieg
712n rot Alemannen-Eingliederung
716n–768n Pippin der Kleine
7?6n/719n Kämpfe unter Teilreichen
719n rot Vormacht Karl Martells
720n rot Mittelmeerküste arabisch
721n rot Bekehrung Thüringens
722n rot Heeresreform
722n grün Vergabe von Lehen
725n rot Loire-Gebiet arabisch
727n rot Bekehrung Hessens
739n rot Keine Hilfe für Papst
741n rot Teilung des Reiches
742n rot Erste deutsche Synode
745n rot Kirchengut-Einschränkung
745n rot Staatskirche
747n rot Bischöfe staatsunabhängig
751n rot Herrschaftsende

MERSEBURGER ZAUBERSPRÜCHE, nach ihrem Fundort Merseburg bei Leipzig bezeichnete Sprüche, die vor mehr als 1000 Jahren auf das leere Vorsatzblatt einer christlichen Handschrift geschrieben wurden. Sie enthalten eine Anweisung zur Befreiung von Gefangenen mit Hilfe des Spruchs 'Entspringe den Banden' sowie eine Anleitung zur Heilung verrenkter Pferdefüße mit dem Spruch 'Blut zu Blut, Glied zu Glied'. Die Sprüche sind mindestens 1300 Jahre alt, entstammen aber wahrscheinlich einer vorchristlichen Epoche Deutschlands.

930n grün Aufzeichnung

MERSENNE, Marin (1588n–1648n), französischer Mathematiker, Physiker und Philosoph. Als Schüler des Galilei führte er dessen Schwingungsforschungen fort. Durch Messung der Schallgeschwindigkeit in der Luft gelang ihm die erste Bestimmung von Schwingungszahlen. Dabei bemerkte er, daß jede Saite fast gleichzeitig mit ihrem Grundton auch immer dessen harmonischen Oberton gibt. Bereicherte unser Wissen von den Primzahlen. Erkannte die Unzulänglichkeit unserer Sinneswahrnehmungen und suchte sein Weltbild allein auf den mechanischen Abläufen aufzubauen. Schrieb ein Buch über die Mechanik des Galilei und ein zweibändiges Werk über die allgemeine Harmonie, deren Wesen er auf die eindeutig meßbare und klar bestimmbare musikalische Harmonie zurückführte. Sein Haus in Paris war Treffpunkt der gelehrten Welt (Descartes, Fermat, Pascal, Gassendi). Mit Huygens und Hobbes korrespondierte er ebenso wie mit Galilei und machte durch seine Publikationen deren Forschungsergebnisse bekannt. Entwarf ein mit Kanonen bewaffnetes Tauchboot.

1637n blau 'Harmonie universelle'

MERTENS, Eduard (1860n–1919n), deutscher Chemiker. Überwand die photographische Vervielfältigung von Photographien durch Einführung eines mechanischen Lichtdruck-Verfahrens. Da die Wirkung seiner Drucke der Original-Photographie entsprach, verdrängte er in der Postkartenherstellung das photochemische Verfahren. Als Mitarbeiter des Erfinders Ernst Rolffs war er auch an der Entwicklung eines Verfahrens für die Wiedergabe von Photographien im Zeitungsdruck beteiligt (Rotations-Tiefdruck). Brach mit der allgemein üblichen Geheimhaltung neuer Reproduktionstechniken und baute für die Freiburger Zeitung eine kombinierte Druckmaschine, bei der die Bilder in einem gesonderten Rotations-Druckgang in die im üblichen Rotations-Buchdruck-Verfahren hergestellte Zeitung eingedruckt wurden. Schuf auch Rotationsdruck-Verfahren für den Tapeten- und Stoff-Druck.

1910n grün Rotations-Tiefdruck

MESA (um 900v – um 840v), König des Landes Moab in Palästina. Als Vasall des Königs Ahab von Israel zur Herrschaft gelangt, befreite er sein Land östlich des Toten Meeres durch einen Sieg über die Israelis. Die Geschichte dieses Kampfes ließ er in einen Basaltstein hauen, der im Jahre 1868n aufgefunden wurde und die älteste überlieferte Niederschrift in hebräischer Sprache darstellt.

843v braun Aufstand gegen Israel
843v rot Unabhängigkeit Moabs
843v blau Siegesstein

MES-ANNI-PADDA, König der Stadt Ur.

2545v–2478v Lebenslinie
2485v grün Handelsverbindungen

MESCHKI-AGASCHER, König des Stadtstaates Eanna in Mesopotamien.

3000v–2952v Lebenslinie
2988v–2925v En-Merkar
2973v grün Tauschhandel
2970v blau Tempelstadt Eanna

MESILIM, König von Kisch (Mesopotamien).

2676v–2595v Lebenslinie
2645v rot Vorrangstellung Kischs
2635v rot Grenzziehung
2634v blau Friedenssäule
2627v blau Königspalast
2621v rot Staatsmacht über Kirche
2605v blau Schmuck des Palastes

MESKA-LAMDUG, König des sumerischen Stadtstaates Ur.

2441v–2379v Lebenslinie
2401v grün Goldener Helm
2393v rot Leibwache

MESOPOTAMIEN, Bezeichnung für das Land zwischen Euphrat und Tigris (Vorderasien). Eines der bedeutendsten Ursprungsgebiete der Menschheitsgeschichte. Hier entstand das erste über ein Volk hinausgreifende Großreich, in dem ein Oberkönig (Kaiser) durch mehrere Könige ein größeres Staatsgebiet mit Angehörigen mehrerer verschiedener Völker beherrschte. Hier entstand auch das erste geschriebene Recht und die erste kommunistische Freiheitsbewegung.

Allgemeines (Länder, Völker, Staaten)

Vorzeittafel: Schlußbalken (5000 Jahre)
3000v–2947v Etana
3000v–2952v Meschki-Agascher
2991v blau Gründung von Eridu
2988v–2925v En-Merkar
2978v blau Gründung von Kisch
2970v blau Tempelstadt Eanna
2965v rot Ausbreitung Sumers
2943v blau Gründung von Ur
2942v–2870v Du-Muzi
2938v rot Stadtstaat Uruk
2934v braun Krieg Sumer–Aratta
2928v rot Gemeineigentum Sumers
2924v blau Gründung von Larsa
2915v blau Gründung von Lagasch
2915v–2852v Melam
2905v blau Gründung von Umma
2894v–2817v Gilgamesch
2890v blau Gründung von Adab
2888v rot Kommunismus in Sumer
2882v blau Gründung von Babylon
2873v blau Gründung von Nippur
2843v blau Gründung von Schuruppak
2781v–2716v Il-Kuku
2733v rot Kampf Kirche – Staat
2733v grün Wachsendes Privateigentum
2729v–2662v Agga
2715v blau Entstehung von Mari
2676v–2595v Mesilim
2671v rot Trennung Kirche–Staat
2671v grün Ende des Gemeineigentums
2659v rot Stammrollen in Sumer
2645v rot Machtstellung Kischs
2635v braun Krieg Lagasch–Umma
2635v rot Schlichtungspolitik
2625v rot Nippur Religionszentrum
2625v rot Enlil Hauptgott Sumers
2621v rot Staatsmacht über Kirche
2621v grün Eigentumsschutz
2613v grün Große Bürgerhäuser
2600v blau Entstehung von Assur
2596v–2515v Ur-Nan-Sche
2580v rot Höchstpreise in Uruk
2570v–2481v Ur-Enlil
2552v–2475v Ku-Baba
2549v rot Vorrang Kischs beendet
2545v–2478v Mes-Anni-Padda
2531v grün Kupferwaffen in Sumer
2522v–2434v E-Annatum
2510v rot Unabkömmlichkeit
2494v–2416v Schu-Bad
2489v rot Gründung von Kanesch
2479v braun Krieg Lagasch–Umma
2479v rot Tributpflicht Ummas
2475v braun Krieg Lagaschs gegen Ur
2475v rot Hoheit Lagaschs über Ur
2473v braun Krieg Lagasch–Uruk
2473v rot Uruk unter Lagasch
2469v braun Krieg Lagasch–Kisch
2469v rot Lagasch Großmacht
2467v braun Krieg Lagasch–Elam
2467v rot Elam unter Lagasch
2464v–2397v En-Te-Mena
2449v–2367v Lugal-Anda
2441v–2379v Meska-Lamdug
2433v braun Erhebung Ummas
2433v rot Umma wieder frei
2422v–2360v Uru-Kagina
2420v braun Krieg Lagasch–Umma
2420v rot Umma wieder unter Lagasch
2416v rot Hofstaat mitbestattet
2413v braun Einfall Elams
2409v rot Vertrag Urs mit Lagasch
2403v rot Mehrehe in Sumer
2393v rot Leibwache in Sumer
2393v–2340v Lugal-Zagesi
2379v rot Höchstzins in Sumer
2379v grün Lagasch 36 000 Einwohner
2376v–2294v Sargon der Große
2370v grün Frauen geschäftsfähig
2367v braun Aufstand in Lagasch
2367v rot Sozialreformer König
2366v rot Schutzgesetze in Lagasch
2365v rot Anti-Korruptions-Gesetze
2363v rot Witwen- und Waisenschutz
2360v braun Krieg Umma–Lagasch
2360v rot Lagasch unter Umma
2360v rot Reformen aufgehoben
2359v braun Krieg Umma–Ur, Larsa
2359v rot Ur, Larsa unter Umma
2358v braun Krieg Umma–Uruk
2358v rot Uruk unter Umma
2357v/2356v Expansionskrieg Ummas
2356v rot Einigung Sumers
2354v braun Krieg Sumer–Kisch
2354v rot Mesopotamisches Reich
2353v rot Uruk Hauptstadt
2353v blau Entwicklung Babylons
2352v braun Vorstoß zum Mittelmeer
2350v braun Umsturz in Kisch
2350v rot Sargon König von Kisch
2348v rot Reich von Akkad
2347v/2325v Krieg der 4 Weltgegenden
2347v rot Nordgebiete an Akkad
2345v rot Ostgebiete an Akkad
2343v–2285v Rimusch
2341v rot Sumer an Akkad
2340v rot König als Siegestrophäe
2338v rot Elam an Akkad
2337v rot Kaisertochter Priesterin
2336v rot Bahrein-Inseln an Akkad
2335v rot Buchführungs-Pflicht
2333v rot Syrien an Akkad
2332v rot Zypern unter Akkad
2330v–2271v Manisch-Tusu
2329v rot Schutzbitte Kaneschs
2328v rot Kappadozien unter Akkad
2326v rot Gott-Königtum Sargons
2325v rot Großreich
2325v rot Sargon Kaiser
2324v blau Residenzstadt Akkad
2319v rot Berufsbeamte
2318v rot Stehendes Heer
2311v rot Formvorschrift für Verträge
2306v/2305v Erhebung gegen Sargon
2297v–2238v Naramsin
2290v braun Erhebung Elams
2287v/2286v Erhebung gegen Rimusch
2285v rot Mord an Rimusch
2280v blau Entwicklung Ninives
2279v–2214v Scharka-Li-Scharri
2276v/2275v Krieg gegen Elam
2275v rot Statthalter in Elam
2271v braun Erhebung Kischs
2270v braun Erhebung gegen Naramsin
2268v braun Aufstand Syriens
2266v/2265v Krieg gegen Lulubu
2265v rot Hoheit über Lulubu
2264v braun Aufstand Kappadoziens
2261v braun Krieg gegen Kurdistan
2261v rot Hoheit über Kurdistan
2260v grün Festung Tell Brak
2257v braun Erhebung Elams
2248v/2247v Feldzug nach Arabien
2247v rot Gewinn Südost-Arabiens
2245v grün Bau von Burgen
2243v rot Kaiserenkelin Priesterin
2240v rot Gott-Kaisertum Naramsins
2237v rot Machtanspruch
2225v/2224v Krieg gegen Gutäer
2203v–2147v Imta
2190v–2141v Inki-Schu
2154v–2096v Jar-Lagab
2149v/2148v Einfall der Gutäer
2148v rot Ende des Reiches Akkad
2148v rot Akkad unter Gutäern
2147v/2143v Sumerischer Krieg
2143v rot Einigung unter Gutäern
2143v rot Gutäer als Kaiser
2110v rot Selbstverwaltung Sumers
2107v–2050v Utu-Chengal
2098v–2054v Ti-Ri-Gan
2093v–2030v Ur-Nammu
2088v–2020v Gudea
2060v–1983v Schul-Gi
2054v braun Erhebung Sumers
2054v rot Ende des Gutäer-Reiches
2054v rot Einigung Sumers
2050v braun Erhebung Urs
2050v rot Machtwechsel in Sumer
2047v braun Krieg Sumers gegen Akkad
2047v rot Akkad unter Sumer
2046v braun Zug Sumers nach Norden
2046v rot Einigung unter Sumer
2046v rot Ur-Nammu Kaiser
2045v rot Ur Hauptstadt
2042v braun Einfall Elams
2041v rot Berufungsgerichte
2039v blau Gesetzbuch Ur-Nammus
2039v rot Einheitliches Recht
2035v rot Söldnerheer
2033v grün Lagasch 200 000 Bewohner
2021v rot Elitetruppe
2019v braun Erhebung Babylons
2017v rot Naturalsteuern
2016v rot Starke Zentralgewalt
2013v rot Gott-Kaisertum Schul-Gis
2007v–1955v Ib-I-Sin
1998v rot Ausdehnung nach Osten
1998v braun Aufstand der Bergvölker
1995v–1940v Napal-Num
1994v braun Aufstand der Bergvölker
1992v braun Aufstand der Lulubu
1989v–1927v Ischti-Irra
1971v braun Aufstand der Bergvölker
1971v grün Mauer gegen Syrien
1968v braun Erhebung Elams
1957v braun Erhebung Maris
1957v rot Mari unabhängig
1956v braun Vorstoß Maris
1956v rot Unabhängigkeit Akkads
1955v braun Erhebung Elams
1955v rot Ende des Reiches Sumer
1955v rot Verschleppung des Kaisers
1955v grün Nanna-Statue nach Susa
1954v rot Bildung zweier Staaten
1937v–1865v Libit-Ischtar
1922v grün Nanna-Statue nach Ur
1920v blau Wiederaufbau Urs
1911v–1845v Ilu-Suma
1902v–1841v Bila-Lama
1886v–1817v Sumu-Abum
1876v–1816v Iri-Suma
1872v blau Gesetzbuch Libit-Ischtars
1872v rot Rechtsverkündung in Isin
1869v–1804v Irra-I-Mitti
1865v rot Machtwechsel in Isin
1859v rot Assyrerhilfe für Kanesch
1855v blau Gesetzbuch Bila-Lamas
1854v rot Recht in Esch-Nunna
1850v braun Erhebung Assurs
1850v rot Assur unabhängig
1847v braun Zug Assurs nach Süden
1847v rot Nippur, Ur unter Assur
1846v grün Mauern um Assur
1842v–1780v Ellil-Bani
1837v–1780v Sumu-La-Ilu
1835v braun Krieg Larsas gegen Ur
1835v rot Ur unter Larsa
1830v braun Erhebung Babylons
1830v rot Babylon selbständig
1830v rot Sumu-Abum König Babylons
1830v rot Babylon Residenz
1822v–1750v Kudur-Mabuk
1806v braun Krieg Babylon–Kisch
1806v rot Kisch unter Babylon
1804v rot Machtwechsel in Isin
1801v–1759v Warad-Sin
1789v grün Mauer um Babylon
1785v–1717v Samsi-Adad
1780v–1697v Rimsin
1771v braun Krieg Elams gegen Larsa
1771v rot Larsa unter Elam
1771v rot Warad-Sin König Larsas
1765v rot Königsschwester Priesterin
1760v–1686v Hammurabi
1759v braun Krieg Maris gegen Terka
1759v rot Vertreibung Samsi-Adads
1748v rot Samsi-Adad König Assurs
1748v–1695v Zim-Rilim
1740v braun Krieg in Sumer
1740v rot Uruk unter Larsa
1735v blau Bau assyrischer Residenz
1730v braun Sieg Assyriens über Mari
1730v rot Mari unter Assyrien
1728v braun Krieg Larsas gegen Isin
1728v rot Machtgewinn für Rimsin
1728v rot Hammurabi König Babylons
1724v rot Vertrag Babylon–Assyrien
1722v braun Krieg Babylons gegen Isin
1722v rot Isin, Uruk babylonisch
1720v–1648v Samsu-I-Luna
1719v rot Tod für Ehebruch
1717v braun Freiheitskampf Maris
1717v rot Zim-Rilim König Maris
1717v grün Haftung der Tierärzte
1715v rot Strafen für Ärzte-Fehler
1713v rot Verwaltungsschule
1712v rot Dreibund

1711 v	rot	Strafen für Baufehler
1710 v	braun	Krieg Mari–Benjaminiten
1709 v	grün	Spionage
1708 v	blau	Gesetzbuch Hammurabis
1707 v	rot	Recht in Babylon
1705 v	braun	Kurriter-Einfall
1699 v	braun	Krieg Babylon–Larsa
1699 v	rot	Süden unter Hammurabi
1698 v	braun	Krieg Babylon–Elam
1698 v	rot	Elam babylonisch
1698 v–1629 v		Iluma-I-Lu
1697 v	braun	Krieg Babylon–Assur
1697 v	rot	Assyrien unter Babylon
1696 v	braun	Krieg Babylon–Mari
1696 v	rot	Mari unter Babylon
1695 v	braun	Aufstand Maris
1695 v	rot	Babylon Vormacht
1695 v	rot	Hammurabi Kaiser
1693 v	rot	Beamtenstaat
1690 v	rot	Marduk Reichsgott
1685 v	braun	Aufstand Elams
1677 v	braun	Kassiten-Einfall
1675 v/1665 v		Freiheitskampf Sumers
1665 v	rot	Sumer unabhängig
1665 v	rot	Zerfall des Reiches
1665 v	rot	Herrschaftsende Babylons
1653 v	grün	Festungsgürtel um Sumer
1572 v–1504 v		Agum
1563 v–1530 v		Mur-Sili I.
1550 v	rot	Mitanni-Reich
1542 v–1505 v		Tut-Mosis I.
1536 v/1530 v		Dritter Hettiterkrieg
1530 v	braun	Kassiten-Aufstand
1530 v	rot	Babylon unter Kassiten
1526 v–1460 v		Parra-Tarna
1525 v	grün	Lehen der Kassiten
1521 v/1513 v		Vordringen Ägyptens
1514 v	grün	Elefantenjagd Tut-Mosis' I.
1513 v	rot	Machtgewinn Ägyptens
1513 v	blau	Ägyptisches Siegesmal
1512 v–1448 v		Tut-Mosis III.
1506 v–1444 v		Nemhet
1497 v–1435 v		Sausa-Tar
1481 v/1460 v		Vordringen Ägyptens
1475 v–1420 v		Ulam-Buriasch
1467 v	rot	Muki unter Mitanni
1465 v–1422 v		Amen-Hotep II.
1456 v–1402 v		Arta-Tama
1454 v	braun	Mitannizug nach Syrien
1454 v	rot	Nordsyrien an Mitanni
1450 v	braun	Krieg Mitanni–Assur
1450 v	rot	Assyrien unter Mitanni
1448 v–1392 v		Kara-Indasch
1447 v	braun	Aufstand Assurs
1442 v–1413 v		Tut-Mosis IV.
1436 v	braun	Krieg Mitanni–Ägypten
1432 v	braun	Krieg Babylon–Sumer
1427 v	braun	Krieg Babylon–Sumer
1427 v	rot	Machtgewinn Babylons
1427 v	rot	Ende des Reiches Sumer
1425 v	rot	Semiten-Abwanderung
1424 v–1370 v		Kuri-Gal-Zu
1422 v–1373 v		Tus-Ratta
1420 v	rot	Brautwerbung Ägyptens
1419 v	rot	Heiratspolitik
1418 v–1372 v		Ka-Em-Het
1417 v–1364 v		Eriba-Adad
1416 v	braun	Mitannizug nach Palästina
1416 v	rot	Gebietsgewinn Mitannis
1413 v	rot	Prinzessin nach Ägypten
1413 v–1346 v		Suppi-Luli-Uma
1410 v	grün	Götterbild nach Ägypten
1403 v	rot	Prinzessin nach Ägypten
1403 v	grün	Sklavinnen als Mitgift
1402 v–1346 v		Burna-Bu
1402 v–1341 v		Matti-Waza
1395 v–1328 v		Assur-U-Baalit
1380 v	braun	Krieg Babylon–Elam
1380 v	rot	Gewinn Elams
1380 v	grün	Finanzhilfe für Assyrien
1378 v/1373 v		Vierter Hettiterkrieg
1376 v	grün	Kuri-Gal-Zu-Stadt
1373 v	rot	Mitanni unter Hettitern
1371 v	braun	Aufstand Assyriens
1371 v	rot	Assyrien unabhängig
1370 v	rot	Schleier-Vorschrift
1368 v	rot	Eherecht Assyriens
1367 v	rot	Note Babylons an Ägypten
1365 v	blau	Briefwechsel von Königen
1364 v	rot	Eigentums- und Erbrecht
1363 v	rot	Heiratspolitik
1361 v	blau	Gesetzbuch Assyriens
1357 v	grün	Belehnungssteine
1355 v	braun	Krieg Assyrien–Mitanni
1355 v	rot	Machtgewinn Assyriens
1347 v–1282 v		Muwa-Talli
1331 v	braun	Erhebung Mitannis
1328 v–1252 v		Hattu-Sili III.
1325 v	braun	Einfall Elams
1315 v	braun	Aramäer-Einfälle
1309 v	braun	Assyrersieg über Babylon
1302 v–1244 v		Salmanassar I.
1297 v–1218 v		Tud-Halia IV.
1290 v	braun	Assyrersieg über Hettiter
1290 v	rot	Machtverlust der Hettiter
1290 v	rot	Ganz Mitanni assyrisch
1284 v	braun	Erhebung der Mitanni
1281 v	rot	Bund gegen Assyrien
1277 v–1207 v		Tu-Kulti
1267 v	grün	Verstärktes Assyrerheer
1258 v–1203 v		Arnu-Wanda
1255 v	braun	Erhebung Mitannis
1255 v	rot	Assyrermacht gestärkt
1255 v	rot	Mitanni–Umsiedlung
1255 v	blau	Gründung von Kalach
1253 v	braun	Vorstoß nach Armenien
1243 v	rot	Massenumsiedlungen
1242 v	braun	Assyrersieg über Gutium
1242 v	braun	Assyrersieg über Nairi
1242 v	rot	Gutium assyrisch
1242 v	rot	Nairi-Länder assyrisch
1242 v	grün	Heerstraßen nach Armenien
1241 v	braun	Assyrersieg über Babylon
1241 v	rot	Babylonien assyrisch
1241 v	rot	Einigung unter Assyrern
1240 v	braun	Erhebung Babylons
1240 v	grün	Boykott Assyriens
1232 v–1162 v		Schutruk
1231 v	blau	Neue Assyrer-Residenz
1207 v	braun	Revolte in Assyrien
1205 v	braun	Einfall Elams
1201 v	braun	Erhebung in Babylon
1201 v	rot	Babylon unabhängig
1201 v	rot	Zerfall des Großreiches
1199 v	braun	Krieg Babylon–Assyrien
1199 v	rot	Assyrien babylonisch
1198 v	grün	Berittene Schützen
1166 v–1105 v		Nebukadnezar I.
1163 v	braun	Einfall Elams
1163 v	rot	Babylon unter Elam
1163 v	rot	Machtgewinn Elams
1159 v	braun	Aufstand in Babylon
1159 v	rot	Babylon unabhängig
1148 v–1074 v		Tiglatpileser I.
1121 v	braun	Krieg Assyrien–Babylon
1121 v	rot	Assyrien wieder frei
1115 v	braun	Babyloniersieg über Elam
1112 v	braun	Einfall aus Kleinasien
1111 v/1090 v		Mesopotamischer Krieg
1111 v	rot	Süd-Armenien assyrisch
1110 v	rot	Ost-Kleinasien assyrisch
1108 v	rot	Syrien assyrisch
1107 v	rot	Phönizier: Tributpflicht
1105 v	rot	Palmyra assyrisch
1098 v–1046 v		Adada
1090 v	rot	Babylonien assyrisch
1090 v	rot	Großreich der Assyrer
1083 v	rot	Tod für 'Hexen', 'Zauberer'
1080 v	braun	Assyrersieg über Aramäer
1073 v/1072 v		Aufstand gegen Assyrer
1072 v	rot	Zerfall des Großreiches
1068 v	braun	Aramäer-Einfall
1068 v	rot	Aramäer König Babylons
943 v–890 v		Adadnirari II.
912 v–860 v		Assurnasirpal II.
908 v–830 v		Sardur
904 v	braun	Assyrersieg über Babylon
904 v	rot	Ehe Babylonierin-Assyrer
904 v	rot	Pakt Babylon-Assyrien
895 v–825 v		Salmanassar III.
894 v	braun	Assyrersieg über Aramäer
894 v	rot	Machtgewinn Assyriens
890 v–843 v		Biridri
890 v–814 v		Jehu
883 v/877 v		Vordringen der Assyrer
882 v	grün	Belagerungsmaschinen
877 v	rot	Gebietsgewinn Assyriens
876 v	braun	Assyrersieg über Syrien
869 v	grün	Reiterheere
866 v	braun	Assyrer in Kleinasien
858 v	grün	Eisenwaffen für Assyrer
854 v	braun	Assyrer: Vorderasienkrieg
852 v–774 v		Pygmalion
843 v–782 v		Semiramis
841 v	grün	Tribut Israels an Assyrien
827 v	braun	Revolte in Assyrien
827 v	rot	Entmachtung Salmanassars
824 v–782 v		Adadnirari III.
820 v	braun	Assyrersieg über Meder
809 v	braun	Krieg Assyrien-Medien
809 v	rot	Medien assyrisch
774 v–727 v		Tiglatpileser III.
763 v–705 v		Sargon II.
758 v–672 v		Bajin
752 v–699 v		Hiskia
742 v	braun	Krieg Assyrien-Urartu
742 v	rot	Nordsyrien assyrisch
740 v–681 v		Sanherib
738 v	braun	Krieg Assyrer–Sabäer
738 v	rot	Saba unter Assyrien
735 v	braun	Assyrersieg über Urartu
732 v	braun	Assyrerzug nach Syrien
732 v	rot	Ganz Syrien assyrisch
731 v	rot	Israel unter Assyrern
729 v	braun	Krieg Assyrien–Babylon
729 v	rot	Babylon assyrisch
722 v	braun	Palästinakrieg Assyriens
722 v	rot	Israel assyrisch
722 v	rot	Israeliten-Vertreibung
720 v	braun	Erhebung Palästinas
717 v	braun	Assyrersieg über Hettiter
714 v	braun	Assyrersieg über Urartu
714 v–642 v		Manasse
713 v–669 v		Asarhaddon
712 v	braun	Krieg Assyrer–Phryger
712 v	rot	Phrygien unter Assyrien
712 v	grün	Tribute Phrygiens
709 v	braun	Krieg Assyrer–Aramäer
709 v	rot	Syrien unter Assyrien
707 v	rot	Höchstpreise in Assyrien
705 v	braun	Feldzug nach Kleinasien
705 v	rot	Bündnis gegen Assyrien
701 v	braun	Erhebung gegen Assyrien
701 v	rot	Phönizien unter Assyrern
701 v	grün	Tribute Judas
699 v–653 v		Phraortes
694 v	rot	Ninive Assyrer-Hauptstadt
693 v–626 v		Assurbanipal
693 v–609 v		Psammetich I.
691 v	rot	Handwerker-Ehrung
689 v	braun	Aufstand Babyloniens
671 v	braun	Krieg Assyrien–Ägypten
671 v	rot	Machtgewinn in Ägypten
661 v	braun	Assyrersieg über Araber
659 v	braun	Erhebung Ägyptens
658 v–595 v		Necho II.
657 v	braun	Erhebung Ägyptens
657 v	rot	Unabhängigkeit Ägyptens
654 v–605 v		Nabopolassar
653 v	braun	Assyrersieg über Meder
648 v	braun	Erhebung Babylons
647 v–609 v		Josia
647 v–585 v		Kyaxares
640 v–586 v		Zedekia
639 v	braun	Assyrersieg über Elam
628 v–553 v		Hesekiel
625 v	braun	Krieg Assyrien–Babylonien
625 v	braun	Krieg Assyrien–Medien
625 v	rot	Unabhängigkeit Babylons
625 v	rot	Unabhängigkeit Mediens
624 v–561 v		Nebukadnezar II.
617 v	braun	Mederangriff auf Assyrer
615 v	braun	Belagerung Assurs
614 v	braun	Meder in Assur
614 v	rot	Bündnis gegen Assyrien
612 v	braun	Niederlage Assyriens
612 v	rot	Aufteilung Assyriens
605 v	braun	Krieg Babylon–Ägypten
605 v	rot	Syrien babylonisch
599 v–529 v		Kyros
597 v	braun	Krieg Babylon–Palästina
597 v	rot	Gefangenschaft der Juden
595 v–525 v		Krösus
589 v	grün	Mauer um Babylon
586 v	braun	Zerstörung Jerusalems
585 v	grün	Fremdarbeiter in Babylon
547 v	rot	Bündnis gegen Perser
539 v	braun	Krieg Babylon–Persien
539 v	rot	Babylonien persisch
537 v	rot	Heimkehr der Juden
520 v–465 v		Xerxes
485 v/484 v		Erhebung gegen Persien
478 v	rot	Marduk-Tempel zerstört
461 v	grün	Persisches Gestüt
458 v	rot	Rückkehr letzter Juden
430 v–353 v		Xenophon
373 v	blau	Xenophon: Zug der 10000
358 v–280 v		Seleukos I.
356 v–323 v		Alexander der Große
334 v/325 v		Alexanderzug
324 v	rot	Babylon Residenz
323 v/301 v		Diadochenkriege
315 v–263 v		Manethos
312 v	blau	Gründung von Seleukeia
306 v	rot	Seleukiden-Reich
131 v	rot	Babylon unter Parthern
106 v–48 v		Pompejus
53 v	braun	Partherkrieg Roms
41 v/35 v		Partherkrieg Roms
53 n–117 n		Trajan
114 n/117 n		Partherkrieg Roms
115 n	rot	Römische Provinz
117 n	rot	Unabhängig von Rom
161 n/166 n		Partherkrieg Roms
194 n/199 n		Partherkrieg Roms
195 n	rot	Nordgebiete unter Rom
199 n	rot	Römische Provinz
214 n–275 n		Aurelian
216 n/217 n		Partherkrieg Roms
217 n	rot	Verbleiben bei Rom
231 n/232 n		Persischer Krieg Roms
253 n/266 n		Persischer Krieg Roms
296 n/298 n		Persischer Krieg Roms
298 n	rot	Gebietsgewinn Roms
340 n/350 n		Persischer Krieg Roms
359 n/363 n		Persischer Krieg Roms
363 n	rot	Perser-Herrschaft
582 n–644 n		Omar
602 n–661 n		Ali
611 n/629 n		Kreuz-Christi-Krieg
633 n/732 n		Arabischer Krieg
637 n	rot	Babylonien arabisch
637 n	blau	Gründung von Basra, Kufa
641 n	rot	Araber-Herrschaft
656 n	rot	Kufa Araber-Residenz
657 n/661 n		Arabischer Bürgerkrieg
684 n/686 n		Sklavenaufstand
712 n–775 n		Al Mansur
744 n	braun	Aufstand gegen Araber
763 n	blau	Gründung von Bagdad
766 n–809 n		Harun al Raschid
822 n–883 n		Ibn Mohammed
864 n–910 n		Karmat
869 n/883 n		Sklavenaufstand
871 n	rot	Sklavenstaat Basra
873 n	blau	Gründung von Muchtara
883 n	rot	Ende des Staates Basra
890 n	rot	Karmaten-Gemeinschaft
899 n/930 n		Karmaten-Aufstand
1055 n	braun	Seldschuken-Einfall
1055 n	rot	Bagdad unter Seldschuken
1207 n/1279 n		Großer Mongolenkrieg
1254 n–1324 n		Marco Polo
1258 n	rot	Bagdad mongolisch
1304 n–1377 n		Ibn Batuta
1854 n	grün	Grabungen
1914 n/1918 n		Erster Weltkrieg
1921 n	rot	Königreich Irak
1939 n/1945 n		Zweiter Weltkrieg
1945 n	rot	Irak: Mitglied der UN
1945 n	rot	Irak: Arabische Liga
1955 n	rot	Irak: Bandung-Konferenz
1958 n	braun	Aufstand im Irak

MESOPOTAMIEN : Baukunst

3000 v–2952 v		Meschki-Agascher
2988 v–2925 v		En-Merkar
2970 v	blau	Tempelstadt Eanna
2934 v	blau	Enki-Tempel in Eridu
2922 v	blau	Tempel in Uruk
2920 v	grün	Künstliche Tempel-Hügel
2915 v–2852 v		Melam
2895 v	grün	Tonstift-Mosaik in Uruk
2894 v–2817 v		Gilgamesch
2855 v	grün	Freitreppe in Sumer
2850 v	blau	Inanna-Tempel in Uruk
2845 v	grün	Mauer um Uruk
2823 v	blau	Anu-Tempel in Uruk
2805 v	grün	Atriumhaus in Sumer
2760 v	blau	Eye-Tempel
2695 v	blau	Enlil-Tempel in Nippur
2689 v	grün	Zweistock-Häuser in Sumer
2676 v–2595 v		Mesilim
2675 v	blau	Inanna-Tempel in Sumer
2646 v	blau	Tempelturm in Kisch
2627 v	blau	Palast von Kisch
2627 v	grün	Verwendung der Säule
2596 v–2515 v		Ur-Nan-Sche
2575 v	blau	Inanna-Tempel in Assur
2545 v	blau	Tempel in Lagasch
2503 v	grün	Bogen und Gewölbe
2464 v–2397 v		En-Te-Mena
2449 v	blau	Tempel der Mutter-Göttin
2440 v	grün	Nagelkopf-Motive
2410 v	grün	Kuppelbauten in Sumer
2356 v	grün	Fenster in Sumer
2324 v	blau	Residenzstadt Akkad
2307 v	grün	Gestempelte Ziegel
2260 v	grün	Festung Tell Brak
2245 v	grün	Bau von Burgen
2154 v–2096 v		Jar-Lagab
2093 v–2030 v		Ur-Nammu
2088 v–2020 v		Gudea
2060 v–1983 v		Schul-Gi
2043 v	blau	Kaiserpalast in Ur
2041 v	grün	Email-Ziegel in Ur
2040 v	blau	Tempelturm in Ur
2037 v	blau	Bauhandwerker-Relief
2037 v	grün	Mauer um Ur
2032 v	blau	Neuer Tempel in Lagasch
2005 v	blau	Mausoleum von Ur
2003 v	blau	Ausbau von Eridu
1997 v	blau	Mausoleum von Lagasch
1978 v	blau	Ningal-Tempel in Ur
1971 v	grün	Mauer gegen Syrien
1920 v	blau	Wiederaufbau von Ur
1911 v–1845 v		Ilu-Suma
1876 v–1816 v		Iri-Suma
1848 v	blau	Ischtar-Tempel in Assur
1846 v	grün	Mauern um Assur
1837 v–1780 v		Sumu-La-Ilu
1820 v	blau	Assur-Tempel in Assur
1801 v–1759 v		Warad-Sin
1789 v	grün	Mauer um Babylon
1777 v	blau	Marduk-Tempel in Babylon
1768 v	blau	Palast in Esch-Nunna
1766 v	blau	Mondgott-Tempel in Ur
1748 v–1695 v		Zim-Rilim
1735 v	blau	Bau assyrischer Residenz
1730 v	blau	Enlil-Tempel in Assur
1715 v	blau	Palast von Mari
1711 v	rot	Haftung des Baumeisters
1653 v	grün	Festungsgürtel um Sumer
1572 v–1504 v		Agum
1497 v–1435 v		Sausa-Tar
1448 v–1392 v		Kara-Indasch
1443 v	blau	Palast von Wassukanni
1424 v–1370 v		Kuri-Gal-Zu
1415 v	blau	Tempelbau in Uruk
1402 v–1346 v		Burna-Bu
1364 v	blau	Sonnengott-Tempel, Larsa
1302 v–1244 v		Salmanassar I.
1251 v	blau	Ischtar-Tempel in Ninive
1239 v	blau	Ischtar-Tempel in Assur
1237 v	blau	Neuer Palast in Assur
1231 v	blau	Neue assyrische Residenz
1100 v	blau	Doppeltempel in Assur
1098 v	blau	Schnecken-Kapitell
1090 v	blau	'Priester beim Tempelbau'
1075 v	blau	Blatt-Kapitell
873 v	blau	Palast von Kalach
828 v	blau	Palast von Balawat
787 v	blau	Nabu-Tempel in Kalach
740 v–681 v		Sanherib
716 v	blau	Palaststadt Sargonsburg
713 v–669 v		Asarhaddon
694 v	grün	Tigris-Brücke in Ninive
691 v	grün	Aquädukt für Ninive
624 v–561 v		Nebukadnezar II.
614 v	grün	'Hängende Gärten'
589 v	grün	Schutzmauer Babylons
578 v	blau	Turmbau zu Babel
576 v	blau	Ischtar-Tor in Babylon
573 v	blau	Prozessions-Straße Babylons
201 n	blau	Kirche in Edessa
852 n	blau	Moschee in Samarra

MESOPOTAMIEN : Bildhauerei

2949 v	blau	Verzierte Tongefäße
2915 v–2852 v		Melam
2856 v	blau	Rollsiegel
2829 v	blau	'Jagd im Gebirge'
2807 v	blau	'Prozession zu Schiff'
2790 v	blau	Religiöse Motive
2782 v	blau	Tiere als Vasenschmuck
2775 v	blau	'Gefangene vor König'
2770 v	grün	Elfenbeinschnitzerei
2768 v	blau	Relief einer Gazelle
2747 v	grün	Kupfer-Skulpturen
2744 v	blau	'Dame von Warka'
2738 v	blau	'König auf Löwenjagd'
2735 v	blau	Tierplastiken
2725 v	blau	Götter in Menschengestalt
2722 v	blau	Relief zweier Löwen
2720 v	grün	Einlege-Arbeiten
2707 v	blau	'Der gute Hirte'
2691 v	blau	'Kampf Löwe–Mensch'
2686 v	blau	Akt-Figuren
2667 v	blau	'Trink-Gelage'
2665 v	blau	'Tributzug'
2658 v	grün	Arbeiten in Gipsstein
2655 v	blau	'Der Wagenlenker'
2650 v	grün	Weißer Marmor
2649 v	blau	Ringkampf-Darstellung
2642 v	blau	'Fürst aus Osttigrisland'
2638 v	blau	'Heilige Hochzeit'
2634 v	blau	Friedenssäule
2620 v	blau	'Königin mit Stirnband'
2617 v	blau	Abstrakte Reliefs
2611 v	blau	'Löwenköpfiger Adler'
2605 v	blau	Schmuck des Königspalastes
2597 v	blau	'Frauenkopf mit Perücke'
2596 v–2515 v		Ur-Nan-Sche
2592 v	grün	Geräte aus Gold
2587 v–2514 v		Ur-Nina
2585 v	blau	'Lebensbaum mit Ziege'
2567 v	blau	Königsstatue
2561 v	blau	'Hirsch und Wisent'
2557 v	blau	'Krieg und Frieden'
2547 v	grün	Diorit-Verwendung
2541 v	blau	Statue einer Sängerin
2535 v	blau	Prinzessinnen-Porträt
2525 v	blau	Relief der Königsfamilie
2520 v	blau	Prunk-Schwert
2509 v	blau	'Hirte mit Zicklein'
2489 v	blau	Löwenköpfe
2478 v	blau	'Geierstele'
2475 v	blau	'Stallung und Molkerei'
2471 v	grün	Filigran-Arbeit
2469 v	blau	Skulptur eines Sitzenden
2457 v	blau	'Der Stier'
2455 v	blau	'Adler mit Hirschen'
2446 v	blau	Löwenköpfe für Tempeltor
2441 v	blau	Tierplastiken aus Gold
2440 v	grün	Nagelköpfe: Götterfiguren
2436 v	blau	Dankopfer-Darstellung
2427 v	blau	'Mann aus Lagasch'
2417 v	blau	'Frau mit Mantel'
2410 v	blau	Königsstatue aus Diorit
2408 v	blau	Gravuren auf Vase
2403 v	blau	Bild der Ackerbau-Göttin
2401 v	grün	Helm Meska-Lamdugs
2399 v	blau	Statue eines Sängers
2383 v	grün	Silberschiffchen
2303 v	blau	Bronzekopf Sargons
2293 v	blau	'Kampf mit dem Löwen'
2285 v	blau	Schlachtenrelief
2266 v	blau	'Mädchen mit Kopftuch'
2263 v	blau	Siegessäule
2251 v	blau	Bogenschützen-Bild
2249 v	blau	'Etanas Himmelfahrt'
2246 v	blau	Naramsin-Statue
2231 v	blau	Büste eines Fürsten
2205 v	blau	'Brüllender Löwe'
2109 v	blau	Standbild eines Fürsten
2088 v–2020 v		Gudea
2037 v	blau	'Bauhandwerker'
2036 v	blau	Kaiser als Handwerker
2033 v	blau	'Sitzende Sumererin'
2030 v	blau	Gedenkstein Ur-Nammus
2028 v	blau	'Kopf mit Turban'
2027 v	grün	Bild vom Heilkunst-Gott
2024 v	blau	'Schwebende Göttin'
2022 v	blau	Statue des Gudea
2011 v	grün	Siegel auf Edelsteinen
2010 v	blau	Statue Ur-Nin-Girsus
1995 v	blau	Frauenkopf
1992 v	blau	König als Korbträger
1987 v	blau	Standbild eines Fürsten
1984 v	blau	Frauenkopf
1983 v	grün	Terrakotta-Verwendung
1981 v	blau	'König mit Palmenzweig'
1979 v	blau	'Gilgameschs Kampf'
1976 v	blau	Statue eines Fürsten
1974 v	blau	'Frau mit Vase'
1956 v	blau	Statue eines Fürsten
1782 v	blau	Plastik eines Hundes
1770 v	blau	König als Korbträger
1756 v	blau	'Gilgameschs Kampf'
1719 v	blau	Zweigesichtige Götter
1707 v	blau	'Hammurabi und Gott'
1704 v	blau	'Göttin von Mari'
1702 v	blau	'Krieger mit Helm'
1699 v	blau	Statue Hammurabis
1697 v	blau	Viergesichtige Götter
1695 v	blau	Relief Hammurabis
1688 v	blau	Skulptur eines Betenden
1684 v	blau	'Hockender Affe'
1610 v	blau	Goldene Tempelbilder
1450 v	blau	'Geflügelte Sonne'
1448 v–1392 v		Kara-Indasch
1445 v	blau	Götter-Symbole
1418 v	blau	Kreuz als Motiv
1415 v	blau	Einheit mit Baukunst
1378 v	blau	Königsstatue
1371 v	blau	Malteserkreuz
1368 v	blau	Bild einer Heuschrecke
1346 v	grün	Alabastervasen
1341 v	blau	Relief einer Biene
1225 v	blau	Relief des Tu-Kulti
1219 v	blau	Einlege-Arbeit
1110 v	blau	Bildnis Tiglatpilesers I.
1108 v	blau	Sieges-Relief
1098 v	blau	Schnecken-Kapitell
1090 v	blau	'Priester beim Tempelbau'
1085 v	blau	'Straußenjagd'
1081 v	blau	Geflügeltes Pferd
1077 v	blau	Gute und böse Geister
1075 v	blau	Blatt-Kapitell
1057 v	blau	Relief eines Kentaur

912 v–860 v Assurnasirpal II.
878 v blau Goldstatue Assurnasirpals
833 v blau Obelisk Salmanassars
811 v blau Statue Samsi-Adads
712 v blau 'Löwenbezwinger'
709 v blau Denkmal Sargons II.
699 v blau Engel-Darstellungen
690 v grün Großplastiken von Tieren
672 v blau Siegessäule
671 v blau Kriegsszene
657 v blau Relief einer Eselsjagd
645 v blau 'Sterbende Löwin'
619 v blau 'Tamburin-Spielerin'

MESOPOTAMIEN: Dichtung und andere Literatur

3000 v–2947 v Etana
2894 v–2817 v Gilgamesch
2810 v blau Gilgamesch-Epos
2587 v–2514 v Ur-Nina
2549 v blau Lieder und Hymnen
2392 v–2311 v Dingi-Radamu
2363 v blau 'Vertrag mit Nin-Girsu'
2357 v blau Klagelied auf Lagasch
2343 v blau Omenbücher
2320 v blau 'Schlachtenkönig'
2143 v blau Klagelied auf Ur
2088 v–2020 v Gudea
2051 v blau Drachenkampf-Sage
2027 v blau Bau-Hymne
2026 v blau Bibliothek in Lagasch
2018 v blau Gedicht über die Schule
1970 v blau 'Liebeslied an Schusin'
1949 v blau Klagelied auf Sumer
1889 v blau Königshymnus
1880 v blau 'Klage der Inanna'
1863 v blau Gilgamesch-Aufzeichnung
1852 v blau Gesang auf Enlil
1840 v blau 'Etanas Himmelfahrt'
1830 v blau 'Inannas Höllenfahrt'
1816 v blau Epos auf En-Merkar
1809 v blau Fabeln in Sumer
1763 v blau Fabel: Adler und Schlange
1725 v blau Briefwechsel
1723 v blau Fabel: Pferd und Ochse
1720 v grün Brief-Archiv
1717 v blau Lied eines Unglücklichen
1698 v blau Siegesbericht Hammurabis
1692 v blau Gilgamesch-Übersetzung
1691 v blau Gespräch Hammurabis
1687 v blau Schöpfungsgeschichte
1681 v blau Fabel vom Fuchs
1458 v blau Gilgamesch-Übersetzung
1402 v–1346 v Burna-Bu
1387 v blau Lobgedicht auf Ischtar
1382 v blau Lobgedicht auf Marduk
1365 v blau Briefwechsel von Königen
1359 v blau 'Sturmvogel Zu'
1354 v blau Epos vom ersten Menschen
1348 v blau Epos von der Unterwelt
1344 v blau Erra-Epos
1261 v grün Kikkuli-Übersetzung
1214 v blau Hymne auf Tu-Kulti
1106 v blau Taten Tiglatpilesers I.
1094 v blau Bibliothek in Assur
1088 v blau 'Hexen'-Buch
1084 v blau Hymne auf Tiglatpileser I.
756 v blau Gespräch Sklave–Herr
693 v–626 v Assurbanipal
647 v blau Bibliothek in Ninive
766 n–809 n Harun al Raschid
1054 n–1122 n Al Hariri
1854 n grün Bibliothek ausgegraben

MESOPOTAMIEN: Geschichtsschreibung

2263 v blau Naramsin-Stele
1857 v grün Jahre nach Personen
1822 v grün Jahre nach Ereignissen
1801 v blau Königslisten in Assur
1759 v blau Königslisten in Sumer
1698 v blau Siegesbericht Hammurabis
1685 v grün Zeitrechnung nach Königen
1106 v blau Kriegsbericht
791 v blau Synchronistisches Werk
344 v–268 v Berossos
274 v blau Geschichte Babylons

MESOPOTAMIEN: Malerei

2949 v blau Tongefäß-Bemalung
1714 v blau 'Thronbesteigung'
1712 v blau 'Löwenjagd'
1376 v blau Gemälde im Königspalast
1229 v blau Gemälde im Kaiserpalast
752 v grün Schmelzofen-Malerei

MESOPOTAMIEN: Musik

2916 v grün Trommel
2897 v blau Chor-Gesang
2785 v grün Flöte
2759 v grün Leier
2609 v grün Pauken
2587 v grün Harfe
2587 v–2514 v Ur-Nina
2560 v grün Solo-Gesang
2549 v blau Lieder und Hymnen
2541 v blau Statue einer Sängerin
2519 v grün Orchestermusik
2494 v–2416 v Schu-Bad
2437 v grün Hofkapelle in Ur
2433 v grün Harfe mit elf Saiten
2399 v blau Statue eines Sängers
2088 v–2020 v Gudea
1270 v blau Musikschule
693 v–626 v Assurbanipal
650 v grün Volkskonzerte
619 v blau 'Tamburin-Spielerin'

MESOPOTAMIEN: Recht

2311 v rot Schriftform für Verträge
2093 v–2030 v Ur-Nammu
2041 v rot Berufungsgerichte
2039 v blau Gesetzbuch des Ur-Nammu
2039 v rot Einheitliches Recht
1937 v–1865 v Libit-Ischtar
1902 v–1841 v Bila-Lama
1872 v blau Gesetzbuch Libit-Ischtars
1872 v rot Verkündung in Isin
1855 v blau Gesetzbuch Bila-Lamas
1854 v rot Verkündung in Esch-Nunna
1851 v grün Prozeß-Protokolle
1760 v–1686 v Hammurabi
1719 v rot Todesstrafe für Ehebruch
1717 v grün Schadensersatz-Regelung
1715 v rot Strafen für Ärzte-Fehler
1711 v rot Haftung des Baumeisters
1708 v blau Gesetzbuch Hammurabis
1707 v rot Verkündung in Babylon
1361 v blau Assyrisches Gesetzbuch
1083 v rot Tod für 'Hexen', 'Zauberer'

MESOPOTAMIEN: Religion

3000 v–2947 v Etana
3000 v–2952 v Meschki-Agascher
2988 v–2925 v En-Merkar
2970 v blau Tempelstadt Eanna
2963 v blau Sonnengott in Sumer
2942 v–2870 v Du-Muzi
2934 v blau Enki-Tempel in Eridu
2928 v rot Gemeinheiligtum Sumers
2922 v blau Tempel von Uruk
2911 v blau Kriegsgott in Kisch
2880 v grün Neujahrsfest in Sumer
2863 v blau Mondgott in Sumer
2850 v blau Inanna-Tempel in Uruk
2823 v blau Anu-Tempel in Uruk
2807 v blau 'Prozession zu Schiff'
2790 v blau Religiöse Reliefs
2781 v–2716 v Il-Kuku
2767 v grün Tuchfabrik eines Tempels
2760 v blau Eye-Tempel
2733 v rot Kampf Kirche–Staat
2729 v–2662 v Agga
2725 v blau Götter in Menschengestalt
2695 v blau Enlil-Tempel in Nippur
2679 v grün Händefalten beim Gebet
2676 v–2595 v Mesilim
2675 v blau Inanna-Tempel Chafadschi
2671 v rot Trennung Kirche–Staat
2646 v blau Tempelturm in Kisch
2638 v blau 'Heilige Hochzeit'
2625 v rot Nippur Religionszentrum
2625 v rot Enlil Hauptgott Sumers
2621 v rot Staatsmacht über Kirche
2608 v blau Dreifaltigkeit in Sumer
2596 v–2515 v Ur-Nan-Sche
2595 v grün Knien beim Gebet
2575 v blau Inanna-Tempel in Assur
2570 v–2481 v Ur-Enlil
2545 v blau Tempel in Lagasch
2464 v–2397 v En-Te-Mena
2449 v blau Tempel für Mutter-Göttin
2449 v–2367 v Lugal-Anda
2441 v–2379 v Meska-Lamdug
2440 v grün Nagelkopf-Motive
2436 v blau Dankopfer-Szene
2422 v–2360 v Uru-Kagina
2403 v blau Bild der Ackerbau-Göttin
2391 v grün Wahrsagerei
2377 v blau 300 Götter in Sumer
2365 v grün Machtverlust in Lagasch
2363 v blau Angriff auf Priester
2363 v grün Tempelspenden-Verlust
2337 v rot Kaisertochter Priesterin
2326 v rot Gott-Königtum Sargons
2289 v blau Tempelschulen in Akkad
2249 v blau 'Etanas Himmelfahrt'
2243 v rot Kaiserenkelin Priesterin
2240 v rot Gott-Kaisertum Naramsins
2190 v–2141 v Inki-Schu
2154 v–2096 v Jar-Lagab
2088 v–2020 v Gudea
2067 v grün Tempel-Prostitution
2060 v–1983 v Schul-Gi
2040 v blau Tempelturm in Ur
2032 v blau Neuer Tempel in Lagasch
2027 v grün Symbol der Heilkunst
2024 v blau 'Schwebende Göttin'
2021 v grün Schulfach in Sumer
2019 v braun Tempelzerstörung
2019 v grün Priesterinnen-Privileg
2013 v rot Gott-Kaisertum Schul-Gis
2013 v blau 3600 Götter in Sumer
2003 v blau Eridu Nationalheiligtum
1995 v rot Heirat für Priesterinnen
1992 v blau König als Tempelbauer
1978 v blau Ningal-Tempel in Ur
1977 v grün Tempel-Werkstatt in Ur
1955 v grün Nanna-Statue nach Susa
1922 v grün Nanna-Statue wieder in Ur
1911 v–1845 v Ilu-Suma
1880 v blau 'Klage der Inanna'
1876 v–1816 v Iri-Suma
1869 v–1804 v Irra-I-Mitti
1852 v blau Enlil-Hymne in Sumer
1848 v blau Ischtar-Tempel in Assur
1840 v blau 'Etanas Himmelfahrt'
1830 v blau 'Inannas Höllenfahrt'
1820 v blau Assur-Tempel in Assur
1801 v–1759 v Warad-Sin
1777 v blau Marduk-Tempel in Babylon
1766 v blau Mondgott-Tempel in Ur
1765 v rot Königsschwester Priesterin
1730 v blau Enlil-Tempel in Assur
1719 v blau Zweigesichtige Götter
1710 v blau Propheten in Mari
1707 v blau 'Hammurabi und Gott'
1697 v blau Viergesichtige Götter
1690 v rot Reichsgott Marduk
1688 v blau Plastik eines Betenden
1687 v blau Schöpfungs-Geschichte
1610 v blau Goldene Tempelbilder
1572 v–1504 v Agum
1448 v–1392 v Kara-Indasch
1445 v blau Symbole für Götter
1415 v blau Tempelbau in Uruk
1410 v grün Götterbild nach Ägypten
1402 v–1346 v Burna-Bu
1387 v blau Lobgedicht auf Ischtar
1382 v blau Lobgedicht auf Marduk
1364 v blau Sonnengott-Tempel, Larsa
1354 v blau Epos vom ersten Menschen
1348 v blau Epos von der Unterwelt
1344 v blau Erra-Epos
1302 v–1244 v Salmanassar I.
1251 v blau Ischtar-Tempel in Ninive
1239 v blau Ischtar-Tempel in Assur
1148 v–1074 v Tiglatpileser I.
1100 v blau Doppeltempel in Assur
1090 v blau 'Priester beim Tempelbau'
1088 v blau 'Hexen'-Buch
1087 v grün Glocken gegen Geister
1083 v rot Tod für 'Zauberer', 'Hexen'
1077 v blau Gute und böse Geister
843 v–782 v Semiramis
824 v–782 v Adadnirari III.
787 v blau Nabu-Tempel in Kalach
740 v–681 v Sanherib
714 v–642 v Manasse
713 v–669 v Asarhaddon
699 v blau Engel auf Reliefs
624 v–561 v Nebukadnezar II.
578 v blau Babylonischer Turm
576 v blau Ischtar-Tor in Babylon
573 v blau 'Prozessions-Straße'
478 v rot Marduk-Tempel zerstört
344 v–268 v Berossos
125 n–190 n Tatian
154 n–222 n Bardesanes
201 n blau Kirche in Edessa
208 n–280 n Paulus von Samosata
306 n–373 n Ephräm der Syrer
852 n blau Moschee in Samarra
973 n–1057 n Al Mari
1127 n blau Reformforderung
1127 n rot Derwisch-Orden

MESOPOTAMIEN: Sitten und Gebräuche

2875 v grün Bart und langes Haar
2839 v grün Röcke der Männer
2792 v grün Perlenketten
2710 v grün Perlendecken
2699 v grün Ohrringe für Frauen
2684 v grün Dattelwein
2636 v grün Kranzfrisur
2603 v grün Sterndeutung
2580 v grün Röcke der Frauen
2569 v grün Verwendung von Gift
2563 v grün Butter
2555 v grün Bestattung in Häusern
2537 v grün Grundstein-Legung
2513 v grün Pinzetten
2494 v–2416 v Schu-Bad
2491 v grün Schminkpuder
2480 v grün Dattelsirup
2471 v grün Schmuckdosen
2460 v grün Käse
2451 v grün Brettspiel
2423 v grün Schminklöffelchen
2391 v grün Wahrsagerei
2343 v blau 'Omenbücher'
2328 v grün Rosenstrauch
2304 v grün Traubenwein
2082 v grün Küche
1500 v grün Parfüm
666 v grün Scheibenschießen
631 v grün Öffentliche Uhren
607 v grün Kinderklappern

MESOPOTAMIEN: Sprache und Schrift

2992 v grün Zahlenschrift in Sumer
2988 v–2925 v En-Merkar
2955 v grün Rohrgriffel in Sumer
2951 v grün Bilderschrift in Sumer
2833 v grün Silbenschrift in Sumer
2482 v grün Keilschrift in Sumer
2337 v grün Keilschrift in Akkad
2021 v grün Schulfach in Sumer
1952 v blau Volkssprache
1952 v blau Gelehrtensprache
1937 v–1865 v Libit-Ischtar
1902 v–1841 v Bila-Lama
1895 v blau Wörterbücher
1870 v grün Keilschrift der Assyrer
1801 v–1759 v Warad-Sin
1760 v–1686 v Hammurabi
1400 v blau Babylonisch verbreitet
1337 v blau Schriftsprache in Assyrien
1098 v–1046 v Adada
908 v–830 v Sardur
693 v–626 v Assurbanipal
677 v blau Wörterbücher
1802 n grün Keilschrift-Entzifferung
1854 n grün Bibliothek ausgegraben

MESOPOTAMIEN: Technik

2983 v grün Rollsiegel
2964 v grün Pfeile mit Kupfer-Spitzen
2961 v grün Metallguß
2945 v grün Vierrädrige Wagen
2940 v grün Holzpflug
2933 v grün Bewässerungs-Kanäle
2915 v–2852 v Melam
2900 v grün Gebrannte Ziegel
2895 v grün Tonstift-Mosaik
2894 v–2817 v Gilgamesch
2890 v grün Glasherstellung
2887 v grün Mahlsteine
2845 v grün Mauer um Uruk
2829 v grün Planken-Schiffsbautechnik
2645 v grün Drainage
2526 v grün Bumerang
2524 v grün Streitwagen
2513 v grün Pinzetten
2505 v grün Bronze
2464 v–2397 v En-Te-Mena
2463 v grün Kupfersicheln
2447 v grün Kanalisation in Ur
2429 v grün Tür-Scharniere
2397 v grün Wasserleitung in Nippur
2387 v grün Ausbau des Tigris
2366 v grün Wasserversorgung Lagaschs
2260 v grün Festung Tell Brak
2253 v grün Kanalbau Nippurs
2245 v grün Bau von Burgen
2060 v–1983 v Schul-Gi
2044 v grün Kanal von Ur zum Meer
2041 v grün Email-Ziegel
2037 v grün Mauer um Ur
1977 v grün Kupferschmelzofen
1971 v grün Mauer gegen Syrien
1911 v–1845 v Ilu-Suma
1846 v grün Mauern um Assur
1837 v–1780 v Sumu-La-Ilu
1789 v grün Mauer um Babylon
1741 v grün Wasseruhren
1698 v–1629 v Iluma-I-Lu
1691 v grün Bewässerungskanal
1653 v grün Festungsgürtel um Sumer
1302 v–1244 v Salmanassar I.
1095 v grün Eisenwaffen
916 v grün Schwimmgurte
885 v grün Eiserne Äxte
882 v grün Belagerungsmaschinen
865 v grün Trinkwasserkanal
850 v grün Steigbügel
835 v grün Bronzeglocken
774 v–727 v Tiglatpileser III.
760 v grün Eiserne Helme
752 v grün Schmelzofen-Malerei
740 v grün Schlauchboot
728 v grün Assyrisches Glas
716 v grün Pfeilspitzen aus Eisen
694 v grün Tigris-Brücke
692 v grün Bewässerungs-Anlagen
691 v grün Aquädukt nach Ninive
690 v grün Großplastiken
689 v grün Kanal nach Ninive
624 v–561 v Nebukadnezar II.
614 v grün 'Hängende Gärten'
589 v grün Medische Mauer

MESOPOTAMIEN: Wirtschaft und Verkehr

3000 v–2952 v Meschki-Agascher
2973 v grün Tauschhandel Sumers
2967 v grün Buchführung in Sumer
2942 v–2870 v Du-Muzi
2933 v grün Bewässerungskanäle
2915 v–2852 v Melam
2865 v grün Zugtier Esel
2825 v grün Schafzucht in Sumer
2813 v grün Baumwolle aus Indien
2797 v grün Elfenbein aus Indien
2767 v grün Tuchfabrik in Ur
2755 v grün Dattelgärten in Sumer
2740 v grün Handel mit Ägypten
2727 v grün Kupferimport nach Sumer
2663 v grün Flachsanbau in Sumer
2596 v–2515 v Ur-Nan-Sche
2580 v rot Höchstpreise in Uruk
2570 v–2481 v Ur-Enlil
2545 v–2478 v Mes-Anni-Padda
2540 v grün Schiffahrtskanäle
2508 v grün Sumerisches Handelshaus
2494 v–2416 v Schu-Bad
2489 v rot Kaufleute in Kleinasien
2485 v grün Verbindungen Sumers
2464 v–2397 v En-Te-Mena
2449 v–2367 v Lugal-Anda
2422 v–2360 v Uru-Kagina
2405 v grün Kanäle in Sumer
2387 v grün Ausbau des Tigris
2379 v rot Höchstzins in Sumer
2374 v grün Kreditbriefe in Sumer
2350 v grün Neue Werteinheit
2335 v rot Buchführungs-Pflicht
2334 v grün Münzeinheit in Akkad
2330 v–2271 v Manisch-Tusu
2329 v rot Schutzbitte Kaneschs
2323 v grün Feigenbaum
2315 v grün Weinbau
2311 v rot Formvorschrift für Verträge
2275 v grün Silber aus Elam
2253 v grün Kanal von Nippur zum Meer
2093 v–2030 v Ur-Nammu
2088 v–2020 v Gudea
2061 v grün Längenmaß in Nippur
2060 v–1983 v Schul-Gi
2044 v grün Kanal von Ur zum Meer
2034 v grün Holz aus dem Libanon
2029 v grün Spinnereien in Sumer
2025 v grün Plantagen in Lagasch
2017 v grün Normen
2015 v grün Tierzuchtstation in Sumer
1996 v grün Tuch-Manufakturen
1989 v grün Eichamt in Ur
1988 v grün Steigende Zinsen
1955 v–1895 v Amen-Em-Het II.
1902 v–1841 v Bila-Lama
1897 v grün Frachtbriefe
1886 v–1817 v Sumu-Abum
1876 v–1816 v Iri-Suma
1780 v–1697 v Rimsin
1748 v–1695 v Zim-Rilim
1716 v grün Umschlagplatz Mari
1703 v grün Pferdehandel Karkemischs
1694 v grün Werft in Babylon
1691 v–1628 v Chian
1637 v grün Handel mit Ägypten
1597 v–1521 v Minos
1472 v grün Haushuhn nach Ägypten
1367 v rot Protest gegen Überfall
1353 v grün Schimmelzucht in Assyrien
1297 v–1218 v Tud-Halia IV.
1277 v–1207 v Tu-Kulti
1242 v grün Straßen nach Armenien
1240 v grün Boykott Assyriens
1089 v grün Plantagen in Nordgebieten
943 v–890 v Adadnirari II.
763 v–705 v Sargon II.
707 v rot Höchstpreise in Assyrien
707 v grün Vorratswirtschaft
694 v grün Tigris-Brücke in Ninive
693 v–626 v Assurbanipal
692 v grün Bewässerungs-Anlagen
687 v grün Baumwollanbau
624 v–561 v Nebukadnezar II.
592 v grün Bank in Babylon
585 v grün Fremdarbeiter in Babylon
569 v grün Hohe Zinsen in Babylon
312 v blau Handelsstadt Seleukeia
766 n–809 n Harun al Raschid
794 n grün Papierfabrik in Bagdad
1173 n grün Brieftaubenpost

MESOPOTAMIEN: Wissenschaft

2987 v grün Sternbilder in Sumer
2960 v grün Astronomie in Sumer
2925 v grün Bruchzahlen in Sumer
2913 v grün Mondjahr-Kalender
2817 v grün Sechziger-Rechnung
2325 v grün 'Weltkarte'
2295 v grün Lehrbuch der Geographie
2105 v grün Handbuch der Medizin
2090 v grün Operationen
2055 v–1975 v Ur-Edina
2021 v grün Mathematik Schulfach
2009 v grün Multiplikations-Tafeln
2004 v grün Rechteck-Berechnung
1999 v grün Medikamente in Sumer
1991 v grün Zoo in Sumer
1985 v grün Wurzelzeichen
1981 v grün Naturheilverfahren
1965 v grün Sternkatalog in Babylon
1715 v rot Strafen für Ärzte-Fehler
1713 v grün Unglückstage der Ärzte
1707 v grün Honorar nach Erfolg
1700 v grün Bruchrechnung in Babylon
1690 v grün Kalender mit Schaltmonat
1683 v grün Lehrbuch der Astronomie
1568 v grün Venusbahn-Berechnung
1261 v grün Pferdebuch-Übersetzung
1148 v–1074 v Tiglatpileser I.
1093 v grün Zoo in Assur
867 v grün Sternwarte Kalach
763 v grün Sonnenfinsternis-Urkunde
747 v grün Astronomie-Schriften
708 v grün Rezeptsammlung
693 v–626 v Assurbanipal
683 v grün Zahnziehen in Assyrien
677 v blau Wörterbücher
672 v grün Experimente an Sklaven
344 v–268 v Berossos
300 v grün Sonnenuhr
703 n blau Syrische Grammatik
766 n–809 n Harun al Raschid
770 n grün Apotheke in Bagdad
806 n–873 n Abu Hunain
820 n grün Sternwarte Bagdad
824 n blau Hochschule in Bagdad
832 n blau Übersetzungsinstitut
951 n blau Enzyklopädie
973 n–1057 n Al Mari
1067 n blau Universität Bagdad
1068 n grün Stipendien

MESROP, armenischer Kirchenlehrer.

358 n–441 n Lebenslinie
402 n grün Armenische Schrift
433 n blau Bibel-Übersetzung

MESSE, Bezeichnung für mehrstimmige, von Chören gesungene Lieder, denen der Text eines Ausschnittes des katholischen Gottesdienstes (Messe) zugrunde liegt.

1435 n blau Dufays Werke
1501 n blau Josquins Werke
1525 n–1594 n Palestrina
1532 n–1594 n Orlando di Lasso
1585 n blau A-capella-Gesang
1685 n–1750 n Bach
1732 n–1809 n Haydn
1770 n–1827 n Beethoven
1872 n blau Bruckner: F-Moll-Messe

MESSEN, Bezeichnung für regelmäßig stattfindende geschäftliche Begegnungen zwischen Herstellern (= Ausstellern) und Käufern. Entstanden nach der Bildung eines überregionalen Waren-Marktes in der Zeit des Frühkapitalismus, entwickelten sie sich immer stärker zu 'Muster-Messen', bei denen die ausgestellten Waren nicht mehr verkauft wurden, sondern nur als Muster für eine vereinbarte Warenlieferung dienten. Ihre Bedeutung stieg mit der Differenzierung der Produktion. In unserer Epoche gewinnen sie allmählich den Charakter einer internationalen Leistungsschau.

1194n grün Messe von Troyes
1194n grün Messe von Provins
1268n grün Leipziger Messe
1428n grün Vorrang Lyons
1497n grün Privileg für Leipzig
1588n grün Zeitung 'Meßrelationen'

MESSENE, Stadt in Süd-Griechenland (Peloponnes). Von der Bevölkerung des Landes Messenien nach der Befreiung aus jahrhundertelanger spartanischer Fremdherrschaft gegründet und durch Anlage einer 9 km langen Stadtmauer geschützt.

369v blau Gründung

MESSENIEN, Land in Süd-Griechenland (Peloponnes). In drei großen Kriegen von Sparta unterworfen, erlangte es mit Hilfe Thebens seine Unabhängigkeit zurück. Später schloß es sich Philipp von Mazedonien an und wurde im Jahre 146v römisch.

742v/724v 1. Messenischer Krieg
724v rot Machtbereich Spartas
724v grün Tribute an Sparta
686v–613v Tyrtaios
646v/628v 2. Messenischer Krieg
635v blau Tyrtaios' Kriegslieder
628v rot Herrschaft Spartas
464v/459v 3. Messenischer Krieg
462v rot Gegnerschaft Athens
418v–362v Epaminondas
369v braun Freiheitskampf
369v rot Machtverlust Spartas
369v rot Selbständigkeit
369v blau Gründung von Messene
146v rot Römische Provinz

MESSER, Gerät zum Schneiden und Hauen, bestehend aus Klinge und Griff. Gehörte zu den ersten Werkzeugen, die sich der Mensch vor fast einer Million Jahren aus Steinen anfertigte. Alle verarbeiteten Metalle dienten auch seiner Herstellung. Mit der Verbreitung des harten, gut schleifbaren Eisens vor etwa 3000 Jahren begann sein Siegeszug als Werkzeug, Waffe und Eßgerät.

Vorzeittafel: 800 Tausend Jahre
2846v blau Elfenbein-Griff
84v grün Eßgerät in Rom

MESSIAS, hebräisches Wort (= 'Gesalbter'), das ursprünglich Ehrentitel der jüdischen Könige war. Im ersten Teil der Bibel (Altes Testament) wurde den Juden ein von Gott gesandter Erlöser-König verheißen, dessen Erwartung als 'Messias-Erwartung' von den Priestern ins jüdische Volk gepflanzt wurde. Nach der Eroberung Palästinas durch die Römer (63v) verband sich mit dieser Vorstellung die Hoffnung der Juden auf Befreiung aus der römischen Herrschaft, und immer wieder wurden einzelne Juden zum 'Messias' erklärt. Als sich Jesus auf Drängen des Volkes als der erwartete Erlöser-König bezeichnete, ließen ihn die jüdischen Priester wegen Gotteslästerung hinrichten. Diejenigen Juden, die ihn nach seiner Kreuzigung dann als Messias anerkannten, nannten sich 'Christen' ('Christus' ist das griechische Wort für 'Messias') und verbreiteten ihren Glauben in Vorderasien, in Kleinasien, im Balkan und in Italien. Die übrigen gläubigen Juden warten noch heute auf den verheißenen Messias.

927v–850v Elias
777v–692v Jesaja
126v blau 'Buch Henoch'
7v–29n Johannes der Täufer
6v–30n Jesus Christus
5v–64n Paulus
53n–120n Satornil
125n–178n Montanus
1685n–1759n Händel
1741n blau Händel: 'Messias'
1773n blau Klopstock: 'Messias'

MESSINA, Hafenstadt an der Ostküste Siziliens gegenüber dem italienischen Festlande. Um 735v als eine der ersten griechischen Siedlungen entstanden, entwickelte sie sich zu einer blühenden Stadt und gründete selbst neue Siedlungen (Himera, Mylä). Nach Eroberung durch den Messener Anaxilas (489v) erhielt sie ihren heutigen Namen. 396v wurde sie von nordafrikanischen Karthagern zerstört, dann von Bewohnern der Stadt Syrakus wieder aufgebaut. Seit 288v ließen sich hier auch Soldaten aus Süditalien (Kampanien) nieder. Von Syrakus angegriffen, rief die Stadt sowohl Karthago wie Rom zu Hilfe und gab dadurch den Anlaß zum ersten Punischen Krieg. Seit 264v war sie dann römisch. Später fiel sie den Wandalen zu, wurde arabisch, normannisch und kam dann zum 'Königreich Sizilien'. Als Staufer-besitz Teil des deutschen Reiches, später immerwährender Zankapfel zwischen spanischen, französischen und italienischen Fürsten. 1740n durch eine Pest verödet (40000 Tote), wurde sie 1861n Bestandteil des neu gegründeten italienischen Nationalstaates und erholte sich langsam wieder. 1908n durch ein Erdbeben verwüstet (84000 Tote).

1061n braun Normannen-Sieg
1061n rot Normannen-Herrschaft

MESSRELATIONEN, Titel einer gedruckten Zeitung. Von dem in Köln ansässigen Gelehrten Michael von Aitzing seit 1583n gelegentlich zusammengestellt, wurde sie bei mehreren Handelsmessen verkauft. Von 1588n bis 1597n erschien sie ein- bis zweimal jährlich und brachte Nachrichten aus ganz Europa. Wegen ihres Erfolges wurde sie bald von anderen Druckern und Verlegern nachgeahmt.

1588n grün Regelmäßige Ausgaben

MESSTISCH, Gerät zur verkleinerten Umsetzung der Erdoberfläche in eine Landkarte. Besteht aus einer Meßplatte, die waagerecht auf ein Stativ gestellt wird und zugleich Zeichentisch und Instrumententräger ist. Durch das Fernrohr anvisierte Entfernungspunkte werden maßstabgerecht auf Papier gezeichnet und ergeben ein getreues Kartenbild der Landschaft ('Meßtischblatt').

1590n grün Erfindung

MESTA, Fluß im südlichen Balkan. Entspringt im Rhodope-Gebirge (Bulgarien), fließt in südlicher Richtung in die griechische Tiefebene und mündet bei der Insel Thasos ins Mittelmeer (Ägäis). Seit dem Siege des Mazedonierkönigs Philipp II. über das Heer der Thraker bildete der Fluß lange Zeit die Grenze zwischen Mazedonien und Thrazien.

358v braun Vorstoß Mazedoniens

METALL

Vorzeittafel: Schlußbalken (5000 Jahre)
2961v grün Gußtechnik in Sumer
2904v grün Schmiede in Ägypten
2876v grün Verbinden von Goldplatten
2860v grün Gravierkunst in Ägypten
2727v grün Kupfereinfuhr nach Sumer
2708v grün Versilbern in Ägypten
2666v grün Schmelzöfen in Ägypten
2631v grün Bronze in Indien
2580v rot Höchstpreise für Kupfer
2505v grün Bronze in Sumer
2454v grün Bronze in Kleinasien
2452v–2377v Ti
2381v grün Ägyptische Goldminen
2350v grün Metallgeld in Sumer
2334v grün Silbermünzen in Akkad
2319v grün Goldeinfuhr nach Ägypten
2289v grün Eisen in Kleinasien
2155v grün Bronze auf Kreta
2031v grün Goldgeld in Ägypten
2020v grün Steigender Goldwert
1977v grün Kupferschmelzofen in Ur
1818v grün Bronze in China
1786v grün Geschenke aus Eisen
1769v grün Kupferbarren als Währung
1627v grün Bronze in Europa
1496v grün Kupfereinfuhr nach Ägypten
1482v–1425v Tud-Halia II.
1447v blau Wandbild 'Silberschmiede'
1440v blau Gemälde 'Gold-Abwiegen'
1367v grün Vergolden in Ägypten
1360v grün Eisenhärtung in Ägypten
1276v grün Stahl bei Hettitern
1258v grün Landkarte von Goldfeldern
1189v grün Goldhandel Sabas
1185v grün Eisen in Vorderasien
1149v grün Eisen in Italien
1117v grün Eisen in Mitteleuropa
963v grün Eisen in Indien
942v grün Kupferschmelzöfen in Juda
908v–830v Sardur
891v grün Rostfreie Eisensäule
732v grün Silbergeld in Syrien
705v grün Goldschmiede in Europa
696v grün Goldfunde in Südarabien
695v grün Münzprägung in Kleinasien
685v grün Staatsmonopol für Eisen
681v grün Platin-Verarbeitung
669v grün Löten von Eisen
584v grün Magnetismus des Eisens
560v–469v Theodoros
522v grün Vollendete Erzgußtechnik
454v grün Kupferwährung in Rom
415v grün Quecksilber entdeckt
369v grün Verhüttung mit Kohle
327v grün Mazedonier: Silberwährung
269v grün Silberwährung in Rom
265v–202v Philon
197v grün Goldwährung in Rom
195v grün Gerändelte Münzen
127v grün Stahleinfuhr nach China
119v grün Eisenmonopol in China
109v grün Staatliche Münzprägung
54v grün Sinkende Goldpreise in Rom
23n–79n Plinius der Ältere
99n grün Zinnfolien
258n grün Münzverschlechterung in Rom
540n grün Fränkische Goldmünzen
666n grün Erzmühlen in Japan
696n grün Münzprägung bei Arabern
708n grün Münzprägung in Japan
810n grün 'Kunst des Goldmachens'
890n–961n Abdar Rachman III.
969n grün Kupferbergbau in Goslar
1001n grün Quecksilber als Heilmittel
1039n–1123n Al Kajam
1190n grün Magnetisierung von Stahl
1252n grün Goldmünzen in Florenz
1284n grün Goldstücke in Venedig
1300n grün Groschen in Böhmen
1355n grün 'Drahtmühle' in Frankfurt
1430n grün Kupferstich-Technik
1443n grün Zinnglasur für Keramik
1488n grün Silberbergbau der Fugger
1498n grün Kupfer-Syndikat
1515n grün Ätztechnik für Radierung
1525n grün Quecksilber-Monopol
1546n grün Silberfunde in Amerika
1555n grün Agricolas Bergwerksbuch
1557n grün Amalgamierungs-Verfahren
1561n grün Besson: Drehbank
1619n–1683n Colbert
1657n grün Edelmetall-Theorie
1699n grün Rußland: Eisengießereien
1704n grün Rußland: Münzprägung
1713n grün Kokshochöfen in England
1740n grün Gußstahlfabrik in England
1754n grün Goldwäscherei in Sibirien
1800n–1882n Friedrich Wöhler
1807n grün Entdeckung des Kaliums
1812n grün Krupps Stahlfabrik
1814n grün Metall-Hobelmaschine
1828n grün Aluminium entdeckt
1848n grün Goldfunde in Kalifornien
1856n grün Bessemer-Verfahren
1864n grün Siemens-Martin-Ofen
1866n grün Eisenbetonbau
1875n blau Bild eines Walzwerkes
1879n–1968n Otto Hahn
1885n grün Mannesmann-Verfahren
1886n grün Germanium entdeckt
1896n grün Radioaktivität des Urans
1898n grün Radium und Polonium
1900n grün Stahltrust in USA
1900n grün Schnelldrehstahl
1904n grün Autogenes Schweißen
1925n blau Chaplin: 'Goldrausch'
1926n grün Deutscher Stahltrust
1938n grün Kernspaltung des Urans
1955n grün Kobalt 60

METAMORPHOSE, Lehre von der Verwandelbarkeit und Austauschbarkeit der pflanzlichen Organe (Wurzel, Stengel, Blatt, Blüte). Goethe sah im Blatt das Grundorgan, aus dem sich bis zu den Staubgefäßen alles entwickelt.

1790n grün Goethes Lehre

METAMORPHOSEN, von dem griechischen Worte für 'Verwandlung' abgeleiteter Titel eines Buches des römischen Dichters Ovid. Darin stellte er 250 Geschichten von Verwandlungen des Menschen in die Gestalt von Naturerscheinungen (Tier, Pflanze, Quelle) dar. In den 15 Büchern dieses Werkes hat er alle erreichbaren Verwandlungssagen von der Schöpfungssage bis zur Geschichte von Cäsars Verwandlung in einen Stern dichterisch verarbeitet.

43v–17n Ovid
9n blau Niederschrift

METASTASIO, Pietro (1698n–1782n), italienischer Dichter. Als Sohn eines römischen Lebensmittelhändlers erwarb er 11jährig durch eigene Verse die Sympathie eines berühmten Rechtsgelehrten, der ihm ein Studium der Rechtskunde ermöglichte und ihn als Erben einsetzte. Nachdem er in zwei Jahren das ansehnliche Vermögen verbraucht hatte, ging er als Gehilfe eines Rechtsanwalts nach Neapel. Dort verfaßte er seinen ersten Operntext und wurde mit einer Sängerin bekannt, die ihn weiter ausbilden ließ. Für sie schrieb er 'Die verlassene Dido' und andere Opern. Auf ihre Fürsprache wurde er Hofdichter in Wien, erhielt ein Jahresgehalt von 3000 Gulden und faßte noch zahlreiche Operntexte ab nach Stoffen aus Sage und Geschichte ('Olympiade', 'Die Sanftmut des Titus').

1732n blau 'Ezio'

METEN, ägyptischer Beamter.

2633v–2570v Lebenslinie
2573v blau Porträt-Plastik
2570v blau Lebensgeschichte

METEORO-BIOLOGIE, Lehre von den Einflüssen des Wetters auf Lebensvorgänge. Von dem deutschen Kinderarzt Bernhard Rudder als Grundlage einer Krankheitslehre von den durch das Wetter verursachten Gesundheitsstörungen erforscht und zuerst systematisch dargestellt.

1952n grün Rudders Lehre

METEOROLOGIE, Wissenschaft von Wetter und Klima. Entstand vor mehr als zwei Jahrtausenden aus genauer Naturbeobachtung und ist bis heute über eine Verfeinerung der Beobachtungs-Methoden nicht hinausgekommen. Da ihr die Möglichkeit des Experimentes fehlt, stellt sie auch in unserer Epoche gegenüber den übrigen Naturwissenschaften noch immer eine minder exakte Wissenschaft dar. Deshalb fehlt ihren Voraussagen von Naturabläufen noch die Verläßlichkeit der Vorausberechnungen anderer naturgesetzlicher Prozesse.

473v grün Klima und Mensch
330v grün Schrift des Aristoteles
135v–50v Poseidonios
117v grün Hippalos: Monsun
97v grün Lehre des Poseidonios
1643n grün Barometer
1820n grün Synoptische Wetterkarte
1952n grün Meteoro-Biologie

METER, Grund-Einheit der Längen-Messung in den meisten Ländern der Erde. Seine Festlegung wurde in der französischen Revolution durch einen Beschluß der gesetzgebenden Versammlung gefordert (1790n). Der hierfür eingesetzten Kommission gehörten die berühmtesten Gelehrten Frankreichs an (Laplace, Lagrange, Monge). Aufgrund eines von Laplace im Jahre 1791n gemachten Vorschlages entschied sich die Nationalversammlung 1795n für ein Vierzigmillionstel des durch Paris gehenden Erd-Meridians. Nach Vermessung des in Frankreich verlaufenden Teilstücks dieses Meridians (Strecke Dünkirchen–Barcelona) wurde die Länge festgelegt und ein entsprechend langes Stück Platin auf Vorschlag des Abgeordneten Prieur-Duvernois 'Meter' genannt (nach dem griechischen Worte 'metron' = Maß). Doch setzte sich dieses Längenmaß erst durch, nachdem im Jahre 1837n durch Gesetz die Anwendung aller übrigen Maßeinheiten untersagt worden war. Nun folgten auch andere Länder. In Deutschland wurde es 1868n eingeführt. Die Veränderungen des Platin-Originals ('Ur-Meter') durch Temperaturschwankungen führte dazu, daß 1875n die Anfertigung eines neuen Meter-Stabes beschlossen wurde, der aus 9 Teilen Platin und einem Teil Iridium besteht.

1791n grün Längenmaß

METHODIOS (um 815n–885n), byzantinischer Beamter aus Griechenland. Als Sohn eines Offiziers am Hofe von Byzanz erzogen, begleitete er auf Wunsch des oströmischen Kaisers seinen jüngeren Bruder Kyrill nach Mähren, dessen Fürst Rostislaw zur Bekehrung seines slawischen Volkes die Entsendung eines Missionars erbeten hatte. Wegen der slawischen Abneigung gegen alles Fremde schuf er gemeinsam mit seinem Bruder unter Verwendung griechischer Schriftzeichen eine slawische Schrift und übertrug in sie die Bibel sowie andere christliche Bücher. Weil sie mit ihren Christianisierungs-Erfolgen den Neid der deutschen Missionare erregten, wurden beide Brüder nach Rom beordert, wo Kyrill starb. Doch gelang es Methodios, den Papst angesichts der Deutschfeindlichkeit der Slawen von der Notwendigkeit einer slawischen Predigt des Christentums zu überzeugen, so daß er nach Mähren zurückkehren konnte.

827n–869n Kyrill
863n rot Christianisierung Mährens
863n blau Bibelübersetzung
863n grün Slawische Schrift

METHODISTEN, Name einer christlichen Religionsgemeinschaft, die aus dem englischen Protestantismus (Anglikanismus) hervorging. Suchte der zunehmenden religiösen Gleichgültigkeit durch Massenpredigt unter freiem Himmel, straffe Organisation und Freiwilligkeit der Mitgliedschaft entgegenzuwirken. Den Spottnamen 'Methodisten' (= die das Christentum mit Methode Betreibenden) nahmen sie an. Aus einem von Charles Wesley 1729n gegründeten Studentenverein entwickelte sich nach dessen Verbot durch die anglikanische Kirche im Jahre 1739n unter Führung seines Bruders John Wesley eine eigene Kirche, die in der englischsprechenden Welt, besonders in den USA, starke Verbreitung fand.

1739n rot Gemeinde

ME-TI, chinesischer Philosoph.

475v–393v Lebenslinie
441v blau Gleichheit
422v grün Wirtschaftsreform
395v blau Nächstenliebe

METON (um 470v–um 410v), griechischer Mathematiker und Astronom. Erfand ein Gerät zur Messung der Sonnen-Umlaufzeit. Die damit von ihm festgestellte Differenz zwischen dem der Olympiadenrechnung zugrundeliegenden Mondjahr und dem Sonnenjahr suchte er durch einen neuen Kalender zu überbrücken. Danach entsprachen 19 Sonnenjahre 235 Monaten, von denen 125 'volle' Monate mit 30 Tagen und 110 'hohle' Monate mit 29 Tagen waren. Außerdem wurden 7 von den 19 Jahren zu Schaltjahren. Obgleich sein Kalender nur noch um eine halbe Stunde vom tatsächlichen Sonnenjahr abwich, setzte er sich nicht durch. In seiner Heimatstadt Athen betätigte er sich auch als Architekt.

433v grün Zeitrechnung

METRIK, von dem griechischen Worte 'metron' (= Maß) abgeleitete Bezeichnung für die Lehre vom Versmaß in der Dichtung.

20v blau Horaz' Vorschläge
180n blau Herodianos' Lehre
502n–543n Al Kais
539n blau Al Kais' Regeln
718n–791n Al Chalil
761n blau Al Chalils Lehre
1054n–1122n Al Hariri
1178n–1241n Snorri Sturluson
1239n blau 'Edda'
1392n blau Deschamps' Lehrbuch
1624n blau Opitz' Lehre
1653n blau Harsdörffers Werk
1674n blau Boileaus Lehrbuch
1730n blau Gottscheds Lehrbuch

METTERNICH, Klemens, österreichischer Staatsmann.

1773n–1859n Lebenslinie
1796n/1815n Napoleonische Kriege
1815n rot Wiener Kongreß
1815n rot 'Heilige Allianz'

METZ, Odo von (um 750n–um 820n), fränkischer Baumeister. Studierte die Architektur Norditaliens (Ravenna) und wandte sich dann eigener Bautätigkeit im Frankenreiche zu. Für Karl den Großen errichtete er nach italienischem Vorbild in Aachen die Pfalz-Kapelle, die als Krönungsraum diente und den Kern des Münsters bildete. War auch als Lehrer tätig. Sein Schüler Ansigis half ihm bei den Bauarbeiten in Aachen.

804n blau Pfalz-Kapelle Aachen

METZ, Stadt an der Mosel, 60 km westlich von Saarbrücken. Vor 2000 Jahren Hauptstadt einer römischen Provinz, wurde sie nach dem Zusammenbruch des Römerreiches fränkisch, 511n Hauptstadt des fränkischen Austrien, kam bei der Reichsteilung 870n zu Deutschland und wurde im 13. Jahrhundert deutsche Reichsstadt. Unter Ausnutzung einer Erhebung deutscher Fürsten gegen den deutschen Kaiser 1552n von Frankreich erobert, wurde sie als Festung gegen Deutschland ausgebaut. 1870n kapitulierte hier die französische Rheinarmee, und die Stadt wurde wieder deutsch (Hauptstadt Lothringens). Im ersten Weltkrieg hart umkämpft, wurde sie nach der deutschen Niederlage wieder französisch. Chrodegang schrieb hier vor 1200 Jahren als Bischof seine Lebensvorschriften für Domgeistliche. Durch die von Kaiser Karl IV. hier erlassene 'Goldene Bulle' wurde der Einfluß des Papstes bei der deutschen Königswahl eingedämmt.

766n blau Chrodegangs Lebensregeln
785n blau Geschichte der Bischöfe
870n rot Deutscher Besitz
1356n rot 'Goldene Bulle' verkündet
1552n braun Fürsten-Erhebung
1870n/1871n Deutsch-französischer Krieg
1914n/1918n Erster Weltkrieg

MEUNG, Jean de (um 1240n–um 1305n), französischer Dichter. Vollendete den von seinem Landsmann Guillaume de Lorris begonnenen Rosenroman', indem er dessen 4000 Liebesreime um über 18000 Verse ergänzte, die das Schwergewicht des Werkes auf eine gesellschaftskritische Ebene verschoben. Gegen Adel und Kirche gerichtet, von Sehnsucht nach Natürlichkeit erfüllt und vernunftgemäßer Erkenntnis verpflichtet, wurde das Buch richtungsgebend für die Entwicklung der französischen Literatur.

1280n blau 'Rosenroman' vollendet

MEUNIER, Constantin (1831n–1905n), belgischer Bildhauer und Maler. Erlernte bei seinem Bruder die Malerei und gestaltete dann mehr als zwei Jahrzehnte lang traditionelle Themen ('Verzückung des Franziskus'). Fast 50jährig begann er mit der Darstellung der Arbeit ('Tabakfabrik', 'Grubenarbeiterinnen'). Dann wandte er sich immer stärker der Bildhauerei zu und schuf wirklichkeitsgetreue Plastiken, die nicht mehr die Arbeit selbst zum Gegenstand hatten, sondern den Arbeiter bei seiner Tätigkeit ('Kupferschmied', 'Lastträger'). In monumentalen Reliefs gestaltete er die den Menschen bezwingende Gewalt der industriellen Arbeit ('Fabrik').

1883n blau	'Bergarbeiter'

MEXICO-CITY, Stadt in Mittelamerika halbwegs zwischen Pazifik und Atlantik (früher: Tenochtitlan). Von Azteken nach Eroberung des Hochlandes von Mexiko gegründet. Auf zwei Inseln eines großen Binnensees (Tezcuco-See) angelegt und durch mehrere Dämme mit dem Ufer verbunden, entwickelte sie sich zu einer der bedeutendsten Städte der Azteken mit 300000 Einwohnern und gehörte dem Bündnis der drei Aztekenreiche an. Als Residenz des Aztekenkönigs Montezuma wurde sie mit prächtigen Bauten geschmückt, darunter über 2000 Tempeln. Nach der Eroberung durch Spanier unter Cortez im Jahre 1521n geplündert und zerstört. Als Hauptstadt der mittelamerikanischen Kolonialverwaltung Spaniens wieder aufgebaut, wurde sie später auch Hauptstadt des unabhängigen mexikanischen Staates. Im Mexikanischen Krieg 1847n von den USA besetzt. Durch fünf große, teils jahrelang andauernde Überschwemmungen immer wieder verwüstet, wurde sie im Jahre 1900n durch Anlage eines Kanals gegen die Überschwemmungsgefahr gesichert. Sie nahm dann einen schnellen Aufstieg und wurde eine der größten und schönsten Millionenstädte des amerikanischen Kontinents. Ihre öffentlichen Gebäude (Universität) sind häufig geschmückt mit monumentalen Wandgemälden historischen und sozialkritischen Inhaltes (Diego Rivera).

1325n blau	Gründung
1410n–1469n	Montezuma
1431n rot	Dreibund
1520n/1521n	Azteken-Aufstand
1667n blau	Kathedrale
1846n/1848n	Vorstoß der USA
1947n blau	Neue Universität
1954n blau	Rivera: Wandmalerei

MEXIKO, größter Staat Mittelamerikas, dessen Kultur so alt ist wie diejenige Europas. Bei der Berührung mit den spanischen Eroberern vor 500 Jahren hatten seine Bewohner (Mayas, Azteken) eine mit den Hochkulturen Europas, Asiens und Afrikas vergleichbare Entwicklungsstufe erreicht.

2190v grün	Gebrauch von Quarz
2167v grün	Okarina
1325v grün	Anbau von Mais
806v blau	Pyramide von Kui-Kuilko
445v blau	Pyramide von Cholula
5n blau	Sonnen-Pyramide
31n blau	Mond-Pyramide
162n blau	Plastik mit Maya-Schrift
700n rot	Ende des alten Maya-Reiches
700n grün	Mayas auf Yukatan
711n blau	Gründung von Chichen Itza
856n blau	Gründung von Tollan
947n braun	Eindringen der Tolteken
947n rot	Tolteken-Herrschaft
999n blau	Gründung von Mayapan
1007n rot	Liga von Mayapan
1065n blau	'Nonnenhaus'
1116n braun	Vorstoß der Chichimeken
1116n rot	Chichimeken-Reich
1193n grün	Gummibälle
1225n blau	Tempel in Chichen Itza
1325n blau	Stadt Mexiko
1408n–1472n	Nezalhual
1410n–1469n	Montezuma
1431n rot	Dreibund
1431n blau	Palast von Tezcuco
1436n blau	Bibliothek von Tezcuco
1437n rot	Tod für Geschichtsfälscher
1440n braun	Zerstörung Mayapans
1440n rot	Großreich Montezumas
1455n blau	Pyramiden der Azteken
1487n rot	Aztekische Menschenopfer
1519n rot	Azteken-Reich spanisch
1520n/1521n	Azteken-Aufstand
1521n grün	Kakao-Ausfuhr
1533n grün	Entdeckung Kaliforniens
1546n grün	Silberfunde
1557n grün	Amalgamierung
1659n braun	Erhebung
1667n blau	Kathedrale der Stadt Mexiko
1671n blau	Drama Calderons
1692n braun	Erhebung
1811n/1826n	Kampf Lateinamerikas
1822n rot	Unabhängigkeit
1846n/1848n	Krieg gegen USA
1848n rot	Gebietsabtretung an USA
1857n rot	Verfassung
1911n/1913n	Erhebung
1945n rot	Mitglied der UN
1947n blau	Neue Universität Mexiko
1954n blau	Rivera: Wandmalerei

MEYER, Conrad Ferdinand (1825n–1898n), schweizerischer Dichter. Als Sohn eines vermögenden Regierungsrates gab er das Rechtsstudium vorzeitig auf, um sich ganz seinen Neigungen zu widmen. Er bildete sich historisch, unternahm Reisen, versuchte sich als Maler, verbrachte zwischendurch ein Jahr in einer Nerven-Heilanstalt, übersetzte historische Werke und wandte sich vierzigjährig der Schriftstellerei zu. Zwischen der französischen und der deutschen Kultur schwankend, entschied er sich nach dem deutschen Siege 1871n ganz für die deutsche Sache und Sprache ('Huttens letzte Tage'). In zwanzig reichen Schaffensjahren entstanden Erzählungen ('Gustav Adolfs Page') und Romane ('Jürg Jenatsch'). Empörte sich gegen die Vergewaltigung des menschlichen Geistes durch die Kirche, besonders durch die Jesuiten ('Die Leiden eines Knaben'), und schrieb zahlreiche Werke zur Entlarvung des Katholizismus ('Die Hochzeit des Mönchs', 'Der Heilige').

1876n blau	'Jürg Jenatsch'

MEYERBEER, Giacomo (1791n–1864n), deutscher Komponist. Als Sohn eines jüdischen Bankiers wurde er früh von berühmten Musikern im Klavierspiel ausgebildet (Zelter, Clementis), trat neunjährig bereits öffentlich auf, komponierte bald selbst Lieder ('Gott und Natur') und zwanzigjährig seine erste Oper. Als er mit seiner zweiten Oper ('Die beiden Kalifen') keinen Erfolg hatte, ging er 23jährig nach Paris und anschließend nach Rom, um sich eine leichtere, gefälligere Kompositionsweise anzueignen. In Paris schrieb er dann mit dem Textdichter Scribe die effektvollen Opern 'Robert der Teufel' und 'Die Hugenotten'. Diese publikumswirksamen Werke machten ihn schnell berühmt und trugen ihm eine Stellung als Generalmusikdirektor in Berlin ein. Durch Zusammenfügung wesentlicher Wirkungsmomente deutscher, italienischer und französischer Musik schuf er noch mehrere Opern, die nicht zuletzt dank ihrer großartigen Ausstattung zu Erfolgen wurden ('Der Prophet', 'Die Afrikanerin').

1831n blau	'Robert der Teufel'

MICHAELIS, von der katholischen Kirche eingeführtes Fest zu Ehren des Engels Michael, der nach jüdischem und christlichem Glauben als Überwinder des Teufels gilt. Durch Verknüpfung mit allgemeinen Lebensgewohnheiten (Steuer-Entrichtung, Umzug, Schuljahrsbeginn) sowie durch allerlei Volksbelustigungen gelang es der Kirche, der Feier bis an die Schwelle unserer Epoche den Charakter eines öffentlichen Festes zu geben.

813n grün	Einführung

MICHAEL von Aitzing (um 1535n–1598n), deutscher Gelehrter. Noch nicht 20jährig gab er ein tabellenartiges Unterrichtswerk der Rhetorik heraus. Stellte auch eine musikalische Harmonielehre in Tabellenform zusammen. Studierte Mathematik, Geographie und Astronomie. Nahm eine Stellung am Wiener Hofe an und widmete sich daneben geschichtlichen Studien. Schrieb eine Weltgeschichte in Tabellenform ('Pentaplus'). In einer Abhandlung über das Alter der Welt kam er auf Grund der Bibel zu dem Ergebnis, daß die Welt 5526 Jahre besteht und sagte ihren Untergang für das Jahr 1584n voraus. Aus dem kaiserlichen Dienst entlassen, lebte er in Brüssel, Antwerpen und Löwen. Dann ließ er sich in Köln nieder. Geschichtliche und geographische Unterrichtung suchte er in seinem Werke über Belgien mit bildlicher Darstellung zu verbinden ('Leo Belgicus' mit 112 Kupferstichen). 1583n begann er Nachrichten über den Kampf der Protestanten gegen die Katholiken zu sammeln, zu drucken und zu verkaufen. Da er sich dabei der deutschen Sprache bediente, fanden seine Nachrichten viele Käufer. Seit 1588n gab er 5 Jahre lang regelmäßig alle 6 Monate anläßlich der Frankfurter Messe eine Nachrichten-Sammlung heraus, für die er Neuigkeiten aus ganz Europa zusammentrug ('Mess-Relationen'). Damit schuf er die erste regelmäßig erscheinende Zeitung Deutschlands und die erste europäische Zeitung seit dem Untergang des römischen Reiches. Trotz des großen Erfolges seiner Zeitung und seiner Bücher lebte er bis an sein Ende in bitterer Not.

1588n grün	Zeitung

MICHAILOWITSCH, Alexei, russischer Zar von 1645n bis 1676n.

1629n–1676n	Lebenslinie
1646n rot	Sibirien russisch
1649n blau	Gesetzbuch
1654n rot	Anschluß der Ukraine
1655n/1660n	Schwedisch-polnischer Krieg
1663n/1699n	Großer Türkenkrieg
1666n rot	Kirchenspaltung
1670n/1671n	Kosaken-Aufstand

MICHELANGELO, italienischer Universalkünstler.

1475n–1564n	Lebenslinie
1449n–1492n	Lorenzo Medici
1500n blau	'Pietà'
1504n blau	David-Statue
1512n blau	Deckengemälde
1541n blau	'Das Jüngste Gericht'
1547n blau	Peterskirche: Bauführung
1547n–1614n	El Greco

MICHELET, Jules (1798n–1874n), französischer Geschichtsschreiber und Philosoph. Sohn eines Druckerei-Angestellten. 23jährig bereits Professor der Geschichte, wurde er durch seine zuverlässige, farbige, kämpferische Darstellung der Vergangenheit zu einem der meistgelesenen Schriftsteller seines Landes. In seiner 17bändigen Geschichte Frankreichs zeigte er wirkungsvoll die Bedeutung des arbeitenden Volkes für das historische Geschehen. In der Kirche erkannte er die größte Gefahr für die Entwicklung eines Volksstaates. Entlarvte die historische Schuld des Katholizismus ('Von den Jesuiten'). Seine revolutionäre Gesinnung führte zu seiner Entlassung aus dem Lehramt. Verweigerte den Eid auf die restaurative Verfassung Napoleons III. Dadurch verlor er auch seine Stellung als Leiter der historischen Sektion im Staatsarchiv und wurde aus dem Collège de France ausgeschlossen. So zog er sich in die Bretagne zurück und schrieb eine siebenbändige Geschichte der französischen Revolution.

1853n blau	Revolutionsgeschichte

MICHELSBERG, Johann von (um 1250n–um 1300n), böhmischer Ritter. Unternahm eine Fahrt nach Paris zu einem Turnier. Die Abenteuer dieser Reise wurden von dem deutschen Dichter Heinrich von Freiberg in einem Loblied besungen.

1286n blau	Loblied

MICHELSTADT, hessische Kleinstadt, 40 km südlich von Frankfurt. Seit Beginn des 8. Jahrhunderts besiedelt. 827n wurde in der Nähe von dem fränkischen Geschichtsschreiber Einhard das Kloster Steinbach gegründet, für das ihm 815n der Frankenkönig ein Stück Land geschenkt hatte.

770n–840n	Einhard

MICHON, Jean Hippolyte (1806n–1881n), französischer Gelehrter und Schriftsteller. Von seinem Lehrer, dem Abt Flandrin, auf die Zusammenhänge von Handschrift und menschlichen Wesenszügen hingewiesen. Erforschte systematisch die Schriftzüge zahlreicher Menschen und gelangte zu dem Ergebnis, daß ein gesetzmäßiger Zusammenhang zwischen dem Charakter und gewissen Nebenstrichen besteht, die jeder Mensch unbewußt seiner Schrift beifügt. Auf die Bedeutung dieser Nebenstriche gründete er eine Wissenschaft von der Handschrift ('Graphologie'). Außer ihrer systematischen Darstellung unternahm er die Zusammenfassung ihrer praktischen Arbeitsregeln in einem Handbuch. Schrieb auch Romane ('Maudit') und Abhandlungen über Ausgrabungs-Ergebnisse.

1875n grün	Graphologie

MICKEY MOUSE (Mickymaus), lustige Trickfilm-Gestalt, die von dem nordamerikanischen Zeichner Walt Disney geschaffen wurde. Sie verbreitete nordamerikanischen Humor, nordamerikanische Lebensauffassung und nordamerikanische Gestaltungsweise durch Filme, Zeitschriften, Figuren und Bücher mit nordamerikanischen Reklamemethoden auf der ganzen Erde.

1926n blau	Disneys Filme

MICKIEWICZ, Adam (1798n–1855n), polnischer Dichter. Als Student der Sprachwissenschaft verfaßte er eine 'Ode an die Jugend' und als junger Lehrer Balladen und Romanzen. Wegen Teilnahme an einer Unabhängigkeits-Verschwörung gegen das zaristische Rußland verbannt, schrieb er 'Sonette aus der Krim'. Aus Standesunterschieden geborenes Liebesleid veranlaßte ihn zur Niederschrift eines Dramas ('Totenfeier'). Nach Niederschlagung des Befreiungskampfes der russischen Dekabristen schrieb er sein Heldengedicht 'Konrad Wallenrod'. In der Pariser Emigration vollendete er das große polnische Nationalepos 'Herr Thaddäus', in dem er die ruhmreiche Geschichte Polens pries, die Schönheit des Landes besang und die Hoffnung auf Befreiung aus russischer Knechtschaft ausdrückte. Fern der Heimat erlosch seine dichterische Kraft aber, und er verfaßte in den letzten zwanzig Jahren nur noch Artikel und Aufrufe für die Freiheit Polens sowie für einen großen, letzten Befreiungskampf der ganzen Menschheit. Während des Krimkrieges eilte er in die Türkei, um eine polnische Legion aufzustellen, und starb in Konstantinopel an der Pest.

1834n blau	'Herr Thaddäus'

MIEZKO, polnischer Staatsmann.

920n–992n	Lebenslinie
960n braun	Sieg über Slawen-Stämme
960n rot	Gebietseinigung
963n braun	Vorstoß Deutscher
963n rot	Gebietsverlust an Deutsche
966n rot	Annahme des Christentums
966n rot	Christentum Staatsreligion
968n blau	Entwicklung Posens
990n braun	Vorstoß nach Schlesien
990n rot	Gewinn Schlesiens
992n rot	Papst Kirchenherr

MI-FEI (1051n–1107n), chinesischer Maler, Dichter und Graphiker. Wurde Staatsbeamter, sammelte Kunstwerke und begann, berühmte Bilder zu kopieren. Beschrieb zahlreiche Gemälde und stellte anekdotische Lebensbilder chinesischer Maler zusammen. Fünfzigjährig begann er selbst mit dem Malen. Dabei entwickelte er eine Technik, mit schräg gestelltem Pinsel durch feine Tupfen Dunst oder Regenstimmung über seine unscharfen Landschaften zu legen. Sie wurde unter dem Namen 'Eierpflaumen-Manier' berühmt.

1085n blau	Landschaftsmalerei

MIGNET, François (1796n–1884n), französischer Historiker. Nahm als Rechtsanwalt mit einer historischen Abhandlung an einem Preisausschreiben teil, erhielt eine Auszeichnung und wandte sich der Schriftstellerei zu. Wurde Redakteur, hielt historische Vorlesungen und schrieb 28jährig eine zweibändige Geschichte der französischen Revolution. Hier und in seinen 'Notizen zur Geschichte' beschrieb er den Kampf zwischen Bürgertum und Adel als Auseinandersetzung zweier einander ablösender Klassen und erkannte in diesem Klassenkampf einen mit gesetzmäßiger Notwendigkeit sich vollziehenden Prozeß. Verfaßte auch historische Lebensbilder ('Maria Stuart') und Einzelabhandlungen ('Die Rivalität zwischen Karl V. und Franz I.').

1843n blau	'Notizen zur Geschichte'

MIKIMOTO, Kokitschi (1858n–1954n), japanischer Fischer. Nach jahrelangen Versuchen gelang ihm die bereits von den chinesischen Perlfischern seit 500 Jahren versuchte Herstellung von Perlen. Er öffnete Muscheln, führte Sandkörner ein und versenkte sie in Drahtkörben wieder für einige Jahre ins Meer. Die Perlmuscheln bildeten rund um die Sandkörner Abscheidungen, und nach zwei bis fünf Jahren konnte er die fertigen Perlen vom Meeresgrunde heraufholen. Zehn Jahre vergingen noch, bis ein Verfahren gefunden war, die Perlen ganz rund zu züchten. Diese 'Zuchtperlen' wurden für ein Zwanzigstel des Preises natürlicher Perlen abgegeben, deren Auffindung sehr schwer ist. Sie eroberten innerhalb weniger Jahrzehnte den Weltmarkt.

1896n grün	Zuchtperlen

MIKON (um 510v–um 450v), griechischer Maler und Bildhauer aus Athen. Schuf Statuen von Sportlern seiner Heimatstadt, die bei olympischen Wettkämpfen oder anderen Spielen erfolgreich waren. In riesigen Gemälden verherrlichte er die Vergangenheit durch Darstellungen aus Sage und Geschichte. Berühmt wurde er wegen seiner naturnahen Darstellung von Pferden, die er bei Wettkämpfen oder in Kämpfen malte. Seine Motive und ihre Gestaltung wurden häufig von Vasenmalern übernommen.

474v blau	Taten des Theseus
471v blau	Amazonenschlacht
465v blau	Argonautensage

MIKROBIOLOGIE, Lehre von den Lebewesen, die so klein sind, daß man sie mit bloßem Auge nicht wahrnehmen kann. Lebensfunktionen und Körperbau dieser 'Mikroben' (Bakterien, Viren, Aufgußtierchen, Algen) werden von ihr beobachtet und beschrieben. Schuf die wissenschaftlichen Grundlagen für die Erforschung menschlicher, tierischer und pflanzlicher Lebensvorgänge, die mit diesen Mikro-Organismen verbunden sind, insbesondere für die Verhütung und Bekämpfung von Krankheiten.

116v–27v	Varro
37v grün	Varro: Bakteriologie
1590n grün	Mikroskop
1675n grün	Aufgußtierchen entdeckt
1683n grün	Leeuwenhoek: Bakterien
1838n grün	Ehrenbergs Schrift
1860n grün	Pasteur: Bakteriologie
1867n grün	Pasteur: Keimtötung
1873n grün	Leprabazillus
1874n grün	Mikrokokken
1878n grün	Koch: Bakteriologie
1882n grün	Tuberkelbazillus
1897n grün	Malaria-Erreger
1903n grün	Ultramikroskop
1906n grün	Schlafkrankheits-Erreger
1928n grün	Penicillin
1933n grün	Elektronenmikroskop
1941n grün	Viren sichtbar

MIKROKOKKEN, Bezeichnung für die nur unter dem Mikroskop wahrnehmbaren Eiter-Bakterien (Kokken), für die ihr Entdecker Billroth das Wort 'Streptokokken' geprägt hatte. Der schottische Chirurg Ogston erkannte den besonderen Charakter der kugelförmigen Kokken und nannte diese Erreger 1882n nach dem griechischen Wort 'staphyle' (= Traube) Staphylokokken.

1874n grün	Entdeckung

MIKROPHON, Gerät zur Umwandlung von Schallwellen in elektrische Strom-Impulse. Seine Erfindung verbesserte das Telephon und war eine Voraussetzung für Sprechfunk, Rundfunk, Tonfilm und Fernsehen.

1878n grün	Erfindung

MIKROSKOP, Gerät zur Beobachtung von Objekten, die mit dem bloßen Auge oder mit Hilfe eines Vergrößerungsglases nur ungenügend oder gar nicht wahrnehmbar sind. Seine Wirkung beruht auf der Summierung der vergrößernden Wirkung von Einzellinsen. Durch seine Erfindung wurde die Feststellung kleinster Lebewesen (Bakterien) und kleinster Bestandteile von Organismen (Moleküle) möglich. Die Vergrößerung von Objekten über das 2000fache hinaus wurde durch Verzicht auf direkte Sichtbarmachung ihrer Größe und Gestalt im Ultra-Mikroskop erreicht, das die Lichtbiegung zum Gegenstand der Beobachtung machte. Schließlich gelang im Elektronen-Übermikroskop eine Steigerung der Vergrößerungsmöglichkeit auf das 100000fache, indem man das Licht durch elektronische Strahlen ersetzte, deren Wellenlänge etwa 100000mal kleiner ist als diejenige des Lichtes.

1590n grün	Erfindung
1903n grün	Ultramikroskop
1933n grün	Elektronen-Übermikroskop

MILCH

2563v grün	Gewinnung von Butter
2475v blau	Relief 'Molkerei'
2460v grün	Gewinnung von Käse
1188v blau	Relief des Melkens
1864n grün	Zentrifuge

MILCHSTRASSE, Name des weißstrahlenden Sterngürtels, der am nächtlichen Himmel deutlich hervorleuchtet. Besteht aus einer ungezählten Menge von Fixsternen, die meist um ein Vielfaches größer sind als unsere Sonne, die mit der Erde und ihren anderen Planeten ebenfalls zu dieser Stern-Anhäufung gehört. Insgesamt hat sie die Form einer riesigen Linse mit einer Ausdehnung von etwa 100000 Lichtjahren. An ihrer stärksten Stelle beträgt ihr Durchmesser etwa 15000 Lichtjahre.

392v grün	Demokrits Forschungen
1564n–1642n	Galilei
1784n grün	Herschels Forschungen

MILCH-ZENTRIFUGE, Gerät zur Trennung der Sahne von der Frisch-Milch durch mechanisches Herausschleudern. Beruht auf dem physikalischen Gesetz, daß die Fliehkraft des schweren Teiles einer Substanz größer ist als diejenige ihrer leichten Bestandteile. Die Herstellung von Butter aus frischer (= süßer) Sahne wurde erst mit ihrer Hilfe möglich.

1864n grün	Erfindung

MILET, Stadt an der Küste des Ägäischen Meeres im Westen Kleinasiens. Vor fast 3000 Jahren von Griechen gegründet, entwickelte sie sich zu einer bedeutenden Hafenstadt sowie zu einem Zentrum von Wirtschaft und Kultur. Zur größten und bedeutendsten Griechenstadt Kleinasiens aufgestiegen, überstrahlte ihr Ruhm um 600v auch den aller Städte in Griechenland selbst. Hier wirkten Thales, Anaximander, Anaximenes, Leukipp und Hekataios. Von ihren drei Hafenbecken aus stand sie mit dem ganzen Mittelmeerraum in ständiger Verbindung. Hier und vor allem am Schwarzen Meere legte sie fast 100 Niederlassungen an, die sich teilweise selbst zu bedeutenden Städten entwickelten (Theodosia, Naukratis, Odessos, Pantikapaion). Mit dem lydischen Reiche eng verbunden, wurde sie von den Persern zusammen mit diesem Teile Kleinasiens im Jahre 546v unterworfen. Ein Aufstand der Bevölkerung gegen die persische Herrschaft scheiterte, die Stadt wurde 494v zerstört, ihre Bewohner getötet oder in die Sklaverei verkauft. Nach Plänen des aus der Stadt stammenden Hippodamos später noch einmal aufgebaut. Im Alexanderzug befreit, erlebte sie einen neuen Aufstieg und wurde auch nach ihrer Unterwerfung durch Rom großzügig gefördert. Doch erreichte sie ihre alte Größe und Bedeutung nicht wieder.

979v blau	Gründung
650v blau	Gründung von Naukratis

624 v–546 v Thales
610 v–546 v Anaximander
599 v–529 v Kyros
585 v blau Gründung von Odessos
585 v–525 v Anaximenes
546 v braun Vorstoß Persiens
546 v rot Persische Herrschaft
537 v blau Gründung von Pantikapaion
528 v blau Gründung von Theodosia
521 v blau Hekataios: Sagenforschung
499 v/494 v Ionischer Aufstand
497 v grün Hekataios: Erdkunde
493 v rot Zensur Athens über Drama
489 v–428 v Leukipp
486 v–430 v Hippodamos
473 v grün Hekataios über Klima
356 v–323 v Alexander der Große
334 v/325 v Alexanderzug

MILHAUD, Darius (geboren 1892 n), französischer Komponist. Als Diplomat in Rio de Janeiro wurde er mit brasilianischer Volksmusik bekannt. Ihre Elemente, gemischt mit Jazz und Synagogengesang, bilden die Grundlage seiner ersten Werke. Später verfaßte er Tonwerke, die sich durch Nebeneinanderstellung mehrerer melodischer Abläufe in verschiedenen Tonarten von aller Tradition und Harmonie lösten ('Polytonale Musik'). Komponierte Opern ('Bolivar'), Sinfonien ('Zur Befreiung des Vaterlandes'), Kammermusik ('Sommer-Konzertino'), Klavierkonzerte ('Scaramouche') und Ballette ('Salade'). In einem Liederzyklus beschrieb er 1919 n die 12 Stationen auf dem Wege zur russischen Revolution ('Petersburger Abende'). Schuf auch Filmmusik und wurde nach dem zweiten Weltkrieg Leiter der musikalischen Abteilung des Pariser Rundfunks.

1963 n blau 'Orestie'

MILIUS, Heinrich (um 1815 n–um 1860 n) deutscher Erfinder. Als Sohn eines Porzellanmachers erlernte er die Schlosserei und verselbständigte sich als Mechaniker. Verbesserte zusammen mit seinem Vater Gottlieb das Laufrad durch Einbau einer Tret-Vorrichtung am Vorderrad und wurde dadurch zum Schöpfer des Fahrrades. Schrieb Gedichte und Erzählungen in der Mundart seiner thüringischen Heimatstadt Themar bei Meiningen. Wegen Beteiligung an der Revolution von 1848 n mußte er Deutschland verlassen und wanderte nach Nordamerika aus.

1845 n grün Fahrrad

MILL, Henry (1683 n–1771 n), englischer Ingenieur. Erhielt 1714 n das englische Patent auf ein Verfahren, Buchstaben einzeln oder fortlaufend wie beim Schreiben zu drucken. Damit wurde er zum Schöpfer des Grundgedankens der Schreibmaschine. Schuf Pläne für Anlagen zur Trinkwasser-Versorgung englischer Städte.

1714 n grün Schreibmaschine

MILL, John Stuart (1806 n–1873 n), englischer Volkswirtschaftler, Philosoph und Politiker. Als Sohn eines berühmten Volkswirtschaftlers wurde er Gehilfe seines Vaters bei der ostindischen Handelskompanie. Später zog er als liberaler Abgeordneter ins Unterhaus ein und kämpfte für die Einführung des Frauen-Stimmrechts. In der geistigen Vervollkommnung des Einzelnen sah er die Grundlage für den allgemeinen Fortschritt der Menschheit. Als einzige Quelle der Erkenntnis galt ihm die Erfahrung. Das Schließen vom Einzelnen auf das Allgemeine (Induktion) betrachtete er als das einzig zulässige Verfahren der Wissenschaft. Teilte die Wissenschaften in Geistes- und Naturwissenschaften, wobei er die Geschichtswissenschaft durch Umwandlung ihrer Arbeitsweise den Naturwissenschaften zurechnen wollte. Ursachenforschung sah er nicht als Suche nach kausalen Zusammenhängen, sondern nur als Mittel zur Feststellung verbindlicher Regeln des allgemeinen Naturverlaufs. Führte Erfahrung und Wahrscheinlichkeit in die philosophische Begreifensweise ein. Suchte das kapitalistische System aus dem Nützlichkeitsprinzip zu rechtfertigen. Den Sozialismus wollte er durch Erfüllung der sozialen Forderungen des Proletariats überflüssig machen.

1848 n grün 'Politische Ökonomie'
1869 n blau 'Die Hörigkeit der Frau'

MILLER, Arthur (geboren 1915 n), nordamerikanischer Dichter. Als Sohn eines Fabrikanten ergriff er nach Beendigung seines Studiums verschiedene Berufe (Hafenarbeiter, Fabrikarbeiter, Redakteur, Soldat) und wandte sich nach dem zweiten Weltkrieg der Schriftstellerei zu. In seinem Theaterstück 'Alle meine Söhne' zeigte er einen nordamerikanischen Unternehmer, der aus Gewinnsucht das Leben von Soldaten opfert. In einem zweiten Stück stellte er die Unmenschlichkeit des amerikanischen Kapitalismus in seiner Auswirkung auf eine amerikanische Durchschnittsfamilie dar ('Der Tod des Handlungsreisenden'). Mit seinem historischen Drama 'Hexenjagd' prangerte er indirekt den militanten Antikommunismus an. Vor dem 'Ausschuß für unamerikanische Tätigkeit' verweigerte er die Aussage. War mit der Filmschauspielerin Marilyn Monroe verheiratet, für die er das Drehbuch 'Misfits' ('Nicht gesellschaftsfähig') schrieb. Gegen den Faschismus richtet sich sein Drama 'Zwischenfall in Vichy'.

1953 n blau 'Hexenjagd'
1964 n blau 'Zwischenfall in Vichy'

MILLER, Oskar (1855 n–1934 n), deutscher Techniker. Als Sohn eines Silberschmiedes und Erzgießers wandte er sich der aufstrebenden Elektrotechnik zu und gründete mit Rathenau die Allgemeine Elektricitäts-Gesellschaft (AEG). Errichtete zahlreiche Elektrizitätswerke und nutzte die Wasserkraft zur Stromerzeugung (Walchensee). Baute die erste deutsche Elektro-Ausstellung auf und wurde technischer Leiter der internationalen elektrotechnischen Ausstellung in Frankfurt. Seine Erfahrungen mit Ausstellungen brachten ihn auf den Gedanken zur Schaffung einer ständigen Ausstellung für die gesamte Geschichte der Technik. Er verwirklichte ihn durch Gründung des einzigartigen Deutschen Museums in München.

1902 n grün Deutsches Museum

MILLET, Jean François (1814 n–1875 n), französischer Maler und Graphiker. Verließ seine ländliche Heimat in Nordfrankreich, bildete sich in Cherbourg zum Maler aus und ließ sich in Paris nieder. Zehn Jahre lang malte er traditionelle Themen aus der griechischen und biblischen Sagenwelt. 34jährig fand er dann mit seinem Bilde 'Kornschwinger' zu einer eigenen Aussage. Seitdem stellte er nur noch den Bauern in seinem Kampf ums tägliche Brot dar. Bald verlegte er auch seinen Wohnsitz aufs Land. In den letzten 25 Jahren zeigte er in Gemälden, Radierungen und Holzschnitten den Landmann bei der Arbeit ('Sämann', 'Heubinder', 'Kartoffelsetzer', 'Schäfer', 'Buchweizenernte'). Dabei strebte er keine Idealisierung an, sondern malte das harte Leben auf dem Lande in seiner Not und Häßlichkeit. Weil diese Bilder keine Käufer fanden, mußte er selbst Entbehrungen leiden.

1857 n blau 'Die Ährenleserinnen'

MILO (= Melos), südwestlichste der Athen vorgelagerten Mittelmeerinseln ('Kykladen'). Vor fast 3000 Jahren von Phöniziern bevölkert, wurde sie allmählich durch griechische Einwanderer in Besitz genommen und kämpfte in den Perserkriegen auf griechischer Seite. Weil sie im griechischen Bürgerkrieg (Peloponnesischer Krieg) neutral bleiben wollte, wurde sie im Jahre 416 v von Athen bekriegt. Ihre Einwohner wurden getötet oder in die Sklaverei verkauft. Im Jahre 1820 n wurde hier bei Ausgrabungen eine fast 2000 Jahre alte Frauen-Skulptur gefunden, die bald als Inbegriff weiblicher Schönheit galt (Venus von Milo). Da die heute griechische Insel um diese Zeit zur Türkei gehörte, verhandelte Frankreich mit der türkischen Regierung über den Ankauf der Statue. Da keine Einigung erzielt wurde, entführte ein Kriegsschiff auf Befehl des französischen Botschafters das Kunstwerk und brachte es nach Paris, wo es im Louvre Aufstellung fand. Bei diesem Gewaltakt verlor die Skulptur ihre Arme

490 v/449 v Perserkriege
431 v/404 v Peloponnesischer Krieg
109 v blau 'Venus von Milo'

MILTON, John (1608 n–1674 n), englischer Dichter. Nachdem sein Vater wegen seines Übertritts zum Protestantismus von der katholischen Familie enterbt worden war, sollte er Theologe werden, wandte sich aber nach Beendigung seines Studiums der Politik und der Dichtung zu. Trat für Gedanken-, Presse- und Gewissensfreiheit ein und forderte Demokratisierung, lebensnahe Erziehung sowie das Recht auf Ehescheidung. Begründete die Hinrichtung des englischen Königs Karl I. mit dem Selbstbestimmungsrecht des Volkes. Wurde Privatsekretär Cromwells und focht leidenschaftlich für die Ziele der Revolution. Nach dem Sieg der Restauration zog er sich in die Einsamkeit zurück. Mit 44 Jahren erblindet, vollendete er noch sein großes Heldengedicht, an dem er seit seinem 35. Lebensjahr arbeitete ('Das verlorene Paradies'). Schrieb eine Geschichte Englands sowie eine Verherrlichung der Revolution.

1665 n blau 'Das verlorene Paradies'

MIMOS, griechische Bezeichnung für eine volkstümliche Dichtung, bei der das Alltagsleben in meist possenhafter Zuspitzung auf die Bühne gestellt wird. In Griechenland vor 2200 Jahren besonders beliebt.

280 v–220 v Herondas
246 v blau Herondas' Lustspiele

MIMUS, lateinische Bezeichnung für die griechische Mimos-Dichtung. Vor mehr als 2000 Jahren durch die Römer übernommen, entwickelte sie sich schnell zu großer Beliebtheit. Im Gegensatz zur strengen Darstellungsweise in Griechenland traten hier die Schauspieler ohne Masken auf, und die Frauenrollen wurden von Frauen gespielt.

94 v–34 v Publilius
81 v grün Fortfall der Maske
77 v grün Schauspielerinnen

MINÄER, Name eines arabischen Volkes, das vor mehr als 3000 Jahren im Süden der arabischen Halbinsel (Jemen) ein Reich gründete. Es errang die Herrschaft über die ganze Westküste Arabiens, bestand mehr als 500 Jahre und wurde dann dem Reiche von Saba einverleibt.

1292 v blau Gründung von Maan
1272 v rot Reichsbildung
1265 v braun Vorstoß zur Westküste
1265 v rot Gebietsgewinn
758 v–672 v Bajin
718 v braun Niederlage gegen Saba
718 v rot Herrschaft Sabas

MINARETTE, Bezeichnung für die Türme mohammedanischer Kirchen (Moscheen). Von ihrem Balkon ruft der Küster (Muezzin) fünfmal täglich die Gläubigen zum Gebet.

641 n blau Erstes Minarett
1196 n blau 'Kutab-Minarett' in Delhi

MINDEN, Stadt an der Weser, 50 km westlich von Hannover. Vor 2000 Jahren als römische Siedlung angelegt, wuchs sie um 800 n zur Stadt empor, erhielt 1230 n Stadtrecht und trat um 1300 n der Hanse bei. 1538 n wurde über sie die Reichsacht verhängt, weil sie ihren Bischof vertrieben hatte. Im Dreißigjährigen Krieg fiel sie Brandenburg zu, als dessen Besitz sie im Westfälischen Frieden bestätigt wurde, und das durch diese und andere gleichzeitige Gebietsgewinne zu einem bedeutenden Staate heranwuchs (Preußen).

1618 n/1648 n Dreißigjähriger Krieg
1620 n–1688 n Der Große Kurfürst
1648 n rot Westfälischer Friede

MINERALOGIE, Lehre von den festen, natürlichen Bestandteilen der Erdrinde, (Gesteine, Erze, Kohle). Von Aristoteles durch Unterscheidung von Metall und Gestein vorbereitet, wurde sie durch die Römer (Plinius) und die Araber (Ibn Sina) fortentwickelt. Der deutsche Naturforscher Werner erhob sie in den Rang einer selbständigen Wissenschaft, indem er sie systematisierte, in den Rahmen der allgemeinen Erdgeschichte stellte und sie auf die chemisch-physikalischen Eigenschaften der Gesteine beschränkte.

384 v–322 v Aristoteles
23 n–79 n Plinius der Ältere
78 n grün Plinius: Naturkunde
980 n–1037 n Ibn Sina (Avicenna)
1160 n grün Hildegard: Naturkunde
1555 n grün Agricola: Bergwerksbuch
1773 n grün Werners Lehre

MING-DYNASTIE, Bezeichnung für die Herrschaftsperiode der Kaiser-Familie Ming in China. Begann mit dem Sturz der mongolischen Fremdherrschaft im Jahre 1368 n und endete fast 300 Jahre später mit der Machtergreifung durch mandschurische Herrscher.

1368 n rot Flucht des Mongolenkaisers
1368 n rot Herrschaftsbeginn
1407 n rot Beherrschung Indonesiens
1557 n rot Verlust Macaos
1622 n braun 'Rote-Mützen'-Aufstand
1628 n/1644 n Bürgerkrieg
1644 n rot Herrschaftsende

MINIATUREN, Bezeichnung für kleine Gemälde. Das Wort ist vom lateinischen 'minium' (= Bleirot) abgeleitet und bezeichnete zunächst nur die Rotmalerei. Später wurde es für Buchmalerei, für die kleinen Illustrationen in Büchern und schließlich für alle kleinen Bilder gebraucht.

1351 v blau Miniatur Tut-Anch-Amuns
1349 v blau 'Pharao auf Löwenjagd'
1021 n blau 'Der schlafende Christus'
1471 n blau Fouquets Malereien

MINKOWSKI, Hermann (1864 n–1909 n), deutscher Mathematiker aus Litauen. Studierte in Königsberg und wurde dort 29jährig Professor der Mathematik. Nach kurzer Lehrtätigkeit in Zürich ließ er sich endgültig in Göttingen nieder. Führte Methoden der Geometrie in die Zahlenlehre ein. Fügte die Zeit als vierte Dimension den drei Raum-Dimensionen hinzu und gab der Relativitätstheorie auf der Grundlage dieses räumlich-zeitlichen Weltbildes eine mathematische Form. Entwickelte die Grundgleichungen der Elektrodynamik.

1907 n grün 'Zahlentheorie'

MINNEGESANG, Bezeichnung für die seit dem 12. Jahrhundert in Deutschland und Frankreich verbreitete Form der Dichtkunst, die hauptsächlich Liebesdichtung war und von umherziehenden Dichtern meist singend vorgetragen wurde.

1102 n blau Wilhelms Lieder
1140 n blau Marcabrus Lieder
1143 n–1203 n Heinrich von Veldeke
1145 n–1209 n Bertran de Born
1152 n blau Bernarts Lieder
1164 n blau Christian: Erek und Enide
1168 n–1220 n Wolfram von Eschenbach
1172 n–1228 n Walther von der Vogelweide
1178 n blau Béatrice: Weltgesang
1180 n–1225 n Heinrich von Morungen
1191 n blau Werk Heinrichs von Rugge
1200 n–1242 n Neidhart von Reuenthal
1202 n blau 'Unter der Linden'
1206 n blau Sänger-Wettstreit
1208 n–1270 n Tannhäuser
1219 n blau Morungens Lieder
1278 n blau Lied Konrads von Würzburg
1281 n blau Adam de la Halle: Lieder
1286 n blau Lied Heinrichs von Freiberg
1326 n blau 'Manessische Handschrift'
1337 n blau Hadamar: Die Jagd

MINOS, König der Mittelmeerinsel Kreta.

1597 v–1521 v Lebenslinie
837 v blau Daidalos-Sage

MINSK, Stadt in Osteuropa zwischen Warschau und Moskau. Die vor etwa tausend Jahren entstandene Siedlung wurde zu Beginn des 12. Jahrhunderts Hauptstadt eines selbständigen Fürstentums, kam zweihundert Jahre später an Litauen und wurde 1569 n polnisch. Bei der zweiten Teilung Polens an Rußland gefallen, blieb sie bei der Wiederherstellung des polnischen Staates durch den Wiener Kongreß russisch. Nach dem ersten Weltkriege polnisch, seit dem zweiten Weltkriege russisch.

1793 n rot Russischer Besitz
1815 n rot Verbleib bei Rußland

MINUCIUS FELIX (um 150 n–um 220 n), römischer Rechtsanwalt aus Nordafrika. Wurde in Rom Christ und verfaßte eine Schrift über die Vorzüge des Christentums gegenüber dem römischen Götterglauben. In Form eines Bekehrungsgespräches zwischen dem Christen Oktavius und dem nichtchristlichen Römer Cäcilius pries er die politische Zuverlässigkeit der christlichen Gemeinden und verteidigte seine neue Religion gegen den Vorwurf des Ritualmordes und der Sittenlosigkeit.

200 n blau Bekehrungsgespräch

MIRANDOLA, Giovanni (1463 n–1494 n), italienischer Gelehrter. Als Sohn des Grafen Pico besuchte er seit seinem vierzehnten Lebensjahre die berühmtesten Hochschulen Europas. Dann formte er aus den vernünftigsten Anschauungen aller von ihm studierten Lehren eine neue Weltanschauung, die zugleich Religion und Philosophie war. In ihr waren die Leitsätze von Christentum, Judentum und anderen orientalischen Religionen ebenso enthalten wie griechische Philosophie und allerlei Geheimlehren (Kabbala, Magie). Um mit dieser Lehre die Menschheit vor dem Absinken in religiöse und astrologische Schicksalsergebenheit zu bewahren, stellte er 900 Thesen auf und lud alle berühmten Gelehrten Europas auf seine Kosten nach Italien ein. Doch wurde der Disput untersagt und er selbst der Ketzerei angeklagt. Weil er einer der führenden Adelsfamilien des Landes angehörte, wagte man aber nicht seine Verurteilung, so daß er die letzten Jahre am Hofe seines Freundes Lorenzo Medici in Florenz verbringen konnte.

1494 n blau Lehre vom Menschen

MIRKHOND, Ibn Chondscha (1433 n–1498 n), persischer Geschichtsschreiber. Lebte am Hofe des Sultans Hussein in Herat (Afghanistan) und schrieb ein großes Geschichtswerk ('Lustgarten der Lauterkeit'). Im Mittelpunkt dieser stark anekdotischen Darstellung stand die Geschichte Persiens, doch berücksichtigte er auch die Vergangenheit aller ihm bekannten Länder. Das siebenbändige Werk wurde von seinem Enkel Chondemir vollendet.

1470 n blau Geschichte Persiens

MISCHEHE, Bezeichnung für eine eheliche Verbindung zwischen den Angehörigen verschiedener Rassen, Klassen oder Religionen. Das von den Juden zuerst eingeführte Verbot wurde von der katholischen Kirche und von den deutschen Faschisten in Glaubens- und Gesetzesartikeln verankert. Seine Innehaltung wurde aber auch in der indischen Kastenordnung niedergelegt. Als stillschweigende gesellschaftliche Übereinkunft ist ihre Ächtung bis heute in allen Klassengesellschaften wirksam und verfestigt entscheidend den Fortbestand der Ausbeutung des Menschen durch den Menschen sowie die rassische Überheblichkeit des weißen Mannes ('Apartheid').

846 v rot Kastenordnung in Indien
456 v rot Verbot durch Esra
445 v rot Ehen Patrizier/Plebejer
440 v rot Auflösung durch Nehemia
339 n rot Eheverbot mit Juden
375 n rot Eheverbot mit Ausländern
1865 n rot Ku-Klux-Klan als Gegner
1935 n rot Nürnberger Gesetze
1958 n rot 'Apartheid'

MISCHKRISTALLE, Bezeichnung für Kristalle aus mehreren chemischen Elementen mit gleicher Molekular-Struktur und gleicher Kristallisationsform.

1879 n–1968 n Otto Hahn

MISCHNA, Name einer Sammlung jüdischer Verhaltensregeln, die von dem Rabbiner Hannasi vor fast 1700 Jahren niedergeschrieben wurde. Brachte in Form einer abgewandelten, ergänzenden 'Wiederholung' (= 'Mischna') die Gesetze des alten Testamentes sowie eine Zusammenfassung schriftlicher und mündlicher Überlieferung des Judentums. Das Werk ist Grundlage des jüdischen Religionsbuches 'Talmud', dessen ersten Teil es bildet.

199 n blau Aufzeichnung
400 n blau Einordnung in Talmud
1135 n–1204 n Maimonides
1168 blau Mischna Thora

MISSISSIPPI, längster Fluß Nordamerikas. Sein Name stammt von den Indianern und bedeutet 'Vater der Gewässer'. Er durchfließt die Vereinigten Staaten in Nord-Süd-Richtung, von der kanadischen Grenze bis zum Golf von Mexiko. Zusammen mit seinem größten Nebenfluß (Missouri) ist er mit über 6000 Kilometern Länge neben Amazonas und Nil einer der drei größten Ströme der Erde. An seinem Unterlauf liegen die fruchtbarsten Ebenen der Vereinigten Staaten, in denen sich die Sklaverei wegen des Überwiegens der Landwirtschaft am zähesten behauptete.

1763 n rot Besitz Englands

MISTKÄFER, Bezeichnung für einen mittelgroßen schwarzen Käfer, der vorwiegend im Mistbeet lebt und dort auch seine Eier ablegt. In Nordafrika im Gefolge großer Tierherden besonders häufig vorkommend, wurde er vor 5000 Jahren von den Ägyptern als Symbol der Urzeugung geheiligt, verehrt und in Amuletten nachgebildet. Diese Verehrung beruhte auf der Annahme, daß er aus den Mistkugeln entstünde, die er zum Schutz seiner Eier selbst herstellt.

2841 v grün Verehrung in Ägypten
1407 v grün 'Denk-Skarabäen'

MITANNI-REICH, Staat in Vorderasien. Entstand vor 3500 Jahren im nördlichen Mesopotamien durch den Zusammenschluß mehrerer armenischer Stämme (Kurriter). Von seiner Hauptstadt Wassakanni am Oberlauf der Ströme Euphrat und Tigris aus beherrschte es die Gebiete von Armenien, Assyrien und Syrien bis Palästina. Nach fast zweihundertjährigem Bestehen als bedeutendste Macht Vorderasiens mußte es die Oberhoheit der kleinasiatischen Hettiter anerkennen. Nach einem weiteren Jahrhundert vergeblicher Freiheitskämpfe gegen die mächtigen Nachbarn (Hettiter und Assyrer) ging es im Assyrerreiche auf.

1550 v rot Entstehung
1526 v–1460 v Parra-Tarna
1515 v–1449 v Idrimi
1497 v–1435 v Sausa-Tar
1482 v–1425 v Tud-Halia II.
1481 v/1460 v Vorderasien-Krieg Ägyptens
1467 v rot Oberhoheit über Muki
1465 v–1422 v Amen-Hotep II.
1458 v blau Gilgamesch-Epos übersetzt
1456 v–1402 v Arta-Tama
1454 v braun Vorstoß nach Syrien
1454 v rot Gewinn Nordsyriens
1450 v braun Vorstoß nach Assur
1450 v rot Oberhoheit über Assyrien
1450 v blau Königssiegel
1447 v braun Aufstand Assurs
1443 v blau Palast in Wassukanni
1442 v–1413 v Tut-Mosis IV.
1436 v braun Krieg mit Ägypten
1422 v–1373 v Tus-Ratta
1420 v rot Prinzessin für Pharao
1419 v rot Freundschaft mit Ägypten
1417 v–1364 v Eriba-Adad
1416 v braun Vorstoß nach Palästina
1416 v rot Oberhoheit über Palästina
1413 v–1346 v Suppi-Luli-Uma
1410 v grün Götterbild nach Ägypten
1405 v–1326 v Kikkuli
1403 v rot Heirat Prinzessin/Pharao

1403 v grün Mitgift der Prinzessin
1402 v–1341 v Matti-Waza
1378 v/1373 v Vierter Hettiterkrieg
1373 v rot Hettitische Oberhoheit
1371 v braun Erhebung Assyriens
1371 v rot Unabhängigkeit Assyriens
1355 v braun Vorstoß der Assyrer
1355 v rot Gebietsverlust an Assyrien
1347 v–1282 v Muwa-Talli
1334 v grün Kikkulis Pferdebuch
1331 v braun Erhebung gegen Hettiter
1302 v–1244 v Salmanassar I.
1290 v braun Vorstoß Assyriens
1290 v rot Machtverlust der Hettiter
1290 v rot Assyrische Oberhoheit
1284 v braun Erhebung gegen Assyrien
1255 v braun Erhebung gegen Assyrien
1255 v rot Assyrische Provinz
1255 v rot Einwohner umgesiedelt

MITCHELL, Margaret (1900 n–1949 n), nordamerikanische Schriftstellerin. Als Tochter eines Rechtsanwaltes in den Südstaaten der USA aufgewachsen, wurde sie Journalistin. Zehn Jahre arbeitete sie an einem großen Roman aus der Zeit der Sklavenbefreiung. Darin stellte sie die menschlichen Bindungen von Negersklaven an ihre weißen Herren dar und erklärte so das Verhalten zahlreicher Sklaven, die auf der Seite ihrer Ausbeuter gegen ihre Befreier standen. Das romantische, spannend geschriebene Buch wurde zum erfolgreichsten Romanwerk der Jahre vor dem zweiten Weltkrieg im kapitalistischen Teile der Welt und wurde verfilmt. Es blieb ihr einziges Werk. Knapp fünfzigjährig kam sie bei einem Autounfall ums Leben.

1936 n blau 'Vom Winde verweht'

MITHAIKOS (um 450 v–um 400 v), griechischer Schriftsteller auf Sizilien. Einer griechischen Einwandererfamilie entstammend, sammelte er die Rezepte der vorzüglichen Köche mehrerer sizilischer Griechenstädte und stellte sie in einem Buch zusammen.

410 v grün Kochbuch

MITHRA, Name eines Gottes, der im östlichen Hochlande von Iran als Sinnbild der Sonne verehrt wurde. Sollte allwissend sein (weil die Sonne alles sieht) und also Schützer der Wahrheit sowie Besieger des (durch Finsternis symbolisierten) Bösen. Sein Kult wurde hauptsächlich in Höhlen gepflegt, Frauen waren davon ausgeschlossen. Er verbreitete sich im ganzen Perserreich und mit dessen Eroberungen in Vorderasien und Kleinasien. Endlich fand er auch in dem an Göttern reichen Himmel der Römer seinen Platz.

181 n rot Verehrung in Rom

MITHRIDATES, König des kleinasiatischen Reiches Pontos.

132 v–63 v Lebenslinie
106 v–48 v Pompejus
88 v rot Mord an Römern
87 v/85 v 1. Krieg gegen Rom
83 v/81 v 2. Krieg gegen Rom
74 v rot Bithynien an Rom
74 v/64 v 3. Krieg gegen Rom
64 v rot Machtverlust

MITSCHERLICH, Alexander (1836 n bis 1918 n), deutscher Chemiker. Als Sohn eines berühmten Chemikers ergriff er den Beruf des Vaters und wurde Professor an der Forstakademie Hannoversch-Münden. Auf Grund von Vorarbeiten des Nordamerikaners Tilgkman entwickelte er ein Verfahren zur chemischen Zellulose-Gewinnung aus Holz und brachte es selbst zur Produktionsreife. Konstruierte auch die technischen Anlagen zur praktischen Auswertung seiner Erfindung in der industriellen Produktion. Damit machte er die Papierherstellung aus Holz möglich, überwand die kostspielige und in ihrer Leistungsfähigkeit beschränkte Periode der Papierproduktion aus Stoff-Lumpen und schuf die Voraussetzung für Massenauflagen von Büchern und Zeitungen.

1874 n grün Zellulose aus Holz

MITSCHURIN, Iwan (1855 n–1935 n), russischer Naturforscher. Als Gärtner ausgebildet, wandte er sich der Pflanzenzüchtung zu und entwickelte durch Aufpfropfung und Kreuzung mehr als 300 neue Obstsorten. Insbesondere gelang ihm die Züchtung von Obstsorten, die durch ihre Kältebeständigkeit eine Verschiebung der Obstbau-Grenze weit nach Norden ermöglichte. Erkannte die Schranken der Anwendbarkeit der von Mendel aufgefundenen Vererbungsgesetze und bereicherte die Erbforschung durch Beschreibung der Gesetzmäßigkeiten einer gezielten Erbänderung sowie durch Arbeiten über die Vererbung erworbener Eigenschaften. Der Sowjetstaat benannte die Stadt seines Wirkens (Koslow) nach ihm ('Mitschurinsk').

1881 n grün Neue Obstsorten

MITSOKUNI, Tokugawa (1622 n–1700 n), japanischer Geschichtsschreiber. Schrieb unter Mithilfe chinesischer Historiker eine politische Geschichte Japans. Dabei stellte er getreu dem chinesischen Brauch die Entwicklung des Kaiserhauses in den Mittelpunkt seiner Darstellung.

1657 n blau Geschichte Japans

MITSUI, Hachiroemon (1622 n–1694 n), japanischer Geschäftsmann. Erweiterte sein Textilgeschäft in Yedo durch Filialen in Osaka und Kyoto. Dabei verkaufte er im Gegensatz zu anderen Geschäften nur gegen Barzahlung, gliederte aber seinen Läden Pfandleih-Anstalten an. Durch diese Trennung des Kreditgeschäftes vom Warenverkauf gediehen beide Unternehmens-Zweige besser, und bald konnte er Niederlassungen in allen größeren Städten eröffnen. Bestimmte die Regierung zur Ersetzung der risikoreichen Geldtransporte durch Zahlungsanweisungen auf seine Kassen. Durch den hieraus sich entwickelnden Scheckverkehr schuf er eine weitere wichtige Grundlage für das erste kapitalistische Großunternehmen seines Landes, das von seinen Nachkommen zum größten Wirtschaftsimperium Japans ausgebaut wurde.

1660 n grün Unternehmen

MITTELAMERIKA

2190 v grün Gebrauch von Quarz
2167 v blau Okarina
1325 v grün Anbau von Mais
806 v blau Pyramide von Kui-Kuilko
445 v blau Pyramide von Cholula
5 n blau Sonnen-Pyramide
31 n blau Mond-Pyramide
94 n grün Rechnen mit der Null
162 n blau Plastik mit Maya-Schrift
221 n grün Stellenwert der Zahl
282 n grün Hieroglyphen
288 n blau Gründung von Uaxaktun
455 n blau Gründung von Kopan
700 n rot Ende des alten Mayareiches
700 n grün Mayas auf Yukatan
711 n blau Gründung von Chichen Itza
856 n blau Gründung von Tollan
947 n braun Tolteken-Sieg in Mexiko
947 n rot Machtgewinn der Tolteken
999 n blau Gründung von Mayapan
1007 n rot Liga von Mayapan
1065 n blau 'Nonnenhaus' in Mexiko
1116 n braun Tolteken-Reich vernichtet
1116 n rot Reich der Chichimeken
1193 n grün Gummibälle
1225 n blau Tempel in Chichen Itza
1325 n blau Stadt Mexiko
1408 n–1472 n Nezalhual
1410 n–1469 n Montezuma
1431 n rot Dreibund
1431 n blau Palast von Tezcuco
1436 n blau Bibliothek von Tezcuco
1437 n rot Tod für Geschichtsfälscher
1440 n braun Zerstörung Mayapans
1440 n rot Großreich Montezumas
1452 n–1507 n Kolumbus
1455 n blau Pyramiden der Azteken
1487 n rot Menschenopfer bei Azteken
1492 n grün Kolumbus auf Antillen
1496 n blau Gründung Santo Domingos
1502 n grün Kolumbus: Festland
1508 n rot Jamaika spanisch
1511 n rot Kuba spanisch
1513 n grün Balboa: Durchquerung
1515 n blau Gründung von Habana
1519 n rot Azteken-Reich spanisch
1520 n/1521 n Azteken-Aufstand
1524 n braun Niederlage der Mayas
1524 n rot Gebietsgewinn Spaniens
1524 n blau Stadt Guatemala
1533 n braun Haiti: Indianer-Ausrottung
1546 n grün Silberfunde
1557 n grün Amalgamierung
1625 n rot Karibische Inseln englisch
1631 n rot Seeräuber auf Haiti
1635 n rot Antillen französisch
1644 n grün Antillen: Zuckerrohranbau
1655 n braun Vorstoß Englands
1655 n rot Jamaika englisch
1659 n braun Erhebung Mexikos
1667 n blau Kathedrale der Stadt Mexiko
1671 n blau Calderon: Mexiko-Drama
1692 n braun Mexikanischer Aufstand
1693 n blau Gründung von Kingston
1797 n rot Trinidad englisch
1803 n braun Erhebung Haitis
1804 n rot Haiti unabhängig
1811 n/1826 n Kampf Lateinamerikas
1821 n rot Panama unabhängig
1821 n rot Nicaragua unabhängig
1821 n rot Costarica unabhängig
1821 n rot Honduras unabhängig
1821 n rot Guatemala unabhängig
1822 n rot Mexiko unabhängig
1844 n rot Dominikanische Republik
1846 n/1848 n Mexikanischer Krieg
1848 n rot Gebietsverlust Mexikos
1857 n rot Verfassung Mexikos
1868 n braun Erhebung Kubas
1895 n/1898 n Kubanischer Krieg
1898 n rot Portorico an USA
1898 n rot Kuba selbständig
1903 n rot USA-Kontrolle in Panama
1911 n/1913 n Erhebung Mexikos
1913 n grün Panama-Kanal
1927 n– Castro
1940 n rot Stützpunkte der USA
1947 n blau Neue Universität Mexiko
1954 n braun Putsch in Guatemala
1954 n blau Rivera: Wandmalerei
1956 n/1959 n Kubanische Revolution
1959 n rot Castro Regierungschef
1961 n rot Kuba kommunistisch
1962 n rot Jamaika unabhängig
1962 n rot Trinidad unabhängig
1963 n braun Aufstand in Guatemala

MITTELHOCHDEUTSCH, Fachbezeichnung für eine Entwicklungsstufe der deutschen Sprache, die zwischen dem alten und dem neuen Hochdeutsch etwa von 1100 n bis 1500 n gesprochen wurde. Zerfiel in die Mundarten Oberdeutsch (= Österreichisch, Bayerisch, Alemannisch, Ostfränkisch) und Mitteldeutsch (= Mittelfränkisch, Rheinisch, Thüringisch, Sächsisch und Schlesisch).

1100 n blau Entstehung

MITTERNACHTSSONNE, Erscheinung in der Nähe von Nord- und Südpol, wo die Sonne auch nachts nicht untergeht, sondern dicht über dem Horizont herumwandert. Sie ist bis zur Höhe des 66. Breitengrades zu beobachten, also auf der nördlichen Erdhälfte in Grönland, Island, Norwegen, Schweden, Finnland, Rußland, Alaska und Kanada; auf der südlichen Erdhälfte nur in der Antarktis. Ihre Beobachtung durch astronomisch gebildete Griechen festigte vor 2300 Jahren die Vorstellungen von der Gestalt der Erde und ihrer Stellung im Raum.

380 v–306 v Pytheas

MIWA-SCHREIN, Bezeichnung für einen japanischen Lackschreibkasten mit Darstellung des Miwa-Heiligtums. Angefertigt von dem japanischen Maler Ogata Korin.

1702 n blau Fertigung

MNESIKLES (um 460 v–um 405 v), griechischer Architekt. Als Schüler des Iktinos krönte er in seiner Heimatstadt Athen mit den 'Propyläen' die Bauten der Akropolis. Als Eingangstor gedacht, machte er aus diesem Bauwerk etwas revolutionär Neues: Die Zusammenballung von vorher nur vereinzelt durchgeführten Bau-Elementen zu einem gewaltigen Gesamt-Kunstwerk, das außer zwei sechssäuligen Hallen noch seitliche Flügelbauten umfaßte. Bei der Anordnung und Größe nahm er Rücksicht auf den Blickpunkt des Betrachters und schuf damit ein auf den subjektiven Eindruck ausgerichtetes Bauwerk. Seine Absicht, diesen Bau durch anschließende Säulenhallen abzurunden, blieb wegen des Ausbruches des Peloponnesischen Krieges unausgeführt.

432 v blau 'Propyläen'

MNESITHEOS (um 375 v–300 v), griechischer Arzt. Auf Grund einer allgemeinen Kenntnis der Krankheitsmerkmale untersuchte und klassifizierte er die einzelnen Heil-Prozesse unter Berücksichtigung der individuellen Faktoren. Dabei beachtete er auch die äußeren Einwirkungen (Witterung, Klima), die eigenen Anstrengungen des Patienten zu seiner Gesundung und sein seelisches Befinden, von dessen Auswirkungen auf die Körpersäfte und damit auf den Krankheitsverlauf er überzeugt war. Über Fragen der Kinderpflege schrieb er Briefe an einen Kollegen, die wegen ihrer allgemeinen Bedeutung veröffentlicht wurden.

339 v grün Krankheit und Psyche

MOABITER, Bezeichnung für die Bewohner des Berglandes Moab östlich des Toten Meeres (Palästina). Vor Bestehen des Nachbarstaates Israel in einem selbständigen Staatswesen lebend, wurden sie nach der jüdischen Reichsgründung von Israel unterworfen, gehörten zum Nordreiche des Ahab und wurden nach kurzer Unabhängigkeit um 600 v dem babylonischen Reiche tributpflichtig. Dann gingen sie allmählich in den umliegenden arabischen Stämmen auf, nur wenige vermischten sich mit den Bewohnern des jüdischen Staates.

1035 v–972 v David
873 v braun Kampf gegen Israel
873 v rot Tributhoheit Israels
843 v braun Aufstand gegen Israel
843 v rot Unabhängigkeit
843 v blau Siegesstein

MOAWIJA, Kaiser von Arabien von 661 n bis 680 n.

609 n–680 n Lebenslinie
602 n–661 n Ali
633 n/732 n Arabischer Krieg
645 n grün Flottenbau
657 n/661 n Bürgerkrieg
661 n rot Damaskus Hauptstadt
664 n rot Ausdehnung nach Indien
671 n grün Byzantinische Abwehrwaffe
678 n rot Friede mit Byzanz

MODE, von dem lateinischen Worte 'modus' (= Maßstab) abgeleitete Bezeichnung für das in seiner Zeit Gebräuchliche, besonders in Kleidung, Haartracht und Schmuck.

2979 v grün Fellschmuck in Ägypten
2953 v grün Goldschmuck in Ägypten
2947 v grün Aufstecken des Haares
2889 v grün Türkisschmuck in Ägypten
2875 v grün Langes Männerhaar
2839 v grün Männerröcke in Sumer
2792 v grün Perlenketten in Sumer
2724 v grün Schutzhüllen für Sandalen
2699 v grün Ohrringe in Sumer
2654 v grün Schmuckperlen in Indien
2653 v blau Pantherfell-Bekleidung
2636 v grün Kranzfrisur in Sumer
2620 v blau Stirnband
2597 v blau Perücke
2580 v grün Faltenröcke in Sumer
2532 v blau Tigerfell-Bekleidung
2494 v–2416 v Schu-Bad
2417 v blau Mantel
2349 v blau Plastik eines Bärtigen
2266 v blau Kopftuch
2028 v blau Turban
1926 v grün Diademe in Ägypten
1631 v grün Ohrringe in Ägypten
1557 v grün Königstracht
1537 v grün Sportkleidung
1529 v blau Federhut
1433 v blau Bekleidung mit Perlenschnur
1431 v blau Dekolleté
1430 v grün Wechselnde Frisuren
1424 v blau Durchsichtige Kleidung
1412 v blau Anlegen von Achatschmuck
1338 v grün Ohrringe für Frauen
1330 v blau Enganliegende Kleidung
1312 v blau 'Dame in Hellblau'
1303 v grün Frauentonsur
1253 v blau Faltenkleid
1017 v grün Jadeschmuck in China
978 v grün Färben von Geweben
921 v grün Kreuzstich-Stickerei
777 v–692 v Jesaja
705 v grün Goldschmuck in Europa
681 v grün Platinschmuck in Ägypten
597 v grün Unterschiedliche Frisuren
333 v grün Alexander ohne Bart
196 v grün Kurzes Haar in Rom
214 n–275 n Aurelian
273 n grün Römischer Kaiserschmuck
330 n grün Krone Konstantins
397 n rot Hosen-Verbot in Rom
589 n grün Weiße Priestertracht
1113 n grün Bestickter Kaisermantel
1143 n grün Zopftracht in China
1276 n grün Blaue Postuniform
1524 n grün Schwarzer Predigertalar
1552 n grün Gestrickte Strümpfe
1630 n grün Schuhabsatz
1656 n grün Glasperlen
1794 n grün Hosenträger
1896 n grün Zuchtperlen

MODELL, gegenständlicher Entwurf eines Bauwerkes oder eines Kunstwerkes.

2969 v grün Wohnhaus
2078 v grün Werkstätten und Ställe

MÖBEL, Einrichtungsgegenstände für die Lebensbedürfnisse des Menschen. Entstanden mit seiner Seßhaftwerdung vor etwa 10 000 Jahren, hatten sie vor etwa 5000 Jahren ihre vier Grundformen gefunden: Das Sitzmöbel (Essen und Gespräch), das Liegemöbel (Ruhe und Schlaf), das Aufbewahrungsmöbel (Truhe, Schrank) sowie das Arbeitsmöbel (Tisch). Das Fehlen der Sitzmöbel in weiten Teilen Asiens führte mit dem Vordringen des orientalischen Einflusses auch in Griechenland und Rom zeitweilig zur Verdrängung des Stuhles durch die Tages-Liege, die jahrhundertelang dem Essen und dem Gespräch diente. Dem Vermögen und der Kulturstufe entsprechend wurden die Möbel einfach oder kunstvoll gestaltet, wobei das allgemeine Stilempfinden jeder Epoche sich ausprägte. Die verwendeten Werkstoffe wechselten (Stein, Metall, Holz). In unserem Jahrhundert wurde die Einrichtung immer stärker mit dem Gebäude verbunden (Einbau-Möbel), eine sachliche, zweckgerichtete Form setzte sich durch, und es wurden zunehmend Kunststoffe verwendet.

1362 v grün Zusammenlegbare Betten
383 v–322 v Demosthenes
60 n grün Schränke, Truhen in Rom
1754 n grün Chippendale-Stil

MÖNCHTUM, Bezeichnung für die Gesamtheit der in Einsamkeit oder Gemeinschaft zurückgezogen lebenden Angehörigen einer Religion. In zahlreichen Religionen vorkommend, hat es neben dem Buddhismus und dem Lamaismus besonders das Christentum geprägt. Nach dessen Umwandlung in eine staats- und besitzerhaltende Kirche im 4. Jahrhundert entstanden, blieb es in Europa mehr als ein halbes Jahrtausend lang der lebendige Protest des urchristlichen Geistes gegen die zunehmend weltliche Ausrichtung der Kirche. Erst allmählich gelang es der Kirche, die Bewegung durch Verbindung mit dem Priestertum wieder an die Kirche heranzuführen. Seit dem 11. Jahrhundert suchte eine neue Richtung (Cluny) die Machtansprüche des Papstes zu fördern; bald danach übernahm ein anderer Zweig (Dominikaner) sogar die Vollstreckung der unmenschlichen Kirchenpolitik (Inquisition). Nach der Reformation bildete sich eine Richtung heraus, die nichts mehr sein wollte als ein gefügiges Werkzeug des Papsttums (Jesuiten). So wurde es mit der Kirche Angriffsziel einer sich aus der kirchlichen Vormundschaft befreienden Menschheit. Wie die Kirche selbst befindet es sich in unserer Epoche in allmählichem Rückgang.

569 v–498 v Jina Mahavira
53 n–123 n Kanischka
90 n blau Buddhistisches Kloster
251 n–356 n Antonius
276 n blau Gemeinden des Antonius
292 n–346 n Pachomius
295 n–373 n Athanasius
316 n–397 n Martin von Tours
323 n blau Kloster am Nil
330 n–379 n Basilius der Große
331 n blau Regeln für Klosterleben
336 n blau Frauenkloster, Ägypten
345 n–420 n Hieronymus
351 n blau Mönchtum in Europa
359 n blau Mönchsregeln
361 n blau Kloster Ligugé
375 n–435 n Pelagius
391 n–460 n Patrick
415 n blau Kritik des Rutilius
437 n grün Symeons Askese
480 n–547 n Benedikt von Nursia
480 n–573 n Kassiodor
492 n blau Frauenkloster in Irland
529 n blau Kloster Monte Cassino
530 n blau Mönchsregeln
534 n–615 n Kolumban
540 n–604 n Gregor I.
542 n blau Klosterarbeit
553 n blau Lexikon für Mönche
556 n blau Kloster Poitiers
594 n blau Kloster Luxeuil
604 n blau Kolumbans Mönchsregel
611 n blau Kloster Bregenz
612 n blau Kloster Bobbio
613 n blau Kloster St. Gallen
616 n blau Westminster-Abtei
617 n–682 n Kädmon
658 n–739 n Willibrord
675 n–754 n Bonifatius
696 n blau Kloster Salzburg
698 n blau Abtei Echternach
701 n–784 n Fergil der Geometer
710 n–782 n Lioba
722 n blau Kloster Amöneburg
724 n blau Kloster Ohrdruf
724 n blau Kloster Reichenau
732 n blau Kloster Fritzlar
735 n blau Kloster Tauberbischofsheim
737 n–804 n Alkuin
740 n blau Frauenklöster
744 n blau Kloster Fulda
751 n blau Doppelkloster Heidenheim
769 n blau Kloster Innichen
770 n–840 n Einhard
771 n blau Lama-Kloster
784 n–856 n Rabanus Maurus
786 n–861 n Radbertus
801 n rot Vergil-Verbot für Mönche
808 n–875 n Otfried
845 n rot Klösterschließung, China
848 n blau Lob des Mönchtums
876 n blau Kloster Gandersheim
910 n blau Kloster Cluny
910 n rot Cluny unter Papsthoheit
924 n–998 n Widukind von Corvey
939 n–990 n Roswitha
978 n blau Mönchtum auf Athos
995 n–1050 n Guido von Arezzo
998 n grün Allerseelenfest
1030 n blau Klosterkirche Ripoll
1033 n blau Kloster Mont-Saint-Michel
1049 n rot Hugo Abt von Cluny
1053 n blau Höhlenkloster Kiew
1058 n rot Verdammung von Mönchen
1084 n blau Kartäuser-Kloster
1089 n blau Kloster Melk
1090 n blau Kirche Cluny begonnen
1090 n–1153 n Bernhard von Clairvaux
1098 n blau Kloster Citeaux
1098 n–1178 n Hildegard von Bingen
1100 n rot Cluniazenser-Bewegung
1109 n–1149 n Eudo
1110 n blau Anklage durch Tanchelm
1115 n blau Kloster Clairvaux
1115 n–1158 n Otto von Freising
1120 n blau Prämonstratenser-Kloster
1123 n blau Abt gegen 'Ketzer'
1127 n rot Derwisch-Orden, Bagdad
1127 n blau Arabisches Lebensideal
1130 n blau Kirche Cluny vollendet
1147 n blau Kloster Rupertsberg
1156 n blau Karmeliter-Kloster
1162 n grün Chirurgie-Verbot

1170n–1221n Dominikus
1182n–1226n Franziskus
1182n–1250n Johannes Karpini
1210n rot Franziskus' Bund
1210n rot Anerkennung des Bundes
1216n rot Dominikaner-Orden
1216n rot Dominikaner anerkannt
1230n–1306n Jacopone von Todi
1232n–1300n Segarelli
1243n rot Inquisition an Dominikaner
1247n–1328n Johannes Korvino
1249n grün Dominikaner-Gewächshaus
1254n blau Angriff auf Klöster
1256n rot Augustiner-Orden
1260n rot Apostelbrüder-Orden
1272n blau Mechthilds Mystik
1365n–1430n Rublew
1375n–1448n Josetsu
1406n blau Ruf nach Säkularisation
1451n blau 'Robin Hood und der Mönch'
1452n–1498n Savonarola
1462n grün Franziskaner-Leihhaus
1483n–1546n Luther
1484n–1531n Zwingli
1491n–1556n Ignatius von Loyola
1526n rot Kapuziner-Mönche
1534n rot Jesuiten-Orden
1534n blau Regel des Ignatius
1536n grün Kloster als Tuchfabrik
1540n rot Jesuiten-Orden anerkannt
1550n rot Missionen der Jesuiten
1562n–1635n Lope de Vega
1610n rot Jesuitenstaat Paraguay
1618n rot Salesianerinnen-Orden
1623n–1662n Pascal
1639n–1699n Racine
1650n–1722n Kang-Hi
1656n blau Pascal: Jesuiten-Anklage
1663n rot Trappisten-Reform
1683n rot Jesuiten-Abwehr in China
1701n blau Neubau Kloster Melk
1710n rot Zerstörung Port Royals
1719n rot Rußland ohne Jesuiten
1724n rot Jesuiten-Kolleg zerstört
1759n rot Portugal ohne Jesuiten
1759n grün Jesuitenbesitz enteignet
1760n blau Diderot: 'Die Nonne'
1767n rot Paraguay ohne Jesuiten
1767n rot Spanien ohne Jesuiten
1767n rot Frankreich ohne Jesuiten
1773n rot Jesuiten-Orden aufgehoben
1781n rot Klöster-Auflösung
1814n rot Jesuiten-Orden erneuert

MÖRIKE, Eduard (1804n–1875n), deutscher Dichter. Studierte Theologie und veröffentlichte 28jährig seinen ersten Roman ('Maler Nolten'). Als Pfarrgehilfe schrieb er weiter und brachte als Dorfpfarrer seine Gedichte heraus ('Frühling läßt sein blaues Band'). 40jährig gab er seine Pfarrerstellung auf, wurde Privatgelehrter und Dozent; dann zog er sich ganz aufs Schreiben zurück. Verfaßte auch Märchen, Lieder und Novellen ('Mozart auf der Reise nach Prag').

1832n blau Gedichte

MÖRTEL, breiförmige Masse aus Sand, Wasser und einem feingeriebenen Baustoff (Kalk, Gips, Zement). Dient zur fugenlosen Verbindung von Steinen beim Bauen. Erhärtet nach der Verarbeitung durch Austrocknen. Verbreitete sich von Indien aus über Vorderasien in den Mittelmeer-Raum. Den Griechen noch unbekannt, nutzten ihn die Römer zur Entwicklung einer neuen Gewölbetechnik, die später in ganz Europa gebräuchlich wurde.

2893v grün Verwendung in Indien
143v grün Gebrauch in Rom

MÖSER, Justus (1720n–1794n), deutscher Staatsmann, Historiker und Publizist. Studierte die Rechte, wurde Staatsanwalt und Verwaltungsdirektor des Fürstbistums Osnabrück, zu dessen Bischof er seinen Sohn machte. Im Siebenjährigen Kriege trieb er für die verbündeten Preußen in London die von England versprochenen Hilfsgelder ein. In seiner zweibändigen Geschichte von Osnabrück stellte er das bäuerlich-germanische Element der deutschen Geschichte dem städtisch-aufklärerischen Frankreich entgegen und suchte durch Herausarbeitung der Bedeutung des arbeitenden Volkes ein Gegengewicht zur französischen, ganz auf das absolute Königtum orientierten Geschichtsschreibung zu schaffen. Auch gab er der Wirtschaftsgeschichte mehr Raum. Gründete das 'Osnabrücker Intelligenzblatt' und entwickelte darin fast drei Jahrzehnte lang seine Sehnsucht nach deutscher Einheit. Eine Auswahl seiner Aufsätze stellte er in den 'Patriotischen Phantasien' zusammen. Schrieb auch ein Drama ('Arminius').

1774n blau 'Patriotische Phantasien'

MOGULE, Bezeichnung für die mongolischen Beherrscher Indiens, die sich selbst 'Großmogule' nannten. Nach ihnen wurde auch das Reich benannt, das von Babar, einem Nachkommen Dschingis-Khans, im ersten Viertel des 16. Jahrhunderts errichtet wurde, zweihundert Jahre lang ganz Vorderindien unter seiner Herrschaft vereinigte und dem Land eine kulturelle und wirtschaftliche Blütezeit schenkte. Auch nach der allmählichen Unterjochung des Landes durch die Engländer im 18. Jahrhundert blieben sie formell Herrscher. Als Titularkaiser in Delhi erhielten sie von den Engländern ein Jahresgehalt. Erst als sich die Familie 1857n am dem Aufstand des indischen Volkes gegen England beteiligte, wurden sie abgesetzt. Ihr bedeutendster Herrscher war Akbar, der fast zweihundert Jahre vor dem Versuch einer westeuropäischen Aufklärung in seinem Lande Aufklärung verwirklichte.

1504n braun Vorstoß nach Kabul
1504n rot Herrschaft über Kabul
1525n braun Eroberungskrieg
1525n rot Reichsgründung
1542n–1605n Akbar
1571n blau Religionsgespräche Akbars
1573n rot Schutz Kriegsgefangener
1573n blau Religiöse Toleranz
1601n blau Fazls Geschichtswerk
1648n blau Tadsch-Mahal
1857n braun Aufstand

MOHACS, Stadt am Mittellauf der Donau (Süd-Ungarn). Hier schlugen die Türken unter Soliman dem Großen die ungarischen Heere unter Ludwig II., der in der Schlacht den Tod fand. Durch diesen Sieg hatten sie sich den Weg zur Eroberung Ungarns freigekämpft. 1687n wurden hier die türkischen Heere von den österreichischen Heeren unter Prinz Eugen besiegt und damit aus Ungarn vertrieben.

1494n–1566n Soliman der Große
1526n braun Sieg der Türken
1663n–1736n Prinz Eugen
1663n/1699n Großer Türkenkrieg

MOHAMMED, arabischer Religionsstifter und Staatsmann.

570n–632n Lebenslinie
570n–634n Abu Bekr
582n–644n Omar
588n–656n Othman
602n–661n Ali
610n blau Lehrbeginn
620n rot Bekehrung Medinas
622n rot 'Hedschra'
623n rot Oberhaupt von Medina
623n grün Verbot des Weintrinkens
624n grün Verneigung nach Mekka
625n grün Gebetsruf des Muezzin
626n blau Niederschrift des Koran
627n braun Kampf gegen Mekka
627n rot Judenverfolgung
627n grün Heirats-Vorschrift
630n braun Vorstoß nach Mekka
630n rot Gewinn Mekkas
630n rot Intoleranz
630n grün Kaaba Wallfahrtsort
631n rot Einigung Arabiens
631n blau Lobgedichte des Ibn Tabit
632n rot Aufruf zum 'Heiligen Krieg'

MOHAMMED, Ibn, arabischer Freiheitskämpfer.

822n–883n Lebenslinie
868n blau Gleichheitsforderung
869n/883n Sklavenaufstand
871n rot Kommunistischer Staat
873n blau Gründung von Muchtara
883n rot Niederlage

MOHENJO, Stadt in Indien. Vor fast 5000 Jahren entstanden und nach knapp tausendjähriger Geschichte zerstört, wurden ihre Reste seit 1923n ausgegraben. Sie gaben unserer Epoche Kunde von einer Hochkultur, die im Industal bereits untergegangen war, bevor in Europa der Aufbau einer Kultur begann.

2836v blau Gründung
2834v grün Planvolle Anlage
2832v grün Kornspeicher
2809v blau Eichhörnchen-Plastik
2808v grün Kanalisation
2773v blau Plastik eines Affen
2751v grün Steile Treppen
2730v grün Wasserdichte Fußböden
2729v blau Relief eines Nashorns
2714v grün Schwimmbecken
2683v blau Plastik 'Frau mit Brotkorb'
2659v blau Relief eines Büffels
2629v blau Relief 'Herr der Tiere'
2614v blau Relief 'Mann mit Tigern'
2591v blau Relief eines Krokodils
2486v blau Statue einer Tänzerin
2192v blau 'Stummer Beobachter'
1915v braun Zerstörung

MOHO, Name eines ostasiatischen Volkes, das vor etwa 1200 Jahren in der Mandschurei ein Reich gründete ('Po-Hai'). Nach kurzer Selbständigkeit durch den Mongolenkaiser Apaoki besiegt, wurden sie dessem Reich 'Kitan' einverleibt.

871n–926n Apaoki
926n braun Niederlage gegen Mongolen
926n rot Mongolen-Herrschaft

MOLDAU, linker Nebenfluß der Elbe. Entspringt im Böhmerwald, fließt über Budweis in nördlicher Richtung durch die Tschechoslowakei bis Prag und mündet nach 425 Kilometern nördlich von Prag bei Melnik in die Elbe.

595n–662n Samo
1357n blau Prager Karlsbrücke

MOLDOVA, rechter Nebenfluß des Siret (Rumänien).

834n–907n Arpad

MOLEKÜLE, von dem lateinischen Wort 'molecula' (= kleine Masse) abgeleitete Bezeichnung für kleine Materialteilchen. Sie bestehen aus mehreren (2 bis 100) Atomen, die durch starke chemische Bindungskräfte zusammengehalten werden. Alle Moleküle eines Stoffes enthalten die gleiche Anzahl von Atomen in gleicher Anordnung.

129v–40v Asklepiades
1811n grün Avogadro'sches Gesetz
1879n–1955n Einstein

MOLIÈRE (Jean Baptiste Poquelin), französischer Dichter.

1622n–1673n Lebenslinie
1664n rot Verbot des 'Tartuffe'
1666n blau 'Der Menschenfeind'
1670n blau 'Der Bürger als Edelmann'
1673n blau 'Der eingebildete Kranke'

MOLKEREI, Betrieb zur Verarbeitung von Kuhmilch in Butter, Käse, Trinkmilch, Joghurt, Magermilch und Buttermilch.

2475v blau Sumerisches Relief

MOLL, von dem lateinischen Worte 'mollis' (= weich) abgeleitete Bezeichnung für eine der beiden Tonarten, auf denen die Musik der letzten vier Jahrhunderte beruht. Ihre Herausarbeitung zu der neben 'Dur' verbindlichen Harmonie gab der Musik eine dem harmonischen Empfinden des Menschen entsprechende dynamische Grundlage und befreite sie aus dem engen Rahmen der statischen Kirchenmusik. Ihre Tonleiter entspricht fast genau der bei den Griechen vor 2500 Jahren beliebtesten regelmäßigen (dorischen) Tonfolge.

1558n grün Zarlinos Lehre

MOLNAR, Ferenc (1878n–1952n), ungarischer Schriftsteller. Als Sohn eines Arztes studierte er Rechtskunde, wurde Journalist und schrieb Novellen. Mit seinem Erziehungsroman 'Die Jungen aus der Paulstraße' errang er seinen ersten großen Erfolg. Dann begann er, Bühnenstücke zu schreiben. Seine geistreichen und mit den herkömmlichen sittlichen Normen brechenden Lustspiele ('Die rote Mühle', 'Liliom', 'Der Teufel') machten ihn schnell berühmt, besonders in Nordamerika, wohin er Anfang der 30er Jahre emigrierte.

1909n blau 'Liliom'

MOLTKE, Helmuth (1800n–1891n), deutscher Feldherr. Als Sohn eines preußischen Offiziers trat er nach militärischer Ausbildung in Dänemark 22jährig ins preußische Heer ein. Zehn Jahre später war er Generalstabsoffizier und ging bald darauf für 5 Jahre als militärischer Berater des Sultans in die Türkei. Seit 1857n Chef des preußischen Generalstabs, stellte er die Operationspläne für die siegreichen Kriege gegen Dänemark und gegen Österreich auf und leitete selbst den deutsch-französischen Krieg. Trotz der glänzenden Erfolge seiner Feldzüge geriet er aber zunehmend in persönlichen Gegensatz zu Bismarck, der seine Forderung nach dem unbedingten Vorrang militärischer Überlegungen selbst im Kriege nicht anerkannte. Andererseits unterstützte er als konservativer Abgeordneter des Reichstages und des preußischen Herrenhauses meist Bismarcks Politik und blieb bis zu seinem 88. Lebensjahre deutscher Generalstabschef. Schuf die organisatorischen Voraussetzungen für den Einsatz von Massenheeren.

1864n braun Krieg gegen Dänemark
1866n braun Krieg gegen Österreich
1870n/1871n braun Krieg gegen Frankreich

MOLUKKEN, Name einer Inselgruppe innerhalb des indonesischen Inselreiches zwischen Celebes und Neu-Guinea. Ihr tropisches Klima begünstigte auf dem fruchtbaren vulkanischen Boden den Gewürzanbau (Muskat und Gewürznelken), der lange vor der Entdeckung der Insel durch Europäer die Araber hierherführte. Zur Durchsetzung ihres Gewürzmonopols rotteten die Holländer 1621n das Volk der Bandanesen aus, vertrieben zwei Jahre später die englischen Konkurrenten und behaupteten ihre Kolonialherrschaft mehr als 300 Jahre lang bis zur Befreiung des gesamten indonesischen Inselreiches, dem sie heute als Provinz angehören.

1512n grün Portugiesische Entdeckung
1512n rot Besitz Portugals
1605n rot Besitz Hollands
1623n rot Verschwörer-Hinrichtung
1901n– Sukarno
1949n rot Teil Indonesiens

MOMMSEN, Theodor (1817n–1903n), deutscher Geschichtsschreiber. Als Sohn eines evangelischen Pfarrers studierte er Rechtskunde, wurde Redakteur und Professor der Rechte. Wegen Teilnahme an der Revolution von 1848n verlor er sein Lehramt und übernahm in Zürich eine Professur für römisches Recht. Vierzigjährig ging er dann als Professor für alte Geschichte nach Berlin. Als Sekretär der Akademie der Wissenschaften baute er eine Sammlung alter lateinischer Inschriften auf. Seine Hauptarbeit galt der Erforschung und Darstellung des römischen Altertums, das er stark von der rechtlichen Seite her betrachtete ('Römisches Staatsrecht'). Julius Cäsar stellte er in den Mittelpunkt seiner Geschichtsbetrachtung ('Die Rechtsfrage zwischen Cäsar und Senat'). In seinem Hauptwerk versuchte er, durch Verwendung von Begriffen und Vorstellungen seiner eigenen Epoche die römische Geschichte lebendig und anschaulich darzustellen ('Römische Geschichte'). Mit dieser neuen Methode erregte er Widerspruch in der Fachwelt, fand aber Anerkennung und Berühmtheit in der Öffentlichkeit. Als Reichstagsabgeordneter bekämpfte er Bismarcks Politik.

1855n blau 'Römische Geschichte'

MONADE, von dem griechischen Worte 'monos' (= einzig) abgeleitete Bezeichnung für letzte unteilbare Einheiten. Bei Pythagoras Urprinzip aller Zahlen und Dinge, von Euklid in den 'Elementen' als Grundbaustein aller Zahlen erklärt, deutete sie Plato als die kleinsten Einheiten, aus denen die unendliche Mannigfaltigkeit der Erscheinungen (Ideen) hervorgeht. Giordano Bruno erkannte in ihnen die zugleich physischen und psychischen Elemente der Wirklichkeit, und Leibniz entwickelte ihre Lehre zu einem eigenen System, in dessen Mittelpunkt unendlich viele, unendlich kleine geistig-stoffliche Kraftzentren stehen ('Monadologie'). Damit gab er der vorher nur philosophisch bestimmten Kategorie eine stärker naturwissenschaftliche Ausprägung. Goethe deutete ihr Vorhandensein als Beweis für das Wirken harmonischer Kräfte in der kleinsten faßbaren Ganzheit. Die moderne Physik überwand diese Spekulationen durch die wissenschaftliche Lehre von den kleinsten Bestandteilen (Atomlehre).

572v–493v Pythagoras
427v–347v Plato
386v blau Platos Ideenlehre
325v grün Euklid: 'Elemente'
1548n–1600n Giordano Bruno
1646n–1716n Leibniz
1714n blau Leibniz' Lehre

MONA LISA, berühmtes Bild des italienischen Malers Leonardo da Vinci. Es stellt eine 24jährige Florentinerin dar, die mit Zanobi del Giocondo verheiratet war, weshalb das Bild auch 'La Gioconda' genannt wurde. Leonardo nahm das Gemälde mit nach Frankreich, wo es später im Louvre ausgestellt wurde.

1503n blau Entstehung des Bildes

MONAT, Zeitdauer eines vollen Mond-Umlaufs um die Erde von Vollmond über den Neumond bis zum neuen Vollmond. Seit alters her Grundlage des Kalenders.

2913v grün Mondjahr in Sumer
2769v grün Ägyptischer Kalender
1690v grün Schaltmonat in Babylon
1333v grün Arabische Zeitrechnung
1317v grün Mondjahr in Ägypten
433v grün Meton'scher Zyklus
316v–250v Aristarch
153v grün 1. Januar Jahresanfang
46v grün Julianischer Kalender
44v grün Bezeichnung 'Juli'
8v grün Bezeichnung 'August'
1582n grün Gregorianischer Kalender
1792n grün Revolutionskalender

MOND, Bezeichnung für Himmelskörper, die selbst keine Leuchtkraft mehr besitzen und einen Stern ohne eigene Leuchtkraft (Planet) umkreisen. Bis ins 17. Jahrhundert war den Menschen nur der der Erde benachbarte Mond bekannt, so daß bis heute das Wort Eigenname des Erdtrabanten geblieben ist, der sich in einer mittleren Entfernung von 384000 Kilometern um unseren Planeten bewegt.

2913v grün Mondjahr in Sumer
2863v blau Nanna-Kult in Sumer
2436v blau Relief eines Dankopfers
2040v blau Tempelturm für Nanna
1978v blau Ningal-Kult in Ur
1955v grün Raub der Nanna-Statue
1922v grün Nanna-Statue wieder in Ur
1801v–1759v Warad-Sin
1766v blau Tempel-Neubau in Ur
1333v grün Mondjahr in Arabien
1317v grün Mondjahr in Ägypten
1191v blau Chons-Kult in Ägypten
719v blau Tempel in Marib
501v–428v Anaxagoras
433v grün Metons Zeitrechnung
380v–306v Pytheas
340v grün Aristoteles: Mondfinsternis
321v grün Pytheas: Anziehungskraft
316v–250v Aristarch
289v grün Aristarchs Messungen
147v grün Hipparch: Entfernung
31n blau 'Mondpyramide' in Mexiko
133n–205n Kleomedes
190n grün Sonnenlicht-Reflektion
476n–535n Arjabatta
501n grün Arjabatta: Mondfinsternis
584n–641n Georgios Pisides
1564n–1642n Galilei
1610n grün Galilei: Jupiter-Monde
1643n–1727n Newton
1666n grün Gravitationsgesetz
1834n grün Großkarte
1865n blau Jules Vernes Roman
1914n grün Debes: Mondatlas
1959n grün Mondrakete 'Lunik'
1959n grün Photos der Rückseite

MONDATLAS, Kartenwerk mit zeichnerischen Darstellungen der Mondoberfläche. Der Berliner Astronom Heinrich Mädler gab 1834n–1836n nach 600 nächtlichen Beobachtungen zusammen mit dem Berliner Amateur-Sternforscher Wilhelm Beer (Bruder des Komponisten Meyerbeer) eine vollständige zeichnerische Darstellung der sichtbaren Mondoberfläche in vier großen Tafeln heraus. Der deutsche Kartograph Ernst Debes fertigte das erste derartige Kartenwerk auf Grund photographischer Aufnahmen an. Es enthielt nur Karten von der dem Erdbetrachter zugewandten Seite des Mondes. Seit der ersten Mondumkreisung durch ein russisches Raumschiff im Jahre 1959n konnte auch die der Erde ständig abgewandte Seite des Mondes kartographisch erfaßt werden.

1834n grün Erster Atlas
1914n grün Debes' Atlas
1959n grün Photos der Mondrückseite

MONDFINSTERNIS, Bezeichnung für die plötzliche Verdunklung des Erdtrabanten. Seit vielen Jahrtausenden von den Menschen bemerkt, wurde sie meist als böses Zeichen gedeutet. Vor mehr als zweitausend Jahren aber wurde erkannt, daß sie durch den Erdschatten verursacht wird, der entsteht, wenn sich die Erde genau zwischen Sonne und Mond befindet. Aristoteles sah in der runden Form dieses Schattens den Beweis für die Kugel-Gestalt der Erde. Die genaue Beschreibung des Vorganges gelang 800 Jahre später in Indien.

340v grün Aristoteles' Forschungen
476n–535n Arjabatta
501n grün Arjabattas Forschungen

MONDINO de Luzzi (1275n–1362n), italienischer Arzt. Als Professor der Anatomie in Bologna stellte er ein Lehrbuch über Lage und Beschaffenheit der menschlichen Körperteile zusammen, das für Jahrhunderte Grundlage des anatomischen Unterrichts in Europa wurde. Der Sitte seiner Zeit entsprechend zerschnitt er bei der Sezierung nicht selbst die Leiche, sondern überließ diese Arbeit dem medizinisch unvorgebildeten, sozial geringer geachteten Leichenzerleger. Deshalb waren seine anatomischen Befunde und Beschreibungen noch unzulänglich. Durch Einbeziehung weiblicher Leichen in seine anatomischen Forschungsarbeiten brach er ein Tabu seiner Epoche.

1315n grün Sektionen

MONDKULT, Bezeichnung für die Verehrung des Mondes als einer übernatürlichen Kraft. Neben dem Sonnenkult eine der frühesten Formen der Natur-Verehrung. Aus ihr entwickelte sich später auf dem Wege über die Personifizierung der Naturkräfte ('Mondgott') die Götterverehrung und die Religion, die den Menschen bis an die Schwelle unserer Epoche begleitete.

2863v blau Nanna-Kult in Sumer
2436v blau Relief eines Dankopfers
2040v blau Tempelturm für Nanna
1978v blau Ningal-Kult in Ur
1955v grün Raub der Nanna-Statue
1922v grün Nanna-Statue wieder in Ur
1801v–1759v Warad-Sin
1766v blau Tempel-Neubau in Ur
1191v blau Chons-Kult in Ägypten
719v blau Tempel in Marib
31n blau 'Mondpyramide' in Mexiko

MONET, Claude (1840n–1926n), französischer Maler. Die Freilichtmalerei seines acht Jahre älteren Landsmannes Manet führte ihn zur Landschaftsmalerei. Durch die Herausarbeitung zartester Farbabstufungen gelang ihm die Darstellung feinster Lichtschwankungen. Mit seinem 1874n gemalten Bilde 'Impression' gab er einer ganzen Kunstrichtung den Namen (Impressionismus). In seinen späteren Werken abstrahierte er die dargestellten Gegenstände und legte das Gewicht allein auf die Farbgebung. So überwand er noch selbst den von ihm geprägten neuen Stil und nahm an seiner Auflösung in der abstrakten Malerei teil.

1893n blau 'Kathedrale von Rouen'

MONGOLEI, Land im Herzen des asiatischen Kontinentes. Von hier ging die Schaffung des größten Weltreiches der Menschheitsgeschichte aus.

190v braun Vorstoß der Hunnen
190v rot Süden zum Hunnenreich
492n–552n Tumen
552n/563n Asiatischer Türkenkrieg
559n grün Türkenschrift übernommen
871n–926n Apaoki
916n rot Reich der Kitan
916n grün Befestigte Städte
920n grün Schrift der Kitan
926n braun Sieg über die Moho
926n rot Gebietsgewinn Kitans
936n braun Vorstoß nach China
936n rot Gebietsgewinn Kitans
993n braun Vorstoß nach Korea
993n rot Ganz Korea an Kitan
1004n braun Sieg über China
1005n grün Tributzahlung Chinas
1042n grün Doppelte Tribute Chinas
1123n braun Erhebung gegen Kitan
1123n rot Zerfall des Reiches Kitan
1130n braun Sieg über Karluken
1143n grün Zopftracht nach China
1151n rot Einzelne Stämme christlich
1155n–1227n Dschingis-Khan
1182n–1250n Johannes Karpini
1200n/1206n Bürgerkrieg
1206n rot Einigung
1206n blau Gesetzbuch
1206n rot Todesstrafe für Ehebruch
1206n grün Schutz des Frauengutes
1207n/1279n Großer Mongolenkrieg
1207n–1255n Batu-Khan
1209n rot Tangutenreich mongolisch
1211n rot Mandschurei mongolisch
1214n–1294n Kublai-Khan
1215n rot Nordchina mongolisch
1217n–1265n Hulagu-Khan
1218n rot Kitan-Reich mongolisch
1218n rot Südsibirien mongolisch
1218n rot Korea mongolisch
1219n rot Turkestan mongolisch
1220n rot Samarkand mongolisch
1220n rot Nordpersien mongolisch
1221n rot Kaschmir mongolisch
1221n rot Afghanistan mongolisch
1222n–1263n Alexander Newski
1223n rot Armenien mongolisch
1223n rot Georgien mongolisch
1224n rot Ukraine mongolisch
1227n rot Großreich
1232n grün Abwehrwaffen Chinas
1234n rot Kin-Reich mongolisch
1235n grün Befestigung Karakorums
1240n rot Gebietsgewinn in Rußland
1240n blau Gründung von Sarai
1242n rot Reich der 'Goldenen Horde'
1245n rot Gesandtschaft des Papstes
1247n–1328n Johannes Korvino
1250n blau Geschichtswerk Karpinis
1253n rot Französische Gesandtschaft
1253n grün Gewerbescheine
1254n–1324n Marco Polo
1255n grün Rubruks Bericht
1256n rot Persien mongolisch
1258n rot Ende des Araber-Reiches
1258n rot Bagdad mongolisch
1259n rot Hoheit über Nowgorod
1259n grün Sternwarte in Maraga
1260n blau Dschuwainis Geschichtswerk
1264n rot Kublai-Khan Buddhist
1264n rot Peking Hauptstadt
1264n grün Ackerbau
1265n grün Postdienst
1266n grün Quadratschrift
1269n rot Bitte um Gelehrte
1269n blau Schulen für Beamtenkinder
1273n grün Einsatz von Kanonen
1276n rot Mittelchina mongolisch
1277n grün Kalender-Überarbeitung
1279n rot Ganz China mongolisch
1279n grün Sternwarte in Peking
1281n braun Angriff auf Japan
1283n grün Kanalbau in China
1284n braun Vorstoß nach Laos
1287n braun Vorstoß nach Burma
1287n rot Herrschaft über Burma
1289n rot Religions-Aufsicht
1292n braun Angriff auf Java
1292n grün Rückkehr Marco Polos
1293n grün Seeherrschaft
1298n rot Teile Chinas christlich
1298n grün Bericht Marco Polos
1309n–1370n Kasimir der Große
1335n rot Verlust Persiens
1336n–1405n Timur
1368n rot Flucht des Kaisers
1368n rot Herrschaftsende in China
1380n braun Niederlage gegen Russen
1380n rot Reich von Transoxanien
1392n braun Sieg über Persien
1392n rot Persien mongolisch
1392n–1450n Ibn Arabscha
1395n braun Vorstoß bis Moskau
1398n braun Vorstoß nach Nordindien
1398n rot Nordindien mongolisch
1400n braun Vorstoß nach Syrien
1401n rot Ganz Syrien mongolisch
1402n braun Vorstoß zur Türkei
1402n rot Türkei mongolisch
1402n rot Hoheit über Ägypten
1405n rot Zerfall des Reiches
1405n rot Gebietsverlust
1422n blau Geschichte Timurs
1440n–1505n Iwan III.
1481n rot Rußland: Tod des Khans
1481n rot Selbständigkeit Rußlands
1499n braun Niederlage gegen Russen
1499n blau Gründung von Sibir
1504n braun Vorstoß nach Indien
1504n rot Gewinn von Kabul
1505n rot Litauen: Tod des Khans
1525n braun Vorstoß in Indien
1525n rot Reich der Großmogule
1530n–1584n Iwan IV.
1542n–1605n Akbar
1551n rot Sibirien: Russische Hoheit
1552n braun Niederlage gegen Russen
1556n braun Niederlage gegen Russen
1556n rot Verlust des Wolgagebietes
1577n rot Lamaismus Staatsreligion
1586n blau Marlowes Timur-Drama
1648n blau Bau des Tadsch-Mahal
1650n–1722n Kang-Hi
1696n braun Niederlage gegen China
1696n rot Chinesische Herrschaft
1717n/1720n Tibetischer Krieg Chinas
1911n rot Unabhängigkeit
1924n rot Kommunistisch

MONGOLISCHE SCHRIFT, Bezeichnung für die von den Bewohnern der Mongolei benutzte Schrift ('Uigurisch'), die von den Türken während ihrer Herrschaft über die Mongolei im 6. Jahrhundert eingeführt wurde. Alle späteren Versuche zur Schaffung einer eigenen Schrift (Apaoki, Phagspa) waren nur vorübergehend von Erfolg.

559n grün Türkenschrift übernommen
871n–926n Apaoki
920n grün Schriftsystem der Kitan
1266n grün Quadratschrift des Phagspa

MONIER, Joseph (1823n–1906n), französischer Erfinder. Als gelernter Gärtner machte er sich in Paris selbständig. Bei der Herstellung größerer Blumenkübel gab er dem Zementguß durch ein eingearbeitetes Drahtnetz Festigkeit. Dadurch wurde das bereits zehn Jahre vorher dem französischen Erfinder Lambot für den Bau von Schiffsplanken aus Zement-Mörtel patentierte Verfahren schnell bekannt, fand vielseitige Anwendung und wurde mit seinem Namen verbunden ('Beton-Monierbau').

1866n grün Eisenbetonbau

MONISMUS, von dem griechischen Worte 'monos' (= einzig) abgeleitete Bezeichnung für eine Philosophie, die alle Erscheinungen auf eine einzige Grundlage zurückführt im Gegensatz zu den verschiedensten Arten des Dualismus, die das Vorhandensein von zwei Substanzen (meist Geist und Stoff) lehrt. Zusammen mit der naturwissenschaftlichen Denkweise vor über 2500 Jahren in Griechenland entstanden, begleitete er das materialistische Weltbild durch die Jahrtausende und fand nach dem endgültigen Durchbruch der naturwissenschaftlichen Methode im 19. Jahrhundert Anwendung auf den Menschen (Darwin, Haeckel). Damit wurde jeder Religion und aller übrigen Jenseitsspekulation (Metaphysik) der Boden entzogen, weil alle Denk-, Bewußtseins- und Empfindungsvorgänge aus dem einen natürlichen Daseinsgrund abgeleitet wurden. Im Kampfe gegen das biblische Weltbild zu einem mechanischen Materialismus erstarrt, wurde er in unserer Epoche im dialektischen Materialismus aufgehoben.

694v–603v Braspati
642v–555v Carvaka
640v grün Aufbau der Materie
636v blau Braspati: Materialismus
624v–546v Thales
610v–546v Anaximander
604v–514v Lao-Tse
585v–525v Anaximenes
557v blau Buch des Materialismus
551v blau Urgesetz 'Tao'
544v–484v Heraklit
535v blau Luft als Grundstoff
489v–428v Leukipp
455v–370v Demokrit
427v grün Demokrits Atomlehre
352v–285v Dikäarch
97v–55v Lukrez
56v blau Lukrez: 'Natur der Dinge'
27n–97n Wang Tschung
78n blau Materialismus
788n–820n Schankara
818n blau Schankaras Lehre
840n grün Einheit der Natur
1713n–1784n Diderot
1859n grün Darwin: Ursprung der Arten
1892n grün Haeckels Abhandlung

MONOPOL, Bezeichnung für die vollständige Beherrschung der Herstellung oder Verteilung eines einzelnen Erzeugnisses oder einer Produktengruppe. Als ein vom Staat gewährtes Alleinrecht seit Jahrtausenden bekannt, wurde es später zeitweilig vom Staate selbst ausgeübt. Die mit dem Hochkapitalismus verbundene Anhäufung gewaltiger privater Wirtschaftsmacht ermöglichte es einzelnen Unternehmern, alle Rohstoffquellen, alle Herstellungsbetriebe oder alle Verteilungsstellen eines Produktes zu erwerben oder unter ihre Kontrolle zu bringen. Weil diese Alleinherrschaft über einen Wirtschaftszweig von Konkurrenz und Markt unabhängig macht und daher auch ein Preisdiktat erlaubt, ist sie das letzte Ziel der kapitalistischen Wirtschaft. Es wird deshalb auch durch den Zusammenschluß mehrerer Unternehmer angestrebt, die ihre wirtschaftliche Selbständigkeit behalten wollen und so die gemeinsame Beherrschung eines Marktes anstreben, den sie allein nicht kontrollieren können.

1945v grün Monopol für Kerzen-Dochte
733v–645v Kuan-Tse
685v grün Eisen- und Salz-Monopol
322v–246v Ptolemäus II.
285v grün Staatsmonopole, Ägypten
276v grün Papyrus-Monopol
119v grün Alkohol- und Eisen-Monopol
109v grün Münz-Monopol in China
539n grün Monopole in Byzanz
1301n grün Salz-Kartell
1408n grün Handelskonzern
1425n rot Konzern-Verbot
1459n–1525n Jakob Fugger
1470n grün Alaun-Kartell
1488n grün Silber-Monopol der Fugger
1498n grün Kupfer-Syndikat
1521n rot Verbot durch Reichstag
1523n grün Prozeß-Verbot Karls V.
1525n grün Quecksilber-Monopol
1525n grün Erlaubnis Karls V.
1601n grün Sklavenhandel Portugals
1641n grün Auflösung in England
1650n grün Sklavenhandel Hollands
1664n grün Tabakmonopol, Frankreich
1672n grün Sklavenhandel in Afrika
1713n grün Sklavenhandel in Amerika
1839n–1937n Rockefeller
1870n grün 'Standard Oil'
1900n grün Morgans Stahltrust
1916n rot Hugenberg-Konzern
1925n grün IG-Farben
1926n grün Deutscher Stahltrust

MONOTHEISMUS, griechisches Wort für 'Eingötterei' im Gegensatz zur Vielgötterei der meisten Religionen, die gute und böse Kräfte in verschiedenen Göttern symbolisieren ('Polytheismus'). Von der jüdischen Religion (Moses) eingeführt, die aber wie die anderen Religionen auf die Verkörperung des Bösen nicht verzichten konnte. Deshalb wurde der Glaube an den Teufel (hebräisch: Satan) beibehalten. Der eine Gott wurde nicht nur als Schöpfer und Herr des Teufels auch für das Böse verantwortlich, sondern erhielt selbst viele böse Züge. Trotz dieser Korrekturen bedeutete die Beschränkung der Gottesverehrung eine solche Verarmung, daß die aus dem Judentum hervorgegangene Religion des Christentums durch göttliche Verehrung ihres Religionsstifters Jesus und Einführung eines dritten göttlichen Wesens ('Heiliger Geist') ihre Götterwelt wieder belebte und den Gottesdienst durch Marien- und Heiligenkult wieder auf die Vielgestaltigkeit des Polytheismus zurückführte.

1298v–1228v Moses
1248v blau Moses: Zehn Gebote
802v–745v Amos
696v–619v Zarathustra
640v blau Lehren Zarathustras
6v–30n Jesus Christus
28n blau Bergpredigt
133n–190n Athenagoras
185n blau Athenagoras' Apologie
570n–632n Mohammed
610n blau Lehre Mohammeds
686n–744n Kumarila
708n blau Kumarilas Lehren
1408n–1472n Nezahualcoyotl

MONROE, James (1758n–1831n), nordamerikanischer Staatsmann. Nahm 18jährig am Unabhängigkeitskampf gegen die englische Kolonialherrschaft teil, wurde 24jährig Mitglied der Gesetzgebenden Versammlung, kam ein Jahr später in den Kongreß und wurde Gesandter in Paris. Dort kaufte er Louisiana für die USA. Verteidigte als Kriegsminister die USA gegen das englische Expeditionsheer und war schließlich von 1817n bis 1825n Präsident der Vereinigten Staaten. Stärkte die Seemacht der USA, erwarb Florida und schränkte den Sklavenhandel ein. In seiner Neujahrsbotschaft verkündete er Ende 1823n, daß die USA keine Einmischung europäischer Mächte in die inneren Angelegenheiten amerikanischer Staaten dulden und keine Einmischung in die inneren Angelegenheiten europäischer Staaten vornehmen würden. Nach Ablauf seiner zweiten Präsidentschaftsperiode gründete er zusammen mit Jefferson und Madison in seinem Heimatstaat Virginia eine Universität.

1814n braun Angriff Englands
1819n rot Erwerb Floridas
1823n rot Doktrin
1824n rot Alaska-Übereinkunft

MONSUN, Bezeichnung für den Wind, der durch den Temperatur-Unterschied zwischen Festland und Meer entsteht und der an der Südküste des asiatischen Festlandes besonders wirksam ist. Im Winter verursacht die stärkere Abkühlung des Festlandes den Luftausgleich zur See hin, während im Sommer das von der Hitze ausgedörrte Land die Feuchtigkeit des Meeres anzieht, wodurch sich die Windrichtung umkehrt. Dieser regelmäßige Wechsel der Windrichtung, der den Indern und Arabern seit Jahrtausenden bekannt war, wurde vor 2100 Jahren von dem griechischen Seefahrer Hippalos entdeckt. Durch die Kenntnis dieser Gesetzmäßigkeit wurde die Fahrt nach Indien mit großen Schiffen übers offene Meer möglich. Der Handel des Mittelmeer-Raumes mit Indien wurde vom Landweg auf den Seeweg verlagert. Dadurch wurde für die Römer der Besitz Ägyptens wichtig, das die Landbrücke zum Roten Meer als dem Ausgangspunkt der Indien-Schiffahrt bildete.

117v grün Hippalos' Forschungen

MONTAGU, Francis A. (geboren 1905n), nordamerikanischer Wissenschaftler englischer Herkunft. Nach Studien in London, Florenz und New York ließ er sich in den USA nieder. Als Professor für Anatomie und Anthropologie erforschte er Körperbau und Verhalten des Menschen in der Frühzeit. Verfaßte Schriften über die Entstehung der australischen Ureinwohner, über Rassenfragen, über die Natur von Mann und Frau, über vorgeburtliche Einflüsse ('Das Leben vor der Geburt') und über die Bedeutung der Liebe. Schuf einen anatomischen Atlas. Schrieb über nordamerikanische Lebensart ('The American Way of Life') und verfaßte eine Studie über den englischenGeschichtsforscher Arnold Toynbee.

1955n grün 'Überlegenheit der Frau'

MONTAIGNE, Michel de (1533n–1592n), französischer Schriftsteller. Als Sohn eines reichen Kaufmanns wuchs er auf dem Schloß Montaigne (Südfrankreich) auf, erhielt als Kind lateinischen und griechischen Unterricht, studierte Rechtskunde und wurde Provinzialbeamter. Unternahm Studienreisen nach Italien, Deutschland und der Schweiz, wurde für vier Jahre Bürgermeister von Bordeaux und zog sich nach dem Tode des Vaters auf das elterliche Schloß zurück. Hier arbeitete er sein Reisetagebuch aus und gab es in zwei Bänden heraus. Dann schrieb er seine Gedanken über Philosophie, Geschichte und Kunst sowie über Fragen der Lebensgestaltung, der Kindererziehung, der Menschenbehandlung und der Charakterbildung nieder. Hierbei bediente er sich einer neuen Form geistreicher, aber unsystematischer Abhandlung, die als 'Essay' zu einer besonders in Frankreich verbreiteten Literaturgattung wurde.

1580n blau 'Essais'

MONT AIMÉ, Ortschaft in Südfrankreich. Hier wurden vor 750 Jahren 183 unschuldige Menschen von der katholischen Kirche als 'Ketzer' verbrannt.

1239n rot 'Ketzer'-Verbrennung

MONTANISTEN, Name einer religiösen Gruppe innerhalb der katholischen Kirche. Benannt nach dem Prediger Montanus, der das Gottesreich auf Erden verkündete und sich gegen das Besitzstreben der Kirche wandte. Traten für besondere Sittenstrenge ein, fasteten häufig und verwarfen die Wiederverheiratung. Bestanden bis ins 8. Jahrhundert.

125n–178n Montanus
156n blau Gottesreich auf Erden
160n blau Priska: Jesus weiblich
162n–224n Tertullian
165n blau Sünden und Todsünden
166n blau Maximilla gegen Zweitehe

MONTANUS, kleinasiatischer Priester.

125n–178n Lebenslinie
156n blau Gottesreich auf Erden
165n blau Sünden und Todsünden

MONT CENIS, Alpengipfel zwischen Norditalien und Südfrankreich. Seine Untertunnelung wurde 1857n begonnen, 1870n erfolgte der Durchbruch des mit 12 Kilometern seinerzeit längsten Tunnels der Erde. Ein Jahr später wurde er dem Verkehr übergeben. Durch die von ihm geschaffene Verbindung des norditalienischen Industriegebietes (Mailand, Turin) mit Lyon wurde der Güteraustausch zwischen Frankreich und Italien beträchtlich gesteigert.

1871n grün Tunnel

MONTCHRESTIEN, Antoine (1575n bis 1621n), französischer Schriftsteller und Volkswirtschaftler. Verlor früh seine Eltern, führte ein Wanderleben und schrieb Theaterstücke. Nachdem er im Duell einen Gegner getötet hatte, floh er nach England, wo er den Aufbau der kapitalistischen Produktionsweise studierte. Von König Heinrich IV. begnadigt, kehrte er nach Frankreich zurück und gründete industrielle Produktionsstätten. Insbesondere bemühte er sich um die Gewinnung und Verarbeitung von Eisen. In einem grundlegenden Werk über die Prinzipien der Volkswirtschaft deckte er den Zusammenhang zwischen Staat und Wirtschaft auf. Prägte den Begriff 'Politische Ökonomie'.

1615n grün Politische Ökonomie

MONTE CASSINO, Name eines Berges in Süditalien, auf halbem Wege zwischen Rom und Neapel. Hier gründete der italienische Mönch Benedikt an der Stelle eines römischen Apollo-Tempels ein christliches Kloster und stellte Regeln für ein mönchisches Leben auf. Das Kloster wurde bereits 50 Jahre nach der Gründung von den Langobarden zerstört, aber wieder aufgebaut. 300 Jahre später fiel es den vordringenden Arabern zum Opfer. In den folgenden Jahrhunderten schöner und reicher wieder errichtet, wurde es 1944n von englisch-amerikanischen Streitkräften völlig vernichtet. Seit 1950n im alten Stile erneut aufgebaut.

480n–547n Benedikt von Nursia
529n blau Klostergründung
530n blau Mönchsregeln
723n–799n Paulus Diakonus
1939n/1945n Zweiter Weltkrieg

MONTEM-HET (um 720v–um 640v), ägyptischer Fürst. Als Herrscher von Theben (Oberägypten) nutzte er die Kämpfe um den Pharaonenthron, um seine Stadt unabhängig von der Zentralgewalt zu einer letzten Blüte zu führen. Ersparte den Bewohnern Thebens die Opfer innerer Machtkämpfe und äußerer Kriegsanstrengungen. Nach Vertreibung der Assyrer aus dem Nildelta und Festigung der Königsgewalt schloß er sich dem neuen Pharao Psammetich an.

693v–609v Psammetich I.
664v blau Porträt

MONTENEGRO, Name eines Berglandes im Balkan (wörtlich 'Schwarzer Berg'). Das vor 2500 Jahren von Illyrern bewohnte Gebiet wurde 168v römisch und zwischen dem 7. und dem 15. Jahrhundert von Südslawen (Serben) besiedelt. Seit 1499n ein selbständiger Staat unter seinem heutigen Namen. Vom 17. Jahrhundert bis zum ersten Weltkrieg in ständigem, meist erfolgreichem Abwehrkampf gegen die Türken, wobei es sich mit Rußland, Österreich und Venedig verbündete. Seit 1910n Königreich, kämpfte es im ersten Weltkrieg gegen Deutschland und Österreich. Durch den Vertrag von St. Germain wurde es mit Kroatien und Slowenien im jugoslawischen Staat zusammengeschlossen und bildet heute dessen kleinste Volksrepublik.

1663n/1699n Türkenkrieg
1876n/1878n Türkenkrieg
1912n/1913n Türkenkrieg
1914n/1918n Erster Weltkrieg
1919n rot Vertrag von St. Germain
1944n rot Jugoslawien kommunistisch

MONTE SALVIANO, Berg in Mittelitalien, 70 Kilometer östlich von Rom. Vor 2000 Jahren bauten 30000 Arbeiter auf Veranlassung des Kaisers Klaudius hier einen über fünf Kilometer langen Tunnel, der das Wasser des abflußlosen Fuciner Sees in Regenzeiten fortführen sollte. Jedoch verstopfte der Tunnel durch den vom Wasser mitgeführten Sand immer wieder. Erst im Jahre 1875n gelang eine technisch einwandfreie Entwässerung des Gebietes durch Anlage eines neuen Kanals.

52n grün Tunnel

MONTESQUIEU, Charles, französischer Staatsphilosoph.

1689n–1755n Lebenslinie

1721 n blau 'Persische Briefe'
1748 n blau 'Der Geist der Gesetze'

MONTESSORI, Maria (1870 n–1952 n), italienische Pädagogin. Erste studierte Ärztin ihres Landes. In einer psychiatrischen Klinik in Rom tätig, widmete sie sich der Erziehung schwachsinniger Kinder und suchte die gewonnenen Erfahrungen der allgemeinen Pädagogik nutzbar zu machen. Dabei stellte sie die kindliche Eigenart in den Vordergrund und wies dem Lehrer nur die Aufgabe der Entfaltung von Aktivität beim Kinde zu. Das Spiel nahm sie als kindliche Form ernster Tätigkeit und richtete ihre Erziehung auf die sinnvolle Entfaltung dieses Arbeitstriebes. Märchen und Spielsachen lehnte sie wegen Irreführung der Phantasie und des Tätigkeitsdranges ab. Dafür legte sie auf die Entwicklung der Körperkraft und der Sinne ebensoviel Wert wie auf die Ausbildung des Intellekts. Gründete 1907 n ihr erstes Kinderhaus für Arbeiterkinder. Ihr 'Entfaltungsmaterial' zur Selbstbelehrung des Kindes fand in der ganzen Welt Verbreitung.

1909 n blau 'Selbsttätige Erziehung'

MONTEVERDI, Claudio (1567 n–1643 n), italienischer Komponist. Als Violaspieler und Sänger am Hofe des Herzogs von Mantua studierte er bei dem dortigen Kapellmeister die Kontrapunkt-Lehre und wurde später Dirigent an der Markuskirche in Venedig. Dort verschmolz er in eigenen Kompositionen Gesang und Orchester zu gesamtheitlicher Wirkung. Durch die Vereinheitlichung von Handlung und Komposition entwickelte er die Oper zum Musikdrama. Schrieb 11 Bücher weltlicher Chorwerke (Madrigale).

1583 n blau Madrigale
1607 n blau 'Orfeo'

MONTEVIDEO, Hafenstadt in Uruguay (Südamerika). Von den Spaniern am Mündungsgolf des Rio de la Plata gegründet und gegen die Portugiesen befestigt, wurde die Stadt 1807 n von den Engländern erobert. 21 Jahre später Hauptstadt des neu gegründeten, von Kolonialherrschaft befreiten Staates Uruguay.

1724 n blau Gründung
1828 n rot Uruguay unabhängig

MONTE VISO, Name eines 3841 Meter hohen Alpengipfels an der italienisch-französischen Grenze, 50 Kilometer südwestlich von Turin. Zur Verkürzung der Straße von Norditalien nach Südfrankreich wurde er vor 500 Jahren an einer besonders günstigen Stelle in 2971 Meter Höhe durch einen nur 75 Meter langen Tunnel durchstochen.

1480 n grün Tunnel

MONTEZUMA, Azteken-König von 1440 n bis 1469 n.

1410 n–1469 n Lebenslinie
1440 n rot Einigung Mittelamerikas
1455 n blau Pyramidenbau

MONTGOLFIER, Jacques Etienne (1745 n bis 1799 n) und Joseph Michel (1740 n bis 1810 n), französische Erfinder. Führten gemeinsam die Papierfabrik ihres Vaters fort und beschäftigten sich nebenbei mit physikalischen Versuchen. Im Jahre 1782 n fingen sie den Rauch eines Strohfeuers in dünnen Papierhüllen auf, um künstliche Wolken zu erzeugen. Als diese Papierhüllen aufstiegen, weil warme Luft leichter ist als kalte, bauten sie weitere 'Warmluftballons'. Schon 1783 n ließen sie einen Ballon aus papiergefütterter Leinwand mit einem Durchmesser von 11 m aufsteigen. Seine Luft wurde durch eine eingebaute Pfanne mit glühender Holzkohle ständig erwärmt. Das unbemannte Fahrzeug blieb 10 Minuten in der Luft. Bald darauf führten sie einen neuen Ballon in Versailles dem König vor, und noch im gleichen Jahre führte Rozier den ersten bemannten Flug mit ihrem Warmluftballon ('Montgolfière') durch.

1782 n grün Heißluftballon
1783 n grün Bemannte 'Montgolfière'

MONTMARTRE, nördlicher Stadtteil von Paris. Benannt nach einer Anhöhe, die vor 2000 Jahren einen römischen Mars-Tempel trug und deshalb 'Mons Martis' hieß. 1133 n wurde hier ein Kloster errichtet, 400 Jahre später gründete Ignatius von Loyola dort den mächtigsten Orden der katholischen Kirche (Jesuiten). 1814 n wurde durch die Erstürmung des Hügels die Niederlage Napoleons besiegelt. 1871 n war der Stadtteil Sitz des Zentralkommitees der Nationalgarde, das die rote Fahne über Paris hißte, zur Wahl der Kommune aufrief und den Hügel durch Aufstellung von 417 Kanonen in den Verteidigungszustand versetzte. Bei Ausbruch des ersten Weltkrieges wurde nach vierzigjähriger Bauzeit die 83 Meter hohe Kirche 'Sacré-Cœur' vollendet. Sie ist heute neben dem Revuetheater 'Moulin Rouge' Wahrzeichen des Stadtteils, der sich zum Künstler- und Vergnügungsviertel von Paris entwickelt hat.

1534 n rot Jesuitenorden
1796 n/1815 n Napoleonische Kriege
1871 n braun Aufstand der Kommune

MONTPELLIER, Stadt in Südfrankreich, 10 km von der Küste des Mittelmeers entfernt auf einer Anhöhe gelegen. Bereits vor 2000 Jahren bewohnt, blieb der Ort bis ins 10. Jahrhundert ein Dorf. Anfang des 12. Jahrhunderts wurde hier von arabischen Gelehrten eine Hochschule für Medizin gegründet, die den hohen Stand der ärztlichen Kunst im arabischen Spanien an Frankreich weitergab. Bis zum Beginn des 13. Jahrhunderts fügte sie sich eine Rechts- und eine Kunst-Fakultät an und konstituierte sich 1240 n als Universität mit eigener Verfassung. In den Religionskriegen erklärte sich die protestantische Stadt zu einer Hugenotten-Republik, wurde aber besiegt und rekatholisiert. Hier entstand der erste Botanische Garten Frankreichs.

1137 n grün Hochschule für Medizin
1220 n blau Universität
1562 n/1598 n Hugenottenkriege

MONTREAL, Stadt in Kanada (Nordamerika). Wegen ihrer günstigen Lage am Lorenz-Strom auf halbem Wege zwischen den großen Seen und dem Atlantik entwickelte sich der 1535 n von dem Franzosen Cartier aufgefundene Ort aus einem Indianerdorf bald zu einer Stadt. 46 Jahre später zerstörten sie die Indianer. Aber bald wurde sie größer und mächtiger wieder aufgebaut. Die Franzosen verloren 1760 n mit dieser Stadt ihren letzten kanadischen Besitz an England, das die Regierung Kanadas von Quebec hierher verlegte. Nachdem bei einem Aufstand gegen die englische Fremdherrschaft im Jahre 1848 n das Parlamentsgebäude zerstört worden war, legten die Engländer aber die Regierung wieder nach Quebec zurück. Trotzdem entwickelte sich die Stadt zur größten Kanadas. Noch heute sprechen zwei Drittel ihrer Bevölkerung französisch und streben nach französischer Selbstverwaltung.

1642 n blau Gründung
1755 n/1763 n Kolonialkrieg

MONTREUIL, Gerbert von (um 1190 n bis um 1250 n), französischer Dichter. Schrieb einen Roman aus der ritterlichen Welt ('Veilchenroman'). Darin behandelte er Verwicklungen, die daraus entstanden, daß ein Graf im Anschluß an eine Wette damit prahlte, eine Dame der Gesellschaft verführt zu haben. Verfaßte auch eine Fortsetzung der Parsivals-Erzählung seines Landsmanns Christian von Troyes.

1228 n blau 'Veilchenroman'

MONT-SAINT-MICHEL, Name einer kleinen Insel mit 74 Meter hoch aufragendem Granitfelsen an der Küste des Ärmelkanals (Nordfrankreich). Bei Ebbe seit alters her trockenen Fußes von der Küste aus erreichbar. 1880 n wurde sie durch einen 1500 Meter langen Damm mit dem Festland verbunden.

1033 n blau Kirche

MONUMENTA GERMANIAE HISTORICA, lateinische Bezeichnung für eine Urkunden-Sammlung zur deutschen Geschichte von der Römerzeit bis zur Reformation (wörtlich 'Historische Denkmäler Deutschlands'). Zu ihrer Erarbeitung wurde 1819 n die 'Gesellschaft für ältere deutsche Geschichtskunde' gegründet, deren Leitung 1824 n der Historiker Pertz übernahm und 50 Jahre lang innehatte. Sie sammelte Dokumente zu fünf Sachgebieten: Geschichtsschreiber, Gesetze, Urkunden, Briefe, Altertümer. Später wurden diese Bereiche ergänzt (Staatsschriften, Fürstenurkunden, Totenbücher, lateinische Dichter). Fast 60000 Bücher und Hunderttausende von Dokumenten wurden in anderthalb Jahrhunderten zusammengetragen. Diese Urkunden wurden teilweise in hochdeutsche Sprache übersetzt und in bisher etwa 100 Bänden veröffentlicht.

1826 n blau Erster Band

MOORE, Henry (geboren 1898 n), englischer Bildhauer. Sohn eines Bergarbeiters. Wurde Lehrer, besuchte eine Kunstschule und unternahm Studienreisen nach Italien, Griechenland und Amerika, wo ihn besonders die alte indianische Kunst anregte. Als Künstler und akademischer Lehrer in London schuf er plastische Bildwerke von eigenwilliger und eigenartiger Form. Schwankt zwischen klassischem Gestaltungsstil und abstrakter Formgebung und vermischt auch häufig beide Stile in einem Kunstwerk. Muldenartige Hohlformen und willkürliche Durchbrechungen sind für seine Darstellungsweise ebenso charakteristisch wie die Verwendung von Beton und sein Verzicht auf Natur-Ähnlichkeit ('Mutter und Kind', 'Torso', 'Maske').

1937 n blau 'Liegende'

MOORE, Thomas (1779 n–1852 n), englischer Dichter aus Irland. Als Sohn eines Weinhändlers studierte er Rechtskunde, ging nach London, veröffentlichte im Selbstverlag eine Übersetzung der Gedichte des Griechen Anakreon und aus deren Erlös ein Jahr später seine ersten eigenen Gedichte. Nachdem er 32jährig reich geheiratet hatte, zog er sich auf ein Landgut zurück und widmete sich ganz der Schriftstellerei. Mit seinen Theaterstücken hatte er weniger Erfolg als mit politischen Satiren, in denen er die Konservativen dem allgemeinen Spott preisgab. Nach alten irischen Volksweisen dichtete er seine 'Irischen Melodien'. Darin brachte er die 'seltsame Mischung von Gram und Leichtsinn' zum Ausdruck, die er als Wesen des Irländers bezeichnete. Der Unterdrückung Irlands durch die Engländer trat er in seinen Satiren 'Der Zwei-Penny-Postsack' entgegen. Schrieb die orientalische Verserzählung 'Lalla Rukh' sowie eine Lebensbeschreibung Byrons.

1808 n blau 'Irische Melodien'

MORAL, von dem lateinischen Worte 'mores' (= Sitten) abgeleitete Bezeichnung für die Gesamtheit der sittlichen Verhaltensregeln des Einzelnen und der Gemeinschaft (Pflicht-Lehre).

2495 v–2405 v Pta-Hotep
2403 v rot Nebenfrauen, Konkubinen
1995 v–1911 v Enotes
1912 v blau Ägyptische Grundsätze
1857 v–1803 v Sehet
1811 v blau Dichtung über Lebensziele
1719 v rot Bestrafung des Ehebruchs
1377 v–1302 v Ani
1347 v blau Verehrung der Mutter
1298 v–1228 v Moses
1022 v–936 v Amenope
943 v blau Ägyptische Lebenslehre
825 v–730 v Parshva
696 v–619 v Zarathustra
640 v blau Zarathustras Lehren
636 v–564 v Äsop
598 v–501 v Teng-Tse
571 v blau Griechische Fabeln
569 v–494 v Jina Mahavira
552 v–479 v Kon-Fu-Tse
525 v–456 v Aischylos
525 v blau Kritik an Beamtenmoral
496 v–406 v Sophokles
475 v–393 v Me-Ti
446 v–385 v Aristophanes
442 v blau Treue und Pflicht
395 v blau Nächstenliebe gefordert
317 v blau Lehre des Taoismus
279 v–206 v Chrysipp
273 v blau Ideal: Selbstbeherrschung
170 v–102 v Lucilius
86 v–35 v Sallust
6 v–30 n Jesus Christus
4 v–65 n Seneka
42 n blau Nächsten- und Feindesliebe
52 n–133 n Epiktet
58 n blau Christliche Sündenlehre
67 n–140 n Juvenal
121 n–180 n Mark Aurel
125 n–180 n Lukian
128 n blau Moralbuch
331 n blau Christliche Klosterregeln
354 n–407 n Chrysostomos
480 n–547 n Benedikt von Nursia
502 n blau Besitzen unmoralisch
521 n blau Ideal des Maßhaltens
587 n–652 n Bhartrihari
712 n–770 n Tu-Fu
760 n blau Herzlosigkeit der Reichen
939 n–990 n Roswitha
1093 n–1162 n Ibn Badscha
1152 n–1246 n Peire Cardinal
1303 n–1361 n Tauler
1345 n blau Notwendigkeit der Arbeit
1452 n–1498 n Savonarola
1465 n–1536 n Erasmus von Rotterdam
1513 n blau Politik ohne Moral
1542 n–1605 n Akbar
1606 n–1685 n Corneille
1621 n–1695 n Lafontaine
1650 n–1722 n Kang-Hi
1694 n–1778 n Voltaire
1699 n blau Verpflichtung zur Arbeit
1705 n blau Kritik an Herrenmoral
1709 n blau 'Moralische Wochenschrift'
1711 n–1776 n Hume
1723 n blau Lehren der Freimaurer
1724 n–1804 n Kant
1758 n blau Mensch moralisches Wesen
1761 n blau Wieland: Erziehung
1780 n blau Lessing: Erziehung
1780 n blau Salzmann: Erziehung
1795 n blau 'Manifest der Gleichen'
1844 n–1900 n Nietzsche
1847 n blau Kommunistisches Manifest
1856 n–1950 n G. B. Shaw
1886 n blau Nietzsches Lehre
1909 n blau Montessori: Erziehung
1933 n blau Makarenko: Erziehung
1934 n blau Ostrowskis Lehren
1954 n blau Brechts Gedichte
1955 n blau Bloch: 'Prinzip Hoffnung'

MORALISCHE WOCHENSCHRIFTEN, Bezeichnung für eine Gattung von Zeitschriften, die zu Beginn des 18. Jahrhunderts in England aufkam und sich bald auch auf dem Festland, besonders in Deutschland, verbreitete. Der Titel ihres Modells 'Der Plauderer' ('The Tatler') enthielt ihr Programm. Humorvolle Erzählungen boten unterhaltsame Belehrung in leicht faßlicher Form. Die zunächst gepflegte freisinnige, unkirchliche Grundhaltung ging bald in allgemeinem Klatsch unter, der durch eine moralische Tendenz Niveau erhalten sollte. Besonders von Frauen gern gelesen, hatten sie selten eine Erscheinungsdauer von mehr als ein bis zwei Jahren. Sie wurden schließlich vom Familienroman und später vom Familienblatt ('Gartenlaube') abgelöst, die weniger anspruchsvoll waren und dadurch dem geistigen Konsumbedürfnis des Bürgertums besser entsprachen.

1709 n blau 'Tatler'

MORD, MÖRDER

2343 v–2285 v Rimusch
2330 v–2271 v Manisch-Tusu
2285 v rot Mord an Rimusch
2022 v–1962 v Amen-Em-Het I.
1937 v–1865 v Libit-Ischtar
1563 v–1530 v Mur-Sili I.
1422 v–1373 v Tus-Ratta
1349 v rot Mord an Hettiterprinz
1277 v–1207 v Tu-Kulti
1232 v–1183 v Agamemnon
1224 v–1165 v Ramses III.
1207 v braun Mord an Tu-Kulti
1165 v rot Mord an Ramses III.
898 v–842 v Isebel
890 v–814 v Jehu
882 v–835 v Athalia
882 v–798 v Elisa
871 v–842 v Joram
863 v–796 v Joas
740 v–681 v Sanherib
659 v–601 v Drakon
565 v–522 v Kambyses
558 v–492 v Bimbisara
520 v–465 v Xerxes
514 v rot Tod für Tyrannenmörder
510 v blau Tyrannenmörder-Denkmal
484 v–424 v Artaxerxes
384 v rot Mord an Manlius
382 v–336 v Philipp II.
358 v–280 v Seleukos I.
336 v rot Mord an Philipp
323 v/301 v Diadochenkriege
284 v–212 v Archimedes
240 v rot Mord an Agis
234 v–174 v Mao-Tun
212 v rot Mord an Archimedes
206 v/202 v Chinesisches Interregnum
180 v–139 v Viriathus
163 v–133 v Tiberius Gracchus
154 v/133 v Spanische Erhebung
133 v rot Mord an T. Gracchus
132 v–63 v Mithridates
114 v–53 v Krassus
106 v–43 v Cicero
106 v–48 v Pompejus
100 v–44 v Cäsar
91 v rot Mord an Livius Drusus
88 v rot Massenmord an Römern
85 v–42 v Brutus
82 v–30 v Antonius
72 v–4 v Herodes der Große
44 v braun Mord an Cäsar
10 v–54 n Klaudius
37 n–68 n Nero
46 n rot Mord an Thrazier-König
51 n–96 n Domitian
54 n rot Mord an Klaudius
59 n rot Mord an Agrippina
61 n rot Mord an Pedanius
143 n–212 n Papinian
170 n–229 n Ulpian
186 n–217 n Karakalla
215 n rot Mordaktion Karakallas
216 n/217 n Partherkrieg
232 n–282 n Probus
316 n rot Sklaventötung als Mord
360 n–415 n Hypatia
381 n–444 n Cyrillus
397 n–454 n Aëtius
415 n rot Mord an Hypatia
440 n–484 n Eurich
454 n rot Mord an Aëtius
502 n–543 n Al Kais
541 n–572 n Alboin
560 n–618 n Yang-Ti
582 n–644 n Omar
588 n–656 n Othman
602 n–661 n Ali
627 n rot Judenmorde in Medina
675 n–754 n Bonifatius
723 n–754 n Abul Abbas
728 n rot Mord an Inder-König
765 n–810 n Gottfried
835 n rot Mord an Paulikianer
864 n–910 n Karmat
884 n–948 n Marozia
899 n/930 n Karmatenaufstand
928 n rot Mord am Papst
929 n rot Mord an Wenzel
963 n rot Papst als Mörder
1002 n rot Dänenmorde in England
1021 n rot Mord an Al Hakim
1040 n–1072 n Arsalan der Löwenherzige
1096 n rot Judenmorde in Europa
1118 n–1170 n Thomas Becket
1126 n rot Mord an Tanchelm
1145 n rot Morde an Katharern
1146 n rot Judenmorde in Europa
1170 n rot Mord an Thomas Becket
1174 n rot Buße wegen Mordes
1189 n rot Judenmorde in England
1208 n rot Mord an Philipp
1209 n/1229 n Katharer-Kreuzzug
1233 n rot Mord an Inquisitor
1313 n–1374 n Al Katib
1313 n–1354 n Rienzi
1325 n–1381 n Wat Tyler
1358 n rot Mord an Bauernführern
1400 n–1450 n Jack Cade
1431 n–1503 n Alexander VI. Borgia
1436 n rot Mord an Engelbrechtsson
1485 n rot Mord an Inquisitor
1533 n–1584 n Wilhelm von Oranien
1553 n–1610 n Heinrich IV.
1562 n/1598 n Hugenottenkriege
1583 n–1634 n Wallenstein
1586 n rot Anschlag auf Elisabeth
1610 n rot Mord an Heinrich IV.
1634 n rot Mord an Wallenstein
1641 n braun Morde an Protestanten
1785 n blau Sadismus
1809 n–1865 n Lincoln
1869 n–1948 n Gandhi
1870 n braun Blutbad von Tientsin
1889 n–1945 n Hitler
1914 n rot Mord an Jaurès
1915 n braun Morde an Armeniern
1919 n rot Rosa Luxemburg ermordet
1919 n rot Karl Liebknecht ermordet
1921 n rot Mord an Erzberger
1922 n rot Mord an Rathenau
1934 n rot Mord an Röhm
1944 n rot Massenmorde (Auschwitz)
1948 n rot Mord an Gandhi
1961 n rot Mord an Lumumba
1963 n rot Mord an J. F. Kennedy

MORE, Thomas (1478 n–1535 n), englischer Staatsmann und Schriftsteller. Als Sohn eines Rechtsanwaltes ergriff er den Beruf seines Vaters und ließ sich nach Studien in Oxford in London nieder. Vom englischen König Heinrich VIII. wurde er mit diplomatischen Missionen betraut und wurde Unterschatzmeister, Unterhaus-Sprecher und Kanzler. Als er der Ehescheidung des Königs seine Zustimmung versagte, verlor er sein Amt und wurde eingekerkert. Nachdem er der königlichen Alleingewalt die Anerkennung durch 'Suprematseid' verweigert hatte, wurde er hingerichtet. Verfaßte die erste systematische Kritik der bürgerlichen Gesellschaft und gab im gleichen Buche den Entwurf einer kommunistischen Ordnung. Im Privateigentum erkannte er die Verschwörung der Reichen gegen die Armen und trat für seine Beseitigung ein. Forderte gleiche Erziehung für alle sowie die Überwindung des Gegensatzes von körperlicher und geistiger Arbeit. Aus dem Titel seines revolutionären Buches ('Utopia') wurde der Spottname des Bürgertums für alle kommunistischen Pläne zur Schaffung einer besseren Gesellschaft ('utopisch').

1465 n–1536 n Erasmus von Rotterdam
1491 n–1547 n Heinrich VIII.
1516 n blau 'Utopia'

MORELLY (um 1710 n–um 1770 n), französischer Philosoph. Als Sohn eines Beamten wurde er Lehrer in Vitry-le-François, 150 km östlich von Paris. 1753 n schrieb er einen Roman in Gedichtform ('Schiffbruch der treibenden Inseln'). Darin sagte er der bürgerlichen Gesellschaft mit ihren 'treibenden Inseln' (Privateigentum und bürgerliches Recht) ihren baldigen Untergang voraus und entwarf das Idealbild einer in Gütergemeinschaft und freier Liebe verbundenen Menschheit. Durch den Erfolg dieses Buches ermutigt, verfaßte er zwei Jahre später noch ein theoretisches Werk ('Gesetzbuch der Natur'), in dem er seine Gedanken systematisierte. Danach ist die natürliche Ordnung ausgewogen, wird aber durch das Privateigentum gestört. Habgier, Eigennutz, Egoismus sind die daraus erwachsenen Hauptübel. Die Aufhebung des Privateigentums entzieht allen diesen Übeln die Grundlage und stellt das natürliche Recht wieder her. Die so nach seiner Meinung von selbst entstehende kommunistische Ordnung plante er in allen Einzelheiten.

1755 n blau Gegner des Privateigentums

MORGAGNI, Giovanni Battista (1682n bis 1771n), italienischer Arzt. Schrieb ein grundlegendes Werk über das Gehör und wurde daraufhin als Professor der Medizin an die Universität Padua berufen. Stellte die Leichen-Sezierung in den Dienst des anatomischen Unterrichts und suchte die Ergebnisse zugleich der Erforschung von Krankheitsursachen nutzbar zu machen. Dabei entdeckte er Zusammenhänge zwischen Krankheitserscheinungen und Organ-Veränderungen. Systematisierte 50 Jahre lang seine Beobachtungen und faßte sie in einer fünfbändigen Anleitung zur Krankheits-Bestimmung zusammen. Damit wurde er zum Begründer der pathologischen Anatomie. Betrieb auch Sprachstudien und Altertumsforschung.

1761n grün Pathologische Anatomie

MORGAN, John Pierpont (1837n–1913n), nordamerikanischer Bankier und Geschäftsmann. Als Sohn eines Bankiers studierte er in Göttingen Mathematik, arbeitete dann bei seinem Vater und anderen Bankiers, bis er 1871n sein eigenes Bankhaus gründete. Durch die Finanzierung von Eisenbahn-Unternehmen legte er den Grund zu seinem Vermögen. Seine großzügige Erschließung europäischer Anlagen für das amerikanische Kapital leitete 1899n die Überfremdung der europäischen Wirtschaft und die Beteiligung der USA an der Ausbeutung des europäischen Arbeiters ein. Durch Zusammenschluß der nordamerikanischen Stahlproduktion schuf er den größten Trust der Welt. Bald darauf gelang ihm die Vereinigung zahlreicher bedeutender Reedereien in einem internationalen Schiffahrtstrust. Mit Hilfe von Staatsanleihen festigte er seinen Einfluß auf die Politik der USA und legte den Grund zum größten kapitalistischen Wirtschaftsunternehmen der Geschichte ('Morgangruppe').

1900n grün Stahltrust

MORGAN, Thomas Hunt (1866n–1945n), nordamerikanischer Naturforscher. Untersuchte vorgeburtliche Einflüsse, unternahm die Geschlechtsbestimmung bei der Reblaus und befaßte sich mit zoologischer Entwicklungsgeschichte. Dann wandte er sich Fragen der geschlechtlichen Vererbung zu. Durch Massenzucht kleiner Fliegen mit großen Trägern der Erbanlagen (Chromosomen) schuf er die Voraussetzung zu seiner Erforschung des Vererbungs-Vorganges. Nach jahrelangen Versuchen gelang ihm die Lokalisierung von über 200 Erbanlagen in den Chromosomen und damit der Beweis des Zusammenhanges zwischen den Erbträgern (Chromosomen) der Fliege und den von ihr vererbten Eigenschaften. Durch diese Entdeckung der materiellen Grundlage der Vererbung erhob er die Vererbungslehre zu einer Wissenschaft (Genetik). Stellte auch Karten zusammen, auf denen er die Lage der Erbfaktoren in den Chromosomen einzeichnete.

1907n grün Vererbungslehre

MORGARTEN, Name eines Bergrückens in der Zentralschweiz zwischen Züricher See und Vierwaldstätter See. Hier schlugen Schweizer Bauernheere 1315n die Ritterheere des Herzogs Leopold I. von Österreich und erkämpften damit die Freiheit der Gebiete von Uri, Schwyz und Unterwalden am Vierwaldstätter See. 1798n siegte hier die Schweiz über die französischen Heere.

1315n braun Bauernsieg über Ritter
1796n/1815n Napoleonische Kriege

MORISKEN, Bezeichnung für die nach der Eroberung Granadas (1492n) in Spanien verbliebenen Araber, die sich der zwangsweisen Christianisierung unterzogen, um die angestammte Heimat nicht verlassen zu müssen. Obwohl sie sich fast ein Jahrhundert lang als gefügige Untertanen der neuen christlichen Herren bewiesen hatten, wurden sie von König Philipp II. während der Gegenreformation aus Glaubenseifer so bedrängt und verfolgt, daß sie sich 1568n–1570n in Granada erhoben. Nach ihrer Niederwerfung wurden viele von ihnen hingerichtet und 100000 ausgewiesen. Zwischen 1603n und 1612n wurden dann die christlichen Verfolgungen so stark, daß weitere 500000 von ihnen Spanien verließen. Von diesem Verlust seiner geschicktesten Handwerker, seiner besten Ärzte und seiner führenden Wissenschaftler hat sich Spanien nicht mehr erholt.

1481n/1492n Letzter Maurenkrieg
1527n–1598n Philipp II.
1570n blau Aufstands-Beschreibung
1611n rot Vertreibung

MORITZ von Sachsen (1521n–1553n), deutscher Fürst. Als Sohn des Herzogs Heinrich erbte er die Herrschaft über einen Teil Sachsens (Meißen). Obwohl er Protestant war, trat er im Schmalkaldischen Krieg auf die katholische Seite und fiel in das Land seines protestantischen Vetters ein, während dieser gegen die kaiserlichen Truppen im Felde stand. Dadurch trug er entscheidend zur Niederlage der Protestanten bei und erhielt von Kaiser Karl V. dafür die seinem Vetter abgenommene Würde eines Kurfürsten. Später wandte er sich mit seinem Heere gegen den Kaiser und erzwang dessen Verzicht auf die völlige Rekatholisierung Deutschlands (Passauer Vertrag). Erneuerte die Verwaltung seines Landes und legte durch Einrichtung von drei Fürsten-Schulen (Pforta, Grimma, Meißen) den Grund für ein höheres Schulwesen.

1543n blau 'Fürstenschulen'
1546n/1547n Schmalkaldischer Krieg
1552n braun Verschwörung gegen Karl V.
1552n rot Passauer Vertrag

MORMONEN, Name einer christlichen Kirche. Gegründet durch den nordamerikanischen Bauernsohn Joe Smith. Von anderen christlichen Kirchen durch Ablehnung der Lehre von der Erbsünde, durch Verbot aller Rauschgifte (Rauchen, Alkoholgenuß) sowie durch Erlaubnis der Vielehe unterschieden. Ihre Bibel wurde eine dem Alten Testament nachgebildete Entwicklungsgeschichte Amerikas, die angeblich von Smith in goldenen Tafeln aufgefunden und von ihm übersetzt worden sein soll, in Wahrheit aber den ungedruckten Roman eines Pfarrers darstellt, den ihm ein Buchdruckerlehrling übergab. Aus dem Staate New York vertrieben, zogen sie mit Smith nach Ohio und Missouri. Immer wieder ausgewiesen, kamen sie nach Illinois, wo sie die Stadt Nauvoo mit 2000 Häusern und einem von Smith entworfenen Tempel aufbauten. 1844n kam es zum Kampf mit anderen Siedlern, die Stadt wurde zerstört und Smith im Gefängnis umgebracht. Die überlebenden 1500 Gläubigen zogen nun weit westlich in unbewohntes Gebiet und bauten sich am Salzsee eine neue Stadt auf (Salt Lake City). Gründeten auch einen eigenen Staat (Utah), dessen Unabhängigkeit 1850n von den USA bestätigt, aber 1895n beseitigt wurde. Seitdem ist ihnen die Vielehe gesetzlich untersagt. Ihre Mitgliederzahl stieg auf fast 2 Millionen, von denen über 80 % in den USA leben. Gestützt auf 50 Missions-Niederlassungen (davon 11 in Europa) entfalten sie in unserer Epoche einen lebhaften Bekehrungseifer.

1830n rot Entstehung der Kirche

MORNAY, Philippe Plessis (1549n bis 1623n), französischer Staatsmann. Von seinem streng katholischen Vater für den Priesterberuf bestimmt, trat er nach dessen Tod zur reformierten Kirche über, der seine Mutter heimlich zuneigte. Bereiste Italien, Deutschland, Holland und England. Dann wurde er Mitarbeiter des französischen Protestantenführers Coligny und trat als Verwalter der Finanzen in die Dienste Heinrichs von Navarra. Als dieser Herrscher den französischen Thron bestiegen hatte (Heinrich IV.), wurde er Staatsrat und wahrte in dieser Stellung die Belange der französischen Protestanten (Hugenotten). Zum Gouverneur von Saumur ernannt, richtete er in der Loire-Stadt eine protestantische Akademie ein. Wegen seiner Opposition gegen Heinrichs Übertritt zum Katholizismus wurde er aus dem Staatsdienst entlassen. Zog sich ins Privatleben zurück und verfaßte zahlreiche Schriften.

1579n blau Schrift gegen Absolutismus

MORPHIUM, von dem Namen des griechischen Traumgottes (Morpheus) abgeleitete Bezeichnung für ein aus dem Saft des Schlaf-Mohns (Opium) gewonnenes Gift. Nach seiner Entdeckung durch den deutschen Apotheker Sertürner fand es als schmerzstillendes Medikament wie als traumförderndes Rauschgift bald weltweite Verbreitung.

1803n grün Gewinnung

MORSE, Samuel (1791n–1872n), nordamerikanischer Erfinder. In London als Kunstmaler ausgebildet, gründete er in New York eine Künstlergesellschaft und schuf Gemälde historischer Begebenheiten. Während einer Studienreise nach Europa lernte er vierzigjährig die ersten Telegraphen kennen. Auf der Heimfahrt kam ihm an Bord seines Schiffes 1832n der Gedanke, einen Papierstreifen telegraphisch mit Punkten und Strichen zu beschriften, und er entwickelte ein Alphabet, dessen Buchstaben nur aus langen und kurzen Tönen bestanden (= langen und kurzen Strichen). Doch vergingen noch 12 Jahre, bis die erste Übertragung eines Telegrammes von Washington nach Baltimore die Tauglichkeit seiner Methode bewies. Und erst nach abermals fünf Jahren begann der Siegeszug des 'Morse-Alphabets' in vielen Ländern. Von zehn Staaten erhielt er für seine Erfindung ('Morse-Schreiber') 400 000 Goldfranken und lebte davon zurückgezogen auf seinem Landsitz bei New York.

1844n grün Telegraphiezeichen

MORUS, lateinische Namensform des englischen Staatsmannes und Schriftstellers Thomas More (1478n–1535n). Als Sohn eines Rechtsanwaltes ergriff er den Beruf seines Vaters und ließ sich nach Studien in Oxford in London nieder. Vom englischen König Heinrich VIII. wurde er mit diplomatischen Missionen betraut und wurde Unterschatzmeister, Unterhaus-Sprecher und Kanzler. Als er der Ehescheidung des Königs seine Zustimmung versagte, verlor er sein Amt und wurde eingekerkert. Nachdem er der königlichen Alleingewalt die Anerkennung durch 'Suprematseid' verweigert hatte, wurde er hingerichtet. Verfaßte die erste systematische Kritik der bürgerlichen Gesellschaft und gab im gleichen Buche den Entwurf einer kommunistischen Ordnung. Im Privateigentum erkannte er die Verschwörung der Reichen gegen die Armen und trat für seine Beseitigung ein. Forderte gleiche Erziehung für alle sowie die Überwindung des Gegensatzes von körperlicher und geistiger Arbeit. Aus dem Titel seines revolutionären Buches ('Utopia') wurde der Spottname des Bürgertums für alle kommunistischen Pläne zur Schaffung einer besseren Gesellschaft ('utopisch').

1465n–1536n Erasmus von Rotterdam
1491n–1547n Heinrich VIII.
1516n blau 'Utopia'

MOSAIK, Bezeichnung für eine kunstvolle Verkleidung von Fußböden, Wänden oder Decken. Entsteht durch Zusammensetzen kleiner, bunter Glas- oder Stein-Stücke, die in feuchten Mörtel gedrückt werden. Seit fast fünftausend Jahren für die Verzierung von Bauwerken verwendet, entwickelte es sich vor etwa zweitausend Jahren zu einer eigenen Kunstform, die sich der Darstellung von Stoffen aus Geschichte, Sage und Religion widmete und in Norditalien sowie in Byzanz (Konstantinopel) zu besonderer Blüte gelangte.

2895v grün Mosaikwände in Uruk
2720v grün Arbeiten in Sumer
2605v blau Palastschmuck in Kisch
2557v blau Goldmosaik in Ur
11n blau Pompeji: Alexanderschlacht
445n blau Mausoleum in Ravenna
520n blau Bild in Ravenna
547n blau San Vitale in Ravenna

MOSCHEEN, Bezeichnung für die Kirchen von Anhängern der durch Mohammed gestifteten Religion (Islam). Ihre Andachtsräume sind mit bunten Ornamenten, aus religiösen Gründen aber nie mit Bildern geschmückt. Sie haben keine Bänke und Stühle, sondern nur farbenfroh-gewirkte Teppiche, auf denen sich die Gläubigen niederlassen. An die Stelle des Glockenturmes ist bei ihnen das Minarett getreten, von dem aus ein Kirchendiener (Muezzin) fünfmal täglich zur Andacht ruft. Die erste Moschee soll Mohammed in Kuba bei Medina an der Stelle gegründet haben, wo das Kamel niederkniete, mit dem er aus Mekka geflohen war. An andere wurden später Schulen, Bibliotheken, Bäder und Volksküchen angebaut sowie Säulengänge mit Brunnen, an denen die Besucher ihre Füße reinigen, ehe sie barfuß den Andachtsraum betreten.

641n blau Moschee in Bosra
644n blau Amr-Moschee in Kairo
675n–715n Welid
691n blau Himmelfahrts-Moschee
705n blau Moschee in Damaskus
709n blau Grabmoschee in Medina
732n blau Olivenmoschee in Tunis
788n blau Moschee in Cordoba
837n blau Tunis: Sidi-Okba-Moschee
852n blau Moschee in Samarra
859n blau Moschee in Fes
879n blau Kairo: Ibn-Tulun-Moschee
890n–961n Abdar Rachman III.
1119n blau Dom auf Moscheeruine
1186n blau Dom ersetzt Moschee
1195n blau Moschee von Sevilla
1196n blau 'Kutab-Minarett' in Delhi
1202n grün Räderuhr mit Schlagwerk
1362n blau Hassan-Moschee in Kairo
1418n blau Moschee in Ahmadabad
1475n blau Kairo: Kait-Bai-Moschee
1489n–1587n Sinan
1545n blau Prinzen-Moschee
1551n blau Mirimah-Moschee
1556n blau Soliman-Moschee
1574n blau Selimje-Moschee
1591n blau Moschee in Haiderabad
1615n blau Achmed-Moschee

MOSCHEROSCH, Johann Michael (1601n bis 1669n), deutscher Schriftsteller. Als Sohn eines Amtmannes studierte er Rechtskunde und diente im Dreißigjährigen Krieg deutschen Fürsten als Hofmeister sowie dem schwedischen König als Staatssekretär und Kriegsrat. Wurde Mitglied der Weimarer Vereinigung zur Pflege der deutschen Muttersprache ('Fruchtbringende Gesellschaft') und verfaßte mehrere gesellschaftskritische Schriften. In 13 Visionen ('Wunderliche und wahrhaftige Gesichte des Philander von Sittewald') verspottete er die Gelehrttuerei und die sittliche Verkommenheit der Richter und Rechtsanwälte, der Priester, Höflinge und Ärzte. Seine Satiren richteten sich auch gegen die französische Überfremdung der deutschen Kultur, der er durch Erinnerung an die große deutsche Vergangenheit begegnen wollte. Leidenschaftlich wandte er sich gegen den verhängnisvollen Einfluß der katholischen Kirche. In seinem Buch 'Soldatenleben' entlarvte er den Krieg als Summe von Hunger, Raub, Seuche und Mord. Schrieb auch ein Erziehungsbuch ('Schlaflose Sorge der Eltern').

1640n blau 'Wunderliche Gesichte'

MOSDOK, Stadt in Südrußland, nördlich des Kaukasus am Ufer des Terek halbwegs zwischen Schwarzem Meer und Kaspischem Meer. In der Umgebung dieser Stadt wurde von Leibeigenen der Gräfin Panin das erste Leuchtöl durch Destillation aus Erdöl gewonnen.

1823n grün Öldestillation

MOSEL, Nebenfluß des Rheins. Entspringt in den Vogesen, durchfließt das französische Lothringen und von Trier aus das linksrheinische Deutschland und mündet bei Koblenz in den Rhein. An ihren Ufern gründeten die Römer vor fast 2000 Jahren die neben Augsburg älteste Stadt Deutschlands (Trier). In ihrem lieblichen Tale pflanzten sie Weine an, die den Namen des Flusses weltberühmt machten.

15v blau Gründung von Trier
309n–394n Ausonius
371n blau 'Mosella'

MOSER, Friedrich Karl (1723n–1798n), deutscher Rechtsgelehrter. Als Sohn des Staatsrechtlers Johann Jakob Moser studierte er Rechtskunde, wurde Gesandter, Reichshofrat des deutschen Kaisers in Wien und leitender Minister in Hessen-Darmstadt. Trat für die Enteignung des Kirchenbesitzes ein, wie sie in der französischen Revolution durchgeführt worden war. Prangerte in zahlreichen Schriften Untertanengeist und Herrenmoral an. Deckte auch die Sittenlosigkeit an den deutschen Fürstenhöfen auf. Die auf Befehl und Gehorsam bestehende bürgerliche Staats- und Gesellschaftsordnung beklagte er in seinem Buche 'Der Herr und der Diener'. Forderte für den Beamten das Recht, nicht mehr als Befehlsempfänger seines Fürsten, sondern als Diener von Staat und Volk zu handeln. Wegen seiner freiheitlichen Gesinnung wurde er mehrfach gerichtlich verfolgt und aus seinen hohen Staatsämtern entlassen. Entlarvte das Treiben der Beauftragten des Papstes in Deutschland ('Geschichte der päpstlichen Nuntien in Deutschland').

1759n blau 'Herr und Diener'

MOSER, Johann Jakob (1701n–1785n), deutscher Rechtsgelehrter. Studierte Rechtskunde und erhielt 19jährig eine Professur in Tübingen. Zwei Jahre später nach Wien berufen, konnte er seine Stellung nicht antreten, weil er sich standhaft weigerte, zum Katholizismus überzutreten. Als Geheimrat, Kanzleichef und in anderen Staatsämtern an verschiedenen deutschen Fürstenhöfen tätig, machte er sich in Stuttgart zum Anwalt des um seine Grundrechte kämpfenden Volkes gegen den absoluten Herrschaftsanspruch des Herzogs von Württemberg. 1759n verhaftete ihn der Herzog persönlich im Audienzsaal und kerkerte ihn ohne Urteil im Hohentwiel bei Singen ein. Erst fünf Jahre später wurde er nach Fürsprache Friedrichs des Großen beim Kaiser befreit und zog sich dann ganz auf seine wissenschaftlichen Arbeiten zurück. Schrieb 500 Bücher, darunter die erste systematische Zusammenstellung des deutschen Staatsrechts (50 Bände) sowie seine Lebensgeschichte in vier Bänden.

1737n blau Staatsrecht

MOSER, Lukas (um 1390n–um 1450n), deutscher Maler. Studierte die niederländischen Maler und überwand durch Übernahme ihrer naturnahen Landschaftsgestaltung in Deutschland den weichen Stil seiner Zeit (Spätgotik). Für die Pfarrkirche in Tiefenbronn bei Pforzheim (Württemberg) schuf er den Altar mit Darstellungen aus der biblischen Sage (Maria Magdalena, die törichten und die klugen Jungfrauen, Gastmahl des Lazarus). Durch eine Inschrift, die er am Rahmen des Altars anbrachte, wies er auf die Vernachlässigung der Kunst und auf die Not der Künstler hin.

1431n blau Magdalenen-Altar

MOSES, israelischer Religionsstifter.

1298v–1228v Lebenslinie
1250v rot Auszug aus Ägypten
1248v blau Zehn Gebote
1341n–1406n Claus Sluter
1399n blau Statue in Dijon

MOSKAU, Stadt im Herzen des europäischen Rußlands auf den sanften Hügeln rechts und links der Moskwa. Erste Hauptstadt des russischen Reiches, blieb sie auch nach Verlegung der Residenz in das von Peter I. gegründete Petersburg eigentlicher Mittelpunkt des Reiches und durch den Kreml für die Russen Inbegriff ihrer Geschichtlichkeit. Seit dem Siege der kommunistischen Revolution wieder Hauptstadt des Landes.

1147n blau Gründung
1328n rot Residenz
1330n blau Erlöser-Kirche
1365n–1430n Rublew
1395n braun Vorstoß der Mongolen
1398n rot Sitz des Metropoliten
1426n blau Ikonen für Kathedrale
1478n rot Vorrangstellung
1485n blau Kreml-Befestigung
1549n grün Herbersteins Beschreibung
1560n blau Wassilij-Kathedrale
1570n–1607 Iwan Bolotnik
1589n rot Patriarchat
1709n–1762n Elisabeth Petrowna
1711n–1765n Lomonossow
1713n rot Petersburg Residenz
1734n grün Kreml-Glocke
1755n blau Universität
1769n–1821n Napoleon I.
1796n/1815n Napoleonische Kriege
1905n/1906n Revolution
1917n/1922n Revolution
1919n rot Sitz der Komintern
1922n rot Hauptstadt der UdSSR
1936n rot Scheinprozesse
1949n blau Großbibliothek
1949n grün Sitz des COMECON
1953n blau Lomonossow-Universität
1961n blau Kongreßhalle

MOSSADEK, Mohammed (um 1880n–1967n), persischer Staatsmann. Als Ministerpräsident seines Landes entzog er den englischen Eigentümern die Erdöl-Konzession und verstaatlichte diesen wichtigen Wirtschaftszweig. Suchte die Herrschaftsgewalt des Kaisers (Schah) einzuschränken. Als sich der Herrscher weigerte, darauf einzugehen, ordnete er eine Volksabstimmung über die Beschränkung der kaiserlichen Macht an. Doch gelang es dem Schah, ihn 1953n mit Hilfe des Militärs zu stürzen. Nach einjähriger Kerkerhaft lebte er zurückgezogen auf seinem Landsitz.

1951n grün Öl-Verstaatlichung

MOTONOBU, Kano (1476n–1559n), japanischer Maler. Als Sohn des Masanobu entwickelte er dessen eng an die klassische chinesische Schwarz-Weiß-Technik angelehnten Stil zu voller Reife und begründete eine eigene Schule (Kano-Akademie). Sein Bruder Utanosuke leitete als der größte Blumen- und Vogel-Maler Japans eine Klasse dieser Malschule. Heiratete die Tochter des berühmtesten Meisters der mit seiner Schule konkurrierenden konservativen Tosa-Schule, ohne daß die künstlerische Richtung einer der beiden Malschulen sich änderte. Seine Stärke lag in der Darstellung des Alltags einfacher Menschen. Daneben pflegte er die höfische und heldische Malerei.

1512n blau Landschaftsgemälde

MOTOREN, Bezeichnung für Maschinen, die physikalische oder chemische Energie in Bewegungskraft verwandeln. Ihre Erfindung und Fortentwicklung bildet die Grundlage des Industrialisierungsprozesses.

1629n grün Branca: Dampfmaschine
1673n grün Pulverkraft-Maschine
1697n grün Savery: Dampfmaschine
1712n grün Newcomen: Dampfmaschine
1736n–1819n James Watt
1765n grün Watt: Dampfmaschine
1770n grün Leistungsmaß 'PS'
1782n grün Schwungrad
1816n–1892n Siemens
1859n grün Elektrische Zündung
1860n grün Gas-Motor
1864n grün Petroleum-Motor
1876n grün Otto-Motor
1883n grün Daimler-Motor
1893n grün Diesel-Motor
1902n grün Magnetzündung
1903n grün Motorflug
1928n grün Raketen-Motor
1939n grün Düsen-Motor
1954n grün Atom-Motor

MOTORRAD

1885 grün Daimlers Konstruktion

MOTTA, Name einer Volksbewegung in Oberitalien. In ihr vereinigten sich im 11. Jahrhundert der niedere Adel (Valvassoren) mit der übrigen Landbevölkerung und den besitzlosen Städtern (Patarener) zum Kampf gegen den Hochadel (Capitani) und den Erzbischof.

1041 n braun Erhebung

MOULAWI Rumi (1207 n–1273 n), persischer Dichter und Philosoph. Als Sohn eines Gelehrten floh er 12jährig mit seinem Vater vor den Mongolen nach Konya (Kleinasien). Hier schrieb er eine Gedichtsammlung, die er unter dem Namen seines Lehrers herausgab ('Diwan des Schams aus Täbris'). Suchte griechische und indische Philosophie mit einem gemäßigten islamischen Glauben zu vereinigen. In sechs Büchern mit insgesamt 26000 Versen schrieb er seine Weisheitslehre nieder, deren Grundlage die Gleichsetzung von Gott und Welt ist. Durch diesen Kunstgriff ('Pantheismus') wollte er Religion und Philosophie versöhnen. Gründete einen Armuts-Orden (Derwisch-Orden).

1247 n blau Pantheismus

MOZAMBIQUE, Land an der Ostküste Südafrikas gegenüber der Insel Madagaskar. Das von Bantu-Negern bewohnte Gebiet wurde im 10. Jahrhundert von Arabern unterworfen und in Sultanate aufgeteilt. Der Portugiese Vasco da Gama landete hier 1497 n auf seiner Fahrt nach Indien. Zehn Jahre später entbrannte der Kampf Portugals gegen die arabischen Landesherren und gegen die Bantu-Bevölkerung. Mit der Einsetzung eines portugiesischen Gouverneurs begann die fast 500jährige Kolonialherrschaft, die trotz aller Widerstände bis zur Gegenwart andauert. Im 17. und 18. Jahrhundert war es Fang-Gebiet von Negersklaven. Erst 1878 n wurde hier die Sklaverei abgeschafft, ohne daß sich die Ausbeutung der Eingeborenen durch die weißen Kolonialherren verminderte.

1498 n grün Vasco da Gamas Reise
1509 n rot Portugiesischer Gouverneur
1961 n / Kampf Zentralafrikas

MOZART, Wolfgang Amadeus, deutscher Tondichter.

1756 n–1791 n Lebenslinie
1785 n blau 'Figaros Hochzeit'
1787 n blau 'Don Giovanni'
1791 n blau 'Zauberflöte'

MUCHINA, Wera (1889 n–1953 n), russische Bildhauerin aus Lettland. Besuchte die Moskauer Kunstschule und studierte dann in Paris bei dem Rodin-Schüler Bourdelle. Nach ihrer Rückkehr gestaltete sie das Bild des neuen, von der kommunistischen Revolution geprägten Menschen. 1927 n wurde sie Professorin des Moskauer Kunst-Instituts. Arbeitete in Holz, Stein und Erz, aber auch in Stahl, Glas und Kunststoff. Schuf Bildwerke für die Weltausstellungen von Paris, New York und Brüssel. Berühmt wurde sie durch ihre 24 m hohe Gruppe 'Werktätige', in der sie die Solidarität aller Werktätigen durch die Darstellung einer Bäuerin und eines Fabrikarbeiters symbolisierte.

1937 n blau 'Werktätige'

MUCHTARA, Stadt in Mesopotamien (Vorderasien). Im Mündungsgebiet von Euphrat und Tigris. Von aufständischen Sklaven gegründet, die unter Ibn Mohammed einen kommunistischen Staat ins Leben gerufen hatten.

873 n blau Gründung

MUCIUS SCÄVOLA (um 140 v–82 v), römischer Staatsmann und Rechtsgelehrter. Als Statthalter der Provinz Asien begegnete er dem Wucher der Steuerpächter mit großer Strenge. Dadurch zog er sich den Zorn der reichen Bürger Roms zu, die von deren erpresserischen Methoden profitierten. Nach seiner Rückkehr wurde er Konsul. Aber seine Volksfreundlichkeit und seine Unbestechlichkeit brachten ihn auch hier in Gegensatz zu führenden Männern, und er wurde schließlich ermordet. Sein Wissen und seine Gesetzestreue hatten ihm zahlreiche Schüler zugeführt, die seine Rechtsauffassung weiterentwickelten. Seine Zusammenfassung des Zivilrechtes in 18 Büchern war eine Systematisierung der bestehenden Gesetze und förderte die Einheitlichkeit der Rechtsprechung.

96 v blau Zivilrecht

MÜCKE

47 v blau Vergils Erzählung
1897 n grün Anopheles: Malaria
1939 n grün Bekämpfung durch DDT

MÜHLEN, Bezeichnung für mechanische Anlagen zum Zerkleinern von Getreide, Gestein, Kaffee und Gewürzen. Zunächst mit Wind- und Wasserkraft angetrieben, wurden sie mit dem Aufkommen der modernen Technik zunehmend auf Motor-Antrieb umgestellt. Früher wurden unter dieser Bezeichnung auch Betriebe zur Gewinnung von Öl und Papier sowie Sägewerke verstanden.

88 v grün Wassermühlen in Europa
666 n grün Mühlen zur Erzverarbeitung
1222 n grün Windmühlen in Köln
1445 n grün Alberti: Mühlenbau
1670 n blau Ruisdaels Gemälde

MÜLLABFUHR

1132 n grün Übernahme durch Stadt

MÜLLER, Paul (1899 n–1965 n), schweizerischer Chemiker. Als Sohn eines Eisenbahners richtete er sich bereits während der Schulzeit auf einem Dachboden ein kleines chemisches Laboratorium ein, vernachlässigte aber die übrigen Fächer und mußte die Schule vorzeitig verlassen. Nachdem er zwei Jahre als Laborant gearbeitet hatte, schloß er seine Schulbildung ab und studierte Chemie. Dann nahm er eine Stellung in einer chemischen Fabrik an und arbeitete dort 36 Jahre. Entwickelte Desinfektionsmittel, Gerbstoffe und ein quecksilberfreies Saat-Beizmittel. Sein Spezialgebiet wurde der Pflanzenschutz durch Schädlingsbekämpfung. Nach jahrelangen Versuchen schuf er das farb- und geruchlose Insektengift DDT, mit dessen Hilfe auch der Kartoffelkäfer wirksam bekämpft und die Malaria-Verbreitung durch Vertilgung der die Krankheit übertragenden Anopheles-Mücke eingedämmt werden konnte. Erkannte die Bedeutung eines in der Hirnanhang-Drüse erzeugten Hormons für den Zucker-Stoffwechsel.

1939 n grün DDT

MÜNCHEN, Stadt im süddeutschen Alpenvorland an der Isar. Vom Sachsenherzog Heinrich dem Löwen als Niederlassung für den Salzhandel gegründet, erhielt sie bald eine eigene Münzanstalt und eine Verfassung. 1255 n baute hier Ludwig der Strenge eine Burg und machte die Stadt zur Residenz seiner Familie (Wittelsbacher). Nach einem verheerenden Brande wurde sie 1327 n unter Einbeziehung der Vororte neu erbaut. Unter Herzog Albrecht V. erhielt sie im 16. Jahrhundert eine Bibliothek, eine Gemäldegalerie, eine Sammlung antiker Kunst und eine Münzen-Sammlung. Aber die zur Niederringung der Reformation in die Stadt gerufenen Jesuiten erstickten ihre Entwicklung zu einem Kulturzentrum. Die Gründung einer Akademie der Wissenschaften (1759 n) führte eine freiere Gesinnung herauf. 1801 n erhielt der erste Protestant Bürgerrecht. 1809 n entstand die Akademie der Künste, 1826 n wurde die Universität Landshut hierher verlegt, liberaler Geist besiegte den Klerikalismus, und die Stadt wurde Heimat von Kunst und Wissenschaft. Die Industrialisierung gab der Arbeiterschaft bald ein zahlenmäßiges Übergewicht. 1918 n wurde durch den Sozialisten Eisner die Republik ausgerufen, die nach dessen Ermordung von den Kommunisten (Leviné) vorübergehend in eine Räterepublik umgewandelt wurde. Der Hitler-Putsch scheiterte hier 1923 n, als 'Hauptstadt der Bewegung' blieb sie aber Zentrum der Nazi-Partei. Im zweiten Weltkrieg wurde sie durch 66 englisch-amerikanische Luftangriffe stark zerstört. Seit 1945 n eine liberale Insel innerhalb des klerikalen Freistaates Bayern, dessen Hauptstadt sie ist.

1129 n–1195 n Heinrich der Löwe
1158 n blau Gründung
1470 n blau Rathaus
1488 n blau Frauenkirche
1532 n–1594 n Orlando di Lasso
1663 n blau Schloß Nymphenburg
1761 n grün Porzellanmanufaktur
1918 n/1919 n Deutsche Revolution
1923 n braun Hitler-Putsch
1937 n blau Haus der Kunst
1938 n rot Münchner Abkommen

MÜNCHNER ABKOMMEN, Bezeichnung für ein in München abgeschlossenes Vertragswerk, in dem Frankreich (Daladier), Italien (Mussolini) und England (Chamberlain) die deutschen Ansprüche auf Teile der Tschechoslowakei (Sudetenland) billigten und Hitler damit praktisch die Möglichkeit zur gewaltlosen Einverleibung der ganzen Tschechoslowakei boten. Die Hoffnung der Westmächte, Hitlers Angriffsabsichten durch diese Opferung ihres tschechischen Verbündeten nach Osten zu lenken und sich selbst zu retten, ging aber nur teilweise in Erfüllung.

1938 n rot Abschluß

MÜNCHHAUSEN, Karl F. H. (1720 n bis 1797 n), deutscher Gutsbesitzer. Trat als Zwanzigjähriger in russische Heeresdienste, nahm an mehreren Feldzügen gegen die Türkei teil und zog sich dann auf sein Landgut bei Hannover (Bodenwerder) zurück. Dort lebte er das Leben eines Adligen seiner Zeit. Er jagte viel und hatte viele Gäste, denen er abenteuerliche Geschichten auftischte ('Lügenbaron'). Eine Sammlung von 17 ihm zugeschriebenen Kriegs-, Jagd- und Reisegeschichten wurde in England durch den Kasseler Professor Raspe herausgegeben und von dem deutschen Dichter Bürger zu einem humorvollen Volksbuche ausgestaltet, dessen Erfolg er noch erlebte und das seinen Namen für immer mit liebenswürdiger Aufschneiderei verband ('Münchhausiaden').

1786 n blau Bürgers Übersetzung

MÜNNICH, Burkhard Christoph (1683 n bis 1767 n), russischer Staatsmann und Feldherr deutscher Herkunft. Trat 18jährig in die Dienste deutscher Fürsten, kämpfte als Offizier in Italien und Holland und geriet schwerverwundet in französische Gefangenschaft. 34jährig ging er als Oberst nach Polen, fünf Jahre später als technischer General nach Rußland. Hier vollendete er den Bau des Ladoga-Kanals, legte den Hafen von Kronstadt an, befestigte Riga und reorganisierte das russische Heer nach deutschen Prinzipien. Dann eroberte er Danzig und die Krim für Rußland, schlug einen Warschauer Aufstand nieder und wurde russischer Generalfeldmarschall. Machte sich zum russischen Ministerpräsidenten und schloß ein Bündnis mit Preußen. Beim Thronwechsel wurde er verhaftet und zum Tode verurteilt, dann aber zu sibirischer Verbannung begnadigt. Zwanzig Jahre später durch Katharina II. zum Generaldirektor der baltischen Häfen ernannt. Führte ein Tagebuch mit wichtigen Aufschlüssen über vierzig Jahre russischer Geschichte.

1731 n grün Ladoga-Kanal

MÜNSTER, Stadt in Westfalen, etwa 50 km nördlich des Ruhrgebietes. Hier entstand um 800 n ein Bischofssitz mit großem Besitz an Ländereien. Zu einer mächtigen Stadt aufgestiegen, trat sie im 13. Jahrhundert der Hanse bei. Im 16. Jahrhundert stand die Bevölkerung auf seiten der Reformation. 1534 n bis 1535 n wurde die Stadt von den 'Wiedertäufern' beherrscht, die mit der religiösen Erneuerung eine soziale Reform verbinden wollten. Von den Heeren des Bischofs mit bayerischer Hilfe besiegt, wurde die Bevölkerung zum Katholizismus zurückgezwungen. Nachdem der Dreißigjährige Krieg hier durch den 'Westfälischen Frieden' abgeschlossen worden war, wurde sie ein Zentrum der militanten Gegenreformation. War die am weitesten nach Norden vorgeschobene katholische Stadt und unternahm unter ihrem Bischof (Galen) bewaffnete Vorstöße in nördlicher Richtung. Als die Bürger dem Bischof den Gehorsam verweigerten, wurden ihnen die bürgerlichen Grundrechte entzogen, und es wurde eine befestigte Zwingburg für den Bischof mitten in die Stadt gesetzt. So versank sie wieder im Klerikalismus der vorreformatorischen Periode, deren Geist auch die 1773 n gegründete Universität beherrschte. Durch den Kulturkampf und die Revolution von 1918 n trat eine Auflockerung ein, jedoch verfestigte sich der Klerikalismus während des Nazismus und mündete nach 1945 n in offene Restauration, die von hier aus das Gebiet bis Düsseldorf und Oldenburg durchdringt.

1173 n rot Stadtrecht
1265 n blau Dom
1335 n blau Rathaus
1534 n blau Rothmanns Protestantismus
1534 n braun Erhebung der Wiedertäufer
1618 n/1648 n Dreißigjähriger Krieg
1648 n rot Westfälischer Friede

MÜNSTER, Sebastian (1489 n–1552 n), deutscher Sprachforscher und Geograph. Besuchte eine Klosterschule und wurde Franziskanermönch. Lehrte in Heidelberg Theologie und hebräische Sprache. Unternahm die erste Veröffentlichung des hebräischen Bibeltextes. 40jährig trat er aus der katholischen Kirche aus, schloß sich der Reformation an und ging nach Basel, wo er neben Hebräisch auch Mathematik unterrichtete. Gab die 'Geographie' des Ptolemäus mit 33 neuen Ergänzungskarten heraus. Diese Landkarten wurden Grundlage seines selbständigen Hauptwerkes. In dieser ersten deutschsprachigen Erdbeschreibung veranschaulichte er seine umfassende Länderkunde mit 52 Karten und 471 Holzschnitt-Illustrationen. Das Werk wurde 46 mal neu aufgelegt, davon 27 mal in Deutschland.

1541 n grün Weltbeschreibung

MÜNZEN UND MÜNZ-HERSTELLUNG

2334 v grün Silberstücke in Akkad
732 v grün Silbergeld in Syrien
695 v grün Prägung in Kleinasien
649 v grün Vereinheitlichung in Argos
624 v grün 'Talent' in Athen
594 v grün Abwertung in Athen
593 v grün Athen: Silbergeld mit Eule
550 v–486 v Dareios I.
510 v grün Goldmünzen des Dareios
407 v grün Denkmals-Einschmelzung
327 v grün Silbermünzen Alexanders
269 v grün Silbermünzen in Rom
197 v grün Goldmünzen in Rom
195 v grün Rändelung in Rom
109 v grün Staatsmonopol in China
86 v grün Kriegsgeld des Sulla
46 v grün Aufbesserung in Rom
193 n grün Falschmünzerei
258 n grün Wertminderung in Rom
540 n grün Goldmünzen bei Franken
696 n grün Arabische Münzen
708 n grün Japanische Münzen
742 n–814 n Karl der Große
807 n grün Depositenscheine: Münzwert
995 n–1035 n Knut der Große
1050 n grün 'Mark' statt 'Pfund'
1247 n grün Salzgeld in Tibet
1252 n grün Florentiner Gulden
1284 n grün Dukaten in Venedig
1300 n grün Groschen in Böhmen
1309 n–1370 n Kasimir der Große
1559 n grün Reichsmünzordnung
1704 n grün Prägung des Rubels

MÜNZER, Thomas, deutscher Freiheitskämpfer.

1488 n–1525 n Lebenslinie
1522 n/1526 n Revolution
1525 n rot 12 Artikel der Bauern

MUEZZIN, Bezeichnung für den Küster einer größeren mohammedanischen Kirche (Moschee), der fünfmal täglich vom Turm aus die Gläubigen zum Gebet ruft. Dabei bedient er sich immer der gleichen Worte ('Allah ist groß, es gibt keinen Gott außer Allah, und Mohammed ist sein Prophet. Kommt zum Gebet!'). Frühmorgens fügt er noch hinzu 'Das Gebet ist besser als der Schlaf'. Der erste Muezzin war Bilal, der Gebetsausrufer Mohammeds. Er war der Sohn einer abessinischen Sklavin. Nach islamischem Glauben kommt jeder Muezzin ins Paradies. Wer das Amt mindestens sieben Jahre innehatte, wird auch noch vom Fegefeuer erlöst, an das die Mohammedaner ebenso fest glauben wie die katholischen Christen.

625 n grün Ruf zum Gebet

MUFADDAL, Al (um 710 n–786 n), arabischer Schriftsteller, Philosoph und Sprachforscher. Wegen Beteiligung an einem Aufstande gegen den Kalifen Al Mansur verhaftet und begnadigt, wurde er von Al Mansur zum Erzieher des Thronfolgers gemacht. Für diesen schrieb er eine Sammlung von 126 Gedichten 67 verschiedener Autoren aus der arabischen Frühzeit nieder, die unverfälschte Kunde vom Denken der Araber aus der vormohammedanischen Zeit gibt.

782 n blau Gedichtsammlung

MUHAN, Herrscher ('Khagan') der Türken von 553 n bis 572 n.

515 n–572 n Lebenslinie
552 n/563 n Asiatischer Türkenkrieg
563 n rot Zentralasien türkisch
565 n braun Sieg über Hunnen
565 n rot Aufteilung Baktriens

MUHASIBI, Al (781 n–857 n), arabischer Philosoph. Stellte der strenggläubigen Schicksalsergebenheit die aktive Annahme des persönlichen Geschicks entgegen. In seinem Hauptwerke, das er in Form einer Unterweisung für einen Schüler abgefaßt hat, entwickelt er in 61 Kapiteln eine Methode der Selbstbeobachtung und Selbstprüfung, die zur inneren Läuterung und damit zur Selbsterziehung führt.

835 n blau Über Selbsterziehung

MUKADASI, Al (um 945 n–um 1010 n), arabischer Geograph aus Jerusalem. Einer berühmten Architektenfamilie entstammend, bereiste er alle arabischen Länder mit Ausnahme Spaniens. Dann verfaßte er eine Beschreibung des Araberreiches, die neben erdkundlichen Angaben Mitteilungen über Bauten und Kunstwerke enthält.

985 n grün Reichs-Beschreibung

MUKAFFA, Al (um 690 n–757 n), arabischer Dichter und Sprachgelehrter persischer Herkunft. Übertrug indische und persische Werke in die härtere und klarere arabische Sprache, so das Königsbuch 'Schahnameh', einen Fürstenspiegel und zahlreiche Märchen. Seine Übersetzung der indischen Fabeln des Bidpai und des Kalila schufen die Grundlage der arabischen Märchenliteratur. Trotz seines Übertritts zum islamischen Glauben wurde er als Anhänger der sozialrevolutionären Lehren des persischen Religionsstifters Mani auf Befehl des Kalifen Al Mansur grausam hingerichtet.

729 n blau Märchen-Übersetzung

MUKI, Name eines Staates in Nordsyrien (Vorderasien). Vor etwa 3500 Jahren aus dem Fürstentum Alalach (bei Aleppo) zu einem selbständigen Königreich emporgewachsen, ging er nach kurzer Selbständigkeit im Mitanni-Reiche auf.

1784 v blau Entwicklung von Alalach
1526 v–1460 v Parra-Tarna
1515 v–1449 v Idrimi
1490 v braun Vertreibung des Idrimi
1471 v braun Rückkehr des Idrimi
1471 v rot Idrimi König
1467 v rot Mitanni-Oberhoheit
1458 v braun Beutezug des Idrimi
1454 v blau Statue des Idrimi
1441 v blau Palast von Alalach

MULATTEN, Bezeichnung für Mischlinge aus Verbindungen zwischen weißen und schwarzen Menschen. Der meist in abschätzigem Sinne gebrauchte Ausdruck ist von dem spanischen Wort für eine Kreuzung zwischen Pferd und Eselin abgeleitet ('mulato' = Maultier).

1844 n rot Selbständiger Staat

MULTAN, Stadt in Nordwest-Indien (Pakistan). In einer fruchtbaren Tiefebene zwischen zwei Quellflüssen des Indus gelegen, wurde sie durch den Gewerbefleiß ihrer Bewohner (Seiden-, Baumwoll- und Teppich-Weberei, Emaille-Geschirr) zum Mittelpunkt einer Provinz, die zeitweilig staatliche Selbständigkeit errang. Vor etwa drei Jahrtausenden entstanden ('Kasyapapura'), wurde sie während des Alexanderzuges erobert und dem Reiche Alexanders des Großen einverleibt. Im Jahre 713 n als einzige bedeutende Stadt Indiens von Araberheeren genommen, wurde sie um 900 n Residenz eines arabischen Teilreiches. Wurde hundert Jahre später von Türken unter Machmud erobert und dem Reiche von Ghasna eingegliedert. 1818 n von Indern (Sikhs) befreit, fiel sie 1849 n in die Hand der Engländer, die sie bis zur Erringung der Unabhängigkeit Indiens und Pakistans ausbeuteten.

356 v–323 v Alexander der Große
334 v/325 v Alexanderzug
633 n/732 n Arabischer Krieg
713 n rot Araber-Herrschaft
899 n/930 n Karmatenaufstand
901 n rot Karmatenstaat
976 n–1030 n Machmud
1024 n braun Vorstoß der Türken
1024 n rot Türken-Herrschaft
1024 n rot Islamisierung

MULTIPLIKATION, von dem lateinischen Worte 'multiplicare' (= vervielfältigen) abgeleitete Bezeichnung für das Malnehmen. Neben Teilen, Zuziehen und Abziehen eine der vier Grund-Rechenarten.

2009 v grün Tafeln in Sumer

MUMIFIZIERUNG, Bezeichnung für die künstliche Erhaltung des menschlichen Körpers nach dem Tode. Entwickelte sich vor mehr als 4000 Jahren in Ägypten aus der Sitte, den toten Körper durch das Begraben in flachen Sandgräbern ausdörren zu lassen. Beruhte auf dem Glauben an ein Fortleben nach dem Tode. Zwei Jahrtausende lang den Reichen vorbehalten, wurde sie später auch ärmeren Ägyptern preiswert zuteil. Hörte in Ägypten im 5. Jahrhundert nach der Zeitwende auf, als mit dem Vordringen des Christentums die Ägypter glaubten, daß man auch ohne Körper ein Leben nach dem Tode haben könne. Bei manchen Naturvölkern (Samoa, Chile) aus ähnlichem Aberglauben bis in unsere Epoche geübt, wurde sie gelegentlich auch auf heilige Tiere ausgedehnt (Stiere, Katzen) sowie auf Kapuzinermönche, Inkas und Politiker (Lenin, Dimitroff).

2669 v grün Aufkommen in Ägypten
2631 v–2564 v Hetepheres
1388 v grün Mumien heiliger Stiere
634 v grün Mumien von Katzen

MUNCH, Edvard (1863 n–1944 n), norwegischer Maler und Graphiker. Auf der Zeichenschule in Oslo ausgebildet, lernte er in Paris und ließ sich dann in Berlin nieder. Die erste Ausstellung seiner Bilder mußte 1892 n wegen eines Skandals geschlossen werden. Seine Eigen-Ausstellung war der Beginn einer Galerie moderner Künstler, die sich den Namen 'Sezession' (= Absonderung) gab. In Gemälden, Holzschnitten, Radierungen und Lithographien suchte er nicht mehr Eindrücke wiederzugeben; stattdessen wollte er seine Empfindungen zum Ausdruck bringen. Damit wurde er zum Wegbereiter einer neuen Kunstrichtung ('Expressionismus'). Ähnlichkeit mit der wirklichen Welt war ihm unwichtig, Schönheit verpönt. Die Gegenstände seiner Bilder entsprachen seiner schwermütigen Natur ('Sterbezimmer', 'Vereinsamung', 'Kranker', 'Mord auf der Straße', 'Entsetzen'). Wie sein Freund Strindberg war er ein Frauenfeind ('Der Tag danach', 'Eifersucht'). Lebensbejahender sind seine Darstellungen menschlicher Arbeit ('Holzfäller', 'Bauer', 'Schneeschaufler'). Durch sein Lebenswerk gab er der norwegischen Malerei Weltgeltung.

1889n blau 'Frühling'

MUNITIONSARBEITER-STREIK, erster Versuch revolutionärer Arbeiter zur Beendigung eines Krieges durch Arbeitsverweigerung. 1916n in der Deutschen Waffen- und Munitionsfabrik in Berlin begonnen, ergriff er zahlreiche Betriebe (Borsig, Daimler, Knorr, Bergmann, AEG). Sollte das kaiserliche Deutschland zur vorzeitigen Beendigung des von ihm begonnenen Krieges zwingen. Wurde nach einer Massendemonstration für Karl Liebknecht von der Polizei unterdrückt; die Anführer (Bruno Peters, Willy Hünecke) wurden eingekerkert. 1918 erneut ausgebrochen, trug er wesentlich zur Einstellung des verlorenen Krieges durch Deutschland bei und förderte die revolutionäre Bewegung, besonders in der Reichshauptstadt Berlin.

1916n rot Erster Streik

MUNTPRAT, Lütfried (um 1375n–1447n), deutscher Kaufmann. Durch Zusammenschluß der Leinenhändler von Konstanz bis Schaffhausen schuf er den ersten Handelskonzern Deutschlands. Beim Verbot seines Unternehmens durch den Konstanzer Rat schwor er mit zehn anderen Kaufleuten, von dem Konzern zu lassen, der die Weber von Konstanz um einen Teil ihrer Einkünfte brachte. Aber vier Jahre später erwirkte er die Wiederzulassung seiner 'Ravensburger Handelsgesellschaft'. Nun vertrieben die in der Leineweberzunft zusammengeschlossenen Handwerker ihn samt Bischof und den reichen Kaufleuten der Stadt nach Schaffhausen. Durch Eingreifen des Kaisers Sigismund wurde aber die Leineweberzunft aufgelöst, so daß er zurückkehren konnte. 1434n wieder im Rat der Stadt Konstanz, baute er die Monopolstellung seines Konzerns aus.

1408n grün Handelskonzern
1425n rot Verbot des Konzerns

MURASAKI, Schikibu (um 980n–um 1020n), japanische Dichterin. Als Angehörige der literarisch und politisch bedeutenden Familie Fujiwara wurde sie Hofdame der Kaiserin Akiko. In einem Roman von über 4000 Seiten schilderte sie die meist unglücklichen Liebesabenteuer des japanischen Prinzen Genji und des von ihm als Sohn angenommenen Kaoru. Ihre einfühlsame Darstellung besonders der zahlreichen Frauengestalten machte das Buch in Japan und in der ganzen Welt bekannt. Schrieb auch Gedichte und führte ein Tagebuch, durch dessen Veröffentlichung wir verläßliche Kunde von den Zuständen am japanischen Kaiserhofe haben.

1008n blau Genji-Roman

MURDOCK, William (1754n–1839n), englischer Erfinder aus Schottland. Als Ingenieur wurde er Assistent von James Watt und baute in dessen Werkstatt das Modell eines Dampfwagens. In der Stadt Redruth (Zentrum des im 19. Jahrhundert reichsten Bergbaubezirks der Erde) gelang ihm die Entgasung von Steinkohle. Das von ihm in tragbare Behälter gefüllte Gas nutzte er zur Beleuchtung seiner Wohnung. Es erwies bald seine Überlegenheit gegenüber den vorher zum Beleuchten verwendeten Gasen. 1798n richtete er in einer Vorstadt von Birmingham (Soho) Gasbeleuchtung für die Arbeitsräume der Gießerei Boulton & Watt ein, deren Angestellter er war. Das Verstopfen der Rohre sowie das Rußen und die Geruchsbelästigung überwand er und stattete 6 Jahre später eine große Baumwollspinnerei mit Gasbeleuchtung aus.

1792n grün Leuchtgas

MURGER, Henri (1822n–1861n), französischer Schriftsteller. Als Sohn eines aus Deutschland eingewanderten Schneiders (Mürger) wurde er Maler und Journalist und begann schließlich Romane zu schreiben. Doch hatte er auch damit keinen rechten Erfolg, so daß er nach einem Leben in Not und Entbehrungen in einem Pariser Hospital 41jährig starb, als die Öffentlichkeit gerade begann, sich seinen Erzählungen zuzuwenden. Schilderte in idealisierender Verklärung das armselige Leben von Künstlern, Schriftstellern und Studenten. Der Titel seines Buches ('Bohème') wurde zur Bezeichnung einer Menschengruppe, die am Rande der bürgerlichen Gesellschaft in Elend dahinlebt und den Besitzbürger verachtet, obwohl sie von ihm wirtschaftlich abhängig ist. Seine Hauptgestalten (er selbst, ein Philosoph und ein Schauspieler) wurden weltberühmt, nachdem sie Puccini in seiner gleichnamigen Oper auf sentimentale Weise verherrlicht hatte. Schrieb auch tiefsinnige, schwermütige Gedichte.

1851n blau 'Bohème'
1896n blau Puccinis Oper

MURILLO, Bartolomé Esteban, spanischer Maler.

1618n–1682n Lebenslinie
1650n blau 'Gassenbuben'
1670n blau 'Würfelspieler'
1678n blau 'Unbefleckte Empfängnis'

MURISTAN, Name einer Hochschule für Medizin, in der syrischen Stadt Damaskus gegründet durch den Sultan Nureddin, 16 Jahre nachdem er die Stadt erobert hatte. Entwickelte sich zu einem Zentrum arabischer Gelehrsamkeit.

1170n grün Gründung

MURNER, Thomas (1475n–1537n), deutscher Schriftsteller aus dem Elsaß. Als Lehrer in Freiburg suchte er die deutsche Eigenart gegen die gelehrttuerische Überfremdung durch Theologen, Juristen und Philosophen zu behaupten. Verfaßte Lehrschriften, um Logik und andere als schwer erlernbar geltende Wissenschaften auf einfache Weise zu vermitteln. 40jährig begann er ein Rechts-Studium und schloß es vier Jahre später mit der Doktorprüfung ab. Sein Versuch, durch gemeinverständliche Darstellung dem Volke die Wahrnehmung seiner Rechte selbst zu ermöglichen, scheiterte am Widerstand der Juristen. In seiner 'Narrenbeschwörung' griff er in satirischer Form Adel, Besitzbürger und Priester an. Luthers Bestrebungen stand er anfänglich fördernd gegenüber und übersetzte 1520n dessen Schrift 'Von der babylonischen Gefangenschaft der Kirche' ins Deutsche. Seine Übersetzungen wichtiger römischer Rechtsbücher fanden weite Verbreitung.

1519n blau Rechtsbücher-Übersetzung

MURRAY, Matthew (1765n–1826n), englischer Mechaniker. Erlernte das Schmiede-Handwerk und bildete sich dann zu einem Mechaniker fort. In einer Flachsspinnerei bei Manchester (Leeds) führte er zahlreiche Neuerungen ein, vor allem schuf er die maschinellen Vorrichtungen für ein feuchtes Verspinnen von Flachs, das rationeller als das vorher allein bekannte Trockenspinnen war. Mit Hilfe von zwei Geldgebern errichtete er dann eine Maschinenfabrik, in der er Flachsmaschinen herstellte. Verbesserte die Dampfmaschine und ging dann als Konstrukteur in eine Lokomotiv-Fabrik, wo er die industrielle Produktion von Lokomotiven vorbereitete und diesen technischen Ungetümen ein gefälligeres Aussehen gab. Durch maschinellen Betrieb eines Feil-Gerätes schuf er die erste Hobelmaschine für Metall-Bearbeitung.

1814n grün Hobelmaschine

MUR-SILI I., hettitischer König.

1563v–1530v Lebenslinie
1536v/1530v Dritter Hettiterkrieg
1533v rot Gewinn Nord-Syriens

MUR-SILI II., hettitischer König.

1367v–1315v Lebenslinie
1340v braun Aufstand Nordsyriens
1338v blau Stadttor von Hattusa
1335v blau Sphinx von Hattusa
1332v blau 'Pestgebete'
1331v braun Erhebung der Mitanni
1316v blau Annalen

MUSA, arabischer Feldherr und Staatsmann.

640n–716n Lebenslinie
633n/732n Arabischer Krieg
698n rot Gewinn Algeriens
703n braun Berberaufstand
703n rot Ganz Nordafrika arabisch
707n rot Bündnis mit Berbern
711n rot Ende des Westgotenreiches
711n rot Spanien, Portugal arabisch
711n grün Befestigung Gibraltars

MUSÄUS, Johann Karl August (1735n bis 1787n), deutscher Schriftsteller. Als Sohn eines Landrichters studierte er in seiner Heimatstadt Jena Theologie und wurde als Pagen-Erzieher nach Weimar berufen. Dort wirkte er bald als Gymnasiallehrer und stand in freundschaftlichem Verkehr mit Goethe, Wieland und Herder. Schrieb Romane, Novellen und Kritiken. Gegen die Ausrichtung der deutschen Dichtung auf die psychologisierende englische 'Empfindsamkeit' wandte er sich mit seiner auf Richardsons Roman 'Grandison' bezogenen Satire 'Grandison der Zweite'. Bekämpfte auch die Werther-Nachahmung und verhöhnte Lavaters Charakterdeutung aus dem Gesicht des Menschen ('Physiognomische Reisen'). In fünf Bänden gab er Volksmärchen heraus, die er selbst gesammelt hatte und die er mit launigen Bemerkungen versah.

1782n blau Märchen

MUSAIOS (um 430n–um 490n), griechischer Dichter. Beschrieb die tragische Liebe des Leander zu der schönen Aphrodite-Priesterin Hero in einer Dichtung von 340 Versen, die er einer alten Sage nachgestaltete. Danach schwamm Leander jede Nacht über die Wasserstraße zwischen Europa und Kleinasien (Hellespont) zu seiner Geliebten. Als er eines Nachts im Sturm umkam, nahm sie sich das Leben. Der Stoff wurde von mehreren Dichtern nachgestaltet (Ovid, Marlowe, Schiller, Grillparzer) und fand auch Eingang ins Volkslied ('Es waren zwei Königskinder').

465n blau 'Hero und Leander'

MUSAW-WARAT, Stadt am Mittellauf des Nils, etwa 2000 Kilometer stromaufwärts von Kairo in Nubien (Nord-Sudan). Vor mehr als 2000 Jahren Hauptstadt eines selbständigen afrikanischen Reiches.

226v blau Löwentempel

MUSCHELN, Bezeichnung für kopflose Weichtiere, die sich durch eine zweiteilige, aufklappbare, harte Schale schützen. Einzelne Arten umschließen eingedrungene Fremdkörper (Sandkörner) mit Perlmutt (Perlmuscheln), andere dienen dem Menschen als Nahrung (Miesmuscheln, Austern). Insgesamt gibt es über 20 000 Arten mit Größen zwischen 2 mm und 2 m. In engerem Sinne werden auch die Schalen allein als 'Muscheln' bezeichnet, die bei Naturvölkern als Schmuck und gelegentlich auch als Geld in Gebrauch sind.

2720v grün Verarbeitung in Sumer
2654v grün Verarbeitung in Indien
2605v blau Einlegearbeiten
1896n grün Zuchtperlen

MUSEEN, Bezeichnung für Sammlungen von Gegenständen der Kunst, der Natur, der Technik und der Geschichte, die der Öffentlichkeit zur Besichtigung zugänglich sind. Das Wort wird auch als Bezeichnung für Gebäude benutzt, in denen solche Sammlungen untergebracht sind.

1753n grün Britisches Museum
1902n grün Deutsches Museum

MUSEION, Name eines Gebäudekomplexes in Alexandria (Ägypten). Von einem Feldherrn Alexanders des Großen 15 Jahre nach Gründung der Stadt Alexandria erbaut als Wohn- und Arbeitsstätte für Wissenschaftler und Künstler. Es lag im Königsviertel der Stadt (Brucheion) und enthielt Baulichkeiten für Unterbringung, Verpflegung, Arbeit und Unterhaltung. Eine Wandelhalle und ein Park waren angeschlossen sowie eine Bibliothek, eine Sternwarte, ein zoologischer Garten und ein anatomisches Institut. Hier lebten jahrhundertelang Gelehrte und Künstler auf Staatskosten und gingen in voller Freiheit ihrer Tätigkeit nach. Nach Unterwerfung durch die Römer infolge einer Erhebung der Stadt gegen Karakalla schwer beschädigt, wurden die Gebäude 269n verwüstet. Der letzte hier lebende Gelehrte war Theon, der Vater der Philosophin Hypatia. Mit seinem Tode ging 415n dies Kultur-Zentrum des Mittelmeerraumes unter.

372v–285v Ptolemäus I.
322v–246v Ptolemäus II.
315v blau Bau

MUSIK

2926v blau 'Tänzerinnen mit Klappern'
2916v grün Trommel in Sumer
2897v blau Chorgesang in Sumer
2785v grün Flöte in Mesopotamien
2759v grün Leier in Sumer
2638v grün Sistrum in Ägypten
2609v grün Pauken in Sumer
2587v grün Harfe in Sumer
2587v–2514v Ur-Nina
2560v grün Sologesang in Mari
2555v–2491v Hemre
2549v blau Lieder und Hymnen
2541v blau Statue einer Sängerin
2519v grün Orchester in Sumer
2513v blau Vorsteherin der Hofmusik
2494v–2416v Schu-Bad
2480v blau Vorsteher des Musikwesens
2439v blau 'Musik und Tanz'
2437v grün Hofkapelle in Ur
2433v grün Elfsaitige Harfe
2399v blau Statue eines Sängers
2332v blau Relief 'Flötenmusik'
2175v blau Harfenspieler-Plastik
2167v grün Okarina in Amerika
2088v–2020v Gudea
2059v–1997v Anchu
1998v blau Relief eines Harfners
1994v blau Ägyptisches Harfnerlied
1899v blau 'Musikant mit Esel'
1894v grün Öffentliche Darbietung
1852v–1786v Nefer
1813v blau 'Nefer singt zur Harfe'
1697v grün Standharfe in Ägypten
1570v grün Doppel-Oboe in Ägypten
1515v–1479v Har-Mosis
1506v grün Dreisaitige Laute
1462v grün Ägypten: Rahmen-Trommeln
1444v blau 'Damenkapelle'
1438v grün Winkelharfe in Ägypten
1414v blau 'Musizierende Jungfrauen'
1407v blau 'Tanz zur Flöte'
1355v blau 'Der blinde Harfner'
1320v–1258v Nefer
1297v grün Glocken in China
1283v blau Betonung des Rhythmus
1270v blau Musikschule in Babylon
1223v blau 'Tanz zum Tamburin'
1164v–1107v Per-Pet
1138v grün Trompete Solo-Instrument
956v grün Berufsmusiker im Tempel
712v–642v Terpander
708v–628v Alkman
698v grün Noten der Griechen
693v–626v Assurbanipal
686v–613v Tyrtaios
682v blau Terpander: Kunstgesang
678v grün Siebensaitige Lyra
675v blau Musikschule in Sparta
656v–587v Arion
650v grün Volkskonzerte in Assyrien
641v–555v Stesichoros
633v blau Jungfrauenchor in Sparta
625v blau Dramatischer Gesang
619v blau 'Tamburin-Spielerin'
572v–493v Pythagoras
514v blau Schrift des Lasos
435v grün Elfsaitige Lyra
433v–351v Archytas
380v blau Relief einer Kapelle
365v–276v Euklid
351v blau 'Apollo mit Kithara'
348v grün Aristoxenos: Harmonik
336v blau 'Satyr mit Flöte'
296v–228v Ktesibios
254v–184v Plautus
245v grün Orgel in Griechenland
116v–27v Varro
20v grün Pantomime mit Musik
139n grün Nikomachos: Harmonik
154n–222n Bardesanes
184n blau Syrisches Kirchenlied
208n–280n Paulus von Samosata
260n grün Chöre im Gottesdienst
275n–335n Bhasa
306n–373n Ephräm der Syrer
315n–367n Hilarius von Poitiers
340n–397n Ambrosius
353n–420n Kalidasa
380n blau Gottesdienst: Volksgesang
382n–440n Martianus Kapella
480n–524n Boëthius
517n blau Gesang des 'Ave Maria'
575n grün 'Crotta' in England
599n blau Gregorianischer Gesang
685n–762n Hüan-Tsung
699n–759n Wang-Wei
720n blau Volkslieder in Japan
777n blau Alkuin: 'Musica'
789n–873n Al Kindi
791n blau Sängerschulen der Franken
864n blau 'Petruslied'
870n–950n Al Farabi
888n grün Mehrstimmiger Gesang
894n blau Regino: Kirchengesang
918n blau Hucbald: Kirchengesang
925n grün Buchstaben-Notenschrift
932n blau Al Farabis Schrift
995n–1050n Guido von Arezzo
1023n grün Halbe und ganze Töne
1024n blau Lehrbuch des Guido
1026n grün Linien-Notenschrift
1067n grün Trompete nach Europa
1098n–1178n Hildegard von Bingen
1135n blau Hildegards Lieder
1143n–1203n Heinrich von Veldeke
1145n–1209n Bertran de Born
1152n–1246n Peire Cardinal
1154n blau Gesangsschule in Paris
1168n–1220n Wolfram von Eschenbach
1172n–1228n Walther von der Vogelweide
1180n–1225n Heinrich von Morungen
1200n–1242n Neidhart von Reuenthal
1206n blau 'Sängerkrieg'
1208n–1270n Tannhäuser
1232n blau Carmina Burana
1238n–1286n Adam de la Halle
1246n grün Pauke nach Europa
1271n blau Singspiel
1321n blau 'Ars Nova'
1323n blau Sängerfeste in Toulouse
1361n blau Landinos Madrigale
1404n–1472n Alberti
1423n blau Dunstable: Kontrapunkt
1425n grün Kirchenlied-Begleitung
1433n blau 'Musizierende Engel'
1435n blau Dufays Gesangswerke
1450n blau Meistersinger-Schule
1476n grün Noten-Druck
1501n blau Josquin: Vielstimmigkeit
1525n–1594n Palestrina
1532n–1594n Orlando di Lasso
1555n grün Archicembalo in Italien
1558n grün Zarlino: Harmonielehre
1581n blau 'Königinnen-Ballett'
1583n blau Monteverdis Madrigal~
1585n blau A-cappella-Gesang
1585n blau Orlandos Lieder
1585n–1672n Heinrich Schütz
1590n blau Gemälde 'Lautenspielerin'
1594n blau Peri: 'Dafne'
1597n blau 'Heilige Sinfonien'
1607n blau Monteverdi: 'Orfeo'
1622n blau Auferstehungs-Oratorium
1627n blau Schütz: 'Daphne'
1637n blau Mersenne: Harmonie
1638n blau 'Orpheus und Eurydike'
1645n blau Paul Gerhardts Lieder
1649n grün Amatis Geigen
1672n blau Lully: 'Liebesfeste'
1679n blau Buxtehudes Orgelmusik
1685n blau Corelli: Trio-Sonaten
1685n–1750n Bach
1685n–1759n Händel
1691n blau Purcell: 'König Arthur'
1692n blau Kuhnau: Klavier-Sonate
1693n blau Da-Capo-Arie
1693n blau Telemanns erste Oper
1705n grün Stradivaris Geigen
1709n grün Hammerklavier
1711n grün Stimmgabel
1712n blau Corelli: Concerti grossi
1722n blau 'Wohltemperiertes Klavier'
1722n grün Rameau: Harmonielehre
1723n blau 'Johannes-Passion'
1728n blau Gay-Pepusch: Bettleroper
1729n blau 'Matthäus-Passion'
1732n blau Händel: 'Ezio'
1732n–1809n Haydn
1733n blau Komische Oper
1734n blau Vivaldi: Violinkonzerte
1737n blau 'Castor und Pollux'
1738n blau 'Rule Britannia'-Lied
1741n blau Händel: 'Messias'
1742n blau 'Kaffee-Kantate'
1746n blau Händel: 'Judas Makkabäus'
1751n grün Stamitz: Orchesterreform
1756n–1791n Mozart
1762n blau Gluck: 'Orpheus'
1770n–1827n Beethoven
1779n blau Gluck: 'Iphigenie'
1785n blau 'Figaros Hochzeit'
1787n blau 'Don Giovanni'
1791n blau 'Die Zauberflöte'
1791n blau 'Paukenschlag-Sinfonie'
1792n blau 'Die Marseillaise'
1797n–1828n Schubert
1799n blau Beethoven: 'Pathétique'
1799n blau Haydn: 'Die Jahreszeiten'
1800n blau Cherubini: 'Wasserträger'
1803n blau 'Eroica'
1805n blau 'Fidelio'
1807n blau Beethoven: 5. Sinfonie
1809n blau Zelters Sing-Akademie
1810n grün Harmonium
1813n–1883n Wagner
1816n blau 'Barbier von Sevilla'
1817n blau Paganini: 'Capricci'
1818n blau 'Stille Nacht'
1819n blau 'Forellen-Quintett'
1820n blau 'O Tannebaum'
1821n blau Weber: 'Der Freischütz'
1821n blau Schuberts Lieder
1822n grün Harmonika
1823n blau Beethoven: 9. Sinfonie
1828n blau 'Phantastische Sinfonie'
1831n blau 'Robert der Teufel'
1832n blau Donizetti: 'Liebestrank'
1834n blau 'Lieder ohne Worte'
1837n blau 'Zar und Zimmermann'
1840n blau Chopin: Walzer, Mazurken
1840n grün Saxophon
1841n blau Schumanns Lieder
1843n blau 'Der fliegende Holländer'
1847n blau Flotow: 'Martha'
1849n blau Nicolai: 'Lustige Weiber'
1851n blau Verdi: 'Rigoletto'
1853n blau Liszt: 'Rhapsodien'
1858n blau 'Orpheus in der Unterwelt'
1859n blau Gounod: 'Margarethe'
1866n blau Smetana: 'Verkaufte Braut'
1867n blau 'Die Meistersinger'
1868n blau 'Deutsches Requiem'
1872n blau Bruckner: F-Moll-Messe
1872n blau Johann Strauß: Walzer
1874n blau Mussorgski: 'Godunow'
1874n blau J. Strauß: 'Fledermaus'
1874n blau 'Peer-Gynt-Suite'
1874n blau 'Ring des Nibelungen'
1875n blau Bizet: 'Carmen'
1877n blau 'Eugen Onegin'
1878n blau Hugo Wolfs Lieder
1878n blau Dvorak: Slawische Tänze
1888n blau '1001 Nacht'
1890n blau 'Cavalleria rusticana'
1891n blau Zeller: 'Vogelhändler'
1892n blau Leoncavallo: 'Bajazzo'
1896n blau Puccini: 'La Bohème'
1899n blau Sibelius: 'Finlandia'
1901n blau Ravel: 'Wasserspiele'
1903n blau D'Albert: 'Tiefland'
1903n blau Jazz in New Orleans
1905n blau Lehár: 'Lustige Witwe'

1905 n blau R. Strauß: 'Salome'
1907 n blau Reger: 'Schlichte Weisen'
1910 n blau Strawinsky: 'Feuervogel'
1910 n blau Handy: Blues
1910 n blau Mahler: Es-Dur-Sinfonie
1911 n blau R. Strauß: 'Rosenkavalier'
1911 n blau Schönbergs 'Gurre-Lieder'
1915 n blau Falla: 'Liebeszauber'
1927 n blau Krenek: 'Jonny'
1928 n blau 'Drei-Groschen-Oper'
1929 n blau Brecht-Hindemith-Stück
1931 n grün Elektromagnetisches Klavier
1935 n blau 'Porgy und Bess'
1938 n blau Honegger: 'Johanna'
1938 n blau Bartók: 2. Violinkonzert
1942 n blau Orff: 'Die Kluge'
1942 n blau 'Leningrader Sinfonie'
1945 n blau Britten: 'Peter Grimes'
1951 n blau Strawinsky: 'Der Wüstling'
1951 n blau 'Wächter des Friedens'
1951 n blau 'Tanz ums goldene Kalb'
1955 n blau Egk: 'Irische Legende'
1956 n blau 'Gesang im Feuerofen'
1957 n blau 'Paris für uns zwei'
1963 n blau Milhaud: 'Orestie'

MUSIK-INSTRUMENTE

2926 v blau 'Tanz mit Klappern'
2916 v grün Trommel in Sumer
2785 v grün Flöte in Mesopotamien
2759 v grün Leier in Sumer
2638 v grün Sistrum in Ägypten
2609 v grün Pauken in Sumer
2587 v grün Harfe in Sumer
2587 v–2514 v Ur-Nina
2494 v–2416 v Schu-Bad
2437 v grün 7 Instrumente in Ur
2433 v grün Elfsaitige Harfe
2332 v blau Relief 'Flötenmusik'
2175 v blau Kykladen: Harfenspieler
2167 v grün Okarina in Amerika
2059 v–1997 v Anchu
1697 v grün Standharfe in Ägypten
1570 v grün Doppel-Oboe in Ägypten
1515 v–1479 v Har-Mosis
1506 v grün Dreisaitige Laute
1462 v grün Ägypten: Rahmen-Trommeln
1438 v grün Winkelharfe in Ägypten
1297 v grün Glocken in China
1223 v blau 'Tanz zum Tamburin'
1164 v–1107 v Per-Pet
1138 v grün Trompete Solo-Instrument
712 v–642 v Terpander
686 v–613 v Tyrtaios
678 v grün Siebensaitige Lyra
656 v–587 v Arion
619 v blau 'Tamburin-Spielerin'
435 v grün Elfsaitige Lyra
296 v–228 v Ktesibios
245 v grün Ktesibios: Orgel
575 n grün Crotta in England
1067 n grün Trompete nach Europa
1246 n grün Pauke nach Europa
1555 n grün Vincentino: Archicembalo
1649 n grün Amatis Geigen
1705 n grün Stradivaris Geigen
1709 n grün Hammerklavier
1711 n grün Stimmgabel
1751 n grün Orchesterreform
1810 n grün Harmonium
1822 n grün Harmonika
1840 n grün Saxophon
1931 n grün Elektromagnetisches Klavier

MUSIK-THEORIE, Bezeichnung für die Gesamtheit der Gesetzmäßigkeiten, die der Musik zugrundeliegen.

1270 v blau Musikschule in Babylon
712 v–642 v Terpander
698 v grün Noten der Griechen
682 v blau Terpander: Kunstgesang
675 v blau Musikschule in Sparta
572 v–493 v Pythagoras
514 v blau Schrift des Lasos
433 v–351 v Archytas
365 v–276 v Euklid
348 v grün Aristoxenos: Harmonik
139 n grün Nikomachos: Harmonik
599 n blau Musikschule in Rom
777 n blau Alkuin: 'Musica'
789 n–873 n Al Kindi
791 n blau Musikschulen der Franken
870 n–950 n Al Farabi
894 n blau Reginol: Kirchengesang
918 n blau Hucbalds Schrift
925 n grün Buchstaben-Notenschrift
932 n blau Al Farabis Schrift
995 n–1050 n Guido von Arezzo
1023 n grün Ganze und halbe Töne
1024 n blau Lehrbuch des Guido
1026 n grün Notenschrift auf Linien
1154 n blau Musikschule in Paris
1321 n blau 'Ars Nova'
1423 n blau Dunstable: Kontrapunkt
1450 n blau Meistersinger-Schule
1558 n grün Zarlinos Harmonielehre
1637 n blau Mersenne: Harmonie
1722 n grün Rameaus Harmonielehre

MUSIL, Robert (1880 n–1942 n), österreichischer Schriftsteller. Als Sohn eines Industriellen besuchte er eine Offiziersschule, wechselte zum Maschinenbau, studierte in Berlin Philosophie und wurde Bibliothekar, Redakteur und Beamter. 42jährig wandte er sich ganz dem Schriftstellerberuf zu. 16 Jahre nachdem er mit einem auf Jugenderlebnissen in der Militärschule beruhenden Roman einen ersten Erfolg errungen hatte ('Die Verwirrungen des Zöglings Törleß'). Schrieb ein Drama ('Die Schwärmer') und eine Posse ('Vinzenz'), dann kehrte er zur erzählenden Form zurück. Verfaßte Novellen ('Drei Frauen'), Essays ('Nachlaß zu Lebzeiten'), Reden ('Über die Dummheit') und Aphorismen. Sein Hauptwerk war der dreibändige Roman über den Menschen der bürgerlichen Gesellschaft ('Der Mann ohne Eigenschaften'). Er hinterließ ihn bei seinem Tode unvollendet, nachdem er vor den Nazis 1933 n aus Deutschland und 1938 n aus Österreich in die Schweiz geflohen war, wo er in dürftigen Verhältnissen sein Leben fristete.

1930 n blau 'Mann ohne Eigenschaften'

MUSLIM, Ibn Hadschad (817 n–875 n), arabischer Gelehrter aus Persien. Als Schüler und Freund Al Bucharis sammelte er im Araberreiche 300 000 Überlieferungen, die Aufschluß über Leben und Werk Mohammeds geben konnten. 12 000 davon veröffentlichte er als 'Wahre Sammlung', den Rest verwarf er als Entstellung oder spätere Erfindung. Von islamischen Theologen angefeindet, durch seinen Lehrer Al Buchari verteidigt, verbesserte er sein Werk immer wieder und schuf damit eine wesentliche Grundlage für das islamische Weltbild und die in den arabischen Ländern darauf beruhende Rechtsprechung.

858 n blau Überlieferungen

MUSONIUS Rufus, römischer Philosoph.

31 n–99 n Lebenslinie
72 n blau Gleichheitsforderung

MUSPILLI, Titel eines Gedichtes. Wurde von einem unbekannten bayerischen Dichter auf Ränder und leere Seiten eines Buches geschrieben, das König Ludwig dem Deutschen vom Salzburger Bischof geschenkt worden ist. Deshalb glaubte man lange, daß es Ludwig selbst verfaßt habe, bis die Aufdeckung des bayerischen Dialektes diese Deutung ausschloß. Das Gedicht behandelt Welt-Untergang und Jüngstes Gericht getreu der damaligen christlichen Vorstellungswelt.

834 n blau Entstehung

MUSSOLINI, Benito (1883 n–1945 n), italienischer Staatsmann. Als Sohn eines Schmiedes wurde er Dorfschullehrer, trat der sozialistischen Partei bei, wurde Redakteur und organisierte revolutionäre Erhebungen. Zeitweilig eingekerkert, stieg er infolge seines entschiedenen Kampfes gegen den Tripoliskrieg schnell zu einem der Führer des italienischen Sozialismus auf. Wegen seines Eintretens für die Teilnahme Italiens am Kriege gegen Deutschland und Österreich aus der Partei ausgestoßen, betrieb er Kriegspropaganda in einer von ihm 1914 n eigens hierfür gegründeten Zeitung ('Popolo d'Italia). Nach dem ersten Weltkriege schuf er Kampfbünde gegen die revolutionäre Arbeiterschaft und faßte diese Truppen in der 'Faschistischen Partei' zusammen. Auf Drängen des Besitzbürgertums vom König mit der Regierung betraut, errichtete er die Alleinherrschaft seiner Partei, für die sein Wille oberstes Gesetz war ('Duce' = Führer). Durch Unterdrückung der Arbeiterbewegung und Ermordung ihrer Führer stellte er die bürgerliche Ruhe in Italien wieder her. Nahm große wirtschaftliche Vorhaben in Angriff (Trockenlegung der Pontinischen Sümpfe) und erfüllte durch die Eroberung Abessiniens und Albaniens die imperiale Sehnsucht der Nationalisten. Der katholischen Kirche schenkte er einen Stadtteil Roms (Vatikanstadt) und lieferte ihr die italienische Jugenderziehung aus (Lateranverträge). Damit erkaufte er ihre aktive Unterstützung des Faschismus. Mit Hitlers Hilfe brachte er auch in Spanien eine faschistische Diktatur zur Herrschaft (Franco). Den zweiten Weltkrieg verlängerte er durch aktive Teilnahme Italiens auf deutscher Seite. Von Partisanen auf der Flucht gefangen und hingerichtet.

1922 n rot Herrschaftsbeginn
1929 n rot Lateranvertrag
1935 n/1936 n Abessinienkrieg
1936 n rot Gewinn Abessiniens
1936 n/1939 n Spanischer Bürgerkrieg
1937 n rot Antikomintern-Pakt
1939 n/1945 n Zweiter Weltkrieg

MUSSORGSKI, Modest (1839 n–1881 n), russischer Komponist. Wurde Offizier in der Leibgarde des Zaren, schied aber bald aus dem Militärdienst aus, um sich ganz der Musik zu widmen. Nach einer Zeit der Not trat er als Beamter in den Staatsdienst und komponierte in seinen Mußestunden. Verachtete alle Musikregeln und schuf aus seiner natürlichen Musikalität heraus Werke von ursprünglicher Kraft. Dabei ging er von der russischen Volksmusik aus und suchte das Wesen seiner Heimat in seinen Werken zum Ausdruck zu bringen. Mit vier anderen Komponisten, zu denen Rimsky-Korssakow gehörte, gründete er die 'Gruppe der Fünf' zur Schaffung einer nationalen Musik. Starb 42jährig an übermäßigem Alkoholgenuß. Schrieb Klaviermusik ('Bilder einer Ausstellung'), Orchesterwerke ('Eine Nacht auf dem kahlen Berge') und 60 Lieder sowie vier Opern, von denen er aber nur 'Boris Godunow' selbst vollendete.

1874 n blau 'Boris Godunow'

MUT, Name einer ägyptischen Göttin, die in der Stadt Theben als Frau des Sonnengottes Amun und Mutter des Mondgottes Chons verehrt wurde. Galt als Herrin des Himmels und wurde in Gestalt eines Geiers dargestellt.

1315 v blau Reliefbild

MUTANABBI, Al, arabischer Dichter.

905 n–965 n Lebenslinie
938 n blau Sozialreligiöse Forderungen
956 n blau Gedichtsammlung

MUTATIONSLEHRE, von dem lateinischen Worte 'mutatio' (= Veränderung) abgeleitete Bezeichnung für die Lehre vom plötzlichen, sprunghaften Entstehen vererbbarer Eigenschaften. Zu Beginn unseres Jahrhunderts durch den holländischen Naturforscher Hugo Vries begründet, war sie von nachhaltigem Einfluß auf die beginnende Wissenschaft von der Vererbung.

1902 n grün Vries' Forschungen

MUTTERRECHT, Bezeichnung für eine im Gegensatz zum heutigen Vaterrecht früher bei vielen Völkern bestehende Kulturgrundlage, derzufolge Kinder den Namen der Mütter erhalten sowie Rechte und Eigentum der mütterlichen Familie erben. Die Autorität des Mutter-Bruders steht dabei über der des Vaters. Von dem Schweizer Altertumsforscher Bachofen als allgemeine Entwicklungsstufe der frühen Menschheitsgeschichte gedeutet, gilt es heute als eine entwicklungsgeschichtlich neben dem Vaterrecht vorkommende Eigenart einzelner Völker. Historisch wahrscheinlich an das Überwiegen des weiblichen Anteils bei der das Jägerdasein überwindenden Ackerbau-Kultur gebunden, wurde es mit Aufkommen gewerblicher Produktionsweisen überall vom Vaterrecht verdrängt. Ob es jemals die Form regelrechter Frauen-(Mütter-)Herrschaft (= 'Matriarchat') erreichte, ist noch Gegenstand der Forschung.

2631 v–2564 v Hetepheres
1377 v–1302 v Ani
1861 n blau Bachofens Schrift

MUTTERSCHUTZ

497 n–548 n Theodora
530 n rot Schutzgesetz in Byzanz
609 n grün Mütterheim in Jerusalem

MUWAFFAT (um 930 n–um 1010 n), Gelehrter im arabischen Persien. Studierte die von den Ärzten zwischen Indien und dem Mittelmeerraume verwendeten Heilmittel. Über die Zusammensetzung der wirksamsten Arzneien schrieb er dann sein 'Buch der Grundlagen über die wahre Beschaffenheit der Heilmittel'.

975 n grün Grundlagen der Heilmittel

MU-WANG, chinesischer König von 961 v bis 907 v.

985 v–907 v Lebenslinie
939 v grün Expeditionen nach Westen

MUWA-TALLI, hettitischer König.

1347 v–1282 v Lebenslinie
1311 v braun Sieg über Ägypter
1297 v/1282 v Krieg gegen Ägypten
1297 v rot Abfall der Amoriter
1290 v braun Vertreibung aus Mitanni
1290 v rot Mitanni-Reich an Assyrer
1287 v rot Rituelle Vorschriften

MYKENE, befestigte Stadt auf der Halbinsel Peloponnes (Süd-Griechenland). Zwischen dem Golf von Argos und dem Golf von Korinth auf einer von Bergen umgebenen Hochebene gelegen, wurde sie vor fast 4000 Jahren von Norden her durch griechische Ionier besiedelt. Sie war um diese Zeit bereits Träger einer der griechischen überlegenen mittelmeerischen Kultur, die ihr aus Ägypten und Mesopotamien über Zypern, Rhodos und Kreta zugefallen war. Durch selbständige Verarbeitung des nordafrikanischen und vorderasiatischen Erbes entwickelte die Bevölkerung nach ihrer Verschmelzung mit den griechischen Einwanderern hier die Grundlagen der griechischen Kultur. Sie verbreitete sich in den folgenden Jahrhunderten von hier aus ins östliche Mittelmeer, insbesondere auf die Inseln des Ägäischen Meeres und in die Griechenstädte Kleinasiens. Dazu gehörten die frühen griechischen Heldensagen (Herakles, Perseus), die hier auch entstanden.

1551 v blau Goldene Masken
1521 v grün Schrift
1404 v grün Niederlassung auf Zypern
1323 v blau 'Schatzhaus des Atreus'
1311 v grün Mauer
1309 v blau Löwentor
1232 v–1183 v Agamemnon
1193 v/1184 v Trojanischer Krieg
1151 v braun Zerstörung

MYKERINOS, ägyptischer König.

2561 v–2500 v Lebenslinie
2543 v–2496 v Schepses-Kaf
2522 v blau Porträt-Plastik
2511 v blau Pyramide
2507 v blau Doppel-Skulptur
2506 v blau Elfenbeinfigur
2504 v blau Statue
2502 v blau Porträt-Plastik

MYRA, Nikolaus von (um 430 n–491 n), byzantinischer Philosoph aus der Stadt Myra (Kleinasien). Studierte in Athen Redekunst und Philosophie. Dann übernahm er eine Lehrtätigkeit in Konstantinopel. Verfaßte ein Lehrbuch der Rhetorik in zwei Teilen (1. Theorie, 2. Musterbeispiele).

480 n blau Lehrbuch der Rhetorik

MYRON, griechischer Bildhauer.

506 v–446 v Lebenslinie
464 v blau 'Die Kuh'
453 v blau 'Diskuswerfer'
448 v blau 'Wettläuferin'

MYSORE, englische Bezeichnung für Staat und Stadt Maisur im Südwesten Indiens am Arabischen Meer. Seit dem 5. Jahrhundert selbständiges Reich, das große Teile Südindiens bis ins 11. Jahrhundert beherrschte. Nach wechselvollen Kämpfen mit anderen indischen Königreichen fiel das Land unter die Herrschaft der mongolischen Kaiser Indiens ('Großmogule'). Seit 1610 n wieder unter eigenen Herrschern selbständig, bis sein letzter König Tipu Sahib im Kampfe gegen die Engländer auf den Trümmern seiner Hauptstadt fiel. Dann regierten englische Vasallen-Könige das Land, bis es 1831 n der Kolonialregierung unterstellt und durch einen vom englischen Vizekönig eingesetzten Maharadschabeherrscht wurde. Seit 1947 n Bestandteil eines politisch unabhängigen indischen Staates, wurde es in seiner Gesamtfläche mehr als verdoppelt durch Hinzufügung von Teilen der Staaten Bombay, Madras und Haiderabad.

1268 n blau Keschawa-Tempel
1799 n braun Aufstand
1947 n rot Indien unabhängig

MYSTIK, von dem griechischen Worte 'myein' (= schließen) abgeleitete Bezeichnung für die Versenkung in sich, wobei meist Augen und Mund geschlossen werden, um die innere Schau der Weltgeheimnisse zu fördern. Diese neben den Religionen hergehende und sich oft im Gegensatz zu ihnen entwickelnde, dabei aber doch von ihnen abhängige Form gefühlsmäßiger Schau ('Vision') zielt meist auf Vereinigung der vorausgesetzten Einzelseele mit einer angenommenen Weltseele, ist deshalb der Jenseits-Spekulation (Metaphysik) zugehörig und verschwindet mit der Überwindung aller religiösen Vorstellungen durch ein wissenschaftliches Weltbild.

53 n–120 n Satornil
98 n–160 n Valentin
265 n–330 n Jamblichos
269 n blau 'Glaube und Weisheit'
424 n blau Yoga-Lehren
1059 n–1111 n Al Gazali
1090 n–1153 n Bernhard von Clairvaux
1098 n–1178 n Hildegard von Bingen
1127 n rot Derwisch-Orden
1134 n blau Bernhards Jesus-Verehrung
1169 n–1240 n Ibn Arabi
1217 n blau Al Farids Lehre
1237 n blau Ibn Arabis Buch
1260 n–1327 n Meister Eckehart
1272 n blau Mechthilds Gedicht
1275 n blau Kabbala-Werk 'Sohar'
1282 n blau Gnade auch ohne Kirche
1295 n–1366 n Seuse
1303 n–1361 n Tauler
1317 n blau Eckeharts Mystik
1327 n blau Seuse: Wahrheitsbüchlein
1341 n blau Seuse: Weisheitsbüchlein
1351 n blau Ruisbroeks Traktat
1365 n–1430 n Rublew
1371 n blau Katharina von Siena
1385 n rot Brüdergemeinde (Groot)
1401 n–1464 n Nikolaus von Kues
1417 n blau 'Nachfolge Christi'
1438 n blau Nikolaus' Gotteslehre
1542 n blau Franck gegen Kirche
1612 n blau Böhmes Naturphilosophie
1670 n rot Pietisten-Bewegung
1692 n blau Spener: Pietismus
1814 n blau Schuberts Traumsymbolik

NABOPOLASSAR, König von Babylon von 625 v bis 605 v.

654 v–605 v Lebenslinie
647 v–585 v Kyaxares
640 v–586 v Zedekia
625 v braun Sieg über Assyrien
625 v rot Babylonien selbständig
615 v braun Belagerung Assurs
614 v rot Bündnis mit Medien
612 v braun Eroberung Ninives
612 v rot Teilung Assyriens
605 v braun Sohn Sieger über Ägypten
605 v rot Gebietsgewinn

NABOTH (um 910 v–um 860 v), israelitischer Bauer. Weigerte sich nach biblischer Überlieferung, seinen Weinberg an König Ahab zu verkaufen, und wurde darauf durch eine List der Königin Isebel vom Volke wegen Gotteslästerung gesteinigt.

898 v–842 v Isebel

NABU, Name eines Gottes, der in Mesopotamien (Vorderasien) verehrt wurde. Als Sohn des Stadtgottes von Babylon (Marduk) Sinnbild der Gelehrsamkeit und Schutzherr der Schreiber. Ihm wurde die Aufbewahrung der himmlischen Schicksalstafeln zugeschrieben, an deren Vorhandensein die Bevölkerung Babylons vor mehr als 2500 Jahren glaubte.

843 v–782 v Semiramis
824 v–782 v Adadnirari III.
787 v blau Tempel in Kalach

NACHRICHTENTHEORIE, Lehre von der rationellsten Nachrichtenübermittlung. Beschäftigt sich mit der Zurückführung jeder Nachricht auf 'ja–nein'-Mitteilungen, also auf das nur aus zwei Einheiten bestehende (= binäre) Zahlensystem. Grundlage der kybernetischen Steuerungsvorgänge mit Hilfe elektronischer Rechenmaschinen (Computer).

1894 n–1964 n Norbert Wiener
1948 n grün Shannons Lehre
1948 n grün Wiener: Kybernetik

NACHRICHTENWESEN

1709 v grün Spionage in Mesopotamien
550 v–486 v Dareios I.
516 v rot Postzensur in Persien
459 v grün Fackel-Signale
227 v grün Optische Telegraphie
59 v grün Zeitung in Rom
21 v grün Post in Rom
10 n grün Sprechrohre
685 n–762 n Hüan-Tsung
745 n grün Post in China
748 n grün Zeitung in China
757 n grün Araber: Nachrichtendienst
968 n grün Faden-Telephon
1054 n–1122 n Al Hariri
1173 n grün Brieftaubenpost
1217 n–1265 n Hulagu-Khan
1265 n grün Post bei Mongolen
1489 n grün Taxis Oberpostmeister
1506 n grün Frankreich: Postdienst
1532 n grün Tirol: Briefgeheimnis
1588 n grün Messe-Zeitung
1620 n–1688 n Der Große Kurfürst
1631 n grün Frankreich: Wochenzeitung
1653 n grün Stadtpost in Paris
1665 n blau 'Journal des Savants'
1690 n rot Reichs-Briefgeheimnis
1696 n grün 'Lloyd's list'
1698 n grün Briefträger in Berlin
1709 n blau 'Moralische Wochenschrift'
1750 n blau Nicolai: Literaturbriefe
1765 n blau 'Allgemeine Bibliothek'
1771 n blau 'Wandsbeker Bote'
1773 n blau 'Teutscher Merkur'
1793 n grün Chappe: Telegraphie
1798 n blau Zeitschrift 'Athenäum'
1809 n grün Sömmering-Telegraph
1822 n grün Photographie
1816 n–1892 n Siemens
1832 n grün Nadeltelegraph
1835 n grün Rohrpost
1835 n grün Havas' Nachrichtenbüro
1843 n grün Bain: Bildtelegraph
1844 n grün Morse-Telegraphie
1847 n–1931 n Edison
1849 n grün Reuters Telegraphenbüro
1855 n grün Hughes: Telegraph
1858 n grün Atlantikkabel
1859 n grün Luftbild
1861 n grün Reis: Telephon
1865 n grün Stephan: Postkarte
1870 n blau Blanquis Zeitschrift
1874 n rot Welt-Postverein
1874 n–1937 n Marconi
1876 n grün Bell: Telephon
1877 n grün Caselli: Bildtelegraph
1878 n grün Hughes: Mikrophon
1888 n grün Rollfilm
1890 n blau Zeitschrift 'Gleichheit'
1891 n grün Film-Aufnahmegerät

1893n – Karolus
1894n grün Film-Projektor
1894n grün Antenne
1896n blau Zeitung 'Daily Mail'
1897n grün Drahtlose Telegraphie
1900n blau Zeitung 'Der Funke'
1901n grün Lichtton-Aufzeichnung
1902n grün Korn: Bildtelegraph
1904n blau Zeitung 'Humanité'
1910n blau Zeitschrift 'Der Sturm'
1916n rot Hugenberg-Konzern
1920n grün Rundfunksender
1922n grün Tonfilm
1924n blau Zeitung 'Unità'
1924n grün Fernsehen
1928n grün Bildfunk
1930n grün Farbfernseh-Versuche
1931n grün Zworykin: Bild-Abtaster
1948n grün Transistor
1954n grün Farbfernsehen in USA
1959n grün Photos der Mondrückseite
1965n grün Photos über Marssonde

NACHSCHLAGEWERKE

2468v grün Handbuch der Chirurgie
2105v grün Handbuch der Medizin
1895v blau Zweisprachen-Wörterbücher
1773v grün Vermessungs-Handbuch
1575v grün Handbuch der Tiermedizin
1566v grün Frauenkrankheiten-Buch
1546v grün Chirurgie-Handbuch
677v blau Wörterbücher in Assur
193v blau Byzantinisches Wörterbuch
176v grün Werk über Sternkunde
145v grün Lexikon der Landwirtschaft
116v–27v Varro
33v blau Varros 'Disziplinen'
32v blau Literaturgeschichte
3v–64n Aulus Celsus
20n–79n Dioskurides
23n–79n Plinius der Ältere
37n grün Sammelwerk der Medizin
46n blau Glossen-Lexikon
63n grün Enzyklopädie
66n grün Werk über Arzneikunde
78n grün Plinius' Werk
129n–199n Galen
139n grün Handbuch der Harmonik
172n–245n Afrikanus
173n grün Werk über Pulsbeobachtung
194n grün Handbuch der Pathologie
230n–300n Pappos
294n grün Sammelwerk der Mathematik
382n–440n Martianus Kapella
427n blau Martianus Kapellas Werk
480n–573n Kassiodor
550n blau Hesychios' Werk
553n blau Kassiodors Werk
560n–636n Isidor von Sevilla
563n blau Sanskrit-Wörterbuch
636n blau Isidors Sammelwerk
718n–791n Al Chalil
784n–856n Rabanus Maurus
850n blau Deutsche Enzyklopädie
850n grün Werk der Tiermedizin
853n grün Handbuch der Sternkunde
860n blau Arabische Enzyklopädie
865n–932n Al Rasi
890n blau Arabisches Wörterbuch
919n grün Sternkunde-Handbuch
927n grün Enzyklopädie der Medizin
951n blau Arabische Enzyklopädie
971n blau Byzantinisches Lexikon
980n–1037n Ibn Sina (Avicenna)
982n grün Handbuch der Medizin
983n blau Chinesische Enzyklopädie
1013n blau Geschichtslexikon
1026n blau Ibn Sinas Werk
1224n blau Ibn Jakuts Lexikon
1252n blau Vinzenz' Enzyklopädie
1264n blau Latinis 'Bücher-Schatz'
1356n grün Handbuch der Medizin
1532n blau Stephanus' Wörterbuch
1561n–1626n Francis Bacon
1650n–1722n Kang-Hi
1679n blau Werk über Malerei Chinas
1694n blau Wörterbuch der Académie
1696n blau Bayles Wörterbuch
1713n–1784n Diderot
1725n blau Chinesische Enzyklopädie
1751n blau Französische Enzyklopädie
1796n blau Konversations-Lexikon
1852n blau Grimms Werk begonnen
1880n blau Duden: Wörterbuch
1960n blau Grimms Werk vollendet

NACHT-BERECHNUNG

1570v–1518v Amenem
1534v grün Ägyptische Forschungen
1530v grün Errechnung durch Uhr

NACHTWÄCHTER

438v grün Ausrüstung mit Glocken

NADELN

Vorzeittafel: 80 Tausend Jahre
2994v grün Kupferne Nähnadeln
81n–144n Archigenes
1397n grün Produktionsvorschrift
1800n grün Nähmaschine mit Öhr-Nadel

NADELTELEGRAPH, Gerät zur Zeichen-Übertragung durch elektromagnetische Ablenkung von Metallnadeln. Bereits in der ersten Hälfte des 19. Jahrhunderts praktisch genutzt, wurde sein Prinzip trotz Erfindung modernerer Systeme bis in unsere Epoche hinein beibehalten.

1832n grün Schillings Konstruktion

NADIM, Al (um 930n–um 1015n), arabischer Gelehrter. Als Sohn eines Buchhändlers ergriff er den Beruf seines Vaters und übernahm dessen Geschäft in Bagdad. Schrieb ein Verzeichnis aller bekannten Bücher aus sämtlichen Bereichen der Wissenschaft in arabischer Sprache, auch der Übersetzungen fremdsprachiger Werke ins Arabische nieder. Zu den Inhaltsangaben stellte er Notizen über die Verfasser sowie kritische Bermerkungen über ihre Arbeitsweise und über ihre Besonderheiten im persönlichen Leben. Außer wissenschaftlichen Werken nahm er in sein Verzeichnis Bücher aller Gebiete auf (Liebesromane, Abenteuergeschichten, Kochbücher, Anstandsbücher, Feengeschichten, Gedichtsammlungen, Jagdbücher, Wahrsagungen, Sportbücher, Zauberbücher, Schwank-Sammlungen). Sein Bücherverzeichnis enthielt auch Angaben über den Umfang der aufgenommenen Werke sowie über buchhändlerische Fragen.

987n blau Literaturverzeichnis

NÄGEL

2440v grün Verwendung in Sumer
291n grün Befestigung von Hufeisen

NÄHMASCHINE

1790n grün Saints Maschine
1800n grün Krems' Maschine
1845n grün Howes' Maschine
1851n grün Singers Maschine

NÄVIUS, Gnäus, römischer Dichter.

265v–201v Lebenslinie
234v blau Geschichtsdramen
206v rot Einkerkerung
201v blau 'Der Punische Krieg'

NAGASAKI, wichtigste Stadt der drittgrößten Insel Japans (Kiuschu). Seit der völligen Abriegelung Japans gegen die Außenwelt (1639n) einzige Hafenstadt des Inselreiches, mit der Fremde (Chinesen und Holländer) Handel treiben durften. Den Holländern wurde hierfür eine unmittelbar vor der Stadt gelegene künstliche Insel (Deschima) zugewiesen, während die Chinesen im Innern der Stadt eine ummauerte Niederlassung erhielten. Ausgangspunkt und Zentrum der Christianisierung Japans. 1857n wurde die Stadt für alle Fremden geöffnet. 1945n durch Abwurf einer nordamerikanischen Atombombe fast völlig zerstört (etwa 75000 Tote).

1568n blau Gründung

NAGEL, Otto (1894n–1967n), deutscher Maler. Als Sohn eines Handwerkers wurde er Glasmaler-Lehrling, verlor aber seine Stellung wegen Teilnahme an einer Mai-Demonstration und verdiente sich dann seinen Lebensunterhalt als ungelernter Arbeiter. 1918n im Soldatenrat, trat er der Spartakusbewegung bei und wurde Mitgründer der Kommunistischen Partei. Ohne eine Kunstschule zu besuchen, entwickelte er sich zu einem der großen Maler des Berliner Proletariats ('Weddinger Familie') neben Käthe Kollwitz und Heinrich Zille, denen er zeitlebens freundschaftlich verbunden war. Organisierte bald nach der Revolution die deutsche Künstlerhilfe für die Sowjetunion. In seinen Bildern zeigte er die Aussichtslosigkeit des proletarischen Lebenskampfes in der bürgerlichen Gesellschaft. Um die Massen über die Unmenschlichkeit des Kapitalismus aufzuklären, bediente er sich auch des Films ('Mutter Krausens Fahrt ins Glück') und des geschriebenen Wortes ('Das nasse Dreieck'). Nach dem zweiten Weltkriege nahm er am Aufbau eines sozialistischen deutschen Staates (DDR) teil. Wurde Präsident der Akademie der Künste. Als Maler stellte er nun eine neue sozialistische Arbeitergeneration dar ('Junge Pioniere').

1926n blau 'Arbeitslos'

NAGELLACK

1487v grün Gebrauch in Ägypten

NAGIB, Ali Mohammed (geboren 1901n), ägyptischer Staatsmann. Als Berufsoffizier 50jährig zum General aufgestiegen, führte er die Erhebung junger Offiziere gegen König Faruk, den er zur Abdankung zwang. Nach Ausrufung der Republik ägyptischer Staatspräsident, nahm er die Bodenreform so zögernd in Angriff, daß er das Mißfallen des Revolutionsrates erregte. Als er dann den Engländern in der Sudanfrage politisch zu weit entgegenkam, wurde er 1954n vom Revolutionsrat gestürzt und durch dessen Führer Nasser ersetzt.

1952n rot Ägypten Republik

NAHTLOSE RÖHREN

1885n grün Mannesmann-Walzverfahren

NAIRI-LÄNDER, Bezeichnung der Assyrer für die Kleinstaaten zwischen Kaukasus und Wan-See (Vorderasien), in die das Kurriter-Reich vor 3300 Jahren zerfiel. Durch den assyrischen Kaiser Tu-Kulti dem Reiche von Mesopotamien eingefügt.

1277v–1207v Tu-Kulti
1242v braun Niederlage gegen Assyrien
1242v rot Assyrische Herrschaft

NALANDA, Stadt im Nordosten Indiens. Hier befand sich eine klösterliche Universität, die zwischen dem 5. und dem 7. Jahrhundert Mittelpunkt indischer Gelehrsamkeit wurde. Mehr als 10000 Studenten, die aus einer um ein Mehrfaches größeren Zahl von Bewerbern ausgewählt wurden, erhielten kostenlosen Unterricht in Astronomie, Medizin und Grammatik, in Logik, Erkenntnistheorie, Philosophie und Metaphysik. Sie wurden auch kostenlos verpflegt und wohnten in der Universität, die mit zehn Schwimmbädern, drei Bibliotheken, Sternwarten und zahlreichen Instituten ausgestattet war. Die Studenten, die aus vielen Ländern Asiens (bis Korea und Sumatra) kamen, wurden hier zwölf Jahre unterrichtet. Sie mußten sich in dieser Zeit des Verkehrs mit dem weiblichen Geschlecht enthalten – schon die Sehnsucht nach einer Frau galt als Sünde. Auch buddhistische Missionare wurden hier ausgebildet, um Religion und Philosophie der nicht-indischen Völker kennenzulernen. Hier wurde die geistige Annäherung des Buddhismus an den Hinduismus vorbereitet und vollzogen. Im Jahre 1197n wurde die Universität durch die Heere des Sultans von Persien zerstört.

462n blau Universität

NAMBI, Yandar (um 1000n–1062n), indischer Dichter. Sammelte Hymnen, die zwischen 600n und 1000n zu Ehren des Gottes Schiwa entstanden sind und stellte sie in dem elfbändigen Werke 'Tirumurai' (Heiliges Buch) zusammen.

1041n blau 'Heiliges Buch'

NANCY, Stadt in Lothringen (Ost-Frankreich). Anfang des 12. Jahrhunderts entstand hier auf den Moselhöhen ein Schloß des Herzogs von Lothringen (seit 1153n Residenz). 1475n wurde die Stadt von Karl dem Kühnen für Burgund erobert. Aber zwei Jahre später vertrieben die Lothringer die Burgunder mit Hilfe der Schweizer Eidgenossen wieder. Seit 1670n wiederholt von Franzosen angegriffen, ist sie seit 1766n endgültig französisch.

1433n–1477n Karl der Kühne
1475n braun Vorstoß Burgunds
1475n rot Burgundische Herrschaft
1477n braun Niederlage Burgunds

NANKING, Stadt nahe der Ostküste Mittelchinas am Unterlauf des Jang-Tse-Kiang, 300 km vor der Küste des Gelben Meeres. Ihr Name (Nan-King = südliche Hauptstadt) zeigt ihre Bedeutung als zweitwichtigste Stadt neben Peking (Pe-King = nördliche Hauptstadt). Die häufig umkämpfte Stadt ist durch eine 35 km lange Mauer mit 13 Toren geschützt. Hier wurde 1842n den Chinesen durch England der erste der 'ungleichen Verträge' mit einer europäischen Macht aufgezwungen. 1937n bis 1945n von Japanern besetzt, dann bis 1949n Regierungssitz Tschiang-Kai-Scheks, dessen Vertreibung nach Formosa den endgültigen Sieg der chinesischen Revolution bedeutete.

318n rot Hauptstadt Chinas
1276n rot Mongolische Herrschaft
1413n blau Porzellanturm
1842n rot Vertrag England-China
1850n/1864n Taiping-Aufstand
1925n/1949n Chinesische Revolution
1937n/1938n Vorstoß Japans

NANNA, Name des Mondgottes im Lande Sumer (Vorderasien). Seine Verehrung verbreitete sich vor fast 5000 Jahren von der Stadt Ur am Persischen Golf aus über die Stadtstaaten des südlichen Zwischenstromlandes (Mesopotamien).

2863v blau Verehrung in Sumer
2436v blau Relief
2040v blau Tempelturm in Ur
1955v grün Raub der Statue
1922v grün Rückführung der Statue
1801v–1759v Warad-Sin
1766v blau Neuer Tempel in Ur

NANSEN, Fridtjof (1861n–1930n), norwegischer Forscher und Diplomat. Überquerte 1888n als erster die 3000 m hohe Eisdecke Grönlands. Sechs Jahre später unternahm er eine Expedition zur Erforschung des nördlichen Polargebietes. Im sibirischen Eismeer ließ er sein nach eigenen Angaben erbautes Dampfschiff 'Fram' einfrieren und fuhr mit einem Hundeschlitten so weit nordwärts, wie noch kein Europäer vorgedrungen war. Sein Bericht über diese Fahrt ('Durch Nacht und Eis') förderte die Polarforschung. Seit 1901n leitete er das internationale Zentrum für Meeresforschung in Oslo. Nach dem ersten Weltkrieg half er als Völkerbundskommissar bei der Heimführung der Kriegsgefangenen. 1921n–1923n unterstützte er den von Revolutions- und Interventionskriegen geschwächten Sowjetstaat ('Rußlandhilfe'). Auf seine Anregung wurde ein international anerkanntes Ausweispapier für politische Flüchtlinge und Staatenlose geschaffen ('Nansen-Paß').

1894n grün Nordpolexpedition

NANTES, Stadt in West-Frankreich am Unterlauf der Loire, die hier in ihren Mündungstrichter eintritt. Etwa 50 km vom Atlantik entfernt, ist sie der fünftgrößte Hafen Frankreichs. Die von Kelten gegründete Stadt (Condevincum) diente bereits den Römern als Hafen (Portus Namnetum), wurde dann wiederholt von Normannen erobert und von den Herzögen der Bretagne als Hauptstadt ausgebaut. Das hier erlassene 'Edikt von Nantes' beendete den französischen Glaubenskampf (Hugenottenkriege) durch Verkündung religiöser Bekenntnisfreiheit. Es war bis zu seinem Widerruf durch Ludwig XIV. im Jahre 1685n Grundlage eines französischen Religionsfriedens. Die Empörung der Bevölkerung über das absolute Königtum und den Adel führte in der Revolution zum Ertränken der Bedrücker ('Noyaden'). Geburtsort von Jules Verne.

843n braun Normannen-Vorstoß
1598n rot Edikt
1685n rot Widerruf des Edikts
1789n/1795n Französische Revolution

NAPAL-NUM, König des Stadtstaates Larsa in Süd-Mesopotamien.

1995v–1940v Lebenslinie
1954v rot Staat von Larsa

NAPATA, Stadt am Mittellauf des Nils (Nordostafrika). Von Ägyptern als Residenzstadt für ihren Vizekönig ausgebaut, wurde sie vor fast 3000 Jahren nach der Verselbständigung Nubiens die Hauptstadt eines unabhängigen nubischen Königreiches. Im 8. und 7. Jahrhundert vor unserer Zeitrechnung herrschten die nubischen Könige von hier aus auch über das südliche Ägypten. 300 Jahre später verfiel die Stadt, nachdem das 500 km weiter nilaufwärts gelegene Meroe zur Residenz erhoben worden war. Ihre Ruinen wurden in unserer Epoche teilweise ausgegraben.

953v rot Hauptstadt Nubiens
780v–717v Pianki

NAPIER, John (1550n–1617n), schottischer Mathematiker. Bemühte sich um die Vereinfachung komplizierter Rechenvorgänge und baute zunächst Rechenstäbchen zur mechanischen Ausführung von Multiplikations- und Divisions-Aufgaben. Dann stellte er auf Tafeln Zahlen zusammen, mit deren Hilfe diese und noch schwierigere Rechenvorgänge (Potenzieren, Radizieren) auf einfaches Zuzählen und Abziehen zurückgeführt werden (Logarithmentafeln). Damit schuf er zugleich die rechnerische Grundlage für den Rechenschieber. Prägte auch Formeln für die Dreiecksberechnung (Trigonometrie), die Grundlage astronomischer Meßvorgänge wurden.

1614n grün Logarithmentafel

NAPIR-ASU (um 1230v–um 1180v), Königin von Susa (Vorderasien). Als Frau des mächtigen Königs Untasch wurde sie Herrscherin über das Reich von Elam (Südwest-Persien), das seine Macht auch über Süd-Mesopotamien (Sumer) auszudehnen begann.

1211v blau Statue

NAPOLEON I., französischer Feldherr. Herrscher von 1799n bis 1815n.

1769n–1821n Lebenslinie
1773n–1859n Metternich
1777n–1811n Kleist
1792n/1795n Revolutionskriege
1796n rot Oberbefehlshaber
1796n/1815n Napoleonische Kriege
1798n rot 'Helvetische Republik'
1799n rot Sturz des Direktoriums
1799n rot Konsulat
1800n braun Aufstand der Revolutionäre
1800n grün Bank von Frankreich
1801n rot Gebietsgewinn
1801n rot Konkordat
1801n grün Priester-Besoldung
1802n rot Kolonialsystem, Sklaverei
1803n braun Aufstand auf Haiti
1803n rot Deputationshauptschluß
1804n braun Royalistischer Aufstand
1804n rot Haiti unabhängig
1804n rot Zivilgesetzbuch
1806n rot Rheinbund
1806n rot Ende des deutschen Reiches
1806n grün Kontinentalsperre
1806n/1812n Russisch-türkischer Krieg
1807n/1808n Krieg Spaniens
1809n/1810n Tiroler Bauernaufstand
1809n rot Tod Schill'scher Offiziere
1810n rot Erschießung Hofers
1812n rot Konvention von Tauroggen

NAPOLEON III. (1808n–1873n), französischer Politiker. Als Neffe Napoleons I. begleitete er nach dessen Sturz seine Mutter in die Verbannung, besuchte in Augsburg die Schule und lebte dann in der Schweiz, wo er als Hauptmann in die Miliz eintrat. Beteiligte sich an einem Umsturzversuch in Italien und bereitete 1836n von Baden-Baden aus einen Putsch in Frankreich vor ('Straßburger Attentat'). Sein Versuch scheiterte, und er wurde nach Nordamerika verbannt. Von England aus stärkte er später den Napoleonkult. 1840n landete er bei Boulogne, wurde aber gefangen. Nach fünfjähriger Haft entflohen, kehrte er 1848n zurück und wurde nach Niederschlagung der Revolution zum Präsidenten der Republik gemacht. Vier Jahre später Kaiser, suchte er durch Kriege von der Unhaltbarkeit der bestehenden Ordnung abzulenken. Nach Erfolgen im Krimkrieg und im Kampf gegen Österreich bei der Befreiung Italiens ergriff er zugunsten des Papstes gegen den Freiheitskampf der Italiener Partei. Durch einen Mißerfolg bei der Eroberung Mexikos isoliert, suchte er dem erstarkenden Preußen entgegenzutreten. Doch führte er damit 1870n nur die Niederlage Frankreichs und seine eigene Gefangennahme durch das preußische Heer herbei (Sedan). Nach England abgeschoben, starb er drei Jahre später.

1810n–1862n Cavour
1815n–1898n Bismarck
1849n braun Eingreifen in Italien
1851n braun Staatsstreich
1852n rot Kaiser
1853n/1856n Krimkrieg
1856n/1860n Lorchakrieg
1856n rot Garantie für Türkei
1859n/1861n Befreiungskampf Italiens
1862n braun Vorstoß nach Vietnam
1862n rot Kotschinchina französisch
1870n/1871n Krieg mit Deutschland
1870n rot Herrschaftsende

NARA, Stadt auf der japanischen Hauptinsel (Hondo). Hauptstadt der Provinz Yamato. Vor 1300 Jahren 74 Jahre lang kaiserliche Residenzstadt und Hauptstadt des Inselreiches. Bis heute Mittelpunkt des Buddhismus in Japan.

623n blau Buddha-Gruppe
710n rot Hauptstadt
710n blau Palastbau
752n blau Buddha-Statue

NARAMSIN, Kaiser von Mesopotamien.

2297v–2238v Lebenslinie
2271v braun Aufstand von Kisch
2270v braun Aufstand Sumers
2268v braun Aufstand Syriens
2266v/2265v Vorstoß zum Zagros
2265v rot Herrschaft über Lulubu
2264v braun Aufstand Kappadoziens
2263v blau Siegesdenkmal
2261v braun Vorstoß nach Kurdistan
2261v rot Herrschaft über Kurdistan
2260v blau Siegesrelief
2257v braun Erhebung Elams
2248v/2247v Krieg gegen Arabien
2247v rot Südost-Arabien Provinz
2246v blau Statue
2245v grün Burganlagen
2243v rot Enkelin Hohepriesterin
2240v rot Göttliche Verehrung

NARBO, alter Name der Hafenstadt Narbonne in Südfrankreich. Vor 2100 Jahren von dem Römer Martius als erste römische Bürgerkolonie außerhalb Italiens gegründet, wurde sie Hauptstadt des um diese Zeit römischen Teiles von Gallien (Gallia Narbonensis). Brannte um 150n ab, verlor aber trotz des schnellen Wiederaufbaus ihre beherrschende Stellung. Wurde 412n von Westgoten erobert, 508n burgundisch, im 8. Jahrhundert für 40 Jahre arabisch und gehörte dann zum Frankenreich. Unter zahlreichen Grafen und Herzögen selbständig, fiel sie 1507n der französischen Krone zu.

118v rot Römische Kolonie
408n/412n Vorstoß der Westgoten
412n rot Westgoten-Herrschaft
633n/732n Arabischer Krieg
720n rot Arabische Herrschaft
759n braun Vorstoß der Franken
759n rot Fränkische Herrschaft

NARKOSE, Betäubung des ganzen Körpers durch zeitweise Stillegung von Nervenzentren im Gehirn zur Ausschaltung von Schmerz-Empfindungen bei Operationen.

Seit der Einführung örtlicher Betäubung nur noch bei schweren chirurgischen Eingriffen angewendet.

190n–265n Hua-To
225n grün Narkose in China
1106n grün Narkose in Italien
1842n grün Äther-Narkose
1847n grün Chloroform-Narkose
1892n grün Örtliche Betäubung

NARMER, ägyptischer König.

2912v–2850v Lebenslinie
2868v/2863v Krieg gegen Unterägypten
2863v rot Herr über Unterägypten
2861v rot Thinis Hauptstadt
2860v blau Siegesrelief

NARSES, byzantinischer Feldherr und Politiker aus Armenien.

478n–567n Lebenslinie
513n–552n Totila
532n braun 'Nika'-Aufstand
535n/553n Ostgotenkrieg
553n rot Ende des Ostgotenreiches
553n rot Herrschaft über Italien

NARWA, Stadt am gleichnamigen Ausfluß des Peipus-Sees in die Ostsee (Estland). 1223n vom Dänen-König Waldemar II. gegründet, wurde sie im 14. Jahrhundert durch Deutschritter erobert. 1558n fiel sie an Rußland, aber schon 1581n für 120 Jahre an Schweden. Peter der Große eroberte sie dann 1704n für Rußland zurück. Nach kurzer Selbständigkeit Estlands zwischen den beiden Weltkriegen gehört sie seit 1940n zur UdSSR.

1346n rot Herrschaft der Deutschritter
1704n rot Russische Herrschaft
1940n rot Estland Teil der UdSSR

NASH, Paul (1889n–1946n), englischer Maler. In seinen Jugendwerken von Cézanne beeinflußt, wandte er sich seit 1912n einer geometrischen Formgebung zu. Malte Landschaften von bleicher, kalter Farbigkeit. Auch seine Stilleben sind von der gleichen eintönigen Stimmung. In beiden Weltkriegen als Kriegszeichner eingesetzt, schuf er zahlreiche Bilder von Fliegerangriffen und Zerstörungen.

1941n blau 'Bomber über Berlin'

NASHORN, plumper, pflanzenfressender Dickhäuter mit gehörnter Nase. Erreicht bei einer Körperlänge von 5 Metern ein Gewicht von 2000 kg. In vorgeschichtlicher Zeit noch in großen Teilen Europas und Asiens bis herauf nach Sibirien verbreitet, lebt es heute nur noch in Indien, Indonesien und Afrika. Obwohl es von Natur aus friedfertig ist und nur bei Verfolgung bösartige Reaktionen zeigt, wurde es in den Sagen, Fabeln und Märchen vieler Völker als gefährliches 'Einhorn' dargestellt. Schon früh von Naturvölkern in Gruben gefangen, wurde sein Fleisch gegessen, während seine Haut zur Herstellung von Schilden, Panzern und Peitschen diente. Das Horn wurde zur Anfertigung von Schwertgriffen verwendet, oder es wurden Trinkbecher daraus gearbeitet, denen die Eigenschaft nachgerühmt wurde, eingegossene Getränke zum Aufbrausen zu bringen, wenn sie vergiftet waren.

2729v blau Indisches Relief
1035v blau Chinesisches Relief

NASSER, Gamal Abd el, ägyptischer Staatsmann.

1918n– Lebenslinie
1952n rot Ägypten Republik
1954n rot Präsident
1956n grün Suez-Kanal enteignet
1956n braun Suez-Krieg
1958n rot Gründung der VAR
1964n grün Bau des Assuan-Dammes
1965n rot Sozialismus

NATAL, Land an der Ostküste Südafrikas. Das von Bantu-Negern bewohnte Gebiet wurde 1497n von dem portugiesischen Seefahrer Vasco da Gama entdeckt. 1719n gründeten hier Holländer eine Niederlassung. 1837n kamen holländische Siedler aus der Kap-Kolonie (Buren) und errichteten 1839n eine unabhängige Republik, wurden aber wenige Jahre später von Engländern nach den benachbarten Ländern Oranje und Vaal vertrieben. Das eroberte Gebiet wurde der Kap-Kolonie angeschlossen. Obwohl das Land am Burenkrieg nicht teilnahm, wurde es Kriegsschauplatz. Seit 1910n Teil der 'Südafrikanischen Union'.

1843n rot Englischer Besitz
1899n/1902n Burenkrieg
1910n rot Südafrikanische Union

NATIONALÖKONOMIE, Wissenschaft vom Wesen und von den Gesetzmäßigkeiten der Wirtschaft eines unter gemeinsamer Gesellschafts- und Rechtsordnung lebenden Volkes (Volkswirtschaft). Entstand mit dem Aufstieg des Kapitalismus zum herrschenden Wirtschaftsprinzip in Europa. Durch Einbeziehung der wechselseitigen Abhängigkeit von Wirtschaft und Politik zur Politökonomie fortentwickelt, wurde sie Grundlage der Gesellschaftslehre (wissenschaftlicher Sozialismus) und damit Hebel der revolutionären Veränderung von Wirtschaft, Staat und Gesellschaft.

1364n grün Oresme: Geldtheorie
1574n grün Bodins Lehren
1615n grün Lehrbuch Montchrestiens
1619n–1683n Colbert
1623n–1687n Petty
1657n grün Merkantilismus
1674n grün Petty: Politökonomie
1687n grün Petty: Sozialstatistik
1693n grün Bellers: Geldtheorie
1723n–1790n Adam Smith
1758n grün Physiokratismus
1776n grün Smith: Nationalökonomie
1798n grün Malthus: Bevölkerungslehre
1800n blau Fichte: Handelsstaat
1810n–1862n Cavour
1817n grün Ricardo: Grundsätze
1818n–1883n Karl Marx
1824n blau Lehre Saint-Simons
1841n grün List: Zollunion
1848n grün Mill: Politökonomie
1859n blau Marx: Politökonomie
1867n blau Marx: Das Kapital
1879n blau Werk Henry Georges
1884n blau Engels: Ökonomiegeschichte
1885n blau Marx: Kapital II
1889n grün Damaschke: Bodenreform
1894n blau Marx: Kapital III
1902n blau Sombart: Kapitalismus
1916n blau Lenin: Imperialismus
1921n grün Lehre Max Webers
1923n grün Webbs: Kapitalismus
1924n blau Stalin: Leninismus
1928n blau Shaw: Sozialismus
1936n grün Keynes' Lehre
1941n blau Burnham: Managerstaat

NATIONALSOZIALISMUS, irreführende Selbstbezeichnung des deutschen Faschismus. In Wahrheit ein anti-sozialistischer Nationalismus. Zerschlug die sozialistische Arbeiterbewegung Deutschlands (Konzentrationslager) und organisierte den größten Völker- und Rassenmord aller Zeiten (zweiter Weltkrieg). Bewirkte damit aber nicht die von ihm beabsichtigte Errichtung eines Großdeutschen Weltreiches unter gleichzeitiger Zerschlagung des Weltkommunismus, sondern nur die Verkleinerung und Zweiteilung Deutschlands sowie die Beschleunigung der kommunistischen Weltrevolution.

1889n–1945n Hitler
1923n braun Hitlers Putsch
1924n blau Hitler: 'Mein Kampf'
1931n rot 'Harzburger Front'
1932n rot Pakt Industrie–Hitler
1932n grün Arbeitslosigkeit
1933n rot Hitler Reichskanzler
1933n rot Ermächtigungsgesetz
1933n rot Konkordat mit Hitler
1933n grün Wirtschaftslenkung
1934n rot Himmler Gestapochef
1934n rot Erschießung Röhms
1934n rot KZ-Übernahme durch SS
1934n rot Nichtangriffspakt
1934n grün Autobahnen
1935n rot Saargebiet deutsch
1935n rot Nürnberger Gesetze
1936n/1939n Spanischer Bürgerkrieg
1937n rot Antikominternpakt
1937n blau München: Haus der Kunst
1938n rot 'Großdeutsches Reich'
1938n rot Münchner Abkommen
1939n rot Deutsch-russischer Vertrag
1939n/1945n Zweiter Weltkrieg
1939n rot Teilung Polens
1942n grün Raketenbau
1943n rot Frontwechsel Italiens
1944n braun Putsch gegen Hitler
1944n rot Massenmord (Auschwitz)
1945n rot Herrschaftsende

NATO (North Atlantic Treaty Organization), Bündnisvertrag der USA mit Kanada und westeuropäischen Ländern (Großbritannien, Frankreich, Italien, Belgien, Holland, Luxemburg, Norwegen, Dänemark und Portugal), dem nachträglich die Türkei und Griechenland (1952n) beitraten sowie die Bundesrepublik Deutschland (1955n). Leitete die Zweiteilung Europas ein, die später durch den Warschauer Pakt vollendet wurde. Legte die westeuropäischen Staaten und Kanada auf die antikommunistische Weltstrategie der USA fest und bezog sie in deren militärischen Bereich ein. Bewirkte die Fortdauer der Stationierung von Truppen der USA und anderer Siegermächte auf dem Gebiet der Bundesrepublik Deutschland. Im Jahre 1966n verließ Frankreich als erster Staat das Bündnis.

1949n rot Gründung

NATURALSTEUERN, Abgaben an den Staat, die nicht in Geld, sondern in Form von Produkten (meist Getreide) bezahlt werden. Bis zur Einführung des Geldes die gebräuchliche Form der Steuer, neben der es noch die Erbringung einer kostenlosen Arbeitsleistung für den Staat gab. Auch nach der allgemeinen Verbreitung des Geldes kehrte man später vereinzelt und vorübergehend zu ihr zurück.

2017v rot Mesopotamische Steuern
733v–645v Kuan-Tse
676v grün Ablösung in China
713n grün Ablösung in Japan

NATURHEILKUNDE, Sammelbezeichnung für Heilverfahren, die auf Weckung und Erhaltung der natürlichen Abwehrkräfte im Organismus zielen und diesen Prozeß durch natürliche Mittel fördern (Ruhe, Luft, Wasser, Wärme, Ernährung, Massage, Gymnastik, Bewegung). Verwendet auch Heilmittel in möglichst naturnahem Zustand (Heilkräuter, Heilerde).

2653v grün Chinesische Heilkunde
2496v–2438v Ni-Anch-Sekmet
2415v–2335v Chui
2239v–2162v Ir-En-Achat
2105v grün Sumerisches Handbuch
2055v–1975v Ur-Edina
1999v grün Salben und Öle
1981v grün Wasser und Kräuter
1981v–1929v Neferi
1473v–1409v Neb-Amun
708v grün Assyrische Heilkunde
672v grün Versuche an Sklaven
460v–375v Hippokrates
418v grün Heilkraft der Natur
418v–345v Diokles
403v grün Bedeutung der Ernährung
356v grün Diokles' Kräuterbuch
324v–250v Herophilos
315v grün Indische Heilkunde
307v grün Epidauros Kurort
304v–240v Erasistratos
270v grün Wert der Gymnastik
244v grün Heilpflanzen-Anbau
129v–40v Asklepiades
82v grün Bewegung, Luftwechsel
70v grün Naturheilverfahren
11v blau Badeort Wiesbaden
3v–64n Aulus Celsus
20n–79n Dioskurides
66n grün Dioskurides: Arzneikunde
81n–144n Archigenes
89n blau Badeort Aachen
129n–199n Galen
147n grün Heilkraft des Schlafes
190n–265n Hua-To
197n grün Galen: Pharmakologie
231n grün Eumelos: Arzneilehre
294n–354n Apsyrtos
366n grün Pelagonius: Tierarzneien
525n–605n Alexander Tralles
737n rot Staatliche Kontrolle
812n grün Walafried: Heilkräuter
907n grün Dioskurides-Übersetzung
975n grün Schrift des Muwaffat
1001n grün Heilmittel Quecksilber
1015n grün Heilmittel Koffein
1052n grün Ibn Wafids Schrift
1070n grün Simon Seths Schrift
1098n–1178n Hildegard von Bingen
1165n grün Hildegards Hausbuch
1212n grün Ibn Baitars Schrift
1441n grün Heilmittel Erdöl
1544n grün Cordus: Arzneibuch
1565n grün Heilmittel Tabak
1737n grün Hahn: Kaltwasserkur
1824n grün Priessnitz: Kaltwasserkur
1887n grün Kneipp: 'Wasserkur'

NATURKATASTROPHEN

2332v–2248v Yao
2257v grün China: Überschwemmungen
2252v–2158v Yü
1523v grün Kreta: Vulkanausbruch
1055v grün Flutwasser in Luxor
464v grün Erdbeben in Sparta
118v grün Sturmflut auf Jütland
79n grün Ausbruch des Vesuv
566n grün Dammbruch im Jemen
1703n grün Erdbeben in Japan

NATURRECHT, Bezeichnung für eine Rechtslehre, nach der dem Menschen von Natur aus bestimmte unverzichtbare und unveräußerliche Rechte eingeboren sind. Gegenüber zahlreichen Willkür-Systemen früherer Zeiten stellte es einen Fortschritt dar und trug wesentlich zum Durchbruch des bürgerlichen Rechtes bei. In den 'Menschenrechten' kam das ihm zugrunde liegende Gleichheitsprinzip klar zum Ausdruck. Doch wurde dieser Grundsatz mit dem Fortschreiten des Bürgertums zur herrschenden und ausbeutenden Klasse zurückgedrängt. Unter Berufung auf das Privateigentum als eines Naturrechtes wurde in unserer Epoche auch die darauf beruhende Ungleichheit der Klassengesellschaft gerechtfertigt. Dieser Mißbrauch in der kapitalistischen Gesellschaft führte zur Zurückweisung des Naturrechtes durch die revolutionäre Arbeiterbewegung. Doch bildet sich in einigen sozialistischen Ländern eine neue Richtung, die es seiner bürgerlichen Verfälschungen entkleiden und auf seine urkommunistische Grundlage zurückführen will.

279v–206v Chrysipp
1576n blau Bodin: 'Vom Staate'
1625n blau Grotius: Völkerrecht
1672n blau Pufendorfs Werk
1688n blau Thomasius' Lehre
1776n rot Menschenrechte, Amerika
1789n rot Menschenrechte, Frankreich

NATURWISSENSCHAFTEN, zusammenfassende Bezeichnung für die systematisierte Kenntnis der in der Natur wirkenden Gesetzmäßigkeiten. Sie umfassen die Wissenschaften von der belebten Natur (Biologie, Anthropologie, Zoologie, Botanik) wie von der unbelebten Natur (Astronomie, Geographie, Geologie, Physik, Chemie) sowie die auf ihnen beruhende angewandte Wissenschaft (Medizin) und Hilfswissenschaft (Mathematik).

2960v grün Astronomie in Sumer
2925v grün Bruchzahlen in Sumer
2913v grün Kalender in Sumer
2842v grün Rechensysteme in Indien
2817v grün Sechziger-Rechnung (Sumer)
2779v grün Null in Indien
2769v grün Kalender in Ägypten
2653v grün Chinesische Heilkunde
2630v grün Kalender in China
2589v grün Meridian-Fixierung
2578v grün Pulsbeobachtung in China
2496v–2438v Ni-Anch-Sekmet
2468v grün Chirurgie-Buch (Ägypten)
2419v grün Spezialärzte in Ägypten
2415v–2335v Chui
2358v grün Augenkrankheit bekämpft
2332v–2248v Yao
2295v grün Lehrbuch der Geographie
2269v grün Kalender-Verbesserung
2239v–2162v Ir-En-Achat
2183v grün Darm-Forschung
2105v grün Handbuch der Medizin
2090v grün Operationen (Mesopotamien)
2055v grün Zeitmessung in Ägypten
2055v–1975v Ur-Edina
2021v grün Mathematik Schulfach
2009v grün Multiplikations-Tafeln
2004v grün Rechtecks-Berechnungen
1999v grün Medikamente in Sumer
1985v grün Wurzelzeichen in Sumer
1981v grün Kuren in Sumer
1981v–1929v Neferi
1965v grün Sternkatalog in Babylon
1951v grün Krebs- und Tb-Behandlung
1930v grün Epilepsie-Erforschung
1888v grün Tierärztliche Rezepte
1875v grün Frauenkrankheiten-Buch
1838v grün Rechenbuch in Ägypten
1828v grün Wert 'pi' in Ägypten
1807v grün Tafel für Bruchrechnung
1773v grün Vermessungs-Handbuch
1700v grün Bruchrechnung (Babylon)
1690v grün Kalenderreform (Babylon)
1683v grün Astronomie-Buch (Babylon)
1643v grün Ursache des Stotterns
1602v grün Augen-Behandlung (Ägypten)
1575v grün Tierheilkunde-Buch
1570v–1518v Amenem
1568v grün Stern-Tafeln in Babylon
1566v grün Frauenkrankheiten-Buch
1554v grün Entdeckung des Gehirns
1546v grün Handbuch der Chirurgie
1534v grün Messung der Nacht-Länge
1473v–1409v Neb-Amun
1462v–1382v Hapu
1410v–1353v Pentu
1390v grün Recheneinheiten in China
1383v grün Ruf ägyptischer Ärzte
1333v grün Kalender in Südarabien
1321v grün Zeitrechnung in China
1317v grün Jahresberechnung (Ägypten)
1159v grün Stern-Tafeln in Ägypten
1079v grün Tschu-Kong: Ekliptik
995v grün Neue Rechenformen (China)
959v grün Kreisumfangs-Berechnung
867v grün Sternwarte Kalach
841v grün Neue Zeitrechnung (China)
800v grün Arztberuf in Indien
763v grün Sonnenfinsternis-Urkunde
747v grün Schriften zur Astronomie
718v grün Ärzteschule in Ägypten
708v grün Rezepte in Assyrien
672v grün Heilmittel-Erprobung
640v grün Aufbau der Materie
624v–546v Thales
610v–546v Anaximander
584v grün Magnetismus im Eisen
577v grün Magnetismus im Bernstein
572v–493v Pythagoras
566v grün Abstammung des Menschen
561v grün Anaximander: Weltkarte
554v grün Himmelsmodell
546v grün Dreieckssatz
542v grün Stellenwert der Zahl
533v grün Kugelgestalt der Erde
525v grün Erde Stern unter Sternen
520v–450v Alkmaion
504v grün Ärzteschule in Kroton
503v grün Experimente als Beweis
501v–428v Anaxagoras
497v grün Hekataios: Erdbeschreibung
496v grün Sonne im Mittelpunkt
490v–430v Empedokles
489v–428v Leukipp
478v grün Alkmaion: Sektionen
473v grün Klima und Mensch
471v grün Entdeckung des Sehnervs
467v grün Trennung von Philosophie
466v grün Gehirn Sitz der Seele
460v–375v Hippokrates
457v grün Bau der Lebewesen
455v–370v Demokrit
453v grün Lehre von vier Elementen
452v grün Teilchen-Theorie
447v grün Begriff 'Atom'
442v grün Lehrbuch der Geometrie
433v grün Meton: Zeitrechnung
433v–351v Archytas
427v grün Demokrits Atomlehre
424v grün Schrift über Gelenke
418v grün Heilkraft der Natur
418v–345v Diokles
415v grün Kallias: Quecksilber
412v grün Funktion des Herzens
408v–355v Eudoxos
403v grün Bedeutung der Ernährung
394v grün Würfelverdoppelung
392v grün Aufbau der Milchstraße
390v–310v Herakleides
389v grün China: Rechnen mit Null
385v grün Humoralpathologie
384v–322v Aristoteles
382v grün Achsendrehung der Erde
380v–306v Pytheas
376v grün Zahnschmerz-Mittel
375v grün Schule des Eudoxos
372v–287v Theophrast
370v grün Weltbild des Eudoxos
366v grün Leitfaden des Diokles
365v–276v Euklid
363v grün Eudoxos: Stereometrie
361v grün Wissenschaftliche Mechanik
358v grün Goldener Schnitt
356v grün Heilkraft der Pflanzen
355v grün Planeten-Bewegung
352v grün Unendlichkeit des Alls
352v–285v Dikäarch
349v grün Jeder Stern eine Welt
344v grün Erklärung der Tageszeit
344v–268v Berossos
343v grün Aristoteles: Physiognomik
340v grün Kugelgestalt der Erde
339v grün Seele und Krankheit
338v–268v Strato der Physiker
337v grün Anziehung der Erdmitte
336v grün Geschichte der Mathematik
332v grün Aristoteles: Physik
330v grün Aristoteles: Meteorologie
328v grün Aristoteles: Akustik
326v grün Aristoteles: Zoologie
325v grün Euklid: Geometrie
324v–250v Herophilos
323v grün Pytheas' Forschungen
322v grün Aristoteles: Psychologie
322v–246v Ptolemäus II.
321v grün Erklärung der Gezeiten
320v grün Bericht des Pytheas
317v grün Charakterforschung
316v–250v Aristarch
315v grün Indische Heilkunde
314v grün Übungen zur Geometrie
309v grün Theophrast: Botanik
304v grün Mathematische Geographie
304v–240v Erasistratos
297v grün Theophrast: Physiologie
296v grün Längen- und Breitengrade
296v–228v Ktesibios
292v grün Begriff 'Leerer Raum'
290v grün Puls und Diagnose
289v grün Astronomische Messungen
288v grün Pulsuhr in Griechenland
286v grün Euklid: Astronomie
284v–212v Archimedes
283v grün Herophilos: Sektionen
282v grün Atomlehre des Strato
280v grün Schule für Astronomie
278v grün Epikur: Weltentstehung
275v grün Hebammenbuch
274v grün Gehirn-Forschung
274v–194v Eratosthenes
271v grün Aristarch: Ekliptik
270v grün Gymnastik und Gesundheit
265v grün Nervensystem beschrieben
265v–202v Philon
262v grün Arterien und Venen
258v grün Zweifache Erdbewegung
257v grün Gefahren der Blutfülle
254v grün Fiebermessung
250v grün Hebelgesetz, schiefe Ebene
249v grün Zweierlei Nerven
246v grün Apollonios: Kegelschnitte
242v grün Gesetz der Spirale
241v grün Chinesisches Rechenbuch
237v grün Sonnenjahr in Ägypten
236v grün Auftriebsgesetz
234v grün Archimedes: Himmelsmodell
234v–149v Kato der Ältere
232v grün Kreisberechnungen
229v grün Schrift über Mechanik
228v grün Erdumfangs-Bestimmung
225v grün Wissenschaftliche Erdkunde
223v grün Fachärzte in Alexandria
222v grün Eratosthenes: Weltkarte
217v grün Integralrechnung
214v grün Spezifisches Gewicht
212v grün Mathematische Physik
211v grün Staroperationen
207v grün Würfelverdoppelungs-Gerät
206v grün Epizyklen-Scheinlehre
203v grün Einrichten von Brüchen
196v–125v Hipparch

184v grün	Diokles: Brennspiegel
179v grün	Nikomedes: Konchoide
176v grün	Ägyptische Sternkunde
171v grün	Hypsikles: Kreisteilung
160v grün	Krates: Erdglobus
155v grün	Hipparch: Meßgeräte
152v–82v	Heron
147v grün	Entfernung Erde–Mond
138v grün	Ortsbestimmung
135v–50v	Poseidonios
134v grün	Neuer Stern beobachtet
131v grün	Hipparch: Sternkatalog
129v–40v	Asklepiades
124v grün	Dreiecksflächen-Formel
116v–27v	Varro
105v grün	Demetrios: Gynäkologie
104v grün	Kalenderreform in China
100v grün	Herons 'Goldene Regel'
97v grün	Poseidonios: Meteorologie
82v grün	Heilkraft des Luftwechsels
74v grün	Tiermedizinisches Werk
70v grün	Naturheilverfahren
64v–20n	Strabo
60v grün	Solidarpathologie
46v grün	Julianischer Kalender
37v grün	Varro: Bakteriologie
3v–64n	Aulus Celsus
5n grün	Leugnung der Erdbewegung
13n grün	Strabo: Erdgestalt
20n–79n	Dioskurides
23n–79n	Plinius der Ältere
37n grün	Sammelwerk der Medizin
44n grün	Erdbeschreibung
47n–122n	Plutarch
49n grün	'Der Augenarzt'
50n grün	Akut und chronisch
63n grün	Römische Enzyklopädie
66n grün	Dioskurides: Arzneikunde
78n grün	Plinius: Naturkunde
81n–144n	Archigenes
82n–135n	Soranos
94n grün	Null-Rechnung in Amerika
101n–179n	Ptolemäus
102n grün	Harnzucker als Symptom
111n grün	Soranos: Lähmungen
114n grün	Zahnheilkunde
120n grün	Soranos: Gynäkologie
121n grün	Phlegon: Langlebigkeit
124n–170n	Apulejus
126n grün	Tierbuch 'Physiologos'
129n–199n	Galen
130n grün	Nikomachos: Zahlenlehre
133n–205n	Kleomedes
143n grün	Operation an Schlagader
147n grün	Heilkraft des Schlafes
153n grün	Geozentrisches Weltbild
155n grün	Ptolemäus: Optik
158n grün	Sternkunde des Kleomedes
163n grün	Ptolemäus: Astrologie
167n grün	Kegel-Projektion
170n grün	Werk über Kartenzeichnen
171n grün	Galen: Physiologie
173n grün	Galen: Pulslehre
177n grün	Galen: Anatomie
180n grün	Galen: Hygiene
182n grün	Galen: Heilmitteltheorie
185n grün	Strahlenbrechung
189n grün	Galen: Temperamente
190n grün	Lichtreflexion des Mondes
190n–265n	Hua-To
194n grün	Galen: Pathologie
197n grün	Galen: Pharmakologie
214n–280n	Diophant
221n grün	Stellenwert der Zahl
225n grün	Narkose in China
230n–300n	Pappos
231n grün	Eumelos: Tiermedizin
253n grün	Schädeloperation (China)
261n–335n	Laktantius
264n grün	Diophant: Arithmetik
276n grün	Baryzentrische Regel
280n grün	Schwerpunktlehre bewiesen
294n grün	Sammelwerk der Mathematik
294n–354n	Apsyrtos
314n blau	Gegnerschaft der Kirche
338n grün	Briefe zur Tiermedizin
348n grün	Bücher über Tiermedizin
355n grün	Aräometer
360n–415n	Hypatia
366n grün	Pelagonius: Tiermedizin
374n grün	Enzyklopädie der Medizin
382n–440n	Martianus Kapella
387n grün	Oribasios: Lähmungen
419n grün	Vegetius: Krankheitskunde
420n grün	'Wissenschaft der Sonne'
442n grün	Susratas Medizin-Werk
474n grün	Jahresberechnung (Indien)
476n–535n	Arjabatta
487n–565n	Kosmas
493n grün	Wert 'pi' in Indien
498n grün	Arjabatta: Astronomie
501n grün	Ursache der Verfinsterung
507n grün	Dreisatz-Lösungen
512n grün	Ursache der Achsdrehung
515n grün	Lehre von der Kraft
518n grün	Arjabattas Kurieraufgabe
525n–605n	Alexander Tralles
527n grün	Sinus-Berechnung
538n–594n	Gregor von Tours
548n grün	Christliche Erdkunde
558n grün	Varahami: Astronomie
598n grün	'Innere Krankheiten'
598n–660n	Brahmagupta
602n grün	Schrift über Würmer
628n grün	Brahmaguptas Lehrbuch
629n grün	Paulus: Gynäkologie

631n grün	Sternwarte in Korea
633n grün	Negative Zahlen (Indien)
653n grün	Vagbhata: Medizin-Buch
657n grün	Null-Rechenregeln
673n–735n	Beda
688n blau	Lehrfächer in Byzanz
699n–759n	Wang-Wei
701n grün	Medizin-Hochschule (Japan)
701n–784n	Fergil der Geometer
737n grün	Arabien: Arzneiproduktion
743n grün	'Antipoden'-Lehre
748n rot	Klage gegen Fergil
773n grün	Sternkunde-Werk arabisch
778n–830n	Al Karismi
786n–833n	Al Mamun
789n–873n	Al Kindi
790n grün	Euklid arabisch
802n grün	Araber: Indische Ziffern
805n–885n	Abu Maschar
806n–873n	Abu Hunain
809n grün	'Über indisches Rechnen'
810n grün	'Kunst des Goldmachens'
812n grün	Walafried: Heilkräuter
816n grün	Al Karismis Rechensystem
820n grün	Sternwarte Bagdad
823n grün	Arabisches Rechenbuch
827n grün	Himmels- und Erdatlas
828n grün	'Almagest'
839n–923n	Al Tabari
840n grün	Einheit der Natur
850n grün	Werk der Tiermedizin
851n–938n	Al Balki
853n grün	Al Fargani: Sternkunde
855n–929n	Al Battani
860n grün	Hippokrates, Galen arabisch
865n–932n	Al Rasi
870n–950n	Al Farabi
872n grün	'Geographie' arabisch
876n grün	'Gestirns-Konjunktionen'
888n–956n	Al Masudi
890n grün	Archimedes arabisch
893n grün	Sinuslehre vereinfacht
896n grün	Schrift über Seuchen
903n grün	Ärzte-Geschichte
904n grün	Al Rasi: Atomlehre
906n grün	Al Battani: Exzentrizität
907n grün	Dioskurides arabisch
909n grün	Begriffe Zeit und Raum
910n grün	Stoffverwandlung
913n grün	Ptolemäus-Widerlegung
919n grün	Al Battani: Sternkunde
921n grün	Al Balki: Atlas
927n grün	Arabische Enzyklopädie
936n–1013n	Abu Kasim
940n grün	Al Hamdani: Geographie
943n–1003n	Silvester II.
948n–1009n	Ibn Junis
960n grün	Al Sufi: Himmelsglobus
963n grün	Europa: Arabische Zahlen
965n–1039n	Al Hassan
966n grün	Sektionen in Cordoba
973n grün	Vivisektionen in Cordoba
973n–1048n	Al Biruni
974n grün	Sternwarte Kairo
975n grün	Muwaffat: Heilmittel
976n–1030n	Machmud
980n grün	Abul Wafa: Geometrie
980n–1037n	Ibn Sina (Avicenna)
982n grün	Ibn Abbas: Medizin-Werk
987n grün	Hormon-Präparate (China)
989n grün	Kauterisation
991n grün	Funktion der Glaskugel
993n grün	Abu Kasim: Chirurgie
996n grün	Beschreibung des Auges
1001n grün	Heilmittel Quecksilber
1004n grün	Höhe der Atmosphäre
1006n grün	Winkel der Sonnenbahn
1008n grün	Quadratur des Kreises
1010n grün	Medizin-Schule Salerno
1012n grün	Ibn Isa: Augenheilkunde
1013n grün	Ausbreitung des Lichtes
1015n grün	Heilmittel Koffein
1016n grün	Al Hassan: 'Optik'
1021n grün	Ursache der Dämmerung
1022n grün	Tierkunde arabisch
1027n grün	Natur geschliffenen Glases
1028n grün	Begriffsschrift
1029n grün	Al Biruni: Sternkunde
1030n grün	Lichtstrahlen-Forschung
1033n grün	System der Medizin
1034n grün	Regenbogen-Erklärung
1036n grün	Al Biruni: Geometrie
1039n–1123n	Al Kajam
1047n grün	Erdumfangs-Bestimmung
1052n grün	Ibn Wafid: Naturheilung
1070n grün	Wert der Nahrungsmittel
1074n grün	Goldgehalt in Legierungen
1079n grün	Al Kajam: Kalender
1085n–1141n	Juda Halevi
1090n grün	Araber-Ziffern verbreitet
1093n–1162n	Ibn Badscha
1096n–1166n	Al Idrisi
1098n–1178n	Hildegard von Bingen
1106n grün	Narkoseschwämme
1114n–1186n	Bhaskara
1114n–1187n	Gerhard von Toledo
1123n grün	Adelards Übersetzungen
1125n grün	Abu Maschar lateinisch
1126n–1198n	Ibn Rasd (Averroes)
1127n grün	Alkohol-Herstellung
1127n–1185n	Ibn Tufail
1130n grün	Schießpulver in China
1135n–1204n	Maimonides
1136n grün	Al Battani lateinisch
1137n grün	Hochschule für Medizin
1138n grün	Übersetzerschule Toledo

1139n grün	Al Farabi lateinisch
1145n grün	Al Karismi lateinisch
1150n grün	Bhaskaras Lehrbuch
1152n grün	Hildegard: Homöopathie
1153n grün	Euklid lateinisch
1154n grün	Al Idrisi: Geographie
1158n grün	Galen lateinisch
1160n grün	Hildegards Naturkunde
1162n grün	Chirurgie eingeschränkt
1164n grün	Al Idrisis Weltkarte
1165n grün	Hildegards Medizinbuch
1166n grün	Sonnenflecken-Theorie
1169n grün	Al Hassan lateinisch
1170n grün	Medizinschule Damaskus
1172n grün	Ibn Sina lateinisch
1174n grün	Ibn Rasd: Psychologie
1176n grün	Chirurgie-Buch übersetzt
1182n grün	Aristoteles-Erläuterung
1187n grün	Astronomie-Buch übersetzt
1193n–1279n	Albertus Magnus
1197n grün	Abu Kasim lateinisch
1203n grün	Fibonacci: Mathematik
1212n grün	Ibn Baitar: Naturheilung
1214n–1294n	Roger Bacon
1215n grün	Medizin eingeschränkt
1227n grün	Robert: Lehre vom Licht
1228n grün	Eiterlose Wundbehandlung
1230n grün	Wissenschaftsgeschichte
1237n grün	Ibn Baitar: Arzneien
1239n grün	Vorschriften für Ärzte
1242n grün	Ärzte-Geschichte
1245n grün	Perpetuum-mobile-Plan
1248n grün	Alfons: Planetentafeln
1249n grün	Treibhaus-Pflanzenzucht
1251n grün	Sphärische Trigonometrie
1258n grün	Werk der Augenheilkunde
1259n grün	Sternwarte Maraga
1261n grün	Chirurgenschule Paris
1263n grün	Lungen-Blutkreislauf
1269n grün	Zweierlei Magnetpole
1275n grün	Witelo: Optik
1277n grün	Kalenderreform in China
1279n grün	Sternwarte Peking
1280n grün	Weltbeschreibung
1286n grün	Sektion in Cremona
1290n–1343n	Marsilius von Padua
1313n–1374n	Al Katib
1315n grün	Sektionen in Bologna
1320n grün	Levi: Camera obscura
1321n grün	Erdoberfläche berechnet
1333n grün	Kraftbegriff der Physik
1340n grün	Trägheitsgesetz
1349n grün	Konrads Naturkunde
1356n grün	Al Katibs Medizin-Werk
1360n grün	Oresme: Algebra
1363n grün	Chauliac: Chirurgie
1368n grün	Tägliche Erdbewegung
1372n grün	Analytische Geometrie
1374n grün	Aristoteles französisch
1394n–1460n	Heinrich der Seefahrer
1401n–1464n	Nikolaus von Kues
1404n–1472n	Alberti
1417n–1492n	Francesca
1422n grün	Sternwarte in Portugal
1434n grün	Achsdrehung der Erde
1436n grün	Kalenderreform gefordert
1441n grün	Erdöl zu Heilzwecken
1452n–1519n	Leonardo da Vinci
1460n grün	Al Kalsadi: Rechenbuch
1466n grün	Trapez-Projektion
1467n grün	Dezimalbruchsystem
1471n grün	Sternwarte Nürnberg
1472n grün	Werk der Kindermedizin
1473n–1543n	Kopernikus
1493n grün	Leonardo: Augenforschung
1493n–1541n	Paracelsus
1494n grün	Paccioli: Rechenbuch
1495n grün	Perpetuum-mobile-Problem
1505n grün	Möglichkeit des Fliegens
1510n grün	Ferro: Kubische Gleichung
1512n grün	Tonschwingungen
1514n grün	Böschenstein: Rechenbuch
1525n grün	Botanischer Garten Erfurt
1528n grün	Heliozentrisches Weltbild
1531n grün	Apian: Kometenbahn
1536n grün	Paracelsus: Heilmittel
1542n grün	Imaginäre Zahlen
1543n grün	Vesal: Anatomie
1544n grün	Cordus: Arzneibuch
1545n grün	Cardano: Rechenkunst
1545n grün	Paré: 'Chirurgie'
1546n grün	Fracastoro: Bakteriologie
1546n–1601n	Tycho Brahe
1548n–1600n	Giordano Bruno
1550n grün	Adam Riese: Rechenbuch
1557n grün	Amalgamierung
1560n grün	Akademie in Neapel
1561n–1626n	Francis Bacon
1563n grün	Anatomie des Ohres
1564n–1642n	Galilei
1565n grün	Heilmittel Tabak
1569n grün	Mercator: Weltkarte
1571n grün	Innere Kräfte der Welt
1571n–1630n	Kepler
1572n grün	Fixstern-Bewegung
1575n grün	Maurolico: Augenfehler
1576n grün	Sternwarte Uranienburg
1579n grün	Vieta: Mathematik
1582n grün	Gregorianischer Kalender
1589n grün	Wärmewirkung des Lichts
1590n grün	Janssen: Mikroskop
1592n grün	Galilei: Thermometer
1593n grün	Fernrohre in Italien
1595n grün	Mercator: Atlas
1596n–1650n	Descartes
1598n grün	Gilbert: Elektrizität

1599n grün	Gilbert: Erdmagnetismus
1602n grün	Bayer: Sternatlas
1603n grün	Akademie in Rom
1604n grün	Galilei: Bewegungsgesetze
1609n grün	Kepler: Planetenbewegung
1610n grün	Sonnenflecke, Jupitermonde
1611n grün	Astronomisches Fernrohr
1611n grün	Planeten: Lichtreflexion
1614n grün	Napier: Logarithmentafel
1616n rot	Kampf gegen Kopernikus
1617n grün	Briggs: Logarithmentafel
1618n grün	Harvey: Blutkreislauf
1619n grün	Kepler: Astronomie
1620n grün	Snellius: Brechungswinkel
1620n grün	F. Bacon: Wärmelehre
1623n–1662n	Pascal
1625n grün	Neander: Tabakveredlung
1626n grün	Botanischer Garten Paris
1633n rot	Zwang gegen Galilei
1636n grün	Analytische Geometrie
1638n grün	Mechanische Physik
1640n grün	Gascoigne: Fernrohr
1643n grün	Torricelli: Barometer
1643n–1727n	Newton
1646n grün	Pascal: Luftdruck
1646n–1716n	Leibniz
1647n grün	Gassendi: Atomlehre
1651n grün	Harvey: Urschöpfung
1654n grün	Magdeburger Halbkugeln
1654n grün	Wahrscheinlichkeitslehre
1655n grün	Saturnring und -mond
1656n grün	Atlas von China
1658n grün	Rote Blutkörperchen
1660n grün	Herz als Muskel
1661n grün	Analytische Chemie
1661n grün	Malpighi: Kapillargefäße
1662n grün	Boyle: Gasgesetz
1663n grün	Guericke: Elektrisieren
1665n grün	Thermometer-Fixpunkte
1666n grün	Newtons Forschungen
1666n grün	Mariotte: Blinder Fleck
1667n grün	Sternwarte Paris
1667n grün	Transfusion Mensch/Tier
1667n grün	Hooke: Pflanzenzellen
1668n grün	Redi: Insektenkunde
1668n grün	Spiegelfernrohr
1668n–1744n	Vico
1669n grün	Krafterhaltungs-Gesetz
1669n grün	Brand: Phosphor
1669n grün	Doppelte Lichtbrechung
1671n grün	Elektrischer Funke
1673n grün	Pulverkraft als Antrieb
1675n grün	Infinitesimalrechnung
1675n grün	Aufgußtierchen entdeckt
1676n grün	Sternwarte Greenwich
1676n grün	Lichtgeschwindigkeit
1676n grün	Elastizitätsgesetz
1678n grün	Huygens: Wellentheorie
1683n grün	Leeuwenhoek: Bakterien
1689n grün	J. Bernoullis Forschungen
1700n grün	Sternwarte Berlin
1702n grün	Amontons: Gasgesetz
1704n grün	Newton: 'Über Optik'
1705n grün	Halley: Kometenbahn
1711n–1765n	Lomonossow
1713n–1784n	Diderot
1714n grün	Quecksilber-Thermometer
1715n grün	Réaumur: Bienenstaat
1717n grün	Pockenschutzimpfung
1718n grün	Halley: Fixsternbewegung
1725n grün	Vico: Völkerpsychologie
1726n grün	Hales: Blutdruckmessung
1727n grün	Schulze: Silbersalze
1728n grün	Abirrung des Lichtes
1729n grün	Leiter und Nichtleiter
1730n grün	Réaumur: Gefrierpunkt
1733n grün	Zweierlei Elektrizität
1735n grün	Linnés System
1737n grün	Packe: Geologische Karte
1737n grün	Hahn: Kaltwasserkur
1738n grün	Schallforschung
1741n grün	Sibirien-Kartographie
1742n grün	Celsius: Siedepunkt
1743n grün	Hales: Physiologie
1743n–1794n	Lavoisier
1744n grün	Euler: Variationsrechnung
1745n grün	Leidener Flasche
1745n grün	Daviel: Staroperation
1746n grün	Fauchard: Paradentose
1747n grün	Zuckergehalt der Rübe
1747n grün	Haller: Physiologie
1748n grün	Schwanken der Erdachse
1749n grün	Tiefseetemperaturen
1749n–1832n	Goethe
1757n grün	Black: Wärmelehre
1757n grün	Materie-, Energie-Gesetz
1760n grün	Blütenbestäubung
1760n grün	Ärztliches Abklopfen
1761n grün	Pathologische Anatomie
1765n grün	Bergakademie Freiberg
1766n grün	Mensch als Säugetier
1766n grün	Cavendish: Wasserstoff
1767n grün	Elektroenergie-Theorie
1771n grün	Scheele: Sauerstoff
1771n grün	Priestley: Sauerstoff
1772n grün	Rutherford: Stickstoff
1773n grün	Werner: Gesteinskunde
1774n grün	Scheele: Chlor
1775n grün	Lavater: Physiognomik
1775n grün	Verbrennungsprozeß
1776n grün	Verdauungsvorgang
1778n grün	Pflanzenwelt Frankreichs
1780n grün	Galvanis Forschungen
1781n grün	Herschel: Uranus
1781n grün	Analyse des Wassers
1783n grün	Sonnensystem-Bewegung

1784n grün	Milchstraßen-Forschung
1785n grün	Coulomb'sches Gesetz
1786n grün	Buffons Naturgeschichte
1786n grün	Künstliche Befruchtung
1788n grün	Hutton: Erdtheorie
1789n grün	Materie-Gesetz
1789n grün	Klaproth: Uran
1790n grün	Goethe: 'Metamorphose'
1791n grün	Pinel: Psychiatrie
1791n grün	Soda aus Kochsalz
1792n grün	Volta: Elektrizität
1794n grün	Lamarck: Tier-Systematik
1795n grün	Historische Geologie
1796n grün	Gall: Schädellehre
1799n grün	Laplace: Himmelsmechanik
1799n grün	Priestley: Kohlenoxyd
1800n–1882n	Friedrich Wöhler
1801n grün	Gauß: Arithmetik
1801n grün	Young: Wellentheorie
1803n grün	Sertürner: Morphium
1805n grün	Hahnemann: Homöopathie
1807n grün	Davy: Kalium
1808n grün	Dalton: Atomlehre
1808n grün	Berzelius: Chemiebuch
1809n grün	Lamarck: Entwicklungslehre
1809n grün	Gauß: Astronomie
1809n–1882n	Darwin
1810n grün	Goethe: Farbenlehre
1811n grün	Avogadros Gasgesetz
1812n grün	Courtois: Jod
1812n grün	Thaers Bodenlehre
1815n grün	Prout: Atomgewicht
1815n grün	Fresnel: Wellentheorie
1816n–1892n	Siemens
1817n grün	Ritter: Erdkunde
1818n grün	Herbart: Psychologie
1819n grün	Elektromagnetismus
1819n grün	Pelletier: Chinin
1820n grün	Stromstärke und -spannung
1820n grün	Synoptische Wetterkarte
1821n grün	Ampère: Elektrodynamik
1821n grün	Fourier: Wärmeströmung
1821n grün	Thermoelektrizität
1823n grün	Faraday: Verflüssigungen
1824n grün	Transfusion Mensch/Mensch
1824n grün	Carnot: Wärmeprozeß
1824n grün	Priessnitz: Kaltwasserkur
1825n grün	Faraday: Benzol
1825n grün	W. Weber: Wellenlehre
1826n grün	Nichteuklidische Geometrie
1827n grün	Baer: Menschliches Ei
1827n grün	Ohm'sches Gesetz
1828n grün	Harnstoff-Synthese
1828n grün	Wöhler: Aluminium
1831n grün	Faraday: Induktion
1831n grün	Magnetischer Nordpol
1832n grün	Gauß: Magnetismus
1833n grün	Faraday: Elektrolyse
1834n grün	Großkarte vom Mond
1834n grün	Runge: Anilin
1834n grün	E. H. Weber: Hautsinne
1837n grün	Atmungszentrum
1838n grün	Ehrenberg: Mikrobiologie
1839n grün	Künstliche Düngung
1839n grün	Zellulose aus Holz
1839n grün	Purkinje: Ganglien
1840n grün	Liebig: Nahrungsforschung
1842n grün	Mayers Energie-Gesetz
1842n grün	Doppler: Doppelsterne
1842n grün	Jackson: Äther-Narkose
1845n grün	Schießbaumwolle
1846n grün	Entdeckung des Neptun
1847n grün	Boole: Mathematik/Logik
1847n grün	Kindbettfieber-Forschung
1847n grün	Chloroform-Narkose
1848n grün	Kelvins Temperaturskala
1849n grün	Lichtgeschwindigkeit
1849n grün	Berthold: Hormone
1850n grün	Helmholtz: Augenspiegel
1850n grün	Helmholtz: Nervenforschung
1851n grün	Clausius: Wärmelehre
1854n grün	Riemann: Raum-Geometrie
1855n–1939n	Freud
1857n grün	Krönig: Gastheorie
1857n grün	Kathodenstrahlen
1858n grün	Zellularpathologie
1858n–1947n	Planck
1859n grün	Darwin: Ursprung derArten
1859n grün	Maxwell: Gastheorie
1860n grün	Pasteur: Bakteriologie
1861n grün	Fechner: Psycho-Physik
1861n grün	Spektralanalyse
1863n grün	Maxwell: Ätherwellen
1863n grün	Th. Huxley: Abstammung
1865n grün	Clausius: Entropie
1866n grün	Mendel: Vererbungsgesetze
1867n grün	Lister: Antisepsis
1867n grün	Nobel: Dynamit
1867n grün	Pasteurisieren
1868n grün	Haeckel: Schöpfungslehre
1869n grün	Mendelejew: Elemente
1869n grün	Brehms 'Tierleben'
1870n grün	Baeyer: Indigo
1871n grün	Darwin: Abstammung
1873n grün	Hansen: Leprabazillus
1873n grün	Cantors Mengenlehre
1874n grün	Mitscherlich: Zellulose
1874n grün	Billroth: Mikrokokken
1875n grün	Kerr: Doppelbrechung
1877n grün	Luft-Verflüssigung
1878n grün	Boltzmann: Mechanik
1878n grün	Koch: Bakteriologie
1879n grün	Stefan: Strahlungsgesetz
1879n–1955n	Einstein
1879n–1968n	Otto Hahn
1880n grün	Saccharin

1880 n grün Tollwutimpfung
1881 n grün Charcot: Hysterie
1881 n grün Mitschurins Züchtungen
1882 n grün Elektrochemie
1882 n grün Koch: Tuberkelbazillus
1883 n grün Mach: Mechanik
1884 n grün Kunstseide
1885 n–1962 n Niels Bohr
1886 n grün Formalin-Desinfektion
1886 n grün Germanium
1887 n grün Hertz: Wellen
1887 n grün Kneipp: 'Wasserkur'
1889 n grün Eikman: Vitamin
1890 n grün Behring: Blutserum
1890 n grün Lie: Gruppentheorie
1891 n grün Tesla: Diathermie
1892 n grün Schleich: Betäubung
1893 n grün Ehrlich: Chemo-Therapie
1893 n grün Nernst: Theoretische Chemie
1893 n– Karolus
1894 n–1964 n Norbert Wiener
1895 n grün Freud: Psychoanalyse
1895 n grün Zeeman-Effekt
1895 n grün Röntgen-Strahlen
1896 n grün Uran-Radioaktivität
1897 n grün Malaria-Erreger
1897 n grün Rutherford: Atomkern
1897 n grün Wasserstoff-Verflüssigung
1898 n grün Radium, Polonium
1899 n grün Dreser: Aspirin
1899 n grün Alpha-, Beta-Strahlen
1899 n grün Dünger aus Luft
1900 n grün Planck: Quantentheorie
1900 n grün Freud: Traumdeutung
1901 n grün Landsteiner: Blutgruppen
1901 n– Heisenberg
1902 n grün Vries: Mutation
1903 n grün Ultramikroskop
1905 n grün Lorentz: Elektronentheorie
1905 n grün Spezielle Relativitätslehre
1905 n grün Poincarés Untersuchung
1906 n grün Lenard: 'Kathodenstrahlen'
1906 n grün Nernst: Wärmesatz
1906 n grün Koch: Schlafkrankheit
1907 n grün Morgans Vererbungslehre
1907 n grün Hilberts 'Zahlenbericht'
1907 n grün Minkowski: Zahlentheorie
1909 n grün Ehrlich: Salvarsan
1910 n grün Soddy: Isotope
1910 n grün Russell: Mathematik/Logik
1911 n grün Rutherfords Atommodell
1911 n grün Elektrokardiogramm
1912 n grün Heß: Kosmische Strahlung
1912 n grün Natur der Röntgenstrahlen
1912 n grün Adler: Psychologie
1913 n grün Bohrs Atommodell
1913 n grün Benzin aus Kohle
1913 n grün Behm: Echo-Lot
1914 n grün Debes: Mondatlas
1914 n grün Blüten-Farbstoffe
1914 n grün Ostwalds Farbenlehre
1915 n grün Funk: Vitamin
1915 n grün Langevin: Ultraschall
1916 n grün Germanin
1916 n grün Allgemeine Relativitätslehre
1919 n grün Atomzertrümmerung
1920 n grün Periodisches System
1920 n grün Jung: Archetypen
1921 n grün Forel: Sozialpsychologie
1921 n grün Insulin
1923 n grün Frisch: Leben der Bienen
1924 n grün Bergers Hirnforschung
1925 n grün Quantenmechanik
1925 n grün Pauli-Prinzip
1926 n grün Pawlows Nervenforschung
1926 n grün Künstliches Vitamin
1926 n grün Gummi aus Kohle
1927 n grün Wellenmechanik
1927 n grün Elektronen-Beugung
1928 n grün Geigerzähler
1928 n grün Fleming: Penicillin
1930 n grün Entdeckung des Pluto
1931 n grün Piccards Ballonaufstieg
1932 n grün Chadwick: Neutron
1932 n grün Anderson: Positron
1932 n grün Nylonfaser
1933 n grün Elektronenmikroskop
1934 n grün Künstliche Radioaktivität
1934 n grün Hormonsynthese
1935 n grün Atomkern-Beschuß
1935 n grün Domagk: Sulfonamid
1936 n grün Spemann: Entwicklung
1936 n grün Regener: Strahlung
1938 n grün Atomkern-Spaltung
1938 n grün Elektroschock-Behandlung
1939 n grün Müller: DDT
1939 n grün Geschlechtsbestimmung
1940 n grün Rhesusfaktor
1941 n grün Broglie: Teilchentheorie
1941 n grün Viren sichtbar
1942 n grün Fermi: Atomreaktor
1943 n grün J. Huxley: Evolution
1943 n grün Weizsäcker: Planetenlehre
1944 n grün Waksman: Streptomyzin
1944 n grün Schrödinger: 'Leben'
1945 n grün Atombombe
1945 n grün Goetsch: Vitaminforschung
1946 n grün Clayton: Sonnenflecke
1946 n grün Flüssigkeitstheorie
1947 n grün Künstliches Vitamin A
1948 n grün Informationstheorie
1948 n grün Künstliches Herz
1948 n grün Kybernetik
1949 n grün Groß-Teleskop
1950 n grün Einsteins Feldtheorie
1951 n grün Kuiper: Atmosphäre
1951 n grün Sonneborn: Vererbung
1952 n grün Wasserstoffbombe
1952 n grün Meteoro-Biologie
1953 n grün Kinseys Sexual-Report
1954 n grün Tauchtiefe 4050 m
1954 n grün Kinderlähmungsserum
1955 n grün Montagu: Psychologie
1955 n grün Hahn: Kobalt 60
1956 n grün Strahlengefahr
1958 n grün Strahlungsgürtel
1959 n grün Photos der Mondrückseite
1960 n grün Tauchtiefe 10 970 m
1960 n grün Laser-Strahl
1962 n grün Contergan-Schäden
1962 n grün Venus-Sonde
1963 n grün Anti-Baby-Pille
1964 n grün Gefahren des Rauchens
1965 n grün Mars-Sonde

NAUKRATIS, Stadt im westlichen Nildelta (Nord-Ägypten). Von Griechen aus der kleinasiatischen Stadt Milet vor mehr als 2500 Jahren angelegt, entwickelte sie sich zu einem wichtigen Handelszentrum. Um 550 v wurde der griechische Ägyptenhandel durch den Ägypter-König Amasis auf diese Stadt beschränkt. Ihre Zolleinnahmen flossen dem Tempel der benachbarten Residenzstadt Sais zu. Bis zur Gründung von Alexandria im Jahre 331 v bedeutendste griechische Stadt Nordafrikas.

650 v blau Gründung

NAUMBURG, Stadt an der Saale zwischen Leipzig und Weimar. Im 10. Jahrhundert entstanden, erhielt sie 1028 n Stadtrecht und wurde Bischofssitz. Im 12. Jahrhundert begann hier der Bau eines Domes, der 1242 n eingeweiht wurde. Er wurde von einem unbekannten Bildhauer ('Naumburger Meister') mit den Skulpturen der Stifter geschmückt (Ekkehard, Uta).

1256 n blau Stifterfiguren

NAVIGATIONSAKTE, Bezeichnung für ein englisches Gesetz, nach dem überseeische Waren nur auf englischen Schiffen nach England gebracht werden durften und europäische Waren nur auf englischen Schiffen oder Schiffen des Hersteller-Landes. Von Cromwell gegen Holland erlassen, diente es während der Dauer seiner Gültigkeit (1651 n–1854 n) der Förderung des englischen Flottenbaus und dem Schutz der britischen Kolonialpolitik.

1651 n rot Erlaß

NAXOS, Mittelmeer-Insel zwischen Griechenland und Kleinasien. Seit mehr als 3000 Jahren dicht besiedelt, gelangte sie um 700 v zu Macht und Reichtum. Im ersten Jahre der Perserkriege von angreifenden Perserheeren verwüstet, nahm sie auf griechischer Seite an der Schlacht gegen die Perser bei Salamis teil. Trat dem attischen Seebunde bei und erlangte ihre Freiheit zurück. Als sie sich weigerte, ihren Pflichten aus dem Bunde nachzukommen, wurde sie von Athen besiegt und als erobertes Land behandelt. Dem Alexanderreich zugehörig, wurde sie nach Alexanders Tod von den ägyptischen Diadochen regiert, durch den Römer Antonius der Insel Rhodos unterstellt und bald darauf dem Römerreiche einverleibt. 1207 n fiel sie Venedig zu und wurde im 16. Jahrhundert türkisch. Seit 1829 n ist sie griechisch. Nach der griechischen Sage hat Theseus hier seine Geliebte Ariadne verlassen.

490 v/449 v Perserkriege
477 v rot Attischer Seebund
376 v braun Seesieg Athens

NAXOS, Stadt an der Ostküste Siziliens unweit des Ätna. Durch Griechen aus Chalkis und von der Kykladeninsel Naxos gegründet. Älteste griechische Siedlung auf Sizilien. 476 v vom Herrscher der Stadt Syrakus (Hieron) besiegt, wurde ihre Bevölkerung nach dem 50 km südlicher gelegenen Ort Leontinoi umgesiedelt, kehrte aber zehn Jahre später wieder zurück. 403 v durch Dionys von Syrakus endgültig zerstört.

736 v blau Gründung

NAZARETH, Stadt in Galiläa (Nord-Palästina). Vor 2000 Jahren Wohnort der Eltern des Religionsstifters Jesus, der deshalb auch 'Jesus von Nazareth' genannt wird. Die Zimmermanns-Werkstätte seines Vaters Joseph und die Synagoge, in der er selbst gepredigt hat, werden heute als Sehenswürdigkeiten gezeigt. Die Stadt gehört seit 1948 n zum Staate Israel.

27 v–40 n Herodes Antipas
6 v–30 n Jesus Christus

NAZIANZ, Gregor von, kleinasiatischer Priester, Theologe und Dichter.

329 n–389 n Lebenslinie
381 n blau Dreifaltigkeitslehre

NEANDER, Johann (1596 n–um 1640 n), deutscher Arzt. Studierte in Leiden (Holland) Medizin, kehrte 27jährig in seine Heimatstadt Bremen zurück und ließ sich als Arzt nieder. In mehreren medizinischen Schriften trat er für die Lehren des Paracelsus ein. Verfaßte auch eine Geschichte der Medizin. In einem illustrierten Buche beschrieb er Anbau und Züchtung des Tabaks sowie dessen weitere Verarbeitung für die verschiedensten Verwendungszwecke. Empfahl auch seine Anwendung zur Bekämpfung von Krankheiten (Syphilis). Bildete verschiedene Geräte der Indianer zum Tabakrauchen ab und führte 18 Tabaksorten auf. Seine Schrift trug entscheidend zur Verbreitung des Tabaks in Deutschland und in Europa bei. Verfaßte auch Gedichte und philosophische Abhandlungen.

1625 n grün Tabakveredlung

NEANDERTAL, Name eines Tales bei Düsseldorf, an dessen Steilhang in einer Höhle Mitte des 19. Jahrhunderts das Schädeldach und andere Knochenreste eines vorgeschichtlichen Menschen entdeckt wurden. Der nach diesem Fundort benannte Menschentyp fand sich später noch an vielen anderen Orten Europas, Kleinasiens, Vorderasiens, Afrikas und Indonesiens. Diese vor etwa 40000 Jahren ausgestorbenen Vorläufer des heutigen Menschen waren kleiner (1,60 m groß) und plumper. Sie hatten eine fliehende Stirn und kein sehr ausgeprägtes Kinn. Die Gehirnmenge entsprach bereits der jenigen des heutigen Menschen, doch war die Gehirnstruktur noch gröber.

1856 n grün Knochenfunde

NEAPEL, Stadt in Süditalien. Um 680 v von Griechen aus Kyme (Kleinasien) neben einer älteren phönizischen Niederlassung gegründet. Um 470 v war die Siedlung so gewachsen, daß sie durch Anlage einer Neustadt (griechisch: Neapolis) erweitert werden mußte. In dem von Griechen kolonisierten Gebiete Süditalien–Sizilien erhielt sie eine immer größere Bedeutung. Unterwarf sich 326 v als erste Stadt Süditaliens den Römern und erhielt sich dadurch noch mehr als ein halbes Jahrtausend das Recht auf ihre griechische Sprache und Kultur. In der römischen Kaiserzeit eine der wichtigsten Hafenstädte Italiens und Sommersitz vieler reicher Römer (Vergil, Klaudius, Nero). In den Gotenkriegen heftig umkämpft, gehörte sie seit 493 n zum Ostgotenreich. Wurde 536 n von dem oströmischen Feldherrn Belisar erobert und fiel 7 Jahre später an die Ostgoten zurück. In den folgenden Jahrhunderten zwischen Ostrom (Byzanz) und den Herzögen der Stadt sowie den Langobarden umkämpft. 1029 n erhielten normannische Krieger unter Rainulf das Gebiet zwischen Neapel und Kapua und gründeten vor den Toren Neapels die Stadt Aversa. In den folgenden hundert Jahren schufen die Normannen ein mächtiges italienisches Reich, das von Rom bis zur Südspitze Italiens reichte und nach Vertreibung der Araber auch die Insel Sizilien einschloß ('Königreich Neapel' oder 'Königreich beider Sizilien'). Dieses Reich, dessen Zusammenschluß mit Mittel- und Norditalien bis ins 19. Jahrhundert durch den vom Papst beherrschten Kirchenstaat verhindert wurde, blieb unter wechselnder Herrschaft (Deutschland, Frankreich, Spanien) meist staatlich und kulturell geeint, bis es 1861 n im neu gegründeten Königreich Italien aufging.

681 v blau Gründung der Stadt
326 v rot Anschluß an Rom
79 n grün Ausbruch des Vesuvs
489 n/493 n Vorstoß der Ostgoten
493 n rot Ostgoten-Herrschaft
505 n–565 n Belisar
535 n/553 n Letzter Ostgotenkrieg
1013 n–1085 n Robert Guiskard
1029 n rot Normannen-Ansiedlung
1029 n blau Gründung von Aversa
1043 n braun Normannensieg über Byzanz
1043 n rot Apulien normannisch
1053 n braun Sieg der Normannen
1053 n rot Papsthoheit über Apulien
1059 n rot Papstanspruch bestätigt
1059 n rot Zugeständnis des Papstes
1061 n braun Normannensieg über Araber
1061 n rot Normannen auf Sizilien
1071 n braun Normannensieg über Byzanz
1071 n rot Normannische Vormacht
1091 n braun Vorrücken der Normannen
1091 n rot Sizilien normannisch
1096 n–1166 n Al Idrisi
1101 n–1154 n Roger II.
1130 n rot Reich Rogers II.
1140 n grün Ärzteprüfung
1149 n grün Seidenweberei in Palermo
1194 n rot Deutscher Besitz
1194 n–1250 n Friedrich II.
1224 n blau Universität Neapel
1266 n braun Französischer Angriff
1266 n rot Sizilien französisch
1268 n braun Deutscher Feldzug
1282 n braun 'Sizilianische Vesper'
1282 n braun Vordringen der Spanier
1282 n rot Sizilien spanisch
1301 n grün Salz-Kartell
1310 n/1313 n Deutscher Kriegszug
1344 n grün Rückzahlungsweigerung
1442 n rot Spanische Herrschaft
1444 n blau Universität Catania
1470 n grün Alaun-Kartell
1516 n rot Besitz Karls V.
1527 n–1598 n Philipp II.
1542 n/1544 n Französischer Angriff
1544 n rot Rückzug Frankreichs
1556 n rot Besitz Philipps II.
1560 n grün Akademie in Neapel
1709 n grün Grabungen in Herkulaneum
1714 n rot Besitz Österreichs
1735 n rot Spanische Herrschaft
1741 n/1748 n Österreich-Erbfolgekrieg
1748 n grün Grabungen in Pompeji
1796 n/1815 n Napoleonische Kriege
1859 n/1861 n Freiheitskampf Italiens
1861 n rot Einigung Italiens

NEARCHOS (360 v–312 v), griechischer Feldherr und Seefahrer. Als Jugendfreund des vier Jahre jüngeren Alexander wurde er von dessen Vater Philipp II. aus Mazedonien verbannt, aber von Alexander gleich nach der Thronbesteigung zum Statthalter von Lykien (Kleinasien) ernannt. Begleitete Alexander nach Indien und erhielt den Oberbefehl über die für den Indus gebaute Flotte. Von der Indusmündung fuhr er über das Arabische Meer und den Persischen Golf zum Euphrat zurück. Dabei fertigte er eine Beschreibung der Küstenländer an. Ein neuer Auftrag zur Erforschung der Küsten Arabiens und Afrikas konnte durch Alexanders frühen Tod nicht mehr ausgeführt werden. Doch blieb er bei seiner Flotte und trat seine Statthalterschaft an Antigonos ab.

325 v grün Forschungsreise

NEB-AMUN (um 1540 v–um 1485 v), ägyptischer Beamter. Entsprechend der Sitte seiner Zeit schmückte er sein Grabmal in Theben mit lebensfrohen Bildern von Tänzerinnen und Musikantinnen, die er im Jenseits vorzufinden hoffte. Auch ein Bild seiner Lieblingshündin ließ er auf die Wände seiner prächtigen Grabanlage malen.

1494 v blau Gemälde

NEB-AMUN, ägyptischer Mediziner.

1473 v–1409 v Lebenslinie
1425 v grün Patienten aus Vorderasien

NEBENFRAUEN

2403 v rot Duldung in Sumer
1448 v–1392 v Kara-Indasch
1403 v rot Mitannifrau nach Ägypten

NEB-KAU-RE (um 2040 v–1991 v), ägyptischer König. Versuchte vergeblich, die wachsende Macht der Stammesfürsten zu brechen. Bei Ausbruch einer Revolte von seinem Reichsverweser (Wesir) im Stich gelassen, wurde er ermordet und machte dadurch den Thron frei für den Wesir, der als Amen-Em-Het I. sein Nachfolger wurde.

2022 v–1962 v Amen-Em-Het I.
1991 v braun Ermordung

NEB-RE, ägyptischer König.

2766 v–2702 v Lebenslinie
2723 v rot Benennung nach Sonnengott
2710 v rot Verwaltungsreform

NEBUKADNEZAR I., König von Babylon.

1166 v–1105 v Lebenslinie
1121 v braun Niederlage gegen Assyrien
1121 v rot Verlust Assyriens
1115 v braun Sieg über Elam

NEBUKADNEZAR II., König von Babylon.

624 v–561 v Lebenslinie
658 v–595 v Necho II.
640 v–586 v Zedekia
605 v braun Sieg über Ägypten
605 v rot Gebietsgewinn
597 v braun Sieg über Palästina
597 v rot Vertreibung der Juden
589 v grün Medische Mauer
586 v braun Eroberung Jerusalems
585 v grün Fremdarbeiter für Kanalbau
578 v blau Tempelpyramide
576 v blau 'Ischtar-Tor'
573 v blau 'Prozessions-Straße'

NECHO II., König von Ägypten von 609 v bis 595 v.

658 v–595 v Lebenslinie
647 v–609 v Josia
624 v–561 v Nebukadnezar II.
605 v braun Niederlage gegen Babylon
605 v rot Gebietsverlust
605 v grün Kanalbau
601 v grün Umschiffung Afrikas

NECKAR, rechter Nebenfluß des Rheins. Entspringt am Nordhang des Schwarzwaldes und durchfließt dann in nordwestlicher Richtung Württemberg (Heilbronn) und Baden (Heidelberg). Mündet nach 371 km bei Mannheim in den Rhein.

496 n braun Niederlage der Alemannen
496 n rot Gebiete an Franken

NEFER, ägyptischer Harfner und Sänger.

1852 v–1786 v Lebenslinie
1813 v blau Relief

NEFER, ägyptischer Musiker.

1320 v–1258 v Lebenslinie
1283 v blau Wandlung der Musik

NEFER-HOTEP, ägyptischer König.

1783 v–1735 v Lebenslinie
1775 v–1725 v Sebek-Hotep III.
1751 v rot Reichseinheit

NEFERI, ägyptischer Arzt.

1981 v–1929 v Lebenslinie
1951 v grün Krebs- und Tb-Behandlung
1930 v grün Epilepsie-Forschung

NEFER-RE, ägyptischer König.

2496 v–2448 v Lebenslinie
2458 v blau Sonnenkult
2452 v blau Annalen
2449 v rot Vorrechte für Priester

NEFER-REHU (um 2020 v–um 1960 v), ägyptischer Schriftsteller. Schilderte in Form einer Weissagung die Not des Volkes im Nil-Delta. Er verhieß die Überwindung aller Bedrängnis durch König Amen-Em-Het I. Prophezeite auch den Bau einer Mauer gegen die immer wieder einfallenden Beduinen.

1973 v blau Weissagung

NEFER-SEBEK-RE, ägyptische Königin.

1826 v–1786 v Lebenslinie
1789 v rot Residenz Krokodilopolis

NEFRU-RE (um 1505 v–um 1460 v), ägyptische Prinzessin. Tochter des Königs Tut-Mosis II. und der Königin Hatschepsut.

1531 v–1481 v Sen-Mut

NEGATIVE ZAHLEN, Bezeichnung für Zahlen mit negativem Vorzeichen (minus). Sie unterscheiden sich von anderen Zahlen dadurch, daß sie einen Fehl-Wert ausdrücken. Sie entstehen durch das Abziehen einer größeren Zahl von einer kleineren und liegen daher stets unter dem Nullwert. Das Ergebnis ist stets Null, wenn sie mit einer normalen (positiven) Zahl gleicher Größe addiert werden. Von den Indern zur Bezeichnung von Schulden im Gegensatz zum Guthaben eingeführt, erwiesen sie sich bei der Temperaturmessung als unerläßlich und wurden seit dem 17. Jahrhundert in der Mathematik unentbehrlich.

633 n grün Aufkommen in Indien

NEGATIV-PHOTOGRAPHIE, Bezeichnung für ein photographisches Verfahren, bei dem in der Kamera nicht das Papierbild selbst belichtet wird, sondern ein Bildträger (= Negativ), auf dem alles Dunkle hell und alles Helle dunkel erscheint. Durch Umkehr-Kopie wird dann erst das Papierbild hergestellt. Die Erfindung dieses Verfahrens ermöglichte die nachträgliche Korrektur von Fehlbelichtungen sowie die Herstellung einer beliebig großen Anzahl von Papierbildern.

1841 n grün Erfindung

NEHEMIA (um 475 v–um 410 v), jüdischer Staatsmann. Als persischer Statthalter der aus Babylon nach Palästina heimgekehrten jüdischen Gemeinde setzte er sich durch die ihm vom Perserkönige verliehenen Vollmachten gegen die Hohepriester durch. Um die jüdische Stadt Jerusalem von der judenfeindlichen Umgebung zu trennen, ließ er in 12 Tagen die zerstörte Stadtmauer wieder aufbauen, verbot jeden Verkehr der ihm unterstehenden Juden Jerusalems mit der nichtjüdischen Bevölkerung Palästinas und löste Ehen zwischen Juden und Nichtjuden als 'Mischehen' auf. Suchte vergeblich die tiefe Kluft zwischen arm und reich in Jerusalem zu mildern.

445 v grün Mauerbau in Jerusalem
440 v rot Auflösung von Mischehen

NEHRU, Jahwaharlal (1889 n–1964 n), indischer Staatsmann. Als Sohn eines Rechtsanwalts erlernte er den Beruf des Vaters, gab diese Tätigkeit aber bald auf, um sich ganz dem Kampfe für die politische Unabhängigkeit Indiens zu widmen. Von den englischen Kolonialbehörden neunmal zu Kerkerhaft verurteilt, ließ er sich in seinem gewaltlosen Kampf nicht beirren und erzwang an der Seite seines väterlichen Freundes Gandhi die Befreiung Indiens aus der Kolonialherrschaft. Nach Gandhis Tod unbestrittener Führer seines Landes, hielt er an der Politik der Gewaltlosigkeit auch im Innern fest. Durch Aufrechterhaltung der wirtschaftlichen Anlehnung Indiens an England und des Privateigentums der Fürsten, Großgrundbesitzer und Kapitalisten verhinderte er trotz seiner persönlichen Sympathie für den Sozialismus die revolutionäre Erneuerung seines Landes. Dadurch wurde das wirtschaftliche Elend der Kolonialzeit verlängert. In der Weltpolitik wirkte er für Verständigung zwischen den einander feindlich gegenüberstehenden Großmächten. Schrieb eine Geschichte Indiens und geschichtsphilosophische Betrachtungen in Form von Briefen an seine Tochter Indira.

1947 n rot Unabhängigkeit Indiens
1948 n rot Nachfolger Gandhis
1955 n rot Bandung-Konferenz
1964 n rot Schastri Nachfolger

NEIDHART von Reuenthal, deutscher Dichter.

1200 n–1242 n Lebenslinie
1242 n blau Lieder

NEMESIOS (um 350 n–um 420 n), syrischer Priester. Als Bischof der Stadt Emesa (100 km nördlich von Damaskus) schrieb er nach medizinischen und philosophischen Studien ein Buch über die Natur des Menschen. Darin versuchte er, die Ergebnisse griechischer Wissenschaft mit christlichen Dogmen, wie der Unsterblichkeit der Seele und des Vorhandenseins einer göttlichen Vorsehung, zu verbinden. Trotz seines versöhnlichen Tones enthielt das Buch das Postulat des Vorranges der biblischen Überlieferung vor aller wissenschaftlichen Erkenntnis und trug wesentlich zur Wissenschaftsfeindlichkeit der Kirche bei.

409 n blau 'Die Natur des Menschen'

NEMHET, ägyptischer General.

1506 v–1444 v Lebenslinie
1512 v–1448 v Tut-Mosis III.
1481 v/1460 v Vorderasien-Krieg

NEON, Name eines Edelgases, das aus Luft gewonnen wird, aber leichter ist als Luft. Es wird in Glasröhren gefüllt und durch eingeschmolzene Elektroden zum Leuchten gebracht. Seine natürliche Farbe ist rot. Durch Beimengung von Quecksilberdampf läßt es sich in ein Kornblumenblau verwandeln und durch Einfärbung des Glasrohrs in ein leuchtendes Grün. Auch augenschonende Tageslicht-Wirkung ist erreichbar. Wegen ihres geringen Stromverbrauchs fand diese neue Beleuchtungsart eine schnelle Verbreitung.

1909 n grün Neon-Licht

NEP, Abkürzung der russischen Bezeichnung für 'Neue Ökonomische Politik'. 1921 n auf dem Tiefpunkt der russischen Volkswirtschaft eingeführt, unterschied sie sich von der streng eigentumsfeindlichen ersten Phase der Revolution (1917 n–1921 n) durch Zulassung privater Wirtschaftsunternehmen und des freien Handels auch für die Bauern. Durch Weltkrieg, Revolution sowie durch den jahrelangen Kampf gegen Konterrevolution und englisch-französisch-japanische Interventionstruppen war die landwirtschaftliche Erzeugung auf 48%, die industrielle Produktion auf 18% des Standes von 1913 n zurückgefallen. Deshalb sah Lenin keinen anderen Ausweg als die vorübergehende Wiederherstellung alter Eigentums- und Handelsweisen, um so durch Appell an den jahrtausendealten Egoismus die allgemeine Not zu wenden. Tatsächlich erwies sich dieser kühne Rückgriff auf überwunden geglaubte Erscheinungen der Ausbeutergesellschaft als wirksamer Hebel für die schnelle Wiederingangsetzung der russischen Wirtschaft und veranlaßte sogar ausländische (besonders deutsche) Kapitalisten zum Aufbau von Werken in Sowjet-Rußland. Andererseits bürdete diese Umstellung der Kommunistischen Partei die fast unlösbare Aufgabe auf, eine sozialistische Politik und Kultur auf der Grundlage einer zunehmend privaten Wirtschaft aufzubauen. Durch Festhalten am Gemeineigentum der meisten Großbetriebe sowie durch straffe Parteiorganisation mit Hilfe einer ständig wachsenden Zahl von Berufspolitikern hielten die Kommunisten acht Jahre lang diesen widerspruchsvollen Zustand aufrecht. 1929 n hatte sich die russische Wirtschaft so weit erholt, daß an die Beseitigung der konservierten Überbleibsel der Ausbeutergesellschaft gegangen werden konnte. Die Einführung der Planwirtschaft (Fünfjahresplan) war der Beginn dieses Kampfes. Zwangs-Kollektivierung, Zwangsarbeitslager, Scheinprozesse und Polizeiterror waren die Maßnahmen, zu denen die Kommunisten bei dieser zweiten Überwindung des Privateigentums und der Privatwirtschaft sowie der dadurch begünstigten egoistischen Gesinnung neben der politischen Überzeugungsarbeit greifen mußten. Auf diese Weise sicherten sie durch NEP und trotz NEP die Entwicklung des Sozialismus in der UdSSR bis 1936 n so weit, daß sie in einer neuen Verfassung die angestrebten Ziele ihrer Politik niederlegen konnten. Tatsächlich brauchte die russische Gesellschaft aber noch Jahrzehnte, um diese widerspruchsvolle Phase zu überwinden. Und erst die in der gegenwärtigen Epoche beginnende Befreiung von der bürokratischen Gewalt, die sich in den Jahren des NEP verfestigt hatte, tilgt die letzte Hypothek dieses Abschnittes der russischen Geschichte.

1870 n–1924 n Lenin
1879 n–1953 n Stalin
1921 n rot Einführung
1929 n grün Übergang zum Fünfjahrplan
1936 n rot Verfassung tilgt Reste

NEPAL, Königreich zwischen dem Gangestal (Indien) und dem Himalaja-Gebirge. Vor mehr als 2200 Jahren gehörte das von Tibet her besiedelte Gebiet zum indischen Reiche Asokas. Es entwickelte sich im 3. Jahrhundert nach der Zeitwende zu eigener Staatlichkeit, wurde aber nach einigen Jahrhunderten der Selbständigkeit um 530 n von den indischen Gupta-Fürsten unterworfen. Hundert Jahre später geriet es unter die Herrschaft Tibets, die bis ins 9. Jahrhundert währte. Dann bildeten sich unabhängige Fürstentümer, die seit 1100 n unter einem Königtum geeint wurden. Während der folgenden Jahrhunderte erlebte das Land als Bindeglied zwischen Indien und China eine Blütezeit. Seit dem 16. Jahrhundert zerbrach aber das Unabhängigkeitsstreben seiner kleinen Fürstentümer die einigende Kraft des Königtums. Seit dem 18. Jahrhundert wurde das Land zunächst den Chinesen und dann auch den Engländern tributpflichtig. 1815 n setzte England einen Residenten ein und zog hier Truppen für die britische Armee zur Niederhaltung Indiens ein. Im ersten Weltkriege wurden diese Kolonialtruppen auch nach Europa geworfen. 1923 n mußte England die Unabhängigkeit des Landes anerkennen, die durch China bereits 1911 n ausgesprochen war. Mit wirtschaftlicher Unterstützung Chinas, der UdSSR und der USA sucht der politisch selbständige Staat (seit 1951 n konstitutionelle Monarchie) unter Vermeidung tiefgreifender revolutionärer Veränderungen die brennenden sozialen Fragen zu lösen. Träger des Staates sind Großgrundbesitzer und Armee. Durch die Verfassung von 1962 n sind alle Parteien verboten.

638 n braun Vorstoß Tibets
638 n rot Tibetanische Herrschaft
1955 n rot Bandung-Konferenz

NEPOS, Cornelius (um 100 v–24 v), römischer Schriftsteller und Historiker. Verfaßte eine dreibändige Geschichte Roms sowie ein fünfbändiges Werk über Merkwürdigkeiten aus der politischen Geschichte und aus der Geschichte der Naturwissenschaften. Sein Hauptwerk war eine Sammlung von Lebensbildern bedeutender Persönlichkeiten in 16 Bänden. Darin behandelte er berühmte Griechen und Römer, aber auch Angehörige anderer Völker. Feldherren, Dichter, Redner, Historiker, Staatsmänner und Wissenschaftler sind darin spannend, aber nicht immer ganz zuverlässig dargestellt. Schrieb auch Liebesgedichte.

36 v blau Biographien

NEPTUN, Name eines der großen sonnenfernen Planeten. 17 mal größer als die Erde, aber 300 mal weiter von der Sonne entfernt, wurde er erst Mitte des 19. Jahrhunderts entdeckt von dem Berliner Astronomen Johann Gottfried Galle.

1846 n grün Entdeckung

NERESHEIM, Stadt in Süddeutschland, 50 km nördlich von Ulm. In ihrer Nähe befindet sich ein 1095 n gegründetes Kloster. Die Siedlung erhielt im Jahre 1350 n Stadtrecht. Balthasar Neumann entwarf die Kirche für das Kloster, das 1802 n enteignet wurde zugunsten des Fürsten Thurn und Taxis, der es in ein Schloß umbaute.

1744 n blau Neumann: Klosterkirche

NERNST, Walther (1864 n–1941 n), deutscher Physiker und Chemiker. Nach Abschluß seiner Studien wurde er Assistent von Wilhelm Ostwald in Leipzig. 30 jährig richtete er sich ein eigenes Institut in Göttingen ein. 10 Jahre später ging er nach Berlin und wurde Präsident der Physikalisch-Technischen Reichsanstalt. Erforschte elektrochemische Vorgänge sowie Grundfragen der Wärmelehre. An der theoretischen Grundlegung der physikalischen Chemie maßgeblich beteiligt. Arbeitete auch an der Zurückführung von Lebensvorgängen auf physikalische und chemische Abläufe (Nervenströme). Suchte Physik und Chemie von den mathematischen Grundlagen her zu entwickeln und schrieb ein Buch über die mathematische Behandlung der Naturwissenschaften. Stellte den dritten Hauptsatz der Wärmelehre auf, demzufolge kein Körper den absoluten Nullpunkt (Zustand größtmöglicher Ordnung) erreichen kann. Erklärte die Entstehung elektrischer Spannung zwischen den Elektroden eines elektrochemischen (galvanischen) Elements. Ermöglichte die zeichnerische Ermittlung chemischer Reaktionen.

1893 n grün Theoretische Chemie
1906 n grün Wärmesatz
1931 n grün Elektromagnetisches Klavier

NERO, römischer Kaiser von 54 n bis 68 n.

37 n–68 n Lebenslinie
10 v–54 n Klaudius
4 v–65 n Seneka
9 n–79 n Vespasian
25 n–70 n Civilis
54 n rot Thronbesteigung
59 n rot Muttermord
61 n braun Erhebung Britanniens
64 n rot Brand Roms
64 n rot Christen-Verfolgung
65 n braun Aufstand des Piso
65 n grün 'Goldenes Haus'
66 n/70 n Erhebung der Juden
67 n grün Flugversuch Simons
68 n/69 n Kampf um Nachfolge

NERUDA, Pablo (geboren 1904 n), Dichter aus Chile (Südamerika). Als Sohn eines Eisenbahners studierte er Philosophie und wurde Diplomat. Seit seinem 16. Lebensjahre schrieb er Gedichte in dunkler Sprache und von widersprüchlichem Sinn ('Lied der Verzweiflung'). Allmählich begann er gesellschaftskritisch zu werden. In Spanien, wo er als Konsul seines Landes arbeitete, entwickelte sich aus seiner Kritik offene Parteinahme, und er kämpfte als Freiwilliger gegen die Machtergreifung des Faschismus ('Spanien im Herzen'). Nach seiner Rückkehr trat er der kommunistischen Partei Chiles bei und wurde zum Dichter des südamerikanischen Freiheitskampfes ('Der große Gesang'). Nach dem Verbot der kommunistischen Partei Chiles ging er in die Sowjetunion, nach China und in andere sozialistische Länder. Seit 1952 n lebt er wieder in seiner chilenischen Heimat.

1950 n blau 'Der große Gesang'

NERVEN, Bezeichnung für die Verbindungsstränge zwischen dem Zentral-Nervensystem (in Gehirn und Rückenmark) und allen Wahrnehmungs- und Funktionszellen im Körper. Melden einerseits alle Reize der Haut, der Organe, der Sinne und Gewebe an das Zentral-Nervensystem (sensible Nerven) und bewirken andererseits rücklaufend die dort beschlossenen Drüsen- und Muskel-Funktionen (motorische Nerven). Ihre Entdeckung war für die Kenntnis der Lebensvorgänge von größter Bedeutung. Ihre Störungen und Erkrankungen wurden Gegenstand eines eigenen Zweiges der Medizin.

520 v–450 v Alkmaion
471 v grün Entdeckung des Sehnervs
324 v–250 v Herophilos
265 v grün Nervensystem beschrieben
249 v grün Zweierlei Nerven
129 v–40 v Asklepiades
81 n–144 n Archigenes
82 n–135 n Soranos
1839 n grün Purkinje: Ganglien
1850 n grün Leit-Geschwindigkeit
1924 n grün Berger: Hirnströme
1926 n grün Pawlows Forschungen

NESA, Stadt im Herzen Kleinasiens. Vor mehr als 4000 Jahren entstandene Siedlung wurde zusammen mit dem benachbarten Hattusa und anderen Städten vor 3800 Jahren vom Hettiterkönig Anitta erobert und nach Zerstörung des größeren Hattusa zur Hauptstadt seines Reiches erhoben. Sie hatte eine eigene Schriftsprache ('nesisch'). 200 Jahre nach ihrem Aufstiege zur Hauptstadt mußte sie ihre führende Stellung im Reiche aber an das wieder aufgebaute Hattusa zurückgeben.

1834 v–1773 v Anitta
1797 v braun Einigungskrieg
1797 v rot Herrschaft Anittas
1793 v rot Hauptstadt
1793 v blau Tempel
1612 v–1550 v Hattu-Sili I.

NESTOR (um 1055 n–um 1130 n), russischer Geschichtsschreiber. Lebte als Mönch in einem Höhlenkloster bei Kiew. Schrieb die Lebensgeschichten der beiden Söhne des Großfürsten von Kiew, Boris und Gleb, die von ihrem Halbbruder ermordet worden waren und wesentlich auf Grund seiner Darstellung als Märtyrer verehrt wurden. Verfaßte die erste geschlossene Übersicht der Geschichte Rußlands ('Nestor-Chronik'). Obwohl er sich dabei stark auf byzantinisches Material stützen mußte, brachte er den Standpunkt des russischen Fürstentums von Kiew auch gegenüber Byzanz (Konstantinopel) zur Geltung.

1111 n blau Geschichte Rußlands

NESTORIANER, Anhänger des syrischen Religionsphilosophen Nestorius. Bestreiten die von den übrigen Christen behauptete göttliche Herkunft des Religionsstifters Jesus, bezeichnen sich aber auch als Christen. Die katholische Lehre von der Muttergottesschaft der Maria verwerfen sie als Gotteslästerung.

386 n–451 n Nestorius
483 n rot Kirche in Persien

NESTORIUS, syrischer Religionsphilosoph.

386 n–451 n Lebenslinie
381 n–444 n Cyrillus
430 n blau Gegen Gott-Natur Jesu
431 n rot Verdammung seiner Lehren
435 n rot Verbannung
483 n rot Nestorianer-Kirche

NESTROY, Johann (1801 n–1862 n), österreichischer Dichter. Sohn eines Rechtsanwalts. Studierte Rechtskunde, wandte sich aber 21 jährig dem Schauspielerberuf zu und wurde 30 Jahre später Theaterdirektor in Wien. Als Dichter parodierte er mit seinem ersten Bühnenstück die beliebten Raimundschen Zauberstücke ('Lumpacivagabundus') und ging dann seinen eigenen Weg zum Wiener Volksstück ('Einen Jux will er sich machen'). Trat begeistert für die Revolution von 1848 n ein und setzte den Kämpfern und Verfolgten der Revolution ein literarisches Denkmal ('Der alte Mann mit der jungen Frau'). Den Egoismus und die Profitsucht des Besitzbürgertums prangerte er in seinen Werken ebenso an wie die sittliche Verkommenheit des Adels. Obwohl er von der Zensur mehrfach getadelt wurde, trat er weiter standhaft für die Sache des Volkes ein. Die Scheinfreiheit des Spießbürger-Staates entlarvte er in seinem Stück 'Freiheit in Krähwinkel'.

1833 n blau 'Lumpacivagabundus'

NETER-IMU, ägyptischer König.

2757 v–2681 v Lebenslinie
2751 v–2681 v Ru-A-Ben
2696 v grün Direkte Steuer-Erhebung
2695 v rot Steuereinzug bei Volksfest
2692 v grün Grundsteuer

NETTESHEIM, Agrippa von (1486 n bis 1535 n), deutscher Arzt, Philosoph und Schriftsteller. Als Gegner der katholischen Theologie schrieb er eine Satire auf die Scholastik ('Über die Eitelkeit und Unsicherheit der Wissenschaft'). Bekämpfte die Sittenverderbnis von Adel und Priesterschaft sowie den Hexenglauben. Erstrebte wissenschaftliche Verbindung von Naturphilosophie und Magie.

1533 n grün Werk über Magie

NETZ

2910 v grün Tragnetze
2477 v grün Fischnetze

NEU-AMSTERDAM, Name der Stadt New York (USA) seit ihrer Gründung durch holländische Pelzhändler bis zu ihrer Übergabe an England im Jahre 1664 n.

1626 n blau Gründung
1664 n rot Englischer Besitz

NEUBER, Karoline (1697 n–1760 n), deutsche Schauspielerin. Als Tochter eines Rechtsanwalts verließ sie 20 jährig mit dem gleichaltrigen Studenten Johann Neuber heimlich das Elternhaus und ging zu einer umherziehenden Schauspielertruppe. Sieben Jahre später hatte sie eine eigene Wanderbühne. Nach dem Vorbild der französischen Bühnen gab sie dem deutschen Theater eine künstlerische Richtung. Vor allem beseitigte sie die beherrschende Rolle des Hanswurst, der mit seinen derben Späßen jede künstlerische Wirkung unmöglich machte. Verbesserte auch die Kostüme, die Kulissen und die Theatermusik. Führte deutsche Fassungen französischer Stücke auf und bestimmte deren Übersetzer Gottsched zur Abfassung deutscher Stücke. Schrieb selbst Gedichte und verfaßte Vorspiele zu ihren Bühnen-Aufführungen, in denen sie ihre Absichten entwickelte ('Vorspiel, die Verbannung des Harlekin vom Theater betreffend'). Nach glänzenden Erfolgen (Gastspiel in Petersburg) mußte sie 45 jährig ihre Truppe auflösen, trat noch 10 Jahre lang als Schauspielerin auf und zog sich dann arm und vergessen zurück.

1727 n blau Theaterreform

NEUE HEBRIDEN, Name einer Inselgruppe im Stillen Ozean vor der Nordostküste Australiens. Die im Jahre 1606 n von spanischen Seefahrern entdeckten 26 Inseln wurden 165 Jahre später von Cook gründlich erforscht. 1886 n nahm sie Frankreich in Besitz, erklärte sich aber ein Jahr später bereit, die Kolonialherrschaft über das Gebiet mit England zu teilen. Diese gemeinsame Herrschaft der beiden Mächte (Kondominium) besteht bis in die gegenwärtige Epoche fort.

1771 n grün Cooks Forschungsreise
1887 n rot Kondominium

NEUES TESTAMENT, zweiter kleinerer Teil der Bibel, bestehend aus 27 Einzelschriften verschiedener Verfasser. Ergänzte das auch von den christlichen Kirchen im Gottesdienst während der ersten Jahrhunderte allein benutzte Alte Testament. Enthält vor allem verschiedene Fassungen der Lebensgeschichte des Religionsstifters Jesus.

49 n blau Aussprüche Jesu
51 n blau Paulus: Galaterbrief
57 n blau Paulus: Korintherbriefe
58 n blau Paulus: Römerbrief
70 n blau Markus-Evangelium
75 n blau Matthäus-Evangelium
82 n blau Lukas-Evangelium
85 n blau Apostelgeschichte
95 n blau 'Offenbarung des Johannes'
110 n blau Johannes-Evangelium
132 n–200 n Irenäus
133 n blau Basilides: Erläuterungen
345 n–420 n Hieronymus
358 n–441 n Mesrop
389 n blau Teil der 'Bibel'
1516 n blau Erasmus' Ausgabe
1523 n blau Tyndales Übersetzung

NEUFUNDLAND, Insel vor der Nordostküste Nordamerikas. Vom kanadischen Festland nur durch eine schmale Wasserstraße getrennt. Vor 1000 Jahren von Normannen besiedelt, wurde sie durch den italienischen Seefahrer Caboto auf einer Fahrt für den König von England wieder entdeckt, 1583 n von Humphrey Gilbert für England in Besitz genommen und seit 1610 n besiedelt. Im 19. Jahrhundert erhielt sie Selbstverwaltung (Dominion-Status), doch wurde ein Zusammenschluß mit Kanada verhindert. Durch Niedergang des Fischfangs stand die Insel 1933 n vor dem Staatsbankrott und zahlte die finanzielle Hilfe Englands mit dem Verlust seiner Verfassung und seines Dominion-Charakters. Die englische Zwangsverwaltung löste aber Unruhe und Proteste aus. 1949 n stimmte England endlich dem Anschluß der Insel an Kanada zu. Sie wurde mit einem Teil der kanadischen Halbinsel Labrador unter Beibehaltung ihres Namens zu einer Provinz zusammengeschlossen. Als das dem europäischen Kontinent nächstgelegene amerikanische Gebiet wichtige Militärbasis der USA.

967 n–1021 n Leif Erikson
1000 n grün Entdeckung
1497 n grün Cabotos Fahrt
1583 n rot Englische Niederlassung
1855 n rot Selbstverwaltung

NEU-GUINEA, Insel im Pazifischen Ozean nördlich des australischen Festlandes, von dem sie durch eine 150 km breite Meeresstraße getrennt ist. Zweitgrößte Insel der Erde nach Grönland. Von den noch weitgehend malariaverseuchten Küstenstreifen steigt das Land bis zu 5000 m Höhe an. Es ist reich an Bodenschätzen. Vor 450 Jahren entdeckt, wurde es erst im 19. Jahrhundert durch fremde Mächte besetzt. Holland, England und Deutschland, später auch Australien und Japan suchten ihre Herrschaft über Teile der Insel zu errichten. Die Urbevölkerung (Papua, Melanesier und Pygmäen) vermochte sich der Eindringlinge nicht zu erwehren. Nach Gründung des indonesischen Reiches wurde die Fremdherrschaft in der westlichen Hälfte der Insel beseitigt. Der Kampf um die Befreiung der von Australien besetzten Osthälfte wurde nach der Absetzung des indonesischen Staatschefs Sukarno nicht fortgesetzt.

1526 n grün Entdeckung
1901 n – Sukarno
1962 n rot Westhälfte frei

NEUJAHRSFEST

2942 v–2870 v Du-Muzi
2880 v grün Einführung in Sumer
1869 v–1804 v Irra-I-Mitti
1842 v–1780 v Ellil-Bani
153 v grün 1. Januar Jahresanfang

NEU-KARTHAGO, Hafenstadt an der südspanischen Mittelmeerküste. Von dem Karthager Hasdrubal auf den Trümmern der griechischen Siedlung Mesenia gegründet. Wurde Anlaß zum Streit mit dem aufstrebenden Rom, das seine eigenen Interessen in Spanien durch diesen karthagischen Militär-Stützpunkt bedroht sah. Im zweiten Punischen Krieg von römischen

Heeren unter Scipio erobert, machte Cäsar sie 45v zur römischen Provinzhauptstadt. Nach Verwüstung durch Wandalen vorübergehend zu Byzanz gehörig. Wurde 624n westgotisch, 711n arabisch, 1248n Teil des Königreiches Kastilien und mit diesem 1469n spanisch. Seit 1953n Flottenstützpunkt der USA.

229 v blau Gründung
218 v / 201 v 2. Punischer Krieg
460 n braun Wandalensieg über Römer
711 n rot Arabische Herrschaft
1953 n rot Stützpunktabkommen

NEUMANN, Balthasar (1687 n–1753 n), deutscher Baumeister. Als Glockengießer in Eger entschloß er sich 24jährig, in den Militärdienst einzutreten, um Ingenieur zu werden. In Würzburg stieg er als Artillerist schnell auf und konnte mit Hilfe des Fürsten von Würzburg in Italien, Frankreich und Holland Architektur studieren. Nach dem Vorbild des Schlosses von Versailles baute er das Würzburger Schloß sowie das nahegelegene Schloß Werneck. Für die Schlösser von Bruchsal und Brühl baute er die prächtigen Treppenhäuser. Schuf Kirchenbauten in Neresheim, Schöntal und Schwarzach sowie die Wallfahrtskirche Vierzehnheiligen am Main (Oberfranken). Seine Bauwerke stellen den Höhepunkt der Baukunst seiner Epoche ('Barock') in Deutschland dar.

1720 n blau Würzburger Schloß
1744 n blau Kirche Neresheim

NEU-MEXIKO, Name eines der fünfzig Gliedstaaten der USA. Unmittelbar an der mexikanischen Grenze gelegen, wurde das Gebiet seit 1539n von Spaniern erforscht und seit dem 17. Jahrhundert besiedelt. Es gehörte als Teil der Provinz Alt-Kalifornien bis zur Verselbständigung Mexikos zum spanischen Kolonialreich ('Vizekönigreich Neuspanien'), seit 1822n dann zur Republik Mexiko. 1846n besetzten Nordamerikaner die Stadt Santa Fé und zwangen die Mexikaner zwei Jahre später zur Abtretung. Das an Bodenschätzen und Wasserkräften reiche Gebiet wurde zum größten Uran-Produzenten der USA, denen es seit 1912n als Bundesstaat angehört.

1846 n / 1848 n Mexikanischer Krieg
1848 n rot Herrschaft der USA

NEU-PLATONISMUS, Bezeichnung für eine Philosophie, die in den ersten Jahrhunderten nach der Zeitwende entstand. Vermengte die Lehren Platos mit der Metaphysik des Aristoteles und anderer griechischer Denker. Auf diese Weise machte er sie reif zur Verbindung mit dem Christentum, die dann von den Kirchenvätern und später durch die Scholastik vollzogen wurde. Von Plato blieb dabei außer dem Namen seine dialektische Methode erhalten, die von der Kirche als Mittel religiöser Spekulation und Glaubensrechtfertigung mißbraucht wurde.

160 n–242 n Ammonios
204 n–270 n Plotin
229 n blau Ammonios' Lehren
232 n–304 n Porphyrios
244 n blau Plotins Philosophenschule
265 n–330 n Jamblichos
266 n blau Buch über Aristoteles
270 n blau Gottnatur Jesu verneint
278 n blau Liebe, Hoffnung, Vertrauen
302 n blau Jamblichos: 'Geheimlehren'
360 n–415 n Hypatia
370 n–414 n Synesios von Kyrene
401 n blau Synesios: 'Über Vorsehung'
410 n–485 n Proklos
412 n blau Religion und Philosophie
459 n blau Proklos: 'Theologie Platos'
471 n blau Lehre vom ewigen Kreislauf

NEUSEELAND, Name von zwei nahe beieinander gelegenen großen und einigen kleineren Inseln im Pazifischen Ozean südöstlich von Australien. Im 17. Jahrhundert von dem holländischen Seefahrer Tasman entdeckt, im 18. Jahrhundert von Cook erforscht, wurde es erst im 19. Jahrhundert von Europäern in Besitz genommen. 1840n wurden die Bewohner (Maori) zur Anerkennung der englischen Herrschaft gezwungen. Trotz zahlreicher Aufstände, vor allem in den Jahren 1860n bis 1870n, blieb es bis 1907n englische Kolonie. Seitdem hat es als Dominion Selbstverwaltung unter britischer Oberherrschaft. Polnäher und daher kühler als das benachbarte Australien, war es als Auswanderungsziel für Engländer beliebter und weist deshalb eine stärkere englische Bevölkerung als Australien auf. Die Bewohner leben auf der Erdkugel genau entgegengesetzt zu den Bewohnern Nordwest-Spaniens und gelten deshalb als 'Gegenfüßler' ('Antipoden') der Europäer.

1642 n grün Entdeckung
1920 n rot Mitglied im Völkerbund
1945 n rot Mitglied der UN
1954 n rot Mitglied der SEATO

NEUSTRIEN, seit dem 6. Jahrhundert Bezeichnung für den (romanischen) Westteil des Frankenreiches im Gegensatz zum (germanischen) Ostteil 'Austrien'. Bildete später zusammen mit dem südlichen Frankenreiche (Aquitanien und Burgund) Frankreich.

635 n–714 n Pippin der Mittlere
687 n braun Sieg Pippins
687 n rot Pippin Herrscher
688 n–741 n Karl Martell
716 n / 719 n Einigungskrieg
719 n rot Karl Martell Herrscher

NEUTRON, Bezeichnung für ein elektrisch neutrales Teilchen des Atomkerns. Seine Masse entspricht etwa derjenigen des Protons. Von den elektrischen Feldern der Atome unbehindert, durchdringt es leicht die Materie und eignet sich besonders zum Beschuß anderer Elementarteile (Protonen, Elektronen) bei der Atomkern-Umwandlung.

1879 n–1968 n Otto Hahn
1932 n grün Entdeckung
1935 n grün Atomkern-Umwandlung

NEWA, Wasserstraße im Norden des europäischen Rußland. Verbindet den Ladogasee mit dem Finnischen Meerbusen (Ostsee). Nur 74 Kilometer lang, aber bis über 1 Kilometer breit, ist sie als einziger Abfluß des Ladogasees nach Wolga und Donau der wasserreichste Strom Europas. An ihrer Einmündung in die Ostsee befindet sich die Stadt Leningrad.

1240 n braun Schlacht
1703 n blau Gründung von Petersburg

NEWBERRY, William (um 1750 n–1822 n), englischer Ingenieur. Durch Zusammenfügen der beiden Enden einer langen biegsamen Blattsäge schuf er ein endlos kreisendes Sägeband (Bandsäge). Das zu bearbeitende Holz schob er in die schnell rotierende Säge hinein. So verkürzte er die Zeit der Holzbearbeitung und erhöhte ihre Genauigkeit. Durch seine Erfindung legte er den Grund zur industriellen Holz-Verarbeitung.

1807 n grün Bandsäge

NEWCOMEN, Thomas (1663 n–1729 n), englischer Erfinder. Als Schmiedemeister suchte er die von seinem Landsmann Savery gebaute Dampfmaschine zum Auspumpen von Bergwerken zu verbessern. Die von ihm geschaffene Kolben-Maschine übertrug die Kraft vom Arbeitszylinder direkt auf die Pumpe und war durch eine Einspritz-Anlage wesentlich wirksamer. Eine wasserbeständige Leder-Abdichtung des Kolbens machte sie auch betriebssicherer. Sie wurde nach zwölfjährigen Vorarbeiten 1712n erstmals im Zinnbergwerk von Dudley Castle (Worcester) angewendet. Hier ersetzte die 'Feuermaschine' die Arbeit von 50 Pferden.

1712 n grün Dampfmaschine

NEW DEAL (wörtlich 'Neues Verteilen'), englischer Name eines nordamerikanischen Wirtschafts- und Sozial-Programms. Mit seiner Hilfe wollte die Regierung Roosevelt 1933n in den USA die Arbeitslosigkeit beseitigen, die sich als Ergebnis der freien Marktwirtschaft eingestellt hatte. Das Programm beruhte auf staatlichen Maßnahmen zur Lenkung der Volkswirtschaft, deren Grundlagen (Privateigentum — Egoismus — Profit) jedoch nicht angetastet wurden. Vorübergehende Erfolge bewirkten in vier Jahren einen Rückgang der Arbeitslosenzahl von 13 auf 8 Millionen, die zwei Jahre später erneut auf 11 Millionen angestiegen war, dann aber durch die beginnende Kriegskonjunktur überwunden wurde.

1882 n–1945 n Roosevelt
1933 n grün Arbeitslosigkeit
1933 n grün Wirtschaftslenkung

NEW ORLEANS, nordamerikanische Hafenstadt im Mündungsdelta des Mississippi. Obwohl sie 170 Kilometer vom Einfluß des Stromes in den Golf von Mexiko entfernt liegt, ist sie durch den hier fast 1 Kilometer breiten und 40 Meter tiefen Mississippi für große Ozeanschiffe zugängig. Nach New York die zweitgrößte Hafenstadt der USA. 1718n von dem Franzosen Bienville gegründet. 1763n fiel sie an Spanien, wurde aber 1800n wieder französisch. 1803n verkaufte sie Frankreich mit dem ganzen Staate Louisiana, dessen größte Stadt sie ist, an die USA. Im Sezessionskrieg auf Seiten der Sklavenhalterstaaten des Südens kämpfend, wurde ihre Eroberung durch 44 Schiffe der Nordstaaten 1862n zu einer schweren Niederlage der Südstaaten. Die erste freigeborene Neger-Generation entwickelte zu Beginn unseres Jahrhunderts in dieser Stadt aus Volksliedern und Arbeitsgesängen sowie aus religiösen Gesängen und aus Tanzweisen eine neue Unterhaltungsmusik ('Jazz').

1861 n / 1865 n Sezessionskrieg
1865 n rot Sklavenbefreiung
1903 n blau Jazz

NEWSKI, Alexander, russischer Herrscher von 1252n bis 1263n.

1222 n–1263 n Lebenslinie
1207 n / 1279 n Großer Mongolenkrieg
1240 n braun Sieg über Schweden
1240 n rot Kiew-Gebiet mongolisch
1242 n braun Sieg über Deutschritter
1242 n rot Mongolenreich in Rußland
1245 n braun Sieg über Litauer
1259 n braun Verlust Nowgorods

NEWTON, Isaac, englischer Naturwissenschaftler.

1643 n–1727 n Lebenslinie
1666 n grün Entdeckungen
1668 n grün Spiegelfernrohr
1704 n grün Schrift über Optik

NEW YORK, Stadt an der Atlantikküste Nordamerikas. Unter Einbeziehung ihrer Vororte mit mehr als 15 Millionen Einwohnern volkreichste Stadt und größter Hafen der Erde. Ihr Zentrum ist die Felsen-Insel Manhattan in der Mündung des Hudson-Flusses. Von holländischen Pelzhändlern gegründet und für Waren im Werte von 24 Dollar den Indianern abgekauft, wurde sie nach 50 Jahren den Engländern übergeben und kam in den Besitz des Herzogs von York, dem die Stadt ihren Namen verdankt. 1711n wurde in der Wall-Street ein Sklavenmarkt eröffnet. Im Freiheitskampf Nordamerikas hatte die Stadt eine schwankende Haltung und fiel 1776n in die Gewalt der Engländer, die sie erst 1783n wieder räumten. 1785n trat hier der erste Kongreß der neu gegründeten Vereinigten Staaten zusammen. 1787n wurde die Stadt Hauptstadt der USA, und 1789n wurde George Washington hier als erster Präsident eingesetzt. Ein Jahr später mußte sie ihren Rang als Hauptstadt aber an die neu gegründete Stadt Washington abgeben. Im 19. Jahrhundert konzentrierte sich hier mehr als die Hälfte des Handels der USA und zwei Drittel seines internationalen Geldgeschäftes. Im 20. Jahrhundert wurde die Stadt zum größten Waren-, Geld- und Aktien-Umschlagplatz der Erde, zum Zentrum und Symbol des Welt-Kapitalismus.

1609 n grün Entdeckung Manhattans
1613 n rot Holländer auf Manhattan
1626 n grün Kauf Manhattans
1626 n rot Manhattan holländisch
1626 n blau Stadtgründung
1664 n rot Englischer Besitz
1784 n grün Bank von New York
1817 n grün Börse
1847 n–1931 n Edison
1931 n blau Empire-State-Building
1945 n rot Sitz der UN
1952 n blau Lever-Haus
1959 n blau Guggenheim-Museum

NEZALHUAL, Azteken-König der Acolhua in Mittelamerika von 1431n bis 1472n.

1408 n–1472 n Lebenslinie
1431 n rot Dreibund
1431 n blau Palastbau
1436 n blau Bibliothek
1437 n rot Geschichtsfälscher-Strafe

NI-ANCH-PTA, ägyptischer Bildhauer und Maler.

2471 v–2397 v Lebenslinie
2416 v grün Bemalte Reliefs
2407 v blau Porträt-Relief

NI-ANCH-SEKMET, ägyptischer Arzt.

2496 v–2438 v Lebenslinie

NIBELUNGENLIED, Name eines deutschen Heldengedichtes, das in 2400 Strophen die Geschichte des unverwundbaren Helden Siegfried und seiner arglosen Frau Kriemhild erzählt, die ihn durch Geschwätzigkeit und falsche Sorge seinem Mörder Hagen in die Hand spielt. In einer Fortsetzung ('Der Nibelungen Not') wird berichtet, wie Kriemhild den Hunnenkönig Etzel (Attila) heiratet und wie nach einem Festmahl an dessen Hofe in einem allgemeinen Gemetzel alle an Siegfrieds Ermordung Beteiligten den Tod finden. Auf Grund zahlreicher Einzelsagen und Dichtungen der Zeit zwischen 500n und 1200n zu Beginn des 13. Jahrhunderts wahrscheinlich in Passau aufgezeichnet, geriet es bald in Vergessenheit, wurde aber 1775n in der Schweiz wiederentdeckt, von Simrock in hochdeutsche Sprache übersetzt, von Hebbel zu einem Drama verarbeitet und von Wagner in einer Opernfolge dargestellt. Die Nibelungen waren nach der Sage ein Zwergenvolk, das nach seinem König Nibelung (= Sohn des Nebels) benannt wurde. Sie waren im Besitz großer Schätze (Nibelungen-Hort). Siegfried besiegte die Nibelungen, tötete ihren König und erhielt den Nibelungen-Hort. Seitdem führten Siegfrieds Kampfgefährten den Namen 'Nibelungen'. Nach Siegfrieds Tod ging ihr Name auf das Volk der Burgunder über.

977 n blau 'Kriemhilds Rache'
1204 n blau Zusammenfassung
1862 n blau Hebbels Trilogie
1874 n blau Wagners 'Ring'

NICARAGUA, Staat in Mittelamerika nördlich des Panama-Kanals. Bei der Entdeckung durch Kolumbus gehörte das Land den Chorotegen-Indianern. Erst nach einem dreijährigen Krieg gelang es den Spaniern 1522n, die unter ihrem Häuptling Nicarao kämpfenden Indianer zu unterjochen. 300 Jahre nach ihrer Unterwerfung errangen sie ihre Freiheit zurück. Nach wechselvollem Schicksal erhielt die unabhängige Republik 1893n mit der Regierung Zelayas eine reformfreudige Richtung. 1909n wurde Präsident Zelaya durch bewaffnetes Eingreifen der USA gestürzt. Es folgte eine Periode militärischer Besetzung durch die Nordamerikaner, die hier einen zweiten Kanal vom Atlantik zum Pazifik bauen wollten. Aufstände der Bevölkerung zwischen 1924n und 1934n wurden von US-Marine-Infanterie unterdrückt. Danach vollzog sich eine rasche Durchdringung der Wirtschaft mit US-Kapital unter dem Schutz abhängiger Regierungen. Eine 1950n eingeführte Verfassung beseitigte wesentliche demokratische Rechte. 1954n wurde durch ein formelles Militärbündnis die Anwesenheit der US-Truppen legitimiert. Während der kubanischen Revolution Zentrum konterrevolutionärer Kräfte. Bisher gelang es den USA jedoch trotz wirtschaftlichen und militärischen Drucks nicht, den Freiheitswillen der fast ausschließlich farbigen Bevölkerung zu brechen.

1502 n grün Kolumbus' Entdeckung
1811 n / 1826 n Erhebung Lateinamerikas
1821 n rot Unabhängigkeit
1920 n rot Mitglied im Völkerbund
1945 n rot Mitglied der UN

NICCOLO PISANO, italienischer Bildhauer.

1213 n–1280 n Lebenslinie
1277 n blau Brunnen in Perugia
1280 n blau Dom in Siena

NICHT-EUKLIDISCHE GEOMETRIE, Bezeichnung für eine von dem russischen Mathematiker Lobatschewski entwickelte Geometrie, die wesentliche Voraussetzungen der von dem Griechen Euklid geschaffenen Geometrie als unbeweisbar ablehnte und dadurch eine freiere Entfaltung der Geometrie vorbereitete. Insbesondere hob sie den Satz des Euklid auf, daß man zu einer Geraden durch einen außerhalb von ihr befindlichen Punkt nur eine Parallele ziehen könne (Parallelen-Axiom). Außerdem überwand sie den vorher mehr als zwei Jahrtausende gültigen Satz von der Winkelsumme im Dreieck (= 180°) durch Angabe der Möglichkeit von Dreiecken mit abweichenden Winkelsummen. Der Sieg dieser neuen, in sich ebenfalls widerspruchsfreien Geometrie brachte den Durchbruch zum räumlichen Denken in der bis dahin von der Ebene ausgehenden Geometrie. Zur Riemann'schen Geometrie fortentwickelt, bildete sie eine Grundlage der Relativitätstheorie.

1826 n grün Lobatschewskis Geometrie
1854 n grün Riemann'sche Geometrie

NICOLAI, Friedrich (1733 n–1811 n), deutscher Schriftsteller und Verleger. Sohn eines Berliner Buchhändlers. Übernahm das väterliche Unternehmen (Nicolai'sche Buchhandlung) und betätigte sich als Herausgeber und Verleger von Zeitschriften, zu deren Mitarbeitern Lessing zählte. Verspottete Goethe ('Die Freuden des jungen Werthers') und die ganze 'Sturm- und Drang-Dichtung', lehnte Gottscheds Bemühungen um die deutsche Sprache und um ein deutsches Theater ab, bekämpfte die Kant'sche Philosophie und verhöhnte Herders Bemühungen um das Volkslied. Verehrte das Preußentum einschließlich seiner Könige ('Charakteristische Anekdoten von Friedrich II.'). Das von ihm als vorbildlich empfundene englische Dichten und Denken verbreitete er als 'Aufklärung' in Deutschland. Verfaßte Romane, eine Beschreibung von Berlin und Potsdam sowie Lebensbilder von Kleist und Justus Möser.

1750 n blau Literaturbriefe
1765 n blau 'Allgemeine Bibliothek'

NICOLAI, Otto (1810 n–1849 n), deutscher Komponist. Als Sohn eines Gesanglehrers wurde er früh zum Klavierspiel angehalten. 16jährig verließ er heimlich seine Heimatstadt Königsberg, erhielt bei Zelter in Berlin musikalischen Unterricht und ging als Organist an die Kapelle der deutschen Gesandtschaft in Rom. Dort schrieb er seine ersten Opern ('Enrico II.', 'Der Templer', 'Heimkehr der Verbannten') und errang damit große Erfolge. Als Hofkapellmeister in Wien rief er die 'Philharmonischen Konzerte' ins Leben. Nachdem er eine Messe für den Preußenkönig geschrieben hatte, wurde er nach Berlin berufen und vollendete hier kurz vor dem frühen Tode sein Meisterwerk, die Oper 'Die lustigen Weiber von Windsor'. Schrieb auch Lieder, Chorwerke und eine Symphonie.

1849 n blau 'Die lustigen Weiber'

NICOT, Jean (1530 n–1600 n), französischer Diplomat und Gelehrter. Verfaßte ein Wörterbuch der französischen Sprache. Als Gesandter am portugiesischen Hof baute er in seinem Garten Tabakpflanzen an, die von Seefahrern aus Amerika mitgebracht worden waren. Nachdem er ihre Heilwirkung gegen Kopfschmerzen erprobt hatte, sandte er einige Pflanzen an den französischen König und legte zerriebene Blätter (Tabakpulver) für die Königinmutter (Katharina von Medici) bei. Dadurch fand das Tabakschnupfen in Frankreich Eingang, und der Tabak-Anbau verbreitete sich von hier aus nach Holland und in andere europäische Länder. In Frankreich wurde die Tabakpflanze nach ihm benannt (Nicotiana). In die deutsche Sprache fand sein Name als Bezeichnung für das im Tabak enthaltene Gift Eingang (Nikotin).

1560 n grün Tabaksendung

NIEBUHR, Barthold Georg (1776 n bis 1831 n), deutscher Historiker und Staatsmann. In Kopenhagen als Sohn eines deutschen Forschungsreisenden geboren, wurde er nach Beendigung seiner Studien dänischer Staatsbeamter, dann Bankdirektor und trat schließlich auf Wunsch des Freiherrn vom Stein in den Dienst Preußens. Wegen eines Zerwürfnisses mit Hardenberg beurlaubt, las er an der neugegründeten Berliner Universität über römische Geschichte. Aus diesen Vorlesungen ging ein Buch hervor, das wegen der ihm zugrundeliegenden kritischen Quellenarbeit Vorbild der historischen Methode wurde. Als Gesandter in Rom war er bei seinen Verhandlungen mit dem Vatikan nachgiebig, bat aber um seine Entlassung, als er erkannte, welche Gefahren er durch seine Ahnungslosigkeit gegenüber den tatsächlichen Plänen der katholischen Kirche für Preußen heraufbeschworen hatte. Seitdem lebte er ganz seinen historischen Forschungen, vollendete seine 'Römische Geschichte' und hielt gelegentlich Vorlesungen.

1811 n blau 'Römische Geschichte'

NIEDERLANDE:

Allgemeines (Land, Volk, Staat)

100 v–44 v Cäsar
58 v / 51 v Gallischer Krieg
38 v–9 v Drusus
12 v / 7 v Zweiter Germanenkrieg
25 n–70 n Civilis
68 n / 70 n Aufstand der Bataver
214 n–275 n Aurelian
252 n braun Franken-Einfall
259 n rot Reich des Postumus
273 n braun Römischer Sieg
273 n rot Erneut Herrschaft Roms
286 n / 288 n Kämpfe Roms
294 n braun Franken-Niederlage
295 n rot Franken-Ansiedlung
310 n braun Römersieg über Franken
310 n rot 'Francia'
342 n braun Römersieg über Franken
358 n rot Fränkische Herrschaft
431 n / 432 n Römersieg über Franken
635 n–714 n Pippin der Mittlere
658 n–739 n Willibrord
689 n braun Friesen-Niederlage
689 n rot Friesland an Franken
716 n / 719 n Kämpfe Karl Martells
738 n rot Friesen-Christianisierung
834 n braun Normannen-Vorstoß
841 n rot Walcheren normannisch
843 n rot Vertrag von Verdun
863 n braun Normannen-Einfall
870 n rot Vertrag von Meersen
1126 n rot Mord an Tanchelm
1213 n blau Entstehung Amsterdams
1217 n / 1219 n Kreuzzug
1299 n rot Stadtrecht für Rotterdam
1302 n braun Franzosen-Niederlage
1323 n / 1328 n Aufstand in Flandern
1325 n rot Bann gegen Aufständische
1338 n / 1453 n Hundertjähriger Krieg
1349 n braun Weberaufstände
1359 n grün Handelssperre der Hanse
1379 n braun Aufstand in Flandern
1384 n rot Flandern an Burgund
1385 n rot Brüdergemeinde (Groot)
1477 n rot Habsburger-Herrschaft

1491 n braun Bauernaufstand
1500 n–1558 n Karl V.
1508 n grün Steuerreform-Forderung
1527 n–1598 n Philipp II.
1533 n–1584 n Wilhelm von Oranien
1556 n rot Herrschaft Philipps II.
1567 n rot Alba Statthalter
1572 n/1581 n Freiheitskampf
1572 n rot Wilhelm Statthalter
1576 n rot Bund gegen Spanien
1578 n rot Absage der Deutschen
1580 n rot Zivilehe
1581 n rot Holland unabhängig
1585 n rot Hilfe von England
1588 n rot Hilfe für England
1596 n rot Besitz in Indonesien
1596 n grün Barents: Spitzbergen
1599 n–1658 n Cromwell
1600 n grün Sklavenhandels-Pacht
1602 n grün Indien-Gesellschaft
1605 n rot Gewinn der Molukken
1605 n grün Jansson: Australien
1610 n blau Gründung von Batavia
1612 n grün Meistbegünstigung
1613 n rot Siedlung auf Manhattan
1616 n grün Bismarck-Inseln entdeckt
1618 n/1648 n Dreißigjähriger Krieg
1623 n rot Engländer-Hinrichtung
1625 n rot Besitz Guayanas
1626 n grün Kauf Manhattans
1626 n rot Besitz Manhattans
1626 n blau Gründung Neu-Amsterdams
1630 n rot Gewinn Pernambucos
1638 n rot Gewinn Ceylons
1638 n–1715 n Ludwig XIV.
1641 n rot Besitz Malayas
1642 n grün Tasman: Neuseeland
1643 n grün Tasman: Fidschi-Inseln
1648 n rot Westfälischer Friede
1650 n grün Sklavenhandels-Monopol
1651 n rot Gegnerschaft Englands
1652 n rot Kapkolonie
1652 n/1654 n 1. Seekrieg gegen England
1653 n/1654 n Erhebung in Brasilien
1654 n rot Verlust Pernambucos
1655 n/1660 n Krieg Schweden–Polen
1664 n/1667 n 2. Seekrieg gegen England
1664 n rot Verlust Neu-Amsterdams
1668 n rot Bündnis gegen Frankreich
1670 n rot Feindkoalition
1672 n/1678 n 2. Krieg Ludwigs XIV.
1672 n rot Bund mit Brandenburg
1674 n rot Bund gegen Frankreich
1688 n/1697 n 3. Krieg Ludwigs XIV.
1689 n rot Vereinigung mit England
1701 n/1714 n Spanischer Erbfolgekrieg
1717 n grün Kauf einer Kolonie
1721 n grün Roggeveen: Pazifik-Inseln
1741 n/1748 n Österreich-Erbfolgekrieg
1775 n/1783 n Kampf Nordamerikas
1787 n blau Goethe: 'Egmont'
1792 n/1795 n Revolutionskriege
1796 n/1815 n Napoleonische Kriege
1798 n rot Verlust Ceylons
1815 n rot Wiener Kongreß
1816 n rot Erneut Gewinn Javas
1830 n/1831 n Aufstand Belgiens
1831 n rot Belgien selbständig
1859 n rot Sklaverei-Aufhebung
1899 n rot Haager Konvention
1900 n rot China-Abkommen
1901 n– Sukarno
1914 n/1918 n Erster Weltkrieg
1926 n braun Erhebung in Indonesien
1939 n/1945 n Zweiter Weltkrieg
1945 n rot Mitglied der UN
1945 n/1954 n Erhebung Südostasiens
1949 n rot Mitglied der NATO
1949 n rot Indonesien unabhängig
1957 n grün Mitglied der EWG
1962 n rot Verlust West-Neuguineas

NIEDERLANDE:

Baukunst und Bildhauerei

1201 n grün Tuchhallen von Ypern
1341 n–1406 n Claus Sluter
1387 n blau Rathaus von Brügge
1399 n blau Sluter: Moses-Brunnen
1454 n blau Rathaus von Brüssel
1463 n blau Rathaus von Löwen
1559 n blau Kathedrale von Gent
1561 n blau Rathaus von Antwerpen
1655 n blau Rathaus von Amsterdam

NIEDERLANDE: Dichtung

1143 n–1203 n Heinrich von Veldeke
1351 n blau Ruisbroek: 'Hochzeit'
1654 n blau Vondel: 'Lucifer'

NIEDERLANDE: Malerei und Graphik

1390 n–1441 n Jan van Eyck
1432 n blau Genter Altar
1437 n blau Jan van Eyck: Barbara
1462 n blau Van der Weyden: 'Anbetung'
1475 n blau Van der Goes: 'Anbetung'
1489 n blau Memling: 'Ursula-Schrein'
1531 n blau Orley: 'Heilige Familie'
1565 n blau Brueghel: Bauern-Hochzeit
1606 n–1669 n Rembrandt
1629 n blau Hals: 'Amme mit Kind'
1632 n blau Rembrandt: 'Anatomie'
1634 n blau Rembrandt: Selbstporträt
1641 n blau 'Saskia mit roter Blume'
1642 n blau 'Nachtwache'
1643 n blau 'Drei Bäume'
1646 n blau Rembrandt: 'Holzhacker'
1650 n blau 'Mann mit Goldhelm'
1662 n blau 'Vorsteher der Tuchhalle'
1662 n blau Vermeer: 'Der Brief'
1664 n blau Franz Hals: 'Vorsteher'
1670 n blau Ruisdael: 'Mühle'
1677 n blau 'Judenfriedhof'
1889 n blau Gogh: 'Irrenhaus-Garten'

NIEDERLANDE: Musik

1435 n blau Dufays Werke
1501 n blau Josquin: Vielstimmigkeit
1532 n–1594 n Orlando di Lasso

NIEDERLANDE: Philosophie

1465 n–1536 n Erasmus von Rotterdam
1509 n blau 'Lob der Torheit'
1632 n–1677 n Spinoza
1656 n rot Bann über Spinoza
1659 n blau Spinoza: Kausalität
1676 n blau Scheinbare Willensfreiheit
1677 n blau Spinoza: 'Ethik'
1939 n blau Huizinga: 'Homo ludens'

NIEDERLANDE: Recht

1609 n blau 'Freiheit der Meere'
1625 n blau Grotius: Völkerrecht

NIEDERLANDE: Religion

658 n–739 n Willibrord
675 n–754 n Bonifatius
738 n rot Friesen-Christianisierung
1048 n blau Wazzo gegen Ketzerächtung
1110 n blau Kritik des Tanchelm
1126 n rot Ermordung Tanchelms
1217 n/1219 n Kreuzzug
1351 n blau Ruisbroek: 'Hochzeit'
1385 n rot Brüdergemeinde (Groot)
1465 n–1536 n Erasmus von Rotterdam
1509 n blau Kritik des Erasmus
1516 n blau Neues Testament übersetzt
1527 n–1598 n Philipp II.
1533 n–1584 n Wilhelm von Oranien
1553 n blau Canisius: Katholizismus
1567 n rot Kampfauftrag für Alba
1572 n/1581 n Unabhängigkeitskampf
1580 n rot Zivilehe
1632 n–1677 n Spinoza
1656 n rot Bann über Spinoza

NIEDERLANDE: Sitten und Gebräuche

1225 n grün Schlittschuhlauf
1610 n grün Teetrinken

NIEDERLANDE: Technik

1358 n grün Geschützorgel
1384 n grün Bökel: Einsalzen
1457 n grün Diamantschliff
1499 n grün Zucker-Raffinerie
1585 n grün Stevin: Dezimalsystem
1590 n grün Janssen: Mikroskop
1593 n grün Delfter Fayencen
1599 n grün Stevin: Segelwagen
1622 n grün Drebbel: U-Boot
1656 n grün Huygens: Pendeluhr
1665 n grün Huygens: Thermometer
1671 n grün Mahlwalze
1673 n grün Pulverkraft als Antrieb
1720 n grün Kraftwagen
1911 n grün Elektrokardiogramm
1925 n grün Zuidersee-Trockenlegung
1948 n grün Künstliches Herz

NIEDERLANDE:

Wirtschaft und Verkehr

12 v grün Kanalbau der Römer
1201 n grün Tuchhallen von Ypern
1359 n grün Handelssperre der Hanse
1453 n grün Beurse: Kapitalhandel
1499 n grün Zuckerraffinerie
1531 n grün Börse von Antwerpen
1585 n grün Stevin: Dezimalsystem
1602 n grün Indien-Gesellschaft
1610 n grün Tee-Einfuhr
1612 n grün Meistbegünstigung
1650 n grün Sklavenhandels-Monopol
1651 n rot Gegnerschaft Englands
1686 n grün Kaffee-Plantagen (Java)
1750 n grün Börse von Rotterdam
1925 n grün Zuidersee-Trockenlegung
1957 n grün Mitglied der EWG

NIEDERLANDE: Wissenschaft

1425 n blau Universität Löwen
1543 n grün Vesal: Anatomie
1620 n grün Snellius: Strahlenbrechung
1655 n grün Huygens: Saturnring
1658 n grün Rote Blutkörperchen
1669 n grün Huygens: Krafterhaltung
1675 n grün Aufgußtierchen
1678 n grün Wellennatur des Lichtes
1683 n grün Leeuwenhoek: Bakterien
1852 n grün Mathysen: Gipsverband
1889 n grün Eikman: Vitaminforschung
1895 n grün Zeeman-Effekt
1902 n grün Vries: Mutationslehre
1905 n grün Lorentz: Elektronentheorie
1911 n grün Elektrokardiogramm
1948 n grün Künstliches Herz

NIEPCE, Joseph Nicéphore (1765 n bis 1833 n), französischer Lithograph. Suchte das von Senefelder erfundene Steindruck-Verfahren in Frankreich einzuführen. Bei seinen Bemühungen zur Übertragung von Zeichnungen durch Lichteinwirkung beschichtete er Metallplatten mit einer lichtempfindlichen Asphaltlösung. Die belichteten Stellen dieser Schicht ließen sich nach stundenlanger Lichteinwirkung lösen, die freien Stellen der Metallplatte durch Ätzung vertiefen. Durch Verwendung derartiger Platten in der Camera obscura erhielt er das erste fixierte Abbild der Natur ('Heliographie'). Drei Jahre später schloß er mit dem Pariser Kunstmaler Daguerre einen Vertrag zur gemeinsamen Verbesserung und Auswertung seiner Erfindung.

1822 n grün Photographie

NIEREN- UND BLASENLEIDEN

1981 v–1929 v Neferi
936 n–1013 n Abu Kasim

NIETEN, von dem alten deutschen Worte 'hniotan' (= befestigen) abgeleitete Bezeichnung für das mechanische Zusammenfügen durchbohrter Metallplatten oder Bleche durch Metallbolzen.

669 v grün Erfindung

NIETZSCHE, Friedrich, deutscher Philosoph.

1844 n–1900 n Lebenslinie
1883 n blau 'Also sprach Zarathustra'
1886 n blau 'Jenseits von Gut und Böse'

NIGERIA, Land und Staat an der Westküste Afrikas. Vor mehr als 2500 Jahren besiedelten Sudan-Negerstämme das fruchtbare Tal des Niger, der mitten durch das Land fließt. Vor etwa 1200 Jahren entstanden im Landesinnern die ersten überregionalen Gemeinwesen (Haussa-Staaten), vor 700 Jahren die ersten Staaten an der Küste (Joruba, Benin). Vor 600 Jahren setzten sich im Landesinnern eingewanderte Araber fest und gründeten 1397 n ein Sultanat (Bornu). Seit 1533 n ließen sich englische Sklavenhändler nieder und jagten jahrhundertelang die eingeborene Bevölkerung, um sie nach Amerika zu verkaufen ('Sklavenküste'). Im Landesinnern entstand 1804 n das Negerreich Sokoto. Im Laufe des 19. Jahrhunderts ging England an die Kolonisierung des Landes, dem es nach dem ersten Weltkrieg noch Teile Kameruns angliederte. Seit Erringung der Unabhängigkeit kämpft die Bevölkerung für die Überwindung der Folgen dieser Kolonialzeit.

1963 n rot Unabhängigkeit

NIHAWEND, Stadt im persischen Hochland unweit der Grenze von Mesopotamien (Irak). Halbwegs zwischen Bagdad und Teheran gelegen. Hier besiegten die Araber im Jahre 642 n die persische Streitmacht und kämpften sich dadurch den Weg nach Osten bis zur indischen Grenze frei.

633 n/732 n Arabischer Krieg

NIHILISMUS, vom dem lateinischen Worte 'nihil' (= nichts) abgeleiteter Name für eine philosophisch-begründete Lebensverneinung. Beruht auf der Zurückweisung aller gegebenen Maßstäbe und Werte sowie auf der Leugnung aller Erkenntnis und Wahrheit. Ohne eigenen Beitrag zur Überwindung dieser als unabwendbar empfundenen Situation erschöpft er sich im Beweis der Vergeblichkeit alles Denkens und Tuns sowie der Sinnlosigkeit des menschlichen Daseins. Als Begriff erst 1824 n von dem katholischen Philosophen Baader geprägt, ist die ihm zugrundeliegende Geisteshaltung so alt wie die philosophische Antwort auf die scheinbare Unveränderlichkeit der Stellung des Menschen in der Klassengesellschaft. Sie bestimmt die Geistesgeschichte in dem Maße, wie das Eingeständnis der Ausweglosigkeit der menschlichen Existenz innerhalb einer Gesellschaft einzige Alternative zu ihrer revolutionären Veränderung wurde.

484 v–378 v Gorgias
405 v blau Begründung

NIHONGI, Titel eines japanischen Geschichtswerkes in Form von Jahres-Aufzeichnungen (Annalen). Umfaßt die japanische Entwicklung von den Anfängen bis zum Jahre 697 n. Nach chinesischem Vorbild bringt es auch Sagen, Legenden, Lieder und Gedichte.

720 n blau Entstehung

NIKA-AUFSTAND, Erhebung der Bevölkerung von Konstantinopel (Byzanz) gegen die absolute Herrschaft des Kaisers Justinian. Träger des Aufstandes waren die Volksparteien ('Demen'), deren Mitbestimmung allmählich ausgeschaltet worden war. Weil diese Parteien ihre politischen Forderungen im Zirkus vortrugen, erhielt der Aufstand seinen Namen nach dem anfeuernden Zirkusruf 'nika' (= 'siege'). Tatsächlich siegte aber Kaiser Justinian, der im Zirkus 30 000 Volksvertreter durch seine Truppen niedermetzeln ließ, die 'Demen' endgültig aus dem politischen Leben ausschaltete und die uneingeschränkte Herrschaft des Kaisertums behauptete.

478 n–567 n Narses
482 n–565 n Justinian
497 n–548 n Theodora
505 n–565 n Belisar
532 n rot Absolutismus
532 n braun Aufstand

NIKÄA, Stadt im Nordwesten Kleinasiens gegenüber von Konstantinopel. Seit 316 v durch Griechen errichtet und von König Lysimachos nach dessen Frau (Nicäa) benannt. Unter römischer Herrschaft wichtiges Handelszentrum. Hier tagten zwei Bischofsversammlungen (Konzile) der katholischen Kirche. Vor 650 Jahren besiegten türkische Heere die byzantinische Streitmacht und setzten sich dadurch in den Besitz ganz Kleinasiens. Geburtsort des Astronomen Hipparch und des Geschichtsforschers Kassius Dio.

196 v–125 v Hipparch
155 n–235 n Kassius Dio
325 n rot Konzil
787 n rot Konzil
1330 n braun Sieg der Türken
1330 n rot Türkische Herrschaft
1408 n–1457 n Valla

NIKE, Name der griechischen Siegesgöttin, die nach der griechischen Göttersage dem vom Gotte Zeus unter Mithilfe der Athene vorbestimmten Sieger zum Erfolge verhalf. In der Kunst wurde sie als geflügelter Mensch dargestellt.

568 v blau Archermos' Statue
425 v blau Paionios' Statue

NIKEPHOROS, byzantinischer Gelehrter und Geschichtsschreiber.

758 n–829 n Lebenslinie
822 n blau Bilderkult verteidigt
829 n blau Weltgeschichte

NIKEPHOROS Gregoras (1295 n–um 1360 n), byzantinischer Geschichtsschreiber aus Pontos (Kleinasien). Am Hofe des Kaisers Andronikos II. in Byzanz ging er seinen vielseitigen Studien nach und verfaßte Werke über Gegenstände der Philosophie, der Astronomie sowie über die Kunst der Rede und des Schreibens. Nach dem Tod des Kaisers wegen seines Freimuts vom Hofe vertrieben, zog er sich zurück und schrieb eine Geschichte von Byzanz in 37 Bänden. Darin behandelte er aus seiner Kenntnis der Hintergründe des Geschehens die Zeit von 1204 n bis 1359 n, insbesondere die kirchlichen Streitfragen, die in dieser Zeit eine Rolle spielten. Entwarf den Plan einer Kalenderreform, der Grundlage des Gregorianischen Kalenders wurde.

1359 n blau Byzantinische Geschichte

NIKMADU (um 1400 v–um 1340 v), König des Stadtstaates von Ugarit an der syrischen Mittelmeerküste (Phönizien). Führte sein Land in freundschaftlicher Verbindung mit Ägypten und dem benachbarten Hettiterreich zu wirtschaftlicher und kultureller Blüte. Machte den Hafen seiner Stadt zum wichtigsten Umschlagplatz Vorderasiens für Güter aus dem östlichen Mittelmeerraum (Zypern, Kreta, Mykene). Legte drei Tontafel-Bibliotheken an.

1356 v blau Bibliothek

NIKOLAOS von Myra (um 430 n–491 n), byzantinischer Philosoph aus der Stadt Myra (Kleinasien). Studierte in Athen Redekunst und Philosophie. Dann übernahm er eine Lehrtätigkeit in Konstantinopel. Verfaßte ein Lehrbuch der Rhetorik in zwei Teilen (1. Theorie, 2. Musterbeispiele).

480 n blau Lehrbuch der Rhetorik

NIKOLAUS, volkstümliche Gestalt, an die sich in vielen Ländern ein vorweihnachtliches Fest mit kleinen Geschenken für Kinder verknüpft. Wird auf Bischof Nikolaus von Myra (Kleinasien) zurückgeführt, der einem armen Vater nachts heimlich Geld für die Aussteuer seiner Töchter ins Haus geworfen haben soll, um die drei Mädchen vor Unzucht zu bewahren. Nachdem Gebeine des historischen Nikolaus im Jahre 1087 n von Kleinasien nach Bari (Italien) überführt worden waren, entstanden Volksfeste mit nächtlichen Umzügen und vermummten Gestalten. Daraus entwickelten sich Volks-Schauspiele (Nikolausspiele), bei denen noch ein Begleiter des Nikolaus eingeführt wurde (Knecht Ruprecht).

1197 n blau Bodels Nikolausspiel

NIKOLAUS I. (1796 n–1855 n), russischer Zar von 1825 n bis 1855 n. Als dritter Sohn des 1801 n ermordeten Zaren Paul I. wurde er Offizier, heiratete eine preußische Prinzessin und folgte seinem Bruder Alexander I. auf den Thron. Unterdrückte alle freiheitlichen Regungen des russischen Volkes. Errichtete einen auf der Macht der Geheimpolizei beruhenden straffen Obrigkeitsstaat. Schlug den Dekabristen-Aufstand nieder. Erstickte die Revolutionen in Polen (1831 n–1832 n) und Ungarn (1848 n–1849 n). Seine Erfolge gegen die Türkei und Persien führten in Verbindung mit seiner rücksichtslosen Russifizierung der eroberten Gebiete zur Verstrickung in den Krimkrieg, der für Rußland mit einer vernichtenden Niederlage endete.

1821 n/1829 n Kampf Griechenlands
1825 n braun Dekabristen-Aufstand
1828 n rot Gewinn Armeniens
1829 n rot Freie Meerengen-Passage
1831 n braun Freiheitskampf Polens
1831 n rot Polen Provinz
1847 n rot Gewinn Kasachstans
1849 n braun Eingreifen in Ungarn
1853 n/1856 n Krimkrieg

NIKOLAUS II. (1868 n–1918 n), russischer Zar von 1894 n bis 1917 n. Als ältester Sohn des Zaren Alexander III. wurde er Offizier, verband sich mit einer deutschen Prinzessin und folgte seinem Vater auf den Thron. Beteiligte sich an den Erpressungen europäischer Mächte gegen China, erlitt aber im Krieg gegen Japan eine empfindliche Niederlage. Der Revolution des russischen Volkes gegen seine Willkür-Herrschaft wurde er 1905 n–1906 n durch Zugeständnisse (Einrichtung eines Parlaments) und Gewalt ('blutiger Sonntag') noch einmal Herr. Als er aber im Weltkrieg das Volk bewaffnen mußte, stürzte es ihn angesichts einer ungünstigen militärischen Lage im Februar 1917 n. Auch nach der Machtübernahme durch die Bolschewisten in der Oktoberrevolution blieb er am Leben. Als sich im Juli 1918 n konterrevolutionäre Truppen seinem Verbannungsorte (Schloß Jekaterinburg) näherten, wurde er erschossen.

1896 n rot Transmandschu-Bahn
1898 n rot Gewinn ganz Turkestans
1899 n rot Haager Konvention
1899 n/1901 n Boxeraufstand
1900 n rot China-Abkommen
1902 n braun Bauern-Erhebungen
1902 n rot Gegenbund England–Japan
1904 n/1905 n Krieg gegen Japan
1905 n rot Machtverlust an Japan
1905 n/1906 n Revolution
1906 n rot Parlament
1907 n rot 'Triple-Entente'
1909 n rot Vertrag mit Italien
1914 n/1918 n Erster Weltkrieg
1917 n/1922 n Revolution

NIKOLAUS Germanus (um 1420 n bis 1489 n), deutscher Geograph. Erlernte in Mainz den Buchdruck und verbreitete die neue Kunst in Italien. In Padua fertigte er als Miniaturmaler mehrere Handschriften des Buches 'Geographie' des Ptolemäus an. Hierfür schuf er auch neue Karten von Spanien, Italien und von nordeuropäischen Ländern. Diesen Karten legte er eine eigene Projektion ('Trapez-Projektion') zugrunde. 1482 n gab er in Ulm seine Handschrift mit den Landkarten gedruckt heraus.

1466 n grün Trapez-Projektion

NIKOLAUS von Damaskus (64 v bis um 20 n), griechischer Geschichtsschreiber aus der syrischen Stadt Damaskus. Ging als Erzieher der Kinder von Kleopatra und Antonius nach Ägypten. Nach deren Tod wurde er Ratgeber und Vertrauter des Judenkönigs Herodes des Großen. Reiste nach Rom, wo er eine persönliche Freundschaft mit Kaiser Augustus einging, die ihn zur Übersiedlung in diese Stadt bestimmte. Schrieb eine Weltgeschichte in 144 Bänden, eine Lebensbeschreibung des Augustus ('Leben des Kaisers') sowie Theaterstücke, philosophische Arbeiten über Aristoteles und seine eigenen Lebenserinnerungen.

4 n blau Weltgeschichte
15 n blau Augustus-Biographie

NIKOLAUS von Kues, deutscher Philosoph, Theologe und Naturwissenschaftler.

1401 n–1464 n Lebenslinie
1429 n blau Schrift zur Reichsreform
1434 n grün Achsdrehung der Erdkugel
1436 n grün Schrift zur Kalenderreform
1438 n blau Theologie

NIKOLAUS von Oresme (um 1320 n bis 1382 n), französischer Mathematiker, Naturforscher und Volkswirtschaftler. Nach Beendigung seiner Studien wurde er Pädagoge in Paris. 43jährig wegen seines wissenschaftlichen Ansehens als

Lehrer Karls V. an den Hof berufen, setzte er seine Forschungen fort und veröffentlichte bahnbrechende Arbeiten auf dem Gebiete der Physik, der analytischen Geometrie, der Arithmetik und der Philosophie sowie eine neue Geldlehre. Erkannte die tägliche Achsendrehung der Erde.

1360 n grün Gebrochene Exponenten
1364 n grün Geldtheorie
1368 n grün Erddrehung
1372 n grün Analytische Geometrie
1374 n grün Aristoteles-Übersetzung

NIKOLAUS von Verdun (um 1150 n–um 1210 n), deutscher Goldschmied und Maler. Nach byzantinischen Vorbildern schuf er Kunstwerke, in denen sich plastisches Kunsthandwerk und Emailmalerei harmonisch vereinigten. Sein Altar für die Stiftskirche Klosterneuburg (bei Wien) zeigt auf 51 farbigen, vergoldeten Platten Szenen aus der biblischen Sagenwelt, wobei alttestamentliche und neutestamentliche Aussagen einander gegenübergestellt werden. Einen zweiten Altar schuf er für die Stadt Tournai (Belgien). Für Köln arbeitete er den Dreikönigs-Schrein, für die Stadt Siegburg den Anno-Schrein.

1192 n blau Dreikönigs-Schrein

NIKOMACHOS von Gerasa (um 90 n bis um 160 n), griechischer Mathematiker. Philosoph und Musikschriftsteller aus Gerasa (Jordanien). Studierte die Lehren des Pythagoras, erkannte die Bedeutung der Mathematik für die Musik wie für die Naturkunde und erarbeitete die Grundlagen einer Zahlentheorie. Erforschte die Beziehung von musikalischer Harmonie und arithmetischen Proportionen.

130 n grün Zahlenlehre
139 n grün Harmonielehre

NIKOMEDES (um 205 v–um 135 v), griechischer Mathematiker. Entwickelte eine Kurve, mit deren Hilfe Gleichungen dritten und vierten Grades geometrisch lösbar wurden ('Konchoide'). Baute ein Lineal-Gerät und löste damit das Problem der Würfel-Verdoppelung, mit dem sich jahrhundertelang die bedeutendsten Mathematiker Griechenlands beschäftigt hatten ('Delisches Problem'). Befaßte sich auch mit der Quadratur des Kreises.

179 v grün Konchoide

NIKOMEDIA, Stadt im Norden Kleinasiens am Marmara-Meer (Bosporus). Durch König Nikomedes I. von Bithynien im Jahre 264 v an der Stelle der zerstörten Stadt Astakos gegründet, entwickelte sie sich in wenigen Jahrzehnten zur blühenden Hauptstadt des kleinen Landes. Diokletian regierte später von hier aus das römische Reich. Auch andere Kaiser weilten häufig und gern in der Stadt, in der Konstantin starb und wo schon Hannibal seine letzte Lebenszeit verbracht hatte. Arrianus schrieb hier seine Geschichtswerke.

243 n–316 n Diokletian
286 n rot Römische Residenz

NIL, längster Strom der Erde. Entspringt unweit des Viktoria-Sees im Gebiet zwischen Kongo und Tansania, durchfließt Uganda, den Sudan und Ägypten und mündet nach 6671 km ins östliche Mittelmeer. An seinen fruchtbaren Ufern entstand vor 5000 Jahren eine der bedeutendsten frühen Kulturen der Menschheit.

2812 v grün Wasserstands-Messung
2803 v–2758 v Adjib
2615 v–2550 v Cheops
2598 v grün Schiffsbau
2565 v grün Bausteintransport
2544 v grün Fischstechen
2496 v blau Relief einer Bootsfahrt
2369 v–2295 v Una
2314 v–2292 v Meren-Re
2297 v grün Erster Katarakt
2282 v grün Segelboote
2064 v blau Plastik eines Hausbootes
2047 v blau Plastik eines Ruderbootes
1904 v–1841 v Sesostris III.
1867 v grün Kanal
1835 v grün Pegel
1669 v blau 'Hymnus an den Nil'
1413 v blau Bild 'Fruchtbarer Nil'
1411 v blau Bild 'Weinernte am Nil'
1257 v blau Gemälde des Nilgottes
1241 v blau 'Heimkehr der Nilfischer'
1055 v grün Kaimauer-Reparatur
658 v–595 v Necho II.
550 v–486 v Dareios I.
490 v grün Kanalbau
255 v blau Plastik des Nilgottes
1918 n– Nasser
1964 n grün Assuan-Staudamm

NILPFERD, besonders große und plumpe Flußpferd-Art, die in Afrika den Nil sowie zahlreiche Flüsse und Seen südlich der Sahara bevölkert. Bei einer Länge von über 4 m wird es bis zu 4000 kg schwer. Als friedfertiger Pflanzenfresser wurde es früh eine beliebte Jagdbeute des Menschen.

2875 v blau Ägyptische Skulptur
2864 v grün Kämme aus Nilpferdzahn
2802 v grün Schmuckdosen-Form
2604 v grün Jagd mit Harpunen
2393 v blau Relief 'Nilpferdjagd'
1625 v blau 'Brüllendes Nilpferd'

NI-MAAT, ägyptische Königin.

2696 v–2646 v Lebenslinie
2697 v–2650 v Ka-Sechemui
2673 v–2631 v Zoser
2650 v rot Sohn Zoser König

NIN-CHUR-SAG, Name einer Göttin in Sumer (Süd-Mesopotamien). Als Muttergottheit und Beschützerin von Liebe und Fruchtbarkeit verehrt, wurden ihr prächtige Tempel errichtet, der schönste bei der Stadt Ur, deren Schutzgöttin sie war. Wörtlich bedeutet ihr Name 'Herrin des kosmischen Gebirges'.

2449 v blau Tempel in Ur
2446 v blau Tempelschmuck

NINGAL, Name der Mondgöttin in Sumer (Süd-Mesopotamien). Zusammen mit dem Mondgott Nanna in zahlreichen Städten des Zwischenstromlandes verehrt. Ihr Name bedeutet wörtlich 'Großherrin'.

1978 v blau Tempel in Ur

NIN-GIRSU, Name des Hauptgottes des Stadtstaates Lagasch (Süd-Mesopotamien). Nachdem die Priesterschaft der Stadt in seinem Namen das Volk ausgepreßt und sich selbst schamlos bereichert hatte, setzte die Machtergreifung der antikirchlichen Partei unter ihrem Führer Uru-Kagina diesem Treiben ein Ende. In seinem Erlaß 'Vertrag mit Nin-Girsu' beschnitt er die Einkünfte der Priesterschaft und prangerte ihr sündhaftes Schmarotzerdasein an.

2422 v–2360 v Uru-Kagina
2363 v blau Uru-Kaginas 'Vertrag'
2363 v grün Machtverlust der Priester

NINIVE, Stadt am Tigris (Vorderasien), 80 km stromaufwärts von der Stadt Assur gelegen. Seit mindestens 7000 Jahren besiedelt und vor 4000 Jahren eine der bedeutendsten Städte Mesopotamiens. Mit einem doppelten Mauerring und zehn prächtigen Stadttoren war sie mehr als ein Jahrtausend hindurch neben der Hauptstadt Assur Symbol assyrischer Macht. Im letzten Jahrhundert assyrischer Größe von Sanherib zu einer prächtigen Palaststadt ausgebaut und zur Hauptstadt des Reiches erhoben, fiel sie zwei Jahre nach Assur dem Angriff der vereinten Gegner zum Opfer.

2280 v blau Entwicklung zur Stadt
1302 v–1244 v Salmanassar I.
1251 v blau Ischtar-Tempel
740 v–681 v Sanherib
694 v rot Hauptstadt
694 v grün Steinerne Brücke
693 v–626 v Assurbanipal
691 v grün Aquädukt
690 v grün Tierplastiken
689 v grün Kanal
647 v blau Bibliothek
645 v blau Relief 'Sterbende Löwin'
617 v braun Einfall der Meder
612 v braun Zerstörung
611 n/629 n Kreuz-Christi-Krieg
1854 n grün Ausgrabung der Bibliothek

NIOBIDEN, in der griechischen Sage Kinder der Niobe, die als Tochter des phrygischen Königs Tantalos den König von Theben heiratete und ihm diese sieben Jungen und sieben Mädchen gebar. Der Gott Apollo und die Göttin Artemis töteten an einem Tage aus Rache alle diese 14 Kinder, weil ihre Mutter aus Stolz auf sie in Überheblichkeit verfallen war.

356 v blau Marmorgruppe

NIPKOW, Paul (1860 n–1940 n), deutscher Erfinder. Als Ingenieur im Eisenbahn-Sicherungswesen beschäftigte er sich mit Versuchen zur telegraphischen Bild-Übertragung. Baute ein Gerät zur Zerlegung von Bildern in einzelne Punkte. Diese 'Nipkow-Scheibe' war in spiralförmiger Anordnung mit quadratischen Löchern versehen und setzte bei ihrer Umdrehung die Bild-Vorlage in einzelne Punkte um. Nach telegraphischer Übertragung der Einzelpunkte konnte unter umgekehrter Verwendung der rotierenden Scheibe beim Empfänger das Bild aus den Punkten wieder zusammengesetzt werden. Dieses einfache Verfahren war Grundlage der ersten Fernseh-Versuche und wurde erst 60 Jahre nach seiner Erfindung durch elektronische Abtast-Verfahren endgültig verdrängt.

1884 n grün Bildzerleger

NIPPUR, Stadtstaat im Mündungsdelta von Euphrat und Tigris (Vorderasien). Entwickelte sich innerhalb von 300 Jahren zu einem wirtschaftlichen Zentrum des Landes Sumer (Süd-Mesopotamien). Hier entstand vor 4500 Jahren eines der ersten kommerziellen Groß-Unternehmen der Erde.

2873 v blau Gründung
2695 v blau Enlil-Tempel
2625 v rot Religiöses Zentrum
2570 v–2481 v Ur-Enlil
2508 v grün Handelshaus
2397 v grün Wasserleitung
2253 v grün Kanal zum Meer
2190 v/2141 v Inki-Schu
2147 v–2143 v Vorstoß der Gutäer
2143 v rot Gutäer-Herrschaft
2061 v grün Längenmaß
1847 v braun Vorstoß der Assyrer
1847 v rot Assyrische Oberhoheit

NIRÉ, Ort in Westfrankreich südlich der Stadt Tours an der Loire. Hier besiegten die Frankenheere Karl Martells im Jahre 732 n die Araber und verhinderten dadurch deren weiteres Vordringen in Europa.

633 n/732 n Arabischer Krieg
688 n–741 n Karl Martell

NIRWANA (wörtlich: 'Erlöschen'), Begriff der indischen Religionen des Buddhismus und des Brahmanismus. Die mit ihm verbundene Vorstellung des absoluten Endes, des Erlöschens des eigenen Daseins nach mehreren Wiedergeburten, des Eingehens ins Nichts erscheint den Anhängern dieser Religionen ebenso erstrebenswert wie Angehörigen anderer Religionen (Christentum, Islam) die Vorstellung eines Fortlebens im Himmel.

569 v–498 v Jina Mahavira
557 v–477 v Buddha
541 v blau Jinas Lehre
726 n blau Gemälde Wu-Taotses

NISAMI, Abu (um 1140 n–1209 n), persischer Dichter in Aserbeidschan (Kaukasus). Als Sohn eines Handwerkers früh verwaist, lebte er in bescheidenen Verhältnissen, statt sich einem Fürsten zu verdingen, wie es andere Dichter taten. Schrieb Gedichte und Novellen und stellte eine Sammlung bekannter persischer Dichtungen zusammen. Dieser 'Diwan' enthielt 28 000 Verse. Berühmt wurde er durch seine 'Fünf großen Schätze', eine Zusammenstellung seiner fünf schönsten Dichtungen ('Medschnun und Laila', 'Magazin der Geheimnisse', 'Chosroes und Schirin', 'Sieben Perlen' und 'Alexanderlied'). Darin schilderte er abenteuerliche Geschehnisse in lebendig-bildhafter Sprache und lockerte sie durch eingestreute Anekdoten und Fabeln auf.

1177 n blau 'Medschnun und Laila'

NISCHNI NOWGOROD, Stadt an der Wolga im Herzen des europäischen Rußland, halbwegs zwischen Moskau und Kasan. Entstand Anfang des 13. Jahrhunderts als Festung gegen die Wolgabulgaren. 1350 n Residenzstadt, wurde sie 27 Jahre später von Mongolen niedergebrannt. 1417 n mit dem Großfürstentum Moskau vereinigt. 1611 n ging von hier die Erhebung zur Vertreibung der Polen aus. Ein Angriff der Kosaken (Stenka Rasin) scheiterte 1617 n. Seit 1817 n Messestadt. 1932 n wurde ihr Name geändert, um den größten lebenden Dichter Rußlands zu ehren, der hier geboren wurde ('Gorki').

1221 n blau Gründung

NITABA, Name einer Göttin des Ackerbaus, die als Schutzgöttin der Stadt Umma (Mesopotamien) verehrt wurde. Mit der Ausdehnung der Macht Ummas über ganz Sumer durch König Lugal-Zagesi verbreitete sich vor 4300 Jahren ihr Kult über Süd-Mesopotamien.

2403 v blau Relief
2392 v–2311 v Dingi-Radamu

NI-USER-RE, ägyptischer König.

2463 v–2403 v Lebenslinie
2431 v blau Tempel
2429 v blau Sonnen-Kultstätte
2423 v blau Bildnis
2411 v blau Pyramide
2405 v blau Gemälde

NIZAM, al Mulk (1018 n–1092 n), persischer Kanzler des Reiches der Seldschuken in Vorderasien. Als Wesir der Könige Arsalan und Melik eroberte er durch erfolgreiche Feldzüge große Teile Vorderasiens und errichtete in Bagdad die bedeutendste Universität der islamischen Welt. An diese Stätte von Lehre und Forschung, in der Professoren und Schüler auch wohnten, berief er berühmte Gelehrte (Al Kajam, Al Gazali). Führte den hier entstandenen genauesten Kalender aller Zeiten im Seldschukenreiche ein. Schrieb ein Buch über die Staatskunst in Form einer Anleitung zur Erziehung eines heranwachsenden Herrschers (Fürstenspiegel). Wurde ermordet.

1040 n–1072 n Arsalan
1067 n blau Universität Bagdad
1071 n/1077 n Ikonischer Türkenkrieg
1075 n rot Gewinn Vorderasiens
1079 n grün Kalender
1080 n blau Buch über Staatskunst

NKRUMAH, Kwame (geboren 1909 n), afrikanischer Staatsmann. In der englischen Kolonie Goldküste (Westafrika) geboren, besuchte er die katholische Missionsschule und machte sein Lehrerexamen, um anschließend in England und Amerika zu studieren. Organisierte in Manchester einen Panafrikanischen Kongreß. In seine Heimat zurückgekehrt, gründete er eine Partei und kämpfte für die Unabhängigkeit seines Landes. 1952 n wurde er als politischer Häftling zum Leiter einer einheimischen Regierung gewählt und erwirkte die Unabhängigkeit der Goldküste gegen die Verpflichtung, den so entstandenen Staat im englischen Commonwealth zu belassen. Er nannte den Staat 'Ghana' und verband ihn mit Guinea zu einer Union, die Keimzelle eines geeinten Afrika werden sollte. Da er den Zusammenschluß der Negervölker unter immer zielbewußter auf sozialistischer Grundlage betrieb, verlor er 1966 n das Amt des Präsidenten und emigrierte nach Guinea, wo er seitdem die soziale Befreiung seines Landes vorbereitet.

1957 n rot Unabhängigkeit Ghanas

NOAMI (um 1410 n–um 1490 n), japanischer Maler und Dichter. Lernte bei Josetsu die Tuschmalerei, studierte dann die chinesische Malkunst, fertigte Kopien chinesischer Meister an und suchte ihnen in seinen eigenen Arbeiten nahezukommen. Seine einfarbigen Tuschmalereien japanischer Landschaften waren von einer neuen Leichtigkeit und Helligkeit. Schuf auch Tierbilder, Blumenbilder und bemalte Schirme. Arbeitete Pläne für Gartenanlagen aus und schrieb Bücher. Beriet den japanischen Kanzler und wählte für ihn die chinesischen Kunstwerke aus, die als Vorbilder für japanische Sammlungen erworben wurden. Lehrer vieler berühmter Maler. Auch sein Sohn Geiami lernte bei ihm.

1375 n–1448 n Josetsu
1464 n blau Blumen- und Tierbilder

NOBEL, Alfred (1833 n–1896 n), schwedischer Chemiker. Als Sohn des Ingenieurs Emanuel Nobel arbeitete er zunächst in dessen Petersburger Fabrik, wo die väterliche Erfindung des Sprengöls (Nitroglyzerin) ausgewertet wurde. Nach dem Zusammenbruch des Unternehmens kehrte er in die Heimat zurück und entwickelte aus dem empfindlichen Sprengöl durch Zusatz von 25% gebrannter Kieselerde einen handhabungssicheren Sprengstoff (Dynamit). Erfand auch die Sprenggelatine, ein rauchschwaches Pulver und einen zuverlässigen Zünder. Zur Auswertung seiner die Kriegstechnik revolutionierenden Erfindungen gründete er in ganz Europa Fabriken. Seit seinem 36. Lebensjahr lebte er vorwiegend in Paris und San Remo.

1867 n grün Dynamit
1901 n blau Nobel-Preis

NOBEL-PREIS, Name einer alljährlich ausgezahlten Geld-Zuwendung, die als Anerkennung für Leistungen auf den Gebieten der Physik, Chemie, Medizin und Literatur von der Schwedischen Akademie vergeben wird. Außerdem verleiht ein vom norwegischen Reichstag gewählter Fünfer-Ausschuß noch eine Zuwendung in gleicher Höhe für Verdienste um den Weltfrieden. Der Gedanke für diese Auszeichnung stammt von Alfred Nobel, der 1896 n unverheiratet starb und sein Vermögen (31 Millionen Kronen) für diesen Zweck hinterließ. Die Zinsen, die alljährlich in Form der Preise ausgeschüttet werden, ergeben etwa 150000 DM für jeden Preisträger.

1901 n blau Erste Verleihung

NO-DRAMA, Bezeichnung einer in Japan verbreiteten Form des Theaters. Entwickelte sich im 14. Jahrhundert unter dem Einfluß des chinesischen Dramas aus dem altjapanischen Sarugaku-Spiel, das aus stummem Tanz und Musik bestand. Zunächst nur in den großen Tempeln aufgeführt, fand es im 16. Jahrhundert allgemeine Verbreitung und wurde besonders auf freien Plätzen gespielt. Es behielt seine wesentlichsten Eigentümlichkeiten bis in die Gegenwart bei: Auf viereckiger, schmuckloser Bühne ohne Dekorationen laufen die zwei Akte des Stückes ab, das nur zwei Hauptrollen hat und in dem auch die Frauenrollen von Männern gespielt werden. Während der Hauptdarsteller eine Maske trägt, ist sein Gegenspieler unmaskiert. Prächtige Kostüme, Orchester, Chor, Tanz bringen die Handlung zur Geltung, deren Texte mehr gesungen als gesprochen werden.

1363 n blau Entstehung
1395 n blau 'Übergabe der Blume'

NOFRET (um 2595 v–um 2550 v), ägyptische Prinzessin. Schwägerin des Ägypterkönigs Cheops, mit dessen Bruder Ra-Hotep sie verheiratet war.

2569 v blau Skulptur

NOFRET (um 1925 v–um 1870 v), ägyptische Königin. Herrschte als Frau des Ägypterkönigs Sesostris II. über das Nilreich. Mutter des Königs Sesostris III.

1893 v blau Bildnis

NOFRETERE (um 1310 v–um 1250 v), ägyptische Königin. Herrschte als Frau des Königs Ramses II. über das Nilreich. Zog bedeutende Künstler an ihren Hof und ließ sich von ihnen malen. Die von ihr angefertigten Porträts zeigen Anfänge einer Licht-Schatten-Wirkung.

1286 v blau Gemälde
1278 v blau Bildnis

NOFRETETE, ägyptische Kaiserin.

1388 v–1354 v Lebenslinie
1400 v–1344 v Tut-Mes
1391 v–1358 v Echnaton
1366 v blau Porträtplastik
1362 v blau Relief
1360 v blau Bildnis der Töchter

NOFRET-I-ABET (um 2560 v–um 2500 v), ägyptische Königstochter. Ließ sich für ihr Grabmal in Giseh auf einem Relief abbilden, das sie vor einer reich gedeckten Tafel zeigt.

2532 v blau Relief

NOIRMOUTIER, Name einer Atlantik-Insel vor der Westküste Frankreichs. Südlich der Loire-Mündung gelegen und vom französischen Festland nur durch eine 1 km breite Meerenge getrennt, ist sie bei Ebbe zu Fuß erreichbar.

840 n rot Normannen-Herrschaft

NOLDE, Emil (1867 n–1956 n), deutscher Maler und Graphiker. Als Bauernsohn im nördlichsten Norddeutschland (Schleswig) aufgewachsen, besuchte er 17jährig die Schnitzerschule in Flensburg und wurde Zeichenlehrer. Unterrichtete seit 1892 n 6 Jahre lang an der Gewerbeschule St. Gallen (Schweiz) und ging dann nach München, wo er bei Corinth lernte. Doch suchte er nur technische Fertigkeiten, den künstlerischen Ausdruck hielt er für nicht erlernbar und erwehrte sich aller Stil-Einflüsse. Schuf stimmungsvolle Darstellungen der Natur (Landschaften, Blumen), machte dann aber zunehmend das Grauenhafte, Gespenstische, Zerrissene, Häßliche, Abstoßende zum Inhalt seiner Bilder. 1914 n unternahm er für mehrere Jahre eine Weltreise, dann lebte er in Berlin und in seiner Heimat Schleswig. Außer Ölgemälden und Aquarellen schuf er Holzschnitte, Radierungen und Lithographien.

1940 n blau 'Nachmittagswolken'

NOMADEN, von dem griechischen Worte 'nomados' (= umherschweifend) abgeleitete Bezeichnung für Hirten ohne feste Wohnsitze. Vor der Erfindung des Ackerbaus waren fast alle Menschen auf der ständigen Suche nach Futter für ihre Tiere zu einem solchen Dasein gezwungen, das bis in unsere Epoche hinein von einem Teil der Menschheit geführt wird. Ihr zahlenmäßiger Anteil an der Erdbevölkerung ist in der Geschichte der menschlichen Kultur ständig zurückgegangen.

Vorzeittafel: 10 Tausend Jahre
2758 v/2753 v Bekämpfung durch Ägypter
2697 v–2628 v Huang-Ti
2138 v–2063 v Achtos III.
1710 v braun Kampf gegen Mari
1220 v braun Kampf gegen Kanaan
234 v–174 v Mao-Tun
370 n/455 n Hunnenkriege
1264 n grün Ackerbau bei Mongolen
1332 n–1406 n Ibn Kaldun

NONNEN, Bezeichnung für Frauen und Mädchen, die sich durch feierliche Gelübde zu Ehelosigkeit, zu völliger geschlechtlicher Enthaltsamkeit und zur Arbeit für kirchliche Einrichtungen verpflichten gegen das Versprechen sicherer Versorgung auf Lebenszeit. In der christlichen Epoche Europas, die keine selbständige Existenz der Frau und daher auch keine andere Sicherung ihres Lebens-Unterhalts kannte, erschien dieses traurige Dasein vermögenslosen Frauen häufig als einziger Ausweg aus dem Zwang zur Verheiratung. Seit Eintritt der Frau in das Berufsleben, und insbesondere seit Zuteilung einzelner Grundrechte an die Frau in unserer Epoche, hat diese Lebensstellung in den meisten Ländern jede Anziehungskraft verloren.

292n–346n Pachomius
336n blau Kloster in Ägypten
345n–420n Hieronymus
492n blau Kloster in Irland
556n blau Kloster Poitiers
710n–782n Lioba
735n blau Kloster in Baden
740n blau Ochsenfurt und Kitzingen
751n blau Doppelkloster Heidenheim
876n blau Kloster Gandersheim
939n–990n Roswitha
1098n–1178n Hildegard von Bingen
1120n blau Prämonstratenser-Kloster
1147n blau Kloster Rupertsberg
1147n grün Wasserleitung im Kloster
1483n–1546n Luther
1618n rot Salesianerinnen-Orden
1760n blau Diderots Kritik

NONNOS, Dichter aus Oberägypten.

400n–470n Lebenslinie
435n blau 'Der Zug des Dionysos'

NORDAMERIKA: Allgemeines (Land, Volk, Staat)

967n–1021n Leif Erikson
1000n grün Entdeckung
1003n rot Normannen-Siedlung
1497n grün Caboto in Labrador
1533n–1603n Elisabeth
1534n grün Forschungsreise Cartiers
1535n rot Kanada an Frankreich
1540n rot Kanada an Roberval
1553n–1610n Heinrich IV.
1583n rot Engländer auf Neufundland
1584n rot Virginien englisch
1585n–1642n Richelieu
1607n blau Gründung von Jamestown
1608n blau Gründung von Quebec
1609n grün Entdeckungsreise Hudsons
1613n rot Holländer auf Manhattan
1620n rot Fahrt der 'Mayflower'
1624n grün Auswanderung Deutscher
1626n grün Verkauf Manhattans
1626n rot Manhattan an Holland
1626n blau Gründung von New York
1628n grün Kanada-Handelsgesellschaft
1630n blau Gründung von Boston
1636n rot Baptistenstaat
1637n grün Indianerskalp-Prämien
1642n blau Gründung von Montreal
1664n rot New York englisch
1674n rot Gouverneur für Kanada
1682n blau Gründung von Philadelphia
1683n blau Gründung von Germantown
1688n blau Pastorius gegen Sklaverei
1688n grün Prämien für Skalps Weißer
1692n rot 'Hexen'-Verfolgung
1713n rot Teil Kanadas englisch
1727n blau Quäker gegen Sklaverei
1732n–1799n Washington
1733n rot Sträflingskolonie Georgia
1751n rot Sklaven Pennsylvanias frei
1755n/1763n Kolonialkrieg
1759n rot Ganz Kanada englisch
1763n rot Gebietsgewinn Englands
1765n rot Stempelsteuer-Konflikt
1768n grün Sklaven-Großtransporte
1773n braun 'Bostoner Tee-Party'
1774n rot Kontinental-Kongreß
1774n grün England-Handel beendet
1775n/1783n Freiheitskampf
1776n rot Unabhängigkeitserklärung
1776n rot Menschenrechtserklärung
1777n grün Soldatenmiete Englands
1778n rot Bündnis mit Frankreich
1779n rot Bündnis mit Spanien
1779n grün Steuben: Armeeausbildung
1780n rot Hilfe Neutraler
1783n rot Anerkennung durch England
1783n–1830n Bolivar
1787n rot Verfassung
1787n rot Shaker-Gruppe
1790n blau Gründung von Washington
1808n grün Farmen für Sklavenzucht
1809n–1865n Lincoln
1814n braun Kampf gegen Engländer
1819n rot Florida an USA
1823n rot Monroe-Doktrin
1824n rot Alaska-Übereinkunft
1824n rot Owens Gemeinden
1831n grün Magnetischer Nordpol
1836n grün Sklaven-Massenzucht
1837n rot Stadtrecht für Chicago
1839n–1937n Rockefeller
1846n/1848n Krieg gegen Mexiko
1847n rot Neger-Auswanderung
1848n rot Gebietsgewinn
1850n/1864n Taiping-Aufstand
1854n rot Machtgewinn in Japan
1857n rot Verfassung von Kansas
1861n/1865n Sezessionskrieg
1865n rot Ende der Sklaverei
1865n rot Ku-Klux-Klan
1867n rot Alaska an USA
1867n rot Granger-Bewegung
1877n rot Generalstreik in USA
1882n rot Zuzugsbeschränkung
1882n–1945n F. D. Roosevelt
1886n braun Arbeiteraufstand
1893n blau Karl May: 'Winnetou'
1895n/1898n Kubanischer Krieg
1897n braun Vorstoß nach Hawaii
1897n rot Hawaii-Inseln an USA
1898n rot Gebietsgewinn der USA
1899n/1901n Boxeraufstand
1900n rot China-Abkommen
1900n grün Stahltrust
1903n rot Panama-Kontrolle
1911n/1913n Revolution Mexikos
1913n grün Panamakanal
1914n/1918n Erster Weltkrieg
1917n/1922n Russische Revolution
1920n rot Kanada im Völkerbund
1920n rot Alkoholverbot in USA
1922n grün USA Gläubiger Europas
1924n grün Dawes-Plan
1925n/1949n Chinesische Revolution
1926n rot Rechtsgewinn Kanadas
1927n– Castro
1928n rot Kellogg-Pakt
1929n grün Wirtschaftskrise
1930n grün Young-Plan
1933n grün Arbeitslosigkeit in USA
1933n grün Wirtschaftslenkung in USA
1939n/1945n Zweiter Weltkrieg
1940n rot Stützpunkt-Politik der USA
1941n rot Leih- und Pacht-Gesetz
1941n rot Atlantik-Charta
1943n rot Konferenz von Teheran
1943n rot Streik der Bergarbeiter
1944n grün Weltbank
1945n rot Einsatz der Atombombe
1945n rot Besetzungen
1945n rot Potsdamer Abkommen
1945n rot Mitglied der UN
1946n/1949n Griechischer Bürgerkrieg
1947n rot Streikverbot in USA
1947n grün Marshall-Plan
1949n rot Mitglied der NATO
1950n rot Aufrüstung der BRD
1950n/1953n Korea-Krieg
1951n rot Kommunisten-Verfolgung
1951n rot Vertrag von San Franzisko
1952n rot Eisenhower USA-Präsident
1952n rot Deutschland-Vertrag
1953n rot Militärpakt mit Spanien
1954n rot USA SEATO-Mitglied
1955n rot Österreich selbständig
1956n/1959n Kubanische Revolution
1959n rot Verständigung USA–UdSSR
1960n/ Revolution Indochinas
1961n rot Kennedy USA-Präsident
1963n rot Mord an J. F. Kennedy
1964n rot Johnson USA-Präsident

NORDAMERIKA: Baukunst

1829n blau Weißes Haus
1847n–1931n Edison
1883n grün Erste Wolkenkratzer
1931n blau Empire-State-Building
1952n blau Lever-Haus
1959n blau Guggenheim-Museum

NORDAMERIKA: Dichtung und andere Literatur

1826n blau Cooper: 'Mohikaner'
1836n blau Poe: Kurzgeschichten
1851n blau Melville: 'Moby Dick'
1852n blau 'Onkel Toms Hütte'
1855n blau Whitman: 'Grashalme'
1876n blau Twain: 'Tom Sawyer'
1879n blau Werk Henry Georges
1888n blau Bellamy: 'Rückblick'
1902n blau Werk Helen Kellers
1904n blau London: 'Seewolf'
1917n blau Reed: 'Zehn Tage'
1922n blau Lewis: 'Babbitt'
1922n blau O'Neil: 'Haariger Affe'
1925n blau Dos Passos: 'Manhattan'
1927n blau Sinclair: 'Petroleum'
1931n blau Buck: 'Gute Erde'
1932n blau Werk Knickerbockers
1936n blau 'Vom Winde verweht'
1936n blau Wolfe: 'Zeit und Strom'
1936n blau Faulkner: 'Absalom'
1938n blau 'Unsere kleine Stadt'
1939n blau 'Früchte des Zorns'
1940n blau 'Wem die Stunde schlägt'
1941n blau Burnham: Manager
1945n blau Wright: 'Ich Negerjunge'
1948n blau 'Griff in den Staub'
1952n blau 'Der alte Mann und das Meer'
1953n blau A. Miller: 'Hexenjagd'
1956n blau 'Süßer Vogel Jugend'
1959n blau Faulkner: 'Das Haus'
1964n blau A. Miller: 'Zwischenfall'
1965n blau Durant: Kulturgeschichte

NORDAMERIKA: Film

1847n–1931n Edison
1891n grün Aufnahmegerät
1894n grün Projektor
1910n grün Entstehung Hollywoods
1925n blau Chaplin: 'Goldrausch'
1926n blau Disney: 'Mickey Mouse'
1936n blau Chaplin: 'Modern Times'

NORDAMERIKA: Malerei

1872n blau Whistler: 'Carlyle'
1951n blau Pollock: 'Bild 9'

NORDAMERIKA: Musik

1903n blau Jazz in New Orleans
1910n blau Handy: Blues
1935n blau Gershwin: 'Porgy and Bess'
1951n blau Strawinsky: 'Wüstling'

NORDAMERIKA: Philosophie

1836n blau Emerson: 'Nature'
1907n blau James: Pragmatismus
1935n blau Carrel: 'Der Mensch'
1941n blau Sorokin: 'Krise'
1946n blau Werk Deweys
1958n blau Werk Carnaps

NORDAMERIKA: Recht

1754n blau Verfassungs-Entwurf
1776n rot Menschenrechtserklärung
1787n rot Verfassung
1837n rot Stadtrecht für Chicago
1857n rot Verfassung von Kansas

NORDAMERIKA: Religion

1636n rot Baptistenstaat
1692n rot 'Hexen'-Verfolgung
1727n blau Quäker gegen Sklaverei
1787n rot Shaker-Bewegung
1830n rot Mormonen-Bewegung

NORDAMERIKA: Sitten und Gebräuche

1830n rot Mehrehe bei Mormonen
1878n grün Kaugummi
1920n rot Alkoholverbot

NORDAMERIKA: Technik

1690n grün Papierfabrik
1752n grün Blitzableiter
1773n grün Colles: Dampfschiff
1784n grün Bifokale Brille
1793n grün Baumwollentkernung
1807n grün Fulton: Dampfschiff
1834n grün Getreidemähmaschine
1838n grün Kautschuk-Vulkanisation
1844n grün Morse: Telegraphie
1845n grün Howe: Nähmaschine
1847n–1931n Edison
1851n grün Singer: Nähmaschine
1854n grün Göbel: Glühbirne
1855n grün Petroleum-Lampe
1860n grün Rotationsmaschine
1863n–1947n Ford
1865n grün Pipeline
1869n grün Zelluloid
1870n grün Fließarbeit
1870n grün Remington: Schreibmaschine
1876n grün Bell: Telephon
1877n grün Phonograph
1879n grün Edison: Glühbirne
1880n grün Hollerith: Lochkarten
1883n grün Wolkenkratzer
1883n grün Maschinengewehr
1884n grün Zeilengießmaschine
1888n grün Rollfilm
1889n grün Webautomat
1891n grün Film-Aufnahmegerät
1894n grün Film-Projektor
1900n grün Schnelldrehstahl
1901n grün Rasierklinge
1903n grün Ford: Autofabrik
1903n grün Motorflug
1909n grün Bakelit
1911n grün Fließband
1920n grün Rundfunksender
1927n grün Lindbergh: Atlantikflug
1928n grün Zeitungs-Bildfunk
1930n grün Farbfernseh-Versuche
1931n grün Zworykin: Bild-Abtaster
1932n grün Carothers: Nylon
1937n grün Golden-Gate-Brücke
1938n grün Boulderdamm-Kraftwerk
1942n grün Elektronisches Rechnen
1942n grün Atomreaktor
1945n grün Atombombe
1948n grün Transistor
1949n grün Rakete: 414 km Höhe
1949n grün Flug um die Erde
1949n grün Groß-Teleskop
1952n grün Wasserstoffbombe
1952n grün Halbautomatische Fabriken
1954n grün Atom-U-Boot
1954n grün Farbfernsehen
1955n grün Sendeturm
1960n grün Laser-Strahl
1962n grün Venus-Sonde
1963n grün Raumfahrt-Industrie
1965n grün Mars-Sonde

NORDAMERIKA: Wirtschaft und Verkehr

1690n grün Papierfabrik
1765n rot Stempelsteuer-Konflikt
1768n grün Sklaven-Massentransport
1774n grün England-Handel beendet
1784n grün Bank von New York
1808n grün Farmen für Sklavenzucht
1809n–1865n Lincoln
1817n grün Börse von New York
1818n grün Atlantikfahrt mit Dampfer
1839n–1937n Rockefeller
1848n grün Goldfunde in Kalifornien
1854n rot Machtgewinn in Japan
1858n grün Schlafwagen
1858n grün Atlantikkabel
1863n–1947n Ford
1865n grün Pipeline
1870n grün Fließarbeit
1870n grün 'Standard Oil'
1877n rot Generalstreik
1882n–1945n F. D. Roosevelt
1895n grün Taylor: Rationalisierung
1900n grün Stahltrust
1903n grün Ford: Autofabrik
1911n grün Fließband
1913n grün Panamakanal
1922n grün Gläubiger Europas
1927n– Castro
1929n grün Wirtschaftskrise
1933n grün Arbeitslosigkeit
1933n grün Wirtschaftslenkung
1937n grün Golden-Gate-Brücke
1938n grün Boulderdamm-Kraftwerk
1943n rot Streik der Bergarbeiter
1947n rot Streikverbot
1947n grün Marshall-Plan
1963n grün Raumfahrt-Industrie

NORDAMERIKA: Wissenschaft

1636n blau Harvard Universität
1842n grün Äther-Narkose
1869n grün Zelluloid
1876n grün Dezimalklassifikation
1891n grün Tesla: Diathermie
1894n–1964n Norbert Wiener
1907n grün Morgan: Vererbung
1909n grün Nordpol-Expedition
1909n grün Bakelit
1921n grün Insulin
1927n grün Elektronen-Beugung
1930n grün Entdeckung des Pluto
1932n grün Anderson: Positron
1932n grün Carothers: Nylon
1940n grün Rhesus-Faktor
1942n grün Atomreaktor
1944n grün Waksman: Streptomyzin
1945n grün Atombombe
1946n grün Südpol-Expedition
1946n grün Clayton: Sonnenflecke
1948n grün Shannon: Information
1948n grün Wiener: Kybernetik
1949n grün Groß-Teleskop
1950n grün Einstein: Feldtheorie
1952n grün Wasserstoffbombe
1953n grün Kinsey-Report
1954n grün Kinderlähmungsserum
1956n grün Strahlengefährdung
1958n grün Strahlungsgürtel
1960n grün Laser-Strahl
1962n grün Venus-Sonde
1963n grün Anti-Baby-Pille
1964n grün Gefahren des Rauchens
1965n grün Mars-Sonde

NORDDEUTSCHER BUND, Name einer Vereinigung von zuerst 17, dann 22 deutschen Ländern unter Führung Preußens. Nach der Niederwerfung Österreichs durch Preußen im Jahre 1866 entstanden, gab er sich 1867 eine Verfassung und wurde 4 Jahre später Grundlage des neuen deutschen Reiches.

1815n–1898n Bismarck
1866n rot Gründung

NORDISCHER KRIEG

1688n–1740n Friedrich Wilhelm I.
1672n–1725n Peter I., der Große
1700n rot Bündnis gegen Schweden
1700n/1721n Krieg
1704n rot Gebietsgewinn Rußlands
1708n rot Auflehnung der Ukraine
1710n rot Gebietsgewinn Rußlands
1715n rot Bündnis verstärkt
1720n rot Gebietsgewinn Preußens
1720n rot Ende schwedischer Macht
1721n rot Gebietsgewinn Rußlands

NORDKAP, Name eines felsigen Vorgebirges auf der Insel Magerö, die der äußersten Nordspitze Norwegens vorgelagert ist. Wird meist für den nördlichsten Punkt des europäischen Festlandes gehalten, der jedoch in Wahrheit vom Kap Nordkinn in Nord-Norwegen gebildet wird.

898n grün Ottars Umquerung
1553n grün Chancellors Umquerung

NORDPOL, Bezeichnung für den Punkt auf der nördlichen Erdhälfte, der am weitesten vom Äquator entfernt ist und durch den die gedachte Erdachse laufen müßte. Nördlicher Endpunkt aller Längengrade (Meridiane) und nördlichster Punkt der Erdoberfläche. Von hier aus führen alle Wege nach Süden. Im Gegensatz zum Südpol nicht auf einer Landfläche gelegen, sondern in einem vereisten Meeresteil (Eismeer).

380v–306v Pytheas
1831n grün Magnetischer Nordpol
1894n grün Nansens Expedition
1909n grün Pearys Expedition

NORDRHEIN-WESTFALEN, volkreichstes und produktivstes Land der Bundesrepublik. Entstand 1946n durch Gesetz der englischen Besatzungsmacht und war 1949n eines der 11 deutschen Länder, die sich zur Bundesrepublik Deutschland zusammenschlossen. In seinem Herzen liegt das Ruhrgebiet, so daß in diesem Lande wie in keinem anderen Bundeslande die Arbeiterschaft überwiegt. Obwohl hier 30 Prozent der Bevölkerung der Bundesrepublik leben, verfügt das Land nur über 12 Prozent der Stimmen des Bundesrates.

50n blau Entwicklung Kölns
89n blau Entwicklung Aachens
309n grün Steinerne Rheinbrücke
804n blau Pfalz-Kapelle in Aachen
813n rot Kaiserkrönung in Aachen
1001n blau Entwicklung Essens
1135n blau Entwicklung Düsseldorfs
1149n rot Weberzunft in Köln
1150n rot Stadtrecht für Soest
1173n rot Stadtrecht für Münster
1199n blau Apostelkirche in Köln
1248n blau Bau des Kölner Domes
1250n rot Stadtrecht für Bielefeld
1265n blau Dom von Münster
1288n braun Bürgeraufstand in Köln
1288n rot Köln Freie Stadt
1335n blau Rathaus von Münster
1370n blau Aachener Rathaus
1371n braun Weberaufstand in Köln
1389n blau Universität Köln
1414n blau Aachener Münster vollendet
1588n grün Zeitung in Köln
1592n grün Kölner Börse
1648n rot Westfälischer Friede
1812n grün Krupps Stahlfabrik
1880n blau Kölner Dom vollendet
1885n grün Mannesmann-Röhren
1889n rot Bergarbeiterstreik
1905n rot Bergarbeiterstreik
1920n braun Erhebung im Ruhrgebiet
1923n braun Besetzung des Ruhrgebietes
1926n grün Stahltrust
1939n/1945n Zweiter Weltkrieg
1945n rot Besetzung
1949n rot Land der BRD

NORMANDIE, Name einer Landschaft in Nordfrankreich, die sich von Paris bis zur Kanalküste erstreckt. Sie umfaßt Unterlauf und Mündung der Seine mit der Stadt Rouen. Benannt nach den Normannen, die vor fast 1200 Jahren diesen Landesteil in Besitz nahmen.

878n–931n Rollo
885n braun Normannen-Vorstoß
900n rot Normannen-Herrschaft
911n rot Lehen der Normannen
911n blau Rouen Hauptstadt
1002n–1066n Eduard der Bekenner
1027n–1087n Wilhelm I., der Eroberer
1033n blau Kirche Mont-Saint-Michel
1058n grün Gilden
1066n braun Vorstoß nach England
1066n rot Wilhelm König Englands
1104n blau Teppich von Bayeux
1112n rot Schuhmacher-Vereinigung
1152n rot Machtbereich Heinrichs II.
1172n blau Benoits Geschichtswerk
1208n blau Kathedrale von Rouen
1277n blau Rechtsaufzeichnung
1338n/1453n Hundertjähriger Krieg
1346n rot Englisches Gebiet
1375n rot Häfen weiter englisch
1431n rot Rouen: Tod für Jeanne
1453n rot Rückzug Englands
1566n grün Börse von Rouen
1639n braun Bauernaufstand

NORMANNEN, Name von Angehörigen eines in Skandinavien ansässigen germanischen Volkes, die ihre Heimat verließen, um als seefahrende Eroberer und Entdecker in die Welt zu ziehen. Von Rußland bis nach Nord-Frankreich, Grönland und Amerika, von England und Irland bis nach Sizilien gründeten sie Reiche, die sich dank ihrer Erfahrung auf den Gebieten der Kriegskunst, des Handels und des Verkehrs sowie dank ihrer organisatorischen Gabe zu blühenden Gemeinwesen entwickelten. 400 Jahre nach dem Beginn ihres Aufbruches waren sie an ihren neuen Heimatorten seßhaft geworden und gingen in den Völkern auf, die sie unterworfen hatten. In Deutschland nannte man sie 'Wikinger', in England 'Dänen'.

705n grün Handel mit Slawen
765n–810n Gottfried
780n–839n Egbert
787n braun Angriff auf England
793n rot Niederlassung in England
796n–848n Bragi Boddason
799n braun Angriff auf Südfrankreich
800n rot Dänisches Reich
802n braun Sieg über Pikten
802n rot Besitz schottischer Inseln
808n grün Wall gegen Franken
820n braun Angriff auf Irland
820n rot Niederlassung auf Irland
823n–877n Karl II., der Kahle
825n braun Angriff auf England
830n–879n Rurik
833n rot Niederlassung in Rußland
834n braun Angriff auf Friesland
835n braun Angriff auf England
835n rot Niederlassung in England

- 835n grün Handelsstraße
- 838n–912n rot Oleg der Weise
- 839n braun Kämpfe gegen Iren
- 839n rot Reich auf Irland
- 840n rot Gewinn Noirmoutiers
- 841n rot Gewinn Walcherens
- 843n braun Vorstoß nach Nantes
- 844n braun Vorstoß nach Nordafrika
- 844n braun Vorstoß nach Spanien
- 845n braun Vorstoß nach Paris
- 845n braun Vorstoß nach Hamburg
- 848n braun Vorstoß nach Bordeaux
- 849n–901n rot Alfred der Große
- 850n–932n rot Harald Schönhaar
- 851n/852n braun Vorstoß nach England
- 855n grün Seetüchtige Boote
- 859n braun Eroberungszüge
- 862n rot Reich in Rußland
- 862n grün Erreichung Islands
- 863n braun Plünderungszug am Rhein
- 864n rot Staat von Kiew
- 865n braun Eroberungen in England
- 865n grün Englische Tribute
- 865n/866n braun Zug durch Frankreich
- 866n grün Tribute Frankreichs
- 872n braun Sieg Harald Schönhaars
- 872n rot Königreich Norwegen
- 874n rot Besitz Islands
- 876n rot Gewinn Nordenglands
- 878n braun Niederlage gegen Engländer
- 878n rot Teilung Englands
- 878n rot König Guthorn Christ
- 878n–931n rot Rollo
- 879n braun Niederlage gegen Franken
- 880n braun Vorstoß nach Aachen
- 881n braun Niederlage gegen Franken
- 881n blau Lied auf Harald Schönhaar
- 882n braun Kämpfe in Rußland
- 882n rot Reich von Kiew
- 882n blau 'Ludwigslied'
- 885n braun Vorstoß nach Rouen
- 885n braun Vorstoß nach Paris
- 885n grün Tribute Frankreichs
- 892n braun Vordringen bis Bonn
- 892n braun Angriff auf Südengland
- 898n grün Seeweg nach Nordrußland
- 900n rot Gewinn der Normandie
- 901n grün Entdeckung Grönlands
- 901n–982n rot Egil Skallagrimssen
- 911n rot Belehnung mit Normandie
- 911n blau Entwicklung Rouens
- 930n rot Freistaat Island
- 934n braun Niederlage gegen Deutsche
- 936n blau Lied auf Erich Blutaxt
- 937n braun Kämpfe in England
- 940n–1015n rot Wladimir der Große
- 942n blau Egils Freundschaftslied
- 955n blau Egils Totenklage
- 964n–1000n rot Olaf Tryggvason
- 967n–1021n rot Leif Erikson
- 984n grün Besiedlung Grönlands
- 995n–1035n rot Knut der Große
- 996n blau Joms-Vikinga-Saga
- 999n rot Norwegen christianisiert
- 1000n grün Entdeckung Amerikas
- 1002n rot Ermordung durch Engländer
- 1002n blau Sprichwörtersammlung
- 1002n–1066n rot Eduard der Bekenner
- 1003n braun Angriff auf England
- 1003n rot Niederlassung in Amerika
- 1012n rot Bund mit Adel Englands
- 1013n braun Hilfe für Adel Englands
- 1013n rot Sven I. König Englands
- 1013n–1085n rot Robert Guiskard
- 1014n braun Niederlage gegen Iren
- 1014n rot Verlust Irlands
- 1016n braun Thronkämpfe in England
- 1016n rot Knut König Englands
- 1017n–1088n blau Adam von Bremen
- 1018n rot Knut König Dänemarks
- 1018n rot Union England–Dänemark
- 1021n–1085n rot Gregor VII.
- 1027n rot Hoheit über Schottland
- 1027n–1087n rot Wilhelm I., der Eroberer
- 1028n braun Aufstand in Norwegen
- 1028n rot Norwegen an Knut
- 1029n rot Gewinn Süditaliens
- 1029n blau Gründung von Aversa
- 1042n braun Niederlage in England
- 1042n rot Verlust Englands
- 1043n braun Sieg über Byzanz
- 1043n rot Gewinn Apuliens
- 1047n blau Gründung von Oslo
- 1053n braun Siege in Süditalien
- 1053n rot Anerkennung durch Papst
- 1059n rot Päpstliche Oberhoheit
- 1059n rot Unterstützung durch Papst
- 1061n braun Sieg über Araber
- 1061n rot Niederlassung auf Sizilien
- 1066n braun Sieg über England
- 1066n rot Wilhelm König Englands
- 1067n–1148n blau Ari
- 1071n braun Sieg über Byzanz
- 1071n rot Vormacht in Italien
- 1077n rot Krönung Wilhelms I.
- 1081n blau Zwingburg in London
- 1081n/1085n braun Balkankrieg
- 1084n rot Schutz für Papst
- 1085n rot Gewinn von Syrakus
- 1086n grün Grundbuch
- 1090n braun Sieg über Araber
- 1090n rot Herrschaft über Malta
- 1091n braun Sieg über Araber
- 1091n rot Gewinn Siziliens
- 1096n–1166n blau Al Idrisi
- 1101n–1154n rot Roger II.
- 1104n blau Teppich von Bayeux
- 1108n–1175n blau Wace
- 1121n blau Ari: Isländerbuch
- 1130n rot Reich Rogers II.
- 1140n grün Ärzteprüfung
- 1146n braun Vorstoß nach Afrika
- 1149n grün Seidenweberei
- 1154n blau Wace: Geschichte Englands
- 1165n–1197n rot Heinrich VI.
- 1166n blau Wace: Geschichtswerk
- 1185n braun Balkankrieg
- 1186n blau Dom von Palermo
- 1194n rot Deutsche Herrschaft

NORMUNG, Bezeichnung für die Vereinheitlichung von Maßen und Gewichten, später auch von Formen und Abmessungen solcher Produkte, Teilstücke und Elemente, die von einer Vielzahl von Herstellern für die Verwendung durch eine Vielzahl von Weiterverarbeitern oder Verbrauchern erzeugt werden (Schrauben, Briefbogen). Ihr Ziel ist das reibungslose Zusammenarbeiten aller Hersteller, Verbraucher, Planer und Verteiler in einer immer unüberschaubarer werdenden Welt. Die Bezeichnung wurde von dem lateinischen Wort für Winkelmaß ('norma') abgeleitet. In Deutschland wurde auch das Wort für ihre neueste Form genormt ('DIN').

- 2616v grün Normen in Indien
- 2061v grün Einheitsmaß in Nippur
- 2060v–1983v rot Schul-Gi
- 2017v grün Normen in Mesopotamien
- 1989v grün Prüfstelle in Ur
- 649v grün Normen in Argos
- 443v grün Einheitsmaß in Rom
- 259v–209v rot Schi-Huang-Ti
- 253v grün Normen in Ägypten
- 216v grün Normen in China
- 1101n grün Einheitsmaß in England
- 1585n grün Stevin für Dezimalsystem
- 1791n grün Einheitsmaß 'Meter'

NORTHCLIFFE, Alfred Harmsworth (1865n–1922n), englischer Journalist und Verleger. Gründete mehrere Zeitungen (Daily Mail, Daily Mirror) und schuf in ihnen das Modell für die Massenpresse. An die Stelle von Information und Meinungsbildung trat eine rein gefühlsmäßige Ansprache. Durch niedrigen Verkaufspreis sowie durch inhaltliche Ausrichtung auf Sexualität und Kriminalität gewann er die unvorgebildeten Arbeiter und Angestellten als Zeitungskäufer. Gleichzeitig wurde das Volk auf diese Weise politisch neutralisiert und durch systematische Brutalisierung kriegsreif gemacht. Diese Verdienste um die Stabilisierung des Kapitalismus wurden durch seine Erhebung in den Adelsstand und Berufung zum Propagandaminister anerkannt. Das von ihm entwickelte Rezept zur Verdummung der arbeitenden Volksmassen ('sex and crime') wurde vorbildlich für die Massenpresse aller kapitalistischen Länder.

- 1896n blau 'Daily Mail'

NORTHROP, James H. (1857n–1940n), nordamerikanischer Erfinder englischer Herkunft. Wurde Mechaniker und beschäftigte sich mit der Verbesserung von Textilmaschinen. Als er mit seiner Erfindung eines neuen Kammgarn-Webstuhls in England keinen Erfolg hatte, wanderte er 24jährig nach Massachusetts (USA) aus. Bei der Firma Draper konstruierte er ein automatisches Spulgerät, das sich aber wegen seiner schwierigen Bedienung nicht durchsetzte. Enttäuscht zog er sich zurück und arbeitete in der Landwirtschaft. Aber 31jährig ging er für einen Tageslohn von 2 Dollar wieder als Mechaniker zu seiner alten Firma. Ein Jahr später gelang ihm dann die Konstruktion eines Webstuhls, bei dem die Spulen nicht mehr mit der Hand ausgewechselt werden mußten. Mit dem automatischen Spulenwechsel geschah der entscheidende Durchbruch zum Web-Automaten. 15 Jahre später waren in Amerika mehr als 100 000 der nach ihm benannten Webstühle in Betrieb. Sie stellten vor allem für die Baumwoll-Verarbeitung eine Revolution dar, weil nun ein einziger Weber eine größere Anzahl von Webstühlen bedienen konnte. 41jährig ließ er sich in Kalifornien nieder, betätigte sich in der Landwirtschaft und war einer der ersten, dem es gelang, in dem milden Klima Datteln zu züchten.

- 1889n grün Webautomat

NORTHUMBERLAND, Land auf der britischen Insel. Unmittelbar an der schottischen Grenze gelegen, ist es die nördlichste Grafschaft der südlichen Inselhälfte (England). Bereits vor 2000 Jahren von Römern beherrscht und vor 1300 Jahren eines der ersten selbständigen englischen Königreiche. Durch seine Schafzucht sowie durch seine Bodenschätze (Kohle, Zink, Blei) blieb es auch nach seinem Aufgehen im englischen Reiche von Bedeutung.

- 780n–839n rot Egbert
- 823n/827n braun Einigungskrieg
- 827n rot Einigung Englands

NORWEGEN:

Allgemeines (Land, Volk, Staat)

- 1627v grün Bronze-Herstellung
- 820n braun Angriff auf Irland
- 820n rot Normannen auf Irland
- 839n braun Kämpfe gegen Iren
- 839n rot Reich in Irland
- 850n–932n rot Harald Schönhaar
- 872n braun Einigungskampf
- 872n rot Königreich
- 874n rot Normannen auf Island
- 878n–931n rot Rollo
- 898n grün Seeweg nach Nordrußland
- 901n–982n rot Egil Skallagrimssen
- 918n–961n rot Haakon der Gute
- 930n rot Freistaat Island
- 933n rot Haakon der Gute König
- 933n rot Bauernfreiheit
- 936n blau Lied auf Erich Blutaxt
- 964n–1000n rot Olaf Tryggvason
- 984n grün Besiedlung Grönlands
- 995n–1035n rot Knut der Große
- 997n blau Gründung von Drontheim
- 999n rot Christianisierung beendet
- 1001n rot Island christianisiert
- 1014n braun Kämpfe mit Iren
- 1014n rot Verlust Irlands
- 1017n–1088n blau Adam von Bremen
- 1028n braun Adelserhebung
- 1028n rot Herrschaft Knuts
- 1047n blau Gründung von Oslo
- 1056n–1133n blau Sämund der Weise
- 1076n blau Beschreibung durch Adam
- 1104n rot Papstmacht über Kirche
- 1115n blau Sämunds Geschichtswerk
- 1178n–1241n blau Snorri Sturluson
- 1204n–1263n rot Haakon der Alte
- 1226n blau Snorris 'Königsbuch'
- 1260n rot Erbmonarchie
- 1261n rot Gewinn Grönlands
- 1262n rot Gewinn Islands
- 1270n–1319n rot Haakon V.
- 1278n grün Deutsches Handelskontor
- 1299n rot Oslo Hauptstadt
- 1351n grün Pestepidemie
- 1397n rot 'Kalmarer Union'
- 1537n rot Dänische Provinz
- 1537n rot Reformation
- 1596n grün Nordinseln entdeckt
- 1645n rot Gebietsverlust an Schweden
- 1796n/1815n braun Napoleonische Kriege
- 1814n rot Union mit Schweden
- 1920n rot Mitglied im Völkerbund
- 1939n/1945n braun Zweiter Weltkrieg
- 1945n rot Mitglied der UN
- 1949n rot Mitglied der NATO

NORWEGEN: Kunst

- 796n–848n blau Bragi Boddason
- 830n blau 'Ragnarlied'
- 847n blau Lied auf Ynglinger
- 850n–932n rot Harald Schönhaar
- 881n blau Preislied auf Harald
- 910n–990n blau Eyvind Skaldaspillir
- 962n blau 'Haakonslied'
- 995n blau Holzkirchen
- 1175n blau Dom von Drontheim
- 1251n blau 'Thidrekssaga'
- 1722n blau Holberg: 'Kannegießer'
- 1741n blau Holberg: 'Niels Klim'
- 1866n blau Ibsen: 'Brand'
- 1867n blau Ibsen: 'Peer Gynt'
- 1874n blau Grieg: 'Peer-Gynt-Suite'
- 1877n blau 'Stützen der Gesellschaft'
- 1882n blau Ibsen: 'Volksfeind'
- 1888n blau Hamsun: 'Hunger'
- 1889n blau Munch: 'Frühling'
- 1895n blau Drama Björnsons
- 1920n blau Undset: 'Kristin'

NORWEGEN: Religion

- 910n–990n blau Eyvind Skaldaspillir
- 918n–961n rot Haakon der Gute
- 964n–1000n rot Olaf Tryggvason
- 974n blau Warnung vor Christentum
- 999n rot Christianisierung beendet
- 1001n rot Island christianisiert
- 1104n rot Papstmacht über Kirche
- 1270n–1319n rot Haakon V.
- 1537n rot Reformation

NORWEGEN: Wissenschaft

- 1732n blau Holberg: Geschichtswerk
- 1873n grün Hansen: Leprabazillus
- 1890n grün Lie: Gruppentheorie
- 1894n grün Nansen: Nordpol
- 1911n grün Amundsen: Südpol

NOTEN, von dem lateinischen Worte 'nota' (= Zeichen) abgeleitete Sammelbezeichnung für Zeichen, mit deren Hilfe Töne aufgeschrieben werden können. Zunächst verstand man darunter die Buchstaben, mit denen die Griechen Töne benannten. Seit Erfindung der Notenlinien wurden aber eigene Zeichen gebräuchlich, aus deren Gestalt und Stellung die Tonhöhe und die Tondauer abgelesen werden kann.

- 698v grün Noten der Griechen
- 925n grün Noten des Odo
- 995n–1050n blau Guido von Arezzo
- 1026n grün Noten des Guido
- 1476n grün Notendruck

NOTIZHEFTE

- 85n grün Gebrauch in Rom

NOTKER Labeo (um 950n–1022n), deutscher Sprachlehrer an der Klosterschule von St. Gallen (Schweiz). Übersetzte biblische, wissenschaftliche und literarische Texte ins Deutsche und wurde deshalb 'Notker der Deutsche' genannt. Übertrug die Dichtungen von Terenz und Vergil, verdeutschte die 'Kategorien' und die 'Hermeneutik' des Aristoteles und übersetzte für seine Schüler die 150 Gesänge des Alten Testaments (Psalmen). Auch vom philosophischen Trostbuch des Boëthius und vom Lexikon des Martianus Kapella erstellte er eine deutsche Fassung. Schrieb ein theoretisches Werk über Musik. Starb an der Pest.

- 1006n blau Aristoteles-Übersetzung

NOTKER der Stammler (um 840n bis 912n), deutscher Dichter und Komponist. Als Mönch im Kloster St. Gallen (Schweiz) beschäftigte er sich mit dem Kirchengesang. Unterlegte dem eintönigen Halleluja-Gesang Texte und erweiterte ihn durch angehängte Melodien ('Sequenzen'). Hieraus entwickelte sich bald eine selbständige Kunstform. Schrieb auch Scherzgedichte, Rätsel, ein Sagenbuch und die Lebensgeschichte des Gallus, der mit Kolumban aus Irland kam und das Kloster St. Gallen gründete.

- 878n blau Sequenzen

NOVALIS, Friedrich (1772n–1801n), deutscher Dichter. Als Neffe des preußischen Staatskanzlers Hardenberg studierte er Jura und Philosophie, schloß noch ein zweijähriges Studium an der Bergakademie Freiberg an und wurde Assessor bei der Salinenverwaltung in Weißenfels. 23jährig verlobte er sich mit einem 13jährigen Mädchen, das 15jährig starb. Vier Jahre später starb er selbst an Lungentuberkulose. Seine Werke sind erfüllt von Wunderglaube ('Fragmente'), Todessehnsucht ('Hymnen an die Nacht') und Selbstüberschätzung ('Heinrich von Ofterdingen'). Mit einer selbstgeschaffenen übersinnlichen Traumwelt suchte er der Wirklichkeit Herr zu werden. Geistiger Fortschritt (Aufklärung) und soziale Erneuerung (französische Revolution) waren ihm verhaßt. Sein Ideal ('die blaue Blume') suchte er in vergangenen Jahrhunderten, in die er romantische Züge hineinsah. Dem Dichter stellte er die Aufgabe, Philosophie in Religion zu verwandeln und damit eine geistige Wiederbelebung des christlichen Europa einzuleiten ('Romantik').

- 1801n blau 'Heinrich von Ofterdingen'

NOVATIAN (um 200n–um 260n), römischer Religionsphilosoph. Als Kirchenvorsteher wandte er großen Fleiß auf die Erarbeitung eines Glaubenssystems, das die göttliche Verehrung Jesu mit dem Grundsatz des Ein-Gott-Prinzips (Monotheismus) zu vereinen suchte. Auf der Grundlage der von Athenagoras und Tertullian erarbeiteten 'Dreifaltigkeitslehre' schuf er ein auf Zitate und Argumentationen gestütztes Lehrgebäude, mit dessen Hilfe die Christen dann ihr neues Dogma verteidigten. Wegen seines Ansehens zum Gegenpapst gegen Cornelius gewählt, wurde er bis ins 7. Jahrhundert von einer eigenen Gruppe innerhalb der Kirche verehrt ('Novatianer').

- 245n blau Schrift über Dreifaltigkeit

NOVELLE, von dem italienischen Worte 'novella' (= Neuigkeit) abgeleitete Bezeichnung für eine kurze, erzählende Dichtung, in deren Mittelpunkt ein berichtenswertes Einzelereignis steht.

- 1109n blau Spanische Sammlung
- 1200n blau 'Der arme Heinrich'
- 1313n–1375n blau Boccaccio
- 1340n–1400n blau Chaucer
- 1353n blau 'Decamerone'
- 1390n blau 'Canterbury Tales'
- 1547n–1616n blau Cervantes
- 1749n–1832n blau Goethe
- 1777n–1811n blau Kleist
- 1821n–1880n blau Dostojewski
- 1828n–1910n blau Tolstoi
- 1856n blau Keller: 'Leute von Seldwyla'
- 1880n blau Queiros: 'Mandarin'

NOWGOROD, Stadt im Norden des europäischen Rußland. 120 km südlich von Leningrad am Ausfluß des Ilmen-Sees in den Wolchow gelegen, der über den Ladoga-See eine Schiffsverbindung zur Ostsee und nach Skandinavien bildet, wurde sie die erste Hauptstadt des russischen Normannenreiches.

- 830n–879n rot Rurik
- 838n–912n rot Oleg der Weise
- 860n braun Kampf gegen Normannen
- 862n rot Reichsgründung
- 882n braun Sieg über Südreich
- 882n rot Vereinigung mit Südreich
- 1021n rot Gesetzbuch 'Prawda'
- 1181n grün Deutsches Handelskontor
- 1195n grün Vertrag mit Deutschen
- 1207n/1279n braun Großer Mongolenkrieg
- 1259n rot Mongolische Oberhoheit
- 1440n–1505n rot Iwan III.
- 1478n braun Niederlage gegen Moskau
- 1478n rot Herrschaft Iwans III.
- 1478n rot Anschluß an Zentralstaat
- 1494n rot Ausschaltung der Hanse

NUBIEN, Land im Osten Nordafrikas. Umfaßt das südliche Ägypten und den nördlichen Sudan im Gebiete von Nil und Rotem Meer. Seit Bestehen des ägyptischen Einheitsreiches teils von Ägyptern beherrscht, teils unabhängig, zeitweise sogar das Nilreich beherrschend, ist es bis heute stärker mit Ägypten als mit dem Sudan verflochten, zu dem aber ein größerer Teil seines Territoriums gehört.

- 2840v braun Vorstoß Ägyptens
- 2709v–2661v rot Ka-Sechem
- 2663v braun Vorstoß Ägyptens
- 2644v–2576v rot Snofru
- 2643v braun Vorstoß Ägyptens
- 2643v rot Ausdehnung Ägyptens
- 2624v grün Ägyptische Grenzfestung
- 2587v braun Vorstoß Ägyptens
- 2512v–2458v rot Sahu-Re
- 2462v braun Vorstoß Ägyptens
- 2404v–2350v rot Unas
- 2366v braun Ägyptischer Sieg
- 2365v blau Ägyptisches Siegesmal
- 2355v–2298v rot Pepi I.
- 2319v grün Ausfuhr von Gold
- 2314v rot Söldner nach Ägypten
- 2311v grün Karawanen-Verkehr
- 2307v rot Polizeitruppe Ägyptens
- 2301v grün Ausfuhr von Elfenbein
- 2292v grün Niederlassung Ägyptens
- 2273v braun Vorstoß Ägyptens
- 2273v rot Ägyptische Oberhoheit
- 2177v grün Darstellung in Ägypten
- 1963v braun Vorstoß Ägyptens
- 1963v rot Gebietsgewinn Ägyptens
- 1952v braun Ägyptischer Feldzug
- 1952v rot Gebietsgewinn Ägyptens
- 1950v grün Kerma Umschlagplatz
- 1928v blau Keramik
- 1904v–1841v rot Sesostris III.
- 1899v–1832v rot Sebek
- 1870v/1862v braun Krieg mit Ägypten
- 1862v rot Ägyptische Herrschaft
- 1862v rot Grenzziehung Ägyptens
- 1842v grün Ägyptische Grenzfestung
- 1691v–1628v rot Chian
- 1638v braun Ägyptischer Feldzug
- 1614v–1580v rot Seken-Re
- 1577v braun Angriff auf Ägypten
- 1542v–1505v rot Tut-Mosis I.
- 1527v braun Ägyptischer Feldzug
- 1523v braun Aufstand
- 1522v braun Ägyptischer Feldzug
- 1522v rot Angliederung an Ägypten
- 1498v rot Eindringen von Negern
- 1452v blau Tempel für Sesostris III.
- 1442v–1413v rot Tut-Mosis IV.
- 1418v–1372v rot Ka-Em-Het
- 1415v braun Aufstand
- 1388v blau Plastik in Soleb
- 1355v blau Ägyptisches Gemälde
- 1328v blau Ägyptisches Relief
- 1291v blau Tempel von Abu Simbel
- 1274v blau Statuen von Abu Simbel
- 1271v blau Halle von Abu Simbel
- 1258v grün Landkarte
- 1150v–1076v rot Pa-He-Nesi
- 1128v–1057v violett Herihor
- 964v braun Erhebung gegen Ägypten
- 964v rot Selbständigkeit
- 953v rot Napata Hauptstadt
- 798v–746v rot Kasta
- 784v–720v rot Tef-Nacht
- 780v–717v rot Pianki
- 760v–715v rot Bok-Choris
- 757v–703v rot Sabaka
- 748v braun Vorstoß nach Ägypten
- 748v rot Kasta Herr Oberägyptens
- 747v blau Statue der Königstochter
- 726v/725v braun Kampf gegen Unterägypten
- 725v rot Vormacht in Mittelägypten
- 715v braun Sieg über Unterägypten
- 715v rot Herrschaft über Ägypten
- 652v rot Machtverlust
- 565v–522v rot Kambyses
- 226v blau Tempel von Musaw-Warat
- 546n rot Christianisierung
- 1964n grün Bau des Assuan-Dammes
- 1965n blau Abu-Simbel-Verlegung

NÜRNBERG, Stadt in Süddeutschland. Entstand vor 1000 Jahren und wurde in wenigen Jahrhunderten durch ihren Gewerbefleiß und den erfinderischen Geist ihrer Bewohner zu einer selbstbewußten Stadt. Von Fürsten bedrängt, entschloß sie sich nach einem Handwerkeraufstand zum offenen Krieg mit den Burggrafen ('Zollern'), die 1427n ihre Burg an die Bürger verkauften und nach Brandenburg gingen. Seitdem besaß sie für Jahrhunderte mehr Rechte und mehr Land als jede andere deutsche Stadt. Auf vielen Gebieten ging sie dem Reiche voran: Hier gab es die erste Papierfabrik, die erste Sternwarte, das erste Verlagshaus und die erste Eisenbahn. Frühzeitig setzte sich hier die Reformation ohne fürstliche Nachhilfe durch. Die kunstsinnigen Handwerker schufen mit ihren Fastnachtsspielen erste Ansätze zu einem deutschen Theater. Behaim baute hier seinen Globus und Peter Henlein die Taschenuhr. Im 19. Jahrhundert fand die Stadt früh Anschluß an den Industrialisierungsprozeß. 1806n Bayern einverleibt, bewahrte sie ihre Eigenständigkeit und ihr Selbstbewußtsein und blieb bis ins 20. Jahrhundert das bedeutendste Gewerbezentrum des bayerischen Landes.

1043n blau Entstehung
1273n blau Sebaldus-Kirche
1349n braun Handwerkeraufstand
1362n–1437n Sigismund
1371n–1440n Friedrich I.
1389n grün Papierfabrik
1438n grün Handspritzen
1449n blau Rosenplüt: 'Weinsegen'
1471n grün Sternwarte
1471n–1528n Albrecht Dürer
1489n blau Veit Stoß: Krakauer Altar
1490n grün Verlagshaus Koberger
1492n blau Nunnenpecks Lieder
1492n grün Behaim: Globus
1493n blau Hans Folz: Lieder
1510n grün Henlein: Taschenuhr
1519n blau Sebaldusgrab
1523n blau Sachs: Lutherlied
1524n blau Sachs: Streitgespräch
1537n grün Börse
1550n blau Fastnachtsspiele
1653n blau Harsdörffers 'Trichter'
1835n grün Eisenbahn
1935n rot Nürnberger Gesetze

NÜRNBERGER GESETZE, Bezeichnung für die auf einem Parteitag der deutschen Faschisten in Nürnberg verkündeten Gesetze zur Ausschaltung der Juden aus dem öffentlichen Leben in Deutschland. Das 'Reichsbürgergesetz' unterschied zwischen vollwertigen 'Reichsbürgern' und bloßen 'Staatsangehörigen', zu denen die Juden gezählt wurden. Das 'Gesetz zum Schutz des deutschen Blutes und der deutschen Ehre' verbot Eheschließungen und außerehelichen Verkehr zwischen 'Reichsbürgern' und Juden unter Androhung von Zuchthausstrafe. Die Gesetze wurden 1945n aufgehoben.

1935n rot Verkündung

NÜRNBERGER TRICHTER, volkstümliche Bezeichnung für ein Lehrbuch der Dichtkunst des Nürnberger Dichters Harsdörffer. Es trug den Titel 'Poetischer Trichter, die deutsche Dicht- und Reimkunst in 6 Stunden einzugießen'. Im weiteren Sinne wird die Bezeichnung für das mechanische Einpauken von Wissensstoff benutzt ('eintrichtern').

1653n blau Abfassung

NÜSTERN-RINGE, Bezeichnung für Metallringe, die Zug- oder Reittieren durch die Nase gezogen wurden, um sie daran mit Hilfe von Zügeln zu lenken. Diese Tierquälerei hat sich bis in unsere Epoche hinein in zahlreichen Ländern erhalten.

1865v grün Gebrauch in Kleinasien
1779v grün Ablösung durch Trense

NULL, Schriftzeichen für das Fehlen einer Zahl, eines Wertes, einer Größe oder eines Ergebnisses. In der Mathematik tritt durch das Stellenwertsystem zu dieser Bedeutung als Zahl noch ihre Bedeutung als Ziffer, wodurch sie in Verbindung mit anderen Zahlen deren Wert verändert.

2779v grün Anwendung in Indien
389v grün Anwendung in China
94n grün Anwendung in Guatemala
598n–660n Brahmagupta
657n grün Rechenregeln Brahmaguptas
778n–830n Al Karismi
1114n–1186n Bhaskara

NUMANTIA, Stadt im Nordosten Spaniens. Ausgangspunkt und Zentrum des spanischen Freiheitskampfes gegen die Römer. Nach mehr als 20jähriger Gegenwehr wurde sie im Jahre 133v von den Römern besiegt und dem Erdboden gleichgemacht. Damit brach der spanische Widerstand gegen die römische Fremdherrschaft endgültig zusammen.

154v/133v Erhebung Spaniens

NUMERIERUNG

1472n grün Arabische Ziffern

NUMIDIEN, Land in Nordafrika (Ost-Algerien). Von umherziehenden Hirten und Reitern bewohnt (Numider = Nomaden), geriet es vor mehr als 2000 Jahren bald nach der Zerstörung des benachbarten Karthago durch römische Heere unter die Herrschaft Roms. Beim Zerfall des Römerreiches wandalisch, dann byzantinisch und endlich arabisch. Im 19. Jahrhundert unter französische Kolonialherrschaft geraten, konnte es sich erst nach dem zweiten Weltkriege wieder befreien.

204v rot Bündnis mit Rom
201v rot Gebietserweiterung
158v–104v Jugurtha
156v–86v Marius
112v/105v Jugurthinischer Krieg
109v rot Römer-Bestechung
46v rot Römische Provinz
17n/24n Erhebung gegen Rom
124n–170n Apulejus
285n–347n Fasir
291n–347n Axid
328n rot Donatisten-Bewegung
344n/347n Zirkumzellionen-Aufstand
354n–430n Augustin
390n–477n Geiserich
429n/432n Wandalenkrieg
432n rot Reich der Wandalen
505n–565n Belisar
533n/534n Byzantiner-Vorstoß
534n rot Nordafrika an Byzanz
633n/732n Arabischer Krieg
698n rot Arabische Herrschaft
1830n/1834n Vorstoß Frankreichs
1954n/1962n Erhebung Nordafrikas
1962n rot Algerien unabhängig

NUNNENPECK, Lienhard (um 1450n bis um 1520n), deutscher Dichter. Als Webermeister in Nürnberg einer der führenden Männer des Meistergesangs. Schrieb 46 Meisterlieder, die er nach strengen Versregeln aufbaute. Lehrer von Hans Sachs.

1492n blau Meisterlieder

NURSIA, alter Name der Stadt Norcia im mittleren Italien, 100 km nördlich von Rom. Geburtsort des Benedikt, der dem europäischen Klosterleben seine erste Regel gab.

480n–547n Benedikt von Nursia

NUTATION, von dem lateinischen Worte 'nutare' (= schwanken) abgeleitete Bezeichnung für das von dem englischen Astronomen Bradley entdeckte regelmäßige Schlingern der Erdachse, das durch eine Verschiebung im Anziehungsfeld des Mondes verursacht wird.

1748n grün Entdeckung

NUWAS, Abu, arabischer Dichter.

756n–810n Lebenslinie
797n blau Lieder

NYLON, Name des ersten durch chemische Umwandlung von Öl gewonnenen seidenartigen Gewebes. Wegen seiner hervorragenden Eigenschaften (Haltbarkeit, Elastizität, Lichtechtheit) setzte es sich gegen Naturprodukte durch und erhöhte allgemein das Ansehen der chemisch erzeugten Kunststoffe.

1932n grün Erfindung

NYMPHENBURG, Stadtteil (früher Vorort) von München mit Schloß und parkartigem Schloßgarten sowie den Lustschlössern Amalienburg, Badenburg, Pagodenburg, dem Botanischen Garten, einem Kloster und einer berühmten Porzellan-Manufaktur.

1663n blau Bau des Schlosses
1761n grün Porzellan-Manufaktur

NYSSA, Stadt am linken Ufer des Halys im Herzen Kleinasiens (Kappadozien). Von 371n bis 394n war der Kirchenlehrer Gregor aus Cäsarea Bischof der Stadt, der seitdem 'Gregor von Nyssa' genannt wurde.

385n blau Gregors Hauptwerk

NYX, Gestalt der griechischen Göttersage. Als Nachtgöttin Spenderin von Schlaf, Traum und Tod.

553v blau Rhoikos' Statue

OASE, von dem koptischen Worte 'Uah' (= Station) abgeleitete Bezeichnung für fruchtbare Stellen inmitten von Wüsten. Durch Seen, Quellen oder einen hohen Grundwasserstand verursacht, bilden sie seit alters her Stationen an den Karawanenstraßen durch wüste Gebiete.

1865v–1792v Amen-Em-Het III.
1832v grün Trockenlegung Fayums
1712v–1640v Apofis
1652v rot Verehrung des Oasengottes
1111v/1090v Mesopotamischer Krieg
1105v rot Palmyra an Assyrien
758v–672v Bajin
715v grün Staudamm von Marib

OB, Hauptstrom im westlichen Sibirien (UdSSR). Entspringt im Altai-Gebirge an der mongolischen Grenze (Quellfluß Irtysch), durchfließt mit schwachem Gefälle die Sibirische Tiefebene und mündet nach 5500 km ins Nördliche Eismeer. Mehrere Monate des Jahres vereist. In seinem Quellgebiet am Fuße des Altai entwickelten sich in den letzten Jahrzehnten unter Ausnutzung der reichen Wasserkräfte große Industriezentren (Tomsk, Nowosibirsk).

1499n rot Mündungsgebiet russisch

OBELISK, Bezeichnung für eine viereckige Steinsäule, die sich nach oben verjüngt und mit einer pyramidenförmigen Spitze versehen ist. In der Regel aus einem einzigen Steinblock angefertigt. Das Wort kommt aus dem Griechischen, wo es ursprünglich Bezeichnung für den kleinen Bratspieß war, dessen Form er ähnelt. Seit 4500 Jahren diente er dem Schmuck öffentlicher Plätze und Anlagen. Ruhmsüchtige Herrscher benutzten ihn gern zum Einmeißeln militärischer Siege.

2472v grün Symbol des Sonnengottes
1944v blau Obelisk Sesostris' I.
1516v blau Obelisken Tut-Mosis' I.
1488v blau Hatschepsut-Obelisken
833v blau Obelisk Salmanassars III.

OBERHAUS, Bezeichnung für einen Teil des englischen Parlaments ('House of Lords'), hervorgegangen aus dem seit dem 12. Jahrhundert bestehenden englischen Reichstag. Seine Mitglieder werden nicht gewählt. Ihm gehören 700 Angehörige des englischen Hochadels an sowie 2 Erzbischöfe, 24 Bischöfe, 2 Minister und 37 irische und schottische Adlige, die vom englischen Hochadel berufen werden. Seine Rechte gingen gegenüber dem gewählten Teil des Parlaments (Unterhaus) immer mehr zurück. Sie beschränken sich seit 1909n auf ein Einspruchsrecht gegen die vom Unterhaus beschlossenen Gesetze, das aber nur aufschiebende Wirkung hat. Doch ist sein tatsächlicher Einfluß auf die englische Politik wesentlich größer. Seine Stellung als höchster Gerichtshof des Landes unterstreicht diese Bedeutung. An den regelmäßigen Sitzungen nehmen selten mehr als 15% der Angehörigen des Hauses teil.

1343n rot Trennung vom Unterhaus
1909n rot Machtverlust

OBLATE, von dem lateinischen Worte 'oblata' (= Dargebrachtes) abgeleitete Bezeichnung für ein Kleingebäck aus Wasserteig von Weizenmehl. Nach christlichem Glauben wird es beim Gottesdienst vom Priester in den Leib des Religionsstifters Jesus Christus verwandelt ('Hostie') und den Gläubigen verabreicht.

786n–861n Radbertus
845n blau Leib des Jesus
1000n–1088n Berengar von Tours
1044n blau Nicht Leib des Jesus
1308n–1368n Orcagna

OBOE, Name eines flötenförmigen Musikinstrumentes. Kam vor etwa 4000 Jahren in Vorderasien auf und verbreitete sich von dort aus nach Ägypten und im Mittelmeerraum. Das deutsche Wort ist klanglich der französischen Bezeichnung des Instrumentes nachgebildet, das vor rund 250 Jahren in Frankreich seine jetzige Gestalt erhielt ('Haut bois' = hohes Holz-Blasinstrument).

1570v grün Gebrauch in Ägypten

OBST

Vorzeittafel: 10 Tausend Jahre
2755v grün Dattelgärten in Sumer
2558v grün Obstbaumsteuer, Ägypten
2480v grün Sirup aus Datteln
2323v grün Feigenbaum, Mesopotamien
2025v grün Plantagen in Lagasch
1472v blau Bild der Weingewinnung
1089v grün Plantagen in Mesopotamien
700v grün Ölbaum nach Italien
127v grün Handelsobjekt
73v grün Kirschbaum nach Europa
27n grün Aprikosenbaum in Italien
1055n grün Zitronenbaum in Spanien
1881n grün Mitschurins Züchtungen

OCCAM, Wilhelm von, englischer Religionsphilosoph.

1299n–1349n Lebenslinie
1329n blau Ruf nach Staatskirche
1332n blau Glauben und Wissen

OCHSENFURT, Stadt am Main, 10 km stromaufwärts von Würzburg. Hier gründete der angelsächsische Priester Bonifatius vor 1200 Jahren ein Kloster.

675n–754n Bonifatius
740n blau Frauenkloster

ODDI, Name eines Klosters im Südwesten der Insel Island. Der Gelehrte Sämund gründete hier nach Abschluß seiner Studien in Paris und Rom eine Schule, in der das Wissen seiner Zeit vermittelt wurde. Sie entwickelte sich bald zu einem Mittelpunkt isländischer Gelehrsamkeit und verbreitete wissenschaftliches Denken auf der Insel.

1056n–1133n Sämund der Weise
1092n blau Bildungsstätte
1178n–1241n Snorri Sturluson

ODENATHOS (um 220n–266n), arabischer König. Als romtreuer Fürst der Stadt Palmyra (Syrien) eilte er den von Persien bedrängten Römern zu Hilfe und vertrieb die Perserheere aus Vorderasien. Dann dehnte er seine Macht auf ganz Nordarabien bis zur Sinai-Halbinsel aus sowie über Syrien und Mesopotamien bis in das südöstliche Vorderasien (Kilikien). Vom römischen Kaiser Gallienus wurde er zum Mitregenten über den Orient ernannt. Seine Frau Zenobia half ihm bei der Festigung seiner Macht und folgte ihm auf den Thron, nachdem er bei einem Feldzug in Kleinasien dem Mordanschlag eines Verwandten zum Opfer gefallen war.

230n–273n Zenobia
253n/266n Persischer Krieg Roms
261n rot Generalstatthalter
266n rot Reichsgründung
266n rot Anerkennung durch Rom

ODENWALD, deutsches Mittelgebirge zwischen Rhein, Main und Neckar. Hier lebte der fränkische Geschichtsschreiber Einhard und gründete in der Nähe seines Wohnortes Michelstadt das Kloster Steinbach.

83n rot Römische Herrschaft
770n–840n Einhard

ODEON, Name eines überdachten Theaters in Rom. Vorher allgemeine Bezeichnung für kleinere Theaterbauten (in Griechenland 'Odeion', im römischen Reiche 'Odeum'). Diese intimen Bühnen waren vorwiegend für musikalische Aufführungen bestimmt.

67n–129n Apollodoros
106n blau Bau

ODER, Fluß in Mitteleuropa. Etwa 900 km lang, entspringt er im Odergebirge (Mähren), durchfließt Schlesien und Brandenburg und mündet in Pommern in die Ostsee. Sein Gebiet war vor 1500 Jahren bei der Gründung des ersten slawischen Staates durch Samo ganz in slawischem Besitz. Wiederholte Vorstöße deutscher Fürsten in das slawische Gebiet zwischen Elbe und Oder führten zum Zusammenschluß der bedrohten Bevölkerung im polnischen Staat. Zwischen dem 12. und dem 18. Jahrhundert kam der Fluß allmählich doch unter deutsche Herrschaft. 1945n wurden durch das Potsdamer Abkommen Mündungsgebiet und Oberlauf polnisch, während der Mittellauf die Grenze zwischen Deutschland und Polen bildet.

595n–662n Samo
877n–936n Heinrich I.
920n–992n Miezko
928n/929n Deutscher Kriegszug
929n rot Slawische Gebiete deutsch
960n braun Sieg Miezkos über Slawen
960n rot Polnischer Staat
983n rot Unabhängigkeit der Slawen
992n blau Entwicklung Breslaus
1150n rot Brandenburg deutsch
1181n rot Pommern deutsch
1243n rot Stadtrecht für Stettin
1261n rot Stadtrecht für Breslau
1720n rot Stettin preußisch
1740n/1742n 1. Schlesischer Krieg
1742n rot Schlesien preußisch
1945n rot Potsdamer Abkommen

ODESSA, russische Hafenstadt am Schwarzen Meer. Drei Jahre nach endgültiger Räumung des Gebietes durch die Türken (1791n) an der Stelle einer türkischen Festung von der russischen Zarin Katharina II. nach einem großzügigen Bebauungsplan angelegt. Benannt nach der griechischen Stadt Odessos, die 400 km weiter südlich lag. 1905n wurde die revolutionäre Arbeiterschaft der Stadt bei ihrer Erhebung gegen den Zarismus von den meuternden Matrosen des Panzerkreuzers Potemkin unterstützt. Nach der Oktoberrevolution war sie von 1918n bis 1919n durch deutsche Interventionstruppen beherrscht. Zwischen 1941n und 1944n nochmals von deutschen Heeren besetzt.

1794n blau Gründung
1905n/1906n Russische Revolution
1917n/1922n Russische Revolution
1926n blau Eisenstein: Potemkin
1939n/1945n Zweiter Weltkrieg

ODESSOS, Hafenstadt an der Westküste des Schwarzen Meeres. Vor über 2500 Jahren von griechischen Siedlern aus Milet (Kleinasien) angelegt, entwickelte sie sich zu einem wichtigen Handelsplatz und wurde die Hauptstadt eines Städtebundes, zu dem sich griechische Schwarzmeersiedlungen zusammenschlossen (Apollonia, Kallatis, Mesambria, Tomi). Auch unter römischer Herrschaft behielt sie ihre Bedeutung. Seit dem 7. Jahrhundert bulgarisch, nahm sie den Namen 'Warna' an. Im 15. Jahrhundert wurde die Stadt türkisch, 1828n von Russen besetzt, 1878n aber endgültig Bulgarien zugesprochen (Berliner Kongreß). Im Gegensatz zu den bulgarischen Donauhäfen das ganze Jahr über eisfrei, entwickelte sie sich zum größten Hafen des Landes. Von dem 1946n gegründeten sozialistischen Staat zu einem internationalen Seebad ausgebaut.

585v blau Gründung
1444n braun Sieg der Türken

ODILO (962n–1048n), französischer Priester. Als Abt des Klosters Cluny (Ostfrankreich) suchte er in beständigem Kontakt mit dem deutschen Kaiser und dem Papst die Vorherrschaft des Papsttums gegenüber den staatlichen Machtträgern vorzubereiten. Führte einen Toten-Gedenktag ein (Allerseelen) und erweckte in den Angehörigen der Kirche den Glauben, daß ihre Gebete und Opferhandlungen den Toten im 'Fegefeuer' helfen könnten.

998n grün Allerseelenfest

ODIN, Name eines Gottes germanischer Völker, der ursprünglich als Totengott, dann auch als Kriegsgott verehrt wurde und schließlich zur obersten Gottheit aufstieg, nachdem er dem Wassergeist Mimir ein Auge verpfändet und dafür aus der Quelle der Erkenntnis getrunken hatte. Galt als Gott der Dichtkunst und der Weisheit sowie als Erfinder der Schriftzeichen (Runen). Nach germanischem Glauben sammelte er die gefallenen Krieger in seinem Sonderhimmel (Walhall), von dem aus er Götter und Menschen regierte. In der späteren deutschen Götter- und Heldensage erhielt er den Namen 'Wodan'.

910n–990n Eyvind Skaldaspillir
962n blau 'Haakonslied'

ODO (878n–942n), französischer Musikschriftsteller. Als guter Kirchensänger erhielt er Musikunterricht und wurde Leiter des Chors der Martinskirche von Tours (West-Frankreich). Schuf in Anlehnung an die griechische Ton-Aufzeichnung ein System der Ton-Benennung durch Buchstaben, das sich durchsetzte und bis zur Erfindung der Notenlinien in Geltung blieb. Erweiterte die Anwendbarkeit des Vorzeichens 'b'. Als Abt des Klosters Cluny (Ost-Frankreich) bereitete er die Reformbewegung vor, die zur Stärkung des Papsttums innerhalb der katholischen Kirche führte, und schrieb eine Abhandlung über die Sünden.

925n grün Ton-Bezeichnung

ODO von Metz (um 750n – um 820n), fränkischer Baumeister. Studierte die Architektur Norditaliens (Ravenna) und wandte sich dann eigener Bautätigkeit im Frankenreiche zu. Für Karl den Großen errichtete er nach italienischem Vorbild in Aachen die Pfalz-Kapelle, die als Krönungsraum diente und den Kern des Münsters bildete. War auch als Lehrer tätig. Sein Schüler Ansigis half ihm bei den Bauarbeiten in Aachen.

804n blau Pfalz-Kapelle Aachen

ODOAKER, germanischer Feldherr und Staatsmann.

433n–493n Lebenslinie
455n–526n Theoderich der Große
459n–498n Romulus Augustulus
476n braun Aufstand
476n rot Ende Westroms
476n rot König von Westrom
487n rot Feindkoalition
488n braun Sieg über Rugier
488n rot Ende des Rugier-Reiches
489n/493n Vorstoß der Ostgoten
493n rot Herrschaftsende

ODRYSEN, Name des führenden Stammes der Thraker, die im östlichen Balkan am Schwarzen Meer ansässig waren. Sie gründeten nach den Perserkriegen um die Mitte des 5. Jahrhunderts vor unserer Zeitrechnung ein selbständiges Thrakerreich unter König Teres. 100 Jahre später wurden sie von den Mazedoniern unterworfen und stellten Truppen für die Feldzüge Philipps und Alexanders. Auch die Römer schätzten sie als tapfere Hilfstruppen.

431v rot Bündnis mit Athen
342v/341v Vorstoß Mazedoniens
341v rot Thrazien mazedonisch
46n rot Thrazien römisch

ODYSSEE, Dichtung des Griechen Homer über die Irrfahrten des Königs von Ithaka

(Odysseus), der auf seiner zehnjährigen Heimreise vom Trojanischen Krieg allerlei Abenteuer besteht und bei seiner Heimkehr die Freier seiner Frau tötet.

809 v–724 v Homer
727 v blau Entstehung
285 v–204 v Andronikos
244 v blau Lateinische Übersetzung
1537 n blau Deutsche Übersetzung

ODYSSEUS, Gestalt der griechischen Sage. Als König der griechischen Insel Ithaka nahm er am Trojanischen Krieg teil. Mit List und Tapferkeit überwand er alle Schwierigkeiten. Im Bauche eines hölzernen Pferdes, das die scheinbar abziehenden Griechen zurückließen, verbarg er sich mit einigen Gefährten. Nachdem die Trojaner das Pferd in die Stadt gezogen hatten, öffnete er nachts den heimlich zurückgekehrten Griechen die Tore und ermöglichte so ihren überraschenden Sieg. Auf der Heimfahrt wurde er getreu einer Weissagung noch zehn Jahre an verschiedene Küsten verschlagen und hatte zahlreiche Abenteuer zu bestehen. Daheim angelangt, tötete er unter Mithilfe seines Sohnes die Freier, die seine treue Frau Penelope bedrängten. Sein Leben ist Gegenstand der Dichtungen des Homer und wurde später noch öfter dichterisch gestaltet.

1193 v/1184 v Trojanischer Krieg
809 v–724 v Homer
748 v blau 'Ilias'
727 v blau 'Odyssee'
452 v blau Gemälde Polygnots
345 v blau Gemälde Pamphilos'
1922 n blau Joyce: 'Ulysses'

ÖDIPUS, Gestalt der griechischen Sage. Als Sohn des Königs von Theben ausgesetzt, weil ihm prophezeit war, daß er seinen Vater töten und seine Mutter heiraten würde. Zum Jüngling herangewachsen, erschlug er auf der Wanderung nach Theben tatsächlich den eigenen Vater, ohne ihn zu kennen. In der Stadt löste er das Rätsel der Sphinx und erhielt zum Lohn die Hand der Königin. So zeugte er mit seiner Mutter vier Kinder. Als durch einen zweiten Orakelspruch die tatsächlichen Zusammenhänge klar wurden, blendete er sich selbst und zog (von seiner Tochter Antigone geführt) als blinder Bettler durchs Land. Die Sage war in ihren Grundzügen bereits Homer bekannt, ist also sicher fast drei Jahrtausende alt. In der Dichtung häufig dargestellt, dient seine Gestalt in unserer Epoche der Psychoanalyse zur Bezeichnung einer Verhaltensweise von Jugendlichen, die gegen den gleichgeschlechtlichen Elternteil eine heftige Abneigung, zum andersgeschlechtlichen Elternteil aber eine besonders innige Zuneigung empfinden ('Ödipus-Komplex').

467 v blau 'Sieben gegen Theben'
407 v blau Sophokles' Drama
53 n blau Senekas Drama
1855 n–1939 n Freud
1895 n grün Psychoanalyse

ÖL, von dem lateinischen Namen des Olivenöls ('oleum') abgeleitete Sammelbezeichnung für dickflüssige, fetthaltige, mit Wasser nicht vermischbare Stoffe.

2763 v grün Öl-Lampen in Ägypten
2580 v rot Höchstpreis in Sumer
2055 v–1975 v Ur-Edina
1999 v grün Heilmittel in Sumer
1902 v–1841 v Bila-Lama
973 v grün Handelsgut
700 v grün Ölbaum nach Italien
322 v–246 v Ptolemäus II.
233 v grün Automatische Öl-Lampe
803 n grün Petroleum-Veredelung
1390 n–1441 n Jan van Eyck
1441 n grün Erdöl Heilmittel
1823 n grün Erdöl-Destillation
1839 n–1937 n Rockefeller
1855 n grün Petroleum-Lampe
1864 n grün Petroleum-Motor
1865 n grün Rohrleitung in USA
1870 n grün 'Standard Oil'
1883 n grün Benzin-Motor
1893 n grün Diesel-Motor
1951 n grün Verstaatlichung im Iran

ÖRSTEDT, Hans Christian (1777 n bis 1851 n), dänischer Naturforscher. Nach Abschluß seines Studiums der Heilmittelkunde lehrte er in Kopenhagen Chemie, bereiste Deutschland, Holland und Frankreich und wurde Professor für Physik sowie Direktor der polytechnischen Lehranstalt in Kopenhagen. 1803 n machte ihn der deutsche Physiker Wilhelm Ritter auf den Zusammenhang zwischen Magnetismus und Elektrizität aufmerksam. 16 Jahre später gelang es ihm, eine Magnetnadel durch einen von Strom durchflossenen Draht abzulenken und damit nachzuweisen, daß tatsächlich eine Wechselwirkung von magnetischer und elektrischer Kraft besteht. Erfand ein Gerät zum Messen der Zusammendrückbarkeit von Flüssigkeiten. Verfaßte naturphilosophische Schriften und untersuchte den Zusammenhang zwischen Naturwissenschaft und Dichtung.

1819 n grün Elektromagnetismus

ÖRTLICHE BETÄUBUNG, im Gegensatz zur Ganznarkose ein Verfahren zur Unempfindlichmachung einzelner Körperteile ohne Stillegung des Zentralnervensystems. Ihre Erfindung ermöglichte Operationen, die vorher unmöglich waren, insbesondere Gehirnoperationen, bei denen der Patient bei vollem Bewußtsein bleiben muß.

1892 n grün Schleichs Verfahren

ÖSEL, Name einer Ostsee-Insel, die den Rigaer Meerbusen von der übrigen Ostsee trennt (heute: Sarema). Vor 1000 Jahren von Normannen bewohnt, wurde sie 1227 n durch Deutschritter besetzt, fiel 1559 n für fast ein Jahrhundert an Dänemark, wurde dann für knapp ein Jahrhundert schwedisch und endlich russisch. Nach dem ersten Weltkrieg von Rußland abgetrennt und dem verselbständigten Staate Estland zugeschlagen, fiel sie im zweiten Weltkriege mit Estland wieder der UdSSR zu.

1645 n rot Schwedischer Besitz
1721 n rot Russische Herrschaft
1940 n rot Estland russisch

ÖSTERREICH: Allgemeines (Land, Volk, Staat)

113 v/101 v Erster Germanenkrieg
15 v braun Vordringen der Römer
15 v rot Römische Herrschaft
46 n grün 'Donaustraße' Roms
370 n/455 n Hunnenkriege
403 n rot Westgoten-Ansiedlung
488 n braun Niederlage der Rugier
488 n rot Ende des Rugier-Reiches
534 n–615 n Kolumban
742 n–814 n Karl der Große
791 n/796 n Fränkischer Awarenkrieg
796 n rot Awarische Mark
804 n–876 n Ludwig der Deutsche
976 n braun Erhebung Bayerns
976 n rot Gebietsverlust Bayerns
976 n rot Kärnten selbständig
1031 n blau Entwicklung Innsbrucks
1122 n blau Entwicklung Wiens
1156 n rot Herzogtum
1217 n/1219 n Kreuzzug
1218 n–1291 n Rudolf I. von Habsburg
1278 n braun Schlacht auf Marchfeld
1278 n rot Herrschaft Rudolfs
1281 n rot Stadtrecht für Graz
1315 n braun Schlacht am Morgarten
1315 n rot Katharer-Verbrennungen
1322 n braun Sieg Ludwigs des Bayern
1334 n rot Stadtrecht für Linz
1351 n grün Pestepidemie
1386 n braun Niederlage gegen Schweizer
1420 n/1434 n Hussiten-Kreuzzug
1494 n–1566 n Soliman der Große
1500 n–1558 n Karl V.
1515 n braun Bauern-Aufstand
1522 n/1526 n Revolution
1527 n braun Sieg über Ungarn
1527 n rot Gewinn Böhmens, Ungarns
1528 n rot Wiedertäufer-Hinrichtung
1529 n braun Türken vor Wien
1532 n grün Briefgeheimnis in Tirol
1604 n rot Scheitern der Reformation
1618 n/1648 n Dreißigjähriger Krieg
1626 n braun Bauern-Aufstand
1663 n/1699 n Großer Türkenkrieg
1663 n–1736 n Prinz Eugen
1684 n rot 'Heilige Liga'
1687 n rot Gewinn Ungarns
1699 n rot Gebietsgewinn
1701 n/1714 n Spanischer Erbfolgekrieg
1709 n–1762 n Elisabeth Petrowna
1712 n–1786 n Friedrich II., der Große
1713 n rot Pragmatische Sanktion
1714 n rot Gebietsgewinne
1714 n/1718 n Türkenkrieg
1717 n–1780 n Maria Theresia
1718 n rot Weitere Ausdehnung
1723 n rot Zugeständnis Ungarns
1733 n/1735 n Polnischer Erbfolgekrieg
1735 n rot Wiener Friede
1735 n/1739 n Türkenkrieg
1740 n/1742 n 1. Schlesischer Krieg
1741 n/1748 n Erbfolgekrieg
1742 n rot Verlust Schlesiens
1744 n/1745 n 2. Schlesischer Krieg
1745 n rot Krönung Franz' I.
1747 n rot Kreisämter
1748 n rot Zugeständnis Preußens
1748 n rot Zugeständnis an Preußen
1756 n/1763 n Siebenjähriger Krieg
1762 n rot Friede Rußland-Preußen
1772 n rot Erste Teilung Polens
1773 n–1859 n Metternich
1778 n/1779 n Bayerischer Erbfolgekrieg
1781 n rot Reform Josephs II.
1781 n rot Säkularisation
1785 n rot Nichtbeteiligung am Bund
1786 n rot 'Hexen'-Prozeß-Verbot
1787 n/1792 n Krieg Rußland-Türkei
1792 n/1795 n Revolutionskriege
1795 n braun Aufstand in Ungarn
1795 n rot Dritte Teilung Polens
1796 n/1815 n Napoleonische Kriege
1806 n rot Ende des deutschen Reiches
1809 n/1810 n Aufstand in Tirol
1810 n rot Erschießung Hofers
1810 n–1862 n Cavour
1815 n rot Wiener Kongreß
1815 n rot 'Heilige Allianz'
1815 n–1898 n Bismarck
1848 n/1850 n Revolution
1848 n rot Nationalversammlung
1849 n braun Aufstand Ungarns
1851 n rot Wieder Deutscher Bund
1853 n/1856 n Krimkrieg
1859 n/1861 n Freiheitskampf Italiens
1864 n braun Krieg gegen Dänemark
1864 n rot Genfer Konvention
1866 n braun Deutscher Krieg
1866 n rot Ende des Deutschen Bundes
1867 n rot Doppelmonarchie
1873 n rot Drei-Kaiser-Bund
1879 n rot Zweibund
1882 n rot Dreibund
1889 n–1945 n Hitler
1899 n rot Haager Konvention
1899 n/1901 n Boxeraufstand
1900 n rot China-Abkommen
1908 n rot Gewinn Bosniens
1908 n rot Gewinn der Herzegowina
1914 n/1918 n Erster Weltkrieg
1918 n rot Republik
1918 n rot Ungarn selbständig
1918 n rot Jugoslawien selbständig
1918 n rot CSR selbständig
1919 n rot Vertrag von St. Germain
1927 n braun Sozialistische Aufstände
1934 n braun Arbeiter-Aufstand
1935 n braun Faschistischer Putsch
1938 n rot Anschluß an Deutschland
1939 n/1945 n Zweiter Weltkrieg
1945 n rot Besetzung
1955 n rot Selbständigkeit

ÖSTERREICH: Baukunst und Bildhauerei

1340 n blau Wiener Stephansdom
1481 n blau Pacher: Wolfgang-Altar
1663 n–1736 n Prinz Eugen
1696 n blau Schloß Schönbrunn
1701 n blau Neubau Kloster Melk
1716 n blau Wiener Karlskirche
1724 n blau Schloß Belvedere
1882 n blau Wiener Rathaus

ÖSTERREICH: Dichtung und andere Literatur

1113 n blau Gedichte der Frau Ava
1172 n–1228 n Walther von der Vogelweide
1208 n–1270 n Tannhäuser
1225 n blau 'Gudrunlied'
1255 n blau Ulrichs Selbstbiographie
1549 n grün Herbersteins Rußlandbuch
1817 n blau Grillparzer: 'Ahnfrau'
1818 n blau 'Stille Nacht'
1833 n blau Posse Nestroys
1833 n blau Raimund: 'Verschwender'
1865 n blau Stifter: 'Witiko'
1875 n blau Roseggers Roman
1889 n blau 'Die Waffen nieder'
1891 n blau Drama Wedekinds
1899 n blau Schnitzler: 'Reigen'
1905 n blau Rilke: 'Stundenbuch'
1911 n blau Hofmannsthal: 'Jedermann'
1930 n blau Musils Roman
1938 n blau 'Ungeduld des Herzens'

ÖSTERREICH: Malerei und Graphik

1481 n blau Pacher: Wolfgang-Altar
1861 n blau Schwind: 'Hochzeitsreise'
1956 n blau Kokoschka: 'Thermopylen'

ÖSTERREICH: Musik

1172 n–1228 n Walther von der Vogelweide
1208 n–1270 n Tannhäuser
1732 n–1809 n Haydn
1756 n–1791 n Mozart
1785 n blau 'Figaros Hochzeit'
1787 n blau 'Don Giovanni'
1791 n blau 'Zauberflöte'
1791 n blau 'Paukenschlag-Sinfonie'
1797 n–1828 n Schubert
1799 n blau Haydn: 'Jahreszeiten'
1818 n blau 'Stille Nacht'
1819 n blau 'Forellenquintett'
1821 n blau Schubert: Lieder
1872 n blau Bruckner: F-Moll-Messe
1872 n blau J. Strauß: Walzer
1874 n blau J. Strauß: 'Fledermaus'
1878 n blau Hugo Wolf: Lieder
1891 n blau Zeller: 'Vogelhändler'
1905 n blau Lehár: 'Lustige Witwe'
1910 n blau Mahler: Es-Dur-Sinfonie
1911 n blau Schönberg: Gurre-Lieder
1927 n blau Krenek: 'Jonny'
1951 n blau 'Tanz ums goldene Kalb'

ÖSTERREICH: Religion

534 n–615 n Kolumban
611 n blau Kloster Bregenz
701 n–784 n Fergil der Geometer
1089 n blau Kloster Melk
1113 n blau Frau Avas Gedichte
1217 n/1219 n Kreuzzug
1315 n rot Katharer-Verbrennungen
1528 n rot Wiedertäufer-Hinrichtung
1604 n rot Scheitern der Reformation
1618 n/1648 n Dreißigjähriger Krieg
1701 n blau Neubau Kloster Melk
1717 n–1780 n Maria Theresia
1781 n rot Säkularisation
1786 n rot 'Hexen'-Prozeß-Verbot
1909 n blau Steiner: Anthroposophie

ÖSTERREICH: Sitten und Gebräuche

1683 n grün Kaffeehaus
1689 n grün Skilaufen

ÖSTERREICH: Technik

1479 n grün Gezogener Gewehrlauf
1812 n grün Ressel: Schiffsschraube
1835 n grün Rohrpost
1864 n grün Markus: Kraftwagen
1903 n grün Ultramikroskop

ÖSTERREICH: Wirtschaft und Verkehr

1488 n grün Silberbergbau der Fugger
1489 n grün Postverkehr an Taxis
1525 n grün Quecksilber-Monopol
1717 n–1780 n Maria Theresia
1753 n grün Wiener Börse
1772 n grün Brennerstraße
1835 n grün Rohrpost

ÖSTERREICH: Wissenschaft

1365 n blau Universität Wien
1454 n blau Peurbachs Vorlesungen
1646 n–1716 n Leibniz
1663 n–1736 n Prinz Eugen
1760 n grün Auenbrugger: Perkussion
1842 n grün Doppler: Dopplersterne
1855 n–1939 n Freud
1878 n grün Boltzmann: Mechanik
1879 n grün Stefans Strahlungsgesetz
1883 n grün Mach: 'Mechanik'
1885 n grün Auer: Gas-Glühlicht
1895 n grün Freud: Psychoanalyse
1900 n grün Freud: Traumdeutung
1901 n grün Landsteiner: Blutgruppen
1912 n grün Heß: Kosmische Strahlung
1912 n grün Adler: Psychologie
1921 n blau Wittgenstein: Logik
1923 n grün Frisch: 'Leben der Bienen'
1927 n grün Wellenmechanik
1932 n blau Friedell: Kulturgeschichte
1940 n grün Rhesus-Faktor
1944 n grün Schrödinger: 'Leben'

ÖSTERREICHISCHER ERBFOLGEKRIEG

1709 n–1762 n Elisabeth Petrowna
1712 n–1786 n Friedrich II., der Große
1717 n–1780 n Maria Theresia
1740 n/1742 n Erster Schlesischer Krieg
1741 n/1748 n Krieg
1742 n rot Schlesien preußisch
1744 n/1745 n Zweiter Schlesischer Krieg
1748 n rot Zugeständnis Preußens
1748 n rot Zugeständnis Österreichs

ÖSTERREICH-UNGARN, von 1867 n bis 1918 n Bezeichnung für den Staat der Habsburger Herrscherfamilie, zu dem seit 1527 n Ungarn gehörte. Sollte den Eindruck einer gleichberechtigten 'Doppelmonarchie' hervorrufen, weil die unmittelbare Beherrschung Ungarns durch die österreichischen Habsburger im Hinblick auf den wachsenden Unabhängigkeitswillen der Ungarn nicht mehr aufrechtzuerhalten war. In Wahrheit die letzte Phase der Beherrschung Ungarns durch Österreich.

1527 n braun Vorstoß Österreichs
1527 n rot Herrschaft Österreichs
1541 n braun Vorstoß der Türken
1541 n rot Gebietsgewinn der Türkei
1663 n/1699 n Großer Türkenkrieg
1663 n–1736 n Prinz Eugen
1687 n rot Union
1699 n rot Gebietsgewinn Österreichs
1714 n/1718 n Türkenkrieg
1717 n–1780 n Maria Theresia
1718 n rot Gebietsgewinn Österreichs
1723 n rot Erbfolgewechsel anerkannt
1795 n braun Jakobiner-Aufstand
1848 n blau Petöfis Freiheitslied
1849 n braun Erhebung Ungarns
1867 n rot Doppelmonarchie
1872 n rot Vereinigung Ofen-Pest
1914 n/1918 n Erster Weltkrieg
1918 n rot Ungarn selbständig

OFEN (ungarisch: 'Buda'), Stadt am Südufer der Donau, seit 100 Jahren mit der am gegenüberliegenden Nordufer befindlichen Stadt Pest zur ungarischen Hauptstadt vereinigt (Budapest). Entstand aus der römischen Militärkolonie Aquincum (= 'Wasserstadt'), die hier als Grenzfestung gegen die nördlich der Donau lebenden germanischen Wandalen eingerichtet war. Später von deutschen Siedlern (Schwaben) erweitert, wurde sie von Mongolen zerstört, von Türken besetzt, von Deutschen (Habsburgern) beherrscht und schließlich Teil der Hauptstadt eines freien Ungarn, das 1948 n kommunistisch wurde. Während des Aufstandes von 1956 n beherrschten die russischen Truppen von hier aus die ganze Stadt.

1443 n–1490 n Matthias Corvinus
1474 n blau Bibliothek
1541 n braun Vorstoß der Türken
1872 n rot Vereinigung mit Pest
1956 n braun Aufstand

OFFENBACH, Jacques (1819 n–1880 n), deutscher Komponist. Als Sohn des Kantors der jüdischen Gemeinde in Köln wurde er Cellist und errang früh Erfolge, besonders in Paris, wo er sich zum Komponisten weiterbildete und 30jährig Kapellmeister am Théâtre Français wurde. Sechs Jahre später eröffnete er ein eigenes Theater, in dem er seine Werke aufführte. Nach Gastspielreisen, die ihn bis nach England und Amerika, aber auch wieder in seine Heimat führten (Köln, Berlin, Wien), zog er sich ganz auf seine Kompositionsarbeit zurück. In seinen 102 Bühnenwerken entwickelte er eine Oper von spielerischleichter Form und anspruchsloser Handlung (Operette). Darin behandelte er mit gutmütigem Spott Stoffe aus der Geschichte ('Die schöne Helena'), aus der Welt des Verbrechens ('Blaubart') und aus der bürgerlichen Gesellschaft seiner Zeit ('Pariser Leben'). Seine einzige Oper ('Hoffmanns Erzählungen') wurde erst nach seinem Tode aufgeführt.

1858 n blau 'Orpheus in der Unterwelt'

OFFENBARUNG DES JOHANNES, Name einer Schrift, die von der katholischen Kirche wie das Johannes-Evangelium dem Apostel Johannes zugeschrieben wird, der in der ersten Hälfte des ersten Jahrhunderts gelebt haben soll. Tatsächlich entstand sie aber frühestens um das Jahr 95 n, nach den auf neueren astronomischen Berechnungen beruhenden Forschungen des russischen Astronomen Nikolaus Morosow sogar erst im Jahre 395 n. Als einziges prophetisches Buch des zweiten Teiles der Bibel (Neues Testament) enthält es sieben Briefe an christliche Gemeinden in Kleinasien mit der Voraussage von Leiden der 'Endzeit' des allgemeinen Weltuntergangs ('Apokalypse').

95 n blau Niederschrift

OHIO, Fluß in Nordamerika. Entspringt zwischen New York und dem Eriesee, durchfließt den Osten der Vereinigten Staaten in ost-westlicher Richtung und mündet nach 1560 Kilometern als größter linker Nebenfluß in den Mississippi. Bei seiner Einmündung ist er wasserreicher als der Mississippi selbst.

1763 n rot Gebietsgewinn Englands

OHM, Georg Simon (1787 n–1854 n), deutscher Physiker. Verließ seine Stellung als Gymnasiallehrer in Köln und ging an die Kriegs-Schule nach Berlin. Hier entdeckte er bei seinen Forschungen das der Elektrizität zugrundeliegende Gesetz (Stromstärke = Spannung : Widerstand). Den Widerstand berechnete er mit einer neu festgelegten Größe, die nach ihm benannt wurde (1 Ohm). Untersuchte physikalische Vorgänge bei der Überlagerung von Lichtwellen (Interferenz-Erscheinungen). Später ging er als Leiter des Polytechnikums nach Nürnberg und schrieb dort 'Grundzüge der Physik'.

1827 n grün Elektrische Größen

OHR

520 v–450 v Alkmaion
1563 n grün Eustachios Forschungen

OHRDRUF, Stadt am Fuße des Thüringer Waldes zwischen Erfurt und Eisenach. Hier gründete der angelsächsische Priester Bonifatius vor 1200 Jahren ein Kloster. Die in dessen Nachbarschaft emporgewachsene Siedlung erhielt im 14. Jahrhundert Stadtrecht.

675 n–754 n Bonifatius
724 n blau Kloster

OHRENBEICHTE, Bezeichnung für das geheime Geständnis kirchlich geächteter Handlungen ('Sünden') vor einem Priester, der nach katholischer Lehre in diesem Augenblick Stellvertreter des Religionsstifters Jesus Christus und damit Richter über den Gläubigen ist. Aus dem Judentum übernommen und bereits im ersten Teil der Bibel (Altes Testament) erwähnt, ist sie seit 1215 n für alle Katholiken mindestens einmal jährlich vorgeschrieben. Ein wichtiger Machthebel der Kirche, die durch sie Einblick in das Privatleben ihrer Mitglieder nimmt, deren geistig-seelische Unterwerfung aufrechterhält und durch Verhängung von Buße wie Erteilung von Vergebung die Abhängigkeit der Gläubigen von der Priesterschaft bewahrt. Durch die Reformation als 'Gewissensmarter' zurückgewiesen, wurde sie von ihr nach jahrhundertelanger unterschiedlicher Handhabung in den einzelnen Kirchen während des 19. Jahrhunderts fast durchweg in ein pauschales, kollektiv vollzogenes Schuldbekenntnis verwandelt, dem dann automatisch die pauschale Vergebung durch den Pastor folgt.

455n grün Aufkommen
1324n–1384n Wiclif

OHRRINGE

2699v grün Frauenschmuck in Sumer
1631v grün Schmuck in Ägypten
1338v grün Frauenschmuck in Ägypten

OKARINA, kurze Tonflöte, meist mit acht Löchern. Eines der ältesten Musikinstrumente Amerikas. Seit dem 19. Jahrhundert auch in Europa gebräuchlich.

2167v grün Gebrauch in Amerika

OKKULTISMUS, von dem lateinischen Wort 'occultus' (= geheim) abgeleitete Bezeichnung für eine Form des Aberglaubens, die wissenschaftlich nicht voll erforschte und erklärte Naturerscheinungen auf übernatürliche Kräfte zurückführt. Beschränkt sich mit dem schnellen Vordringen der wissenschaftlichen Erkenntnis zunehmend auf Hellsehen, Geister- und Toten-Beschwörung und Spuk aller Art. Beruht im wesentlichen auf Sinnestäuschung.

265n–330n Jamblichos
302n blau Jamblichos' Schrift
1275n blau Kabbala-Werk 'Sohar'
1533n grün Werk Agrippas
1747n blau Swedenborgs Lehre
1875n blau Blavatsky: Theosophie
1909n blau Steiner: Geheimlehre

OKTAVIAN, eigentlicher Name des ersten römischen Kaisers, der sich 'Augustus' (= der Erhabene) nannte.

63v–14n Lebenslinie
82v–30v Antonius
69v–30v Kleopatra
65v–8v Horaz
63v–12v Agrippa
59v–17n Livius
48v–9n Varus
45v rot Adoption durch Cäsar
43v/30v Dritter Bürgerkrieg
43v rot Zweites Triumvirat
43v rot Politische Morde
43v–17n Ovid
42v rot Leibwache
42v–37n Tiberius
41v rot Republikaner als Gegner
40v rot Reichsteilung
38v–9v Drusus
33v rot Bruch mit Antonius
30v rot Ägypten Provinz
30v rot Reichseinheit
29v rot Alleinherrschaft
29v rot Janus-Tempel geschlossen
29v/28v Balkankrieg
28v rot Untere Donau Grenze
27v/25v Krieg in Spanien
27v rot 'Augustus'-Titel
27v blau Pantheon
26v grün Handelsflotte vergrößert
25v/24v Krieg gegen Araber
24v/23v Krieg gegen Äthiopien
23v rot Lebenslängliche Herrschaft
23v grün Reichsvermessung
21v grün Postdienst
20v rot Vertrag mit Parthern
19v braun Sieg in Spanien
19v rot Portugal Provinz
19v rot Macht über Südwesteuropa
19v grün Straßennetz
17v blau Preislied des Horaz
17v/16v Krieg gegen Sugambrer
16v blau Kommentar des Kapito
16v–21n Armin
15v braun Vordringen nach Norden
15v rot Ganze Donau Grenze
15v blau Augsburg, Trier gegründet
15v–19n Germanikus
13v blau Gründung von Mainz
12v rot Oberpriester
12v grün Kanalbau
12v/7v Zweiter Germanenkrieg
12v/9v Pannonischer Krieg
11v blau Entwicklung Wiesbadens
10v rot Göttliche Verehrung
9v rot Vordringen zur Elbe
9v rot Hoheit über Pannonien
9v blau Friedensaltar
8v grün Monatsname
2v rot Ehrenname
2v rot Gesetz gegen Freilassung
2v blau 'Forum Augusti'
4n rot Strafen für Sklaven
4n/16n Dritter Germanenkrieg
6n blau Selbstbiographie
6n/9n Pannonischer Aufstand
9n rot Familiengesetz
10n rot Pannonien Provinz
15n blau Biographie
37n–68n Nero

OLAF (995n–1030n), norwegischer König seit 1015n. Befreite Norwegen aus der Herrschaft der Könige von Dänemark und Schweden, die das Land seit dem Tode Olaf Tryggvasons unterworfen hatten. Bemühte sich, das zur Staatsreligion erklärte Christentum beim Volke durchzusetzen. Vom Adel des eigenen Landes mit Hilfe des Dänenkönigs Knut vertrieben, flüchtete er nach Rußland. Bei einem Versuch zur Rückeroberung seines Landes wurde er von einem norwegischen Heere geschlagen und fiel in der Schlacht.

1028n braun Vertreibung
1175n blau Olafs-Dom in Drontheim

OLAF Tryggvason, König von Norwegen von 995n bis 1000n.

964n–1000n Lebenslinie
999n rot Norwegen christianisiert

OLDCASTLE, John (um 1375n–1417n), englischer Freiheitskämpfer. Förderte auf seinen Besitzungen in Hereford und Kent die Anhänger Wiclifs (Lollarden) und bekannte sich selbst zu deren christlich-kommunistischen Forderungen. Ungeachtet seiner Verdienste als Feldherr wurde er von den Kirchenfürsten als 'Ketzer' verurteilt. Der ihm freundschaftlich zugetane König ließ ihn aber nicht hinrichten, sondern nur in den Tower werfen, in der Hoffnung, daß er sein Leben durch Widerruf seiner Lehren retten würde. Doch stand er fest zu seiner Überzeugung, entfloh aus dem Kerker und beteiligte sich an einer revolutionären Erhebung, die zur vorübergehenden Festnahme des Königs führte. Nach deren Scheitern hielt er sich 3 Jahre verborgen, wurde dann aber gefangen und gehenkt. Die Kirche ließ seinen Leichnam noch öffentlich verbrennen.

1417n rot Hinrichtung

OLEG der Weise, russischer Staatsmann normannischer Herkunft.

838n–912n Lebenslinie
882n braun Sieg über Südreich
882n rot Reich von Kiew
911n braun Angriff auf Byzanz

OLGA, russische Herrscherin.

885n–968n Lebenslinie
945n/946n Drewlanen-Aufstand

OLIVE, Frucht des Ölbaumes. Seit Jahrtausenden zur Gewinnung eines haltbaren Speiseöls verwendet.

1549v blau Relief eines Erntefestes
700v grün Ölbaum nach Italien

OLIVENMOSCHEE, Name der größten und schönsten Kirche von Tunis (Nordafrika). Im achten Jahrhundert begonnen, wurde der prächtige Säulenbau fünfhundert Jahre später vollendet. Durch die angebaute Universität ein bedeutendes Zentrum arabischer Gelehrsamkeit.

732n blau Bau

OLIVER (um 1020n–um 1065n), englischer Erfinder. Als Mönch des Benediktinerklosters Malmesbury baute er sich Flügel für Arme und Beine, bestieg den Klosterturm und stürzte sich in die Tiefe. Seine Flügel bremsten seinen Sturz aber nicht genügend, so daß er hart aufschlug und an seinen Verletzungen starb.

1065n grün Flugversuch

OLIVETANUS, Pierre Robert (1506n bis 1538n), französischer Theologe. Schloß sich der Reformation an und wurde Lehrer in Genf, wo sein Verwandter Calvin ihn zur Neu-Übersetzung der Bibel anregte. Hier und in Neuchâtel erledigte er diese Arbeit unter Heranziehung einer Übersetzung von Jacques Lefèvre. Seine Bibel wurde Grundlage der reformierten Theologie Frankreichs und der französischsprachigen Schweiz.

1535n blau Bibelübersetzung

OLYMPIA, Tempelstadt im Westen der Halbinsel Peloponnes (Süd-Griechenland), benannt nach dem obersten Gott der Griechen (Zeus Olympios). 20 km vom Mittelmeer gelegen, weit entfernt von Sparta und Athen, wurde die vor 3500 Jahren errichtete Stätte zu einem Treffpunkt von Bürgern aus den selbständigen griechischen Stadtstaaten und gab ihnen über allen gegenseitigen Kleinkrieg hinweg ein Gefühl von Zusammengehörigkeit. König Oinomaos soll hier 13 Bewerber um seine Tochter Hippodameia im Wagenrennen besiegt und getötet haben, bis er von Pelops überlistet wurde. Seit dieser Zeit wurde Pelops hier verehrt. Seine Kultstätte wurde später dem Gotte Kronos und dann dem Zeus geweiht; die Wagenrennen wurden als kultische Wettkämpfe beibehalten und später durch andere Konkurrenzen ergänzt ('Olympische Spiele').

918v blau Hera-Tempel
776v blau Erste Olympische Spiele
493v–432v Phidias
469v blau Onatas: 'Helden'
456v blau Zeus-Tempel
425v blau Statue der Nike
396v–328v Leochares
341v blau Statue des Hermes
393n grün Letzte Olympische Spiele
395n/403n Dritter Gotischer Krieg

OLYMPIEION, Name von Tempeln, die zu Ehren des höchsten griechischen Gottes (Zeus Olympios) erbaut worden sind. Am berühmtesten wurde der Bau in Athen, der 527v begonnen und erst 400 Jahre später vollendet wurde. Auch der im Jahre 456v vollendete Zeus-Tempel in Olympia war künstlerisch bedeutsam.

527v blau Bau in Athen
456v blau Tempel in Olympia

OLYMPISCHE SPIELE, Bezeichnung für die zuerst in der griechischen Tempelstadt Olympia abgehaltenen, alle vier Jahre stattfindenden sportlichen Wettkämpfe. Dieser Vier-Jahres-Rhythmus wurde in Griechenland Grundlage der Zeitrechnung, die nicht nach Jahren, sondern nach 'Olympiaden' erfolgte. Während der Wettspiele herrschte zwischen den einzelnen griechischen Stadtstaaten Friede. Nach Durchsetzung des Christentums im Römerreich als 'heidnisch' verboten, wurden sie Ende des 19. Jahrhunderts wieder aufgenommen.

776v blau Beginn
776v grün Zeitrechnung
688v grün Faustkampf, Wagenrennen
494v blau Pindars Preislieder
448v blau Statue einer Läuferin
165n grün Freitod des Peregrinus
346n–395n Theodosius
393n grün Letzte Spiele
394n rot Verbot
1896n grün Wiederaufnahme

OMAIJADEN, arabische Herrscherfamilie. Regierte von 661n bis 750n im arabischen Reich, von 755n bis 1031n in Spanien.

588n–656n Othman
602n–661n Ali
609n–680n Moawija
633n/732n Arabischer Krieg
640n–716n Musa
657n rot Spaltung des Islam
657n/661n Bürgerkrieg
661n rot Herrschaftsbeginn
664n rot Teile Nordindiens erobert
670n rot Gewinn Tunesiens
675n–752n Johannes von Damaskus
675n–715n Welid
678n rot Friede mit Byzanz
680n grün Handelsbeziehung zu China
683n braun Berberaufstand
684n/686n Sklavenaufstand von Kufa
688n–741n Karl Martell
691n blau Moschee in Jerusalem
696n grün Münzprägung
698n rot Herrschaft über Algerien
699n grün Arabisch Amtssprache
703n braun Berberaufstand
703n rot Herrschaft über Nordafrika
705n blau Moschee in Damaskus
707n rot Berber Bundesgenossen
711n grün Befestigung Gibraltars
711n rot Spanien, Portugal arabisch
711n rot Gewinn des Indusgebietes
712n rot Gewinn Transoxaniens
713n rot Großreich
717n grün Bodenreform in Spanien
720n rot Gewinn Südfrankreichs
723n–754n Abul Abbas
725n rot Ausdehnung in Frankreich
737n rot Arzneimittel-Kontrolle
740n/742n Berberaufstand
742n–814n Karl der Große
744n braun Aufstände in Vorderasien
745n/750n Bürgerkrieg
746n grün Handels-Fernstraße
750n rot Herrschaftsende
755n rot Herrschaft in Spanien
756n blau Gründung von Granada
759n braun Niederlage gegen Franken
759n rot Verlust Südfrankreichs
778n braun Angriff der Franken
788n blau Moschee in Cordoba
795n rot Spanische Mark
801n braun Kampf um Barcelona
803n braun Niederlage gegen Franken
803n rot Spanische Mark erweitert
813n braun Niederlage gegen Franken
813n rot Spanische Mark erweitert
844n braun Normannen-Einfall
852n rot Unabhängigkeit Toledos
859n braun Normannen-Einfall
887n braun Sieg über Frankreich
887n rot Gewinn Südfrankreichs
890n–961n Abdar Rachman III.
891n braun Vorstoß in die Alpen
891n rot Gewinn der Westalpen
903n braun Besetzung der Balearen
903n rot Balearen arabisch
932n braun Sieg über Adel Toledos
932n rot Herrschaft über Toledo
932n rot Ende der Adelsherrschaft
932n–1002n Ibn Amir
935n grün Cordoba Millionenstadt
936n–1013n Abu Kasim
942n braun Verteidigung der Alpen
947n blau Palaststadt Al Zahra
973n braun Niederlage in den Alpen
973n rot Verlust des Alpengebietes
975n braun Niederlage in Frankreich
975n rot Verlust Südfrankreichs
976n blau Großbibliothek Cordoba
985n braun Vordringen bis Barcelona
997n braun Zerstörung Santiagos
997n grün Glocken nach Cordoba
1008n/1009n Volkserhebung
1031n braun Adelserhebung
1031n rot Ende der Herrschaft

OMAN, Land und Staat an der Ostspitze der arabischen Halbinsel. Seit der Einigung Arabiens vor 1350 Jahren Teil des Araberreiches, erhielt es als Sultanat seit dem 11. Jahrhundert seine Unabhängigkeit. Ein Teil des Landes fiel 1508n den Portugiesen zu, die aber 1650n wieder vertrieben wurden. Von 1730n bis 1856n beherrschte es selbst Sansibar und einige andere Inseln an der Ostküste Afrikas und beutete die Bevölkerung mit Kolonialmethoden aus. Die herrschende Schicht des Landes geriet dann in immer stärkere Abhängigkeit von England. 1798n erhielten die Engländer Handels-Vorrechte, 1891n folgte ein politisches Abkommen. Seitdem kämpft das Volk um seine politische und soziale Befreiung aus fremder Herrschaft und gegen die Ausbeutung durch die Herrschenden und Besitzenden im eigenen Lande.

631n rot Einigung Arabiens
1957n braun Aufstand

OMAR, Kaiser von Arabien ('Kalif') von 634n bis 644n.

582n–644n Lebenslinie
633n/732n Arabischer Krieg
635n rot Gewinn Süd-Syriens
637n rot Gewinn Babyloniens
637n blau Stadtgründungen
637n grün Neue Zeitrechnung
638n rot Gewinn Palästinas
638n grün Soldaten-Versorgung
640n rot Ganz Syrien arabisch
640n grün Gläubige steuerfrei
641n rot Gewinn Mesopotamiens
642n rot Gewinn Ägyptens
642n blau Gründung von Fustat
643n rot Gewinn Libyens

OMAR KAJAM (Al Kajam), arabischer Mathematiker, Physiker, Sternforscher und Philosoph persischer Herkunft.

1039n–1123n Lebenslinie
1074n grün Analyse von Legierungen
1079n grün Kalender

OMENBÜCHER, von dem lateinischen Worte 'omen' (= Vorzeichen) abgeleitete Bezeichnung für Aufzeichnungen, aus denen die Priester vor über viertausend Jahren den Menschen die Zukunft voraussagten. Die Abfolge zufälligen Geschehens wurde darin über Generationen hinweg niedergeschrieben und mit dem Leben einzelner Menschen in ursächliche Verbindung gebracht. Daraus entstanden Kataloge von Prophezeiungen aus den Zufällen des Alltags. Mit Hilfe dieser Bücher hielten Priester in vielen Ländern der Erde ihre Mitmenschen jahrtausendelang zwischen Furcht und Hoffnung, bis die großen Religionsstifter verfeinerte Systeme schufen.

2343v blau Zukunftsdeutung
511v blau Sibyllinische Bücher
16v blau Kommentar des Kapito

OMNIBUS, Bezeichnung für nicht an Schienen gebundene Landfahrzeuge, die gegen Bezahlung jedermann zur Verfügung stehen im Gegensatz zu Privatfahrzeugen. Das Wort ist aus dem Lateinischen abgeleitet und bedeutet 'für alle'.

1662n grün Pferde-Omnibus

OMRI, König von Israel von 882v bis 871v.

930v–871v Lebenslinie
905v–850v Ahab
873v braun Kampf gegen Moab
873v rot Moab tributpflichtig
872v rot Baal-Kult

OMSK, Stadt im asiatischen Rußland (Sibirien). 700 km östlich des Ural-Gebirges an der transsibirischen Eisenbahn und am Endpunkt der 3700 km langen baschkirischen Ölleitung gelegen. Die als Festung gegen die Kirgisen in der Steppe gegründete Stadt ist heute ein wichtiges Industrie- und Forschungszentrum.

1716n blau Gründung

ONASANDROS (um 10n–um 75n), römischer Schriftsteller aus Griechenland. Verfaßte eine Schrift über Platos 'Republik' sowie ein Handbuch der Kriegskunst. Daneben schrieb er eine kurze Anleitung für Generäle zur Lösung taktischer Aufgaben ('Strategikos').

58n grün 'Pflichten des Feldherrn'

ONATAS (um 490v–um 440v), griechischer Bildhauer und Erzgießer auf der Athen vorgelagerten Insel Ägina ('Ziegeninsel'). Schüler seines Vaters Mikon. Schuf Skulpturen für Olympia, Delphi und Athen. Berühmt waren seine Riesenstatuen von Herakles und Apoll. Für den Zeus-Tempel in Olympia fertigte er eine Erzgruppe mit neun griechischen Helden, die vor Troja um den Zweikampf mit Hektor losen.

469v blau 'Helden'

O'NEILL, Eugene G. (1888n–1953n), nordamerikanischer Dichter. Als Sohn eines aus Irland eingewanderten Schauspielers mit eigener umherziehender Theatertruppe hatte er eine unruhige Jugend, wurde Seemann, Angestellter, Goldsucher, Reporter und schließlich Schauspieler und Direktor der Truppe seines Vaters. 26jährig besuchte er einen Kurs für Dramatiker an der Harvard-Universität und schrieb bald kurze Stücke für Kleinbühnen ('Seestücke'). In seiner ersten Schaffensperiode kritisierte er die amerikanische Gesellschaft ('Alle Kinder Gottes haben Flügel'). Zeigte die Kluft zwischen arm und reich sowie zwischen Ausgebeuteten und Ausbeutern ('Der haarige Affe'). In seiner großen Trilogie 'Trauer muß Elektra tragen' suchte er Sagengestalten mit den Methoden moderner Psycho-Analytiker (Freud, Jung) zu durchleuchten. Beschrieb den Gegensatz zwischen Sein und Scheinwelt, wobei er zu niederdrückenden, verzweifelten Einsichten kam und sie in einer dunklen, symbolhaften Sprache zum Ausdruck brachte. Nach 12jähriger Schaffenspause schrieb er noch einige Dramen ('Der Eismann'), ohne die Kraft seiner ersten Stücke wieder zu erreichen.

1922n blau 'Der haarige Affe'

OPEL, Fritz (geboren 1899n), deutscher Erfinder. Als Enkel des Automobilbauers Adam Opel wurde er Rennfahrer und widmete sich in den Opelwerken der Entwicklung des Raketen-Antriebs. 1928n unternahm er eine erfolgreiche Versuchsfahrt mit dem ersten raketengetriebenen Fahrzeug, das Friedrich Wilhelm Sander konstruiert hatte. Durch diese Fahrt leitete er ein neues Zeitalter der Antriebstechnik ein ('Raketen-Zeitalter'). Im gleichen Jahre entwickelte er noch zusammen mit dem Ingenieur Schaberger die Flüssigkeits-Rakete, die den ruckartigen Antrieb seiner zuerst verwendeten Feststoff-Rakete überwand. Dabei wurde eine Mischung von Benzol und einem Sauerstoffträger unterkühlt und durch Pumpen in die Brennkammer eingespritzt.

1928n grün Raketen-Antrieb

OPER, von dem italienischen Worte 'opera' (= Werk) abgeleitete Bezeichnung für Bühnenwerke, in denen dramatische und musikalische Wirkung sich zu einem Gesamtkunstwerk ergänzen. Vor mehr als 2000 Jahren durch Einfügung von Liedern in Theaterstücke vorbereitet ('Spieloper'), entwickelte sie sich seit dem 17. Jahrhundert vor allem in Italien, Frankreich und Deutschland. Im 18. und 19. Jahrhundert erreichte sie ihre höchste Blüte.

254v–184v Plautus
1238n–1286n Adam de la Halle
1271n blau Singspiel
1585n–1672n Heinrich Schütz
1594n blau Peri: 'Dafne'
1607n blau Monteverdi: 'Orfeo'
1627n blau Schütz: 'Daphne'
1672n blau Lully: 'Liebesfeste'
1685n–1759n Händel
1691n blau Purcell: 'König Arthur'
1693n blau Da-Capo-Arie
1693n blau Telemanns erste Oper
1728n blau Gay-Pepusch: Bettleroper
1732n blau Händel: 'Ezio'
1732n–1809n Haydn
1733n blau Komische Oper
1737n blau 'Castor und Pollux'
1743n blau Berliner Opernhaus
1756n–1791n Mozart
1762n blau 'Orpheus und Eurydike'
1770n–1827n Beethoven
1779n blau Gluck: 'Iphigenie'
1785n blau 'Figaros Hochzeit'
1787n blau 'Don Giovanni'
1791n blau 'Die Zauberflöte'
1800n blau Cherubini: 'Wasserträger'
1805n blau 'Fidelio'
1813n–1883n Wagner
1816n blau 'Der Barbier von Sevilla'
1821n blau Weber: 'Der Freischütz'
1831n blau 'Robert der Teufel'
1832n blau Donizetti: 'Liebestrank'
1837n blau 'Zar und Zimmermann'
1839n blau Dresdner Opernhaus
1843n blau 'Der fliegende Holländer'
1847n blau Flotow: 'Martha'
1849n blau Nicolai: 'Lustige Weiber'
1851n blau Verdi: 'Rigoletto'
1859n blau Gounod: 'Margarethe'

1866n blau 'Die verkaufte Braut'
1867n blau 'Die Meistersinger'
1874n blau Mussorgski: 'Godunow'
1874n blau 'Ring des Nibelungen'
1875n blau Bizet: 'Carmen'
1876n blau Festspielhaus Bayreuth
1877n blau 'Eugen Onegin'
1890n blau 'Cavalleria rusticana'
1892n blau Leoncavallo: 'Bajazzo'
1896n blau Puccini: 'La Bohème'
1903n blau D'Albert: 'Tiefland'
1905n blau R. Strauß: 'Salome'
1911n blau 'Rosenkavalier'
1927n blau Krenek: 'Jonny'
1928n blau 'Drei-Groschen-Oper'
1935n blau 'Porgy und Bess'
1942n blau Orff: 'Die Kluge'
1945n blau Britten: 'Peter Grimes'
1951n blau Strawinsky: 'Wüstling'
1951n blau 'Tanz ums goldene Kalb'
1955n blau Egk: 'Irische Legende'
1957n blau 'Paris für uns zwei'
1963n blau Milhaud: 'Orestie'

OPERATION, von dem lateinischen Worte 'operatio' (= Tätigkeit) abgeleitete Bezeichnung für chirurgische Eingriffe in den Körper von Menschen und Tieren.

2468v grün Ägyptisches Handbuch
2419v grün Spezialärzte in Ägypten
2090v grün Mesopotamien: Operationen
2055v–1975v Ur-Edina
1981v–1929v Neferi
1554v grün Schädeloperation
1546v grün Ägyptisches Handbuch
520v–450v Alkmaion
460v–375v Hippokrates
219v grün Archagathos in Rom
211v grün Staroperation
3v–64n Aulus Celsus
37n grün Sammelwerk der Medizin
54n grün Operationsbestecke in Rom
81n–144n Archigenes
82n–135n Soranos
143n grün Operation an Schlagader
190n–265n Hua-To
225n grün Narkose in China
253n grün Schädeloperationen, China
294n–354n Apsyrtos
442n grün Susrutas Werk
936n–1013n Abu Kasim
993n grün Abu Kasims Fachbuch
1106n grün Narkoseschwämme
1162n grün Verbot für Priester
1176n grün Fachbuch-Übersetzung
1261n grün Chirurgieschule in Paris
1363n grün Chauliacs Fachbuch
1545n grün Parés Lehrbuch
1745n grün Staroperation
1842n grün Äthernarkose
1847n grün Chloroformnarkose
1892n grün Örtliche Betäubung
1948n grün Künstliches Herz

OPERETTE (wörtlich 'kleine Oper'), von dem italienischen Wort 'opera' (= Werk) abgeleitete Bezeichnung für eine musikalische Bühnenaufführung, die sich Mitte des 19. Jahrhunderts aus der komischen Oper und dem Singspiel entwickelte und in unserer Epoche in Revue, Musical und Show übergeht. Auf der Grundlage einer einfachen, märchenhaften Handlung meist rührselig und zugleich humorvoll aufgebaut und mit eingängigen sentimentalen Melodien gewürzt, wurde sie durch ihre Anspruchslosigkeit und Wirklichkeitsfremdheit zur beliebten Unterhaltung breiter Volksschichten und lenkte von der Problematik und den Konflikten des wirklichen Lebens ab.

1858n blau Offenbach: 'Orpheus'
1874n blau J. Strauß: 'Fledermaus'
1891n blau Zeller: 'Vogelhändler'
1905n blau Lehár: 'Die lustige Witwe'

OPFER, von dem lateinischen Worte 'offerre' (= darbringen) abgeleitete Bezeichnung für die Darbringung von Gaben an eine angenommene Gottheit zur Abwendung von Unheil oder aus Dankbarkeit für eine vermeintlich empfangene Wohltat. Auf dem Abhängigkeitsgefühl des primitiven Menschen gegenüber einer vorgestellten überirdischen Macht beruhend, ist es eine wesentliche Äußerung der meisten Religionen von den ersten Anfängen des Aberglaubens bis in unsere Epoche. Geopfert wurden Teile der Jagdbeute, Feldfrüchte, Tiere und Menschen, später auch Besitz und Geld.

2732v blau Ägyptisches Relief
2436v blau Sumerisches Relief
2391v grün Leberbeschau
2366v blau 'Schlachtung des Opfertieres'
2295v rot Menschenopfer in Europa
1911v rot Stieropfer auf Kreta
1287v rot Hettitisches Zeremoniell
1099v–1016v Tschu
752v–699v Hiskia
714v–642v Manasse
694v–603v Braspati
686v blau Ägyptisches Gemälde
649v–583v Jeremias
649v blau Kritik Braspatis
406v blau Euripides: 'Iphigenie'
249v rot Tieropfer in Rom
226v rot Menschenopfer in Rom
199n–251n Decius
1066n rot Bischof als Slawenopfer
1161n rot Menschenopfer auf Rügen
1410n–1469n Montezuma
1487n rot Menschenopfer bei Azteken

OPHIR, Name eines in der Bibel erwähnten Landes, in dem es Gold, Edelsteine, Affen und Pfauen sowie kostbare Hölzer gab, die von einer phönizischen Flotte für König Salomo geholt wurden. Seine Lage wird im Süden des Roten Meeres vermutet (Südarabien oder Abessinien).

999v–936v Hiram

OPITZ, Martin (1597n–1639n), deutscher Dichter. Besuchte das Gymnasium Beuthen (Oberschlesien), studierte in Heidelberg und wurde Hauslehrer. Vor den Schrecken des Dreißigjährigen Krieges floh er nach Holland und dann nach Dänemark. Dort verfaßte er 'Trostgedichte in Widerwärtigkeit des Krieges'. Als Protestant wurde er Sekretär des durch grausame Protestanten-Verfolgung berüchtigten Grafen Dohna und übersetzte für diesen eine antiprotestantische Hetzschrift des Jesuiten Becanus. Mit dem verdienten Gelde konnte er nach Paris reisen, wo er für den protestantischen Theologen Hugo Grotius dessen Schrift 'Über die Wahrheit der christlichen Religion' verdeutschte. Für den Komponisten Heinrich Schütz schuf er durch seine Umdichtung der 'Dafne' des italienischen Dichters Rinuccini den Text zur ersten deutschen Oper. Als Sekretär und Historiker des polnischen Königs gab er das 'Annolied' heraus. Starb in Danzig an der Pest. Von nachhaltigem Einfluß waren seine Bemühungen zur Verbesserung und Verbreitung der deutschen Sprache, für deren Benutzung er Anweisungen und Regeln niederschrieb.

1624n blau Buch über Dichtkunst
1627n blau 'Daphne'

OPIUM, Bezeichnung für ein zwischen Kleinasien und Indien gewonnenes und auf der ganzen Erde verwendetes Gift, das wegen seiner schmerzstillenden Wirkung in der Medizin gebraucht wird, als Rauschmittel aber nach Erzeugung schönster Träume zu schwersten Schädigungen führt. Seit mehr als 1200 Jahren ist seine Gewinnung aus dem Saft unreifer Mohnfrüchte bekannt. Die Araber brachten es nach China, wo es mindestens seit 700 Jahren als Rauschmittel gegessen und geraucht wird. Doch gelang es den chinesischen Herrschern, durch Anbau-Verbote und Einfuhr-Beschränkungen die Gefahr in Grenzen zu halten. Die seit 1815n bestehende englische Handelsniederlassung in Kanton entwickelte den Opiumschmuggel nach China zur bedeutendsten Einnahmequelle der ostindischen Handelskompanie. Als England den Mohn-Anbau in der benachbarten Kolonie Indien selbst organisierte, brachte die Opium-Einfuhr nach China derartige Gewinne für die englische Staatskasse wie für die englischen Kapitalisten, daß England zwei Kriege führte, um die einsetzende Gegenwehr der chinesischen Regierung zu brechen.

1773n grün Einfuhr nach China
1803n grün Morphium-Gewinnung
1830n grün Verhundertfachte Einfuhr
1839n rot Maßnahme gegen Schmuggel
1839n/1842n Erster Opiumkrieg
1842n rot Zugeständnisse Chinas
1856n/1860n Zweiter Opiumkrieg
1860n rot Zugeständnisse Chinas

OPIUMKRIEG

1839n rot Auflehnung Chinas
1839n/1842n Krieg
1842n rot Nachgeben Chinas

OPORINUS, Johann (1507n–1568n), schweizerischer Buchdrucker. Gab seine Stelle als Lehrer in Luzern auf und schrieb Auszüge aus griechischen Büchern für einen Basler Drucker. Dann studierte er Medizin bei Paracelsus und übernahm schließlich in seiner Heimatstadt Basel eine Professur der griechischen Sprache. Gründete eine Buchdruckerei, in der er hervorragende Klassiker-Ausgaben und wissenschaftliche Werke herstellte (Vesal). Viele seiner Bücher illustrierte er mit Holzschnitten. Als er eine lateinische Ausgabe des arabischen 'Koran' druckte, wurde er auf Betreiben der Priester vom Rat der Stadt eingekerkert, während die Druckbogen mit dem gefährlichen Text ins Richthaus kamen. Schrieb auch Kommentare zu Cicero und Demosthenes.

1542n rot Strafe für Koran-Druck
1543n grün Druck des Vesal

OPTIK, von dem griechischen Worte 'optein' (= sehen) abgeleitete Bezeichnung für die Lehre vom Licht und von den lichtähnlichen Strahlen sowie den Mitteln zu ihrer Wahrnehmung.

643v grün Linsen in Vorderasien
365v–276v Euklid
338v–268v Strato der Physiker
284v–212v Archimedes
184v grün Diokles: Brennspiegel
133n–205n Kleomedes
155n grün Ptolemäus' Handbuch
185n grün Strahlenbrechung
789n–873n Al Kindi
965n–1039n Al Hassan
991n grün Funktion der Glaskugel
1011n grün Camera obscura
1013n grün Ausbreitung des Lichtes
1016n grün Hauptwerk Al Hassans
1021n grün Erklärung der Dämmerung
1027n grün Wirkung des Glasschliffs
1030n grün Brechung und Ablenkung
1034n grün Regenbogen-Erklärung
1169n grün Al Hassan übersetzt
1227n grün Robert Grossetestes Lehre
1275n grün Witelos Lehrbuch
1282n grün Brillen in Italien
1558n grün Porta: Sammellinse
1564n–1642n Galilei
1571n–1630n Kepler
1590n grün Janssen: Mikroskop
1593n grün Fernrohre in Italien
1611n grün Astronomisches Fernrohr
1620n grün Snellius: Brechungswinkel
1640n grün Gascoignes Fernrohr
1643n–1727n Newton
1663n grün Laterna magica
1666n grün Newton: Spektralfarben
1668n grün Spiegelfernrohr
1669n grün Doppelte Lichtbrechung
1676n grün Lichtgeschwindigkeit
1678n grün Huygens' Wellentheorie
1704n grün Newton: 'Über Optik'
1711n–1765n Lomonossow
1728n grün Abirrung des Lichtes
1749n–1832n Goethe
1784n grün Franklin: Bifokale Brille
1801n grün Youngs Wellentheorie
1810n grün Goethes Farbenlehre
1815n grün Fresnels Wellentheorie
1822n grün Niepce: Photographie
1837n grün Daguerre: Belichtung
1841n grün Negativ-Photographie
1846n grün Zeißwerk Jena
1847n–1931n Edison
1849n grün Lichtgeschwindigkeit
1850n grün Helmholtz: Augenspiegel
1850n grün Porro: Prismen-Fernrohr
1857n grün Kathodenstrahlen
1858n–1947n Planck
1859n grün Luftbild
1861n grün Spektralanalyse
1863n grün Maxwell: Lichttheorie
1875n grün Kerr: Doppelbrechung
1876n grün Photoelement
1887n grün Hertz: Lichttheorie
1891n grün Filmaufnahmegerät
1892n grün Photozelle
1893n– Karolus
1894n grün Film-Projektor
1895n grün Zeeman-Effekt
1895n grün Röntgenstrahlen
1900n grün Planck: Quantentheorie
1901n grün Lichtton-Aufzeichnung
1903n grün Ultramikroskop
1906n grün Lenard: 'Kathodenstrahlen'
1912n grün Natur der Röntgenstrahlen
1914n grün Ostwalds Farbenlehre
1919n grün Projektions-Planetarium
1933n grün Elektronenmikroskop
1949n grün Fünf-Meter-Spiegel
1960n grün Laser-Strahl

OPTISCHER TELEGRAPH, Bezeichnung für ein Mitteilungssystem zur Übermittlung von Nachrichten. Beruht auf der Überlegenheit des Auges gegenüber dem Ohr und gibt auf Entfernungen, die nicht durch Zuruf überbrückt werden können, sichtbare Zeichen. Diese Zeichen bestanden vor Jahrtausenden in einfachen Feuer-Signalen und wurden im Laufe der Jahrhunderte durch Rauchzeichen ergänzt, die in Stärke, Anzahl und Färbung abgewandelt wurden. Auf diese Weise konnten auch schwierigere Sachverhalte mitgeteilt werden. Vor 2500 Jahren wurden in Griechenland mit Hilfe von Fackeln bereits Buchstaben, Worte und Sätze übermittelt. Dieses System wurde bis zur Erfindung des elektrischen Telegraphen nur noch technisch verbessert und durch Zeichen-Kombination beschleunigt.

459v grün Fackelsignale
227v grün Verbesserung
1793n grün Chappes Verfahren

ORAKEL, Bezeichnung für Weissagungen sowie für Stätten, an denen Weissagungen gemacht wurden. Vor Bestehen der großen Religionen und Kirchen Träger des göttlichen Willens und der göttlichen Offenbarung. Ihre Erfindung und Verkündung war in dieser Epoche eine Haupttätigkeit der Priester und Priesterinnen. Es gab Orakel, die in der Auslegung von Träumen bestanden (Traum-Orakel) und solche, die verschlüsselte, meist schwer verständliche oder zweideutige Antworten auf Fragen gaben (Spruch-Orakel). Durch Beobachtung von Naturerscheinungen (Wind, Flamme) oder von Opfertieren (Eingeweide-Schau) wurde dabei der Eindruck erweckt, als gäben unsichtbare, göttliche Mächte die Antwort und der Priester deute sie nur aus (Zeichen-Orakel). In Griechenland waren die Orakelstätten Mittelpunkte des religiösen Lebens.

2391v grün Leberbeschau in Sumer
1973v blau Weissagung in Ägypten
1128v–1057v Herihor
863v blau Delphi Zentrum
600v/590v Erster Heiliger Krieg
595v–525v Krösus
590v rot Delphi selbständig
526v blau Apollo-Tempel in Delphi
511v blau Sibyllinische Bücher
356v/346v Zweiter Heiliger Krieg
346v rot Philipp Beschützer Delphis
339v/338v Dritter Heiliger Krieg
16v blau Auslegung

ORANIEN, Wilhelm von, holländischer Freiheitskämpfer.

1533n–1584n Lebenslinie
1572n rot Statthalter
1572n/1581n Kampf der Niederlande
1575n blau Universität Leiden
1576n rot Bund gegen Spanien
1581n rot Holland unabhängig

ORATA, Sergius (um 140v–um 70v) römischer Erfinder. Als Angehöriger einer reichen römischen Familie wurde er ein stadtbekannter Nichtstuer ('Lebemann') und Feinschmecker. Um die Behaglichkeit des Wohnens in der kälteren Jahreszeit zu sichern, baute er ein Haus auf einzelne 80 cm hohe Steinsockel, dichtete den entstandenen Hohlraum unter dem Fußboden ab und ließ in die so gewonnene Heizkammer Warmluft einströmen. Die Warmluft wurde von einem Ofen erzeugt, an dem die Sklaven abwechselnd Dienst taten. Diese Art der Warmluftheizung wurde später durch Aushöhlung der Wände vervollständigt.

98v grün Warmluftheizung

ORATORIUM, Bezeichnung für ein Chorwerk mit Sologesängen und Instrumentalmusik. Seine erzählende Form und seine bühnenmäßige Aufführung stellt es zwischen reines Gesangswerk (Kantate) und dramatisches Musiktheater (Oper).

1585n–1672n Heinrich Schütz
1622n blau Auferstehungs-Oratorium
1685n–1750n Bach
1685n–1759n Händel
1723n blau Bach: 'Johannes-Passion'
1729n blau Bach: 'Matthäus-Passion'
1732n–1809n Haydn
1741n blau Händel: 'Messias'
1746n blau Händel: 'Judas Makkabäus'
1799n blau Haydn: 'Die Jahreszeiten'
1938n blau Honegger: 'Johanna'

ORCAGNA, italienischer Maler, Bildhauer und Baumeister.

1308n–1368n Lebenslinie
1356n blau Altarbild

ORCHESTER UND KAPELLEN

2587v–2514v Ur-Nina
2555v–2491v Hemre
2519v grün Orchester in Sumer
2494v–2416v Schu-Bad
2437v grün Hofkapelle in Ur
1444v blau Bild einer Damenkapelle
1320v–1258v Nefer
956v grün Kapelle in Jerusalem
650v grün Konzerte in Assyrien
380v blau Relief einer Kapelle
685n–762n Hüan-Tsung
1525n–1594n Palestrina
1532n–1594n Orlando di Lasso
1585n–1672n Heinrich Schütz
1751n grün Reform des Stamitz
1813n–1883n Wagner

ORDEN, Bezeichnung für Vereinigungen, deren Mitglieder sich zur Innehaltung festgelegter Regeln verpflichten. Meist mit einer Isolierung ihrer Mitglieder von der Gesellschaft und mit der Erzeugung eines Sendungsbewußtseins verbunden. Man unterscheidet geistliche und weltliche Orden, die den in Kirche und Staat verkörperten herrschenden Klassen dienen. Beide trugen zur Niederhaltung des Fortschritts der Menschheit bei. Mit dem Durchbruch moderner klassenloser Gesellschaftsformen verschwinden sie allmählich. Das Wort wird auch als Bezeichnung für die äußere Dekoration verwendet, die häufig mit der Zugehörigkeit zu einem Orden verbunden ist.

1456v grün Verleihung in Ägypten
1410v–1353v Pentu
691v rot Handwerker-Auszeichnung
480n–547n Benedikt von Nursia
529n blau Benediktiner-Kloster
530n blau Regel der Benediktiner
910n blau Cluniazenser-Kloster
910n rot Cluny staatsunabhängig
978n blau Mönche auf dem Athos
1070n rot Johanniter-Orden
1084n blau Kartäuser-Kloster
1090n–1153n Bernhard von Clairvaux
1098n blau Zisterzienser-Kloster
1100n rot Cluniazenser-Bewegung
1119n rot Templer-Orden
1127n rot Derwisch-Orden
1155n grün Humiliaten-Bewegung
1156n blau Karmeliter-Kloster
1170n–1221n Dominikus
1173n–1239n Hermann von Salza
1182n–1226n Franziskus
1190n rot Deutschritter-Orden
1201n rot Humiliaten unter Kirche
1210n rot Franziskaner-Orden
1210n rot Franziskaner anerkannt
1216n rot Dominikaner-Orden
1216n rot Dominikaner anerkannt
1222n–1263n Alexander Newski
1225n rot Deutschritter-Vertreibung
1226n rot Preußen an Deutschritter
1230n braun Eroberung Preußens
1232n–1300n Segarelli
1242n braun Deutschritter-Niederlage
1243n rot Dominikaner: Inquisition
1256n rot Augustiner-Orden
1260n rot Apostelbrüder-Orden
1261n braun Aufstand der Preußen
1305n rot Anklage gegen Templer
1310n braun Johanniter-Sieg
1310n rot Johanniter auf Rhodos
1310n rot Templer-Verbrennung
1311n rot Verdammung der Beginen
1312n rot Templer-Orden aufgelöst
1318n rot Christus-Orden
1346n grün Deutschritter: Landkauf
1346n rot Estland an Deutschritter
1348n grün Hosenband-Orden
1385n rot Brüdergemeinde (Groot)
1394n–1460n Heinrich der Seefahrer
1410n braun Deutschritter-Niederlage
1411n rot Gebietsverluste
1411n grün Tribute der Deutschritter
1412n rot Reformversuch
1454n braun Erhebung der Preußen
1457n braun Niederlage gegen Polen
1457n rot Böhmische Brüder
1466n braun Niederlage gegen Polen
1466n rot Polnische Oberhoheit
1483n rot Torquemada Großinquisitor
1491n–1556n Ignatius von Loyola
1503n rot Ablaßverkaufs-Erlaubnis
1507n rot Ximenes Großinquisitor
1522n braun Johanniter-Niederlage
1522n rot Rhodos türkisch
1526n rot Kapuziner-Orden
1530n rot Malta an Johanniter
1534n rot Jesuiten-Orden
1534n blau Regel des Jesuiten-Ordens
1540n rot Jesuiten-Orden bestätigt
1550n rot Missionen der Jesuiten
1610n rot Jesuitenstaat Paraguay
1618n rot Salesianerinnen-Orden
1623n–1662n Pascal
1656n blau Pascal: Jesuiten-Anklage
1663n rot Reform der Trappisten
1683n rot China: Jesuitenabwehr
1717n rot Freimaurer in London
1719n rot Rußland: Jesuitenabwehr
1723n blau Freimaurer-Ideale
1724n rot Jesuiten-Kolleg zerstört
1730n rot Freimaurer in Amerika
1737n rot Freimaurer in Hamburg
1738n rot Bann gegen Freimaurer
1759n rot Portugal: Jesuitenabwehr
1759n grün Jesuitenbesitz enteignet
1767n rot Paraguay: Jesuitenabwehr
1767n rot Spanien: Jesuitenabwehr
1767n rot Frankreich: Jesuitenabwehr
1773n rot Jesuiten-Orden aufgehoben
1773n rot Freimaurer in Frankreich
1781n rot Österreich: Säkularisation
1803n rot Große Säkularisation
1814n rot Erneut Jesuiten-Orden
1865n rot Ku-Klux-Klan

ORESME, Nikolaus von (um 1320n bis 1382n), französischer Mathematiker, Naturforscher und Volkswirtschaftler. Nach Beendigung seiner Studien wurde er Pädagoge in Paris. 43jährig wegen seines wissenschaftlichen Ansehens als Lehrer Karls V. an den Hof berufen, setzte er seine Forschungen fort und veröffentlichte bahnbrechende Arbeiten auf dem Gebiete der Physik, der analytischen Geometrie, der Arithmetik und der Philosophie sowie eine neue Geldlehre. Erkannte die tägliche Achsendrehung der Erde.

1360n grün Gebrochene Exponenten
1364n grün Geldtheorie
1368n grün Erddrehung
1372n grün Analytische Geometrie
1374n grün Aristoteles-Übersetzung

ORESTES, Gestalt der griechischen Sage. Sohn des Königs Agamemnon von Mykene (Südgriechenland). Nachdem sein Vater bei der Heimkehr aus dem Trojanischen Krieg durch den Liebhaber seiner Mutter Klytämnestra ermordet worden war, tötete er beide. Wegen des Muttermordes von den Rachegöttinnen verfolgt und zum Wahnsinn getrieben, wurde er auf Fürsprache der Göttin Athene aber von Schuld freigesprochen. Sein Schicksal und das seiner Schwestern Iphigenie und Elektra wurden ein beliebter Gegenstand von Drama und Oper.

459v blau Aischylos' Tragödie
1963n blau Milhauds Oper

ORESTES (um 425n–476n), römischer Heerführer aus Pannonien (Balkan). Als Geheimschreiber des Hunnenkönigs Attila trat er nach dessen Tod in den Dienst des römischen Kaisers, wurde Anführer der nichtrömischen Hilfstruppen und stieg zum Reichsfeldherrn auf. Im Jahre 475n zwang er Kaiser Julius Nepos zur Flucht, ernannte seinen minderjährigen Sohn als Romulus Augustulus zum Kaiser und regierte in dessen Namen. Aber schon im darauffolgenden Jahre wechselten seine eigenen Truppen, durch Nichterfüllung von Versprechungen enttäuscht, zu dem germanischen Feldherrn Odoaker über, der sich gegen ihn erhob. In Pavia wurde er mit seinen letzten Getreuen geschlagen und enthauptet. Da er die Regierung für seinen Sohn geführt hatte, war er der letzte tatsächliche Beherrscher des untergehenden Rom.

433n–493n Odoaker
459n–498n Romulus Augustulus
476n braun Erhebung Odoakers

ORFF, Carl (geboren 1895n), deutscher Komponist. Gab seine Tätigkeit als Theater-Kapellmeister auf und beteiligte sich an der Gründung einer Schule für Gymnastik, Musik und Tanz (Günther-Schule). Suchte Kinder durch Klatschen, Aufstampfen und Trommeln zu rhythmischem Bewußtsein zu erziehen, um sie dann (meist mit von ihnen selbst angefertigten einfachen Instrumenten) durch Tätigkeit zur Musik zu führen. Bei seinen Kompositionen wählte er eine allgemein verständliche Ausdrucksweise, ohne dabei künstlerische Zugeständnisse zu machen. In der Themenwahl bevorzugte er das Volkstümliche (Märchenspiele, Sagenstoffe). Schreibt auch seine Texte selbst. Frühwerke, in denen er abstrakte und expressionistische Versuche unternahm, hat er zurückgezogen. Das musikalisch Neue sucht er behutsam aus aller bisherigen Erfahrung und Leistung der Musik zu entwickeln.

1942n blau 'Die Kluge'

ORGANISCHE CHEMIE, Bezeichnung der Wissenschaft, die sich mit der chemischen Seite der Lebensvorgänge beschäftigt. Da alle lebende Materie Kohlenstoff enthält, wird sie auch die Wissenschaft von den Kohlenstoff-Verbindungen genannt.

1776n grün Verdauungsvorgang
1800n–1882n Friedrich Wöhler
1803n grün Sertürner: Morphium
1823n grün Öl-Destillation
1825n grün Faraday: Benzol
1828n grün Synthetischer Harnstoff
1834n grün Runge: Anilin
1839n grün Zellulose-Isolierung
1840n grün Nahrungsmittelchemie
1842n grün Äther-Narkose
1845n grün Schießbaumwolle
1847n grün Chloroform-Narkose
1867n grün Nobel: Dynamit
1869n grün Hyatt: Zelluloid
1870n grün Baeyer: Indigo
1874n grün Mitscherlich: Zellulose
1880n grün Saccharin
1884n grün Kunstseide
1886n grün Formalin-Desinfektion
1893n grün Ehrlich: Chemotherapie
1899n grün Dreser: Aspirin
1909n grün Ehrlich: Salvarsan
1913n grün Benzin aus Kohle
1914n grün Willstätter: Farbstoffe
1915n grün Funk: Vitamin-Isolierung
1915n grün Giftgas
1921n grün Insulin
1926n grün Synthetisches Vitamin
1926n grün Gummi aus Kohle
1932n grün Carothers: Nylon
1934n grün Hormon-Synthese
1935n grün Domagk: Sulfonamid
1944n grün Waksman: Streptomyzin
1947n grün Künstliches Vitamin A
1954n grün Kinderlähmungsserum
1963n grün Anti-Baby-Pille

ORGEL, Bezeichnung für das älteste Tasten-Instrument. Als riesiges Blas-Instrument angelegt, werden ihre Töne durch gleichmäßig zugeführten Wind in Pfeifen erzeugt. Bei den Griechen und noch in Byzanz bis zum 10. Jahrhundert rein weltliches Instrument, wurde es zwischen dem 12. und dem 19. Jahrhundert in Europa zunehmend von der Kirchenmusik verwendet und schließlich so mit ihr verbunden, daß es sich erst in unserem Jahrhundert wieder aus dieser Bindung lösen konnte.

296v–228v Ktesibios
245v grün Ktesibios' Konstruktion
107v grün Antrieb durch Windrad
1404n–1472n Alberti
1679n blau Buxtehudes Werke
1685n–1750n Bach

ORIBASIOS (um 330n–um 400n), griechischer Mediziner. Studierte an einer Privatschule in Alexandria (Ägypten), weil die weltberühmten öffentlichen Ärzteschulen der Stadt auf Druck des zur Staatsreligion aufgestiegenen wissenschaftsfeindlichen Christentums bereits hatten schließen müssen. In Rom erlangte er wegen seiner Heilerfolge schnell Berühmtheit und wurde Leibarzt des römischen Kaisers Julian. Verfaßte eine 72bändige medizinische Enzyklopädie des gesamten ärztlichen Wissens seiner Zeit. Für seinen Sohn fertigte er daraus eine übersichtliche Zusammenschau an ('Synopsis'). Im Gegensatz zu anderen Ärzten des beginnenden christlichen Zeitalters hielt er sich von aller Mystik, aller Spekulation und allem Wunderglauben frei. Durch eigene Forschungen suchte er die Lebensvorgänge des Menschen wissenschaftlich zu ergründen.

374n grün Enzyklopädie
387n grün Schrift über Lähmungen

ORIGENES, Kirchenlehrer in Alexandria (Ägypten).

182n–253n Lebenslinie
222n blau Dogmatik
231n blau Schrift über Gebet
232n blau Theologenschule
235n blau 'Ermahnung zum Martyrium'
239n blau Altes Testament
245n–309n Pamphilos
249n blau 'Gegen Celsus'
399n rot Verdammung

ORKNEY-INSELN, Bezeichnung für etwa 90 Inseln vor der Nordküste der britischen Insel (Schottland), die durch eine 10 km breite Meeresstraße von ihr getrennt sind. Die vor 2000 Jahren von Pikten bewohnten Inseln wurden im 6. Jahrhundert von Irland aus christianisiert. Seit dem 9. Jahrhundert standen sie meist unter der Herrschaft von Normannen und skandinavischen Fürsten. Als König Christian I. von Dänemark, Schweden und Norwegen die Inseln im Jahre 1468n an den schottischen König Jakob III. verpfändete, die geliehene Summe aber nicht zurückzahlte, fielen sie an Schottland und wurden durch dessen Vereinigung mit England Teil von Großbritannien.

802n rot Normannen-Niederlassung
850n–932n Harald Schönhaar
1204n–1263n Haakon der Alte

ORLANDO di Lasso, niederländischer Komponist.

1532n–1594n Lebenslinie
1585n blau Kirchen- und Volkslieder

ORLÉANS, Stadt an der Loire in Nordfrankreich, 100 km südwestlich von Paris. Vor etwa 2500 Jahren von Kelten gegründet (Cenabum), erhielt sie nach ihrer Besetzung durch römische Heere zu Ehren des Kaisers Mark Aurel den Namen 'Civitas Aureliani'. Hieraus entwickelte sich allmählich ihr heutiger Name. Nach Abzug der Römer Hauptstadt fränkischer Teilreiche. Die Befreiung der belagerten Stadt durch Jeanne d'Arc ('die Jungfrau von Orléans') wurde zum Wendepunkt im Hundertjährigen Krieg und führte zur Vertreibung der Engländer aus Frankreich. Während der Reformation Zentrum der französischen Protestanten (Hugenotten). Im deutsch-französischen Krieg sammelten sich hier die Reste der französischen Armee zu einem letzten vergeblichen Befreiungsversuch für das von den Deutschen besetzte Paris. Im zweiten Weltkrieg erlitt die Stadt schwere Zerstörungen.

1022n rot Katharer-Verbrennung
1338n/1453n Hundertjähriger Krieg
1412n–1431n Jeanne d'Arc
1429n rot Befreiung
1870n/1871n Deutsch-französischer Krieg
1939n/1945n Zweiter Weltkrieg

ORLEY, Bernart van (1492n–1542n), niederländischer Maler. Nach Lehrjahren in Italien ließ er sich in seiner Heimatstadt Brüssel nieder und wurde Hofmaler der Statthalterin Margarete von Österreich sowie der Maria von Ungarn. Schuf Bilder für Kirchen ('Das Jüngste Gericht', 'Ruhe auf der Flucht'), wandte sich dann aber ganz dem Entwerfen von Wandteppichen zu, die in den Brüsseler Fabriken hergestellt wurden. Fertigte Vorlagen für Holzschnitte und Kupferstiche an.

1531n blau 'Die heilige Familie'

ORONTES, Name eines kleinen Flusses in Vorderasien. Entspringt am Antilibanon-Gebirge, durchfließt den Libanon und Syrien in nördlicher Richtung und wendet sich bei der Stadt Antiochia nach Westen, wo er bald ins Mittelmeer mündet.

1311v braun Vordringen der Ägypter

OROSIUS, Paulus (um 380n–um 420n), römischer Geschichtsschreiber aus Spanien. Als katholischer Priester schrieb er auf Veranlassung des Kirchenlehrers Augustin ein Geschichtswerk aus christlicher Sicht. In 7 Bänden führte er dabei die Geschichte der Menschheit getreu der christlichen Glaubenslehre bis auf die Erschaffung des Menschen zurück und verfolgte sie bis zum Jahre 417n. Dabei benutzte er die Aufzeichnungen der vorchristlichen Geschichtsschreiber Livius, Tacitus und Sueton. Trat der allgemeinen Auffassung entgegen, das Christentum sei am Untergang des Römerreiches schuld. Durch übertreibende Hervorhebung des Elends im vorchristlichen Römerreiche suchte er darzutun, daß es sich bei dem zeitlichen Zusammenfall von Untergang des Römerreiches und Erhebung des Christentums zur Staatsreligion um einen bloßen Zufall handelt.

419n blau Weltgeschichte

ORPHEUS, in der griechischen Sage Sohn des Apollo und der Muse Kalliope. Bezauberte mit seinem Gesang alle Menschen, aber auch Pflanzen und Steine. Durch seine schöne Stimme soll er sich auch den Eintritt in die Unterwelt ersungen haben, um seine gestorbene Frau Eurydike wiederzusehen. Die Orpheus-Verehrung wurde vor 2500 Jahren in Griechenland, Süditalien und Sizilien zu einem Kult, der teilweise Formen einer religiösen Gemeinlehre annahm. Den Eingeweihten wurde bei Wohlverhalten ein ewiges Leben nach dem Tode versprochen, während Sünder mit Höllenstrafen bedroht wurden. Auch andere Einzelheiten der christlichen Religion wurden hier entwickelt. Sein Leben wurde zu einem beliebten Gegenstand von Dichtung, Oper und Film (Gluck, Offenbach, Rilke, Anouilh, Cocteau).

547v blau Orphiker-Kult
1607n blau Monteverdis Oper
1638n blau Schütz' Ballett
1762n blau Glucks Oper
1858n blau Offenbachs Operette

ORPHIKER-KULT, Bezeichnung für eine frühe Form griechischer Religiosität. Entwickelte auf der Grundlage einer Verehrung des Sängers Orpheus eigene Lehren über die Entstehung der Welt und die Erschaffung des Menschen. Durch Kult-Handlungen (Reinigungen) und vegetarische Ernährung sollte eine Befreiung von den Strafen der Unterwelt (Hölle) erwirkt werden, deren plastische Schilderung einen wesentlichen Teil der geheimen Lehre ausmachte.

547v blau Entstehung

ORSEILLE, Sammelname für einige Pflanzen, die im Mittelmeerraum sowie an steilen Küsten Afrikas und Australiens, Madagaskars, Sansibars und Südamerikas flechtenartig auf Felsen wachsen. Durch Auskochen oder durch Destillation kann aus ihnen ein roter Farbstoff (Orzin) gewonnen werden, der sich für das Einfärben von Wolle und Seide eignet. Die Entdeckung und Nutzung dieses Farbstoffs brachte der Stadt Florenz im 14. Jahrhundert großen wirtschaftlichen Nutzen.

1302n grün Farbstoff

ORTEGA Y GASSET, José (1883n bis 1955n), spanischer Philosoph. Sohn eines Journalisten. Wurde in einer Jesuitenschule erzogen, studierte in Deutschland die Philosophie Hegels, Nietzsches und Diltheys und übernahm dann in seiner Heimatstadt Madrid eine Professur. Als Gegner des Faschismus verließ er Spanien nach Francos Machtergreifung für zehn Jahre. Das Vorhandensein zahlloser Wahrheiten deutete er als Beweis für die Fragwürdigkeit aller Philosophie. Scharfer Kritiker der Mißstände unserer Gesellschaft, betrachtete er die Gegenwart nur als Übergangsepoche. Das Christentum lehnte er ab und erklärte den Kern des Menschen als gut. Die Vernunft wollte er nur in Verbindung mit voller Lebens-Entfaltung des Menschen gelten lassen. In seinen Büchern behandelte er die verschiedensten Gegenstände: 'Das Wesen geschichtlicher Krisen', 'Über die Liebe', 'Über das römische Imperium', 'Vom Einfluß der Frau auf die Geschichte'.

1930n blau 'Aufstand der Massen'

ORTHODOXE KIRCHE, Name einer vom Papst unabhängigen christlichen Kirche, die ihre Tätigkeit vor allem im Balkan und in Rußland entfaltet.

815n–891n Photios
828n–907n Boris
866n blau Gegnerschaft zum Papst
867n rot Unabhängigkeitserklärung
885n–968n Olga
940n–1015n Wladimir der Große
958n–1025n Basilius II.
978n blau Mönchtum auf Athos
989n rot Zwangstaufen in Kiew
991n rot Russische Staatskirche
1030n blau Kathedrale in Kiew
1053n blau Höhlenkloster Kiew
1054n rot Trennung von Rom
1251n rot Einigungsversuch
1308n–1355n Stephan Duschan
1330n blau Erlöser-Kirche in Moskau
1365n–1430n Rublew
1398n rot Metropolit in Moskau
1426n blau Rublews Ikonen
1439n rot Zeitweise geeint mit Rom
1560n blau Kathedrale in Moskau
1589n rot Russen frei von Byzanz
1589n rot Patriarchat Moskau
1666n rot Raskolniken-Bewegung
1672n–1725n Peter I., der Große
1917n/1922n Russische Revolution

ORTHOGRAPHIE, aus dem Griechischen abgeleitete Bezeichnung für 'Rechtschreibung'.

573n blau Kassiodors Abriß
1880n blau Dudens Werk

ORTSBESTIMMUNG, eindeutige und unverwechselbare Zuordnung eines Punktes der Erdoberfläche zu einem geographischen Ordnungssystem.

352v–285v Dikäarch
296v grün Längen- und Breitengrade
279v grün Leuchtturm
138v grün Hipparchs Vorschlag
64v–20n Strabo
101n–179n Ptolemäus
1115n grün Seefahrtszeichen
1325n grün Jakobsstab
1759n grün Seeuhr

ORVIETO, Stadt in Mittel-Italien, 100 km nördlich von Rom. Entstand vor 1300 Jahren auf den Trümmern der alten Etruskerstadt Volsinii, die seit 1869n ausgegraben wird. Im 12. Jahrhundert ging von hier eine antikirchliche Reformbewegung aus, deren Anhänger vom Papsttum grausam verfolgt wurden.

264v braun Niederlage gegen Römer
264v rot Anschluß an Rom
1125n braun Katharer-Erhebung
1163n rot Katharer-Verbrennung
1505n blau Fresko Signorellis

ORWELL, George (1903n–1950n), englischer Schriftsteller. In Indien geboren, diente er fünf Jahre bei der Kolonialpolizei in Burma und wandte sich dann entschieden gegen den britischen Imperialismus ('Burmesische Tage'). Wurde Sozialist und ging nach Europa, wo er in London und Paris in Armut lebte. Verfaßte sozialkritische Bücher ('Laß die Aspidistra fliegen') und nahm als Kommunist am spanischen Bürgerkrieg teil ('Huldigung für Katalonien'). Verwundet nach England zurückgekehrt, schrieb er Aufsätze für die 'Times' sowie eine Kritik des Sozialismus ('Farm der Tiere'). Weltberühmt wurde er durch seinen Zukunftsroman '1984', in dem er die Schreckens-Vision eines perfekten Polizeistaates entwarf, wo sogar die Gedanken aller Bürger kontrolliert werden.

1949n blau '1984'

OSIRIS, Name eines ägyptischen Gottes, der als Symbol der Fruchtbarkeit verehrt wurde. Wegen der ihm zugeschriebenen Unsterblichkeit galt er als Ahnherr der Könige, die dadurch ebenfalls in den Ruf der Unsterblichkeit kamen. Allmählich glaubte jeder Ägypter daran, durch Verwandtschaft mit ihm unsterblich zu sein. So wurde er immer stärker zum Gott der Unterwelt und zum Totenrichter. Nach der Göttersage wurde er als Sohn des Erdgottes Geb und der Himmelsgöttin Mut von seinem Bruder Seth erschlagen, aber von seiner Schwester Isis (die zugleich seine Frau war) zum ewigen Leben erweckt und von seinem Sohn Horus an seinem Bruder gerächt.

2647v blau Osiris-Legende
2641v blau Lobgesang auf den König
2297v–2197v Pepi II.
2228v rot Erneut Verehrung
2162v–2081v Antef
1775v–1725v Sebek-Hotep III.
1732v rot Krokodils-Kult

OSLO, Stadt in Süd-Norwegen gegenüber der dänischen Spitze Jütlands. Hauptstadt und größter Hafen des Landes. Sie wurde von dem aus Rußland zurückgekehrten Normannen Harald Hardrade gegründet, als er die Herrschaft über ganz Norwegen angetreten hatte. Bald darauf wurde sie befestigt. Seit dem 13. Jahrhundert war ihr Handel fast ganz in Händen norddeutscher Kaufleute, und sie wurde Mitglied der Hanse. Gleichzeitig ließen sich hier deutsche Handwerker nieder, und die Stadt gelangte zu Wohlstand. Seit dem 16. Jahrhundert wurde sie aber mehrmals durch Großbrände heimgesucht. Nachdem sie 1624n fast ganz niedergebrannt war, wurde sie von König Christian IV. an einer günstigeren Stelle der Bucht neu angelegt. Seitdem trug sie bis 1924n seinen Namen ('Christiania').

1047n blau Gründung
1270n–1319n Haakon V.
1299n rot Hauptstadt

OSMAN I., türkischer Heerführer und Staatsmann ('Sultan').

1259n–1326n Lebenslinie
1300n rot Sultans-Titel
1307n braun Sieg über Seldschuken
1326n braun Sieg über Byzanz
1326n rot Gewinn von Brussa
1326n rot Brussa Hauptstadt

OSMANEN, Bezeichnung für die Bewohner der Türkei. Ursprünglich Name eines türkischen Stammes, dessen Herrscher 'Osman' hieß.

1259n–1326n Osman I.
1300n rot Osman Sultan
1307n braun Seldschuken-Vertreibung
1310n braun Kampf gegen Johanniter
1310n rot Verlust von Rhodos
1326n braun Kampf gegen Byzanz
1326n rot Gewinn von Brussa
1326n rot Brussa Hauptstadt
1329n rot Janitscharen-Truppe
1330n braun Kampf gegen Byzanz
1330n rot Macht über Kleinasien
1336n–1405n Timur
1337n braun Vorstoß nach Europa
1350n–1415n Chrysoloras
1354n braun Vorstoß nach Europa
1354n rot Gewinn Gallipolis
1361n braun Kampf gegen Byzanz
1361n rot Gewinn Adrianopels
1362n–1437n Sigismund
1365n rot Adrianopel Hauptstadt
1389n braun Kampf gegen Serbien
1389n rot Gewinn Serbiens
1393n braun Kampf gegen Bulgarien
1393n rot Gewinn Bulgariens
1396n braun Kämpfe auf dem Balkan
1396n rot Gewinn Bosniens
1402n braun Vorstoß der Mongolen
1402n rot Mongolen-Herrschaft
1405n rot Frei von Mongolen
1443n–1490n Matthias Corvinus
1444n braun Schlacht bei Warna
1453n braun Einnahme Konstantinopels
1453n rot Ende des Reiches Byzanz
1453n rot Gewinn Konstantinopels
1455n braun Kampf gegen Papst-Flotte
1456n/1458n Kampf gegen Griechenland
1458n rot Gewinn Griechenlands
1475n braun Einnahme von Kaffa
1475n rot Gewinn der Krim
1479n rot Machtgewinn in Albanien
1482n braun Vorstoß auf dem Balkan
1489n–1587n Sinan
1494n–1566n Soliman der Große
1500n–1558n Karl V.
1521n braun Einnahme Belgrads
1522n braun Kampf gegen Johanniter
1522n rot Gewinn von Rhodos
1526n braun Kampf gegen Ungarn
1527n–1598n Philipp II.
1529n braun Vorstoß nach Mitteleuropa
1530n rot Gesetzgebung
1535n grün Vertrag mit Frankreich
1536n rot Bündnis mit Frankreich
1538n grün Verbreitung des Kaffees
1541n braun Vorstoß nach Ungarn
1541n rot Gebietsgewinn in Ungarn
1545n blau Prinzen-Moschee
1551n braun Vorstoß nach Tripolis
1551n rot Gewinn Tripolitaniens
1551n blau Mirimah-Moschee
1554n grün Kaffeehaus in Istanbul
1556n blau Soliman-Moschee
1571n braun Kampf gegen Spanien
1573n rot Gewinn Zyperns
1574n blau Selimje-Moschee
1612n grün Drei-Mächte-Vertrag
1615n blau Achmed-Moschee
1663n/1699n Großer Türkenkrieg
1663n–1736n Prinz Eugen
1673n rot Neuer Bund mit Frankreich
1684n rot Feindkoalition
1686n rot Feindkoalition erweitert
1696n rot Verlust von Asow
1699n rot Gebietsverlust
1700n/1721n Nordischer Krieg
1714n/1718n Türkenkrieg
1718n rot Gebietsverlust
1729n–1796n Katharina II., die Große
1735n/1739n Kämpfe in Europa
1739n rot Gewinn Belgrads
1768n/1774n 1. Krieg gegen Rußland
1784n rot Gebietsverlust
1787n/1792n 2. Krieg gegen Rußland
1788n–1824n Byron
1792n rot Gebietsverlust
1796n/1815n Napoleonische Kriege
1806n/1812n 3. Krieg gegen Rußland
1812n rot Verlust Bessarabiens
1821n/1829n Kampf Griechenlands
1826n braun Janitscharen-Aufstand
1829n rot Verlust Griechenlands

1829n rot Freigabe des Bosporus
1841n rot Sperre der Meerengen
1853n/1856n Krimkrieg
1856n rot Gewinn der Donaumündung
1856n rot Garantie der Grenzen
1876n/1878n 4. Krieg gegen Rußland
1878n rot Verlust Zyperns
1881n rot Tunesien französisch
1882n braun Kämpfe in Ägypten
1882n rot Ägypten englisch
1908n braun Jungtürken-Aufstand
1908n rot Gebietsverlust
1908n rot Bulgarien unabhängig
1908n rot Verfassung der Türkei
1911n/1912n Libyscher Krieg
1912n rot Libyen italienisch
1912n/1913n Balkankriege
1913n rot Gebietsverlust
1914n/1918n Erster Weltkrieg
1915n braun Kampf gegen Armenier
1923n rot Türkei Republik
1945n rot Türkei UN-Mitglied
1959n rot Zypern unabhängig
1964n braun Kämpfe auf Zypern

OSSIANISCHE GESÄNGE, Bezeichnung für 15 Dichtungen des schottischen Schriftstellers James Macpherson, die von diesem als Übersetzungen von Liedern des alten blinden Sängers Ossian aus dem 3. Jahrhundert ausgegeben wurden. Als sich herausstellte, daß es Macphersons eigene Verse waren, die er selbst in die altschottische Sprache (Gälisch) übertragen hatte, war die Enttäuschung groß. Zu den Bewunderern dieser empfindsamen Gesänge hatten auch Goethe, Herder, Hölderlin und Klopstock gehört.

1760n blau Abfassung

OSSIETZKY, Carl (1889n–1938n), deutscher Publizist. Sohn eines Angestellten. Verlor zweijährig seinen Vater und wurde Grundbuch-Beamter. Im Selbststudium eignete er sich eine solide Bildung an und begann, für Zeitungen zu schreiben. 1912n wurde er zu sechs Monaten Haft verurteilt, weil er den Klassencharakter der Rechtsprechung des Kaiserreiches angeprangert hatte. Durch Teilnahme am ersten Weltkrieg wurde ihm das Soldatendasein so verhaßt, daß er eine Zeitschrift 'Nie wieder Krieg' herausgab. 1919n Sekretär der Deutschen Friedensgesellschaft. Doch trennte er sich ein Jahr später wieder von dieser pazifistischen Vereinigung, deren Kampf gegen den Krieg er zu lau fand. 1927n wurde er Herausgeber der den Sozialdemokraten nahestehenden Zeitschrift 'Weltbühne'. Nach der Niederschlagung der kommunistischen Mai-Demonstration in Berlin klagte er 1929n den sozialdemokratischen Polizeipräsidenten Zörgiebel wegen des Mordes an den dabei getöteten 32 Kommunisten an. Weil er die gegen den Versailler Vertrag verstoßende geheime Wiederaufrüstung Deutschlands in seiner Zeitschrift aufdeckte, wurde er 1931n als Landesverräter eingekerkert. Als die SPD 1932n den deutschnationalen Generalfeldmarschall Hindenburg zum Reichspräsidenten wählte, trat er ganz auf die Seite des revolutionären Proletariats. Von den Nazis 1933n eingekerkert, erhielt er 1936n als KZ-Insasse den Friedens-Nobelpreis. Görings Vorschlag, gegen sofortige Freiheitsgewährung den Preis auszuschlagen, wies er zurück und blieb bis kurz vor seinem Tode im Konzentrationslager.

1931n rot Einkerkerung

OSTANGELN, Name eines früheren kleinen Königreiches in Ost-England, das heute in die Grafschaften Norfolk und Suffolk zerfällt. Um die Mitte des 5. Jahrhunderts von Angeln aus Süd-Schleswig in Besitz genommen und zu einem eigenen Staatswesen zusammengeschlossen, übernahm es 200 Jahre später die Herrschaft über alle angelsächsischen Staaten auf englischem Boden. Bald mußte es aber seine Führerstellung an andere Königreiche abgeben (Mercia, Wessex) und ging schließlich im englischen Volke auf.

448n rot Niederlassung der Angeln
780n–839n Egbert
823n/827n Englischer Einigungskrieg
827n rot Einigung Englands

OSTEREIER

1192n grün Weihe

OSTER-INSEL, Name einer von dem holländischen Seefahrer Roggeveen am Ostersonntag des Jahres 1721n entdeckten Südsee-Insel, die heute zu Chile gehört. Sie ist dem südamerikanischen Kontinent etwa ebenso nahe wie dem Zentrum der Südsee-Inseln, deren östlichste sie ist. Daher gilt sie als ein möglicher Mittler zwischen den Kulturen Südostasiens und Südamerikas. Mit Sicherheit hatte sie selbst vor fast 1000 Jahren bereits eine hohe Kulturstufe erreicht und verfügte über eine Schrift mit 600 Zeichen, die 1956n von Thomas Barthel entziffert wurde.

1721n grün Entdeckung

OSTERN, deutscher Name des Frühlingsfestes, das in vielen Ländern der Welt unter verschiedenen Namen gefeiert wird. Bei den Germanen seit Jahrtausenden Fest der Auferstehung des Lebens nach dem Winterschlaf der Natur sowie Fest der Fruchtbarkeit, als deren Symbol das Ei im Mittelpunkt stand. Die christliche Kirche hat das Fest von den Juden übernommen, bei denen es acht Tage dauerte ('Passah'-Fest). Obwohl es die Juden zur Erinnerung an die Heimkehr aus Ägypten feierten, war es durch allerlei Bräuche das alte Fruchtbarkeitsfest geblieben. Symbol des erwachenden Lebens war hier das Lamm. Die Kirche entschied sich nach heftigen Kämpfen, die Auferstehung ihres Religionsstifters Jesus auf das Osterfest zu legen. Im alten Griechenland wurde das Fest des Liebesgottes (Eros) mit dem Frühlingsfest verbunden, das überging in das Fest des Gottes der Fruchtbarkeit, des Lichtes und der Hirten (Apollo).

40n grün 'Passah'-Übernahme
155n rot Streit um den Zeitpunkt
192n rot Römisches Osterdatum
325n grün Entscheidung der Kirche
1192n grün Ostereier-Weihe

OSTFRIESLAND, norddeutsches Küstenland mit den ihm vorgelagerten Nordsee-Inseln (Wangerooge, Langeoog, Spiekeroog, Norderney, Juist und Borkum). Seit der Trennung von Mittelfriesland vor 600 Jahren unter der Herrschaft von eigenen Häuptlingen (Edzards), die 1454n zu Reichsgrafen und 1654n zu Reichsfürsten ernannt wurden. Nach dem Aussterben der Herrscherfamilie der Edzards wurde das Land preußisch und blieb es nach kurzer holländischer und hannoverscher Besitznahme bis 1945n. Seitdem von englischen Truppen besetzt, kam es 1949n als Teil des Landes Niedersachsen zur Bundesrepublik.

1712n–1786n Friedrich II., der Große
1744n rot Preußische Herrschaft

OSTGOTEN, Bezeichnung für Gotenstämme, die unter Ermanrich ein Reich am Schwarzen Meer gründeten und sich große Teile Rußlands und Osteuropas unterwarfen. Später zogen sie mit den Hunnen gegen die Heere Roms und siedelten sich nach der Niederlage der Hunnen im Balkan an. Durch einen Sieg über den ersten germanischen Beherrscher Roms (Odoaker) gewannen sie ganz Italien dazu. Aber schon nach fünfzig Jahren erlagen sie den Heeren des Kaisers von Ostrom (Byzanz).

257n rot Spaltung der Goten
305n–370n Ermanrich
350n rot Entstehung des Reiches
350n blau Gründung von Kiew
350n/360n Zweiter Gotischer Krieg
350n–404n Balamir
360n rot Großreich
365n–408n Stilicho
370n/455n Hunnenkriege
371n rot Herrschaft der Hunnen
371n rot Heeresfolge für Hunnen
405n/406n Einfall nach Italien
433n–493n Odoaker
455n–526n Theoderich der Große
456n rot Siedlung in Ungarn
478n–567n Narses
480n–524n Boëthius
480n–573n Kassiodor
482n–565n Justinian
487n braun Bedrohung Konstantinopels
487n rot Auftrag für Theoderich
489n/493n Vorstoß nach Italien
490n–562n Prokop
493n rot Reich in Italien
497n–555n Jordanis
504n blau Basilika in Ravenna
505n–565n Belisar
508n/511n Feldzug nach Südgallien
511n rot Landgewinn in Südgallien
511n rot Gebiete an Westgoten
512n rot Gesetzbuch Theoderichs
513n–552n Totila
525n rot Einkerkerung des Papstes
525n blau Grabmal Theoderichs
531n blau Geschichtswerk Kassiodors
535n/553n Letzter Ostgotenkrieg
536n blau Rechtssammlung
543n grün Bodenreform in Italien
551n blau Jordanis: Gotengeschichte
553n rot Ende des Reiches
554n blau Jordanis: Weltgeschichte
820n blau Hildebrandslied
1204n blau Nibelungenlied

OSTPREUSSEN, Küstenland an der Ostsee zwischen dem Mündungsgebiet von Weichsel (Danzig) und Memel (Tilsit). Wegen seiner reichen Bernstein-Funde war das Land bereits vor mehr als 2000 Jahren den Griechen (Pytheas) und Römern (Tacitus) bekannt. Die seit 1000 Jahren hier ansässigen Pruzzen (= Preußen) wurden von Deutschrittern unterworfen und gaben nach ihrem Aufgehen im preußischen Staat dem 1701n entstehenden Königreiche den Namen ('Preußen'). Nach dem ersten Weltkrieg wurde es durch Abtretung des Memelgebiets verkleinert (Versailler Vertrag). Nach dem zweiten Weltkrieg wurde die Bevölkerung vertrieben, das Land zwischen der UdSSR und Polen geteilt (Potsdamer Abkommen).

1173n–1239n Hermann von Salza
1226n rot Deutschritter-Lehen
1230n braun Unterwerfung der Preußen
1255n blau Gründung von Königsberg
1261n braun Aufstand der Preußen
1309n blau Bau der Marienburg
1371n–1440n Friedrich I.
1410n braun Schlacht bei Tannenberg
1411n rot Gebietsverlust des Ordens
1411n grün Tribute des Ordens
1454n braun Volksaufstand
1457n braun Sieg Polens über Orden
1466n braun Sieg Polens über Orden
1466n rot Gebietsgewinn Polens
1544n blau Universität Königsberg
1618n rot Lehen Brandenburgs
1623n grün Königsberger Börse
1656n rot Schwedische Zusicherung
1657n rot Polnische Zusicherung
1660n rot Besitz Brandenburgs
1914n/1918n Erster Weltkrieg
1919n rot Versailler Vertrag
1939n/1945n Zweiter Weltkrieg
1945n rot Potsdamer Abkommen

OSTIA, Hafenstadt Roms an der Mündung des Tiber in das Tyrrhenische Meer (Mittelmeer). 20 km von Rom entfernt, wurde sie vor 2300 Jahren als Ausgangspunkt der Salzstraße befestigt und entwickelte sich mit dem Aufstieg des römischen Weltreiches zu einer Großstadt. Der im ersten Jahrhundert vor der Zeitwende zerstörte Hafen wurde im darauffolgenden Jahrhundert zum Haupt-Versorgungshafen Roms ausgebaut. Mit dem Untergang Roms war auch ihr Schicksal besiegelt, die Bevölkerung wurde weitgehend von Malaria weggerafft, die großartigen Bauten dienten der Kirche als Steinbruch. In unserer Epoche wurde das nahe Seebad zum bedeutendsten Erholungsziel der Römer.

610v blau Gründung
342v grün Befestigung
10v–54n Klaudius
42n grün Versorgungshafen Roms
849n braun Arabischer Angriff

OSTRAKISMOS, von dem griechischen Worte 'ostraka' (= Tonscherben) abgeleitete Bezeichnung für eine in der griechischen Stadt Athen vor fast 2500 Jahren eingeführte Form des direkten Volksentscheids, an dem alle freien männlichen Bürger teilnehmen konnten. Jeder schrieb auf eine Scherbe den Namen des Mannes, den er aus der Stadt verbannen wollte. Der Politiker, auf den die meisten Stimmen entfielen, mußte für 10 Jahre außer Landes gehen. Da es sich bei dieser Entscheidung um eine rein politische Maßnahme handelte, behielt der Verbannte aber sein Vermögen sowie alle Rechte und Vergünstigungen. Diese Wahl, die nur gültig war, wenn mindestens 6000 Bürger daran teilnahmen, durfte höchstens einmal jährlich stattfinden und nur, wenn die Volksversammlung sich rechtzeitig dafür entschieden hatte. Der Rat und die obersten Richter überwachten die Abstimmung, und auch sonst war Vorsorge gegen Mißbrauch getroffen. In der Blütezeit Athens sicherte diese Einrichtung die politische Stabilität des Stadtstaates und ermöglichte es den großen Führern Athens (Themistokles, Perikles), ihre Politik durch direkte Anrufung des Bürgerentscheids gegen Widersacher abzusichern. Die in Athen nur bis zum Jahre 417v bestehende Einrichtung fand bald Eingang in andere griechische Stadtstaaten, vor allem in Syrakus (Sizilien), der reichsten und mächtigsten Griechenstadt des Mittelmeerraumes. Dort beschrieb man nicht Scherben, sondern Olivenblätter mit den Namen der mißliebigen Politiker. Deshalb hieß der Verbannungsentscheid dort 'petalismos' (petala = Olivenblatt).

488v rot Einführung

OSTROWSKI, Alexander (1823n–1886n), russischer Dichter. Als Sohn eines Gerichtsbeamten studierte er Jura und wurde Angestellter beim Moskauer Handelsgericht. Seine dort empfangenen Eindrücke über die russische Kaufmannschaft hat er in vielen Dramen verarbeitet ('Die Braut ohne Mitgift', 'Es bleibt ja in der Familie'). Die Auswirkungen des zaristischen Despotismus bis in die privateste Welt stellte er in seinem Drama 'Das Gewitter' dar. Er vermittelte dem Volke durch seine Stücke Geschichtskenntnisse ('Der falsche Demetrius') und zeigte den Klassencharakter der russischen Gesellschaft ('Armut schändet nicht'). Der Einbruch des Kapitalismus veranlaßte ihn zur Charakterisierung dieser für Rußland neuen Form der Ausbeutung ('Tolles Geld', 'Wölfe und Schafe'). Schrieb auch Märchenspiele ('Schneeflöckchen'). Viele seiner Stücke wurden verboten. 62jährig wurde er künstlerischer Leiter des Moskauer Staatstheaters. Mit seinen fast 50 wirklichkeitsnahen Stücken machte er das russische Theater zu einem Volkstheater.

1860n blau 'Das Gewitter'

OSTROWSKI, Nikolai (1904n–1936n), russischer Dichter. Als Sohn eines Eisenbahnarbeiters schloß er sich 14jährig der Revolution an und kämpfte mit den Jungkommunisten (Komsomol) gegen die ausländischen Interventionstruppen und gegen die russische Konterrevolution. 16jährig trat er in die Rote Armee ein. In Budjonnys Reiterregiment nach wenigen Monaten schwer verwundet, wurde er aus der Armee entlassen. Notdürftig genesen, stürzte er sich in die Parteiarbeit. 21jährig traf ihn eine Lähmung, und 3 Jahre später erblindete er. Da er beim Aufbau des Kommunismus nicht mehr praktisch helfen konnte, begann er zu schreiben. Die Geschichte seines Lebens wurde zum Symbol für die Unbezwingbarkeit eines Kommunisten. Er zeigte der Welt, daß die Härte des Kommunismus ihm von seinen Gegnern aufgezwungen wurde und auf der traurigen Einsicht beruht, daß nur so eine bessere Welt heraufgeführt werden kann. Dabei deckte er auch schonungslos die Schwächen innerhalb der kommunistischen Bewegung auf und prangerte den Bürokratismus der Parteihierarchie an. Kurz vor seinem frühen Tode schrieb er noch den Roman 'Die Sturmgeborenen'.

1934n blau Autobiographie

OSTWALD, Wilhelm (1853n–1932n), deutscher Naturwissenschaftler und Philosoph aus Riga (Lettland). Wurde 1887n erster Professor der physikalischen Chemie in Leipzig und lebte dort von 1906n bis zu seinem Tode als Privatgelehrter. Erforschte die Einwirkungsmöglichkeit von Kontaktstoffen (Katalysatoren) auf chemische Vorgänge. Stellte ein Gesetz über die Verdünnung chemischer Lösungen auf. Fand ein technisch anwendbares Verfahren zur Salpeter-Gewinnung aus der Luft durch Ammoniak-Verbrennung. Arbeitete auch auf dem Gebiet der Elektrochemie und der Ionen-Theorie. Stellte die Farbenkunde auf eine wissenschaftliche Grundlage ('Mathematische Farbenlehre') und schuf einen Farbenatlas. Als Wissenschaftler lehnte er alle Religion ab und arbeitete in der Kirchen-Austritts-Bewegung. Entschiedener Kriegsgegner, nahm er auch an der Friedensbewegung leidenschaftlich Anteil. Im Monistenbund trat er für die Überwindung des biblischen Schöpfungsmythos durch die Darwin'sche Abstammungslehre ein. Auch seine Philosophie war auf die Beherrschung der Natur durch den Menschen gerichtet.

1914n grün Farbenlehre

OTFRIED, deutscher Dichter.

808n–875n Lebenslinie
870n blau Evangelienbuch

OTHMAN, Kaiser des Araberreiches ('Kalif') von 644n bis 656n.

588n–656n Lebenslinie
609n–680n Moawija
633n/732n Arabischer Krieg
646n rot Gewinn Armeniens
649n rot Gewinn Zyperns
650n rot Ende des Perserreiches
650n rot Gewinn Persiens
651n rot Gesandte nach China
653n rot Schriften-Verbrennung
653n blau Verbindlicher Koran
654n rot Rhodos und Kos arabisch
655n rot Vormachtstellung

OTHO, Markus Salvius (32n–69n), römischer Kaiser. Als Freund des Kaisers Nero Statthalter von Lusitanien (Portugal), kehrte er bei dessen Tod nach Rom zurück und schloß sich Galba an, der sich zum Kaiser gemacht hatte. Weil dieser ihn bei der Einsetzung seines Nachfolgers überging, stellte er sich an die Spitze einer Erhebung und ließ Galba auf dem Forum töten. Danach zum Kaiser ausgerufen, wurde er von den Truppen an der Donau, in Ägypten und Afrika anerkannt. Aber der Feldherr der Rheinarmee (Vitellius) stellte sich ihm entgegen. Von dessen Heeren besiegt, nahm er sich das Leben.

68n/69n Thronkämpfe

OTTAR (um 860n–um 930n), normannischer Seefahrer. Als Kaufmann suchte er einen Verbindungsweg von seiner norwegischen Heimat nach Nordrußland. Umschiffte die Nordspitze Skandinaviens (Nordkap), wandte sich dann südostwärts, fuhr ins Weiße Meer ein und erreichte Rußland etwa auf der Höhe von Archangelsk.

898n grün Seeweg nach Nordrußland

OTTO, Nikolaus (1832n–1891n), deutscher Erfinder. Als junger Kaufmann hörte er in Köln von dem Gasmotor des Franzosen Lenoir und baute dessen Erfindung nach, um sie zu verbessern. Mit Hilfe des Mechanikers Zons konstruierte er den ersten eigenen Motor ('atmosphärische Gasmaschine'). Zusammen mit dem Ingenieur Langen gründete er 1864n eine Motorenfabrik und brachte 2 Jahre später einen brauchbaren Verbrennungsmotor heraus, der auf der Pariser Weltausstellung eine Goldene Medaille erhielt. Nachdem Gottlieb Daimler und Wilhelm Maybach in die Fabrik eingetreten waren, gelang ihm 1876n der Bau eines Motors, der in vier aufeinanderfolgenden Arbeitstakten das Treibstoff-Luft-Gemisch ansaugte, verdichtete, durch Zündung zur Explosion brachte und schließlich hinausbeförderte. Damit war der ganze technische Ablauf in einen einzigen Arbeitsgang zusammengedrängt, das wirksame Prinzip des Verbrennungsmotors gefunden. Außer Erfolg und Anerkennung brachte ihm seine bahnbrechende Erfindung viel Streit mit anderen Erfindern.

1876n grün Viertaktmotor

OTTO I., der Große, deutscher Kaiser. Herrschte von 936n bis 973n.

912n–973n Lebenslinie
885n–968n Olga
924n–998n Widukind von Corvey
939n–990n Roswitha
950n braun Sieg über Böhmen
950n rot Gewinn Böhmens
951n braun Vorstoß nach Italien
951n rot Heirat Adelheids
951n rot Titel 'Langobardenkönig'
955n braun Sieg über Ungarn
955n braun Slawenaufstand
955n rot Gewinn der Ostseeküste
962n braun Vorstoß nach Italien
962n rot Kaiserkrönung
963n braun Sieg Geros über Polen
963n rot Gebietsgewinn
963n rot Absetzung des Papstes
964n blau Geschichtswerk Luitprands
967n blau Geschichtswerk Widukinds
968n rot Erzbistum Magdeburg
969n blau Geschichtswerk Roswithas
972n rot Verheiratung des Sohnes

OTTO II., deutscher Kaiser. Herrschte von 974n bis 983n.

955n–983n Lebenslinie
972n rot Heirat
976n braun Erhebung Bayerns
976n rot Gebietsverlust Bayerns
976n rot Kärnten selbständig
978n braun Französischer Angriff
978n braun Vorstoß nach Paris
980n braun Erhebung Roms
981n/982n Feldzug nach Süditalien
981n rot Bündnis der Gegner

OTTO III., deutscher Kaiser. Herrschte von 994n bis 1002n.

980n–1002n Lebenslinie
943n–1003n Silvester II.
972n–999n Gregor V. (Bruno)
996n braun Erhebung Roms
996n rot Verwandter wird Papst
998n braun Erhebung Roms
998n rot Weltreichprinzip
1001n braun Vertreibung aus Rom

OTTO IV. (1182n–1218n), deutscher Kaiser seit 1198n. Als jüngster Sohn Heinrichs des Löwen auf Betreiben des Papstes gegen Philipp von Schwaben zum deutschen König gewählt, konnte er sich erst nach Philipps Tod durchsetzen. Trat Holstein an Dänemark ab und schwächte durch Zugeständnisse an den Papst die im Wormser Konkordat mühsam errungene Stellung des Kaisertums. Wegen territorialer Streitigkeiten wurde er später vom Papste gebannt. Gegen den Enkel Kaiser Friedrichs I. (Friedrich II.) vermochte er sich nicht durchzusetzen, wurde 1214n von den Franzosen geschlagen und zog sich unter Verzicht auf die Kaiserkrone in sein Stammland Braunschweig-Lüneburg zurück. Damit endete das kurze Kaisertum seiner Familie (Welfen).

1160n–1216n Innozenz III.
1197n/1198n Kampf um den Thron
1198n rot Philipp König
1198n rot Gegenkönig
1198n rot Innozenz Papst
1208n rot Philipp ermordet
1214n braun Sieg Frankreichs

OTTO von Freising, deutscher Geschichtsschreiber.

1115n–1158n Lebenslinie

1143n blau Über das Leid
1147n/1149n Zweiter Kreuzzug

OTTOKAR II. (um 1230n–1278n), König von Böhmen und Mähren von 1253n bis 1278n. Als Sohn des deutschen Königs Wenzel I. erwarb er mit päpstlicher Unterstützung Österreich, Kärnten, Krain und die Steiermark. 2 Jahre später erbte er von seinem Vater Böhmen und Mähren. Da es keinen deutschen Kaiser gab (Interregnum), suchte er ein eigenes deutsches Reich von der Ostsee bis zum Mittelmeer zu schaffen. Auf einem Kreuzzug gegen Preußen und Litauen gründete er die Stadt Königsberg. Durch Ansiedlung deutscher Handwerker suchte er in Preußen und Böhmen die deutsche Kultur zu fördern. Nachdem sich seine Hoffnung auf die Kaiserkrone durch die Wahl Rudolfs von Habsburg zerschlagen hatte, verweigerte er dem Kaiser die Anerkennung, verlor die österreichischen Länder und mußte die Umwandlung Böhmens und Mährens in ein Reichslehen hinnehmen. Darauf förderte er in den ihm verbliebenen Gebieten wieder das Slawentum, erhob sich gegen den Kaiser, unterlag mit seinem Heer auf dem Marchfeld und wurde auf der Flucht erschlagen.

1218n–1291n rot Rudolf I.
1254n rot Interregnum
1255n rot Prag: Deutsches Recht
1255n blau Gründung von Königsberg
1273n rot Rudolf König
1278n braun Niederlage gegen Rudolf

OVID, Publius Naso, römischer Dichter.

43v–17n Lebenslinie
1v blau 'Kunst der Liebe'
2n blau 'Heilmittel gegen Liebe'
9n blau 'Metamorphosen'
1215n blau Deutsche Übersetzung

OVIEDO, Gonzalo Fernandez (1478n bis 1557n), spanischer Kaufmann und Geschichtsschreiber. Ging früh nach Amerika und erwarb durch die Ausbeutung von Goldminen ein großes Vermögen. 1526n wurde er spanischer Statthalter von Cartagena (Kolumbien). Von 1535n bis 1545n war er Gouverneur von Santo Domingo (Mittel-Amerika). Während dieser Zeit verfaßte er ein Buch über die Indianer und wurde vom deutschen Kaiser Karl V. zum Hofchronisten der überseeischen Gebiete ernannt, die diesem mit Spanien zugefallen waren. Nach insgesamt 40jährigem Aufenthalt in Amerika vollendete er sein umfangreiches Werk, das dazu bestimmt war, die spanischen Kolonisationsmethoden von dem schlechten Ruf zu befreien, der durch Tatsachenberichte wie denjenigen von Las Casas in Europa entstanden war.

1552n blau Geschichte der Indianer

OWEN, Robert (1771n–1858n), englischer Sozialreformer. Als Sohn eines Sattlers wurde er kaufmännischer Lehrling, stieg in seinem Betriebe schnell auf und war 19jährig Direktor einer Textilfabrik mit 500 Arbeitern. 24jährig machte er sich selbständig und erwarb 5 Jahre später eine große Spinnerei. Er erhöhte die Löhne, senkte die Arbeitszeit, schaffte Strafen und Belohnungen ab, richtete eine Schule und ein Badehaus ein, verbesserte die Wohnbedingungen und lieferte Lebensmittel zum Selbstkostenpreis. Außerdem gründete er eine Kranken- und Altersversorgung. Seine Appelle an andere Fabrikbesitzer, ebenfalls bessere Lebensbedingungen für die Arbeiter zu schaffen, blieben erfolglos. So forderte er die Abschaffung des Privateigentums an den Produktionsmitteln und bemühte sich um eine gerechte Verteilung des großen Reichtums, der durch die aufblühende Industrie geschaffen wurde. Aber seine über 1000 Reden und über 2000 Zeitungsartikel für eine sozialistische Gesellschaftsordnung hatten keine Wirkung. Da entschloß er sich, in Nordamerika ein Modell der Gesellschaft zu schaffen, die er anstrebte. Er kaufte Land in Indiana (USA) und gründete dort einen kleinen Staat nach kommunistischen Grundsätzen (New Harmony). Auch in England errichtete er kommunistische Gemeinwesen innerhalb der Ausbeutungsgesellschaft. Als die Arbeiter sich selbst in klassenkämpferischen Organisationen zusammenschlossen, um ihre Befreiung in die eigenen Hände zu nehmen, zog er sich zurück. Da er nicht wieder fremde Arbeitskraft ausbeuten wollte, lebte er in Armut.

1812n blau 'Neue Ansicht'
1824n rot Kommunistische Gemeinden

OXFORD, Stadt an der Themse, etwa 80 km stromaufwärts von London (Süd-England). Seit dem 10. Jahrhundert durch Mauern befestigt. Älteste Universitätsstadt Englands und bis heute die neben Cambridge führende Bildungsstätte des Landes. Im 12. Jahrhundert erhielt die bestehende Hochschule starken Zuwachs aus Paris. Als dort 1167n die Ausländer vertrieben wurden, rief König Heinrich II. alle Engländer zurück. So kamen viele wissenschaftlich ausgebildete Lehrer und Studenten hierher, und die Schule erhielt Universitätscharakter. Im 13. Jahrhundert wurde durch Gründung des Merton-Colleges die gemeinsame Internats-Unterbringung von Lehrern und Schülern eingeführt, von der diese Universität geprägt worden ist. Seitdem erhält hier die herrschende und besitzende Schicht Englands ihre geistige und charakterliche Ausrichtung.

912n blau Entstehung
1167n blau Universität
1214n–1294n Roger Bacon
1264n blau College
1365n–1416n Hieronymus von Prag
1600n blau Bibliothek

PACCIOLI, Luca (um 1450n–um 1520n), italienischer Mathematiker. Verfaßte ein Lehrbuch der Geometrie ('Von den echten Proportionen'), das durch seinen Freund Leonardo da Vinci illustriert wurde. In einem Handbuch der gesamten Mathematik beschrieb er alle bekannten Rechenarten. Darin vermittelte er auch Kenntnisse von einer Form der kaufmännischen Buchhaltung, die durch ihren sinnvollen Aufbau jederzeit einen Überblick über den Geschäftsstand ermöglichte (doppelte Buchführung). Nach einer aus dem Arabischen ins Lateinische übertragenen Fassung des Werkes von Euklid gab er dessen mathematische Lehren in italienischer Sprache heraus. Schrieb auch eine Abhandlung über Fragen der Baukunst.

1494n grün Rechenbuch

PACHER, Michael (um 1435n–1498n), deutscher Maler und Bildschnitzer. In seiner Südtiroler Heimat bildete er sich an der oberitalienischen Malerei und an der deutschen Schnitzkunst. Seine Altäre, die er für österreichische Kirchen schuf, sind eine Verschmelzung dieser beiden Künste zu farb-plastischer Gesamtwirkung. Dabei bediente er sich in neuer Weise der perspektivischen Gestaltung. Sein Hauptwerk war der 13 m hohe Altar für die Stadtkirche in Salzburg, der aber verloren ist. Der Altar von St. Wolfgang (Salzkammergut) ist sein besterhaltenes Werk. Es stellt in geöffnetem Zustande die Krönung der Maria dar, zeigt halbgeschlossen acht Szenen aus dem Leben Jesu und ganz geschlossen vier Bilder aus der Legende des katholischen Ortsheiligen Wolfgang.

1481n blau Hochaltar von St. Wolfgang

PACHOMIUS, ägyptischer Mönch.

292n–346n Lebenslinie
323n blau Klostergründung
331n blau Regeln für Klosterleben
336n blau Frauenkloster

PACKE, Christopher (1686n–1749n), englischer Gelehrter. Als Sohn eines Chemikers studierte er Medizin und ließ sich als praktischer Arzt in Canterbury nieder. Angeregt durch eine Veröffentlichung seines Landsmannes Lister über die Möglichkeit einer kartenmäßigen Erfassung der Verbreitung bestimmter Gesteine, fertigte er die erste geologische Landkarte an. Auf ihr machte er durch Verwendung verschiedener Farben die Vorkommen einzelner Gesteinsarten im Osten der Grafschaft Kent sichtbar. Sechs Jahre nach ihrer Fertigstellung wurde die Karte gedruckt. Diese Veröffentlichung führte zur Herstellung derartiger geologischer Karten in vielen Ländern der Erde.

1737n grün Geologische Karte

PADMA Sambawa, indischer Gelehrter und Priester.

717n–778n Lebenslinie
749n blau Lamaismus
771n blau Erstes Lama-Kloster

PADUA, Stadt in Norditalien, 30 km westlich von Venedig. Vor etwa 3000 Jahren als Niederlassung der Veneter angelegt, die aus Kleinasien hierher geflüchtet waren. Nach der Sage soll sie von dem Trojaner Antenor gegründet sein, der wegen seiner Griechenfreundlichkeit aus Troja fliehen mußte. Im Jahre 215v wurde die Stadt römisch (Patavium). Nach dem Zerfall des Römerreiches von Westgoten, Hunnen und Ostgoten erobert und zerstört, erlebte sie seit dem 11. Jahrhundert durch ihr blühendes Tuchgewerbe einen Aufschwung und wurde 1164n als Mitglied des lombardischen Städtebundes unabhängig. 1406n mußte sie die Herrschaft Venedigs anerkennen. 1456n wurde sie von Truppen der Stadt Genua eingenommen. In den folgenden Jahrhunderten wechselte die Stadt zwischen Deutschland und Frankreich und entwickelte sich zu einem Zentrum von Kunst und Wissenschaft. Seit 1866n Bestandteil des neugegründeten Königreiches Italien. Geburtsort des Historikers Livius.

370n/455n Hunnenkriege
408n/412n Vierter Gotischer Krieg
452n blau Gründung von Venedig
535n/553n Letzter Ostgotenkrieg
1222n blau Universität
1290n–1343n Marsilius von Padua
1306n blau Giotto: Fresken
1307n blau Antonius-Kirche
1386n–1466n Donatello
1453n blau Standbild Gattamelatas
1472n blau Andrea-Kirche

PADU-CHIPPA (um 1310v–um 1240v), hettitische Königin. Als Tochter des Priesters Penti-Psarri wurde sie von ihrem Vater mit dem Hettiterkönig Hattu-Sili III. verheiratet. An seiner Seite regierte sie das kleinasiatische Hettiterreich, dessen Macht tief nach Vorderasien hineinreichte. Als 'Großkönigin' stand sie gleichberechtigt neben ihrem Manne und unterzeichnete selbständig Staatsverträge. Mit der ägyptischen Königin Naptara führte sie einen regen Briefwechsel. Verheiratete ihre Tochter mit dem Ägypterkönig Ramses II.

1328v–1252v Hattu-Sili III.
1326v–1234v Ramses II.

PÄDAGOGIK, griechisches Wort für die Kunst der Erziehung (wörtlich 'Knabenführung'). Lehre von der sinnvollen Einwirkung auf die körperliche und geistig-seelische Entwicklung des heranwachsenden Menschen.

2495v–2405v Pta-Hotep
2330v blau Anstandsregeln in Ägypten
2289v blau Tempelschulen in Akkad
2021v grün Schulfächer in Sumer
2019v grün Priesterkinder-Privileg
2018v blau Gedicht über die Schule
2008v–1952v Keti
1962v blau Lehre des Keti
1857v–1803v Sehet
1811v blau Sehets Lehrdichtung
1531v–1481v Sen-Mut
1462v–1382v Hapu
1445v grün Lehrstoff in Ägypten
1395v–1328v Assur-U-Baalit
1377v–1302v Ani
1342v blau Lehre des Ani
1199v blau Warnung vor Offiziersberuf
817v rot Staatserziehung in Sparta
728v–660v Kallinos
686v–613v Tyrtaios
637v–577v Sappho
636v–564v Äsop
575v–483v Xenophanes
552v–479v Kon-Fu-Tse
531v blau Schule in Kroton
530v blau Eleatische Schule
502v blau Theognis' Lehrgedicht
469v–399v Sokrates
444v–365v Antisthenes
436v–355v Aristipp
430v–353v Xenophon
429v–370v Phaleas
427v–347v Plato
388v blau Platos 'Akademie'
384v–322v Aristoteles
376v blau Aristipps Schule
372v–287v Theophrast
370v blau Xenophons Fürstenspiegel
354v blau Schulfach Zeichnen
342v rot Aristoteles Erzieher
335v blau Aristoteles: 'Lyzeum'
333v–262v Zeno der Jüngere
306v blau Epikurs Schule
304v–232v Kleanthes
300v blau Stoiker-Schule
285v–204v Andronikos
180v–110v Panaitios
157v–87v Wu-Ti
130v blau Lehre des Panaitios
4v–65n Seneka
20n–79n Dioskurides
31n–99n Musonius Rufus
47n–122n Plutarch
52n–133n Epiktet
67n–140n Juvenal
72n blau Frauenbildung gefordert
261n–335n Laktantius
309n–394n Ausonius
331n–363n Julian
345n–406n Ku-Kai-Tschi
348n–408n Prudentius
350n–430n Wa-Ni
354n–407n Chrysostomos
379n blau Christliche Erziehung
382n blau Schule des Wa-Ni
455n–526n Theoderich der Große
482n–565n Justinian
675n–715n Welid
710n–782n Lioba
737n–804n Alkuin
784n–856n Rabanus Maurus
787n grün Waisenheim in Mailand
790n blau Alkuin Hofschulleiter
849n–901n Alfred der Große
890n–961n Abdar Rachman III.
905n–965n Al Mutanabbi
943n–1003n Silvester II.
1001n–1072n Adalbert von Bremen
1019n grün Schulen in Kiew
1021n–1086n Wang-Anschi
1022n–1107n Manko Kapak
1082n blau Kaikas: Fürstenspiegel
1130n–1200n Tschu-Hi
1179n blau Herrad: 'Lustgarten'
1193n–1279n Albertus Magnus
1231n blau Katharerschulen
1253n blau Internatsschule Paris
1262n blau Stadtschule Lübeck
1264n blau Oxford-College
1269n blau Schulen der Mongolen
1388n blau Internat Winchester
1419n grün Findelhaus Florenz
1441n blau Eton-College
1450n grün Gedrucktes Schulbuch
1465n–1536n Erasmus von Rotterdam
1478n blau Griechisch-Unterricht
1483n–1546n Luther
1484n–1531n Zwingli
1489n–1587n Sinan
1491n–1556n Ignatius von Loyola
1527n blau Vives' Erziehungsideal
1530n blau Collège royal
1542n–1605n Akbar
1543n blau Fürstenschulen
1588n–1679n Hobbes
1594n–1632n Gustav-Adolf
1607n rot Schulpflicht in Anhalt
1628n blau Comenius: 'Große Lehre'
1632n–1704n Locke
1633n blau Kleinkinder-Erziehung
1639n–1699n Racine
1658n blau Anschauungsunterricht
1696n grün Bellers' Reformforderung
1708n grün Realschule in Halle
1712n–1778n Rousseau
1713n–1784n Diderot
1717n rot Schulpflicht in Preußen
1717n–1780n Maria Theresia
1729n–1796n Katharina II., die Große
1746n–1827n Pestalozzi
1749n–1832n Goethe
1761n blau Wieland: 'Agathon'
1762n blau Rousseau: 'Emile'
1780n blau Salzmann: 'Krebsbüchlein'
1781n blau 'Lienhard und Gertrud'
1792n blau Bildungsreform gefordert
1801n blau Pestalozzi: 'Gertrud'
1812n–1870n Charles Dickens
1818n grün Herbart: Psychologie
1840n grün Kindergarten
1865n grün Lette-Schule Berlin
1880n rot Schulpflicht in England
1896n grün Wandervogelbewegung
1900n blau 'Jahrhundert des Kindes'
1907n rot Pfadfinderbewegung
1909n blau Werk der Montessori
1933n blau Makarenko: 'Weg ins Leben'
1956n blau UNESCO-Gebäude
1958n grün Polytechnischer Unterricht
1961n grün Kybernetische Pädagogik

PÄDERASTIE, Bezeichnung für geschlechtliche Beziehungen von Männern zu Knaben. Das Wort heißt 'Knabenliebe' und kommt aus der Sprache des alten Griechenland, wo solche Beziehungen spätestens seit dem 8. Jahrhundert vor unserer Zeitrechnung als moralisch einwandfrei galten. Sie wurde von Dichtern geübt (Aischylos, Sophokles), von Philosophen (Plato, Aristoteles) und von Künstlern (Phidias, Polyklet), aber auch von Staatsmännern (Themistokles, Aristides), von Gesetzgebern (Lykurg, Solon) und von Königen (Philipp, Alexander der Große). In Rom ist die Sitte erst unter griechischem Einfluß im 3. Jahrhundert vor unserer Zeitrechnung heimisch geworden. In Assyrien verboten, in Palästina geächtet, fand sie bei Arabern und Türken Eingang. Im christlichen Europa verfolgt, seit der Gesetzgebung Kaiser Karls V. sogar mit Feuertod bedroht, wurde sie in Wahrheit durch die unnatürliche Einstellung der Kirche zur Sexualität und zur Frau, durch das Gebot der Ehelosigkeit für Priester sowie durch die reinen Männergemeinschaften in Klöstern und Kasernen gefördert. Nach dem Rückgang der kirchlichen Macht im Spätkapitalismus wurde sie durch die Übersättigung der herrschenden Klasse begünstigt. Da die arbeitenden Klassen von ihr im allgemeinen nur als Opfer betroffen wurden, ist sie in den sozialistischen Ländern eine absterbende Randerscheinung.

586v–501v Anakreon
533v blau Ibykos: Gedichte
502v blau Theognis: Lehrgedicht
87v–54v Katull
797n blau Abu Nuwas: Gedichte

PAGAN, Stadt im Nordwesten Hinterindiens. Vor etwa 2000 Jahren entstanden, wurde sie im 9. Jahrhundert Residenzstadt und 1044n Hauptstadt des geeinten Königreiches von Burma. Auf einer Länge von 30 Kilometern erstreckte sie sich am linken Ufer des Irawadi ('Stadt der 5000 Pagoden'). Im Jahre 1287n von Mongolenheeren unter Kublai-Khan erobert und zerstört.

849n rot Reich von Pagan
1044n rot Ausdehnung des Reiches
1060n blau Ananda-Tempel
1287n braun Zerstörung

PAGANINI, Niccolo (1782n–1840n), italienischer Geiger und Komponist. Als Sohn eines unbemittelten Kaufmannes erhielt er bei seinem Vater Mandolinen-Unterricht, bildete sich dann bei einem Kapellmeister seiner Heimatstadt Genua im Geigenspiel aus und trat bereits 12jährig öffentlich auf. 16jährig verließ er sein Elternhaus, verdiente mit seinen Konzerten viel Geld, aber gab noch mehr aus. In Livorno verspielte er sogar seine Geige, erhielt aber von einem Gönner ein neues Instrument, das er dann sein ganzes Leben lang spielte. Seinem einzigen Sohn hinterließ er 2 Millionen Franken, die er mit seinen Konzerten erspielt hatte. Er gewann die Hauptstädte Europas durch die handwerkliche und künstlerische Vollendung seines Spiels sowie durch den Zauber seiner Persönlichkeit. So wurde er der erste weltberühmte Vortragskünstler und schuf eine neue Form der Darbietung von Kunst durch Selbstdarbietung des Künstlers (Virtuosentum). In seinen letzten Lebensjahren widmete er sich mehr der Komposition (24 Capricci, 12 Sonaten und einige Konzerte). Mit einer Sängerin verheiratet, war sein Leben von Liebesabenteuern erfüllt. Starb an Kehlkopf-Tuberkulose.

1817n blau 'Capricci'

PA-HE-NESI, ägyptischer Feldherr

1150v–1076v Lebenslinie
1158v–1094v Ameno
1101v/1100v Volkserhebung

PAIONIOS (um 465v–um 410v), griechischer Bildhauer aus der Hafenstadt Mende auf der Halbinsel Pallene in Nord-Griechenland. Fertigte für den Zeus-Tempel in Olympia eine Marmorstatue an, die einen fliegenden Menschen darstellt. Die Plastik symbolisierte die griechische Siegesgöttin Nike, die nach herrschender Vorstellung den Siegespreis im Kriege und bei friedlichem Wettstreit brachte. Mit seinem Werk gewann er selbst den Sieg in einem Wettbewerb, der für den Giebelschmuck dieses Haupttempels der Stadt Olympia ausgeschrieben war. Das Bildwerk wurde später auf einer 9 m hohen Säule aufgestellt.

425v blau 'Schwebende Nike'

PAKISTAN, Staat in Indien. 1947n von den Engländern bei ihrem Rückzug aus Indien durch Abtrennung von zwei indischen Landesteilen gegründet, die 2000 Kilometer auseinanderliegen. Sieben Jahre später vermochten die Engländer dieses willkürlich abgespaltene indische Teilreich zum Eintritt in den westlichen Militärpakt (SEATO) zu bestimmen. Auch durch Hinterlassung zahlreicher Konfliktstoffe (Kaschmirfrage) sowie durch das Ausspielen religiöser Unterschiede stellte England das Land in einen scharfen Gegensatz zum übrigen Indien, um die Vereinigung der beiden indischen Staaten zu erschweren und sie so trotz formaler Beendigung ihrer Kolonialherrschaft weiterhin in Abhängigkeit zu halten.

1947n rot Teilung Indiens
1954n rot Mitglied der SEATO

PALÄSTE UND SCHLÖSSER

2832v–2795v Djet
2676v–2595v Mesilim
2633v–2570v Meten
2627v blau Palast von Kisch
2043v blau Palast von Ur
1937v blau Palast von Phaistos
1935v–1878v Sesostris II.
1905v blau Palast von Knossos
1768v blau Palast von Esch-Nunna
1748v–1695v Zim-Rilim
1715v blau Palast von Mari
1664v blau Palast von Mallia
1617v blau Palast von Kato Zaktro
1597v–1521v Minos
1565v blau Palast von Hagia Triada
1562v blau Palast-Neubau von Knossos
1561v grün Badezimmer in Knossos
1497v–1435v Sausa-Tar
1443v blau Palast von Wassukanni
1441v blau Palast von Alalach
1376v blau Gemälde in Kuri-Gal-Zu
1237v blau Palast von Assur
1229v blau Bilder im Assyrer-Palast
1177v blau Palast von Theben
1173v grün Palastmauer in Theben
1148v–1074v Tiglatpileser I.
1094v blau Palast-Bibliothek
946v blau Harempalast Salomos
912v–860v Assurnasirpal II.
873v blau Palast von Kalach
828v blau Palast von Balawat
740v–681v Sanherib
713v–669v Asarhaddon
716v blau Palaststadt in Assyrien
614v grün 'Hängende Gärten'
517v blau Palaststadt Persepolis
14v blau Lateran-Palast
312n rot Lateran-Palast Papstsitz
560n–618n Yang-Ti
605n blau Palaststadt Loyang

675 n–715 n Welid
707 n blau Chinesisches Gemälde
710 n blau Palast von Nara
774 n blau Kaiserpfalz in Ingelheim
848 n grün Papstpaläste befestigt
947 n blau Palaststadt Al Zahra
998 n blau Schloß Fontainebleau
1050 n blau Kaiserpfalz in Goslar
1181 n blau Alkazar in Sevilla
1248 n blau Alhambra in Granada
1298 n blau Palazzo Vecchio, Florenz
1364 n blau Papstschloß in Avignon
1408 n–1472 n Nezalhual
1418 n blau Moschee in Ahmadabad
1431 n blau Palast von Tezcuco
1455 n blau Papstwohnung im Vatikan
1463 n blau Dogenpalast in Venedig
1480 n blau 'Silberner Palast' in Japan
1533 n blau Georgenbau in Dresden
1538 n blau Palazzo Farnese in Rom
1546 n blau Bau des Louvre
1563 n blau Bau des Escorial
1600 n blau Palazzo Farnese: Fresken
1619 n blau Heidelberger Schloß
1621 n blau Quirinal-Palast in Rom
1626 n rot Entfestigung
1643 n blau Residenz des Dalai Lama
1645 n blau Palazzo Pitti: Fresken
1661 n blau Schloß Versailles
1663 n blau Schloß Nymphenburg
1663 n–1736 n Prinz Eugen
1681 n blau Schloß Drottningholm
1682 n blau Spiegelsaal in Versailles
1682 n grün Park von Versailles
1687 n blau Grand Trianon (Versailles)
1695 n blau Schloß Charlottenburg
1696 n blau Schloß Schönbrunn
1698 n blau Schloß Berlin (Umbau)
1703 n blau Buckingham-Palast
1711 n blau Dresdner Zwinger
1711 n blau Schloß Peterhof
1715 n blau Jagdschloß Karlsruhe
1720 n blau Würzburger Schloß
1724 n blau Schloß Belvedere
1747 n blau Schloß Sanssouci
1752 n blau Schloß Würzburg: Fresken
1768 n blau Winterpalais Petersburg

PALÄSTINA: Allgemeines (Land, Volk, Staat)

2991 v rot Phönizier-Siedlungen
2369 v–2295 v Una
2355 v–2298 v Pepi I.
2304 v/2303 v Ägyptischer Feldzug
2004 v–1932 v Sinuhe
1935 v blau Sinuhes Autobiographie
1904 v–1841 v Sesostris III.
1899 v–1832 v Sebek
1857 v braun Schlacht bei Sichem
1691 v–1628 v Chian
1634 v braun Ägyptischer Feldzug
1634 v rot Südgebiete an Ägypten
1590 v–1545 v Amosis
1558 v braun Ägyptischer Feldzug
1542 v–1505 v Tut-Mosis I.
1521 v/1513 v Ägyptischer Feldzug
1519 v rot Hoheit Ägyptens
1515 v–1449 v Idrimi
1512 v–1448 v Tut-Mosis III.
1499 v–1450 v Tuti
1481 v rot Bündnis gegen Ägypten
1481 v/1460 v Vorderasienkrieg
1479 v rot Ägyptische Herrschaft
1456 v–1402 v Arta-Tama
1425 v rot Semiten-Zuwanderung
1422 v–1373 v Tus-Ratta
1416 v braun Vorstoß der Mitanni
1416 v rot Mitanni-Herrschaft
1367 v rot Protest wegen Überfalls
1366 v braun Erhebung Kanaans
1352 v braun Erhebung gegen Ägypten
1345 v–1301 v Sethos I.
1326 v–1234 v Ramses II.
1314 v braun Ägyptischer Vorstoß
1311 v braun Ägyptischer Vorstoß
1298 v–1228 v Moses
1297 v rot Bruch mit Hettitern
1297 v/1282 v Krieg Ägypten-Hettiter
1250 v rot Israelitenzug aus Ägypten
1248 v blau Gesetze des Moses
1229 v braun Ägyptischer Kriegszug
1220 v braun Krieg Israeliten–Kanaan
1220 v rot Kanaan israelitisch
1175 v rot Philister-Siedlung
1086 v–1004 v Samuel
1064 v–1010 v Saul
1035 v–972 v David
1010 v braun Krieg Israel–Philister
1000 v braun Sieg Judas über Philister
999 v–936 v Hiram
998 v rot Jerusalem Hauptstadt
992 v–933 v Salomo
990 v braun Sieg Judas über Ammon
990 v rot Ammoniter-Ausrottung
981 v–918 v Ahia
979 v braun Zug zum Roten Meer
979 v rot Gewinn Elanas
976 v–924 v Scheschonk I.
969 v–908 v Bilkis
964 v–912 v Jerobeam I.
960 v grün Steuererhöhung
959 v–916 v Rehabeam
935 v braun Volksaufstand
933 v braun Volksaufstand
933 v rot Reich Israel
930 v–871 v Omri

928 v braun Ägyptischer Kriegszug
927 v–850 v Elias
905 v–850 v Ahab
898 v–842 v Isebel
890 v–814 v Jehu
882 v–835 v Athalia
882 v–798 v Elisa
873 v braun Kampf Israels gegen Moab
873 v rot Tributpflicht Moabs
872 v rot Baalkult in Israel
871 v–842 v Joram
863 v–796 v Joas
857 v blau Elias gegen Baal-Kult
843 v braun Aufstand Moabs
843 v rot Moab wieder unabhängig
842 v braun Aufstand in Israel
842 v rot Ende des Baal-Dienstes
841 v rot Athalia Königin Judas
841 v grün Tribute an Assyrien
835 v rot Baal-Tempel zerstört
820 v blau Reformforderung Elisas
802 v–745 v Amos
784 v–725 v Hosea
777 v–692 v Jesaja
774 v–727 v Tiglatpileser III.
754 v blau Amos: Rechte der Armen
752 v–699 v Hiskia
731 v rot Israel unter Assyrien
722 v braun Vorstoß der Assyrer
722 v rot Assyrer-Herrschaft
722 v rot Israeliten-Vertreibung
720 v braun Freiheitskampf
714 v–642 v Manasse
705 v rot Bündnis gegen Assyrien
701 v braun Freiheitskampf
701 v grün Tribute Judas an Assyrer
658 v–595 v Necho II.
649 v–583 v Jeremias
647 v–609 v Josia
640 v–586 v Zedekia
628 v–553 v Hesekiel
622 v rot Fürsorge in Juda
621 v rot Deuteronomium
605 v rot Herrschaft Babylons
597 v braun Krieg mit Babylon
597 v rot Gefangenschaft der Juden
586 v braun Vorstoß Babylons
585 v grün Juden als Fremdarbeiter
567 v blau Reformforderung Hesekiels
537 v rot Heimkehr unter Serubabel
537 v grün Sklaven der Juden
458 v rot Heimkehr letzter Juden
456 v rot Mischehen-Verbot
446 v rot Thora
440 v rot Mischehen-Auflösung
372 v–285 v Ptolemäus I.
356 v–323 v Alexander der Große
334 v/325 v Alexanderzug
332 v rot Mazedonier-Herrschaft
323 v/301 v Diadochenkriege
306 v rot Ptolemäer-Herrschaft
242 v–187 v Antiochus III.
200 v braun Syrersieg über Ägypten
200 v rot Seleukiden-Herrschaft
193 v–160 v Judas Makkabäus
167 v/164 v Makkabäer-Aufstand
163 v rot Essener-Bund
161 v rot Bündnis mit Rom
143 v/142 v Freiheitskampf
142 v rot Unabhängigkeit
137 v rot Partei der Pharisäer
106 v–48 v Pompejus
72 v–4 v Herodes der Große
64 v/63 v Römischer Vorstoß
63 v rot Römische Provinz
27 v–40 n Herodes Antipas
19 v–38 n Pontius Pilatus
10 v–30 n Judas Ischariot
6 v–30 n Jesus Christus
29 n rot Hinrichtung des Johannes
30 n rot Hinrichtung Jesu
31 n rot Steinigung des Stephanus
66 n/70 n Freiheitskampf
70 n rot Zerstörung Jerusalems
132 n/135 n Freiheitskampf
135 n rot Sperrung Jerusalems
172 n–245 n Afrikanus
195 n braun Freiheitskampf
502 n–543 n Al Kais
582 n–644 n Omar
611 n/629 n Kreuz-Christi-Krieg
633 n/732 n Arabischer Krieg
638 n rot Araber-Herrschaft
1009 n rot Intoleranz der Araber
1064 n rot Pilgerfahrts-Katastrophe
1070 n braun Türken in Jerusalem
1070 n rot Johanniter-Orden
1071 n/1077 n Ikonischer Türkenkrieg
1071 n rot Türkische Herrschaft
1085 n–1141 n Juda Halevi
1090 n–1153 n Bernhard von Clairvaux
1095 n rot Aufruf zum Kreuzzug
1096 n/1099 n Erster Kreuzzug
1099 n rot Staat von Jerusalem
1100 n grün Rechte für Handelsstädte
1115 n–1158 n Otto von Freising
1122 n–1190 n Friedrich I. Barbarossa
1128 n grün Zucker nach Europa
1138 n–1193 n Saladin
1141 n grün Einwanderung Juda Halevis
1146 n rot Aufruf zum Kreuzzug
1147 n/1149 n Zweiter Kreuzzug
1173 n–1239 n Hermann von Salza
1187 n braun Kreuzfahrer-Niederlage
1187 n rot Jerusalem arabisch
1189 n/1192 n Dritter Kreuzzug

1190 n rot Deutschritterorden
1192 n rot Zugang für Pilger
1194 n–1250 n Friedrich II.
1211 n blau Kreuzzugsgeschichte
1217 n/1219 n Kreuzzug
1228 n/1229 n Fünfter Kreuzzug
1229 n rot Friedrich König Jerusalems
1244 n braun Kreuzritter-Niederlage
1244 n rot Jerusalem an Ägypten
1248 n/1254 n Sechster Kreuzzug
1516 n braun Vorstoß der Türkei
1575 n blau Tasso: 'Befreites Jerusalem'
1896 n blau Herzl: Zionismus
1914 n/1918 n Erster Weltkrieg
1948 n rot Staat Israel
1956 n braun Suez-Krieg

PALÄSTINA: Baukunst

1313 v blau Ägyptischer Tempel
970 v blau Königsburg Jerusalem
970 v grün Phönizier als Baumeister
959 v blau Tempel von Jerusalem
946 v blau Haremspalast Salomos
913 v blau Tempel von Megiddo
870 v blau Baal-Tempel Samaria
515 v blau Neuer Tempel in Jerusalem
135 n blau Jupiter-Tempel Jerusalem
330 n blau Geburtskirche Bethlehem
335 n blau Grabeskirche Jerusalem
691 n blau Moschee in Jerusalem
1009 n rot Grabeskirche zerstört
1045 n blau Neubau der Grabeskirche

PALÄSTINA: Bildhauerei

843 v blau König Mesas Siegesstein
771 v blau Relief eines Löwen

PALÄSTINA: Dichtung und andere Literatur

1120 v blau Debora-Lied
1035 v–972 v David
954 v blau 'Buch der Kriege Jahwes'
936 v blau 'Hohes Lied'
925 v blau 'Buch des Redlichen'
91 v blau 'Buch der Makkabäer'
263 n–339 n Eusebius
329 n blau Konstantin-Biographie

PALÄSTINA: Geschichtsschreibung

37 n–100 n Josephus
79 n blau Werk über Freiheitskampf
92 n blau Werk des Justus
93 n blau Geschichte der Juden
263 n–339 n Eusebius
303 n blau Eusebius' Weltgeschichte
322 n blau Kirchengeschichte

PALÄSTINA: Philosophie

194 v blau Sprüche des Jesus Sirach
1135 n–1204 n Maimonides

PALÄSTINA: Recht

1298 v–1228 v Moses
1248 v blau Moses: Zehn Gebote
1086 v–1004 v Samuel
905 v–850 v Ahab
898 v–842 v Isebel
647 v–609 v Josia
621 v rot Deuteronomium
446 v rot Thora
199 n blau Mischna
400 n blau Talmud

PALÄSTINA: Religion

1441 v rot Einfluß auf Ägypten
1298 v–1228 v Moses
1248 v blau Moses: Zehn Gebote
1086 v–1004 v Samuel
981 v–918 v Ahia
964 v–912 v Jerobeam I.
954 v blau 'Buch der Kriege Jahwes'
934 v blau Reformforderung Ahias
930 v–871 v Omri
927 v–850 v Elias
905 v–850 v Ahab
898 v–842 v Isebel
890 v–814 v Jehu
882 v–835 v Athalia
882 v–798 v Elisa
872 v rot Baal-Dienst
871 v–842 v Joram
870 v blau Baal-Tempel Samaria
863 v–796 v Joas
857 v blau Elias gegen Baal-Kult
842 v braun Erhebung in Israel
842 v rot Ende des Baal-Dienstes
835 v rot Baal-Tempel zerstört
802 v–745 v Amos
784 v–725 v Hosea
777 v–692 v Jesaja
752 v–699 v Hiskia
741 v blau Sünden und Buße
714 v–642 v Manasse
706 v blau Glaube als Gebot Gottes
649 v–583 v Jeremias
647 v–609 v Josia
628 v–553 v Hesekiel
604 v blau Wesen der Religion
567 v blau Staatsideal Hesekiels
401 v blau Altes Testament
330 v blau 'Chronik'
194 v blau Sprüche des Jesus Sirach
193 v–160 v Judas Makkabäus
165 v blau 'Buch Daniel'
164 v rot Religionsfreiheit

163 v rot Essener-Bund
137 v rot Partei der Pharisäer
126 v blau 'Buch Henoch'
27 v–40 n Herodes Antipas
35 v blau 'Weisheit Salomos'
19 v–38 n Pontius Pilatus
10 v–30 n Judas Ischariot
10 v–52 n Matthäus
7 v–29 n Johannes der Täufer
6 v–30 n Jesus Christus
4 v–64 n Petrus
2 v–71 n Markus
3 n–50 n Johannes der Evangelist
28 n blau Bergpredigt
29 n rot Hinrichtung des Johannes
30 n rot Hinrichtung Jesu
31 n rot Steinigung des Stephanus
40 n grün Passah: Christliche Ostern
48 n rot Apostelkonzil
49 n blau 'Logia Jesu'
100 n–165 n Justin der Märtyrer
182 n–253 n Origenes
199 n blau Mischna
232 n blau Theologenschule
235 n blau 'Ermahnung zum Martyrium'
239 n blau Origenes: Altes Testament
245 n–309 n Pamphilos
249 n blau Origenes: 'Gegen Celsus'
263 n–339 n Eusebius
285 n blau Christliche Bibliothek
322 n blau Kirchengeschichte
324 n blau Natur Jesu
345 n grün Angebliches Kreuz Christi
345 n–420 n Hieronymus
348 n blau Werk des Cyrillus
400 n blau Talmud
570 n–632 n Mohammed
675 n–752 n Johannes von Damaskus
1135 n–1204 n Maimonides
1156 n blau Karmeliter-Kloster

PALÄSTINA: Sitten und Gebräuche

1226 v grün Sonnenuhren
956 v grün Berufsmusiker
777 v–692 v Jesaja
714 v–642 v Manasse
40 n grün Passah: Christliche Ostern
199 n grün Fleischbeschau
609 n grün Mütterheim

PALÄSTINA: Technik

1330 v grün Wassertunnel Jerusalems
967 v grün Wasserleitung Jerusalems
942 v grün Schmelzöfen
710 v grün Wassertunnel Jerusalems
445 v grün Neue Stadtmauer

PALÄSTINA: Wirtschaft und Verkehr

999 v–936 v Hiram
992 v–933 v Salomo
979 v rot Indienhafen Elana
973 v grün Handel mit Phönizien
930 v–871 v Omri
905 v–850 v Ahab

PALÄSTINA: Wissenschaft

959 v grün Kreisumfangs-Berechnung
1135 n–1204 n Maimonides

PALATIN, Hügelgruppe in Rom nahe des Tiber, benannt nach ihrem 52 Meter hohen Hauptberg. Hier begann vor fast 3000 Jahren die Besiedlung der Stadt Rom, zu deren Kerngebiet er gehört.

950 v rot Besiedlung

PALERMO, Hafenstadt an der Nordküste Siziliens. Von phönizischen Händlern aus Tyros (Vorderasien) vor fast 3000 Jahren als Stapelplatz angelegt unter dem Namen 'Machanat' (= Lager). Seit dem Aufstieg Karthagos zur beherrschenden phönizischen Macht im westlichen Mittelmeer unter karthagischer Herrschaft. Bei der kriegerischen Auseinandersetzung mit dem aufstrebenden Rom (Erster Punischer Krieg) Hauptstützpunkt der Karthager gegen Rom, dann seit 253 v römisch. 535 n gelangte die Stadt für 300 Jahre unter die Herrschaft von Ostrom (Byzanz) und wurde dann für 250 Jahre arabisch. Im Jahre 1072 n von den Normannen erobert, wurde sie Hauptstadt eines sizilischen Reiches. Das blieb sie auch, als sie hundert Jahre später dem deutschen Reiche zufiel. Nach kurzer Herrschaft Frankreichs wurden alle Franzosen ermordet (1282 n 'Sizilianische Vesper'), und die Stadt fiel an Aragonien (Spanien). Durch Garibaldi 1860 n endgültig für den sich bildenden italienischen Staat gewonnen, wurde sie Hauptstadt des italienischen Sizilien.

965 v blau Entstehung
264 v/241 v Erster Punischer Krieg
535 n/553 n Letzter Ostgotenkrieg
827 n/831 n Arabischer Sizilienkrieg
1096 n–1166 n Al Idrisi
1149 n grün Seidenweberei
1186 n blau Dom
1194 n rot Deutsche Herrschaft
1282 n braun Sizilianische Vesper
1282 n braun Vorstoß Aragoniens
1282 n rot Herrschaft Aragoniens
1859 n/1861 n Freiheitskampf Italiens
1861 n rot Einigung Italiens

PALERMO-STEIN, Bezeichnung für eine in Palermo (Sizilien) aufbewahrte Steinplatte ägyptischen Ursprungs mit Aufzeichnungen aus der Geschichte des Nil-Reiches von 2850 v–2450 v. Wichtigste Geschichtsquelle für diese Epoche der ägyptischen Geschichte ('Altes Reich').

2496 v–2448 v Nefer-Re
2452 v blau Entstehung

PALESTRINA, Giovanni Pierluigi, italienischer Komponist.

1525 n–1594 n Lebenslinie
1585 n blau Chormusik

PALI-KANON, Bezeichnung für die Zusammenfassung der als heilig geltenden Texte der buddhistischen Religion. Auf der Insel Ceylon vor 2000 Jahren niedergeschrieben. Zerfällt in drei Teile (Verhaltensregeln, Reden, Lehrgebäude). Seinen Namen verdankt das Buch dem Umstande, daß es in der mittel-indischen Pali-Sprache niedergeschrieben wurde. Diese längst nicht mehr gesprochene Sprache erhielt später zu Unrecht den Ruf, Buddhas Muttersprache gewesen zu sein. Noch heute als Grundlage des Buddhismus verbreitet.

37 v blau Niederschrift

PALLADIO, Andrea (1508 n–1580 n), italienischer Architekt. Wurde Steinmetz und begann, sich mit der Baukunst zu beschäftigen. Studierte die Bauwerke Roms und baute dann in seiner Heimatstadt Vicenza bei Padua (Norditalien) ein neues Rathaus sowie mehrere Paläste und Landhäuser. Im nahen Venedig schuf er einen Saal des Dogenpalastes sowie die Kirchen Il Redentore und San Diorgio Maggiore. Sein Hauptwerk war das Olympische Theater seiner Heimatstadt Vicenza. Noch stärker als durch seine mustergültigen Bauten wirkte er durch seine Bücher, die er selbst illustrierte. Außer einem Werke über römische Altertümer schrieb er ein vierbändiges Handbuch der Architektur mit einer Zusammenfassung der wesentlichen Merkmale griechisch-römischer Bauweise. Forderte die Überwindung der neuen dekorativen Bauweise durch schlichte Gestaltung des in seinen Proportionen klaren und in seiner Gliederung schönen Baukörpers. Seine Veröffentlichungen trugen zur Wiedererweckung der alten Bauweise in Italien bei.

1570 n grün Lehrbuch der Baukunst

PALME, Bezeichnung für über tausend verschiedene Arten eines meist baumhohen Gewächses, das in fast allen tropischen Ländern der Erde wächst und mit seinen fächerförmigen, bis zu 20 Meter langen Blattstengeln das Gesicht der warmen Landschaften prägt. Ihr Stamm, der mit zunehmendem Alter nicht in die Breite, sondern nur in die Höhe wächst, wird insbesondere für Bauten verwendet. Ihre Fasern dienen zum Flechten, ihre Blätter zum Bedachen von Behausungen. Das Mark ihres Stammes ist eßbar (Sago). Ihre Früchte (Datteln, Kokosnüsse) sind Nahrungsmittel. Ihre Samenkerne dienen seit alters her der Ölgewinnung.

2946 v blau Ägyptisches Relief
2787 v grün Dattelwein in Ägypten
2755 v grün Dattelgärten in Sumer
2684 v grün Dattelwein in Sumer
2488 v blau 'Palmstammsäule'
2480 v grün Dattelsirup in Mesopotamien
1981 v blau Mesopotamisches Relief

PALMYRA, Stadt in Syrien (Vorderasien). Vor mehr als 3000 Jahren wichtiger Stützpunkt des Karawanenweges von den phönizischen Mittelmeerhäfen Arados und Tartos nach Mesopotamien, Persien und Indien. Ihr Name bedeutet 'Palmenstadt'. Seit dem Jahre 41 v von römischen Heeren mehrfach belagert, wurde sie erst im Jahre 211 n römische Kolonie. Nach dem Rückzug der Römer baute ihr König Odenathos die Stadt zum Mittelpunkt eines Reiches aus, das fast ganz Syrien umfaßte. Seine Frau Zenobia erweiterte die Macht dieses Reiches durch Siege in Ägypten. Als sie ihren Sohn Vaballatos zum Kaiser eines unabhängigen Ostreiches ausrief, stellten römische Heere unter Aurelian die Herrschaft Roms in Kleinasien, Vorderasien und Ägypten wieder her und brachten Zenobia im Triumphzuge nach Rom. Später stationierte Kaiser Diokletian hier eine Legion. Die Reste der einst prächtigen Stadt wurden 636 n arabisch.

1148 v–1074 v Tiglatpileser I.
1111 v/1090 v Mesopotamischer Krieg
1105 v rot Assyrische Herrschaft
103 n blau Baal-Tempel
208 n–280 n Paulus von Samosata
214 n–275 n Aurelian
214 n–273 n Longinos
230 n–273 n Zenobia
253 n/266 n Persischer Krieg Roms
261 n rot Odenathos Statthalter Roms

266 n rot Reichsgründung
266 n rot Anerkennung durch Rom
269 n braun Eroberungen
269 n rot Machtgewinn
270 n braun Feldzug nach Kleinasien
270 n rot Anerkennung durch Rom
272 n/273 n Niederlage gegen Rom
273 n rot Wieder römisch
633 n/732 n Arabischer Krieg

PAMIR, Name eines Hochgebirges in Innerasien. Westlicher Ausläufer des Himalaya-Gebirges. Hieß bei den Chinesen 'Zwiebelgebirge', bei den Hunnen 'unbewohnte Wildnis', bei den Türken 'kalte Steppenweide' und bei den Kirgisen 'Dach der Welt'. An der uralten Verbindungslinie zwischen Ostasien und Europa ('Seidenstraße') gelegen, wurde es trotz seiner Abgeschiedenheit früh umkämpft. Vor 3000 Jahren ein selbständiges Reich (Sogdiana), fiel es zeitweise Persien zu, dann Baktrien, verschiedenen Hunnenreichen, den Arabern und den Mongolen. Seit hundert Jahren gehört sein Hauptteil zu Rußland (seit 1924 n Sowjetrepublik Tadschikistan), während sich China und Afghanistan in den Südostzipfel teilen.

121 v grün Ausbau der Seidenstraße
602 n–664 n Hüan-Tsang
646 n grün Bericht des Hüan-Tsang
1868 n rot Russischer Besitz

PAMPHILOS, Priester und Kirchenlehrer aus Phönizien.

245 n–309 n Lebenslinie
263 n–339 n Eusebius
285 n blau Bibliothek von Cäsarea

PAMPHILOS von Alexandria (um 5 n–um 65 n), griechischer Sprachforscher und Schriftsteller. Als Lehrer in Alexandria verfaßte er einige große Sammelwerke, die sich durch übersichtliche Anordnung und große Genauigkeit auszeichneten. Am berühmtesten wurde sein Handwörterbuch seltener Ausdrücke in 95 Bänden. Stellte auch ein Lexikon von Pflanzennamen zusammen und gab mehrere sprachwissenschaftliche Werke heraus.

46 n blau 'Glossen'-Lexikon

PAMPHILOS von Sikyon (um 395 v–um 330 v), griechischer Maler aus Mazedonien. Erkannte die Bedeutung der Maßverhältnisse für die Bild-Wirkung und forderte ein gründliches Studium der Mathematik und Geometrie als unerläßliche Voraussetzung für das Malen. Seine Malerschule in der Stadt Sikyon bei Korinth wurde wegen der Gründlichkeit ihrer Ausbildung schnell berühmt, und er konnte bald nicht mehr alle Schüler annehmen, obwohl er eine Verpflichtung für 12 Jahre und ein jährliches Honorar von 20 000 Mark forderte. Viele berühmte Maler, auch Apelles, lernten in seiner Schule. Sein Beispiel einer systematischen Ausbildung bestimmte zahlreiche Städte zur Aufnahme des Zeichnens als Schulfach in den allgemeinen Unterricht.

372 v grün Geometrie und Malerei
354 v blau Zeichnen Schulfach
345 v blau 'Odysseus', 'Familienbild'

PAN, Name des griechischen Gottes der Weide und des Waldes. Schutzgott der Hirten. In der Kunst mit Bocksbeinen und Schwanz dargestellt, galt er als kunstliebend und hellsichtig. Stellte den Nymphen nach und musizierte betörend. Seine Heimat sollen die Berge im Herzen der Halbinsel Peloponnes (Arkadien) gewesen sein. Er liebte es, die Hirten mitten im Schlaf aufzuscheuchen ('panischer Schrekken', 'Panik'). Die Griechen schrieben ihm auch die Erfindung der Hirtenflöte zu ('Panflöte').

490 v blau Tempel Athens

PANAITIOS, griechischer Philosoph.

180 v–110 v Lebenslinie
148 v blau Lehrer in Rom
136 v blau Begriff 'Humanität'
130 v blau Philosoph als Erzieher

PANAMA, Land und Staat in Mittelamerika. Im Jahre 1501 n von dem Spanier Rodrigo Bastidas entdeckt, wurde es ein Jahr später von Kolumbus auf dessen vierter Amerikafahrt erreicht. 1513 n durchquerte der Spanier Balboa hier den amerikanischen Kontinent und erreichte als erster Europäer den Pazifischen Ozean. Unweit der Stelle, wo Balboa den Pazifik zuerst gesehen hatte, gründeten die Spanier 1519 n die Stadt Panama als erste europäische Niederlassung am Pazifik und als Ausgangspunkt der kolonialen Eroberung der Westküste Amerikas. Genau 300 Jahre lang blieb das Land als schmalste Landenge zwischen Atlantikküste und Pazifikküste ein Herzstück des amerikanischen Kolonialreiches der Spanier. 1819 n griff der Freiheitskampf Südamerikas auch hierher über, und zwei Jahre später waren die Spanier vertrieben. Als Teil des unabhängigen Kolumbien blieb es 25 Jahre lang frei. 1846 n erwarben die USA Durchfahrtsrechte, zehn Jahre später hatten sie eine Eisenbahn von Küste zu Küste gebaut und entsandten in der zweiten Hälfte des 19. Jahrhunderts zur Durchsetzung ihrer Interessen siebenmal Truppen in das Land. 1902 n kauften die USA die Aktien einer Gesellschaft zum Bau eines Kanals. Ein Jahr später durch einen Staatsstreich von Kolumbien abgetrennt, wurde es durch US-Truppen besetzt und zur Abtretung der 16 Kilometer breiten Kanalzone an die USA gezwungen. Seitdem kämpft das Volk um die Befreiung des Landes aus der Vorherrschaft der USA. 1908 n, 1917 n, 1918 n, 1921 n, 1925 n, 1959 n mußten US-Truppen zur Unterdrückung des Freiheitskampfes eingesetzt werden. Seit 1960 n versuchen die USA durch halbe Zugeständnisse einem offenen Konflikt auszuweichen, ohne ihre Stützpunkte und Hoheitsrechte aufzugeben.

1502 n grün Kolumbus' Reise
1513 n grün Balboas Reise
1811 n/1826 n Kampf Lateinamerikas
1821 n rot Unabhängigkeit
1903 n rot Kanalzone: USA-Kontrolle
1913 n grün Panama-Kanal vollendet

PANAMA-KANAL, künstliche Schiffahrtsstraße durch die schmalste Stelle Mittelamerikas. Verbindet den Atlantischen Ozean mit dem Pazifik. 80 km lang, etwa 150 m breit und etwa 13 m tief, erspart er der Schiffahrt mit einer Durchfahrt von etwa 8 Stunden Dauer die Umschiffung der Südspitze von Südamerika und damit einen Umweg von über 14 000 Kilometern. Der Gedanke an diesen Kanal entstand nach der Entdeckung der Landenge von Panama durch die Spanier. Er beschäftigte die spanischen Eroberer Mittelamerikas, bis König Philipp II. 1551 n das Projekt als der göttlichen Ordnung widersprechend verbot und jede Planung unter Todesstrafe stellte. So wurde die Idee erst nach der Befreiung Mittelamerikas aus der spanischen Herrschaft wieder aufgegriffen. Alexander von Humboldt bestimmte Bolivar 1829 n dazu, einige vorbereitende Vermessungsarbeiten ausführen zu lassen. Nachdem 1844 n der Plan durch genauere Beobachtungen weitergetrieben war, ließ die Regierung der USA 1870 n–1874 n die Grundlagen eines Projektes erarbeiten. 1876 n gründete der Erbauer des Suezkanals (Lesseps) eine private Kapitalgesellschaft, und 1881 n wurde der Bau in Angriff genommen. Doch hatte Lesseps die Schwierigkeiten und Kosten unterschätzt, so daß die zu einem Drittel fertigen Bauarbeiten 1889 n eingestellt werden mußten. Erst 17 Jahre später konnte weitergebaut werden, nachdem die USA sich in den Besitz der Kanalzone gesetzt hatten und der selbständige Staat Panama vom übrigen Kolumbien getrennt war. Unter Leitung des Nordamerikaners Goethals wurde 1913 n der Bau fertiggestellt, 1914 n durchfuhr ihn das erste Schiff, aber die USA eröffneten ihn erst 1920 n für den allgemeinen Verkehr.

1903 n rot Kanalzone: USA-Kontrolle
1913 n grün Vollendung

PANDEKTEN, Titel einer Gesetzes-Sammlung, die auf Veranlassung des Kaisers Justinian in Ostrom (Byzanz) zusammengestellt wurde. Sie enthielt Auszüge aus 39 Gesetzeswerken, die von den römischen Juristen der ersten 300 Jahre nach der Zeitwende (von Augustus bis Konstantin) niedergeschrieben worden waren. Durch ihre widerspruchsfreie, übersichtliche Verflechtung entstand ein geschlossenes Rechtsbuch, das als wesentlichster der vier Teile des 'Corpus juris' ('Rechtskörper') Grundlage des von Justinian verkündeten neuen Rechtes wurde.

533 n blau Fertigstellung

PANDSCHAB, Land in Nordindien zwischen den Quellflüssen des Indus und des Ganges. Benannt nach den fünf großen Quellströmen des Indus ('Pandschab' = 'Fünfstromland'). Eines der ältesten Kulturgebiete Indiens und der Erde. Hier befand sich vor fast 5000 Jahren ein Zentrum der Indus-Kultur (Harappa) mit mehrstöckigen Häusern, Wasserleitung, Kanalisation und einer streng ausgeprägten Klassenteilung. Hier vollzog sich auch der erste größere staatliche Zusammenschluß auf indischem Boden. Wegen seiner Lage im Nordwesten Indiens wurde das Land häufig Opfer von Angriffen aus dem vorderasiatischen Raume. Perser, Griechen, Hunnen und Araber bemächtigten sich des fruchtbaren Gebietes, das später von Mongolen und Engländern beherrscht wurde. Bei Erlangung seiner Unabhängigkeit (1947 n) wurde es durch die englische Kolonialmacht zu einem Drittel an Indien, zu zwei Dritteln an den neugegründeten Staat Pakistan angeschlossen.

2899 v blau Entwicklung von Harappa
2857 v grün Klassenteilung
2717 v blau Entwicklung von Rupar
1915 v braun Zerstörung von Harappa
1443 v–1389 v Sudas
1414 v braun Zehn-Königs-Schlacht
1414 v rot Indisches Reich
356 v–323 v Alexander der Große
334 v/325 v Alexanderzug
182 v rot Herrschaft Baktriens
475 n braun Hunnen-Einfall
475 n rot Hunnen-Herrschaft
633 n/732 n Arabischer Krieg
899 n/930 n Karmatenaufstand
901 n rot Karmatenstaat Multan
976 n–1030 n Machmud
1024 n braun Vordringen der Türken
1024 n rot Türkische Herrschaft
1024 n rot Ausbreitung des Islam
1919 n braun Blutbad in Amritsar
1947 n rot Indien frei, geteilt

PANINI (um 410 v–um 330 v), indischer Sprachforscher. Faßte die Wort-Wurzeln sowie die Laut- und Satz-Bildung der alten indischen Sprache (Sanskrit) zusammen, die schon im 6. Jahrhundert vor unserer Zeitrechnung durch Volkssprachen (Prakrit) verdrängt worden war. Seine umfassende Sprachlehre schrieb er in 4000 Kurzregeln nieder und schuf so die Grundlage zur Beibehaltung des Sanskrit als Sprache der obersten Kaste und damit auch als Sprache der Gelehrten, Dichter und der Priester.

344 v blau Sanskrit-Grammatik

PAN-KU (32 n–92 n), chinesischer Geschichtsschreiber und Dichter. Als Sohn des Historikers Pan-Piao führte er das von seinem Vater begonnene Geschichtswerk fort. Der Geschichtsfälschung verdächtigt, wurde er eingekerkert, aber von seinem Bruder, General Pan-Tschao, wieder befreit. Nach seiner Entlassung arbeitete er im Auftrage des Kaisers Meng-Ti die Geschichte der seit 202 v regierenden kaiserlichen Familie Han in seinem Werk ein. Später wurde er wegen Hochverrats erneut eingekerkert und starb im Gefängnis. Außer seinem großen Geschichtswerk hatte er eine Geschichtsphilosophie verfaßt, in deren Mittelpunkt eine Lehre von der Entstehung der Welt steht. Schrieb auch Gedichte, meist mit historischem Hintergrund.

76 n blau Weltschöpfungslehre
86 n blau Geschichte Chinas

PANKUS, Bezeichnung für den Adelsrat im Hettiter-Reiche (Kleinasien). Das hettitische Wort heißt 'Gemeinschaft', und die Einrichtung trat mit dem Anspruch auf, dem König gegenüber die Gemeinschaft der den Staat tragenden Kräfte (Militär, Priester, Richter) zu verkörpern. Zog allmählich immer mehr Rechte an sich und erlangte schließlich sogar die Entscheidung über Einsetzung und Absetzung, über Leben und Tod des Königs.

1637 v–1579 v La-Barna
1518 v–1455 v Tele-Pinu

PANNONIEN, Name einer römischen Grenzprovinz zwischen der Donau und dem Ostrande der Alpen. Umfaßte die Westhälfte Ungarns bis zur Donau sowie die Nordhälfte Jugoslawiens bis auf die Höhe von Belgrad. Benannt nach einem Stamm der Illyrer, der hier ansässig war.

12 v/9 v Vorstoß Roms
9 v rot Römische Oberhoheit
6 n/9 n Erhebung
10 n rot Römische Provinz
166 n/180 n Markomannen-Kriege
316 n–397 n Martin von Tours
321 n–375 n Valentinian I.
370 n/455 n Hunnenkriege
423 n rot Save-Gebiet an Hunnen
433 n rot Hunnen-Herrschaft
456 n rot Ostgoten-Siedlung
569 n rot Awaren-Herrschaft
791 n/796 n Vorstoß der Franken
804 n–876 n Ludwig der Deutsche

PANTAINOS (um 145 n – um 200 n), griechischer Missionar. Als Leiter der Schule für Religionslehrer in Alexandria wollte er das Christentum den Völkern des Ostens nahebringen. Reiste ins östliche Arabien und soll von dort noch bis Indien gekommen sein.

182 n rot Missionsreise

PANTHEISMUS, Bezeichnung für eine materialistische Weltanschauung, die nur eine Wirklichkeit anerkannte, aber dieses natürliche Weltganze als göttlich bezeichnete. Diese Gleichsetzung von Natur und Gott entzog der Religion durch konsequente Anwendung des von ihr selbst geschaffenen Gottesbegriffes den Boden. Im Ringen vergangener Jahrhunderte um ein aufgeklärtes Weltbild eine weit verbreitete Geisteshaltung. Außer Giordano Bruno und Spinoza hing ihr auch Goethe an, der mit diesem Bekenntnis das Eingeständnis verband, daß ihm noch niemand begegnet sei, der wisse, was das Wort bedeute. Diese Unklarheit schützte lange die Gegner religiösen Aberglaubens vor kirchlicher Verfolgung jeder Konfession, verzögerte aber auch den geistigen Befreiungsprozeß des Volkes.

575 v–484 v Xenophanes
530 v blau Eleatische Schule
333 v–262 v Zeno der Jüngere
296 v blau Zenos Auffassung
410 n–485 n Proklos
471 n blau Lehre vom Kreislauf
788 n–820 n Schankara
812 n blau Menschen- und Weltseele
1247 n blau Persische Lehre
1548 n–1600 n Giordano Bruno
1564 n–1642 n Kepler
1569 n blau Giordano Brunos Lehre
1571 n grün Innere Kräfte der Welt
1632 n–1777 n Spinoza
1659 n blau Kausalität der Natur
1749 n–1832 n Goethe

PANTHEON, in Griechenland vor 2500 Jahren Bezeichnung für Tempelbauten, in denen gleichzeitig alle Götter (= 'Pantheion') verehrt wurden. Da aber die Griechen meist einem bevorzugten Gott ihren Tempel weihten, blieben solche Bauten selten. Der berühmteste stand in Pergamon (Kleinasien). Der vor 2000 Jahren in Rom von Valerius von Ostia errichtete größte Kuppelbau Roms (Pantheon des Agrippa) diente der Verehrung aller Götter, daneben aber auch der Huldigung der römischen Kaiser. Von Christen in eine Kirche umgewandelt, wurde er im Laufe der Jahrhunderte Begräbnisstätte berühmter Italiener von Raffael bis zum ersten Könige des neuen Italiens, Viktor Emanuel. In Paris wurde 1790 n der Bau des bekanntesten Pantheons der Neuzeit vollendet und diente seit 1791 als Begräbnisstätte berühmter Franzosen (Voltaire, Rousseau, Victor Hugo).

27 v blau Bau in Rom
120 n blau Neubau in Rom
1791 n blau Ehrentempel in Paris

PANTHER, Sammelbezeichnung für eine Raubtiergruppe, zu der Jaguar und Leopard gehören.

2653 v blau 'Mann im Pantherfell'
1351 v blau 'König auf Leopard'
1225 n blau Tempel der Jaguare

PANTIKAPAION, alter Name der Hafenstadt Kertsch (Südrußland) am Ausfluß des Asow'schen Meeres in das Schwarze Meer. Vor 2500 Jahren von Griechen aus Milet (Kleinasien) gegründet, entwickelte sie sich schnell zu einem bedeutenden Handelsplatz für Getreide und Sklaven. Im Jahre 480 v wurde sie Hauptstadt eines eigenen Staates ('Bosporanisches Reich'), der bis zum Jahre 107 v seine Unabhängigkeit behauptete, dann vom Reiche des Mithridates unterworfen wurde. Seit 17 v Residenz eines von Rom abhängigen Königreiches. Im 4. Jahrhundert von Hunnen erobert, wurde sie im 6. Jahrhundert von Justinian befreit und dem Reiche von Byzanz (Ostrom) einverleibt. Seit 1305 n von der Stadt Genua beherrscht, fiel sie 1475 n mit der Krim an die Türkei und 1771 n an Rußland. Im Krimkrieg wurde sie von den Verbündeten der Türkei (England und Frankreich) eingenommen und dem Erdboden gleichgemacht, später aber von den Russen wieder aufgebaut. Im zweiten Weltkrieg mehrfach hart umkämpft.

537 v blau Gründung
132 v–63 v Mithridates
370 n/455 n Hunnenkriege
1475 n rot Krim an Türken
1768 n/1774 n Krieg Rußland-Türkei
1853 n/1856 n Krimkrieg
1939 n/1945 n Zweiter Weltkrieg

PANTOMIME, Bezeichnung für Bühnenstücke, in denen weder gesprochen noch gesungen wird, sondern die Handlung allein durch Bewegungen der Darsteller zum Ausdruck kommt. Als eigene Kunstform vor 2000 Jahren in Rom durch zwei freigelassene Sklaven begründet: Bathyllos schuf ihre komische Form, Pylades die tragische. Ihre Anfänge liegen aber mindestens 400 Jahre früher in Griechenland beim reinen Ausdruckstanz, der aus der Tragödie hervorgegangen ist. Die Stoffe waren in Griechenland wie in Rom der allgemein-bekannten Vorstellungswelt entnommen, vor allem der Götter- und Heldensage.

20 v grün Stücke in Rom
1581 n blau 'Königinnen-Ballett'

PAN-TSCHAI (um 35 n – um 100 n), chinesische Geschichtsschreiberin. Als Tochter des Historikers Pan-Piao half sie ihrem Bruder Pan-Ku bei der Vollendung des von ihrem Vater begonnenen großen Geschichtswerkes. Nachdem ihr Bruder wegen Hochverrats eingekerkert worden war, setzte sie die Arbeiten fort. Als der Bruder dann im Gefängnis umkam, brachte sie das Werk auf Wunsch des Kaisers allein zum Abschluß.

86 n blau Geschichte Chinas

PAN-TSCHAO (32 n–102 n), chinesischer Feldherr. Als Sohn des Historikers Pan-Piao wurde er Soldat und stieg bis zum Ersten General auf. Vierzigjährig erhielt er den Befehl über das gegen die Hunnenangriffe eingesetzte Heer und trieb die Hunnen 2000 Kilometer durch Zentralasien bis zum Kaspischen Meer zurück. Dadurch beseitigte er die dauernde Gefahr an den Grenzen Chinas und sicherte die Handelsstraße nach Vorderasien und Europa (Seidenstraße). Seinen Bruder Pan-Ku, der an dem Geschichtswerk seines Vaters weiterarbeitete, befreite er einmal aus dem Gefängnis, konnte ihn aber nach einer zweiten Inhaftierung wegen Hochverrats nicht mehr retten.

73 n/91 n Hunnenkrieg

PANTSCHATANTRA (wörtlich 'Fünferbuch'), Titel eines fünfbändigen indischen Weisheitsbuches, das in Fabeln und Märchen Lebensregeln vermittelt. Das Werk hat die Form einer Unterweisung für Prinzen und Könige, denen auf unterhaltsame Weise Weltklugheit und Lebensweisheit beigebracht werden soll. Es wurde wegen seines Wirklichkeitssinnes, seines Humors und seines spannenden Inhaltes schnell zu einem Volksbuch, das sich in 60 Sprachen über die ganze Erde verbreitete. Die Handlung wird meist Tieren unterlegt, und immer siegt die Klugheit des Schwachen über die Gewalt des Dummen.

300 n blau Entstehung
745 n blau Arabische Übersetzung

PANZER, Bezeichnung für gepanzerte Motorfahrzeuge, die sich auf Raupen auch in schwierigem Gelände bewegen können und durch Ausrüstung mit Maschinengewehren und Geschützen in den Kampf eingreifen. Nachdem bereits 1770 n der Engländer Edgeworth die endlose Kette (Raupe) erfunden hatte und seit 1907 n in Nordamerika Raupenschlepper hergestellt worden waren, setzten die Engländer unter dem Decknamen 'Tank' 1916 n in der Somme-Schlacht erstmals das Fahrzeug als Waffe ein. Bis 1917 n hatten sie auf Grund der hier gewonnenen Erfahrungen bereits 317 Stück gebaut und entschieden damit die Schlacht bei Cambrai zu ihren Gunsten. Bis zum zweiten Weltkrieg wurden dann Panzerung, Geschwindigkeit, Beweglichkeit und Bewaffnung verbessert, so daß 1939 n daraus eine eigene Waffengattung geworden war, deren Stärke über die Erfolgsaussichten ganzer Heere entschied.

1915 n grün Bau

PAPAGEIEN-ERZÄHLUNG

595 n–660 n Bana
659 n blau Abfassung

PAPIER

48 n–118 n Tsai-Lun
105 n grün Erfindung
150 n grün Verbreitung in Turkestan
175 n grün Druck in China
345 n–406 n Ku-Kai-Tschi
610 n grün Verbreitung in Japan
685 n–762 n Hüan-Tsung
751 n grün Verbreitung bei Arabern
794 n grün Manufaktur in Bagdad
1107 n grün Manufaktur in Spanien
1267 n grün Herstellung in Italien
1338 n grün Manufaktur in Frankreich
1375 n–1448 n Josetsu
1389 n grün Fabrik in Deutschland
1495 n grün Fabrik in England
1655 n grün Papiermühle in Rußland
1671 n grün 'Holländer'
1690 n grün Fabrik in Amerika
1765 n grün Papier aus Holzstoff
1798 n grün Langsieb-Papiermaschine
1843 n grün Papier aus Holzschliff
1874 n grün Mitscherlich: Zellulose

PAPIERGELD, Bezeichnung für an sich wertlose Scheine, deren Geldwert darauf beruht, daß sie als gesetzliche Zahlungsmittel von jedermann angenommen werden müssen. Ursprünglich von den Staaten als Anrechtschein auf eine entsprechende Goldmenge ausgegeben, wurde diese 'Deckung' mit zunehmendem Geldbedarf der bürgerlichen Gesellschaft immer geringer und in den meisten kapitalistischen Ländern ganz abgeschafft. Dadurch wurde es möglich, auf dem Wege der Geldentwertung ('Inflation') die volkswirtschaftlichen Verluste der großen kapitalistischen Krisen und Kriege weitgehend den arbeitenden Volksmassen aufzubürden. Seine Deckungslosigkeit ermöglichte auch die teilweise Rücknahme der von der Arbeiterschaft erkämpften Lohnerhöhungen durch Verminderung der Kaufkraft ('schleichende Inflation').

1024n grün Papiergeld in China
1716n grün John Laws Papiergeld
1790n grün 'Assignaten'
1923n grün Inflation in Deutschland

PAPIN, Denis (1647n–1712n), französischer Naturwissenschaftler. Studierte Medizin, wurde Arzt in Paris und Gehilfe des Naturforschers Huygens. Als Protestant verließ er das zunehmend von der Gegenreformation beherrschte Paris und arbeitete in London mit dem Chemiker Boyle zusammen. Dreißigjährig erhielt er eine Professur für Mathematik in Marburg. Baute einen festverschlossenen Dampf-Kochtopf mit Überdruck-Ventil zum schnellen Kochen von Speisen. Schuf die erste Dampfmaschine mit Druck-Zylinder und Kolben. Suchte die neue Maschine beim Wasser-Heben technisch nutzbar zu machen, scheiterte aber und wandte sich nun der Verbesserung von Saverys technisch rückständigerer Dampfmaschine zu. Um die Dampfkraft zum Antrieb von Schiffen nutzbar zu machen, baute er ein Boot mit handbetriebenem Schaufelrad und fuhr damit die Fulda abwärts. Er wollte es in England mit einer Dampfmaschine ausrüsten, doch zerstörten es die Berufs-Schiffer auf der Fulda. Entmutigt kam er in England an und verbrachte hier seine letzten Monate in Armut.

1679n grün Dampfkochtopf
1690n grün Dampfmaschine
1707n grün Schaufelrad

PAPINIAN, Ämilius, römischer Rechtsgelehrter und Politiker aus Vorderasien.

143n–212n Lebenslinie
170n–229n Ulpian
207n blau Rechtsbücher

PAPPOS, griechischer Mathematiker in Alexandria.

230n–300n Lebenslinie
276n grün Baryzentrische Regel
280n grün Schwerpunktlehre bewiesen
294n grün Sammelwerk

PAPSTTUM

132n–200n Irenäus
169n–222n Kalixt I.
191n blau Bischofsliste
192n rot Osterdatum
199n–251n Decius
217n rot Kalixt Bischof von Rom
218n rot Vorrang Roms
221n rot Ehebruch: tilgbare Sünde
250n rot Verbrennung des Papstes
312n rot Lateran-Palast Papstsitz
343n rot Papst Kirchenherr
345n–420n Hieronymus
375n–435n Pelagius
399n rot Verdammung des Origenes
399n–461n Leo der Große
417n rot Ablehnung der Erbsünde
418n rot Erbsünde-Dogma
440n rot Leo 'Papst'
445n rot Richteramt des Papstes
447n rot Kampf gegen Kirchengegner
451n rot Gleichstellung mit Byzanz
493n blau Zwei-Schwerter-Lehre
495n rot Index
525n rot Einkerkerung des Papstes
540n–604n Gregor I.
548n rot Autorität des Kaisers
590n blau Gregors Predigten
590n grün Arme abhängig von Fürsorge
591n blau Gregor: Seelsorge
593n rot Fegefeuer-Dogma
593n grün Grundbesitz 'Erbe Petri'
599n blau Gregor: Gesangsschule
636n rot Hoheit in Süd-Irland
658n–739n Willibrord
675n–754n Bonifatius
688n–741n Karl Martell
691n rot Auftrag für Willibrord
694n rot Juden-Versklavung (Konzil)
697n rot Hoheit in ganz Irland
701n–784n Fergil der Geometer
716n–768n Pippin der Kleine
726n rot Unabhängigkeit Roms
729n rot Schenkung an Papst
730n rot Vormacht von Byzanz
731n rot Bilderverehrung erlaubt
739n rot Absage an Papst
742n–814n Karl der Große
747n rot Hoheit bei Franken
748n rot Klage gegen Fergil
752n rot Petrus-Banner für Heer
753n rot 'Konstantinische Schenkung'
753n grün Reise des Papstes
754n rot Schutz für Papst
754n rot Salbung Pippins
756n rot Pippin'sche Schenkung
774n rot Karolingische Schenkung
778n–840n Ludwig der Fromme
781n rot Kirchenstaat erweitert
786n grün 'Peters-Pfennig'
787n rot Bildanbetung bestätigt
799n rot Anklage gegen Papst
799n rot Papst wieder eingesetzt
800n rot Krönung Karls
813n rot Krönung ohne Papst
814n–877n Eriugena
815n–891n Photios
816n rot Krönung durch Papst
848n grün 'Leo-Stadt'
851n rot Gefälschte Dekretalen
866n blau Kritik des Photios
867n rot Unabhängigkeit Byzanz'
877n–936n Heinrich I.
879n rot Tribut an Araber
884n–948n Marozia
896n rot Pornokratie
897n rot Papst richtet Vorgänger
910n rot Cluny unter Papsthoheit
912n–973n Otto I., der Große
914n rot Herrschaft Theodoras
919n rot Widerstand Heinrichs I.
920n–992n Miezko
928n rot Ermordung des Papstes
931n rot Sohn Marozias Papst
943n–1003n Silvester II.
955n grün Phantasiename für Papst
962n rot Krönung Ottos I.
963n rot Verbrecher-Papst abgesetzt
972n–999n Gregor V. (Bruno)
972n–1038n Stephan I.
987n rot Krönung Hugo Kapets
990n–1031n Aribo
992n rot Kirche Polens unter Papst
993n rot Erste Heiligsprechung
996n rot Deutscher als Papst
999n rot Kirche Ungarns zum Papst
1000n–1088n Berengar von Tours
1001n–1072n Adalbert von Bremen
1013n–1085n Robert Guiskard
1017n–1056n Heinrich III.
1021n–1085n Gregor VII.
1023n rot Widerstand in Deutschland
1031n rot Strafe des Interdiktes
1033n–1109n Anselm von Canterbury
1046n rot Deutscher als Papst
1050n–1106n Heinrich IV.
1053n braun Papst-Heer geschlagen
1053n rot Zusicherung an Normannen
1054n rot Trennung von Byzanz
1059n rot Anspruch auf Italien
1059n rot Rechte für Normannen
1075n rot Investitur-Bestimmung
1076n rot Absetzung des Papstes
1076n rot Bann gegen Kaiser
1076n rot Hilfe durch Fürsten
1077n rot Gang nach Canossa
1077n rot Krönung Wilhelms I.
1078n rot Judenfeindliche Erklärung
1079n rot Zwang gegen Berengar
1081n–1125n Heinrich V.
1084n rot Flucht des Papstes
1089n rot Hoheit über Aragonien
1094n rot Hilfegesuch an Papst
1095n rot Kreuzzugs-Forderung
1096n/1099n Erster Kreuzzug
1101n–1154n Roger II.
1103n–1155n Arnold von Brescia
1104n rot Hoheit in Skandinavien
1106n blau Annolied
1115n–1158n Otto von Freising
1116n rot Hoheit in Katalonien
1118n–1170n Thomas Becket
1119n rot Kampf gegen 'Ketzer'
1122n rot Wormser Konkordat
1122n–1190n Friedrich I. Barbarossa
1138n rot Einfluß auf Kaiserwahl
1140n rot Strafen für Unbequeme
1140n–1217n Peter Waldes
1142n/1155n Bürgeraufstand in Rom
1146n rot Kreuzzugs-Aufruf
1146n grün Zinserlaß für Kreuzfahrer
1147n/1149n Zweiter Kreuzzug
1152n–1246n Peire Cardinal
1153n rot Bündnis mit Kaiser
1154n rot Engländer als Papst
1155n rot Erneut Macht über Rom
1155n rot Tod Arnolds von Brescia
1155n rot Krönung Friedrichs I.
1157n rot Katharer-Brandmarkung
1160n–1216n Innozenz III.
1165n rot Heiligsprechung Karls
1165n–1197n Heinrich VI.
1170n rot Ermordung Thomas Beckets
1170n–1221n Dominikus
1172n–1228n Walther von der Vogelweide
1173n–1239n Hermann von Salza
1174n rot Buße Heinrichs II.
1177n rot Zugeständnis des Kaisers
1177n grün Brief nach Indien
1179n rot Laterankonzil
1179n grün Araber-Boykott
1180n rot Kreuzzugs-Aufruf
1181n braun Kreuzzug gegen Katharer
1182n–1226n Franziskus
1182n–1250n Johannes Karpini
1189n/1192n Dritter Kreuzzug
1192n blau Cencius: 'Zinsbuch'
1194n–1250n Friedrich II.
1198n rot Innozenz III. Papst
1199n rot Bibelverbot für das Volk
1202n/1204n Vierter Kreuzzug
1207n rot Gesandte zu Katharern
1208n rot Kreuzzugs-Forderung
1209n/1229n Katharer-Kreuzzug
1210n rot Franziskaner anerkannt
1213n rot Hoheit in England
1215n rot Judentracht gefordert
1215n grün Laterankonzil
1216n rot Dominikaner anerkannt
1217n/1219n Kreuzzug
1218n–1291n Rudolf I. von Habsburg
1222n–1263n Alexander Newski
1223n blau Angriff auf Papst
1228n/1229n Fünfter Kreuzzug
1230n–1306n Jacopone von Todi
1231n rot Papst Inquisitions-Leiter
1232n/1234n Stedinger-Kreuzzug
1232n–1300n Segarelli
1233n rot Widerstand der Deutschen
1235n–1303n Bonifatius VIII.
1245n rot Gesandter zu Mongolen
1247n–1328n Johannes Korvino
1248n/1254n Sechster Kreuzzug
1251n rot Kein Bund mit Byzanz
1252n rot Anordnung der Folter
1264n rot Fronleichnamsfest
1265n–1321n Dante
1269n rot Verbindung zu Mongolen
1270n braun Siebenter Kreuzzug
1290n–1343n Marsilius von Padua
1294n rot Verdammung Segarellis
1296n rot Steuerzahlungs-Verbot
1296n blau Kritik des Jacopone
1299n–1349n Occam
1300n rot Erstes 'Jubeljahr'
1302n rot Bulle 'Unam sanctam'
1303n rot Gefangennahme des Papstes
1305n rot Anklage gegen Templer
1305n/1307n Lombardischer Kreuzzug
1309n rot Sitz in Avignon
1311n rot Verdammung der Beginen
1312n rot Templerorden-Auflösung
1318n blau Kritik des Marsilius
1323n rot Armutslehre verdammt
1323n/1328n Aufstand in Flandern
1324n–1384n Wiclif
1325n rot Bann gegen Aufständische
1329n blau Occam: Staatskirche
1338n rot Kaiserwahl ohne Papst
1353n rot Machtverlust in England
1362n–1437n Sigismund
1364n blau Schloß in Avignon
1369n–1415n Hus
1374n rot Bann über Rechtsbuch
1376n rot Papst wieder in Rom
1377n rot Verdammung Wiclifs
1379n rot Gegenpapst in Avignon
1394n–1460n Heinrich der Seefahrer
1408n–1457n Valla
1410n rot Bann gegen Hus
1414n rot Zwang gegen Juden
1415n blau Konzil höher als Papst
1416n blau Konzil und Papst fehlbar
1420n rot Kreuzzugs-Aufruf
1420n/1434n Hussiten-Kreuzzug
1431n–1503n Alexander VI. Borgia
1438n rot Gallikanische Freiheiten
1439n rot Einigung mit Byzanz
1440n blau Nachweis einer Fälschung
1449n grün Befestigung des Vatikans
1452n rot Entscheid für Sklaverei
1452n–1498n Savonarola
1455n rot Aufruf zum Türkenkrieg
1455n braun Angriff auf Türken
1455n blau Papst-Wohnung im Vatikan
1459n–1525n Jakob Fugger
1470n grün Kartellpolitik
1481n blau Sixtinische Kapelle
1482n rot Machtverlust in Spanien
1483n–1546n Luther
1484n rot Verstärkte 'Hexen'-Jagd
1487n grün Fürsten als Komplizen
1488n rot Hochzeit im Vatikan
1491n–1547n Heinrich VIII.
1491n–1556n Ignatius von Loyola
1492n rot Kauf des Papst-Amtes
1493n rot Weltaufteilung in Übersee
1498n rot Feuertod des Savonarola
1503n rot Deutschritter: Ablaßhandel
1506n blau Peterskirche begonnen
1512n braun Eroberung von Florenz
1515n blau 'Dunkelmänner-Briefe'
1517n rot Papst für Sklavenhandel
1520n rot Bann gegen Luther
1525n–1594n Palestrina
1527n–1598n Philipp II.
1537n rot Eintreten für Indianer
1540n rot Jesuiten anerkannt
1542n rot Inquisition erneuert
1546n/1547n Schmalkaldischer Krieg
1548n rot Eintreten für Sklaverei
1559n rot Bücher-Verbote
1562n–1635n Lope de Vega
1605n grün 'Bank des Heiligen Geistes'
1622n rot Propaganda-Institut
1626n blau Peterskirche vollendet
1642n rot Tabak-Verbot
1738n rot Bann gegen Freimaurer
1773n rot Jesuiten-Orden aufgehoben
1801n rot Konkordat mit Napoleon
1814n rot Erneut Jesuiten-Orden
1834n blau Rankes Geschichtswerk
1854n rot Marien-Dogma
1859n rot Inquisition aufgehoben
1859n/1861n Befreiungskampf Italiens
1870n rot Unfehlbarkeits-Dogma
1878n rot Papst gegen Sozialismus
1886n rot Feuerbestattungs-Verbot
1929n rot Konkordat mit Mussolini
1933n rot Konkordat mit Hitler
1937n rot Papst gegen Kommunismus
1953n rot Konkordat mit Franco
1963n blau Hochhuth: 'Stellvertreter'

PAPYRUS, Name einer schilfartigen Pflanze, die an sumpfigen Fluß-Ufern südlicher Breiten wächst. Aus dem Mark ihrer Stiele stellten die Ägypter vor fast 5000 Jahren einen Werkstoff her, den sie auch zum Beschreiben verwendeten. Seitdem dient das Wort als Bezeichnung eines Beschreibstoffes der alten Welt, und später wurde daraus die Bezeichnung 'Papier' abgeleitet.

2777v grün Werkstoff in Ägypten
2647v blau Ramesseum-Papyrus
2565v blau 'Schreiber mit Rolle'
2391v blau 'Tierleben im Papyrus'
2339v grün Boote aus Papyrus
1869v blau Bild vom Bootsbau
1836v blau 'Katze im Papyrus'
1420v blau 'Mädchen mit Staude'
1343v blau 'Wildenten im Papyrus'
989v blau Gemälde auf Papyrus
713v grün Problem des Zerfalls
674v grün Gebrauch in Griechenland
617v blau Zeichnungen auf Papyrus
276v grün Monopol in Ägypten
259v rot Ausfuhrverbot in Ägypten
255v grün Pergament als Ersatz
253v grün Normung
247v grün Großbibliothek Alexandria

PARABEL, in der Mathematik Bezeichnung für eine Kurve, die alle Punkte verbindet, die von einer gegebenen Linie ebenso weit entfernt sind wie von einem außerhalb der Linie befindlichen Punkte. Die Kurve kann auch durch einen bestimmten Kegelschnitt gewonnen werden. Sie entspricht der Wurfbahn und hat in der Technik Bedeutung.

284v–212v Archimedes

PARABOLANEN, von dem griechischen Worte 'parabolos' (= waghalsig) abgeleiteter Name der Leibwache des Bischofs von Alexandria. Als Krankenpfleger-Organisation ins Leben gerufen, entwickelte sie sich zu einer Schlägergarde, die im Jahre 449n eine oberste Kirchenversammlung (Synode zu Ephesos) mit Fausthieben auseinandertrieb. Auf Befehl ihres Bischofs ermordeten sie auch Kirchengegner, darunter die bedeutendste griechische Wissenschaftlerin.

360n–415n Hypatia
381n–444n Cyrillus
415n rot Ermordung Hypatias

PARACELSUS, schweizerischer Arzt und Naturfoscher.

1493n–1541n Lebenslinie
1536n grün Heilmittelkunde

PARADENTOSE, Name einer schmerzlosen Kieferkrankheit. Schwund des Zahnfleisches führt zur Freilegung der Zahnwurzeln und zu Zahnausfall.

1746n grün Erforschung

PARADIES, von dem griechischen Worte 'paradeisos' (= Garten) abgeleitete Bezeichnung für einen blühenden Garten. Nach der Überlieferung zahlreicher Religionen von Gott für den Menschen geschaffen, der hier im Zustand ungetrübten Glückes lebte. Diese Vorstellung ist religiöser Ausdruck der Erinnerung des Menschengeschlechtes an die schöne Seite seines frühen naturhaften Lebens ohne Arbeit, Obrigkeit und Ausbeutung, ohne Pflicht, Moral und Gewissen. Durch Verdrängung der Sehnsucht des Menschen nach einem glücklicheren Leben ins Jenseits und durch die dazugehörige Vorstellung des Erdenlebens als unabänderlicher Gottesstrafe hielten die Religionen den Menschen in den vergangenen Jahrtausenden von der Verwirklichung eines besseren Lebens hier und jetzt ab.

570n–632n Mohammed
1200n blau Gemälde 'Sündenfall'
1452n blau Ghibertis Relief
1512n blau Michelangelos Fresko
1589n blau Tintorettos Gemälde
1665n blau Miltons Dichtung

PARAFFIN, aus Braunkohle, Torf oder Erdöl gewonnener farbloser Stoff, der zur Herstellung von Kerzen, Bohnerwachs, Schuhcreme und Salben verwendet wird sowie zum Einhüllen von Präparaten, zum Tränken von Zündhölzern und zum Imprägnieren von Gewebe.

1830n grün Verwendung für Kerzen

PARFÜM, aus dem Französischen übernommene Bezeichnung für Duftstoffe in alkoholischer Lösung.

1500v grün Gebrauch in Mesopotamien
1692n grün 'Kölnisches Wasser'

PARAGUAY, Staat im Innern Südamerikas zwischen Brasilien, Argentinien und Bolivien. Das von Guarani-Indianern bewohnte Gebiet wurde 1535n von spanischen Eroberern unter Juan de Ayolas angegriffen und niedergeworfen. 1537n gründeten Spanier die Festung Asuncion und begannen die koloniale Ausbeutung des Landes. 1586n kamen Angehörige des katholischen Ordens der Jesuiten ins Land, um die Indianer zu christianisieren. Sie erreichten 1610n die Ausklammerung eines großen Teils des Landes aus der spanischen Kolonialverwaltung und errichteten eine Staats- und Gesellschaftsordnung, die unter Fortdauer der Ausbeutung soziale Züge aufwies. Die von ihnen eingerichteten 'theokratisch-patriarchalischen Kommunen' umfaßten jeweils 2000–3000 Guarani-Indianer unter Führung weniger Jesuiten. Insgesamt lebten 150000 Indianer in diesem 'christlichen Indianer-Staat'. Es bestand Gleichheit aller Mitglieder der Kommune untereinander bei allgemeiner Arbeitspflicht, gemeinsamer Produktion und Konsumtion, gemeinschaftlicher Kindererziehung und Altersversorgung. Dabei wurden die Indianer selbst von den Jesuiten wie unmündige Kinder behandelt und durch Arbeit und Gebet sowie durch Musik erzogen. Die Jesuiten übten die Gerichtsbarkeit über die Indianer aus, befehligten das Indianer-Heer und zogen aus dem Verkauf der von den Indianern erarbeiteten Güter unermeßlichen Nutzen. Kein Fremder, auch kein Europäer, durfte ohne Erlaubnis der Jesuiten den Staat betreten. Nach 157jährigem Bestehen mußten sie auf Befehl des Königs von Spanien das Land verlassen, nachdem sie noch durch einen Krieg gegen Spanien (1750n–1761n) versucht hatten, sich zu behaupten. Im Lande kam es zu einem Rückfall in traditionelle Kolonialmethoden, bis 1811n endlich die Unabhängigkeit von Spanien und das Ende der Inquisition erkämpft wurde. Es folgten Jahrzehnte des Ringens um die Behauptung der Unabhängigkeit, die von Argentinien, Brasilien und Uruguay bedroht wurde. 1864n–1870n fand ein regelrechter Krieg dieser drei Mächte statt, die von England, Frankreich und den USA unterstützt wurden. Unter seinem Präsidenten Lopez opferte das Land 75% seiner Bevölkerung und bewahrte die Unabhängigkeit, war aber so ausgeblutet, daß es jahrzehntelang darniederlag und Opfer der Ausbeutung und Bevormundung durch die USA wurde. Trotz zahlreicher Erhebungen konnte das Volk bis heute seine wirtschaftliche Unabhängigkeit noch nicht zurückgewinnen und sich auch nicht von seinen durch die USA gestützten Diktatoren befreien.

1610n rot Jesuiten-Staat
1767n rot Ausweisung der Jesuiten
1811n/1826n Kampf Lateinamerikas
1920n rot Mitglied im Völkerbund
1945n rot Mitglied der UN

PARÉ, Ambroise (1510n–1590n), französischer Arzt. Lernte die Wundbehandlung bei einem Barbier seines Heimatortes und ging dann nach Paris, wo er mehrere Jahre als Chirurg an einem Krankenhaus arbeitete. 26jährig nahm er als Wundarzt an einem Feldzug nach Italien teil. Dabei behandelte er Schußverletzungen entgegen der herrschenden Lehre nicht als vergiftete, sondern als normale Wunden. Seine Heilerfolge machten ihn schnell berühmt, und er wurde Leibarzt mehrerer Könige. Verbesserte die Amputations-Technik, das Operieren von Gelenken, die Behandlung von Knochenbrüchen, die Geburtshilfe und die Blutstill-Technik. Förderte die Zahnheilkunde und übernahm zahlreiche Heilmethoden und Heilmittel aus dem Volksbrauch in die wissenschaftliche Medizin. Ohne die lateinische Sprache zu erlernen, schrieb er zahlreiche medizinische Bücher, darunter ein fünfbändiges Handbuch der Chirurgie, das führend für die gesamte Operationspraxis wurde.

1545n grün Lehrbuch der Chirurgie

PARIS, Gestalt der griechischen Götter- und Heldensage. Als Sohn des Königs Priamos von Troja wegen einer Prophezeiung ausgesetzt, entschied er als Hirte den Streit der Göttinnen Aphrodite, Hera und Athene, indem er den Preis für die größte Schönheit (einen goldenen Apfel) der Aphrodite zuerkannte. Mit ihrer Hilfe entführte er die Frau des Spartaner-Königs Menelaos, die schöne Helena, nach Troja und gab dadurch den Anlaß zum Trojanischen Krieg. Tötete Achilles und fiel bei der Eroberung Trojas durch die Griechen.

1887n blau Klingers Gemälde

PARIS, Hauptstadt Frankreichs und größte Stadt des westeuropäischen Festlandes. Am Mittellauf der Seine im Herzen der nordfranzösischen Tiefebene gelegen, war sie bereits bei ihrer Besitznahme durch die Römer vor 2000 Jahren Hauptstadt eines Reiches der keltischen Parisier. Die freiheitsliebende Bevölkerung beteiligte sich an dem Aufstand des Vercingetorix gegen die römische Fremdherrschaft, wurde aber niedergeworfen. Damals nur auf einer Seine-Insel gelegen, breitete sich die Stadt bald auf das linke und schließlich auch auf das rechte Ufer des Stromes aus. Gelegentlicher Aufenthaltsort römischer Kaiser. Durch den fränkischen Sieg über den letzten römischen Statthalter fiel sie dem Frankenherrscher Chlodwig zu, der sie mit Mauern befestigte und zur Hauptstadt seines Reiches machte. Seit 561n nur noch Hauptstadt eines Teilreiches (Neustrien). Unter Karl dem Großen Sitz der Grafen von Paris, dann mehrfach von Normannen geplündert und von schweren Hungersnöten heimgesucht. Hauptstadt Frankreichs, seit der Graf von Paris (Hugo Kapet) französischer König wurde (987n). Im 12. Jahrhundert überstieg ihre Einwohnerzahl 100000, die Straßen wurden gepflastert, und es entstand eine Universität. Im 13. Jahrhundert wurde hier das oberste Gericht gegründet ('Parlament'). Im Hundertjährigen Krieg wurde fast die halbe Bevölkerung von der Pest weggerafft (1348n). Neun Jahre darauf suchten die Bürger unter Etienne Marcel vergeblich ihre Gleichberechtigung gegenüber dem Adel zu erkämpfen. 25 Jahre später brach eine neue Erhebung des arbeitenden Volkes zusammen. In dieser Zeit erhielt die Stadt ihre Zwingburg für Staatsfeinde ('Bastille'). Nach drei weiteren Aufständen (1411n, 1413n, 1418n) rief die Bevölkerung den Herzog von Burgund gegen die eigenen Unterdrücker zu Hilfe und lieferte schließlich die Stadt den englischen Truppen aus. Von 1420n bis 1436n von Engländern besetzt, gegen die 1429n Jeanne d'Arc vergeblich mit einem Heere anstürmte. Unter König Franz I. wurde das neue Schloß gebaut ('Louvre') und von italienischen Malern und Bildhauern geschmückt. In den Hugenottenkriegen mehrfach umkämpft, 1572n Haupt-Schauplatz der katholischen Mordnacht ('Bartholomäusnacht'). Im 18. Jahrhundert Mittelpunkt der geistigen Befreiung Europas aus religiöser Befangenheit (Aufklärung) und Zentrum der Befreiung des arbeitenden Volkes aus der Herrschaft von Königtum, Adel und Kirche. Doch erlebte die Stadt auch den Zusammenbruch des Versuchs einer sozialen Fortführung des Befreiungskampfes (Erhebung Babeufs) sowie die Umwandlung des revolutionären Verteidigungskrieges in einen französischen Eroberungskrieg durch Napoleon. Im 19. Jahrhundert bei schneller Industrialisierung Stätte der politischen Restauration. Durch Konzentration aller Eisenbahnen, Hauptstraßen und Kanäle festigte die Stadt ihre Stellung als beherrschender Mittelpunkt des Landes. Nach den revolutionären Erhebungen von 1830n und 1848n kam hier 1871n die Erhebung des Proletariats zum Durchbruch (Kommune). Trotz ihres Scheiterns gab diese Revolution der internationalen Arbeiterklasse das Bewußtsein ihrer Macht im Zeitalter des Kapitalismus. Die Stadt wurde ein Zentrum des Sozialismus und Kommunismus. Wie 1871n war auch 1939n nach ihrer Besetzung durch deutsche Truppen die revolutionäre Arbeiterschaft hier Träger des nationalen Widerstandes, ohne jedoch bisher ihre sozialen und politischen Ziele zu erreichen. Als Sitz der Welt-Kultur-Organisation (UNESCO) seit 1946n Zentrum der internationalen Bildungsförderung.

58v/51v grün Gallischer Krieg Roms
52v rot Römische Herrschaft
486n braun Vorstoß der Franken
508n rot Hauptstadt der Franken
845n braun Normannen-Einfall
885n braun Normannen-Belagerung
978n braun Vordringen Deutscher
987n rot Hugo Kapet König
1056n–1133n Sämund der Weise
1108n–1175n Wace
1115n–1158n Otto von Freising
1134n grün Kirchenfenster-Werkstatt
1154n blau Gesangschule
1163n blau Kathedrale Notre Dame
1170n blau Universität
1193n–1279n Albertus Magnus
1209n rot Amalrikaner-Verbrennung
1214n–1294n Roger Bacon
1253n blau Sorbons Theologenschule
1261n grün Chirurgenschule
1286n blau Lied einer Turnierfahrt
1290n–1343n Marsilius von Padua
1338n/1453n Hundertjähriger Krieg
1357n braun Volksaufstand
1381n/1382n Volksaufstand
1397n grün 'Bastille' Staatsgefängnis
1413n braun Volksaufstand
1431n–1474n Villon
1466n blau Lehrstuhl für Griechisch
1470n grün Bücher der Sorbonne
1530n blau 'Collège royal'
1546n rot Verbrennung des Dolet
1546n blau Bau des Louvre
1553n blau Rathaus
1553n–1610n Heinrich IV.
1560n grün Tabak-Einfuhr
1562n/1598n Hugenottenkriege
1624n rot Verurteilung Théophiles
1626n grün Botanischer Garten
1632n grün Irrenanstalt
1635n blau 'Académie française'
1653n grün Stadtpost
1662n grün Pferdeomnibus
1665n grün Straßenbeleuchtung
1666n blau Wissenschafts-Akademie
1667n grün Sternwarte
1677n grün Über 500000 Einwohner
1680n blau 'Comédie française'
1702n grün Börse
1706n blau Invalidendom
1746n rot Bücherverbrennung
1789n/1795n Französische Revolution
1791n blau Panthéon Ehrentempel
1793n rot Hinrichtung Ludwigs XVI.
1794n rot Hinrichtung Robespierres
1795n grün Technische Lehranstalt
1796n braun Verschwörung Babeufs
1802n grün Kinderklinik
1830n braun Juli-Revolution
1834n rot 'Bund der Geächteten'
1836n rot 'Bund der Gerechten'
1848n braun Juni-Aufstand
1852n grün Warenhaus
1870n/1871n Deutsch-französischer Krieg
1871n braun Kommune
1887n blau 'Freie Bühne'
1889n grün Eiffelturm
1900n grün Untergrundbahn
1904n blau 'L'Humanité'
1914n rot Mord an Jaurès
1939n/1945n Zweiter Weltkrieg
1956n blau UNESCO-Gebäude

PARKER, James (um 1750n–um 1825n), englischer Erfinder. Auf Grund der Versuche seines Landsmannes John Smeaton entwickelte er einen Zementmörtel aus gebranntem Kalkstein, den er durch feines Zermahlen in Pulverform brachte. Seinem Baustoff gab er den Namen 'Römischer Zement'. Das Wort 'Zement' leitete er von der lateinischen Bezeichnung 'cämentum' ab, die im alten Rom sowohl 'Bruchstein' als auch 'Mörtel' bedeutete. Durch Verwendung von Ton an Stelle von Kalkstein erhielt er eine widerstandsfähigere Mischung, die sich auch bei Unterwasser-Bauten bewährte. Nachdem er in einem eigenen Werk versucht hatte, diese Erfindung selbst wirtschaftlich zu nutzen, verkaufte er das Patent und wanderte nach Nordamerika aus.

1796n grün Hydraulischer Zement

PARKS UND GÄRTEN

Vorzeittafel: Schlußbalken (5000 Jahre)
2633v–2570v Meten
1937v–1865v Libit-Ischtar
1578v blau Gemälde 'Affe im Park'
1397v blau Gemälde 'Teich im Garten'
614v grün 'Hängende Gärten'
299v–237v Asoka der Milde
63v grün Anlage in Rom
1408n–1472n Nezalhual
1489n–1587n Sinan
1525n grün Botanischer Garten Erfurt
1584n grün Einplanung bei Hausbau
1626n grün Botanischer Garten Paris
1639n grün Naturpark in Kyoto
1642n blau Lenain: 'Der Gärtner'
1682n grün Park von Versailles
1742n grün Landschaftsgärten, England
1866n grün Schrebergärten
1889n blau Gemälde van Goghs

PARLAMENT, von dem französischen Worte 'parler' (= sprechen) abgeleitete Bezeichnung für öffentliche Einrichtungen von sehr verschiedenem Charakter: In Frankreich jahrhundertelang die obersten Gerichte, in England ein Reichstag der Angehörigen des Adels (Baronsversammlung, seit 1215n durch die Magna Charta mit einem Beschwerderecht für Hilfsgelder). Bis zum 18. Jahrhundert hatte sich daraus in England eine gesetzgebende Körperschaft entwickelt. Seit der zeitweisen Übernahme der Staatsgewalt durch das Volk in der Revolution fiel ihm auch in Frankreich das Recht der Gesetzgebung zu. In Deutschland wurde der Reichstag im 19. Jahrhundert zu einer vergleichbaren Einrichtung. Aber überall wurde erst im 20. Jahrhundert durch Anerkennung der Arbeiter und der Frauen als gleichberechtigte Wähler aus dem Parlament eine Volksvertretung. In den kapitalistischen Ländern ist jedoch mit dem Privateigentum an den Produktionsmitteln auch die Wirtschaft und die Meinungsbildung dem Einfluß des Parlaments entzogen, so daß hier trotz formaler Gleichberechtigung des Volkes die Politik im Interesse des Besitzbürgertums gemacht wird, das auch der tatsächliche Träger der Staatsmacht ist. In den sozialistischen Ländern wird umgekehrt die Politik im Interesse des arbeitenden Volkes gemacht, aber vom Parlament nur bestätigt, weil die wirkliche Macht von den Führern der Arbeiterparteien ausgeübt wird und in der gegenwärtigen Epoche noch keiner echten Kontrolle durch das Volk unterliegt.

1144n rot Einrichtung in Rom
1215n rot 'Magna Charta'
1295n rot Teilnahme von Bürgern
1297n rot Steuer-Bewilligung
1322n rot 'Parlament von York'
1343n rot Ober- und Unterhaus
1496n–1560n Gustav Wasa
1628n rot Rechtsgewinn in England
1629n rot Auflösung in England
1641n rot Widerstand gegen König
1642n rot Widerstand des Königs
1652n rot Veto-Recht in Polen
1660n rot Rückkehr zur Monarchie
1678n rot Katholiken-Ausschluß
1771n rot Aufhebung in Frankreich
1774n rot Einsetzung in Frankreich
1789n rot Nationalversammlung
1800n rot Bestechung in Irland
1848n rot Paulskirchen-Parlament
1893n rot Kampf um Wahlrecht
1894n blau Reichstagsgebäude
1902n rot Frauen-Wahlrecht
1906n rot Einführung in Rußland
1909n rot Oberhaus: Rechtsverlust
1914n rot Kampf um Kriegskredite
1933n rot Ermächtigungsgesetz

PARLER, Peter, deutscher Baumeister und Bildhauer.

1330n–1399n Lebenslinie
1357n blau Prager Karlsbrücke
1385n blau Vollendung des Veitsdomes

PARMA-PIACENZA, Name von zwei benachbarten Städten, die in einer Entfernung von etwa 50 Kilometern in der fruchtbaren Po-Ebene (Norditalien) liegen. Beides keltische Gründungen, wurden sie römische Kolonie und waren später als unabhängige Stadtstaaten Mitglieder des lombardischen Städtebundes. Im Jahre 1545n wurden sie unter den Fürsten von Farnese zu einem Kleinstaat zusammengeschlossen, der zeitweilig Österreich, dann Frankreich und schließlich abermals Österreich zufiel. Nach zahlreichen Aufständen (1831n, 1833n, 1846n–1848n) erkämpfte die italienische Befreiungsbewegung 1859n ihre Unabhängigkeit. Bei der Gründung des italienischen Staates wurden die beiden Städte und das dazugehörige Land Bestandteil des neuen Italien.

1735n rot Österreichisch
1796n/1815n Napoleonische Kriege
1810n–1862n Cavour
1859n/1861n Befreiungskampf Italiens

PARMENIDES, griechischer Philosoph.

540v–457v Lebenslinie
499v blau Lehre vom Sein

PARRA-TARNA, König des Mitanni-Reiches.

1526v–1460v Lebenslinie
1515v–1449v Idrimi
1497v–1435v Sausa-Tar
1467v rot Oberhoheit über Muki

PARSHVA, indischer Prophet.

825v–730v Lebenslinie
766v blau Vergeistigung Lebensziel

PARSIVAL, Sagengestalt eines Ritters aus der Tafelrunde des britischen Königs Artus, die Eingang in die Dichtung Frankreichs und Deutschlands fand. Wolfram von Eschenbach fügte die Sage von einem Zauberschatz hinzu (Gralsmotiv). Richard Wagner verherrlichte seine ritterlichen Tugenden in einer Oper und veränderte dabei seine Namensschreibung. Aus dem anglo-normannischen 'Parzival' (= 'Springinsfeld') wurde bei ihm der persische 'Parsifal' (= 'reiner Tor'), der andere durch seine Reinheit erlösen kann.

1168n–1220n Wolfram von Eschenbach
1180n blau Christians Erzählung
1210n blau Wolframs Dichtung

PARTEIEN, von dem lateinischen Worte 'pars' (= Teil) abgeleitete Bezeichnung für Gruppen, die sich zur Erringung der Macht innerhalb einer Gemeinschaft zusammengeschlossen haben.

1804n–1881n Disraeli
1815n–1898n Bismarck
1818n–1883n Karl Marx
1838n rot Chartisten-Vereinigung
1847n blau Kommunistisches Manifest
1863n rot Lassalle: Arbeiterverein
1864n rot Erste Internationale
1866n–1925n Sun-Yat-Sen
1869n rot Gründung der SPD
1870n–1924n Lenin
1875n rot Gothaer Zusammenschluß
1878n rot Sozialistengesetz
1879n rot Spanische Arbeiterpartei
1879n–1953n Stalin
1883n rot Plechanows Partei
1889n rot Zweite Internationale
1889n–1945n Hitler
1890n rot Einlenken gegenüber SPD
1891n rot Erfurter Kongreß
1892n rot Arbeiterpartei Italiens
1893n rot Labour-Party
1893n– Mao-Tse-Tung
1902n blau Lenin: Organisationsfrage
1903n rot Bolschewiki
1914n rot Kriegskredite bewilligt
1916n rot Spaltung der SPD
1919n rot Komintern
1921n rot KP Chinas
1931n rot Harzburger Front
1932n rot Wahlhilfe für Hindenburg
1933n rot Ermächtigungsgesetz
1936n rot Volksfront in Frankreich
1956n rot Gomulka wieder Chef
1956n rot Verbot der KPD

PARTHENON, Name des großen Haupttempels auf dem Burghügel der griechischen Stadt Athen (Akropolis). Zu Ehren der Stadtgöttin Athene errichtet, wurde er wegen der ihr nachgerühmten Keuschheit 'Jungfrauenhaus' (griechisch 'Parthenon') genannt. Obwohl er fast 2500 Jahre lang der Witterung ausgesetzt war, erhielt er sich mit seinem reichen Figurenschmuck bis in die gegenwärtige Epoche. Nur 1687n ist er durch die Explosion eines hier angelegten Pulverlagers beschädigt worden. Anfang des 19. Jahrhunderts überführte England den größten Teil der Skulpturen nach London, wo sie seitdem im Britischen Museum aufbewahrt werden.

493v–432v Phidias
447v blau Baubeginn
440v blau Fries
439v blau Athena-Statue

PARTHER, Volk in Nordpersien am Südufer des Kaspischen Meeres. Nach Unterwerfung ihrer Nachbarländer Medien und Baktrien dehnten sie vor 2200 Jahren ihr Reich im Westen bis zum Euphrat (Mesopotamien) und im Osten bis zum Indus aus. Damit beherrschten sie einen wesentlichen Teil des Handelsweges vom Mittelmeerraum nach China (Seidenstraße). Durch die Römer hart bedrängt, mußten sie den westlichen Teil ihres Großreiches aufgeben und verloren schließlich im Kampf gegen die Perser die übrigen Eroberungen. Auch ihr Stammland ging im Perserreiche auf.

262v rot Vorstoß nach Süden
248v rot Reichsbildung
157v–87v Wu-Ti
131v rot Herrschaft über Babylon
127v grün Handel mit China
121v grün Ausbau der Seidenstraße
53v braun Römischer Feldzug
53v grün Bogenschützen-Einsatz
41v rot Beeinflussung durch Römer
41v/35v Krieg gegen Rom
20v rot Vertrag mit Rom
53n–117n Trajan
114n/117n Krieg gegen Rom
121n–180n Mark Aurel
146n–211n Septimius Serverus
161n/166n Krieg gegen Rom
180n–239n Ardaschir
186n–217n Karakalla
194n/199n Krieg gegen Rom
216n/217n Krieg gegen Rom
217n rot Vertrag mit Rom
223n/227n Persischer Freiheitskampf
227n rot Ende des Reiches

PASCAL, Blaise, französischer Philosoph und Naturwissenschaftler.

1623n–1662n Lebenslinie
1642n grün Rechenmaschine
1646n grün Luftdruck-Untersuchung
1654n grün Wahrscheinlichkeitslehre
1656n blau Anklage gegen Jesuiten
1662n blau 'Gedanken'

PASCHALIS II. (um 1070n–1118n), italienischer Priester, Papst von 1099n bis 1118n, setzte sich gegen mehrere Gegenpäpste durch, erneuerte den Bannfluch über den deutschen Kaiser Heinrich IV. und entband dessen aufsässigen Sohn vom Treueid gegenüber dem Vater. Nachdem dieser aber zur Macht gekommen war (Heinrich V.) und die kaiserlichen Ansprüche auf Trennung von Kirche und Staat geltend gemacht hatte, brach er auch mit ihm. Bei einem Italienfeldzug Heinrichs V. in Rom gefangen, mußte er den Kaiser krönen und auf wesentliche Rechte verzichten. Als der Kaiser aber mit seinem Heer wieder nach Deutschland zurückgekehrt war, widerrief er alle Zugeständnisse. Gegenüber England und Frankreich verfolgte er eine nachgiebige Politik.

1050n–1106n Heinrich IV.
1081n–1125n Heinrich V.
1104n rot Hoheit in Skandinavien
1116n rot Hoheit in Katalonien

PASSAH, Name des acht Tage dauernden jüdischen Frühlingsfestes anläßlich des ersten Frühlingsvollmonds. Ursprünglich Fest der Hirten (mit Schlachtung eines Lammes), wurde es später als Fest zum Gedenken an die Rettung der Juden aus Ägypten begangen. Von den Christen wurde ihm die Bedeutung eines Erinnerungsfestes an die Auferstehung ihres Religionsstifters Jesus beigelegt (Ostern), sonst wurde es bis in alle Einzelheiten übernommen. Das ungesäuerte Brot (von den Juden als 'Matze' gegessen, weil bei der eiligen Flucht aus Ägypten das Säuern des Brotes nicht mehr abgewartet werden konnte) wurde von den Christen als 'Leib des Herrn' (Hostie) verzehrt. Auch die zeitliche Bindung an den ersten Frühlingsvollmond wurde beibehalten.

40n grün Christliches Osterfest
155n rot Streit um Osterdatum
192n rot Osterdatum erzwungen
325n grün Osterdatum festgelegt

PASSAU, deutsche Stadt an der Donau unweit der österreichischen Grenze an der gleichen Stelle, wo ein linker und ein rechter Nebenfluß in den Strom einmündet (Inn und Ilz). Vor über 2000 Jahren von Kelten gegründet (Bojodurum), wurde sie in römischer Zeit befestigt (Castra Batava). Seit Beginn des 8. Jahrhunderts Residenzstadt des Herzogs von Bayern. Nach dem Scheitern der Erhebung Bayerns gegen den Kaiser (976n) fast völlig zerstört, blühte sie als Mittelpunkt von Handel und Schiffahrt (Salzhandel) bald wieder auf. Die Bürger kämpften gegen die Abhängigkeit vom Bischof und erhielten 1225n das Recht der Selbstverwaltung (Stadtrecht). In den folgenden Jahrhunderten mußte die Stadt aber noch mehrfach ihre Unabhängigkeit gegen Übergriffe des Herzogs und des Bischofs behaupten. Der nach dem Schmalkaldischen Krieg hier unterzeichnete Vertrag entwarf die Grundsätze, nach denen in Deutschland künftig zwei gleichberechtigte Religionen nebeneinander bestehen sollten. 1803n wurde sie bayerisch (Reichsdeputationshauptschluß).

976n braun Erhebung Bayerns
977n blau 'Kriemhilds Rache'
1552n rot Vertrag im Religionskampf
1803n rot Deputationshauptschluß

PASSION, lateinisches Wort für 'Leiden'. Bei den Christen Bezeichnung für die Leiden, die ihr Religionsstifter Jesus bei seiner Hinrichtung durch Kreuzigung zu ertragen hatte.

432n blau Darstellung in Rom
726n–793n Kynewulf
768n blau 'Traum vom Kreuz'
1213n–1280n Niccolo Pisano
1306n blau Giottos Fresken
1417n–1492n Francesca
1465n blau Francesca: Kreuzlegende
1475n–1564n Michelangelo
1496n blau Gemälde Peruginos
1500n blau Michelangelo: 'Pietà'
1501n blau Dürers Holzschnitte
1511n blau Gemälde Grünewalds
1595n–1672n Heinrich Schütz
1611n blau Rubens: 'Kreuzabnahme'
1685n–1750n Bach
1723n blau Bach: Johannes-Passion
1729n blau Bach: Matthäus-Passion

PASTEUR, Louis (1822n–1895n), französischer Chemiker und Biologe. Erforschte die Ursachen der Gärung und Fäulnis und entwickelte ein Erhitzungsverfahren zur Verhütung gefährlicher Zersetzungsprozesse bei Getränken (Bier, Wein, Milch). Erkannte die Ursachen der Seidenraupen-Krankheit, der Hühner-Cholera, des Schweine-Rotlaufs, der Tollwut und des Milzbrandes. Aus abgeschwächten Krankheitserregern entwickelte er Impfstoffe und nahm Tausende von Schutzimpfungen an seinen aus öffentlichen Sammlungen errichteten Instituten vor. Untersuchte die Beziehungen zwischen der chemischen Zusammensetzung von Körpern und ihrem optischen Verhalten. Verbesserte die Essigherstellung.

1860n grün Gärungsbakterien
1867n grün Keimabtötung
1880n grün Impfung gegen Tollwut

PASTORIUS, Franz Daniel (1651n–1719n), nordamerikanischer Lehrer deutscher Herkunft. Als Anhänger der Kirchen- und Kriegsdienst-feindlichen Mennoniten wanderte er 1683n aus seiner unterfränkischen Heimat mit Bauern aus den deutschen Rheinprovinzen nach Nordamerika aus. In Pennsylvania erwarb er 60 Millionen Quadratmeter Land und siedelte sich aus freundschaftlicher Verbundenheit mit William Penn neben der von diesem gegründeten Stadt Philadelphia an. Sein Ort hieß bald 'Germantown' ('Stadt der Deutschen') und wurde zu einer blühenden Niederlassung, die er als Bürgermeister, Richter und Lehrer leitete. Fünf Jahre nach seiner Ankunft unterzeichnete er den ersten Protest gegen die Sklaverei, der in den englischen Kolonien der Neuen Welt erhoben wurde. Verfaßte eine erdkundliche Beschreibung Pennsylvanias sowie Gedichte und Erzählungen.

1683n blau Gründung von Germantown
1688n blau Protest gegen Sklaverei

PATANJALI (um 240v–um 170v), indischer Philosoph. Schrieb ein vierbändiges Werk mit 194 Lehrsätzen (indisch 'Sutras') über die Yoga-Lehre. Damit gab er den in seinem Lande bestehenden verschiedenen Ausprägungen dieser Weisheitslehre eine gemeinsame Grundlage und brachte sie in ein übersichtliches Ordnungssystem. Dabei fügte er der Yoga-Lehre die Vorstellung vom Vorhandensein eines beseelten Geist-Atoms hinzu und verwässerte durch diesen vagen Begriff ihren klar materialistischen Kern.

196v blau Lebensregeln

PATARIA, Name einer sozial-revolutionären Bewegung in Mailand und Umgebung (Lombardei), benannt nach dem Mailänder Armenviertel Pataria, wo ihr Führer Landulf seine ersten Anhänger sammelte. Ihr Ziel war die Beseitigung der Ausbeutung des arbeitenden Volkes durch den Adel und die Vertreibung der ganz dem Wohlleben verfallenen Priesterschaft. Nachdem sie mit ihren sozial-revolutionären Zielen gescheitert war, nahmen sich die bürgerlichen Freiheitsbewegungen in den Städten Oberitaliens ihrer Forderungen an. Um ein Gegengewicht gegen die Macht des deutschen Kaisers in Oberitalien zu schaffen, stellte sich der Papst auf ihre Seite gegen den vom Kaiser eingesetzten Mailänder Bischof. Der Papst gestand sogar die Wiedereinführung des Verbots der Priesterehe zu, um die Empörung über die Mißstände der Kirche zu dämpfen.

1059n braun Erhebung

PATENTRECHT, Bezeichnung für die Gesamtheit der gesetzlichen Bestimmungen zum Schutz des geistigen Eigentums an technischen Neuerungen. Entstand vor 500 Jahren als Mittel zur Behauptung der handwerklichen Schöpfertätigkeit gegen die geschäftliche Ausbeutung von Erfindungen durch die aufkommende Kapitalistenklasse. Bis zu diesem Zeitpunkt war es unter den Handwerkern selbstverständlich, daß alle Verbesserungen und Neuerungen untereinander mitgeteilt wurden; die Zünfte wachten darüber, daß es keine geheimgehaltenen Techniken gab, damit die Gleichheit der Meister untereinander gewahrt blieb. Venedig gewährte zuerst den Erfindern neuer Herstellungsweisen oder Erzeugnisse auf zehn Jahre das alleinige Verwertungsrecht. England, Frankreich und Deutschland versuchten durch ähnliche Garantien ausländische Hersteller in ihre Länder zu ziehen. Um die damit verbundenen Vorrechte auf die wirklichen Schöpfer technischer Neuerungen zu beschränken, wurde in England auf Antrag von Francis Bacon ein Gesetz beschlossen, das Privilegien nur für solche Personen erlaubte, die als wahre Erfinder zu gelten hatten. Mit diesem Verbot von Privilegien für Nicht-Erfinder war zum ersten Male indirekt ein Vorrecht des Erfinders gesetzlich verankert worden. Nach dem Freiheitskampf Nordamerikas wurde dann in der Verfassung der Vereinigten Staaten das geistige Eigentum an technischen Erfindungen allgemein geschützt. Durch die französische Revolution fanden ähnliche Rechtsbestimmungen auch in die europäische Gesetzgebung Eingang. Doch blieb trotz dieses formalen Rechtsschutzes der Schöpfer technischer Neuerungen in der bürgerlichen Gesellschaft gegenüber den Kapitalisten praktisch so benachteiligt, daß er nur selten angemessen am Nutzen teilhatte, der durch seine Erfindung bewirkt wurde. Nach Beseitigung des kapitalistischen Wirtschaftsprinzips trat in den sozialistischen Ländern neben den Rechtsschutz des Erfinders das Recht der Allgemeinheit auf unmittelbare öffentliche Nutzbarmachung aller Erfindungen.

1474n rot Schutz in Venedig
1624n rot Schutz in England
1816n–1892n Siemens

PATERKULUS, Vellejus (um 20v–um 35n), römischer Staatsmann und Historiker. Als Sohn eines Offiziers trat er 18jährig in die Armee ein und stieg zum Befehlshaber der Reiterei auf. Nach erfolgreichen Feldzügen nach Vorderasien, Deutschland und dem Balkan bekleidete er in Rom hohe Staatsämter. 40jährig zog er sich aus der Politik zurück und widmete sich fortan wissenschaftlichen Studien. Als Geschenk für den Sohn seines ersten Lehrers schrieb er einen zweibändigen Abriß der Weltgeschichte von der Zerstörung Trojas bis auf seine Zeit. Dabei bezog er Literatur und Kulturgeschichte in seine chronologisch aufgebaute Darstellung ein und brachte auch Angaben aus den damals bekannten außer-römischen Kulturen (Ägypten, Mesopotamien, Persien, Griechenland).

30n blau Geschichtswerk

PATHOLOGIE, Lehre von den Krankheiten und ihren Ursachen.

2183v grün Darmkrankheiten
1930v grün Epilepsie-Forschung
1643v grün Erforschung des Stotterns
1473v–1409v Neb-Amun
520v–450v Alkmaion
478v grün Alkmaion: Sektionen
473v grün Klima und Mensch
460v–375v Hippokrates
418v–345v Diokles
385v grün Humoralpathologie
339v grün Seele und Krankheit
324v–250v Herophilos
304v–240v Erasistratos
283v grün Herophilos: Sektionen
257v grün Erasistratos: Blutfülle
129v–40v Asklepiades
116v–27v Varro
74v grün Pferdekrankheit
60v grün Solidarpathologie
37v grün Varro: Krankheitserreger
50n grün Akut und chronisch
81n–144n Archigenes
82n–135n Soranos
111n grün Soranos: Lähmungen
129n–199n Galen
194n grün Galen: 'Kleine Heilkunst'
294n–354n Apsyrtos
387n grün Oribasios: Lähmungen
419n grün Vergleichende Pathologie
525n–605n Alexander Tralles
598n grün 'Innere Krankheiten'
865n–932n Al Rasi
896n grün Al Rasi über Seuchen
936n–1013n Abu Kasim
966n grün Abu Kasim: Sektionen
973n grün Abu Kasim: Vivisektionen
1286n grün Sektion in Cremona
1315n grün Sektion in Bologna
1493n–1541n Paracelsus
1546n grün Fracastoro: Bakteriologie
1575n grün Maurolico: Sehstörungen
1746n grün Fauchard: Paradentose
1761n grün Pathologische Anatomie
1791n grün Pinel: Geisteskrankheit
1847n grün Kindbettfieber
1858n grün Zellularpathologie
1873n grün Hansen: Leprabazillus
1874n grün Billroth: Mikrokokken
1878n grün Koch: Bakteriologie
1882n grün Koch: Tuberkelbazillus
1889n grün Bedeutung des Vitamins
1897n grün Malaria-Erreger
1906n grün Koch: Schlafkrankheit
1956n grün Strahlengefährdung
1962n grün Contergan-Schäden
1964n grün Gefahren des Rauchens

PATIENT, von dem lateinischen Worte 'patientia' (= Geduld) abgeleitete Bezeichnung für einen Kranken, der sich in ärztlicher Behandlung befindet.

2419v grün Spezialärzte in Ägypten
1999v grün Verordnungen in Sumer
1981v grün Kuren in Sumer
1715v rot Schutz gegen Arztfehler
1707v grün Honorar-Zahlung
1473v–1409v Neb-Amun
1426v grün Ausländische Patienten
1383v grün Ägyptische Ärzte berühmt
460v–375v Hippokrates
397v blau Pflichten des Arztes
353v grün Privatkliniken
108n grün Sprechstunden der Ärzte
410n grün Behandlung Armer in Indien
701n grün Poliklinik in Japan
1135n grün Krankenhaus in Byzanz
1802n grün Kinderklinik in Paris
1854n grün Lungenheilstätte

PATRICK, irischer Priester britischer Herkunft.

391n–460n Lebenslinie
432n rot Christianisierung Irlands

PATRIZIER, im römischen Staat die Angehörigen des auf Landbesitz und Zugehörigkeit zur Offizierskaste beruhenden erblichen Adels, die sich seit 500v im Alleinbesitz der politischen, priesterlichen und richterlichen Gewalt befanden. Sie mußten aber die Macht zunehmend mit Plebejern teilen und verschmolzen allmählich mit deren reichsten Familien zum römischen Besitzbürgertum.

500v braun Auflehnung gegen Monarchie
500v rot Ende der Königsmacht
500v rot Rom Republik
494v rot Volkstribunen der Plebejer
492v rot Immunität der Tribunen
471v rot Beamte der Plebejer
445v rot Ehen mit Plebejern
421v rot Rechtsgewinn der Plebejer
384v rot Mord an Reformer
366v rot Plebejer wird Konsul
351v rot Plebejer wird Zensor
300v rot Plebejern alle Ämter offen
287v rot Rechte für Volksversammlung

PAUKE, größtes und im Orchester wichtigstes Schlag-Instrument.

2609v grün Aufkommen in Sumer
1246n grün Einführung in Europa
1751n grün Orchester-Instrument
1791n blau Paukenschlag-Sinfonie

PAUL, Jean (1763n–1825n), eigentlich: Jean Paul Friedrich Richter, deutscher Dichter. Sohn eines Lehrers. Verlor frühzeitig seinen Vater und wuchs in Armut auf. Konnte sein Philosophie-Studium nicht beenden und schlug sich als Hauslehrer durch, bis er dreißigjährig seine ersten Buch-Erfolge hatte. Wurde Legationsrat des Herzogs von Meiningen und erhielt später Jahresgelder von deutschen Fürsten. In seinen Erzählungen und Romanen zeichnete er liebevoll und humorig das Leben des kleinen Mannes, das von den großen Dichtern seiner Zeit nicht gestaltet wurde. So waren seine Bücher mehr gelesen als diejenigen seiner berühmteren Zeitgenossen Goethe, Schiller und Herder, mit denen er persönlich bekannt war. Die Gesinnung seiner Werke war volksfreundlich und den antikirchlichen Gedanken der Aufklärung wie der französischen Revolution verpflichtet. Die Feigheit des deutschen Spießers prangerte er ebenso an wie die Unmoral und Unmenschlichkeit des Adels. In seinen Erziehungsromanen ('Hesperus', 'Titan', 'Flegeljahre') forderte er die vielseitig gebildete, tätige Persönlichkeit in einer freien Gesellschaft. Entschiedener Kriegsgegner.

1790n blau 'Wuz'
1805n blau 'Flegeljahre'

PAUL I. (1754n–1801n), russischer Zar von 1796n bis 1801n. Als Sohn der Zarin Katharina II. während der großen revolutionären Periode Westeuropas zur Macht gelangt, unterdrückte er alle freiheitlichen Regungen in seinem Lande. Gleichzeitig beschränkte er die bäuerliche Fronarbeit und brachte dadurch auch den Adel gegen sich auf. Ebenso schwankend war er in der Außenpolitik, wo er zunächst gegen Frankreich kämpfte, sich dann aber Napoleon im Kampfe gegen England anschloß. Von Offizieren ermordet.

1796n/1815n Napoleonische Kriege

PAUL III. (1468n–1549n), italienischer Priester. Papst von 1534n bis 1549n. Durch sein ausschweifendes Leben, persönliche Bereicherung und maßlose Begünstigung seiner Kinder und Enkel verschüttete er die letzten Möglichkeiten zu einer Wiedervereinigung mit den abgefallenen Protestanten, die bei seinem Amtsantritt bereits ein Drittel der europäischen Katholiken ausmachten. Seine unglückliche Politik gegenüber Heinrich VIII., über den er den Bannfluch aussprach, vollendete auch den Bruch mit der englischen Kirche. Erneuerte die Inquisition und lud damit die Verantwortung für die Folterung und Ermordung von Millionen unschuldiger Menschen auf sich. Durch Anerkennung und Förderung des Jesuitenordens vertiefte er die Hinwendung der katholischen Kirche zu List, Gewalt und Heuchelei. Ließ den Bau der Peterskirche in Rom durch Michelangelo fortsetzen.

1536n rot Reformation in Dänemark
1537n rot Reformation in Norwegen
1537n rot Eintreten für Indianer
1540n rot Jesuitenorden bestätigt
1541n rot Reformation in Genf
1542n rot Inquisition reorganisiert
1543n rot Zinsverbot aufgehoben
1545n rot Konzil zu Trient
1546n/1547n Schmalkaldischer Krieg
1547n blau Michelangelo: Petersdom
1548n rot Sklavenhaltung genehmigt

PAULI, Wolfgang (1900n–1958n), österreichischer Physiker. Als Sohn eines Chemikers übernahm er 27jährig einen Lehrstuhl für Physik an der Technischen Hochschule in Zürich, ging später zeitweise in die USA, kehrte dann aber in die Schweiz zurück. Förderte durch seine Arbeiten die Relativitäts-Theorie und die Quanten-Mechanik. Berühmt wurde er durch das von ihm gefundene und nach ihm benannte Ausschließungsprinzip. Danach können sich innerhalb eines Atomverbandes niemals zwei Elektronen oder andere Elementarteile im gleichen Zustand (Quantenzustand) befinden. Mit diesem Prinzip gelang ihm die Erklärung des periodischen Systems der Elemente sowie die Auffindung eines vorher unbekannten Elementarteilchens (Neutrino).

1925n grün Ausschließungsprinzip

PAULIKIANER, Name einer sozial-religiösen Reformbewegung, die alle kirchlichen Einrichtungen ebenso verwarf wie Heiligenverehrung, Bilderanbetung, Mönchtum, Taufe und fast alle Formen des christlichen Kults. Ihren Glauben stützten ihre Anhänger auf die paulinischen Briefe, weshalb sie den Namen 'Paulikianer' erhielten. Ihr Stifter Konstantin Silvanus wurde auf Befehl des byzantinischen Statthalters Simeon gesteinigt, doch wurde Simeon selbst bald darauf Führer der Organisation und starb dafür 690n auf dem Scheiterhaufen. Von Armenien aus verbreitete sich die Bewegung trotz Verfolgung schnell im ganzen byzantinischen Reiche und in großen Teilen Vorderasiens, weil sie Gerechtigkeit für die Armen verhieß. Im 10. Jahrhundert wurde ihre Anhänger im Balkan angesiedelt und gingen später in den Bogomilen- und anderen Katharer-Gruppen auf.

646n–684n Silvanus
665n rot Entstehung in Armenien
665n blau Neue Religiosität
668n rot Verfolgung
760n rot Verbreitung im Balkan
835n rot Mord an Paulikianer
872n blau Geschichte der Bewegung
873n braun Niederlage in Syrien
914n–961n Bogomil
920n rot Ansiedlung in Bulgarien
940n rot Bogomilen-Bewegung

PAULINUS von Aquileja (726n–802n), fränkischer Priester. Als Sprachlehrer am Hofe Karls des Großen wurde er vom Frankenherrscher zum kirchlichen Oberhaupt (Patriarchen) der Stadt Aquileja (Nord-Italien) gemacht. 42jährig begann er mit der Christianisierung des Alpengebietes und legte in Tirol das Kloster Innichen an.

769n blau Kloster Innichen

PAULUS, Priester und Apostel jüdischer Herkunft aus Kleinasien.

5v–64n Lebenslinie
4v–64n Petrus
2v–71n Markus
22n–74n Lukas
31n rot Steinigung des Stephanus
33n rot Bekehrung
48n rot Apostelkonzil
51n rot Gemeinde in Korinth
51n blau Galaterbrief
56n blau Über die Liebe
57n blau Korintherbriefe
58n blau Römerbrief
64n rot Hinrichtung
85n blau Apostelgeschichte
88n–165n Marcion
182n blau Lebensbeschreibung
217n–276n Mani
340n blau Angeblicher Briefwechsel
1526n blau Gemälde Dürers

PAULUS, Julius (um 170n–um 245n), römischer Rechtslehrer. Nach Beendigung seiner Studien arbeitete er als Assessor bei Papinian, bekleidete unter den Kaisern Septimius Severus und Karakalla hohe öffentliche Ämter und war lange Zeit Mitglied des höchsten Rechtsrates. Die Rechtsgrundsätze, nach denen er die Entscheidungen des Kaisers vorbereitete, schrieb er in 48 Bänden nieder (25 Bände 'Fragen', 23 Bände 'Antworten'). Außer diesem großen Werke verfaßte er noch 88 zum Teil mehrbändige Abhandlungen über Privatrecht, Strafrecht und Verfahrensrecht.

223n blau Rechtsgrundsätze

PAULUS Diakonus, langobardischer Geschichtsschreiber und Dichter.

723n–799n Lebenslinie
779n blau Rätsel
785n blau Bischofs-Geschichte
798n blau Langobarden-Geschichte

PAULUS von Ägina (um 575n–um 655n), griechischer Arzt. Verließ seine Heimatinsel vor der Küste Griechenlands und ging als Arzt nach Alexandria (Ägypten). Hier war er als Chirurg und Geburtshelfer tätig. Neben zahlreichen kleineren Schriften verfaßte er ein umfassendes Handbuch der Medizin in sieben Bänden, in dem er neben seinen eigenen Fachgebieten auch die innere Medizin gründlich darstellte. Er nannte sein Werk 'Erinnerungsbuch' und hielt damit die Erinnerung an die großen Leistungen der alten Medizin jahrhundertelang wach. Nach der Einnahme Alexandrias durch die Araber, die er noch miterlebte, wurde sein Werk Grundlage der medizinischen Wissenschaft des Araberreiches.

629n grün Gynäkologie

PAULUS von Samosata, Kirchenlehrer aus Vorderasien.

208n–280n Lebenslinie
260n grün Chormusik

PAUSANIAS (um 125n – um 190n), griechischer Schriftsteller in Magnesia (Kleinasien). Unternahm eine Reise nach Griechenland und schrieb darüber ein Buch unter dem Titel 'Rundreise'. In den zehn Bänden des Werkes beschrieb er von Attika ausgehend die zehn griechischen Länder. Neben der Bodenbeschaffenheit, den Verkehrswegen und der landschaftlichen Schönheit würdigte er vor allem Stadtanlagen und Baulichkeiten. Gab auch Hinweise auf die bedeutendsten Kunstwerke und belebte das Ganze mit historischen Hinweisen, Sagen, Anekdoten, Zitaten aus Dichtungen und der Beschreibung von Sitte und Brauchtum. Unternahm auch Reisen nach Italien, Nordafrika und Vorderasien.

170n blau Reisebeschreibung

PAVIAN, Name eines großen Affen mit Hundeschnauze, der nur in Afrika vorkommt (Hundsaffe). Im alten Ägypten göttlich verehrt.

2855v blau Plastik aus Alabaster
1917v blau Bild helfender Paviane
1427v blau Schreibergott
1202v blau Plastik betender Paviane
1015v blau Gemälde betender Paviane

PAWLOW, Iwan Petrowitsch (1849n–1936n), russischer Arzt und Naturforscher. Untersuchte Lebensvorgänge bei Mensch und Tier. Bei der Erforschung des Verdauungsvorganges erkannte er, daß die mit der Nahrungs-Aufnahme verbundene Magensaft-Absonderung sich auch einstellt, wenn ein normalerweise mit der Nahrungs-Zufuhr verbundenes Signal gegeben wird, diese aber wegfällt. Die Entdeckung dieses 'bedingten Reflexes' führte ihn zur Untersuchung der Zusammenhänge von Reiz-Einwirkung und Körper-Funktion durch Tier-Versuche. Durch gründliche Erforschung des Zentralnervensystems gelangte er zu bahnbrechenden Lehren über die höhere Nerventätigkeit. Führte Sprache und Denken auf organische Vorgänge zurück (zweites Signalsystem). Bewies die Abhängigkeit seelischer Empfindungen von Abläufen in der Großhirnrinde. Damit entzog er allen metaphysischen Spekulationen über die menschliche Seele den Boden und bereitete eine wissenschaftliche Psychologie vor. Seine Schrift 'Das Experiment als zeitgemäße und einheitliche Methode medizinischer Forschung' wies der ärztlichen Wissenschaft neue Wege.

1926n grün 'Nerventätigkeit'

PAZIFISMUS, Bezeichnung für eine Form der Friedensliebe, die jeden Krieg und jeden bewaffneten Kampf unbedingt ablehnt, ganz unabhängig davon, welchen Zielen der Waffengebrauch dient.

163v rot Essener-Bewegung
1539n blau Lehre der Mennoniten
1647n rot Quäker-Bewegung
1889n blau Bertha Suttners Werk
1892n rot Friedensgesellschaft

PEARL HARBOUR, nordamerikanischer Flottenstützpunkt auf der Hawaii-Insel Oahu, 10 Kilometer westlich von Honolulu. Der englische Name der Stadt bedeutet wörtlich 'Perlen-Hafen'. Durch einen japanischen Großangriff wurden hier 1941n 8 Schlachtschiffe, 3 Kreuzer und 188 Flugzeuge der USA vernichtet. Dieser Angriff ohne vorherige Kriegserklärung führte im 2. Weltkrieg zum Eintritt der USA in den Krieg gegen Japan, in dem der Hafen Hauptstützpunkt der nordamerikanischen Operationen im Pazifik wurde.

1939n/1945n Zweiter Weltkrieg

PEARY, Robert E. (1856n–1920n), nordamerikanischer Polarforscher. Unternahm als Marineoffizier 30jährig eine erste Grönlandexpedition und widmete sich fortan der Erforschung des nördlichen Polargebietes. Durch sechs Vorstöße ins nördlichste Grönland führte er 1901n den Beweis für dessen Inselgestalt. Auf seinen weiteren Expeditionen näherte er sich immer mehr dem Nordpol, erreichte schließlich dessen unmittelbare Umgebung und nahm dort eine Tiefenlotung vor. Über seine Entdeckungsreise schrieb er mehrere Bücher, darunter 'Die Entdeckung des Nordpols'.

1909n grün Vorstoß zum Nordpol

PEDANIUS, Sekundus (um 15n–61n), römischer Staatsmann. Zum Bürgermeister der Stadt Rom aufgestiegen, wurde er von einem seiner Sklaven ermordet. Nach dem geltenden Recht, das erst vier Jahre zuvor verschärft worden war, mußte zur Sühne für seinen Tod die gesamte zur Zeit des Mordes im Hause befindliche Sklavenschaft hingerichtet werden. Da er ein reicher Mann war, handelte es sich um 400 Sklaven. Ihre als Abschreckung gedachte öffentliche Hinrichtung führte zur offenen Empörung der armen Freien Roms, so daß die Vollstreckung nur unter dem Schutz von Truppen möglich war.

61n rot Vergeltung für Ermordung

PEDRO, Dom (1392n–1449n), portugiesischer Staatsmann, Sohn des portugiesischen Königs Johann I. und Bruder Heinrichs des Seefahrers. Führte als Regent für seinen sechsjährig auf den Thron gelangten Neffen Alfons V. die Regierung und erließ in dessen Namen die erste große Gesetzgebung Portugals. Das ihr zugrundeliegende Rechtsbuch war ein Gemisch aus geltendem Volksrecht (Gewohnheitsrecht) mit römischen, gotischen und arabischen

Rechts-Grundsätzen. Verfaßte selbst mehrere Bücher und erlangte Berühmtheit durch seine philosophische Abhandlung über Lebenskunst ('Tugendsames Wohltun'). Als sein gutes Verhältnis zu Alfons V. durch Ränke zerstört war, kam es zum offenen Kampf, in dem er den königlichen Truppen unterlag. Fiel in der Entscheidungsschlacht.

1446n rot Gesetzbuch

PEGEL, Bezeichnung für eine senkrecht zum Wasser von Flüssen oder Meeren stehende Meßlatte, die es erlaubt, das Steigen oder Fallen des Wasserspiegels genau abzulesen und zu verzeichnen.

2812v grün Planmäßige Messungen
2803v–2758v Adjib
1835v grün Felsenpegel in Ägypten

PEGOLOTTI, Francesco Balducci (um 1310n–um 1350n), Kaufmann in Florenz (Italien). Als Vertreter eines berühmten Handelshauses unternahm er weite Reisen und schrieb ein Reisehandbuch für Kaufleute, die sich mit dem Osthandel befassen wollten. Darin schilderte er die Länder Vorderasiens und Südasiens bis zum Mongolenreich und bis nach China. Beschrieb die Hauptreisewege, vermerkte den Bedarf der einzelnen Länder, erklärte die Geschäftsbräuche sowie die Zoll-Bestimmungen und gab einen Schlüssel für die Umrechnung von Münzen, Maßen und Gewichten. Sein Buch kam einem allgemeinen Bedürfnis entgegen, als nach der Rückkehr Marco Polos in den Handelsmetropolen Norditaliens (Florenz, Venedig, Genua) ein besonderes Interesse für den Asien-Handel entstanden war.

1341n grün Reiseführer

PEIPUSSEE, einer der größten Seen Europas. 200 Kilometer südwestlich von Leningrad im Norden des europäischen Rußland gelegen und durch die Narwa mit der Ostsee (Finnischer Meerbusen) verbunden.

1242n braun Schlacht

PEIRE CARDINAL, französischer Dichter.

1152n–1246n Lebenslinie
1214n blau Anklage gegen Priester

PEISISTRATOS, griechischer Politiker.

602v–527v Lebenslinie
560v rot Alleinherrscher
556v braun Vorstoß zu Dardanellen
556v rot Macht über Dardanellen
539v grün Wasserleitung für Athen
527v rot Erbfolge

PEI-YAO-KING (um 680n–um 745n), chinesischer Staatsmann. Studierte die Beschaffenheit der Verkehrswege im chinesischen Reiche und fertigte eine Denkschrift über die Notwendigkeit ihrer Verbesserung für den Kaiser an. Darin forderte er vor allem den Ausbau der Nord-Süd-Verbindungen, um Reis, Tee, Seide, Tonwaren und Papier aus dem fruchtbaren und gewerbetüchtigen Süden auf dem Wasserwege in den volkreichen Norden zu bringen. Daneben empfahl er eine Verbesserung der Landwege, die zum größten Teile als Uferwege den Flußläufen folgten, sowie eine dichtere Streuung der Reise-Stationen. Kaiser Hüan-Tsung nahm seine Vorschläge zum größten Teile an und ernannte ihn zum Minister für das Verkehrswesen. In dieser Eigenschaft konnte er Wesentliches für die Verwirklichung seiner Pläne tun.

685n–762n Hüan-Tsung
730n grün Über Verkehrsprobleme

PEKING, Hauptstadt des chinesischen Reiches (wörtlich 'nördliches Hoflager'). Erhielt ihren Namen zu einer Zeit, als sie nur Residenz der Nordhälfte des Reiches war neben Nanking, dem 'südlichen Hoflager'. Am Nordrand der Nordchinesischen Tiefebene unweit der früheren Nordgrenze ('Große Mauer') und 150 Kilometer von der Küste entfernt gelegen, ist sie seit alters her durch Wasserstraßen und Landstraßen mit allen Teilen des Reiches verbunden.

997v blau Gründung
552n/563n Asiatischer Türkenkrieg
936n rot Herrschaft der Kitan
1214n–1294n Kublai-Khan
1215n rot Mongolisch
1247n–1328n Johannes Korvino
1254n–1324n Marco Polo
1264n rot Mongolen-Hauptstadt
1277n grün Kalenderreform
1279n grün Sternwarte
1295n blau Christliche Kirche
1307n rot Johannes Korvino Bischof
1421n blau Himmelstempel
1628n/1644n Bürgerkrieg
1645n grün Deutscher Institutsleiter
1727n rot Russische Gesandtschaft
1856n/1860n Lorcha-Krieg
1937n/1938n Japanischer Angriff

PELAGIUS, irischer Religionsphilosoph.

375n–435n Lebenslinie
420n blau Gegen Erbsündelehre

PELAGONIUS, Saloninus (um 330n–um 395n), römischer Tierarzt. Verfaßte eine Rezeptsammlung zur Tierheilkunde. Darin stellte er vor allem Arzneien gegen Pferdekrankheiten zusammen. Außer wirksamen Hausmitteln nahm er in die 35 Kapitel seines Buches auch viele abergläubische Mittel auf (gekochte Schwalbennester, Asche von jungen Störchen).

366n grün Arzneikunde

PELAYO (um 680n–737n), gotischer Freiheitskämpfer. Zog sich nach Niederwerfung des westgotischen Heeres durch die nach Spanien eingedrungenen Araber in den Norden der iberischen Halbinsel (Asturien) zurück und organisierte hier den Widerstand gegen die arabische Fremdherrschaft. Nachdem er 718n bei Covadonga ein arabisches Heer geschlagen hatte, wurde er zum König von Asturien ausgerufen. Sechs Jahre später wies er einen erneuten Angriff der Araber ab. Dadurch behauptete er die Unabhängigkeit eines letzten kleinen Teiles von Spanien und damit die Keimzelle der späteren Rückeroberung der Halbinsel.

718n rot König von Asturien

PELLETIER, Joseph (1788n–1842n), französischer Chemiker. Erforschte die Rinde eines tropischen Gewächses ('Chinarinde'), die seit Anfang des 17. Jahrhunderts zur Fieberbekämpfung benutzt wurde. Dabei entdeckte er das Chinin und gewann es durch Isolierung als reine Droge. Die besonders bei der Malariabekämpfung längst unentbehrliche Arznei wurde dadurch genauer dosierbar und in ihrer Wirkung wesentlich erhöht. Beschäftigte sich auch mit der Erforschung des indianischen Pfeilgiftes Kurare. Diese Arbeiten trugen zur Entdeckung des hochwirksamen Strychnin-Giftes bei.

1819n grün Chinin

PELLICO, Silvio (1789n–1854n), italienischer Schriftsteller. Als Sohn eines Dichters begann er früh Theaterstücke zu schreiben, wurde nach mehrjährigem Aufenthalt in Frankreich Lehrer in Mailand und vollendete hier 26jährig sein erstes großes Erfolgsstück ('Franziska von Rimini'). Zur Unterstützung der Befreiungsbewegung Italiens aus der Herrschaft Frankreichs und Österreichs gründete er die Zeitschrift 'Der Friedensstifter' und schloß sich einer revolutionären Gruppe an ('Karbonari'). Von der österreichischen Polizei verhaftet, wurde er in die Bleikammern Venedigs geworfen, zum Tode verurteilt, dann aber zu lebenslanger Haft begnadigt. Über die grausame Behandlung, die ihm vor allem im Brünner Gefängnis zuteil wurde, schrieb er nach seiner Begnadigung ein Buch, das in seiner Heimat helle Empörung gegen die österreichische Fremdherrschaft auslöste. Krank und innerlich gebrochen vollendete er noch einige Theaterstücke, denen jedoch die Kraft der Jugendwerke fehlte.

1832n blau 'Meine Gefängnisse'

PELOPONNESISCHER BUND, Bezeichnung für das Militärbündnis einer großen Anzahl griechischer Stadtstaaten. Die Mehrzahl von ihnen war auf der Halbinsel beheimatet, die die Südspitze Griechenlands bildet ('Peloponnes'). Die Stadt Sparta, von der die Bundesversammlungen einberufen wurden, hatte den Oberbefehl und verteilte die militärischen wie die finanziellen Lasten. Zerbrach nach der Niederlage Spartas im Thebanischen Krieg.

518v rot Gründung

PELOPONNESISCHER KRIEG, zusammenfassende Bezeichnung für die Kämpfe zwischen Athen und dem auf der Südspitze Griechenlands (Peloponnes) gelegenen Sparta.

495v–429v Perikles
459v–398v Thukydides
456v–404v Alkibiades
446v–395v Lysander
433v braun Hilfe Athens für Korfu
433v rot Bündnis Athens
432v rot Bündnis gegen Athen
432v grün Handelssperre Athens
431v/404v Peloponnesischer Krieg
430v rot Friedensangebot Athens
430v grün Pest in Athen
427v braun Aufstand auf Korfu
427v rot Volksmacht auf Korfu
425v rot Friedensangebot Spartas
421v blau Aristophanes: 'Der Friede'
420v rot Bündnis Athens
413v rot Bündnis Spartas
411v braun Staatsstreich in Athen
411v rot Schwächung Athens
411v blau Aristophanes: 'Lysistrata'
408v rot Alkibiades: Führung Athens
408v rot Lysander: Führung Spartas
407v grün Finanznot Athens
406v rot Friedensangebot Spartas
405v grün Hilfe Persiens für Sparta
404v rot Zusammenbruch Athens
404v rot Vorherrschaft Spartas
403v blau Geschichte des Thukydides

PELUSIUM, Name einer Hafenstadt in Nord-Ägypten. An der Mündung des östlichen Nilarmes ins Mittelmeer gelegen, beherrschte sie die Landenge von Sinai und war für die Verteidigung des ägyptischen Reiches gegen Angriffe aus Vorderasien von größter Bedeutung. Sie wurde deshalb vor 4500 Jahren durch Wälle und Mauern befestigt.

565v–522v Kambyses
525v braun Sieg der Perser

PENDEL, von dem lateinischen Worte 'pendere' (= hängen) abgeleitete Bezeichnung für einen drehbar aufgehängten Körper. Die Erforschung der Gesetzmäßigkeiten seiner Bewegung durch Galilei und Huygens schuf Grundlagen für eine wissenschaftliche Mechanik.

1564n–1642n Galilei
1656n grün Pendeluhr

PENICILLIN, Name eines Medikamentes, das aus dem Schimmelpilz Penicillium gewonnen wird. Hemmt das Wachstum von Mikro-Organismen und ist durch seine anti-bakterielle Wirkung schnell zu einem wichtigen Mittel der Medizin gegen alle Arten von Infektionen und Entzündungen geworden.

1928n grün Entdeckung

PENN, William (1644n–1718n), englischer Wanderprediger. Während seiner Studien in Oxford für die Gemeinschaft der 'Quäker' gewonnen, trat er für deren Ziel einer Nächstenliebe der Tat ein. Weil er dabei die Heuchelei der christlichen Kirche anprangerte, wurde er mehrfach eingekerkert. Als Sohn eines Admirals hatte er eine Forderung an den englischen Staat für vorgeschossene Kriegskosten geerbt. Statt baren Geldes forderte er ein Stück unbebautes Land in den nordamerikanischen Kolonialgebieten und erhielt einen großen Küstenstreifen südlich von New York mit fast unumschränkten Hoheitsrechten. Hier siedelte er seine verfolgten Glaubensgenossen an, gründete die Stadt Philadelphia, vergrößerte sein Territorium durch Geschäfte mit den Indianern, richtete einen Kolonialstaat auf der Grundlage der Neger-Sklaverei ein und kehrte drei Jahre später nach England zurück. Dort trat er für Religionsfreiheit ein. Weil er damit dem in dieser Epoche in England unterdrückten Katholizismus half, wurde er von dem katholischen König Jacob II. gefördert, von der Mehrheit des Volkes aber verachtet. Seine Kolonie Pennsylvanien verkaufte er später an den englischen Staat.

1682n blau Gründung von Philadelphia

PENNSYLVANIEN, Name eines Einzel-Staates der USA zwischen Erie-See, New York und Washington. Seit 1627n von Holländern und Schweden besiedelt, fiel er 1664n mit New York an England, wurde 1681n vom englischen Staat als Ausgleich einer Schuld an William Penn überlassen und erhielt in dieser Zeit seinen heutigen Namen (wörtlich: 'Penns Waldrevier'). 1682n gab er sich als erster Staat Nordamerikas eine Konstitution in 24 Artikeln, die später Grundlage der Verfassung der USA wurde. Von William Penn nach dessen Rückkehr in die Heimat mit hohem Nutzen an den englischen Staat zurückverkauft, entwickelte er sich zu einem blühenden Kolonialstaat, dessen Grundeigentümer größtenteils in England lebten, während ihr Land von Pächtern bewirtschaftet und von Negersklaven bebaut wurde. Wegen seiner religiösen Duldsamkeit Zufluchtsstätte europäischer Protestanten, wurden Handwerk und Gewerbe hier früh zur tragenden Grundlage des Wohlstandes, so daß der Staat die Sklaverei noch vor seiner Befreiung aus der englischen Kolonialherrschaft aufheben konnte. Im Unabhängigkeitskrieg hart umkämpft, zahlte der Staat die in England ansässigen Eigentümer der Ländereien aus und konnte dadurch ohne Rücksicht auf die überholte Agrarwirtschaft den Weg zur industriellen Produktion gehen.

1682n blau Gründung von Philadelphia
1683n blau Gründung von Germantown
1751n rot Aufhebung der Sklaverei
1775n/1783n Kampf Nordamerikas
1776n rot Unabhängigkeits-Erklärung
1920n grün Rundfunk in Pittsburgh

PENTU, ägyptischer Arzt und Staatsmann.

1410v–1353v Lebenslinie

PEPI I., ägyptischer König.

2355v–2298v Lebenslinie
2369v–2295v Una
2316v rot Hinrichtung der Königin
2314v rot Fremdvölker im Heer
2314v/2307v Sinai-Krieg
2307v rot Polizeitruppe
2306v blau Statue
2305v blau Pyramiden-Anlage 'Memphis'
2304v/2303v Palästina-Krieg
2297v–2197v Pepi II.

PEPI II., ägyptischer König.

2297v–2197v Lebenslinie
2291v blau Plastik
2281v rot Gaufürsten unabhängig
2273v braun Einfall nach Nubien
2273v rot Beherrschung Nubiens
2228v rot Osiris-Religion

PEPUSCH, Johann Christoph (1667n–1752n), deutscher Komponist und Musikschriftsteller. Als Sohn eines Predigers erhielt er vierzehnjährig eine Stelle am preußischen Hofe und bildete sich als Musiker aus. Nach dem Tode des Großen Kurfürsten verließ er 32jährig seine Heimatstadt Berlin und ging über Holland nach England, wo er als Geiger, Organist, Dirigent, Theaterdirektor und Komponist arbeitete und 'Doktor der Musik' wurde. Als Verhöhnung der von Händel gepflegten höfischen Oper schrieb er die 'Bettleroper' zum Text von John Gay und wurde damit zu einem gefeierten Komponisten. Als man ihn wegen des Spotts auf Adel, Hof und Besitzbürgertum anfeindete, ging er nach den Bermuda-Inseln, um dort eine Schule für Eingeborene zu errichten. Doch scheiterte das Unternehmen, und er kehrte nach England zurück, wo er mehrere Opern und Gesangsstücke schrieb sowie eine Fortsetzung seiner Bettleroper ('Polly'), deren Aufführung aber verboten wurde.

1728n blau 'Bettleroper'

PEPYS, Samuel (1633n–1703n), englischer Staatsbeamter und Schriftsteller. Studierte in Oxford, stieg durch einflußreiche Gönner in hohe Staatsämter auf und war zeitweilig aus politischen Gründen eingekerkert. Durch seine physikalischen Experimente berühmt geworden, ernannte man ihn zum Präsidenten der Akademie der Wissenschaften (Royal Society). Als Sekretär der Admiralität schrieb er nach der englischen Revolution in den Jahren 1660n bis 1669n regelmäßig Tagebuch. Darin gab er in rückhaltloser Offenheit ein kritisches Bild seines eigenen Lebens sowie der Zustände der englischen Restaurationszeit am Königshofe und in der Staatsverwaltung. Dieses in einer Geheimschrift von ihm hinterlassene Dokument seiner Zeit wurde erst 120 Jahre nach seinem Tode aufgefunden und in 8 Bänden herausgegeben. Es bereicherte unsere Kenntnis von dieser wichtigen Periode der englischen Geschichte.

1669n blau Tagebuch

PEREGRINUS (um 105n–165n), griechischer Philosoph aus der Stadt Parion (Kleinasien). Bereiste ganz Vorderasien, schloß sich in Palästina vorübergehend dem Christentum an, wandte sich aber wieder davon ab, als er dessen Unvereinbarkeit mit der Philosophie erkannte. In Athen bekämpfte er die Sophistik und wandte sich gegen deren Erneuerer Herodes Attikus, der als reichster Mann seiner Epoche die Römer begünstigte. Um zu beweisen, daß nicht Geld den Philosophen macht, sondern Gleichmut gegen das Leben, kündigte er seine eigene Verbrennung für das Ende der Olympischen Spiele des Jahres 165n an und verwirklichte seine Absicht vor den Augen aller nach Olympia zusammengeströmten Griechen.

165n grün Freitod

PERGAMENT, Bezeichnung für enthaarte und geglättete Tierhaut (Schaf, Ziege, Kalb, Schwein). In Vorderasien (Assyrien) und Ägypten seit mehr als 3000 Jahren zum Beschreiben verwendet. Benannt nach der Stadt Pergamon in Kleinasien, wo dieses Material in besonders guter Qualität hergestellt wurde.

255v grün Gebrauch in Pergamon
85n grün Bücher in Rom

PERGAMON, Stadt und Burg im nordwestlichen Kleinasien. Vor etwa 2700 Jahren von griechischen Einwanderern angelegt und mit einer gewaltigen Schutzburg (Akropolis) versehen, wurde es von einem reichen Feldherrn Alexanders des Großen (Lysimachos) als Aufbewahrungsort für seine Schätze ausgewählt und dem Philetairos übergeben, der die Stadt zum Mittelpunkt eines eigenen kleinen Reiches machte. Unter seinen Nachfolgern wurde der Staat zu einem Zentrum von Kunst und Wissenschaft, in dessen Bibliothek über 200000 Schriftrollen zusammengetragen wurden. Sein letzter Nachkomme vererbte 133n das Reich den Römern, die es zum Herzstück ihrer neuen Provinz ('Asia') machten.

283v rot Reichsgründung
255v grün 'Pergament'
225v braun Keltischer Angriff
207v blau 'Der sterbende Fechter'
189v rot Machtgewinn
189v blau Bibliothek
180v blau Altar
180v grün Wasserleitung
163v–129v Aristonikos
149v grün Gemäldekauf
132v rot Kommunistischer Staat
129v rot Römische Herrschaft
176n rot Hinrichtung von Christen

PERGOLESI, Giovanni Battista (1710n–1736n), italienischer Komponist. Trat 16jährig in das berühmte Konservatorium seiner Heimatstadt Neapel ein und schrieb bereits als Schüler ein musikalisches Drama. 22jährig führte er seine erste Oper auf und ein Jahr später schuf er mit dem musikalischen Lustspiel 'Die Magd als Herrin' die erste Komische Oper. In den folgenden drei Jahren schrieb er noch einige neapolitanische Volksopern, Kammermusik sowie einige Chorwerke und starb 26jährig an Tuberkulose.

1733n blau 'Die Magd als Herrin'

PER-HER-NOFRET (um 2410v–um 2370v), ägyptischer Beamter unter König Asosi. Versuchte vergeblich, die Zentralgewalt des Königshauses gegen die Selbständigkeitsbestrebungen der Fürsten zu behaupten.

2380v blau Porträtplastik

PERI, Jacopo (1561n–1633n), italienischer Sänger und Komponist. Verließ seine Heimatstadt Rom, um sich in Lucca zum Kapellmeister ausbilden zu lassen. In Florenz stieg er am Hofe der Medici zum Musik-Intendanten auf. Nach einem Text des Dichters Rinuccini schrieb er die Musik zur ersten Oper. Nach dem Erfolg dieser neuen Kunstgattung schuf er noch weitere Opern, darunter die erste Orpheus-Oper zur Vermählung der Maria Medici mit König Heinrich IV. von Frankreich ('Euridice'). Schrieb auch Kantaten sowie Klavier- und Orgelmusik.

1594n blau 'Dafne'

PER-IB-SEN, ägyptischer König.

2727v–2672v Lebenslinie
2709v–2661v Ka-Sechem

PERIKLES, griechischer Staatsmann.

495v–429v Lebenslinie
493v–432v Phidias
478v–410v Protagoras
460v grün Ämter-Besoldung
457v braun Kampf gegen Sparta
456v grün Piräus-Mauern
455v/454v Ägyptischer Aufstand
455v rot Hilfe für Ägypten
454v rot Bundesschatz nach Athen
448v rot Friede mit Persien
448v grün Handel mit Persien
447v rot Kongreßplan abgelehnt
447v blau Bau des Parthenon
446v blau Porträtplastik
445v rot Friede mit Sparta
444v grün Gründung von Thurioi
443v rot Demokratie gestärkt
443v rot Herrschaft gesichert
440v grün Athen 100000 Einwohner
433v rot Bündnis mit Korfu
433v braun Unterstützung Korfus
432v rot Feindkoalition
432v grün Boykott Megaras
431v rot Bündnispolitik
431v/404v Peloponnesischer Krieg
430v grün Pest in Athen

PERIODISCHES SYSTEM, Bezeichnung für die Ordnung der chemischen Elemente nach ihrem Atom-Aufbau. Von dem russischen Forscher Mendelejew auf Grund von Vorarbeiten des deutschen Chemikers Döbereiner (Triadenlehre 1829n) aufgestellt, führte es zur Entdeckung neuer Elemente. Von dem dänischen Physiker Niels Bohr durch neuere Ergebnisse der Atomforschung verallgemeinert.

1869n grün Mendelejews Forschungen
1885n–1962n Niels Bohr
1920n grün Bohrs Forschungen

PERIÖKEN, Bezeichnung für die nicht zu den Bürgern gehörende Bevölkerung von Sparta (wörtlich 'Umwohner'). Persönlich frei, aber zum Wehrdienst verpflichtet, bebauten sie das meist weniger fruchtbare Gebirgsland in der Umgebung der Stadt Sparta. Sie konnten auch ein Handwerk oder ein anderes Gewerbe ausüben und Sklaven halten. Vom Bürgerrecht bis ins 3. Jahrhundert vor unserer Zeitrechnung ausgeschlossen, nahmen sie gesellschaftlich eine Zwischenstellung zwischen 'Spartiaten' und 'Heloten' ein und trugen dadurch zur Milderung der Klassengegensätze bei.

820v rot Klasse in Sparta

PERISTYL, griechische Bezeichnung für den Säulen-Umgang um den Innenhof eines Hauses. Der nach ihm benannte Haustyp gewährte unter Erhaltung der Frischluft Sonnen- und Regen-Schutz. Er verband so die Vorteile des offenen Innenraumes mit denen des ganz gedeckten Hauses.

469v grün Griechenland, Süditalien

PERKUSSION, von dem lateinischen Worte für 'Erschütterung' abgeleiteter medizinischer Fachausdruck. Bezeichnet eine ärztliche Diagnose, bei der der Arzt den Körper mit der Fingerspitze beklopft und aus dem Schall Rückschlüsse auf die Beschaffenheit der Organe und auf krankhafte Veränderungen zieht.

1760n grün Einführung

PERLEN

2792v grün Ketten in Sumer
2710v grün Gewebe in Sumer
2654v grün Schmuck in Indien
2494v–2416v Schu-Bad
1704v blau Darstellung in Mari
1433v blau Darstellung in Ägypten
1412v blau Bild einer Achatkette
1402v grün Ägyptischer Perlenhandel
1656n grün Jacquin: Glasperlen
1896n grün Mikimoto: Zuchtperlen

PERMOSER, Balthasar (1651n–1732n), deutscher Bildhauer. Nach Studienjahren in Österreich arbeitete er 14 Jahre in Florenz, Venedig und Rom. Dann kehrte er nach Deutschland zurück, wo er als Hofbildhauer in Dresden und Berlin vier Jahrzehnte hindurch Meisterwerke in Stein und Holz gestaltete. Außer dem Figurenschmuck des Dresdner Zwingers schuf er Denkmäler von Prinz Eugen und August dem Starken, das Grabmal der Kürfürstinnen Anna und Wilhelmine, Skulpturen der Kirchenväter Augustin und Ambrosius sowie symbolische Gestalten ('Verdammnis', 'Caritas'). Fertigte auch zahlreiche Miniaturen aus Elfenbein an.

1718n blau Zwinger-Figuren

PERNAMBUCO, Name eines Teilstaates von Brasilien, der im Jahre 1500n von dem portugiesischen Seefahrer Cabral erreicht wurde. Als östlichste Landspitze Südamerikas seit 1516n Ausgangspunkt der portugiesischen Kolonisation, wurde er seit 1621n von der holländischen Westindien-Gesellschaft in Besitz genommen und bald darauf der Oberhoheit Hollands unterstellt. Aber nach zwanzigjähriger Herrschaft wurden die Holländer besiegt und mußten das Land bis 1661n räumen. Seitdem war er bis zur Befreiung (1822n) wieder wichtigster Teilstaat des portugiesischen Brasilien. Die Sklaverei bestand hier bis 1888n.

1500n grün Vorstoß Cabrals
1630n rot Holländische Hoheit
1653n/1654n Erhebung Brasiliens
1654n rot Herrschaft Portugals
1822n rot Brasilien unabhängig
1888n rot Ende der Sklaverei

PERON, Juan Domingo (geboren 1895n), argentinischer General. Als Militärattaché seines Landes in Berlin studierte er die Technik des Faschismus und errichtete nach seiner Rückkehr im Jahre 1943n in seiner Heimat durch einen Staatsstreich ein ähnliches Regime, das er seit 1946n mit Hilfe seiner Frau Evita Peron allein beherrschte. Unter Beibehaltung des Kapitalismus suchte er die Arbeiter durch Verstaatlichungen und Sozialreformen zu gewinnen, während er gleichzeitig ihre Organisationen unterdrückte. Führte das Frauen-Wahlrecht ein. Als er die Steuerfreiheit der katholischen Kirche aufhob und die Trennung von Kirche und Staat anstrebte, schloß sich die mächtige Priesterschaft mit unzufriedenen Militärs zusammen, so daß er gestürzt wurde und ins Ausland floh.

1951n braun Putschversuch
1955n braun Vertreibung

PEROZES (um 440n–484n), persischer König von 459n bis 484n. Mit Hilfe der Hunnen verdrängte er seinen älteren Bruder vom Thron und machte sich selbst zum König. In drei Schlachten verteidigte er dann sein Land glücklos gegen die immer erneut angreifenden Hunnen. Nachdem er einige Grenzprovinzen verloren hatte, führte eine Dürre zu großer Hungersnot. Dadurch wurde die Widerstandskraft des Reiches vollends gebrochen, und in einer letzten Entscheidungsschlacht fiel er selbst, während das Land den Hunnen tributpflichtig wurde.

484n braun Niederlage gegen Hunnen

PER-PET, ägyptischer Musiker.

1164v–1107v Lebenslinie
1138v grün Trompete Solo-Instrument
1119v rot Grabräuber-Prozeß

PERPETUUM MOBILE, aus dem Lateinischen entnommene Bezeichnung für eine Vorrichtung, die sich ohne Kraft-Zufuhr bewegt (wörtlich 'das sich ständig Bewegende'). Der Bau einer solchen Maschine beschäftigt die Phantasie zahlloser Erfinder seit fast einem Jahrtausend bis heute, obgleich schon Leonardo den wissenschaftlichen Beweis für die Unmöglichkeit eines solchen Gerätes erbrachte, das den Grundsätzen der Mechanik und der Wärmelehre widerspricht.

1245n grün Villard: Planung
1495n grün Leonardo: Unmöglichkeit

PERRAULT, Charles (1628n–1703n), französischer Schriftsteller. Studierte Rechtswissenschaft, erhielt das Amt eines General-Steuer-Einnehmers und wurde schließlich von Colbert mit der Oberaufsicht über die königlichen Bauten betraut. In seinem Gedicht 'Das Jahrhundert Ludwigs des Großen' verkündete er den Vorrang des Kunstempfindens seiner Zeit gegenüber den als 'klassisch' geltenden Regeln, die aus den Kunstwerken der griechisch-römischen Blütezeit abgeleitet waren. Damit gab er der blinden Verehrung und kritiklosen Nachahmung alter Vorbilder einen empfindlichen Stoß und stellte die ganze französische Klassik in Frage. Sammelte Volksmärchen und gab sie in einfacher erzählender Sprache heraus. Dieses Buch ('Märchen des Gänsemütterchens') machte ihn berühmt. Sein Versuch, die Märchen in Verse zu fassen, fand keinen Anklang.

1697n blau Märchen

PER-SENTI (um 2550v–um 2500v) ägyptische Königin. Als Frau des Königs Chefren mußte sie ihren Mann mit anderen, gleichberechtigten Ehefrauen teilen.

2576v–2515v Chefren

PERSEPOLIS, Stadt im Südwesten Persiens. Vor 2500 Jahren von Dareios I. angelegt und zur Residenzstadt des Reiches gemacht, wurde sie durch seinen Sohn Xerxes und seinen Enkel Artaxerxes zu einer der prächtigsten Palaststädte der Erde ausgebaut. Der Thronsaal wurde von 100 Säulen getragen (Höhe: 20 Meter). Als Symbol persischer Größe wurden Burg, Schloß und Schatzkammern von Alexander dem Großen nach der Eroberung des Perserreiches geplündert und 330v niedergebrannt. Die nördlich davon liegende Stadt blieb unversehrt und wurde erst tausend Jahre später bei der Eroberung durch die Araber zerstört. Bei den 1938n begonnenen Ausgrabungen wurde auch eine Bibliothek mit mehr als 30000 Keilschrifttafeln gefunden.

517v blau Palaststadt

PERSERKRIEGE

550v–486v Dareios I.
530v–472v Aristides
525v–459v Themistokles
520v–465v Xerxes
519v–480v Leonidas
499v/494v Ionischer Aufstand
499v rot Hilfe für Ionier
491v rot Widerstand der Griechen
490v/449v Perserkriege
490v rot Siegesmeldung (Marathon)
490v blau Dankestempel Athens
486v rot Stärkung Athens
484v–424v Artaxerxes
483v rot Flottenbau Athens
483v grün Athos-Kanal der Perser
482v rot Themistokles Staatsführer
482v grün Flottengelder Athens
481v rot Hellenischer Bund
481v rot Xerxes: Sizilienpolitik
480v braun Eingreifen Karthagos
480v rot Flüchtlingsfürsorge
480v grün Schiffsbrücke der Perser
479v rot Standhaftigkeit Athens
477v rot Attischer Seebund
477v rot Athen Großmacht
477v blau Denkmals-Erneuerung
476v blau Phrynichos' Drama
473v blau Aischylos' Tragödie
465v rot Ausdehnung des Seebundes
464v rot Belohnung Themistokles'
460v blau Gemälde Polygnots
455v/454v Auflehnung Ägyptens
455v rot Hilfe Athens für Ägypten
454v rot Kriegsschatz gesichert
448v rot Friedensschluß
448v grün Handelsbeziehungen

PERSEUS, König von Mazedonien.

212v–166v Lebenslinie
171v/168v Krieg gegen Rom
168v rot Herrschaftsende

PERSEUS, Gestalt der griechischen Götter- und Heldensage. Als Sohn des Zeus näherte er sich unter dem Schutze einer Tarnkappe der Medusa. Da ihr Anblick jedermann zu Stein erstarren ließ, benutzte er einen Spiegel, um sie zu finden, und tötete sie. Befreite Andromeda, die Tochter des Königs von Äthiopien aus der Gewalt eines Ungeheuers und heiratete sie. Wurde Herrscher von Mykene und Tiryns.

1554n blau Cellinis Statue

PERSIEN: Allgemeines (Land, Volk, Staat)

2988v–2925v En-Merkar
2934v braun Krieg Sumer-Aratta
2853v blau Gründung von Susa
2522v–2434v E-Annatum
2467v braun Vorstoß Lagaschs
2467v rot Elam unter Lagasch
2464v–2397v En-Te-Mena
2413v braun Krieg Elam-Lagasch
2376v–2294v Sargon der Große
2347v/2325v Krieg der 4 Weltgegenden
2345v rot Ausdehnung Akkads
2338v rot Elam unter Akkad
2330v–2271v Manisch-Tusu
2297v–2238v Naramsin
2290v braun Erhebung Elams
2279v–2214v Scharka-Li-Scharri
2276v/2275v Krieg Akkad-Elam
2275v rot Elam unter Akkad
2266v/2265v Vorstoß Akkads
2265v rot Lulubu-Volk unter Akkad
2257v braun Erhebung Elams
2225v/2224v Vorstoß Akkads
2203v–2147v Imta
2190v–2141v Inki-Schu
2149v/2148v Gutäerzug nach Akkad
2148v rot Ende Akkads
2148v rot Gutäer Herrscher Akkads
2147v/2143v Kriegszug der Gutäer
2143v rot Machtgewinn der Gutäer
2143v rot Gutäer Herr Mesopotamiens
2060v–1983v Schul-Gi
2054v braun Erhebung Sumers
2054v rot Machtverlust der Gutäer
2042v braun Krieg Elam-Lagasch
2007v–1955v Ib-I-Sin
1998v braun Bergvölker-Aufstand
1998v rot Gebietsverlust
1994v braun Bergvölker-Aufstand
1992v braun Aufstand der Lulubu
1968v braun Erhebung Elams
1955v braun Erhebung Elams
1955v rot Ende Sumers
1955v rot Gefangennahme Ib-I-Sins
1955v grün Heiligtum Sumers als Beute
1922v grün Rückgabe des Heiligtums
1822v–1750v Kudur-Mabuk
1816v blau Epos über Aratta
1801v–1759v Warad-Sin
1780v–1697v Rimsin
1771v braun Krieg Elam-Larsa
1771v rot Larsa unter Elam
1771v rot Warad-Sin König Larsas
1699v braun Niederlage Rimsins
1698v braun Krieg Elam-Babylon
1698v rot Elam unter Babylon
1685v braun Erhebung Elams
1677v braun Kassitenzug nach Babylon
1572v–1504v Agum
1530v braun Erhebung der Kassiten
1530v rot Kassit König Bybylons
1424v–1370v Kuri-Gal-Zu
1380v braun Vordringen Bybylons
1380v rot Elam unter Babylon
1325v braun Krieg Elam-Babylon
1242v braun Vordringen Assyriens
1242v rot Gutium unter Assyrien
1232v–1162v Schutruk
1205v braun Krieg Elam-Babylon
1166v–1105v Nebukadnezar I.
1163v braun Krieg Elam-Babylon
1163v rot Babylon unter Elam
1163v rot Elamit König Babylons
1159v braun Aufstand Babylons
1159v rot Rückzug aus Babylonien
1115v braun Babyloniersieg über Elam
1100v rot Niederlassung der Perser
843v–782v Semiramis
820v braun Krieg Assyrien-Medien
809v braun Krieg Assyrien-Medien
809v rot Medien assyrisch
783v rot Perser in Elam, Süd-Iran
699v–653v Phraortes
696v–619v Zarathustra
675v rot Medisches Reich
674v rot Ekbatana Meder-Residenz
654v–605v Nabopolassar
653v braun Assyrersieg über Meder
647v–585v Kyaxares
639v braun Assyrersieg über Elam
625v braun Medersieg über Assyrien
625v rot Medien selbständig
617v braun Krieg Meder–Assyrer
616v braun Krieg Meder–Skythen
614v braun Medersieg über Assyrer
614v rot Bündnis gegen Assyrer
612v braun Niederlage Assyriens
612v rot Aufteilung Assyriens
612v rot Medien Vormacht
599v–529v Kyros
595v–525v Krösus
585v braun Medersieg über Urartu
585v rot Gebietsgewinn Mediens
565v–522v Kambyses
559v rot Kyros Herrscher Ansans
553v/550v Freiheitskampf der Perser
552v rot Unabhängigkeit
550v rot Ende des Mederreiches
550v rot Gewinn Mediens
550v–486v Dareios I.
547v rot Feindkoalition
546v braun Sieg über Lydien
546v rot Ende des Lyderreiches
546v rot Gewinn Lydiens
543v braun Sieg über Griechenstädte
543v rot Griechenstädte zum Reich
539v braun Sieg über Babylon
539v rot Einverleibung Babylons
539v rot Vormachtstellung
538v rot Kaiserreich
537v rot Heimkehr der Juden
530v–472v Aristides
525v braun Sieg über Ägypten
525v rot Ende des Ägypterreiches
525v rot Gewinn Ägyptens
525v–459v Themistokles
522v rot Staatsreligion
521v/519v Krieg gegen Indien
520v grün Regelmäßige Steuern
520v–465v Xerxes
519v rot Gebietsgewinn in Indien
519v grün Tribut Indiens
519v–480v Leonidas
517v blau Gründung von Persepolis
516v rot Postzensur
510v grün Münzprägung
499v rot Gegenbündnis
499v/494v Ionischer Aufstand
493v rot Drama-Verbot in Athen
491v rot Widerstand Spartas, Athens
490v/449v Krieg gegen Griechenland
490v rot Rückschlag (Marathon)
490v blau Sieges-Tempel Athens
485v/484v Aufstände
484v–424v Artaxerxes
483v grün Athos-Kanal
481v rot Hellenischer Bund
481v rot Beeinflussung Karthagos
480v braun Niederlage Karthagos
479v rot Abweisung durch Athen
478v rot Tempel Babylons zerstört
477v rot Gegenbund Athens
477v blau 'Tyrannenmörder' erneuert
476v blau Phrynichos: 'Phönissen'
473v blau Aischylos: 'Die Perser'
465v braun Aufstand Baktriens
465v rot Feindkoalition verstärkt
464v rot Verschenkung Magnesias
460v blau Polygnots Siegesgemälde
456v–404v Alkibiades
455v/454v Aufstand Ägyptens
455v rot Gegnerschaft Athens
448v braun Aufstand Syriens
448v rot Friede mit Athen
433v blau Hellanikos' Geschichtswerk
431v/404v Peloponnesischer Krieg
430v–353v Xenophon
413v rot Bündnis gegen Athen
405v grün Finanzhilfe für Sparta
396v grün Hilfe für Griechenstädte
395v/386v Korinthischer Krieg
393v blau Ktesias' Geschichtswerk
387v rot Hilfe für Sparta
382v–336v Philipp II.
373v blau Xenophon: Zug der 10000
370v blau Xenophon: Fürstenspiegel
368v rot Unterstützung Thebens
358v–280v Seleukos I.
356v–323v Alexander der Große
351v/348v Aufstand der Westprovinzen
342v rot Vertrag mit Mazedonien
337v rot Kriegsplan Griechenlands
334v/325v Alexanderzug
332v rot Gebietsverluste
330v rot Ende des Reiches
330v rot Mazedonier-Herrschaft
324v rot Heiraten in Susa
323v/301v Diadochenkriege
306v rot Seleukiden-Herrschaft
262v rot Vordringen der Parther
248v rot Partherreich
157v–87v Wu-Ti
131v rot Gebietsgewinn der Parther
127v grün Parther-Handel mit China
53v braun Krieg Roms gegen Parther
41v rot Kriegsplan der Parther
41v/35v Krieg Rom–Parther
20v rot Vertrag Rom–Parther
114n/117n Partherkrieg
161n/166n Krieg Rom–Parther
180n–239n Ardaschir
181n rot Mithra-Kult in Rom
194n/199n Krieg Rom–Parther
199n rot Mesopotamien an Rom
211n rot Ardaschir Teil-König
215n–272n Schapur I.
216n/217n Krieg Rom–Parther
217n rot Vertrag Rom–Parther
217n–276n Mani
223n/227n Freiheitskampf der Perser
224n rot Sassaniden-Dynastie
227n rot Macht über Partherreich
231n/232n Krieg mit Rom
240n blau Mani gegen Vorrechte
253n blau Gleichheitsforderung
253n/266n Krieg gegen Rom
259n rot Gefangennahme Valerians
296n/298n Krieg mit Rom
298n rot Gebietsverlust an Rom
310n–379n Schapur II.
326n rot Bitte Roms für Christen
340n rot Christenverfolgung
340n/350n Krieg mit Rom
348n rot Frauen im Heer
358n–441n Mesrop
359n/363n Krieg mit Rom
363n rot Gewinn Mesopotamiens
363n rot Hilfe Roms gegen Hunnen
365n braun Angriff der Hunnen
441n braun Krieg mit Rom
441n rot Gewinn Armeniens
448n–510n Toramana
470n–531n Kobad
476n–531n Masdak
483n rot Christliche Kirche
484n braun Niederlage gegen Hunnen
484n rot Gebietsverlust an Hunnen
484n grün Tribute an Hunnen
490n–562n Prokop
492n–552n Tumen
502n blau Masdak gegen Eigentum
505n–565n Belisar
511n–579n Chosroes
513n braun Verteibung der Hunnen
516n blau Masdak über Kommunismus
527n/532n Krieg mit Byzanz
528n blau Gleichheitsforderung
529n grün Exil für Philosophen
531n rot Niederlage Masdaks
532n rot Friede mit Byzanz
532n grün Hilfsgelder aus Byzanz
540n/562n Krieg mit Byzanz
562n rot Friede mit Byzanz
562n grün Tribute Ostroms
565n braun Sieg über Hunnen
565n rot Aufteilung Baktriens
570n rot Gewinn Südarabiens
576n braun Vordringen zum Bosporus
576n rot Friede mit Byzanz
611n/629n Kreuz-Christi-Krieg
633n/732n Arabischer Krieg
637n rot Verlust Babyloniens
641n rot Verlust Mesopotamiens
646n rot Verlust Armeniens
650n rot Ende des Reiches
650n rot Herrschaft der Araber
701n rot Zarathustra-Dogma
712n–775n Al Mansur
723n–754n Abul Abbas
822n rot Chorasan eigenständig
1037n braun Niederlage gegen Türken
1037n rot Nordpersien türkisch
1113n rot Assassinen-Sekte
1155n–1227n Dschingis-Khan
1207n/1279n Großer Mongolenkrieg
1217n–1265n Hulagu-Khan
1220n rot Nordpersien mongolisch
1254n–1324n Marco Polo
1256n rot Mongolen-Herrschaft
1304n–1377n Ibn Batuta
1335n rot Frei von Mongolen
1336n–1405n Timur
1392n braun Niederlage gegen Mongolen
1392n rot Mongolen-Herrschaft
1501n rot Safawiden-Dynastie
1722n/1723n Krieg mit Rußland
1723n rot Verlust Bakus, Derbents
1788n rot Teheran Hauptstadt
1801n rot Georgien russisch
1828n rot Armenien russisch
1914n/1918n Erster Weltkrieg
1939n/1945n Zweiter Weltkrieg
1943n rot Konferenz von Teheran
1945n rot Mitglied der UN
1951n grün Erdöl-Verstaatlichung
1955n rot Bandung-Konferenz

PERSIEN: Baukunst

517v blau Palaststadt Persepolis
215n–272n Schapur I.

PERSIEN: Bildhauerei

2949v blau Reich verzierte Gefäße
2309v blau 'Sargons Siegeszug'
2273v blau Statue Manisch-Tusus
1770v blau Statue Kudur-Mabuks
1211v blau Statue Napir-Asus
498v blau Taten des Dareios

PERSIEN: Dichtung und andere Literatur

919n blau Rudaki: Märchen, Fabeln
932n–1020n Firdausi
968n–1007n Al Hamadani
980n blau 'Buch der Könige'
1014n blau Firdausis Joseph-Dichtung
1082n blau Kaikas: Fürstenspiegel
1131n blau Sanai: Gott und Mensch
1171n blau Attar: 'Vogel-Gespräch'
1177n blau Nisami: Liebesgeschichte
1258n blau Sadi: 'Rosengarten'
1325n–1389n Hafis
1369n blau Hafis: Gedichtsammlung
1621n–1695n Lafontaine

PERSIEN: Geschichtsschreibung

498v blau Taten des Dareios
932n–1020n Firdausi
1010n blau Firdausis Werk
1260n blau Dschuwainis Werk
1470n blau Mirkhonds Werk
1601n blau Fazls Werk

PERSIEN: Malerei

2867v blau Tongefäß-Malerei
2750v blau Zeichnung eines Reiters
262n blau Buchmalerei

PERSIEN: Philosophie

696v–619v Zarathustra
640v blau Lehrbeginn Zarathustras

544 v blau 'Avesta'
217 n–276 n Mani
238 n blau Lehre des Mani
332 n blau Neue 'Avesta'
476 n–531 n Masdak
516 n blau Kommunismus als Religion
529 n grün Exil für Philosophen
865 n–932 n Al Rasi
980 n–1037 n Ibn Sina (Avicenna)
1039 n–1123 n Al Kajam
1059 n–1111 n Al Gazali
1131 n blau 'Garten der Wahrheit'
1171 n blau Attar: 'Vogel-Gespräch'
1247 n blau Rumi: Pantheismus

PERSIEN: Religion

696 v–619 v Zarathustra
640 v blau Lehrbeginn Zarathustras
599 v–529 v Kyros
596 v rot Zarathustra-Bewegung
544 v blau 'Avesta'
522 v rot Staatsreligion
180 n–239 n Ardaschir
181 n rot Mithra-Kult in Rom
215 n–272 n Schapur I.
217 n–276 n Mani
238 n blau Manis Lehre
242 n blau Lehrbeginn Manis
282 n rot Lehren Manis verbreitet
310 n–379 n Schapur II.
326 n rot Bitte Roms für Christen
332 n blau Neue 'Avesta'
340 n rot Christenverfolgung
470 n–531 n Kobad
476 n–531 n Masdak
483 n rot Christenkirche
570 n–632 n Mohammed
701 n rot Zarathustra-Dogma
932 n–1020 n Firdausi
1059 n–1111 n Al Gazali
1113 n rot Assassinen-Sekte
1131 n blau Sanai: Gott und Mensch
1171 n blau Attar: 'Vogel-Gespräch'
1247 n blau Rumi: Pantheismus
1325 n–1389 n Hafis
1352 n blau Spott über Priester
1373 n blau Forderung nach Toleranz

PERSIEN: Sprache und Schrift

599 v–529 v Kyros
781 n blau Arabische Grammatik
932 n–1020 n Firdausi

PERSIEN: Technik

550 v–486 v Dareios I.
490 v grün Kanal Nil–Rotes Meer
483 v grün Athos-Kanal
480 v grün Schiffsbrücke

PERSIEN: Wirtschaft und Verkehr

2330 v–2271 v Manisch-Tusu
2275 v grün Silberförderung an Akkad
599 v–529 v Kyros
550 v–486 v Dareios I.
520 v grün Steuersystem
518 v grün Kaiserstraße
510 v grün Münzprägung
490 v grün Kanal Nil–Rotes Meer
483 v grün Athos-Kanal
461 v grün Groß-Gestüt in Babylon
448 v grün Handel mit Griechenland
127 v grün Handel Parther-China
121 v grün Ausbau der Seidenstraße
1951 n grün Erdöl-Verstaatlichung

PERSIEN: Wissenschaft

805 n–885 n Abu Maschar
810 n–870 n Al Buchari
865 n–932 n Al Rasi
973 n–1048 n Al Biruni
975 n grün Muwaffat: Heilmittel
980 n–1037 n Ibn Sina (Avicenna)
1039 n–1123 n Al Kajam
1259 n grün Sternwarte in Maraga

PERSIS, Stammland der ersten persischen Herrscherfamilie ('Achämeniden'). Hier befanden sich die ersten beiden Residenzstädte des Perserreiches (Pasargadai, Persepolis). Auch die zweite Einigung Persiens im dritten Jahrhundert nach der Zeitwende nahm von hier ihren Ausgang.

517 v blau Palaststadt Persepolis
211 n rot Herrschaft Ardaschirs

PERSPEKTIVE, zeichnerische Darstellung von Gegenständen in einer der menschlichen Betrachtungsweise entsprechenden Verzerrung. Dient der Erzielung eines körperhaften Eindrucks. Beruht auf Nachahmung der scheinbaren Verkleinerung weiter entfernter Gegenstände beim Sehvorgang.

498 v–438 v Polygnot
436 v grün Schrift des Agatharchos
416 v grün Körperhafte Malerei
1415 n grün Brunellescos Forschungen
1417 n–1492 n Francesca
1482 n grün Francescas Untersuchung

PERU, Staat an der Pazifik-Küste Südamerikas. Heimat der Inkas, die vor der Europäisierung Amerikas hier eine hohe Kultur schufen und nach kommunistischen Grundsätzen zusammenlebten.

1022 n–1107 n Manko Kapak
1048 n rot Reich der Chimu
1067 n rot Kommunistischer Staat
1077 n blau Gründung von Kuzko
1081 n rot Altersversorgung
1496 n grün Inka-Straße
1531 n/1533 n Inka-Krieg
1533 n rot Ende des Inka-Reiches
1533 n rot Spanische Kolonie
1536 n/1539 n Chibcha-Krieg
1539 n rot Gebietserweiterung
1546 n grün Silberfunde
1550 n rot Christianisierung
1739 n grün Kautschuk nach Europa
1780 n/1783 n Inka-Aufstand
1781 n rot Hinrichtung Tupac Amarus
1783 n–1830 n Bolivar
1811 n/1826 n Kampf Lateinamerikas
1821 n rot Unabhängigkeit
1879 n/1883 n Salpeterkrieg
1920 n rot Mitglied im Völkerbund
1945 n rot Mitglied der UN

PERÜCKE

2597 v blau Darstellung in Sumer

PERUGIA, Stadt in Mittel-Italien, 120 km nördlich von Rom. Von den Etruskern vor etwa 2500 Jahren gegründet. Im Jahre 309 v durch römische Heere besiegt. Im dritten Bürgerkrieg von einem Bruder des Antonius gegen Oktavian verteidigt und nach der Einnahme im Jahre 40 v geplündert und zerstört. Von Oktavian nach dessen Erhebung zum Augustus wieder aufgebaut und befestigt. Im Jahre 546 n vom Ostgotenkönig Totila erobert, wurde sie 568 n dem Langobardenreiche einverleibt. Seit 774 n gehörte die Stadt fast 1100 Jahre lang zum päpstlichen Einflußbereich, hatte zeitweilig als freie Stadt Selbstverwaltung, war aber seit 1534 n fester Bestandteil des Kirchenstaates. Erst 1860 n befreit und Teil des sich bildenden unabhängigen Staates Italien.

1213 n–1280 n Niccolo Pisano
1277 n blau Brunnen
1462 n grün Leihhaus

PERUGINO, Pietro Vannucci (1446 n–1523 n), italienischer Maler. Lernte bei Verrocchio in Florenz und ging dann nach Perugia, um das Stadthaus mit Wandgemälden zu schmücken. Nach Rom gerufen, um Fresken und Wandbilder für die Sixtinische Kapelle ('Taufe Christi', 'Verleihung der Schlüssel an Petrus'). Anschließend schmückte er viele Kirchen Italiens mit seinen stets wiederkehrenden Motiven (Maria und Joseph, Himmelfahrt, Beweinung). Zwischendurch arbeitete er immer wieder in Florenz, wo er seine Werkstatt hatte. In Perugia schuf er Wandgemälde für die Gerichtshalle der Geldwechsler. Erst als Fünfzigjähriger fand er von der Tempera-Technik zur Ölmalerei. Da er die Nachfrage der Kirchen nicht allein erfüllen konnte, ließ er vieles durch seine Schüler ausführen. Lehrer Raffaels. Starb an der Pest, als er für die Kirche von Fontignano 'Die Geburt Christi' malte.

1483 n blau 'Schlüsselübergabe'
1496 n blau 'Kreuzigung'

PERUZZI, Bankhaus in Florenz. Gemeinsam mit dem Florentiner Bankhaus Brandi Geldgeber der Könige von England, Frankreich und Neapel. Als diese Herrscher plötzlich die Anerkennung ihrer Zahlungsverpflichtungen unter fadenscheinigen Vorwänden verweigerten, brachen mit den beiden Bankhäusern in Florenz sieben Handelsunternehmen von europäischem Ruf zusammen, und eine Wirtschaftskrise bemächtigte sich der oberitalienischen Städte sowie vieler Länder Europas.

1344 n grün Widerstand der Schuldner
1344 n rot Behinderung
1345 n grün Bankrott

PEST, Stadt am linken Ufer der Donau. Seit hundert Jahren mit der am rechten Ufer gelegenen Stadt Ofen (= Buda) zur ungarischen Hauptstadt Budapest vereinigt. Vor 2000 Jahren als Handelsplatz für den Warenaustausch mit der am rechten Donau-Ufer emporgewachsenen römischen Niederlassung Aquincum gegründet, wurde sie als Grenzfeste ausgebaut. Seit dem 5. Jahrhundert zum Hunnenreiche gehörig, seit dem 7. Jahrhundert im Besitz der Awaren. Um 900 n von den aus Osteuropa eingedrungenen Ungarn besetzt, wurde sie Zentrum ihres Reiches. Erst unter Matthias Corvinus, der das gegenüberliegende Ofen zur Residenzstadt machte, verlor sie ihre Bedeutung. Durch die türkische Besetzung (1526 n) sank sie weiter herab. Nach Vertreibung der Türken (1686 n) lebte sie wieder auf und wurde Ziel zahlreicher deutscher Auswanderer. 1784 n wurde die Universität von Ofen hierher verlegt. 1848 n bis 1849 n war sie die Hauptstadt der revolutionären Regierung. Nach ihrer Vereinigung mit Ofen wurde sie wegen ihrer ebenen Lage zum Zentrum der Doppelstadt mit den Hauptstraßen, den Theatern, dem Parlament, dem Regierungssitz und dem Universitätsviertel.

1872 n rot Vereinigung mit Ofen

PEST, Name einer lebensgefährlichen ansteckenden Krankheit. Eigentlich eine Krankheit von Nagetieren (Ratten), wird sie durch Insekten (Flöhe) auch auf Menschen übertragen und führt meist in wenigen Tagen zum Tode. Seit Jahrtausenden immer wieder in Epidemien auftretend, war sie eine häufige Begleiterscheinung großer Kriege und hat oft mehr Menschenleben gekostet als die eigentlichen Kampfhandlungen (Dreißigjähriger Krieg). Um die Mitte des 14. Jahrhunderts raffte sie in wenigen Jahren mindestens ein Viertel der Bevölkerung Europas fort (30 Millionen Menschen). Durch Rattenbekämpfung, Überwachung des Verkehrs, Isolierung der Kranken und durch Impfungen wird seit Jahrhunderten der Kampf gegen diese Seuche mit zunehmendem Erfolge geführt. Die letzte große Epidemie forderte 1907 n in Indien 1,5 Millionen Tote. Seitdem ist die Zahl der Todesopfer ständig gesunken und liegt gegenwärtig unter 1000 Menschen im Jahr auf der ganzen Welt.

1413 v–1346 v Suppi-Luli-Uma
1367 v–1315 v Mur-Sili II.
1332 v blau 'Pestgebete'
603 v grün Athen: Befreiung
430 v grün Epidemie in Athen
540 n/562 n Byzantinischer Perserkrieg
1013 n–1085 n Robert Guiskard
1166 n/1167 n Feldzug Friedrichs I.
1338 n/1453 n Hundertjähriger Krieg
1351 n grün Epidemie in Europa
1377 n grün Quarantäne-Station
1947 n blau Camus' Roman

PESTALOZZI, Johann Heinrich, schweizerischer Menschheitserzieher und Sozialreformer.

1746 n–1827 n Lebenslinie
1781 n blau 'Lienhard und Gertrud'
1801 n blau 'Gertrud'

PÉTAIN, Henri-Philippe (1856 n–1951 n), französischer Feldherr und Staatsmann. Im ersten Weltkrieg leitete er 1916 n als General die Verteidigung von Verdun und hielt durch schonungslosen Einsatz von Menschen und Kriegsmaterial diese bedeutendste Festung im französischen Verteidigungsgürtel. Als Generalstabschef und Oberbefehlshaber unterdrückte er die Aufstände innerhalb des Heeres. 1918 n zum Marschall von Frankreich ernannt, schlug er den Freiheitskampf der Rif-Kabylen (Nordafrika) und die Erhebung der Drusen (Vorderasien) nieder. Zum Kriegsminister und zum Ministerpräsidenten aufgestiegen, unterzeichnete er die französische Kapitulation nach dem deutschen Siege im zweiten Weltkrieg und leitete bis 1944 n in Vichy als Staatschef mit einer betont katholisch-klerikalen Regierung den von deutschen Truppen nicht besetzten Landesteil. 1945 n wurde er wegen Zusammenarbeit mit Deutschland zum Tode verurteilt, aber wegen seines hohen Alters zu Festungshaft begnadigt.

1914 n/1918 n Erster Weltkrieg
1922 n/1923 n Aufstand der Rif-Kabylen
1925 n/1926 n Aufstand der Drusen
1939 n/1945 n Zweiter Weltkrieg

PETER I., der Große, russischer Zar.

1672 n–1725 n Lebenslinie
1663 n/1699 n Großer Türkenkrieg
1695 n grün Aufbau einer Flotte
1696 n rot Gewinn der Donmündung
1697 n braun Vorstoß nach Kamtschatka
1697 n rot Gewinn Kamtschatkas
1698 n braun Strelitzen-Aufstand
1699 n rot Gebietszuwachs
1699 n grün Eisengießereien
1700 n rot Bündnis gegen Schweden
1700 n/1721 n Nordischer Krieg
1703 n blau Gründung von Petersburg
1704 n rot Gewinn von Narwa
1704 n grün Münzprägung
1708 n rot Revolte des Mazeppa
1709 n–1762 n Elisabeth Petrowna
1710 n rot Ostsee-Städte russisch
1711 n blau Schloß Peterhof
1713 n rot Petersburg Hauptstadt
1716 n blau Gründung von Omsk
1718 n grün Kopfsteuer
1719 n rot Vertreibung der Jesuiten
1721 n rot Gebietsgewinn
1721 n rot Kaisertitel
1722 n/1723 n Krieg gegen Persien
1723 n rot Baku, Derbent russisch
1724 n grün Schutzzölle
1725 n blau Wissenschafts-Akademie
1778 n blau Reiterstandbild
1837 n blau Lortzings Oper

PETER III. (1728 n–1762 n), russischer Zar von Januar bis Juli 1762 n. Als Sohn einer Tochter Peters des Großen und eines deutschen Fürsten in Kiel geboren, wurde er 14jährig von der Zarin nach Rußland gerufen und als Thronfolger eingesetzt. 17jährig heiratete er eine etwas jüngere deutsche Prinzessin (Katharina II.). Beim Tode der Zarin Elisabeth bestieg er dann den russischen Thron. Er erließ eine Amnestie, schaffte die Folter ab, hob das Gesetz auf, nach dem kein Russe ohne Erlaubnis des Zaren das Reich verlassen durfte, und beseitigte die 'geheime Kanzlei', hinter der sich das Schreckenstribunal des Zaren verbarg. Da er Friedrich den Großen schwärmerisch verehrte, beendete er sofort den Krieg gegen Preußen, gab das bereits von den Russen eroberte Ostpreußen zurück und schickte Friedrich ein Heer mit 15 000 Mann zu Hilfe. Nach siebenmonatiger Regierung wurde er durch eine Verschwörung abgesetzt, an deren Spitze seine eigene Frau stand. Obwohl er sich bereit erklärte, zu ihren Gunsten abzudanken und nach Deutschland zurückzukehren, wurde er von den Verschwörern ermordet.

1729 n–1796 n Katharina II.
1756 n/1763 n Siebenjähriger Krieg
1762 n rot Friede mit Preußen

PETER der Ehrwürdige (1094 n–1155 n), französischer Priester. Als Knabe von seiner Mutter der Kirche übergeben, stieg er zum Abt des Klosters Cluny auf und gewann entscheidenden Einfluß auf das Papsttum seiner Zeit. Verfaßte mehrere Schmähschriften gegen die Lehren des Peter von Bruys und anderer Katharer sowie gegen Juden und Mohammedaner. Den als 'Ketzer' denunzierten Dichter und Philosophen Abälard schützte er vor kirchlicher Verfolgung.

1123 n blau Schmähschrift

PETER von Ailly (1350 n–1420 n), französischer Theologe und Kardinal. Kanzler der Universität von Paris. Eines der Häupter des Konzils zu Konstanz. Stellte die Entscheidungen des Konzils über den päpstlichen Willen und bestritt beiden die Unfehlbarkeit. Einer der Haupt-Verantwortlichen für die Verurteilung und Verbrennung des Johannes Hus.

1415 n rot Hus verbrannt
1416 n blau Unfehlbarkeits-Lehre
1418 n rot Kirchenreform gescheitert

PETER von Bruys (um 1080 n–um 1132 n), französischer Prediger. Als katholischer Priester erkannte er in der Kirche eine betrügerische Einrichtung, die dem Volke falschen Zauber vormacht, um das Wohlleben der Priester aufrechtzuerhalten. Gab seine Priesterstelle auf und zog predigend in Südfrankreich umher. Verwarf das Abendmahl, die Taufe ahnungsloser Kinder, die Macht der Priester, große Teile der Bibel, den einschläfernden Kirchengesang und die ganze scheinheilige Kirchenorganisation. Rief zur Verbrennung der Kreuze (Kruzifixe) auf und gewann zwischen Alpen und Pyrenäen eine große Anhängerschaft ('Petrobusianer'). Auf Betreiben der katholischen Kirche in St. Gilles bei Marseille (Südfrankreich) als Katharer ('Ketzer') verbrannt.

1119 n blau Gegen Kruzifixe
1132 n rot Feuertod
1133 n rot Aktionen der Anhänger

PETER von Sizilien (um 830 n–um 895 n), byzantinischer Diplomat. Als Gesandter des Kaisers von Ostrom (Byzanz) in dem von Arabern beherrschten Armenien (Kaukasus) kam er mit Anhängern der sozialreligiösen Reformbewegung der Paulikianer in Berührung, deren Lehre im byzantinischen Reiche verboten war. Er erkannte die Anziehungskraft dieser Bewegung auf die Armen und erfuhr von der Absicht ihrer Anhänger, die Lehre auch im Balkan zu verbreiten, der zum byzantinischen Reiche gehörte. Nach seiner Rückkehr verfaßte er eine Schrift, um vor dieser Gefahr zu warnen. Darin gab er einen Überblick über die Entstehung der Paulikianer und über die historische Entfaltung ihrer revolutionären Bewegung.

872 n blau Paulikianer-Geschichte

PETERHOF, russische Hafenstadt am Finnischen Meerbusen 30 Kilometer westlich von Leningrad. Hier ließ Zar Peter der Große acht Jahre nach Gründung der Stadt Petersburg (Leningrad) einen Palast nach dem Vorbild des Versailler Schlosses bauen. Dabei beschäftigte er Architekten aus mehreren europäischen Ländern (Leblond, Michetti, Semzow, Braunstein, Ussow und Rastrelli). Das zum Meer abfallende Gelände begünstigte die Anlage terrassenförmig aufgebauter Wasserspiele.

1711 n blau Schloß

PETERSBURG, Stadt am Finnischen Meerbusen (Ostsee). Zweitgrößte Stadt Rußlands und von 1713 n bis 1917 n seine Hauptstadt. Durch Peter den Großen als Rußlands Tor zur Welt im sumpfigen Mündungsdelta der Newa gegründet und zehn Jahre später zur Hauptstadt des russischen Reiches erhoben. War seit ihrer Entstehung Symbol der Öffnung des Landes für die westliche Kultur. Von italienischen und französischen Architekten nach einem festen Bebauungsplan im Stile westeuropäischer Großstädte angelegt, wurde sie Sammelplatz von Wissenschaftlern und Künstlern aus Deutschland, Frankreich und anderen Ländern Mittel- und Westeuropas. Seit dem 19. Jahrhundert auch Zentrum der revolutionären Bewegung gegen den zaristischen Despotismus. Der Dekabristen-Aufstand von 1825 n und die Revolution von 1905 n/1906 n fanden hier statt. Im Februar 1917 n wurde hier die Zarenherrschaft gestürzt, im November 1917 n errangen hier die russischen Kommunisten (Bolschewiki) die Macht. Sie verlegten die Regierung ins Landesinnere zurück und entwickelten die Stadt zu einer modernen Industriemetropole. Nach dem Tode Lenins gaben sie ihr den Namen des Mannes, der von hier aus die Weltrevolution ins Werk gesetzt hatte. Im zweiten Weltkrieg verteidigte sich die Bevölkerung unter härtesten Entbehrungen (Blockade von Ende 1941 n bis Anfang 1943 n) erfolgreich gegen die deutschen Angreifer.

1646 n–1716 n Leibniz
1672 n–1725 n Peter I., der Große
1703 n blau Gründung
1713 n rot Hauptstadt
1725 n blau Wissenschafts-Akademie
1756 n blau Nationaltheater
1757 n blau Akademie der Künste
1768 n blau Winterpalais
1778 n blau Standbild Peters I.
1811 n grün Börse
1825 n braun Dekabristen-Aufstand
1905 n/1906 n Russische Revolution
1917 n/1922 n Russische Revolution
1939 n/1945 n Zweiter Weltkrieg
1942 n blau 'Leningrader Sinfonie'

PETERSKIRCHE, Name der Papstkirche auf dem Vatikanhügel in Rom. Mit 211 Meter Länge, 152 Meter Breite, 124 Meter innerer Höhe bietet sie 80 000 Personen Platz und ist die größte katholische Kirche der Erde. Auf den Trümmern einer verfallenen Kirche aus dem ersten Jahrtausend wurde ihr Mittelbau nach den Plänen des italienischen Architekten Bramante Anfang des 16. Jahrhunderts begonnen. Als Bramante acht Jahre nach Baubeginn starb, übernahmen Raffael, Sangallo und schließlich Michelangelo die Bauleitung. 1590 n wurde die große Hauptkuppel nach seinen Zeichnungen vollendet. 36 Jahre später konnte das fertige Bauwerk eingeweiht werden, nachdem der letzte Bauleiter, Maderna, den Gebäudekomplex noch mit einer 117 Meter breiten und 50 Meter hohen Fassade abgeschlossen hatte. Anschließend schmückte Bernini das Bauwerk durch eine große Vorhalle und einen Säulen-Vorplatz. Die Kirche enthält wertvolle Kunstwerke. Sie dient dem Oberhaupt der katholischen Kirche (Papst) für Heiligsprechungen, Dogmenverkündigungen und andere Kulthandlungen.

1475 n–1564 n Michelangelo
1483 n–1520 n Raffael
1506 n blau Bramante: Baubeginn
1547 n blau Michelangelo: Bauleitung
1610 n blau Maderna: Eingangshalle
1626 n blau Maderna: Vollendung
1667 n blau Petersplatz-Kolonnaden

PETERSPFENNIG, Bezeichnung für eine Geldabgabe an den Papst. Eingeführt durch eine Verpflichtung des Königs Offa von Mercia (Mittel-England), jährlich 365 Goldstücke für die Unterstützung von Armen sowie zum Kauf von Altarkerzen nach Rom zu senden. Wurde in den folgenden Jahrhunderten in England durch Umlage auf die Grundbesitzer zu einer allgemeinen Häusersteuer. Auch andere Staaten übernahmen auf Drängen des Papstes eine solche Abgabe (Island, Polen, Ungarn und skandinavische Länder), während Frankreich, Spanien und die meisten deutschen Fürsten dieses Ansinnen zurückwiesen. Mit dem Beschluß zur Beendigung der Zahlungen in England (1533 n) stellten bald auch die anderen Fürsten diese Sondersteuer ein. 1860 n führte die Kirche unter dem gleichen Namen erneut eine jährliche Abgabe für den Papst ein.

786 n grün Einführung

PETITION OF RIGHTS, englischer Ausdruck für die gesetzliche Verankerung der Grundrechte von Parlament und Bürgern (wörtlich 'Bittschrift für Rechte'). Vom Unterhaus dem Könige Karl I. abgerungene Bestätigung des ausschließlichen Steuerbewilligungsrechtes für das Parlament sowie der Sicherung gegen willkürliche Verhaftung und Einquartierung für jedermann. Bald wieder eingeschränkt, aufgehoben, umkämpft, ergänzt, erweitert, blieb sie Grundlage des englischen Bürgerrechtes gegenüber der Obrigkeit und hat als solche bis heute eine mehr symbolische als tatsächliche Bedeutung behalten.

1628 n rot Erzwingung
1629 n rot Parlament aufgelöst
1679 n rot 'Habeas-corpus-Akte'
1688 n rot 'Declaration of Rights'

PETÖFI, Sandor (1823 n–1849 n), ungarischer Dichter. Als Sohn eines Fleischermeisters verließ er 16jährig mitten im Schuljahr das Gymnasium und zog als Schauspieler, Student, Soldat und Redakteur umher. 19jährig veröffentlichte er sein erstes Gedicht ('Der Weintrinker'), zwei Jahre später eine Parodie auf Heldendichtungen ('Der Hammer des Dorfes'). Bald darauf errang er mit drei Gedichtbänden Berühmtheit ('Zypressenzweige', 'Perlen der Liebe', 'Wolken'). Dagegen blieben seine Versuche zu Roman ('Strick des Henkers') und Drama ('Tiger und Hyäne') erfolglos. Für die Erhebung seines Volkes schrieb er das Freiheitslied ('Auf Ungarn') und andere Revolutionslieder. Fiel als Anführer eines Revolutionstrupps in Siebenbürgen.

1848 n blau Freiheitslied
1849 n braun Freiheitskampf

PETRARCA, Francesco, italienischer Dichter.

1304 n–1374 n Lebenslinie
1344 n blau Kritik an der Kirche
1347 n braun Erhebung des Rienzi
1366 n blau Liebesgedichte

PETRI, Lorenz (1499 n–1573 n), schwedischer Geistlicher und Schriftsteller. Als jüngerer Bruder des Reformators Olaf Petri zum lutherischen Erzbischof von Uppsala berufen, schuf er eine Kirchenverfassung, die bis in unser Jahrhundert Grundlage der reformierten Kirchen Schwedens geblieben ist. Bearbeitete die von seinem Landsmann Lorenz Anderson vorgenommene schwedische Übersetzung des Alten Testaments und gab zusammen mit seinem Bruder die gültige Bibel für Schweden heraus.

1541 n blau Bibelübersetzung

PETRI, Olaf (1493 n–1552 n), schwedischer Reformator. Als Sohn eines Schmiedes ging er in die Fremde, lernte in Wittenberg Luther kennen und studierte bei ihm. 1519 n kehrte er in die Heimat zurück, trat in den Kirchendienst und war bald in einflußreicher Stellung in Stockholm tätig. Dort begünstigte er die Wiedertäufer und das Luthertum, heiratete und disputierte 1527 n auf dem schwedischen Reichstage erfolgreich gegen den Vertreter des Katholizismus. Zum Kanzler des Königs berufen, verheimlichte er einen ihm in der Beichte mitgeteilten Hochverratsplan. Er wurde deshalb zum Tode verurteilt, aber auf Bitten seiner Gemeinde begnadigt. Übertrug Luthers Kirchenlieder ins Schwedische. Seine nach der deutschen Luther-Bibel vorgenommene schwedische Übersetzung des Neuen Testamentes wurde Bestandteil der schwedischen Bibel. Verfaßte auch eine Geschichte Schwedens.

1541 n blau Bibelübersetzung

PETROBRUSIANER, Name der Anhänger des französischen Predigers Peter von Bruys. Unter dem Einfluß seiner Anklagen gegen die Kirche zerstörten sie Kruzifixe, stürmten Kirchen, warfen Altäre um und zwangen Priester zur Ehe. Sie beherrschten in der ersten Hälfte des 12. Jahrhunderts weite Gebiete Südfrankreichs. Nach der Hinrichtung ihres Führers Peter von Bruys folgten sie Heinrich von Lausanne. Auf dem Konzil von 1139 n verurteilt, wurden sie von der Kirche grausam verfolgt. Aber Bernhard von Clairvaux wurde zusammen mit einem päpstlichen Legaten erst um 1148 n Herr der Lage, nachdem man Heinrich von Lausanne im Kerker erdrosselt hatte.

1090 n–1153 n Bernhard von Clairvaux
1119 n blau Kritik am Kreuz-Kult
1129 n blau Kritik an Priestern
1132 n rot Verbrennung Peters
1133 n rot Aktionen gegen Kirche

PETROLEUM, von dem griechischen Worte 'petros' (= Stein) und dem lateinischen Worte 'oleum' (= Öl) abgeleitete Bezeichnung für Erdöl.

803 n grün Veredelung in Baku
1441 n grün Heilmittel
1823 n grün Destillierung
1839 n–1937 n Rockefeller
1855 n grün Petroleum-Lampe
1864 n grün Petroleum-Motor
1865 n grün Pipeline in USA
1870 n grün 'Standard Oil'
1883 n grün Benzin-Motor
1893 n grün Diesel-Motor
1927 n blau Roman Sinclairs
1951 n grün Verstaatlichung im Iran

PETRONIUS, Arbiter (um 15 n–66 n), römischer Schriftsteller. Stieg als Günstling des Kaisers Nero bis zum Prokonsul von Bithynien (Kleinasien) auf. Der Teilnahme an einer Verschwörung gegen Nero beschuldigt, fiel er beim Kaiser in Ungnade und verübte Selbstmord, indem er sich auf einer Reise die Pulsadern öffnete. Schrieb eine große romanhafte Satire in 16 Bänden. Darin schilderte er teils in ungebundener Volkssprache, teils in Versen das Genußleben des reichen Roms seiner Zeit, dem er als Vorsteher der kaiserlichen Vergnügungen selbst den besten Teil seines Lebens gewidmet hatte.

59 n blau 'Satiricon'
61 n blau Einsetzen für Sklaven
65 n braun Verschwörung des Piso

PETRONIUS, Gajus (um 60 v–um 10 n), römischer Feldherr und Staatsmann. Als Statthalter von Ägypten verbesserte er die Fruchtbarkeit des Nillandes durch Anlage neuer Kanäle. Mit dem Judenkönig Herodes dem Großen war er freundschaftlich verbunden. Dagegen war er ein Feind des äthiopischen Reiches, dessen alte Hauptstadt Napata er vernichtete. Doch gelang es ihm nicht, die äthiopische Königin Kandake zur Unterwerfung zu zwingen, so daß er unverrichteter Dinge nach Ägypten zurückkehren mußte. Einen Aufstand der größten Stadt Ägyptens (Alexandria) gegen die römische Fremdherrschaft warf er nieder.

24 v/23 v Feldzug nach Äthiopien

PETROWNA, Elisabeth, russische Zarin von 1741 n bis 1762 n.

1709 n–1762 n Lebenslinie
1741 n/1748 n Österreich-Erbfolgekrieg
1742 n rot Judenvertreibung
1753 n rot Strafartenwechsel
1754 n rot Zollreform
1755 n blau Universität Moskau
1756 n/1763 n Siebenjähriger Krieg
1756 n blau Nationaltheater
1757 n blau Akademie der Künste

PETRUS, jüdischer Prediger.

4 v–64 n Lebenslinie
2 v–71 n Markus
3 n–50 n Johannes der Evangelist
48 n rot Apostelkonzil
64 n rot Hinrichtung
85 n blau Apostelgeschichte
148 n blau Petrus-Evangelium
169 n–222 n Kalixt I.
752 n rot Petrus-Banner
864 n blau Petruslied
1396 n–1446 n Konrad Witz
1444 n blau Gemälde Witz
1483 n blau Gemälde Peruginos
1526 n blau Gemälde Dürers

PETRUS DAMIANI (1007 n–1072 n), italienischer Mönch. Verlor früh seine Eltern und erhielt von seinem älteren Bruder die Mittel für eine Ausbildung. In seiner Heimatstadt Ravenna wurde er ein angesehener Lehrer der freien Künste. Im 30. Lebensjahr zog er sich in das Kloster Fonte Avellana (Mittelitalien) zurück, wurde sieben Jahre später Abt und machte diese Einsiedlergemeinde zum Mittelpunkt einer Reformbewegung des Mönchslebens und später der ganzen katholischen Kirche. Bekämpfte unerbittlich, aber mit geringem Erfolg, den Sittenverfall des Mönchslebens und der Priesterschaft Italiens. Die Unmoral der Kirche deckte er auch in seinen Schriften auf. Vertrat die weltlichen Machtansprüche des Papsttums und wurde fünfzigjährig Kardinal von Ostia. Angewidert vom Treiben des Klerus zog er sich schon vier Jahre später wieder in sein Kloster zurück, erfüllte aber in persönlichem Auftrage des Papstes noch zahlreiche wichtige Missionen. In Deutschland bestimmte er Heinrich IV. zum Verzicht auf die Ehescheidung.

1049 n blau Anklage gegen Priester
1057 n blau Abwertung der Philosophie

PETRUS LOMBARDUS (um 1105 n–1160 n), italienischer Theologe. Studierte in Bologna, Reims und Paris, wo er sich niederließ. Seit 1140 n dozierte er an der Domschule und wurde Bischof von Paris. Erklärte es als Aufgabe der Philosophie, das Dasein Gottes und die Unsterblichkeit der Seele zu beweisen. Mit seinem Hauptwerk '4 Bücher Lehrmeinungen' fügte er die christliche Dogmatik in ein systematisches Lehrgebäude. Darin gliederte er die Aussprüche der Kirchenväter nach Sachgebieten (1. Gott, 2. Geschöpfe, 3. Erlösung, 4. Gottesdienst) und gab Argumente zur Entkräftung vernunftgemäßer Einwände.

1141 n blau Psalmen-Kommentar
1155 n blau Lehrbuch der Dogmatik

PETRUS – EVANGELIUM, Name eines Abschnittes der Bibel (Neues Testament), der angeblich von einem Zeitgenossen des Jesus (Petrus) stammen soll, in Wirklichkeit aber Mitte des zweiten Jahrhunderts in Syrien entstand.

148 n blau Niederschrift

PETRUSLIED, Name eines bayerischen Kirchenliedes, das in drei Strophen Petrus als den von Gott eingesetzten Pförtner des Himmels preist. Es wurde wie andere Kirchenlieder als Bittgesang in Not- und Unglückszeiten vom Priester vorgetragen. Neu trat dabei ein Kehrreim hinzu, der nach jeder Strophe von den Kirchenbesuchern mitgesungen werden mußte. Der einfache Kehrreim hatte eine monotone Melodie und einen griechischen Text ('Kyrie Eleison' = 'Herr erbarme Dich'). Mit seiner Einführung begann in Deutschland die Teilnahme der Gläubigen am Kirchengesang.

864 n blau Entstehung

PETSCHENEGEN, Name eines türkischen Hirtenvolkes, das in der zweiten Hälfte des 9. Jahrhunderts seine Stammesgebiete am Nordufer des Kaspischen Meeres verließ und sich westwärts nach Europa bewegte. Zunächst stieß es in die Ukraine vor und vertrieb dabei die Ungarn zwischen Don und Dnjestr in ihr heutiges Staatsgebiet. Dann wurde es seßhaft und gründete ein Reich, das sich vom Don bis nach Siebenbürgen erstreckte, die südliche Ukraine umfaßte und sich in acht Stammesgebiete gliederte. Es erhielt Geldzahlungen von Byzanz, um seine Eroberungslust nach Norden und Westen zu wenden. Aber auch Rußland bewarb sich um seine Gunst. Fürst Igor schloß 944 n mit dem Volk ein Bündnis, und 30 Jahre später unternahm es mit russischer Unterstützung seinen ersten Feldzug gegen Byzanz. Im 11. und 12. Jahrhundert kämpfte es entweder mit den Russen gegen Byzanz oder mit den Byzantinern gegen die Russen. Dabei verlor es aber immer mehr Land und Menschen, seine Herrschaft wurde auf Siebenbürgen beschränkt, und endlich wurde es den Ungarn tributpflichtig. Im 13. Jahrhundert hörte es auf, als ein selbständiges Volk zu bestehen, und ging in den Völkern der von ihm bewohnten Staaten auf (Ungarn, Rußland, Byzanz).

1036 n braun Niederlage gegen Russen
1091 n braun Angriff auf Byzanz

PETTY, William, englischer Volkswirtschaftler.

1623 n–1687 n Lebenslinie
1660 n blau Royal Society
1674 n grün Politische Ökonomie
1687 n grün Sozialstatistik

PEURBACH, Georg (1423 n–1461 n), deutscher Mathematiker und Astronom. Nach Studienjahren in Deutschland, Frankreich und Italien wurde er 30jährig Astronom des Königs von Ungarn und ging später an die Universität Wien. Schuf neue Planetentafeln und ein Fixstern-Verzeichnis. Baute ein Instrument zur Verbesserung der Fixstern-Beobachtung. Bediente sich bei Dreiecksberechnungen als erster Europäer der Sinus-Funktion und stellte eine Sinus-Tafel zusammen. Um die prüde, biedere Beschränktheit des christlichen Geisteslebens durch Rückbesinnung auf vorchristliche Lebensweisheit und Lebenskunst zu durchbrechen, hielt er seit 1454 n an der Wiener Universität Vorlesungen über die Dichtkunst der alten Römer (Vergil, Juvenal, Horaz).

1454 n blau Poetik-Vorlesungen

PEYT, Jakob (um 1280 n–um 1325 n), flandrischer Freiheitskämpfer. Als Weber in der Stadt Brügge erkannte er die Ursache für die Not der Armen im Reichtum der Unternehmer und Händler. Forderte eine gerechtere Verteilung der erzeugten Güter. Wandte sich auch mit Entschiedenheit gegen die Kirche, die mit ihren frommen Machenschaften nur bezahlt werde, um die Armen in Dummheit zu halten. Verbündete sich mit dem Bauernführer Zannekin und führte die Handwerker und Arbeiter Flanderns im Kampf gegen Adel und Besitzbürger (Patrizier). Wer sich in diesem offenen Kampfe des Proletariats nicht klar auf die Seite des arbeitenden Volkes stellte, wurde von ihm als Feind behandelt. Als sein Kampf die ersten Erfolge hatte und das Volk ihm zulief, wurde er in Furnes (Westflandern) meuchlings ermordet.

1323 n/1328 n Aufstand

PFADFINDER, deutscher Name für die von England ausgehende Bewegung der 'boy-scouts'. Die wörtliche Übersetzung ihres englischen Namens ('jugendliche Späher') gibt die Ziele bürgerlicher Wehrertüchtigung und vormilitärischer Erziehung wieder, die ihr Schöpfer (der englische Reiter-General Baden-Powell) im Auge hatte, als er die Organisation ins Leben rief. Sie zählt heute in 60 Ländern der Erde etwa 7 Millionen Mitglieder.

1907 n rot Gründung der Bewegung

PFAFFENBRIEF, Bezeichnung für eine Urkunde, die von sechs Städten der Schweiz unterzeichnet wurde, und kraft derer auch die Priester den örtlichen öffentlichen Gerichten unterstellt waren. Enthielt außerdem ein Verbot der Anrufung eines anderen Gerichtes sowie die Aufforderung an alle Fremden, einen Eid auf die Innehaltung der einheimischen Gesetze zu leisten. Seine Bedeutung liegt in der Aufhebung einer Sonderstellung der Priesterschaft sowie in dem Umstande, daß sich die sechs Städte in dieser Urkunde zum ersten Male als 'Eidgenossenschaft' bezeichneten (Zürich, Luzern, Zug, Uri, Schwyz, Unterwalden).

1370 n rot Erlaß

PFALZ, deutsches Land am Mittellauf des Rheins südlich von Frankfurt. Jahrhundertelang auf beiden Seiten des Rheins gelegen (Hauptstadt Heidelberg), ist sie heute als Teil des Bundeslandes Rheinland-Pfalz auf das linksrheinische Gebiet beschränkt. Das von Alemannen bewohnte Land wurde vor 2000 Jahren römisch und fiel 496 n dem Frankenreiche zu. Bei der Reichsteilung von 843 n kam es zu Austrien (Deutschland). Kaiser Friedrich I. überließ es 1156 n seinem Bruder, der sich 'Pfalzgraf' nannte und damit dem Lande seinen Namen gab. Seit 1214 n ganz oder teilweise von der bayerischen Königsfamilie beherrscht (Wittelsbacher), erhielt sein Herrscher durch die 'Goldene Bulle' das Recht der Königswahl (Kurwürde). Die Hauptstadt Heidelberg wurde nach Errichtung einer Universität zu einem deutschen Kulturzentrum. Zwischen Luthertum und Kalvinismus schwankend, übernahm das Land 1608 n die Führung der Protestantischen Union. Im 3. Krieg Ludwigs XIV. wurde es verwüstet, ohne daß der französische König seine Erbansprüche durchsetzen konnte. In den Napoleonischen Kriegen besetzt, wurden die linksrheinischen Gebiete an Frankreich abgetreten und die rechtsrheinischen Gebiete mit Heidelberg und Mannheim zwischen Baden und Hessen aufgeteilt (Reichsdeputationshauptschluß). Nachseiner Niederlage verlor Frankreich 1815 n das linksrheinische Gebiet wieder, zum größten Teil an Bayern (Wiener Kongreß). Gegen die Ablehnung der Reichsverfassung und des preußischen Erbkaisertums durch Bayern kam es in der Revolution von 1848 n/1850 n zum Pfälzer Aufstand, der mit preußischer Hilfe niedergeschlagen wurde. Nach dem ersten Weltkrieg von französischen Truppen besetzt. Doch führte die Gegenwehr der Bevölkerung gegen den Versuch Frankreichs zur Loslösung des Landes vom Reiche 1930 n zum Abzug der Besatzungstruppen. Nach dem zweiten Weltkrieg erneut von Franzosen besetzt, entwickelte sich das Land zu einem Haupt-Truppenlager auch für die nordamerikanischen und bundesdeutschen Armeen.

496 n braun Vorstoß der Franken
496 n rot Fränkischer Besitz
843 n rot Deutscher Besitz
1356 n rot 'Goldene Bulle'
1386 n blau Universität Heidelberg
1607 n rot Stadtrecht für Mannheim
1608 n rot Protestantische Union
1618 n/1648 n Dreißigjähriger Krieg
1619 n blau Heidelberger Schloß
1658 n rot Beitritt zum Rheinbund
1688 n/1697 n Dritter Krieg Ludwigs XIV.
1796 n/1815 n Napoleonische Kriege
1801 n rot Gebiete an Frankreich
1803 n rot Deputationshauptschluß
1815 n rot Wiener Kongreß
1848 n/1850 n Deutsche Revolution
1914 n/1918 n Erster Weltkrieg
1939 n/1945 n Zweiter Weltkrieg
1945 n rot Besetzung
1949 n rot Teil der BRD

PFAU, Vogelart aus der Familie der Fasanen mit schönen, seit alters her als Schmuck begehrten Federn und einem durchdringenden, mißtönenden Schrei. Aus Indien und Ceylon vor etwa 3000–4000 Jahren in den Mittelmeer-Raum gekommen, war er bei den Griechen als Ziervogel beliebt, bei den Römern als leckere Speise geschätzt. Sinnbild der Eitelkeit.

1189 v grün Handelsobjekt Sabas

PFEFFER, brennend-scharfes Gewürz aus den getrockneten Früchten tropischer Sträucher, die ursprünglich nur in Indien beheimatet waren. Das dort seit alters her gewonnene Gewürz verbreitete sich zunächst in den Reisländern Südostasiens, kam vor 4000 Jahren nach Vorderasien und bald darauf nach Ägypten. Vor 3000 Jahren von den Phöniziern im Mittelmeer-Raum verbreitet, war es bei Griechen und Römern als seltenes, teures Gewürz beliebt und wurde bald auch nach Mittel- und Nordeuropa verkauft. Wegen seines geringen Gewichtes und seines hohen Preises ein begehrtes Handelsobjekt. Die oberitalienischen Städte Venedig und Genua kämpften lange um das Handels-Monopol, bis mit der Entdeckung des billigeren, direkten Seeweges nach Indien den Portugiesen diese Gewinne zufielen. Bis zum 18. Jahrhundert blieb der Handel ein Monopol des Königs von Portugal, der aber auch fremde Länder an Risiko und Gewinn teilhaben ließ. Seit 1506 n holten die reichsten deutschen Kapitalisten (Welser, Fugger) unter dem Schutz der portugiesischen Flotte ganze Schiffsladungen des Gewürzes aus Indien. Aber die Lage Augsburgs war für den Überseehandel ungeeignet, so daß die Einfuhr später in die Hände der Hamburger Besitzbürger überging und deren Reichtum wesentlich stärkte ('Pfeffersäcke'). Allmählich verbreitete sich der Anbau der Pfeffer-Pflanze in den tropischen Kolonialgebieten europäischer Länder (Java, Thailand, Madagaskar, Singapur, Kongo, Westafrika), insbesondere aber in Cayenne (Südamerika). Heute gibt es auf der Erde etwa 700 Arten des Gewürzes.

1506 n grün Einfuhr nach Deutschland

PFEIFERAUCHEN

94 v grün Aufkommen in Europa
1586 n grün Rauchen in England
1621 n grün Rauchen in Deutschland

PFEIFER von Niklashausen, Bezeichnung für einen Bauernaufstand in Unterfranken, der von Niklashausen bei Würzburg seinen Ausgang nahm. Zielte auf Verteilung der Güter der Reichen und der Kirche an die Armen sowie auf Gleichheit von Besitz und Einkommen. Verkündet wurden diese Forderungen durch den Hirten Hans Böheim aus Niklashausen, dem man den Namen 'Pfeifer von Niklashausen' beigelegt hatte, und der nach Niederschlagung des Aufstandes hingerichtet wurde.

1476 n braun Aufstand
1476 n rot Hinrichtung Böheims

PFEIL UND BOGEN

Vorzeittafel: 20 Tausend Jahre
2964 v grün Pfeilspitzen aus Kupfer
2347 v grün Waffe in Mesopotamien
2251 v blau Sumerisches Relief
2190 v grün Pfeilspitzen aus Quarz
2021 v rot Bogenschützen-Truppe
1434 v blau Ägyptisches Relief
1198 v grün Berittene Schützen
1099 v–1016 v Tschu
1031 v blau Zeremoniell in China
716 v grün Pfeilspitzen aus Eisen
666 v grün Sportart in Babylon
510 v grün Persische Münze
53 v grün Einsatz neben Nahkampf
207 n grün Armbrust in China
1220 n grün Brandpfeil fortentwickelt
1365 n grün Bogenschießen gefördert

PFERD

1939 v grün Zugtier in Kleinasien
1865 v grün Nüsternring
1779 v grün Trense
1752 v grün Gestüte in Vorderasien
1724 v grün Streitwagen der Kurriter
1723 v blau Sumerische Fabel
1712 v–1640 v Apofis
1705 v grün Zugtier in Ägypten
1703 v grün Handel in Karkemisch
1673 v grün Streitwagen in Ägypten
1563 v grün Streitwagen in Griechenland
1519 v grün Reittier in Ägypten
1468 v grün Sattel in Ägypten
1465 v–1422 v Amen-Hotep II.
1434 v grün Zucht in China
1405 v–1326 v Kikkuli
1398 v–1335 v Eje
1393 v grün Wagenrennen bei Hettitern
1375 v blau Ägyptisches Relief
1353 v grün Schimmelzucht in Assyrien
1345 v–1301 v Sethos I.
1342 v grün Kampfwagen in China
1334 v grün Kikkulis Pferdebuch
1315 v grün Streitwagen-Verbände
1302 v–1244 v Salmanassar I.
1288 v–1232 v Hori
1279 v grün Pferdebuch syrisch
1267 v grün Streitwagen-Abteilungen
1261 v grün Pferdebuch assyrisch
1241 v–1184 v Priamos
1198 v grün Berittene Bogenschützen
1193 v/1184 v Trojanischer Krieg
1081 v blau Assyrisches Relief
1057 v blau Relief eines Kentaur
869 v grün Reitertruppe in Assyrien
850 v grün Steigbügel in Assyrien
795 v grün Hufschutz in Ägypten
688 v grün Wagenrennen bei Griechen
461 v grün Persisches Großgestüt
430 v–353 v Xenophon
421 v grün Chinesisches Reiterheer
416 v blau Bild vom Kentaurenkampf
359 v blau Xenophon: 'Hipparchikos'
192 v grün Eiserner Hufschutz
127 v grün Handelsobjekt
74 v grün Krankheits-Beschreibung

178n blau Standbild Mark Aurels
291n grün Genagelte Hufeisen
294n–354n blau Apsyrtos
350n–404n rot Balamir
370n/455n Hunnenkriege
448n–510n rot Toramana
602n–664n blau Hüan-Tsang
685n–762n rot Hüan-Tsung
688n–841n rot Karl Martell
718n–781n blau Han-Kan
757n blau Han-Kan: Pferdebilder
806n blau 'Buch der Pferde'
877n–936n rot Heinrich I.
1243n blau Bamberger Reiter
1453n blau Donatello: Reiterstatue
1488n blau Verrocchio: Reiterstatue
1548n blau Tizians Gemälde
1662n grün Pferde-Omnibus
1700n blau Schlüter: Reiterstandbild
1778n blau Falconet: Reiterstatue
1913n blau Marcs Gemälde
1915n blau Sintenis' Plastik

PFERDE-OMNIBUS, regelmäßig verkehrende, von jedermann zu benutzende Pferde-Fuhrwerke für den Personen-Transport.

1662n grün Benutzung in Paris

PFERDESTÄRKE, Maßeinheit der mechanischen Leistung (Abkürzung PS). Entspricht etwa der Zugkraft eines Pferdes (genau: Die Kraft, die erforderlich ist, um 75 kg in 1 Sekunde 1 Meter hoch zu heben). Der Erfinder der modernen Dampfmaschine führte diese Einheit ein, um damit die Überlegenheit der mechanischen Kraft gegenüber der natürlichen Arbeitsleistung anschaulich zu machen.

1736n–1819n James Watt
1770n grün Einführung des Begriffs

PFIRSICHE

127v grün Ausfuhr aus China

PFLANZEN

Vorzeittafel: 2 Milliarden Jahre
Vorzeittafel: 1 Milliarde Jahre
Vorzeittafel: 400 Millionen Jahre
Vorzeittafel: 20 Millionen Jahre
Vorzeittafel: 50 Tausend Jahre
Vorzeittafel: 10 Tausend Jahre
Vorzeittafel: Schlußballen (5000 Jahre)
3000v–2952v rot Meschki-Agascher
2973v grün Getreidehandel Sumers
2950v grün Bier aus Gerste
2946v blau 'Giraffen unter Palme'
2931v grün Flachseile in Ägypten
2929v grün Baumwolle im Industal
2927v grün Boswelliaharz-Verwendung
2922v grün Leinwand aus Flachs
2887v grün Mühlsteine für Getreide
2832v grün Kornspeicher im Industal
2813v grün Baumwollhandel
2787v grün Weine in Ägypten
2777v grün Werkstoff Papyrus
2755v grün Dattelgärten in Sumer
2743v grün Weihrauchkörner-Handel
2684v grün Dattelwein in Sumer
2678v blau 'Tiger und Mann auf Baum'
2663v grün Flachsanbau in Sumer
2585v blau 'Lebensbaum mit Ziege'
2558v grün Obstbaumsteuer, Ägypten
2492v blau Relief einer Flachsernte
2488v blau Palmstammsäule, Ägypten
2480v grün Sirup aus Datteln
2463v–2403v rot Ni-User-Re
2430v blau 'Bäume und Gräser'
2403v blau Relief der Ackerbaugöttin
2391v blau 'Tiere im Papyrus'
2350v blau 'Frau beim Kornmahlen'
2350v grün Kornwährung abgeschafft
2339v grün Boote aus Papyrus
2332v blau Relief einer Kornernte
2328v grün Rose in Mesopotamien
2323v grün Feigenbaum, Mesopotamien
2317v blau 'Bauern bei der Ernte'
2315v grün Weinbau in Mesopotamien
2304v grün Traubenwein in Akkad
2300v blau Relief einer Flachsernte
2223v grün Rhabarber in China
2097v grün Getreide in China
2055v–1975v Ur-Edina
2034v grün Handel mit Zedernholz
2025v grün Plantagen in Lagasch
1981v blau 'König mit Palmenzweig'
1981v grün Kräuterkuren in Sumer
1959v blau 'Vögel im Akazienbaum'
1917v blau 'Paviane helfen bei Ernte'
1902v–1841v rot Bila-Lama
1901v blau 'Fürst mit Blumen'
1869v blau 'Bootsbau aus Papyrus'
1836v blau 'Katze im Dickicht'
1472v blau Fries: Weingewinnung
1467v blau 'Tänzerinnen mit Lotos'
1462v blau 'Blumenpflückerin'
1459v blau 'Gazelle hinter Büschen'
1425v blau 'Jüngling mit Lotos'
1420v blau 'Mädchen mit Papyrus'
1418v–1372v rot Ka-Em-Het
1411v blau 'Weinernte am Nil'
1343v blau 'Enten im Gestrüpp'
1325v grün Maisanbau in Amerika
1324v blau 'Junge Frau mit Lotos'
1208v grün Bücher aus Holz, Bambus
1118v–1058v rot Wen-Amun
1089v grün Plantagen in Mesopotamien
1075v blau Blatt-Kapitell
989v blau Bild auf Papyrus
973v grün Holz- und Getreidehandel
909v grün Schreiben mit Bambus
785v grün Luzerne in Vorderasien
770v grün Rose in Griechenland
700v grün Ölbaum nach Italien
687v grün Baumwolle, Mesopotamien
674v grün Papyrus in Griechenland
617v blau Fabeln auf Papyrus
614v grün 'Hängende Gärten'
569v grün Getreidezins in Babylon
418v–345v Diokles
372v–287v Theophrast
356v grün Diokles' Kräuterbuch
321v–282v Megasthenes
313v grün Schreiben mit Schilfrohr
309v grün 'Geschichte der Pflanzen'
299v–237v rot Asoka der Milde
297v grün Theophrasts Forschungen
278v blau 'Bauern bei der Ernte'
276v grün Papyrus-Monopol
265v–202v Philon
259v rot Ausfuhrverbot für Papyrus
252v grün Chausseebäume in Indien
244v grün Heilpflanzenanbau, Indien
162v grün Plantagensystem in Rom
135v–50v Poseidonios
127v grün Handel China-Parther
94v grün Rauchen in Europa
73v grün Kirschbaum nach Europa
70v–19v Vergil
63v grün Garten des Lukull
20n–79n Dioskurides
27n grün Aprikosenbaum in Italien
48n–118n Tsai-Lun
66n grün Werk des Dioskurides
190n–265n Hua-To
262n grün Teetrinken in China
281n grün Weinbau an Rhein, Donau
350n grün Zucker in Indien
406n blau 'Pfirsichblütenquelle'
560n–618n rot Yang-Ti
584n–641n Georgios Pisides
736n grün Hopfen in Deutschland
750n grün Zuckerrohr in Ägypten
761n grün Zuckerrohr in Spanien
793n grün Teesteuer in China
805n grün Tee nach Japan
812n grün Walafried: Heilkräuter
831n grün Baumwollanbau in Europa
882n grün Spinatpflanze in Spanien
902n blau 'Bambussammler'
970n grün Kaffee in Abessinien
1015n grün Koffein als Heilmittel
1052n grün Werk Ibn Wafids
1053n–1140n Toba-Sojo
1055n grün Zitronenbaum in Spanien
1106n grün Narkoseschwämme, Italien
1160n grün Hildegard: Naturkunde
1193n–1279n Albertus Magnus
1202n blau 'Unter der Linden'
1249n grün Gewächshaus in Köln
1258n blau 'Der Rosengarten'
1264n grün Ackerbau bei Mongolen
1299n blau Buch über Bambus
1302n grün Orseille-Farbstoff
1323n blau Blumenspiele von Toulouse
1349n grün Konrad: Naturkunde
1375n–1448n Josetsu
1395n blau 'Übergabe der Blume'
1408n–1472n rot Nezalhual
1410n–1451n Stephan Lochner
1459n–1525n Jakob Fugger
1464n blau Noamis Bilder
1473n blau 'Madonna im Rosenhag'
1489n–1587n Sinan
1506n grün Gewürzhandel
1525n grün Botanischer Garten Erfurt
1529n grün Tabakpflanze in Spanien
1538n grün Kaffee nach Europa
1548n grün Kartoffel nach Europa
1554n grün Tulpe, Flieder in Europa
1560n grün Tabak nach Frankreich
1565n grün Tabak Heilmittel
1586n grün Rauchen in England
1610n grün Tee nach Europa
1621n grün Rauchen in Deutschland
1625n grün Neander: Tabakveredlung
1626n grün Botanischer Garten Paris
1639n blau 'Heimkehr von der Ernte'
1639n grün Katsura-Park Kyoto
1641n blau 'Saskia mit Blume'
1642n rot Tabakverbot des Papstes
1642n blau 'Der Gärtner'
1643n blau 'Drei Bäume'
1644n grün Zuckerrohr auf Antillen
1664n grün Frankreich: Tabakmonopol
1667n grün Hooke: Pflanzenzellen
1674n blau 'Tiger im Bambusdickicht'
1682n grün Park von Versailles
1686n grün Kaffee-Plantagen auf Java
1710n grün Kaffee nach Amerika
1735n grün Linnés System
1739n grün Kamelie nach Europa
1739n grün Kautschuk nach Europa
1742n grün Landschaftsgärten
1743n grün Hales' Forschungen
1747n grün Zuckergehalt der Rübe
1760n grün Blütenbestäubung
1773n grün England: Opium nach China
1778n grün Werk Lamarcks
1788n grün Hortensie nach Europa
1790n grün Goethe: 'Metamorphose'
1802n grün Achards Zuckerfabrik
1809n–1882n Darwin
1812n grün Thaer: Bodenlehre
1819n grün Pelletier: Chinin
1820n blau 'O Tannebaum'
1823n blau 'Einsamer Baum'
1830n grün Opiumhandel vervielfacht
1839n grün Künstliche Düngung
1839n rot Widerstand gegen Opium
1839n/1842n Opiumkrieg
1849n grün Zigarette
1857n blau 'Ährenleserinnen'
1866n grün Mendel: Vererbung
1866n grün Schrebergärten
1881n grün Mitschurins Züchtungen
1899n grün Stickstoffdünger
1902n grün Vries: Mutation
1914n grün Willstätter: Farbstoffe
1939n grün Schutzmittel DDT
1964n grün Gefahren des Rauchens

PFLANZENKUNDE

372v–287v Theophrast
309v grün 'Naturgeschichte'
297v grün Physiologie
1193n–1279n Albertus Magnus
1249n grün Gewächshaus in Köln
1408n–1472n rot Nezalhual
1525n grün Botanischer Garten Erfurt
1626n grün Botanischer Garten Paris
1667n grün Hooke: Pflanzenzellen
1735n grün Linné: Pflanzensystem
1743n grün Hales' Forschungen
1747n grün Zuckergehalt der Rübe
1760n grün Koelreuter: Bestäubung
1778n grün Lamarck: Pflanzenwelt
1790n grün Goethe: 'Metamorphose'
1809n–1882n Darwin
1812n grün Thaers Bodenlehre
1839n grün Künstliche Düngung
1866n grün Mendel: Vererbung
1881n grün Mitschurins Züchtungen
1902n grün Vries: Mutation
1914n grün Willstätter: Farbstoffe

PFLUG, Gerät für die Lockerung und Mischung des zur Aufnahme der Saat bestimmten Erdreichs. In seiner einfachsten Form (gebogener Ast) wohl so alt wie der Ackerbau, also rund 10000 Jahre. Während in einem Teile der Erde seitdem wesentliche Verbesserungen an diesem Grundwerkzeug der Bodenbearbeitung vorgenommen wurden, wird in zahlreichen Ländern Asiens und Afrikas heute noch der Boden mit dem gleichen einfachen Gerät bearbeitet wie vor 10000 Jahren.

Vorzeittafel: 10 Tausend Jahre
2940v grün Holzpflug in Sumer
2075v blau 'Bauer hinterm Pflug'
767v grün Eisenbeschläge
299v grün Eisenpflug in Europa
30n grün Pflug auf Rädern
1789n grün Pflug aus Gußeisen
1832n grün Dampfpflug

PFÖRTNER

10n grün In Pompeji

PFORR, Antonius (um 1420n–1483n), deutscher Übersetzer. Als Pfarrer in der Neckarstadt Rottenburg bei Tübingen übertrug er im Auftrage einer Fürstin ein indisches Märchenbuch ins Deutsche. Dabei ging er nicht vom indischen Original aus, sondern von einer lateinischen Übersetzung. Das Buch bringt, in die durchgehende Rahmenerzählung von Kalila und Dimna eingebettet, indische Märchen- und Fabel-Weisheit.

1471n blau Märchen-Übersetzung

PFUND, im römischen Reiche gebräuchliche Gewichtseinheit, die in den meisten Ländern Europas Verbreitung fand. Da eine bestimmte Gewichtsmenge Edelmetall wie Geld angenommen wurde, auch als Währungseinheit gebraucht. Seit fast 1000 Jahren zunehmend durch die von Skandinavien sich verbreitende Einheit 'Mark' verdrängt, die ebenfalls Gewichtseinheit wie Währungseinheit war.

1050n grün Verdrängung durch 'Mark'

PHÄDRUS, römischer Fabeldichter.

16v–45n Lebenslinie
38n blau Fabelsammlung

PHAGSPA (um 1225n–um 1290n), mongolischer Schriftgelehrter aus Tibet. Berater des Kaisers Kublai-Khan für alle kulturellen und religiösen Fragen ('Lehrer des Reiches'). Entwickelte für die Mongolen eine eigene Schrift, deren Schriftzeichen sich an das Tibetanische anlehnten ('Quadratschrift'). Obgleich Kublai-Khan sie als Reichs-Schrift einführte, setzte sie sich gegen das herrschende Uigurisch nicht durch und blieb im wesentlichen auf amtliche Urkunden beschränkt. Bestimmte Kublai-Khan zur Annahme des Buddhismus.

1264n rot Kublai-Khan Buddhist
1266n grün Quadratschrift

PHAISTOS, Stadt auf der Mittelmeer-Insel Kreta. Entstand vor mehr als 4000 Jahren auf einer Hochebene an der Südküste der Insel. Mit der Errichtung eines Palastes erhielt die zunächst bäuerliche Kultur der Stadt ein höfisches Gepräge. Um 1400v wurde sie gleichzeitig mit der an der Nordküste gelegenen Stadt Knossos zerstört. Ein Tontafel-Archiv erhielt sich bis in unsere Epoche und gab wertvolle Aufschlüsse über das Leben auf der Insel.

1937v blau Palast

PHALANX, griechisches Wort für die Schlachtordnung, in der ein Heer dem Feind gegenübertritt ('geschlossene Schar', wörtlich 'Balken'). Der griechische Feldherr Epaminondas verband vor 2500 Jahren die Einteilung seiner Soldaten mit seinem Schlachtplan und stellte einen schnellen Angriffsflügel und einen weniger beweglichen, aber besonders starken Verteidigungsflügel auf. Diese 'schiefe' Schlachtordnung wurde von dem Mazedonierkönig Philipp ausgebaut, indem er den Angriffsflügel aus berittenen Truppen bildete, den Abwehrflügel aber aus schwerbewaffnetem Fußvolk. Seit dieser Zeit besteht ein wesentlicher Teil der Strategie aller Armeen in der Frage, ob der starke Angriffsflügel links oder rechts aufgestellt wird, während andererseits Spione aufgeboten werden, um die Aufstellung des Gegners vorher auszukundschaften.

418v–362v rot Epaminondas
382v/362v Thebanischer Krieg
359v grün Philipps Schlachtordnung

PHALEAS, griechischer Philosoph.

429v–370v Lebenslinie
400v blau Forderung: Sozialisierung
390v blau Voraussetzung der Freiheit

PHARISÄER, Name einer religiös-politischen Gruppe des jüdischen Volkes. Suchte durch besonderen religiösen Eifer aufklärerischen Tendenzen zu begegnen, die aus dem nahen Alexandria mit seinem freien philosophischen Geist die überholte Religion der Juden in Frage zogen. Ihr Hauptmittel war das unbeirrte Festhalten an den Religionsübungen im Alltag, die von der Mehrheit des jüdischen Volkes bereits außer Acht gelassen wurde. Unbekümmert um die Verachtung der aufgeklärten Juden und des einfachen Volkes (Jesus) pflegten sie den überalterten Kult und sonderten sich dadurch immer stärker vom übrigen jüdischen Volke ab ('Pharisäer' = die Abgesonderten). Nach der Zerstörung Jerusalems (70n) wurde ihre strenge Dogmatik für fast zwei Jahrtausende zum Zusammenhalt des seiner Heimat beraubten Judentums.

137v rot Parteigründung
10v–52n Matthäus

PHEIDIPPIDES (um 510v–490v), griechischer Kurier. Lief bei Herannahen der Perser in 2 Tagen von Athen in das 200 km entfernte Sparta, um ein Gesuch wegen militärischer Hilfe zu überbringen. Bald darauf soll er die Siegesmeldung vom Schlachtort Marathon so schnell in das 42 km entfernte Athen getragen haben, daß er bei seiner Ankunft tot zusammenbrach.

490v/449v Perserkriege
490v rot Siegesnachricht

PHEREKYDES (um 490v–um 435v), griechischer Historiker. Verfaßte in seiner Heimatstadt Athen eine zehnbändige Stammeskunde. Darin formte er die Heldensage zu einer geschichtlichen Wirklichkeit in der Art einer Familiengeschichte. Bezog auch die Göttersage in seine Darstellung ein.

457v blau Geschichtswerk

PHIDIAS, griechischer Bildhauer.

493v–432v Lebenslinie
440v blau Parthenon-Fries
439v blau 'Athena'-Statue

PHILADELPHIA, Stadt in Nordamerika, 100 km südwestlich von New York im Mündungstrichter des Delaware-Flusses. Zweitgrößter Hafen der USA nach New York. Vor 300 Jahren von dem Engländer William Penn angelegt, wurde es zu einem Zentrum des Unabhängigkeitskampfes der nordamerikanischen Staaten gegen die englische Kolonialherrschaft. 1774n versammelte sich hier der erste Kongreß nordamerikanischer Staaten, um über die Maßnahmen gegen England zu beraten. Zwei Jahre später wurde von hier aus die Unabhängigkeit der USA verkündet, und endlich wurde hier auch die Verfassung der Vereinigten Staaten niedergeschrieben. Von 1790n bis 1800n Hauptstadt der USA. 1844n fand hier eine blutige Verfolgung der Katholiken statt, deren Zahl durch Zuwanderer aus Irland schnell zugenommen hatte.

1682n blau Gründung
1683n blau Gründung von Germantown
1774n rot Kontinentalkongreß
1776n rot Unabhängigkeitserklärung
1787n rot Verfassungskonvent

PHILÄ, Nilinsel bei Assuan (Süd-Ägypten). Hier wurden vor etwas mehr als 2000 Jahren unter griechischer und römischer Herrschaft Tempelbauten errichtet. Durch die Anlage des Staudamms von Assuan wurden die Bauten von Überflutung bedroht und konnten nur durch Verlegung gerettet werden.

287v blau Isis-Tempel
1964n grün Bau des Assuan-Dammes

PHILEMON (um 360v–263v), griechischer Dichter. In Syrakus (Sizilien) geboren, wurde er Bürger von Athen und lebte später lange in Alexandria (Ägypten). Schrieb 97 Bühnenstücke, meist spannende, publikumswirksame Lustspiele aus dem Leben des Bürgers seiner Zeit. Dabei gehen die Verwicklungen seiner Stücke häufig auf Hetären oder Sklaven zurück. Als höchsten Wert preist er immer wieder Freundschaft in der Bewährung. Einer der beliebtesten Dichter seiner Zeit, wurde er hoch verehrt und starb fast hundertjährig, als man ihn gerade auf der Bühne bekränzte.

282v blau 'Der Kaufmann'
272v blau 'Der Schatz'

PHILEMON UND BAUKIS, ein altes Ehepaar in der griechischen Götter- und Heldensage. Trotz ihrer Armut nahmen beide die als Bettler durch Kleinasien wandernden Götter Zeus und Hermes gastlich auf und teilten ihr Letztes mit ihnen. Beim Mahle erkannten sie die Götter daran, daß der Wein im Krug nicht abnahm. Als ihnen ein Wunsch freigestellt wurde, baten sie, in hohem Alter gemeinsam zu sterben. Zeus verwandelte ihre Hütte in einen herrlichen Tempel und bei ihrem gleichzeitigen Ende Philemon in eine Eiche und Baukis in eine Linde.

43v–17n Ovid
9n blau Ovids Schilderung
1621n–1695n Lafontaine

PHILETAIROS (343v–263v), König des Reiches von Pergamon (Nordwest-Kleinasien). Als mazedonischer Offizier wurde er von einem Feldherrn Alexanders des Großen (Lysimachos) mit der Bewachung eines Schatzes im Werte von 200 Millionen Mark auf der Burg Pergamon betraut. Nach dem Sturz des Lysimachos behielt er Burg, Stadt und Schatz und machte sich selbst zum Herrn von Pergamon. Erweiterte seinen Stadtstaat durch erfolgreiche Feldzüge und ernannte sich zum König des so entstandenen kleinen Reiches. Durch eine lebhafte Bautätigkeit wurde er schnell berühmt.

283v rot Reichsgründung

PHILIPP II. (1165n–1223n), französischer König von 1180n bis 1223n. Nutzte die Streitigkeiten zwischen dem englischen König Heinrich II. und dessen Söhnen zur Rückeroberung englischer Gebiete in Frankreich. Zusammen mit dem englischen König Richard Löwenherz und dem deutschen Kaiser Friedrich I. unternahm er einen erfolglosen Kreuzzug nach Jerusalem. Als er die Nachricht von der Gefangennahme König Richards erhielt, griff er das englische Nordfrankreich (Normandie) an und eroberte es bis 1204n ganz. Zehn Jahre später schlug er einen Angriff des deutschen Kaisers Otto IV. ab. Durch Einziehung kleiner Fürstentümer rundete er seinen Besitz ab und verdoppelte durch seine kriegerischen Unternehmungen den Umfang seines Reiches. Die Kirchengegner (Katharer) schlug er im Bunde mit dem Papst grausam nieder.

1189n/1192n Dritter Kreuzzug
1209n/1229n Katharer-Kreuzzug
1214n braun Sieg über Welfen

PHILIPP II., König von Mazedonien. Herrschte von 359v bis 336v.

382v–336v Lebenslinie
383v–322v Demosthenes
359v rot Herrschaftsbeginn
359v rot Stehendes Heer
359v grün Neue Schlachtordnung
358v braun Vorstoß nach Thrazien
358v rot Gebietsgewinn
358v blau Gründung von Philippi
356v/346v Zweiter Heiliger Krieg
350v rot Gegnerschaft Demosthenes'
346v rot Schutzherr von Delphi
345v rot Förderung durch Isokrates
342v rot Erziehung des Sohnes
342v rot Vertrag mit Persien
342v/341v Thrazien-Feldzug
341v rot Thrazien Provinz
339v/338v Dritter Heiliger Krieg
338v rot Herr über Griechenland
337v rot Kriegsentscheidung

337v blau Gemälde des Antiphilos
336v rot Ermordung
336v rot Alexander Nachfolger

PHILIPP II., König von Spanien.

1527n–1598n Lebenslinie
1533n–1603n Elisabeth
1533n–1584n Wilhelm von Oranien
1556n rot Spanien selbständig
1557n grün Staatsbankrott
1558n braun Vorstoß nach Chile
1558n rot Gewinn von Chile
1559n rot Protestanten-Verfolgung
1563n blau Bau des Escorial
1567n rot Alba Statthalter
1571n braun Sieg über Türken
1572n rot Wilhelm Statthalter
1572n rot Besitz der Philippinen
1572n/1581n Kampf der Niederlande
1576n rot Bündnis Aufständischer
1578n rot Hilfe Deutschlands
1580n rot Gewinn von Portugal
1581n rot Holland unabhängig
1585n rot Gegnerschaft Englands
1588n braun Niederlage der Armada
1588n rot Gegnerschaft Hollands
1588n rot Machtverlust
1597n braun Armada vernichtet
1775n blau Alfieris Tragödie
1787n blau Goethe: 'Egmont'

PHILIPP der Kühne (1342n–1404n), Herzog von Burgund seit 1363n. Als vierter Sohn des französischen Königs (Johann der Gute) beschützte er seinen Vater vierzehnjährig in einer Schlacht gegen England (Hundertjähriger Krieg) und geriet zusammen mit ihm in englische Gefangenschaft. Vier Jahre später gemeinsam entlassen, erhielt er vom Vater das Herzogtum Burgund. Durch seine Heirat mit Margarete von Flandern fielen ihm die reichen Besitzungen des Grafen von Flandern zu. Der deutsche Kaiser belieh ihn mit dem Gebiet des Schweizer Jura (Hoch-Burgund). Nach dem Tode seines Bruders, des französischen Königs Karl V., führte er gemeinsam mit seinen älteren Brüdern die Regentschaft für dessen Sohn.

1338n/1453n Hundertjähriger Krieg
1341n–1406n Claus Sluter
1384n rot Gebietszuwachs

PHILIPP der Schöne (1268n–1314n), französischer König von 1285n bis 1314n. Geriet wegen der Besteuerung der französischen Priester in Streit mit Papst Bonifatius VIII., der ihn bannte und als abgesetzt erklärte. Darauf nahm er den Papst gefangen, verbot dem französischen Klerus Zahlungen nach Rom, erzwang die Wahl des französischen Bischofs Klemens V. zum Papst und veranlaßte die Verlegung der päpstlichen Residenz von Rom ins französische Avignon. Dadurch brachte er die Kirche für 67 Jahre unter französische Aufsicht. Ließ den Templerorden aufheben, um dessen gewaltiges Vermögen zugunsten seiner Staatskasse einzuziehen. Durch Besitznahme von Lyon, das seit 1032n zum deutschen Reiche gehörte, leitete er die Eroberung deutschen Gebietes durch Frankreich ein. Sein Versuch, die deutsche Königskrone für seinen Bruder Karl von Valois zu erwerben, scheiterte.

1235n–1303n Bonifatius VIII.
1296n rot Gegnerschaft des Papstes
1302n braun Niederlage in Flandern
1302n rot Machtanspruch des Papstes
1303n rot Gefangennahme des Papstes
1306n rot Juden-Ausweisung
1309n rot Avignon Papst-Sitz
1312n rot Templerorden aufgelöst

PHILIPP von Schwaben (1178n–1208n), deutscher König von 1198n bis 1208n. Als jüngster Sohn Kaiser Friedrichs I. (Barbarossa) übernahm er nach dem plötzlichen Tode seines Bruders die Regentschaft für seinen Neffen Friedrich II. von Staufen. Um die Ansprüche des Welfen Otto IV. auf die Kaiserkrone abzuwehren, ließ er sich bis zur Volljährigkeit des erst vierjährigen Staufers Friedrich II. zum deutschen König krönen. Als er sein Heer zum Entscheidungskampf mit dem Gegenkönig Otto IV. führen wollte, wurde er von dem bayerischen Fürsten Otto von Wittelsbach in Bamberg ermordet.

1197n/1198n Kampf um den Thron
1198n rot König
1198n rot Otto IV. Gegenkönig
1208n rot Ermordung

PHILIPP de Cacquerai (um 1300n–um 1360n), französischer Erfinder aus St. Immes. Stellte glatte und durchsichtige Glasfenster her, indem er durch Blasen einzelne runde Scheiben von 8 bis 10 cm Durchmesser fertigte und diese 'Butzen' durch Rahmen zu einer Fläche zusammenfügte.

1330n grün Butzenscheiben

PHILIPPEION, Name eines kreisrunden Bauwerks, das der Mazedonierkönig Philipp II. nach seinem Sieg über die vereinigten Heere von Athen und Theben in Olympia (Süd-Griechenland) errichtete. Es wurde von seinem Sohn Alexander dem Großen vollendet und mit Standbildern der Familie Philipps aus Gold und Elfenbein geschmückt.

396v–328v Leochares

PHILIPPI, Stadt in Nord-Griechenland zwischen Saloniki und den Dardanellen. Auf dem Boden einer attischen Siedlung durch den Mazedonierkönig Philipp II. nach der Eroberung Thraziens gegründet, wuchs sie wegen der in der Nähe befindlichen reichen Goldbergwerke schnell zu großer Bedeutung heran. Hier besiegten im Jahre 42v die noch verbündeten Anwärter auf Cäsars Nachfolge, Antonius und Oktavian (später Augustus), die Verteidiger der republikanischen Ordnung Roms, Brutus und Kassius. Später entstand hier eine der ersten Christengemeinden Europas, die von Paulus zu Standhaftigkeit und Eintracht ermahnt wurde (Philipperbrief). Beim Vormarsch der Türken auf dem Balkan wurde die Stadt Ende des 14. Jahrhunderts zerstört.

358v blau Anlage durch Philipp
43v/30v Dritter Bürgerkrieg Roms
49n rot Christentum

PHILIPPINEN, Inselgruppe im Pazifischen Ozean zwischen Indonesien und dem chinesischen Festlande. Vor Jahrtausenden von einer negroiden Urbevölkerung bewohnt, wurde sie seit 2000 Jahren von Malaien und Chinesen besiedelt. 22 Jahre nach ihrer Entdeckung durch Magellan erhielt sie ihren Namen nach dem spanischen Kronprinzen Philipp II., der sie nach seiner Thronbesteigung in Besitz nehmen und kolonisieren ließ. Dabei spielten die katholischen Orden eine wichtige Rolle (Franziskaner, Dominikaner, Jesuiten). Sie brachten auch den Handel weitgehend unter ihre Kontrolle, der hauptsächlich in einer Mittlerrolle zwischen China (Seide, Porzellan, Gewürze) und Mittelamerika (Silber) bestand. Die Ausbeutung der eingeborenen Bevölkerung durch die europäischen Großgrundbesitzer beruhte auf einer gemäßigten Sklaverei ('Encomienda-System'). Zahlreiche Aufstände gegen die klerikalkoloniale Herrschaft blieben bis Ende des 19. Jahrhunderts erfolglos. Erst 1898n gelang den Inselbewohnern mit Unterstützung der USA die Vertreibung der Spanier aus Manila. Doch vertauschten sie dabei nur die spanische Unterdrückung gegen eine Ausbeutung durch die USA, die die Inseln für 20 Millionen Dollar von Spanien übernahmen. Die 1897n ausgerufene Republik wurde von den USA nicht anerkannt. Der Aufstand des enttäuschten Volkes unter Aginaldo wurde von 50000 amerikanischen Soldaten niedergeworfen, nachdem 1901n Aginaldo durch Verrat gefangen worden war. Seitdem förderten die USA ein einheimisches Besitzbürgertum, das an der Ausbeutung des arbeitenden Volkes durch die Nordamerikaner teilnahm und auf die Anwesenheit der US-Truppen angewiesen war. Allmählich gaben die Vereinigten Staaten ihre politische Herrschaft auf und zogen sich auf die wirtschaftliche Ausbeutung und militärische Kontrolle zurück. (1902n beschränkte Selbstverwaltung, 1916n Verfassung, 1934n Commonwealth of USA, 1946n politische Unabhängigkeit.) Seit der vorübergehenden japanischen Besetzung der Inselgruppe (1941n/1945n) hat sich aber in der arbeitenden Bevölkerung eine Befreiungsbewegung ('Hukbong') gebildet, die zugleich mit der wirtschaftlichen und militärischen Unabhängigkeit von den USA die soziale Befreiung durch Entmachtung der einheimischen Ausbeuter erstrebt.

1480n–1521n Magellan
1521n grün Entdeckung
1572n rot Spanischer Besitz
1895n/1898n Krieg USA-Spanien
1898n rot Besitz der USA
1939n/1945n Zweiter Weltkrieg
1954n rot Mitglied der SEATO
1955n rot Bandung-Konferenz

PHILISTER, Name eines kleinasiatischen Volkes, das sich nach vergeblichem Vorstoß gegen Nord-Ägypten vor mehr als 3000 Jahren im südlichen Syrien (Vorderasien) niederließ und dort zahlreiche Kämpfe mit der einheimischen Bevölkerung (Juden) zu bestehen hatte. Es befruchtete die jüdische Kultur und gab dem Lande seinen Namen (Philistaa = Palästina). Vorübergehend von Israel und Assyrien unterworfen, spielte es im babylonischen und persischen Reiche noch eine Rolle. Später Streitobjekt zwischen den griechischen Diadochenreichen der Ptolemäer und der Seleukiden, ging es vor 2000 Jahren im Römerreiche auf.

1189v braun Angriff auf Ägypten
1175v rot Niederlassung
1086v–1004v Samuel
1064v–1010v Saul
1035v–972v David
1010v braun Sieg über Israel
1000v braun Niederlage gegen Juda

PHILITAS (um 320v–um 270v), griechischer Dichter und Philosoph von der Insel Kos vor der Küste Kleinasiens. Ging in das aufstrebende Alexandria (Nord-Ägypten) und wurde Erzieher des ägyptischen Königs Ptolomäus II. Stellte eine Sammlung seltener Wörter zusammen und erklärte diese Ausdrücke ('Ungeordnete Glossen'). Seine Dichtungen lehnten sich meist an griechische Götter- und Heldensagen an (Demeter, Odysseus).

279v blau 'Bittis'

PHILO, jüdischer Theologe.

25v–45n Lebenslinie
20n blau Vorrang der Theologie
24n blau Altes Testament: Gesetz
32n blau Bibelauslegung
40n blau Freiheit des Menschen

PHILOCHOROS (um 335v–261v), griechischer Geschichtsschreiber. Als Weissager in Athen hatte er die Priester der Stadt bei ihren Opferhandlungen zu beobachten und aus den Eingeweiden der Opfertiere sowie aus der Rauchbildung beim Verbrennen Prophezeiungen zu machen. Um 300v gab er dieses angesehene Amt auf und zog sich zur Niederschrift einer Geschichte Athens zurück. Streng nach der Jahresfolge zeichnete er in 17 Bänden alle überlieferten Begebenheiten auf von der Entstehung der Stadt bis in die eigene Zeit. Dabei widmete er 10 von den 17 Bänden der Geschichte seiner Epoche. Wegen seines Eintretens für die Freiheit Athens von dem Mazedonierkönig Antigonos II. getötet.

267v blau Geschichte Athens

PHILON, griechischer Mechaniker und Naturforscher.

265v–202v Lebenslinie
240v grün Metallfedern
238v grün Ringgelenk
233v grün Automatische Öllampe
229v grün Schrift über Mechanik
224v grün Bagger, Taucherglocke
221v grün Waschkugel-Automat
218v grün Thermoskop

PHILOPONOS, Johannes (um 470n bis um 540n), griechischer Philosoph und Naturforscher. Verließ seine Heimatstadt Cäsarea (Kleinasien) und lehrte in Alexandria (Nordafrika). Hier trat er zum Christentum über und bekämpfte die Lehren der großen griechischen Philosophen. Lehnte auch die Bewegungslehre des Aristoteles ab und ersetzte sie durch eine 'Impetus-Theorie'. Danach ist allen Körpern eine Kraft eingeprägt, die als Teil einer göttlichen Urkraft das Weltall wie die Dinge dieser Erde bewegt. Weil er die Dreifaltigkeitslehre nicht in der kirchlich-dogmatischen Form annahm, wurden seine Lehren von der Kirche bekämpft.

514n blau Aristoteles-Kommentare
515n grün Kraft-Theorie

PHILOSOPHIE, von dem Griechen Heraklit vor 2500 Jahren geprägte Bezeichnung für die denkende Betrachtung von Welt und Leben (wörtlich: Weisheitsliebe), als deren Ziel er die Erforschung der Natur der Dinge betrachtete. Im Erkenntnisdrang des Menschen seit Jahrtausenden angelegt, richtete sie sich zuerst auf die Nutzbarmachung von Lebenserfahrung für das menschliche Tun (Weltweisheit). Hieraus entwickelte sie sich als theoretisch begründete Anschauung vom Weltganzen und der Stellung des Menschen in ihm. Durch Schaffung fester Begriffe mit klar beschriebenem Inhalt gab ihr Sokrates eine wissenschaftliche Grundlage. Aristoteles sah ihr Ziel in der Erforschung von Ursache und Prinzip der Dinge, Epikur dagegen in der Fähigkeit des Menschen, durch Vernunft glücklich zu sein. Das Christentum unterdrückte ihre wissenschaftliche Ausrichtung ebenso wie ihre Orientierung auf die Lebensweisheit und deformierte sie zu einer Hilfswissenschaft der Theologie. Nachdem Occam im 14. Jahrhundert die Unvereinbarkeit von philosophischem Denken und religiösem Glauben verkündet hatte, begann der jahrhundertelange Kampf um die Befreiung der Philosophie. Kant konnte den Vorrang des Wissens vor dem Glauben verkünden, er rückte das Menschliche und das Wirkliche wieder in ihren Blickpunkt. Die Überwindung aller überirdischer Spekulation durch ein wissenschaftliches Weltbild führte im 19. Jahrhundert zur Gleichsetzung von Philosophie und Naturwissenschaft (Haeckel). Der gleichzeitige Industrialisierungsprozeß brachte mit der Proletarisierung der arbeitenden Massen den Marxismus hervor, der sich nicht auf die theoretische Durchdringung der wirklichen Welt beschränkte, sondern daraus die Forderung nach praktischer Umgestaltung dieser Wirklichkeit ableitete. Ihr frühere Philosophie als unbewußten Niederschlag überholter Klassengesellschaften begreifend, verstand er sich selbst als ersten bewußten Ausdruck einer kämpfenden Klasse ('Philosophie der Arbeiterklasse'). Im Gegensatz zu dieser Leben und Welt bejahenden Haltung zeigte die bürgerliche Philosophie eine zunehmende Abwendung von der Wirklichkeit. Diese lebensverneinende Grundhaltung entwickelte sich in unserer Epoche mit dem fortschreitenden Untergange des Kapitalismus zu einem alle Werte leugnenden Nihilismus und Kulturpessimismus.

2707v–2626v Imhotep
2495v–2405v Pta-Hotep
2471v–2397v Ni-Anch-Pta
2422v blau Individuum und Kollektiv
2164v blau Gespräch mit der Seele
1995v–1911v Enotes
1912v blau Prinzipien der Moral
1575v–1509v I-Yin
1391v–1358v Echnaton
1377v blau Abkehr vom Götterglauben
1377v–1302v Ani
1374v blau 'Der Philosophenkönig'
1367v–1315v Mur-Sili II.
1363v blau Sonnenhymnus
1347v blau Ani: Mutter-Verehrung
1342v blau Anis Weisheitsbuch
1049v blau 'Buch der Wandlungen'
1040v blau 'Rigveda'
1022v–936v Amenope
974v blau 'Brahmana der 100 Pfade'
943v blau Amenopes Weisheitsbuch
825v–730v Parshva
809v–724v Homer
802v blau Lehre der Upanischads
766v blau Ideal der Vergeistigung
756v blau Gespräch Sklave–Herr
696v–619v Zarathustra
694v–603v Braspati
673v blau 'Schu-King'
642v–555v Carvaka
640v blau Lehrbeginn Zarathustras
636v blau Braspati: Materialismus
628v blau Braspati: Erkenntnislehre
624v–546v Thales
616v blau Braspati Religionsgegner
610v–546v Anaximander
604v–514v Lao-Tse
602v blau Carvaka: Individualismus
600v blau 'Veden'
598v–501v Teng-Tse
591v blau Glück Sinn des Daseins
587v blau Samkhya-Lehre
585v–525v Anaximenes
575v–483v Xenophanes
572v–493v Pythagoras
570v blau Naturphilosophie
569v–498v Jina Mahavira
562v blau Yoga-Lehre
561v blau Atheismus des Carvaka
557v blau Buch des Materialismus
557v–477v Buddha
552v–479v Kon-Fu-Tse
551v blau Taoismus
550v blau Teng-Tse: Dialektik
549v blau Triebkraft der Gegensätze
544v blau 'Avesta'
544v–484v Heraklit
541v blau Jinismus
540v blau Verbrechens-Soziologie
540v–457v Parmenides
535v blau Grundstoff der Natur
531v blau Pythagoreer-Schule
530v blau Eleatische Schule
529v blau Lehrbeginn Kon-Fu-Tses
524v blau Lehrbeginn Buddhas
523v blau Buch des Taoismus
520v–450v Alkmaion
518v blau Xenophanes: 'Natur'
506v blau Heraklit: Dialektik
501v rot Hinrichtung Teng-Tses
501v blau Körper und Seele
501v–428v Anaxagoras
499v blau Gebundenheit des Denkens
495v blau Heraklit: Weltvernunft
491v–433v Zeno
490v–430v Empedokles
489v blau Bewegung statt Urstoff
489v–428v Leukipp
484v–378v Gorgias
478v–410v Protagoras
475v–393v Me-Ti
469v–399v Sokrates
467v grün Naturwissenschaft autonom
460v rot Kampf gegen Pythagoreer
455v–370v Demokrit
451v blau Zeno: Dialektik
444v blau Denken als Körperfunktion
444v–365v Antisthenes
443v blau Gewissen Stimme des Guten
436v–355v Aristipp
435v blau Mensch Maß aller Dinge
433v–351v Archytas
430v–353v Xenophon
429v–370v Phaleas
428v blau Relativität des Beweises
427v–347v Plato
426v blau Einführung von Begriffen
426v grün Honorare des Protagoras
423v blau Verspottung der Sophistik
417v blau Atheismus des Protagoras
413v blau Kulturphilosophie
410v rot Urteil über Protagoras
410v rot Verbrennung von Schriften
408v–355v Eudoxos
407v–323v Diogenes
405v blau Gorgias: Nihilismus
404v blau Demokrit: Materialismus
402v blau Buch des Konfuzianismus
400v blau Sozialisierungs-Forderung
399v rot Todesurteil für Sokrates
395v blau Me-Ti: Nächstenliebe
394v blau Plato: Sokrates-Apologie
392v blau Natur der Freundschaft
391v blau Wesen der Rhetorik
390v blau Freiheit durch Gleichheit
390v–310v Herakleides
388v blau Schule des Plato
387v blau Arbeitsethos
386v blau Platos Ideenlehre
385v blau Xenophon: Sokrates
384v blau Plato: 'Das Gastmahl'
384v–322v Aristoteles
383v blau Gorgias: Erkenntnislehre
379v blau Platos Seelenlehre
378v–289v Meng-Tse
376v blau Schule des Aristipp
375v blau Rückkehr zur Natur
374v blau Platos Staatsideal
372v–287v Theophrast
369v blau Erziehung zum Individuum
368v blau Frau Philosophielehrerin
367v blau Begriff 'Kosmopolit'
361v–268v Pyrrhon
352v blau Demokratie abgelehnt
352v–285v Dikäarch
346v blau Begründung der Logik
342v blau Aristoteles: 'Topik'
341v–270v Epikur
339v blau Aristoteles: 'Metaphysik'
338v–268v Strato der Physiker
335v blau Lyzeum des Aristoteles
333v–262v Zeno der Jüngere
328v blau 'Nikomachische Ethik'
325v–260v Euhemeros
324v blau Gewaltenteilungstheorie
323v rot Anklage gegen Aristoteles
320v blau Theopompos: Staatsideal
318v blau Anhänger des Diogenes
317v blau Tschuang-Tse: Sittenlehre
316v blau Teilung in Disziplinen
308v blau Tyrannenmord bejaht
307v blau Eigentum naturwidrig
306v blau Schule des Epikur
304v–232v Kleanthes
303v blau Deutung der Göttersagen
302v blau Neuer Konfuzianismus
300v blau Schule der Stoiker
299v–237v Asoka der Milde
297v blau Pyrrhon: Skeptizismus
296v blau Zeno: Pantheismus
292v blau Buch der Naturphilosophie
291v blau Krantors Trostschrift
289v blau Sterblichkeit der Seele
288v blau Philosophie des Glücks
284v blau Epikur Religionsgegner
283v blau Zenos Staatsideal
280v blau Euhemeros' Staatsideal
279v–206v Chrysipp
276v blau Epikur: Erkenntnistheorie
274v–194v Eratosthenes
273v blau Ägyptische Sittenlehre
270v blau Strato: Religionskritik
266v blau Arkesilaos: Skeptizismus
262v blau Kleanthes' Gottesbegriff
258v blau Bion über Knechtschaft
253v rot Lehrverbot für Hegesias
251v blau Menschenbild des Sün-Tse
248v–195v Han-Kautsu
245v blau Timons Spottgedichte
236v blau Han-Fei: Staatsphilosophie
224v blau Chrysipps Idealstaat
216v blau 'Prediger Salomo'
214v blau Lehre von den Gegensätzen
214v–129v Karneades
196v blau Patanjalis Lebensregeln
195v rot Konfuzianismus in China
194v blau Jesus Sirachs Sprüche
187v blau Jambulos: 'Sonnenstaat'
180v–110v Panaitios
162v blau Wahrscheinlichkeitslehre
161v rot Ausweisung von Philosophen
157v–87v Wu-Ti
155v rot Philosophen-Gesandtschaft
148v blau Panaitios Lehrer in Rom
146v blau Kleitomachos: Trostschrift
145v–86v Sema-Tsien
142v blau Apollodors 'Weltchronik'
136v blau Begriff 'Humanität'
135v–50v Poseidonios
130v blau Ziel der Philosophie
129v–40v Asklepiades
124v rot Beamtenbildung in China
97v–55v Lukrez
77v blau Romanisierung
66v blau Glauben und Wissen
64v rot Ehrung für Poseidonios
56v blau Lukrez: 'Natur der Dinge'
37v blau Pali-Kanon
35v blau 'Weisheit Salomos'
25v–45n Philo
4v–65n Seneka
3v–64n Aulus Celsus
20n blau Vorrang der Theologie

27n–97n Wang-Tschung
31n–99n Musonius Rufus
34n–112n Asvagoscha
40n blau Natur des Menschen
42n blau Nächsten-, Feindesliebe
47n–122n Plutarch
51n–96n Domitian
52n–133n Epiktet
53n–120n Satornil
73n rot Philosophen-Ausweisung
76n blau Pan-Ku: Weltschöpfung
78n blau Lehre Wang-Tschungs
80n–130n Karpokrates
85n–145n Basilides
86n–161n Antoninus Pius
88n–165n Marcion
89n rot Verfolgung in Rom
98n–160n Valentin
100n–165n Justin der Märtyrer
115n blau Satornil: Gnosis
115n–182n Apell
119n blau Gleichheit der Menschen
121n–180n Mark Aurel
122n blau Stellung Jesu
124n–170n Apulejus
125n blau Vergleich mit Arztberuf
125n–180n Lukian
125n–190n Tatian
127n blau Eigentum unchristlich
128n blau Hierokles: Moralbuch
129n–199n Galen
131n–182n Celsus
132n–200n Irenäus
133n–190n Athenagoras
134n blau Lehrfach in Rom
141n blau Aristides' Apologie
145n blau Justins Apologie
150n–215n Klemens von Alexandria
154n blau Gesetz des Herzens
154n–222n Bardesanes
160n–242n Ammonios
163n blau Brief an Flora
165n rot Hinrichtung Justins
165n grün Freitod des Peregrinus
167n blau Altes Testament als Fabel
169n blau Schicksalsglaube als Wahn
173n blau Werk des Aulus Gellius
174n blau Lehrfach in Athen
175n blau Konfuzianismus fixiert
176n blau Werk Mark Aurels
177n blau Athenagoras' Apologie
179n blau Schrift gegen Christentum
182n–253n Origenes
185n blau Athenagoras: Monotheismus
185n–250n Diogenes Laërtios
188n blau Bardesanes: Freier Wille
190n blau Kritik am Dogmatismus
194n blau Gnostiker als 'Ketzer'
198n blau Kritik am Eigentumsbegriff
204n–270n Plotin
210n blau Aristoteles-Kommentar
214n–273n Longinos
217n–276n Mani
226n blau Geschichte der Philosophie
229n blau Neuplatonismus
232n–304n Porphyrios
238n blau Lehre des Mani
244n blau Schule des Plotin
249n blau Origenes: 'Gegen Celsus'
260n blau Kommentare des Longinos
264n blau Plan einer Philosophenstadt
265n–330n Jamblichos
266n blau Werk über Aristoteles
269n blau 'Glaube — Weisheit'
270n blau Gegner der Gottnatur Jesu
278n blau Ethik des Porphyrios
321n blau Plato lateinisch
330n–379n Basilius der Große
331n–363n Julian
332n blau Neue 'Avesta'
340n blau Briefe Paulus–Seneka
354n–430n Augustin
360n–415n Hypatia
370n–414n Synesios von Kyrene
375n–435n Pelagius
381n–444n Cyrillus
382n–440n Martianus Kapella
386n–451n Nestorius
394n blau Makrobius: Saturnalien
398n–474n Zosimos
400n–470n Nonnos
401n blau Synesios: 'Vorsehung'
409n blau Nemesios: Seelenkunde
410n–485n Proklos
411n blau Vorwurf der Ketzerei
412n blau Einheit mit Christentum
415n rot Ermordung Hypatias
420n blau Pelagius: Freier Wille
421n blau Buddhisten-Werke in China
424n blau 'Sutras'
427n blau Martianus: Freie Künste
447n blau Syrian: Aristoteleskritik
459n blau Proklos: Theologie Platos
471n blau Kreislauf des Lebens
476n–531n Masdak
480n–524n Boëthius
504n–570n Gildas der Weise
514n blau Aristoteles-Kommentar
516n blau Kommunismus als Religion
523n blau Leben in Gegensätzen
524n blau Boëthius: Trostbuch
529n rot Schule Athens geschlossen
529n grün Persien Philosophen-Exil
572n–621n Schotoku
584n–641n Georgios Pisides
587n–652n Bhartrihari

629n blau Georgios' Lehrgedicht
634n blau Werk Bhartriharis
675n–752n Johannes von Damaskus
683n–755n Wu-Taotse
688n blau Lehrfach in Byzanz
699n–748n Ibn Ata
718n–791n Al Chalil
728n blau Kritik an Trinitätslehre
736n blau Erkenntnis durch Vernunft
741n blau Ibn Ata: Willensfreiheit
753n blau Gemälde Kon-Fu-Tses
768n–824n Han-Yü
786n–833n Al Mamun
788n–820n Schankara
789n–873n Al Kindi
803n blau Han-Yü für Konfuzianismus
806n–873n Abu Hunain
810n blau Aristoteles arabisch
812n blau Welt- und Menschenseele
814n–877n Eriugena
815n blau Schankara: Brahma
819n blau Schrift gegen Aberglauben
827n–869n Kyrill
835n blau Seelische Selbsterziehung
839n blau Bistami gegen Dogmatismus
844n blau Plato arabisch
849n blau Aristoteles arabisch
851n–938n Al Balki
865n blau Plutarch arabisch
865n–932n Al Rasi
870n–950n Al Farabi
871n blau Araber: Griechen-Einfluß
874n–935n Al Aschari
875n blau Eriugena: Religionslehre
900n blau Boëthius-Übersetzung
904n blau Aristoteles-Kommentar
913n blau Religionsfeindlichkeit
917n blau Dialektik im Islam
920n blau 'Buch der Ringsteine'
923n blau Werk Saadja Ben Josefs
927n blau Arabische Scholastik
941n blau Al Farabis Staatsideal
965n–1039n Al Hassan
973n–1057n Al Mari
980n–1037n Ibn Sina (Avicenna)
1000n–1088n Berengar von Tours
1006n blau Aristoteles deutsch
1009n blau Verteidigung gegen Kirche
1023n–1105n Ramanuja
1027n blau Werk über die Liebe
1028n blau Zweifel an Mohammed
1033n–1109n Anselm von Canterbury
1034n blau 'Genesung der Seele'
1039n–1123n Al Kajam
1051n blau Dialektik im Christentum
1053n–1123n Roscelin
1055n blau Gabirol: 'Lebensquell'
1056n blau Denkfreiheit gefordert
1057n blau Vorrang der Theologie
1059n–1111n Al Gazali
1072n blau Anselms Selbstgespräche
1078n blau Anselm: Gottesbeweis
1079n–1142n Abälard
1083n blau Berengar: Wahrheit
1086n blau Gottesbegriff Ramanujas
1088n blau Nominalismus
1093n–1162n Ibn Badscha
1096n blau Anselms Hauptwerk
1097n blau Glauben und Wissen
1098n–1178n Hildegard von Bingen
1102n blau Werk Al Gazalis
1114n–1187n Gerhard von Toledo
1126n blau Erbsünde-Dogma abgelehnt
1126n–1198n Ibn Rasd (Averroes)
1127n–1185n Ibn Tufail
1130n–1200n Tschu-Hi
1131n blau 'Garten der Wahrheit'
1132n blau Abälard: 'Ja und Nein'
1133n blau 'Verhalten des Einsamen'
1135n–1204n Maimonides
1140n rot Maßnahmen gegen Abälard
1151n blau Ibn Rasd: Scholastik
1160n blau 'Policraticus'
1161n blau Aristoteles lateinisch
1162n blau Hildegards Sittenlehre
1169n blau Ibn Tufail: 'Der Lebende'
1169n–1240n Ibn Arabi
1171n blau Attar: 'Vogel-Gespräch'
1174n blau Tschu-Hi: Sittenlehre
1180n blau Maimonides: 'Wegweiser'
1193n–1279n Albertus Magnus
1194n blau Lehre Joachims von Fiore
1214n–1294n Roger Bacon
1216n blau Aristoteles lateinisch
1217n blau Selbstaufgabe gefordert
1225n–1274n Thomas von Aquin
1237n blau 'Steine der Weisheit'
1245n blau Briefe über Philosophie
1246n blau Alexander: 'Summa'
1247n blau Rumi: Pantheismus
1255n–1311n Pierre Dubois
1260n–1327n Meister Eckehart
1265n–1308n Duns Scotus
1274n blau Thomas: 'Summa'
1283n blau Ruf nach Völkerbund
1290n–1343n Marsilius von Padua
1295n–1366n Seuse
1297n blau Verbindung mit Mathematik
1299n–1349n Occam
1303n–1361n Tauler
1305n blau Wille über Verstand
1317n blau Eckeharts Mystik
1318n blau Papst-Autorität verneint
1327n blau Seuse: Wahrheitsbüchlein
1332n blau Glauben und Wissen
1332n–1406n Ibn Kaldun

1335n–1381n John Ball
1341n blau Seuse: Weisheitsbüchlein
1343n blau Verteidigung der Liebe
1345n blau Tauler: Arbeitsethos
1401n–1464n Nikolaus von Kues
1404n–1472n Alberti
1408n–1457n Valla
1438n blau Nikolaus: Gottesbegriff
1442n blau Vallas Lebensideal
1445n blau Gleichheit vor Gott
1447n blau Plethon: Ideal der Antike
1452n–1519n Leonardo da Vinci
1457n blau Albertis Lebensideal
1459n blau Plato-Akademie Florenz
1460n blau Einheit mit Theologie
1465n–1536n Erasmus von Rotterdam
1494n blau Lehre Mirandolas
1495n blau Aristoteles-Druck
1497n–1560n Melanchthon
1510n blau Allegorie des Raffael
1513n blau Machiavelli: 'Der Fürst'
1516n blau Thomas More: 'Utopia'
1527n blau Vives: Erziehung
1542n blau Ablehnung der Kirche
1548n–1600n Giordano Bruno
1555n blau Ramée: Dialektik
1561n–1626n Francis Bacon
1569n blau G. Bruno: Religiosität
1576n blau Bodin: 'Vom Staate'
1580n blau Montaigne: Essais
1588n–1679n Hobbes
1596n–1650n Descartes
1600n rot Giordano Bruno verbrannt
1602n blau Campanella: 'Sonnenstaat'
1612n blau Böhmes Naturphilosophie
1620n blau Bacon: Empirismus
1623n blau Crusés Staatsideal
1623n–1662n Pascal
1625n blau Bacons Staatsideal
1632n–1704n Locke
1632n–1677n Spinoza
1637n blau Descartes: Erkenntnis
1637n blau Mersennes Weltbild
1646n–1716n Leibniz
1647n blau Gracian: 'Handorakel'
1651n blau Hobbes: 'Leviathan'
1656n rot Bann über Spinoza
1656n blau Pascal: Provinzialbriefe
1659n blau Kausalität der Natur
1662n blau Pascal: 'Gedanken'
1664n blau La Rochefoucauld: Maximen
1668n–1744n Vico
1672n blau Pufendorf: Naturrecht
1675n blau Vairasses Staatsideal
1676n blau Spinoza: Determinismus
1677n blau Spinoza: 'Ethik'
1679n–1754n Christian Wolff
1688n blau Thomasius: Naturrecht
1689n–1755n Montesquieu
1690n blau Locke: Empirismus
1694n–1778n Voltaire
1696n blau Bayles Wörterbuch
1704n blau 'Hexen'-Prozeß-Verwerfung
1705n blau Mandeville: Bienenfabel
1707n blau Castel: Ewiger Friede
1708n blau Shaftesburys Ideal
1710n blau Leibniz: 'Theodizee'
1710n blau Berkeley: Wissen
1711n–1776n Hume
1712n–1778n Rousseau
1713n–1784n Diderot
1714n blau Leibniz: Monadologie
1719n blau Wolff: Weltbild
1721n blau Wolff über Gesellschaft
1723n–1790n Adam Smith
1724n–1804n Kant
1733n blau Pope: 'Über den Menschen'
1744n–1803n Herder
1745n blau Lamettrie: Seele
1746n rot Werk Diderots verbrannt
1747n blau Hume: 'Über den Verstand'
1748n blau 'Geist der Gesetze'
1748n blau 'Der Mensch als Maschine'
1753n blau Rousseau: 'Ungleichheit'
1754n blau Sensualismus
1755n blau Morelly gegen Eigentum
1758n blau Helvetius: 'Vom Geist'
1759n blau Hamanns Werk
1759n–1805n Schiller
1762n blau 'Gesellschaftsvertrag'
1764n blau Rousseau: 'Berg-Briefe'
1767n blau Mendelssohn: Seele
1768n blau Mably: Kommunismus
1769n blau Voltaire: Gott und Mensch
1770n blau Holbach: 'Natursystem'
1770n–1831n Hegel
1772n blau Helvetius: 'Vom Menschen'
1775n blau Spence: 'Menschenrechte'
1777n blau Rousseau: 'Bekenntnisse'
1781n blau Kant: 'Reine Vernunft'
1783n blau Lichtenbergs Aphorismen
1783n blau Chamfort: 'Pensées'
1784n blau Herder: Geschichtslehre
1788n blau Kant: 'Praktische Vernunft'
1793n blau 'Fortschritt des Geistes'
1795n blau Kant: 'Ewiger Friede'
1795n blau Schiller: Ästhetik
1798n blau Schelling: 'Wahrheit'
1799n blau Schleiermacher: 'Religion'
1800n blau Fichte: 'Handelsstaat'
1807n blau Hegel: 'Phänomenologie'
1808n blau Schlegels Indien-Werk
1813n–1855n Kierkegaard
1814n blau Schubert: Traumsymbolik
1818n–1883n Karl Marx
1819n blau Schopenhauers Hauptwerk

1820n blau Saint-Simon: Proletariat
1821n blau Hegel: Rechtsphilosophie
1822n blau W. Humboldt: Geschichte
1823n blau Hegel: Weltgeschichte
1824n blau Saint-Simon: Eigentum
1825n blau Gray: 'Glück'
1830n blau Comte: Positivismus
1833n blau Lamennais Religionsgegner
1835n blau W. Humboldt: Sprache
1836n blau Emerson: Naturphilosophie
1838n blau Wirtschaft und Kultur
1839n blau Blanc: Arbeit
1840n blau Proudhon: Eigentum
1841n blau Feuerbach: Christentum
1841n blau Carlyle: Heldentum
1842n blau Steins Untersuchung
1842n blau Cabets Staatsentwurf
1843n blau Feuerbach: 'Grundsätze'
1844n blau Kierkegaard: Angst
1844n–1900n Nietzsche
1847n blau Kommunistisches Manifest
1847n grün Boole: Logik
1852n blau Comte: Soziologie
1859n blau Marx: Politökonomie
1861n blau Madachs Werk
1861n grün Fechner: Psychophysik
1863n blau Renan: 'Leben Jesu'
1867n blau Marx: 'Das Kapital'
1869n blau Mill: 'Hörigkeit der Frau'
1870n–1924n Lenin
1871n blau Danilewski: Geschichte
1873n blau Bakunin: Anarchismus
1875n blau Blavatsky: Theosophie
1876n blau Spencer: Soziologie
1878n blau Engels: 'Anti-Dühring'
1883n blau Nietzsche: 'Zarathustra'
1883n blau Dilthey: Einleitung
1884n blau Engels: 'Ursprung'
1886n blau 'Jenseits von Gut und Böse'
1889n blau Bergson: Freiheit
1892n grün Haeckel: Monismus
1895n blau Le Bon: 'Massen'
1899n blau Chamberlain: 'Grundlagen'
1903n blau Croce: Geistesphilosophie
1905n grün Werk Poincarés
1907n blau James: Pragmatismus
1908n blau Sorel: Gewalt
1908n blau Meinecke: Kosmopolitismus
1910n grün Russell: Logik
1913n blau Husserl: Phänomenologie
1914n blau Spranger: 'Lebensformen'
1917n blau Lenin: Staatsphilosophie
1918n blau Spengler: 'Der Untergang'
1921n blau Wittgenstein: Logik
1922n blau Troeltsch: 'Historismus'
1927n blau Heidegger: 'Sein und Zeit'
1930n blau Schlick: Ethik
1930n blau Ortega: 'Massen'
1934n blau 'Denken und Werden'
1935n blau Carrel: 'Der Mensch'
1939n blau Huizinga: 'Homo ludens'
1941n blau Sorokin: Krisis
1943n blau Sartre: 'Sein und Nichts'
1946n blau Dewey: Der Mensch
1949n blau Beauvoir: Wesen der Frau
1950n blau Stalin: Sprachphilosophie
1953n blau Lukacs: Vernunft
1955n blau Bloch: 'Prinzip Hoffnung'
1958n blau Carnap: Logik
1964n blau Schaff: 'Marx oder Sartre'
1964n blau Havemann: 'Dialektik'
1965n blau Jaspers: 'Kleine Schule'

PHILOSTRATOS, Flavius (um 180n bis um 250n), griechischer Schriftsteller und Philosoph. Sohn eines berühmten Dichters, der über 50 Theaterstücke schrieb. Verließ seine Heimatstadt Athen und war in Rom bald tonangebend im literarischen Zirkel der Frau des Kaisers Septimius Severus, dessen Söhne er erzog. Karakalla nahm ihn mit nach Gallien. Verfaßte Lebensbeschreibungen der berühmtesten Redner, eine Erzählung der Heldentaten des Trojanischen Krieges, eine Beschreibung von 34 berühmten Gemälden sowie ein Lebensbild des Wundertäters Apollonios von Tyana.

212n blau 'Apollonios von Tyana'

PHLEGON, Publius Älius (um 80n bis um 150n), griechischer Historiker und Schriftsteller. Als Sklave des römischen Kaisers Hadrian freigelassen, schrieb er ein zeitlich geordnetes Geschichtsbuch ('Olympiaden'). Darin brachte er neben einer Liste der Olympiasieger Angaben über die gleichzeitigen Dichtungen und Naturereignisse sowie Orakelsprüche und Hinweise auf Geschehnisse aller Art. Auf Grund römischer Staatsurkunden stellte er ein Buch über Menschen zusammen, die älter als 100 Jahre geworden sind. In seinem Buch 'Seltsame Dinge' ging er unerklärten, wunderbaren Erscheinungen nach, die oft Grundlage abergläubischer Vorstellungen waren. Berichtete von Riesen und Zwergen, von Mißgeburten und von Geschlechtswechsel sowie von riesigen Knochengerüsten, die in einer Balkanhöhle gefunden worden waren.

121n grün Über Langlebigkeit
131n blau 'Seltsame Dinge'

PHLOGISTON, von dem griechischen Worte 'phlogizein' (= verbrennen) abgeleitete Bezeichnung für eine von dem Chemiker Stahl 1710n angenommene Verbrennungssubstanz ('Feuerluft'). Obwohl ihr Vorhandensein bald von Lomonossow bestritten wurde und Lavoisier den Nachweis führte, daß Verbrennung nichts anderes als ein Verbindungsvorgang mit Sauerstoff ist, setzte sich diese Lehre bis ins 19. Jahrhundert hinein immer wieder gegen alle wissenschaftliche Erkenntnis durch. In unserer Epoche gilt die Theorie als Schulbeispiel für fachkundig vorgebrachten Unsinn.

1743n–1794n Lavoisier
1775n grün Widerlegung der Theorie

PHÖNIZIEN, Name einer vorderasiatischen Küstenlandschaft am Mittelmeer. Hier wuchsen vor fünftausend Jahren mehrere Stadtstaaten empor, die mit ihren Schiffen bald den Mittelmeerhandel beherrschten und zahlreiche Niederlassungen an den Küsten Südeuropas und Nordafrikas errichteten. Ihre Selbständigkeit behaupteten sie meist erfolgreich gegen die aufstrebenden Reiche Nordafrikas und Vorderasiens (Ägypten, Akkad, Hettiterreich, Assyrien, Persien). Seit dem 10. Jahrhundert vor der Zeitwende wurden sie allmählich von den Griechen aus dem östlichen Mittelmeer verdrängt und verlegten das Schwergewicht ihrer Tätigkeit ins westliche Mittelmeer. Sie unterlagen dem Angriff Alexanders des Großen. Im Jahre 63v gingen sie im Römerreiche auf, wurden 640n arabisch, 1516n türkisch. Nach dem ersten Weltkriege von englischen und französischen Truppen besetzt, wurde das Land nach dem zweiten Weltkriege mit Ausnahme des kleinen syrischen Küstenstreifens Teil des selbständigen Staates Libanon.

2991v rot Phönizier-Niederlassung
2954v blau Entstehung von Byblos
2879v blau Entstehung von Tyros
2512v–2458v Sahu-Re
2376v–2294v Sargon
2347v/2325v Sargons Siegeszug
2333v rot Akkaderreich-Grenze
2034v grün Zedernholz nach Sumer
2001v grün Silberschrift
1955v–1895v Amen-Em-Het II.
1691v–1628v Chian
1512v–1448v Tut-Mosis III.
1481v/1460v Krieg gegen Ägypten
1469v rot Ägyptische Herrschaft
1413v–1346v Suppi-Luli-Uma
1378v/1373v Vierter Hettiterkrieg
1376v rot Hettiterreich-Grenze
1148v–1074v Tiglatpileser I.
1128v blau Gründung von Gades
1118v–1058v Wen-Amun
1111v/1090v Mesopotamischer Krieg
1107v rot Tribut an Assyrien
1107v grün Wal- und Robbenjagd
1099v grün Wasserreservoire
1073v grün Wen-Amuns Reisebericht
1063v blau Gründung von Lapethos
1025v blau Gründung von Lixos
1005v grün Verbreitung der Schrift
999v grün Handelszentrum auf Zypern
999v–936v Hiram
978v grün Purpurfarbe
973v grün Handel mit Israel
970v grün Bauten in Jerusalem
965v blau Gründung von Palermo
948v grün Seeweg nach Indien
930v–871v Omri
929v grün Handel mit Ostafrika
905v–850v Ahab
903v grün Alphabet in Griechenland
898v–842v Isebel
872v rot Baalkult in Israel
852v–774v Pygmalion
814v blau Gründung von Karthago
797v grün Alphabet in Indien
701v braun Erhebung gegen Assyrien
701v rot Assyrische Oberhoheit
671v blau Assyrisches Relief
658v–595v Necho II.
601v grün Umseglung Afrikas
599v–529v Kyros
539v rot Persien Vormacht
356v–323v Alexander der Große
351v/348v Aufstand gegen Persien
334v/325v Alexanderzug
332v rot Teil des Alexanderreiches
106v–48v Pompejus
64v/63v Römisches Vordringen
63v rot Römer-Herrschaft
37v rot Ägyptische Herrschaft
4v grün Glasbläserei
245n–309n Pamphilos
633n/732n Arabischer Krieg
640n rot Arabische Herrschaft
1516n braun Vorstoß der Türkei
1925n/1926n Drusen-Aufstand
1945n rot Libanon: Mitglied der UN
1945n rot Libanon: Arabische Liga
1946n rot Libanon: Souveränität
1955n rot Libanon: Bandung-Tagung

PHÖNIZISCHE SCHRIFT, Bezeichnung der Griechen für die Buchstabenschrift, die vor mehr als 3000 Jahren in Vorderasien entstand, sich im Raume der syrischen

Mittelmeerküste durchsetzte, von den dort ansässigen Phöniziern im ganzen Mittelmeerraum verbreitet wurde und so auch nach Griechenland kam. Dort hielt man die Phönizier für die Erfinder dieses Alphabets und verband den Namen für die auf Einzelbuchstaben beruhende Konsonantenschrift mit diesem Volke.

1005v grün Verbreitung
903v grün Übernahme durch Griechen
875v grün Vokalzeichen
797v grün Einführung in Indien

PHOKER, Name der Bewohner einer kargen Landschaft in Süd-Griechenland (Phokis), auf deren Gebiet die Orakelstätte Delphi lag. Wegen deren Bedeutung für ganz Griechenland hielten sie sich meist aus dem Bruderkrieg heraus, den die einzelnen griechischen Stadtstaaten jahrhundertelang untereinander führten. Auch nach der erzwungenen Verselbständigung Delphis friedliebend, suchten sie im Zweiten Heiligen Krieg die Orakelstätte wieder ihrer Herrschaft zu unterstellen. Dadurch boten sie dem Mazedonierkönig Philipp II. einen Vorwand zum Eingreifen in die inneren Machtkämpfe Griechenlands. Dies führte zum endgültigen Verlust ihrer Sonderstellung innerhalb Griechenlands.

863v blau Orakel von Delphi
600v/590v Erster Heiliger Krieg
590v rot Delphi unabhängig
582v blau Pythische Spiele
526v blau Apollo-Tempel Delphi
382v–336v Philipp II.
356v/346v Zweiter Heiliger Krieg
346v rot Philipp Herr Delphis

PHONOGRAPH, aus dem Griechischen abgeleitete Bezeichnung für ein Gerät zur mechanischen Aufnahme und Wiedergabe von Sprache und Musik (wörtlich: Tonaufzeichner). Der von Edison erfundene Apparat fixierte auf den Rillen einer sich drehenden Walze die in mechanische Stöße umgesetzten Schallwellen und gab diese beim Abspielen durch Rückverwandlung der mechanischen Schwingungen in Schallwellen wieder. Diese Erfindung leitete ein Zeitalter der Aufzeichnung und der Reproduzierbarkeit der vorher unwiderruflich verhallten Sprache und Musik ein. Sie stellte damit für die Musik den gleichen Durchbruch dar wie die Erfindung der Schrift und der Buchdruckerkunst für die Literatur.

1847n–1931n Edison
1877n grün Erfindung

PHOSPHOR, von dem griechischen Worte für 'Lichtträger' abgeleitete Bezeichnung eines chemischen Elements, das an der Luft langsam oxydiert und dabei im Dunkeln schwach leuchtet. Als Bestandteil des Zellkerns ist er unentbehrlich für alle Lebensvorgänge. Wird dem Boden bei intensiver Nutzung künstlich zugeführt (Thomasmehl). Auch technisch verwertet (Streichhölzer). Seine Eigenschaft, sich bei feiner Verteilung auf brennbaren Stoffen schon unter Temperaturen von 50–60° selbst zu entzünden, machte ihn zum bevorzugten Füllstoff für Brandbomben im zweiten Weltkrieg.

1669n grün Entdeckung

PHOTIOS, byzantinischer Priester und Gelehrter.

815n–891n Lebenslinie
853n blau Bücherverzeichnis
866n blau Anklage gegen Kirche Roms
867n rot Unabhängigkeit von Rom

PHOTOELEMENT, Gerät zur Umwandlung von Lichtschwankungen in elektrische Impulse. 1833n von Faraday erdacht, 1839n von A. E. Becquerel beschrieben, 1876n von Adams und Day gebaut und 1892n von Elster und Geitel zur Photozelle weiterentwickelt, wurde es eine wichtige Grundlage der Lichtmessung, der automatischen Steuerung technischer Vorgänge sowie des Tonfilms und Fernsehens.

1833n grün Faradays Forschungen
1839n grün Beschreibung
1876n grün Konstruktion
1892n grün Photozelle

PHOTOGRAPHIE

965n–1039n Al Hassan
1011n grün Camera obscura
1558n grün Porta: Sammellinse
1727n grün Schulze: Silbersalze
1822n grün Niepce: Photographie
1833n grün 'Lebensrad'
1837n grün Daguerre: Belichtung
1841n grün Talbot: Negativ
1847n–1931n Edison
1859n grün Luftbild
1882n grün Druck von Photographien
1888n grün Rollfilm
1891n grün Farbphotographie
1891n grün Film-Aufnahmegerät
1894n grün Film-Projektor
1910n grün Filmstadt Hollywood
1922n grün Tonfilm
1930n grün Himmelsphotographie
1937n grün Farbiger Tonfilm
1940n grün Plastischer Farbfilm
1950n grün Ultraschall-Photographie
1950n grün Höchstleistungskamera

PHOTOZELLE, Bezeichnung für ein durch Zuführung von Strom leistungsstärker und betriebssicherer gemachtes Photoelement.

1892n grün Erfindung

PHRAORTES, König der Meder.

699v–653v Lebenslinie
675v rot Medisches Reich
674v rot Ekbatana Hauptstadt
653v braun Kampf gegen Assyrien

PHRYGIEN, Land und Staat in Kleinasien, benannt nach dem Volke der Phryger, das vom Balkan kommend hier vor 3200 Jahren eindrang. Es gründete ein Reich, das zeitweilig den größten Teil des inneren Kleinasiens beherrschte. Nach fast 500jähriger Selbständigkeit assyrisch, dann persisch, ging es nach einer Periode der Zugehörigkeit zum Alexanderreich im Römerreich auf. Bekannt wurde der Aufenthalt Alexanders des Großen in der Hauptstadt Gordion, wo er den 'Gordischen Knoten' an einem alten Streitwagen durchhieb und damit getreu einer Weissagung das Anrecht auf die Herrschaft über Kleinasien errang.

1258v–1203v Arnu-Wanda
1195v rot Macht über Hettiterreich
988v grün Teppichweberei
921v grün Sticken
712v braun Niederlage gegen Assyrien
712v rot Assyrische Oberhoheit
712v grün Tribut an Assyrien

PHRYNE (um 380v–um 320v), griechische Hetäre. Stand als junges Mädchen dem berühmten Bildhauer Praxiteles Modell für ein Standbild der Liebesgöttin Aphrodite. Sie wurde die Geliebte des Praxiteles und anderer Künstler und war bald die wegen ihrer Schönheit begehrteste Frau von Athen. Da sie von ihren Liebhabern mit Geld überhäuft wurde, galt sie auch als eine der reichsten Athenerinnen. Wegen Gottlosigkeit angeklagt, ließ sie sich von dem berühmten Redner Hypereides verteidigen und wurde freigesprochen, nachdem sie die Richter durch Enthüllung ihrer Schönheit betört hatte.

403v–335v Praxiteles
363v blau Statue der Aphrodite

PHRYNICHOS (um 545v–um 465v), griechischer Dichter. Als Schüler des Thespis schrieb er die ersten Bühnenwerke, in denen ein Schauspieler dem Chor gegenüberstand und ein Einzelschicksal gestaltete. Das Schwergewicht lag aber bei seinen Stücken noch auf den Liedern und Versen, die der Chor vortrug. In seinen zehn Dramen behandelte er hauptsächlich Sagenstoffe. Nur in zwei Stücken wandte er sich der griechischen Zeitgeschichte zu. Mit dem Drama 'Die Einnahme von Milet' wollte er die Athener wachrütteln, um damit die Absicht des Themistokles zum Bau einer Flotte zu unterstützen. Sein Stück wurde jedoch von den Gegnern des Themistokles verboten, er selbst zu einer Geldstrafe verurteilt. In seinen Tragödien gab es auch Frauenrollen, die aber von Männern mit Masken dargestellt wurden.

493v rot Bestrafung
491v blau Frauenrollen
476v blau 'Phönissen'

PHYSIK, von dem griechischen Worte 'physis' (= Natur) abgeleitete Bezeichnung für die Wissenschaft von Aufbau und Verhalten der Materie. Ihre Anfänge reichen Jahrtausende zurück: Die ägyptischen Pyramidenbauer müssen vor 4700 Jahren bereits wesentliche Grundgesetze der Mechanik gekannt haben, während ihre zweite Grundlage, die Zeitmessung, schon vorher in Mesopotamien bekannt war und deren entscheidende Voraussetzung, das Messen und Wiegen, in Indien seit fast 5000 Jahren geübt wurde. Trotz des Fehlens einer experimentellen Erweiterung der Erfahrensgrundsätze und des Mangels eines systematisierenden Ordnungssystems fällt also der Beginn physikalischer Erkenntnis mit dem Beginn der übrigen menschlichen Kulturäußerungen zusammen. Über die Entdeckung des Magnetismus und der Gravitation sowie der Gesetze der Optik führte ein in den letzten Jahrhunderten sich ständig beschleunigender Erkenntnisprozeß durch planvolle Experimente zur Entdeckung der Gesetze der Elektrizität, der Wärmelehre, der Kernphysik und der Quantenphysik.

624v–546v Thales
584v grün Magnetismus im Eisen
577v grün Magnetismus im Bernstein
572v–493v Pythagoras
501v–428v Anaxagoras
489v–428v Leukipp
455v–370v Demokrit
452v grün Teilchen-Theorie
447v grün Begriff 'Atom'
433v–351v Archytas
427v grün Demokrits Atomlehre
390v–310v Herakleides
384v–322v Aristoteles
380v–306v Pytheas
365v–276v Euklid
361v grün Wissenschaftliche Mechanik
338v–268v Strato der Physiker
337v grün Anziehung der Erdmitte
332v grün Lehre des Aristoteles
328v grün Aristoteles: Akustik
292v grün Begriff 'Leerer Raum'
284v–212v Archimedes
282v grün Beschaffenheit der Materie
278v grün Weltentstehungs-Theorie
265v–202v Philon
250v grün Hebelgesetz, schiefe Ebene
242v grün Gesetz der Spirale
236v grün Auftriebsgesetz
229v grün Schrift über Mechanik
214v grün Spezifisches Gewicht
212v grün Mathematische Physik
184v grün Diokles: Brennspiegel
152v–82v Heron
100v grün Herons 'Goldene Regel'
133n–205n Kleomedes
155n grün Ptolemäus: Optik
185n grün Strahlenbrechung
190n grün Lichtreflexion des Mondes
355n grün Aräometer
789n–873n Al Kindi
865n–932n Al Rasi
904n grün Al Rasis Atomlehre
965n–1039n Al Hassan
973n–1048n Al Biruni
991n grün Funktion der Glaskugel
996n grün Beschreibung des Auges
1013n grün Ausbreitung des Lichtes
1016n grün Al Hassan: 'Optik'
1021n grün Wesen der Dämmerung
1027n grün Optik und Glas-Schliff
1030n grün Lichtstrahlen-Forschung
1034n grün Natur des Regenbogens
1039n–1123n Al Kajam
1169n grün Al Hassan lateinisch
1193n–1279n Albertus Magnus
1245n grün Perpetuum-mobile-Plan
1269n grün Zweierlei Magnetpole
1275n grün Witelo: Optik
1333n grün Buridan: Kraftbegriff
1340n grün Trägheitsgesetz
1404n–1472n Alberti
1452n–1519n Leonardo da Vinci
1493n grün Räumliches Sehen
1495n grün Perpetuum-mobile-Problem
1505n grün Möglichkeit des Fliegens
1512n grün Leonardo: Schwingungen
1564n–1642n Galilei
1589n grün Wärmewirkung des Lichts
1596n–1650n Descartes
1598n grün Gilbert: elektrische Kraft
1599n grün Gilbert: Erdmagnetismus
1604n grün Bewegungsgesetze
1620n grün Snellius: Brechungswinkel
1620n grün F. Bacon: Wärmelehre
1638n grün Mechanische Physik
1643n–1727n Newton
1646n grün Pascal: Luftdruck
1647n grün Gassendis Atomlehre
1654n grün Magdeburger Halbkugeln
1662n grün Boyles Gasgesetz
1663n grün Guericke: Elektrisieren
1665n grün Thermometer-Fixpunkte
1666n grün Newton: Spektralfarben
1669n grün Krafterhaltungs-Gesetz
1669n grün Doppelte Lichtbrechung
1671n grün Elektrischer Funke
1676n grün Lichtgeschwindigkeit
1676n grün Elastizitätsgesetz
1678n grün Huygens: Wellentheorie
1702n grün Amontons: Gasgesetz
1704n grün Newton: 'Über Optik'
1711n–1765n Lomonossow
1713n–1784n Diderot
1728n grün Bradley: Aberration
1729n grün Leiter und Nichtleiter
1730n grün Réaumur: Gefrierpunkt
1733n grün Zweierlei Elektrizität
1738n grün Schallforschung
1742n grün Celsius: Siedepunkt
1743n grün Hales' Forschungen
1745n grün Leidener Flasche
1749n–1832n Goethe
1757n grün Black: Latente Wärme
1757n grün Materie-, Energie-Gesetz
1767n grün Priestley: Elektroenergie
1780n grün Galvanis Forschungen
1785n grün Coulomb'sches Gesetz
1792n grün Volta: Elektrizität
1801n grün Youngs Wellentheorie
1810n grün Goethe: Farbenlehre
1811n grün Avogadros Gasgesetz
1815n grün Prout: Atomgewicht
1815n grün Fresnels Wellentheorie
1816n–1892n Siemens
1819n grün Elektromagnetismus
1820n grün Stromstärke und -spannung
1821n grün Ampère: Elektrodynamik
1821n grün Fourier: Wärmeströmung
1821n grün Seebeck: Thermoelektrizität
1824n grün Carnot: Wärmeprozeß
1825n grün W. Weber: Wellenlehre
1827n grün Ohm'sches Gesetz
1831n grün Faraday: Induktion
1831n grün Magnetischer Nordpol
1832n grün Gauß: Magnetismus
1833n grün Faraday: Elektrolyse
1842n grün Mayers Energie-Gesetz
1842n grün Doppler: Doppelsterne
1848n grün Kelvins Temperaturskala
1849n grün Lichtgeschwindigkeit
1851n grün Clausius: Wärmelehre
1857n grün Krönig: Gastheorie
1857n grün Kathodenstrahlen
1858n–1947n Planck
1859n grün Maxwell: Gastheorie
1861n grün Fechner: Psycho-Physik
1861n grün Spektralanalyse
1863n grün Maxwell: Ätherwellen
1865n grün Entropiegesetz
1875n grün Kerr: Doppelbrechung
1878n grün Boltzmann: Mechanik
1879n grün Stefan: Strahlungsgesetz
1879n–1955n Einstein
1879n–1968n Otto Hahn
1883n grün Mach: Mechanik
1885n–1962n Niels Bohr
1887n grün Hertz: Wellen
1893n– Karolus
1895n grün Zeeman-Effekt
1895n grün Röntgen: X-Strahlen
1896n grün Uran-Radioaktivität
1897n grün Rutherford: Atomkern
1899n grün Alpha-, Beta-Strahlen
1900n grün Planck: Quantentheorie
1901n– Heisenberg
1905n grün Lorentz: Elektronen
1905n grün Spezielle Relativität
1906n grün Lenard: Kathodenstrahlen
1906n grün Nernst: Wärmesatz
1910n grün Soddy: Isotopenlehre
1911n grün Rutherfords Atommodell
1912n grün Kosmische Strahlung
1912n grün Natur der Röntgenstrahlen
1913n grün Bohrs Atommodell
1913n grün Behm: Echo-Lot
1914n grün Ostwalds Farbenlehre
1915n grün Langevin: Ultraschall
1916n grün Allgemeine Relativität
1919n grün Atomzertrümmerung
1920n grün Periodisches System
1925n grün Quantenmechanik
1925n grün Ausschließungsprinzip
1927n grün Wellenmechanik
1927n grün Elektronen-Beugung
1928n grün Geigerzähler
1932n grün Chadwick: Neutron
1932n grün Anderson: Positron
1934n grün Künstliche Radioaktivität
1935n grün Atomkern-Umwandlung
1936n grün Regener: Strahlung
1938n grün Uranatom-Spaltung
1941n grün Broglie: Teilchen-Theorie
1942n grün Fermi: Atomreaktor
1945n grün Atombombe
1946n grün Clayton: Sonnenflecke
1946n grün Flüssigkeitstheorie
1950n grün Feldtheorie
1951n grün Kuiper: Atmosphäre
1952n grün Wasserstoffbombe
1956n grün Strahlengefahr
1958n grün Strahlungsgürtel
1960n grün Laser-Strahl

PHYSIOGNOMIK, Lehre vom Zusammenhang zwischen dem Gesichtsausdruck und dem Wesen des Menschen. Der aus dem Griechischen übernommene Ausdruck heißt wörtlich 'Gesichts-Deutungskunst'. Von Hippokrates vor 2400 Jahren in seine medizinischen Beobachtungen einbezogen, bemächtigte sich ihrer seit Aristoteles stärker die philosophische Lehre. Dadurch rückte das Seelisch-Geistige hinter dem Gesichtsausdruck in den Mittelpunkt der Betrachtung und blieb es bis zu Lavater, der diese Lehre zu systematisieren suchte. Der Arzt Franz Joseph Gall führte sie auf ihre anatomischen Grundlagen zurück. Von diesem streng wissenschaftlichen Standpunkte aus bezog sie auch der englische Naturforscher Darwin in seine Forschungen ein. Später ging sie teilweise in die Ausdrucks-Psychologie ein.

343v grün Aristoteles' Lehre
1775n grün Lavaters Lehre
1796n grün Galls Lehre

PHYSIOKRATISMUS, Bezeichnung für eine Lehrmeinung der Volkswirtschaft, nach der allein der Boden und seine Nutzung werteschaffend ist. Nur die Besitzer von Grund und Boden sollen deshalb steuerpflichtig sein, nicht aber die handwerkliche und andere gewerbliche Arbeit, die lediglich die Form der Werte ändert. Der aus dem Griechischen kommende Name (wörtlich 'Naturherrschaft') sollte außerdem besagen, daß im natürlichen Eigeninteresse (Gewinnstreben) ein ausreichender Antrieb für die Wirtschaft liege und der Staat nichts anderes zu tun habe, als etwaige Hindernisse auszuräumen. Mit dieser von dem Franzosen Quesnay begründeten und von seinem Landsmann Turgot ausgebauten Lehre wurde die dem Merkantilismus zugrunde liegende Staatsverantwortung für die Wirtschaft zurückgewiesen und die nur auf sich selbst bezogene, vom Staat lediglich beschützte Privatwirtschaft verkündet. Quesnays Schüler Mirabeau der Ältere propagierte die Lehre unter der von Gournay aufgestellten Devise 'Laissez faire, laissez passer, le monde va de lui-même!' (= 'Laßt machen, laßt gehen, die Welt bewegt sich von allein!'). Dieses Prinzip, das einseitig den wirtschaftlich Starken begünstigt und die arbeitenden Volksmassen schutzlos der Ausbeutung preisgibt, wurde bald zur theoretischen Grundlage der kapitalistischen Volkswirtschaft.

1758n grün Quesnays Lehre

PHYSIOLOGIE, Lehre von den Lebensvorgängen. Erforscht Wirkweise und Funktionsabläufe bei Pflanze, Tier und Mensch. Sucht in naturwissenschaftlicher Arbeitsweise ihre Gesetzmäßigkeiten zu ergründen und auf die allgemeingültigen Gesetze der Physik und Chemie zurückzuführen.

460v–375v Hippokrates
412v grün Funktion des Herzens
385v grün Humoralpathologie
338v–268v Strato der Physiker
324v–250v Herophilos
304v–240v Erasistratos
297v grün Theophrasts Forschungen
274v grün Sitz des Geistes
265v grün Nervensystem
262v grün Arterien und Venen
249v grün Zwei Nervensysteme
129v–40v Asklepiades
60v grün Solidarpathologie
171n grün Galen: Physiologie
965n–1039n Al Hassan
996n grün Beschreibung des Auges
1263n grün Lungen-Blutkreislauf
1493n grün Räumliches Sehen
1618n grün Harvey: Blutkreislauf
1660n grün Stensen: Herzmuskel
1661n grün Malpighi: Kapillargefäße
1743n grün Hales' Forschungen
1747n grün Werk Hallers
1776n grün Verdauungsvorgang
1780n grün Berührungselektrizität
1827n grün Baer: Menschliches Ei
1834n grün E. H. Weber: Hautsinne
1837n grün Atmungszentrum
1839n grün Purkinje: Ganglien
1849n grün Berthold: Hormone
1850n grün Nervenleitgeschwindigkeit
1858n grün Zellularpathologie
1924n grün Berger: Hirnströme
1926n grün Pawlow: Nerven
1951n grün Sonneborn: Vererbung

PHYSIOLOGOS, Titel eines Tierbuches, das vor fast 2000 Jahren in Alexandria (Nordägypten) entstand. Es enthält wundersame Erzählungen von Löwe, Pelikan, Phönix und Einhorn. Diese Fabeln sind mit lehrhafter Moral durchsetzt und bringen viel symbolhafte Deutung sowie naturkundliche Belehrung.

126n grün Niederschrift

PI, von dem griechischen Buchstaben 'P' abgeleiteter Name für einen mathematischen Grundwert. Bezeichnet das Verhältnis des Kreis-Durchmessers zum Kreis-Umfang.

1828v grün Errechnung in Ägypten
284v–212v Archimedes
232v grün Archimedes' Forschungen
493n grün Errechnung in Indien

PIANKI, König in Ägypten.

780v–717v Lebenslinie
784v–720v Tef-Nacht
757v–703v Sabaka
726v/725v Kampf gegen Unterägypten
725v rot Gewinn Mittelägyptens

PIASTEN, Name der ältesten polnischen Herrscherfamilie. Führte ihre Herkunft auf einen sagenhaften Stammvater Piast zurück. Ihre Angehörigen gründeten 960n das polnische Reich und regierten es bis 1370n.

920n–992n Miezko
943n–1003n Silvester II.
960n braun Einigungskämpfe
960n rot Polnisches Reich
963n braun Niederlage gegen Deutsche
963n rot Machtgewinn Deutschlands
966n rot Miezko Christ
966n rot Staatsreligion
968n blau Posen Hauptstadt
985n blau Entstehung von Danzig
990n braun Feldzug nach Schlesien
990n rot Gewinn Schlesiens
992n rot Kirchenhoheit des Papstes
992n blau Entstehung von Breslau
1025n rot Boleslaw König
1033n braun Thronkämpfe
1033n rot Verlust der Lausitz
1033n rot Deutsche Oberhoheit
1109n braun Sieg über Deutsche
1109n rot Unabhängigkeit
1124n rot Bekehrung Pommerns

1157 n braun Vordringen Deutscher
1165 n rot Schlesien selbständig
1181 n rot Pommern deutsch
1207 n/1279 n Großer Mongolenkrieg
1257 n rot Krakau: Deutsches Recht
1309 n–1370 n Kasimir der Große
1364 n blau Universität Krakau
1368 n blau Rechtssammlung
1370 n rot Herrschaftsende

PICARDIE, Landschaft beiderseits der Somme zwischen Paris und Ärmelkanal (Nordfrankreich). Das vorher zu Flandern gehörende Gebiet wurde 1186 n französisch.

1209 n grün Entsumpfung

PICASSO, Pablo (geboren 1881 n), spanischer Maler, Zeichner, Graphiker, Bildhauer, Keramiker und Bühnenbildner. Als Sohn eines Zeichenlehrers in Malaga besuchte er die Akademie von Barcelona und ging zweiundzwanzigjährig nach Frankreich, wo er seitdem geblieben ist. In Paris gestaltete er das Leben vom Montmartre unsentimental in seiner Armseligkeit und Traurigkeit ('blaue Periode'). Varieté- und Zirkusbilder standen im Mittelpunkt der folgenden 'rosa Periode'. Seit 1907 n traten neben die wirklichkeitsnahen Gestaltungen seiner Umwelt immer mehr Abstraktionen. In dieser Periode suchte er die Auflösung aller Werte und die Ausweglosigkeit der Zeit auszudrücken (Kubismus, Expressionismus). Später erkannte er die Sinnlosigkeit dieses direkten künstlerischen Mitvollzugs der untergehenden Epoche des Kapitalismus. Er kehrte allmählich zur unmittelbar verständlichen malerischen Ausdrucksweise zurück und stellte sich persönlich auf die Seite einer revolutionären Erneuerung der menschlichen Gesellschaft. Im spanischen Bürgerkrieg gab er ein Bild von den Greueln des Faschismus ('Guernica'). 1944 n trat er der Kommunistischen Partei bei. Prangerte die Kriegspolitik der USA an ('Blutbad in Korea') und schuf das Symbol für die Weltfriedensbewegung ('Friedenstaube').

1907 n blau 'Mädchen von Avignon'
1937 n blau 'Guernica'
1947 n blau 'Friedenstaube'

PICCARD, Auguste (1884 n–1962 n), schweizerischer Naturwissenschaftler. Unternahm als Professor der Physik in selbstkonstruierten Ballons Vorstöße in Höhen, in die noch kein Flugzeug vorgedrungen war. 1931 n erreichte er als erster Mensch die Stratosphäre. Dabei erforschte er die Höhenstrahlungen und bereitete so die Raumfahrt vor. Sein Zwillingsbruder Jean stieg mit dem von ihm entwickelten Ballon bis auf eine Höhe von 17500 m auf. 1953 n gelangte er mit einem selbst entworfenen Tauchboot ('Bathyscaph') in eine Meerestiefe von 3150 m. Sein Sohn Jacques ließ sich mit diesem neuartigen Tauchgerät in eine der tiefsten Stellen des Pazifischen Ozeans (Marianengraben) herab (= 10899 m).

1931 n grün Ballonaufstieg
1960 n grün Fahrt des Tauchbootes

PICCOLOMINI, Oktavio (1599 n–1656 n), italienischer Feldherr. Diente bei den spanischen Truppen in Mailand und trat dann in die Dienste des deutschen Kaisers. Kämpfte als Reiteroberst bei Lützen gegen die protestantischen Heere des Schwedenkönigs Gustav Adolf und wurde Vertrauter seines Feldherrn Wallenstein, dessen Leibgarde er befehligte. An Wallensteins Sturz und Verhaftung wesentlich beteiligt, wurde er für seinen Verrat vom deutschen Kaiser belohnt. Führte die katholischen Truppen in Nördlingen, wurde von den Holländern geschlagen, kämpfte erfolgreich in Freiberg, Schlesien und Mähren, erlitt aber 1642 n bei Leipzig eine Niederlage und ging wieder in spanische Dienste. 1684 n rief ihn der Kaiser als Feldmarschall nach Deutschland zurück, wo er bis zu seinem Ende blieb.

1583 n–1634 n Wallenstein
1618 n/1648 n Dreißigjähriger Krieg
1634 n rot Wallenstein ermordet
1635 n grün Belohnung
1798 n blau Schiller: 'Wallenstein'

PICENUM, Land an der Ostküste Mittelitaliens (Adria). Vor 3000 Jahren von umbrischen Stämmen aus Norditalien bevölkert, wurde es 268 v römisch. Im Bundesgenossenkrieg erkämpften sich die Bewohner das römische Bürgerrecht und gingen in den folgenden Jahrhunderten ganz im Römerreiche auf.

268 v braun Niederlage gegen Rom
268 v rot Römische Herrschaft
91 v/88 v Bundesgenossenkrieg

PICO, Graf von Mirandola, Giovanni (1463 n–1494 n), italienischer Gelehrter. Besuchte seit seinem vierzehnten Lebensjahre die berühmtesten Hochschulen Europas. Dann formte er aus den vernünftigsten Anschauungen aller Lehren eine neue Weltanschauung, die zugleich Religion und Philosophie war. In ihr waren die Leitsätze von Christentum, Judentum und anderen orientalischen Religionen ebenso enthalten wie griechische Philosophie und allerlei Geheimlehren (Kabbala, Magie). Um mit dieser Lehre die Menschheit vor dem Absinken in religiöse und astrologische Schicksalsergebenheit zu bewahren, stellte er 900 Thesen auf und lud alle berühmten Gelehrten Europas auf seine Kosten nach Italien ein. Doch wurde der Disput untersagt und er selbst der Ketzerei angeklagt. Weil er einer der führenden Adelsfamilien des Landes angehörte, wagte man aber nicht seine Verurteilung, so daß er die letzten Jahre am Hofe seines Freundes Lorenzo Medici in Florenz verbringen konnte.

1494 n blau Lehre vom Menschen

PICTOR, Fabius (um 254 v–180 v), römischer Geschichtsschreiber. Kämpfte in den Kriegen gegen die Gallier und gegen Hannibal, wurde nach der Niederlage von Cannä zum Orakel nach Delphi entsandt und schrieb später die erste Geschichte Roms, indem er Jahr für Jahr die überlieferten Geschehnisse seit der Gründung der Stadt aufzeichnete ('Annalen').

198 v blau Geschichte Roms

PIECK, Wilhelm (1876 n–1960 n), deutscher Staatsmann. Als Tischler trat er 18jährig der Gewerkschaft bei und ein Jahr später der SPD. Als entschiedener Kriegsgegner gehörte er bald zum linken Flügel der Partei, beteiligte sich an der Arbeit der Gruppe 'Internationale', unterstützte den Spartakusbund, nahm an der Revolution teil und war 1918 n unter den Gründern der Kommunistischen Partei Deutschlands. Als einer ihrer Führer mit Karl Liebknecht und Rosa Luxemburg verhaftet, wurde er nach seiner Entlassung Fraktionsvorsitzender der KPD im preußischen Landtag und später Reichstagsabgeordneter. 1933 n ging er nach Rußland und wurde 1935 n Generalsekretär der Kommunistischen Internationale. Im zweiten Weltkrieg Mitbegründer des 'Nationalkomitees Freies Deutschland'. 1945 n mit der Roten Armee nach Deutschland zurückgekehrt, schuf er 1946 n zusammen mit dem SPD-Vorsitzenden Grotewohl die Sozialistische Einheitspartei Deutschlands (SED) und machte sie zu einem Instrument der revolutionären Umgestaltung der sowjetischen Besatzungszone. Am Aufbau des ersten sozialistischen Staates in Deutschland maßgeblich beteiligt. Seit Gründung der DDR deren Präsident.

1918 n/1919 n Deutsche Revolution
1939 n/1945 n Zweiter Weltkrieg
1949 n rot Gründung der DDR

PIERRE de Maricourt (um 1235 n–um 1295 n), französischer Naturforscher. Stieß bei seiner Untersuchung magnetischer Erscheinungen auf die Tatsache, daß magnetische Eisenstücke sich nicht nur anziehen, sondern manchmal auch abstoßen. Durch Experimente entdeckte er dann die Existenz zweier verschiedener Magnetpole und erkannte, daß es gleiche Pole sind, die einander abstoßen. Legte die Ergebnisse seiner Untersuchungen in einem Buche nieder, das Grundlage der Elektrizitätslehre wurde. Indem er sich des Experimentes bediente und zu einer systematischen Darstellung der Naturerscheinungen vorstieß, wurde er mit seiner Arbeit wegweisend für die europäische Wissenschaft.

1269 n grün Zweierlei Magnetpole

PIETISMUS, von dem lateinischen Wort für Frömmigkeit ('pietas') abgeleitete Bezeichnung einer protestantischen Bewegung zur Verinnerlichung der christlichen Religion. Lehnte Kirche, Dogmatik und Orthodoxie ab, forderte die persönliche direkte Beziehung des Menschen zu Gott. Trotz ihrer anfänglichen Kirchengegnerschaft brach die Vereinigung nicht mit der protestantischen Kirche, sondern suchte sie zu reformieren. Die zahlenmäßig kleine Gruppe setzte sich zunächst fast ausschließlich aus Angehörigen des Adels und des Besitzbürgertums zusammen. Sie war wissenschaftsfeindlich und hat nie eine echte Breitenwirkung erreicht. Durch sittenstrenges Verhalten ihrer Mitglieder suchte sie das moralische Ansehen des Christentums wiederherzustellen. In die Kirchengeschichte bezog sie auch die Bestrebungen der als 'Ketzer' verurteilten Christen ein (Arnold). Ihre größte organisierte Gruppe, Zinzendorfs Herrnhuter Brüdergemeinde, hat sich bis in die Gegenwart erhalten. In ihren Anfängen wirkte die Bewegung befruchtend auf das evangelische Kirchenlied, im 19. Jahrhundert wurde sie zur Trägerin der inneren und äußeren Mission und war in unserer Epoche die entscheidende Triebkraft der neuen dialektischen Theologie (Barth).

1670 n rot Erste Gemeinde
1692 n blau Spener: 'Bedenken'
1699 n blau Gottfried Arnolds Werk
1727 n rot Herrnhuter Gemeinde
1948 n blau Barth: 'Dogmatik'

PIGALLE, Jean-Baptiste (1714 n–1785 n), französischer Bildhauer. Dreißigjährig wurde er auf Grund seines Modells zu einer 'Merkur'-Statue Mitglied der Akademie der Künste. Vier Jahre später vollendete er im Auftrage des Königs die Ausführung seines Entwurfs und damit das bedeutendste Werk seines Lebens. Zusammen mit seiner 'Venus' wurde dieser 'Merkur' dem Preußenkönig Friedrich II. vom französischen König zum Geschenk gemacht. Später schuf er große Gruppen (Grabmal des Marschalls Moritz von Sachsen und Grabmal des Grafen Harcourt), Bildnisse berühmter Männer (Diderot, Voltaire, Ludwig XV.) sowie Alltags-Bilder ('Die Bürger' und 'Dornausziehendes Mädchen'). Gelangte zu hohen Ehren und wurde Rektor der Akademie.

1744 n blau 'Merkur'

PIKTEN, Bezeichnung für die seit mindestens 2500 Jahren in Schottland ansässige Urbevölkerung. Durch wiederholte Einfälle setzten sie den römischen Besatzungstruppen in England derartig zu, daß zum Schutze gegen ihre Angriffe ein Wall quer durch die schmalste Stelle der britischen Insel gezogen wurde (Hadrianswall). Im neunten Jahrhundert nach der Zeitwende gingen sie zusammen mit den Skoten im schottischen Volke auf.

122 n grün Hadrianswall begonnen
210 n grün Hadrianswall ausgebaut
534 n–615 n Kolumban
802 n braun Sieg der Normannen
844 n rot Einheitsreich

PILASTER, von dem lateinischen Worte 'pila' (= Pfeiler) abgeleitete Bezeichnung für säulenartig gestaltete, mit der Wand verbundene tragende Stützen, die auch bei der Gliederung von Fassaden verwendet werden. Seit fast 5000 Jahren als Bau-Element bekannt, wurde er vor allem in der römischen Baukunst sowie in der Renaissance, im Barock und im Klassizismus verwendet.

2832 v–2795 v Djet

PILÂTRE de Rozier Jean François, (1756 n–1785 n) französischer Ballonflieger. Als Apotheker nahm er am Aufstieg der ersten Ballons lebhaften Anteil. Nachdem im Jahre 1783 n eine 'Montgolfière' mit einer Ente, einem Hahn und einem Hammel im Beisein des Königs 7 Minuten geflogen und dann wohlbehalten gelandet war, bestimmte er die Brüder Montgolfier dazu, ihn drei Wochen später damit aufsteigen zu lassen. Dieser Versuch mit angeleintem Ballon glückte, und noch im gleichen Jahre unternahm er die erste Freifahrt. Vom Jagdschloß La Muette aus flog er 25 Minuten über Paris und landete wohlbehalten in einer Entfernung von 10 km. Für weitere Flüge entwickelte er einen Ballon ('Rozière'), der den Vorteil des Gasballons (stetiger Flug) mit dem Vorteil des Warmluftballons (schneller Wechsel der Flughöhe) verbinden sollte. Trotz der Warnungen von Fachleuten führte er deshalb in einem mit hochexplosivem Wasserstoffgas gefüllten Ballon eine Kohlenpfanne mit. 1785 n explodierte sein Ballon, und er fand bei dem Absturz aus 500 m Höhe den Tod.

1783 n grün Ballonflug

PILATUS, Pontius, römischer Oberrichter der Juden.

19 v–38 n Lebenslinie
6 v–30 n Jesus Christus
30 n rot Hinrichtung Jesu

PILGER, Bezeichnung für Reisende, die sich auf dem Wege von ihrem Wohnort zu einem Heiligtum oder einer zentralen Kultstätte ihrer Religion befinden (Wallfahrt). Bis ins 19. Jahrhundert für den größten Teil des Volkes neben den Kriegszügen einzige Möglichkeit zum Kennenlernen fremder Länder. Das Wort kommt aus dem Lateinischen und bedeutet 'Fremdling'.

1391 v blau Ägyptisches Gemälde
291 n–347 n Axid
414 n grün Fa-Hiens Indien-Bericht
630 n grün Islamischer Wallfahrtsort
1064 n rot Fahrt nach Palästina
1070 n rot Schutz durch Johanniter
1138 n–1193 n Saladin
1185 n blau Bericht einer Mekka-Fahrt
1192 n rot Besuch Jerusalems erlaubt

PILSUDSKI, Josef (1867 n–1935 n), polnischer Staatsmann und Heerführer. Wegen Teilnahme an studentischen Unruhen 18jährig von der Universität Charkow verwiesen, setzte er sich für die Befreiung seiner polnischen Heimat aus der russischen Fremdherrschaft ein. 21jährig wegen antizaristischer Verschwörung nach Sibirien verbannt und vier Jahre später entlassen, trat er in die sozialdemokratische Partei Polens ein. Im Jahre 1900 n wurde er wegen Gründung einer Geheimdruckerei in Petersburg eingekerkert. Floh ein Jahr später und ging nach Japan, um von dort aus einen polnischen Aufstand gegen das Zarenreich vorzubereiten, kehrte aber 1908 n nach Polen zurück und gründete einen Schützenverband, mit dem er sich bei Kriegsausbruch auf die österreichische Seite gegen das Zarenreich stellte. Von Januar bis Juni 1917 n Mitglied des provisorischen polnischen Staatsrats, wurde er 1918 n Staatspräsident, besiegte die Rote Armee, wurde 1922 n Generalstabschef und übernahm 1926 n durch einen Staatsstreich die unumschränkte Alleinherrschaft. Durch Nicht-Angriffspakte mit Rußland und Deutschland suchte er sein Land nach außen abzusichern, während er im Innern seiner Diktatur zunehmend faschistische Züge gab.

1914 n/1918 n Erster Weltkrieg
1917 n/1922 n Russische Revolution
1918 n rot Polen selbständig
1926 n rot Alleinherrschaft
1934 n rot Nichtangriffspakte

PINDAR (um 520 v–um 445 v), griechischer Dichter. Seit frühester Jugend in Musik und Dichtkunst unterrichtet, trug er seit seinem 20. Lebensjahre selbstgeschriebene Lieder und Gedichte öffentlich vor. Meist in Theben lebend, weilte er auch zeitweilig an den Höfen griechischer Fürsten, so vier Jahre lang bei Hieron von Syrakus auf Sizilien. Die Athener wiesen ihm für seine Verherrlichung ihrer Stadt eine Ehrengabe im Werte von 40000 Mark zu. Für die Sieger der Olympischen Spiele schrieb er Preislieder, auch die Sieger der Isthmischen und Pythischen Spiele ehrte er auf diese Weise. Dabei bezog er die Persönlichkeit des Siegers, seine Herkunft und seine Heimat in die Lieder ein. Seine Gedichte wurden in 17 Bänden gesammelt, von denen vier Bände erhalten sind.

494 v blau Preislieder

PINEL, Philippe (1745 n–1826 n), französischer Naturforscher und Philosoph. Als Sohn eines armen Landarztes studierte er Theologie, ging dann zur Philosophie über und wandte sich mit 30 Jahren der Medizin zu. In streng naturwissenschaftlicher Arbeitsweise suchte er ein System der Krankheiten aufzustellen. Dabei ging er vom Körperbau und von den Lebensvorgängen aus. Ziel seiner Systematik war allein die ärztliche Diagnose. Aus ihr glaubte er bestenfalls Voraussetzungen zur Schaffung von günstigen Bedingungen des Krankheitsverlaufes ableiten zu können. Die Möglichkeit einer Heilung von Krankheiten durch den Arzt stellte er in Abrede, weil er die Fähigkeit zur Wiederherstellung der Gesundheit allein der Natur zusprach. Die Behandlung von Hautkrankheiten wurde durch die Systematik seiner Diagnose wesentlich verbessert. Als Arzt in eine Irrenanstalt berufen, in der Geisteskranke wie Sträflinge angekettet wurden, führte er Behandlungsweisen ohne Zwangsmaßnahmen ein.

1791 n grün Irrsinn als Krankheit

PING-LO, Kaiser von China.

792 v–720 v Lebenslinie
811 v–757 v Siang-Tschin
770 v rot Neue Hauptstadt

PINSEL

Vorzeittafel: 30 Tausend Jahre
1509 v grün Schreibgerät in China
423 v grün Malgerät in Athen
215 v grün Haarpinsel in China
345 n–406 n Ku-Kai-Tschi

PINZETTE

2513 v grün Erfindung

PIPELINE, aus dem Englischen übernommene Bezeichnung für eine Röhrenleitung zur Beförderung von Erdöl oder Erdgas (wörtlich: Rohrstrecke). Mit Zwischen-Pump-Stationen versehen, entwickelte sie sich in unserer Epoche zu einem Transportmittel, mit dessen Hilfe Öl oder Gas über Tausende von Kilometern befördert wird.

1865 n grün Aufkommen in USA

PIPPIN (777 n–810 n), König von Italien seit 781 n. Als zweiter Sohn Karls des Großen wurde er 781 n getauft und dabei sein Name Karlmann in Pippin geändert. Gleichzeitig zum König von Italien gekrönt, erhielt er bei der Teilung des Frankenreiches von seinem Vater noch Bayern. Eroberte die Insel Korsika durch Vertreibung der dort ansässigen Araber und fügte seinem Reiche nach einem Sieg über Venedig auch diese reiche Handelsstadt ein. Mit wechselndem Glück kämpfte er gegen Slawen, Awaren und Sachsen.

791 n/796 n Awarenkrieg
796 n rot Gewinn des Awarenreiches

PIPPIN der Kleine, fränkischer Herrscher von 741 n bis 768 n.

716 n–768 n Lebenslinie
675 n–754 n Bonifatius
741 n rot Herrschaftsbeginn
745 n rot Kirchenbesitz beschränkt
745 n rot Staatskirche
747 n rot Bischöfe staatsunabhängig
751 n rot König
752 n rot Heereszeichen
753 n grün Besuch durch Papst
754 n rot Schutz für Papst und Rom
754 n rot Salbung
754 n/756 n Langobardenkrieg
756 n rot Ende der Langobardenmacht
756 n rot Schenkung
759 n braun Sieg über Araber
759 n rot Gebietsgewinn
760 n/768 n Aquitanischer Krieg
765 n rot Gesandte zu Arabern
768 n rot Aquitanien fränkisch

PIPPIN der Mittlere, Herrscher ('Hausmeier') des Frankenreiches von 687 n bis 713 n.

635 n–713 n Lebenslinie
658 n–739 n Willibrord
687 n braun Machtkampf
687 n rot Herrschaftsbeginn
688 n–741 n Karl Martell
689 n braun Sieg über Friesen
689 n rot Friesland fränkisch
709 n/712 n Alemannenkrieg
712 n rot Herrschaft über Alemannen

PIPPIN'SCHE SCHENKUNG, Bezeichnung für eine Manipulation zur Begründung der päpstlichen Machtansprüche auf Teile von Italien und damit zur Errichtung des 'Kirchenstaates', der den Papst als weltlichen Herrscher gleichrangig neben die Fürsten Europas stellte. Unter Hinweis auf eine von der Kirche selbst hergestellte Fälschung ('Konstantinische Schenkung') errang der Papst 754 n von dem nach Anerkennung strebenden Frankenherrscher Pippin die Zusage, mit Truppen nach Italien zu kommen, um den seit drei Jahren von Langobarden besetzten Teil Italiens zu befreien und dem Papst zu übergeben. Pippin hielt Wort und vertrieb die Langobarden, aber das Land ('Exarchat Ravenna') gehörte rechtlich zu Byzanz, so daß seine 'Schenkung' an den Papst bedeutungslos war und auch sogleich vom oströmischen Kaiser als dem eigentlichen Herrn des Landes für ungültig erklärt wurde. Dafür erhielt Pippin vom Papst eine Krone, die keinerlei Wert hatte, weil der Papst kein Recht hatte, die Herrschaft über das Frankenreich zu vergeben. Dieser Tausch einer wertlosen Krone gegen ein fremdes Stück Italiens befestigte das karolingische Frankenreich, das vom Papsttum zur Erringung seiner Unabhängigkeit von Ostrom gebraucht wurde. Er verhinderte durch die Errichtung des Kirchenstaates in Italien mehr als 1000 Jahre lang die Bildung eines italienischen Staates.

716 n–768 n Pippin der Kleine
753 n rot Konstantinische Schenkung
753 n grün Papst-Reise zu Pippin
754 n rot Zusage Pippins
754 n rot Salbung Pippins
754 n/756 n Kriegszug Pippins
756 n rot Ende der Langobardenmacht
756 n rot Kirchenstaat
774 n rot Bestätigung

PIRÄUS, Hafenstadt in Süd-Griechenland. Von Hippodamos als Haupthafen der 5 km landeinwärts gelegenen Stadt Athen ausgebaut, deren Hafen bis zu den Perserkriegen nur Phaleron auf der anderen Seite der gleichen Bucht war. Auf Betreiben des Themistokles zum Kriegshafen ausgebaut und mit 196 Kriegsschiff-Häusern versehen. Wegen seiner günstigen Lage und seiner modernen Anlagen entwickelte er sich schnell zum bedeutendsten Hafen Griechenlands. Perikles schützte den Verbindungsweg der Stadt mit Athen durch einen Mauerbau und sicherte dadurch Athen gegen die Gefahr einer Aushungerung bei Belagerung.

525 v–459 v Themistokles
493 v grün Hafen
486 v–430 v Hippodamos
456 v grün Mauern

PIRANDELLO, Luigi (1867 n–1936 n), italienischer Schriftsteller. Als Sohn eines Bergwerksbesitzers studierte er in Bonn und schrieb in deutscher Sprache seine Doktorarbeit. Nach kurzer Lektorenarbeit war er in Rom als Journalist tätig und gab Unterricht in Literaturgeschichte an einem Lehrerseminar. Schließlich gründete er ein Theater und gab Gastspiele in vielen Ländern Europas und Amerikas. Seine Bühnenstücke revolutionierten das italienische Theater und machten ihn weltberühmt ('Die Wollust der Anständigkeit', 'Man weiß nicht wie', 'Heinrich der Vierte'). Stellte die Gespaltenheit des Menschen in der bürgerlichen Gesellschaft dar und entlarvte seine Angst und Unsicherheit hinter der Maske von Erfolg und Ansehen, den Gegensatz von Sein und Schein. Sein Drama 'Sechs Personen suchen einen Autor' führte zum Durchbruch seines desillusionierenden Theaters in vielen Ländern der Erde. Schrieb auch Gedichte, Novellen und Romane.

1921n blau 'Sechs Personen'

PIRENNE, Henri (1862n–1935n), belgischer Historiker. Als Geschichtsprofessor an der Universität Löwen schrieb er verschiedene Arbeiten über die Bedeutung des flämischen Bevölkerungsteils in der Vergangenheit sowie über die wirtschaftliche Blütezeit Flanderns. In einer kritischen Gegenüberstellung untersuchte er die Behandlung des siegreichen Kampfes flandrischer Weber gegen französische Ritter bei Coutray in den französischen und in den flämischen Geschichtsbüchern. Verfaßte eine siebenbändige Geschichte Belgiens unter besonderer Berücksichtigung der Wirtschafts- und Sozialgeschichte. Erkannte die Abhängigkeit der europäischen Geschichte von der arabischen Kultur ('Mohammed und Karl der Große') und setzte den Beginn des Mittelalters auf den Einbruch der Araber in die mittelmeerische Welt. Schrieb eine Sozialgeschichte Europas und eine Sozialgeschichte des Orients im Mittelalter.

1932n blau 'Geschichte Belgiens'

PIR HUSSEIN, Ort an einem Quellfluß des Tigris im nördlichen Vorderasien (Kurdistan). Hier besiegte der Enkel Sargons von Kisch, Naramsin, die Kurden und führte durch die Einverleibung des kurdischen Gebietes das mesopotamische Reich auf den Höhepunkt äußerer Machtentfaltung. Zur Erinnerung an diesen Sieg ließ er hier seine Kriegstaten in Basalt meißeln. Dieses vor mehr als 4000 Jahren entstandene Relief hat sich bis heute erhalten.

2297v–2238v Naramsin
2261v braun Niederlage Kurdistans
2261v rot Herrschaft Akkads
2260v blau Siegesrelief

PISA, Stadt im Norden Mittelitaliens, 70 km westlich von Florenz am Arno kurz vor dessen Einmündung ins Mittelmeer. Von Etruskern vor mehr als 2500 Jahren gegründet, wuchs sie wegen ihrer günstigen Lage zu einem Mittelpunkt von Handel und Gewerbe empor und bildete eine der zwölf großen Städte der Etrusker. Sie behauptete bis 180v ihre Unabhängigkeit und wurde dann römische Kolonie. Nach dem Zerfall der römischen Macht in Italien wieder selbständig, entwickelte sie sich in der zweiten Hälfte des ersten Jahrtausends zu neuer Blüte. Gestützt auf eine starke Flotte trieb sie Handel bis nach Vorderasien und hatte an den Ufern des Mittelmeers zahlreiche Niederlassungen und Privilegien. Durch die Kreuzzüge im friedlichen Handel gestört, wurde die geschwächte Stadt 1284n von dem benachbarten Genua vernichtend geschlagen und erholte sich vom Verlust ihrer Flotte nicht mehr. Auch die übrigen umliegenden Städte (Lucca, Florenz, Siena) sorgten dafür, daß sie die alte Macht und Größe nie mehr erreichte. Seit 1405n gehörte sie den Fürsten von Florenz und wurde später Teil des Herzogtums der Toskana. 1860n mit der Toskana Bestandteil des neugegründeten italienischen Staates. Weltberühmt wurde die Stadt durch ihren schiefen Turm.

1052n braun Eroberung Sardiniens
1052n rot Herrschaft über Sardinien
1078n braun Eroberung Korsikas
1078n rot Herrschaft über Korsika
1087n braun Sieg über die Araber
1087n grün Handel mit Nordafrika
1100n grün Vorrechte in Jerusalem
1114n braun Eroberung der Balearen
1114n rot Herrschaft über Balearen
1117n blau Dom
1213n–1280n Niccolo Pisano
1300n rot Verlust Korsikas
1343n blau Universität
1350n blau Schiefer Turm

PISAN, Christine de (um 1365n–um 1430n), französische Dichterin. Als Tochter eines Sterndeuters in Venedig geboren, folgte sie ihrem Vater nach Paris, wo er die Stelle eines Hofastrologen beim französischen König Karl V. einnahm. Mit 15 Jahren an einen französischen Adligen verheiratet, wurde sie 25jährig Witwe und mußte für sich und ihre drei Kinder selbst den Lebensunterhalt verdienen. Sie schrieb Gedichte, Erzählungen, Balladen und verkaufte diese Arbeiten an französische Fürsten, die ihr damit weiterhelfen wollten, so an die Herzöge von Orléans und von Burgund. Später ging sie ins Kloster. Kämpfte gegen den Krieg und trat für die Rechte der Frauen ein. Hinterließ außer ihren Dichtungen und Briefen auch Abhandlungen über Fragen ihrer Zeit.

1399n blau 'Briefe an Amor'

PISANO, Niccolo, italienischer Bildhauer.

1213n–1280n Lebenslinie
1277n blau Brunnen in Perugia
1280n blau Dom von Siena

PISATIS, Staat im Westen der Halbinsel Peloponnes (Süd-Griechenland). Bedeutend durch die auf seinem Gebiete liegende Stadt Olympia.

918v blau Hera-Tempel in Olympia
776v blau Olympische Spiele
646v/628v 2. Messenischer Krieg
456v blau Zeus-Tempel in Olympia

PI-SCHENG, chinesischer Schmied.

1016n–1076n Lebenslinie
1045n grün Druck mit Einzellettern

PISIDES, Georgios, byzantinischer Dichter.

584n–641n Lebenslinie
629n blau Lehrgedicht

PISO, Gajus Kalpurnius (um 10n–65n), römischer Staatsmann. Vom Kaiser Caligula durch Entführung seiner Frau gekränkt, ließ er sich aus Staatstreue zur Scheidung bestimmen und wurde bald darauf verbannt. Durch Klaudius zurückgerufen, diente er während dessen Regierungszeit dem neuen Kaiser in hohen Ämtern. Neros Machtübernahme hielt er für ein Unglück, und er wurde im Jahre 62n wegen seiner Beziehungen zu dem nicht kaisertreuen Philosophen Seneka aus allen Ämtern entlassen. Darauf richteten sich die Erwartungen der ständig zunehmenden Zahl von Gegnern Neros auf seine Person. Nachdem ein Versuch, ihn zum Kaiser auszurufen, mißglückt war, wurde er von Nero hingerichtet.

65n braun Aufstand gegen Nero

PISTOLE

1435n grün Herstellung in Italien

PITT der Ältere, William (1708n–1778n), englischer Staatsmann. Trat einem Reiter-Regiment bei, erhielt aber dank seiner ungewöhnlichen Rednergabe einen Sitz im Parlament, gab den Kriegsdienst auf und war bald Vizeschatzmeister und Generalzahlmeister der Armee. 48jährig übernahm er die Führung der britischen Politik und nötigte den König zur Aufgabe seiner Rücksichten auf die hannoverschen Erblande. Dadurch wurde der Weg frei für den englischen Doppelschlag gegen Frankreich, das auf dem Kontinent durch das von England unterstützte Preußen gebunden wurde, während die britische Flotte in Indien und Kanada die Stellung Englands ausbaute und festigte. Auf diese Weise führte er die britische Weltmacht auf ihren äußeren Höhepunkt. Bald darauf mußte er aber den Abfall der nordamerikanischen Kolonien miterleben. Durch eine feurige Rede wollte er diesem Abbröckeln der britischen Weltmacht entgegenwirken, doch übernahm er sich dabei so sehr, daß er starb.

1755n/1763n Kolonialkrieg
1756n rot Premierminister
1756n grün Unterstützung Preußens
1757n rot Vormacht in Indien
1759n rot Kanada englisch

PITT der Jüngere, William (1759n–1806n), englischer Staatsmann. Als zweiter Sohn des berühmten Ministers studierte er in Cambridge, erhielt 21jährig einen Sitz im Unterhaus, wurde Schatzmeister, 24jährig Premierminister und gründete 25jährig eine neue Partei ('Tories'). Ordnete die Finanzen nach Abfall Nordamerikas durch Verschärfung der Ausbeutung in den übrigen Kolonien, besonders in Indien. Um ein Übergreifen der revolutionären Ideen aus Frankreich zu verhindern, führte er ein Fremdengesetz ein, hob die Pressefreiheit auf, setzte die Habeas-corpus-Akte außer Kraft und beschränkte die Vereins- und Versammlungsfreiheit. Der Konvent des revolutionären Frankreichs erklärte ihn daraufhin zum Feind des Menschengeschlechts. Mit Bestechung und Gewalt zwang er Irland die Vereinigung mit England auf. Unterdrückte die irische Opposition. Durch Bündnisse mit den rückständigen Mächten auf dem Kontinent brachte er eine große Koalition gegen das revolutionäre Frankreich zustande. Die ungeheuren Kriegskosten zwangen ihn zur Einführung einer Einkommensteuer.

1784n rot 'Indiengesetz'
1788n rot Australien Strafkolonie
1792n/1795n Revolutionskriege
1796n/1815n Napoleonische Kriege
1797n rot Trinidad englisch
1798n braun Erhebung Irlands
1798n rot Ceylon englisch
1799n braun Indischer Aufstand
1800n rot Anschluß Irlands
1800n rot Malta englisch
1801n braun Sieg über Dänemark

PITTSBURGH, Stadt in Pennsylvanien (USA), 400 km landeinwärts von der Atlantikküste inmitten reicher Kohle-, Erdöl-, Erdgas- und Metall-Vorkommen. Am Zusammenfluß der beiden Quellflüsse des Ohio-Stromes verkehrsgünstig zwischen der Ostküste und den Industriezentren im Landesinnern gelegen, entwickelte sich die Stadt zum größten Binnenhafen der USA. Hier entstand der erste öffentliche Rundfunksender der Erde.

1920n grün Rundfunksender

PIUS XI. (1857n–1939n), italienischer Priester, Papst von 1922n bis 1939n. Stärkte den Einfluß der katholischen Kirche in großen Teilen Europas, insbesondere durch Rekatholisierung des Unterrichtes. Hierzu schloß er zahlreiche Staatsverträge ab, wobei er sich insbesondere auf faschistische und andere restaurative Regierungen stützte und damit der Reaktion in Europa aus kirchen-egoistischen Gründen entscheidende Hilfestellung leistete. Nach Konkordaten mit Lettland, Bayern, Polen, Litauen, Portugal und Rumänien stellte er den verlorenen Kirchenstaat durch Anerkennung des italienischen Faschismus wieder her (Lateranvertrag). 1933n durchbrach er die internationale Ächtung des faschistischen Deutschland, indem er den ersten Staatsvertrag mit Hitler abschloß (Reichskonkordat). Durch Neuaufbau des päpstlichen Instituts für Propaganda suchte er seiner Politik in den christlichen Ländern Nachdruck zu verschaffen. Durch entschiedene Verurteilung des Kommunismus leistete er dem deutschen und italienischen Faschismus Hilfestellung. Zur Durchsetzung der päpstlichen Interessen auf allen Gebieten des Lebens rief er eine 'Katholische Aktion' ins Leben, die insbesondere Nicht-Priester für die Politik der katholischen Kirche mobilisiert.

1929n rot Lateranvertrag
1933n rot Konkordat mit Hitler
1937n rot Gegner des Kommunismus

PIUS XII. (1876n–1958n), italienischer Priester, Papst von 1939n bis 1958n. Wirkte seit seiner Priesterweihe im päpstlichen Dienst. Seit 1917n in Deutschland tätig. Vertrat zunächst als Nuntius für Bayern, später für das deutsche Reich die kirchlichen und politischen Interessen des Papsttums. 1929n nach Rom zurückberufen, wirkte er auf die Anerkennung Hitlers durch die deutschen Katholiken hin und hatte dadurch maßgeblichen Einfluß auf die legale Machtübergabe an den Faschismus in Deutschland. 1933n schloß er dann das Reichskonkordat ab, mit dem er in den zwölf Jahren seines Deutschland-Aufenthaltes am Widerstand der liberalen Mehrheit gescheitert war. Dieser Vertrag stellte die entscheidende Grundlage für die Rekatholisierung der deutschen Kultur dar. Es war der Dank Hitlers für die Unterstützung seiner Politik durch Rom und die deutschen Katholiken (Zentrum). Als Exponent der pro-faschistischen Richtung innerhalb der Kurie wurde er 1939n mit großer Mehrheit zum Papst gewählt. Nach dem Zusammenbruch Deutschlands und Italiens setzte er diese Politik durch ein Konkordat mit Spanien fort und stützte so das bedeutendste faschistische Land Europas. Behauptete, daß ihm die Jungfrau Maria persönlich erschienen sei und verkündete 1950n die leibliche Himmelfahrt Marias als unumstößlichen Glaubenssatz (Dogma). Jede Unterstützung des Kommunismus bedrohte er seit 1949n mit Exkommunikation. Seine Mitverantwortung für die Judenmorde in Deutschland behandelte Hochhuth in dem Drama 'Der Stellvertreter'.

1933n rot Konkordat mit Hitler
1953n rot Konkordat mit Franco
1963n blau Hochhuth: 'Stellvertreter'

PIZARRO, Francisco (um 1475n–1541n), spanischer Eroberer. Als unehelicher Sohn eines Offiziers wurde er zunächst Schweinehirt, dann Soldat und schiffte sich schließlich 1502n in Sevilla zur Fahrt in die Neue Welt ein. Ohne Schulbildung, aber von natürlicher Begabung, voller Unternehmungslust, Zähigkeit und persönlichem Mut kämpfte er auf Kuba und Haiti gegen die Indianer und begleitete Balboa auf seinem tollkühnen Vorstoß durch die Urwälder Mittelamerikas zum Pazifik. 1524n–1525n und 1526n–1527n unternahm er zwei Fahrten zur Auffindung eines Goldlandes und entdeckte die Küste von Ecuador und Peru. In Spanien erwirkte er seine Ernennung zum Statthalter von Peru. Mit 180 Soldaten und 37 Pferden segelte er 1531n in Begleitung seiner beiden Brüder Gonzola und Hernando nach Peru, erhielt nach Absetzung und Ermordung des Inka-Herrschers noch eine Verstärkung von 100 Soldaten und eroberte in weniger als drei Jahren das ganze Inka-Reich. Dabei kam ihm ein Thron-Streit der Inkas zu Hilfe sowie die Überlegenheit seiner Waffen, Wortbruch, Verrat und Grausamkeit. Zerstörte die Residenzstadt der Inkas (Kuzko) und gründete eine neue Hauptstadt (Lima). Dann ließ er seinen Landsmann Almagor hinrichten, der wesentlichen Anteil an seinem Siege gehabt hatte, und wurde bald darauf von dessen Anhängern ermordet.

1513n grün Balboas Reise
1531n/1533n Inka-Krieg
1533n rot Ende des Inkareiches
1533n rot Peru Kolonie Spaniens

PLAKATE

1700n grün Werbeplakate in Japan
1892n blau Toulouse-Lautrecs Werke

PLANCK, Max, deutscher Naturwissenschaftler.

1858n–1947n Lebenslinie
1900n grün Quantentheorie

PLANETEN, aus dem Griechischen übernommene Bezeichnung für die Sterne, die unsere Sonne umkreisen (wörtlich: 'Wandelsterne'). Ihre Auffindung, die Bestimmung ihrer Bahnen und die Erforschung ihrer Strahlung stand neben der Beobachtung von Sonne und Mond am Beginn der Sternkunde und ist bis in die Gegenwart einer ihrer wichtigsten Gegenstände geblieben.

Vorzeittafel: 5 Milliarden Jahre
1568v grün 'Venustafeln'
533v grün Kugelgestalt der Erde
525v grün Einordnung der Erde
496v grün Erdbewegung
382v grün Achsendrehung der Erde
355v grün Tatsache der Bewegung
349v grün Ähnlichkeit der Sterne
340v grün Beweis der Kugelgestalt
316v–250v Aristarch
258v grün Doppelte Erdbewegung
906n grün Exzentrizität
948n–1009n Ibn Junis
1166n grün Sonnenflecken-Erklärung
1248n grün Planetentafeln
1473n–1543n Kopernikus
1546n–1601n Tycho Brahe
1564n–1642n Galilei
1571n–1630n Kepler
1609n grün Kepler: Planetenbewegung
1610n grün Jupitermonde
1611n grün Sonnenlicht-Reflexion
1643n–1727n Newton
1655n grün Saturnring und -mond
1666n grün Newton: Gravitationsgesetz
1755n grün Kant: Entstehung
1781n grün Entdeckung des Uranus
1799n grün Laplace: Himmelsmechanik
1846n grün Entdeckung des Neptun
1930n grün Entdeckung des Pluto
1943n grün Weizsäckers Theorie
1951n grün Kuiper: Atmosphäre
1959n grün Künstlicher Planet
1962n grün Venus-Sonde
1965n grün Mars-Sonde

PLANETARIUM, Bezeichnung für ein Gerät zur Veranschaulichung des Umlaufs der Planeten um die Sonne sowie aller übrigen Bewegungen am Sternenhimmel. Seit Konstruktion des ersten mechanischen Modells durch Anaximander immer wieder verbessert (astronomische Uhren). In unserem Jahrhundert wurde ein Bildwerfer-Verfahren entwickelt, bei dem die Sternbewegungen mit Hilfe mehrerer beweglicher Geräte an die Innenseite einer großen Rundkuppel projiziert werden und so den Eindruck des wirklichen Sternhimmels beim Betrachter hervorrufen. Das von dem deutschen Ingenieur Walter Bauersfeld entwickelte Zeiß-Planetarium kann die Bewegungen der 6000 Sterne sichtbar machen, die der Mensch mit bloßem Auge wahrzunehmen vermag.

554v grün Anaximanders Modell
284v–212v Archimedes
234v grün Archimedes' Modell
960n grün Al Sufis Modell
1919n grün Projektionsgerät

PLANTAGE, von dem lateinischen Worte 'planta' (= Setzling) abgeleitete Bezeichnung für ausgedehnte Pflanzungen einer einzigen Fruchtart. Ihr Aufkommen fällt mit dem Übergang von der Eigenerzeugung des Bauern zur Großflächen-Wirtschaft des Großgrundbesitzers zusammen.

2025v grün In Südmesopotamien
1089v grün In Nordmesopotamien
162v grün Übernahme für Rom
1686n grün Anlage auf Java

PLANUDES, Maximos (um 1260n–um 1310n), byzantinischer Sprachforscher. Als Mönch in Konstantinopel verfaßte er ein Rechenbuch sowie grammatikalische Schriften. Nachdem er 1296n als Gesandter in Venedig gewesen war, übersetzte er die Werke lateinischer Schriftsteller ins Griechische, um sie den Gelehrten des byzantinischen Reiches zugängig zu machen. Gab auch eine Gedichtsammlung heraus und übertrug die Fabeln des Äsop in die ungereimte Volkssprache.

1302n blau Übersetzungen

PLANUNGS-MASSNAHMEN, Bezeichnung für staatliche Eingriffe in eine auf dem Privateigentum an den Produktionsmitteln beruhende Volkswirtschaft. In der Regel zur Abwendung von Wirtschaftskrisen oder in Kriegszeiten vom Gesetzgeber erzwungen, haben sie nur vorübergehende Bedeutung, da sie mit dem privaten Aneignungscharakter der freien Unternehmenswirtschaft grundsätzlich unvereinbar sind.

475v–393v Me-Ti
422v grün Forderung Me-Tis
322v–246v Ptolemäus II.
284v grün Lenkung in Ägypten
243n–316n Diokletian
1021n–1086n Wang-Anschi
1069n rot Reformen in China
1882n–1945n F. D. Roosevelt
1889n–1945n Hitler
1933n grün In USA und Deutschland

PLANWIRTSCHAFT, Bezeichnung für die Organisationsform der sozialistischen Volkswirtschaft, die im Gegensatz zu allen früheren Wirtschaftsformen nicht mehr vom Gewinnstreben der Unternehmer, sondern von den Interessen der werktätigen Bevölkerung bestimmt ist. Lenkt die Volkswirtschaft nach dem Prinzip höchster Produktivität bei bestmöglichen Arbeitsbedingungen und gesicherter Vollbeschäftigung. Unterwirft den gesamten Produktions- und Verteilungsprozeß einer zentralen Steuerung durch eine hierfür geschaffene Planungsbehörde.

1800n blau Fichte: 'Handelsstaat'
1818n–1883n Karl Marx
1870n–1924n Lenin
1879n–1953n Stalin
1893n– Mao-Tse-Tung
1917n grün Vergesellschaftung
1929n grün Fünfjahrplan der UdSSR
1935n grün Übererfüllung der Norm
1944n rot Jugoslawien kommunistisch
1946n rot Nordkorea kommunistisch
1946n rot Albanien kommunistisch
1946n rot Bulgarien kommunistisch
1947n rot Polen kommunistisch
1947n rot Rumänien kommunistisch
1948n rot CSR kommunistisch
1948n rot Ungarn kommunistisch
1948n grün Plan in Ostdeutschland
1949n rot China kommunistisch
1949n grün Gründung des COMECON
1953n grün Fünfjahrplan in China
1955n rot Nordvietnam kommunistisch
1961n rot Kuba kommunistisch

PLASTISCHER FILM

1940n grün Aufführung

PLATÄA, Stadt in Süd-Griechenland, 50 km nordwestlich von Athen, zu dessen Staatsgebiet sie seit 519v gehörte. Im Jahre 479v stieß hier das Perserheer auf die vereinigte griechische Streitmacht, die unter Aristides und Pausanias einen vollständigen Sieg errang. Nachdem die Perser ihren Feldherrn Mardonios im Kampfe verloren hatten, gaben sie die Schlacht verloren und zogen sich zurück. Im Peloponnesischen Krieg wurde die Stadt nach vergeblicher Belagerung durch Thebaner von Sparta und dessen Bundesgenossen im Jahre 427v erobert, alle Einwohner wurden hingerichtet. 45 Jahre später ließ sie der Mazedonierkönig Philipp II. erneut aufbauen. Unter römischer Herrschaft erlebte sie eine Nachblüte, besonders unter Kaiser Hadrian, der sie mit prächtigen Bauten schmücken ließ.

490v/449v Perserkriege
431v/404v Peloponnesischer Krieg

PLATIN, Bezeichnung für ein grauweißglänzendes Metall. Chemisch sehr beständig, hat es den gleichen Ausdehnungsfaktor wie Glas und kann deshalb in Glasgeräte eingeschmolzen werden. Es ist das dehnbarste aller Metalle. Es läßt sich walzen, schmieden und schweißen. Weder von Säuren noch von Sauerstoff angreifbar, ist es auch ein hervorragendes Hilfsmittel bei der Herbeiführung chemischer Prozesse (Katalysator). Obgleich sein aus dem Spanischen kommender Name 'minderwertiges Silber' bedeutet, ist es wegen seines seltenen Vorkommens und seines hohen Gebrauchswertes teurer als Gold.

681 v grün Schmuck in Ägypten

PLATO, griechischer Philosoph.

427 v–347 v Lebenslinie
433 v–351 v Archytas
394 v blau Verteidigung des Sokrates
392 v blau 'Lysis'
390 v–310 v Herakleides
388 v blau Akademie
386 v blau 'Menon'
384 v blau 'Gastmahl'
384 v–322 v Aristoteles
379 v blau 'Phaidon'
374 v blau 'Politeia'
321 n blau Lateinische Übersetzung
806 n–873 n Abu Hunain
844 n blau Arabische Übersetzung
1350 n–1415 n Chrysoloras
1459 n blau Akademie in Florenz

PLATONOPOLIS, Name einer von dem griechischen Philosophen Plotin geplanten Stadt der Weisheit, in der die edelsten Geister des römischen Reiches in kommunistischer Gütergemeinschaft leben und zum Wohle der Völker Roms wirken sollten. Von dem aus Alexandria stammenden Plotin wurde dieser Plan dem römischen Kaiser Gallienus und dessen Frau Solonina vorgetragen, die ihn billigten. Er scheiterte aber am Widerstand der Senatspartei, nachdem Gallienus bereits ein Gelände in Süditalien dafür ausgewählt hatte.

264 n blau Plan Plotins

PLAUTUS, Titus Maccius, römischer Dichter.

254 v–184 v Lebenslinie
186 v blau 'Der goldene Topf'

PLEBEJER, im römischen Reiche Bezeichnung für die arbeitenden Volksmassen, die im Gegensatz zu den Angehörigen des Adels ('Patrizier') vom Senat und zahlreichen Ämtern ausgeschlossen waren und auch keine Ehe mit Patriziern eingehen durften. Im Gegensatz zu den Sklaven waren sie aber persönlich frei und betätigten sich hauptsächlich als Handwerker oder Bauern. In jahrhundertelangem Klassenkampf erreichten sie auf manchen Gebieten Gleichberechtigung, errangen allmählich viele Bürgerrechte und bildeten eigene Körperschaften (Magistrate, Volksvertretung).

494 v rot Volkstribunen
492 v rot Immunität der Tribunen
471 v rot Beamtenwahl
445 v rot Ehen mit Patriziern
421 v rot Höherer Staatsdienst
384 v rot Zusammenhalt des Adels
366 v rot Plebejer Konsul
351 v rot Plebejer Zensor
300 v rot Zugang zu allen Ämtern
287 v rot Volksbeschluß als Gesetz
163 v–133 v Tiberius Gracchus
156 v–86 v Marius
154 v–121 v Gajus Gracchus
138 v–78 v Sulla
136 v/129 v Aufstand
133 v rot T. Gracchus: Ackergesetz
133 v rot Tod für T. Gracchus
123 v rot G. Gracchus: Getreidegesetz
121 v braun Aufstand des G. Gracchus
111 v rot Ende der Gracchen-Reform
109 v–71 v Spartakus
108 v–62 v Katilina
107 v rot Heer des Marius
106 v–48 v Pompejus
104 v/100 v Aufstand
89 v/82 v Bürgerkrieg
74 v/71 v Spartakus-Aufstand
63 v/62 v Katilinarische Erhebung
16 v–45 n Phädrus
9 n–79 n Vespasian
67 n–140 n Juvenal
134 n rot Schutzgesetz
207 n braun Aufstand des Felix Bulla

PLECHANOW, Georgi (1856 n–1918 n), russischer Philosoph und Politiker. Als Sohn eines adligen Großgrundbesitzers wandte er sich während seiner Studentenzeit in Petersburg sozialistischen Ideen zu. Bald nachdem er sich der revolutionären Bauernbefreiungsbewegung (Narodniki) angeschlossen hatte, wurde er von der zaristischen Polizei verfolgt und floh ins Ausland. In der Schweiz studierte er die Werke von Marx und Engels, erkannte die Unzulänglichkeit der russischen Freiheitsbewegung und gründete die erste marxistische Organisation Rußlands ('Befreiung der Arbeit'), aus der später die sozialdemokratische Partei Rußlands hervorging. An der Gründung der 2. Sozialistischen Internationale war er als russischer Delegierter beteiligt. Zusammen mit Lenin redigierte er die revolutionäre Zeitschrift 'Iskra' ('Der Funke'), wirkte für die Verbreitung des Marxismus in seiner Heimat und wurde einer der führenden russischen Theoretiker. Als die Sozialdemokratie Rußlands in einen revolutionären und einen reformistischen Teil zerfiel (Bolschewiki und Menschewiki), schwankte er zwischen beiden Flügeln hin und her und verlor stark an Einfluß. Seit März 1917 n wieder in Rußland, konnte er sich auch hier nicht zu einer klaren Stellungnahme für die Revolution durchringen. Trotzdem wurden seine theoretischen Arbeiten von Lenin und den Bolschewiki anerkannt. Schrieb das erste zusammenfassende Werk über die materialistische Geschichtsauffassung und über die Rolle der Persönlichkeit in der Geschichte. Bewies die Abhängigkeit der Kunst und Literatur vom Klassenkampf und bemühte sich um die Erarbeitung von Grundlagen für ein sozialistisches Kunstschaffen.

1883 n rot Sozialistische Gruppe
1889 n rot Zweite Internationale
1900 n blau Zeitung 'Der Funke'

PLEJADE, von dem griechischen Wort für 'Siebengestirn' abgeleitete Bezeichnung für eine Gruppe von sieben französischen Dichtern und Sprachgelehrten, die sich das Ziel gesetzt hatten, die französische Sprache zu so großer Klarheit und Schönheit zu entwickeln, daß sie den alten Sprachen gleichrangig ist. Die Veröffentlichung eines Manifestes führte zahlreiche französische Schriftsteller zu der Bewegung, in deren Mittelpunkt der Dichter Ronsard stand. Die übrigen sechs Gründer waren: Bellay, Baïf, Jodelle, Dorat, Belleau und Thyard.

1549 n blau Manifest
1550 n blau Ronsard: 'Oden'

PLESKAU, Stadt unweit des Peipus-Sees im Nordwesten des europäischen Rußland (russisch Pskow). Bestand bereits zur Zeit Ruriks, war bis 1348 n von Nowgorod abhängig und wurde dann eine selbständige Stadtrepublik. Hielt fünf Angriffen des Deutschritter-Ordens stand, der vom angrenzenden Livland her bis an die Stadtmauern vordrang. Als mächtige Handelsfeste stand sie über Riga und Reval ständig mit der Hanse in Verbindung. 1510 n verlor sie ihre Unabhängigkeit und wurde dem Fürstentum Moskau einverleibt; 1581 n von Zar Iwan IV. gegen den Polenkönig Stephan verteidigt, der dem russischen Stadtkommandanten eine Höllenmaschine zuschickte. 1915 n–1917 n befand sich hier das russische Hauptquartier, in dem auch Zar Nikolaus II. 1917 n seine Abdankungsurkunde unterzeichnete. Im zweiten Weltkrieg durch deutsche Truppen fast völlig zerstört.

1581 n grün Höllenmaschine
1939 n/1945 n Zweiter Weltkrieg

PLESSIS-MORNAY, Philippe (1549 n bis 1623 n), französischer Staatsmann. Von seinem streng katholischen Vater für den Priesterberuf bestimmt, trat er nach dessen Tod zur reformierten Kirche über, der seine Mutter heimlich zuneigte. Bereiste Italien, Deutschland, Holland und England. Dann wurde er Mitarbeiter des französischen Protestantenführers Coligny und trat als Verwalter der Finanzen in die Dienste Heinrichs von Navarra. Als dieser Herrscher den französischen Thron bestiegen hatte (Heinrich IV.), wurde er Staatsrat und wahrte in dieser Stellung die Belange der französischen Protestanten (Hugenotten). Zum Gouverneur von Saumur ernannt, richtete er in der Loire-Stadt eine protestantische Akademie ein. Wegen seiner Opposition gegen Heinrichs Übertritt zum Katholizismus wurde er aus dem Staatsdienst entlassen. Zog sich ins Privatleben zurück und verfaßte zahlreiche Schriften.

1579 n blau Schrift gegen Absolutismus

PLETHON, Gemistos (um 1355 n–um 1450 n), byzantinischer Gelehrter. Verließ seine Heimatstadt Konstantinopel, ging nach Süd-Griechenland und richtete in Mistra bei Sparta eine Schule nach dem Muster der Akademie Platos ein. Zeitweilig war er hier auch als oberster Richter tätig. Erklärte das Christentum für unvereinbar mit der freien Denkweise, wie sie von den Griechen gepflegt worden war, und forderte die Wiederherstellung der Geistesfreiheit, wie sie vor Aufkommen des Christentums bestanden hatte. In Italien fand er mit seinen Ideen Anklang und konnte Cosimo Medici für den Gedanken einer platonischen Akademie gewinnen. Ebenso wie das Christentum lehnte er die Lehren des Aristoteles ab, in denen er gegenüber der Philosophie Platos einen Rückschritt sah. Aus Furcht vor der Gewalt der Kirche ließ er keine seiner Arbeiten drucken. Da nach seinem Tode sein Hauptwerk von der Kirche fast völlig vernichtet wurde, sind uns seine Lehren nur durch spätere Aufzeichnung seiner Vorlesungen bekannt.

1447 n blau Vorbild der Antike
1459 n blau Plato-Akademie

PLINIUS der Ältere, römischer Gelehrter.

23 n–79 n Lebenslinie
52 n blau Buch über Germanenkriege
71 n blau Gesellschaftskritik
78 n grün Naturkunde
79 n grün Tod bei Vesuv-Ausbruch

PLINIUS der Jüngere (61 n–113 n), römischer Schriftsteller und Staatsmann. Als Neffe und Adoptivsohn des gleichnamigen Gelehrten wurde er Jurist und Gerichtsredner und bekleidete bald wichtige Staatsämter. Unter Trajan mit dem Konsulat betraut, stattete er seinen Dank durch eine überschwengliche Lobrede auf den Kaiser ab. Diese im Senat vorgetragene Rede 'Panegyricus' wurde Vorbild für übertrieben schmeichlerische Lobredner ('Panegyriker'). Als Statthalter des kleinasiatischen Bithynien berichtete er Trajan in Briefen über die dortigen Verhältnisse und empfahl, die Christen nicht mehr zu verfolgen, sie aber in ihrer rechtlosen Stellung zu belassen. In neun Büchern gab er diejenigen seiner Briefe heraus, die er von vornherein zur Veröffentlichung bestimmt hatte. In jedem Brief behandelte er dabei stets nur einen Gegenstand. Freund des Tacitus.

109 n blau Briefe

PLISSEE, aus dem Französischen übernommene Bezeichnung für die gleichmäßig gelegten Falten eines Kleidungsstückes (wörtlich: 'gefältelt').

2580 v grün Röcke in Sumer

PLIVIER, Theodor (1892 n–1955 n), deutscher Schriftsteller. Als Sohn eines Berliner Arbeiters wurde er Maurer, Bergarbeiter, Matrose und Dolmetscher. 1918 n nahm er am Matrosenaufstand in Wilhelmshaven teil und wurde Redakteur der Zeitung des Matrosenrates in Kiel. Nach Niederschlagung der Revolution verließ er Deutschland, fuhr zur See und wurde Fischer, Koch, Viehtreiber, Barmixer und Goldwäscher. Zurückgekehrt, prangerte er auf Grund eigener Erlebnisse den unmenschlichen Zwang an, unter dem die Matrosen der kaiserlichen Kriegsmarine gestanden hatten ('Des Kaisers Kulis'). Diesen ersten Roman widmete er den Matrosen Köbis und Reichpietsch, die als Meuterer erschossen worden waren. 1932 n schrieb er seine Anklage gegen den Militarismus der Weimarer Republik 'Der Kaiser ging, die Generale blieben'. 1933 n ging er in die Sowjetunion. Nach dem deutschen Angriff auf die UdSSR schrieb er einen Tatsachenroman über die Schlacht von Stalingrad. 1945 n kam er nach Ost-Deutschland zurück, zog aber nach einigen Jahren an den Bodensee und ließ sich schließlich in der Schweiz nieder. Durch Schilderung des Zusammenbruchs der russischen Front unter Hitlers ersten Schlägen suchte er den Nimbus von der Unbesiegbarkeit der Roten Armee zu zerstören ('Moskau'). Der dritte Band seiner Trilogie ('Berlin') war Ausdruck der Enttäuschung des kommunistenfreundlichen Schriftstellers über die Begleitumstände bei der Eroberung der deutschen Hauptstadt, über Gebietsabtrennungen und Vertreibungen, über Demontagen und Deportationen sowie über die Herrschaftsmethoden im sowjetisch besetzten Teile Deutschlands.

1945 n blau 'Stalingrad'

PLOETZ, Karl (1819 n–1881 n), deutscher Pädagoge. Nach Abschluß seiner Studien an der Berliner Universität ging er für einige Jahre nach Frankreich, um richtig französisch zu lernen, und wurde dann Lehrer am 'Französischen Gymnasium' in Berlin. Stellte ein französisches Vokabelbuch zusammen, schrieb ein Elementarbuch für den französischen Unterricht sowie eine französische Grammatik. Vierzigjährig legte er sein Lehramt nieder und widmete sich ganz der Abfassung von Lehrbüchern. Besonders beliebt wurden seine lateinischen Lesebücher sowie seine tabellenartige Zusammenstellung der wichtigsten Geschichtsdaten für den Unterricht.

1863 n blau Geschichtswerk

PLOTIN, griechischer Philosoph aus Alexandria.

204 n–270 n Lebenslinie
232 n–304 n Porphyrios
244 n blau Philosophenschule in Rom
264 n blau Plan: Philosophenstadt

PLUTARCH, griechischer Schriftsteller und Philosoph.

47 n–122 n Lebenslinie
101 n blau Biographien
865 n blau Arabische Übersetzung

PLUTO, Name des sonnenfernsten Planeten unseres Sonnensystems. Benannt nach dem römischen Gott der Unterwelt und des Reichtums.

1930 n grün Entdeckung

POCCI, Franz (1807 n–1876 n), deutscher Dichter, Zeichner und Musiker. Als Sohn eines aus Italien ausgewanderten Generals studierte er Rechtskunde, wurde königlich-bayerischer Zeremonienmeister und beschäftigte sich daneben mit Zeichnen. Begleitete die Bayernkönige Ludwig I. und Maximilian auf mehreren Italienreisen und wurde 40jährig Hofmusik-Intendant. Gleichzeitig trat er als Dichter öffentlich hervor, nachdem er bereits mehrere Jäger- und Studentenlieder geschrieben hatte. Komponierte Sonaten, Singspiele und eine Oper. Bekannt wurde er durch seine Kinderbücher ('Lustiges Bilderbuch', 'Rosengärtlein') und vor allem durch seine Stücke für die Puppenbühne ('Neues Kasperletheater'). Illustrierte Grimms Märchen mit phantasievollen Radierungen.

1850 n blau 'Kasperle'-Spiele

POCKEN, Name einer lebensgefährlichen Krankheit, die mit einem Hautausschlag verbunden ist und tiefe Narben hinterläßt. In China und Indien forderte sie seit Jahrtausenden hohe Opfer an Menschenleben. Vor etwa 1500 Jahren kam sie durch Araber nach Europa. In Istanbul wurde sie von den Türken seit Ende des 17. Jahrhunderts durch vorbeugende Einimpfung getrockneter Pockenabsonderung bekämpft, wie dies bei chinesischen Ärzten lange vorher üblich war. Durch den englischen Arzt Maitland wurde die Schutzimpfung in der ersten Hälfte des 18. Jahrhunderts in Westeuropa eingeführt.

1717 n grün Maitland: Impfung
1729 n–1796 n Katharina II., die Große

POE, Edgar Allan (1809 n–1849 n), nordamerikanischer Dichter. Als Sohn eines Wander-Schauspielers früh verwaist, wurde ihm durch einen reichen Kaufmann aus den Südstaaten eine sorgfältige Erziehung zuteil. Studierte in London und wollte am griechischen Freiheitskampf teilnehmen; doch trieb es ihn ziellos durch die Länder Europas. Nach Amerika zurückgekehrt, besuchte er die Militärakademie West Point, mußte sie aber nach knapp einem Jahr wieder verlassen. Wurde Soldat, desertierte und wandte sich nun ganz der Schriftstellerei zu, nachdem er vorher bereits einige Gedichte veröffentlicht hatte ('Tamerlan'). In seinen spannenden Erzählungen herrschte das Phantastische und Grausige vor ('Die Wassergrube und das Pendel'). Mit der Detektivgeschichte 'Doppelmord in der Rue Morgue' bereitete er den Kriminalroman vor. Schrieb einige Kurzgeschichten ('Der Goldkäfer') und stellte die Merkmale dieser neuen Literaturgattung zusammen. An der gesellschaftlichen Wirklichkeit gescheitert, verfiel er früh der Trunksucht und endete in geistiger Umnachtung.

1836 n blau Kurzgeschichten

PÖKELN, das Haltbarmachen von Fleisch oder Fisch durch Einsalzen und festes Aufeinanderlegen.

1733 v grün Einpökeln von Fleisch
1384 n grün Einpökeln von Fisch

PÖPPELMANN, Daniel (1662 n–1736 n), deutscher Baumeister. Als Architekt im Dresdner Oberbauamt reiste er nach Rom, Neapel, Paris und Wien, um die Baukunst früherer Epochen sowie die Gartenkunst der Baumeister seiner Zeit zu studieren. Nachdem er das Taschenberg-Palais zur Zufriedenheit des sächsischen Hofes errichtet hatte, zog ihn August der Starke für die großen Bauten heran, mit denen er Dresden zu einer europäischen Metropole machen wollte. Sein Hauptwerk wurde der Zwinger, den er als Vorhof zu einer riesigen Schloßanlage plante, die aber aus Geldmangel nicht ausgeführt wurde. Baute die Moritzburg völlig um und schuf, ebenfalls durch Umbau, die kunstvolle Elbbrücke. Errichtete das Japanische Palais, einige Kirchen und zahlreiche Wohnbauten.

1711 n blau Bau des Zwingers
1731 n blau Elbbrücke

POH-KÜYI, chinesischer Dichter.

772 n–846 n Lebenslinie
823 n blau Gedichte
833 n blau Dichter als Volkserzieher
838 n blau Gesellschaftskritik

POINCARÉ, Henri (1854 n–1912 n), französischer Mathematiker, Physiker und Astronom. Nach Beendigung seiner Studien an der Technischen Hochschule Paris wurde er Bergingenieur und nach kurzer Lehrtätigkeit in Caen 27jährig Professor für mathematische Physik und Wahrscheinlichkeitsrechnung in Paris. Unternahm Forschungen auf dem Gebiete der Wärmelehre und der Lichtgeschwindigkeit. Formulierte das Prinzip der Relativität der Bezugssysteme. Die theoretischen Grundsätze der Physik erklärte er als bloße Schöpfungen des Menschengeistes, die nicht wahr (= wirklichkeitsgetreu), sondern bestenfalls zweckmäßig sind. Lehrte auch, daß sich die Grundlagen der Mathematik nicht zwingend aus der Wirklichkeit ergeben, sondern bloß auf menschlicher Übereinkunft beruhen (Konventionalismus).

1905 n grün Wissenschaftslehre

POINCARÉ, Raymond (1860 n–1934 n), französischer Staatsmann. Studierte Rechtskunde und ließ sich als Rechtsanwalt nieder. 27jährig ins Parlament gewählt, wurde er wegen seiner Rednergabe bald Minister, mehrfach Ministerpräsident sowie Staatspräsident. Führte vor dem ersten Weltkrieg eine vor allem gegen Deutschland gerichtete Politik der Stärke (dreijährige Dienstpflicht). Im Kriege forderte er die Abtretung Elsaß-Lothringens und berief zur Verstärkung der antideutschen Politik seinen Gegner Clemenceau in das Amt des Ministerpräsidenten. Sein Kriegsziel war die Gewinnung des linken Rheinufers als Ostgrenze Frankreichs. Jedoch vermochte er sich damit gegen England und die USA nicht durchzusetzen. Förderte den anti-bolschewistischen Interventionskrieg in Rußland. Durch Unterstützung deutscher Bestrebungen zur Schaffung eines katholischen Rheinstaates (Adenauer) sowie durch französische Besetzung des Rheinlandes und des Ruhrgebietes bemühte er sich um die politische Zerstückelung und die wirtschaftliche Niederhaltung Deutschlands. Bis 1924 n gelang ihm die politische Ausschaltung der französischen Linken, die eine Versöhnung mit Deutschland anstrebte. Obgleich Frankreich seine antideutsche Politik 1925 n überwand (Locarno), übernahm er 1926 n–1929 n nochmals das Amt des Ministerpräsidenten.

1913 n rot Staatspräsident
1914 n/1918 n Erster Weltkrieg
1917 n/1922 n Russische Revolution
1923 n braun Besetzung des Ruhrgebietes

POITIERS, Stadt in Westfrankreich. Vor über 2000 Jahren Hauptstadt eines gallischen Stammes (Piktaver). Unter römischer Besatzung ein wichtiger Handelsmittelpunkt ('Pictavium'), dann Hauptstadt der Provinz Poitou. Vor ihren Toren besiegten Frankenheere unter Karl Martell die arabischen Heere, die über Spanien bis Südfrankreich vorgedrungen waren. Im Hundertjährigen Krieg schlugen englische Heere die Franzosen auf der nahegelegenen Ebene von Maupertuis vernichtend.

315 n–367 n Hilarius von Poitiers
556 n blau Kloster
577 n blau Venantius Fortunatus
633 n/732 n Arabischer Krieg
1379 n blau Kathedrale

POITIERS, Wilhelm von (1071 n–1127 n), französischer Dichter und Fürst. Als Herzog von Aquitanien Vasall des französischen Königs, unterstützte er den Kampf seines Landes gegen die Araber und eroberte zweimal die Grafschaft Toulouse (Südwestfrankreich). An der Spitze eines Heeres von 300000 Mann unternahm er 1101 n einen Kreuzzug nach Kleinasien, doch nahm dieser Krieg einen so unrühmlichen Verlauf, daß er in der Reihe der Kreuzzüge verschwiegen wird. Dessen ungeachtet gab er nach der Heimkehr seine Erlebnisse auf diesem Feldzug in sinnenfrohen lustigen Liedern kund. Elf davon wurden aufgeschrieben und aufbewahrt.

1102 n blau Lieder

POLARGEBIETE

380 v–306 v Pytheas
898 n grün Ottar: Nordkap
1553 n grün Chancellor: Nordkap
1596 n grün Barents' Vorstoß
1616 n grün Baffins Reise
1643 n–1727 n Newton
1648 n grün Deschnews Fahrt
1728 n grün Berings Fahrt
1740 n grün Kap Tscheljuskin
1831 n grün Magnetischer Nordpol
1894 n grün Nansen: Nordpol
1909 n grün Peary: Nordpol
1911 n grün Amundsen: Südpol
1946 n grün Byrd: Südpol

POLEMON (um 220 v–um 160 v), griechischer Kunsthistoriker und Schriftsteller. Bereiste ganz Griechenland, um Bauten und Kunstwerke kennenzulernen. Unternahm auch Fahrten zu den Denkmälern griechischer Kultur in Kleinasien, Süditalien, Sizilien und Nordafrika. Beschrieb Bauten und Skulpturen sowie Lage und Geschichte der von ihm besuchten Stätten (Sparta, Athen, Olympia, Delphi, Ephesos, Syrakus, Karthago). Meist gab er eine kunstgeschichtliche Zuordnung. Über die Akropolis von Athen verfaßte er eine allgemeine Beschreibung sowie ein vierbändiges Werk zur Erklärung der Inschriften an den Bauten.

190 v blau Schrift über Akropolis
178 v blau Inschriften der Akropolis

POLEN: Allgemeines (Land, Volk, Staat)

1117 v grün Lausitzer Kultur
305 n–370 n Ermanrich
350 n/360 n Zweiter Gotischer Krieg
360 n rot Ostgotenreich
500 n braun Vordringen der Slawen
920 n–992 n Miezko
943 n–1003 n Silvester II.
960 n braun Sieg über Slawen
960 n rot Polnisches Reich
963 n braun Niederlage gegen Deutsche
963 n rot Deutsche Gebietshoheit
966 n rot Miezko Christ
966 n rot Christentum Staatsreligion
968 n blau Entwicklung Posens
985 n blau Entstehung von Danzig
990 n braun Feldzug nach Schlesien
990 n rot Gewinn Schlesiens
992 n rot Kirchenhoheit des Papstes
992 n blau Entstehung von Breslau
1025 n rot Unabhängiges Königreich
1033 n braun Vordringen Deutscher
1033 n rot Verlust der Lausitz
1033 n rot Deutsche Oberhoheit
1109 n braun Sieg über Deutsche
1109 n rot Unabhängigkeit
1124 n rot Bekehrung Pommerns
1157 n braun Vordringen Deutscher
1165 n rot Schlesien selbständig
1181 n rot Pommern deutsch
1207 n/1279 n Großer Mongolenkrieg
1226 n rot Preußen Lehen Deutscher
1230 n braun Vordringen der Deutschen
1257 n rot Krakau: Deutsches Recht
1309 n–1370 n Kasimir der Große
1351 n grün Pestepidemie
1365 n–1416 n Hieronymus von Prag
1368 n blau Rechtssammlung
1370 n rot Ungarnkönig Herrscher
1386 n rot Vereinigung mit Litauen
1410 n braun Sieg über Deutschritter
1411 n rot Gebietserweiterung
1411 n grün Tribute der Deutschritter
1420 n/1434 n Hussiten-Kreuzzug
1444 n braun Niederlage gegen Türken
1457 n braun Sieg über Deutschritter
1466 n braun Sieg über Deutschritter
1466 n rot Hoheit über Ordensgebiet
1550 n rot Warschau Hauptstadt
1563 n/1570 n Dreikronen-Krieg
1581 n grün Höllenmaschine eingesetzt
1594 n–1632 n Gustav Adolf
1618 n rot Vergabe Ostpreußens
1629 n rot Livland an Schweden
1652 n rot Vetorecht im Parlament
1654 n rot Ukraine an Rußland
1655 n/1660 n Krieg gegen Schweden
1657 n rot Vertrag mit Brandenburg
1660 n rot Verlust Ostpreußens
1663 n/1699 n Großer Türkenkrieg
1684 n rot Bündnis gegen Türkei
1697 n rot Personalunion mit Sachsen
1699 n rot Gebietsgewinn
1700 n rot Bündnis gegen Schweden
1700 n/1721 n Nordischer Krieg
1724 n rot Unruhen in Thorn
1724 n rot Blutbad von Thorn
1729 n–1796 n Katharina II., die Große
1733 n/1735 n Polnischer Erbfolgekrieg
1741 n/1748 n Österreich-Erbfolgekrieg
1756 n/1763 n Siebenjähriger Krieg
1764 n rot Thronpolitik Rußlands
1768 n braun Aufstand gegen Rußland
1772 n rot Erste Teilung
1793 n rot 'Hexen'-Verbrennung
1793 n rot Zweite Teilung
1794 n braun Freiheitskampf
1795 n rot Dritte Teilung
1795 n rot Litauen an Rußland
1796 n/1815 n Napoleonische Kriege
1815 n rot Wiener Kongreß
1815 n rot Minsk an Rußland
1831 n braun Freiheitskampf
1831 n rot Russische Provinz
1863 n braun Freiheitskampf
1864 n rot Beitritt zum Roten Kreuz
1899 n rot Haager Konvention
1914 n/1918 n Erster Weltkrieg
1917 n/1922 n Russische Revolution
1918 n rot Selbständigkeit
1919 n rot Friedensverträge
1920 n rot Beitritt zum Völkerbund
1926 n rot Pilsudski Alleinherrscher
1934 n rot Nichtangriffspakte
1939 n rot Englische Garantie
1939 n/1945 n Zweiter Weltkrieg
1939 n rot Teilung
1944 n rot Auschwitz: Massenmorde
1945 n rot Potsdamer Abkommen
1945 n rot Mitglied der UN
1947 n rot Kommunistisch
1949 n grün Mitglied des COMECON
1955 n rot Warschauer Pakt
1956 n braun Aufstand
1956 n rot Gomulka KP-Chef

POLEN: Kunst und Philosophie

1559 n blau Rej: 'Lebensbild'
1834 n blau Mickiewicz: 'Herr Thaddäus'
1840 n blau Chopin: Walzer, Masurken
1896 n blau Sienkiewicz: 'Quo vadis?'
1964 n blau Schaff: 'Marx oder Sartre'

POLEN: Recht

1257 n rot Krakau: Deutsches Recht
1309 n–1370 n Kasimir der Große
1368 n blau Rechtssammlung

POLEN: Religion

920 n–992 n Miezko
943 n–1003 n Silvester II.
966 n rot Miezko Christ
966 n rot Christentum Staatsreligion
992 n rot Kirchenhoheit des Papstes
1124 n rot Bekehrung Pommerns
1309 n–1370 n Kasimir der Große
1489 n blau Krakauer Altar
1724 n rot Unruhen in Thorn
1724 n rot Blutbad von Thorn
1793 n rot 'Hexen'-Verbrennung

POLEN: Wissenschaft

1309 n–1370 n Kasimir der Große
1364 n blau Universität Krakau
1365 n–1416 n Hieronymus von Prag
1473 n–1543 n Kopernikus
1528 n grün Heliozentrisches Weltbild
1887 n blau Esperanto
1898 n grün Radium, Polonium
1915 n grün Funk: Vitamin

POLHÖHE, Bezeichnung für den Winkel zwischen der Ebene des Horizonts und der (Nord- und Südpol verbindenden) Erdachse.

323 v grün Pytheas' Forschungen

POLIKLINIK, aus dem Griechischen übernommene Bezeichnung für eine (meist mit einem Krankenhaus verbundene) Behandlungsstelle nicht-bettlägeriger Patienten, die nach der Behandlung wieder nach Hause gehen. Wegen ihrer besseren Ausrüstung und ihrer ständigen Dienstbereitschaft verdrängt sie in unserer Epoche allmählich die im Hause des Arztes untergebrachte Praxis.

701 n grün Einrichtung in Japan

POLITISCHE ÖKONOMIE, Bezeichnung für eine Volkswirtschaftslehre unter Berücksichtigung der wechselseitigen Abhängigkeit von Ökonomie und Politik. Da systematisch betriebene Wirtschafts-Wissenschaft zwangsläufig auf dieses Wesensmerkmal stößt, fallen ihre Anfänge mit dem Beginn einer wissenschaftlichen Betrachtung der Wirtschaft zusammen. Im 19. Jahrhundert wurde sie zur Grundlage des wissenschaftlichen Sozialismus.

1364 n grün Oresme: Geldtheorie
1574 n grün Bodins 'Gespräche'
1615 n grün Lehrbuch Montchrestiens
1619 n–1683 n Colbert
1623 n–1687 n Petty
1657 n grün Merkantilismus
1674 n grün Pettys Lehre
1687 n grün Petty: Sozialstatistik
1693 n grün Bellers: Geldtheorie
1723 n–1790 n Adam Smith
1758 n grün Physiokratismus
1776 n grün Smith: Nationalökonomie
1798 n grün Malthus: Bevölkerungslehre
1800 n blau Fichte: 'Handelsstaat'
1810 n–1862 n Cavour
1817 n grün Ricardo: 'Grundsätze'
1818 n–1883 n Karl Marx
1824 n blau Lehre Saint-Simons
1841 n grün List: Zollunion
1848 n grün J. St. Mills Lehre
1857 n grün Ruskins Schrift
1859 n blau Marx: Kritik
1867 n blau Marx: 'Das Kapital'
1879 n blau Werk Henry Georges
1884 n blau Engels: 'Ursprung'
1885 n blau Marx: Kapital II
1889 n grün Damaschke: 'Bodenreform'
1894 n blau Marx: Kapital III
1902 n blau Sombart: Kapitalismus
1916 n blau Lenin: 'Imperialismus'
1921 n grün Lehre Max Webers
1923 n grün Webbs: Kapitalismus
1936 n grün Keynes' Lehre

POLIZEI, von dem griechischen Worte 'polis' (= Staat) abgeleitete Bezeichnung für eine (meist bewaffnete) Truppe zum Schutze des Staates gegen innere Feinde, zur Aufrechterhaltung der Ordnung und zur Erzwingung von Gesetzestreue. Entstand mit der Errichtung eines dem Volke entgegengesetzten Staates (= Klassenstaat) und verliert mit der Aufhebung des Staates in der klassenlosen Gesellschaft ihre Daseinsberechtigung.

2307 v rot Nubier-Truppe in Ägypten
1773 n–1859 n Metternich

POLLOCK, Jackson (1912 n–1956 n), nordamerikanischer Maler. Studierte in Los Angeles, New York und München. Wandte sich mit 28 Jahren von der malerischen Gestaltung der Wirklichkeit ab und suchte in seinen Bildern nur noch die spontane Eingebung unmittelbar in Farbe und Form umzusetzen (Aktionsmalerei). Bediente sich keiner herkömmlichen Mal-Utensilien, sondern entwickelte neue Materialien und Werkzeuge. Mit seiner jeden Plan, jede Aufteilung und jedes überlegte Gestalten zurückweisenden Malweise begründete er einen neuen Stil (Tachismus = Fleck-Kunst). Gab seinen Bildern keine Namen mehr, sondern Nummern. Kam bei einem Auto-Unfall ums Leben.

1951 n blau 'Bild 9'

POLO, Marco, italienischer Kaufmann.

1254 n–1324 n Lebenslinie
1292 n grün Rückkehr aus China
1298 n grün Reisebericht

POLONIUM, Name eines radioaktiven Elementes. Von Marie Curie unter Mithilfe ihres Mannes in Paris entdeckt und nach dem lateinischen Namen ihrer polnischen Heimat (Polonia) benannt.

1898 n grün Entdeckung

POLYBIOS, griechischer Geschichtsforscher.

201 v–120 v Lebenslinie
134 v blau Geschichte der Römer
398 n–474 n Zosimos

POLYGAMIE, aus dem Griechischen abgeleitete Bezeichnung für die Verbindung eines Mannes mit mehreren Frauen oder einer Frau mit mehreren Männern (wörtlich 'Vielheirat'). Bei Sammler- und Jägervölkern kam sie nur ausnahmsweise vor. Mit dem Aufkommen von Ackerbau und Viehzucht wurde sie häufiger, weil die Arbeitskraft der Frau einen Wert gewann. Die Herausbildung des Privateigentums in den frühen Hochkulturen und die damit verbundene Vorherrschaft des Mannes machte die Frau zu einem Ausbeutungsobjekt und begünstigte die Mehrehe in der Form der Vielweiberei, während Vielmännerei in der Klassengesellschaft praktisch nicht mehr vorkam. Bei den Juden war die Vielweiberei wie bei den anderen Völkern Vorderasiens gebräuchlich, und sie liegt deshalb auch der Bibel (Altes Testament) zugrunde. Die ersten europäischen Hochkulturen (Griechenland und Rom) beruhten hauptsächlich aus Gründen der Erbfolge rechtlich auf der Einehe. Für die männlichen Angehörigen der herrschenden und besitzenden Klassen bestand jedoch infolge der Sklaverei praktisch die uneingeschränkte Vielehe. An diese Ordnung war auch das im Römerreich sich durchsetzende Christentum gebunden. Seit dem Aufstieg der germanischen Völker, die Sklaverei und Mehrehe ablehnten, bekannte sich auch das Christentum formal zur Einehe unter tatsächlicher Beibehaltung der aus der Sklavenhaltergesellschaft übernommenen Vielweiberei der Reichen mit den Angehörigen der ihnen sozial ausgelieferten arbeitenden Klassen. Mit der Aufhebung der Klassenunterschiede in der Epoche des Sozialismus wird die Polygamie real überwunden und damit der durch Klassenspaltung und Männergesellschaft beseitigte natürliche Zustand echter Einehe allmählich wieder hergestellt.

2576 v–2515 v Chefren
2403 v rot Ehegesetz in Sumer
2369 v–2295 v Una
2355 v–2298 v Pepi I.
2332 v–2248 v Yao
1448 v–1392 v Kara-Indasch
1413 v rot Prinzessin für Harem
1403 v rot Prinzessin als Nebenfrau
1326 v–1234 v Ramses II.
1224 v–1165 v Ramses III.
1203 v–1159 v Ramses IV.
1165 v rot Haremsverschwörung
1035 v–972 v David
946 v blau Salomos Haremspalast
627 n grün Mohammeds Ehevorschrift
1830 n rot Vielehe bei Mormonen

POLYGNOT, griechischer Maler.

498 v–438 v Lebenslinie
460 v blau Sieges-Darstellung
452 v blau 'Troja', 'Odysseus'

POLYHISTOR, Alexander Cornelius (100 v–40 v), griechisch-römischer Gelehrter und Schriftsteller. Kam als Kriegsgefangener aus seiner kleinasiatischen Heimat nach Rom und erhielt nach seiner Freilassung das Bürgerrecht. Wegen seiner umfassenden Bildung erhielt er den Beinamen 'Vielwisser' ('Polyhistor'). Seine Schriften zur Länderkunde und zur Sprachlehre sind ebenso verloren wie seine historischen Arbeiten. Doch blieb seine Geschichte der Juden in Auszügen erhalten.

65 v blau Geschichte der Juden

POLYKARP (um 70 n–156 n), kleinasiatischer Priester. Bischof der Christen in der Stadt Smyrna, die eine der bedeutendsten Städte der römischen Provinz 'Asia' war. Da er sich trotz des Verbots christlicher Betätigung mit der Organisation christlicher Zusammenkünfte beschäftigte und zum Ungehorsam gegen die antichristlichen Gesetze Roms aufrief, wurde er auf Befehl des römischen Statthalters öffentlich verbrannt.

156 n rot Feuertod

POLYKLET, griechischer Bildhauer.

478 v–408 v Lebenslinie
419 v blau 'Kanon'

POLYKRATES (um 580 v–522 v). Herrscher des Reiches von Samos (Kleinasien). Als Kaufmann in Samos auf der Insel Samos vor der Küste Kleinasiens führte er die demokratische Partei seines Stadtstaates. Stürzte um 540 v die Herrschaft des Adels und errichtete eine volksfreundliche Regierung. Förderte die Gewerbe, vor allem die Woll-Industrie sowie Handel und Verkehr. Verbesserte die Trinkwasser- und Abwässer-Anlagen und zog bedeutende Künstler, Wissenschaftler und Techniker an seinen Hof (Theodoros, Anakreon, Ibykos, Demokedes). Baute eine Flotte mit 100 Schiffen, eroberte zahlreiche Nachbarinseln sowie große Teile des kleinasiatischen Festlandes und erhob Samos zur führenden Macht im Ägäischen Meer. Unterstützte die Perser in ihrem Kampfe gegen Ägypten und wehrte einen durch die entmachteten Adligen angestifteten Krieg Spartas und Thebens gegen sein Reich ab. Von einem persischen Statthalter, der mit dem Adel seines Reiches heimlich verbündet war, wurde er durch Versprechungen nach Magnesia gelockt, gefangen und durch Kreuzigung hingerichtet.

586 v–501 v Anakreon
560 v–469 v Theodoros
533 v blau Ibykos' Gedichte
532 v blau Brief des Amasis
532 v grün Wasserversorgung
525 v braun Persersieg über Ägypten

POLYTECHNISCHE ERZIEHUNG, Bezeichnung für eine auf die moderne Technik vorbereitende vielseitige handwerkliche Grundausbildung. Von einigen sozialistischen Staaten in den Schul-Unterricht eingebaut, wird die Ausbildung von Meistern und Lehrausbildern größerer Werke in Industriebetrieben selbst durchgeführt. Sie soll die rein theoretische Schulbildung nach der praktischen Seite hin ergänzen, um jungen Menschen eine innere Beziehung zur produktiven Arbeit zu geben und um so den Gegensatz zwischen Kopf- und Handarbeit zu überwinden.

1696 n grün John Bellers' Forderung
1958 n grün UdSSR und DDR

POMBAL, Sebastian José de (1699 n bis 1782 n), portugiesischer Staatsmann. Studierte die Rechte, wurde Gardesoldat und Gesandter in London und Wien. Dort kam er mit fortschrittlicher Denkweise in Berührung und gewann nach seiner Rückkehr den jungen König Joseph I. für eine moderne Politik. Der König übertrug ihm nach Entlassung seiner klerikalen Ratgeber die Regierung. Seit 1756 n Premierminister, befreite er das Volk durch ein neues Gesetzbuch aus seiner rechtlosen Stellung gegenüber dem Adel, nahm es gegen den geistigen Druck der katholischen Kirche in Schutz und wirkte der allgemeinen Unbildung durch Errichtung von Schulen entgegen. Dadurch zog er die Feindschaft von Adel und Priesterschaft auf sich, die sich hinter die noch mächtigen Jesuiten steckten und einen Anschlag auf das Leben des Königs planten, der treu zu ihm hielt. Nachdem diese Verschwörung gescheitert war, erreichte er die Zustimmung des Königs zur Ausweisung des Jesuitenordens. Befreite Portugal auch aus der englischen Vorherrschaft. Förderte Ackerbau, Gewerbe und Handel und sammelte einen Staatsschatz im Werte von 156 Millionen Goldmark an. Nach dem Tode des Königs erwirkte die Priesterschaft 1777 n bei der klerikalen Nachfolgerin Maria I. seine Entlassung und eine teilweise Rückgängigmachung seiner Reformen. Der Versuch des Adels und des Klerus, ihn als Staatsfeind vor Gericht zu stellen, scheiterte.

1759 n grün Enteignung der Jesuiten
1759 n rot Vertreibung der Jesuiten

POMMERN, Land an der Ostsee zwischen der Insel Rügen und der Danziger Bucht. Vor 2000 Jahren von Goten bewohnt, wurde es seit dem 5. Jahrhundert durch Slawen ('Pomerani') besiedelt, die sich unter eigenen Fürsten staatlich zusammenschlossen. Ende des 10. Jahrhunderts wurde Ost-Pommern polnisch. Im Jahre 1124 n ließ sich Waritslaw I. von Stettin durch den Bischof von Bamberg zum Christentum bekehren, 1170 n nahmen seine Söhne den deutschen Herzogtitel an, und elf Jahre später anerkannten sie die Lehnshoheit des deutschen Reiches. In den folgenden Jahrhunderten ging der Kampf um die Reichsunmittelbarkeit des Landes, das sich gegen die brandenburgische Vorherrschaft ebenso wehrte wie gegen die Hoheitsrechte der Deutschritter und Polen. Erst 1529 n erreichte es seine unmittelbare Unterstellung unter den Kaiser. Nachdem Preußen im Westfälischen Frieden große Teile Hinterpommerns erhalten hatte, fiel ihm durch sein Eingreifen im Nordischen Krieg 1720 n die westliche Hälfte des Landes mit Usedom und Stettin zu, der Rest 1772 n bei der ersten Teilung Polens. Nach der Niederlage Deutschlands im zweiten Weltkrieg wurde es durch das Potsdamer Abkommen zwischen Polen und dem verbliebenen Rest-Deutschland aufgeteilt, wobei der größere Ost-Teil mit Stettin Polen zufiel.

996 n blau Sage von Wollin
1124 n rot Christianisierung
1161 n rot Menschenopfer auf Rügen
1168 n braun Dänensieg auf Rügen
1168 n rot Rügen dänisch
1168 n rot Rügen christianisiert
1181 n rot Hoheit Deutschlands
1243 n rot Stadtrecht für Stettin
1279 n blau Rathaus Stralsund
1456 n blau Universität Greifswald
1570 n rot Friede zu Stettin
1620 n–1688 n Der Große Kurfürst
1648 n rot Westfälischer Friede
1688 n–1740 n Friedrich Wilhelm I.
1700 n/1721 n Nordischer Krieg
1720 n rot Vorpommern an Preußen
1772 n rot Hinterpommern an Preußen
1945 n rot Potsdamer Abkommen

POMPADOUR, Jeanne Antonie (1721 n–1764 n), französische Politikerin. Als Tochter eines Steuerpächters heiratete sie 20jährig dessen reichen Neffen, gebar ihm zwei Kinder, ließ sich dann aber scheiden, nachdem sie die Geliebte des französischen Königs Ludwig XV. geworden war. In der Stellung einer Palastdame der Königin beeinflußte sie die Besetzung der wichtigsten Ämter und bestimmte weitgehend die französische Politik seit 1746 n. Insbesondere erwirkte sie durch Umkehrung der französischen Bündnispolitik ein gegen Preußen gerichtetes Bündnis mit Österreich und führte dadurch den Siebenjährigen Krieg herbei. Als der auf ihren Wunsch zum Außenminister berufene Bernis, der dieses Bündnis abgeschlossen hatte, zum Frieden mit Friedrich dem Großen drängte, veranlaßte sie seine Absetzung und die Fortsetzung des für Frankreich und Österreich unglücklich verlaufenden Krieges. Dadurch trug sie wesentlich zum Verlust der Vormacht Frankreichs in Europa bei sowie zum Verlust Kanadas an England. Obwohl sie jährlich über 1 Million Franken für ihre persönlichen Zwecke ausgab, erwarb sie innerhalb von sechs Jahren ein Vermögen von über 20 Millionen Franken, das sie hauptsächlich aus dem Ämterverkauf zog.

1754 n blau Bouchers Gemälde

POMPEJI, Stadt bei Neapel (Süd-Italien). Entstand im 6. Jahrhundert vor unserer Zeitrechnung. 470 v etruskisch, seit 424 v den Samniten zu und war seit 80 v römisch. 62 n durch Erdbeben stark beschädigt, wurde es wieder aufgebaut, 17 Jahre später bei einem verheerenden Ausbruch des benachbarten Vesuvs unter Asche und Steinen begraben, wobei sich von 20000 Einwohnern 18000 retten konnten. 1500 Jahre später beim Bau eines Kanals wiederentdeckt, wurde die Stadt seit 1748 n zu drei Fünfteln ausgegraben. Ihre Reste geben Aufschluß über das alltägliche Leben der Menschen vor 2000 Jahren.

74 v blau Theater
10 n grün Sprechrohrleitungen
11 n blau Mosaik: Alexanderschlacht
79 n grün Zerstörung
1748 n grün Ausgrabungen

POMPEJUS, Gnäus, römischer Feldherr und Politiker.

106 v–48 v Lebenslinie
135 v–50 v Poseidonios
132 v–63 v Mithridates
100 v–44 v Cäsar
89 v/82 v Erster Bürgerkrieg
85 v–42 v Brutus
74 v/64 v 3. Mithridatischer Krieg
71 v rot Spanien wieder römisch
69 v/67 v Seeräuberkrieg
64 v rot Bithynien-Pontos römisch
64 v rot Ehrung für Poseidonios
64 v/63 v Vorstoß in Vorderasien
63 v rot Palästina, Syrien römisch
60 v rot Erstes Triumvirat
49 v rot Bruch mit Cäsar
49 v/45 v Zweiter Bürgerkrieg
62 n blau Lukans Epos

POMPONIUS MELA (um 5 n–um 70 n), römischer Geograph aus Südspanien. Verfaßte eine Erdbeschreibung in drei Büchern mit einigen Kartenbeigaben und gab ihr den Titel 'Von der Beschaffenheit der Welt'. Im Untertitel bezeichnete er sein Werk als 'Chorographie' (= 'Raumbeschreibung'). Im ersten Band gab er eine Übersicht über die Erde und die Weltteile, wobei er neben Europa, Afrika und Asien einen vierten, unbewohnten Erdteil in der Größe der übrigen Kontinente erwähnte ('Antichthones'). Im zweiten Band beschrieb er Afrika und Asien, im dritten Europa. Die erdkundlichen Angaben entnahm er den besten Quellen seiner Zeit. Dazu gab er geschichtliche, naturkundliche und volkskundliche Hinweise.

44n grün Erdbeschreibung

PONTINISCHE SÜMPFE, Name des Schwemmlandes, das sich südlich von Rom an der Mittelmeerküste bis halbwegs nach Neapel erstreckt. Bis vor 2000 Jahren fruchtbares Ackerland, versumpfte das tiefliegende Gebiet durch anhaltende Landsenkung und verödete. Kaiser Trajan machte es wieder passierbar, doch blieb es bis in unsere Epoche ein unwirtliches Malariagebiet. 1928n wurde die Trockenlegung durch Drainage und Anlage zahlreicher Kanäle in Angriff genommen. Elf Jahre später waren 750 Quadratkilometer fruchtbares Neuland gewonnen und die Seuchengefahr in Italien gebannt.

53n–117n Trajan

PONTIUS PILATUS, römischer Oberrichter der Juden.

19v–38n Lebenslinie
6v–30n Jesus Christus
30n rot Hinrichtung Jesu

PONTOS, Reich im Nordosten Kleinasiens an der Südküste des Schwarzen Meeres. Gegründet durch den Herrscher der griechischen Insel Kos (Südwest-Kleinasien) im Jahre 301v. Unter Mithridates dem Großen dehnte das Reich seine Macht auf Südrußland und den Balkan aus und stieß mit den Interessen Roms zusammen. Es erlag nach erbitterten Kämpfen der römischen Übermacht und wurde Bestandteil des Römerreiches.

132v–63v Mithridates
106v–48v Pompejus
88v rot Mord an Römern
87v/85v 1. Krieg gegen Rom
83v/81v 2. Krieg gegen Rom
74v/64v 3. Krieg gegen Rom
64v rot Römische Provinz

POPE, Alexander (1688n–1744n), englischer Dichter. Als Sohn eines Tuchhändlers besuchte er das katholische Seminar, wurde aber wegen eines Spottgedichtes verwiesen und bildete sich im Selbststudium weiter. Übertrug Homers 'Ilias' und die ersten 12 Gesänge der 'Odyssee' ins Englische. Schrieb 'Hirtengedichte' nach dem Muster Vergils und verhöhnte in einem komischen Heldengedicht die gezierten Sitten und die Heuchelei am Königshofe ('Der Lockenraub'). Mit seinem 'Versuch über die Kritik' machte er sich zum Wortführer der englischen Dichtung seiner Zeit. Gab mit Jonathan Swift eine satirische Zeitschrift heraus. Anonym ließ er seinen 'Versuch über den Menschen' erscheinen, in dem er alles Bestehende als vernünftig rechtfertigte und jede Auflehnung dagegen verwarf.

1733n blau 'Über den Menschen'

POPOW, Alexander (1859n–1905n), russischer Physiker. Als Mitarbeiter der physikalisch-chemischen Gesellschaft wollte er die Versuche wiederholen, die Heinrich Hertz mit elektrischen Wellen unternommen hatte. Da er keinen geeigneten Sender zur Verfügung hatte, baute er einen Empfänger zur Registrierung atmosphärischer Strom-Entladungen und verband ihn mit einem 'Aufnahmedraht', den er an einen Kinderballon hängte. Tatsächlich ertönte die von ihm angebrachte Klingel, wenn die Ströme eines Gewitters auf seinen Draht trafen. Diese erste Antenne verbesserte er in den folgenden Jahren und brachte mit ihrer Hilfe 1896n eine drahtlose Zeichenübermittlung über 250 m zustande. 1901n konnte er bereits über 112 km telegraphieren. Zum Direktor des elektrotechnischen Instituts in Petersburg ernannt, verbesserte er seine Geräte weiter.

1894n grün Antenne

PORNOKRATIE (wörtlich: 'Hurenherrschaft'), aus dem Griechischen abgeleitete Bezeichnung für eine Epoche des Papsttums, in der die sittliche Verkommenheit im Amte des Stellvertreters Gottes auf Erden für die Öffentlichkeit besonders sichtbar wurde.

884n–948n Marozia
896n rot Frauenherrschaft
914n rot Herrschaft der Theodora
928n rot Ermordung des Papstes
931n rot Marozias Sohn Papst

POROS (um 365v–323v), indischer König. Herrscher eines Reiches zwischen den drei großen Quellflüssen des Indus (Nordindien). Trat mit seinem Heer und seinen Kriegselefanten im Jahre 326n den Heeren Alexanders des Großen entgegen, der sich nach seinem Siege über Persien auch zum Herrn von Indien machen wollte. Unterlag dem Angriff, wurde aber von Alexander verschont und mit der Verwaltung des Pandschab unter dem griechischen Statthalter Philipp betraut. Obwohl er sich loyal zeigte, wurde er drei Jahre später vom neuen griechischen Statthalter ermordet.

356v–323v Alexander der Große
334v/325v Alexanderzug

PORPHYRIOS, griechischer Philosoph aus Vorderasien.

232n–304n Lebenslinie
266n blau Einführung zu Aristoteles
270n blau Gegen Gott-Gleichheit Jesu
278n blau Liebe, Hoffnung, Vertrauen

PORRO, Ignazio (1801n–1875n), italienischer Kartograph, Erdmesser und Optiker. Als Artillerieoffizier mit Aufgaben der Landesvermessung beauftragt, entwickelte er unter Verwendung eines Fernrohrs mit Prismen-Vorsatz einen optischen Entfernungsmesser. Machte die Photographie der Vermessung nutzbar und schuf ein Tele-Objektiv. Durch Anwendung des Prismen-Prinzips auf die Fernrohr-Konstruktion selbst gelang es ihm, die Länge eines Fernrohrs bei gleichbleibender Vergrößerung erheblich zu verringern. Außerdem erreichte er durch die doppelte Prismen-Brechung ein seitenrichtiges, aufrecht-stehendes Bild. Errichtete eigene Werkstätten in Turin und in Paris, um wirtschaftlichen Nutzen aus seinen bahnbrechenden Erfindungen zu ziehen. Doch scheiterte er hiermit. Nach Italien zurückgekehrt, lehrte er in Florenz und später in Mailand. Dort gründete er auch eine technische Akademie.

1850n grün Prismenfernrohr

PORTA, Giambattista (1538n–1615n), italienischer Naturforscher und Dichter. Gründete in Neapel eine wissenschaftliche Gesellschaft, die aber von der Inquisition aufgelöst wurde. Gab ein Sammelwerk in zwanzig Bänden heraus, in dem er über Erfindungen, Entdeckungen und über allerlei Merkwürdigkeiten berichtete sowie über magische Dinge wie die Prüfung der Treue einer Frau durch einen Magneten. Baute in die Camera obscura, die zu seiner Zeit noch aus einem einfachen dunklen Kasten mit einem kleinen Loch bestand, eine Linse ein. Dadurch vergrößerte er die Menge des einfallenden Lichtes ohne Verlust der Schärfe. Suchte durch Experimente festzustellen, in wieviel Dampf sich eine bestimmte Menge Wasser verwandelt. Erforschte die Beziehungen zwischen Licht und Wärme. Schrieb auch erfolgreiche Bühnenstücke.

1558n grün Verbesserte Lochkamera
1560n grün Akademie
1589n grün Wärmewirkung des Lichts

PORTER, Thomas (um 1650n–um 1720n), englischer Erfinder. Entwickelte zusammen mit seinem Landsmann John White ein Verfahren zur Konservierung von Fleisch, Geflügel, Fisch und anderen Lebensmitteln. Mit Hilfe einer alkoholischen Flüssigkeit wurden diese Nahrungsmittel so behandelt, daß sie sich über einen Zeitraum von mehreren Jahren wohlschmeckend und bekömmlich hielten, ohne Farbe, Geruch oder Geschmack einzubüßen.

1691n grün Konservierungsverfahren

PORTLAND, Halbinsel an der Kanalküste in Südengland. Aus dem hier gewonnenen Kalkstein wurde zu Beginn des 19. Jahrhunderts wasserfester Zement gewonnen. Ihr Name hat sich in der Bezeichnung einer für Wasserbauten besonders geeigneten Zementsorte erhalten.

1824n grün Zement

PORTORICO, Insel vor der mittelamerikanischen Küste. Bildet mit Kuba, Jamaika und Haiti die 'Großen Antillen', deren kleinste sie ist. Ihr Name kommt aus dem Spanischen und bedeutet 'Reicher Hafen'. Von Kolumbus auf seiner zweiten Amerikafahrt 1493n entdeckt, erhielt sie ihren Namen, als im 16. Jahrhundert die Ausbeutung der Goldvorkommen begann. Die einheimische Bevölkerung von etwa 500 000 Kariben ging in den von den Spaniern eingerichteten Goldwäschereien zugrunde oder fiel bei Aufständen gegen die unmenschlichen Arbeitsbedingungen. Die spanische Verwaltung ersetzte sie durch Negersklaven, die von den Engländern aus Afrika herübergebracht wurden. Seit 1835n erhoben sich diese Sklaven mehrfach, 1873n wurde die Sklaverei aufgehoben. 24 Jahre später wurden die spanischen Kolonialherren mit Hilfe der USA vertrieben. Doch folgte sogleich die Besitznahme der Insel durch die USA. 1917n erhielt sie eine beschränkte Selbstverwaltung. Nach heftigen Aufständen wurden ihr 1952n ein US-Dominion-Status zugebilligt. Die beiden großen Parteien fordern aber die volle Unabhängigkeit. Seit der Revolution auf dem benachbarten Kuba ist der Freiheitskampf gegen die USA neu entbrannt.

1895n/1898n Kubanischer Krieg
1898n rot Herrschaft der USA

PORTRÄT, Bezeichnung für das gemalte oder geformte Bild eines Menschen, das die Eigenart der Persönlichkeit durch Darstellung ihrer körperlichen und geistigseelischen Besonderheit zum Ausdruck bringt.

2852v–2804v Djer
2798v–2751v Semer-Chet
2786v blau Relief König Udimus
2775v blau 'Gefangene vor König'
2752v blau 'Alternder König'
2751v blau Relief Semer-Chets
2738v blau 'König auf Löwenjagd'
2728v blau Grabsäule des Sabef
2707v blau Relief Du-Muzis
2670v blau Darstellung eines Zwerges
2663v blau Plastik des Ka-Sechem
2651v blau Statue des Ank
2642v blau 'Fürst aus Osttigrisland'
2636v blau Relief König Zosers
2633v blau Sitz-Statue Zosers
2633v–2570v Meten
2623v blau 'Abneb beim Mahle'
2620v blau 'Königin mit Stirnband'
2619v blau 'Prinzessin Retaz'
2596v–2515v Ur-Nan-Sche
2594v blau Statue Sepas mit Frau
2582v blau 'Prinz im Schneidersitz'
2573v blau Skulptur des Meten
2569v blau Statue Ra-Hoteps mit Frau
2567v blau Statue des Lugal-Dalu
2558v blau Bildnis Sechem-Nofers
2555v blau Cheops-Statuette
2547v blau 'Schreiber Dersen'
2541v blau Statue der Ur-Nina
2539v blau Bildnis des Hemon
2538v blau Bild des Ank-Haf
2535v blau Skulptur der Lidda
2533v blau Bildnis des Chefren
2532v blau Relief der Nofret-I-Abet
2529v blau Tempel mit Königsstatuen
2527v blau 'Chefren auf dem Thron'
2525v blau Relief des Ur-Nan-Sche
2523v blau Sphinx mit Chefren-Kopf
2522v blau Skulptur des Mykerinos
2521v blau Kopf der Chefren
2516v blau 'Der Schreiber des Königs'
2507v blau Plastik: Mykerinos und Frau
2506v blau Mykerinos-Statuette
2504v blau Sitzfigur des Mykerinos
2502v blau Bild des alten Mykerinos
2500v blau 'Dorfschulze Ka-Aper'
2497v blau Bildnis des Schepses-Kaf
2478v blau Relief des E-Annatum
2471v–2397v Ni-Anch-Pta
2465v blau Relief: König und Götter
2453v blau Statue des Ra-No-Fer
2452v–2377v Ti
2423v blau Bildnis des Ni-User-Re
2410v blau Statue des En-Te-Mena
2407v blau Selbstbildnis Ni-Anch-Ptas
2405v blau 'Jubiläum des Ni-User-Re'
2399v blau Statue des Ur-Nan-Sche
2382v blau Skulptur des Iru-Kapta
2380v blau Bild des Per-Her-Nofret
2346v blau 'Zwerg Senheb mit Familie'
2325v blau Statue des Mere-Ruka
2309v blau 'Sargons Siegeszug'
2306v blau Statue Pepis I. mit Sohn
2303v blau Bronzekopf Sargons
2291v blau 'König Pepi mit Mutter'
2273v blau Statue Manisch-Tusus
2263v blau Naramsin-Stele
2260v blau Felsrelief Naramsins
2246v blau Naramsin-Statue
2231v blau Fürst von Adab
2109v blau Standbild des Ur-Ban
2044v blau 'Prinzessin Kawit'
2036v blau Relief des Ur-Nammu
2030v blau Gedenkstein Ur-Nammus
2028v blau Kopf des Gudea
2022v blau Statue des Gudea
2010v blau Statue des Ur-Nin-Girsu
1998v blau Musiker-Relief
1992v blau Statue des Schul-Gi
1987v blau Fürsten-Standbild
1981v blau 'König mit Palmenzweig'
1976v blau Statue des Tura-Dagan
1968v blau Statue des Knum-Hotep
1956v blau Fürst von Mari
1940v blau Relief Sesostris' I.
1923v–1861v Tut-Hotep
1901v blau 'Fürst Si-Renput mit Sohn'
1893v blau Bildnis der Nofret
1877v blau Plastik des Herti-Hotep
1866v blau Plastik Sesostris' III.
1861v blau Bildnis Sesostris' III.
1852v–1786v Nefer
1851v blau Sesostris als Sphinx
1842v blau Bild Sesostris' III.
1828v blau Amen-Em-Het als Sphinx
1823v blau Statue Amen-Em-Hets III.
1817v blau Kopf Amen-Em-Hets III.
1813v blau 'Nefer singt zur Harfe'
1803v blau 'König mit Krokodil'
1797v blau Bildnis der Imret
1795v blau 'Der alternde Herrscher'
1790v blau Plastik der Senui
1774v blau 'Familie des Chui'
1770v blau Statue des Kudur-Mabuk
1714v blau 'Thronbesteigung'
1707v blau 'Hammurabi mit Gott'
1699v blau Hammurabi-Statue
1695v blau Hammurabi-Relief
1529v blau 'Prinz mit Federhut'
1513v blau Siegesmal Tut-Mosis' I.
1502v blau 'Die junge Königin'
1498v blau 'Amosis mit Mutter'
1496v blau 'Günstling des Königs'
1490v blau 'Pharao in Grün'
1485v blau Hof einer Königin
1483v blau Hatschepsut als Sphinx
1465v blau 'Empfang beim Pharao'
1454v blau Statue Idrimis
1439v blau Bild der Merit-Amun
1437v–1373v Ipuki
1435v blau 'Dehut mit Mutter'
1434v blau Relief Amen-Hoteps II.
1423v–1359v Juti
1405v blau 'Der Oberrichter'
1400v–1344v Tut-Mes
1395v–1321v Bek
1394v blau 'Umzug ins Totenreich'
1385v blau Memnonskolosse
1383v blau Bild der Königin Teje
1380v blau 'Königspaar in der Barke'
1378v blau Statue Kuri-Gal-Zus
1374v blau 'Der Philosophenkönig'
1372v blau Kopf einer Prinzessin
1370v blau Relief des Echnaton
1369v blau 'Tochter des Pharao'
1367v blau Selbstbildnis Jutis
1366v blau Kopf der Nofretete
1362v blau Bildnis Echnatons
1360v blau 'Töchter des Echnaton'
1357v blau Kopf der Teje
1355v blau 'Prinzessin aus Nubien'
1351v blau Plastik Tut-Anch-Amuns
1349v blau Relief des Haremhab
1349v blau 'König auf der Löwenjagd'
1346v blau 'Nackte Königin'
1336v blau Plastik des Haremhab
1317v blau Relief Ramses' I. mit Isis
1315v blau 'Sethos I. und Göttin Mut'
1311v blau 'Liebesgöttin und Pharao'
1310v blau Relief Sethos' I.
1304v blau Taten Sethos' I.
1298v blau 'Der kniende Pharao'
1293v blau Plastik Ramses' II.
1286v blau 'Königin Nofretere'
1280v blau Bildnis Ramses' II.
1278v blau 'Isis und Nofretere'
1277v blau 'Ramses II. mit Krone'
1275v blau Statuen Ramses' II.
1274v blau Sitzplastiken Ramses' II.
1234v blau 'Schlecht rasierter Pharao'
1225v blau Relief des Tu-Kulti
1211v blau Statue der Napir-Asu
1183v blau 'Gefangener Libyerfürst'
1174v blau 'Prinz begibt sich zu Isis'
1157v blau 'Gefangener mit Pharao'
1110v blau Bildnis Tiglatpilesers I.
1108v blau Siegesrelief Tiglatpilesers I.
878v blau Statue Assurnasirpals
811v blau Statue Samsi-Adads V.
761v blau Relief einer Königsfamilie
747v blau Statue der Amenirdis
709v blau Siegesmal Sargons II.
679v blau Kopf des Taharka
672v blau Siegessäule Asarhaddons
671v blau Relief von Königen
664v blau Porträt Montem-Hets
623v blau 'Frau Djet und Sohn'
613v blau 'Der weise Imhotep'
606v blau Königin-Porträt
586v blau Statue der Anches
560v–469v Theodoros
545v blau Cervetri-Sarkophag
513v blau Aristion-Stele
510v blau Tyrannenmörder-Denkmal
498v blau Taten Dareios' I.
446v blau Perikles-Kopf
403v–335v Praxiteles
396v–328v Leochares
367v–307v Lysipp
360v blau 'Pharao mit heiliger Kuh'
360v–303v Apelles
337v blau Antiphilos: 'König Philipp'
329v blau 'Alexander auf Löwenjagd'
326v blau 'Alexanders Hochzeit'
325v blau 'Alexander mit dem Blitz'
319v blau Alexander-Sarkophag
314v blau 'Alexander mit Lanze'
83v blau Standbild des Harsinebef
178n blau Standbild Mark Aurels
345n–406n Ku-Kai-Tschi
601n–673n Li-Pen
1256n blau Naumburger Stifterfiguren
1330n–1399n Peter Parler
1341n–1406n Claus Sluter
1386n–1466n Donatello
1436n–1488n Verrocchio
1453n blau Standbild Gattamelatas
1458n blau 'Gerichtstag Karls VII.'
1477n–1576n Tizian
1488n blau Standbild Colleonis
1500n blau Bibra-Grabmal
1503n blau 'Mona Lisa'
1503n blau Selbstbildnis Dürers
1519n blau Sebaldusgrab
1526n blau 'Hieronymus Holzschuher'
1533n blau Bildnis Luthers
1548n blau Bildnis Karls V.
1577n–1640n Rubens
1599n–1660n Velasquez
1606n–1669n Rembrandt
1618n–1682n Murillo
1631n blau 'Helene Fourment'
1632n blau 'Anatomie des Dr. Tulp'
1634n blau Selbstbildnis Rembrandts
1635n blau 'König Karl auf der Jagd'
1641n blau 'Saskia mit Blume'
1642n blau 'Nachtwache'
1646n blau 'Holzhackerfamilie'
1650n blau 'Mann mit dem Goldhelm'
1662n blau 'Vorsteher der Tuchhalle'
1664n blau 'Altmännerhaus-Vorsteher'
1665n blau Büste Ludwigs XIV.
1700n blau 'Der große Kurfürst'
1701n blau Gemälde Ludwigs XIV.
1754n blau Bild der Pompadour
1760n blau 'Miss Nelly'
1762n blau Porträt A. Kauffmanns
1770n blau 'Der Knabe in Blau'
1771n blau Gemälde Lessings
1778n blau Standbild Peters I.
1787n blau Goethe-Bild (Tischbein)
1793n blau 'Der ermordete Marat'
1806n blau Bild der Eltern Runges
1828n blau Goethe-Bild (Stieler)
1872n blau Gemälde Carlyles

PORT ROYAL, Name eines Klosters bei Versailles in der Umgebung von Paris. Es wurde 1204n als Frauenkloster gegründet. Unter Leitung der Äbtissin Angelika Arnauld brach es nach den Hugenottenkriegen mit dem Katholizismus und wurde ein geistiges Zentrum der Reformation. Durch den Einfluß des Franz von Sales näherte es sich später wieder der katholischen Kirche und wurde unter Antoine Arnauld (Bruder von Angelika Arnauld) Mittelpunkt eines weltoffeneren Katholizismus ('Jansenismus'). Doch entwickelte sich diese mehr auf eine freie Christlichkeit als auf das Papsttum ausgerichtete Bewegung zu einer Gefahr für die katholische Kirche, in deren straffes Glaubens- und Organisationsschema sie sich nicht fügte. Unter Teilnahme führender französischer Geister (Pascal, Descartes) wurde das Kloster zu einem Widerstandszentrum gegen den katholischen Klerus. Auf Betreiben der Jesuiten durch König Ludwig XIV. zerstört.

1639n–1699n Racine
1710n rot Zerstörung

PORTUGAL, westlichstes Land des europäischen Festlandes. Auf der iberischen Halbinsel gelegen, ist seine Geschichte eng mit der Geschichte des spanischen Volkes verbunden, dessen freiheitsliebendster Teil es bereits vor mehr als 2000 Jahren war. Damals führten seine Bewohner jahrhundertelang die Erhebungen Spaniens gegen die römische Fremdherrschaft (Viriathus). Nach der Unterwerfung wurden sie von Augustus in einer eigenen Provinz ('Lusitanien') vom übrigen Spanien abgetrennt. Damit begann die Entwicklung zu einem selbständigen Staatswesen, das durch seine enge geographische Verflechtenheit aber immer eng mit Spanien verbunden blieb.

Allgemeines (Land, Volk, Staat)

195v braun Erhebung gegen Rom
189v braun Erhebung gegen Rom
181v/178v Erhebung gegen Rom
180v–139v Viriathus
154v/133v Erhebung gegen Rom
80v/78v Sertorius-Krieg
19v rot Provinz Roms
386n–418n Wallia
409n rot Aufteilung Spaniens
411n rot Reich der Alanen
417n braun Westgotensieg über Alanen
417n rot Ende des Alanenreiches
440n–484n Eurich
468n braun Westgoten-Einfall
468n rot Westgoten-Herrschaft
633n–732n Arabischer Krieg
640n–716n Musa
675n–715n Welid
711n rot Ende der Gotenherrschaft
711n rot Herrschaft der Araber
1095n rot Lehen Kastiliens
1139n braun Sieg über Araber
1143n rot Unabhängigkeit
1147n rot Gewinn Lissabons
1147n rot Lissabon Hauptstadt
1318n rot Christus-Orden
1351n grün Pestepidemie
1385n braun Thronkämpfe
1387n rot Portugiesisch Amtssprache
1394n–1460n Heinrich der Seefahrer
1415n braun Angriff auf Ceuta
1415n rot Herrschaft über Ceuta
1419n rot Gewinn Madeiras
1420n grün Seefahrtsschule
1437n braun Angriff auf Tanger
1444n rot Negerjagd
1446n rot 'Gesetzbuch des Alfons'
1452n rot Versklavungs-Erlaubnis
1456n grün Reise des Cadamosto
1471n braun Eroberung Tangers
1471n rot Herrschaft über Tanger
1471n grün Entdeckung der Goldküste
1480n–1521n Magellan
1482n rot Besitz der Goldküste

1483n grün Kongo-Mündung entdeckt
1484n grün Guinea-Inseln entdeckt
1486n grün Entdeckung Timbuktus
1486n grün Umseglung Afrikas
1493n rot Teilung der Welt
1498n grün Seeweg nach Indien
1500n grün Entdeckung Brasiliens
1500n rot Einverleibung Brasiliens
1503n rot Gewinn Sansibars
1503n grün Handelsplätze in Indien
1503n/1506n Indienkrieg
1505n grün Entdeckung Ceylons
1506n rot Vizekönig für Indien
1509n braun Seeschlacht bei Diu
1509n rot Seemacht
1509n rot Gouverneur für Ostafrika
1510n rot Gewinn von Goa
1511n rot Niederlassung in Malaya
1512n grün Entdeckung der Molukken
1512n rot Besitz der Molukken
1517n grün Seeweg nach China
1519n grün Fahrtbeginn Magellans
1521n grün Philippinen, Marianen
1522n grün Erdumseglung
1526n grün Entdeckung Neu-Guineas
1527n–1598n Philipp II.
1534n rot Besetzung Bombays
1543n grün Seeweg nach Japan
1557n rot Besitznahme Macaos
1560n grün Tabakausfuhr
1567n blau Gründung Rio de Janeiros
1580n rot Spanische Herrschaft
1580n rot Gewinn Ceylons
1601n grün Sklavenhandels-Monopol
1605n rot Verlust der Molukken
1630n rot Verlust in Brasilien
1638n rot Verlust Ceylons
1640n braun Aufstand gegen Spanien
1640n rot Loslösung von Spanien
1640n rot Selbständigkeit
1641n rot Verlust Malayas
1654n rot Rückgewinn in Brasilien
1662n rot Bombay, Tanger englisch
1701n/1714n Spanischer Erbfolgekrieg
1730n braun Vertreibung aus Sansibar
1759n rot Vertreibung der Jesuiten
1759n grün Enteignung der Jesuiten
1796n/1815n Napoleonische Kriege
1811n/1826n Kampf Lateinamerikas
1822n rot Brasilien unabhängig
1858n rot Aufhebung der Sklaverei
1864n rot Beitritt zum Roten Kreuz
1899n rot Haager Konvention
1910n braun Revolution
1910n rot Republik
1914n/1918n Erster Weltkrieg
1919n rot Versailler Vertrag
1920n rot Mitglied im Völkerbund
1949n rot Mitglied der NATO
1961n/ Kampf Zentralafrikas

PORTUGAL: Kunst

1150n blau Kathedrale von Lissabon
1391n blau Lobeira: 'Amadis'
1572n blau Camões: 'Lusiaden'
1825n blau Almeida Garrett: 'Camões'
1880n blau Queiros: 'Mandarin'

PORTUGAL: Wissenschaft

1290n blau Universität Lissabon
1394n–1460n Heinrich der Seefahrer
1420n grün Seefahrtsschule
1422n grün Sternwarte

PORZELLAN, Bezeichnung für die wertvollste Keramik. Unterscheidet sich von den übrigen keramischen Erzeugnissen durch seine rein-weiße Farbe, seine Härte und seine Glasur. Besteht aus einem besonders reinen Ton (Kaolin), der durch Zusatz von Quarz und Feldspat seine leichte Schmelzbarkeit erhält und häufig dünn oder sogar durchscheinend verarbeitet wird. Seit seiner Erfindung verbreitete es sich allmählich über die ganze Erde und galt stets als Spitzenerzeugnis handwerklicher und künstlerischer Leistung.

608n–676n Tao-Yü
663n grün Erfindung in China
1413n blau Porzellanturm in Nanking
1518n grün Ausfuhr nach Europa
1708n grün Herstellung in Europa
1710n grün Manufaktur Meißen
1732n grün Zahnersatz
1750n grün Manufaktur Berlin
1756n grün Manufaktur Sèvres
1761n grün Manufaktur Nymphenburg

PORZELLANTURM, Name eines einzigartigen Bauwerkes in Nanking (China). Der fast 80 Meter hohe, aus neun Stockwerken bestehende Turm ist vollkommen mit dicken Porzellanplatten verkleidet. Er wurde von Kaiser Yung-Lo zum Andenken an seine verstorbene Mutter in zwanzigjähriger Bauzeit errichtet und Mitte des 19. Jahrhunderts im Taiping-Aufstand zerstört.

1413n blau Baubeginn

POSEIDON, Gestalt der griechischen Göttersage. Bruder des Zeus. Bei der Teilung der Welt fiel ihm das Meer zu, als dessen Herrn ihn die Griechen verehrten. Doch galt er ihnen nicht als Beschützer der Seefahrer, sondern als ein übelgelaunter, meist grollender Gott, der aus der Tiefe des Meeres Stürme und tosende Wellen schickt.

905v blau Tempel

POSEIDONIOS, griechischer Gelehrter.

135v–50v Lebenslinie
97v grün Untersuchung des Wetters
86v blau Werk über Sklavenaufstand
80v blau Erwähnung der Germanen
77v blau Gestaltung der Philosophie
75v grün Prognose: Erdumseglung
66v blau Theologie
64v rot Ehrung

POSEN, Stadt an der Warthe (Polen), halbwegs zwischen Berlin und Warschau. Von Slawen vor mehr als 1100 Jahren am Ostufer der Warthe gegründet, wurde sie nach dem Sieg der Polen über andere slawische Stämme Sitz des ersten polnischen Herrschers (Miezko). Nach dessen Übertritt zum Christentum verstärkte er durch Errichtung eines selbständigen Bistums im Jahre 968n seine Unabhängigkeit vom deutschen Reiche. Im 12. Jahrhundert ließen sich deutsche Kaufleute nieder und gründeten nach Streitigkeiten mit dem Bischof im Jahre 1253n gegenüber der alten Stadt auf dem Westufer der Warthe eine eigene Siedlung. Dieser nach deutschem Stadtrecht gegründete Ortsteil wurde durch den schnellen Aufstieg der Textil- und Leder-Erzeugung sowie durch den erblühenden Handel (Mitglied der Hanse) bald zum eigentlichen Mittelpunkt der Stadt. Im 16. Jahrhundert setzte mit der Gegenreformation die Zurückdrängung der deutschen Kultur ein. Bei der zweiten Teilung Polens wurde sie Preußen zugeschlagen, auf dem Wiener Kongreß als preußischer Besitz bestätigt und im 19. Jahrhundert durch Anlage einer Neustadt auf dem deutschen Westufer erweitert. Seit dem ersten Weltkriege (Versailler Vertrag) wieder polnischer Besitz, stieg ihre Bedeutung nach dem zweiten Weltkrieg durch die allgemeine Verschiebung des polnischen Staatsgebietes nach Westen. 1956n fand hier der erste Aufstand gegen den Stalinismus statt, der zur Rückkehr Gomulkas in die Parteispitze führte.

920n–992n Miezko
960n braun Sieg der Polen
960n rot Polnischer Staat
968n blau Hauptstadt Polens
1793n rot 'Hexen'-Verbrennung
1793n rot Zweite Teilung Polens
1815n rot Wiener Kongreß
1919n rot Versailler Vertrag
1956n braun Aufstand

POSITRON, Bezeichnung für ein Elementarteilchen, das von dem nordamerikanischen Physiker Anderson bei Untersuchungen der kosmischen Höhenstrahlung entdeckt wurde. Es hat die Größe des Neutrons, dem es verwandt ist und mit dem es stets zusammen vorkommt. Im Unterschied vom Neutron ist es aber positiv geladen. Da es sich zusammen mit dem Neutron schnell verstrahlt, ist es sehr kurzlebig.

1932n grün Entdeckung

POST

550v–486v Dareios I.
516v rot Zensur in Persien
21v grün Rom: Beamtenpost
685n–762n Hüan-Tsung
745n grün Aufbau in China
847n grün Schrift eines Postministers
1173n grün Brieftaubenpost
1217n–1265n Hulagu-Khan
1265n grün Mongolischer Postdienst
1276n grün Briefboten-Uniform
1489n grün Taxis Oberpostmeister
1506n grün Ausbau in Frankreich
1532n grün Briefgeheimnis anerkannt
1620n–1688n Der Große Kurfürst
1653n grün Stadtpost in Paris
1661n grün England: Aufgabestempel
1690n rot Briefgeheimnis geschützt
1698n grün Briefträger in Berlin
1835n grün Rohrpost
1840n grün Briefmarken in England
1865n grün Stephan: Postkarte
1874n rot Welt-Postverein

POSTBOTEN

1276n grün Blaue Uniformen
1698n grün Zusteller in Berlin

POSTNIK, Jakoblew (um 1520n–um 1580n), russischer Baumeister. Erhielt vom Zaren Iwan IV. nach dessen Sieg über die Mongolen bei Kasan den Auftrag zur Errichtung einer Kathedrale vor den Toren des Kreml in Moskau. Unter Verwendung der Formgebung altrussischer Holzkirchen baute er die Basilius-Kathedrale, indem er um einen 47 Meter hohen Zentralbau acht kleinere unterschiedlich gestaltete Einzelkirchen mit acht verschiedenen, farbigen Zwiebeltürmen gruppierte. Im Innern verband er diese neun Bauten, von denen jeder eine eigene Kuppel hat, mit Durchgängen. Nach seinen Plänen wurde auch das neue befestigte Stadtzentrum (Kreml) der Stadt Kasan erbaut.

1560n blau Wassilij-Kathedrale

POSTUMUS, Kassius (um 220n–268n), römischer Feldherr. Führte die in Gallien stehenden römischen Legionen gegen die von Osten über den Rhein eingebrochenen Franken und drängte die Angreifer in mehreren Schlachten zurück. Nach Ermordung des ältesten Sohnes des Kaisers Gallienus wurde er von den Truppen zum Gegenkaiser ausgerufen und einte Gallien (Frankreich) unter seiner Führung. Behauptete sich gegen die Versuche des Gallienus, ihn gewaltsam in die Botmäßigkeit Roms zurückzuführen. Schloß Britannien und Spanien seinem Sonderreiche an und warf die Franken nach Rückeroberung Kölns über den Rhein zurück. Errichtete einen eigenen Senat, setzte Provinzverwalter ein und prägte eigene Goldmünzen. Von seinen Truppen ermordet.

259n rot Herrscher Galliens

POTEMKIN, Gregor Alexandrowitsch (1739n–1791n), russischer Feldherr und Staatsmann. Als Sohn eines Majors wurde er Wachtmeister der kaiserlichen Garde und 23jährig Kammerjunker und Geliebter der zehn Jahre älteren Zarin Katharina II. Nachdem er durch ärztliche Ungeschicklichkeit ein Auge verloren hatte, zog er sich vom Hofe zurück und nahm an mehreren Schlachten gegen die Türken teil. Nach dem Sturz des Zarenmörders Orlow kehrte er als verdienter General in die Petersburger Residenz zurück und blieb fortan bei Katharina, die keine wichtige Entscheidung mehr ohne ihn traf. Wurde Minister und Feldmarschall, führte eine Heeresreform durch, baute die Schwarzmeerflotte auf, erweiterte das russische Staatsgebiet (Krim) und gründete neue Städte (Sewastopol, Cherson). Bereicherte sich als Statthalter der Südukraine und der Krim so sehr, daß er trotz seines äußerst verschwenderischen Lebens ein Vermögen von 90 Millionen Rubeln hinterließ, fast das Doppelte der jährlichen Staatseinnahmen des russischen Reiches.

1729n–1796n Katharina II., die Große
1768n/1774n Erster Türkenkrieg
1784n rot Gebietserweiterung
1787n grün 'Potemkin'sche Dörfer'
1787n/1792n Zweiter Türkenkrieg

POTEMKIN, Name eines russischen Panzerkreuzers, dessen Matrosen 1905n an der russischen Schwarzmeerküste einen vergeblichen Aufstandsversuch unternahmen. Nach dem Sieg der kommunistischen Revolution in Rußland gestaltete der Regisseur Eisenstein diesen Vorgang so mitreißend, daß sein Film die revolutionäre Begeisterung der Arbeiter in Rußland und in der kapitalistischen Welt stärkte.

1905n/1906n Russische Revolution
1926n blau Eisensteins Film

POTSDAM, Stadt an der seenartig erweiterten Havel bei Berlin. Vor mehr als 1000 Jahren von Slawen gegründet und 'Poztupimi' (= Bergabhang) genannt. Seit 1134n durch Albrecht den Bären und seine Erben (Askanier) ins deutsche Reich eingefügt, seit dem Ende des 13. Jahrhunderts Stadt, seit dem 17. Jahrhundert Regierungssitz der Herrscher von Brandenburg. Im 18. Jahrhundert durch die Preußenkönige Friedrich Wilhelm I. und Friedrich den Großen zur Residenzstadt ausgebaut. 1685n wurde das 'Edikt von Potsdam' erlassen, durch das die verfolgten Protestanten Frankreichs zur Niederlassung in Brandenburg eingeladen wurden. 1805n verbündete sich hier Preußen mit Rußland gegen Napoleon. Ein 1910n geschlossener Vertrag zwischen dem deutschen Reiche und Rußland bannte noch einmal die Kriegsgefahr in Europa. 1945n trafen sich die Siegermächte des zweiten Weltkrieges in der Stadt, um ihre Maßnahmen gegenüber Deutschland abzustimmen.

933n blau Entstehung
1685n rot Potsdamer Edikt
1747n blau Schloß Sanssouci
1751n blau Aufenthalt Voltaires
1945n rot Potsdamer Konferenz

POTSDAMER KONFERENZ, Bezeichnung für die Zusammenkunft der Siegermächte UdSSR, USA und England nach Abschluß des zweiten Weltkrieges in Europa, zu der später auch noch Frankreich zugezogen wurde. Führte zum Potsdamer Abkommen, in dem die entscheidenden Bestimmungen über die Behandlung Deutschlands nach seiner bedingungslosen Kapitulation enthalten sind (Besetzung, Entwaffnung, Entmilitarisierung, Dezentralisierung, Demokratisierung, Bestrafung der Kriegsverbrecher, Gebietsabtretungen, Aussiedlungen, Reparationen, Kontrollsystem, Friedensregelung). Gleichzeitig enthielt es die Aufforderung zur bedingungslosen Kapitulation an Japan sowie Vereinbarungen über andere Fragen (Iran, Tanger, Meerengen, Außenministerrat).

1945n rot Abkommen

POTTIER, Eugène (1816n–1887n), französischer Dichter. Als Sohn eines Kistenmachers lernte er das Handwerk seines Vaters. Aus Begeisterung für die siegreiche Juli-Revolution schrieb er 14jährig seine ersten Gedichte. Für die Revolution von 1848n verfaßte er mehrere Lieder ('Tod eines Planeten', 'Auf Abbruch'). In der Arbeiterbewegung wurde aus dem Revolutionsschwärmer ein klassenbewußter Revolutionär. Seit 1864n Mitglied der 1. Internationale, beteiligte er sich an der Pariser Kommune und schrieb für die kämpfenden Arbeiter das Gedicht '31. Oktober 1870'. Nach der Niederschlagung des Proletariats mußte er aus Paris fliehen. Von den Konterrevolutionären verfolgt, schrieb er das Lied 'Die Internationale', das 1888n von Degeyter vertont wurde und sich zum Kampflied der Arbeiterklasse aller Länder der Erde entwickelte.

1864n rot Erste Internationale
1871n braun Aufstand der Kommune
1871n blau 'Die Internationale'

POUSSIN, Nicolas (1594n–1665n), französischer Maler und Zeichner. Als Sohn eines Bauern studierte er in Paris und ging 29jährig nach Rom, wo er bis an sein Lebensende blieb und in äußerer Dürftigkeit seine über 350 Ölgemälde und mehr als 1000 Zeichnungen schuf. Auf seinen an Raffael und Tizian geschulten Gemälden stellte er Begebenheiten aus Sage ('Venus mit Amor') und Geschichte ('Die Pest in Athen') dar sowie religiöse Motive ('Moses schlägt Wasser aus dem Felsen'). Zum Hofmaler berufen, ging er 1640n noch einmal für weniger als zwei Jahre nach Paris, um an der Ausschmückung des Louvre mitzuwirken. Berühmt wurde er durch seine melancholischen Landschaften, in die er gern Trümmer jahrtausendealter Bauwerke und Szenen der alten Mythologie stellte.

1663n blau 'Jahreszeiten'

PRÄLUDIUM, aus dem Lateinischen übernommene Bezeichnung der musikalischen Fachsprache (wörtlich: Vorspiel).

1685n–1750n Bach

PRÄMONSTRATENSER, katholischer Mönchsorden, dessen Name von den französischen Worten 'pré montré' (= gezeigte Wiese) abgeleitet wurde, weil Gott dem Ordensgründer Norbert die Wiese für ein erstes Kloster 100 Kilometer nordöstlich von Paris persönlich gezeigt haben soll. Die wesentliche Neuerung seines Klosterbetriebes bestand in der gleichzeitigen Aufnahme von Männern und Frauen, die nur durch eine Mauer voneinander getrennt waren. Die Anziehungskraft seines Klosters besonders auf das weibliche Geschlecht war so groß, daß er bald Tochterklöster einrichten mußte, und 30 Jahre nach der Gründung befanden sich darin bereits 10000 Nonnen. Der Orden verbreitete sich schnell über ganz Europa und sogar bis nach Syrien. 1273n wurde eine Neugestaltung des Klosterlebens versucht, die den herkömmlichen Normen der Sittlichkeit gerecht werden sollte, doch war die Wirkung gering. 1630n wurde dann die Ordensregel verschärft, worauf die Zahl der Insassen wesentlich zurückging. Heute hat der Orden nur noch 1500 Mitglieder.

1120n blau Doppelklöster

PRÄTOR, der Inhaber des höchsten Staatsamtes in der römischen Republik. Später Titel der zwei höchsten Richter und endlich Bezeichnung für die Statthalter in den von Rom eroberten Provinzen.

227v rot Statthalter
104n–168n Julianus Salvius

PRÄTORIANER, Bezeichnung für die Leibgarde des römischen Kaisers. Hervorgegangen aus den Elitetruppen der römischen Heerführer, die aus den tapfersten und zuverlässigsten Soldaten zusammengestellt waren und bei den Kämpfen in unmittelbarer Nähe ihres Feldherrn blieben. Von Augustus auf 9000 Mann gebracht und mit dem Schutz des Machtzentrums Rom gegen alle äußeren und inneren Gefahren betraut, wuchs sie bald auf 16000 Mann an. Gegenüber den gewöhnlichen Soldaten hatten sie allerlei Vorrechte: 16 statt 20 Jahre Dienstzeit, besserer Sold, Dienst in der Heimat, feste Unterkünfte. Sobald sie sich der Tatsache bewußt wurden, daß der Kaiser von ihrer Gunst abhing, wurden sie ein Staat im Staate. Sie nutzten ihre Macht, um in höchste Stellen aufzusteigen, beteiligten sich an den Verschwörungen, die sie verhindern sollten, und setzten schließlich selbst Kaiser ein (Klaudius) und ermordeten sie (Kaligula). Im Jahre 193n boten sie den Kaiserthron an den Meistzahlenden aus. Konstantin löste die Truppe im Jahre 312n auf und ließ ihre Kasernen zerstören.

42v rot Leibwache
42v–37n Tiberius
10v–54n Klaudius
23n rot Kasernierung
146n–211n Septimius Severus

PRÄTORIUS, Johann (1537n–1616n), deutscher Erfinder. Als Schullehrer in Altdorf bei Nürnberg beschäftigte er sich mit der Herstellung von Geländekarten. Für die naturgetreue kartographische Aufnahme eines Geländes baute er einen transportablen Zeichentisch, der, mit einem Fernrohr verbunden, die maßstabgerechte Aufzeichnung jedes anvisierten Punktes im Gelände ermöglichte. Damit schuf er die entscheidende Voraussetzung zur Herstellung wirklichkeitstreuer Landkarten (Meßtischblätter).

1590n grün Meßtisch

PRÄZESSION, Bezeichnung für eine allmähliche Verschiebung der Erdachse durch Einwirkung der Anziehungskräfte von Sonne und Mond. Führt in jeweils 26000 Jahren zur Rückkehr der Erdachse in ihre alte Stellung.

196v–125v Hipparch
948n–1009n Ibn Junis

PRAG, Stadt an der Moldau (Tschechoslowakei). Halbwegs zwischen Stockholm und Rom, zwischen Madrid und Moskau im Herzen Europas gelegen, hat sie seit ihrer Entstehung vor mehr als tausend Jahren vermittelnd zwischen den auseinanderstrebenden Teilen des Kontinents gewirkt. Insbesondere hat sie den Ausgleich zwischen dem germanischen und dem slawischen Teil Europas gesucht und unter den Spannungen zwischen diesen beiden großen europäischen Volksgruppen gelitten. Vor etwa 1200 Jahren zwischen zwei slawischen Burgen angelegt als Residenz der tschechischen Herrscher, entwickelte sie sich zu einem Mittelpunkt von Verkehr, Handel und Handwerk. Deutsche Handwerker ließen sich hier früh nieder, und König Wratislaw II. gewährte ihnen in der zweiten Hälfte des 11. Jahrhunderts besondere Rechte. Die Stadt erhielt im 13. Jahrhundert deutsches Stadtrecht und wurde im 14. Jahrhundert geistiger und politischer Mittelpunkt des deutschen Reiches, das der aus einer Ehe zwischen dem tschechischen Herrscher Ottokar und einer deutschen Prinzessin hervorgegangene Karl IV. als deutscher Kaiser von hier aus regierte. Die erste deutsche Universität entstand in dieser Stadt. Aus der innigen Durchdringung deutscher und tschechischer Kultur wuchs sie in dieser Epoche zu einer europäischen Metropole von einzigartigem Reiz empor. Der Freiheitskampf der Völker Europas um religiöse und nationale Befreiung (Reformation) nahm hier seinen Anfang (Hus, Hussitenkriege). Die Unterdrückung dieser Erhebung durch das deutsche Reich gab der tschechischen Bewegung eine antideutsche Richtung, die sich durch die lange Herrschaft der deutschen Österreicher (Habsburger) noch verstärkte. Seit dem ersten Weltkrieg Hauptstadt eines unabhängigen tschechoslowakischen Staates. 1939n von deutschen Truppen besetzt, wurde sie 1945n durch die Rote Armee befreit und wieder Hauptstadt einer völkerrechtlich unabhängigen Tschechoslowakei. Seit 1948n Hauptstadt der kommunistischen Volksrepublik CSR. Seit 1968n Zentrum einer Bewegung für die schnelle Verwirklichung bürgerlicher Grundrechte innerhalb der kommunistischen Gesellschaft.

1255n rot Stadtrecht
1310n blau Hradschin
1316n–1378n Karl IV.
1330n–1399n Peter Parler
1341n blau Veitsdom begonnen
1348n blau Universität
1357n blau Karlsbrücke
1365n–1416n Hieronymus von Prag
1369n–1415n Hus
1370n–1424n Ziska
1385n blau Veitsdom vollendet
1398n blau Hus: Verteidigung Wiclifs
1409n rot Deutscher Rektor entlassen
1420n/1434n Hussiten-Kreuzzug
1618n braun Protestantische Erhebung
1618n/1648n Dreißigjähriger Krieg
1918n rot Hauptstadt der CSR
1939n/1945n Zweiter Weltkrieg
1948n rot CSR kommunistisch

PRAG, Kosmas von (1045n–1125n), böhmischer Geschichtsschreiber polnischer

Herkunft. Studierte an der flandrischen Universität von Lüttich und wurde Sekretär des Bischofs von Prag, den er auf mehreren Reisen begleitete. Im Kirchendienst bis zum Dekan von Prag aufgestiegen, zog er sich zurück und schrieb als erster eine Geschichte Böhmens mit Vergleichsdaten aus der allgemeinen Geschichte. Darin brachte er eine bunte Mischung von Sagen, Volksmärchen und echter Überlieferung. Seiner Forderung nach Sachlichkeit entsprach sein pro-kirchliches, antideutsches Geschichtswerk nicht ganz.

1122n blau Geschichte Böhmens

PRAGMATISCHE SANKTION, Bezeichnung für ein Gesetz, das von dem deutschen Kaiser Karl VI. für das österreichische Stammland seiner Familie (Habsburger) zugunsten seiner Tochter Maria Theresia erlassen wurde (wörtlich: nützliche Bestätigung). Danach durfte das habsburgische Erbe nie geteilt werden, es fiel stets dem erstgeborenen Kinde zu, unabhängig davon, ob es sich dabei um einen männlichen oder um einen weiblichen Thronfolger handelt. Nach dem für Österreich siegreichen Ausgang des von Maria Theresia geführten Österreichischen Erbfolgekrieges wurde diese Regelung auch von den übrigen Mächten Europas anerkannt.

1713n rot Erlaß
1717n–1780n Maria Theresia
1723n rot Anerkennung durch Ungarn
1741n/1748n Erbfolgekrieg
1748n rot Anerkennung durch Preußen

PRANDTAUER, Jakob (1658n–1726n), deutscher Baumeister und Bildhauer. Erlernte in seiner Tiroler Heimat das Maurerhandwerk und wurde von seinem Lehrmeister Georg Asam an die Architektur herangeführt. Baute nach eigenen Plänen die Donau-Klöster St. Florian, Melk und Herzogenburg. Dabei gelang ihm in besonders glücklicher Weise die harmonische Einfügung des Baukörpers in die Landschaft. Die einfache, klare Grundform seiner Bauten wurde durch reichen Fassadenschmuck und eine phantasievolle Detailgestaltung ergänzt. Errichtete auch einige Kirchen (St. Pölten, Sonntagsberg) sowie ein Jagdschloß (Hohenbrunn).

1701n blau Neubau des Klosters Melk

PRANDTL, Antonin (1842n–1909n), deutscher Erfinder. Verließ wegen Schwächlichkeit die Münchner Volksschule, um sich auf einer Fachschule für einen landwirtschaftlichen Beruf vorzubereiten. Durch hervorragende Leistungen erwarb er das Recht zum landwirtschaftlichen Studium und spezialisierte sich auf Bier-Brauerei, die er auch zwei Jahre lang praktisch erlernte. 22jährig veröffentlichte er eine Abhandlung über die Möglichkeiten einer Konzentration von Milch durch Trennung ihres Fettgehaltes vom Wassergehalt. Darin empfahl er ein Verfahren zum Verdampfen des Wassergehaltes und beschrieb eine Zentrifuge zum Schleudern der Milch. Dieses 'Gerät zur beschleunigten Rahmerzeugung', das er besonders zur Butter-Herstellung empfahl, konnte er aus Mangel an wirtschaftlichen Mitteln nicht bis zur Produktionsreife entwickeln. Es wurde 18 Jahre später von Schweden aus in aller Welt eingeführt. Um diese Zeit war er bereits Braumeister und Direktor einer großen Brauerei in Essen. Bald darauf kaufte er zusammen mit seinem Bruder eine kleine Brauerei in der Heimat Giesing bei München. Doch geriet er damit nach einigen Jahren in Konkurs und erlitt einen Schlaganfall, an dessen Folgen er 13 Jahre später starb.

1864n grün Milchzentrifuge

PRAWDA, Titel einer russischen Gesetzessammlung, die zu Beginn des 11. Jahrhunderts auf Veranlassung des Großfürsten Jaroslaw in Nowgorod zusammengestellt und von Jaroslaws Söhnen wesentlich verbessert wurde. Das russische Wort 'Prawda' heißt sowohl 'Recht' als auch 'Wahrheit', deshalb wählten es zu Beginn unseres Jahrhunderts die russischen Kommunisten als programmatischen Titel für ihre Parteizeitung.

1021n rot Verkündung

PRAXITELES, griechischer Bildhauer.

403v–335v Lebenslinie
365v blau 'Apollo'
363v blau 'Aphrodite'
341v blau 'Hermes'
336v blau 'Satyr'

PREDIGER SALOMO, Bezeichnung für die skeptische, lebensverneinende Abhandlung eines in Alexandria lebenden jüdischen Philosophen, dessen Weisheit in die Ermahnung zur Gottesfurcht und zur Erfüllung der zehn Gebote mündet.

216v blau Niederschrift

PREISREGELUNG

2580v rot Höchstpreise in Uruk
1902v–1841v Bila-Lama
707v rot Höchstpreise in Assyrien
10n rot Ausgleichsämter in China
301n grün Höchstpreise in Rom
1301n grün Salz-Kartell
1408n grün Ravensburger Konzern
1463n grün Einfuhrverbot für Tuche
1470n grün Alaun-Kartell
1488n grün Silbermonopol für Fugger
1498n grün Kupfer-Syndikat
1525n grün Quecksilber-Monopol
1525n grün Monopole, Preisdiktat
1546n rot Höchstzinsen in England
1577n grün Einfuhrverbot für Indigo
1577n grün Französisches Gesetz
1664n rot Schutzzölle in Frankreich
1724n grün Schutzzölle in Rußland
1839n–1937n Rockefeller
1882n–1945n F. D. Roosevelt
1900n grün Stahltrust in USA
1917n grün Vergesellschaftung
1926n grün Deutscher Stahltrust
1929n grün Fünfjahresplan der UdSSR
1933n grün Wirtschaftslenkung
1948n grün Plan in Ostdeutschland
1953n grün Fünfjahresplan in China

PREMYSLIDEN, Name der Angehörigen der ersten böhmischen Herrscherfamilie, benannt nach einem sagenhaften Stammvater Premysl. Nach Niederringung der übrigen böhmischen Stammesfürsten Anfang des 10. Jahrhunderts zur Alleinherrschaft gelangt, suchten sie die Anlehnung des Landes an Deutschland, wurden Reichsfürsten und erhielten 1198n die erbliche Königswürde. Ihre Herrschaft endete 1306n.

877n–936n Heinrich I.
906n rot Ende Großmährens
908n–929n Wenzel
912n–973n Otto I., der Große
928n/929n Deutscher Kriegszug
929n rot Boleslaw Herrscher
935n rot Selbständigkeit Böhmens
950n braun Sieg Ottos I.
950n rot Deutsche Oberhoheit
1122n blau Kosmas' Geschichtswerk
1122n–1190n Friedrich I. Barbarossa
1255n rot Deutsches Recht für Prag
1255n blau Gründung von Königsberg
1278n braun Niederlage gegen Habsburg
1278n rot Gebietsverlust

PRESSBURG, Stadt am Mittellauf der Donau, 50 Kilometer unterhalb von Wien. An der Südgrenze der mittleren Tschechoslowakei gelegen, ist sie Hauptstadt ihres slowakischen Landesteiles. Sie wuchs vor tausend Jahren aus einem Marktflecken am Fuße einer ungarischen Burg zu einem Hafen- und Gewerbe-Platz empor. Seit dem 13. Jahrhundert durch deutsche Handwerker und Händler besiedelt. Seit 1429n Stätte deutscher Reichstage. Matthias Corvinus machte sie zum Mittelpunkt ungarischen Geisteslebens. Nach der Teilung Ungarns zwischen Türken und Österreichern Hauptstadt des von den Österreichern besetzten ungarischen Landesteiles. 300 Jahre lang ließen sich hier die Herrscher von Österreich zu Königen von Ungarn krönen. Die Bevölkerung blieb bis zum Beginn des 20. Jahrhunderts überwiegend deutsch. Nach dem ersten Weltkrieg Bestandteil der selbständigen Tschechoslowakei. Bei der Einverleibung Böhmens und Mährens in das deutsche Reich im Jahre 1939n Hauptstadt eines selbständigen Staates (Slowakei). Nach dem zweiten Weltkrieg wieder Hauptstadt des slowakischen Teiles der Tschechoslowakei, blieb sie auch nach der kommunistischen Machtübernahme Zentrum des slowakischen Widerstandes gegen die tschechische Vorherrschaft. 1969n wurden ihre Unabhängigkeitsbestrebungen durch Umwandlung der Tschechoslowakei in einen Bundesstaat und durch Einrichtung eines eigenen Parlaments erfüllt. Daneben hat sie ihre historische Rolle als Mittler zwischen tschechischer, slowakischer, ungarischer und deutscher Kultur beibehalten.

1001n blau Entwicklung zur Stadt
1443n–1490n Matthias Corvinus
1467n blau Universität
1527n rot Herrschaft Österreichs
1918n rot CSR selbständig
1939n/1945n Zweiter Weltkrieg
1948n rot CSR kommunistisch

PRESSEN, Geräte zur Ausübung eines mechanischen Drucks auf Werkstücke.

152v–82v Heron
1437n grün Druckerpresse

PREUSSEN, ursprünglich Name eines slawischen Volksstammes im Oder-Elbe-Gebiet. Nach Unterwerfung dieses Stammes wurde das Wort zur Bezeichnung eines deutschen Staatswesens in diesem Gebiet. Im 18. Jahrhundert zur zweiten deutschen Großmacht neben Österreich aufgestiegen (deutscher Dualismus), schuf es im 19. Jahrhundert den deutschen Nationalstaat, dem Österreich aber erst im 20. Jahrhundert angeschlossen wurde. Nach dem gescheiterten Versuch zur Errichtung der deutschen Vorherrschaft in Europa 1947n von seinen Besiegern als Keimzelle deutschen Großmachtstrebens aufgelöst.

789n braun Vorstoß der Franken
789n rot Gebiete an Franken
805n grün Magdeburg Stapelplatz
808n rot Christianisierung bis Elbe
812n braun Aufstand der Slawen
877n–936n Heinrich I.
920n–992n Miezko
928n rot Brennabor deutsch
928n/929n Deutscher Kriegszug
929n rot Elb-, Odergebiete deutsch
933n blau Entstehung Potsdams
968n rot Erzbistum Magdeburg
983n braun Aufstand der Slawen
983n rot Slawen frei
1125n rot Taufe Pribislaws
1129n–1195n Heinrich der Löwe
1134n rot Altmark an Albrecht
1150n rot Vererbung Brandenburgs
1165n blau Brandenburger Dom
1173n–1239n Hermann von Salza
1207n blau Magdeburger Dom
1226n rot Preußen an Deutschritter
1230n braun Vorstoß der Deutschritter
1237n blau Entwicklung Berlins
1255n blau Gründung von Königsberg
1261n braun Aufstand der Preußen
1301n braun Aufstand in Magdeburg
1309n blau Bau der Marienburg
1316n–1378n Karl IV.
1336n rot Katharer-Verbrennung
1356n rot 'Goldene Bulle'
1362n–1437n Sigismund
1371n–1440n Friedrich I.
1410n braun Schlacht bei Tannenberg
1411n rot Gebietsverluste der Ritter
1411n grün Tributzahlungen
1415n rot Brandenburg an Friedrich
1448n braun Aufstand in Berlin
1451n grün Zwingburg in Berlin
1454n braun Aufstand gegen Ritter
1457n braun Deutschritter-Niederlage
1466n braun Deutschritter-Niederlage
1466n rot Gebietsverlust der Ritter
1544n blau Universität Königsberg
1614n rot Vertrag von Xanten
1618n rot Brandenburgisches Lehen
1618n/1648n Dreißigjähriger Krieg
1620n–1688n Der große Kurfürst
1648n rot Westfälischer Friede
1655n/1660n Krieg Schweden–Polen
1656n rot Schwedische Zusicherung
1657n rot Polnische Zusicherung
1660n rot Erwerb durch Brandenburg
1672n rot Bündnis mit Holland
1674n/1675n Schwedischer Angriff
1682n rot Kolonie in Westafrika
1685n rot Hugenotten-Einwanderung
1686n rot Bündnis gegen Türkei
1688n–1740n Friedrich Wilhelm I.
1695n blau Charlottenburger Schloß
1696n blau Akademie der Künste
1698n blau Schlüters Schloßumbau
1698n grün Briefträger in Berlin
1700n blau Schlüters Reiterstandbild
1700n blau Wissenschafts-Akademie
1700n grün Sternwarte Berlin
1700n/1721n Nordischer Krieg
1701n rot Gründung des Königreiches
1701n grün Heeresreform
1701n/1714n Spanischer Erbfolgekrieg
1709n–1762n Elisabeth Petrowna
1712n–1786n Friedrich II., der Große
1715n rot Bündnis gegen Schweden
1716n grün Berliner Börse
1717n rot Allgemeine Schulpflicht
1717n grün Verkauf der Kolonie
1717n–1780n Maria Theresia
1720n rot Gewinn Vorpommerns
1728n rot Außenministerium
1732n–1799n Washington
1739n blau 'Antimachiavell'
1740n rot Reformen
1740n/1742n 1. Schlesischer Krieg
1742n rot Gewinn Schlesiens
1743n blau Berliner Opernhaus
1744n rot Gewinn Ostfrieslands
1744n/1745n 2. Schlesischer Krieg
1747n blau Schloß Sanssouci
1748n rot Zusage an Österreich
1748n rot Zugeständnis Österreichs
1749n rot Strafe für Deserteure
1749n rot Schutz des Bauernlandes
1750n grün Porzellanmanufaktur
1751n blau Voltaire in Sanssouci
1756n grün Zusicherung Englands
1756n/1763n Siebenjähriger Krieg
1762n rot Ende englischer Hilfe
1762n rot Frieden mit Rußland
1772n rot Erste Teilung Polens
1778n/1779n Bayerischer Erbfolgekrieg
1779n grün Steuben in Amerika
1785n rot Deutscher Fürstenbund
1785n/1786n Waldenburger Aufstände
1789n blau Brandenburger Tor
1792n/1795n Revolutionskriege
1793n braun Weberaufstand in Breslau
1793n rot Zweite Teilung Polens
1795n rot Dritte Teilung Polens
1796n/1815n Napoleonische Kriege
1798n braun Aufstand in Schlesien
1803n rot Deputationshauptschluß
1807n rot Stein'sche Reformen
1809n rot Schill'sche Offiziere
1810n blau Berliner Universität
1812n rot Juden gleichberechtigt
1812n rot Konvention von Tauroggen
1813n grün Englische Hilfsgelder
1814n rot Allgemeine Wehrpflicht
1815n rot Wiener Kongreß
1815n rot 'Heilige Allianz'
1815n–1898n Bismarck
1818n blau Berliner Schauspielhaus
1834n rot Deutscher Zollverein
1839n rot Kinderarbeit beschränkt
1844n braun Aufstand in Schlesien
1848n/1850n Deutsche Revolution
1848n blau Menzel: 'Märzgefallene'
1849n rot Ablehnung der Kaiserkrone
1850n rot Verzicht auf Einheit
1851n rot Deutscher Bund erneuert
1862n rot Bismarck Ministerpräsident
1864n braun Krieg gegen Dänemark
1865n grün Lette-Schule Berlin
1866n braun Krieg gegen Österreich
1866n rot Deutscher Bund aufgelöst
1866n rot Norddeutscher Bund
1870n/1871n Deutsch-französischer Krieg
1871n rot Einigung Deutschlands
1871n rot Bismarck Kanzler
1871n rot Wilhelm I. Kaiser
1873n rot Mai-Gesetze
1879n grün Verstaatlichung der Bahn
1881n grün Elektrische Straßenbahn
1890n blau Berliner Volksbühne
1894n blau Reichstagsgebäude
1906n blau AEG-Turbinen-Fabrik
1914n blau Zilles Zeichnungen
1916n rot Munitionsarbeiter-Streik
1918n/1919n Deutsche Revolution
1929n blau Döblin: 'Alexanderplatz'
1931n blau 'Hauptmann von Köpenick'
1939n/1945n Zweiter Weltkrieg
1941n blau Nash: 'Bomber über Berlin'
1945n rot Potsdamer Konferenz

PRÉVOST, Antoine-François (1697n-1763n), französischer Schriftsteller. Wurde Jesuit, dann Offizier und 23jährig Benediktinermönch (daher: *Abbé* Prévost), lebte jedoch meist außerhalb der Klöster. 31jährig floh er nach England und trat zum Protestantismus über. Zurückgekehrt, machte er durch Übersetzungen die Werke englischer Schriftsteller in Frankreich heimisch (Richardson) und gab 17 Bände Reiseerinnerungen heraus. Gründete auch eine Literaturzeitschrift ('Das Für und Wider'). Berühmt wurde von seinen 200 Werken allein 'Manon Lescaut', der letzte von sieben Bänden seiner Reihe 'Erinnerungen und Abenteuer eines Mannes von Stand, der sich von der Welt zurückgezogen hat'. Darin schilderte er, wie die Liebe zweier Menschen an den bestehenden Klassenschranken zerbricht.

1731n blau 'Manon Lescaut'

PRIAMOS, König von Troja.

1241v–1184v Lebenslinie
1232v–1183v Agamemnon
1193v/1184v Trojanischer Krieg
809v–724v Homer
748v blau 'Ilias'

PRIBISLAW (um 1090n–1150n), Fürst von Brandenburg. Trat mit seiner Frau zum Christentum über und einigte sich 1140n mit dem auf Ausweitung seines Besitzes bedachten deutschen Markgrafen der Nordmark (Albrecht der Bär) auf einen Erbvertrag. Danach verzichtete Albrecht auf Eroberungen in Brandenburg und erbte dafür später die Herrschaft über das ganze von Slawen bewohnte Brandenburg und das Havelland. Durch diese Erb-Verfügung wurde das Herzstück des späteren Preußen deutscher Herrschaft unterstellt.

1125n rot Übertritt zum Christentum
1150n rot Vererbung der Mark

PRIESSNITZ, Vinzenz (1799n–1851n), deutscher Heilkundiger. Als Sohn eines Bauern wurde er Landwirt. Nachdem er bei sich selbst durch Kaltwasser-Behandlungen Heilwirkungen erzielt hatte, nahm er bei anderen Bauern glücklich verlaufende Wasserkuren vor und geriet in den Ruf eines Heilkundigen. Der Zulauf von Patienten wurde bald so groß, daß er neben sein altes Holzhaus mehrere neue Bauten stellen mußte. 34jährig gab er die Landwirtschaft ganz auf und baute seinen Hof zu einer Heilanstalt aus. Die Schulmedizin übernahm den von ihm erprobten und nach ihm benannten Kaltwasser-Umschlag unter trockener Woll-Umhüllung.

1824n grün Kaltwasserbehandlung

PRIESTERTRACHT, Bezeichnung für die Uniform der hauptberuflich für die Pflege und Verbreitung der Religion Tätigen.

589n grün Weiße Tracht
1524n grün Schwarzer Talar

PRIESTERTUM

2942v–2870v Du-Muzi
2880v grün Sumerisches Neujahrsfest
2781v–2716v Il-Kuku
2733v rot Machtkämpfe mit Staat
2729v–2862v Agga
2676v–2595v Mesilim
2671v rot Trennung Kirche–Staat
2653v blau Bildnis eines Priesters
2627v blau Trennung Tempel–Palast
2621v rot Staatsvormacht in Kisch
2534v–2470v User-Kaf
2510v rot Priester kriegsdienstfrei
2496v–2438v Ni-Anch-Sekmet
2452v–2377v Ti
2449v rot Priester fronarbeitsfrei
2449v–2367v Lugal-Anda
2422v–2360v Uru-Kagina
2415v–2335v Chui
2382v–2320v Teti
2367v braun Aufstand gegen Priester
2365v grün Begräbniskosten-Senkung
2363v blau Angriff auf Priester
2363v grün Tempelspenden-Entzug
2341v grün Tempelbesitz steuerfrei
2337v rot Kaisertochter Priesterin
2289v blau Tempelschulen in Akkad
2243v rot Kaiserenkelin Priesterin
2067v grün Prostitution
2019v grün Priesterinnen-Privileg
1995v rot Heirat von Priesterinnen
1945v grün Tempel-Monopole
1869v–1804v Irra-I-Mitti
1765v rot Königsschwester Priesterin
1575v–1509v I-Yin
1559v grün Priesteramts-Verkauf
1526v blau Trennung Gruft–Tempel
1521v rot Machtgewinn in China
1438v–1368v Ra-Mosis
1422v–1356v Teje
1410v–1353v Pentu
1398v–1335v Eje
1391v–1358v Echnaton
1368v–1349v Tut-Anch-Amun
1321v–1235v Bek-Necho
1257v–1210v Sethos II.
1252v rot 'Vorsteher aller Götter'
1208v–1137v Ram-Se-Na
1204v braun Priester-Aufstand
1203v–1159v Ramses IV.
1168v–1115v Ramses IX.
1158v–1094v Ameno
1150v–1076v Pa-He-Nesi
1142v–1085v Ramses XI.
1128v–1057v Herihor
1125v–1054v Smendes
1108v–1044v Wu
1101v/1100v Erhebung gegen Priester
1090v blau 'Priester beim Tempelbau'
1086v–1004v Samuel
1084v rot Priestermacht in Theben
1082v–1009v Psu-Sennes
1046v blau Weniger Priester in China
950v blau Priesterreligion in Indien
882v–835v Athalia
863v–796v Joas
852v–774v Pygmalion
800v grün Auch Nichtpriester Ärzte
713v–669v Asarhaddon
694v–603v Braspati
693v–609v Psammetich I.
649v blau Angriff Braspatis
642v–555v Carvaka
579v grün Prostitutionsgewinn-Entzug
548v blau 'Kniender Priester'
344v–268v Berossos
315v–263v Manethos
193v–160v Judas Makkabäus
167v/164v Juden-Erhebung
63v–14n Augustus (Oktavian)
19v–38n Pontius Pilatus
12v rot Kaiser als Oberpriester
10v–30n Judas Ischariot
125n–178n Montanus
132n–200n Irenäus
168n rot Aufkommen des Zölibats
180n–239n Ardaschir
258n rot Verfolgung in Rom
258n–336n Arius
261n–335n Laktantius
276n–355n Donatus
295n–373n Athanasius
306n rot Zölibat für Obere
306n–373n Ephräm der Syrer
311n–383n Wulfila
313n grün Priestersold vom Staat
316n–397n Martin von Tours
320n blau Gegen Bindung an Staat
329n–389n Gregor von Nazianz
330n–379n Basilius der Große
340n–397n Ambrosius
354n–407n Chrysostomos
359n–383n Gratian
391n–460n Patrick
399n–461n Leo der Große
470n–531n Kobad
504n–570n Gildas der Weise
538n grün Zinserlaubnis für Priester
560n–636n Isidor von Sevilla
589n grün Weiße Priestertracht
658n–739n Willibrord
675n–754n Bonifatius
717n–778n Padma Sambawa
766n blau Regeln für Domgeistliche
778n–840n Ludwig der Fromme
786n–861n Radbertus
815n–891n Photios
823n–877n Karl II., der Kahle

827n–869n Kyrill
845n rot Kirchenfeindschaft, China
885n–968n Olga
914n–961n Bogomil
940n rot Bogomilen-Bewegung
943n–1003n Silvester II.
972n–999n Gregor V. (Bruno)
990n–1031n Aribo
1001n–1072n Adalbert von Bremen
1021n–1085n Gregor VII.
1049n blau Kritik des Petrus Damiani
1053n–1140n Toba-Sojo
1056n–1133n Sämund der Weise
1059n braun Pataria-Aufstand
1074n rot Zölibat aller Priester
1109n–1149n Eudo
1118n–1170n Thomas Becket
1122n rot Wormser Konkordat
1126n rot Ermordung Tanchelms
1126n–1198n Ibn Rasd
1129n blau Anklage durch Heinrich
1152n–1246n Peire Cardinal
1157n blau Anklage durch Hildegard
1162n grün Verbot der Chirurgie
1182n–1250n Johannes Karpini
1214n blau Vorwürfe Peire Cardinals
1215n grün Verbot ärztlicher Arbeit
1230n–1306n Jacopone von Todi
1232n–1300n Segarelli
1235n–1303n Bonifatius VIII.
1247n–1328n Johannes Korvino
1260n–1327n Meister Eckehart
1270n–1319n Haakon V.
1290n–1343n Marsilius von Padua
1296n rot Steuerzahlungs-Verbot
1325n–1389n Hafis
1335n–1381n John Ball
1352n blau Verspottung durch Hafis
1370n rot Weltliche Jurisdiktion
1371n rot Machteinbuße in England
1431n–1503n Alexander VI. Borgia
1445n blau Gleichheit vor Gott
1452n–1498n Savonarola
1483n–1546n Luther
1491n–1556n Ignatius von Loyola
1524n grün Talar bei Protestanten
1694n–1778n Voltaire
1732n blau Voltaire: 'Zaïre'
1801n grün Priestersold vom Staat
1815n–1898n Bismarck
1873n rot Mai-Gesetze Preußens

PRIESTLEY, Joseph (1733n–1804n), englischer Chemiker, Physiker und Philosoph. Studierte Theologie, erkannte die Widersinnigkeit der Religion und erklärte in zahlreichen Büchern die Kirche als Feindin der Wahrheit. Er wurde deshalb trotz seiner allgemein anerkannten Arbeiten auf naturwissenschaftlichem Gebiet so angegriffen und verfolgt, daß er noch als Sechzigjähriger nach Amerika (Pennsylvanien) auswanderte. Entwickelte neue Geräte und Methoden zur Untersuchung von Gasen. Entdeckte Chlorwasserstoff, Kohlenoxyd, Lachgas und den Sauerstoff, der gleichzeitig von seinem schwedischen Kollegen Scheele gefunden wurde. Gab die erste atomistische Erklärung für elektrische Erscheinungen. Erkannte Vorstellung und Willen des Menschen als naturwissenschaftlich erforschbare Gehirnschwingungen. Führte die Psychologie auf die Physik des Nervensystems zurück. Begann das Radieren mit kleinen Kautschukstücken (Radiergummi).

1767n grün Natur der Elektrizität
1770n grün Radiergummi
1771n grün Sauerstoff
1781n grün Schreibfeder aus Stahl
1799n grün Kohlenoxyd

PRINZ EUGEN, deutscher Feldherr und Staatsmann aus Savoyen.

1663n–1736n Lebenslinie
1663n/1699n Großer Türkenkrieg
1701n/1714n Spanischer Erbfolgekrieg
1714n/1718n Türkenkrieg
1724n blau Schloß Belvedere
1733n/1735n Polnischer Erbfolgekrieg

PRINZIPAT, von dem lateinischen Worte 'princeps' (= 'der Erste') abgeleitete Bezeichnung für das Amt des höchsten Würdenträgers im republikanischen Rom. Ursprünglich Ehrentitel des angesehensten Senators, der zuerst um seine Meinung gefragt wurde, entwickelte es sich unter Cäsar zum Herrscheramt und wurde mit seiner erblichen Inanspruchnahme durch Augustus als republikanisches Amt aufgehoben.

100v–44v Cäsar
82v–30v Antonius
63v–14n Augustus (Oktavian)
45v rot Cäsar Alleinherrscher
44v rot Antonius Alleinherrscher
29v rot Oktavian Alleinherrscher
27v rot Zustimmung des Senats
23v rot Lebenslange Herrschaft

PRISKA (um 120n–um 180n), kleinasiatische Priesterin. Als Anhängerin des Priesters Montanus verkündete sie in Phrygien (Kleinasien), daß Christus eine Frau gewesen sein müsse. Deshalb setzte sie für die von Montanus geleitete 'Montanisten'-Kirche durch, daß Frauen bis zum Bischofsamt aufsteigen konnten.

125n–178n Montanus
160n blau Weibliche Natur Jesu

PRISKILLIAN (um 340n–385n), römischer Reformator. Als christlicher Laienprediger in Spanien forderte er strenge Innehaltung der christlichen Ethik und geriet damit in Gegensatz zur katholischen Priesterschaft. Sammelte eine so große Anhängerschaft, daß die Kirche ihn auf der Synode von Cäsaraugusta (= Saragossa) verdammen ließ. Als er trotzdem fortfuhr, seine Lehren zu verbreiten, bestimmte Bischof Ithakus durch Hinweis auf die reichen Güter des Abtrünnigen den römischen Kaiser Maximus dazu, ihn in Trier mit sechs seiner begüterten Anhänger hinrichten zu lassen.

385n rot Hinrichtung

PRISKUS, griechischer Geschichtsschreiber.

411n–474n Lebenslinie
450n blau Bericht über Hunnen
474n blau Geschichte Ostroms

PRISMEN-FERNGLAS, Bezeichnung für ein Fernrohr, in dem Strahlen nicht auf geradem Wege durch die Linsen zum Auge gelangen, sondern zweimal durch dreieckige Glaskörper (Prismen) gebrochen werden. Dadurch wird das Fernrohr verkürzt, und das Bild steht sowohl seitenrichtig als auch aufrecht.

1850n grün Porros Konstruktion

PROBUS, Markus Aurelius, römischer Kaiser von 276n bis 282n.

232n–282n Lebenslinie
276n/278n Kämpfe gegen Germanen
278n rot Germanen-Ansiedlung
281n grün Weinbau an Rhein, Donau
282n braun Soldaten-Erhebung

PROCOPIO, Francesco (um 1630n–1716n), italienischer Gastwirt. Verließ seine Heimatstadt Florenz und eröffnete in Paris ein Café. Fand ein Verfahren zur Herstellung von Speiseeis und traf mit dieser Erfrischung den Geschmack der Pariser so gut, daß sein Café bald zum Treffpunkt der literarischen Welt wurde.

1659n grün Herstellung von Eis

PRODIKOS (um 475v–um 400v), griechischer Philosoph und Dichter. Verließ seine Heimat auf der griechischen Insel Kea, um auf dem Festland Besorgungen für seinen Vater zu erledigen. In Athen erregte er durch seine Klugheit und seine Redegabe so großes Aufsehen, daß er sich dort als Lehrer der Redekunst niederließ. Bald gehörten zu seinem Freundeskreis Männer wie Sokrates, Thukydides und Euripides. Viele berühmte Athener wurden seine Schüler. Durch Xenophon ist seine Erzählung vom Herkules überliefert, der sich für den schweren Weg der Tugend und gegen den süßen Weg des Lasters entscheidet. Diese lehrhafte Gleichnis war Teil seines moralischen Lesebuches ('Die Horen'). Schrieb auch ein Buch über die Natur und gab eine vernunftgemäße Erklärung für das Entstehen der Religion.

424v blau 'Herkules am Scheidewege'

PRODUKTIVITÄT, von dem lateinischen Worte 'producere' (= erzeugen) abgeleitete Bezeichnung für die Arbeits-Ergiebigkeit und deren Steigerung.

Vorzeittafel: 800 Tausend Jahre
Vorzeittafel: 500 Tausend Jahre
Vorzeittafel: 300 Tausend Jahre
Vorzeittafel: 20 Tausend Jahre
Vorzeittafel: 10 Tausend Jahre
Vorzeittafel: Schlußbalken (5000 Jahre)
2997v grün Ziegelbau
2994v grün Kupfernadeln
2985v grün Zweirädrige Wagen
2977v grün Metall-Werkzeuge
2961v grün Metallguß-Technik
2945v grün Vierrädrige Wagen
2942v–2870v Du-Muzi
2940v grün Zugtiere
2931v grün Seile
2887v grün Mühlsteine
2884v grün Bewässerung
2871v grün Töpferscheibe
2834v grün Stadtplanung
2815v grün Manufakturen
2694v grün Bohrer
2615v–2550v Cheops
2477v grün Fischfang mit Netz
2369v–2295v Una
2060v–1983v Schul-Gi
2025v grün Obstbaum-Plantagen
2017v grün Normen
1907v grün Speichenräder
1449v grün Arbeitsteilung in Ägypten
1162v grün Transport-Organisation
1055v grün Bau-Organisation
896v grün Druckverfahren
692v grün Wasser-Schöpfsystem
585v grün Fremdarbeiter
528v grün Drehbank
433v–351v Archytas
299v grün Eisenpflug mit Rädern
296v–228v Ktesibios
284v grün Wirtschaftslenkung
265v–202v Philon
261v grün Wasser-Hebeschraube
239v grün Flaschenzug
233v grün Selbsttätige Lampe
230v grün Treträder
224v grün Bagger
221v grün Waschkugel-Automat
152v–82v Heron
111v grün Nutzung des Dampfes
88v grün Wassermühlen
14v grün Vitruv: Maschinenbau
205n grün Spannsäge
363n grün Sägewerk (Wasserantrieb)
608n grün Kanalbau-Organisation
1185n grün Arbeitsteilung in Italien
1200n grün Großbetriebe in Italien
1222n grün Windmühlen
1233n grün Villard: Bauhüttenbuch
1243n grün Villard: Automatisation
1245n grün Plan: Perpetuum mobile
1249n grün Gewächshaus
1272n grün Zwirn-Maschine
1329n grün Drehkran
1355n grün Drahtmühle
1397n grün Produktions-Vorschrift
1445n grün Alberti: Mühlenbau
1448n grün Gießgerät
1501n grün Schienenwagen
1530n grün Verbessertes Spinnrad
1555n grün Agricola: Bergwerksbuch
1561n grün Verbesserte Drehbank
1585n grün Dezimalsystem gefordert
1589n grün Wirkstuhl
1591n grün Greifbagger
1594n grün Seilbahn
1623n grün Rechenmaschine
1623n–1687n Petty
1629n grün Brancas Dampfmaschine
1671n grün Mahlwalze
1674n grün Petty: Arbeitsteilung
1690n grün Papin: Dampfmaschine
1697n grün Savery: Dampfmaschine
1712n grün Newcomen: Dampfmaschine
1714n grün Mill: Schreibmaschine
1730n grün Saunderson: Schreibmaschine
1736n–1819n James Watt
1765n grün Watts Dampfmaschine
1767n grün Spinnmaschine
1785n grün Mechanischer Webstuhl
1790n grün Saint: Nähmaschine
1793n grün Entkernungs-Maschine
1793n grün Kreissäge
1800n grün Krems: Nähmaschine
1804n grün Lokomotive
1804n grün Letternguß-Maschine
1805n grün Webstuhl-Automatik
1807n grün Bandsäge
1810n grün Buchdruck-Schnellpresse
1813n rot Maschinenstürmer
1814n grün Hobelmaschine
1816n–1892n Siemens
1832n grün Dampfpflug
1834n grün Mähmaschine
1845n grün Howe: Nähmaschine
1847n–1931n Edison
1851n grün Singers Nähmaschine
1860n grün Gasmotor
1860n grün Rotations-Druckmaschine
1863n–1947n Ford
1864n grün Petroleum-Motor
1866n grün Dynamo
1870n grün Fließarbeit
1870n grün Remington: Schreibmaschine
1876n grün Viertaktmotor
1880n grün Hollerith-Maschine
1883n grün Benzinmotor
1884n grün Zeilengießmaschine
1889n grün Webautomat
1893n grün Schweröl-Motor
1894n–1964n Norbert Wiener
1895n grün Taylor-System
1903n grün Fords Autofabrik
1911n grün Fernlenkung
1911n grün Fließband
1929n grün UdSSR: Fünfjahresplan
1935n grün Stachanow-System
1941n grün Programmiertes Rechnen
1942n grün Elektronisches Rechnen
1945n grün Atombomben-Industrie
1948n grün Plan in Ostdeutschland
1948n grün Kybernetik
1952n grün Halbautomatische Fabriken
1953n grün Fünfjahresplan in China
1963n grün Super-Rechenmaschine
1963n grün Raumfahrt-Industrie

PROHIBITION, von dem lateinischen Worte 'prohibitio' (= Verbot) abgeleitete Bezeichnung für Gesetze gegen Alkohol-Herstellung, Alkohol-Einfuhr, Alkohol-Beförderung und Alkohol-Ausschank. Im Interesse der öffentlichen Gesundheit eingeführt, in Island im Jahre 1900n, in Norwegen 1916n, in Finnland 1919n, in den USA 1920n. Diese staatlichen Verbote stellten fast überall das Ergebnis eines jahrzehntelangen Kampfes dar. So vereinheitlichte Norwegen bei ihrer allgemeinen gesetzlichen Einführung nur die lange vorher auf Grund von Gemeindegesetzen in vielen Landesteilen längst bestehenden Verbote; in den USA wurde das erste Verbot in einem Einzelstaat (Maine) bereits 1851n erlassen, und 1917n war ein auf Kriegsdauer beschränktes allgemeines Verbot vorausgegangen. Fast überall wieder aufgehoben wegen privater Gewinn-Interessen mächtiger Wirtschaftszweige oder auf Intervention fremder Staaten. So mußte Island 1922n wegen eines lebenswichtigen Handelsvertrages mit Spanien die Einfuhr spanischen Weins gestatten, und in den USA setzte Roosevelt 1933n die Aufhebung des Alkohol-Verbots durch. Nur in Kanada, Norwegen und Schweden bestehen heute noch Beschränkungen. Unabhängig von gesetzlichen Maßnahmen sind alle Anhänger des Islam an das vollständige Alkohol-Verbot ihres Religionsstifters Mohammed gebunden.

459n rot Einführung in China
623n grün Islamische Vorschrift
809n rot Bulgarisches Gesetz
1920n rot Einführung in USA

PROJEKTION, Verfahren zur zeichnerischen Darstellung von Körpern auf einer Fläche.

196v–125v Hipparch
167n grün Kegel-Projektion

PROJEKTIONS-APPARAT, Gerät zur Vorführung von Bildern in vergrößertem Maßstab.

1663n grün Laterna magica
1894n grün Film-Projektor
1919n grün Projektions-Planetarium
1952n grün Fernseh-Großprojektion

PROJEKTIONS-PLANETARIUM, Bezeichnung für ein Gerät zur Veranschaulichung des Umlaufs der Planeten um die Sonne sowie aller übrigen Bewegungen am Sternenhimmel. Beruht auf einem Bildwerfer-Verfahren, bei dem die Sternbewegungen mit Hilfe mehrerer beweglicher Geräte an die Innenseite einer großen Rundkuppel projiziert werden, wodurch der Eindruck des wirklichen Sternhimmels beim Betrachter hervorgerufen wird. Das von dem deutschen Ingenieur Walter Bauersfeld entwickelte Zeiß-Planetarium kann die Bewegungen der 6000 Sterne sichtbar machen, die der Mensch mit bloßem Auge wahrzunehmen vermag.

1919n grün Bauersfelds Gerät

PROKLOS, griechischer Philosoph aus Konstantinopel.

410n–485n Lebenslinie
459n blau Theologie Platos
471n blau Lehre vom Kreislauf

PROKOFJEW, Sergei (1891n–1953n), russischer Komponist aus der südlichen Ukraine. Studierte in Moskau und wurde in Petersburg Schüler von Rimsky-Korssakow. Verließ 1918n Rußland, bereiste als gefeierter Klaviervirtuose die Länder Westeuropas, Nordamerikas und Ostasiens, errang in Paris als Komponist Berühmtheit und kehrte 1934n in seine russische Heimat zurück. Außer Opern ('Die Liebe zu den drei Orangen') und Balletten ('Die steinerne Blume') schrieb er Kantaten ('Alexander Newski'), Sinfonien, Klaviermusik, Violinkonzerte, Kammermusik und Lieder. Dem Kommunismus stand er zunächst ablehnend gegenüber, befreundete sich aber nach seiner Rückkehr mit der bestehenden Ordnung und stellte sich in seinem Werk auf die in der Volksmusik verwurzelte Kunstgesinnung des Sowjetstaates ein. Schrieb auch eine Kantate auf die Oktoberrevolution und Lieder zu Stalins Geburtstag. Sein musikalisches Kindermärchen 'Peter und der Wolf' wurde weltbekannt.

1951n blau 'Wächter des Friedens'

PROKOP, griechischer Geschichtsschreiber.

490n–562n Lebenslinie
545n blau Zeitgeschichte
558n blau Buch über Bauten

PROKULIANER, Name der Schüler des römischen Rechtsgelehrten Prokulus und aller später aus seiner Schule hervorgegangenen Juristen.

63n blau Rechtsschule

PROKULUS (um 10n–um 85n), römischer Rechtsgelehrter. Als Schüler des Rechtslehrers Nerva verfaßte er Kommentare zu den Werken, die dessen Lehrer Labeo geschrieben hatte. Dann stellte er ein eigenes Rechtsbuch in elf Bänden zusammen, das in Frage- und Antwort-Form aufgebaut war und sich bald großer Beliebtheit erfreute. Gründete eine Juristenschule, in der auch die Schule des Labeo aufging.

63n blau Rechtsschule

PROLETARIAT, Bezeichnung für eine im Laufe der Geschichte sich stark verändernde Menschengruppe. Das Wort ist von dem lateinischen 'proles' (= Nachkommenschaft) abgeleitet und bezeichnete im Römerreiche diejenigen Bürger, die bei der Einteilung nach Vermögen in die letzte Gruppe eingestuft wurden. Also nicht die ausgebeuteten Arbeiter (Sklaven) gehörten vor 2000 Jahren zu dieser Gruppe, sondern diejenigen Bürger, die dem Staate nichts geben konnten außer ihrer Nachkommenschaft (= Soldaten) und deshalb nur geringe Rechte besaßen. Mit dem Zunehmen der billigen Sklavenarbeit konnten sie in den Städten bald ihre Existenz nicht mehr fristen, mußten von gelegentlichen Kornspenden leben und sanken immer mehr herab ('Lumpenproletariat'). In diesem Sinne bezeichnete der Ausdruck etwa von der Zeitwende bis ins 17. Jahrhundert die unterste soziale Schicht (weder Bauern noch Handwerker), die rechtlos und ohne Hoffnung neben der Gesellschaft lebte. Seit Beginn des Maschinenzeitalters als Arbeitskraft in den Produktionsprozeß eingefügt, wurde es als Träger der industriellen Arbeit innerhalb weniger Jahrzehnte zur produktivsten Gruppe der neuen (kapitalistischen) Gesellschaft. Von den Besitzern der Bergwerke und Fabriken weiter in Armut gehalten, kamen diese Menschen nur langsam zum Bewußtsein ihrer Kraft und ihrer gesellschaftlichen Bedeutung. Erst im 19. Jahrhundert begannen sie durch organisatorischen Zusammenschluß ihre Macht zur Verbesserung ihrer eigenen Stellung innerhalb der kapitalistischen Gesellschaft zu nutzen (mehr Lohn, kürzere Arbeitszeit). Gleichzeitig wiesen ihnen revolutionäre Philosophen ihre historische Aufgabe in der Beseitigung aller Ausbeutung und aller Ungerechtigkeit, die eine jahrtausendelange Herrschaft der Besitzenden geschaffen hatte (Marx, Engels). Nach einer ersten großen Niederlage (Pariser Kommune) siegte die von ihnen vertretene Sache der Weltrevolution in Rußland (Lenin, Stalin) und verbreitete sich allmählich über große Teile der Erde. In diesen sozialistischen Ländern hörten sie auf, als besondere Klasse zu bestehen, und sind dabei, die Angehörigen der übrigen Klassen durch gleichberechtigte Einbeziehung in den Arbeitsprozeß zur solidarischen Teilnahme an der menschlichen Gesellschaft zu führen.

494v rot Vertretung durch Tribunen
492v rot Immunität der Tribunen
473v rot Klasseneinteilung in Rom
471v rot Recht zur Beamtenwahl
421v rot Plebejer im Staatsdienst
366v rot Plebejer wird Konsul
351v rot Plebejer wird Zensor
300v rot Plebejern alle Ämter offen
166v–132v Eunus
163v–133v Tiberius Gracchus
156v–86v Marius
154v–121v Gajus Gracchus
144v–101v Athenion
138v–78v Sulla
136v/129v Aufstand im Römerreich
133v rot Mord an Tiberius Gracchus
123v rot Getreidegesetz
121v braun Aufstand des Gajus Gracchus
109v–71v Spartakus
108v–62v Katilina
104v/100v Aufstand im Römerreich
74v/71v Spartakus-Aufstand
63v/62v Katilinarische Erhebung
16v–45n Phädrus
207n braun Aufstand des Felix Bulla
276n–355n Donatus
285n–347n Fasir
291n–347n Axid
344n/347n Zirkumzellionen-Aufstand
540n–604n Gregor I.
590n grün Abhängig von Kirche
1323n/1328n Arbeiteraufstand in Flandern
1325n–1381n Wat Tyler
1351n rot Arbeitspflicht in England
1363n rot Reglementierung
1378n braun Aufstand in Florenz
1378n rot Gewerkschaft in Florenz
1381n/1382n Aufstand in England
1381n/1382n Aufstand in Frankreich
1382n rot Gewerkschaft aufgelöst
1400n–1450n Jack Cade
1413n braun Aufstand in Paris
1450n braun Aufstand des Jack Cade
1517n braun Aufstand in England
1520n grün Abkommen gegen Streik
1563n rot Gleitende Lohnskala
1570n–1607n Iwan Bolotnik
1599n–1660n Velasquez
1607n braun Aufstand in Rußland
1642n/1649n Englische Revolution
1644n grün Arbeitslosigkeit in London
1657n blau Bild von Weberinnen
1684n–1721n Watteau
1723n–1790n Adam Smith
1760n–1797n Babeuf
1785n/1786n Waldenburger Aufstände
1794n rot Sans-Culotten
1795n blau 'Manifest der Gleichen'
1796n braun Babeufs Verschwörung

1797n rot Hinrichtung Babeufs
1798n braun Weberaufstand in Schlesien
1802n rot Kinderarbeit: Zeitgrenze
1804n–1881n Disraeli
1812n blau Owen: Reformplan
1813n rot 'Maschinenstürmer'
1815n–1898n Bismarck
1818n–1883n Karl Marx
1819n rot Kinderarbeit: Altersgrenze
1820n blau Saint-Simon: Proletariat
1824n rot Kommunistische Gemeinden
1824n blau Saint-Simon: Klassen
1825n rot Kollektiv-Verhandlungen
1829n grün Ruf nach Genossenschaften
1830n braun Juli-Revolution
1831n rot Streik in Lyon
1834n braun Aufstand in Lyon
1834n rot 'Bund der Geächteten'
1836n rot 'Bund der Gerechten'
1838n rot Chartisten-Vereinigung
1838n blau Weitling: Kommunismus
1839n rot Kinderarbeit: Altersgrenze
1839n blau Blanc gegen Kapitalismus
1840n rot Arbeiter-Bildungsverein
1840n blau Proudhons Lehre
1842n rot Generalstreik in England
1842n blau Steins Untersuchung
1842n blau Cabet: 'Ikarien'
1844n braun Weberaufstand in Schlesien
1844n grün Konsumverein in England
1845n blau Engels: Lage der Arbeiter
1847n blau Kommunistisches Manifest
1848n braun Juni-Aufstand
1848n/1850n Deutsche Revolution
1848n blau Menzel: 'Märzgefallene'
1851n blau Courbet: 'Steinklopfer'
1855n rot 'Schwarze Listen'
1856n–1950n G. B. Shaw
1858n rot Buchdrucker-Gewerkschaft
1859n blau Marx: Polit-Ökonomie
1863n rot Lassalles Arbeiterverein
1863n–1947n Ford
1864n rot Erste Internationale
1866n–1925n Sun-Yat-Sen
1868n/1869n Spanische Revolution
1869n rot Gründung der SPD
1869n blau Manifest russisch
1870n blau Blanquis Zeitschrift
1870n grün Fließarbeit
1870n–1924n Lenin
1871n braun Aufstand der Kommune
1871n blau Lied 'Die Internationale'
1873n blau Bakunin: Anarchismus
1874n braun Spanische Revolution
1875n rot Gothaer Zusammenschluß
1877n rot Generalstreik in USA
1878n rot Papst verwirft Sozialismus
1878n rot Gesetz gegen Sozialisten
1879n rot Arbeiterpartei Spaniens
1879n blau Bebel: Stellung der Frau
1879n–1953n Stalin
1883n rot Sozialistische Partei Rußlands
1883n rot Fabian-Society
1883n blau Meunier: 'Bergarbeiter'
1885n blau Zola: 'Germinal'
1886n braun Aufstand in USA
1888n blau Bellamy: 'Rückblick'
1889n rot Streik im Ruhrgebiet
1889n rot Weltfeiertag der Arbeiter
1889n rot Zweite Internationale
1890n rot Einlenken des Staates
1890n blau Zeitschrift 'Gleichheit'
1891n braun Aufstand in Nordfrankreich
1891n rot Entscheidung für Marxismus
1892n rot Sozialistische Partei Italiens
1892n blau Hauptmann: 'Die Weber'
1893n rot Belgischer Generalstreik
1893n rot Labour-Party
1893n– Mao-Tse-Tung
1894n blau Kautsky: Sozialismus
1895n blau K. Kollwitz: Weberaufstand
1895n grün Taylor: Rationalisierung
1898n–1956n Brecht
1900n blau Zeitung 'Der Funke'
1901n rot Gewerkschaftskongreß
1902n blau Lenin: 'Was tun?'
1902n blau Sombart: 'Kapitalismus'
1903n rot Bolschewiki
1903n grün Fords Autofabrik
1904n blau Zeitung 'Humanité'
1905n blau Gorki: 'Die Mutter'
1905n rot Streik an der Ruhr
1905n/1906n Russische Revolution
1906n blau Andersen-Nexö: 'Pelle'
1909n braun Revolution in Spanien
1911n grün Fließband
1914n rot Jean Jaurès ermordet
1914n rot Kriegskredite abgelehnt
1914n blau Barbusse: 'Wir anderen'
1914n blau Zilles Zeichnungen
1915n rot Zimmerwalder Konferenz
1916n rot Streik in Berlin
1916n rot Spaltung der SPD
1916n blau 'Spartakus-Briefe'
1917n blau Lenin: Staatslehre
1917n/1922n Russische Revolution
1917n rot Arbeiter- und Bauernstaat
1917n grün Vergesellschaftung
1918n blau 'Briefe aus dem Gefängnis'
1918n/1919n Deutsche Revolution
1918n– Nasser
1919n braun Aufstand in Ungarn
1919n rot Mord an Arbeiterführern
1919n rot Komintern
1920n braun Erhebung im Ruhrgebiet
1920n braun Sieg über Kapp-Putsch
1921n braun Kronstädter Aufstand
1921n rot KP Chinas
1923n braun Erhebung in Hamburg
1923n rot Arbeiterstaat beseitigt
1924n rot Mongolei kommunistisch
1924n blau Zeitung 'Unità'
1924n blau Stalin: 'Leninismus'
1925n/1949n Chinesische Revolution
1926n braun Erhebung in Indonesien
1926n blau Gemälde 'Arbeitslos'
1927n braun Aufstände in Wien
1927n rot Brüsseler Kongreß
1927n– Castro
1928n blau Shaw: Sozialismus
1932n grün Arbeitslose, Deutschland
1933n grün Arbeitslosigkeit in USA
1934n braun Aufstand in Österreich
1936n rot Volksfront in Frankreich
1936n/1939n Spanischer Bürgerkrieg
1937n rot Papst gegen Kommunismus
1943n rot Bergarbeiterstreik in USA
1944n rot Jugoslawien kommunistisch
1946n rot Nordkorea kommunistisch
1946n rot Albanien kommunistisch
1946n rot Bulgarien kommunistisch
1946n/1949n Griechischer Bürgerkrieg
1947n rot Polen kommunistisch
1947n rot Rumänien kommunistisch
1947n rot Streikverbot in USA
1948n rot CSR kommunistisch
1948n rot Ungarn kommunistisch
1949n rot China kommunistisch
1951n rot Kommunistenverfolgung
1952n braun Aufstand in Barcelona
1953n rot Generalstreiks
1955n rot Nordvietnam kommunistisch
1956n rot KPD-Verbot
1956n/1959n Kubanische Revolution
1959n blau Guttuso: 'Diskussion'
1961n rot Kuba kommunistisch
1965n braun Aufstand in Asturien
1965n rot Sozialismus in Ägypten
1965n rot Sozialismus in Algerien

PROPAGANDA, von dem lateinischen Worte 'propagare' (= ausbreiten) abgeleitete Bezeichnung für planmäßige Einwirkung auf die Öffentlichkeit mit dem Ziele einer weltanschaulichen Beeinflussung. Von der katholischen Kirche seit dem 17. Jahrhundert in einem eigenen päpstlichen Institut theoretisch entwickelt und praktisch angewendet, wurde ihre Beherrschung in unserer Epoche zur unabdingbaren Voraussetzung für die öffentliche Wirksamkeit jeder geistigen oder politischen Bewegung. Im ersten Weltkrieg begannen verschiedene Staaten, sich ihrer zur Erzeugung von Kriegsbegeisterung zu bedienen (Hugenberg). Der Jesuitenzögling Joseph Goebbels errichtete 1933n bei der Machtergreifung des deutschen Faschismus das erste Ministerium für diese Aufgabe und stellte alle Publikationsmittel und alle Kultureinrichtungen in ihren Dienst ('Gleichschaltung').

1622n rot Katholisches Institut
1914n/1918n Erster Weltkrieg
1916n rot Hugenberg-Konzern

PROPERZ, römischer Dichter.

49v–15v Lebenslinie
28v blau Elegien

PROPHEZEIUNGEN, von dem griechischen Worte 'prophanai' (= vorhersagen) abgeleitete Bezeichnung für Weissagungen, wie sie seit Jahrtausenden auf Grund angeblicher Kenntnis göttlicher Absichten oder auf Grund der Deutung zufälliger Erscheinungen unternommen werden.

2391v grün Leberbeschau in Sumer
2369v–2295v Una
1973v blau Ägyptische Weissagung
1895v–1834v Amoni
1869v–1804v Irra-I-Mitti
1710v blau Propheten in Mari
1128v–1057v Herihor
981v–918v Ahia
927v–850v Elias
882v–798v Elisa
863v blau Orakel von Delphi
825v–730v Parshva
802v–745v Amos
784v–725v Hosea
777v–692v Jesaja
649v–583v Jeremias
628v–553v Hesekiel
511v blau Sibyllinische Bücher
192v blau Vereinigung Ost und West
40v blau Messias-Prophezeiung
16v blau Orakel-Kommentar
37n–100n Josephus

PROPYLÄEN, Name der Torbauten des Tempelbezirks auf dem Berge über der Stadt Athen (Akropolis). Von Perikles als Schutz und Schmuck geplant, wurden sie durch den Architekten Mnesikles zu seinem krönenden Abschluß. Sie bestanden aus zwei sechssäuligen Hallen aus weißem Marmor, wurden von Flügelbauten flankiert und enthielten außer einer Gemäldehalle (Pinakothek) den zierlichen Marmortempel der Athene Nike.

432v blau Vollendung

PROSTITUTION, Bezeichnung für die berufliche Ausübung sexueller Handlungen gegen Entlohnung. Sie ist so alt wie die menschliche Zivilisation (also etwa fünf Jahrtausende) und wie diese eng verbunden mit der grundsätzlichen Möglichkeit zur Ausbeutung von Menschen durch ihre Mitmenschen (Klassengesellschaft). Sie entstand aus einer List der Priester, die einerseits die natürliche Hingabe der Frau an den Mann mit allerlei Tabus belegten, andererseits den Mädchen die geschlechtliche Hingabe im Tempel empfahlen als heilige Handlung zu Ehren der Göttin (Ischtar, Astarte, Anaitis, Aphrodite, Venus). Vor 2500 Jahren begann dann der Staat den Tempeln Konkurrenz zu machen. Solon verbot in Athen die Tempelprostitution und richtete das 'Dikterion' ein, in dem über 1000 Sklavinnen Dienst taten, während im benachbarten Korinth im Tempel der Venus etwa ebenso viele der Göttin geweihte Frauen sich gegen Entgelt hingaben. Mit zunehmender Klassenspaltung trat der reine Ausbeutungs-Charakter immer mehr zu Tage. Zum Gewerbe geworden, verband sie sich mit Gesang, Tanz und Unterhaltung (Hetären, Bajaderen, Geishas). Daneben gab es überall die unverhüllte Hingabe, in den Teehäusern Japans, den Blumenbooten Chinas, den Bordellen Europas. Das Christentum übernahm die bereits in der Bibel bezeugte Einrichtung von den Römern und betrachtete sie als natürliche Ergänzung der Einehe. Auch die Kirche selbst bediente sich ihrer. So kamen zum Konstanzer Konzil eigens 1500 Frauen in die Stadt, während zugleich von den Kanzeln gegen dieses Gewerbe gepredigt wurde. Die Reduzierung intimster zwischenmenschlicher Beziehungen auf die bare Zahlung wurde vom Kapitalismus als beherrschendes Prinzip offen bekannt, so daß sie sich hier zu höchster Blüte entwickeln konnte. Der anbrechende Sozialismus sucht sie in einigen Ländern durch Verbote zu beseitigen. Doch scheint diesen Bestrebungen vor der Aufhebung aller Einkommensunterschiede und vor der Verwirklichung völliger gesellschaftlicher Gleichstellung von Mann und Frau kein voller Erfolg beschieden zu sein.

2067v grün Priester: Organisation
1370v rot Prostituierte schleierlos
784v–725v Hosea
579v grün Gewinne an Staat
738n blau Statue einer Kurtisane

PROTAGORAS, griechischer Philosoph.

478v–410v Lebenslinie
435v blau Mensch Maß aller Dinge
428v blau Relativität des Beweises
426v grün Honorare
417v blau Götterleugnung
410v rot Verurteilung
410v rot Schriften verbrannt

PROTESTANTISCHE UNION, Name des Zusammenschlusses protestantischer Mächte zur Abwehr der Gegenreformation in Deutschland. Ausgelöst durch die gewaltsame Rekatholisierung der Stadt Donauwörth mit Hilfe des bayerischen Heeres. In der württembergischen Stadt Auhausen wurde der Vertrag persönlich unterzeichnet durch die Fürsten von Anhalt, Kulmbach, Ansbach, Neuburg, Pfalz, Baden und Württemberg. Zahlreiche Städte (Straßburg, Nürnberg, Ulm) und weitere Fürsten (Brandenburg, Hessen) traten ihm später bei. Da aber das mächtigste protestantische Fürstentum (Kursachsen) der Union fernblieb, kam es zu keinen besonderen Anstrengungen, so daß die protestantische Seite ziemlich unvorbereitet in den Dreißigjährigen Krieg eintrat.

1608n rot Gründung
1609n rot Katholischer Gegenbund

PROTESTANTISMUS, Bezeichnung für die Gesamtheit der christlichen Bewegungen, die aus Protest gegen veraltete Formen des Glaubens, des Gottesdienstes und des Kirchenbetriebs zur Reformation des Katholizismus schritten und nach deren Scheitern eigene Kirchen gründeten.

1483n–1546n Luther
1484n–1531n Zwingli
1488n–1525n Thomas Münzer
1491n–1556n Ignatius von Loyola
1496n–1560n Gustav Wasa
1497n–1560n Melanchthon
1500n–1558n Karl V.
1509n–1564n Calvin
1517n blau Luthers Thesen
1517n rot Reformationsbeginn
1518n rot Reformation in der Schweiz
1520n rot Bann gegen Luther
1520n rot Verbrennung der Bulle
1521n rot Wormser Edikt
1521n blau Evangelische Dogmatik
1522n blau Luthers Bibelübersetzung
1523n rot Reformation in Schweden
1523n blau Hans Sachs: 'Lutherlied'
1524n grün Predigerkleidung
1525n blau Luther gegen Revolution
1526n rot Reichstag zu Speyer
1527n blau Universität Marburg
1527n–1598n Philipp II.
1529n rot Verbot der Reformation
1529n rot Protest gegen Verbot
1529n blau Luthers Katechismen
1530n blau Augsburger Konfession
1531n braun Kappeler Religionskrieg
1531n rot Schmalkaldischer Bund
1532n rot Übertritt von Katharern
1533n blau Cranachs Luther-Porträt
1533n–1603n Elisabeth
1533n–1584n Wilhelm von Oranien
1534n braun Wiedertäufer-Erhebung
1534n blau Rothmanns Protestantismus
1536n rot Reformation in Dänemark
1536n blau Calvin: Erfolgsprinzip
1537n rot Reformation in Norwegen
1538n rot Verfolgung in Frankreich
1538n rot Bund gegen Protestanten
1541n rot Reformation in Genf
1545n rot Konzil zu Trient
1546n/1547n Schmalkaldischer Krieg
1548n rot Interim
1552n braun Fürsten-Erhebung
1552n rot Passauer Vertrag
1552n grün Kirchenbesitz-Wechsel
1553n rot Gegner Calvins verbrannt
1553n–1610n Heinrich IV.
1555n rot Religionsfriede (Augsburg)
1555n blau Sleidans Geschichtswerk
1558n blau Universität Jena
1559n rot Verfolgung in Spanien
1560n rot Reformation in Schottland
1560n rot Abwehr durch Irland
1561n rot Widerstand in Frankreich
1562n/1598n Hugenottenkriege
1566n blau Mathesius: Luther-Buch
1567n rot Vernichtungsauftrag Albas
1572n/1581n Kampf der Niederlande
1573n grün Hugenotten-Auswanderung
1574n blau Magdeburger Zenturien
1580n blau Konkordienbuch
1583n–1634n Wallenstein
1585n–1672n Heinrich Schütz
1585n–1642n Richelieu
1593n rot Heinrich IV. Katholik
1594n–1632n Gustav Adolf
1598n rot Duldung in Frankreich
1599n–1658n Cromwell
1601n rot Calvinist hingerichtet
1604n rot Abwehr der Reformation
1608n rot Protestantische Union
1609n rot Toleranz in Böhmen
1615n blau Buch über Hugenottenjagd
1618n braun Protestanten-Aufstand
1618n/1648n Dreißigjähriger Krieg
1620n rot Flucht von Puritanern
1620n–1688n Der Große Kurfürst
1627n braun Protestanten-Erhebung
1636n rot Baptistenstaat
1638n–1715n Ludwig XIV.
1641n braun Protestantenmorde
1645n blau Paul Gerhardts Lieder
1647n rot Quäker-Bewegung
1670n rot Pietisten-Bewegung
1685n rot Frankreich: Toleranz-Ende
1685n grün Hugenotten-Auswanderung
1685n rot Druck auf Hugenotten
1685n rot Hugenotten-Aufnahme
1692n blau Spener: Pietismus
1702n/1710n Kamisarden-Aufstand
1717n–1780n Maria Theresia
1727n rot Herrnhuter Gemeinde
1739n rot Methodisten-Bewegung
1740n rot Toleranz in Preußen
1750n blau Lessing: Herrnhuter
1799n blau Schleiermacher: 'Religion'
1906n blau Schweitzer: 'Leben Jesu'
1948n blau Barth: 'Dogmatik'
1954n blau Bultmann: Neue Theologie

PROTHESE, von dem griechischen Worte 'prostheinai' (= hinzufügen) abgeleitete Bezeichnung für Kunstglieder zum Ersatz fehlender Körperteile. Mit dem Fortschreiten der modernen Technik zu einem immer vollkommeneren Ersatz für die ausgefallene Funktion entwickelt.

210v grün Anfertigung in Rom

PROUDHON, Pierre Joseph (1809n–1865n), französischer Philosoph und Politiker. Als Sohn eines armen Handwerkers wurde er Schriftsetzer und erhielt auf Grund einer Arbeit über französische Grammatik von der Akademie Besançon ein Stipendium. Dieses wurde ihm aber nach drei Jahren wieder entzogen, weil er in einem weiteren Werk das Eigentum als Grundübel der menschlichen Gesellschaft bezeichnete ('Was ist Eigentum?'). Ausgehend von der Tatsache, daß Arbeit nicht zu Eigentum führt (da Arbeiter arm sind), erklärte er, daß nur der Besitz jener Güter rechtmäßig ist, die mit eigener Arbeit geschaffen sind. Führte bereits 1840n den Beweis, daß sich die Eigentümer der Produktionsmittel unrechtmäßig einen Teil des fremden Arbeitsergebnisses aneignen (Mehrwert). Da ihm diese Aneignung in Form von Grundrenten, Zins und Profit begegnete, glaubte er durch Beseitigung von Geld und Zins die ökonomische Seite der Frage lösen zu können. Auch den Staat wollte er abschaffen, weil er dessen Aufgabe allein in der Aufrechterhaltung der Vorrechte der besitzenden Klassen sah. Nach Veröffentlichung seiner Schriften lernte er den neun Jahre jüngeren Marx kennen, der die Konzentration des Kapitals als historische Leistung des Kapitalismus betrachtete und den Staat nicht beseitigen, sondern als Hebel zur Überwindung des Kapitalismus benutzen wollte. Von Marxens Lehren unberührt, beharrte er auf seinen Vorstellungen, begründete eine Volksbank-Bewegung zur Abschaffung des Zinses und wurde zum geistigen Vater der anarchistischen Bewegung. Von der herrschenden Klasse verfolgt und eingekerkert, hielt er an seiner vernichtenden Kritik der bürgerlichen Gesellschaft fest.

1840n blau Werk zur Eigentumsfrage

PROUST, Marcel (1871n–1922n), französischer Schriftsteller. Als Sohn eines Pariser Universitätsprofessors und einer elsässischen Jüdin besuchte er die berühmtesten Schulen des Landes, versuchte auch vorübergehend eine berufliche Betätigung, wandte sich schließlich ganz der Schriftstellerei zu und führte ein Leben, das sich in den Salons des französischen Adels, des Pariser Besitzbürgertums und der bekannten Schriftsteller erschöpfte. Hiervon berichtete er in seinem ersten Buch ('Tage der Freuden'). Nach dem Tode seiner Eltern zog er sich, 35jährig, zunehmend in einen schalldichten, abgedunkelten Raum zurück, der zugleich Kranken- und Arbeitszimmer des übersensiblen Gemütskranken war. Hier schrieb er in 15 Jahren sein 13bändiges Romanwerk 'Auf den Spuren der verlorenen Zeit'. Darin schilderte er die zerstörerische Wirkung der Zeit auf das menschliche Leben und entwickelte eine psychologische Methode zur Wiedergewinnung der verlorenen Zeit seiner Jugend und Mannesjahre. Dieses Werk, in dem er unsere wirkliche Zeit durch eine 'innere Zeit' (Erlebnisdauer) zu ersetzen suchte, zergliederte psychologisch die Wirklichkeit und verdrängte die Sicht der Welt durch Selbstbespiegelung. In seiner Flucht aus der Realität und seiner Auflösung der echten Problematik von Welt und Mensch wurde das große Romanwerk richtungweisend für die Literatur des untergehenden Spät-Kapitalismus.

1915n blau 'Verlorene Zeit'

PROUT, William (1785n–1850n), englischer Mediziner und Chemiker. Als praktischer Arzt in London erforschte er die Verdauungsvorgänge und entdeckte, daß die saure Beschaffenheit des Magens durch Salzsäure hervorgerufen wird. Seine Destilliermethoden waren dabei so fein, daß er auch die Schwankungen im Säuregehalt des Magensaftes feststellen konnte und für die Diagnose von Funktionsstörungen nutzbar machte. In seiner Wohnung hielt er Vorträge über chemische Lebensvorgänge, die von den berühmtesten Medizinern seiner Zeit besucht wurden. Chemische Versuche brachten ihn zu der Hypothese, daß man das Atomgewicht aller Elemente durch Vervielfachung des Gewichtes eines Wasserstoff-Atoms errechnen kann. Obwohl seine Aussage in dieser Form nicht der Wirklichkeit entsprach, förderte sie die Erforschung der Elementarteilchen ebenso wie sein Satz, daß man im Wasserstoff die Urmaterie erblicken müsse, aus der die übrigen Elemente hervorgingen.

1815n grün Atomgewicht

PROVENCE, Landschaft zwischen dem Unterlauf der Rhône, den Alpen und dem Mittelmeer (Südfrankreich). Seit 124v römisch, fiel sie 477n an die Westgoten. 536n dem Frankenreiche einverleibt, dann noch einige Jahrhunderte unter Herrschaft der Araber sowie von Burgund und Anjou. Seit 1480n ein Teil Frankreichs.

125v/121v Südgallischer Krieg
887n braun Vorstoß der Araber
887n rot Arabische Herrschaft
975n braun Niederlage der Araber
975n rot Französische Herrschaft
1480n rot Ende der Selbständigkeit

PROVINS, französische Stadt, 70 Kilometer südöstlich von Paris nahe der Seine. Bis zu den Religionskämpfen (Hugenottenkriegen) die blühende Hauptstadt einer der fruchtbarsten und reichsten Provinzen Frankreichs (Brie). Dann stark zerstört, verfiel sie und sank zu einer unbedeutenden Landstadt herab.

1194n grün Messeplatz

PROZESSORDNUNG

304v blau Veröffentlichung in Rom

PRUDENTIUS, römischer Dichter und Staatsmann aus Spanien.

348n–408n Lebenslinie
402n blau Hymnen auf Märtyrer
407n blau 'Psychomachia'

PRÜGELSTRAFE

1344v rot Anwendung in Ägypten
420n rot Empfehlung bei 'Ketzerei'
585n grün Strafe für Sonntagsarbeit
604n blau Teil einer Mönchsregel

PS, Maßeinheit der mechanischen Leistung (eigentlich: Pferde-Stärke). Entspricht etwa der Zugkraft eines Pferdes (genau: Die Kraft, die erforderlich ist, um 75 kg in 1 Sekunde 1 Meter hoch zu heben). Der Erfinder der modernen Dampfmaschine führte diese Einheit ein, um damit die Überlegenheit der mechanischen Kraft gegenüber der natürlichen Arbeitsleistung anschaulich zu machen.

1736n–1819n James Watt
1770n grün Einführung des Begriffs

PSAMMETICH I., König von Ägypten von 664v bis 609v.

693v–609v Lebenslinie
659v braun Erhebung gegen Assyrer
658v–595v Necho II.
657v braun Erhebung gegen Assyrer
657v rot Frei von Assyrern
656v rot Griechische Ansiedlung
654v rot Rückzug der Äthiopier
652v rot Rückzug der Nubier
650v blau Gründung von Naukratis

PSEUDO-ISIDORISCHE DEKRETALEN, Bezeichnung für eine Dokumentensammlung, mit deren Hilfe die katholische Kirche seit Mitte des 9. Jahrhunderts ihre politische Stellung festigte. Sie entstand durch geschickte Vermischung von Teilstücken aus etwa 10000 echten älteren Texten mit den politischen Zielvorstellungen der katholischen Kirche des 9. Jahrhunderts. Sie sollte das Vorhandensein von Papstbriefen aus den ersten Jahrhunderten unserer Zeitrechnung vortäuschen und die Unabhängigkeit des Papstes und der Bischöfe von allen staatlichen Gewalt als altes Recht beweisen. Die Sammlung wurde von ihren Fälschern einem berühmten spanischen Gelehrten des 6. Jahrhunderts zugeschrieben (Isidor von Sevilla). Sie wurde Bestandteil des Kirchenrechtes und spielte eine entscheidende Rolle im Kampf der katholischen Kirche um ihre weltliche Machtstellung. Der französische Gelehrte Blondel führte 1628n den unwiderleglichen Beweis dafür, daß es sich um eine zweckhafte Fälschung der Kirche handelte, nachdem ihre Unechtheit bereits 1559n von der ersten protestantischen Kirchengeschichte ('Magdeburger Zenturien') erkannt worden war.

851n rot Abfassung

PSKOW, russischer Name der Stadt Pleskau unweit des Peipus-Sees im Nordwesten des europäischen Rußland. Bestand bereits zur Zeit Ruriks, war bis 1348n von Nowgorod abhängig und wurde dann eine selbständige Stadtrepublik. Hielt fünf Angriffen des Deutschritter-Ordens stand, der vom angrenzenden Livland her bis an die Stadtmauern vordrang. Als mächtige Handelsfeste stand sie über Riga und Reval ständig mit der Hanse in Verbindung. 1510n verlor sie ihre Unabhängigkeit und wurde dem Fürstentum Moskau einverleibt; 1581n von Zar Iwan IV. gegen den Polenkönig Stephan verteidigt, der dem russischen Stadtkommandanten eine Höllenmaschine zuschickte. 1915n–1917n befand sich hier das russische Hauptquartier, in dem auch Zar Nikolaus II. 1917n seine Abdankungsurkunde unterzeichnete. Im zweiten Weltkrieg durch deutsche Truppen fast völlig zerstört.

1581n grün Höllenmaschine
1939n/1945n Zweiter Weltkrieg

PSU-SENNES, ägyptischer König.

1082v–1009v Lebenslinie

PSYCHATRIE, Bezeichnung für ein Teilgebiet der Heilkunde, das die Geisteskrankheiten sowie seelische Gleichgewichtsstörungen und Gemütsleiden erforscht und behandelt. Sie erwuchs im Frankreich der Revolutionszeit aus dem Bewußtsein, daß die verkündeten Menschenrechte grundsätzlich auch für alle kranken Menschen gelten müssen. Bis zu diesem Zeitpunkt waren Geisteskranke von der Gesellschaft unbeachtet gelassen und bei Gefährlichkeit wie Gefangene eingesperrt worden. Die Priester betrachteten sie als von bösen Geistern und Dämonen besessen, die Mediziner standen ihnen jahrtausendelang hilflos gegenüber. Die medizinische Erforschung mit naturwissenschaftlichen Methoden hat im Irresein eine grundsätzlich heilbare Krankheit erkannt, ohne die Methoden zu einer wirklichen Heilung bereits gefunden zu haben.

1930v grün Natur der Epilepsie
1632n grün Irrenanstalt in Paris
1791n grün Pinel: Behandlung
1855n–1939n Freud
1881n grün Charcot: Hysterie
1895n grün Psychoanalyse

PSYCHE, Gestalt der griechischen Götter- und Heldensage. Als Königstochter vom Liebesgott begehrt und entführt, wurde sie von der Mutter ihres Geliebten (der Göttin Aphrodite) verzaubert, von Zeus unsterblich gemacht und dem Liebesgott (Eros, römisch: Amor) zur Frau gegeben. Das glückliche Liebespaar wurde in der griechischen Kunst häufig dargestellt und später von dem römischen Dichter Apulejus in einem großen Romanwerk dichterisch gestaltet.

124n–170n Apulejus
159n blau Apulejus' Werk

PSYCHOANALYSE, Bezeichnung für eine von dem Wiener Arzt Sigmund Freud begründete Seelenlehre (wörtlich: Seelen-Zergliederung). Sie beruht auf der Annahme, daß sich die Lebensentfaltung des Menschen auf die Entwicklung seines Trieblebens, vor allem der sexuellen Seite seiner Gesamtpersönlichkeit (libido), zurückführen läßt und daß sich alle seelischen und viele körperlichen Erkrankungen aus Störungen dieser Entwicklung ergeben. Durch Traumdeutung, Hypnose und Gespräch sucht sie diese verdrängten Störungen ins Bewußtsein zu heben, um sie zu überwinden. Dabei kommt der Aufhellung früher Kindheitserlebnisse besondere Bedeutung zu. Als Heilmethode wegen ihrer Einseitigkeit umstritten, baut sie auf ihren fragwürdigen Grundlagen den Versuch einer Deutung geschichtlicher und sozialer Vorgänge auf.

1855n–1939n Freud
1895n grün Begründung
1900n grün Traumdeutung

PSYCHOLOGIE, Lehre von der Gesamtheit der geistig-seelischen Lebensvorgänge bei Mensch und Tier.

520v–450v Alkmaion
466v grün Gehirn Sitz der Seele
384v–322v Aristoteles
372v–287v Theophrast
343v grün Aristoteles: Physiognomik
339v grün Psyche und Krankheit
322v grün Aristoteles: 'Die Seele'
317v grün Theophrast: Charaktere
82n–135n Soranos
129n–199n Galen
189n grün Galen: Temperamente
789n–873n Al Kindi
1126n–1198n Ibn Rasd (Averroes)
1174n grün Tier- und Menschenseele
1182n grün Aristoteles-Kommentar
1493n–1541n Paracelsus
1668n–1744n Vico
1711n–1776n Hume
1725n grün Vico: Völkerpsychologie
1775n grün Lavater: Physiognomik
1814n blau Schubert: Traumsymbolik
1818n grün Herbarts Lehre
1855n–1939n Freud
1861n grün Fechner: Psycho-Physik
1875n grün Michon: Graphologie
1895n blau Le Bon: Massenpsychologie
1895n grün Freud: Psychoanalyse
1900n grün Freud: Traumdeutung
1912n grün Adlers Lehre
1916n grün Klages: Graphologie
1920n grün Jung: Archetypen
1921n grün Forel: Sozialpsychologie
1955n grün Geschlechtspsychologie

PSYCHO-PHYSIK, von dem deutschen Physiker Fechner geprägter Begriff für die Lehre von den Beziehungen zwischen den geistig-seelischen und den körperlichen Funktionen des menschlichen Organismus. Wirkte anregend auf die Untersuchung dieser Beziehungen, ohne sich als Bezeichnung hierfür durchzusetzen.

1861n grün Fechners Lehre

PTA, Name eines ägyptischen Gottes, der in der Stadt Memphis (Nordägypten) als Welt-Schöpfer verehrt wurde. Galt als Beschützer der Handwerker und Künstler. Mit der Löwengöttin und dem Lotosgott bildete er eine Dreifaltigkeit ('Triade von Memphis').

2593v blau Schöpfungsmythos

PTA-HOTEP, ägyptischer Philosoph.

2495v–2405v Lebenslinie
2471v–2397v Ni-Anch-Pta
2422v blau Kollektivismus

PTOLEMÄER, Name einer ägyptischen Herrscherfamilie. Benannt nach Ptolemäus, der als Feldherr Alexanders das Land eroberte, dann als Statthalter eingesetzt wurde und sich nach Alexanders Tod zum König machte. Unter ihrer Herrschaft wurde Ägypten zum geistigen Zentrum der mittelmeerischen Welt (Alexandria). Ihre letzte Königin Kleopatra verlor die Macht an die Römer.

372v–285v Ptolemäus I.
334v/325v Alexanderzug
323v/301v Diadochenkriege
322v–246v Ptolemäus II.
315v blau Museion von Alexandria
306v rot Monarchie
305v blau Bibliothek von Alexandria
285v grün Staatsmonopole
284v grün Wirtschaftslenkung
281v rot Lohnarbeiterstreik
276v grün Papyrus-Monopol
273v grün Handelsvertrag mit Rom
267v grün Akkordlöhne
259v rot Ausfuhrverbot für Papyrus
253v rot Lehrverbot für Philosoph
247v blau Preislied auf Berenike
247v grün Großbibliothek
242v–187v Antiochus III.
237v grün Sonnenjahr
200v braun Niederlage gegen Syrien
200v rot Verlust Palästinas
100v–44v Cäsar
82v–30v Antonius
69v–30v Kleopatra
58v rot Abtretung Zyperns
47v rot Cäsar, Kleopatra gefangen
43v/30v Dritter Bürgerkrieg Roms
37v rot Heirat Antonius-Kleopatra
37v rot Gebietsgewinn
30v rot Herrschaftsende

PTOLEMÄUS (um 120n–um 180n), römischer Religionsphilosoph. Als Schüler des Valentin verwarf er die Lehren von Judentum und Christentum. Unterzog den ersten Teil der Bibel ('Altes Testament') einer kritischen Durchsicht und legte seine Bedenken und Einwände gegen die 10 Gebote in einem Briefe an eine Christin namens Flora nieder. Darin untersuchte er auch den Ursprung der Gesetze des Moses und stellte ihre göttliche Herkunft in Zweifel.

163n blau 'Brief an Flora'

PTOLEMÄUS, Klaudius, griechischer Mathematiker, Sternforscher und Geograph aus Ägypten.

101n–179n Lebenslinie
153n grün Geozentrisches Weltbild
155n grün Buch über Optik
163n grün Sterndeutung
167n grün Kegel-Projektion
170n grün Werk über Kartenzeichnen
789n–873n Al Kindi
828n grün Sternkunde arabisch
855n–929n Al Battani
872n grün Geographie arabisch
913n grün Widerlegung
1114n–1187n Gerhard von Toledo
1187n grün Sternkunde lateinisch
1473n–1543n Kopernikus

PTOLEMÄUS I., König von Ägypten von 306v bis 285v.

372v–285v Lebenslinie
334v/325v Alexanderzug
332v rot Ägypten mazedonisch
323v/301v Diadochenkriege
315v blau Museion in Alexandria
306v rot Thronbesteigung
305v blau Bibliothek in Alexandria
304v rot Hilfe für Rhodos

PTOLEMÄUS II., König von Ägypten von 285v bis 246v.

322v–246v Lebenslinie
285v grün Staatsmonopole
284v grün Wirtschaftslenkung
281v rot Streiks
281v grün Schleusenbau
279v grün Leuchtturm von Alexandria
276v grün Pyparusmonopol
273v grün Handelsvertrag mit Rom
267v grün Akkordlöhne
259v rot Exportverbot für Papyrus
253v rot Lehrverbot für Hegesias
247v grün Ausbau der Bibliothek

PUBLILIUS, römischer Dichter und Schauspieler syrischer Herkunft.

94v–34v Lebenslinie

PUCCINI, Giacomo (1858n–1924n), italienischer Komponist. Als Sohn eines Musikers studierte er am Mailänder Konservatorium besonders die Werke Verdis und Wagners. 26jährig schrieb er eine Tanzoper. Zehn Jahre später errang er seinen ersten großen Erfolg mit der Oper 'Manon Lescaut'. In den darauf folgenden zehn Jahren schuf er die drei Opern, die ihn weltberühmt machten: 'La Bohème', 'Tosca', 'Butterfly'. Von der ganzen Welt gefeiert, zog er sich in seine Heimatstadt Lucca zurück und schrieb in den letzten zwanzig Jahren seines Lebens noch fünf weitere Opern, darunter 'Das Mädchen aus dem Goldenen Westen' und 'Turandot'. Verband sicheren Sinn für Charakterzeichnung der handelnden Personen mit einschmeichelnder Melodik und glänzenden Gesangspartien zu packender Klangwirkung. Seine bis zur Rührseligkeit gesteigerte Ansprache des Gemüts brachte die Hinwendung der Oper zum lebensfremden, süßlichen Operetten- und Musical-Stil. Erlag einer Kehlkopf-Operation.

1896n blau 'La Bohème'

PUDER

2491v grün Schminkpuder in Sumer

PUERTO RICO, Insel vor der mittelamerikanischen Küste. Bildet mit Kuba, Jamaika und Haiti die 'Großen Antillen', deren kleinste sie ist. Ihr Name kommt aus dem Spanischen und bedeutet 'Reicher Hafen'. Von Kolumbus auf seiner zweiten Amerikafahrt 1493n entdeckt, erhielt sie ihren Namen, als im 16. Jahrhundert die Ausbeutung der Goldvorkommen begann. Die einheimische Bevölkerung von etwa 500000 Kariben ging in den von Spaniern eingerichteten Goldwäschereien zugrunde oder fiel bei Aufständen gegen die unmenschlichen Arbeitsbedingungen. Die spanische Verwaltung ersetzte sie durch Negersklaven, die von den Engländern aus Afrika herübergebracht wurden. Seit 1835n erhoben sich diese Sklaven mehrfach, 1873n wurde die Sklaverei aufgehoben. 24 Jahre später wurden die spanischen Kolonialherren mit Hilfe der USA vertrieben. Doch folgte sogleich die Besitznahme der Insel durch die USA. 1917n erhielt sie eine beschränkte Selbstverwaltung. Nach heftigen Aufständen wurde ihr 1952n ein US-Dominion-Status zugebilligt. Die beiden großen Parteien fordern aber die volle Unabhängigkeit. Seit der Revolution auf dem benachbarten Kuba ist der Freiheitskampf gegen die USA neu entbrannt.

1895n/1898n Kubanischer Krieg
1898n rot Herrschaft der USA

PUFENDORF, Samuel (1632n–1694n), deutscher Staatsrechtler und Geschichtsschreiber. Studierte in Leipzig und Jena Rechtslehre, wurde Hofmeister in Kopenhagen, Universitätslehrer in Lund und Heidelberg, Staatssekretär in Stockholm und schließlich Historiker und Richter in Berlin. Vereinigte die von Bodin und Grotius verkündeten Grundsätze des Völkerrechts zu einem geschlossenen System des natürlichen Rechtes der Völker. Damit befreite er das Naturrecht endgültig aus seiner kirchlichen Auslegung wie von seiner formal-juristischen Interpretation und erhob es zu einer selbständigen Wissenschaft. Von Theologen und Juristen angefeindet, wandte er sich der Geschichtsschreibung zu. Verfaßte eine 'Einleitung zu einer Geschichte der vornehmsten Reiche und Staaten Europas' sowie eine Geschichte des Großen Kurfürsten. Vertrat das unbedingte Vorrecht des Staates gegenüber der Kirche und bekämpfte auch den kirchlichen Gewissenszwang gegenüber dem Einzelnen. Schrieb eine rückhaltlose Kritik der Zustände im deutschen Reiche.

1672n blau 'Natur- und Völkerrecht'

PUGATSCHEW, Jemeljan (1742n–1775n), russischer Freiheitskämpfer. Als Sohn eines armen Donkosaken nahm er am Siebenjährigen Krieg und am ersten russisch-türkischen Krieg teil. Erließ ein Manifest gegen Adelsherrschaft und Leibeigenschaft. Im letzten Jahr des Krieges gegen die Türkei stellte er sich an die Spitze eines Aufstandes von Kosaken, Leibeigenen, Bauern und Arbeitern und überführte den russisch-türkischen Krieg in einen Bürgerkrieg. Befreite das Gebiet zwischen dem Unterlauf der Wolga und dem Ural (Südrußland) von zaristischer Herrschaft. Mit Unterstützung unterdrückter Fremdvölker (Baschkiren, Tataren) drang er über Kasan nach Moskau vor. Wurde aber wegen seiner strategischen Unerfahrenheit geschlagen, gegen eine Kopfprämie ausgeliefert und in Moskau hingerichtet.

1775n braun Aufstand

PULPA, aus dem Lateinischen übernommene Bezeichnung für das nerven- und blutreiche Zahnmark (wörtlich: 'pulpa' = Fleisch).

81n–144n Archigenes

PULS, von dem lateinischen Worte 'pulsus' (= Schlag) abgeleitete Bezeichnung für die regelmäßigen Blutstöße in den Schlagadern, die man fühlen kann. Weil sein Rhythmus dem Herzschlag entspricht, ist seine Beobachtung seit alters her ein wichtiges Mittel der Krankheitsbestimmung.

2578v grün Beobachtung in China
2496v–2438v Ni-Anch-Sekmet
324v–250v Herophilos
290v grün Griechische Forschungen
288v grün Wasseruhr zum Messen
173n grün Galens Lehre

PULVER (eigentlich: Schießpulver), Bezeichnung für feinkörnigen Sprengstoff, der bei Entzündung durch seine Explosivkraft Geschosse mit hoher Geschwindigkeit aus dem Lauf von Schußwaffen treibt. Hergestellt aus Salpeter (75%), der mit Schwefel und feingeriebener Holzkohle vermischt wurde, stellte es jahrhundertelang das allgemein verwendete Treibmittel beim Schießen dar. Nach Erfindung der rauchschwachen Schießbaumwolle wurde es nur noch zum Sprengen in Steinbrüchen benutzt, in denen es auf schonende Explosion ankommt, insbesondere beim Schiefer-Abbau.

1130n grün Erfindung in China
1220n grün Raketenwaffe in China
1232n grün Verwendung im Krieg
1244n grün Erzeugung durch Araber
1273n grün Kanonen der Mongolen
1285n grün Feuerwerksbuch
1331n grün Kanonen in Italien
1336n grün Metallkanonen in Europa
1339n grün Handfeuerwaffen
1358n grün Geschützorgel
1359n grün Schiffsgeschütze
1388n rot Hinrichtung des Schwarz
1420n grün Haubitze
1435n grün Pistole
1581n grün Höllenmaschine in Rußland
1605n braun 'Pulver-Verschwörung'
1629n grün Pulverstampf-Maschine
1652n grün Steinschloß statt Lunte
1659n grün Hinterlade-Gewehr
1673n grün Maschinenantrieb
1679n grün Tunnelsprengung
1806n grün Raketenwaffe in Europa
1815n grün Zündhütchen
1827n grün Zündnadelgewehr
1845n grün Schießbaumwolle

PULVER-VERSCHWÖRUNG, Attentatsversuch der englischen Katholiken gegen König Jakob I., der als Sohn der Maria Stuart die Erwartungen der päpstlichen Partei auf eine Rückgewinnung Englands zunichte gemacht hatte. Der von den katholischen Führern Percy und Catesby und den Jesuiten Garnet und Tesmond vorbereitete Plan sah eine Sprengung des ganzen englischen Parlamentsgebäudes am Tage seiner Eröffnung durch den König vor. Dabei sollten mit dem König auch alle Mitglieder des Unterhauses und des Oberhauses getötet werden. Als die 9000 Pfund Pulver in das Kellergewölbe geschafft waren, übernahm der zum Katholizismus übergetretene Guy Fawkes unter Selbstaufopferung seines Lebens die Entzündung der Sprengladung. Aber wegen eines anonymen Warnbriefes, den einer der Verschwörer an einen Freund (Lord Monteagle) richtete, um ihn von der Teilnahme an dieser Eröffnungssitzung abzuhalten, wurde das Parlamentsgebäude durchsucht. Guy Fawkes verriet nach zweitägiger Folterung seine Mitverschworenen, so daß die katholische Kirche vor der englischen Öffentlichkeit entlarvt war und ihre Hoffnung auf Rekatholisierung der Insel aufgeben mußte.

1605n braun Anschlag auf Parlament

PUNISCHE KRIEGE, von dem römischen Namen der Phönizier ('Punier') abgeleitete Bezeichnung für die drei Kriege Roms gegen das von Phöniziern in Nordafrika gegründete Reich von Karthago.

282v–229v Hamilkar
265v–201v Nävius
264v/241v 1. Punischer Krieg
263v grün Schiffsbau der Römer
260v grün Enterbrücken der Römer
247v–183v Hannibal
241v rot Sizilien an Rom
241v rot Machtgewinn Roms
235v–183v Scipio der Ältere
234v–149v Kato der Ältere
218v/201v 2. Punischer Krieg
216v rot Schwächung Roms
215v rot Bund Karthago–Mazedonien
215v rot Bund Karthago–Syrakus
215v/205v 1. Mazedonischer Krieg
212v braun Syrakus an Rom
212v rot Archimedes getötet
212v rot Bund gegen Mazedonien
205v rot Einigung Rom–Mazedonien
204v rot Bund Rom–Numider
201v rot Machtgewinn Roms
201v rot Machtgewinn Numidiens
201v rot Machtverlust Karthagos
201v blau Nävius' Dichtung
149v/146v 3. Punischer Krieg
146v rot Ende Karthagos
146v grün Karthager-Versklavung

PUNT, Land am afrikanischen Ufer des Roten Meeres bei dessen Austritt in den Golf von Aden (Somaliland). Seit über vier Jahrtausenden als Weihrauchlieferant Nordafrikas und Vorderasiens bekannt, wurde es später von Arabern und dann von verschiedenen europäischen Mächten unterjocht und ausgebeutet. Als Teil eines eigenen Staates (Somalia) geht es seit

1960 n seinen Weg in eine unabhängige Zukunft.

2743 v grün Weihrauch-Export
2512 v–2458 v Sahu-Re
2494 v grün Handel mit Ägypten
2466 v grün Ausfuhr nach Ägypten
1528 v grün Esel als Reittier
1485 v blau Relief: Hof der Königin
1960 n rot Somalia unabhängig

PUPPENTHEATER, Sammelbezeichnung für dramatische Aufführungen, bei denen die handelnden Personen von Puppen dargestellt werden. Eine in Ostasien (auch in der abgewandelten Form des Schattenspiels) seit alters her bekannte Kunst, besonders in China und Japan und auf Java. Kam um 900 n in die arabischen Teile Spaniens und Italiens und verbreitete sich nach 1300 n von Flandern aus über ganz Europa: Um 1580 n nach Deutschland (Nördlingen) und nach Frankreich (Paris), wo die von oben an Schnüren bewegten Puppen um 1600 n den Namen 'Marionetten' erhielten.

1011 n blau Schattentheater nach Java
1335 n grün Aufkommen in Europa
1810 n blau Kleist: 'Marionettentheater'
1850 n blau Pocci: 'Kasperle'-Spiele

PURCELL, Henry (1659 n–1695 n), englischer Komponist. Als Sohn eines Mitglieds der königlichen Sängerkapelle wurde er zum Chorknaben ausgebildet und übernahm 18jährig eine Stellung als Organist. Ein Jahr später trat er mit seiner ersten Oper an die Öffentlichkeit ('Dido und Äneas'). Neben seinem Amt als Hoforganist schrieb er dann noch 38 Musikdramen sowie Orgelmusik, Chorwerke, Kammermusik und Klavierwerke. An italienischen und französischen Kompositionen gebildet, entwickelte er einen eigenen Stil, der Grundlage einer selbständigen englischen Musik wurde.

1691 n blau 'König Arthur'

PURITANER, von dem lateinischen Wort 'puritas' ('Reinheit') abgeleitete Bezeichnung für die Anhänger einer strengen Richtung innerhalb des englischen Protestantismus. Sie forderten die völlige Reinigung der anglikanischen Kirche von allen Resten des Katholizismus sowie die Beseitigung des staatlichen Einflusses auf die Kirche und die Ausschaltung des Berufs-Priestertums. Gestützt auf Calvins Lehre vom Lebenserfolg als Zeichen göttlicher Auserwähltheit, schufen sie eine christliche Moral für das Zeitalter des Kapitalismus. Sie gingen von den Grundsätzen des Alten Testaments aus und forderten Fleiß, Sparsamkeit sowie strikte Einhaltung der Sonntagsruhe. Als sie in England verfolgt wurden, wanderte ein großer Teil von ihnen seit 1620 n nach Nordamerika aus. Dort bestimmten sie bis in unsere Epoche die aus rücksichtsloser Ausbeutung im Großen und tätiger Menschenliebe im Kleinen gemischte kapitalistische Moral. Auch in ihrem englischen Mutterland und in anderen bürgerlichen Demokratien wurde diese Moral zur bestimmenden Gesinnung der herrschenden Klasse im Zeitalter der kolonialen Eroberung der Erde. In zahlreichen Sekten organisiert (Quäker), wirken sie bis in unsere Epoche direkt auf Staat und Wirtschaft der angelsächsischen Länder ein.

1620 n rot Flucht nach Nordamerika
1647 n rot Quäker-Bewegung
1727 n blau Quäker gegen Sklaverei

PURKINJE, Johannes Evangelista (1787 n–1869 n), tschechischer Arzt und Naturforscher. Nach Besuch einer Klosterschule verließ er 20jährig seinen Orden kurz vor Empfang der Priesterweihe, studierte zunächst Philosophie, dann Medizin und erregte mit seiner Doktorarbeit über die Seh-Vorgänge allgemeine Aufmerksamkeit. Auf Goethes Empfehlung erhielt er in Breslau eine Professur für Medizin und ging zehn Jahre später nach Prag, wo er für die Hebung des tschechischen Nationalbewußtseins eintrat. Durch Verbesserung der mikroskopischen Arbeitsweise gelang ihm die Erforschung zahlreicher Lebensvorgänge. Beschrieb die nach ihm benannten Muskelfasern im Herzen und in der Gebärmutter sowie die Zellen des Kleinhirns. Durch seine Erforschung der Nervenknoten (Ganglien) schuf er die Voraussetzung für eine experimentelle Nerven-Heilkunde. Übersetzte Dichtungen von Goethe und Schiller ins Tschechische.

1839 n grün Ganglien-Forschung

PURPUR, Bezeichnung für einen natürlichen Farbstoff, der seit mindestens 3000 Jahren gewonnen wird. Entsteht durch Eintrocknen des Drüsen-Saftes verschiedener Schnecken, der unter Einwirkung des Sonnenlichtes mit ekelerregendem Geruch zunächst grün, dann blau und endlich scharlachrot auftrocknet. Hauptsächlich zum Rotfärben verwendet, gab es ihn aber auch als blauen Farbstoff. Wegen seiner Kostbarkeit war sein Gebrauch lange Zeit hindurch Herrschern und Fürsten vorbehalten. Seit Aufkommen der modernen Chemie wird dieser Farbstoff wie viele andere aus Teer produziert.

978 v grün Farbstoff bei Phöniziern
539 n grün Färberei-Monopol

PURPURSCHNECKE, Name einer im Mittelmeer lebenden Stachelschnecke, deren weißes Drüsensekret unter Einwirkung der Sonnenstrahlen rot wird. Sie ernährt sich vom Fleisch anderer Muscheln, deren Schale sie durchbohrt, um sie auszusaugen. Seit Entdeckung ihres Farbstoffes ist sie das bevorzugte Ziel menschlicher Unterwasserjagd.

978 v grün Nutzung für Farbstoff

PUSCHKIN, Alexander (1799 n–1837 n), russischer Dichter. Als Sohn eines adligen Gutsbesitzers besuchte er die beste Schule Petersburgs und trat dann in den Auswärtigen Dienst ein. Schon als Schüler schrieb er Gedichte. 21jährig wurde er wegen seiner revolutionären Dichtungen nach Südrußland verbannt ('Der Gefangene im Kaukasus'). Hier begann er seinen großen Versroman 'Eugen Onegin', der ein wirklichkeitsgetreues Bild der russischen Gesellschaft gab. Trat für die Freiheit der Persönlichkeit ein ('Die Zigeuner'). Bekannte sich zum sozialen Auftrag des Dichters ('Der Prophet') und geißelte die Geld- und Machtgier der Bourgeoisie ('Pique Dame'). Sein Werk war von tiefer Naturverbundenheit erfüllt ('Die Wolke'). Im Volke erkannte er die bewegende Kraft der Geschichte ('Boris Godunow'). Verfaßte eine Geschichte des Pugatschew-Aufstandes. Beim Duell mit einem französischen Adligen, der sich seiner Frau Natalja Gontscharowa genähert hatte, erlitt er eine schwere Verletzung, an der er starb.

1825 n blau 'Boris Godunow'
1832 n blau 'Eugen Onegin'

PYGMALION, phönizischer König von 820 v bis 774 v.

852 v–774 v Lebenslinie

PYGMALION, griechische Sagengestalt. Verliebte sich als Bildhauer in eine von ihm selbst geschaffene Mädchen-Statue. Nachdem die Göttin Aphrodite sie auf seine Bitte in einen lebenden Menschen verwandelt hatte, heiratete er sie. In Sage und Dichtung häufig dargestellt (Ovid, Shaw).

43 v–17 n Ovid
9 n blau Ovid: 'Metamorphosen'
1912 n blau Shaws Komödie

PYRAMIDEN, Bezeichnung für schräg aufstrebende Bauwerke, deren Außenflächen in einem einzigen Gipfelpunkt zusammenlaufen. Als Grabmal errichtet in Nordafrika (Ägypten), als Tempelanlage in Ostasien (Java) und als Unterbau für Kultstätten in Amerika (Mexiko, Peru).

2707 v–2626 v Imhotep
2644 v–2576 v Snofru
2639 v blau Stufenpyramide (Sakkara)
2631 v–2564 v Hetepheres
2615 v–2550 v Cheops
2610 v blau Stufenpyramide (Medum)
2588 v blau 'Knickpyramide'
2583 v blau 'Rote Pyramide'
2576 v–2515 v Chefren
2572 v blau Cheops-Pyramide begonnen
2561 v–2500 v Mykerinos
2553 v blau Cheops-Pyramide vollendet
2543 v–2496 v Schepses-Kaf
2534 v–2470 v User-Kaf
2518 v blau Chefren-Pyramide
2512 v–2458 v Sahu-Re
2511 v blau Mykerinos-Pyramide
2458 v blau Abnahme der Bautätigkeit
2415 v–2335 v Chui
2411 v blau Pyramide des Ni-User-Re
2404 v–2350 v Unas
2367 v blau Pyramide des Unas
2359 v blau Verzierung der Wände
2355 v–2298 v Pepi I.
2305 v blau Anlage 'Memphis'
1955 v–1895 v Amen-Em-Het II.
1935 v–1878 v Sesostris II.
1908 v blau 'Weiße Pyramide'
1891 v blau Pyramide Sesostris' II.
1865 v–1792 v Amen-Em-Het III.
1856 v blau Pyramide Sesostris' III.
1834 v blau 'Schwarze Pyramide'
1806 v blau Pyramide Amen-Em-Hets III.
806 v blau Pyramide von Kui-Kuilko
445 v blau Pyramide von Cholula
5 n blau Sonnenpyramide in Mexiko
31 n blau Mondpyramide in Mexiko
800 n blau Java: Neunstufige Pyramide
1410 n–1469 n Montezuma
1455 n blau Bau bei Azteken

PYRRHON, griechischer Philosoph.

361 v–268 v Lebenslinie
297 v blau Skeptizismus

PYRRHUS, König und Feldherr des griechischen Epirus.

318 v–272 v Lebenslinie
281 v/272 v Tarentiner Krieg

PYTHAGORAS, griechischer Philosoph und Naturforscher.

572 v–493 v Lebenslinie
546 v grün Dreieckssatz
533 v grün Kugelgestalt der Erde
531 v blau Schule in Kroton
525 v grün Erde: Stern unter Sternen
503 v grün Experimente
501 v blau Natur der Seele
496 v grün Erdbewegung
265 n–330 n Jamblichos
306 n blau Biographie

PYTHAGOREER, Name der Schüler und Anhänger des griechischen Philosophen und Naturforschers Pythagoras, der in Kroton (Süditalien) eine Schule gegründet hatte und seine Jünger unter strengen Regeln wie in einem Orden zusammenleben ließ. Sie breiteten sich bald über ganz Unteritalien aus und bewirkten den weitgehenden Zusammenschluß der dort befindlichen Griechenstädte (Tarent, Metapont, Lokroi, Aminäa, Kroton) mit gemeinsamer Münzprägung. Mit der Adelsherrschaft dieser Städte eng verbunden, wurden sie seit 460 v durch demokratische Revolutionen von der Macht verdrängt. Ihre Schulen und Versammlungshäuser wurden zerstört, sie selbst flohen in die einzige ihnen gebliebene Stadt (Tarent) oder kehrten nach Griechenland zurück. In der Stadt Metapont hatte sich aber unter dem Mathematiker Hipparos schon vorher eine demokratische Richtung herausgebildet. Mit ihrer Hilfe wurden die politischen Differenzen überwunden und die Schulen fast überall wieder errichtet. Politisch wurden sie zu entschiedenen Verfechtern der Demokratie. Doch rettete sie das nur für kurze Zeit. Mit dem Siege der sizilischen Tyrannis (Dionys) und der Ausbreitung nach Süditalien verloren sie endgültig ihre Schulen und ihren Einfluß. Als Wanderprediger und Bettelphilosophen konnten sie in Griechenland und in Tarent noch einige Zeit ihr Leben fristen.

572 v–493 v Pythagoras
531 v blau Schule in Kroton
501 v blau Natur der Seele
496 v grün Erdbewegung
460 v rot Zerstörung der Schule

PYTHEAS, griechischer Forscher aus Massalia (Marseille).

380 v–306 v Lebenslinie
324 v grün Forschungsreise
323 v grün Breite gleich Polhöhe
321 v grün Gezeiten-Erklärung
320 v grün Reisebericht

PYTHISCHE SPIELE, Name griechischer Wettspiele, die nach der Sage von dem Gott Apollo gestiftet worden sind, als er bei Delphi den Drachen Python durch Pfeilschüsse erlegt hatte. Sie fanden am Orte des griechischen Kulturzentrums Delphi zunächst im Abstand von 8 Jahren, dann alle vier Jahre statt. Ihr Schwergewicht lag auf den musikalischen Wettkämpfen (Gesang und Instrumentenspiel). Dazu traten Wettläufe und Wagenrennen. Weniger reich ausgestattet als die Olympischen Spiele, standen sie doch diesen an Bedeutung kaum nach. Mit dem Anbruch der römischen Macht in Griechenland wurden sie zu Beginn des zweiten Jahrhunderts vor unserer Zeitrechnung eingestellt.

582 v blau Abhaltung alle vier Jahre
494 v blau Pindars Preislieder

QUADRAT, Bezeichnung für ein Viereck mit vier gleichlangen Seiten und vier rechten Winkeln.

2644 v–2576 v Snofru
2588 v blau Grundfläche einer Pyramide

QUADRATSCHRIFT, Bezeichnung für Schriften mit quadratförmigen Buchstaben (Aramäisch, Hebräisch, Tibetanisch, Mongolisch).

843 v blau Hebräische Schrift
1266 n grün Mongolische Schrift

QUADRATUR, mathematische Aufgabe zur Verwandlung einer von gekrümmten Linien gebildeten Fläche in ein inhaltsgleiches Quadrat.

284 v–212 v Archimedes
1008 n grün Arabische Untersuchung

QUADRATUS (um 90 n–um 150 n), römischer Religionsphilosoph. Nachdem das Christentum 112 n im Römerreiche durch eine Verfügung Trajans für ungesetzlich erklärt worden war, suchte er durch Abfassung einer Verteidigungsschrift (Apologie) die Vereinbarkeit der neuen Religion mit den römischen Staatsprinzipien zu beweisen. Diese Schrift überreichte er nach Fertigstellung Trajans Nachfolger Kaiser Hadrian.

124 n blau Apologie

QUADRATWURZEL, mathematischer Begriff. Bezeichnet die (gesuchte) Zahl, die mit sich selbst multipliziert eine (bekannte) Summe ergibt.

1985 v grün Rechnung in Sumer
284 v–212 v Archimedes

QUÄKER, Name einer religiösen Bewegung, die vor allem in Nordamerika verbreitet ist. Von dem englischen Worte 'quakers' (= Zitterer) abgeleiteter Spottname, der ihren Anhängern wegen ihrer ekstatischen Frömmigkeitsübungen beigelegt wurde und den sie später in stolzer Erinnerung an diese Zeit der allgemeinen Verachtung beibehielten. Ihre Mitglieder verwerfen Taufe, Abendmahl und Priestertum, Eid, Kriegsdienst und Sklaverei. Sie lehnen Jagd, Glücksspiel und Prasserei ebenso ab wie Theater, Mode und Tanz sowie den Handel mit Kriegsgerät und Luxusgegenständen. Sie versammeln sich in schmucklosen Andachtsräumen und warten schweigend ob einer der Anwesenden sich von einem inneren Licht ergriffen fühlt und das Wort ergreift. Sie verweigern den Gebrauch aller Ehrentitel und nehmen vor niemandem den Hut ab. Von dem englischen Schuhmacher George Fox in einer Organisation zusammengefaßt, wurden sie bald von Staat und Kirche verfolgt. 1656 n bis 1658 n waren fast 10 000 von ihnen eingekerkert. Durch ihr Mitglied William Penn erhielten sie die Möglichkeit zur Errichtung eigener Gemeinden in Nordamerika, das sich bald zum Zentrum ihrer Tätigkeit entwickelte. Obwohl ihre Mitgliederzahl gering blieb (gegenwärtig etwa 200 000), sind sie durch ihre Hilfstätigkeit nach den beiden großen Kriegen unseres Jahrhunderts weltbekannt geworden. Sie treten für den Frieden und für die Gleichberechtigung aller Völker ein sowie für die rechtliche Gleichstellung der Frau. Der Ausbeutung des Menschen durch den Menschen stehen sie teilnahmslos gegenüber und finanzieren ihre Hilfswerke größtenteils aus Kapitalgewinnen.

1647 n rot Gründung
1682 n blau Stadtgründung durch Penn
1727 n blau Gegner der Sklaverei

QUANTENTHEORIE, Name einer physikalischen Lehre, die von dem deutschen Naturwissenschaftler Max Planck begründet wurde. Danach besteht nicht nur die Materie, sondern auch die Energie aus kleinsten Teilchen ('Quanten'). Diese Lehre ist das zusammenfassende Ergebnis der physikalischen Forschungen des 19. Jahrhunderts. Grundlage unserer modernen Physik, der gegenüber die gesamte frühere ('klassische') Physik als Sonderfall unter besonderen Bedingungen erscheint. Sie wurde durch die Quantenmechanik (Heisenberg) sowie durch die Wellenmechanik (Schrödinger) fortentwickelt.

1858 n–1947 n Planck
1879 n–1955 n Einstein
1885 n–1962 n Niels Bohr
1900 n grün Begründung
1901 n– Heisenberg
1913 n grün Bohrs Atommodell
1925 n grün Quantenmechanik
1927 n grün Wellenmechanik

QUARANTÄNE, Bezeichnung für eine zeitlich befristete Absonderung möglicher Krankheitsträger. In Hafenstädten, aber auch in anderen Einreisezentren zur Verhinderung einer Einschleppung von Seuchen angewendet. Seit Jahrtausenden zur Abwehr des Aussatzes bekannt, wurde sie im 14. Jahrhundert in den Städten Oberitaliens zur Eindämmung der Pest allgemein eingeführt.

1377 n grün Station vor Ragusa

QUARTON, Enguerrand (um 1410 n–um 1470 n), französischer Maler aus Laon (Nordfrankreich). Lernte im benachbarten Flandern und ging dann in den Süden seines Landes. Schuf in Avignon Gemälde nach biblischen Sagenstoffen im verklärenden Stile seiner Zeit (Maria mit Johannes, Krönung der Maria).

1453 n blau 'Marienkrönung'

QUARZ, Name des verbreitetsten Gesteins der Erdrinde. Von ausreichender Festigkeit und dabei noch gut zu bearbeiten, diente es dem Menschen früh zur Anfertigung von Werkzeugen. Später zur Herstellung von Glas verwendet.

Vorzeittafel: 800 Tausend Jahre
2694 v grün Verwendung für Bohrer
2190 v grün Verwendung für Waffen
1372 v blau Bildhauer-Material
1904 n grün Quarzlampe

QUARZLAMPE, Bezeichnung für eine Quecksilberdampflampe aus besonders quarzhaltigem Bergkristall, der im Gegensatz zu anderem Glas für ultraviolette Strahlen besonders durchlässig ist. Der deutsche Physiker Richard Küch entwickelte diese Lampe für medizinische Bestrahlungen (Rachitis, Tuberkulose, Hautkrankheiten). Wegen ihrer anregenden Wirkung wird sie auch zur allgemeinen Belebung sowie zur Bräunung der Haut benutzt. Durch ihren Reichtum an chemischwirksamem Licht haben ihre Strahlen Ähnlichkeit mit denen der Sonne. Doch fehlen ihnen die übrigen Bestandteile des Sonnenlichtes, so daß sie kalt und bläulich sind.

1904 n grün Erfindung

QUEBEC, kanadische Stadt am Austritt des St.-Lorenz-Stromes in seine Mündungsbucht zum Atlantischen Ozean (Nordamerika). Von dem französischen Seefahrer Champlain bei dem Indianerdorf Stadacone gegründet, wurde sie zwanzig Jahre später von Engländern erobert, aber drei Jahre darauf mit ganz Kanada an Frankreich zurückgegeben. Seit 1663 n kanadische Hauptstadt. 1759 n fiel sie wieder an die Engländer, die sie während des nordamerikanischen Freiheitskampfes gegen die Unabhängigkeitskämpfer behaupteten. Wegen ihrer günstigen Lage zwischen den großen Seen (Ontario-, Erie-, Huron-, Michigan-, Oberer See) und dem Atlantik wurde ihr Hafen trotz mehrmonatiger Vereisung zu einem wichtigen Umschlagplatz für die in Kanada und im nördlichen Industriegebiet der USA erzeugten Güter. Die französische Kultur erhielt sich ungeachtet der englischen Herrschaft, und noch heute sprechen mehr als neun Zehntel der Bevölkerung französisch. Deshalb wurde sie wiederholt Zentrum der Bestrebungen zur Teilung Kanadas in eine französischsprachige und eine englischsprachige Hälfte.

1608 n blau Gründung
1759 n rot Englischer Besitz

QUECKSILBER, aus dem althochdeutschen Worte 'queck' (= lebendig) abgeleitete Bezeichnung für das einzige Metall, das bei Zimmertemperatur flüssig ist. Es gehört zu den seltensten Elementen der Erdoberfläche. Vor mehr als 2000 Jahren diente es zur Lösung von Gold aus Erz. Dieses Amalgamierungs-Verfahren wird seit 400 Jahren auch bei der Silber-Gewinnung angewendet. Die Kaufmannsfamilien der Fugger und Rothschild bereicherten sich durch eine fast monopolistische Beherrschung dieses Marktes. Erst im 19. Jahrhundert sank durch seine Gewinnung aus kalifornischem Zinnober der Preis allmählich, und es wurde seitdem zu Thermometern, Schaltanlagen und Gleichrichtern sowie zu vielen anderen technischen Zwecken verwendet.

415 v grün Entdeckung durch Kallias
1001 n grün Heilmittel in Indien
1525 n grün Monopol in Österreich
1557 n grün Gewinnung von Silber
1714 n grün Thermometer

QUEIROS, Eca de, José Maria (1845 n bis 1900 n), portugiesischer Schriftsteller. Als Student der Rechte unter dem Einfluß französischer Sozialisten organisierte er antiklerikale und antimonarchistische 'Demokratische Konferenzen'. Wurde Redakteur, dann Schriftsteller und bereiste schließlich als Diplomat den Orient, Mittelamerika und viele Länder Europas. In seinen Romanen entlarvte er die Laster und Schwächen der portugiesischen Gesellschaft seiner Zeit. 'Das Verbrechen des Pater Amaro' zeigt die Liebe eines jungen Priesters, die am Zölibat und an der allgemeinen Prüderie zerbricht. Die gesellschaftliche Heuchelei mit ihrem Zwang zur Lüge beschrieb er in der Erzählung 'Die Reliquie'. In seinen späteren Werken trat eine Neigung zur Aufdeckung der psychologischen Hintergründe allen Geschehens zutage ('Der Mandarin'). Sein Rückgriff auf die Umgangssprache und die Hinwendung zu zeitnahen Problemen stellten für die portugiesische Literatur einen revolutionären Durchbruch dar.

1880 n blau 'Der Mandarin'

QUELLENKRITIK, Bezeichnung für eine Arbeitsweise des Historikers, die über das Zusammentragen erreichbarer Überlieferung hinausgeht und die Prüfung jeder überlieferten Tatsache auf ihren Wahrheitsgehalt zur Voraussetzung ihrer Aufnahme in ein Geschichtswerk macht. Ihre Verwirklichung durch den italienischen Historiker Valla war eine wesentliche Voraussetzung für die Entwicklung der Geschichtsschreibung zu einer Wissenschaft.

1408n–1457n Valla

QUERCY, Landschaft in Süd-Frankreich nördlich von Toulouse. Im 17. Jahrhundert Zentrum einer Bauernerhebung.

1624n braun Bauernaufstand

QUESNAY, François (1694n–1774n), französischer Arzt und Volkswirtschaftler. Studierte Medizin, wurde Chirurg, Leibarzt der Marquise von Pompadour, Professor der Medizin und Hofarzt des französischen Königs Ludwig XV. — Daneben galt sein Interesse der Volkswirtschaft. Das von Colbert eingeführte System der staatlichen Förderung und des staatlichen Schutzes der Gewerbe (Merkantilismus) wies er zurück und verkündete statt dessen ein auf der Ausbeutung des Bodens beruhendes wirtschaftliches Naturrecht (Physiokratismus). Danach ist das Eigeninteresse (Gewinnstreben) ein ausreichender Antrieb für die Wirtschaft, und dem Staat fällt lediglich die Aufgabe zu, die Volkswirtschaft vor Behinderungen ihrer freien Entfaltung zu bewahren. Mit dieser in seinem 'Tableau économique' niedergelegten Lehre vom selbsttätigen Kreislauf der Wirtschaft schuf er die theoretische Grundlage der kapitalistischen Volkswirtschaft. Indem er die volkswirtschaftlichen Vorgänge in ihrer wechselseitigen Bezüglichkeit systematisch untersuchte, förderte er die Entwicklung der Volkswirtschaftslehre zu einer Wissenschaft. Arbeitete auch an Diderots Enzyklopädie mit und verfaßte naturwissenschaftliche Schriften.

1758n grün Physiokratismus

QUEVEDO Y VILLEGAS, Francisco (1580n–1645n), spanischer Schriftsteller. Studierte Theologie, Literatur, Mathematik und Rechtswissenschaft. Im Dienste zweier Herzöge sowie als Sekretär des spanischen Königs lernte er die Sittenlosigkeit des Adels und der Höflinge kennen und gab seiner Empörung darüber in bitteren Satiren Ausdruck ('Träume'). Sie geben ein erschütterndes Bild des Niederganges Spaniens in der Epoche der Gegenreformation. Die Veröffentlichung trug ihm mehrjährige Kerkerhaft und andere Strafen ein. Schrieb auch Gedichte, Sonette und einen Schelmenroman ('Das Leben des Buscon') sowie ein Lehrbuch staatsmännischer Weisheit.

1611n blau Satiren

QUICHOTTE, Don, Romangestalt des spanischen Dichters Cervantes. Spottbild eines Ritters vergangener Zeiten, der auszieht, um für versunkene Ideale zu streiten. Wurde zum Inbegriff des weltfremden Schwärmers, dessen sittlich hochstehender Tatendrang an der Wirklichkeit scheitert (Kampf gegen Windmühlenflügel).

1547n–1616n Cervantes
1605n blau Niederschrift des Romans

QUINCTIUS FLAMININUS (228v–174v), römischer Feldherr und Staatsmann. Zwanzigjährig bereits Stabsoffizier, erhielt er dreißigjährig als Konsul das Oberkommando gegen Mazedonien. Es gelang ihm, griechische Stämme auf seine Seite zu ziehen und den Mazedonierkönig zu schlagen. Darauf erklärte er die aus mazedonischer Herrschaft befreiten Griechen für unabhängig. Anschließend führte er mit Unterstützung der griechischen Achäer einen Krieg gegen Sparta. Nach seinem Siege gewährte er auch Sparta gegen den Willen der Achäer die Unabhängigkeit. So gewann er die Griechen für das römische Reich und sicherte Rom die Schiedsrichterrolle gegenüber den untereinander verfeindeten griechischen Stämmen. Hielt Griechenland von einem Bündnis mit dem Syrerkönig Antiochos ab. Später bestimmte er den bithynischen König Prusias zur Auslieferung des karthagischen Feldherrn Hannibal, der von Kleinasien aus eine neue antirömische Koalition zusammenbringen wollte, sich dann aber der Übergabe durch Selbstmord entzog.

200v/197v 2. Mazedonischer Krieg
198v rot Bund mit Griechen
197v rot Rückzug Mazedoniens
197v rot Machtgewinn für Rom
197v grün Goldwährung
196v rot Griechenland frei

QUINTILIAN, Markus Fabius (um 35n bis 96n), römischer Sprachgelehrter aus Spanien. Als Sohn eines berühmten Redners erhielt er in Rom eine Ausbildung zum Sprachlehrer und studierte dann die Redekunst. In seine spanische Heimat zurückgekehrt, wurde er als Anwalt und Redner bald so berühmt, daß ihn der Statthalter und spätere Kaiser Galba mit sich nach Rom nahm. Hier gründete er eine Schule der Beredsamkeit und erhielt als erster Professor der Redekunst von Kaiser Vespasian ein öffentliches Gehalt. Zu seinen Schülern zählte Plinius der Jüngere. Kaiser Domitian betraute ihn mit der Erziehung seiner Großneffen. 50jährig heiratete er ein junges Mädchen, doch verlor er seine Frau und seine zwei Söhne bald. Nun wandte er sich ganz der schriftstellerischen Arbeit zu. Auf Drängen seiner Freunde verfaßte er noch kurz vor seinem Tode eine umfassende Grundlegung der Redekunst mit Anweisung für die Heranbildung von Rednern in frühester Jugend.

68n blau Schule der Redekunst
94n blau Werk über Redekunst

QUIRINAL-PALAST, Name eines Gebäudes auf einem der sieben Hügel Roms (dem Quirinal). Seit 1574n in fast 50jähriger Bauzeit als päpstliche Sommerresidenz errichtet, wurde er bis 1730n ständig ausgebaut und erweitert. Diente bis 1870n als päpstlicher Palast und wurde dann Residenz des Königs von Italien. Seit 1947n Sitz des italienischen Staatspräsidenten.

1621n blau Fertigstellung

QUIRINUSÖL, Bezeichnung für ein auf Flaschen abgefülltes Petroleum, das auf den westlichen Hängen des Tegernsees als Erdöl gewonnen und von den Mönchen des Klosters Tegernsee zu Heilzwecken verkauft wurde. Benannt nach dem Schutzheiligen des Klosters, dem 269n enthaupteten Römer Quirinus.

1441n grün Gewinnung

QUIROS, Pedro Fernandez (1560n–1614n), spanischer Seefahrer. Unternahm zusammen mit seinem Landsmann Torres eine Entdeckungsfahrt zur Auffindung eines sagenhaften Südkontinentes. Dabei entdeckte er die Insel Tahiti halbwegs zwischen Australien und Südamerika.

1606n grün Entdeckung von Tahiti

QUITZOW, Name einer deutschen Ritterfamilie, die in dem Dorfe Quitzow bei Perleberg (Mark Brandenburg) beheimatet war und im 14. Jahrhundert große Macht errang. Die Raubritter Dietrich und Hans von Quitzow wurden im Jahre 1414n durch den Nürnberger Burggrafen Friedrich I. besiegt, ihr Land wurde Grundstock des norddeutschen Besitzes der Hohenzollernfürsten.

1371n–1440n Friedrich I.

R 34, Name eines englischen Luftschiffes, das im Jahre 1919n den ersten Flug über den Nord-Atlantik unternahm. Unter Führung von H. G. Scott erreichte es in 108 Stunden von Schottland aus die Küste Nordamerikas und flog anschließend in 75 Stunden zurück.

1919n grün Flug über Atlantik

RAABE, Wilhelm (1831n–1910n), deutscher Dichter. Als Sohn eines Justiz-Amtsmannes verließ er vorzeitig das Gymnasium, um Buchhändler zu werden. 24jährig ging er nach Berlin, studierte Philosophie und wurde ein Jahr später durch seinen ersten Roman ('Chronik der Sperlingsgasse') bekannt. Seine liebevoll-humorige Zeichnung von Einzelgängern, die dem Zwange einer gnadenlos kommerzialisierten Gesellschaft zu entrinnen suchen, beherrschte auch viele seiner weiteren Werke. Begeisterte sich für die Ideen der französischen Revolution und stellte ihnen ironisierend die spießbürgerliche deutsche Enge entgegen ('Die Gänse von Bützow'). Die geistig-seelische Deformierung im Kapitalismus zeigte er im 'Hungerpastor' auf, wo alles höhere Streben am Krämergeist eines Juden scheitert. Den Ungeist der deutschen Kleinstaaterei prangerte er im Roman 'Abu Telfan' an. Schrieb auch Kindergeschichten.

1862n blau 'Der Hungerpastor'

RABANUS Maurus, deutscher Gelehrter, Mönch und Erzieher.

784n–856n Lebenslinie
808n–875n Otfried
814n blau Gedichte
850n blau Enzyklopädie

RABELAIS, François (1494n–1553n), französischer Dichter. Als Sohn eines Rechtsanwaltes trat er in ein Kloster ein, wo er Sprachstudien trieb. Durch seine Gelehrsamkeit den Mönchen verhaßt, legte er 36jährig die Mönchskutte ab und studierte Medizin. Als Arzt übersetzte er die Werke der griechischen Ärzte Hippokrates und Galen. Half seinem Freunde Etienne Dolet bei der Herausgabe aufklärerischer Schriften bis zu dessen Verhaftung. Wegen seiner eigenen Arbeiten immer wieder von der Kirche verfolgt, lebte er als Stadtarzt im deutschen Metz, bis er durch die Geliebte Heinrichs II. die Gunst des Königs errang und nach Frankreich zurückkehrte. An seinem fünfbändigen Romanwerk 'Gargantua und Pantagruel' arbeitete er die letzten zwanzig Jahre seines Lebens. Er prangerte darin die pfiffige Scheinheiligkeit der Priester an, entlarvte die anmaßende Unwissenheit der Ärzte und die charakterlose Wortklauberei der Juristen sowie den Übermut und die Unbildung der Regierenden. Die Heiterkeit seines Spotts, die Schönheit seiner Sprache und der Reichtum seiner Gedanken machten seine Werke weltbekannt.

1552n blau 'Gargantua und Pantagruel'

RABENSCHLACHT, alter Name für die Schlacht um die norditalienische Stadt Ravenna (= Raben) zwischen dem König der Ostgoten (Theoderich) und dem germanischen Heerführer Odoaker, der nach der Niederlage getötet wurde. Die deutsche Dichtung machte diesen Sieg des Theoderich (= Dietrich von Bern) über Odoaker zum Gegenstand einer Heldensage, in deren Mittelpunkt der Tod von zwei Söhnen des Hunnenkönigs Attila (= Etzel) und eines Bruders des Theoderich steht.

433n–493n Odoaker
455n–526n Theoderich der Große
489n/493n Vorstoß der Ostgoten
1199n blau Entstehung des Liedes

RACINE, Jean Baptiste, französischer Dichter.

1639n–1699n Lebenslinie
1677n blau 'Phädra'
1691n blau 'Athalie'

RAD, eine der größten Erfindungen des Menschen. Grundlage der Mechanik, des Transportwesens und der modernen Technik.

Vorzeittafel: Schlußbalken (5000 Jahre)
2985v grün Zweirad-Wagen in Indien
2945v grün Vierrad-Wagen in Sumer
1907v grün Kleinasien: Speichenrad
1764v grün Vierrad-Wagen in Ägypten
1724v grün Zweirad-Wagen der Kurriter
1342v grün Speichenrad in China
346v grün Zahnrad
230v grün Tretrad
107v grün Windrad
1707n grün Schaufelrad
1782n grün Schwungrad
1794n grün Kugellager
1844n grün Luftreifen

RADAR, Bezeichnung für ein Verfahren der Peilung, bei dem elektromagnetische Wellen ausgestrahlt werden, die sich in der Luft wie im Wasser frei fortbewegen, aber von Hindernissen reflektiert werden. Aus Laufzeit und Richtung der zurückkehrenden Wellen läßt sich dann Standort, Bewegungsrichtung und Geschwindigkeit von Flugzeugen, Schiffen und Raketen errechnen. Dieses von Tieren (Fische, Fledermäuse) angewandte Ortungsverfahren wurde 1904n von dem deutschen Ingenieur Christian Hülsmeyer als Möglichkeit beschrieben, konnte aber erst dreißig Jahre später auf Grund zahlreicher Erfindungen (Elektronenröhre) technisch verwirklicht werden. In seiner weiteren Entwicklung vielfach verfeinert, wurde es auch der Wetterkunde und der Weltraumforschung nutzbar gemacht.

1934n grün Entwicklung

RADBERTUS, fränkischer Priester und Theologe.

786n–861n Lebenslinie
845n blau Abendmahlslehre

RADEGAST, Name des Hauptgottes der slawischen Bevölkerung Mecklenburgs. Als Kriegsgott wurde er durch Menschenopfer besänftigt. Nach der Christianisierung Mecklenburgs lebte er als flügelgeschmückte Sagengestalt noch lange im Volke fort.

1066n rot Menschenopfer

RADEGUND (um 520n–587n), Königin des Frankenreiches. Als Tochter des Königs von Thüringen kam sie nach Besetzung ihres Landes durch fränkische Heere gefangen an den Hof des Frankenkönigs Chlothar I. und wurde dessen Frau. Doch betrog der triebhafte Frankenkönig sie immer wieder, so daß sie nach 14jähriger Ehe Nonne wurde. Gründete später selbst ein Kloster.

556n blau Kloster Poitiers

RADIERGUMMI. Dreißig Jahre nachdem der erste Kautschuk aus Südamerika nach Europa gekommen war, empfahl der englische Chemiker Priestley kleine Kautschukwürfel zur Tilgung von Bleistiftstrichen.

1770n grün Herstellung

RADIERUNG, Bezeichnung für ein Druckverfahren, bei dem eine Zeichnung seitenverkehrt in die säurefeste Schutzschicht einer Kupferplatte gestochen wird. Durch Ätzung werden dann die freigelegten Stellen in die Kupferplatte selbst eingeprägt, so daß sie als Druckstock verwendet werden kann. Diese verfeinerte Art des Kupferstichs wurde seit dem 16. Jahrhundert durch berühmte Maler und Zeichner zu hoher Vollkommenheit entwickelt und blieb jahrhundertelang die technisch höchste Form der Vervielfältigung graphischer Kunstwerke.

1471n–1528n Albrecht Dürer
1515n grün Ätztechnik
1606n–1669n Rembrandt
1627n blau Callot: Elend des Volkes
1633n blau Callot: Krieg
1643n blau Rembrandt: 'Drei Bäume'
1811n blau Goya: Krieg
1895n blau Kollwitz: Weberaufstand
1903n blau Kollwitz: Bauernaufstand
1952n blau Braque: 'Vogel III'

RADIOAKTIVITÄT, Bezeichnung für eine Erscheinung der Kernphysik, bei der sich Atomkerne unter Aussendung von Strahlen verwandeln. Von dem französischen Physiker Becquerel entdeckt, wurde sie von der polnischen Forscherin Marie Curie benannt.

1879n–1968n Otto Hahn
1896n grün Nachweis am Uran
1898n grün Radium, Polonium
1899n grün Alpha- und Beta-Strahlen
1910n grün Soddy: Isotope
1912n grün Kosmische Strahlung
1928n grün Geigerzähler
1934n grün Künstliche Erzeugung
1955n grün Kobalt 60
1956n grün Gefährlichkeit
1958n grün Strahlungsgürtel

RADISTSCHEW, Alexander Nikolajewitsch (1749n–1802n), russischer Dichter und Philosoph. Als Sohn eines verarmten Adligen wurde er am Zarenhofe als Page ausgebildet, ging aber nach Leipzig, wo er Geschichte, Medizin, Naturwissenschaften und die Rechtskunde studierte. Nach Rußland zurückgekehrt, wurde er Beamter und schrieb bald revolutionäre Gedichte ('Freiheit'). In seinem Buche 'Reise von Petersburg nach Moskau' behandelte er die Mißstände der russischen Gesellschaft, forderte die Befreiung der leibeigenen russischen Bauern und rief zur bewaffneten Erhebung gegen die zaristische Unterdrückung auf. Wegen dieses Buches von Katharina II. zum Tode verurteilt, zu Verbannung begnadigt und nach 10jähriger Haft entlassen, setzte er seinem Leben selbst ein Ende. Während der Verbannung hatte er mit der religiösen Verbrämung der Knechtschaft scharf abgerechnet und sich klar zu einem naturwissenschaftlichen Weltbilde bekannt ('Über den Menschen, seine Sterblichkeit und Unsterblichkeit').

1790n blau 'Reise nach Moskau'

RADIUM, Name eines Elementes, dessen Atomkerne unter Aussendung von Strahlen zerfallen, wodurch es in andere Elemente übergeht. Das aus Uran gewonnene radioaktive Metall, dessen Name aus dem lateinischen Worte 'radiosus' (= strahlend) abgeleitet wurde, ist außerordentlich kostbar. Die Weltproduktion beträgt jährlich etwa 100 Gramm. Es wird zur atomaren Kernspaltung verwendet sowie zu medizinischen Bestrahlungen und zu biologischen Versuchen.

1898n grün Entdeckung

RÄTSEL

723n–799n Paulus Diakonus
779n blau Rätselgedichte

RAFFAEL, italienischer Maler und Baumeister.

1483n–1520n Lebenslinie
1507n blau 'Madonna mit Stieglitz'
1510n blau 'Stanzen': Deckengemälde
1518n blau 'Sixtinische Madonna'

RAFFINERIE, von dem französischen Worte 'raffiner' (= verfeinern) abgeleitete Bezeichnung für Fabriken zur industriellen Reinigung von Rohstoffen.

1499n grün Zuckerfabrik in Antwerpen
1544n grün Zuckerfabrik in London
1573n grün Zuckerfabrik in Augsburg
1802n grün Achards Zuckerfabrik

RAGNAR-DRAPA, Titel einer normannischen Heldensage, niedergeschrieben von dem norwegischen Dichter Bragi Boddason als Dank für einen Schild. 'Ragnar' war der Name des Königs, der dem Dichter den kunstvollen Schild schenkte, 'Drapa' ist das norwegische Wort für 'Prunkgedicht'.

796n–848n Bragi Boddason
830n blau Abfassung

RAGNAR SIGURDSSON (um 780n–um 840n), normannischer König, der einen Teil Norwegens beherrschte. An seinem Hofe weilte der norwegische Dichter (Skalde) Bragi Boddason und schrieb Preislieder auf seine Heldentaten.

796n–848n Bragi Boddason
830n blau 'Ragnarlied'

RAGUSA, italienischer Name der jugoslawischen Hafenstadt Dubrovnik, die vor 1400 Jahren von slawischen Siedlern auf einer Halbinsel der Adria (Mittelmeer) angelegt wurde. Wegen ihres geschützten Hafens entwickelte sie sich zu einer mächtigen Stadt-Republik und behauptete ihre Unabhängigkeit trotz häufig wechselnder fremder Oberhoheit. Seit 1918n wichtige Hafenstadt des unabhängigen Jugoslawien.

1377n grün Quarantäne-Station

RA-HOTEP (um 2610v–um 2545v), ägyptischer Prinz, Sohn des Königs Snofru und Bruder des Königs Cheops. Ließ von sich selbst und seiner Frau Nofret Kalkstein-Statuen anfertigen, die entsprechend der ägyptischen Kunstauffassung in leuchtenden Farben bemalt waren und Augen aus Bergkristall hatten.

2569v blau Skulpturen

RAIFFEISEN, Friedrich Wilhelm (1818n–1888n), deutscher Volkswirtschaftler. Als Offiziersanwärter wegen eines Augenleidens ausgeschieden, wurde er Verwaltungsbeamter und Bürgermeister mehrerer rheinischer Gemeinden. Angesichts der bäuerlichen Not gründete er mit Hilfe wohlhabender Bürger einen Unterstützungsverein, der billiges Saatgut beschaffte und in einer eigenen Bäckerei billiges Brot erzeugte. Der hierbei erweckte genossenschaftliche Sinn lag auch seinem drei Jahre später gegründeten Hilfsverein zur Bekämpfung des Viehwuchers zugrunde. Später entwickelte er genossenschaftliche Darlehenskassenvereine für zinsgünstige Kredite bei solidarischer Haftung. Die von ihm zur Vermeidung eines kapitalistischen Gewinns festgelegte Ausschaltung der Übernahme von Genossenschaftsanteilen durch Nicht-Bauern wurde gerichtlich aufgehoben. So entwickelten sich die von ihm gegründeten Kassen allmählich zu gewinnbringenden Unternehmen, die sich nur noch durch engeren persönlichen Zusammenhalt ihrer Mitglieder, günstigere Darlehens-Bedingungen und etwas niedrigere Zinssätze von anderen Kreditinstituten unterscheiden.

1846n grün Bauerngenossenschaft

RAI-KO (um 2620v–um 2550v), chinesischer Arzt. Baute die von Li-Pe gefundenen Gesetze der Heilkunde zu einem geschlossenen System aus, wobei er den Methoden der ärztlichen Diagnose besondere Beachtung schenkte. In seinem grundlegenden Werke ('Nai-Kiyo') entwickelte er auch eine eigene Theorie der Pulsbeobachtung, aus der er weitgehende Schlüsse auf den Gesundheitszustand zog.

2578v grün Puls-Theorie

RAIMUND, Ferdinand (1790n–1836n), österreichischer Dichter. Als Sohn eines Drechslers wurde er Zuckerbäcker, folgte 18jährig einer Wanderbühne und wurde Schauspieler. 33jährig führte er ein selbstgeschriebenes Märchenspiel auf ('Der Barometermacher auf der Zauberinsel'), wurde Regisseur und Theaterdirektor. Seine Werke gaben dem Wiener Volksstück überzeitliche Bedeutung. In seinen Zauber- und Märchenhandlungen stellte er in humorvoller Weise der Raffgier, dem Geiz und dem Schmarotzerdasein von Bürgertum und Adel das tugendhafte, lebensfrohe Dasein des arbeitenden Volkes entgegen ('Der Bauer als Millionär', 'Der Alpenkönig und der Menschenfeind', 'Der Verschwender'). Doch hatte seine Gesellschaftskritik einen gutmütigen, versöhnlichen Zug. Schrieb auch Gedichte und Aphorismen. Wurde von einem Hunde gebissen und verübte Selbstmord, weil er fürchtete, das Tier sei tollwütig.

1833n blau 'Der Verschwender'

RAKETEN, Bezeichnung für flügellose Fahrzeuge, die sich dadurch vorwärts bewegen, daß sie Gase oder Flüssigkeiten in rückwärtiger Richtung ausstoßen.

972n grün Feuerwerksrakete in China
1220n grün Raketenwaffe in China
1734n grün Rückstoßprinzip
1806n grün Congreve: Raketengeschoß
1865n blau Jules Vernes Roman
1928n grün Auto mit Raketenantrieb
1934n–1968n Juri Gagarin
1942n grün Braun: Rakete
1949n grün 414 km Höhe
1950n grün 3000 km/h
1957n grün 'Sputnik'
1958n grün Strahlengürtel entdeckt

1959 n grün Künstlicher Planet
1959 n grün 'Lunik'
1959 n grün Bilder der Mondrückseite
1960 n grün Raumschiff mit Tieren
1961 n grün Gagarins Raumflug
1962 n grün Venus-Sonde
1962 n grün 'Rendezvous-Flug'
1963 n grün Raumflug einer Frau
1964 n grün Raumschiff mit 3 Menschen
1965 n grün Aussteigen im All
1965 n grün Mars-Sonde

RALEIGH, Walter (1552 n–1618 n), englischer Seefahrer. Ging 17jährig nach Frankreich, um mit den Hugenotten gegen die katholische Rückeroberung Frankreichs zu kämpfen. 24jährig unternahm er mit seinem Bruder eine erfolglose Entdeckungsfahrt nach Amerika. Dann beteiligte er sich an der Unterdrückung des irischen Freiheitskampfes und erhielt dadurch Eingang beim englischen Hofe. Gewann die Zuneigung der 20 Jahre älteren Königin Elisabeth, wurde Kapitän der königlichen Leibwache und Oberaufseher der Zinnbergwerke. 1584 n erhielt er von der Königin das Recht zur Eroberung unbekannter Länder und nahm im gleichen Jahre Virginien (Nordamerika) in Besitz. Veranlaßte noch zahlreiche Raub- und Entdeckungsreisen, an denen er auch manchmal selbst teilnahm. Bei der Entscheidungsschlacht gegen die spanische Flotte (Armada) verstärkte er die Flotte der englischen Königin durch seine eigenen Schiffe. Vier Jahre später führte er eine Flotte zur Kaperung spanischer Schiffe nach Amerika und griff als Konteradmiral den spanischen Festlandbesitz in Amerika an. Nach der Thronbesteigung Jakobs I. verhaftet, begann er, im Kerker an einer Weltgeschichte zu schreiben. 1618 n als Gegner der Annäherung Englands an Spanien hingerichtet. Seine Schrift über Englands Seegeltung wurde theoretische Grundlage der weltweiten Eroberungspolitik seines Landes.

1533 n–1603 n Elisabeth
1562 n/1598 n Hugenotten-Kriege
1584 n rot Virginien englisch
1588 n braun Niederlage der Armada
1616 n blau Schrift über Seegeltung

RAMA, Gestalt der indischen Heldensage. Irdische Verkörperung des Gottes Wischnu. Er spannt einen Bogen, den 5000 Menschen herbeiholen müssen, und gewinnt so die schöne Königstochter Sita zur Frau. Doch wird sie ihm entführt. Er findet sie mit Hilfe des Affenkönigs auf Ceylon, vernichtet in einem furchtbaren Krieg den Entführer und gewinnt Sita zurück. Weil er aber trotz ihrer Beteuerungen an ihrer Unschuld zweifelt, verliert er sie für immer und folgt ihr in den Himmel. Das Heldengedicht von seinen Taten hat 24000 Strophen.

186 n blau Heldenlied 'Ramajana'
408 n blau Kalidasas Dichtung
650 n blau 'Gedicht des Bhatti'
1596 n blau Tulsidas' Dichtung

RAMANUJA, indischer Religionsphilosoph

1023 n–1105 n Lebenslinie
1086 n blau Einheit von Seele und Stoff

RAMEAU, Jean Philippe (1683 n–1764 n), französischer Komponist und Musiktheoretiker. Als Sohn eines Organisten verließ er früh die Jesuitenschule, um Musiker zu werden. Wegen einer Liebesaffäre nach Italien geschickt, kehrte er bald als Theatergeiger in die Heimat zurück, ohne der italienischen Musik etwas abgewonnen zu haben. In Paris zum Organisten ausgebildet, schuf er Klaviersonaten und Kantaten, die allgemeinen Beifall fanden. 39jährig veröffentlichte er seine zusammenfassende Lehre von der Verwandtschaft der Klänge und ihrer naturgemäßen Verbindung ('Traité de l'harmonie'). Schrieb 29 Opern und Ballettopern sowie zahlreiche Klavierstücke, die ihn berühmter machten als seine umstrittenen Opern. Verfaßte auch ein theoretisches Werk über den Klavierunterricht.

1722 n grün Harmonielehre
1737 n blau 'Castor und Pollux'

RAMÉE, Pierre (1515 n–1572 n), französischer Mathematiker, Philosoph und Sprachforscher aus einem Dorfe 100 km nördlich von Paris. Als Diener eines reichen Schülers fand er Zugang zu den wissenschaftlichen Schulen der Hauptstadt und wurde Professor an der Universität Paris. Die von der Kirche übernommene Logik des Aristoteles lehnte er ab und entwickelte aus der Mathematik eine neue, nichtaristotelische Logik, die er in Begriff, Urteil, Schluß, Definition, Beweis und Methode gliederte. Verfaßte Lehrbücher der griechischen, lateinischen und französischen Sprache sowie ein Physikbuch. Verwarf die Lehre von der göttlichen Offenbarung und führte alles Wissen auf den menschlichen Verstand zurück. Brach mit der katholischen Kirche und schloß sich den Hugenotten an. Wurde mehrfach verfolgt und schließlich in der Bartholomäusnacht ermordet.

1555 n blau 'Dialektik'

RAMESSEUM, Name eines Tempels, den der Ägypterkönig Ramses II. für seinen Totenkult auf dem Westufer des Nils bei Theben (Süd-Ägypten) errichtete. Enthält einen von 48 riesigen Säulen getragenen Saal sowie zahlreiche Reliefs, auf denen in Bildern und Worten die Heldentaten Ramses' II. dargestellt sind. Vor dem Tempel war eine Kolossal-Statue des Königs aus einem einzigen Steinblock von 25 m Höhe aufgestellt.

1326 v–1234 v Ramses II.
1272 v blau Errichtung

RAMESSEUM-PAPYRUS, Bezeichnung für die älteste erhaltene Dichtung der Ägypter und erste dramatische Dichtung der Menschheit. Benannt nach einem Bauwerk bei Theben, in dessen Nähe die Aufzeichnung auf einem Papyrus gefunden wurde. Enthält Vorschriften für das Verhalten bei einer Feier zu Ehren des ägyptischen Gottes der Fruchtbarkeit (Osiris) und erklärt Kulthandlungen aus der Osiris-Sage.

2647 v blau Entstehung

RAMESSIDEN, Name einer ägyptischen Herrscherfamilie, benannt nach ihrem ersten König Ramses I., der um 1318 v zur Macht gelangte. Ihre Herrschaft endete nach 230 Jahren mit dem Tode Ramses' XI.

1365 v–1317 v Ramses I.
1347 v–1282 v Muwa-Talli
1345 v–1301 v Sethos I.
1328 v–1252 v Hattu-Sili III.
1326 v–1234 v Ramses II.
1321 v–1235 v Bek-Necho
1320 v–1258 v Nefer
1317 v blau 'Ramses kniet vor Isis'
1317 v blau 'Sethos und Göttin Mut'
1315 v grün Streitwagen-Abteilungen
1314 v braun Eroberung Kanaans
1314 v rot Heeres-Neuordnung
1314 v blau Königsliste in Abydos
1311 v braun Vorstoß gegen Hettiter
1311 v blau 'Liebesgöttin und Pharao'
1310 v blau 'Sethos verehrt Wahrheit'
1308 v blau Tempel von Abydos
1305 v braun Vorstoß nach Libyen
1304 v blau Heldentaten-Zyklus
1302 v blau Widder-Allee von Karnak
1301 v blau Bau der Ramsesstadt
1298 v rot Ramsesstadt Hauptstadt
1298 v blau 'Der kniende Pharao'
1298 v–1228 v Moses
1297 v/1282 v Krieg gegen Hettiter
1293 v blau 'Der freundliche Pharao'
1291 v blau Tempel von Abu-Simbel
1288 v–1232 v Hori
1287 v blau 'Schlacht bei Kadesch'
1286 v blau 'Königin beim Gebet'
1286 v–1220 v Meren-Pta
1282 v rot Vertrag mit Hettitern
1280 v blau Porträt Ramses' II.
1278 v blau 'Isis und Nofretere'
1277 v blau 'Ramses mit blauer Krone'
1275 v blau Ausbau des Luxor-Tempels
1274 v blau Felsplastiken Ramses' II.
1272 v blau Bau des 'Ramesseums'
1271 v blau Halle von Abu Simbel
1263 v blau Säulenhalle von Luxor
1257 v–1210 v Sethos II.
1252 v rot Rang an Amun-Oberpriester
1250 v rot Israeliten-Auswanderung
1250 v–1197 v Set-Nacht
1249 v blau Säulenhalle von Karnak
1234 v blau 'Schlechtrasierter Pharao'
1230 v braun Libyer-Vertreibung
1229 v braun Siege in Vorderasien
1227 v rot Eindringen von Libyern
1224 v–1165 v Ramses III.
1208 v–1137 v Ram-Se-Na
1203 v–1159 v Ramses IV.
1193 v braun Sieg über Libyer
1191 v blau Mondgott-Tempel
1189 v braun Sieg über Seevölker
1187 v braun Sieg über Libyer
1177 v blau Palast Ramses' III.
1174 v blau 'Prinz und Isis'
1173 v grün Palast-Befestigung
1169 v blau Spottbild auf Pharao
1168 v rot Lohnarbeiter-Streik
1168 v–1115 v Ramses IX.
1165 v rot Mord an Ramses III.
1165 v blau Testament Ramses' III.
1164 v–1107 v Per-Pet
1162 v grün Baumaterial-Beschaffung
1158 v–1094 v Ameno
1157 v blau 'Gefangener mit Pharao'
1150 v–1076 v Pa-He-Nesi
1142 v–1085 v Ramses XI.
1128 v–1057 v Herihor
1125 v–1054 v Smendes
1119 v rot Grabräuberprozeß
1101 v/1100 v Volksaufstand
1101 v rot Libyer bei Aufständischen
1085 v rot Zerfall des Reiches

RAMMAH, Al (um 1220 n–1295 n), arabischer Militärschriftsteller. In seinem 'Buch vom Reiterkampf und von den Kriegsmaschinen' beschrieb er eine pulvergetriebene Rakete als 'selbstbewegliches brennendes Ei'. Bezeichnete den Salpeter als Grundlage der gesamten Feuerwerkerei und entwickelte Verfahren zur Läuterung des Salpeters durch Zusatz von Pottasche oder durch wiederholtes Kristallisieren.

1285 n grün 'Feuerwerksbuch'

RA-MOSIS, ägyptischer Staatsmann.

1438 v–1368 v Lebenslinie
1391 v–1358 v Echnaton

RAM-SE-NA, ägyptischer Oberpriester.

1208 v–1137 v Lebenslinie

RAMSES I., ägyptischer Herrscher (Pharao).

1365 v–1317 v Lebenslinie
1384 v–1318 v Haremhab
1345 v–1301 v Sethos I.
1317 v blau Relief

RAMSES II., ägyptischer Herrscher (Pharao).

1326 v–1234 v Lebenslinie
1347 v–1282 v Muwa-Talli
1328 v–1252 v Hattu-Sili III.
1320 v–1258 v Nefer
1301 v blau Ramses-Stadt
1298 v rot Ramses-Stadt Hauptstadt
1298 v–1228 v Moses
1297 v/1282 v Krieg gegen Hettiter
1297 v rot Hilfe durch Amoriter
1293 v blau Plastik
1291 v blau Tempel von Abu Simbel
1288 v–1232 v Hori
1287 v blau 'Schlacht bei Kadesch'
1286 v blau Gemälde seiner Frau
1286 v–1220 v Meren-Pta
1282 v rot Friede mit Hettitern
1280 v blau Porträt
1278 v blau Bildnis seiner Frau
1277 v blau Bildnis
1275 v blau Tempel von Luxor
1274 v blau Sitzplastiken
1272 v blau Ramesseum
1271 v blau Halle von Abu Simbel
1263 v blau Säulenhalle von Luxor
1250 v rot Rückzug der Israeliten
1249 v blau Säulenhalle von Karnak

RAMSES III., ägyptischer Herrscher (Pharao).

1224 v–1165 v Lebenslinie
1250 v–1197 v Set-Nacht
1203 v–1159 v Ramses IV.
1193 v braun Sieg über Libyer
1189 v braun Sieg über Seevölker
1187 v braun Sieg über Libyer
1177 v blau Palast in Theben
1173 v grün Palastmauer
1169 v blau Spottbild
1168 v rot Streikwelle
1165 v rot Ermordung
1165 v blau Gefälschtes Testament

RAMSES IV., ägyptischer Herrscher (Pharao).

1203 v–1159 v Lebenslinie

RAMSES IX., ägyptischer Herrscher (Pharao).

1168 v–1115 v Lebenslinie
1119 v rot Grabräuberprozeß

RAMSES XI., ägyptischer Herrscher (Pharao).

1142 v–1085 v Lebenslinie
1158 v–1094 v Ameno
1150 v–1076 v Pa-He-Nesi
1128 v–1057 v Herihor
1125 v–1054 v Smendes
1101 v/1100 v Volkserhebung
1101 v rot Söldnerhilfe für Aufstand
1085 v rot Zerfall des Reiches

RAMSES-STADT, Name einer von dem Ägypterkönig Ramses II. im östlichen Nildelta angelegten Stadt, die 350 Jahre lang Hauptstadt Ägyptens war. Von Ramses' Vater Sethos zum Schutze der von Vorderasien her gefährdeten nördlichen Reichshälfte geplant, hat sie Ramses II. dann mit gewaltigem Aufwand unweit des Mittelmeeres errichtet und ihr seinen Namen gegeben.

1326 v–1234 v Ramses II.
1301 v blau Gründung
1298 v rot Hauptstadt

RANCÉ, Armand Jean (1626 n–1700 n), französischer Priester. Als Neffe des Kardinals Richelieu mit elf Jahren zum Chorherrn von Notre Dame in Paris ernannt und 25jährig zum Priester geweiht, führte er ein triebhaftes, ausschweifendes Leben. Dann unterzog er sich plötzlich strengster Enthaltsamkeit, überwies sein Vermögen (500 000 Mark) der Kirche und übernahm das heruntergekommene Zisterzienser-Kloster La Trappe 130 km westlich von Paris. Berief Mönche der strengsten Richtung und gab ihnen eine Regel von unmenschlicher Härte. Den so geschaffenen neuen Orden ('Trappisten') leitete er als Abt. Unterband auch alle wissenschaftlichen Studien der Mönche.

1663 n rot Ordens-Reform

RANGPUR, Stadt in Indien unweit der Mündung des Sabarmati-Flusses in das Arabische Meer. Entstand vor fast 5000 Jahren etwa gleichzeitig mit den ersten Städten des Industals.

2858 v blau Entstehung

RANGUN, Hafenstadt in Burma (Hinterindien) an der Vereinigung dreier Flüsse zum Rangun-Strom, etwa 20 km vor dessen Mündung in den Indischen Ozean. Vor über 200 Jahren von dem burmesischen König Alompra erbaut, in der Nähe der vergoldeten Schwe-Dagon-Pagode, die seit alters her der religiöse Mittelpunkt des buddhistischen Hinterindiens war. Sie soll schon zu Lebzeiten Buddhas vor 2500 Jahren errichtet worden sein und 8 Haupthaare Buddhas besitzen. Die Stadt wurde von englischen Truppen 1852 n erobert, war seit 1885 n Sitz der britischen Kolonialregierung in Burma, wurde 1942 n von Japanern stark zerstört und ist seit Erringung der Unabhängigkeit im Jahre 1947 n Hauptstadt Burmas.

1753 n blau Gründung

RANKE, Leopold (1795 n–1886 n), deutscher Geschichtsschreiber. Studierte Theologie und Philosophie und wurde Oberlehrer am Gymnasium von Frankfurt an der Oder. Auf Grund einer Arbeit über die romanischen und germanischen Völker in der Reformationszeit erhielt er eine Professur für Geschichte an der Universität Berlin, die er 46 Jahre lang innehatte. Bezeichnete die Geschichte Europas und des Mittelmeerraumes als 'Weltgeschichte' und begann unter diesem Titel als Achtzigjähriger ein neunbändiges Werk. Darin schrieb er vor allem über die großen Männer, während die Schicksale der Völker zurücktraten. Auch stellte er die politische Staatsgeschichte in den Vordergrund und ließ die Kultur- und Wirtschaftsgeschichte fast unbeachtet. Leugnete den menschlichen Fortschritt, lehnte alle liberalen und revolutionären Bewegungen ab und trat für die restaurativen Strömungen ein. Das Vorhandensein objektiver historischer Gesetzmäßigkeiten schloß er aus und bezeichnete Geschichte als Weg zur 'ahnenden Erkenntnis des göttlichen Wesens'. Diese Betrachtungsweise nannte er Wissenschaft und vertrat die Auffassung, daß sie mit Politik nichts zu tun habe. Gleichzeitig wirkte er als politischer Ratgeber des Bayernkönigs Maximilian II. sowie des Preußenkönigs Wilhelm IV. Erzog eine ganze Generation deutscher Historiker (Waitz, Dove, Giesebrecht, Sybel, Delbrück) und galt bis in unsere Epoche bürgerlichen Historikern als Vorbild objektiver Geschichtsbetrachtung.

1834 n blau 'Die römischen Päpste'

RA-NO-FER (um 2505 v–um 2445 v), ägyptischer Beamter. Als Oberpriester des Schöpfergottes Pta, der zugleich Schutzherr der Handwerker war, unterstanden ihm die Steinbrüche und Werkstätten der Residenzstadt Memphis. Er führte den Titel 'Oberleiter der Steinhandwerker'. Für sein Grabmal in Sakkara bei Memphis ließ er zwei Statuen von sich anfertigen, die in ihrer künstlerischen Formgebung wie in ihrer handwerklichen Ausführung zu den besten Arbeiten seiner Zeit zählen.

2453 v blau Statue

RAPALLO-VERTRAG, Name eines Abkommens zwischen Deutschland und Rußland, geschlossen während der Weltwirtschaftskonferenz in Genua. Benannt nach einem Vorort der Stadt, in dem er von den Außenministern der beiden Mächte (Rathenau und Tschitscherin) unterzeichnet wurde. Stellte zwischen den beiden Staaten normale völkerrechtliche Beziehungen her. Obwohl Rußland darin auf die ihm noch zustehenden Kriegsentschädigungen verzichtete und die Vertragspartner wirtschaftliche Meistbegünstigung vereinbarten, führte er nicht zu der von den Westmächten befürchteten Kehrtwendung der deutschen Außenpolitik. Doch löste er Deutschland aus seiner internationalen Isolierung und zerbrach die Einheitsfront aller kapitalistischen Länder gegenüber dem ersten sozialistischen Staat der Erde.

1922 n rot Abschluß

RAPHIA, Stadt an der Küste des östlichen Mittelmeeres zwischen Palästina und Ägypten. Hier besiegten 720 v die Assyrerheere Sargons II. eine von dem Ägypterkönig Bok-Choris angezettelte und durch Entsendung einer ägyptischen Armee unterstützte Erhebung Palästinas. Im Jahre 217 v erlagen hier die Heere Syriens unter Antiochos III. den ägyptischen Heeren Ptolemäus' IV. Beide Kriege bewahrten Ägypten vor dem Einfall von Heeren aus Vorderasien, weil es die militärische Auseinandersetzung ins Vorfeld des Nilreiches legte.

720 v braun Erhebung Palästinas

RASCHI (1040 n–1105 n), jüdischer Theologe aus Troyes (Frankreich). Besuchte die höheren jüdischen Schulen von Worms und Mainz, wo er eine gründliche Kenntnis der jüdischen Religionsbücher (Talmud, Midrasch, Bibel) erwarb. Verfaßte wortgetreue Auslegungen dieser Schriften, die als Muster von Buchstaben-Gläubigkeit berühmt wurden.

1091 n blau Bibel-Talmud-Kommentar

RASCHID, Harun al, Herrscher Arabiens ('Kalif') von 786 n bis 809 n.

766 n–809 n Lebenslinie
786 n–833 n Al Mamun
798 n rot Friede mit Byzanz
798 n rot Gesandtschaft an Karl
801 n blau '1001 Nacht'

RASD, Ibn (Averroes), arabischer Philosoph und Naturforscher in Spanien.

1126 n–1198 n Lebenslinie
1151 n blau Scholastik
1166 n grün Sonnenflecken-Theorie
1174 n grün Psychologie
1182 n grün Aristoteles-Kommentar

RASI, Al, arabischer Arzt, Naturforscher und Philosoph persischer Herkunft.

865 n–932 n Lebenslinie
896 n grün Seuchenkunde
904 n grün Atomlehre
910 n grün Stoffverwandlung
913 n blau Religionskritik
927 n grün Enyklopädie

RASIEREN, von dem lateinischen 'radare' (= schaben) abgeleitete Wort für den Haarschnitt mit scharfem Messer, der in unserer Epoche durch verschiedene Apparate vorgenommen wird.

1303 v grün Frauentonsur in Ägypten
1234 v blau 'Schlecht rasierter Pharao'
333 v grün Alexander ohne Bart
1901 n grün Rasierklinge

RASIN, Stenka (um 1625 n–1671 n), russischer Freiheitskämpfer. Gegen die Ausbeutung seines Volkes durch den Adel zog er an der Spitze aufständischer südrussischer Bauern, Hirten, Fischer und Jäger (Kosaken) vom Don ins Wolgatal und in das Gebiet des Kaspischen Meeres. Eroberte Astrachan, Zarizyn, Samara und Saratow. Bei der Belagerung der Stadt Simbirsk wurde er von den zaristischen Truppen geschlagen. Er floh verwundet in seine Heimat am Don, wurde verraten und gefangen, nach Moskau gebracht und nach schwerer Folterung öffentlich hingerichtet.

1629 n–1676 n Alexei Michailowitsch
1670 n/1671 n Aufstand

RASKOLNIKEN, Name der Anhänger einer religiös-sozialen Bewegung in Rußland, die sich mongolischen wie byzantinischen Einflüssen innerhalb der orthodoxen Kirche widersetzten. Anlaß ihrer Trennung von der Staats-Kirche war die Veränderung der Gesang- und Gebetsbücher durch den Patriarchen Nikon. Doch wuchs daraus eine Auflehnung gegen die gesellschaftlichen Zustände des Zarenreiches. Durch opfervolle Verzweiflungstaten (Massen-Verbrennungen) suchten sie sich der gnadenlosen Ausbeutung des arbeitenden Volkes durch eine schmarotzende adlige Minderheit entgegenzustemmen. Sie unterstützten auch den Aufstand des Pugatschew. Erbarmungslos verfolgt, wanderten viele von ihnen nach Österreich, Ostpreußen und in die Türkei aus. Erst im 19. Jahrhundert wurden sie in Rußland allmählich geduldet. Seit 1880 n wirkte der Bauer Sontajew für die Neugestaltung ihrer christlichen Liebestätigkeit im sozialistischen Sinne. Dieser Bewegung schloß sich auch der Schriftsteller Leo Tolstoi an. Nach der Revolution von 1905 n erhielten sie Glaubensfreiheit, nach der bolschewistischen Revolution rechtliche Gleichstellung mit der orthodoxen Kirche.

1666 n rot Entstehung
1775 n braun Pugatschew-Aufstand

RASPE, Rudolf Erich (1737 n–1794 n), deutscher Schriftsteller. Wurde Bibliothekar und Professor in Kassel, mußte aber 1775 n fliehen, weil er die ihm anvertrauten Sammlungen bestohlen hatte. In England veröffentlichte er eine Sammlung von 17 abenteuerlichen Geschichten des deutschen Gutsbesitzers Baron Münchhausen.

Das von dem deutschen Schriftsteller Bürger ein Jahr später ins Deutsche übersetzte Buch der Aufschneidereien des 'Lügenbarons' wurde ein Welterfolg. Nach Abfassung einiger Arbeiten über Fragen der Altertumswissenschaft starb er arm und unbekannt in Irland.

1786n blau Bürgers Übersetzung

RASTPLÄTZE

340v–273v Appius Klaudius
312v grün 'Via Appia'

RAT FÜR GEGENSEITIGE WIRTSCHAFTSHILFE (COMECON), Bezeichnung für die Wirtschafts-Organisation sozialistischer Staaten (UdSSR, Bulgarien, CSSR, DDR, Mongolei, Polen, Rumänien, Ungarn). 1949n von der UdSSR für die Abstimmung der Volkswirtschaft in den von ihr besetzten und kontrollierten Ländern geschaffen, entwickelte sie sich mit zunehmender Verselbständigung dieser Länder zu einem immer stärker auf echter Gegenseitigkeit beruhenden Wirtschaftsverband. Mit der Überwindung des Stalinismus durch Chrustschow wurde sie allmählich zu einem selbständigen Instrument unabhängiger Volkswirtschaften für die Abstimmung ihrer auf Planwirtschaft beruhenden Güterproduktion und -verteilung. Die Bezeichnung 'COMECON' ist eine Abkürzung des englischen Namens der Organisation ('Council formutual economic aid').

1949n grün Gründung

RATHÄUSER

1220n blau Worms
1259n blau Thorn
1279n blau Stralsund
1335n blau Münster
1370n blau Aachen
1382n blau Danzig
1387n blau Brügge
1405n blau Frankfurt am Main
1410n blau Bremen
1411n blau London
1443n blau Lübeck
1454n blau Brüssel
1463n blau Löwen
1470n blau München
1496n blau Breslau
1553n blau Paris
1556n blau Leipzig
1561n blau Antwerpen
1562n blau Altenburg
1578n blau Rothenburg
1620n blau Augsburg
1655n blau Amsterdam
1729n blau Salamanca
1882n blau Wien
1897n blau Hamburg
1923n blau Stockholm

RATHENAU, Walther (1867n–1922n), deutscher Kaufmann und Politiker. Als Sohn des jüdischen Industriellen Emil Rathenau wurde er Ingenieur und Bankier. Beim Tode seines Vaters übernahm er den von diesem gegründeten Elektrizitäts-Konzern 'AEG'. Im ersten Weltkriege wurde er Leiter der Rohstoffabteilung im Kriegsministerium und organisierte die deutsche Rüstungsindustrie. Als Anhänger Ludendorffs trat er bis 1918n für die Abwendung der militärischen Niederlage Deutschlands ein. Später setzte er sich dann für eine Erfüllung der Deutschland auferlegten Kriegsschulden ein. 1921n wurde er Wiederaufbauminister in der Regierung des Zentrumspolitikers Wirth und durchbrach als dessen Außenminister 1922n durch einen Vertrag mit der Sowjetunion (Rapallo) die deutsche Isolierung. Zur Abwendung des Sozialismus bemühte er sich um Beseitigung der gröbsten Mißstände des Kapitalismus. Von den nationalistischen Offizieren Kern und Fischer ermordet.

1922n rot Rapallo-Vertrag
1922n rot Ermordung

RATIONALISIERUNG, Erhöhung der Arbeitsproduktivität durch Werkzeuggebrauch, Arbeitsvereinfachung, Arbeitsteilung, Mechanisierung und Automation.

Vorzeittafel: 800 Tausend Jahre
Vorzeittafel: 500 Tausend Jahre
Vorzeittafel: 300 Tausend Jahre
Vorzeittafel: 100 Tausend Jahre
Vorzeittafel: 20 Tausend Jahre
Vorzeittafel: 10 Tausend Jahre
Vorzeittafel: Schlußbalken (5000 Jahre)
2997v grün Ziegelbau
2994v grün Kupfernadeln
2985v grün Zweirädrige Wagen
2977v grün Metall-Werkzeuge
2961v grün Metallguß-Technik
2945v grün Vierrädrige Wagen
2940v grün Zugtiere
2931v grün Seile
2887v grün Mühlsteine
2884v grün Bewässerung
2871v grün Töpferscheibe
2834v grün Stadtplanung
2815v grün Manufakturen
2694v grün Bohrer
2477v grün Fischfang mit Netz
2025v grün Obstbaum-Plantagen
2017v grün Normen
1907v grün Speichenräder
1449v grün Arbeitsteilung in Ägypten
896v grün Druckverfahren
692v grün Wasser-Schöpfsystem
528v grün Drehbank
433v–351v Archytas
299v grün Eisenpflug mit Rädern
296v–228v Ktesibios
284v grün Wirtschaftslenkung
265v–202v Philon
261v grün Wasser-Hebeschraube
239v grün Flaschenzug
233v grün Selbsttätige Lampe
230v grün Treträder
224v grün Bagger
221v grün Waschkugel-Automat
152v–82v Heron
111v grün Nutzung des Dampfes
88v grün Wassermühlen
14v grün Vitruv: Maschinenbau
205n grün Säge mit Spannschnur
363n grün Sägewerk (Wasserantrieb)
1185n grün Arbeitsteilung in Italien
1200n grün Großbetriebe in Italien
1222n grün Windmühlen
1233n grün Villard: Bauhüttenbuch
1243n grün Villard: Automatisation
1245n grün Plan: Perpetuum mobile
1249n grün Gewächshaus
1272n grün Zwirn-Maschine
1329n grün Drehkran
1355n grün Drahtmühle
1397n grün Produktions-Vorschrift
1445n grün Alberti: Mühlenbau
1448n grün Gießgerät
1501n grün Schienenwagen
1530n grün Verbessertes Spinnrad
1555n grün Agricola: Bergwerksbuch
1561n grün Verbesserte Drehbank
1585n grün Dezimalsystem gefordert
1589n grün Wirkstuhl
1591n grün Greifbagger
1594n grün Seilbahn
1623n grün Rechenmaschine
1623n–1687n Petty
1629n grün Brancas Dampfmaschine
1671n grün Mahlwalze
1674n grün Petty: Arbeitsteilung
1690n grün Papin: Dampfmaschine
1697n grün Savery: Dampfmaschine
1712n grün Newcomen: Dampfmaschine
1714n grün Mill: Schreibmaschine
1730n grün Saunderson: Schreibmaschine
1736n–1819n James Watt
1765n grün Watts Dampfmaschine
1767n grün Spinnmaschine
1785n grün Mechanischer Webstuhl
1790n grün Saint: Nähmaschine
1793n grün Entkernungs-Maschine
1793n grün Kreissäge
1800n grün Krems: Nähmaschine
1804n grün Lokomotive
1805n grün Webstuhl-Automatik
1807n grün Bandsäge
1810n grün Buchdruck-Schnellpresse
1813n rot Maschinenstürmer
1814n grün Hobelmaschine
1816n–1892n Siemens
1832n grün Dampfpflug
1834n grün Mähmaschine
1845n grün Howe: Nähmaschine
1847n–1931n Edison
1851n grün Singers Nähmaschine
1860n grün Gasmotor
1860n grün Rotations-Druckmaschine
1863n–1947n Ford
1864n grün Petroleum-Motor
1866n grün Dynamo
1870n grün Fließarbeit
1870n grün Remington: Schreibmaschine
1876n grün Viertaktmotor
1880n grün Hollerith-Maschine
1883n grün Benzinmotor
1884n grün Zeilengießmaschine
1889n grün Webautomat
1893n grün Schweröl-Motor
1894n–1964n Norbert Wiener
1895n grün Taylors Lehre
1903n grün Fords Autofabrik
1911n grün Fernlenkung
1911n grün Fließband
1929n grün UdSSR: Fünfjahresplan
1935n grün Stachanow-System
1941n grün Programmiertes Rechnen
1942n grün Elektronisches Rechnen
1948n grün Plan in Ostdeutschland
1948n grün Kybernetik
1952n grün Halbautomatische Fabrik
1953n grün Fünfjahresplan in China
1963n grün Super-Rechenmaschine

RATTENFÄNGER VON HAMELN, Bezeichnung für eine sagenhafte Geschichte, die sich in der Stadt Hameln an der Weser im Jahre 1284n zugetragen haben soll. Danach hat ein Pfeifer die Stadt dadurch von einer Rattenplage befreit, daß er die Ratten durch das schöne Spiel seiner Flöte bezauberte und weit aus der Stadt herausführte. Als man ihm seinen Lohn vorenthielt, lockte er mit seinem Flötenspiel 130 Kinder aus der Stadt und entführte sie.

1284n blau Entstehung der Geschichte

RAUBRITTERTUM, Bezeichnung für eine Entartung des ohnehin meist von Krieg und Raub lebenden Rittertums. Entstand aus der wirtschaftlichen Notlage, die sich nach Aufkommen der Feuerwaffen und eines wehrhaften Bürgertums bei den Rittern Mitteleuropas verbreitete. Äußerte sich in der Mißachtung der Regeln, nach denen die Ritter sonst ihre Ausbeutung durchgeführt hatten, so daß sich das ganze Rittertum auf ein gewöhnliches Wegelagerertum reduzierte.

1218n–1291n Rudolf I.

RAUBTIERE, Bezeichnung für fleischfressende Säugetiere.

2998v blau Löwenjagd-Darstellung
2942v–2870v Du-Muzi
2918v blau Bild von Hund und Fuchs
2838v blau 'Hungriger Löwe'
2827v blau Plastik eines Jagdhundes
2802v blau 'Hunde auf Gazellenjagd'
2738v blau 'König auf Löwenjagd'
2722v blau Relief zweier Löwen
2698v blau Plastik: Sitzender Löwe
2691v blau 'Kampf Löwe–Mensch'
2673v blau Plastik eines Hundes
2489v blau Löwenkopf-Plastiken
2465v grün Bären als Kriegsbeute
2446v blau Löwenköpfe aus Kupfer
2434v blau 'Katze beim Vogelfang'
2425v blau Löwenkopf aus Granit
2415v blau 'Gefangene Löwen'
2360v blau 'Gezähmte Bären'
2314v blau Löwenbild aus Gold
2293v blau 'Kampf mit dem Löwen'
2205v blau 'Brüllender Löwe'
2053v blau Zeichnung eines Schakals
1943v grün Hauskatze in Ägypten
1836v blau 'Katze im Papyrusdickicht'
1826v blau 'Trächtige Hündin'
1782v blau Hundeplastik in Sumer
1712v blau Bild einer Löwenjagd
1681v blau Fabel vom Fuchs
1571v blau 'Katze belauert Fasan'
1494v blau 'Hündin des Neb-Amun'
1388v blau Löwenplastik in Ägypten
1351v blau 'Pharao auf Leopard'
1349v blau 'Pharao auf Löwenjagd'
1338v blau Steinlöwen von Hattusa
1309v blau Löwentor von Mykene
1169v blau 'Katzen- und Mäusekrieg'
1115v blau Relief eines Dompteurs
1103v blau 'Hunde verfolgen Hyäne'
779v blau Löwentor in Sam-Al
771v blau Relief eines Löwen
712v blau 'Löwenbezwinger'
645v blau 'Sterbende Löwin'
329v blau 'Alexander auf Löwenjagd'
226v blau Löwentempel in Nubien
117n rot Christentötung durch Tiere
360n grün Hauskatze in Europa
1225n blau 'Tempel der Jaguare'
1674n blau 'Tiger im Dickicht'

RAUCHEN, Bezeichnung für das absichtliche Einatmen des Rauches verglimmender pflanzlicher Stoffe. Vor mehr als 2000 Jahren wurde in Europa (Frankreich, Deutschland, Schweiz) bereits aus kleinen eisernen Pfeifen geraucht (Lavendel und Hanf). Mindestens seit 1000 Jahren ist das in Nordafrika und Asien verbreitete Opiumrauchen bekannt. Das in Amerika seit alters her gebräuchliche Tabakrauchen verbreitete sich erst seit etwa vierhundert Jahren in Europa. Doch hielt es sich bis an die Schwelle unseres Jahrhunderts in Grenzen und wurde nur gelegentlich von einem kleinen Personenkreis betrieben, der ihm allerdings häufig unter Zerstörung der Persönlichkeit verfiel. Wegen des eingeatmeten Giftes (Nikotin im Tabak, Marihuana im Hanf, Morphium im Opium) ist es gesundheitsschädlich. Infolge der rücksichtslosen Profitgier gewissenloser Kapitalisten wird es seit einigen Jahrzehnten mit allen Mitteln moderner Massenpsychologie den Volksmassen aufgedrängt. In der sozialistischen Arbeiterbewegung Europas bis in die ersten Jahrzehnte unseres Jahrhunderts verpönt, hat es sich in den sozialistischen Staaten Europas erhalten, weil der sie weitgehend prägenden russischen Arbeiterbewegung der auf Gesundheit gerichtete ganzheitliche Zug fehlte. In den sozialistischen Ländern Asiens (China, Nordvietnam, Nordkorea, Mongolei) wird der Kampf gegen die dort verbreitete Form (Opiumrauchen) geführt.

94v grün Aufkommen in Europa
1586n grün England: Verbreitung
1621n grün Deutschland: Verbreitung
1625n grün Neander: Tabakveredelung
1642n rot Verbot des Papstes
1664n grün Frankreich: Tabakmonopol
1773n grün England: Opium nach China
1830n grün Opiumhandel vervielfacht
1839n rot Abwehr Chinas
1839n/1842n Opiumkrieg
1842n rot Zugeständnis Chinas
1849n grün Zigarette
1964n grün Bericht über Gefahren

RAUMFAHRT

1865n blau Jules Vernes Roman
1934n–1968n Juri Gagarin
1957n grün 'Sputnik'
1958n grün Strahlengürtel entdeckt
1959n grün Künstlicher Planet
1959n grün 'Lunik'
1959n grün Bilder der Mondrückseite
1960n grün Raumschiff mit Tieren
1961n grün Gagarins Raumflug
1962n grün Venus-Sonde
1962n grün 'Rendezvous-Flug'
1963n grün Raumfahrt-Industrie
1963n grün Raumflug einer Frau
1964n grün Raumschiff mit 3 Menschen
1965n grün Aussteigen im All
1965n grün Mars-Sonde

RAVAILLAC, François (1578n–1610n), französischer Schulmeister. Wurde Schreiber, dann Lehrer in seinem Geburtsort Angoulême (Südfrankreich). Lebte in sehr drückenden Verhältnissen und wurde wegen Schulden eingekerkert. Durch die Hetze der Jesuiten gegen den französischen König Heinrich IV. fanatisiert, ermordete er den König durch zwei Messerstiche. Nach der Tat wurde er ergriffen, gefoltert und von Pferden zerrissen.

1533n–1610n Heinrich IV.
1610n rot Ermordung des Königs

RAVEL, Maurice (1875n–1937n), französischer Komponist. Unweit der spanischen Grenze als Sohn eines Franzosen und einer Spanierin geboren, verband er in seinem Werk zeitlebens die Lebensnähe baskischer Volksmusik mit der Eleganz französischer Formsprache. Nach Studien am Pariser Konservatorium schuf er seine ersten Werke, war bald heftigen Angriffen ausgesetzt und lebte fortan zurückgezogen auf einem Dorfe seinem musikalischen Schaffen. Nahm Elemente der modernen Musik auf, ohne dabei auf die Verwirklichung des obersten Zieles der Musik zu verzichten, das er in der Schönheit des Klanges sah. Schrieb Opern ('Das Zauberwort'), Orchesterkonzerte ('Spanische Rhapsodie'), Klaviermusik ('Konzert für linke Hand'), Kammermusik, Ballette, Lieder und Tänze. Starb an einem Gehirnleiden.

1901n blau 'Wasserspiele'

RAVENNA, Stadt in der Po-Ebene (Norditalien). Früher unmittelbar am Meer gelegen, jetzt durch Anschwemmungen 10 km von der Küste der Adria entfernt. Wurde vor mehr als 2500 Jahren von Etruskern gegründet, verbündete sich im 3. Jahrhundert vor unserer Zeitrechnung mit Rom und wurde 46v Bestandteil des römischen Reiches. Nachdem Augustus eine der beiden römischen Flotten in ihren Hafen (Classis) verlegt hatte, wurde die Stadt Zentrum des römischen Schiffbaus und Haupt-Kriegshafen Roms. Im Jahre 402n wurde sie statt Rom Residenzstadt des weströmischen Kaisers, bald darauf Hauptstadt des von Theoderich geschaffenen Ostgotenreiches und fast hundert Jahre später Außenbesitz des oströmischen Reiches von Byzanz (Konstantinopel). Drei Jahre nach ihrer Einnahme durch Langobarden vom Frankenherrscher Pippin auf Wunsch des Papstes erobert, wurde sie trotz des Einspruches Ostroms als Besitz der Kirche erklärt (Kirchenstaat) und vom Papst bis 1860n behauptet. Seitdem Bestandteil des neugegründeten italienischen Staates.

24v–37n Marbod
402n rot Residenz
404n blau Dom
433n–493n Odoaker
445n blau Mausoleum
449n grün Marmorsäulen
453n blau Taufhaus
455n–526n Theoderich der Große
459n–498n Romulus
476n rot Herrschaft Odoakers
489n/493n Vorstoß der Ostgoten
493n rot Herrschaft der Ostgoten
504n blau San Apollinare Nuovo
520n blau Mosaik
525n blau Grabmal Theoderichs
535n/553n Letzter Ostgotenkrieg
547n blau San Vitale
549n blau San Apollinare (Classe)
585n rot Gebietsverlust Byzanz'
643n braun Langobarden-Vorstoß
716n–768n Pippin der Kleine
751n braun Langobarden-Eroberung
754n/756n Langobardenkrieg Pippins
756n rot Ende der Langobardenmacht
756n rot Herrschaft des Papstes
1859n/1861n Einigungskampf Italiens

RAVENSBURGER HANDELSGESELLSCHAFT, Name des ersten deutschen Handelskonzerns, benannt nach der Stadt Ravensburg am Bodensee. Von Lütfried Muntprat gegründet, breitete sich der vor allem auf Tuchhandel gerichtete Konzern schnell über die Städte des Bodenseegebietes aus, in dem sich vor 700 Jahren das Weberhandwerk heimisch gemacht hatte. Vom Konstanzer Stadtrat, in dem die Vertreter der vom Konzern geschädigten Weberzunft saßen, als ungesetzlich erklärt. Nach vier Jahren wieder zugelassen, wurden seine Hauptteilhaber samt dem sie schützenden Bischof bald darauf nach Schaffhausen vertrieben. Der deutsche Kaiser löste daraufhin durch persönliches Eingreifen die aufsässige Konstanzer Leineweberzunft auf. Dadurch konnte der Konzern seit 1434n seine Stellung auch in Konstanz festigen und mit Niederlassungen in der Schweiz, in Frankreich, in Italien, in Spanien und Holland noch gut 100 Jahre fortbestehen.

1408n grün Gründung
1425n rot Verbot

RAWI, linker Nebenfluß des Indus. Entspringt am Südwestfuß des Himalaya-Gebirges und durchfließt das obere Industal. An seinem Ufer fand vor 3400 Jahren die Zehn-Königs-Schlacht statt, durch die es dem Könige der Barata gelang, die Oberhoheit über Nordindien zu erringen.

1443v–1389v Sudas
1414v braun Zehn-Königs-Schlacht

RE, ägyptisches Wort für 'Sonne'. Von den Priestern zur Bezeichnung des Sonnengottes verwendet. Nach Schaffung weiterer Götter durch die Priester als Götterkönig verehrt. Die Könige Ägyptens setzten seinen Namen zur Erhöhung ihres Ansehens ihrem eigenen Namen hinzu. Später bezeichneten sie sich als seine Söhne.

2766v–2702v Neb-Re
2723v rot Teil des Königsnamens
2673v–2631v Zoser
2637v blau 'Götter-Neunheit'
2631v blau Heiligtum von Heliopolis
2534v–2470v User-Kaf
2512v–2458v Sahu-Re
2496v–2448v Nefer-Re
2476v rot Staatsreligion
2476v blau Heliopolis Zentrum
2472v blau Kultstätte des User-Kaf
2472v grün Obelisk
2471v rot König als Sohn des Re
2464v blau Kultstätte des Sahu-Re
2463v–2403v Ni-User-Re
2458v blau Wachsende Bedeutung
2449v rot Privileg für Priester
2429v blau Kultstätte des Ni-User-Re
2228v rot Aufkommender Osiris-Kult

RÉAUMUR, René Antoine (1683n–1757n), französischer Naturforscher und Physiker. Studierte Rechtswissenschaft, wandte sich dann aber der Zoologie zu. Wies nach, daß sich die Schalen der Weichtiere (Muscheln) aus dem Saft bilden, den diese Tiere absondern. Erforschte die Lebensweise der Insekten und schrieb darüber ein sechsbändiges Werk. Darin teilte er die Gliederung des Bienenstaates in Arbeitsbienen, Drohnen und Königin mit. Schuf ein Weingeist-Thermometer, dessen Nullpunkt er auf den Gefrierpunkt des Wassers festlegte. Erfand ein nach ihm benanntes Porzellan und verbesserte die Technik der Stahl-Erzeugung.

1715n grün Erforschung der Bienen
1730n grün Thermometer

REBENERNTE

1472v blau Ägyptische Darstellung

RECHENBÜCHER

1838v grün Ägyptisches Werk
241v grün Chinesisches Werk
823n grün Arabisches Werk
1494n grün Italienisches Werk
1514n grün Deutsches Werk
1545n grün Cardanos Werk
1550n grün Adam Rieses Werk

RECHENMASCHINE, Gerät zur maschinellen Erledigung von Rechenvorgängen. Entwickelte sich in 350 Jahren zu solcher Vollkommenheit, daß sie Berechnungen auszuführen vermag, die menschliches Leistungsvermögen um ein Vielfaches übersteigen. In unserer Epoche steht sie im Begriff, die Überwachung und Steuerung der Güterproduktion sowie zahlreicher sozialer und biologischer Vorgänge zu übernehmen. Herzstück von Automation und Kybernetik.

1623n grün Schickards Maschine
1623n–1662n Pascal
1642n grün Pascals Maschine
1646n–1716n Leibniz
1695n grün Leibniz' Maschine
1941n grün Programmierte Anlage
1942n grün Elektronische Maschine
1963n grün Höchstleistungsmaschine

RECH-MI-RE, ägyptischer Staatsmann.

1502v–1431v Lebenslinie
1512v–1448v Tut-Mosis III.
1460v blau 'Amtspflichten'

RECHNEN

2992 v grün Zahlenschrift in Sumer
2925 v grün Bruchzahlen in Sumer
2842 v grün Zwei Systeme in Indien
2817 v grün Sechziger-Rechnung, Sumer
2779 v grün Null in Indien
2021 v grün Schulfach in Sumer
2009 v grün Multiplikation in Sumer
1985 v grün Wurzelzeichen in Sumer
1838 v grün Ägyptisches Rechenbuch
1807 v grün Bruchtafeln in Ägypten
1700 v grün Bruchrechnung in Babylon
1390 v grün Zwei Systeme in China
995 v grün Wurzelrechnung in China
542 v grün Stellenwert in China
389 v grün Null in China
241 v grün Chinesisches Rechenbuch
116 v–27 v Varro
94 n grün Null in Mittelamerika
130 n grün Nikomachos: Zahlenlehre
214 n–280 n Diophant
221 n grün Stellenwert in Amerika
264 n grün Diophant: Arithmetik
382 n–440 n Martianus Kapella
427 n blau Martianus: Einführung
476 n–535 n Arjabatta
507 n grün Arjabatta: Dreisatz
518 n grün Kurieraufgabe
598 n–660 n Brahmagupta
633 n grün Negative Zahlen in Indien
657 n grün Regeln für Null-Rechnung
688 n blau Lehrfach in Byzanz
778 n–830 n Al Karismi
802 n grün Araber: Indische Ziffern
809 n grün 'Über indisches Rechnen'
816 n grün Al Karismis System
823 n grün Arabisches Rechenbuch
963 n grün Europa: Arabische Zahlen
973 n–1048 n Al Biruni
1090 n grün Deutschland: Neue Ziffern
1114 n–1186 n Bhaskara
1145 n grün Al Karismi übersetzt
1203 n grün Fibonaccis Schrift
1460 n grün Al Kalsadis Lehrbuch
1467 n grün Dezimalbruchsystem
1494 n grün Paccioli Rechenbuch
1514 n grün Böschenstein: Rechenbuch
1542 n grün Cardano: Imaginäre Zahlen
1545 n grün Cardano: Rechenkunst
1550 n grün Adam Rieses Rechenbuch
1579 n grün Vieta: Dezimalbruch
1614 n grün Napier: Logarithmen
1617 n grün Briggs: Logarithmen
1623 n grün Schickard: Rechenmaschine
1623 n–1662 n Pascal
1642 n grün Pascal: Rechenmaschine
1646 n–1716 n Leibniz
1695 n grün Leibniz: Rechenmaschine
1801 n grün Gauß: Arithmetik
1941 n grün Zuses Rechenanlage
1942 n grün Elektronisches Rechnen
1963 n grün Höchstleistungsanlage

RECHTSKUNDE

2676 v–2595 v Mesilim
2647 v rot Wesir in Ägypten
2382 v–2320 v Teti
2331 v rot Gau-Gerichte in Ägypten
2311 v rot Schriftform für Verträge
2288 v–2206 v Schun
2193 v–2135 v Achtos II.
2185 v–2123 v Chun-Anup
2135 v blau 'Klage eines Bauern'
2093 v–2030 v Ur-Nammu
2041 v rot Berufung in Sumer
2039 v blau Gesetzbuch des Ur-Nammu
2039 v rot Vereinheitlichung
1937 v–1865 v Libit-Ischtar
1902 v–1841 v Bila-Lama
1872 v blau Gesetzbuch Libit-Ischtars
1872 v rot Verkündung in Isin
1855 v blau Gesetzbuch Bila-Lamas
1854 v rot Verkündung in Esch-Nunna
1851 v grün Prozeßprotokolle in Sumer
1760 v–1686 v Hammurabi
1719 v rot Todesstrafe für Ehebruch
1717 v grün Schadensersatz-Regelung
1715 v rot Strafen für Ärzte-Fehler
1711 v rot Haftung des Baumeisters
1708 v blau Gesetzbuch Hammurabis
1707 v rot Verkündung in Babylon
1597 v–1521 v Minos
1518 v–1455 v Tele-Pinu
1502 v–1431 v Rech-Mi-Re
1466 v blau Aufzeichnung bei Hettitern
1463 v rot Verkündung bei Hettitern
1426 v blau Gemälde 'Gerechtigkeit'
1405 v blau Porträt eines Richters
1384 v–1318 v Haremhab
1361 v blau Assyrisches Gesetzbuch
1344 v rot Harte Strafen in Ägypten
1321 v–1235 v Bek-Necho
1298 v–1228 v Moses
1248 v blau Moses: Zehn Gebote
1232 v–1162 v Schutruk
1168 v–1115 v Ramses IX.
1164 v–1107 v Per-Pet
1119 v rot Grabräuber-Prozeß
1086 v–1004 v Samuel
1083 v rot Tod für 'Zauberer', 'Hexen'
905 v–850 v Ahab
898 v–842 v Isebel
733 v–645 v Kuan-Tse
668 v blau Rechtsschule in China
662 v rot Gesetze des Zaleukos
659 v–601 v Drakon
647 v–609 v Josia
640 v–559 v Solon
624 v rot Drakonisches Recht
621 v rot Deuteronomium in Juda
598 v–501 v Teng-Tse
594 v rot Recht zur Klage (Athen)
593 v rot Recht nach Vermögen
572 v–485 v Kleisthenes
556 v blau Chinesisches Rechtsbuch
540 v blau Grund der Kriminalität
492 v rot Immunität in Rom
488 v rot Scherbengericht in Athen
486 v rot Verfassung Athens
479 v blau Anwalt Korax: Rhetorik
478 v–410 v Protagoras
461 v rot Adel und Blutgericht
450 v rot Zwölftafelrecht Roms
446 v rot Esra: Thora
409 v blau Aufzeichnung in Indien
384 v–322 v Aristoteles
383 v–322 v Demosthenes
324 v blau Gewaltenteilungs-Prinzip
304 v blau Prozeßrecht veröffentlicht
299 v–237 v Asoka der Milde
287 v rot Volks-Legislative in Rom
279 v–206 v Chrysipp
270 v rot Verkündung in Indien
203 v–157 v Wen-Ti
184 v blau Gerichtshalle in Rom
171 v rot Sondergericht in Rom
139 v rot 'Majestät des Volkes'
96 v blau Scävola: Zivilrecht
64 v–20 v Strabo
55 v rot Klage: Völkerrechtsbruch
48 v–9 n Varus
19 v–38 n Pontius Pilatus
16 v blau Werk des Kapito
15 v blau Schule des Labeo
3 v–64 n Aulus Celsus
4 n rot Brandmarkung und Folter
55 n blau Sabinus: Zivilrecht
63 n blau Schule des Prokulus
76 n–139 n Hadrian
104 n–168 n Julianus Salvius
112 n rot Schutz vor Diffamierung
129 n blau Werke des Julianus
131 n rot Richtlinien für Richter
134 n blau Lehrfach in Rom
136 n blau Julianus: Digesten
143 n–212 n Papinian
146 n–211 n Septimius Severus
154 n–222 n Bardesanes
161 n blau Gajus: Institutionen
162 n–224 n Tertullian
170 n–229 n Ulpian
176 n grün Strafmaß nach Vermögen
199 n blau Entstehung der Mischna
207 n blau Werk des Papinian
208 n blau Indisches Gesetzbuch
213 n blau Ulpian: Gewohnheitsrecht
217 n blau Ulpian: Zivilrecht
223 n blau Julius Paulus: Sentenzen
295 n blau 'Codex Gregorianus'
296 n blau 'Codex Hermogenianus'
315 n rot Kreuzigung abgeschafft
316 n rot Reform unter Konstantin
321 n rot Rechtsgewinn der Kirche
321 n grün Erbrecht der Kirche
331 n–363 n Julian
400 n blau Entstehung des Talmud
411 n–474 n Priskus
426 n rot Zitiergesetz in Rom
438 n blau 'Codex Theodosianus'
440 n–484 n Eurich
445 n rot Richteramt des Papstes
459 n rot Todesstrafe für Trinker
466 n–511 n Chlodwig
475 n blau Gesetzbuch der Goten
475 n–545 n Tribonian
482 n–565 n Justinian
490 n–562 n Prokop
497 n–548 n Theodora
499 n blau Abschluß des Talmud
500 n blau 'Lex Burgundionum'
504 n–570 n Gildas der Weise
506 n blau Alarichs Gesetzbuch
508 n blau Recht salischer Franken
512 n rot 'Edictum Theoderici'
533 n blau 'Pandekten'
533 n blau 'Institutionen'
533 n rot 'Corpus juris civilis'
535 n rot Gleichberechtigung (Byzanz)
536 n blau Rechtssammlung Kassiodors
561 n blau 'Novellen'
585 n grün Prügel für Sonntagsarbeit
590 n–648 n Harsa
601 n blau Recht der Alemannen
606 n–652 n Rothari
626 n–672 n Tenji
643 n blau Gesetzbuch Rotharis
648 n rot Schutz des Lebens (Indien)
652 n blau Strafrechts-Kommentar
699 n–767 n Abu Hanifa
701 n blau Taiho-Gesetze
702 n rot Strafen in Japan
719 n blau 'Lex Alemannorum'
742 n–814 n Karl der Große
748 n blau Wege zur Rechtsfindung
770 n blau Rechtsschule in Medina
776 n rot Schöffengerichte der Franken
782 n rot Tod bei Taufweigerung
790 n rot Zwang zur Heeresfolge
802 n blau Aufzeichnung bei Franken
810 n–870 n Al Buchari
815 n blau Al Schafi: Rechtsbuch
827 n blau Königsgesetze der Franken
839 n–923 n Al Tabari
840 n blau Arabische Rechtssammlung
849 n–901 n Alfred der Große
855 n blau Rechtsbuch des Islam
886 n blau Byzantinisches Rechtsbuch
887 n blau Über erzwungenen Eid
918 n–961 n Haakon der Gute
930 n rot Althing auf Island
940 n–1015 n Wladimir der Große
972 n–1038 n Stephan I.
995 n–1035 n Knut der Große
1020 n rot Rechte für Leon
1021 n rot Verkündung der 'Prawda'
1027 n–1087 n Wilhelm I., der Eroberer
1031 n rot Kirchenstrafe 'Interdikt'
1050 n–1106 n Heinrich IV.
1059 n–1111 n Al Gazali
1080 n rot Verfassung für Lucca
1086 n grün Grundbuch in England
1101 n blau Rechtsschule in Bologna
1103 n rot Rechtssicherheit für Juden
1111 n rot Stadtrecht für Speyer
1120 n rot Verfassung Freiburgs
1128 n rot Verfassung für Laon
1129 n–1195 n Heinrich der Löwe
1133 n grün Stadtbücher in Köln
1140 n blau Kirchenrechts-Wissenschaft
1143 n rot Stadtrecht für Reims
1150 n rot Stadtrecht für Soest
1156 n rot Richterwahl in Worms
1157 n rot Katharer-Strafe verfügt
1159 n rot Stadtrecht für Lübeck
1166 n rot Katharer-Brandmarkung
1169 n–1240 n Ibn Arabi
1172 n rot Stadtrecht für Rothenburg
1173 n rot Stadtrecht für Münster
1184 n rot Inquisition
1188 n rot Cortes in Leon
1190 n–1235 n Eike von Repkow
1194 n–1250 n Friedrich II.
1197 n rot Feuertod für Katharer
1206 n rot Todesstrafe für Ehebruch
1206 n blau Mongolisches Gesetzbuch
1215 n rot Magna Charta
1223 n blau 'Sachsenspiegel'
1232 n rot Strafen für 'Ketzer'
1242 n rot Stadtrecht für Kiel
1243 n rot Stadtrecht für Stettin
1247 n–1328 n Johannes Korvino
1250 n rot Stadtrecht für Bielefeld
1250 n rot Zunftverfassung (Florenz)
1252 n rot Folter bei Inquisition
1255 n rot Deutsches Recht für Prag
1255 n–1311 n Pierre Dubois
1257 n rot Deutsches Recht für Krakau
1261 n rot Stadtrecht für Breslau
1263 n blau Rechtssammlung in Spanien
1267 n rot Stadtrecht für Stuttgart
1271 n rot Tierprozesse in Europa
1277 n blau Recht der Normandie
1281 n rot Stadtrecht für Graz
1283 n blau Forderung nach Völkerbund
1284 n rot Stadtrecht für Flensburg
1290 n–1343 n Marsilius von Padua
1299 n rot Stadtrecht für Rotterdam
1303 n blau Lehrfach in Rom
1304 n–1377 n Ibn Batuta
1308 n–1355 n Stephan Duschan
1309 n–1370 n Kasimir der Große
1318 n rot Statut von Triest
1322 n rot Reform der Legislative
1324 n blau Ruf nach Volkssouveränität
1327 n rot Friedensrichter in England
1330 n rot Stadtrecht für Darmstadt
1334 n rot Stadtrecht für Linz
1349 n rot Serbisches Recht
1353 n rot Machtverlust des Papstes
1357 n rot Kirchenstaats-Verfassung
1360 n rot Zwang zum Arbeitsplatz
1368 n blau Polnisches Gesetzbuch
1370 n rot Priesterprivileg beendet
1374 n rot Rechtsbuch verdammt
1392 n–1450 n Ibn Arabscha
1397 n grün 'Bastille' Staatsgefängnis
1400 n rot Staatshilfe gegen 'Ketzer'
1408 n–1472 n Nezalhual
1429 n blau Werk über Reichsreform
1437 n rot Geschichtsfälscher-Strafe
1440 n–1505 n Iwan III.
1446 n rot Verkündung in Portugal
1458 n blau 'Gerichtstag Karls VII.'
1468 n blau Werk John Fortescues
1487 n blau 'Hexenhammer'
1494 n–1566 n Soliman der Große
1495 n rot Reformen in Deutschland
1497 n rot 'Sudebnik' in Rußland
1510 n blau Raffaels Allegorie
1519 n blau Justinian-Verdeutschung
1530 n rot 'Kanune' in der Türkei
1530 n–1584 n Iwan IV.
1532 n rot Reichsstrafgesetzbuch
1532 n grün Galeeren in Frankreich
1539 n blau Völkerrecht gefordert
1542 n–1605 n Akbar
1551 n grün Deutsches Aktiengesetz
1576 n blau Bodin: 'Vom Staate'
1582 n rot Verbannung in Rußland
1599 n–1658 n Cromwell
1600 n–1681 n Calderon
1607 n rot Stadtrecht für Mannheim
1609 n blau 'Freiheit der Meere'
1625 n blau Grotius: Völkerrecht
1628 n rot 'Petition of Rights'
1629 n–1676 n Alexei Michailowitsch
1632 n–1704 n Locke
1646 n–1716 n Leibniz
1649 n blau Russisches Gesetzbuch
1651 n blau 'Richter von Zalamea'
1653 n rot Verfassung Englands
1672 n blau Pufendorfs Werk
1673 n rot Handelsrecht Frankreichs
1679 n rot 'Habeas-corpus-Akte'
1688 n rot 'Declaration of Rights'
1688 n blau Thomasius: Naturrecht
1689 n–1755 n Montesquieu
1704 n blau 'Hexen'-Prozeß-Verwerfung
1712 n–1786 n Friedrich II., der Große
1732 n–1799 n Washington
1733 n rot Sträflingskolonie Georgia
1737 n blau Moser: Staatsrecht
1740 n rot Reformen in Preußen
1748 n blau 'Geist der Gesetze'
1749 n rot Strafen für Desertion
1753 n rot Rußland: Strafartenwechsel
1754 n blau Franklin: Verfassung
1764 n blau Beccarias Werk
1769 n–1821 n Napoleon I.
1771 n rot Aufhebung von Gerichten
1774 n rot Gerichte wieder eingesetzt
1775 n rot 'Hexen'-Prozeß-Rückgang
1775 n rot Verfassung Rußlands
1776 n rot Menschenrechte in Amerika
1780 n rot Folterverbot (Frankreich)
1786 n rot 'Hexen'-Prozeß-Verbot
1787 n rot Verfassung der USA
1788 n rot Strafkolonie Australien
1789 n rot Menschenrechte (Frankreich)
1791 n rot Verfassung Frankreichs
1791 n rot Galeeren statt Kerker
1793 n rot 'Hexen'-Prozeß-Ende
1804 n rot 'Code Napoléon'
1812 n rot Juden-Gleichstellung
1812 n–1870 n Charles Dickens
1815 n blau Savigny: Römisches Recht
1816 n–1892 n Siemens
1821 n blau Hegels Rechtsphilosophie
1828 n rot Letzter Inquisitions-Tod
1828 n blau Grimm: Rechts-Altertümer
1834 n rot Inquisitionsende (Spanien)
1837 n rot Stadtrecht für Chicago
1848 n blau Daumier: 'Justiz'
1852 n rot Strafkolonie Cayenne
1857 n rot Verfassung von Kansas
1857 n rot Verfassung Mexikos
1859 n rot Aufhebung der Inquisition
1864 n rot Letzter Tierprozeß
1875 n rot Verfassung Frankreichs
1889 n rot Verfassung Japans
1896 n rot Bürgerliches Gesetzbuch
1899 n rot Haager Konvention
1906 n rot Russische Verfassung
1908 n rot Türkische Verfassung
1936 n rot Moskauer Scheinprozesse
1936 n rot Verfassung der UdSSR

REDEKUNST

484 v–378 v Gorgias
479 v blau Begründung durch Korax
391 v blau Gorgias: Überredungskunst
389 v blau Schule in Athen
384 v–322 v Aristoteles
383 v–322 v Demosthenes
350 v rot 'Philippika'
340 v–273 v Appius Klaudius
257 v blau Gezierter Sprachstil
181 v rot Griechische Lehrer in Rom
116 v–27 v Varro
106 v–43 v Cicero
81 v rot Cicero gegen Sulla
63 v rot Cicero gegen Katilina
59 v–17 n Livius
55 v blau Cicero: 'Vom Redner'
3 v–64 n Aulus Celsus
68 n blau Quintilian: Schule in Rom
75 n grün Besoldung in Rom
94 n blau Quintilians Lehrbuch
102 n blau Kritik des Tacitus
105 n blau Theons Lehrbuch
124 n–170 n Apulejus
125 n–180 n Lukian
134 n blau Hochschule in Rom
144 n blau 'Preisrede auf Rom'
147 n blau Fronto: Schule in Rom
174 n blau Lehrstuhl in Athen
202 n–258 n Cyprian
214 n–273 n Longinos
255 n blau Longinos: Einführung
261 n–335 n Laktantius
309 n–394 n Ausonius
310 n blau Christliche Rhetorik
354 n–407 n Chrysostomos
381 n blau Reden über Dreifaltigkeit
382 n–440 n Martianus Kapella
385 n blau 'Katechetische Rede'
386 n–451 n Nestorius
387 n blau Chrysostomos: Predigten
427 n blau Martianus: Einführung
480 n blau Schrift des Nikolaos
688 n blau Lehrfach in Byzanz
1695 n blau Megerles Predigten
1807 n blau Fichtes Reden
1856 n–1950 n G. B. Shaw

REDI, Francesco (1626 n–1697 n), italienischer Arzt und Naturforscher. Studierte Medizin und wurde wegen seiner Heilerfolge Leibarzt des Herzogs von Toskana. Widerlegte die Vorstellung von einer selbsttätigen Entstehung niederer Lebewesen ('Urzeugung') durch den Beweis, daß sich in fauligen Flüssigkeiten weder Maden noch Würmer bilden, wenn man die Fliegen hindert, ihre Eier darin abzulegen. Dann führte er den Nachweis, daß auch bei den Insekten befruchtete Weibchen Eier legen, aus denen sich über Larve und Puppe neue Insekten entwickeln (Metamorphose). Erforschte die Natur des Schlangengiftes und der Eingeweidewürmer. Entdeckte die Larve der Leberegel. Beteiligte sich an den Bestrebungen zur Reinerhaltung der italienischen Sprache durch Mitarbeit am Wörterbuch der 'Accademia della Crusca'.

1668 n grün Zeugung der Insekten

REED, John (1887 n–1920 n), nordamerikanischer Schriftsteller. Als Sohn eines Industriellen in Portland (USA) studierte er an der Harvard-Universität Literatur. Gründete einen sozialistischen Studentenclub und wurde Redakteur des revolutionären 'American Journal'. In seinem ersten Buch zeigte er den Einfluß des nordamerikanischen Kapitals in Mittelamerika auf ('Mexiko im Aufstand'). Als Berichterstatter beim Streik der Textilarbeiter in Paterson nahm er Arbeiter gegen die Polizei in Schutz und wurde verhaftet. Im Gefängnis schrieb er über die dort üblichen Folterungen. 1913 n nahm er sich der streikenden Bergarbeiter an und trat 1914 n für die Arbeiter der Standard Oil gegen Rockefeller ein. Im Weltkrieg berichtete er über die Unmenschlichkeiten auf beiden Seiten. Im zaristischen Rußland wurde er eingekerkert. Nach seiner Rückkehr in die USA kämpfte er gegen den Kriegseintritt Amerikas. Bei der Kerenski-Revolution war er 1917 n wieder in Rußland und erkannte in den Bolschewiki die einzige konsequente Befreiungsbewegung. Die Oktoberrevolution beschrieb er in seinem Buch 'Zehn Tage, die die Welt erschütterten', das Lenin mit einem Vorwort allen Arbeitern der Welt empfahl. Nach Amerika zurückgekehrt, kämpfte er gegen die antibolschewistische Intervention der USA und gegen die über Sowjetrußland verhängte Blockade. Gründete in den USA eine kommunistische Arbeiterpartei und redigierte ihre Zeitung ('Voice of Labour'). Verfaßte ein Lustspiel über Wilson und den Versailler Friedensvertrag. Starb 33jährig an Typhus und wurde an der Kremlmauer beigesetzt.

1917 n blau 'Zehn Tage'

REFORMATION, von dem lateinischen Worte 'reformatio' (= Verbesserung) abgeleitete Bezeichnung für eine Erneuerungs-Bewegung innerhalb der Christenheit. Ihr Kampf gegen den Verfall der katholischen Kirche und gegen einzelne Glaubensartikel führte zur Gründung einer neuen christlichen Kirche in einigen Ländern Mittel- und Nord-Europas.

276 n–355 n Donatus
285 n–347 n Fasir
291 n–347 n Axid
320 n blau Staatskirche abgelehnt
328 n rot Donatisten-Bewegung
328 n blau Kritik des Axia
340 n grün Geld für Donatisten
342 n blau Reformforderung Fasirs
344 n/347 n Zirkumzellionen-Aufstand
646 n–684 n Silvanus
665 n rot Paulikianer-Bewegung
665 n blau Silvanus: Reformforderung
668 n rot Paulikianer-Verfolgung
760 n rot Zulauf zu Paulikianern
835 n rot Mord an Paulikianer
872 n blau Paulikianer-Geschichte
914 n–961 n Bogomil
920 n rot Paulikianer in Bulgarien
940 n rot Bogomilen-Bewegung
973 n blau Cosmas gegen Bogomilen
1000 n blau Leutardus: Reformforderung
1022 n rot Katharer-Verbrennung
1044 n blau Berengar über Abendmahl
1049 n blau Klage über Priester
1052 n rot 'Ketzer'-Hinrichtungen
1053 n–1123 n Roscelin
1056 n blau Denkfreiheit gefordert
1058 n rot Mönche als Katharer
1079 n rot Zwang gegen Berengar
1079 n–1142 n Abälard
1090 n–1153 n Bernhard von Clairvaux
1092 n rot Zwang gegen Roscelin
1098 n–1178 n Hildegard von Bingen
1103 n–1155 n Arnold von Brescia
1109 n–1149 n Eudo
1110 n blau Reformforderung Tanchelms
1115 n rot Katharer-Verbrennung
1116 n blau Lehren der Bogomilen
1123 n blau Schrift gegen Katharer
1125 n braun Katharer-Erhebung
1126 n rot Mord an Tanchelm
1129 n blau Klage über Kirchenverfall
1132 n rot Peter von Bruys verbrannt
1133 n rot Petrobrusianer-Bewegung
1138 n blau Verwerfung der Taufe
1139 n blau Armuts-Forderung
1140 n rot Strafen für Unbequeme
1140 n–1217 n Peter Waldes
1142 n/1155 n Bürgeraufstand in Rom

1144 n rot Bischöfe als Bogomilen
1145 n rot Katharer-Morde
1145 n blau Reformforderung Eudos
1148 n rot Zulauf zu Katharern
1152 n–1246 n Peire Cardinal
1153 n blau Katharerbibel lateinisch
1155 n rot Tod Arnolds von Brescia
1157 n rot Katharer-Brandmarkung
1157 n blau Anklage gegen Priester
1160 n–1216 n Innozenz III.
1163 n rot Katharer-Verbrennung
1163 n grün Katharer-Boykott
1166 n rot Katharer-Brandmarkung
1167 n rot Katharer-Konzil
1167 n blau Spottlieder auf Kirche
1170 n–1221 n Dominikus
1172 n–1228 n Walther von der Vogelweide
1175 n rot 'Bund der Armen von Lyon'
1176 n blau Vorwürfe des Waldes
1178 n rot Waldenser-Bewegung
1179 n rot Konzil gegen Katharer
1180 n rot Bogomilen-Verfolgung
1180 n rot Kreuzzugs-Aufruf
1181 n braun Kreuzzug gegen Katharer
1182 n rot Waldenser in Italien
1182 n–1226 n Franziskus
1183 n blau Katharerbibel französisch
1184 n rot Inquisition
1190 n–1235 n Eike von Repkow
1194 n blau Katharerbibel deutsch
1197 n rot Katharer-Verfolgung
1199 n rot Bibellektüre begrenzt
1207 n rot Gesandte zu Katharern
1208 n rot Kreuzzugs-Forderung
1209 n rot 'Ketzer'-Verbrennung
1209 n/1229 n Katharer-Kreuzzug
1211 n rot Katharer-Verbrennung
1211 n blau Katharer-Geschichte
1212 n rot Bogomilen-Verfolgung
1214 n blau Anklage gegen Priester
1214 n–1294 n Roger Bacon
1222 n rot Katharer in Bosnien
1223 n blau Anklage gegen Papst
1229 n rot Bibelbesitz begrenzt
1229 n grün Geld für Katharer-Anzeige
1230 n–1306 n Jacopone von Todi
1231 n blau Katharer-Schulen
1231 n grün Katharer-Zusammenhalt
1232 n–1300 n Segarelli
1234 n rot Katharer-Ende, Bosnien
1237 n rot Katharer-Verbrennungen
1239 n rot Katharer-Verurteilung
1243 n rot Inquisition an Dominikaner
1249 n rot Katharer-Verbrennung
1252 n rot Anordnung der Folter
1254 n blau Angriff auf Klöster
1255 n–1311 n Pierre Dubois
1259 n blau Anprangerung der Kirche
1260 n rot Apostelbrüder-Orden
1260 n–1327 n Meister Eckehart
1261 n blau Reformforderung Bacons
1282 n blau Gnade auch ohne Kirche
1290 n–1343 n Marsilius von Padua
1294 n rot Verdammung Segarellis
1295 n–1366 n Seuse
1296 n blau Jacopones Gedichte
1299 n–1349 n Occam
1302 n blau Armuts-Forderung
1304 n blau Dubois gegen Kirchenbesitz
1305 n/1307 n Lombardischer Kreuzzug
1307 n rot Feuertod Fra Dolcinos
1311 n rot Verdammung der Beginen
1315 n rot Katharer-Verbrennungen
1318 n blau Papstanspruch unbegründet
1323 n rot Papst gegen Armutslehre
1324 n blau Marsilius für Volksgewalt
1324 n–1384 n Wiclif
1327 n blau Seuse: Wahrheits-Büchlein
1329 n blau Occam gegen Papstmacht
1335 n–1381 n John Ball
1336 n rot Katharer-Verbrennung
1341 n blau Seuses Weisheits-Buch
1344 n blau Anklage Petrarcas
1353 n rot Papst-Einfluß beschränkt
1360 n blau Satire auf Christlichkeit
1362 n–1437 n Sigismund
1365 n–1416 n Hieronymus von Prag
1369 n–1415 n Hus
1370 n rot Weltliche Gerichtsbarkeit
1370 n–1424 n Ziska
1371 n blau Mahnung Katharinas
1371 n–1440 n Friedrich I.
1376 n blau Wiclif für Reformation
1377 n rot Verdammung Wiclifs
1377 n rot Bürgerschutz für Wiclif
1383 n rot Lollarden in England
1384 n blau Reformforderung Gowers
1385 n rot Brüdergemeinde (Groot)
1393 n rot Katharer-Verbrennung
1398 n blau Verteidigung Wiclifs
1406 n blau Ruf nach Säkularisation
1408 n rot Verbot der Volksbibel
1408 n–1457 n Valla
1410 n rot Bann gegen Hus
1412 n blau Reformforderung des Hus
1413 n rot Werke Wiclifs verbrannt
1415 n rot Verbrennung des Hus
1416 n rot Hieronymus' Feuertod
1417 n rot Hinrichtung Oldcastles
1418 n rot Reformversuch gescheitert
1420 n rot Kreuzzugs-Aufruf
1420 n blau Ziska für Neuordnung
1420 n/1434 n Hussiten-Kreuzzug
1428 n rot Schändung Wiclifs
1428 n blau Reformforderung Conectes
1433 n rot Feuertod Conectes

1448 n rot Baseler Konzil fruchtlos
1452 n–1498 n Savonarola
1457 n rot 'Böhmische Brüder'
1465 n–1536 n Erasmus von Rotterdam
1477 n–1576 n Tizian
1483 n–1546 n Luther
1484 n–1531 n Zwingli
1488 n–1525 n Thomas Münzer
1491 n–1547 n Heinrich VIII.
1491 n–1556 n Ignatius von Loyola
1496 n–1560 n Gustav Wasa
1497 n–1560 n Melanchthon
1498 n rot Feuertod des Savonarola
1500 n–1558 n Karl V.
1509 n blau Spott über Kirche
1509 n–1564 n Calvin
1515 n blau 'Dunkelmänner-Briefe'
1517 n blau Luthers Thesen
1517 n rot Auflehnung Luthers
1518 n rot Reformation in der Schweiz
1520 n rot Bann gegen Luther
1520 n rot Verbrennung der Bulle
1520 n rot Reuchlin 'Ketzer'
1521 n rot Wormser Edikt
1521 n blau Hutten: Gespräche
1521 n blau Evangelische Dogmatik
1522 n blau Luthers Bibelübersetzung
1522 n/1526 n Bauernkrieg
1523 n rot Reformation in Schweden
1523 n blau Neues Testament englisch
1523 n blau Hans Sachs: Lutherlied
1524 n grün Luther: Predigerkleidung
1525 n rot 'Zwölf Artikel'
1525 n blau Luther gegen Revolution
1526 n rot Reichstag zu Speyer
1527 n blau Universität Marburg
1527 n–1598 n Philipp II.
1528 n rot Wiedertäufer-Hinrichtung
1528 n blau Forderung der Wiedertäufer
1529 n rot Verbot der Reformation
1529 n rot Protest gegen Verbot
1529 n blau Luthers Katechismen
1530 n blau Augsburger Konfession
1531 n braun Kappeler Religionskrieg
1531 n rot Schmalkaldischer Bund
1532 n rot Zulauf zu Protestanten
1533 n–1603 n Elisabeth
1533 n–1584 n Wilhelm von Oranien
1534 n braun Wiedertäufer-Erhebung
1534 n rot Jesuiten-Orden
1534 n rot Anglikanische Kirche
1534 n blau Rothmanns Protestantismus
1535 n blau Französische Bibel
1536 n rot Reformation in Dänemark
1536 n rot Säkularisation in England
1536 n blau Calvin: Prädestination
1537 n rot Reformation in Norwegen
1538 n rot Verfolgung in Frankreich
1538 n rot Bund gegen Protestanten
1541 n rot Reformation in Genf
1541 n blau Schwedische Bibel
1542 n rot Inquisition erneuert
1545 n rot Konzil zu Trient
1546 n rot Verbrennung des Dolet
1546 n/1547 n Schmalkaldischer Krieg
1548 n rot Interim
1549 n rot Johanna von Kent verbrannt
1552 n braun Fürsten-Erhebung
1552 n rot Passauer Vertrag
1552 n grün Kirchenbesitz-Wechsel
1553 n rot Katholizismus-Erneuerung
1553 n rot Calvin-Gegner verbrannt
1553 n–1610 n Heinrich IV.
1555 n rot Religionsfriede (Augsburg)
1555 n blau Sleidans Geschichtswerk
1558 n blau Universität Jena
1559 n rot Verfolgung in Spanien
1560 n rot Reformation in Schottland
1560 n rot Irland: Reformationsversuch
1561 n rot Fronten in Frankreich
1562 n/1598 n Hugenottenkriege
1566 n blau Mathesius: Luther-Buch
1567 n rot Vernichtungsauftrag Albas
1572 n/1581 n Kampf der Niederlande
1573 n grün Hugenotten-Auswanderung
1574 n blau Magdeburger Zenturien
1576 n rot Katholische Liga
1576 n blau Toleranzforderung Bodins
1580 n blau Konkordienbuch
1583 n–1634 n Wallenstein
1585 n–1672 n Heinrich Schütz
1585 n–1642 n Richelieu
1586 n rot Anschlag gegen Elisabeth
1587 n rot Hinrichtung Maria Stuarts
1593 n rot Konversion Heinrichs IV.
1594 n–1632 n Gustav Adolf
1598 n rot Edikt von Nantes
1601 n rot Calvinist hingerichtet
1604 n rot Gegenreformation: Erfolg
1605 n braun Katholischer Anschlag
1608 n rot Protestantische Union
1609 n rot Katholischer Fürstenbund
1609 n rot Toleranz in Böhmen
1610 n rot Ermordung Heinrichs IV.
1615 n blau Aubigné: 'Les Tragiques'
1618 n braun Protestanten-Aufstand
1618 n/1648 n Dreißigjähriger Krieg
1620 n–1688 n Der Große Kurfürst
1622 n rot Katholische Propaganda
1627 n braun Protestanten-Erhebung
1629 n rot Restitutions-Forderung
1638 n–1715 n Ludwig XIV.
1641 n braun Verfolgung in Irland
1645 n blau Paul Gerhardts Lieder
1678 n rot Katholiken-Ausschluß
1685 n rot Frankreich: Toleranz-Ende

1685 n grün Hugenotten-Auswanderung
1685 n rot Verbot für Hugenotten
1685 n rot Hugenotten-Aufnahme
1686 n braun Waldenser-Bekämpfung
1702 n/1710 n Kamisarden-Aufstand
1717 n–1780 n Maria Theresia

REGELDETRI (Dreisatz-Rechnung), Teilgebiet der Mathematik, das aus drei gegebenen Größen eine vierte errechnet.

476 n–535 n Arjabatta
507 n grün Anwendung in Indien
598 n–660 n Brahmagupta

REGEN

1099 v grün Reservoire in Phönizien
135 v–50 v Poseidonios
97 v grün Erforschung
1034 n grün Regenbogen-Erklärung

REGENBOGEN, halbkreisförmige Farberscheinung, die sichtbar ist, wenn eine Regenwand von der Sonne beschienen wird. Der Araber Al Hassan fand die Ursache für diesen optischen Eindruck in der doppelten Brechung und Reflexion des Sonnenlichts. Diese Erkenntnis stellte einen entscheidenden Fortschritt in der Entwicklung der Optik und in der Erforschung des Lichtes dar.

1034 n grün Erklärung

REGENER, Erich (1881 n–1955 n), deutscher Physiker. Nach Beendigung seines Studiums wandte er sich der Erforschung der Radioaktivität zu und arbeitete an der Fortentwicklung der Quantentheorie. Als Professor an der Technischen Hochschule Stuttgart konzentrierte er sich auf die Erforschung der kosmischen Strahlung. Durch Ballonmessungen bis in 30000 m Höhe sowie durch Beobachtungen in großen Wassertiefen gelangte er zu wesentlichen Ergebnissen über die Natur der im Weltall herrschenden Ultra-Strahlung und schuf damit wesentliche Voraussetzungen für die Raumfahrt. 1937 n aus dem Lehramt entlassen, zog er sich zu Forschungsarbeiten in das von ihm gegründete Institut für die Physik der Stratosphäre zurück, das er nach dem Zusammenbruch des Hitler-Reiches in ein Max-Planck-Institut umwandelte.

1936 n grün Kosmische Strahlung

REGENSBURG, Stadt an der Einmündung des Flusses Regen in die Donau (Süddeutschland). Vor mehr als 2000 Jahren von Kelten angelegt, wurde sie durch Römer befestigt, verödete nach dem Zusammenbruch des Römerreiches und wurde seit dem 6. Jahrhundert von bayerischen Herzögen zur Hauptstadt Bayerns ausgebaut. Seit 1245 n freie Reichsstadt, entwickelte sie sich zu einem wichtigen Handelszentrum sowie zu einer der volkreichsten Städte Deutschlands. Von 1663 n bis zum Ende des deutschen Kaiserreiches (1806 n) Sitz des 'Immerwährenden Deutschen Reichstages'. 1810 n fiel die Stadt an Bayern und 1871 n mit diesem an das neugegründete deutsche Reich.

179 n grün Römerfestung
1149 n blau Kaiserchronik
1193 n–1279 n Albertus Magnus
1378 n grün Verbot des Kartenspielens
1663 n rot Sitz des Reichstages
1806 n rot Ende des Reiches

REGER, Max (1873 n–1916 n), deutscher Komponist. Als Sohn eines Lehrers erhielt er den ersten Musikunterricht beim Vater und ging 17jährig zu dem Musiktheoretiker Riemann in die Schule, der ihn an Bach, Beethoven und Brahms heranführte. Seine an diesen Meistern geschulten Kompositionen trugen das Erbe der klassischen Musik in die moderne Zeit. Wurde Hofkapellmeister in Meiningen, unternahm zahlreiche Konzertreisen und wirkte dann als Lehrer in München und Leipzig. Als er 43jährig an einem Schlaganfall starb, hatte er über tausend Werke geschaffen: 289 Lieder, 86 Chorwerke für Männer-, Frauen- und Kinderstimmen, Orgelwerke, Klavierkompositionen, Kammermusik und Orchesterwerke.

907 n blau 'Schlichte Weisen'

REGIERUNGSKUNST. Grundsätze über die Führung von Staatsgeschäften wurden in der Vergangenheit meist in Form von Leitfäden für das zweckmäßigste Verhalten von Herrschern niedergeschrieben ('Fürstenspiegel').

2138 v–2063 v Achtos III.
2069 v blau Lehrbuch Achtos' III.
1960 v blau Lehrbuch Sesostris' I.
430 v–353 v Xenophon
370 v blau Xenophon: Fürstenspiegel
313 v blau Kautilyas Handbuch
300 n blau 'Pantschatantra'
704 n blau Kamandakis Werk
1080 n blau Werk des Nizam
1082 n blau Werk des Kaikas

1160 n blau Englisches Buch
1509 n blau Comines: 'Memoiren'
1513 n blau Machiavelli: 'Der Fürst'
1698 n blau Fénelons Fürstenspiegel
1739 n blau 'Antimachiavell'

REGINO (um 850 n–915 n), deutscher Geschichtsschreiber. Besuchte die Schule des Klosters Prüm in der Eifel, wurde Mönch und Abt dieses Klosters. Durch Quertreibereien zur Niederlegung seines Amtes gezwungen, wurde er Abt in Trier. Schrieb ein Geschichtswerk, das bis zum Jahre 906 n die wichtigsten Geschehnisse der politischen Geschichte Roms und des Frankenreiches enthielt. Für die Zeit nach der Teilung des fränkischen Reiches und besonders für seine eigene Lebenszeit brachte er in seinen Aufzeichnungen wertvolles Material. Faßte die Regeln des Kirchengesanges in einem Buche zusammen.

894 n blau Theorie des Kirchengesangs
908 n blau Geschichte der Franken

REGIOMONTANUS (1436 n–1476 n), deutscher Mathematiker und Astronom. Lehrte in Wien und Padua, wurde Bibliothekar des Königs von Ungarn und kehrte schließlich in seine fränkische Heimat zurück. In Nürnberg errichtete er die erste deutsche Sternwarte. Entwarf neue Geräte zur Sternbeobachtung und stellte damit Abweichungen der berechneten Planetenbahnen von den beobachteten fest. Wandte die Dezimalschreibung auch für die Aufzeichnung von Brüchen an. Systematisierte die Dreiecksberechnung. Schrieb 'Fünf Bücher über alle Arten von Dreiecken', wobei er neben den ebenen auch die sphärischen Dreiecke einbezog. Arbeitete an einer Kalenderreform, beobachtete den Kometen von 1472 n und legte Sternbücher an.

1467 n grün Dezimalbrüche
1471 n grün Sternwarte Nürnberg

REHABEAM, König von Juda von 933 v bis 916 v.

959 v–916 v Lebenslinie
981 v–918 v Ahia
976 v–924 v Scheschonk I.
933 v braun Volksaufstand
933 v rot Abtrennung Israels
928 v braun Einfall Ägyptens

REICHENAU, Insel im Bodensee, die durch einen befahrbaren Damm mit dem Ufer verbunden ist. Bekannt durch landschaftliche Schönheit, durch Kloster-Gelehrsamkeit und durch die hier gepflegte Buchmalerei.

724 n blau Gründung des Klosters
812 n grün Walafried: Kräuterbuch
1054 n blau Hermann: Weltgeschichte

REICHENAU, Hermann von (1013 n bis 1054 n), deutscher Geschichtsschreiber. Auf Grund genauer Quellenstudien schrieb er eine weltgeschichtliche Übersicht, die den Stoff durch streng chronologische Anordnung verständlich darstellte. In klarem, einfachen Stil beschrieb er die Geschehnisse der ihm bekannten Welt von der Zeitwende bis 1050 n. Als echter Universalgeist dichtete und komponierte er auch und verfaßte Schriften über Mathematik, Astronomie und Musik. Zog einen großen Schülerkreis auf die Insel Reichenau (Bodensee).

1054 n blau Weltgeschichte

REICHPIETSCH, Max (1894 n–1917 n), deutscher Freiheitskämpfer. Als Oberheizer auf dem Kriegsschiff 'Friedrich der Große' trat er für die Beendigung des ersten Weltkrieges ein und klärte die Besatzung seines eigenen Schiffes und anderer deutscher Kriegsschiffe über die Sinnlosigkeit des Krieges auf. Wurde Anhänger der Spartakusbewegung und bereitete 1917 n den Aufstand der Matrosen und Heizer vor. Zusammen mit dem Führer der Erhebung auf dem Kriegsschiff 'Prinzregent Luitpold', Albin Köbis, hingerichtet.

1914 n/1918 n Erster Weltkrieg
1917 n braun Erhebung

REICHSDEPUTATIONS-HAUPTSCHLUSS, Bezeichnung für den Beschluß zur Neugliederung des deutschen Reiches nach Abtretung der linksrheinischen Gebiete an das in den Napoleonischen Kriegen siegreiche Frankreich. Die vom Reichstag hierfür gewählte Reichsdeputation (4 Kurfürsten und 4 Fürsten) hob unter französisch-russischem Druck die Selbständigkeit von 112 Bistümern und Fürstentümern sowie von 50 Reichsstädten und allen Reichsdörfern auf. Dadurch wurde die Machtstellung der Kirche gebrochen, die Kleinstaaterei gemildert und Verkehr wie Handel innerhalb des deutschen Reiches erleichtert. Gleichzeitig wurde die Macht der von Frankreich abhängigen süddeutschen Staaten gestärkt und Preußens Stellung gegenüber Österreich gefestigt. Auch wurden die für Gebietsverluste zu zahlenden Entschädigungen festgelegt.

1796 n/1815 n Napoleonische Kriege
1801 n rot Gebietsgewinn Frankreichs
1803 n rot Abschluß

REICHSKAMMERGERICHT, Name des höchsten Gerichtes im alten deutschen Kaiserreich. Vom Wormser Reichstag auf Veranlassung des Kaisers Maximilian zum Zwecke einer Vereinheitlichung der Rechtsprechung errichtet. Es unterstand den Fürsten, Bischöfen und Reichsstädten ('Reichsstände') und hatte seinen Sitz zunächst in Frankfurt, dann in Speyer und schließlich in Wetzlar. Zwei Jahre nach seiner Gründung wurde ihm der Reichshofrat zur Seite gestellt, der unmittelbar dem Kaiser unterstand und in Wien tagte. Die dadurch verursachte Zweigleisigkeit verzögerte seine ohnehin sprichwörtlich schleppende Arbeitsweise. Bestand bis zur Beseitigung des deutschen Kaiserreiches (1806 n).

1459 n–1525 n Jakob Fugger
1495 n rot Wormser Reichstag
1806 n rot Ende des Reiches

REICHSMÜNZORDNUNG, Bezeichnung für die von Kaiser Ferdinand I. veranlaßte Regelung des Münzwesens innerhalb des deutschen Reiches. Danach mußten die mit Münzrecht ausgestatteten deutschen Fürsten ein gemeinsames Symbol auf ihre Münzen prägen (Reichsadler), den Wert der Münze angeben und bestimmte Legierungen einhalten. Die fortschreitende Verschlechterung der Münzen wurde durch diese Verordnung aufgehalten, und sie sicherte eine so große Einheitlichkeit der Währung, wie es bei der bestehenden Selbstherrlichkeit der Fürsten möglich war.

1559 n grün Erlaß

REICHSREFORM, zusammenfassende Bezeichnung für die Bestrebungen des 15. und 16. Jahrhunderts zur Wiederbelebung des Reichsgedankens und der Reichsverfassung sowie zur Vereinheitlichung von Währung und Rechtsprechung.

1362 n–1437 n Sigismund
1429 n blau Nikolaus von Kues Schrift
1495 n rot Rechtsreform
1559 n grün Münzreform

REICHSSTÄDTE, Bezeichnung für die Städte innerhalb des deutschen Kaiserreiches, die nicht den Fürsten unterstellt waren, auf deren Gebiet sie sich entwickelt hatten, sondern nur dem Kaiser. Diese 'Reichsunmittelbarkeit' entstand 1226 n als Zugeständnis an die Macht der aufstrebenden Städte und war zugleich ein Mittel des Kaisers, um ein Gegengewicht gegen die Macht der Fürsten zu schaffen, von der er abhängig war. Da die kaiserliche Stellung aber schwach war, blieb die Zahl der Reichsstädte beschränkt. Die Bürger vieler Städte erkämpften ihre Reichsunmittelbarkeit selbst gegen ihre Bischöfe, die zugleich ihre Fürsten waren (Basel, Straßburg, Köln, Mainz, Worms, Speyer). Den Fürsten gelang es immer wieder, Einfluß auf diese Städte zu nehmen, die seit 1255 n an den Reichstagen teilnahmen und ihnen seit 1489 n als vollberechtigte Mitglieder angehörten. Auch sank ihre Zahl trotz der sprunghaften Entwicklung der Städte zwischen 1270 n und 1800 n von 70 auf 51. Der Reichsdeputations-Hauptschluß von 1803 n ließ nur noch sechs davon bestehen, und auch diese gingen 1810 n ihrer Reichsunmittelbarkeit verlustig. 1815 n wurden Bremen, Hamburg, Lübeck und Frankfurt am Main zu freien Städten erklärt. Zwei davon verloren ihre Reichsunmittelbarkeit an Preußen (Frankfurt 1886 n, Lübeck 1937 n). Die letzten verbliebenen freien Reichsstädte (Hamburg und Bremen) wurden nach dem zweiten Weltkriege selbständige Länder innerhalb der Bundesrepublik.

1226 n rot Lübeck
1262 n rot Straßburg
1288 n rot Köln 'Freie Stadt'
1489 n rot Teilnahme am Reichstag
1768 n rot Hamburg
1803 n rot Deputationshauptschluß
1815 n rot Wiener Kongreß

REICHSTAG, Name der höchsten Körperschaft des deutschen Reiches. Im alten Kaiserreich ('Heiliges Römisches Reich deutscher Nation') gehörten ihm außer den Herzögen und Grafen (= weltliche Reichsfürsten) die Bischöfe und Reichsäbte (= geistliche Reichsfürsten) an. Seit 1255 n durften Vertreter der Reichsstädte daran teilnehmen (seit 1489 n mit Stimmrecht), doch gewann das Volk auch dadurch keinen Einfluß auf dieses Herrschaftsinstrument. Außer dem Erlaß von Reichsgesetzen stand ihm der Entscheid über Kriegszüge zu. Bei der Festsetzung der Reichssteuer wirkte er mit. Er bestand bis zur Auflösung des ersten Kaiserreiches

(1806n). Nach Gründung des zweiten Kaiserreiches wurde er 1871n unter vollständiger Veränderung seiner Zusammensetzung und seiner Zuständigkeiten wieder ins Leben gerufen. Er war nun eine nach dem Mehrheitswahlrecht gewählte Volksversammlung, von der weder der Kaiser noch der Reichskanzler oder die Politik abhängig waren. Durch sein Steuerbewilligungsrecht und seine mit dem Bundesrat geteilte Reichsgesetzgebungsbefugnis vermochte er aber einen gewissen Einfluß auszuüben. Erst nach Umwandlung des Kaiserreiches in eine Republik wurde daraus eine nach dem Verhältniswahlrecht gewählte Volksvertretung, die durch ihr Recht zur Einsetzung und Absetzung der Regierung sowie als allgemeine Gesetzgebungsinstanz tatsächlich die Politik des deutschen Reiches bestimmte. Da aber Adel und Bürgertum im Besitz der wirtschaftlichen Macht und ihrer gesellschaftlichen Vorrechte geblieben waren, gelang es dem arbeitenden Volk nicht, ihn zur Durchsetzung seiner Interessen zu nutzen. 1933n ermöglichte er nach widerrechtlicher Verhaftung seiner kommunistischen Abgeordneten die legale Machtübernahme durch den Faschismus und begab sich durch Mehrheitsbeschluß seiner Rechte ('Ermächtigungsgesetz'). Bis 1945n blieb er dann ein bloßes Forum für das Anhören von Regierungserklärungen.

1427n rot Reichssteuer
1489n rot Teilnahme der Städte
1495n rot Rechtsreform
1512n rot Landfriedenskreise
1521n rot Protestantismus verboten
1526n rot Protestantismus bestätigt
1529n rot Protestantismus verboten
1529n rot Protest der Lutheraner
1530n blau Augsburger Konfession
1548n rot Augsburger 'Interim'
1551n grün Aktiengesetz
1555n rot Augsburger Religionsfriede
1578n rot Niederlande: Hilfegesuch
1663n rot Ständig in Regensburg
1663n–1736n Prinz Eugen
1803n rot Deputationshauptschluß
1806n rot Ende des Reiches
1871n rot Einigung Deutschlands
1894n blau Reichstagsgebäude
1914n rot Kriegskredite
1918n rot Deutschland Republik
1933n rot Ermächtigungsgesetz

REIMS, Stadt in Nordfrankreich, gut 100 km nordöstlich von Paris in der Champagne. Vor mehr als 2000 Jahren Hauptstadt der keltischen Remer. Wurde nach Eroberung durch die Römer Hauptstadt der römischen Provinz 'Belgica secunda' und nach dem Niedergang Roms Teil des aufstrebenden Frankenreiches, dessen westlicher (französischer) Hälfte sie bei der Teilung von 843n zufiel. 50 Jahre später Krönungsstadt. 1421n von Engländern besetzt, wurde sie 8 Jahre später durch Jeanne d'Arc zurückerobert. Die Schafzucht der umliegenden Champagne machte die Stadt zu einem Mittelpunkt der europäischen Woll-Weberei, die Schaumwein-Herstellung zum Zentrum des 'Champagner'-Sekts.

843n rot Französischer Besitz
943n–1003n Gerbert von Reims
1143n rot Stadtrecht
1212n blau Bau der Kathedrale
1236n blau Skulpturen der Kathedrale
1338n/1453n Hundertjähriger Krieg
1412n–1431n Jeanne d'Arc
1429n rot Krönung Karls VII.

REINEKE FUCHS, deutscher Name für eine wichtige Gestalt der Tierfabeln vieler Länder, die seit Jahrtausenden in immer neuer Weise den Sieg der Schläue über Stärke und Gutgläubigkeit symbolisiert.

1681v blau Mesopotamische Fabel
1053n–1140n Toba-Sojo
1178n blau 'Reinhart Fuchs'

REIS, asiatische Kulturpflanze, deren Frucht das Grundnahrungsmittel der Bewohner des volkreichsten Kontinentes der Erde ist. Mit dem höchsten Stärkegehalt aller Getreidearten besitzt er einen hohen Nährstoffgehalt, aber wenig Vitamine und mangels Eiweißkleber keine Backfähigkeit. Neben Weizen ist er das verbreitetste Getreide der Erde. Sein Anbau ist zu mehr als 90% noch heute auf Asien konzentriert. Ein Drittel der Welt-Erzeugung fällt auf China, wo er vor 4000 Jahren vermutlich aus Hinterindien eingeführt wurde. Später verbreitete er sich nach Japan und Indien, nach Persien, Mesopotamien, Syrien und Ägypten. Durch den Alexanderzug wurde er auch in Europa eingeführt. Im 17. Jahrhundert gelangte er nach Nordamerika, im 18. Jahrhundert nach Südamerika. Auf warmes, feuchtes Klima und lehmigen Boden angewiesen, gedeiht er in Europa nur in der Po-Ebene und bei Neapel sowie in einigen Gebieten Spaniens und Südrußlands.

2097v grün Anbau in China
560n–618n Yang-Ti

REIS, Philipp (1834n–1874n), deutscher Physiker. Trat 16jährig als Lehrling in eine Farbenhandlung ein und beschäftigte sich bald mit allerlei Versuchen. 18jährig bastelte er ein künstliches Ohr, mit dessen Hilfe er Schallschwingungen in Stromstöße verwandeln wollte. 19jährig begann er neben seiner Arbeit Mathematik und Naturwissenschaften zu studieren. Dann wurde er Lehrer in Friedrichsdorf (Hessen), wo er an seinem Plan zur Schaffung eines Fernsprechers weiterarbeitete. Als ihm die elektrische Übertragung von Ton und Sprache auf 100 m Entfernung gelungen war, nannte er sein Gerät 'Telephon' und führte es erfolglos der Physikalischen Gesellschaft in Frankfurt vor. Die führende Fachzeitschrift Poggendorffs lehnte eine Veröffentlichung ab. Enttäuscht und verkannt starb er vierzigjährig an Tuberkulose.

1861n grün Telephon

REISEBÜRO

1841n grün Cooks Reisebüro

REISEFÜHRER, Bezeichnung für Bücher, die Reisende auf Besonderheiten von Ländern hinweisen und Sehenswürdigkeiten beschreiben.

1341n grün Pegolottis Schrift
1829n grün Baedekers Handbuch

REISEN, REISEBESCHREIBUNGEN

2288v–2206v Schun
1899v–1832v Sebek
1597v–1521v Minos
1473v–1409v Neb-Amun
1288v–1232v Hori
1118v–1058v Wen-Amun
1073v grün Ägyptischer Bericht
969v–908v Bilkis
948v grün Seeweg nach Indien
939v grün Chinesische Expeditionen
658v–595v Necho II.
601v grün Umschiffung Afrikas
586v–501v Anakreon
513v grün Reise des Skylax
497v grün Hekataios' Bericht
482v–429v Herodot
380v–306v Pytheas
325v grün Reise des Nearchos
324v grün Pytheas in Nordeuropa
320v grün Bericht des Pytheas
172v–114v Tschang-Kien
129v grün Reise Tschang-Kiens
75v grün Idee der Erdumseglung
64v–20n Strabo
25v grün Reiseuhren
132n grün Arrianus: Schwarzes Meer
170n blau Pausanias: Griechenland
288n grün Tschen-Schou: Japan
309n–394n Ausonius
371n blau Ausonius: 'Mosella'
411n–474n Priskus
414n grün Fa-Hien: Indien
418n blau Rutilius: Mittelmeer
450n blau Priskus: Hunnen
487n–565n Kosmas
570n–632n Mohammed
602n–664n Hüan-Tsang
646n grün Hüan-Tsang: 'Westlande'
692n grün I-Tsing: Sumatra, Indien
862n grün Normannen auf Island
888n–956n Al Masudi
898n grün Seeweg nach Nordrußland
901n grün Entdeckung Grönlands
918n grün Al Masudis Reisen
922n grün Ibn Fadlans Bericht
946n blau Al Masudis Werk
967n–1021n Leif Erikson
999n grün Abu Dulafs Bericht
1000n grün Entdeckung Amerikas
1017n–1088n Adam von Bremen
1076n blau Werk Adams von Bremen
1096n–1166n Al Idrisi
1154n grün Al Idrisis Hauptwerk
1182n–1250n Johannes Karpini
1185n blau Bericht einer Pilgerfahrt
1254n–1324n Marco Polo
1255n grün Bericht über Mongolei
1291n grün Fahrt der Vivaldi
1298n grün Bericht über China
1299n grün Entdeckung der Kanaren
1304n–1377n Ibn Batuta
1313n–1374n Al Katib
1323n grün Madeira, Azoren entdeckt
1341n grün Pegolottis Reiseführer
1352n grün Ibn Batutas Bericht
1394n–1460n Heinrich der Seefahrer
1420n grün Seefahrtsschule Sagres
1451n–1505n Isabella von Kastilien
1452n–1507n Kolumbus
1456n grün Cadamostos Reise
1471n grün Entdeckung der Goldküste
1480n–1521n Magellan
1483n grün Kongo-Mündung entdeckt
1484n grün Guinea-Inseln entdeckt
1486n grün Entdeckung Timbuktus
1486n grün Umseglung Afrikas
1492n grün Kolumbus in Amerika
1497n grün Entdeckung Labradors
1498n grün Seeweg nach Indien
1499n grün Entdeckung Südamerikas
1500n grün Cabral: Brasilien
1502n grün Festland Mittelamerikas
1505n grün Entdeckung Ceylons
1512n grün Entdeckung der Molukken
1513n grün Balboa: Stiller Ozean
1515n grün La-Plata-Gebiet entdeckt
1517n grün Seeweg nach China
1519n grün Erdumseglung begonnen
1521n grün Philippinen, Marianen
1522n grün Entdeckung der Bermudas
1522n grün Erdumseglung beendet
1524n grün Al Vassans Bericht
1526n grün Entdeckung Neu-Guineas
1527n grün Entdeckung Hawaiis
1533n grün Entdeckung Kaliforniens
1534n grün Erforschung Kanadas
1543n grün Portugiesen in Japan
1549n grün Bericht über Rußland
1553n grün Umseglung des Nordkaps
1567n grün Salomon-Inseln entdeckt
1580n grün Drakes Erdumseglung
1596n grün Barents' Nordmeerreise
1605n grün Entdeckung Australiens
1606n grün Entdeckung Tahitis
1609n grün Hudson-Fluß entdeckt
1616n grün Baffins Polarreise
1616n grün Bismarck-Inseln entdeckt
1642n grün Entdeckung Neuseelands
1643n grün Fidschi-Inseln entdeckt
1648n grün Deschnew: Beringstraße
1721n grün Roggeveen: Pazifik-Inseln
1728n grün Reise Berings
1740n grün Tscheljuskin: Nord-Asien
1771n grün Cooks Reise
1809n–1882n Darwin
1829n grün Baedekers Handbuch
1841n grün Reisebüro
1855n grün Livingstone: Viktoria-Fälle
1894n grün Nansen: Nordpolexpedition
1894n grün Hedins Asienexpedition
1909n grün Peary: Nordpol
1911n grün Amundsen: Südpol
1946n grün Byrds Südpolexpedition

REISSFEDER, Zeichen-Werkzeug zum Linien-Ziehen.

21n grün Gebrauch in Rom

REITEN

2750v blau Bild eines Reiters
1712v–1640v Apofis
1528v grün Esel als Reittier
1519v grün Pferd als Reittier
1468v grün Sattel in Ägypten
1288v–1232v Hori
1198v grün Berittene Bogenschützen
1059v grün Kamel als Reittier
869v grün Reitertruppe in Assyrien
850v grün Steigbügel in Assyrien
661v braun Kamelreiter-Einsatz
430v–353v Xenophon
421v grün Chinesisches Reiterheer
359v blau Xenophon: 'Hipparchikos'
234v–174v Mao-Tun
38v–9v Drusus
350n–404n Balamir
370n/455n Hunnenkriege
448n–510n Toramana
657n/661n Kamelreiter-Einsatz
688n–741n Karl Martell
722n grün Lehen für Reiterdienste
877n–936n Heinrich I.

REITERSTANDBILDER

178n blau Standbild Mark Aurels
1243n blau Bamberger Reiter
1386n–1466n Donatello
1436n–1488n Verrocchio
1453n blau Donatello: Gattamelata
1488n blau Verrocchio: Colleoni
1700n blau Schlüter: Großer Kurfürst
1778n blau Falconet: Peter I.

REJ, Nikolaus (1505n–1569n), polnischer Dichter. Als Sohn eines Gutsbesitzers wuchs er auf dem Lande fast ohne Schulbildung auf und wurde erst 17jährig zur Ausbildung auf die Akademie nach Krakau geschickt. Trat zum Protestantismus über und bekämpfte leidenschaftlich die katholische Kirche. Obwohl auch in seinem Lande die Gebildeten sich noch des Lateins bedienten, schrieb er seine Werke in der polnischen Volkssprache. Verfaßte Lieder, Gedichte und satirische Abhandlungen über die herrschenden Zustände ('Kleines Gespräch zwischen dem Herrn, dem Dorfrichter und dem Pfarrer') sowie eine selbstironisierende Autobiographie ('Darstellung des Lebens eines rechtschaffenen Mannes').

1559n blau 'Lebensbild'

RELATIVITÄTSTHEORIE, Bezeichnung für die verallgemeinernde Zusammenfassung der wichtigsten physikalischen Forschungsergebnisse des 19. Jahrhunderts, die zur Grundlage des wissenschaftlichen Weltbildes unserer Epoche wurde. Beruht auf dem von Galilei formulierten Relativitätsprinzip der Mechanik, demzufolge es für den Ablauf mechanischer Vorgänge gleichgültig ist, ob sie in einem ruhenden oder in einem bewegten Bezugssystem sich abspielen. Ausgehend von der Anwendung dieses Prinzips auf die elektromagnetische Strahlung wurde sie von Einstein für die gesamte Physik formuliert. Sie überwand damit die herkömmlichen Vorstellungen von Raum und Zeit ebenso wie diejenigen vom Aufbau der Atome und des Weltalls.

1879n–1955n Einstein
1905n grün Spezielle Relativitätslehre
1916n grün Allgemeine Relativitätslehre

RELIEFKUNST

2999v grün Relieftechnik in Ägypten
2998v blau Bild einer Löwenjagd
2983v grün Rollsiegel in Sumer
2946v blau 'Zwei Giraffen unter Palme'
2888v blau Bild eines Greifen
2868v grün Rollsiegel in Ägypten
2860v blau 'Narmerpalette'
2856v blau Reliefbilder in Sumer
2846v blau Elfenbeinschnitzerei
2829v blau 'Jagd im Gebirge'
2807v blau 'Prozession zu Schiff'
2802v blau 'Hunde auf Gazellenjagd'
2798v–2751v Semer-Chet
2793v blau Bild des Weltaufbaus
2790v blau Religiöse Darstellungen
2786v blau Relief König Udimus
2782v blau Tierfiguren auf Vasen
2775v blau 'Gefangene vor König'
2768v blau Relief einer Gazelle
2751v blau Siegesdarstellung
2746v blau 'Gefangener in Fesseln'
2738v blau 'König auf Löwenjagd'
2732v blau 'Mann am Opfertisch'
2729v blau 'Nashorn am Futtertrog'
2728v blau Grabsäule des Sabef
2722v blau Relief zweier Löwen
2707v blau 'Der gute Hirte'
2705v blau 'Elefanten-Männchen'
2691v blau 'Kampf Löwe-Mensch'
2678v blau 'Tiger und Mann auf Baum'
2667v blau 'Trink-Gelage'
2665v blau 'Tributzug'
2659v blau Wasserbüffel-Relief
2653v blau 'Mann im Pantherfell'
2652v blau 'Beamter mit Schreibzeug'
2650v grün Weißer Marmor in Sumer
2640v blau Holzreliefs auf Grabtüren
2638v blau 'Heilige Hochzeit'
2636v blau Relief König Zosers
2629v blau 'Der Herr der Tiere'
2623v blau 'Abneb beim Mahle'
2617v blau Abstraktion in Sumer
2614v blau 'Mann mit zwei Tigern'
2611v blau 'Löwenköpfiger Adler'
2596v–2515v Ur-Nan-Sche
2594v grün Bemalung in Ägypten
2591v blau Relief eines Krokodils
2579v blau 'Mann vor Tiger'
2576v blau 'Antilopenjagd'
2564v blau 'Männer beim Fischen'
2532v blau 'Prinzessin im Tigerfell'
2525v blau Bild einer Königsfamilie
2496v blau 'Bootsfahrt einer Dame'
2492v blau 'Flachsernte auf dem Gute'
2478v blau 'Geierstele'
2475v blau 'Stallung und Molkerei'
2471v–2397v Ni-Anch-Pta
2465v blau Relief: König und Götter
2463v–2403v Ni-User-Re
2461v blau 'Gefangene'
2460v blau 'Eroberung einer Stadt'
2459v blau 'Heimkehr der Flotte'
2455v blau 'Adler mit zwei Hirschen'
2452n–2377v Ti
2443v blau 'Kalbende Antilope'
2439v blau 'Musik und Tanz'
2436v blau Dankopfer-Darstellung
2434v blau 'Katze beim Vogelfang'
2432v blau 'Bauern mit Eselsherde'
2430v blau 'Bäume und Gräser'
2428v blau 'Die drei Jahreszeiten'
2423v blau Bildnis Ni-User-Res
2419v blau 'Verwundeter Libyer'
2416v grün Annäherung an Malerei
2415v blau 'Gefangene Löwen'
2414v blau 'Wasser- und Wüstentiere'
2407v blau Bild eines Künstlermahles
2404v blau 'Meridianbestimmung'
2403v blau Bild der Ackerbau-Göttin
2401v blau 'Knaben beim Ringkampf'
2395v blau 'Der Eselstreiber'
2393v blau 'Nilpferdjagd'
2391v blau 'Tierleben im Dickicht'
2390v blau 'Geflügelzüchter'
2389v blau 'Dressierte Affen'
2387v blau 'Kalbende Kuh'
2385v blau 'Schiffsbau'
2384v blau 'Das Leben der Hirten'
2379v blau 'Vogelfang mit Netz'
2378v blau 'Segelschiff auf dem Nil'
2373v blau 'Hirten treiben Rinder'
2366v blau Opfer-Szene
2361v blau 'Der ruhende Hirte'
2332v blau Bild einer Kornernte
2327v blau 'Schreiber bei der Arbeit'
2318v blau 'Kinder-Spiele'
2317v blau 'Bauern bei der Ernte'
2312v blau 'Steuer-Erklärung'
2309v blau 'Sargons Siegeszug'
2300v blau 'Flachsernte'
2285v blau Bild einer Schlacht
2263v blau Naramsin-Stele
2260v blau Felsrelief Naramsins
2251v blau Bogenschützen-Darstellung
2080v blau 'Tauchende Fischer'
2044v blau 'Prinzessin Kawit'
2037v blau 'Bauhandwerker'
2036v blau Relief des Ur-Nammu
2030v blau Gedenkstein des Ur-Nammu
2024v blau 'Schwebende Göttin'
1998v blau Musiker-Relief
1981v blau 'König mit Palmenzweig'
1979v blau 'Gilgameschs Kampf'
1972v blau 'Eintreffen einer Karawane'
1944v blau Obelisk Sesostris' I.
1940v blau Relief Sesostris' I.
1869v blau 'Bootsbau aus Papyrus'
1813v blau 'Nefer singt zur Harfe'
1756v blau 'Gilgamesch und Unhold'
1707v blau 'Hammurabi und Gott'
1695v blau Hammurabi-Relief
1641v blau 'Krieger mit Streitaxt'
1587v blau 'Boxkämpfe'
1558v blau 'Stierspiele'
1549v blau 'Erntefest'
1540v blau 'Tanzende Frau'
1516v blau Obelisken von Karnak
1514v blau Relief einer Wildziege
1511v blau 'Gesandtschaft'
1491v blau 'Ruderer'
1488v blau Hatschepsut-Obelisken
1485v blau 'Hof einer Königin'
1477v blau Stierfang-Szene
1476v blau Rinderleben-Szene
1472v blau Motiv der Weingewinnung
1459v blau 'Gazelle hinter Büschen'
1450v blau 'Geflügelte Sonne'
1448v–1392v Kara-Indasch
1446v blau 'Totenklage'
1445v blau Götter-Symbole
1442v blau 'Die Schusterwerkstatt'
1437v–1373v Ipuki
1434v blau 'König als Bogenschütze'
1429v blau 'Beladen der Lastschiffe'
1423v–1359v Juti
1418v blau Kreuz-Motiv
1415v blau Tempelschmuck in Uruk
1381v blau 'Die vier Schreiber'
1380v blau 'Königspaar in der Barke'
1379v blau 'Mann mit Kranichen'
1375v blau 'Der Pferdekopf'
1373v blau 'Steinbock-Jagd'
1371v blau Malteserkreuz
1370v blau 'Sonne über Echnaton'
1368v blau Relief einer Heuschrecke
1367v blau Selbstporträt Jutis
1362v blau 'Geschenkverteilung'
1355v blau 'Der blinde Harfner'
1353v blau 'Soldat vor Bierkrug'
1353v blau Reliefs im Luxortempel
1352v blau 'Trauernde Jungfrauen'
1349v blau 'Auszeichnung des Generals'
1341v blau Relief einer Biene
1331v blau 'Soldaten grüßen General'
1328v blau 'Gefangene Neger'
1322v blau Gefangenen-Darstellung
1318v blau 'Schreiber kontrolliert'
1317v blau 'König kniet vor Isis'
1315v blau 'Pharao und Göttin Mut'
1310v blau 'Pharao verehrt Wahrheit'
1306v blau Götterzug-Relief
1304v blau Heldentaten-Zyklus
1287v blau 'Schlacht bei Kadesch'
1260v blau 'Toter Krieger am Fluß'
1225v blau Bildnis Tu-Kultis
1223v blau 'Tanz zum Tamburin'
1220v blau Geometrische Motive
1188v blau Melkszene
1183v blau 'Gefangener Libyerfürst'
1179v blau 'Geflügelte Göttin'
1154v blau Drachen-Motiv in China
1134v blau Elefanten-Motiv in China
1115v blau Dompteur-Motiv in China
1108v blau Relief Tiglatpilesers
1090v blau 'Priester beim Tempelbau'
1085v blau 'Straußenjagd'
1081v blau 'Geflügeltes Pferd'
1057v blau Kentaur-Darstellung
1054v blau 'Bienenschwarm'
1035v blau Bild eines Rhinozeros
912v–860v Assurnasirpal
833v blau Obelisk Salmanassars
824v blau Relief eines Wettergottes
771v blau 'Brüllender Löwe'
761v blau Relief einer Königsfamilie
731v blau 'Der gute Hirte'
712v blau 'Löwenbezwinger'
709v blau Denkmal Sargons II.
699v blau Engel-Darstellungen
672v blau Siegessäule Asarhaddons
671v blau Kriegsszene
657v blau Relief einer Eselsjagd
645v blau 'Sterbende Löwin'
639v blau 'Bienenzucht'
619v blau 'Tamburin-Spielerin'
545v blau Cervetri-Sarkophag
513v blau Aristion-Stele
498v blau Taten Dareios' I.
493v–432v Phidias
440v blau Parthenon-Fries
416v blau Tempelfries in Bassai
396v blau Relief einer Schwalbe
395v–343v Skopas
380v blau 'Musikkapelle'
334v blau Lysikrates-Denkmal
319v blau Alexander-Sarkophag
278v blau 'Bauern bei der Ernte'
230v blau Buddha-Szenen (Santschi)
180v blau Pergamon-Altar
9v blau Friedensaltar in Rom
113n blau Trajanssäule
432n blau Motiv: Jesus am Kreuz
800n blau Buddha-Szenen (Borobudur)

1066n blau Arsalan-Teller
1192n blau Dreikönigs-Schrein
1198n blau Marienleben-Motiv
1213n–1280n Niccolo Pisano
1439n blau 'Sängerkanzel'
1452n blau 'Paradiestür'
1481n blau Pacher-Altar
1489n blau Stoß: Krakauer Altar
1502n blau Heiligenblut-Altar
1519n blau Vischer: Sebaldusgrab

RELIQUIEN, von dem lateinischen Worte 'relictum' ('Überbleibsel') abgeleitete Bezeichnung für Erinnerungsstücke an geheiligte oder vergötterte Menschen (Knochen, Haare, Kleidungsstücke, Geräte, Kreuzsplitter). In verschiedenen Kirchen (besonders der katholischen) ist ihre Anbetung ein Teil der Andacht und wird oft besonderen Festen vorbehalten. Auch wird ihnen Zauberwirkung und Heilkraft zugeschrieben. Ihre Verehrung ist eine in verschiedenen rückständigen Gebieten der Erde (Südamerika, Nordafrika, West-, Mittel- und Süd-Europa, Vorderasien, Hinterindien) bis in die Gegenwart geübte Form des Aberglaubens.

237v blau Reliquie Buddhas
345n grün Angebliches Kreuz Jesu
602n–664n Hüan-Tsang
611n/629n Kreuz-Christi-Krieg
768n–824n Han-Yü
819n blau Gegnerschaft Han-Yüs
828n blau Einhard: Reliquienraub
1182n blau Maurinus-Schrein
1192n blau Dreikönigs-Schrein
1324n–1384n Wiclif
1369n–1415n Hus
1412n blau Gegnerschaft des Hus
1489n blau Ursula-Schrein
1519n blau Sebaldus-Schrein

REMARQUE, Erich Maria (geboren 1898n), deutscher Schriftsteller. Als Sohn eines Buchbinders ging er unmittelbar von der Schule an die Front und schrieb nach dem ersten Weltkrieg den Roman 'Im Westen nichts Neues'. Darin schilderte er die hinter dieser stereotypen Redewendung des Heeresberichtes stehende Wirklichkeit des Soldatenlebens. Sein in derber Soldatensprache geschriebenes Buch über den Alltag an der Front öffnete der von Kriegspropaganda und Heldenverehrung verführten Öffentlichkeit die Augen über das Verbrechen des Krieges. 1933n ausgebürgert, lebte er in Frankreich, in der Schweiz und in Nordamerika. Das Emigrantenschicksal ist Gegenstand seines zweiten großen Erfolgs-Buches 'Der Triumphbogen'. Trotz vieler Anfeindungen blieb er in den weiteren Werken ('Zeit zu leben und Zeit zu sterben') seiner kriegsfeindlichen, antifaschistischen Grundhaltung treu.

1928n blau 'Im Westen nichts Neues'

REMBRANDT, holländischer Maler und Radierer.

1606n–1669n Lebenslinie
1632n blau 'Anatomie'
1634n blau Selbstbildnis
1641n blau 'Saskia mit roter Blume'
1642n blau 'Nachtwache'
1643n blau 'Drei Bäume'
1646n blau 'Holzhackerfamilie'
1650n blau 'Mann mit Goldhelm'
1662n blau 'Vorsteher der Tuchhalle'

REMINGTON, Philo (1816n–1889n), nordamerikanischer Erfinder. Als Sohn eines Waffen-Fabrikanten trat er in das Werk seines Vaters ein. Erfand ein Gewehr, das durch Doppelhahn und Block-Verschluß den gefürchteten Rückschlag beim Abfeuern vermied. Mit seinen großen Gewinnen entwickelte er auf Grund einer Erfindung von Ch. L. Sholes die erste betriebssichere, einfach zu bedienende Schreibmaschine. Er brachte sie unter seinem eigenen Namen heraus und organisierte ihre massenhafte Herstellung. 70jährig zog er sich ins Privatleben zurück.

1870n grün Schreibmaschine

RENAISSANCE, französisches Wort für 'Wiedererweckung'. Bezeichnung für eine Epoche der europäischen Kultur-Entwicklung, die sich als Wieder-Erweckung der vorchristlichen Kunst- und Geistesgesinnung Griechenlands und Roms nach einem Jahrtausend christlicher Unterdrückung verstand. Ausgehend von den Städten Norditaliens, in denen sich das freie Denken und Empfinden eines selbstbewußten Bürgertums Bahn gebrochen hatte, führte sie in mehreren Ländern Mittel- und Westeuropas zu einer lebensbejahenden, sinnesfrohen Kunst sowie zu einer auf vorchristliches Denken und Handeln ausgerichteten selbstverantwortlichen Menschlichkeit (Humanismus). Die Architektur wandte sich weitgehend von den Kirchenbauten ab und errichtete Rathäuser, Schlösser, Paläste und Theater. Die Malerei wagte die freie Darstellung des Menschen (Aktbilder) und der Natur (Landschaftsbilder). Die Plastik löste sich aus ihrer Bindung an die Baukunst und schuf eigenständige Kunstwerke. Die Musik wandte sich wieder dem Sologesang zu, die Dichtung besann sich auf das große Drama, und aus der Verbindung beider Künste erwuchs die Oper.

1304n–1374n Petrarca
1313n–1375n Boccaccio
1350n–1415n Chrysoloras
1353n blau 'Decamerone'
1361n blau Landinos Madrigale
1366n blau Gedichte an Laura
1377n–1446n Brunellesco
1386n–1466n Donatello
1390n–1441n Jan van Eyck
1396n blau Griechisch-Lehrbuch
1401n–1428n Masaccio
1404n–1472n Alberti
1408n–1457n Valla
1414n blau Ghiberti: 'Johannes'
1415n grün Gesetze der Perspektive
1417n–1492n Francesca
1419n grün Brunellesco: Findelhaus
1425n blau Alberti: 'Philodoxas'
1427n blau Masaccio: 'Heidentaufe'
1430n blau Donatello: 'David'
1430n grün Kupferstich-Technik
1432n blau Genter Altar
1433n blau Fra Angelico: 'Madonna'
1436n blau Domkuppel von Florenz
1436n–1488n Verrocchio
1437n blau Jan van Eyck: 'Barbara'
1439n blau Luca: 'Sängerkanzel'
1442n blau Vallas Lebensideal
1443n grün Luca della Robbia: Glasur
1447n blau Besinnung auf Antike
1449n–1492n Lorenzo Medici
1450n blau Fouquets Illustrationen
1452n blau Ghiberti: 'Paradiestür'
1452n grün Alberti: 'Baukunst'
1452n–1519n Leonardo da Vinci
1453n blau Standbild Gattamelatas
1454n blau Peurbachs Vorlesungen
1457n blau Albertis Lebensideal
1458n blau Fouquet: Karl VII.
1459n blau Plato-Akademie Florenz
1460n blau Lehre des Ficino
1462n blau Weyden: 'Anbetung'
1465n blau Francesca: 'Kreuzlegende'
1465n–1536n Erasmus von Rotterdam
1466n blau Griechisch-Lehrstuhl, Paris
1471n–1528n Albrecht Dürer
1472n blau Andrea-Kirche Padua
1475n–1564n Michelangelo
1476n blau Verrocchio: 'Taufe Christi'
1477n–1576n Tizian
1478n blau Reuchlin: Griechisch
1479n blau Leonardo: 'Anbetung'
1480n blau 'Thomas und Christus'
1481n blau Sixtinische Kapelle
1482n blau Fresken Botticellis
1482n grün Francesca: 'Perspektive'
1483n blau 'Schlüsselübergabe'
1483n–1520n Raffael
1485n blau Äsop deutsch
1488n blau Standbild des Colleoni
1489n blau Memling: 'Ursula-Schrein'
1490n blau Ghirlandajo: Marienleben
1491n blau Botticellis Illustrationen
1494n blau Lehre Mirandolas
1495n blau Aristoteles-Ausgabe
1495n blau Leonardo: 'Abendmahl'
1496n blau Perugino: 'Kreuzigung'
1497n blau Bramante: Chor-Bau
1497n–1560n Melanchthon
1500n blau Michelangelo: 'Pietà'
1501n blau Dürer: 'Große Passion'
1503n blau Leonardo: 'Mona Lisa'
1503n blau Dürer: Selbstbildnis
1504n blau Michelangelo: 'David'
1504n blau 'Ruhe auf der Flucht'
1505n blau Signorelli: 'Weltgericht'
1506n blau Bramante: Petersdom
1506n blau Hebräische Sprachlehre
1507n blau Cäsar deutsch
1507n blau Raffael: 'Madonna'
1508n blau Giorgione: 'Venus'
1508n blau Leonardo: Malerei-Traktat
1510n blau Raffael: Fresken (Vatikan)
1512n blau Michelangelo: Fresken
1513n blau Machiavelli: 'Der Fürst'
1514n blau Tizian: 'Liebe'
1515n grün Dürer: Ätztechnik
1516n blau Neues Testament griechisch
1518n blau Griechische Grammatik
1518n blau 'Sixtinische Madonna'
1518n blau Tizian: 'Zinsgroschen'
1519n blau Sebaldusgrab
1521n blau Hutten: Gespräche
1525n–1594n Palestrina
1526n blau Holbein: 'Totentanz'
1526n blau 'Apostel', 'Holzschuher'
1527n blau Vives: Persönlichkeit
1528n blau Castiglione: 'Hofmann'
1530n blau Collège royal
1531n blau Orley: 'Heilige Familie'
1531n blau 'Leda mit dem Schwan'
1532n blau Stephanus: Wörterbuch
1532n blau Ariosto: 'Rasender Roland'
1532n–1594n Orlando di Lasso
1533n blau Dresdner Georgenbau
1533n blau Cranachs Luther-Porträt
1537n blau 'Odyssee' deutsch
1538n blau 'Jesus und Ehebrecherin'
1538n blau Palazzo Farnese
1541n blau 'Das jüngste Gericht'
1546n blau Bau des Louvre
1547n blau Michelangelo: Petersdom
1547n–1516n Cervantes
1548n blau Tizian: 'Karl V.'
1549n blau Vasaris Biographien
1549n blau Manifest der Plejade
1550n blau Ronsard: 'Oden'
1551n blau Limosin: Emaille-Bilder
1552n blau Rabelais: 'Gargantua'
1553n blau Rathaus von Paris
1554n blau Cellini: 'Perseus'
1554n blau 'Lazarillo'
1556n blau Leipziger Rathaus
1558n grün Zarlinos Harmonielehre
1561n blau Cellinis Memoiren
1561n blau Antwerpener Rathaus
1562n blau Altenburger Rathaus
1563n blau Bau des Escorial
1563n blau Veronese: 'Hochzeit zu Kana'
1564n–1616n Shakespeare
1565n blau Brueghel: 'Bauernhochzeit'
1565n blau 'Fliegender Merkur'
1570n grün Palladio: Baukunst
1572n blau Camões: 'Lusiaden'
1575n blau 'Befreites Jerusalem'
1576n blau Bodin: 'Vom Staate'
1578n blau Rothenburger Rathaus
1579n blau Werk gegen Absolutismus
1580n blau Montaigne: 'Essais'
1582n blau Sprachakademie Florenz
1583n blau 'Raub der Sabinerin'
1585n blau A-cappella-Musik
1585n blau Orlandos Lieder
1586n blau Marlowe: Timur-Drama
1588n blau Marlowe: Faust-Drama
1589n blau Tintoretto: 'Paradies'
1591n blau 'Romeo und Julia'
1592n blau Tintoretto: 'Abendmahl'
1593n blau 'Sommernachtstraum'
1594n blau Peri: 'Dafne'
1599n blau 'Julius Cäsar'
1601n blau 'Hamlet'
1605n blau 'Don Quichotte'
1605n blau 'Macbeth'
1619n blau Heidelberger Schloß
1620n blau Augsburger Rathaus
1860n blau Burckhardts Werk
1877n blau Gobineaus Dichtung

RENAN, Ernest (1823n–1892n), französischer Sprachforscher und Philosoph. Gab 22jährig seine Priesterlaufbahn auf, um Gelehrter zu werden. Studierte die semitischen Sprachen, unternahm Forschungsreisen nach Vorderasien und Ägypten und veröffentlichte mehrere religionsgeschichtliche Werke sowie ein vielbeachtetes Buch über den arabischen Naturforscher Ibn Rasd (Averroes). Weltberühmt wurde er durch sein Buch über das Leben Jesu, in dem er dessen kirchlicher Verklärung zum Gottessohne eine historische Schilderung des jüdischen Religionsstifters entgegenstellte. Er verlor daraufhin für fast zehn Jahre seine Professur und wurde vom katholischen Klerus öffentlich diffamiert. Setzte sich aber durch und wurde später hoch geehrt. Schrieb auch einige Theaterstücke.

1863n blau 'Das Leben Jesu'

RENARD, Charles (1847n–1905n), französischer Erfinder. Als Angehöriger des Ingenieurkorps der französischen Armee wurde er Hauptmann der Luftschifferschule von Meudon. Zusammen mit seinem Kollegen Arthur Krebs baute er einen torpedoförmigen Ballon von 50 m Länge, dessen Gondel mit Elektromotor und zweiflügliger Antriebsschraube ausgerüstet war. Mit diesem lenkbaren Luftschiff unternahm er 1884n/1885n sieben erfolgreiche Flüge, wobei fünfmal die Rückkehr zum Startort gelang. Wegen der zu geringen Geschwindigkeit von 20 h/km wurde sein Projekt von der Armee nicht weiter unterstützt. Drei Jahre später schlug er den Aufstieg bemannter Ballons für die Wetterbeobachtung vor.

1884n grün Zielfahrt mit Luftschiff

RENAUDOT, Théophraste (1586n–1653n), französischer Historiker und Publizist. Mit 18 Jahren bereits als Arzt tätig, erwarb er sich durch seine Gewissenhaftigkeit und seine Menschenfreundlichkeit großes Ansehen. 38jährig wurde er von Richelieu als Leiter des französischen Armenwesens nach Paris berufen und richtete dort in seinem Hause eine Poliklinik für Minderbemittelte ein. Da er alle Armen kostenlos behandelte und die Arzneien umsonst abgab, brachte er die ganze Ärzteschaft gegen sich auf. Die medizinische Fakultät der Universität erwirkte ein Berufsverbot. Gründete eine Volkshochschule und einen Arbeitsnachweis sowie eine Zeitung, in der er die gesellschaftlichen Mißstände schonungslos anprangerte. Das Blatt ('Gazette de France') fand auf den Straßen von Paris reißenden Absatz. Da Richelieu und sein Gehilfe Leclerc sowie Ludwig XIII. zu seinen Mitarbeitern zählten, konnte er die Zeitung gegen alle Widerstände behaupten. Ein von ihm errichtetes Leihhaus mußte er indessen wieder schließen. Später vertrat er die Politik Mazarins und wurde zum Geschichtsschreiber Ludwig XIV. ernannt.

1631n grün Zeitung

RENDEZVOUS-TECHNIK, Fachausdruck aus der Weltraumfahrt für Begegnung, Annäherung und Verbindung mehrerer Raumfahrzeuge im All. Ermöglicht nach dem Ankoppeln das Übersteigen von Astronauten und die Versorgung eines Raumfahrzeuges von der Erde aus. Durch ihre Einführung wurde die entscheidende Voraussetzung für Reisen des Menschen zu anderen Sternen geschaffen sowie für die Anlage von Raumstationen.

1962n grün Erprobung

RENI, Guido (1575n–1642n), italienischer Maler, Zeichner und Bildhauer. Aus einem Vorort der norditalienischen Stadt Bologna stammend, trat er nach seiner Ausbildung 20jährig in die Werkstatt der Bologneser Malerfamilie Carracci ein. Fünf Jahre später ging er nach Rom, wo er von Papst Paul V. und dem Herzog von Toskana gefördert wurde. Nach 22 Jahren kehrte er in seine Heimat zurück. Seine teilweise bis an die Grenze der Süßlichkeit gehenden pathetischen Darstellungen aus Religion, Sage und Geschichte fanden zu seiner Zeit höchste Anerkennung. Die Klarheit des Aufbaus seiner Gemälde wurde Vorbild für mehrere Generationen von Kirchenmalern. Durch seine Spielleidenschaft meist in Geldnot, nahm er mehr Aufträge an, als er ausführen konnte und zeichnete häufig auch die von seinen Gehilfen geschaffenen Bilder mit seinem Namen.

1609n blau 'Aurora'

RENN, Ludwig (geboren 1889n), deutscher Schriftsteller und Gelehrter. Als Sohn eines adligen Prinzenerziehers wurde er Offizier. 1920n schied er als Hauptmann aus und studierte Rechtskunde, Volkswirtschaft und Geschichte. Durchwanderte Italien, Griechenland, die Türkei und Ägypten. Dann hielt er geschichtliche Vorträge und arbeitete an seinem ersten Buche, in dem er den Krieg aus der Sicht des einfachen Soldaten beschrieb. Wissenschaftliche Denkweise ließ ihn die Notwendigkeit einer Umwälzung der bestehenden Gesellschaftsordnung erkennen. Er legte seinen adligen Namen (Arnold Vieth Freiherr von Golßenau) ab, trat der Kommunistischen Partei bei und stellte sein Leben in den Dienst der Weltrevolution. 1932n verhaftet, 1933n–1935n eingekerkert, verließ er Deutschland und führte 1936n–1937n im spanischen Bürgerkrieg eine internationale Brigade. Später übernahm er eine Professur für Geschichte an der Universität Morelia (Mexiko). 1947n kehrte er nach Deutschland zurück und wirkt seitdem als Hochschullehrer am Aufbau eines sozialistischen Teil-Deutschland. In seinen Büchern ('Der spanische Krieg', 'Auftraggeber Arbeiterklasse') sucht er die Jugend und Arbeiter zum Verständnis der Vergangenheit zu führen, um sie so zur Gestaltung einer besseren Zukunft fähig zu machen.

1928n blau 'Krieg'

RENNER, Titel einer Dichtung des deutschen Schulrektors Hugo von Trimberg. Enthält in 24000 Versen eine mit Fabeln, Anekdoten, Märchen und Legenden durchsetzte gleichnishafte Gesellschaftskritik.

1313n blau Entstehung

RENOIR, Auguste (1841n–1919n), französischer Maler, Graphiker und Bildhauer. Als Sohn eines Schneiders erhielt er wegen seines Maltalentes eine Stellung in einer Porzellanfabrik. Hier begann er als Dreizehnjähriger Blumen, Schäferszenen und Porträts auf Tassen und Teller zu malen. Vier Jahre später übernahm aber eine Mal-Maschine seine Arbeit und er mußte mit dem Bemalen von Fächern und Kirchenvorhängen seinen Lebensunterhalt verdienen. Als 21jähriger begann er aus eigenen Ersparnissen eine Ausbildung an der Kunsthochschule. Zwei Jahre später wurde sein erstes Bild ausgestellt. Als Dreißigjähriger war er schon ein angesehener Porträtmaler. Er mußte aber noch lange in dürftigsten Verhältnissen arbeiten, weil seine neue, naturnahe, farbenfrohe Freilicht-Malerei ('Impressionismus') von der offiziellen Kunstkritik abgelehnt wurde. Aber ohne Rücksicht auf das Urteil der Fachwelt und öffentliche Anerkennung schuf er aus Freude am Malen etwa 6000 Bilder. Obgleich er in den letzten Jahrzehnten seines Lebens durch eine fortschreitende Gicht fast völlig gelähmt war, malte er bis zu seinem letzten Tage heitere, lebensfrohe Bilder.

1879n blau 'Am Frühstückstisch'

RENTABILITÄT, Fachausdruck der Volkswirtschaft für die Ertragsfähigkeit eines Erwerbsunternehmens. Bezeichnet in der Klassengesellschaft das Verhältnis des eingesetzten Kapitals zum Gewinn und ist Voraussetzung für den Fortbestand jedes einzelnen Unternehmens. In der sozialistischen Gesellschaft, deren Ziel nicht die Erzielung von Gewinnen ist, sondern die Bedarfsdeckung innerhalb einer ausgeglichenen Volkswirtschaft, entbehrt sie der Notwendigkeit im Einzelbetrieb. Der völlige Fortfall dieses Begriffes als Richtschnur der Wirtschaft kennzeichnet den Übergang vom Sozialismus zum Kommunismus.

234v–149v Kato der Ältere

RENTE, Bezeichnung für ein Einkommen ohne eine dafür erbrachte Arbeitsleistung. Seit alters her auf Besitz (insbesondere auf Grundbesitz) gegründet und daher nur einer kleinen Schicht von Ausbeutern vorbehalten, denen es gelang, auch nach Zurückziehung aus dem Erwerbsleben vom Ertrag fremder Arbeit zu leben. Durch den Kampf der klassenbewußten Arbeiterschaft des vergangenen Jahrhunderts als Anspruch der aus dem Produktionsprozeß ausgeschiedenen Lohnempfänger gesetzlich anerkannt. Allerdings muß der Arbeiter und Angestellte während der Dauer seiner Erwerbstätigkeit die Mittel dafür selbst aufbringen und daneben in den kapitalistischen Staaten noch die Werte für jene Renten im alten Sinne schaffen, die im Mehrwert der von ihm gekauften Güter und in der Miete versteckt sind.

1559v grün Rente einer Königin
459n–498n Romulus Augustulus
1623n–1687n Petty
1674n grün Theorie der Grundrente

REPARATIONEN, von dem lateinischen Worte 'reparare' (= wiederherstellen) abgeleitete Bezeichnung für Zahlungen oder Sachleistungen, die ein Staat nach einer Niederlage an den Sieger zum Zwecke der Wiederherstellung der im Kriege zerstörten Güter zu leisten hat. Schon Karthago mußte nach dem zweiten Punischen Krieg an Rom 50 Jahre lang jährlich 200 Talente (= ca. 2 Millionen DM) zahlen. Deutschland forderte und erhielt nach seinem Krieg gegen Frankreich 1871n 5 Milliarden Goldfranken (= ca. 25 Milliarden DM). Dieses Gold wurde im Spandauer 'Juliusturm' aufbewahrt. Nach dem ersten Weltkrieg wurden Deutschland im Versailler Vertrag Zahlungen aus der laufenden Produktion auferlegt. Im Londoner Zahlungsplan wurden diese Leistungen auf 132 Milliarden Goldmark festgesetzt, von denen 23 Milliarden (= ca. 65 Milliarden DM) tatsächlich geleistet worden sind, während der Rest nach Erleichterung durch Dawes-Plan und Young-Plan 1932n im wesentlichen gestrichen wurde. Nach dem zweiten Weltkrieg wurden von den im Potsdamer Abkommen festgesetzten Reparationen durch die DDR 115 Milliarden DM aufgebracht, durch die Bundesrepublik nur 2 Milliarden DM. Diese insgesamt 117 Milliarden DM stellen nur etwa 20% der allein in der UdSSR von Deutschen angerichteten Kriegsschäden dar. Der Umstand, daß sie zu 98% von der DDR und nur zu 2% von der Bundesrepublik aufgebracht wurden, stellt die eigentliche Ursache für das wirtschaftliche Gefälle innerhalb Deutschlands dar, das 1961n zum Bau der 'Mauer' führte. Im Jahre 1964n machte sich die Regierung der DDR die Forderung nach einer innerdeutschen Ausgleichszahlung zu eigen, die nach einem 1963n in der Bundesrepublik aufgestellten Reparations-Ausgleichs-Plan ('RAP-Plan') einen Betrag von 88 Milliarden DM ausmacht.

1919n rot Versailler Vertrag
1924n grün Dawes-Plan
1930n grün Young-Plan
1945n rot Potsdamer Abkommen
1953n grün Leistungen beendet
1961n rot Berliner Mauer

REPIN, Ilja (1844n–1930n), russischer Maler. Nach Studien in Petersburg gewann er 27jährig ein Reisestipendium, das ihm die Fortsetzung seiner Studien in Rom und Paris ermöglichte. Wurde Lehrer an der Petersburger Akademie und malte Bilder aus seiner russischen Heimat. Prangerte die Ausbeutung des arbeitenden Volkes an ('Wolga-Treidler'), zeigte die Grausamkeit des Zarismus ('Zarin Sofia betrachtet die erhängten Strelitzen'), deckte die Greuel des Krieges auf ('Sterbender Soldat'), wandte sich gegen den Gewissenszwang der Kirche ('Die verweigerte Beichte') und gab der allgemeinen politischen Unfreiheit Ausdruck ('Verhaftung des Propagandisten'). Berühmt wurde er als Maler von Geschichts-Szenen ('Iwan mit seinem von ihm ermordeten Sohn') und vor allem durch seine Porträts (Tolstoi, Mussorgski). 1917n verließ er Rußland und verlebte seine letzten Jahre in Finnland.

1873n blau 'Wolgatreidler'

REPKOW, Eike von, deutscher Rechtsgelehrter und Geschichtsschreiber.

1190n–1235n Lebenslinie
1223n blau 'Sachsenspiegel'
1226n blau 'Weltchronik'
1374n rot Rechtsbuch verdammt

REPRÄSENTATION, von dem lateinischen Worte 'repräsentare' (= veranschaulichen) abgeleitete Bezeichnung für den zur Schau gestellten Reichtum der Herrschenden und Besitzenden. Als Mittel der Einschüchterung des arbeitenden Volkes seit Jahrtausenden gebräuchlich. In unserer Epoche zunehmend abgelöst von einer betonten Nicht-Repräsentation der Besitzenden aus Furcht vor revolutionären Massenbewegungen.

1935v–1878v Sesostris II.

REPUBLIK, von dem lateinischen Worte 'res publica' (= Gemeinwesen) abgeleitete Bezeichnung für einen Staat, der nicht von einer aus eigener Machtanmaßung herrschenden Person (Kaiser, König, Regent) regiert wird, sondern von einer gewählten und abberufbaren Körperschaft. Als Gegensatz zur Monarchie jahrtausendelang ersehntes und erkämpftes Ziel der Volksmassen, die sich durch Änderung der Staatsform von ihrem unwürdigen und armseligen Dasein befreien wollten. Da ihre Verwirklichung nicht die erhoffte Erlösung und Befreiung brachte, erkannten die arbeitenden Massen, daß es keine politische Freiheit ohne soziale Gleichberechtigung gibt. So trat der Kampf um den Inhalt der Gesellschaft und damit um das Eigentum an die Stelle des Kampfes um die Staatsform.

500v braun Befreiungskampf Roms
500v rot Rom frei von Königen
500v rot Rom Republik
168v rot Mazedonische Republiken
106v–48v Pompejus
100v rot Prinzip durchbrochen
100v–44v Cäsar
85v–42v Brutus
82v–30v Antonius
65v–8v Horaz
63v–14n Augustus (Oktavian)
44v braun Erhebung gegen Cäsar
43v/30v Römischer Bürgerkrieg
41v rot Koalitionspolitik
41v/35v Partherkrieg
155n–235n Kassius Dio
480n–524n Boëthius
1142n/1155n Aufstand in Rom
1142n rot Rom freie Republik
1599n–1658n Cromwell
1642n/1649n Englische Revolution
1649n rot Hinrichtung Karls I.
1649n rot England Republik
1660n rot England wieder Monarchie
1789n/1795n Französische Revolution
1792n rot Frankreich Republik
1793n rot Hinrichtung Ludwigs XVI.
1799n rot Konsulat in Frankreich
1848n rot Frankreich Republik
1849n rot Rom Republik
1852n rot Rückschlag in Frankreich
1866n–1925n Sun-Yat-Sen
1868n/1869n Revolution in Spanien
1870n rot Frankreich Republik
1875n rot Verfassung Frankreichs
1910n braun Revolution in Portugal
1910n rot Portugal Republik
1911n braun Revolution in China
1911n rot Vertreibung der Mandschu
1911n rot China Republik
1917n/1922n Russische Revolution
1917n rot Arbeiter- und Bauernstaat
1918n rot Deutschland Republik
1918n rot Österreich Republik
1923n rot Türkei Republik
1931n braun Revolution in Spanien
1931n rot Spanien Republik
1936n/1939n Spanischer Bürgerkrieg
1946n/1949n Griechischer Bürgerkrieg
1952n rot Ägypten Republik
1957n rot Tunesien Republik
1958n braun Revolution im Irak

REQUIEM, von dem lateinischen Worte 'requies' (= Ruhe) abgeleitete Bezeichnung für den katholischen Gottesdienst zu Ehren eines Verstorbenen (Totenmesse). Das Wort 'Requiem', mit dem jede Totenmesse beginnt, wird auch als Bezeichnung für Musikstücke zu Totenfeiern verwendet, wie sie seit Orlando di Lasso und Palestrina von vielen Komponisten geschrieben wurden (Mozart, Cherubini, Berlioz, Verdi, Bruckner). Das bekannte 'Requiem' des Protestanten Brahms ist eigentlich nur eine an die Vergänglichkeit des Lebens erinnernde Trauermusik.

1868n blau Brahms' Werk

RESIDENZ, Wohnsitz eines Herrschers. Fiel früher stets mit der Hauptstadt eines Staates zusammen und brachte mit den Steuern des ganzen Landes meist wirtschaftliche Blüte, Zunahme des Verkehrs und lebhafte Bautätigkeit.

2861v rot Thinis Hauptstadt
2673v–2631v Zoser
2649v rot Memphis Hauptstadt
2645v blau 'Lehre von Memphis'
2393v–2340v Lugal-Zagesi
2324v blau Gründung von Akkad
2230v–2158v Achtos I.
2093v–2030v Ur-Nammu
2045v rot Ur Hauptstadt
2022v–1962v Amen-Em-Het I.
2002v–1928v Sesostris I.
1986v blau Entstehung von Ittani
1986v rot Ittani Residenzstadt
1899v–1832v Sebek
1886v–1817v Sumu-Abum
1834v–1773v Anitta
1830v rot Babylon Residenz
1826v–1786v Nefer-Sebek-Re
1793v rot Nesa Hauptstadt
1789v rot Krokodilopolis Hauptstadt
1780v–1697v Rimsin
1752v–1692v Sa-Litis
1735v blau Assyrische Residenzstadt
1712v–1640v Apofis
1694v rot Awaris Hauptstadt
1691v–1628v Chian
1612v–1550v Hattu-Sili I.
1590v–1545v Amosis
1526v–1460v Parra-Tarna
1424v–1370v Kuri-Gal-Zu
1401v grün Schmuck durch Zierteich
1384v–1318v Haremhab
1376v grün Königsname für Stadt
1372v rot Amarna Hauptstadt
1356v rot Theben Hauptstadt
1347v–1282v Muwa-Talli
1326v–1234v Ramses II.
1298v rot Ramsesstadt Hauptstadt
1294v rot An-Yang Hauptstadt
1231v blau Assyrische Residenzstadt
1125v–1054v Smendes
1099v–1016v Tschu
1064v–1010v Saul
1044v rot Loyang Hauptstadt
998v rot Jerusalem Hauptstadt
953v rot Napata Hauptstadt
930v–871v Omri
908v–830v Sardur
792v–720v Ping-Lo
780v–717v Pianki
760v–715v Bok-Choris
758v–672v Bajin
757v–703v Sabaka
716v rot Marib Hauptstadt
699v–653v Phraortes
694v rot Ninive Hauptstadt
674v rot Ekbatana Hauptstadt
517v blau Palaststadt Persepolis
324v rot Babylon Hauptstadt
72v–4v Herodes der Große
69v–30v Kleopatra
243n–316n Diokletian
280n–337n Konstantin
286n rot Nikomedia Residenz
318n rot Nanking Hauptstadt
330n rot Konstantinopel Hauptstadt
402n rot Ravenna Residenz
410n–453n Attila
411n–474n Priskus
446n blau 'Hölzerne Stadt'
448n–510n Toramana
459n–498n Romulus Augustulus
477n rot Sakala Hauptstadt
492n–552n Tumen
508n rot Paris Hauptstadt
515n–572n Muhan
560n–618n Yang-Ti
602n–661n Ali
605n blau Palaststadt Loyang
609n–680n Moawija
634n rot Lhasa Hauptstadt
661n rot Damaskus Hauptstadt
710n rot Nara Hauptstadt
711n blau Gründung von Chichen Itza
712n–775n Al Mansur
755n grün Changan 2-Millionen-Stadt
794n blau Entwicklung von Kyoto
911n blau Entwicklung von Rouen
947n blau Palaststadt Al Zahra
968n blau Entwicklung von Posen
1022n–1107n Manko Kapak
1077n blau Gründung von Kuzko
1106n rot Konya Hauptstadt
1118n rot Saragossa Hauptstadt
1147n rot Lissabon Hauptstadt
1259n–1326n Osman I.
1264n rot Peking Hauptstadt
1270n–1319n Haakon V.
1299n rot Oslo Hauptstadt
1326n rot Brussa Hauptstadt
1365n rot Adrianopel Hauptstadt
1394n rot Seoul Hauptstadt
1550n rot Warschau Hauptstadt
1713n rot Petersburg Hauptstadt
1782n rot Bangkok Hauptstadt
1788n rot Teheran Hauptstadt
1868n rot Tokio Hauptstadt
1870n rot Rom Hauptstadt

RESONANZ-EFFEKT, von dem lateinischen Worte 'resonare' (= zurückschallen) abgeleitete Bezeichnung der modernen Physik für ein Verfahren zur Verstärkung von Strahlungsenergie durch ihr wiederholtes Zurückwerfen innerhalb eines Aggregats. Seine Wirkung beruht auf atomaren Vorgängen, deren Erforschung zur praktischen Nutzung seines Prinzips führte (Laser).

1960n grün Laser

RESSEL, Joseph (1793n–1857n), österreichischer Erfinder aus Böhmen. Studierte Forstwissenschaft, arbeitete als Revierförster in Krain und wurde dann nach Triest versetzt. Nach Konstruktionszeichnungen, die er lange Zeit vergeblich zum Patent angemeldet hatte, baute er ein Dampfschiff mit Schraubenantrieb. 1829n unternahm seine 'Civetta' mit 40 Passagieren an Bord ihre Probefahrt im Golf von Triest. Die von ihm dabei verwendete zweiflüglige Antriebsschraube stellte gegenüber der 44 Jahre vorher dem englischen Ingenieur Joseph Bramah patentierten Propellerschraube eine wesentliche Verbesserung dar. Auf seiner Konstruktion beruhten die Schiffsschrauben, die in den folgenden Jahrzehnten den Schaufelrad-Antrieb der Dampfschiffe ersetzten.

1812n grün Schiffsschraube

RESSORT, französisches Wort für 'Bereich'. Dient als Bezeichnung für den Bereich eines Ministers innerhalb einer nach Fachgebieten aufgeteilten Regierung.

2332v–2248v Yao
2302v rot Einführung in China

RESTITUTIONSEDIKT, von dem lateinischen Wort 'restitutio' (= Wiedereinsetzung) abgeleiteter Name einer Verfügung, die Kaiser Ferdinand II. auf dem Höhepunkt militärischer Erfolge der katholischen Seite im Dreißigjährigen Kriege erließ. Danach sollten alle seit 1552n (Passauer Vertrag) protestantisch gewordenen Kirchengüter an die katholische Kirche zurückgegeben werden. Außerdem sollten die Fürsten und Bischöfe berechtigt sein, den Katholizismus durch Unterdrückung des Protestantismus in ihren Gebieten gewaltsam wiederherzustellen. Da die Durchführung dieses Erlasses das Ende des Protestantismus in Deutschland bedeutet hätte, wurde die protestantische Seite durch seine Verkündung zum äußersten Widerstand und zur vollständigen Anerkennung der Führungsrolle des Schwedenkönigs Gustav Adolf veranlaßt. Durch Wendung der militärischen Lage wurde der deutsche Kaiser gezwungen, das Edikt im Jahre 1635n vorläufig auszusetzen. 13 Jahre später mußte er es endgültig aufheben (Westfälischer Friede).

1552n rot Passauer Vertrag
1618n/1648n Dreißigjähriger Krieg
1629n rot Erlaß
1648n rot Aufhebung

RETAZ (um 2650v–um 2600v), ägyptische Königstochter. Ließ sich entsprechend der Sitte ihrer Zeit eine Statue für ihr Grabmal anfertigen. Die Skulptur zeigt sie sitzend auf einem Sessel mit Rückenlehne, sie trägt eine Perücke mit langem, gewelltem Haar.

2619v blau Plastik

RETINENSIS, Robert (um 1100n–1160n), englischer Priester und Sprachgelehrter. Als Dekan in der spanischen Stadt Pamplona lernte er arabisch und wurde durch seine Übersetzungen bekannt. Auf Bitten des Abtes von Cluny übersetzte er das Religionsbuch der Araber (Koran) ins Lateinische. Damit sollte den Priestern die Christianisierung der in Spanien ansässigen Anhänger des arabischen Glaubens (Islam) erleichtert werden.

1142n blau Koran-Übersetzung

REUCHLIN, Johann (1455n–1522n), deutscher Rechtsgelehrter und Sprachforscher. Studierte am neu-errichteten Lehrstuhl für Alt-Griechisch an der Pariser Sorbonne und hielt 23jährig an der Universität Basel Vorlesungen über griechische und lateinische Sprache und Literatur. Dadurch leitete er in Deutschland nach einem Jahrtausend kirchlicher Bevormundung eine Besinnung auf die vorchristliche, von der Kirche als 'heidnisch' verworfene Menschlichkeit ein ('Humanismus'). Nach Abschluß seines Rechtsstudiums wurde er einer der drei Richter des Schwäbischen Bundes. 53jährig zog er sich von diesem Amte zurück, lernte von Juden Hebräisch und übernahm in Tübingen den ersten deutschen Lehrstuhl für diese Sprache. Suchte auch die jüdische Geheimlehre (Kabbala) zu ergründen und trat so stark für das Judentum ein, daß der Papst ihn als Ketzer verurteilte. Trat gegen die Verbrennung der nicht biblischen hebräischen Schriften ein, die von dem zum Christentum übergetretenen Juden Pfefferkorn gefordert worden war. Die Angriffe Pfefferkorns und der Kölner Dominikaner führten dazu, daß Ulrich von Hutten ihn in einer satirischen Schrift verteidigte ('Dunkelmänner-Briefe'). Sein Festhalten am Katholizismus ließ Ulrich von Hutten später einen 'Fehdebrief' gegen ihn richten. Schrieb mehrere Lustspiele.

1478n blau Griechisch-Unterricht
1506n blau Hebräische Sprachlehre
1515n blau 'Dunkelmänner-Briefe'
1520n rot Verurteilung als Ketzer

REUENTHAL, Neidhart von, deutscher Dichter.

1200n–1242n Lebenslinie
1242n blau Lieder

REUNIONEN, von dem französischen Worte 'réunions' (= Wiedervereinigungen) abgeleitete beschönigende Bezeichnung für die Eroberungen Ludwigs XIV., die unter Berufung auf frühere Vereinbarungen ohne Kriegserklärung durch französische Truppen geschahen und die Frankreich infolge der Schwäche Deutschlands zum größten Teil für immer behielt. Auch die deutsche Stadt Straßburg fiel dabei an Frankreich.

1638n–1715n Ludwig XIV.
1680n rot Deutsche Gebiete besetzt
1681n rot Besetzung Straßburgs
1697n rot Verzicht Ludwigs

REUTER, Fritz (1810n–1874n), deutscher Schriftsteller. Als Sohn eines mecklenburgischen Bürgermeisters studierte er Rechtskunde. 24jährig wurde er wegen Hochverrat und Majestätsbeleidigung zum Tode verurteilt, später aber zu Gefängnisstrafe begnadigt. Nach siebenjähriger Haft bewirtschaftete er zehn Jahre lang das väterliche Gut, wurde dann Hauslehrer, Redakteur und endlich Schriftsteller. In seinen humorvollen Erzählungen und Romanen schilderte er, meist in plattdeutscher Mundart, das ländliche und kleinstädtische Leben seiner norddeutschen Heimat und prägte eine Reihe volkstümlicher Gestalten ('Onkel Bräsig'). Die überholten Herrschaftsansprüche der Gutsbesitzer machte er ebenso lächerlich wie ihren Militarismus und ihr patriarchalisches Getue. In der tragischen Versdichtung 'Kein Hüsung' zeigte er das Ausgeliefertsein des Landarbeiters an seinen Gutsherrn nach Aufhebung der Leibeigenschaft. Durch die Verbindung von Anekdoten und Satiren mit Selbsterlebtem und Abgelauschtem schuf er farbige, lebensnahe Bilder seiner Zeit ('Olle Kamellen'). Schrieb auch zwei Lustspiele.

1858n blau 'Kein Hüsung'

REUTERS TELEGRAPHENBÜRO, Name des ersten Nachrichtenbüros der Welt, das von dem deutschen Rabbinersohn Julius Reuter nach Fertigstellung der Telegraphenlinie Aachen—Berlin in Aachen gegründet und drei Jahre später nach London verlegt wurde. Das zunächst auf Beschaffung und Weitergabe wirtschaftlicher Nachrichten gerichtete Unternehmen übernahm mit seiner Ausdehnung auf alle großen Städte Europas und der Welt auch Beschaffung und Verkauf politischer Nachrichten. Die enge Verflechtung von wirtschaftlichen Interessen und politischen Nachrichten führte zu einer Nachrichtenpolitik, die als Vorbild bürgerlicher Objektivität Herzstück der publizistischen Massenführung wurde.

1849n grün Gründung

REVAL, Hafenstadt am Finnischen Meerbusen (Ostsee). Vom dänischen König Waldemar bei einer zerstörten estnischen Festung gegründet, wurde sie Hansestadt und Hauptstadt des estnischen Staates, der nach mehrfachem Besitzerwechsel im ersten Weltkrieg die Selbständigkeit erhielt und seit dem zweiten Weltkrieg als Estnische Sowjetrepublik Bestandteil der UdSSR ist. Heimathafen der sowjetischen Ostseeflotte (heute: Talinn).

1219n blau Gründung
1346n rot Deutschritter-Besitz
1561n rot Schwedische Hoheit
1710n rot Russischer Besitz
1914n/1918n Erster Weltkrieg
1939n/1945n Zweiter Weltkrieg
1940n rot Estland russisch

REVOLUTIONÄR VOM OBERRHEIN, Selbstbezeichnung eines namentlich nicht bekannten süddeutschen Freiheitskämpfers, der im Breisgau oder im Elsaß eine 400 Seiten starke revolutionäre Schrift verfaßte und deren Grundgedanken bei den unzufriedenen Bauern im ganzen Oberrheingebiet verbreitete. Er forderte Aufhebung der Leibeigenschaft, Einziehung der großen Vermögen und eine allgemeine Gütergemeinschaft. Das Volk sollte sich in dem von ihm entworfenen Staat selbst regieren, nachdem es die Herrschenden fortgejagt oder totgeschlagen hat. Seine kommunistischen Ideen hatten Einfluß auf die deutschen Bauernaufstände ('Bundschuh').

1498n blau Aktionsprogramm

REVOLUTIONEN, revolutionäre Erhebungen und Aufstände, Bezeichnung für Kämpfe, die auf eine grundsätzliche Veränderung der Klassengesellschaft gerichtet sind. Ihr Ziel ist die Beseitigung des Privateigentums und damit die Überwindung der Ausbeutung des Menschen, wie sie sich als Grundlage aller Staats- und Gesellschaftsordnung seit 5000 Jahren über die Erde verbreitete. Nachdem sie in den vergangenen Jahrtausenden bestenfalls eine Machtverschiebung innerhalb der bestehenden Klassengesellschaft erreicht haben, verwirklicht sich durch sie in unserer Epoche der Durchbruch zur klassenlosen Gesellschaft (Weltrevolution).

2449v–2367v Lugal-Anda
2422v–2360v Uru-Kagina
2367v braun Erhebung in Lagasch
2297v–2197v Pepi II.
2273v–2188v Ipuwer
2240v–2172v Aba
2197v/2196v Ägyptische Revolution
2197v blau Ipuwers 'Mahnworte'
1158v–1094v Ameno
1150v–1076v Pa-He-Nesi
1101v/1100v Erhebung in Ägypten
882v–798v Elisa
494v braun Sklaven-Aufstand
464v/459v 3. Messenischer Krieg
462v rot Hilfe für Herren Spartas
419v braun Sklaven-Aufstand in Rom
258v braun Sklaven-Erhebung
198v/196v Aufstände in Italien
193v–160v Judas Makkabäus
185v braun Aufstand in Apulien
167v/164v Juden-Erhebung
166v–132v Eunus
163v–129v Aristonikos
163v–133v Tiberius Gracchus
154v–121v Gajus Gracchus
144v–101v Athenion
136v/129v Großer Aufstand
130v–102v Tryphon
121v braun Aufstand des G. Gracchus
114v–53v Krassus
109v–71v Spartakus
108v–62v Katilina
104v/100v Großer Aufstand
74v/71v Spartakus-Aufstand
63v/62v Erhebung des Katilina
10v–30n Judas Ischariot
184n braun Aufstand in China
207n braun Aufstand des Felix Bulla
220n braun Revolution in China
276n–355n Donatus
284n/286n Bagauden-Aufstand
285n–347n Fasir
291n–347n Axid
344n/347n Zirkumzellionen-Aufstand
397n–454n Aëtius
412n–444n Tibatto
435n/437n Bagauden-Aufstand
684n/686n Aufstand von Kufa
775n/777n Zindiks-Aufstand
822n–883n Ibn Mohammed
841n braun Stellinga-Aufstand
861n braun Aufstand in China
864n–910n Karmat
869n/883n Aufstand von Basra
874n/883n Chinesische Revolution
899n/930n Karmaten-Aufstand
1008n/1009n Erhebung in Spanien
1041n braun Aufstand der Motta
1059n braun Pataria-Aufstand
1068n braun Aufstand in Rußland
1073n/1075n Aufstand in Sachsen
1103n–1155n Arnold von Brescia
1113n braun Aufstand von Kiew
1125n braun Katharer-Aufstand
1313n–1354n Rienzi
1323n/1328n Aufstand in Flandern
1325n–1381n Wat Tyler
1335n–1381n John Ball
1342n braun Erhebung in Konstanz
1345n braun Aufstand in Gent, Brügge
1347n braun Aufstand in Rom
1349n braun Erhebung in Nürnberg
1351n/1352n Erhebung in Rom
1357n braun Erhebung in Paris
1358n braun Aufstand der Jacquerie
1371n braun Weberschlacht in Köln
1378n braun Aufstand in Florenz
1379n braun Aufstand in Flandern
1381n/1382n Aufstände in England
1381n/1382n Aufstand in Frankreich
1400n–1450n Jack Cade
1413n braun Aufstand in Paris
1435n/1436n Aufstand in Schweden
1450n braun Aufstand in England
1451n braun Aufstand auf Mallorca
1462n braun Aufstand in Katalonien
1476n braun Aufstand deutscher Bauern
1483n–1546n Luther
1488n–1525n Thomas Münzer
1491n braun Aufstand in Holland
1493n braun Aufstand im Elsaß
1494n braun Aufstand in Florenz
1502n braun Aufstand in Baden
1513n braun Aufstand im Breisgau
1514n braun Aufstand in Württemberg

1514n braun Aufstand in Ungarn
1515n braun Aufstand in Österreich
1515n braun Aufstand in der Schweiz
1517n braun Aufstand in Baden
1517n braun Aufstand in England
1522n/1526n Deutsche Revolution
1525n rot 12 Artikel der Bauern
1525n blau Luther gegen Revolution
1534n braun Wiedertäufer-Erhebung
1570n–1607n Iwan Bolotnik
1596n braun Aufstand in Finnland
1599n–1658n Cromwell
1607n braun Aufstand in Rußland
1614n/1615n Aufstand in Frankfurt
1622n braun Aufstand in China
1624n braun Aufstand in Frankreich
1626n braun Aufstand in Österreich
1628n/1644n Bürgerkrieg in China
1629n–1676n Alexei Michailowitsch
1637n braun Aufstand in Frankreich
1639n braun Aufstand in der Normandie
1642n/1649n Englische Revolution
1648n/1649n Levellers-Erhebung
1653n braun Schweizer Bauernkrieg
1670n/1671n Donkosaken-Aufstand
1702n/1710n Kamisarden-Aufstand
1727n braun Erhebung im Schwarzwald
1729n–1796n Katharina II., die Große
1758n–1794n Robespierre
1760n–1797n Babeuf
1771n braun Aufstand in Vietnam
1783n blau Chamforts Losung
1785n/1786n Waldenburger Aufstände
1789n/1795n Französische Revolution
1790n braun Aufstände in Sachsen
1791n braun Gesellen-Erhebungen
1792n/1795n Revolutionskriege
1793n braun Aufstand in Breslau
1795n braun Aufstand in Ungarn
1796n braun Verschwörung Babeufs
1797n blau Chateaubriands Werk
1798n braun Aufstand in Schlesien
1818n–1883n Karl Marx
1834n braun Aufstand in Lyon
1844n braun Aufstand in Schlesien
1847n blau Kommunistisches Manifest
1848n braun Juni-Aufstand
1848n/1850n Deutsche Revolution
1850n/1864n Taiping-Aufstand
1853n blau Michelets Geschichtswerk
1868n/1869n Spanische Revolution
1870n–1924n Lenin
1871n braun Aufstand der Kommune
1874n braun Spanische Revolution
1879n–1953n Stalin
1885n blau Zola: 'Germinal'
1886n braun Aufstand in USA
1891n braun Aufstand in Frankreich
1893n– Mao-Tse-Tung
1895n blau Kollwitz: 'Weberaufstand'
1898n braun Aufstand in China
1902n braun Aufstände in Rußland
1903n blau Kollwitz: 'Bauernaufstand'
1905n blau Gorki: 'Die Mutter'
1905n/1906n Russische Revolution
1907n braun Aufstand in Rumänien
1909n braun Revolution in Spanien
1917n blau Lenin: Revolutionslehre
1917n/1922n Russische Revolution
1917n blau Block: Revolutionsgedichte
1917n blau Reed: Revolutionsbericht
1918n/1919n Deutsche Revolution
1919n braun Aufstand in Ungarn
1920n braun Erhebung im Ruhrgebiet
1923n braun Erhebung in Hamburg
1925n/1949n Chinesische Revolution
1927n braun Aufstände in Wien
1927n– Castro
1934n braun Aufstand in Österreich
1946n/1949n Griechischer Bürgerkrieg
1952n braun Aufstand in Barcelona
1956n/1959n Kubanische Revolution
1960n/ Revolution Indochinas
1965n braun Aufstand in Asturien

REVOLUTIONSKRIEGE, Bezeichnung für die Kämpfe mehrerer europäischer Staaten zur Niederringung der französischen Revolution.

1792n/1795n Kriege

REYKJAHOLT, Name einer Ortschaft auf der Insel Island. Hier wurde der Dichter und Staatsmann Snorri Sturluson geboren. Mit dem beträchtlichen Vermögen seiner Frau und den Reichtümern, die er selbst auf allerlei zwielichtige Weise erwarb, gab er seinem Hof durch Bauten und Anlagen den Charakter einer fürstlichen Residenz. Machte den Ort zu einem Mittelpunkt isländischer Gelehrsamkeit.

1178n–1241n Snorri Sturluson

REYNOLDS, Joshua (1723n–1792n), englischer Maler. Von dem Porträtmaler Hudson ausgebildet, studierte er in Rom und Holland die Technik Tizians, Correggios, Rembrandts und van Dycks, ließ sich dann in London als Porträtist nieder und errang bald Ansehen und Vermögen. Schuf über 2000 Bildnisse im Hell-Dunkel-Stil (Nelly O'Brien, Laurence Sterne) sowie einige Darstellungen aus Geschichte und Sage (Didos Tod) und Kinderbilder von zartester Farbigkeit. Als Präsident der neugegründeten königlichen Akademie legte er in 15 Reden seine Kunsttheorie nieder.

1760n blau 'Miss Nelly'

REZEPTE, Bezeichnung für Anweisungen des Arztes an den Apotheker über die Ausgabe von Arzneien. Sie enthielten früher Vorschriften über die Zusammensetzung der verordneten Heilmittel. Mit dem Durchbruch der Arzneimittelerzeugung zur Massenproduktion ging in unserer Epoche die Entscheidung über die Zusammensetzung der Heilmittel weitgehend auf die chemische Industrie über, so daß der Arzt sich heute meist auf eine Anweisung an den Apotheker zur Ausgabe bestimmter fertiger Medikamente beschränkt.

708v grün Assyrische Sammlung
1237n grün Arabische Sammlung

RHABARBER

2223v grün Anbau in China

RHAPSODIE, von dem griechischen Worte 'rhapsodos' (= Liedermacher) abgeleitete Bezeichnung für ein Musikstück, das Volksweisen in Konzertstil überträgt. Von Brahms als eigene Musikform entwickelt, von Franz Liszt zur Vollendung gebracht, erhielt sie sich bis in die Gegenwart lebendig (Gershwin 'Rapsodie in Blue').

1853n blau Liszts Werke

RHEIN, mit 1320 Kilometer Länge größter Strom Mitteleuropas. Entspringt am Nordhang der Alpen (Schweiz), fließt durch den Bodensee nach Basel, von dort aus nordwärts bis Köln und Düsseldorf, wo er sich westwärts wendet und in zwei Armen bei Rotterdam in die Nordsee mündet. Wegen seiner Bedeutung als Verkehrsader, wegen der Fruchtbarkeit seiner Ebenen und Hügel sowie wegen seiner strategischen Wichtigkeit seit der Bildung größerer Gemeinwesen in Europa immer wieder umkämpft, insbesondere in seinem Mittellauf. Hier bildete er vor 2000 Jahren die Grenze zwischen Germanen und Kelten, wurde dann zu einem wirtschaftlichen, politischen und kulturellen Mittelpunkt des Frankenreiches und fiel bei dessen Teilung dem Ostreich (Deutschland) zu. Erst achthundert Jahre später gelang Frankreich die Gewinnung eines Teilstückes am linken Ufer (Elsaß). Seitdem währte Feindschaft und Kampf zwischen Deutschland und Frankreich wegen des Besitzes linksrheinischer Gebiete.

380v–306v Pytheas
324v grün Reise des Pytheas
101v–54v Ariovist
58v/51v Gallischer Krieg
55v grün Hölzerne Brücke
17v/16v Krieg Rom-Germanen
16v–21n Arnim
13v blau Gründung von Mainz
12v grün Römischer Kanalbau
11v blau Entstehung Wiesbadens
4n/16n Dritter Germanenkrieg
41n braun Vorstoß der Germanen
50n braun Vorstoß der Germanen
50n blau Köln Stadt
276n/278n Krieg Rom-Germanen
281n grün Weinbau
286n/288n Krieg Rom-Germanen
294n braun Krieg Rom-Franken
304n blau Gründung von Konstanz
308n braun Krieg Rom-Germanen
309n grün Steinerne Brücke
309n–394n Ausonius
342n braun Krieg Rom-Franken
355n/358n Krieg Rom-Germanen
358n rot Wieder Grenze Roms
371n blau Ausonius' Gedicht
374n blau Entwicklung Basels
413n rot Burgundisches Reich
436n rot Ende des Burgunderreiches
450n rot Hunnische Reichsgrenze
635n–714n Pippin der Mittlere
793n grün Kanalbau zur Donau
804n–876n Ludwig der Deutsche
843n rot Grenzziehung
863n braun Normannen-Einfall
870n rot Flußgebiet deutsch
892n braun Normannen-Einfall
1117n blau Burg Drachenfels
1135n blau Entwicklung Düsseldorfs
1218n–1291n Rudolf I.
1254n rot Rheinischer Städtebund
1301n rot Rheinzoll-Vorschrift
1301n/1302n Kampf um Rheinzölle
1614n rot Vertrag von Xanten
1658n rot Erster Rheinbund
1680n rot Reunionen
1688n/1697n Dritter Krieg Ludwigs XIV.
1715n blau Entstehung von Karlsruhe
1794n blau Forster: Niederrhein
1801n rot Französische Grenze
1806n rot Zweiter Rheinbund
1853n grün Rhein-Marne-Kanal

RHEINBUND, Bezeichnung für zwei Bündnisse deutscher Fürsten mit Frankreich: Im ersten Rheinbund vereinigten sich die kirchlichen Kurfürsten des Rheinlandes mit dem französischen König, um ihre Unabhängigkeit vom deutschen Kaiser zu stärken. Seine einseitige Ausnutzung gegen die deutschen Interessen durch Ludwig XIV. führte zu seiner Auflösung. Hundert Jahre später erneuerte Napoleon auf Grund seiner Siege das Bündnis unter Ausdehnung auf Bayern, Baden, Württemberg, Hessen (später auch Thüringen, Sachsen, Westfalen, Oldenburg und Mecklenburg). Durch Losreißung dieser Länder wurde das deutsche Reich praktisch aufgelöst, so daß noch im gleichen Jahre die Niederlegung der Kaiserkrone durch den Habsburgerkönig Franz II. erfolgte. Napoleons Niederlagen führten schon nach sieben Jahren zu seiner Auflösung.

1658n rot Erster Rheinbund
1769n–1821n Napoleon I.
1806n rot Zweiter Rheinbund
1806n rot Ende des Reiches

RHEINISCHER STÄDTEBUND, Zusammenschluß von 50 (später 70) deutschen Städten zwischen Basel und Köln, die sich unter Führung von Mainz und Worms gemeinsam gegen die Selbstherrlichkeit der Fürsten, des Adels und des Rittertums wehrten. Entstand zu Beginn der kaiserlosen Zeit (Interregnum) und sollte den durch zeitweisen Ausfall der kaiserlichen Zentralgewalt gefährdeten Landfrieden sichern. Drei Jahre nach seiner Gründung durch Doppelwahl zweier Könige aufgespalten, bildete er sich 1381n erneut, wurde aber sieben Jahre später von den Ritterheeren der Fürsten geschlagen und löste sich um 1450n endgültig auf.

1254n rot Entstehung
1388n braun Niederlage

RHEIN-MARNE-KANAL, Wasser-Verbindung Nordfrankreichs (Paris) mit den wichtigsten Wasserstraßen Mitteleuropas. Zwischen 1838n und 1853n in deutsch-französischer Gemeinschaftsarbeit errichtet (108 Kilometer auf deutschem, 206 Kilometer auf französischem Gebiet).

1853n grün Vollendung

RHENSE, Name einer kleinen Ortschaft am Rhein oberhalb von Koblenz (heute Rhens). Hier fand eine Versammlung der deutschen Kurfürsten statt ('Kurverein von Rhense'). Sie wies den Anspruch des Papstes auf Bestätigung der deutschen Königswahl zurück. Ungeachtet der päpstlichen Kaiserkrönung sollten nach diesem Beschluß Königstitel und kaiserliche Rechte allein durch die Kurfürsten verliehen werden.

1338n rot Regelung der Königswahl

RHESUSFAKTOR, Bezeichnung für einen Blutbestandteil, der nur im Blut von 85% der Europäer vorhanden ist ('Rh-positiv'), während er bei 15% fehlt ('Rh-negativ'). Seine Entdeckung gab die Erklärung dafür, daß Blutübertragungen zwischen Angehörigen der gleichen Blutgruppe nicht immer gelingen. Auch zeigte sich dadurch, daß Totgeburten, Säuglingssterblichkeit und schwere Erbschäden häufig darauf zurückzuführen sind, daß dieser Blutfaktor nur bei einem Elternteil vorhanden ist, beim anderen aber fehlt. Benannt wurde dieser Blutbestandteil nach einer indischen Affenart (Rhesus-Affe), an der Landsteiner und Wiener ihn 1940n zuerst nachgewiesen haben.

1940n grün Entdeckung

RHETORIK, aus dem Griechischen übernommene Bezeichnung für die Lehre von der Redekunst. Entstand mit der Demokratie in Athen und galt bald als Voraussetzung für politische Tätigkeit.

484v–378v Gorgias
479v blau Begründung durch Korax
391v blau Gorgias: Überredungskunst
389v blau Schule in Athen
384v–322v Aristoteles
383v–322v Demosthenes
350v rot 'Philippika'
340v–273v Appius Klaudius
257v blau Gezierter Sprachstil
181v rot Griechische Lehrer in Rom
116v–27v Varro
106v–43v Cicero
81v rot Cicero gegen Sulla
63v rot Cicero gegen Katilina
59v–17n Livius
55v blau Cicero: 'Vom Redner'
3v–64n Aulus Celsus
68n blau Quintilian: Schule in Rom
75n grün Besoldung in Rom
94n blau Quintilians Lehrbuch
102n blau Kritik des Tacitus
105n blau Theons Lehrbuch
124n–170n Apulejus
125n–180n Lukian
134n blau Hochschule in Rom
144n blau 'Preisrede auf Rom'
147n blau Fronto: Schule in Rom
174n blau Lehrstuhl in Athen
202n–258n Cyprian
214n–273n Longinos
255n blau Longinos: Einführung
261n–335n Laktantius
309n–394n Ausonius
310n blau Christliche Rhetorik
354n–407n Chrysostomos
381n blau Reden über Dreifaltigkeit
382n–440n Martianus Kapella
385n blau 'Katechetische Rede'
386n–451n Nestorius
387n blau Chrysostomos: Predigten
427n blau Martianus: Einführung
480n blau Schrift des Nikolaos
688n blau Lehrfach in Byzanz
1695n blau Megerles Predigten
1807n blau Fichtes Reden

RHINOZEROS, von dem griechischen Worte 'rhinos' (= Nase) abgeleitete Bezeichnung für das Nashorn. Erreicht bei einer Körperlänge von 5 Metern ein Gewicht von 2000 kg. In vorgeschichtlicher Zeit noch in großen Teilen Europas und Asiens bis herauf nach Sibirien verbreitet, lebt es heute nur noch in Indien, Indonesien und Afrika. Obwohl der pflanzenfressende Dickhäuter von Natur aus friedfertig ist und nur bei Verfolgung bösartige Reaktionen zeigt, wurde er in den Sagen, Fabeln und Märchen vieler Völker als gefährliches 'Einhorn' dargestellt. Schon früh von Naturvölkern in Gruben gefangen, wurde sein Fleisch gegessen, während seine Haut zur Herstellung von Schilden, Panzern und Peitschen diente. Das Horn wurde zur Anfertigung von Schwertgriffen verwendet, oder es wurden Trinkbecher daraus gearbeitet, denen die Eigenschaft nachgerühmt wurde, eingegossene Getränke zum Aufbrausen zu bringen, wenn sie vergiftet waren.

2729v blau Relief in Mohenjo
1035v blau Darstellung in China

RHODE ISLAND, kleinster Staat der USA an der Ostküste Nordamerikas. Gegründet von dem aus England eingewanderten Roger Williams, der sich den strengen Riten der protestantischen Auswanderer in Massachusetts (Puritaner) nicht beugen wollte und hier die klare Trennung von Kirche und Staat verwirklichte. Im Freiheitskampf Nordamerikas fochten seine Einwohner entschlossen gegen die englische Kolonialherrschaft. 1776n gehörte er zu den 13 Gründerstaaten der USA. Seine hochentwickelte Industrie (Textil) machte ihn im 19. Jahrhundert zu dem am dichtesten besiedelten Staat Nordamerikas.

1636n rot Gründung
1774n rot Kontinentalkongreß
1775n/1783n Kampf Nordamerikas
1776n rot Unabhängigkeitserklärung

RHODES, Cecil (1853n–1902n), englischer Politiker. Als Sohn eines anglikanischen Pfarrers ging er jung nach Südafrika und erwarb als Direktor von Diamant-Bergwerken ein großes Vermögen. Nach England zurückgekehrt, studierte er einige Jahre in Oxford und begab sich dann wieder in die britische Kolonie Südafrika (Kapkolonie), wo er Abgeordneter und schließlich Ministerpräsident wurde. Erstrebte die Vereinigung aller Gebiete südlich des Sambesi in einer großen englischen Kolonie. Nach Niederschlagung eines Aufstandes in dem unterworfenen Rhodesien wurde diese neue Kolonie nach ihm benannt. Nach einem mißglückten Überfall auf Transvaal mußte er zurücktreten. An der Vorbereitung des Burenkriegs war er maßgeblich beteiligt. Erkannte die Bedeutung der aus den Kolonien nach England strömenden Gewinne für die Erhöhung des allgemeinen Lebensstandards im englischen Mutterlande und damit für den Bestand des Kapitalismus.

1896n braun Niederlage gegen Buren
1899n/1902n Burenkrieg

RHODESIEN, Land und Staat im südlichen Afrika, benannt nach dem englischen Politiker Cecil Rhodes, der das 1890n von England zum Protektorat erklärte Gebiet durch Gewalt und Bestechung unterwarf und in eine englische Kolonie verwandelte, nachdem zuvor der Engländer Livingstone die Viktoria-Fälle entdeckt hatte. Seit dem Ende des zweiten Weltkrieges suchte England durch allmähliche Beteiligung der bis dahin völlig rechtlosen Negerbevölkerung (4,5 Millionen) an einer gewissen Selbstverwaltung die koloniale Abhängigkeit des Landes zu erhalten. Dagegen wehrten sich die weißen Kolonialherren (= 200000 Weiße), denen diese geringen Teilrechte für die Neger schon zu weit gingen. Unter ihrem Führer Jan Smith erklärten sie 1965n ihre Unabhängigkeit von Großbritannien. Seitdem sucht die englische Regierung die wirtschaftliche Abhängigkeit des Landes zu erhalten, ohne sich eindeutig auf die Seite der in ganz Afrika verhaßten Smith-Regierung zu schlagen. Die arbeitenden Volksmassen bereiten sich indessen auf ihren Befreiungskampf gegen beide vor.

1855n grün Viktoria-Fälle entdeckt

RHODOS, Insel vor der Südwestküste Kleinasiens. Nur 18 km vom Festlande entfernt, ist sie seit mehr als 3000 Jahren von Griechen bewohnt. Wegen ihrer Lage am Schnittpunkt zwischen Griechenland und Vorderasien wurde sie zu einem bedeutenden Hafen und einem bekannten Kunstzentrum (Keramik, Bildhauerei). Dehnte ihre Macht schon vor 2500 Jahren auf andere Inseln und auf Teile des kleinasiatischen Festlandes aus. Gründete auch Niederlassungen und Kolonien in Italien, Sizilien, Spanien und auf den Balearen sowie in Kleinasien. Auch unter der Herrschaft von Persern, Römern, Arabern und Türken bewahrte sie ihre griechische Kultur. Im türkisch-italienischen Krieg fiel sie 1911n an Italien. 1946n wurde sie griechisch.

690v blau Gründung von Gela
470v rot Beitritt zum Seebund
411v rot Abfall von Athen
408v grün Hafen
354v rot Unabhängigkeit
306v grün Handelsvertrag mit Rom
304v rot Weiter selbständig
290v blau Koloß des Sonnengottes
189v rot Gebietserweiterung
189v grün Handelszentrum
169v rot Friedensforderung
166v rot Machteinbuße
166v grün Konkurrenz durch Delos
50v blau Laokoon-Gruppe
44n rot Römischer Besitz
633n/732n Arabischer Krieg
654n rot Arabischer Besitz
1310n braun Kampf Johanniter-Türken
1310n rot Besitz der Johanniter
1522n braun Vorstoß der Türken
1522n rot Türkischer Besitz
1911n/1912n Krieg Türkei-Italien

RHOIKOS (um 580v–um 510v), griechischer Bildhauer und Architekt. Entwarf den Hera-Tempel seiner Heimatinsel Samos vor der Küste Kleinasiens und erbaute ihn zusammen mit seinem Landsmann Theodoros. Wirkte als Sachverständiger für die Fundamentierung des Artemis-Tempels mit, den Theodoros in der Samos gegenüberliegenden kleinasiatischen Stadt Ephesos erbaute und der als eines der sieben Weltwunder galt. Für diesen Tempel schuf er auch den Altarschmuck. Entwickelte ein Verfahren zum Herstellen profilierter Säulenköpfe mit einer Spezial-Drehvorrichtung.

553v blau 'Die Nacht'
520v blau Tempel von Ephesos

RHÔNE, wasserreichster und bedeutendster Strom Frankreichs, der mit 800 Kilometern nach der Loire der zweitlängste Fluß des Landes ist. Kommt aus den Berner Alpen, durchfließt den Genfer See, tritt bei Genf nach Frankreich ein und fließt schließlich südwärts ins Mittelmeer, dessen wichtigster europäischer Zufluß er ist. Durch Kanäle mit der Loire und der Seine verbunden. Seit 2000 Jahren eine wichtige Verkehrsader des Landes.

1597v–1521v Minos
59v blau Gründung von Lyon

RHYTHMUS, aus dem Griechischen übernommene Bezeichnung für die geordnete Abfolge von Bewegungen. Zunächst auf die körperliche Bewegung beim Tanz angewendet, wurde der Ausdruck bald auf die dem Tanz zugrundeliegende Musik übertragen und schließlich auch auf organische Abläufe der Natur und auf andere Erscheinungen wie den Aufbau der Sprache.

2555v–2491v Hemre
2059v–1997v Anchu
1320v–1258v Nefer
1283v blau Verbreitung in Ägypten
586v–501v Anakreon
478v–408v Polyklet

RICARDO, David (1772n–1823n), englischer Volkswirtschaftler. Sohn einer aus Holland eingewanderten jüdischen Bankiersfamilie. Trat zum Christentum über, entwickelte sich zu einem der führenden englischen Bankiers und erwarb als Börsenmakler ein großes Vermögen. Als Abgeordneter verwarf er staatliche Anleihen und forderte die volle Deckung der öffentlichen Ausgaben durch Steuern. In theoretischen Schriften empfahl er die Konzentration jeder Volkswirtschaft auf diejenigen Erzeugnisse, die von ihr mit geringsten Arbeitskosten hergestellt werden könnten; für alle übrigen Produkte schlug er die Einfuhr aus Ländern vor, die sie günstiger herstellen können. Deshalb trat er für freie Einfuhr von Getreide nach England ein. Seine Geldtheorie beruht auf voller Deckung der umlaufenden Noten durch

Edelmetall. Im Privateigentum an den Produktionsmitteln und in der auf ihm beruhenden freien Entfaltung des Kapitalisten sah er die Voraussetzungen für eine funktionierende Gesellschaft. Der Arbeitslohn war für ihn die Bezahlung der Arbeitskraft, deren Waren-Charakter er als Grundlage des Kapitalismus bejahte. In der unbezahlten Mehrarbeit des Proletariats erkannte er die Quelle des kapitalistischen Mehrwerts (Arbeitswerttheorie). Klassengegensätze sah er nur in der Rivalität der beiden Ausbeuterklassen, Industriebourgeoisie und Landadel, untereinander.

1817 n grün Volkswirtschaftslehre

RICHARD III. (1452 n–1485 n), englischer König von 1483 n bis 1485 n. Als jüngerer Bruder des Königs Eduard IV. bemächtigte er sich nach dessen Tod als Regent der Herrschaft, ließ die Kinder seines Bruders ermorden und sich selbst zum König krönen. Dann sammelte er seine Streitkräfte zum Kampf gegen Heinrich Tudor, der von Frankreich aus Rechte auf den englischen Thron geltend machte. Nach dessen Landung auf der Insel liefen viele seiner Anhänger zu diesem über. In der Entscheidungsschlacht gegen Heinrich verlor er Thron und Leben.

1485 n braun Niederlage gegen Heinrich

RICHARD LÖWENHERZ (1157 n bis 1199 n), englischer König von 1189 n bis 1199 n. Als Sohn des englischen Königs Heinrich II. empörte er sich mehrfach gegen seinen Vater. Nach dessen Tod nahm er als König an einem Kreuzzug nach Palästina teil. Vereinigte sich mit König Philipp von Frankreich, eroberte die Mittelmeer-Insel Zypern, beteiligte sich an der Einnahme von Akkon (Vorderasien) und wurde bei der Heimkehr vom Sturm an die italienische Küste verschlagen. Gegner des deutschen Kaisers, wollte er verkleidet nach England zurückkehren. Vor Wien wurde er von Herzog Leopold gefangengenommen, den er auf dem Kreuzzug persönlich beleidigt hatte. Wurde an den Kaiser ausgeliefert und konnte sich erst zwei Jahre später durch Ablegung des Lehnseides gegenüber dem deutschen Kaiser sowie durch ein Lösegeld von 100 000 Mark freikaufen. Nach England zurückgekehrt, mußte er zur Sicherung seiner Herrschaft einen vierjährigen Feldzug gegen den mit seinem Bruder verbündeten König von Frankreich führen. Bald nach dem Friedensschluß starb er an einer Verwundung. Durch seine ständige Abwesenheit von England hatte er die Königsmacht geschwächt und der Selbstherrlichkeit von Fürsten und Adel aufgeholfen.

1189 n/1192 n Dritter Kreuzzug

RICHARDSON, Samuel (1689 n–1761 n), englischer Schriftsteller. Als Sohn eines Tischlers wurde er Buchdrucker. Seine Sprachgewandtheit machte ihn zum Briefschreiber für zahlreiche Frauen, denen er auch ihre Liebesbriefe entwarf. Stellte ein Buch mit mustergültigen Brief-Entwürfen für alle Gelegenheiten zusammen. Fünfzigjährig wandte er sich der Abfassung von Romanen in Briefform zu. In seinem Erstlingswerk ('Pamela') stellte er die Tugendhaftigkeit einer Dienstbotin dar, die allen Verführungskünsten ihres Herrn widersteht. Nach dem Erfolg dieses Buches schrieb er einen zweiten Brief-Roman ('Clarissa'). Darin stellte er der Lasterhaftigkeit des Adels die Unschuld eines armen Bürgermädchens entgegen. Durch seine Bücher stärkte er die puritanischen Moralvorstellungen und förderte durch psychologisierende Darstellung eine neue Literaturrichtung ('Empfindsamkeit').

1740 n blau 'Pamela'

RICHELIEU, französischer Staatsmann.

1585 n–1642 n Lebenslinie
1618 n/1648 n Dreißigjähriger Krieg
1626 n rot Schleifung von Schlössern
1627 n braun Einnahme von La Rochelle
1628 n grün Compagnie du Canada
1634 n rot Cayenne französisch
1635 n rot Antillen französisch
1635 n blau Académie française
1637 n braun Bauernaufstand
1637 n rot Senegal französisch
1638 n–1715 n Ludwig XIV.
1639 n braun Bauernaufstand

RICHEUT, Titelgestalt einer schwankhaften Erzählung, die von einem unbekannten Dichter vor mehr als 800 Jahren niedergeschrieben wurde. Darin wird von dem Freudenmädchen Richeut berichtet, das einen Priester, einen Ritter und einen Bürger für ihre Schwangerschaft verantwortlich macht und von dem bei jedem ihrer drei Liebhaber erpreßten Gelde mit ihrem Sohne Sausonnet ein sorgloses Leben führt.

1159 n blau Entstehung der Dichtung

RICHTER, Ludwig (1803 n–1884 n), deutscher Maler und Graphiker. Als Sohn eines Dresdner Kupferstechers lernte er bei seinem Vater und half bald bei Landschafts-Stichen. Diese Arbeit trug ihm ein Rom-Stipendium ein. 21jährig wurde er durch eine Gebirgslandschaft (Watzmann) bekannt. Drei Jahre später erhielt er eine Stellung als Lehrer der Malschule an der Meißner Porzellanmanufaktur. Bald darauf wurde er als Professor für Landschaftsmalerei an die Dresdner Akademie berufen. Neben seinen Ölgemälden ('Überfahrt am Schreckenstein') schuf er fast 2500 Illustrationen für Kinderbücher, Kalender, Liederbücher und Gedichtbände, meist in Holzschnittechnik, sowie Aquarelle und Radierungen. Seine handwerklich vollendeten, von Humor und Phantasie erfüllten Bilder sind von Freude am Kleinen bestimmt und ganz auf die Vorstellungswelt einfacher Menschen und Kinder gerichtet. Sie machten ihn zum volkstümlichsten deutschen Maler seiner Epoche.

1837 n blau 'Überfahrt'

RICHTER

2369 v–2295 v Una
2193 v–2135 v Achtos II.
1502 v–1431 v Rech-Mi-Re
1405 v blau Porträt eines Oberrichters
1321 v–1235 v Bek-Necho
1086 v–1004 v Samuel
659 v–601 v Drakon
19 v–38 n Pontius Pilatus
104 n–168 n Julianus Salvius
131 n rot Feste Rechtsgrundlage
445 n rot Richteramt des Papstes
504 n–570 n Gildas der Weise
1156 n rot Wahl in Worms
1247 n–1328 n Johannes Korvino
1304 n–1377 n Ibn Batuta
1848 n blau Daumiers Satiren

RIECHWASSER, seit Jahrtausenden zur Erhöhung der Anziehungskraft vorwiegend von Frauen verwendete Öle, die durch Auspressen von Zitronen, Pomeranzen, Rosen oder anderen Blütenpflanzen gewonnen wurden. Später auch durch Destillations-Verfahren oder durch alkoholische Auszüge hergestellt.

1500 v grün Gebrauch in Mesopotamien
1692 n grün Kölnisches Wasser

RIEGO NUNEZ, Rafael (1785 n bis 1823 n), spanischer Freiheitskämpfer. Organisierte als Offizier den Kleinkrieg gegen die französischen Besatzungstruppen. Geriet in Gefangenschaft und lernte in Frankreich die Ideen der Revolution kennen. Nach seiner Freilassung sollte er als Oberstleutnant ein Bataillon in den überseeischen Kolonien führen. Als seine Truppe in Cadiz auf die Einschiffung nach Amerika wartete, rief er die Soldaten zum Aufstand gegen den Absolutismus von Staat und Kirche. Damit löste er eine Revolution aus, die zur Einführung der längst beschlossenen Verfassung führte. Als Feldmarschall von Aragonien wurde er Präsident des spanischen Parlaments ('Cortes'). Aber die vom König zu Hilfe gerufenen französischen Truppen schlugen die unter seinem Befehl stehenden Revolutionsheere. Schwer verwundet geriet er nach der Schlacht von Malaga in französische Gefangenschaft, wurde den königstreuen Spaniern ausgeliefert und in Madrid gehenkt. Schrieb ein Revolutionslied ('Riego-Hymne').

1807 n/1808 n Kleinkrieg
1820 n/1823 n Revolution

RIEMANN, Bernhard (1826 n–1866 n), deutscher Mathematiker. Stellte in seiner Doktorarbeit die Lehre von den gesetzmäßigen Beziehungen mathematischer Größen (Funktionentheorie) durch Anwendung geometrischer Betrachtungsweise auf eine neue Grundlage ('Riemann'sche Fläche'). In seiner Habilitationsrede 'Über die Hypothesen, welche der Geometrie zugrundeliegen' verkündete er eine neue, allgemeinere Geometrie. Sie beruht auf der Vorstellung eines gekrümmten Raumes, in dem es keine Parallelen und keine Unendlichen im herkömmlichen Sinne gibt, weil alle Geraden in sich selbst zurücklaufen, zwei verschiedene Geraden sich unbedingt schneiden, und die Winkelsumme ihrer Dreiecke nicht auf 180° beschränkt ist. Für diese ('Riemann'sche') Geometrie wurde die gesamte bisherige klassische (Euklid'sche) Geometrie zu einem Sonderfall unter den Bedingungen von Räumen bestimmter Krümmung. Mit dieser revolutionären Umwandlung der Geometrie ersetzte er die Vorstellung von der Unendlichkeit des Weltalls durch die Lehre vom endlichen Raum ('Riemann'scher Raum'). Führte auch Forschungen auf den Gebieten der Elektrizität, des Magnetismus und der Schwere durch. Seine Arbeiten förderten die wechselseitige Durchdringung von Mathematik und Physik.

1854 n grün Geometrie des Raumes

RIEMENSCHNEIDER, Tilman (um 1460 n bis 1531 n), deutscher Bildhauer. Lernte das Schnitzerhandwerk und machte sich als Bildhauer selbständig. Als Stadtrat seiner Heimatstadt Würzburg wurde er zum Bürgermeister gewählt. Seine Bildwerke wurden in ihrer einfachen Formgebung von breiten Volksschichten verstanden. Verzichtete auf Naturtreue und auf Vielfältigkeit der Erscheinungen, um den Seelenzustand herauszuarbeiten. Suchte die Hingabefähigkeit des Menschen an Ideale darzustellen und verzichtete auf Bemalung und Vergoldung seiner Figuren. Schuf auch Steinplastiken, deren Ausdruckskraft seinen Holzschnitzereien gleichkommt. An der revolutionären Erhebung der Bauern und Arbeiter in der ersten deutschen Revolution (Bauernkrieg) führend beteiligt, wurde er gefangen und so gefoltert, daß er seine Arbeitsfähigkeit verlor.

1491 n blau 'Adam und Eva'
1500 n blau Bibra-Grabmal
1502 n blau Rothenburger Altar
1522 n/1526 n Revolution

RIENZI, Cola di, italienischer Revolutionär.

1313 n–1354 n Lebenslinie
1347 n braun Aufstand

RIESE, Adam (1492 n–1559 n), deutscher Mathematiker. Als Rechenlehrer in Erfurt erhielt er einen Ruf nach Annaberg, wo er als Bergbeamter und Münzmeister tätig war. Daneben schrieb er mehrere Rechenbücher, die durch ihren klaren Aufbau, ihre Anschaulichkeit und die Fülle der gebotenen Beispiele sich großer Beliebtheit erfreuten. In seinem Lehrbuch von den Gleichungen führte er das heutige Wurzelzeichen ein.

1550 n grün Rechenbuch

RIESELFELD-SYSTEM, Bezeichnung für das Verfahren der Nutzbarmachung städtischer Abwässer zu landwirtschaftlichen Zwecken. Die aus den Kanalisationsrohren ausrieselnden Abwässer werden dabei nach biologischer Reinigung als Dünger auf hauptsächlich gärtnerisch genutzte Bodenflächen geleitet.

1530 n grün Aufkommen in Bunzlau

RIF-KABYLEN, Bezeichnung für ein Berbervolk, das im Nordwesten des Atlasgebirges (Nordafrika) zwischen Ceuta und Melilla gegenüber von Gibraltar beheimatet ist. Von der zerklüfteten Mittelmeerküste aus wurde hier im 19. Jahrhundert viel Seeräuberei betrieben. Das nahmen Spanier und Franzosen als Vorwand für die Unterdrückung und koloniale Ausbeutung des ganzen Volkes, das in seiner Mehrheit aus Hirten und Ackerbauern bestand. Seit Beginn unseres Jahrhunderts stand es in erbittertem Kampfe um die Rückgewinnung seiner Freiheit. 1956 n wurde es dem politisch unabhängigen marokkanischen Staate einverleibt und ringt seitdem um seine soziale Befreiung.

1922 n/1923 n Aufstand

RIGA, Hafenstadt an der Ostsee. Von Bremer Seefahrern im Jahre 1158 n als Hafen angelegt, wurde die eigentliche Stadt 43 Jahre später gegründet und entwickelte sich durch ihre günstige Lage an der Mündung der Düna zu einem Mittelpunkt des deutschen Osthandels. 1282 n trat sie der Hanse bei. Ihre freiheitlich gesinnten Bürger wehrten sich gegen die Vorherrschaft der Deutschritter (Schwertbrüder) und gegen die Macht des Bischofs, aus der sie sich 1522 n endgültig durch die Reformation befreiten. Nachdem die Deutschritter die Stadt den Polen überlassen hatten, wurden Versuche zur Re-Katholisierung unternommen. Erst die schwedische Eroberung setzte dieser Gefahr ein Ende. 80 Jahre lang hielt sie russischen und sächsischen Angriffen stand, dann fiel sie endgültig an Rußland. Im ersten Weltkrieg von deutschen Truppen erobert, wurde sie 1919 n Hauptstadt eines unabhängigen lettischen Staates. Im zweiten Weltkrieg zunächst russisch (1940 n), dann von deutschen Truppen besetzt (1941 n) und schließlich von der Roten Armee (1944 n) eingenommen, wurde sie Hauptstadt des zur 'Lettischen Sozialistischen Republik' erklärten Staates (Teil der UdSSR).

1201 n blau Gründung
1629 n rot Schwedischer Besitz
1710 n rot Russischer Besitz
1914 n/1918 n Erster Weltkrieg
1939 n/1945 n Zweiter Weltkrieg
1940 n rot Lettland russisch

RIGAUD, Hyacinthe (1659 n–1743 n), französischer Maler. Kam aus seiner Heimatstadt Perpignan an der spanischen Grenze nach Paris, bildete sich nach van Dycks Vorbild zum Maler und wurde Lehrer an der Akademie. Wegen des repräsentativen Charakters seiner Bilder, wegen der schmeichelnden Vergeistigung unter Bewahrung von Ähnlichkeit und wegen der getreuen Wiedergabe der bunten Kostüme wurde er zum führenden Porträtmaler seiner Zeit. Malte durch fünf Jahrzehnte die Könige von Frankreich, Spanien, Schweden und Polen. Schuf auch einige historische Bilder.

1701 n blau Bild Ludwigs XIV.

RIGVEDA, Titel der ältesten bekannten Dichtung der Inder. Umfaßt in zehn Büchern 10580 Strophen. Stellt die Niederschrift der über tausend Lieder dar, die von den indischen Stämmen aus ihren ursprünglichen Siedlungen am Indus mitgebracht wurden, als sie sich über das Land verteilten. Sie enthalten in der Form von Lobgesängen auf verschiedene Götter Beschreibungen der Lebensvorgänge und der Lebensweisheit Indiens in seiner ersten Kulturepoche, die vor 5000 Jahren begann.

1040 v blau Vollendung

RILKE, Rainer Maria (1875 n–1926 n), österreichischer Dichter. Als Sohn eines Beamten besuchte er eine Militär-Erziehungsanstalt und eine Handelsakademie. Dann studierte er in seiner Geburtsstadt Prag, in München und Berlin, wurde Privatsekretär des Bildhauers Rodin und zog sich nach zweijährigem Aufenthalt in Duino an der italienischen Adria in die Schweiz zurück, wo ihm Freunde den Turm des Schlosses Muzot überließen. Obwohl er die Offizierslaufbahn aufgegeben hatte, behielt er eine Neigung zum Soldatentum ('Weise von Liebe und Tod des Cornets Christoph Rilke'). Bei aller Ablehnung des Christentums suchte er nach einer auf neuer Gottesvorstellung beruhenden Religiosität ('Stundenbuch'). Trotz seiner Verachtung des Bürgertums verkündete er dessen individualistisches Sendungsbewußtsein ('Duineser Elegien'). Ungeachtet seiner Vorstellung von der Sprache als weltbewegender Kraft bediente er sich einer sinnüberladenen und bis zur Unverständlichkeit geschliffenen Ausdrucksweise ('Sonette an Orpheus'). Angst und Einsamkeit des Großstadtmenschen stellte er in seinem einzigen Roman dar ('Malte Laurids Brigge'). Übersetzte aus dem Italienischen (Michelangelo), Russischen (Igorlied), Französischen (Gide, Valéry) und Englischen.

1905 n blau 'Stundenbuch'

RIMSIN, König von Elam und Sumer.

1780 v–1697 v Lebenslinie
1760 v–1686 v Hammurabi
1740 v braun Eroberung Uruks
1740 v rot Herrschaft über Uruk
1728 v braun Eroberung Isins
1728 v rot Machtausdehnung
1722 v braun Sieg Hammurabis
1722 v rot Gebietsverlust
1712 v rot Dreibund
1699 v braun Flucht nach Elam
1698 v braun Vorstoß Hammurabis
1698 v rot Elam unter Hammurabi

RIMSKY-KORSSAKOW, Nikolai (1844 n–1908 n), russischer Komponist. Besuchte die Marine-Schule und wurde See-Offizier. Daneben betrieb er seit frühester Jugend musikalische Studien. 20jährig vollendete er während einer Weltumseglung die erste russische Sinfonie. 29jährig wurde er Inspektor aller Militärorchester der russischen Flotte und hatte daneben eine Professur für Komposition und Instrumentation am Petersburger Konservatorium. Hier wurde er sich der Systemlosigkeit seiner musikalischen Bildung bewußt und unterzog sich einem langwierigen, mühevollen Selbststudium. Dann überarbeitete er seine früheren Werke und wandte sich der Komposition von Opern zu, deren Texte er meist selbst nach alten russischen Stoffen verfaßte ('Schneeflöckchen', 'Zarenbraut', 'Der Wojewode'). Schrieb Klavier- und Kammermusik, Lieder und Chorwerke sowie eine sinfonische Dichtung nach den Märchen aus 1001 Nacht. Bearbeitete Volkslieder und verfaßte ein Lehrbuch der Harmonie. Lehrer von Glasunow, Strawinsky und Prokofjew.

1888 n blau '1001 Nacht'

RIMUSCH, Kaiser von Mesopotamien.

2343 v–2285 v Lebenslinie
2330 v–2271 v Manisch-Tusu
2290 v braun Erhebung Elams
2287 v/2286 v Erhebung Sumers
2285 v rot Ermordung

RIND

Vorzeittafel: 20 Tausend Jahre

2940 v grün Zugtier in Sumer
2865 v grün Verdrängung durch Esel
2659 v blau Relief eines Büffels
2561 v blau Plastik eines Wisents
2475 v blau 'Stallung und Molkerei'
2457 v blau Skulptur eines Stieres
2387 v blau 'Kalbende Kuh'
2373 v blau 'Rinderherde'
2340 v blau 'Hirte mit Kalb'
2278 v blau Rinderbild in Maikop
1979 v blau 'Gilgameschs Kampf'
1965 v blau 'Kuh mit Kälbchen'
1911 v rot Stieropfer auf Kreta
1723 v blau Sumerische Fabel
1585 v grün Stiersprung auf Kreta
1558 v blau 'Stierspiele'
1481 v blau 'Stierspringerin'
1477 v blau Stierfang-Szene
1476 v blau Rinderleben-Szene
1423 v blau 'Inspektion der Herden'
1399 v grün Jagd auf Wild-Stiere
1388 v grün Heilige Stiere in Ägypten
1329 v blau Hettitischer Stierkopf
1188 v blau Melk-Szene
964 v–912 v Jerobeam I.
506 v–446 v Myron
464 v blau Myron: 'Die Kuh'
360 v blau 'Pharao mit Kuh'
151 v blau 'Farnesischer Stier'
391 n blau Stier Symbol für Lukas
1951 n blau 'Tanz ums goldene Kalb'

RING DES NIBELUNGEN, Titel eines Opernwerkes in vier Teilen, das von Richard Wagner zwischen 1868 n und 1874 n niedergeschrieben und 1876 n bei der Einweihung des Bayreuther Festspielhauses zuerst im Zusammenhang aufgeführt wurde (Aufführungsdauer aller vier Teile 17 Stunden). Behandelt in einem Vorspiel ('Rheingold') und drei Festspielen ('Walküre', 'Siegfried', 'Götterdämmerung') die Geschichte vom Kampf um einen fluchbeladenen Ring, der seinem Besitzer die Herrschaft über die Welt verschaffen soll, aber schließlich allen den Untergang bringt, die nach ihm streben (Wotan, Siegfried, Brunhilde).

1874 n blau Abschluß

RINGE

2979 v grün Armringe aus Leder
2953 v grün Goldene Ringe
2699 v grün Ohrringe in Sumer
1631 v grün Ohrringe in Ägypten
1338 v grün Ohrringe Frauenschmuck
560 v–469 v Theodoros
1874 n blau 'Ring des Nibelungen'

RINGGELENK, Bezeichnung für die Verbindung von zwei rechtwinklig zueinander stehenden, frei beweglichen Achsen. Auf Schiffen zur verwindungsfreien Aufhängung von Instrumenten (Kompaß) verwendet, im Auto bei der Kraft-Übertragung vom Motor zu den Antriebsrädern.

238 v grün Philons Konstruktion

RINGKAMPF

2649 v blau Sumerische Plastik
2401 v blau Ägyptisches Relief
1217 v blau Ägyptisches Bild

RINGMANN, Matthias (1482 n–1511 n), deutscher Dichter und Sprachgelehrter. Wurde Lehrer in seiner elsässischen Heimat und verfaßte nach dem Vorbild römischer Dichter eigene Gedichte in lateinischer Sprache. Gab ein erdkundliches Werk heraus und schrieb ein Grammatikbuch. Durch seine Übersetzung des Buches 'Gallischer Krieg' von Cäsar machte er dieses Werk zur Grundlage des Unterrichts in der Lateinschule.

1507 n blau Cäsar-Übersetzung

RINUCCINI, Ottavio (1562 n–1621 n), italienischer Dichter. In seiner Heimatstadt Florenz stieg er zum Hofdichter auf und begleitete Maria Medici zu ihrer Hochzeit mit Heinrich IV. nach Paris. Von der alten griechischen Tragödie und den musikalischen Schäferspielen seiner Zeit angeregt, bemühte er sich um eine Verbindung von dramatischer und musikalischer Wirkung durch ein Wieder-Auflebenlassen des altgriechischen Sprechgesanges. Schrieb die Texte für die ersten Opern in Florenz ('Dafne' und 'Euridike' für Peri, 'Arianna' für Monteverdi).

1585 n–1672 n Heinrich Schütz
1594 n blau Peris Oper 'Dafne'

RIO DE JANEIRO, Hafenstadt an der Atlantikküste Brasiliens (Südamerika). An einer 22 km breiten Bucht angelegt, die nur durch eine 1,6 km breite Einfahrt mit dem Meer verbunden ist, hat sie einen idealen Naturhafen. Ihre Entwicklung wurde jedoch durch ein feucht-heißes Tropenklima gehemmt, das zu Fieberkrankheiten führte und das sich erst im 19. Jahrhundert durch Trockenlegung der umliegenden Seen verbesserte. Diese ungesunde Lage hatte die europäischen Eroberer nach der Entdeckung der Bucht (1501 n) mehr als ein halbes Jahrhundert lang von der Stadtgründung abgehalten. Von 1763 n bis 1821 n war sie dann Hauptstadt der portugiesischen Kolonie, von der Erringung der Freiheit im Jahre 1822 n bis zum Aufbau der Stadt Brasilia im Innern des Landes Hauptstadt des unabhängigen Staates Brasilien.

1567n blau Gründung
1822n rot Brasilien unabhängig
1960n blau Entwicklung Brasilias

RIPOLL, Stadt in Nordost-Spanien, 100 Kilometer nördlich von Barcelona am Südhang der Pyrenäen. Hier entstand 874n ein Kloster, dessen Kirche durch ihren zweigeschossigen Kreuzgang und ihr Portal berühmt wurde.

1030n blau Klosterkirche

RIPOLL, Cajetano (um 1780n–1826n), spanischer Lehrer. Wurde 1824n durch das katholische Kirchengericht (Inquisition) verhaftet, zwei Jahre eingekerkert und gefoltert und im Jahre 1826n in Valencia erhängt. Das gegen ihn ausgesprochene Todesurteil beschuldigte ihn, er habe die Kinder nicht regelmäßig zur Kirche geführt, sie nicht zum Niederknien auf der Straße veranlaßt, sie in der Schule mit 'Gelobt sei Gott' statt mit 'Ave Maria' begrüßt und den Religionsunterricht auf die zehn Gebote beschränkt.

1826n rot Hinrichtung

RITTER, Bezeichnung für berittene Berufssoldaten in der Epoche germanischer Reichsbildungen in Europa. Als Berufsstand im 8. Jahrhundert eingeführt, als das fränkische Reich durch seine schnelle Ausdehnung starken Bedarf an Truppen hatte und dabei in der Lage war, Kriegsdienste durch Landzuweisungen zu belohnen (Lehen). Die Vererbbarkeit dieses Landbesitzes führte im 11. Jahrhundert zur Herausbildung einer eigenen Kriegskaste (Rittertum), die sich in straffen Organisationen zusammenschloß (Ritterorden). Als in Mitteleuropa kein Land mehr zu erobern war, schlossen sie ein Bündnis mit der Kirche und plünderten das östliche Mittelmeergebiet ('Kreuzzüge'), ohne es dauerhaft behaupten zu können. Auch ihr Versuch zur Eroberung osteuropäischer Gebiete (Deutschritter-Orden) scheiterte nach Anfangserfolgen am Widerstand der Litauer, Polen und anderer Slawen. Mangels lohnender Möglichkeiten zur Eroberung neuer Ländereien wandten sie sich dem direkten Straßenraub in Mitteleuropa zu (Raubrittertum). Doch führte dieses Vorgehen zur Empörung der Städte, und als mit zunehmender Bedeutung von Handwerk (Manufaktur) und Handel die wirtschaftliche Abhängigkeit des Kaisertums vom Bürgertum der Städte wuchs, starb diese Kriegerkaste im 15. Jahrhundert aus. Auf die Verhaltensweise der Bürger wirkten ihre Bräuche (Führertum, Gefolgschaftstreue, Aufopferungsbereitschaft, Arbeitsscheu, Frauenverehrung) bis in unsere Epoche nach. Befehl und Gehorsam prägten als Grundlage der Industriegesellschaft die gesamte kapitalistische Wirtschaft ('Betriebsführer und Gefolgschaft') und beherrschen sie bis in unsere Epoche.

688n–741n Karl Martell
722n grün Vergabe von Lehen
877n grün Erbliche Lehen
1070n rot Johanniter-Orden
1096n grün Geldhilfe von Kaufleuten
1096n/1099n Erster Kreuzzug
1096n rot Lehnseid der Kreuzfahrer
1099n rot Staat von Jerusalem
1119n rot Templer-Orden
1122n–1190n Friedrich I. Barbarossa
1138n–1193n Saladin
1146n grün Zinserlaß für Kreuzfahrer
1147n braun Wenden-Kreuzzug
1147n/1149n Zweiter Kreuzzug
1164n blau Lied auf Ritterliebe
1173n–1239n Hermann von Salza
1187n braun Niederlage gegen Araber
1187n rot Verlust Jerusalems
1189n/1192n Dritter Kreuzzug
1190n rot Deutschritter-Orden
1202n/1204n Vierter Kreuzzug
1204n rot Aufteilung von Byzanz
1217n/1219n Erfolgloser Kreuzzug
1218n–1291n Rudolf I. von Habsburg
1222n–1263n Alexander Newski
1225n rot Deutschritter-Vertreibung
1226n rot Preußen an Deutschritter
1228n/1229n Fünfter Kreuzzug
1230n braun Eroberung Preußens
1242n braun Deutschritter-Niederlage
1244n braun Kampf um Jerusalem
1244n rot Verlust Jerusalems
1248n/1254n Sechster Kreuzzug
1255n blau 'Frauendienst'
1261n braun Aufstand der Preußen
1270n braun Siebenter Kreuzzug
1276n grün Uniformierte Briefboten
1286n blau Lied auf Turnierfeld
1302n braun Sieg der Handwerker
1305n rot Anklage gegen Templer
1309n blau Bau der Marienburg
1310n braun Sieg über Türken
1310n rot Johanniter auf Rhodos
1310n rot Templer-Verbrennung
1312n rot Templer-Orden aufgelöst
1315n braun Niederlage gegen Bauern
1319n braun Niederlage gegen Bauern
1346n grün Deutschritter: Landkauf
1346n rot Estland an Deutschritter
1371n–1440n Friedrich I.
1410n braun Schlacht bei Tannenberg
1410n braun Deutschritter-Niederlage
1411n rot Gebietsverluste
1411n grün Tribute der Deutschritter
1412n rot Reformversuch
1433n–1477n Karl der Kühne
1454n braun Erhebung der Preußen
1457n braun Niederlage gegen Polen
1457n braun Verlust der Marienburg
1466n braun Niederlage gegen Polen
1466n rot Polnische Oberhoheit
1476n braun Niederlage gegen Bauern
1500n braun Niederlage gegen Bauern
1503n rot Handel mit Ablaß
1522n braun Johanniter-Niederlage
1522n rot Rhodos türkisch
1530n rot Malta an Johanniter
1547n–1616n Cervantes
1605n blau Spott über Ritterromane

RITTER, Karl (1779n–1859n), deutscher Geograph. Nach Abschluß seiner pädagogischen Studien wurde er zunächst Hauslehrer, dann Geschichtslehrer und erhielt schließlich in Berlin die erste deutsche Professur für Erdkunde. Durchwanderte auf seinen jährlichen Reisen fast alle Länder Europas. Mit seiner vergleichenden Erdkunde stellte er den Zusammenhang zwischen dem Menschen und der ihn umgebenden Natur in den Mittelpunkt der geographischen Arbeit. Dazu erforschte er auch die Abhängigkeit der geschichtlichen Entwicklung von den geographischen Gegebenheiten. Gab einen Atlas heraus und schrieb über kunstgeschichtliche Gegenstände ('Die architektonischen Denkmäler an der indo-baktrischen Königsstraße').

1817n grün Vergleichende Erdkunde

RIVERA, Diego (1886n–1957n), mexikanischer Maler, Zeichner, Bildhauer, Schriftsteller und Architekt. Nach Studien in Mexiko erhielt er 20jährig ein Europa-Stipendium und ging für 15 Jahre nach Spanien, Frankreich, Italien und Rußland. In seine Heimat zurückgekehrt, entwickelte er das monumentale Wandgemälde zum Träger einer volksnahen Kunst, in deren Mittelpunkt er mexikanische Vergangenheit und Gegenwart stellte. Wegen seiner kommunistischen Gesinnung, die auch in vielen seiner Werke zum Ausdruck kam, wurden seine Arbeiten zunächst zurückgewiesen, doch setzte er sich mit seiner eigenwilligen Kunst durch und machte die mexikanische Malerei weltberühmt.

1954n blau Wandmalerei

RJASAN, Stadt im europäischen Rußland, 180 km südöstlich von Moskau. Im 11. Jahrhundert gegründet, war sie lange Residenz des gleichnamigen Fürstentums. Im 18. Jahrhundert wurde hier von einem Beamten des Statthalters Kriakutnoi ein großer Ballon gebaut und mit Warmluft gefüllt. Dann erhob sich der Ballon, prallte aber gegen einen Kirchturm. Der Erbauer konnte sich zwar retten, wurde aber wegen seines Frevels aus der Stadt vertrieben und ging nach Moskau.

1731n grün Ballonflug

ROBBEN, Name einer vorwiegend im Wasser lebenden Säugetierart, die sich von Fischen ernährt. Zu ihr gehören außer den Robben im engeren Sinne (Mönchsrobbe, Ohrenrobbe und Kegelrobbe) auch Seehund, Seelöwe und See-Elefant. Auf dem Lande unbeholfen, wurden sie früh vom Menschen gejagt.

1107v grün Jagd durch Phönizier

ROBBIA, Luca della (1399n–1482n), italienischer Bildhauer und Kunsthandwerker. Neben Arbeiten in Bronze und Marmor schuf er Figuren in gebranntem Ton (Keramik). Als er mit einfarbiger Glasur seiner Tonarbeiten Erfolg hatte, entwickelte er diese Technik, indem er weiße Figuren auf blauen Hintergrund stellte. Später wurden seine Glasuren immer farbiger, und er gestaltete auch Großplastiken, Freigruppen, ganze Altäre und Reliefs in dieser lebendigen neuen Technik ('Fayence'). Die bedeutendsten Werke schuf er für seine Heimatstadt Florenz. Gab seine Kunstfertigkeit in seiner Werkstatt an zahlreiche Schüler weiter, unter denen sein Neffe Andrea hervorragte.

1439n blau 'Sängerkanzel'
1443n grün Glasur

ROBERT, Louis (1761n–1828n), französischer Erfinder. Als Mechaniker der Papierfabrik Didot (Nordfrankreich) entwickelte er eine Maschine, mit deren Hilfe das Papier nicht mehr in einzelnen Bogen, sondern auf einer Rolle in endloser Bahn hergestellt wurde. Er verkaufte sein Patent für diese 'Langsiebmaschine' und verarmte bald. Während seine Erfindung sich durchsetzte und zur entscheidenden Voraussetzung für den modernen Druck (Rotationsdruck) wurde, lebte er in bescheidensten Verhältnissen als Grundschullehrer in Dreux bei Paris.

1798n grün Langsiebmaschine

ROBERT der Fromme (970n–1031n), französischer König von 996n bis 1031n. Durch Bischof Gerbert von Reims erzogen, beugte er sich nach dessen Wahl zum Papst der über Frankreich verhängten Kirchenstrafe (Interdikt) und ließ sich von seiner Cousine scheiden. In zweiter Ehe unglücklich verheiratet, wandte er sich den Künsten zu und komponierte zahlreiche Hymnen. Das von ihm ererbte Burgund gab er seinem zweiten Sohn weiter. Gegen die nach größerer Selbständigkeit strebenden Fürsten kämpfte er mit wechselnden Erfolgen. In dem Pariser Vorort Fontainebleau ließ er sich ein kleines Jagdschloß bauen.

998n blau Schloß Fontainebleau

ROBERT Grosseteste (um 1175n–1253n), englischer Gelehrter. Studierte Rechtskunde, Medizin und Naturwissenschaften an der Universität Oxford, zu deren Kanzler er früh gewählt wurde. Förderte das Studium der griechischen Sprache und der griechischen Denkweise. Verfaßte Kommentare zu Schriften des Aristoteles. Erklärte die Mathematik als Grundlage aller Wissenschaft. Suchte vergeblich das vorchristliche und nichtchristliche Denken der Griechen und Araber mit dem christlichen Glaubensgebäude (insbesondere des Augustin) zu versöhnen. Auch seine Versuche zu einer Reform der katholischen Kirche scheiterten. In einem Schreiben an den Papst gab er dem päpstlichen Hofe in Rom die Schuld für den Verfall der Kirche. Forderte eine Kalenderreform. Führte in Oxford eine zinslose Darlehenskasse für Studenten und Gelehrte ein. Lehrer des Roger Bacon, dem er die theoretischen Grundlagen des Mikroskops und des Fernrohrs vermittelte.

1227n grün Lehre vom Licht

ROBERT Guiskard, normannischer Staatsmann.

1013n–1085n Lebenslinie
1021n–1085n Gregor VII.
1043n braun Sieg über Byzanz
1043n rot Gewinn Apuliens
1053n braun Kämpfe in Süditalien
1053n rot Oberhoheit des Papstes
1059n rot Papsthoheit bestätigt
1059n rot Unterstützung durch Papst
1061n braun Sieg über Araber
1061n rot Gewinn Siziliens
1071n braun Sieg über Byzanz
1071n rot Vormacht in Italien
1081n/1085n Balkankrieg
1084n rot Schutz für Papst

ROBERT Retinensis (um 1100n–um 1160n), englischer Priester und Sprachgelehrter. Als Dekan in der spanischen Stadt Pamplona lernte er arabisch und wurde durch seine Übersetzungen bekannt. Auf Bitten des Abtes von Cluny übersetzte er das Religionsbuch der Araber (Koran) ins Lateinische. Damit sollte den Priestern die Christianisierung der in Spanien ansässigen Anhänger des arabischen Glaubens (Islam) erleichtert werden.

1142n blau Koran-Übersetzung

ROBERT von Sorbon (1201n–1274n), französischer Priester. Als Chorherr der Kirche Nôtre Dame (Paris) wurde er Hofkaplan und Beichtvater des französischen Königs Ludwig IX. Auf Grund königlichen Privilegs gründete er eine Theologenschule mit angeschlossenem Internat ('Bruderschaft der armen Kleriker'). Hier erteilten katholische Priester an arme Studenten unentgeltlich Theologie-Unterricht.

1253n blau Theologenschule

ROBERVAL, Jean François (1500n–1561n), französischer Kaufmann. Sechs Jahre nach der Besitznahme Kanadas erwarb er vom französischen König Franz I. Privilegien für das neue überseeische Gebiet Frankreichs. 1541n wurde er zum Generalleutnant und Vizekönig ernannt und segelte 1542n mit 3 Schiffen und 200 Siedlern nach Kanada. In Neufundland traf er mit dem französischen Entdecker des Landes (Cartier) zusammen, der Gold entdeckt hatte und eines Nachts heimlich nach Frankreich zurückfuhr. Dann segelte er den St.-Lorenz-Strom aufwärts, legte am Roten Kap (unweit Quebec) sein Hauptlager an und fuhr weiter landeinwärts. Hunger, Kälte, die Feindschaft der Eingeborenen und das Ausbleiben des erwarteten Nachschubs zwangen ihn 1543n zur Umkehr. In seinem Hauptlager wurde er von Schiffen erwartet, die ihn nach Frankreich zurückbrachten. Wurde ermordet.

1540n rot Übernahme Kanadas

ROBESPIERRE, Maximilien, französischer Revolutionär und Staatsmann.

1758n–1794n Lebenslinie
1789n/1795n Französische Revolution
1789n rot Nationalversammlung
1790n rot Jakobinerklub
1793n rot Hinrichtung Ludwigs XVI.
1794n rot Sans-Culotten
1794n rot Hinrichtung
1835n blau Büchner: 'Dantons Tod'

ROBIN HOOD, Heldengestalt der englischen Sage. Beschützte die Armen und Bedrückten gegen Grundherren, Gläubiger und Pfaffen. Verhöhnte die Richter, die im Interesse der Reichen und Mächtigen urteilten, und lebte als Geächteter mit seinen Getreuen in den Wäldern. In zahllosen Balladen und Legenden seit dem 14. Jahrhundert verehrt. Eine erste Sammlung dieser Überlieferungen gab ein englischer Buchdrucker im 15. Jahrhundert heraus. Auch in die englische Dichtung von Shakespeare bis Scott ('Ivanhoe') fanden seine Heldentaten Eingang.

1451n blau Ballade

ROBINSONADE, Bezeichnung für das Leben eines ganz auf sich selbst gestellten, der Natur ohne Werkzeug oder Hilfe gegenüberstehenden Menschen, der genötigt ist, die Grundlagen seines Daseins in der Art primitiver Frühmenschen zu fristen. Das Wort ist vom Namen des Titelhelden eines englischen Romans abgeleitet ('Robinson Crusoe'), in dem ein schiffbrüchiger Matrose auf einer einsamen Insel dieses Abenteuer zu bestehen hat.

1127n–1185n Ibn Tufail
1169n blau Arabisches Werk
1719n blau Englischer Roman

ROBINSON CRUSOE, Titelheld eines Romans des englischen Schriftstellers Daniel Defoe. Als Matrose auf eine einsame Insel verschlagen, muß er sich die Grundlagen der menschlichen Zivilisation selbst schaffen. Dem in Tagebuchform niedergeschriebenen Werk liegt ein tatsächliches Erlebnis des schottischen Seemanns Alexander Selkirk zugrunde, der als Schiffbrüchiger vier Jahre allein auf sich gestellt eine weltabgeschiedene Insel bewohnte.

1719n blau Vollendung

ROCHEFOUCAULD, François la (1613n–1680n), französischer Schriftsteller. Als Angehöriger einer der führenden Adelsfamilien wurde er Offizier und beteiligte sich an der Erhebung gegen die zunehmende Machtkonzentration in der Hand des Königs ('Fronde'). Nach dem Tode seines Hauptgegners Mazarin söhnte ihn seine Geliebte, die Herzogin von Longueville, mit dem König aus. Fortan spielte er eine bedeutende Rolle am Hofe. Wurde der geistreiche Liebling führender Frauen wie der Herzogin von Chevreuse und der Frau von Lafayette, so daß ihn seine Memoiren schnell berühmt machten. Sein Hauptwerk aber waren die dreimal ergänzten 'Maximes morales'. In 504 Leitsätzen gab er damit eine Anleitung zum Verständnis und zur Meisterung des Lebens für die Reichen und Vornehmen seiner Zeit. Ausgehend von der Eitelkeit, Furcht und Schwäche des Herzens, empfahl er in nüchterner Spekulation auf Eigenliebe und Selbstsucht zweckmäßige Verhaltensweisen. In ihrer souveränen Außerachtlassung aller sittlichen Grundsätze wurden sie durch ihre entwaffnende Offenheit zum klassischen Moralbuch der herrschende Klasse seiner Epoche.

1651n/1652n Erhebung der Fronde
1664n blau Lebensregeln

ROCHELLE, La Rochelle, Hafenstadt in Westfrankreich. Vor tausend Jahren aus einem Fischerdorf entstanden, entwickelte sie sich zum zweitgrößten Fischereihafen Frankreichs. Im 11. und 12. Jahrhundert unter englischer Herrschaft, im 16. Jahrhundert ein Haupt-Stützpunkt der französischen Protestanten (Hugenotten), wurde sie 1627n als letzte Stadt Frankreichs von den königlichen Heeren unter Kardinal Richelieu mit Waffengewalt genommen und die Bevölkerung zum Katholizismus zurückgezwungen. Später wichtiger Handelshafen für den Verkehr mit Amerika. Heute ein beliebter Badeort.

1562n/1598n Hugenottenkriege
1585n–1642n Richelieu
1627n braun Erhebung

ROCKEFELLER, John Davison, nordamerikanischer Geschäftsmann.

1839n–1937n Lebenslinie
1870n grün 'Standard Oil'

RODIN, Auguste (1840n–1917n), französischer Bildhauer. Nach Abschluß seiner Ausbildung arbeitete er in den Werkstätten zweier französischer Bildhauer und ging 30jährig als Gehilfe zu dem Belgier Rasbourg. Dann schuf er in vier Jahrzehnten eigene Plastiken, die eine Wende in der Bildhauerkunst bedeuteten. Seine weiche Oberflächengestaltung, die allen klassischen Regeln widersprach und den Plastiken die feste Kontur nahm, ermöglichte es ihm, die Licht-Schatten-Wirkung in neuer Weise für die Sichtbarmachung seelischer Regungen nutzbar zu machen. Schuf Einzelfiguren ('Das eherne Zeitalter'), Porträts (Victor Hugo) und Gruppen ('Der Kuß'). Mit dem 'Opfergang der Bürger von Calais' gelang ihm die ergreifende Gestaltung eines geschichtlichen Vorganges. In den letzten zehn Jahren arbeitete er an der 'Pforte zur Hölle'. Seine plastischen Arbeiten bereitete er durch zahllose zeichnerische Bewegungsstudien und Skizzen vor. Schuf auch Radierungen und Illustrationen.

1884n blau 'Die Bürger von Calais'

RÖHM, Ernst (1887n–1934n), deutscher Politiker. Wurde 19jährig Offizier und stieg im ersten Weltkrieg zum Hauptmann und zum Generalstabsoffizier auf. Trat 1919n dem Freikorps Epp bei und wurde anschließend Reichswehroffizier. 1923n nahm er am Hitler-Putsch in München teil, trennte sich dann aber von Hitler und ging nach Südamerika, wo er bis 1930n Generalstabsoffizier der bolivianischen Armee war. 1931n einigte er sich mit Hitler und übernahm die Führung der militärischen Organisationen des deutschen Faschismus (SA und SS). Als Stabschef der SA trug er durch Terror und Mord wesentlich zur Einschüchterung der Arbeiterklasse und der übrigen antifaschistischen Kräfte bei und half damit bei der Vorbereitung der Machtübernahme durch Hitler im Jahre 1933n. Erhielt ein Ministeramt und baute die ersten Konzentrationslager für Arbeiterführer. Sein Plan zur Unterstellung der Reichswehr unter seine Partei-Organisation scheiterte. Hitler einigte sich statt dessen mit der Reichswehr und ließ ihn zusammen mit 77 anderen Parteiführern und Generälen erschießen ('Röhm-Putsch').

1923n braun Hitler-Putsch
1933n rot Hitler Reichskanzler
1934n rot Erschießung

RÖHREN

2645v grün Drainage in Sumer
340v–273v Appius Klaudius
310v grün Römische Wasserleitung
180v grün Leitung von Pergamon
1885n grün Nahtlose Röhren

RÖMER, Ole (1644n–1710n), dänischer Mathematiker und Astronom. Ging als Erzieher des französischen Thronfolgers für 10 Jahre nach Paris, wurde nach seiner Rückkehr Professor für Mathematik und Bürgermeister der Stadt Kopenhagen, deren Sternwarte er leitete. Erfand ein Gerät zur Erhöhung der Genauigkeit bei Sternbeobachtungen (Passagen-Instrument). Führte den Mittagskreis ('Meridian') ein, in dem alle Sterne ihre höchste oder niedrigste Stellung erreichen. Aus der scheinbaren Verspätung, mit der der Schatten des Jupiters auf seine Monde fällt, zog er den Schluß, daß auch das Licht wie der Schall eine bestimmte Zeit zu seiner Fortbewegung braucht. Unternahm eine erste Berechnung der Licht-Geschwindigkeit.

1676n grün Lichtgeschwindigkeit

RÖMERBRIEF, Bezeichnung für ein Schreiben des Apostels Paulus an eine Christengemeinde, vielleicht die von Rom oder Ephesos. Darin kündigte er sein Kommen an, erläuterte seine Erlösungslehre und gab praktische Anweisungen. Der Brief zeigt die starke Abhängigkeit des Christentums vom Judentum.

58n blau Abfassung

RÖMISCHES REICH: Allgemeines (Land, Volk, Staat)

950v rot Besiedlung des Palatin
590v blau Entwicklung Roms
509v grün Zeitrechnung nach Konsuln
500v braun Freiheitskampf Roms
500v rot Ende der Monarchie
500v rot Stadt Rom Republik
494v rot Plebejer Volkstribunen
492v rot Immunität der Tribunen
483v/474v Etruskischer Krieg
474v rot Machtverlust der Etrusker
473v rot Klassen nach Vermögen
471v rot Beamte der Plebejer
454v grün Kupfer-Währung
450v rot Zwölftafelrecht
445v rot Ehen Patrizier-Plebejer
435v rot Zensoren
421v rot Rechtsgewinn für Plebejer
419v braun Sklaven-Aufstand

401 v rot	Heeresverstärkung
398 v grün	Vertrag mit Karthago
396 v braun	Krieg gegen Etrusker
396 v rot	Vormacht in Mittelitalien
387 v braun	Kelten-Einfall
384 v rot	Mord an Manlius
380 v grün	Mauer um Rom
377 v blau	Griechen: Erwähnung Roms
372 v rot	Bund mit Latinern
366 v rot	Plebejer Konsul
351 v rot	Plebejer Zensor
348 v rot	Vertrag mit Karthago
347 v braun	Angriff der Kelten
342 v grün	Ausbau Ostias
340 v/338 v	Aufstand der Latiner
340 v–273 v	Appius Klaudius
338 v rot	Latiner-Rechte abgestuft
334 v rot	Anschluß Kapuas
334 v rot	Machtgewinn
329 v rot	Vertrag mit Kelten
326 v rot	Anschluß Neapels
326 v/304 v	Großer Samnitenkrieg
320 v grün	Bericht über Germanen
318 v–272 v	Pyrrhus
312 v rot	Söhne Freigelassener Beamte
311 v rot	'Flottenherren'
308 v rot	Friede mit Etruskern
306 v grün	Vertrag mit Rhodos
304 v rot	Machtausdehnung
300 v rot	Plebejer-Gleichstellung
300 v/299 v	Kelten-Einfall
298 v/290 v	Letzter Samnitenkrieg
295 v rot	Anschluß Umbriens
290 v rot	Bund mit Samniten
290 v rot	Sabiner Halbbürger
287 v rot	Volksbeschluß als Gesetz
284 v–212 v	Archimedes
283 v braun	Kelten-Einfall
282 v braun	Vorstoß nach Süditalien
282 v–229 v	Hamilkar
281 v/272 v	Tarentiner Krieg
278 v rot	Bund gegen Griechen
273 v grün	Vertrag mit Agypten
272 v rot	Gewinn Süditaliens
269 v grün	Silber-Währung
268 v braun	Kampf gegen Picener
268 v rot	Anschluß Picenums
266 v braun	Kampf gegen Sallentiner
266 v rot	Macht über halb Italien
265 v–201 v	Nävius
264 v braun	Sieg über Etrusker
264 v rot	Vordringen zum Arno
264 v rot	Großmachtstellung
264 v/241 v	Erster Punischer Krieg
260 v grün	Enterbrücken-Taktik
258 v braun	Erhebung gegen Rom
249 v rot	Jahrhundert-Festspiele
247 v–183 v	Hannibal
242 v–187 v	Antiochus III.
241 v braun	Etrusker-Aufstand
241 v rot	Teil-Macht über Sizilien
241 v rot	Macht im West-Mittelmeer
237 v rot	Gewinn Sardiniens, Korsikas
235 v–183 v	Scipio der Ältere
234 v–149 v	Kato der Ältere
232 v rot	Grenzsiedlungen
231 v rot	Warnung an Karthago
230 v braun	Kelten-Einfall
229 v braun	Sieg über Illyrer
229 v rot	Macht über Adria
228 v rot	Schutz für Griechen
227 v rot	Erste Provinzen
226 v rot	Vertrag über Spanien
226 v rot	Menschenopfer
222 v braun	Krieg gegen Kelten
222 v rot	Gewinn Norditaliens
222 v rot	Vordringen bis Alpen
219 v braun	Krieg gegen Illyrer
219 v rot	Gewinn Illyriens
218 v/201 v	Zweiter Punischer Krieg
216 v rot	Auflehnung in Italien
215 v rot	Feindkoalition
215 v rot	Feindkoalition erweitert
215 v/205 v	1. Mazedonischer Krieg
214 v–129 v	Karneades
212 v braun	Kampf gegen Syrakus
212 v rot	Bund gegen Mazedonien
212 v rot	Archimedes getötet
212 v–166 v	Perseus
206 v rot	Urteil gegen Nävius
205 v rot	Gebietsgewinn an Adria
204 v rot	Bündnis mit Numidern
201 v rot	Gewinn Spaniens
201 v rot	Erweiterung Numidiens
201 v rot	Flotte Karthagos zerstört
201 v–120 v	Polybios
200 v/197 v	2. Mazedonischer Krieg
199 v grün	Sklaven-Zeichnung
198 v rot	Bund gegen Mazedonien
198 v/196 v	Sklaven-Aufstände
197 v rot	Rückdrängung Mazedoniens
197 v rot	Vormacht im Süd-Balkan
197 v grün	Gold-Währung
196 v rot	Griechenland frei
195 v braun	Aufstand Spaniens
193 v rot	Forderung an Syrien
192 v rot	Druck auf Großgrundbesitz
192 v/190 v	Syrischer Krieg
190 v rot	Rückzug Syriens
189 v braun	Sieg über Griechen
189 v braun	Aufstand Spaniens
189 v rot	Kleinasien-Politik
189 v grün	Schutz für Rhodos
188 v braun	Kämpfe in Kleinasien
186 v rot	Bacchanalien-Verbot
185 v braun	Sklaven-Aufstand
185 v rot	Sklaven-Kreuzigungen
183 v rot	Arbeiter neben Sklaven
181 v rot	Rhetoren aus Griechenland
181 v/178 v	Aufstand Spaniens
180 v–139 v	Viriathus
178 v rot	Zugeständnis an Spanien
171 v rot	Sondergerichtshof
171 v/168 v	3. Mazedonischer Krieg
169 v rot	Rhodos: Friedensforderung
168 v rot	Teilung Mazedoniens
168 v grün	Mazedonier-Versklavung
167 v grün	Vollbürger steuerfrei
166 v rot	Rhodos' Macht gebrochen
166 v grün	Aufwertung von Delos
166 v–132 v	Eunus
163 v–129 v	Aristonikos
163 v–133 v	Tiberius Gracchus
161 v rot	Philosophen-Ausweisung
161 v rot	Bündnis mit Juden
158 v–104 v	Jugurtha
156 v–86 v	Marius
155 v rot	Philosophen aus Athen
154 v/133 v	Erhebung Spaniens
154 v–121 v	Gajus Gracchus
153 v grün	Jahresbeginn festgelegt
151 v rot	Reform der Konsul-Wahl
150 v rot	Bergwerks-Ausbau verboten
149 v/146 v	Dritter Punischer Krieg
148 v rot	Auflehnung Mazedoniens
148 v rot	Mazedonien Provinz
146 v rot	Karthago Provinz
146 v rot	Teil Griechenlands Provinz
146 v grün	Karthager-Versklavung
144 v–101 v	Athenion
143 v rot	Gegenbund in Spanien
140 v grün	Mehr Sklaven als Freie
139 v rot	Geheime Wahl
139 v rot	'Majestät des Volkes'
138 v blau	Gründung von Valencia
138 v–78 v	Sulla
136 v/129 v	Sklaven-Aufstand
135 v–50 v	Poseidonios
134 v blau	Polybios: Geschichte Roms
133 v rot	Reform des T. Gracchus
133 v rot	Mord an T. Gracchus
133 v grün	Besiedlung Spaniens
132 v rot	'Sonnenstaat' Pergamon
132 v–63 v	Mithridates
130 v–102 v	Tryphon
129 v rot	Provinz 'Asia'
128 v grün	Sklaven-Großumsatz (Delos)
125 v/121 v	Südgallischer Krieg
123 v rot	G. Gracchus' Getreidegesetz
123 v/122 v	Kampf um Balearen
122 v rot	Gewinn der Balearen
121 v braun	Aufstand des G. Gracchus
121 v rot	Teilung Südgalliens
118 v rot	Kolonie in Gallien
116 v–27 v	Varro
114 v–53 v	Krassus
113 v/101 v	Erster Germanenkrieg
112 v/105 v	Jugurthinischer Krieg
111 v rot	Ende der Gracchen-Reform
109 v rot	Absage an Germanen
109 v rot	Korruptions-Prozeß
109 v–71 v	Spartakus
108 v–62 v	Katilina
107 v rot	Berufsheer
106 v–43 v	Cicero
106 v–48 v	Pompejus
105 v rot	Ständige Schaukämpfe
104 v/100 v	Sklaven-Aufstand
103 v rot	Soldaten-Versorgung
103 v grün	Heeresreform des Marius
101 v–54 v	Ariovist
100 v rot	Wahlgesetz durchbrochen
100 v–44 v	Cäsar
96 v rot	Gewinn der Kyrenaika
91 v rot	Mord an Livius Drusus
91 v/88 v	Bundesgenossen-Krieg
89 v rot	Bürgerrecht für Italiker
89 v/82 v	Erster Bürgerkrieg
88 v rot	Römer-Morde (Kleinasien)
87 v/85 v	1. Mithridatischer Krieg
86 v grün	Kriegsgeld
85 v–42 v	Brutus
83 v/81 v	2. Mithridatischer Krieg
82 v rot	Diktatur Sullas
82 v–30 v	Antonius
81 v rot	Rede Ciceros gegen Sulla
81 v rot	Sertorius vertrieben
80 v/78 v	Sertorius-Krieg
80 v–46 v	Vercingetorix
79 v rot	Rücktritt Sullas
78 v rot	Unabhängigkeit Spaniens
74 v rot	Gewinn Bithyniens
74 v/64 v	3. Mithridatischer Krieg
74 v/71 v	Sklaven-Aufstand
72 v–4 v	Herodes der Große
71 v rot	Rückgewinn Spaniens
71 v rot	Sklaven-Kreuzigungen
69 v/67 v	Seeräuberkrieg
69 v–30 v	Kleopatra
67 v rot	Provinz Kyrenaika-Kreta
64 v rot	Provinz Bithynien-Pontos
64 v rot	Ehrung für Poseidonios
64 v/63 v	Vorderasienzug
63 v rot	Palästina, Syrien Provinz
63 v/62 v	Erhebung Katilinas
63 v rot	Cicero Gegner Katilinas
63 v–12 v	Agrippa
63 v–14 n	Augustus (Oktavian)
61 v grün	Krassus' Hilfe für Cäsar
60 v rot	Erstes Triumvirat
59 v rot	Konsulat Cäsars
59 v rot	Ackergesetze Cäsars
59 v rot	Cäsar Statthalter Galliens
58 v/51 v	Gallischer Krieg
58 v rot	Gewinn Zyperns
58 v rot	Vordringen in Gallien
55 v rot	Anklage gegen Cäsar
55 v/54 v	Britannische Expedition
53 v braun	Krieg gegen Parther
52 v rot	Gewinn von Paris
51 v rot	Gallien Provinz
50 v grün	Kornverteilung Cäsars
49 v rot	Bruch Cäsar-Pompejus
49 v blau	Reformforderung Sallusts
49 v/45 v	Zweiter Bürgerkrieg
48 v–9 n	Varus
47 v rot	Gefangenschaft Cäsars
47 v grün	Bibliotheksbrand, Ägypten
46 v rot	Diktatur Cäsars
46 v rot	Gewinn Numidiens
46 v grün	Verbesserte Währung
46 v grün	Kalenderreform
45 v rot	Alleinherrschaft Cäsars
45 v rot	Adoption Oktavians
44 v grün	Ehrung für Cäsar
44 v braun	Ermordung Cäsars
44 v rot	Antonius Alleinherrscher
43 v rot	Zweites Triumvirat
43 v rot	Schreckensherrschaft
43 v/30 v	Dritter Bürgerkrieg
42 v rot	Prätorianer-Garde
42 v–37 n	Tiberius
41 v rot	Aufwiegelung der Parther
41 v/35 v	Partherkrieg
40 v rot	Teilung des Reiches
38 v–9 v	Drusus
37 v rot	Heirat Antonius-Kleopatra
37 v rot	Gebiete an Ägypten
33 v rot	Bruch Antonius-Oktavian
30 v rot	Ägypten Provinz
30 v rot	Einigung des Reiches
29 v rot	Oktavian Alleinherrscher
29 v rot	Janus-Tempel geschlossen
29 v/28 v	Vorstoß zur Unter-Donau
28 v rot	Untere Donau Grenze
27 v rot	'Augustus'-Titel
27 v/25 v	Krieg gegen Spanien
27 v–40 n	Herodes Antipas
26 v grün	Handelsflotten-Ausbau
25 v/24 v	Krieg gegen Araber
24 v/23 v	Krieg gegen Äthiopien
24 v–37 n	Marbod
23 v rot	Regierung auf Lebenszeit
23 v grün	Reichsvermessung
21 v grün	Beamtenpost
20 v rot	Vertrag mit Parthern
19 v braun	Krieg gegen Spanien
19 v rot	Portugal Provinz
19 v rot	Besitz Südwest-Europas
19 v–38 n	Pontius Pilatus
17 v/16 v	Krieg gegen Germanen
16 v–21 n	Armin
15 v braun	Vordringen nach Norden
15 v rot	Donau Grenzfluß
15 v blau	Augsburg, Trier gegründet
15 v–19 n	Germanikus
13 v blau	Gründung von Mainz
12 v rot	Augustus Oberpriester
12 v/7 v	Zweiter Germanenkrieg
12 v/9 v	Pannonischer Krieg
11 v blau	Entstehung Wiesbadens
10 v rot	Vergottung des Augustus
10 v–54 n	Klaudius
9 v rot	Vorstoß zur Elbe
9 v rot	Gewinn Pannoniens
8 v grün	Ehrung für Augustus
6 v–30 n	Jesus Christus
5 v–64 n	Paulus
4 v–64 n	Petrus
4 v–65 n	Seneka
2 v rot	Augustus 'pater patriae'
2 v rot	Freilassung eingeengt
4 n rot	Sklavenstrafen verschärft
4 n/16 n	Dritter Germanenkrieg
6 n/9 n	Pannonische Erhebung
9 n rot	Geburtenförderung
9 n–79 n	Vespasian
10 n rot	Pannonien Provinz
15 n rot	Beamtenwahl neu geregelt
15 n blau	Augustus-Biographie
17 n rot	Kappadozien Provinz
17 n/24 n	Numidische Erhebung
19 n rot	Markomannen 'Schutzvolk'
21 n braun	Gallier-Aufstand
23 n rot	Kasernierung der Garde
23 n–79 n	Plinius der Ältere
25 n–70 n	Civilis
30 n rot	Hinrichtung Jesu
31 n grün	Außenhandels-Defizit
31 n–99 n	Musonius Rufus
37 n–68 n	Nero
37 n–100 n	Josephus
40 n/42 n	Nordafrika-Feldzug
41 n braun	Germanen-Angriff
42 n rot	Provinz Algerien-Marokko
43 n braun	Eroberung Lykiens
43 n rot	Mittelmeer-Beherrschung
43 n/50 n	1. Britannischer Krieg
43 n blau	Gründung von London
44 n rot	Herrschaft über Rhodos
45 n rot	Juden-Vertreibung aus Rom
46 n rot	Thrazien Provinz
47 n–122 n	Plutarch
50 n braun	Germanen-Angriff
50 n rot	Süd-Britannien Provinz
50 n blau	Entwicklung Kölns
51 n braun	Erhebung Britanniens
51 n grün	Rom Millionenstadt
51 n–96 n	Domitian
52 n rot	Sklaven-Schutzgesetz
53 n–123 n	Kanischka
53 n–117 n	Trajan
54 n rot	Mord an Klaudius
55 n–120 n	Tacitus
59 n rot	Mord an Agrippina
61 n braun	Erhebung Britanniens
61 n rot	Vergeltung an Sklaven
64 n rot	Brand in Rom
64 n rot	Christen-Verfolgung
64 n rot	Tod für Petrus, Paulus
65 n braun	Erhebung gegen Nero
66 n/70 n	Jüdischer Krieg
68 n/69 n	Kampf um Kaiserthron
68 n/70 n	Aufstand der Bataver
69 n grün	Enttrümmerungs-Zwang
70 n rot	Zerstörung Jerusalems
70 n grün	Sondersteuer für Juden
71 n/84 n	2. Britannischer Krieg
73 n rot	Philosophen-Ausweisung
74 n rot	Vorstoß zum Schwarzwald
75 n grün	Gehälter für Rhetoren
76 n rot	Gewinn von Wales
76 n–139 n	Hadrian
79 n blau	Werk über Jüdischen Krieg
79 n grün	Ausbruch des Vesuvs
83 n rot	Sklaven-Schutzgesetz
83 n rot	Vordringen zum Taunus
83 n grün	Bau des Limes
84 n rot	Vordringen in Britannien
85 n/88 n	Erster Dakerkrieg
86 n–161 n	Antoninus Pius
89 n braun	Aufstand des Saturninus
89 n braun	Sieg der Markomannen
89 n rot	Wissenschaft unterdrückt
89 n blau	Entwicklung Aachens
90 n rot	Heerlager-Vorschrift
92 n/93 n	Krieg gegen Markomannen
100 n–165 n	Justin der Märtyrer
101 n blau	Plutarchs Biographien
101 n/106 n	Zweiter Dakerkrieg
106 n rot	Dakien Provinz
106 n braun	Krieg in Arabien
106 n rot	Arabien Provinz
106 n grün	Umsiedlungs-Politik
107 n rot	Gesandtschaft aus Indien
112 n rot	Verbot des Christentums
112 n rot	Schutz vor Diffamierung
114 n/117 n	Partherkrieg
114 n rot	Armenien Provinz
115 n rot	Mesopotamien Provinz
116 n braun	Juden-Aufstand
116 n rot	Weltreich
117 n rot	Verlust von Provinzen
117 n rot	Tod des Ignatius
117 n grün	Direkte Steuern
121 n–180 n	Mark Aurel
122 n rot	Rückzug aus Schottland
122 n grün	Hadrianswall
125 n grün	Domänen-Verpachtung
125 n–180 n	Lukian
130 n rot	Sklaven-Schutzgesetz
130 n blau	Ausbau Athens
131 n rot	Richtlinien für Richter
132 n/135 n	Juden-Erhebung
133 n grün	Begräbnis-Vereine
134 n rot	Arbeiter-Schutzgesetz
135 n rot	Sperrung Jerusalems
136 n grün	Hebammen bessergestellt
142 n grün	Gemeindeärzte
144 n blau	'Preisrede auf Rom'
146 n rot	Sklaven-Schutzgesetz
146 n–211 n	Septimius Severus
153 n blau	Frieden Ziel der Politik
155 n–235 n	Kassius Dio
156 n rot	Tod des Polykarp
157 n grün	100 Millionen Einwohner
158 n blau	Appian: Geschichte Roms
161 n rot	Doppelkaisertum
161 n/166 n	Partherkrieg
164 n rot	Schutz des Frauengutes
165 n rot	Hinrichtung Justins
166 n grün	Gesandte nach China
166 n/180 n	Markomannen-Kriege
170 n rot	Sklaven-, Gefangenenschutz
170 n–229 n	Ulpian
172 n rot	Christentum zu Germanen
172 n grün	Währungsverfall
175 n braun	Aufstand eines Legaten
176 n rot	Verbot des Christentums
176 n grün	Strafmaß nach Vermögen
177 n rot	Christen-Verfolgung
179 n grün	Festung Regensburg
180 n rot	Grenzland-Bestimmung
181 n rot	Mithra-Kult am Kaiserhof
184 n rot	Tod des Apollonius
186 n–217 n	Karakalla
192 n grün	Zwang zur Ackernutzung
193 n braun	Thronkämpfe
193 n rot	Senatoren-Hinrichtung
193 n rot	Vorrang Italiens beendet
193 n grün	Falschmünzerei
194 n/199 n	Partherkrieg
195 n braun	Juden-Aufstand
195 n rot	Gewinn Nordmesopotamiens
196 n braun	Thronkämpfe
199 n rot	Mesopotamien Provinz
199 n–251 n	Decius
201 n rot	Druck auf Judentum
202 n rot	Druck auf Christentum
202 n grün	Grenzsiedlungen
203 n rot	Christen-Verfolgung
204 n rot	Ehrung für Hannibal
207 n braun	Aufstand des Felix Bulla
208 n/210 n	3. Britannischer Krieg
208 n–280 n	Paulus von Samosata
210 n grün	Ausbau des Hadrianswalles
212 n rot	Allgemeines Bürgerrecht
212 n grün	Steuerpflicht erweitert
213 n braun	Alemannen-Einfall
214 n–275 n	Aurelian
215 n braun	Aufstand Ägyptens
215 n rot	Blutbad in Ägypten
215 n–272 n	Schapur I.
216 n/217 n	Partherkrieg
217 n rot	Vertrag mit Parthern
230 n–273 n	Zenobia
231 n/232 n	Persischer Krieg
232 n–282 n	Probus
233 n/235 n	Germanenkrieg
238 n braun	Goten-Einfall
238 n rot	Ende der Adelsherrschaft
238 n grün	Gelder an Goten
243 n–316 n	Diokletian
248 n rot	Tausendjahrfeier Roms
249 n rot	Christen-Verfolgung
250 n rot	Feuertod für Papst
250 n/269 n	Erster Gotischer Krieg
252 n braun	Vorstöße der Franken
253 n/266 n	Persischer Krieg
258 n rot	Tod für Christenpriester
259 n rot	Kaiser Kriegsgefangener
259 n rot	Selbständigkeit Galliens
260 n rot	Christen-Ächtung beendet
260 n rot	Aufgabe des Limes
261 n rot	Arabischer Statthalter
261 n–335 n	Laktantius
263 n–339 n	Eusebius
264 n rot	Goten-Christianisierung
266 n rot	Reich von Palmyra
266 n rot	Anerkennung Palmyras
269 n braun	Kriegszug Palmyras
269 n rot	Verlust Ägyptens, Arabiens
270 n braun	Wandalen-Einfall
270 n braun	Kriegszug Palmyras
270 n rot	Einigung mit Zenobia
271 n braun	Germanen-Einfall
271 n rot	Rückzug im Donauraum
271 n grün	Mauer um Rom
272 n rot	Bündnis mit Aksum
272 n/273 n	Krieg gegen Palmyra
273 n rot	Rückgewinn Palmyras
273 n braun	Sieg über Gallien
273 n rot	Rückgewinn Galliens
273 n grün	Insignien Aurelians
274 n rot	Baal-Kult Staatsreligion
274 n grün	Verbesserte Währung
276 n/278 n	Krieg gegen Germanen
276 n–355 n	Donatus
278 n rot	Germanen-Ansiedlung
280 n–337 n	Konstantin
282 n braun	Soldaten-Aufruhr
284 n/286 n	Bagauden-Aufstand
285 n rot	Gallischer Mitkaiser
285 n–347 n	Fasir
286 n rot	Regierungssitz verlegt
286 n/288 n	Krieg gegen Germanen
287 n rot	Britannien selbständig
291 n–347 n	Axid
292 n braun	Krieg gegen Alemannen
293 n rot	Vierteilung des Reiches
294 n braun	Krieg gegen Franken
294 n rot	Verbot des Kinderhandels
295 n rot	Zwang gegen Franken
296 n rot	Rückgewinn Britanniens
296 n/298 n	Krieg gegen Persien
297 n rot	Militär-, Zivilverwaltung
297 n grün	Kopfsteuer
298 n rot	Ausdehnung in Vorderasien
301 n grün	Höchstpreise
303 n rot	Edikt gegen Christentum
304 n rot	Tod der Lucia
304 n blau	Gründung von Konstanz
305 n rot	Rücktritt der Kaiser
305 n–370 n	Ermanrich
308 n braun	Krieg gegen Germanen
309 n–394 n	Ausonius
310 n braun	Krieg gegen Franken
310 n rot	Name 'Francia' (Gallien)
310 n–379 n	Schapur II.
311 n rot	Edikt von Mailand
312 n braun	Thronkämpfe
312 n grün	Großgrundbesitz-Steuer
313 n rot	Religionsfreiheit
313 n rot	Rückgabe von Christengut
313 n grün	Priester-Besoldung
314 n rot	Konzil für Waffendienst
314 n grün	Handels-, Gewerbesteuer
315 n rot	Kreuzigung abgeschafft
315 n rot	Kinder-Beihilfe
316 n rot	Sklaven-Schutzgesetz
319 n rot	Sklaven-Schutzgesetz
320 n blau	Staatskirche abgelehnt
321 n rot	Sonntag Staatsfeiertag
321 n rot	Rechtsgewinn der Kirche
321 n grün	Erbrecht der Kirche
321 n–375 n	Valentinian I.
324 n rot	Christentum Staatsreligion
326 n rot	Fürsprache für Christen
326 n blau	Gründung Konstantinopels
328 n rot	Donatisten-Bewegung
328 n blau	Anklage gegen Kirche
329 n blau	Konstantins-Biographie
329 n–389 n	Gregor von Nazianz
330 n rot	Konstantinopel Hauptstadt
330 n grün	Krone Konstantins
331 n–363 n	Julian
332 n braun	Krieg gegen Goten
332 n rot	Bündnis mit Goten
333 n rot	Immunität der Gelehrten
333 n grün	Hofzeremoniell

334n braun Wandalen-Einfall
334n rot Weiter Gladiatorenspiele
337n rot Vierteilung des Reiches
338n rot 'Heiden'-Verfolgung
339n rot Mischehen-Verbot
340n grün Geld für Donatisten
340n/350n Persischer Krieg
340n–397n Ambrosius
342n braun Kämpfe mit Franken
344n/347n Zirkumzellionen-Aufstand
346n–395n Theodosius
348n–408n Prudentius
353n rot Einigung des Reiches
354n rot Weihnachtsfest
355n rot Streit um Gottnatur Jesu
355n/358n Germanenkrieg
356n rot 'Heiden'-Kult verboten
358n rot Zugeständnis an Franken
358n rot Rhein wieder Grenze
359n/363n Persischer Krieg
359n–383n Gratian
361n rot Julian Christengegner
362n rot Schulgesetz
363n rot Verlust Mesopotamiens
363n rot Hilfe für Persien
365n–408n Stilicho
368n braun Krieg gegen Alemannen
370n rot Selbstentstellungs-Verbot
370n/455n Hunnenkriege
374n rot Kindesaussetzung verboten
374n blau Entstehung Basels
374n–410n Alarich
375n rot Eheschranke
376n rot Westgoten-Ansiedlung
377n rot Kirchengegner als 'Ketzer'
377n–408n Arkadius
378n braun Kampf gegen Westgoten
378n braun Kampf gegen Alemannen
379n rot 'Heiden'-Titel abgelegt
380n rot Kaiser für Dreifaltigkeit
381n rot Dreifaltigkeitsdogma
382n rot Durchsetzung des Dogmas
385n rot 'Ketzer'-Hinrichtung
386n rot Vorrang der Kirche
386n–418n Wallia
389n rot Nur christliche Feiertage
390n rot Kirchenbuße des Kaisers
390n–477n Geiserich
394n rot Intoleranz
394n rot Verbot Olympischer Spiele
395n rot Teilung des Reiches
395n/403n Dritter Gotischer Krieg
397n rot Hosen-Verbot
397n–454n Aëtius
398n rot Siedlungspolitik
398n–474n Zosimos
399n–461n Leo der Große
402n rot Ravenna Regierungssitz
403n rot Westgoten-Ansiedlung
403n grün Neue Mauer um Rom
404n rot Gladiatorenkampf-Verbot
405n/406n Germanen-Einfall
407n braun Abzug aus Britannien
408n/412n Vierter Gotischer Krieg
409n rot Verlust Spaniens
410n–453n Attila
412n rot Westgoten in Gallien
412n–444n Tibatto
414n rot Verbindung mit Germanen
416n rot Privileg für Christen
418n rot Gebiete an Westgoten
423n rot Save-Gebiet an Hunnen
423n rot Hunnen im Heer
425n braun Wandalen-Vorstoß
425n rot Verlust der Balearen
426n rot Rechtsreform
429n/432n Wandalenkrieg
431n/432n Kampf gegen Franken
432n rot Wandalenreich
433n rot Verlust Pannoniens
433n–493n Odoaker
435n/437n Bagauden-Aufstand
435n/436n Krieg gegen Burgund
436n rot Untergang Burgunds
439n braun Wandalen-Vorstoß
439n rot Karthago an Wandalen
439n braun Wandalen-Vorstoß
439n rot Verlust: Sardinien, Korsika
440n/442n Wandalenkrieg
440n–484n Eurich
442n rot Anerkennung der Wandalen
443n rot Burgunder-Umsiedlung
444n rot Manichäer-Verfolgung
444n rot Bücher-Verbrennung
444n/446n Vordringen der Franken
445n grün Bodenreform bei Wandalen
446n rot Gebietsgewinn der Franken
449n rot Verlobung Honoria-Attila
449n rot Feindkoalition
452n blau Gründung Venedigs
454n rot Aëtius getötet
455n braun Wandalen-Einfall
455n rot Sizilien an Wandalen
455n–526n Theoderich der Große
457n rot Gebiete an Alemannen
459n–498n Romulus Augustulus
466n–511n Chlodwig
468n blau Zosimos: Geschichte Roms
476n braun Germanen-Aufstand
476n rot Ende Westroms
486n braun Niederlage in Gallien
497n–555n Jordanis
504n–570n Gildas der Weise
531n blau Werk Kassiodors
723n–799n Paulus Diakonus
939n–990n Roswitha

980n–1002n Otto III.
998n rot Nachfolgeanspruch Ottos
1763n blau Winckelmanns Werk
1776n blau Gibbon: Geschichte Roms
1811n blau Niebuhr: Geschichte Roms
1855n blau Mommsen: Geschichte Roms
1896n blau Sienkiewicz' Werk

RÖMISCHES REICH: Baukunst

509v blau Jupiter-Tempel in Rom
430v blau Apollo-Tempel in Rom
371v blau Diana-Tempel in Rom
184v blau Basilika in Rom
143v grün Gewölbebau
74v blau Theater in Pompeji
69v blau Neuer Jupiter-Tempel, Rom
63v–14n Augustus
60v blau Theater in Rom
46v blau Bauten zu Ehren Cäsars
31v grün Zement-Bauten
27v blau Pantheon in Rom
14v blau Lateran-Palast in Rom
14v grün Lehrbuch Vitruvs
9v blau Friedensaltar in Rom
2v blau Augustus-Forum
9n–79n Vespasian
53n–117n Trajan
65n grün Kreuzgewölbe
67n–129n Apollodoros von Damaskus
76n–139n Hadrian
80n blau Kolosseum in Rom
106n blau Odeon in Rom
112n blau Trajans-Forum
118n blau Theater in Trier
120n blau Neubau des Pantheon
135n blau Jupiter-Tempel Jerusalem
139n blau Engelsburg
146n–211n Septimius Severus
186n–217n Karakalla
215n blau Jupiter-Tempel Baalbek
216n grün Karakalla-Thermen
306n grün Diokletians-Thermen
315n grün Thermen in Trier
330n blau Geburtskirche Jesu
335n blau Grabeskirche Jesu
404n blau Dom von Ravenna
445n blau Mausoleum in Ravenna
449n grün Marmorsäulen in Ravenna
453n blau Taufhaus in Ravenna

RÖMISCHES REICH: Bildhauerei

43v blau 'Germanikus'
9v blau Friedensaltar
66n blau Germanen-Figuren
113n blau Trajanssäule
178n blau Standbild Mark Aurels
432n blau Kruzifix in Rom

RÖMISCHES REICH: Dichtung und andere Literatur

340v–273v Appius Klaudius
285v–204v Andronikos
265v–201v Nävius
254v–184v Plautus
249v blau Preislied auf Rom
244v blau Odyssee-Übersetzung
240v blau Drama des Andronikos
239v–169v Ennius
234v blau Dramen des Nävius
234v–149v Kato der Ältere
206v rot Kerker für Nävius
201v blau Nävius: 'Punischer Krieg'
195v–159v Terenz
186v blau Plautus: 'Goldener Topf'
183v blau Schriften Katos
175v blau Ennius: 'Annales'
170v–102v Lucilius
166v blau 'Mädchen von Andros'
160v blau Terenz: 'Brüder'
158v grün Kato: Landwirtschaft
145v grün Mago-Übersetzung
131v blau Satiren des Lucilius
116v–27v Varro
106v–43v Cicero
97v–55v Lukrez
94v–34v Publilius
87v–54v Katull
78v blau Memoiren Sullas
70v blau Schule der Dichtkunst
70v–19v Vergil
66v grün Verlag des Attikus
65v–8v Horaz
63v blau Gedichte auf Lesbia
59v grün Zeitung in Rom
58v blau Varros Biographien
55v blau Lukrez: 'Natur der Dinge'
55v blau Cicero: 'Vom Redner'
53v–19v Tibull
52v blau Varro: 'Antiquitates'
49v–15v Properz
47v blau Vergil: 'Die Mücke'
43v–17n Ovid
36v blau Biographien des Nepos
29v grün Vergil: Landwirtschaft
28v blau Elegien des Properz
26v blau Gedichte auf Delia
20v blau Horaz: 'Dichtkunst'
19v blau Vergil: 'Äneis'
17v blau Friedenslied des Horaz
16v–45n Phädrus
14v grün Werk des Vitruv
4v–65n Seneka
3v–64n Aulus Celsus
1v blau 'Kunst der Liebe'
2n blau 'Heilmittel gegen Liebe'
6n blau Augustus: Autobiographie
9n blau Ovid: 'Metamorphosen'
37n–68n Nero
38n blau Phädrus' Fabeln
38n–105n Martial
53n blau Dramen Senekas
58n grün Onasandros: Militärwerk
59n blau Petronius: 'Satiricon'
61n grün Columella: Landwirtschaft
62n blau Lukan: Bürgerkriegs-Epos
63n grün Enzyklopädie
67n–140n Juvenal
73n blau Spottgedicht Martials
91n blau Statius: 'Wälder'
109n blau Briefe Plinius' des Jüngeren
111n blau Satiren Juvenals
124n–170n Apulejus
131n blau Phlegon: 'Seltsame Dinge'
159n blau 'Der goldene Esel'
168n grün Fronto über Ferien
173n blau 'Attische Nächte'
193n blau 'Dicta Catonis'
309n–394n Ausonius
348n–408n Prudentius
368n blau Gedicht auf Bissula
371n blau Ausonius: 'Mosella'
402n blau Lieder des Prudentius
407n blau 'Psychomachia'
418n blau Gedicht auf Seereise
737n–804n Alkuin
801n rot Alkuin: Vergil-Verbot
1215n blau Ovid-Übersetzung
1302n blau Planudes' Übersetzungen
1454n blau Peurbachs Vorlesungen
1507n blau Cäsar-Übersetzung

RÖMISCHES REICH: Geschichtsschreibung

234v–149v Kato der Ältere
198v blau Werk des Fabius Pictor
149v blau Werk Katos
135v–50v Poseidonios
116v–27v Varro
86v–35v Sallust
78v blau Memoiren Sullas
65v blau Geschichte der Juden
59v–17n Livius
58v blau Varro: Biographien
52v blau Varro: 'Antiquitates'
51v blau Cäsar: 'Gallischer Krieg'
48v blau Cäsars Bürgerkriegs-Werk
45v blau Attikus: Kulturgeschichte
36v blau Biographien des Nepos
23v blau 'Historische Bibliothek'
6n blau Augustus: Autobiographie
17n blau Livius: Geschichte Roms
19n blau Trogus: Weltgeschichte
23n–79n Plinius der Ältere
30n blau Vellejus Paterkulus' Werk
52n blau Plinius: Germanenkriege
55n–120n Tacitus
98n blau Tacitus: 'Germania'
108n blau Tacitus: 'Historien'
117n blau Tacitus: 'Annalen'
121n blau Suetons Biographien
155n–235n Kassius Dio
172n–245n Afrikanus
185n–250n Diogenes Laërtios
221n blau Afrikanus: Weltgeschichte
234n blau Werk des Kassius Dio
360n blau Werk Viktor Aurels
367n blau Eutrop: Geschichte Roms
396n blau Ammian: Geschichte Roms
419n blau Orosius: Weltgeschichte

RÖMISCHES REICH: Malerei und Mosaik

71v blau 'Aldobrandinische Hochzeit'
58v blau Buch-Illustrationen
11n blau 'Alexanderschlacht'
126n blau Madonnenbild
220n blau Christusbild
445n blau Mosaik in Ravenna

RÖMISCHES REICH: Philosophie

214v–129v Karneades
180v–110v Panaitios
162v blau Wahrscheinlichkeitslehre
161v rot Philosophen-Ausweisung
155v rot Gesandtschaft aus Athen
148v blau Panaitios Lehrer in Rom
135v–50v Poseidonios
129v–40v Asklepiades
97v–55v Lukrez
77v blau Romanisierung
64v rot Ehrung für Poseidonios
56v blau Lukrez: 'Natur der Dinge'
4v–65n Seneka
3v–64n Aulus Celsus
23n–79n Plinius der Ältere
31n–99n Musonius Rufus
42n blau Seneka: Nächstenliebe
51n–96n Domitian
52n–133n Epiktet
61n blau Eintreten für Sklaven
64n blau Gleichheitsforderung
71n blau Grund römischen Verfalls
72n blau Ruf nach Frauenbildung
73n rot Philosophen-Ausweisung
86n–161n Antoninus Pius
89n rot Philosophen-Verfolgung
98n–160n Valentin
100n–165n Justin der Märtyrer
115n–182n Apell
121n–180n Mark Aurel
124n–170n Apulejus
128n blau Hierokles: Moralbuch
129n–199n Galen
131n–182n Celsus
134n blau Lehrfach in Rom
145n blau Apologie des Justin
154n blau Gesetz des Herzens
165n rot Hinrichtung Justins
167n blau Altes Testament als Fabel
173n blau Aulus Gellius' Werk
174n blau Lehrstuhl in Athen
176n blau Werk Mark Aurels
179n blau Schrift gegen Christentum
185n–250n Diogenes Laërtios
204n–270n Plotin
226n blau Geschichte der Philosophie
244n blau Schule Plotins
249n blau 'Gegen Celsus'
264n blau Philosophenstadt-Plan
321n blau Plato-Übersetzung
331n–363n Julian
394n blau Makrobius: 'Saturnalien'

RÖMISCHES REICH: Recht

492v rot Immunität
478v–410v Protagoras
450v rot Zwölftafelrecht
304v blau Prozeßrecht veröffentlicht
287v rot Volks-Legislative
184v blau Gerichtshalle in Rom
171v rot Sondergerichtshof
139v rot 'Majestät des Volkes'
96v blau Scävola: Zivilrecht
55v rot Klage: Völkerrechtsbruch
48v–9n Varus
19v–38n Pontius Pilatus
16v blau Werk des Kapito
15v blau Schule des Labeo
3v–64n Aulus Celsus
4n rot Brandmarkung und Folter
55n blau Sabinus: Zivilrecht
63n blau Schule des Prokulus
76n–139n Hadrian
104n–168n Julianus Salvius
112n rot Anonyme Anzeigen zwecklos
129n blau Werke des Julianus
131n rot Richtlinien für Richter
134n blau Lehrfach in Rom
136n blau Julianus: Digesten
143n–212n Papinian
146n–211n Septimius Severus
161n blau Gajus: 'Institutionen'
170n–229n Ulpian
176n grün Strafmaß nach Vermögen
207n blau Papinian: Rechtsbücher
213n blau Ulpian: Gewohnheitsrecht
217n blau Ulpian: Zivilrecht
223n blau Julius Paulus: Sentenzen
295n blau 'Codex Gregorianus'
296n blau 'Codex Hermogenianus'
315n rot Kreuzigung abgeschafft
316n rot Reform unter Konstantin
321n rot Rechtsaewinn der Kirche
321n grün Erbrecht der Kirche
331n–363n Julian
426n rot Zitiergesetz
438n blau 'Codex Theodosianus'
1101n blau Lehrfach in Bologna
1495n rot Vorbild in Deutschland
1815n blau Savignys Geschichtswerk

RÖMISCHES REICH: Religion

511v blau Orakelsprüche
509v blau Jupiter-Tempel in Rom
430v blau Apollo-Tempel in Rom
371v blau Diana-Tempel in Rom
293v grün Äskulap-Verehrung
249v rot Tieropfer
226v rot Menschenopfer
217v rot Saturnfeiern
204v rot Kybele-Kult
186v rot Bacchanalien-Verbot
180v–110v Panaitios
135v–50v Poseidonios
80v rot Isis-Kult
70v–19v Vergil
69v blau Neuer Jupiter-Tempel, Rom
63v–14n Augustus (Oktavian)
40v blau Messias-Prophezeiung
29v rot Janus-Tempel geschlossen
19v–38n Pontius Pilatus
12v rot Augustus Oberpriester
10v rot Vergottung des Augustus
9v blau Friedensaltar
6v–30n Jesus Christus
5v–64n Paulus
4v–64n Petrus
22n–74n Lukas
30n rot Hinrichtung Jesu
49n rot Christentum in Rom
51n–96n Domitian
53n–117n Trajan
58n blau Paulus: Römerbrief
64n rot Christen-Verfolgung
64n rot Tod für Petrus, Paulus
86n–161n Antoninus Pius
88n–165n Marcion
96n blau 'Klemensbrief'
98n–160n Valentin
100n–165n Justin der Märtyrer
112n rot Verbot des Christentums
114n blau Briefe des Ignatius
115n–182n Apell
117n rot Tod des Ignatius
124n blau Apologie des Quadratus
125n–178n Montanus
125n–190n Tatian
132n/135n Widerstand der Juden
135n blau Jupiter-Tempel Jerusalem
142n blau Altes Testament abgelehnt
144n rot Marcioniten-Bewegung
144n blau Hermas: 'Pastor'
145n blau Apologie Justins
154n blau Valentin: Religiosität
156n rot Tod des Polykarp
163n blau 'Brief an Flora'
165n rot Hinrichtung Justins
167n blau Altes Testament als Fabel
169n–222n Kalixt I.
170n–229n Ulpian
172n rot Christentum zu Germanen
172n–245n Afrikanus
176n rot Verbot des Christentums
176n grün Strafmaß nach Vermögen
177n rot Christen-Verfolgung
179n blau Spottschrift des Celsus
181n rot Mithra-Kult
184n rot Tod des Apollonius
191n blau Bischofsliste
192n rot Osterdatum anerkannt
199n–251n Decius
200n blau Bekehrungsschrift
201n rot Druck auf Judentum
202n rot Druck auf Christentum
203n rot Christen-Verfolgung
204n–270n Plotin
214n–275n Aurelian
215n blau Jupiter-Tempel Baalbek
217n rot Kalixt Bischof Roms
218n rot Vorrang Roms gefordert
220n blau Spottbild auf Jesus
221n rot Ehebruch als Sünde
243n–316n Diokletian
245n blau Novatian: Dreifaltigkeit
249n rot Christen-Verfolgung
250n rot Feuertod für Papst
258n rot Tod für Christenpriester
260n rot Christen-Ächtung beendet
261n–335n Laktantius
263n–349n Eusebius
264n rot Goten-Christianisierung
274n rot Baal-Kult Staatsreligion
276n–355n Donatus
280n–337n Konstantin
285n–347n Fasir
291n–347n Axid
303n rot Edikt gegen Christentum
304n rot Tod der Lucia
310n blau Christliche Rhetorik
311n rot Christentum geduldet
311n–383n Wulfila
312n braun Krieg im Zeichen Jesu
312n rot Lateran-Palast Papstsitz
313n rot Religionsfreiheit
313n rot Rückgabe von Christengut
313n grün Priester-Besoldung
314n rot Abkehr vom Pazifismus
314n blau Wissenschaftsfeindlichkeit
320n blau Staatskirche abgelehnt
321n rot Sonntag Staatsfeiertag
321n rot Rechtsgewinn der Kirche
321n grün Erbrecht der Kirche
321n–375n Valentinian I.
324n rot Christentum Staatsreligion
325n rot Konzil zu Nikäa
325n grün Neues Osterdatum
325n grün Kirche gegen Zinsen
326n rot Fürsprache für Christen
328n rot Donatisten-Bewegung
328n blau Anklage gegen Kirche
329n blau Konstantins-Biographie
329n–389n Gregor von Nazianz
331n–363n Julian
333n blau Christliche Schule
338n rot 'Heiden'-Verfolgung
339n rot Mischehen-Verbot
340n grün Geld für Donatisten
340n–397n Ambrosius
341n rot Konzil zu Antiochia
342n blau Kommunistische Forderung
343n rot Autorität des Papstes
344n/347n Zirkumzellionen-Aufstand
345n–420n Hieronymus
346n–395n Theodosius
348n–408n Prudentius
351n blau Mönchtum
354n rot Weihnachtsfest
355n rot Streit um Gottnatur Jesu
356n rot 'Heiden'-Kult verboten
359n–383n Gratian
361n rot Julian Christengegner
377n rot Kirchengegner als 'Ketzer'
379n rot Demonstration des Kaisers
380n rot Kaiser für Dreifaltigkeit
380n blau Gesang der Gemeinde
381n rot Dreifaltigkeitsdogma
382n rot Durchsetzung des Dogmas
384n blau Schrift für alten Glauben
385n rot 'Ketzer'-Hinrichtung
386n rot Hoheit über den Staat
389n rot Nur christliche Feiertage
390n rot Kirchenbuße des Kaisers
391n rot Bibliotheks-Verbrennung
394n rot Intoleranz
394n rot Verbot Olympischer Spiele
398n–474n Zosimos
399n rot Verdammung des Origenes
399n–461n Leo der Große
402n blau Lieder des Prudentius
405n blau Lateinische Bibel
412n grün Verbot des Warmbadens
414n blau Streitschriften
415n blau Kritik am Mönchstum
416n rot Privileg für Christen

417n rot Papst gegen Erbsünde
418n rot Papst für Erbsünde
431n rot Maria Mutter Gottes
440n rot Bezeichnung 'Papst'
444n rot Manichäer-Verfolgung
444n rot Bücher-Verbrennung
445n rot Richteramt des Papstes
447n rot Papst: Tod für Gegner
451n rot Gleichstellung Rom-Byzanz

RÖMISCHES REICH: Sitten und Gebräuche

511v blau Orakelsprüche
435v rot Zensur
428v grün Schwimmgurte
362v grün Schere
264v grün Gladiatorenkämpfe
249v rot Jahrhundert-Festspiele
217v rot Saturnfeiern
196v grün Kurzer Haarschnitt
188v grün Kerzen
186v rot Bacchanalien-Verbot
186v grün Toiletten
174v grün Wohnhaus mit Säulenhalle
105v rot Ständige Schaukämpfe
84v grün Messer Eßgerät
73v grün Anbau des Kirschbaumes
68v grün Bälle
63v grün Garten des Lukull
59v grün Zeitung
44v grün Monatsname 'Juli'
41v grün Halsband-Glöckchen
25v grün Reise-Sonnenuhren
8v grün Monatsname 'August'
1n grün Fensterscheiben
10n grün Sprech-Rohrleitungen
27n grün Aprikosen-Anbau
60n grün Schränke und Truhen
85n grün Geheftete Bücher
108n grün Sprechstunden der Ärzte
133n grün Begräbnis-Vereine
160n grün Seife
178n grün Gladiatoren-Höchstpreis
216n grün Karakalla-Thermen
306n grün Diokletians-Thermen
315n grün Thermen in Trier
333n grün Hofzeremoniell
334n rot Weiter Gladiatorenkämpfe
346n–395n Theodosius
393n grün Letzte Olympiade
394n rot Verbot Olympischer Spiele
397n rot Hosen-Verbot
404n rot Gladiatorenkampf-Verbot
412n grün Warmbade-Verbot

RÖMISCHES REICH: Sprache und Schrift

577v blau Lateinisch entsteht
538v blau Regeln des Theagenes
234v–149v Kato der Ältere
200v grün Lateinisch vervollkommnet
106v–43v Cicero
57v grün Tiro: Stenographie
48n grün Seneka: Stenographie
353n blau Grammatik des Donatus
369n grün Bestandteil des Gotischen

RÖMISCHES REICH: Technik

610v grün Kloaka Maxima
380v grün Mauer um Rom
362v grün Schere
342v grün Ausbau Ostias
340v–273v Appius Klaudius
312v grün Straßenpflaster
310v grün Wasserleitung für Rom
263v grün Kriegsschiffe
210v grün Prothese
195v grün Gerändelte Münzen
143v grün Gewölbebau
135v–50v Poseidonios
98v grün Warmluftheizung
63v–12v Agrippa
55v grün Hölzerne Rheinbrücke
31v grün Zementbauten
25v grün Reise-Sonnenuhren
14v grün Lehrbuch Vitruvs
12v grün Kanalbau in Holland
10v–54n Klaudius
1n grün Fensterscheiben
10n grün Sprech-Rohrleitungen
18n grün Drahtseile
21n grün Schreib- und Reißfedern
23n–79n Plinius der Ältere
30n grün Karrenpflug
52n grün Entwässerungstunnel
65n grün Kreuzgewölbe
67n grün Flugversuch
67n–129n Apollodoros von Damaskus
71n grün Drehschlösser
77n grün Destillation
83n grün Bau des Limes
97n grün Werk über Wasserleitungen
99n grün Spiegel mit Zinnfolie
104n grün Steinerne Donaubrücke
122n grün Hadrianswall
179n grün Festung Regensburg
210n grün Ausbau des Hadrianswalles
216n grün Thermen des Karakalla
271n grün Mauer um Rom
291n grün Hufeisen und -nägel
306n grün Thermen des Diokletian
309n grün Steinerne Rheinbrücke
315n grün Thermen in Trier
363n grün Ruwer-Sägewerk
403n grün Neue Mauer um Rom
406n grün Farbige Fenster

RÖMISCHES REICH: Theater

254v–184v Plautus
195v–159v Terenz
94v–34v Publilius
81v grün Fortfall der Maske
77v grün Schauspielerinnen
74v blau Theater in Pompeji
60v blau Theater in Rom
20v grün Ausstattungsstücke
67n–129n Apollodoros von Damaskus
80n blau Kolosseum
118n blau Theater in Trier

RÖMISCHES REICH: Wirtschaft und Verkehr

454v grün Kupfer-Währung
443v grün Einheitsmaß
398v grün Vertrag mit Karthago
340v–273v Appius Klaudius
312v grün 'Via Appia'
306v grün Vertrag mit Rhodos
273v grün Vertrag mit Ägypten
269v grün Silber-Währung
234v–149v Kato der Ältere
197v grün Gold-Währung
189v grün Rhodos Handelszentrum
166v rot Abwertung von Rhodos
166v grün Aufwertung von Delos
162v grün Plantagensystem
158v grün Kato: Landwirtschaft
145v grün Mago-Übersetzung
140v grün Mehr Sklaven als Freie
128v grün Sklaven-Großumsatz
120v grün Straße Italien-Spanien
114v grün Handel mit China
114v–53v Krassus
86v–35v Sallust
70v–19v Vergil
66v grün Verlag in Rom
63v–12v Agrippa
63v–14n Augustus (Oktavian)
55v grün Rheinbrücke
54v grün Fallender Goldpreis
46v grün Verbesserte Währung
29v grün Vergil: Landwirtschaft
26v grün Handelsflotten-Ausbau
21v grün Postverkehr
19v grün Straßenbau
15v grün Straßenkarte
12v grün Kanalbau in Holland
10v–54n Klaudius
9v grün Steigender Sklavenpreis
3v–64n Aulus Celsus
31n grün Außenhandels-Defizit
33n grün Hypothekenbank
42n grün Versorgungshafen Ostia
46n grün 'Donaustraße'
53n–117n Trajan
61n grün Columella: Landwirtschaft
67n–129n Apollodoros von Damaskus
80n grün Straßenbau in England
104n grün Donaubrücke
110n grün Straßennetz
125n grün Domänen-Verpachtung
172n grün Währungsverfall
192n grün Zwang zur Ackernutzung
214n–275n Aurelian
232n–282n Probus
243n–316n Diokletian
258n grün Sinkender Münzwert
274n grün Währungs-Aufbesserung
281n grün Weinbau an Rhein, Donau
301n grün Höchstpreise
309n grün Rheinbrücke
314n grün Handels-, Gewerbesteuer

RÖMISCHES REICH: Wissenschaft

219v grün Facharzt in Rom
135v–50v Poseidonios
129v–40v Asklepiades
116v–27v Varro
82v grün Luftwechsel und Bewegung
74v grün Werk über Fesselgeschwulst
70v grün Naturheilung
60v grün Solidar-Pathologie
46v grün Julianischer Kalender
39v blau Öffentliche Bibliothek
37v grün Varro: Bakteriologie
33v blau Varro: Enzyklopädie
3v–64n Aulus Celsus
20n–79n Dioskurides
23n–79n Plinius der Ältere
37n grün Handbuch der Medizin
44n grün Erdbeschreibung
51n–96n Domitian
54n grün Operationsbestecke
63n grün Aulus Celsus: Lexikon
66n grün Dioskurides: Arzneikunde
68n blau Rednerschule Quintilians
75n grün Gehälter für Rhetoren
78n grün Plinius: Naturkunde
81n–144n Archigenes
82n–135n Soranos
89n rot Wissenschaftsfeindlichkeit
94n blau Quintilian: Rhetorik
102n blau Tacitus: Rhetorik
108n grün Sprechstunden der Ärzte
111n grün Soranos: Schlaganfall
114n grün Archigenes: Zahnmedizin
120n grün Soranos: Gynäkologie
121n grün Phlegon: Langlebigkeit
124n–170n Apulejus
129n–199n Galen
131n grün Soranos: Babypflege
134n blau Hochschule in Rom
147n blau Rednerschule Frontos
171n grün Galen: Physiologie
173n grün Galen: Pulsbeobachtung
174n blau Lehrstühle in Athen
177n grün Galen: Anatomie
180n grün Galen: Hygiene
194n grün Galen: Pathologie
197n grün Galen: Pharmakologie
314n blau Laktantius: Gegnerschaft
333n rot Immunität Gelehrter
333n blau Christliche Hochschule
366n grün Pelagonius: Tiermedizin
419n grün Vegetius: Krankheitskunde
425n blau Lehrer-Besoldung

RÖNTGEN, Wilhelm Conrad (1845n–1923n), deutscher Physiker. Studierte in Zürich und wirkte dann als Professor der Physik an mehreren deutschen Universitäten. Erforschte die spezifische Wärme von Gasen, die elektrische Leitung der Kristalle sowie die Aufsaugung von Wärme durch Gase und Dämpfe. Bewies die magnetische Wirkung elektrisch geladener Körper. Entdeckte die nach ihm benannten kurzwelligen elektromagnetischen Strahlen (X-Strahlen), die besonders der Medizin (Diagnose und Therapie) zugute kamen. Für diese Entdeckung erhielt er als erster Physiker den Nobelpreis.

1895n grün X-Strahlen

RÖNTGENSTRAHLEN, Bezeichnung für die von dem Physiker Röntgen entdeckten elektromagnetischen Strahlen, die den Lichtstrahlen verwandt sind, aber wegen ihrer Kurzwelligkeit fast alle festen Stoffe durchdringen. Diese Eigenschaft ermöglicht eine Durchleuchtung des menschlichen Körpers und die Abbildung der Schatten von Knochen und Organen auf Filmen. Ihre zersetzende Wirkung auf Gewebszellen macht sie für den gesunden Körper gefährlich, bringt aber zugleich ihre Eignung für Heilzwecke mit sich. Ihr Wellencharakter sowie ihre Beugung beim Durchgang durch Kristalle, die durch Max Laue bewiesen wurden, machen ihre Verwendung bei der Erforschung der Materie sowie bei der Materialprüfung in der Technik möglich.

1895n grün Entdeckung
1912n grün Laue: Wellennatur

RÖPKE, Wilhelm (1899n–1966n), deutscher Volkswirtschaftler und Soziologe. Nach Beendigung seiner volkswirtschaftlichen Studien Universitätslehrer in Jena, dann an der Rockefeller-Stiftung in Nordamerika. 1933n ging er nach Istanbul und dann nach Genf. Hier schuf er ein Zentrum für die Wiederherstellung einer vollkommen freien kapitalistischen Wirtschaft, das auf die wirtschaftspolitische Entwicklung der Bundesrepublik nach 1945n stark einwirkte ('Soziale Marktwirtschaft'). Suchte die Ursache für die auch von ihm gesehene Krise der bürgerlichen Gesellschaft in jenem Minimum an Wirtschaftslenkung, das notgedrungen in allen kapitalistischen Ländern zur Abwendung des völligen Zusammenbruchs eingeführt worden war. Gegner der EWG, deren Dirigismus und deren Autarkie-Bestrebungen er als verderblich für die Gesamtheit der kapitalistischen Wirtschaft ablehnte.

1941n grün 'Gesellschaftskrisis'

ROGER II., König von Sizilien und Süditalien.

1101n–1154n Lebenslinie
1096n–1166n Al Idrisi
1130n rot Vereinigung der Länder
1140n grün Ärzteprüfung
1146n braun Vorstoß nach Afrika
1149n grün Seidenweberei

ROGGEVEEN, Jakob (1659n–1729n), holländischer Seefahrer. Umsegelte im Auftrage der Westindischen Handels-Gesellschaft die Südspitze Südamerikas (Kap Horn). Auf der Suche nach einem Süd-Kontinent entdeckte er am Ostersonntag des Jahres 1721n halbwegs zwischen der Inselwelt des Pazifik und der Westküste Südamerikas eine einsame Insel und nannte sie 'Oster-Insel'. Auf der Heimfahrt fand er noch zwei Inseln der Samoa-Inselgruppe.

1721n grün Entdeckungsreise

ROHRGRIFFEL, Bezeichnung für ein Schreibgerät, das aus einem kurzen Stück Bambus oder anderem Holz bestand und zum Eindrücken von Schriftzeichen in weichem Ton diente. Die so beschriebenen Tafeln wurden an der Sonne getrocknet oder im Feuer gebrannt.

2955v grün Benutzung in Sumer

ROHRPOST, Einrichtung zum Befördern von Mitteilungen, Briefen und Päckchen im Haus- oder Stadtverkehr mit Druckluft durch ein geschlossenes Röhrensystem. Nachdem Joseph Hohenblum 1835n in Wien die erste mit Dampfkraft betriebene Versuchs-Anlage gebaut hatte, dauerte es noch 18 Jahre, bis diese Neuerung für den Postdienst eingeführt wurde (1853n durch Clark in London). 1861n versuchte man in England, mit einer entsprechend großen Einrichtung Pakete zu befördern.

1835n grün Erfindung

ROJAS, Fernando de (1465n–1541n), spanischer Dichter. Studierte in Salamanca Rechtswissenschaft und schrieb dann den dramatischen Roman 'La Celestina'. Darin schilderte er die tragische Liebe des Calisto zu Melibea. Den Hintergrund zu dieser hohen, reinen Liebe bildet eine Welt von Dirnen und Zuhältern. Titelfigur ist die Kupplerin Celestina. Die 22 Teile des in Gesprächsform geschriebenen Romans sind wie 22 Akte eines Theaterstückes aufgebaut. Das Werk bildete den bedeutendsten Beitrag zur Entwicklung des spanischen Theaters.

1499n blau 'La Celestina'

ROKOKO, Entwicklungsstufe der europäischen Kunst des 18. Jahrhunderts. Aus dem Barock hervorgegangen, übersteigerte er dessen Formen- und Farben-Reichtum zu einer spielerischen Zierkunst. Überfluß und ungehemmte Genußsucht der schon vom Untergang bedrohten herrschenden Klassen (Fürsten, Adel, Priestertum) prägten von Frankreich ausgehend diesen letzten vorrevolutionären Stil, der besonders in der Innenausstattung, in der Dekoration und in der Kleinkunst zur Entfaltung kam (Möbel, Porzellan, Gobelin, Schmuck- und Gartenkunst). In der Literatur brachte er die letzten großen Werke vor dem Durchbruch der Aufklärung hervor, in der Malerei, die sich stark auf Decken- und Wandgemälde richtete, waren weiche Formen und zarteste Farbgebung vorherrschend (Pastell). Besonders hier machte sich ostasiatischer Einfluß bemerkbar. Die Liebe trat als Gegenstand künstlerischer Gestaltung überall beherrschend in den Vordergrund eines ganz auf Anmut gerichteten Schönheitsempfindens.

1684n–1721n Watteau
1712n blau Watteau: 'Scherenschleifer'
1720n blau Ladenschild von Gersaint
1745n blau Hogarth: 'Heirats'-Zyklus
1746n blau Gellerts Werke
1747n blau Schloß Sanssouci
1749n blau Wies-Kirche
1753n blau Goldoni: Komödie
1754n blau Boucher: Pompadour-Bild
1757n blau Gemälde Greuzes
1760n blau Reynolds: 'Miss Nelly'
1766n blau Fragonard: 'Liebesschaukel'
1770n blau Gemälde Gainsboroughs
1780n blau Wieland: 'Oberon'

ROLAND, Markgraf der Bretagne und Gefolgsmann Karls des Großen. Heldengestalt aus der fränkischen Sage, die ihm allerlei kriegerische Großtaten zuschreibt. In Bremen setzte man ihm ein überlebensgroßes Denkmal, das zum Wahrzeichen der Stadt wurde ('Roland der Riese am Rathaus zu Bremen').

1104n blau Rolandslied
1404n blau Standbild in Bremen
1532n blau Ariostos Dichtung

ROLANDSLIED, Bezeichnung eines alten französischen Heldengedichtes, das in 4000 zehnsilbigen Versen die Geschichte Rolands, des Markgrafen der Bretagne, erzählt. Als Neffe und Gefolgsmann Karls des Großen kämpfte er im Tale von Roncesvalles auf der spanischen Seite der Pyrenäen gegen die Basken. Von seinem Stiefvater Ganelon verraten, widerstand er mit seinen Getreuen aufopfernd einer Übermacht. In höchster Not stieß er vergeblich in sein elfenbeinernes Wunder-Horn ('Olifant'), um Karl zu Hilfe zu rufen. Dann gab er sich selbst den Tod mit seinem Zauberschwert ('Durendart'). Auf den Ruf des Hornes herbeigeeilt, rächte Karl die Niederlage seines Neffen und ließ den Verräter Ganelon in Aachen von Pferden zerreißen. Das Lied wurde von dem Regensburger Dichter Konrad unter Umwandlung seines nationalfranzösischen Charakters frei ins Deutsche übertragen. Da Konrad katholischer Priester war, stellte er Rolands Kriegstaten gegen die Basken als Rittertaten im Dienste Gottes gegen die 'Heiden' (= Araber) dar.

1104n blau Entstehung

ROLLAND, Romain (1866n–1944n), französischer Schriftsteller. Als Sohn eines Notars studierte er Geschichte und wurde Professor für Musikgeschichte an der Sorbonne. Gleichzeitig bemühte er sich um den Aufbau eines Volkstheaters und schrieb Revolutionsstücke ('Danton', 'Der 14. Juli', 'Wölfe'). Durch seine Bücher wurde er zum Mittler deutscher Kultur in Frankreich ('Händel', 'Beethoven'). Mit dem 10bändigen Roman über einen deutschen Musiker ('Johann Christoph') suchte er deutsche und französische Geistesart einander näherzubringen. Kämpfte gegen den Krieg ('Der freie Geist') und stellte dessen Schrecken dar ('Peter und Lutz'). Dem heraufziehenden Kommunismus gefühlsmäßig zugetan ('Gruß der russischen Revolution'), mußte er sich zur Bejahung des Klassenkampfes als Mittel der Revolution schwer durchringen ('Die verzauberte Seele'). Suchte eine Verbindung von indischer Philosophie und proletarischer Revolution zur Überwindung von Selbstsucht, Habgier, Gedankenlosigkeit und Ausbeutung.

1904n blau 'Johann Christoph'

ROLLFILM, Bezeichnung für einen durchsichtigen Zelluloidstreifen, der einseitig mit lichtempfindlichem Stoff beschichtet ist. Seine Erfindung machte das Wechseln der zerbrechlichen Platten nach jeder Aufnahme überflüssig. 1887n von dem nordamerikanischen Amateur-Photographen Goodwin entwickelt und zum Patent angemeldet, ein Jahr später aber von dem Geschäftsmann George W. Eastman hergestellt, der später 5 Millionen Dollar an Goodwin bezahlen mußte, jedoch selbst ein Vermögen von 500 Millionen Dollar damit verdiente.

1888n grün Herstellung

ROLLO, normannischer Staatsmann.

878n–931n Lebenslinie
911n rot Gewinn der Normandie
911n blau Entwicklung Rouens

ROLLSCHUH, Bezeichnung für einen Schuh mit Rädern. Von dem Franzosen Vanlede erfunden, wurde er 1823n von dem Ballettmeister Robillon in Bordeaux zur Darstellung einer Schlittschuhläufer-Szene benutzt und erhielt in Deutschland den Namen 'Erdschlittschuh'. 1876n wurde in Berlin die erste Rollschuhbahn eröffnet, doch fand der Sport erst allgemeine Verbreitung, als sich in der ersten Hälfte unseres Jahrhunderts in den Städten Asphaltstraßen verbreiteten.

1789n grün Erfindung

ROLLSIEGEL, Bezeichnung für zylinderförmige Siegel, die vor fast 5000 Jahren in Vorderasien und Ägypten aufkamen und in Mesopotamien bis 400v in Gebrauch blieben. In die meist 2—5 cm langen Rollen wurden Reliefs eingearbeitet, die in der Regel Tierdarstellungen, Jagd- und Kampfszenen oder Schriftzeichen zeigten. In den feuchten Ton von Urkunden, Briefen oder Verschlüssen gerollt, galten sie als eigenhändige Zeichnung des Siegel-Inhabers.

2983v grün In Sumer
2868v grün In Ägypten
2856v blau Reliefbilder in Sumer
2829v blau Relief einer Jagd
2807v blau Relief einer Prozession
2705v blau Indisches Relief
1085v blau Assyrisches Relief

ROM, Hauptstadt Italiens und volkreichste Stadt des ganzen Mittelmeerraumes. Auf den Hügeln zu beiden Seiten des Tiber 25 Kilometer vor seiner Mündung ins Mittelmeer vor 3000 Jahren entstanden, war sie 1000 Jahre später Mittelpunkt eines Reiches, das die ganze Mittelmeerküste beherrschte und dessen Macht sich von England und Deutschland über Portugal und Marokko bis Ägypten, Mesopotamien und zum Kaukasus erstreckte. Nach fünfhundertjähriger Blütezeit folgte der Niedergang. Die Stadt stand für mehr als ein Jahrtausend unter der Macht der katholischen Kirche, deren Oberhaupt hier seine Residenz errichtete. Die Einwohnerzahl sank auf weniger als 2 Prozent (von 1 500 000 auf 25 000) und stieg erst seit Brechung der päpstlichen Gewalt durch die Bürger Roms in der Renaissance wieder langsam an: Auf 40 000 im Jahre 1500n, auf 150 000 im Jahre 1700n und auf 250 000 im Jahre 1870n. In diesem Jahre nahmen die Truppen des wiedervereinigten Italien die Stadt, beseitigten den Kirchenstaat und machten sie zur Hauptstadt des Landes. Seit dieser Zeit blühte sie schnell auf, verzehnfachte ihre Einwohnerzahl in hundert Jahren und übertraf damit ihre frühere Größe.

950v rot Besiedlung des Palatin
610v grün Kloaka Maxima
590v blau Entwicklung zur Stadt
577v blau Lateinisch entsteht
511v blau Orakelsprüche
509v blau Jupiter-Tempel
509v grün Zeitrechnung nach Konsuln
500v braun Erhebung
500v rot Ende der Monarchie
500v rot Republik
494v rot Plebejer Volkstribunen
492v rot Immunität der Tribunen
473v rot Klassen nach Vermögen

471v rot	Beamte der Plebejer
450v rot	Zwölftafelrecht
445v rot	Ehen Patrizier-Plebejer
443v grün	Einheitsmaß
435v rot	Zensoren
430v blau	Apollo-Tempel
421v rot	Plebejer im Staatsdienst
419v braun	Sklaven-Aufstand
401v rot	Heeresverstärkung
387v braun	Kelten-Einfall
384v rot	Mord an Manlius
380v grün	Stadtmauer
377v blau	Erwähnung bei Griechen
371v blau	Diana-Tempel
366v rot	Plebejer Konsul
351v rot	Plebejer Zensor
347v braun	Angriff der Kelten
342v grün	Ausbau Ostias
340v–273v	Appius Klaudius
312v rot	Söhne Freigelassener Beamte
312v grün	'Via Appia'
310v grün	Rohrwasserleitung
304v blau	Prozeßrecht veröffentlicht
300v rot	Plebejer-Gleichstellung
293v grün	Äskulap-Verehrung
287v rot	Volkslegislative
285v–204v	Andronikos
264v grün	Gladiatorenkämpfe
254v–184v	Plautus
249v rot	Jahrhundert-Festspiele
249v blau	Preislied des Andronikos
247v–183v	Hannibal
226v rot	Menschenopfer
219v grün	Facharzt
218v/201v	Zweiter Punischer Krieg
214v–129v	Karneades
212v–166v	Perseus
206v rot	Einkerkerung des Nävius
204v rot	Kybele-Kult
200v grün	Lateinisch vervollkommnet
186v grün	Toiletten
184v blau	Basilika
181v rot	Rhetoren aus Griechenland
180v–110v	Panaitios
163v–133v	Tiberius Gracchus
161v rot	Philosophen-Ausweisung
158v–104v	Jugurtha
156v–86v	Marius
155v rot	Philosophen-Gesandtschaft
154v–121v	Gajus Gracchus
148v blau	Panaitios: Lehrtätigkeit
138v–78v	Sulla
133v rot	T. Gracchus ermordet
123v rot	Proletarier-Versorgung
121v braun	Aufstand des G. Gracchus
114v–53v	Krassus
111v rot	Ende der Gracchen-Reform
109v rot	Korruptionsprozeß
108v–62v	Katilina
107v rot	Bürgerheer
106v–48v	Pompejus
105v rot	Ständige Schaukämpfe
100v–44v	Cäsar
91v rot	Mord an Livius Drusus
89v/82v	Bürgerkrieg
85v–42v	Brutus
80v rot	Isis-Kult
80v–46v	Vercingetorix
71v blau	'Aldobrandinische Hochzeit'
70v blau	Schule der Dichtkunst
69v blau	Neuer Jupiter-Tempel
66v grün	Verlag des Attikus
64v rot	Ehrung für Poseidonios
63v grün	Park des Lukull
63v/62v	Erhebung Katilinas
63v–14n	Augustus (Oktavian)
60v blau	Theater
59v grün	Zeitung
50v grün	Kornverteilung
46v blau	Bauten zu Ehren Cäsars
44v braun	Ermordung Cäsars
43v rot	Schreckensherrschaft
42v rot	Prätorianer-Garde
39v blau	Öffentliche Bibliothek
31v grün	Zementbauten
29v rot	Janus-Tempel geschlossen
27v blau	Pantheon
15v blau	Labeo: Juristenschule
14v blau	Lateran-Palast
10v–54n	Klaudius
9v blau	Friedensaltar
5v–64n	Paulus
4v–64n	Petrus
2v blau	Forum des Augustus
1n grün	Fensterscheiben
20n–79n	Dioskurides
23n rot	Kasernierung der Garde
33n grün	Hypothekenbank
37n–68n	Nero
42n grün	Versorgungshafen Ostia
45n rot	Juden-Vertreibung
49n rot	Erste Christen
51n grün	Millionenstadt
53n–117n	Trajan
61n rot	Vergeltung an Sklaven
63n blau	Prokulus: Juristenschule
64n rot	Großbrand
64n rot	Christen-Verfolgung
64n rot	Apostel-Hinrichtung
65n grün	Gewölbe (Goldenes Haus)
67n–129n	Apollodoros von Damaskus
68n blau	Quintilian: Rednerschule
73n rot	Philosophen-Ausweisung
75n grün	Gehälter für Rhetoren
76n–139n	Hadrian
80n blau	Kolosseum
91n blau	Statius' Schilderung
96n blau	Klemensbrief
97n grün	Werk über Wasserleitungen
100n–165n	Justin der Märtyrer
106n blau	Odeon
112n blau	Forum des Trajan
113n blau	Trajanssäule
117n rot	Tod des Ignatius
120n blau	Neubau des Pantheon
126n blau	Madonnenbild
133n grün	Begräbnis-Vereine
134n blau	Hochschule 'Athenäum'
139n blau	'Engelsburg'
144n blau	'Preisrede auf Rom'
147n blau	Fronto: Rednerschule
165n rot	Hinrichtung Justins
169n–222n	Kalixt I.
178n blau	Standbild Mark Aurels
178n grün	Gladiatoren-Höchstpreis
181n rot	Mithra-Kult
186n–217n	Karakalla
193n rot	Senatoren-Hinrichtung
199n–251n	Decius
216n grün	Thermen des Karakalla
217n rot	Kalixt Bischof
218n rot	Kalixt: Vorrang-Forderung
220n blau	Spottbild auf Jesus
243n–316n	Diokletian
244n blau	Philosophenschule Plotins
248n rot	Tausendjahrfeier
271n grün	Stadtmauer
280n–337n	Konstantin
286n rot	Regierungssitz verlegt
306n grün	Thermen des Diokletian
312n rot	Lateran-Palast Papstsitz
330n rot	Hauptstadtrang verloren
374n–410n	Alarich
390n–477n	Geiserich
394n rot	Intoleranz der Christen
399n–461n	Leo der Große
402n rot	Regierungssitz verlegt
403n grün	Neubau der Stadtmauer
406n grün	Bunte Fenster
408n/412n	Vierter Gotischer Krieg
432n blau	Kruzifix (Santa Sabina)
455n braun	Wandalen-Einfall
535n/553n	Letzter Ostgotenkrieg
540n–604n	Gregor I.
590n grün	Arme abhängig von Kirche
599n blau	Schule für Kirchengesang
716n–786n	Pippin der Kleine
754n rot	Schutzversprechen Pippins
799n rot	Anklage gegen Papst
799n rot	Papst wieder eingesetzt
800n rot	Krönung Karls
828n blau	Einhard: Reliquienraub
846n braun	Araber-Einfall
848n grün	Leo-Stadt
849n braun	Angriff der Araber
884n–948n	Marozia
896n rot	Pornokratie
897n rot	Gericht über toten Papst
912n–973n	Otto I., der Große
914n rot	Herrschaft Theodoras
928n rot	Mord am Papst
937n grün	Bevölkerungs-Abnahme
948n braun	Volksaufstand
962n braun	Vordringen der Deutschen
962n rot	Krönung Ottos I.
980n braun	Aufstand gegen Deutsche
996n braun	Aufstand gegen Deutsche
998n braun	Aufstand gegen Deutsche
1001n braun	Aufstand gegen Deutsche
1013n–1085n	Robert Guiskard
1021n–1085n	Gregor VII.
1046n braun	Vordringen der Deutschen
1046n rot	Papstpolitik Heinrichs III.
1084n rot	Flucht des Papstes
1103n–1155n	Arnold von Brescia
1142n/1155n	Bürgeraufstand
1142n rot	Freie Republik
1144n rot	Senats-Wahl
1153n rot	Feindkoalition
1155n rot	Wieder Papstherrschaft
1155n rot	Hinrichtung Arnolds
1155n rot	Krönung Friedrichs I.
1166n/1167n	Deutscher Kriegszug
1177n rot	Machtgewinn des Papstes
1199n grün	Drehlade im Findelhaus
1268n braun	Kampf Deutsche-Franzosen
1303n blau	Universität
1304n–1374n	Petrarca
1309n rot	Auszug des Papstes
1310n/1313n	Vordringen der Deutschen
1313n–1354n	Rienzi
1347n braun	Aufstand des Rienzi
1350n–1415n	Chrysoloras
1351n/1352n	Volksaufstand
1376n rot	Rückkehr des Papstes
1449n grün	Befestigung des Vatikans
1455n blau	Ausbau des Vatikans
1475n–1564n	Michelangelo
1481n blau	Sixtinische Kapelle
1482n blau	Fresken Botticellis
1483n–1520n	Raffael
1488n rot	Hochzeit im Vatikan
1506n blau	Bramante: Petersdom
1510n blau	Raffael: 'Stanzen'-Bilder
1512n blau	Michelangelo: Deckenbilder
1525n–1594n	Palestrina
1527n braun	Einfall der Deutschen
1538n blau	Palazzo Farnese
1541n blau	'Das jüngste Gericht'
1547n blau	Michelangelo: Petersdom
1548n–1600n	Giordano Bruno
1600n rot	Feuertod Giordano Brunos
1600n blau	Palazzo Farnese: Fresken
1603n grün	Akademie
1605n grün	Bank des Heiligen Geistes
1610n blau	Petersdom: Eingangshalle
1621n blau	Quirinal-Palast
1626n blau	Maderna: Petersdom
1639n blau	Piazza-Barberini-Brunnen
1641n blau	Borromini: San Carlo
1667n blau	Petersplatz-Kolonnaden
1796n/1815n	Napoleonische Kriege
1849n rot	Freie Republik
1849n braun	Sieg der Franzosen
1870n rot	Hauptstadt
1922n rot	'Rom-Marsch' Mussolinis
1929n rot	Lateranvertrag
1939n/1945n	Zweiter Weltkrieg

ROMAN, aus der Heldensage entstandene Literaturgattung. Gibt in ungereimter Sprache durch die Erzählung menschlicher Schicksale Kunde von Welt und Leben in einzelnen Landschaften und bestimmten geschichtlichen Epochen. Ihren Namen erhielt sie, weil sie sich früh von der lateinischen Sprache abwandte und sich der romanischen Volkssprache ('lingua romana') bediente.

393v blau	Romanhaftes Geschichtswerk
325v–260v	Euhemeros
187v blau	Jambulos: 'Sonnenstaat'
59n blau	Petronius: 'Satiricon'
124n–170n	Apulejus
159n blau	'Der goldene Esel'
182n blau	'Paulusakten'
212n blau	Philostratos: Apollonios
248n blau	Longos' Liebesroman
306n blau	Jamblichos: Pythagoras
595n–660n	Bana
624n blau	Banas Harsa-Biographie
630n blau	'Barlaam und Josaphat'
659n blau	Banas Märchenroman
727n blau	Dandins Schelmenroman
1008n blau	Murasaki: 'Prinz Genji'
1040n blau	'Ruodlieb'
1087n blau	Romanhafte Geschichte
1127n–1185n	Ibn Tufail
1165n blau	Benoits Trojaroman
1168n–1220n	Wolfram von Eschenbach
1169n blau	Ibn Tufail: 'Der Lebende'
1171n blau	Christians 'Lancelot'
1173n blau	Thomas: 'Tristan'
1228n blau	'Veilchenroman'
1230n blau	'Rosenroman' begonnen
1233n blau	Japanischer Kriegsroman
1280n blau	'Rosenroman' vollendet
1300n blau	Lo-Kuans Roman
1313n–1375n	Boccaccio
1314n blau	'Wilhelm von Österreich'
1391n blau	Lobeira: 'Amadis'
1499n blau	Rojas: 'La Celestina'
1547n–1616n	Cervantes
1552n blau	Rabelais: 'Gargantua'
1554n blau	'Lazarillo'
1562n–1635n	Lope de Vega
1605n blau	Cervantes: 'Don Quichotte'
1621n–1695n	Lafontaine
1655n blau	Scarron: Komödianten
1669n blau	'Simplizissimus'
1678n blau	'Prinzessin von Clève'
1683n blau	'Armin und Thusnelda'
1686n blau	'Freundin der Wollust'
1698n blau	Fénelon: 'Telemach'
1713n–1784n	Diderot
1719n blau	Defoe: 'Robinson Crusoe'
1731n blau	Prévost: 'Manon Lescaut'
1731n blau	Schnabel: 'Felsenburg'
1735n blau	Lesage: 'Gil Blas'
1740n blau	Richardson: 'Pamela'
1741n blau	Holberg: 'Niels Klim'
1749n blau	Fielding: 'Tom Jones'
1749n–1832n	Goethe
1759n blau	Voltaire: 'Candide'
1760n blau	Diderot: 'Die Nonne'
1761n blau	Rousseau: 'Neue Heloise'
1761n blau	Wieland: 'Agathon'
1762n blau	Rousseau: 'Emile'
1766n blau	Goldsmith: 'Landprediger'
1769n blau	Sterne: 'Tristram Shandy'
1774n blau	Goethes 'Werther'
1781n blau	'Lienhard und Gertrud'
1782n blau	'Gefährliche Liebschaften'
1785n blau	Sade: 'Tage von Sodom'
1790n blau	'Schulmeisterlein Wuz'
1794n blau	Hölderlin: 'Hyperion'
1796n blau	'W. Meisters Lehrjahre'
1799n–1850n	Balzac
1801n blau	Novalis' Roman
1804n–1881n	Disraeli
1805n blau	Jean Paul: 'Flegeljahre'
1809n–1852n	Gogol
1812n–1870n	Charles Dickens
1813n blau	'Stolz und Vorurteil'
1814n blau	Scott: 'Waverley'
1815n blau	Hoffmann: 'Elixiere'
1821n–1880n	Dostojewski
1825n blau	Manzoni: 'Die Verlobten'
1826n blau	Coopers 'Mohikaner'
1828n–1910n	Tolstoi
1829n blau	'W. Meisters Wanderjahre'
1830n blau	'Rot und Schwarz'
1831n blau	'Glöckner von Notre Dame'
1832n blau	Puschkin: 'Eugen Onegin'
1836n blau	Dickens: 'Pickwickier'
1840n blau	'Ein Held unserer Zeit'
1842n blau	Gogol: 'Tote Seelen'
1842n blau	Gotthelf: 'Uli, der Knecht'
1844n blau	'Graf von Monte Christo'
1845n blau	'Müller von Angibault'
1847n blau	Herzen: 'Wer ist schuld?'
1848n blau	Dumas: 'Kameliendame'
1849n blau	Thackeray: 'Jahrmarkt'
1850n blau	'David Copperfield'
1850n blau	'Menschliche Komödie'
1851n blau	Murger: 'Bohème'
1851n blau	Melville: 'Moby Dick'
1852n blau	'Onkel Toms Hütte'
1854n blau	Keller: 'Grüner Heinrich'
1854n blau	Freytag: 'Soll und Haben'
1856n–1950n	G. B. Shaw
1857n blau	Flaubert: 'Madame Bovary'
1858n blau	Reuter: 'Kein Hüsung'
1859n blau	Gontscharow: 'Oblomow'
1862n blau	Raabe: 'Hungerpastor'
1862n blau	'Väter und Söhne'
1862n blau	Hugo: 'Die Elenden'
1865n blau	Stifter: 'Witiko'
1865n blau	'Von der Erde zum Mond'
1866n blau	'Schuld und Sühne'
1868n blau	Dostojewski: 'Der Idiot'
1868n blau	Coster: 'Ulenspiegel'
1869n blau	'Krieg und Frieden'
1873n blau	Tolstoi: 'Anna Karenina'
1875n–1955n	Thomas Mann
1876n blau	Meyer: 'Jürg Jenatsch'
1880n blau	Jacobsen: 'Niels Lyhne'
1885n blau	Zola: 'Germinal'
1885n blau	Maupassant: 'Bel Ami'
1886n blau	'Sohn einer Magd'
1888n blau	Bellamy: 'Rückblick'
1888n blau	Hamsun: 'Hunger'
1891n blau	'Gösta Berling'
1891n blau	Wilde: 'Dorian Gray'
1893n blau	May: 'Winnetou'
1893n blau	Doyle: 'Sherlock Holmes'
1896n blau	Sienkiewicz: 'Quo vadis?'
1898n–1956n	Brecht
1901n blau	'Die Buddenbrooks'
1904n blau	Rolland: 'Christoph'
1905n blau	Gorki: 'Die Mutter'
1906n blau	Andersen-Nexö: 'Pelle'
1915n blau	Proust: 'Verlorene Zeit'
1918n blau	H. Mann: 'Der Untertan'
1919n blau	Gide: 'Pastoralsymphonie'
1919n blau	'Der Mensch ist gut'
1920n blau	'Kristin Lavranstochter'
1921n blau	Galsworthy: 'Forsyte-Saga'
1921n blau	Hasek: 'Schwejk'
1922n blau	Lewis: 'Babbitt'
1922n blau	Joyce: 'Ulysses'
1925n blau	Dos Passos: 'Manhattan'
1925n blau	Hussain: Kindheitsroman
1927n blau	Sinclair: 'Petroleum'
1927n blau	A. Zweig: 'Grischa'
1928n blau	'Im Westen nichts Neues'
1928n blau	Renn: 'Krieg'
1929n blau	Döblin: 'Alexanderplatz'
1930n blau	'Mann ohne Eigenschaften'
1931n blau	Buck: 'Die gute Erde'
1931n blau	Kästner: 'Fabian'
1934n blau	Bredel: 'Die Prüfung'
1934n blau	Ostrowski: 'Stahl'
1934n blau	'Glocken von Basel'
1936n blau	'Vom Winde verweht'
1936n blau	Wolfe: 'Zeit und Strom'
1936n blau	Faulkner: 'Absalom'
1938n blau	'Ungeduld des Herzens'
1938n blau	H. Mann: 'Henri Quatre'
1939n blau	'Früchte des Zorns'
1939n blau	'Lotte in Weimar'
1940n blau	'Wem die Stunde schlägt'
1940n blau	Scholochow: 'Stiller Don'
1942n blau	Seghers: 'Siebtes Kreuz'
1943n blau	Hesse: 'Glasperlenspiel'
1944n blau	Laxness: 'Islandglocke'
1944n blau	'Auf Messers Schneide'
1945n blau	Plivier: 'Stalingrad'
1945n blau	Fadejew: 'Junge Garde'
1947n blau	Camus: 'Die Pest'
1947n blau	Th. Mann: 'Dr. Faustus'
1948n blau	'Griff in den Staub'
1949n blau	Orwell: '1984'
1954n blau	'Bonjour Tristesse'
1955n blau	'Nackt unter Wölfen'
1957n blau	Mason: 'Suzie Wong'
1958n blau	Aragon: 'Die Karwoche'
1959n blau	Faulkner: 'Das Haus'
1959n blau	Grass: 'Die Blechtrommel'
1962n blau	Huxley: 'Die Insel'
1963n blau	Wolf: 'Geteilter Himmel'

ROMANISCHE KUNST, Bezeichnung für den ersten geschlossenen Stil des christlichen Kirchenbaus in Westeuropa. Ihr Name soll die Übernahme wesentlicher Bau-Elemente aus der vorchristlichen römischen Architektur zum Ausdruck bringen (Säule, Rundbogen). In Frankreich und Deutschland während des 10. Jahrhunderts entstanden, bestimmte sie bis ins 13. Jahrhundert den katholischen Kirchenbau und erreichte in Deutschland ihre höchste Blüte. Malerei und Bildhauerei waren noch eng an die Baukunst gebunden, sie blieben naturfern und vorwiegend dekorativ. Buchmalerei und Miniaturkunst erreichten besonders in den Klöstern einen Höhepunkt.

1012n blau	Bamberger Dom
1019n blau	Münster zu Basel
1030n blau	Klosterkirche Ripoll
1033n blau	Mont-Saint-Michel
1033n blau	Michaeliskirche Hildesheim
1036n blau	Mainzer Dom
1037n blau	Hamburger Dom
1050n blau	Kaiserpfalz in Goslar
1061n blau	Dom zu Speyer
1061n blau	Kathedrale in Toulouse
1073n blau	Wartburg
1075n blau	Santiago de Compostela
1081n blau	Londoner Tower
1089n blau	Konstanzer Münster
1090n blau	Kirche Cluny begonnen
1104n blau	Teppich von Bayeux
1117n blau	Dom zu Pisa
1130n blau	Kirche Cluny vollendet
1165n blau	Dom zu Brandenburg
1173n blau	Braunschweiger Dom
1188n blau	Würzburger Dom
1192n blau	Dreikönigs-Schrein
1199n blau	Apostelkirche in Köln
1200n blau	'Der Sündenfall'
1207n blau	Magdeburger Dom
1234n blau	Dom zu Worms
1235n blau	Limburger Dom

ROMANOS der Melode (um 490n–um 560n), byzantinischer Dichter. Als syrischer Jude trat er zum Christentum über und wurde Priester der vorderasiatischen Hafenstadt Berytos (Beirut). In ein höheres Kirchenamt nach Konstantinopel berufen, schrieb er hunderte von festlichen Lobliedern (Hymnen) auf das Christentum. Besonders seine Weihnachts- und Osterlieder wurden schnell bekannt. Da er seine Gesänge auch selbst vortrug, erhielt er den Beinamen 'der Sänger' (= der Melode).

526n blau	Hymnen

ROMANOW, Name einer russischen Herrscherfamilie, die von 1613n bis 1730n in direkter männlicher Erbfolge den Zarenthron innehatte. Nach dem Tode Zar Peters II. setzte sie ihre Herrschaft über weibliche Thronerben bis zum Jahre 1762n fort.

1614n/1617n	Krieg gegen Schweden
1617n rot	Gebietsgewinn Schwedens
1617n rot	Verlust der Ostseeküste
1618n blau	Jenisseisk gegründet
1629n–1676n	Alexei Michailowitsch
1632n blau	Gründung von Jakutsk
1644n rot	Ausdehnung bis Amur
1646n rot	Ausdehnung bis Pazifik
1649n blau	Gesetzbuch 'Uloschenie'
1650n–1722n	Kang-Hi
1654n rot	Anschluß der Ukraine
1655n/1660n	Krieg Schweden-Polen
1663n/1699n	Großer Türkenkrieg
1666n rot	Kirchenspaltung
1670n/1671n	Kosaken-Aufstand
1672n–1725n	Peter I., der Große
1686n rot	Bündnis gegen Türkei
1689n rot	Grenzvertrag mit China
1695n grün	Aufbau einer Flotte
1696n rot	Gewinn der Donmündung
1697n braun	Vordringen in Sibirien
1697n rot	Gewinn Kamtschatkas
1698n braun	Aufstand der Strelitzen
1699n rot	Verluste der Türkei
1700n rot	Bündnis gegen Schweden
1700n/1721n	Nordischer Krieg
1703n blau	Gründung von Petersburg
1704n rot	Gewinn Narwas
1704n grün	Münzprägung
1708n rot	Auflehnung der Ukraine
1709n–1762n	Elisabeth Petrowna
1710n rot	Ausdehnung an Ostseeküste
1711n blau	Schloß Peterhof
1713n rot	Petersburg Hauptstadt
1716n blau	Gründung von Omsk
1717n–1780n	Maria Theresia
1718n grün	Kopfsteuer
1719n rot	Jesuiten-Vertreibung
1721n rot	Verluste Schwedens
1721n rot	Peter I. Zar
1722n/1723n	Krieg gegen Persien
1723n rot	Gewinn Bakus, Derbents
1724n grün	Schutzzölle
1725n blau	Wissenschafts-Akademie
1727n rot	Beziehungen zu China
1728n grün	Forschungsreise Berings
1731n grün	Ladoga-Kanal
1733n grün	Kreditanstalten
1733n/1735n	Polnischer Erbfolgekrieg
1735n/1739n	Krieg gegen Türkei
1741n grün	Vermessung Sibiriens
1741n/1748n	Österreich-Erbfolgekrieg
1742n rot	Juden-Vertreibung
1753n rot	Strafarten-Wechsel
1754n rot	Zollreform
1755n blau	Universität Moskau
1756n blau	Nationaltheater
1756n/1763n	Siebenjähriger Krieg
1757n blau	Akademie der Künste
1761n blau	Gründung von Rostow

ROMANTIK, Bezeichnung für eine kulturelle Bewegung, die zwischen dem Ende des 18. Jahrhunderts und der Mitte des 19. Jahrhunderts von Deutschland ausgehend mehrere Länder Europas auf vielen Gebieten der Kunst sowie der Philosophie ergriff. Brachte eine Abkehr von den Idealen der griechischen Klassik und der Vernunft, verbunden mit einer Hinwendung zur Gemüts- und Gefühlswelt, zur Geschichte und zum Volkstümlichen. Religiös auf den Katholizismus, geschichtlich auf die europäische Ritterzeit, politisch auf den Nationalstaat ausgerichtet, wirkte die Bewegung trotz einiger vorwärtsweisender Ansätze im Ganzen restaurativ und festigte ungeachtet der Zurückweisung einzelner Verfallserscheinungen der bürgerlichen Kultur die während der Revolutionszeit ins Wanken geratene Klassengesellschaft. Ihr rückwärts gewandtes Weltbild bewahrte einiges Wertvolle aus der Vergangenheit, erwies sich aber im Ganzen als nicht tragfähig. Musik und Dichtung wurden aber von ihr befruchtet, der Sinn für Geschichte allgemein gefördert.

1788n–1824n Byron
1797n blau Shakespeare-Übersetzung
1797n blau Tieck: Märchen
1797n–1828n Schubert
1798n blau Zeitschrift 'Athenäum'
1798n blau Coleridge-Wordsworth
1800n blau Fichtes Staatsideal
1800n blau Hölderlins Hymnen
1801n blau Novalis' Roman
1805n blau 'Des Knaben Wunderhorn'
1806n blau Gemälde Runges
1807n blau Fichtes Reden
1808n blau Schlegels Indien-Werk
1812n blau Byron: 'Harolds Pilgerfahrt'
1812n blau Grimms Märchen
1813n blau Chamisso: 'Schlemihl'
1813n blau Körners Freiheitslieder
1814n blau Scott: 'Waverley'
1814n blau Rückerts Gedichte
1815n blau Hoffmann: 'Elixiere'
1815n blau Uhlands Gedichte
1815n blau Savigny: Römisches Recht
1817n blau Keats' Gedichte
1819n blau Deutsche Grammatik
1819n blau Schubert: 'Forellen-Quintett'
1820n blau Shelley: 'Prometheus'
1821n blau Weber: 'Der Freischütz'
1821n blau Schuberts Lieder
1823n blau Friedrich: 'Einsamer Baum'
1826n blau Deutsche Geschichte
1827n blau Heine: 'Buch der Lieder'
1828n blau Berlioz: Sinfonie
1828n blau Grimm: Rechtsaltertümer
1832n blau Mörikes Gedichte
1834n blau Mendelssohns Lieder
1837n blau Spitzweg: 'Armer Poet'
1837n blau Richter: 'Überfahrt'
1840n blau Chopin: Mazurken
1841n blau Schumanns Lieder
1852n blau Grimm: Wörterbuch

ROMEO UND JULIA, Titel eines Theaterstückes des englischen Dichters Shakespeare. Handelt von einem italienischen Liebespaar, das lieber in den Tod geht als voneinander zu lassen. Durch die weite Verbreitung dieses Trauerspiels wurden ihre Namen weltbekannt.

1591n blau Shakespeares Werk

ROMULUS Augustulus, letzter weströmischer Kaiser von 475n bis 476n.

459n–498n Lebenslinie
433n–493n Odoaker
476n braun Aufstand unter Odoaker
476n rot Ende Westroms

RONCHAMP, Ortschaft in Ostfrankreich, 20 km westlich der Stadt Belfort. Hier errichtete der schweizerische Architekt Le Corbusier einen Betonbau, der als Wallfahrtskirche berühmt wurde. Die katholische Kirche wollte hier ihre neuzeitliche Gesinnung durch die Zuziehung eines als besonders modern geltenden Architekten zeigen und zugleich ihre soziale Einstellung dadurch beweisen, daß sie diese Kirche bei einer Ortschaft von Kohlenarbeitern baute.

1955n blau Kirche Le Corbusiers

RONSARD, Pierre (1524n–1585n), französischer Dichter. Sohn des Haushofmeisters Franz' I., kam er als Page an den königlichen Hof und sollte Diplomat werden. Doch wandte er sich wegen zunehmender Schwerhörigkeit 27jährig dem Studium des Griechischen und Lateinischen zu. Bald faßte er den Plan, Klarheit, Schönheit und Ausdruckskraft der französischen Sprache so zu stärken, daß sie den Rang einer Dichtersprache erreichte und das Lateinische entbehrlich wurde. Dies Ziel verfolgte er mit sechs anderen Dichtern, die sich zur 'Plejade' (= Siebengestirn) vereinten. Als Haupt dieser Dichter-Schule zu Berühmtheit gelangt, wurde er auch als Dichter gefeiert, obgleich seine 5 Bücher Gesänge ('Oden') bloße Nachahmungen altgriechischer reimloser Verse waren. Seine Liebesgedichte gehören aber zu den schönsten Schöpfungen französischer Lyrik. Verfaßte eine 'Abhandlung über das Elend dieser Zeit' sowie ein Heldengedicht, in dem er den Franzosen eine Abstammung von den Trojanern andichtete ('Franciade').

1549n blau Manifest der Plejade
1550n blau 'Oden'

ROOSEVELT, Franklin Delano, amerikanischer Staatsmann.

1882n–1945n Lebenslinie
1933n grün Wirtschaftslenkung
1939n/1945n Zweiter Weltkrieg
1940n rot Stützpunkt-Politik
1941n rot Leih- und Pacht-Gesetz
1941n rot Atlantik-Charta
1943n rot Konferenz von Teheran
1943n rot Bergarbeiterstreik
1945n rot Gründung der UN

ROSCELIN, französischer Philosoph und Theologe.

1053n–1123n Lebenslinie
1088n blau Nominalismus
1092n rot Widerruf

ROSE

2328v grün Aufkommen in Mesopotamien
770v grün Aus Indien nach Europa
1230n blau 'Rosenroman' begonnen
1258n blau 'Rosengarten'-Gedichte
1280n blau 'Rosenroman' vollendet
1410n–1451n Stephan Lochner
1473n blau Schongauers Madonnenbild
1485n braun Ende der Rosenkriege

ROSEGGER, Peter (1843n–1918n), österreichischer Schriftsteller. Als Sohn armer Bergbauern wurde er Hirtenjunge und ging 17jährig zu einem Wanderschneider in die Lehre. Mit notdürftigem Schulunterricht aufgewachsen, las er Kalendergeschichten und Bücher. Gleichzeitig schrieb er schon seine ersten Gedichte und Geschichten. Die Grazer 'Tagespost' ermöglichte ihm darauf den Besuch der Handelsakademie. In einer großen Anzahl von Erzählungen, Novellen, Skizzen, Schwänken und Romanen schilderte er mit Humor und Gemüt das Leben im Bergdorf. Obwohl er an seiner anti-bürgerlichen und anti-kirchlichen Gesinnung festhielt, hatte er mit seinen von echtem Erzählertalent geprägten Büchern großen Erfolg, vor allem beim deutschen Bürgertum. Gab auch eine Monatsschrift heraus ('Der Heimgarten').

1875n blau 'Waldschulmeister'

ROSENKRIEGE, Bezeichnung für die Machtkämpfe zwischen den englischen Fürstenfamilien Lancaster und York. Es ging dabei zuerst um Landbesitz, dann um die Vormacht in einzelnen Gebieten und endlich um die Herrschaft über ganz England. Die Kriege dauerten dreißig Jahre und endeten mit dem Siege Heinrich Tudors, der als Erbe der Lancaster 1485n den englischen Thron für seine Familie eroberte. Ihren Namen verdanken diese Kämpfe dem Umstande, daß die Familie York eine weiße Rose im Wappen führte und die Familie Lancaster eine rote Rose.

1485n braun Ende

ROSENPLÜT, Hans (um 1400n–um 1470n), deutscher Dichter. Als Büchsenmacher der Stadt Nürnberg schrieb er Erzählungen und volkstümliche Schwänke von derber Komik ('Der Knecht im Garten'). Mit seinen Fastnachtsspielen schuf er die ersten kunstgerechten deutschen Dialog-Stücke, die auf der Bühne aufgeführt wurden. Der kirchlichen Sündenangst stellte er frohen Lebensgenuß entgegen. Trat für eine von den Regeln der höfischen Dichtkunst freie Volksdichtung ein. Verteidigte die städtischen Bürgerrechte gegen fürstliche Herrschaftsansprüche ('Lobspruch auf Nürnberg'). Übte auch herbe Gesellschaftskritik ('Vom Papst, Kardinal und den Bischöfen').

1449n blau 'Weinsegen'

ROSENROMAN, Titel eines gereimten Romans in 22 608 Versen, der im 13. Jahrhundert in Frankreich entstand. Die Suche eines Dichters nach der Rose als dem Sinnbild der Liebe bildete den Auftakt dieser großen Dichtung, die von Guillaume de Lorris als lyrisches Gedicht begonnen und von Jean de Meung als gereimte Gesellschaftskritik vollendet wurde. Die ihm zugrundeliegende antikirchliche, auf Natur und Vernunft gerichtete Geisteshaltung des Werkes wirkte bestimmend auf die französische Dichtung.

1230n blau Beginn
1280n blau Vollendung

ROSS, James (1800n–1862n), englischer Seefahrer. Trat 12jährig in die Marine ein und begleitete den Polarforscher Parry auf seinen vier Erkundungsfahrten. 29jährig wurde er zweiter Befehlshaber der Polar-Expedition seines Onkels John Ross. Auf dieser Fahrt wurde am Südwestrand der Halbinsel Boothia Felix (Nord-Kanada) der von ihm lange gesuchte Punkt erreicht, an dem die magnetischen Kraftlinien aus der Erde heraustreten und die Kompaßnadel sich senkrecht in die Erde richtet (Magnetischer Nordpol). Beteiligte sich an der Vermessung Großbritanniens und erhielt den Oberbefehl über eine von der englischen Regierung ausgesandte Südpol-Expedition, die wiederum der Beobachtung des Erdmagnetismus galt. Doch gelangte er mit seinen beiden Schiffen nur bis zur vereisten Antarktis-Küste, 255 Kilometer vom magnetischen Südpol entfernt.

1831n grün Magnetischer Nordpol

ROSSINI, Gioacchino (1792n–1868n), italienischer Komponist. Als Sohn eines umherziehenden Musikanten und einer Sängerin erhielt er seit seinem zwölften Lebensjahre Gesangs-Unterricht und schrieb 16jährig seine erste Sinfonie. Zwei Jahre später vollendete er seine erste Oper, und in seinem 20. Lebensjahre schrieb er bereits fünf Opern. In den darauffolgenden 10 Jahren schuf er noch 40 Opern ('Die diebische Elster', 'Aschenbrödel', 'Semiramis'). Dann wurde er Theaterdirektor in Paris und zog sich als reicher Mann ins Privatleben zurück. In seinen letzten 48 Jahren schuf er nichts Wesentliches mehr außer seinem 'Stabat mater' und der Oper 'Wilhelm Tell'. Sein Hauptwerk, die Oper 'Der Barbier von Sevilla', schrieb er als 24jähriger in zwei Wochen nach dem Text von Beaumarchais.

1816n blau 'Barbier von Sevilla'

ROSTFREIES EISEN

891v grün Anfertigung in Indien

ROSTOCK, Hafenstadt an der Ostsee. Größte Stadt Mecklenburgs. Am Eintritt der Warnow in ihren Mündungstrichter gelegen, erhielt sie von ihren Gründern den slawischen Namen 'Rostoku' (= 'Flußverbreiterung'). Vor 1000 Jahren von dem slawischen Fürsten Gottschalk erobert und dem Obotritenreiche eingefügt, 1160n vom Dänenkönig zerstört, blühte sie als deutsche Stadt im 13. Jahrhundert auf, wurde Umschlagplatz für den Skandinavienhandel und eine der führenden Hansestädte. Hier entstand die erste Universität Nordeuropas. Im Dreißigjährigen Krieg niedergeworfen, erholte sie sich nicht mehr. 1695n fiel sie den Fürsten von Mecklenburg zu, die in Schwerin residierten und die Stadt vernachlässigten. Im zweiten Weltkrieg stark zerstört, wird sie seit der Teilung Deutschlands zum Überseehafen der DDR ausgebaut.

1419n blau Universität

ROSTOW, kleine Stadt in Nordrußland, 200 Kilometer nordöstlich von Moskau. Vor mehr als 1200 Jahren entstanden, wuchs sie zu einem selbständigen Fürstentum empor, das im 15. Jahrhundert von Iwan III. dem russischen Reiche eingefügt wurde. Ihr Jahrmarkt erblühte langsam zur Messe und war jahrhundertelang viel besucht. Durch den schnellen Aufstieg des benachbarten Moskau verlor sie aber im 19. Jahrhundert ihre Bedeutung. Zahlreiche alte Bauten haben ihren Ruf als älteste Stadt im Innern Rußlands bis in unsere Epoche bewahrt.

1474n rot Oberherrschaft des Zaren

ROSTOW am Don, Stadt am Don (Südrußland), 50 km vor dessen Einmündung in das Asow'sche Meer. Erst vor 200 Jahren als Festung gegründet (Dmitri-Rostowski), wuchs sie an den Bergen des rechten Don-Ufers seit 1834n schnell empor und wurde im ausgehenden 19. Jahrhundert zu einem Zentrum von Handel und Industrie. Während der Revolution von 1905n–1906n erhob sich die Bevölkerung gegen die Zarenherrschaft. Im zweiten Weltkrieg mehrfach heftig umkämpft und stark zerstört, gewann sie nach dem Wiederaufbau durch den Wolga-Don-Kanal noch an Bedeutung.

1761n blau Gründung
1905n/1906n Revolution
1939n/1945n Zweiter Weltkrieg
1952n grün Wolga-Don-Kanal

ROSWITHA, deutsche Dichterin.

939n–990n Lebenslinie
958n blau Legende vom Sklaven
963n blau Legende vom Teufelsbund
966n blau 'Abraham'
969n blau Geschichte Ottos I.

ROTATIONSDRUCK, Fachausdruck aus dem Druckgewerbe. Bezeichnet ein Verfahren, bei dem von einem sich drehenden Zylinder auf Rollenpapier gedruckt wird. Seine Erfindung brachte gegenüber dem vorher gebräuchlichen Flachdruck auf Einzelbogen eine wesentliche Beschleunigung des Druckvorganges. Wegen der damit verbundenen Billigkeit wird dieses Verfahren für Massen-Publikationen (Zeitungen, Zeitschriften) verwendet, konnte sich aber für hochwertige Druckerzeugnisse (Bücher, Kunstblätter, Landkarten) bisher nicht durchsetzen.

1860n grün Druckmaschine
1910n grün Tiefdruck

ROTE MÜTZEN, Name eines chinesischen Bauern-Aufstandes gegen die drückenden Steuern. Ausgehend von der Stadt Schantung ergriff er weite Teile des Landes, wurde aber niedergeschlagen. Die revolutionäre Gemeinschaft ('Weißer Lotus'), die sich in dieser Erhebung gebildet hatte, wurde sechs Jahre später zur organisierenden Kraft des chinesischen Bürgerkrieges.

1622n braun Erhebung

ROTES KREUZ, Symbol einer internationalen Organisation, die durch Übereinkunft von sechzehn Staaten in Genf gegründet wurde. Später durch Einbeziehung des Roten Halbmondes der arabischen, der Roten Sonne der japanischen und des Roten Löwen der iranischen Völker erweitert. Seit 1928n auch Name einer internationalen privaten Hilfsorganisation, die sich um eine Verwirklichung der in den Konventionen von Genf und Den Haag niedergelegten Vereinbarungen bemüht und dadurch zur Sicherung einiger menschlicher Grundrechte auch in Kriegszeiten beiträgt.

1864n rot Gründung
1899n rot Haager Erweiterung

ROTES MEER, Name eines Meeres von 2250 km Länge und rund etwa 250 km Breite, das Nordost-Afrika (Ägypten, Sudan, Abessinien) von der arabischen Halbinsel trennt. Im Süden durch eine 22 km breite Meeresstraße mit dem Indischen Ozean verbunden. Für den Afrika- und Indienhandel Ägyptens und Vorderasiens seit Jahrtausenden bedeutsam, erhielt es durch den Bau des Suezkanals im Norden eine direkte Wasserverbindung zum Mittelmeer und wurde dadurch zu einer Haupt-Verkehrsstraße der internationalen Schiffahrt.

999v–936v Hiram
979v braun Vorstoß Judas
979v rot Indien-Hafen Judas
948v grün Fahrt der Phönizier
658v–595v Necho II.
605v grün Kanalbau
550v–486v Dareios I.
490v grün Vollendung des Kanals
281v grün Kanalschleuse
1293n grün Seemacht der Mongolen
1869n grün Suezkanal

ROTHARI, König der Langobarden von 636n bis 652n.

606n–652n Lebenslinie
643n braun Sieg über Römer
643n blau Gesetzbuch

ROTHENBURG, Stadt im südlichen Deutschland, 50 km westlich von Nürnberg an einem Nebenfluß des Mains (Tauber). Wuchs vor mehr als 1000 Jahren um eine Burg empor, die am Uferhang der Tauber entstanden war. Durch den Gewerbefleiß ihrer Bewohner erreichte sie im 16. Jahrhundert eine hohe Blüte. Weil sich ihre Bürger in der ersten deutschen Revolution (Bauernkrieg) mit den Aufständischen solidarisierten, verhängte der Markgraf von Ansbach über sie ein Strafgericht. Im Dreißigjährigen Krieg wurde die Stadt mehrfach umkämpft. Von diesen Verwüstungen und Bevölkerungsverlusten erholte sie sich nicht mehr, blieb in ihrer Entwicklung stehen und bietet noch heute das Stadtbild einer versunkenen Epoche.

1172n rot Stadtrecht
1467n blau Herlins Altarbild
1502n blau Riemenschneider-Altar
1522n/1526n Deutsche Revolution
1578n blau Rathaus
1618n/1648n Dreißigjähriger Krieg

ROTHER ('König Rother'), Heldengestalt eines in Bayern entstandenen Gedichtes, das von der Brautwerbung des Königs von Bari (Italien) um die Tochter des Kaisers von Byzanz (Konstantinopel) erzählt. Nachdem die von ihm entsandten 12 Grafen eingekerkert worden waren, zog der König selbst nach Konstantinopel und gewann nach abenteuerlichen Heldentaten die Geliebte und die Freundschaft ihres kaiserlichen Vaters.

1160n blau Entstehung des Liedes

ROTHMANN, Bernt (um 1510n–um 1550n), deutscher Freiheitskämpfer. Studierte bei Melanchthon in Wittenberg und trat zum Protestantismus über. Als Kaplan in Münster predigte er einen religiösen Kommunismus. Handwerker und Arbeiter schlossen sich ihm an, reiche Bürger übergaben ihm ihr Vermögen, damit er es zum gemeinsamen Wohle aller verwende. So fiel ihm bald die Führung des apostolischen Kommunismus der Stadt zu, was ihm die erbitterte Gegnerschaft aller Katholiken und vieler Protestanten eintrug. Nachdem aus Holland geflohene Gegner der Kindstaufe (Wiedertäufer) die Geschicke Münsters in die Hand genommen hatten, zog er sich auf seine Predigten zurück und überließ ihnen die Führung der religiös-revolutionären Bewegung. Verurteilte allen Handel unter Hinweis auf die gegen den Schacher gerichteten Aussprüche des Evangeliums.

1534n blau Kommunismus
1534n braun Wiedertäufer-Erhebung

ROTHSCHILD, Name einer internationalen Finanzgruppe, die in vielen kapitalistischen Ländern maßgeblichen Einfluß auf Bank- und Versicherungswesen, Verkehr, Industrie (Chemie, Nichteisen-Metalle) und Energiewirtschaft (Erdöl, Elektrizität) besitzt. 1760n als Bankhaus in der Frankfurter Judengasse gegründet von Mayer Amschel Rothschild, der hier einen Münzhandel betrieb. Neun Jahre später verschaffte ihm seine aus der Münz-Kennerschaft erwachsene Verbindung zum hessischen Fürstenhause die Stellung eines Hofbankiers. In den Koalitionskriegen der restaurativen Staaten Europas gegen das revolutionäre Frankreich (Revolutionskriege) trug er zur Finanzierung der Rüstung mehrerer Staaten bei. 1801n wurde er Agent des Kurfürsten Wilhelm I. von Hessen und verwaltete nach dessen Flucht vor Napoleon das in England deponierte Vermögen dieses reichsten deutschen Fürsten. Finanzierte in den Napoleonischen Kriegen das englische Expeditionskorps in Spanien und die Rüstung des englischen Heeres unter Wellington, das den endgültigen Sieg über Napoleon errang. Um diese Zeit ging sein Geschäft bereits in die Hände seiner fünf Söhne über, die in London, Paris, Neapel, Wien und Frankfurt die Zentren eines über ganz Europa sich erstreckenden Netzes von wirtschaftlich verflochtenen Banken leiteten. Das Zentrum des Unternehmens verschob sich immer mehr nach England, das unter seiner Mithilfe zum Mittelpunkt des europäischen Kapitals wurde und dessen weltweite Ausbeutungspolitik auf ihren Höhepunkt führte (Disraeli). Das Bankhaus wurde im 19. Jahrhundert zur stärksten Geldmacht der Erde und deckte den Finanzbedarf fast aller Staaten Europas. Es verbürgte nach dem deutsch-französischen Krieg für den französischen Staat die von Bismarck geforderten 5 Milliarden Goldfranken und zahlte sie zwei Jahre vorfristig. Es ermöglichte auch den Erwerb der Suez-Kanal-Aktien durch den englischen Staat. Angesichts des Rückganges der Fürstenmacht durch immer neue Revolutionen stellte es sich allmählich von Staatsanleihen auf industrielle Kapitalanlagen, Handelsgeschäfte und Börsenspekulationen um. Es finanzierte den Bau von Eisenbahnen (Frankreich), stieg ins Dampfschiff-Geschäft ein und errichtete ein Quecksilber-Monopol. Zur Verminderung des Risikos wurde das Geld in mehreren Erwerbszweigen und in möglichst vielen Staaten investiert. So wurde das Bankhaus zum Motor der kapitalistischen Entwicklung und zu deren Symbol. Dadurch wurde die Ablenkung der vom Kapitalismus abgestoßenen Volksmassen in antisemitische Bahnen begünstigt.

1769n grün Hofbankier
1792n/1795n Revolutionskriege
1796n/1815n Napoleonische Kriege
1875n grün Suez-Aktien an England

ROTTERDAM, holländische Hafenstadt an der Einmündung des Rheins in die Nordsee. Durch diese günstige Lage blühte es mit der zunehmenden Bedeutung der Rhein-Schiffahrt auf und wurde zum zweitgrößten Hafen der Erde (nach New York) sowie zur zweitgrößten Stadt Hollands (nach Amsterdam).

1299n rot Stadtrecht
1465n–1536n Erasmus von Rotterdam
1750n grün Börse

ROUEN, Stadt in Nordfrankreich am Unterlauf der Seine zwischen Paris und der Mündung des Flusses in die Nordsee (Ärmelkanal). Von Römern vor mehr als 2000 Jahren gegründet (Rotomagus), entwickelte sie sich mit dem Aufstieg der Stadt Paris zum wichtigsten Einfuhrhafen Frankreichs. Während des Hundertjährigen Krieges wurde hier Jeanne d'Arc öffentlich verbrannt.

885n braun Normannen-Vorstoß
911n blau Hauptstadt der Normandie
1112n rot Schuhmacher-Vereinigung
1208n blau Kathedrale
1338n/1453n Hundertjähriger Krieg
1412n–1431n Jeanne d'Arc
1431n rot Jeanne d'Arc verbrannt
1566n grün Börse
1893n blau Monet: Kathedrale

ROUGET de Lisle, Claude Joseph (1760n–1836n), französischer Dichter und Komponist. Als Hauptmann der technischen

Truppen wurde er 1791n zur Rheinarmee versetzt. Um die französischen Soldaten zum Kampf gegen die Interventionstruppen des deutschen Kaiserreiches zu begeistern, schrieb er die 'Marseillaise' und komponierte auch die Melodie dazu. Außer diesem berühmten Lied verfaßte er noch zahlreiche Kriegs- und Revolutionslieder sowie Gedichte, ein Lustspiel, eine Tragödie und einen Operettentext. Geriet im vorgerückten Alter in wirtschaftliche Bedrängnis und verbrachte längere Zeit im Schuldgefängnis.

1792n blau 'Marseillaise'

ROUSSEAU, Jean Jacques, französischer Philosoph schweizerischer Herkunft.

1712n–1778n Lebenslinie
1713n–1784n Diderot
1753n blau 'Ungleichheit der Menschen'
1761n blau 'Die neue Heloise'
1762n blau 'Contrat social', 'Emile'
1764n blau 'Bergbriefe'
1777n blau 'Bekenntnisse'

ROXANE (um 340v–311v), Kaiserin des mazedonischen Reiches. Tochter des Herrschers von Baktrien (Afghanistan). Fiel als Gefangene den griechischen Heeren in die Hände, die unter Führung Alexanders des Großen ihr Land eroberten. Wegen ihrer Schönheit nahm Alexander sie zur Frau und feierte eine große Hochzeit, die Sinnbild der Verschmelzung Europas und Asiens sein sollte. Nach dem Tode ihres Mannes gebar sie den einzigen Sohn Alexanders des Großen. Um dessen Thronansprüche zu sichern, ließ sie die persische Königstochter Stateira ermorden, die Alexander noch kurz vor seinem Tode geheiratet hatte. Zum Objekt der um die Nachfolge Alexanders ringenden Feldherren (Diadochen) geworden, floh sie zu Alexanders Mutter Olympia nach Griechenland. Bald nach deren Ermordung wurde sie zusammen mit ihrem Sohne eingekerkert und getötet.

356v–323v Alexander der Große
327v rot Verheiratung mit Alexander
326v blau Gemälde der Hochzeit
324v rot Perserfrau für Alexander
323v rot Tod Alexanders
323v/301v Diadochenkriege

ROYAL SOCIETY, Name der englischen Akademie der Wissenschaften (wörtlich 'Königliche Gesellschaft'), deren Tätigkeit auf naturwissenschaftliche Forschungen und Mathematik beschränkt ist.

1623n–1687n Petty
1660n blau Gründung

ROZIER, Jean François Pilâtre de (1756n–1785n), französischer Ballonflieger. Als Apotheker nahm er am Aufstieg der ersten Ballons lebhaften Anteil. Nachdem im Jahre 1783n eine 'Montgolfière' mit einer Ente, einem Hahn und einem Hammel im Beisein des Königs 7 Minuten geflogen und dann wohlbehalten gelandet war, bestimmte er die Brüder Montgolfier dazu, ihn drei Wochen später damit aufsteigen zu lassen. Dieser Versuch mit angeleintem Ballon glückte, und noch im gleichen Jahre unternahm er die erste Freifahrt. Vom Jagdschloß La Muette aus flog er 25 Minuten über Paris und landete wohlbehalten in einer Entfernung von 10 km. Für weitere Flüge entwickelte er einen Ballon ('Rozière'), der den Vorteil des Gasballons (stetiger Flug) mit dem Vorteil des Warmluftballons (schneller Wechsel der Flughöhe) verbinden sollte. Trotz der Warnungen von Fachleuten führte er deshalb in einem mit hochexplosivem Wasserstoffgas gefüllten Ballon eine Kohlenpfanne mit. 1785n explodierte sein Ballon, und er fand bei dem Absturz aus 500 m Höhe den Tod.

1783n grün Ballonflug

RUA (um 380n–434n), König des Hunnenreiches. Einigte die aus Westasien nach Südeuropa eingewanderten Hunnen in einem Staatswesen, dessen Zentrum am Mittellauf der Donau (Ungarn) lag. Schuf ein stehendes Heer und machte die Hunnen reif für die Kämpfe mit den Mächten Europas. Vererbte dieses Reich seinen Neffen Attila und Bleda.

370n/455n Hunnenkriege
427n rot Hunnenreich in Europa
433n rot Gewinn Pannoniens
434n rot Reichsteilung

RU-A-BEN, ägyptischer Beamter.

2751v–2681v Lebenslinie
2757v–2681v Neter-Imu
2696v grün Steuerreform
2692v grün Grundsteuer
2681v grün Grabanlage

RUBEL, von dem russischen Worte 'rubit' (= durchhauen) abgeleitete Bezeichnung der russischen Währungseinheit. 1321n zuerst erwähnt als durchgehauener (= zweigeteilter) Silberbarren ('Griwanko'). Später wurde das Geldstück gestempelt, dann geprägt und verbreitete sich schließlich als Währung des Großfürstentums Moskau mit dessen Machtausweitung über ganz Rußland. Die Zarin Katharina II. ließ im 18. Jahrhundert das Metallgeld durch Papiergeld ersetzen.

1704n grün Prägung

RUBENS, Peter Paul, niederländischer Maler.

1577n–1640n Lebenslinie
1611n blau 'Kreuzabnahme'
1614n blau 'Venus'
1617n blau 'Amazonenschlacht'
1624n blau 'Anbetung'
1631n blau 'Helene Fourment'

RUBIKON, alter Name eines Flusses im nördlichen Italien. Bildete seit dem Jahre 81v die Grenze zwischen dem eigentlichen Römerreiche und seiner Provinz Gallien, die um diese Zeit ganz Norditalien mit der Po-Ebene umfaßte ('Gallia cisalpina'). Als Cäsar im Jahre 49v auf der Rückkehr von erfolgreichen Eroberungszügen (Gallischer Krieg) diesen Fluß mit seinen Truppen überschritt, begann er damit seinen siegreichen Kampf um die Alleinherrschaft.

49v/45v Zweiter Bürgerkrieg Roms

RUBLEW, Andrei, russischer Maler.

1365n–1430n Lebenslinie
1426n blau Heiligenbilder

RUBRUK, Wilhelm (um 1210n–um 1270n), flämischer Mönch. Als Vertrauter des französischen Königs Ludwig IX. reiste er mit vier Begleitern über Konstantinopel in die Residenz des Mongolenkaisers (Karakorum). Nach freundlichem Empfang durfte er sich längere Zeit in der Mongolei aufhalten. Seinen Auftrag, ein Bündnis Frankreichs mit den Mongolen gegen die Araber zustandezubringen, konnte er nicht erfüllen. Aber er brachte nach zweijähriger Abwesenheit verläßliche Kunde aus dem Machtzentrum des Mongolenreiches nach Europa. Seine geographischen und volkskundlichen Aufzeichnungen erweiterten das europäische Weltbild ebenso wie seine Mitteilungen über die chinesische Schrift und Kultur, der er im Chinesenviertel von Karakorum begegnet war.

1253n rot Reise zu Mongolen
1255n grün Reisebericht

RUCCELAI, Alamanno (um 1260n–um 1330n), italienischer Weber. Entdeckte in einer aus Kleinasien eingeführten Pflanze (Orseille) den roten Farbstoff Orzin und entwickelte ein chemisches Verfahren zu seiner gewerblichen Gewinnung. Durch strenge Geheimhaltung gelang es ihm, den neuen Farbstoff allein für das Einfärben der von ihm hergestellten Tücher zu verwenden, und er wurde durch ihren Verkauf reich. Auch seine Heimatstadt Florenz konnte einige Jahrzehnte bedeutenden wirtschaftlichen Nutzen aus seiner Entdeckung ziehen und behielt noch lange einen Vorsprung auf dem Gebiet der Farbstoffe.

1302n grün Farbstoff

RUDAKI, Abu Abdullah (um 860n–941n), persischer Dichter und Musiker aus Samarkand (Usbekistan), dessen Herrscher er in zahlreichen Lobgedichten besang. Schrieb Liebeslieder, Trinklieder und Weisheitssprüche. Übertrug Märchen und Fabeln aus dem Indischen und gab sie in eigener Bearbeitung heraus. Schuf auch eine Fassung der Sindbad-Erzählung. Nach einem Leben in Ruhm und Reichtum fast 80jährig vom Hofe des Herrschers vertrieben, starb er arm und verlassen.

919n blau Märchen und Fabeln

RUDDER, Bernhard (1894n–1962n), deutscher Naturforscher. Als Kinderarzt suchte er die natürlichen Umwelteinflüsse auf den Menschen in ihrer Gesamtheit zu erforschen. Besondere Aufmerksamkeit wandte er den Einflüssen des Wetters zu und schuf die Lehre von den Wetter-Krankheiten ('Meteoro-Pathologie'). Mit seiner Schrift 'Grundriß einer Meteoro-Biologie des Menschen' legte er den Grund zu dieser neuen Wissenschaft. Erforschte auch die kosmischen Einflüsse auf den Menschen.

1952n grün Meteoro-Biologie

RUDERN, Ruderboot, Ruderschiff, Galeere

2383v grün Sumerisches Schiffsmodell
2339v grün Ägyptische Boote
2047v blau Ägyptische Plastik
1491v blau Ägyptisches Relief
525v–459v Themistokles
399v grün Schiffsbau in Syrakus
263v grün Schiffsbau in Rom
990n grün Galeerenflotte Venedigs
1532n grün Galeeren in Frankreich
1570n–1607n Iwan Bolotnik
1585n–1642n Richelieu
1791n rot Galeerenstrafe

RUDOLF I. von Habsburg, deutscher König von 1273n bis 1291n.

1218n–1291n Lebenslinie
1273n rot Deutscher König
1278n braun Sieg über Böhmen
1278n rot Gebietszuwachs
1281n rot Stadtrecht für Graz

RUDOLF IV. (1339n–1365n), Herzog von Österreich von 1358n bis 1365n. Erwarb Tirol durch Vertrag und sicherte seinem Hause den Erbanspruch auf Görz (Oberitalien). Gründete in Wien eine Universität. Um die staatsrechtliche Stellung seines Fürstentums innerhalb des deutschen Reiches zu verbessern, änderte er selbst die 1156n bei der Erhebung Österreichs zum Herzogtum ausgefertigte kaiserliche Urkunde 200 Jahre nach ihrer Ausstellung. Aber obwohl er mit der Tochter des deutschen Kaisers Karl IV. verheiratet war, konnte er diese nachträgliche Rangerhöhung nicht durchsetzen.

1365n blau Universität Wien

RUDOLF von Ems (um 1200n–um 1250n), deutscher Dichter aus Hohenems im schweizerischen Rheintal. In Diensten des Grafen von Montfort und des deutschen Königs Konrad IV. schrieb er legendenhafte Vers-Erzählungen von lehrhaftem Charakter. Obwohl er an der Form höfischer Dichtung festhielt, schilderte er schon gelegentlich das Leben des arbeitenden Volkes und stellte in seiner Erzählung 'Der gute Gerhard' die sittliche Haltung eines bescheidenen Kölner Bürgers als Vorbild für das Verhalten des Kaisers dar. Schrieb gereimte Erzählungen über Alexander den Großen und Wilhelm den Eroberer. König Konrad IV. bestimmte ihn zur Niederschrift einer gereimten Weltchronik auf biblischer Grundlage, doch vollendete er davon nur die Periode von der Erschaffung der Erde bis zum Tode Salomos.

1227n blau 'Der gute Gerhard'

RÜBE, Sammelbezeichnung für zahlreiche Kulturpflanzen, deren stark verdickte Pfahlwurzel seit alters her als Gemüse sowie als Viehfutter angebaut wird. Durch Entdeckung ihres Zuckergehaltes, die daraus folgende Zuckergewinnung und die Züchtung besonders zuckerhaltiger Arten (Zuckerrübe) erhielt sie als Rohstoff der Zucker-Erzeugung seit dem 19. Jahrhundert besondere Bedeutung.

1747n grün Zuckergehalt entdeckt
1802n grün Zuckerfabrik

RÜCKERT, Friedrich (1788n–1866n), deutscher Dichter und Sprachgelehrter. Als Beamtensohn studierte er Rechtskunde, wandte sich dann aber Sprachstudien zu, wurde Redakteur, Professor für orientalische Sprachen und zog sich schließlich als Privatgelehrter zurück. Übersetzte arabische, persische, indische und chinesische Werke ins Deutsche und schrieb selbst Bücher, die von orientalischer Denkweise erfüllt sind ('Die Weisheit des Brahmanen'). Verfaßte auch historische Dramen (Kolumbus), Lieder ('Aus der Jugendzeit') und Erzählungen. Seine 'deutschen Gedichte' sind eine Zusammenfassung der in den Freiheitskämpfen gegen die französische Fremdherrschaft geschriebenen 'Geharnischten Sonette' und der gleichzeitig entstandenen 'Spott- und Ehrenlieder'.

1814n blau 'Deutsche Gedichte'

RÜCKSTOSS-ANTRIEB, Bezeichnung für das Prinzip der Vorwärts-Bewegung durch Rückwärts-Ausstoß von Gasen oder Flüssigkeiten.

972n grün China: Feuerwerksrakete
1220n grün Raketenwaffe in China
1734n grün Bernoullis Plan
1806n grün Congreve: Raketengeschoß
1928n grün Auto mit Raketenantrieb
1939n grün Düsenflugzeug
1942n grün Braun: Rakete
1944n grün Flugzeug: 1000 km/h
1947n grün Überschall-Flug
1949n grün Rakete: 414 km Höhe
1950n grün Rakete: 3000 km/h
1957n grün 'Sputnik'
1959n grün 'Lunik'
1962n grün Venus-Sonde
1965n grün Mars-Sonde

RÜCKVERSICHERUNGSVERTRAG, Bezeichnung für ein deutsch-russisches Geheimabkommen. Verpflichtete beide Mächte zur Neutralität in allen europäischen Kriegsfällen, außer bei einem Angriff Rußlands auf Österreich oder einem deutschen Angriff auf Frankreich. Dieser von Bismarck auf drei Jahre abgeschlossene Vertrag gab Rußland freie Hand im Balkan (Bulgarien) und am Bosporus (Konstantinopel); er befreite Deutschland in seiner westeuropäischen Politik weitgehend von Rücksichten auf Rußland. Nach Bismarcks Entlassung wurde er von deutscher Seite nicht verlängert.

1815n–1898n Bismarck
1887n rot Abschluß
1890n rot Verzicht Deutschlands

RÜGEN, größte deutsche Insel. Unmittelbar vor der norddeutschen Ostseeküste gelegen, mit der sie bei Stralsund durch einen befahrbaren Damm verbunden ist. Seit mehr als zwei Jahrtausenden von den germanischen Rugiern bewohnt, wurde die Insel seit dem fünften Jahrhundert von slawischen Rujanen besiedelt, im 12. Jahrhundert von Dänen unterworfen und im 14. Jahrhundert durch Erbvertrag mit Pommern vereinigt. Nach dem Dreißigjährigen Kriege für fast zwei Jahrhunderte schwedisch, wurde sie 1815n von Preußen gekauft und 1871n mit diesem Bestandteil des deutschen Reiches. Bei der Teilung Deutschlands nach dem zweiten Weltkrieg fiel sie der DDR zu.

1161n rot Menschenopfer
1168n braun Niederlage der Slawen
1168n rot Dänischer Besitz
1168n rot Christianisierung
1168n grün Slawenschatz an Dänen
1648n rot Schwedischer Besitz
1815n rot Wiener Kongreß

RÜTTEL-UHR, Bezeichnung für die erste Uhr, deren Feder nicht mehr in herkömmlicher Weise aufgezogen wurde, sondern durch starkes Schütteln des ganzen Gehäuses.

1780n grün Erfindung

RUGIER, germanischer Volksstamm, der vor Jahrtausenden die inselreiche Küste Norwegens bewohnte und um die Zeitwende südwärts zog. Zunächst in Pommern und auf Rügen ansässig, wandten sie sich dem Balkan zu, wo sie für drei Jahrzehnte ein eigenes Reich gründeten. Bis zum sechsten Jahrhundert nach der Zeitwende gingen sie in den Völkern auf, deren Boden sie besiedelten. Die in der norwegischen Heimat verbliebenen Stammesangehörigen wurden um 900n von dem Einiger Norwegens, Harald Schönhaar, endgültig vertrieben.

455n rot Donau-Reich
488n braun Niederlage
488n rot Ende des Reiches

RUHMER, Ernst (1878n–1913n), deutscher Physiker. Angeregt durch die 'Singende Bogenlampe' des deutschen Physikers Theodor Simon erforschte er die Umwandelbarkeit akustischer Schwingungen in optische Impulse. Unter Verwendung elektrischer Kraft entwickelte er sodann ein Verfahren zur optischen Aufzeichnung von Tönen. Verbesserte die Licht-Telephonie. Ein Jahr später übertrug er im Berliner Grunewald drahtlose Gespräche über eine Entfernung von 17 Kilometern.

1901n grün Lichtton-Aufzeichnung

RUHRGEBIET, Bezeichnung für das Herzstück des rheinisch-westfälischen Industriegebietes, das von Ruhr, Lippe, Wupper und Rhein durchflossen wird. Durch seinen Kohlenreichtum und durch den Fleiß seiner Bewohner entwickelte es sich im Zeitalter der Technik zum größten geschlossenen Industriegebiet Europas und zum wirtschaftlichen Machtzentrum Deutschlands.

1812n grün Krupps Gußstahlfabrik
1885n grün Mannesmann-Röhren
1889n rot Bergarbeiterstreik
1905n rot Bergarbeiterstreik
1920n braun Kommunistische Erhebung
1923n braun Besetzung durch Franzosen
1926n grün Stahltrust

RUISBROEK, Johannes (1293n–1381n), niederländischer Priester. Zog sich 50jährig von seiner Priestertätigkeit an der Gudula-Kirche in Brüssel zurück und lebte als Mönch im Kloster Groenendael, dessen Vorsteher er wurde. Suchte jenseits der christlichen Dogmen und der kirchlichen Glaubenslehre die unmittelbare Vereinigung seiner Seele mit der Weltseele. Weil sich diese mystische Versenkung bei ihm mit heftigen Erregungszuständen verband, wurde er 'der verzückte Lehrer' genannt. Verurteilte das Streben der Kirche nach Macht und Reichtum und hielt seine Mönche zur Arbeit und zu apostolischer Armut an. Schrieb zahlreiche Bücher mit praktischen Sittenregeln ('Von den 12 Tugenden') und mystischer Spekulation ('Spiegel der ewigen Seligkeit').

1351n blau Mystik

RUISDAEL, Jakob (1628n–1682n), holländischer Maler und Zeichner. Neffe des Vorstehers der Malergilde von Haarlem. Nach ersten Erfolgen übersiedelte er in die Stadt Amsterdam, die ihn in die Malergilde aufnahm und ihm das Bürgerrecht verlieh. 25 Jahre später wurde er wegen Vermögenslosigkeit aus der Stadt gewiesen und starb im Armenhaus seiner Geburtsstadt Haarlem. Schuf fast 500 Landschaftsgemälde, in denen er die Natur zum Spiegel menschlichen Empfindens machte. Die Stimmungen seiner menschenleeren Landschaften waren meist düster. Die Motive seiner Bilder fand er in Holland und in Norddeutschland.

1670n blau 'Die Mühle'
1677n blau 'Judenfriedhof'

RUIZ, Alarcon y Mendoza, Juan (1581n–1639n), spanischer Dichter. Nach Studien in Salamanca kehrte er in seinen Geburtsort Taxco in Mexiko zurück und ließ sich 30jährig endgültig in Spanien nieder, wo er seiner Tätigkeit als Rechtsanwalt nachging. Im Mittelpunkt seiner gesellschaftskritischen Dramen stehen Charaktere, die sich gegen die moralische Minderwertigkeit ihrer Umgebung behaupten.

1634n blau 'Verdächtige Wahrheit'

RUIZ, Juan (1283n–um 1350n), spanischer Dichter. Als Priester in dem Dorfe Hita bei Madrid wurde er von seinem Erzbischof gefangengesetzt. Im Kerker schrieb er eine Dichtung über die Liebe in 7000 Versen ('Von der echten Minne'). Darin schilderte er eigene Liebeserlebnisse und stellte das Glück wahrer Liebe den lebensfeindlichen Kirchendogmen entgegen. Mit Gleichnissen, Fabeln und Anekdoten belebte er seine Beweisführung für die Liebe. Dabei gab er ein farbiges Bild von Sitte und Leben seiner Zeit.

1343n blau Buch über die Liebe

RULE BRITANNIA (= Herrsche, England), Anfangsworte des englischen Nationalliedes, das die alte britische Freiheit verherrlicht und dem britischen Inselreich die Herrschaft über die Weltmeere zuspricht. Gedichtet von James Thomson (für das Bühnenstück 'Alfred'), komponiert von Thomas A. Arne.

1738n blau Entstehung

RUMÄNIEN

53n–117n Trajan
67n–129n Apollodoros von Damaskus
85n/88n Erster Dakerkrieg
101n/106n Zweiter Dakerkrieg
104n grün Steinerne Donaubrücke
106n rot Dakien römisch
106n grün Umsiedlungen
238n braun Goten-Einfall
250n/269n Erster Gotischer Krieg
271n rot Rückzug Roms
311n–383n Wulfila
332n braun Sieg Roms über Goten
332n rot Grenzschutz für Rom
346n rot Christianisierung
348n braun Kampf gegen Christentum
370n blau Wulfilas Bibelübersetzung
370n/455n Hunnenkriege
455n rot Gepiden-Reich
527n braun Vordringen der Slawen
527n rot Slawen-Ansiedlung
541n–572n Alboin
567n braun Niederlage der Gepiden
567n rot Ende des Gepiden-Reiches
567n rot Awaren-Reich
834n–907n Arpad
860n rot Magyaren-Ansiedlung
927n rot Teile im Bulgaren-Reich
1072n braun Kriegszug der Kumanen
1148n grün Ansiedlung Deutscher
1173n–1239n Hermann von Salza
1207n/1279n Großer Mongolenkrieg
1225n rot Abzug der Deutschritter
1514n braun Bauern-Aufstand
1663n/1699n Großer Türkenkrieg
1718n rot Gebietsverlust der Türkei
1812n rot Bessarabien russisch
1856n rot Donaumündung türkisch
1859n rot Zusammenschluß
1864n blau Universität Bukarest
1876n/1878n Krieg Rußland–Türkei
1907n braun Bauern-Aufstand
1912n/1913n Balkan-Kriege
1914n/1918n Erster Weltkrieg
1919n rot Vertrag von St. Germain
1920n rot Mitglied des Völkerbundes
1939n/1945n Zweiter Weltkrieg
1947n rot Kommunistisch
1949n grün Mitglied des COMECON
1955n rot Warschauer Pakt

RUMI, Moulawi (1207n–1273n), persischer Dichter und Philosoph. Als Sohn eines Gelehrten floh er 12jährig mit seinem Vater vor den Mongolen nach Konya (Kleinasien). Hier schrieb er eine Gedichtsammlung, die er unter dem Namen seines Lehrers herausgab ('Diwan des Schams aus Täbris'). Suchte griechische und indische Philosophie mit einem gemäßigten islamischen Glauben zu vereinigen. In sechs Büchern mit insgesamt 26 000 Versen schrieb er seine Weisheitslehre nieder, deren Grundlage die Gleichsetzung von Gott und Welt ist. Durch diesen Kunstgriff ('Pantheismus') wollte er Religion und Philosophie versöhnen. Gründete einen Armuts-Orden (Derwisch-Orden).

1247 n blau Pantheismus

RUNDFUNK

1863 n grün Maxwell: Wellen
1874 n–1937 n Marconi
1878 n grün Mikrophon
1887 n grün Hertz: Wellen
1894 n grün Antenne
1897 n grün Drahtlose Telegraphie
1898 n grün Braun'sche Röhre
1904 n grün Elektronenröhre
1907 n grün Hochfrequenzmaschine
1920 n grün Rundfunksender
1926 n grün Germanium-Diode
1948 n grün Transistor
1955 n grün Sendeturm (479 m Höhe)

RUNEN, Name für die Schriftzeichen der Germanen. Die aus 24 Zeichen bestehende ursprüngliche Schrift entstand vor mehr als 2000 Jahren im Raume zwischen Ostsee, Rhein und Donau. Sie wurde von Germanen durch Umbildung alter Schriftzeichen aus dem Mittelmeerraum vor allem aus der lateinischen Schrift entwickelt und verbreitete sich in England, Skandinavien, Deutschland, Schlesien und im Donauraum bis zur nördlichen Ukraine. Vor 1400 Jahren entstand in der nördlichen Mongolei an den Ufern des Orchon eine türkische Schrift mit wesensverwandten Zeichen, die allerdings nicht von links nach rechts, sondern von oben nach unten geschrieben wurden ('Orchon-Schrift') und die man wegen ihrer Ähnlichkeit mit der gleichen Bezeichnung belegte.

101 v grün Entstehung
250 n grün Gotische Runen
311 n–383 n Wulfila
369 n grün Gotisches Alphabet
570 n grün Türkisches Alphabet

RUNGE, Friedlieb (1795 n–1867 n), deutscher Chemiker. Nach Beendigung seiner Studien als Dozent in Breslau tätig, suchte er auf Anregung Goethes den Giftstoff im Kaffee und fand so das Koffein. 36jährig gab er seine Professur auf, um in die Industrie zu gehen. In der chemischen Fabrik Oranienburg (bei Berlin) untersuchte er planmäßig die Produkte des Steinkohlenteers. Dabei entdeckte er den ersten Teer-Farbstoff (Anilin). Schrieb eine dreibändige 'Farbenchemie'. Gewann auch Chinolin und Phenol (Karbolsäure) aus Steinkohlenteer und wurde damit zu einem Bahnbrecher der modernen Chemie. In der Tollkirsche entdeckte er das hochgiftige Atropin.

1834 n grün Anilin

RUNGE, Philipp Otto (1777 n–1810 n), deutscher Maler. Während seiner kaufmännischen Lehre in Hamburg nahm er Zeichenunterricht, studierte dann an der Kopenhagener Akademie und schloß seine Ausbildung durch ein dreijähriges Studium an der Akademie Dresden. Nach Hamburg zurückgekehrt, entwickelte er einen eigenen norddeutschen Stil. Löste die deutsche Malerei aus ihrer Abhängigkeit von altgriechischem und alt-römischem Vorbild ('Klassizismus'). Malte Porträts, vorwiegend von seiner eigenen Familie, Kinderbilder, Blumen- und Tierbilder sowie sinnbildliche Darstellungen ('Die Tageszeiten'). Schrieb ein Buch über die Verhältnisse der Farben zueinander ('Farbenkugel'). Verfaßte auch Märchen, die von den Brüdern Grimm in ihre Sammlung aufgenommen wurden ('Vom Fischer und syner Fru').

1806 n blau Bildnis der Eltern

RUODLIEB, Titel einer Erzählung in 2300 Reimen, die auf einer frei erfundenen Handlung beruht. Der am Tegernsee entstandene Vers-Roman schildert in lateinischer Sprache die Erlebnisse des Ritters Ruodlieb, der in die Fremde zieht, um sein Glück zu suchen. Das Leben am Kaiserhof und auf den Herrensitzen wird darin ebenso dargestellt wie die dumpfe, karge Welt des Bauern.

1040 n blau Entstehung

RUPAR, Kleinstadt in Nordindien, die vor 4700 Jahren gegründet wurde. Sie lag 400 km östlich von Harappa und entstand fast 200 Jahre, nachdem dieses frühere indische Kulturzentrum bereits zur Großstadt aufgestiegen war. An einem Quellfluß des Indus unweit des Himalaya-Gebirges gelegen, bildete sie die äußerste Nordostspitze der Indus-Kultur.

2717 v blau Entwicklung zur Stadt

RUPERTSBERG, Name eines Berges unweit der Stadt Bingen am Rhein. Hier gründete die Äbtissin des Klosters Disibodenberg (Hildegard) ein eigenes Kloster und verbrachte darin die letzten dreißig Jahre ihres Lebens.

1098 n–1178 n Hildegard von Bingen
1147 n blau Klostergründung
1147 n grün Wasserversorgung

RUPRECHT I. (1309 n–1390 n), Kurfürst der Pfalz von 1353 n bis 1390 n. Als Angehöriger der bayerischen Herrscherfamilie (Wittelsbacher) Anhänger des in Rom residierenden Papstes Urban VI., wollte er es nicht dulden, daß die Jugend seines Landes in Paris studierte, weil die dortige Universität für den in Avignon residierenden Gegenpapst Partei ergriffen hatte. Deshalb gründete er in Heidelberg eine eigene Universität. So schuf er nach Prag und Wien die dritte deutsche Universität und trug dazu bei, das deutsche Bildungswesen von Frankreich unabhängig zu machen.

1386 n blau Universität Heidelberg

RURIK, russischer Staatsgründer normannischer Herkunft.

830 n–879 n Lebenslinie
860 n braun Slawen-Aufstand
862 n rot Reich von Nowgorod

RURIKIDEN, Name einer russischen Herrscherfamilie, die sich auf den normannischen Staatsgründer Rurik zurückführte. Zunächst nur über Teile Rußlands gebietend, schmiedete sie allmählich das russische Reich zusammen und beherrschte es bis zum Jahre 1598 n.

830 n–879 n Rurik
838 n–912 n Oleg der Weise
860 n braun Slawen-Aufstand
862 n rot Reich von Nowgorod
882 n braun Kampf der Teilreiche
882 n rot Reich von Kiew
885 n–968 n Olga
911 n braun Angriff auf Byzanz
911 n grün Handel mit Byzanz
940 n–1015 n Wladimir der Große
941 n braun Angriff auf Byzanz
944 n braun Angriff auf Byzanz
944 n grün Tribute von Byzanz
945 n/946 n Slawen-Aufstand
958 n–1025 n Basilius II.
965 n braun Sieg über Khasaren
965 n rot Khasaren-Reich russisch
988 n rot Verbindung mit Byzanz
989 n rot Christianisierung
991 n rot Staatskirche
1019 n grün Schulen
1021 n rot Gesetzgebung
1036 n braun Kampf gegen Petschenegen
1068 n braun Volksaufstand
1097 n grün Fürstenbesitz erblich
1111 n blau Nestor-Chronik
1113 n braun Volksaufstand
1147 n blau Gründung von Moskau
1155 n–1227 n Dschingis-Khan
1181 n grün Deutsches Handelskontor
1187 n blau 'Heerfahrt Igors'
1207 n/1279 n Großer Mongolenkrieg
1207 n–1255 n Batu-Khan
1221 n blau Siedlung Nischni-Nowgorod
1222 n–1263 n Alexander Newski
1224 n rot Ukraine mongolisch
1240 n braun Abwehr der Schweden
1240 n rot Kiew-Gebiet mongolisch
1242 n braun Sieg über Deutschritter
1242 n rot Reich der 'Goldenen Horde'
1245 n braun Abwehr der Litauer
1259 n rot Nowgorod mongolisch
1328 n rot Großfürstentum Moskau
1380 n braun Sieg über Mongolen
1395 n braun Mongolen vor Moskau
1398 n rot Metropolit in Moskau
1440 n–1505 n Iwan III.
1463 n rot Jaroslaw unter Iwan
1474 n rot Rostow unter Iwan
1478 n braun Zug Iwans gegen Nowgorod
1478 n rot Nowgorod unter Iwan
1478 n rot Russisches Reich
1481 n rot Tod des Mongolen-Khans
1481 n rot Rückdrängung der Mongolen
1485 n blau Bau des Kreml
1492 n blau Gründung von Iwangorod
1494 n rot Rückdrängung der Hanse
1496 n/1497 n Krieg gegen Schweden
1497 n rot Folter und Knute
1499 n braun Sieg über Mongolen
1499 n rot Gewinn Nordwest-Sibiriens
1530 n–1584 n Iwan IV.
1551 n rot Machtgewinn in Sibirien
1552 n braun Sieg über Mongolen
1553 n grün Handelskontor in England
1556 n braun Sieg über Mongolen
1556 n rot Wolga-Gebiet russisch
1557 n blau Gründung von Zarizyn
1563 n/1570 n Dreikronen-Krieg
1574 n grün Erschließung Sibiriens
1581 n rot Gewinn Westsibiriens
1582 n rot Sträflinge nach Sibirien
1584 n blau Gründung von Archangelsk
1586 n blau Gründung von Tjumen
1587 n blau Gründung von Tobolsk
1589 n rot Kirche frei von Byzanz
1589 n rot Patriarchat Moskau
1593 n blau Gründung von Beresow
1597 n rot Bauernfreiheit beschränkt

RUSAS (um 760 v–714 v), König des Reiches von Urartu zwischen Kaukasus und Mesopotamien (Vorderasien). Nach der Zerstörung seiner Hauptstadt Tuspa durch die Assyrer gründete er auf dem Wan-Felsen die neue Hauptstadt Rusachina ('Rusas-Stadt'). Unterlag den Kimmerern und wurde bald darauf von den Assyrern unter Sargon II. angegriffen. Nachdem die Assyrer den Tempel von Musasir erobert hatten, erdolchte er sich.

763 v–705 v Sargon II.
735 v braun Zerstörung von Tuspa
714 v braun Assyrischer Sieg
714 v rot Freitod

RUSCH, Adolf (um 1430 n–1489 n), deutscher Schriftenzeichner. Lernte die Buchdruckerkunst bei Johann Mentelin in Straßburg, der zu seiner Zeit als Erfinder des Buchdrucks galt. Heiratete Mentelins Tochter, führte die Druckerei fort und baute einen Verlag auf. Die allgemein verwendeten deutschen (gotischen) Schriftzeichen ersetzte er durch eine neue Schrift, deren große Buchstaben er aus der lateinischen Schrift entnahm, während er den Kleinbuchstaben eine Form gab, die zwischen lateinischen und deutschen Buchstaben vermittelte.

1464 n grün Antiqua-Schrift

RUSKA, Ernst (geboren 1906 n), deutscher Physiker. Als Sohn eines Universitätsprofessors studierte er Elektrotechnik und wurde Ingenieur in der Elektro-Industrie. Untersuchte die Eignung von Magnetfeldern als Elektronenlinsen und baute 1931 n zusammen mit dem Erfinder der elektrostatischen Linse (Max Knoll) das erste Elektronen-Mikroskop. Zwei Jahre später schuf er ein verbessertes Modell, dessen Leistung bereits derjenigen des optischen Lichtmikroskops überlegen war. Im Jahre darauf schrieb er seine Doktorarbeit über die Eigenschaften magnetischer Elektronenlinsen. Anschließend arbeitete er auf dem Gebiete des Fernsehens und der Photozellen. Daneben entwickelte er das Elektronen-Mikroskop zur Produktionsreife und brachte 1939 n das erste serienmäßig hergestellte Übermikroskop heraus. Seit 1947 n widmete er sich nebenberuflich wieder wissenschaftlicher Arbeiten. 1955 n gab er seine Tätigkeit in der Industrie auf, um sich ganz der Leitung eines Max-Planck-Institutes in Berlin zu widmen.

1933 n grün Übermikroskop

RUSKIN, John (1819 n–1900 n), englischer Kulturwissenschaftler, Soziologe und Sozialreformer. Studierte Kunstgeschichte, veröffentlichte Kunstkritiken und erforschte die gesellschaftliche Bedeutung der Kunst. Als Professor der schönen Künste in Oxford schrieb er viele Bücher, die er zum Teil selbst illustrierte. Erkannte den Zusammenhang zwischen dem Verfall der englischen Kunst im 19. Jahrhundert und dem alles durchdringenden Geist des aufstrebenden Kapitalismus. Seinem Protest gegen die allein auf Erwerbsstreben gerichtete bürgerliche Gesellschaft folgte seine Hinwendung zum Ideal einer sozialistischen Gesellschaft, in der die Wirtschaft nicht mehr den Menschen beherrscht, sondern ihm dient. Forderte gerechte Verteilung der zu leistenden Arbeit (Arbeitspflicht) und Teilnahme des ganzen Volkes an den Reichtümern und den Schönheiten der Erde. In den Mittelpunkt seiner praktischen Reformen stellte er die Förderung kunstgewerblicher Tätigkeit für alle, die Gründung von Arbeiterhochschulen, die Errichtung von Gartenstädten für Arbeiter und eine volksbildende Tätigkeit der Museen.

1857 n grün Kunstlehre

RUSSELL, Bertrand (geboren 1872 n), englischer Mathematiker, Philosoph und Soziologe. Studierte Mathematik, wurde Dozent in Cambridge, dann Professor in London. Wegen Kriegsgegnerschaft seines Amtes enthoben und eingekerkert, verließ er nach dem ersten Weltkrieg längere Zeit seine Heimat, um in China und Nordamerika zu lehren. Durch Zurückführung der Mathematik auf ihre logischen Grundlagen bereitete er eine mathematische Logik vor. Mit ihrer Hilfe überwand er die Widersprüche der Mengenlehre in einer neu geschaffenen 'Typenlehre'. In Materie und Geist sah er nur den unterschiedlichen Ausdruck eines gemeinsamen Dritten. Suchte das Weltbild der unmittelbaren Wahrnehmung mit dem modernen physikalischen Weltbilde zu versöhnen. Erstrebt die Schaffung einer harmonischen Weltordnung durch den Sozialismus ('Mensch und Welt'). Aller Religion steht er ablehnend gegenüber ('Warum ich kein Christ bin').

1910 n grün Mathematische Logik

RUSSISCHE REVOLUTION

1870 n–1924 n Lenin
1879 n–1953 n Stalin
1917 n/1922 n Revolution
1917 n rot Finnland unabhängig
1917 n grün Vergesellschaftung
1917 n blau Blocks Gedichte
1917 n blau Reeds Bericht
1918 n rot Geheimpolizei 'Tscheka'
1919 n rot Komintern
1921 n rot Neue Ökonomische Politik
1922 n rot Gründung der UdSSR

RUSSISCH-TÜRKISCHE KRIEGE

1729 n–1796 n Katharina II., die Große
1768 n/1774 n Krieg
1787 n/1792 n Krieg
1792 n rot Dnjestr-Mündung russisch
1806 n/1812 n Krieg
1812 n rot Bessarabien russisch
1853 n/1856 n Krimkrieg
1856 n rot Donau-Mündung türkisch
1876 n/1878 n Krieg

RUSSLAND: Allgemeines (Land, Volk, Staat)

1277 v–1207 v Tu-Kulti
1034 v rot Argonauten-Siedlung
803 v braun Vordringen Urartus
803 v rot Reich von Urartu
706 v braun Krieg Urartu-Kimmerer
702 v rot Skythen im Kaukasus
676 v braun Krieg Urartu-Kimmerer
616 v braun Meder-Sieg über Skythen
585 v braun Meder-Sieg über Urartu
585 v rot Urartu zum Mederreich
550 v–486 v Dareios I.
537 v blau Pantikapaion gegründet
528 v blau Theodosia gegründet
358 v–280 v Seleukos I.
356 v–323 v Alexander der Große
334 v/325 v Alexanderzug
325 v rot Großreich Alexanders
323 v/301 v Diadochenkriege
306 v rot Seleukiden-Herrschaft
262 v rot Parther-Wanderung
248 v rot Partherreich
246 v rot Baktrisches Reich
172 v–114 v Tschang-Kien
121 v grün Seidenstraße
73 n/91 n Chinesischer Hunnenkrieg
132 n grün Arrianus' Reisebericht
200 n rot Gotenreich
227 n rot Partherreich persisch
250 n/269 n Erster Gotischer Krieg
305 n–370 n Ermanrich
350 n rot Ostgotenreich
350 n blau Gründung von Kiew
350 n/360 n Zweiter Gotischer Krieg
350 n–404 n Balamir
352 n/354 n Alanenkrieg der Hunnen
360 n rot Großreich der Ostgoten
370 n/455 n Hunnenkriege
371 n rot Ende des Ostgotenreiches
450 n rot Großreich der Hunnen
453 n rot Hunnenreich am Aral-See
455 n blau Gründung von Tiflis
460 n rot Slawen-Ansiedlung
492 n–552 n Tumen
500 n rot Slawen-Wanderungen
503 n braun Vordringen der Bulgaren
503 n rot Bulgarenreich
511 n–579 n Chosroes
515 n–572 n Muhan
532 n grün Kaukasus-Befestigungen
540 n/562 n Krieg Byzanz–Perser
552 n rot Türken frei von Awaren
552 n rot Türkisches Reich
552 n/563 n Asiatischer Türkenkrieg
563 n rot Großreich der Türken
598 n braun Vordringen der Khasaren
598 n rot Khasaren-Reich
626 n rot Bündnis Byzanz–Khasaren
633 n/732 n Arabischer Krieg
646 n rot Armenien arabisch
646 n blau Gründung von Smolensk
652 n–700 n Isperich
712 n rot Transoxanien arabisch
751 n braun Schlacht bei Taschkent
778 n–830 n Al Karismi
789 n–873 n Al Kindi
830 n–879 n Rurik
833 n rot Schweden-Niederlassung
834 n–907 n Arpad
838 n–912 n Oleg der Weise
839 n–923 n Al Tabari
860 n braun Slawen-Aufstand
860 n rot Magyaren-Wanderung
862 n rot Reich von Nowgorod
864 n rot Staat von Kiew
866 n braun Angriff auf Byzanz
874 n rot Buchara, Samarkand frei
882 n braun Kampf der Teilreiche
882 n rot Reich von Kiew
885 n rot Religionen bei Khasaren
885 n–968 n Olga
898 n grün Seeweg nach Nordrußland
911 n braun Angriff auf Byzanz
911 n grün Handel mit Byzanz
922 n grün Reisebericht Ibn Fadlans
940 n–1015 n Wladimir der Große
941 n braun Angriff auf Byzanz
944 n braun Angriff auf Byzanz
944 n grün Tribute von Byzanz
945 n/946 n Slawen-Aufstand
958 n–1025 n Basilius II.
965 n braun Russensieg über Khasaren
965 n rot Khasaren-Reich russisch
988 n rot Verbindung mit Byzanz
989 n rot Christianisierung
991 n rot Staatskirche
1017 n–1088 n Adam von Bremen
1019 n grün Schulen
1021 n rot Rechtsverkündung
1036 n braun Kampf gegen Petschenegen
1040 n–1072 n Arsalan der Löwenherzige
1064 n braun Vordringen der Seldschuken
1067 n braun Vordringen der Kumanen
1068 n braun Volksaufstand
1072 n braun Kumanenzug nach Ungarn
1076 n blau Beschreibung durch Adam
1097 n grün Fürstenbesitz erblich
1113 n braun Volksaufstand
1147 n blau Gründung von Moskau
1155 n–1227 n Dschingis-Khan
1207 n/1279 n Großer Mongolenkrieg
1207 n–1255 n Batu-Khan
1218 n rot Südsibirien mongolisch
1220 n rot Samarkand mongolisch
1221 n blau Siedlung Nischni-Nowgorod
1222 n–1263 n Alexander Newski
1223 n rot Armenien mongolisch
1223 n rot Georgien mongolisch
1224 n rot Ukraine mongolisch
1227 n rot Großreich der Mongolen
1240 n braun Abwehr der Schweden
1240 n rot Kiew-Gebiet mongolisch
1240 n blau Gründung von Sarai
1242 n braun Sieg über Deutschritter
1242 n rot Reich der 'Goldenen Horde'
1245 n braun Abwehr der Litauer
1254 n–1324 n Marco Polo
1259 n rot Nowgorod mongolisch
1304 n–1377 n Ibn Batuta
1309 n–1370 n Kasimir der Große
1328 n rot Großfürstentum Moskau
1336 n–1405 n Timur
1351 n grün Pestepidemie
1380 n braun Sieg über Mongolen
1380 n rot Transoxanien mongolisch
1392 n–1450 n Ibn Arabscha
1395 n braun Mongolen vor Moskau
1398 n rot Metropolit in Moskau
1440 n–1505 n Iwan III.
1463 n rot Jaroslaw unter Iwan
1474 n rot Rostow unter Iwan
1475 n braun Türkenzug zur Krim
1475 n rot Krim an Türken
1478 n braun Zug Iwans gegen Nowgorod
1478 n rot Nowgorod unter Iwan
1478 n rot Russisches Reich
1481 n rot Tod des Mongolen-Khans
1481 n rot Rückdrängung der Mongolen
1492 n blau Gründung von Iwangorod
1494 n rot Rückdrängung der Hanse
1496 n/1497 n Krieg gegen Schweden
1497 n rot Folter und Knute
1499 n braun Sieg über Mongolen
1499 n rot Gewinn Nordwest-Sibiriens
1499 n blau Gründung von Sibir
1530 n–1584 n Iwan IV.
1549 n grün Reisebericht Herbersteins
1551 n rot Machtgewinn in Sibirien
1552 n braun Sieg über Mongolen
1553 n grün Handelskontor in England
1556 n braun Sieg über Mongolen
1556 n rot Wolga-Gebiet russisch
1557 n blau Gründung von Zarizyn
1563 n/1570 n Dreikronen-Krieg
1570 n–1607 n Iwan Bolotnik
1574 n grün Erschließung Sibiriens
1581 n rot Gewinn Westsibiriens
1582 n rot Sträflinge nach Sibirien
1584 n blau Gründung von Archangelsk
1586 n blau Gründung von Tjumen
1587 n blau Gründung von Tobolsk
1589 n rot Kirche frei von Byzanz
1589 n rot Patriarchat Moskau
1593 n blau Gründung von Beresow
1594 n–1632 n Gustav Adolf
1597 n rot Bauernfreiheit beschränkt
1604 n blau Gründung von Tomsk
1606 n blau Reformforderung Bolotniks
1607 n braun Aufstand unter Bolotnik
1607 n rot Ausdehnung bis Jenissei
1614 n/1617 n Krieg gegen Schweden
1617 n rot Gebietsgewinn der Schweden
1617 n rot Verlust der Ostseeküste
1618 n blau Jenisseisk gegründet
1629 n–1676 n Alexei Michailowitsch
1632 n blau Gründung von Jakutsk
1644 n rot Ausdehnung bis Amur
1646 n rot Ausdehnung bis Pazifik
1650 n–1722 n Kang-Hi
1654 n rot Anschluß der Ukraine
1655 n/1660 n Krieg Schweden–Polen
1663 n/1699 n Großer Türkenkrieg
1670 n/1671 n Kosakenaufstand
1672 n–1725 n Peter I., der Große
1686 n rot Bündnis gegen Türkei
1689 n rot Grenzvertrag mit China
1695 n grün Aufbau einer Flotte
1696 n rot Gewinn der Donmündung
1697 n braun Vordringen in Sibirien
1697 n rot Gewinn Kamtschatkas
1698 n braun Aufstand der Strelitzen
1699 n rot Verluste der Türkei
1700 n rot Bündnis gegen Schweden
1700 n/1721 n Nordischer Krieg
1703 n blau Gründung von Petersburg
1704 n rot Gewinn Narwas

1704n grün Münzprägung
1708n rot Auflehnung der Ukraine
1709n–1762n Elisabeth Petrowna
1710n rot Ausdehnung an Ostseeküste
1713n rot Petersburg Hauptstadt
1716n blau Gründung von Omsk
1717n–1780n Maria Theresia
1718n grün Kopfsteuer
1719n rot Jesuiten-Vertreibung
1721n rot Verluste Schwedens
1721 n rot Peter I. Zar
1722n/1723n Krieg gegen Persien
1723n rot Gewinn Bakus, Derbents
1724n grün Schutzzölle
1727n rot Beziehungen zu China
1728n grün Forschungsreise Berings
1729n–1796n Katharina II., die Große
1733n grün Kreditanstalten
1733n/1735n Polnischer Erbfolgekrieg
1735n/1739n Krieg gegen Türkei
1741n grün Vermessung Sibiriens
1741n/1748n Österreich-Erbfolgekrieg
1742n rot Juden-Vertreibung
1753n rot Strafarten-Wechsel
1754n rot Zollreform
1756n blau Nationaltheater
1756n/1763n Siebenjähriger Krieg
1761n blau Gründung von Rostow
1762n rot Friede mit Preußen
1764n rot Thronpolitik in Polen
1768n braun Erhebung in Polen
1768n/1774n Krieg gegen Türkei
1769n–1821n Napoleon I.
1772n rot Erste Teilung Polens
1775n braun Kosaken-Aufstand
1775n rot Gouvernementsverfassung
1775n/1783n Kampf Nordamerikas
1778n blau Statue Peters I.
1780n rot Warnung an England
1784n rot Gebietsgewinn im Süden
1785n rot Privilegien
1787n grün Potemkin'sche Dörfer
1787n/1792n Krieg gegen Türkei
1792n rot Dnjestr-Mündung gewonnen
1793n rot Zweite Teilung Polens
1794n braun Aufstand in Polen
1794n blau Gründung von Odessa
1795n rot Dritte Teilung Polens
1795n rot Gewinn Litauens
1796n/1815n Napoleonische Kriege
1801n rot Gewinn Georgiens
1804n–1881n Disraeli
1806n/1812n Krieg gegen Türkei
1808n/1809n Krieg gegen Schweden
1809n rot Gewinn Nord-Finnlands
1810n–1862n Cavour
1812n rot Gewinn Bessarabiens
1812n rot Konvention von Tauroggen
1813n grün Gelder von England
1815n rot Wiener Kongreß
1815n rot Gewinn von Minsk
1815n rot 'Heilige Allianz'
1815n–1898n Bismarck
1821n/1829n Kampf Griechenlands
1821n–1880n Dostojewski
1824n rot Besitz Alaskas bestätigt
1825n braun Dekabristen-Aufstand
1828n rot Gewinn Armeniens
1831n braun Freiheitskampf Polens
1831n rot Herrschaft über Polen
1847n rot Gewinn Kasachstans
1849n braun Eingreifen in Ungarn
1853n rot Besitznahme Sachalins
1853n/1856n Krimkrieg
1856n rot Donaumündung türkisch
1856n rot Gegner: Schutz für Türkei
1858n rot Gewinn des Amur-Gebietes
1860n rot Gebiet am Japanischen Meer
1860n blau Gründung von Wladiwostok
1861n rot Ende der Leibeigenschaft
1863n braun Erhebung Polens
1866n rot Gewinn Kirgisiens
1866n–1925n Sun-Yat-Sen
1867n rot Alaska an USA
1868n rot Gewinn Bucharas, Pamirs
1870n–1924n Lenin
1872n rot Gewinn Usbekistans
1873n rot Drei-Kaiser-Bund
1874n rot Wehrpflicht
1876n/1878n Krieg gegen Türkei
1879n–1953n Stalin
1881n rot Geheimpolizei
1882n–1945n F. D. Roosevelt
1883n rot Plechanows Partei
1887n rot Vertrag mit Deutschland
1890n rot Deutscher Bündnis-Verzicht
1893n– Mao-Tse-Tung
1894n rot Vertrag mit Frankreich
1896n rot Eisenbahn-Konzession
1898n rot Gewinn ganz Turkestans
1899n/1901n Boxeraufstand
1900n rot China-Abkommen
1900n blau Zeitung 'Der Funke'
1902n braun Bauern-Aufstände
1902n rot Gegenbund England–Japan
1903n rot Bolschewiki
1904n/1905n Krieg gegen Japan
1905n rot Machtverlust an Japan
1905n/1906n Revolution
1906n rot 'Duma'
1906n rot Algeciras-Konferenz
1907n rot 'Triple-Entente'
1909n rot Vertrag mit Italien
1914n/1918n Erster Weltkrieg
1917n/1922n Revolution
1917n rot Finnland unabhängig
1917n rot Arbeiter- und Bauernstaat
1917n grün Vergesellschaftung
1917n blau Reed: Revolutionsbericht
1918n rot Tscheka
1918n– Nasser
1919n rot Komintern
1921n braun Kronstädter Aufstand
1921n rot 'Neue Ökonomische Politik'
1922n rot Gründung der UdSSR
1922n rot Rapallo-Vertrag
1927n rot Sozialismus in einem Land
1927n– Castro
1929n grün Fünfjahrplan
1932n blau Gründung von Komsomolsk
1934n rot Pakt mit Polen
1935n rot Pakt mit Frankreich
1936n rot Scheinprozesse
1936n rot Verfassung
1939n blau Johnson: 'Ein Sechstel'
1939n rot Pakt mit Deutschland
1939n/1945n Zweiter Weltkrieg
1939n rot Teilung Polens
1940n rot Gewinn des Baltikums
1941n rot Flüchtlings-Auslieferung
1941n rot Hilfe der USA
1943n rot Ende der Komintern
1943n rot Konferenz von Teheran
1944n rot Pakt mit Frankreich
1945n rot Besetzungen
1945n rot Potsdamer Konferenz
1945n rot Mitglied der UN
1949n grün Mitglied des COMECON
1950n rot Vertrag mit China
1950n rot Aufrüstung der DDR
1953n rot Ende der Stalin-Ära
1953n braun Aufstand in der DDR
1953n braun Aufstand in Workuta
1953n grün Reparationseinzug beendet
1955n rot Österreich selbständig
1955n rot Warschauer Pakt
1956n braun Aufstand in Ungarn
1957n rot Arbeitslager-Auflösung
1958n rot Regierung Chrustschows
1958n grün Polytechnischer Unterricht
1959n rot Chrustschow in USA
1964n rot Ende der Chrustschow-Ära
1964n grün Hilfe bei Assuan-Damm

RUSSLAND: Baukunst
1030n blau Kathedrale in Kiew
1330n blau Erlöser-Kirche in Moskau
1440n–1505n Iwan III.
1485n blau Bau des Kreml
1560n blau Kathedrale in Moskau
1709n–1762n Elisabeth Petrowna
1711n blau Schloß Peterhof
1768n blau Winterpalais
1953n blau Lomonossow-Universität
1961n blau Kongreßhalle Moskau

RUSSLAND: Bildhauerei
2314v blau Bild eines Löwen
2278v blau Bild eines Rindes
2059v blau Bild des Kaukasus
1937n blau 'Werktätige'

RUSSLAND: Dichtung und andere Literatur
1187n blau 'Heerfahrt Igors'
1207n blau 'Held im Tigerfell'
1564n blau 'Apostelbuch'
1711n–1765n Lomonossow
1790n blau Radistschew: 'Reise'
1809n blau Krylows Fabeln
1809n–1852n Gogol
1821n–1880n Dostojewski
1825n blau Puschkin: 'Godunow'
1828n–1910n Tolstoi
1832n blau Puschkin: 'Eugen Onegin'
1840n blau Lermontow: 'Ein Held'
1842n blau Gogol: 'Tote Seelen'
1847n blau Herzen: 'Wer ist schuld?'
1856n blau Aksakow: 'Familienchronik'
1859n blau Gontscharow: 'Oblomow'
1860n blau Ostrowski: 'Das Gewitter'
1862n blau Turgenjew: 'Väter, Söhne'
1866n blau 'Schuld und Sühne'
1868n blau 'Der Idiot'
1869n blau 'Krieg und Frieden'
1869n blau 'Manifest' übersetzt
1873n blau 'Anna Karenina'
1901n blau Tschechow: 'Schwestern'
1902n blau Lenin: 'Was tun?'
1902n blau Gorki: 'Nachtasyl'
1905n blau Gorki: 'Die Mutter'
1913n blau Stalin: 'Nationale Frage'
1916n blau Lenin: 'Imperialismus'
1917n blau 'Staat und Revolution'
1917n blau Block: 'Die Zwölf'
1920n blau Majakowski: 'Millionen'
1923n blau Gorki: 'Universitäten'
1924n blau Stalin: 'Leninismus'
1933n blau Makarenko: 'Weg ins Leben'
1934n blau Ostrowski: 'Stahl'
1940n blau Scholochow: 'Stiller Don'
1944n blau Simonow: 'Tage und Nächte'
1945n blau Fadejew: 'Junge Garde'

RUSSLAND: Film
1926n blau Eisenstein: 'Potemkin'
1940n grün Plastischer Farbfilm

RUSSLAND: Geschichtsschreibung
1111n blau Nestor-Chronik
1711n–1765n Lomonossow
1816n blau Karamsins Werk
1871n blau Danilewskis Werk
1933n blau Trotzkis Werk

RUSSLAND: Malerei
1365n–1430n Rublew
1426n blau Rublews Ikonen
1873n blau Repin: 'Wolgatreidler'
1912n blau Kandinskys Schrift

RUSSLAND: Musik
1874n blau Mussorgski: 'Godunow'
1877n blau Tschaikowski: 'Onegin'
1888n blau R.-Korssakow: '1001 Nacht'
1910n blau Strawinsky: 'Feuervogel'
1942n blau Schostakowitsch: 7. Sinfonie
1951n blau Prokofjew: 'Wächter'

RUSSLAND: Philosophie
1870n–1924n Lenin
1871n blau Danilewski: Geschichte
1873n blau Bakunin: Anarchismus
1875n blau Blavatsky: Theosophie
1917n blau Lenin: Staatsphilosophie
1950n blau Stalin: Sprachphilosophie

RUSSLAND: Recht
940n–1015n Wladimir der Große
1021n rot Verkündung der 'Prawda'
1440n–1505n Iwan III.
1497n rot Folter und Knute
1530n–1584n Iwan IV.
1582n rot Verbannung nach Sibirien
1629n–1676n Alexei Michailowitsch
1649n blau Gesetzbuch 'Uloschenie'
1753n rot Strafarten-Wechsel
1775n rot Verfassung
1936n rot Scheinprozesse
1936n rot Verfassung

RUSSLAND: Religion
885n–968n Olga
940n–1015n Wladimir der Große
958n–1025n Basilius II.
989n rot Christianisierung
991n rot Staatskirche
1053n blau Höhlenkloster Kiew
1222n–1263n Alexander Newski
1365n–1430n Rublew
1398n rot Metropolit in Moskau
1426n blau Rublews Ikonen
1564n blau 'Apostelbuch'
1589n rot Kirche frei von Byzanz
1589n rot Patriarchat Moskau
1666n rot Kirchenspaltung
1672n–1725n Peter I., der Große
1719n rot Jesuiten-Vertreibung
1828n–1910n Tolstoi
1875n blau Blavatsky: Theosophie
1917n/1922n Revolution

RUSSLAND: Sprache und Schrift
250n grün Runenschrift der Goten
1019n grün Schreibschulen
1711n–1765n Lomonossow
1748n blau Lomonossows Werk
1950n blau Stalin: Sprachphilosophie

RUSSLAND: Technik
257n grün Flottenbau der Goten
803n grün Petroleum-Veredelung
1440n–1505n Iwan III.
1530n–1584n Iwan IV.
1564n blau Erstes gedrucktes Buch
1581n grün Höllenmaschine
1655n grün Papiermühle
1672n–1725n Peter I., der Große
1699n grün Eisengießereien
1704n grün Münzprägung
1731n grün Ladoga-Kanal
1731n grün Ballonflug-Versuch
1734n grün Kreml-Glocke
1754n grün Goldwäscherei
1823n grün Öl-Destillation
1832n grün Nadeltelegraph
1894n grün Antenne
1927n grün Dnjepr-Kraftwerk
1931n grün Bild-Abtaster
1934n–1968n Juri Gagarin
1940n grün Plastischer Farbfilm
1952n grün Halbautomatische Fabriken
1952n grün Wolga-Don-Kanal
1954n grün Atom-Kraftwerk
1957n grün 'Sputnik'
1958n grün Polytechnischer Unterricht
1959n grün Künstlicher Planet
1959n grün 'Lunik'
1959n grün Photos der Mondrückseite
1960n grün Raumflug von Tieren
1961n grün Raumflug eines Menschen
1962n grün 'Rendezvous-Flug'
1963n grün Raumfahrt-Industrie
1963n grün Raumflug einer Frau
1964n grün Raumflug dreier Menschen
1965n grün Aussteigen im All

RUSSLAND: Wirtschaft und Verkehr
2727v grün Kupfer nach Sumer
2570v–2481v Ur-Enlil
2485v grün Handel mit Sumer
746n grün Handelsstraße
830n–879n Rurik
835n grün Handelsstraße
885n–968n Olga
911n grün Handelsvertrag mit Byzanz
1181n grün Deutsches Handelskontor
1195n grün Vertrag mit Deutschen
1204n grün Handelsroute verlagert
1270n grün Italiener auf der Krim
1440n–1505n Iwan III.
1494n rot Rückdrängung der Hanse
1530n–1584n Iwan IV.
1551n grün Handelshafen Schwedens
1553n grün Kaufleute in England
1574n grün Erschließung Sibiriens
1672n–1725n Peter I., der Große
1698n grün Karawanen nach China
1724n grün Schutzzölle
1727n rot Verbindung mit China
1731n grün Ladoga-Kanal
1733n grün Kreditanstalten
1754n rot Zollreform
1811n grün Petersburger Börse
1870n–1924n Lenin
1879n–1953n Stalin
1896n rot Eisenbahn-Konzession
1917n grün Vergesellschaftung
1921n rot 'Neue Ökonomische Politik'
1927n grün Dnjepr-Kraftwerk
1929n grün Fünfjahrplan
1935n grün Stachanow-System
1949n grün Mitglied des COMECON
1952n grün Halbautomatische Fabriken
1952n grün Wolga-Don-Kanal
1954n grün Atom-Kraftwerk
1963n grün Raumfahrt-Industrie

RUSSLAND: Wissenschaft
1646n–1716n Leibniz
1648n grün Deschnews Forschungsreise
1709n–1762n Elisabeth Petrowna
1711n–1765n Lomonossow
1725n blau Wissenschafts-Akademie
1740n grün Reise Tscheljuskins
1755n blau Universität Moskau
1757n blau Akademie der Künste
1757n grün Materie-, Energie-Theorie
1804n blau Universität Charkow
1804n blau Universität Kasan
1826n grün Nichteuklidische Geometrie
1869n grün Mendelejews System
1881n grün Mitschurins Züchtungen
1926n grün Pawlow: Nerven
1946n grün Flüssigkeitstheorie
1949n blau Groß-Bibliothek
1950n blau Stalin: Sprachwissenschaft
1953n blau Lomonossow-Universität

RUSTAWELI, Schota (um 1160n–um 1220n), georgischer Dichter. Als Schatzmeister der georgischen Königin Tamara schrieb er ein Heldengedicht in 1500 Versen ('Der Held im Tigerfell'). Darin schilderte er den Freiheitskampf des georgischen Volkes gegen Perser, Byzantiner, Araber und Seldschuken. Helden dieses Kampfes sind drei Freunde, die in gegenseitiger Treue das Böse, Ungerechte, Fremde niederringen.

1207n blau 'Der Held im Tigerfell'

RUTEBEUF (um 1240n–um 1285n), französischer Dichter. Als Spielmann am Hofe der Brüder des französischen Königs Ludwig IX. sowie des Alphons von Poitiers schrieb er Kreuzzugslieder, Marienlieder und Heiligenlegenden. Neben diesen Liedern, mit denen er den Unterhalt für sein elendes Dasein als Spielmann verdiente, verfaßte er satirische Gedichte gegen den Papst, gegen die Pfaffen und gegen die Kirche sowie gegen die allgemeine Ungerechtigkeit der sozialen Verhältnisse. Schrieb auch ein Bühnenstück ('Wunder des Theophil') und Liebesgedichte.

1256n blau Gedichte
1271n blau 'Mirakel des Theophil'

RUTENBÜNDEL, Wahrzeichen der höchsten Amtsgewalt in Rom. Bestand aus einem mit roten Riemen zusammengeschnürten Reisigbündel, aus dem ein Beil herausragte (Symbol der Blutgerichtsbarkeit). Es wurde von den Amtsdienern (Liktoren) den Inhabern der Staatsgewalt vorangetragen. Mussolini machte es zum Symbol des italienischen Faschismus (Rutenbündel = lateinisch 'fascis').

135v–50v Poseidonios

RUTHERFORD, Daniel (1749n–1819n), englischer Chemiker. Entdeckte in der Luft einen zum Atmen ungeeigneten Bestandteil, der auch die Verbrennung nicht förderte (Stickstoff). Damit war nach der ein Jahr zuvor erfolgten Entdeckung des Sauerstoffs die Luft als ein zusammengesetzter Stoff erkannt.

1772n grün Stickstoff

RUTHERFORD, Ernest (1871n–1937n), englischer Physiker. In Neuseeland geboren, lehrte er zunächst in Montreal (Kanada) und ging 36jährig nach England, wo er ein eigenes Laboratorium für die Erforschung der Atome errichtete. Durch Versuche wies er den Zerfall radioaktiver Elemente nach. Seine Entdeckung des Atomkerns schuf richtige Vorstellungen vom Atomaufbau, den er mit Hilfe eines selbstgebauten Modells veranschaulichte. Durch Zertrümmerung des Stickstoff-Atoms gelang ihm die erste Umwandlung eines Elementes in ein anderes. Stellte eine Theorie über das Vorhandensein eines ungeladenen Elementarteils im Atom auf und bereitete damit die Entdeckung des 'Neutrons' durch seine Schüler vor.

1885n–1962n Niels Bohr
1897n grün Struktur der Atomkerne
1899n grün Alpha- und Beta-Strahlen
1911n grün Atommodell
1913n grün Atommodell verbessert
1919n grün Atomzertrümmerung
1932n grün Neutron entdeckt

RUTILIUS, Namatianus (um 380n–um 430n), römischer Staatsmann und Dichter. Nach der Einnahme Roms durch den Gotenkönig Alarich begab er sich zu Schiff nach Gallien, um seine von Goten heimgesuchten Landgüter zu besichtigen. Unterwegs schrieb er ein Lobgedicht auf die Ewigkeit und Unzerstörbarkeit Roms. Zurückgekehrt faßte er die Eindrücke und Notizen seiner Reise zu einer großen Dichtung zusammen. Dieses kritische Zeitbild lockerte er durch Berichte von Begegnungen und die Beschreibung von Sehenswürdigkeiten auf. Das Christentum verachtete er ebenso wie das Judentum, aus dem es hervorgegangen ist. Besonders abgestoßen war er vom Mönchsdasein. In der Abkehr von Welt und Leben sah er den närrischen Versuch, aus Furcht vor dem Bösen auf das Gute zu verzichten. Familie und Freunde zu verlassen, um als Mönch lebendig ins Grab zu steigen, erklärte er als neue Form von Irrsinn und Verbrechen.

415n blau Gegner des Mönchtums
418n blau Gedicht über Seereise

RUTILUS, Marcius (um 400v–um 340v), römischer Staatsmann. Stieg als erster Angehöriger der nichtadligen Volksmassen ohne volles Bürgerrecht (Plebejer) zum Zensor auf und wurde im Kriege gegen die Etrusker als erster Plebejer mit der zeitlich begrenzten unumschränkten Herrschaft (Diktatur) betraut. Nach Besiegung der Etrusker legte er dieses Amt nieder. Schützte den republikanischen Staat durch Aufdeckung einer Offiziersverschwörung.

351v rot Zensor

RUWER, kleiner Fluß in Westdeutschland. Entspringt etwa 20 km südöstlich von Trier im Hunsrück und mündet 5 km unterhalb der Stadt in die Mosel.

363n grün Sägewerk

SA, Bezeichnung für die Kampftruppe des deutschen Faschismus (Abkürzung aus 'Sturm-Abteilung'). 1921n gegründet, entwickelte sie sich bis 1933n zu einer Massenorganisation von 4 Millionen Mitgliedern, die militärisch ausgebildet und uniformiert waren. Träger des Terrors gegen alle Gegner des Faschismus, insbesondere gegen die Kommunisten. Errichtete 1933 nach Hitlers Machtübernahme die Konzentrationslager, die 1934n durch die aus ihr hervorgegangene SS übernommen wurden. Im gleichen Jahre unterlag sie im inneren Machtkampf gegen Reichswehr und SS. Durch Ermordung von 77 Angehörigen ihrer obersten Führung wurde sie zu einer unbedeutenden Hilfsorganisation für die vormilitärische Erziehung.

1933n rot Hitler Reichskanzler
1934n rot Ermordung Röhms
1934n rot KZ-Übernahme durch SS

SAADJA BEN JOSEF (892n–942n), jüdischer Religionsphilosoph. In dem unter arabischer Herrschaft stehenden Ägypten geboren, suchte er den jüdischen Glauben durch Anpassung an die wissenschaftliche Denkweise der Araber gegen alle Vernunftkritik abzusichern. Wurde Leiter der jüdischen Akademie in Sura bei Babylon (Mesopotamien), schrieb versöhnende Kommentare zu biblischen Büchern und bewahrte so die Gemeinschaft der durch die jüdische Religion zusammengehaltenen Juden im Mittelmeerraum vor dem Zerfall. Übersetzte die Bibel ins Arabische.

923n blau 'Glauben und Wissen'

SAALE, Name eines linken Nebenflusses der Elbe, der im Fichtelgebirge entspringt, in Thüringen die Städte Jena, Naumburg und Merseburg berührt und über Halle ins Elbetal hinabfließt.

765v rot Vordringen der Germanen
806n grün Burg Giebichenstein

SAARLAND, Name eines deutschen Landes rechts und links der Saar, zwischen Luxemburg, Lothringen und der Pfalz. Neben dem Ruhrgebiet das am dichtesten besiedelte und am höchsten industrialisierte Gebiet Deutschlands. Nach dem ersten Weltkrieg durch Zusammenlegung der südlichen Rheinprovinz und der westlichen

Pfalz gebildet (Versailler Vertrag), um Frankreich für 15 Jahre die wirtschaftliche Ausbeutung und den Versuch einer endgültigen Abtrennung von Deutschland zu ermöglichen. Als sich 1935n für 90% der Bevölkerung für ein Verbleiben bei Deutschland ausgesprochen hatten, wurde es wieder mit dem Mutterlande vereinigt. Nach dem zweiten Weltkrieg erneuerte Frankreich seine wirtschaftliche Ausbeutung und trennte das Gebiet für 10 Jahre auch politisch von Deutschland ab. Von der Bundesregierung unter Adenauer bereits politisch preisgegeben, lehnte die Bevölkerung den hierüber abgeschlossenen Vertrag (Saarstatut) 1955n mit Zweidrittelmehrheit ab und wurde so gegen den Willen der Bundesregierung wieder deutsch.

1919 n	rot	Versailler Vertrag
1935 n	rot	Anschluß an Deutschland
1945 n	rot	Besetzung Deutschlands

SAAZ, Johannes von (um 1350n bis 1414n), deutscher Schriftsteller aus dem Dorfe Schüttwa bei Pilsen im Böhmerwald. Nach Besuch der Lateinschule studierte er an der Prager Universität und ging dann als Stadtsekretär und Schulrektor in die kleine Stadt Saaz an der Eger. Als er seine erste Frau im Kindbett verlor, verließ er Saaz und ging nach Prag. Unter dem Namen 'Ackermann aus Böhmen' schrieb er ein Streitgespräch zwischen Mensch und Tod über den Sinn des Lebens und die Notwendigkeit des Sterbens. Dabei verficht der Ackermann das Recht des einfachen, schaffenden Menschen auf Liebe, Glück und Freude —, der Tod hält ihm die Naturgesetzlichkeit entgegen, derzufolge auch das Sterben in den großen Kreislauf des Lebens gehört. Der Dialog mündet in ein Bekenntnis des Dichters zur Überwindbarkeit des Todes durch die Liebe.

1400 n	blau	'Ackermann aus Böhmen'

SABA, Name eines arabischen Reiches an der Südwestspitze der arabischen Halbinsel, das jahrhundertelang das Gebiet von Aden und den Jemen beherrschte und damit den Handel zwischen dem Mittelmeerraum und dem Indischen Ozean in den Händen hielt.

1204 v	blau	Gründung von Sirwah
1191 v	rot	Reichsgründung
1189 v	grün	Durchgangshandel
1176 v	grün	Vormacht im Indienhandel
1038 v	grün	Handel mit Ostafrika
1019 v	rot	Niederlassungen in Afrika
985 v	blau	Gründung von Aksum
969 v–908 v		Bilkis
931 v	blau	Gründung von Aden
884 v	blau	Gründung von Marib
830 v	grün	Staudamm begonnen
758 v–672 v		Bajin
738 v	braun	Niederlage gegen Assyrien
738 v	rot	Tributpflicht
735 v	grün	Schleusenbau
719 v	blau	Tempel in Marib
718 v	braun	Sieg über Minäer
718 v	rot	Herrschaft über Minäer
716 v	rot	Marib Hauptstadt
715 v	grün	Staudamm vollendet
696 v	grün	Goldgewinnung
661 v	grün	Marib 100 000 Einwohner
116 v	braun	Sieg der Himjaren
116 v	rot	Ende des Reiches
116 v	rot	Himjaren-Herrschaft
25 v/24 v		Vorstoß der Römer

SABAKA, ägyptischer König.

757 v–703 v		Lebenslinie
760 v–715 v		Bok-Choris
715 v	braun	Sieg über Unterägypten
715 v	rot	Einigung Ägyptens

SABEF (um 2780v–um 2720v), ägyptischer Beamter. Als Sekretär des Königs Kea wurde er Priester des Friedhofsgottes Anubis und Statthalter des königlichen Grabes. Beim Bau des Grabmals für König Kea bediente er sich der Gewölbetechnik.

2728 v	blau	Grabsäule

SABELLICUS (1436n–1506n), italienischer Historiker und Sprachforscher. Studierte alte Sprachen, wurde Professor in Udine am Fuße der italienischen Alpen und ging schließlich als Bibliotheksdirektor nach Venedig. Richtete die Aufmerksamkeit der italienischen Jugend auf Sprache und Denkweise ihrer römischen Vorfahren und verfaßte selbst Dichtungen und wissenschaftliche Abhandlungen in Form und Geist alter lateinischer Schriftsteller. Venedig, wo er seine letzten 22 Jahre verbrachte, steht im Mittelpunkt seiner Gedichte und seiner historischen Arbeiten.

1505 n	blau	Weltgeschichte

SABIN, Ibn (1225n–1269n), arabischer Philosoph. In Murcia (Spanien) geboren, lebte er an der äußersten Nordspitze Afrikas (Ceuta) seinen philosophischen Studien. An ihn leitete der Almohaden-Kalif aus Spanien eine Anfrage Kaiser Friedrichs II. über den Stand des menschlichen Wissens von Erde und Himmel. Obwohl er Friedrich II. statt einer sachlichen Antwort eine überhebliche Belehrung zuteil werden ließ, sandte ihm der Kaiser als Dank ein fürstliches Geschenk. Später wandte er sich einer islamischen Glaubensrichtung zu, die eine unmittelbare Verbindung von Mensch und Gott erstrebte (Mystik). Da er die Vereinigung mit Gott als höchstes Ziel ansah, begab er sich nach Mekka und beging dort Selbstmord, um unverzüglich zu Gott zu gelangen.

1245 n	blau	Briefwechsel

SABINA, Name einer Landschaft in Mittelitalien, die sich östlich von Rom bis zu den Sabinerbergen erstreckt. Die von Karl dem Großen gebilligte Besitznahme des Gebietes durch Papst Hadrian I. war die erste territoriale Erweiterung des 25 Jahre zuvor entstandenen Kirchenstaates. Zur Sicherung der italienischen Mehrheit in der Kardinalsversammlung wurde für die Kirchenverwaltung des kleinen Landes ein Kardinal eingesetzt.

781 n	rot	Besitz des Papstes

SABINER, Name eines Volkes in Mittelitalien, das seine Wohnsitze im Bergland nordöstlich von Rom hatte. An der Entstehung Roms teilweise von Anfang an beteiligt, wurde die Mehrzahl des Volkes nach dem letzten Samnitenkrieg zu Halbbürgern Roms und erhielt 22 Jahre später das volle Bürgerrecht. Seit dieser Zeit fällt ihre Geschichte mit der Geschichte des Römerreiches zusammen. Nach der Sage holten sich die Römer ihre Frauen in den ersten Jahrzehnten nach Gründung Roms von diesem Nachbarvolk (Raub der Sabinerin).

298 v/290 v		Letzter Samnitenkrieg
290 v	rot	Römische Halbbürger
1583 n	blau	'Raub der Sabinerin'

SABINUS, Massurius (um 10v–um 65n), römischer Rechtsgelehrter. Als Schüler des Rechtslehrers Kapito wurde er dessen Nachfolger und führte die von seinem Lehrer gegründete Schule so erfolgreich, daß sie sich fortan nach ihm nannte. Von den Zuwendungen seiner Hörer lebend, erwarb er allmählich ein kleines Vermögen und 50jährig den Ritterstand. Seine Systematisierung des Zivilrechtes wurde vorbildlich für das ganze römische Recht. Er ging vom Erbrecht aus, kam dann zum Personenrecht und über das Umsatzgeschäft zu den unerlaubten Handlungen und Bereicherungen. Abschließend behandelte er alle übrigen Ansprüche und die Rechts-Institutionen.

55 n	blau	Werk über Zivilrecht

SACCHARIN, Bezeichnung für künstlichen Süßstoff, der etwa 500mal stärker als Zucker süßt, keinen Nährwert besitzt und unschädlich für Zuckerkranke ist. Seit seiner Gewinnung aus Steinkohlenteer durch die deutschen Chemiker Remsen und Fahlberg hat er sich als Zuckerersatz bei Fettleibigkeit, Magenkrankheit, Gicht und Zuckerkrankheit durchgesetzt.

1880 n	grün	Erfindung

SACHALIN, Insel in Ostasien (Nordpazifik). Nähert sich im Süden der japanischen Inselkette und stößt im Norden in die Nähe der sibirischen Küste vor. 1643n von dem Holländer Gerrit de Vries entdeckt. 1853n richtete Rußland hier seinen ersten Posten ein, nahm in den folgenden Jahrzehnten die ganze Insel in Besitz und besiedelte sie vorwiegend mit Verbannten. Nach der Niederlage im Krieg gegen Japan verlor Rußland den Süden der Insel, nach der Revolution von 1917n auch den Norden. Doch mußte Japan die ganze Insel nach dem zweiten Weltkrieg wieder an Rußland abtreten (Potsdamer Abkommen).

1853 n	rot	Russische Besitznahme
1904 n/1905 n		Krieg Japan-Rußland
1905 n	rot	Südteil zu Japan
1917 n/1922 n		Russische Revolution
1939 n/1945 n		Zweiter Weltkrieg
1945 n	rot	Potsdamer Abkommen

SACHMET, Name der ägyptischen Kriegsgöttin. Ihr Name bedeutet 'Die Mächtige'. Nutzte ihre Macht nach ägyptischem Glauben, um Krankheit und Tod zu bringen. In der Göttersage ist ihr die Vernichtung des Menschengeschlechtes aufgegeben. Zusammen mit dem Königsgott Pta und dem Schöpfergott Nefer-Tem bildete sie die Dreifaltigkeit der Residenzstadt Memphis. Ihr Kult verbreitete sich über ganz Ägypten. Sie wurde als Löwin dargestellt.

1474 v	blau	Statue

SACHS, Hans (1494n–1576n), deutscher Dichter. Als Sohn eines Nürnberger Schneiders wurde er Schuhmacher. Durchwanderte nach Abschluß seiner Lehre in fünf Jahren ganz Deutschland und arbeitete unterwegs für seinen Lebensunterhalt. Dann ließ er sich als Handwerksmeister in seiner Heimatstadt nieder. Vom Weber Nunnenpeck in die Dichtkunst eingeführt, wurde er bald zum führenden Kopf der 250 Handwerker-Poeten Nürnbergs ('Meistersinger'). Schrieb neben seinem Tagewerk als Schuhmacher mehr als 200 dramatische Werke und etwa 6000 Erzählungen, Gedichte, Fabeln, Legenden, Lieder und Schwänke. Die Besserung des Menschen ist neben unbeschwerter Fröhlichkeit erklärtes Ziel seiner Dichtung. Als Gegner der katholischen Kirche verspottete er die Anmaßung und Unbildung der Priester, die er mit der Bescheidenheit und Lebensklugheit der Handwerker verglich.

1523 n	blau	Lutherlied
1524 n	blau	Streitgespräch
1550 n	blau	Fastnachtsspiele
1867 n	blau	Wagner: 'Meistersinger'

SACHSEN, germanisches Volk, das vor 2000 Jahren in Norddeutschland zwischen Harz und Nordseeküste im heutigen Niedersachsen ansässig war. Mit anderen germanischen Stämmen (Angeln, Jüten) setzten einige Stämme im 5. Jahrhundert nach England über, machten sich für ein halbes Jahrtausend zu Herren der Insel und gingen dann in der übrigen Bevölkerung auf. Die in Norddeutschland verbliebenen Stämme wurden nach langwierigen Kämpfen von Franken unterworfen und zwangsweise christianisiert. Ihre Herzöge wurden im 10. Jahrhundert deutsche Könige (Heinrich I.) und Kaiser (Otto I., Otto II., Otto III., Heinrich II.). In dieser Periode drangen sie nach Osten vor und gründeten Niederlassungen im Gebiete der Saale (Thüringen) und Elbe (Sachsen). Auch an der deutschen Besiedlung Mecklenburgs, Brandenburgs und der Lausitz nahmen sie teil. Unter ihrem Herzog Heinrich dem Löwen eroberten sie Teile von Bayern und gründeten München. Vorübergehend vereinigten sie einen großen Teil Deutschlands in einem norddeutschen Reiche. Doch zerschlug Barbarossa dieses Reich, und nur sein östlichstes Gebiet mit der Hauptstadt Meißen behielt den Namen des Volkes.

428 n	grün	Landung in Britannien
448 n	rot	Niederlassung in England
531 n	braun	Sieg über Thüringer
531 n	rot	Gewinn Nordthüringens
595 n–662 n		Samo
716 n/719 n		Kämpfe gegen Franken
742 n–814 n		Karl der Große
743 n–807 n		Widukind
772 n/804 n		Kämpfe gegen Franken
777 n	rot	Zwangschristianisierung
782 n	rot	Tod bei Taufweigerung
804 n	rot	Franken-Herrschaft
804 n–876 n		Ludwig der Deutsche
841 n	braun	Stellinga-Aufstand
877 n–936 n		Heinrich I.
912 n–973 n		Otto I., der Große
919 n	rot	Heinrich I. König
924 n–998 n		Widukind von Corvey
955 n–983 n		Otto II.
967 n	blau	Sachsengeschichte
980 n–1002 n		Otto III.
1073 n/1075 n		Bauernaufstand
1122 n–1190 n		Friedrich I. Barbarossa
1129 n–1195 n		Heinrich der Löwe
1158 n	blau	Gründung von München
1190 n–1235 n		Eike von Repkow
1223 n	blau	'Sachsenspiegel'

SACHSEN, deutsches Land, das zeitweilig große Teile des deutschen Reiches von Mitteldeutschland bis Schleswig-Holstein und Westfalen umfaßte, vorübergehend Polen beherrschte und sich heute auf den Raum von Leipzig und Dresden beschränkt.

877 n–936 n		Heinrich I.
928 n/929 n		Deutscher Kriegszug
929 n	rot	Deutsche Herrschaft
929 n	blau	Burg Meißen
1015 n	blau	Entwicklung Leipzigs
1162 n	blau	Gründung von Freiberg
1180 n–1225 n		Heinrich von Morungen
1213 n	blau	Thomaskirche Leipzig
1216 n	blau	Entwicklung Dresdens
1256 n	blau	Stifterfiguren (Naumburg)
1268 n	grün	Leipziger Messe
1286 n	blau	Lied Heinrichs von Freiberg
1356 n	rot	'Goldene Bulle'
1409 n	blau	Universität Leipzig
1420 n/1434 n		Hussiten-Kreuzzug
1483 n–1546 n		Luther
1497 n	grün	Messeprivileg Leipzigs
1497 n–1560 n		Melanchthon
1502 n	blau	Universität Wittenberg
1520 n	grün	Abkommen gegen Streik
1522 n/1526 n		Bauernkrieg
1533 n	blau	Georgenbau in Dresden
1538 n	rot	Bund gegen Protestanten
1543 n	blau	'Fürstenschulen'
1546 n/1547 n		Schmalkaldischer Krieg
1556 n	blau	Leipziger Rathaus
1585 n–1672 n		Heinrich Schütz
1601 n	rot	Hinrichtung des Krell
1618 n/1648 n		Dreißigjähriger Krieg
1634 n	grün	Leipziger Börse
1685 n–1750 n		Bach
1687 n	blau	Thomasius' Vorlesungen
1697 n	rot	Personalunion mit Polen
1700 n	rot	Bündnis gegen Schweden
1700 n/1721 n		Nordischer Krieg
1710 n	grün	Meißner Porzellan
1711 n	blau	Dresdner Zwinger
1718 n	blau	Permoser: Zwinger-Figuren
1726 n	blau	Dresdner Frauenkirche
1727 n	rot	Herrnhuter Brüder
1731 n	blau	Dresdner Elbbrücke
1733 n/1735 n		Polnischer Erbfolgekrieg
1738 n	blau	Dresdner Hofkirche
1741 n/1748 n		Österreich-Erbfolgekrieg
1744 n/1745 n		2. Schlesischer Krieg
1756 n/1763 n		Siebenjähriger Krieg
1765 n	grün	Bergakademie Freiberg
1778 n	grün	Taubstummen-Schule
1785 n	rot	Fürstenbund
1790 n	braun	Bauernaufstände
1790 n	rot	Bauernfreiheit
1796 n/1815 n		Napoleonische Kriege
1806 n	rot	Beitritt zum Rheinbund
1813 n–1883 n		Wagner
1815 n	rot	Wiener Kongreß
1834 n	rot	Anschluß an Zollverein
1839 n	blau	Dresdner Opernhaus
1848 n/1850 n		Deutsche Revolution
1865 n	rot	Frauenverein
1866 n	braun	Deutscher Krieg
1866 n	rot	Norddeutscher Bund
1866 n	grün	Schrebergärten
1913 n	blau	Deutsche Bücherei
1918 n/1919 n		Deutsche Revolution
1920 n	braun	Kapp-Putsch
1923 n	rot	Einmarsch der Reichswehr
1939 n/1945 n		Zweiter Weltkrieg
1945 n	rot	Besetzung
1949 n	rot	Teil der DDR

SACHSENSPIEGEL, Titel des ersten deutschen Rechtsbuches. Niedergeschrieben von dem rechtskundigen Privatmann Eike aus Repkow (bei Halle), der in seiner Heimat als Schöffe an der Rechtsfindung teilnahm. Enthielt eine Zusammenfassung des geltenden Rechtes, das in Landrecht und Lehnsrecht eingeteilt war. Durch die soziale, kirchenfeindliche Gesinnung seines Verfassers geläutert, wurde es außer in lateinischer auch in deutscher Sprache niedergeschrieben, wodurch das Volk sich leichter selbst mit dem bestehenden Recht vertraut machen konnte. Das Sachsenland, dessen Recht in dem Buche niedergelegt wurde, umfaßt zu dieser Zeit ganz Norddeutschland von der Oder bis nach Friesland. Es war gerade in zahlreiche kleine Fürstentümer zerfallen und sollte durch ein gemeinsames Recht zusammengehalten werden. Trotz heftiger päpstlicher Gegenwehr wurde das Buch zur verbindlichen Grundlage deutschen Rechtes für Jahrhunderte.

1190 n–1235 n		Eike von Repkow
1223 n	blau	Niederschrift
1374 n	rot	Verdammung

SADE, Donatien (1740n–1814n), französischer Schriftsteller. Als Angehöriger des französischen Hochadels (Marquis) wurde er Offizier und nahm am Siebenjährigen Kriege teil. Dann gab er sich in seiner Heimatstadt Paris dem ausschweifenden, sittenlosen Leben des Adels und des Hofes hin. Wegen Giftmordes zum Tode verurteilt, floh er, wurde aber ergriffen und schrieb im Kerker und im Irrenhaus Romane, Theaterstücke und Erzählungen, die wegen ihrer krankhaften Sexual-Moral zu einer Lieblingslektüre der untergehenden Aristokratie wurden und in unserer Epoche vom Bürgertum wieder zunehmend gelesen werden.

1785 n	blau	'Die Tage von Sodom'

SADI, Abu Eddin (um 1215n–1292n), persischer Dichter. Floh vor den Heeren des Mongolenkaisers Dschingis-Khan aus seiner persischen Heimatstadt Schiras ins arabische Mesopotamien und studierte an der Hochschule von Bagdad. Durchwanderte Kleinasien, Syrien und Ägypten. Unternahm auch eine Pilgerfahrt nach Mekka (Arabien). In seine Heimat zurückgekehrt, schrieb er lehrhafte Gedichte, Fabeln und Erzählungen, Trauer- und Scherzreime. Seine Werke sind von volkstümlicher Lebensweisheit erfüllt und durch eingestreute Anekdoten belebt. Gerechtigkeit, Freigebigkeit und Liebe sind die von ihm in immer neuer Form gepriesenen Tugenden.

1258 n	blau	'Der Rosengarten'

SADISMUS, Bezeichnung für krankhafte sexuelle Verirrungen, wie sie in Büchern des Marquis Sade geschildert wurden, insbesondere die Lust am Quälen anderer, die bis zu Mißhandlungen und Mord geht.

1785 n	blau	Sade: 'Tage von Sodom'

SÄCHSISCHE KAISER, Bezeichnung für die aus der sächsischen Herzogsfamilie der Liudolfinger stammenden deutschen Herrscher (Heinrich I., Otto I., Otto II., Otto III., Heinrich II.). Sie regierten das Reich von 919n bis 1024n.

877 n–936 n		Heinrich I.
908 n–929 n		Wenzel
912 n–973 n		Otto I., der Große
919 n	rot	Heinrich I. König
919 n	rot	Absage an Kirche
920 n–992 n		Miezko
924 n/925 n		Ungarn-Einfall
928 n/929 n		Kriegszug gegen Slawen
928 n	rot	Brennabor deutsch
929 n	rot	Ausdehnung nach Osten
929 n	blau	Grenzburg Meißen
933 n	grün	Tributzahlung beendet
933 n	braun	Sieg über Ungarn
934 n	braun	Sieg über Normannen
934 n	rot	Schleswig deutsch
935 n	rot	Selbständigkeit Böhmens
939 n–990 n		Roswitha
943 n–1003 n		Silvester II.
950 n	braun	Sieg über Böhmen
950 n	rot	Hoheit über Böhmen
951 n	braun	Befreiung Adelheids
951 n	rot	Heirat Ottos I.
951 n	rot	Otto Langobardenkönig
955 n	braun	Schlacht auf dem Lechfeld
955 n	rot	Rückzug der Ungarn
955 n	braun	Slawen-Aufstand
955 n	rot	Ausdehnung bis Ostsee
955 n–983 n		Otto II.
962 n	braun	Vordringen bis Rom
962 n	rot	Kaiserkrönung in Rom
963 n	braun	Sieg über Polen
963 n	rot	Gebietsgewinn im Osten
964 n	blau	Geschichte Ottos I.
968 n	rot	Erzbistum Magdeburg
969 n	blau	Geschichte Ottos I.
972 n	rot	Heirat Ottos II.
972 n–999 n		Gregor V. (Bruno)
972 n–1038 n		Stephan I.
976 n	braun	Erhebung Bayerns
976 n	rot	Gebietsverlust Bayerns
976 n	rot	Kärnten selbständig
978 n	braun	Französischer Angriff
978 n	braun	Vorstoß bis Paris
980 n	braun	Römischer Aufstand
980 n–1002 n		Otto III.
981 n/982 n		Krieg gegen Araber
981 n	rot	Feindkoalition
983 n	braun	Slawen-Aufstand
983 n	rot	Slawen unabhängig
990 n–1031 n		Aribo
996 n	braun	Erhebung Roms
996 n	rot	Papst deutscher Herkunft
998 n	braun	Erhebung Roms
998 n	rot	Anspruch: Nachfolge Roms
1001 n	braun	Erhebung Roms
1018 n	blau	Thietmars Geschichtswerk
1023 n	rot	Synode zu Seligenstadt

SÄCHSISCHE WELTCHRONIK, Titel der ersten nichtgereimten Weltgeschichte in deutscher Sprache. Verfaßt von dem Privatgelehrten Eike aus Repkow (bei Halle). Umfaßte die geschichtliche Entwicklung vom Weltbeginn bis ins 13. Jahrhundert. Sie beruhte auf biblischer Überlieferung, nahm aber im Streit zwischen Kirche (Papst) und Staat (Kaiser) gegen die Ansprüche der Kirche Stellung.

1226 n	blau	Niederschrift

SÄFTELEHRE, von dem griechischen Arzt Hippokrates entwickelte Auffassung, daß die menschliche Gesundheit in der richtigen Mischung der vier Grundsäfte des Körpers (Blut, Schleim, gelbe Galle, schwarze Galle) besteht. Diese Lehre ('Humoralpathologie') beherrschte trotz ihrer frühen Widerlegung durch Asklepiades ('Solidarpathologie') mehr als zweitausend Jahre lang die europäische Medizin, bis sie durch Morgagni ('Pathologische Anatomie') und Virchow ('Zellularpathologie') endgültig überwunden wurde.

460 v–375 v		Hippokrates
385 v	grün	Hippokrates' Lehre
304 v–240 v		Erasistratos
129 v–40 v		Asklepiades
60 v	grün	Asklepiades Gegner
1761 n	grün	Organ-Erkrankungen
1858 n	grün	Zellen-Erkrankungen

SÄGE

1386 v	blau	Ägyptisches Gemälde
205 n	grün	Spannsäge
363 n	grün	Sägewerk
1243 n	grün	Villard: Automation
1793 n	grün	Kreissäge
1807 n	grün	Bandsäge

SÄKULARISATION, Bezeichnung für die Überführung von Kirchenbesitz in Staatseigentum. Abgeleitet von dem lateinischen Wort 'säkulum' (= Jahrhundert), weil die Verstaatlichung von Kirchenbesitz besonders im Jahrhundert der französischen Revolution durchgeführt wurde, das sich wegen der von ihm erfolgreich begonnenen Brechung der Kirchenherrschaft als 'das' Jahrhundert empfand.

688 n–741 n		Karl Martell

722 n grün Maßnahme Karl Martells
1255 n–1311 n Pierre Dubois
1304 n blau Forderung des Dubois
1324 n–1384 n Wiclif
1365 n–1416 n Hieronymus von Prag
1406 n blau Forderung des Hieronymus
1491 n–1547 n Heinrich VIII.
1496 n–1560 n Gustav Wasa
1536 n rot Maßnahme in England
1536 n grün Kloster wird Tuchfabrik
1759 n grün Jesuitenbesitz enteignet
1781 n rot Aufhebung von Klöstern
1803 n rot Deputationshauptschluß

SÄMUND der Weise, isländischer Gelehrter, Priester und Geschichtsschreiber.

1056 n–1133 n Lebenslinie
1092 n blau Lehr- und Forschungsstätte
1115 n blau Geschichtswerk

SÄNFTE, Bezeichnung für ein altes Verkehrsmittel aus zwei Stangen, zwischen denen eine meist überdachte Sitzgelegenheit angebracht ist. Vorn und hinten von je einem Menschen oder Tier getragen, stellte es für den Insassen gegenüber dem Wagen eine besonders sanfte Beförderungsweise dar, weil alle Erschütterungen von den Trägern aufgefangen wurden. Ihre Benutzung war zu allen Zeiten ein Vorrecht der Herrschenden und Besitzenden. Verbreitete sich von Ägypten aus über Mesopotamien nach Indien, war einige Jahrtausende auch in Europa gebräuchlich und wurde in Ostasien (China, Japan) bis in unsere Epoche benutzt.

2618 v grün Benutzung in Ägypten

SÄNGER

2587 v–2514 v Ur-Nina
2560 v grün Sologesang in Mari
2555 v–2491 v Hemre
2549 v blau Lieder und Hymnen
2541 v blau Statue einer Sängerin
2399 v blau Statue eines Sängers
2059 v–1997 v Anchu
1894 v grün Öffentliches Auftreten
1852 v–1786 v Nefer
1813 v blau Relief eines Sängers
1515 v–1479 v Har-Mosis
1270 v blau Ausbildung in Babylon
686 v–613 v Tyrtaios
656 v–587 v Arion
633 v blau Jungfrauenchor in Sparta
260 n grün Chöre im Gottesdienst
599 n blau Schule in Rom
726 n–793 n Kynewulf
791 n blau Schulen in Franken
796 n–848 n Bragi Boddason
901 n–982 n Egil Skallagrimssen
910 n–990 n Eyvind Skaldaspillir
1143 n–1203 n Heinrich von Veldeke
1145 n–1209 n Bertran de Born
1152 n–1246 n Peire Cardinal
1154 n blau Schule in Paris
1168 n–1220 n Wolfram von Eschenbach
1172 n–1228 n Walther von der Vogelweide
1178 n blau Béatrice von Die
1180 n–1225 n Heinrich von Morungen
1200 n–1242 n Neidhart von Reuenthal
1206 n blau 'Sängerkrieg'
1208 n–1270 n Tannhäuser
1232 n blau Carmina Burana
1323 n blau Sängerfeste in Toulouse
1450 n blau Meistersinger-Schule
1525 n–1594 n Palestrina
1532 n–1594 n Orlando di Lasso
1732 n–1809 n Haydn
1867 n blau 'Die Meistersinger'

SÄNGERFESTE

1206 n blau 'Sängerkrieg'
1323 n blau Sängerfeste in Toulouse
1867 n blau 'Die Meistersinger'

SÄNGERKRIEG, Bezeichnung für ein Sängerfest, das von dem Landgrafen Hermann (Thüringen) im 1206 n auf der Wartburg bei Eisenach veranstaltet worden sein soll. Wolfram von Eschenbach siegte nach der Überlieferung dabei über Walther von der Vogelweide, Heinrich von Ofterdingen und den Zauberer Klingspor. Die Kunde verdanken wir einem um 1280 n entstandenen Gedicht. Richard Wagner legte den Stoff seiner Oper 'Tannhäuser' zugrunde.

1168 n–1220 n Wolfram von Eschenbach
1172 n–1228 n Walther von der Vogelweide
1206 n blau Wettstreit

SÄNGERSCHULEN

1270 v blau Schule in Babylon
675 v blau Musikschule in Sparta
599 n blau Schule in Rom
791 n blau Schulen der Franken
1154 n blau Schule in Paris
1450 n blau Meistersinger-Schule
1809 n blau Berliner Akademie

SÄUGETIERE, Sammelbezeichnung für alle Wirbeltiere, die lebende Junge gebären und sie in der ersten Lebenszeit durch Absonderungen aus ihren Milchdrüsen ernähren.

Vorzeittafel: 200 Millionen Jahre
Vorzeittafel: 100 Millionen Jahre
Vorzeittafel: 20 Millionen Jahre
Vorzeittafel: 2 Millionen Jahre
2946 v blau 'Giraffen unter Palme'
2918 v blau Bild von Hund und Fuchs
2875 v blau Nilpferd-Skulptur
2855 v blau 'Hockender Pavian'
2838 v blau 'Hungriger Löwe'
2827 v blau Jagdhund-Plastik
2825 v grün Schafzucht in Sumer
2815 v blau 'Affenmutter mit Jungem'
2809 v blau Plastik eines Eichhörnchens
2802 v blau 'Hunde auf Gazellenjagd'
2768 v blau Relief einer Gazelle
2729 v blau 'Nashorn am Futtertrog'
2722 v blau Relief zweier Löwen
2705 v blau 'Elefanten-Männchen'
2698 v blau Plastik: Sitzender Löwe
2673 v blau Plastik eines Hundes
2659 v blau Relief eines Wasserbüffels
2509 v blau 'Hirte mit Zicklein'
2475 v blau 'Stallung und Molkerei'
2457 v blau Skulptur eines Stieres
2443 v blau 'Kalbende Säbelantilope'
2434 v blau 'Katze beim Vogelfang'
2415 v blau 'Gefangene Löwen'
2387 v blau 'Kalbende Kuh'
2314 v blau Löwenbild aus Gold
2278 v blau Rinderbild aus Gold
2205 v blau 'Brüllender Löwe'
2053 v blau 'Schakal und Giraffe'
2006 v grün Neue Schafrasse in Ägypten
1965 v blau 'Kuh mit Kälbchen'
1943 v grün Hauskatze in Ägypten
1836 v blau 'Katze im Papyrusdickicht'
1826 v blau 'Trächtige Hündin'
1782 v blau Hundeplastik in Sumer
1684 v blau 'Hockender Affe'
1625 v blau 'Brüllendes Nilpferd'
1578 v blau 'Affe im Park'
1571 v blau 'Katze belauert Fasan'
1514 v blau Relief einer Wildziege
1473 v blau 'Gazellenjagd'
1459 v blau 'Gazelle hinter Büschen'
1388 v blau Löwenplastik in Ägypten
1375 v blau Relief eines Pferdekopfes
1329 v blau Plastik eines Stierkopfes
1035 v blau Relief eines Nashorns
1007 v blau Skulptur eines Igels
771 v blau Relief eines Löwen
464 v blau Plastik einer Kuh
1674 n blau 'Tiger im Dickicht'
1766 n grün Mensch als Säugetier
1794 n grün Kategorien Lamarcks
1863 n grün Mensch und Menschenaffe

SÄUGLINGE

131 n grün Ratschläge zur Pflege
1199 n grün Drehlade
1848 n grün Kinderwagen

SÄUGLINGSHEIME

497 n–548 n Theodora
787 n grün Findelheim in Mailand
1199 n grün Drehlade in Rom
1419 n grün Findelhaus in Florenz

SÄULE, SÄULENBAUTEN

2832 v–2795 v Djet
2728 v blau Grabsäule
2634 v blau Friedenssäule
2627 v grün Säulen in Mesopotamien
2605 v–2542 v Dedefre
2551 v grün Säulenbauten in Ägypten
2542 v blau Freistehende Säulen
2512 v–2458 v Sahu-Re
2488 v blau Palmstammsäule in Ägypten
2462 v blau Ägyptischer Säulensaal
1760 v–1686 v Hammurabi
1698 v blau Siegessäule
1648 v grün Säulenvorbau an Häusern
1597 v–1521 v Minos
1395 v blau Kolonnade in Ägypten
1345 v–1301 v Sethos I.
1326 v–1234 v Ramses II.
1304 v blau Ägyptische Säulenhalle
1263 v blau Säulenhalle von Luxor
1249 v blau Säulenhalle von Karnak
1098 v blau Schnecken-Kapitell
1075 v blau Blatt-Kapitell
933 v grün Säulenhalle an Häusern
891 v grün Indische Eisensäule
672 v blau Syrische Siegessäule
595 v blau Athene-Tempel in Athen
527 v blau Zeus-Tempel in Athen
526 v blau Apollo-Tempel in Delphi
520 v blau Artemis-Tempel in Ephesos
509 v blau Jupiter-Tempel in Rom
490 v blau Pan-Tempel Athens
469 v grün Säulenumgang im Haus
456 v blau Zeus-Tempel in Olympia
447 v blau Bau des Parthenon
432 v blau Prophyläen in Athen
430 v blau Apollo-Tempel in Rom
371 v blau Diana-Tempel in Rom
353 v blau Athene-Tempel in Tegea
259 v blau Gedenksäule für Buddha
220 v blau Artemis-Tempel in Magnesia
180 v blau Pergamon-Altar
174 v grün Wohnhaus mit Säulenhalle
69 v blau Neuer Jupiter-Tempel Roms
67 n–129 n Apollodoros von Damaskus
103 n blau Baal-Tempel in Palmyra
113 n blau Trajans-Säule in Rom
135 n blau Jupiter-Tempel, Jerusalem
215 n blau Jupiter-Tempel, Baalbek
437 n grün Asketen: Leben auf Säulen
449 n grün Marmorsäulen in Kirchen
694 n grün Kupfersäule in China
709 n blau Säulenhof-Moschee
1667 n blau Petersplatz-Kolonnaden

SÄULENHEILIGE, Bezeichnung für die Anhänger einer extremen Form christlicher Frömmigkeit, die im 5. Jahrhundert in Vorderasien aufkam und sich etwa 700 Jahre lang behauptete. Um dem Himmel recht nahe zu sein, verbrachten sie ihr Leben auf möglichst hohen Säulen.

437 n grün Leben des Symeon

SAFAWIDEN, Name einer persischen Herrscherfamilie türkischer Herkunft. Einte Persien nach einer langen Periode mongolischer und türkischer Fremdherrschaft. Regierte das persische Reich von 1501 n bis 1722 n.

1501 n rot Herrschaftsbeginn

SAGAN, Françoise (geboren 1935 n), französische Schriftstellerin. Als Tochter eines Industriellen machte sie sich in ihren Romanen und Theaterstücken zum Sprecher einer illusionslosen Jugend in der hochkapitalistischen Gesellschaft und gab dem Gefühl ihrer Langeweile, ihres Lebensüberdrusses und der Inhaltslosigkeit ihres Daseins Ausdruck. Die Entzauberung der Liebe und die Versachlichung der Sexualität bilden den Hintergrund ihrer vom Existentialismus bestimmten Werke. Als 18jährige mit dem Roman 'Bonjour Tristesse' weltberühmt geworden, schrieb sie noch zahlreiche Werke ('Ein gewisses Lächeln'), die zum Teil verfilmt wurden ('Lieben Sie Brahms?').

1954 n blau 'Bonjour Tristesse'

SAGEN, Sagengestalten

3000 v–2947 v Etana
2894 v–2817 v Gilgamesch
2810 v blau Sintflut-Sage
2645 v blau 'Lehre von Memphis'
2593 v blau Schöpfungs-Sage
2051 v blau Drachenkampf-Sage
1432 v blau Sage von Seken-Re
1359 v blau 'Sturmvogel Zu'
1354 v blau Sage vom ersten Menschen
1348 v blau Unterwelts-Sage
852 v–774 v Pygmalion
843 v–782 v Semiramis
837 v blau Daidalos-Sage
809 v–724 v Homer
641 v–555 v Stesichoros
593 v blau Lieder nach Sagen
521 v blau Hekataios' Forschungen
498 v–438 v Polygnot
496 v–406 v Sophokles
493 v blau Darstellung auf Vasen
474 v blau Bilder zur Theseussage
471 v blau Bilder von Amazonen
467 v blau 'Sieben gegen Theben'
465 v blau Bilder zur Argonautensage
442 v blau Tragödie über Antigone
431 v blau Tragödie über Medea
424 v blau Herkules-Erzählung
416 v blau Fries 'Amazonenschlacht'
415 v blau Tragödie der Troërinnen
407 v blau Ödipus-Dichtung
406 v blau Tragödie über Iphigenie
360 v–303 v Apelles
344 v–268 v Berossos
303 v blau Göttersagen erklärt
289 v–235 v Kallimachos
285 v–204 v Andronikos
271 v blau Gedichte nach Sagen
264 v blau Apollonios: Argonautensage
43 v–17 n Ovid
9 n blau Ovid: 'Metamorphosen'
186 n blau Dichtung vom Held Rama
196 n blau Babrios' Bearbeitungen
275 n–335 n Bhasa
353 n–420 n Kalidasa
723 n–799 n Paulus Diakonus
796 n–848 n Bragi Boddason
820 n blau 'Hildebrandslied'
830 n blau 'Ragnarlied'
847 n blau Lied auf Ynglinger
882 n blau 'Ludwigslied'
883 n blau 'Eulalialied'
888 n blau 'Georgslied'
899 n blau Lied von Donar
924 n–998 n Widukind von Corvey
925 n blau 'Waltharilied'
932 n–1020 n Firdausi
980 n blau Persische Heldensage
996 n blau Joms-Vikinga-Sage
1010 n blau Firdausi: 'Königsbuch'
1046 n blau 'Alexiuslied'
1063 n blau 'Ezzolied'
1104 n blau Lied vom Roland
1108 n–1175 n Wace
1129 n blau 'Alexanderlied'
1137 n blau Niederschrift in England
1160 n blau Lied von König Rother
1168 n–1220 n Wolfram von Eschenbach
1178 n–1241 n Snorri Sturluson
1180 n blau Gralserzählung 'Parsival'
1187 n blau Russisches Heldenlied
1199 n blau 'Rabenschlacht'
1203 n blau Sage von Hamlet
1204 n blau Lied von Nibelungen
1205 n blau Englisches Heldenlied
1207 n blau Georgisches Heldenlied
1210 n blau Wolfram: Parsival
1225 n blau 'Gudrunlied'
1239 n blau Isländische Sammlung
1251 n blau 'Thidrekssaga'
1266 n blau 'Ecke', 'Sigenot', 'Laurin'
1375 n blau Lied auf Bruce
1419 n blau Kyffhäuser-Sage
1451 n blau Lied auf Robin Hood
1469 n blau Tell-Sage
1577 n–1640 n Rubens
1599 n–1660 n Velasquez
1639 n–1699 n Racine

SAGRES, Hafenstadt an der äußersten Südwestspitze Portugals. Von dem portugiesischen Prinzen Heinrich dem Seefahrer im Jahre 1416 n gegründet, wurde sie bald Ausgangspunkt der portugiesischen Entdeckungen und Eroberungen überseeischer Gebiete. Hier wurden auch die wissenschaftlichen Grundlagen für diese Unternehmungen geschaffen und die Mannschaften dafür ausgebildet.

1394 n–1460 n Heinrich der Seefahrer
1420 n grün Seefahrtsschule
1422 n grün Sternwarte

SAHAK (um 350 n–um 440 n), armenischer Kirchenfürst. Übersetzte zusammen mit dem Gelehrten Mesrop die Bibel ins Armenische.

358 n–441 n Mesrop
433 n blau Bibelübersetzung

SAHARA, Name des größten Wüstengebietes der Erde. Bedeckt mit ihren 7 Millionen Quadratkilometern (= drei Viertel der Gesamtfläche Europas) das ganze Landesinnere Nordafrikas.

1304 n–1377 n Ibn Batuta

SAHU-RE, ägyptischer König.

2512 v–2458 v Lebenslinie
2496 v–2438 v Ni-Anch-Sekmet
2468 v braun Vorstoß nach Libyen
2466 v grün Handel mit Punt
2465 v braun Vorstoß nach Syrien
2465 v blau Relief
2464 v blau Kultstätte
2462 v braun Vorstoß nach Nubien
2462 v blau Säulensaal

SAID, Abu (967 n–1049 n), arabischer Schriftsteller. Von Al Hariri in freier Gestaltung zum Helden seiner Dichtung 'Die Abenteuer des Abu Said' gemacht: Ein liebenswürdiger Gauner, bedenkenlos und einfallsreich, ein respektloser Halunke ohne jede Beziehung zur Moral, dabei immer sympathisch, humorvoll und beliebt.

1054 n–1122 n Al Hariri
1108 n blau 'Abenteuer'

SAIKAKU, Ibara (1642 n–1693 n), japanischer Schriftsteller. Als reicher Kaufmann widmete er sich der Dichtkunst. In seinen Romanen und Erzählungen schilderte er das Leben des Besitzbürgers und die Erwerbsmethoden seiner Zeit. Sein erotischer Roman aus den Vergnügungsvierteln seiner Heimatstadt Osaka ('Eine Freundin der Wollust') war so erfolgreich, daß er sogleich eine Fortsetzung schrieb ('Fünf Freundinnen der Wollust'). Verfaßte auch historische Erzählungen.

1686 n blau 'Freundin der Wollust'

SAINT, Thomas (um 1760 n–um 1820 n), englischer Erfinder. Um die Herstellung von Schuhen zu erleichtern, baute er eine hölzerne Nähmaschine zum Sohlennähen. Das Gerät bestand aus einer waagerechten Platte, über der ein Arm mit Nadel und Vorstecher angebracht war. Es transportierte die Sohlen selbsttätig und verkettete die einzelnen Stiche miteinander.

1790 n grün Nähmaschine

SAINT-EXUPÉRY, Antoine (1900 n bis 1944 n), französischer Dichter. Ging 20jährig zur Luftwaffe und wurde fünf Jahre später Pilot im zivilen Flugdienst auf afrikanischen und amerikanischen Linien. Seit Beginn des zweiten Weltkrieges wieder Kampfflieger. Nach der Niederlage seines Landes gegen Deutschland emigrierte er in die USA. Drei Jahre später ließ er sich als Kriegsflieger bei der US-Luftwaffe einstellen. Im letzten Kriegsjahr verunglückte er bei einem Aufklärungsflug tödlich. Neben seiner Arbeit als Pilot schrieb er früh für Zeitungen und veröffentlichte 29jährig seinen ersten großen autobiographischen Roman ('Südkurier'). In einfacher, klarer Sprache stellte er das Ideal tätiger Brüderlichkeit dar, verwirklicht im praktischen Dienst am Menschen ('Wind, Sand und Sterne'). Die moderne Technik bejahte er als Mittel zur besseren Verbindung der Menschen untereinander sowie als Ausdruck der Tat, ohne die das Wort sinnlos wird. Auch das Scheitern des Menschen stellte er in seinen Romanen, Tagebüchern und Briefen dar.

1943 n blau 'Der kleine Prinz'

SAINT GERMAIN, Vorort von Paris. Hier liegt auf einer Anhöhe des linken Ufers der Seine, von Wald und Park umgeben, ein Königsschloß. 1370 n begonnen, wurde der Bau bis ins 17. Jahrhundert oft erweitert und verschönert. Während der Hugenottenkriege unterzeichnete der König Karl IX. im Jahre 1570 n hier einen Frieden mit den französischen Protestanten, der aber nicht von Dauer war. 1679 n wurden in diesem Schloß Frankreichs Eroberungen im 2. Krieg Ludwigs XIV. von Brandenburg bestätigt. 1919 n wurde hier der Friedensvertrag zwischen Österreich und den Siegermächten abgeschlossen. Dabei entstanden die Staaten Jugoslawien und Tschechoslowakei, Polen und Ungarn wurden unabhängig, Österreich mußte auf eine Vereinigung mit dem deutschen Reiche verzichten und Südtirol an Italien abtreten.

1562 n/1598 n Hugenottenkriege
1919 n rot Friedensvertrag

SAINT-JUST, Antoine (1767 n–1794 n), französischer Revolutionär. Als Sohn eines Soldaten schloß er sich Robespierre an, wurde mit dessen Unterstützung in die Nationalversammlung gewählt und machte mit Härte aus Rheinarmee und Nordarmee ein schlagkräftiges Revolutionsheer. Bekämpfte den gemäßigten Flügel ('Girondisten') und erstrebte gegen den Willen des Besitzbürgertums die soziale Fortführung der Revolution. Andererseits wandte er sich aber auch gegen den sozialistischen Flügel der Revolutionsbewegung (Hébertisten) und begünstigte dadurch die Konterrevolutionäre, die ihn nach ihrem Sieg zusammen mit Robespierre hinrichteten.

1758 n–1794 n Robespierre
1789 n/1795 n Französische Revolution
1792 n/1795 n Revolutionskriege

SAINT MICHEL, Mont-Saint-Michel, Name einer kleinen Insel mit 74 Meter hoch aufragendem Granitfelsen an der Küste des Ärmelkanals (Nordfrankreich). Bei Ebbe seit alters her trockenen Fußes von der Küste aus erreichbar. 1880 n wurde sie durch einen 1500 Meter langen Damm mit dem Festland verbunden.

1033 n blau Kirche

SAINT-PIERRE, Charles Irénée Castel (1658 n–1743 n), französischer Schriftsteller. Bemühte sich um eine Verbesserung der sozialen Verhältnisse durch Reformen auf den Gebieten der Erziehung, der Gesundheitspflege und der Volkswirtschaft. Für einen europäischen Völkerbund mit Schiedsgerichtshof (Sitz: Utrecht) trat er in seiner 'Denkschrift zur Errichtung eines dauernden Friedens in Europa' ein. Seine Werke waren von seinem Streben getragen, dem einzelnen einen größtmöglichen Anteil am Glück einer friedvollen Welt zu schaffen.

1707 n blau Über ewigen Frieden

SAINT RIQUIER, französischer Name für die römische Siedlung Centula bei Abbeville in Nordfrankreich. Hier entstand im Jahre 625 n ein Kloster. Karl der Große schenkte es 790 n seinem Schwiegersohn Angilbert, der hier die erste doppelchorige Basilika mit Querhaus und Westbau errichtete.

799 n blau Basilika

SAINT-SIMON, Claude Henri (1760 n–1825 n), französischer Philosoph und Soziologe. Als Enkel des Herzogs Louis Saint-Simon erhielt er die Erziehung berühmter Lehrer, darunter des Gelehrten d'Alembert, der ihm antikirchliche Gesinnung und freiheitliche Denkweise nahebrachte. 17jährig ging er nach Nordamerika, um am Freiheitskampf gegen die englische Kolonialherrschaft teilzunehmen. Den Vizekönig von Mexiko suchte er für sein Projekt eines Kanals durch Mittelamerika zu gewinnen. In der französischen Revolution verlor er sein Vermögen, erwarb durch Verkauf von Nationalgütern neuen Reichtum, studierte und zog sich 41jährig verarmt zurück, um seinen wissenschaftlichen Arbeiten nachzugehen. Vom Elend niedergedrückt, machte er einen Selbstmordversuch und schrieb in den zwei Jahren, die er noch schwerverletzt weiterlebte, sein Hauptwerk ('Katechismus der Kapitalisten'). Darin versuchte er den Besitzern der Produktionsmittel klarzumachen, daß die Werte von der Arbeiterklasse geschaffen werden und daß es deshalb zweckmäßig sei, dem Proletariat einen größeren Anteil vom Sozialprodukt zu geben. Im Privateigentum an den Produktionsmitteln sah er die Grundlage der bürgerlichen Gesellschaft, die er vor ihrer

Zerstörung durch die neue Klasse des Proletariats bewahren wollte. Mitbegründer einer soziologischen Wissenschaft.

1820n blau Proletariat
1824n blau Eigentum

SAINT-SIMON, Louis (1675n–1755n), französischer Schriftsteller. Als Nachkomme Karls des Großen und Patenkind Ludwigs XIV. wurde er Offizier. Nach dem Tode seines Vaters erbte er die Herzogswürde und führte das Leben eines begüterten Höflings. Bemühte sich um eine Stärkung der Macht des Adels. Als diese Hoffnung scheiterte, wurde er ein erbitterter Gegner des Absolutismus, verließ den Hof, zog sich auf seine Güter zurück und schrieb eine Kritik der Politik seiner Zeit. Später veröffentlichte er diese 'Memoiren' in 20 Bänden und gab darin ein farbiges, kenntnisreiches Bild seiner Zeit.

1743n blau 'Memoiren'

SAIS, Stadt im Mündungsdelta des Nils (Nord-Ägypten). Als Hauptstadt des 5. Gaues ('Neithgau') vor mehr als vier Jahrtausenden Stätte des Heiligtums der ägyptischen Waffengöttin Neith. Im siebenten Jahrhundert vor unserer Zeitrechnung Zentrum der ägyptischen Einigung gegen die Fremdherrschaft der Assyrer und Nubier. 663v wurde sie für mehr als 100 Jahre Hauptstadt des Ägypterreiches bis zu dessen Eroberung durch die Perser. Die Beziehungen Ägyptens zu den Mittelmeerländern, besonders zu Griechenland, wurden in dieser Periode ('Saitenzeit') vertieft.

784v–720v Tef-Nacht
760v–715v Bok-Choris
757v–703v Sabaka
718v grün Ärzteschule
693v–609v Psammetich I.
83v blau Statue eines Beamten

SAITEN, SAITEN-INSTRUMENTE

2759v grün Leier in Sumer
2587v grün Harfe in Sumer
2494v–2416v Schu-Bad
2433v grün Elfsaitige Harfe
2059v–1997v Anchu
1697v grün Standharfe in Ägypten
1515v–1479v Har-Mosis
1506v grün Dreisaitige Laute
1438v grün Winkelharfe in Ägypten
712v–642v Terpander
678v grün Siebensaitige Lyra
656v–587v Arion
572v–493v Pythagoras
435v grün Elfsaitige Lyra
433v–351v Archytas
575n grün Crotta in England
1555n grün Vicentino: Archicembalo
1649n grün Amatis Geigen
1705n grün Stradivaris Geigen
1709n grün Hammerklavier

SAKALA, Stadt im Pandschab (Nordwest-Indien) nahe der pakistanischen Grenze im Quellgebiet des Indus.

448n–510n Toramana
477n rot Hauptstadt

SAKKARA, Name eines ägyptischen Dorfes, 20 km südlich von Kairo (Nord-Ägypten). Hier wurde vor fast 5000 Jahren die Gräberstadt der hohen Beamten des Nordreiches angelegt. Seit Erhebung des benachbarten Memphis zur Residenzstadt wurde sie auch Begräbnisstätte vieler ägyptischer Könige. Mehr als ein Jahrtausend später wurden hier in einem eigenen Totentempel ('Serapeum') die Apis-Stiere feierlich beigesetzt, in denen die Ägypter eine Gottheit verehrten.

2846v–2784v Hemaka
2751v–2681v Ru-A-Ben
2707v–2626v Imhotep
2704v–2634v Hesire
2681v grün Grab des Ru-A-Ben
2649v rot Memphis Residenzstadt
2643v blau Totenstadt
2639v blau Stufenpyramide
2404v–2350v Unas
2367v blau Pyramide des Unas
2359v blau Pyramidentexte
1388v grün Stier-Begräbnisse

SAKOKU, Bezeichnung für eine Epoche der japanischen Geschichte, die durch fast völlige Absperrung des fernöstlichen Inselreiches gegen alle fremden Einflüsse gekennzeichnet war. Vom 17. bis Mitte des 19. Jahrhunderts aufrechterhalten, schloß sie Japan gegen die drohende Überfremdung, insbesondere durch die europäischen Mächte, ab. Isolierte das japanische Volk während dieser zwei Jahrhunderte von der Welt-Entwicklung und hielt es dadurch künstlich in Rückständigkeit.

1639n rot Abschließung Japans

SAKRAMENT, von dem lateinischen Worte 'sacramentum' (= Strafsumme) abgeleitete Bezeichnung für verschiedene priesterliche Verrichtungen (Waschung, Salbung, Handauflegung, Speisung), die von Mitgliedern christlicher Religionsgemeinschaften als Zeichen ihres Religionsstifters Jesus betrachtet werden. Die von der katholischen Kirche praktizierten sieben Arten (Taufe, Firmung, Eheschließung, letzte Ölung, Buße, Priesterweihe, Abendmahl) wurden von der evangelischen Kirche bis auf das erste und letzte verworfen.

385n blau Abendmahl und Taufe
845n blau Abendmahlstheorie
1308n–1368n Orcagna
1324n–1384n Wiclif

SAKRAMENTSHÄUSCHEN, Aufbewahrungsort von Wein und Brot (Hostie) in der Kirche, die sich nach katholischem Glauben beim Gottesdienst in Leib und Blut des Religionsstifters Jesus verwandeln und so dessen leibhaftige Anwesenheit bewirken. Meist besonders kunstvoll gearbeitet, soll es nach kirchlicher Vorschrift mit dem Andachttisch (Altar) fest verbunden, gut verschließbar und vergoldet sein.

1308n–1368n Orcagna

SALADIN, Sultan von Ägypten. Herrschte von 1171n bis 1193n.

1138n–1193n Lebenslinie
1135n–1204n Maimonides
1171n rot Kalif von Ägypten
1187n braun Sieg über Kreuzfahrer
1187n rot Gewinn Jerusalems
1189n/1192n Dritter Kreuzzug
1192n rot Erlaubnis für Pilger

SALAMANCA, Stadt in Spanien, 170 km nordwestlich von Madrid am Ufer des Tormes. Hier entstand im Jahre 1222n durch Verlegung der elf Jahre zuvor in Palencia gegründeten Universität eine der ersten nicht-arabischen Hochschulen Europas. Sie wurde schnell berühmt und erreichte im 16. Jahrhundert mit 8000 Studenten ihre Blütezeit.

1222n blau Universität
1729n blau Rathaus

SALAMIS, Hafenstadt an der Ostküste der Insel Zypern. Vor etwa 3000 Jahren durch Phönizier von der gegenüberliegenden Küste Vorderasiens gegründet, entwickelte sie sich zum wichtigsten Hafen und zur bedeutendsten Stadt der Insel. Mit dem Rückgang der phönizischen Macht im östlichen Mittelmeerraum festigte sich die Stellung der griechischen Bevölkerung, die hier bereits im 6. Jahrhundert vor der Zeitwende für ihren Gott Zeus einen berühmten Tempel errichtete. Seit dem 5. Jahrhundert errang sie unter ihren griechischen Königen die Herrschaft über die ganze Insel. In der Bucht vor der Stadt besiegte die Flotte Athens unter Kimon die verbündete persisch-phönizische Flotte und beendete damit die Perserkriege. Während der Diadochenkriege fand hier im Jahre 306v eine Schlacht zwischen den um Alexanders Nachfolge ringenden Feldherren statt; dabei wurde die ägyptische Flotte vernichtet. Später fiel die Stadt den ägyptischen Diadochen (Ptolemäer) zu. Im Jahre 58v kam sie an Rom. 116n–117n erhoben sich hier die Juden; der römische Kaiser Trajan ließ die Stadt daraufhin in Trümmer legen. Allmählich wieder aufgebaut, wurde sie seit 333n durch mehrere Erdbeben zerstört. Der römische Kaiser Konstantius ließ sie ganz neu aufbauen, benannte sie nach sich selbst (Konstantia) und machte sie erneut zur Hauptstadt Zyperns. 647n–648n durch Araber vernichtet (Arabischer Krieg).

490v/449v Perserkriege
323v/301v Diadochenkriege
58v rot Römische Herrschaft
633n/732n Arabischer Krieg

SALAMIS, Name einer kleinen griechischen Mittelmeerinsel unmittelbar vor dem Hafen von Athen (Piräus). Vor mehr als 3500 Jahren siedelten sich hier Phönizier an, später ließen sich auch Bewohner der Nachbarinsel Ägina nieder und um 1300v war die Insel ein unabhängiges Gemeinwesen mit eigener Regierung. Sie nahm mit 12 Schiffen am Trojanischen Kriege teil. Ihr Herrscher Ajax war dabei nach Achilles der stärkste Kämpfer. 600 Jahre später geriet die Insel unter die Herrschaft der nahen griechischen Küstenstadt Megara. 598v fiel die Insel an das aufstrebende Athen. Im Jahre 480v schlug hier die griechische Flotte unter Themistokles die unter König Xerxes angreifende Perserflotte und bewahrte damit Griechenland vor persischer Herrschaft. Aischylos stellte diese Schlacht in den Mittelpunkt seines Dramas 'Die Perser'.

1193v/1184v Trojanischer Krieg
525v–459v Themistokles
520v–465v Xerxes
490v/449v Perserkriege
473v blau Aischylos: 'Die Perser'

SALAZAR, Antonio (geboren 1889n), portugiesischer Staatsmann. Studierte Volkswirtschaft, wurde Professor für Wirtschaftswissenschaft an der katholischen Universität Coimbra und dehnte als Finanzminister die Staatskontrolle auch auf Teile der Wirtschaft aus. Gründete 1930n als Kolonialminister eine katholische Partei und wurde als ihr Führer 1932n Ministerpräsident. Seit 1933n verwandelte er das Land in einen katholischen Ständestaat und machte sich selbst zu dessen unumschränktem Herrscher (seit 1936n auch Kriegsminister und Außenminister). Durch Übertragung der Staatsgewalt auf seine 'portugiesische Legion' vollendete er die Umwandlung seines Landes in eine Diktatur faschistischer Prägung. Nach einem Schlaganfall trat er 79jährig von seinem Amte zurück.

1961n/ Kampf Zentralafrikas

SALBEN, das Bestreichen der Haut mit besonderem Fett. In der Frühzeit unter allerlei Beschwörungen und Gebeten vollzogen, wurde es nach der Trennung von Arzt- und Priesterberuf von beiden beibehalten: In der Medizin zur Heilung (besonders von Hautkrankheiten), in der Religion zur Heiligung (besonders bei Königen und Bischöfen).

2055v–1975v Ur-Edina
1999v grün Verordnung in Sumer
890v–814v Jehu

SALERNO, Hafenstadt in Italien, 50 km südlich von Neapel. Seit 303v römisch (Salernum), war sie im 9. Jahrhundert Hauptstadt eines langobardischen Fürstentums und wurde dann normannisch. Sie stand in dieser Zeit unter dem Einfluß der arabischen Wissenschaft, die von Sizilien, Spanien und Nordafrika zu ihr drang. Die hier im elften Jahrhundert entstandene medizinische Fakultät wurde Pflanzstätte der medizinischen Wissenschaft in Europa.

1010n grün Medizinische Hochschule
1106n grün 'Narkoseschwämme'

SALES, Franz von (1567n–1622n), französischer Priester und Schriftsteller. Betätigte sich zunächst als Anwalt und wurde nach der Priesterweihe mit der Rückgewinnung protestantischer Christen in Savoyen beauftragt. Führte nach Versagen friedlicher Überredung die Rekatholisierung einzelner Gebiete mit Zwangsmitteln durch und wurde Bischof von Genf. Verfaßte zahlreiche kirchliche Schriften und gründete zusammen mit der fünf Jahre jüngeren Witwe Johanna Chantal einen weiblichen Orden.

1618n rot Ordensgründung

SALIER, Name eines fränkischen Volksstammes, der vor 1800 Jahren am Niederrhein ansässig war, im 4. Jahrhundert nach Nordfrankreich vordrang und an der Vereinigung der fränkischen Stämme in einem Reiche führend teilnahm.

358n rot Niederlassung in Gallien
466n–511n Chlodwig
486n rot Fränkisches Reich
508n blau Rechtsbuch

SALINEN, Bezeichnung für Anlagen zur Gewinnung von festem Salz aus salzhaltigem Wasser (Sole) durch Verdunstung.

956n grün Lüneburger Salinen

SALISBURY, kleine Stadt im Süden Englands, 20 km landeinwärts von der Hafenstadt Southampton. Hier wurde seit 1220n eine mächtige Kathedrale erbaut, die um 1257n bis auf Langhaus, Turm und Westfassade fertig war. Der reichverzierte Turm (mit 124 m der höchste Englands) wurde mit den übrigen Restarbeiten 1350n vollendet.

1257n blau Kathedrale

SALISBURY, Johannes von (um 1120n bis 1180n), englischer Philosoph und Historiker. Studierte in Paris und Chartres. Nach einer Italienreise kehrte er in die Heimat zurück und wurde Sekretär des Thomas Becket. In Kirchenkämpfe verstrickt, floh er nach Frankreich und schrieb nach der Ermordung Beckets dessen Lebensgeschichte. In seiner Schrift 'Metalogicus' verwarf er den toten Formalismus der katholischen Scholastik und bereitete eine neue Wissenschaftslehre vor, die auf der Logik beruht und als einzige Erkenntnisquelle die Sinneswahrnehmung anerkennt. Verfaßte eine Geschichte der Philosophie Griechenlands und Roms sowie eine Geschichte des Papstes Eugen III. Schöpfer der ersten systematischen Staatslehre Nordeuropas.

1160n blau Staatstheorie

SALISCHE KAISER, Bezeichnung für die deutschen Herrscher salischer (= fränkischer) Herkunft. Ein Urenkel des Kaisers Otto I. (Konrad II.) begründete nach dem Tode des letzten sächsischen Kaisers im Jahre 1024n ihre Herrschaft, die bis 1125n dauerte.

1001n–1072n Adalbert von Bremen
1013n–1085n Robert Guiskard
1017n–1056n Heinrich III.
1021n–1085n Gregor VII.
1033n braun Niederlage Polens
1033n rot Gewinn der Lausitz
1033n rot Herrschaft über Polen
1037n grün Erblichkeit kleiner Lehen
1046n braun Einzug in Rom
1046n rot Papstpolitik Heinrichs
1050n blau Kaiserpfalz in Goslar
1050n–1106n Heinrich IV.
1053n braun Normannen-Sieg
1060n rot Slawen-Christianisierung
1063n rot Erziehung Heinrichs IV.
1073n/1075n Aufstand in Sachsen
1073n blau Wartburg
1075n rot Investitur-Bestimmung
1076n rot Papst-Absetzung
1076n rot Bann gegen Heinrich IV.
1076n rot Fürsten gegen Kaiser
1077n rot Gang nach Canossa
1079n blau Lamberts Geschichtswerk
1081n/1085n Balkanzug der Normannen
1081n–1125n Heinrich V.
1085n rot 'Gottesfriede'
1093n rot Gegenbündnis in Italien
1096n/1099n Erster Kreuzzug
1103n rot Schutz für Juden
1103n grün Sondersteuer für Juden
1106n blau 'Annolied'
1109n braun Niederlage gegen Polen
1109n rot Polen selbständig
1111n rot Begräbnis Heinrichs IV.
1113n grün Schmuck des Kaisermantels
1122n rot Wormser Konkordat
1125n blau Zeitgeschichte

SALISCHES RECHT, Bezeichnung für die Gesamtheit der Gesetze, die von den salischen Franken vor fast 1500 Jahren in einem Rechtsbuch niedergeschrieben wurden. Erhielt durch Ausschluß der Frauen von der Erbschaft an Landbesitz Bedeutung für die Thronfolge, besonders in Frankreich und Spanien.

508n blau Aufzeichnung

SA-LITIS, Hyksos-König in Ägypten.

1752v–1692v Lebenslinie
1709v braun Sieg über Ägypter
1709v rot Reichsgründung
1703v braun Vorstoß nach Unterägypten
1703v rot Macht über Unterägypten
1701v braun Vorstoß nach Oberägypten
1701v rot Macht über Oberägypten
1701v blau Gründung von Awaris
1694v rot Awaris Hauptstadt

SALK, Jonas E. (geboren 1914n), nordamerikanischer Arzt und Serologe. Als Sohn eines Textilarbeiters studierte er Medizin und wandte sich dann der Erforschung kleinster Krankheitserreger (Viren) zu. Wurde Mitarbeiter des Biologen Thomas Francis und half bei der Entwicklung eines Impfstoffes gegen den Grippe-Erreger. Bei den hierfür im Auftrage der US-Armee durchgeführten Forschungen befaßte er sich damit, Viren so abzutöten, daß sie ihre Fähigkeit zur Bildung von Abwehrstoffen (Antikörpern) behalten. 33jährig wurde er Leiter der Virus-Forschungs-Abteilung an der Universität Pittsburgh. Dort entwickelte er einen Impfstoff gegen die drei bekannten Erreger der Spinalen Kinderlähmung (Poliomyelitis). Nach erfolgreichen Tierversuchen mit diesem im Nierengewebe von Affen gezüchteten Impfstoff glückten erste Impfungen bei Menschen. Der daraufhin angeordnete Großversuch führte jedoch zur Erkrankung zahlreicher Kinder, was eine heftige Impf-Gegnerschaft im nordamerikanischen Volke hervorrief. Doch gelang ihm die Ausschaltung der Fehlerquellen, und sein Serum setzte sich schließlich durch. Die Zahl der Polio-Erkrankungen in den USA ging bis 1961n auf 4% der zehn Jahre zuvor festgestellten Krankheitsfälle zurück. Seit 1963n leitet er das nach ihm benannte Forschungs-Institut in San Diego (Kalifornien).

1954n grün Kinderlähmungs-Serum

SALLENTINER, Name eines Volksstammes im Osten Süditaliens, der sich durch die Möglichkeit der Versorgung über seinen Hafen Brundisium (Brindisi) gegen die Machtansprüche Roms länger behauptete als alle anderen Völkerschaften Mittel- und Süditaliens. Mit seiner Unterwerfung gewann Rom den bedeutendsten Adriahafen Italiens, der sogleich durch Verlängerung der Via Appia mit der Stadt Rom verbunden wurde.

266v braun Niederlage gegen Rom
266v rot Herrschaft Roms

SALLUST, Gajus Crispus, römischer Geschichtsschreiber.

86v–35v Lebenslinie
49v blau Gesellschaftskritik

SALMANASSAR I., König von Assyrien.

1302v–1244v Lebenslinie
1277v–1207v Tu-Kulti
1267v grün Heeresreform
1255v braun Aufstand der Mitanni
1255v rot Mitanni-Reich Provinz
1255v rot Umsiedlung der Mitanni
1255v blau Gründung von Kalach
1253v braun Sieg über Urartu
1251v blau Ischtar-Tempel in Ninive

SALMANASSAR III., König von Assyrien.

895v–825v Lebenslinie
890v–843v Biridri
890v–814v Jehu
858v grün Heeresreform
854v braun Expansionskrieg
841v grün Tribut von Israel
833v blau Obelisk
828v blau Palast
827v braun Aufstand
827v rot Machtverlust

SALOME, nach biblischer Sage eine Enkelin des Judenkönigs Herodes des Großen. Auf Anstiften ihrer Mutter bestimmte sie deren zweiten Mann (Herodes Antipas) durch ihre Tanzkunst zur Hinrichtung Johannes des Täufers. Ihr Tanz um das Haupt des Johannes blieb bis in unsere Epoche ein beliebter Gegenstand der Malerei (Corinth), der Literatur (Oscar Wilde) und der Musik (Richard Strauss).

27v–40n Herodes Antipas
7v–29n Johannes der Täufer
29n rot Johannes hingerichtet
1905n blau Richard Strauss' Oper

SALOMO, König von Juda.

992v–933v Lebenslinie
1035v–972v David
999v–936v Hiram
970v grün Phönizische Handwerker
970v blau Burg
969v–908v Bilkis
967v grün Wasserversorgung
964v–912v Jerobeam I.
960v grün Steuer-Erhöhung
959v blau Tempel
959v–916v Rehabeam
956v grün Kapelle
946v blau Haremspalast
935v braun Volksaufstand

SALOMON-INSELN, Name einer Inselgruppe im Pazifischen Ozean östlich von Neu-Guinea (Indonesien). Besteht aus sieben größeren und zahlreichen kleineren Inseln, die von Melanesiern bewohnt werden und auf denen bis in unser Jahrhundert Menschenfresserei gebräuchlich war. Ihr Entdecker Mendana benannte sie 1567n nach König Salomo, weil er glaubte, hier dessen sagenhaftes Goldland Ophir vor sich zu haben. 200 Jahre später wurden die Inseln von Franzosen neu entdeckt. Erst 1884n machten sich europäische Mächte an ihre koloniale Ausbeutung. Durch Vertrag teilte sie England mit Deutschland, das seine Hälfte aber nach dem verlorenen ersten Weltkrieg an Australien abtreten mußte. Im zweiten Weltkrieg wurden sie nach einer großen Luft- und Seeschlacht mit den USA von den Japanern erobert. Ein Jahr danach konnten sich die USA aber in den Besitz der Inselgruppe setzen. Später wurde sie wieder an England und Australien übergeben, doch blieb der Einfluß der USA stark.

1567n grün Entdeckung
1919n rot Versailler Vertrag
1939n/1945n Zweiter Weltkrieg

SALONIKI, Hafenstadt in Nord Griechenland. Im Jahre 315v an der Stelle einer alten Stadt ('Thermai') neu gegründet durch einen Feldherrn Alexanders des Großen (Kassander), der mit einer Halbschwester Alexanders verheiratet war und die Stadt nach seiner Frau benannte ('Thessalonike'). Unter römischer Herrschaft wurde sie im Jahre 146v Hauptstadt von Mazedonien, wichtigste befestigte Station an der Heerstraße von Rom nach Byzanz (Konstantinopel) und Sitz eines römischen Statthalters. Um 390n wurden als Strafe für einen mißglückten Aufstand gegen die Römerherrschaft 7000 ihrer Bürger hingerichtet. Während der Periode byzantinischer Herrschaft war sie die bedeutendste Stadt des oströmischen Reiches nach Konstantinopel. Im Jahre 904n wurde sie vom Meer her durch Araber überfallen und verlor 22 000 Bewohner als Sklaven. 1430n für fast 500 Jahre türkisch, 1912n von den Griechen erobert und 1913n von den Türken endgültig an Griechenland abgetreten, wurde die Stadt in beiden Weltkriegen wegen ihrer strategischen Bedeutung hart umkämpft.

146v rot Römische Herrschaft
395n rot Byzantinische Herrschaft
1185n braun Normannen-Einfall
1912n/1913n Balkankriege
1913n rot Türkischer Rückzug

1914n/1918n Erster Weltkrieg
1939n/1945n Zweiter Weltkrieg

SALPETER, Bezeichnung für einige Salze, in denen die in der Natur nicht frei vorkommende Salpetersäure enthalten ist. Wegen seiner starken chemischen Wirksamkeit seit fast drei Jahrtausenden ein begehrtes Erzeugnis, dessen Eignung zur Herstellung von Geschossen seit fast 1000 Jahren bekannt ist und seinen Wert noch steigen ließ. Von der modernen Chemie wurde Salpetersäure rein gewonnen und bildet heute einen der wichtigsten Grundstoffe der chemischen Industrie.

728v grün Glas-Herstellung
1130n grün Schießpulver in China
1244n grün Schießpulver in Arabien
1285n grün Beschreibung
1879n/1883n Salpeterkrieg

SALPETERER, Name einer Freiheitsbewegung, die zu Beginn des 18. Jahrhunderts weite Teile des Schwarzwaldes ergriff. Sie wurde angeführt von einem Leibeigenen des Klosters St. Blasien (Johann Fridolin Albiez). Der von ihr getragene Aufstand gegen Leibeigenschaft und Pfaffenherrschaft wurde von österreichischen Truppen niedergeschlagen. Die Bewegung erhielt ihren Namen durch den Umstand, daß der Salpeter Anlaß zum Aufstand war. Die österreichische Regierung hatte nämlich den Stalldung der Bauern und Leibeigenen eingefordert, um daraus Salpeter für Schießbaumwolle zu gewinnen.

1727n braun Aufstand

SALPETERKRIEG, Kampf der südamerikanischen Staaten Chile, Bolivien und Peru. Führte zur Abtretung des Haupt-Salpeter-Gebietes in der Wüste von Atacama durch Bolivien und zum Verzicht Perus auf die salpeterreiche Provinz Tarapaca. Brachte Chile das Weltmonopol für Salpeter. Bolivien verlor dabei seinen Zugang zum Meer.

1879n/1883n Kampf um Atacama

SALVADOR, Name des kleinsten, aber am dichtesten besiedelten Staates Mittelamerikas. An der Pazifikküste klimatisch günstig gelegen, entwickelte er sich im letzten Jahrhundert durch den Fleiß seiner Bewohner zum drittgrößten Kaffeeproduzenten der Erde nach Brasilien und Kolumbien. Das von den hochkultivierten Mayas bewohnte Land wurde seit 1524n von Spaniern unterworfen und gegen langen und erbitterten Widerstand der Bevölkerung kolonisiert. Erst im Freiheitskampf Lateinamerikas erhielt es 1821n seine Unabhängigkeit und wurde nach einer Periode der Zugehörigkeit zu den 'Vereinigten Staaten von Zentralamerika' 1839 eine selbständige Republik. Unter zunehmendem Einfluß fremden Kapitals entwickelte sich eine leistungsfähige Plantagenwirtschaft, die eine Beherrschung des Staates durch Großgrundbesitzer zur Folge hatte. Arbeiter und Bauernaufstände (1932n) waren vergeblich. Die fortschreitende Durchdringung des Landes mit USA-Kapital hatte eine gewaltsame Niederhaltung der arbeitenden Volksmassen zur Folge.

1524n braun Niederlage der Mayas
1524n rot Besitz Spaniens
1811n/1826n Kampf Lateinamerikas

SALVARSAN, Name einer stark giftigen Arznei, die von dem deutschen Arzt Paul Ehrlich zusammen mit dem Japaner Sahachiro Hata entwickelt wurde und sich als Mittel gegen die schlimmste Geschlechtskrankheit (Syphilis) und andere durch Bakterien ausgelöste Erkrankungen bewährte. Mit diesem hochwirksamen Heilmittel aus einer Kohlenstoff-Verbindung begann die industrielle Arznei-Herstellung aus chemischen Grundstoffen in großem Maßstab.

1909n grün Erfindung

SALVIANUS (um 400n–um 480n), römischer Gelehrter. Als Vorsteher der Christengemeinde von Marseille (Süd-Frankreich) untersuchte er die Gründe für den Niedergang Roms und sah die Hauptursache im sittlichen Verfall und in der Unterdrückung der Armen durch die Reichen. Dem unmoralischen Verhalten der christlichen Bürger Roms stellte er die Sittenstrenge der nichtchristlichen Germanen entgegen, die er in seiner Geburtsstadt Trier kennengelernt hatte. Indem er den christlichen Gedanken des 'Gottesgerichtes' gegen die christlichen Völker Roms anwandte, stellte er deren Verfall als gerechte Strafe Gottes dar.

441n blau 'Weltregierung Gottes'

SALZ

733v–645v Kuan-Tse
685v grün Staatsmonopol in China
322v–246v Ptolemäus II.
58n braun Kampfobjekt
956n grün Salinen in Lüneburg
1247n grün Salzstücke als Geld
1301n grün Kartell
1791n grün Soda-Herstellung

SALZA, Hermann von, deutscher Staatsmann.

1173n–1239n Lebenslinie
1225n rot Vertreibung aus Ungarn
1226n rot Preußen Lehen
1230n braun Unterwerfung Preußens

SALZBURG, Stadt an der Salzach am Fuße der Alpen in Österreich. Von Kelten vor mindestens 2500 Jahren besiedelt, wurde sie vor 2000 Jahren als römische Stadt (Juvavum) zu einem Mittelpunkt von Handel und Verkehr, verfiel aber nach dem Zusammenbruch des Römerreiches. Ende des 7. Jahrhunderts wurde hier ein Kloster gegründet, und die Stadt entwickelte sich unter kirchlicher Herrschaft erneut zu einem Wirtschaftszentrum. Doch erhob sich die Bevölkerung wiederholt gegen ihren Bischof. 1525n brach ein Aufstand aus, und in der anschließenden Reformation befreite sich die Bevölkerung aus der katholischen Herrschaft. Da sie aber den Erzbischof nicht vertrieb, machte sie es der Kirche möglich, die Gegenreformation ins Werk zu setzen. 1731n wurden alle Protestanten, die sich der Rekatholisierung widersetzten, vertrieben. Geburtsstadt Mozarts, seit 1920n Festspielstadt.

696n blau Kloster
701n–784n Fergil der Geometer
1756n–1791n Mozart

SALZMANN, Christian Gotthilf (1744n–1811n), deutscher Pädagoge. Studierte Theologie, wurde Dorfpfarrer und Lehrer. Verfaßte mehrere Bücher über Erziehung. Durch eine scherzhafte Anleitung zur falschen Erziehung ('Krebsbüchlein') berühmt geworden, kaufte er das Landgut Schnepfenthal (Thüringen) und machte daraus ein Land-Erziehungsheim. Stellte die körperliche Ertüchtigung durch Arbeit und Leibesübungen gleichgewichtig neben die Geistesbildung.

1780n blau 'Krebsbüchlein'

SAM-AL, Stadt in Vorderasien, 150 km nordwestlich von Aleppo. Früher zu Nord-Syrien gehörig, heute auf türkischem Gebiet (Sendschirli). Entstand vor 3500 Jahren als befestigte Stadt des Mitanni-Reiches, wurde dann hettitisch und um 920v Hauptstadt eines Aramäer-Reiches gleichen Namens, das um 800v seine größte Macht und höchste Kunstblüte erreichte. Obwohl sie durch eine doppelte Mauer mit je 100 Türmen geschützt war, wurde sie um 740v von Assyrern eingenommen. Bis 725v ging sie im Assyrerreiche auf.

824v blau Relief des Gottes Adad
779v blau Löwentor
731v blau Relief 'Guter Hirte'

SAMARIA, Stadt in Jordanien (Vorderasien), halbwegs zwischen dem Mittellauf des Jordanflusses und dem Mittelmeerküste. Um 870v wurde sie von König Omri als neue Hauptstadt des Judenreiches gegründet. Nach Vertreibung der Juden im Jahre 722v dem Assyrerreiche einverleibt.

930v–871v Omri
890v–814v Jehu
870v blau Baal-Tempel
722v braun Assyrischer Sieg
722v rot Herrschaft Assyriens
722v rot Israeliten-Vertreibung

SAMARKAND, Stadt im Süden des asiatischen Teiles der Sowjetunion (Usbekistan) nahe der afghanischen Grenze. Entstand vor 2500 Jahren als Hauptstadt der persischen Provinz Sogdiana und wurde 329v von Alexander dem Großen erobert, der sich hier wiederholt längere Zeit aufhielt. Tausend Jahre später wurde die Stadt arabisch und nach weiteren 500 Jahren mongolisch. Dschingis-Khan und Timur machten sie zu einem Mittelpunkt des größten Weltreiches der Geschichte sowie zu einem Zentrum von Wissenschaft, Kunst und Handel. Im 19. Jahrhundert wurde sie zusammen mit Buchara dem russischen Reiche einverleibt.

356v–323v Alexander der Große
334v/325v Alexanderzug
172v–114v Tschang-Kien
129v grün Reise Tschang-Kiens
633n/732n Arabischer Krieg
712n rot Araber-Herrschaft
874n rot Selbständigkeit
1155n–1227n Dschingis-Khan
1207n/1279n Großer Mongolenkrieg
1220n rot Mongolen-Herrschaft
1336n–1405n Timur
1380n rot Reichsgründung Timurs
1392n–1450n Ibn Arabscha
1405n rot Ende des Timur-Reiches
1868n rot Russischer Besitz

SAMARRA, Stadt in Mesopotamien (Vorderasien), 100 km nördlich von Bagdad. Von den Herrschern des Araberreiches (Kalifen) im Jahre 836n auf den Trümmern einer vor 5000 Jahren entstandenen Stadt gegründet und zu einer prächtigen Residenz ausgebaut, verfiel sie bereits hundert Jahre später.

852n blau Moschee

SAMBESI, mit über 2500 km Länge größter Strom Südafrikas. Entspringt im Grenzgebiet zwischen Kongo und Angola, richtet sich zunächst nach Süden, durchfließt dann den Kontinent in west-östlicher Richtung und mündet gegenüber der Insel Madagaskar in den Indischen Ozean. Mitten in Afrika stürzt er 130 Meter tief herab (Viktoria-Fälle).

929v grün Fahrten der Phönizier
1855n grün Viktoria-Fälle entdeckt

SAMKHYA, Name einer indischen Weisheitslehre, die auf einer Zweiteilung der Grundlagen unseres Daseins beruht. Stellte der sich ständig wandelnden Natur (= Werden) die ewige Unveränderlichkeit des in sich ruhenden Geistes (= Sein) entgegen. Die von Kapila begründete atheistische Philosophie ging von einer in ständiger Selbstentfaltung begriffenen Urmaterie aus.

587v blau Entwicklung der Lehre

SAMNITEN, Name der Angehörigen eines Volkes in Mittelitalien, das im Berglande südlich von Rom (Samnium) ansässig war. Dem römischen Eroberungsdrang setzten sie langen und entschiedenen Widerstand entgegen, wurden aber in jahrhundertelangen Kleinkriegen niedergerungen. Nach dem gescheiterten Bundesgenossenkrieg gegen Rom völlig unterworfen und durch Tötung von 6000 Gefangenen entvölkert, hörten sie auf, als selbständiges Volk zu bestehen.

326v/304v Großer Samnitenkrieg
308v rot Taktik Roms
304v rot Machtverlust
298v/290v Letzter Samnitenkrieg
290v rot Bundesgenossen Roms
91v/88v Bundesgenossenkrieg

SAMO, König der Slawen.

595n–662n Lebenslinie
624n braun Sieg über Awaren
624n rot Reichsgründung
631n braun Sieg über Franken
631n rot Sicherung des Reiches
662n rot Zerfall des Reiches

SAMOA, Name einer Inselgruppe inmitten der Südsee (Pazifik), bestehend aus zehn größeren bewohnten und zahllosen kleineren unbewohnten Inseln. Nach der Entdeckung über hundert Jahre lang nur gelegentliches Reiseziel europäischer Seefahrer oder Forscher, erweckte sie seit Mitte des 19. Jahrhunderts das Interesse und die Begehrlichkeit europäischer Mächte sowie der USA. 1899n teilte sich Deutschland mit den USA in ihren Besitz. Der deutsche Teil wurde im ersten Weltkrieg besetzt und Deutschland verzichtete im Versailler Vertrag auf seine Inseln, die dann Neuseeland übergeben wurden.

1721n grün Entdeckung
1919n rot Versailler Vertrag

SAMOS, Name einer der großen Inseln vor der Westküste Kleinasiens. Vor fast 4000 Jahren siedelten sich neben den hier ansässigen Karern Griechen aus Mykene an. Einige Jahrhunderte später folgten griechische Ionier, so daß Kultur und Staatsordnung der Insel bald rein griechisch waren. Ihre Bewohner waren kühne Seefahrer; sie gründeten Niederlassungen an verschiedenen Küsten und stießen über die 'Säulen des Herkules' (Gibraltar) in den Atlantik vor. Der Schiffsbau blühte. Ihre Technik wurde durch Theodoros zu Leistungen geführt, die im ganzen Mittelmeerraum Beachtung fanden. Polykrates machte die Insel politisch mächtig und ließ sie durch prächtige Bauten schmücken. Hier entstand der größte griechische Hera-Tempel. Im Jahre 479v wurde sie durch die Perserkriege aus fast fünfzigjähriger persischer Herrschaft befreit und trat dem Attischen Seebunde bei. Von Alexander genommen, aber 332v wieder frei. Zeitweilig zum ägyptischen Ptolemäerreich gehörend, kämpfte sie später gegen Rom, wurde aber der römischen Provinz Asia (Kleinasien) einverleibt. Bei der Reichsteilung Ostrom (Byzanz) zugefallen, blieb sie über ein Jahrtausend meist unter der Herrschaft von Byzanz (Konstantinopel). Seit 1500n türkisch. Während des Balkankrieges erklärte sie 1912n ihre Unabhängigkeit von der Türkei und schloß sich Griechenland an.

636v–564v Äsop
560v–469v Theodoros
532v blau Brief an Polykrates
532v grün Tunnel
490v/449v Perserkriege
477v rot Attischer Seebund
334v/325v Alexanderzug
129v rot Provinz 'Asia'
395n rot Byzantinische Herrschaft
1912n/1913n Balkankriege
1913n rot Rückzug der Türkei

SAMOSATA, Stadt am Oberlauf des Euphrat (Vorderasien). Vor 2000 Jahren Hauptstadt eines eigenen Reiches (Kommagene), das später zur römischen Provinz Syrien gehörte. Hier wurde der Philosoph Lukian geboren sowie der Kirchenlehrer Paulus von Samosata.

125n–180n Lukian
208n–280n Paulus

SAMPIRO (um 960n–1041n), spanischer Geschichtsschreiber. Als Notar und Priester in dem von Arabern freien Teil Nordspaniens suchte er die Geschichtsschreibung vom arabischen Einfluß zu befreien. Verfaßte einige Lebensgeschichten von Königen des spanischen Kleinreiches Leon (Kastilien).

1020n blau Geschichtswerk

SAMSI-ADAD, König von Assyrien.

1785v–1717v Lebenslinie
1759v braun Vorstoß Maris
1759v rot Vertreibung
1748v rot Herrschaft über Assur
1748v–1695v Zim-Rilim
1735v blau Residenzstadt
1730v braun Sieg über Mari
1730v rot Sohn Herrscher von Mari
1730v blau Enlil-Tempel in Assur
1725v blau Briefwechsel mit Söhnen
1724v rot Pakt mit Babylon

SAMSI-ADAD V. (um 860v–810v), König von Assyrien (Vorderasien) seit 825v. Als Sohn Salmanassars III. übernahm er von seinem Vater ein auf die Stadt Kalach beschränktes Königtum, dem er gegenüber den anderen Städten des Assyrerreiches erst wieder Geltung verschaffen mußte. Führte mehrere Kriege gegen Babylon. Heiratete die Babylonierin Semiramis und trug durch diese Ehe zur Durchdringung Assyriens mit babylonischer Kultur bei.

895v–825v Salmanassar III.
843v–782v Semiramis
827v braun Städte-Sieg über Vater
827v rot Machtverlust des Vaters
820v braun Sieg über Meder
811v blau Statue

SAMSU-I-LUNA, Kaiser von Mesopotamien.

1720v–1648v Lebenslinie
1698v–1629v Iluma-I-Lu
1685v braun Erhebung Elams
1685n grün Zeitrechnung
1677v braun Kassiten-Angriff
1675v/1665v Freiheitskampf Sumers
1665v rot Selbständigkeit Sumers
1665v rot Zerfall des Reiches
1665v rot Ende des Kaisertums
1653v grün Festungsbau Sumers

SAMUEL (um 950n–1014n), Herrscher des Bulgarenreiches von 976n bis 1014n. Als Sohn eines Gouverneurs machte er sich zum Herrscher (Zar) der in Mazedonien ansässigen Bulgaren, fügte den byzantinischen Heeren empfindliche Niederlagen zu und setzte sich in den Besitz großer Teile Griechenlands. Doch wurden seine Heere in Griechenland bald von den byzantinischen Heeren geschlagen. Nach eigenen Erfolgen (Einnahme Adrianopels) geriet ein Teil seines Heeres bei der unentschiedenen Schlacht am Berge von Balathista in Gefangenschaft und wurde ihm geblendet zurückgesandt. Gab den Kampf auf und starb bald darauf.

958n–1025n Basilius II.
996n/1014n Byzantinischer Krieg

SAMUEL, israelischer Priester und Richter.

1086v–1004v Lebenslinie
1064v–1010v Saul
1035v–972v David

SAMURAI, Bezeichnung für die Angehörigen der japanischen Kriegerkaste, der bis 1878n alle militärischen und staatlichen Ämter vorbehalten waren. Selbst dem Adel zugehörig, galten sie als Gefolgsleute der Fürsten ('Daimyo'), denen sie zu unbedingter Treue unter Einsatz des Lebens verpflichtet waren (Samurai = Wächter). Körperliche Arbeit und Handel war ihnen untersagt.

1186n grün Harakiri
1191n grün Bushido
1877n braun Aufstand

SAM-YAS, Name des ersten lamaistischen Klosters. Bei Lhasa (Tibet) gegründet durch den Inder Padma Sambawa, der auf Wunsch des Königs von Tibet ins Land gekommen war.

717n–778n Padma Sambawa
771n blau Gründung

SANAI, Abu (um 1050n–1141n), persischer Dichter. Als Hofdichter in Ghasna (Afghanistan) schrieb er Loblieder auf den König dieses Reiches, dessen Herrschaft sich bis zum Industal erstreckte. Nach Reisen und philosophischen Studien zog er sich vom Hofdienst zurück und lebte lange in der Einsamkeit. Entwickelte eine Religiosität, die auf einem ganz persönlichen Verhältnis zu Gott beruhte, wie es in Abgeschlossenheit durch Gefühls-Konzentration und geistige Versenkung sich bildet. Diese mystische Glaubenslehre, deren Gottesbild dem Gotte der Araber entsprach, begleitete die islamische Mystik ('Sufismus') vor und schuf wesentliche Grundlagen für die Armuts-Orden der 'Derwische'. Verfaßte das erste Werk der islamischen Mystik ('Garten der Wahrheit'). Zum Ende seines Lebens kehrte er in die Stadt Ghasna zurück.

1131n blau Hauptwerk

SANCHO PANSA, Romangestalt des spanischen Dichters Cervantes. Als Bauer wird er Schildknappe des überspannten Ritters Don Quichotte und führt dessen weltfremde Schwärmerei auf den Boden der Wirklichkeit zurück. Dabei erfährt er selbst eine Verfeinerung seiner derben Sitten und eine Vergeistigung seiner pfiffigen Schläue, ohne die Beziehung zum wirklichen Leben zu verlieren.

1547n–1616n Cervantes
1605n blau 'Don Quichotte'

SAND, George (1804n–1876n), französische Schriftstellerin. Als Offizierstochter besuchte sie eine Klosterschule und heiratete einen adligen Großgrundbesitzer. Nach neunjähriger Ehe begab sie sich nach Paris, um sich eine selbständige Existenz zu schaffen. Versuchte es zunächst mit Übersetzungen, Handarbeiten und dem Bemalen von Porzellan, wandte sich dann aber der Schriftstellerei zu und errang mit ihren Romanen große Erfolge. Trat für die Gleichberechtigung der Frau ein. In ihrem persönlichen Leben setzte sie sich über alle Vorurteile hinweg. Sie ließ sich scheiden und lebte mit dem Schriftsteller Musset und dem Musiker Chopin zusammen. Eng befreundet war sie mit Liszt, Balzac und Flaubert. Der verlogenen Moral des Bürgertums stellte sie das freie Bekenntnis zur außerehelichen Liebe auch für die Frau entgegen ('Lelia'). Suchte das soziale Gewissen der Menschen wachzurütteln ('Der Müller von Angibault'). Führte vernichtende Klage gegen die Kirche ('Daniella'). In ihren Dorfgeschichten schilderte sie liebevoll das Leben einfacher Menschen ('Teufelsmoor'). Schrieb auch zahlreiche Theaterstücke ('Marquis de Villemer') sowie eine Selbstdarstellung ihres Lebens in 20 Bänden.

1845n blau 'Der Müller von Angibault'

SAND, SANDSTEIN

1877v blau Statue des Herti-Hotep
1430v blau Plastik eines Lesenden
728v grün Rohstoff für Glas
1121n blau Tempel von Angkor Wat

SANDALEN

2724v grün Schutzhüllen in Ägypten

SAN FRANZISKO, Hafenstadt in Nordamerika. Größter Pazifik-Hafen der USA. Von Franziskanermönchen gegründet und nach ihrem Ordensgründer benannt, blieb sie bis Mitte des 19. Jahrhunderts unbedeutend, erlebte dann aber durch reiche Goldfunde ein schnelles Wachstum. Seit 1846n zu den USA gehörend, wurde die Stadt ein Zentrum von Abenteurertum und Verbrechen ('Wildwest'). Doch setzten seit 1856n Bürgerausschüsse der allgemeinen Willkür ein Ende. Durch mehrere Brände entstand in der zum größten Teil aus Holz erbauten Stadt furchtbarer Schaden. 1906n wurde sie durch Erdbeben und Brand fast völlig zerstört. 1945n wurde hier ein neuer Völkerbund gegründet (UN), sechs Jahre später fand die Unterzeichnung des Friedensvertrages zwischen den USA und Japan statt (Vertrag von San Franzisko).

1776n blau Gründung
1848n grün Goldfunde
1937n grün Golden-Gate-Brücke
1945n rot Gründung der UN
1951n rot Vertrag

SANGALLO, Antonio (1485n–1546n), italienischer Architekt. Als Neffe zweier berühmter Baumeister lernte er bei Bramante und übernahm nach Raffael die Bauleitung der Peterskirche. Vergrößerte den Palast des Papstes (Vatikan) und baute in Rom mehrere Kirchen und Paläste. Mit dem Palazzo Farnese schuf er ein Bauwerk, bei dem alle Räume auf eine Hauptachse ausgerichtet sind. Arbeitete auch als Festungs-Baumeister und errichtete den Brunnen von Orvieto.

1538n blau Palazzo Farnese

SANHERIB, Kaiser von Assyrien von 705 v bis 681 v.

740 v–681 v Lebenslinie
752 v–699 v Hiskia
705 v rot Gegenbündnis Hiskias
701 v braun Erhebung
701 v rot Herrschaft in Phönizien
701 v grün Tributzahlung Judas
694 v rot Ninive Hauptstadt
694 v grün Brückenbau
691 v rot Handwerker-Auszeichnung
691 v grün Aquädukt
690 v grün Großplastiken
689 v braun Erhebung
689 v grün Kanal
687 v grün Baumwollanbau

SANITÄRE ANLAGEN

2774 v grün Innen-Toiletten in Indien
2753 v grün Badezimmer in Indien
2751 v–2681 v Ru-A-Ben
2730 v grün Wasserdichte Böden
2681 v grün Toilette fürs Jenseits
1561 v grün Badezimmer auf Kreta
1374 v grün WC in Ägypten
890 v–814 v Jehu
186 v grün Sitzbrett in Rom

SANKT GALLEN, größte Stadt der Ost-Schweiz, 10 km vom Südufer des Bodensees entfernt in einem engen Tal der Appenzeller Berge. Hier ließ sich vor mehr als 1300 Jahren der irische Mönch Gallus nieder. Seine Klause wurde ab 720 n als Kloster ausgebaut. Mit der Gründung der Klosterbibliothek durch Gozbert begann im 9. Jahrhundert eine geistige Regsamkeit, die das Kloster für zwei Jahrhunderte zu einem Mittelpunkt europäischer Kunst und Gelehrsamkeit machte. Hier wirkte der Musiker Notker der Stammler, der Bildschnitzer Tuotilo, der Dichter Ekkehard und der Sprachforscher Notker Labeo. In dieser Zeit wuchs auch die Stadt empor, die 1180 n freie Reichsstadt wurde. In den Appenzeller Kriegen kämpfte sie vergeblich gegen die Vormacht des Klosters. 1528 n schloß sich die Stadt unter Bürgermeister Joachim von Watt der Reformation an und verjagte die Mönche, wurde aber durch den Kappeler Religionskrieg gewaltsam rekatholisiert. Erst durch den Einmarsch französischer Revolutionsheere (1798 n) wurde die Herrschaft des Klosters über die Stadt endgültig gebrochen, 1805 n das Kloster aufgehoben und mit seinem Landbesitz ein neuer Kanton gegründet, der auf dem Wiener Kongreß bestätigt wurde. 1876 n wandte sich die in die Minderheit geratene katholische Kirche von Rom ab und trat zum Alt-Katholizismus über.

613 n blau Kloster
878 n blau Notker der Stammler
925 n blau Ekkehard
1006 n blau Notker Labeo
1531 n braun Kappeler Religionskrieg
1815 n rot Wiener Kongreß

SANKT GOTTHARD, Name eines Gebirgsmassivs im Herzen der Schweizer Alpen. Bedeutungsvoll für den europäischen Verkehr wegen der gleichnamigen Paßstraße, die es seit dem 13. Jahrhundert erlaubt, die Alpen mit einmaligem Auf- und Abstieg zu überqueren. Ende des 19. Jahrhunderts für eine europäische Nord-Süd-Strecke der Eisenbahn untertunnelt und seit dieser Zeit auch im Winter passierbar.

1221 n grün Straße
1881 n grün Tunnel

SANKT WOLFGANG, Name eines Kurortes, 30 km östlich von Salzburg (Österreich) an einem Bergsee gleichen Namens. Hier entstand in den Jahren von 1430 n bis 1479 n eine Kirche, die durch ihren von Michael Pacher kunstvoll geschnitzten und gemalten Altar bekannt wurde.

1481 n blau Pacher-Altar

SAN MARTIN, José (1778 n–1850 n), amerikanischer Freiheitskämpfer. In der spanischen Kolonie Argentinien geboren, wurde er Offizier, kämpfte 1811 n in Spanien gegen die französischen Heere, ging 1812 n nach Südamerika zurück und nahm unter dem Oberbefehl Belgranos an zwei Schlachten zur Befreiung Argentiniens teil. Nach einer Niederlage der Aufständischen gegen die Spanier in Peru wurde er Nachfolger des abgesetzten Belgrano. Vertrieb nach einem Gewaltmarsch über die Gebirgskette der Anden die Spanier aus Chile. Zwei Jahre später griff er dann die Spanier erneut an und nahm die Stadt Lima ein. Wegen Meinungsverschiedenheiten mit Bolivar, dem Führer der Freiheitsbewegung Südamerikas, und wegen innerer Machtkämpfe legte er den Oberbefehl nieder und ging ins Exil nach Frankreich, wo er bis zu seinem Tode blieb.

1810 n rot Freiheitsbewegung
1811 n/1826 n Kampf Lateinamerikas
1816 n rot Argentinien unabhängig
1818 n rot Chile unabhängig
1821 n rot Peru unabhängig

SANS-CULOTTEN, verächtliche Bezeichnung für die proletarischen Massen in der französischen Revolution. Sie waren die vorwärtstreibende Kraft bei der sozialen Umwälzung, ohne deren Ziele verwirklichen zu können. Der Name 'Sans-Culotten' (= 'die ohne Kniehosen') wurde ihnen vom Besitzbürgertum gegeben, das, wie der Adel, die modischen Kniehosen (= Culotten) trug, während die Arbeiter sich mit einfachen langen Röhrenhosen (= Pantalons) kleideten.

1789 n/1795 n Französische Revolution
1794 n rot Machtübernahme

SANSIBAR, Name einer Insel vor der Ostküste Afrikas, knapp 30 km vom Festland (Tanganjika) entfernt und mit dessen Geschichte eng verbunden. Die Ur-Einwohner sind Bantu-Neger, die auch heute noch mehr als drei Viertel der Bevölkerung ausmachen. Geriet im 9. Jahrhundert unter die Herrschaft der Araber, die schon vorher die Insel zum größten Sklavenmarkt Ostafrikas gemacht hatten. Inder, Portugiesen, Perser, Holländer, Deutsche und Engländer suchten seit einem halben Jahrtausend durch direkte oder indirekte Herrschaft an der Ausbeutung der Insel sowie der zu ihr gehörenden Nachbarinseln und Festlandsbesitzungen teilzunehmen. Dabei bedienten sie sich meist der arabischen Herrenschicht. Als der Sklavenhandel zurückging, wurde die Insel im 19. Jahrhundert durch Plantagenwirtschaft ertragreich. Neben den 4 Millionen Gewürznelken-Bäumen, die mehr als drei Viertel des Weltbedarfs decken, wurden 6 Millionen Kokospalmen gepflanzt. Seit Erringung der politischen Unabhängigkeit und der Vereinigung mit Tanganjika ist der Kampf um die soziale Gerechtigkeit im Gange, der 1964 n mit der Ausrufung einer sozialistischen Volksrepublik ein festumrissenes Programm erhielt.

822 n–883 n Ibn Mohammed
888 n–956 n Al Masudi
925 n rot Arabische Herrschaft
1304 n–1377 n Ibn Batuta
1352 n grün Reisebericht Ibn Batutas
1503 n rot Portugiesischer Besitz
1730 n braun Eroberung durch Araber
1963 n rot Unabhängigkeit
1964 n rot Vereinigung mit Tanganjika

SANSKRIT, Bezeichnung für die klassische Schriftsprache der Inder. Im Gegensatz zur Volkssprache ('Prakrit') seit 2500 Jahren nur noch als Dichter- und Gelehrtensprache verwendet. Ihre Kenntnis ist auf eine kleine Oberschicht beschränkt. Die Klassengebundenheit der Geistesbildung in Indien wird durch ihr Vorhandensein besonders spürbar.

344 v blau Grammatik des Panini
563 n blau Wörterbuch des Amara
1808 n blau F. Schlegels Untersuchung
1816 n blau Schrift Franz Bopps

SANSSOUCI, Name eines kleinen Schlosses, das sich der preußische König Friedrich II. in Potsdam bei Berlin von dem Baumeister Knobelsdorff errichten ließ. Der auf einem Hügel gelegene Bau ist von einem terrassenförmig angelegten Park umgeben, der ebenso wie das Schloß französischen Vorbildern nachgestaltet ist. Auch sein Name (wörtlich: sorgenfrei) ist französischer Herkunft.

1712 n–1786 n Friedrich II., der Große
1747 n blau Vollendung
1751 n blau Aufenthalt Voltaires

SANTIAGO DE COMPOSTELA, Stadt im äußersten Nordwesten Spaniens, 35 km vom Atlantik entfernt. Bedeutendster Wallfahrtsort Spaniens mit 36 Klöstern, 46 Kirchen sowie der im 11. Jahrhundert begonnenen und im 18. Jahrhundert vollendeten Kathedrale, die angeblich das Grab des spanischen Nationalheiligen, des Apostels Jakobus, birgt. Um ein 829 n errichtetes Kloster emporgewachsen, war die Stadt Krönungsort der spanischen Könige und wurde 1478 n vom Papst als Wallfahrtsort Jerusalem gleichgestellt.

997 n braun Zerstörung durch Araber
997 n grün Glocken nach Cordoba
1075 n blau Bau der Kathedrale
1236 n grün Rücktransport der Glocken

SANTO DOMINGO, Hafenstadt an der Südküste der Insel Haiti (Mittelamerika). Früher auch Bezeichnung für den Staat auf der Osthälfte der Insel Haiti (heute: Dominikanische Republik).

1496 n blau Gründung

SANTSCHI, Name eines Dorfes im Herzen Indiens. Wurde zu Beginn unseres Jahrhunderts als eine der ersten Ruinenstätten Indiens freigelegt. Dabei wurde ein buddhistischer Tempel (Stupa) entdeckt, den der indische König Asoka vor 2200 Jahren hatte erbauen lassen und dessen vier Tore mit kunstvollen Reliefs aus dem Leben Buddhas geschmückt sind.

230 v blau Tore

SAPPHO, griechische Dichterin.

637 v–577 v Lebenslinie
589 v blau Lieder

SARAGOSSA, Stadt im Nordosten Spaniens am Mittellauf des Ebro. Die von der spanischen Urbevölkerung (Ilergeten) gegründete Stadt wurde 27 v vom römischen Kaiser Augustus in eine Militärkolonie verwandelt und zur Bezirkshauptstadt gemacht, 712 n für mehr als 400 Jahre von den Arabern erobert. In den Napoleonischen Kriegen leistete die Stadt den erbittertsten Widerstand gegen die französischen Eroberer. Sie verlor dabei mehr als die Hälfte ihrer Bewohner, aber gab ein Beispiel für die tapfere Gegenwehr ganz Spaniens gegen die Fremdherrschaft Napoleons.

633 n/732 n Arabischer Krieg
1043 n–1099 n Cid
1118 n braun Niederlage der Araber
1118 n rot Hauptstadt Aragoniens
1119 n blau Kathedrale
1474 n blau Universität
1485 n rot Inquisitor erschlagen
1796 n/1815 n Napoleonische Kriege

SARAI, Name einer Stadt am Unterlauf der Wolga (Süd-Rußland). Vom Mongolenherrscher Batu-Khan als Hauptstadt des europäischen Mongolenreiches gegründet, wurde sie 240 Jahre später durch russische Heere unter Nosdrowatji zerstört.

1207 n–1255 n Batu-Khan
1240 n blau Gründung
1481 n rot Ende der Mongolenmacht

SARDINIEN, zweitgrößte Insel des Mittelmeeres nach Sizilien. Vor 5000 Jahren von Sarden bewohnt, wurde sie wegen ihrer Metallgruben vor 4000 Jahren ein im ganzen Mittelmeerraum geschätzter Lieferant von Kupfer und Zink, später auch von Eisen. Vor 3500 Jahren wurden die wichtigsten Landeplätze durch steinerne Wehrtürme (Narage) befestigt, die teilweise zu Burgen ausgebaut worden sind. Im 9. Jahrhundert vor der Zeitwende setzten sich Phönizier an den Küsten fest, in den folgenden Jahrhunderten ließen sich auch Griechen nieder. Um 500 v wurde sie von Karthagern eingenommen, die fast 300 Jahre im Besitz der Insel blieben. Dann folgten für fast 700 Jahre die Römer und nach kurzer Wandalen-Herrschaft Byzantiner und Araber. Die Stadt Pisa vertrieb die Araber mit Unterstützung Genuas, dann gab es lange Machtkämpfe zwischen diesen Städten. 1297 n fiel die Insel dem spanischen Reiche von Aragon zu, das über 400 Jahre ihren Besitz behauptete. Durch den Spanischen Erbfolgekrieg kam sie vorübergehend an Österreich und 1720 n an den Herzog von Savoyen, der sich 'König von Sardinien' nannte. Seit der Einigung Italiens Bestandteil des italienischen Staates, blieb sie außerhalb der bald einsetzenden Industrialisierung und gehört deshalb bis in die Gegenwart zu den rückständigen Gebieten Italiens.

1597 v–1521 v Minos
237 v rot Herrschaft Roms
227 v rot Provinzstatus
439 n braun Besetzung durch Wandalen
439 n rot Wandalen-Herrschaft
533 n/534 n Niederlage der Wandalen
534 n rot Wandalenreich an Byzanz
1052 n braun Sieg Pisas über Araber
1052 n rot Besitz der Stadt Pisa
1701 n/1714 n Spanischer Erbfolgekrieg
1714 n rot Österreichisches Gebiet
1810 n–1862 n Cavour
1853 n/1856 n Krimkrieg
1859 n/1861 n Freiheitskampf Italiens
1861 n rot Einigung Italiens

SARDUR I., König von Urartu (Ararat).

908 v–830 v Lebenslinie
874 v braun Expansionskrieg
874 v rot Reich von Urartu
874 v blau Gründung von Tuspa
872 v grün Aquädukt
869 v braun Sieg über Syrer
869 v rot Gewinn Nord-Syriens

SARG, SARKOPHAG

2846 v–2784 v Hemaka
2737 v grün Holzsärge Armer
2543 v–2496 v Schepses-Kaf
1388 v grün Stier-Begräbnisse
545 v blau Cervetri-Sarkophag
319 v blau Alexander-Sarkophag

SARGON der Große, Kaiser von Mesopotamien.

2376 v–2294 v Lebenslinie
2393 v–2340 v Lugal-Zagesi
2350 v braun Revolte
2350 v rot Thronbesteigung
2348 v rot Reich von Akkad
2347 v/2325 v Krieg der 4 Weltgegenden
2347 v grün Neue Waffen im Heer
2347 v rot Nordmesopotamien Provinz
2345 v rot Bergvölker angegliedert
2343 v–2285 v Rimusch
2341 v rot Einverleibung Sumers
2340 v rot Sumererkönig als Trophäe
2338 v rot Herrschaft über Elam
2337 v rot Tochter Hohepriesterin
2337 v grün Keilschrift
2336 v rot Gewinn der Bahrein-Inseln
2335 v rot Buchführungs-Pflicht
2334 v grün Münzeinheit
2333 v rot Angliederung Syriens
2332 v rot Hoheit über Zypern
2330 v–2271 v Manisch-Tusu
2329 v rot Hilfsgesuch Kaneschs
2328 v rot Hoheit über Kappadozien
2326 v rot Göttliche Verehrung
2325 v rot Großreich
2325 v rot Kaiser von Mesopotamien
2325 v grün Karte des Reiches
2324 v blau Residenzstadt Akkad
2320 v blau Heldenlied
2319 v rot Berufs-Beamtentum
2318 v rot Stehendes Heer
2311 v rot Gesetz über Kaufverträge
2309 v blau Relief 'Siegeszug'
2307 v grün Stempel auf Ziegeln
2306 v/2305 v Aufstände
2303 v blau Porträtkopf
2297 v–2238 v Naramsin

SARGON II., Kaiser von Assyrien von 722 v bis 705 v.

763 v–705 v Lebenslinie
722 v braun Eroberung Samarias
722 v rot Herrschaft über Israel
722 v rot Israeliten-Vertreibung
720 v braun Erhebung Palästinas
717 v braun Sieg über Hettiter
716 v blau Palaststadt 'Sargonsburg'
714 v braun Sieg über Urartu
712 v braun Sieg über Phryger
712 v rot Herrschaft über Phrygien
712 v grün Tribute Phrygiens
709 v braun Sieg über Aramäer
709 v rot Besitz ganz Syriens
709 v blau Siegesdenkmal
707 v rot Höchstpreise
707 v grün Vorratswirtschaft
705 v braun Vorstoß nach Kleinasien

SARGONSBURG, Name einer Palaststadt, die vom Assyrerkönig Sargon II. im nördlichen Mesopotamien (Vorderasien) errichtet wurde. Sie war von einer 7 km langen Stadtmauer geschützt. Heute heißt sie Chorsabad und liegt 20 km nördlich von Mosul (Irak). Die Ausgrabungen begannen 1842 n und wurden 1935 n abgeschlossen.

763 v–705 v Sargon II.
716 v blau Gründung
712 v blau Relief 'Löwenbezwinger'

SARTRE, Jean Paul (geboren 1905 n), französischer Dichter und Philosoph. Als Sohn eines Marineoffiziers, der jung in Indochina starb, früh auf sich selbst gestellt, studierte er in Paris, Freiburg und Berlin. Dann arbeitete er als Lehrer, Journalist, Universitätsprofessor und Dichter, geriet in Kriegsgefangenschaft und kämpfte nach seiner Entlassung im Untergrund gegen die deutsche Besatzung. Seine Abwendung von allen herkömmlichen Bindungen erzeugten bei ihm ein Gefühl von Verlassenheit und Angst, dem er literarisch ('Der Ekel') und philosophisch ('Das Sein und das Nichts') Ausdruck gab. Sein antifaschistischer Widerstand führte ihn zu einer einseitigen existentialistischen Freiheits- und Persönlichkeits-Vorstellung ('Die Wege der Freiheit'). Sein Eintreten gegen Rassenwahn ('Die ehrbare Dirne'), gegen Militarismus ('Die Fliegen') und gegen Korruption ('Nekrassow') bewirkte aber bald ein immer stärkeres soziales Engagement. Er trat dem Weltfriedensrat bei, wurde Sozialist, verteidigte die kommunistische Revolution ('Kubanisches Tagebuch'), prangerte die stalinistischen Entartungen an ('Die schmutzigen Hände') und suchte den Marxismus an die ökonomischen und geistigen Gegebenheiten der Gegenwart anzupassen. Seine die Religion entlarvenden Bücher ('Der Teufel und der liebe Gott') wurden vom Vatikan auf den Index gesetzt.

1943 n blau 'Das Sein und das Nichts'
1946 n blau 'Die ehrbare Dirne'
1964 n blau Schaff: 'Marx oder Sartre?'

SASKIA von Uylenburch (1612 n–1642 n), heiratete als junge Waise den holländischen Maler Rembrandt. Nach achtjähriger Ehe starb sie. Mit ihrem Tode ging Rembrandts schönste, sorgloseste Lebens- und Schaffensperiode zu Ende.

1606 n–1669 n Rembrandt
1641 n blau Gemälde

SASSANIDEN, Name einer persischen Herrscherfamilie, die von 224 n bis 650 n das Perserreich regierte. Benannt nach dem Priester Sassan, einem Großvater ihres ersten Königs Ardaschir.

180 n–239 n Ardaschir
211 n rot Ardaschir Teil-König
215 n–272 n Schapur I.
217 n–276 n Mani
223 n/227 n Freiheitskampf der Perser
224 n rot Herrschaftsbeginn
227 n rot Macht über Partherreich
231 n/232 n Krieg mit Rom
240 n blau Mani gegen Vorrechte
253 n blau Gleichheitsforderung
253 n/266 n Krieg mit Rom
259 n rot Gefangennahme Valerians
296 n/298 n Krieg mit Rom
298 n rot Gebietsverlust an Rom
310 n–379 n Schapur II.
326 n rot Bitte Roms für Christen
340 n rot Christenverfolgung
340 n/350 n Krieg mit Rom
348 n rot Frauen im Heer
359 n/363 n Krieg mit Rom
363 n rot Gewinn Mesopotamiens
363 n rot Hilfe Roms gegen Hunnen
365 n braun Angriff der Hunnen
441 n braun Krieg mit Rom
441 n rot Gewinn Armeniens
448 n–510 n Toramana
470 n–531 n Kobad
476 n–531 n Masdak
483 n rot Christliche Kirche
484 n braun Niederlage gegen Hunnen
484 n rot Gebietsverlust an Hunnen
484 n grün Tribute an Hunnen
490 n–562 n Prokop
492 n–552 n Tumen
502 n blau Masdak gegen Eigentum
505 n–565 n Belisar
511 n–579 n Chosroes
513 n braun Vertreibung der Hunnen
516 n blau Masdak über Kommunismus
527 n/532 n Krieg mit Byzanz
528 n blau Gleichheitsforderung
529 n grün Exil für Philosophen
531 n rot Niederlage Masdaks
532 n rot Friede mit Byzanz
532 n grün Hilfsgelder aus Byzanz
540 n/562 n Krieg mit Byzanz
562 n rot Friede mit Byzanz
562 n grün Tribute Ostroms
565 n braun Sieg über Hunnen
565 n rot Aufteilung Baktriens
570 n rot Gewinn Südarabiens
576 n braun Vordringen zum Bosporus
576 n rot Friede mit Byzanz
611 n/629 n Kreuz-Christi-Krieg
633 n/732 n Arabischer Krieg
637 n rot Verlust Babyloniens
641 n rot Verlust Mesopotamiens
646 n rot Verlust Armeniens
650 n rot Ende des Reiches
650 n rot Herrschaft der Araber

SASPACH, Konrad (um 1400 n–um 1460 n), deutscher Mechaniker. Als Drechsler in Straßburg tätig, baute er für Gutenberg eine Druckerpresse. 1439 n mußte er über diese Arbeit in einem gegen Gutenberg angestrengten Prozeß aussagen. Dabei wurde offenbar, daß der Bau dieser ersten Druckerpresse Gutenbergs unter größter Geheimhaltung erfolgte.

1437 n grün Druckerpresse

SAT-AMUN (um 1420 v– um 1360 v), ägyptische Prinzessin. Schwester des Königs Amen-Hotep III., der sie durch seinen engsten Vertrauten erziehen ließ.

1462 v–1382 v Hapu

SATAN, von dem hebräischen Worte für 'Widersacher' abgeleitete biblische Bezeichnung für den Teufel, an dessen tatsächliches Vorhandensein die Angehörigen christlicher Religionsgemeinschaften bis in unsere Epoche glauben.

53 n–120 n Satornil

SATISFAKTIONSLEHRE, von dem lateinischen Worte 'satisfactio' (= Genugtuung) abgeleitete Bezeichnung für eine christliche Vorstellung, derzufolge Jesus Christus sterben mußte, um die Menschheit von ihren sogenannten 'Sünden' zu befreien.

1033 n–1109 n Anselm von Canterbury
1096 n blau Anselms Lehre

SATORNIL, syrischer Religionsphilosoph.

53 n–120 n Lebenslinie
115 n blau Gnosis

SATRAP, persisches Wort für 'Reichshüter'. Titel persischer Statthalter in eroberten Gebieten, die mit großen Vollmachten ausgestattet waren und meist eine unumschränkte Herrschaft ausübten. Auf dem Höhepunkt seiner äußeren Machtentfaltung vor fast 2500 Jahren hatte das Perserreich bis zu 20 solcher Provinz-Herrscher eingesetzt.

484 v–424 v Artaxerxes
461 v grün Pferdezucht in Babylon

SATTEL

1468 v grün Gebrauch in Ägypten

SATURN, zweitgrößter Planet unseres Sonnensystems nach dem Jupiter. Als einziger Planet ist er von einem mehrschichtigen Ring aus staubförmiger Materie umgeben. Außerdem wird er von mindestens zehn Monden umkreist. Einer davon hat als einziger Mond des ganzen Sonnensystems eine dünne Atmosphäre.

1655n grün Huygens' Forschungen

SATURNALIEN, Name eines alljährlich im Dezember begangenen Volksfestes im alten Rom. Benannt nach dem Gotte der Bauern ('Saturn'), dessen Name mit der Erinnerung an das 'Goldene Zeitalter' allgemeiner Gleichheit und Brüderlichkeit verbunden war. Die auf dem Lande als Erntefest seit ältesten Zeiten begangene Feier wurde 217v auch in der Stadt Rom eingeführt. 200 Jahre später wurde seine Dauer von einem Tag auf drei Tage ausgedehnt und schließlich, mit dem Neujahrsfest verbunden, eine ganze Woche lang gefeiert. Für diese Zeit waren alle Klassen-Unterschiede aufgehoben, die Gesetze waren außer Kraft, und man unterhielt sich bei geselligem Spiel, bei Musik und Tanz.

217v rot Einführung in Rom
394n blau Schrift des Makrobius

'SATURNALIEN', Titel eines Sammelwerkes der Dichtkunst und der Philosophie, das vor 1600 Jahren von dem römischen Gelehrten Makrobius niedergeschrieben wurde. Sein Titel ist darauf zurückzuführen, daß Makrobius den Abhandlungen seiner sieben Bände dieses Werkes die Form zwangloser Gespräche bei Saturnalien-Feiern gab.

394n blau Niederschrift

SATURNINUS (um 40n–90n), römischer Feldherr. Als Befehlshaber der Rhein-Truppen erhob er sich gegen die Gewaltherrschaft des Kaisers Domitian. Dabei verbündete er sich mit den germanischen Chatten, die den soeben errichteten Grenzwall (Limes) durchbrachen und zum Rhein vorstießen, um ihm in Mainz gegen die Truppen Domitians zu Hilfe zu kommen. Unterlag dem Feldherrn Norbanus Maximus, der ihn ehrenvoll behandelte, doch Domitian befahl seine Hinrichtung. Gleichzeitig verfügte der Kaiser die Auflösung des Mainzer Zwei-Legionen-Lagers und ordnete an, daß römische Heerlager grundsätzlich die Größe einer Legion nicht überschreiten durften.

51n–96n Domitian
89n braun Aufstand
90n rot Vorsichts-Maßnahme

SATYRN, Gestalten der griechischen Göttersage. Als Waldgeister zum Gefolge des Gottes der Fruchtbarkeit (Dionysos) gezählt, schrieb man ihnen auch dessen Vorliebe für den Wein zu. Bei den Volksfesten (Dionysien) wurden sie gern mit ungeschlachter Gestalt, struppigem Haar, Hörnern, Bart und Schweif verkörpert. In der Kunst häufig dargestellt.

336v blau Praxiteles' Statue

SATZBAU, SATZLEHRE

1054n–1122n Al Hariri
1103n blau Arabische Regeln

SATZZEICHEN

205v grün Komma, Punkt, Bindestrich

SAUD, Ibn (1880n–1953n), arabischer König seit 1926n. Als Erbe eines verlorenen Gebietes (Saudi-Arabien) wuchs er im Exil (Kuweit) auf. 22jährig gewann er ein Teilstück seines Reiches zurück. 1925n eroberte er Mekka und vertrieb dort seinen Gegenspieler Hussein, dem England die Herrschaft über ganz Arabien versprochen hatte. Machte die arabischen Hirtenvölker seßhaft, modernisierte das Land und gründete etwa 100 neue Städte. Durch die Vergabe von Ölkonzessionen an nordamerikanische Gesellschaften erwarb er ungeheure Reichtümer. Die hierdurch bewirkte Überfremdung des Landes, die Anlage von nordamerikanischen Militärstützpunkten, die ungerechte Verteilung des Reichtums und seine persönliche Verschwendung schwächten seine Stellung. Von seinen über 100 Frauen wurden ihm 44 legitime Söhne geboren, von denen ihn 33 überlebten, darunter sein Nachfolger Saud.

1926n rot König von Arabien
1945n rot Arabische Liga

SAUERSTOFF, farbloses, geruchloses, gasförmiges Element, das mit fast der Hälfte des Raum-Inhaltes der Erde (einschließlich ihrer Atmosphäre) der verbreitetste Grundstoff unseres Planeten ist. Da er auch 47 Prozent der Gesteinsmasse ausmacht, ist sein Gewichtsanteil am Gesamtgewicht des Erdsystems mit 30 Prozent ebenfalls höher als derjenige jedes anderen Elementes.

1743n–1794n Lavoisier
1771n grün Entdeckung durch Scheele
1771n grün Entdeckung durch Priestley
1775n grün Mitwirkung bei Verbrennung

SAUL, König von Israel.

1064v–1010v Lebenslinie
1086v–1004v Samuel
1035v–972v David
1010v braun Sieg der Philister

SAULUS, ursprünglicher Name eines jüdischen Priesters, der nach seiner Bekehrung zum Christentum den Namen 'Paulus' annahm.

5v–64n Lebenslinie
4v–64n Petrus
2v–71n Markus
22n–74n Lukas
31n rot Steinigung des Stephanus
33n rot Bekehrung
48n rot Apostelkonzil
51n rot Gemeinde in Korinth
51n blau Galaterbrief
56n blau Über die Liebe
57n blau Korintherbriefe
58n blau Römerbrief
64n rot Hinrichtung
85n blau Apostelgeschichte
88n–165n Marcion
182n blau Lebensbeschreibung
217n–276n Mani
340n blau Angeblicher Briefwechsel
1526n blau Gemälde Dürers

SAUNDERSON, Nicholas (1682n–1739n), englischer Mathematiker. Im ersten Lebensjahr erblindet, entwickelte er früh eine besondere rechnerische Begabung und wandte sich der höheren Mathematik zu. Arbeitete über Differential- und Integral-Rechnung. Verfaßte ein grundlegendes Werk über die Methoden der Unendlichkeitsrechnung. Zur Niederschrift seiner Gedanken baute er sich einen Buchstaben- und Zahlendrucker. Damit verwirklichte er einen Plan seines Landsmannes Henry Mill und schuf die erste praktisch brauchbare Schreibmaschine.

1730n grün Schreibmaschine

SAUSA-TAR, König des Mitanni-Reiches.

1497v–1435v Lebenslinie
1454v braun Vorstoß nach Syrien
1454v rot Gewinn Nordsyriens
1450v braun Vorstoß nach Assur
1450v rot Hoheit über Assyrien
1450v blau Relief auf Siegel
1447v braun Aufstand Assurs
1443v blau Palast in Wassukanni
1436v braun Krieg gegen Ägypter

SAVE, bedeutendste Wasserstraße Jugoslawiens nach der Donau. Entspringt in den Alpen, durchfließt die Nordhälfte Jugoslawiens und mündet bei Belgrad in die Donau.

432n rot Gebietsgewinn der Hunnen
582n rot Gebietsgewinn der Awaren

SAVERY, Thomas (um 1650n–1715n), englischer Erfinder. Baute die erste praktisch verwendbare Dampfpumpe ohne Zylinder und Kolben. Sie bestand aus einem Dampfkessel und zwei abwechselnd betriebenen Wasserbehältern, von denen immer der eine das Wasser ansaugte. Nachdem sein erstes Modell 1698n bei der Aufstellung zerstört worden war, verbesserte er seine Maschine und setzte sie 1706n in einem Kohlenbergwerk bei Wednesbury (England) in Betrieb, doch explodierte sie hier bald. So fand er keine Anerkennung für seine Ideen, auf denen später andere aufbauten. Gebrauchte auch den Begriff 'Pferdestärke' als Kraftmaß für die Leistungsstärke seiner Maschine, lange bevor er von James Watt allgemein eingeführt wurde.

1697n grün Dampfpumpe

SAVIGNY, Friedrich Karl (1779n–1861n), deutscher Rechtsgelehrter und Staatsmann. 24jährig zum Professor der Rechte an der Marburger Universität ernannt, verfaßte er, gestützt auf das römische Recht, eine Schrift über das Recht des Besitzes, die ihn schnell berühmt machte. Bekämpfte die mit der französischen Revolution entwickelten neuen Rechtsauffassungen, die allein auf der menschlichen Natur ein vernunftgemäßes Recht gründen wollten. Diesem 'Naturrecht' stellte er das Recht früherer Epochen als 'gewachsenes Volksrecht' entgegen und trat insbesondere für die Beibehaltung des in einer auf Sklaverei beruhenden Gesellschaft entstandenen römischen Rechtes ein ('historische Rechtsschule'). Auch das in nachrevolutionären Frankreich eingeführte 'bürgerliche Recht' lehnte er ab und vereitelte als preußischer Staatsrat und Minister für Gesetzgebungsrevision alle Versuche einer Angleichung des überkommenen Rechtes an die bestehenden gesellschaftlichen Bedingungen. Auch seine wissenschaftlichen Arbeiten dienten der Aufrechterhaltung einer auf dem bürgerlichen Eigentum beruhenden Klassenjustiz.

1815n blau Römische Rechtsgeschichte

SAVONAROLA, Girolamo, italienischer Mönch.

1452n–1498n Lebenslinie
1494n braun Aufstand gegen Medici
1498n rot Verbrennung

SAVOYEN, Name einer Landschaft im Südosten Frankreichs, die einige Jahrhunderte hindurch ein selbständiges Reich bildete. Umfaßt das Gebiet zwischen Genf und Nizza. Nach dem Südgallischen Krieg wurde es 121v römisch. 443n wies es der römische Feldherr Aëtius den Burgundern zu, die es bis 1032n behielten. Dann kam es als Grafschaft zum deutschen Reich und wurde 1416n selbständiges Herzogtum. Nach dem Spanischen Erbfolgekrieg wurde ihm die Insel Sizilien zugesprochen, die es aber 1720n gegen die Insel Sardinien eintauschte. So erweiterte es seine Macht zum 'Sardinischen Königreich', das 140 Jahre bestand. 1860n fiel im Befreiungskampf Italiens das Stammland an Frankreich, während Sardinien italienisch wurde.

125v/121v Südgallischer Krieg
121v rot Römischer Besitz
443n rot Burgunder-Ansiedlung
534n braun Sieg der Franken
534n rot Burgund fränkisch
1663n–1736n Prinz Eugen
1701n/1714n Spanischer Erbfolgekrieg
1859n/1861n Befreiungskampf Italiens

SAX, Adolphe (1814n–1894n), belgischer Instrumentenbauer. Als Sohn eines berühmten Instrumentenmachers lernte er auf dem Brüsseler Konservatorium das Spielen von Flöte und Klarinette. Dann arbeitete er in der Werkstätte seines Vaters, der Blasinstrumente aus Blech (Trompete, Horn) und Holz (Klarinette, Flöte) herstellte. Um die Vorteile beider Instrumentenarten zu verbinden, schuf er ein Blechinstrument mit dem einfachen Rohrblattmundstück der Klarinette. Er gab dem neuen Blasinstrument seinen eigenen Namen ('Saxophon') und ging damit nach Paris, wo er es mit Unterstützung des Komponisten Berlioz bald durchsetzte. Besonders in der französischen Militärmusik fand es breite Verwendung. Schrieb eine Saxophon-Schule und lehrte am Pariser Konservatorium das Saxophon-Blasen.

1840n grün Saxophon

SAXO (um 1150n–1216n), dänischer Geschichtsschreiber. Als Sekretär des Erzbischofs Absalon verfaßte er eine Geschichte Dänemarks in 16 Bänden, die von der Urgeschichte des Landes bis zum Jahre 1185n reichte. Mehr als die Hälfte der Bände füllte er mit Heldensagen, deren geschichtlicher Kern unsicher ist. In den letzten sechs Bänden aber gab er verläßliche Kunde aus seiner eigenen Epoche. Wegen seines umfassenden Wissens erhielt er den lateinischen Beinamen 'Grammatikus' (= der Gelehrte).

1203n blau Geschichte Dänemarks

SAXOPHON, Blasinstrument aus Blech, dessen Ton aber durch ein Rohrblattmundstück und besondere Röhrenführung dem Klang von Holzinstrumenten (Klarinette) nahekommt. Es wurde von dem belgischen Instrumentenbauer Adolphe Sax unter Mithilfe seines Vaters Charles Sax erfunden und zunächst hauptsächlich von Militärkapellen verwendet. Seinen großen Siegeszug erlebte es aber erst in unserem Jahrhundert als ein Haupt-Instrument des Jazz.

1840n grün Erfindung

SAZAWA, Fluß in Böhmen (Tschechoslowakei), der im Böhmisch-Mährischen Grenzgebirge entspringt und südlich von Prag in die Moldau mündet. Unweit dieser Einmündung befand sich auch das gleichnamige Kloster, dessen Mönche im Jahre 1058n als Katharer ('Ketzer') verdammt wurden. 1080n verbot ihnen der Papst, Gottesdienst in slawischer Sprache zu halten. Gleichzeitig wurde ihnen der Gebrauch einer slawischen Bibel untersagt. 1097n wurden alle Mönche vertrieben und ihre Bücher verbrannt. Das Kloster erhielt später romtreue Mönche.

1058n rot Verdammung der Mönche

SCÄVOLA, Mucius (um 140v–82v), römischer Staatsmann und Rechtsgelehrter. Als Statthalter der Provinz Asien begegnete er dem Wucher der Steuerpächter mit großer Strenge. Dadurch zog er sich den Zorn der reichen Bürger Roms zu, die von deren erpresserischen Methoden profitierten. Nach seiner Rückkehr wurde er Konsul. Aber seine Volksfreundlichkeit und seine Unbestechlichkeit brachten ihn auch hier in Gegensatz zu führenden Männern, und erwurde schließlich ermordet. Sein Wissen und seine Gesetzestreue hatten ihm zahlreiche Schüler zugeführt, die seine Rechtsauffassung weiterentwickelten. Seine Zusammenfassung des Zivilrechtes in 18 Büchern war eine Systematisierung der bestehenden Gesetze und förderte die Einheitlichkeit der Rechtsprechung.

96v blau Zivilrecht

SCALIGER, Joseph Justus (1540n–1609n), französischer Gelehrter. In Südfrankreich als Sohn eines Arztes und Sprachforschers geboren, studierte er in Bordeaux und Paris, brach mit der katholischen Kirche und nahm auf protestantischer Seite an den Hugenottenkriegen teil. Als Universitätsprofessor in Genf und Leiden machte er das bei Varro aufgefundene Alt-Latein zur Grundlage des lateinischen Unterrichtes. Durch Gegenüberstellung alter Chroniken sowie mit Hilfe einer der Astronomie entnommenen durchgehenden Tageszählung schuf er eine brauchbare Grundlage für die zeitliche Einordnung vergangener Geschehnisse ('Über die Verbesserung der Chronologie'). Systematisierte die lateinischen Inschriften, die an Hauswänden, Tempeln, Triumphbögen, Begräbnisstätten, Säulen und Denkmälern erhalten waren. Damit schuf er eine wichtige Grundlage für die wissenschaftliche Inschriftenkunde (Epigraphie).

1583n grün Chronologie

SCARLATTI, Alessandro (1660n–1725n), italienischer Komponist. Auf Sizilien geboren, erhielt er seine Ausbildung in Neapel und in Rom, wo er 20jährig seine erste Oper aufführte. Mit seinen etwa 120 Opern wurde er zum Hauptmeister der neapolitanischen Oper, deren Ouvertüren-Stil er ebenso prägte wie die zweiteilige Arie (Da-Capo-Arie), der er eine beherrschende Stellung einräumte. Andererseits stärkte er auch die Selbständigkeit des Orchesters. Schrieb über 200 vielstimmige Messen, 700 Solo-Gesänge mit Begleitung sowie Oratorien, Madrigale, Psalmen, Serenaden und Tokkaten für Klavier und Orgel. Als Sänger, Dirigent und Lehrer ragte er ebenso hervor wie als Komponist.

1693n blau Da-Capo-Arie

SCARRON, Paul (1610n–1660n), französischer Schriftsteller. Durch schwere Krankheit gelähmt, trug er sein Schicksal mit Gelassenheit und schrieb die heitersten Werke. 42jährig heiratete er die 17jährige Françoise d'Aubigné, die nach seinem Tode die Frau Ludwigs XIV. wurde (Madame de Maintenon). Mit seinen Komödien ('Der Herr als Diener'), Romanen ('Komödiantenroman') und Erzählungen schuf er ein Gegenstück zu der höfischen, heldischen und galanten Literatur seiner Zeit. Gegen den zunehmenden Absolutismus, der von Mazarin im Namen des minderjährigen Königs Ludwig XIV. errichtet wurde, verfaßte er die Kampfschrift 'Mazarinade'.

1651n/1652n Erhebung der Fronde
1655n blau 'Komödiantenroman'

SCHACHSPIEL

466n grün Erfindung in Indien
900n grün Einführung in Arabien
947n grün Einführung in Europa
1472n grün Gedrucktes Schachbuch
1575n grün Schachturnier in Madrid

SCHADENERSATZ durch gesetzliche Regelung

1902v–1841v Bila-Lama
1855v blau Regelung in Mesopotamien

SCHÄDELLEHRE, Bezeichnung für die durch den deutschen Arzt Franz Joseph Gall begründete Theorie, derzufolge geistige und charakterliche Anlagen des Menschen aus seiner Schädelform erkennbar sind. Beruht auf der Lokalisierbarkeit der einzelnen Funktionen des Großhirns und auf der Annahme, daß die Schädelform von Entwicklung oder Zurückbleiben der einzelnen Gehirnpartien geprägt ist.

1796n grün Begründung

SCHÄDELOPERATION

1554v grün Durchführung in Ägypten
190n–265n Hua-To
253n grün Durchführung in China

SCHÄDELPYRAMIDEN

1336n–1405n Timur

SCHÄFERDICHTUNG, Bezeichnung für sinnenfrohe Lieder, Gedichte, Romane und Bühnen-Spiele, die in lehrhafter Absicht der städtischen Kultur das Wunschbild naturhafter Einfalt in der Gestalt von Leben und Liebe der Schäfer und anderer Hirten entgegenstellen.

641v–555v Stesichoros
301v–253v Theokrit
277v blau 'Idyllen'
70v–19v Vergil
47v blau Vergils Hirtenlied
1238n–1286n Adam de la Halle
1271n blau 'Robert und Mariechen'

SCHÄFFER, Jakob Christian (1718n–1790n), deutscher Naturforscher und Erfinder. Verfaßte eine Vogelkunde und mehrere Werke über Insekten. Beobachtete, wie Insekten beim Nestbau verschiedene Naturstoffe verwendeten. Dies veranlaßte ihn zu Versuchen, Papier aus anderen Stoffen als aus den allein dafür verwendeten Textil-Lumpen zu machen. Nachdem ihm die Papier-Herstellung aus Wespennestern gelungen war, verwendete er dafür auch Stroh, Kartoffelschalen, Tannenzapfen, Laub, Moos, Torf und Holz (Sägespäne). Proben des so gefertigten groben Packpapieres fügte er seinem sechsbändigen Werke über die Herstellung von Papier ohne Lumpen oder mit geringem Lumpenzusatz bei. Durch den Beweis der Möglichkeit einer Papier-Herstellung aus Holz hat er den Weg zur modernen Papier-Industrie gewiesen.

1765n grün Papier aus Holz

SCHAF, ursprünglich in den Hochgebirgen der nördlichen Erdhälfte beheimatetes Tier, das wegen seiner Anspruchslosigkeit und wegen seiner vielseitigen Nützlichkeit (Milch, Wolle, Fleisch, Leder und Pelz) gezähmt und auch in den Tiefebenen als Haustier heimisch wurde. Es behielt in der Gefangenschaft seine Lebensweise in Herden unter Führung eines alten Mutterschafes bei.

2825v grün Schafzucht in Sumer
2093v–2030v Ur-Nammu
2006v grün Neue Art in Ägypten
1302v blau Widder-Allee in Karnak
315n blau Lamm Symbol für Jesus
520n blau Mosaik in Ravenna

SCHAFF, Adam (geboren 1913n), polnischer Philosoph. Als Sohn eines Rechtsanwaltes schloß er sich 19jährig der Arbeiterbewegung an, studierte in Lemberg und Paris Philosophie und arbeitete seit 1945n am Philosophischen Institut in Moskau. 1948n übernahm er eine Professur in Warschau und wurde 1955n Mitglied des Zentralkommitees der Vereinigten Arbeiterpartei Polens. Unter dem Eindruck der Entstalinisierung in der Sowjetunion und der Aufstände in der DDR, in Ungarn und in Polen zerbrach sein dogmatischer Marxismus und machte einem vorurteilsfreien kommunistischen Denken Platz. So lehnte er keine Fragestellung der bürgerlichen Philosophie mehr ab, sondern bemühte sich um deren marxistische Beantwortung ('Marx oder Sartre?'). 1968n wurde er aus der Partei ausgeschlossen.

1964n blau 'Marx oder Sartre?'

SCHAFI, Al (767n–820n), arabischer Rechtslehrer. Führte alles Recht auf vier Quellen zurück: den Koran, die Überlieferung, die Übereinstimmung der Gelehrten und die Analogie. So ordnete er das vorhandene arabische Recht und führte es auf den Weg zur wissenschaftlichen Systematik.

815n blau Rechtsbuch

SCHAIDENREISSER, Simon (um 1500n–1573n), deutscher Dichter. Als Lehrer der Dichtkunst in München übertrug er die 'Odyssee' des Homer aus einer lateinischen Übersetzung ins Deutsche. Vierzig Jahre war er im Dienste der Stadtverwaltung tätig. Nebenbei schrieb er weiter Gedichte und übersetzte aus dem Lateinischen, darunter Werke von Cicero.

1537n blau 'Odyssee'-Übersetzung

SCHAKAL, hundeartiges Raubtier, etwas kleiner als der Wolf, mit dem er am nächsten verwandt ist. In Nordafrika, Südasien und Südosteuropa verbreitet, ist er dem Menschen wegen seines nächtlichen Heulens seit alters her verhaßt.

2053v blau Ägyptische Zeichnung

SCHALL, Bezeichnung für Luftschwingungen, die von einer Schallquelle ausgehen. Die Entdeckung ihres Wellencharakters stellte eine beträchtliche Ausweitung des physikalischen Weltbildes dar.

572v–493v Pythagoras
433v–351v Archytas
338v–268v Strato der Physiker
328v grün Erforschung des Echos
10n grün Sprech-Rohrleitungen
1512n grün Leonardo: Tonschwingung
1643n–1727n Newton
1711n grün Stimmgabel

1738 n grün Schalluntersuchungen
1819 n grün Stethoskop
1847 n–1931 n Edison
1877 n grün Phonograph
1878 n grün Mikrophon
1901 n grün Lichtton-Aufzeichnung
1913 n grün Echo-Lot
1915 n grün Ultraschallversuche
1920 n grün Rundfunk
1922 n grün Tonfilm

SCHALL, Johann Adam (1592 n–1666 n), deutscher Gelehrter. Nach Abschluß seiner vielseitigen Ausbildung an einer Jesuitenschule ging er 30jährig nach China, wo er sich durch Einführung der Ergebnisse europäischer Wissenschaft und Technik eine angesehene Stellung schuf. Reformierte den chinesischen Kalender, machte die Logarithmentafeln bekannt und verbesserte das Kanalnetz durch wasserbautechnische Neuerungen. Zum Leiter des kaiserlichen Instituts für Mathematik und Astronomie ernannt, gewann er einen bestimmenden Einfluß auf den chinesischen Kaiser. Sein Versuch zur Ausnutzung dieses Einflusses für die Stellung der katholischen Kirche in China war nicht von dauerhaftem Erfolg.

1645 n grün Institutsleiter in Peking

SCHALT-TAGE, Schalt-Monate, Schalt-Jahre, Bezeichnung für Korrekturen des Kalenders, die notwendig werden, weil die erste Grundeinheit des Kalenders (die Drehung der Erde um ihre Achse = 1 Tag) nicht ohne Rest in seiner zweiten Grundeinheit (dem vollendeten Erdumlauf um die Sonne = 1 Jahr) aufgeht.

2769 v grün Einführung in Ägypten
1690 v grün Mesopotamischer Kalender
433 v grün Griechischer Kalender
237 v grün Ägyptischer Kalender
46 v grün 'Julianischer Kalender'
1582 n grün 'Gregorianischer Kalender'

SCHANG, Name einer chinesischen Herrscherfamilie, die vom 16. Jahrhundert bis zum 11. Jahrhundert vor unserer Zeitrechnung das chinesische Reich regierte.

1575 v–1509 v I-Yin
1559 v–1494 v Tang
1525 v braun Adels-Erhebung
1525 v rot Herrschaftsbeginn
1521 v rot Wachsende Priestermacht
1321 v grün Zeitrechnung
1319 v blau Gründung von An-Yang
1294 v rot An-Yang Hauptstadt
1212 v rot Staat von Tschu
1132 v–1049 v Wen
1108 v–1044 v Wu
1099 v–1016 v Tschu
1065 v braun Tibeter-Einfall
1055 v braun Hunnen-Einfall
1047 v braun Herrschaftsende

SCHANGHAI, größte Stadt, bedeutendster Hafen und Haupt-Industriezentrum Chinas. Nahe der Mündung des Jang-Tsekiang in den Pazifik gelegen, wurde sie im Opiumkrieg von Engländern erobert. Neben Hongkong wichtigster Stützpunkt des englischen Ostasienhandels und ein Hauptansatzpunkt des westeuropäischen und nordamerikanischen Kapitals, das durch die niedrigen Löhne zu gewaltigen Investitionen verführt wurde. Die Einwohnerzahl stieg seit Beginn der englischen Vormacht (1842 n) sprunghaft an und hat sich zwischen 1900 n und 1950 n noch verzehnfacht. Mit der Konzentration des Kapitals, an der sich bald auch die chinesischen Kapitalisten beteiligten, konzentrierte sich hier aber auch das Proletariat und der revolutionäre Geist Chinas. Die Gründung der Kommunistischen Partei Chinas erfolgte in dieser Stadt, und 1926 n–1927 n fanden hier drei Arbeiteraufstände statt. 1937 n von Japanern besetzt, fiel sie 1945 n an die Regierung Tschiang-Kai-Schecks und wurde erst im letzten Jahr der chinesischen Revolution kommunistisch.

1279 n blau Entwicklung zur Stadt
1839 n/1842 n Opiumkrieg
1842 n rot Englische Vormacht
1921 n rot Gründung der KP
1925 n/1949 n Chinesische Revolution
1937 n/1938 n Angriff Japans
1949 n rot Kommunistisch

SCHANKARA, indischer Philosoph.

788 n–820 n Lebenslinie
812 n blau Menschen- und Weltseele
818 n blau Grundlage der Welt

SCHANKWIRTIN

2552 v–2475 v Ku-Baba

SCHAPUR I., König von Persien von 241 n bis 272 n.

215 n–272 n Lebenslinie
217 n–276 n Mani
242 n blau Lehrbeginn Manis
253 n/266 n Krieg gegen Rom
259 n rot Gefangennahme Valerians

SCHAPUR II., König von Persien von 310 n bis 379 n.

310 n–379 n Lebenslinie
326 n rot Fürbitte Konstantins
340 n rot Christen-Verfolgung
340 n/350 n Krieg gegen Rom
348 n rot Frauen im Heer
359 n/363 n Krieg gegen Rom
363 n rot Gewinn Mesopotamiens
363 n rot Unterstützung durch Rom
365 n braun Vorstoß der Hunnen

SCHARKA-LI-SCHARRI, Kaiser von Mesopotamien.

2279 v–2214 v Lebenslinie
2237 v rot 'König aller Könige'
2225 v/2224 v Krieg gegen Gutäer

SCHARLAK (um 2260 v–um 2220 v), Herrscher über das Bergvolk der Gutäer, das in den zum Tigris abfallenden Hängen des Persischen Hochlandes etwa 200 Kilometer östlich von Assur beheimatet war. Erlag mit seinem Heer der Streitmacht Akkads, die sein Land der Herrschaft des mesopotamischen Kaiserreiches unterwarf.

2279 v–2214 v Scharka-Li-Scharri
2225 v/2224 v Krieg gegen Akkad

SCHARNHORST, Gerhard (1755 n–1813 n), deutscher Feldherr. Als Bauernsohn besuchte er eine Kriegsschule, wurde Offizier und kämpfte in den Revolutionskriegen gegen Frankreich. Dabei lernte er die überlegene Kraft des französischen Volksheeres kennen. 46jährig aus hannoverschen in preußische Dienste übergetreten, wurde er Leiter der Offiziersschule für Infanterie und Kavallerie. Fünf Jahre später wurde er Generalstabschef und geriet während der Napoleonischen Kriege zusammen mit Blücher in Gefangenschaft. Wurde aber bald wieder ausgetauscht und begann nun den Neuaufbau des preußischen Heeres. Da nach dem Pariser Vertrag von 1808 n nur noch 42000 Mann unter Waffen gehalten werden durften, entwickelte er eine Methode, durch schnellen Mannschafts-Wechsel eine wesentlich größere Anzahl schlagkräftiger Soldaten bereitzustellen (Krümper-System). Bereitete die allgemeine Wehrpflicht vor, wurde aber kurz vor ihrer Einführung in den Napoleonischen Kriegen beim Kampf gegen die französischen Heere verwundet und starb. Die Erhebung Preußens gegen die französische Fremdherrschaft war von ihm vorbereitet worden, auch hatte er den Preußenkönig zum Bündnis mit Rußland bestimmt. Die Beseitigung des strengen Drills in der preußischen Armee war ebenso sein Werk wie die Einschränkung der Adelsmacht über die Armee. Schuf den Begriff 'Soldatenehre', veranlaßte die Stiftung des Eisernen Kreuzes und schrieb ein Handbuch für Offiziere.

1792 n/1795 n Revolutionskriege
1796 n/1815 n Napoleonische Kriege

SCHARNIERE

2429 v grün Verwendung in Sumer

SCHASTRI, Lal Bahadur (1904 n–1966 n), indischer Staatsmann. Als Sohn eines armen Bauern schloß er sich 16jährig der Freiheitsbewegung Gandhis an. Von der englischen Kolonialregierung mehrfach eingekerkert, stieg er zu einem Führer der 'Kongreßpartei' und engem Vertrauten Nehrus auf. Nach Erringung der Unabhängigkeit leitete er verschiedene indische Ministerien, wurde 1951 n Generalsekretär der Kongreßpartei und legte 1963 n sein Amt als Innenminister nieder, um sich ganz der Parteiarbeit zu widmen. 1964 n holte ihn der todkranke Nehru ins Kabinett zurück, und wenige Monate später trat er dessen Nachfolge als Ministerpräsident an. 1965 n entlud sich am Kaschmir-Streit die von den Engländern bei ihrem Abzug hinterlassene Erbschaft der Zweiteilung des Landes durch Abtrennung Pakistans von Indien. Doch bewahrte seine versöhnliche Haltung das Land vor einem Bruderkrieg: 1966 n stimmte er in Taschkent (UdSSR) dem Vermittlungsvorschlag des russischen Ministerpräsidenten Kossygin zur Beilegung des Streits mit Pakistan zu. Starb wenige Stunden nach der Unterzeichnung des Protokolls.

1964 n rot Ministerpräsident

SCHATTENREICH, ägyptische Bezeichnung für 'Totenreich'.

1196 v blau Ägyptisches Gemälde

SCHATTENTHEATER, Bezeichnung für eine Form der Kleinkunstbühne, bei der hinter einem Papier- oder Seidenschirm Puppen bewegt werden, von denen für die Zuschauer nur Schatten sichtbar sind. In Indien und China vor mehr als tausend Jahren gebräuchliche Kunstform, die bald nach Indonesien kam und auf Java besonders gepflegt wurde. Verbreitete sich auch nach Persien, der Türkei und Ägypten. Durch Araber nach Europa gebracht, wurde es zuerst in Italien heimisch, dann vor allem in Paris und München.

1011 n blau Einführung auf Java

SCHATTEN-WIRKUNG

416 v grün Apollodoros' Technik

SCHATZHAUS DES ATREUS, Bezeichnung des deutschen Altertumsforschers Heinrich Schliemann für ein von ihm aufgefundenes, reich geschmücktes Kuppelgrab vor den Toren der Stadt Mykene (Griechenland).

1323 v blau Fertigstellung

SCHATZMEISTER, SCHATZKANZLER, alte Bezeichnung für die einem Herrscher nahestehenden Vertrauenspersonen, denen die Aufsicht über den Staatsschatz übertragen ist.

2846 v–2784 v Hemaka
2751 v–2681 v Ru-A-Ben
2704 v–2634 v Hesire
1857 v–1803 v Sehet
1419 v blau Bild seiner Diener
1804 n–1881 n Disraeli

SCHAUFELRAD, Bezeichnung für einen mühlradähnlichen Schiffsantrieb.

1707 n grün Schiffsantrieb

SCHAUKÄMPFE

264 v grün Aufkommen
404 n rot Verbot

SCHAUSPIELKUNST

583 v–513 v Thespis
536 v blau Einzelschauspieler
525 v–456 v Aischylos
496 v–406 v Sophokles
491 v blau Frauenrollen
486 v blau Zweiter Schauspieler
461 v blau Dritter Schauspieler
94 v–34 v Publilius
81 v grün Fortfall der Maske
77 v grün Schauspielerinnen in Rom
275 n–335 n Bhasa
290 n blau Lehrbuch Bharatas
497 n–548 n Theodora
685 n–762 n Hüan-Tsung
714 n blau Schauspielschule in China
1450 n blau Meistersinger-Schule
1564 n–1616 n Shakespeare
1622 n–1673 n Molière
1727 n blau Reformen der Neuberin
1729 n–1781 n Lessing
1767 n blau 'Hamburger Dramaturgie'

SCHEDEL, Hartmann (1440 n–1514 n), deutscher Mediziner und Geschichtsschreiber. Als Stadtarzt in Nürnberg sammelte er alte Geschichtsbücher und stellte eine Weltchronik zusammen, die er beim Verleger Koberger drucken ließ. Das gleichzeitig in deutscher und lateinischer Sprache erschienene Werk hatte er von den Graphikern Wolgemut und Pleydenwurf mit 1809 Holzschnitten illustrieren lassen. Es war das umfangreichste Druckwerk des frühen deutschen Buchgewerbes. Auch sein Briefwechsel mit zahlreichen Gelehrten wurde veröffentlicht.

1493 n blau Weltgeschichte

SCHEELE, Karl Wilhelm (1742 n–1786 n), schwedischer Chemiker. In Stralsund geboren, das um diese Zeit zu Schweden gehörte, ging er als Apothekerlehrling nach Malmö und wurde später Apotheker in Stockholm und Köping (Südschweden). Mit den einfachen Mitteln seines Apotheker-Laboratoriums entdeckte er Sauerstoff, Chlor, Glyzerin und Mangan. Fand die Zusammensetzung des Flußspat, des Ammoniak und des Berliner Blau. Isolierte Apfelsäure, Milchsäure, Weinsäure, Zitronensäure, Harnsäure, Blausäure und Arsensäure. Stellte zuerst die Gasentwicklung beim Verbrennen von Holzkohle fest. Fand das Pflanzen-Eiweiß. Über seine Forschungsergebnisse verfaßte er zahlreiche Schriften.

1771 n grün Sauerstoff
1774 n grün Chlor

SCHEFFEL, Josef Viktor (1826 n–1886 n), deutscher Dichter. Als Sohn eines Technikers und einer Schriftstellerin studierte er Rechtskunde und Kunstgeschichte, wurde Rechtspraktikant in Säckingen, ging dann aber nach Rom, um Maler zu werden. In Italien erkannte er, daß seine Begabung auf schriftstellerischem Gebiete lag, zog sich nach Capri zurück und schrieb dort den 'Trompeter von Säckingen'. Ein Jahr später entstand in einer Meierei am Hohentwiel (Bodensee) der Roman 'Ekkehard'. Mit diesen beiden Werken berühmt geworden, suchte er sich durch gründlichere Studien für reifere Werke vorzubereiten. Doch setzte er sich mit keiner seiner späteren Dichtungen mehr durch und zog sich verbittert zurück. Beliebt wurden noch seine Studentenlieder ('Gaudeamus'), in denen er spießbürgerlichen Dünkel, polizeistaatlichen Zwang und pfäffische Moral verhöhnte.

1854 n blau 'Trompeter von Säckingen'

SCHEHERAZADE, arabische Märchengestalt. Als Tochter eines Hofbeamten bezwingt sie den grausamen König durch Erzählung spannender Geschichten und läutert seinen Charakter. Ihr Schicksal ist die Rahmenhandlung des arabischen Märchenbuches '1001 Nacht'.

1403 n blau '1001 Nacht'

SCHEIBENSCHIESSEN

666 v grün Babylonischer Sport

SCHEIDEMANN, Philipp (1865 n–1939 n), deutscher Politiker. Als Buchdrucker schloß er sich der SPD an und wurde Redakteur sozialdemokratischer Zeitungen. Seit 1903 n Reichstagsabgeordneter, seit 1911 n Mitglied des sozialdemokratischen Parteivorstandes, trat er 1918 n der Regierung des kaiserlichen Reichskanzlers Prinz Max von Baden bei und war bei Ausbruch der Revolution kaiserlicher Staatssekretär. Nachdem Karl Liebknecht vom Schloß aus die sozialistische Republik Deutschland verkündet hatte, rief er vom Reichstag aus die deutsche Republik aus und wurde nach Niederschlagung der Revolution Ministerpräsident der ersten Regierung dieser bürgerlichen Republik. Lehnte den Versailler Vertrag ab, trat kurz vor dessen Unterzeichnung zurück und wurde Oberbürgermeister von Kassel. Später prägte er die politische Losung 'Der Feind steht rechts' und verließ Deutschland nach Hitlers Machtübernahme im Jahre 1933 n.

1918 n rot Deutschland Republik
1918 n/1919 n Revolution

SCHEINPROZESSE, Bezeichnung für Gerichtsverfahren, bei denen die Schuld der Angeklagten nicht von unabhängigen Richtern sachlich geprüft und ein dem Gesetz entsprechendes Urteil gefällt wird, sondern bereits vor Prozeßbeginn als bewiesen gilt. Verhöre und Verhandlungen werden dabei nur zur Vortäuschung eines echten Prozesses geführt, während die Plädoyers vom Staatsanwalt und Verteidiger sowie das Urteil der Richter und häufig auch die Geständnisse der Angeklagten vorher festgelegt und eingeübt sind. Obwohl solche Prozesse in kapitalistischen Staaten, insbesondere in deren faschistischer Ausprägung, immer wieder vorkommen, führte erst ihre Anwendung in der Sowjetunion und den von ihr besetzten kommunistischen Staaten Mittel- und Osteuropas zur Empörung der Weltöffentlichkeit ('Schauprozesse').

1936 n rot Russische Verfahren

SCHEINWERFER

1914 n grün Konstruktion

SCHELLING, Friedrich Wilhelm (1775 n–1854 n), deutscher Philosoph. Studierte zusammen mit Hegel und Hölderlin in Tübingen. Auf Fürsprache seines Lehrers Fichte bei Goethe erhielt er eine Professur in Jena und lehrte später in Würzburg, München und Berlin. In seinen an Giordano Bruno und Spinoza orientierten ersten Werken betrieb er Philosophie als Vernunftswissenschaft und hielt nur aus Herkommen an einem mit Natur identischen Gottesbegriff fest. Mit der Schrift 'Über das Böse' begann seine neue Schaffensperiode, in der er die Vernunft nur noch zur Rechtfertigung der Religion benutzte und wissenschaftliche Erkenntnis durch 'übervernünftige Erfahrung' ersetzte. Grundlage dieser 'Erfahrung' ist ihm das Dasein selbst, eine Existenz aus göttlicher Offenbarung. Die Geschichte bezog er in sein System als Ausdruck der Selbstentfaltung Gottes ein. Stellte sich nun auch gegen den Rationalismus seines einstigen Freundes Hegel. Eigentlicher Schöpfer einer Geistesrichtung, die zur Überwindung einer einseitigen Vernunft-Orientierung zu einem dunklen, dranghaften Gottesgefühl zurückstrebte ('Romantik').

1798 n blau 'Von der Wahrheit'

SCHELMENROMAN, Bezeichnung für eine Form des Abenteuerromans, die nach dem Vorbilde des spanischen Romans 'Das Leben des Lazarillo von Tormes' seit mehr als vier Jahrhunderten immer wieder neu gestaltet wurde. Die letzte große Schöpfung dieser Romanart in unserer Epoche war Thomas Manns 'Bekenntnisse des Hochstaplers Felix Krull'.

1554 n blau 'Lazarillo'
1669 n blau 'Simplizissimus'
1735 n blau 'Gil Blas'

SCHENKENDORF, Max (1783 n–1817 n), deutscher Dichter. Als Sohn eines Offiziers studierte er Rechtskunde und wurde Beamter. Zusammen mit Fichte und Arnim gab er antifranzösische Zeitschriften heraus, die aber bald von der napoleonischen Zensur verboten wurden ('Vesta', 'Studien'). Obwohl er bei einem Duell die rechte Hand verloren hatte, nahm er an der Leipziger Völkerschlacht gegen Napoleon teil. Erstrebte die Wiederherstellung eines deutschen Kaisertums und des deutschen Reiches. Er war ein Gegner aller aufklärerischen Gedanken und schrieb schließlich nur noch religiöse Verse.

1796 n/1815 n Napoleonische Kriege
1809 n blau 'Freiheit, die ich meine'

SCHENSI, Name einer gebirgigen chinesischen Provinz zwischen Peking und der inneren Mongolei (Nordchina). Deckte bereits vor 5000 Jahren mit einer jährlichen Salzgewinnung von über 1 Million Zentnern den chinesischen Salzbedarf und belieferte große Teile Innerasiens. So wurde sie zu einem Handelszentrum und festigte diese Stellung bis in die Gegenwart durch Errichtung und Kontrolle zahlreicher Handels-Banken in ganz Ostasien. Weinbau, Edelstein-Gewinnung, Metallförderung und Landwirtschaft stärkten den Reichtum der Provinz. Nach der Revolution erhielt sie eine eigene Schwerindustrie und chemische Industrie.

811 v–757 v Siang-Tschin
771 v rot Lehen für Siang
745 v braun Niederlage der Hunnen
745 v rot Chinesische Herrschaft

SCHEPSES-KAF, ägyptischer König.

2543 v–2496 v Lebenslinie
2497 v blau Porträt

SCHERBENGERICHT, in der griechischen Stadt Athen vor fast 2500 Jahren eingeführte Form des direkten Volksentscheids, an dem alle freien männlichen Bürger teilnehmen konnten. Jeder schrieb auf eine Scherbe den Namen des Mannes, den er aus der Stadt verbannen wollte. Der Politiker, auf den die meisten Stimmen entfielen, mußte für 10 Jahre außer Landes gehen. Da es sich bei dieser Entscheidung um eine rein politische Maßnahme handelte, behielt der Verbannte aber sein Vermögen sowie alle Rechte und Vergünstigungen. Diese Wahl, die nur gültig war, wenn mindestens 6000 Bürger daran teilnahmen, durfte höchstens einmal jährlich stattfinden und nur, wenn die Volksversammlung sich rechtzeitig vorher dafür entschieden hatte. Der Rat und die obersten Richter überwachten die Abstimmung, und auch sonst war Vorsorge gegen Mißbrauch getroffen. In der Blütezeit Athens sicherte diese Einrichtung die politische Stabilität des Stadtstaates und ermöglichte es den großen Führern Athens (Themistokles, Perikles) ihre Politik durch direkte Anrufung des Bürgerentscheides gegen Widersacher abzusichern. Die in Athen nur bis zum Jahre 417 v bestehende Einrichtung fand bald Eingang in anderen griechischen Stadtstaaten, vor allem in Syrakus (Sizilien), der reichsten und mächtigsten Griechenstadt des Mittelmeerraumes. Dort beschrieb man nicht Scherben, sondern Olivenblätter mit den Namen der mißliebigen Politiker. Deshalb hieß der Verbannungsentscheid dort 'petalismos' (petala = Olivenblatt).

488 v rot Einführung

SCHERE

362 v grün Römische Konstruktion

SCHESCHONK I., König von Ägypten von 945 v bis 924 v.

976 v–924 v Lebenslinie
945 v rot Einigung Ägyptens
928 v braun Einnahme Jerusalems

SCHICKARD, Wilhelm (1592 n–1635 n), deutscher Gelehrter. Als Sohn eines Tischlers besuchte er die Fürstenschule Bebenhausen, studierte Theologie und wurde Lehrer. 25jährig begegnete er dem deutschen Astronomen Johannes Kepler, der ihn zur Entwicklung seiner technischen Begabung und zur Vertiefung seiner mathematischen Kenntnisse bestimmte. Zwei Jahre später zum Professor für Hebräisch und Aramäisch nach Tübingen berufen, lernte er Arabisch und gab zahlreiche arabische Schriften heraus, für deren Druck er selbst arabische Schriftstempel schnitt. Fast vierzigjährig erhielt er den Tübinger Lehrstuhl für Mathematik und Astronomie. Auch als Holzschnitzer, Maler und Kupferstecher tätig, illustrierte er Keplers 'Harmonie der Welten'. Unter seinen zahlreichen Erfindungen ist die Schaffung der ersten Rechenmaschine die bedeutendste. Sein mit elf vollständigen und sechs verstümmelten Rädchen arbeitendes Gerät konnte nicht nur automatisch zuziehen und abziehen, sondern auch malnehmen und teilen. Erlag 43jährig mit seiner Frau und seinen vier Kindern der Pest.

- 1623 n grün Rechenmaschine

SCHICKSALSGEDANKE

- 825 v–730 v Parshva
- 694 v–603 v Braspati
- 496 v–406 v Sophokles
- 341 v–270 v Epikur
- 154 n–222 n Bardesanes
- 169 n blau Gegnerschaft Lukians
- 188 n blau Gegnerschaft Bardesanes'
- 306 n–373 n Ephräm der Syrer
- 375 n–435 n Pelagius
- 420 n blau Gegnerschaft Pelagius'
- 699 n–748 n Ibn Ata
- 741 n blau Kritik Ibn Atas
- 814 n–877 n Eriugena
- 862 n blau Gegnerschaft Eriugenas

SCHIEFE EBENE, Bezeichnung für eine geneigte Fläche, wie sie zum Heben von Lasten verwendet wird. Ihr Verhältnis Länge:Höhe entspricht dem Verhältnis Last:Kraft.

- 250 v grün Archimedes' Forschungen

SCHIEFER, Bezeichnung für Tonstein und anderes Gestein, das infolge seiner Schichtung spaltbar und deshalb in dünnen Platten abbaubar ist. Die 'abgeschieferten' Platten werden hauptsächlich zu Dachziegeln oder zu Schultafeln verarbeitet. Das in Mitteleuropa grauschwarze Gestein hat in Nordafrika (Ägypten) eine tiefgrüne Färbung und wurde dort seit alters her auch von Bildhauern verwendet.

- 2990 v grün Verwendung für Paletten
- 1795 v blau Bildnis eines Herrschers
- 1522 v grün Nutzung für Schreibtafeln
- 1262 v blau Plastik eines Knienden

SCHIEFER TURM VON PISA, Bezeichnung für den achtgeschossigen Glockenturm des Domes zu Pisa, der östlich des Hauptbaues freistehend errichtet wurde. 1174 n von dem italienischen Baumeister Bonannus und seinem deutschen Kollegen Wilhelm von Innsbruck begonnen und bis zum 4. Geschoß aufgebaut, ruhten die Bauarbeiten bis 1334 n und wurden dann 1350 n durch Aufsetzung des achten Geschosses (= Glockengeschoß) vollendet. In dieser zweiten Bauphase wurde die inzwischen durch Senkung der Fundamente eingetretene Neigung des ganzen Bauwerkes vorsichtig ausgeglichen. Trotzdem beträgt die Abweichung des 55 Meter hohen Turmes von der Senkrechten an der Spitze heute 4,44 Meter und vergrößert sich jährlich um 12 Millimeter. Sechs der acht Stockwerke sind mit Säulenarkarden verblendet, deren Rundbögen mit denen des Domes baulich abgestimmt sind. Galilei unternahm 1589 n von diesem Turm aus Versuche zur Erforschung der Gesetze des freien Falls.

- 1350 n blau Vollendung

SCHIEFE SCHLACHTORDNUNG, griechisches Wort für die Schlachtordnung, in der ein Heer dem Feind gegenübertritt ('Phalanx'). Der griechische Feldherr Epaminondas verband vor 2500 Jahren die Einteilung seiner Soldaten mit seinem Schlachtplan und stellte einen schnellen Angriffsflügel und einen weniger beweglichen, aber besonders starken Verteidigungsflügel auf. Diese Schlachtordnung wurde von dem Mazedonierkönig Philipp ausgebaut, indem er den Angriffsflügel aus berittenen Truppen bildete, den Abwehrflügel aber aus schwerbewaffnetem Fußvolk. Seit dieser Zeit besteht ein wesentlicher Teil der Strategie aller Armeen in der Frage, ob der starke Angriffsflügel links oder rechts aufgestellt wird, während andererseits Spione aufgeboten werden, um die Aufstellung des Gegners vorher auszukundschaften.

- 418 v–362 v Epaminondas
- 382 v/362 v Thebanischer Krieg
- 359 v grün Philipps Phalanx

SCHIENENBAHN

- 1501 n grün Grubenbahn in Deutschland
- 1736 n grün Grubenbahn in England
- 1804 n grün Trevithick: Lokomotive
- 1814 n grün Stephenson: Lokomotive
- 1825 n grün Eisenbahn in England
- 1835 n grün Eisenbahn in Deutschland
- 1881 n grün Elektrische Straßenbahn
- 1900 n grün U-Bahn in Paris

SCHIESSBAUMWOLLE, Bezeichnung für gereinigte und zerkleinerte Baumwolle, die in einer Salpeter-Schwefelsäure-Mischung getränkt und wieder getrocknet ist. Als rauchloser Pulver-Ersatz zum Schießen benutzt. Wegen ihrer hohen Sprengkraft später auch zur Füllung von Explosivgeschossen verwendet. In der Handhabung gefährlich, setzte sie sich erst einige Jahrzehnte nach ihrer Erfindung für Kriegszwecke durch.

- 1845 n grün Erfindung

SCHIESSPULVER, Bezeichnung für feinkörnigen Sprengstoff, der bei Entzündung durch seine Explosivkraft Geschosse mit hoher Geschwindigkeit durch den Lauf von Schußwaffen treibt. Hergestellt aus Salpeter (75%), der mit Schwefel und feingeriebener Holzkohle vermischt wurde, stellte es jahrhundertelang das allgemein-verwendete Treibmittel beim Schießen dar. Nach Erfindung der rauchschwachen Schießbaumwolle wurde es nur noch zum Sprengen von Steinbrüchen benutzt, in denen es auf schonende Explosion ankommt, insbesondere beim Schiefer-Abbau.

- 1130 n grün Erfindung in China
- 1220 n grün Raketenwaffe in China
- 1232 n grün Verwendung im Krieg
- 1244 n grün Erzeugung durch Araber
- 1273 n grün Kanonen der Mongolen
- 1285 n grün Feuerwerksbuch
- 1331 n grün Kanonen in Italien
- 1336 n grün Metallkanonen in Europa
- 1339 n grün Handfeuerwaffen
- 1358 n grün Geschützorgel
- 1359 n grün Schiffsgeschütze
- 1388 n rot Hinrichtung des Schwarz
- 1420 n grün Haubitze
- 1435 n grün Pistole
- 1581 n grün Höllenmaschine in Rußland
- 1605 n braun 'Pulververschwörung'
- 1629 n grün Pulverstampf-Maschine
- 1652 n grün Steinschloß statt Lunte
- 1659 n grün Hinterlade-Gewehr
- 1673 n grün Maschinenantrieb
- 1679 n grün Tunnelsprengung
- 1806 n grün Raketenwaffe in Europa
- 1815 n grün Zündhütchen
- 1827 n grün Zündnadelgewehr
- 1845 n grün Schießbaumwolle

SCHIFFAHRT, SCHIFFSBAU

- Vorzeittafel: Schlußbalken (5000 Jahre)
- 2894 v blau Schiffsmotiv auf Vasen
- 2829 v grün Schiffsbau mit Planken
- 2807 v blau 'Prozession zu Schiff'
- 2644 v–2576 v Snofru
- 2622 v blau 'Schiffsbaumeister'
- 2598 v grün Nilschiffe
- 2584 v grün Handelsflotte Ägyptens
- 2570 v–2481 v Ur-Enlil
- 2540 v grün Kanäle in Sumer
- 2512 v–2458 v Sahu-Re
- 2496 v blau 'Bootsfahrt einer Dame'
- 2471 v–2397 v Ni-Anch-Pta
- 2464 v–2397 v En-Te-Mena
- 2459 v blau 'Heimkehr der Flotte'
- 2452 v–2377 v Ti
- 2441 v–2379 v Meska-Lamdug
- 2407 v blau Relief: Künstler im Boot
- 2405 v grün Kanäle in Sumer
- 2385 v blau 'Zimmerer beim Schiffsbau'
- 2383 v grün Silbernes Schiffchen
- 2378 v blau 'Segelschiff auf dem Nil'
- 2369 v–2295 v Una
- 2339 v grün Boote aus Papyrus
- 2314 v–2292 v Meren-Re
- 2297 v grün 1. Nil-Katarakt schiffbar
- 2282 v grün Segeln auf dem Nil
- 2253 v grün Kanal Nippur-Meer
- 2219 v grün Schiffsmodelle in Ägypten
- 2193 v–2135 v Achtos II.
- 2064 v blau 'Hausboot auf dem Nil'
- 2060 v–1983 v Schul-Gi
- 2047 v blau 'Nilkahn mit Ruderern'
- 2044 v grün Kanal von Ur zum Meer
- 1904 v–1841 v Sesostris III.
- 1897 v grün Frachtbriefe
- 1895 v–1834 v Amoni
- 1869 v blau 'Bootsbau aus Papyrus'
- 1867 v grün Nil-Katarakt-Kanal
- 1850 v blau 'Schiffbrüchiger'
- 1694 v grün Werft in Babylon
- 1691 v–1628 v Chian
- 1615 v grün Kiel-Spanten-Bauweise
- 1597 v–1521 v Minos
- 1506 v–1444 v Nemhet
- 1491 v blau 'Ruderer'
- 1472 v blau Darstellung auf Fries
- 1462 v blau 'Mädchen im Boot'
- 1429 v blau 'Beladen der Lastschiffe'
- 1380 v blau 'Königspaar in Barke'
- 1340 v blau 'Trauernde zu Schiff'
- 1118 v–1058 v Wen-Amun
- 1107 v grün Wal- und Robbenjagd
- 1055 v grün Reparatur einer Kaimauer
- 999 v–936 v Hiram
- 979 v rot Indienhafen Palästinas
- 948 v grün Indienfahrt der Phönizier
- 929 v grün Afrikafahrt der Phönizier
- 852 v–774 v Pygmalion
- 753 v–680 v Hesiod
- 740 v grün Schlauchboot in Assyrien
- 735 v grün Schleuse bei Marib
- 664 v grün Anker aus Metall
- 658 v–595 v Necho II.
- 613 v–525 v Amasis
- 605 v grün Kanalbau Ägyptens
- 602 v–527 v Peisistratos
- 601 v grün Afrika-Umrundung
- 565 v–522 v Kambyses
- 556 v rot Dardanellen an Athen
- 550 v–486 v Dareios I.
- 530 v–472 v Aristides
- 525 v–459 v Themistokles
- 513 v grün Reise des Skylax
- 493 v grün Hafenbau Athens
- 490 v grün Kanal Nil-Rotes Meer
- 486 v grün Kanalbauten in China
- 486 v–430 v Hippodamos
- 483 v rot Athen für Flottenbau
- 483 v grün Athos-Kanal der Perser
- 482 v grün Flottenbau-Finanzierung
- 480 v grün Schiffsbrücke
- 463 v grün Getreideschiffe
- 418 v–362 v Epaminondas
- 408 v grün Hafen von Rhodos
- 405 v grün Flottenbau Spartas
- 399 v grün Schiffsbau in Syrakus
- 398 v rot Gibraltar-Enge gesperrt
- 380 v–306 v Pytheas
- 345 v blau 'Odysseus auf dem Floß'
- 342 v grün Ausbau Ostias
- 325 v grün Reise des Nearchos
- 324 v grün Reise des Pytheas
- 322 v–246 v Ptolemäus II.
- 311 v rot 'Flottenherren' in Rom
- 281 v grün Schleuse in Ägypten
- 279 v grün Leuchtturm von Alexandria
- 263 v grün Kriegsschiffe Roms
- 231 v grün Dreimaster Siziliens
- 117 v grün Nutzen des Monsuns
- 75 v grün Prognose: Erdumseglung
- 26 v grün Handelsflotten-Ausbau
- 12 v grün Kanalbau in Holland
- 10 v–54 n Klaudius
- 42 n grün Versorgungshafen Roms
- 67 n–129 n Apollodoros von Damaskus
- 257 n grün Flottenbau der Goten
- 267 n grün Schiffsbau in Schleswig
- 309 n–394 n Ausonius
- 371 n blau Gedicht auf Flußreise
- 390 n–477 n Geiserich
- 418 n blau Gedicht auf Seereise
- 425 n grün Flottenbau der Wandalen
- 428 n grün Germanen nach England
- 429 n grün Wandalen nach Afrika
- 554 n rot Gibraltar-Enge an Byzanz
- 560 n–618 n Yang-Ti
- 605 n grün Nord-Süd-Kanal Chinas
- 608 n grün Kanalbau-Organisation
- 609 n–680 n Moawija
- 645 n grün Flottenbau Arabiens
- 655 n rot Wechsel in Seeherrschaft
- 685 n–762 n Hüan-Tsung
- 765 n–810 n Gottfried
- 793 n grün Kanalbau Rhein-Donau
- 849 n–901 n Alfred der Große
- 855 n grün Schiffsbau der Normannen
- 862 n grün Islandfahrt der Normannen
- 890 n–961 n Abdar Rachman III.
- 895 n grün Flottenbau Englands
- 898 n grün Fahrt ums Nordkap
- 901 n grün Entdeckung Grönlands
- 967 n–1021 n Leif Erikson
- 990 n grün Flottenbau Venedigs
- 1000 n grün Entdeckung Amerikas
- 1102 n grün Kompaß bei Chinesen
- 1115 n grün Seefahrtszeichen Bremens
- 1194 n–1250 n Friedrich II.
- 1283 n grün Kanalbau in China
- 1291 n grün Reise der Vivaldi
- 1293 n grün Seemacht der Mongolen
- 1295 n grün Globus statt Karte
- 1299 n grün Entdeckung der Kanaren
- 1323 n grün Entdeckung der Azoren
- 1325 n grün Jakobsstab
- 1359 n grün Schiffsgeschütze
- 1364 n grün Sperrung des Sundes
- 1381 n rot Schiffahrtsgesetz Englands
- 1394 n–1460 n Heinrich der Seefahrer
- 1398 n grün Elbe-Trave-Kanal
- 1408 n–1472 n Nezalhual
- 1420 n grün Seefahrts-Schule Sagres
- 1452 n–1507 n Kolumbus
- 1456 n grün Reise des Cadamosto
- 1471 n grün Entdeckung der Goldküste
- 1480 n–1521 n Magellan
- 1483 n grün Entdeckung des Kongo
- 1484 n grün Guinea-Inseln entdeckt
- 1486 n grün Umseglung Afrikas
- 1491 n–1547 n Heinrich VIII.
- 1492 n grün Kolumbus in Amerika
- 1497 n grün Caboto in Amerika
- 1498 n grün Seeweg nach Indien
- 1499 n grün Fahrt nach Südamerika
- 1500 n grün Entdeckung Brasiliens
- 1502 n grün Festland Mittelamerikas
- 1505 n grün Entdeckung Ceylons
- 1506 n grün Deutsche Gewürzflotte
- 1512 n grün Entdeckung der Molukken
- 1517 n grün Seeweg nach China
- 1519 n grün Erdumseglung begonnen
- 1521 n grün Philippinen, Marianen
- 1522 n grün Entdeckung der Bermudas
- 1522 n grün Erdumseglung beendet
- 1526 n grün Entdeckung Neu-Guineas
- 1527 n grün Entdeckung Hawaiis
- 1532 n grün Galeerenstrafe
- 1533 n–1603 n Elisabeth
- 1543 n grün Seeweg nach Japan
- 1551 n grün Hafen Helsinki
- 1553 n grün Fahrt ums Nordkap
- 1567 n grün Salomon-Inseln entdeckt
- 1580 n grün Erdumseglung Drakes
- 1585 n–1642 n Richelieu
- 1596 n grün Reise des Barents
- 1605 n grün Entdeckung Australiens
- 1606 n grün Entdeckung Tahitis
- 1609 n blau Grotius: Meeresfreiheit
- 1609 n grün Reise des Hudson
- 1616 n blau Denkschrift Raleighs
- 1616 n grün Reise des Baffin
- 1616 n grün Bismarck-Inseln entdeckt
- 1620 n rot Fahrt der 'Mayflower'
- 1620 n–1688 n Der Große Kurfürst
- 1622 n grün Unterseeboot
- 1642 n grün Entdeckung Neuseelands
- 1643 n grün Fidschi-Inseln entdeckt
- 1648 n grün Fahrt durch Beringstraße
- 1651 n rot Navigationsakte Englands
- 1672 n–1725 n Peter I., der Große
- 1681 n grün Kanalbau Frankreichs
- 1695 n grün Flottenbau Rußlands
- 1696 n grün Schiffsnachrichtenblatt
- 1707 n grün Schaufelrad
- 1721 n grün Pazifikinseln entdeckt
- 1728 n grün Reise Berings
- 1731 n grün Ladoga-Kanal
- 1734 n grün Rückstoß-Prinzip
- 1759 n grün Seeuhr
- 1771 n grün Forschungsreise Cooks
- 1773 n grün Colles: Dampfschiff
- 1780 n rot Bewaffnete Seeneutralität
- 1787 n grün Eisenschiff
- 1791 n rot Galeerenstrafe ausgebaut
- 1804 n–1881 n Disraeli
- 1806 n grün Kontinentalsperre
- 1807 n grün Fulton: Dampfschiff
- 1812 n grün Schiffsschraube
- 1818 n grün Dampfschiff: Atlantikfahrt
- 1829 n rot Freigabe des Bosporus
- 1841 n rot Türkei: Meerengen-Sperre
- 1843 n blau 'Fliegender Holländer'
- 1853 n grün Rhein-Marne-Kanal
- 1869 n grün Suezkanal
- 1873 n blau Repin: 'Wolgatreidler'
- 1875 n grün Suez-Aktien an England
- 1911 n grün Fernlenkung
- 1913 n grün Echo-Lot
- 1913 n grün Panamakanal
- 1918 n– Nasser
- 1934 n grün Radar
- 1935 n grün Luftkissen-Fahrzeug
- 1952 n grün Wolga-Don-Kanal
- 1954 n grün Atom-U-Boot
- 1954 n grün Tauchtiefe 4050 m
- 1956 n grün Suezkanal enteignet
- 1960 n grün Tauchtiefe 10 970 m

SCHIFFBARMACHUNG von Gewässern

- 2369 v–2295 v Una
- 2314 v–2292 v Meren-Re
- 2297 v grün 1. Nil-Katarakt schiffbar
- 1904 v–1841 v Sesostris III.
- 1867 v grün Nil-Katarakt-Kanal

SCHIFFSNACHRICHTENBLATT

- 1696 n grün Ausgabe durch Lloyd

SCHIFFSSCHRAUBE, propellerförmige Antriebsschraube zur maschinellen Fortbewegung von Schiffen. Ihre Erfindung verwandelte das Dampfschiff von einem auf Flüssen und Seen verkehrenden Raddampfer in ein die Ozeane bezwingendes und damit die ganze Erde umspannendes Verkehrsmittel.

- 1812 n grün Konstruktion

SCHI-HUANG-TI, Kaiser von China von 247 v bis 209 v.

- 259 v–209 v Lebenslinie
- 221 v rot Einigung Chinas
- 220 v grün Eigentum, Freihandel
- 217 v/214 v Vorstoß nach Vietnam
- 216 v grün Normen
- 215 v grün Schriftreform
- 214 v rot Gewinn Indochinas
- 213 v rot Gelehrten-Hinrichtung
- 213 v grün Große Mauer vollendet

SCHIITEN, Name der Anhänger einer arabischen Glaubensrichtung, die sich um die Person des Kaisers Ali scharte, als dieser von seinem Statthalter Moawija angegriffen wurde. Sie verteidigten in der Person Alis die Ideale Mohammeds gegen Moawijas Partei von Besitzbürgern, die auf eine Fortsetzung der Kriegs- und Eroberungspolitik drängte. Nach Alis Ermordung verfolgt, erklärten sie nur die Nachkommen Alis, der selbst ein Schwiegersohn Mohammeds war, als rechtmäßige Thronfolger und versagten Moawijas Familie ('Omaijaden') den Gehorsam. Nach dem Sturz der Omaijaden wurden sie durch die Familie Abul Abbas' ('Abbasiden') ausgeschaltet und zerfielen in einzelne Gruppen, die in verschiedenen von der arabischen Religion (Islam) beherrschten Gebieten zeitweise zur Macht gelangten: Im Jemen seit 897 n (Saiditen), in Persien als Träger der Staatsreligion seit 1501 n (Safawiden), in Ägypten 969 n und Tunesien 909 n (Fatimiden), in Marokko 788 n (Idrisiden) und in Indien (Ismailiten). Religiös milderten sie die streng semitischen Züge des Islam zugunsten eines gemäßigten Pantheismus ab, der in den einzelnen Ländern mit altem Volksglauben durchsetzt ist.

- 602 n–661 n Ali
- 609 n–680 n Moawija
- 651 n rot Forderung nach Macht
- 657 n rot Spaltung des Islam
- 657 n/661 n Bürgerkrieg
- 661 n rot Omaijaden-Macht
- 723 n–754 n Abul Abbas
- 750 n rot Abbassiden-Macht
- 851 n–938 n Al Balki
- 909 n rot Fatimiden in Nordafrika
- 969 n rot Fatimiden in Ägypten
- 1501 n rot Safawiden in Persien

SCHIKI, Titel des ersten chinesischen Geschichtswerkes, das die Vergangenheit des ganzen chinesischen Reiches einbezog. Umfaßte in 130 Büchern die ersten 3000 Jahre chinesischer Geschichte von den sagenhaften Urkaisern bis zum Jahre 100 v. Es enthielt außer der politischen Geschichte auch gründliche Abhandlungen über die Entwicklung von Wirtschaft, Kunst und Geistesleben.

- 145 v–86 v Sema-Tsien
- 99 v blau Niederschrift

SCHI-KING, Titel einer Sammlung chinesischer Lieder und Gedichte, die zwischen 1900 v und 480 v niedergeschrieben wurden (wörtlich 'Buch der Lieder'). Zusammengestellt von dem Philosophen Kon-Fu-Tse, enthielt es Volkslieder (nach Provinzen geordnet), Gelegenheits- und Festgedichte sowie Lobgesänge auf große Tote.

- 552 v–479 v Kon-Fu-Tse
- 484 v blau Zusammenstellung

SCHILDBÜRGER, Spottname für einfältige Spießbürger, die ihre törichten Handlungen im Bewußtsein überlegener Klugheit begehen. Solche 'Schildbürgerstreiche' wurden früher den Bewohnern mancher Orte (Krähwinkel, Buxtehude, Schöppenstedt) und Länder ('Schwabenstreiche') nachgesagt. Ein unbekannter Elsässer sammelte sie und gab sie 1597 n heraus unter dem Titel 'Wundersame Geschichten und Taten der Lalen von Laleburg'. Ein Jahr später erschien das Buch in einer oberhessischen Bearbeitung. Darin war aus dem Phantasienamen 'Laleburg' (= Narrenburg) der Ort Schilda bei Leipzig geworden, aus den 'Lalen' (= Narren) die 'Schildbürger' (= Bürger der Stadt Schilda).

- 1598 n blau Volksbuch

SCHILD UND SCHWERT

- 2943 v grün Schild aus Holz und Fell
- 2520 v blau Sumerisches Prunkschwert
- 1712 v–1640 v Apofis
- 1696 v grün Schild aus Metall
- 383 v–322 v Demosthenes
- 789 n–873 n Al Kindi
- 843 n grün Buch über Schwerter

SCHILF, rohrartiges Gras, das in feuchten, wasserreichen Gegenden der ganzen Erde gedeiht. Seine 4–8 Meter hohen Halme werden wie seine Blätter seit alters her als Viehfutter und als Dachbedeckung verwendet, aber auch zu Schnüren, Matten und Geweben verarbeitet.

- 313 v grün Benutzung beim Schreiben

SCHILL, Ferdinand (1776 n–1809 n), deutscher Heerführer. Als preußischer Offizier im Kampf gegen französische Truppen verwundet. Nach seiner Genesung stellte er ein Freikorps von 1000 Mann auf und half dem General Gneisenau bei der Verteidigung der pommerschen Stadt Kolberg gegen die Franzosen. Zum Regiments-Kommandeur aufgestiegen, beschloß er, Preußen durch einen kühnen Alleingang zum Widerstand gegen Napoleon mitzureißen. Verließ im Jahre 1809 n mit seinem Regiment Berlin und schlug sich kämpfend nach Stralsund durch, wo er auf englische Unterstützung hoffte. Nachdem der Preußenkönig seine Tat öffentlich mißbilligt hatte, wurde er in Stralsund von einem holländisch-dänischen Heer besiegt und fiel im Kampf. Elf seiner Offiziere wurden von den Franzosen erschossen, 543 Mann gefangen nach Frankreich gebracht und zu Galeerenstrafe verurteilt, die entkommenen Soldaten und Offiziere vom Preußenkönig bestraft.

- 1796 n/1815 n Napoleonische Kriege
- 1809 n rot Offiziere erschossen

SCHILLER, Friedrich, deutscher Dichter und Philosoph.

- 1759 n–1805 n Lebenslinie
- 1749 n–1832 n Goethe
- 1779 n blau 'Die Räuber'
- 1782 n blau 'Kabale und Liebe'
- 1795 n blau 'Ästhetische Erziehung'
- 1798 n blau 'Wallenstein'
- 1800 n blau 'Maria Stuart'
- 1804 n blau 'Wilhelm Tell'

SCHILLING, Paul (1786 n–1837 n), russischer Erfinder aus Estland. Als Angestellter der russischen Gesandtschaft in München befaßte er sich mit naturwissenschaftlichen Forschungen und entdeckte 1809 n die Rückleitung des elektrischen Stromes durch die Erde. An den Befreiungskriegen gegen Napoleon nahm er als Rittmeister teil. Half Sömmering beim Bau elektrischer

Telegraphen und beschäftigte sich dann mit der Möglichkeit, die Ablenkung der Magnetnadel durch Elektrizität zur Sichtbarmachung eines über Draht gesendeten Buchstaben-Impulses nutzbar zu machen. Als Staatsrat nach Petersburg zurückgerufen, arbeitete er an seiner Erfindung weiter und baute 1832 n ein Telegraphengerät mit fünf Magnetnadeln, die durch Kombination das ganze Alphabet signalisierten. Später vereinfachte er sein Gerät zu einem Ein-Nadel-Telegraphen und führte es 1835 n auf dem Naturforschertag in Bonn vor.

1832 n grün Nadeltelegraph

SCHIMMEL-ZUCHT

1353 v grün Assyrische Zucht

SCHINKEL, Karl Friedrich (1781 n–1841 n), deutscher Baumeister und Maler. Verließ seine Heimatstadt Neuruppin und bildete sich in Berlin bei dem Architekten Gilly zum Baumeister heran. Nach Gillys Tod stellte er dessen Bauten fertig und besuchte daneben die Akademie. In Italien und auf Sizilien machte er sich mit den Bauwerken der Römer und Griechen bekannt, in Paris mit der französischen Kunst. Unterwegs widmete er sich der Landschaftsmalerei und brachte unzählige Skizzen heim. In Berlin schuf er zunächst Bühnenbilder. Dabei ersetzte er die alte Kulissenmalerei durch eine kunstgerechte Bühnen-Architektur. Später trat er in die Bauverwaltung ein und stieg zum Oberlandes-Baudirektor auf. Seine Bauten zeigen trotz Anlehnung an klassische Formen eigene kühne Phantasie. In ihrer klaren, strengen Großartigkeit prägten sie stark das Berliner Stadtbild: Die neue Wache Unter den Linden (Ehrenmal), das Schauspielhaus am Gendarmenmarkt, das Alte Museum, das Palais des Prinzen Karl, die Werder'sche Kirche. Aber auch durch seine kleineren Bauten (Schloß Tegel, Schloß Glienicke und die Seitengebäude des Brandenburger Tores) sowie seine Zweckbauten (Bau-Akademie, Sternwarte, Packhofgebäude) und als Denkmalspfleger gab er dem aufstrebenden Berlin sein Gesicht. Daneben entwickelte er phantastische Pläne, die nie zur Ausführung gelangten: Umwandlung der Akropolis in einen Königspalast, Bau des Kaiserpalastes Orianda auf der Krim, Anlage eines Feenpalastes sowie ein Riesen-Denkmal für Friedrich den Großen. Verfiel einer Geisteskrankheit.

1818 n blau Berliner Schauspielhaus

SCHINTOISMUS, Name der japanischen Religion, in deren Mittelpunkt die Verehrung von Naturkräften steht, besonders der Sonne, die durch die Sonnengöttin Amaterasu verkörpert wird. Daneben werden Verstorbene verehrt (neben den eigenen Ahnen berühmte Persönlichkeiten, besonders der Kaiser). Seit mehr als 2000 Jahren allgemeine Volksreligion, wurde er vor mehr als 1700 Jahren vom Staate getrennt, wodurch der Einfluß der Priesterschaft auf das Herrscherhaus schwand. Den Namen 'Schinto' (= Weg der Götter) erhielt die Religion erst im 6. Jahrhundert nach Einführung des Buddhismus in Japan. Vor mehr als 1200 Jahren wurde ihm durch Vereinigung mit wesentlichen Elementen des Buddhismus und der Lehren des Kon-Fu-Tse eine Sittenlehre gegeben. Die Erstarkung des japanischen Kaisertums (1868 n) war mit seiner erneuten Erhebung zur Staatsreligion verbunden bei gleichzeitiger Einführung der Vergöttlichung des regierenden Kaisers (Mikado). Dadurch wurde es möglich, das japanische Volk zu religiöser Opferung für die vom Kaiser gesetzten Ziele zu bestimmen (Kamikaze-Flieger). Nach der Niederlage Japans im zweiten Weltkrieg wurde eine göttliche Verehrung des Kaisers durch die von den Siegermächten 1945 n angeordnete Trennung von Kirche und Staat beseitigt.

5 v blau Ise-Tempel
252 n rot Trennung vom Staat
552 n blau Buddhistische Schriften
572 n–621 n Schotoku
611 n rot Vordringen des Buddhismus
685 n rot Buddhismus Staatsreligion
743 n blau Vereinigung mit Buddhismus
1868 n rot Stärkung der Kaisermacht

SCHIWA, Name eines indischen Gottes, der seit mindestens viertausend Jahren als Schöpfergott und zugleich als Zerstörer im Indusgebiet verehrt wurde. Sein Name bedeutet 'der Gnädige'. Neben Brahma und Wischnu Hauptgottheit der indischen Religion des Hinduismus. Sein Kult verbreitete sich auch in Indonesien, besonders auf Java.

400 n rot Vom Buddhismus ergänzt
622 n blau Dichtung über Schiwa
857 n blau Tempel in Ellora
1041 n blau Hymnen auf Schiwa
1107 n blau Jagannath-Tempel

SCHLACKENWERTH, Stadt am Südhang des Erzgebirges (Böhmen) unweit von Karlsbad.

1520 n grün Abkommen gegen Streik

SCHLAF

156 v blau Artemidor: Traumdeutung
81 n–144 n Archigenes
147 n grün Heilkraft erkannt
1814 n blau Schubert: Traumsymbolik
1900 n grün Freud: Traumdeutung

SCHLAFKRANKHEIT, Name einer vor allem im tropischen Afrika verbreiteten lebensgefährlichen Krankheit, die insbesondere durch den Stich der Tsetse-Fliege übertragen wird. Die Entdeckung ihrer Ursache durch Robert Koch und die Schaffung eines wirksamen Mittels gegen ihre Verbreitung (Germanin) befreite die Menschheit aus ihrer Ohnmacht gegenüber dieser Krankheit. Durch Schutzimpfungen, Umsiedlung aus besonders verseuchten Gebieten und den Versuch zur Ausrottung der Tsetse-Fliege durch die moderne Chemie (DDT) hat sich die Zahl ihrer Opfer in unserem Jahrhundert entscheidend gemindert.

1906 n grün Erforschung durch Koch
1916 n grün Heilmittel Germanin
1939 n grün Insektengift DDT

SCHLAFWAGEN, Bezeichnung für D-Zug-Wagen mit Betten-Abteilen. Elf Jahre nach Eröffnung der ersten Eisenbahnlinie in England wurden in den USA bereits Wagen mit Schlafgelegenheiten in Gebrauch genommen (1836 n). 22 Jahre später baute der nordamerikanische Ingenieur Pullman den ersten Luxuswagen mit Schlafabteilen, dessen Form mehr als ein Jahrhundert fast unverändert beibehalten wurde. Seine Benutzung blieb als Luxus ein Vorrecht der Besitzenden. Erst um die Mitte des 20. Jahrhunderts wurde durch Bau eines weniger komfortablen Massen-Modells auch dem Käufer von Fahrkarten der niedrigsten Wagenklasse die Benutzung ermöglicht.

1858 n grün Pullman-Wagen

SCHLAGANFALL, Bezeichnung für das schlagartige Aussetzen wichtiger Hirnfunktionen infolge Hirnblutung oder Durchblutungsausfall. Meist von Lähmungserscheinungen begleitet, die aber häufig nur vorübergehend sind.

111 n grün Soranos' Forschungen

SCHLANGEN, Sammelbezeichnung für etwa 2000 Arten beinloser Kriechtiere, die vorwiegend in tropischen Gegenden leben und sich von Eiern oder von Tieren ernähren. Dabei nehmen sie je nach eigener Körpergröße Insekten, Mäuse, Vögel, aber auch Tiere bis zur Größe eines Schweines zu sich, indem sie sie im Ganzen verschlingen. Da nur ein gutes Sechstel von ihnen giftig ist, galten sie seit alters her sowohl als Symbol des Helfenden und Heilenden wie des Bösen und Zerstörenden. In der griechischen Götterdarstellung dem Asklepios beigegeben, wurden sie zum Sinnbild der Heilkunst. In der biblischen Überlieferung (Altes Testament) als Verführerin der Eva im Paradies Sinnbild böser Schläue. Im Kult von Delphi und im griechischen Heroenkult als Zeichen zukunftsweisender Kraft verehrt. In der Kunst des christlichen Europa wurden sie zum Zeichen des Bösen schlechthin.

2935 v grün Brettspiel in Ägypten
2027 v grün Symbol der Heilkunst
1763 v blau Fabel 'Adler und Schlange'
1470 v blau 'Schlangen-Beschwörerin'
714 v–642 v Manasse
50 v blau 'Laokoon-Gruppe'

SCHLAUCH, SCHLAUCHBOOT

740 v grün Schlauchboot in Assyrien
354 v grün Luftschlauch für Taucher
1768 n grün Schlauch aus Gummi
1844 n grün Teil des Luftreifens

SCHLEGEL, August Wilhelm (1767 n–1845 n), deutscher Dichter und Sprachforscher. Als Sohn eines dichtenden Pastors studierte er Theologie und Sprachen, ging 24jährig für fünf Jahre als Hauslehrer nach Holland, dann nach Jena, wo er an Schillers Literatur-Zeitschrift 'Die Horen' mitarbeitete. Zusammen mit seinem Bruder Friedrich gab er eine eigene Zeitschrift heraus ('Athenäum') und setzte unter Mithilfe seiner Frau Karoline seine früh begonnenen Shakespeare-Übersetzungen fort. Seine wahrhaft dichterische Verdeutschung machte Shakespeares Dramen auf der deutschen Bühne heimisch. Übertrug auch Werke der Italiener (Dante) und Spanier (Calderon und Cervantes) ins Deutsche. Lebte lange bei Frau Staël auf deren Besitzungen am Genfer See, begleitete sie auf vielen Reisen und förderte ihre Bestrebungen, die Franzosen mit der neuen deutschen Literatur bekannt zu machen. Nach seiner zweiten kurzen Ehe zog er sich auf die Sprachforschung zurück, erschloß sich die indische Dichtung, verdeutschte einiges und suchte als Professor für Indologie und durch eine eigene Sanskrit-Druckerei in Bonn indische Sprache in Deutschland heimisch zu machen.

1797 n blau Shakespeare-Übersetzung
1798 n blau Zeitschrift 'Athenäum'

SCHLEGEL, Friedrich (1772 n–1829 n), deutscher Dichter, Sprachforscher und Philosoph. Sollte Kaufmann werden, verließ aber seine Lehre und studierte zusammen mit seinem fünf Jahre älteren Bruder August Wilhelm. Gemeinsam mit ihm gab er in Jena die Zeitschrift 'Athenäum' heraus, die er Organ der 'romantischen Schule' nannte. Als deren Grundsatz erklärte er die absolute Freiheit des Dichters sowie eine klare Zurückweisung der im Zeitalter der Revolution hereingebrochenen Vernunft. Nach einigen vergeblichen Versuchen zu eigener dichterischer Produktivität zog er sich auf die Kritik fremder Dichtung zurück und wandte sich schließlich der Wissenschaft zu. Durch seine Arbeiten zur Indologie machte er indische Sprache und indische Philosophie in Deutschland bekannt. Heiratete die Frau eines jüdischen Kaufmanns, die sich seinetwegen scheiden ließ. Zusammen mit ihr trat er der katholischen Kirche bei, ging als Hofrat nach Wien und förderte die Metternich'sche Restaurationspolitik. Bemühte sich um die Rückführung aller christlichen Konfessionen zum Katholizismus und gab für diese Ziele eine Zeitschrift heraus ('Concordia'). In einem unvollendeten Roman 'Lucinde' erzählte er von seinen Liebes-Erfahrungen und entwickelte eine Theorie über die Kunst des Müßigganges.

1798 n blau Zeitschrift 'Athenäum'
1808 n blau Schrift zur Indologie

SCHLEICH, Karl Ludwig (1859 n–1922 n), deutscher Arzt und Schriftsteller. Beteiligte sich als junger Chirurg an Versuchen zur örtlichen Betäubung. Durch Einspritzen von stark verdünnter Kokain-Lösung gelang es ihm, Operationen ohne Ganznarkose schmerzlos auszuführen. Bewies, daß bereits das durch Einspritzen wäßriger Flüssigkeit bewirkte Aufquellen des Gewebes gefühlsabstumpfend wirkt und daher geringe Kokainmengen genügen. So nahm er der Lokalanästhesie ihre Gefährlichkeit und machte sie klinisch allgemein verwendbar. Durch genaue Dosierung schuf er auch die Voraussetzung zu ihrer Anwendung bei großen Operationen. Neben zahlreichen medizinischen Schriften ('Neue Methoden der Wundbehandlung') verfaßte er auch Gedichte ('Aus der Heimat meiner Träume') und Erzählungen ('Es läuten die Glocken'). Bekannt wurde er durch die Selbstdarstellung seines Lebens ('Besonnte Vergangenheit').

1892 n grün Örtliche Betäubung

SCHLEIERMACHER, Friedrich (1768 n–1834 n), deutscher Theologe und Philosoph. Als Sohn eines protestantischen Pfarrers studierte er Theologie; wurde Prediger, Schriftsteller und Universitätslehrer. Suchte eine Form des christlichen Glaubens, die im Zeitalter der Wissenschaft Bestand haben könnte. Zu diesem Zwecke führte er das Christentum auf ein von der Bibel unabhängiges Gefühl des Sich-Eins-Fühlens mit der Ewigkeit zurück. Gleichzeitig suchte er den Durchbruch des menschlichen Denkens zur Vernunft aufzuhalten, indem er auf dialektische Weise die Logik mit Metaphysik durchtränkte ('Dialektik'). Als Sekretär der Akademie für Wissenschaften verhinderte er die Aufnahme des Philosophen Hegel, dessen Dialektik nicht zum Glauben zurückführte, sondern vorwärts zum vorurteilslosen Gebrauch der Vernunft. Trat für die Unabhängigkeit der Schule von der Kirche ein. Suchte die zersplitterte protestantische Kirche Deutschlands zu einen ('Der christliche Glaube nach den Grundsätzen der evangelischen Kirche'). Bestritt die Möglichkeit einer Existenz Gottes vor Bestehen der Welt.

1799 n blau 'Über die Religion'

SCHLESIEN, Land in Mitteleuropa am Oberlauf der Oder. Vor 2500 Jahren von Illyrern bewohnt, dann von Kelten genommen, wurde es vor 2100 Jahren durch einen aus Dänemark eingewanderten Germanenstamm besiedelt. Diese zu den Wandalen gehörenden Neusiedler nannten sich 'Silingen' und gaben dem Land seinen Namen (Silesia = Schlesien). Seit dem 5. Jahrhundert wurden sie von slawischen Siedlern verdrängt. 500 Jahre später fiel das Land an Polen. Im 12. Jahrhundert entstanden durch Eingreifen des deutschen Kaisers selbständige Herzogtümer, in denen sich unter polnischer Oberhoheit deutsche Handwerker und Bauern ansiedelten. Seit dem 14. Jahrhundert unter der Herrschaft der Könige von Böhmen. Seit 1526 n gehörte es zu Österreich, seit dem 18. Jahrhundert zu Preußen. Nach dem ersten Weltkrieg wurde durch den Versailler Vertrag ein kleiner Teil an die selbständig gewordenen Staaten Polen und Tschechoslowakei abgetreten. Nach der deutschen Niederlage 1945 n wurde der noch deutsche Teil des Landes polnischer Verwaltung unterstellt (Potsdamer Abkommen) und durch Aussiedlung der deutschen Bevölkerung zu einem Teil des neuen Polen gemacht.

113 v rot Wandalen-Niederlassung
920 n–992 n Miezko
990 n braun Eroberung durch Polen
990 n rot Polnischer Besitz
992 n blau Entwicklung Breslaus
1071 n blau Entwicklung von Görlitz
1159 n blau Johann-Dom Breslau
1165 n rot Selbständigkeit
1207 n/1279 n Großer Mongolenkrieg
1261 n rot Stadtrecht für Breslau
1288 n blau Kreuzkirche Breslau
1316 n–1378 n Karl IV.
1329 n rot Streik in Breslau
1420 n/1434 n Hussiten-Kreuzzug
1496 n blau Rathaus von Breslau
1618 n/1648 n Dreißigjähriger Krieg
1702 n blau Universität Breslau
1712 n–1786 n Friedrich II., der Große
1717 n–1780 n Maria Theresia
1740 n/1742 n 1. Schlesischer Krieg
1742 n rot Preußischer Besitz
1744 n/1745 n 2. Schlesischer Krieg
1748 n rot Besitz-Bestätigung
1756 n/1763 n Siebenjähriger Krieg
1785 n/1786 n Weber-Aufstände
1793 n braun Weber-Aufstand
1798 n braun Weber-Aufstand
1844 n braun Weber-Aufstand
1919 n rot Versailler Vertrag
1939 n/1945 n Zweiter Weltkrieg
1945 n rot Potsdamer Abkommen

SCHLESISCHE KRIEGE

1712 n–1786 n Friedrich II., der Große
1717 n–1780 n Maria Theresia
1740 n/1742 n Erster Krieg
1742 n rot Schlesien preußisch
1744 n/1745 n Zweiter Krieg

SCHLESWIG-HOLSTEIN, nördlichstes deutsches Land. Auf dem südlichen Teile der Halbinsel Jütland erstreckt es sich nördlich von Hamburg bis zur dänischen Grenze und wird im Westen von der Nordsee, im Osten von der Ostsee begrenzt. Diese Lage begünstigte seinen frühen Aufstieg. Eine von Normannen im 8. Jahrhundert hier gegründete Stadt (Haithabu) nahm 200 Jahre lang die führende Stellung im nordeuropäischen Handel ein. Später beherrschte das Land durch seine bedeutendste Stadt, Lübeck, jahrhundertelang den Handel in Nord- und Ostsee sowie als Zentrum und Hauptlagerplatz der Hanse einen wesentlichen Teil des deutschen Binnenhandels. Das Doppelland (Schleswig und Holstein) sollte 'up ewig ungedeelt' ('auf ewig ungeteilt') bleiben, wurde aber zwischen Dänemark und Deutschland immer wieder hin- und hergerissen und neu aufgeteilt. Auf dem Wiener Kongreß wurde Holstein dem Deutschen Bunde zugesprochen, aber Dänemark respektierte diese Entscheidung nur bis 1852 n. Durch den Krieg von 1864 n wurde es Dänemark zusammen mit dem ebenfalls deutschsprachigen Schleswig dann wieder entrissen. Aber Preußen mußte den Besitz beider Länder noch im Krieg mit Österreich behaupten, bis sie 1866 n endgültig preußisch und dann 1871 n deutsch wurden. Auf Grund des Versailler Vertrages fiel 1920 n ein Teil Schleswigs wieder an Dänemark. Nach dem zweiten Weltkriege von englischen Truppen besetzt, wurde es bei der Teilung Deutschlands ein selbständiges Land innerhalb der Bundesrepublik.

267 n grün Schiffsbau
742 n–814 n Karl der Große
765 n–810 n Gottfried
772 n/804 n Sachsenkriege
796 n blau Gründung von Haithabu
808 n grün Bau des Danewerk
934 n rot Deutscher Besitz
1129 n–1195 n Heinrich der Löwe
1143 n blau Gründung von Lübeck
1159 n rot Stadtrecht für Lübeck
1159 n grün 'Stadtluft macht frei'
1226 n rot Lübeck Reichsstadt
1227 n braun Sieg über Dänen
1241 n rot Vertrag Hamburg-Lübeck
1242 n rot Stadtrecht für Kiel
1262 n blau Stadtschule in Lübeck
1284 n rot Stadtrecht für Flensburg
1291 n blau Marienkirche Lübeck
1310 n grün Straßenpflaster in Lübeck
1319 n braun Bauernsieg über Ritter
1367 n/1370 n Krieg der Hanse
1398 n grün Elbe-Trave-Kanal
1443 n blau Rathaus in Lübeck
1460 n rot Union mit Dänemark
1460 n rot Zusicherung der Dänen
1500 n braun Bauernsieg über Ritter
1535 n braun Vorstoß Lübecks
1563 n/1570 n Dreikronen-Krieg
1605 n grün Lübecker Börse
1815 n rot Wiener Kongreß
1815 n–1898 n Bismarck
1848 n/1850 n Deutsche Revolution
1864 n braun Deutsch-dänischer Krieg
1866 n braun Deutscher Krieg
1918 n/1919 n Deutsche Revolution
1919 n rot Versailler Vertrag
1939 n/1945 n Zweiter Weltkrieg
1945 n rot Besetzung
1949 n rot Land der BRD

SCHLEUSEN, abgeschlossene Wasserbecken in Flüssen oder Kanälen. Sie stellen eine Stufe innerhalb schiffbarer Wasserstraßen dar und können durch allmähliches Ein- oder Auslassen von Wasser Schiffe auf den höheren Wasserspiegel heben oder auf das tiefere Niveau herunterlassen.

735 v grün Bau in Arabien
281 v grün Bau in Ägypten
1853 n grün Rhein-Marne-Kanal
1913 n grün Panamakanal
1952 n grün Wolga-Don-Kanal

SCHLICK, Moritz (1882 n–1936 n), deutscher Philosoph. Verließ 40jährig seinen Lehrstuhl in Kiel und ging nach Wien, wo er zum führenden Kopf einer auf die moderne Physik ausgerichteten Philosophie wurde ('Wiener Schule'). Erhob die Nachprüfbarkeit zum Kriterium jeder philosophischen Aussage und reduzierte so den Anwendungsbereich der Philosophie auf die physikalisch faßbare Erscheinungswelt. Die Beschäftigung mit ihr und Aussagen über sie blieben damit allein sinnvoll, jedes Befassen mit Fragen der Religion, Metaphysik und Transzendenz wurde dagegen sinnlos. Untersuchte die Begriffe Raum und Zeit sowie die Fragen der Wahrscheinlichkeit und der Kausalität auf ihre Übertragbarkeit aus dem Bereich der Physik in die Philosophie. Erhob den grundsatzlosen, ungehemmten Lebensgenuß der besitzenden Minderheit zum Fundament einer allgemeingültigen Sittenlehre ('Fragen der Ethik'). Als Jude von einem faschistischen Studenten ermordet.

1930 n blau 'Fragen der Ethik'

SCHLIEMANN, Heinrich (1822 n–1890 n), deutscher Geschichtsforscher. Wurde 14jährig kaufmännischer Lehrling und ging fünf Jahre später als Matrose auf einen Übersee-Dampfer. Doch erlitt er vor der holländischen Küste Schiffbruch und verdingte sich nun in Amsterdam als Laufjunge. Nebenbei bildete er sich weiter. Als er Homers 'Ilias' las, beschloß er, die versunkene Stadt Troja zu suchen. Um die notwendigen Mittel dafür zu erwerben, machte er sich mit 25 Jahren in Petersburg als Kaufmann selbständig. In Rußland, Kalifornien und vor allem im Krimkrieg gewann er ein Vermögen, nahm seinen Wohnsitz in Athen und begann mit Ausgrabungen auf der Heimatinsel des Odysseus (Ithaka). Später fand er Troja genau dort, wo er es nach Homers Beschreibung vermutet hatte. Doch wurden seine Forschungsergebnisse von den Geschichtswissenschaftlern noch lange Zeit bezweifelt, er selbst verhöhnt, weil er die von der Fachwelt für sagenhaft gehaltenen Angaben Homers ernst genommen hatte. Setzte unbeirrt seine Arbeiten fort und bereicherte unsere Kenntnis der Vergangenheit noch durch Ausgrabungen der Städte Mykene und Tiryns. So wies er der Geschichtswissenschaft neue Wege.

1871 n grün Ausgrabung Trojas

SCHLITTEN, räderloses Fahrzeug, das sich auf zwei Kufen gleitend vorwärts bewegt. Seit alters her zum Lastentransport benutzt, machte er fast überall Räderfahrzeugen Platz und hielt sich nur in schneereichen Ländern. Von dort verbreitete er sich später wieder als Sportgerät für den Wintersport.

1923 v–1861 v Tut-Hotep

SCHLITTSCHUHE

1225 n grün Benutzung in Holland

SCHLÖSSER UND PALÄSTE

2832 v–2795 v Djet
2676 v–2595 v Mesilim
2633 v–2570 v Meten
2627 v blau Palast von Kisch
2043 v blau Palast von Ur
1937 v blau Palast von Phaistos
1935 v–1878 v Sesostris II.
1905 v blau Palast von Knossos
1768 v blau Palast von Esch-Nunna
1748 v–1695 v Zim-Rilim
1715 v blau Palast von Mari
1664 v blau Palast von Mallia
1617 v blau Palast von Kato Zaktro
1597 v–1521 v Minos
1565 v blau Palast von Hagia Triada

1562v blau Palast-Neubau von Knossos
1561v grün Badezimmer in Knossos
1497v–1435v Sausa-Tar
1443v blau Palast von Wassukanni
1441v blau Palast von Alalach
1376v blau Gemälde in Kuri-Gal-Zu
1237v blau Palast von Assur
1229v blau Bilder im Assyrer-Palast
1177v blau Palast von Theben
1173v grün Palastmauer in Theben
1148v–1074v Tiglatpileser I.
1094v blau Palast-Bibliothek
946v blau Haremspalast Salomos
912v–860v Assurnasirpal II.
873v blau Palast von Kalach
828v blau Palast von Balawat
740v–681v Sanherib
716v blau Palaststadt in Assyrien
713v–669v Asarhaddon
614v grün 'Hängende Gärten'
517v blau Palaststadt Persepolis
14v blau Lateran-Palast
312n rot Lateran-Palast Papstsitz
560n–618n Yang-Ti
605n blau Palaststadt Loyang
675n–715n Welid
707n blau Chinesisches Gemälde
710n blau Palast von Nara
774n blau Kaiserpfalz in Ingelheim
848n grün Papstpaläste befestigt
947n blau Palaststadt Al Zahra
998n blau Schloß Fontainebleau
1050n blau Kaiserpfalz in Goslar
1181n blau Alkazar in Sevilla
1248n blau Alhambra in Granada
1298n blau Palazzo Vecchio, Florenz
1364n blau Papstschloß in Avignon
1408n–1472n Nezalhual
1418n blau Moschee in Ahmadabad
1431n blau Palast von Tezcuco
1455n blau Papstwohnung im Vatikan
1463n blau Dogenpalast in Venedig
1480n blau 'Silberner Palast' in Japan
1533n blau Georgenbau in Dresden
1538n blau Palazzo Farnese in Rom
1546n blau Bau des Louvre
1563n blau Bau des Escorial
1600n blau Palazzo Farnese: Fresken
1619n blau Heidelberger Schloß
1621n blau Quirinal-Palast in Rom
1626n rot Entfestigung
1643n blau Residenz des Dalai Lama
1645n blau Palazzo Pitti: Fresken
1661n blau Schloß Versailles
1663n blau Schloß Nymphenburg
1663n–1736n Prinz Eugen
1681n blau Schloß Drottningholm
1682n blau Spiegelsaal in Versailles
1682n grün Park von Versailles
1687n blau Grand Trianon (Versailles)
1695n blau Schloß Charlottenburg
1696n blau Schloß Schönbrunn
1698n blau Schloß Berlin (Umbau)
1703n blau Buckingham-Palast
1711n blau Dresdner Zwinger
1711n blau Schloß Peterhof
1715n blau Jagdschloß Karlsruhe
1720n blau Würzburger Schloß
1724n blau Schloß Belvedere
1747n blau Schloß Sanssouci
1752n blau Schloß Würzburg: Fresken
1768n blau Winterpalais Petersburg

SCHLOSS, Vorrichtung zum Zuhalten von Türen gegen unbefugtes Öffnen. Entwickelte sich vor über 4000 Jahren in Ägypten aus dem Holzriegel durch Hinzufügen eines durchbohrten Rundholzes, das von außen durch ein Schließloch eingeführt wurde. Diese einfachen Schließhölzer wurden vor knapp 3000 Jahren durch eiserne Schlüssel verdrängt. Vor 2500 Jahren baute dann der griechische Erfinder Theodoros ein Fallriegelschloß mit Drehschlüssel. Vor 2000 Jahren hatten die Römer bereits Sicherheits-Sperrvorrichtungen, sogar an Vorhängeschlössern. In Mittel- und Nordeuropa wurde der hölzerne Steckschlüssel erst vor knapp tausend Jahren durch den Metallschlüssel ersetzt. In den darauffolgenden Jahrhunderten wurden Schloß und Schlüssel Gegenstand künstlerischer Gestaltung, während die Schließ-Technik erst 1784n von dem englischen Kunsttischler Joseph Bramah durch Einführung des Sicherheitsschlosses entscheidend verbessert wurde.

560v–469v Theodoros
71n grün Drehschlösser in Rom

SCHLÜTER, Andreas (um 1660n–1714n), deutscher Bildhauer und Baumeister. Nach Lehrjahren in seiner Heimatstadt Danzig arbeitete er in Warschau und ging dann nach Berlin. Wegen mangelhafter Fundamentierung des von ihm errichteten Münzturmes als Hofbaumeister entlassen, folgte er einige Jahre später dem Rufe Peters des Großen nach Rußland. Die Stadt Berlin hat er durch seinen Um- und Neubau des königlichen Schlosses mitgeprägt. Für den Hof des Zeughauses, dessen Bau er vollendete, schuf er 22 Köpfe sterbender Soldaten, deren Gesichter die Schrecken des Krieges ausdrücken. Von seinen zahlreichen plastischen Kunstwerken wurde das Reiterstandbild des Großen Kurfürsten berühmt. Baute in Berlin auch einige palastartige Wohnhäuser.

1698n blau Schloß-Umbau in Berlin
1700n blau Reiterstandbild

SCHMÄHSCHRIFTEN

329n–389n Gregor von Nazianz
1520n blau Aretinos Schriften

SCHMALKALDISCHER BUND, Bezeichnung für das in der Stadt Schmalkalden (Thüringen) im Jahre 1530n beschlossene und ein Jahr später unterzeichnete Bündnis protestantischer deutscher Fürsten und Städte gegen die katholische Zentralgewalt Kaiser Karls V. Im Jahre 1535n um 12 Jahre verlängert und durch den Beitritt weiterer Fürsten verstärkt. 1546n wurden die Führer des Bundes vom Kaiser wegen Ungehorsams geächtet. Das führte zum Abfall einiger protestantischer Fürsten, insbesondere des Herzogs Moritz von Sachsen, dessen Übertritt auf die katholische Seite die Niederlage der protestantischen Fürsten im Schmalkaldischen Kriege besiegelte.

1531n rot Zusammenschluß
1546n/1547n Schmalkaldischer Krieg

SCHMELZ-FARBEN, Bezeichnung für einfarbigen oder bunten Schmelzglas-Überzug auf Metall, der meist eingebrannt wird (Email).

1182n blau Maurinus-Schrein
1192n blau Dreikönigs-Schrein

SCHMELZ-GLASUR, Bezeichnung für einen glasartigen Überzug auf Tonwaren. Zum Schutz gegen chemische Einwirkung entwickelt, wurde sie bald zum beliebten Schmuck von Töpferei-Erzeugnissen.

2847v grün Fayence in Indien
2781v grün Fayence in Ägypten
2041v grün Glasur in Mesopotamien
1216v grün Glasur in China
752v grün Assyrische Glasur
1443n grün Glasur in Italien
1593n grün Glasur in Holland

SCHMELZÖFEN für Metall-Gewinnung

2666v grün Ägyptische Öfen
1977v grün Sumerische Konstruktion
942v grün Bau in Juda
1699n grün Rußland: Eisengießereien
1713n grün Kokshochöfen in England
1856n grün Bessemer-Verfahren
1864n grün Siemens-Martin-Ofen

SCHMIED

2904v grün Beruf in Ägypten
1016n–1076n Pi-Scheng

SCHMINKEN

2990v grün Ägyptische Paletten
2491v grün Puder in Sumer
2423v grün Schmink-Löffelchen

SCHMUCK

2979v grün Fellschmuck in Ägypten
2953v grün Goldschmuck in Ägypten
2889v grün Türkisschmuck in Ägypten
2802v grün Schmuckdosen in Ägypten
2792v grün Perlenketten in Sumer
2699v grün Ohrringe in Sumer
2654v grün Perlen in Indien
2620v blau 'Königin mit Stirnband'
2520v blau Sumerisches Prunkschwert
2494v–2416v Schu-Bad
2471v grün Schmuckdosen in Sumer
2441v–2379v Meska-Lamdug
2401v grün Sumerischer Goldhelm
2273v–2188v Ipuwer
1926v grün Diademe in Ägypten
1704v blau Plastik: Frau mit Kette
1631v grün Ohrringe in Ägypten
1608v grün Schmuckschalen in Ägypten
1433v blau 'Tänzerin mit Perlenschnur'
1412v blau 'Frau mit Achat-Kette'
1402v grün Handel mit Perlen
1338v grün Ohrringe Frauenschmuck
1017v grün Jadeschmuck in China
705v grün Goldarbeiten in Europa
681v grün Platinschmuck in Ägypten
214n–275n Aurelian
273n grün Kaiserschmuck in Rom
330n grün Krone Konstantins
1039n–1123n Al Kajam
1113n grün Kaisermantel-Stickerei
1457n grün Diamant-Schliff
1656n grün Glasperlen
1786n rot 'Halsband-Affäre'
1896n grün Zuchtperlen

SCHNABEL, Johann Gottfried (1692n–um 1750n), deutscher Schriftsteller. Als Sohn eines Pfarrers verließ er früh das Elternhaus, erlernte den Beruf eines Barbiers und Wundarztes und trat im Spanischen Erbfolgekrieg als Chirurg in das Heer des Prinzen Eugen. Später lebte er als Beamter und Chirurg am Hofe des Grafen Stolberg im Harz. Gab auch eine Zeitung heraus und schrieb einige phantastische Romane ('Der aus dem Mond gefallene und nachher zur Sonne des Glücks aufgestiegene Prinz') sowie einen erotischen Roman ('Der im Irrgarten der Liebe herumtaumelnde Kavalier'). Berühmt wurde er durch seinen in die Form einer Robinsonade gekleideten Staatsroman ('Wunderliche Fata einiger Seefahrer, vornehmlich Alberti Julii, eines geborenen Sachsen, und seiner auf der Insel Felsenburg zustande gebrachten Kolonien'). Darin übte er ätzende Kritik an den durch den Dreißigjährigen Krieg in Deutschland hervorgerufenen gesellschaftlichen Verhältnissen. Insbesondere prangerte er das Söldner-Unwesen an sowie die Intrigen der Fürsten und den durch Ehebruch und Prostitution gekennzeichneten sittlichen Verfall.

1731n blau 'Insel Felsenburg'

SCHNECKE

1098v blau Säulenkopf-Verzierung
978v grün Nutzung des Farbstoffs

SCHNEE AUS CHINA, arabische Bezeichnung für Schießpulver.

1244n grün Arabisches Schießpulver

SCHNEESCHUHE

1689n grün Aufkommen in den Alpen

SCHNEIDERZUNFT

1183n grün Zunftordnung

SCHNELLDREHSTAHL, Bezeichnung für einen Werkzeugstahl, der auch bei Erhitzung bis zur Dunkelrotglut seine Härte (und damit seine Werkzeugeigenschaft) behält. Seine Erfindung durch den Nordamerikaner F. W. Taylor schuf eine wichtige Voraussetzung für die sprunghafte Steigerung der Produktions-Geschwindigkeit, die in unserer Epoche zur Massen-Produktion führte.

1900n grün Erfindung

SCHNITZLER, Arthur (1862n–1931n), österreichischer Dichter und Arzt. Als Sohn eines bekannten Mediziners wurde er Nervenarzt, wandte sich aber zunehmend schriftstellerischer Tätigkeit zu. Im persönlichen Umgang mit Sigmund Freud schloß er sich der Psychoanalyse auf und schrieb seine Theaterstücke ('Liebelei') und Erzählungen ('Casanovas Heimfahrt') zunehmend unter ihrem Einfluß. Die sexuelle Seite des Lebens stellte er in den Vordergrund seiner Werke, die meist Episoden aus dem gelangweilten müden Leben des übersättigten Wiener Besitzbürgertums darstellen. Berühmt wurde er durch einen Skandal bei der Aufführung seines Einakters 'Der Reigen', der allzu entblößend die Unmoral dieser schmarotzenden Minderheit zeigte. Als Jude bekämpfte er den Antisemitismus bereits 1912n in seinem Drama 'Professor Bernhardi'.

1899n blau 'Der Reigen'

SCHÖFFENGERICHTE, Bezeichnung für Gerichte, bei denen die Entscheidung über Schuld oder Unschuld nicht von Berufsrichtern getroffen wird, sondern von ehrenamtlich tätigen Laien. Die bereits bei den Germanen vor 2000 Jahren bekannte Einrichtung sicherte die Volksverbundenheit der Rechtsprechung. Nach Übernahme des römischen Rechts und damit des Berufsjuristentums im Frankenreiche wurden sie für unbedeutende Vergehen beibehalten, um beim Volke das Gefühl des Ausgeliefertseins an die Juristen abzuschwächen. In dieser ergänzenden Rechtsfunktion blieben sie bis in die Gegenwart erhalten, wurden aber in der bürgerlichen Gesellschaft meist durch Hinzuziehung von Berufsjuristen ihres ursprünglichen Charakters beraubt.

776n rot Einführung bei Franken

SCHÖNBEIN, Christian Friedrich (1799n–1868n), deutscher Chemiker. Nach Beendigung seiner Studien bereiste er England und Frankreich, dann übernahm er eine Lehrtätigkeit an der Universität Basel. Untersuchte die chemischen Veränderungen bei Verbrennungsvorgängen. Entdeckte das Ozon und die Fähigkeit des Phosphors zur Ozonisierung von Luft. Erfand die Schießbaumwolle, indem er gereinigte, zerkleinerte Baumwolle in einer Mischung von Salpetersäure und Schwefelsäure tränkte. Durch Lösung dieser hochexplosiven Masse in Äther und Alkohol erhielt er Kollodium, das sich in der Chirurgie als Wundverschluß bewährte. Untersuchte die Oxydationsvorgänge des Eisens ('Das Verhalten des Eisens zum Sauerstoff'). Durch Erforschung wesentlicher Bestandteile der Erdrinde bereitete er die Lehre von der chemischen Zusammensetzung der Erde vor (Geochemie).

1845n grün Schießbaumwolle

SCHÖNBERG, Arnold (1874n–1951n), österreichischer Komponist. Als Sohn eines Wiener Kaufmanns schrieb er Hausmusik, instrumentierte Operettenmusik und ging 27jährig als Geiger nach Berlin, wo er auf Empfehlung von Richard Strauß Lehrer am Konservatorium wurde und nach verschiedenen Auslandsaufenthalten schließlich eine Professur an der Hochschule für Musik erhielt. 1933n verlor er als Jude sein Lehramt und wanderte nach Nordamerika aus, wo er sich in Los Angeles niederließ. Wandte sich früh von der herkömmlichen Harmonie, Tonalität und Melodik ab und konstruierte eine Musik jenseits von Tonleiter und Dreiklang. Nach dem ersten Weltkrieg brachte er seine alle herkömmliche Musikalität auflösende Kompositionsweise in das 12-Ton-System, bei dem die 5 Halbtöne den 7 Ganztönen der Tonleiter gleichberechtigt eingefügt werden. Damit machte er praktisch die Dissonanz zum musikalischen Gestaltungsprinzip.

1911n blau 'Gurre-Lieder'
1951n blau 'Tanz ums goldene Kalb'

SCHÖNBRUNN, Name eines Schlosses in Wien. Nach den ersten Plänen des Baumeisters Fischer von Erlach sollte hier für den deutschen Kaiser ein gewaltiger Schloß-Komplex entstehen, der das Prunkschloß des französischen Königs (Versailles) in den Schatten stellen sollte. Aber Kaiser Leopold I. entschied sich für eine bescheidenere Lösung mit nur 1441 Räumen. Nach 53jähriger Bauzeit wurde es 1749n durch Nikolaus Pacassi vollendet und von der Kaiserin Maria Theresia als Sommersitz bezogen. 1809 unterzeichnete hier Napoleon den Friedensvertrag mit dem geschlagenen Österreich.

1696n blau Baubeginn

SCHÖNHEITSPFLEGE

2990v grün Schminkpaletten in Ägypten
2494v–2416v Schu-Bad
2491v grün Roter Puder in Sumer
2423v grün Schminklöffelchen in Sumer
1500v grün Mesopotamien: Riechwasser
1490v grün Creme-Dosen in Ägypten
1487v grün Nagellack in Ägypten
366v grün Diokles über Körperpflege
56n grün Haarseife in Gallien
160n grün Seife in Rom
1692n grün 'Kölnisches Wasser'
1749n grün Zahnbürste

SCHÖNHEITSTANZ, Bezeichnung für eine Tanzdarbietung, bei der Tänzerinnen die Schönheit ihres Körpers unverhüllt zeigen.

1407v blau Ägyptisches Gemälde

SCHOGUN, Titel der japanischen Reichskanzler, die sich seit Ende des 12. Jahrhunderts in den Besitz der tatsächlichen Macht brachten, seit 1603n den Kaiser in eine rein repräsentative Stellung drängten und das japanische Inselreich bis 1868n unumschränkt beherrschten. Das Wort ist eine Abkürzung der alten japanischen Bezeichnung für die mit unumschränkten Vollmachten ausgestatteten 'Oberbefehlshaber zur Unterwerfung der Barbaren'.

1603n rot Machtgewinn
1868n rot Machtverlust

SCHOKOLADE

1775n grün Maschinelle Produktion

SCHOLASTIK, von dem lateinischen Worte 'schola' (= Schule) abgeleitete Bezeichnung für eine von kirchlichem Denken bestimmte Philosophie ('Schulmeister-Weisheit'). Beschäftigte jahrhundertelang hervorragende Denker mit der unlösbaren Aufgabe einer vernunftgemäßen Begründung des religiösen Glaubens. Reichte von einer geistreichen Mißdeutung griechischer Denker (Plato, Aristoteles) bis zu bloßer Wortklauberei wie der 'ontologischen Methode', die aus dem Vorhandensein eines Begriffes das Vorhandensein der von ihm bezeichneten Erscheinung (z. B. Gottes) zu beweisen suchte. Indem sie auf diese Weise die Philosophie zu einer kirchlichen Hilfswissenschaft abwertete ('Magd der Theologie'), verhinderte sie in Wahrheit die Entwicklung der Philosophie, die gerade umgekehrt auf vorurteilsfreiem Denken auf Grund der Beobachtung von Natur, Mensch und Gesellschaft beruht. In ihrer Verbreitung beschränkte sie sich auf Kulturen mit den drei unduldsamen, die Gesellschaft beherrschenden Religionen (Judentum, Christentum, Islam). Dort machte sie den Durchbruch freien Denkens bis zum Siege der naturwissenschaftlichen Erkenntnisse nahezu unmöglich und hemmt das vernunftgemäße Denken teilweise bis in die gegenwärtige Epoche (Neu-Scholastik).

814n–877n Eriugena
874n–935n Al Aschari
875n blau Religionsphilosophie
927n blau Arabische Lehre
1033n–1109n Anselm von Canterbury
1053n–1123n Roscelin
1057n blau Philosophie zweitrangig
1072n blau Anselm: Selbstgespräche
1078n blau Anselm: Gottesbeweis
1088n blau Roscelin: Nominalismus
1096n blau 'Warum Gott Mensch wurde'
1126n–1198n Ibn Rasd (Averroes)
1141n blau Psalmen-Kommentar
1141n blau Werk Hugos von St. Viktor
1151n blau Ibn Rasds Lehren
1155n blau Kirchenväter-Zitate
1193n–1279n Albertus Magnus
1214n–1294n Roger Bacon
1225n–1274n Thomas von Aquin
1246n blau Lehre Alexanders von Hales
1265n–1308n Duns Scotus
1274n blau Lehre des Thomas von Aquin
1299n–1349n Occam
1305n blau Vorrang des Willens
1307n blau Durands Kommentare
1332n blau Glaube-Wissen-Problem

SCHOLOCHOW, Michail Alexandrowitsch (geboren 1905n), russischer Dichter. Trat 15jährig der Roten Armee bei und kämpfte für den Sieg der Revolution. 18jährig schrieb er Erzählungen über die Kämpfe der Don-Kosaken, denen er selbst zugehörte ('Der Hirt', 'Das Muttermal'). 20jährig begann er sein großes Romanwerk 'Der stille Don', dessen vier Bände er in fünfzehnjähriger Arbeit vollendete. Darin schilderte er den Kampf der Revolutionäre in seiner Größe und Erbarmungslosigkeit. Stellte auch die Gegner der Revolution und die Motive ihres Handelns lebenswahr dar. So wurde sein Buch ein Heldenlied auf die russische Revolution und zugleich ein Eingeständnis ihrer tiefen Problematik. Das von Stalin gegen alle Angriffe geschützte Werk wurde in 52 Sprachen übersetzt und erschien erst nach Stalins Tod in einer abgeänderten Fassung. Zur Rechtfertigung der Kollektivierung in der russischen Landwirtschaft schrieb er 1932n den Roman 'Neuland unterm Pflug'. Im zweiten Weltkrieg verfaßte er die Erzählung 'Die Lehre vom Haß' und begann den Roman 'Sie kämpften für die Heimat'.

1940n blau 'Der stille Don'

SCHONAGON, Sei (um 960n–um 1015n), japanische Dichterin. Als Tochter eines berühmten Dichters wurde sie Hofdame der Lieblingsfrau des Kaisers Ischijo. In Form eines Tagebuches schrieb sie ihre Beobachtungen und Erlebnisse bei Hofe und ihre Gedanken darüber nieder. Ihr 'Skizzenbuch' enthielt neben amüsanten Anekdoten eine geistvolle Schilderung des Alltagslebens am Kaiserhofe.

1004n blau 'Skizzenbuch'

SCHONGAUER, Martin (um 1440n–1491n), deutscher Maler und Zeichner. Als Sohn eines aus Augsburg zugewanderten Goldschmieds lernte er beim Vater das Goldschmiedehandwerk, verließ dann seine elsässische Heimat und studierte in Brüssel die Kunst des niederländischen Malers Roger van der Weyden. Zurückgekehrt, war er als Zeichner vorwiegend religiöser Szenen tätig und fertigte Hunderte von Kupferstichen an, die zum Durchbruch dieser künstlerischen Technik beitrugen. Sein malerisches Hauptwerk war die 'Madonna im Rosenhag', die er für die Martinskirche seiner Geburtsstadt Colmar anfertigte. Für das Münster der benachbarten Stadt Breisach schuf er ein Wandgemälde in Fresko-Technik ('Jüngstes Gericht').

1473n blau 'Madonna im Rosenhag'

SCHOPENHAUER, Arthur (1788n–1860n), deutscher Philosoph. Als Sohn eines Danziger Bankiers und einer bekannten Roman-Schriftstellerin erlernte er den Kaufmannsberuf. 18jährig verlor er seinen Vater durch Selbstmord, wandte sich dann dem Studium der Philosophie zu und wurde Privatgelehrter. Suchte eine Verbindung Kant'scher Philosophie mit indischer Weisheit. Die durch Raum und Zeit bestimmte objektive Welt der Kausalgesetze der Natur erschien ihm belanglos gegenüber der dahinter angenommenen Welt der Ideen. Jenseits von Raum und Zeit und außerhalb aller Kausalität steht ihm der Wille zum Leben als Grundlage des menschlichen Daseins. Die bewußte Verneinung dieses Willens erschien ihm als einzige Rettung aus der Vergeblichkeit allen menschlichen Glücksstrebens. Wegen seines zwingenden Stils, seiner geistreichen Argumentation und seiner pessimistischen Lebensschau wurde er zu einem Modephilosophen der von der Sinnlosigkeit ihres Dasein überzeugten bürgerlichen Welt. Seine Verachtung der arbeitenden Massen ('Fabrikware der Natur'), seine daraus erwachsene Elitetheorie, seine Absage an Vernunft und Fortschritt, seine Verneinung persönlicher Glückshoffnungen, seine Überschätzung des Mannes gegenüber der Frau sowie sein Antisemitismus wurden wegweisend für die Ideologie des Spätkapitalismus.

1819 n blau Hauptwerk

SCHOSTAKOWITSCH, Dimitri (geboren 1906 n), russischer Komponist. Als Sohn eines Ingenieurs lernte er früh Klavier spielen und wurde auf Veranlassung von Alexander Glasunow als 'Wunderkind' am Konservatorium angenommen. Zwanzigjährig war er schon durch eine große Sinfonie über die Grenzen seines Landes hinaus bekannt. Wirkte als Lehrer für Komposition in Leningrad. Schrieb Lieder, Opern, Ballette, Filmmusik sowie Klavierkonzerte, Kammermusik und Violinkonzerte. Weltberühmt wurde er durch seine 13 Sinfonien, die zum großen Teil revolutionäre Vorgänge der russischen Geschichte in Musik umsetzen ('Oktober', 'Erster Mai', 'Weltfrieden', 'Sturmgeläute', 'Lenin'). Von der russischen Kritik gelegentlich wegen seiner Offenheit für Einflüsse der spätbürgerlichen Musik (Strawinsky, Hindemith) getadelt, verließ er doch nie die tonale Grundlage der Musik und wurde immer vom russischen Volke verstanden und verehrt. Während der Belagerung seiner Heimatstadt Leningrad schrieb er eine Sinfonie, die Krieg und Frieden, Tod und Leben, Zwang und Freiheit einander gegenüberstellte.

1942 n blau 'Leningrader Sinfonie'

SCHOTOKU, Herrscher Japans von 593 n bis 621 n.

572 n–621 n Lebenslinie
604 n rot Reform-Versuch
611 n rot Buddhismus
611 n grün Fünf Millionen Einwohner
619 n blau Geschichte Japans

SCHOTTLAND, Name des Nordteils der Insel Großbritannien, benannt nach den Skoten, die mit den Pikten das Land bereits vor 2000 Jahren bewohnten, als die Römer ihren ersten Vorstoß auf die Insel unternahmen.

51 n–96 n Domitian
71 n/84 n Britannischer Krieg Roms
80 n grün Römisches Straßennetz
84 n rot Grenze des Römerreiches
122 n rot Rückzug Roms
122 n grün Abwehrwall der Römer
210 n grün Ausbau des Walles
534 n–615 n Kolumban
543 n blau Entwicklung Glasgows
564 n rot Christianisierung
603 n braun Sieg der Angelsachsen
603 n rot Rückzug der Skoten
658 n–739 n Willibrord
802 n braun Normannen-Vorstoß
802 n rot Inseln an Normannen
844 n rot Einigung
959 n rot Oberhoheit Englands
995 n–1035 n Knut der Große
1027 n rot Anerkennung Knuts
1204 n–1263 n Haakon der Alte
1314 n braun Sieg über England
1328 n rot Unabhängigkeit anerkannt
1375 n blau Lied vom Freiheitskampf
1533 n–1603 n Elisabeth
1560 n rot Reformation
1587 n rot Tod Maria Stuarts
1603 n rot Personalunion mit England
1605 n blau Shakespeare: 'Macbeth'
1707 n rot Realunion mit England
1723 n–1790 n Adam Smith
1753 n grün Börse in Edinburgh
1786 n blau Burns: Schottische Gedichte
1800 n blau Schiller: 'Maria Stuart'
1814 n blau Scott: 'Waverley'

SCHRÄNKE, SCHREINE

60 n grün Schränke in Rom
1182 n blau Maurinus-Schrein
1192 n blau Dreikönigs-Schrein
1489 n blau Ursula-Schrein
1519 n blau Sebaldus-Schrein

SCHREBERGÄRTEN, Bezeichnung für kleine Gartenparzellen in großen Vorstadt-Gartenkolonien. Meist mit einem winzigen Sommerhäuschen (Laube) bebaut. Benannt nach dem Leipziger Arzt Daniel Schreber, der als Schöpfer einer systematischen Heilgymnastik bekannt wurde und dessen Schwiegersohn Hauschild sie ins Leben rief, um den Städter wieder an die Natur heranzuführen. Vor allem sollten durch ihre Anlage die Kinder von der Straße fortgebracht werden und sich bei gesunder Tätigkeit körperlich und seelisch frei entfalten.

1866 n grün Erste Anlagen

SCHREIBEN, Schreibgeräte, Beschreibstoffe

2955 v grün Rohrgriffel in Sumer
2704 v–2634 v Hesire
2657 v grün Schreiben in Zeilen
2652 v blau 'Beamter mit Schreibzeug'
2633 v–2570 v Meten
2565 v blau 'Schreiber mit Papyrus'
2547 v blau 'Schreiber Dersen'
2516 v blau 'Schreiber des Königs'
2370 v blau 'Tempelschreiber'
2327 v blau 'Schreiber bei der Arbeit'
2021 v grün Schulfach in Sumer
2008 v–1952 v Keti
1962 v blau Preislied des Keti
1522 v grün Schiefertafeln in Ägypten
1462 v–1382 v Hapu
1457 v blau Gemälde eines Schreibers
1427 v blau Pavian als Schreibergott
1410 v–1353 v Pentu
1403 v blau 'Schreiber bei der Arbeit'
1381 v blau 'Schreiber des Pharao'
909 v grün Schreiben mit Stäbchen
824 v–782 v Adadnirari III.
816 v grün Schreiben auf Holz
787 v blau Tempel für Schreibergott
313 v grün Schreiben mit Schilfrohr
302 v grün Griechen: Schreibschrift
294 v grün Wachs- und Bleitafeln
265 v–202 v Philon
255 v grün Pergament
205 v grün Griechen: Interpunktion
21 n grün Schreibfeder aus Metall
48 n–118 n Tsai-Lun
105 n grün Papier
350 n–430 n Wa-Ni
382 n blau Unterricht in Japan
573 n blau Rechtschreibungs-Buch
601 n–673 n Li-Pen
683 n–755 n Wu-Taotse
1019 n grün Schreibschulen in Kiew
1122 n grün Graphit-Bleistift
1564 n grün Bleistift in Holzschutz
1622 n grün Baldo: Graphologie
1633 n grün Löschblatt
1634 n grün Füllbarer Federkiel
1702 n blau 'Miwa-Schreibkasten'
1714 n grün Mill: Schreibmaschine
1730 n grün Saundersons Maschine
1769 n grün Füllfederhalter
1770 n grün Radiergummi
1781 n grün Schreibfeder aus Stahl
1847 n–1931 n Edison
1870 n grün Remingtons Maschine
1875 n grün Michon: Graphologie
1880 n blau Duden: Rechtschreibung
1916 n grün Klages: Graphologie

SCHREIBMASCHINE, Bezeichnung für ein Druckgerät, dessen Typen (Buchstaben, Zahlen und Zeichen) durch Betätigung einzelner Tasten nacheinander auf den Beschreibstoff (meist Papier) gedruckt werden. Vor mehr als 250 Jahren als Hilfsmittel für Blinde geplant und zuerst von einem Blinden gebaut, brauchte die Maschine noch 150 Jahre, bis sie Ende des 19. Jahrhunderts eine allgemein verwendbare Ausführung erhielt und sich als Gebrauchsgegenstand durchsetzte. Für ihren Erfolg war neben der gesteigerten Schreibgeschwindigkeit und der erhöhten Leserlichkeit der Umstand entscheidend, daß man durch Einlegen von Kohlepapier in einem Arbeitsgang Original und Kopien anfertigen konnte.

1714 n grün Mills Erfindung
1730 n grün Saundersons Konstruktion
1847 n–1931 n Edison
1870 n grün Remingtons Maschine

SCHRIFT

Vorzeittafel: Schlußbalken (5000 Jahre)
2992 v grün Zahlenschrift in Sumer
2988 v–2925 v En-Merkar
2951 v grün Bilderschrift in Sumer
2870 v grün Hieroglyphen
2833 v grün Silbenschrift in Sumer
2822 v–2781 v Udimu
2790 v grün Jahrestäfelchen, Ägypten
2765 v grün Schrift im Industal
2657 v grün Schreiben in Zeilen
2482 v grün Keilschrift in Sumer
2337 v grün Keilschrift in Akkad
2021 v grün Schulfach in Sumer
2001 v grün Silbenschrift in Syrien
1936 v grün Vereinfachte Hieroglyphen
1870 v grün Keilschrift bei Assyrern
1800 v grün Alphabet in Syrien
1748 v grün Schrift in Südarabien
1667 v grün Silbenschrift auf Kreta
1659 v grün Wortschrift in China
1521 v grün Schrift Kretas in Mykene
1493 v grün Neues Alphabet, Syrien
1098 v–1046 v Adada
1050 v grün Vorderasien: Buchstaben
1005 v grün Verbreitung der Buchstaben
908 v–830 v Sardur
903 v grün Alphabet bei Griechen
875 v grün Vokalzeichen bei Griechen
843 v blau Erster hebräischer Text
797 v grün Alphabet in Indien
698 v grün Notenschrift bei Griechen
655 v grün Demotische Schrift
618 v grün Buchstaben in Italien
599 v–529 v Kyros
350 v grün Stenographie bei Griechen
302 v grün Griechen: Schreibschrift
259 v–209 v Schi-Huang-Ti
215 v grün Schriftreform in China
205 v grün Griechen: Interpunktion
101 v grün Entstehung der Runen
57 v grün Tiro: Stenographie
48 n grün Seneka: Stenographie
250 n grün Runen der Goten
254 n grün Koptische Schrift
311 n–383 n Wulfila
350 n–430 n Wa-Ni
358 n–441 n Mesrop
369 n grün Gotisches Alphabet
379 n grün Schrift Chinas in Japan
402 n grün Armenische Schrift
559 n grün Uigurische Schrift
570 n grün Runen der Türken
601 n–673 n Li-Pen
710 n grün Silbenschrift in Japan
827 n–869 n Kyrill
828 n–907 n Boris
863 n grün Slawische Schrift
871 n–926 n Apaoki
920 n grün Schrift der Kitan
925 n grün Buchstaben für Noten
980 n–1037 n Ibn Sina (Avicenna)
995 n–1050 n Guido von Arezzo
1026 n grün Notenschrift des Guido
1028 n grün Begriffsschrift
1130 n–1200 n Tschu-Hi
1266 n grün Mongolische Schrift
1464 n grün Rusch: Antiqua
1468 n grün Jenson: Antiqua
1587 n grün Bright: Stenographie
1802 n grün Keilschrift-Entzifferung
1818 n grün Gabelsberger: Stenographie
1822 n grün Hieroglyphen-Entzifferung
1829 n grün Blindenschrift
1882 n blau Hieroglyphen-Wörterbuch

SCHRÖDINGER, Erwin (1887 n–1961 n), österreichischer Physiker. Wandte sich nach Beendigung seiner Studien der Quantentheorie und dem Farbensehen zu. Daneben übte er eine Lehrtätigkeit in Stuttgart, Breslau, Zürich und Berlin aus, ging 1933 n nach Oxford und Dublin, wurde irischer Staatsbürger, kehrte aber 1956 n in seine Heimatstadt Wien zurück. Berühmt wurde er durch die von ihm auf der Grundlage von Broglies Wellenvorstellung der Materie geschaffene Wellen-Mechanik. Arbeitete auch auf dem Gebiet der Radioaktivität. Schuf eine Feldlehre zur Vereinheitlichung von Gravitation und Elektromagnetismus. Durchdachte Nutzen und mögliche Folgen der modernen Physik für das menschliche Leben ('Was ist Leben?', 'Naturwissenschaft und Humanismus').

1927 n grün Wellenmechanik
1944 n grün 'Was ist Leben?'

SCHU-BAD, Königin der Stadt Ur.

2494 v–2416 v Lebenslinie
2471 v grün Schmuckdosen in Ur
2451 v grün Brettspiel
2447 v grün Kanalisation in Ur
2441 v blau Goldene Plastiken
2437 v grün Hofkapelle
2433 v grün Elfsaitige Harfe
2416 v rot Mitbegräbnis des Gefolges

SCHUBAT-ENLIL, Stadt in Mesopotamien (Vorderasien), die vom Assyrerkönig Samsi-Adad als Regierungssitz errichtet wurde, um die Unabhängigkeit seines neugegründeten Reiches vom alten Stadtstaat Assur zu bekunden. Als Ausdruck seiner gesamt-mesopotamischen Gesinnung benannte er seine neue Residenz in Nord-Mesopotamien nach dem süd-mesopotamischen Gott Enlil (Schubat-Enlil = Wohnung des Enlil).

1785 v–1717 v Samsi-Adad
1735 v blau Gründung

SCHUBERT, Franz, deutscher Tondichter.

1797 n–1828 n Lebenslinie
1819 n blau 'Forellen-Quintett'
1821 n blau Lieder

SCHUBERT, Gotthilf Heinrich (1780 n–1860 n), deutscher Mediziner und Philosoph. Nach dem Studium der Theologie wandte er sich der Medizin zu und wurde praktischer Arzt in Dresden. Seine mystische Betrachtung der modernen Wissenschaft ('Ansichten von der Nachtseite der Naturwissenschaft') und seine historisch-biologischen Spekulationen ('Ahnungen einer allgemeinen Geschichte des Lebens') empfahlen ihn für den naturwissenschaftlichen Lehrstuhl der katholischen Universitäten von Erlangen und von München, wo er Geheimrat wurde. Hier schrieb er seine Hauptwerke über 'innere Seelenkunde' und über die 'Geschichte der Seele'. Mit seiner 'Symbolik des Traumes' bereitete er eine Psychologie vor, die zwischen wissenschaftlicher Theorie und seelsorgerischer Praxis steht.

1814 n blau 'Symbolik des Traumes'

SCHUBUN, Soga (um 1400 n–um 1470 n), japanischer Maler chinesischer Herkunft. Mit der chinesischen Tuschmalerei von Jugend an vertraut, lernte er nach seiner Emigration aus China bei Josetsu und vervollkommnete im japanischen Inselreiche die an chinesischen Vorbildern geschulte Landschaftsmalerei. Auch nach seiner Einbürgerung in Japan malte er noch gern die Landschaft seiner chinesischen Heimat. Schuf Tuschbilder von Blumen, Vögeln und Figuren. Wurde japanischer Hofmaler und Haupt einer berühmten Malschule.

1375 n–1448 n Josetsu
1458 n blau Landschaftsbilder

SCHÜSSELN

2207 v grün Herstellung auf Kreta

SCHÜTZ, Heinrich, deutscher Komponist.

1585 n–1672 n Lebenslinie
1622 n blau Auferstehungs-Oratorium
1627 n blau 'Daphne'
1638 n blau 'Orpheus und Eurydike'

SCHUH

2724 v grün Hüllen für Sandalen
1442 v blau Relief 'Schuster-Werkstatt'
280 v–220 v Herondas
1112 n rot Schusterbund in Rouen
1128 n rot Schusterbund in Würzburg
1157 n rot Rechte für Schuhmacher
1630 n grün Absatz

SCHUHMACHER, Schuhmacher-Verbände

1442 v blau Relief einer Werkstatt
280 v–220 v Herondas
1112 n rot Französischer Bund
1128 n rot Deutscher Bund
1157 n rot Rechtsgewinn
1524 n blau Sachs: Streitgespräch
1612 n blau Böhme: Naturphilosophie
1647 n rot Fox: 'Quäker'-Bund

SCHU-KING, Bezeichnung für eine Urkundensammlung, die vor mehr als 2500 Jahren in China entstand (wörtlich 'Das kanonische Buch'). Enthielt die ältesten Dokumente der chinesischen Geschichte und gab Kunde aus der Zeit vom 24. bis zum 8. Jahrhundert vor der Zeitwende. Dabei waren weniger historische Daten aufgezeichnet als Erlasse, Gesetze und Entscheidungen von Fürsten und Staatsmännern.

673 v blau Entstehung

SCHULDVERSCHREIBUNG, übertragbare Urkunde, in der sich ein Schuldner zur Erbringung einer bestimmten Leistung an den Inhaber des Papiers verpflichtet.

1540 n grün Handel an Börsen

SCHULE

2633 v–2570 v Meten
2289 v blau Tempelschulen in Akkad
2021 v grün Schulfächer in Sumer
2018 v blau Gedicht über die Schule
2008 v–1952 v Keti
1962 v blau Preislied des Keti
1713 v rot Beamtenschule in Mari
1445 v grün Lehrstoff in Ägypten
1423 v–1359 v Juti
1270 v blau Musikschule in Babylon
1199 v blau Warnung vor Offiziersberuf
733 v–645 v Kuan-Tse
718 v grün Ärzteschule in Ägypten
712 v–642 v Terpander
675 v blau Musikschule in Sparta
668 v blau Rechtsschule in China
575 v–483 v Xenophanes
531 v blau Schule des Pythagoras
530 v blau Schule des Xenophanes
504 v grün Ärzteschule in Kroton
460 v rot Schule Krotons verbrannt
444 v–365 v Antisthenes
436 v–355 v Aristipp
427 v–347 v Plato
389 v blau Rednerschule in Athen
388 v blau Schule des Plato
376 v blau Schule des Aristipp
375 v grün Schule des Eudoxos
372 v–287 v Theophrast
361 v–268 v Pyrrhon
354 v blau Zeichnen Unterrichtsfach
344 v–268 v Berossos
335 v blau Schule des Aristoteles
333 v–262 v Zeno der Jüngere
306 v blau Schule des Epikur
304 v–232 v Kleanthes
300 v blau Schule der Stoiker
285 v–204 v Andronikos
280 v grün Astronomieschule auf Kos
157 v–87 v Wu-Ti
152 v–82 v Heron
124 v blau Universität in China
120 v rot Staatsprüfung in China
91 v grün Mechanikerschule, Ägypten
70 v blau Dichterschule in Rom
15 v blau Rechtsschule des Labeo
63 n blau Rechtsschule des Prokulus
68 n blau Rednerschule Quintilians
75 n grün Lehrerbesoldung in Rom
100 n–165 n Justin der Märtyrer
134 n blau Hochschule in Rom
147 n blau Rednerschule Frontos
174 n blau Lehrstühle in Athen
232 n blau Theologenschule
244 n blau Schule des Plotin
331 n–363 n Julian
333 n blau Hochschule Konstantinopel
350 n–430 n Wa-Ni
353 n blau Schulgrammatik
362 n rot Römisches Schulgesetz
382 n blau Schreibschule in Japan
425 n blau Lehrergehälter in Byzanz
462 n blau Universität Nalanda
518 n blau Meditationsschule in China
529 n rot Schulschließung in Athen
599 n blau Kirchengesangschule, Rom
675 n–715 n Welid
685 n–762 n Hüan-Tsung
688 n blau Universität Byzanz
701 n grün Medizinschule in Japan
710 n–782 n Lioba
714 n blau Schauspielschule in China
737 n–804 n Alkuin
770 n blau Rechtsschule in Medina
784 n–856 n Rabanus Maurus
790 n blau Alkuin Hofschulleiter
791 n blau Sängerschulen der Franken
824 n blau Hochschule in Bagdad
839 n–923 n Al Tabari
859 n blau Universität Fes
890 n–961 n Abdar Rachman III.
988 n blau Universität Kairo
988 n grün Stipendien in Kairo
1010 n grün Hochschule in Salerno
1019 n grün Schreibschulen in Kiew
1056 n–1133 n Sämund der Weise
1067 n blau Universität Bagdad
1068 n grün Stipendien in Bagdad
1092 n blau Institut auf Island
1101 n blau Rechtsschule in Bologna
1114 n–1187 n Gerhard von Toledo
1137 n grün Medizinschule Montpellier
1138 n grün Übersetzerschule Toledo
1154 n blau Gesangschule in Paris
1163 n blau Hochschule in Damaskus
1167 n blau Universität Oxford
1170 n blau Universität Paris
1170 n grün Medizinschule Damaskus
1193 n–1279 n Albertus Magnus
1220 n blau Universität Montpellier
1222 n blau Universität Salamanca
1222 n blau Universität Padua
1224 n blau Universität Neapel
1229 n blau Universität Cambridge
1229 n blau Universität Toulouse
1231 n blau Katharerschulen in Trier
1238 n blau Sprachenschulen
1243 n blau Universität Tunis
1253 n blau Gründung der Sorbonne
1260 n–1327 n Meister Eckehart
1261 n grün Chirurgenschule in Paris
1262 n blau Schule in Lübeck
1269 n blau Schulen im Mongolenreich
1276 n blau Missionsschule des Lullus
1290 n blau Universität Lissabon
1290 n–1343 n Marsilius von Padua
1303 n blau Universität Rom
1309 n–1370 n Kasimir der Große
1325 n–1389 n Hafis
1339 n blau Universität Grenoble
1343 n blau Universität Pisa
1346 n blau Universität Valladolid
1348 n blau Universität Prag
1364 n blau Universität Krakau
1365 n blau Universität Wien
1365 n–1416 n Hieronymus von Prag
1367 n blau Universität Fünfkirchen
1386 n blau Universität Heidelberg
1388 n blau Internat von Winchester
1389 n blau Universität Köln
1392 n blau Universität Erfurt
1404 n blau Universität Turin
1409 n rot Prager Rektor vertrieben
1409 n blau Universität Leipzig
1419 n blau Universität Rostock
1420 n grün Seefahrtsschule Sagres
1425 n blau Universität Löwen
1441 n blau Eton-College
1443 n–1490 n Matthias Corvinus
1444 n blau Universität Catania
1450 n blau Meistersinger-Schule
1450 n grün Druck eines Schulbuches
1456 n blau Universität Greifswald
1457 n blau Universität Freiburg
1460 n blau Universität Basel
1467 n blau Universität Preßburg
1474 n blau Universität Saragossa
1477 n blau Universität Uppsala
1477 n blau Universität Mainz
1477 n blau Universität Tübingen
1479 n blau Universität Kopenhagen
1483 n–1546 n Luther
1484 n–1531 n Zwingli
1489 n–1587 n Sinan
1491 n–1556 n Ignatius von Loyola
1497 n–1560 n Melanchthon
1502 n blau Universität Wittenberg
1527 n blau Universität Marburg
1530 n blau Sprachenschule in Paris
1537 n blau Universität Lausanne
1542 n–1605 n Akbar
1543 n blau Fürstenschulen
1544 n blau Universität Königsberg
1558 n blau Universität Jena
1559 n blau Akademie Genf
1594 n–1632 n Gustav Adolf
1597 n grün Kaufmanns-College
1607 n rot Schulpflicht in Anhalt
1621 n blau Universität Straßburg
1628 n blau Comenius: 'Große Lehre'
1636 n blau Harvard-Universität
1658 n blau Anschauungsunterricht
1687 n blau Vorlesungen auf deutsch
1694 n blau Universität Halle

1696 n grün Bellers: Werkunterricht
1702 n blau Universität Breslau
1708 n grün Realschule in Halle
1709 n–1762 n Elisabeth Petrowna
1711 n–1765 n Lomonossow
1717 n rot Schulpflicht in Preußen
1717 n–1780 n Maria Theresia
1729 n–1796 n Katharina II., die Große
1746 n–1827 n Pestalozzi
1755 n blau Universität Moskau
1765 n grün Bergakademie Freiberg
1778 n grün Taubstummen-Schule
1795 n grün Technische Schule Paris
1804 n blau Universität Charkow, Kasan
1810 n blau Universität Berlin
1812 n–1870 n Charles Dickens
1864 n blau Universität Bukarest
1865 n grün Lette-Schule in Berlin
1873 n rot Gesetze gegen Kirchenmacht
1873 n blau Degas: 'Tanzschule'
1880 n rot Schulpflicht in England
1886 n blau Universität Tokio
1909 n blau Montessori-System
1917 n blau Universität Bangkok
1933 n blau Schrift Makarenkos
1947 n blau Universität Mexiko
1953 n blau Lomonossow-Universität
1958 n grün Polytechnischer Unterricht
1961 n grün Kybernetische Pädagogik

SCHUL-GI, Kaiser von Mesopotamien.

2060 v–1983 v Lebenslinie
2021 v rot Elitetruppe
2019 v braun Erhebung Babylons
2017 v rot Naturalsteuern
2017 v grün Normen
2016 v rot Zentralismus
2015 v grün Tierzuchtstation
2013 v rot Gott-Kaisertum
2005 v blau Mausoleum
2003 v blau Eridu Nationalheiligtum
1998 v rot Ausdehnung nach Osten
1998 v braun Erhebung Unterworfener
1994 v braun Erhebung Unterworfener
1992 v braun Erhebung Unterworfener
1992 v blau Statue
1991 v grün Zoologischer Garten
1989 v grün Eichamt

SCHULPFLICHT, Bezeichnung für den gesetzlichen Zwang zum Besuch einer staatlich anerkannten Schule. Verbreitete sich von Deutschland ausgehend seit etwa 200 Jahren in allen Kulturstaaten der Erde. Ist auf 6 bis 8 Lebensjahre beschränkt und hebt nicht den die Gesellschaft prägenden Klassencharakter der Schulbildung auf. In der Volksschule verwirklicht, befähigt sie lediglich die Volksmassen zur Ausführung der im Kapitalismus anfallenden Arbeiten, während die Kinder der Besitzbürger auf Oberschulen eine höhere Bildung erwerben, um sich für leitende Berufe vorzubereiten. In den meisten sozialistischen Ländern ist durch die Einführung der 10jährigen Oberschul-Pflicht (DDR seit 1967 n) der Grundsatz der Gleichheit weitgehend verwirklicht.

1607 n rot Einführung in Anhalt
1717 n rot Einführung in Preußen
1880 n rot Einführung in England

SCHULZE, Johann Heinrich (1687 n–1744 n), deutscher Mediziner und Erfinder. Als praktischer Arzt in Halle unternahm er allerlei chemische Versuche. Bei einem Experiment mit salpetersaurem Kalk und einer Silberlösung erhielt er einen kreidigen Bodensatz, dessen weiße Farbe unter Einwirkung von Sonnenstrahlen sich schnell verdunkelte. Er füllte nun klare Flaschen mit einer Mischung aus weißer Kreide und Silbersalz und erhielt durch das Auflegen von Buchstaben oder Figuren deren Abbilder als weiße Flecken in der allmählich unter Lichteinwirkung nachgedunkelten Kreide. Durch Schütteln des Flascheninhalts verschwanden sie wieder, und das Spiel begann von neuem. So erzeugte er die ersten 'Lichtbilder' und legte den Grund zur Entwicklung der Photographie.

1727 n grün Lichtempfindliche Salze

SCHUMANN, Robert (1810 n–1856 n), deutscher Komponist. Als Sohn eines Buchhändlers studierte er Rechtskunde, wandte sich aber 20jährig der Musik zu. Mußte seine Pianistenlaufbahn wegen einer Handverletzung aufgeben und verschrieb sich nun ganz der Komposition. Gegen Virtuosentum und Gelehrttuerei sowie gegen alles Spießerhafte kämpfte er in der 'Neuen Zeitschrift für Musik', die er zusammen mit seinem Lehrer Friedrich Wieck herausgab. Dessen Tochter Clara Wieck, die eine berühmte Pianistin war, heiratete er trotz dessen Widerstandes. Doch war beiden nur ein einziges glückliches Jahrzehnt vergönnt, dann machte ein Gehirnleiden jede Arbeit unmöglich. Bei einem Anfall von Schwermut stürzte er sich in den Rhein und lebte dann noch zwei Jahre in geistiger Umnachtung. Seine Lieder und Klavierstücke machten ihn weltberühmt. Daneben hatte er viel Sinfonien, Oratorien, Orchesterstücke und eine Oper geschrieben.

1841 n blau Lieder

SCHUN, chinesischer Kaiser.

2288 v–2206 v Lebenslinie
2332 v–2248 v Yao
2252 v–2158 v Yü
2222 v rot Verwaltungsreform
2212 v grün Deich- und Kanalbauten

SCHUN (um 350 v–um 280 v), chinesischer Kunsthandwerker. Entwickelte einen besonders widerstandsfähigen Lack und verschloß die Holzoberfläche durch immer wiederholtes dünnes Auftragen des Lackes so fest, daß er es wagen konnte, diese Schutzschicht auch auf Eßgefäße aufzutragen.

301 v grün Verbesserter Lack

SCHURUPPAK, Name einer Stadt, die im Süden des fruchtbaren Gebietes zwischen Euphrat und Tigris (Mesopotamien) vor fast 5000 Jahren entstand. Halbwegs zwischen Uruk und Lagasch gelegen, entwickelte sie sich zu einem Zentrum der Kultur des Landes Sumer. Heimatort des Ut-Napisch-Tim, der in der sumerischen Sage (Gilgamesch-Epos) der Sintflut entrinnen konnte und der in die biblische Sage unter dem Namen 'Noah' aufgenommen wurde.

2843 v blau Gründung

SCHUSIN (um 2020 v–um 1960 v), König des Stadtstaates Ur in Süd-Mesopotamien (Vorderasien). Schützte das von ihm beherrschte Gebiet durch einen Grenzwall am mittleren Euphrat gegen die häufigen Überfälle aus der syrischen Wüste. Entsprechend der Sitte seiner Zeit göttlich verehrt, vollzog er alljährlich im Baba-Tempel der Stadt die 'himmlische Hochzeit' mit den Lukur-Priesterinnen. Eine dieser 'Gottesbräute' pries ihn in einem Liebesgedicht.

1971 v grün Schutzmauer
1970 v blau 'Liebeslied an Schusin'

SCHUSSWAFFEN

2347 v grün Bogen in Akkad
2251 v blau Bogenschützen-Relief
2021 v rot Bogenschützen-Truppe
1434 v blau 'Pharao als Bogenschütze'
1198 v grün Bogenschützen der Kassiten
1031 v blau Bogenschießen-Zeremoniell
716 v grün Eiserne Pfeilspitzen
510 v grün Bogenschützen-Motiv
400 v grün Pfeilgeschütz in Syrakus
331 v grün Steinschleudergeschütze
296 v–228 v Ktesibios
268 v grün Geschütz des Ktesibios
240 v grün Metallfeder-Geschütz
152 v–82 v Heron
53 v grün Bogenschützen-Einsatz
207 n grün Armbrust in China
887 n grün Armbrust in Europa
1130 n grün Schießpulver in China
1139 n rot Armbrust-Vorschrift
1232 n grün Schießpulver-Gebrauch
1244 n grün Schießpulver der Araber
1273 n grün Kanonen der Mongolen
1331 n grün Kanonen in Italien
1336 n grün Metallkanonen in Europa
1339 n grün Handfeuerwaffen
1358 n grün Geschützorgel in Holland
1359 n grün Schiffsgeschütze, Spanien
1420 n grün Haubitze bei Hussiten
1435 n grün Pistolen in Italien
1479 n grün Gezogener Gewehrlauf
1652 n grün Steinschloß statt Lunte
1659 n grün Hinterladegewehr
1815 n grün Egg: Zündhütchen
1827 n grün Dreyse: Zündnadelgewehr
1883 n grün Maschinengewehr

SCHUTRUK, König von Susa (Elam).

1232 v–1162 v Lebenslinie
1163 v braun Sieg über Babylonien
1163 v rot Herrschaft über Babylon
1163 v rot Sohn Herrscher Babylons

SCHUTZBRIEF, Bezeichnung für die Zusicherung freien Geleits durch den Kaiser oder Landesherrn an einzelne Personen (Angeklagte) oder Personengruppen (Kaufleute). Schützte vor Erpressung und Ausraubung durch Adel und Rittertum, die in früheren Jahrhunderten besonders im deutschen Kaiserreich gebräuchlich waren.

1268 n grün Messe-Besuch gesichert

SCHUTZHEILIGE, Bezeichnung für verstorbene Personen, deren Anbetung nach katholischem Glauben bestimmten Personengruppen besonderen Schutz gewähren soll.

1437 n blau Bild der Barbara

SCHUTZHÜLLEN

2724 v grün Hüllen für Sandalen

SCHUTZIMPFUNG, Sammelbezeichnung für ärztliche Maßnahmen, die den Schutz des Körpers gegen Krankheiten (Immunisierung) durch künstliche Zuführung abgeschwächter Krankheits-Erreger oder Gifte bewirken. In Ostasien seit mehr als 1000 Jahren bekannt (etwa durch das Schnupfen zerriebenen Pockenschorfs), ist sie seit einem Jahrhundert in Europa zum wichtigen Mittel der öffentlichen Gesundheitspflege geworden und wird gegen Pocken, Tollwut, Wundstarrkrampf, Diphtherie, Keuchhusten, Tuberkulose und spinale Kinderlähmung angewandt. Auch in der Tier-Seuchenbekämpfung mit zunehmendem Erfolge erprobt (Maul- und Klauenseuche, Rotlauf, Tollwut, Schweinepest).

1717 n grün Pockenschutzimpfung
1729 n–1796 n Katharina II., die Große
1880 n grün Pasteur: Tollwutimpfung
1890 n grün Behring: Serumbehandlung
1954 n grün Kinderlähmungs-Serum

SCHUTZVOLK, römische Bezeichnung für fremde Völker, die ohne militärische Unterwerfung von Rom abhängig wurden.

19 n rot Stellung der Markomannen

SCHUTZZÖLLE, Bezeichnung für Abgaben, die vom Staat bei der Einfuhr ausländischer Erzeugnisse erhoben werden, um ein im Weltmaßstabe nicht wettbewerbsfähiges inländisches Gewerbe vor der Auslandskonkurrenz zu schützen. Diese Hilfe für einzelne Wirtschaftszweige bewirkt für die Verbraucher eine Verteuerung. Deshalb seit ihrem Aufkommen vor 300 Jahren umkämpft zwischen den begünstigten Wirtschaftsgruppen und den Vertretern der Volksmassen, die nur unter besonderen Umständen und vorübergehend die dadurch entstehenden Teuerungen hinnehmen wollen.

1619 n–1683 n Colbert
1664 n rot Einführung in Frankreich
1724 n grün Einführung in Rußland
1838 n grün Gegnerschaft in England
1841 n grün Forderung Friedrich Lists
1846 n rot Kornzoll-Aufhebung
1957 n grün EWG

SCHWABEN, Land zwischen Oberrhein und Oberlauf der Donau. Vor fast 2000 Jahren siedelten sich hier germanische Sueben an, die dem Lande seinen Namen gaben. Sie vertrieben die Kelten und vermischten sich mit den Alemannen. Unter eigenen Herrschern (Herzögen) umfaßte das mächtige Land Elsaß, Baden, Württemberg, die deutsche Schweiz und das westliche Bayern. 1079 n gelangte es unter die Herrschaft der Staufer, die es bis 1268 n behaupteten. Dann zerfiel es in einzelne Fürstentümer und Städte, die einander befehdeten und nur durch eine gemeinsame Gerichtsbarkeit zusammengehalten wurden (Hofgericht zu Rottweil). Der schwäbische Städtebund erstrebte wieder die Einheit des Landes, wurde aber von den Fürsten besiegt und 1389 n verboten, und die an der Teilung interessierten Fürstenbünde bestimmten das Schicksal des Landes bis ins 16. Jahrhundert. Das 1495 n zum Herzogtum angewachsene Württemberg, das sich nach der Reformation auf den protestantischen Bevölkerungsteil stützte, erhielt die Oberhand gegenüber dem katholischen Österreich, das ebenfalls um die Herrschaft über das Land rang. Nachdem Württemberg die Führung des 1512 n geschaffenen schwäbischen Reichskreises und damit praktisch die Herrschaft errungen hatte, blieb der alte Name des Landes noch bis in die Napoleonischen Kriege erhalten.

309 n–394 n Ausonius
368 n blau Lied auf Schwabenmädchen
877 n–936 n Heinrich I.
924 n/925 n Vorstoß der Ungarn
1179 n blau Lied 'Ernst von Schwaben'
1198 n rot Philipp von Schwaben König
1331 n rot Städtebund
1388 n braun Niederlage der Städte
1389 n rot Städtebund verboten

SCHWABEN, Ernst von (1007 n–1030 n), Herzog von Schwaben. Erhob als Sohn Ernsts I. Ansprüche auf Burgund und empörte sich 1026 n gegen Kaiser Konrad II., der nach dem Tode seines Vaters seine Mutter Gisela geheiratet hatte. Nach seiner Begnadigung wiederholte er seine Erhebung 1027 n und wurde abermals geschlagen. Nach zweijähriger Haft nochmals freigelassen, weigerte er sich 1030 n, die gegen seinen Freund Werner von Kyburg verhängte Reichsacht zu vollstrecken und wurde gemeinsam mit diesem erschlagen. Seine Freundestreue bis in den Tod machte ihn zum Volkshelden.

1179 n blau Heldengedicht

SCHWABEN, Philipp von (1178 n–1208 n), deutscher König von 1198 n bis 1208 n. Als jüngster Sohn Kaiser Friedrichs I. (Barbarossa) übernahm er nach dem plötzlichen Tode seines Bruders die Regentschaft für seinen Neffen Friedrich II. von Staufen. Um die Ansprüche des Welfen Otto IV. auf die Kaiserkrone abzuwehren, ließ er sich bis zur Volljährigkeit des erst vierjährigen Staufers Friedrich II. zum deutschen König krönen. Als er sein Heer zum Entscheidungskampf mit dem Gegenkönig Otto IV. führen wollte, wurde er von dem bayerischen Fürsten Otto von Wittelsbach in Bamberg ermordet.

1197 n/1198 n Kampf um den Thron
1198 n rot König
1198 n rot Otto IV. Gegenkönig
1208 n rot Ermordung

SCHWÄBISCHER STÄDTEBUND, Bezeichnung für den Zusammenschluß von 22 schwäbischen Städten zur Wahrung ihrer städtischen Freiheiten gegen kaiserliche und fürstliche Willkür. Durch den Anschluß fränkischer, bayrischer, elsässischer und alemannischer Städte gestärkt, schloß sich der von der Stadt Ulm geführte Bund 1381 n mit dem rheinischen Städtebund zusammen. Von Kaiser Karl IV. erfolglos bekämpft, wurde er 1388 n durch ein Fürstenheer unter Graf Eberhard von Württemberg besiegt und ein Jahr später aufgelöst.

1331 n rot Gründung
1388 n braun Niederlage gegen Fürsten
1389 n rot Verbot

SCHWÄBISCH-GMÜND, Stadt in Württemberg, 40 km östlich von Stuttgart. Die im 8. Jahrhundert entstandene Siedlung am Fuße der Dreikaiserberge erhielt 1162 n Stadtrecht und wurde 1270 n reichsfreie Stadt. Seit 1803 n gehört sie zu Württemberg. Der Bildhauer und Baumeister Peter Parler wurde hier geboren.

1330 n–1399 n Peter Parler

SCHWALBEN

396 v blau Ägyptisches Relief

SCHWARZ, Berthold (um 1340 n–1388 n), deutscher Mönch. Beschäftigte sich mit alchemistischen Experimenten. Entdeckte eine Goldfarbe. Erprobte die Wirkung des Schießpulvers, indem er es in Büchsen füllte und zur Explosion brachte.

1388 n rot Hinrichtung

SCHWARZE LEGION, Name einer Truppe aus Berufssoldaten, die von dem Ungarnkönig Matthias Corvinus zur Zurückdrängung der Türken aufgestellt wurde. Bestand aus einem stehenden Heer von 6000 Mann, das wegen seiner hervorragenden Ausbildung und seiner überlegenen Kampfmoral von den Türken besonders gefürchtet wurde.

1443 n–1490 n Matthias Corvinus

SCHWARZE LISTEN, geheimgehaltene Verzeichnisse mißliebiger Personen. In der kapitalistischen Gesellschaft seit Anfang des 18. Jahrhunderts als Schutzmaßnahme gegen säumige Zahler eingeführt, wurde die Einrichtung nach dem ersten Generalstreik in England zur Warnung der Fabrikanten vor der Anstellung revolutionärer Arbeiter benutzt und verbreitete sich in dieser Eigenart schnell in anderen kapitalistischen Ländern.

1855 n rot Anlage durch Unternehmer

SCHWARZER FREITAG, Bezeichnung für jenen Freitag des Jahres 1929 n, an dem durch Schließung der New Yorker Börse die größte kapitalistische Weltwirtschaftskrise zum Ausbruch kam. Unterbrach unerwartet die Nachkriegs-Konjunktur der kapitalistischen Länder und führte eine Periode weltweiter Arbeitslosigkeit und Not herauf (24. Oktober 1929 n).

1929 n grün Börsenkrach

SCHWARZES MEER, Nebenmeer des Mittelmeers, mit dem es durch eine schmale Wasserstraße bei Istanbul (Bosporus) und das Marmara-Meer verbunden ist. Sein Nordufer gehört zu Europa, das Südufer zu Asien. Seit mehr als 4000 Jahren sind die Küstengebiete besiedelt. Vor 3000 Jahren errichteten griechische Siedler aus Kleinasien, besonders aus der Stadt Milet, fast 100 Hafenstädte und bauten einen lebhaften Handelsverkehr auf. Das an Nebeln reiche Meer nannten sie wegen der oft schlechten Sicht 'schwarz'. Im 6. Jahrhundert vor der Zeitwende wurde mit den Griechenstädten Kleinasiens das Südufer persisch, kam an das Alexanderreich, wurde zum Teil selbständig (Pontos), später römisch, byzantinisch, mongolisch, türkisch. Das Nordufer war vor 3000 Jahren von Skythen bewohnt, fiel dann den Sarmaten und Alanen zu, wurde dem Khasaren-Reiche einverleibt und blieb schließlich unter der Herrschaft des russischen Reiches, die nur unterbrochen wurde durch eine längere Zugehörigkeit zum Mongolenreich.

1637 v–1579 v La-Barna
1605 v/1601 v Erster Hettiterkrieg
1601 v rot Grenze des Hettiterreiches
1148 v–1074 v Tiglatpileser I.
1111 v/1090 v Mesopotamischer Krieg
1034 v rot Griechen-Niederlassung
585 v blau Gründung von Odessos
543 v rot Südufer persisch
537 v blau Gründung von Kertsch
528 v blau Gründung von Theodosia
132 n grün Beschreibung des Arrianus
200 n rot Gotenreich
250 n/269 n Erster Gotischer Krieg
257 n grün Flottenbau der Goten
305 n–370 n Ermanrich
350 n/360 n Zweiter Gotischer Krieg
360 n rot Grenze des Gotenreiches
511 n–579 n Chosroes
540 n/562 n Byzanz: Perserkrieg
835 n grün Handelsstraße
1207 n/1279 n Großer Mongolenkrieg
1784 n rot Vordringen Rußlands
1794 n blau Gründung von Odessa

SCHWARZWALD, höchstes Mittelgebirge Süddeutschlands. Erhebt sich aus dem Rheintal zwischen Basel und Karlsruhe ostwärts bis zu einer Höhe von 1500 Metern. Bis vor tausend Jahren voll bewaldet, begann seit dem 11. Jahrhundert die Rodung des Baumbestandes durch die Klöster (Hirsau, Alpirsbach, St. Blasien). Zur Waldwirtschaft trat der Landbau. Bald wurde durch reiche Erzfunde (Silber, Eisen, Blei) der Bergbau hier heimisch. Glasbläsereien nutzten die Holzvorräte, Uhrmacherei und Weberei traten hinzu. Trotzdem blieb der Ertrag karg, es entwickelte sich in dem ganzen Gebiet bis in unsere Epoche keine einzige große Stadt. Die überwiegend ländliche Bevölkerung war ein wichtiger Träger der ersten deutschen Revolution (Bauernkrieg). Eine mit der Elektrifizierung schnell anwachsende Industrie siedelte sich wegen der niedrigen Arbeitslöhne auch in den größeren Bergdörfern an.

74 n rot Römische Herrschaft
1522 n/1526 n Deutsche Revolution
1726 n grün Kuckucksuhren
1727 n braun Bauernaufstand
1867 n blau Gemälde von Thoma

SCHWEDEN: Allgemeines (Land, Volk, Staat)

705 n grün Handel mit Slawen
730 n blau Lied auf Beowulf
829 n rot Mission Ansgars
830 n–879 n Rurik
833 n rot Niederlassung in Rußland
847 n blau Lied auf Ynglinger
862 n rot Reich von Nowgorod
864 n rot Staat von Kiew
1008 n rot Christianisierung beendet
1017 n–1088 n Adam von Bremen
1076 n blau Beschreibung durch Adam
1104 n rot Papstmacht über Kirche
1154 n braun Sieg über Finnland
1154 n rot Gebietserweiterung
1161 n grün Deutsche auf Gotland
1204 n–1263 n Haakon der Alte
1222 n–1263 n Alexander Newski
1240 n braun Angriff auf Rußland
1250 n blau Gründung von Stockholm
1347 n rot Hansemacht bis Gotland
1351 n grün Pestepidemie
1361 n rot Gotland an Dänemark
1362 n/1364 n Krieg der Hanse
1367 n/1370 n Krieg der Hanse
1397 n rot Kalmarer Union
1435 n/1436 n Volksaufstand
1436 n rot Mord an Engelbrechtsson
1496 n/1497 n Krieg mit Rußland
1496 n–1560 n Gustav Wasa
1518 n braun Niederlage gegen Dänen
1518 n rot Dänische Herrschaft
1520 n braun Freiheitskampf
1523 n grün Finanzhilfe der Hanse
1523 n rot Gustav Wasa König
1523 n braun Freiheitskampf
1523 n rot Reformation
1551 n grün Gründung von Helsinki
1561 n rot Gewinn Estlands
1563 n/1570 n Dreikronen-Krieg
1570 n rot Verzicht auf Ausdehnung
1583 n–1634 n Wallenstein
1594 n–1632 n Gustav Adolf
1613 n grün Steuerpflicht des Adels
1614 n/1617 n Krieg gegen Rußland
1617 n rot Gebietsgewinn
1618 n/1648 n Dreißigjähriger Krieg
1629 n rot Gewinn Livlands
1632 n rot Christine Königin
1645 n braun Angriff Dänemarks
1645 n rot Gebietsgewinn
1648 n rot Westfälischer Friede
1655 n/1660 n Krieg gegen Polen
1656 n rot Vertrag mit Brandenburg
1656 n grün Bank von Schweden
1668 n rot Bündnis gegen Frankreich
1672 n–1725 n Peter I., der Große
1674 n/1675 n Krieg gegen Brandenburg
1686 n rot Bündnis gegen Türkei
1688 n–1740 n Friedrich Wilhelm I.
1700 n rot Feindkoalition
1700 n/1721 n Nordischer Krieg
1704 n rot Narwa an Rußland
1709 n–1762 n Elisabeth Petrowna

1710n rot Gebietsgewinn Rußlands
1715n rot Feindkoalition verstärkt
1720n rot Gebiete an Preußen
1720n rot Machtverlust
1721n rot Gebietsgewinn Rußlands
1729n–1796n Katharina II., die Große
1741n/1748n Österreich-Erbfolgekrieg
1756n/1763n Siebenjähriger Krieg
1775n/1783n Kampf Nordamerikas
1780n rot Drohung gegen England
1796n/1815n Napoleonische Kriege
1808n/1809n Krieg gegen Rußland
1809n rot Verlust Nordfinnlands
1814n rot Union mit Norwegen
1815n rot Wiener Kongreß
1818n rot Bernadotte König
1920n rot Beitritt zum Völkerbund

SCHWEDEN: Baukunst

1435n blau Dom von Uppsala
1681n blau Schloß Drottningholm
1923n blau Stadthaus Stockholm

SCHWEDEN: Dichtung und andere Literatur

1886n blau Strindberg: 'Sohn einer Magd'
1891n blau Lagerlöf: 'Gösta Berling'
1900n blau Key: Das Kind

SCHWEDEN: Religion

829n rot Mission Ansgars
1008n rot Christianisiert
1104n rot Vormacht des Papstes
1496n–1560n Gustav Wasa
1523n rot Reformation
1541n blau Bibelübersetzung
1747n blau Swedenborgs Lehre

SCHWEDEN: Technik

1627v grün Bronze-Herstellung
1867n grün Nobel: Dynamit
1880n grün Laval: Dampfturbine
1948n grün Künstliches Herz

SCHWEDEN: Wirtschaft

705n grün Handel mit Slawen
746n grün Handelsstraße
833n rot Niederlassung in Rußland
835n grün Handelsstraße
1161n grün Deutsche auf Gotland
1195n grün Handel Gotland-Nowgorod
1347n rot Hansemacht bis Gotland
1551n grün Handelshafen Helsinki
1656n grün Bank von Schweden

SCHWEDEN: Wissenschaft

1477n blau Universität Uppsala
1735n grün Linnés System
1742n grün Celsius: Siedepunkt
1766n grün Mensch als Säugetier
1771n grün Scheele: Sauerstoff
1774n grün Scheele: Chlor
1808n grün Berzelius: Chemiebuch
1882n grün Arrhenius: Elektrochemie
1894n grün Hedin: Asien-Expedition
1901n blau Erster Nobelpreis
1948n grün Künstliches Herz

SCHWEIGEGEBOT

1663n rot Trappisten-Orden

SCHWEITZER, Albert (1875n–1965n), deutsch-französischer Arzt, Musiker und Philosoph aus dem Elsaß. Als Pfarrerssohn studierte er Theologie und wurde 27jährig Dozent für protestantische Theologie in Straßburg. Vier Jahre später gelangte er zu der Einsicht, daß sich die geschichtliche Existenz des Religionsstifters Jesus nicht beweisen läßt ('Geschichte der Leben-Jesu-Forschung'). Er studierte nun Medizin, um seine menschenfreundliche Gesinnung in der helfenden Tat zu beweisen. 1913n ging er nach Westafrika (Gabun), wo er unmittelbar am Äquator eine ärztliche Station für die Eingeborenen einrichtete (Lambarene). Durch Orgelkonzerte und Vortragsreisen in Europa sammelte er Geld für seine ärztliche Tätigkeit, die er als persönliche Wiedergutmachung für die von den europäischen Kolonialmächten in Afrika verübte Unmenschlichkeit betrachtete. Daneben verfaßte er Schriften über Bach ('Bachs Präludien und Fugen für Orgel'), über religiöse Fragen ('Das Christentum und die Weltreligionen'), über die Person Jesu ('Die psychiatrische Beurteilung Jesu') und über die Philosophie fremder Kulturen ('Die Weltanschauung der indischen Denker'). In bewußtem Gegensatz zur Verfallsphilosophie und zum Kulturpessimismus des Spätkapitalismus verkündete er in seinen Werken eine lebensbejahende, in der Ehrfurcht vor dem Leben sich bewährende Gesinnung.

1906n blau 'Leben-Jesu-Forschung'

SCHWEIZ: Allgemeines (Land, Volk, Staat)

76v rot Helvetier-Ansiedlung
58v/51v Gallischer Krieg Roms
58v rot Helvetier-Niederlage
15v braun Vordringen Roms
15v rot Römische Herrschaft
374n blau Entwicklung von Basel
443n rot Burgunder-Ansiedlung
457n rot Alemannen-Ansiedlung
928n blau Entwicklung von Zürich
1191n blau Gründung von Bern
1218n–1291n Rudolf I. von Habsburg
1291n rot Eidgenossenschaft
1315n braun Schlacht am Morgarten
1351n grün Pestepidemie
1370n rot 'Pfaffenbrief'
1384n rot Juragebiet an Burgund
1386n braun Bauernsieg über Ritter
1433n–1477n Karl der Kühne
1448n rot Konzil zu Basel
1474n grün Soldaten an Frankreich
1476n braun Sieg über Burgund
1477n braun Sieg über Burgund
1484n–1531n Zwingli
1499n braun Freiheitskampf
1499n rot Selbständigkeit
1509n–1564n Calvin
1515n braun Bauernaufstand
1515n rot Privileg für Frankreich
1518n rot Reformationsbeginn
1520n blau Bauernfreiheit gefordert
1531n braun Kappeler Religionskrieg
1541n rot Reformation Genfs
1542n rot Koranherausgabe bestraft
1553n rot Verbrennung Servets
1648n rot Westfälischer Friede
1653n braun Bauernkrieg
1712n–1778n Rousseau
1746n–1827n Pestalozzi
1796n/1815n Napoleonische Kriege
1798n rot Helvetische Republik
1815n rot Wiener Kongreß
1858n rot Gewerkschaft
1864n rot Genfer Konvention
1874n rot Welt-Postverein (Bern)
1915n rot Zimmerwalder Konferenz
1920n rot Völkerbund (Genf)
1925n rot Vertrag von Locarno
1954n rot Indochina-Abkommen (Genf)

SCHWEIZ: Baukunst

1019n blau Münster von Basel
1955n blau Le Corbusier: Ronchamp

SCHWEIZ: Dichtung

878n blau Notkers 'Sequenzen'
925n blau 'Waltharilied'
1227n blau 'Der gute Gerhard'
1326n blau 'Manessische Handschrift'
1349n blau Boner: 'Der Edelstein'
1469n blau Tell-Sage
1729n blau Haller: 'Die Alpen'
1781n blau 'Lienhard und Gertrud'
1801n blau Erziehungsroman
1842n blau Gotthelf: 'Uli'
1854n blau Keller: 'Grüner Heinrich'
1856n blau 'Leute von Seldwyla'
1876n blau Meyer: 'Jürg Jenatsch'
1943n blau Hesse: 'Glasperlenspiel'
1961n blau Frisch: 'Andorra'
1962n blau Dürrenmatt: 'Physiker'

SCHWEIZ: Malerei

1396n–1446n Konrad Witz
1444n blau 'Fischzug Petri'
1762n blau Kauffmann: Selbstporträt
1771n blau Graff: Lessingbild
1878n blau 'Gefilde der Seligen'
1911n blau Klee: 'Held mit Flügel'

SCHWEIZ: Musik

1938n blau Honegger: Oratorium

SCHWEIZ: Religion

613n blau Kloster Sankt Gallen
878n blau Notkers 'Sequenzen'
1129n blau Anklage gegen Priester
1370n rot 'Pfaffenbrief'
1448n rot Konzil zu Basel
1484n–1531n Zwingli
1509n–1564n Calvin
1518n rot Reformationsbeginn
1531n braun Kappeler Religionskrieg
1536n blau Calvinismus
1541n rot Reformation Genfs
1542n rot Koranherausgabe bestraft
1553n rot Verbrennung Servets
1948n blau Barth: 'Dogmatik'

SCHWEIZ: Sitten und Gebräuche

94v grün Rauchen
1689n grün Skilaufen

SCHWEIZ: Technik

1221n grün Gotthard-Straße
1387n grün Septimer-Paß
1734n grün Bernoulli: Rückstoß
1881n grün Gotthard-Tunnel
1952n grün Farbfernseh-Projektion

SCHWEIZ: Wirtschaft und Verkehr

1221n grün Gotthard-Straße
1387n grün Septimer-Paß
1881n grün Gotthard-Tunnel

SCHWEIZ: Wissenschaft

1006n blau Aristoteles-Übersetzung
1460n blau Universität Basel
1493n–1541n Paracelsus
1536n grün Paracelsus: 'Wundarznei'
1537n blau Universität Lausanne
1559n blau Genfer Akademie
1689n grün Forschungen J. Bernoullis
1734n grün D. Bernoulli: Rückstoß
1744n grün Euler: Variationsrechnung
1746n–1827n Pestalozzi
1747n grün Haller: Leben
1775n grün Lavater: Physiognomik
1855n blau Burckhardt: 'Cicerone'
1860n blau Burckhardt: 'Renaissance'
1861n blau Bachofen: 'Mutterrecht'
1877n grün Luftverflüssigung
1920n grün Jung: Archetypen
1921n grün Forel: Sozialpsychologie
1931n grün Ballonaufstieg Piccards
1939n grün Müller: DDT
1960n grün Tiefseeforschung

SCHWEJK, Titelheld eines Romans des tschechischen Schriftstellers Jaroslaw Hašek. Entlarvt als einfacher Soldat durch wortgetreue Befolgung aller Befehle die Unmenschlichkeit des Militarismus und gibt durch sein scheinbar törichtes Verhalten das System von Befehl und Gehorsam der Lächerlichkeit preis.

1921n blau Haseks Roman

SCHWERIN, Stadt in Mecklenburg (Norddeutschland). Inmitten von Wäldern und Seen landschaftlich schön gelegen, wurde der Ort vor mehr als 1000 Jahren von slawischen Wenden besiedelt und durch Anlage einer Burg geschützt. 1160n gründete der Sachsenherzog Heinrich der Löwe hier eine deutsche Stadt. Sie wurde 1167n Sitz eines Grafen und fiel 1358n an die Herzöge von Mecklenburg, die hier ihre Residenz einrichteten. Bis 1918n Hauptstadt des Großherzogtums Mecklenburg-Schwerin. Nach Vereinigung des Landes mit Mecklenburg-Strelitz (1934n) Hauptstadt von ganz Mecklenburg.

1017n blau Entstehung

SCHWERKRAFT, Bezeichnung für die Anziehungskraft der Erde, die sich aus der Differenz zwischen der Anziehung der Erdmasse und der (wesentlich geringeren) Fliehkraft der Erddrehung ergibt. Die auf der Erde zuerst beobachtete Erscheinung ist auch im Weltraum wirksam.

380v–306v Pytheas
337v grün Anziehung der Erdmitte
321v grün Erklärung der Gezeiten
233v grün Nutzung für Automatik
1564n–1642n Galilei
1571n–1630n Kepler
1604n grün Galilei: Bewegungsgesetze
1609n grün Kepler: Planetenbewegung
1643n–1727n Newton
1666n grün Gravitationsgesetz
1799n grün Laplace: Himmelsmechanik
1879n–1955n Einstein

SCHWERÖL, Bezeichnung für schwer sich verflüchtigendes, wenig behandeltes Erdöl oder künstlich gewonnenes Steinkohlenöl, das sich zur Verbrennung nur in bestimmten Motoren eignet (Diesel-Motoren). Durch Verwandlung dieses billigen Öls in Motorkraft wurde der Verbrennungsmotor auch für Schiffe und Lokomotiven sowie für ortsfeste Antriebsaggregate verwendbar.

1893n grün Diesel-Motor

SCHWERPUNKT, Bezeichnung für den gewichtsmäßigen Massen-Mittelpunkt eines Körpers.

284v–212v Archimedes
230n–300n Pappos
280n grün Pappos' Forschungen

SCHWERTERFABRIK

383v–322v Demosthenes

SCHWERT UND SCHILD

2943v grün Schild aus Holz und Fell
2520v blau Sumerisches Prunkschwert
1712v–1640v Apofis
1696v grün Schild aus Metall
383v–322v Demosthenes
789n–873n Al Kindi
843n grün Buch über Schwerter

SCHWIMMEN

2714v grün Schwimmbecken in Indien
1490v grün Darstellung in Ägypten
916v grün Schwimmgurte in Assyrien
428v grün Schwimmgurte in Rom
284v–212v Archimedes
236v grün Auftriebsgesetz
1830n grün Schwimmhalle

SCHWIND, Moritz von (1804n–1871n), österreichischer Maler und Zeichner. Schon während seiner Ausbildung schuf er eine große Anzahl von Illustrationen. 23jährig ging er nach München und ließ sich dort bald ganz nieder. Als Freund von Franz Schubert und Eduard Mörike gestaltete er gemütvoll die Welt des Märchens ('Aschenbrödel', 'Die sieben Raben', 'Die schöne Melusine'), des Liedes ('Vater Rhein'), der Sage ('Amor und Psyche') und der Legende ('Ritter Kurts Brautfahrt'). Stark idealisierend stellte er auch die deutsche Kleinbürger-Idylle dar. Für die Wariburg schuf er Wandgemälde aus Sage und Geschichte Thüringens. Fertigte eine Reihe humorvoller Radierungen über das Rauchen und Trinken an. Für die 'Lustigen Blätter' lieferte er zahlreiche heitere Holzschnittfolgen.

1861n blau 'Hochzeitsreise'

SCHWINGUNG, Bezeichnung für die regelmäßig wiederkehrende Bewegung eines Körpers, der sich in gleichbleibender Zeit zwischen zwei äußersten Punkten hin und her bewegt. In der Mechanik (Pendel) und in der Akustik (Saite) früh erkannt, führte ihre Entdeckung bei elektrischen Strömen (Schwingungskreise) zur Verbesserung der drahtlosen Telegraphie. Die Erkenntnis des Schwingungscharakters aller Wellen machte ihre Erforschung zu einem wesentlichen Zweig der modernen Physik.

572v–493v Pythagoras
433v–351v Archytas
338v–268v Strato der Physiker
1512n grün Leonardos Forschungen
1564n–1642n Galilei
1656n grün Pendeluhr
1678n grün Huygens' Wellenlehre
1711n grün Stimmgabel
1801n grün Youngs Wellenlehre
1815n grün Fresnels Wellenlehre
1825n grün W. Webers Wellenlehre
1863n grün Maxwells Wellenlehre
1874n–1937n Marconi
1887n grün Hertz' Wellenlehre

SCHWUNGRAD, Bezeichnung für das große, schwere Haupt-Rad von Antriebsmaschinen. Es überwindet durch sein der eigenen Schwere entsprechendes Trägheitsmoment den Totpunkt bei Kolbenmaschinen. Seine Erfindung durch James Watt schuf die Voraussetzung zur Verwandlung von stoßweise erzeugter Hubkraft in gleichmäßig rotierende Antriebskraft.

1736n–1819n James Watt
1782n grün Erfindung

SCHWYZ, Stadt und Kanton in der deutschsprachigen Schweiz, halbwegs zwischen Zürich und Gotthard unweit des Vierwaldstätter Sees. Seit mehr als 1000 Jahren unter der Gerichtsbarkeit Österreichs, aber 1240n durch einen Freiheitsbrief des deutschen Kaisers Friedrich II. dieser Hoheit entzogen. Die österreichischen Herrscher (Habsburger) erkannten das kaiserliche Dekret nicht an und erzwangen ihre Hoheit nach langer Fehde erneut. Dies führte zum Zusammenschluß der drei 'Waldstätte' (Uri, Schwyz, Unterwalden), die ihre Freiheitsrechte 1315n endgültig durchsetzten. Im Kappeler Religionskrieg auf katholischer Seite gegen Zürich kämpfend. In den Napoleonischen Kriegen Gegner der Bildung einer 'Helvetischen Republik'.

1291n rot 'Ewiger Bund'
1315n braun Sieg über Österreich
1531n braun Kappeler Religionskrieg
1796n/1815n Napoleonische Kriege
1798n rot 'Helvetische Republik'

SCIPIO der Ältere, Publius Cornelius, römischer Feldherr und Staatsmann.

235v–183v Lebenslinie
247v–183v Hannibal
242v–187v Antiochus III.
218v/201v Zweiter Punischer Krieg
192v/190v Syrischer Krieg

SCOTT, Walter (1771n–1832n), englischer Dichter und Historiker. Als Sohn eines Edinburgher Rechtsanwaltes studierte er Rechtskunde und ergriff lustlos den Beruf des Vaters. Nebenbei lernte er fremde Sprachen, las viel und übersetzte deutsche Werke ins Englische. Schon in der Jugend von schottischen Sagen begeistert, gab er Lieder und Balladen aus Schottland heraus und begann schließlich selbst, gereimte Erzählungen aus dem schottischen Volksleben zu schreiben ('Die Junfrau vom See'). Bald fand er im Roman die ihm gemäße Kunstform. Schilderte die Rückkehr des englischen Königs Richard Löwenherz und seiner Begleiter aus Palästina ('Ivanhoe') und die Kämpfe um den schottischen Thron ('Waverley'). Verfaßte auch eine Geschichte Schottlands und ein Lebensbild Napoleons. Durch einen Konkurs seines Verlegers wurde ihm eine Schuld im Werte von über 1 Million DM aufgebürdet. Um dieses Geld aufzubringen, arbeitete er sich innerhalb von sechs Jahren zu Tode, indem er ohne Unterlaß Romane, Gedichte, Epen und Theaterstücke schrieb.

1814n blau 'Waverley'

SCOTUS, Johannes Duns, englischer Theologe und Philosoph.

1265n–1308n Lebenslinie
1303n grün Kritik an Wucherei
1305n blau Vorrang des Willens

SE-AMI, Motokigo (1363n–1444n), japanischer Dichter. Sohn des Dichters Kwan-Ami, der nach chinesischem Vorbild das japanische Singspiel schuf ('No-Drama'). Wurde Schauspieler, Tänzer, Musiker und Regisseur. Schrieb selbst zahlreiche Stücke und verfaßte eine Schrift über die Gesetze des No-Dramas mit Anweisungen für seine Schüler ('Übergabe der Blume').

1395n blau 'Übergabe der Blume'

SEATO (**S**outh **E**ast **A**sia **T**reaty **O**rganization), militärischer Bündnisvertrag der USA mit Großbritannien, Frankreich, Pakistan, Thailand, den Philippinen, Australien, Neuseeland. Versuch einer weltweiten Ergänzung des mit dem Atlantikpakt (NATO) eingeleiteten Bündnissystems der USA. Legt die beteiligten Länder auf die antikommunistische Weltstrategie der USA fest und bezieht sie in deren militärische Planung ein.

1954n rot Vertragsabschluß

SEBALDUS, Gestalt der katholischen Heiligensage. Ging als dänischer Prinz im 10. Jahrhundert nach Süddeutschland, um in Bayern für die Verbreitung des Christentums zu wirken. Nach erfolgreicher Missionstätigkeit zog er sich als Einsiedler in die Gegend von Nürnberg zurück. In dieser Stadt wurde dem im Jahre 1425n zum Heiligen ernannten Mönch eine Kirche geweiht. Der Nürnberger Bildhauer Peter Vischer schuf für die Überreste des Stadtheiligen einen kunstvollen Silberschrein ('Sebaldusgrab').

1273n blau Kirche
1519n blau Schrein

SEBEK, ägyptischer Feldherr.

1899v–1832v Lebenslinie
1870v/1862v Nubischer Krieg
1857v braun Vorstoß nach Palästina

SEBEK-HOTEP I., ägyptischer König.

1822v–1780v Lebenslinie
1780v rot Zerfall des Reiches

SEBEK-HOTEP III., ägyptischer König.

1775v–1725v Lebenslinie
1732v rot Krokodils-Kult
1727v rot Gebelen neue Kultstätte

SECHEM-NOFER (um 2620v–um 2250v), ägyptischer Beamter unter Cheops, an dessen Pyramidenbau er verantwortlich mitwirkte.

2572v blau Cheops-Pyramide begonnen
2558v blau Bildnis
2553v blau Cheops-Pyramide vollendet

SECHZIGER-RECHNUNG (Sexagesimalsystem), Bezeichnung für ein Zahlensystem mit 60 verschiedenen Zahlenzeichen. Entstand vor fast 5000 Jahren in Sumer (Mesopotamien) und erhielt sich teilweise bis in unsere Epoche, so in der Zeitrechnung (1 Stunde = 60 Minuten, 1 Minute = 60 Sekunden), in der Geometrie (Winkelteilung in 6×60 = 360 Grad) und in der Volkssprache (1 Schock = 60 Stück).

2817v grün Aufkommen in Sumer

SEEBECK, Thomas Johann (1770n–1831n), deutscher Physiker. Erforschte den Zusammenhang zwischen Wärme und elektrischem Strom. Entdeckte zahlreiche Erscheinungen auf dem Gebiete der Optik, der Wärmelehre und der Photochemie. Der nach ihm benannte thermoelektrische Effekt tritt an der Lötstelle zweier verschiedener Metalle auf, wenn diese erwärmt werden ('Seebeck-Effekt'). Er besteht in dem Spannungsunterschied von einigen Millivolt, durch den ein elektrischer Strom ausgelöst wird. Erreichte die Wiedergabe der Farbe einer Lichtquelle durch Anwendung von Chlorsilber und schuf damit eine Voraussetzung zur Farbphotographie. Mit ihm beriet sich Goethe über naturwissenschaftliche Fragen.

1821n grün Thermoelektrizität

SEEFAHRT, SEEHERRSCHAFT

Vorzeittafel: Schlußbalken (5000 Jahre)
2584v grün Handelsflotte Ägyptens
2512v–2458v Sahu-Re
1691v–1628v Chian
1597v–1521v Minos
1506v–1444v Nemhet
1107v grün Wal- und Robbenjagd
999v–936v Hiram
979v rot Indienhafen Palästinas
948v grün Indienfahrt der Phönizier
929v grün Afrikafahrt der Phönizier
852v–774v Pygmalion
658v–595v Necho II.
613v–525v Amasis
602v–527v Peisistratos
601v grün Afrika-Umseglung
556v rot Dardanellen an Athen
530v–472v Aristides
525v–459v Themistokles

513 v grün Reise des Skylax
493 v grün Hafenbau Athens
483 v rot Athen für Flottenbau
482 v grün Flottenbau-Finanzierung
463 v grün Getreideschiffe
418 v–362 v Epaminondas
408 v grün Hafen von Rhodos
405 v grün Flottenbau Spartas
399 v grün Schiffsbau in Syrakus
398 v rot Gibraltar-Enge gesperrt
380 v–306 v Pytheas
342 v grün Ausbau Ostias
325 v grün Reise des Nearchos
324 v grün Reise des Pytheas
322 v–246 v Ptolemäus II.
311 v rot 'Flottenherren' in Rom
279 v grün Leuchtturm von Alexandria
263 v grün Kriegsschiffe Roms
231 v grün Dreimaster Siziliens
229 v braun Kampf gegen Seeräuber
117 v grün Nutzen des Monsuns
106 v–48 v Pompejus
75 v grün Prognose: Erdumseglung
69 v/67 v Kampf gegen Seeräuber
26 v grün Handelsflotten-Ausbau
42 n grün Versorgungshafen Roms
257 n grün Flottenbau der Goten
267 n grün Schiffsbau in Schleswig
390 n–477 n Geiserich
418 n blau Gedicht auf Seereise
425 n grün Flottenbau der Wandalen
428 n grün Germanen nach England
429 n grün Wandalen nach Afrika
554 n rot Gibraltar-Enge an Byzanz
609 n–680 n Moawija
645 n grün Flottenbau Arabiens
655 n rot Wechsel in Seeherrschaft
765 n–810 n Gottfried
849 n–901 n Alfred der Große
855 n grün Schiffsbau der Normannen
862 n grün Islandfahrt der Normannen
890 n–961 n Abdar Rachman III.
895 n grün Flottenbau Englands
898 n grün Fahrt ums Nordkap
901 n grün Entdeckung Grönlands
967 n–1021 n Leif Erikson
990 n grün Flottenbau Venedigs
1000 n grün Entdeckung Amerikas
1102 n grün Kompaß bei Chinesen
1115 n grün Seefahrtszeichen Bremens
1194 n–1250 n Friedrich II.
1291 n grün Reise der Vivaldi
1293 n grün Seemacht der Mongolen
1295 n grün Globus statt Karte
1299 n grün Entdeckung der Kanaren
1323 n grün Entdeckung der Azoren
1325 n grün Jakobsstab
1359 n grün Schiffsgeschütze
1364 n grün Sperrung des Sundes
1381 n rot Schiffahrtsgesetz Englands
1394 n–1460 n Heinrich der Seefahrer
1401 n braun Kampf gegen 'Liekedeeler'
1401 n rot Störtebeker hingerichtet
1420 n grün Seefahrts-Schule Sagres
1452 n–1507 n Kolumbus
1456 n grün Reise des Cadamosto
1471 n grün Entdeckung der Goldküste
1480 n–1521 n Magellan
1483 n grün Entdeckung des Kongo
1484 n grün Guinea-Inseln entdeckt
1486 n grün Umseglung Afrikas
1491 n–1547 n Heinrich VIII.
1492 n grün Kolumbus in Amerika
1497 n grün Caboto in Amerika
1498 n grün Seeweg nach Indien
1499 n grün Fahrt nach Südamerika
1500 n grün Entdeckung Brasiliens
1502 n grün Festland Mittelamerikas
1505 n grün Entdeckung Ceylons
1506 n grün Deutsche Gewürzflotte
1512 n grün Entdeckung der Molukken
1517 n grün Seeweg nach China
1519 n grün Erdumseglung begonnen
1521 n grün Philippinen, Marianen
1522 n grün Entdeckung der Bermudas
1522 n grün Erdumseglung beendet
1526 n grün Entdeckung Neu-Guineas
1527 n grün Entdeckung Hawaiis
1532 n grün Galeerenstrafe
1533 n–1603 n Elisabeth
1543 n grün Seeweg nach Japan
1551 n grün Hafen Helsinki
1553 n grün Fahrt ums Nordkap
1567 n grün Salomon-Inseln entdeckt
1580 n grün Erdumseglung Drakes
1585 n–1642 n Richelieu
1596 n grün Reise des Barents
1605 n grün Entdeckung Australiens
1606 n grün Entdeckung Tahitis
1609 n blau Grotius: Meeresfreiheit
1609 n grün Reise des Hudson
1616 n blau Denkschrift Raleighs
1616 n grün Reise des Baffin
1616 n grün Bismarck-Inseln entdeckt
1620 n rot Fahrt der 'Mayflower'
1620 n–1688 n Der Große Kurfürst
1642 n grün Entdeckung Neuseelands
1643 n grün Fidschi-Inseln entdeckt
1648 n grün Fahrt durch Beringstraße
1651 n rot Navigationsakte Englands
1672 n–1725 n Peter I., der Große
1695 n grün Flottenbau Rußlands
1696 n grün Schiffsnachrichtenblatt
1721 n grün Pazifikinseln entdeckt
1728 n grün Reise Berings
1759 n grün Seeuhr
1771 n grün Forschungsreise Cooks
1780 n rot Bewaffnete Seeneutralität
1791 n rot Galeerenstrafe ausgebaut
1804 n–1881 n Disraeli
1806 n grün Kontinentalsperre
1818 n grün Dampfschiff: Atlantikfahrt
1829 n rot Freigabe des Bosporus
1841 n rot Türkei: Meerengen-Sperre
1843 n blau 'Fliegender Holländer'
1869 n grün Suezkanal
1875 n grün Suez-Aktien an England
1913 n grün Panamakanal
1954 n grün Atom-U-Boot

SEELAND, größte Insel Dänemarks mit der Hauptstadt Kopenhagen. Hier wohnt auf weniger als einem Sechstel des dänischen Staatsgebietes mehr als ein Drittel seiner Bevölkerung.

1168 n blau Entwicklung Kopenhagens
1362 n/1364 n Krieg der Hanse
1367 n/1370 n Krieg der Hanse
1479 n blau Universität Kopenhagen
1801 n braun Seeschlacht

SEELAND, holländische Provinz, die hauptsächlich aus eingedeichten Inseln und Uferland der Schelde-Maas-Mündung besteht.

841 n rot Walcheren normannisch
1572 n/1581 n Freiheitskampf
1581 n rot Unabhängigkeit

SEELENWANDERUNGSGLAUBE, Bezeichnung für die Vorstellung einiger Religionen über das Fortleben der menschlichen Seele nach dem Tode. Beruht auf der Annahme, daß die Seelen Toter sich erneut verstofflichen und weitere Leben in anderer Gestalt durchlaufen (Mensch, Tier, Pflanze), was als Strafe oder als Aufgabe verstanden wird.

825 v–730 v Parshva
572 v–493 v Pythagoras
569 v–498 v Jina Mahavira
557 v–477 v Buddha
547 v blau Orphiker-Kult
541 v blau Jinas Lehre
490 v–430 v Empedokles
265 n–330 n Jamblichos
1023 n–1105 n Ramanuja

SEERÄUBER

229 v braun Niederlage gegen Römer
69 v/67 v Niederlage gegen Römer
391 n–460 n Patrick
1547 n–1616 n Cervantes
1631 n rot Niederlassung auf Haiti

SEESCHLACHTEN

2369 v–2295 v Una
2304 v/2303 v Krieg Palästina-Ägypten
1189 v braun Sieg ägyptischer Flotte
660 v braun Sieg Korfus über Korinth
540 v braun Kampf bei Korsika
525 v–459 v Themistokles
490 v/449 v Perserkriege
483 v/474 v Etruskischer Krieg
433 v braun Krieg Korfus gegen Korinth
431 v/404 v Peloponnesischer Krieg
399 v grün 5-Ruderreihen-Schiffe
397 v/392 v Sizilien-Krieg Karthagos
395 v/386 v Korinthischer Krieg
376 v braun Sieg Athens über Sparta
264 v/241 v Erster Punischer Krieg
260 v grün Enterbrücken der Römer
242 v–187 v Antiochos III.
200 v/197 v 2. Mazedonischer Krieg
192 v/190 v Syrischer Krieg
63 v–12 v Agrippa
43 v/30 v Dritter Bürgerkrieg Roms
468 n braun Wandalensieg über Byzanz
633 n/732 n Arabischer Krieg
1338 n/1453 n Hundertjähriger Krieg
1359 n grün Schiffsgeschütze
1362 n/1364 n Krieg Hanse-Dänemark
1367 n/1370 n Krieg Hanse-Dänemark
1401 n braun 'Liekedeeler'-Niederlage
1503 n/1506 n Krieg Portugal-Indien
1509 n braun Kampf Portugal-Araber
1571 n braun Kampf Spanien–Türkei
1588 n braun Kampf England–Spanien
1597 n braun Vernichtung der Armada
1652 n/1654 n 1. Krieg England–Holland
1664 n/1667 n 2. Krieg England–Holland
1688 n/1697 n 3. Krieg Ludwigs XIV.
1768 n/1774 n Russisch-türkischer Krieg
1796 n/1815 n Napoleonische Kriege
1801 n braun Kampf England–Dänemark
1866 n braun Kampf Italien-Österreich
1904 n/1905 n Japanisch-russischer Krieg
1914 n/1918 n Erster Weltkrieg
1939 n/1945 n Zweiter Weltkrieg

SEEVÖLKER, ägyptischer Name für Völkerschaften, die von Kleinasien her mit Schiffen die Küsten Vorderasiens und Ägyptens bedrohten, in einer Völkerwanderung über Syrien nach Ägypten vordrangen und schließlich in Palästina angesiedelt wurden. Ein anderer Teil der gleichen Völker stieß über den Balkan westwärts vor und ließ sich in Italien sowie auf Sizilien und Sardinien nieder.

1286 v–1220 v Meren-Pta
1258 v–1203 v Arnu-Wanda
1224 v–1165 v Ramses III.
1189 v braun Niederlage gegen Ägypter

SEGARELLI, Gerhard, italienischer Prediger.

1232 n–1300 n Lebenslinie
1259 n blau Kritik an der Kirche
1260 n rot Apostelbrüder-Orden
1294 n rot Verdammung

SEGELN

2378 v blau Bild eines Segelschiffes
2282 v grün Verbreitung in Ägypten
75 v grün Voraussage: Erdumseglung
1480 n–1521 n Magellan
1519 n grün Erdumseglung begonnen
1522 n grün Erdumseglung beendet
1599 n grün Segelwagen
1773 n grün Erster Dampfer
1818 n grün Konkurrenz des Dampfers

SEGELWAGEN, Bezeichnung für Landfahrzeuge, die wie Segelboote den Wind als Antriebskraft nutzen.

1599 n grün Stevins Konstruktion

SEGHERS, Anna (geboren 1900 n), deutsche Schriftstellerin. Als Tochter eines Kunsthändlers studierte sie Geschichte, Kunstgeschichte und Sinologie, heiratete 25jährig den ungarischen Soziologen Radvanyi und stellte ihr Leben in den Dienst der Weltrevolution. Schon in ihren ersten Erzählungen ('Die Fischer von St. Barbara', 'Die Gefährten') gelang es ihr, den Kampf der Kommunisten als Ringen um eine höhere Menschlichkeit verständlich zu machen. 1933 n emigriert, klärte sie von Frankreich, Spanien und Mexiko aus die Weltöffentlichkeit durch Zeitschriftenaufsätze über den Terror des deutschen Faschismus auf. In ihrem Roman 'Das siebte Kreuz' schilderte sie die Grausamkeit der Naziherrschaft und den Widerstand klassenbewußter Arbeiter gegen Hitler. Aus ihrem gehetzten Emigrantendasein ('Transit') kehrte sie 1947 n zurück und entschied sich nach kurzem Aufenthalt in Westdeutschland für die aktive Teilnahme am Aufbau des Sozialismus in Ostdeutschland. Ihr erster neuer Roman 'Die Toten bleiben jung' wurde vom Volke verstanden, doch bemängelten die Kulturfunktionäre, daß die geschilderten Revolutionäre nicht leuchtend, ihre Gegner nicht finster genug dargestellt waren. In ihrer Verteidigung des Werkes wies sie jede Schwarz-Weiß-Zeichnung als unwahr und unkünstlerisch zurück, folgte aber in ihren späteren Erzählungen und Romanen zunehmend dieser einseitigen Parteilichkeit ('Erntedankfest', 'Die Entscheidung').

1942 n blau 'Das siebte Kreuz'

SEHEN, die Wahrnehmung der sichtbaren Welt durch das Auge.

520 v–450 v Alkmaion
471 v grün Sehnerv entdeckt
324 v–250 v Herophilos
965 n–1039 n Al Hassan
996 n grün Anatomie des Auges
1282 n grün Augengläser in Italien
1575 n grün Maurolico: Sehfehler
1784 n grün Bifokale Brille

SEHET, ägyptischer Schriftsteller und Staatsmann.

1857 v–1803 v Lebenslinie
1811 v blau Lehrdichtung

SEHNERV, Bezeichnung für den Nervenstrang, der die Lichteindrücke von der Netzhaut zum Gehirn weiterleitet.

520 v–450 v Alkmaion
471 v grün Entdeckung
324 v–250 v Herophilos

SEIDE, Bezeichnung für Gewebe aus den Fäden, die von der Seidenraupe für die Herstellung einer Puppenhülle aus einer Spinndrüse bis zu einer Länge von 4000 m herausgepreßt werden. Seit etwa 3000 Jahren entwickelte sich ihre Herstellung in China zu einem bedeutenden Gewerbe, das jahrhundertelang den Handel zwischen Ostasien und Europa beherrschte.

1029 v grün Gewinnung in China
329 v grün Einfuhr nach Griechenland
202 v grün Raupenzucht in Korea
127 v grün Handelsobjekt
121 v grün Ausbau der Seidenstraße
48 n–118 n Tsai-Lun
298 n grün Raupenzucht in Japan
345 n–406 n Ku-Kai-Tschi
388 n blau Seidengemälde
537 n grün Manufakturen in Byzanz
539 n grün Webmonopol in Byzanz
552 n grün Raupenzucht in Byzanz
699 n–767 n Abu Hanifa
732 n grün Raupenzucht in Spanien
1005 n grün Seide als Tributzahlung
1101 n–1154 n Roger II.
1149 n grün Weberei in Palermo
1205 n grün Fabriken in Italien
1272 n grün Zwirnmaschine
1375 n–1448 n Josetsu
1466 n grün Manufaktur in Lyon
1805 n grün Jacquard-Webstuhl
1834 n braun Weberaufstand in Lyon
1884 n grün Kunstseide

SEIDENRAUPE, Bezeichnung für die Raupe, aus der sich ein etwa vier Zentimeter großer Schmetterling entwickelt (Seidenspinner). Aus den Eiern des Seidenspinners entstanden, nährt sie sich von Maulbeerblättern, häutet sich viermal und spinnt sich dann ein, um beim Prozeß der Verwandlung in einen Schmetterling gegen die Außenwelt abgeschirmt zu sein. Aus einem bis zu 4000 Meter langen feinen Faden gesponnen, ist ihr Kokon seit alters her Ausgangsstoff für die Seiden-Herstellung.

1029 v grün Seidegewinnung in China
202 v grün Zucht in Korea
298 n grün Zucht in Japan
552 n grün Zucht in Byzanz
732 n grün Zucht in Spanien

SEIFE, Reinigungsmittel, das in Verbindung mit Wasser unter Schaumbildung Schmutzteilchen so einhüllt, daß sie leicht abgespült werden können. Seit alters her aus Ölen oder anderem Fett durch Kochen mit Kali- oder Natron-Lauge hergestellt ('Seifensieden'). Sie wurde auch als äußerlich anzuwendende Schönheitsarznei betrachtet und als Haar-Verschönerungsmittel verwendet. Bis Mitte des 19. Jahrhunderts blieb ihr Gebrauch ein teurer Luxus. Erst seit hundert Jahren ist sie zu einem Massen-Gebrauchsartikel geworden.

56 n grün Herstellung in Gallien
160 n grün Herstellung in Rom

SEILBAHNEN, Bezeichnung für Transportmittel, die an ausgespannten Seilen befestigt sind und sich freischwebend über dem Boden bewegen. In China, Indien und Japan seit mehreren Jahrtausenden zur Beförderung von Gütern und Personen über Flüsse und Schluchten gebraucht, kamen sie vor mehr als 2000 Jahren seit Mittelmeerraum auf und wurden seit 400 Jahren auch für den Personentransport benutzt. Aber erst seit Verwendung von Drahtseilen durch den Bergbeamten Albert (1834 n) gewannen sie eine so große Leistungsfähigkeit und Sicherheit, daß sie insbesondere als Bergbahnen allgemeine Verbreitung fanden.

152 v–82 n Heron
1594 n grün Personentransporte

SEILE

2931 v grün Flachs-Seile
18 n grün Kupfer-Seile
1355 n grün Draht-Seile

SEINE, Hauptfluß Nordfrankreichs. Entspringt bei Dijon, fließt nordwestwärts durch das Pariser Becken und mündet nach 776 km bei Le Havre in die Nordsee (Ärmelkanal). Von Rouen an für Ozeanschiffe befahrbar und durch Kanäle mit allen großen Strömen Frankreichs verbunden, stellt sie seit alters her einen der wichtigsten Verkehrswege des Landes dar.

52 v rot Paris römisch
865 n/866 n Normannen-Vorstoß
878 n–931 n Rollo
911 n blau Entwicklung Rouens

SEISCHONAGON (um 960 n–um 1015 n), japanische Dichterin. Als Tochter eines berühmten Dichters wurde sie Hofdame der Lieblingsfrau des Kaisers Ischijo. In Form eines Tagebuches schrieb sie ihre Beobachtungen und Erlebnisse bei Hofe und ihre Gedanken darüber nieder. Ihr 'Skizzenbuch' enthielt neben amüsanten Anekdoten eine geistvolle Schilderung des Alltagslebens am Kaiserhofe.

1004 n blau 'Skizzenbuch'

SEJAN, Lucius Älius (um 20 v–31 n), römischer Feldherr. Als Sohn des römischen Präfekten in Ägypten wurde er Offizier der kaiserlichen Leibwache ('Prätorianergarde') und errang das unbegrenzte Vertrauen des Tiberius. Zum alleinigen Präfekten in Rom aufgestiegen, konzentrierte er die Prätorianer in Kasernen am Stadtrande und bereitete seine eigene Machtergreifung vor. Nachdem er den Sohn des Kaisers (Drusus) hatte vergiften lassen, bestimmte er Kaiser Tiberius dazu, sich auf die Insel Capri zurückzuziehen und ihm die Führung der römischen Politik zu überlassen. Beseitigte die Nachkommen des Germanicus. Durch dessen Mutter Antonia erhielt aber Tiberius Kenntnis von seinen Absichten zur Erringung der Kaiserwürde und ließ ihn mit seiner Familie und zahlreichen Anhängern hinrichten.

42 v–37 n Tiberius
23 n rot Kasernierung der Garde

SEKEL, Gewichts-Einheit in Vorderasien. Vor fast 5000 Jahren eingeführt in Mesopotamien. Das ursprüngliche Gewicht von etwa 8 Gramm erhöhte sich später bis auf 16 Gramm. Das Wort wurde auch als Bezeichnung für Silberstücke des jeweils gültigen Gewichts gebraucht.

2334 v grün Währung in Akkad

SEKEN-RE, König von Theben (Oberägypten).

1614 v–1580 v Lebenslinie
1596 v–1570 v Kamosis
1590 v–1545 v Amosis
1580 v braun Aufstand gegen Hyksos
1432 v blau Befreiungssage

SEKMET, Name einer ägyptischen Göttin, die ihr Haupt-Heiligtum in der Stadt Memphis (Nordägypten) hatte. Galt als Göttin der Heilkunst, als Frau des Gottes der Handwerker und Künstler (Pta) sowie als Rächerin des alternden Sonnengottes (Re) an den Menschen. In der Kunst wurde sie löwenköpfig dargestellt.

2496 v–2438 v Ni-Anch-Sekmet

SEKTION, von dem lateinischen Worte 'secare' (= schneiden) abgeleitete Bezeichnung für das Zerlegen von Leichen durch Mediziner zur Feststellung der Todesursache oder zur Vertiefung der anatomischen Kenntnisse heranwachsender Ärzte.

520 v–450 v Alkmaion
478 v grün Alkmaion: Sektion
418 v–345 v Diokles
324 v–250 v Herophilos
283 v grün Herophilos: Sektion
936 n–1013 n Abu Kasim
966 n grün Sektion in Cordoba
1286 n grün Sektion in Cremona
1315 n grün Sektion in Bologna

SELBSTBILDNIS

2471 v–2397 v Ni-Anch-Pta
1423 v–1359 v Juti
1367 v blau Bildnis Jutis
560 v–469 v Theodoros
1330 n–1399 n Peter Parler
1503 n blau Bildnis Dürers
1606 n–1669 n Rembrandt
1634 n blau Bildnis Rembrandts
1762 n blau Bildnis A. Kauffmanns

SELBSTMORD

1203 v–1159 v Ramses IV.
1108 v–1044 v Wu
714 v rot Freitod des Rusas
253 v rot Hegesias' Aufforderung
132 v–63 v Mithridates
82 v–30 v Antonius
69 v–30 v Kleopatra
48 v–9 n Varus
43 v/30 v Dritter Bürgerkrieg Roms
10 v–30 n Judas Ischariot
37 n–68 n Nero
101 n/106 n Zweiter Dakerkrieg
165 n grün Freitod des Peregrinus
1186 n grün Japanische Offiziers-Sitte
1777 n–1811 n Kleist

SELBST-REGIERUNG DES VOLKES

Vorzeittafel: Schlußbalken (5000 Jahre)
2240 v–2172 v Aba
2197 v/2196 v Ägyptische Revolution
2196 v rot Volksherrschaft in Ägypten
1158 v–1094 v Ameno
1150 v–1076 v Pa-He-Nesi
1101 v/1100 v Ägyptische Erhebung
992 v–933 v Salomo
935 v braun Aufstand in Juda
933 v braun Aufstand in Juda
842 v braun Aufstand in Israel
841 v braun Aufstand in China
750 v rot Ephoren in Sparta
642 v rot Bürgerrechte gestärkt
640 v–559 v Solon
594 v rot Anklagerecht
592 v rot Zwang zur Entscheidung
572 v–485 v Kleisthenes
525 v–459 v Themistokles
510 v braun Aufstand in Athen
510 v rot Athen: Ende der Tyrannis
510 v rot Demokratie in Athen
507 v rot Adelsrechte abgeschafft
500 v braun Befreiungskampf Roms
500 v rot Rom frei von Königen
500 v rot Rom Republik
495 v–429 v Perikles
494 v rot Volkstribunen der Plebejer
492 v rot Immunität für Tribunen
488 v rot Scherbengericht in Athen
486 v rot Verfassung Athens
482 v–429 v Herodot
471 v rot Beamte der Plebejer
470 v braun Agrigent: Tyrannis-Ende
466 v braun Syrakus: Tyrannis-Ende
466 v rot Demokratisierung Italiens
464 v/459 v 3. Messenischer Krieg
461 v rot Adelsmacht beschränkt
460 v rot Kampf gegen Adel (Kroton)
454 v blau Verspottung durch Kratinos
446 v–385 v Aristophanes
445 v rot Eheschranke beseitigt
443 v rot Athen weiter demokratisch
431 v/404 v Peloponnesischer Krieg
429 v blau Schrift gegen Demokratie

429v–370v Phaleas
427v braun Korfu: Kampf gegen Adel
427v rot Adelsherrschaft beendet
421v rot Rechtsgewinn der Plebejer
412v blau Verspottung durch Eupolis
411v braun Widerstand des Adels
403v rot Athen wieder Demokratie
382v/362v Thebanischer Krieg
379v rot Theben demokratisch
378v–289v Meng-Tse
366v rot Plebejer wird Konsul
352v blau Kritik an Demokratie
351v rot Plebejer wird Zensor
340v–273v Appius Klaudius
312v rot Freigelassene als Beamte
308v blau Tyrannenmord bejaht
300v rot Plebejern alle Ämter offen
287v rot Volksbeschluß als Gesetz
258v braun Erhebung gegen Rom
248v–195v Han-Kautsu
240v rot Reformer ermordet
203v–157v Wen-Ti
196v rot China ohne Adel
196v rot Beamte aus dem Volk
187v blau Jambulos' Staatsideal
163v–129v Aristonikos
156v–86v Marius
139v rot Geheime Wahl
139v rot Volkssouveränität
132v rot Kommunistischer Staat
107v rot Bürgerheer
89v/82v Bürgerkrieg in Rom
85v–42v Brutus
81v rot Cicero gegen Sulla
81v rot Vertreibung des Sertorius
63v/62v Erhebung des Katilina
44v braun Erhebung gegen Cäsar
89n braun Aufstand des Saturninus
155n–235n Kassius Dio
184n braun Aufstand in China
217n–276n Mani
240n blau Mani gegen Vorrechte
470n–531n Kobad
476n–531n Masdak
478n–567n Narses
480n–524n Boëthius
482n–565n Justinian
497n–548n Theodora
505n–565n Belisar
511n–579n Chosroes
528n blau Masdak: Gleichheitsideal
531n rot Ende der Masdak-Bewegung
532n braun Nika-Aufstand
822n–883n Ibn Mohammed
864n–910n Karmat
868n blau Gleichheitsforderung
869n/883n Aufstand von Basra
871n rot Sklavenstaat Basra
883n rot Ende des Staates Basra
890n rot Karmaten-Bewegung
899n/930n Karmaten-Aufstand
899n rot Karmatenstaat Ahsa
901n rot Karmatenstaat Multan
930n rot Althing auf Island
948n braun Aufstand in Rom
1020n rot Rechte für Leon
1041n braun Aufstand der Motta
1050n rot Le Mans selbständig
1059n braun Pataria-Aufstand
1068n braun Russischer Aufstand
1074n braun Aufstand in Worms
1074n rot Worms unabhängig
1080n rot Verfassung für Lucca
1103n–1155n Arnold von Brescia
1111n rot Rechte für Speyer
1120n rot Verfassung Freiburgs
1128n rot Handwerker-Verband
1128n rot Verfassung für Laon
1142n/1155n Aufstand in Rom
1142n rot Rom freie Republik
1143n rot Stadtrecht für Reims
1144n rot Parlament in Rom
1149n rot Weberzunft in Köln
1149n rot Weberzunft bestätigt
1150n rot Stadtrecht für Soest
1156n rot Rechte für Worms
1157n rot Rechte für Handwerker
1158n/1162n Städteerhebung
1159n rot Stadtrecht für Lübeck
1172n rot Stadtrecht für Rothenburg
1173n rot Stadtrecht für Münster
1176n braun Städteerhebung
1176n rot Städte Norditaliens frei
1188n rot Cortes in Leon
1205n rot Handwerker-Mitbestimmung
1215n rot 'Magna Charta'
1226n rot Lübeck Reichsstadt
1242n rot Stadtrecht für Kiel
1243n rot Stadtrecht für Stettin
1250n rot Stadtrecht für Bielefeld
1250n rot Zunftrechte in Florenz
1255n rot Stadtrecht für Prag
1257n rot Stadtrecht für Krakau
1261n rot Stadtrecht für Breslau
1262n rot Straßburg Reichsstadt
1267n rot Stadtrecht für Stuttgart
1281n rot Stadtrecht für Graz
1284n rot Stadtrecht für Flensburg
1288n braun Aufstand in Köln
1288n rot Köln frei vom Bischof
1288n rot Köln freie Stadt
1290n–1343n Marsilius von Padua
1291n rot 'Ewiger Bund' (Schweiz)
1293n rot Bürgerherrschaft in Florenz
1295n rot Bürger im Parlament
1297n rot Stadtrecht für Frankfurt

1297n rot Steuer-Bewilligung
1299n rot Stadtrecht für Rotterdam
1301n braun Erhebung in Magdeburg
1313n–1354n Rienzi
1322n rot Parlament von York
1323n/1328n Aufstand in Flandern
1324n blau Ruf nach Volksherrschaft
1330n rot Stadtrecht für Darmstadt
1334n rot Stadtrecht für Linz
1347n braun Aufstand in Rom
1357n braun Erhebung in Paris
1381n blau Gleichheitsforderung
1442n rot Nicht-Adliger Minister
1489n rot Städte im Reichstag
1496n–1560n Gustav Wasa
1498n blau Kommunistisches Programm
1516n blau More: Gleichheitsideal
1522n/1526n Deutsche Revolution
1525n rot Forderung der Bauern
1525n blau Geyer gegen Privilegien
1534n blau Rothmanns Kommunismus
1534n braun Wiedertäufer-Erhebung
1579n blau Angriff auf Absolutismus
1599n–1658n Cromwell
1602n blau Campanellas Staatsideal
1607n rot Stadtrecht für Mannheim
1628n rot 'Petition of Rights'
1641n rot 'Langes Parlament'
1642n/1649n Englische Revolution
1648n/1649n Erhebung der Levellers
1649n rot Hinrichtung Karls I.
1649n rot England Republik
1652n blau Kommunistische Forderung
1653n rot Verfassung Englands
1660n rot Rückschlag in England
1675n blau Vairasses Idealstaat
1676n rot Kaffeehäuser-Schließung
1679n rot Habeas-corpus-Akte
1688n braun 'Glorious Revolution'
1688n rot 'Declaration of Rights'
1689n–1755n Montesquieu
1698n blau Fénelon: 'Telemach'
1699n rot Verbot des 'Telemach'
1699n blau Reformforderung Bellers'
1712n–1778n Rousseau
1737n blau Moser: Staatsrecht
1748n blau Montesquieu: Reform
1754n blau Franklin: Verfassung
1755n blau Morellys Staatsideal
1758n–1794n Robespierre
1760n–1797n Babeuf
1762n blau 'Gesellschaftsvertrag'
1768n blau Mably: Kommunismus
1776n rot Unabhängigkeitserklärung
1776n rot Menschenrechtserklärung
1783n blau Chamforts Losung
1787n rot Verfassung der USA
1787n rot Shaker-Gruppe
1789n rot Nationalversammlung
1789n/1795n Französische Revolution
1790n rot Jakobinerklub
1791n rot Französische Verfassung
1792n rot Frankreich Republik
1793n rot Hinrichtung Ludwigs XVI.
1794n rot Volksregierung
1795n blau 'Manifest der Gleichen'
1796n braun Babeufs Verschwörung
1799n rot Rückschlag in Frankreich
1800n braun Erhebung gegen Napoleon
1800n blau Fichtes Staatsentwurf
1804n blau Schiller: 'Wilhelm Tell'
1807n rot Stein'sche Reformen
1809n–1865n Lincoln
1812n blau Owen: Arbeiterrechte
1813n–1883n Wagner
1817n rot Wartburgfest
1818n–1883n Karl Marx
1821n–1880n Dostojewski
1824n rot Owens Gemeinden
1825n braun Dekabristen-Aufstand
1828n–1910n Tolstoi
1829n grün Entwurf Fouriers
1830n braun Juli-Revolution
1834n rot 'Bund der Geächteten'
1836n rot 'Bund der Gerechten'
1837n rot Göttinger Sieben
1838n rot Chartisten-Vereinigung
1838n blau Weitlings Staatsideal
1839n blau Blanc gegen Kapitalismus
1840n rot Arbeiter-Bildungsverein
1840n blau Vorstellung Proudhons
1842n blau Cabets Staatsentwurf
1847n blau Kommunistisches Manifest
1848n rot Frankreich Republik
1848n braun Juni-Aufstand
1848n/1850n Deutsche Revolution
1849n rot Paulskirchen-Parlament
1849n rot Rom Republik
1852n rot Rückschlag in Frankreich
1856n–1950n G. B. Shaw
1857n rot Verfassung Mexikos
1858n rot Gewerkschaft
1863n rot Lassalles Arbeiterverein
1864n rot Erste Internationale
1866n–1925n Sun-Yat-Sen
1868n/1869n Revolution in Spanien
1869n rot Gründung der SPD
1869n blau 'Manifest' russisch
1870n–1924n Lenin
1870n rot Frankreich Republik
1871n braun Kommune
1871n blau Lied 'Die Internationale'
1873n blau Bakunin: Anarchismus
1874n braun Spanische Revolution
1875n rot Verfassung Frankreichs
1875n rot Gothaer Zusammenschluß

1878n blau Engels: 'Anti-Dühring'
1879n rot Spanische Arbeiterpartei
1879n blau Bebel: Stellung der Frau
1879n–1953n Stalin
1883n rot Plechanows Partei
1883n rot Fabian-Society
1888n blau Utopie Bellamys
1889n rot Zweite Internationale
1890n rot Einlenken gegenüber SPD
1890n blau Zeitschrift 'Gleichheit'
1890n blau Volksbühne
1891n rot Erfurter Programm
1892n rot Arbeiterpartei in Italien
1893n rot Belgisches Wahlrecht
1893n rot Labour-Party
1893n– Mao-Tse-Tung
1894n rot Sun-Yat-Sens Gesellschaft
1898n–1956n Brecht
1900n blau Zeitung 'Der Funke'
1901n rot Gewerkschaftskongreß
1902n rot Frauen-Wahlrecht
1903n rot Bolschewiki
1904n blau Zeitung 'Humanité'
1905n/1906n Russische Revolution
1906n rot Russisches Parlament
1908n braun Jungtürken-Erhebung
1908n rot Verfassung der Türkei
1909n braun Revolution in Spanien
1909n rot Einbuße für Oberhaus
1910n braun Revolution in Portugal
1910n rot Portugal Republik
1911n braun Revolution in China
1911n rot Vertreibung der Mandschu
1911n rot China Republik
1916n blau 'Spartakus-Briefe'
1917n blau Lenin: Staatstheorie
1917n/1922n Russische Revolution
1917n rot Arbeiter- und Bauernstaat
1917n grün Vergesellschaftung
1917n blau Block: Revolutionsgedichte
1917n blau Reed: Revolutionsbericht
1918n rot Deutschland Republik
1918n rot Österreich Republik
1918n/1919n Deutsche Revolution
1918n– Nasser
1919n braun Aufstand in Ungarn
1920n braun Sieg über Kapp-Putsch
1920n braun Erhebung im Ruhrgebiet
1921n rot KP Chinas
1923n rot Türkei Republik
1924n rot Mongolei kommunistisch
1924n blau Zeitung 'Unità'
1925n/1949n Chinesische Revolution
1926n braun Erhebung in Indonesien
1926n rot Rechte für Dominions
1927n braun Aufstände in Wien
1927n rot Brüsseler Kongreß
1927n– Castro
1928n blau Shaw: 'Wegweiser'
1931n braun Revolution in Spanien
1931n rot Spanien Republik
1934n braun Aufstand in Österreich
1936n rot Volksfront
1936n rot Verfassung der UdSSR
1936n/1939n Spanischer Bürgerkrieg
1944n braun Putsch gegen Hitler
1944n rot Jugoslawien kommunistisch
1946n rot Nordkorea kommunistisch
1946n rot Albanien kommunistisch
1946n rot Bulgarien kommunistisch
1946n/1949n Griechischer Bürgerkrieg
1947n rot Polen kommunistisch
1947n rot Rumänien kommunistisch
1948n rot CSR kommunistisch
1948n rot Ungarn kommunistisch
1949n rot China kommunistisch
1952n rot Ägypten Republik
1953n rot Ende der Stalin-Ära
1953n braun Aufstand der DDR
1954n rot Nasser Präsident
1955n braun Vertreibung Perons
1955n rot Nordvietnam kommunistisch
1956n braun Aufstand in Ungarn
1956n braun Aufstand in Polen
1956n rot Gomulka Parteichef
1956n/1959n Kubanische Revolution
1957n rot Volkskommunen in China
1957n rot Tunesien Republik
1958n braun Revolution im Irak
1960n/ Revolution Indochinas
1961n rot Kuba kommunistisch
1965n rot Sozialismus in Ägypten
1965n rot Sozialismus in Algerien

SELBSTTÄTIGES UHR-AUFZIEHEN

1780n grün 'Rütteluhr'

SELBST-VERSTÜMMELUNG

370n rot Verbot in Rom

SELDSCHUKEN, Name eines türkischen Volkes, das vor 1000 Jahren aus Mittelasien nach Persien vordrang, ganz Vorderasien und Kleinasien eroberte und ein Reich errichtete, das von der Westküste Kleinasiens (Ägäis) bis zum Persischen Golf und zum Indus reichte. Doch löste es sich im 12. Jahrhundert in Einzelreiche auf, deren letztes (Kleinasien) 1307n von anderen Türken (Osmanen) genommen wurde. Ihren Namen führten sie auf ihren ersten großen Stammesführer Seldschuk zurück, der das Volk einte.

1037n braun Eroberung Nordpersiens
1037n rot Macht über Nordpersien

1039n–1123n Al Kajam
1040n–1072n Arsalan der Löwenherzige
1055n braun Eroberung Bagdads
1055n rot Oberhoheit über Bagdad
1056n rot Tugril König
1064n braun Kriegszug
1067n blau Universität Bagdad
1070n braun Eroberung Palästinas
1071n rot Macht über Palästina
1071n/1077n Ikonischer Türkenkrieg
1073n rot Reich in Kleinasien
1073n grün Bodenreform
1075n rot Macht über Vorderasien
1094n rot Hilfegesuch Byzanz'
1095n rot Aufruf zum Kreuzzug
1096n/1099n Erster Kreuzzug
1106n rot Konya Hauptstadt
1147n/1149n Zweiter Kreuzzug
1189n/1192n Dritter Kreuzzug
1259n–1326n Osman I.
1307n braun Vertreibung (Kleinasien)

SELEUKEIA, Stadt am Tigris (Mesopotamien), halbwegs zwischen den Städten Assur und Babylon und 25 km südlich der heutigen Stadt Bagdad. Von dem mazedonischen Feldherrn Seleukos I. gegründet als Mittelpunkt des von ihm nach dem Tode Alexanders des Großen geschaffenen vorderasiatischen Reiches ('Seleukiden-Reich'). Blieb nur ein Jahrzehnt Hauptstadt, weil Seleukos dann sein Reich von der näher am Mittelmeer gelegenen Stadt Antiochia aus regierte. Trotzdem entwickelte sie sich durch ihre günstige Lage an der Einmündung des Verbindungskanals vom Euphrat zum Tigris zu einem wichtigen Mittelpunkt von Handel und Gewerbe. Erreichte um die Zeitwende mehr als eine halbe Million Einwohner. Während eines Krieges der Römer gegen die Parther zerstört.

358v–280v Seleukos I.
312v blau Gründung
161n/166n Vorstoß der Römer

SELEUKIDEN, Name einer griechischen Herrscherfamilie, die von 312v bis 63v Kleinasien und ganz Vorderasien zeitweise bis zum Indus regierte. Benannt nach ihrem Gründer Seleukos, der als Feldherr Alexanders des Großen Statthalter von Babylon war und nach dessen Tode den größten Teil des Alexanderreiches unter seiner Herrschaft vereinte. Er regierte sein Reich von einer Stadt am Tigris aus, die er nach sich selbst benannt hatte.

358v–280v Seleukos I.
323v/301v Diadochenkriege
312v blau Seleukeia am Tigris
306v rot Seleukos Herr Vorderasiens
305v rot Rückzug aus Indien
282v/281v Diadochenkriege
262v rot Vordringen der Parther
248v rot Partherreich
246v rot Hellenobaktrisches Reich
242v–187v Antiochus III.
235v–183v Scipio der Ältere
212v–166v Perseus
200v braun Sieg über Ägypten
200v rot Gewinn Palästinas
196v braun Vordringen zum Balkan
193v rot Rückzugsforderung Roms
193v–160v Judas Makkabäus
192v/190v Syrischer Krieg Roms
190v rot Gebietsverlust
189v braun Niederlage Verbündeter
167v/164v Juden-Erhebung
164v rot Zugeständnis an Juden
161v rot Gegenbündnis Roms
143v/142v Niederlage gegen Juden
142v rot Unabhängigkeit der Juden
131v rot Verlust Babyloniens
106v–48v Pompejus
64v/63v Vordringen Roms
63v rot Syrien Provinz Roms

SELEUKOS I., König von Syrien von 312v bis 280v.

358v–280v Lebenslinie
334v/325v Alexanderzug
323v/301v Diadochenkriege
312v blau Seleukeia am Tigris
306v rot König von Vorderasien
305v rot Rückzug aus Indien
282v/281v Krieg gegen Lysimachos

SELIGENSTADT, 20 km östlich von Frankfurt am Main gelegene Stadt. Vor fast 1200 Jahren wurde hier eine katholische Kirche gebaut. Der Geschichtsschreiber Einhard gab einen humorvollen Bericht von der Beschaffung der Reliquien des 303n hingerichteten Märtyrers Marcellinus für diese Kirche. Einhard gilt auch als Gründer des Klosters.

770n–840n Einhard
828n blau Einhard: Reliquienraub
990n–1031n Aribo
1023n rot Synode

SELIMJE-MOSCHEE, Name der größten und schönsten islamischen Kirche. Sie wurde von dem türkischen Architekten Sinan in der Stadt Adrianopel bei Istanbul erbaut, die hundert Jahre lang Residenz des türkischen Sultans war. In den Ausmaßen der riesigen 'Hagia Sophia' von Istanbul entsprechend, ist sie (im Unterschied zu dieser nachträglich in eine Moschee verwandelten christlichen Kirche) aus dem religiösen Empfinden des Islam heraus angelegt. So kommt (im Gegensatz zum Hintereinander der autoritären Sitzordnung in den langgestreckten christlichen Kirchen) im Nebeneinanderhocken der Gläubigen auf großen Teppichen das islamische Bewußtsein der Gleichheit vor Gott zum Ausdruck. Benannt nach Sultan Selim II., unter dessen Regierung sie errichtet wurde.

1489n–1587n Sinan
1574n blau Vollendung

SELINUS, Hafenstadt an der Südwestküste Siziliens (Selinunt). Im Jahre 628v von dorischen Griechen aus der Stadt Megara (bei Athen) gegründet. Durch ihren regen Handelsverkehr mit dem nordafrikanischen Karthago schnell zu einer der reichsten Städte Siziliens aufgestiegen, kämpfte sie 480v als einzige Griechenstadt mit den Karthagern gegen die übrigen Städte der Insel, trat aber nach der Niederlage Karthagos in freundschaftliche Beziehungen zu den anderen Städten Siziliens. 409v wurde sie von Karthagern zerstört, später unter karthagischer Herrschaft neu errichtet. Im ersten Punischen Kriege (250v) durch römische Heere endgültig zerstört.

490v–430v Empedokles
480v braun Sizilienkrieg Karthagos
409v/405v Sizilienkrieg Karthagos
264v/241v 1. Punischer Krieg

SEMA-KUANG (1019n–1086n), chinesischer Historiker und Sozialreformer. Als Berater für Fragen der Landwirtschaft bestimmte er den Kaiser zu einer Verpachtung der Krongüter und zur Aufteilung unrentabler Privatgüter. Aber diese Reformen konnten die Hungersnöte im Lande nicht schnell genug bannen, so daß sein Gegenspieler Wang-Anschi Vollmachten für eine radikale Umgestaltung der chinesischen Gesellschaft erhielt. Daraufhin zog er sich ins Privatleben zurück und schrieb die erste streng nach Jahren geordnete Geschichte Chinas. Sein Werk umfaßte die Zeit von 403v bis 959n und stützte sich im wesentlichen auf die Reichsannalen. Es berücksichtigte auch die Bedeutung der Wirtschaft und enthielt eine Zusammenstellung von Grundsätzen der Regierungskunst.

1021n–1086n Wang-Anschi
1069n blau Geschichte Chinas

SEMA-TAN (um 170v–um 110v), chinesischer Staatsbeamter und Historiker. Als Direktor des kaiserlichen Staatsarchivs begann er mit der Zusammenstellung einer chronologischen Tabelle als Grundlage einer Geschichte Chinas. Zusammen mit seinem Sohn Sema-Tsien ging er dann an die Niederschrift eines Geschichtswerkes, dem er den Namen 'Schiki' (= historische Denkwürdigkeiten) gab. Es umfaßte die Zeit von den sagenhaften Kaisern der Urzeit bis zu seiner eigenen Epoche und wurde von seinem Sohne vollendet.

145v–86v Sema-Tsien
99v blau 'Schiki' vollendet

SEMA-TSIEN, chinesischer Geschichtsschreiber.

145v–86v Lebenslinie
99v blau Kulturgeschichte Chinas

SEMER-CHET, ägyptischer König.

2798v–2751v Lebenslinie
2786v–2731v Kea
2757v/2753v Sinai-Krieg
2753v rot Kupferminen-Kontrolle
2751v blau Siegesrelief
2750v rot Namenstilgung

SEMIRAMIS, assyrische Königin.

843v–782v Lebenslinie
824v–782v Adadnirari III.
809v braun Vorstoß nach Medien
809v rot Gewinn Mediens

SEMLER, Christoph (1669n–1740n), deutscher Pädagoge. Als Dozent für Mathematik und Philosophie an der Universität seiner Vaterstadt Halle übernahm er das Amt des Schulinspektors. Erkannte die Notwendigkeit zur Schaffung einer Mittelschule, die einem größeren Kreise von Kindern mehr Kenntnisse vermittelt als die Volksschule, ohne die Vorbereitung zum Studium anzustreben. 1705n unterbreitete er der Regierung seinen Vorschlag zur Errichtung einer mathematisch-technischen Handwerkerschule. Nachdem der Plan 1706n genehmigt worden war, eröffnete er sie 1708n als 'Mathematische und mechanische Realschule'. Damit schuf er den Typ der latein-freien Schule des Zeitalters der Technik (Realschule).

1708n grün Realschule

SEMMELWEIS, Ignaz Philipp (1818n–1865n), ungarischer Arzt. Begann in seiner Heimatstadt Ofen (Budapest) sein Medizinstudium, das er in Wien abschloß. Als Assistent an der Wiener Gebär-Klinik erforschte er das Kindbettfieber. Beobachtete, daß in einer Station 20% der Wöchnerinnen daran starben, in einer anderen Station nur 3%. Fand die Ursache der Krankheit in der Unsauberkeit der Ärzte und Studenten, die mit ihren bei Leichensektionen infizierten Händen die Frauen der ersten Station untersuchten und ihnen so den Tod brachten. Durch die sofort von ihm eingeführte Desinfektion mit Chlorwasser wurde die Sterblichkeit gesenkt. Aber seine Entdeckung, daß das Kindbettfieber eine Wundkrankheit ist und durch aseptisches Verhalten der Ärzte beseitigt werden kann, wurde von den führenden Geburtshelfern zurückgewiesen. In Wien war er bald bei den Professoren seines Fachs so geächtet, daß man ihm eine Professur versagte. In seine ungarische Heimat zurückgekehrt, mußte er noch vier Jahre unbesoldet arbeiten, ehe er ein Lehramt an der Universität Pest (Budapest) erhielt. Aber je härter er seine uneinsichtigen Kollegen als Mörder angriff, desto eindeutiger wurde er von der Fachwelt abgewiesen und verhöhnt. Seine Ohnmacht gegen diese Haltung der führenden Gelehrten brachte ihn zeitweise ins Irrenhaus. Starb 47jährig an den Folgen einer Wundinfektion, die er sich bei einer Operation zugezogen hatte.

1847n grün Kindbettfieber-Forschung

SEMNE, Name einer Stadt am Westufer des Nils im Herzen von Nubien (Nordafrika). Nach Eroberung der nördlichen Hälfte Nubiens (Unternubien) durch den Ägypterkönig Sesostris III. wurde hier eine mächtige Festung zum Schutze der neuen ägyptischen Südgrenze gegen das freie Nubien (Obernubien) errichtet. Der Ägypterkönig Tut-Mosis III. baute hier 400 Jahre später einen Tempel für den inzwischen zum Gott erhobenen Sesostris III.

1842v grün Festung
1452v blau Tempel für Sesostris III.

SEMPACH, Stadt in der Schweiz, 10 km nordwestlich von Luzern am Sempacher See. Hier besiegte ein Schweizer Bauernheer von 1300 Mann ein zahlenmäßig dreimal stärkeres und besser ausgerüstetes Ritterheer der Österreicher. Damit wurden die Herrschaftsansprüche Österreichs gegenüber der Schweiz endgültig zerschlagen. Nach der Überlieferung wurde dieser Sieg der Bauern durch den Opfertod des Arnold Winkelried möglich, der so viele Speere der Ritter auf sich lenkte, daß es seinen Landsleuten möglich wurde, in die Bresche zu stoßen und die geschlossene Front der Angreifer aufzurollen.

1386n braun Sieg der Schweizer

SEMPER, Gottfried (1803n–1879n), deutscher Architekt. Studierte zunächst Rechtskunde, dann Mathematik bei Gauß, wandte sich 22jährig der Altertumswissenschaft zu und entschied sich endlich ganz für die Baukunst. Bereiste Italien und Griechenland und schrieb nach seiner Rückkehr zwei Werke über die Anwendung der Farbe in Architektur und Plastik. Durch Schinkels Fürsprache wurde er 30jährig dessen Nachfolger als Professor der Bauakademie Dresden. Hier baute er im Stile der Renaissance das Opernhaus sowie in einer Mischung von romanischer und arabischer Kunst die Synagoge. Außerdem verband er die Flügel des Zwingers durch einen Museumsbau. Seine weiteren Projekte blieben unvollendet, weil er als Revolutionär nach dem gescheiterten Mai-Aufstand 1849n flüchten mußte. In London förderte er die kunsthandwerkliche Erziehung, baute ein Museum für Erzeugnisse des Kunsthandwerks (Kensington-Museum) und schrieb ein Buch über die Elemente der Baukunst. Für die Stadt Zürich schuf er den schlichten Bau des Polytechnikums sowie den Hauptbahnhof und die Sternwarte. Nach Wien berufen, entwarf er die Pläne für den Umbau der Hofburg als einer Verbindung von Theater und Museum.

1839n blau Dresdner Opernhaus

SENAT, von dem lateinischen Worte 'senex' (= Greis) abgeleitete Bezeichnung für den 'Rat der Alten', der im Römerreiche aus den Häuptern der reichsten und mächtigsten Familien bestand. Er stellte die eigentliche Regierung Roms bis in die Kaiserzeit dar und hatte ein Aufsichtsrecht gegenüber allen staatlichen Stellen. Die Zahl seiner Mitglieder betrug bis ins zweite Jahrhundert vor der Zeitwende 300, wurde von Sulla auf 600 und von Cäsar auf 900 erhöht. Nach der Machtübernahme durch Augustus ('Kaiserzeit') sank er zu einem Vollzugsorgan des kaiserlichen Willens herab. Das Wort wurde später häufig als Bezeichnung für herrschende Körperschaften verwendet.

158v–104v Jugurtha
156v–86v Marius
150v rot Bergwerksausbau verboten
138v–78v Sulla
112v/105v Jugurthinischer Krieg
109v rot Korruptions-Prozeß
89v/82v Erster Bürgerkrieg
63v–14n Augustus (Oktavian)
49v rot Gegnerschaft Cäsars
29v rot Machtverlust
27v rot Kaisertum anerkannt
23v rot Machtgewinn Augustus'
9n–79n Vespasian
15n rot Beamtenwahl
146n–211n Septimius Severus
193n rot Senatoren-Hinrichtung
238n rot Machtverlust
243n–316n Diokletian
914n rot Einfluß der Theodora
1144n rot Bürger-Regierung

SENDE-ANTENNE

1874n–1937n Marconi

SENDSCHIRLI, türkischer Name der Stadt Sam-Al in Vorderasien, 150 km nordwestlich von Aleppo. Früher zu Nord-Syrien gehörig, heute auf türkischem Gebiet. Entstand vor 3500 Jahren als befestigte Stadt des Mitanni-Reiches, wurde dann hettitisch und um 920v Hauptstadt eines Aramäer-Reiches gleichen Namens, das um 800v seine größte Macht und höchste Kunstblüte erreichte. Obwohl sie durch eine doppelte Mauer mit je 100 Türmen geschützt war, wurde sie um 740v von Assyrern eingenommen. Bis 725v ging sie im Assyrerreiche auf.

824v blau Relief des Gottes Adad
779v blau Löwentor
731v blau Relief 'Guter Hirte'

SENEB, ägyptischer Schriftsteller.

1921v–1843v Lebenslinie
1859v blau Lied auf Vergangenheit

SENEFELDER, Alois (1771n–1834n), deutscher Erfinder aus Prag. Als Schauspieler und Theaterschriftsteller in München beschäftigte er sich auch mit dem Druck seiner eigenen Schriften. Dabei wurde er mit dem umständlichen Verfahren des Notendrucks bekannt und entwickelte hierfür eine neue Technik: Auf glatt geschliffene Steinplatten zeichnete er die zu druckenden Noten mit einer Fett-Tusche, vertiefte durch Säure-Ätzung die freigebliebene Oberfläche und druckte von dem so gewonnenen Druckstock. Zusammen mit dem Hofmusiker Gleißner eröffnete er eine Notendruckerei auf der Grundlage des neuen Steindruck-Verfahrens ('Lithographie'). Später gründete er ähnliche Druckereien in Offenbach und Wien, entwickelte auch den Landkartendruck nach diesem Prinzip und wandte sich dann dem Farbdruck zu. 1826n druckte er die ersten mehrfarbigen Blätter nach Ölgemälden und schuf ein Verfahren zum mehrfarbigen Druck auf Leinwand, um die Ähnlichkeit mit Original-Ölgemälden zu erhöhen. In München wurde er Leiter der königlichen Landkartendruckerei und schrieb ein Lehrbuch der Lithographie.

1796n grün Steindruck

SENEGAL, Staat an der Westküste Nordafrikas, der das ganze Gebiet des Senegal-Flusses umschließt. Von verschiedenen, einander bekämpfenden Negerstämmen bewohnt (Tukolor, Tekrur, Wolof), wurde das Land schon vor 2500 Jahren von phönizischen Seefahrern aus Karthago besucht. Im 9. Jahrhundert begannen die Araber, die Bevölkerung ihrer Religion (Islam) zu unterwerfen. Im 11. Jahrhundert fiel das Gebiet nördlich des Senegal-Flusses an Marokko. Seit die Schiffe des portugiesischen Thronfolgers Heinrichs des Seefahrers die Küste erreichten, begann mit Niederlassungen, befestigten Plätzen und Kolonien der Kampf europäischer Mächte um die Ausbeutung des Landes. Portugal, Frankreich, Venedig, Holland und England liefen sich 5 Jahrhunderte lang den Rang ab, bis das Land in unserer Epoche wieder seine politische Unabhängigkeit errang. Seitdem kämpft das Volk um die wirtschaftliche Unabhängigkeit von Frankreich und um seine soziale Befreiung.

1062n braun Siege Jussufs
1394n–1460n Heinrich der Seefahrer
1456n grün Erforschung
1585n–1642n Richelieu
1637n rot Sklavenhändler-Besitz
1783n rot Herrschaft Frankreichs
1960n rot Unabhängigkeit

SENEKA, Lucius Annäus, römischer Philosoph, Dichter und Politiker.

4v–65n Lebenslinie
37n–68n Nero
42n blau Aufruf zur Nächstenliebe
48n grün Kurzschrift
53n blau Dramen
64n blau Forderung nach Gleichheit
65n braun Erhebung des Piso
340n blau Angeblicher Briefwechsel

SENFKORNGARTEN, abgekürzter Name für ein chinesisches Malerei-Lexikon, das von Wang-Kai zusammengestellt und von Li-Yü im Mehrfarbendruck herausgegeben wurde ('Der Garten so groß wie ein Senfkorn'). Es enthält eine Sammlung bekannter chinesischer Bilder, insbesondere Vogel- und Blumenbilder, sowie eine Übersicht über die wesentlichsten Mal-Stile und Mal-Techniken.

1679n blau Herausgabe

SENHEB (um 2390v–um 2330v), ägyptischer Beamter. Als Zwerg wurde er Hausangestellter ('Kleiderzwerg') und kam an den königlichen Hof. Hier stieg er zum Vorsteher der Weberei des Königs auf und wurde Priester des Totentempels. Heiratete eine Prinzessin und wurde durch Verleihung der Titel 'Leiter des Palastes' und 'Freund des Königs' ausgezeichnet.

2346v blau Statue

SENLIS, Stadt in Nord-Frankreich. Von Römern vor 2000 Jahren angelegt (Augustomagus), wurde sie später von den Frankenkönigen zu einer Gelegenheitsresidenz (Pfalz) ausgebaut. Im 12. Jahrhundert erhielt sie eine Kathedrale mit 78 Meter hohem Turm und figurengeschmücktem Portal. Später legten viele Pariser in dem landschaftlich schön über dem Tal der Nonette gelegenen Orte ihre Landhäuser an.

1198n blau Marienleben

SEN-MUT, ägyptischer Baumeister.

1531v–1481v Lebenslinie
1526v–1482v Hatschepsut
1515v–1479v Har-Mosis
1486v blau Terrassentempel

SENUI (um 1830v–um 1770v), ägyptische Fürstin aus Nubien. Durch ihre Heirat mit dem Fürsten Hap-Dje-Fai wurde sie Herrin des nubischen Landes Siut, das als Gau Siut dem ägyptischen Reiche einverleibt worden war.

1790v blau Plastik

SEOUL, Stadt in Korea (Ostasien). Nach dem Ende der Mongolenherrschaft Hauptstadt eines unabhängigen koreanischen Staates, blieb sie auch während der chinesischen Oberhoheit über das Land (1637n–1895n) Metropole des Landes. 1904n von Japanern besetzt, wurde sie Sitz des japanischen Generalgouverneurs. 1945n Hauptstadt der Besatzungszone der US-Armee, die sie zur Hauptstadt eines südkoreanischen Staates machte. Im Korea-Krieg von den Truppen des kommunistischen Nordkorea vorübergehend erobert, wurde sie nach heftigen Kämpfen den Revolutionstruppen wieder entrissen und ist seitdem erneut Sitz der von den USA gestützten Regierung der südlichen Landeshälfte.

1394n rot Hauptstadt
1895n rot Korea unabhängig
1904n/1905n Vorstoß Japans
1950n/1953n Korea-Krieg

SEPA (um 2640v–um 2570v), ägyptischer Beamter. Bekleidete unter König Snofru mehrere Ämter. Für sein Grabmal in Sakkara ließ er von sich und seiner Frau Nasi lebensgroße Kalksteinstatuen anfertigen.

2594v blau Standbild

SEPOY-AUFSTAND, Bezeichnung für die erste große Erhebung der Inder gegen die englische Kolonialherrschaft. Der Name kommt von der englischen Bezeichnung für die indischen Soldaten in den englischen Kolonialarmeen ('Sepoy'), die Träger der Erhebung waren.

1857n braun Aufstand

SEPTEMBER

2615v–2550v Cheops

SEPTIMER-PASS, Name eines Schweizer Alpen-Überganges bei St. Moritz. Die 2300 m hoch gelegene Straße wurde als nächste Verbindung zwischen Oberitalien (Comersee) und Süddeutschland (Bodensee) bereits vor mehr als 2000 Jahren benutzt und gehörte zu den hauptsächlich von den Römern benutzten Alpen-Übergängen.

1387n grün Ausbau

SEPTIMIUS SEVERUS, römischer Kaiser von 193n bis 211n.

146n–211n Lebenslinie
143n–212n Papinian
170n–229n Ulpian
193n braun Thronkämpfe
193n rot Senatoren-Hinrichtung
193n rot Vorrang Italiens beendet
194n/199n Partherkrieg
195n braun Juden-Erhebung
195n rot Machtgewinn
196n braun Zerstörung von Byzanz
199n rot Gewinn Mesopotamiens
201n rot Gesetz gegen Judentum
202n rot Gesetz gegen Christentum
202n grün Grenzsiedlungen
204n rot Grabmal für Hannibal
207n braun Aufstand des Felix Bulla
208n/210n 3. Britannischer Krieg
210n grün Ausbau des Hadrianswalles

SEPTUAGINTA, Bezeichnung für die griechische Fassung der ersten Bibelhälfte (Altes Testament). Diese Übersetzung aus dem Hebräischen wurde von den Juden der nordägyptischen Stadt Alexandria benötigt, die den Text nicht mehr lesen konnten, weil sie allmählich ihre hebräische Muttersprache verlernt hatten und nur noch die griechische Sprache beherrschten. Angeblich von 70 Übersetzern insgesamt übertragen, daher mit dem lateinischen Wort für 'Siebzig' ('Septuaginta') benannt. Tatsächlich erstreckte sich die Arbeit, die mit den fünf Büchern Moses begann, über fünf Jahrhunderte. Große Teile weichen vom Sinn der hebräischen Urschrift ab, auch enthält die Übersetzung viele Zusätze und Streichungen. Ganze Teile sind überhaupt erst für sie geschrieben worden, so die drei Bücher der Makkabäer, das Buch Judith, das Buch Tobias, das Buch Jesus Sirach, das Buch Baruch, der Brief des Jeremias und das dritte Buch Esra. Trotzdem wurde diese Fassung der Bibel von der katholischen Kirche als 'Wort Gottes' ausgegeben.

104v blau Entstehung

SEQUENZEN, von dem lateinischen Worte 'sequentia' (= Folge) abgeleitete Bezeichnung für die dem Halleluja-Gesang unterlegten und die ihm angehängten Texte. Sie folgten dem Gesang der Messe und wurden vom Chor oder von der Gemeinde gesungen. Später im Wechselgesang vorgetragen, entwickelte sich aus ihnen das Mysterienspiel als Vorstufe des Dramas. Das Wort wird in der Musik zur Bezeichnung der Wiederholungen von Tonfolgen auf anderer Tonhöhe verwendet.

878n blau Notkers Dichtungen

SERAPIS, ägyptischer Gott der Unterwelt. Auch als Sonnengott und Gott der Heilkunde verehrt. Sein Kult wurde vor 2300 Jahren von dem mazedonischen Feldherrn Alexanders des Großen eingerichtet, der sich zum König von Ägypten gemacht hatte (Ptolemäus I.). Enthielt wesentliche Merkmale des ägyptischen Gottes Osiris und sollte für Ägypter wie Griechen anbetbar sein. In Alexandria (Nordafrika) erhielt er seinen Haupttempel (Serapeion) und wurde auf dem Höhepunkt der griechisch-mazedonischen Macht zeitweise in Vorderasien bis nach Indien hin verehrt.

332v blau Kultbild

SERBIEN, Land im nördlichen Balkan. Größter der sechs Teilstaaten der Volksrepublik Jugoslawien. Mit einem Drittel seiner Grundfläche, einem Viertel seiner Einwohner und der Hauptstadt Belgrad ist es das Kernland des jugoslawischen Staates. Seit mindestens drei Jahrtausenden von Illyrern bewohnt, machten es die Römer im Jahre 28v zum östlichen Teil ihrer Provinz Mösia. Bei der Reichsteilung von 395n fiel es an Ostrom (Byzanz). Im 7. Jahrhundert wanderten aus den Karpaten (Rumänien) slawische Serben ein und unterstellten sich dem Kaiser von Byzanz. Seit 870n machten sich Bulgarien, Ungarn und Venedig das Land zeitweise untertan. Seit 1018n war es wieder fest in der Hand des Kaisers von Byzanz. In der zweiten Hälfte des 12. Jahrhunderts entwickelte sich hier unter Stephan Nemanja ein selbständiges Staatswesen. Seit seiner Unterwerfung durch die Türkei (Amselfeld) kämpfte es gegen die türkische Herrschaft, die ihm harte wirtschaftliche Ausbeutung und die Zwangsrekrutierung für das türkische Eliteheer der Janitscharen brachte ('Knabenzins'). Nachdem der Norden im 18. Jahrhundert an Österreich gefallen war, erkämpfte sich der Süden im 19. Jahrhundert nach zahlreichen Erhebungen im russisch-türkischen Krieg 1878n seine Unabhängigkeit. Seit 1882n selbständiges Königreich, suchte es sich durch enge Anlehnung an Rußland gegen den österreichischen Nachbarn zu schützen. Nach seinem Sieg in den Balkankriegen von 1912n–1913n konnte es sein Gebiet fast verdoppeln und wurde Mittelpunkt der südslawischen Einigungsbewegung. Im ersten Weltkrieg von deutsch-österreichischen Truppen besetzt, wurde es nach deren Niederlage durch den Vertrag von St. Germain Kernstück des Serbo - Kroatisch - Slowenischen Königreiches, das sich seit 1929n Jugoslawien nannte. Im zweiten Weltkrieg befreite es sich selbst von den deutschen Besatzungstruppen und wurde Zentrum des zweiten kommunistischen Staates in Europa nach der Sowjetunion.

28v rot Römische Provinz
395n rot Provinz Ostroms (Byzanz)
1180n rot Katharer-Verfolgung
1308n–1355n Stephan Duschan
1349n rot Gesetzbuch
1389n braun Niederlage gegen Türken
1389n rot Türken-Herrschaft
1521n braun Belgrad an Türken
1663n/1699n Großer Türkenkrieg
1714n/1718n Vorstoß Österreichs
1718n rot Norden an Österreich
1735n/1739n Vorstoß der Türken
1739n rot Belgrad wieder türkisch
1876n/1878n Russisch-türkischer Krieg
1912n/1913n Balkankriege
1914n/1918n Erster Weltkrieg
1918n rot Jugoslawien selbständig
1919n rot Vertrag von St. Germain
1939n/1945n Zweiter Weltkrieg
1944n rot Kommunistisch

SERGIUS I. (um 630n–701n), syrischer Priester, Papst von 687n bis 701n. Behauptete die Unabhängigkeit der römischen Kirche gegenüber dem Kaiser von Ostrom (Byzanz). Durch Verweigerung seiner Unterschrift unter die in Konstantinopel (Byzanz) getroffenen Konzilsbeschlüsse trug er aber auch zur Verselbständigung der Ostkirche bei. Förderte die Christianisierung Deutschlands.

658n–739n Willibrord
690n braun Langobarden-Erhebung
690n rot Langobarden katholisch
691n rot Auftrag an Willibrord
697n rot Kirchenhoheit in Irland

SERGIUS III. (um 860n–911n), italienischer Priester, Papst von 904n bis 911n. Nachdem seine beiden Vorgänger im Kerker erdrosselt worden waren (der letzte von ihm persönlich), bestieg er mit Hilfe der Theodora den Thron des Stellvertreters Gottes auf Erden (Papst) und behauptete sich durch Protektion der Marozia, die wie ihre Mutter Theodora durch die Adelspartei die wirkliche Macht in Rom ausübte. Seine Herrschaftsperiode ist ein besonderer Tiefpunkt im Sittenverfall der katholischen Kirche und in der Machtlosigkeit des Papsttums. Ließ die durch Erdbeben zerstörte Laterankirche neu aufbauen.

884n–948n Marozia
910n rot Hoheit über Cluny

SERGIUS Orata (um 140v–um 70v), römischer Erfinder. Als Angehöriger einer reichen römischen Familie wurde er ein stadtbekannter Nichtstuer ('Lebemann') und Feinschmecker. Um die Behaglichkeit des Wohnens in der kälteren Jahreszeit zu sichern, baute er ein Haus auf einzelne 80 cm hohe Steinsockel, dichtete den entstandenen Hohlraum unter dem Fußboden ab und ließ in die so gewonnene Heizkammer Warmluft einströmen. Die Warmluft wurde von einem Ofen erzeugt, an dem die Sklaven abwechselnd Dienst taten. Diese Art der Warmluftheizung wurde später durch Aushöhlung der Wände vervollständigt.

98v grün Warmluftheizung

SERGIUS Silus (um 240v–um 180v), römischer Soldat. Verlor im Kampfe eine Hand und ließ sich bei einem römischen Kunstschmied eine eiserne Prothese anfertigen. Urgroßvater des Politikers Katilina.

210v grün Prothese

SERGIUS Tychikus (um 770n–835n), byzantinischer Reformator. Verwarf die herkömmlichen kirchlichen Kultformen (Taufe, Heiligenverehrung, Mönchtum), schloß sich der sozialreligiösen Reformbewegung der 'Paulikaner' an und wurde für 34 Jahre ihr Leiter. Gründete neue paulikianische Gemeinden in Kleinasien (Ephesos) und stärkte die Zuversicht der Armen in eine gerechtere Ordnung. Infolge ihres zahlenmäßigen Ansteigens wurde die Bewegung zu einer Bedrohung der bestehenden Gesellschaft. Bei einer Verfolgung wurde er mit vielen Gesinnungsfreunden ermordet.

835n rot Ermordung

SERTORIUS, Quintus (123v–72v), römischer Feldherr und Staatsmann. Im ersten Germanenkrieg und im Bundesgenossenkrieg bewährt, wurde er als Kandidat für das Tribunat aufgestellt, doch verhinderte Sulla seine Wahl. Im ersten Bürgerkrieg kämpfte er auf republikanischer Seite unter Marius gegen die drohende Machtergreifung der Adelspartei unter Sulla. Als er erkannte, daß er dessen Diktatur nicht mehr verhindern konnte, ging er ins römische Spanien und errichtete dort eine Gegenregierung. Gestützt auf die romfeindlichen Spanier, schlug er die gegen ihn ausgesandten Heere Roms. Behauptete die Unabhängigkeit Spaniens auch gegen die Angriffe des Pompejus. Durch ein Bündnis mit dem kleinasiatischen König Mithridates brachte er Sulla in schwere Bedrängnis. In den Vorarbeiten zur Errichtung eines selbständigen Westreiches in Spanien wurde er das Opfer einer Verschwörung seines Feldherrn Perperna, der früher nur unter Druck der Soldaten auf seine Seite übergetreten war.

138 v–78 v Sulla
113 v/101 v Erster Germanenkrieg
106 v–48 v Pompejus
91 v/88 v Bundesgenossenkrieg
89 v/82 v Erster Bürgerkrieg
82 v rot Diktatur Sullas
81 v rot Vertreibung aus Spanien
80 v/78 v Sertorius-Krieg
78 v rot Unabhängigkeit Spaniens
71 v rot Spanien wieder römisch

SERTÜRNER, Friedrich (1783 n–1841 n), deutscher Chemiker. Lernte in der Hofapotheke von Paderborn und entdeckte dort bald nach Beendigung seiner Apothekerlehre das Morphium, das er als das 'schlafbringende Prinzip des Opiums' bezeichnete. Mit der Isolierung des Morphiums aus dem Opium gelang ihm die erste Gewinnung eines chemisch-reinen Pflanzengiftes. Dadurch wies er der chemischen Forschung den Weg zur Auffindung des 'aktiven Prinzips' aller in ihrer Wirkung bekannten pflanzlichen Gifte und nannte sie 'Alkaloide'. Regte die Opiumgewinnung aus deutschem Mohn an. Erforschte die Ätherbildung.

1803 n grün Morphium

SERUBABEL (um 570 v–um 510 v), jüdischer Politiker. Enkel des Judenkönigs Jechomias. Als Anführer der nach Babylon (Mesopotamien) umgesiedelten Juden führte er auf Befehl des Perserkönigs Kyros den Hauptteil seines Volkes nach Palästina zurück. Nahm auch einen großen Teil der Sklaven mit, die sich die Juden während ihres sechzigjährigen Aufenthaltes ('Babylonische Gefangenschaft') angeschafft hatten. Bald nach der Heimkehr ließ er in Jerusalem den Tempel neu errichten.

537 v rot Rückführung der Juden
537 v grün Mitnahme der Sklaven
515 v blau Tempel von Jerusalem

SERUM, Bezeichnung für den Bestandteil des Blutes, der bei der Blutgerinnung als wäßrige Substanz ausgeschieden wird ('Blutwasser'). Als Träger der Abwehrstoffe gegen Infektionskrankheiten von Behring erkannt, ist es bei der Vorbeugung und Heilung von großer Bedeutung. Seiner Erforschung dient eine eigene Fachrichtung der Medizin (Serologie).

1717 n grün Pockenschutzimpfung
1880 n grün Impfung gegen Tollwut
1890 n grün Behring: Serumbehandlung
1954 n grün Kinderlähmungs-Serum

SERVATIUS (um 320 n–384 n), belgischer Priester. Als Bischof der ältesten Stadt Belgiens (Tongern) verlegte er seinen Bischofssitz in die Stadt Maastricht. Die katholische Kirche ehrte sein Andenken, indem sie einen der oft kalten drei Maitage des Jahres ('Eisheilige') nach ihm benannte.

1143 n–1203 n Heinrich von Veldeke

SERVET, Michael (1511 n–1553 n), spanischer Arzt und Geograph. Studierte in Toulouse Rechtskunde, ging dann nach Deutschland und veröffentlichte 20jährig eine Schrift gegen die kirchliche Dreifaltigkeitslehre. Von der katholischen Kirche verfolgt, floh er nach Lyon, arbeitete zunächst unter falschem Namen in einer Druckerei und studierte dann Medizin, Mathematik, Sternkunde und Geographie. Durch die Herausgabe der geographischen Schriften des Ptolemäus und durch seine eigenen Arbeiten auf dem Gebiete des Blutkreislaufs berühmt geworden, nahm er den Kampf mit den unwissenschaftlichen Auffassungen der Kirche wieder auf. Auf Grund einer Schrift eingekerkert, gelang ihm die Flucht aus dem Gefängnis von Lyon. Doch wurde er im reformierten Genf erneut verhaftet. Er weigerte sich standhaft, durch Widerruf seine bessere Einsicht zu verraten, und wurde auf Grund von Gutachten der evangelischen Ministerien von Zürich, Bern, Basel und Schaffhausen durch den Rat der Stadt Genf zum Tode verurteilt und bei lebendigem Leibe verbrannt.

1509 n–1564 n Calvin
1553 n rot Feuertod

SESCHU (1420 n–1506 n), japanischer Maler und Zeichner. Wurde Schüler des aus China eingewanderten Malers Schubun und des Josetsu und erlernte die klassische Gestaltungsweise der chinesischen Meister vollkommen. Als berühmter Maler reiste er 47jährig in Begleitung mehrerer Schüler nach China, wo er am kaiserlichen Hofe Wandgemälde ausführte. Suchte die Landschaften auf, die von den größten chinesischen Malern dargestellt worden waren, und fertigte mehrere tausend Skizzen an. In seine japanische Heimat zurückgekehrt schlug er alle Aufträge der Fürsten aus, zog sich zurück und malte mehr als drei Jahrzehnte lang Landschaften, Tiere, Blumen, Porträts, das bunte Leben in den Städten, die Arbeit der Bauern und immer wieder die belebte Natur: Berge, Seen, Reisfelder, Wasserfälle, das Meer, Felsen, Wolken, Sturm. Malte seine plastischen, lebendigen Bilder auf Wandschirme und Seidenrollen, aber auch unmittelbar auf die Wände von Klöstern, Häusern und Palästen. Bevorzugte Tusche und gab nur gelegentlich seinen Bildern eine sanfte Farbtönung.

1375 n–1448 n Josetsu
1472 n blau 'Tempel'
1486 n blau 'Rolle des Mori'

SESOSTRIS I., König von Ägypten.

2002 v–1928 v Lebenslinie
2025 v–1953 v Knum-Hotep
2004 v–1932 v Sinuhe
1995 v–1911 v Enotes
1972 v rot Mitregent
1962 v braun Vorstoß nach Libyen
1960 v blau Politisches Lehrbuch
1955 v–1895 v Amen-Em-Het II.
1953 v grün Jahreszählung
1952 v braun Vorstoß nach Nubien
1952 v rot Machtausdehnung
1950 v grün Afrikahandel über Kerma
1946 v blau Tempel in Heliopolis
1945 v grün Monopole für Priester
1944 v blau Obelisk in Heliopolis
1941 v blau Tempel in Karnak
1940 v blau Relief
1935 v blau Loblied Sinuhes
1929 v rot Sohn Mitregent

SESOSTRIS II., König von Ägypten.

1935 v–1878 v Lebenslinie
1933 v grün Spielzeug
1897 v rot Mitregent
1893 v blau Bild seiner Frau
1892 v grün Stadtanlage nach Plan
1891 v blau Pyramide
1887 v grün Mauer zum Arbeiterviertel
1885 v blau 'Karawane am Hofe'

SESOSTRIS III., König von Ägypten.

1904 v–1841 v Lebenslinie
1899 v–1832 v Sebek
1893 v blau Bild seiner Mutter
1870 v/1862 v Nubischer Krieg
1867 v grün Nil-Katarakt schiffbar
1866 v blau Porträtplastik
1865 v–1792 v Amen-Em-Het III.
1863 v grün Grenz-Befestigung
1862 v rot Einverleibung Nubiens
1862 v rot 'Ewige Grenze'
1861 v blau Bildnis in grauem Granit
1857 v braun Kampf in Palästina
1856 v blau Pyramide
1851 v blau Darstellung als Sphinx
1845 v blau Loblieder
1842 v blau Bildnis in rotem Granit
1842 v grün Festung Semne
1452 v blau Tempel

SETH, Name eines der Hauptgötter Ägyptens. In der Gestalt eines ausgestorbenen Wüstentieres dargestellt, galt er als Gott der Steppe und der Wüste und damit als Gott der Fremde, des Bösen und des Kampfes. In der Göttersage als Mörder seines Bruders Osiris von dessen Sohn Horus erschlagen.

2727 v–2672 v Per-Ib-Sen
2697 v–2650 v Ka-Sechemui
1712 v–1640 v Apofis
1691 v–1628 v Chian
1652 v rot Kult Staatsreligion
1125 v–1054 v Smendes

SETH, Simon (um 1030 n–um 1090 n), byzantinischer Gelehrter. Als Arzt in Konstantinopel verwendete er verschiedene Mittel der arabischen, persischen, indischen und chinesischen Heilkunst. So hatte er beachtliche Heilerfolge durch den aus einem Baume Formosas stammenden Kampfer, durch das von Arabern aus Hanf gewonnene Haschisch, durch das vom Pottwal im Indischen Ozean abgestoßene Ambra, durch das im innerasiatischen Hochlande vom Moschus erjagte Drüsensekret, aber auch durch Muskat und Gewürznelke. Verfaßte eine Abhandlung über Geruch, Geschmack und Gefühl sowie ein alphabetisch geordnetes Lexikon über die in den Nahrungsmitteln enthaltenen Heilkräfte. Sein Werk widmete er dem byzantinischen Kaiser Michael, der unter Vernachlässigung seiner Regierungsgeschäfte sich der Wissenschaft ergeben hatte.

1070 n grün Heilkraft der Nahrung

SETHOS I., ägyptischer Herrscher (Pharao).

1345 v–1301 v Lebenslinie
1365 v–1317 v Ramses I.
1347 v–1282 v Muwa-Talli
1315 v blau Darstellung mit Göttin
1315 v grün Streitwagen-Verbände
1314 v braun Sieg über Kanaan
1314 v rot Heeresreform
1314 v blau Königsliste
1313 v blau Tempelbau in Palästina
1311 v braun Vordringen in Vorderasien
1311 v blau 'Liebesgöttin und Pharao'
1310 v blau 'Verehrung der Wahrheit'
1308 v blau Tempel von Abydos
1305 v braun Feldzug nach Libyen
1304 v blau Heldentaten-Zyklus
1302 v blau Widder-Allee

SETHOS II., ägyptischer Herrscher (Pharao).

1257 v–1210 v Lebenslinie

SET-NACHT, ägyptischer Herrscher (Pharao).

1250 v–1197 v Lebenslinie
1224 v–1165 v Ramses III.
1200 v braun Aufstand gegen Irsu
1200 v rot Dynastie

SETZMASCHINE, Gerät zur mechanischen Herstellung von Buchstabensatz. Die ersten Versuche zu einer maschinellen Bewältigung der mühseligen Arbeit des Aneinanderreihens einzelner Buchstaben zu Druckzeilen gehen bis beginnende 19. Jahrhundert zurück, als mit der Beschleunigung des Druckvorganges (Schnellpresse) eine Rationalisierung auch des Setzens notwendig wurde. Nach 15jähriger Entwicklungsarbeit vollendete der englische Ingenieur William Church 1822 n eine Maschine zum Aneinanderreihen von Buchstaben, die mechanisch auf einer Klaviatur angeschlagen wurden. Aber da diese Maschine die unterschiedlich langen Reihen nicht durch 'Ausschließen' anglich und die einmal verwendeten Buchstaben nicht 'ablegte' sondern einschmolz, setzte sie sich nicht durch. An der Lösung dieser Aufgaben versuchten sich ein Engländer (J. H. Young), ein Franzose (Adrien Delcambre), ein Österreicher (L. E. Tschulik), zwei Nordamerikaner (Mitchell und Alden) sowie der dänische Dichter Christian Sörensen, der durch Zahnung der Einzellettern ihre Führung verbesserte. Aber erst der aus dem württembergischen Dorfe Hachtel nach Nordamerika ausgewanderte Uhrmacher und Mechaniker Ottmar Mergenthaler fand eine Konstruktion, die auf einfache Weise das Setzen, Ausschließen und Ablegen besorgte und die auch leicht genug zu bedienen und preiswert genug herzustellen war.

1884 n grün Zeilengießmaschine

SEUCHEN, Bezeichnung für ansteckende Krankheiten, die nur zeitweise, dann aber in großer Häufung (epidemisch) auftreten und in der Vergangenheit ganze Städte und Landstriche entvölkert haben (Pest, Pocken, Cholera, Typhus, Lepra). Durch die moderne Naturwissenschaft (Medizin und Chemie) ist ihre Gefährlichkeit in unserer Epoche bereits für viele Länder der Erde gebannt.

2415 v–2335 v Chui
2358 v grün Augenkrankheit bekämpft
1981 v–1929 v Neferi
1951 v grün Tb-Behandlung
1413 v–1346 v Suppi-Luli-Uma
1379 v grün Kinderlähmung in Ägypten
1367 v–1315 v Mur-Sili II.
1332 v blau 'Pestgebete'
742 v/724 v 1. Messenischer Krieg
603 v grün Pest in Athen
490 v–430 v Empedokles
430 v grün Pest in Athen
540 n/562 n Byzantinischer Perserkrieg
865 n–932 n Al Rasi
896 n grün Schrift des Al Rasi
1013 n–1085 n Robert Guiskard
1166 n/1167 n Deutscher Feldzug
1286 n grün Seuchenopfer-Sektion
1338 n/1453 n Hundertjähriger Krieg
1351 n grün Pest in Europa
1377 n grün Quarantäne-Station
1410 n–1451 n Stephan Lochner
1717 n grün Pockenschutzimpfung
1729 n–1796 n Katharina II., die Große
1873 n grün Leprabazillus
1880 n grün Impfung gegen Tollwut
1890 n grün Serumbehandlung
1897 n grün Malaria-Erreger
1906 n grün Schlafkrankheit-Erreger
1916 n grün Heilmittel Germanin
1939 n grün Insektengift DDT
1954 n grün Kinderlähmungs-Serum

SEUSE, Heinrich, deutscher Religionsphilosoph.

1295 n–1366 n Lebenslinie
1327 n blau 'Büchlein von der Wahrheit'
1341 n blau 'Büchlein von der Weisheit'

SEVARAMBEN, Phantasiename für ein Volk, das in einem Roman des französischen Sprachgelehrten Vairasse auf einer australischen Insel ein gerechtes Staatswesen auf der Grundlage gesellschaftlichen Eigentums und allgemeiner Gleichheit verwirklicht. Den Namen des Volkes hat der Autor von dem erdichteten Namen seines Führers, des Weisen Sevaris, abgeleitet.

1675 n blau Vairasses Werk

SEVERUS, Septimius, römischer Kaiser von 193 n bis 211 n.

146 n–211 n Lebenslinie
143 n–212 n Papinian
170 n–229 n Ulpian
193 n braun Thronkämpfe
193 n rot Senatoren-Hinrichtung
193 n rot Vorrang Italiens beendet
194 n/199 n Partherkrieg
195 n braun Juden-Erhebung
195 n rot Machtgewinn
196 n braun Zerstörung von Byzanz
199 n rot Gewinn Mesopotamiens
201 n rot Gesetz gegen Judentum
202 n rot Gesetz gegen Christentum
202 n grün Grenzsiedlungen
204 n rot Grabmal für Hannibal
207 n braun Aufstand des Felix Bulla
208 n/210 n 3. Britannischer Krieg
210 n grün Ausbau des Hadrianwalles

SEVERUS, Sulpicius (um 360 n–um 420 n), römischer Schriftsteller aus Südwest-Gallien (Aquitanien). Als Mönch schilderte er in einem zweibändigen Geschichtswerk die Entwicklung der christlichen Kirche. Reicherte sein Buch durch allgemeine historische Angaben so an, daß es von Christen als Weltchronik gelesen wurde. So legte er den Grund zu dem unwissenschaftlichen historischen Weltbild des christlichen Europa. Seine Legende des Martin von Tours wurde Vorbild aller christlichen 'Heiligenlegenden'.

397 n blau Martinslegende
403 n blau Geschichtswerk

SEVILLA, Stadt im fruchtbaren Tale des Guadalquivir-Flusses (Südspanien), 80 km vor dessen Einmündung in den Atlantik. Viertgrößte Stadt Spaniens. Die von Phöniziern aus Karthago gegründete Siedlung geriet 201 v unter die Herrschaft der Römer und wurde bald zu einem Zentrum der römischen Kultur in Spanien. Cäsar gab ihr den Namen 'Colonia Julia Romula'. 409 n wurde sie von Wandalen erobert, 441 n von Westgoten. Ihre Blütezeit erlebte die Stadt unter den Arabern, die sie seit 711 n mehr als fünf Jahrhunderte lang beherrschten und sie neben Cordoba und Granada zu einem Zentrum der europäischen Wissenschaft machten. Als sie 1248 n nach 18monatiger Belagerung durch Kastilier unter Ferdinand III. genommen wurde, sank sie allmählich auf das Kulturniveau des christlichen Europa herab. Etwa 300 000 Araber verließen die Stadt und gingen in das arabisch gebliebene Granada oder nach Nordafrika. Erst durch den allmählich einsetzenden Amerika-Handel erlebte die Stadt seit 1500 n einen neuen Aufschwung, bis sie von dem unmittelbar am Meer gelegenen Cadiz überflügelt wurde. Heimatstadt der Maler Murillo und Velasquez.

201 v rot Römische Herrschaft
711 n rot Arabische Herrschaft
844 n braun Normannen-Einfall
1181 n blau Alkazar
1195 n blau Moschee
1248 n braun Sieg der Kastilier
1402 n blau Kathedrale
1503 n grün Amt für Amerika-Handel
1617 n blau Velasquez: 'Wasserträger'
1618 n–1682 n Murillo
1630 n blau 'Verführer von Sevilla'
1775 n blau Beaumarchais: 'Barbier'
1816 n blau Rossini: 'Barbier'

SÈVRES, Stadt an der Seine zwischen Paris und Versailles (Nord-Frankreich). Berühmt durch die 1738 n in Vincennes gegründete und 18 Jahre später hierher verlegte Porzellanfabrik. 1759 n in den Besitz des Königs übergegangen, wurde sie in der Revolution verstaatlicht und erhielt Weltgeltung durch ihr Feinporzellan in Königsblau und Rosenrot.

1756 n grün Porzellanmanufaktur

SEWASTOPOL, Hafenstadt an der Südwestspitze der Halbinsel Krim (Südrußland). Hauptstützpunkt der russischen Schwarzmeerflotte. Vor 2500 Jahren von griechischen Siedlern unweit der heutigen Stadt gegründet und 'Chersones' genannt, erhielt sie nach Eroberung durch die Römer zu Ehren des Kaisers Augustus (griechisch 'Sebastos') ihren heutigen Namen. Später wurde sie von Russen jahrhundertelang als Handelsplatz besucht. Die Mongolenherrschaft über Südrußland seit dem 13. Jahrhundert beraubte sie ihrer Bedeutung für 500 Jahre. Als die Krim dann im Jahre 1784 n an Rußland fiel, wurde die Stadt von Potemkin zum Kriegshafen ausgebaut. Im Krimkrieg nach elfmonatiger Belagerung durch Türken, Engländer und Franzosen fast völlig zerstört, wegen ihrer günstigen Lage aber wieder aufgebaut. 1905 n brach hier die erste russische Revolution aus (Panzerkreuzer Potemkin). Im ersten Weltkrieg wurde die Stadt von deutschen Kriegsschiffen beschossen und 1918 n eingenommen. 1920 n war ihre Festung der letzte Zufluchtsort der geschlagenen konterrevolutionären Truppen des Generals Wrangel. Im zweiten Weltkrieg war sie drei Jahre lang von deutschen Truppen besetzt.

1784 n rot Russische Herrschaft
1853 n/1856 n Krimkrieg
1905 n/1906 n Russische Revolution
1914 n/1918 n Erster Weltkrieg
1917 n/1922 n Russische Revolution
1926 n blau Eisenstein: 'Potemkin'
1939 n/1945 n Zweiter Weltkrieg

SEXAGESIMALSYSTEM (Sechziger-Rechnung), Bezeichnung für ein Zahlensystem mit 60 verschiedenen Zahlenzeichen. Entstand vor fast 5000 Jahren in Sumer (Mesopotamien) und erhielt sich teilweise bis in unsere Epoche, so in der Zeitrechnung (1 Stunde = 60 Minuten, 1 Minute = 60 Sekunden), in der Geometrie (Winkelteilung in 6 × 60 = 360 Grad) und in der Volkssprache (1 Schock = 60 Stück).

2817 v grün Aufkommen in Sumer

SEXTIUS Lateranus (um 410 v–um 350 v), römischer Staatsmann. Selbst plebejischer Herkunft, kämpfte er für die rechtliche Gleichstellung der Plebejer im römischen Staat. Zusammen mit Licinius zum Volkstribun gewählt und zehn Jahre lang immer wieder in diesem Amt bestätigt, brachte er Gesetze zur Erleichterung des Loses der Armen ein und suchte durch Einschränkung der zulässigen Größe des Grundbesitzes die Macht des Adels einzuschränken. Setzte es durch, daß auch Plebejer das höchste Staatsamt Roms, das des militärischen Oberbefehl einschloß, besetzen konnten (Konsulat). Ein Jahr nach Annahme dieses Gesetzes wurde er selbst erster plebejischer Konsul. Durch Unterwerfung der Salluvier in Südfrankreich legte er den Grund zur Eroberung Galliens.

366 v rot Konsul

SEXTUS Empirikus (um 160 n–um 230 n), griechischer Philosoph. Als Arzt in der Stadt Alexandria (Ägypten) stellte er das Wahrnehmbare in Gegensatz zu dem Denkbaren und kam zu dem Ergebnis, daß sogar das Denkbare dem Denkbaren und das Wahrnehmbare dem Wahrnehmbaren widerspricht. Sicheres Wissen schloß er deshalb überhaupt aus. In diesen 'Skeptizismus' bezog er die Logik, die Mathematik und die Physik ein und bestritt auch die Möglichkeit sowie die Nützlichkeit jeder Moral. Sein Leben richtete er nach den ihm von der Natur unmittelbar erteilten Lehren, nach den Notwendigkeiten des Daseins und nach den allgemeinen Gewohnheiten. Schrieb ein Werk in sechs Bänden gegen die Fachgelehrten.

190 n blau 'Gegen Dogmatiker'

SEXUALITÄT, von dem lateinischen Worte 'sexus' (= Geschlecht) abgeleitete Bezeichnung für die Gesamtheit der Erscheinungen, die mit der Betätigung des Sexualtriebes in Zusammenhang stehen. Seit alters her in zahlreichen Kulturen als Tabu betrachtet, blieb sie trotz aller Ächtung Grundlage der Art-Erhaltung und damit des Menschenlebens. Im christlichen Europa bis in unsere Epoche hinein als grundsätzlich sündig und nur bei ehelicher Fortpflanzung entschuldbar betrachtet und deshalb unterdrückt, erlebt sie in der gegenwärtigen Befreiung des Menschen aus kirchlicher und staatlicher Bevormundung eine Wiederbelebung als selbständige Lebensäußerung. Dabei wird ihre in der Vergangenheit durch ihre Ächtung bewirkte Abspaltung von der Liebe als ihrer seelischen Grundlage überwunden. Durch die Erfindung eines sicheren Verhütungsmittels (Anti-Baby-Pille) wurde auch für den Kulturmenschen die Möglichkeit geschaffen, sich ihr losgelöst von der Fortpflanzung um ihrer selbst willen hinzugeben wie es in der gesamten Natur geschieht und wie es bis in unsere Epoche hinein bei einigen Naturvölkern war, bis ihnen der Zusammenhang zwischen Zeugung und Geburt bewußt wurde.

2067 v grün Tempelprostitution
1370 v rot Prostituierte schleierlos
579 v grün Staat: Prostitutionserlös
43 v–17 n Ovid
1 v blau Ovid: 'Kunst der Liebe'
168 n rot Aufkommen des Zölibats
306 n rot Zölibat höherer Priester

480 n–547 n Benedikt von Nursia
530 n blau Benediktiner: Keuschheit
738 n blau Statue einer Kurtisane
939 n–990 n Roswitha
1074 n rot Zölibat aller Priester
1109 n–1149 n Eudo
1133 n rot Zwang zum Zölibatbruch
1324 n–1384 n Wiclif
1483 n–1546 n Luther
1785 n blau Sadismus
1786 n blau Casanovas Erinnerungen
1855 n–1939 n Freud
1895 n grün Freud: Psychoanalyse
1900 n grün Freud: Traumdeutung
1909 n grün Syphilismittel Salvarsan
1949 n blau S. Beauvoirs Untersuchung
1953 n grün Kinsey-Report
1963 n grün Anti-Baby-Pille

SEXUAL-REPORT, Bezeichnung für Untersuchungen über das geschlechtliche Verhalten von Frau und Mann. Die Veröffentlichung der ersten großen Untersuchung dieser Art durch den nordamerikanischen Zoologen Alfred Kinsey löste eine leidenschaftliche Diskussion aus, weil sie bewies, daß die herrschende bürgerliche Moral beziehungslos neben der gelebten Wirklichkeit steht und daß andererseits die christlichen Sittengesetze eine natürliche Entfaltung des Sexuallebens verhindern.

1953 n grün Kinsey-Report

SEZESSIONSKRIEG, von dem lateinischen Worte 'secessio' (= Absonderung) abgeleitete Bezeichnung für den Bürgerkrieg der Nordstaaten der USA gegen die abgefallenen Südstaaten. Ausgelöst durch den Austritt der auf Landwirtschaft beruhenden Sklavenhalterstaaten des Südens aus der immer stärker industriell sich orientierenden Gesamtheit der Vereinigten Staaten (USA). Durch Einsatz von Massenheeren sowie durch die Verwendung von Eisenbahn und Telegraph erster großer Bewegungskrieg der Geschichte (600 000 Tote).

1809 n–1865 n Lincoln
1861 n/1865 n Bürgerkrieg
1865 n rot Sklaverei-Abschaffung

SHAFTESBURY, Anthony (1671 n–1713 n), englischer Philosoph. Als Sohn eines reichen Grafen wurde er von dem freidenkerischen Philosophen Locke erzogen und begann 16jährig eine dreijährige Studienreise durch Europa. Nach England zurückgekehrt, widmete er sich wissenschaftlichen Studien und trat ins Parlament ein. Zwischendurch lebte er zeitweise in Holland, 40jährig zog er sich ganz nach Italien zurück. Verwarf die von den Kirchen benutzte Hoffnung auf Belohnung und Furcht vor Strafe als ungeeignet für die Bildung sittlicher Persönlichkeiten. Das Sittliche sah er in der Natur des Menschen angelegt und stellte der Ethik allein die Aufgabe, die selbstischen Neigungen des Menschen mit den aus seinen geselligen Neigungen sich ergebenden Erfordernissen in ein harmonisches Verhältnis zu bringen. Den Egoismus des Menschen betrachtete er als höchsten moralischen Wert und erklärte die Liebe zu Gattung und Gemeinschaft nur für den Ausdruck vernünftiger Eigenliebe. Den Griechen der vorchristlichen Zeit erklärte er als Vorbild eines vom Christentum unverdorbenen, den sinnlichen Freuden des Lebens aufgeschlossenen, in Freiheit und Selbstzucht ruhenden Menschen.

1708 n blau Ideal-Vorstellung

SHAKER, Name einer religiösen Gruppe, die sich in England seit 1747 n als ein Zweig der Quäker-Bewegung herausbildete. 1768 n trat ihr die Tochter eines Schmiedes aus Manchester, Ann Lee, bei, die nach ihrer Ehe mit einem trunksüchtigen Schmied strenge Trennung der Geschlechter und Ehelosigkeit einführte. Verfolgt ging sie 1774 n nach Nordamerika. Dort gründete sie eine Siedlung, in der auf Grundlage kommunistischer Gütergemeinschaft und gerechter Teilung der Arbeitserträge eine brüderliche Gemeinschaft sich bildete, der sie vorstand ('Mutter Anna'). Nach ihrem Tode gründeten ihre Anhänger unter völliger Trennung von den Quäkern eigene Gemeinden mit einer eigenen Organisation. 1792 n wurde der 'Berg Libanon' im Staate Massachusetts ihr religiöser Mittelpunkt. Ihre Anhänger verweigern den Kriegsdienst und Eid, sie verwerfen den christlichen Glauben an die Göttlichkeit Jesu sowie an ein Fortleben nach dem Tode und suchen Lebenserfüllung in einem Diesseits ohne Ehe und ohne Privatbesitz.

1787 n rot Zusammenschluß in USA

SHAKESPEARE, William, englischer Dichter.

1564 n–1616 n Lebenslinie
1591 n blau 'Romeo und Julia'
1593 n blau 'Sommernachtstraum'
1599 n blau 'Julius Cäsar'
1601 n blau 'Hamlet'
1605 n blau 'Macbeth'
1765 n blau Wielands Übersetzung
1797 n blau Schlegels Übersetzung
1826 n blau Tiecks Übersetzung

SHANNON, Claude E. (geboren 1916 n), nordamerikanischer Mathematiker. Entwickelte Methoden zur technischen Sammlung und Verarbeitung von Nachrichten sowie für die sich daraus ergebenden Möglichkeiten elektronischer Steuerung. Begründete eine mathematische Theorie der Nachrichten-Übermittlung.

1948 n grün Informations-Theorie

SHAW, George Bernard, englischer Dichter aus Dublin.

1856 n–1950 n Lebenslinie
1912 n blau 'Pygmalion'
1923 n blau 'Die heilige Johanna'
1928 n blau 'Wegweiser'

SHELLEY, Percy B. (1792 n–1822 n), englischer Dichter. Als Sohn eines adligen Großgrundbesitzers in Eton erzogen, schrieb er 16jährig zwei Erzählungen und wurde wegen antikirchlicher Gesinnung von der Schule verwiesen. In Oxford studierte er Philosophie, schrieb ein Buch über die Notwendigkeit des Atheismus und wurde wegen seiner revolutionären Haltung vom Universitätsbesuch ausgeschlossen. Vom Vater verstoßen, widmete er sich ganz seinem Kampf gegen Unterdrückung und Gewalt sowie gegen die Heuchelei des Bürgertums. In seinem Gedicht 'Königin Mab' gab er 21jährig ein märchenhaftes Gleichnis für die Entwicklung der menschlichen Gesellschaft aus dem Dunkel religiöser Befangenheit in die Freiheit der Vernunft. Hiermit und durch seine von Natursehnsucht erfüllten Gedichte ('Ode an den Westwind') erwarb er die Bewunderung Byrons, der ihm in lebenslanger Freundschaft verbunden blieb. Begeisterte sich für die französische Revolution ('Die Empörung des Islam'). Übersetzte Dichtungen des Aischylos ins Englische und verfaßte als Gegnstück zu dessen Werk 'Der gefesselte Prometheus' das Drama 'Der entfesselte Prometheus'. Darin schilderte er den aus Vorurteilen, Unterdrückung, Ausbeutung und Krieg befreiten Menschen. Schrieb einen flammenden Aufruf zur revolutionären Umgestaltung der Gesellschaft ('An Englands Männer'). Ertrank auf einer Segelfahrt vor der italienischen Küste.

1820 n blau 'Entfesselter Prometheus'

SHERIDAN, Richard B. (1751 n–1816 n), englischer Dichter und Staatsmann aus Irland. Als Sohn eines Schauspielers studierte er Rechtskunde und wandte sich der Politik zu. Zum Unterstaatssekretär und Schatzmeister aufgestiegen, griff er die Kolonialpolitik des Generalgouverneurs für Indien (Hastings) scharf an und ging in die Opposition. Begrüßte begeistert die französische Revolution. Heiratete eine Schauspielerin und Sängerin. Leitete 33 Jahre lang ein Londoner Theater. Schrieb zahlreiche Lustspiele und komische Opern ('Die Nebenbuhler', 'Die Lästerschule', 'Der Kritiker'). Darin entlarvte er die Heuchelei des englischen Bürgertums als eine gesellschaftliche Entartung. Zeigte, daß sie zur Zerstörung gerade jener menschlichen Gesittung führen muß, die so gefliessentlich zur Schau getragen wird. Bearbeitete auch deutsche Stücke für die englische Bühne (Kotzebues 'Pizarro').

1777 n blau 'Die Lästerschule'

SHERLOCK HOLMES, Romangestalt des englischen Kriminal-Schriftstellers Conan Doyle. Klärte als Meisterdetektiv mit seinem Gehilfen Dr. Watson Verbrechen auf.

1893 n blau Doyles Werke

SHETLAND-INSELN, Name einer schottischen Inselgruppe, 200 km nördlich von England. Besteht aus drei großen und 119 kleinen Inseln, von denen dreißig bewohnt sind. Vor mehr als 1100 Jahren von Normannen besiedelt, sind sie seit 1469 n schottischer Besitz. Berühmt wurden sie durch die hier gezüchteten besonders anspruchslosen, leistungsstarken, widerstandsfähigen Ponys. Daneben betreiben die Bewohner seit alters her Schafhaltung und Fischfang.

802 n rot Normannen-Niederlassung
850 n–932 n Harald Schönhaar

SHORE, John (1662 n–1752 n), englischer Musiker. Als Sohn eines Hofmusikers wurde er Trompeter und Lautenspieler im königlichen Orchester. Erfand ein Gerät zur Erzeugung eines immer gleichbleibenden Obertons (Stimmgabel). Mit Hilfe dieses absoluten Tones wurde es möglich, Instrumente immer wieder auf die genau gleiche Tonhöhe einzustimmen, insbesondere alle Instrumente eines Orchesters.

1711 n grün Stimmgabel

SIAM, Staat in Ostasien, der sich seit 1939 n 'Thailand' (= Land der Freien) nennt. Bis zum Ende des 19. Jahrhunderts größtes und mächtigstes Reich Hinterindiens. Zwischen 1893 n und 1909 n verlor es große Gebiete an Frankreich und England und ist heute nur einer von den sechs Staaten Hinterindiens. Außer Vietnam grenzen alle anderen Staaten an sein Gebiet. (Burma, Laos, Kambodscha, Malaya.) Während des zweiten Weltkrieges konnte es nach dem deutschen Siege über Frankreich Teile seines alten Staatsgebietes der französischen Kolonialmacht entreißen. 1946 n wurde es aber wieder auf sein verkleinertes Territorium zurückgeworfen.

673 n rot Ansiedlung der Thai
1257 n braun Niederlage der Khmer
1257 n rot Reich von Sukota
1782 n rot Einigung
1782 n rot Bangkok Hauptstadt
1893 n rot Verlust von Laos
1917 n blau Universität Bangkok
1920 n rot Mitglied im Völkerbund
1939 n/1945 n Zweiter Weltkrieg
1954 n rot Mitglied der SEATO
1955 n rot Bandung-Konferenz

SIANG-TSCHIN, chinesischer Fürst.

811 v–757 v Lebenslinie
771 v rot Belehnung mit Tschin

SIBAWAIH (um 745 n–796 n), arabischer Sprachforscher aus Persien. Nachdem er sich in seiner Heimat umfassend gebildet hatte, ging er nach Basra (Mesopotamien) und studierte bei dem größten Sprachforscher seiner Zeit, Al Chalil. Dann zog er nach Bagdad, unterlag aber in einem Gelehrtenstreit und kehrte nach Basra, später in seine persische Heimat zurück. Berühmt wurde er durch seine Sprachlehre, die alle Regeln der arabischen Sprache verständlich darstellte und übersichtlich darbot. Als 'Kitab' (= 'das Buch') wurde es Grundlage des arabischen Bildungswesens.

781 n blau Grammatik

SIBELIUS, Jan (1865 n–1957 n), finnischer Komponist. Als Sohn eines Arztes studierte er in Helsinki Rechtskunde, wandte sich dann aber der Musik zu und erlernte in Berlin und Wien die Kunst der Komposition. In seine Heimat zurückgekehrt, widmete er sich der Schaffung einer Musik, die dem Gemüt und der Überlieferung des finnischen Volkes entspricht. Nach Märchen, Sagen und Legenden schrieb er Lieder, Chöre und Klavierstücke. Suchte die nordische Klangfarbe auch in der Orchestermusik zur Geltung zu bringen. Schrieb sieben Sinfonien und ein Violinkonzert. Der finnische Staat setzte bereits dem 32jährigen einen Ehrensold auf Lebenszeit aus, so daß er sich, auf sein Landgut Järvenpää bei Helsinki zurückgezogen, ganz seiner schöpferischen Arbeit hingeben konnte. Seine schwermütigbewegte Musik machte ihn auch außerhalb seiner Heimat berühmt.

1899 n blau 'Finlandia'

SIBIR, Stadt im asiatischen Rußland, etwa 500 km östlich des Ural auf der geographischen Höhe von Moskau. Sie wurde als Hauptstadt des Mongolenreiches von Tjumen am Ufer des Irtysch angelegt und gab diesem Reiche seinen Namen. 1563 n von Usbeken erobert, deren Herrscher sich fortan 'Kaiser von Sibirien' nannten. 1590 n von Russen zerstört.

1499 n blau Gründung

SIBIRIEN, Bezeichnung des nördlichen Teiles der asiatischen Besitzungen Rußlands. Benannt nach dem Mongolenreich, das sich hier um 1500 n gebildet hatte. Seine Eroberung durch das russische Reich vollzog sich gleichzeitig mit den überseeischen Eroberungen der Westeuropäer. Diese Besitznahme machte Rußland nach England zum zweitgrößten Weltreich in der Epoche des europäischen Imperialismus. Seit dem 16. Jahrhundert von russischen Eroberern, Goldsuchern, Pelzjägern und Abenteurern, seit dem 18. Jahrhundert von russischen Sträflingen und seit dem 19. Jahrhundert von russischen Bauern besiedelt, wurde es von russischen Industriellen ausgebeutet (Bergbau, Industrie). Durch den Bau der transsibirischen Eisenbahn (1891 n–1905 n) wuchs es wirtschaftlich und kulturell mit dem übrigen Rußland zusammen. Nach der Oktoberrevolution wurde es durch Einführung von Großflächen-Landwirtschaft (Schwarzerdegebiet) sowie durch den Aufbau gewaltiger Kraftwerke und einer Schwerindustrie zu einem wichtigen Wirtschaftspotential der UdSSR.

515 n–572 n Muhan
552 n/563 n Asiatischer Türkenkrieg
563 n rot Türkische Herrschaft
1155 n–1227 n Dschingis-Khan
1207 n/1279 n Großer Mongolenkrieg
1218 n rot Süden mongolisch
1254 n–1324 n Marco Polo
1440 n–1505 n Iwan III.
1499 n braun Vorstoß der Russen
1499 n rot Gebietsgewinn Rußlands
1499 n blau Gründung von Sibir
1530 n–1584 n Iwan IV.
1551 n rot Russische Oberhoheit
1574 n grün Erschließung
1581 n rot Westen russisch
1582 n rot Verbannungsgebiet
1586 n blau Gründung von Tjumen
1587 n blau Gründung von Tobolsk
1593 n blau Gründung von Beresow
1604 n blau Gründung von Tomsk
1607 n rot Große Teile russisch
1618 n blau Gründung von Jenisseisk
1629 n–1676 n Alexei Michailowitsch
1632 n blau Gründung von Jakutsk
1644 n rot Russen am Amur
1646 n rot Ganz Nordasien russisch
1648 n grün Deschnew: Beringstraße
1689 n rot Grenzvertrag
1697 n braun Vorstoß der Russen
1697 n rot Kamtschatka russisch
1699 n grün Eisengießereien
1709 n–1762 n Elisabeth Petrowna
1716 n blau Gründung von Omsk
1740 n grün Kap Tscheljuskin
1741 n grün Kartenaufnahme
1753 n rot Verstärkte Verbannung
1754 n grün Goldgewinnung
1821 n–1880 n Dostojewski
1858 n rot Amur-Gebiet russisch
1860 n blau Gründung von Wladiwostok
1917 n/1922 n Russische Revolution
1932 n blau Gründung von Komsomolsk

SIBYLLINISCHE BÜCHER, Bezeichnung für eine Sammlung von Orakelsprüchen, die auf griechische Hellseherinnen (Sibyllen) zurückgeführt wurden. Die in drei Büchern zusammengefaßten dunklen Prophezeiungen spielten in Rom seit 2500 Jahren eine bedeutende Rolle. Sie wurden auf dem Kapitol aufbewahrt und von 15 Priestern verwaltet, die in Krisenzeiten mit Genehmigung des Senats daraus Prophezeiungen ableiteten. Im Jahre 83 v beim Brande des Kapitols zerstört, wurden sie mühsam wieder hergestellt und von Augustus im Apollo-Tempel auf dem Palatin untergebracht. In dieser Epoche entstand auch unter dem gleichen Namen eine 14bändige Sammlung jüdischen und christlichen Gedankengutes, die sich das Ansehen der alten Bücher bei ihrer Verbreitung zunutze machte.

511 v blau Einführung in Rom
16 v blau Auslegung durch Kapito

SICA, Vittorio (geboren 1902 n), italienischer Schauspieler, Regisseur und Drehbuchautor. Als erfolgreicher Darsteller nahm er auf die von ihm gespielten Filme zunehmend Einfluß und wurde schließlich zu einem der größten Filmschöpfer, die von der Idee bis zum fertigen Film das ganze Kunstwerk prägten. Nach dem gesellschaftskritischen Film 'Kinder sehen Dich an' errang er mit 'Schuhputzer', 'Fahrraddiebe' und 'Rom, Station Termini', dem italienischen Film Weltgeltung. Durch sinnenfrohen Humor gewann er das breite Publikum ('Liebe, Brot und Phantasie', 'Hochzeit auf italienisch'), ohne seine sozialkritische Gesinnung preiszugeben.

1948 n blau 'Fahrraddiebe'

SICHARBAS (um 860 v–um 815 v), phönizischer Priester. Als Oberpriester des Melkart-Tempels der Handelsfeste Tyros an der vorderasiatischen Mittelmeerküste hatte er neben dem König die höchste Stellung in dem Inselstaate, der einen großen Teil des phönizischen Mittelmeerhandels beherrschte. Heiratete Dido, die Schwester des Königs Pygmalion. Nahm am Kampf der Priesterschaft gegen den König teil und wurde hingerichtet. Nach der phönizischen Sage soll seine Frau mit dem Tempelschatz geflohen sein und die Stadt Karthago (Nordafrika) gegründet haben.

852 v–774 v Pygmalion
814 v blau Gründung Karthagos

SICHEL

2463 v grün Kupfer-Sicheln
1701 v grün Sichel-Schwert

SICHEM, Stadt in Palästina (Vorderasien), halbwegs zwischen Jordan und Mittelmeerküste. Vor mehr als 5000 Jahren entstanden, wurde sie unter König Jerobeam I. vorübergehend Residenzstadt des neugegründeten Staates Israel. Im Jahre 128 v durch den König von Juda (Hyrkanos I.) zerstört. 200 Jahre später gründete Kaiser Vespasian hier eine römische Stadt (Flavia Neapolis). Sie wurde später von den Türken Nabulus genannt und heißt heute Nablus.

1899 v–1832 v Sebek
1857 v braun Vorstoß Ägyptens
964 v–912 v Jerobeam I.
933 v rot Reich Israel

SIDDHANTA, Bezeichnung für das Hauptwerk des indischen Jinismus. Seine Niederschrift begann spätestens im vierten Jahrhundert vor unserer Zeitrechnung. Die Texte wurden dann immer wieder ergänzt und bearbeitet und erhielten ihre endgültige Form auf einem Konzil in der indischen Stadt Pataliputra. Das Buch enthält Überlieferungen des Religionsstifters Jina über seine Lehre sowie Erzählungen, Sagen und Gleichnisse, eine Verherrlichung des Mönchtums und Regeln für das Leben der Mönche und Nonnen.

497 n blau Vollendung

SIDON, Hafenstadt an der libanesischen Küste des Mittelmeers (Vorderasien). Vor fast 5000 Jahren von eingewanderten Phöniziern gegründet, entwickelte sie sich durch Schiffahrt, Handel und Gewerbe (Glas) zur ersten bedeutenden Stadt Phöniziens. Sie beherrschte jahrhundertelang den Warenverkehr im östlichen Mittelmeer, und das Wort 'Sidonier' war um diese Zeit gleichbedeutend mit 'Phönizier'. Gegenüber den vorderasiatischen Reichen, gegenüber Ägypten und gegenüber den phönizischen Nachbarstädten (Tyros) behauptete sie ihre Unabhängigkeit durch Tributzahlungen, Bündnisse und Kämpfe. Später geriet sie unter die Herrschaft der Ägypter, Assyrer, Babylonier, Perser, Mazedonier, Römer, Mongolen, Araber, der Kreuzfahrer und der Türken. In unserer Epoche nahm die Stadt (Saida) am Freiheitskampf des Libanon gegen die Türken wie gegen die englisch-französische Bevormundung teil und ist seit dem zweiten Weltkrieg Teil des unabhängigen Libanon.

2991 v rot Phönizier-Niederlassung
1481 v/1460 v Vorstoß Ägyptens
1469 v rot Ägyptische Herrschaft
1148 v–1074 v Tiglatpileser I.
1111 v/1090 v Mesopotamischer Krieg
1107 v rot Tribute an Assyrien
713 v–669 v Asarhaddon
539 v rot Persische Herrschaft
334 v/325 v Alexanderzug
332 v rot Phönizien mazedonisch
106 v–48 v Pompejus
64 v/63 v Vordringen Roms
63 v rot Römische Herrschaft
4 v grün Glasbläserei
1187 n braun Vorstoß der Araber
1187 n rot Arabische Herrschaft
1207 n/1279 n Großer Mongolenkrieg
1228 n/1229 n Fünfter Kreuzzug
1248 n/1254 n Sechster Kreuzzug
1516 n braun Vorstoß der Türkei
1946 n rot Libanon selbständig

SIEBENBÜRGEN, Name einer Balkanlandschaft, die heute den Nordwesten Rumäniens bildet. Das seit mindestens 3 Jahrtausenden von Dakern bewohnte Gebiet verlor vor 2000 Jahren seine Unabhängigkeit an das römische Reich. Zeitweilig von Goten erobert, wurde es nach dem Ende der Macht Roms Teil des Hunnenreiches. Wurde von Gepiden besetzt, gehörte dann längere Zeit zum Awarenreich und wurde schließlich von den in den Balkan eingewanderten Magyaren dem ungarischen Staate einverleibt. Seit dem 12. Jahrhundert von Deutschen besiedelt (Siebenbürger Sachsen), die sich auch nach Vertreibung der Deutschritter hier behaupteten. Von 1541 n ab unter türkischer Herrschaft, wurde es im Großen Türkenkrieg 1691 n dem österreichischen Territorium (Habsburg) eingefügt. Fiel 1867 n an das Königreich Ungarn, nach dem ersten Weltkrieg (1919 n) an Rumänien, 1940 n zum großen Teil wieder an Ungarn, 1947 n endgültig an Rumänien.

29 v/28 v Sieg Roms über Daker
53 n–117 n Trajan
85 n/88 n Erster Dakerkrieg
101 n/106 n Zweiter Dakerkrieg
106 n rot Dakerreich Provinz Roms
250 n/269 n Erster Gotischer Krieg
370 n/455 n Hunnenkriege
455 n rot Reich der Gepiden
541 n–572 n Alboin
567 n braun Niederlage der Gepiden
567 n rot Ende des Gepidenreiches
567 n rot Awarenreich
834 n–907 n Arpad
860 n rot Vorstoß der Magyaren
895 n rot Ungarisches Reich
1148 n grün Ansiedlung von Deutschen
1173 n–1239 n Hermann von Salza
1225 n rot Deutschritter-Vertreibung
1514 n braun Bauernaufstand
1663 n/1699 n Großer Türkenkrieg
1914 n/1918 n Erster Weltkrieg
1939 n/1945 n Zweiter Weltkrieg

SIEBENJÄHRIGER KRIEG

1709 n–1762 n Elisabeth Petrowna
1712 n–1786 n Friedrich II., der Große

1717n–1780n Maria Theresia
1756n grün Hilfezusage Englands
1756n/1763n Siebenjähriger Krieg
1762n rot Ende englischer Hilfe
1762n rot Sonderfrieden Rußlands

SIEBEN WELTWUNDER, Bezeichnung für sieben Bauten und Kunstwerke, die seit mehr als 2000 Jahren als die wunderbarsten Erzeugnisse des Menschen betrachtet werden. Zuerst zusammenfassend genannt in einem Gedicht des Antipatros aus Sidon (Vorderasien) um 130v, wurden in den folgenden Jahrhunderten verschiedene Schöpfungen als ein solches Wunder betrachtet. Heute gelten dafür allgemein: 1. Die ägyptischen Pyramiden, 2. die 'Hängenden Gärten' von Babylon, 3. der Tempel für die griechische Göttin Artemis in der kleinasiatischen Stadt Ephesos, 4. die Plastik des thronenden Gottes Zeus von dem griechischen Bildhauer Phidias, 5. das Grabmal des Königs Mausolos (Mausoleum) in Halikarnassos (Kleinasien), 6. das 32 m hohe Standbild des Sonnengottes auf der Insel Rhodos, 7. der höchste Leuchtturm aller Zeiten (Alexandria).

2615v–2550v Cheops
2576v–2515v Chefren
2572v blau Cheops-Pyramide begonnen
2561v–2500v Mykerinos
2553v blau Cheops-Pyramide vollendet
2518v blau Chefren-Pyramide
2511v blau Mykerinos-Pyramide
614v grün 'Hängende Gärten'
595v–525v Krösus
560v–469v Theodoros
520v blau Artemis-Tempel Ephesos
493v–432v Phidias
396v–328v Leochares
356v rot Brand des Artemis-Tempels
350v blau Mausoleum Halikarnassos
290v blau Koloß von Rhodos
279v grün Leuchtturm von Alexandria

SIEGEL

2983v grün Rollsiegel in Sumer
2868v grün Rollsiegel in Ägypten
2856v blau Reliefbilder in Sumer
2829v blau Relief einer Jagd
2807v blau Relief einer Prozession
2705v blau Indisches Relief
2011v grün Gravieren in Edelsteine
1958v grün Eigentumssiegel auf Kreta
1450v blau Reliefarbeit der Mitanni
1085v blau Assyrisches Relief

SIEMENS, Friedrich (1826n–1904n), deutscher Techniker und Industrieller. Fuhr über zwei Jahre als Schiffsjunge zur See und half dann seinem zehn Jahre älteren Bruder Werner bei der Entwicklung eines Telegraphen. Verbesserte das Heizverfahren bei der Stahlerzeugung durch Bau eines 'Regenerativofens', aus dem unter Mithilfe seines Bruders Wilhelm und der französischen Eisenhüttenbesitzers Martin der 'Siemens-Martin-Ofen' wurde. Erfand auch eine Schmelzwanne für die Glasherstellung und entwickelte ein Verfahren zur Herstellung von Hartglas durch maschinelles Pressen des rotwarmen Glases zwischen zwei schnell abkühlenden Metallplatten (Preßglas). Übernahm die von seinem Bruder Hans gegründete Glashütte Dresden und machte sie zur bedeutendsten deutschen Glasfabrik. Gründete die Glashütten Döhlen und Karlsbad. Erfand den Petroleum-Gasofen und die Spiritus-Glühlampe. Baute einen Warmwasserapparat und einen Universal-Kochherd.

1877n grün Preßglas

SIEMENS, Werner, deutscher Techniker.

1816n–1892n Lebenslinie
1866n grün Dynamo
1881n grün Elektrische Straßenbahn

SIEMENS-MARTIN-OFEN, Bezeichnung für einen Hochofen zur industriellen Erzeugung von Stahl (Flußstahl) durch Schmelzen und Mischen von Roheisen mit Stahlschrott in einem Flammofen mit vorher (in 'Regenerativ-Kammern') aufgeheiztem Gas und Verbrennungsluft. Benannt nach den deutschen Ingenieur-Brüdern Wilhelm und Friedrich Siemens, die den Ofen 1856n entwickelten, und nach den französischen Brüdern Emile und Pierre Martin, die ihn 1864n erstmals erfolgreich zum Erschmelzen von Stahl verwendeten.

1864n grün Konstruktion

SIENA, Stadt in Mittel-Italien, 50 km südlich von Florenz. Vor mehr als 2500 Jahren als etruskische Siedlung entstanden, wurde sie vor 2000 Jahren unter römischer Herrschaft zu einer bedeutenden Stadt (Sena Julia). Nach langobardischer und fränkischer Herrschaft seit 1175n freie Stadt innerhalb des deutschen Reiches. Hauptverfechterin der kaiserlichen Interessen gegen die päpstlichen Ansprüche in Mittelitalien. Seit 1246n Universitätsstadt bei gleichzeitiger schneller Entfaltung der industriellen Produktion (Manufaktur). Eine Pestepidemie im 14. Jahrhundert und der Verlust der Selbständigkeit durch den 1559n erzwungenen Anschluß an die rivalisierende Nachbarschaft Florenz führten zu schnellem Niedergang.

1213n–1280n Niccolo Pisano
1280n blau Dom
1311n blau Duccio: 'Madonna'
1338n blau Martini: 'Verkündigung'

SIENA, Katharina von (1347n–1380n), italienische Priesterin. Als jüngste Tochter eines Färbers in Siena (bei Florenz) gelobte sie achtjährig ewige Keuschheit. In ein Dominikanerkloster eingetreten, sprach sie drei Jahre lang außerhalb der Beichte kein Wort und wurde dann wegen ihrer unwiderstehlichen Beredsamkeit berühmt. Als Abgesandte der Stadt Florenz bestimmte sie den Papst zur Rückkehr aus Avignon nach Rom und half durch ihr Verhandlungsgeschick bei der Überwindung der Kirchenspaltung (Schisma). Behauptete, daß sie mit Jesus Christus verlobt sei, daß dieser sein Herz mit ihr getauscht, ihr sein Blut zu trinken gegeben und die Wundmale seiner Kreuzigung ihr eingedrückt habe.

1371n blau Mahnung an Kirche

SIENKIEWICZ, Henryk (1846n–1916n), polnischer Schriftsteller. Als Sohn eines adligen Großgrundbesitzers studierte er in Warschau Philosophie und trat 26jährig mit einer humoristischen Novelle hervor ('Niemand ist Prophet in seinem Vaterland'), reiste 30jährig nach Nordamerika ('Reisebriefe') und zeigte die grausame Unterdrückung der Neger und Indianer in den USA ('Orso und Sachem'). In zahllosen Aufsätzen und Erzählungen prangerte er die Rückständigkeit und den Eigennutz des Adels sowie den fehlenden Nationalstolz der Besitzbürger an und schilderte das Elend der Bauern ('Kohleskizzen', 'Der Musikant'). Später führte ihn sein Nationalismus zu einseitiger Darstellung alles Fremden: Der Schweden ('Die Sintflut'), der Russen ('Mit Feuer und Schwert'), der Deutschen ('Kreuzritter'). Weltberühmt wurde er durch seinen historischen Roman 'Quo vadis' (= 'Wohin gehst du?'), in dem er eine historisch glorifizierende Darstellung der verfolgten Christen unter dem römischen Kaiser Nero gab.

1896n blau 'Quo vadis?'

SIERRA LEONE, Staat in Westafrika an der Küste des Atlantischen Ozeans. 1447n von dem Portugiesen Alvaro Fernandez erreicht, wurde das Land bald zu einem Zentrum des portugiesischen Sklavenhandels. Die enge Zusammenarbeit mit den englischen Sklavenhändlern (Hawkins) stärkte aber den englischen Einfluß. Gleichzeitig bauten im Landesinnern die aus dem Norden eingewanderten Temne-Stämme ein eigenes Staatswesen auf. 1787n gründeten Engländer eine Kolonie zur Aufnahme von befreiten Negersklaven aus Nordamerika. Jedoch führten die aus Amerika heimgekehrten 15 000 ehemaligen Negersklaven ihrerseits ein Ausbeutungs-System über die einheimischen Neger ein. 1809n wurde von den Engländern die Sklaverei abgeschafft. Sie errichteten stattdessen eine koloniale Ausbeuter-Gesellschaft auf der Grundlage freier Lohnarbeit, die zunächst auf Plantagenwirtschaft beruhte, sich dann aber zunehmend auf den Abbau der Bodenschätze (Eisen, Chrom, Diamanten) richtete. Im Kampfe gegen die englischen Kolonialherren solidarisierten sich die Neger und errangen nach langem vergeblichem Ringen 1961n die politische Unabhängigkeit.

1961n rot Unabhängigkeit

SIGISMUND, deutscher Kaiser von 1410n bis 1437n.

1362n–1437n Lebenslinie
1369n–1415n Hus
1371n–1440n Friedrich I.
1396n braun Niederlage gegen Türken
1415n rot Verbrennung des Hus
1415n rot Brandenburg an Friedrich I.
1418n rot Kirchenreform gescheitert
1420n/1434n Hussiten-Kreuzzug
1427n rot Reichstag zu Frankfurt

SIGNAL, von dem lateinischen Worte 'signum' (= Merkmal) abgeleitete Bezeichnung für Zeichen, mit deren Hilfe eine Verständigung über größere Entfernungen auf akustische, optische oder elektrische Weise erfolgt.

1164v–1107v Per-Pet
459v grün Fackel-Signale
227v grün Optische Telegraphie
1793n grün Chappes Verfahren
1809n grün Sömmering: Telegraph
1832n grün Nadel-Telegraph
1844n grün Morse-Alphabet
1874n–1937n Marconi
1895n grün Drahtlose Telegraphie

SIGNORELLI, Luca (1441n–1523n), italienischer Maler. In Cortona (Mittelitalien) geboren, bildete er sich zunächst im benachbarten Arezzo aus und ging dann nach Florenz, wo er bei den berühmtesten Meistern seiner Zeit studierte. Die Darstellung des nackten Menschen wurde seine Stärke. Für Lorenzo Medici malte er 'Pan unter den Hirten'. In Rom arbeitete er zwei Jahre an einem großen Wandgemälde aus der Geschichte des Moses für die Sixtinische Kapelle. Für den Dom von Orvieto schuf er das Gemälde 'Weltgericht'. Für andere Kirchen stellte er noch zahlreiche Bilder von Engeln, Aposteln und Heiligen her. An die Wand des Benediktiner-Klosters von Siena malte er die Legende des Benedikt.

1505n blau 'Weltgericht'

SIGURDSSON, Ragnar (um 780n–um 840n), normannischer König, der einen Teil Norwegens beherrschte. An seinem Hofe weilte der norwegische Dichter (Skalde) Bragi Boddason und schrieb Preislieder auf seine Heldentaten.

796n–848n Bragi Boddason
830n blau 'Ragnarlied'

SILBENSCHRIFTEN, Bezeichnung für Schriftsysteme, bei denen jedes geschriebene Zeichen nicht nur einen Buchstaben, sondern eine ganze Silbe ausdrückt. Als Zwischenform zwischen Bilderschrift, Wortlautschrift und Buchstabenschrift trat sie geschichtlich selten in Erscheinung, weil sich die meisten Völker nach Erfindung der Buchstabenschrift unmittelbar diesem einfachsten Schriftsystem zuwandten.

2833v grün Aufkommen in Sumer
2001v grün 75 Zeichen in Syrien
1667v grün Aufkommen auf Kreta
1050v grün Ablösung in Vorderasien
599v–529v Kyros
710n grün Aufkommen in Japan

SILBER

2708v grün Versilberung von Kupfer
2654v grün Perlen in Indien
2494v–2416v Schu-Bad
2441v–2379v Meska-Lamdug
2408v blau Sumerische Vase
2383v grün Sumerisches Schiffchen
2379v rot Höchstzins in Sumer
2350v grün Werteinheit in Sumer
2334v grün Münzen in Akkad
2330v–2271v Manisch-Tusu
2275v grün Silber Elams für Akkad
2020v grün Gold höherwertig
1988v grün Zinssteigerung in Ur
1899v–1832v Sebek
1559v grün Preis für Priesteramt
1447v blau Wandbild 'Silberschmiede'
1367v grün Vergoldung von Silber
1118v–1058v Wen-Amun
912v grün Glocken in Ägypten
732v grün Silbergeld in Syrien
593v grün Athen: Eule auf Münzen
482v grün Flottenbau-Finanzierung
327v grün Währung im Alexanderreich
269v grün Währung in Rom
258n grün Münzverschlechterung
885n grün Tribut Frankreichs
1005n grün Tribut Chinas
1066n blau Arsalan-Teller
1229n grün Lohn für 'Ketzer'-Anzeige
1252n grün Währungswechsel, Florenz
1284n grün Währungswechsel, Venedig
1300n grün Groschen in Böhmen
1346n grün Preis für Estland
1480n blau Kaiserpalast in Japan
1488n grün Monopol für Fugger
1546n grün Silberfunde in Amerika
1557n grün Amalgamierung
1727n grün Schulze: Silbersalz

SILBERSALZE, Bezeichnung für farblose Kristalle, die sich bei der Behandlung von Silber mit Säuren bilden. Die Entdeckung ihrer Verfärbung unter Lichteinwirkung war eine wesentliche Voraussetzung für die Photographie. In der Medizin finden sie Anwendung beim Ätzen und zur Desinfektion.

1727n grün Lichtempfindlichkeit

SILESIUS, Angelus, eigentlich Johann Scheffler (1624n–1677n), deutscher Dichter geistlicher Lieder. Protestantischer Arzt aus Breslau, der sich unter dem Einfluß der mystischen Lehren Jacob Böhmes dem Katholizismus näherte, schließlich zur katholischen Kirche übertrat, den Namen 'Schlesischer Engel' (= 'Angelus Silesius') annahm, katholischer Priester wurde und sich der Schriftstellerei zuwandte. Galt wegen seiner religiösen Schwärmereien ('Heilige Seelenlust oder Geistliche Hirtenlieder der in ihren Jesum verliebten Psyche') als bedeutendster Mystiker der Gegenreformation.

1657n blau Spruchsammlung

SILIZIUM, von dem lateinischen Wort für 'silex' (= 'Kiesel') abgeleitete Bezeichnung für ein wasser- und säurefestes chemisches Element. In der Metallurgie als Legierungselement von Bedeutung (Eisen- und Aluminium-Legierungen), in der Elektrotechnik findet es als Halbleiter Anwendung.

1800n–1882n Friedrich Wöhler

SILLI-ADAD (um 1800v–1771v), König des mesopotamischen Südreiches (Vorderasien). Als letzter Nachkomme des Königs Napal-Num König von Larsa am Persischen Golf, beherrschte er den südlichen Teil des Landes zwischen Euphrat und Tigris (Sumer). Aber er konnte die Macht seiner Familie nur ein Jahr aufrechterhalten. Durch einen Grenzkrieg geschwächt, mußte er sein Heer dem aus dem Hochlande von Elam einfallenden König Kudur-Mabuk entgegenstellen. Unterlag und wurde in der verlorenen Schlacht getötet.

1822v–1750v Kudur-Mabuk
1771v braun Niederlage gegen Elam

SILLIMAN, Benjamin (1779n–1864n), nordamerikanischer Naturwissenschaftler. Als Professor der Chemie in Yale besuchte er 26jährig mehrere europäische Länder. Zurückgekehrt, gab er eine wissenschaftliche Zeitschrift heraus, die Amerika mit den wichtigsten Ergebnissen der naturwissenschaftlichen Forschung Europas bekannt machte. Schrieb ein Elementarbuch der Chemie. In einer wissenschaftlichen Untersuchung stellte er den biblischen Sagen von Schöpfung und Sintflut die Ergebnisse der geologischen Forschung entgegen. Baute eine Lampe zum Verbrennen von destilliertem Erdöl (Petroleum) mit Docht und Zylinder. Da sie betriebssicher und billig herzustellen war, verbreitete sie sich schnell in den Vereinigten Staaten und in anderen Teilen der Welt.

1855n grün Petroleumlampe

SILUS, Sergius (um 240v–um 180v), römischer Soldat. Verlor im Kampfe eine Hand und ließ sich bei einem römischen Kunstschmied eine eiserne Prothese anfertigen. Urgroßvater des Politikers Katilina.

210v grün Prothese

SILVANUS, Konstantin, armenischer Religionsstifter.

646n–684n Lebenslinie
665n rot Paulikaner-Bewegung
665n blau Reine Religiosität

SILVESTER I. (um 280n–335n), römischer Priester. Als Papst (von 314n bis 335n) erlebte er die Erhebung des Christentums zur römischen Staatsreligion durch Kaiser Konstantin. Suchte die Vorteile, die sich daraus für die Kirche ergaben, zu bewahren, ohne dem Kaiser Rechte in Glaubensangelegenheiten zuzugestehen. Zur Stärkung seiner Autorität gegenüber dem Kaiser berief er die erste allgemeine Bischofsversammlung (Konzil zu Nikäa) ein und veranlaßte die Verwerfung der vom Kaiser bevorzugten Lehre der menschlichen Natur Jesu. Durch die Verlegung der Hauptstadt des römischen Reiches von Rom nach Byzanz (Konstantinopel) wurde der Konflikt mit dem Kaiser entschärft, zumal Konstantin Glaubensfragen als zweitrangig betrachtete.

258n–336n Arius
276n–355n Donatus
280n–337n Konstantin
291n–347n Axid
320n blau Donatus gegen Staatskirche
321n rot Sonntag Staatsfeiertag
321n rot Rechtsgewinn der Kirche
321n grün Erbrecht der Kirche
324n rot Staatsreligion
325n blau Arius gegen Dreifaltigkeit
325n rot Konzil zu Nikäa
325n grün Osterdatum
325n grün Zinserhebung abgelehnt
328n rot Donatisten-Bewegung
328n blau Axid gegen Staatskirche
330n rot Konstantinopel Hauptstadt

SILVESTER II. (Gerbert von Reims), französischer Priester, Papst von 999n bis 1003n.

943n–1003n Lebenslinie
972n–1038n Stephan I.
980n–1002n Otto III.
999n rot Kirchenhoheit in Ungarn
1001n braun Aufstand in Rom

SILVESTER III. (um 1000n–um 1060n), italienischer Priester. Als Bischof von Sabina kaufte er sich im Jahre 1045n nach Vertreibung des Papstes Benedikt IX. den Thron Petri. Die Römer die Papstwürde, wurde aber nach 7 Wochen wieder abgesetzt und kehrte in sein Bischofsamt nach Sabina zurück.

1017n–1056n Heinrich III.
1046n rot Absetzung

SIMBEL, Abu, Stadt in Südägypten nahe der Grenze des Sudan zwischen den ersten beiden Stromschnellen des Nil. In den Felsen am westlichen Niluſer ließ der Ägypterkönig Ramses II. vor mehr als 3000 Jahren zwei Tempel hauen, die sich bis in unsere Zeit erhalten haben. Da sie nach Fertigstellung des Assuan-Staudammes vom Wasser überspült worden wären, wurden sie an einen geschützten, höhergelegenen Ort verlegt. Auch wurden dabei die vier Riesenstatuen von 20 Meter Höhe in kleine Teile zerlegt und nach dem Transport wieder zusammengesetzt.

1326v–1234v Ramses II.
1291v blau Tempel
1274v blau Statuen
1271v blau Halle
1965n blau Tempel-Verlegung

SIMMEL, Georg (1858n–1918n), deutscher Philosoph und Soziologe. Als Privatdozent in seiner Heimatstadt Berlin wartete er bis zu seinem 56. Lebensjahre vergeblich auf einen Lehrstuhl und nahm dann eine Professur in Straßburg an. Ausgehend von Darwins Entwicklungslehre erklärte er die zur Lebensmeisterung geeigneten Vorstellungen als höchste erreichbare Wahrheit ('Gattungszweckmäßigkeit'). Das Weltbild der Naturwissenschaft bezeichnete er als bloße Geistesschöpfung, die sich bestenfalls einer echten Wirklichkeit annähert. Neben die Wirklichkeit der Wissenschaft stellte er als gleichberechtigte andere Wirklichkeiten diejenigen der Kunst und des Rechts. In der Geschichte sah er eine bloße Anhäufung von isoliertem Tatsachenmaterial, aus dem erst der formende Geist ein Geschichtsbild erschafft ('Probleme der Geschichtsphilosophie'). Die Gesellschaft beschrieb er als Wechselbeziehung von Mensch zu Mensch und unterschied zwischen ihrer Form und ihrem Inhalt. Nur der Erforschung der Form diente seine 'formale Soziologie'. Seine Zurückweisung aller Wahrheit und aller Gesetzmäßigkeit in Geschichte und Gesellschaft führte ihn am Ende zur Metaphysik zurück, deren Ablehnung einmal Ausgangspunkt seiner Arbeiten gewesen war.

1908n blau 'Soziologie'

SIMON (um 30n–67n), römischer Artist aus Palästina. Führte öffentlich allerlei Zauberei vor und erhielt deshalb den Beinamen 'der Magier'. Auf Befehl des römischen Kaisers Nero unternahm er im Zirkus einen Flugversuch. Dabei stürzte er unmittelbar neben der Loge des Kaisers tödlich ab.

67n grün Flugversuch

SIMON, Richard (1638n–1712n), französischer Theologe. Trat 24jährig in den Orden der 'Oratorianer' ein, der seinen Mönchen kein Gelübde abverlangte, auf eine Verinnerlichung der Religiosität durch Musik gerichtet war und daneben der Wissenschaft diente. Seine erste große Arbeit ('Historische Kritik des Alten Testamentes') erregte aber so stark das Mißfallen der Kirche, daß er den Orden verließ und als Privatgelehrter weiterarbeitete. Obwohl er die kirchliche Autorität nicht angriff, waren die Ergebnisse seiner Bibel-Forschungen für die Kirche so gefährlich, daß seine historische Kritik am Neuen Testament durch Gegenüberstellung der verschiedenen Fassungen von katholischen wie evangelischen Gerichten als 'ketzerisch' verurteilt wurde.

1689n blau Kritik der Bibeltexte

SIMONE MARTINI (1284n–1344n), italienischer Maler. Befreite sich von dem starken Einfluß der byzantinischen Malerei und schuf Wandmalereien (Fresken) von heller Farbigkeit und räumlicher Wirkung. Malte aber auch Tafelbilder und Miniaturen. Neben Motiven aus der biblischen Sagenwelt gestaltete er Porträts und kriegerische Szenen. Hauptsächlich in Siena (bei Florenz) tätig. Arbeitete in seinen letzten Lebensjahren in Avignon (Südfrankreich) an der Ausschmückung des Papstpalastes und der Kathedrale.

1338n blau 'Verkündigung'

SIMONIDES (556v–468v), griechischer Dichter. Verließ seine Heimatinsel Keos vor der Küste Attikas und errang in Sparta wie in Athen Ansehen und Vermögen. Durch seine Lob- und Preisgedichte in gutem persönlichen Einvernehmen mit den Großen seiner Zeit (Themistokles, Pausanias), war er einer der ersten Dichter, die von ihrer literarischen Arbeit gut lebten. Dafür mußte er jeden Sieg besingen (Thermopylen, Marathon) und auch der zweiten Macht im Staate (Kirche) durch Anfertigung religiöser Gesänge dienen. Nachdem er 80jährig mit einem dramatischen Wechselgesang ('Dithyrambus') seinen 56. Sieg errungen hatte, zog er sich nach Sizilien zurück, wo er als Freund Hierons, des Herrschers von Syrakus, noch ein Jahrzehnt tätig war. Vermittelte für Hieron einen Frieden im Streit mit dem Herrscher der zweiten mächtigen Stadt Siziliens (Agrigent).

487 v blau Chorlieder

SIMON Makkabäus (194 v–136 v), Herrscher von Palästina. Übernahm nach dem Tode seines Bruders Judas die Führung des Unabhängigkeits-Kampfes gegen Syrien und behauptete die Herrschaft über das Land, nachdem er sich von Syrien losgesagt hatte. Nach sechsjähriger Regierung wurde er zusammen mit zwei Söhnen ermordet.

143 v/142 v Erhebung
142 v rot Unabhängigkeit

SIMONOW, Konstantin (geboren 1915 n), russischer Dichter. Als Sohn eines Offiziers wurde er Kommunist, studierte am Moskauer Institut für Literatur (Gorki-Institut) und arbeitete dann als Journalist. Wurde Kriegsberichterstatter ('Vom Schwarzen bis zum Weißen Meer') und schrieb neben seinen Reportagen einen Gedicht-Zyklus ('Briefe nachhause'). Seine Erzählung von der Schlacht bei Stalingrad ('Tage und Nächte') wurde zu einem der meistgelesenen Kriegsbücher. In den folgenden Jahren propagierte er in Romanen, Dramen und Erzählungen die von der Partei in den Vordergrund gestellten Werte: Heimatliebe ('Russische Menschen') mit Kriegsbereitschaft trotz Friedensliebe ('Die russische Frage'), proletarischen Internationalismus ('Freunde und Feinde'), sowjetisches Heldentum ('Waffengefährten'). Im Kampf der kommunistischen Schriftsteller um die Befreiung der russischen Literatur von propagandistischen Klischeedenken und politischer Bevormundung wurde er 1954 n von der Partei in das Triumvirat zur Niederringung der Revolte delegiert. Sein Versuch zur Ausrichtung des Literaturblattes 'Nowy Mir' auf die Parteilinie ('sozialistischer Realismus') mißlang, er wurde das Hauptangriffsziel der Rebellen und ging schließlich zu ihnen über. Seitdem versucht er, die Aufrichtigkeit der Aussage als obersten Grundsatz des kommunistischen Schriftstellers zu verwirklichen.

1944 n blau 'Tage und Nächte'

SIMONS, Menno (1492 n–1559 n), deutscher Prediger. Wurde Geistlicher, trat aber 44jährig aus der katholischen Kirche aus. Verfocht die Ideale der Wiedertäufer (Ablehnung der Taufe unmündiger Kinder sowie von Kirche, Eid und Kriegsdienst). Wurde Oberhaupt einer freien Gemeinde in Amsterdam. Als Wanderprediger durchzog er dann seine friesische Heimat und Holstein, um überall Gemeinden für die Bewegung zu gründen, die später seinen Namen annahm ('Mennoniten').

1539 n blau Gegen Eid und Kriegsdienst

SIMON Seth (um 1030 n–1090 n), byzantinischer Gelehrter. Als Arzt in Konstantinopel verwendete er verschiedene Mittel der arabischen, persischen, indischen und chinesischen Heilkunst. So hatte er beachtliche Heilerfolge durch den aus einem Baume Formosas stammenden Kampfer, durch das von Arabern aus Hanf gewonnene Haschisch, durch das vom Pottwal im Indischen Ozean abgestoßene Ambra, durch das im innerasiatischen Hochlande vom Moschus erjagte Drüsensekret, aber auch durch Muskat und Gewürznelke. Verfaßte eine Abhandlung über Geruch, Geschmack und Gefühl sowie ein alphabetisch geordnetes Lexikon über die in den Nahrungsmitteln enthaltenen Heilkräfte. Sein Werk widmete er dem byzantinischen Kaiser Michael, der unter Vernachlässigung seiner Regierungsgeschäfte sich der Wissenschaft ergeben hatte.

1070 n grün Heilkraft der Nahrung

SIMPLIZISSIMUS, Titelheld eines Romans des deutschen Dichters Grimmelshausen. Der von einem Einsiedler in christlichem Geiste erzogene junge Mann bäuerlicher Herkunft erlebt in der Berührung mit Welt und Menschen in der Epoche des 30jährigen Krieges die Unhaltbarkeit der ihm anerzogenen Moral, wird zu einem listenreichen Schelm, dessen scheinbare Einfalt nur die Maske ist, hinter der sich sein gesunder Menschenverstand verbirgt. Von der Schlechtigkeit der Menschen abgestoßen, zieht er sich schließlich in die Einsamkeit einer verlassenen Insel zurück, wo er in der Arbeit für seinen täglichen Lebensunterhalt Daseinserfüllung sucht. Sein Name 'Simplizissimus' ist aus dem Lateinischen abgeleitet und bedeutet 'der Einfältigste'.

1669 n blau Vollendung des Romans

SIMPSON, James Young (1811–1870 n), englischer Mediziner aus Schottland. Als Frauenarzt verwendete er den von Jackson als Betäubungsmittel entdeckten Äther, suchte aber nach einem angenehmeren Narkotikum. Bei einer Abendgesellschaft atmete er mit seinen Kollegen alle möglichen aromatischen Stoffe ein. Als er nach Chloroform zunächst lustig und dann bewußtlos wurde, erforschte er die Möglichkeiten einer Anwendung dieser Chemikalie, erprobte sie noch im gleichen Jahre bei einer Geburt und empfahl sie in der Medizinisch-Chirurgischen Gesellschaft von Edinburgh als ein dem Äther überlegenes Betäubungsmittel.

1847 n grün Chloroform-Narkose

SIN (um 1120 v–1047 v), chinesischer Kaiser. Regierte das chinesische Reich als letzter Angehöriger der Herrscherfamilie Schang von der Stadt An-Yang (500 Kilometer südlich Peking) aus. Da die tatsächliche Macht im Reiche bereits auf den Fürsten des Staates Tschu übergegangen war, der den Schutz der Grenzen gegen die Hunnen übernommen hatte, begaben sich allmählich seine besten Mitarbeiter an dessen Hof. Durch besondere Grausamkeit suchte er die ihm entgleitende Macht zu bewahren und durch ein überschäumendes Genußleben den heraufziehenden Untergang zu vergessen. Als der Fürst von Tschu mit seinen Verbündeten den Hoang-Ho überschritt, ergab sich sein kleines Heer kampflos. Angesichts der Aussichtslosigkeit jeder Gegenwehr stürzte er sich in die Flammen seines Palastes.

1108 v–1044 v Wu
1047 v braun Aufstand des Wu

SINA, Ibn (Avicenna), arabischer Naturwissenschaftler und Philosoph persischer Herkunft.

980 n–1037 n Lebenslinie
1015 n grün Koffein als Heilmittel
1026 n blau Enzyklopädie
1028 n grün Begriffsschrift
1033 n grün System der Medizin
1034 n blau Philosophisches Hauptwerk
1114 n–1187 n Gerhard von Toledo
1172 n grün Übersetzung

SINAI, Name einer Halbinsel mit gleichnamigem Gebirge zwischen Asien und Afrika. Ragt vom äußersten Nordwesten der arabischen Halbinsel südwärts ins Rote Meer hinein. Wegen seiner reichen Kupferminen vor 4700 Jahren von den Ägyptern als erstes Gebiet außerhalb des Nillandes ihrem Reiche einverleibt. Bildete durch Jahrtausende die vorgeschobene Verteidigungsposition der Ägypter gegenüber Vorderasien.

2798 v–2751 v Semer-Chet
2757 v/2753 v Vorstoß Ägyptens
2753 v rot Ägypten: Kupferinteresse
2751 v blau Siegesrelief Ägyptens
2644 v–2576 v Snofru
2641 v braun Ägyptischer Feldzug
2641 v rot Machtgewinn Ägyptens
2582 v grün Befestigte Handelsstraßen
2369 v–2295 v Una
2355 v–2298 v Pepi I.
2314 v/2307 v Erhebung
1865 v–1792 v Amen-Em-Het III.
1813 v grün Ausbau der Bergwerke
1800 v grün 'Sinai-Schrift' in Syrien
1796 v grün Befestigung der Bergwerke
1691 v–1628 v Chian
1481 v/1460 v Vorderasienkrieg Ägyptens
1248 v blau Moses: Zehn Gebote

SINAN, türkischer Baumeister.

1489 n–1587 n Lebenslinie
1545 n blau Prinzen-Moschee
1551 n blau Mirimah-Moschee
1556 n blau Soliman-Moschee
1574 n blau Selimje-Moschee

SINCLAIR, Upton (1878 n–1968 n), nordamerikanischer Schriftsteller. Als Sohn eines Whiskyhändlers verlor er früh seinen trunksüchtigen Vater und mußte fünfzehnjährig den Lebensunterhalt für sich und seine Mutter verdienen. Durch Zeitungsartikel finanzierte er sein Studium, heiratete trotz großer Not und lebte mit Frau und Kind im Zelt. Die Unmenschlichkeit der Chikagoer Schlachthöfe und das Elend der Arbeiter klagte er in seinem Roman 'Der Sumpf' an. Das Buch wurde der erste Welterfolg einer neuen Literaturgattung, die sich schonungsloses Aufdecken der gesellschaftlichen Mißstände zur Aufgabe machte ('Schmutzaufwühler'). Seine folgenden Romane wurden immer bewußter antikapitalistisch ('Die Börsenspieler') und revolutionär ('Petroleum'). In 'König Kohle' nahm er Partei für die streikenden Arbeiter, in 'Boston' gegen die bürgerliche Klassenjustiz. Dem Sozialismus gefühlsmäßig verbunden, gründete er bei New York eine Farm auf der Grundlage kommunistischer Gütergemeinschaft. Begrüßte die russische Revolution, wandte sich aber später vom Sowjetkommunismus ab, weil die von ihm erhoffte höhere Form menschlicher Freiheit dort nicht schnell genug verwirklicht wurde.

1927 n blau 'Petroleum'

SINFONIE, mehrstimmiges, mehrsätziges Orchesterstück für großen Klangkörper. Entwickelte sich im 18. und 19. Jahrhundert zur höchsten Form musikalischen Schaffens. Die aus dem Griechischen abgeleitete Bezeichnung bedeutet 'Zusammenklang'.

1597 n blau 'Heilige Sinfonien'
1732 n–1809 n Haydn
1751 n grün Erweitertes Orchester
1756 n–1791 n Mozart
1770 n–1827 n Beethoven
1791 n blau Paukenschlag-Sinfonie
1797 n–1828 n Schubert
1803 n blau Beethoven: 3. Sinfonie
1807 n blau Beethoven: 5. Sinfonie
1823 n blau Beethoven: 9. Sinfonie
1828 n blau Berlioz: 'Fantastique'
1910 n blau Mahler: Es-Dur-Sinfonie
1942 n blau 'Leningrader Sinfonie'

SINGAPUR, Hafenstadt auf der gleichnamigen Insel an der Südspitze Hinterindiens. 1819 n von der britisch-ostindischen Handelsgesellschaft für 60 000 Dollar und eine Jahresrente vom Sultan von Dschohor erworben, wurde sie wegen ihrer strategisch günstigen Lage zum Stützpunkt der englischen Kolonialpolitik im Fernen Osten ausgebaut ('Gibraltar des Ostens'). Seit 1867 n britische Kronkolonie, seit 1926 n britischer Flottenstützpunkt. 1942 n–1945 n von den Japanern besetzt, dann wieder britisch. Um die chinesische Mehrheit (75%) politisch unwirksam zu machen, fügten die Engländer die Stadt 1963 n in einen Staat ein, der auch Malaya und Nord-Borneo umfaßte ('Malaysia'). Aber schon zwei Jahre später löste sie sich wieder aus dieser Konföderation.

1819 n rot Besitz Englands
1939 n/1945 n Zweiter Weltkrieg

SINGER, Isaac Merrit (1811 n–1875 n), nordamerikanischer Industrieller deutscher Herkunft. Erfand als Mechaniker eine Holzschneidemaschine. Doch verbrannte sein Modell, und er wandte sich der Nähmaschinen-Konstruktion zu. Baute die von seinem Landsmann Elias Howe entwickelte Nähmaschine mit geringen Verbesserungen in großer Zahl zu erschwinglichem Preis und wurde damit ein reicher Mann. Die Prozesse gegen den verarmten Erfinder Howe verlor er und mußte hohe Entschädigungen zahlen. Da er aber den Bau der inzwischen unter seinem Namen eingeführten Nähmaschinen nicht einzustellen brauchte, entwickelte er sein Unternehmen zur führenden Nähmaschinen-Fabrik der Erde.

1851 n grün Nähmaschine

SINGSCHULE

1270 v blau Schule in Babylon
675 v blau Musikschule in Sparta
599 n blau Schule in Rom
791 n blau Schulen der Franken
1154 n blau Schule in Paris
1450 n blau Meistersinger-Schule
1809 n blau Berliner Akademie

SINGSPIEL, Bezeichnung für ein volkstümliches musikalisches Bühnenstück von heiterem, leichtem Charakter. Es kam in Europa lange vor der Oper auf und ist durch diese neue ernstere Kunstform nicht verdrängt worden. Seit dem 19. Jahrhundert ging es in die komische Oper, die Operette und endlich ins Musical ein.

1238 n–1286 n Adam de la Halle
1271 n blau 'Robert und Mariechen'
1728 n blau 'Bettleroper'

SINTENIS, Renée (1888 n–1965 n), deutsche Bildhauerin und Graphikerin. Verließ 18jährig ihre schlesische Heimatstadt Glatz und lernte in Stuttgart zeichnen. Dann ging sie nach Berlin und ließ sich als Bildhauerin ausbilden. Gestaltete in kleinen Bronzen und Terrakotten Skulpturen junger Tiere in Bewegung. Schuf auch Athleten-Figuren (Nurmi), Bildnisse (Selbstporträt) sowie Radierungen ('Junge mit Fohlen'), Illustrationen und Medaillen.

1915 n blau 'Fohlen'

SINTFLUT, Bezeichnung für eine verheerende Überschwemmung. In alten Sagen vieler Völker zwischen Ostasien, Mesopotamien und Südamerika vorkommend, wurde sie auch in religiöse Vorstellungen übernommen, so in der Bibel als Gottesstrafe.

2810 v blau Gilgamesch-Epos
401 v blau Altes Testament
344 v–268 v Berossos
115 n–182 n Apell
167 n blau Bestreitung durch Apell

SINUHE, ägyptischer Schriftsteller.

2004 v–1932 v Lebenslinie
1935 v blau Lebensgeschichte

SINUS, von dem lateinischen Worte für 'Busen' abgeleitete Bezeichnung für eine Winkelfunktion. Bezeichnet im rechtwinkligen Dreieck das Verhältnis zweier Seiten zueinander.

476 n–535 n Arjabatta
527 n grün Indische Rechenmethode
598 n–660 n Brahmagupta
855 n–929 n Al Battani
893 n grün Arabische Rechenmethode

SIRACH, Jesus (um 250 v–um 180 v), jüdischer Schriftsteller. Um dem Eindringen griechischer Bildung aus dem schnell emporwachsenden Alexandria in Jerusalem entgegenzuwirken, stellte er eine Sammlung jüdischer Spruchweisheit zusammen. Mit Angriffen gegen die von ihm als 'Scheinbildung' abgewertete alexandrinische Geisteswelt durchsetzt, wurde sie zur Streitschrift des im Religiösen verhafteten Judentums gegen das griechische Wissenschaftsdenken.

194 v blau Weisheitssprüche

SI-RENPUT (um 1960 v–um 1890 v), ägyptischer Fürst. Unter König Sesostris I. Gaufürst von Elefantine (Assuan). Berichtete in seiner Lebensgeschichte, wie er vom Pharao in sein Amt eingesetzt wurde und in welchen Formen er dem König seine Dankbarkeit abstattet. Stieg zum 'Aufseher aller fremden Länder' auf. Damit erhielt er die Verantwortung für die Sicherung der Südgrenze des Ägypterreiches gegen Nubien.

1924 v blau Lebensgeschichte
1901 v blau Porträt

SIRMIUM, Stadt im Balkan zwischen Donau und Save (Jugoslawien), 70 Kilometer westlich von Belgrad. Die von Kelten vor mindestens 2500 Jahren gegründete Siedlung wurde im Jahre 35 v durch Oktavian (Augustus) für Rom erobert und war im Pannonischen Krieg ein wichtiger Stützpunkt der Römer. Im 3. Jahrhundert zeitweilig Residenzstadt der römischen Kaiser (Geburtsstadt des Kaisers Probus). Ihre große Waffenfabrik deckte den Bedarf der im Balkan stationierten Soldaten. Im 4. Jahrhundert Sitz des Statthalters von Savia und kaiserliche Münzstätte, im 5. Jahrhundert Sitz des Präfekten von Illyrien. 423 n fiel die Stadt den Hunnen zu. Nach deren Vertreibung noch für einige Jahrzehnte im Besitze von Ostrom (Byzanz), wurde sie zunächst von den Gepiden erobert, ging 582 n an die Awaren verloren und verfiel dann allmählich.

12 v/9 v Pannonischer Krieg
423 n rot Hunnen-Herrschaft
582 n braun Vorstoß der Awaren
582 n rot Awaren-Herrschaft

SIRUP, von dem arabischen Worte 'scharab' (= Getränk) abgeleitete Bezeichnung für einen durch Einkochen gewonnenen Dicksaft von Früchten, insbesondere für Zuckerrübensaft.

2480 v grün Dattel-Sirup

SIRWAH, Stadt an der Südwestspitze der arabischen Halbinsel (Jemen). Von Sabäern angelegt, wurde sie bei der Gründung des Sabäer-Reiches dessen erste Hauptstadt.

1204 v blau Gründung
1191 v rot Sabäer-Reich

SISAK, jüdische Namensform für den Ägypterkönig Scheschonk I.

976 v–924 v Lebenslinie
945 v rot Einigung Ägyptens
928 v braun Vorstoß nach Jerusalem

SISTRUM, Bezeichnung für ein ägyptisches Instrument. Es besteht aus einem durchlöcherten Metall-Ring, der an einem Griff befestigt ist. Durch die Löcher sind Metallstäbe gesteckt, die bei jeder Bewegung ein laut-rasselndes Geräusch erzeugen. Im ägyptischen Gottesdienst zur Verständigung der Gläubigen benutzt (Mesnerglöckchen), wurde es bald auch im Kult-Tanz und schließlich bei jeder Art von Tanz-Vergnügen verwendet. Bei den Römern für den gleichen Zweck gebraucht, war es auch bei ihnen wegen seines sinnenbetäubenden Lärms sehr beliebt.

2638 v grün Gebrauch in Ägypten

SITTLICHKEIT, SITTENLEHRE, Bezeichnung für die Gesamtheit der Regeln, denen das Verhalten des Menschen gegenüber dem Mitmenschen und gegenüber der menschlichen Gemeinschaft unterworfen ist, also die Summe von Tugendlehre (Ethik) und Pflichtlehre (Moral).

2495 v–2405 v Pta-Hotep
2422 v blau Individuum und Kollektiv
2403 v rot Nebenfrauen, Konkubinen
2240 v–2172 v Aba
1995 v–1911 v Enotes
1912 v blau Ägyptische Grundsätze
1857 v–1803 v Sehet
1811 v blau Ziele des Lebens
1719 v rot Ehebruch strafbar
1391 v–1358 v Echnaton
1377 v–1302 v Ani
1377 v blau Liebe statt Götterglauben
1347 v blau Verehrung der Mutter
1342 v blau Frage der Lehrbarkeit
1298 v–1228 v Moses
1022 v–936 v Amenope
943 v blau Ägyptische Lebenslehre
825 v–730 v Parshva
777 v–692 v Jesaja
766 v blau Vergeistigung Lebensziel
712 v–642 v Terpander
705 v–637 v Archilochos
696 v–619 v Zarathustra
694 v–608 v Brasapfi
656 v–587 v Arion
655 v blau Recht auf Persönlichkeit
642 v–555 v Carvaka
640 v blau Zarathustras Lehren
636 v–564 v Äsop
628 v–553 v Hesekiel
604 v–514 v Lao-Tse
598 v–501 v Teng-Tse
575 v–483 v Xenophanes
571 v blau Griechische Fabeln
569 v–498 v Jina Mahavira
567 v blau Hesekiels Forderung
557 v–477 v Buddha
552 v–479 v Kon-Fu-Tse
525 v–456 v Aischylos
525 v blau Kritik an Beamtenmoral
496 v–406 v Sophokles
475 v–393 v Me-Ti
469 v–399 v Sokrates
460 v–375 v Hippokrates
446 v–385 v Aristophanes
444 v–365 v Antisthenes
443 v blau Gewissen Stimme des Guten
442 v blau Treue und Pflicht
436 v–355 v Aristipp
435 v rot Sittenaufsicht in Rom
427 v–347 v Plato
397 v blau Pflichten des Arztes
395 v blau Nächstenliebe gefordert
392 v blau Natur der Freundschaft
387 v blau Arbeitsethos
384 v–322 v Aristoteles
378 v–289 v Meng-Tse
352 v–285 v Dikäarch
341 v–270 v Epikur
333 v–262 v Zeno der Jüngere
328 v blau Aristoteles' Lehre
317 v blau Lehre des Taoismus
317 v grün Charakterforschung
316 v blau Ethik Teil der Philosophie
308 v blau Tyrannenmord verteidigt
299 v–237 v Asoka der Milde
283 v blau Ideal des Weltstaats
279 v–206 v Chrysipp
274 v–194 v Eratosthenes
273 v blau Ideal: Selbstbeherrschung
180 v–110 v Panaitios
170 v–102 v Lucilius
157 v–87 v Wu-Ti
136 v blau Begriff 'Humanität'
86 v–35 v Sallust
25 v–45 n Philo
7 v–29 n Johannes der Täufer
6 v–30 n Jesus Christus
4 v–65 n Seneka
31 n–99 n Musonius Rufus
42 n blau Nächsten- und Feindesliebe
47 n–122 n Plutarch
52 n–133 n Epiktet
58 n blau Christliche Sündenlehre
64 n blau Seneka: Gleichheitsideal
67 n–140 n Juvenal
86 n–161 n Antoninus Pius
88 n–165 n Marcion
100 n blau Christliche Sittenregel
115 n–182 n Apell
121 n–180 n Mark Aurel
125 n–178 n Montanus
125 n–180 n Tatian
128 n blau Hierokles' Moralbuch
150 n–215 n Klemens von Alexandria
151 n blau Chinesische Sittenlehre
153 n blau Ideal des Friedens
154 n blau Gesetz des Herzens
162 n–224 n Tertullian
188 n blau Willensfreiheit
217 n–276 n Mani
232 n–304 n Porphyrios
251 n–356 n Antonius
253 n blau Mani: Gleichheitsideal
278 n blau Ethik des Porphyrios
285 n–347 n Fasir
330 n–379 n Basilius der Große
331 n blau Christliche Klosterregeln
354 n–407 n Chrysostomos
375 n–435 n Pelagius
392 n blau Augustin: Armutslehre
398 n–474 n Zosimos
410 n–485 n Proklos
476 n–531 n Masdak
480 n–547 n Benedikt von Nursia
502 n blau Unmoral des Besitzens
513 n blau Benedikt: Arbeitsethos
521 n blau Ideal des Maßhaltens
523 n blau Leben in Gegensätzen
534 n–615 n Kolumban
587 n–652 n Bhartrihari
590 n–648 n Harsa
598 n–649 n Tai-Tsung
699 n–748 n Ibn Ata

712n–770n Tu-Fu
760n blau Herzlosigkeit der Reichen
766n blau Lebensregeln
939n–990n Roswitha
945n blau Isländisches Staatsideal
973n–1057n Al Mari
1000n–1088n Berengar
1093n–1162n Ibn Badscha
1130n–1200n Tschu-Hi
1135n–1204n Maimonides
1152n–1246n Peire Cardinal
1174n blau Chinesische Sittenlehre
1209n blau Franziskus: Arbeitsethos
1260n–1327n Meister Eckehart
1303n–1361n Tauler
1345n blau Notwendigkeit der Arbeit
1452n–1519n Leonardo da Vinci
1452n–1498n Savonarola
1465n–1536n Erasmus
1484n–1531n Zwingli
1494n blau Lehre Mirandolas
1513n blau Politik ohne Moral
1516n blau More: Gleichheitsideal
1542n–1605n Akbar
1588n–1679n Hobbes
1602n blau Campanella: Kommunismus
1606n–1685n Corneille
1621n–1695n Lafontaine
1632n–1704n Locke
1632n–1677n Spinoza
1650n–1722n Kang-Hi
1677n blau Lehre Spinozas
1694n–1778n Voltaire
1699n blau Verpflichtung zur Arbeit
1705n blau Kritik an Herrenmoral
1709n blau 'Moralische Wochenschrift'
1711n–1776n Hume
1712n–1778n Rousseau
1723n blau Lehren der Freimaurer
1724n–1804n Kant
1729n–1781n Lessing
1739n blau Kritik an Machiavelli
1746n–1827n Pestalozzi
1749n–1832n Goethe
1758n blau Mensch moralisches Wesen
1759n–1805n Schiller
1761n blau Rousseau: Menschenrechte
1761n blau Wieland: Erziehung
1762n blau Erziehungsroman 'Emile'
1768n blau Mably: Kommunismus
1770n–1831n Hegel
1772n blau Handeln für Gemeinwohl
1776n rot Menschenrechts-Erklärung
1780n blau Salzmann: Erziehung
1780n blau Lessing: Erziehung
1788n–1824n Byron
1795n blau 'Manifest der Gleichen'
1812n–1870n Charles Dickens
1813n–1883n Wagner
1821n–1880n Dostojewski
1838n blau Weitling: Kommunismus
1839n blau Kritik am Kapitalismus
1842n blau Cabet: Kommunismus
1844n–1900n Nietzsche
1847n blau Kommunistisches Manifest
1856n–1950n G. B. Shaw
1886n blau 'Jenseits von Gut und Böse'
1888n blau Bellamy: Kommunismus
1889n blau Bertha Suttner: Frieden
1890n blau Klara Zetkin: Gleichheit
1909n blau Montessori: Erziehung
1918n blau R. Luxemburgs Briefe
1919n blau Leonard Franks Roman
1930n blau Schlick: Ethik
1933n blau Makarenko: Erziehung
1934n blau Ostrowskis Lehren
1954n blau Brechts Gedichte
1955n blau Bloch: 'Prinzip Hoffnung'

SIXTINISCHE KAPELLE, Name des päpstlichen Andachtsraumes im Vatikan (Rom), benannt nach Papst Sixtus IV., der sie ausbauen ließ. Der 16 m × 48 m große Raum ist mit Wand- und Deckengemälden biblischer Stoffe geschmückt, die von berühmten Malern ausgeführt wurden: Ghirlandajo, Signorelli, Botticelli, Perugino, Michelangelo.

1475n–1564n Michelangelo
1481n blau Fertigstellung
1482n blau Fresken Botticellis
1483n blau Fresko Peruginos
1512n blau Michelangelo: Decke
1541n blau 'Das jüngste Gericht'

SIXTINISCHE MADONNA, Name eines Ölgemäldes, das von dem italienischen Maler Raffael für das Kloster des Sixtus in Piazenza geschaffen wurde und sich seit 1754n in Dresden (Zwinger) befindet. Es wurde benannt nach Papst Sixtus II., der von Raffael auf dem Bilde mit dargestellt wurde.

1518n blau Raffaels Gemälde

SIXTUS IV. (1414n–1484n), italienischer Priester, Papst von 1471n bis 1484n. Als Leiter ('General') des Franziskanerordens ins höchste Kirchenamt gewählt, erwarb er durch Ämterverkauf ein großes Vermögen und schob seine Verwandten in höchste Staats- und Kirchenstellungen. Um seinem Neffen (dem Gewürzhändler Girolamo) ein großes Fürstentum zu schaffen, führte er Kriege gegen Florenz, Neapel und Venedig. Schürte eine Verschwörung gegen die Herrscher von Florenz, die in einem Mordanschlag gegen Lorenzo Medici im Dome von Florenz gipfelte. Förderte die Marienverehrung, propagierte einen Kreuzzug gegen die Türken, ließ sich im Vatikan einen Andachtsraum von den berühmtesten Künstlern ausschmücken (Sixtinische Kapelle) und führte in Spanien die erbarmungslose Verfolgung von Kirchengegnern und Nichtchristen ein (Inquisition).

1481n blau Sixtinische Kapelle
1482n rot Machtverlust in Spanien
1483n rot Torquemada Großinquisitor

SIZILIANISCHE VESPER, Bezeichnung für die Erhebung des sizilianischen Volkes gegen die französische Fremdherrschaft am Ostertage des Jahres 1282n um die Zeit des Abendmahls (Vesper). Die Ermordung aller Franzosen in Palermo bildete den Auftakt zu einem Aufstand, der sich im April über die ganze Insel ausbreitete und zur Vertreibung des französischen Königs Karl von Anjou führte. Der Herrscher des spanischen Aragoniens (Pedro III.), der sich an diesem Freiheitskampf beteiligt hatte, besetzte anschließend die Insel mit seinen Truppen und gliederte sie dem Reiche von Aragon an.

1282n braun Vertreibung der Franzosen
1282n braun Besetzung durch Aragon
1282n rot Herrschaft Aragoniens

SIZILIEN, größte Insel des Mittelmeers. 3 Kilometer vom italienischen Festlande entfernt, ist ihre Geschichte eng mit der Geschichte Süditaliens verbunden. Da sie nur 150 Kilometer nördlich der Nordspitze Tunesiens liegt, bildete sie für Handel und Kultur eine wichtige Brücke zwischen Europa und Afrika.

1597v–1521v Minos
965v blau Entstehung von Palermo
743v grün Niederlassung von Griechen
736v blau Gründung von Naxos
734v blau Gründung von Syrakus
729v blau Katane, Leontinoi gegründet
690v blau Gründung von Gela
660v blau Gründung von Megara
641v–555v Stesichoros
593v blau Lieder des Stesichoros
581v blau Gründung von Agrigent
525v–456v Aischylos
505v blau Epicharmos' Komödien
490v–430v Empedokles
484v–378v Gorgias
483v blau Theater von Syrakus
483v/474v Etruskischer Krieg
481v rot Xerxes: Kriegspolitik
480v braun Angriff Karthagos
478v–410v Protagoras
470v braun Tyrannensturz in Agrigent
466v braun Tyrannensturz in Syrakus
466v rot Demokratisierung
456v–404v Alkibiades
455v blau Denkmal für Aischylos
433v–351v Archytas
431v/404v Peloponnesischer Krieg
424v–367v Dionys der Ältere
410v grün Kochbuch des Mithaikos
409v/405v Einfall Karthagos
405v rot Gebietsgewinn Karthagos
402v grün Mauer um Syrakus
400v grün Geschützbau
399v grün Ruderer-Schiffe
397v/392v Kriegszug Karthagos
392v rot Rückdrängung Karthagos
389v braun Einfall nach Süditalien
389v rot Gewinn Süditaliens
379v braun Kampf Syrakus-Kroton
379v rot Syrakus Vormacht
376v rot Teilung
318v–272v Pyrrhus
301v–253v Theokrit
284v–212v Archimedes
282v–229v Hamilkar
264v/241v Erster Punischer Krieg
260v blau Timaios' Geschichtswerk
241v rot Gebietsgewinn Roms
231v grün Dreimaster
227v rot Provinz Roms
215v rot Bündnis gegen Rom
212v braun Kampf Roms gegen Syrakus
212v rot Archimedes getötet
166v–132v Eunus
144v–101v Athenion
136v/129v Sklaven-Aufstand
130v–102v Tryphon
104v/100v Sklaven-Aufstand
304n rot Christen-Verfolgung
440n/442n Wandalenkrieg
455n rot Wandalen-Ansiedlung
493n rot Ostgoten-Herrschaft
535n/553n Letzter Ostgotenkrieg
633n/732n Arabischer Krieg
827n/831n Araber-Einfall
831n rot Gebietsgewinn der Araber
831n grün Baumwoll-Anbau
878n rot Herrschaft der Araber
1013n–1085n Robert Guiskard
1059n rot Papsthoheit bestätigt
1059n rot Zugeständnis des Papstes
1061n braun Vordringen der Normannen
1061n rot Normannen-Ansiedlung
1085n rot Syrakus normannisch
1091n braun Kriegszug der Normannen
1091n rot Normannen-Herrschaft
1096n–1166n Al Idrisi
1101n–1154n Roger II.
1130n rot Reich Rogers II.
1140n grün Prüfung der Ärzte
1146n braun Sieg über Nordafrika
1149n grün Seidenweberei
1165n–1197n Heinrich VI.
1185n braun Normannenzug zum Balkan
1186n blau Dom von Palermo
1194n rot Deutsche Herrschaft
1194n–1250n Friedrich II.
1266n rot Französische Herrschaft
1282n braun Vertreibung der Franzosen
1282n braun Vordringen Spaniens
1282n rot Spanische Herrschaft
1444n blau Universität Catania
1516n rot Herrschaft Karls V.
1735n rot Besitz Spaniens
1859n/1861n Freiheitskampf Italiens
1861n rot Anschluß an Italien
1939n/1945n Zweiter Weltkrieg

SIZILIEN, Peter von (um 830n–um 895n), byzantinischer Diplomat. Als Gesandter des Kaisers von Ostrom (Byzanz) in dem von Arabern beherrschten Armenien (Kaukasus) kam er mit Anhängern der sozialreligiösen Reformbewegung der Paulikianer in Berührung, deren Lehre im byzantinischen Reiche verboten war. Er erkannte die Anziehungskraft dieser Bewegung auf die Armen und erfuhr von der Absicht ihrer Anhänger, die Lehre auch im Balkan zu verbreiten, der zum byzantinischen Reiche gehörte. Nach seiner Rückkehr verfaßte er eine Schrift, um vor dieser Gefahr zu warnen. Darin gab er einen Überblick über die Entstehung der Paulikianer und über die historische Entfaltung ihrer revolutionären Bewegung.

872n blau Paulikianer-Geschichte

SKALDEN, von dem normannischen Worte 'skald' (= Dichter) abgeleitete Bezeichnung für die ersten namentlich bekannten Dichter-Sänger Skandinaviens und Islands. Sie schrieben ihre Lieder als Gefolgsleute von Fürsten, denen sie auch im Kampfe beistanden und deren Heldentaten den Hauptinhalt ihrer Dichtungen bildeten. Ihre Kunst entwickelte sich aus den Werken der älteren Volksdichter ('Skopen').

796n–848n Bragi Boddason
830n blau 'Ragnarlied'
847n blau Lied auf Ynglinger
881n blau Hornklofis Preislied
901n–982n Egil Skallagrimssen
910n–990n Eyvind Skaldaspillir
936n blau Lied auf Erich Blutaxt
942n blau Lied auf Arinbjörn
955n blau Totenklage Egils
962n blau 'Haakonslied'
985n–1009n Gunnlaug Ormstunga
1025n blau 'Gunnlaugssaga'
1178n–1241n Snorri Sturluson
1239n blau Lehrbuch für Skalden

SKALP, von dem lateinischen Worte 'scalpellum' (= kleine Lanze) abgeleitete Bezeichnung für die mit dem Messer abgetrennte Schädelhaut eines Menschen. Als Siegeszeichen bei verschiedenen amerikanischen Stämmen seit alters her bekannt. Im Kampfe der weißen Eroberer gegen die Ureinwohner des Doppelkontinentes (Indianer) sowie bei den Kämpfen der weißen Eroberer untereinander erlangte er traurige Berühmtheit.

1637n grün Englische Prämien
1688n grün Französische Prämien

SKANDA-GUPTA (um 430n – um 480n), indischer König seit 455n. Führte das 320n gegründete Gupta-Reich auf seinen Höhepunkt. Baukunst und Dichtung blühten, und die indische Religion fand nach Überwindung des Buddhismus im Hinduismus eine dauerhafte Form. Doch war seine Herrschaft nicht auf kriegerische Auseinandersetzungen eingestellt. So wurde sein Reich von den aus Norden hereinbrechenden Hunnen nach einigen vergeblichen Angriffen Stück um Stück erobert, die von ihm aufgebaute Kultur zerstört. Trotz dieses Scheiterns ging seine Regierungszeit als 'Goldenes Zeitalter' in die Geschichte Indiens ein.

448n–510n Toramana
457n braun Vorstoß der Hunnen
465n braun Vorstoß der Hunnen
465n rot Gebiete an Hunnen
475n braun Vorstoß der Hunnen
475n rot Machtverlust

SKANDINAVIEN, Name der großen nördlichen Halbinsel Europas mit den Ländern Norwegen, Schweden und Finnland. Wegen seiner geschichtlichen Verbundenheit mit Norwegen und Schweden wird auch Dänemark dazu gezählt, dessen Hauptinsel Seeland unmittelbar vor der skandinavischen Küste liegt.

Allgemeines (Länder, Völker, Staaten)

1627v grün Herstellung von Bronze
1550v grün Handel mit Bernstein
765v rot Germanen-Abwanderung
118v grün Sturmflut auf Jütland
658n–739n Willibrord
705n grün Handel mit Slawen
730n blau Lied auf Beowulf
743n–807n Widukind
746n grün Handelsstraße nach China
765n–810n Gottfried
800n rot Dänisches Reich
808n grün Dänischer Grenzwall
810n/811n Krieg Franken–Dänen
811n rot Friede Franken–Dänen
820n braun Angriff auf Irland
820n rot Normannen auf Irland
825n braun Angriff auf England
826n rot Dänenkönig Christ
829n rot Christliche Mission
830n–879n Rurik
833n rot Siedlung in Rußland
834n braun Angriff auf Friesland
835n braun Angriff auf England
835n rot Normannen in England
835n grün Schwarzmeer-Handelsroute
839n braun Kämpfe gegen Iren
839n rot Normannenreich auf Irland
841n rot Normannen vor Holland
847n blau Lied auf Ynglinger
850n–932n Harald Schönhaar
862n rot Normannenreich Nowgorod
864n rot Normannenstaat Kiew
872n braun Einigungskrieg Norwegens
872n rot Königreich Norwegen
874n rot Normannen auf Island
876n rot Machtgewinn in England
878n–931n Rollo
898n grün Seeweg nach Nordrußland
918n–961n Haakon der Gute
930n rot Freistaat auf Island
933n rot Haakon König Norwegens
933n rot Bauernfreiheit in Norwegen
964n–1000n Olaf Tryggvason
974n blau Christentum abgelehnt
984n grün Besiedlung Grönlands
995n–1035n Knut der Große
997n blau Gründung von Drontheim
999n rot Norwegen christianisiert
1001n–1072n Adalbert von Bremen
1002n–1066n Eduard der Bekenner
1002n rot Dänen-Verfolgung
1003n braun Angriff auf England
1008n rot Schweden christianisiert
1012n rot Bund mit Adel Englands
1013n braun Eingreifen in England
1013n rot Sven I. König Englands
1014n braun Auflehnung Irlands
1014n rot Irland wieder frei
1016n braun Eingreifen in England
1016n rot Knut König Englands
1017n–1088n Adam von Bremen
1018n rot Knut König Dänemarks
1018n rot Union Dänemark–England
1027n rot Dänenmacht über Schottland
1028n braun Machtwechsel in Norwegen
1028n rot Knut König Norwegens
1042n braun Auflehnung Englands
1042n rot Machtverlust in England
1047n blau Gründung von Oslo
1056n–1133n Sämund der Weise
1076n blau Beschreibung durch Adam
1104n rot Kirche unter Papst
1122n–1190n Friedrich I. Barbarossa
1154n braun Sieg Schwedens über Finnen
1154n rot Gebietsgewinn Schwedens
1154n rot Christianisierung Finnlands
1161n grün Wisby: Deutsche Kaufleute
1168n braun Vorstoß nach Rügen
1168n rot Rügen dänisch
1168n grün Slawenschatz an Dänen
1168n blau Entwicklung Kopenhagens
1178n–1241n Snorri Sturluson
1195n grün Vertrag Gotland–Nowgorod
1204n–1263n Haakon der Alte
1219n blau Dänen: Gründung Revals
1222n–1263n Alexander Newski
1226n blau Geschichte Norwegens
1227n braun Sieg Deutscher über Dänen
1240n braun Russensieg über Schweden
1250n blau Gründung von Stockholm
1260n rot Norwegen Erbmonarchie
1261n rot Grönland norwegisch
1262n rot Island norwegisch
1270n–1319n Haakon V.
1278n grün Bergen: Deutsches Kontor
1299n rot Oslo Hauptstadt
1346n grün Dänen: Verkauf Estlands
1347n rot Einflußbereich der Hanse
1361n rot Gotland dänisch
1362n/1364n Krieg Hanse–Dänemark
1364n grün Sperrung des Sundes
1367n rot Kriegsbeschluß der Hanse
1367n/1370n Krieg Hanse–Dänemark
1370n rot Hansemacht über Ostsee
1380n rot Island dänisch
1397n rot 'Kalmarer Union'
1435n/1436n Aufstand in Schweden
1436n rot Volksführer ermordet
1460n rot Gewinn Schleswig-Holsteins
1460n rot Schleswig-Holstein Einheit
1496n/1497n Krieg Schweden–Rußland
1496n–1560n Gustav Wasa
1500n braun Bauernsieg über Ritter
1518n braun Krieg Dänemark–Schweden
1518n rot Schweden dänisch
1520n braun Erhebung Schwedens
1523n grün Hansa-Hilfe für Wasa
1523n braun Erhebung Schwedens
1523n rot Wasa König Schwedens
1523n rot Reformation in Schweden
1535n braun Kriegszug Lübecks
1536n rot Reformation in Dänemark
1537n rot Norwegen dänisch
1537n rot Reformation in Norwegen
1551n grün Hafen Helsinki
1561n rot Beherrschung Estlands
1563n/1570n Dreikronen-Krieg
1570n rot Macht Schwedens begrenzt
1583n–1634n Wallenstein
1594n–1632n Gustav Adolf
1613n grün Steuerpflicht des Adels
1614n/1617n Krieg Schweden–Rußland
1617n rot Gebietsgewinn Schwedens
1618n/1648n Dreißigjähriger Krieg
1629n rot Livland schwedisch
1632n rot Christine Königin Schwedens
1645n braun Krieg Dänemark–Schweden
1645n rot Gebietsgewinn Schwedens
1648n rot Gebietsgewinn Schwedens
1655n/1660n Krieg Schweden–Polen
1656n rot Einfluß auf Brandenburg
1656n grün Bank von Schweden
1665n rot Dänemark Erbmonarchie
1668n rot Bündnis England–Schweden
1672n–1725n Peter I., der Große
1674n/1675n Brandenburgischer Sieg
1686n rot Bündnis gegen Türken
1688n–1740n Friedrich Wilhelm I.
1700n rot Bündnis gegen Schweden
1700n/1721n Nordischer Krieg
1704n rot Gebietsverlust Schwedens
1709n–1762n Elisabeth Petrowna
1710n rot Gebietsverlust Schwedens
1715n rot Lage Schwedens erschwert
1720n rot Machtverlust Schwedens
1721n rot Gebietsverlust Schwedens
1729n–1796n Katharina II., die Große
1741n/1748n Österreich-Erbfolgekrieg
1756n/1763n Siebenjähriger Krieg
1775n/1783n Kampf Nordamerikas
1780n rot Warnung an England
1796n/1815n Napoleonische Kriege
1801n braun Krieg England–Dänemark
1804n rot Bauern Dänemarks frei
1808n/1809n Krieg Rußland–Schweden
1809n rot Gebietsverlust Schwedens
1814n rot Norwegen unabhängig
1815n–1898n Bismarck
1818n rot Bernadotte König Schwedens
1864n braun Niederlage Dänemarks
1901n blau Nobelpreis
1917n rot Finnland unabhängig
1939n/1945n Zweiter Weltkrieg
1949n rot Norwegen NATO-Mitglied

SKANDINAVIEN: Baukunst

995n blau Holzkirchen
1175n blau Dom von Drontheim
1435n blau Dom von Uppsala
1681n blau Schloß Drottningholm
1923n blau Stockholmer Stadthaus

SKANDINAVIEN: Bildhauerei und Malerei

1804n blau Thorwaldsen: 'Ganymed'
1889n blau Munch: 'Frühling'

SKANDINAVIEN: Dichtung und andere Literatur

796n–848n Bragi Boddason
830n blau Bragi: 'Ragnarlied'
847n blau Thyodolf: 'Ynlingatal'
881n blau Hornklofis Preislied
901n–982n Egil Skallagrimssen
910n–990n Eyvind Skaldaspillir
936n blau Egils Preislied
962n blau Eyvind: 'Haakonslied'
1251n blau 'Thidrekssaga'
1722n blau Holberg: 'Kannegießer'
1741n blau Holberg: 'Nils Klim'
1866n blau Andersens Märchen
1866n blau Ibsen: 'Brand'
1867n blau Ibsen: 'Peer Gynt'
1877n blau 'Stützen der Gesellschaft'
1880n blau Jacobsen: 'Niels Lyhne'
1882n blau Ibsen: 'Volksfeind'
1886n blau Strindberg: Autobiographie
1888n blau Hamsun: 'Hunger'
1891n blau Lagerlöf: 'Gösta Berling'
1895n blau Drama Björnsons
1900n blau 'Jahrhundert des Kindes'
1906n blau Andersen Nexö: 'Pelle'
1920n blau Roman Sigrid Undsets

SKANDINAVIEN: Geschichtsschreibung

1203n blau Saxos Werk
1732n blau Holbergs Werk

SKANDINAVIEN: Musik

1874n blau Grieg: 'Peer-Gynt-Suite'
1899n blau Sibelius: 'Finlandia'

SKANDINAVIEN: Philosophie

1813n–1855n Kierkegaard
1844n blau 'Begriff der Angst'

SKANDINAVIEN: Religion

826n rot Dänenkönig Christ

829n rot Mission Ansgars
901n–982n grün Egil Skallagrimssen
918n–961n rot Haakon der Gute
964n–1000n rot Olaf Tryggvason
974n blau Kritik am Christentum
999n rot Norwegen christianisiert
1008n rot Schweden christianisiert
1104n rot Kirche unter Papst
1154n rot Christianisierung Finnlands
1270n–1319n rot Haakon V.
1496n–1560n rot Gustav Wasa
1523n rot Reformation in Schweden
1541n blau Schwedische Bibel
1747n blau Swedenborgs Geisterlehre
1813n–1855n blau Kierkegaard
1844n blau 'Begriff der Angst'

SKANDINAVIEN: Technik

1627v grün Herstellung von Bronze
765n–810n rot Gottfried
808n grün Bau eines Grenzwalles
855n grün Seetüchtige Boote
1663n grün 'Laterna Magica'
1867n grün Nobel: Dynamit
1880n grün Laval: Dampfturbine
1935n grün Luftkissen-Boot
1948n grün Künstliches Herz

SKANDINAVIEN: Wirtschaft

705n grün Handel mit Slawen
746n grün Handelsstraße nach China
835n grün Schwarzmeer-Handelsroute
995n–1035n rot Knut der Große
1161n grün Wisby: Deutsches Kontor
1195n grün Vertrag Gotland–Nowgorod
1270n–1319n rot Haakon V.
1278n grün Bergen: Deutsches Kontor
1656n grün Bank von Schweden

SKANDINAVIEN: Wissenschaft

1477n blau Universität Uppsala
1479n blau Universität Kopenhagen
1546n–1601n rot Tycho Brahe
1572n grün Erforschung der Fixsterne
1576n grün Sternwarte Uranienburg
1660n grün Stensen: Herzforschung
1669n grün Bertelsen: Lichtbrechung
1676n grün Römer: Lichtbrechung
1728n grün Forschungsreise Berings
1735n grün Linnés Kategorien
1741n grün Bering: Karthographie
1742n grün Celsius: Temperaturskala
1766n grün Linné: Mensch als Säugetier
1771n grün Scheele: Sauerstoff
1774n grün Scheele: Chlor
1808n grün Berzelius: Chemiebuch
1819n grün Elektromagnetismus
1873n grün Hansen: Leprabazillus
1882n grün Elektrochemie
1885n–1962n rot Niels Bohr
1890n grün Lie: Geometrie
1894n grün Nansen: Nordpol-Fahrt
1894n grün Hedin: Asien-Expedition
1911n grün Amundsen: Südpol-Fahrt
1913n grün Bohr'sches Atommodell
1920n grün Periodisches System

SKARABÄUS, von dem griechischen Wort für 'Käfer' abgeleitete Bezeichnung für einen in Ägypten beheimateten Mistkäfer. Seine schnelle Vermehrung im Schlamm des zurückgefluteten Nils veranlaßte die Ägypter zu der Annahme, daß er sich ohne Zeugung aus der (in Wahrheit zum Schutze seiner Eier von ihm selbst gedrehten) Mistkugel vermehre. Deshalb wurde er als Symbol der Schöpfung aus dem Nichts verehrt und galt als heilig. In Siegel, Schmuckstücke und Amulette wurde sein Bild geschnitten. Später fiel seine Verehrung mit dem Kult des Sonnengottes zusammen, als dessen Symbol er galt. Zum Andenken an Hochzeiten, Jagden und andere persönliche Feste ließen Könige, Fürsten und hohe Beamte ihr Bild in skarabäenförmige Steine schneiden und schrieben dazu einen Erinnerungstext.

2841v grün Verehrung in Ägypten
1407v grün 'Denk-Skarabäen'

SKELETT, von dem griechischen Worte 'skelleín' (= ausdörren) abgeleitete Bezeichnung für die Überreste menschlicher oder tierischer Körper. Von den Griechen auch auf mumifizierte Körper angewendet, bezeichnet das Wort heute nur noch das Knochengerippe.

128n grün Vorzeitfunde in Dalmatien
1856n grün Fund im Neandertal
1868n grün Fund von Cromagnon

SKI

1689n grün Gebrauch in den Alpen

SKLAVENZUCHT. Nachdem in Nordamerika die Einfuhr von Negersklaven im Jahre 1808n gesetzlich untersagt worden war, und auch der Schmuggel nur noch 10000 bis 15000 Sklaven jährlich ins Land brachte, begann in einzelnen Staaten der USA die Zucht von Negersklaven in regelrechten Farmen. Besonders in Maryland, Virginia und Columbia wurde der Sklaven-Bedarf der Südstaaten durch Einrichtung von Menschen-Gestüten gedeckt. Allein Virginia verkaufte 1836n über 40000 selbstgezüchtete Negersklaven für 24 Millionen Dollar in die Südstaaten der USA. Nach Aufhebung der Sklaverei im Jahre 1865n wurde diese Menschenzucht aus Mangel an Nachfrage eingestellt.

1808n grün Beginn
1865n rot Sklaverei aufgehoben

SKLAVEREI

2273v–2188v Ipuwer
1418v–1372v Ka-Em-Het
1403v grün Sklavinnen als Mitgift
882v–798v Elisa
820v rot Heloten in Sparta
820v blau Gegnerschaft Elisas
756v blau Gespräch Sklave-Herr
708v–628v Alkman
705v–637v Archilochos
693v–626v Assurbanipal
686v–613v Tyrtaios
672v grün Versuche an Sklaven
636v–564v Äsop
588v rot Sklavenkauf beschränkt
537v grün Sklaven der Juden
509v rot Athen: Rechte für Sklaven
494v braun Aufstand (Griechenland)
464v/459v 3. Messenischer Krieg
462v rot Hilfe Athens für Sparta
450v grün Korinth: Sklavenüberzahl
444v–365v Antisthenes
419v braun Aufstand in Rom
413v braun Sklavenflucht aus Athen
407v–323v Diogenes
383v–322v Demosthenes
377v grün Athen: Sklavenüberzahl
335v rot Thebaner-Versklavung
334v grün Versicherung gegen Flucht
312v rot Söhne Freigelassener Beamte
285v–204v Andronikos
264v grün Gladiatorenkämpfe
258v braun Aufstand gegen Rom
258v blau Bion: Knechtschaft
254v–184v Plautus
234v–149v Kato der Ältere
230v grün Arbeit in Treträdern
217v rot Saturnfeiern in Rom
199v grün Zeichnung durch Besitzer
198v/196v Aufstände in Italien
195v–159v Terenz
185v braun Aufstand in Apulien
185v rot Massenhinrichtung
183v rot Beschäftigungsvorschrift
168v grün Mazedonier-Versklavung
166v grün Sklavenmarkt auf Delos
166v–132v Eunus
146v grün Karthager-Versklavung
144v–101v Athenion
140v grün Sklavenüberzahl in Rom
136v/129v Großer Aufstand
130v–102v Tryphon
128v grün Delos: Sklaven-Großumsatz
114v–53v Krassus
109v–71v Spartakus
104v/100v Großer Aufstand
86v blau Werk über Aufstand
74v/71v Spartakus-Aufstand
71v rot Massenhinrichtung
65v–8v Horaz
57v grün Sklave Tiro: Kurzschrift
16v–45n Phädrus
10v–54n Klaudius
9v grün Steigende Sklavenpreise
4v–65n Seneka
2v rot Gesetz gegen Freilassung
4n rot Harte Strafen
9n rot Sklavenhandels-Ende (China)
9n–79n Vespasian
52n rot Sklaven-Schutzgesetz
52n–133n Epiktet
61n rot Vergeltung an Sklaven
61n blau Eintreten für Sklaven
64n blau Gleichheitsforderung
76n–139n Hadrian
83n rot Entmannungsverbot
86n–161n Antoninus Pius
121n–180n Mark Aurel
130n rot Rechtsschutz für Sklaven
146n rot Sklaven-Schutzgesetz
169n–222n Kalixt I.
170n rot Sklaven-Schutzgesetz
217n rot Freigelassener als Bischof
243n–316n Diokletian
263n–339n Eusebius
280n–337n Konstantin
285n–347n Fasir
291n–347n Axid
316n rot Sklaven-Schutzgesetz
319n rot Sklaven-Familien-Schutz
344n/347n Zirkumzellionen-Aufstand
390n–477n Geiserich
404n rot Verbot von Schaukämpfen
428n blau Augustin für Sklaverei
506n rot Bann für Sklaventötung
600n grün Erbanspruch der Kirche
605n–680n Fujiwara
626n–672n Tenji
645n rot Aufhebung in Japan
684n/686n Aufstand von Kufa
694n rot Konzil: Judenversklavung
698n–768n Ibn Issak
699n–767n Abu Hanifa
712n–775n Al Mansur
766n–809n Harun al Raschid
786n–833n Al Mamun
822n–883n Ibn Mohammed
830n–879n Rurik
864n–910n Karmat
868n blau Gleichheitsforderung
869n/883n Aufstand von Basra
871n rot Sklavenstaat Basra
883n rot Ende des Staates Basra
889n blau Gleichheitsforderung
890n rot Karmaten-Gemeinschaft
890n–961n Abdar Rachman III.
899n rot Karmatenstaat Ahsa
899n/930n Karmatenaufstand
901n rot Karmatenstaat Multan
914n–961n Bogomil
940n rot Bogomilen-Bewegung
943n blau Angriff auf Sklaverei
958n blau Proterius-Legende
1087n rot Europäische Sklaven frei
1394n–1460n Heinrich der Seefahrer
1444n rot Negerjagd in Afrika
1452n rot Papst für Versklavung
1481n/1492n Letzter Maurenkrieg
1496n rot Indianer-Einfuhr verboten
1502n grün Negersklaven nach Amerika
1517n rot Papst für Sklavenhandel
1533n–1603n Elisabeth
1542n–1605n Akbar
1547n–1616n Cervantes
1548n rot Sklaverei verteidigt
1562n grün Sklavenhandel Englands
1570n–1607n Iwan Bolotnik
1573n rot Schutz Kriegsgefangener
1600n grün Sklavenhandel verpachtet
1601n grün Sklavenhandel Portugals
1637n rot Senegal an Sklavenhändler
1650n grün Sklavenhandel Hollands
1672n grün Sklavenhandel-Monopol
1688n rot Sklavenhandel erlaubt
1688n blau Gegnerschaft Pastorius
1713n grün Monopolstellung Englands
1727n blau Gegnerschaft der Quäker
1751n rot Aufhebung (Pennsylvanien)
1768n grün Großer Sklavenumsatz
1794n rot Frankreich: Aufhebung
1802n rot Frankreich: Einführung
1808n grün Farmen für Sklavenzucht
1809n–1865n Lincoln
1816n rot Christensklaverei-Verbot
1833n rot Abschaffung im Empire
1836n grün Sklaven-Massenzucht
1847n rot Staat Liberia
1852n blau 'Onkel Toms Hütte'
1857n rot Aufnahme in Verfassung
1858n rot Aufhebung durch Portugal
1859n rot Aufhebung durch Holland
1861n/1865n Sezessionskrieg
1865n rot Aufhebung in USA
1865n rot Ku-Klux-Klan
1888n rot Aufhebung in Brasilien
1963n rot Aufhebung in Arabien

SKOPAS, griechischer Bildhauer und Architekt.

395v–343v Lebenslinie
364v blau 'Kalydonischer Eber'
353v blau Tempel in Tegea
351v blau 'Apollo mit Kithara'
350v blau Friese des Mausoleums

SKORPION, ägyptischer König.

2933v–2868v Lebenslinie
2904v braun Sieg über Libyen
2904v rot Libyen tributpflichtig
2885v braun Vorstoß nach Unterägypten
2884v grün Bewässerungskanäle
2878v rot Königstitel 'Horus'

SKOTEN, Name eines irischen Volksstammes, der vor mehr als 2000 Jahren in die Küstengebiete nordwestlich von Glasgow (Schottland) einwanderte. Um sich gegen die Ureinwohnerschaft der britischen Insel zu behaupten, schlossen sie sich mit den Pikten zusammen und verschmolzen mit ihnen zum schottischen Volk.

534n–615n Kolumban
564n rot Christianisierung
603n braun Sieg der Angelsachsen
603n rot Rückzug
844n rot Einigung mit Pikten

SKYLAX (um 550v–um 480v), griechischer Seefahrer und Geograph aus Karyanda an der Küste Kleinasiens. Unternahm im Auftrage des Perserkönigs Dareios I. eine Forschungsreise rund um die arabische Halbinsel. Fuhr von Afghanistan aus den Kabul-Fluß und den Indus abwärts bis zum Indischen Ozean (Arabisches Meer), folgte dann der persischen und arabischen Küste und kam schließlich durch das Rote Meer bis zur Landenge von Suez. Die Beschreibung seiner Reise mit dem Segelschiff, die $2^1/_2$ Jahre dauerte, widmete er dem Perserkönig. Sie enthält Berichte von Fabelwesen mit Riesenfüßen und Riesenohren.

513v grün Forschungsreise

SKYTHEN, Bezeichnung für Volksstämme im Norden des Schwarzen Meeres und des Kaukasus (Südrußland). Mit den Persern verwandt, zogen sie vor fast 3000 Jahren aus dem Raume am Kaspischen Meer (Turkmenistan, Nordpersien) nach Europa. In der Ukraine wurden sie zu Ackerbauern, östlich des Dnjepr blieben sie nomadisierende Viehzüchter. Ihre Kultur näherte sich der Kultur der Griechen an, mit denen sie in lebhaftem Handelsverkehr standen. Sie verehrten einen Himmelsgott und brachten ihrem Kriegsgott Menschenopfer. Vergeblich suchten sie, als sie im Osten von den Sarmaten, im Westen von den Thrakern bedrängt wurden, nach Kleinasien auszuweichen. Seit dem 3. Jahrhundert vor unserer Zeitrechnung gingen sie in diesen beiden Nachbarvölkern auf oder zogen sich nach West-Asien zurück.

702v rot Niederlassung im Kaukasus
616v braun Niederlage gegen Meder
550v–486v Dareios I.

SLEIDAN, Johannes (1506n–1556n), deutscher Geschichtsschreiber. Studierte in Lüttich, Köln und Paris Rechtskunde und trat dann in die Dienste des französischen Königs Franz I. Wegen seines Übertritts zum Protestantismus mußte er aber Frankreich verlassen. Vom deutschen Straßburg aus wirkte er für eine Annäherung zwischen den protestantischen deutschen Fürsten und der katholischen Partei. Vertrat die protestantische Seite (Schmalkaldischer Bund) beim englischen König und auf dem Konzil zu Trient. Auf Grund genauer Aktenkenntnis schrieb er das erste Geschichtswerk über die deutsche Reformation ('Kommentare über den Stand der Religion und des Staates unter Kaiser Karl V.'). Verfaßte auch eine Weltchronik.

1555n blau Reformations-Geschichte

SLEVOGT, Max (1868n–1932n). deutscher Maler und Zeichner. Aus seiner Heimatstadt Landshut ging er nach München, wo er als Schüler von Diez noch kirchlichen und historischen Themen sowie dem Leibl'schen Malstil verhaftet blieb ('Der verlorene Sohn'). Das Jahr 1901n brachte den Durchbruch zur Wirklichkeit der eigenen Epoche ('Feierabend des Arbeiters'). Er übersiedelte nach Berlin und wurde zum bedeutendsten deutschen Vertreter einer von Licht und Bewegung sprühenden neuen Malweise (Impressionismus). Daneben schuf er Zeichnungen, Radierungen und Gebrauchsgraphik. Berühmt wurden seine 33 Steindrucke zu 'Sindbad dem Seefahrer' und seine 200 Bilder zum 'Lederstrumpf'. Illustrierte den 'Faust' und 'Macbeth'. Nach einer Ägyptenreise schuf er über dieses Land einen Zyklus von 20 Bildern.

1904n blau 'Tänzerin'

SLUTER, Claus, niederländischer Bildhauer.

1341n–1406n Lebenslinie
1399n blau Moses-Brunnen

SLUYS, Stadt in Holland unweit der belgischen Grenze. Nahe der Nordseeküste gelegen, war sie vor der Versandung des Ufers eine wichtige Hafenstadt. Seit 1290n freie Stadt. Im Hundertjährigen Krieg siegte hier 1340n vor der Küste die englische Flotte über die französisch-genuesische Streitmacht. Die befestigte Stadt blieb noch Jahrhunderte lang ein bedeutender Handelsplatz. Sie wurde durch einen Kanal mit Brügge verbunden.

1338n/1453n Hundertjähriger Krieg

SMEATON, John (1724n–1792n), englischer Ingenieur. Als Sohn eines Rechtsanwaltes studierte er Rechtskunde, empfand aber Widerwillen gegen diesen Beruf und wandte sich der Technik und der Architektur zu. Ersetzte zuerst in großem Umfange beim Maschinenbau alle Holzteile durch Gußeisen. Verbesserte die von Newcomen entwickelte Dampfmaschine. Erkannte 1756n die Ursache für die Wasserbeständigkeit eines bestimmten Mörtels im hohen Tongehalt. Durch Verwendung eines gebrannten stark tonhaltigen Kalks schuf er einen unter Wasser abbindenden Mörtel (Zement). Beim Bau des 30 m hohen Eddystone-Leuchtturmes vor der englischen Hafenstadt Plymouth untermischte er diesen Zement mit Sand und Eisenschlacken. Mit dem Gelingen dieses Bauwerkes erbrachte er den Beweis für die praktische Anwendbarkeit seines neuen Baustoffes. Schuf die erste horizontal-arbeitende Zylinder-Bohrmaschine. Baute Brücken und Hafenanlagen sowie einen Kanal von 51 km Länge mit 39 Schleusen in Schottland. Konstruierte eine Ölmühle. Verbesserte die Technik des Baues von Wasser- und Windmühlen.

1762n grün Zement

SMENDES, ägyptischer König.

1125v–1054v Lebenslinie
1085v rot Zerfall Ägyptens
1082v–1009v Psu-Sennes
1057v rot Einigung Ägyptens

SMERDES (um 565v–526v), griechischer Name des persischen Prinzen Bardija. Von glänzenden Gaben und ein Liebling des Volkes wurde er von seinem Bruder, dem Perserkönig Kambyses, vor dessen Ägyptenfeldzug aus Rivalität und Furcht ermordet. Da dieser Mord heimlich geschah, konnte sich während der folgenden Abwesenheit des Kambyses ein Meder (Garbata) des Thrones bemächtigen, indem er sich als der Ermordete ausgab. Gewann das Volk schnell für sich und behauptete seine Macht sieben Monate. Sein Plan zur Wiedereinführung der medischen Herrschaft über Persien mißglückte jedoch, weil Dareios ihn tötete, um sich selbst zum Perserkönig zu machen.

565v–522v Kambyses

SMETANA, Friedrich (1824–1884n), tschechischer Komponist. Nach Ausbildung in Prag wurde er Konzertmeister am Hofe des deutschen Kaisers Ferdinand in Wien. Dann wirkte er in Schweden und kehrte schließlich nach Prag zurück, wo er erster Kapellmeister des Nationaltheaters wurde. Nach achtjähriger Tätigkeit zog er sich wegen völligen Verlustes seines Gehörs zurück und lebte als freier Komponist. Auf der Grundlage von Volkslied und Volkstanz schuf er eine nationale tschechische Musik ('Mein Vaterland'). Die Beschränkung seiner Opern-Thematik auf tschechische Landschaft und Geschichte ('Dalibor', 'Libussa', 'Der Kuß') führte dazu, daß nur eine seiner Opern zu Weltgeltung gelangte ('Die verkaufte Braut'). Schrieb Sinfonien, Chöre, Kammermusik, Klavierstücke und Märsche. Seine beiden letzten Jahre verbrachte er im Irrenhaus.

1866n blau 'Die verkaufte Braut'

SMITH, Adam, englischer Volkswirtschaftler und Philosoph aus Schottland.

1723n–1790n Lebenslinie
1776n grün Volkswirtschaftslehre

SMITH, William (1769n–1839n), englischer Techniker und Geologe. Untersuchte die im Erdreich eingeschlossenen Versteinerungen, systematisierte seine Funde und gelangte durch Zuordnung charakteristischer Pflanzen- und Tier-Reste zur Bestimmung des Alters der einzelnen Erdschichten. Mit seiner Tabelle der altersmäßigen Schichtenfolge der Erdrinde begründete er die Lehre von den Merkmalen der historischen Erdformationen ('Stratigraphie').

1795n grün Historische Geologie

SMOLENSK, Stadt am Dnjepr (West-Rußland) zwischen Warschau und Moskau. Vor mehr als 1300 Jahren gegründet, entwickelte sie sich zum Zentrum eines slawischen Stammes (Kriwitschen), der im 9. Jahrhundert von Normannen besiegt und dem russischen Reiche eingefügt wurde. 1404n fiel die Stadt an Litauen, 1514n wieder an Rußland, 1611n an Polen und 1654n endgültig an Rußland. In den Napoleonischen Kriegen erkämpften sich die Franzosen hier 1812n durch ihren Sieg über die Russen ihren Weg nach Moskau. Drei Monate später wurde die Nachhut der flüchtenden französischen Heere hier von den Russen vernichtend geschlagen. Im zweiten Weltkrieg von 1941 bis 1943n von deutschen Truppen besetzt.

646n blau Gründung
838n–912n Oleg der Weise
882n braun Vorstoß der Normannen
882n rot Russisches Reich
1796n/1815n Napoleonische Kriege
1939n/1945n Zweiter Weltkrieg

SMYRNA, Hafenstadt an der Westküste Kleinasiens (heute Izmir). Die von Griechen vor etwa 3000 Jahren angelegte Stadt wurde 250 Jahre nach ihrer Zerstörung durch die Lyder von einem Feldherrn Alexanders des Großen (Antigonos) 4 km südlich der Ruinen wieder aufgebaut. Unter römischer Herrschaft bedeutendste Stadt der Provinz Asia und seit dem 2. Jahrhundert Zentrum hellenistischer Bildung. Bei der Reichsteilung an das Ostreich (Byzanz) gefallen, blieb sie ein Jahrtausend byzantinisch, wurde dann mongolisch und fiel 1425n an die Türkei, zu deren wichtigstem Ausfuhrhafen sie sich entwickelte.

575v braun Zerstörung durch Lyder
156n rot Feuertod des Bischofs

SNEBT (um 2030v–um 1995v), ägyptische Sängerin. Trug zusammen mit ihren Kolleginnen Asa und Tuat die Lieder des ägyptischen Musikers Anchu vor.

2059v–1997v Anchu
1998v blau Relief

SNELLIUS, Willebrord (1591n–1626n), niederländischer Mathematiker und Physiker. Als Sohn eines Professors für Mathematik an der Universität Leiden bereiste er nach Abschluß seiner Studien Deutschland, wo er mit Kepler und Tycho Brahe in Verbindung trat. 22jährig übernahm er den Lehrstuhl seines Vaters in Leiden. Verbesserte die Dreiecks-Berechnung, unternahm auf ihrer Grundlage die erste Messung eines Längengrads (Meridian) und schuf die bis heute gültige Methode der Landes-Aufnahme zur Herstellung von Landkarten. Entdeckte das Grundgesetz der Brechung von Lichtstrahlen und verfaßte ein Lehrbuch der Ortung für die Schiffahrt.

1620n grün Strahlenbrechung

SNOFRU, ägyptischer König.

2644v–2576v rot Lebenslinie
2631v–2564v rot Hetepheres
2598v grün Bau von Nil-Schiffen
2592v braun Vorstoß nach Libyen
2588v blau 'Knickpyramide'
2587v braun Vorstoß nach Nubien
2584v grün Handelsflotte
2583v blau 'Rote Pyramide'
2582v grün Straßen zum Sinai

SNORRI STURLUSON, isländischer Geschichtsschreiber, Dichter und Staatsmann.

1178n–1241n rot Lebenslinie
1226n blau 'Königsbuch'
1239n blau 'Edda'

SODA, weißes, wasserlösliches Pulver, das früh als Wasch- und Putzmittel im Haushalt Verbreitung fand. Mit dem Aufbau der chemischen Industrie wurde es neben der Schwefelsäure zum wichtigsten anorganischen Grundstoff. Bereits vor 5000 Jahren aus den Seen Nordafrikas und Innerasiens gewonnen, wurde es bald zur Glasherstellung und zum Einbalsamieren von Mumien verwendet. Seit Ende des 18. Jahrhunderts aus Kochsalz erzeugt durch den französischen Chemiker Leblanc, seit 1861n auf breitester Grundlage aus Ammoniak durch den belgischen Chemiker Solvay.

1791n grün Gewinnung aus Kochsalz

SODDY, Frederick (1877n–1956n), englischer Chemiker. Als Lehrer für physikalische Chemie an der Universität Glasgow gelangte er gemeinsam mit Rutherford zu der Auffassung, daß Radioaktivität bei jeder Element-Umwandlung auftritt. Zusammen mit Ramsay stellte er das häufige Auftreten von Helium in Radiumverbindungen fest und schloß daraus, daß Helium aus Radium entstanden ist. Mit dieser Annahme des Hervorgehens eines Elementes aus einem anderen Element trat er der Vorstellung von der Unzerstörbarkeit und Unerschaffbarkeit der Elemente entgegen. Später erkannte er, daß Atome des gleichen Elementes von verschiedenem Gewicht sein können. Er nannte diese geringfügige Abweichung 'Isotopie' und stellte fest, daß die Kerne solcher 'Isotope' die gleiche Anzahl von Protonen, aber eine unterschiedliche Zahl von Neutronen haben. Wandte sich auch Fragen der Volkswirtschaft zu und schuf eine neue Geld-Theorie.

1910n grün Isotopenlehre

SÖLDNER, SOLDATEN, von dem lateinischen Worte 'solidus' (= Münze) abgeleitete Bezeichnung für Berufskrieger. Seit Einführung der allgemeinen Wehrpflicht wird das Wort 'Soldat' auch für zwangsweise zum Wehrdienst einberufene Zivilisten verwendet.

2943v grün Schilde in Ägypten
2659v rot Stammrollen in Sumer
2531v grün Helm und Speer in Sumer
2510v rot Kriegsdienst-Befreiung
2376v–2294v rot Sargon der Große
2355v–2298v rot Pepi I.
2318v rot Akkad: Stehendes Heer
2314v rot Fremde in Ägyptens Heer
2177v grün Kleine Holzsoldaten
2035v rot Söldnerheer in Sumer
2021v rot Elite-Soldaten in Ur
1995v–1940v rot Napal-Num
1696v grün Helm und Schild aus Metall
1572v–1504v rot Agum
1525v grün Vergabe von Lehen
1402v blau 'Beim Befehlsempfang'
1398v–1335v rot Eje
1384v–1318v rot Haremhab
1365v–1317v rot Ramses I.
1353v blau Relief eines Soldaten
1349v blau Auszeichnung
1331v blau Relief grüßender Soldaten
1315v grün Streitwagen-Verbände
1314v rot 'Legionen' in Ägypten
1199v blau Warnung vor Offiziersberuf
1198v grün Berittene Bogenschützen
1101v rot Aufständische Söldner
1064v–1010v rot Saul
976v–924v rot Scheschonk I.
895v–825v rot Salmanassar III.
869v grün Reiterheere in Assyrien
763v–705v rot Sargon II.
728v–660v blau Kallinos
686v–613v blau Tyrtaios
667v blau Lieder auf Soldatentum
613v–525v rot Amasis
570v/569v braun Söldnerprivileg bekämpft
430v–353v blau Xenophon
421v grün Chinesisches Reiterheer
401v rot Rom: 20000-Mann-Heer
373v blau Xenophon: Zug der 10000
359v rot Mazedonien: Stehendes Heer
240v/238v braun Söldner-Aufstand
170v rot China: Stehendes Heer
107v rot Berufsheer in Rom
103v rot Soldatenversorgung in Rom
42v rot Prätorianer-Garde
9n–79n rot Vespasian
23n rot Kasernierung der Garde
31n–99n blau Musonius Rufus
38n–105n blau Martial
51n–96n rot Domitian
58n grün 'Pflichten des Feldherrn'
73n blau Spottgedicht auf 'Feigheit'
90n rot Heerlager-Vorschrift
146n–211n rot Septimius Severus
170n rot Schutz Kriegsgefangener
193n braun Soldatenkaisertum
202n grün Grenzsiedlungen
232n–282n rot Probus
282n braun Soldaten-Erhebung
295n rot Franken im Römerheer
310n–379n rot Schapur II.
321n–375n rot Valentinian I.
370n rot Selbstverstümmelungsverbot
398n rot Abgaben für Soldaten
423n rot Hunnen im Römerheer
433n–493n rot Odoaker
476n braun Söldner-Aufstand
638n grün Pensionen für Soldaten
688n–741n rot Karl Martell
722n grün Lehen für Heeresfolge
790n rot Zwang zur Heeresfolge
807n rot Wehrpflicht nach Vermögen
1190n rot Pflege Verwundeter
1439n grün Stehendes Heer
1474n grün Soldaten für Frankreich
1515n rot Schweizer-Rekrutierung
1556n grün Uniform in England
1670n grün Uniform in Frankreich
1688n–1740n rot Friedrich Wilhelm I.
1701n grün Gleichschritt
1749n rot Strafen für Deserteure
1777n grün Deutsche Söldner
1814n rot Wehrpflicht in Preußen
1864n rot Rotes Kreuz
1872n rot Wehrpflicht in Frankreich
1874n rot Wehrpflicht in Rußland
1899n rot Haager Konvention

SÖMMERING, Samuel Thomas (1755n–1830n), deutscher Arzt und Erfinder aus Thorn. Studierte in Göttingen Medizin, wurde Professor der Anatomie in Kassel und Mainz, praktizierte dann in Frankfurt am Main und war Leibarzt des Königs von Bayern. Untersuchte systematisch Gehirn, Nervensystem und Sinnesorgane. Schrieb Bücher über das Rückenmark, über Gehör, Auge, Geschmack, Geruch und Stimme. Neben seiner ärztlichen Tätigkeit erforschte er die Sonnenflecke und bemühte sich um neue Methoden zur Veredelung des Weines. Baute den ersten auf chemischer Ausnutzung elektrischer Kraft beruhenden Telegraphen.

1809n grün Telegraph

SOEST, Stadt in Westfalen, 40 km östlich des Ruhrgebietes (Dortmund). Inmitten einer fruchtbaren Tiefebene gelegen, entwickelte sich die seit mindestens 1300 Jahren bestehende Siedlung um 1100n zur Stadt und schuf sich ein eigenes Stadtrecht, das Vorbild für viele andere Städte wurde (Lübeck, Hamburg). Zu einer der reichsten Handelsstädte aufgestiegen, erweckte sie die Begehrlichkeit des Erzbischofs von Köln, der sich 1180n ihrer bemächtigte. Jedoch erlangte sie durch Anschluß an die Hanse ihre Handlungsfreiheit zurück und befreite sich in einem langen Kampf (1441n–1449n) endgültig aus der erzbischöflichen Herrschaft. Im 17. Jahrhundert verlor sie mit dem Zerfall der Hanse den wichtigsten Rückhalt für ihre Unabhängigkeit und geriet seit 1614n unter den Einfluß Brandenburgs, mit dem sie dann im preußischen Staat aufging.

1150n rot Stadtrecht

SOFIA, Stadt auf dem westlichen Ausläufer des Balkangebirges (Bulgarien). 20 km von der jugoslawischen Grenze entfernt, liegt sie am Hauptverbindungsweg von Mitteleuropa nach der Türkei zwischen Belgrad und Istanbul (Konstantinopel). Von Thrakern gegründet, wurde die Stadt im ersten Jahrhundert nach der Zeitwende dem Römerreiche einverleibt. Aurelian machte sie nach Aufgabe Nord-Dakiens zur Hauptstadt der verkleinerten Provinz Dakien. Die Stadt wurde römische Münzstätte. Sie stieg zu hoher wirtschaftlicher und kultureller Blüte auf und war zeitweilig Residenz römischer Kaiser (Konstantin, Maximinus Thrax, Valerian). Bei der Reichsteilung an Ostrom (Byzanz) gefallen, wurde die Stadt in den Hunnenkriegen 447n von Attila zerstört, später vom byzantinischen Kaiser wieder aufgebaut und befestigt. 809n Zentrum eines unabhängigen bulgarischen Staates, dann abwechselnd byzantinisch und bulgarisch. 1382n eroberten die Türken die Stadt und machten sie für 5 Jahrhunderte zur bedeutendsten Handelsstadt der Balkan-Halbinsel außer Konstantinopel. Im russisch-türkischen Krieg von Türken befreit, wurde sie 1878n Hauptstadt des selbständigen Bulgarien.

46n rot Thrazien römisch
53n–117n rot Trajan
370n/455n braun Hunnenkriege
395n rot Herrschaft Ostroms
809n braun Vorstoß der Bulgaren
1382n rot Türkische Herrschaft
1876n/1878n braun Russisch-türkischer Krieg

SOHAR (wörtlich 'Glanz'), Titel eines Buches, das in Spanien Ende des 13. Jahrhunderts in aramäischer Sprache niedergeschrieben wurde. Es enthielt in Form einer Auslegung des ersten Teiles des 'Alten Testamentes' der Bibel (Pentateuch) die bis zu dieser Zeit mündlich überlieferte jüdische Geheimlehre ('Kabbala'). Zusammengestellt von dem nach Spanien eingewanderten Juden Mose ben Schemlob aus Bestandteilen altjüdischer Glaubenssätze sowie philosophischen und praktischen Lebensregeln, Seelenwanderungsglauben, christlichem Gedankengut und Magie, wurde es bald zum Hauptwerk der 'Kabbala'.

1275n blau Niederschrift

SOISSONS, Stadt in Nordfrankreich, 80 km nordöstlich von Paris. Die vor 2500 Jahren entstandene keltische Siedlung wurde als Hauptstadt des Suessioner-Reiches Regierungssitz des mächtigsten Fürsten Frankreichs, der im Gebiet der Seine über ein Land mit zwölf Städten herrschte. Im Jahre 57v durch Cäsar eingenommen. Sie erhielt einen römischen Kaiserpalast und wurde ständiger Sitz römischer Feldherren (Aëtius). Im fünften Jahrhundert war es diejenige Stadt Frankreichs, die bis zuletzt gegen den Ansturm der Franken verteidigt wurde. Mit der Niederlage, die der römische Statthalter Syagrius hier durch den Frankenherrscher Chlodwig erlitt, war ganz Frankreich von römischer Herrschaft befreit. Hier wurde der erste Karolinger (Pippin) zum König gewählt. Gegen Ende der Napoleonischen Kriege wechselte die Stadt mehrfach den Besitzer und mußte sich 1815n den Preußen ergeben. Im deutsch-französischen Krieg und in den beiden Weltkriegen war sie hart umkämpft.

58v/51v braun Gallischer Krieg Roms
466n–511n rot Chlodwig
486n braun Vorstoß der Franken
486n rot Fränkische Herrschaft
716n–768n rot Pippin der Kleine
751n rot Wahl Pippins
1796n/1815n braun Napoleonische Kriege
1870n/1871n braun Deutsch-französischer Krieg
1914n/1918n braun Erster Weltkrieg
1939n/1945n braun Zweiter Weltkrieg

SOKRATES griechischer Philosoph.

469v–399v rot Lebenslinie
444v–365v blau Antisthenes
443v blau Über das Gewissen
436v–355v blau Aristipp
430v–353v blau Xenophon
427v–347v blau Plato
426v blau Einführung von Begriffen
423v blau Spott des Aristophanes
399v rot Todesurteil
394v blau Platos Apologie
385v blau Xenophons Apologie

SOKRATES Scholastikus (um 370n–um 450n), byzantinischer Gelehrter. Als Rechtsanwalt in der Hauptstadt des byzantinischen Reiches (Konstantinopel) verfaßte er eine Kirchengeschichte in sieben Büchern. Darin behandelte er die Entwicklung der christlichen Kirchen in der Zeit von der Abdankung des Kaisers Diokletian (305n) bis zu seiner eigenen Epoche (439n). Sein Werk war die Fortsetzung der von Eusebius im Jahre 322n herausgegebenen Kirchengeschichte.

440n blau Kirchengeschichte

SOLEB, Stadt und Festung am linken Ufer des Nils (Nordafrika). Im Herzen Nubiens (Sudan) gelegen, wurde sie im zweiten Jahrtausend vor unserer Zeitrechnung ägyptisch. König Amen-Hotep III. baute hier einen Tempel, in dem er selbst als Gott verehrt wurde. Im Tempelinnern ließ er die Feier seines Regierungsjubiläums abbilden und stellte die Plastik eines liegenden Löwen auf.

1388v blau Plastik eines Löwen

SOLIDAR-PATHOLOGIE, Bezeichnung für eine Richtung der Medizin, die ihre Diagnose auf die krankhaften Veränderungen der festen Teile des menschlichen Körpers, besonders der Organe und der Nerven stützt. Sie wurde vor 2000 Jahren von dem griechischen Arzt Asklepiades begründet, der damit die auf eine Beobachtung der Körpersäfte gerichtete Diagnose (Humoral-Pathologie) zeitweilig überwand.

129v–40v grün Asklepiades
60v grün Lehre des Asklepiades

SOLIDUS, römische Goldmünze, die von Kaiser Konstantin im Jahre 309n in Trier eingeführt wurde und seit 324n im ganzen Römerreich galt. Ihr Gewicht (4,55 Gramm) blieb mehr als 1000 Jahre bis zum Ende des oströmischen Reiches von Byzanz verbindlich.

433n–493n rot Odoaker

SOLIMAN der Große, türkischer Herrscher (Sultan) von 1520n bis 1566n.

1494n–1566n rot Lebenslinie
1489n–1587n blau Sinan
1500n–1558n rot Karl V.
1521n braun Einnahme Belgrads
1522n braun Sieg über Johanniter
1522n rot Gewinn von Rhodos
1526n braun Sieg über Ungarn
1529n braun Angriff auf Wien
1530n rot Gesetzgebung
1535n grün Handel mit Frankreich
1536n rot Bündnis mit Frankreich
1541n braun Vorstoß in Ungarn
1541n rot Gebietsgewinn in Ungarn
1545n blau Prinzen-Moschee
1551n braun Vorstoß in Afrika
1551n rot Gewinn Tripolitaniens
1551n blau Mirimah-Moschee
1556n blau Soliman-Moschee

SOLIMAN-MOSCHEE, Name des bedeutendsten Kirchenbaues der Türken in Konstantinopel. In Anlehnung an die tausend Jahre ältere Sophienkirche schuf der türkische Baumeister Sinan die freigespannte Hauptkuppel der Moschee mit 26 Metern Durchmesser. Um dieses Zentrum gruppierte er noch zwei größere und fünf kleinere Kuppelbauten. Die großen Räume verband er durch Säulenhallen und Arkaden. An ihrer Ostseite befindet sich das kunstvoll gestaltete Grabmal Solimans des Großen und seiner Frau Roxolane.

1489n–1587n blau Sinan
1556n blau Fertigstellung

SOLON, griechischer Politiker.

640v–559v rot Lebenslinie
594v rot Anklagerecht für Bürger
594v grün Geldabwertung
593v rot Rechte nach Vermögen
593v grün Eule als Münzbild
592v rot Strafe bei Neutralität
579v grün Steuer auf Prostitution

SOMADEVA, indischer Dichter.

1035n–1082n blau Lebenslinie
1070n blau Märchen

SOMALILAND, Name der östlichsten Halbinsel Afrikas, die sich südlich der arabischen Halbinsel in den Indischen Ozean vorstreckt. Hier wird seit 5000 Jahren Weihrauch gewonnen und nach Nordafrika, Vorderasien sowie in den Mittelmeerraum verschifft. Hier lag das sagenumwobene Königreich von Punt. Es wurde von ägyptischen, phönizischen, griechischen und persischen Schiffen angelaufen und stand in regem Handelsverkehr mit den Bewohnern Süd-Arabiens (Sabäer, Minäer). Seit Entstehen des arabischen Weltreiches im 7. Jahrhundert geriet es zunehmend unter den Einfluß der Araber, die seit dem 10. Jahrhundert weite Küstenstreifen beherrschten. Im 16. Jahrhundert begann mit der portugiesischen Niederlassung der Kampf europäischer Mächte um die Ausbeutung des Landes, an der sich außer Portugal auch England, Frankreich und Italien beteiligten. Erst in unserer Epoche wurde das von fremden Mächten zerrissene Land frei und fand seine staatliche Einheit ('Somalia').

2743v grün Export von Weihrauch
2512v–2458v rot Sahu-Re
2494v grün Tauschhandel mit Ägypten
2466v grün Ausfuhren nach Ägypten
1528v grün Esel als Reittier
1485v blau Relief: Hof der Königin
908n rot Niederlassung von Arabern
1509n rot Gouverneur Portugals
1884n rot Festsetzen Englands
1960n rot Unabhängigkeit

SOMBART, Werner (1863n–1941n), deutscher Volkswirtschaftler und Kulturphilosoph. Als Syndikus der Bremer Handelskammer erhielt er 27jährig eine Professur in Breslau und ließ sich 32jährig in Berlin nieder. Durch eine gründliche entwicklungsgeschichtliche Untersuchung ('Der moderne Kapitalismus') bekannt geworden, verfaßte er weitere gesellschaftskritische Arbeiten ('Luxus und Kapitalismus', 'Der Bourgeois', 'Krieg und Kapitalismus'). Schrieb eine Biographie von Karl Marx. Führte auch einen Nachweis für den Zusammenhang zwischen der Ansammlung von Juden in bestimmten Teilen der Erde und dem Aufblühen ausbeuterischer Wirtschaftsformen, insbesondere des Kapitalismus ('Die Juden und das Wirtschaftsleben'). Allmählich verließ er seine sozialistische Ausgangsposition und wandte sich nach dem ersten Weltkriege offen gegen den Marxismus ('Der proletarische Sozialismus'). Gleichzeitig suchte er nach Wegen der Rettung des Kapitalismus ('Die Zukunft des Kapitalismus') und entwickelte eine 'verstehende Nationalökonomie', die Wesenszüge des Sozialismus (Planwirtschaft) der kapitalistischen Volkswirtschaft einfügen wollte und einen Interessenausgleich zwischen Kapitalisten und Arbeitern unter grundsätzlicher Beibehaltung von Ausbeutung und Profit erstrebte. Außerdem propagierte er die Verstärkung des Anteils der Landwirtschaft an der Gesamtproduktion (Re-Agrarisierung).

1902n blau 'Kapitalismus'

SOMME, kurzer Fluß in Nordfrankreich, der nördlich von Paris in den Ärmelkanal (Atlantik) mündet. Im ersten Weltkrieg zwischen den über Belgien nach Frankreich eingefallenen Deutschen und den vereinigten französisch-englischen Heeren jahrelang hart umkämpft. Im Herbst 1916n verloren hier in einer der größten Schlachten der Geschichte beide Seiten zusammen über eine Million Soldaten ('Sommeschlacht').

444n/446n braun Vordringen der Franken
446n rot Gebietsgrenze der Franken
1914n/1918n braun Erster Weltkrieg

SOMMER

2463v–2403v rot Ni-User-Re
2428v blau Darstellung in Ägypten

SONATE, Bezeichnung für ein Musikstück aus mehreren Sätzen (meist 3–4), die untereinander verbunden sind. Wird in der Regel für Klavier und ein weiteres Solo-Instrument (Geige) geschrieben. Das aus dem Italienischen kommende Wort (= 'Klingstück') bezeichnete zunächst nur das Instrumentalstück ganz allgemein im Gegensatz zum Singstück ('Kantate'). Erst im 18. Jahrhundert entwickelte sich die besondere Stilform in Mannheim und Wien, Frankreich und Italien (Bach, Händel, Boccherini, Haydn, Mozart, Clementi, Beethoven).

1685n blau Triosonaten Corellis
1692n blau Kuhnau: Klaviersonate
1732n–1809n blau Haydn
1756n–1791n blau Mozart
1770n–1827n blau Beethoven
1799n blau Beethoven: Pathétique

SONGHOY, Name eines nordafrikanischen Volkes, das sich vor 1100 Jahren zwischen Sahara und Goldküste niederließ und im Niger-Knie unter König Fasan das Reich von Gao gründete. Im Jahre 1009n von Arabern erobert, befreite es sich aber bald wieder und errichtete im 15. Jahrhundert nach Einnahme der Stadt Timbuktu unter König Askia ein Reich, das die Gebiete von Mali und Niger bis zum Tschad-See umfaßte. Es entwickelte unter arabischem Einfluß eine eigene Wissenschaft und Kunst, hatte eine geordnete Verwaltung und ein stehendes Heer. Doch nach knapp hundertjähriger Kulturblüte verlor es durch einen Vorstoß Marokkos die Hauptstadt Timbuktu und große Teile des Niger-Gebietes. Der Rest des Reiches löste sich in kleine Fürstentümer auf.

1591n braun Marokkaner-Vorstoß
1591n rot Ende des Reiches
1591n rot Herrschaft Marokkos

SONNE, Eigenname des zentralen Himmelskörpers unseres Planetensystems, der im Weltall nur ein einziger selbst leuchtender Fixstern unter Hunderten von Millionen (teilweise wesentlich größeren) ist. Die Bedeutung dieses aus der Erd-Perspektive gewaltigsten Himmelskörpers war dem Menschen früh bekannt. Die Abhängigkeit alles Erdenlebens und insbesondere des Wachstums der Nutzpflanzen von ihrer Kraft führte zur Erforschung der Gesetzmäßigkeit ihrer Bewegung und damit zur ersten Wissenschaft (Astronomie). Als Symbol unergründlicher überirdischer Macht wurde sie auch Gegenstand menschlicher Anbetung von China und Japan über Mesopotamien und Ägypten bis zu den Inkas, Mayas und Azteken Amerikas. In jahrtausendelanger Forschung ergründete aber der Mensch ihre Wirkungsweise: In 150 Millionen Kilometern Entfernung von der mehr als 1 Million mal kleineren Erde zerstrahlt sie in der Sekunde 4 Millionen Tonnen Materie. Die Hälfte des millionsten Teils von einem Promille dieser Strahlung trifft die Erdoberfläche und bewirkt hier alle Bewegung und alle Lebensvorgänge.

2963 v blau Sonnengott in Sumer
2766 v–2702 v Neb-Re
2723 v rot Gottesname = Königsname
2673 v–2631 v Zoser
2637 v blau Sonnen-Religion in Ägypten
2631 v blau Heiligtum in Heliopolis
2534 v–2470 v User-Kaf
2496 v–2448 v Nefer-Re
2476 v rot Sonnenkult Staatsreligion
2476 v blau Heliopolis Kultzentrum
2472 v blau Kultstätte für Sonnengott
2472 v grün Symbol für Sonnengott
2471 v rot 'Sohn des Sonnengottes
2464 v blau Kultstätte des Sahu-Re
2463 v–2403 v Ni-User-Re
2458 v blau Sonnenkult verstärkt
2449 v rot Privileg für Sonnen-Priester
2429 v blau Verehrung der Sonne
2297 v–2197 v Pepi II.
2228 v rot Osiris- neben Sonnenkult
2055 v grün Sonnenuhren in Ägypten
1707 v blau 'Kaiser und Sonnengott'
1483 v grün Verbesserte Sonnenuhren
1450 v blau 'Geflügelte Sonnenscheibe'
1410 v–1353 v Pentu
1402 v–1346 v Burna-Bu
1398 v–1335 v Eje
1395 v–1321 v Bek
1391 v–1358 v Echnaton
1375 v blau Tempel in Theben
1374 v blau Verehrung in Amarna
1370 v blau 'Sonne über Echnaton'
1364 v blau Sonnengott in Larsa
1363 v blau Lobgesang auf Sonne
1226 v grün Sonnenuhren in Palästina
1202 v blau 'Anbetende Paviane'
1079 v grün Bahnverschiebung berechnet
763 v grün Verfinsterung beschrieben
647 v–585 v Kyaxares
433 v grün Einfluß auf Kalender
390 v–310 v Herakleides
355 v grün Zentrum der Planetenbahn
316 v–250 v Aristarch
300 v grün Berossos' Sonnenuhr
290 v blau Standbild für Sonnengott
289 v grün Aristarchs Messungen
237 v grün Sonnenjahr in Ägypten
25 v grün Taschen-Sonnenuhren
5 v blau Tempel für Sonnengöttin
5 n blau Sonnenpyramide in Amerika
103 n blau Sonnentempel in Palmyra
133 n–205 n Kleomedes
214 n–275 n Aurelian
274 n rot Staatsreligion in Rom
354 n rot Feiertag übernommen
408 n blau Dichtung über Sonnenkönig
420 n grün 'Wissenschaft der Sonne'
476 n–535 n Arjabatta
501 n grün Sonnenfinsternis erklärt
584 n–641 n Georgios Pisides
855 n–929 n Al Battani
948 n–1009 n Ibn Junis
1006 n grün Bahnwinkel errechnet
1126 n–1198 n Ibn Rasd (Averroes)
1166 n grün Sonnenflecke erklärt
1262 n blau Sonnentempel in Indien
1473 n–1543 n Kopernikus
1548 n–1600 n Giordano Bruno
1610 n grün Sonnenflecke erforscht
1611 n grün Lichtreflexion der Planeten
1643 n–1727 n Newton
1783 n grün Sonnensystem-Bewegung
1946 n grün Clayton: 'Sonnenflecke'

SONNEBORN, Tracy M. (geboren 1905 n), nordamerikanischer Naturforscher. Als Professor der Zoologie in Bloomington (Indiana) beschäftigte er sich mit Fragen der Vererbung. Durch Kreuzung einzelliger Tiere (Pantoffeltierchen) gelang ihm der Nachweis, daß der Zellkörper ('Zellplasma') Träger von Erbfaktoren ist. Entdeckte die Bedeutung der Selbstbefruchtung im Vererbungsgeschehen.

1951 n grün Erbübertragung

SONNENFINSTERNIS, Bezeichnung für eine Naturerscheinung, die den Menschen wegen ihrer Seltenheit und Unerklärbarkeit Jahrtausende lang in Furcht versetzte und seinen Aberglauben förderte. Sie beruht auf dem Verdecken der Sonne durch den zwischen Erde und Sonne sich schiebenden (am Tage unsichtbaren) Mond. Die totale Verfinsterung kann sich am gleichen Ort nur etwa alle 200 Jahre ereignen, und sie dauert nur knapp acht Minuten.

763 v grün Aufzeichnung in Babylon
647 v–585 v Kyaxares
476 n–535 n Arjabatta
501 n grün Erklärung durch Arjabatta

SONNENFLECKE, Bezeichnung für Stellen auf der Oberfläche der Sonne, die bei einem Durchmesser bis zu 80000 Kilometern von der Erde aus mit bloßem Auge (durch ein berußtes Glas) wahrgenommen werden können. Die um mehr als 1000 Grad unter die allgemeine Sonnentemperatur (= 6000 Grad) abgekühlten Flecker kehren im Abstand von etwa 11 Jahren wieder und sind von Einfluß auf den Erdmagnetismus sowie auf Lufttemperatur und Sturmbildung der Erdoberfläche.

1126 n–1198 n Ibn Rasd (Averroes)
1166 n grün Arabische Forschungen
1610 n grün Galileis Forschungen
1946 n grün Claytons Lehre

SONNENKULT, die Verehrung der lebensspendenden Kraft der Sonne durch den Menschen. Ursprünglich als reine Naturverehrung in vielen Kulturen wiederkehrend, nahm er im Zeitalter der Personifizierung der Naturkräfte auch gelegentlich die Form von Gottesverehrung an.

2963 v blau Verehrung des Utu (Sumer)
2766 v–2702 v Neb-Re
2723 v rot Königsname in Ägypten
2673 v–2631 v Zoser
2637 v blau 'Götter-Neunheit' (Ägypten)
2631 v blau Heiligtum von Heliopolis
2534 v–2470 v User-Kaf
2496 v–2448 v Nefer-Re
2476 v rot Staatsreligion in Ägypten
2476 v blau Heliopolis Zentrum
2472 v blau Tempelbau durch User-Kaf
2472 v grün Obelisk Symbol für Re
2471 v rot König Sohn Gottes
2464 v blau Tempelbau durch Sahu-Re
2463 v–2403 v Ni-User-Re
2458 v blau Wachsende Bedeutung
2449 v rot Privileg für Priester
2429 v blau Tempel des Ni-User-Re
2297 v–2197 v Pepi II.
2228 v rot Osiris- neben Sonnenkult
1707 v blau 'Hammurabi u. Sonnengott'
1450 v blau 'Geflügelte Sonnenscheibe'
1438 v–1368 v Ra-Mosis
1422 v–1356 v Teje
1410 v–1353 v Pentu
1402 v–1346 v Burna-Bu
1398 v–1335 v Eje
1395 v–1321 v Bek
1391 v–1358 v Echnaton
1388 v–1354 v Nofretete
1375 v blau Aton-Tempel in Theben
1374 v blau Verehrung in Amarna
1370 v blau 'Sonne über Echnaton'
1368 v–1349 v Tut-Anch-Amun
1364 v blau Tempel in Larsa
1363 v blau Echnatons Sonnenhymnus
1202 v blau 'Anbetende Paviane'
290 v blau Statue in Rhodos
5 v blau Tempel in Japan
5 n blau Pyramide in Mexiko
103 n blau Tempel in Palmyra
214 n–275 n Aurelian
274 n rot Römische Staatsreligion
354 n rot Übernahme durch Christen
1262 n blau Tempel von Konarak

SONNENSTAAT, Name eines Buches des syrischen Schriftstellers Jambulos. Das Wort wurde zum Begriff für eine auf Brüderlichkeit und Gütergemeinschaft beruhende kommunistische Ordnung. 55 Jahre nach Erscheinen dieses Werkes wurde in Pergamon (Kleinasien) ein Versuch zur Verwirklichung des darin beschriebenen Staats-Ideals unternommen. Als Titel eines Buches, das der italienische Philosoph Campanella im Kerker schrieb, kehrte der 'Sonnenstaat' 1700 Jahre später wieder. Campanella übertrug in seinem Werk die kommunistischen Forderungen des Jambulos auf die Möglichkeiten einer technischen Zeit.

187 v blau Roman des Jambulos
163 v–129 v Aristonikos
136 v/129 v Aufstand
132 v rot Staat in Kleinasien
129 v rot Ende des Staates
1602 v blau Entwurf Campanellas

SONNENUHREN, Bezeichnung für Zeitmesser, die sich zur Bestimmung der Tageszeit des Sonnenschattens bedienen, der von einem Stab auf eine mit Zeichen versehene Fläche (Zifferblatt) fällt. Einfachste und älteste Uhren der Geschichte. Sie kamen vor mehr als 4000 Jahren in Ägypten auf und haben sich neben allen späteren Uhren in großen Teilen der Welt bis in unsere Epoche erhalten. In hochzivilisierten Ländern dienen sie häufig als Park- und Gartenschmuck.

2055 v grün Gebrauch in Ägypten
1483 v grün Verbesserung
1226 v grün Gebrauch in Palästina
300 v grün Halbkreis-Ziffernblatt
25 v grün Reiseuhr

SONNTAG, Name des ersten Wochentages, der im christlichen Drittel der Erde als Feiertag geheiligt ist. Sein Name ('Tag der Sonne') weist ihn als Erscheinung eines in vorchristlicher Zeit verbreiteten, dem Gestirnsablauf verbundenen Lebensrhythmus aus, den die Christen durch Festsetzung des angeblichen Auferstehungstages ihres Religionsstifters Jesus auf einen Sonntag übernahmen. Der Sache nach stellt er eine Fortsetzung des jüdischen Sabbat dar, der längst strenger, arbeitsfeindlicher Heiligung verfallen war, ehe es ein Christentum gab.

321 n rot Gesetzlicher Feiertag
538 n rot Verbot von Feldarbeit
585 n grün Strafe für Sonntagsarbeit

SOPHIENKIRCHE (Hagia Sophia), Name einer Moschee in Istanbul an der Landenge zwischen Europa und Asien. Sie wurde zu einer Zeit erbaut, als die Stadt noch 'Byzanz' hieß und stellt den Gipfel der 'byzantinischen' Baukunst dar. Kaiser Justinian ließ sie als christliche Kirche in einer Bauzeit von nur 5 Jahren an dem Ort errichten, wo kurz zuvor eine Basilika abgebrannt war. Nach seinem Willen sollte sie alle Kultbauten der Erde an Glanz und Größe übertreffen. In dem zu seinem Bereich gehörenden Kleinasien gewann er dafür zwei große Architekten: Anthemios von Tralles und Isidor von Milet. Die beiden wölbten über einem Innenraum von 77×72 Metern in 55 Meter Höhe eine freitragende Flachkuppel mit einem Durchmesser von 31 Metern. Damit vollbrachten sie eine in der Weltgeschichte der Architektur einmalige Leistung. Die Kosten waren mit 300000 Goldpfund wesentlich höher als die Baukosten der Peterskirche in Rom. Nach der Einnahme der Stadt durch die Türken (1453 n) wurde sie in eine islamische Moschee umgewandelt. Dabei sind die Mosaikarbeiten nur übertüncht worden, so daß diese schönen Arbeiten bei der Umwandlung der Moschee in ein Museum (1934 n) wieder freigelegt werden konnten.

537 n blau Vollendung

SOPHISTIK, Bezeichnung für eine Richtung der Philosophie, die vor 2500 Jahren in Griechenland aufkam. Sie stellte das Denken und die Begriffsbildung in den Dienst der allgemeinen Aufklärung und des Ringens um eine vernünftige Gesellschaftsordnung. Als die herrschenden Schichten die in ihr liegende Gefahr für den Bestand der Klassengesellschaft erkannten, bemächtigten sie sich der ihr zugrundeliegenden Denktechnik und machten sie zur Grundlage einer auf bloße Überredung abzielenden Gesprächsfertigkeit. Diese mißbräuchliche Benutzung führte zu ihrer Überwindung durch Sokrates und Plato. Ihre Möglichkeit der Begriffsverwirrung durch Vermischung von Wichtigem und Unwichtigem sowie Leugnung der natürlichen und sittlichen Lebensgrundlagen machte sie später zu einem Mittel der Behauptung herrschender Anschauungen gegen alle bessere Erkenntnis. So sank sie zu einer geschwätzigen, hohlen Schein-Weisheit herab, die bis in unsere Epoche zur Aufrechterhaltung überholter Auffassungen dient.

484 v–378 v Gorgias
478 v–410 v Protagoras
436 v–355 v Aristipp
435 v blau Mensch Maß aller Dinge
428 v blau Relativität des Beweises
426 v grün Honorare
423 v blau Verspottung
417 v blau Götterleugnung
410 v rot Protagoras verurteilt
410 v rot Bücherverbrennung
405 v blau Nihilismus
391 v blau Kunst der Überredung
383 v blau Zweifel an Erkennbarkeit

SOPHOKLES, griechischer Dichter.

496 v–406 v Lebenslinie
468 v blau Wettkampf mit Aischylos
461 v blau Dritter Schauspieler
442 v blau 'Antigone'
407 v blau 'Ödipus auf Kolonos'

SORANOS, römischer Arzt aus Kleinasien.

82 n–135 n Lebenslinie
111 n grün Erforschung der Lähmung
120 n grün Gynäkologie
131 n grün Pflege Neugeborener

SORBON, Robert von (1201 n–1274 n), französischer Priester. Als Chorherr der Kirche Notre Dame (Paris) wurde er Hofkaplan und Beichtvater des französischen Königs Ludwig IX. Auf Grund königlichen Privilegs gründete er eine Theologenschule mit angeschlossenem Internat ('Bruderschaft der armen Kleriker'). Hier erteilten katholische Priester an arme Studenten unentgeltlich Theologie-Unterricht.

1253 n blau Theologenschule

SORBONNE, Name der Pariser Universität, die seit 1808 n einen Teil ihrer Unterrichtsstätten in dem Gebäude der von Robert Sorbon vor mehr als 700 Jahren gegründeten Theologenschule untergebracht hat. Diese kirchliche Hochschule war vom revolutionären Frankreich durch Beschluß der Nationalversammlung 1789 n geschlossen worden. Ihre Gebäude beherbergen heute die historisch-philologische und die mathematisch-naturwissenschaftliche Fakultät der staatlichen Universität von Paris.

1253 n blau Theologenschule
1466 n blau Lehrstuhl für Griechisch
1470 n grün Buchdruck

SOREL, Georges (1847 n–1922 n), französischer Philosoph und Politiker. Nach technischem Studium wurde er Ingenieur beim Straßen- und Brückenamt. 45jährig zog er sich von der Berufsarbeit zurück und schrieb Aufsätze und Bücher über Grundfragen der Gesellschaft. Enthüllte die Prinzipien der kapitalistischen Ordnung: Käuflichkeit aller Werte, Feigheit im Denken und Handeln, Unterdrückung der Wahrheit, Vermischung des Rechten mit dem Falschen, Triumph der Mittelmäßigkeit, Belohnung von Lüge und Heuchelei, andauernder Qualitäts- und Kulturverlust, Sieg von Prostitution und allem übrigen Laster. Bewies den nur-formalen Charakter der bürgerlichen Demokratie und beschrieb sie als ein Täuschungsmittel der Bourgeoisie zur Niederhaltung des Proletariats. Forderte die unmittelbare revolutionäre Aktion der Arbeiterklasse: Generalstreik, Enteignung der Kapitalisten, Abschaffung des Lohnsystems und Übernahme der Produktion durch die Gewerkschaften (revolutionärer Syndikalismus). Verwarf grundsätzlich den Staat samt Vaterlandsliebe und Militarismus. Lehnte auch die Vormachtstellung der Partei in der Arbeiterbewegung ab. Als Sechzigjähriger legte er seine Theorien der proletarischen Revolution in drei Büchern nieder: 'Die Illusionen des Fortschrittglaubens', 'Der Niedergang des Marxismus' und 'Betrachtungen über die Gewalt'. Neben die ökonomische Grundlage des sozialistischen Geschichtsdenkens stellte er die Bedeutung der Rasse für die Menschheitsentwicklung.

1908 n blau 'Über die Gewalt'

SOROKIN, Pitirim (geboren 1889 n), nordamerikanischer Kulturphilosoph russischer Herkunft. Führte die soziologische Betrachtungsweise von Mensch und Gesellschaft in Rußland ein und erhielt die erste russische Professur für Soziologie. Wurde 1917 n Mitglied der Kerenski-Regierung und emigrierte nach dem endgültigen Sieg der Revolution. Seit 1923 n in den USA, schuf er eine die sozialen Tatbestände berücksichtigende Geschichtsphilosophie. Darin vertrat er die Vorstellung eines historischen Kreislaufs in drei Phasen: Auf eine abergläubisch-religiöse Periode folgt eine vom Geist geprägte Zeit und schließlich eine gefühlsbetonte Epoche. Die gegenwärtige Entwicklung Europas und Amerikas deutete er als Phase der Auflösung und des Verfalls ('Die Krise unserer Zeit'). Verfaßte eine 'Soziologie der Revolution'.

1941 n blau 'Die Krise unserer Zeit'

SOSTRATOS (um 340 v–um 260 v), griechischer Baumeister und Ingenieur aus der Hafenstadt Knidos (Kleinasien). Durch eine kühne Hallen-Konstruktion für seine Heimatstadt als Architekt berühmt geworden, wurde er vom Ägypterkönig Ptolemäus II. nach Alexandria gerufen. Leitete den Aufbau dieser neugegründeten Stadt auf der Grundlage des streng rechtwinkligen Bebauungsplanes, den Deinokrates für Alexander den Großen gezeichnet hatte. Auf der Alexandria vorgelagerten Insel Pharos baute er einen Leuchtturm, der mit einer Höhe von über 100 Metern zu den sieben Weltwundern gezählt wurde. Er war mit weißem Marmor verkleidet und auf eine Entfernung von 50 Kilometern sichtbar. Im Innern war er mit Marmorskulpturen geschmückt, und auf der Kuppel erhob sich eine sieben Meter hohe Statue des Meergottes Poseidon.

279 v grün Leuchtturm

SOSYLOS (um 250 v – um 180 v), griechischer Sprachlehrer und Historiker. Aus seiner Heimat Sparta in das Feldlager des karthagischen Oberbefehlshabers Hannibal berufen, wurde er der Griechisch-Lehrer des Feldherrn und begleitete ihn auf Kriegszügen in Italien, Sizilien und Nordafrika. Nach Hannibals endgültiger Niederlage in die Heimat zurückgekehrt, beschrieb er dessen Leben in sieben Büchern.

200 v blau Geschichte Hannibals

SOTHIS, Name des hellsten Fixsterns (Hundsstern). Er spielte im Kalender der Ägypter eine entscheidende Rolle: War er nach wochenlanger Unsichtbarkeit zum ersten Male am Morgenhimmel wieder zu sehen, so feierte man den Beginn eines neuen Jahres. Da dieses 'Sothisjahr' aber um einen Vierteltag vom Sonnenkalender und damit vom Ablauf der Jahreszeiten (Nilüberschwemmung) abwich, begann man daneben nach dem Mondjahr zu rechnen, dem das Sonnenjahr zugrunde liegt. Als der Beginn von Sothisjahr und Mondjahr wieder einmal zusammenfielen (was bei der Verschiebung um einen Vierteltag jährlich sich erst nach 365 mal 4 = 1460 Jahren wieder ereignet), stellten die Ägypter ihre Zeitrechnung ganz auf das Mondjahr ein und feierten fortan auch das Neujahrsfest nur noch nach dem Mond-Kalender (und damit immer zur gleichen Jahreszeit). Das Wissen um die 'Sothisperiode' des alten ägyptischen Kalenders (= 1460 Jahre) gab den Wissenschaftlern unserer Epoche einen wichtigen Anhalt für die Datierung der ägyptischen Geschichte.

1317 v grün Ablösung durch Mondjahr

SOWJETUNION, volkstümliche Bezeichnung für den ersten dauerhaften sozialistischen Staat der Erde (eigentlich: Union der Sozialistischen Sowjetrepubliken = UdSSR). Von dem russischen Worte 'Sowjets' (= 'Räte') abgeleitet, erinnert dieser Name daran, daß die kommunistischen Führer nach dem Scheitern ihres Versuchs zur sofortigen Einführung einer parlamentarischen Demokratie ihre Herrschaft seit dem Jahre 1918 n auf eine Räte-Versammlung stützen.

Allgemeines (Land, Volk, Staat)

1870 n–1924 n Lenin
1879 n–1953 n Stalin
1866 n–1925 n Sun-Yat-Sen
1882 n–1945 n F. D. Roosevelt
1893 n– Mao-Tse-Tung
1917 n/1922 n Revolution
1917 n rot Finnland unabhängig
1917 n rot Arbeiter- und Bauernstaat
1917 n grün Vergesellschaftung
1917 n blau Reed: Revolutionsbericht
1918 n rot Tscheka
1918 n– Nasser
1919 n rot Komintern
1921 n braun Kronstädter Aufstand
1921 n rot 'Neue Ökonomische Politik'
1922 n rot Gründung der UdSSR
1922 n rot Rapallo-Vertrag
1927 n rot Sozialismus in einem Land
1927 n– Castro
1929 n grün Fünfjahrplan
1932 n blau Gründung von Komsomolsk
1934 n rot Pakt mit Polen
1935 n rot Pakt mit Frankreich
1936 n rot Scheinprozesse
1936 n rot Verfassung
1939 n blau Johnson: 'Ein Sechstel'
1939 n rot Pakt mit Deutschland
1939 n/1945 n Zweiter Weltkrieg
1939 n rot Teilung Polens
1940 n rot Gewinn des Baltikums
1941 n rot Flüchtlings-Auslieferung
1941 n rot Hilfe der USA
1943 n rot Ende der Komintern
1943 n rot Konferenz von Teheran
1944 n rot Pakt mit Frankreich
1945 n rot Besetzungen
1945 n rot Potsdamer Konferenz
1945 n rot Mitglied der UN
1949 n grün Mitglied des COMECON
1950 n rot Vertrag mit China
1950 n rot Aufrüstung der DDR
1953 n braun Aufstand in der DDR
1953 n braun Aufstand in Workuta
1953 n rot Ende der Stalin-Ära
1955 n rot Österreich selbständig
1955 n rot Warschauer Pakt
1956 n braun Aufstand in Ungarn
1957 n rot Arbeitslager-Auflösung
1958 n rot Regierung Chrustschows
1958 n grün Polytechnischer Unterricht
1959 n rot Chrustschow in USA
1964 n rot Ende der Chrustschow-Ära

SOWJETUNION: Baukunst und Bildhauerei

1937 n blau Muchina: 'Werktätige'
1953 n blau Lomonossow-Universität
1961 n blau Kongreßhalle Moskau

SOWJETUNION: Dichtung und andere Literatur

1917 n blau Block: 'Die Zwölf'
1920 n blau Majakowski: 'Millionen'
1923 n blau Gorki: 'Universitäten'
1924 n blau Stalin: 'Leninismus'
1933 n blau Makarenko: 'Weg ins Leben'
1933 n blau Trotzki: 'Die Revolution'
1934 n blau Ostrowski: 'Stahl'
1940 n blau Scholochow: 'Stiller Don'
1944 n blau Simonow: 'Tage und Nächte'
1945 n blau Fadejew: 'Junge Garde'

SOWJETUNION: Film

1926 n blau Eisenstein: 'Potemkin'
1940 n grün Plastischer Farbfilm

SOWJETUNION: Musik

1942 n blau Schostakowitsch: 7. Sinfonie
1951 n blau Prokofjew: 'Wächter'

SOWJETUNION: Technik

1927 n grün Dnjepr-Kraftwerk
1934 n–1968 n Juri Gagarin
1940 n grün Plastischer Farbfilm
1952 n grün Halbautomatische Fabriken
1952 n grün Wolga-Don-Kanal

1954n grün Atom-Kraftwerk
1957n grün 'Sputnik'
1958n grün Polytechnischer Unterricht
1959n grün Künstlicher Planet
1959n grün 'Lunik'
1959n grün Photos der Mondrückseite
1960n grün Raumflug von Tieren
1961n grün Raumflug eines Menschen
1962n grün 'Rendezvous-Flug'
1963n grün Raumfahrt-Industrie
1963n grün Raumflug einer Frau
1964n grün Raumflug dreier Menschen
1965n grün Aussteigen im All

SOWJETUNION: Wirtschaft und Verkehr

1870n–1924n Lenin
1879n–1953n Stalin
1917n grün Vergesellschaftung
1921n rot 'Neue Ökonomische Politik'
1927n grün Dnjepr-Kraftwerk
1929n grün Fünfjahresplan
1935n grün Stachanow-System
1949n grün Mitglied des COMECON
1952n grün Halbautomatische Fabriken
1952n grün Wolga-Don-Kanal
1954n grün Atom-Kraftwerk
1963n grün Raumfahrt-Industrie

SOWJETUNION: Wissenschaft

1926n grün Pawlow: Nerven
1946n grün Flüssigkeitstheorie
1949n blau Groß-Bibliothek
1950n blau Stalin: Sprachwissenschaft
1953n blau Lomonossow-Universität

SOZIALDEMOKRATISCHE PARTEI DEUTSCHLANDS, Name der ältesten großen Arbeiterpartei Deutschlands. Von ihren Gründern Wilhelm Liebknecht und August Bebel unter Mithilfe von Karl Marx und Friedrich Engels (erste Internationale) als revolutionäre Vereinigung der klassenbewußten Arbeiterschaft Deutschlands geführt mit dem Ziele der Errichtung einer klassenlosen Gesellschaft durch Abschaffung des Privateigentums an den Produktionsmitteln. Dieser Grundsatz wurde bis zum ersten Weltkrieg klar behauptet. Nach Errichtung eines sozialistischen Staates in Rußland entwickelte sich aus dem linken Flügel der Partei die Kommunistische Partei, bei der die Gemeinsamkeit mit den russischen Genossen überwog, während die verbleibende Rumpfpartei vor der aus der russischen Revolution hervorgegangenen Gewaltherrschaft zurückschreckte und zusammen mit dem deutschen Bürgertum die sozialistische Revolution in Deutschland niederschlug. Dadurch ermöglichte sie die bürgerliche Restauration und war in den folgenden 15 Jahren eine der tragenden politischen Kräfte der 'Weimarer Republik', deren Untergang sie durch ihre Wahl Hindenburgs zum Reichspräsidenten 1932n besiegelte 1933n–1945n verboten, entschied sie sich in Ostdeutschland unter dem Druck ihrer früheren Fehlentwicklung und der Anwesenheit der Roten Armee zur Mitarbeit in der kommunistischen Staatspartei (SED) und nahm am Aufbau eines sozialistischen deutschen Staates aktiv teil. In Westdeutschland entschied sie sich für die praktische Teilnahme an einer neuerlichen kapitalistischen Restauration. Dabei hielt sie zunächst an der marxistischen Theorie fest und beschuldigte ihre ostdeutschen Genossen ebenso wie die russischen und deutschen Kommunisten des Verrats am wahren Marxismus. 1959n wendete sie sich aber auch theoretisch von ihrer sozialistischen Zielsetzung ab. Nachdem sie ihr Programm von der Forderung nach Abschaffung des Privateigentums an den Produktionsmitteln ebenso gereinigt hatte wie vom Bekenntnis zum Internationalismus und von ihrer Kirchenfeindschaft, trat sie im Jahre 1966n als Koalitionspartner der herrschenden westdeutschen Partei (CDU/CSU) in die Regierung des kapitalistischen deutschen Teilstaates ein.

1815n–1898n Bismarck
1818n–1883n Karl Marx
1834n rot 'Bund der Geächteten'
1836n rot 'Bund der Gerechten'
1840n rot Arbeiter-Bildungsverein
1847n blau Kommunistisches Manifest
1863n rot Lassalle: Arbeiterverein
1864n rot Erste Internationale
1869n rot Gründung
1870n blau W. Liebknecht: 'Bodenfrage'
1875n rot Gothaer Zusammenschluß
1878n rot Papst gegen Sozialismus
1878n rot Sozialistengesetz
1879n blau Bebel: Stellung der Frau
1889n rot Zweite Internationale
1890n rot Einlenken des Staates
1890n blau Klara Zetkins Zeitschrift
1890n blau Berliner Volksbühne
1891n rot Erfurter Kongreß
1893n blau Mehring: 'Lessing-Legende'
1894n blau Kautsky: 'Sozialismus'
1914n rot Kriegskredite bewilligt
1914n/1918n Erster Weltkrieg
1916n rot Spaltung
1918n/1919n Deutsche Revolution
1919n rot Ebert Reichspräsident
1923n rot Auflehnung in Sachsen
1924n rot Rechtefertigung Eberts
1932n rot Wahlhilfe für Hindenburg
1949n rot Gründung der BRD
1949n rot Gründung der DDR

SOZIALISIERUNG, Bezeichnung für die Überführung der Produktionsmittel einer Volkswirtschaft aus Privatbesitz in das Gemeineigentum der arbeitenden Bevölkerung. Auf die allgemeine Aufhebung des Privateigentums an allen Produktionsmitteln gerichtet, erfolgt sie grundsätzlich entschädigungslos. Sie ist der entscheidende Hebel für die Aufhebung der Ausbeutung des Menschen durch den Menschen und damit für die Herbeiführung der klassenlosen Gesellschaft.

2240v–2172v Aba
2196v grün Gemeineigentum in Ägypten
2172v grün Aufhebung der Reform
429v–370v Phaleas
400v blau Forderung des Phaleas
9n grün Gemeineigentum in China
23n grün Aufhebung der Reform
605n–680n Fujiwara
1760n–1797n Babeuf
1818n–1883n Karl Marx
1824n blau Lehre Saint-Simons
1847n blau Kommunistisches Manifest
1870n–1924n Lenin
1878n blau Engels: 'Anti-Dühring'
1891n rot Erfurter Programm
1893n– Mao-Tse-Tung
1917n grün Sozialisierung in Rußland
1924n rot Mongolei kommunistisch
1927n– Castro
1944n rot Jugoslawien kommunistisch
1946n rot Nordkorea kommunistisch
1946n rot Albanien kommunistisch
1946n rot Bulgarien kommunistisch
1947n rot Polen kommunistisch
1947n rot Rumänien kommunistisch
1948n rot CSR kommunistisch
1948n rot Ungarn kommunistisch
1949n rot China kommunistisch
1955n rot Nordvietnam kommunistisch
1961n rot Kuba kommunistisch
1965n rot Sozialismus in Ägypten
1965n rot Sozialismus in Algerien

SOZIALISMUS, Bezeichnung für eine auf dem Gemein-Eigentum an den Produktionsmitteln beruhende Gesellschaftsordnung ohne Ausbeutung von Menschen durch ihre Mitmenschen. Vorbereitet durch den politischen Zusammenschluß der Arbeiterklasse und ihren Kampf zum Sturz der kapitalistischen Gesellschaft, wird er verwirklicht durch die Beseitigung des Privateigentums an den Produktionsmitteln sowie die Übernahme der Staatsgewalt im Namen und im Interesse der Arbeiterklasse ('Diktatur des Proletariats'). Wenn der Widerstand des Besitzbürgertums gegen seine Enteignung und Entmachtung gebrochen und die Einordnung aller Menschen in den Arbeitsprozeß vollzogen ist, beginnt die Aufhebung aller staatlichen Herrschaft, aller Gruppen-Gewalt und aller Partei-Macht sowie die Beseitigung aller persönlichen Vorrechte. Damit erreicht der Sozialismus sein eigentliches Ziel: die klassenlose Gesellschaft. Als Zukunftsvision von einer ständig zunehmenden Anzahl von Menschen bejaht, wird er in unserer Epoche durch die kommunistische Weltbewegung seiner praktischen Verwirklichung entgegengeführt.

1818n–1883n Karl Marx
1821n–1880n Dostojewski
1834n rot 'Bund der Geächteten'
1836n rot 'Bund der Gerechten'
1838n rot Chartisten-Vereinigung
1838n blau Weitlings Staatsideal
1839n blau Blanc gegen Kapitalismus
1840n rot Arbeiter-Bildungsverein
1842n blau L. Steins Untersuchung
1842n blau Cabets Staatsideal
1844n–1900n Nietzsche
1845n blau Engels: Lage der Arbeiter
1847n blau Kommunistisches Manifest
1856n–1950n G. B. Shaw
1859n blau Marx: Politökonomie
1864n rot Erste Internationale
1866n–1925n Sun-Yat-Sen
1867n rot Granger-Bewegung
1867n blau Marx: 'Das Kapital'
1868n/1869n Spanische Revolution
1869n rot Gründung der SPD
1869n blau 'Manifest' russisch
1870n blau Blanquis Zeitschrift
1870n blau W. Liebknecht: 'Bodenfrage'
1870n–1924n Lenin
1871n braun Aufstand der Kommune
1871n blau Pottier: 'Internationale'
1873n blau Bakunin: Anarchismus
1875n rot Gothaer Zusammenschluß
1878n rot Papst gegen Sozialismus
1878n rot Sozialistengesetz (Erlaß)
1878n blau Engels: 'Anti-Dühring'
1879n rot Spanische Arbeiterpartei
1879n blau Bebel: Stellung der Frau
1879n–1953n Stalin
1883n rot Plechanows Partei
1884n blau Engels: 'Ursprung'
1885n blau Marx: Kapital II
1888n blau Bellamy: 'Rückblick'
1889n rot Zweite Internationale
1889n–1945n Hitler
1890n rot Sozialistengesetz (Wegfall)
1890n blau Zeitschrift 'Gleichheit'
1891n rot Erfurter Programm
1892n rot Arbeiterpartei Italiens
1893n rot Labour-Party
1893n blau Mehring: 'Lessing-Legende'
1893n– Mao-Tse-Tung
1894n blau Marx: Kapital III
1894n blau Kautsky: Sozialismus
1898n–1956n Brecht
1900n blau Zeitung 'Der Funke'
1902n blau Lenin: 'Was tun?'
1903n rot Bolschewiki
1904n blau Zeitung 'Humanité'
1909n braun Revolution in Spanien
1913n blau Stalin: 'Nationale Frage'
1916n rot Spaltung der SPD
1916n rot Munitionsarbeiter-Streik
1916n blau 'Spartakus-Briefe'
1916n blau Lenin: 'Imperialismus'
1917n blau Lenin: Staatslehre
1917n/1922n Russische Revolution
1917n rot Arbeiter- und Bauernstaat
1917n grün Vergesellschaftung
1918n/1919n Deutsche Revolution
1918n– Nasser
1919n braun Aufstand in Ungarn
1919n rot Rosa Luxemburg ermordet
1919n rot Karl Liebknecht ermordet
1919n rot Komintern
1920n braun Erhebung im Ruhrgebiet
1921n braun Kronstädter Aufstand
1921n rot KP Chinas
1923n braun Erhebung in Hamburg
1923n rot Sächsische Regierung
1924n rot Staatsform der Mongolei
1924n blau Zeitung 'Unità'
1924n blau Stalin: 'Leninismus'
1925n/1949n Chinesische Revolution
1926n braun Erhebung in Indonesien
1927n braun Aufstände in Wien
1927n rot Brüsseler Kongreß
1927n rot Sozialismus in einem Land
1927n– Castro
1928n blau Shaws 'Wegweiser'
1929n grün Wirtschaftsplanung
1931n braun Revolution in Spanien
1933n blau Trotzkis Revolutionswerk
1934n braun Aufstand in Österreich
1936n rot Volksfront in Frankreich
1936n rot Moskauer Scheinprozesse
1936n rot Verfassung der UdSSR
1936n/1939n Spanischer Bürgerkrieg
1937n rot Antikomintern
1937n rot Papst gegen Kommunismus
1944n rot Staatsform Jugoslawiens
1945n/1954n Erhebung Südostasiens
1946n rot Staatsform Nordkoreas
1946n rot Staatsform Albaniens
1946n rot Staatsform Bulgariens
1946n/1949n Griechischer Bürgerkrieg
1947n rot Staatsform Polens
1947n rot Staatsform Rumäniens
1948n rot Staatsform der CSR
1948n rot Staatsform Ungarns
1949n rot Gründung der DDR
1950n blau Stalin: Sprachwissenschaft
1951n rot McCarthyismus
1953n braun Aufstand in der DDR
1955n rot Staatsform Nordvietnams
1956n braun Aufstand in Ungarn
1956n braun Aufstand in Polen
1956n rot KPD-Verbot
1956n/1959n Kubanische Revolution
1957n rot Volkskommunen
1957n blau Djilas: 'Die neue Klasse'
1957n blau Mao: 'Tausend Blumen'
1960n/ Revolution Indochinas
1961n rot Staatsform Kubas
1964n blau Schaff: 'Marx oder Sartre?'
1964n blau 'Dialektik ohne Dogma'
1965n rot Verkündung in Ägypten
1965n rot Verkündung in Algerien

SOZIALISTENGESETZ, Bezeichnung für Bismarcks antisozialistische Ausnahme-Gesetzgebung. Sollte durch Versammlungs- und Druckverbote, Ausweisungen und Vereinsverbote den schnellen Aufstieg der deutschen Arbeiterbewegung aufhalten. Jedoch stärkte das Gesetz nur die Kampfkraft der deutschen Arbeiterklasse und schärfte ihr Bewußtsein für ihre Rechtlosigkeit. So steigerte die SPD ihre Stimmen fünf Jahre nach Erlaß des Gesetzes auf mehr als das Doppelte. Obwohl das Gesetz bei den Wahlen von 1884n seine Unwirksamkeit erwiesen hatte, blieb es noch weitere sechs Jahre bis nach Bismarcks Entlassung in Kraft.

1815n–1898n Bismarck
1878n rot Erlaß
1890n rot Nichtverlängerung

SOZIALISTISCHE INTERNATIONALE, Name mehrerer Arbeiter-Vereinigungen, die sich zur revolutionären Verwirklichung des Sozialismus im Weltmaßstabe zusammenschlossen. Die erste Internationale wurde politisch geprägt von Karl Marx, der ihre wichtigsten Dokumente verfaßte ('Inaugural-Adresse', 'Statuten', 'Bürgerkriegsadresse'). Nach Marxens Tod entstand unter Mitwirkung von Friedrich Engels auf breiterer Grundlage die zweite Internationale mit dem Ziele einer Koordinierung der sozialistischen Arbeiterparteien aller Länder. Sie zerfiel im ersten Weltkrieg durch nationale Ausrichtung vieler Parteien, insbesondere durch die kriegsfreundliche Politik ihrer stärksten und best-organisierten Mitgliedspartei, der SPD. Kriegsfeindliche Minderheiten der europäischen Arbeiterparteien fanden sich in der neutralen Schweiz zusammen ('Zimmerwalder Konferenz'). Daraus entwickelte sich nach dem Siege der bolschewistischen Revolution in Rußland unter Lenins Führung die dritte sozialistische Internationale (**'Kommunistische Internationale'** = 'Komintern'). Ihr Ziel war die Erhaltung des ersten sozialistischen Staates der Erde durch die Solidarität der internationalen Arbeiterklasse bis zum Übergreifen der Weltrevolution auf andere Länder.

1864n rot Erste Internationale
1871n blau Pottiers Lied
1889n rot Zweite Internationale
1889n rot Weltfeiertag der Arbeiter
1915n rot Zimmerwalder Konferenz
1919n rot Komintern
1943n rot Komintern aufgelöst

SOZIALISTISCHE PARTEI ITALIENS, erste politische Massen-Organisation der italienischen Arbeiterschaft. Zerfiel bald nach ihrer Gründung in einen reformistischen (Turati) und einen revolutionären (Labriola) Flügel. Mussolini, der wegen seiner Kriegspolitik aus der Partei ausgeschlossen wurde, verbot die Partei im Jahre 1926n. 1943n neu gegründet. 1944n stellte sie den ersten Ministerpräsidenten der italienischen Republik (Bonomi). Unter Pietro Nenni lange mit der Kommunistischen Partei verbündet, wurde sie 1949n aus der sozialdemokratischen Internationale ausgeschlossen. Später nahm eine abgesplitterte Minderheit unter Saragat ihren Platz in der zweiten Internationale ein. Seitdem ist die Partei im inneren Kampf um restaurative oder revolutionäre Politik immer wieder zerrissen und gespalten worden und verlor zahlreiche Anhänger, vor allem an die Kommunistische Partei Italiens.

1892n rot Gründung

SOZIALISTISCHE PARTEI RUSSLANDS. Entstand durch Zusammenschluß verschiedener sozialistischer Gruppen (Anarchisten, Sozialrevolutionäre, Narodniki) und wandte sich in den 90er Jahren des 19. Jahrhunderts unter dem Einfluß von Plechanow und Martow marxistischen Gedanken zu. 1903n zerfiel sie in einen reformistischen und einen revolutionären Flügel (Menschewiki und Bolschewiki). Beide Gruppen nahmen an der Revolution von 1905n teil. Die Bolschewiki verselbständigten sich 1912n, führten unter Lenin 1917n die Revolution durch Enteignung der Großgrundbesitzer und Industriellen zu Ende und errichteten den ersten dauerhaften sozialistischen Staat.

1883n rot Gründung
1903n rot Spaltung
1905n/1906n Russische Revolution
1917n/1922n Russische Revolution
1917n grün Vergesellschaftung
1917n rot Arbeiter- und Bauernstaat

SOZIALSTATISTIK, Bezeichnung für die ersten statistischen Erhebungen über soziale Tatbestände. Nachdem der englische Tuchhändler John Graunt 1661n durch planmäßige Erfassung und Auswertung der Londoner Geburts- und Sterbelisten seine statistisch begründeten 'Gesetze der Sterblichkeit' aufgestellt hatte, baute William Petty die statistische Methode zu einer soziologischen Hilfswissenschaft aus. Er erforschte auf diese Weise die Bevölkerungsvermehrung und setzte sie in Beziehung zur allgemeinen Entwicklung der englischen Volkswirtschaft.

1623n–1687n Petty
1687n grün Englische Forschungen

SOZIOLOGIE, Wissenschaft von den Gesetzmäßigkeiten des menschlichen Zusammenlebens. Beruht auf dem Studium des sozialen Verhaltens des Einzelmenschen, der gesellschaftlichen Gruppierungen und der menschlichen Gesellschaft in ihrer Gesamtheit.

598v–501v Teng-Tse
540v blau Ursache der Kriminalität
475v–393v Me-Ti
1623n–1687n Petty
1668n–1744n Vico
1687n grün Sozialstatistik
1689n–1755n Montesquieu
1818n–1883n Karl Marx
1820n blau Saint-Simon: Proletariat
1824n blau Saint-Simon: Klassen
1845n blau Engels: Lage der Arbeiter
1847n blau Kommunistisches Manifest
1852n blau Lehren Comtes
1859n blau Marx: Politökonomie
1861n blau Bachofen: 'Mutterrecht'
1867n blau Marx: 'Das Kapital'
1869n blau Mill: 'Hörigkeit der Frau'
1876n blau Spencers 'Prinzipien'
1879n blau Bebel: Stellung der Frau
1884n blau Engels: 'Ursprung'
1895n blau Le Bon: 'Massen'
1902n blau Untersuchung Sombarts
1908n blau Simmel: 'Soziologie'
1921n grün Forels Untersuchung
1921n grün Werk Max Webers
1930n blau Ortega: 'Massen'
1953n grün Kinsey-Report

SPALLANZANI, Lazzaro (1729n–1799n), italienischer Naturforscher und Philosoph. Studierte alte Sprachen, Philosophie und Biologie, bereiste Deutschland, die Schweiz und Vorderasien, schrieb seine naturgeschichtlichen Reisebeobachtungen nieder und übernahm Lehrstühle für Logik, griechische Sprache und Naturgeschichte in Norditalien. Erforschte die Wirkungsweise des Magensaftes, die Fortpflanzung der Frösche und den Orientierungssinn der Fledermäuse. Bewies die Notwendigkeit des Vorhandenseins reifer Samenzellen bei der Ei-Befruchtung. Unternahm erfolgreiche Versuche zur künstlichen Befruchtung bei Seidenwürmern, Fröschen und Hunden.

1776n grün Verdauungsvorgang
1786n grün Künstliche Befruchtung

SPANIEN: Allgemeines (Land, Volk, Staat)

1597v–1521v Minos
1215v blau Entstehung von Tartessos
1128v blau Gründung von Gades
999v–936v Hiram
599v rot Ansiedlung von Kelten
398v rot Gibraltar-Enge gesperrt
282v–229v Hamilkar
247v–183v Hannibal
237v/236v Kriegszug Karthagos
236v rot Karthager-Ansiedlung
235v–183v Scipio der Ältere
234v–149v Kato der Ältere
231v rot Römisches Interesse
229v blau Gründung Neu-Karthagos
226v rot Vertrag Rom–Karthago
218v/201v Zweiter Punischer Krieg
201v rot Römischer Besitz
195v braun Erhebung gegen Rom
189v braun Erhebung gegen Rom
181v/178v Erhebung gegen Rom
180v–139v Viriathus
178v rot Rechtsgewinn
154v/133v Erhebung gegen Rom
143v rot Bündnis gegen Rom
138v blau Gründung von Valencia
133v grün Besiedlung durch Römer
123v/122v Kampf um Balearen
122v rot Balearen an Rom
120v grün Straße nach Italien
113v/101v Erster Germanenkrieg
106v–48v Pompejus
81v rot Vertreibung des Sertorius
80v/78v Sertorius-Krieg
78v rot Unabhängigkeit
71v rot Erneut Herrschaft Roms
49v/45v Zweiter Bürgerkrieg Roms
27v/25v Vorstoß Roms
19v braun Vorstoß Roms
19v rot Portugal an Rom
19v rot Machtgewinn Roms
53n–117n Trajan
76n–139n Hadrian
346n–395n Theodosius
348n–408n Prudentius
386n–418n Wallia
390n–477n Geiserich
409n rot Eindringen fremder Völker
411n rot Alanenreich in Portugal
411n rot Reich der Sueben
417n braun Vorstoß der Westgoten
425n braun Vorstoß der Wandalen
425n rot Balearen an Wandalen
425n grün Flottenbau der Wandalen
429n grün Abzug der Wandalen
440n–484n Eurich
456n braun Vorstoß der Westgoten
456n rot Gebiete an Westgoten
482n–565n Justinian
554n braun Kampf Westgoten–Byzanz
554n rot Machtgewinn für Byzanz
589n rot Abkehr vom Arianismus
612n rot Verfolgung der Juden
629n braun Kampf Westgoten–Byzanz
629n rot Westgoten-Herrschaft
633n rot Machtanspruch der Kirche
633n/732n Arabischer Krieg
640n–716n Musa
675n–715n Welid
693n rot Handelsverbot für Juden
693n grün Juden-Enteignung
694n rot Konzil: Juden-Versklavung
707n rot Bund gegen Westgoten

711 n grün Befestigung Gibraltars
711 n rot Ende der Goten-Herrschaft
711 n rot Herrschaft der Araber
712 n–775 n Al Mansur
717 n grün Bodenreform
718 n rot Königreich Asturien
740 n/742 n Aufstand der Berber
742 n–814 n Karl der Große
755 n braun Kampf gegen Berber
755 n rot Reich von Cordoba
756 n blau Gründung von Granada
778 n braun Kampf Franken–Araber
795 n rot Grenzmark der Franken
801 n braun Kampf Franken–Araber
803 n braun Kampf Franken–Araber
803 n rot Franken–Mark erweitert
813 n braun Kampf Franken–Araber
813 n rot Franken–Mark erweitert
844 n braun Normannen-Einfall
852 n rot Unabhängigkeit Toledos
859 n braun Normannen-Einfall
874 n rot Verselbständigung der Mark
880 n blau Gründung von Burgos
890 n–961 n Abdar Rachman III.
903 n braun Kampf um Balearen
903 n rot Balearen an Mauren
932 n braun Machtkampf unter Arabern
932 n rot Toledo an Cordoba
932 n rot Machtverlust des Adels
932 n–1002 n Ibn Amir
935 n grün Cordoba Millionenstadt
985 n braun Araberzug nach Barcelona
997 n braun Zerstörung Santiagos
997 n grün Repressalie gegen Christen
1008 n/1009 n Volksaufstand
1020 n rot Rechte für Leon
1031 n braun Adelsaufstand
1031 n rot Selbständigkeit Cordobas
1035 n rot Kastilien unabhängig
1035 n rot Aragonien unabhängig
1043 n–1099 n Cid
1066 n braun Aufstand in Granada
1083 n rot Madrid an Kastilien
1085 n/1090 n Kampf Kastilier–Araber
1089 n rot Papstmacht über Aragonien
1094 n braun Kriegszug des Cid
1094 n rot Königreich Valencia
1095 n rot Gründung Portugals
1104 blau Lied vom Frankenkampf
1114 n braun Kriegszug Pisas
1114 n rot Balearen an Pisa
1116 n rot Papstmacht über Katalonien
1118 n braun Kampf Aragonier–Araber
1118 n rot Machtgewinn Saragossas
1139 n braun Kämpfe in Portugal
1141 n grün Emigration Juda Halevis
1143 n rot Portugal unabhängig
1170 n–1221 n Dominikus
1188 n rot Bürgerrechte in Leon
1195 n braun Kampf Berber–Kastilier
1197 n rot Todesstrafe für Katharer
1204 n–1263 n Haakon der Alte
1216 n rot Dominikaner-Orden
1216 n rot Anerkennung des Ordens
1230 n rot Föderation Leon–Kastilien
1236 n braun Kampf Araber–Kastilier
1236 n rot Cordoba an Kastilien
1236 n grün Repressalie gegen Araber
1238 n rot Granada selbständig
1246 n rot Granada an Kastilien
1248 n braun Kampf Kastilier–Araber
1282 n braun Vordringen nach Sizilien
1282 n rot Sizilien an Aragon
1299 n grün Entdeckung der Kanaren
1304 n–1377 n Ibn Batuta
1313 n–1374 n Al Katib
1316 n rot Steinigung des Lullus
1340 n braun Angriff der Araber
1351 n grün Pestepidemie
1391 n rot Zwang gegen Juden
1414 n rot Zwang gegen Juden
1431 n–1503 n Alexander VI. Borgia
1442 n rot Neapel an Aragon
1451 n braun Bauern-Aufstand
1451 n–1505 n Isabella von Kastilien
1452 n rot Papst-Hilfe bei Sklaverei
1452 n–1507 n Kolumbus
1462 n braun Bauern-Aufstand
1462 n braun Kampf um Gibraltar
1462 n rot Gibraltar an Kastilien
1469 n rot Heirat Isabella–Ferdinand
1480 n rot Verwaltungs-Neuordnung
1480 n–1521 n Magellan
1481 n/1492 n Letzter Maurenkrieg
1482 n rot Machtverlust des Papstes
1483 n braun Kampf um Kanaren
1483 n rot Herrschaft über Kanaren
1483 n rot Torquemada Großinquisitor
1485 n rot Mord an Inquisitor
1491 n–1556 n Ignatius von Loyola
1492 n rot Juden-Vertreibung
1492 n grün Kolumbus in Amerika
1493 n rot Überseegebiete aufgeteilt
1496 n rot Indianer-Einfuhr verboten
1496 n blau Gründung Santo Domingos
1499 n grün Küste Südamerikas
1500 n–1558 n Karl V.
1502 n rot Mauren-Vertreibung
1502 n grün Festland Mittelamerikas
1502 n grün Negersklaven nach Amerika
1503 n grün Amt für Amerika-Handel
1507 n rot Ximenes Großinquisitor
1508 n rot Gewinn Jamaikas
1511 n rot Gewinn Kubas
1513 n grün Stiller Ozean entdeckt

1515 n blau Gründung von Habana
1515 n grün La-Plata-Gebiet entdeckt
1516 n rot Herrschaft Karls V.
1519 n rot Azteken-Reich unter Cortez
1519 n grün Erdumseglung begonnen
1520 n/1521 n Aufstand der Azteken
1521 n grün Philippinen, Marianen
1522 n grün Entdeckung der Bermudas
1522 n grün Erdumseglung beendet
1524 n braun Sieg über Mayas
1524 n rot Gewinn in Mittelamerika
1524 n blau Gründung von Guatemala
1527 n grün Hawaii-Inseln entdeckt
1527 n–1598 n Philipp II.
1531 n/1533 n Inka-Krieg
1533 n braun Indianer-Ausrottung
1533 n rot Ende des Inka-Reiches
1533 n rot Herrschaft über Peru
1533 n grün Entdeckung Kaliforniens
1533 n–1603 n Elisabeth
1533 n–1584 n Wilhelm von Oranien
1534 n rot Jesuiten-Orden
1535 n rot Aneignung Kaliforniens
1535 n blau Buenos Aires gegründet
1536 n/1539 n Chibcha-Krieg
1539 n rot Zuwachs in Südamerika
1540 n rot Jesuiten-Orden bestätigt
1546 n grün Silberfunde in Amerika
1556 n rot Herrschaft Philipps II.
1556 n grün Gewinn Venezuelas
1557 n grün Staatsbankrott
1558 n braun Vordringen in Südamerika
1558 n rot Gewinn Chiles
1559 n rot Protestanten-Verfolgung
1567 n rot Kampfauftrag für Alba
1567 n blau Gründung von Caracas
1567 n grün Salomon-Inseln entdeckt
1571 n braun Sieg über Türkei
1572 n rot Auflehnung der Niederlande
1572 n rot Gewinn der Philippinen
1572 n/1581 n Kampf der Niederlande
1576 n rot Genter Zusammenschluß
1578 n rot Neutralität Deutschlands
1580 n rot Gewinn Portugals
1581 n rot Unabhängigkeit Hollands
1585 n rot Feindkoalition
1585 n–1642 n Richelieu
1588 n braun Flottensieg Englands
1588 n rot Feindkoalition
1588 n rot Vormacht erschüttert
1597 n braun Flottensieg Englands
1600 n grün Sklavenhandel verpachtet
1601 n grün Privileg für Portugal
1602 n rot Besitznahme Kaliforniens
1606 n grün Entdeckung Tahitis
1610 n rot Jesuitenstaat Paraguay
1611 n rot Morisken-Vertreibung
1618 n/1648 n Dreißigjähriger Krieg
1640 n braun Erhebung Portugals
1640 n rot Portugal selbständig
1648 n rot Westfälischer Friede
1655 n braun Kampf um Jamaika
1655 n rot Verlust Jamaikas
1658 n braun Niederlage bei Dünkirchen
1659 n braun Erhebung Mexikos
1659 n rot Vormacht verloren
1667 n/1668 n 1. Krieg Ludwigs XIV.
1668 n rot Verlust in Flandern
1672 n/1678 n 2. Krieg Ludwigs XIV.
1674 n rot Bündnis mit Holland
1678 n rot Gebiete an Frankreich
1688 n/1697 n 3. Krieg Ludwigs XIV.
1692 n braun Erhebung Mexikos
1697 n rot Rückgewinn von Gebieten
1700 n rot Bourbonen-Herrschaft
1701 n/1714 n Erbfolgekrieg
1704 n rot Gibraltar an England
1713 n grün Privileg für England
1714 n rot Gebiete an Österreich
1724 n blau Gründung von Montevideo
1733 n/1735 n Polnischer Erbfolgekrieg
1735 n rot Gewinn Neapels, Siziliens
1741 n/1748 n Österreich-Erbfolgekrieg
1756 n/1763 n Siebenjähriger Krieg
1763 n rot Verluste in Nordamerika
1767 n rot Paraguay: Jesuitenabwehr
1767 n rot Jesuiten-Ausweisung
1769 n–1821 n Napoleon I.
1775 n/1783 n Kampf Nordamerikas
1776 n blau Gründung von San Franzisko
1779 n rot Bündnis gegen England
1780 n/1783 n Inka-Aufstand
1781 n rot Tod für Tupac Amaru
1781 n blau Gründung von Los Angeles
1783 n–1830 n Bolivar
1792 n/1795 n Revolutionskriege
1796 n/1815 n Napoleonische Kriege
1797 n rot Verlust Trinidads
1807 n/1808 n Freiheitskampf
1811 n/1826 n Kampf Lateinamerikas
1811 n rot Venezuela unabhängig
1811 n rot Ende der Leibeigenschaft
1813 n rot Kolumbien unabhängig
1816 n rot Argentinien unabhängig
1818 n rot Chile unabhängig
1819 n rot Florida an USA
1820 n/1823 n Revolution
1821 n rot Peru unabhängig
1821 n rot Länder Mittelamerikas frei
1821 n rot Venezuela unabhängig
1822 n rot Mexiko unabhängig
1822 n rot Ecuador unabhängig
1825 n rot Bolivien unabhängig
1826 n rot Rückzug aus Südamerika
1826 n rot 'Ketzer'-Hinrichtung
1834 n rot Ende der Inquisition

1868 n braun Erhebung Kubas
1868 n/1869 n Revolution
1869 n rot Glaubensfreiheit
1874 n braun Revolution gescheitert
1879 n rot Arbeiterpartei
1895 n/1898 n Kubanischer Krieg
1898 n rot Kuba unabhängig
1898 n rot Gebiete an USA
1899 n rot Gebiete an Deutschland
1900 n rot China-Abkommen
1906 n rot Algeciras-Konferenz
1909 n braun Revolution
1920 n rot Beitritt zum Völkerbund
1922 n/1923 n Aufstand der Rif-Kabylen
1931 n braun Revolution
1931 n rot Republik
1936 n/1939 n Bürgerkrieg
1939 n rot Faschisten-Herrschaft
1952 n braun Arbeiter-Aufstand
1953 n rot Militärpakt mit USA
1953 n rot Konkordat
1954 n/1962 n Kampf Nordafrikas
1956 n rot Marokko unabhängig
1965 n braun Arbeiter-Aufstand

SPANIEN: Baukunst

788 n blau Moschee in Cordoba
890 n–961 n Abdar Rachman III.
947 n blau Palaststadt Al Zahra
1030 n blau Klosterkirche Ripoll
1075 n blau Kathedrale von Santiago
1119 n blau Kathedrale von Saragossa
1181 n blau Alkazar in Sevilla
1195 n blau Moschee in Sevilla
1221 n blau Kathedrale von Burgos
1227 n blau Kathedrale von Toledo
1248 n blau Alhambra in Granada
1298 n blau Kathedrale von Barcelona
1402 n blau Kathedrale von Sevilla
1563 n blau Bau des Escorial
1729 n blau Rathaus Salamanca

SPANIEN: Dichtung und andere Literatur

38 n–105 n Martial
560 n–636 n Isidor von Sevilla
1052 n blau Gabirol: Synagogengesänge
1085 n–1141 n Juda Halevi
1109 n blau Alfonsi: Novellen-Sammlung
1127 n–1185 n Ibn Tufail
1150 n blau Lied vom Cid
1169 n blau 'Der Lebende'
1185 n blau Bericht einer Pilgerfahrt
1241 n blau Berceo: 'Marienwunder'
1313 n–1374 n Al Katib
1343 n blau Ruiz: Recht der Liebe
1499 n blau Rojas: 'La Celestina'
1540 n blau Las Casas: Indianer
1547 n–1616 n Cervantes
1554 n blau 'Lazarillo'
1562 n–1635 n Lope de Vega
1600 n–1681 n Calderon
1605 n blau 'Don Quichotte'
1611 n blau Quevedo: 'Träume'
1614 n blau Lope: 'Kolumbus'
1621 n blau Lope: 'Andromeda'
1630 n blau Tellez: Don Juan
1634 n blau 'Verdächtige Wahrheit'
1635 n blau 'Das Leben ein Traum'
1651 n blau 'Richter von Zalamea'
1671 n blau Calderon: Mexiko-Drama
1933 n blau Lorca: 'Bluthochzeit'

SPANIEN: Geschichtsschreibung

560 n–636 n Isidor von Sevilla
615 n blau Isidors Weltgeschichte
625 n blau Isidors Germanen-Werk
884 n blau Werk des Albeldense
1020 n blau Werk des Sampiro
1313 n–1374 n Al Katib
1347 n blau Werk des Al Katib
1552 n blau Oviedo: Indianer
1570 n blau Mendoza: Araber-Aufstand

SPANIEN: Malerei

Vorzeittafel: 30 Tausend Jahre
1547 n–1614 n El Greco
1577 n blau El Greco: 'Himmelfahrt'
1599 n–1660 n Velasquez
1608 n blau El Greco: 'Toledo'
1617 n blau Velasquez: 'Wasserträger'
1618 n–1682 n Murillo
1632 n blau 'Übergabe von Toledo'
1650 n blau Murillo: Gassenbuben
1655 n blau Velasquez: 'Venus'
1657 n blau 'Teppichweberinnen'
1670 n blau Murillo: 'Würfelspieler'
1678 n blau Murillo: 'Empfängnis'
1811 n blau Goya: Kriegsszenen
1879 n grün Altamira-Bilder entdeckt
1907 n blau 'Mädchen von Avignon'
1937 n blau Picasso: 'Guernica'
1947 n blau Picasso: 'Friedenstaube'

SPANIEN: Musik

1915 n blau Falla: 'Liebeszauber'

SPANIEN: Philosophie

1055 n blau Gabirol: 'Lebensquell'
1093 n–1162 n Ibn Badscha
1126 n–1198 n Ibn Rasd (Averroes)
1127 n–1185 n Ibn Tufail
1133 n blau 'Verhalten des Einsamen'
1135 n–1204 n Maimonides
1151 n blau Ibn Rasd: Scholastik

1169 n blau 'Der Lebende'
1297 n blau Verbindung mit Mathematik
1343 n blau Ruiz: Recht der Liebe
1527 n blau Vives: Erziehungsideal
1647 n blau Gracian: 'Handorakel'
1930 n blau 'Aufstand der Massen'

SPANIEN: Recht

506 n blau Alarichs Gesetzbuch
1197 n rot Feuertod für Katharer
1263 n blau Alfons: Gesetzsammlung
1539 n blau Völkerrecht gefordert
1834 n rot Ende der Inquisition

SPANIEN: Religion

385 n rot Priskillian hingerichtet
560 n–636 n Isidor von Sevilla
589 n rot Abkehr vom Arianismus
612 n rot Verfolgung der Juden
633 n rot Machtanspruch der Kirche
694 n rot Konzil: Juden-Versklavung
932 n–1002 n Ibn Amir
997 n grün Repressalie gegen Christen
1052 n blau Gabirol: Synagogengesänge
1055 n blau Gabirol: 'Lebensquell'
1085 n–1141 n Juda Halevi
1126 n–1198 n Ibn Rasd (Averroes)
1135 n–1204 n Maimonides
1138 n blau Jüdische Apologie
1142 n blau Koran-Übersetzung
1146 n blau Abraham: Bibelkommentar
1151 n blau Ibn Rasd: Scholastik
1169 n–1240 n Ibn Arabi
1170 n–1221 n Dominikus
1185 n blau Bericht einer Pilgerfahrt
1197 n rot Feuertod für Katharer
1216 n rot Dominikaner-Orden
1216 n rot Anerkennung des Ordens
1236 n grün Repressalie gegen Araber
1237 n blau 'Steine der Weisheit'
1276 n blau Lullus: Missionsschule
1316 n rot Steinigung des Lullus
1343 n blau Ruiz: Recht der Liebe
1391 n rot Zwang gegen Juden
1414 n rot Zwang gegen Juden
1431 n–1503 n Alexander VI. Borgia
1451 n–1505 n Isabella von Kastilien
1482 n rot Machtverlust des Papstes
1483 n rot Torquemada Großinquisitor
1485 n rot Mord an Inquisitor
1491 n–1556 n Ignatius von Loyola
1492 n rot Juden-Vertreibung
1502 n rot Mauren-Vertreibung
1507 n rot Ximenes Großinquisitor
1522 n blau Ignatius: Übungen
1527 n–1598 n Philipp II.
1534 n rot Jesuiten-Orden
1534 n blau Ignatius: Ordensregel
1540 n rot Jesuiten-Orden bestätigt
1559 n rot Protestanten-Verfolgung
1562 n–1635 n Lope de Vega
1567 n rot Kampfauftrag für Alba
1611 n rot Morisken-Vertreibung
1767 n rot Jesuiten-Ausweisung
1826 n rot 'Ketzer'-Hinrichtung
1834 n rot Ende der Inquisition
1869 n rot Glaubensfreiheit
1953 n rot Konkordat

SPANIEN: Sitten und Gebräuche

94 v grün Rauchen
947 n grün Schachspiel
1485 n grün Handel mit Kanarienvögeln
1529 n grün Tabak als Ziergewächs
1548 n grün Kartoffelpflanze
1552 n grün Strickstrümpfe
1575 n grün Schach-Turnier
1647 n blau Gracian: Verhaltensregeln

SPANIEN: Technik

711 n grün Befestigung Gibraltars
782 n grün Bewässerungsanlagen
1359 n grün Schiffsgeschütze
1557 n grün Amalgamierung

SPANIEN: Wirtschaft und Verkehr

1769 v grün Kupferbarren-Währung
999 v–936 v Hiram
120 v grün Straße nach Italien
693 n rot Handelsverbot für Juden
717 n grün Bodenreform
732 n grün Seidenraupen-Zucht
761 n grün Zuckerrohr-Anbau
782 n grün Bewässerung
882 n grün Anbau von Spinat
890 n–961 n Abdar Rachman III.
950 n grün Wechsel Zahlungsmittel
1055 n grün Anbau des Zitronenbaumes
1107 n grün Papiermanufaktur
1401 n grün Bank in Barcelona
1502 n grün Negersklaven nach Amerika
1503 n grün Amt für Amerika-Handel
1546 n grün Silberfunde in Amerika
1557 n grün Staatsbankrott
1600 n grün Sklavenhandel verpachtet
1601 n grün Privileg für Portugal
1713 n grün Privileg für England

SPANIEN: Wissenschaft

560 n–636 n Isidor von Sevilla
636 n blau Isidor: Enzyklopädie
890 n–961 n Abdar Rachman III.
932 n–1002 n Ibn Amir
936 n–1013 n Abu Kasim
943 n–1003 n Silvester II.

965 n–1039 n Al Hassan
966 n grün Sektionen
973 n grün Vivisektionen
976 n blau Großbibliothek Cordoba
989 n grün Kauterisation
993 n grün Abu Kasim: 'Chirurgie'
1038 n blau Ben Gunach: Grammatik
1085 n–1141 n Juda Halevi
1093 n–1162 n Ibn Badscha
1114 n–1187 n Gerhard von Toledo
1126 n–1198 n Ibn Rasd (Averroes)
1127 n–1185 n Ibn Tufail
1135 n–1204 n Maimonides
1138 n grün Übersetzerschule
1142 n grün Werk der Astrologie
1158 n grün Galen-Übersetzung
1166 n grün Ibn Rasd: Sonnenflecken
1174 n grün Verhältnis Mensch–Tier
1176 n grün Chirurgiebuch übersetzt
1182 n grün Aristoteles-Kommentar
1187 n grün Ptolemäus-Übersetzung
1222 n blau Universität Salamanca
1238 n blau Sprachschulen
1248 n grün Alfons: Planetentafeln
1297 n blau Verbindung mit Philosophie
1313 n–1374 n Al Katib
1320 n grün Levi: Camera obscura
1340 n blau Universität Granada
1346 n blau Universität Valladolid
1356 n grün Al Katibs Medizinwerk
1376 n grün Abraham Crescas: Weltkarte
1474 n blau Universität Saragossa
1500 n grün Juan Cosa: Weltkarte

SPANISCHE MARK, historische Bezeichnung für das Gebiet Nordost-Spaniens entlang der französischen Grenze. Umfaßte die drei Provinzen unmittelbar südlich der Pyrenäen: Katalonien, Navarra und Aragonien etwa bis zur Höhe des Ebro (Hauptstadt Barcelona). Von Karl dem Großen erobert und als Grenzprovinz (= Mark) gegen das arabische Spanien seinem fränkischen Reiche eingegliedert, von seinem Sohne Ludwig dem Frommen erweitert und befestigt, löste es sich bald in Grafschaften auf, die teils von den Arabern, teils vom Frankenreiche abhängig waren und schließlich im spanischen Königreich Aragonien aufgingen.

742 n–814 n Karl der Große
778 n braun Vorstoß der Franken
795 n rot Gründung
801 n braun Vorstoß der Franken
803 n braun Vorstoß der Franken
803 n rot Erweiterung bis zum Ebro
813 n braun Vorstoß der Franken
813 n rot Ausdehnung bis Barcelona
874 n rot Selbständigkeit
1035 n rot Unabhängiges Königreich

SPANISCHER BÜRGERKRIEG

1936 n/1939 n Bürgerkrieg
1937 n blau Picassos Gemälde
1939 n rot Spanien faschistisch
1940 n blau Hemingways Roman

SPANISCHER ERBFOLGEKRIEG

1638 n–1715 n Ludwig XIV.
1663 n–1736 n Prinz Eugen
1700 n rot Französischer Anspruch
1701 n/1714 n Krieg
1704 n rot Gibraltar englisch
1714 n rot Gebietsgewinn

SPANNUNG, in der Elektrizitätslehre Bezeichnung für den (in Volt gemessenen) Unterschied der elektrischen Kraft an zwei verschiedenen Punkten. Sie ist die Ursache für das Fließen des elektrischen Stromes zwischen diesen Punkten bei Vorhandensein einer leitenden Verbindung.

1820 n grün Ampères Forschungen

SPANTEN, Bezeichnung für die vom Kiel ausgehenden tragenden Rippen eines Schiffskörpers, auf denen die Außenhaut befestigt wird.

1615 v grün Bauweise auf Kreta

SPARKASSEN, Bezeichnung für gemeinnützige öffentliche Geldinstitute, die seit einigen Jahrzehnten (in Deutschland seit 1908 n) neben der Annahme und Vergabe von Spargeldern auch alle übrigen bankmäßigen Geschäfte besorgen. In der Regel im Besitz und unter Kontrolle der Gemeinden, die auf Stabilität der weitergeliehenen Spargelder bedacht sind ('Mündelsicherheit').

1778 n grün Hamburger Sparkasse

SPARTA, alte Stadt auf dem südlichen Teile der Halbinsel Peloponnes in Süd-Griechenland (heute Sparti). Vor fast 3000 Jahren im fruchtbaren Tale des Eurotas-Flusses angelegt durch das aus dem nördlichen Balkan eingewanderte Volk der Dorer, die als Krieger ins Land gekommen waren und die Äcker durch die Angehörigen der von ihnen unterworfenen Ureinwohner (Achäer) bearbeiten ließen. Zur dauernden Niederhaltung dieser zahlenmäßig überlegenen Unfreien (Heloten) und abhängigen Freien (Periöken) mußten die wenigen tausend neuen Herren (Spartiaten) in ständiger militärischer Bereitschaft sein. Auf diese Weise wurden sie zu einem reinen Kriegervolk, ihr Staat zu einer kulturlosen Militärhierarchie. Durch seine Kampfkraft stieg der Stadtstaat im 6. Jahrhundert vor der Zeitwende zur führenden griechischen Festlandsmacht auf. Aber schon im 5. Jahrhundert wurde er von der See- und Handels-Macht Athen überflügelt und verlor trotz seines militärischen Sieges im Peloponnesischen Krieg seine Führerstellung. Bald darauf von Theben auch militärisch geschlagen, wurde er schließlich von Mazedoniern beherrscht und endlich im Jahre 146v dem römischen Reiche einverleibt mit dem Sonderstatus eines Bundesgenossen.

1151 v braun Vordringen der Dorer
826 v grün Landaufteilung
820 v rot Klassenherrschaft
820 v grün Grundbesitz-Vorschrift
819 v rot Machtgewinn des Adels
817 v rot Staatserziehung
750 v rot Einsetzung der Ephoren
742 v/724 v 1. Messenischer Krieg
724 v rot Macht über Messenien
724 v grün Tribute Messeniens
722 v blau Gründung von Tarent
712 v–642 v Terpander
708 v–628 v Alkman
686 v–613 v Tyrtaios
675 v blau Musikschule Terpanders
646 v/628 v 2. Messenischer Krieg
643 v blau Tyrtaios: Treuelieder
642 v rot Wachsende Bürgermacht
635 v blau Tyrtaios: Kriegslieder
633 v blau Alkmans Chorlieder
628 v rot Hoheit über Messenien
595 v–525 v Krösus
560 v–469 v Theodoros
547 v rot Bündnis mit Lydien
530 v–472 v Aristides
519 v–480 v Leonidas
518 v rot Peloponnesischer Bund
510 v braun Aufstandshilfe für Athen
495 v–429 v Perikles
491 v rot Machtanspruch Persiens
490 v/449 v Perserkriege
484 v–424 v Artaxerxes
464 v grün Erdbeben
464 v/459 v 3. Messenischer Krieg
462 v rot Hilfe für Aufständische
461 v rot Gegenbündnis Athens
457 v braun Kampf gegen Athen
456 v–404 v Alkibiades
451 v rot Waffenstillstand
447 v rot Bündnis gegen Athen
447 v rot Widerstand gegen Kongreß
446 v–395 v Lysander
445 v rot Friedensvertrag mit Athen
432 v rot Bündnis gegen Athen
431 v rot Gegenbündnis Athens
431 v/404 v Peloponnesischer Krieg
430 v rot Friedensangebot Athens
425 v rot Friedensangebot an Athen
420 v rot Gegenbündnis Athens
418 v blau Tänzerinnen-Plastik
418 v–362 v Epaminondes
413 v rot Bündnis gegen Athen
408 v rot Lysander Befehlshaber
406 v rot Friedensangebot an Athen
405 v grün Flottenbau
404 v rot Machtverlust Athens
404 v rot Machtgewinn Spartas
395 v rot Gegenbündnis Athens
395 v/386 v Korinthischer Krieg
387 v rot Persische Hilfe
382 v/362 v Thebanischer Krieg
382 v–336 v Philipp II.
376 v braun Schlacht bei Naxos
369 v braun Erhebung Messeniens
369 v rot Messenien frei
368 v rot Machtstellung Thebens
362 v rot Ende thebanischer Macht
356 v/346 v 2. Heiliger Krieg
242 v rot Erlaß der Grundschulden
240 v rot Mord an König Agis
226 v grün Bodenreform
146 v rot Oberhoheit Roms

SPARTAKUS, römischer Freiheitskämpfer aus Thrazien.

109 v–71 v Lebenslinie
114 v–53 v Krassus
74 v/71 v Aufstand

SPARTAKUS-BRIEFE, Name einer sozialistischen deutschen Zeitschrift, die im ersten Weltkriege für eine Beendigung der Kriegshandlungen und für eine revolutionäre Erneuerung der Gesellschaft eintrat. Benannt nach dem römischen Sklavenführer Spartakus. Von Karl Liebknecht seit 1916n herausgegeben, entwickelte sie sich unter Mitarbeit von Rosa Luxemburg zum Kristallisationspunkt der antimilitaristischen Linken in Deutschland.

1916 n blau Erstes Erscheinen

SPARTAKUS-BUND, Name einer Vereinigung revolutionärer deutscher Sozialdemokraten, die sich zur Durchsetzung ihrer radikalen Kriegsgegnerschaft innerhalb der SPD seit 1916n um die 'Spartakus-Briefe' zusammenschlossen. Entwickelte sich zum organisatorischen Kern der revolutionären Arbeiterschaft Deutschlands. Sein Führer Karl Liebknecht rief 1918n in Berlin die sozialistische Republik aus. Nachdem sich die SPD zur Niederwerfung der Revolution entschlossen hatte, trennte er sich endgültig von der Sozialdemokratischen Partei und bildete nach dem Siege der kommunistischen Revolution in Rußland eine neue politische Massenbewegung (Kommunistische Partei Deutschlands). Unmittelbar darauf wurden die Führer Karl Liebknecht und Rosa Luxemburg ermordet.

1916 n blau 'Spartakus-Briefe'
1918 n/1919 n Revolution
1919 n rot Mord an Führern

SPARTIATEN, Selbstbezeichnung der Vollbürger Spartas (Griechenland). Im Besitze der besten Äcker und Wälder, wurden sie durch die Arbeit der Staatsklaven (Heloten) sowie der Ackerbauern und Gewerbetreibenden (Periöken) unterhalten. Sie beschäftigten sich vorwiegend mit der Vorbereitung und Durchführung von Kriegszügen. Die Bürgerrechte waren ihnen allein vorbehalten.

820 v rot Spaltung der Bevölkerung
817 v rot Staatserziehung

SPASSMACHER

2434 v–2368 v Asosi

SPEER, stabförmige Jagd- und Kriegswaffe, die bis in unsere Epoche bei zahlreichen Völkern in Gebrauch ist. Auch Wurfgerät im Sport.

2531 v grün Waffe in Sumer
2347 v grün Heeres-Ausrüstung
2190 v grün Gebrauch in Amerika

SPEICHENRÄDER

1907 v grün Gebrauch in Kleinasien
1342 v grün Gebrauch in China

SPEISEEIS

1659 n grün Procopios Eis

SPEKTRALANALYSE, Bezeichnung für ein Verfahren zur Ermittlung der chemischen Zusammensetzung fester, flüssiger oder gasförmiger Körper durch Zerlegung von ihnen ausgesandter oder beeinflußter Lichtstrahlen. Beruht auf der Tatsache, daß jedem Element ein bestimmtes Spektrum zugehörig ist. Ihre Entdeckung durch die deutschen Physiker Bunsen und Kirchhoff führte zur Auffindung zahlreicher noch unbekannter chemischer Elemente. Auch wurde durch sie die Feststellung der stofflichen Beschaffenheit fernster Gestirne möglich, insbesondere nach Entdeckung der Aufspaltbarkeit von Spektrallinien im Magnetfeld durch den holländischen Physiker Zeeman.

1861 n grün Entwicklung
1895 n grün Zeeman-Effekt

SPEKTRUM, von dem lateinischen Worte 'specere' (= schauen) abgeleitete Bezeichnung für die Gesamtheit der farbigen Streifen, in die ein weißer Lichtstrahl durch Brechung in einem dreiseitigen Glasprisma zerfällt. Diese Farbstreifen gehen ohne scharfe Konturen ineinander über und sind stets in gleicher Weise nach Wellenlänge geordnet (vom langwelligen Rot über Orange, Gelb, Grün und Blau zum kurzwelligen Violett).

1643 n–1727 n Newton
1666 n grün Erforschung
1861 n grün Spektralanalyse
1885 n–1962 n Niels Bohr

SPEMANN, Hans (1869n–1941n), deutscher Naturforscher. Als Sohn eines Verlegers studierte er Zoologie und entwickelte neue Versuchsmethoden für die Erforschung der Lebensentfaltung des Tieres. Mit Hilfe selbstgebauter mikro-chirurgischer Instrumente beschädigte er die Lebenskeime von Tieren und beobachtete die Auswirkungen dieses 'Defektversuchs' auf das entstehende Leben. So erkannte er die konkreten Auswirkungen von Umwelt-Einflüssen auf die Entwicklung des Lebens und fand die Ursachen von Mißbildungen. Im Embryo von Wirbeltieren entdeckte er ein organisierendes Zentrum, ohne dessen Vorhandensein der Anstoß zur Bildung bestimmter Körper-Bestandteile fehlt (Rückenmark, Wirbelsäule, Darmrohr, Muskelgruppen). Dieser 'Organisator' wurde von ihm als Entwicklungszentrum des sich entfaltenden Lebens erkannt. Fand auch die Ursachen für das Vorhandensein einzelner Organ-Anlagen. Führte biologische Entwicklungsprozesse auf die ihnen zugrunde liegenden chemischen und mechanischen Vorgänge zurück.

1936 n grün Theorie der Entwicklung

SPENCE, Thomas (1750n–1814n), englischer Philisoph. Als gelernter Schuhmacher bildete er sich selbst weiter, wurde Buchhalter, Lehrer und schließlich Mitglied der philosophischen Gesellschaft seiner Heimatstadt Newcastle, die ihn aber wieder ausschloß, als er in einem Vortrag das Privateigentum an Grund und Boden verurteilte. Seine Gedanken über den Zusammenhang von Freiheit und Besitz verbreitete er in der Schrift 'Die wahren Menschenrechte'. Darin legte er dar, daß jedes neugeborene Kind ein unveräußerliches natürliches Recht auf einen Teil der Erde hat, die sein Lebensraum ist. Diesen von der Natur vorgegebenen Anspruch sah er nur im Gemein-Eigentum aller Menschen am Boden und seinen Schätzen erfüllt. Daneben ließ er das Privateigentum an beweglicher und durch eigene Arbeit erworbener Habe gelten. Verurteilte Selbstsucht, Geldgier und Herrschsucht des Besitz-Bürgertums und kämpfte trotz Ächtung und Verfolgung für die Befreiung der arbeitenden Klasse.

1775 n blau 'Wahre Menschenrechte'

SPENCER, Herbert (1820n–1903n), englischer Philosoph. Als Sohn eines Mathematiklehrers wurde er Ingenieur, Journalist und Publizist. Seit seinem 33. Lebensjahre arbeitete er als Privatgelehrter an der Schaffung eines universellen Weltbildes, das von der Sonnen-Entstehung bis zum sittlichen Verhalten des Menschen die gesamte Erscheinungswelt umfaßt. Dieses Weltbild entwickelte er auf der Grundlage des Naturgesetzes von der Erhaltung der Materie zu einem allgemeinen Entwicklungsgesetz ('Evolutionismus'). 36 Jahre arbeitete er an der Anwendung dieses Grundgesetzes auf Biologie, Psychologie, Soziologie und Ethik. Seine darauf beruhende 'synthetische Philosophie' deutete den menschlichen Fortschritt als das Ergebnis einer immer vollkommeneren Anpassung des Lebens an seine Umgebung durch Vererbung, Verhaltensänderung und Untergang des Verharrenden. Diese Lehre wurde bald nach ihrer Veröffentlichung durch seinen Landsmann Darwin für den Bereich der Zoologie bestätigt.

1876 n blau 'Prinzipien der Soziologie'

SPENDEN

2363 v grün Machtverlust der Priester
595 v–525 v Krösus
1300 n grün Großeinnahme der Kirche

SPENER, Philipp Jakob (1635n–1705n), deutscher Prediger. Studierte Theologie und wurde evangelischer Prediger in Straßburg. Nach Frankfurt versetzt, begann er, Gläubige in seinem Hause zu besonderer Frömmigkeit zu führen. 12 Jahre später verlegte er diese Sonderandachten in die Kirche. Dem an vielen Orten Deutschlands aus Enttäuschung über die reformierte Kirche entstandenen 'pietistischen' Frömmigkeitsbedürfnis gab er durch seine Bücher eine kämpferische Richtung gegen die Scheinheiligkeit der neuen Kirche ('Herzliches Verlangen nach gottgefälliger Besserung der wahren evangelischen Kirche'). Als Oberhofprediger in Dresden war er heftigen Angriffen wegen Ketzerei ausgesetzt. Als Probst in Berlin wurden ihm von der Lutherkirche 264 Abweichungen vorgeworfen. Mit seiner Absicht zur Umwandlung des Protestantismus in ein tätiges Christentum konnte er sich nicht durchsetzen, doch wirkten seine Gedanken nach, besonders in der Universität Halle, an deren Gründung er teilnahm.

1670 n rot Pietistengemeinde
1692 n blau 'Theologische Bedenken'
1694 n blau Universität Halle

SPENGLER, Oswald (1880n–1936n), deutscher Geschichtsphilosoph. Wurde Mathematiklehrer, zog sich aber 30jährig als Privatgelehrter zurück. Sieben Jahre später veröffentlichte er eine zusammenhängende Geschichtsschau, in der sich die Vergangenheit einiger außereuropäischer Länder sowie neben der Politik die Kunst berücksichtigt wurde. Deutete den Untergang einzelner Staaten als allgemeinen gesetzmäßigen Vorgang und stellte ein für alle früheren und kommenden Kulturen verbindliches Ablauf-Schema auf. Danach unterliegt jede Kultur ähnlichen Lebensgesetzen wie Pflanze, Tier und Mensch. Sie entsteht, wächst, blüht, verfällt und stirbt. Jede neue Kultur durchläuft grundsätzlich die gleichen Phasen wie die vergangenen und gleichzeitigen, von denen sie in ihrer Entwicklung ganz unabhängig und unbeeinflußt ist. Es gibt keine Höherentwicklung und keinen Fortschritt und es gibt kein Entrinnen aus dem Schicksal, das jeder Kultur eine Lebenszeit von etwa 1000 Jahren setzt. So phrophezeite er dem 'Abendland' (Mittel- und Westeuropa plus Nordamerika) seinen baldigen Untergang. Zur Erhärtung dieser Voraussage unterzog er die gegenwärtige Epoche des 'Abendlandes' einer vernichtenden Kulturkritik. Seine treffende Beschreibung des inneren Verfalls der spätkapitalistischen Gesellschaft, die Unterbauung seiner These durch den Hinweis auf Abläufe bisher weitgehend unbekannter Kulturen sowie seine formal zwingende Beweisführung bewirkten einen sensationellen Erfolg seines Buches beim historisch unvorgebildeten Bürgertum, das darin eine heroische Dramatisierung seines eigenen Schicksals erblickte. Ein Verächter der arbeitenden Massen, begeisterte er sich für den ersten Weltkrieg und für den Sieg des Faschismus in Deutschland, dessen Grundgedanken er schon 1920n entwickelt hatte ('Preußentum und Sozialismus').

1918 n blau 'Untergang des Abendlandes'

SPENSER, Edmund (1552n–1599n), englischer Dichter. Nach sorgenloser Studienzeit in Cambridge wurde er königlicher Beamter in Irland, setzte die englischen Interessen gegen die Iren durch und verlangte in seinen Lageberichten rücksichtslose Unterdrückung Irlands. Bei einem Aufstand der Iren wurde sein Schloß verbrannt, er selbst verjagt. Als Schriftsteller wurde er durch seinen 'Schäfer-Kalender' bekannt, der Liebesgedichte für jeden Monat enthielt. In seinem auf 24 Bände angelegten Hauptwerk ('Feenkönigin') stellte er die menschlichen Tugenden dar, indem er jedem der Ritter aus der Tafelrunde des Königs Artus eine Tugend zuschrieb und diese in einem Bande abhandelte. Das Ziel der Vollkommenheit erreicht bei ihm nur König Artus selbst durch Verbindung mit der 'Feenkönigin'. Mit dieser Titelgestalt meinte er die englische Königin Elisabeth, der er die ersten 3 Bände seines Werkes überreichte und die ihm eine Jahrespension von 50 Pfund aussetzte. Vollendete nur sieben der 24 geplanten Bände. Starb verarmt in London.

1599 n blau 'Feenkönigin'

SPEYER, Stadt am linken Rheinufer zwischen Karlsruhe und Mannheim. Um 70v von Germanen gegründet, die unter Ariovist über den Rhein gekommen waren. Nach Vertreibung des Ariovist durch Cäsar wurde die Stadt römisch (Noviomagus). Zu einer Festung gegen die Germanen jenseits des Rheins ausgebaut, wurde sie im 3. und 4. Jahrhundert mehrfach durch Kämpfe zerstört, im 5. Jahrhundert von Wandalen und Hunnen erobert und im 6. Jahrhundert dem Frankenreiche einverleibt. Bei der Reichsteilung fiel sie dem Ostreiche (Deutschland) zu. 1294n freie Reichsstadt. Seit 1513n Sitz des Reichskammergerichtes. 1529n wurde hier für die kirchliche Reformpartei die Bezeichnung 'Protestanten' geprägt, weil sie gegen das Verbot ihrer Betätigung durch den Reichstag protestierte. Im 30jährigen Krieg sowie im 3. Krieg Ludwigs XIV. und in den Napoleonischen Kriegen versuchte Frankreich wiederholt, die Stadt in seinen Besitz zu bringen.

70 v rot Germanen-Ansiedlung
804 n–876 n Ludwig der Deutsche
843 n rot Deutscher Besitz
1061 n blau Dom
1111 n rot Bestattung Heinrichs IV.
1111 n rot Machtgewinn
1254 n rot Rheinischer Städtebund
1351 n rot Weberstreik
1526 n rot Protestantismus bestätigt
1529 n rot Verbot der Reformation
1529 n rot 'Protestanten'
1618 n/1648 n Dreißigjähriger Krieg
1688 n/1697 n 3. Krieg Ludwigs XIV.
1697 n rot Verzicht Frankreichs
1796 n/1815 n Napoleonische Kriege

SPEYER, Johann von (um 1440n bis 1470n), deutscher Buchdrucker. Erlernte in Mainz die Buchdruckerkunst. Dann begab er sich mit seinem Bruder Wendelin nach Venedig und richtete hier die erste Buchdruckerei außerhalb Deutschlands ein. Mit einer eigens für das italienische Publikum geschnittenen Schrift aus lateinischen Buchstaben druckte er klassische Texte und juristische Bücher. Als er nach zweijährigem Aufenthalt in Italien starb, setzte sein Bruder das begonnene Werk fort und bildete zahlreiche italienische Buchdrucker in seiner Werkstatt aus.

1469 n grün Druckerei in Venedig

SPEZIALISIERUNG der Heilkunst

2468 v grün Ägypten: Chirurgie-Buch
2419 v grün Spezialärzte in Ägypten
2415 v–2335 v Chui
2358 v grün Augenkrankheit bekämpft
2239 v–2162 v Ir-En-Achat
2183 v grün Darm-Forschung
2090 v grün Chirurgen in Mesopotamien
1930 v grün Epilepsie-Forschung
1888 v grün Tiermedizin in Ägypten
1875 v grün Frauenkrankheiten-Buch
1717 v grün Mesopotamien: Tiermedizin
1643 v grün Erforschung des Stotterns
1602 v grün Behandlung der Augen
1575 v grün Buch der Tierheilkunde
1473 v–1409 v Neb-Amun
223 v grün Fachärzte in Alexandria
219 v grün Grieche Facharzt in Rom
20 n–79 n Dioskurides
49 n grün 'Der Augenarzt'
81 n–144 n Archigenes
114 n grün Archigenes: Zahnheilkunde
190 n–265 n Hua-To
294 n–354 n Apsyrtos
525 n–605 n Alexander Tralles
598 n grün Innere Krankheiten
602 n grün Schrift über Würmer
896 n grün Arabische Seuchenkunde
1012 n grün Ibn Isa: Augenheilkunde
1261 n grün Chirurgenschule in Paris
1472 n grün Kinderheilkunde
1802 n grün Kinderklinik in Paris
1854 n grün Lungenheilstätte

SPEZIFISCHES GEWICHT, Fachausdruck der Physik. Bezeichnet das Eigengewicht eines Stoffes, ausgedrückt im Verhältnis zum Gewicht der gleichen Raumeinheit (1 ccm) Wasser, die = 1 gesetzt wird.

284 v–212 v Archimedes
214 v grün Archimedes' Lehre
355 n grün Meßgerät
1039 n–1123 n Al Kajam
1074 n grün Prüfung von Legierungen

SPHINX, Bezeichnung für die Steinplastik eines ruhenden Löwenkörpers mit Menschenkopf. In Ägypten seit 4500 Jahren mit Gesichtern von Königen in Granit, Kalkstein, Diorit oder Porphyr gemeißelt zur Versinnbildlichung königlicher Stärke. Später auch in Mesopotamien (Vorderasien) als Schutzgeister vor Tempeln und Gräbern verbreitet. Über Kreta und Mykene fand sie in die griechische und römische Kunst Eingang. Dabei wurde sie geflügelt, nahm weibliche Züge an und galt als Sinnbild des Todes. In der mittel- und westeuropäischen Kunst seit sechs Jahrhunderten gelegentlich Symbol des Rätselhaften.

2576 v–2515 v Chefren
2529 v blau Sphinx-Tempel von Giseh
2523 v blau Sphinx von Giseh
1851 v blau Sphinx Sesostris' III.
1828 v blau Plastik Amen-Em-Hets III.
1483 v blau Plastik Hatschepsuts
1420 v grün Freilegung einer Sphinx
1335 v blau Hettitische Plastik

SPIEGEL

2852 v grün Kupfer-Spiegel in Ägypten
1367 v grün Silber-Spiegel vergoldet
99 n grün Glasspiegel
1643 n–1727 n Newton
1668 n grün Spiegelfernrohr
1914 n grün Scheinwerfer
1949 n grün 5-m-Spiegel

SPIEGELFERNROHR, Bezeichnung für Himmels-Fernrohre, bei denen die vergrößernde Wirkung durch Spiegel statt durch Linsen erzielt wird. An der Entwicklung dieses Instrumentes arbeiteten zahlreiche Forscher seit dem 17. Jahrhundert, als der Bau von Linsen über einen bestimmten Durchmesser hinaus sich als unmöglich erwies. Zucchi, Mersenne, Gregory unternahmen Versuche, aber erst Newton fand das entwicklungsfähige Prinzip, durch dessen laufende Verbesserung der wissenschaftlichen Sternbeobachtung immer neue Möglichkeiten eröffnet wurden.

1643 n–1727 n Newton
1668 n grün Newtons Konstruktion
1949 n grün 5-m-Spiegel

SPIELBEIN, Fachausdruck der Kunstgeschichte. Bezeichnet bei der Plastik eines stehenden Menschen das spielerisch vorgestellte Bein im Gegensatz zum Standbein, auf dem das Gewicht des Körpers ruht. Die technisch nicht leichte Herausarbeitung eines dadurch eigentlich nur auf einem Bein stehenden Menschen aus dem Stein wurde vor fast 2500 Jahren in Griechenland eingeführt. Sie gab der Plastik gegenüber den vorher schwerfällig auf beiden Beinen ruhenden Standbildern Leichtigkeit und Lebendigkeit.

478 v–408 v Polyklet

SPIELE

2935 v grün Brettspiele in Ägypten
2704 v–2634 v Hesire
2676 v grün Würfelspiel in Indien
2639 v grün Fußball in China
2494 v–2416 v Schu-Bad
2451 v grün Brettspiel in Ur
2401 v blau 'Knaben beim Ringkampf'
2318 v blau 'Kinder-Spiele'
1933 v grün Spielzeug für Sesostris
1910 v grün Ballspiele in Ägypten
1882 v blau 'Knaben beim Ballspiel'
1345 v blau 'Spielender Knabe'
1209 v blau 'Ehepaar beim Brettspiel'
776 v blau Olympische Spiele
607 v grün Kinderklappern in Babylon
582 v blau Pythische Spiele
580 v blau Isthmische Spiele
449 v grün Jo-Jo-Spiel
251 v grün Steigdrachen in China
68 v grün Aufblasbare Bälle
346 n–395 n Theodosius
393 n grün Letzte Olympische Spiele

394n rot Verbot Olympischer Spiele
466n grün Schachspiel in Indien
587n grün Fußball in Japan
648n grün Luftgefüllte Bälle
900n grün Schachspiel bei Arabern
947n grün Schachspiel in Europa
1193n grün Ballspiele in Amerika
1286n blau Lied einer Turnierfahrt
1335n grün Puppenspiele in Europa
1365n grün Verbot des Tennisspiels
1370n grün Kartenspiel in Europa
1378n grün Verbot des Kartenspiels
1442n grün Steigdrachen in Europa
1472n grün Schachbuch
1512n blau Matonobu: 'Brettspieler'
1547n grün Billardspiel in Italien
1575n grün Schachturnier in Madrid
1670n blau Murillo: 'Würfelspieler'
1795n blau Spieltheorie Schillers
1850n blau Pocci: 'Kasperle'-Spiele
1892n blau Cézanne: 'Kartenspieler'
1896n grün Erneut Olympische Spiele
1929n blau Dix: 'Spielende Kinder'
1939n blau Spieltheorie Huizingas

SPINALE KINDERLÄHMUNG, von dem lateinischen Worte 'spina' (= Rückgrat) abgeleiteter Name einer ansteckenden Krankheit, die vorwiegend Kinder befällt, Teile des Rückenmarks zerstört und dadurch Lähmungen bewirkt. Seit Jahrtausenden besonders in hochentwickelten Kulturen vorkommend, wurde sie 1840n in Deutschland als eine eigene Krankheit erkannt und beschrieben. Eine Heilmethode ist bis heute nicht gefunden worden, jedoch wurde durch Entdeckung eines Impfstoffes ihre Ausbreitung eingedämmt.

1379v grün Auftreten in Ägypten
1954n grün Impfstoff

SPINAT, Name eines Kraut-Gewächses, dessen Blätter als Gemüse verwendet werden. Gilt wegen seines hohen Eisengehaltes als besonders gesundes Nahrungsmittel. In Vorderasien und Nordafrika seit alters her bekannt, kam die Pflanze vor 1100 Jahren durch Araber nach Europa.

882n grün Anbau in Spanien

SPINDEL, Bezeichnung für eine kleine Walze, die seit alters her (meist in Verbindung mit dem Spinnrad) zur Aufnahme gesponnener Fäden verwendet wird.

1874v blau Ägyptisches Gemälde

SPINNEREI, Bezeichnung für die Arbeitsvorgänge zur Gewinnung von Garn aus Pflanzenfasern (Flachs, Baumwolle), Tierfasern (Wolle) oder Kunstfasern (Nylon, Perlon). Eine der Grundarbeiten des Menschengeschlechtes, wurde sie früh mechanisiert. Ihre ständige Verbesserung und Vereinfachung war bis in unsere Epoche ein wesentlicher Hebel der technischen Entwicklung.

2029v grün Wollspinnereien in Sumer
1530n grün Verbesserung des Spinnrads
1767n grün Jennymaschine

SPINNMASCHINE, Gerät zum mechanischen Spinnen von Fäden. Ihre Erfindung revolutionierte die Textil-Industrie. Ihre technische Leistungsfähigkeit und ihr wirtschaftlicher Erfolg förderten den gesamten Industrialisierungsprozeß.

1767n grün Jenny-Maschine

SPINNRAD. Aus dem seit alters her in Vorderasien bekannten Handrad zum Spinnen entwickelte sich vor 500 Jahren in Europa das handgetriebene Spinnrad mit übersetztem Riemenantrieb. Es wurde bald entscheidend verbessert durch den Fußantrieb, der es der Spinnerin ermöglichte, mit beiden Händen den Faden für die sich fortgesetzt drehende Spindel zusammenzuzupfen.

1530n grün Tret-Vorrichtung

SPINOZA, Baruch, holländischer Philosoph.

1632n–1677n blau Lebenslinie
1656n rot Bannfluch
1659n blau Kausalität in der Natur
1676n blau Determinismus
1677n blau 'Ethik'

SPIONAGE, Sammelbezeichnung für alle Tätigkeiten, die auf Erkundung von militärischen Staatsgeheimnissen gerichtet sind. Seit Aufkommen des Krieges zunächst als Schutz vor Überraschungsangriffen betrieben, wurde sie bald auch zur Ermittlung der günstigsten Angriffsmöglichkeiten genutzt. In allen Staaten unter schwerste Strafe gestellt, wird sie seit Jahrhunderten praktisch von allen Staaten ausgeübt. Dieser Ausdruck eines gespaltenen Rechtsbewußtseins und einer doppelten Moral wird in der bürgerlichen Gesellschaft durch Presse, Film, Buch und Fernsehen als Mischung von Heldenlied und Gruselstory den Volksmassen nahegebracht.

1709v grün Spionage in Mesopotamien

757n grün Organisation bei Arabern
1054n–1122n Al Hariri

SPITZBERGEN, Name einer Inselgruppe im Eismeer nördlich von Norwegen. Besteht aus drei großen und einigen kleineren Inseln. Wird im Winter bei durchschnittlich 20° Kälte von festen Eismassen eingeschlossen und nur im Sommer für kurze Zeit durch Temperaturen um den Gefrierpunkt so erwärmt, daß die Eisdecke vom Golfstrom aufgetaut wird. Bei ihrer Entdeckung durch den Holländer Barents unbewohnt, hatten sich bis zum Beginn unseres Jahrhunderts hier noch keine Menschen dauernd niedergelassen. Die reichen Kohlen- und Erzvorkommen veranlaßten 1920n Norwegen zur Besitznahme der Insel, doch erhielten andere Staaten vertraglich Nutzungsrechte zugestanden. Seitdem haben sich hier etwa 1500 Norweger und doppelt soviel Russen angesiedelt.

1596n grün Entdeckung

SPITZMÜTZE, Bezeichnung für eine Kopfbedeckung, mit der die Hettiter vor fast 4000 Jahren ihre Götterbilder ausstatteten. Später wurde sie neben dem Königsmantel Zeichen der Herrscher des kleinasiatischen Hettiterreiches.

1557v grün Königstracht

SPITZWEG, Karl (1808n–1885n), deutscher Maler und Zeichner. Wurde Apothekerlehrling, studierte Pharmazie und wandte sich 28jährig dem Malen zu. Bildete sich selbst durch das Betrachten und Kopieren von Meisterbildern in den Münchner Museen. Wurde Mitarbeiter der Zeitschrift 'Fliegende Blätter' und war bald ein gesuchter Zeichner. Daneben malte er gemütvolle Idyllen in kleinformatigen Ölbildern von feinster Personenzeichnung in ausgefeilter Pinselführung ('Der arme Poet'). 42jährig reifte er auf den einzigen Reisen seines Lebens in Venedig, Paris, London und Antwerpen zu großzügigerer Bildgestaltung, ohne den von ihm bevorzugten liebenswerten Sonderlingen (Nachtwächter, Gelehrte, Einsiedler, Büchersammler, Künstler) ganz untreu zu werden. Doch traten nun die Landschaften in den Vordergrund, und die malerische Genauigkeit wich auch bei den figürlichen Kompositionen einer freieren Malweise. Zu seinen Zeichnungen schrieb er humorvolle Verse.

1837n blau 'Der arme Poet'

SPORENSCHLACHT, Name einer erfolgreichen Weber-Erhebung in West-Flandern (Belgien). Mit ihrem Siege über ein französisches Ritterheer behaupteten die flandrischen Handwerker die weitgehende Unabhängigkeit des Gebietes zwischen Brügge und Ypern. Seinen Namen erhielt dieser Aufstand von den nach der Schlacht in der Kirche aufgehängten goldenen Sporen der besiegten Ritter.

1302n braun Schlacht

SPORT

2649v blau Ringkampf-Szene
2639v grün Fußball in China
2401v blau 'Knaben beim Ringkampf'
1910v grün Ballspiele in Ägypten
1882v blau 'Knaben beim Ballspiel'
1587v blau Boxkampf-Relief
1585v grün Stiersprung auf Kreta
1537v grün Sportkleidung für Frauen
1481v blau 'Stierspringerin'
1465v–1422v Amen-Hotep II.
1393v grün Wagenrennen bei Hettitern
1217v blau Bild eines Ringkampfes
1147v blau Bild einer Akrobatin
776v blau Olympische Spiele
688v grün Neue Kämpfe bei Olympiade
666v grün Schießsport in Babylon
582v blau Pythische Spiele
580v blau Isthmische Spiele
575v–483v Xenophanes
506v–446v Myron
494v blau Pindars Preislieder
453v blau Myron: 'Diskuswerfer'
448v blau Myron: 'Wettläuferin'
324v–250v Herophilos
270v grün Schrift über Gymnastik
129v–40v Asklepiades
68v grün Aufblasbare Bälle
67n–129n Apollodoros von Damaskus
216n grün Sportpalast in Rom
346n–395n Theodosius
393n grün Letzte Olympische Spiele
394n rot Verbot Olympischer Spiele
587n grün Fußball in Japan
648n grün Luftgefüllte Bälle
1193n grün Ballspiele in Amerika
1225n grün Schlittschuhlauf
1286n blau Lied einer Turnierfahrt
1365n grün Schießsport statt Tennis
1404n–1472n Alberti
1689n grün Skilauf
1789n grün Rollschuhlauf
1830n grün Schwimmhalle
1896n grün Erneut Olympische Spiele
1903n grün Tour de France
1906n grün Jiu-Jitsu in Europa

SPOTTDICHTUNG, Spottschriften

1288v–1232v Hori
1244v blau Ägyptisches Werk
454v blau Spott über Demokratie
446v–385v Aristophanes
414v blau Kritik an Expansionsdrang
412v blau Kritik an Demokratie
408v blau Kritik an Raffgier
245v blau Kritik an Philosophen
170v–102v Lucilius
131v blau Lucilius' Satiren
38n–105n Martial
73n blau Spott über 'Feigheit'
125n–180n Lukian
1145n–1209n Bertran de Born
1167n blau Lieder des Archipoeta
1183n blau Bertrans Kampflieder
1208n–1270n Tannhäuser

SPRACHE

Vorzeittafel: 300 Tausend Jahre
1952v blau Akkadisch Volkssprache
1952v blau Sumerisch Gelehrtensprache
1937v–1865v Libit-Ischtar
1902v–1841v Bila-Lama
1895v blau ZweisprachigeWörterbücher
1801v–1759v Warad-Sin
1760v–1686v Hammurabi
1400v blau Babylonisch verbreitet
1364v grün Schriftsprache in Ägypten
1337v blau Schriftsprache in Assyrien
1098v–1046v Adada
908v–830v Sardur
693v–626v Assurbanipal
677v blau ZweisprachigeWörterbücher
577v blau Lateinisch entsteht
538v blau Theagenes: Sprachregeln
498v blau Dreisprachiger Bericht
344v blau Panini: Sanskrit
257v blau Hegias: Asianismus
242v blau Sprachkundliches Werk
200v grün Lateinisch vervollkommnet
193v blau Aristophanes: Wörterbuch
116v–27v Varro
106v–43v Cicero
101v blau Werk des Dionysios Thrax
46n blau Glossen-Lexikon
138n blau Apollonios: Syntax
162n –224n Tertullian
214n–273n Longinos
265n blau Werk des Longinos
309n–394n Ausonius
353n blau Donatus: Grammatik
382n–440n Martianus Kapella
563n blau Amara: Sanskrit
590n–648n Harsa
621n rot Amtssprache in Byzanz
673n–735n Beda
675n–715n Welid
699n grün Amtssprache in Arabien
703n blau Syrische Grammatik
710n–782n Lioba
718n–791n Al Chalil
776n blau Arabische Sprachforschung
781n blau Arabische Grammatik
784n–856n Rabanus Maurus
786n blau Bezeichnung 'deutsch'
806n–873n Abu Hunain
839n–923n Al Tabari
842n blau Zwei Amtssprachen
890n blau Ibn Duraid: Wörterbuch
932n–1020n Firdausi
971n blau Suidas: Wörterbuch
973n–1048n Al Biruni
1003n blau Älfric: Grammatik
1027n–1087n Wilhelm I., der Eroberer
1038n blau Hebräische Grammatik
1054n–1122n Al Hariri
1095n blau Werk über Sprachfehler
1100n blau Mittelhochdeutsch
1103n blau Al Hariri: Sprachlehre
1114n–1187n Gerhard von Toledo
1130n–1200n Tschu-Hi
1138n grün Übersetzerschule Toledo
1184n grün Sprachreform in China
1208n–1270n Tannhäuser
1238n blau Katholische Sprachschulen
1260n–1327n Meister Eckehart
1265n blau Angriff auf Fremdwörter
1265n–1321n Dante
1306n blau Dante: Volkssprache
1308n blau Ibn Mansur: Wörterbuch
1316n–1378n Karl IV.
1340n–1400n Chaucer
1350n–1415n Chrysoloras
1369n–1415n Hus
1387n rot Portugiesisch Amtssprache
1396n blau Griechisch-Lehrbuch
1408n rot Verbot einer Volksbibel
1466n blau Paris: Griechisch Lehrfach
1478n blau Reuchlin: Griechisch
1483n–1546n Luther
1488n–1525n Thomas Münzer
1497n–1560n Melanchthon
1506n blau Reuchlin: Hebräisch
1518n blau Griechische Grammatik
1530n blau Sprachschule in Paris
1532n blau Stephanus: Wörterbuch
1549n blau Manifest der Plejade
1582n blau Sprachakademie Florenz
1646n–1716n Leibniz
1653n blau Harsdörffer: Volkssprache
1687n blau Deutsch in Vorlesungen
1694n blau Wörterbuch der 'Académie'
1696n blau Bayle: Wörterbuch
1711n–1765n Lomonossow
1712n–1786n Friedrich II., der Große
1748n blau Russische Sprachkunde
1778n grün Taubstummen-Schule
1808n blau F. Schlegels Indien-Werk
1816n blau Bopp: Sanskrit
1819n blau Grimm: Grammatik
1835n blau W. Humboldt: Kawi-Sprache
1852n blau Grimm-Werk begonnen
1880n blau Duden: Wörterbuch
1882n blau Hieroglyphen-Wörterbuch
1887n blau Esperanto
1921n blau Wittgensteins Lehre
1950n blau Stalin: Sprachwissenschaft
1960n blau Grimm-Werk beendet

SPRACHFEHLER

1643v grün Erforschung des Stotterns
383v–322v Demosthenes
1054n–1122n Al Hariri
1095n blau Arabische Untersuchung

SPRANGER, Eduard (1882n–1963n), deutscher Philosoph und Pädagoge. Stellte in den Mittelpunkt der Geisteswissenschaften das 'Verstehen'. Den durch Ausrichtung auf diese subjektive Kategorie eingetretenen Verlust an Wissenschaftlichkeit suchte er durch Hinzufügung von Psychologie wettzumachen. In seinem Hauptwerk systematisierte er die 'Lebensformen' durch Reduzierung des Daseins auf sechs Kulturbereiche, denen sechs Menschentypen entsprechen: 1) der theoretische Mensch, 2) der ökonomische Mensch, 3) der ästhetische Mensch, 4) der soziale Mensch, 5) der Machtmensch, 6) der religiöse Mensch. Die Ursache für die Krise der spätbürgerlichen Gesellschaft sah er allein im Individuellen und Moralischen. Als Ausweg empfahl er eine Erneuerung der religiösen Bindung des Menschen.

1914n blau 'Lebensformen'

SPRECHMASCHINE, Bezeichnung für das von dem nordamerikanischen Erfinder Edison entwickelte Gerät zur mechanischen Aufzeichnung und Wiedergabe der menschlichen Sprache. Dessen aus griechischen Worten zusammengesetzter Name ('Phonograph') bedeutet 'Tonaufzeichner'.

1847n–1931n Edison
1877n grün Erfindung

SPRECHROHRLEITUNGEN

10n grün Bau in Pompeji

SPRECHSTUNDEN

108n grün Einführung bei Ärzten

SPRENGSTOFFE

1130n grün Schießpulver in China
1220n grün Raketenwaffe in China
1232n grün Verwendung im Krieg
1244n grün Schießpulver der Araber
1273n grün Geschütze der Mongolen
1285n grün Feuerwerksbuch
1331n grün Geschütze in Europa
1339n grün Handfeuerwaffen
1388n rot Hinrichtung des Schwarz
1581n grün Höllenmaschine
1605n braun 'Pulver-Verschwörung'
1629n grün Pulverstampfmaschine
1652n grün Steinschloß statt Lunte
1659n grün Hinterlade-Gewehr
1673n grün Maschinenantrieb
1679n grün Tunnelsprengung
1806n grün Raketenwaffe in Europa
1815n grün Zündhütchen
1827n grün Zündnadelgewehr
1845n grün Schießbaumwolle
1867n grün Dynamit
1945n grün Atombombe
1945n rot Atombomben-Abwurf
1952n grün Wasserstoffbombe

SPRENGUNGEN

1679n grün Schießpulver-Verwendung
1867n grün Dynamit

SPRICHWÖRTERSAMMLUNGEN

193n blau Dicta Catonis
1002n blau Sammlung auf Island
1529n blau Sammlung des Agricola

SPRINGBRUNNEN

116v grün Heronsbrunnen
1213n–1280n Niccolo Pisano
1277n blau Brunnen in Perugia
1341n–1406n Claus Sluter
1399n blau Brunnen in Dijon
1619n blau Brunnen in Brüssel
1639n blau Brunnen in Rom

SPRUCHDICHTUNG, Bezeichnung für lehrhafte Reime, deren hauptsächliche Bedeutung darin besteht, daß sie Lebensweisheit vermitteln.

2707v–2626v Imhotep
1583v blau Zaubersprüche in Ägypten
795v blau Zaubersprüche in Indien
193n blau Lateinische Sprüche
587n–652n Bhartrihari
634n blau Bhartriharis Dichtung
930n grün 'Merseburger Sprüche'
1172n–1228n Walther von der Vogelweide
1228n blau Freidank: 'Bescheidenheit'

SPURWEITE, Bezeichnung für den Abstand zwischen dem rechten und dem linken Rad einer Fahrzeugachse.

259v–209v Schi-Huang-Ti
216v grün Vereinheitlichung

SPUTNIK, russische Bezeichnung für die Monde der Planeten sowie für die künstlichen Himmelskörper, die wie Monde um einen Planeten kreisen (wörtlich: ständiger Begleiter). Nachdem die UdSSR den ersten künstlichen Planeten gebaut und in eine Umlaufbahn um die Erde gebracht hatte, wurde das Wort zur allgemeinen Bezeichnung für künstliche Satelliten.

1957n grün Raumflug

SS, Abkürzung für den 'Saal-Schutz' (später die 'Schutz-Staffel') des deutschen Faschismus. Als Untergliederung der SA (= Sturm-Abteilung der NSDAP) 1925n gegründet, seit 1929n unter Führung Heinrich Himmlers, entwickelte sie sich zum Haupt-Träger des faschistischen Terrors. Im Gegensatz zu der hauptsächlich aus Soldaten und Arbeitern gebildeten 'SA' war sie die 'Elitetruppe' der NSDAP für ehemalige Offiziere und Angehörige des Adels und des Bürgertums. Mit ihrer Hilfe brach Hitler 1934n die Machtstellung der SA. Sie übernahm dann von dieser Organisation die Konzentrationslager. Zunächst auf die Verfolgung von Kommunisten und Sozialisten beschränkt, betrieb sie nach Erlaß der Nürnberger Gesetze auch die Judenverfolgungen. Im zweiten Weltkriege baute sie eine eigene kämpfende Truppe auf (Waffen-SS) und organisierte die wirtschaftliche Ausbeutung der besetzten Gebiete, den Einsatz der Fremdarbeiter in Deutschland sowie die physische Vernichtung von 7 Millionen Menschen, vorwiegend osteuropäischer Juden. So wurde sie unter Führung des katholischen Offiziers Heinrich Himmler zum Schrecken für ganz Europa. Nach 1945n vom Gericht der Siegerstaaten als verbrecherische Organisation verurteilt (Nürnberger Prozeß).

1934n rot Kampf gegen SA
1934n rot Übernahme der KZ
1939n/1945n Zweiter Weltkrieg
1944n rot Massenmord (Auschwitz)

STAATSIDEAL, STAATSLEHRE

2138v–2063v Achtos III.
2069v blau Lehrbuch Achtos' III.
1960v blau Lehrbuch Sesostris' I.
1502v–1431v Rech-Mi-Re
1460v blau Pflichten des Kanzlers
782v blau Werk über Idealstaat
604v–514v Lao-Tse
552v–479v Kon-Fu-Tse
486v–430v Hippodamos
475v–393v Me-Ti
449v blau Hippodamos' Staatsideal
444v–365v Antisthenes
433v–351v Archytas
429v–370v Phaleas
427v–347v Plato
407v–323v Diogenes
400v blau Sozialisierungs-Forderung
384v–322v Aristoteles
378v–289v Meng-Tse
374v blau Plato: 'Politeia'
367v blau Kosmopolitismus
352v blau Demokratie abgelehnt
341v–270v Epikur
333v–262v Zeno der Jüngere
325v–260v Euhemeros
324v blau Gewaltenteilungstheorie
320v blau Theopompos' Staatsideal
313v blau Handbuch des Kautilya
308v blau Tyrannenmord bejaht
283v blau Zenos Staatsideal
280v blau Euhemeros' Staatsideal
279v–206v Chrysipp
236v blau Han-Fei: Staatsphilosophie
224v blau Chrysipps Staatsideal
214v–129v Karneades
192v blau Lykophron: Weltstaat
187v blau Jambulos' Staatsideal
180v–110v Panaitios
55n–120n Tacitus
86n–161n Antoninus Pius
153n blau Frieden Ziel der Politik
354n–430n Augustin
386n rot Kirchenhoheit über Staat
426n blau Staatstheorie Augustins
493n blau Zwei-Schwerter-Lehre
572n–621n Schotoku
704n blau Lehrbuch des Kamandaki
810n blau Aristoteles arabisch
844n blau Plato arabisch
870n–950n Al Farabi
941n blau Al Farabis Staatsideal
945n blau Isländisches Staatsideal
1021n–1085n Gregor VII.
1160n blau Englische Staatstheorie
1235n–1303n Bonifatius VIII.
1255n–1311n Pierre Dubois
1283n blau Ruf nach Völkerbund

1290n–1343n Marsilius von Padua
1302n rot Machtanspruch des Papstes
1304n blau Ruf nach Säkularisation
1318n blau Papst-Autorität verneint
1324n blau Ruf nach Volkssouveränität
1429n blau Werk über Reichsreform
1513n blau Machiavelli: 'Der Fürst'
1516n blau More: 'Utopia'
1561n–1626n Francis Bacon
1576n blau Bodin: 'Vom Staate'
1588n–1679n Hobbes
1602n blau Campanella: 'Sonnenstaat'
1623n blau Crusés Staatsideal
1625n blau F. Bacons Staatsideal
1632n–1704n Locke
1632n–1677n Spinoza
1646n–1716n Leibniz
1650n–1722n Kang-Hi
1651n blau Hobbes: 'Leviathan'
1652n blau Winstanleys Staatsentwurf
1671n blau Chinesisches Lehrbuch
1672n blau Werk Pufendorfs
1675n blau Vairasses Staatsideal
1689n–1755n Montesquieu
1694n–1778n Voltaire
1707n blau Castel: Ewiger Friede
1712n–1778n Rousseau
1723n–1790n Adam Smith
1724n–1804n Kant
1737n blau Moser: 'Staatsrecht'
1739n blau 'Antimachiavell'
1748n blau 'Geist der Gesetze'
1755n blau Morellys Staatsentwurf
1762n blau 'Gesellschaftsvertrag'
1768n blau Mablys Staatsideal
1770n–1831n Hegel
1774n blau Werk Justus Mösers
1795n blau Kant: 'Ewiger Friede'
1800n blau Fichte: 'Handelsstaat'
1812n blau Owens Staatsvorstellung
1818n–1883n Karl Marx
1821n blau Hegel: Rechtsphilosophie
1829n grün Entwurf Fouriers
1838n blau Weitlings Staatsideal
1838n blau Lehre Lavergnes
1840n blau Proudhon: Anarchismus
1842n blau Cabets Staatsentwurf
1847n blau Kommunistisches Manifest
1859n blau Marx: Politökonomie
1867n blau Marx: 'Das Kapital'
1870n–1924n Lenin
1873n blau Bakunin: Anarchismus
1884n blau Engels: Staatslehre
1888n blau Utopie Bellamys
1908n blau Meineckes Werk
1917n blau Lenin: Staatslehre

STABREIM, Dichtform, bei der sich nicht das Ende der Zeile reimt, sondern nur ein Anklang durch Lautverwandtschaft der Anfangsbuchstaben betonter Silben des Textes erreicht wird. Dabei reimt ein Mitlaut (Konsonant) nur mit dem gleichen Mitlaut, ein Selbstlaut (Vokal) aber auch mit jedem anderen Selbstlaut. Diese früheste Form des deutschen Reims wurde später durch den Endreim verdrängt, erhielt sich aber bei einzelnen Dichtern (Bürger, Goethe, Heine, Richard Wagner). Das Wort **Stab**reim ist aus Buch**stabe** entnommen, weil ihr Reim auf dem Anklang einzelner Buchstaben beruht.

834n blau 'Muspilli'

STACHANOW, Alexei (geboren 1905n), sowjetrussischer Arbeiter. Als Sohn eines armen Bauern wurde er Bergarbeiter im Donezgebiet. Durch Verbesserung der Arbeitsorganisation förderte er in einer Schicht unter extrem günstigen Bedingungen achtmal mehr Steinkohle als es die Norm vorschrieb. Sein Vorbild begeisterte zahlreiche Kommunisten in der Sowjetunion und wurde Ausgangspunkt einer nach ihm benannten Bewegung, deren Ziel die Erhöhung der Norm auf breiterer Grundlage ohne Anwendung direkten Zwanges war. Er selbst wurde auf Grund seiner Leistungen zu einem fünfjährigen Studium auf die Industrieakademie in Moskau delegiert, trat in die kommunistische Partei ein und arbeitete in der mit seinem Namen verbundenen Bewegung zur Erhöhung der Arbeitsproduktivität.

1935n grün Übererfüllung der Norm

STADION, Bezeichnung für runde oder ovale Laufbahnen von etwa 200 Meter Länge, wie sie seit fast 3000 Jahren insbesondere in Griechenland angelegt wurden. Ihre Bahnlänge wurde zu einem griechischen Längenmaß ('Stadien'). Später wurde das Wort zur Bezeichnung für öffentliche Sportstätten.

67n–129n Apollodoros von Damaskus
112n blau Trajans-Forum

STADT, STÄDTEBAU

Vorzeittafel: Schlußbalken (5000 Jahre)
3000v–2947v Etana
3000v–2952v Meschki-Agascher
2991v blau Gründung von Eridu
2988v–2925v En-Merkar
2980v rot Stadtstaaten in Ägypten
2978v blau Entwicklung von Kisch
2974v blau Entwicklung von Kot-Diji
2970v blau Tempelstadt Eanna
2966v blau Entstehung von Abydos
2958v blau Entwicklung von Amri
2954v blau Entwicklung von Byblos
2943v blau Gründung von Ur
2942v–2870v Du-Muzi
2938v rot Stadtstaat Eanna
2924v blau Gründung von Larsa
2915v blau Gründung von Lagasch
2905v blau Gründung von Umma
2902v blau Entwicklung von Mekka
2899v blau Entwicklung von Harappa
2894v–2817v Gilgamesch
2890v blau Gründung von Adab
2882v blau Gründung von Babylon
2882v–2825v Menes
2879v blau Entwicklung von Tyros
2873v blau Gründung von Nippur
2861v rot Thinis Hauptstadt
2858v blau Entwicklung von Rangpur
2857v grün Klassenteilung in Harappa
2853v blau Gründung von Susa
2845v grün Mauer um Uruk
2843v blau Gründung von Schuruppak
2840v blau Gründung von Memphis
2836v blau Gründung von Mohenjo
2836v grün Mauer um Memphis
2834v grün Stadtplanung in Indien
2822v grün Straßenbau in Indien
2808v grün Kanalisation in Mohenjo
2764v blau Entstehung von Heliopolis
2756v blau Entwicklung von Troja
2741v blau Entwicklung von Lotal
2731v blau Entwicklung von Kanhu
2717v blau Entwicklung von Rupar
2715v blau Entwicklung von Mari
2673v–2631v Zoser
2649v rot Memphis Hauptstadt
2645v blau 'Lehre von Memphis'
2625v rot Nippur Religionszentrum
2600v blau Entwicklung von Assur
2576v grün Assuan Karawanenstation
2495v blau Entwicklung von Aladscha
2489v rot Niederlassung Kanesch
2476v blau Heliopolis Religionszentrum
2447v grün Kanalisation in Ur
2397v grün Wasserleitung in Nippur
2393v–2340v Lugal-Zagesi
2379v grün Lagasch 36 000 Einwohner
2366v grün Wasseranlagen in Lagasch
2353v blau Entwicklung von Babylon
2335v blau Entwicklung von Theben
2324v blau Gründung von Akkad
2292v grün Niederlassung Kerma
2280v blau Entwicklung von Ninive
2253v grün Kanal Nippur-Meer
2230v–2158v Achtos I.
2187v blau Gründung von Tiryns
2179v blau Entwicklung von Ugarit
2138v–2063v Achtos III.
2115v grün Ackerbauer-Städte
2093v–2030v Ur-Nammu
2088v–2020v Gudea
2045v rot Ur Hauptstadt
2044v grün Kanal von Ur zum Meer
2037v grün Mauer um Ur
2033v grün Lagasch 200 000 Einwohner
2022v–1962v Amen-Em-Het I.
2003v blau Ausbau von Eridu
1986v blau Entstehung von Ittani
1986v rot Ittani Residenzstadt
1950v grün Kerma Umschlagsplatz
1935v–1878v Sesostris II.
1920v blau Neuaufbau von Ur
1911v–1845v Ilu-Suma
1892v grün Stadtplanung in Ägypten
1887v grün Klassenteilung in Lahun
1886v–1817v Sumu-Abum
1846v grün Mauern um Assur
1837v–1780v Sumu-La-Ilu
1834v–1773v Anitta
1833v blau Krokodilopolis gegründet
1830v rot Babylon Residenz
1826v–1786v Nefer-Sebek-Re
1793v rot Nesa Hauptstadt
1789v rot Krokodilopolis Hauptstadt
1789v grün Mauer um Babylon
1784v blau Entwicklung von Alalach
1775v–1725v Sebek-Hotep III.
1752v–1692v Sa-Litis
1748v–1695v Zim-Rilim
1735v blau Assyrische Residenzstadt
1727v rot Gebelen Kultort
1716v grün Mari Umschlagplatz
1703v grün Karkemisch Umschlagplatz
1701v blau Gründung von Awaris
1694v rot Awaris Hauptstadt
1691v–1628v Chian
1612v–1550v Hattu-Sili I.
1597v blau Entwicklung von Damaskus
1542v grün Knossos 50 000 Einwohner
1526v–1460v Parra-Tarna
1424v–1370v Kuri-Gal-Zu
1376v grün Königsname für Stadt
1374v blau Gründung von Amarna
1372v rot Amarna Hauptstadt
1356v rot Theben Hauptstadt
1326v–1234v Ramses II.
1319v blau Gründung von An-Yang
1311v grün Mauer um Mykene
1302v–1244v Salmanassar I.
1301v blau Gründung von Ramsesstadt
1298v rot Ramsesstadt Hauptstadt
1294v rot An-Yang Hauptstadt
1292v blau Gründung von Maan
1255v blau Gründung von Kalach
1231v blau Assyrische Residenzstadt
1215v blau Entstehung von Tartessos
1204v blau Gründung von Sirwah
1128v blau Gründung von Gades
1125v–1054v Smendes
1099v grün Wasserreservoire in Tyros
1099v–1016v Tschu
1064v–1010v Saul
1063v blau Gründung von Lapethos
1044v rot Loyang Hauptstadt
1025v blau Gründung von Lixos
999v grün Handelszentrum Kition
999v–936v Hiram
998v rot Jerusalem Hauptstadt
997v blau Gründung von Peking
992v rot Neubesiedlung Trojas
985v blau Gründung von Aksum
979v blau Städte in Kleinasien
969v–908v Bilkis
967v grün Wasserleitung Jerusalems
953v rot Napata Hauptstadt
950v rot Besiedlung des Palatin
931v blau Gründung von Aden
930v–871v Omri
908v–830v Sardur
884v blau Gründung von Marib
874v blau Gründung von Tuspa
872v grün Aquädukt für Tuspa
865v grün Kanal für Kalach
852v–774v Pygmalion
814v blau Gründung von Karthago
810v grün Stadtwälle in China
792v–720v Ping-Lo
758v blau Gründung vom Kyme
758v–672v Bajin
757v–703v Sabaka
740v–681v Sanherib
736v blau Gründung von Naxos
734v blau Gründung von Syrakus
729v blau Katane, Leontinoi gegründet
722v blau Gründung von Tarent
720v blau Gründung von Sybaris
716v rot Marib Hauptstadt
710v blau Gründung von Kroton
710v grün Wassertunnel Jerusalems
699v–653v Phraortes
694v rot Ninive Hauptstadt
691v grün Aquädukt für Ninive
690v blau Gründung von Gela
689v grün Kanal für Ninive
681v blau Gründung von Neapel
674v rot Ekbatana Hauptstadt
661v grün Marib 100 000 Einwohner
660v blau Gründung von Megara
658v blau Gründung von Byzanz
650v blau Gründung von Naukratis
630v blau Gründung von Kyrene
610v blau Gründung von Ostia
610v grün Kloaka Maxima
599v blau Gründung von Marseille
590v rot Delphi selbständig
590v blau Entwicklung Roms
589v grün Mauer um Babylon
585v blau Gründung von Odessos
581v blau Gründung von Agrigent
539v grün Wasserleitung für Athen
537v blau Pantikapaion gegründet
528v blau Gründung von Theodosia
517v blau Gründung von Persepolis
493v grün Hafen für Athen
486v–430v Hippodamos
456v grün Mauerbau Athens
445v grün Mauerbau Jerusalems
444v grün Anlage Thurios
440v grün Athen 100 000 Einwohner
430v grün Bevölkerungsverlust Athens
424v–367v Dionys der Ältere
402v grün Mauer um Syrakus
380v grün Mauer um Rom
358v blau Gründung von Philippi
358v–280v Seleukos I.
342v grün Ausbau Ostias
340v–273v Appius Klaudius
331v blau Gründung von Alexandria
324v rot Babylon Hauptstadt
312v blau Seleukeia am Tigris
310v grün Wasserleitung für Rom
309v blau Gründung von Lysimacheia
307v grün Epidauros Kurort
229v blau Neu-Karthago gegründet
180v grün Wasserleitung in Pergamon
138v blau Gründung von Valencia
118v rot Niederlassung Narbo
72v–4v Herodes der Große
59v blau Gründung von Lyon
31v grün Zementbauten in Rom
27v–40n Herodes Antipas
25v blau Entstehung von Delhi
15v blau Augsburg, Trier gegründet
13v blau Gründung von Mainz
11v blau Entwicklung von Wiesbaden
42n grün Versorgungshafen Roms
43n blau Gründung von London
50n blau Entwicklung von Köln
51n grün Rom Millionenstadt
53n–117n Trajan
89n blau Entwicklung von Aachen
130n blau Ausbau von Athen
179n grün Festung Regensburg
243n–316n Diokletian
248n rot Tausendjahrfeier Roms
264n blau Plan einer Philosophenstadt
271n grün Neue Mauer um Rom
280n–337n Konstantin
286n rot Nikodemia Residenz
288n blau Gründung von Uaxaktun
304n blau Gründung von Konstanz
318n rot Nanking Hauptstadt
326n blau Konstantinopel gegründet
330n rot Konstantinopel Hauptstadt
350n blau Gründung von Kiew
374n blau Entwicklung von Basel
402n rot Ravenna Residenz
403n grün Neue Mauer um Rom
410n–453n Attila
446n blau 'Hölzerne Stadt'
448n–510n Toramana
452n blau Gründung von Venedig
455n blau Gründung von Kopan
455n blau Gründung von Tiflis
477n rot Sakala Hauptstadt
492n–552n Tumen
508n rot Paris Hauptstadt
510n grün Mauer um Konstantinopel
543n blau Entwicklung von Glasgow
560n–618n Yang-Ti
602n–661n Ali
605n blau Palaststadt Loyang
609n–680n Moawija
634n rot Lhasa Hauptstadt
637n blau Gründung von Basra, Kufa
642n blau Gründung von Kairo
646n blau Gründung von Smolensk
661n rot Damaskus Hauptstadt
697n rot Venedig selbständig
702n blau Entstehung von Würzburg
710n rot Nara Hauptstadt
711n blau Gründung von Chichen Itza
712n–775n Al Mansur
755n grün Changan 2-Millionen-Stadt
756n blau Gründung von Granada
763n blau Gründung von Bagdad
787n blau Entwicklung von Bremen
794n blau Entwicklung von Kyoto
796n blau Gründung von Haithabu
805n grün Magdeburg Stapelplatz
807n blau Gründung von Hamburg
808n blau Gründung von Fes
823n–877n Karl II., der Kahle
848n grün Leo-Stadt in Rom
852n rot Toledo unabhängig
856n blau Gründung von Tollan
871n–926n Apaoki
873n blau Gründung von Muchtara
880n blau Gründung von Burgos
890n–961n Abdar Rachman III.
911n blau Entwicklung von Rouen
912n blau Entwicklung von Oxford
916n grün Festungsstädte, Mongolei
928n blau Entwicklung von Zürich
929n blau Burg Meißen
933n blau Entstehung von Potsdam
934n blau Gründung von Algier
935n grün Cordoba Millionenstadt
937n grün Bevölkerungsschwund Roms
947n blau Palaststadt Al Zahra
968n blau Entwicklung von Posen
970n blau Entwicklung von Brüssel
981n blau Tempelstadt Kajuraho
984n rot Amalfi unabhängig
985n blau Entstehung von Danzig
992n blau Entstehung von Breslau
996n blau Sage von Gründung Wollins
997n blau Gründung von Drontheim
999n blau Gründung von Mayapan
1001n blau Entwicklung von Preßburg
1001n blau Entwicklung von Essen
1015n blau Entstehung von Leipzig
1015n blau Entstehung von Bristol
1017n blau Entstehung von Schwerin
1020n rot Rechte für Leon
1022n–1107n Manko Kapak
1029n blau Gründung von Aversa
1031n rot Cordoba selbständig
1031n blau Entwicklung Braunschweigs
1031n blau Entwicklung Innsbrucks
1043n blau Entwicklung Nürnbergs
1047n blau Gründung von Oslo
1050n rot Le Mans selbständig
1050n–1106n Heinrich IV.
1062n blau Gründung von Marrakesch
1071n blau Entwicklung von Görlitz
1074n rot Worms unabhängig
1077n blau Gründung von Kuzko
1080n rot Verfassung für Lucca
1081n–1125n Heinrich V.
1093n rot Städtebund Italiens
1098n rot Genua selbständig
1106n rot Konya Hauptstadt
1107n rot Verona unabhängig
1111n rot Rechte für Speyer
1118n rot Saragossa Hauptstadt
1120n blau Gründung von Freiburg
1120n rot Verfassung für Freiburg
1122n blau Entwicklung von Wien
1128n rot Verfassung für Laon
1129n–1195n Heinrich der Löwe
1132n grün Müllabfuhr in Straßburg
1133n grün Stadtbücher in Köln
1135n blau Entwicklung Düsseldorfs
1142n rot Rom freie Republik
1143n rot Stadtrecht für Reims
1143n blau Gründung von Lübeck
1144n rot Parlament in Rom
1147n rot Lissabon Hauptstadt
1147n blau Gründung von Moskau
1150n rot Stadtrecht für Soest
1153n blau Entwicklung von Hannover
1156n rot Rechte für Worms
1158n rot Städtefeindliche Maßnahmen
1158n blau Gründung von München
1159n rot Stadtrecht für Lübeck
1159n grün 'Stadtluft macht frei'
1162n blau Gründung von Freiberg
1168n blau Entwicklung Kopenhagens
1172n rot Stadtrecht für Rothenburg
1173n rot Stadtrecht für Münster
1176n rot Städte Norditaliens frei
1188n rot Cortes in Leon
1191n blau Gründung von Bern
1194n grün Messe in Troyes
1194n grün Messe in Provins
1197n blau Entwicklung Liverpools
1201n blau Gründung von Riga
1205n rot Handwerker in Verwaltung
1213n blau Entstehung von Amsterdam
1216n blau Entwicklung von Dresden
1218n–1291n Rudolf I. von Habsburg
1219n blau Gründung von Reval
1220n blau Rathaus von Worms
1221n blau Siedlung Nischni-Nowgorod
1226n rot Lübeck Reichsstadt
1235n grün Befestigung Karakorums
1237n blau Entwicklung von Berlin
1240n blau Gründung von Sarai
1241n rot Vertrag Hamburg-Lübeck
1242n rot Stadtrecht für Kiel
1243n rot Stadtrecht für Stettin
1248n blau Entwicklung von Weimar
1250n rot Stadtrecht für Bielefeld
1250n rot Verfassung von Florenz
1250n blau Gründung von Stockholm
1252n blau Gründung von Memel
1254n rot Rheinischer Städtebund
1255n rot Stadtrecht für Prag
1255n blau Gründung von Königsberg
1257n rot Stadtrecht für Krakau
1259n blau Rathaus von Thorn
1259n–1326n Osman I.
1261n rot Stadtrecht für Breslau
1262n rot Straßburg Reichsstadt
1262n blau Stadtschule Lübeck
1264n rot Peking Hauptstadt
1267n rot Stadtrecht für Stuttgart
1268n grün Leipziger Messe
1270n–1319n Haakon V.
1279n blau Rathaus von Stralsund
1279n blau Entwicklung von Schanghai
1281n rot Stadtrecht für Graz
1284n rot Stadtrecht für Flensburg
1288n rot Köln 'Freie Stadt'
1293n rot Bürgermacht in Florenz
1297n rot Stadtrecht für Frankfurt
1299n rot Oslo Hauptstadt
1299n rot Stadtrecht für Rotterdam
1301n blau Entwicklung Manchesters
1310n blau Hradschin gegründet
1310n grün Straßenpflaster in Lübeck
1318n rot Statut von Triest
1325n blau Gründung von Mexiko
1326n rot Brussa Hauptstadt
1330n rot Stadtrecht für Darmstadt
1331n rot Schwäbischer Städtebund
1332n–1406n Ibn Kaldun
1334n rot Stadtrecht für Linz
1335n blau Rathaus von Münster
1336n–1405n Timur
1347n rot Städte in der Hanse
1362n–1437n Sigismund
1365n rot Adrianopel Hauptstadt
1370n blau Entwicklung Karlsbads
1370n blau Aachener Rathaus
1381n grün Venedig 200 000 Einwohner
1382n blau Danziger Rathaus
1387n blau Rathaus von Brügge
1389n rot Verbot der Städtebünde
1389n blau Stadtuniversität Köln
1392n blau Stadtuniversität Erfurt
1394n rot Seoul Hauptstadt
1401n grün Bank in Barcelona
1402n grün Bank in Frankfurt
1405n blau Frankfurter Rathaus
1410n blau Bremer Rathaus
1411n blau Londoner Rathaus
1428n grün Lyon Haupt-Messeplatz
1443n blau Lübecker Rathaus
1449n grün Befestigung des Vatikans
1451n–1505n Isabella von Kastilien
1454n rot Verfassung aufgehoben
1454n blau Brüsseler Rathaus
1456n blau Entwicklung von Tokio
1463n blau Rathaus von Löwen
1470n blau Rathaus von München
1480n rot Königsbeamte in Städten
1489n rot Städte im Reichstag
1492n blau Gründung von Iwangorod
1496n blau Breslauer Rathaus
1497n grün Messeprivileg Leipzigs
1499n blau Gründung von Sibir
1515n blau Gründung von Habana
1516n grün Getto in Venedig
1524n blau Gründung von Guatemala
1529n rot Genua unabhängig
1530n grün Kanalisation in Bunzlau
1531n rot Schmalkaldischer Bund
1535n blau Buenos Aires gegründet
1547n grün Livorno Freihafen
1550n rot Warschau Hauptstadt
1551n grün Hafen Helsinki
1553n blau Rathaus von Paris
1554n grün Kaffeehaus in Istanbul
1556n blau Leipziger Rathaus
1557n blau Gründung von Zarizyn
1561n blau Antwerpener Rathaus
1562n blau Altenburger Rathaus
1567n blau Rio de Janeiro gegründet
1567n blau Gründung von Caracas

1568 n blau Gründung von Nagasaki
1578 n blau Rothenburger Rathaus
1584 n blau Gründung von Archangelsk
1586 n blau Gründung von Tjumen
1587 n blau Gründung von Tobolsk
1593 n blau Gründung von Beresow
1604 n blau Gründung von Tomsk
1607 n rot Stadtrecht für Mannheim
1607 n blau Gründung von Jamestown
1608 n rot Protestantische Union
1608 n blau Gründung von Quebec
1610 n blau Gründung von Batavia
1618 n blau Gründung von Jenisseisk
1620 n blau Augsburger Rathaus
1626 n blau Gründung von New York
1630 n blau Gründung von Boston
1632 n blau Gründung von Jakutsk
1642 n blau Gründung von Montreal
1653 n grün Stadtpost in Paris
1655 n blau Rathaus von Amsterdam
1662 n grün Pferdebus in Paris
1665 n grün Straßenlicht in Paris
1677 n grün Paris Halbmillionen-Stadt
1682 n blau Gründung von Philadelphia
1683 n blau Gründung von Germantown
1683 n grün Kaffeehaus in Wien
1690 n blau Gründung von Kalkutta
1693 n blau Gründung von Kingston
1703 n blau Gründung von Petersburg
1712 n–1786 n Friedrich II., der Große
1713 n rot Petersburg Hauptstadt
1715 n blau Entstehung von Karlsruhe
1716 n blau Gründung von Omsk
1724 n blau Gründung von Montevideo
1729 n blau Rathaus von Salamanca
1748 n grün Ausgrabung Pompejis
1753 n blau Gründung von Rangun
1761 n blau Gründung von Rostow
1768 n rot Hamburg Reichsstadt
1776 n blau San Franzisko gegründet
1781 n blau Los Angeles gegründet
1782 n rot Bangkok Hauptstadt
1785 n rot Machtgewinn in Rußland
1788 n rot Teheran Hauptstadt
1788 n blau Gründung von Sydney
1790 n blau Gründung von Washington
1794 n blau Gründung von Odessa
1807 n rot Stein'sche Reformen
1814 n grün Straßenlicht in London
1835 n blau Gründung von Melbourne
1837 n rot Stadtrecht für Chicago
1852 n grün Warenhaus in Paris
1860 n blau Gründung von Wladiwostok
1868 n rot Tokio Hauptstadt
1870 n rot Rom Hauptstadt
1872 n rot Vereinigung Ofen-Pest
1881 n grün Elektrische Straßenbahn
1882 n blau Wiener Rathaus
1883 n grün Wolkenkratzer in Chicago
1897 n blau Hamburger Rathaus
1900 n grün U-Bahn in Paris
1910 n grün Filmstadt Hollywood
1923 n blau Stockholmer Stadthaus
1932 n blau Gründung von Komsomolsk
1960 n blau Entwicklung von Brasilia

STADTBANK, Bezeichnung für eine Handelsbank, die sich im Besitze einer Stadt befindet und für deren Verbindlichkeiten die Stadt einsteht. Während der Entstehung des Bankwesens häufig gewählte Unternehmensform. Gab den Händlern ein hohes Maß an Sicherheit und förderte den Handel der Städte durch bargeldlosen Zahlungsverkehr.

1402 n grün Bank in Frankfurt

STADTBÜCHER, Bezeichnung für Urkunden-Sammlungen, die neben Steuer- und Gerichts-Eintragungen Rechtsverfügungen über das Eigentum an Grundbesitz enthielten. Vor dem Stadtrat oder dem Stadtgericht abgegeben, bildeten solche Verfügungen im Streitfall die Grundlage für gerichtliche Entscheidungen. Deshalb wurden sie seit Beginn des 12. Jahrhunderts in die 'Stadtbücher' eingetragen, die auch 'Schrein-Bücher' hießen, weil sie in einem truheartigen kunstvollen Behälter (= Schrein) aufbewahrt wurden. Von Köln aus verbreiteten sich diese Urkundenbücher nach Andernach, Metz und bald in andere Städte. Wenn in ihnen auch nicht nur Eintragungen über Grundbesitz enthalten waren, stellen sie doch die Vorform der Grundbücher dar.

1133 n grün Einführung in Köln

STÄBCHEN als Eßgeräte

1349 v grün Gebrauch in China

STÄDTEBÜNDE, Vereinigungen selbständiger Städte zur gemeinsamen Behauptung ihrer Unabhängigkeit.

600 v/590 v Erster Heiliger Krieg
1093 n rot Bündnis in Italien
1254 n rot Rheinischer Städtebund
1331 n rot Schwäbischer Städtebund
1347 n rot Städte in der Hanse
1388 n braun Niederlage gegen Fürsten
1389 n rot Verbot

STAEL, Germaine (1766 n–1817 n), französische Schriftstellerin. Als Tochter eines Schweizer Bankiers, der vier Jahre lang französischer Finanzminister war, heiratete sie einen schwedischen Baron. Ihre Ehe war nicht glücklich, und sie begann Bühnenstücke zu schreiben, hatte aber keinen Erfolg. Durch eine begeisterte Schrift über Rousseaus revolutionäre Ideen wurde sie bekannt. Doch hielt ihre Verbundenheit mit der Erhebung des Volkes nicht an. Sie wandte sich bald von der Revolution ab, riet der königlichen Familie zur Flucht und mußte schließlich selbst fliehen. Als Gegnerin Napoleons wurde sie ausgewiesen ('Verbannung aus Frankreich'). Nun verbrachte sie einige Jahre in Berlin und Weimar, wo sie mit Goethe, Schiller und Wieland zusammentraf. Unter dem Einfluß ihres jahrelangen Begleiters August Wilhelm Schlegel schrieb sie ein sechsbändiges Werk über Deutschland. Darin prägte sie den Begriff 'Romantik' für eine nicht aus der Vernunft, sondern nur aus Herz und Gemüt kommende Dichtung. Ihr schien diese träumerische Gesinnung des unpolitischen Deutschen nachahmenswert, aber sie konnte mit ihrer Auffassung in Frankreich erst durchdringen, als die Restauration auch dort gesiegt hatte. In Romanen trat sie für die Gleichberechtigung der Frau ein ('Corinna') und forderte auch für sie das Recht auf freie Liebe außerhalb der Ehe ('Delphine'). Wies auf den engen Zusammenhang zwischen Literatur und Gesellschaft hin.

1810 n blau 'Über Deutschland'

STAFFELEI, Bezeichnung für ein meist dreibeiniges Gestell, das seit alters her von Malern zum Aufstellen ihrer in Arbeit befindlichen Bildtafeln benutzt wird.

2321 v blau Ägyptisches Bildnis

STAGEL, Elsbeth (um 1320 n–um 1380 n), deutsche Nonne. Trat in das Dominikaner-Kloster Töss bei Winterthur (Nordschweiz) ein. Hier lernte sie den Dominikaner-Prediger Seuse kennen, wurde seine Schülerin und half ihm bei der Niederschrift seiner Lebenserinnerungen. Nach der Fertigstellung hat sie dies letzte Buch des berühmten deutschen Religionsphilosophen als seine Vertraute durchgesehen und ergänzt.

1295 n–1366 n Seuse

STAHL, Bezeichnung für Eisen, das im warmen und kalten Zustand durch Schmieden, Walzen oder Pressen verarbeitet werden kann. Wird aus Roheisen gewonnen, das einen reinigenden Schmelzprozeß durchläuft und durch Sauerstoffzufuhr veredelt wird, wodurch sein Kohlenstoffgehalt unter 1,7 Prozent sinkt. Seine fabrikmäßige Erzeugung bewirkte seit dem 19. Jahrhundert die schnelle Entwicklung einiger hochtechnisierter Staaten.

1276 v grün Gewinnung bei Hettitern
127 v grün Handelsobjekt
1190 n grün Magnetisierung
1740 n grün Gußstahlfabrik in England
1812 n grün Krupps Gußstahlfabrik
1856 n grün Bessemer-Verfahren
1864 n grün Siemens-Martin-Ofen
1900 n grün Schnelldrehstahl
1900 n grün Stahltrust in den USA
1926 n grün Deutscher Stahltrust

STAHLFEDERN, Bezeichnung für Schreibfedern aus Stahlblech, die auf Anregung des Chemikers Priestley in England zuerst hergestellt wurden von dem Metallwarenfabrikanten William Harrison.

1781 n grün Herstellung

STAHLHELM, Name einer Organisation, die 1918 n von dem deutschen Fabrikanten Franz Seldte als 'Bund der Frontsoldaten' des ersten Weltkrieges gegründet wurde. Mehrfach zur Niederwerfung der revolutionären Arbeiterschaft eingesetzt, entwickelte er sich neben den Freikorps zum Träger der militanten Restauration und verbündete sich 1931 n offen mit Hitler. Als SA-Obergruppenführer überführte ihn sein Gründer Seldte in die faschistische Militärmacht und organisierte dann als Reichskommissar den Arbeitsdienst in Form vormilitärischer Erziehung. 1951 n wurde der Bund in Westdeutschland neu gegründet. 1953 n wurde seine Führung von Generalfeldmarschall Kesselring übernommen, der nach dem zweiten Weltkrieg von einem britischen Gericht wegen Kriegsverbrechen zum Tode verurteilt, aber begnadigt und 1952 n entlassen worden war.

1931 n rot Bund mit Hitler

STALHOF, von dem niederdeutschen Worte Stal (= Muster) abgeleiteter Name einer deutschen Handelsniederlassung in der englischen Hauptstadt. Die Londoner Kaufleute konnten hier Muster der in Deutschland hergestellten Waren sehen und die Londoner Fabrikanten legten die Muster ihrer Erzeugnisse vor. Die Einrichtung dieser ständigen Niederlassung war für die noch in loser Gemeinsamkeit zusammenarbeitenden deutschen Hanse-Städte eine erste große Bewährung. Die Aufhebung ihrer Privilegien durch die englische Regierung im Jahre 1598 n kennzeichnete den Niedergang der Hanse.

1157 n grün Handelsrechte
1250 n grün Handelsniederlassung

STALIN, Josef Wissarionowitsch, sowjetischer Staatsmann.

1879 n–1953 n Lebenslinie
1903 n rot Anschluß an die Bolschewiki
1913 n blau 'Nationale Frage'
1917 n/1922 n Russische Revolution
1924 n blau 'Leninismus'
1925 n/1949 n Chinesische Revolution
1927 n rot Sozialismus in einem Lande
1927 n grün Dnjepr-Kraftwerk
1929 n grün Fünfjahrplan
1932 n blau Gründung von Komsomolsk
1934 n rot Pakt mit Polen
1935 n rot Pakt mit Frankreich
1935 n grün Stachanow-System
1936 n rot Prozesse
1936 n rot Verfassung
1936 n/1939 n Spanischer Bürgerkrieg
1939 n rot Pakt mit Deutschland
1939 n/1945 n Zweiter Weltkrieg
1939 n rot Teilung Polens
1940 n rot Anschluß des Baltikum
1941 n rot Flüchtlings-Auslieferung
1943 n rot Auflösung der Komintern
1943 n rot Konferenz von Teheran
1944 n rot Bündnis mit Frankreich
1945 n rot Besetzungen
1945 n rot Potsdamer Konferenz
1945 n rot Gründung der UN
1949 n grün Gründung des COMECON
1950 n rot Vertrag mit China
1950 n rot Aufrüstung der DDR
1950 n blau Sprachwissenschaft
1952 n grün Wolga-Don-Kanal
1953 n blau Lomonossow-Universität
1953 n grün Reparationseinzug beendet
1953 n rot Ende der Stalin-Ära

STALINGRAD, Stadt im Süden des europäischen Rußland an der Einmündung der Zariza in die Wolga, weshalb sie bis 1925 n Zarizyn hieß. Als Ausgangspunkt einer 60 Kilometer langen Befestigungslinie ('Zarizyn'sche Linie') bereits im Zarenreich von militärischer Bedeutung bei der Abwehr kirgisischer Kosaken. In der russischen Revolution wurde die Stadt durch Stalin erfolgreich gegen die Armeen der Konterrevolution verteidigt. Weil dieser Erfolg für die Sicherung der Ernährung des ganzen Landes von größter Bedeutung war, wurde die Stadt 1925 n nach Stalin benannt. 1942 n brachte der russische Sieg über die hier eingeschlossene deutsche Armee die Wende im zweiten Weltkrieg und leitete die Befreiung der Sowjetunion von den deutschen Angreifern ein. Nach Stalins Tod erhielt die Stadt den Namen 'Wolgograd'. Diese Umbenennung war Auftakt der Befreiung des russischen Kommunismus aus der mit Stalins Namen verknüpften Willkürherrschaft.

1557 n blau Gründung
1879 n–1953 n Stalin
1917 n/1922 n Russische Revolution
1939 n/1945 n Zweiter Weltkrieg
1944 n blau Simonows Erzählung
1945 n blau Pliviers Roman

STALL, Stallmeister

2475 v blau Relief einer Stallung
2078 v grün Modelle von Ställen
1405 v–1326 v Kikkuli
1288 v–1232 v Hori

STAMITZ, Johann (1717 n–1757 n), deutscher Komponist und Dirigent aus Deutsch-Brod (Tschechoslowakei). Als Sohn des Kantors seiner Heimatstadt wurde er von seinem Vater zum Geiger herangebildet. 25jährig spielte er bei der Krönung des deutschen Kaisers Karl VII. in Frankfurt und war seitdem Kammermusiker des Kurfürsten der Pfalz. Unter seiner Führung wurde die kurfürstliche Kapelle in wenigen Jahren zum bekanntesten Orchester Europas. Seine Neuerungen auf den Gebieten der Instrumentierung und des Stils musikalischer Darbietung wurden in ganz Europa richtunggebend ('Mannheimer Schule'). In seinem eigenen Werk hat er schnelles Kontrastieren und häufiges plötzliches Umschlagen des Ausdrucks zum Gestaltungsprinzip erhoben und damit Kompositionen von vorher unbekannter Lebendigkeit und Kühnheit geschaffen. Schrieb 47 Sinfonien, eine größere Anzahl von Violinkonzerten, Sonaten für Geige und Klavier sowie zehn Orchestertrios.

1751 n grün Orchesterreform

STAMMROLLE, Fachausdruck der Militärsprache für ein Verzeichnis der zum Waffendienst vorgesehenen und einberufenen Personen oder ein Verzeichnis der Angehörigen eines Truppenteils mit Eintragung ihres militärischen Ranges.

2659 v rot Einrichtung in Sumer

STANDARD OIL COMPANY, Name eines nordamerikanischen Wirtschafts-Unternehmens, das 1870 n aus einer sieben Jahre zuvor in Cleveland (USA) gegründeten Erdöl-Raffinerie hervorging. Die von Rockefeller geleitete Gesellschaft erstrebte die Kontrolle über Produktion, Transport und Verkauf des in Nordamerika gewonnenen Erdöls. Sie erreichte dieses Ziel innerhalb von zehn Jahren fast vollständig, so daß sie 1882 n die Form eines Trusts erhielt. Ihre rücksichtslosen Methoden führten 1892 n zum Anti-Trust-Gesetz der USA, das aber nur die formelle Auflösung in zwanzig Einzel-Gesellschaften zur Folge hatte. 1911 n wurde dann auch die Dachgesellschaft aufgeteilt, doch blieb der Zusammenhalt der Einzelunternehmen so fest, daß sie im ersten Weltkrieg mit Erlaubnis der Regierung sofort wieder verschmolzen werden konnten. Durch die zunehmende Motorisierung, die neuen Ölfunde in Vorderasien und Südamerika und die internationale Konkurrenz (vor allem der englisch-holländischen Shell-Gruppe) büßte sie ihre Alleinherrschaft über den Ölmarkt ein. Sie beherrscht aber heute (besonders durch die ihr gehörende Esso) 14% des Weltmarktes und ist damit der größte Erdöl-Konzern der Erde. Darüber hinaus ist sie an mehr als 500 Unternehmungen beteiligt, von denen die Hälfte außerhalb der USA liegt.

1839 n–1937 n Rockefeller
1870 n grün Gründung

STANISLAUS, August (1732 n–1798 n), letzter König von Polen. Als Sohn eines im Kampfe gegen Rußland bewährten polnischen Feldherrn vom polnischen König August III. an den russischen Hof gesandt, wurde er für einige Jahre der Geliebte Katharinas II. und durch ihren Einfluß 32jährig zum König von Polen gewählt. Wurde der Vollstrecker der russischen Politik, die auf Beseitigung des polnischen Staates gerichtet war. Nachdem er durch Zustimmung zur ersten Teilung seines Landes große Gebiete Polens preisgegeben hatte, widersetzte er sich der zweiten Teilung, wurde aber nach der Einnahme Warschaus durch russische Truppen von Katharina zur völligen Preisgabe des Staates bestimmt (dritte Teilung). Die Nutznießer seiner Politik (Rußland, Preußen und Österreich) setzten ihm aus Dankbarkeit eine jährliche Pension von 200 000 Dukaten aus, von denen er in Petersburg ein Herrenleben führte.

1729 n–1796 n Katharina II., die Große
1764 n rot Wahl zum König
1768 n braun Adelserhebung
1772 n rot Erste Teilung Polens
1793 n rot Zweite Teilung Polens
1795 n rot Dritte Teilung Polens

STANZEN, von dem italienischen Worte 'stanza' (= Zimmer) abgeleitete Bezeichnung für Wohnräume des Papstes Julius II. im Vatikanpalast (Rom). Sie erlangten Berühmtheit durch die Wandmalereien, mit denen sie von Raffael und dessen Schülern geschmückt wurden.

1510 n blau Raffaels Gemälde

STAR, volkstümliche Sammelbezeichnung für zahlreiche Augenkrankheiten, die mit einer Verfärbung des Augen-Inneren verbunden sind.

211 v grün Operation in Griechenland
1745 n grün Operation in Frankreich

STATIK, Lehre vom Gleichgewicht der Kräfte bei ruhenden und gleichförmig bewegten Körpern. Teilgebiet der Mechanik.

284 v–212 v Archimedes

STATISTIK, von dem lateinischen Worte 'status' (= Zustand) abgeleitete Bezeichnung für die Erfassung von Massen-Erscheinungen in Natur und Gesellschaft. Beruht auf exakten zahlenmäßigen Feststellungen und ihrer Verknüpfung durch die Wahrscheinlichkeits-Rechnung. Zur Ermittlung der Bevölkerungs-Zusammensetzung für die Bereiche von Wirtschaft, Politik und Kultur seit Jahrhunderten gebräuchlich, wird sie seit ihrer theoretischen Entwicklung durch Euler auch zunehmend für Arbeiten auf dem Gebiete von Physik, Astronomie, Meteorologie und Biologie genutzt. Boltzmann wendete sie bei seinen Arbeiten über Wärmelehre für die Bestimmung mechanischer Abläufe an ('statistische Mechanik'). Heisenberg führte den Nachweis, daß es Elementarteile gibt, über deren Verhalten nur statistische Aussagen möglich sind, weil ihre Reaktionsweise im einzelnen nicht berechenbar ist. Als Teilgebiet der angewandten Mathematik besonders für die Naturwissenschaft (Physik) und für die Volkswirtschaft (Planwirtschaft) von schnell wachsender Bedeutung.

1623 n–1662 n Pascal
1623 n–1687 n Petty
1654 n grün Wahrscheinlichkeitslehre
1687 n grün Petty: Sozialstatistik
1744 n grün Eulers Lehre
1878 n grün Boltzmanns Verfahren
1880 n grün Zählmaschine
1894 n–1964 n Norbert Wiener
1901 n– Heisenberg

STATIUS, Publius Papinius (um 40 n–96 n), römischer Dichter. Als Sohn eines Lehrers und Dichters wurde er von seinem Vater in die Dichtkunst eingeführt und siegte in seiner Heimatstadt Neapel mehrfach im Dichterwettstreit. Heiratete eine reiche Witwe und ging später für einige Jahre nach Rom, wo er die Gunst des Kaisers Domitian durch Lobgedichte erwarb. Nach Neapel zurückgekehrt, arbeitete er zwölf Jahre an seinem 12bändigen Heldengedicht über den vergeblichen Versuch von sieben Griechen zur Rückgewinnung der Macht in Theben durch die alte Herrscherfamilie (Zug der Sieben gegen Theben). Schrieb auch ein Gedicht über die Entführung des Achilles. In seinen fünf Büchern gesammelter Gedichte ('Wälder') zeichnete er ein abstoßendes Bild der Herzlosigkeit und Grausamkeit des Roms seiner Zeit.

91 n blau 'Wälder'

STATUE, Standbild, Bezeichnung für die vollplastische Figur eines Menschen oder eines Tieres.

Vorzeittafel: 30 000 Jahre
2875 v blau Nilpferd-Skulptur
2855 v blau 'Hockender Pavian'
2838 v blau 'Hungriger Löwe'
2827 v blau 'Hund mit Schlappohren'
2815 v blau 'Affenmutter mit Jungem'
2809 v blau 'Eichhörnchen'
2802 v grün Schmuckdosen in Tierform
2796 v blau Taubenwägelchen-Plastik
2773 v blau 'Affe mit Menschengesicht'
2752 v blau 'Alternder König'
2747 v grün Kupfer-Plastiken in Sumer
2735 v blau Realistische Tierdarstellung
2698 v blau Sitzender Löwe
2683 v blau 'Frau mit Brotkorb'
2673 v blau Plastik eines Hundes
2670 v blau Plastik eines Zwerges
2663 v blau Plastik des Ka-Sechem
2655 v blau 'Der Wagenlenker'
2651 v blau Statue eines Beamten
2649 v blau Ringkampf-Plastik
2648 v blau Statue eines Knienden
2642 v blau 'Fürst aus Osttigrisland'
2633 v blau Sitz-Statue Zosers
2633 v–2570 v Meten
2622 v blau 'Schiffsbaumeister mit Axt'
2620 v blau 'Königin mit Stirnband'
2619 v blau 'Prinzessin Retaz'
2594 v blau Statue eines Paares
2587 v–2514 v Ur-Nina
2585 v blau 'Lebensbaum mit Ziege'
2582 v blau 'Prinz im Schneidersitz'
2573 v blau Skulptur eines Beamten
2569 v blau Prinzenpaar-Skulpturen
2567 v blau Statue eines Königs
2565 v blau 'Schreiber'
2561 v blau Plastiken aus Gold
2555 v blau Statuette: König Cheops
2550 v blau 'Edler Jüngling'
2547 v blau 'Schreiber Dersen'
2541 v blau Statue einer Sängerin
2529 v blau Tempel mit Königsstatuen
2527 v blau 'König auf dem Thron'
2523 v blau Riesen-Sphinx
2522 v blau Porträt des Mykerinos
2516 v blau 'Der Schreiber des Königs'
2514 v blau Götter-Statuen (Ägypten)
2509 v blau 'Hirte mit Zicklein'
2507 v blau Plastik eines Königspaares
2506 v blau Mykerinos-Statuette
2504 v blau Statue des Mykerinos
2502 v blau Porträt: Alter Mykerinos
2500 v blau 'Dorfschulze'
2499 v blau 'Jüngling mit Frauen'
2486 v blau Statue einer Tänzerin
2485 v blau 'Glückliche junge Frau'
2483 v blau 'Die Zuversichtliche'
2469 v blau Skulptur eines Sitzenden
2457 v blau 'Der Stier'
2453 v blau Statue des Ra-No-Fer
2452 v–2377 v Ti
2444 v blau 'Bierbrauer'
2441 v blau Tierplastiken aus Gold
2440 v grün Nagelköpfe: Götterfiguren
2427 v blau 'Mann aus Lagasch'
2417 v blau 'Frau mit Mantel'
2413 v blau 'Beim Lesen'
2410 v blau Statue En-Te-Menas
2399 v blau Statue eines Sängers
2388 v blau Darstellung eines Tänzers
2382 v blau Familiengruppe
2370 v blau 'Tempelschreiber'
2369 v blau 'Die Lächelnde'
2364 v blau 'Der frohe Jüngling'
2360 v blau 'Gezähmte Bären'
2346 v blau 'Zwerg mit Familie'
2345 v blau 'Frau beim Bierbrauen'
2325 v blau Statue eines Wesirs

2306 v blau Statue Pepis I.
2296 v blau 'Gepäckträger'
2293 v blau 'Kampf mit den Löwen'
2291 v blau 'König mit Mutter'
2273 v blau Statue Manisch-Tusus
2266 v blau 'Mädchen mit Kopftuch'
2249 v blau 'Etanas Himmelfahrt'
2246 v blau Naramsin-Statue
2215 v blau 'Korbträgerin'
2192 v blau 'Stummer Beobachter'
2177 v grün Holzsoldaten
2175 v blau Harfenspieler-Plastik
2157 v blau 'Der Mann ohne Gesicht'
2125 v blau 'Der Handwerker'
2109 v blau Standbild eines Fürsten
2093 v blau 'Entblößte Lastträgerin'
2085 v blau 'Frauen beim Frisieren'
2075 v blau 'Bauer hinterm Pflug'
2047 v blau 'Nilkahn mit 18 Ruderern'
2033 v blau 'Sitzende Sumererin'
2022 v blau Statue des Gudea
2021 v blau 'Töpfer bei der Arbeit'
2014 v blau 'Viehzählung'
2010 v blau Statue eines Fürsten
2008 v blau 'Bäcker beim Brotbacken'
1992 v blau Statue Schul-Gis
1987 v blau Standbild eines Fürsten
1976 v blau Statue des Tura-Dagan
1974 v blau 'Frau mit Vase'
1968 v blau Statue des Knum-Hotep
1966 v blau 'Sitzender Mann'
1956 v blau Fürst von Mari
1932 v blau 'Lastentragende Frauen'
1923 v–1861 v Tut-Hotep
1877 v blau Plastik des Herti-Hotep
1866 v blau Porträt Sesostris' III.
1851 v blau 'Sesostris als Sphinx'
1828 v blau 'Amen-Em-Het als Sphinx'
1823 v blau Statue Amen-Em-Hets III.
1805 v grün Vasen in Tierform
1803 v blau 'König mit Krokodil'
1797 v blau Bildnis einer Ägypterin
1790 v blau Plastik der Senui
1782 v blau 'Hund des Sumu-La-Ilu'
1771 v blau 'In der Bierbrauerei'
1770 v blau Standbild Kudur-Mabuks
1753 v blau 'Tischler beim Werk'
1744 v blau 'Arbeiterfamilie zuhaus'
1719 v blau Zweigesichtige Götter
1704 v blau 'Göttin von Mari'
1702 v blau 'Krieger mit Helm'
1699 v blau Hammurabi-Statue
1697 v blau Viergesichtige Götter
1688 v blau Skulptur eines Betenden
1684 v blau 'Hockender Affe'
1625 v blau 'Brüllendes Nilpferd'
1610 v blau Goldene Tempelbilder
1505 v blau 'Die Trauernde'
1502 v blau 'Die junge Königin'
1498 v blau 'Amosis mit Mutter'
1496 v blau 'Günstling des Königs'
1490 v grün Ägyptische Creme-Dosen
1483 v blau Königin als Sphinx
1480 v blau 'Träumender Negerknabe'
1478 v blau Statue des Amun
1474 v blau Statue der Kriegsgöttin
1470 v blau 'Schlangen-Beschwörerin'
1462 v–1382 v Hapu
1461 v blau 'König mit weißer Krone'
1455 v blau 'Der Aufseher'
1454 v blau Statue mit Biographie
1430 v blau 'Der Lesende'
1423 v–1359 v Juti
1407 v grün 'Denk-Skarabäen'
1401 v blau 'Das anmutige Paar'
1400 v–1344 v Tut-Mes
1396 v blau Mondgott-Statue
1388 v blau Granit-Löwe für Tempel
1385 v blau Memmonskolosse
1378 v blau Königsstatue
1374 v blau 'Der Philosophenkönig'
1372 v grün Gips zur Vervielfältigung
1369 v blau 'Tochter des Pharao'
1366 v blau 'Kopf der Nofretete'
1352 v blau 'Bärtiger Asiate'
1346 v blau 'Nackte Königin'
1345 v blau Knabenfigur
1338 v blau Steinlöwen am Stadttor
1336 v blau 'Der lesende König'
1335 v blau Sphinx für Stadttor
1330 v blau Statue einer Dame
1324 v blau 'Frau mit Lotosblüte'
1309 v blau Löwentor in Mykene
1302 v blau Widder-Allee
1293 v blau 'Der freundliche Pharao'
1285 v blau 'Mutter mit Sohn'
1275 v blau Königsstatuen im Tempel
1274 v blau Plastiken Ramses' II.
1262 v blau 'Der Kniende'
1211 v blau Skulptur einer Königin
1202 v blau 'Paviane'
1157 v blau 'Gefangener mit Pharao'
1141 v blau 'Der Lesende'
1082 v–1009 v Psu-Sennes
1007 v blau 'Blauer Igel'
811 v blau Standbild Samsi-Adads V.
779 v blau Löwentor von Sam-Al
747 v blau Statue der Amenirdis
694 v blau 'Die Schreitende'
690 v grün Riesen-Tierplastiken
623 v blau 'Frau Djet und Sohn'
613 v blau 'Der weise Imhotep'
586 v blau Statue einer Prinzessin
568 v blau Plastik der Nike
560 v–469 v Theodoros
558 v blau 'Mutter-Gottes'-Statue
553 v blau 'Die Nacht'
548 v blau 'Kniender Priester'
545 v blau Cervetri-Sarkophag
510 v blau Tyrannenmörder-Denkmal
506 v–446 v Myron
504 v blau Tempelbild der Aphrodite
493 v–432 v Phidias
478 v–408 v Polyklet
477 v blau Denkmals-Erneuerung
469 v blau Onatas: 'Helden'
464 v blau Myron: 'Die Kuh'
462 v blau 'Wagenlenker von Delphi'
455 v blau Aischylos-Denkmal
453 v blau 'Diskuswerfer'
448 v blau 'Wettläuferin'
446 v blau Perikles-Kopf
440 v blau Parthenonfries
439 v blau Phidias' Athena-Statue
425 v blau 'Schwebende Nike'
420 v blau 'Sitzende Hera'
419 v blau Polyklets Regeln
418 v blau 'Tanzende Spartanerinnen'
416 v blau Tempelfries in Bassai
403 v–335 v Praxiteles
398 v blau Statue eines Armen
396 v–328 v Leochares
395 v–343 v Skopas
367 v–307 v Lysipp
365 v blau Apollo als Eidechsentöter
364 v blau 'Kalydonischer Eber'
363 v blau 'Aphrodite von Knidos'
361 v blau Ganymed-Plastik
360 v blau 'Pharao mit heiliger Kuh'
356 v blau Niobidengruppe
351 v blau 'Apollo mit der Kithara'
341 v blau Hermes-Skulptur
338 v blau Zeus-Statue
336 v blau 'Satyr mit Flöte'
333 v blau 'Apoll vom Belvedere'
332 v blau Kultbild 'Serapis'
329 v blau 'Alexander auf Löwenjagd'
318 v grün Tanagra-Figuren
314 v blau 'Alexander mit Lanze'
305 v grün Gipsabgüsse
290 v blau Sonnengott-Statue
255 v blau Plastik des Nilgottes
210 v blau Homer-Büste
207 v blau 'Der sterbende Fechter'
182 v blau 'Knabe mit Gans'
180 v blau Pergamon-Altar
151 v blau 'Der Farnesische Stier'
109 v blau 'Venus von Milo'
83 v blau Standbild des Harsinebef
63 v grün Statuen als Gartenschmuck
50 v blau 'Laokoon-Gruppe'
43 v blau 'Germanikus'
30 v blau 'Dornauszieher'
66 n blau Darstellung von Germanen
104 n blau Buddha-Darstellungen
162 n blau Plastik mit Mayaschrift
178 n blau Standbild Mark Aurels
600 n blau Buddha-Statuen
623 n blau Buddha-Gruppe
676 n blau Felsenstandbild Buddhas
696 n–748 n Yang-Hui
738 n blau Statuette einer Kurtisane
752 n blau Riesenbild Buddhas
800 n blau Szenen aus Buddhas Leben
1213 n–1280 n Niccolo Pisano
1236 n blau Skulpturen von Reims
1243 n blau Bamberger Reiter
1256 n blau Naumburger Stifterfiguren
1277 n blau Brunnen-Figuren
1330 n–1399 n Peter Parler
1341 n–1406 n Claus Sluter
1386 n–1466 n Donatello
1399 n blau Moses-Brunnen
1404 n blau Roland-Standbild
1414 n blau Ghiberti: 'Johannes'
1430 n blau Donatello: 'David'
1436 n–1488 n Verrocchio
1443 n grün Zinnglasur
1453 n blau Standbild Gattamelatas
1475 n–1564 n Michelangelo
1480 n blau 'Thomas und Christus'
1488 n blau Colleoni-Reiterstandbild
1491 n blau 'Adam und Eva'
1500 n blau Michelangelo: 'Pietà'
1500 n blau Bibra-Grabmal
1504 n blau Michelangelo: 'David'
1519 n blau Vischer: Sebaldusgrab
1554 n blau Cellini: 'Perseus'
1565 n blau Bologna: 'Merkur'
1583 n blau 'Raub der Sabinerin'
1619 n blau 'Männeken Pis'
1639 n blau Barberini-Brunnen
1646 n blau Bernini: 'Therese'
1665 n blau Bernini: Ludwig XIV.
1700 n blau Schlüters Reiterstandbild
1718 n blau Permoser: Zwinger-Figuren
1744 n blau Pigalle: 'Merkur'
1778 n blau Falconet: Peter I.
1804 n blau Thorwaldsen: 'Ganymed'
1883 n blau Meunier: 'Bergarbeiter'
1884 n blau Rodin: 'Bürger von Calais'
1908 n blau Bourdelle: 'Herakles'
1912 n blau Kolbe: 'Tänzerin'
1915 n blau Sintenis: 'Fohlen'
1933 n blau Barlach: 'Lesende'
1937 n blau Muchina: 'Werktätige'
1937 n blau Moore: 'Liegende'
1958 n blau Buchenwald-Plastiken

STAUBSAUGER

1901 n grün Erfindung

STAUDAMM, Bauwerk zum Aufstauen von Fluß-Wasser. Dient seit alters her dem Schutz vor Hochwasser, der Vorratswirtschaft bei der Bewässerung, der Schiffbarmachung von Strömen sowie der Wasserreinigung durch das Absetzen der Schmutzteile in dem sich dahinter bildenden Stausee. In unserer Epoche insbesondere angelegt zur Ausnutzung der Fallkraft des Wassers für die Gewinnung von Elektrizität.

Vorzeittafel: Schlußbalken (5000 Jahre)
2288 v–2206 v Schun
2252 v–2158 v Yü
830 v grün Marib-Staudamm begonnen
758 v–672 v Bajin
735 v grün Einbau einer Schleuse
715 v grün Marib-Staudamm vollendet
566 n grün Marib-Staudamm gebrochen
1572 n/1581 n Kampf der Niederlande
1918 n– Nasser
1927 n grün Dnjepr-Kraftwerk
1938 n grün Boulderdamm-Kraftwerk
1964 n grün Bau des Assuan-Dammes

STAUFER (= Hohenstaufen), deutsche Herrscherfamilie, benannt nach einem steilen Berg der Schwäbischen Alb bei Göppingen (Württemberg), wo ihre Stammburg stand. Inhaber der deutschen Kaiserkrone von 1138 n bis 1254 n.

1103 n–1155 n Arnold von Brescia
1115 n–1158 n Otto von Freising
1122 n–1190 n Friedrich I. (Barbarossa)
1129 n–1195 n Heinrich der Löwe
1138 n rot Herrschaftsbeginn
1142 n rot Widerstand in Rom
1142 n/1155 n Aufstand in Rom
1147 n/1149 n Zweiter Kreuzzug
1153 n rot Bündnis gegen Rom
1155 n rot Rom wieder unter Papst
1155 n rot Tod Arnolds von Brescia
1155 n rot Kaiserkrönung in Rom
1156 n rot Herzogtum Österreich
1157 n braun Krieg gegen Polen
1158 n rot Städtefeindliche Maßnahmen
1158 n/1162 n Städteerhebung in Italien
1162 n rot Mecklenburg deutsch
1165 n rot Schlesien selbständig
1165 n–1197 n Heinrich VI.
1166 n/1167 n Kriegszug nach Italien
1172 n–1228 n Walther von der Vogelweide
1173 n–1239 n Hermann von Salza
1176 n braun Städteerhebung in Italien
1176 n rot Ablehnung der Heeresfolge
1176 n rot Städte Italiens unabhängig
1177 n rot Zugeständnis an Papst
1181 n rot Pommern deutsch
1183 n rot Zugeständnis der Städte
1189 n/1192 n Dritter Kreuzzug
1191 n blau Lied auf Barbarossa
1194 n rot Gebietsgewinn in Italien
1194 n–1250 n Friedrich II.
1197 n/1198 n Kampf um den Thron
1198 n rot Philipp König
1198 n rot Welfe Gegenkönig
1208 n rot Ermordung des Königs
1214 n braun Niederlage der Welfen
1224 n blau Universität Neapel
1226 n rot Deutschritter-Belehnung
1228 n/1229 n Fünfter Kreuzzug
1229 n rot Friedrich in Jerusalem
1231 n rot Rechtsgewinn der Fürsten
1232 n rot Strafen für 'Ketzer'
1235 n rot Landfriedensgesetz
1239 n grün Ausbildungsgang der Ärzte
1245 n blau Briefe über Philosophie
1254 n rot Tod Konrads IV.
1266 n braun Niederlage in Süditalien
1266 n rot Verlust Siziliens
1268 n braun Niederlage bei Rom

STAUFFENBERG, Claus (1907 n–1944 n), deutscher Offizier. Nach Besuch der Kriegsakademie Generalstabsoffizier, begeisterte er sich für den deutschen Faschismus und nahm als Gruppenleiter in der Organisationsabteilung des Generalstabes an der Ausarbeitung der deutschen Kriegspläne teil. 1943 n als Stabschef einer Panzerdivision in Nordafrika schwer verwundet, wurde er Stabschef des Ersatzheeres. Als die militärische Entwicklung jede Hoffnung auf einen deutschen Sieg zerstört hatte, beteiligte er sich an dem Plan einer Offiziersgruppe zur Errichtung einer Militärdiktatur unter Generaloberst Beck. Diese sollte nach sofortigem Friedensschluß in einen autoritären Ständestaat konservativ-christlicher Prägung (unter Reichskanzler Goerdeler) mit einer starken Armee (unter Generalfeldmarschall Witzleben) übergeleitet werden. Er selbst übernahm die hierfür notwendige Beseitigung Hitlers, dessen Vertrauen er besaß und in dessen Hauptquartier er am 20. Juli 1944 n bestellt wurde. Er stellte seine Aktentasche mit einer Zeitzünderbombe an Hitlers Schreibtisch und verließ das Hauptquartier. Als er die Explosion hörte, hielt er das Attentat für geglückt und ließ die für den Fall von Hitlers Tod vorbereiteten Aktionspläne anlaufen. Doch waren nur einige andere Personen von seiner Bombe getötet worden, Hitler selbst hatte den Anschlag überlebt und ließ ihn mit den anderen beteiligten Offizieren hinrichten.

1944 n braun Putsch

STEDINGER, Name der Angehörigen eines germanischen Bauernvolkes, das am Unterlauf der Weser zwischen Bremen und Nordsee ansässig war. Sie anerkannten widerstrebend die Oberhoheit des Bremer Erzbischofs Gerhard II., verweigerten aber die 'Zehnten'-Steuer und die unbezahlte Fronarbeit für den Bischof. Nachdem sie 1229 n ein zur Erzwingung von Zehnten und Fron gegen sie ausgesandtes Heer geschlagen hatten, ließ sie Gerhard auf der Bremer Synode (1230 n) als Ketzer verdammen und bestimmte den Papst dazu, einen Kreuzzug gegen sie zu predigen. Mit Unterstützung der Bischöfe von Lübeck, Minden, Ratzeburg, Paderborn, Hildesheim, Verden, Münster und Osnabrück schlug sie der Graf von Oldenburg vor den Toren Bremens (Altenesch). Ihr Land fiel dem Bremer Erzbischof zu, der den Grafen von Oldenburg durch Überlassung eines Teiles der Beute belohnte.

1228 n rot Auflehnung
1232 n/1234 n Kreuzzug
1234 n grün Enteignung

STEFAN, Josef (1835 n–1893 n), österreichischer Physiker. Wurde 23jährig Dozent, 28jährig Professor der Physik und 31jährig Direktor des physikalischen Instituts der Wiener Universität. Erforschte die Wärmestrahlung, die Doppelbrechung des Lichtes, die Fortpflanzung des Schalls, die Wärmeleitung von Gasen und die wechselseitige Beeinflussung von Lichtwellen (Interferenz). Beschäftigte sich auch mit Problemen der Elektrizität und der allgemeinen Wärmelehre.

1879 n grün Strahlungsgesetz

STEIERMARK, Bergland im südöstlichen Österreich zwischen Salzburg und der ungarischen Grenze. Vor 3000 Jahren vom Süden her durch Illyrer besiedelt, die seit 500 v von Norden her durch Kelten verdrängt wurden. Das hier entstandene keltische Königreich wurde im Jahre 15 v dem römischen Reiche einverleibt. Im 5. und 6. Jahrhundert von Westgoten, Hunnen, Ostgoten, Rugiern, Langobarden, Franken und Awaren erobert. 595 n ließen sich dann Slawen nieder und blieben auch seßhaft, als das Land im 8. Jahrhundert unter bayerische Herrschaft fiel. 976 n von Bayern getrennt, wurde es 1035 n an Otto von Steyr verliehen, der dem Lande seinen Namen gab. 1246 n kam es an Ungarn, 1260 n an Böhmen und wurde nach der Niederlage Ottokars von Böhmen gegen deutsche Heere unter Rudolf von Habsburg dem österreichischen Stammland innerhalb des deutschen Reiches (Habsburg) zugeschlagen. In der Reformation und im Großen Türkenkrieg mehrfach umkämpft, blieb es bis 1806 n Bestandteil des deutschen Kaiserreiches und seit dessen Aufhebung österreichisches Kronland. Nachdem es im November 1918 n von Jugoslawen teilweise besetzt worden war, fiel der südöstliche Landesteil im Friedensvertrag von St. Germain dem neugegründeten jugoslawischen Staat zu, der Nordwesten wurde österreichisches Bundesland.

15 v braun Niederlage gegen Rom
15 v rot Römische Herrschaft
1218 n–1291 n Rudolf I. von Habsburg
1278 n braun Niederlage Böhmens
1278 n rot Habsburger Besitz
1281 n rot Stadtrecht für Graz
1663 n/1699 n Großer Türkenkrieg
1919 n rot Vertrag von St. Germain

STEIGBÜGEL

850 v grün Herstellung in Assyrien

STEIN, Karl (1757 n–1831 n), deutscher Staatsmann. Als Sohn eines Mainzer Geheimrates studierte er in Göttingen Rechtskunde und Staatslehre. 23jährig trat er in den preußischen Verwaltungsdienst, wurde Bergrat, Oberkammerpräsident und schließlich als Minister für Finanzen und Staatsbetriebe nach Berlin berufen. Hob innerhalb Preußens alle Zölle auf, führte das Papiergeld ein und errichtete ein statistisches Amt. Nach zweijähriger Tätigkeit vom König entlassen, wurde er auf Drängen Napoleons als leitender Minister zurückgerufen, als Preußen im Tilsiter Frieden die Hälfte seines Gebietes an Frankreich verloren hatte. Führte die Selbstverwaltung der Städte allgemein ein, hob die bäuerliche Erbuntertänigkeit und den Gesindezwang auf (Stein'sche Reformen). Damit wurden freie Wahl des Wohnsitzes und des Berufes für alle Bevölkerungsschichten verwirklicht. Durch Einführung der allgemeinen Wehrpflicht setzte er das so gewonnene Volksvertrauen in militärische Kampfkraft um. Als Napoleon durch einen abgefangenen Brief die Überzeugung gewann, daß alle seine Reformen nur die Erhebung Preußens gegen Frankreich ermöglichen sollten, erzwang er seine Absetzung. Nach Flucht ins österreichische Böhmen ging er nach Rußland, gründete eine russisch-deutsche Legion und bereitete durch Briefe an den König von Preußen und persönlichen Umgang mit dem russischen Zaren den gemeinsamen Kampf gegen Napoleon vor. An dessen erfolgreichem Verlauf war er wesentlich beteiligt. Nahm noch am Wiener Kongreß teil, zog sich dann aber auf seine Güter in Nassau zurück. Im benachbarten Frankfurt gründete er 1819 n eine Gesellschaft für die Erforschung der älteren deutschen Geschichte, deren Hauptarbeit die Herausgabe einer Quellensammlung der Zeit von 500 n bis 1500 n ist ('Monumenta Germaniae historica').

1796 n/1815 n Napoleonische Kriege
1807 n rot Reformen
1815 n rot Wiener Kongreß
1826 n blau 1. Band der 'Monumenta'

STEIN, Lorenz (1815 n–1890 n), deutscher Volkswirtschaftler und Soziologe. Studierte Philosophie und Rechtskunde. Erhielt 31jährig eine Professur in Kiel. Weil er sich in der unter dänischer Herrschaft stehenden Stadt für die deutsche Sache einsetzte, wurde er aber bald entlassen und übernahm den Lehrstuhl für Staatswissenschaften in Wien. Durch Anwendung der Hegel'schen Dialektik auf Staatslehre und Nationalökonomie wurden seine Arbeiten bahnbrechend ('System der Staatswissenschaft', 'Lehrbuch der Volkswirtschaft'). Schrieb mehrere Bücher über die sozialen Bewegungen Frankreichs seit der Revolution. In seinem 1842 n erschienenen Werke 'Sozialismus und Kommunismus des heutigen Frankreichs' vermittelte er Deutschland die Erkenntnisse französischer Sozialforscher und Sozialisten (Thierry, Mignet, Louis Blanc und Guizot). Insbesondere machte er damit die Lehre von der Geschichte als Kette von Klassenkämpfen sowie von der Bedeutung des Kampfes zwischen Bourgeoisie und Proletariat in Deutschland bekannt.

1842 n blau Sozialismus, Kommunismus

STEINBECK, John (1902 n–1968 n), nordamerikanischer Schriftsteller. Als Sohn eines kleinen Beamten verdiente er sich sein Studium selbst. Arbeitete fast ein Jahrzehnt in den verschiedensten Berufen (Maler, Zimmermann, Maurer, Baumwollpflücker, Straßenarbeiter, Nachtwächter). Als er dann 33jährig mit einem Kurzroman über das elende Dasein mexikanischer Landarbeiter bekannt geworden war, machte er sich in zahlreichen großen Romanen zum Anwalt der Armen und Ausgestoßenen. Das trostlose Leben heimatloser Landarbeiter stellte er in seiner Erzählung 'Von Mäusen und Menschen' dar. Schilderte das Schicksal armer, von der Wirtschaftskrise getroffener Farmer auf der Suche nach einem neuen Leben ('Früchte des Zorns'). Das Elend Streikender zeigte er in dem Roman 'Stürmische Ernte'. Beschrieb auch die Welt des endgültig zerbrochenen Lumpenproletariats ('Straße der Ölsardinen') und die Welt der Kapitalisten ('Geld bringt Geld'). 1947 n unternahm er eine Reise durch die Sowjetunion ('Russisches Tagebuch').

1939 n blau 'Früchte des Zorns'

STEINBOCK, Bezeichnung für eine kräftige Wildziegenart, die als hervorragender Kletterer in den Gipfel-Gebieten einiger Hochgebirge Eurasiens und Nordafrikas beheimatet ist.

1373 v blau Relief einer Jagd

STEINBOHRER

2674 v grün Gebrauch in Ägypten

STEINBRUCH, Anlage zur Gewinnung von Naturstein für Häuser- und Straßenbau sowie für plastische Kunstwerke.

2565 v grün Brechen von Granit
2314 v–2292 v Meren-Re
1923 v–1861 v Tut-Hotep
1162 v grün Arbeits-Organisation
643 n grün Nutzung von Heliopolis

STEIN DER WEISEN, Bezeichnung für ein jahrtausendelang von der Menschheit gesuchtes Mittel (Pulver, Flüssigkeit), um unedle Metalle in Gold zu verwandeln. Die Suche danach war der wesentlichste Antrieb der vorwissenschaftlichen Chemie in Europa ('Alchemie') und führte zu mancher bedeutenden Entdeckung (Porzellan-Herstellung). Unsere Epoche hat durch systematische Erforschung der Natur die Hoffnung auf ein solches Wundermittel zerstört. Aber die Richtigkeit der Annahme von der Verwandelbarkeit der Elemente wurde bestätigt, und es war ein wissenschaftlicher Nachfahre der Alchemisten, der durch Spaltung des Atomkerns ihren Traum erfüllte und in einem weiteren Sinn den 'Stein der Weisen' fand.

810 n grün 'Kunst des Goldmachens'
1708 n grün Porzellan
1879 n–1968 n Otto Hahn
1938 n grün Kernspaltung

STEINDRUCK (Lithographie), Bezeichnung für ein Druck-Verfahren, das sich besonders für die Vervielfältigung von Zeichnungen eignet. Erfunden von Alois Senefelder, der mit Fett-Tusche auf glattgeschliffene Steinplatten zeichnete. Durch Chemikalien rauhte er dann den nicht geschwärzten Teil auf und machte ihn durch Anfeuchtung farbabstoßend, so daß nur der mit Tusche geschwärzte Teil Druckerschwärze annahm. Das für Steinplatten geschaffene Verfahren wurde bald auch für den Druck von Zink- und Aluminiumplatten verwendet. Später entwickelte sich daraus die Technik des Offsetdrucks. 2600 Jahre vor Senefelder hatten die Chinesen auf mechanische Weise Schrift in Steinplatten geschlagen und davon Abzüge hergestellt.

896 v grün Erfindung in China
175 n grün Druck auf Papier
1796 n grün Erfindung in Deutschland
1892 n blau Toulouse-Lautrecs Plakate
1947 n blau Picasso: 'Friedenstaube'

STEINER, Rudolf (1861 n–1925 n), österreichischer Schriftsteller und Religionsstifter aus Kraljevec (Jugoslawien). Als Sohn eines Eisenbahners besuchte er das Wiener Polytechnikum, wurde Mitarbeiter an der Weimarer Goethe-Ausgabe, gab Goethes naturwissenschaftliche Schriften heraus und übernahm 36jährig die Redaktion der Wochenschrift 'Magazin für Literatur'. Trat für Haeckels naturwissenschaftliches Weltbild (Monismus) ein und bekämpfte alle Metaphysik, besonders die Theosophie, die eine Synthese aller bisherigen Religionen suchte. 40jährig wandte er sich überraschend der Metaphysik zu, trat der theosophischen Gesellschaft bei und wurde ein Jahr später ihr Generalsekretär. Selbst zeitlebens katholisch, wollte er aber den christlichen Anteil an der Theosophie vergrößern und wurde deshalb ausgeschlossen. Für einen mit ihm abgefallenen Flügel gründete er eine eigene Organisation ('Anthroposophische Gesellschaft') und errichtete als ihr religiöses Zentrum in Dornach bei Basel den 'Johannistempel', der später 'Goetheanum' genannt wurde. Stieg 1906 n zum General-Großmeister einer Freimaurer-Loge auf. Gründete Zeitschriften ('Der kommende Tag', 'Dreigliederung'), Schulen (Waldorf-Schulen), Heilstätten (Homöopathie) und Forschungsinstitute. Führte die biologisch-dynamische Düngung ein und begründete eine sinnbeladene Ausdrucks-Gymnastik (Eurhythmie). Baute die Anthroposophie zu einem geschlossenen System aus ('Die Geheimwissenschaft', 'Vom Menschenrätsel', 'Seelenrätsel', 'Anthroposophie'). Die soziale Frage glaubte er durch strenge Trennung von Wirtschaft, Politik und Geistesleben innerhalb der bürgerlichen Gesellschaft lösen zu können ('Dreigliederung des sozialen Organismus'). Verfaßte auch kultische Dichtungen für seine anthroposophische Gemeinde ('Pforte der Einweihung', 'Prüfung der Seele', 'Hüter der Schwelle').

1909 n blau 'Geheimwissenschaft'

STEINGUT, Bezeichnung für ein keramisches Erzeugnis, das in Rotglut mit Bleiglasur veredelt wird. Es ist verhältnismäßig dick, undurchsichtig und porös, wird unter der Glasur meist bunt bemalt und bildet im Haushalt einen billigen Ersatz für Gebrauchs-Porzellan. Außerdem wird es für hochwertige künstlerische Arbeiten verwendet sowie für technische Zwecke (Kacheln, sanitäre Keramik).

1593 n grün Delfter Keramik
1769 n grün Wedgwood-Keramik

STEINHÖWEL, Heinrich (1412 n–1483 n), deutscher Übersetzer. Bei seinen Medizin-Studien in Padua war er mit der italienischen Literatur in Berührung gekommen und verdeutschte neben seiner Tätigkeit als Stadtarzt von Ulm Werke des Boccaccio. Übersetzte auch einen lateinischen Roman des Philostratos ('Apollonios von Tyana'). Übertrug die Fabeln des Griechen Äsop und gab sie zusammen mit anderen griechischen und lateinischen Fabeln heraus. Seine Übersetzungen zielten mehr auf sinngemäße als auf wörtliche Übertragung des Originaltextes. Durch diese der deutschen Sprache angepaßte Form der Übertragung machte er vorchristliches (von der Kirche als 'heidnisch' abgewertetes) Gedankengut in Deutschland weiten Kreisen bekannt und durchbrach so die christliche Enge des Denkens. Verfaßte auch medizinische Werke.

1485 n blau Äsop-Übersetzung

STEINIGUNG, die Tötung von Menschen durch Steinwürfe. Bei zahlreichen Völkern (Juden, Griechen, Römer) eine gebräuchliche Hinrichtungsart. Auch nachdem sie als gesetzliche Strafe abgeschafft war, blieb sie als Ausdruck der Volkswut (Lynchjustiz) erhalten.

31 n rot Stephanus gesteinigt
1316 n rot Lullus gesteinigt

STEINKOHLE

1110 n grün Abbau in Mitteleuropa
1316 n grün Verbot der Verwendung
1640 n grün Verarbeitung zu Koks
1935 n grün Stachanow-Abbaumethode

STEINMETZ, alte Berufsbezeichnung für Bauhandwerker, die Natursteine zurichteten und verarbeiteten. In Mitteleuropa in 'Bauhütten' zusammengeschlossen, waren sie jahrhundertelang die eigentlichen Träger der großen Bauvorhaben (Dome, Paläste, Rathäuser). In unserer Epoche hat sich der Beruf vom Maurerberuf gelöst und sich stärker in die Richtung des Steinbildhauers entwickelt, der sich vom Künstler dadurch unterscheidet, daß er seine Werke nach fremden Vorlagen fertigt.

2452 v–2377 v Ti
970 v grün Phönizier in Jerusalem

STEINSCHLOSS-GEWEHR, Bezeichnung für das erste brauchbare Gewehr ohne Lunten-Zündung. In seinem Abzugshahn war ein Feuerstein eingeklemmt, der Funken erzeugte, wenn er gegen die Schlagfläche des stählernen Pfann-Deckels prallte. Dadurch entzündete sich das Pulver auf der vom Abzugshahn gleichzeitig geöffneten Pfanne. Erst durch diese Technik konnte der Schuß genau im gewünschten Augenblick ausgelöst werden, weil die vorher gebräuchliche Zündung des Pulvers mit Hilfe einer angesteckten Lunte sich zeitlich nicht genau vorausberechnen ließ.

1652 n grün Aufkommen

STELLENWERTSYSTEM, Bezeichnung für die höchstentwickelte Schreibweise von Zahlen. Sie unterscheidet sich von allen früheren und den noch erhaltenen rückständigen Zahlensystemen dadurch, daß jede Ziffer nicht nur den ihr eigenen Wert ausdrückt, sondern durch ihre Stellung innerhalb der Ziffernreihe eine um ein Mehrfaches größere oder geringere Wertigkeit besitzt. So hat die um eine Stelle weiter links befindliche Ziffer innerhalb einer Zahl jeweils den zehnfachen Wert der rechts von ihr stehenden gleichen Ziffer.

542 v grün Gebrauch in China
816 n grün Verwendung in Arabien
1467 n grün Deutsches System
1579 n grün Vietas Methode

STELLINGA-AUFSTAND, Bezeichnung für eine Erhebung deutscher Bauern, Höriger und Leibeigener am Unterlauf der Elbe, der Weser und der Ems (damals Sachsen, heute Niedersachsen). Richtete sich gegen die Ausbeutung durch Adel und Kirche. Zielte auf Wiederherstellung der vor Einführung des Christentums bestehenden brüderlichen Ordnung. Nach Anfangserfolgen scheiterten die Aufständischen in ihrem Kampfe gegen das wohlgerüstete Heer Ludwigs des Deutschen. 14 Führer wurden gehängt, zehnmal so viel enthauptet und ungezählte rebellische Bauern verstümmelt.

804 n–876 n Ludwig der Deutsche
841 n braun Aufstand

STEMPELSIEGEL, Bezeichnung für ein (meist in Metall geschnittenes) persönliches Zeichen, das von seinem Besitzer auf Siegel gedrückt wird. Bereits vor fünf Jahrtausenden an Stelle der Unterschrift zum Anerkenntnis der Eigenhändigkeit benutzt in Mesopotamien (Vorderasien), verbreitete es sich in vielen Ländern der Erde und erhielt sich teilweise bis in unsere Epoche.

2768 v blau Sumerische Arbeit

STEMPELSTEUER, Bezeichnung für eine öffentliche Abgabe, deren Entrichtung durch Stempelaufdruck oder durch das Aufkleben von Stempelmarken auf dem besteuerten Gegenstand bescheinigt wird.

1765 n rot Widerstand Nordamerikas

STENDHAL, Frédéric (1783 n–1842 n), französischer Dichter. Hieß eigentlich Beyle, benannte sich aber nach dem Geburtsort des von ihm verehrten deutschen Altertumsforschers Winckelmann (Stendal/Brandenburg). Als Beamter des französischen Kriegsministeriums begleitete er Napoleon auf Feldzügen nach Deutschland und Rußland ('Das Leben Napoleons'). Von der Restauration in Frankreich abgestoßen, ging er bei Napoleons Sturz nach Italien, das seine zweite Heimat wurde. Verfaßte eine Geschichte der italienischen Malerei sowie Städtebilder von Rom, Neapel und Florenz. Bekannt wurde er durch seine großen Romane, in denen er mit feiner Einfühlungsgabe in das Seelenleben des Menschen ungewöhnliche Charaktere schilderte, die an der bürgerlichen Welt scheitern ('Rot und Schwarz') oder an der Restauration zerbrechen ('Kartause von Parma'). Als Gegner der christlichen Moral ('Über die Liebe'), Empörer gegen die österreichische Herrschaft in Norditalien, Rebell gegen die Aufhebung der revolutionären Freiheiten in Frankreich und anderen Ländern, war er ein unbarmherziger Gesellschaftskritiker.

1830 n blau 'Rot und Schwarz'

STENKA RASIN (um 1625 n–1671 n), russischer Freiheitskämpfer. Gegen die Ausbeutung seines Volkes durch den Adel zog er an der Spitze aufständischer südrussischer Bauern, Hirten, Fischer und Jäger (Kosaken) vom Don ins Wolgatal und in das Gebiet des Kaspischen Meeres. Eroberte Astrachan, Zarizyn, Samara und Saratow. Bei der Belagerung der Stadt Simbirsk wurde er von den zaristischen Truppen geschlagen. Er floh verwundet in seine Heimat am Don, wurde verraten und gefangen, nach Moskau gebracht und nach schwerer Folterung öffentlich hingerichtet.

1629 n–1676 n Alexei Michailowitsch
1670 n/1671 n Aufstand

STENOGRAPHIE, aus dem Griechischen übernommene Bezeichnung für Schreibsysteme, die eine Verkürzung der Niederschriftsdauer durch Vereinfachung der Schriftzeichen und durch den Gebrauch von Silben- und Wort-Zeichen erreichen (wörtlich: Kurz-Schrift).

350 v grün 'Akropolis-System'
57 v grün 'Tironische Noten'
48 n grün Senekas Zeichen
1587 n grün Bright: Kurzschrift
1818 n grün Gabelsbergers Schrift

STENSEN, Nils (1638 n–1686 n), dänischer Mediziner. Entdeckte noch als Student den später nach ihm benannten Ausführungsgang der Ohrspeicheldrüse. Erforschte die weiblichen Geschlechtsorgane, die Tränenwege sowie verschiedene Drüsen- und Gehirnfunktionen. Tierversuche und systematische Anatomie führten ihn zur Feststellung der Muskel-Funktionen. Erkannte die Parallelität der Muskel-Fasern und fand die Gesetze ihrer Zusammenziehung. Beschrieb den Bau zahlreicher Muskeln und führte die gesamte Herzfunktion auf die Tätigkeit des Herzmuskels zurück. Leibarzt mehrerer europäischer Fürsten. Beschäftigte sich auch mit der Erforschung von Kristallen und erkannte die organische Natur versteinerter Ablagerungen.

1660 n grün Herz als Muskel

STEPHAN, Heinrich (1831 n–1897), deutscher Postmeister. Trat 16jährig als Lehrling in den Postdienst, wurde 11 Jahre später ins Generalpostamt berufen und stieg hier schnell auf. Als Leiter der Auslandsabteilung schloß er Verträge mit fremden Ländern und erreichte durch Verträge mit anderen deutschen Ländern einen einheitlichen Posttarif für ganz Deutschland und Österreich-Ungarn. Führte die Postkarte ein. Organisierte die Feldpost im Kriege gegen Frankreich, vereinheitlichte nach der Reichsgründung von 1871 n das deutsche Postwesen und gab ihm eine gemeinsame Rechtsgrundlage. Nahm den öffentlichen Fernsprech-Betrieb auf und verschmolz das Telegraphenwesen fest mit der Post. Verbesserte die Landzustellung, indem er die Zahl der Postämter verfünffachte und Fahrzeuge für die Zustellung einsetzte. Erweiterte den Postdienst durch zahlreiche Neuerungen (Nachnahme, Bücherzettel, dringende Pakete, Postaufträge). Richtete Post-Dampfschifflinien nach Ostasien, Australien und Afrika ein. Baute technisch zweckmäßige, ansprechende Postanstalten, gründete das Reichs-Postmuseum sowie die Post- und Telegraphenschule. Verwandelte die preußische Staatsdruckerei in einen Musterbetrieb ('Reichsdruckerei'). Gründete den Welt-Postverein, durch dessen Bestehen der Postverkehr mit allen Ländern der Erde gesichert wurde.

1865 n grün Vorschlag der Postkarte
1874 n rot Welt-Postverein

STEPHAN I., König von Ungarn von 997 n–1038 n.

972 n–1038 n Lebenslinie
943 n–1003 n Silvester II.
997 n rot Herrschaftsbeginn
997 n rot Christentum Staatsreligion
999 n rot Kirchenhoheit des Papstes

STEPHAN II. (um 700 n–757 n), italienischer Priester, Papst von 752 n–757 n. Als wenige Monate nach seiner Amtsübernahme vor den Toren Roms der Langobardenkönig erschien, ging er ihm an der Spitze einer Bittprozession barfuß entgegen. Gleichzeitig sandte er einen Boten an den Frankenkönig, zog bald darauf selbst über die Alpen in das Reich Pippins des Kleinen und bestimmte diesen zum Kriege gegen die Langobarden. Während er nun einerseits von Pippin seinen Besitz in Italien feierlich garantieren ließ (Pippin'sche Schenkung) und ein mit Byzanz konkurrierendes Königtum vorbereitete, ließ er andererseits die Abhängigkeit Roms vom byzantinischen Kaiser unangetastet. So gewann er den italienischen Landbesitz, der Grundlage des Kirchenstaates wurde, zusammen mit dem Schutzversprechen des Frankenkönigs. In seine Zeit fällt die Fälschung einer Urkunde über eine angebliche Gebiets-Schenkung des römischen Kaisers Konstantin an die katholische Kirche.

716 n–768 n Pippin der Kleine
753 n rot Gefälschte Schenkung
753 n grün Reise über die Alpen
754 n rot Pippin Beschützer
754 n rot Salbung Pippins
754 n/756 n Vorstoß der Franken
756 n rot Ende der Langobardenmacht
756 n rot Pippin'sche Schenkung

STEPHAN IV. (um 750 n–817 n), italienischer Priester, Papst von 816 n–817 n. Ließ sich zum Oberhaupt der katholischen Kirche krönen, ohne die vereinbarte Bestätigung seiner Wahl durch den fränkischen Kaiser einzuholen. Statt dessen reiste er nach Reims, um den bereits durch dessen Vater Karl den Großen zum Kaiser gekrönten Ludwig den Frommen nochmals zu krönen und dadurch die durch Karl betonte Unabhängigkeit des fränkischen Kaisertums formell zunichte zu machen.

778 n–840 n Ludwig der Fromme
816 n rot Krönung Ludwigs

STEPHAN VI. (um 850 n–897 n), italienischer Priester, Papst von 896 n–897 n. Zunächst Anhänger des deutschen Kaisers Arnulf, wandte er sich aber sogleich von ihm ab, als der italienische König Lambert die Stadt Rom besetzte. Holte die Leiche seines 9 Monate zuvor gestorbenen Vorgängers Formosus aus dem Grabe, ließ sie mit allen Zeichen der früheren Würde kleiden und auf den Papststuhl setzen, um Gericht über sie zu halten ('Leichensynode'). Nach Verurteilung wegen Meineides ließ er der Leiche die Finger abhacken, sie in Bettlergewänder hüllen und in den Tiber werfen. Durch dieses Schauspiel überzeugte er König Lambert von seinem Abscheu gegen die kaiserfreundliche Handlungsweise seines Vorgängers. Bald darauf wurde er von aufständischen Römern im Kerker erdrosselt.

897 n rot Gericht über toten Papst

STEPHAN Duschan, serbischer König von 1331 n bis 1355 n.

1308 n–1355 n Lebenslinie
1349 n rot Gesetzbuch

STEPHANSDOM, Name einer Kirche mit 136 Meter hohem Turm im Herzen Wiens. 1137 n als Pfarrkirche begonnen. 1304 n bis 1340 n wurden Langhaus und Haupthalle gebaut, 1433 n wurde der Turm vollendet. Wahrzeichen der Stadt Wien.

1340 n blau Fertigstellung

STEPHANSKRONE, Bezeichnung für die ungarische Königskrone. Benannt nach Stephan I., der vom Papst die sich kreuzenden Bügel, vom oströmischen Kaiser das Diadem dazu erhalten haben soll. Die schon in früheren Jahrhunderten mehrfach entführte Krone befindet sich seit 1945 n in den USA.

1443 n–1490 n Matthias Corvinus

STEPHANUS (um 5 n–31 n), jüdischer Prediger. Bekannte sich zu den Lehren Jesu und wurde von den Aposteln durch Handauflegen feierlich als einer der sieben Gemeindeverwalter und Armenpfleger der Christen von Jerusalem eingesetzt. Als er öffentlich erklärte, die Gebote des Moses wären ebensowenig von ewigem Bestand wie der Tempeldienst, wurde er vor ein Gericht gestellt. Da er die jüdischen Priester dieses Gerichts Verräter und Mörder nannte, ließen sie ihn aus der Stadt führen, wo er vogelfrei war und vom Volke zu Tode gesteinigt wurde. Unter den Juden, die ihn steinigten, befand sich auch Saulus (der spätere Apostel Paulus).

5 v–64 n Paulus
31 n rot Steinigung

STEPHANUS, Robert (1503 n–1559 n), französischer Sprachgelehrter. Als Sohn eines Druckers gründete er nach Beendigung seines Studiums alter Sprachen in Paris eine Druckerei für griechische, lateinische und hebräische Schrift. Wegen Herausgabe von Druckwerken, deren Verbreitung die Kirche nicht wünschte, insbesondere der Bibel, mußte er nach Genf fliehen, wo er sich der Reformation anschloß. Seine inhaltlich und künstlerisch vorbildlichen Druckarbeiten setzte er fort, bis sein Sohn, der ein angesehener Gelehrter war, den Betrieb übernahm. Druckte 382 Bücher, insbesondere griechische und römische Dichtungen, zu denen er selbst die Einleitungen und Anmerkungen schrieb. Daneben schuf er Schulbücher, Grammatikbücher und die von ihm selbst zusammengestellten Wörterbücher Griechisch-Französisch und Lateinisch-Französisch. In seinem Hause mußten sogar die Diener lateinisch sprechen; seinen Namen ('Estienne') schrieb er in latinisierter Form ('Stephanus').

1532 n blau Wörterbuch

STEPHENSON, George (1781 n–1848 n), englischer Techniker. Sohn eines Heizers. Arbeitete schon als Junge an der Dampfmaschine seines Vaters und kannte ihre Arbeitsweise bald besser als die leitenden Ingenieure der Kohlengrube. 25jährig wurde er Inspektor und baute 8 Jahre später für seinen Betrieb mehrere Lokomotiven. 44jährig gründete er mit seinem Sohn Robert eine eigene Lokomotivfabrik und schuf in einem Jahre die beiden Lokomotiven für die erste öffentliche Schienenbahn der Welt, die er auch als Bauleiter einrichtete. 1825 n führte er selbst den ersten Zug mit 12 Güterwagen und 22 Personenwagen auf der 15 Kilometer langen Strecke Stockton–Darlington (Nordengland). Mit einer Geschwindigkeit bis zu 20 Stundenkilometern transportierte er dabei neben Kohle und Mehl 450 Passagiere. Damit leitete er das Zeitalter der Eisenbahn ein. 5 Jahre später hatte er der Lokomotive durch zahlreiche Verbesserungen ihre klassische Form gegeben, die sie dann bis in unsere Epoche im wesentlichen beibehielt. Mit der schnellen Verbreitung der Eisenbahn über ganz Europa blühte seine Lokomotiven-Fabrik so auf, daß er bald auch Kohlengruben und Eisenwerke besaß. Die Lokomotive für die erste Eisenbahnlinie in Deutschland kam aus seiner Fabrik.

1814 n grün Lokomotive
1825 n grün Eisenbahn in England
1835 n grün Deutsche Eisenbahn

STEREOMETRIE, griechisches Wort für 'Raum-Messung'. Bezeichnung für räumliche Geometrie, insbesondere für die Berechnung von Oberfläche und Inhalt geometrischer Körper.

433 v–351 v Archytas
408 v–355 v Eudoxos
394 v grün Würfelverdoppelung
363 v grün Begründung der Lehre
284 v–212 v Archimedes
246 v grün Apollonios: Kegelschnitte
207 v grün Würfelverdoppelungs-Gerät
179 v grün Nikomedes: Konchoide
230 n–300 n Pappos
276 n grün Baryzentrische Regel
1623 n–1662 n Pascal

STERILISIERUNG, von dem lateinischen Worte 'sterilis' (= unfruchtbar) abgeleitete Bezeichnung für die Abtötung von Lebenskeimen durch Überhitzung, durch chemische Mittel oder durch Bestrahlung. Angewandt zur Haltbarmachung von Lebensmitteln (Konservierung), später auch zur Keimfreimachung von Instrumenten, Verbandstoffen und ganzen Räumen in der Medizin ('Antisepsis').

1803 n grün Apperts Verfahren
1867 n grün Antisepsis
1867 n grün Verfahren Pasteurs
1886 n grün Formalin-Desinfektion

STERNATLAS, Bezeichnung für das 1602 n von dem deutschen Astronomen Johannes Bayer geschaffene Buch mit 51 Himmelskarten ('Uranometria'). Seitdem als allgemeiner Name für Kartenwerke von Himmelskörpern gebräuchlich.

827 n grün Al Karismis Werk
1602 n grün Bayers Atlas

STERNBILDER, zusammenfassende Bezeichnung für Gruppen von Fixsternen, die aus der Erd-Perspektive als beieinanderstehend erscheinen.

2987 v grün Betrachtung in Sumer
1965 v grün Verzeichnis in Babylon

STERNDEUTUNG (Astrologie), Bezeichnung für die Ableitung menschlicher Charakterzüge und die Voraussage persönlicher Schicksale aus der Stellung der Gestirne bei der Geburt des Menschen.

2603 v grün Voraussagen in Sumer
344 v–268 v Berossos
180 v–110 v Panaitios
176 v grün Sammelwerk
145 v–86 v Sema-Tsien
101 n–179 n Ptolemäus
154 n–222 n Bardesanes
163 n grün Begründungsversuch
265 n–330 n Jamblichos

786n–833n Al Mamun
789n–873n Al Kindi
805n–885n Abu Maschar
856n grün Abu Maschar: Einführung
861n blau Geschichtstheorie
876n grün 'Gestirns-Konjunktionen'
1125n grün Abu Maschar übersetzt
1142n grün Werk Johanns von Sevilla

STERNE, Laurence (1713n–1768n), englischer Schriftsteller. Als Sohn eines Offiziers in Irland geboren, studierte er in Cambridge Theologie und wurde Landpfarrer. Sein erster Roman brachte eigene Erlebnisse in bunter Erinnerungsfolge, zusammengehalten durch eine Handlung, in deren Mittelpunkt ein humoriger Geistlicher steht ('Leben und Meinungen des Tristram Shandy'). Das neunbändige Werk machte ihn mit einem Schlage berühmt, so daß er 47jährig nach London übersiedelte und sich fortan ganz dem Schreiben widmete. Wegen eines Lungenleidens zu einem längeren Aufenthalt im Süden Europas gezwungen, verwob er in seine Reisebeschreibung die eigenen Liebesabenteuer dieser Jahre ('Empfindsame Reise durch Frankreich und Italien'). Gab auch eine zwölfbändige Sammlung humorvoller Predigten heraus. Bekannt wurde sein Briefwechsel mit seiner Geliebten Elisa. Seine unbefangene Art der Mitteilung intimster Gefühle und persönlichster Erlebnisse leitete eine neue Literaturgattung ein.

1769n blau 'Tristram Shandy'

STERNFORSCHER

1079v grün Tschu-Kong
610v–546v Anaximander
572v–493v Pythagoras
433v grün Meton
408v–355v Eudoxos
392v grün Demokrit
390v–310v Herakleides
382v grün Hiketas
382v grün Ekphantos
380v–306v Pytheas
365v–276v Euklid
344v–268v Berossos
340v grün Aristoteles
316v–250v Aristarch
284v–212v Archimedes
206v grün Apollonios
196v–125v Hipparch
135v–50v Poseidonios
64v–20n Strabo
101n–179n Ptolemäus
133n–205n Kleomedes
230n–300n Pappos
360n–415n Hypatia
476n–535n Arjabatta
487n–565n Kosmas
515n grün Philoponos
538n–594n Gregor von Tours
558n grün Varahami
598n–660n Brahmagupta
778n–830n Al Karismi
789n–873n Al Kindi
805n–885n Abu Maschar
853n grün Al Fargani
855n–929n Al Battani
948n–1009n Ibn Junis
960n grün Al Sufi
965n–1039n Al Hassan
973n–1048n Al Biruni
1039n–1123n Al Kajam
1093n–1162n Ibn Badscha
1114n–1186n Bhaskara
1126n–1198n Ibn Rasd (Averroes)
1127n–1185n Ibn Tufail
1259n grün Al Tusi
1401n–1464n Nikolaus von Kues
1473n–1543n Kopernikus
1531n grün Apian
1546n–1601n Tycho Brahe
1564n–1642n Galilei
1571n–1630n Kepler
1602n grün Bayer
1643n–1727n Newton
1655n grün Huygens
1676n grün Römer
1705n grün Halley
1748n grün Bradley
1755n grün Kant
1781n grün Herschel
1799n grün Laplace
1809n grün Gauß
1842n grün Doppler
1914n grün Debes
1943n grün Weizsäcker
1946n grün Clayton
1951n grün Kuiper

STERNKATALOG

1965v grün Babylonisches Werk
196v–125v Hipparch
131v grün Griechisches Werk

STERNKUNDE

2987v grün Sternbilder in Sumer
2960v grün Forschungen in Sumer
2913v grün Mondjahr in Sumer
2589v grün Meridian-Fixierung
2332v–2248v Yao
2269v grün Kalender-Verbesserung
1965v grün Stern-Verzeichnis
1683v grün Babylonisches Lehrbuch
1568v grün 'Venustafeln'
1333v grün Mondjahr in Arabien
1317v grün Mondjahr in Ägypten
1159v grün Stern-Tafeln in Ägypten
1079v grün Berechnung der Sonnenbahn
867v grün Sternwarte in Assyrien
763v grün Sonnenfinsternis-Urkunde
747v grün Aufzeichnungen in Babylon
610v–546v Anaximander
572v–493v Pythagoras
554v grün Himmelsmodell
544v–484v Heraklit
533v grün Kugelgestalt der Erde
525v grün Einordnung der Erde
501v–428v Anaxagoras
496v grün Erdbewegung
433v grün Metons Zeitrechnung
408v–355v Eudoxos
392v grün Aufbau der Milchstraße
390v–310v Herakleides
382v grün Achsendrehung der Erde
380v–306v Pytheas
375v grün Schule des Eudoxos
370v grün Weltbild des Eudoxos
365v–276v Euklid
355v grün Planeten-Bewegung
352v grün Unendlichkeit des Alls
349v grün Ähnlichkeit der Sterne
344v grün Erklärung der Tageszeit
344v–268v Berossos
340v grün Beweis der Kugelgestalt
322v–246v Ptolemäus II.
316v–250v Aristarch
289v grün Aristarch: Messungen
286v grün Schrift Euklids
284v–212v Archimedes
280v grün Schule des Berossos
271v grün Schiefe der Sonnenbahn
258v grün Zweifache Erdbewegung
253v blau Aratos' Gedicht
237v grün Sonnenjahr in Ägypten
234v grün Archimedes: Himmelsmodell
206v grün Weltbild des Apollonios
196v–125v Hipparch
176v grün Ägyptisches Sammelwerk
155v grün Bessere Instrumente
147v grün Entfernung Mond-Erde
135v–50v Poseidonios
134v grün Neuer Stern beobachtet
131v grün Hipparch: Sternkatalog
116v–27v Varro
64v–20n Strabo
46v grün Julianischer Kalender
5n grün Leugnung der Erdbewegung
101n–179n Ptolemäus
133n–205n Kleomedes
153n grün Geozentrisches Weltbild
158n grün Schulbuch
185n grün Strahlenbrechung
190n grün Sonnenlicht-Reflektion
230n–300n Pappos
360n–415n Hypatia
382n–440n Martianus Kapella
420n grün 'Wissenschaft von der Sonne'
476n–535n Arjabatta
487n–565n Kosmas
498n grün Lehrbuch Arjabattas
501n grün Sonnen- und Mondfinsternis
538n–594n Gregor von Tours
558n grün Handbuch Varahamis
598n–660n Brahmagupta
628n grün Brahmaguptas Werk
631n grün Sternwarte in Korea
688n blau Lehrfach in Byzanz
773n grün Sternkunde-Übersetzung
778n–830n Al Karismi
789n–873n Al Kindi
805n–885n Abu Maschar
820n grün Sternwarte Bagdad
827n grün Himmels- und Erdatlas
828n grün 'Almagest'
853n grün Al Farganis Werk
855n–929n Al Battani
876n grün 'Gestirns-Konjunktionen'
906n grün Abweichung der Erdbahn
913n grün Al Battani gegen Ptolemäus
919n grün Al Battanis Handbuch
948n–1009n Ibn Junis
960n grün Al Sufi: Himmels-Globus
965n–1039n Al Hassan
973n–1048n Al Biruni
974n grün Sternwarte Kairo
1006n grün Winkel der Sonnenbahn
1029n grün Al Birunis Werk
1039n–1123n Al Kajam
1079n grün Al Kajam: Kalender
1093n–1162n Ibn Badscha
1114n–1186n Bhaskara
1126n–1198n Ibn Rasd (Averroes)
1127n–1185n Ibn Tufail
1136n grün Al Battani übersetzt
1150n grün Bhaskaras Lehrbuch
1166n grün Sonnenflecken-Erklärung
1187n grün Ptolemäus-Übersetzung
1248n grün Planetentafeln
1259n grün Sternwarte Maraga
1279n grün Sternwarte Peking
1320n grün Camera obscura
1325n grün Jakobsstab
1394n–1460n Heinrich der Seefahrer
1401n–1464n Nikolaus von Kues
1422n grün Sternwarte in Portugal
1471n grün Sternwarte Nürnberg
1473n–1543n Kopernikus
1528n grün Heliozentrisches Weltbild
1531n grün Apian: Kometenbahn
1546n–1601n Tycho Brahe
1548n–1600n Giordano Bruno
1564n–1642n Galilei
1571n–1630n Kepler
1572n grün Fixstern-Bewegung
1576n grün Sternwarte Uranienburg
1582n grün Gregorianischer Kalender
1593n grün Fernrohre in Italien
1602n grün Bayer: Sternatlas
1609n grün Kepler: Planetenbewegung
1610n grün Sonnenflecke, Jupitermonde
1611n grün Reflektion der Planeten
1611n grün Astronomisches Fernrohr
1616n rot Zwang der Kirche
1619n grün 'Die Harmonie der Welten'
1633n rot Widerruf Galileis
1643n–1727n Newton
1645n grün Schalls Berufung nach China
1655n grün Saturnring und -mond
1666n grün Newton: Gravitationsgesetz
1667n grün Sternwarte in Paris
1668n grün Spiegelfernrohr
1676n grün Sternwarte Greenwich
1676n grün Lichtgeschwindigkeit
1700n grün Sternwarte Berlin
1705n grün Halley: Kometenbahn
1718n grün Fixstern-Bewegung
1728n grün Abirrung des Lichtes
1748n grün Schwanken der Erdachse
1755n grün Kants Planeten-Theorie
1781n grün Entdeckung des Uranus
1783n grün Sonnensystem-Bewegung
1784n grün Erklärung der Milchstraße
1799n grün Laplace: Himmelsmechanik
1809n grün Mathematische Astronomie
1834n grün Großkarte vom Mond
1842n grün Doppler: Doppelsterne
1846n grün Entdeckung des Neptun
1854n grün 'Riemann'scher Raum'
1861n grün Spektralanalyse
1879n–1955n Einstein
1914n grün Debes: Mondatlas
1919n grün Projektionsplanetarium
1930n grün Entdeckung des Pluto
1936n grün Regener: Strahlung
1943n grün Weizsäckers Theorie
1946n grün Clayton: Sonnenflecke
1949n grün Großteleskop
1951n grün Kuiper: Atmosphäre
1957n grün 'Sputnik'
1958n grün Strahlungsgürtel der Erde
1959n grün Mond-Sonde
1959n grün Photos der Mondrückseite
1962n grün Venus-Sonde
1965n grün Mars-Sonde

STERN-TAFELN

1159v grün Gebrauch in Ägypten

STERN-UHR, Bezeichnung für ein Gerät, mit dessen Hilfe die Ägypter während der Nacht die Zeit bestimmen konnten. Es wurde in Verbindung mit Sterntafeln benutzt, auf denen die Stellung der Sterne zu jeder Stunde aufgezeichnet war. Mit Hilfe dieses Instrumentes war es auch möglich, die Nord-Süd-Achse (Meridian) aufzufinden.

2589v grün Meridian-Bestimmung
1159v grün Zeit-Bestimmung

STERNWARTEN, Bezeichnung für Gebäude, die zum Zwecke der Himmelsbeobachtung an geeigneten Stellen der Erdoberfläche errichtet werden. Jahrtausendelang wurden sie wegen der großen Reinheit der Luft auf Bergen und Türmen angelegt. Seit Beginn des 19. Jahrhunderts baut man sie aber wegen der wachsenden Empfindlichkeit der Beobachtungsgeräte meist mit besonders tiefem Fundament in ruhigem, ebenem Gelände, um die Erschütterungen und Schwankungen des Standorts möglichst gering zu halten.

867v grün Sternwarte Kalach
408v–355v Eudoxos
322v–246v Ptolemäus II.
631n grün Sternwarte in Korea
820n grün Sternwarte Bagdad
948n–1009n Ibn Junis
974n grün Sternwarte Kairo
1259n grün Sternwarte Maraga
1279n grün Sternwarte Peking
1422n grün Sternwarte in Portugal
1471n grün Sternwarte Nürnberg
1546n–1601n Tycho Brahe
1576n grün Sternwarte Uranienburg
1667n grün Sternwarte Paris
1676n grün Sternwarte Greenwich
1700n grün Sternwarte Berlin
1949n grün Mount Palomar: Großspiegel

STESICHOROS, griechischer Dichter.

641v–555v Lebenslinie
593v blau Lieder

STESIMBROTOS (um 470v – um 410v), griechischer Schriftsteller von der Insel Thasos (Ägäis). Verfaßte Erklärungen zu den Gedichten Homers. Darin deutete er dessen Göttergestalten als bloße Symbole der Naturkräfte (Apollo = Sonne, Hera = Luft). In seinen Schriften über das Staatswesen Athens beschäftigte er sich weniger mit Fragen der Politik, als mit dem Privatleben ihrer Repräsentanten. Aber gerade indem er allerlei persönlichen Klatsch über Themistokles, Thukydides und Perikles verbreitete, wirkte er politisch zum Schaden der attischen Demokratie.

429v blau Pamphlet gegen Demokratie

STETHOSKOP, aus dem Griechischen entnommene Bezeichnung für das Hörrohr des Arztes (wörtlich: Brustspäher). Von dem französischen Mediziner Laennec für die Krankheitsbestimmung eingeführt. Mit seiner Hilfe kann der Arzt den Schall eines von ihm beklopften Organs genau hören und daraus auf dessen Beschaffenheit schließen. Durch die 1839n veröffentlichte Systematisierung seiner Untersuchungsmethoden durch den Wiener Arzt Joseph Skodas wurde es zu einem unentbehrlichen Hilfsmittel für jeden praktizierenden Arzt.

1819n grün Erfindung

STETTIN, Hafenstadt an der Mündung der Oder in die Ostsee. Im 9. Jahrhundert als slawische Siedlung angelegt und durch Anlage einer Burg geschützt. 1107n wurde der inzwischen zur Stadt emporgewachsene Ort Sitz einer pommerschen Fürstenfamilie. In den folgenden Jahrzehnten geriet sie mit beginnender Christianisierung unter deutschen Einfluß, wurde 1181n dem deutschen Reiche einverleibt und bald von deutschen Handwerkern und Kaufleuten beherrscht (1278n Mitglied der Hanse). Nachdem sich die Stadt 1522n vom Katholizismus abgewandt hatte, wurde sie in den folgenden Religionskämpfen 1630n den mit den Protestanten verbündeten Schweden überlassen und im Westfälischen Frieden ganz abgetreten. Seit 1720n preußisch, seit 1871n Bestandteil des deutschen Reiches. Im 2. Weltkrieg zur Hälfte zerstört. Nach Kriegsende 1945n wurde die Stadt polnisch, die deutsche Bevölkerung bis auf etwa 2000 Bewohner vertrieben.

1243n rot Stadtrecht
1570n rot Friedensschluß
1648n rot Westfälischer Friede
1720n rot Besitz Preußens
1939n/1945n Zweiter Weltkrieg
1945n rot Potsdamer Abkommen

STEUBEN, Friedrich Wilhelm (1730n–1794n) nordamerikanischer Feldherr deutscher Herkunft. Als Sohn eines preußischen Hauptmannes wurde er Offizier, nahm am 2. Schlesischen Kriege teil und wurde im 7jährigen Krieg Adjutant, zeitweise bei Friedrich dem Großen. Nach Kriegsende verdingte er sich bei anderen deutschen Fürsten und ging dann nach Nordamerika. Organisierte die Ausbildung der um ihre Unabhängigkeit von England kämpfenden Truppen, entwarf Operationspläne, wurde Generalstabschef Washingtons und führte die Truppen bei der Eroberung von Yorktown. Nach dem Siege der Freiheitsbewegung blieb er in Amerika und erhielt nach 7jähriger Wartezeit eine Pension von dem neu gegründeten Staat USA.

1732n–1799n Washington
1744n/1745n Zweiter Schlesischer Krieg
1756n/1763n Siebenjähriger Krieg
1775n/1783n Kampf Nordamerikas
1779n grün Heeresreform

STEUERN, Abgaben

2832v–2795v Djet
2803v–2758v Adjib
2771v grün Steuer nach Wasserstand
2757v–2681v Neter-Imu
2751v–2681v Ru-A-Ben
2704v grün Vermögenszählung, Ägypten
2696v grün Steuerbeamte in Ägypten
2695v rot Steuererhebung bei Fest
2692v grün Grundsteuer in Ägypten
2600v grün Steuerjahr in Ägypten
2572v grün Brunnensteuer in Ägypten
2558v grün Obstbaumsteuer in Ägypten
2382v–2320v Teti
2341v grün Kirchenbesitz steuerfrei
2312v blau 'Abgabe der Erklärung'
2138v–2063v Achtos III.
2017v rot Steuern in Mesopotamien
1572v–1504v Agum
960v grün Steuer-Gaue in Juda
959v–916v Rehabeam
733v–645v Kuan-Tse
676v grün Geldsteuern in China
659v grün Fisch- und Weinsteuer
550v–486v Dareios I.
520v grün Steuerregelung in Persien
507v grün Gewerbesteuer in Athen
435v rot Steueraufsicht in Rom
171v rot Steuererpressung geahndet
167v grün Vollbürger steuerfrei
72v–4v Herodes der Große
48v–9n Varus
9n–79n Vespasian
70n grün Sondersteuer für Juden
117n grün Direkte Steuern in Rom
212n grün Erbschaftssteuer Roms
243n–316n Diokletian
297n grün Kopfsteuer in Rom
312n grün Großgrundbesitz-Steuer
314n grün Wirtschaftssteuern in Rom
331n–363n Julian
511n–579n Chosroes
560n–618n Yang-Ti
579n grün Franken: Einkommensteuer
579n braun Aufstand gegen Steuer
580n grün Franken: Steuerrücknahme
582n–644n Omar
585n grün Kirchensteuer gefordert
640n grün Gläubige steuerfrei
713n grün Geldsteuer in Japan
779n grün Kirchensteuer bei Franken
780n rot Steuersystem in China
780n grün Einheitssteuer in China
793n grün Teesteuer in China
885n–968n Olga
1000n blau Kritik an Kirchensteuer
1020n rot Privileg für Leon
1027n–1087n Wilhelm I., der Eroberer
1043n–1099n Cid
1086n grün 'Domesday-Book'
1103n grün Sondersteuer für Juden
1214n–1294n Kublai-Khan
1228n rot Auflehnung der Stedinger
1296n rot Gegensatz Staat-Kirche
1297n rot Machtgewinn für Parlament
1379n grün Kopfsteuer in England
1427n rot 'Gemeiner Pfennig'
1439n grün 'Taille' in Frankreich
1508n grün Erasmus: Reformforderung
1542n–1605n Akbar
1594n–1632n Gustav Adolf
1613n grün Reform in Schweden
1688n–1740n Friedrich Wilhelm I.
1706n grün Reformforderung Vaubans
1718n grün Kopfsteuer in Rußland
1765n rot Stempelsteuer-Konflikt

STEVIN, Simon (1548n–1620n), holländischer Mathematiker und Baumeister aus Brügge (Flandern). Als Kaufmann bereiste er viele Länder Europas, wurde dann Steuereinnehmer und Lehrer des Prinzen Moritz von Oranien, dem er als vertrauter Freund in seinem Kampfe gegen Spanien half. Legte Festungen an, verbesserte die Schlagkraft der Artillerie und schrieb über diese beiden Gebiete des Militärwesens grundlegende Werke. Baute für die ebenen Wege Hollands einen Segelwagen, der 28 Mann faßte und der allein mit Windkraft stündlich bis zu 10 Kilometer zurücklegte. Konstruierte auch einen Segelschlitten. Erklärte den Gleichstand des Wassers in kommunizierenden Röhren. Erforschte das Gleichgewicht auf der schiefen Ebene und gelangte so zum Gesetz der Zusammensetzung der Wirkkräfte (Parallelogramm der Kräfte). In einem Anhang zu seinem Lehrbuch der Arithmetik gab er die erste systematische Lehre von den Dezimalbrüchen und wandte sich mit der Bitte an die Regierungen, Münzen, Maße und Gewichte auf das Dezimalsystem einzustellen. Schuf Kanalbauten und verbesserte die Schleusen-Technik.

1585n grün Dezimalsystem
1599n grün Segelwagen

STICKEN, Bezeichnung für das Verzieren gewirkter oder gewebter Stoffe mit Nadel und Faden. Seit Jahrtausenden bei den Chinesen, Indern und Ägyptern bekannt, entwickelte es sich vor 3000 Jahren bei den Phrygern in Kleinasien zu hoher Fertigkeit. Meister der Stickerei waren die Araber, von denen dieses Handwerk im 11. Jahrhundert über Byzanz und Sizilien nach Europa kam. Mit Gold, Perlen und Edelsteinen wurde ihr materieller Wert erhöht, während eine immer höhere handwerkliche Vollendung sie in den Rang einer neuen künstlerischen Ausdrucksform erhob. Zu Beginn des 19. Jahrhunderts wurden zahlreiche Stickmaschinen gebaut; die 1829n von Heilmann erfundene Maschine setzte sich allgemein durch.

921v grün Kreuzstich bei Phrygern
710n–782n Lioba
1104n blau Teppich von Bayeux
1113n grün Schmuck des Kaisermantels

STICKSTOFF, Bezeichnung für ein gasförmiges Element, das den Hauptbestandteil unserer Luft bildet (78%). Seit seiner erfolgreichen Verwendung für die Herstellung von Kunstdüngern hat sich die chemische Industrie dieses kostenlosen Rohstoffes in mannigfacher Weise bemächtigt (Sprengstoff, Farbstoff).

1772n grün Entdeckung
1899n grün Verwendung für Dünger

STIELER, Josef Karl (1781n–1858n), deutscher Maler. Bildete sich in seiner Heimatstadt Mainz selbst zum Pastellmaler, ging 24jährig nach Wien, um die Öltechnik zu erlernen, und war bald ein begehrter Porträtmaler. Arbeitete in Ungarn, Polen, Frankreich und Italien. Dann ließ er sich 31jährig in München nieder und wurde Hofmaler. Schuf Bildnisse von Goethe,

Beethoven, Alexander Humboldt, Schelling und Tieck sowie von zahlreichen Fürsten (Kaiser Franz, König Maximilian). Für den Bayernkönig Ludwig I. malte er 36 Bilder schöner Frauen (Schönheitsgalerie).

1828n blau Goethe-Bildnis

STIER, Bezeichnung für das unkastrierte männliche Rind (= Bulle). Neben Hund, Schaf und Pferd eines der ältesten Haustiere des Menschen. Er galt bis um die Zeitwende als das vornehmste Haustier, wurde früh zum Wahrzeichen königlicher Macht und nahm unter den Opfertieren die erste Stelle ein. Als Sinnbild der Urgewalt fand er auch Eingang in die Göttersage der ältesten Kulturen Ägyptens und Mesopotamiens (Vorderasien). Zeus näherte sich in der griechischen Sage der Europa als Stier, und der Gott Dionysos wurde in Stiergestalt angerufen. Die Ägypter setzten ihre heiligen Stiere wie Könige bei, und noch im späten Rom war das Töten des Ackerstieres verboten. Aus den Stierspielen Kretas entwickelte sich im Mittelmeerraum der Stierkampf, der noch heute in Spanien als besonderes Zeichen männlichen Mutes gefeiert wird.

Vorzeittafel: 20 Tausend Jahre
2457v blau Sumerische Skulptur
1911v rot Stieropfer auf Kreta
1585v grün Volkssport Stierspringen
1558v blau Relief 'Stierspiele'
1481v blau Gemälde 'Stierspringerin'
1477v blau Darstellung auf Becher
1399v grün Jagd auf Wildstiere
1388v grün Begräbnisse in Ägypten
1329v blau Hettitische Skulptur
964v–912v rot Jerobeam I.
151v blau 'Farnesischer Stier'
391n blau Symbol für Lukas

STIFTER, Adalbert (1805n–1868n), österreichischer Schriftsteller. Als Sohn eines Webers besuchte er eine Klosterschule, studierte in Wien Rechtskunde, Mathematik und Naturwissenschaften. Wurde Erzieher des Fürsten Richard Metternich und 45jährig Schulrat in Linz. Nachdem er sich zunächst als Maler versucht hatte, wandte er sich der Dichtkunst zu. Schrieb Novellen, Erzählungen und Romane, in denen er die Welt des kleinen Mannes darstellte, ohne dessen soziale Probleme zu beachten. Der Natur verbunden, überwog trotz seiner Einfühlungsgabe in die Seelenregungen der Menschen meist die Schilderung der Landschaft ('Bergkristall', 'Das Heidedorf'). In einem Bildungsroman entwickelte er ein Menschenideal abseits der gesellschaftlichen Wirklichkeit ('Nachsommer'). Sein historischer Roman 'Witiko' suchte sein Ideal menschlicher Solidarität religiös zu begründen. An der Unvereinbarkeit seines ernst genommenen Christentums mit der ihn umgebenen bürgerlichen Erwerbsgesellschaft zerbrochen, wurde er schwermütig und verübte Selbstmord.

1865n blau 'Witiko'

STIFTERFIGUREN, Bezeichnung für 12 lebensgroße Kalkstein-Statuen, die im Westchor des Naumburger Doms aufgestellt sind. Sie stellen die fürstlichen Personen dar, die durch ihre Spenden den Bau des Doms finanzierten (darunter Ekkehard, Uta und Gerburg). Die Standbilder wurden von einem namentlich nicht bekannten sächsischen Bildhauer geschaffen ('Naumburger Meister').

1256n blau Anfertigung

STIGMATISIERUNG, von dem griechischen Wort 'stigma' (= Zeichen) abgeleitete Bezeichnung für das Auftreten von Wundmalen an den Stellen, an denen Hände und Füße des Religionsstifters Jesus bei der Kreuzigung durchnagelt worden sind. Eine abnorme Durchblutung dieser Hautbezirke, die zur Rötung oder zum direkten Austreten von Blutstropfen führt, beruht auf erhöhter Erregbarkeit des vegetativen Nervensystems bei hierfür besonders veranlagten Menschen. Ihr erstes geschichtlich bekanntes Auftreten wurde bei einem Epileptiker beobachtet (Franz von Assisi), inzwischen sind Fälle von Gesunden bezeugt, bei denen die Erscheinung ihre Erklärung in Suggestion, Autosuggestion oder Hysterie fand.

1224n grün Auftreten bei Franziskus

STILICHO, Flavius, römischer Feldherr und Staatsmann wandalischer Herkunft.

365n–408n rot Lebenslinie
374n–410n rot Alarich
377n–408n rot Arkadius
395n/403n braun 3. Gotischer Krieg
402n rot Ravenna Residenz
403n rot Westgoten-Ansiedlung
405n/406n braun Sieg über Ostgoten
407n braun Räumung Britanniens

STILLE NACHT, Anfang eines Weihnachtsliedes, dessen Melodie von dem Lehrer Franz Xaver Gruber nach Worten von Josef Mohr geschaffen wurde. Weihnachten 1818n wurde es in Oberndorf bei Salzburg (Österreich) von einem Chor mit Gitarrenbegleitung zum ersten Male gesungen.

1818n blau Entstehung

STIMMGABEL, Gerät aus Schmiedestahl, das von dem englischen Hofmusiker John Shore erfunden wurde. Es erzeugt nach Aufschlagen eines seiner zwei Zinken durch Vibration einen Ton, nach dessen (gleichbleibender) absoluter Höhe die Musiker ihre Instrumente stimmen. In der Regel wird als Ton das eingestrichene a mit 435 Schwingungen pro Sekunde gegeben ('Kammerton').

1711n grün Erfindung

STIPENDIUM, im römischen Reiche Bezeichnung für den Sold der Krieger, in der katholischen Kirche für Geldzuwendungen zum Zwecke priesterlicher Verrichtungen (Messe-Lesen). Seit einem Jahrtausend wurde das Wort zur Bezeichnung für regelmäßige Zuwendungen an mittellose Schüler und Studenten.

988n grün Vergabe in Kairo
1068n grün Vergabe in Bagdad

STIRNBAND, frühe Form der 'Königsbinde', aus der sich die Herrscher-Krone entwickelte.

2620v blau Darstellung in Sumer
214n–275n rot Aurelian

STOA, Name einer Säulenhalle in Athen. Hier versammelte der griechische Philosoph Zeno der Jüngere seine Schüler, um seine materialistischen Erkenntnisse zu lehren. Nach dieser Halle wurde seine Philosophie später 'stoisch' genannt.

333v–262v blau Zeno der Jüngere
300v blau Philosophenschule

STOCKHAUSEN, Karlheinz (geboren 1928n), deutscher Komponist. Als Sohn eines Lehrers studierte er Musik. Unter Zurückweisung aller Grundlagen der herkömmlichen Harmonie, Melodik und Tonalität suchte er durch Erprobung technischer Möglichkeiten den Durchbruch zu einer neuen Musik. Erweiterte den Bereich der Musik durch Einbeziehung neuartiger Geräusche. Durch volltechnisierte Ton-Erzeugung und Ton-Mischung erstrebte er die Herstellung von Kompositionen, die als fertiges Tonband die Werkstatt des Komponisten verlassen und die des ausübenden Künstlers nicht mehr bedürfen ('Kontakte'). Mischte auch diese 'elektronische Musik' durch Hinzufügung von Instrumental-Klängen und Gesangsstimmen ('Gesang der Jünglinge im Feuerofen'). In seine Experimente bezog er das Verhältnis des Zuhörers zur Klangquelle ein, indem er versuchte, den Hörer in die Mitte des Konzertsaales zu setzen und um ihn herum mehrere Orchester oder Lautsprecher zu gruppieren. Für seine Kompositionsarbeit auf die Verbindung mit dem technischen Apparat angewiesen, arbeitet er seit 1953n im elektronischen Studio des Westdeutschen Rundfunks, das er seit 1963n leitet.

1956n blau 'Gesang im Feuerofen'

STOCKHIEBE

1344v rot Anwendung in Ägypten
585n grün Strafe für Sonntagsarbeit

STOCKHOLM, Hafenstadt an der schwedischen Ostküste. Auf zahlreichen Inseln an der Mündung des Mälarsees in die Ostsee neben einem alten Fischerdorf und einer 1187n errichteten Burg vom schwedischen Herrscher Birger Jarl Mitte des 13. Jahrhunderts erbaut und befestigt, wurde sie bald Residenz und Hauptstadt Schwedens. Viele deutsche Handwerker und Händler ließen sich in den folgenden Jahrhunderten hier nieder und machten die Stadt zu einem der bedeutendsten Zentren der Hanse. 1520n vom dänischen König erobert, erhob sie sich gegen die Besetzung. Die darauf vom Dänenkönig vorgenommene Hinrichtung von 82 Bürgern ('Stockholmer Blutbad') führte zur Empörung des ganzen Volkes und drei Jahre später zur Vertreibung der Dänen. 1754n wurde nach 57jähriger Bauzeit das königliche Schloß vollendet. 1917n fand hier eine internationale Sozialisten-Konferenz zur Beendigung des 1. Weltkrieges statt. Sie verlief ebenso ergebnislos wie die Weltfriedenskonferenz, die 1950n das Verbot der Kernwaffenherstellung forderte ('Stockholmer Appell').

1250n blau Gründung
1520n braun Vergebliche Erhebung
1523n braun Befreiung Schwedens
1923n blau Stadthaus

STÖRTEBEKER, Klaus (um 1360n–1401n), deutscher Seefahrer. In Wismar geboren, fuhr er früh zur See und schloß sich 1394n den 'Liekedeelern' (= Gleichteilern) an, deren Schiffe in der Ostsee der Hanse und dem Deutschritterorden trotzten und als Blockadebrecher teils verehrt, teils gehaßt wurden. Da die Ostsee allmählich immer unsicherer für sie wurde, zog er sich mit seinen Genossen in die Nordsee zurück. Von den hansefeindlichen Friesen als Helden aufgenommen, lebten sie vom Entern der Handelsschiffe, die zwischen Hamburg und England verkehrten. Nachdem die vereinigten Hansestädte seiner Flotte bei Helgoland eine vernichtende Niederlage beigebracht hatten, wurde er gefangen, nach Hamburg gebracht und mit 150 Genossen auf dem Marktplatz hingerichtet.

1401n braun Niederlage
1401n rot Hinrichtung

STOFF, Materie

587v blau Trennung vom Geist
572v–493v grün Pythagoras
501v–428v blau Anaxagoras
489v–428v blau Leukipp
455v–370v blau Demokrit
452v grün Teilchen-Theorie
447v grün Begriff 'Atom'
427v grün Demokrits Atomlehre
390v–310v grün Herakleides
338v–268v grün Strato der Physiker
292v grün Begriff 'leerer Raum'
282v grün Beschaffenheit der Materie
278v grün Weltentstehungs-Theorie
129v–40v grün Asklepiades
97v–55v blau Lukrez
27n–97n grün Wang-Tschung
78n blau Materialismus
204n–270n blau Plotin
217n–276n violett Mani
232n–304n blau Porphyrios
865n–932n grün Al Rasi
904n grün Al Rasis Atomlehre
910n grün Stoffverwandlung
1596n–1650n blau Descartes
1647n grün Gassendis Atomlehre
1711n–1765n grün Lomonossow
1713n–1784n blau Diderot
1757n grün Lomonossows Gesetz
1789n grün Lavoisiers Gesetz
1808n grün Chemische Atomlehre
1815n grün Prout: Atomgewicht
1858n–1947n grün Planck
1879n–1955n grün Einstein
1879n–1968n grün Otto Hahn
1885n–1962n grün Niels Bohr
1897n grün Rutherford: Atomkerne
1900n grün Planck: Quantentheorie
1901n– grün Heisenberg
1911n grün Rutherfords Atommodell
1913n grün Bohr Atommodell
1916n grün Allgemeine Relativitätslehre
1919n grün Atomzertrümmerung
1925n grün Quantenmechanik
1927n grün Wellenmechanik
1932n grün Entdeckung des Neutrons
1932n grün Entdeckung des Positrons
1935n grün Atomkern-Umwandlung
1938n grün Kernspaltung
1941n grün Broglie: Teilchen-Theorie
1950n grün Einsteins Feldtheorie

STOFFE, Tuche

2767v grün Tuchfabrik in Ur
1996v grün Manufakturen in Sumer
978v grün Färben bei Phöniziern
647v grün Stoffe in Griechenland
1200n grün Großwebereien in Florenz
1201n grün Tuchhallen von Ypern
1302n grün Orseille-Farbstoff
1350n grün Manufakturen in England
1463n grün Einfuhrverbot für Tuche
1465n grün Medici-Tuchfabriken
1459n–1525n grün Jakob Fugger
1473n grün Stoffhandel der Fugger
1516n grün Indigo-Farbstoff
1536n grün Tuchfabrik Malmesbury
1662n blau 'Vorsteher der Tuchhalle'
1672n–1725n rot Peter I., der Große
1785n grün Cartwrights Webstuhl
1805n grün Jacquards Webstuhl
1889n grün Webautomat

STOFFWECHSEL, Bezeichnung für die Gesamtheit der chemischen Umwandlungsprozesse (Lebensvorgänge) bei Mensch, Tier und Pflanze, insbesondere für die Umsetzung der ins Blut aufgenommenen Stoffe und ihre Verbrennung in den Körperzellen.

304v–240v grün Erasistratos
1776n grün Verdauungsprozeß
1921n grün Heilmittel Insulin

STOIKER, Anhänger der stoischen Philosophie, die Selbstbeherrschung und vernunftgemäße Lebensweise forderte und von 300v bis 100n die griechische wie die römische Denkweise nachhaltig beeinflußte. Begründet von Zeno dem Jüngeren und benannt nach der Athener Säulenhalle, in der Zeno seine Erkenntnisse lehrte.

333v–262v blau Zeno der Jüngere
316v blau Dreiteilung der Philosophie
304v–232v blau Kleanthes
300v blau Philosophenschule
296v blau Pantheismus
291v blau Krantors Trostschrift
283v blau Weltstaatsgedanke
279v–206v blau Chrysipp
224v blau Gleichheitsideal
214v blau Dialektik
180v–110v blau Panaitios
148v blau Panaitios Lehrer in Rom
136v blau Begriff 'Humanität'
135v–50v blau Poseidonios
130v blau Philosoph als Erzieher
77v blau Poseidonios' Lehren
4v–65n blau Seneka
42n blau Nächsten- und Feindesliebe
52n–133n blau Epiktet
64n blau Gleichheitsforderung
119n blau Gleichheit der Menschen
121n–180n rot Mark Aurel
125n blau Philosoph als Arzt
128n blau Hierokles' Moralbuch
176n blau Mark Aurels Werk
193n blau Sprüche und Lebensregeln

STORTH, Dorf in Norwegen. Hier fiel im Jahre 961n der norwegische König Haakon in der Schlacht gegen die Söhne seines Bruders Erich Blutaxt, den er vom norwegischen Thron verdrängt hatte.

910n–990n blau Eyvind Skaldaspillir

STOSS, Veit (um 1445n–1533n), deutscher Holzschnitzer, Bildhauer, Maler und Kupferstecher. Nach Lehrjahren in seiner Heimatstadt Nürnberg ging er 30jährig in die polnische Stadt Krakau, um dort in zwölfjähriger Arbeit für die Kirche der deutschen Gemeinde (Marienkirche) einen Altar anzufertigen. Auf den Flügeln des 13 Meter hohen 3teiligen Schnitzwerkes stellte er die 7 Freuden und die 7 Leiden der Jesusmutter Maria dar. Ihr Tod ist Gegenstand des über 5 Meter breiten Mittelteiles. Nach 2jährigem Aufenthalt in Nürnberg kehrte er noch einmal für fast 7 Jahre nach Krakau zurück, wo er für die polnische Kathedrale in rotem Marmor das Grabmal des Polenkönigs gestaltete und die Platte für das Grabmal des Erzbischofs in Gnesen. 1496n endgültig heimgekehrt, geriet er in Rechtshändel, wurde eingekerkert und gebrandmarkt. Trotzdem schuf er noch einige Bildwerke für die Kirchen Nürnbergs, meist in Sandstein, sowie einen geschnitzten Hängeleuchter ('Englischer Gruß'). 75jährig begann er noch den Bamberger Altar. Fertigte auch Kupferstiche an sowie einige Ölgemälde.

1489n blau Krakauer Altar

STOTTERN

1643v grün Ägyptische Forschungen

ST. PIERRE, Deckname des französischen Schriftstellers Charles Irenée Castel (1658n–1743n). Suchte die sozialen Verhältnisse zu bessern durch Reformen der Erziehung, der Gesundheitspflege, der Volkswirtschaft und der Kirche. Für einen europäischen Völkerbund mit Schiedsgericht (Sitz: Utrecht) trat er in seiner 'Denkschrift zur Errichtung eines dauerhaften Friedens in Europa' ein. Seine Werke zielen darauf, dem Einzelnen einen größtmöglichen Anteil am Glück einer friedvollen Welt zu schaffen.

1707n blau Über ewigen Frieden

STRABO, griechischer Forscher aus Kleinasien.

64v–20n grün Lebenslinie
5n grün Geozentrisches Weltbild
13n grün Geographie

STRADIVARI, Antonio (1644n–1737n), italienischer Instrumentenmacher. Lernte in seiner Heimatstadt Cremona (Norditalien) bei dem Geigenbauer Amati und machte sich 23jährig selbständig. Die ersten Geigen zeichnete er noch mit dem berühmten Namen seines Meisters, aber bald wurde er selbst bekannt. Baute Celli, Violinen, Bratschen und Violen, Lauten, Guitarren und Mandolinen. Seine beiden Söhne lernten bei ihm und übernahmen später die Werkstatt, aus der die wertvollsten Instrumente der Erde kamen.

1705n grün Geigenbau

STRÄFLINGSKOLONIEN, Bezeichnung für überseeische Gebiete, die von den europäischen Kolonialmächten durch weiße Sträflinge besiedelt wurden.

1733n rot Strafkolonie Georgia
1788n rot Strafkolonie Australien
1852n rot Strafkolonie Cayenne

STRAFEN

2288v–2206v rot Schun
1937v–1865v rot Libit-Ischtar
1902v–1841v rot Bila-Lama
1760v–1686v rot Hammurabi
1719v rot Todesstrafe für Ehebruch
1715v rot Strafen für Ärzte-Fehler
1711v rot Todesstrafe für Baufehler
1518v–1455v rot Tele-Pinu
1463v rot Hettitisches Strafrecht
1384v–1318v rot Haremhab
1344v rot Harte Strafen in Ägypten
1083v rot Tod für 'Zauberer, 'Hexen'
662v rot Gesetze des Zaleukos
659v–601v rot Drakon
461v rot Adel und Blutgericht
203v–157v rot Wen-Ti
4n rot Brandmarkung und Folter
176n grün Strafmaß nach Vermögen
315n rot Kreuzigung abgeschafft
420n rot Prügelstrafe gefordert
459n rot Todesstrafe für Trinker
585n grün Prügel für Sonntagsarbeit
590n–648n rot Harsa
604n blau Prügelstrafe bei Mönchen
648n rot Todesstrafe in Indien
652n blau Strafrechts-Kommentar
702n rot Verbannung, Zwangsarbeit
782n rot Tod bei Taufweigerung
790n rot Geldstrafe bei Franken
1031n rot Kirchenstrafe 'Interdikt'
1157n rot Katharer-Strafe verfügt
1166n rot Katharer-Brandmarkung
1197n rot Feuertod für Katharer
1206n rot Todesstrafe für Ehebruch
1232n rot Strafen für 'Ketzer'
1271n rot Tierprozesse in Europa
1360n rot Arbeiter-Brandmarkung
1408n–1472n rot Nezalhual
1437n rot Geschichtsfälscher-Strafe
1497n rot Folter und Knute
1532n rot Reichsstrafgesetzbuch
1532n grün Galeeren in Frankreich
1582n rot Verbannung in Rußland
1733n rot Sträflingskolonie Georgia
1749n rot Strafen für Desertion
1753n rot Rußland: Strafartenwechsel
1764n blau Beccarias Werk
1775n rot 'Hexen'-Prozeß-Rückgang
1786n rot 'Hexen'-Prozeß-Verbot
1788n rot Strafkolonie Australien
1791n rot Galeeren-statt Kettenstrafe
1793n rot 'Hexen'-Prozeß-Ende
1828n rot Letzter Inquisitions-Tod
1834n rot Inquisitionsende (Spanien)
1852n rot Strafkolonie Cayenne
1859n rot Aufhebung der Inquisition
1864n rot Letzter Tierprozeß
1957n rot Arbeitslager aufgelöst

STRAHLEN, Strahlungsgesetze

338v–268v blau Strato der Physiker
184v grün Diokles: Brennspiegel
133n–205n grün Kleomedes
185n grün Strahlenbrechung
190n grün Lichtreflexion des Mondes
965n–1039n grün Al Hassan
991n grün Funktion der Glaskugel
1013n grün Ausbreitung des Lichtes
1021n grün Erklärung der Dämmerung
1027n grün Geschliffene Gläser
1030n grün Brechung und Ablenkung
1034n grün Regenbogen-Untersuchung
1589n grün Wärmewirkung des Lichts
1620n grün Snellius: Brechungswinkel
1620n grün F. Bacon: Wärmelehre
1643n–1727n grün Newton
1666n grün Newton: Spektralfarben
1669n grün Doppelte Lichtbrechung
1676n grün Lichtgeschwindigkeit
1678n grün Huygens: Wellentheorie
1728n grün Abirrung des Lichtes
1801n grün Youngs Wellentheorie
1810n grün Goethe: Farbenlehre
1815n grün Fresnels Wellentheorie
1824n grün Carnot: Wärmeprozeß
1842n grün Licht der Doppelsterne
1849n grün Lichtgeschwindigkeit
1851n grün Clausius: Wärmelehre
1857n grün Kathodenstrahlen
1858n–1947n grün Planck
1861n grün Spektralanalyse
1863n grün Maxwell: Ätherwellen
1875n grün Kerr: Doppelbrechung
1879n grün Stefan: Strahlungsgesetz
1879n–1968n grün Otto Hahn
1885n–1962n grün Niels Bohr
1887n grün Hertz: Wellen
1893n– grün Karolus
1895n grün Zeeman-Effekt
1895n grün Röntgen: X-Strahlen
1896n grün Uran-Radioaktivität
1899n grün Alpha- und Beta-Strahlen
1900n grün Planck: Quantentheorie
1906n grün Lenard: Kathodenstrahlen
1912n grün Kosmische Strahlung
1912n grün Natur der Röntgenstrahlen
1914n grün Ostwalds Farbenlehre
1928n grün Meßgerät
1934n grün Künstliche Radioaktivität
1936n grün Regeners Forschungen
1955n grün Kobalt-Strahlung
1956n grün Strahlengefahr
1958n grün Strahlungsgürtel
1960n grün Laser-Strahl

STRALSUND, Hafenstadt an der Ostsee (Norddeutschland). Im Jahre 1209n gegründet den Fürsten der ihr vorgelagerten Insel Rügen, erhielt sie 1234n Stadtrecht und wurde 1278n Hansestadt. Wegen ihrer zentralen und geschützten Lage wurde sie bald zu einem beherrschenden Zentrum der Hanse-Macht in der Ostsee. Nach dem Krieg der Hanse gegen Dänemark mußte der Dänenkönig hier 1370n einen Friedensvertrag unterzeichnen und die Vormacht der Hanse in der Ostsee anerkennen. Im 30jährigen Krieg von den katholischen Truppen des deutschen Kaisers unter Wallenstein belagert, erbat sie den Schutz des protestantischen Schwedenkönigs Gustav Adolf und fiel nach Kriegsende an Schweden (Westfälischer Frieden). Im Nordischen Krieg vorübergehend von Preußen eingenommen. In den Napoleonischen Kriegen von den Franzosen erobert, fiel sie nach Kriegsende 1815n an Preußen und 1871n mit diesem ans deutsche Reich. 1936n wurde die Stadt durch einen 2,5 km langen Damm mit der Insel Rügen verbunden.

1279n blau Rathaus
1367n/1370n Krieg der Hanse
1370n rot Vormacht der Hanse
1583n–1634n Wallenstein
1618n/1648n Dreißigjähriger Krieg
1648n rot Westfälischer Friede
1688n–1740n Friedrich Wilhelm I.
1700n/1721n Nordischer Krieg
1796n/1815n Napoleonische Kriege

STRASSBURG, Stadt in der oberrheinischen Tiefebene zwischen Vogesen und Schwarzwald. Die von Kelten angelegte Siedlung wurde im ersten Jahrhundert zu einem römischen Feldlager ausgebaut (Argentoratum). Seit dem Abzug der Römer in der zweiten Hälfte des 4. Jahrhunderts von Germanen (Alemannen) eingenommen. Seit 496n gehörte sie zu Frankreich. Bei der Teilung von 843n fiel sie dem Mittelreich Lothars zu und gelangte 870n mit dem Elsaß an Deutschland. Durch die Ill mit dem nahen Rhein verbunden, entwickelte sie sich zu einer bedeutenden Hafenstadt, in der sich die Verkehrswege zwischen Deutschland und Frankreich mit denen zwischen der Schweiz und den Niederlanden kreuzten. Nachdem sie sich von der Herrschaft des Bischofs befreit hatte, nahm sie als freie deutsche Reichsstadt bald eine führende Stellung in Mitteleuropa ein. Handwerk, Handel und Geistesleben erlebten eine Blütezeit. 1523n wandte sich die freisinnige Stadt vom Katholizismus ab und wurde 1529n endgültig protestantisch. Die Bedrängnis des deutschen Kaisers durch die Türken ausnutzend, konnte sich der französische König Ludwig XIV. ihrer ohne Krieg bemächtigen; doch behielt sie nach einer über 800jährigen deutschen Entwicklung noch mehr als 100 Jahre ihre deutsche Sprache und Kultur. Erst als durch die französische Revolution die freiere Geisteshaltung aus Frankreich kam, nahm die Stadt auch französische Kultur an. Durch den Rhein-Marne-Kanal wurde ihre wirtschaftliche Bindung an Frankreich verstärkt. Nach dem deutsch-französischen Krieg wurde sie 1871n noch einmal für 50 Jahre deutsch, fiel dann aber als Folge der deutschen Niederlage im ersten Weltkrieg im Versailler Vertrag wieder an Frankreich.

355n/358n Germanenkrieg Roms
842n rot Deutsch-französischer Bund
842n blau 'Straßburger Eide'
843n rot Vertrag von Verdun
870n rot Deutsche Stadt
1132n grün Müllabfuhr
1193n–1279n Albertus Magnus
1211n rot Katharer-Verbrennung
1231n grün Katharer-Zusammenhalt
1262n rot Freie Reichsstadt
1276n blau Münsterfassade (Entwurf)
1353n grün Glockenspiel
1439n blau Münster
1466n blau Bibeldruck
1621n blau Universität
1638n–1715n Ludwig XIV.
1681n rot Französischer Besitz
1853n grün Rhein-Marne-Kanal
1870n/1871n Deutsch-französischer Krieg
1919n rot Versailler Vertrag

STRASSBURGER EIDE, Bezeichnung für ein Bündnis zwischen zwei Söhnen des Frankenkönigs Ludwig des Frommen zur gemeinsamen Behauptung gegen den dritten (Lothar). Der König des französischen Westreiches (Karl der Kahle) legte seinen Treueid in deutscher Sprache nieder, der König des deutschen Ostreiches (Ludwig der Deutsche) in französischer Sprache. Damit entstand das erste amtliche Dokument, in dem das Französische neben dem Deutschen als offizielle Sprache erschien.

842n rot Abschluß
842n blau Dokument

STRASSEN

2822v grün Straßen in Indien
2644v–2576v Snofru
2582v grün Befestigte Handelsstraßen
2332v–2248v Yao
1935v–1878v Sesostris II.
1597v–1521v Minos
1277v–1207v Tu-Kulti
1242v grün Assyrische Heerstraßen
624v–561v Nebukadnezar II.
573v blau 'Prozessionsstraße'
550v–486v Dareios I.
518v grün Kaiserstraße in Persien
486v–430v Hippodamos
340v–273v Appius Klaudius
312v grün 'Via Appia'
259v–209v Schi-Huang-Ti
252v grün Chausseebäume in Indien
157v–87v Wu-Ti
121v grün Ausbau der Seidenstraße
120v grün Straße Italien–Spanien
63v–12v Agrippa
63v–14n Augustus (Oktavian)
19v grün Römisches Straßennetz
15v grün Römische Straßenkarte
46n grün Römische 'Donaustraße'
53n–117n Trajan
80n grün Römerstraßen in England
110n grün Römer: 75000 km Straßen
232n–282n Probus
675n–715n Welid
685n–762n Hüan-Tsung
730n grün Chinesische Denkschrift
1221n grün Gotthard-Straße
1310n grün Pflasterung in Lübeck
1387n grün Septimer-Paß
1408n–1472n Nezalhual
1489n–1587n Sinan
1496n grün Inka-Straße
1665n grün Beleuchtung in Paris
1772n grün Brenner-Straße
1814n grün Beleuchtung in London
1934n grün Autobahnen

STRASSENBAHN, elektrisch-betriebene Schienenfahrzeuge, die dem öffentlichen Verkehr innerhalb der großen Städte dienen. Ihre Vorläufer waren Pferde- und Dampfbahnen, die seit Mitte des 19. Jahrhunderts den öffentlichen Verkehr in den mit der Industrialisierung sprunghaft wachsenden Städten zu bewältigen suchten. Aber erst der geräusch- und geruchlose elektrische Triebwagen schuf eine annehmbare Dauerlösung des Verkehrsproblems im ausgehenden 19. Jahrhundert. Seit dem Aufschwung des Individual-Verkehrs um die Jahrhundertwende wurde sie zunehmend als störend empfunden, unter die Straßen verbannt (U-Bahn), auf hochgelegene Gleiskörper verlegt (S-Bahn) oder durch nicht-schienengebundene Fahrzeuge ersetzt (Omnibusse). Trotzdem ist sie bis in die gegenwärtige Epoche unentbehrlich geblieben und wird auch bei der Neu-Anlage von Stadtteilen immer noch neu errichtet.

1816n–1892n Siemens
1881n grün Elektrische Bahn

STRASSENBELEUCHTUNG. Durch Öllampen, Fackeln und offene Feuer wurden in ägyptischen Städten bereits vor 4000 Jahren gelegentlich Straßen und Plätze beleuchtet. Aber solche Abende wurden als 'Lampenfeste' feierlich begangen. Sonst ging man wie in den anderen Ländern der Erde früh zu Bette und beleuchtete im Ausnahmefall selbst den Weg oder mietete sich einen Fackelträger. Erst im Paris des 16. Jahrhunderts begann man, der Sicherheit wegen in die Fenster der Häuser nach außen hin beleuchtende Lampen zu stellen. Aber noch fast 150 Jahre vergingen, ehe aus der 1524n zuerst angeordneten Außenbeleuchtung der Häuser eine allgemeine und regelmäßige Straßenbeleuchtung geworden war. Eine wesentliche Verbesserung brachte dann die Gasbeleuchtung, die man zuerst in London und dann bald in den übrigen Großstädten einführte. Doch erst das elektrische Licht und schließlich das elektrische Leuchtstoffröhren-Licht erhellten die modernen Großstädte wirklich. Diese technische Entwicklung begünstigte die durch Schichtarbeit zum Durchbruch gelangte Mißachtung des natürlichen und dem Rhythmus des Menschen entsprechenden Tag- und Nacht-Wechsels.

1665n grün Beleuchtung in Paris
1814n grün Gas-Lampen in London

STRASSMANN, Fritz (geboren 1902n), deutscher Chemiker. Als Mitarbeiter von Otto Hahn am Kaiser-Wilhelm-Institut für Chemie in Berlin an der ersten Spaltung eines Atomkernes beteiligt. Dabei wurde das Atom des schwersten Elements (Uran) durch Neutronen-Beschuß in andere Elemente mittleren Atomgewichts (Barium) verwandelt und der mit diesem Prozeß verbundene Massenverlust durch Energiegewinn ersetzt (Atomenergie). Auf dem Grenzgebiet zwischen Physik und Chemie weiterarbeitend, übernahm er später eine Professur für physikalische Chemie in Mainz.

1879n–1968n Otto Hahn
1938n grün Kernspaltung

STRATEGEN, vor 2500 Jahren in Griechenland Bezeichnung für gewählte Bezirksvorsteher. Neben zivilen Verwaltungsaufgaben hatten sie die Verantwortung für das kriegerische Aufgebot und die militärische Führung. Seit 480v erhielt in Athen täglich abwechselnd einer von ihnen den Oberbefehl über die Streitkräfte zu Lande und zur See. So wurde das Wort zur Bezeichnung für Heerführer, die sich in der Planung und Leitung von Kriegen besonders bewährt hatten. Ihr Ansehen führte dazu, daß sie auch in der Politik bald führende Stellungen einnahmen (Perikles).

572v–485v Kleisthenes

STRATO der Physiker, griechischer Naturforscher und Philosoph.

338v–268v Lebenslinie
292v grün Begriff 'leerer Raum'
282v grün Atomlehre
270v blau Religionskritik

STRATOSPHÄRE, Bezeichnung für eine mittlere Schicht der Lufthülle unseres Planeten (Atmosphäre). Beginnt in 12 km Höhe und reicht bis 80 km Höhe hinauf. Hier herrschen Temperaturen von 50 bis 70 Grad Kälte. Ihre Erforschung war eine wichtige Vorstufe der Raumfahrt.

1931n grün Piccards Ballonaufstieg

STRAUSS, eßbarer Riesenvogel, der bis zu 3 Meter groß wird, das Gewicht eines ausgewachsenen Menschen hat und schneller als ein Rennpferd läuft (50 km/h), aber nicht fliegen kann. Seit Jahrtausenden in allen warmen Kulturländern von Ägypten bis China gejagt, gezähmt und in Gehegen sowie in Zoologischen Gärten gezüchtet. Wegen seines wohlschmeckenden Fleisches, wegen der über 1 Kilogramm schweren Eier und wegen seiner schmucken Federn seit alters her vom Menschen begehrt.

1085v blau Assyrisches Relief

STRAUSS, David Friedrich (1808n–1874n), deutscher Theologe, Historiker und Philosoph. Auf dem Tübinger Stift theologisch ausgebildet und in ein Lehramt nach Maulbronn berufen, ging er noch für ein Semester nach Berlin, um Hegel und Schleiermacher zu hören. 27jährig veröffentlichte er ein 2bändiges Werk, in dem er die Geschichtlichkeit des Lebens Jesu anzweifelte und die Überlieferung des Neuen Testamentes als eine durch die jüdische Messias-Erwartung bestimmte Sage nachwies ('Das Leben Jesu'). Von kirchlicher Seite heftig angefeindet und seines Lehramtes enthoben, arbeitete er als Privatgelehrter weiter. 31jährig wurde er Professor der Kirchengeschichte im freisinnigen Zürich, doch erregte diese Berufung so heftige Reaktionen, daß man sich entschloß, ihn noch vor Antritt seines Lehramtes mit einer Pension in den Ruhestand zu versetzen. 64jährig gab er als abschließendes Forschungsergebnis sein großes Hauptwerk heraus, das noch einmal soviel Aufsehen erregte wie sein Jugendwerk ('Der alte und der neue Glaube'). Er bekannte sich darin zur naturwissenschaftlichen Denkweise und zum materialistischen Weltbild. Durch seine Anerkennung der Entwicklungslehre gab er auch die Schöpfungsgeschichte und die ganze Bibel preis.

1835n blau 'Das Leben Jesu'

STRAUSS, Johann (1825n–1899n), österreichischer Komponist. Als Sohn des Komponisten der ersten Wiener Walzer und des Radetzky-Marsches ('Johann Strauß Vater') sollte er keinesfalls Musiker werden. Gründete aber schon 18jährig eine eigene Kapelle. Machte den Walzer durch seine schwungvollen Schöpfungen im eigenen Lande und in vielen Ländern Europas und Amerikas heimisch ('An der schönen blauen Donau', 'Wiener Blut', 'Rosen aus dem Süden'). Nachdem er sich 38jährig mit einer Sängerin verheiratet hatte, übergab er das Orchester seinen Brüdern und widmete sich ganz der Komposition. Schrieb 16 Operetten, von denen einige ihre Anziehungskraft bis in unsere Zeit bewahrt haben ('Fledermaus', 'Zigeunerbaron', 'Nacht in Venedig'). Schuf auch ein Ballett ('Aschenbrödel').

1872n blau Walzer
1874n blau 'Fledermaus'

STRAUSS, Richard (1864n–1949n), deutscher Komponist. Als Sohn eines Musikers (Hornisten) schrieb er 17jährig ein Streichquartett und wurde bald darauf durch eine Sinfonie, eine Ouvertüre und eine Serenade für 13 Bläser bekannt, die vom Meininger Orchester aufgeführt wurden. Dessen Leiter Bülow holte ihn 21jährig als Hofmusikdirektor nach Meiningen, wo er begann, die klassischen Gesetze der Musik in Zweifel zu ziehen und neue Wege der Tonkunst zu suchen. Als Meister des instrumentalen Zusammenklanges verließ er dabei nie den Boden der Harmonie, doch öffnete er sich dem Einfluß des damals als revolutionär geltenden Wagner. Über München und Weimar führte ihn sein steiler Aufstieg nach Berlin, wo er seit 1898n als Generalmusikmeister wirkte. Nachdem er noch für 5 Jahre die Wiener Oper geleitet hatte, zog er sich ganz auf seine Kompositionsarbeit zurück. Neben Orchesterwerken ('Don Juan', 'Till Eulenspiegel', 'Also sprach Zarathustra') trat die Oper immer stärker in den Mittelpunkt seines Schaffens ('Rosenkavalier', 'Ariadne auf Naxos', 'Salome', 'Elektra', 'Die ägyptische Helena', 'Arabella'). Schrieb auch Ballette ('Josephslegende', 'Schlagobers'), Lieder, Chöre und Kammermusik.

1905n blau 'Salome'
1911n blau 'Rosenkavalier'

STRAWINSKY, Igor (geboren 1882n), nordamerikanischer Komponist russischer Herkunft. Als Sohn eines Opernsängers lernte er nach Aufgabe seiner Rechtsstudien bei Rimsky-Korssakow und schuf in seinen Jugendwerken ('Feuerwerk', 'Bienenflug') betont rhythmische Musik, die aber noch fest auf dem Boden der Harmonie stand. Mit seinem Ballett 'Der Feuervogel' begann im Jahre 1910n sein lebenslanger Weg durch fast alle musikalischen Stile der Vergangenheit und Gegenwart. Sie war Ausdruck seiner Wanderung durch viele Länder, die er auch 1910n antrat und die ihn von Rußland über die Schweiz und Frankreich in die USA trieb. Die motorischhämmernde, sich monoton wiederholende Folge ungleichartiger Takte seines Balletts 'Frühlingsweihe' ('Sacre du Printemps') rief 1913n in Paris einen Theaterskandal hervor und machte ihn für Jahrzehnte zum Hauptvertreter jener neuen Musik, die sich unter Mißachtung des musikalischen Empfindens der Allgemeinheit dem Experiment verschrieb. Doch fand er auf seiner 7 Jahrzehnte währenden Suche keinen neuen musikalischen Stil. Schrieb Opern, Kammermusik, Orchesterstücke, Klaviermusik und Violinkonzerte.

1910n blau 'Feuervogel'
1951n blau 'Der Wüstling'

STREICHHÖLZER

1831n grün Erfindung

STREIK, von dem englischen Wort 'strike' (= die Segel streichen) abgeleitete Bezeichnung für eine gemeinsame Arbeitsniederlegung von Werktätigen. Seit Jahrtausenden ein Mittel zur Durchsetzung sozialer Forderungen (Lohnerhöhung, Urlaubsverlängerung, Sicherung gegen Krankheit, Arbeitslosigkeit und Alterselend), wurde er mit der Zuspitzung der Klassengegensätze im Spätkapitalismus zu einem politischen Kampfmittel der Arbeiterschaft in ihrer Gesamtheit (Generalstreik). Der zunehmende internationale Zusammenhalt der klassenbewußten Arbeiterschaft führte im ersten Weltkrieg zum Streik der Munitionsarbeiter gegen die Kriegshandlungen des eigenen Staates. In seiner Gefährlichkeit für den Bestand der kapitalistischen Gesellschaftsordnung erkannt, wird er vom Besitzbürgertum durch rechtzeitige soziale Zugeständnisse überflüssig gemacht, durch Einbeziehung von Arbeiterführern in die Unternehmensleitungen verhindert, durch Scheinkämpfe ersetzt, durch Regierungseingriffe verboten und in Krisenzeiten gewaltsam unterdrückt.

1168v rot Streik in Ägypten
281v rot Streik in Ägypten
1329n rot Streik in Breslau
1351n rot Streik in Speyer
1520n grün Abkommen gegen Streik
1791n braun Kampf in Hamburg, Bremen
1793n braun Kampf in Breslau
1831n rot Streik in Lyon
1842n rot Generalstreik in England
1877n rot Generalstreik in USA
1889n rot Bergarbeiterstreik
1893n rot Generalstreik in Belgien
1905n rot Bergarbeiterstreik
1916n rot Munitionsarbeiterstreik
1920n braun Kampf gegen Kapp-Putsch
1924n rot Rechtfertigung Eberts
1943n rot Bergarbeiterstreik
1947n rot Streikverbot in USA
1953n rot Generalstreiks

STREITÄXTE, Bezeichnung für Steinhämmer mit mittellangem Stiel und einer geschliffenen Schneidekante. Seit alters her von fast allen Völkern der Erde als Jagdgerät und Kriegswaffe verwendet, wurden sie nach Aufkommen von Metallen auch aus Bronze und Eisen angefertigt.

1641v blau Darstellung in Ägypten

STREITGESPRÄCHE

2164v blau Ägyptische Dichtung
1524n blau Hans Sachs' Dichtung

STREITWAGEN, Bezeichnung für ein 2- oder 3rädriges Gefährt, das Platz für den Lenker der Zugtiere sowie für einen oder mehrere Kämpfer bietet. Seine Erfindung revolutionierte vor fast 5000 Jahren die Kriegstechnik. Mit dem Aufkommen berittener Krieger vor etwa 3000 Jahren wurde er wegen seiner Schwerfälligkeit unbrauchbar. Aus Tradition wurde er aber noch lange Zeit bei Wettkämpfen verwendet und in Triumphzügen mitgeführt.

2524v grün Wagen in Sumer
1724v grün Wagen der Kurriter
1673v grün Wagen der Hyksos
1563v grün Wagen in Griechenland
1476v grün Verwendung als Jagdwagen
1428v blau Ägyptische Darstellung
1405v–1326v Kikkuli
1393v grün Wagenrennen bei Hettitern
1345v–1301v Sethos I.
1342v grün Wagen in China
1334v grün Kikkuli: Wagenlenkung
1315v grün Ägyptische Verbände
1302v–1244v Salmanassar I.
1267v grün Assyrische Abteilungen
688v grün Wagenrennen der Griechen
462v blau Statue eines Wagenlenkers

STRELITZEN, (wörtlich: 'Schützen'), russische Bezeichnung für die Leibwache der Zaren, die zugleich als Eliteregiment im Kriegsfall diente. Durch höheren Sold und Steuererlaß privilegiert, gewannen sie so viel Macht und Einfluß, daß Peter der Große sie von Moskau in die Grenzgebiete verlegte. Nachdem sich die Truppe gegen den Zaren erhoben hatte, wurde sie 1698n aufgelöst.

1530n–1584n Iwan IV.
1672n–1725n Peter I., der Große
1698n braun Aufstand

STREPTOMYZIN, Bezeichnung für eine hochwirksame bakterientötende Arznei (Antibiotikum), die von dem nordamerikanischen Biochemiker Waksman gefunden wurde. Wegen ihrer gefährlichen Nebenwirkungen weniger angewandt als das verwandte Penicillin.

1944n grün Entwicklung durch Waksman

STRESEMANN, Gustav (1878n–1929n), deutscher Staatsmann. Als Leiter des Verbandes deutscher Schokoladenfabrikanten gründete er den Verband sächsischer Industrieller, wurde 1907n Reichstagsabgeordneter und verfocht redegewandt die deutsche Kriegspolitik. Der obersten Heeresleitung und Ludendorff persönlich eng verbunden, trat er für militärisches Durchhalten bis zum Sieg ein und stimmte 1917n gegen die von der Reichstagsmehrheit angenommene Friedensresolution. Nach der Niederlage gründete er eine eigene Partei (Deutsche Volkspartei). Der Weimarer Republik stand er ablehnend gegenüber und bekämpfte deren Bestreben nach Erfüllung der Verpflichtungen aus dem Friedensvertrag von Versailles. Als 1923n die Ruhrbesetzung durch französische Truppen zu einer revolutionären Lage führte, entschloß er sich zu einer konterrevolutionären Koalition mit der SPD. Er wurde Reichskanzler, brach den Kampf gegen die Ruhrbesetzung ab, setzte das erste Ermächtigungsgesetz durch und warf die revolutionäre Arbeiterschaft militärisch nieder (Sachsen, Thüringen, Ruhr, Hamburg). Nachdem er auf diese Weise die Weichen für die Innenpolitik gestellt hatte, zog er sich auf die Außenpolitik zurück, die er von 1923n bis 1929n führte. Durch Fortsetzung der vorher von ihm bekämpften Erfüllungspolitik (Verpfändung der deutschen Eisenbahnen und Steuereinnahmen) gegenüber Frankreich, England und den USA erkaufte er einen Freundschaftsvertrag mit Frankreich und Deutschlands Aufnahme in den Völkerbund. Durch den 'Berliner Vertrag' suchte er gleichzeitig die in Rapallo angebahnte Freundschaft mit der Sowjetunion fortzusetzen. Die von ihm erstrebte friedliche Wiederherstellung der deutschen Vormacht in Mitteleuropa erreichte er nicht.

1923n braun Ruhrgebiet besetzt
1923n rot Einmarsch in Sachsen
1924n grün Dawes-Plan
1925n rot Locarno-Pakt
1926n rot Aufnahme in Völkerbund

STRINDBERG, August (1849n–1912n), schwedischer Dichter. Nach kurzem Medizinstudium wurde er Lehrer, Schauspieler, Journalist und Bibliothekar. 23jährig setzte er sich in seinem ersten großen Drama ('Meister Olaf') kritisch mit Staat und Kirche auseinander. In seinem Roman aus der Welt der Stockholmer Bohème ('Das rote Zimmer') spitzte sich die Kritik an der korrupten bürgerlichen Gesellschaft zu. Seine folgenden Novellen und Studien zielten auf eine Lösung der sozialen Frage in sozialistischem Sinne. Heftige Angriffe der bürgerlichen Presse vertrieben ihn aus seiner Heimat. In Frankreich, in der Schweiz, in Italien und in Deutschland schrieb er Dramen und Romane, in denen er dem Wesen des Menschen und der Gesellschaft nachspürte. In historischen Novellen deckte er die Rolle des arbeitenden Volkes in der Menschheitsgeschichte auf. Wegen kommunistischer Ideen und wegen Gotteslästerung verfolgt, wandte er sich naturwissenschaftlichen Studien zu und schrieb seine Lebensgeschichte ('Sohn einer Magd'). Unter

Nietzsches Einfluß wandelte er sich zu einem Massen-Verächter ('Am offenen Meer') und Frauenfeind ('Beichte eines Toren'). Weltflucht, Verzweiflung, Verfolgungswahn, Lebensangst trieben ihn zu einer unklaren Religiosität ('Inferno'). Nach 16jähriger Wanderschaft ließ er sich wieder in Stockholm nieder, gründete eine Bühne und schrieb für sie Stücke voller Menschenverachtung und Bitterkeit ('Gespenstersonate', 'Scheiterhaufen'). Trotz Rückkehr zu einigen Jugendidealen ('Das gotische Zimmer') lebte er im Bewußtsein der Verlassenheit und des Scheiterns ('Einsam').

1886 n blau 'Sohn einer Magd'

STROGANOW, Name einer russischen Familie, die Ende des 15. Jahrhunderts Salinen und Eisenwerke im Ural besaß. Im 16. Jahrhundert begannen die Brüder Jakow, Grigori und Semen mit der Eroberung Sibiriens. Von Zar Iwan IV. mit Vorrechten und Monopolen ausgestattet, nahmen sie mehr als 100 Städte in Besitz und legten Bergwerke sowie Goldwäschereien an. Zum Schutz ihrer Besitzungen riefen sie Kosaken nach Sibirien und festigten dadurch die russische Macht jenseits des Ural. Der Zar verlieh ihnen schließlich das Recht, eine eigene Armee zu unterhalten und selbst die Gerichtsbarkeit in dem von ihnen beherrschten Gebiet auszuüben. 1722 n entzog Peter der Große der Familie diese Hoheitsrechte, ließ ihnen aber ihren Besitz und erhob sie in den Adelsstand. Sie nahmen bis ins 19. Jahrhundert in Sibirien an der Erweiterung der Zarenmacht teil (1809 n Aalands-Inseln).

1530 n–1584 n Iwan IV.
1574 n grün Erschließung Sibiriens

STROMER, Ulman (1329 n–1407 n), deutscher Fabrikant. Als Kaufmann in den Rat der Stadt Nürnberg gewählt, lernte er in Oberitalien die Herstellungsweise des dort seit Jahrzehnten nach Süddeutschland verkauften Papiers kennen. Baute die 'Gleismühle' an einem Nebenarm der Pegnitz zu einer Papierfabrik um, holte einige Papiermacher aus Mailand und stellte 1390 n das erste deutsche Papier her.

1389 n grün Papierfabrik

STROM-REGULIERUNG

2387 v grün Ausbau des Tigris
2369 v–2295 v Una
2314 v–2292 v Meren-Re
2297 v grün Nil-Katarakt schiffbar
2288 v–2206 v Schun
2252 v–2158 v Yü
2212 v grün Bauten in China

STROMSCHNELLE, Bezeichnung für eine durch felsige Hindernisse verursachte Schwelle im Flußgefälle (Katarakt). Erschwert oder verhindert die Schiffahrt.

2369 v–2295 v Una
2314 v–2292 v Meren-Re
2297 v grün Überwindung in Ägypten
1904 v–1841 v Sesostris III.
1867 v grün Nil-Katarakt-Kanal

STROZZI-KAPELLE, Name eines Nebenraumes der Kirche Santa Maria Novella in Florenz (Italien), benannt nach der reichen Florentiner Familie Strozzi. Berühmt durch die hierfür angefertigten Bilder des italienischen Malers Orcagna ('Jüngstes Gericht', 'Paradies', 'Hölle').

1308 n–1368 n Orcagna
1356 n blau Gemälde Orcagnas

STRÜMPFE. Im milden Klima der ersten Kulturen (Mesopotamien, Ägypten, Indien) ging man barfuß oder trug höchstens eine Sandale. Die Krieger auf Kreta und in Griechenland stützten vor 3000 Jahren ihre Unterschenkel durch Stiefelschäfte. Vor 2000 Jahren begannen die Römer, unter den Stiefeln Gamaschen oder Strumpfhosen zu tragen. Dieser mit der Hose zusammenhängende 'Beinling' wurde im 16. Jahrhundert in Spanien durch den von der Hose getrennten gestrickten Strumpf ersetzt. Von hier aus kam die neue Beinkleidung nach England und verbreitete sich bald in ganz Europa.

1552 n grün Strickstrümpfe in Spanien
1589 n grün Mechanische Herstellung

STUART, Name einer schottischen Herrscherfamilie, die seit 1371 n (Robert II.) den Norden der britischen Insel (Schottland) regierte und 1603 n auch die Herrschaft über den Süden der Insel (England) gewann, nachdem 17 Jahre vorher ein Versuch zur Eroberung der Macht über England gescheitert war. Ihr letzter König (Jakob II.) wurde 1688 n durch die 'Glorious Revolution' vertrieben. Damit war der Versuch dieser katholischen Familie zur Rekatholisierung Englands gescheitert. Jakobs Tochter Maria gab durch ihre Heirat mit dem Protestanten Wilhelm III. von Oranien einem neuen Herrscher Legitimität und ersparte England damit einen Religionskrieg; seine Tochter Anna, die bis 1714 n Königin blieb, war dann die letzte Angehörige der Familie auf dem englischen Thron.

1533 n–1603 n Elisabeth
1562 n–1635 n Lope de Vega
1586 n rot Mordanschlag auf Königin
1587 n rot Hinrichtung Maria Stuarts
1599 n–1658 n Cromwell
1603 n rot Thronbesteigung Jakobs I.
1605 n braun Katholische Verschwörung
1612 n rot Niederlassung in Indien
1612 n rot Besitz der Bermudas
1616 n blau Raleighs Denkschrift
1618 n/1648 n Dreißigjähriger Krieg
1620 n rot Flucht von Puritanern
1623 n rot Verschwörung auf Molukken
1625 n rot Kolonialbehörde
1625 n rot Mittelamerika: Inselbesitz
1628 n rot 'Petition of Rights'
1629 n rot Parlaments-Auflösung
1632 n rot Niederlassung in Guinea
1641 n rot 'Langes Parlament'
1642 n rot Kampf um Parlamentsrechte
1642 n/1649 n Revolution
1648 n/1649 n Kommunistische Erhebung
1649 n rot Hinrichtung Karls I.
1649 n rot Herrschaftsende
1660 n rot Herrschaft erneuert
1662 n rot Verkauf Dünkirchens
1662 n rot Erwerb Bombays, Tangers
1664 n rot Gewinn New Yorks
1664 n/1667 n 2. Seekrieg gegen Holland
1668 n rot Bündnis gegen Frankreich
1670 n rot Bündnis mit Frankreich
1676 n rot Kaffeehäuser-Schließung
1678 n rot Katholiken-Ausschluß
1679 n rot 'Habeas-corpus-Akte'
1688 n braun 'Glorious Revolution'
1688 n rot 'Declaration of Rights'
1688 n/1697 n 3. Krieg Ludwigs XIV.
1689 n rot Union mit Holland
1689 n/1691 n Irische Erhebung
1697 n rot Friede mit Frankreich
1700 n/1721 n Nordischer Krieg
1701 n/1714 n Spanischer Erbfolgekrieg
1704 n rot Gewinn Gibraltars
1707 n rot Verbindung mit Schottland
1713 n rot Erwerb Nordost-Kanadas
1714 n rot Herrschaftsende
1800 n blau Schiller: 'Maria Stuart'

STUART, Maria (1542 n–1587 n), Königin des nördlichen Teiles der englischen Insel (Schottland). In Paris erzogen, wurde sie 15jährig mit dem 14jährigen französischen Thronfolger verheiratet, der ein Jahr später König wurde und nach einem weiteren Jahre starb. 18jährig nach Schottland zurückgekehrt, versuchte sie vergeblich, von der englischen Königin Elisabeth als Thronfolgerin anerkannt zu werden. Dann heiratete sie ihren katholischen Vetter und suchte als Haupt der katholischen Partei mit Hilfe des Papstes und der Könige katholischer Länder (Frankreich, Spanien) ihre Ansprüche auf den englischen Thron gegen Elisabeth noch zu deren Lebzeiten geltend zu machen. Dabei stützte sie sich darauf, daß sie eine echte Urenkelin des englischen Königs Heinrich VII. war, Elisabeth hingegen nur die Tochter einer erst nachträglich geheirateten Geliebten Heinrichs VIII. (Anna Boleyn). Zunächst volkstümlich, verlor sie ihr Ansehen durch die Heirat mit Graf Bothwell, der als ihr Geliebter ihren Mann ermordet hatte. Wiederholt an Verschwörungen und Kämpfen zur Re-Katholisierung Englands beteiligt, unterlag sie den Truppen der Königin Elisabeth und wurde nach 18jähriger Gefangenschaft hingerichtet.

1533 n–1603 n Elisabeth
1562 n–1635 n Lope de Vega
1586 n rot Anschlag auf Elisabeth
1587 n rot Hinrichtung
1603 n rot Sohn englischer König
1800 n blau Drama Schillers

STUNDENBÜCHER, Bezeichnung für kirchliche Andachtsbücher mit Gebeten für alle Tageszeiten. Häufig mit kostbaren Buchmalereien ausgestattet, besonders in Frankreich und Burgund.

1450 n blau Fouquets Bilder

STUPA, von dem indischen Wort für 'Grabhügel' abgeleitete Bezeichnung buddhistischer Kultstätten mit Überresten aus Buddhas Leben (Reliquien). Sie bestehen aus halbrunden Kuppelbauten, die häufig auf terassenförmigem Gelände angelegt sind. Mit zunehmender Verbreitung des Buddhismus wurden auch für Reliquien von Buddhas Schülern derartige Bauten errichtet; und als diese Reliquien ausgingen, baute man sie als reine Andachts- und Erinnerungsstätten an Buddhas Leben. So wurde das Wort zur Bezeichnung für heilige Stätten des Buddhismus.

475 v blau Bau in Indien
237 v blau Bau auf Ceylon
230 v blau Tore von Santschi
800 n blau Borobudur auf Java

STURMBOCK, Kriegsgerät zur Einnahme belagerter Festungen. Aus einem waagerecht schwingenden Balken bestehend, dessen Spitze mit einem eisernen 'Widderkopf' versehen war, diente er fast drei Jahrtausende lang zum Einrammen von Mauern und Toren.

882 v grün Gebrauch bei Assyrern

STURMFLUT, Bezeichnung für den durch andauernd auf die Küste zuwehenden Sturm hervorgerufenen hohen Wasserstand, der häufig zu Überschwemmungen führt. Seit alters her versucht die Küstenbevölkerung, sich durch Dämme (Deiche) gegen diese Gefahr zu sichern. Aber trotz Verbesserung der Bautechnik ist dem Menschen bis in unsere Epoche noch kein vollständig verläßlicher Schutz dagegen gelungen.

118 v grün Zerstörung Jütlands

STURMI (um 710 n–779 n), deutscher Priester. Als Lieblingsschüler des angelsächsischen Priesters Bonifatius half er bei der Christianisierung des Frankenreiches. Erster Vorsteher des ihm von Bonifatius errichteten Klosters Fulda. Versuchte erfolglos die Bekehrung der Sachsen.

675 n–754 n Bonifatius
744 n blau Kloster Fulda

STUTTGART, süddeutsche Stadt im Hochland zwischen Schwarzwald und Schwäbischer Alb. Entwickelte sich aus einem Gestüt (Stuttgart = Stutengarten) und wurde 1316 n Sitz des Grafen von Württemberg, seit 1482 n Landeshauptstadt. Bis ins 19. Jahrhundert führte sie das beschauliche Dasein einer deutschen Residenzstadt, wurde dann in den Strudel der Industrialisierung gerissen, verzehnfachte ihre Bewohnerzahl innerhalb eines Jahrhunderts und wurde durch Fleiß und Erfindungsgeist ihrer Bewohner zu einem der bedeutendsten Wirtschaftszentren Süddeutschlands. Ihr Bahnhofsbau und ihr Fernsehturm wurden Vorbild für ähnliche Zweckbauten in ganz Deutschland. 1958 n wurde hier der mit 824 Metern längste deutsche Autotunnel vollendet.

1267 n rot Stadtrecht

STYLITISMUS, vom griechischen Wort 'stylos' (= Säule) abgeleitete Bezeichnung für eine extreme Form christlicher Frömmigkeit, die von dem syrischen Mönch Symeon Stylites begründet wurde und sich später nach ihm benannte. Um den Ort seiner Säule in Syrien wurde ein Heiligtum errichtet (Kalat Siman). Die Bewegung war in Syrien und Palästina bis ins 12. Jahrhundert verbreitet. Ihre Anhänger verbrachten ihr Leben meist stehend auf einer möglichst hohen Säule, um dem Himmel recht nahe zu sein.

437 n grün Aufkommen

SUBLIMATION, von dem lateinischen Worte 'sublimare' (= verflüchtigen) abgeleitete Bezeichnung für einen chemischen Prozeß, der auf dem Wege über Verdampfung und Abkühlung die Reinigung und Konzentration eines flüssigen Stoffes bewirkt.

987 n grün Chinesisches Verfahren

SUDAN, Staat in Nordost-Afrika zwischen der Südgrenze Ägyptens und der Nordgrenze des Kongo. Vor 5000 Jahren von Nubiern bewohnt, wurde er teilweise von Ägypten beherrscht. Errang aber auch zeitweise die Herrschaft über ägyptisches Gebiet. Seit 3000 Jahren bildeten sich selbständige Reiche (Napata, Meroe, Dongola). Vor 700 Jahren eroberten Araber das Land. Sie nannten es 'Land der Schwarzen' ('Sudan') und behielten es bis ins 19. Jahrhundert. Dann wurde es ägyptisch und geriet um die Jahrhundertwende unter die Herrschaft Englands, das seine Macht mit Frankreich teilte. Seit 1924 n im Kampf gegen die europäische Kolonialherrschaft, errang das Land 1956 n seine politische Unabhängigkeit. Seit 1969 n sozialistisch.

2292 v grün Niederlassung Ägyptens
1928 v blau Schwarze Keramik
1904 v–1841 v Sesostris III.
1899 v–1832 v Sebek
1870 v/1862 v Vordringen Ägyptens
1862 v rot Grenzmark Ägyptens
1862 v rot Grenzbestimmung Ägyptens
1842 v grün Grenzfestung Ägyptens
1691 v–1628 v Chian
1638 v braun Kriegszug Ägyptens
1614 v–1580 v Seken-Re
1577 v braun Angriff auf Ägypten
1542 v–1505 v Tut-Mosis I.
1527 v braun Kriegszug Ägyptens
1522 v braun Kriegszug Ägyptens
1522 v rot Ägyptische Herrschaft
1498 v rot Vordringen von Negern
1442 v–1413 v Tut-Mosis IV.
1418 v–1372 v Ka-Em-Het
1415 v braun Aufstand
1388 v blau Löwenplastik in Soleb
1150 v–1076 v Pa-He-Nesi
964 v braun Aufstand
964 v rot Selbständigkeit
953 v rot Napata Hauptstadt
798 v–746 v Kasta
784 v–720 v Tef-Nacht
780 v–717 v Pianki
760 v–715 v Bok-Choris
757 v–703 v Sabaka
748 v braun Kriegszug nach Ägypten
748 v rot Gewinn Oberägyptens
726 v/725 v Vordringen in Ägypten
725 v rot Gewinn Mittelägyptens
715 v braun Vordringen in Ägypten
715 v rot Herrschaft über Ägypten
652 v rot Verdrängung aus Ägypten
226 v blau Löwentempel
24 v/23 v Kriegszug Roms
546 n rot Christianisierung
1883 n/1884 n Aufstand des Madhi
1897 n/1898 n Kämpfe gegen England
1899 n rot Englische Vormacht
1956 n rot Unabhängigkeit

SUDAS, indischer König.

1443 v–1389 v Lebenslinie
1414 v braun Zehn-Königs-Schlacht
1414 v rot Oberkönig

SUDEBNIK, Name eines Gesetzbuches, das in Rußland nach Befreiung des Landes aus mongolischer Herrschaft eingeführt wurde. Es brachte gegenüber dem vor der 200jährigen Mongolen-Herrschaft geltenden Recht zahlreiche Veränderungen: Die Leibeigenschaft wurde durch Freiheitsbeschränkungen für die Bauern begünstigt, mongolische Strafen (Folter und Knute) wurden ins russische Recht aufgenommen. Die 68 Artikel der ersten Fassung des Gesetzbuches wurden vom Geheimschreiber des Zaren Iwan III. (Djak Gussew) niedergeschrieben. Sie wurde 1550 n unter Iwan IV. überarbeitet und erweitert. 1589 n und 1607 n wurde das Gesetzbuch nochmals ergänzt. 1649 n durch ein neues Gesetzbuch ('Uloschenie') ersetzt, das seine wichtigsten Bestimmungen übernahm.

1440 n–1505 n Iwan III.
1497 n rot Einführung
1530 n–1584 n Iwan IV.
1649 n blau Ablösung

SUDETEN, Name eines Gebirgszuges in Mitteleuropa an der Grenze zwischen Schlesien und Böhmen. Seine höchsten Gipfel liegen im Riesengebirge (Schneekoppe, 1600 m hoch), das seinen nordwestlichen Ausläufer bildet.

920 n–992 n Miezko

SUDETENLAND, Bezeichnung für zwei vorwiegend von Deutschen bewohnte Teilstücke von Böhmen und Mähren, die seit Entstehung der Tschechoslowakei im Jahre 1918 n diesem neuen Staate zugehörten. Benannt nach dem Sudeten-Gebirge. Seine Schmuckwarenindustrie war führend (Gablonz), seine Heilbäder weltberühmt (Karlsbad, Franzensbad, Joachimsthal, Marienbad). 1938 n mit Zustimmung Englands und Frankreichs dem deutschen Reiche angeschlossen (Münchner Abkommen). Nach der deutschen Niederlage im zweiten Weltkrieg fiel es wieder der Tschechoslowakei zu, die deutsche Bevölkerung (3,7 Millionen Menschen) wurde vertrieben.

1889 n–1945 n Hitler
1918 n rot Teil der CSR
1938 n rot Münchner Abkommen
1938 n rot Deutsches Reichsgebiet
1945 n rot Potsdamer Abkommen

SUEBEN, Sammelbezeichnung für eine germanische Völkergruppe, die vor mehr als 2000 Jahren in Norddeutschland ansässig war. Ihre einzelnen Völker (Markomannen, Langobarden, Semnonen, Bataver, Chatten, Quaden) verteilten sich in Mitteleuropa, gründeten eigene Reiche und gingen schließlich in anderen Völkern auf (Alemannen, Thüringer, Franken).

101 v–54 v Ariovist
100 v–44 v Cäsar
90 v rot Niederlassung am Main
70 v rot Niederlassung in Gallien
58 v/51 v Gallischer Krieg Roms
58 v rot Vertreibung aus Gallien
409 n rot Landnahme in Spanien
411 n rot Reich in Spanien
440 n–484 n Eurich
456 n braun Sieg der Westgoten
468 n braun Sieg der Westgoten
625 n blau Isidors Geschichtswerk

SÜDAFRIKANISCHE REPUBLIK, Staat an der Südspitze Afrikas. Umfaßt das von holländischen Siedlern (Buren) gegründete Kap-Land, die von Buren nach ihrer Vertreibung durch die Engländer gegründeten Provinzen Oranje und Transvaal sowie die frühere deutsche Kolonie Südwest-Afrika und Teile von Betschuana-Land, deren vollständige und endgültige Einverleibung von der Regierung angestrebt wird. Einziger hochindustrialisierter Staat Afrikas. Nach Aufhebung der englischen Kolonialherrschaft (1910 n) in ein Dominion des Commonwealth verwandelt, seit 1961 n unabhängig, wird er von einer weißen Minderheit beherrscht, die eine zahlenmäßig dreifach überlegene schwarze Bevölkerung wirtschaftlich ausbeutet, politisch unterdrückt und rassisch diskriminiert ('Apartheid').

1486 n grün Umseglung des Kaps
1652 n rot Holländer-Ansiedlung
1804 n–1881 n Disraeli
1806 n braun Vorstoß Englands
1806 n rot Englischer Besitz
1811 n/1812 n Kaffern-Krieg
1843 n rot Natal an England
1877 n rot Transvaal an England
1879 n braun Zulu-Krieg
1880 n braun Buren-Erhebung
1881 n rot Buren: Selbstverwaltung
1884 n rot Gebiete an Deutschland
1893 n braun Zulu-Aufstand
1896 n braun Buren-Krieg
1899 n/1902 n Buren-Krieg
1902 n rot Kolonie Englands
1910 n rot Selbstverwaltung
1914 n/1918 n Erster Weltkrieg
1919 n rot Versailler Vertrag
1920 n rot Mitglied im Völkerbund
1945 n rot Mitglied der UN
1958 n rot Apartheid

SÜDAMERIKA

1022 n–1107 n Manko Kapak
1048 n rot Peru: Reich der Chimu
1067 n rot Inka-Staat
1077 n blau Gründung von Kuzko
1081 n rot Altersversorgung in Peru
1431 n–1503 n Alexander VI. Borgia
1480 n–1521 n Magellan
1496 n grün Inka-Straße
1499 n grün Entdeckung durch Europäer
1500 n grün Entdeckung Brasiliens
1500 n rot Brasilien an Portugal
1507 n grün Bezeichnung 'Amerika'
1515 n grün La-Plata-Gebiet entdeckt
1528 n grün Venezuela an Welser
1531 n/1533 n Inka-Krieg
1533 n rot Ende des Inka-Reiches
1533 n rot Peru spanische Kolonie
1535 n blau Buenos Aires gegründet
1536 n/1539 n Chibcha-Krieg
1539 n rot Kolonie Peru erweitert
1546 n grün Silberfunde
1548 n grün Kartoffel nach Europa
1550 n rot Christianisierung
1556 n grün Venezuela spanisch
1558 n braun Unterwerfung Chiles
1558 n rot Chile spanisch
1567 n blau Rio de Janeiro gegründet
1567 n blau Gründung von Caracas
1610 n rot Jesuiten-Staat Paraguay
1625 n rot Guayana holländisch
1630 n rot Pernambuco holländisch
1634 n rot Cayenne französisch
1653 n/1654 n Brasilianische Erhebung
1654 n rot Pernambuco an Portugal
1724 n blau Gründung von Montevideo
1739 n grün Kautschuk nach Europa
1767 n rot Jesuiten-Vertreibung
1780 n/1783 n Inka-Aufstand
1781 n rot Inka-Herrscher hingerichtet
1783 n–1830 n Bolivar
1810 n rot Auflehnung Argentiniens
1811 n rot Auflehnung Venezuelas
1811 n/1826 n Freiheitskampf
1813 n rot Kolumbien unabhängig
1816 n rot Argentinien unabhängig
1818 n rot Chile unabhängig
1821 n rot Peru unabhängig
1821 n rot Venezuela unabhängig
1822 n rot Brasilien unabhängig
1822 n rot Ecuador unabhängig
1825 n rot Bolivien unabhängig
1826 n rot Rückzug Spaniens
1828 n rot Uruguay unabhängig
1852 n rot Cayenne Strafkolonie
1879 n/1883 n Salpeterkrieg
1888 n rot Brasilien: Sklaverei-Ende
1950 n blau Neruda: 'Großer Gesang'
1951 n braun Putsch in Argentinien
1955 n braun Aufstand in Argentinien
1960 n blau Stadt Brasilia
1962 n grün Maracaibo-Brücke

SÜDOSTASIENPAKT (SEATO), militärischer Bündnisvertrag der USA mit Großbritannien, Frankreich, Pakistan, Thailand, den Philippinen, Australien, Neuseeland. Versuch einer weltweiten Ergänzung des mit dem Atlantikpakt (NATO) eingeleiteten Bündnissystems der USA. Legt die beteiligten Länder auf die antikommunistische Weltstrategie der USA fest und bezieht sie in deren militärische Planung ein.

1954 n rot Vertragsabschluß

SÜDPOL, Bezeichnung für den Punkt auf der südlichen Erdhälfte, der am weitesten vom Äquator entfernt ist und durch den die gedachte Erdachse geht. Südlicher Endpunkt aller Längengrade (Meridiane) und südlichster Punkt der Erdoberfläche (von dem aus alle Wege nach Norden führen). Liegt auf der vereisten Antarktis, deren Landfläche mit 14 Millionen Quadratkilometern doppelt so groß wie Australien und wesentlich größer als Europa ist.

1911 n grün Vorstoß Amundsens
1946 n grün Byrds Expedition

SÜDSTAATEN, Bezeichnung für elf im Süden Nordamerikas gelegene Teilstaaten der USA, deren weiße Herren auf Grund der landwirtschaftlichen Struktur ihrer Gebiete länger als die übrigen (stärker industriell ausgerichteten) Mitgliedsstaaten der USA an der Sklaverei festhielten. Es sind die Staaten Texas, Louisiana, Arkansas, Mississippi, Alabama, Tennessee, Georgia, Florida, Nord-Carolina, Süd-Carolina, Virginia.

1584 n rot Virginia englisch
1607 n blau Gründung von Jamestown
1733 n rot Strafkolonie Georgia
1763 n rot Gebietsgewinn Englands
1809 n–1865 n Lincoln
1819 n rot Florida an USA
1848 n rot Texas an USA
1861 n / 1865 n Sezessionskrieg
1865 n rot Sklaverei aufgehoben

SÜDWESTAFRIKA, Küstenland zwischen Angola und der Südwestafrikanischen Union im Süden der Westküste Afrikas. Das von Negern (Herero, Kalahari, Hottentotten, Buschmänner) bewohnte Gebiet wurde seit 1840 n von christlichen Missionaren aus Deutschland heimgesucht, 1883 n von dem Bremer Kaufmann Lüderitz für Deutschland in Besitz genommen und 1884 n der Ausbeutung durch die deutsche Kolonialgesellschaft unterworfen. Trotz wiederholter Erhebungen blieb das Land bis 1915 n deutsches Kolonialgebiet. Im ersten Weltkrieg kämpften hier deutsche Kolonialtruppen gegen englische und portugiesische Heere. Durch den Versailler Vertrag seit 1920 n formell Völkerbundsmandat, tatsächlich der unveränderten Ausbeutung durch die weiße Minderheit der benachbarten Südafrikanischen Union unterworfen, die 1950 n das Mandat für erloschen erklärte und das Gebiet als 5. Provinz ihrem Staate eingliederte.

1884 n rot Deutsche Herrschaft
1903 n / 1907 n Aufstände
1914 n / 1918 n Erster Weltkrieg
1919 n rot Versailler Vertrag

SÜMPFE

1698 v–1629 v Iluma-I-Lu
610 v grün Trockenlegung in Rom
490 v–430 v Empedokles
53 n–117 n Trajan
1209 n grün Entsumpfung der Picardie

SÜNDE, wichtiger Begriff für das Leben des Einzelnen wie der menschlichen Gemeinschaft in den vergangenen Jahrtausenden. Von Priestern entwickelt und gehandhabt, stellt er seit alters her ein wesentliches Mittel zur Ächtung einzelner menschlicher Verhaltensweisen dar. Seine Wirksamkeit beruht auf der den Völkern mit List und Gewalt aufgezwungenen Annahme, daß die sittlichen Gebote von einem überirdischen Wesen (Gott) für die Menschen gemacht sind sowie auf der künstlich erzeugten Furcht vor Gottesstrafen (Verdammnis, Hölle). Da auch allgemeine, natürliche Verhaltensweisen wie die Betätigung des Geschlechtstriebes sowie die Anwendung der menschlichen Vernunft (besonders in Glaubensfragen) mit Hilfe dieses Begriffes weitgehend geächtet wurden, gelang es, die arbeitenden Volksmassen damit jahrtausendelang in Schuldbewußtsein und Erlösungshoffnung, in Unmündigkeit und Angst zu halten. Mit dem Absterben der Religion verliert in unserer Epoche auch diese Priesterlist ihre Grundlage und macht einem selbstbewußten verantwortlichen Handeln mündiger Menschen Platz.

1367 v–1315 v Mur-Sili II.
1344 v blau Babylonische Theorie
1332 v blau Pestgebete
1088 v blau Sünden-Katalog
784 v–725 v Hosea
741 v blau Tilgung durch Buße
7 v–29 n Johannes der Täufer
58 n blau Christliche Theorie
85 n–145 n Basilides
115 n–182 n Apell
150 n–215 n Klemens von Alexandria
165 n blau Zweierlei Sünden
167 n blau Kritik an Sündenfallslehre
169 n–222 n Kalixt I.
198 n blau Kritik am Eigentum
221 n rot Tilgbarkeit
354 n–430 n Augustin
375 n–435 n Pelagius
1200 n blau Gemälde in Hildesheim
1300 n rot Ablaß im 'Jubeljahr'
1300 n grün Geschäfte der Kirche
1431 n–1503 n Alexander VI. Borgia
1483 n–1546 n Luther
1503 n rot Ablaßhandel erlaubt
1504 n grün Ablaßhandel Tetzels
1514 n grün Ablaßgewinn verpfändet
1517 n blau Kritik am Ablaßhandel

SÜNDENABLASS, Erlaß von Strafen für sogenannte Sünden, insbesondere Erlaß von Höllenstrafen für (nach christlichem Glauben im Fegefeuer befindliche) Tote gegen bare Geldzahlung an die katholische Kirche durch lebende Angehörige.

1300 n rot 'Jubeljahr'
1431 n–1503 n Alexander VI. Borgia
1483 n–1546 n Luther
1503 n rot Päpstliche Genehmigung
1504 n grün Tetzels Ablaßverkauf
1514 n grün Verpfändung des Gewinns
1517 n blau Kritik Luthers am Ablaß

SÜNDENFALL, Bezeichnung für eine in der Bibel erzählte Verbotsübertretung durch die ersten Menschen. Danach hat Gott den ersten Menschen (Adam) erschaffen und in eine paradiesische Welt gesetzt, ihn dann aber daraus vertrieben, weil er einem Wunsche seiner Frau (Eva) folgte, der im Widerspruch zu einem Befehl Gottes stand. Diese Geschichte entwickelte sich zu einem Kernstück der christlichen Religion. Krankheit, Sterblichkeit und die menschliche Arbeit wurden daraus als Gottesstrafe abgeleitet. Auch bewirkte sie die Ächtung des Wissensdranges sowie die Erniedrigung der Frau und des Geschlechtstriebes.

58 n blau Paulus: Römerbrief
85 n–145 n Basilides
115 n–182 n Apell
167 n blau Kritik an Schilderung
315 n–367 n Hilarius von Poitiers
354 n–430 n Augustin
375 n–435 n Pelagius
417 n rot Gegnerschaft des Papstes
418 n rot Bestätigung durch Papst
420 n blau Gegnerschaft Pelagius'
814 n–877 n Eriugena
862 n blau Gegnerschaft Eriugenas
1033 n–1109 n Anselm von Canterbury
1079 n–1142 n Abälard
1126 n blau Gegnerschaft Abälards
1200 n blau Gemälde in Hildesheim
1491 n blau Riemenschneiders Plastik
1589 n blau Tintorettos Gemälde
1712 n–1778 n Rousseau

SÜN-TSE (um 320 v– um 240 v), chinesischer Philosoph. Wie sein berühmter Lehrer Meng-Tse fest in den Gedanken des Kon-Fu-Tse verwurzelt, vertrat er in der wesentlichen Frage nach der menschlichen Natur eine neue Auffassung. Im Gegensatz zu Meng-Tse ging er vom Bösen als natürlicher Grundlage des menschlichen Daseins aus und gelangte deshalb zu dem Schluß, daß es nicht genügt, die menschliche Natur zur freien Entfaltung zu bringen. Er forderte vom Staat, durch Erziehung und Gesetz das Gute in die Menschen zu pflanzen. Ordnung und Sitte können nach seiner Lehre nur Ergebnis strenger Riten und einer starken Rechtspflege sein.

251 v blau Natur des Menschen

SÜSS-STOFF

1880 n grün Erfindung

SUETON, Gajus (um 70 n– um 140 n), römischer Historiker und Schriftsteller. Als Lehrer der Rhetorik bekleidete er mehrere Ämter und wurde Geheimschreiber des Kaisers Hadrian. Nach seiner Entlassung aus dem Staatsdienst widmete er sich ganz seinen Studien und schrieb Bücher. In zwölf Lebensbildern gab er eine Beschreibung des persönlichen Lebens und der politischen Wirksamkeit aller römischen Kaiser von Cäsar bis Domitian. Diese Biographien baute er nach einheitlichem Schema auf: Familie, Erziehung, Jünglingsjahre, staatliche und militärische Laufbahn, Privatleben, Verdienste, Tod. Dabei verwob er auch Legenden und Anekdoten in den sonst klar und sachlich gegliederten Stoff. Ein zweites Werk widmete er den Dichtern, Rednern, Geschichtsschreibern und Philosophen. Benutzte Inschriften, Urkunden, Akten und alle ihm zugängliche ältere Literatur.

121 n blau Kaiserbiographien

SUEZ, Name der 150 Kilometer breiten Landbrücke zwischen Afrika und Asien. Über sie ging seit alters her ein großer Teil des Güter-Verkehrs von Indien zum Mittelmeerraum und nach Europa, weil der Landweg über Persien und Vorderasien beschwerlicher, unsicherer und teurer war als der Seeweg; der nur durch den kurzen Landweg über diese Landbrücke unterbrochen war. Erst seit Entdeckung des Seeweges um ganz Afrika verlor dieser Weg seine Bedeutung für einige Jahrhunderte. Aber durch die Anlage eines Kanals erhielt er als kürzester direkter Seeweg von Europa nach Indien seine Schlüsselstellung für den Welthandel zurück. Als einzige Landverbindung Nordafrikas mit Asien stellte der Landstreifen seit fünftausend Jahren das militärische Vorfeld Ägyptens gegenüber den mächtigen Reichen Vorderasiens dar. Leicht zu verteidigen, schützte er jahrtausendelang das Nilreich vor allen Angriffen aus Vorderasien.

2644 v–2576 v Snofru
2582 v grün Handelsstraße
605 v grün Kanal
513 v grün Reise des Skylax
490 v grün Kanal
281 v grün Kanalschleuse
1869 n grün Kanal
1956 n braun Suez-Krieg

SUEZKANAL, schleusenloser Verbindungsweg zwischen Mittelmeer und Rotem Meer (Golf von Suez). Meistbenutzter Schiffahrtsweg der Erde. Ermöglicht europäischen Schiffen die Erreichung Indiens, Chinas, Japans und Australiens ohne Umschiffung Afrikas. Verkürzt den Seeweg von der Nordsee zum Indischen Ozean um mehr als 40%, von Italien nach Indien um mehr als 50%. Von ägyptischen Königen (Ramses II., Necho II.) wurde ein Seeweg vom Mittelmeer ins Rote Meer über den Unterlauf des Nils und die Bitterseen auf der Landenge von Suez vor Jahrtausenden mehrfach angestrebt und vom Perserkönig Dareios I. nach Eroberung Ägyptens vollendet. Doch war die Schiffahrt vor 2500 Jahren noch nicht weit genug entwickelt, um durch regelmäßige Fernfahrten die damit gegebenen Möglichkeiten auszunutzen — der Kanal versandete immer wieder und verfiel im 8. Jahrhundert nach der Zeitwende völlig. Erst die koloniale Eroberung und ständige Ausbeutung Asiens durch europäische Mächte führte zum Bau des von Leibnitz erdachten, von Napoleon geplanten und durch seine Expedition nach Ägypten vorbereiteten Kanals. Nach den Plänen des Österreichers Negrelli wurde er im 19. Jahrhundert durch die Initiative des Franzosen Lesseps unter Aufopferung von 20 000 ägyptischen Arbeitern erbaut, von den Engländern kontrolliert und 1936 n militärisch besetzt. 1956 n mit russischer Rückendeckung in den Besitz Ägyptens überführt (Suez-Krieg).

658 v–595 v Necho II.
605 v grün Bau
550 v–486 v Dareios I.
490 v grün Vollendung
281 v grün Schleuse
1796 n / 1815 n Napoleonische Kriege
1804 n–1881 n Disraeli
1869 n grün Neubau vollendet
1875 n grün Englischer Aktienbesitz
1918 n– Nasser
1956 n grün Verstaatlichung
1956 n braun Krieg

SUFI, Al (903 n–986 n), arabischer Astronom in Valencia (Spanien). Unternahm auf Grund seiner Beobachtungen eine Korrektur der Sterntafeln des Ptolemäus und stellte schließlich einen eigenen Sternatlas zusammen, der dieses klassische Werk hinsichtlich der Genauigkeit der Orts- wie der Helligkeitsbestimmung weit übertraf. Baute selbst einen Himmelsglobus von 209 cm Durchmesser und gravierte auf dieser Messingkugel 1015 Sterne in ihrer richtigen Größenordnung ein.

960 n grün Himmelsglobus

SUGAMBRER, Name der Angehörigen eines germanischen Stammes, die vor über 2000 Jahren am rechten Ufer des Niederrhein zwischen Ruhr und Sieg ansässig waren. Im Jahre 17 v überschritten sie den Rhein und schlugen 16 v gemeinsam mit zwei anderen germanischen Stämmen die römischen Legionen. Im Jahre 8 n wurden sie von Tiberius unterworfen. 40 000 von ihnen wurden zusammen mit germanischen Sueben am linken Rheinufer zwischen Köln und Aachen angesiedelt. Ihr Name wurde in Rom Sammelbezeichnung für wilde fremde Völker.

17 v / 16 v Kampf gegen Römer

SUGER (1081 n–1151 n), französischer Priester und Staatsmann. Seit 1122 n Abt des Klosters St. Denis, ließ er in diesem Vorort von Paris die erste Kirche bauen, in deren Chor die gotische Bauweise voll ausgebildet ist. Richtete die größte Werkstätte für Kirchenfenster in Europa ein. Als römischer Gesandter Ludwigs VII. errang er das Vertrauen des französischen Königs, wurde dessen Berater und erlangte großen Einfluß auf Staat, Wirtschaft und Rechtsprechung. Begünstigte den Aufstieg der Städte. Bestimmte Ludwig VII. zu einem Kreuzzug und beherrschte das Land während der Abwesenheit des Königs (1147 n–1149 n) als Reichsregent.

1134 n grün Kirchenfenster-Werkstatt
1145 n blau Kathedrale St. Denis
1147 n / 1149 n Zweiter Kreuzzug

SUI, Name einer Herrscherfamilie, die China von 581 n bis 618 n regierte.

560 n–618 n Yang-Ti
570 n–635 n Li-Yüan
605 n blau Palaststadt Loyang
605 n grün Nord-Süd-Kanal
606 n rot Titel für Staatsexamen
608 n grün Kanalbauorganisation
612 n braun Angriff auf Korea
617 n / 623 n Bürgerkrieg
618 n rot Herrschaftsende

SUIDAS (um 920 n– um 990 n), byzantinischer Gelehrter. Verfaßte in seiner Heimatstadt Konstantinopel eine alphabetisch zugeordnete Enzyklopädie, die Lexikon und Wörterbuch zugleich war. Durch gründliche Ausschöpfung griechischer und lateinischer Schriften wurde sein Werk zur bedeutendsten Quelle des Wissens seiner Zeit und zum umfassendsten Zeugnis byzantinischer Gelehrsamkeit.

971 n blau Enzyklopädie

SUKARNO, Achmed, indonesischer Staatsmann.

1901 n– Lebenslinie
1945 n / 1954 n Erhebung Südostasiens
1949 n rot Indonesien unabhängig
1955 n rot Bandung-Konferenz
1962 n rot West-Neuguinea frei
1965 n braun Kämpfe auf Borneo

SUKOTA, Name eines Staates in Hinterindien. Von den aus China eingedrungenen Thai nach deren Sieg über die Ureinwohner (Khmer) auf dem Boden des heutigen Thailand gegründet, dehnte er seine Macht über Burma und Kambodscha aus und führte den Buddhismus ein. Um 1350 n ging er in dem fast ganz Hinterindien umfassenden Staate auf, der später von den Europäern 'Siam' genannt wurde.

1257 n braun Vorstoß der Thai
1257 n rot Reichsgründung

SULEIMAN (um 1050 n–um 1090 n), türkischer Feldherr und Staatsmann. Als Neffe des Seldschuken-Königs Arsalan führte er die Eroberung Kleinasiens fort. Nach Vertreibung der Statthalter des byzantinischen Reiches gründete er ein kleinasiatisches Türkenreich ('Rum'). Durch Abschaffung des Großgrundbesitzes und Verteilung des Ackerlandes an die von den Byzantinern ausgebeuteten Landarbeiter gewann er die Bevölkerung schnell für sich, schuf einen einheimischen Bauernstand und vereitelte so jede Möglichkeit einer byzantinischen Rück-Eroberung. Unter dem Eindruck dieser tiefgreifenden sozialen Umwälzung vertauschten die Bewohner Kleinasiens größtenteils ihr Christentum gegen die Religion der Seldschuken (Islam).

1071 n / 1077 n Ikonischer Türkenkrieg
1073 n rot Reichsgründung
1073 n grün Bodenreform

SULFONAMID, Bezeichnung für eine Gruppe von Arzneimitteln, deren Wirkung auf einer Schädigung des Stoffwechsels der Bakterien beruht. Insbesondere gegen alle Eitererreger bewährt, wird es seit seiner Entwicklung durch den deutschen Arzt Gerhard Domagk zur Bekämpfung zahlreicher bakterieller Krankheitsprozesse angewendet.

1935 n grün Entwicklung

SULLA, Lucius Cornelius, römischer Feldherr und Politiker.

138 v–78 v Lebenslinie
158 v–104 v Jugurtha
156 v–86 v Marius
132 v–63 v Mithridates
113 v / 101 v 1. Germanenkrieg
112 v / 105 v Jugurthinischer Krieg
106 v–48 v Pompejus
91 v / 88 v Bundesgenossenkrieg
89 v / 82 v Bürgerkrieg
87 v / 85 v 1. Mithridatischer Krieg
86 v grün Kriegsgeld
83 v / 81 v 2. Mithridatischer Krieg
82 v rot Diktator
81 v rot Angriff Ciceros
80 v / 78 v Sertorius-Krieg
79 v rot Amtsniederlegung
78 v blau Lebenserinnerungen

SULPICIUS Severus (um 360 n–um 420 n), römischer Schriftsteller aus Südwest-Gallien (Aquitanien). Als Mönch schilderte er in einem zweibändigen Geschichtswerk die Entwicklung der christlichen Kirche. Reicherte sein Buch durch allgemeine historische Angaben so an, daß es von Christen als Weltchronik gelesen wurde. So legte er den Grund zu dem unwissenschaftlichen historischen Weltbild des christlichen Europa. Seine Legende des Martin von Tours wurde Vorbild aller christlichen 'Heiligenlegenden'.

397 n blau Martinslegende
403 n blau Geschichtswerk

SUMATRA, Insel im Indischen Ozean, westlichste und nach Borneo zweitgrößte Insel Indonesiens unmittelbar vor der Südspitze Hinterindiens (Singapur). Vor 2000 Jahren Sitz mehrerer selbständiger Fürstentümer. Die Bevölkerung wurde vor 1400 Jahren vom Festlande her zum Buddhismus bekehrt, trat aber vor 700 Jahren größtenteils zum Islam über. Unter holländischer Kolonialherrschaft jahrhundertelang ausgebeutet (Kaffee, Tee, Pfeffer, Zucker, Tabak, Kopra, Gummi, Öl, Kohle, Gold, Silber). 1942 n von Japanern besetzt. Nach deren Vertreibung Bestandteil des Indonesischen Inselreiches.

101 n–179 n Ptolemäus
600 n rot Buddhismus
692 n grün Chinesischer Reisebericht
1254 n–1324 n Marco Polo
1304 n–1377 n Ibn Batuta
1352 n grün Ibn Batutas Reisebericht
1596 n rot Holländischer Besitz
1901 n– Sukarno
1939 n / 1945 n Zweiter Weltkrieg
1945 n / 1954 n Erhebung Südostasiens
1949 n rot Indonesien unabhängig

SUMER, Land in Vorderasien (Süd-Mesopotamien). Im fruchtbaren Lande am Unterlauf der Ströme Euphrat und Tigris gelegen, wurde es zu einer Wiege der Menschheitskultur. Später ging es in den großen Reichen Vorderasiens auf (Babylonien, Assyrien, Persien), gehörte dann zum Alexanderreich, zum Seleukidenreich, zum Partherreich, zum Sassanidenreich, zum Mongolenreich und zum türkischen Osmanenreich. Heute bildet es den südlichsten Teil des Irak.

Allgemeines (Land, Volk, Staat)

Vorzeittafel: Schlußbalken (5000 Jahre)
3000 v–2947 v Etana
3000 v–2952 v Meschki-Agascher
2991 v blau Gründung von Eridu
2988 v–2925 v En-Merkar
2970 v blau Tempelstadt Eanna
2965 v rot Machtausdehnung
2943 v blau Gründung von Ur
2942 v–2870 v Du-Muzi
2938 v rot Stadtstaat Uruk
2934 v braun Kampf gegen Aratta
2928 v rot Eridu Religionszentrum
2924 v blau Gründung von Larsa
2915 v blau Gründung von Lagasch
2915 v–2852 v Melam
2905 v blau Gründung von Umma
2894 v–2817 v Gilgamesch
2890 v blau Gründung von Adab
2888 v rot Kommunismus
2882 v blau Gründung von Babylon
2873 v blau Gründung von Nippur
2843 v blau Gründung von Schuruppak
2676 v–2595 v Mesilim
2659 v rot Stammrollen
2645 v rot Vorrang von Kisch
2635 v braun Krieg Lagasch-Umma
2635 v rot Schlichtungspolitik
2625 v rot Nippur Religionszentrum
2625 v rot Enlil Hauptgott
2613 v grün Große Bürgerhäuser
2596 v–2515 v Ur-Nan-Sche
2580 v rot Höchstpreise in Uruk
2570 v–2481 v Ur-Enlil
2552 v–2475 v Ku-Baba
2549 v rot Vorrang Kischs beendet
2545 v–2478 v Mes-Anni-Padda
2531 v grün Kupferwaffen
2522 v–2434 v E-Annatum
2510 v rot Unabkömmlichkeit
2494 v–2416 v Schu-Bad
2479 v braun Krieg Lagasch-Umma
2479 v rot Tributpflicht Ummas
2475 v braun Krieg Lagasch-Ur
2475 v rot Ur unter Lagasch
2473 v braun Krieg Lagasch-Uruk
2473 v rot Uruk unter Lagasch
2469 v braun Krieg Lagasch-Kisch
2469 v rot Vormacht von Lagasch
2467 v braun Krieg Lagasch-Elam
2467 v rot Elam unter Lagasch
2464 v–2397 v En-Te-Mena
2449 v–2367 v Lugal-Anda
2441 v–2379 v Meska-Lamdug
2433 v braun Erhebung Ummas
2433 v rot Umma wieder frei
2422 v–2360 v Uru-Kagina
2420 v braun Krieg Lagasch-Umma
2420 v rot Umma wieder unter Lagasch
2416 v rot Mitbestattung
2413 v braun Einfall Elams
2409 v rot Vertrag Urs mit Lagasch
2403 v rot Mehrehe
2393 v rot Leibwache
2393 v–2340 v Lugal-Zagesi
2379 v rot Höchstzinsen
2379 v grün Lagasch 36 000 Einwohner
2376 v–2294 v Sargon der Große
2370 v grün Frauen geschäftsfähig
2367 v braun Aufstand in Lagasch
2367 v rot Sozialreformer König
2366 v rot Schutzgesetze in Lagasch
2365 v rot Anti-Korruptions-Gesetze
2363 v rot Witwen- und Waisenschutz
2360 v braun Krieg Umma-Lagasch
2360 v rot Lagasch unter Umma

2360 v rot Reformen aufgehoben
2359 v braun Kriegszug Ummas
2359 v rot Ur, Larsa unter Umma
2358 v braun Krieg Umma-Uruk
2358 v rot Uruk unter Umma
2357 v/2356 v Expansionskrieg Ummas
2356 v rot Einigung
2354 v braun Krieg gegen Kisch
2354 v rot Macht über Mesopotamien
2353 v rot Uruk Hauptstadt
2352 v braun Vorstoß zum Mittelmeer
2347 v/2325 v Krieg der 4 Weltgegenden
2343 v–2285 v Rimusch
2341 v rot Herrschaft Akkads
2340 v rot König als Siegestrophäe
2337 v rot Kaisertochter Priesterin
2297 v–2238 v Naramsin
2287 v/2286 v Erhebung gegen Akkad
2270 v braun Erhebung gegen Naramsin
2245 v grün Bau von Burgen
2243 v rot Kaiserenkelin Priesterin
2203 v–2147 v Imta
2190 v–2141 v Inki-Schu
2154 v–2096 v Jar-Lagab
2147 v/2143 v Eroberung durch Gutäer
2110 v rot Selbstverwaltung
2107 v–2050 v Utu-Chengal
2098 v–2054 v Ti-Ri-Gan
2093 v–2030 v Ur-Nammu
2088 v–2020 v Gudea
2060 v–1983 v Schul-Gi
2054 v braun Aufstand gegen Gutäer
2054 v rot Ende der Gutäermacht
2054 v rot Einigung
2050 v braun Erhebung in Ur
2050 v rot Machtwechsel
2047 v braun Krieg gegen Akkad
2047 v rot Einverleibung Akkads
2046 v braun Kriegszug nach Norden
2046 v rot Macht über Mesopotamien
2046 v rot Ur-Nammu Kaiser
2045 v rot Hauptstadt Ur
2042 v braun Einfall Elams
2041 v rot Berufungsgerichte
2039 v blau Gesetzbuch Ur-Nammus
2039 v rot Einheitliches Recht
2035 v rot Söldnerheer
2033 v grün Lagasch 200 000 Bewohner
2021 v rot Elitetruppe
2019 v braun Tempel Babylons zerstört
2017 v rot Naturalsteuern
2016 v rot Starke Zentralgewalt
2013 v rot Gott-Kaisertum Schul-Gis
2007 v–1955 v Ib-I-Sin
2003 v blau Eridu Nationalheiligtum
1998 v rot Ausdehnung nach Osten
1998 v braun Aufstand der Bergvölker
1995 v–1940 v Napal-Num
1994 v braun Aufstand der Bergvölker
1992 v braun Aufstand der Lulubu
1989 v–1927 v Ischti-Irra
1971 v braun Aufstand der Bergvölker
1968 v braun Erhebung Elams
1957 v braun Erhebung Maris
1957 v rot Verlust von Mari
1956 v braun Vertreibung aus Akkad
1956 v rot Verlust von Akkad
1955 v braun Erhebung Elams
1955 v rot Ende des Großreiches
1955 v rot Verschleppung des Kaisers
1955 v grün Nanna-Statue nach Susa
1954 v rot Bildung zweier Staaten
1937 v–1865 v Libit-Ischtar
1922 v grün Nanna-Statue nach Ur
1920 v blau Wiederaufbau von Ur
1911 v–1845 v Ilu-Suma
1886 v–1817 v Sumu-Abum
1876 v–1816 v Iri-Suma
1872 v blau Gesetzbuch Libit-Ischtars
1872 v rot Rechtsverkündung in Isin
1869 v–1804 v Irra-I-Mitti
1865 v rot Machtwechsel in Isin
1850 v braun Erhebung Assurs
1850 v rot Assur unabhängig
1847 v braun Kriegszug Assurs
1847 v rot Machtgewinn Assurs
1842 v–1780 v Ellil-Bani
1835 v braun Krieg Larsas gegen Ur
1835 v rot Ur unter Larsa
1830 v braun Erhebung Babylons
1830 v rot Babylon selbständig
1822 v–1750 v Kudur-Mabuk
1804 v rot Machtwechsel in Isin
1801 v–1759 v Warad-Sin
1780 v–1697 v Rimsin
1771 v braun Vorstoß Elams
1771 v rot Larsa unter Elam
1771 v rot Elamit König Larsas
1765 v rot Königsschwester Priesterin
1760 v–1686 v Hammurabi
1740 v braun Kriegszug Rimsins
1740 v rot Uruk unter Rimsin
1728 v braun Krieg Larsas gegen Isin
1728 v rot Machtgewinn für Rimsin
1722 v braun Krieg Babylons gegen Isin
1722 v rot Machtgewinn Babylons
1720 v–1648 v Samsu-I-Luna
1712 v rot Dreibund
1699 v braun Krieg Babylon-Larsa
1699 v rot Babylonische Herrschaft
1698 v blau Siegessäule Hammurabis
1698 v–1629 v Iluma-I-Lu
1675 v/1665 v Freiheitskampf
1665 v rot Unabhängigkeit
1653 v grün Festungsgürtel

1475 v–1420 v Ulam-Buriasch
1448 v–1392 v Kara-Indasch
1432 v braun Einfall Babylons
1427 v braun Einfall Babylons
1427 v rot Herrschaft Babylons
1427 v rot Ende des Reiches

SUMER: Baukunst

3000 v–2952 v Meschki-Agascher
2988 v–2925 v En-Merkar
2970 v blau Tempelstadt Eanna
2934 v blau Enki-Tempel in Eridu
2922 v blau Tempel in Uruk
2920 v grün Künstliche Tempel-Hügel
2915 v–2852 v Melam
2895 v grün Tonstift-Mosaik
2894 v–2817 v Gilgamesch
2855 v grün Freitreppe
2850 v blau Inanna-Tempel in Uruk
2845 v grün Mauer um Uruk
2823 v blau Anu-Tempel in Uruk
2805 v grün Atriumhaus
2760 v blau Eye-Tempel
2695 v blau Enlil-Tempel in Nippur
2689 v grün Zweistöckige Häuser
2675 v blau Inanna-Tempel
2596 v–2515 v Ur-Nan-Sche
2545 v blau Tempel in Lagasch
2503 v grün Bogen und Gewölbe
2464 v–2397 v En-Te-Mena
2449 v blau Tempel der Mutter-Göttin
2440 v grün Nagelkopf-Motive
2410 v grün Kuppelbauten
2356 v grün Fenster
2245 v grün Bau von Burgen
2093 v–2030 v Ur-Nammu
2088 v–2020 v Gudea
2060 v–1983 v Schul-Gi
2043 v blau Kaiserpalast in Ur
2041 v grün Email-Ziegel in Ur
2040 v blau Tempelturm in Ur
2037 v blau 'Bauhandwerker' (Relief)
2037 v grün Mauer um Ur
2032 v blau Neuer Tempel in Lagasch
2005 v blau Mausoleum von Ur
2003 v blau Ausbau von Eridu
1997 v blau Mausoleum von Lagasch
1978 v blau Ningal-Tempel in Ur
1920 v blau Wiederaufbau von Ur
1801 v–1759 v Warad-Sin
1766 v blau Mondgott-Tempel in Ur
1653 v grün Festungsgürtel
1448 v–1392 v Kara-Indasch
1415 v blau Tempelbau in Uruk
1402 v–1346 v Burna-Bu
1364 v blau Sonnengott-Tempel, Larsa

SUMER: Bildhauerei

2915 v–2852 v Melam
2856 v blau Rollsiegel-Bilder
2829 v blau 'Jagd im Gebirge'
2807 v blau 'Prozession zu Schiff'
2790 v blau Religiöse Motive
2782 v blau Tierfiguren auf Vasen
2775 v blau 'Gefangene vor König'
2770 v grün Elfenbeinschnitzerei
2768 v blau Relief einer Gazelle
2747 v grün Kupfer-Skulpturen
2744 v blau 'Dame von Warka'
2738 v blau 'König auf Löwenjagd'
2735 v blau Tierplastiken
2725 v blau Götter in Menschengestalt
2722 v blau Relief zweier Löwen
2720 v grün Einlege-Arbeiten
2691 v blau 'Kampf Löwe-Mensch'
2686 v blau Akt-Figuren
2667 v blau 'Trink-Gelage'
2665 v blau 'Tributzug'
2658 v grün Arbeiten in Gipsstein
2655 v blau 'Der Wagenlenker'
2650 v grün Weißer Marmor
2649 v blau Ringkampf-Darstellung
2642 v blau 'Fürst aus Osttigrisland'
2638 v blau 'Heilige Hochzeit'
2634 v blau Friedenssäule
2620 v blau 'Königin mit Stirnband'
2617 v blau Abstrakte Reliefs
2611 v blau 'Löwenköpfiger Adler'
2605 v blau Schmuck des Königspalastes
2597 v blau 'Frauenkopf mit Perücke'
2596 v–2515 v Ur-Nan-Sche
2592 v grün Geräte aus Gold
2585 v blau 'Lebensbaum mit Ziege'
2567 v blau Königsstatue
2561 v blau Goldene Tierplastiken
2557 v blau 'Krieg und Frieden'
2547 v grün Diorit-Verwendung
2535 v blau Prinzessinnen-Porträt
2525 v blau Relief der Königsfamilie
2520 v blau Prunk-Schwert
2489 v blau Löwenköpfe
2478 v blau 'Geierstele'
2475 v blau 'Stallung und Molkerei'
2471 v grün Filigranarbeit
2469 v blau Skulptur eines Sitzenden
2457 v blau 'Der Stier'
2455 v blau 'Adler mit zwei Hirschen'
2446 v blau Löwenköpfe für Tempeltor
2441 v blau Tierplastiken aus Gold
2440 v grün Nagelköpfe: Götterfiguren
2436 v blau Dankopfer-Darstellung
2427 v blau 'Mann aus Lagasch'
2417 v blau 'Frau mit Mantel'
2410 v blau Königsstatue aus Diorit
2408 v blau Gravuren auf Vase
2403 v blau Bild der Ackerbau-Göttin
2401 v grün Helm Meska-Lamdugs
2383 v grün Silberschiffchen
2285 v blau Schlachtenrelief
2251 v blau Bogenschützen-Bild
2231 v blau Büste eines Fürsten
2109 v blau Standbild eines Fürsten
2088 v–2020 v Gudea
2037 v blau 'Bauhandwerker'
2036 v blau Kaiser als Handwerker
2033 v blau 'Sitzende Sumererin'
2030 v blau Gedenkstein
2028 v blau 'Kopf mit Turban'
2027 v grün Gott der Heilkunst
2024 v blau 'Schwebende Göttin'
2022 v blau Statue des Gudea
2011 v grün Siegel auf Edelsteinen
2010 v blau Standbild eines Fürsten
1995 v blau Frauenkopf
1992 v blau König als Korbträger
1984 v blau Frauenkopf
1983 v grün Terrakotta-Verwendung
1979 v blau 'Gilgameschs Kampf'
1782 v blau Plastik eines Hundes
1756 v blau 'Gilgameschs Kampf'
1448 v–1392 v Kara-Indasch
1415 v blau Einheit mit Baukunst

SUMER: Dichtung und andere Literatur

2894 v–2817 v Gilgamesch
2810 v blau Gilgamesch-Epos entsteht
2392 v–2311 v Dingi-Radamu
2363 v blau 'Vertrag mit Nin-Girsu'
2357 v blau Klagelied auf Lagasch
2143 v blau Klagelied auf Ur
2093 v–2030 v Ur-Nammu
2088 v–2020 v Gudea
2051 v blau Drachenkampf-Sage
2027 v blau Bau-Hymne
2026 v blau Bibliothek in Lagasch
2018 v blau Gedicht über die Schule
1970 v blau 'Liebeslied an Schusin'
1949 v blau Klagelied auf Sumer
1852 v blau Gesang auf Enlil
1816 v blau Epos auf En-Merkar
1809 v blau Niederschrift von Fabeln
1763 v blau Fabel: Adler und Schlange
1723 v blau Fabel: Pferd und Ochse
1692 v blau Gilgamesch-Übersetzung

SUMER: Geschichtsschreibung

1759 v blau Königslisten

SUMER: Musik

2916 v grün Trommel
2897 v blau Chorgesang
2759 v grün Leier
2609 v grün Pauke
2587 v grün Harfe
2519 v grün Orchestermusik
2494 v–2416 v Schu-Bad
2437 v grün Hofkapelle in Ur
2433 v grün Harfe mit elf Saiten
2088 v–2020 v Gudea

SUMER: Recht

2093 v–2030 v Ur-Nammu
2041 v rot Berufungsgerichte
2039 v blau Gesetzbuch des Ur-Nammu
2039 v rot Einheitliches Recht
1937 v–1865 v Libit-Ischtar
1872 v blau Gesetzbuch Libit-Ischtars
1872 v rot Verkündung in Isin
1851 v grün Prozeß-Protokolle

SUMER: Religion

3000 v–2952 v Meschki-Agascher
2988 v–2925 v En-Merkar
2970 v blau Tempelstadt Eanna
2963 v blau Sonnengott-Kult
2942 v–2870 v Du-Muzi
2934 v blau Enki-Tempel in Eridu
2928 v rot Eridu Gemeinheiligtum
2922 v blau Tempel von Uruk
2880 v grün Neujahrsfest
2863 v blau Mondgott-Kult
2850 v blau Inanna-Tempel in Uruk
2823 v blau Anu-Tempel in Uruk
2807 v blau 'Prozession zu Schiff'
2790 v blau Religiöse Motive auf Vase
2767 v grün Tuchfabrik im Tempel
2725 v blau Götter in Menschengestalt
2695 v blau Enlil-Tempel in Nippur
2679 v grün Händefalten beim Gebet
2675 v blau Inanna-Tempel
2638 v blau 'Heilige Hochzeit'
2625 v rot Nippur Religionszentrum
2625 v rot Enlil Hauptgott
2608 v blau Dreifaltigkeit
2596 v–2515 v Ur-Nan-Sche
2570 v–2481 v Ur-Enlil
2545 v blau Tempel in Lagasch
2464 v–2397 v En-Te-Mena
2449 v blau Tempel für Mutter-Göttin
2449 v–2367 v Lugal-Anda
2441 v–2379 v Meska-Lamdug
2440 v grün Nagelkopf-Motive
2436 v blau Dankopfer-Szene
2422 v–2360 v Uru-Kagina
2403 v blau Relief der Ackerbau-Göttin
2391 v grün Wahrsagen
2377 v blau 300 Götter
2365 v grün Machtverlust in Lagasch
2363 v blau Angriff auf Priester
2363 v grün Tempelspenden-Verlust
2337 v rot Kaisertochter Priesterin
2243 v rot Kaiserenkelin Priesterin
2190 v–2141 v Inki-Schu
2088 v–2020 v Gudea
2067 v grün Tempel-Prostitution
2060 v–1983 v Schul-Gi
2040 v blau Tempelturm in Ur
2032 v blau Neuer Tempel in Lagasch
2027 v grün Gott der Heilkunst
2024 v blau 'Schwebende Göttin'
2021 v grün Schulfach
2013 v rot Gott-Kaisertum Schul-Gis
2013 v blau 3 600 Götter
2003 v blau Eridu Nationalheiligtum
1995 v rot Heirat für Priesterinnen
1992 v blau König als Tempelbauer
1978 v blau Ningal-Tempel in Ur
1977 v grün Tempel-Werkstatt in Ur
1955 v grün Nanna-Statue nach Sua
1922 v grün Nanna-Statue wieder in Ur
1869 v–1804 v Irra-I-Mitti
1852 v blau Enlil-Hymne
1801 v–1759 v Warad-Sin
1766 v blau Mondgott-Tempel in Ur
1765 v rot Königsschwester Priesterin
1448 v–1392 v Kara-Indasch
1415 v blau Tempelbau in Uruk
1402 v–1346 v Burna-Bu
1364 v blau Sonnengott-Tempel, Larsa

SUMER: Sitten und Gebräuche

2875 v grün Männer: Langes Haar
2839 v grün Männer: Röcke
2792 v grün Perlenketten
2710 v grün Perlendecken
2699 v grün Ohrringe für Frauen
2684 v grün Dattelwein
2636 v grün Kranzfrisur
2603 v grün Sterndeutung
2580 v grün Plisseeröcke
2569 v grün Verwendung von Gift
2555 v grün Bestattung in Häusern
2537 v grün Grundstein-Legung
2513 v grün Pinzetten
2494 v–2416 v Schu-Bad
2491 v grün Roter Schminkpuder
2471 v grün Schmuckdosen
2451 v grün Brettspiel
2423 v grün Schminklöffelchen
2391 v grün Wahrsagen

SUMER: Sprache und Schrift

2992 v grün Zahlenschrift
2988 v–2925 v En-Merkar
2955 v grün Rohrgriffel
2951 v grün Bilderschrift
2833 v grün Silbenschrift
2482 v grün Keilschrift
2021 v grün Keilschrift Schulfach
1952 v blau Ende als Volkssprache
1952 v blau Gelehrtensprache
1937 v–1865 v Libit-Ischtar
1895 v blau Wörterbücher
1801 v–1759 v Warad-Sin

SUMER: Technik

2983 v grün Rollsiegel
2964 v grün Pfeile mit Kupfer-Spitzen
2961 v grün Metall-Guß-Technik
2945 v grün Vierrädrige Wagen
2940 v grün Holzpflug
2933 v grün Bewässerungs-Kanäle
2915 v–2852 v Melam
2900 v grün Gebrannte Ziegel
2895 v grün Tonstift-Mosaiken
2894 v–2817 v Gilgamesch
2887 v grün Mahlsteine
2829 v grün Planken-Schiffsbautechnik
2645 v grün Drainage
2526 v grün Bumerang
2524 v grün Streitwagen
2513 v grün Pinzetten
2505 v grün Bronze-Herstellung
2464 v–2397 v En-Te-Mena
2447 v grün Abwässer-Kanäle in Ur
2429 v grün Tür-Scharniere
2397 v grün Wasserleitung in Nippur
2387 v grün Ausbau des Tigris
2366 v grün Wasserversorgung Lagaschs
2253 v grün Kanalbau Nippurs
2245 v grün Bau von Burgen
2044 v grün Kanal von Ur zum Meer
2041 v grün Email-Ziegel
2037 v grün Mauer um Ur
1977 v grün Kupferschmelzofen
1846 v grün Mauer um Assur
1698 v–1629 v Iluma-I-Lu
1653 v grün Festungsgürtel

SUMER: Wirtschaft und Verkehr

3000 v–2952 v Meschki-Agascher
2973 v grün Tauschhandel
2967 v grün Buchführung
2942 v–2870 v Du-Muzi
2933 v grün Bewässerungskanäle
2915 v–2852 v Melam
2865 v grün Esel als Zugtier
2825 v grün Schafzucht
2813 v grün Einfuhr von Baumwolle
2797 v grün Einfuhr von Elfenbein
2767 v grün Tuchfabriken
2755 v grün Dattel-Gärten
2740 v grün Handel mit Ägypten
2727 v grün Einfuhr von Kupfer
2663 v grün Anbau von Flachs
2596 v–2515 v Ur-Nan-Sche
2580 v rot Höchstpreise
2570 v–2481 v Ur-Enlil
2563 v grün Butter-Gewinnung
2545 v–2478 v Mes-Anni-Padda
2540 v grün Schiffahrtskanäle
2508 v grün Handelshaus
2494 v–2416 v Schu-Bad
2485 v grün Weite Handelsbeziehungen
2464 v–2397 v En-Te-Mena
2449 v–2367 v Lugal-Anda
2422 v–2360 v Uru-Kagina
2405 v grün Kanalbauten
2387 v grün Ausbau des Tigris
2379 v rot Höchstzinsen
2374 v grün Kreditbriefe
2350 v grün Neue Werteinheit
2253 v grün Kanal von Nippur zum Meer
2093 v–2030 v Ur-Nammu
2088 v–2020 v Gudea
2061 v grün Längenmaß
2060 v–1983 v Schul-Gi
2044 v grün Kanal von Ur zum Meer
2034 v grün Einfuhr von Holz
2029 v grün Woll-Spinnereien
2025 v grün Plantagen
2015 v grün Tierzuchtstation
1996 v grün Tuch-Manufakturen
1989 v grün Eichamt
1988 v grün Steigende Zinsen

SUMER: Wissenschaft

2987 v grün Sternbilder
2960 v grün Astronomie
2925 v grün Bruchzahlen
2913 v grün Mondjahr-Kalender
2817 v grün Sechziger-Rechnung
2325 v grün 'Weltkarte'
2105 v grün Handbuch der Medizin
2055 v–1975 v Ur-Edina
2021 v grün Mathematik Schulfach
2009 v grün Multiplikations-Tafeln
2004 v grün Rechteck-Berechnung
1999 v grün Medikamente
1991 v grün Zoologischer Garten
1985 v grün Wurzelzeichen
1981 v grün Naturheilverfahren

SUMMA THEOLOGIAE, Titel einiger kirchlicher Bücher, die im 13. Jahrhundert das Christentum durch formale Anpassung seiner Glaubenslehre an philosophische Denkweise in das Zeitalter der Wissenschaft herüberretten sollten. Die lateinische Bezeichnung (wörtlich 'Zusammenfassung der Gottesgelehrsamkeit') sollte diesen Werken einen wissenschaftlichen Anstrich geben. Auch im systematischen Aufbau wurde die wissenschaftliche Einteilung kopiert. Im Inhalt wurde durch Anwendung der als wissenschaftlich anerkannten philosophischen Kategorien des Aristoteles der christliche Glaube als zwingende Folge aus selbstgewählten Voraussetzungen entwikkelt. Durch diese Methode ('Scholastik') wurde der unüberbrückbar gewordene Gegensatz zwischen der durch die Araber neu erweckten Philosophie und der christlichen Lehre verhüllt. Der Preis hierfür war die Erniedrigung der Philosophie von der Weisheitslehre zu einer rein formalen Denk-Wissenschaft ('Magd der Theologie'). Diese Entfremdung der Philosophie von ihrer eigentlichen Wurzel, der Wahrheitssuche, bedeutete für Europa einen Verlust, der sich bis in unsere Epoche auswirkt, rettete aber den Bestand des Christentums für einige Jahrhunderte.

1225 n–1274 n Thomas von Aquin
1246 n blau Werk Alexanders von Hales
1274 n blau Werk Thomas' von Aquin

SUMU-ABUM, König des Stadtstaates Babylon.

1886 v–1817 v Lebenslinie
1830 v braun Erhebung gegen Isin
1830 v rot Babylon unabhängig
1830 v rot Thronbesteigung
1830 v rot Babylon Residenz

SUMU-LA-ILU, König von Babylon.

1837 v–1780 v Lebenslinie
1806 v braun Vorstoß nach Kisch
1806 v rot Herrschaft über Kisch
1789 v grün Mauer um Babylon
1782 v blau Plastik seines Hundes

SUND (vollständiger Name: 'Öre-Sund'), Bezeichnung für die Meeresenge zwischen der dänischen Hauptinsel Seeland (Kopenhagen) und der Südspitze Schwedens (Malmö). An seiner engsten Stelle nur vier Kilometer breit, ist er das Bindeglied zwischen Skandinavien und Dänemark, das sich den skandinavischen Ländern zugehörig fühlt, obgleich mehr als zwei Drittel seines Gebietes auf dem mitteleuropäischen Festland liegen (Jütland).

1364 n grün Handelssperre

SUNG, Name einer Herrscherfamilie, die von 960 n bis 1279 n den chinesischen Kaiserthron innehatte.

1004 n braun Niederlage gegen Mongolen
1005 n grün Tribut an Mongolen
1021 n–1086 n Wang-Anschi

1024n grün Papiergeld
1042n grün Tribut-Verdopplung
1058n blau Wang-Anschis Denkschrift
1069n rot Reformen
1083n grün Anwachsen der Bevölkerung
1155n–1227n Dschingis-Khan
1184n grün Sprachreform
1207n/1279n Großer Mongolenkrieg
1211n rot Mandschurei mongolisch
1214n–1294n Kublai-Khan
1215n rot Nordchina mongolisch
1232n grün Schießpulver-Verwendung
1234n rot Kin-Reich mongolisch
1264n rot Peking Mongolen-Hauptstadt
1276n rot Mittelchina mongolisch
1277n grün Kalender-Verbesserung
1279n rot Herrschaftsende

SUNNA (wörtlich 'Herkommen'), Titel eines arabischen Buches, das 160 Jahre nach Mohammeds Tod zusammengestellt wurde. Enthält Überlieferungen, die mit Mohammeds Leben zusammenhängen (Aussprüche und Berichte über seine Lebensgewohnheiten). Die Mehrzahl der gläubigen Mohammedaner anerkannte das Buch neben dem Koran als verpflichtendes Gesetz, und sie nannte sich deshalb 'Sunniten'.

795n blau Entstehung

SUN-YAT-SEN, chinesischer Staatsmann.

1866n–1925n Lebenslinie
1894n rot Bund für Reformen
1911n braun Revolution
1911n rot Vertreibung der Mandschu
1911n rot China Republik

SUPPI-LULI-UMA, hettitischer König.

1413v–1346v Lebenslinie
1422v–1373v Tus-Ratta
1402v–1341v Matti-Waza
1391v–1358v Echnaton
1379v rot Stärkung der Macht
1378v/1373v Vierter Hettiterkrieg
1376v rot Gewinn Nordsyriens
1373v rot Macht über Mitanni
1367v–1315v Mur-Sili II.
1349v rot Verbindung mit Ägypten
1349v rot Prinzenmord in Ägypten
1348v/1346v Krieg gegen Ägypten

SURAT, Hafenstadt in Vorderasien. Nahe der Mündung des Taptiflusses in das Arabische Meer für Schiffe aus Europa günstig gelegen, wurde sie im 17. Jahrhundert von England als erstes Handelszentrum in Indien ausgebaut. 40 Jahre vor Gründung der englischen Niederlassung war die Stadt vom indischen König Akbar genommen und zu hoher Blüte geführt worden. Vorher war sie mehrere Jahrhunderte hindurch Hauptstadt des indischen Reiches Gudscharat und wurde im 16. Jahrhundert von den Portugiesen mehrfach umkämpft. 44 Jahre lang war sie Hauptniederlassung der britischen Gesellschaft für den Indienhandel, dann diente sie auch Holländern und Franzosen als Stapelplatz und Zentrum des Handels mit Indien. 1759n wurde die Stadt von den Engländern auch politisch annektiert und dem britischen Weltreiche einverleibt. Bis 1800n stieg die Bevölkerung auf 1 Million, sank dann aber schnell ab, nachdem England das 250 Kilometer weiter südlich gelegene Bombay zu seinem Handelszentrum an der indischen Westküste ausgebaut hatte.

1612n rot Niederlassung Englands

SUSA, Stadt in Vorderasien. An den Ausläufern des persischen Hochlandes zum Euphrat-Tigris-Tale (Süd-Mesopotamien) gelegen, wurde sie zum Zentrum eines selbständigen Reiches (Elam), das sich in beständigen Kämpfen gegen die Stadtstaaten des benachbarten Mesopotamien behauptete und zeitweilig selbst über weite Gebiete Mesopotamiens herrschte. Nach der Eroberung durch Perser Hauptstadt des persischen Reiches. Von Alexander dem Großen wurde sie zur Stätte der Versöhnung zwischen Griechen und Persern gemacht. Nach Alexanders Tod entwickelte sie sich zu einem Mittelpunkt der neuen griechisch-persischen Mischkultur (Hellenismus). Seit der Einigung Persiens durch Ardaschir als Hauptstadt der Provinz Elam Bestandteil des neuen Perserreiches.

2853v blau Gründung
2750v blau Bild eines Reiters
2309v blau 'Sargons Siegeszug'
2273v blau Statue Manisch-Tusus
2007v–1955v Ib-I-Sin
1955v rot Gefangenschaft Ib-I-Sins
1955v grün Heiligtum Sumers erbeutet
1922v grün Rückgabe des Heiligtums
1424v–1370v Kuri-Gal-Zu
1380v braun Vorstoß Babylons
1380v rot Babylonischer Besitz
1232v–1162v Schutruk
539v rot Persischer Besitz
518v grün Kaiserstraße
356v–323v Alexander der Große
334v/325v Alexanderzug
324v rot Heiratspolitik Alexanders
180n–239n Ardaschir
224n rot Einigung Persiens

SUSRUTA (um 380n–um 450n), indischer Gelehrter und Schriftsteller. Verfaßte ein 'Buch der Lebensvorgänge' ('Ayor-Veda') mit einer systematischen Darstellung der Medizin unter besonderer Berücksichtigung der Chirurgie. Dieses Werk galt den Indern als eines der großen Weisheitsbücher ('Veden'). Es teilte die chirurgischen Eingriffe in acht große Gruppen ein und brachte die Beschreibung von über 100 ärztlichen Instrumenten.

442n grün Medizinisches Werk

SUTECH, semitische Namensform für einen der Hauptgötter Ägyptens (Seth). In der Gestalt eines ausgestorbenen Wüstentieres dargestellt, galt er als Gott der Steppe und der Wüste und damit als Gott der Fremde, des Bösen und des Kampfes. In der Göttersage als Mörder seines Bruders Osiris von dessen Sohn Horus erschlagen.

2727v–2672v Per-Ib-Sen
2697v–2650v Ka-Sechemui
1712v–1640v Apofis
1691v–1628v Chian
1652v rot Staatsreligion
1125v–1054v Smendes

SUTENZEFF (um 2790v–um 2740v), ägyptischer Feldherr und Staatsmann. Als jüngerer Bruder des Ägypterkönigs Semer-Chet führte er den Feldzug gegen die Nomaden auf der Halbinsel Sinai und sicherte dadurch seinem Lande die Ausbeutung der reichen Kupferminen. Nach Beendigung des Krieges zog er sich auf sein Staatsamt als Vorsteher der königlichen Besitzungen zurück.

2798v–2751v Semer-Chet
2757v/2753v Sinai-Krieg

SUTRA, Name eines Buches mit den Grundlehren des indischen Yoga-Systems (wörtlich: 'Lehrsätze'). Mit seiner Niederschrift erhielt die Yoga-Lehre nach jahrhundertelangen Richtungs-Kämpfen ihre endgültige Ausprägung. Das Wort wurde auch zur Bezeichnung anderer Lehren aus indischen Weisheitsbüchern (Veden).

424n blau Endfassung

SUTTNER, Bertha (1843n–1914n), österreichische Schriftstellerin aus Prag (Böhmen). Als Tochter eines Feldmarschalls von tiefem Abscheu gegen das Kriegshandwerk erfüllt, studierte sie in Brünn Sprachen und Musik. Gegen den Willen ihrer Eltern heiratete sie einen Schriftsteller und ging mit ihm für zehn Jahre nach Tiflis im russischen Georgien, wo sie als Sprachlehrerin und Korrespondentin deutscher Zeitungen arbeitete. Zurückgekehrt, suchte sie die in England und Amerika verbreitete Friedensidee auch in Österreich und Deutschland heimisch zu machen. Durch ihren Roman 'Die Waffen nieder' rüttelte sie das Gewissen der Öffentlichkeit wach. Gründete die österreichische Friedensgesellschaft und gab die Zeitschrift des internationalen Friedensbüros in Bern heraus. Bestimmte viele Staatsmänner zur Unterstützung der Friedensidee und bewog den Erfinder des Dynamits (Nobel) zur Stiftung eines Preises für friedliche Leistungen. Doch Nobel hörte nicht auf, die Dynamitproduktionen zu steigern, und die Staatsmänner fuhren mit der Vorbereitung des Weltkrieges fort, der wenige Wochen nach ihrem Tode ausbrach. In ihren Novellen und Romanen packte sie immer wieder soziale Fragen mutig an ('Das Maschinenzeitalter').

1889n blau 'Die Waffen nieder'

SU-TUNG-PO (1036n–1101n), chinesischer Maler, Dichter und Beamter. Studierte mit 10 Jahren historische Urkunden und bestand nach vielseitiger Ausbildung sein Staatsexamen so hervorragend, daß er am Kaiserhofe gefeiert wurde. Aber bald darauf setzten die Reformen des Wang-Anschi ein, durch die seine soeben erworbenen Privilegien beseitigt wurden. Wegen einer satirischen Schrift eingekerkert, setzte man ihn nach seiner Freilassung als Beamten in der Provinz ein. Hier widmete er sich den Künsten mehr als seiner Verwaltungsarbeit ('Der Einsiedler vom Osthang'), schrieb zahlreiche volkstümliche Dichtungen und malte. Malen und Schreiben betrachtete er als Künste, die nur Ausdruck der Persönlichkeit ihrer Schöpfer sind und keinen Gestaltungsgesetzen unterliegen.

1093n blau Ablehnung von Kunstregeln

SVEN I. (um 960n–1014n), König von Dänemark. Als Sohn des dänischen Königs Harald Blauzahn setzte er sich an die Spitze einer Erhebung gegen die von seinem Vater eingeleitete Christianisierung des Landes, schlug das Heer seines Vaters und wurde 986n selbst König von Dänemark. Als ihm sein Land durch den Schwedenkönig Erik entrissen wurde, zog er mit dem Rest seines Heeres nach England, schlug die Angelsachsen, aber beließ ihnen die Unabhängigkeit gegen Tributzahlung ('Dänengeld') und Anerkennung der Rechte der in England ansässigen Dänen. Nach Eriks Tod heimgekehrt, heiratete er dessen Witwe und ging mit ihrem Sohn auf einen Feldzug gegen Norwegen, der ihm die Herrschaft über große Teile auch dieses Landes brachte. Als der englische König Ethelred unter Bruch des mit ihm geschlossenen Vertrages die Ermordung aller Dänen auf englischem Boden anordnete und dort auch seine Schwester mit ihrer Familie umkam, unternahm er eine Strafexpedition, ohne aber London erobern zu können. Zurückgekehrt, bereitete er sich dann 10 Jahre lang auf die Eroberung der Insel vor. In Begleitung seines Sohnes Knut landete er mit seiner ganzen Streitmacht, vertrieb König Ethelred, schlug alle gegen ihn gesandten Heere, nahm London und machte sich mit Unterstützung des Adels zum König von England. Im folgenden Jahr starb er noch vor seiner offiziellen Krönung in London. Dänemark hatte er für einige Jahrzehnte zur europäischen Großmacht erhoben.

1002n rot Dänen-Ermordung
1003n braun Angriff auf England
1012n rot Bund mit Adel Englands
1013n braun Adelsaufstand in England
1013n rot König von England

SWAMMERDAM, Jan (1637n–1680n), holländischer Naturforscher. Studierte in Leiden und Paris Medizin, erwarb 30jährig die Doktorwürde und arbeitete dann als Privatgelehrter in seiner Heimatstadt Amsterdam. Entdeckte die Gleichartigkeit des Zeugungsvorganges bei allen Tieren, die sich durch Samen fortpflanzen. Schuf das erste der Natur entsprechende Einteilungssystem für Insekten. Durch Einspritzen von gefärbtem Wachs machte er Blutgefäße der mikroskopischen Untersuchung zugänglich. Mit selbstgebauten Instrumenten fand er die roten Blutkörperchen und die Klappen der Lymphwege. Deckte den Zusammenhang zwischen Muskelbewegung und Nervenfunktion auf.

1658n grün Rote Blutkörperchen

SWANTEWIT, Name einer Gottheit, die in Norddeutschland vor 1000 Jahren von den dort ansässigen Slawen verehrt wurde. Weil sie als allgegenwärtig und allwissend galt, wurde sie mit 4 in alle Himmelsrichtungen blickenden Köpfen dargestellt. Ihr Heiligtum befand sich an der Nordspitze der Ostsee-Insel Rügen. Es wurde vom christlichen Dänenkönig Waldemar I. zerstört.

1161n rot Menschenopfer
1168n braun Zerstörung des Heiligtums

SWATOSLAW (um 940n–973n), russischer Herrscher. Enkel Ruriks. Erbte beim frühen Tode seines Vaters Igor die Herrschaft über das Reich von Kiew. Als seine Mutter Olga, die für ihn die Regentschaft führte, das Christentum annahm, bewahrte er das Land noch einmal vor der allgemeinen Einführung dieser Religion. Unterwarf die türkischen Khasaren in Südrußland. Durch eine Goldsendung des Kaisers von Byzanz für einen Krieg gegen Bulgarien gewonnen, eroberte er mit einem Heer von 60 000 Mann große Teile des Balkans. Doch nutzten die Petschenegen seine Abwesenheit zu einem Angriff auf Kiew. In Eilmärschen zurückgekehrt, schlug er die Angreifer, teilte sein Reich unter seine drei unmündigen Söhne und kehrte nach Bulgarien zurück, das er ganz für sich erobern wollte. Als er aber über das Balkan-Gebirge vordrang, stellten sich ihm die byzantinischen Heere entgegen. Er erhielt freien Abzug, wurde aber auf dem Heimweg nach Kiew von Petschenegen erschlagen.

885n–968n Olga
965n braun Sieg über Khasaren
965n rot Hoheit über Khasaren

SWEDENBORG, Emanuel (1688n–1772n), schwedischer Naturforscher, Erfinder und Religionsstifter. Als Sohn des Bischofs von Gotland studierte er Mathematik, Naturwissenschaften, Philosophie und Theologie. Dann trat er in den staatlichen Bergwerksdienst, verbesserte die Grubentechnik durch zahlreiche Erfindungen und gab ein 3bändiges Werk über Gesteinskunde heraus. Beschäftigte sich mit dem Problem des Vogelfluges und entwarf 1716n einen Gleitflugapparat. Erforschte die Drüsentätigkeit, den Wechsel von Ebbe und Flut sowie den Lauf der Planeten. Fast 60jährig erklärte er, von Gott persönlich den im Johannis-Evangelium verheißenen Auftrag zur Gründung einer neuen Kirche erhalten zu haben. Verwarf Dreifaltigkeit und Vorherbestimmung. Durch eine Jesus-Vision wollte er Kenntnisse im Umgang mit Geistern erlangt haben. Für seine zahlreichen Anhänger gründete er die 'Kirche des neuen Jerusalem'. In mehreren Werken legte er auf Grund seiner Offenbarungen das Fundament für eine neue Religion (Theosophie).

1747n blau Geisterlehre

SWIFT, Jonathan (1667n–1745n), irischer Schriftsteller. Als Sohn eines Justizbeamten studierte er Theologie und wurde dann Sekretär des englischen Staatsmannes William Temple. Bei dessen Tod kehrte er nach Irland zurück, wo er eine kleine Pfarrstelle erhielt. Im Auftrage des Erzbischofs von Irland verhandelte er in London so erfolgreich über die Abschaffung der irischen Steuerzahlung an England, daß er bei seiner Rückkehr mit Glockengeläute empfangen wurde. Doch wurden alle Hoffnungen enttäuscht. Durch publizistische Angriffe führte er nun den Kampf gegen England fort ('Briefe eines Tuchhändlers'). Den englischen Großgrundbesitzern empfahl er, hungernde Irenkinder zu mästen und sie als Leckerhappen an die britische Bourgeoisie zu verkaufen ('Ein bescheidener Vorschlag'). Durch seine Schrift über die Selbstsucht, Verderbtheit und Unduldsamkeit aller Kirchen ('Märchen von der Tonne') wurde er zum gefürchtetsten Satiriker seiner Epoche und erhielt nicht das Bistum, für das er vorgeschlagen war. 59jährig veröffentlichte er die ersten beiden Bände seines Hauptwerkes 'Gullivers Reisen', hinter dessen märchenhafter Form sich eine ätzende Kritik an der bürgerlichen Gesellschaft verbarg. Verbittert und vereinsamt schrieb er immer menschenfeindlichere Bücher und starb nach langer Krankheit im Irrsinn.

1726n blau 'Gullivers Reisen'

SYAGRIUS (um 440n–485n), römischer Statthalter. Als Sohn des römischen Feldherrn Ägidius wurde er von seinem Vater zum Herrscher des noch römischen Teiles von Gallien gemacht. Nachdem er 22 Jahre lang das Gebiet von Nordostfrankreich und Belgien regiert hatte, wurde er vom Frankenherrscher Chlodwig 100 Kilometer nordöstlich von Paris bei Soissons geschlagen. Als er die Schlacht verlorengeben mußte, floh er nach Toulouse an den Hof der Westgoten, wurde aber von ihrem König Alarich II. an Chlodwig ausgeliefert und hingerichtet. Mit seinem Tod war die römische Macht in Frankreich endgültig erloschen.

466n–511n Chlodwig
486n braun Niederlage

SYBARIS, Stadt an der Ostküste der Südspitze Italiens (Golf von Tarent). Von griechischen Auswanderern vor 2700 Jahren gegründet, entwickelte sie sich durch die Fruchtbarkeit der Umgebung, den Fleiß ihrer Bewohner und durch ihre Handelsbeziehungen zum griechischen Mutterland sowie zu den Griechenstädten Kleinasiens schnell zu Reichtum und Macht. 150 Jahre nach ihrer Gründung hatte sie mehr als 100 000 Einwohner, besaß die Oberhoheit über 25 Städte Süditaliens und war die bedeutendste Stadt des griechischen Süditalien. Ihre Bewohner gründeten im Süden Italiens weitere Griechenstädte, darunter Poseidonia (Paestum). Die herrschende Schicht der Stadt gab sich aber bald einem untätigen Genußleben hin ('Sybaritenleben'). Im Jahre 510v unterlag sie der Streitmacht der benachbarten Griechenstadt Kroton und wurde zerstört.

720v blau Gründung

SYDNEY, größte Stadt und wichtigster Hafen Australiens an der Südostküste des Kontinents. Erste englische Sträflingskolonie Australiens und lange Zeit die einzige europäische Stadt des Kontinents. In der 2. Hälfte des 19. Jahrhunderts wurde sie von der an der Südküste gelegenen Hafenstadt Melbourne überflügelt. Die benachbarten Goldfelder und Kohlenlager begünstigten aber den Aufbau einer modernen Industrie, wodurch sie 1902n ihre führende Stellung zurückeroberte. Das Proletariat der Stadt erkämpfte 1856n den Achtstundentag und ging damit der Arbeiterbewegung der ganzen Erde voran.

1788n blau Gründung

SYMEON der Große (868n–927n), Herrscher der Bulgaren ('Zar') von 888n bis 927n. Als Sohn des Boris übernahm er nach gründlicher Ausbildung in Byzanz (Konstantinopel) im Jahre 888n die Macht, noch zu Lebzeiten seines Vaters, der sich für die letzten 20 Jahre in ein Kloster zurückzog. Durch einen kraftvollen Angriff auf Byzanz erzwang er nach seiner offiziellen Thronbesteigung im Jahre 893n Anerkennung und Tributzahlungen. Unterwarf Serben und Kroaten und dehnte die Macht seines Reiches über den größten Teil der Balkanhalbinsel aus. Die von Byzanz gegen ihn entsandten Magyaren schlug er so vernichtend, daß sie sich endgültig nach Ungarn zurückzogen. Dann erneuerte er seine Angriffe auf das byzantinische Reich, um sich selbst zum Kaiser von Byzanz zu machen. Ohne Flotte konnte er dieses Ziel nicht erreichen, doch sicherte er durch seine Feldzüge den Bestand des Balkan-Reiches und erlangte 924n die Anerkennung als gleichberechtigter Herrscher (Zar = Kaiser) durch den Kaiser von Byzanz. Kunst und Literatur erlebten unter seiner Regierung eine erste Blüte, und die bulgarische Schrift (= kyrillisch) verbreitete sich von hier aus ins russische Reich von Kiew. Durch Ansiedlung der aus Byzanz vertriebenen 'Ketzer' (Paulikianer) stärkte er Gewerbetätigkeit und Geistesleben seines jungen Staates. Verfaßte selbst ein großes enzyklopädisches Werk.

828n–907n Boris
920n rot Paulikianer-Ansiedlung
927n rot Großreich

SYMEON Stylites (um 390n–460n), syrischer Einsiedler. War zunächst Hirt, wandte sich dann aber einem Leben in religiöser Enthaltsamkeit (Askese) zu. Um schon bei Lebzeiten dem Himmel möglichst nahe zu sein, erfand er eine neue Art christlichen Lebens. Auf eine Säule von 3 Metern Höhe setzte er eine Fläche von einem Quadratmeter und zog sich ganz auf diesen Lebensraum zurück, der von einem schützenden Geländer umgeben war. Möglichst viel stehend (weil dadurch dem Himmel noch näher) verbrachte er Jahrzehnte auf solchen Säulen, die er immer höher bauen ließ. Tausende pilgerten zu ihm, und byzantinische Kaiser holten sich bei ihm Rat. Zahlreiche Jünger siedelten sich in seiner Nähe an. Starb auf einer über 12 Meter hohen Säule, die zum Ziel von Wallfahrten seiner Anhänger wurde.

437n grün Askese

SYMMACHUS, Quintus Aurelius (um 345n–402n), römischer Staatsmann. Als Sohn eines Konsuls und bedeutendster Redner seiner Zeit stieg er früh zu hohen Ämtern auf. 28jährig zum Prokonsul der römischen Provinz Nordafrika ernannt, wurde er 5 Jahre später von Kaiser Gratian aus Rom verbannt, weil er gegen die von Christen betriebene Entfernung eines altrömischen Heiligtums protestierte (Viktoria-Statue). Nach Gratians Tod als letzter Vertreter traditionsbewußten Römertums zum Präfekten von Rom berufen, forderte er in einer Bittschrift an den Kaiser die Bewahrung der alten römischen Heiligtümer gegen die christliche Zerstörungswut. Abermals abgesetzt widmete er sich der Erhaltung vorchristlichen Geisteserbes. Gab Schriften der von den Christen als 'heidnisch' abgewerteten klassischen Dichter (Vergil, Livius) heraus. Durch Briefe und Denkschriften an Staatsmänner und Kaiser suchte er den Aufstieg des Christentums zu einer unduldsamen, den römischen Staat beherrschenden Allein-Religion aufzuhalten, weil er darin eine Abkehr vom römischen Grundsatz der Duldsamkeit erblickte. Als Folge der Mißachtung des alten römischen Glaubens zugunsten des Christentums sah er den Untergang des römischen Reiches voraus. Sein Sohn gab nach seinem Tode 900 seiner Briefe heraus.

384n blau Schrift gegen Christentum

SYNCHRONISMUS, aus den griechischen Worten 'syn' (= zusammen) und 'chronos' (= Zeit) gebildete Bezeichnung für die Zusammenstellung geschichtlicher Abläufe unter dem Gesichtspunkte der Gleichzeitigkeit.

791v blau Mesopotamisches Werk
172n–245n Afrikanus
221n blau Afrikanus' Werk

SYNDIKAT, Bezeichnung für den wirtschaftlichen Zusammenschluß mehrerer selbständiger Wirtschaftsunternehmen (meist der gleichen Produktengruppe) zur Wahrnehmung gemeinsamer Interessen. Bewirkt gegenüber dem freien Wettbewerb größere Sicherheit um den Preis von Einschränkungen der Entscheidungsfreiheit jedes einzelnen der zusammengeschlossenen Unternehmen. Eine höhere Form des Kartells, führt es zu einer teilweisen Beherrschung des Marktes. Erreicht es darüber hinaus die vollständige Beherrschung eines Marktes, so wird es als 'Monopol' bezeichnet.

1498n grün Kupfersyndikat

SYNESIOS von Kyrene, griechischer Philosoph aus Nordafrika.

370n–414n Lebenslinie
401n blau 'Über die Vorsehung'
412n blau Religion und Philosophie

SYNKELLOS, Georgios (um 850n–811n), byzantinischer Geschichtsschreiber. Studierte in den Bibliotheken von Konstantinopel (Byzanz) Geschichtswerke und Urkunden. Dann zog er sich in das von seinem Freunde Theophanes gegründete Kloster nach

Bithynien (Kleinasien) zurück. Hier stellte er ein zeitlich-geordnetes Tabellenwerk mit den Hauptdaten des geschichtlichen Ablaufs zusammen und durchsetzte es mit Daten der biblischen Legende ('Ausgewählte Chronik'). Es umfaßte die Zeit von der Erschaffung der Erde bis zur Thronbesteigung des römischen Kaisers Diokletian (284n). Nach seinem Tode führte Theophanes das Werk bis zum Jahre 813n fort.

811n blau Weltgeschichte

SYNODE, von dem griechischen Wort für 'Zusammenkunft' abgeleitete Bezeichnung einer Zusammenkunft von Kirchenvorstehern. In der katholischen Kirche reine Priester-Versammlung in überregionalem Rahmen, die seit Festigung der päpstlichen Vormacht ganz vom Konzil verdrängt wurde. In der reformierten Kirche die Versammlung von führenden Geistlichen und Gemeindemitgliedern ('Laien'), die an der Kirchenführung beteiligt sind.

208n–280n blau Paulus von Samosata
506n rot Westgotische Synode
633n rot Synode von Toledo
742n rot Erste deutsche Synode
794n rot Fränkische Reichssynode
990n–1031n rot Aribo
1023n rot Synode zu Seligenstadt

SYNTAX, aus dem Griechischen abgeleitete Bezeichnung für die Lehre von der sinnvollen Zusammenstellung einzelner Wörter zu Sätzen.

138n blau Apollonios Dyskolos' Lehre
1054n–1122n rot Al Hariri
1103n blau Arabische Regeln

SYNTHESE, in der Chemie Bezeichnung für die künstliche Herstellung zusammengesetzter Stoffe aus einfachen Grundbestandteilen.

1800n–1882n grün Friedrich Wöhler
1828n grün Harnstoff-Synthese
1934n grün Hormon-Synthese

SYNTHETISCHE STOFFE, Bezeichnung für chemische (aus einfachen Grundstoffen gebildete) Produkte im Gegensatz zu den vom Menschen in der Natur vorgefundenen Stoffen.

1800n–1882n grün Friedrich Wöhler
1828n grün Harnstoff-Synthese
1845n grün Schießbaumwolle
1867n grün Dynamit
1869n grün Zelluloid
1870n grün Künstliches Indigo
1880n grün Saccharin
1884n grün Kunstseide
1886n grün Formalin
1899n grün Aspirin
1909n grün Salvarsan
1909n grün Bakelit
1913n grün Benzin aus Kohle
1915n grün Giftgas
1916n grün Germanin
1926n grün Künstliches Vitamin
1926n grün Gummi aus Kohle
1932n grün Nylon
1934n grün Hormon-Synthese
1935n grün Sulfonamid
1939n grün DDT
1944n grün Streptomyzin
1947n grün Künstliches Vitamin A
1954n grün Kinderlähmungsserum
1963n grün Anti-Baby-Pille

SYRAKUS, Name einer Hafenstadt, die vor 2700 Jahren von Griechen aus Korinth an der Ostküste Siziliens auf einer kleinen Insel (Ortygia) gegründet wurde. Ihre Siedlung griff bald auf das unmittelbar gegenüberliegende sizilische Festland über und wuchs zur reichsten und mächtigsten griechischen Stadt empor. Zeitweilig zur Herrschaft über ganz Sizilien und Unteritalien gelangt, schlug sie im Etruskischen Krieg auch die etruskische Flotte (Kyme 474v). Mit 500 000 Einwohnern überflügelte sie Athen und vernichtete dessen Flotte im Peloponnesischen Krieg. Allen karthagischen Eroberungsversuchen widerstand sie. In der Auseinandersetzung zwischen Rom und Karthago nahm sie zunächst für Rom Partei. Dadurch bewahrte sie als einzige Griechenstadt Siziliens nach dem römischen Siege im 1. Punischen Krieg ihre Unabhängigkeit. Ihre Parteinahme für Karthago im 2. Punischen Krieg führte vor 2200 Jahren zu ihrer Unterwerfung durch römische Heere. Dabei kam der hier geborene Naturwissenschaftler Archimedes um. Mit der römischen Herrschaft begann der Niedergang der Stadt, der nur noch einmal unter der Herrschaft der Araber für 200 Jahre von einer Blütezeit unterbrochen wurde. Seit der Eroberung durch Normannen sank sie zur Bedeutungslosigkeit herab. Erst in unserem Jahrhundert erlebte die Stadt durch eine aufstrebende Wirtschaft, durch Fremdenverkehr und durch ihren Hafenbetrieb wieder eine langsame Erholung. Sie wurde Mittelpunkt der Arbeiterbewegung Siziliens.

734v blau Gründung
483v blau Theater
483v/474v Etruskischer Krieg
466v braun Sturz der Tyrannis
466v rot Demokratisierung
431v/404v Peloponnesischer Krieg
424v–367v rot Dionys der Ältere
409v/405v Sizilien-Krieg Karthagos
405v rot Weiter unabhängig
402v grün Mauer
400v grün Pfeilgeschütz
399v grün Schiffsbau-Technik
397v/392v Sizilien-Krieg Karthagos
389v braun Vorstoß nach Süditalien
389v rot Herrschaft in Süditalien
379v braun Eroberung Krotons
379v rot Vormacht auf Sizilien
376v rot Besitz Ostsiziliens
284v–212v grün Archimedes
264v/241v 1. Punischer Krieg
241v rot Widerstand gegen Rom
218v/201v 2. Punischer Krieg
215v rot Bund mit Karthago
212v braun Eroberung durch Rom
212v rot Archimedes getötet
535n/553n Byzantinischer Vorstoß
827n/831n Arabischer Sizilienkrieg
831n rot Widerstand gegen Araber
878n rot Arabische Herrschaft
1085n rot Normannen-Herrschaft

SYRIAN (um 400n– um 460n), griechischer Philosoph aus Alexandria (Ägypten). Verließ seine Heimatstadt, weil dort die Macht der philosophiefeindlichen Christen zunahm. Begab sich nach Athen und wurde ein enger Mitarbeiter des Leiters der Akademie (Plutarch von Athen). Nach dessen Tod übernahm er im Jahre 431n selbst die Leitung der traditionsreichen Philosophenschule. Gab Schriften des Plato und des Aristoteles heraus. Stellte die griechische Philosophie von Pythagoras bis Plato als wissenschaftlich fortschreitende Weisheitslehre dar und erklärte die Philosophie des Aristoteles als Rückschritt. In seinem vierbändigen Kommentar zeigte er die Unwissenschaftlichkeit der 'Metaphysik' des Aristoteles und stellte ihren Aussagen die widersprechenden Texte aus den übrigen Werken des Aristoteles entgegen.

447n blau Kritik an Aristoteles

SYRIEN, Land in Vorderasien, das vor 5000 Jahren den größten Teil der östlichen Mittelmeerküste umschloß und sich bis zum Lande zwischen Euphrat und Tigris (Mesopotamien) erstreckte. Zwischen Ägypten, dem Judenstaat und den Reichen Vorderasiens und Kleinasiens immer wieder aufgeteilt, später von Persern, Alexander und seinen Nachfolgern (Diadochen) erobert, dann dem Römerreiche einverleibt, wurde das Land zu einem Schnittpunkt vieler Kulturen. Verarbeitete die fremden Einflüsse und gab sie durch die auf seinem Boden gegründeten Phönizierstädte ans ganze Mittelmeergebiet weiter. Vom oströmischen Reiche (Byzanz) an die Araber verloren, wurde es vom 7. bis zum 9. Jahrhundert Mittelpunkt des Kalifenreiches. Dann gehörte es zu Ägypten, wurde von Seldschuken und Mongolen unterworfen und blieb seit 1516n türkisch. Nach dem ersten Weltkrieg gelangte es unter französische Herrschaft und erhielt nach dem zweiten Weltkrieg seine Unabhängigkeit.

Allgemeines (Land, Volk, Staat)

2991v rot Phönizier-Niederlassung
2954v blau Entstehung von Byblos
2879v blau Entstehung von Tyros
2804v grün Handel mit Ägypten
2644v–2576v rot Snofru
2584v grün Handelsflotte Ägyptens
2465v braun Vordringen Ägyptens
2465v grün Bären nach Ägypten
2376v–2294v rot Sargon der Große
2347v/2325v Krieg der 4 Weltgegenden
2333v rot Provinz Akkads
2297v–2238v rot Naramsin
2268v braun Freiheitskampf
2179v blau Entwicklung von Ugarit
1971v grün Abwehrmauer am Euphrat
1955v–1895v rot Amen-Em-Het II.
1899v–1932v rot Sebek
1785v–1717v rot Samsi-Adad
1784v blau Entwicklung Alalachs
1748v–1695v rot Zim-Rilim
1703v grün Handelsplatz Karkemisch
1691v–1628v rot Chian
1612v–1550v rot Hattu-Sili I.
1597v blau Entwicklung von Damaskus
1597v–1521v rot Minos
1590v–1545v rot Amosis
1570v grün Oboe nach Ägypten
1563v–1530v rot Mur-Sili I.
1558v braun Einfall Ägyptens
1556v/1551v Zweiter Hettiterkrieg
1542v–1505v rot Tut-Mosis I.
1536v/1530v Dritter Hettiterkrieg
1533v rot Herrschaft der Hettiter
1526v–1460v rot Parra-Tarna
1521v/1513v Einfall Ägyptens
1515v rot Vormacht Ägyptens
1515v–1449v rot Idrimi
1512v–1448v rot Tut-Mosis III.
1506v–1444v rot Nemhet
1499v–1450v rot Tuti
1497v–1435v rot Sausa-Tar
1490v braun Revolte in Muki
1482v–1425v rot Tud-Halia II.
1481v rot Bündnis gegen Ägypten
1481v/1460v Vorderasien-Krieg
1473v rot Machtgewinn Ägyptens
1473v–1409v grün Neb-Amun
1471v braun Rückeroberung Alalachs
1471v rot Idrimi König Alalachs
1469v rot Küstengebiete an Ägypten
1467v rot Vormacht der Mitanni
1460v rot Herrschaft Ägyptens
1458v braun Kampf gegen Hettiter
1456v–1402v rot Arta-Tama
1454v braun Einfall der Mitanni
1454v rot Nordgebiete an Mitanni
1446v braun Erhebung gegen Ägypten
1446v rot Ägyptischer Triumph
1442v–1413v rot Tut-Mosis IV.
1424v–1370v rot Kuri-Gal-Zu
1422v–1373v rot Tus-Ratta
1418v braun Erhebung gegen Ägypten
1413v–1346v rot Suppi-Luli-Uma
1378v/1373v Vierter Hettiterkrieg
1376v rot Herrschaft der Hettiter
1351v blau Siegesbild in Ägypten
1348v/1346v Krieg Ägypter-Hettiter
1347v–1282v rot Muwa-Talli
1345v–1301v rot Sethos I.
1340v braun Aufstand gegen Hettiter
1328v–1252v rot Hattu-Sili III.
1322v blau Relief 'Kriegsgefangene'
1311v braun Vordringen Ägyptens
1297v/1282v Krieg Ägypter-Hettiter
1297v–1218v rot Tud-Halia IV.
1287v blau Ägyptisches Siegesrelief
1286v–1220v rot Meren-Pta
1258v–1203v rot Arnu-Wanda
1243v rot Umsiedlungen
1240v grün Boykott Assyriens
1229v braun Niederlage gegen Ägypten
1175v rot Philister-Niederlassung
1161v blau Darstellung in Ägypten
1148v–1074v rot Tiglatpileser I.
1111v/1090v Mesopotamischer Krieg
1108v rot Herrschaft Assyriens
1107v rot Tributpflicht Phöniziens
1105v rot Palmyra an Assyrien
1035v–972v rot David
999v–936v rot Hiram
912v–860v rot Assurnasirpal II.
908v–830v rot Sardur
890v–843v rot Biridri
876v braun Vorstoß der Assyrer
869v braun Niederlage gegen Urartu
869v rot Herrschaft Urartus
854v braun Vorstoß der Assyrer
852v–774v rot Pygmalion
824v–782v rot Adadnirari III.
774v–727v rot Tiglatpileser III.
763v–705v rot Sargon II.
757v braun Niederlage Aleppos
757v rot Aleppo unter Urartu
742v braun Krieg Assyrien-Urartu
742v rot Nordgebiete an Assyrer
732v braun Vorstoß der Assyrer
732v rot Vormacht Assyriens
717v braun Vorstoß der Assyrer
709v braun Vorstoß der Assyrer
709v rot Assyrer-Herrschaft
701v rot Assyrermacht in Phönizien
672v blau Assyrisches Siegesmal
658v–595v rot Necho II.
624v–561v rot Nebukadnezar II.
605v braun Krieg Ägypten-Babylon
605v rot Babylonische Herrschaft
539v rot Persische Herrschaft
484v–424v rot Artaxerxes
448v braun Aufstand gegen Persien
358v–280v rot Seleukos I.
356v–323v rot Alexander der Große
351v/348v Aufstand gegen Persien
334v/325v Alexanderzug
332v rot Herrschaft Mazedoniens
323v/301v Diadochenkriege
312v blau Gründung von Seleukeia
306v rot Seleukiden-Reich
305v rot Verlust indischer Gebiete
282v/281v Diadochenkrieg
262v rot Vordringen der Parther
248v rot Parthien unabhängig
246v rot Baktrien unabhängig
242v–187v rot Antiochus III.
235v–183v rot Scipio der Ältere
212v–166v rot Perseus
200v braun Sieg über Ägypten
200v rot Gewinn Palästinas
196v braun Vordringen im Balkan
193v rot Gegensatz zu Rom
193v–160v rot Judas Makkabäus
192v/190v Krieg gegen Rom
190v rot Gebietsverlust
189v braun Niederlage gegen Rom
167v/164v Aufstand der Juden
166v–132v rot Eunus
164v rot Zugeständnis an Juden
161v rot Bündnis Roms mit Juden
143v/142v Aufstand der Juden
142v rot Unabhängigkeit der Juden
131v rot Babylonien an Parther
130v–102v rot Tryphon
106v–48v rot Pompejus
64v/63v Vordringen Roms
63v rot Römische Provinz
48v–9n rot Varus
37v rot Ehe Antonius-Kleopatra
37v rot Ägyptischer Besitz
32n rot Lehren Jesu
175n braun Aufstand gegen Rom
214n–275n rot Aurelian
215n blau Römer-Tempel in Baalbek
230n–283n rot Zenobia
253n/266n Persischer Krieg Roms
266n rot Reich von Palmyra
266n rot Anerkennung Palmyras
269n braun Kriegszug Palmyras
269n rot Machtgewinn Palmyras
270n braun Kriegszug Palmyras
270n rot Rom: Anerkennung Zenobias
272n/273n Kampf Roms gegen Palmyra
273n rot Palmyra wieder unter Rom
341n rot Konzil zu Antiochia
395n rot Herrschaft Ostroms
540n/562n Krieg Byzanz-Perser
582n–644n rot Omar
609n–680n rot Moawija
611n/629n Kreuz-Christi-Krieg
633n/732n Arabischer Krieg
635n rot Südgebiete arabisch
640n rot Herrschaft der Araber
640n–716n rot Musa
661n rot Arabisches Reich
675n–752n rot Johannes von Damaskus
712n–775n rot Al Mansur
744n braun Aufstand gegen Araber
873n braun Paulikianer-Niederlage
873n braun Araber-Niederlage
873n rot Vordringen von Byzanz
899n/930n Karmatenaufstand
958n–1025n rot Basilius II.
1040n–1072n rot Arsalan der Löwenherzige
1071n/1077n Ikonischer Türkenkrieg
1096n/1099n Erster Kreuzzug
1147n/1149n Zweiter Kreuzzug
1189n/1192n Dritter Kreuzzug
1254n–1324n grün Marco Polo
1336n–1405n rot Timur
1400n braun Sieg der Mongolen
1401n rot Mongolische Herrschaft
1405n rot Unabhängigkeit
1516n braun Vorstoß der Türkei
1914n/1918n Erster Weltkrieg
1920n rot Französische Herrschaft
1925n/1926n Drusen-Aufstand
1939n/1945n Zweiter Weltkrieg
1945n rot Mitglied der UN
1945n rot Arabische Liga
1946n rot Unabhängigkeit
1955n rot Bandung-Konferenz
1958n rot Gründung der VAR
1963n braun Aufstand

SYRIEN: Baukunst

1441v blau Palast in Alalach
67n–129n grün Apollodoros von Damaskus
103n blau Tempel in Palmyra
641n blau Moschee in Bosra
705n blau Moschee in Damaskus

SYRIEN: Bildhauerei

1454v blau Statue Idrimis
1373v blau Relief einer Jagd
824v blau Relief des Wettergottes
779v blau Löwentor in Sam-Al
731v blau 'Der gute Hirte'

SYRIEN: Dichtung und andere Literatur

1356v blau Bibliothek
1279v grün Kikkuli-Übersetzung
187v blau Jambulos: 'Sonnenstaat'
94v–34v rot Publilius
125n–180n blau Lukian
154n–222n blau Bardesanes
184n blau Kirchenlieder
265n–330n blau Jamblichos
302n blau Jamblichos: 'Geheimlehren'
306n blau Jamblichos: Pythagoras
306n–373n blau Ephräm der Syrer
346n blau Christus-Dichtung
379n blau Werk über Kindererziehung

SYRIEN: Geschichtsschreibung

4n blau Nikolaus: Weltgeschichte
15n blau Augustus-Biographie
1392n–1450n blau Ibn Arabscha

SYRIEN: Philosophie

53n–120n blau Satornil
85n–145n blau Basilides
115n blau Satornil: Gnosis
125n–180n blau Lukian
154n–222n blau Bardesanes
169n blau Lukian: Freier Wille
188n blau Bardesanes: Freier Wille
214n–273n blau Longinos
265n–330n blau Jamblichos
386n–451n blau Nestorius
409n blau Nemesios: Seelenkunde
1169n–1240n blau Ibn Arabi

SYRIEN: Religion

824v blau Relief des Wettergottes
22n–74n blau Lukas
32n rot Lehren Jesu
33n rot Paulus Christ
53n–120n blau Satornil
85n–145n blau Basilides
103n blau Baal-Tempel
115n blau Satornil: Gnosis
133n blau Evangelien-Kommentar
148n blau 'Petrus-Evangelium'
154n–222n blau Bardesanes
184n blau Kirchenlieder
208n–280n blau Paulus von Samosata
265n–330n blau Jamblichos
306n–373n blau Ephräm der Syrer
341n rot Konzil zu Antiochia
354n–407n blau Chrysostomos
358n–441n blau Mesrop
379n blau Christliche Erziehung
386n–451n blau Nestorius
387n blau Chrysostomos' Predigten
430n blau Irdische Natur Jesu
437n grün Symeons Askese
675n–752n blau Johannes von Damaskus
746n blau Lehrbuch des Johannes
1022n blau Lehre der Drusen
1169n–1240n blau Ibn Arabi

SYRIEN: Sprache und Schrift

2001v grün Silbenschrift
1800v grün Buchstabenschrift
1493v grün Buchstabenzahl verringert
703n blau Jakobs Grammatik

SYRIEN: Technik

67n–129n grün Apollodoros von Damaskus
1202n grün Uhr mit Schlagwerk

SYRIEN: Wirtschaft

2804v grün Handel mit Ägypten
2644v–2576v rot Snofru
2584v grün Handelsflotte Ägyptens
1955v–1895v rot Amen-Em-Het II.
1748v–1695v rot Zim-Rilim
1703v grün Handelsplatz Karkemisch
1691v–1628v rot Chian
1597v–1521v rot Minos
1496v grün Kupferausfuhr
1240v grün Boykott Assyriens
732v grün Silbergeld

SYRIEN: Wissenschaft

105v grün Demetrios: Gynäkologie
22n–74n blau Lukas
81n–144n grün Archigenes
1163n blau Hochschule in Damaskus
1170n grün Medizinschule in Damaskus

TABAK, Gattung der Nachtschattengewächse, zu der etwa 60 verschiedene Pflanzenarten gehören. Im Gewebe ihrer Kleinwurzeln bilden sie ein starkes Gift (Nikotin), das in konzentrierter Form bereits in einer Dosis von 0,05 Gramm tödlich wirkt. Es verteilt sich in der 3 Meter hohen blätterreichen Pflanze in so kleinen Mengen, daß die getrockneten Blätter nach Überwindung der ersten Abwehrreaktionen des gesunden Körpers ohne sofort sichtbare Schäden vom Menschen als Anregungsmittel genossen werden. Dies um so leichter, als beim Rauchen im Höchstfall 30% des in den Blättern enthaltenen Nikotins dem Körper zugeführt wird. Bei der Entdeckung Amerikas von Kolumbus vorgefunden, verbreitete er sich nur langsam und zunächst nur als Schnupf-Tabak nach Europa. Seit dem Aufkommen der Zigarette wurde seine schädigende Wirkung noch durch die Teerstoffe erhöht, die sich bei seiner Verbrennung im Papier bilden. Mit allen Mitteln moderner Verkaufswerbung den Massen aufgezwungen, entwickelte er sich in unserer Epoche zu einer ernsten Gefahr für die Volksgesundheit.

1529n grün Pflanze nach Spanien
1560n grün Pflanzen nach Paris
1565n grün Heilmittel in Deutschland
1586n grün Rauchen in England
1621n grün Rauchen in Deutschland
1625n grün Anleitung zur Veredlung
1642n rot Päpstliches Verbot
1664n grün Französisches Monopol
1849n grün Zigarette
1964n grün Gefahren des Rauchens

TABARI, Al, arabischer Universalgelehrter aus einer Provinz am Kaspischen Meer.

839n–923n blau Lebenslinie
885n blau Koran-Auslegung
915n blau Weltgeschichte

TABELLE, von dem lateinischen Worte 'tabula' (= Tafel) abgeleitete Bezeichnung für übersichtlich zusammengestellte Zahlenwerke. Auf geschichtlichem Gebiet seit alters her angewendet, um trotz der Unmöglichkeit einer gedächtnismäßigen Aneignung des für ein echtes Geschichtsbild erforderlichen Wissensstoffes den Weg zu geistiger Zuordnung zu schaffen.

45v blau Attikus' Geschichtstabellen
1863n blau Ploetz' Geschichtstabellen

TABERNAKEL, von dem lateinischen Worte 'taberna' (= Bude) abgeleitete Bezeichnung für den Aufbewahrungsort von Wein und Brot (Hostie) in der Kirche, die sich nach katholischem Glauben beim Gottesdienst in Leib und Blut des Religionsstifters Jesus verwandeln und so dessen leibhaftige Anwesenheit bewirken. Meist besonders kunstvoll gearbeitet, soll es nach kirchlicher Vorschrift mit dem Andachttisch (Altar) fest verbunden, gut verschließbar und vergoldet sein.

1308n–1368n Orcagna

TABIT (827n–901n), arabischer Gelehrter. Verdiente sich seinen Lebensunterhalt als Geldwechsler in der Stadt Harran (Vorderasien) und eignete sich daneben im Selbststudium gründliche Kenntnisse auf allen Gebieten der Mathematik an. Nachdem er Griechisch gelernt hatte, übersetzte er Werke von Euklid, Archimedes, Ptolemäus, Plato und Aristoteles ins Arabische. Verfaßte selbst 170 Abhandlungen über die verschiedensten Wissensbereiche (Astronomie, Mathematik, Philosophie, Geschichte). Erklärte alle Religion einschließlich des Islam als Ausgeburt menschlicher Phantasie und wurde deshalb aus seiner Heimat ausgewiesen. Aber in Bagdad nahm der arabische Kaiser (Kalif) ihn an seinen Hof, und er konnte seine Übersetzertätigkeit zur Erschließung griechischer Wissenschaft für die arabische Welt fortsetzen.

872n grün Ptolemäus-Übersetzung
890n grün Archimedes-Übersetzung

TABIT, Hasan ibn (590n–674n), arabischer Dichter. In seiner Jugend zog er als Gelegenheitsdichter umher und weilte häufig an Fürstenhöfen. Nachdem er in seiner Heimatstadt Medina durch Mohammed für die arabische Erneuerung gewonnen war, diente er dem Propheten als Hofdichter. Beim Empfang arabischer Stammesfürsten, die traditionsgemäß Dichter zum Vortrag ihres eigenen Ruhmes mitbrachten, verkündete er Mohammeds Lob. Die von ihm aufgezeichneten Gedichte entsprechen dieser Anspruchslosigkeit, wurden aber wegen ihrer vorbehaltlosen Verherrlichung Mohammeds in die kritiklosen Anbetungen derjenigen aufgenommen, die Mohammed in den Himmel versetzen und aus seiner Lehre eine Religion machen wollten.

631n blau Lobgedichte

TABOR, Name einer Stadt in Böhmen (Tschechoslowakei) unweit von Prag. An Stelle der alten Festung Kotnow errichtet, wurde sie wegen ihrer strategisch günstigen Lage 1420n von den Anhängern des tschechischen Reformators Hus (Hussiten) als Feldlager benutzt. Ihrem Anführer Ziska wurde hier 1877n ein Denkmal gesetzt.

1370n–1424n Ziska
1420n/1434n Hussiten-Kreuzzug

TABORITEN, Name des revolutionären Flügels der Anhänger des von der Kirche verbrannten tschechischen Reformators Hus (Hussiten). Benannt nach der Stadt Tabor bei Prag, wo sich die Hussiten unter Ziska auf ihren Kampf vorbereiteten. Im Gegensatz zu den gemäßigten Hussiten ('Utraquisten') gaben sie sich nicht mit einer Neuregelung des kirchlichen Abendmahls-Zeremoniells zufrieden, sondern forderten eine Neuordnung der Eigentumsverhältnisse im kommunistischen Sinne. Ihre vorwiegend proletarischen und bäuerlichen Anhänger stellten den aktivsten Teil der Hussitenarmee dar. Als der Papst zum Kreuzzug gegen die Hussiten predigen ließ, gelang es ihnen, die ganze Hussiten-Bewegung zum Aufstand zu führen, der mit der Erstürmung des Prager Rathauses begann. Aber nachdem die Ritterheere aus allen christlichen Ländern Europas (150 000 Mann) die Hussiten geschlagen hatten, wandten sich die Gemäßigten gegen die Taboriten, und bei Ziskas Tod im Jahre 1424n wurde deren Einfluß in der Führung der Bewegung ausgeschaltet. Trotzdem nahmen die Taboriten weiter an den Kämpfen teil. Nachdem die Gemäßigten sich zu einem Kompromiß mit Kirche und Obrigkeit auf der Grundlage der bestehenden Besitzverhältnisse geeinigt hatten, kam es zum offenen Kampf. Doch war der verbliebene Kern von knapp 20 000 Revolutionären zu schwach, um sich gegen die von den herrschenden Mächten unterstützte Übermacht der Gemäßigten durchzusetzen. Ihre Niederlage bei Böhmisch-Brod, in der sie die Hälfte ihrer Männer verloren, bedeutete das Ende ihrer Hoffnungen auf eine soziale Erneuerung. Als tätige einzelne prägten sie später stark die Gemeinschaft der 'Böhmischen Brüder'.

1362n–1437n Sigismund
1369n–1415n Hus
1370n–1424n Ziska
1420n rot Papst fordert Kreuzzug
1420n/1434n Hussiten-Kreuzzug
1424n rot Ausschaltung
1434n rot Sieg der Gemäßigten
1457n rot 'Böhmische Brüder'

TACITUS, Cornelius, römischer Geschichtsschreiber und Staatsmann.

55n–120n Lebenslinie
98n blau 'Germania'
102n blau Kritik an Rhetorik
108n blau 'Historien'
117n blau 'Annalen'

TADSCH-MAHAL, Name einer palastartigen Gedenkstätte in der Stadt Agra (150 Kilometer südlich von Delhi), die von den mongolischen Kaisern Indiens zu ihrer Hauptstadt erhoben worden war. Vor mehr als 300 Jahren von Kaiser Dschehan zur Erinnerung an seine Frau Mumtaz Mahal errichtet, die bei der Geburt ihres 14. Kindes starb. Es besteht aus dem 78 Meter hohen Mausoleum für den Kaiser und seine Frau sowie einem 100×300 Meter großen bebauten und ummauerten Gelände mit gärtnerischen Anlagen, einem großen Teich und Wasserspielen. 20 000 Arbeiter haben unter Anleitung des Architekten Ustad Isa in 22 Jahren dieses Bauwerk aus weißem Marmor geschaffen, das zum Symbol der Märchenpracht des Orients geworden ist.

1648n blau Errichtung

TÄBRIS, Stadt im Hochland von Persien (Iran) unweit der armenischen Grenze. Zweitgrößte Stadt des Landes (nach Teheran) und Hauptstadt der persischen Provinz Aserbeidschan. Im Jahre 792n von der Frau des Kalifen Harun al Raschid (Zobeide) gegründet, wurde sie 500 Jahre später Residenzstadt des mongolischen Kaisers Hulagu-Khan, der in ihrer Nähe das Forschungszentrum Maraga angelegt hatte. Nach Abzug der Mongolen türkisch, wurde die Stadt im Jahre 1605n persisch und blieb es trotz nochmaliger Einnahme durch Türken (1725n) und Russen (1827n). Durch Erdbeben häufig zerstört (858n, 1041n, 1721n, 1780n, 1854n).

1217n–1265n Hulagu-Khan

TAGEBUCH EINER EINTAGSFLIEGE, Titel eines Buches, das eine japanische Hofdame vor tausend Jahren schrieb. Als Geliebte des Ministers Fujiwara-Nokana erzählte sie darin vom allmählichen Erkalten der Zuneigung ihres Gönners und von ihren Sorgen wegen der Zukunft des aus dieser Verbindung hervorgegangenen Sohnes.

972n blau Niederschrift

TAGEBUCH VON TOSA, Titel eines Buches, das der japanische Statthalter Tsura-Yuki vor mehr als tausend Jahren schrieb. Darin schilderte er die Eindrücke seiner Reise von Tosa nach Kyoto, wohin er nach fünfjähriger Tätigkeit als Gouverneur der Provinz Tosa zurückkehrte.

935n blau Entstehung

TAGESEINTEILUNG, TAGESZEITEN

2769v grün Monat mit 30 Tagen
1570v–1518v Amenem
390v–310v Herakleides
344v grün Tag-Nacht-Wechsel erklärt
237v grün Jahr mit 365 Tagen
348n–408n Prudentius

TAGORE, Rabindranath (1861n–1941n), indischer Dichter und Philosoph. Als Sohn eines der reichsten Großgrundbesitzer in die höchste Kaste hineingeboren (Brahmane), besuchte er englische Colleges und hatte schon als 18jähriger 7000 Verse und Erzählungen veröffentlicht. Bei der Verwaltung eines der Güter seines Vaters wurde ihm die Not der arbeitenden Menschen bewußt, und er machte sich zum Anwalt ihres Verlangens nach sozialer Erneuerung ('Das Haus der Starrheit'). In der Befreiung Indiens aus der englischen Kolonialherrschaft sah er die erste Voraussetzung hierzu ('Gora'). Diesen Kampf betrachtete er als Teil des großen Kampfes seiner Epoche gegen den eroberungssüchtigen Weltkapitalismus ('Der Sonnenuntergang des Jahrhunderts'). Im Mittelpunkt seines Wirkens stand die Vorbereitung der Menschen für eine bessere Ordnung durch pädagogische Mittel ('Was hindert die Erziehung?'). Auf seinem Landgut Schanti-Niketan (Bengalen) gründete er 1901n eine Schule. Um die wechselseitige Annäherung von asiatischer und europäischer Kultur bemüht, bereiste er häufig die Länder Europas. Der Entwicklung in der Sowjetunion stand er mit Sympathie und Hoffnung gegenüber ('Briefe aus Rußland'). Im Faschismus erkannte er früh einen Hauptfeind der Menschheit ('Als mein Geist befreit wurde'). Vertonte viele seiner Lieder, setzte als Regisseur zahlreiche seiner Stücke selbst in Szene, schuf Tusch-Zeichnungen und schrieb rund hundert Bücher.

1897n blau Kindergedichte

TAHARKA (um 710v–664v), ägyptischer König seit 690v. Als Enkel des Königs Sabaka letzter König aus dem benachbarten Nubien auf dem Thron des Pharaonenreiches. Regierte von Theben (Süd-Ägypten) aus das ständig von Assyrern im Norden bedrohte Nilland. Einmal rettete ihn die bei den angreifenden Assyrern ausgebrochene Pest vor der sicheren Niederlage, aber ein vom Assyrerkönig Asarhaddon selbst geführter neuer Angriff brachte das ägyptische Reich unter assyrische Herrschaft. Obwohl er aus der Gefangenschaft des Siegers entlassen wurde, Theben behielt und den Thron noch an Tanut-Amun weitergeben konnte, war die wirkliche Herrschaft seiner Familie über Ägypten praktisch beendet.

713v–669v Asarhaddon
679v blau Porträt
671v braun Niederlage gegen Assyrien
671v rot Assyrische Hoheit
671v blau Relief 'Gefangennahme'

TAHITI, Insel im Pazifik, etwa halbwegs zwischen Australien und Südamerika. Besteht aus zwei runden Inselhälften, die durch einen 2 Kilometer breiten Landstreifen verbunden sind. Die bis über 2000 Meter aufsteigenden bewaldeten Berge machen das Klima ausgeglichen und milde. Von Polynesiern unter Herrschaft eines Königs bevölkert, wurde sie im 17. Jahrhundert von Spaniern entdeckt, im 18. Jahrhundert von Engländern erforscht (Cook) und seit Beginn des 19. Jahrhunderts von englischen Protestanten christianisiert. Als Königin Wahine I. auf Betreiben der englischen Missionare den katholischen Missionaren aus Frankreich die Einreise verbot, entsandte Frankreich ein Kriegsschiff, erzwang die Zulassung der französischen Missionare und stellte die Insel 1842n unter französisches Protektorat. 38 Jahre später trat der letzte einheimische König Pomare V. gegen Zahlung einer jährlichen Pension von 25 000 Franken die Hoheit vollständig an Frankreich ab, das seine Kolonialherrschaft über die Insel bis in die Gegenwart aufrecht erhält.

1606n grün Entdeckung
1771n grün Cooks Reise
1880n rot Französische Kolonie

TA-HSÜE, chinesisches Wort für 'Universität'. Eigenname der ersten chinesischen Universität, die vor über 2000 Jahren gegründet wurde. Ihre Studenten erwarben mit der Abschlußprüfung die Anwartschaft auf eine höhere Beamtenstellung. Sie stand Kindern aus allen Volksschichten offen, die sich der Aufnahmeprüfung unterzogen. 400 Jahre nach ihrer Gründung wurde 291n zusätzlich eine 'Reichs-Universität' ('Kuo-Hsüe') eingerichtet, zu der nur die Söhne höherer Beamter Zutritt hatten und in der eine bevorrechtigte Beamtenkaste herangebildet wurde.

124v blau Gründung

TAIHO-GESETZE, Bezeichnung des ersten japanischen Gesetzbuches. Auf Veranlassung des Kaisers Mommu durch eine Kommission hoher Beamter niedergeschrieben. Dabei dienten die chinesischen Gesetze als Vorbild, wie sie 652n von Li-Chi aufgezeichnet worden waren. Insbesondere wurden die Vorrechte der Beamten niedergelegt, die so den Charakter einer eigenen Kaste erhielten. Auch die Straffreiheit des Täters bei freiwilliger Selbstanzeige und die starke Familienhaftung wurden aus dem chinesischen Recht übernommen sowie die harten Strafbestimmungen und die Hinrichtungsarten (Erdrosseln und Enthaupten). Neben dem Strafrecht erhielt das Gesetzbuch auch Bestimmungen über das Zivilrecht und ein Verwaltungsrecht.

701n blau Abfassung
702n rot Verkündung

TAIKWA-REFORM, Bezeichnung für die Überführung der japanischen Gesellschaftsordnung von einer noch weitgehend auf Familien- und Stammesverbänden beruhenden Ordnung in einen zentralgelenkten Beamtenstaat. Befreite die Haussklaven, aber brachte durch eine neue Bodenordnung eine Festigung der Macht der Fürsten und Adligen, die neben den Beamten zu Trägern des Staates wurden. Der Kaiser wurde formell Eigentümer des gesamten Bodens und verlieh sein Recht weiter an Beamte, Fürsten oder Adlige. Die Rechtlosigkeit des arbeitenden Volkes wurde durch Einführung seiner Bindung an den Boden vergrößert. Drakonische Strafen sicherten den so geschaffenen Einheitsstaat (Taiho-Gesetze).

605n–680n Fujiwara
626n–672n Tenji
645n rot Reformen
646n rot Gesetz gegen Grundbesitz
701n blau Taiho-Gesetze
702n rot Strafbestimmung

TAILLE, in Frankreich und England Bezeichnung für eine Steuer. Ursprünglich die Abgabe, die der Lehnsherr von seinem Vasallen erhob. Seit dem 15. Jahrhundert eine an den König abzuführende direkte Steuer. Da Adel und Priesterschaft als privilegierte Stände steuerfrei waren, wurde sie vor allem Bauern und Handwerkern auferlegt. In Frankreich durch die Revolution abgeschafft.

1439n grün Einführung in Frankreich

TAIMIJA, Achmed ibn (1263n–1328n), arabischer Rechtsgelehrter. Als Inhaber des juristischen Lehrstuhls an der Universität von Damaskus (Syrien) wehrte er sich gegen die Ersetzung alten Volksrechtes durch Berufung auf die Unfehlbarkeit der höchsten lebenden Autoritäten des Islam. Hierdurch geriet er in Gegensatz zur hohen Priesterschaft und zu den Kalifen. Seines Amtes enthoben und mehrfach eingekerkert, wurde er zum Symbol des Widerstandes gegen eine Verfälschung der ursprünglichen islamischen Lehre. Bekämpfte die Ablegung religiöser Gelübde, die Einführung islamischer Heiliger und die Veranstaltung von Wallfahrten. Verurteilte die abergläubischen Inhalte des Christentums, des Judentums sowie der griechischen Göttersage und wehrte sich gegen ihre teilweise Übernahme in den Islam. Forderte den Abriß der Synagoge von Kairo. Verfaßte über 300 Schriften. Starb im Gefängnis, nachdem man ihm die Möglichkeit zur schriftlichen Arbeit entzogen hatte. An seinem Begräbnis nahmen über 200000 Menschen teil.

1319n blau Kritik am Heiligenkult

TAIPING-AUFSTAND

1850n/1864n Aufstand

TAI-TSUNG, Kaiser Chinas von 627n bis 649n.

598n–649n Lebenslinie
570n–635n Li-Yüan
617n/623n Bürgerkrieg
623n rot Einigung Chinas
627n blau Kultur-Institut
628n rot Beamten-Prüfung
635n rot Christentum
639n rot Buddhismus
639n/640n Vorstoß nach Turkestan
640n rot Gewinn Turkestans
641n braun Sieg über Tibet
641n rot Hoheit über Tibet
645n braun Feldzug nach Korea
645n rot Vorbild für Japan
646n/647n Feldzug nach Indien
647n rot Machtgewinn in Indien

TAIWAN, chinesische Bezeichnung für die Insel Formosa vor der Küste Chinas im Stillen Ozean. Fast 400 km lang und bis zu 123 km breit. Wegen ihrer terrassenförmig ansteigenden Gebirge 'Taiwan' (chinesisches Wort für 'Terrassengestalt') genannt. Die ursprüngliche Bevölkerung wurde seit etwa 600n von den malaiischen Bewohnern anderer Inseln verdrängt oder aufgesogen. 1291n und 1297n versuchten Mongolen vergeblich, die Insel in Besitz zu nehmen. Bald darauf begann das allmähliche Einsickern von Chinesen, die vor der Mongolenherrschaft in China flohen. Nach kurzer portugiesischer, spanischer und holländischer Teilherrschaft errichteten im Jahre 1661n die hier ansässigen Chinesen zusammen mit ihren vor der Mandschu-Herrschaft geflüchteten Landsleuten einen selbständigen Staat unter dem chinesischen Admiral Kuo-Sing-Ye, wurden aber schon 22 Jahre später der chinesischen Mandschu-Herrschaft unterworfen. Durch den japanisch-chinesischen Krieg fiel die Insel den Japanern zu. Erst am Ende des zweiten Weltkrieges wurde sie wieder chinesisch, was Japan im Friedensvertrag von San Franzisko bestätigte. Beim endgültigen Sieg der kommunistischen Revolution in ganz China (1949n) floh Tschiang-Kai-Schek hierher, um unter dem Schutz der USA-Flotte eine gegenrevolutionäre Regierung zu bilden.

1650n–1722n Kang-Hi
1683n braun Eroberung durch China
1683n rot Chinesischer Besitz
1894n/1895n Krieg China-Japan
1895n rot Japanischer Besitz
1939n/1945n Zweiter Weltkrieg
1951n rot Friede von San Franzisko

TAKFARINAS (um 5v–24n), nordafrikanischer Freiheitskämpfer. Als Bewohner Numidiens (Ost-Algerien) diente er im römischen Heer. Im Jahre 17n führte er eine erste Erhebung gegen die römischen Herren seines Landes. Zwei Jahre später wurde er geschlagen und begann nun eine neue Kampfform. Er überfiel mit seinen Truppen die überlegenen Römer, stellte sich aber nie mehr dem offenen Kampf, sondern zog sich beim Gegenangriff in die Wüste zurück, um bei der ersten sich bietenden Gelegenheit erneut anzugreifen. Durch diese Guerilla-Taktik fügte er den Römern jahrelang schwere Verluste zu und rieb alle gegen ihn ausgesandten Heere auf. Nachdem viele seiner Anhänger durch Landzuweisungen für die Sache Roms gewonnen waren, konnte der römische Feldherr Dolabella ihn und seine Kerntruppe schlagen. Fiel in der Entscheidungsschlacht.

17n/24n Freiheitskampf

TALAR, von dem lateinischen Worte 'talus' (= Knöchel) abgeleitete Bezeichnung für ein bis auf die Knöchel reichendes Kleidungsstück. Als Arbeitskleidung für die Angehörigen verschiedener Berufe (Priester, Richter) dient es bis in unsere Epoche der Erzeugung einer künstlichen Ehrerbietung gegenüber seinem Träger.

1524n grün Kleidung des Predigers

TALBOT, William H. F. (1800n–1877n), englischer Chemiker und Physiker. Als Sohn eines Großgrundbesitzers zog er sich nach Beendigung seiner Studien auf seinen Landsitz in Südengland zurück und beschäftigte sich mit der Untersuchung von Spektren sowie mit chemischen, botanischen und archäologischen Fragen. 1834n gelang es ihm, ein in der camera obscura entstandenes Abbild der Natur durch Verwendung einer Chlorsilberschicht auf Papier zu bannen. Mit Hilfe einer Natronlösung konnte er das entstandene Bild gegen weitere Veränderungen schützen und es so 'fixieren'. Durch Entdeckung eines 'Entwicklers' (Gallussäure) schuf er das photographische Negativ-Positiv-Verfahren. Stellte die ersten photographischen Vergrößerungen her. 1844n veröffentlichte er das erste mit Photographien illustrierte Buch.

1841n grün Negativ-Photographie

TALENT, von dem griechischen Worte 'talanton' (= Gewicht) abgeleitete Bezeichnung für eine Gewichts-Einheit und eine darauf beruhende Geld-Einheit (= eine bestimmte Gewichtsmenge Edelmetall). Es schwankte im Gewicht zwischen 7 kg und 150 kg. Die Währungs-Einheit teilte sich in 60 Minen zu je 100 Drachmen, so daß 6000 Drachmen ein Talent ausmachten. Da man für 1 Zentner Korn etwa 1 Drachme zahlte, war der Wert etwa: 1 Talent = 150000 DM. Später wurde das Wort auch im übertragenen Sinne für eine hohe geistige Begabung benutzt.

624v grün Währung in Athen

TALGKERZE, Bezeichnung für eine billige Kerze, die nicht aus Bienenwachs, sondern aus dem Rückstand von Rinder- oder Hammelfett angefertigt ist.

188v grün Aufkommen in Rom

TALINN, heutiger Name der estnischen Hafenstadt Reval. Am Finnischen Meerbusen vom dänischen König Waldemar bei einer zerstörten estnischen Festung gegründet, wurde sie Hansestadt und Hauptstadt des estnischen Staates, der nach mehrfachem Besitzerwechsel im ersten Weltkrieg die Selbständigkeit erhielt und seit dem zweiten Weltkrieg als Estnische Sowjetrepublik Bestandteil der UdSSR ist. Heimathafen der sowjetischen Ostseeflotte.

1219n blau Gründung
1346n rot Deutschritter-Besitz
1561n rot Schwedische Hoheit
1710n rot Russischer Besitz
1914n/1918n Erster Weltkrieg
1939n/1945n Zweiter Weltkrieg
1940n rot Estland russisch

TALLEYRAND, Charles Maurice (1754n bei 1838n), französischer Staatsmann. Als Sohn eines Grafen wurde er Priester und 34jährig Bischof. In der Nationalversammlung trat er für die Ziele der Revolution sowie für die Einziehung des Kirchenbesitzes ein und wurde vom Papst mit dem Bann belegt. Zum Präsidenten der Nationalversammlung gewählt, schaltete er den kirchlichen Einfluß im Unterricht aus. Wurde nach Ausrufung der Republik wegen seiner Beziehungen zum Königshaus angegriffen, ging nach Nordamerika und betätigte sich geschäftlich. Nach Hinrichtung der französischen Revolutionsführer kehrte er 1796n zurück, verhalf Napoleon zur Macht und wurde Außenminister. Durch ein Konkordat stellte er die Macht der katholischen Kirche in Frankreich wieder her. Dann zog er sich auf sein Landgut zurück und bereitete die Rückkehr des alten Königshauses (Bourbonen) vor. Nach dem Sturz Napoleons vertrat er als Außenminister des neuen Königs (Ludwig XVIII.) Frankreichs Belange auf der Friedenskonferenz (Wiener Kongreß). Dabei gelang es ihm, die Siegermächte mit Hilfe eines von ihm erfundenen Begriffes ('Legitimitätsprinzip') zu verwirren und gegeneinander auszuspielen. So bewahrte er Frankreich vor den Folgen seines verlorenen Feldzuges gegen halb Europa. 1830n rettete er durch Unterstützung Louis Philipps das französische Besitzbürgertum in der Juli-Revolution. Dann ging er als Botschafter nach London, um eine Allianz mit England, Spanien und Portugal zur Erhaltung der Monarchie in Westeuropa vorzubereiten. Nach deren Abschluß ('Quadrupel-Allianz') zog er sich aus der Politik zurück. Hinterließ ein Vermögen von 18 Millionen Franken.

1769 n–1821 n Napoleon I.
1789 n rot Nationalversammlung
1789 n/1795 n Revolution
1796 n/1815 n Napoleonische Kriege
1797 n rot Außenminister
1798 n rot 'Helvetische Republik'
1799 n rot Direktorium gestürzt
1799 n rot Napoleon Alleinherrscher
1801 n rot Konkordat
1801 n rot Gebietsgewinn
1802 n rot Kolonialismus
1803 n rot Deputations-Hauptschluß
1806 n rot Rheinbund
1806 n rot Ende des deutschen Reiches
1815 n rot Wiener Kongreß
1830 n braun Juli-Revolution
1830 n rot Louis Philippe König
1831 n rot Belgien selbständig

TALMUD, von dem hebräischen Worte für 'Lehre' abgeleiteter Titel eines Buches, das von den meisten Juden neben dem ersten Teil der Bibel (Altes Testament) als Hauptquelle ihrer Religion benutzt wird. Enthält neben Steuer-Vorschriften Abschnitte über die Feste, über Ehe und Eherecht, über Straf- und Zivilrecht, über Opferhandlungen und das Schlachten von Tieren (Schächten) sowie Reinheits-Vorschriften.

400 n blau Entstehung
499 n blau Abschluß
1091 n blau Auslegung durch Raschi

TAMAMUSCHI-SCHREIN, Name eines zweistöckigen Holzschränkchens, dem durch Fuß, waagerechte Teilungsplatte und Dach die Form eines winzigen Tempels gegeben wurde. Durch kunstvolle Bemalung und Beschläge aus gravierter Goldbronze ein einmaliges Kunstwerk, das in Korea entstand und der Kaiserin von Japan zum Geschenk gemacht wurde. Verdankt seinen Namen der ornamentalen Verzierung mit blauschillernden Flügeldecken des Laufkäfers Tamamuschi.

620 n blau Entstehung

TAMBURIN, Bezeichnung für eine kleine Handtrommel, in deren Rand Schellen, Glöckchen oder Rasseln eingebaut sind. Seit Jahrtausenden beim Tanz, später auch bei gymnastischen Übungen gebraucht und meist vom Tänzer selbst geschlagen.

1223 v blau Ägyptisches Relief
619 v blau Babylonisches Relief

TANAGRA, Stadt in Griechenland, 50 Kilometer nördlich von Athen. Hier wurde schon vor 2500 Jahren der beste Wein des Landes (Böotien) gebaut. Im 4. Jahrhundert vor unserer Zeitrechnung errang sie in der künstlerischen Tonwarenanfertigung den ersten Platz in Griechenland. Ihre bunt bemalten Terrakotten (vor allem Mädchenstatuetten) wurden arbeitsteilig hergestellt und weit über Griechenlands Grenzen hinaus geschätzt. Wurde mehrfach in die kriegerischen Auseinandersetzungen zwischen ihren beiden Nachbarn Theben und Athen hineingezogen. Unweit der Stadt fand die erste offene Feldschlacht zwischen Sparta und Athen statt.

457 v braun Schlacht Sparta-Athen
318 v grün Tonfiguren

TANCHELM (um 1080 n–1126 n), niederländischer Prediger aus Flandern. Ohne Priester zu sein, predigte er den Fischern an der flandrischen Küste das Evangelium und forderte kirchenfreie Frömmigkeit im Sinne der Bibel. Klagte die sittliche Verkommenheit der Priesterschaft und die Verfehlungen der Kirche an. Verwarf Taufe, Priesterweihe und andere Sakramente. Nachdem er in Utrecht, Brügge und Antwerpen mit großem Erfolg gepredigt und Anhänger gesammelt hatte, begab er sich predigend nach Rom. In Köln wurde er mit zwei Schülern (einem Priester und einem Schmied) eingekerkert. Nach seiner Freilassung zog er mit einer Leibwache umher, weil er wußte, wie die Kirche mit ihren Gegnern verfuhr. So konnte er noch einige Zeit wirken, ehe es der Kirche gelang, ihn zu beseitigen.

1110 n blau Anklage gegen Kirche
1126 n rot Ermordung

TAN-FU (um 1240 v–um 1180 v), chinesischer Fürst. Als Herrscher des chinesischen Stammes Tschu verließ er mit seinem Volke das unwirtliche Bergland im Norden Chinas, das durch ständige Raubüberfälle unsicher geworden war. Zog im Tal des Hoang-Ho südwärts und ließ sich mit seinem Volk auf der fruchtbaren Hochebene westlich des Flusses, am Fuße des Berges Tschi, nieder. Von diesem neuen Stammgebiet aus einigten seine Nachkommen China.

1212 v rot Staatsgründung

TANG, chinesischer Kaiser.

1559 v–1494 v Lebenslinie
1575 v–1509 v I-Yin
1525 v braun Aufstand
1525 v rot Schang-Dynastie
1521 v rot Machtgewinn der Priester

TANG, Name einer chinesischen Herrscherfamilie, die von 618 n bis 907 n den chinesischen Kaiserthron innehatte.

570 n–635 n Li-Yüan
598 n–649 n Tai-Tsung
601 n–673 n Li-Pen
602 n–664 n Hüan-Tsang
617 n/623 n Bürgerkrieg
618 n rot Herrschaftsbeginn
618 n grün Staatsbank
620 n grün Bodenreform
623 n rot Herrschaft über ganz China
627 n rot Kulturinstitut
628 n rot Prüfung für Staatsbeamte
635 n rot Christentum
639 n rot Buddhismus
639 n/640 n Feldzug nach Turkestan
640 n rot Herrschaft über Turkestan
641 n braun Sieg über Tibet
641 n rot Oberhoheit über Tibet
645 n braun Vorstoß nach Korea
646 n/647 n Feldzug nach Indien
647 n rot Herrschaft in Nordindien
651 n rot Beziehungen mit Arabien
652 n blau Strafgesetz-Kommentar
673 n rot Niederlassung am Menam
680 n grün Handel mit Arabien
683 n–755 n Wu-Taotse
685 n–762 n Hüan-Tsung
695 n rot Weltachse Symbol
701 n–762 n Li-Taipo
714 n blau Schauspielschule
717 n blau Hanlin-Akademie
718 n–781 n Han-Kan
725 n blau Gelehrtenkollegium
730 n grün Schrift über Verkehr
745 n grün Postwesen
746 n grün Handels-Fernstraße
748 n grün Gedruckte Zeitung
751 n braun Niederlage gegen Araber
756 n/764 n Bürgerkrieg
768 n–824 n Han-Yü
772 n–846 n Poh-Küyi
780 n rot Steuersystem
780 n grün Einheitssteuer
793 n grün Teesteuer
803 n blau Protest gegen Buddhismus
807 n grün Depositenscheine
838 n blau Poh-Küyis Sozialkritik
845 n rot Kirchenfeindschaft
861 n braun Bauernaufstand
874 n/883 n Revolution

TANGANJIKA, Staat an der Ostküste Afrikas. Das von Negern bewohnte Gebiet wurde seit dem 8. Jahrhundert von den Schiffen der Araber angelaufen, die hier auch Niederlassungen gründeten. Im 16. und 17. Jahrhundert setzten sich portugiesische Kolonisatoren an der Küste fest. Um 1700 n vertrieb der Sultan von Oman (Arabien) die Portugiesen, und das Land blieb bis 1856 n arabische Kolonie. Dann fiel die Herrschaft an den Sultan der Insel Sansibar, die der Küste vorgelagert ist. Seit 1884 n bemächtigte sich Deutschland des Landes und behauptete es gegen immer erneute Aufstände der Bevölkerung. Nach dem ersten Weltkrieg wurde das Land durch den Versailler Vertrag England als Mandatsgebiet zugesprochen und blieb unter englischer Herrschaft bis zur Errichtung eines unabhängigen Staates im Jahre 1961 n.

1509 n rot Gouverneur Portugals
1885 n rot Deutsche Herrschaft
1888 n/1890 n Aufstand
1914 n/1918 n Erster Weltkrieg
1919 n rot Versailler Vertrag
1961 n rot Unabhängigkeit
1964 n rot Vereinigung mit Sansibar

TANGER, Hafenstadt auf der äußersten Nordwestspitze Afrikas (Marokko) an der Straße von Gibraltar. Die alte Handelsstadt (Tingis) wurde vor fast 2000 Jahren von römischen Heeren genommen. Kaiser Klaudius machte sie zur Hauptstadt der aus Marokko und Algerien gebildeten römischen Provinz Mauretanien. Nach dem Zerfall der römischen Macht von Wandalen erobert, dann unter der Herrschaft von Ostrom (Byzanz). Ihre Blütezeit erlebte die Stadt in den 750 Jahren ihrer Zugehörigkeit zum Araberreich als Brückenpfeiler zwischen dem arabischen Nordafrika und dem arabischen Spanien. Nach zweihundertjähriger europäischer Herrschaft wurde sie 1684 n wieder frei. Dem im 19. Jahrhundert zunehmenden französischen Einfluß in Marokko (Beschießung der Stadt 1844 n) suchte der deutsche Kaiser Wilhelm II. 1905 n vergeblich entgegenzutreten, indem er selbst an der Spitze der Matrosen in der Stadt landete. Als Marokko 1912 n endgültig französisch wurde, behielt die Stadt eine Sonderstellung (internationale Zone). Seit der Befreiung Marokkos ist diese Internationalisierung formell aufgehoben, aber trotz voller Einverleibung in den marokkanischen Staat nimmt sie als hauptsächlicher Bankplatz für die Einschleusung westeuropäischen und nordamerikanischen Kapitals nach Afrika eine Sonderstellung ein.

40 n/42 n Feldzug Roms
42 n rot Römische Provinz
429 n/432 n Vorstoß der Wandalen
533 n/534 n Vorstoß der Byzantiner
534 n rot Byzantinische Herrschaft
633 n/732 n Arabischer Krieg
703 n rot Arabische Herrschaft
1304 n–1377 n Ibn Batuta
1437 n braun Vorstoß Portugals
1471 n braun Vorstoß Portugals
1471 n rot Portugiesischer Besitz
1662 n rot Englischer Besitz
1843 n/1844 n Vorstoß Frankreichs
1912 n rot Marokko französisch
1954 n/1962 n Kampf Nordafrikas
1956 n rot Marokko frei und geeint

TANG-KAUTSU, Kaisername des chinesischen Herrschers Li-Yüan.

570 n–635 n Lebenslinie
560 n–618 n Yang-Ti
598 n–649 n Tai-Tsung
617 n/623 n Bürgerkrieg
618 n rot Herrschaftsbeginn
620 n grün Bodenreform
623 n rot Einigung Chinas

TANGUTEN, Name eines ostasiatischen Volkes. Gründete vor 1000 Jahren zwischen China und Turkestan ein mächtiges Königreich, das im Norden an die Mongolei grenzte und im Süden Teile Tibets einschloß. Es entwickelte eine eigene Schrift und schuf eine eigene Literatur. Auf dem Höhepunkt seiner kulturellen Entfaltung wurde es von Norden her durch Mongolenheere unter Dschingis-Khan angegriffen, besiegt und dem Mongolenreiche als erster fremder Staat eingefügt.

1155 n–1227 n Dschingis-Khan
1207 n/1279 n Großer Mongolenkrieg
1209 n rot Mongolen-Herrschaft

TANIS, Hafenstadt im nordöstlichen Nildelta wenige Kilometer vor der Mittelmeerküste (Nord-Ägypten). Vor mehr als 4000 Jahren entstanden, wurde sie Hauptstadt des 'Ost-Gaues', der den östlichen Teil des Nil-Deltas bis zur Landenge von Suez umfaßte. Ramses II. errichtete hier einen monumentalen Tempel zu Ehren des Lichtgottes Amun. Durch ihre fruchtbare Umgebung, ihren Hafen, der für See-Schiffe erreichbar war, sowie durch den Fleiß ihrer Bewohner wurde sie zu einer der größten und reichsten Städte Ägyptens, die auch zeitweilig Hauptstadt war.

1828 v blau Plastik einer Sphinx
1326 v–1234 v Ramses II.
1125 v–1054 v Smendes
1085 v rot Residenz des Nordreiches
1082 v–1009 v Psu-Sennes

TANITEN, Bezeichnung für die Herrscher der ägyptischen Stadt Tanis. Im Ostdelta des Nils gelegen, war sie lange Hauptstadt des 14. unterägyptischen Gaues ('Ostgau'). Ihre Herrscher machten sich 1085 v von der Herrschaft Thebens unabhängig. Sie behaupteten ihre Macht über ganz Unterägypten bis zur Machtergreifung durch den libyschen Söldnerführer Scheschonk I., der durch Verheiratung seines Sohnes mit der Tochter des letzten Taniten-Königs Psu-Sennes II. eine neue, über das ganze Nilreich herrschende Dynastie begründete.

1125 v–1054 v Smendes
1085 v rot Unabhängig von Theben
1082 v–1009 v Psu-Sennes
1057 v rot Einigung des Reiches
976 v–924 v Scheschonk I.
945 v rot Herrschaftsende

TANNENBERG, Name eines Dorfes in Ostpreußen, das durch zwei Schlachten berühmt wurde: Zu Beginn des 15. Jahrhunderts schlugen hier die vereinigten Heere der Polen und Litauer die Deutschritter und nahmen ihnen einen Teil ihrer früheren Eroberungen wieder ab. In den ersten Wochen des ersten Weltkrieges errang das deutsche Heer unter Hindenburg durch Umfassung und Vernichtung der russischen Hauptstreitmacht einen Anfangserfolg (150 000 Tote, 93 000 Gefangene). Nach dem Verlust des ersten Weltkrieges tröstete sich das deutsche Besitzbürgertum durch einen Tannenberg-Kult über seine Niederlage und stellte Hindenburg an die Spitze des Staates.

1410 n braun Schlacht
1914 n/1918 n Erster Weltkrieg

TANNHÄUSER, deutscher Dichter und Minnesänger.

1208 n–1270 n Lebenslinie
1265 n blau Gegen Fremdwörter

TANYU, Kano (um 1600 n–1674 n), japanischer Maler. Als Sohn des Malers Takanobu gelangte er durch einen neuen Stil früh zur Berühmtheit. In seinen Tuschbildern japanischer Landschaften suchte er einen Weg der Vereinfachung bei gleichzeitiger Verinnerlichung. Dabei stützte er sich nicht auf die japanischen Meister, sondern unmittelbar auf deren chinesische Vorbilder. Allem Neuen aufgeschlossen, verlegte er seinen Wohnsitz aus der alten Kaiserstadt Kyoto in die neue Hauptstadt Edo. Hier malte er die neuen Paläste und Häuser aus und baute eine Kunstschule mit Hunderten von Helfern und Schülern auf.

1674 n blau 'Tiger im Bambusdickicht'

TANZ

2926 v blau 'Tänzerinnen mit Klappern'
2833 v blau Motiv auf Vasen
2587 v–2514 v Ur-Nina
2555 v–2491 v Hemre
2513 v blau Amt für Ballettmeisterin
2486 v blau Statue einer Tänzerin
2439 v blau 'Musik und Tanz'
2434 v–2368 v Asosi
2388 v blau Statue eines Tänzers
1933 v grün Spielzeug: Tanzzwerge
1894 v grün Öffentliche Darbietungen
1540 v blau 'Tanzende Frau'
1533 v blau 'Trachtentanz'
1467 v blau 'Tänzerinnen mit Lotos'
1433 v blau Gemälde einer Tänzerin
1417 v blau 'Verzückter Negertanz'
1407 v blau 'Schönheitstanz'
1320 v–1258 v Nefer
1223 v blau 'Tanz zum Tamburin'
418 v blau 'Tanzende Spartanerinnen'
20 v grün Pantomime in Rom
275 n–335 n Bhasa
353 n–420 n Kalidasa
497 n–548 n Theodora
1200 n–1242 n Neidhart von Reuenthal
1208 n–1270 n Tannhäuser
1581 n blau 'Königinnen-Ballett'
1638 n blau Schütz: Ballett
1732 n–1809 n Haydn
1770 n–1827 n Beethoven
1840 n blau Chopin: Walzer, Mazurken
1872 n blau Johann Strauß: Walzer
1873 n blau Degas: 'Tanzschule'
1878 n blau Dvorak: Slawische Tänze
1904 n blau Slevogt: 'Tänzerin'
1910 n blau Strawinsky: Ballett
1912 n blau Kolbe: 'Tänzerin'
1915 n blau Falla: Ballett
1951 n blau 'Tanz ums goldene Kalb'

TAOISMUS, Bezeichnung für die durch den chinesischen Philosophen Lao-Tse begründete Lehre, die auf Einheit der freien, unabhängigen Persönlichkeit mit dem wirkenden Weltgesetz ('Tao') zielt. Von den Schülern und Nachfolgern mit allem Geister- und Wunderglauben zu einer Art Religion deformiert, wurde er nach Vermischung mit Bestandteilen des Buddhismus zu einer eigenen Kirche mit Mönchtum und Priesterherrschaft. Auf die Dauer vermochte er sich neben der rein diesseitigen Lehre des Kon-Fu-Tse in China nicht zu halten. Seit dem 14. Jahrhundert schwand sein Einfluß auf das chinesische Volk.

604 v–514 v Lao-Tse
551 v blau Lehre vom 'Tao'
523 v blau 'Tao-te-king'
317 v blau Sittenlehre
1130 n–1200 n Tschu-Hi

TAO-TE-KING, Titel eines chinesischen Buches (übersetzt: 'Lehre von Vernunft und Tugend'). Enthielt in 81 Sprüchen das Weltbild des chinesischen Philosophen Lao-Tse.

604 v–514 v Lao-Tse
523 v blau Entstehung

TAO-TSIEN (365 n–427 n), chinesischer Dichter. Als Sohn eines kaiserlichen Beamten war er von der Unaufrichtigkeit und dem Duckmäusertum einer Beamtentätigkeit so angewidert, daß er die ihm zugedachte Stellung aufgab. Er zog sich auf einen Bauernhof zurück, lebte mit seiner Familie vom selbstbebauten Feld und züchtete Blumen. Dies karge Leben ohne Zwang zu gesellschaftlicher Heuchelei machte ihn glücklich, und seine Dichtungen sind Ausdruck dieser inneren Wahrheit und Aufrichtigkeit. Er war der erste Chinese, dem die Naturbeschreibung nicht nur als Mittel zum Ausdruck menschlicher Stimmungen diente. Nach den an seinem einfachen kleinen Hause stehenden Bäumen nannte man ihn den 'Meister von den fünf Weiden'.

406 n blau 'Pfirsichblütenquelle'

TAO-YÜ, chinesischer Töpfer.

608 n–676 n Lebenslinie
663 n grün Porzellan

TARENT, Stadt im äußersten Süden Italiens an der inneren Bucht des Golfs von Tarent. Vor 2700 Jahren durch Spartaner gegründet, die in ihrer Heimatstadt und ganz Griechenland geächtet waren ('Parthenier'). Sie folgten damit einem Spruch des Orakels von Delphi. Nach Vernichtung der ebenfalls am Golf von Tarent gelegenen Stadt Sybaris durch Bewohner der Nachbarstadt Kroton wurde sie zur bedeutendsten Handelsstadt Süditaliens. Heimatstadt des Naturforschers, Philosophen und Musiktheoretikers Archytas. Von den Römern unterworfen, unterstützte sie den Karthager Hannibal gegen Rom. Deshalb wurden nach Hannibals Niederlage 30 000 ihrer Bewohner in die Sklaverei verkauft. Nach dem Untergang des römischen Reiches seit 494 n ostgotisch, 540 n oströmisch (byzantinisch), 675 n langobardisch, 856 n arabisch, 887 n nochmals oströmisch. 1063 n durch Robert Guiskard normannisch, gehörte sie fortan zum 'Königreich beider Sizilien'. Seit 1861 n Bestandteil des neu gegründeten italienischen Staates.

722 v blau Gründung
433 v–351 v Archytas
338 v blau Zeus-Statue
318 v–272 v Pyrrhus
281 v/272 v Tarentiner Krieg
272 v rot Römische Herrschaft
218 v/201 v 2. Punischer Krieg
1013 n–1085 n Robert Guiskard

TARIK (um 680 n–um 740 n), arabischer Feldherr. In Nordafrika als Heerführer bewährt, stieg er zum Statthalter von Tanger auf und setzte mit 7000 Berbern nach Spanien über, das er vorher durch 500 Späher hatte auskundschaften lassen. Schlug das Heer der westgotischen Beherrscher Spaniens und tötete ihren König Roderich. Dann eroberte er die Hauptstadt des Westgotenreiches (Toledo) und nahm in schnellem Vorstoß den größten Teil Spaniens. Doch wurde er vor Vollendung seines Siegeszuges durch den eifersüchtigen Oberbefehlshaber Musa abberufen, gedemütigt und eingekerkert. Als bald darauf aber Musa selbst nach Bagdad zurückgerufen wurde und in Ungnade fiel, konnte er den Feldzug in Spanien fortsetzen. Der Ort, an dem er zuerst europäischen Boden betrat, wurde nach ihm benannt ('Felsen des Tarik' = Gebel al Tarik = Gibraltar). In seinen letzten Lebensjahren arm und verlassen.

633 n/732 n Arabischer Krieg
640 n–716 n Musa
711 n grün Befestigung Gibraltars
711 n rot Ende der Gotenmacht
711 n rot Gebietsgewinn

TARIM-BECKEN, Name einer von Hochgebirgen eingeschlossenen Hochebene in Zentralasien (West-China). Das meist wüste Land wird vom Tarim-Strom durchflossen, der nach seinem 2000 Kilometer langen Lauf in einem großen Sumpfgebiet versickert. An seinen Ufern befinden sich seit alters her einige Oasen, die schon vor 2000 Jahren als Stationen des Handelsverkehrs zwischen Ostasien und Europa dienten. Die 'Seidenstraße' umging die Wüsten nördlich über Hami und Kuldja oder südlich über Khotan und Kaschgar.

234 v–174 v Mao-Tun
176 v braun Vorstoß der Hunnen
176 v rot Hunnen-Herrschaft
121 v grün Ausbau der Seidenstraße
552 n/563 n Türkenkrieg
563 n rot Türken-Herrschaft
1894 n grün Forschungsreise Hedins

TARTESSOS, Stadt in Südspanien, die vor 3000 Jahren durch ihren Handel mit Metallen (Zinn, Silber, Gold) zu Reichtum und Größe aufstieg, aber 500 Jahre später unterging. Ihre genaue Lage ist bis heute unbekannt.

1215 v blau Entstehung

TASCHENUHR

288 v grün Pulsuhr in Griechenland
25 v grün Reiseuhr in Rom
1510 n grün Henleins Konstruktion
1780 n grün Selbst-Aufzug

TASCHKENT, Stadt in Westasien nördlich von Afghanistan, halbwegs zwischen Kaspischem Meer und Tibet. Die vor mehr als 2000 Jahren von Persern in einer Oase angelegte Stadt wurde vor 1200 Jahren arabisch und 1219 n mit ganz Turkestan mongolisch. Seit dem 14. Jahrhundert zunehmend von türkischen Völkern bewohnt, wurde sie 1723 n von den aus dem Wolgagebiet nach Zentralasien zurückgedrängten Mongolen (Kalmücken) erobert und geriet dann unter die Herrschaft der Usbeken. 1866 n fiel sie mit Kirgisien an Rußland. In der Revolution ein von allen Seiten bedrängtes Zentrum der Sowjetmacht, wurde sie nach Gründung der UdSSR Hauptstadt der neu entstandenen

Unionsrepublik Usbekistan zwischen Aralsee und Kirgisien. Mit 14 Hochschulen und einer Universität wurde die zur Millionenstadt emporgewachsene Industriestadt ein bedeutendes Kulturzentrum.

713 n rot Arabischer Besitz
751 n braun Schlacht
1219 n rot Mongolischer Besitz
1866 n rot Russischer Besitz
1917 n/1922 n Russische Revolution
1922 n rot Gründung der UdSSR

TASMAN, Abel (1603 n–1659 n), holländischer Seefahrer. Auf Segelfahrten nach Indien, Indonesien und Japan bewährt, wurde er vom holländischen Gouverneur der Insel Java (Indonesien) 1642 n ausgesandt, um das sagenhafte 'Südland' zu suchen. Umschiffte Australien und fand südlich der australischen Südküste eine große Insel, die später nach ihm benannt wurde (Tasmanien). Weiter südwestlich von Australien entdeckte er die Inselgruppe Neuseeland. Auf der Rückfahrt nach Java fand er weit nördlich von Neuseeland noch die Fidschi-Inseln. Später nahm er für eine Seefahrer-Karte einen Teil der australischen Nordküste auf.

1642 n grün Neuseeland
1643 n grün Fidschi-Inseln

TASSEN

2129 v grün Herstellung auf Kreta

TASSO, Torquato (1544 n–1595 n), italienischer Dichter. Sohn eines berühmten Dichters. Veröffentlichte als 18jähriger Student der Rechtskunde ein großes Heldengedicht ('Rinaldo'). Zwei Jahre später mußte er wegen einiger beleidigender Satiren aus Bologna fliehen. Als Hofdichter bei verschiedenen Fürsten Nord-Italiens konnte er in Ruhe seiner Dichtkunst leben. Mit seinem Schäferspiel 'Aminta' wurde er allgemein bekannt. Die Eroberung Jerusalems durch ein Kreuzfahrerheer unter Gottfried von Bouillon schilderte er in seinem großangelegten Epos 'Das befreite Jerusalem'. Aber mehrere Schlägereien, seine Überprüfung durch die Inquisition und zunehmender Verfolgungswahn erzwangen seine Isolierung. Wegen seiner dichterischen Leistungen überall begeistert aufgenommen, floh er von Ort zu Ort durch ganz Italien, bis er schließlich ergriffen und in einem Irrenhaus untergebracht wurde. In lichten Stunden schuf er noch Gedichte von großer Schönheit. Schrieb auch theoretische Abhandlungen ('Gespräche über Dichtkunst').

1575 n blau 'Das befreite Jerusalem'

TASTENINSTRUMENTE

296 v–228 v Ktesibios
245 v grün Orgel in Griechenland
1555 n grün Archicembalo
1709 n grün Hammerklavier
1810 n grün Harmonium
1822 n grün Handharmonika

TATAI (um 150 v–um 70 v), chinesischer Geschichtsschreiber (eigentlich Ta Tai = der ältere Tai). Sammelte die Überlieferungen aus der frühen Kaiserzeit und schuf eine Übersichtstafel mit den Herrscher-Familien (Dynastien) und ihren einzelnen Herrschern. Dabei fügte er den historisch verbürgten Kaisern eine Reihe sagenhafter Gestalten an. So verfolgte er die Kaisergeschichte zurück bis zu den fünf Urkaisern, die den fünf Elementen entsprachen (Erde, Holz, Metall, Feuer, Wasser).

90 v blau Frühe Kaiserzeit

TATIAN, mesopotamischer Kirchenlehrer.

125 n–190 n Lebenslinie
172 n blau 'Evangelienharmonie'

TATLER (wörtlich: 'Plauderer'), Titel einer englischen Zeitschrift, die vorbildlich für einen neuen Zeitungstyp wurde ('Moralische Wochenschrift'). Enthielt spannende, oft humoristische Erzählungen, die sowohl dem Unterhaltungsbedürfnis wie dem Bildungsdrang des aufstrebenden Bürgertums entsprachen und meist auf eine vorsichtige moralische Belehrung hinausliefen. Von Steele und Addison begründet, erschien sie zunächst wöchentlich, dann täglich. Sie erschöpfte sich aber bald, so daß die beiden Herausgeber sie bereits zwei Jahre nach der Gründung durch eine neue Zeitschrift ersetzten ('Spectator'). In mehreren europäischen Ländern wurden ähnliche Zeitschriften gegründet. Der Familienroman und das bürgerliche Trauerspiel setzten diese literarische Richtung fort.

1709 n blau Erscheinen

TAUBE, Sammelbezeichnung für mehr als 500 verschiedene Arten von Taubenvögeln. Seit etwa 5000 Jahren auch als Haustier gehalten, wurde ihr hervorragender Orientierungssinn bald der Überbringung von Nachrichten nutzbar gemacht. In Ägypten und China seit mehreren Jahrtausenden als Brieftauben dressiert. Vor 2500 Jahren brachte sie in Griechenland die Siegesmeldungen der Spiele von Olympia und Delphi in die Heimatorte der Wettkämpfer. Die Araber richteten eine regelmäßige Brieftaubenpost aus allen Teilen des Reiches nach ihrer Hauptstadt Bagdad ein. In der Kunst häufig Symbol der Fruchtbarkeit und Reinheit (Vorderasien, Ägypten). Den Juden war sie heilig, und sie schlachteten sie deshalb als Opfertier ab. Die Inder sahen in ihr einen Unglücksvogel und ließen sie leben. Die Griechen verehrten in ihr Aphrodite, die Römer Venus ('Vogel der Liebe'). Die Christen betrachteten sie als Zeichen des 'Heiligen Geistes', weil sie über den Wassern schwebte wie der Geist Gottes in der Schöpfungsgeschichte. In Rußland wurde sie nicht getötet, weil man in ihr den Geist Verstorbener vermutete. In unserer Epoche gilt sie als Symbol des Friedens.

2796 v blau Taubenwägelchen-Plastik
386 v grün Archytas: Tauben-Modell
1173 n grün Brieftaubenpost
1947 n blau Picasso: Friedenstaube

TAUBERBISCHOFSHEIM, Stadt an einem Nebenfluß des Mains (Tauber), 20 Kilometer südwestlich von Würzburg. Vor 1500 Jahren entstanden, erhielt sie 725 n einen Bischofssitz. Bald darauf errichtete der angelsächsische Missionar Bonifatius hier für seine Verwandte Lioba ein Kloster. Es wurde im 13. Jahrhundert in ein Krankenhaus umgewandelt.

675 n–754 n Bonifatius
710 n–782 n Lioba
735 n blau Frauenkloster

TAUBSTUMMEN-SCHULE

1778 n grün Einrichtung in Leipzig

TAUCHEN. Das Schwimmen unter Wasser gehörte seit Jahrtausenden bei vielen Völkern zu den Erwerbs-Arbeiten (Perlenfischer, Schwammtaucher, Purpurschnecken-Jäger, Korallenfischer). Die dem menschlichen Körper gesetzte Leistungsgrenze (2 Minuten) wurde in Griechenland vor mehr als 2300 Jahren durch künstliche Luftversorgung überwunden. Bald darauf wurde auch die größte für den ungeschützten Menschen erreichbare Tiefe (30 Meter) durch eine Druckhaube für den Kopf überschritten. Unter faßförmigen Taucherglocken wurden Arbeiten auf dem Meeresgrunde ausgeführt. John Smeaton verwendete eine Pumpe für die Luftzufuhr und ermöglichte dadurch einen Unterwasser-Aufenthalt für mehrere Stunden. Geschützte und mit Atmungsgeräten ausgerüstete Taucher erreichen in unserer Epoche eine Tiefe von 200 Metern. Die modernen Taucherglocken (Tiefseekugeln) können bemannt mehrere tausend Meter tief heruntergelassen werden. Durch Ausrüstung mit eigenen Motoren haben sie die freie Beweglichkeit von U-Booten.

2080 v blau Bild tauchender Fischer
354 v grün Luftschlauch
265 v–202 v Philon
224 v grün Taucherglocke
1954 n grün Tauchtiefe 4050 Meter
1960 n grün Tauchtiefe 10970 Meter

TAUFE, von dem Worte 'tauchen' abgeleitete Bezeichnung für eine kultische Wasserbehandlung, die seit Jahrtausenden bei mehreren Religionsgemeinschaften einen wichtigen Teil der gottesdienstlichen Handlungen darstellt. Schon bei vielen Naturvölkern war mit der Geburt eine rituelle Waschung verbunden. Die Germanen tauchten ihre neugeborenen Kinder unabhängig von der Jahreszeit ins Wasser und nahmen den gelegentlich eintretenden Tod als Gottesurteil gegen die Lebenstauglichkeit. Heilige Waschungen gab es bei Indern, die sie bis heute beibehalten haben, und bei Ägyptern. Bei den Juden galt die äußere Säuberung als Symbol innerer Reinigung, sie tilgten Verunreinigung durch Besprengen mit Entsündigungswasser. Jüdische Zeitgenossen Jesu betrieben das Untertauchen als Weihe für das unmittelbar bevorstehende Gottesreich. Der Jude Johannes unterschied sich von den anderen dadurch, daß er die Gläubigen nur einmal in den Jordan tauchte. Dieser Zeremonie unterzog sich Jesus. Obgleich er selbst die Taufe nie an anderen vollzogen hat, führten sie seine jüdischen Anhänger und Nachfolger in der christlichen Kirche ein. Seit dem dritten Jahrhundert wurde sie von besonders frommen Christen ausnahmsweise auch an Kindern vollzogen, doch blieb sie in der Regel auf Erwachsene beschränkt. Wegen der von der Kirche mit ihr verbundenen Sündenvergebung ließen sich kluge Christen wie der römische Kaiser Konstantin erst auf dem Sterbebette taufen. Die Voraussetzung für die Taufe unschuldiger Kinder wurde durch die Lehre von der Erbsünde geschaffen, derzufolge jedes neugeborene Kind mit der 'Sünde' von Adam und Eva belastet ist. Viele Gruppen lehnen bis in die Gegenwart die Taufe unwissender, unmündiger Kinder ab (Wiedertäufer, Mennoniten, Baptisten, Quäker). Während die Ostkirche an der Ganztaufe festhielt, wurde in Süd- und Westeuropa seit dem 12. Jahrhundert das Untertauchen durch ein Besprengen mit Wasser ersetzt. Bis in die Gegenwart hat sich ihre von den Kirchenvätern Origines und Tertullian erdachte und von Luther ausdrücklich bestätigte Bedeutung als Mittel zur Austreibung von Teufel und bösen Geistern (Exorzismus) erhalten.

7 v–29 n Johannes der Täufer
64 n grün Kindertaufe
116 n blau Bedeutung der Taufe Jesu
354 n–430 n Augustin
385 n blau Gregor von Nyssas Rede
453 n blau Taufhaus in Ravenna
646 n–684 n Silvanus
665 n blau Ablehnung durch Silvanus
743 n–807 n Widukind
782 n rot Zwangstaufe der Sachsen
940 n–1015 n Wladimir der Große
989 n rot Zwangstaufe in Rußland
1000 n–1088 n Berengar von Tours
1109 n–1149 n Eudo
1138 n blau Ablehnung durch Eudo
1213 n–1280 n Niccolo Pisano
1391 n rot Druckmittel gegen Juden
1528 n blau Wiedertäufer: Reform
1534 n braun Wiedertäufer-Erhebung
1539 n blau Mennoniten: Reform
1636 n rot Baptisten in Nordamerika
1647 n rot Quäker-Bewegung

TAULER, Johannes, deutscher Philosoph und Theologe.

1303 n–1361 n Lebenslinie
1345 n blau Arbeitsethos

TAUNUS, Name eines gebirgigen Hochlandes am Mittellauf des Rheins zwischen Rüdesheim, Frankfurt und Nauheim. Berühmt durch seine zahlreichen Mineralquellen (Homburg, Wiesbaden, Ems, Schlangenbad), die teilweise bereits von römischen Truppen vor 2000 Jahren benutzt wurden.

11 v blau Wiesbaden Kurort
83 n rot Römische Besetzung
83 n grün Bau des Limes

TAUROGGEN, Stadt in Süd-Litauen (UdSSR) nahe der ostpreußischen Grenze. Hier unterzeichnete der russische Kaiser Alexander I. 1807 n den Waffenstillstand mit Frankreich. Fünf Jahre später wurde hier die vom preußischen König nicht genehmigte Unterzeichnung eines Waffenstillstandes durch den preußischen General Yorck und den russischen General Diebitsch vollzogen. Dadurch wurde das preußische Hilfskorps vor dem Untergang gerettet, der Abfall Preußens von Napoleon besiegelt und der gemeinsame Befreiungskampf Preußens und Rußlands gegen die napoleonischen Heere vorbereitet.

1796 n/1815 n Napoleonische Kriege
1812 n rot Konvention

TAURUS, Name eines Gebirges in Kleinasien. Zieht sich vom Gebiete der Euphratquelle (Vorderasien) entlang der Mittelmeerküste Kleinasiens bis zum Ägäischen Meer. Mit Höhen bis zu 3000 Metern bildet es durch seinen schroffen, unwegsamen Aufbau einen natürlichen Schutzwall für das innere Kleinasien gegen den Mittelmeerraum. Es war deshalb besonders in der frühen Blütezeit der kleinasiatischen Halbinsel von großer militärischer Bedeutung.

1556 v/1551 v Zweiter Hettiterkrieg
1526 v–1460 v Parra-Tarna

TAUSCHHANDEL, Bezeichnung für die früheste Form des Warenverkehrs, bei der eine Ware unmittelbar gegen eine andere Ware (ohne Zuhilfenahme von Geld) getauscht wird.

2973 v grün Sumerischer Handel
2804 v grün Handel Ägypten–Syrien
2740 v grün Handel Ägypten–Sumer
2584 v grün Handelsflotte Ägyptens
2494 v grün Handel Ägypten–Punt
2485 v grün Verbindungen Sumers
973 v grün Handel Phönizien–Juda
780 v grün Rückgang in China
476 v grün Rückgang in Griechenland

TAUSEND-UND-EINE-NACHT, Name eines arabischen Märchenbuches. Es entstand vor mehr als 1200 Jahren in Bagdad (Mesopotamien) aus alten indischen und persischen Märchen unter Hinzufügung von Geschichten aus der arabischen Welt. In Kairo, nach der Zerstörung Bagdads durch die Mongolen Mittelpunkt der arabischen Kultur, wurde das Buch neu bearbeitet. Dabei wurde es durch Erzählungen aus der Welt der Ägypter, der Türken und der Beduinen bereichert. Hier wurde ihr ursprünglicher Name ('Die tausend Nächte') wegen der Abneigung der Türken gegen runde Zahlen geändert. Die einzelnen Geschichten sind durch die Rahmen-Erzählung von der Scheherezade zusammengehalten, die einem grausamen König so spannende Märchen erzählt, daß er vergißt sie umzubringen und, durch Anhören der 1000 Geschichten geläutert, ein gütiger König wird.

801 n blau Entstehung
1403 n blau Abschluß
1704 n blau Übersetzung
1888 n blau Rimsky-Korssakows Werk

TA-WOSRET (um 1265 v–um 1200 v), ägyptische Königin. Als älteste Tochter des Ägypterkönigs Meren-Pta Thronerbin, heiratete sie ihren Halbbruder Sethos II. und nahm an seiner Seite eine beherrschende Stellung ein. Nach dessen Tode wurde sie die Frau des Si-Pta, der durch diese Heirat zum rechtmäßigen Thronfolger wurde. Im thebanischen Tal der Könige erhielt sie ein eigenes Grabmal, wie es regierenden Herrschern vorbehalten war.

1286 v–1220 v Meren-Pta
1257 v–1210 v Sethos II.

TAXIS, Johann (um 1450 n–um 1515 n), deutscher Hofbeamter. Kam als päpstlicher Kurier an den Hof des deutschen Kaisers Maximilian und trat in seine Dienste. Als Oberpostmeister von Tirol eingesetzt, baute er von Innsbruck aus die ersten regelmäßigen Postverbindungen auf. Zum Hofpostmeister und Chef des Hofkurierdienstes ernannt, hatte er die Aufsicht über die von ihm zu einem ineinandergreifenden Netz ausgebauten Postlinien zwischen Mailand, Wien und dem Schwabenland. Doch waren diese Postlinien nur für die innerdeutsche Hof- und Verwaltungspost bestimmt. Sein Bruder Franz richtete 1516 n den Postverkehr mit Holland ein.

1489 n grün Oberpostmeister

TAYLOR, Frederick W. (1856 n–1915 n), nordamerikanischer Ingenieur und Betriebswirtschaftler. Durch die Anwendung wissenschaftlicher Methoden auf Arbeitsorganisation und Betriebstechnik wurde er zum Begründer der nach ihm benannten Lehre von der Betriebsführung ('Taylorismus'). Zerlegte zunächst jede Arbeit eines Herstellungsganges in ihre Bestandteile und ermittelte durch Zeit- und Bewegungsstudien den zweckmäßigsten Ablauf des Arbeitsvorganges sowie die benötigte 'Normalzeit'. Dann schuf er durch sinnvolle Anordnung der Werkzeuge und Maschinen die 'rationale Produktion'. Kern seiner Rationalisierung war die strenge Trennung von planender und ausführender Arbeit sowie die Einrichtung genauer Arbeitskontrolle. Zur Entlastung der Kontrolleure führte er den Leistungslohn ein (Akkord), der den Arbeiter zu seinem eigenen Antreiber macht. Mit diesen Methoden erhöhte er die Leistung mittlerer Betriebe teilweise um mehr als 100%. Doch führte seine Gleichsetzung der Leistung des Arbeiters mit der Maschinenleistung nicht nur zur Erhöhung der Gewinne des Unternehmers, sondern trotz Lohnerhöhungen zum klareren Bewußtsein der Ausbeutung beim Arbeiter. Schuf durch Erfindung des Schnelldrehstahls und des Vanadiumstahls wichtige technische Voraussetzungen zur Erhöhung der Arbeitsgeschwindigkeit. Schrieb auch ein Buch über Werkzeug-Stähle.

1895 n grün Rationalisierung
1900 n grün Schnelldrehstahl

TAY-SON, Name dreier Brüder, die sich 1771 n an die Spitze eines Volksaufstandes gegen die Adelsherrschaft in Vietnam stellten. Sie besiegten mit ihrem hauptsächlich aus Bauern bestehenden Revolutionsheer ein französisches, ein siamesisches und ein chinesisches Interventionsheer. Als sich einer von ihnen zum Kaiser gemacht hatte, die versprochene Umwälzung der Gesellschaftsordnung aber ausblieb, verloren sie ihren Rückhalt im Volk. 1802 n wurden sie von einem Angehörigen der alten Fürstenfamilie mit Hilfe der Franzosen und Jesuiten vertrieben.

1771 n braun Aufstand

TECHNIK

Vorzeittafel: 800 Tausend Jahre
Vorzeittafel: 80 Tausend Jahre
Vorzeittafel: 50 Tausend Jahre
Vorzeittafel: 30 Tausend Jahre
Vorzeittafel: 20 Tausend Jahre
Vorzeittafel: 10 Tausend Jahre
Vorzeittafel: Schlußbalken (5000 Jahre)
2997 v grün Luftgetrocknete Ziegel
2994 v grün Kupfernadeln in Ägypten
2986 v grün Glasgewinnung in Ägypten
2985 v grün Zweirad-Wagen in Indien
2983 v grün Rollsiegel in Sumer
2979 v grün Leder-Verarbeitung
2977 v grün Metallgeräte in Indien
2964 v grün Kupfer-Pfeilspitzen
2961 v grün Metallguß in Sumer
2957 v grün Fundamente in Indien
2945 v grün Vierrad-Wagen in Sumer
2943 v grün Schild in Ägypten
2940 v grün Holzpflug in Sumer
2936 v grün Waage und Gewichte
2933 v grün Bewässerung in Sumer
2933 v–2868 v Skorpion
2931 v grün Seile in Ägypten
2922 v grün Leinwand in Ägypten
2920 v grün Künstliche Hügel
2915 v–2852 v Melam
2916 v grün Trommel in Sumer
2910 v grün Tragnetze in Ägypten
2907 v grün Gebrannte Ziegel (Indien)
2904 v grün Schmiede in Ägypten
2900 v grün Gebrannte Ziegel (Sumer)
2895 v grün Stift-Mosaik in Uruk
2894 v–2817 v Gilgamesch
2893 v grün Mörtel in Indien
2890 v grün Glas in Mesopotamien
2887 v grün Mühlsteine in Sumer
2884 v grün Kanäle in Ägypten
2882 v–2825 v Menes
2878 v grün Mauern in Indien
2876 v grün Vernähen von Goldplatten
2871 v grün Töpferscheibe in Indien
2868 v grün Rollsiegel nach Ägypten
2860 v grün Gravierkunst in Ägypten
2852 v grün Kupfersiegel in Ägypten
2847 v grün Fayence in Indien
2845 v grün Mauer um Uruk
2836 v grün Mauer um Memphis
2832 v grün Silos in Indien
2829 v grün Planken-Schiffsbauweise
2822 v grün Straßen in Indien
2815 v grün Manufakturen in Ägypten
2810 v grün Mahlsteine in Ägypten
2808 v grün Abwasser-Kanäle (Indien)
2803 v–2758 v Adjib
2786 v–2731 v Kea
2785 v grün Flöte in Mesopotamien
2781 v grün Glasuren in Ägypten
2777 v grün Werkstoff Papyrus
2774 v grün Toiletten in Indien
2767 v grün Tuchfabrik in Ur
2763 v grün Öl-Lampen in Ägypten
2759 v grün Leier in Sumer
2755 v grün Bewässerung in Sumer
2753 v grün Badezimmer in Indien
2751 v grün Treppenbau in Indien
2749 v grün Isolierstoff Bitumen
2730 v grün Wasserfeste Böden (Indien)
2714 v grün Schwimmbecken in Indien
2708 v grün Versilbern in Ägypten
2707 v–2626 v Imhotep
2694 v grün Drillbohrer in Indien
2689 v grün Zweistock-Häuser in Sumer
2674 v grün Steinbohrer in Ägypten
2666 v grün Schmelzöfen in Ägypten
2660 v grün Keilschnitt in Ägypten
2645 v grün Drainage in Sumer
2638 v grün Sistrum in Ägypten
2633 v grün Fayence in Ägypten
2631 v grün Bronze in Indien
2627 v grün Säulen in Mesopotamien
2624 v grün Befestigung Elefantines
2609 v grün Pauken in Sumer
2604 v grün Harpunen in Ägypten
2598 v grün Schiffsbau in Ägypten
2596 v–2515 v Ur-Nan-Sche
2587 v grün Harfe in Sumer
2582 v grün Befestigte Handelsstraße
2565 v grün Baumaterial-Transport
2551 v grün Säulen in Ägypten
2540 v grün Kanäle in Sumer
2531 v grün Helm, Speer in Sumer
2526 v grün Bumerang in Sumer
2524 v grün Streitwagen in Sumer
2513 v grün Pinzetten in Ur
2505 v grün Bronze in Sumer
2503 v grün Bogen und Gewölbe
2477 v grün Fischnetze in Ägypten
2472 v grün Obelisk in Ägypten
2471 v grün Filigran in Sumer
2464 v–2397 v En-Te-Mena
2463 v grün Sicheln in Mesopotamien
2454 v grün Bronze in Kleinasien
2447 v grün Kanalisation in Ur
2433 v grün Elfsaitige Harfe in Ur
2429 v grün Scharniere in Sumer
2410 v grün Kuppelbau in Sumer
2405 v grün Wasserstraßen in Sumer
2397 v grün Wasserleitung in Nippur
2387 v grün Ausbau des Tigris
2381 v grün Goldbergbau in Ägypten
2369 v–2295 v Una
2366 v grün Wasserbauten in Lagasch
2356 v grün Fenster in Sumer
2347 v grün Speer, Bogen in Akkad
2339 v grün Papyrusboote in Ägypten
2332 v–2248 v Yao
2314 v–2292 v Meren-Re
2297 v grün Nil-Katarakt schiffbar
2289 v grün Eisengeräte (Kleinasien)
2288 v–2206 v Schun
2260 v grün Festung Tell Brak
2253 v grün Kanalbau Nippurs
2252 v–2158 v Yü
2245 v grün Burgen in Mesopotamien
2212 v grün Deiche, Kanäle in China
2207 v grün Kreta: Krüge, Schüsseln

2190 v grün Quarz für Waffen (Amerika)
2167 v grün Okarina in Amerika
2155 v grün Bronze auf Kreta
2141 v grün Brutöfen in Ägypten
2129 v grün Kreta: Kannen, Tassen
2093 v–2030 v Ur-Nammu
2060 v–1983 v Schul-Gi
2044 v grün Kanal von Ur zum Meer
2041 v grün Ziegelglasur in Ur
2037 v grün Mauer um Ur
2029 v grün Spinnereien in Sumer
2022 v–1962 v Amen-Em-Het I.
1996 v grün Tuch-Manufakturen (Sumer)
1977 v grün Schmelzofen in Ur
1973 v grün Mauerbau in Ägypten
1971 v grün Mauerbau am Euphrat
1947 v grün Töpferscheibe auf Kreta
1911 v–1845 v Ilu-Suma
1907 v grün Speichenrad (Kleinasien)
1904 v–1841 v Sesostris III.
1883 v grün Dünne Keramik auf Kreta
1867 v grün Nil-Katarakt-Kanal
1865 v–1792 v Amen-Em-Het III.
1863 v grün Grenzbefestigung Ägyptens
1846 v grün Befestigung Assurs
1842 v grün Semne-Festung (Ägypten)
1837 v–1780 v Sumu-La-Ilu
1832 v grün Entwässerung Fayums
1818 v grün Bronze in China
1813 v grün Ausbau von Bergwerken
1796 v grün Bergwerks-Befestigung
1789 v grün Mauer um Babylon
1780 v–1697 v Rimsin
1764 v grün Vierrad-Wagen in Ägypten
1724 v grün Zweirad-Wagen (Kurriter)
1701 v grün Hiebwaffen in Ägypten
1698 v–1629 v Iluma-I-Lu
1697 v grün Stand-Harfe in Ägypten
1696 v grün Helm, Schild in Ägypten
1694 v grün Werft in Babylon
1691 v grün Bewässerungskanal
1673 v grün Streitwagen in Ägypten
1653 v grün Festungsgürtel um Sumer
1627 v grün Bronze in Europa
1615 v grün Kiel-Spanten-Schiffsbau
1592 v grün Glasgefäße in Ägypten
1581 v grün Fenster auf Kreta
1570 v grün Doppel-Oboe in Ägypten
1563 v grün Streitwagen (Griechenland)
1561 v grün Badezimmer auf Kreta
1552 v grün Fensterfronten auf Kreta
1506 v grün Laute in Ägypten
1462 v grün Rahmen-Trommeln(Ägypten)
1438 v grün Winkelharfe in Ägypten
1414 v grün Bumerang in Ägypten
1401 v grün Künstlicher See (Ägypten)
1374 v grün Komfort-Häuser in Amarna
1367 v grün Vergolden in Ägypten
1362 v grün Zusammenlegbare Betten
1360 v grün Eisenhärtung in Ägypten
1342 v grün Kampfwagen in China
1330 v grün Wasserversorgungs-Tunnel
1311 v grün Mauer um Mykene
1302 v–1244 v Salmanassar I.
1297 v grün Glocken in China
1287 v grün Weiße Keramik in China
1276 v grün Stahl bei Hettitern
1242 v grün Straßen Assur-Armenien
1216 v grün Glasuren in China
1208 v grün Bücher in China
1185 v grün Eisen in Vorderasien
1173 v grün Palastmauer in Theben
1149 v grün Eisen in Italien
1138 v grün Trompete in Ägypten
1117 v grün Eisen in Mitteleuropa
1099 v grün Wasserbehälter in Tyros
1095 v grün Eisenwaffen der Assyrer
1087 v grün Glocken in Assyrien
988 v grün Weben in Phrygien
967 v grün Wasserleitung (Jerusalem)
963 v grün Eisen in Indien
942 v grün Schmelzöfen in Juda
916 v grün Schwimmgurte in Assyrien
912 v grün Glocken in Ägypten
908 v–830 v Sardur
896 v grün Steindruck in China
891 v grün Eisensäule in Indien
885 v grün Eisenäxte in Assyrien
882 v grün Belagerungsmaschinen
872 v grün Aquädukt nach Tuspa
865 v grün Kanal nach Kalach
835 v grün Glocken in Mesopotamien
830 v grün Staudammbau bei Marib
810 v grün Wälle in China
774 v–727 v Tiglatpileser III.
767 v grün Eisenbeschläge für Pflüge
760 v grün Eisenhelme der Assyrer
758 v–672 v Bajin
752 v grün Schmelzofenmalerei
740 v grün Schlauchboote in Assyrien
735 v grün Schleuse von Marib
728 v grün Glas in Assyrien
716 v grün Eiserne Pfeilspitzen
715 v grün Marib-Staudamm vollendet
710 v grün Wassertunnel, Jerusalem
695 v grün Münzprägung der Griechen
694 v grün Tigris-Brücke in Ninive
692 v grün Bewässerung in Assyrien
691 v grün Aquädukt nach Ninive
689 v grün Kanal nach Ninive
678 v grün Lyra in Griechenland
669 v grün Löten in Griechenland
664 v grün Schiffsanker
658 v–595 v Necho II.
647 v grün Leinen in Griechenland
643 v grün Geschliffene Linsen

624 v–561 v Nebukadnezar II.
621 v grün Brücke über den Tiber
614 v grün 'Hängende Gärten'
610 v grün Kloaka Maxima in Rom
605 v grün Kanalbau in Ägypten
589 v grün Mauer um Babylon
560 v–469 v Theodoros
550 v–486 v Dareios I.
539 v grün Wasserleitung in Athen
532 v grün Wassertunnel für Samos
528 v grün Theodoros: Drehbank
522 v grün Theodoros: Erzguß
518 v grün Kaiserstraße in Persien
493 v grün Hafen von Piräus
490 v grün Kanal Nil-Rotes Meer
486 v grün Kanäle in China
486 v–430 v Hippodamos
483 v grün Athos-Kanal der Perser
480 v grün Schiffsbrücke der Perser
468 v grün Regeln für Theaterbau
463 v grün Getreideschiffe Athens
456 v grün Mauern Athen-Piräus
445 v grün Neue Mauer um Jerusalem
435 v grün Elfsaitige Lyra
433 v–351 v Archytas
428 v grün Schwimmgurte in Rom
425 v grün Brücke nach Euböa
424 v–367 v Dionys der Ältere
408 v grün Hafen von Rhodos
402 v grün Mauer um Syrakus
400 v grün Pfeilgeschütz in Syrakus
399 v grün Schiffsbau in Syrakus
390 v grün Filz in Griechenland
386 v grün Mechanische Taube
380 v grün Mauer um Rom
369 v grün Verhüttung mit Kohle
362 v grün Schere in Rom
361 v grün Wissenschaftliche Mechanik
354 v grün Luftschlauch für Taucher
346 v grün Zahnräder in Griechenland
342 v grün Befestigter Hafen Ostia
340 v–273 v Appius Klaudius
331 v grün Steinschleudergeschütze
312 v grün 'Via Appia'
310 v grün Wasserleitung für Rom
299 v grün Eisenpflug in Europa
296 v–228 v Ktesibios
284 v–212 v Archimedes
281 v grün Kanalschleuse in Ägypten
279 v grün Leuchtturm von Alexandria
268 v grün Ktesibios: Geschütz
265 v–202 v Philon
263 v grün Schiffsbau in Rom
261 v grün Wasser-Hebeschraube
260 v grün Enterbrücken der Römer
259 v grün Ktesibios: Feuerspritze
259 v–209 v Schi-Huang-Ti
251 v grün Steigdrachen in China
248 v grün Uhr mit Zahnradantrieb
245 v grün Ktesibios: Orgel
240 v grün Philon: Metallfedern
239 v grün Archimedes: Flaschenzug
238 v grün Philon: Ringgelenk
233 v grün Philons Öllampe
231 v grün Dreimaster Siziliens
230 v grün Treträder in Griechenland
229 v grün Philon: Mechanik
224 v grün Bagger, Taucherglocke
221 v grün Waschkugel-Automat
218 v grün Philon: Thermoskop
213 v grün 'Große Mauer' in China
210 v grün 'Eiserne Hand'
208 v grün Eisen- statt Bronzefeilen
207 v grün Würfelverdoppelungs-Gerät
203 v grün Orthopädisches Gerät
195 v grün Rändeln von Münzen
192 v grün Hufeisen in Europa
180 v grün Wasserleitung in Pergamon
155 v grün Hipparch: Sternmeßgeräte
152 v–82 v Heron
143 v grün Neue Mörtelbautechnik
135 v–50 v Poseidonios
121 v grün Ausbau der Seidenstraße
120 v grün Straße Italien-Spanien
116 v grün Heronsbrunnen
111 v grün Nutzung des Dampfes
107 v grün Heron: Windrad
98 v grün Warmluftheizung
91 v grün Mechanikerschulen
88 v grün Wassermühlen in Europa
68 v grün Aufblasbare Bälle in Rom
63 v–12 v Agrippa
63 v–14 n Augustus (Oktavian)
55 v grün Hölzerne Rheinbrücke
31 v grün Zementbauten in Rom
19 v grün Straßennetz der Römer
14 v grün Vitruvs Lehrbuch
12 v grün Kanalbau in Holland
10 v–54 n Klaudius
4 v grün Glasblasen der Phönizier
1 n grün Fensterscheiben in Rom
10 n grün Sprechrohre in Pompeji
18 n grün Drahtseile in Rom
21 n grün Schreibfedern aus Metall
23 n–79 n Plinius der Ältere
30 n grün Karrenpflug in Rom
46 n grün 'Donaustraße'
48 n–118 n Tsai-Lun
51 n–96 n Domitian
52 n grün Entwässerungstunnel
53 n–117 n Trajan
54 n grün Operationsbesteck
65 n grün Kreuzgewölbe in Rom
67 n grün Flugversuch in Rom
67 n–129 n Apollodoros von Damaskus
68 n grün Hängebrücke in China

71 n grün Drehschlösser in Rom
80 n grün Römerstraßen in England
83 n grün Bau des Limes
85 n grün Geheftete Bücher
97 n grün Werk über Wasserleitungen
99 n grün Spiegel mit Zinnfolie
104 n grün Apollodoros: Donaubrücke
105 n grün Papier in China
110 n grün Römer: 75 000 km Straßen
122 n grün Hadrianswall
179 n grün Festung Regensburg
181 n grün Dampfkochtopf
193 n grün Falschmünzer-Werkstätten
205 n grün Säge mit Spannschnur
207 n grün Armbrust in China
210 n grün Ausbau des Hadrianswalles
216 n grün Thermen des Karakalla
232 n–282 n Probus
267 n grün Schiffsbau in Schleswig
271 n grün Neue Mauer um Rom
291 n grün Hufeisen und -nägel
306 n grün Thermen des Diokletian
309 n grün Steinerne Rheinbrücke
315 n grün Thermen in Trier
350 n grün Zuckergewinnung in Indien
355 n grün Aräometer in Afrika
363 n grün Sägewerk (Wasserantrieb)
403 n grün Neue Mauer um Rom
406 n grün Bunte Kirchenfenster
510 n grün Mauer um Konstantinopel
511 n–579 n Chosroes
537 n grün Manufakturen in Byzanz
560 n–618 n Yang-Ti
575 n grün Crotta in England
596 n grün Holztafeldruck in China
605 n grün Nord-Süd-Kanal in China
608 n–676 n Tao-Yü
610 n grün Papier in Japan
626 n–672 n Tenji
648 n grün Luftgefüllte Bälle (China)
663 n grün Porzellan in China
666 n grün Wassermühlen in Japan
671 n grün Kallinikos: Brandwerfer
674 n grün Fensterglas nach England
675 n–715 n Welid
685 n–762 n Hüan-Tsung
694 n grün Kupfersäule in China
696 n grün Münzprägung der Araber
708 n grün Münzprägung in Japan
711 n grün Befestigung Gibraltars
751 n grün Papier bei Arabern
765 n grün Holztafeldruck in Japan
765 n–810 n Gottfried
782 n grün Bewässerung in Spanien
793 n grün Kanalbau Rhein-Donau
794 n grün Papiermanufaktur Bagdad
803 n grün Petroleum-Veredelung
806 n grün Burg Giebichenstein
808 n grün Bau des 'Danewerk'
848 n grün Befestigung des Vatikans
855 n grün Schiffsbau der Normannen
868 n grün Buchdruck in China
871 n–926 n Apaoki
880 n grün Flugversuch bei Arabern
887 n grün Armbrust in Europa
890 n–961 n Abdar Rachman III.
916 n grün Festungsstädte (Mongolei)
956 n grün Salinen in Deutschland
965 n–1039 n Al Hassan
968 n grün Faden-Telephon in China
969 n grün Kupferbergbau in Goslar
972 n grün Feuerwerksrakete in China
1011 n grün Camera obscura
1016 n–1076 n Pi-Scheng
1045 n grün Letterndruck in China
1065 n grün Flugversuch in England
1107 n grün Papiermanufaktur, Spanien
1110 n grün Steinkohlenbergbau
1134 n grün Kirchenfenster-Werkstatt
1147 n grün Wasserleitung im Kloster
1149 n grün Seidenweberei in Palermo
1193 n grün Gummibälle in Amerika
1200 n grün Großwebereien in Florenz
1202 n grün Schlagwerk-Uhr (Damaskus)
1205 n grün Seidenfabriken in Italien
1209 n grün Entsumpfung der Picardie
1210 n grün 'Gotische Rippe'
1220 n grün Raketenwaffe in China
1221 n grün Gotthard-Straße
1222 n grün Windmühlen in Europa
1233 n grün Villard: Bauhüttenbuch
1235 n grün Befestigung Karakorums
1243 n grün Villard: Automatik
1245 n grün Perpetuum-mobile-Plan
1256 n grün Flugmaschinen-Entwurf
1257 n grün Kirchenfenster (Chartres)
1267 n grün Papier in Italien
1272 n grün Borghesano: Zwirnmaschine
1273 n grün Kanonen der Mongolen
1282 n grün Brillen in Italien
1283 n grün Kanalbau der Mongolen
1288 n grün Uhr von Westminster
1310 n grün Straßenpflaster in Lübeck
1329 n grün Drehkran in Lüneburg
1330 n grün Butzenscheiben
1331 n grün Kanonen in Italien
1336 n grün Metallkanonen in Europa
1338 n grün Papiermanufaktur Pielle
1339 n grün Handfeuerwaffen
1350 n grün Tuchmanufakturen(England)
1353 n grün Glockenspiel in Straßburg
1355 n grün 'Drahtmühle' in Frankfurt
1358 n grün Geschützorgel in Holland
1359 n grün Schiffsgeschütze (Spanien)
1377 n–1446 n Brunellesco
1387 n grün Septimer-Paß

1389 n grün Papierfabrik bei Nürnberg
1397 n grün Fabrikationsvorschrift
1398 n grün Elbe-Trave-Kanal
1399 n–1468 n Gutenberg
1404 n–1472 n Alberti
1405 n grün Turmuhr in Lübeck
1408 n–1472 n Nezalhual
1420 n grün Haubitze bei Hussiten
1435 n grün Pistolen in Italien
1437 n grün Saspach: Druckerpresse
1438 n grün Feuerspritzen in Nürnberg
1440 n–1505 n Iwan III.
1443 n grün Zinnglasur in Italien
1444 n grün Doppelseitiger Druck
1445 n grün Alberti: Mühlenbau
1448 n grün Gutenberg: Letternguß
1449 n grün Befestigung des Vatikans
1451 n grün Zwingburg in Berlin
1452 n grün Alberti: 'Baukunst'
1452 n–1519 n Leonardo da Vinci
1455 n grün Gutenberg-Bibel
1457 n grün Diamantschliff
1461 n grün Druck bebilderter Bücher
1465 n grün Tuchfabriken in England
1466 n grün Seidenmanufaktur in Lyon
1476 n grün Notenlettern aus Metall
1479 n grün Gezogener Gewehrlauf
1480 n grün Monte-Viso-Tunnel
1489 n–1587 n Sinan
1491 n grün Leonardos Wasseruhr
1495 n grün Perpetuum-mobile-Problem
1495 n grün Papierfabrik in England
1496 n grün Inka-Straße
1499 n grün Zuckerraffinerie (Holland)
1501 n grün Schienenwagen
1505 n grün Möglichkeit des Fliegens
1508 n grün Zylinder-Lampen
1510 n grün Henlein: Taschenuhr
1518 n grün Feuerlöschwagen
1530 n grün Tret-Spinnrad
1530 n grün Rieselfeld-System
1530 n–1584 n Iwan IV.
1544 n grün Zuckerraffinerie London
1555 n grün Agricolas Bergwerksbuch
1555 n grün Archicembalo
1558 n grün Porta: Sammellinse
1561 n grün Besson: Drehbank
1561 n–1626 n Francis Bacon
1564 n–1642 n Galilei
1570 n grün Palladios Lehrbuch
1571 n–1630 n Kepler
1573 n grün Zuckerraffinerie Augsburg
1581 n grün Höllenmaschine
1589 n grün Lee: Wirkstuhl
1590 n grün Janssen: Mikroskop
1590 n grün Prätorius: Meßtisch
1591 n grün Veranzio: Greifbagger
1592 n grün Galilei: Thermometer
1593 n grün Delfter Fayencen
1593 n grün Fernrohre in Italien
1594 n grün Seilbahnen in Italien
1599 n grün Stevin: Segelwagen
1611 n grün Astronomisches Fernrohr
1615 n grün Gefederter Wagen
1622 n grün Drebbel: Unterseeboot
1623 n grün Schickard: Rechenmaschine
1623 n–1662 n Pascal
1624 n rot Erfindungsschutz (England)
1629 n grün Dampfmaschinen-Entwurf
1634 n grün Füllbare Schreibfeder
1640 n grün Guericke: Luftpumpe
1640 n grün Gascoigne: Fernrohr
1642 n grün Pascal: Rechenmaschine
1643 n–1727 n Newton
1646 n–1716 n Leibniz
1649 n grün Wagen mit Kurbelantrieb
1649 n grün Amatis Geigen
1650 n–1722 n Kang-Hi
1652 n grün Steinschloß statt Lunte
1655 n grün Papiermühle in Rußland
1656 n grün Huygens: Pendeluhr
1656 n grün Jacquin: Glasperlen
1659 n grün Hinterlade-Gewehr
1662 n grün Pferdeomnibus in Paris
1663 n grün Elektrisiermaschine
1663 n grün Laterna magica
1668 n grün Spiegelfernrohr
1670 n grün Lana: Luftschiff-Plan
1671 n grün Papier-Mahlwalze
1672 n–1725 n Peter I., der Große
1673 n grün Pulver als Antriebskraft
1678 n grün Besniers Flugversuch
1679 n grün Papin: Dampfkochtopf
1679 n grün Tunnel-Sprengung
1680 n grün Laboratorien in China
1681 n grün Kanal Atlantik-Mittelmeer
1690 n grün Papin: Dampfmaschine
1690 n grün Papierfabrik in Amerika
1695 n grün Leibniz: Rechenmaschine
1697 n grün Savery: Dampfmaschine
1699 n grün Eisengießereien (Rußland)
1704 n grün Münzprägung in Rußland
1705 n grün Stradivaris Geigen
1707 n grün Papin: Schaufelrad
1708 n grün Böttger: Porzellan
1708 n grün Realschule
1709 n grün Gusmao: Heißluftballon
1709 n grün Hammerklavier
1710 n grün Manufaktur Meißen
1710 n grün Le Blon: Dreifarbendruck
1711 n grün Shore: Stimmgabel
1712 n grün Newcomen: Dampfmaschine
1713 n grün Kokshochöfen in England
1714 n grün Quecksilber-Thermometer
1714 n grün Mill: Schreibmaschine
1720 n grün Dampfkraftwagen

1726 n grün Kuckucks-Uhren
1730 n grün Saunderson-Schreibmaschine
1731 n grün Ladoga-Kanal
1731 n grün Ballonflug-Versuch
1732 n grün Fauchard: Zahnersatz
1734 n grün Kreml-Glocke
1734 n grün Rückstoß-Prinzip
1736 n grün Eisenschienen in England
1736 n–1819 n James Watt
1740 n grün Gußstahlfabrik in England
1744 n grün Cooke: Dampfheizung
1750 n grün Manufaktur Berlin
1752 n grün Franklin: Blitzableiter
1756 n grün Manufaktur Sèvres
1759 n grün Harrison: Seeuhr
1761 n grün Manufaktur Nymphenburg
1762 n grün Smeaton: Zement
1765 n grün Papier aus Holz
1765 n grün Watt: Dampfmaschine
1765 n grün Bergakademie Freiberg
1767 n grün Jenny-Spinnmaschine
1768 n grün Macquer: Gummischlauch
1769 n grün Füllfederhalter
1769 n grün Wedgwood-Keramik
1770 n grün Radiergummi
1770 n grün Begriff 'PS'
1770 n grün Dumoutiez: Feuerzeug
1772 n grün Drehbühne in Japan
1772 n grün Brenner-Straße
1773 n grün Colles: Dampfschiff
1775 n grün Schokolade-Maschinen
1779 n grün Eisenbrücke in England
1780 n grün Uhr mit Selbst-Aufzug
1781 n grün Stahlfedern
1782 n grün Watt: Schwungrad
1782 n grün Montgolfier-Ballon
1783 n grün Erster Ballonflug
1784 n grün Franklin: Bifokale Brille
1785 n grün Flug Dover–Calais
1785 n grün Cartwright: Webstuhl
1787 n grün Wilkinson: Eisenschiff
1789 n grün Eisenpflüge in England
1789 n grün Rollschuh
1790 n grün Saint: Nähmaschine
1793 n grün Baumwollentkernung
1793 n grün Optische Telegraphie
1793 n grün Bentham: Kreissäge
1794 n grün Vaughan: Kugellager
1795 n grün Lehranstalt in Paris
1796 n grün Parker: Zement
1796 n grün Senefelder: Steindruck
1797 n grün Fallschirmabsprung
1798 n grün Langsieb-Papiermaschine
1800 n grün Krems: Nähmaschine
1800 n grün Galvanische Batterie
1802 n grün Rübenzucker-Fabrik
1804 n grün Trevithick: Lokomotive
1804 n grün Didot: Letternguß
1804 n grün Gay-Lussacs Ballonflug
1805 n grün Jacquard: Webstuhl
1806 n grün Congreve: Rakete
1807 n grün Newberry: Bandsäge
1807 n grün Fulton: Dampfschiff
1809 n grün Sömmering: Telegraph
1810 n grün Buchdruck-Schnellpresse
1810 n grün Grenié: Harmonium
1811 n grün Davy: Bogenlicht
1812 n grün Krupps Stahlfabrik
1812 n grün Ressel: Schiffsschraube
1813 n rot Maschinenstürmer-Urteil
1813 n grün Drais: Lauf-Rad
1814 n grün Stephenson: Lokomotive
1814 n grün Metall-Hobelmaschine
1814 n grün Gaslicht in London
1815 n grün Egg: Zündhütchen
1816 n–1892 n Siemens
1820 n grün Eiserner Theater-Vorhang
1822 n grün Handharmonika
1822 n grün Niepce: Photographie
1824 n grün Portlandzement
1825 n grün Chemische Reinigung
1825 n grün Eisenbahn in England
1827 n grün Dreyse: Zündnadelgewehr
1831 n grün Jones: Streichholz
1832 n grün Dampfpflug in England
1832 n grün Schilling: Nadeltelegraph
1833 n grün Bewegte Bilder
1834 n grün Getreidemähmaschine
1835 n grün Eisenbahn in Deutschland
1835 n grün Rohrpost
1837 n grün Daguerre: Belichtung
1838 n grün Kautschuk-Vulkanisation
1840 n grün Saxophon
1841 n grün Negativ-Photographie
1843 n grün Galloway: Linoleum
1843 n grün Papier aus Holzschliff
1843 n grün Bain: Bildtelegraph
1844 n grün Thomson: Luftreifen
1844 n grün Morse-Alphabet
1845 n grün Fahrrad mit Tretkurbel
1845 n grün Howe: Nähmaschine
1846 n grün Zeißwerk Jena
1847 n–1931 n Edison
1848 n–1896 n Lilienthal
1850 n grün Helmholtz: Augenspiegel
1850 n grün Porro: Prismen-Fernrohr
1851 n grün Kristallpalast in London
1851 n grün Singers Nähmaschine
1852 n grün Ballon mit Antrieb
1853 n grün Rhein-Marne-Kanal
1854 n grün Göbel: Glühbirne
1855 n grün Silliman: Petroleum-Lampe
1855 n grün Hughes: Telegraph
1856 n grün Bessemer-Stahl
1858 n grün Schlafwagen
1858 n grün Atlantikkabel

1859 n grün Luftbild
1859 n grün Elektrische Zündung
1860 n grün Lenoir: Gasmotor
1860 n grün Rotationsmaschine
1861 n grün Reis: Telephon
1863 n–1947 n Ford
1864 n grün Prandtl: Milchzentrifuge
1864 n grün Markus: Kraftwagen
1864 n grün Siemens-Martin-Ofen
1865 n grün Pipeline in USA
1866 n grün Monier: Eisenbeton
1866 n grün Siemens: Dynamo
1869 n grün Suezkanal
1870 n grün Remington: Schreibmaschine
1871 n grün Mont-Cenis-Tunnel
1874 n–1937 n Marconi
1876 n grün Photoelement
1876 n grün Otto-Motor
1876 n grün Bell: Telephon
1877 n grün Edison: Phonograph
1877 n grün Caselli: Bildtelegraph
1877 n grün Siemens: Preßglas
1878 n grün Hughes: Mikrophon
1879 n grün Edison: Glühbirne
1880 n grün Laval: Dampfturbine
1880 n grün Hollerith: Zählmaschine
1881 n grün Gotthard-Tunnel
1881 n grün Elektrische Straßenbahn
1882 n grün Meisenbach: Autotypie
1883 n grün Daimler-Motor
1883 n grün Wolkenkratzer in Chicago
1883 n grün Maschinengewehr
1883 n grün Trocken-Gleichrichter
1884 n grün Nipkow: Bildzerleger
1884 n grün Mergenthaler: Zeilenguß
1884 n grün Zielfahrt mit Luftschiff
1885 n grün Auer: Gas-Glühlicht
1885 n grün Mannesmann-Röhren
1885 n grün Daimlers Motorrad
1886 n grün Benz: Automobil
1887 n grün Daimler: Automobil
1888 n grün Firth-of-Forth-Brücke
1888 n grün Rollfilm
1888 n grün Trockenbatterie
1889 n grün Eiffelturm
1889 n grün Northrop: Webautomat
1890 n grün Lilienthals Flug
1891 n grün Farbphotographie
1891 n grün Filmaufnahmegerät
1892 n grün Photozelle
1893 n grün Diesel-Motor
1893 n– Karolus
1894 n grün Film-Projektor
1894 n grün Popow: Antenne
1894 n–1964 n Norbert Wiener
1897 n grün Drahtlose Telegraphie
1898 n grün Fahrrad-Freilauf
1898 n grün Braun'sche Röhre
1899 n grün Zeppelins Luftschiff
1900 n grün Untergrundbahn in Paris
1900 n grün Taylor: Schnelldrehstahl
1901 n grün Lichtton-Aufzeichnung
1901 n grün Staubsauger
1901 n grün Rasierklinge
1902 n grün Deutsches Museum
1902 n grün Bosch: Magnetzündung
1902 n grün Korn: Bildtelegraph
1903 n grün Ultramikroskop
1903 n grün Ford: Autofabrik
1903 n grün Wright: Motorflug
1904 n grün 'Höhensonne'
1904 n grün Elektronenröhre
1904 n grün Autogenes Schweißen
1907 n grün Hochfrequenzmaschine
1909 n grün Claude: Neonlicht
1910 n grün Rotations-Tiefdruck
1911 n grün Wirth: Fernlenkung
1911 n grün Elektrokardiogramm
1911 n grün Ford: Fließband
1913 n grün Behm: Echolot
1913 n grün Panamakanal
1914 n grün Scheinwerfer
1914 n grün Feldhaus' Geschichtswerk
1915 n grün Junkers: Metallflugzeug
1915 n grün Panzerwagen
1919 n grün Projektions-Planetarium
1920 n grün Rundfunksender
1922 n grün Tonfilm
1924 n grün Karolus: Fernsehgerät
1925 n grün Zuidersee-Trockenlegung
1926 n grün Germanium-Diode
1927 n grün Dnjepr-Kraftwerk
1928 n grün Geigerzähler
1928 n grün Zeitungs-Bildfunk
1928 n grün Opel: Raketenauto
1930 n grün Farbfernseh-Versuche
1931 n grün Zworykin: Bild-Abtaster
1931 n grün Piccard: Ballonaufstieg
1931 n grün Elektromagnetisches Klavier
1933 n grün Elektronen-Übermikroskop
1934 n grün Autobahn
1934 n grün Radargerät
1935 n grün Luftkissen-Fahrzeug
1935 n grün Farbiger Tonfilm
1937 n grün Golden-Gate-Brücke
1937 n grün Focke: Hubschrauber
1938 n grün Boulderdamm-Kraftwerk
1939 n grün Heinkel: Düsenflugzeug
1940 n grün Plastischer Farbfilm
1941 n grün Programmiertes Rechnen
1942 n grün Elektronisches Rechnen
1942 n grün Atomreaktor
1942 n grün Braun: Rakete
1944 n grün Flugzeuge: 1000 km/h
1945 n grün Atombombe
1947 n grün Überschall-Flug
1948 n grün Künstliches Herz
1948 n grün Transistor
1948 n grün Wiener: Kybernetik
1949 n grün Rakete: 414 km Höhe
1949 n grün Ohne-Halt-Flug um Erde
1949 n grün Großteleskop
1950 n grün Ultraschall-Photographie
1950 n grün Höchstleistungskamera
1950 n grün Rakete: 3000 km/h
1952 n grün Wasserstoffbombe
1952 n grün Farbfernseh-Projektion
1952 n grün Halbautomatische Fabriken
1952 n grün Wolga-Don-Kanal
1954 n grün Atom-Kraftwerk
1954 n grün Atom-U-Boot
1954 n grün Farbfernsehen in USA
1954 n grün Tauchtiefe 4050 m
1955 n grün Sendeturm (479 m Höhe)
1957 n grün Ardenne: Kleinstsender
1957 n grün 'Sputnik'
1958 n grün Polytechnischer Unterricht
1959 n grün Künstlicher Planet
1959 n grün Rakete zum Mond
1959 n grün Photos der Mondrückseite
1960 n grün Raumschiff mit Tieren
1960 n grün Tauchtiefe 10970 m
1960 n grün Laser-Strahl
1961 n grün Raumflug eines Menschen
1962 n grün Maracaibo-Brücke
1962 n grün Venus-Sonde
1962 n grün Rendezvous-Flug im Raum
1963 n grün Groß-Rechenmaschine
1963 n grün Raumfahrt-Großindustrie
1963 n grün Raumflug einer Frau
1964 n grün Bau des Assuan-Dammes
1964 n grün Drei-Mann-Raumflug
1965 n grün Leonows Raumflug
1965 n grün Mars-Sonde

TECHNISCHE LEHRANSTALTEN

152 v–82 v Heron
91 v grün Schule in Alexandria
1765 n grün Bergakademie Freiberg
1795 n grün Lehranstalt in Paris

TEE, Getränk aus getrockneten und zerkleinerten Blättern immergrüner Sträucher oder Bäumchen. Wegen seines starken Giftgehaltes (1 bis 5 Prozent Koffein) im Ursprungsland China jahrhundertelang zu Heilzwecken gebraucht, wurde er zunächst am Kaiserhof, dann in immer breiteren Volksschichten als Anregungsmittel getrunken. Zwischen dem 8. und 15. Jahrhundert verbreitete er sich als Getränk in ganz Asien und im Araberreiche. So gelangte er auch nach Europa, wo die am Asienhandel beteiligten Länder (England, Holland) Hauptabnehmer wurden. In England steigerte sich der Jahresverbrauch pro Kopf bis auf 4,5 Kilogramm. Indien und Ceylon entwickelten sich unter dem Zwang ihrer englischen Kolonialherren zu den Haupt-Produzenten (82% der Welternte), wodurch der Nahrungsmittelanbau in diesen Ländern geschmälert wurde und die für den Reisanbau notwendigen Bewässerungsanlagen verfielen. In der gegenwärtigen Epoche aus gesundheitlichen Gründen in Europa zunehmend durch die früher allein bekannten Blätter- und Blüten-Aufgüsse aus heimischen Pflanzen ersetzt (Pfefferminztee).

262 n grün Chinesisches Hofgetränk
601 n–673 n Li-Pen
667 n blau Gemälde 'Teetrinker'
793 n grün Tee-Steuer
805 n grün Aufkommen in Japan
1610 n grün Einfuhr nach Europa
1773 n braun 'Bostoner Tee-Party'

TEF-IBI (um 2260 v–um 2200 v), ägyptischer Fürst. Erbte von seiner Mutter die Herrschaft über Herakleopolis und machte sich zum mächtigsten Gaufürsten Nordägyptens. Baute die Nil-Flotte aus und schuf damit die Voraussetzung für die Ausdehnung der Macht durch seinen Sohn Achtos.

2230 v–2158 v Achtos I.

TEF-NACHT, König von Ägypten.

784 v–720 v Lebenslinie
780 v–717 v Pianki
760 v–715 v Bok-Choris
727 v rot Einigung Unterägyptens
726 v/725 v Niederlage

TEGEA, Stadt auf der südlichen Halbinsel Griechenlands (Peloponnes). Etwa gleichzeitig mit dem benachbarten Sparta entstanden, mußte es seine Selbständigkeit in immer neuen Kämpfen mit dieser stärksten Macht auf dem Peloponnes behaupten. Unter eigenen Königen stieg es zur bedeutendsten Stadt des Gebirgslandes Arkadien auf, wurde aber zeitweilig von Sparta unterworfen. Im Peloponnesischen Kriege kämpfte es an der Seite Spartas und trug so wesentlich zu dessen Sieg bei. Ihr 395 v abgebrannter Athene-Tempel wurde 40 Jahre später durch Skopas wieder aufgebaut und mit Skulpturen geschmückt und erlangte als einziger Mamortempel des Peloponnes Berühmtheit.

431 v/404 v Peloponnesischer Krieg
395 v–343 v Skopas
353 v blau Tempel

TEGERNSEE, Name eines oberbayerischen Sees, der im Alpenvorland zwischen Wendelstein und Benediktenwand liegt, sein Wasser aus mehreren Quellflüssen (Weisach, Rottach) erhält und durch den Mangfall in den Inn weitergibt. 756 n entstand hier ein Kloster, dessen Mönche seit dem 15. Jahrhundert ein in der Nähe gewonnenes Erdöl nach ihrem Schutzheiligen Quirinus benannten und als Heilmittel verkauften. Als 1909 n auf Grund dieser Funde eine holländische Ölgesellschaft Bohrungen vornahm, fand sie eine Heilquelle, die den gleichnamigen Ort zu einem bekannten Kurort machte.

1441 n grün Quirinusöl

TEHERAN, Stadt in Nordpersien, 100 Kilometer südlich des Kaspischen Meeres, von dem sie durch den Elburs getrennt ist. Am Fuße dieses Gebirges auf einer Hochebene gelegen, entwickelte sie sich in unserer Epoche zu einer modernen Millionenstadt. Vor 2300 Jahren durch Seleukos I. gegründet ('Europos'), wurde sie 642 n arabisch, 1220 n mongolisch, bis 1427 n Residenzstadt, verfiel dann und wurde im 16. Jahrhundert 13 Kilometer weiter nordwestlich neu gegründet. Durch Verlegung der persischen Residenz von Isfahan nach hier blühte sie auf. Im zweiten Weltkrieg von England und der UdSSR besetzt, wurde sie Konferenzort für eine Begegnung von Stalin, Roosevelt und Churchill zur Festlegung gemeinsamer Kriegsziele.

358 v–280 v Seleukos I.
633 n/732 n Arabischer Krieg
1207 n/1279 n Großer Mongolenkrieg
1220 n rot Mongolischer Besitz
1788 n rot Persische Hauptstadt
1939 n/1945 n Zweiter Weltkrieg
1943 n rot Konferenz

TEICH-ANLAGE

2633 v–2570 v Meten
1401 v grün Ägyptischer Zierteich
1397 v blau Ägyptisches Gemälde

TEJE, ägyptische Kaiserin.

1422 v–1356 v Lebenslinie
1426 v–1377 v Amen-Hotep III.
1423 v–1359 v Juti
1391 v–1358 v Echnaton
1383 v blau Bildnis in Stein
1380 v blau Relief
1357 v blau Porträt in Holz

TEKOSET (um 720 v–um 660 v), ägyptische Priesterin aus Äthiopien (Abessinien).

694 v blau Statue

TEL AVIV, Name der größten Hafenstadt des Staates Israel am Ostufer des Mittelmeers. 1906 n gegründet, wurde sie 1948 n bei der Gründung Israels mit der alten Hafenstadt Jaffa (Joppe) vereinigt, die seit mindestens 4000 Jahren bewohnt ist, zeitweilig zum Ägypterreiche gehörte, von phönizischen Seefahrern ausgebaut wurde und später Syrien zufiel. Dem Juden-König Salomo diente sie als Hafen, später wurde sie Seeräuber-Festung, fiel an Rom und wurde schließlich arabisch. Gelegentlich von christlichen Kreuzfahrern benutzt und vorübergehend erobert, kam sie für Jahrhunderte unter türkische Herrschaft. Napoleon I. erstürmte die Stadt auf seinem Ägypten-Feldzug.

1499 v–1450 v Tuti
1481 v/1460 v Vorderasienzug Ägyptens
1796 n/1815 n Napoleonische Kriege

TELEGRAPHENBÜRO, Bezeichnung für die ersten Nachrichten-Agenturen, die sich des Telegraphen bedienten. Zunächst für die Weitergabe von Börsen-Informationen eingerichtet, wurden sie durch Sammlung und Verkauf von Nachrichten aus allen Gebieten der Wirtschaft, der Politik, der Kultur und des Sports zu einem bedeutenden Mittel der Meinungsbildung.

1849 n grün Reuters Büro

TELEGRAPHIE, aus den griechischen Wörtern 'tele' (=fern) und 'graphein' (= schreiben) zusammengesetztes Kunstwort. Sammelbezeichnung für alle Arten akustischer, optischer und elektrischer Fern-Übertragung.

459 v grün Fackel-Signale
227 v grün Optische Telegraphie
10 n grün Sprechrohre
968 n grün Faden-Telephon
1793 n grün Chappe: Telegraph
1809 n grün Sömmering: Telegraph
1816 n–1892 n Siemens
1832 n grün Schilling: Nadeltelegraph
1843 n grün Bain: Bildtelegraph
1844 n grün Morse-Alphabet
1847 n–1931 n Edison
1849 n grün Reuters Telegraphenbüro
1855 n grün Hughes: Telegraph
1858 n grün Atlantikkabel
1861 n grün Reis: Telephon
1874 n–1937 n Marconi
1876 n grün Bell: Telephon
1877 n grün Caselli: Bildtelegraph
1878 n grün Hughes: Mikrophon
1884 n grün Nipkows Bildzerleger
1887 n grün Hertz: Wellen
1893 n– Karolus
1894 n grün Popow: Antenne
1897 n grün Drahtlose Telegraphie
1898 n grün Braun'sche Röhre
1901 n grün Lichtton-Aufzeichnung
1902 n grün Korn: Bildtelegraph
1904 n grün Elektronenröhre
1907 n grün Hochfrequenzmaschine
1920 n grün Rundfunksender
1924 n grün Karolus: Fernsehgerät
1928 n grün Zeitungs-Bildfunk
1930 n grün Farbfernseh-Versuche
1931 n grün Zworykin: Bild-Abtaster
1948 n grün Transistor
1954 n grün Farbfernsehen in USA
1955 n grün Sendeturm (479 m Höhe)
1957 n grün Ardenne: Kleinstsender
1959 n grün Photos der Mondrückseite
1965 n grün Photos über Mars-Sonde

TELEMANN, Georg Philipp (1681 n–1767 n), deutscher Komponist. Als Sohn eines Predigers früh musikalisch ausgebildet, studierte er Rechtskunde in Leipzig. Daneben schrieb er alle 14 Tage ein Musikstück für die Thomaskirche, verfaßte Opern und leitete einen studentischen Gesangverein. 23jährig erhielt er die Organistenstelle an der Neukirche und wandte sich nun ganz der Musik zu. Neben ständiger Kapellmeister-Tätigkeit (Sorau, Eisenach, Frankfurt am Main, Hamburg) schuf er 40 Opern, 44 Passionsmusiken, etwa 1000 Orchesterstücke, Klaviermusik, Lieder, Märsche, Kammermusik sowie Kantaten und Motetten. Produktiver und viel berühmter als Bach zu Lebzeiten, wurde 1722 n zuerst ihm die Stelle des Thomaskantors zusammen mit dem Amt des städtischen Musikdirektors angeboten. Seine Absage führte dann dazu, daß der verstimmte Stadtrat seinen Freund Bach wählte.

1693 n blau Erste Oper

TELEPHON, aus den griechischen Worten für 'fern' und 'Ton' zusammengesetzte Bezeichnung für den Fernsprecher. Das Fern-Sprechen durch Rohre haben schon vor 2000 Jahren die Römer gekannt, um Mitteilungen von den Portierslogen in die Wohnungen vornehmer Bürger durchzugeben. Der Chinese King-Fu erfand vor 1000 Jahren das Faden-Telephon. 1873 n bemerkte der nordamerikanische Physiker Page, wie ein Eisenstab durch elektromagnetische Schwingung zum Tönen gebracht wurde. An diese Beobachtung der Umwandelbarkeit elektrischer Schwingungen in Töne knüpfte sich bei anderen der Gedanke, daß es auch möglich sein mußte, Töne in elektrische Schwingungen zu verwandeln und über Drähte weiterzuleiten. Der französische Telegraphenbeamte Charles Bourseul erfand 1849 n die Vibrationsplatte zur Umwandlung von Tönen in elektrische Schwingungen – doch gelang ihm nicht die Rückwandlung dieser Schwingungen in Töne. Der junge deutsche Lehrer Philipp Reis konnte 1861 n das erste praktische arbeitende Telephon-Gerät vorführen. In Havanna (Kuba) hatte der Italiener Antonio Meucci unabhängig von beiden das Problem ebenfalls gelöst. Doch keiner von ihnen brachte das neue Gerät zur Produktionsreife. Das gelang erst dem englischen Gelehrten Graham Bell, der den Batteriestrom durch Wechselstrom ersetzte und durch weitere Verbesserungen die verständliche Fern-Übertragung der menschlichen Stimme ermöglichte. Sein Landsmann Hughes verbesserte dann noch die Ton-Qualität durch Erfindung des Mikrophons.

10 n grün Sprech-Rohrleitungen
968 n grün Faden-Telephon
1861 n grün Erfindung durch Reis
1876 n grün Bells Konstruktion
1878 n grün Mikrophon

TELE-PINU, hettitischer König.

1518 v–1455 v Lebenslinie
1515 v–1549 v Idrimi
1478 v rot Konstitutionelle Monarchie
1466 v blau Rechtsaufzeichnung
1463 v rot Rechtsverkündung
1458 v braun Vorstoß Idrimis

TELL, Wilhelm (um 1280 n–1354 n), schweizerischer Freiheitskämpfer. Held der Schweizer Volkssage, nach der er 1307 n in Altdorf dem Zeichen der österreichischen Herrschaft nicht die Reverenz erwiesen hat und deshalb vom österreichischen Statthalter Geßler dazu gezwungen wurde, seinem eigenen Sohn mit der Armbrust einen Apfel vom Kopf zu schießen. Später hat er nach dieser Sage Geßler erschossen, acht Jahre danach in der Schlacht am Morgarten gegen die österreichischen Ritterheere mitgefochten und schließlich 1354 n bei der Rettung eines Kindes im Schächenbach den Tod gefunden. Durch Schillers gleichnamiges Drama wurde seine Gestalt zum Inbegriff unbeugsamen Freiheitswillens.

1315 n braun Schlacht am Morgarten
1469 n blau Niederschrift der Sage
1804 n blau Schillers Drama

TELL BRAK, Name einer Stadt im äußersten Norden Mesopotamiens (Syrien). Am Übergang des fruchtbaren Tieflandes zwischen Euphrat und Tigris ins Hochland von Anatolien und Armenien gelegen, wuchs die Siedlung vor 5000 Jahren zur Stadt empor. Später wurde sie mit einem Tempel geschmückt und verfiel dann allmählich. Nach der staatlichen Einigung Mesopotamiens durch Sargon an der Nordgrenze des neuen Reiches gelegen, wurde sie durch Sargons Enkel Naramsin als befestigte Palaststadt neu aufgebaut. Hinter 10 Meter starken Umfassungsmauern, nur durch ein von Türmen geschütztes Tor zugänglich, lag der kaiserliche Palast mit sechs Höfen, von denen der größte 40 m lang war. Verfiel bald nach dem Untergang des Reiches unter Naramsins Sohn.

2760 v blau Eye-Tempel
2260 v grün Festung

TELLEZ, Gabriel (1572 n–1648 n), spanischer Dichter (Deckname: 'Tirso de Molina'). Als Mönch der 'Barmherzigen Brüder von Toledo' unternahm er zahlreiche Reisen, die ihn bis nach Haiti (Mittelamerika) führten. Schrieb etwa 300 Theaterstücke, von denen aber nur ein kleiner Teil erhalten ist ('Die fromme Martha', 'Don Gil mit den grünen Hosen'). Auch in seinen religiösen Dramen anerkannte er die freie Willensentscheidung des Menschen ('Verzweiflung führt zur Verdammnis'). Mit besonderem Einfühlungsvermögen zeichnete er die Charaktere der handelnden Personen seiner Stücke. Schuf die erste dramatische Gestaltung des Don-Juan-Stoffes. Seine volkstümliche Darstellung dieses Frauen-Verführers trug deutliche Zeichen der Empörung gegen die Adelsherrschaft seiner Epoche.

1630 n blau 'Verführer von Sevilla'

TEMPEL, von dem lateinischen Worte 'templum' (= Heiligtum) abgeleitete Bezeichnung für Kirchenbauten. Von Christen nur zur Benennung nicht-christlicher Kirchen verwendet.

3000 v–2952 v Meschki-Agascher
2988 v–2925 v En-Merkar
2970 v blau Tempelstadt Eanna
2934 v blau Enki-Tempel in Eridu
2928 v rot Eridus Tempel Zentrum
2922 v blau Tempel in Uruk
2920 v grün Künstliche Hügel
2850 v blau Inanna-Tempel in Uruk
2823 v blau Anu-Tempel in Uruk
2767 v grün Tuchfabrik im Tempel
2760 v blau Eye-Tempel
2697 v–2650 v Ka-Sechemui
2695 v blau Enlil-Tempel in Nippur
2676 v–2595 v Mesilim
2675 v blau Tempel von Chafadschi
2646 v blau Tempelturm in Kisch
2633 v–2570 v Meten
2631 v blau Heiligtum von Heliopolis
2627 v blau Trennung vom Palast
2605 v–2542 v Dedefre
2596 v–2515 v Ur-Nan-Sche
2587 v-2514 v Ur-Nina
2577 v blau Ausschmückung in Ägypten
2575 v blau Inanna-Tempel in Assur
2555 v–2491 v Hemre
2545 v blau Tempel in Lagasch
2542 v blau Tempel des Dedefre
2534 v-2470 v User-Kaf
2529 v blau Sphinx-Tempel in Giseh
2512 v–2458 v Sahu-Re
2472 v blau Re-Kultstätte User-Kafs
2464 v blau Re-Kultstätte Sahu-Res
2464 v-2397 v En-Te-Mena
2463 v-2403 v Ni-User-Re
2462 v blau Tempel des Sahu-Re
2458 v blau Re-Bauten statt Pyramiden
2449 v blau Muttergöttin-Tempel (Ur)
2446 v blau Kupferschmuck in Ur
2440 v grün Götterfiguren
2431 v blau Tal-Tempel des Ni-User-Re
2429 v blau 'Freude des Re'
2382 v–2320 v Teti
2370 v blau Statue 'Tempelschreiber'
2363 v grün Tempelspenden -Entzug
2341 v grün Tempelbesitz steuerfrei
2289 v blau Tempelschulen in Akkad
2190 v–2141 v Inki-Schu
2154 v–2096 v Jar-Lagab
2088 v–2020 v Gudea
2084 v–2012 v Mentu-Hotep
2067 v grün Tempel-Prostitution
2060 v–1983 v Schul-Gi
2040 v blau Tempelturm in Ur
2032 v blau Neuer Tempel in Lagasch
2016 v blau Tempel bei Theben

2003 v blau Tempelstadt Eridu
2002 v–1928 v Sesostris I.
1992 v blau Statue 'Tempelbauer'
1990 v blau Mondgöttin-Tempel in Ur
1986 v–1915 v Chen
1977 v grün Schmelzofen im Tempel
1946 v blau Tempel von Heliopolis
1945 v grün Riten-Monopol
1941 v blau Tempel Sesostris' I.
1911 v–1845 v Ilu-Suma
1894 v grün Vorführungen öffentlich
1876 v–1816 v Iri-Suma
1865 v–1792 v Amen-Em-Het III.
1848 v blau Ischtar-Tempel in Assur
1820 v blau Assur-Tempel in Assur
1806 v blau Tempel in Hawara
1801 v–1759 v Warad-Sin
1793 v blau Tempel von Nesa
1777 v blau Marduk-Tempel in Babylon
1766 v blau Neuer Tempel in Ur
1730 v blau Enlil-Tempel in Assur
1691 v–1628 v Chian
1610 v blau Goldene Statuen
1572 v–1504 v Agum
1563 v–1524 v Amen-Hotep I.
1542 v–1505 v Tut-Mosis I.
1531 v–1481 v Sen-Mut
1526 v blau Trennung Gruft/Tempel
1486 v blau Terrassentempel bei Theben
1462 v–1382 v Hapu
1452 v blau Tempel für Sesostris III.
1448 v–1392 v Kara-Indasch
1445 v grün Unterricht an Inschrift
1426 v–1377 v Amen-Hotep III.
1415 v blau Tempelbau in Uruk
1402 v–1346 v Burna-Bu
1395 v blau Kolonnade von Luxor
1392 v blau Tempel von Luxor
1388 v blau Löwe als Tempelschmuck
1375 v blau Aton-Tempel in Theben
1364 v blau Sonnengott-Tempel in Larsa
1353 v blau Halle von Luxor
1345 v–1301 v Sethos I.
1320 v–1258 v Nefer
1314 v blau Königsliste im Tempel
1313 v blau Bet-Sche-An-Tempel
1308 v blau Tempel von Abydos
1306 v blau Relief im Hettitertempel
1302 v blau Widder-Allee von Karnak
1302 v–1244 v Salmanassar I.
1291 v blau Tempel von Abu-Simbel
1287 v blau Kriegsrelief in Karnak
1275 v blau Ausbau von Luxor
1274 v blau Abu-Simbel-Statuen
1272 v blau 'Ramesseum' in Theben
1271 v blau Halle von Abu-Simbel
1251 v blau Ischtar-Tempel (Ninive)
1249 v blau Halle von Karnak
1239 v blau Tempel-Neubau (Assur)
1208 v–1137 v Ram-Se-Na
1191 v blau Mondgott-Tempel (Karnak)
1125 v–1054 v Smendes
1100 v blau Doppeltempel in Assur
1090 v blau 'Priester beim Tempelbau'
959 v blau Tempel in Jerusalem
956 v grün Tempelmusiker (Jerusalem)
918 v blau Hera-Tempel in Olympia
913 v blau Tempel von Megiddo
905 v blau Poseidon-Tempel
890 v–814 v Jehu
882 v–835 v Athalia
870 v blau Baal-Tempel in Samaria
863 v–796 v Joas
835 v rot Baal-Tempel zerstört
806 v blau Pyramide von Kui-Kuilko
787 v blau Nabu-Tempel in Kalach
740 v–681 v Sanherib
719 v blau Mondgott-Tempel (Jemen)
713 v–669 v Asarhaddon
649 v–583 v Jeremias
624 v–561 v Nebukadnezar II.
595 v blau Athene-Tempel in Athen
595 v–525 v Krösus
579 v grün Einnahmeverlust in Athen
578 v rot Babylonischer Turm
560 v–469 v Theodoros
527 v blau Zeus-Tempel in Athen
526 v blau Apollo-Tempel in Delphi
520 v blau Artemis-Tempel in Ephesos
515 v blau Neuer Tempel in Jerusalem
509 v blau Jupiter-Tempel in Rom
493 v–432 v Phidias
490 v blau Pan-Tempel Athens
478 v rot Marduk-Tempel zerstört
456 v blau Zeus-Tempel in Olympia
447 v blau Bau des Parthenon
445 v blau Pyramide von Cholula
440 v blau Fries des Parthenon
439 v blau 'Athena' im Parthenon
430 v blau Apollo-Tempel in Rom
416 v blau Tempelfries von Bassai
395 v–343 v Skopas
371 v blau Diana-Tempel in Rom
356 v rot Brand von Ephesos
353 v blau Athene-Tempel in Tegea
287 v blau Isis-Tempel auf Philä
250 v blau Felsentempel in Indien
226 v blau Löwentempel in Nubien
220 v blau Artemis-Tempel (Magnesia)
206 v blau Knum-Tempel in Esne
180 v blau Pergamon-Altar
172 v blau Horos-Tempel in Edfu
114 v blau Tempel von Medinet-Habu
86 v grün Geld aus Tempelschatz
75 v blau Tempel von Karli
69 v blau Neuer Jupiter-Tempel (Rom)
29 v rot Janus-Tempel geschlossen
9 v blau Friedensaltar in Rom
5 v blau Ise-Tempel in Japan
5 n blau Sonnenpyramide in Mexiko
31 n blau Mondpyramide in Mexiko
103 n blau Baal-Tempel in Palmyra
132 n/135 n Juden-Erhebung
135 n blau Jupiter-Tempel (Jerusalem)
201 n blau Kirche in Edessa
215 n blau Jupiter-Tempel in Baalbek
215 n–272 n Schapur I.
330 n blau Geburtskirche (Bethlehem)
335 n blau Grabeskirche (Jerusalem)
366 n blau Buddhistische Felsenkirche
404 n blau Dom von Ravenna
453 n blau Taufhaus in Ravenna
503 n grün Gebrauch von Glocken
504 n blau Basilika in Ravenna
535 n grün Glocken in Europa
537 n blau 'Hagia Sophia'
547 n blau San Vitale in Ravenna
549 n blau Basilika in Classe
607 n blau Horyuji-Tempel in Japan
641 n blau Moschee in Bosra
643 n grün Nutzung als Steinbruch
644 n blau Amr-Moschee in Kairo
651 n blau Wildgans-Pagode (China)
675 n–715 n Welid
691 n blau Moschee in Jerusalem
705 n blau Moschee in Damaskus
709 n blau Grabmoschee in Medina
723 n blau Peterskirche Fritzlar
732 n blau Klosterkirche Fritzlar
732 n blau Olivenmoschee in Tunis
752 n blau Buddha-Statue in Nara
788 n blau Moschee in Cordoba
799 n blau Basilika in Abbeville
800 n blau 'Borobudur' auf Java
804 n blau Pfalz-Kapelle in Aachen
837 n blau Sidi-Okba-Moschee (Tunis)
852 n blau Moschee in Samarra
857 n blau Kailasa-Tempel (Indien)
859 n blau Moschee in Fes
879 n blau Ibn-Tulun-Moschee (Kairo)
890 n–961 n Abdar Rachman III.
981 n blau Tempelstadt in Indien
991 n blau Lingaraja-Tempel (Indien)
995 n blau Holzkirchen in Norwegen
1012 n blau Bamberger Dom
1019 n blau Basler Münster
1030 n blau Sophienkirche in Kiew
1030 n blau Klosterkirche Ripoll
1033 n blau Kirche Mont-Saint-Michel
1033 n blau Michaelskirche Hildesheim
1036 n blau Mainzer Dom
1037 n blau Hamburger Dom
1045 n blau Neue Grabeskirche Jesu
1060 n blau Ananda-Tempel (Burma)
1061 n blau Dom von Speyer
1061 n blau Kathedrale von Toulouse
1075 n blau Kathedrale von Santiago
1089 n blau Konstanzer Münster
1090 n blau Kirche Cluny begonnen
1094 n blau Markuskirche in Venedig
1099 n blau Halle von Westminster
1107 n blau Jagannath-Tempel (Indien)
1117 n blau Dom von Pisa
1119 n blau Kathedrale von Saragossa
1121 n blau Tempel von Angkor Wat
1130 n blau Kirche Cluny vollendet
1134 n grün Kirchenfenster-Werkstatt
1145 n blau Kathedrale St. Denis
1150 n blau Kathedrale von Lissabon
1159 n blau Dom in Breslau
1163 n blau Notre-Dame in Paris
1165 n blau Brandenburger Dom
1173 n blau Braunschweiger Dom
1175 n blau Dom in Drontheim
1184 n blau Kathedrale von Canterbury
1186 n blau Dom in Palermo
1188 n blau Würzburger Dom
1195 n blau Moschee in Sevilla
1195 n blau Chartres begonnen
1196 n blau Kutab-Minarett (Delhi)
1199 n blau Apostelkirche in Köln
1207 n blau Magdeburger Dom
1208 n blau Kathedrale von Rouen
1210 n grün Verbesserte Glocken
1212 n blau Kathedrale von Reims
1213 n blau Thomaskirche Leipzig
1221 n blau Kathedrale von Burgos
1225 n blau Tempel in Chichen Itza
1227 n blau Kathedrale von Toledo
1233 n grün Bauhüttenbuch
1234 n blau Dom von Worms
1235 n blau Limburger Dom
1235 n blau Katharinenkirche Hamburg
1236 n blau Skulpturen in Reims
1243 n blau 'Bamberger Reiter'
1248 n blau Kölner Dom begonnen
1256 n blau Naumburger Stifterfiguren
1257 n blau Kirche in Assisi
1257 n blau Kathedrale von Salisbury
1257 n grün Fenster von Chartres
1260 n blau Chartres vollendet
1262 n blau Sonnentempel in Indien
1265 n blau Dom von Münster
1266 n–1337 n Giotto
1268 n blau Kathedrale von Amiens
1268 n blau Keschawa-Tempel in Indien
1269 n blau Westminster-Abtei
1273 n blau Sebaldus-Kirche Nürnberg
1276 n blau Straßburger Münsterfassade
1280 n blau Dom von Siena
1284 n grün Einsturz einer Kirche
1288 n blau Kreuzkirche in Breslau
1291 n blau Marienkirche in Lübeck
1295 n blau Christenkirche in Peking
1296 n blau Dombau in Florenz
1298 n blau Kathedrale von Barcelona
1307 n blau Antonius-Kirche in Padua
1308 n–1368 n Orcagna
1322 n blau Chor des Kölner Domes
1330 n blau Steinkirche in Moskau
1330 n–1399 n Peter Parler
1335 n blau Kathedrale von York
1338 n blau Martini: Altar in Siena
1340 n blau Stephansdom in Wien
1341 n blau Prager Dom begonnen
1353 n grün Straßburger Glockenspiel
1354 n blau Freiburger Münster (Chor)
1356 n blau Orcagna: Altar in Florenz
1362 n blau Hassan-Moschee in Kairo
1370 n blau Erfurter Dom (Chor)
1377 n blau Bau des Ulmer Münsters
1377 n–1446 n Brunellesco
1379 n blau Grabower Altar
1379 n blau Kathedrale von Poitiers
1385 n blau Prager Dom vollendet
1397 n blau 'Goldener Pavillon'
1402 n blau Kathedrale von Sevilla
1405 n grün Lübecker Turmuhr
1408 n–1472 n Nezalhual
1410 n–1469 n Montezuma
1413 n blau Porzellanturm in Nanking
1414 n blau Aachener Münster
1418 n blau Moschee in Ahmadabad
1421 n blau Himmels-Tempel in Peking
1424 n blau Thomas-Altar
1431 n blau Magdalenen-Altar
1432 n blau Genter Altar
1435 n blau Domkirche von Uppsala
1436 n blau Domkuppel in Florenz
1439 n blau Straßburger Münster
1439 n blau 'Sängerkanzel' in Florenz
1443 n blau Dreikönigs-Altar
1452 n blau 'Paradiestür' in Florenz
1455 n blau Pyramiden der Azteken
1472 n blau Andrea-Kirche in Padua
1475 n blau Kait-Bai-Moschee in Kairo
1475 n–1564 n Michelangelo
1481 n blau Pacher: Wolfgang-Altar
1481 n blau Sixtinische Kapelle
1483 n–1520 n Raffael
1488 n blau Frauenkirche in München
1489 n blau Stoß: Krakauer Altar
1489 n–1587 n Sinan
1497 n blau Bramante: Chor-Bau
1502 n blau Heiligenblut-Altar
1506 n blau Bramante: Petersdom
1511 n blau Isenheimer Altar
1514 n blau Freiburger Altar
1545 n blau Prinzen-Moschee
1547 n blau Michelangelo: Petersdom
1551 n blau Mirimah-Moschee
1556 n blau Soliman-Moschee
1559 n blau Genter Kathedrale
1560 n blau Kathedrale in Moskau
1574 n blau Selimje-Moschee
1577 n blau Greco: Altar in Toledo
1591 n blau Moschee in Haiderabad
1610 n blau Petersdom: Eingangshalle
1615 n blau Achmed-Moschee
1626 n blau Maderna: Petersdom
1641 n blau San Carlo in Rom
1667 n blau Kathedrale von Mexiko
1706 n blau Invalidendom in Paris
1710 n blau Pauls-Kathedrale (London)
1716 n blau Karlskirche in Wien
1726 n blau Frauenkirche in Dresden
1738 n blau Hofkirche in Dresden
1740 n blau Westminster vollendet
1744 n blau Kirche Neresheim (Plan)
1749 n blau Wies-Kirche
1880 n blau Kölner Dom vollendet
1955 n blau Kirche Ronchamp
1965 n blau Abu-Simbel-Verlegung

TEMPERATUR-MESSUNG

265 v–202 v Philon
218 v grün Griechisches Thermoskop
1592 n grün Galileis Thermometer
1665 n grün Thermometer-Fixpunkte
1714 n grün Fahrenheits Thermometer
1730 n grün Réaumur-Skala
1848 n grün Kelvin-Skala

TEMPLER-ORDEN, Name einer Organisation, die nach dem Erfolge des ersten Kreuzzuges in Jerusalem von neun französischen Rittern gegründet wurde. Benannt nach dem Tempel des Salomon, auf dessen Gelände in Jerusalem sie ihren Sitz nahmen. Entstanden aus dem Bestreben, die im Kreuzzug bewährte Verbindung von kirchlichem Eroberungsdrang und beutegierigem Rittertum zu institutionalisieren. 80 Jahre nach der Gründung zählte der Orden 20 000 Ritter mit 9000 Besitzungen im ganzen Mittelmeerraum und in vielen Ländern Europas. Außer den meist adligen Rittern und den Priestern hatte der Orden noch 'dienende Brüder' für Kampf und Arbeit: Die 'Waffenknechte' und die 'Hausleute'. Der steuerfreie Besitz des Ordens unterstand dem Großmeister, der über Kauf und Verkauf sowie über Krieg und Frieden entschied. Aus Raub und Schenkung entstanden, wuchs sein Reichtum durch Bank- und Handelsgeschäfte (auch mit den Türken) bald ins Unermeßliche. Nach dem Verlust Jerusalems wurde der Sitz auf die Insel Zypern verlegt, 1306 n nach Paris. Doch ließ Philipp IV. sie samt ihrem Großmeister einkerkern, foltern und die 56 führenden Männer verbrennen. So entledigte sich der französische König seiner erheblichen Verschuldung beim Orden, dessen Besitz in Frankreich er einzog. Andere Herrscher, die ebenfalls beim Orden verschuldet waren, folgten diesem Beispiel. Der portugiesische Besitz wurde dem neugegründeten Christus-Orden als Anfangskapital übergeben. Der Besitz im deutschen Reich fiel dem Johanniter-Orden und dem Deutschritter-Orden zu. Ein Versuch der Jesuiten, den Orden im 18. Jahrhundert neu zu beleben, hatte vorübergehend Erfolg. 1837 n endgültig aufgelöst.

1119 n rot Gründung
1305 n rot Anklage
1310 n rot Feuertod für Templer
1312 n rot Auflösung
1318 n rot Christus-Orden

TEMPORÄRE STERNE, Bezeichnung für Himmelskörper, die von der Erde aus nur zeitweilig am Sternhimmel zu sehen sind und sich dann meist für immer der Beobachtung durch die Erdbewohner entziehen.

134 v grün Beobachtung
1546 n–1601 n Tycho Brahe

TEMUDSCHIN, persönlicher Name des Mongolenherrschers, der als 'Dschingis-Khan' (= 'der große Kaiser') in die Weltgeschichte einging.

1155 n–1227 n Lebenslinie
1200 n/1206 n Bürgerkrieg
1206 n rot Einigung der Mongolei
1206 n blau Gesetzbuch
1206 n rot Todesstrafe für Ehebruch
1206 n grün Schutz des Frauengutes
1207 n/1279 n Großer Mongolenkrieg
1207 n–1255 n Batu-Khan
1209 n rot Tanguten mongolisch
1211 n rot Mandschurei mongolisch
1214 n–1294 n Kublai-Khan
1215 n rot Nordchina mongolisch
1217 n–1265 n Hulagu-Khan
1218 n rot Karin-Reich mongolisch
1218 n rot Südsibirien mongolisch
1219 n rot Korea mongolisch
1219 n rot Turkestan mongolisch
1220 n rot Samarkand mongolisch
1220 n rot Nordpersien mongolisch
1221 n rot Kaschmir mongolisch
1221 n rot Afghanistan mongolisch
1223 n rot Armenien mongolisch
1223 n rot Georgien mongolisch
1224 n rot Ukraine mongolisch
1227 n rot Großreich

TENG-TSE, chinesischer Philosoph und Rechtsgelehrter.

598 v–501 v Lebenslinie
556 v blau Rechtsbuch
550 v blau Dialektik
540 v blau Kriminologie
525 v blau Kritik an Beamten
501 v rot Hinrichtung

TENJI, Kaiser Japans von 662 n bis 672 n.

626 n–672 n Lebenslinie
605 n–680 n Fujiwara
645 n rot Taikwa-Reform
646 n rot Gesetz gegen Grundbesitz

TENNIS, Ballspiel für zwei (oder 2×2) Personen, die sich mit Hilfe eines Schlägers einen elastischen Hohlball zuspielen. Aus jahrtausendealten Ballspielen in Frankreich während des 13. Jahrhunderts entwickelt, aber nur in Hallen gespielt, blieb es einige Jahrzehnte dem Königshause und den reichsten Fürsten des Landes vorbehalten. Mitte des 14. Jahrhunderts spielten es die reichen Bürger, und um 1600 n hatte Paris bereits mehr als 100 Tennishallen. Seit 1500 n wurde der Ball mit einem Schläger statt mit der flachen Handfläche geschlagen. Etwa gleichzeitig kam das Netz zur Teilung der Spielfelder auf. Da fast alle französischen Könige dem Spiele ergeben waren, wurde in Versailles eine besonders schöne Halle gebaut ('Ballhaus') – sie diente 1789 n der französischen Nationalversammlung als Tagungsort. Zu Beginn des 14. Jahrhunderts nach England gekommen, wurde es von König Eduard III. verboten, bürgerte sich dann aber später doch ein und entwickelte sich hier 1874 n zum Freiluftspiel ('Rasen-Tennis'). Dadurch wurde es auch für das mittlere Bürgertum erschwinglich und verbreitete sich schnell über alle Länder der Erde. Das Bürgertum hat durch hohe Platzmieten, besondere Kleidung und Klub-Schranken in den meisten kapitalistischen Ländern die Arbeiter bis in unsere Epoche hinein von der Teilnahme an diesem Sport weitgehend ausgeschlossen.

1365 n grün Verbot in England

TENOCHTITLAN, Stadt in Mittelamerika halbwegs zwischen Pazifik und Atlantik (heute Mexiko-City). Von Azteken nach Eroberung des Hochlandes von Mexiko gegründet. Auf zwei Inseln eines großen Binnensees (Tezcuco-See) angelegt und durch mehrere Dämme mit dem Ufer verbunden, entwickelte sie sich zu einer der bedeutendsten Städte der Azteken mit 300 000 Einwohnern und gehörte dem Bündnis der drei Aztekenreiche an. Als Residenz des Aztekenkönigs Montezuma wurde sie mit prächtigen Bauten geschmückt, darunter über 2000 Tempeln. Nach der Eroberung durch Spanier unter Cortez im Jahre 1521 n geplündert und zerstört. Als Hauptstadt der mittelamerikanischen Kolonialverwaltung Spaniens wieder aufgebaut, wurde sie später auch Hauptstadt des unabhängigen mexikanischen Staates. Im Mexikanischen Krieg 1847 n von den USA besetzt. Durch fünf große, teils jahrelang andauernde Überschwemmungen immer wieder verwüstet, wurde sie im Jahre 1900 n durch Anlage eines Kanals gegen die Überschwemmungsgefahr gesichert. Sie nahm dann einen schnellen Aufstieg und wurde eine der größten und schönsten Millionenstädte des amerikanischen Kontinents. Ihre öffentlichen Gebäude (Universität) sind häufig geschmückt mit monumentalen Wandgemälden historischen und sozialkritischen Inhaltes (Diego Rivera).

1325 n blau Gründung
1410 n–1469 n Montezuma
1431 n rot Dreibund
1520 n/1521 n Azteken-Aufstand
1667 n blau Kathedrale
1846 n/1848 n Vorstoß der USA
1947 n blau Neue Universität
1954 n blau Rivera: Wandmalerei

TENT-AMUN (um 1110 v–um 1030 v), ägyptische Königin. Als Tochter des Ägypterkönigs Ramses XI. gab sie durch ihre Heirat mit Smendes dessen Herrschaft eine rechtmäßige Grundlage. Sie hatte neben ihrem Manne eine wichtige und geachtete Stellung im Reiche.

1142 v–1085 v Ramses XI.
1125 v–1054 v Smendes
1082 v–1009 v Psu-Sennes

TEOTIHUAKAN, Stadt im Hochland von Mexiko, die vor etwa 2000 Jahren von Olmeken in einem Hochtal nordöstlich der Stadt Mexiko gegründet wurde. In den ersten sechs Jahrhunderten nach der Zeitwende war sie Hauptstadt eines Reiches, das große Teile Mittelamerikas bis nach Guatemala umfaßte. Die Stadt hatte damals 30 000 Einwohner. Hier wurden einige der gewaltigsten Bauwerke Mittelamerikas errichtet.

5 n blau Sonnenpyramide
31 n blau Mondpyramide
947 n braun Niederlage
947 n rot Herrschaft der Tolteken

TEPPICH, von dem lateinischen Worte 'tapetum' abgeleitete Bezeichnung für Wandbehang oder Fußbodenbelag. In Mesopotamien und Ägypten bereits vor viertausend Jahren verwendet, entwickelte sich seine Herstellung in Kleinasien (Phrygien) seit 3000 Jahren zu einer besonderen Kunstfertigkeit, die sich dort bis in unsere Epoche erhalten hat (Smyrna). Etwa gleichzeitig entstand auch in Innerasien aus dem wärmenden Fußschutz der Nomadenzelte der kunstvolle Boden- und Wandbelag in den sich bildenden Städten. In China und Indien erreichte seine künstlerische Schönheit und handwerkliche Güte den kleinasiatischen Stand. Doch wurden diese Zentren seit dem 15. Jahrhundert von den Leistungen der Perser übertroffen, die bis zu einer Million Knoten pro Quadratmeter knüpften. In Europa wurden seit mehr als 1000 Jahren Bildteppiche als Wandschmuck gewirkt. Im 14. Jahrhundert kam dann in Frankreich und in Flandern (Belgien) auch die Knüpf- und Webtechnik auf. Seit dem 19. Jahrhundert trat die maschinelle Herstellung in den Vordergrund, die aber trotz getreuer Nachahmung orientalischer Muster und trotz Steigerung der Knotenzahl auf 4 Millionen pro Quadratmeter die handgearbeiteten orientalischen Arbeiten weder in der Güte noch in der künstlerischen Wirkung erreichte.

988 v grün Weben in Kleinasien
1104 n blau Teppich von Bayeux
1599 n–1660 n Velasquez
1657 n blau 'Teppichweberinnen'
1662 n grün Weberei Gobelin staatlich

TERENZ, Publius, römischer Dichter.

195 v–159 v Lebenslinie
166 v blau 'Das Mädchen von Andros'
160 v blau 'Brüder'

TERESCHKOWA, Valentina (geboren 1937 n), russische Raumfahrerin. Als gelernte Textilarbeiterin verbrachte sie Textil-Technologie und Fallschirmspringerin. Zur Raumfahrerin ausgebildet, nahm sie 26jährig als erste Frau an einem Raumflug teil und umkreiste dabei in 3 Tagen 49mal die Erde. Heiratete noch im gleichen Jahre den russischen Raumfahrer Nikolajew.

1963n grün Raumflug

TERKA, Stadt in Nordwest-Mesopotamien (Vorderasien). Vor 4000 Jahren am Oberlauf des Euphrat entstanden, erreichte sie um 1800v ihre Blütezeit und wurde bald darauf von der 50 Kilometer weiter südlich gelegenen Handelsmetropole Mari unterworfen. Doch stieg der Sohn des Herrschers der Stadt (Samsi-Adad) zum König von ganz Assyrien auf und machte sich auch Mari untertan. Seine beiden Söhne vermochten aber die Eroberungen nicht zu halten, so daß die Stadt mit ihrem assyrischen Besitz von Hammurabi dem mesopotamischen Kaiserreiche eingefügt wurde.

1785v–1717v Samsi-Adad
1760v–1686v Hammurabi
1759v braun Eroberung durch Mari
1759v rot Vertreibung Samsi-Adads
1730v braun Sieg über Mari
1730v rot Beherrschung Maris
1697v rot Assyrien unter Hammurabi

TERPANDER, griechischer Dichter und Tonsetzer.

712v–642v Lebenslinie
682v blau Kunstgesang
678v grün Lyra
675v blau Musikschule

TERRAKOTTA, Bezeichnung für plastische Kunstwerke aus gebranntem, aber unglasiertem Ton. In der Kleinplastik seit fast 4 Jahrtausenden beliebt, weil sie im Gegensatz zu glasierter Tonware von natürlicherer Ausdruckskraft ist. Im 4. Jahrhundert vor der Zeitwende erreichte ihre Herstellung in Tanagra (Griechenland) den Höhepunkt. Das Wort kommt aus dem Italienischen und heißt 'gebrannte Erde'.

2815v blau 'Affenmutter mit Jungem'
2796v blau Taubenwägelchen-Plastik
2773v blau 'Affe mit Menschengesicht'
2683v blau 'Frau mit Brotkorb'
1983v grün Sumerische Keramik
1974v blau Mesopotamische Plastik
619v blau Babylonisches Relief
398v blau Statuette eines Armen
318v grün Tanagra-Figuren

TERTULLIAN, Quintus Septimius, nordafrikanischer Kirchenschriftsteller.

162n–224n Lebenslinie
197n blau Apologie
214n blau Dreifaltigkeits-Lehre

TESLA, Nikola (1856n–1943n), nordamerikanischer Physiker aus Kroatien (Jugoslawien). Verließ 26jährig seine Heimat und arbeitete lange als Gehilfe des nordamerikanischen Erfinders Edison. Später gründete er ein eigenes Laboratorium und eine Gesellschaft zur Auswertung seiner Patente. Erfand einen Umformer zur Erzeugung von elektrischen Strömen mit extrem hoher Schwingung (Frequenz). Mit diesem nach ihm benannten 'Tesla-Transformator' erhöhte er die Voltzahl normaler Ströme und machte sie für den menschlichen Körper ungefährlich. So schuf er die Grundlage für die Behandlung kranker Menschen mit elektrischem Strom (Elektrotherapie). Diese Behandlung bestand zunächst in der Wärmewirkung seiner hochfrequenten Ströme ('Diathermie'). Erfand das Mehrphasensystem zur Übertragung elektrischer Energie und entwickelte einen Drehstrommotor.

1891n grün Diathermie

TESTAMENT, von dem lateinischen Worte 'testari' (= bekräftigen) abgeleitete Bezeichnung für die Verfügung eines Menschen über die Verwendung seiner Güter im Todesfalle.

1165v blau Fälschung
63v–14n Augustus (Oktavian)

TETBALD (um 1000n–um 1060n), französischer Dichter. Aus der kleinen Stadt Vernon an der Seine halbwegs zwischen Rouen und Paris stammend, wurde er als katholischer Geistlicher nach Rouen berufen, erhielt hier eine laufende Geldzuwendung (Pfründe) und widmete sich schriftstellerischen Arbeiten. Während in der Literatur das Lateinische noch allgemein verwendet wurde, schrieb er schon in französischer Volkssprache. In 125 fünfzeiligen Strophen von 10 Silben pries er das weltabgewandte Leben der Priester als höchstes Lebensideal ('Alexiuslied').

1046n blau 'Alexiuslied'

TETI, ägyptischer König.

2382v–2320v Lebenslinie
2343v rot Erbfürstentum
2341v grün Privileg für Kirche
2331v rot Stärkung der Gaue
2327v rot Machtgewinn der Fürsten

TETI-SCHERI (um 1640v–um 1570v), ägyptische Königin. Durch Heirat zur Mitregentin geworden, gelang es ihr infolge ihres hohen Ansehens, nach dem Tode ihres Mannes die Alleinherrschaft zu bewahren, bis ihr Sohn A-Hotep die Regierung übernehmen konnte. Nach dem Tode ihres Sohnes half sie ihrem Lieblingsenkel Amosis bei der Machtergreifung. Amosis dankte ihr dafür durch einen Gedenkstein, den er in einer für sie errichteten Kapelle aufstellen ließ.

1590v–1545v Amosis
1567v blau Gedächtnis-Kapelle

TETZEL, Johann (um 1465n–1519), deutscher Priester. Als Dominikanermönch stieg er zum Klostervorsteher auf und wurde vom Papst zum Inquisitor für Polen ernannt. In Zusammenarbeit mit dem Deutschritterorden organisierte er den zunächst von ihm persönlich betriebenen 'Ablaßhandel' in großem Umfange. Dabei wurde allen Christen gegen Zahlung bestimmter Summen eine Vergebung entsprechender Sünden zugesichert. Da gleichzeitig die Qualen der Seelen toter 'Sünder' im 'Fegefeuer' von der Kirche in schrecklichen Bildern beschworen wurden, entwickelte sich sein Ablaßhandel zu einem ganz großen Geschäft, mit dessen Erträgen auch die Peterskirche in Rom finanziert wurde. Wegen Ehebruchs in Innsbruck zum Tode durch Ersäufen verurteilt, wurde er auf päpstliche Anordnung durch Erzbischof Albrecht von Mainz persönlich befreit. Trotz Luthers Anklagen gegen den Ablaßhandel ('Thesen') hat ihn die katholische Kirche stets gedeckt. Seine zusammen mit dem katholischen Theologen Wimpina ausgearbeiteten, in über 100 Gegenthesen gefaßte Antwort an Luther machte sich die Kirche zu eigen und ernannte ihn zum Doktor der Theologie.

1483n–1546n Luther
1504n grün Ablaßhandel
1517n blau Luthers Thesen

TEUFEL, von dem griechischen Worte 'diabolos' (= Entzweier) abgeleitete Bezeichnung für ein nach christlicher Lehre böses Wesen, an dessen tatsächliches Vorhandensein Christen bis in unsere Epoche ebenso glauben wie an das Vorhandensein eines Gottes. Da seine Gestalt wie die Gestalt des Christengottes aus der jüdischen Gottessage übernommen wurde, wird er auch mit seinem hebräischen Namen 'Satan' bezeichnet.

53n–120n Satornil
939n–990n Roswitha
963n blau Roswithas Dichtung
1588n blau Marlowe: Faust-Drama
1808n blau Goethe: Faust I
1831n blau Goethe: Faust II

TEUTOBURGER WALD, Name eines Gebirges, das sich bei Bielefeld in die norddeutsche Tiefebene vorstreckt. Es ist 115 Kilometer lang (von Osnabrück bis Detmold), aber nur wenige Kilometer breit. Vor 2000 Jahren bildete es die Südwestgrenze des Reiches der germanischen Cherusker, die sich hier im Jahre 9n erfolgreich der Römer-Angriffe erwehrten und drei römischen Legionen mit Unterstützung anderer germanischer Stämme eine vernichtende Niederlage zufügten. Der dabei den Römern eingeflößte Schrekken vor dem Kampfesmut der Germanen ('Furor teutonicus') bewahrte den größten Teil Deutschlands vor römischer Fremdherrschaft.

48v–9n Varus
16v–21n Armin
4n/16n Dritter Germanenkrieg

TEUTONEN, Name eines germanischen Volksstammes, der vor 2500 Jahren an der Ostseeküste Schleswig-Holsteins und Jütlands sowie auf den dänischen Inseln beheimatet war. Sie wurden vor 2300 Jahren von dem griechischen Forschungsreisenden Pytheas besucht und beschrieben. Vor 2200 Jahren durch eine Naturkatastrophe aus ihrer Heimat vertrieben, zogen sie mit dem Nachbarstamm der Kimbern südwärts, durchwanderten Teile Europas und wurden nach Trennung von den Kimbern im ersten Germanenkrieg 102v in Südfrankreich von römischen Heeren unter Marius vernichtet. Durch ihren Todesmut haben sie die Römer in dauernde Furcht vor dem Germanen-Zorn ('Furor teutonicus') versetzt.

380v–306v Pytheas
324v grün Pytheas' Reise
320v grün Pytheas' Bericht
156v–86v Marius
118v grün Sturmflut auf Jütland
113v/101v Erster Germanenkrieg

TEXAS, Name des größten Teil-Staates der USA, unmittelbar an der Grenze Mexikos, zu dem das seit 1682n von Spanien besiedelte Land lange gehörte. Im Bürgerkrieg um die Sklavenbefreiung (Sezessionskrieg) kämpfte es als Sklavenhalterstaat mit den übrigen Südstaaten und unterlag. Als größter Baumwollproduzent zu Wohlstand gelangt, wurde es durch Erdölfunde seit Beginn des 20. Jahrhunderts reich. Wegen der Konzentration des Reichtums in den Händen weniger Besitzbürger kam es zu sozialen Spannungen, die häufig zu Gewalttätigkeiten führten. Hier wurde 1963n der USA-Präsident John F. Kennedy ermordet.

1822n rot Mexiko unabhängig
1846n/1848n Mexikanischer Krieg
1848n rot USA-Besitz
1861n/1865n Sezessionskrieg
1963n rot Mord an J. F. Kennedy

TEXTILARBEITER, Bezeichnung für die in Spinnerei und Weberei Beschäftigten. Ihre Tätigkeit verlor als erste ihren handwerklichen Charakter und wurde Grundlage des beginnenden Industrialisierungsprozesses. Sie waren auch die ersten, die ihre gemeinsamen Interessen gegenüber den Besitzern der Maschinen durch Zusammenschluß (Genossenschaft, Gewerkschaft) wahrnahmen und sich gegen die Ausbeutung erhoben (Weberaufstände).

2815v grün Manufakturen in Ägypten
2767v grün Tuchfabrik in Ur
2029v grün Spinnereien in Sumer
1996v grün Manufakturen in Sumer
1874v blau Gemälde einer Weberin
1101n–1154n Roger II.
1149n grün Weberei in Palermo
1155n grün Genossenschaft
1200n grün Großwebereien in Florenz
1205n grün Seidenfabriken in Italien
1342n braun Weberaufstand
1345n braun Weberaufstand
1350n grün Manufakturen in England
1351n rot Streik
1371n braun Weberaufstand
1378n braun Aufstand in Florenz
1378n rot Gewerkschaft gegründet
1379n braun Weberaufstand
1382n rot Gewerkschaft aufgelöst
1466n grün Manufaktur in Lyon
1599n–1660n Velasquez
1657n blau 'Teppichweberinnen'
1785n grün Mechanischer Webstuhl
1785n/1786n Weberaufstände
1793n braun Weberaufstand
1798n braun Weberaufstand
1805n grün Automatisierter Webstuhl
1834n braun Weberaufstand
1844n braun Weberaufstand
1889n grün Webautomat
1891n braun Weberaufstand
1892n blau Hauptmann: 'Die Weber'
1895n blau Kollwitz: 'Weberaufstand'

TEXTILIEN, von dem lateinischen Worte 'textus' (= Gewebe) abgeleitete Bezeichnung für Stoffe aus Pflanzen-, Tier- oder Kunststoff-Fasern.

Vorzeittafel: 80 Tausend Jahre
2994v grün Nähnadeln in Ägypten
2929v grün Baumwollanbau in Indien
2922v grün Leinwand in Ägypten
2839v grün Rocktracht in Sumer
2825v grün Woll-Gewinnung in Sumer
2815v grün Manufakturen in Ägypten
2813v grün Baumwolle nach Sumer
2767v grün Tuchfabrik in Ur
2663v grün Leinen in Sumer
2580v rot Höchstpreis für Wolle
2580v grün Faltenröcke in Sumer
2417v blau 'Frau mit Mantel'
2266v blau 'Mädchen mit Kopftuch'
2029v grün Spinnereien in Sumer
2028v blau 'Kopf mit Turban'
2006v grün Wollereiches Schaf
1996v grün Manufakturen in Sumer
1874v blau 'Weberin mit Spindel'
1559v grün Leinen als Tauschware
1557v grün Königstracht bei Hettitern
1537v grün Sportkleidung auf Kreta
1533v blau Bild eines Trachtentanzes
1468v grün Salzat Leinen
1431v blau 'Gewagtes Dekolleté'
1424v blau Durchsichtige Gewänder
1330v blau Enganliegendes Kleid
1312v blau 'Dame in Hellblau'
1253v blau 'Dame mit Faltenkleid'
1029v grün Seide in China
988v grün Teppichweben (Kleinasien)
978v grün Färben bei Phöniziern
921v grün Sticken bei Phrygern
777v–692v Jesaja
687v grün Baumwolle in Mesopotamien
647v grün Stoffe in Griechenland
390v grün Filz in Griechenland
329v grün Seide in Griechenland
202v grün Seide in Korea
127v grün Seidenhandel Chinas
121v grün Ausbau der Seidenstraße
94v–34v Publilius
48n–118n Tsai-Lun
214n–275n Aurelian
273n grün Prunkmantel für Kaiser
298n grün Seide in Japan
345n–406n Ku-Kai-Tschi
388n blau Gemälde auf Seide
397n rot Hosen-Verbot in Rom
537n grün Manufakturen in Byzanz
539n grün Monopole in Byzanz
552n grün Byzanz: Seidenraupenzucht
589n grün Weiße Priestertracht
732n grün Seide in Spanien
831n grün Baumwollanbau auf Sizilien
890n–961n Abdar Rachman III.
1005n grün Seide Tribut für Mongolen
1101n–1154n Roger II.
1104n blau Teppich von Bayeux
1113n grün Bestickter Kaisermantel
1149n grün Seidenweberei in Palermo
1160n–1216n Innozenz III.
1200n grün Großbetriebe in Florenz
1201n grün Tuchhallen von Ypern
1205n grün Seidenfabriken in Italien
1215n rot Judentracht gefordert
1217n rot Judentracht in England
1272n grün Zwirnmaschine
1276n grün Briefboten-Uniform
1302n grün Orseille-Farbstoff
1350n grün Manufakturen in England
1363n rot Arbeiter-Reglementierung
1375n–1448n Josetsu
1459n–1525n Jakob Fugger
1463n grün Einfuhrverbot für Tuche
1465n grün Medici-Tuchfabriken
1466n grün Seiden-Manufaktur in Lyon
1473n grün Stoffhandel der Fugger
1516n grün Indigo-Farbstoff
1524n grün Talar für Prediger
1530n grün Spinnrad mit Tretantrieb
1536n grün Tuchfabrik Malmesbury
1552n grün Strickstrümpfe in Spanien
1556n grün Uniformen in England
1577n grün Einfuhrverbot für Indigo
1589n grün Strumpf-Wirkstuhl
1599n–1660n Velasquez
1657n blau 'Teppichweberinnen'
1662n blau 'Vorsteher der Tuchhalle'
1662n grün Gobelin-Weberei staatlich
1670n grün Uniformen in Frankreich
1672n–1725n Peter I., der Große
1767n grün Hargreaves' Spinnmaschine
1785n grün Cartwrights Webstuhl
1790n grün Saints Nähmaschine
1793n grün Baumwolle-Erntemaschine
1800n grün Krems: Nähmaschine
1805n grün Jacquard-Webstuhl
1825n grün Chemische Reinigung
1845n grün Howes Nähmaschine
1851n grün Singers Nähmaschine
1870n grün Künstliches Indigo
1884n grün Kunstseide
1889n grün Northrops Webautomat
1932n grün Nylon

TEZCUCO, Stadt auf dem Hochland von Mexiko (Mittelamerika) am Ostufer des gleichnamigen Sees, 50 Kilometer entfernt von der heutigen Stadt Mexico-City. In einem bereits vor 10 000 Jahren bewohnten Gebiete wuchs die Siedlung bis Ende des 13. Jahrhunderts zu solcher Größe, daß sie von den um 1230n eingedrungenen aztekischen Stämmen (Chichimeken) zur Hauptstadt ihres Reiches gemacht wurde. Als 1418n Tolteken die Stadt eroberten, floh der Sohn ihres Königs und befreite mit Hilfe anderer Aztekenstämme die Stadt wieder. Dann schloß der Stadtstaat unter Nezalhual ein Bündnis mit Montezuma und Itzcoatl. In diesem aztekischen Dreibund fiel der Stadt unter Nezalhual die kulturelle Führung zu, während Montezuma die militärische Macht besaß. Innenpolitisch selbständig, entschieden sie gemeinsam über Krieg und Frieden und gestanden im Todesfall den beiden anderen ein Recht bei der Wahl des Nachfolgers zu. Diese immer enger werdende Verbindung des Stadtstaates mit den beiden anderen Aztekenreichen bestand bis zu ihrer endgültigen Eroberung durch die Spanier im Jahre 1521n. Dann verfiel sie nach mehrfacher Plünderung und Zerstörung.

1408n–1472n Nezalhual
1410n–1469n Montezuma
1431n rot Dreibund
1431n blau Palast
1436n blau Bibliothek
1520n/1521n Vorstoß der Spanier

THACKERAY, William M. (1811n–1863n), englischer Schriftsteller. Als Sohn eines englischen Steuereinnehmers in Kalkutta (Indien) geboren, studierte er in England Rechtskunde, ließ sich als Anwalt in London nieder, ging drei Jahre später nach Paris, um Maler zu werden, und wandte sich nach dem Verlust seines Vermögens der Schriftstellerei zu. Veröffentlichte Satiren und Humoresken, zu denen er oft selbst Karikaturen zeichnete. Berühmt wurde er durch sein 'Snob-Buch'. Darin stellte er den Gegensatz zwischen Sein und Schein beim englischen Snob bloß. In seiner großen Satire 'Jahrmarkt der Eitelkeiten' gab er Geldgier und Anmaßung der herrschenden Klasse Englands der Lächerlichkeit preis. In weiteren Romanen schuf er lebendige Gestalten von eigener Prägung, meist Schelme und Gauner am Rande der bürgerlichen Gesellschaft. Schrieb auch historische Romane ('Die Virginier') und ein Buch über das Generationenproblem ('Die Newcomes'). Durch diese Werke sowie durch Vorträge in Europa und Amerika gelangte er zu Reichtum.

1849n blau 'Jahrmarkt der Eitelkeiten'

THÄLMANN, Ernst (1886n–1944n), deutscher Politiker. Als Transportarbeiter schloß er sich der Gewerkschaft und der Sozialdemokratischen Partei an. Bekämpfte als Soldat die auch von der SPD mitgetragene Kriegspolitik und trat nach der mißglückten deutschen Revolution der Unabhängigen Sozialdemokratie (USPD) bei. Wurde Bürgerschafts-Abgeordneter und Vorsitzender der Hamburger USPD. 1920n vereinigte er seine Partei mit der Hamburger KPD und leitete 1923n den Aufstand der Hamburger Arbeiter zur Unterstützung der von der Reichsregierung gewaltsam beseitigten sozialistischen Regierungen in Sachsen und Thüringen. Nach der Niederschlagung des Aufstandes erkannte er die Notwendigkeit einer kommunistischen Kampfgruppe und baute seit 1924n den Roten Frontkämpferbund (RFB) auf. Gleichzeitig wurde er Reichstagsabgeordneter und machte nach Ausschaltung anderer kommunistischer Führer (Brandler, Thalheimer, Ruth Fischer) die Kommunistische Partei Deutschlands zu einer proletarischen Massenpartei. Wurde Mitglied des Exekutivkomitees der Kommunistischen Internationale und verwirklichte die Beschlüsse dieses Moskauer Gremiums in der deutschen kommunistischen Bewegung. Als die revolutionäre Arbeiterschaft unter seiner Führung zu einer ernsten Gefahr für den Fortbestand des durch Wirtschaftskrisen geschwächten Kapitalismus wurde, entschied sich das deutsche Besitzbürgertum für die antikommunistische Diktatur (Faschismus). Obwohl er die Arbeiter nicht zum Aufstand gegen die faschistische Machtergreifung aufrief, wurde er 1933n eingekerkert und nach 11jähriger Haft und Folterung im KZ Buchenwald ermordet.

1923n braun Aufstand in Hamburg

THAER, Albrecht (1752n–1828n), deutscher Landwirt. Studierte Medizin und Philosophie und ließ sich dann als Arzt in seiner Heimatstadt Celle nieder. Dort widmete er sich zunehmend dem Landbau und gab 49jährig ein Buch über die englische Landwirtschaft heraus. Dann folgte er einem Rufe des Königs von Preußen und richtete auf dem Gut Möglin bei Berlin die erste höhere landwirtschaftliche Lehranstalt ein, übernahm 58jährig eine Professur für Landwirtschaft an der Berliner Universität und zog sich acht Jahre später nach Möglin zurück, das inzwischen zur 'Akademie des Landbaus' erhoben worden war. Sein Verdienst war die Einführung wissenschaftlicher Methoden in der Landwirtschaft. Entwickelte für jeden Boden die ertragreichste Feldbestellung (Fruchtwechsel) und erforschte die zweckmäßigste Düngung. Förderte den Kartoffelbau und die Schafzucht.

1812n grün Bodenlehre

THAI, Name eines asiatischen Volkes, das ursprünglich in China ansässig war, im 7. Jahrhundert seine Wohnsitze nach Hinterindien verlegte und nach Besiegung der einheimischen Khmer einen Staat gründete (Thailand).

673n rot Niederlassung am Menam
1257n braun Sieg über Khmer
1257n rot Reich Sukota
1782n rot Vereinigung mit Khmer

THAILAND, Staat in Hinterindien (Ostasien). Bis zum Ende des 19. Jahrhunderts größtes und mächtigstes Reich Hinterindiens. Zwischen 1893n und 1909n verlor es große Gebiete an Frankreich und England und ist heute nur einer von den sechs Staaten Hinterindiens. Außer Vietnam grenzen alle anderen Staaten an sein Gebiet. (Burma, Laos, Kambodscha, Malaya). Während des zweiten Weltkrieges konnte es nach dem deutschen Siege über Frankreich Teile seines alten Staatsgebietes der französischen Kolonialmacht entreißen. 1946n wurde es aber wieder auf sein verkleinertes Territorium zurückgeworfen. Das Land, das von den Europäern als 'Siam' bezeichnet wurde, nennt sich seit 1939n 'Land der Freien' ('Thailand').

673n rot Ansiedlung der Thai
1257n braun Niederlage der Khmer
1257n rot Reich von Sukota
1782n rot Einigung
1782n rot Bangkok Hauptstadt
1893n rot Verlust von Laos
1917n blau Universität Bangkok
1920n rot Mitglied im Völkerbund
1939n/1945n Zweiter Weltkrieg
1954n rot Mitglied der SEATO
1955n rot Bandung-Konferenz

THALES, griechischer Philosoph.

624v–546v Lebenslinie

584 v grün Magnetismus im Eisen
577 v grün Magnetismus im Bernstein
570 v blau Naturphilosophie

THANET, Name einer Halbinsel in Südengland am Ende der Meeresbucht, in die die Themse mündet. Bis um 1500 n war das 106 Quadratkilometer große Landstück durch einen Meeresarm von England getrennt. Auf dieser Insel befand sich etwa seit dem Jahre 650 n eine Klosterschule für die Erziehung junger Mädchen aus begüterten Familien. Sie lernten hier Spinnen, Weben, Sticken, aber auch Malen, Dichten und Sprachen (Latein, Griechisch). Seit der Meeresarm zwischen der Insel und England versandete und der Londoner Ausflugsverkehr hierher sich verstärkte, entwickelten sich ihre beiden Hauptorte (Margate und Ramsgate) zu beliebten Seebädern.

710 n–782 n Lioba

THEAGENES (um 580 v–um 520 v), griechischer Dichter und Sprachforscher. In seiner griechischen Heimatstadt Rhegion (Süditalien) beschäftigte er sich mit den Werken Homers und bemühte sich um eine historische Deutung der darin enthaltenen Sagen. Dabei berücksichtigte er nicht nur den Inhalt der Dichtungen Homers, sondern auch ihre Form. Durch Zusammenstellung erster Gesetzmäßigkeiten der Sprache wurde er zum Begründer einer griechischen Grammatik.

538 v blau Sprachregeln

THEATER

656 v–587 v Arion
625 v blau Dramatischer Gesang
583 v–513 v Thespis
539 v blau Wanderbühne des Thespis
536 v blau Einzelschauspieler
534 v blau Tragödie in Athen
525 v–456 v Aischylos
496 v–406 v Sophokles
491 v blau Frauenrollen
487 v rot Staatlicher Chor
486 v blau Zweiter Schauspieler
483 v blau Theater von Syrakus
480 v–406 v Euripides
470 v blau Dionysos-Theater, Athen
468 v blau Dramatischer Wettkampf
468 v grün Theaterbau-Regeln
461 v blau Dritter Schauspieler
438 v blau Prolog
349 v blau Theater von Megalopolis
254 v–184 v Plautus
195 v–159 v Terenz
94 v–34 v Publilius
81 v grün Fortfall der Maske
77 v grün Schauspielerinnen in Rom
74 v blau Theater von Pompeji
60 v blau Theater in Rom
20 v grün Ausstattungsstücke in Rom
80 n blau Kolosseum
118 n blau Theater in Trier
275 n–335 n Bhasa
290 n blau Lehrbuch Bharatas
353 n–420 n Kalidasa
497 n–548 n Theodora
640 n blau Spiel mit Rahmenhandlung
685 n–762 n Hüan-Tsung
714 n blau Schauspielschule in China
1011 n blau Schattentheater nach Java
1238 n–1286 n Adam de la Halle
1271 n blau Singspiel
1335 n grün Puppenspiele in Europa
1363 n blau No-Drama
1450 n blau Meistersinger-Schule
1477 n rot Zensur in Frankreich
1564 n–1616 n Shakespeare
1594 n blau Erste Oper
1600 n–1681 n Calderon
1622 n–1673 n Molière
1680 n blau Comédie française
1685 n–1759 n Händel
1700 n grün Werbeplakate
1719 n grün Bühnenbildner-Beruf
1727 n blau Reformen der Neuberin
1729 n–1781 n Lessing
1733 n blau Erste komische Oper
1743 n blau Berliner Opernhaus
1756 n blau Theater in Petersburg
1767 n blau 'Hamburger Dramaturgie'
1772 n grün Drehbühne
1810 n blau Kleist: Marionetten
1813 n–1883 n Wagner
1818 n blau Berliner Schauspielhaus
1820 n grün Eiserner Vorhang
1839 n blau Dresdner Opernhaus
1876 n blau Bayreuther Festspielhaus
1887 n blau Antoine: 'Freie Bühne'
1890 n blau Berliner Volksbühne
1898 n–1956 n Brecht

THEBEN, Stadt in Ägypten. Zum führenden Stadtstaat der südlichen Hälfte des alten ägyptischen Staates aufgestiegen, einigte ihr König vor 4000 Jahren ganz Ägypten unter seiner Herrschaft. Obwohl die Hauptstadt bald wieder nach Nordägypten verlegt wurde, behielt sie fast 1500 Jahre lang ihre beherrschende Stellung. Diese Vormacht der Stadt innerhalb Ägyptens wurde noch dadurch unterstützt, daß es ihrer Priesterschaft gelang, ihren Stadtgott Amun zum ägyptischen Reichsgott zu machen und ihre religiöse Machtstellung auch politisch zur Geltung zu bringen. Auch die Tempel der Altstadt (Karnak) und der Umgebung (Luxor) sowie die königlichen Begräbnisstätten (Deir-el-Bahri und Medinet-Habu) trugen dazu bei, die führende Stellung der Stadt bis um 500 v zu erhalten. Dann sank sie zur Bedeutungslosigkeit herab, obwohl die Bautätigkeit an den großen Tempeln noch einige Jahrhunderte fortgesetzt wurde.

2335 v blau Entwicklung zur Stadt
2162 v–2081 v Antef
2138 v–2063 v Achtos III.
2130 v rot Einigung Oberägyptens
2112 v braun Vorstoß nach Norden
2102 v–2040 v Meri-Kare
2087 v braun Vorstoß nach Norden
2087 v rot Gebietsgewinn
2084 v–2012 v Mentu-Hotep
2079 v braun Vorstoß des Nordens
2079 v rot Gebietsverlust
2061 v braun Vorstoß nach Norden
2044 v braun Vorstoß nach Norden
2044 v rot Gewinn Mittel-Ägyptens
2040 v braun Vorstoß nach Norden
2040 v rot Herrschaft über Ägypten
2022 v–1962 v Amen-Em-Het I.
2016 v blau Tempel Mentu-Hoteps
2002 v–1928 v Sesostris I.
1986 v rot Verlegung der Residenz
1941 v blau Tempel Sesostris' I.
1614 v–1580 v Seken-Re
1580 v braun Erhebung gegen Hyksos
1563 v rot Einigung Ägyptens
1542 v–1505 v Tut-Mosis I.
1531 v–1481 v Sen-Mut
1516 v blau Obelisken Tut-Mosis' I.
1507 v blau Grab Tut-Mosis' I.
1488 v blau Hatschepsut-Obelisken
1486 v blau Hatschepsut-Tempel
1478 v blau Statue des Amun
1475 v blau Annalen-Saal
1446 v rot Triumphzug
1426 v–1377 v Amen-Hotep III.
1395 v blau Luxor-Kolonnade
1392 v blau Tempelbau in Luxor
1385 v blau 'Memnonskolosse'
1375 v blau Aton-Tempel
1372 v rot Verlegung der Residenz
1356 v rot Wieder Hauptstadt
1353 v blau Ausbau des Luxortempels
1302 v blau Widder-Allee
1275 v blau Ausbau des Luxortempels
1272 v blau Bau des 'Ramesseums'
1263 v blau Säulenhalle von Luxor
1257 v–1210 v Sethos II.
1204 v braun Priester-Erhebung
1191 v blau Chons-Tempel
1177 v blau Palast Ramses' III.
1173 v grün Palastmauer
1168 v rot Streik
1150 v–1076 v Pa-He-Nesi
1128 v–1057 v Herihor
1101 v/1100 v Volkserhebung
1084 v rot 'Gottesstaat'
1055 v grün Kaimauer-Reparatur
757 v–703 v Sabaka
664 v blau Porträt des Fürsten
114 v blau Tempelbau
292 n–346 n Pachomius

THEBEN, Stadt in Griechenland, 50 Kilometer nordwestlich von Athen. Neben Mykene eine der ältesten griechischen Städte. Vor etwa 3500 Jahren gegründet, nach der Sage durch den phönizischen Helden Kadmos. Von einem 7 Kilometer langen Mauerring mit sieben Toren umgeben, lag sie jahrhundertelang in Feindschaft mit dem nahen Athen, das ihr den Rang als bedeutendster Stadtstaat Griechenlands streitig machte. In den Perserkriegen kämpfte sie auf persischer Seite gegen Athen. Dafür verband sich Athen mit ihrem Todfeind Sparta, um ihre Vormacht in Griechenland zu brechen. Als sie später die Führung des Freiheitskampfes der Griechen gegen die mazedonische Fremdherrschaft übernahm, unterlag sie gegen Alexander den Großen. Nach ihrer Zerstörung seit 316 v wieder aufgebaut, blieb sie bedeutungslos und wurde im Jahre 146 v mit dem übrigen Griechenland römisch.

490 v/449 v Perserkriege
467 v blau 'Sieben gegen Theben'
447 v rot Bündnis mit Sparta
418 v–362 v Epaminondas
396 v grün Persische Hilfsgelder
395 v rot Bündnis mit Athen
395 v/386 v Korinthischer Krieg
382 v/362 v Thebanischer Krieg
379 v rot Demokratie
369 v braun Hilfe für Messenien
368 v rot Vormacht in Griechenland
362 v rot Ende der Vorherrschaft
339 v/338 v Dritter Heiliger Krieg
338 v rot Mazedonier-Herrschaft
335 v braun Erhebung
335 v rot Zerstörung
146 v rot Römische Herrschaft

THEISS, größter Nebenfluß der Donau und einer der fischreichsten Ströme Europas. Ihr Quellgebiet liegt in den Karpaten, die seit 1945 n zur UdSSR gehören. Von dort fließt sie langsam durch die ungarische Tiefebene (die hauptsächlich von ihr bewässert wird) und mündet kurz vor Belgrad (Jugoslawien) in die Donau. Im gebirgslosen Ungarn einzige natürliche Verteidigungslinie gegen Angriffe aus dem Osten, war sie häufig Ort von Schlachten und Kriegen. Durch Bau von Kanälen und Dämmen wurde sie in der Zeit zwischen 1789 n und 1867 n begradigt und reguliert. Dadurch wurde die Überschwemmungsgefahr gemindert, die Länge des Stromes verringerte sich von 1420 auf 977 Kilometer. An ihren Ufern liegen Ungarns berühmteste Weinberge (Tokay). Der Hunnenkönig Attila gründete hier die Hauptstadt seines europäischen Großreiches ('Hölzerne Stadt').

410 n–453 n Attila
411 n–474 n Priskus
446 n blau 'Hölzerne Stadt'
1527 n braun Schlacht bei Tokay
1663 n/1699 n Großer Türkenkrieg

THEKLA (um 715 n–790 n), angelsächsische Priesterin. Als Verwandte des Bonifatius und der Lioba nach Deutschland gekommen, half sie zunächst beim Aufbau des Klosters Tauberbischofsheim. Dann gründete Bonifatius für sie am Main nahe bei Würzburg das Kloster Kitzingen. In beiden Klöstern wurde neben dem Erlernen von Handfertigkeiten (Spinnen, Weben, Sticken) auch künstlerische Ausbildungsmöglichkeit geboten (Malen und Dichten). Außerdem erteilte sie Sprachunterricht, vor allem in lateinischer Sprache. Durch diese Verbindung von christlicher Mission und allgemeiner Bildung gab sie dem Christentum einen fortschrittlichen Anstrich und erleichterte Bonifatius die Christianisierung Deutschlands.

675 n–754 n Bonifatius
710 n–782 n Lioba
735 n blau Kloster Tauberbischofsheim
740 n blau Kloster Kitzingen

THEMISTOKLES, griechischer Staatsmann.

525 v–459 v Lebenslinie
530 v–472 v Aristides
520 v–465 v Xerxes
493 v grün Ausbau des Piräus
490 v/449 v Perserkriege
484 v–424 v Artaxerxes
483 v rot Flottenbau
482 v rot Staatsführung
482 v grün Flotten-Finanzierung
481 v rot Hellenischer Bund
479 v rot Widerstand gegen Persien
477 v rot Attischer Seebund
477 v rot Athen Großmacht
464 v rot Besitz Magnesias

THEMSE, wichtigster und mit 336 km Länge zweitgrößter Fluß der Insel Großbritannien nach dem um einige km längeren Severn.

43 n/50 n Erster Britannischer Krieg
43 n blau Gründung von London
912 n blau Entwicklung von Oxford

THEODERICH der Große ('Dietrich von Bern'), König der Ostgoten von 471 n bis 526 n.

455 n–526 n Lebenslinie
433 n–493 n Odoaker
480 n–524 n Boëthius
480 n–573 n Kassiodor
487 n braun Bedrohung Konstantinopels
487 n rot Kampfauftrag Ostroms
489 n/493 n Vorstoß nach Italien
493 n rot Reichsgründung
504 n blau Basilika in Ravenna
508 n/511 n Vorstoß nach Gallien
511 n rot Gewinn Ost-Südgalliens
511 n rot Gebiete an Westgoten
512 n rot Gesetzbuch
525 n rot Einkerkerung des Papstes
525 n blau Grabmal
536 n blau Gesetzsammlung Kassiodors
820 n blau 'Hildebrandslied'
1204 n blau Nibelungenlied
1251 n blau 'Thidrekssaga'
1266 n blau 'Ecke', 'Laurin', 'Sigenot'

THEODORA, byzantinische Kaiserin.

497 n–548 n Lebenslinie
478 n–567 n Narses
482 n–565 n Justinian
530 n rot Mütterschutzgesetz
532 n braun 'Nika'-Aufstand
535 n rot Gleichstellung der Frau

THEODORA (um 865 n–um 940 n), römische Politikerin. Durch ihre Heirat mit dem Führer der römischen Adelspartei (Theophylakt) gewann sie früh Einfluß auf den römischen Staat und die Kirchenpolitik. Nach dem Tode ihres Mannes nahm sie mehr und mehr die Zügel der Politik in ihre Hand. Als ihr im Jahre 914 n die Besetzung des päpstlichen Stuhls mit ihrem langjährigen Geliebten Johannes X. gelang, hatte sie alle Macht vereinigt. In den folgenden Jahrzehnten leitete sie mit Hilfe ihrer beiden nicht weniger machthungrigen und sittenlosen Töchter Marozia und Theodora die Geschicke Roms und der katholischen Christenheit mit Erfolg. Damit leitete sie einen Tiefpunkt im moralischen Verfall des Papsttums ein ('Pornokratie' = 'Hurenherrschaft').

884 n–948 n Marozia
896 n rot Pornokratie
914 n rot Herrschaft über Rom

THEODORET (393 n–457 n), syrischer Historiker und Theologe. In Antiochia geboren und zum Priester erzogen, wurde er Bischof von Kyros am oberen Euphrat. Weil er die göttliche Herkunft des Religionsstifters Jesus bezweifelte und sich auch weigerte, Maria als 'Gottesmutter' anzuerkennen, wurde er abgesetzt und verbannt. Schrieb einen Dialog gegen das Dogma von der göttlichen Natur Jesu ('Der Bettler oder Vielgestaltige'). In seiner Kirchengeschichte behandelte er die Epoche von der Erhebung des Christentums zur Staatsreligion (324 n) bis zum Jahre 428 n. Darin stellte er den Sieg der christlichen Orthodoxie über die vernünftigeren Lehren des Arius und des Nestorius dar.

449 n blau Kirchengeschichte

THEODOROS, griechischer Künstler und Naturforscher.

560 v–469 v Lebenslinie
536 v grün Winkelmaß
531 v grün Wasserwaage
528 v grün Drehbank
522 v grün Erzguß
520 v blau Artemis-Tempel

THEODOSIA (heute Feodosia), Hafenstadt und Seebad am Schwarzen Meer im Nordosten der Halbinsel Krim. Im Jahre 131 n zerstört, stand von ihr 1000 Jahre lang nur die Burg Kafe, bis im Jahre 1262 n Bewohner Genuas die Stadt Kaffa anlegten. Seit 1475 n türkisch. Seit 1771 n russisch, erhielt sie 1783 n den Namen 'Feodosia'. Seit 1917 n in Sowjetrepublik Krim.

528 v blau Gründung
1475 n braun Eroberung durch Türken
1475 n rot Türkische Herrschaft
1768 n/1774 n Russisch-türkischer Krieg

THEODOSIUS, römischer Kaiser von 379 n bis 395 n.

346 n–395 n Lebenslinie
340 n–397 n Ambrosius
365 n–408 n Stilicho
377 n–408 n Arkadius
380 n rot Dreifaltigkeit anerkannt
381 n rot Dreifaltigkeitsdogma
382 n rot Durchsetzung des Dogmas
386 n rot Anspruch des Ambrosius
389 n rot Nur christliche Feiertage
390 n rot Kirchenbuße
394 n rot Verbot Olympischer Spiele
395 n rot Teilung des Reiches

THEOGNIS (um 540 v–um 490 v), griechischer Dichter. Als entschiedener Verfechter der Adelsherrschaft wurde er aus seiner Heimatstadt Megara bei Athen vertrieben. In seinen Gedichten klagte er darüber, daß die Vorrechte beseitigt seien, das arbeitende Volk zu Geld und Einfluß komme und der Adel sich zu Geldheiraten herablasse. Obwohl er meist die alte Adelsmoral pries, riet er zur Anpassung an die neuen politischen und gesellschaftlichen Gegebenheiten. Sinnsprüche über Freundschaft und Glück wechselten in seinem Werk mit Lebensweisheiten und Gedanken über den Wert von Geld und Macht. Im Mittelpunkt dieser Sammlung von über 1000 Versen stand eine Spruchdichtung, mit der er das Ganze dem Jüngling namens Kyrnos widmete, dem er entsprechend den Adelsgewohnheiten seiner Zeit seine Liebe zugewandt hatte.

502 v blau Lehrgedicht

THEOKRIT, griechischer Dichter aus Sizilien.

301 v–253 v Lebenslinie
277 v blau 'Idyllen'
268 v blau 'Thalysia'

THEOLOGIE, von dem griechischen Worte 'theos' (= Gott) abgeleitete Bezeichnung für die Kirchenlehre, wenn sie unter Anwendung wissenschaftlicher Methoden in eine Schein-Wissenschaft verwandelt worden ist.

135 v–50 v Poseidonios
66 v blau Poseidonios' Lehre
25 v–45 n Philo
5 v–64 n Paulus
20 n blau Philosophie zweitrangig
32 n blau Altes Testament gedeutet
34 n–112 n Asvagoscha
58 n blau Paulus: Römerbrief
100 n–165 n Justin der Märtyrer
116 n blau Kerinth: Taufe Jesu
124 n blau Apologie des Quadratus
125 n–190 n Tatian
132 n–200 n Irenäus
133 n blau Evangelien-Erläuterung
133 n–190 n Athenagoras
141 n blau Apologie des Aristides
145 n blau Apologie des Justin
162 n–224 n Tertullian
165 n blau Sünden-Theorie
177 n blau Athenagoras' Apologie
182 n–253 n Origenes
185 n blau Athenagoras: Monotheismus
188 n blau Bardesanes: Willensfreiheit
189 n blau Christliche Glaubenslehre
197 n blau Apologie des Tertullian
202 n–258 n Cyprian
208 n–280 n Paulus von Samosata
214 n blau Tertullian: Dreifaltigkeit
222 n blau Christliches Dogma
232 n blau Theologenschule
245 n blau Novatian: Dreifaltigkeit
245 n–309 n Pamphilos
249 n blau Apologie des Origenes
258 n–336 n Arius
261 n–335 n Laktantius
263 n–339 n Eusebius
270 n blau Gott-Natur Jesu abgelehnt
295 n–373 n Athanasius
306 n–373 n Ephräm der Syrer
313 n blau Irdische Natur Jesu
315 n–367 n Hilarius von Poitiers
324 n blau Gott-Natur Jesu abgelehnt
325 n blau Arius gegen Dreifaltigkeit
329 n–389 n Gregor von Nazianz
330 n–379 n Basilius der Große
340 n–397 n Ambrosius
345 n–420 n Hieronymus
354 n–430 n Augustin
354 n–407 n Chrysostomos
356 n blau Hilarius: Dreifaltigkeit
358 n–441 n Mesrop
370 n–414 n Synesios von Kyrene
375 n–425 n Pelagius
381 n rot Dreifaltigkeits-Dogma
381 n blau Reden über Dreifaltigkeit
381 n–444 n Cyrillus
385 n blau Abendmahl und Taufe
386 n–451 n Nestorius
411 n blau Philosophiefeindlichkeit
412 n blau Religionsphilosophie
416 n blau Augustin: Dreifaltigkeit
417 n rot Erbsündelehre abgelehnt
418 n rot Erbsünde-Dogma
420 n blau Freiheit statt Erbsünde
424 n blau Augustin: 'Gottesstaat'
428 n blau Augustin: Sklaven-Theorie
430 n blau Gott-Natur Jesu abgelehnt
431 n rot Maria Mutter Gottes
459 n blau Proklos: Theologie Platos
591 n blau 'Anleitung zur Seelsorge'
593 n rot Fegefeuer-Dogma
673 n–735 n Beda
675 n–752 n Johannes von Damaskus
686 n–744 n Kumarila
701 n rot Zarathustra-Dogma
701 n–784 n Fergil der Geometer
708 n blau Kumarila: Monotheismus
741 n blau Schicksalsfügung verneint
746 n blau Christliches Lehrbuch
750 n blau Kirchenväter-Aufwertung
766 n blau Regeln für Domgeistliche
786 n–861 n Radbertus
792 n rot Streit um Gott-Natur Jesu
792 n blau Werk gegen Bilderanbetung
810 n–870 n Al Buchari
815 n–891 n Photios
822 n blau Bildanbetung verteidigt
839 n blau Kritik am Dogmatismus
839 n–923 n Al Tabari
845 n blau Radbertus: Abendmahlslehre
851 n–938 n Al Balki
862 n blau Kritik an Erbsündelehre
874 n–935 n Al Aschari
875 n blau Verbindung mit Philosophie
885 n blau Kommentar zum Koran
917 n blau Dialektik im Islam
927 n blau Arabische Scholastik
1000 n–1088 n Berengar von Tours
1009 n blau Philosophie verteidigt
1023 n–1105 n Ramanuja
1033 n–1109 n Anselm von Canterbury
1044 n blau Kritik an Abendmahlslehre
1051 n blau Dialektik im Christentum
1053 n–1123 n Roscelin
1057 n blau Philosophie als Dienerin
1059 n–1111 n Al Gazali
1072 n blau Anselms Selbstgespräche
1078 n blau Anselms Gottesbeweis
1079 n–1142 n Abälard
1085 n–1141 n Juda Halevi
1088 n blau Roscelin: Nominalismus
1090 n–1153 n Bernhard von Clairvaux
1091 n blau Raschi: Bibelauslegung
1092 n rot Zwang gegen Roscelin
1096 n blau 'Warum Gott Mensch wurde'
1097 n blau Problem Glaube–Wissen
1102 n blau Werk des Al Gazali
1126 n blau Abälard gegen Erbsünde
1126 n–1198 n Ibn Rasd (Averroes)
1132 n blau Abälard gegen Dogma
1134 n blau Neue Jesus-Verehrung
1135 n–1204 n Maimonides
1138 n blau Jüdische Apologie
1138 n blau Verwerfung der Taufe
1140 n blau Kirchenrechts-Wissenschaft
1141 n blau Psalmen-Auslegung

1141 n blau Hugo: Glaubenslehre
1146 n blau Hebräische Bibelauslegung
1151 n blau Ibn Rasd: Scholastik
1155 n blau Kirchenväter-Zitate
1168 n blau Maimonides: Glaubenslehre
1169 n–1240 n Ibn Arabi
1180 n blau Maimonides: 'Wegweiser'
1193 n–1279 n Albertus Magnus
1194 n blau Lehre Joachims von Fiore
1214 n–1294 n Roger Bacon
1225 n–1274 n Thomas von Aquin
1246 n blau Lehre Alexanders von Hales
1253 n blau Theologenschule in Paris
1260 n–1327 n Meister Eckehart
1265 n–1308 n Duns Scotus
1274 n blau Werk des Thomas von Aquin
1276 n blau Missionsschule
1282 n blau Gnade auch ohne Kirche
1299 n–1349 n Occam
1303 n blau Lehrfach in Rom
1303 n–1361 n Tauler
1307 n blau Durands Kommentare
1324 n–1384 n Wiclif
1325 n–1389 n Hafis
1332 n blau Glaube und Wissen
1365 n–1416 n Hieronymus von Prag
1369 n–1415 n Hus
1376 n blau Wiclif für Reformation
1392 n–1450 n Ibn Arabscha
1398 n blau Verteidigung Wiclifs
1401 n–1464 n Nikolaus von Kues
1438 n blau Nikolaus' Gottesbegriff
1460 n blau Philosophie kein Gegensatz
1483 n–1546 n Luther
1484 n–1531 n Zwingli
1497 n–1560 n Melanchthon
1509 n–1564 n Calvin
1510 n blau Raffaels Darstellung
1517 n blau Luthers Thesen
1521 n blau Evangelische Dogmatik
1529 n blau Luthers Katechismen
1553 n blau Katholischer Katechismus
1562 n–1635 n Lope de Vega
1652 n blau 'Bequeme Frömmigkeit'
1692 n blau Spener: Pietismus
1744 n–1803 n Herder
1799 n blau Schleiermacher: 'Religion'
1854 n rot Marien-Dogma
1870 n rot Unfehlbarkeits-Dogma
1886 n rot Feuerbestattungs-Verbot
1948 n blau Barth: 'Dogmatik'
1954 n blau Bultmanns Lehren

THEON, Älius (um 50 n–um 110 n), griechischer Sprachlehrer und Schriftsteller in Alexandria (Ägypten). Verfaßte Anmerkungen und Erläuterungen zu den Lehren griechischer Philosophen (Xenophon) und Redner (Demosthenes, Isokrates). Berühmt wurde er durch ein Lehrbuch für Redner, das den Rahmen der herkömmlichen Rhetorik sprengte ('Progymnasmata'). Seine Unterrichts-Übungen stiegen von der Nacherzählung bekannter Fabeln bis zu schwierigsten Beweisführungen in Rechtsfragen, zu staatspolitischen Gegenständen und zu philosophischen Problemen auf. Sein Unterricht war als Vorbereitung auf die Ausübung der führenden Berufe gedacht.

105 n blau Lehrbuch der Rhetorik

THEON von Alexandria (um 340 n–415 n), griechischer Mathematiker und Astronom. Gab die Werke des Mathematikers Euklid heraus und verfaßte Erklärungen zu den Arbeiten des Ptolemäus. Verbesserte das babylonische Rechensystem mit Stellenwert-Bezeichnung (Sexagesimalsystem). Als letzter bedeutender Gelehrter des 'Museion' von Alexandria wurde er Zeuge der endgültigen Vernichtung dieser einmaligen Lehr- und Forschungsstätte durch die Christen. Starb aus Kummer über die Ermordung seiner Tochter Hypatia durch die Leibwache des Bischofs.

360 n–415 n Hypatia
391 n rot Brand der Bibliothek
415 n rot Tochter ermordet

THEOPHANES (um 750 n–817 n), byzantinischer Geschichtsschreiber. Nachdem er in seiner Heimatstadt Konstantinopel mehrere Hofämter innegehabt hatte, zog er sich nach Bithynien (Kleinasien) zurück und gründete ein Kloster. Die von seinem Freunde Synkellos dort niedergeschriebene tabellarische Weltgeschichte bis zum Jahre 284 n setzte er bis zum Jahre 813 n fort. Vom byzantinischen Kaiser wegen seines Festhaltens an der religiösen Bilderverehrung auf die Insel Samos verbannt.

813 n blau Weltgeschichte

THEOPHANO (955 n–991 n), deutsche Kaiserin. Als Tochter des Kaisers von Byzanz (Konstantinopel) wurde sie 17jährig in Rom mit dem gleichaltrigen deutschen Thronfolger Otto II. verheiratet. Seit ihr Mann im Jahre darauf den Thron bestiegen hatte, gewann sie großen Einfluß auf die deutsche Politik. Nach elfjähriger Ehe verlor sie ihren Mann und führte als Reichsregentin für ihren Sohn Otto III. bis zu dessen Volljährigkeit die Regierungsgeschäfte. Erzog Otto III. wie ihre Töchter in dem freien griechischen Geiste, in dem sie selbst großgeworden war.

912 n–973 n Otto I., der Große
955 n–983 n Otto II.
972 n rot Eheschließung
980 n–1002 n Otto III.

THEOPHRAST, griechischer Philosoph und Naturforscher.

372 v–287 v Lebenslinie
317 v grün Charakterforschung
309 v grün Botanik
297 v grün Physiologie
292 v blau Über Naturphilosophen

THEOPOMPOS (um 375 v–um 300 v), griechischer Historiker und Philosoph. Von seiner Heimatinsel Chios (Kleinasien) verbannt, reiste er durch ganz Griechenland und wurde wegen seiner großen Redegabe überall gefeiert. Im griechischen Kleinasien (Halikarnassos) errang er den Preis der Königin Artemisia für sein Preislied auf ihren Mann, König Mausolos. Unter dem Schutze Alexanders in die Heimat zurückgekehrt, mußte er nach dessen frühem Tod erneut fliehen. Als Fortsetzung des Geschichtswerkes von Thukydides schrieb er 12 Bände griechischer Geschichte ('Hellenika'). Platos Philosophie trat er mit einer Streitschrift entgegen. Sein Hauptwerk war die Geschichte der griechischen Welt unter der Herrschaft des Mazedonier-Königs Philipp II. ('Philippika'). Im 8. der 58 Bände dieses Werkes entwarf er einen Idealstaat außerhalb der von Menschen bewohnten Erde ('Meropis'). Die Bewohner dieser erdachten Welt überragten die Menschen an Größe wie an Lebensdauer und Weisheit; die Krieger lebten von den friedliebenden Menschen getrennt in eigenen Städten, und das Zusammenleben aller Menschen war brüderlich.

320 v blau Utopie

THEOSOPHIE, aus den griechischen Worten für 'Gott' und 'Weisheit' zusammengesetzte Bezeichnung für eine religiöse Lehre, die ein höheres Wissen von göttlichen Geheimnissen zu besitzen vorgibt. Als Religionssynthese nach langjährigem Aufenthalt in Indien von der Russin Helene Blavatsky niedergeschrieben ('Geheimlehre'), soll sie ihr als uralte Geheimwissenschaft weitergegeben worden sein von Buddhaschülern im Himalaya, die Frau Blavatsky auch gleichzeitig übersinnliche Kräfte verliehen haben sollen. Die Weltentwicklung vollzieht sich nach dieser Lehre in 7 Perioden, die jeweils eine Wiederverkörperung der vorhergegangenen Periode darstellen. Ebenso wird das Menschenleben durch Wiedergeburten zum vollständigen Einswerden mit der Welt-Substanz geführt.

1875 n blau Begründung

THERAPIE, von dem griechischen Worte 'therapeia' (= Pflege) abgeleitete Bezeichnung für die ärztliche Krankheits-Behandlung.

2653 v grün Chinesische Heilkunde
2496 v–2438 v Ni-Anch-Sekmet
2415 v–2335 v Chui
2358 v grün Augenkrankheit bekämpft
2239 v–2162 v Ir-En-Achat
2105 v grün Sumerisches Handbuch
2055 v–1975 v Ur-Edina
1999 v grün Salben und Öle
1981 v grün Wasser und Kräuter
1981 v–1929 v Neferi
1951 v grün Krebs- und Tbc-Behandlung
1888 v grün Tierärztliche Rezepte
1875 v grün Frauenkrankheiten-Buch
1602 v grün Behandlung der Augen
1575 v grün Buch der Tierheilkunde
1566 v grün Frauenkrankheiten-Buch
1473 v–1409 v Neb-Amun
708 v grün Assyrische Rezeptsammlung
672 v grün Versuche an Sklaven
460 v–375 v Hippokrates
418 v grün Heilkraft der Natur
418 v–345 v Diokles
376 v grün Mittel gegen Zahnschmerzen
356 v grün Diokles: Kräuterbuch
339 v grün Seele und Krankheit
315 v grün Indische Heilkunde
307 v grün Epidauros Kurort
304 v–240 v Erasistratos
244 v grün Heilpflanzen-Anbau
129 v–40 v Asklepiades
105 v grün Demetrios: Frauenheilkunde
74 v grün Tiermedizinisches Werk
70 v grün Asklepiades: Naturheilung
11 v blau Kurort Wiesbaden
3 v–64 n Aulus Celsus
20 n–79 n Dioskurides
37 n grün Aulus.Celsus: Sammelwerk
49 n grün 'Der Augenarzt'
66 n grün Dioskurides: Arzneikunde
81 n–144 n Archigenes
82 n–135 n Soranos
89 n blau Badeort Aachen
120 n grün Soranos: Gynäkologie
129 n–199 n Galen
147 n grün Heilkraft des Schlafes
182 n grün Heilkraft der Gegensätze
190 n–265 n Hua-To
197 n grün Galen: Heilmittelkunde
231 n grün Eumelos: Tierheilkunde
294 n–354 n Apsyrtos
338 n grün Briefe zur Tiermedizin
348 n grün Bücher über Tiermedizin
366 n grün Pelagonius: Tiermedizin
442 n grün Sammelwerk Susrutas
525 n–605 n Alexander Tralles
598 n grün Innere Krankheiten
629 n grün Paulus: Frauenheilkunde
812 n grün Walafrieds Kräuterbuch
850 n grün Werk der Tiermedizin
865 n–932 n Al Rasi
927 n grün Al Rasis Enzyklopädie
975 n grün Persische Heilmittellehre
982 n grün Ibn Abbas: Handbuch
1001 n grün Heilmittel Quecksilber
1012 n grün Ibn Isa: Augenheilkunde
1015 n grün Heilmittel Koffein
1052 n grün Ibn Wafid: Heilkräuter
1098 n–1178 n Hildegard von Bingen
1126 n–1198 n Ibn Rasd (Averroes)
1152 n grün Heilkraft der Gegensätze
1165 n grün Hildegards Hausbuch
1237 n grün Ibn Baitars Rezeptbuch
1258 n grün Werk der Augenheilkunde
1356 n grün Al Katib: Handbuch
1441 n grün Erdöl zu Heilzwecken
1472 n grün Kinderheilkunde
1493 n–1541 n Paracelsus
1536 n grün Paracelsus' Werk
1544 n grün Cordus: Arzneibuch
1565 n grün Tabak zu Heilzwecken
1737 n grün Hahn: Kaltwasserkur
1805 n grün Hahnemann: Homöopathie
1819 n grün Pelletier: Chinin
1824 n grün Priessnitz: Kaltwasserkur
1855 n–1939 n Freud
1887 n grün Kneipp: 'Wasserkur'
1890 n grün Behring: Serumbehandlung
1891 n grün Tesla: Diathermie
1893 n grün Ehrlich: Chemotherapie
1895 n grün Freud: Psychoanalyse
1895 n grün Röntgenstrahlen
1899 n grün Heilmittel Aspirin
1904 n grün Höhensonne
1909 n grün Heilmittel Salvarsan
1916 n grün Heilmittel Germanin
1921 n grün Heilmittel Insulin
1926 n grün Künstliches Vitamin
1928 n grün Heilmittel Penicillin
1935 n grün Heilmittel Sulfonamid
1938 n grün Elektroschock-Behandlung
1944 n grün Heilmittel Streptomyzin
1947 n grün Künstliches Vitamin A
1955 n grün Kobalt-Bestrahlung

THERMEN, Bezeichnung für die öffentlichen Bäder der Römer. Um Schwimmbecken mit verschiedenen Temperaturen waren hier Aufenthaltsräume, Ballspielhallen, Unterrichtsstätten, Wandelhallen und Leseräume gruppiert. Der erste derartige Mittelpunkt des öffentlichen Lebens der Bürger Roms wurde im Jahre 25 v eröffnet, nachdem der Staatsmann Agrippa auf dem Marsfeld mehrere Badeanlagen mit anderen öffentlichen Anlagen vereinigt hatte. Nero bereicherte diese Thermen noch durch Anlagen für sportlichen Unterricht und musische Betätigung (Gymnasium). Von dem im Dakerkrieg eroberten Gold baute Trajan über den Ruinen des 'Goldenen Hauses' prächtige Thermen. Eine musterhafte Anlage schuf Karakalla im Süden Roms, ihre Größe übertraf den Gesamtkomplex aller Paläste und Heiligtümer auf dem Palatin. Die Ausmaße ihres Kernbaues wurden nur noch von den Anlagen des Diokletian übertroffen (244 mal 144 m). Hunderte kleinerer Anlagen wuchsen in den ersten Jahrhunderten unserer Zeitrechnung im ganzen Römerreich von Karthago über Spanien und Trier bis Budapest und Konstantinopel empor. Mit der Durchsetzung des wasser- und körperfeindlichen Christentums versank auch diese in der Welt einmalige 'heidnische' Kultur.

53 n–117 n Trajan
67 n–129 n Apollodoros von Damaskus
186 n–217 n Karakalla
216 n grün Bauten des Karakalla
306 n grün Bauten des Diokletian
315 n grün Kaiserthermen in Trier
412 n grün Gegnerschaft der Christen

THERMO-ELEKTRISCHE KRAFT, Bezeichnung für die von dem deutschen Physiker Thomas Johann Seebeck entdeckte geringe elektrische Spannung zwischen zwei verschiedenen Metallen. Tritt insbesondere bei zusammengelöteten oder verschweißten Metallstücken auf, deren Nahtflächen eine unterschiedliche Temperatur aufweisen. Das Wort ist vom griechischen 'thermai' (= Wärme) abgeleitet.

1821 n grün Entdeckung

THERMOMETER, aus dem Griechischen übernommene Bezeichnung für Instrumente zur Temperatur-Bestimmung (wörtlich: 'Wärmemesser').

265 v–202 v Philon
218 v grün Philons Erfindung
1592 n grün Erfindung des Galilei
1665 n grün Huygens: Fixpunkte
1714 n grün Erfindung des Fahrenheit
1730 n grün Réaumur: Gefrierpunkt
1742 n grün Celsius-Skala
1848 n grün Kelvin-Skala

THERMOPYLEN, Name eines griechischen Engpasses von großer militärischer Bedeutung. Zwischen einem Ausläufer des Berges Öta und dem versumpften Uferstreifen des Ägäischen Meeres gelegen, bildete er den einzigen ebenen Zugang von Mittelgriechenland nach Südgriechenland. Dieser Küstenstreifen von 4 Kilometern Länge war durchschnittlich nur 50 Meter breit und verengte sich an zwei Stellen so sehr, daß Heeresgruppen nur langsam und nacheinander passieren konnten. Weltberühmt wurde er durch die Selbstaufopferung des Königs von Sparta, dessen Befehlstreue den Vormarsch des persischen Heeres unter Xerxes so verzögerte, daß den Griechen eine Sammlung ihrer Kräfte und damit der Abwehrsieg gegen die persischen Angreifer möglich wurde. Der Engpaß erhielt seinen Namen von den hier seit alters her befindlichen Schwefelquellen (wörtlich 'warme Tore').

520 v–465 v Xerxes
519 v–480 v Leonidas
490 v / 449 v Perserkriege
1956 n blau Kokoschkas Gemälde

THERMOSKOP, Bezeichnung für ein Gerät zur Temperaturmessung, das von dem Griechen Philon in Byzanz (Istanbul) vor 2200 Jahren beschrieben wurde. Es beruhte auf der Ausdehnung von Wasser, das unter der Einwirkung von Wärme (Sonne) in einer Röhre emporgepreßt wurde und im Schatten wieder sank und verwirklichte so bereits das Prinzip des Thermometers. Das aus dem Griechischen übernommene Wort heißt 'Wärme-Anzeiger'.

265 v–202 v Philon
218 v grün Konstruktion

THESE, von dem griechischen Wort für 'Satz' abgeleitete Bezeichnung für 'Lehrsatz'. In der Reformation von Luther als Benennung seiner gegen die katholische Kirche gerichteten grundsätzlichen Ausführungen verwendet, die er in 95 einzelnen Aussagen ('Thesen') niedergeschrieben hatte.

1517 n blau Abfassung
1517 n rot Veröffentlichung

THESEUS, Heldengestalt der griechischen Sage. Soll als König der Stadt Athen in vorgeschichtlicher Zeit die Einigung der griechischen Halbinsel Attika unter Führung Athens herbeigeführt haben. Seine Heldentaten vollbrachte er meist mit dem Wunderschwert seines Vaters. Tötete Räuber (Prokrustes) und Riesen (Sinis) und befreite die Stadt Minos auf Kreta von ihrem stierköpfigen menschenfressenden Ungeheuer (Minotauros). Dabei half ihm die Königstochter Ariadne, die ihm durch einen Faden den Rückweg aus dem Labyrinth ermöglichte, mit ihm auf die Insel Naxos floh und dort von ihm verlassen wurde. Kämpfte gegen die Amazonen und gewann die Amazonenkönigin Antiope zur Frau. Auch die Entführung der Helena wurde ihm zugeschrieben. Die Athener ehrten ihn durch Errichtung eines prächtigen Tempels ('Thesaion'). Seine Taten bildeten seit alters her ein beliebtes Motiv der Literatur und der bildenden Kunst.

474 v blau Gemälde des Mikon

THESPIS, griechischer Dichter und Schauspieler.

583 v–513 v Lebenslinie
539 v blau Wandertheater
536 v blau Einzelschauspieler
534 v blau Erste Tragödien-Aufführung

THESSALOS von Tralles (um 10 n–um 70 n), griechischer Arzt in der kleinasiatischen Stadt Tralles. Entwickelte die Medizin zu einer reinen Erfahrungswissenschaft, die sich in einfachen, klaren Behandlungsweisen erschöpft. Auf der Grundlage genauer Symptom-Bestimmung gelang ihm die Trennung der chronischen von den akuten Krankheiten. Für jene Krankheiten, die eine so nachhaltige Veränderung in den Körpergeweben bewirkt haben, daß ihnen mit den gewöhnlichen Behandlungsmethoden nicht beizukommen war, entwickelte er eine besondere Therapie. Diese Behandlung der chronischen Krankheiten zielte auf eine Veränderung der Zusammensetzung des Körpergewebes. Der durch Entziehungs- und Fastenkuren geschwächte Patient wurde mit Hilfe angreifender, scharfer Medikamente niedergeworfen und dann mit stärkender Arznei und Diät wieder aufgebaut. Diese 'Stoffwechselkuren' waren erfolgreich und wurden bald von anderen Ärzten nachgeahmt.

50 n grün Krankheits-Unterscheidung

THEUDEBERT (513 n–548 n), fränkischer König von 534 n bis 548 n. Als Enkel des Frankenkönigs Chlodwig folgte er 20jährig seinem Vater Theuderich I. auf den Thron. Begünstigte die christliche Kirche durch Steuer-Erlasse und schwächte dadurch die Reichsgewalt. Verriet die Ostgoten unter dem Vorwand, ihnen gegen Byzanz zu Hilfe zu kommen, und schlug ihre Heere. Erreichte die Anerkennung der Herrschaft seiner Familie (Merowinger) über Frankreich durch den Kaiser von Byzanz. Prägte als erster germanischer König Goldmünzen mit seinem Namen.

534 n braun Sieg über Burgund
534 n rot Gewinn von Burgund
535 n / 553 n Ostgotenkrieg
540 n rot Bayern abhängig
540 n grün Goldmünzen

THIDREKSSAGA, Titel einer in Norwegen entstandenen Sammlung deutscher Heldensagen. Aus Quellenwerken deutscher Städte (Bremen, Münster, Soest) zusammengestellt, wurden die einzelnen Überlieferungen um den Kern der Sage des Theoderich (= Dietrich von Bern) gruppiert. Enthielt auch große Teile der Siegfriedsage und die Sage von Wieland dem Schmied.

1251 n blau Entstehung

THIERRY, Augustin (1795 n–1856 n), französischer Historiker. Studierte Geschichte, wurde Sekretär des Sozialisten Saint-Simon und schrieb für Tageszeitungen. Durch sein 4bändiges Werk über die normannische Eroberung Englands wurde er als 29jähriger berühmt und erhielt trotz seiner im Jahre nach Fertigstellung dieser Arbeit eintretenden Erblindung die Stelle des Bibliothekars im königlichen Palast. In mehreren Arbeiten über den 'dritten Stand' beschrieb er den Kampf zwischen Bürgertum und Adel als eine die Geschichte vorwärtstreibende Kraft. Dieser Nachweis der historischen Bedeutung des Klassenkampfes führte ihn zu einer neuen, stärker auf die Gesamtentwicklung als auf das Einzelgeschehen orientierten Geschichtsbetrachtung ('Briefe zur Geschichte Frankreichs'). Verfaßte auch ein 2bändiges Werk über die Epoche der ersten fränkischen Königsfamilie (Merowinger).

1827 n blau Briefe zur Geschichte

THIETMAR (975 n–1019 n), deutscher Geschichtsschreiber. Mit dem deutschen Kaiserhaus verwandt, wurde er in der Hofschule von Quedlinburg ausgebildet. Dann erhielt er als Vorsteher eines von seinem Großvater gegründeten Klosters seine erste sichere Einnahmequelle (Pfründe) und vertauschte diese bald mit einem einträglicheren Bischofsamt. Schrieb eine 8bändige Chronik der Zeit von 908 n bis 1018 n. Darin gab er ein lebendiges Bild seiner Epoche mit besonderer Berücksichtigung der deutschen Eroberungen slawischer Gebiete.

1018 n blau Kaisergeschichte

THINIS, Stadt am linken Ufer des Nil halbwegs zwischen seiner Mündung ins Mittelmeer (Delta) und der Südgrenze des ersten ägyptischen Reiches (1. Katarakt). Vom Schöpfer des ägyptischen Einheitsreiches, dem oberägyptischen König Narmer, als Hauptstadt bestimmt, um bei dem vorher selbständigen Reiche von Unterägypten das Gefühl der Beherrschung durch Oberägypten zu mildern. Nach Verlegung der ägyptischen Residenz ins nordägyptische Memphis blieb sie Gau-Hauptstadt.

2912 v–2850 v Narmer
2861 v rot Hauptstadt Ägyptens
2649 v rot Ablösung durch Memphis
2355 v–2298 v Pepi I.
2162 v–2081 v Antef
2087 v braun Vorstoß Thebens
2087 v rot Thebanischer Besitz
2079 v braun Vorstoß des Nordreiches
2079 v rot Herrschaft Nordägyptens

THINITEN-ZEIT, Bezeichnung für die erste Periode des alten ägyptischen Reiches, abgeleitet von dem Namen der Hauptstadt dieser Epoche ägyptischer Geschichte. Begann mit der Schaffung des Einheitsreiches durch König Narmer von Oberägypten und endete mit der Übernahme der Herrschaft über das Reich durch Könige aus Unterägypten (2650 v).

2912 v–2850 v Narmer
2882 v–2825 v Menes
2868 v / 2863 v Kampf Süd- gegen Nordreich
2863 v rot Doppel-Königtum

2861 v rot Thinis Hauptstadt
2853 v–2804 v Djer
2850 v rot Einheitsreich
2846 v–2784 v Hemaka
2843 v–2791 v Merit
2840 v braun Vorstoß nach Süden
2840 v blau Gründung von Memphis
2836 v grün Mauer um Memphis
2834 v rot Erbmonarchie
2832 v–2795 v Djet
2822 v–2781 v Udimu
2812 v grün Wasserstands-Messung
2804 v rot Mitbestattungen
2804 v grün Handel mit Syrien
2803 v–2758 v Adjib
2798 v–2751 v Semer-Chet
2786 v–2731 v Kea
2771 v grün Steuer nach Wasserstand
2769 v grün Neuer Kalender
2766 v–2702 v Neb-Re
2764 v blau Entstehung von Heliopolis
2757 v / 2753 v Sinai-Krieg
2757 v–2681 v Neter-Imu
2753 v rot Kupferminen-Kontrolle
2751 v–2681 v Ru-A-Ben
2750 v rot König ächtet Vorgänger
2740 v grün Handel mit Sumer
2727 v–2672 v Per-Ib-Sen
2723 v rot Königsname 'Re'
2710 v rot Einteilung in Gaue
2709 v–2661 v Ka-Sechem
2704 v grün Vermögenszählung
2697 v–2650 v Ka-Sechemui
2696 v–2646 v Ni-Maat
2696 v grün Direkte Steuern
2695 v rot Steuererhebung bei Volksfest
2692 v grün Grundsteuer
2673 v–2631 v Zoser
2672 v / 2668 v Erhebung Unterägyptens
2668 v rot Einheit gesichert
2663 v braun Feldzug gegen Nubien
2650 v rot Herrschaftsende

THIS (Thinis), Stadt am linken Ufer des Nil halbwegs zwischen seiner Mündung ins Mittelmeer (Delta) und der Südgrenze des ersten ägyptischen Reiches (1. Katarakt). Vom Schöpfer des ägyptischen Einheitsreiches, dem oberägyptischen König Narmer, als Hauptstadt bestimmt, um bei dem vorher selbständigen Reiche von Unterägypten das Gefühl der Beherrschung durch Oberägypten zu mildern. Nach Verlegung der ägyptischen Residenz ins nordägyptische Memphis blieb sie Gau-Hauptstadt. Geburtsort des Menes und anderer früher Könige Ägyptens.

2912 v–2850 v Narmer
2882 v–2825 v Menes
2861 v rot Hauptstadt Ägyptens
2649 v rot Ablösung durch Memphis
2355 v–2298 v Pepi I.
2162 v–2081 v Antef
2087 v braun Vorstoß Thebens
2087 v rot Thebanischer Besitz
2079 v braun Vorstoß des Nordreiches
2079 v rot Herrschaft Nordägyptens

THOMA, Hans (1839 n–1924 n), deutscher Maler und Graphiker. Als Sohn eines Schwarzwaldbauern bemalte er bis zu seinem 20. Lebensjahre Ziffernblätter von Schwarzwalduhren. Dann ging er auf die Kunstschule nach Karlsruhe und arbeitete anschließend in Düsseldorf, Paris und München als Kunstmaler. Auf Italienreisen bildete er sich fort und ging 38jährig nach Frankfurt am Main, wo er mit seinen Bildern erste größere Erfolge hatte. 60jährig wurde er an die Akademie nach Karlsruhe berufen und wirkte dort noch mehr als 2 Jahrzehnte. Seine volkstümlichen Bilder sind einfach in der Konzeption und klar in der Ausführung. Neben Stoffen aus Sage und Bibel malte er Landschaften (Schwarzwald, Taunus, Oberrhein) sowie Szenen aus dem Volksleben und Porträts. Um der kitschigen Nachbildung von Ölgemälden entgegenzuwirken, schuf er farbige Lithographien und gab ihnen durch billigen Preis weite Verbreitung ('Künstlersteindrucke'). Entwarf auch Theaterkostüme und illustrierte Bücher.

1867 n blau 'Schwarzwaldlandschaft'

THOMAS, nach biblischer Sage ein Gefolgsmann (Apostel) des Religionsstifters Jesus, der nach dessen Hinrichtung an der von anderen behaupteten Auferstehung des toten Jesus zweifelte ('ungläubiger Thomas'). Weil er sich nach biblischer Überlieferung später überzeugen ließ, wurde er als Heiliger verehrt und in der christlichen Kunst wiederholt dargestellt.

1480 n blau Verrocchios Plastik

THOMAS van Kempen (1380 n–1471 n), deutscher Schriftsteller. Als Sohn eines Handwerkers besuchte er eine kirchliche Schule, wurde Priester, Mönch und stellvertretender Klostervorsteher. Schrieb eine Biographie über den Laienprediger Gerhart Groot. Bemühte sich um Fortentwicklung der von Groot gegründeten Bewegung einer 'neuen Frömmigkeit', die in der Kirche nur ein notwendiges Übel sah. Wesentlich war ihm allein die innere Erbauung, für die er zahlreiche Bücher schrieb ('Selbstgespräch der Seele'). Verfaßte auch eine Chronik seines Klosters Agnetenberg (Holland). Das ihm zugeschriebene 4bändige Andachtsbuch 'Von der Nachfolge Christi' wurde von der Kirche in 95 Sprachen übersetzt und in mehr als 5000 Auflagen ins Volk getragen.

1417 n blau 'Nachfolge Christi'

THOMAS von Aquin, italienischer Theologe und Philosoph.

1225 n–1274 n Lebenslinie
1265 n–1308 n Duns Scotus
1274 n blau 'Summe der Theologie'

THOMAS von Britannien (um 1130 n–um 1190 n), englischer Dichter normannischer Herkunft. Als Hofdichter des englischen Königs Heinrich II. schuf er die erste dichterische Gestaltung des Tristan, der in unstillbarer, tragischer Liebe zur Frau seines königlichen Onkels entbrannt ist. Dabei diente ihm als Vorbild ein Held aus der Volkssage der schottischen Pikten, den er in eine königliche Umgebung versetzte.

1173 n blau 'Tristan und Isolde'

THOMASIUS, Christian (1655 n–1728 n), deutscher Rechtsgelehrter. Als Sohn eines Philosophen wurde er 17jährig Magister der Philosophie, studierte dann aber Rechtskunde und wurde 32jährig Professor der Rechte in Leipzig. Seine Vorlesungen hielt er als erster deutscher Universitätslehrer in deutscher Sprache. Wegen seines Kampfes gegen 'Hexen'-Prozesse und Folter, wegen seines Eintretens gegen den christlichen Mißbrauch der Philosophie (Scholastik) und wegen seiner freisinnigen Denkweise zog er sich den Haß der Theologen zu, die einen Verhaftungsbefehl gegen ihn erwirkten. Doch konnte er nach Halle fliehen, das einem anderen Fürsten gehörte, und eine neue Universität gründen. Hier setzte er seine Lehrtätigkeit fort, die mehr auf die Meisterung des praktischen Lebens als auf Erhaltung der Tradition gerichtet war. Den Glauben an die Vorbildlichkeit des römischen Rechtes entlarvte er als Vorurteil. Leitete das Recht des Menschen aus seiner natürlichen Existenz ab und trennte es dadurch von christlicher Moraltheologie und bürgerlichem Formalismus. Seine antikirchlichen Aufklärungsschriften verfaßte er in leicht verständlicher deutscher Sprache, um über Lehrer und Pfaffen hinweg unmittelbar das Volk zu erreichen ('Ausübung der Vernunftlehre').

1687 n blau Vorlesung in Deutsch
1688 n blau Naturrecht
1694 n blau Universität Halle
1704 n blau Gegen 'Hexen'-Prozesse

THOMSON, James (1700 n–1748 n), englischer Dichter. Als Sohn eines schottischen Geistlichen studierte er in Edinburgh Theologie, ging dann als Hofmeister nach London und erhielt einträgliche Ämter. Nachdem er 25jährig mit seiner beschreibenden Dichtung 'Winter' Aufsehen erregt hatte, schrieb er in den darauffolgenden 5 Jahren noch ähnliche Dichtungen über Sommer, Frühling und Herbst. Unter dem Titel 'Die Jahreszeiten' zusammengefaßt, wurde diese ungekünstelte Schilderung der Natur, in die er auch den Menschen einbezog, sein größter Erfolg. Haydn vertonte sie später. Schrieb 5 Trauerspiele sowie Heldenlieder und patriotische Gedichte ('Rule Britannia' = 'Herrsche, England').

1730 n blau 'Die Jahreszeiten'
1738 n blau 'Rule Britannia'
1799 n blau Haydns Oratorium

THOMSON, Robert W. (1822 n–1873 n), englischer Ingenieur. Als Sohn eines Fabrikanten sollte er Pfarrer werden, doch wandte er sich praktischer Tätigkeit zu. Bei Abbrucharbeiten kam er auf den Gedanken, die noch mit Lunte gezündeten Sprengminen elektrisch zu zünden. Nach kurzer Tätigkeit für Robert Stephenson machte er sich 22jährig als Eisenbahn-Ingenieur selbständig. 23jährig erfand er einen Luftreifen für Wagenräder, der aus einem aufblasbaren, luftdichten Gummischlauch und einem darübergezogenen Laufmantel aus Leder bestand. 2 Jahre, nachdem er auf diese 'Vorrichtung für Wagenräder und andere rollende Gefährte' ein Patent erhalten hatte, unternahm er damit die erste Fahrt durch London. Obgleich er bereits Einfüllventil und Luftpumpe dazu baute, dauerte es noch Jahrzehnte, bis sich der Luftreifen durchsetzte. Inzwischen ließ er sich eine Füllfeder patentieren, baute Zucker-Verarbeitungsmaschinen für Java, verbesserte die Dampf-Meßgeräte, entwickelte einen Heißwasserspeicher und erfand eine gummigefederte Dampf-Zugmaschine ('Straßendampfer'). Für die holländische Kolonialregierung in Indonesien konstruierte er einen Kran, der nachts abgebaut werden konnte, um ihn so dem Zugriff der eingeborenen Freiheitskämpfer zu entziehen. Dieser erste bewegliche Dampfkran setzte sich bald allgemein durch.

1844 n grün Luftreifen

THORA, Bezeichnung der Juden für die ersten fünf Kapitel der Bibel (wörtlich: 'Gesetz'). Nach Rückkehr der Juden aus Babylon schuf Esra auf der Grundlage der darin enthaltenen Gebote des Moses unter dem gleichen Namen ein neues Gesetzbuch. Später wurde es durch die 'Mischna' (= 'Wiederholung') ersetzt, die ebenfalls im wesentlichen auf Moses' 10 Geboten beruhte. Endlich von Maimonides stärker auf seine ursprüngliche Form zurückgeführt, wurde es zum ersten Teil des jüdischen Religionsbuches ('Talmud'). Im jüdischen Gottesdienst wird bis heute aus diesen auf Pergament geschriebenen Texten vorgelesen ('Thora-Rolle').

446 v rot Verkündung
199 n blau Mischna
1135 n–1204 n Maimonides
1168 n blau Mischna Thora

THORN, Hafenstadt am Unterlauf der Weichsel. 1231 n als Festung der Deutschritter bei einer slawischen Siedlung angelegt. In ihrem Schutz entwickelte sich eine, von Westfalen und slawischen Preußen besiedelte Stadt, die bald Stapelort der Hanse und ein blühender Handelsplatz wurde. Hier mußten 1411 n die Deutschritter nach ihrer Niederlage bei Tannenberg einen Vertrag mit Polen und Litauen unterzeichnen, in dem sie weite eroberte Gebiete wieder herausgaben. Bei ihrer nächsten Niederlage im Jahre 1466 n verloren die Deutschritter die Stadt endgültig an Polen, nachdem sich ihre Bewohner bereits 1454 n gegen sie erhoben hatten. Deutscher Sprache und Kultur weiter verbunden, führte die Stadt 1557 n trotz Widerstandes des katholischen polnischen Staates die Reformation ein. Wehrte sich gegen Rekatholisierung durch Überredung ('Liebreiches Religionsgespräch', 1645 n) wie durch Gewalt (Blutbad von Thorn). Im Nordischen Krieg vorübergehend von den Schweden eingenommen. Bei der zweiten Teilung Polens fiel die Stadt an Preußen, wurde in den Napoleonischen Kriegen durch Franzosen erobert und befestigt, dann aber von russischen und preußischen Heeren zurückgewonnen. Auf dem Wiener Kongreß wurde sie Preußen zugesprochen, 1871 n mit Preußen Bestandteil des deutschen Reiches. Nach der deutschen Niederlage im ersten Weltkrieg wurde sie durch den Versailler Vertrag wieder polnisch. Geburtsort des Astronomen Kopernikus.

1259 n blau Bau des Rathauses
1411 n rot Deutschritter-Rückzug
1454 n braun Erhebung gegen Ritter
1466 n braun Deutschritter-Niederlage
1466 n rot Gebietsgewinn Polens
1473 n–1543 n Kopernikus
1700 n / 1721 n Nordischer Krieg
1724 n rot Jesuiten-Kolleg verwüstet
1724 n rot Blutbad
1793 n rot Zweite Teilung Polens
1796 n / 1815 n Napoleonische Kriege
1815 n rot Wiener Kongreß
1919 n rot Versailler Vertrag

THORWALDSEN, Bertel (1768 n–1844 n), dänischer Bildhauer. Sohn eines aus Island stammenden Zimmermannes, der auch als Bildschnitzer arbeitete. Half als Knabe seinem Vater beim Schnitzen von Figuren für Schiffsspitzen. Seit seinem 14. Lebensjahr besuchte er daneben die Kunstschule. 28jährig erhielt er ein dreijähriges Rom-Stipendium und blieb seitdem mit Ausnahme von drei Heimataufenthalten ständig in Italien. Hier fand er in der vorchristlichen Kunst Roms und in der griechischen Plastik Süditaliens die Vorbilder seiner Werke (Adonis, Hektor und Paris, Amor, Venus). In seiner ganzen Arbeit spiegelt sich der sinnenfrohe, lebensvolle Humor vorchristlicher Zeit ('Hirtenknabe mit Hund', 'Der Morgen', 'Die Wochentage'). Schuf Porträts der dänischen Königsfamilie, eine Büste Byrons und Denkmäler berühmter Männer für mehrere Städte: Gutenberg (Mainz), Kopernikus (Warschau), Schiller (Stuttgart), Maximilian (München).

1804 n blau 'Ganymed'

THRAKER, Name einer Völkerfamilie, die im östlichen Balkan am Ufer des Schwarzen Meeres im Gebiete des heutigen Bulgarien beheimatet war (Thrazien). Vor 2450 Jahren gründeten sie ein eigenes Reich unter dem Herrscher ihres Hauptstammes, dem Odrysen-König Teres. Hundert Jahre später wurden sie von den Mazedoniern unterworfen. An den Feldzügen Alexanders des Großen nahmen sie mit starken Heeresverbänden teil. Nach dessen Tod vorübergehend selbständig, wurden sie bald von den Römern unterworfen, die sie als Soldaten und Sklaven benutzten. Die bedeutendste Sklavenerhebung im Römerreiche wurde von einem Angehörigen dieses Volkes geführt. Allmählich gingen sie in anderen Völkern auf (Daker, Geten, Bithynier, Phryger, Myser) oder gliederten sich ins oströmische Reich von Byzanz ein, wo sie auch führende Stellungen, besonders im Heer, einnahmen.

459 v–398 v Thukydides
431 v rot Bündnis der Odrysen
382 v–336 v Philipp II.
358 v braun Vorstoß Mazedoniens
358 v rot Machtgewinn Mazedoniens
358 v blau Gründung von Philippi
342 v / 341 v Vorstoß Mazedoniens
341 v rot Provinz Mazedoniens
242 v–187 v Antiochus III.
109 v–71 v Spartakus
46 n rot Provinz Roms
482 n–565 n Justinian
505 n–565 n Belisar

THRASYBULOS (438 v–388 v), griechischer Staatsmann und Feldherr. Als Befehlshaber der Athener Flotte schlug er im Peloponnesischen Krieg die Spartaner zur See. Später floh er vor den 30 Tyrannen, die in Athen die Demokratie beseitigt hatten, doch kehrte er ein Jahr darauf zurück und besetzte mit 70 Getreuen die Zitadelle des Hafens von Athen (Piräus). Diese Stellung verteidigte er so lange, bis der König von Sparta einen Friedensschluß mit den Herrschern in Athen vermittelte und die Demokratie wieder hergestellt war. Durch eine Vermögenssteuer finanzierte er den Bau einer neuen Flotte. Mit ihrer Hilfe brachte er mehrere Küstenstädte der Thraker und die Stadt Byzanz zum Anschluß an Athen. Führte auch die See-Streitmacht Athens im Korinthischen Krieg mit Erfolg. Auf einer Beutefahrt seiner Schiffe in Kleinasien erschlagen.

431 v / 404 v Peloponnesischer Krieg
403 v rot Athen wieder Demokratie
395 v 386 v Korinthischer Krieg

THRAX, Dionysios (um 175 v–95 v), griechischer Sprachlehrer. Schrieb das erste wissenschaftliche Lehrbuch der griechischen Sprache und prägte darin die Fachausdrücke der Grammatik.

101 v blau Sprachlehre

THÜRINGEN, deutsches Land, das sich zwischen Saale und Werra, vom Harz bis zum Thüringer Wald erstreckt. Wegen seiner geographischen Lage und seiner landschaftlichen Schönheit das 'grüne Herz Deutschlands' genannt. Seit mehr als 2000 Jahren von germanischen Hermunduren bewohnt, die sich etwa seit der Zeitwende 'Thüringer' nannten und um 400 n ein selbständiges Königreich gründeten. Anfang des 6. Jahrhunderts zwischen Franken und Sachsen aufgeteilt, von Karl dem Großen noch einmal weitgehend zusammengefaßt ('Sorbische Mark'), zersplitterte es in den folgenden Jahrhunderten in mehrere Fürstentümer und Bistümer. In der Reformation schrieb Luther hier auf der Wartburg eine Bibel-Übersetzung, und die Universität Jena wurde zur Stätte lutherischer Orthodoxie. Im Süden trennte Bayern das Gebiet von Coburg ab, im Norden fielen große Teile an Preußen. In der Revolution 1848 n / 1850 n scheiterten alle Versuche zur Überwindung der Kleinstaaterei. Erst nachdem durch die Revolution von 1918 n die Fürsten vertrieben waren, gelang 1920 n die Einigung: Sachsen-Gotha, Sachsen-Weimar, Sachsen-Altenburg, Sachsen-Meiningen, Schwarzburg-Rudolstadt, Schwarzburg-Sonderhausen, Reuß ältere Linie und Reuß jüngere Linie schlossen sich zum Lande Thüringen zusammen. Während des Kapp-Putsches verteidigten die Arbeiter hier die Republik. Als sie 1923 n eine sozialistisch-kommunistische Regierung bildeten, ließ der sozialdemokratische Reichspräsident Ebert diese Arbeiterregierung zusammen mit der sozialistischen Regierung Sachsens von der Reichswehr gewaltsam beseitigen. 1932 n entstand dann hier die erste faschistische Landesregierung Deutschlands. Nach dem 2. Weltkrieg zunächst von amerikanischen Truppen besetzt, dann aber der sowjetischen Besatzungszone zugeschlagen, wurde die Wirtschaft allmählich sozialisiert, das Land 1949 n Bestandteil des sozialistischen Teiles Deutschlands (DDR).

24 v–37 n Marbod
58 n braun Kämpfe um Salz
531 n braun Niederlage
531 n rot Aufteilung
543 n rot Slawen-Ansiedlung
562 n braun Vorstoß der Awaren
595 n–662 n Samo
675 n–754 n Bonifatius
721 n rot Christianisierung
724 n blau Kloster Ohrdruf
933 n braun Kampf Deutsche–Ungarn
1073 n blau Wartburg
1143 n–1203 n Heinrich von Veldeke
1206 n blau 'Sängerkrieg'
1248 n blau Entwicklung von Weimar
1370 n blau Domchor zu Erfurt
1392 n blau Universität Erfurt
1420 n / 1434 n Hussiten-Kreuzzug
1488 n–1525 n Thomas Münzer
1522 n / 1526 n Deutsche Revolution
1522 n blau Luthers Bibelübersetzung
1525 n grün Botanischer Garten Erfurt
1558 n blau Universität Jena
1562 n blau Altenburger Rathaus
1618 n / 1648 n Dreißigjähriger Krieg
1749 n–1832 n Goethe
1796 n / 1815 n Napoleonische Kriege
1817 n rot Wartburgfest
1846 n grün Zeiß-Werk Jena
1869 n rot SPD (Eisenach)
1875 n rot Gothaer Kongreß
1888 n grün Zeiß-Werke an Abbe
1891 n rot Erfurter Kongreß
1918 n / 1919 n Deutsche Revolution
1919 n blau 'Bauhaus' in Weimar
1920 n braun Kapp-Putsch
1923 n rot Einmarsch der Reichswehr
1939 n / 1945 n Zweiter Weltkrieg
1949 n rot Teil der DDR

THUKYDIDES, griechischer Geschichtsschreiber.

459 v–398 v Lebenslinie
431 v / 404 v Peloponnesischer Krieg
403 v blau Geschichtswerk

THULE, Name einer Insel im Nord-Atlantik, die der griechische Forscher Pytheas vor 2300 Jahren in seinem Buche 'Über den Ozean' erwähnte, deren Existenz aber von späteren Geographen bestritten wurde. Da sie Pytheas 6 Tagereisen nördlich der britischen Insel aufgefunden hatte und dort offenbar eine Polarnacht erlebt hat, galt sie lange als nördlichster Punkt der Erde. Nach der vor 1800 Jahren von Ptolemäus auf seiner Weltkarte bezeichneten Stelle könnte es sich um die Shetland-Inseln handeln, doch kommt auch Irland oder Norwegen in Betracht. In Volkslied und Volkssage ist die Insel bis heute lebendig geblieben.

380 v–306 v Pytheas
320 v grün Pytheas' Bericht
101 n–179 n Ptolemäus

THURIOI, griechische Stadt in Süditalien am Golf von Tarent. Von Überlebenden aus der zerstörten Stadt Sybaris in der Nähe der Trümmer ihrer alten Metropole mit Hilfe von Athener Bürgern (darunter Herodot und Empedokles) angelegt. Im Auftrage des Perikles stellte der Architekt Hippodamos für sie einen regelrechten Bebauungsplan auf, so daß hier eine Stadt nicht allmählich emporwuchs, sondern auf Grund einer durchdachten Gesamtplanung errichtet wurde. Auch die Verfassung wurde in den Grundzügen geplant und dann von Protagoras ausgeführt. Gegen die Nachbarstädte, insbesondere Tarent, mußte sich die Stadt kämpfend behaupten. 282 v erhielt sie eine römische Besatzung und wurde 193 v römische Kolonie. Ging mit dem Römerreiche unter.

486 v–430 v Hippodamos
478 v–410 v Protagoras
444 v grün Gründung
282 v braun Besetzung durch Römer

THYODOLF (um 830 n–um 900 n), norwegischer Dichter. Als Gefolgsmann des Prinzen Rognvald pries er in seiner Spruchdichtung 'Ynglingatal' die fürstlichen Vorfahren seines Herrn. Dann nahm er Dienste beim Norwegerkönig Harald Schönhaar, errang dessen Vertrauen und wurde Erzieher des norwegischen Thronfolgers.

847 n blau Lied auf Ynglinger

TI, ägyptischer Großgrundbesitzer.

2452 v–2377 v Lebenslinie

TIBATTO, gallischer Freiheitskämpfer.

412 n–444 n Lebenslinie
397 n–454 n Aëtius
435 n / 437 n Bagauden-Aufstand

TIBER, Fluß in Mittel-Italien. Nach dem Po zweitgrößter Strom des Landes. Entspringt östlich von Florenz in den Bergen des Appenin und mündet 40 Kilometer westlich von Rom bei Ostia ins Mittelmeer. Von den 405 Kilometern des Stromes sind nur die letzten 100 Kilometer von der Einmündung der Nera an schiffbar. Seit der Gründung Roms göttlich verehrt, in Notzeiten hilfeflehend angerufen, ehrten ihn die Römer durch Errichtung eines Tempels. Seinem Wasser wurde heilende Wirkung zugeschrieben.

621 v grün Brücke
610 v blau Gründung von Ostia
590 v blau Gründung von Rom

TIBERIAS, Name einer Stadt am Westufer des Sees Genezareth in Palästina. Von dem römischen Statthalter Herodes Antipas im Jahre 18n gegründet und nach dem römischen Kaiser Tiberius benannt, war sie den Juden wegen ihres betont römischen Charakters verhaßt. Nach dem Untergang des Judenstaates und der Zerstörung Jerusalems wurde sie aber Sitz einer jüdischen Akademie und geistiger Mittelpunkt des Judentums. Hier entstanden die Religionsbücher der Juden (Mischna, Mischna-Thora und Talmud). Hier wirkten Justus von Tiberias und Maimonides. Im Arabischen Krieg fiel die Stadt 635n an die Araber. Im ersten Kreuzzug wurde sie von Christenheeren erobert, die aber 1187n von Saladin geschlagen und vertrieben wurden. Später durch Erdbeben und Überschwemmungen mehrfach zerstört, war die Einwohnerzahl der Stadt um die Jahrhundertwende auf 3000 herabgesunken, hat sich inzwischen aber wieder verzehnfacht. Seit der Neugründung eines jüdischen Staates in Palästina zu Israel gehörig.

27 v–40 n Herodes Antipas
92 n blau Geschichtswerk des Justus
199 n blau Mischna
633 n/732 n Arabischer Krieg
1096 n/1099 n Erster Kreuzzug
1135 n–1204 n Maimonides
1168 n blau Mischna Thora
1187 n braun Kreuzfahrer-Niederlage

TIBERIUS, Klaudius, römischer Kaiser von 14 n bis 37 n.

42 v–37 n Lebenslinie
63 v–14 n Augustus (Oktavian)
27 v–40 n Herodes Antipas
15 v braun Vorstoß nach Norden
12 v/7 v Zweiter Germanenkrieg
12 v/9 v Pannonischer Krieg
4 n/16 n Dritter Germanenkrieg
6 n/9 n Pannonische Erhebung
15 n rot Beamtenwahl-Recht
17 n/24 n Numidische Erhebung
17 n rot Kappadozien Provinz
19 n rot Markomannen 'Schutzvolk'
21 n braun Gallier-Aufstand
23 n rot Kasernierung der Garde
33 n grün Hypothekenbank

TIBET, Land in Zentralasien. Größte und höchstgelegene Hochebene der Erde am Nordhang des Himalaya ('Dach der Welt'). Hier entspringen die größten Flüsse Asiens (Indus, Ganges, Brahmaputra und Jang-Tse-kiang, Hoang-Ho und Mekong). Seit mehr als 3000 Jahren selbständig oder unter der Herrschaft von Chinesen, Hunnen, Mongolen, entwickelte es sich seit Herausbildung eines tibetischen Buddhismus ('Lamaismus') und dessen allgemeiner Verbreitung zu einem Mönchsstaat. Seine Bewohner (1 Million) wurden von 3000 Klöstern beherrscht. 1950n der Volksrepublik China angeschlossen.

1132 v–1049 v Wen
1065 v braun Einfall nach China
985 v–907 v Mu-Wang
849 v–782 v Hsian-Wang
634 n rot Lhasa Hauptstadt
638 n braun Vordringen nach Süden
638 n rot Gebietsgewinn
641 n braun Niederlage gegen China
641 n rot Oberhoheit Chinas
646 n/647 n Krieg in Indien
717 n–778 n Padma Sambawa
749 n blau Lamaismus
771 n blau Kloster Sam-Yas
999 n grün Reisebericht Abu Dulafs
1207 n/1279 n Großer Mongolenkrieg
1214 n–1294 n Kublai-Khan
1247 n grün Salzgeld
1266 n grün Phagspa: Quadratschrift
1643 n blau Residenz des Dalai Lama
1650 n–1722 n Kang-Hi
1717 n/1720 n Krieg mit China
1720 n rot Chinesische Herrschaft
1913 n rot Selbständigkeit
1950 n braun Besetzung durch China
1950 n rot Chinesische Herrschaft

TIBULL, Albius, römischer Dichter.

53 v–19 v Lebenslinie
26 v blau Gedichte

TIECK, Ludwig (1773 n–1853 n), deutscher Dichter. Als Sohn eines Berliner Seilermeisters studierte er Philosophie, Geschichte und Sprachlehre. Dann lebte er seit seinem 21. Lebensjahre vom Ertrag seiner schriftstellerischen Arbeit. Schrieb in rascher Folge Erzählungen, Romane und Theaterstücke. Übersetzte und bearbeitete auch die Werke anderer. Gab Märchen und Sagen heraus, war als Dramaturg tätig und schrieb für Zeitungen. Doch ergriff ihn bald ein zunehmendes Unbehagen an seiner Existenz und an der Gesellschaftsordnung, in die er gestellt war. Den Ausweg suchte er in geistiger Rückwärts-Orientierung auf die Ritterzeit und die christliche Ordnung vergangener Jahrhunderte. 'Romantische Dichtungen' nannte er selbst seine Sammlung von Werken aus dieser Epoche der Daseinsangst und des inneren Zwiespalts. Mit anderen 'Romantikern' (Schlegel) lebte er in Jena, in Dresden, in Italien und kehrte schließlich für die letzten 12 Jahre seines Lebens nach Berlin zurück. Gab die Shakespeare-Übersetzung von Schlegel, seiner Tochter Dorothea Tieck und Baudissins mit Anmerkungen und Verbesserungen heraus.

1797 n blau Märchen
1826 n blau Shakespeare-Übersetzung

TIEFENBRONN, Dorf bei Pforzheim im nördlichen Schwarzwald, halbwegs zwischen Stuttgart und Karlsruhe. Für seine Pfarrkirche schuf der schwäbische Maler Lukas Moser vor 550 Jahren Altarbilder.

1431 n blau Magdalenen-Altar

TIEFSEEFORSCHUNG, Bezeichnung für einen Zweig der Meereskunde, der sich mit der Erforschung der lichtlosen Meerestiefen (unter 200 Metern) beschäftigt. Angeregt durch Lotungen, die bereits seit Magellan vorgenommen worden waren, holte im Jahre 1749n der englische Kapitän Ellis aus 1190 und 1645 Metern Tiefe Wasserproben und stellte fest, daß die Temperatur tiefer war als an der Meeresoberfläche. Seit 1844n beschäftigte sich der nordamerikanische Gelehrte M. F. Maury mit der planmäßigen Erkundung des Meeresbodens, die praktische Bedeutung für Kabel-Verlegungen erhielt. Seit 1872n gab es Tiefsee-Expeditionen. Eine Vermessung des Meeresbodens ergab, daß 76% der Weltmeer-Fläche tiefer als 3000 Meter liegt. Die Erforschung der Tiefsee ging in unserem Jahrhundert parallel mit der Erforschung der höheren Schichten der Atmosphäre und wurde gelegentlich von den gleichen Forschern vorangetrieben (Piccard).

1749 n grün Temperatur-Messung
1913 n grün Echolot
1954 n grün Tauchtiefe 4050 Meter
1960 n grün Tauchtiefe 10970 Meter

TIENTSIN, Stadt in Nordchina. Im Mündungsgebiet des Pai-Ho-Flusses 50 Kilometer vom Pazifik am Einfluß des Großen Kanals und 125 Kilometer von Peking entfernt gelegen. Im 12. Jahrhundert entstanden, entwickelte sich die Stadt zum wichtigsten Hafen und zum bedeutendsten Handelsplatz Nordchinas. 1860n erzwangen England und Frankreich mit Waffengewalt die Öffnung der Stadt für den europäischen Handel und Verkehr. Doch wurden die Europäer, die sich hier gegen den Willen der Chinesen niedergelassen hatten, zehn Jahre später ermordet, soweit man ihrer habhaft werden konnte. 30 Jahre danach erhob sich das Volk noch einmal gegen die europäischen Eindringlinge (Boxeraufstand), doch wurde die Stadt von europäischen (auch deutschen) Truppen eingenommen. 1937n–1945n von japanischen Truppen besetzt, wurde sie 1949n kommunistisch.

1856 n/1860 n Lorcha-Krieg
1860 n rot Zugeständnis Chinas
1870 n braun Blutbad
1899 n/1901 n Boxeraufstand
1925 n/1949 n Chinesische Revolution
1937 n/1938 n Vorstoß Japans
1949 n rot Kommunistisch

TIEPOLO, Giovanni Battista (1696 n–1770 n), italienischer Maler und Graphiker. Nach Lehrjahren bei Veronese schmückte er in seiner Heimatstadt Venedig einige Paläste und Kirchen. Dann arbeitete er in Genua, Mailand, Udine und Vicenza. Wurde Direktor der Akademie von Venedig. Als berühmter Meister ging er 54jährig nach Würzburg, wo er im Treppenhaus des Schlosses den Olymp mit den vier Erdteilen darstellte; an die Wand des Kaisersaales malte er das Leben Barbarossas. Dem Rufe des spanischen Königs folgend, schmückte er dann das Schloß von Madrid mit seinen in Fresko-Manier auf die frischverputzten Wände gesetzten Bildern. Für den Labia-Palast in Venedig stellte er die Geschichte von Antonius und Kleopatra dar. In den letzten Jahren halfen ihm seine Söhne Lorenzo und Domenico. Schuf auch zahlreiche Rötelzeichnungen und Radierungen.

1752 n blau Fresken in Würzburg
1756 n blau 'Antonius und Kleopatra'

TIERE

Vorzeittafel: 1 Milliarde Jahre
Vorzeittafel: 500 Millionen Jahre
Vorzeittafel: 400 Millionen Jahre
Vorzeittafel: 300 Millionen Jahre
Vorzeittafel: 250 Millionen Jahre
Vorzeittafel: 200 Millionen Jahre
Vorzeittafel: 100 Millionen Jahre
Vorzeittafel: 20 Millionen Jahre
Vorzeittafel: 80 Tausend Jahre
Vorzeittafel: 50 Tausend Jahre
Vorzeittafel: 20 Tausend Jahre
2998 v blau Löwenjagd-Darstellung
2979 v grün Ziegenleder in Ägypten
2946 v blau 'Giraffen unter Palme'
2943 v grün Bezugsstoff Tigerfell
2942 v–2870 v Du-Muzi
2940 v grün Rinder als Zugtiere
2933 v–2868 v Skorpion
2928 v blau Falkengott in Ägypten
2918 v blau Bild von Hund und Fuchs
2888 v blau Darstellung eines Greifen
2875 v blau Nilpferd-Skulptur
2865 v grün Esel als Zugtiere
2864 v grün Tierzähne als Werkstoff
2855 v blau 'Hockender Pavian'
2841 v grün Mistkäfer-Verehrung
2838 v blau 'Hungriger Löwe'
2829 v blau Sumerisches Jagdrelief
2827 v blau Jagdhund-Plastik
2825 v grün Schafzucht in Sumer
2815 v blau 'Affenmutter mit Jungem'
2809 v blau Plastik eines Eichhörnchens
2802 v blau 'Hunde auf Gazellenjagd'
2802 v grün Schmuckdosen in Tierform
2796 v blau Taubenwägelchen-Plastik
2782 v blau Tiermotive auf Vasen
2773 v blau 'Affe mit Menschengesicht'
2768 v blau Relief einer Gazelle
2750 v blau Bildnis eines Reiters
2738 v blau 'König auf Löwenjagd'
2736 v grün Hundegräber in Ägypten
2735 v blau Lebensnahe Plastiken
2729 v blau 'Nashorn am Futtertrog'
2722 v blau Relief zweier Löwen
2716 v grün Krokodil-Gehege
2705 v blau 'Elefanten-Männchen'
2698 v blau Plastik: Sitzender Löwe
2691 v blau 'Kampf Löwe–Mensch'
2678 v blau 'Tiger und Mann auf Baum'
2673 v blau Plastik eines Hundes
2659 v blau Relief eines Wasserbüffels
2653 v blau 'Mann im Pantherfell'
2647 v grün Geflügelzucht in Ägypten
2633 v–2570 v Meten
2629 v blau 'Herr der Tiere'
2614 v blau 'Mann mit zwei Tigern'
2611 v blau 'Löwenköpfiger Adler'
2604 v grün Nilpferdjagd mit Harpunen
2591 v blau Relief eines Krokodils
2585 v blau 'Lebensbaum mit Ziege'
2579 v blau 'Kniender Mann vor Tiger'
2576 v blau Relief einer Antilopenjagd
2576 v–2515 v Chefren
2564 v blau Fischfang-Relief
2561 v blau 'Hirsch und Wisent'
2550 v grün Vieh-Zählungen in Ägypten
2544 v grün 'Fischstechen' in Ägypten
2526 v grün Jagdwaffe Bumerang
2524 v grün Esel vor Streitwagen
2523 v blau Sphinx des Chefren
2509 v blau 'Hirte mit Zicklein'
2489 v blau Löwenkopf-Plastiken
2477 v grün Fischfang mit Netz
2475 v blau 'Stallung und Molkerei'
2473 v blau 'Gänse auf der Weide'
2471 v–2397 v Ni-Anch-Pta
2465 v grün Bären als Kriegsbeute
2463 v–2403 v Ni-User-Re
2457 v blau Skulptur eines Stieres
2455 v blau 'Adler mit Hirschen'
2452 v–2377 v Ti
2446 v blau Löwenköpfe aus Kupfer
2443 v blau 'Kalbende Säbelantilope'
2441 v blau Goldene Tierplastiken
2434 v blau 'Katze beim Vogelfang'
2432 v blau 'Bauern mit Eseln'
2426 v grün Bienenzucht in Ägypten
2425 v blau Löwenkopf aus Granit
2415 v blau 'Gefangene Löwen'
2414 v blau 'Wasser- und Wüstentiere'
2408 v blau Tiermotive auf Silbervase
2395 v blau 'Der Eselstreiber'
2393 v blau Relief einer Nilpferdjagd
2391 v blau 'Tiere im Papyrusdickicht'
2391 v grün Leberbeschau in Sumer
2390 v blau 'Geflügelzüchter'
2389 v blau 'Dressierte Affen'
2387 v blau 'Kalbende Kuh'
2379 v blau 'Vogelfang mit Netz'
2373 v blau 'Hirten treiben Rinder'
2366 v blau 'Töten des Opfertieres'
2360 v blau 'Gezähmte Bären'
2340 v blau 'Hirte mit Kalb'
2338 v blau 'Schwimmende Krokodile'
2314 v blau Löwenbild aus Gold
2311 v grün Esels-Karawanen
2307 v blau Falkenkopf aus Gold
2293 v blau 'Kampf mit dem Löwen'
2278 v blau Rinderbild aus Gold
2205 v blau 'Brüllender Löwe'
2185 v–2123 v Chun-Anup
2141 v grün Brutöfen in Ägypten
2093 v–2030 v Ur-Nammu
2080 v blau 'Tauchende Fischer'
2078 v grün Stall-Modelle
2060 v–1983 v Schul-Gi
2053 v blau 'Schakal und Giraffe'
2051 v blau Drachenkampf-Sage
2027 v grün Schlange Heilkunst-Symbol
2015 v grün Tierzuchtstation in Sumer
2014 v blau Plastik einer Viehzählung
2006 v grün Neue Schafrasse, Ägypten
1993 v grün Verehrung des Krokodils
1991 v grün Zoo in Sumer
1981 v–1929 v Neferi
1979 v blau 'Gilgameschs Kampf'
1965 v blau 'Kuh mit Kälbchen'
1959 v blau 'Singvögel im Baum'
1943 v grün Hauskatze in Ägypten
1939 v grün Zugpferde in Kleinasien
1917 v blau 'Paviane bei Feigenernte'
1911 v rot Stieropfer auf Kreta
1899 v blau 'Wandersmann mit Esel'
1888 v grün Tierärztliche Rezepte
1865 v grün Nüsternringe
1851 v blau 'Sesostris als Sphinx'
1836 v blau 'Katze im Papyrusdickicht'
1834 v–1773 v Anitta
1833 v blau Stadt Krokodilopolis
1831 v blau 'Antilopenfütterung'
1828 v blau 'Amen-Em-Het als Sphinx'
1826 v blau 'Trächtige Hündin'
1826 v–1786 v Nefer-Sebek-Re
1809 v blau Fabeln in Sumer
1805 v grün Vasen in Tierform
1803 v blau 'König mit Krokodil'
1782 v blau Hundeplastik in Sumer
1779 v grün Trense in Vorderasien
1775 v–1725 v Sebek-Hotep III.
1763 v blau Fabel: Adler und Schlange
1752 v grün Gestüte in Vorderasien
1733 v grün Einpökeln von Fleisch
1723 v blau Fabel: Pferd und Ochse
1717 v grün Tierärzte: Ersatzpflicht
1712 v blau Bild einer Löwenjagd
1712 v–1640 v Apofis
1705 v grün Zugpferd in Ägypten
1703 v grün Pferdehandel Karkemischs
1684 v blau 'Hockender Affe'
1681 v blau Fabel vom Fuchs
1625 v blau 'Brüllendes Nilpferd'
1585 v grün Stierspringen auf Kreta
1578 v blau 'Affe im Park'
1575 v grün Werk der Tierheilkunde
1571 v blau 'Katze belauert Fasan'
1563 v grün Pferde vor Streitwagen
1558 v blau 'Stierspiele'
1547 v blau 'Fliegende Fische'
1545 v blau Bild eines Tintenfisches
1528 v grün Reitesel in Punt
1519 v grün Reitpferd in Ägypten
1514 v blau Relief einer Wildziege
1514 v grün Elefantenjagd
1512 v grün Zähmung des Kamels
1506 v–1444 v Nemhet
1497 v blau Gemälde eines Kranichs
1494 v blau 'Hündin des Neb-Amun'
1483 v blau Sphinx der Hatschepsut
1481 v blau 'Stierspringerin'
1477 v blau Stierfang-Szene
1476 v blau Rinderleben-Szene
1476 v grün Jagdwagen in Ägypten
1473 v blau 'Gazellenjagd'
1472 v grün Haushuhn in Ägypten
1470 v blau 'Schlangen-Beschwörerin'
1468 v grün Reitsättel in Ägypten
1465 v–1422 v Amen-Hotep II.
1459 v blau 'Gazellen hinter Büschen'
1457 v blau 'Schreiber mit Affen'
1434 v grün Pferdezucht in China
1427 v blau Pavian als Schreibergott
1423 v blau 'Besichtigung der Herden'
1414 v grün Jagd mit Wurfholz
1408 v blau 'Vogelfang mit Lockvögeln'
1407 v grün 'Denk-Skarabäen'
1405 v–1326 v Kikkuli
1399 v blau 'Hasenjagd'
1399 v grün Stierjagden
1398 v–1335 v Eje
1395 v–1321 v Bek
1393 v grün Wagenrennen bei Hettitern
1388 v blau Löwenplastik in Ägypten
1388 v grün Stier-Mumifizierung
1386 v grün Zähmung von Elefanten
1379 v blau 'Mann mit Kranichen'
1375 v blau Relief eines Pferdekopfes
1373 v blau 'Steinbock-Jagd'
1368 v blau Relief einer Heuschrecke
1359 v blau 'Sturmvogel Zu'
1353 v grün Schimmelzucht in Assyrien
1351 v blau 'Pharao auf Leopard'
1349 v blau 'Pharao auf Löwenjagd'
1343 v blau Bild von Wildenten
1342 v grün Kampfwagen in China
1341 v blau Relief einer Biene
1338 v blau Steinlöwen von Hattusa
1335 v blau Sphinx in Hattusa
1334 v grün Kikkulis Pferdebuch
1329 v blau Plastik eines Stierkopfes
1309 v blau Löwentor von Mykene
1302 v blau Widderallee in Karnak
1294 v blau Bild jagender Frauen
1288 v–1232 v Hori
1281 v blau 'Mädchen mit Ente'
1279 v grün Pferdebuch syrisch
1266 v blau Gemälde einer Eberjagd
1261 v grün Pferdebuch assyrisch
1241 v blau 'Heimkehr der Fischer'
1241 v–1184 v Priamos
1202 v blau Plastik betender Affen
1189 v grün Tierhandel Sabas
1188 v blau Melkszene
1169 v blau 'Katzen- und Mäusekrieg'
1154 v blau Bild eines Drachens
1148 v–1074 v Tiglatpileser I.
1134 v blau Relief von Elefanten
1130 v grün Kriegs-Elefanten in China
1115 v blau Relief eines Dompteurs
1107 v grün Wal- und Robbenjagd
1103 v blau 'Hunde verfolgen Hyäne'
1102 v grün Kamel als Lasttier
1093 v grün Zoo in Assur
1085 v blau Bild einer Straußenjagd
1081 v blau Geflügeltes Pferd
1067 v blau Satirische Bilder
1059 v grün Kamel als Reittier
1057 v blau Relief eines Kentaurs
1054 v blau 'Der Bienenschwarm'
1035 v blau Relief eines Rhinozeros
1029 v grün Seidenraupenzucht, China
1015 v blau Bild betender Affen
1007 v blau Skulptur eines Igels
985 v–907 v Mu-Wang
978 v grün Schnecken-Farbstoff
964 v–912 v Jerobeam I.
869 v grün Reiterheere in Assyrien
850 v grün Steigbügel in Assyrien
795 v grün Hufschutz für Pferde
785 v grün Futtermittel Luzerne
779 v blau Löwentor in Sam-Al
771 v blau Relief eines Löwen
758 v–672 v Bajin
753 v–680 v Hesiod
740 v grün Boot aus Tierhäuten
737 v grün Tierfriedhöfe in Ägypten
733 v–645 v Kuan-Tse
714 v–642 v Manasse
712 v blau 'Löwenbezwinger'
690 v grün Großplastiken in Ninive
661 v braun Kamelreiter-Niederlage
659 v grün Fischhandelssteuer, China
657 v blau Relief einer Eselsjagd
645 v blau 'Sterbende Löwin'
639 v blau Relief der Bienenzucht
636 v–564 v Äsop
634 v grün Katzen-Mumifizierung
617 v blau Fabeln in Ägypten
610 v–546 v Anaximander
593 v grün Eule Symbol Athens
573 v grün Hühnerzucht bei Griechen
572 v–493 v Pythagoras
571 v blau Äsops Fabeln
566 v grün Abstammungslehre
520 v–450 v Alkmaion
506 v–446 v Myron
482 v blau 'Frosch-Mäuse-Krieg'
478 v grün Alkmaion: Sektionen
471 v grün Entdeckung des Sehnervs
464 v blau Myron: 'Die Kuh'
461 v grün Gestüt in Babylon
430 v–353 v Xenophon
418 v–345 v Diokles
416 v blau 'Kentaurenkampf'
396 v blau Relief einer Schwalbe
396 v–328 v Leochares
390 v grün Filz aus Tierhaaren
386 v grün Künstliche Taube
384 v–322 v Aristoteles
365 v blau 'Apollo als Eidechsentöter'
364 v blau 'Kalydonischer Eber'
361 v blau Ganymed-Plastik
360 v blau 'Pharao mit Kuh'
359 v blau Schrift für Reiterführer
338 v–268 v Strato der Physiker
336 v blau 'Satyr mit Flöte'
329 v blau 'Alexander auf Löwenjagd'
326 v grün Aristoteles: Zoologie
321 v–282 v Megasthenes
305 v rot Elefanten Tauschobjekt
299 v–237 v Asoka der Milde
255 v grün Pergament-Herstellung
249 v rot Tieropfer in Rom
226 v blau Löwentempel in Nubien
202 v grün Seidenraupenzucht, Korea
192 v grün Hufeisen in Europa
182 v blau 'Knabe mit Gans'
151 v blau 'Farnesischer Stier'
127 v grün Pferdeeinfuhr nach China
74 v grün Werk über Pferdeleiden
70 v–19 v Vergil
50 v blau Laokoon-Gruppe
47 v blau Erzählung Vergils
41 v grün Glöckchen für Haustiere
38 v–9 v Drusus
16 v–45 n Phädrus
23 n–79 n Plinius der Ältere
35 n blau Indische Fabeln
38 n blau Fabeln des Phädrus
78 n grün Plinius: Naturkunde
117 n rot Christentötung durch Tiere
124 n–170 n Apulejus
126 n grün Tierbuch 'Physiologos'
128 n grün Vorzeitfunde in Dalmatien
159 n blau 'Der goldene Esel'
178 n blau Reiterstandbild Mark Aurels
196 n blau Fabeln des Babrios
199 n grün Fleischbeschau
230 n–300 n Pappos
231 n grün Eumelos: Tiermedizin
291 n grün Hufeisen und -nägel
294 n–354 n Apsyrtos
298 n grün Seidenraupenzucht, Japan
300 n blau Indisches Fabelbuch
315 n blau Lamm Symbol für Jesus
338 n grün Briefe zur Tiermedizin
345 n–406 n Ku-Kai-Tschi
348 n grün Bücher über Tiermedizin
350 n–404 n Balamir
360 n grün Hauskatze in Europa
366 n grün Pelagonius: Tiermedizin
370 n/455 n Pferde im Kriegseinsatz
391 n blau Symbole für Evangelisten
419 n grün Vegetius: Krankheitskunde
520 n blau Mosaik in Ravenna
525 n–605 n Alexander Tralles
552 n grün Seidenraupenzucht, Byzanz
584 n–641 n Georgios Pisides
590 n–648 n Harsa
595 n–660 n Bana
602 n grün Schrift über Würmer
602 n–664 n Hüan-Tsang

620 n blau 'Tamamuschi-Schrein'
657 n / 661 n Kamele im Kriegseinsatz
659 n blau Papageien-Erzählung
685 n–762 n Hüan-Tsung
688 n–741 n Karl Martell
718 n–781 n Han-Kan
732 n grün Seidenraupen in Spanien
756 n–810 n Abu Nuwas
757 n blau Han-Kans Pferdebilder
768 n–824 n Han-Yü
806 n blau 'Buch der Pferde'
840 n grün Buch der Tiere
850 n grün Werk der Tiermedizin
877 n–936 n Heinrich I.
919 n blau Rudakis Fabeln
936 n–1013 n Abu Kasim
972 n blau 'Buch der Eintagsfliege'
973 n grün Vivisektion
973 n–1057 n Al Mari
1018 n grün Al Mari gegen Tiertötung
1022 n grün Aristoteles arabisch
1053 n–1140 n Toba-Sojo
1066 n blau Arsalan-Teller
1098 n–1178 n Hildegard von Bingen
1128 n blau Japanische Fabeln
1160 n grün Hildegards Naturkunde
1171 n blau 'Vogel-Gespräch'
1173 n grün Brieftaubenpost
1174 n grün Tier- und Menschenseele
1178 n blau 'Reinhart Fuchs'
1193 n–1279 n Albertus Magnus
1207 n blau 'Held im Tigerfell'
1225 n blau 'Tempel der Jaguare'
1243 n blau 'Bamberger Reiter'
1266 n blau Deutsche Heldenlieder
1271 n rot Tierprozesse in Europa
1284 n blau Rattenfänger-Dichtung
1337 n blau Hadamars Jagd-Symbolik
1349 n blau Boners Fabelsammlung
1349 n grün Konrads Naturkunde
1375 n–1448 n Josetsu
1384 n grün Einpökeln von Fisch
1386 n–1466 n Donatello
1396 n–1446 n Konrad Witz
1408 n blau 'Welsfang mit Kürbis'
1444 n blau 'Fischzug Petri'
1453 n blau Reiterstandbild in Padua
1464 n blau Noamis Bilder
1477 n–1576 n Tizian
1485 n blau Äsop-Übersetzung
1485 n grün Kanarienvögel nach Europa
1488 n blau Reiterstandbild Colleonis
1507 n blau 'Madonna mit Stieglitz'
1531 n blau 'Leda mit dem Schwan'
1543 n grün Vesal: Anatomie
1548 n blau Waldis' Fabeln
1548 n blau 'Karl V. zu Pferd'
1577 n–1640 n Rubens
1618 n grün Harvey: Blutkreislauf
1621 n–1695 n Lafontaine
1635 n blau Van Dyck: Jagdgemälde
1658 n grün Swammerdams Forschungen
1662 n grün Pferdeomnibus
1667 n grün Transfusion Tier–Mensch
1668 n blau Lafontaines Fabeln
1668 n grün Redi: Insektenkunde
1674 n blau 'Tiger im Dickicht'
1675 n grün Aufgußtierchen entdeckt
1683 n grün Leeuwenhoeks Forschungen
1697 n blau Perraults Märchen
1700 n blau Schlüters Reiterstandbild
1705 n blau Mandeville: Bienenfabel
1711 n–1765 n Lomonossow
1735 n grün Kategorien Linnés
1743 n grün Hales' Forschungen
1746 n blau Gellerts Fabeln
1760 n grün Bestäubung durch Insekten
1766 n grün Mensch als Säugetier
1778 n blau Falconets Reiterstatue
1780 n grün Galvanis Forschungen
1786 n grün Buffons Naturgeschichte
1786 n grün Künstliche Befruchtung
1794 n grün Kategorien Lamarcks
1809 n blau Krylows Fabeln
1809 n grün Lamarck: Entwicklung
1809 n–1882 n Darwin
1838 n grün Ehrenberg: Mikrobiologie
1851 n blau 'Moby Dick'
1859 n grün 'Entstehung der Arten'
1863 n grün Mensch und Menschenaffe
1864 n rot Letzter Tierprozeß
1866 n grün Mendel'sche Gesetze
1868 n grün Haeckel: Abstammung
1869 n grün Brehm: 'Tierleben'
1871 n grün Darwin: Abstammung
1872 n blau 'Gänserupferinnen'
1879 n grün Altamira-Bilder entdeckt
1891 n blau 'Der Vogelhändler'
1894 n blau 'Dschungelbuch'
1906 n grün Koch: Tse-Tse-Fliege
1907 n grün Morgan: Vererbung
1912 n blau 'Biene Maja'
1913 n blau 'Turm der blauen Pferde'
1915 n blau Sintenis: 'Fohlen'
1921 n grün Forel: Sozialpsychologie
1923 n grün Frisch: Leben der Bienen
1926 n grün Pawlow: Nervenforschung
1936 n grün Spemann: Entwicklung
1939 n grün Insektengift DDT
1940 n grün Lascaux-Bilder entdeckt
1947 n blau Picasso: Friedenstaube
1951 n blau 'Tanz ums goldene Kalb'
1952 n blau Hemingways Erzählung
1952 n blau Braque: 'Vogel III'
1960 n grün Tiere im Weltall

TIERMEDIZIN

1888 v grün Ägyptische Rezepte
1717 v grün Ersatzpflicht der Ärzte
1575 v grün Ägyptisches Handbuch
299 v–237 v Asoka der Milde
74 v grün Werk über Pferdeleiden
231 n grün Eumelos' Forschungen
294 n–354 n Apsyrtos
338 n grün Briefe des Apsyrtos
348 n grün Bücher des Apsyrtos
366 n grün Werk des Pelagonius
419 n grün Werk des Vegetius
850 n grün Griechisches Sammelwerk

TIERPROZESSE, Bezeichnung für Gerichtsverhandlungen gegen Haustiere, wie sie in verschiedenen Ländern Europas seit dem 13. Jahrhundert durchgeführt wurden. Im Jahre 1864 n wurde in Kroatien ein Schwein zum Tode verurteilt, weil es einem Kinde ins Ohr gebissen hatte, in Rußland wurde ein stoßiger Bock nach Sibirien verbannt. Auch wurden die Besitzer der verurteilten Tiere häufig zusätzlich für den angerichteten Schaden haftbar gemacht.

1271 n rot Aufkommen
1864 n rot Letzte Verhandlung

TIERVERSUCHE

936 n–1013 n Abu Kasim
973 n grün Vivisektionen
1780 n grün Galvanis Forschungen

TIERZUCHT

Vorzeittafel: 20 Tausend Jahre
2825 v grün Schafzucht in Sumer
2647 v grün Geflügelzucht in Ägypten
2426 v grün Bienenzucht in Ägypten
2390 v blau Relief 'Geflügelzüchter'
2141 v grün Brutöfen in Ägypten
2093 v–2030 v Ur-Nammu
2060 v–1983 v Schul-Gi
2015 v grün Tierzuchtstation in Sumer
1752 v grün Gestüte in Vorderasien
1472 v grün Haushuhn in Ägypten
1465 v–1422 v Amen-Hotep II.
1434 v grün Pferdezucht in China
1405 v–1326 v Kikkuli
1353 v grün Schimmelzucht in Assyrien
1334 v grün Kikkulis Pferdebuch
1288 v–1232 v Hori
1029 v grün Seidenraupen in China
758 v–672 v Bajin
753 v–680 v Hesiod
639 v blau Relief 'Bienenzucht'
573 v grün Hühnerzucht bei Griechen
461 v grün Gestüt in Babylon
202 v grün Seidenraupen in Korea
70 v–19 v Vergil
294 n–354 n Apsyrtos
298 n grün Seidenraupen in Japan
552 n grün Seidenraupen in Byzanz
732 n grün Seidenraupen in Spanien
1786 n grün Künstliche Befruchtung
1866 n grün Mendel'sche Gesetze
1907 n grün Morgan: Vererbung

TIFLIS, Stadt zwischen Schwarzem und Kaspischem Meer am Südhang des Kaukasus (Vorderasien). Ihr Name ist von dem georgischen Worte 'Tbilissi' (= 'warme Quelle') abgeleitet. Vor mehr als anderthalb Jahrtausenden gegründet, wurde sie Hauptstadt von Georgien, das zunächst unter der Oberhoheit von Byzanz, dann unter arabischer Herrschaft stand und sich schließlich seine Unabhängigkeit als Königreich erkämpfte. Durch Mongolen, Perser und Türken immer wieder bedrängt, erobert und zerstört, bewahrte es seine Selbständigkeit bis zum Ende des 18. Jahrhunderts. Seit 1801 n vom Zarenreiche russifiziert, wurde es 1922 n Teil der UdSSR. Stalin, der in der Nähe der Stadt geboren wurde (Gori), besuchte hier bis zu seinem 20. Lebensjahre die Schule des Priesterseminars. Er machte die Stadt unter Stärkung ihrer Zugehörigkeit zur UdSSR zum Zentrum einer eigenständigen georgischen Kultur. Seit 1922 n Hauptstadt der Transkaukasischen Sowjetrepublik, seit 1936 n Hauptstadt der Sowjetrepublik Georgien (= Grusinien).

455 n blau Gründung
633 n / 732 n Arabischer Krieg
1801 n rot Georgien russisch
1879 n–1953 n Stalin
1922 n rot Teil der UdSSR

TIGER, größtes Raubtier der Erde. In elf Arten vorkommend, ist er nur in Asien beheimatet, hier aber fast über den ganzen Kontinent verbreitet, von Sibirien und der Mandschurei bis Indien, Afghanistan, Persien, Tibet, Ceylon, Indonesien, China und Korea. Da er sich aber am liebsten im dichten Urwald oder Dschungel aufhält, tritt er für den Menschen nicht stark in Erscheinung. Obwohl er einen Menschen im Maul forttragen kann, bevorzugt er kleinere Beute-Tiere. Hat er aber einmal Menschenfleisch gefressen, so zieht er es fortan jedem anderen Fleische vor. Ein gewandter Kletterer und ein ausdauernder Schwimmer, ist vor ihm mit Ausnahme von Elefant, Nashorn und Wildbüffel kein Tier sicher. Doch ist er zähmbar und pflanzt sich in der Gefangenschaft fort. Die Mongolen richteten ihn als Jagdhelfer ab, der römische Kaiser Elagabal spannte ihn vor seinen Wagen, indische Fürsten ließen ihn mit anderen Tieren kämpfen. Sein Fell ist seit alters her begehrt.

2943 v grün Fell als Schildbezug
2678 v blau 'Tiger und Mann auf Baum'
2614 v blau 'Mann mit zwei Tigern'
2579 v blau 'Kniender Mann vor Tiger'
2532 v blau 'Prinzessin im Tigerfell'
1115 v blau Relief eines Dompteurs
1207 n blau 'Held im Tigerfell'
1674 n blau 'Tiger im Bambusdickicht'

TIGLATPILESER I., Kaiser von Mesopotamien und Syrien.

1148 v–1074 v Lebenslinie
1111 v / 1090 v Mesopotamischer Krieg
1111 v rot Gewinn Süd-Armeniens
1110 v rot Gewinn Ost-Kleinasiens
1110 v blau Bildnis in Stein
1108 v rot Gewinn Syriens
1108 v blau Siegesrelief
1107 v rot Macht über Phönizien
1106 v blau Kriegsbericht
1105 v rot Gewinn Palmyras
1100 v blau Doppeltempel in Assur
1095 v grün Eiserne Waffen
1094 v blau Bibliothek
1093 v grün Zoologischer Garten
1090 v rot Gewinn Babyloniens
1090 v rot Großreich
1084 v blau Siegeshymne
1083 v rot Tod für 'Hexen', 'Zauberer'
1080 v braun Sieg über Aramäer

TIGLATPILESER III., Kaiser von Assyrien.

774 v–727 v Lebenslinie
742 v braun Sieg über Urartu
742 v rot Gewinn Nordsyriens
738 v braun Vorstoß nach Arabien
738 v rot Saba tributpflichtig
735 v braun Sieg über Urartu
732 v braun Sieg über Damaskus
732 v rot Herrschaft über Syrien
731 v rot Anschluß Israels
729 v braun Vorstoß nach Babylon
729 v rot Gewinn Babyloniens

TIGRIS, Fluß in Vorderasien. Entspringt im armenischen Hochland südlich des Kaukasus, durchfließt in südöstlicher Richtung eine weite fruchtbare Ebene und mündet nach fast 2000 Kilometern in den Indischen Ozean (Persischer Golf). Zusammen mit dem fast parallel fließenden Euphrat prägt er diesen Teil Vorderasiens, der seinen Namen den beiden Flüssen verdankt ('Mesopotamien' = 'Zwischenstromland'). 200 Kilometer vor der Mündung vereinigen sich die beiden Flüsse zum 'Araberstrom' ('Schatt-el-Arab').

2915 v blau Gründung von Lagasch
2905 v blau Gründung von Umma
2600 v blau Entwicklung von Assur
2387 v grün Kanalisierung
2280 v blau Entwicklung von Ninive
1255 v blau Gründung von Kalach
1110 v blau Kaiserbild an der Quelle
895 v–825 v Salmanassar III.
694 v grün Brücke
312 v blau Gründung von Seleukeia
298 n rot Grenze des Römerreiches
637 n blau Gründung von Basra, Kufa
763 n blau Gründung von Bagdad
873 n blau Gründung von Muchtara

TILAK, Bal Gangadhar (1856 n–1920 n), indischer Freiheitskämpfer. Nach Beendigung seines Rechtsstudiums wandte er sich der Philosophie zu. Suchte mit neuen Methoden das Alter der frühesten indischen Literatur (Veda) zu bestimmen. Als Herausgeber einer revolutionären Zeitschrift ('Der Löwe') wurde er zum Führer eines gewaltsamen Befreiungskampfes gegen die englische Kolonialmacht. Der von ihm geleitete Aufstand wurde blutig niedergeschlagen, er selbst für sechs Jahre eingekerkert. Nach seiner Befreiung trat er für eine gemäßigte Politik gegenüber den Engländern ein, suchte die indische Selbständigkeit mehr im Religiösen als im Politischen und arbeitete mit den Engländern durch Aufbau einer Bewegung zusammen, die nicht mehr die Unabhängigkeit des Landes, sondern nur noch Selbstregierung Indiens unter englischer Oberhoheit forderte.

1908 n braun Aufstand

TILL EULENSPIEGEL (um 1300 n–1350 n), deutscher Bauer, der zu einer Heldengestalt der Weltliteratur wurde. Durchwanderte Norddeutschland und suchte die Menschen durch Schwänke und Streiche zum Nachdenken über die inneren Widersprüche der bestehenden Ordnung zu bringen. Enthüllte menschliche Unzulänglichkeit und gesellschaftliche Mißstände. Verspottete die Gelehrttuerei der Bürger und des Adels. Als Wortführer der Besitzlosen prangerte er unbarmherzig die Heuchelei der Reichen und Mächtigen an. Dabei leuchtete stets die Überlegenheit von Mutterwitz und Bauernschläue gegenüber dem traditionellen Bildungsdünkel des Bürgertums hervor.

1336 n blau Spott über Hoffart
1868 n blau Costers Werk

TILLY, Johann Tserclaes (1559 n–1632 n), deutscher Feldherr aus Brabant (Belgien). In einem Jesuitenkloster erzogen, wurde er Offizier im Dienste Spaniens, das Zentrum der Gegenreformation in Europa war. 35jährig trat er in die Dienste des deutschen Kaisers und wurde 1610 n Generalissimus der Katholischen Liga. Mit dem von ihm ausgebildeten bayerischen Heer besiegte er im Dreißigjährigen Krieg die Protestanten bei Prag. Auch in der Pfalz, in Hessen und Westfalen war er erfolgreich. Die Dänen unter König Christian IV. schlug er gemeinsam mit Wallenstein vernichtend. Nach dessen Absetzung erhielt er den Oberbefehl über die kaiserlichen Heere. Durch die militärisch überflüssige 'Zerstörung Magdeburgs und die Plünderung des neutralen Sachsen schädigte er das katholische Ansehen. Von dem Schwedenkönig Gustav Adolf geschlagen, sammelte er neue Truppen zum Schutze Bayerns, wurde aber bei Verteidigung des Lech-Überganges schwer verwundet und starb nach zwei Wochen.

1583 n–1634 n Wallenstein
1594 n–1632 n Gustav Adolf
1618 n / 1648 n Dreißigjähriger Krieg

TIMAIOS (345 v–249 v), griechischer Geschichtsschreiber aus Sizilien. Als Sohn des griechischen Neugründers der Stadt Taormina (Sizilien) aufgewachsen, wurde er vom Herrscher der Nachbarstadt Syrakus verbannt. Reiste zunächst nach Spanien und Frankreich, verbrachte dann 50 Jahre in Athen und kehrte schließlich in die alte Heimat zurück, als ihn der neue Herrscher von Syrakus (Hieron II.) rief. In 46 Bänden gab er ein umfassendes Bild der Geschichte des westlichen Mittelmeers, insbesondere der Stadt Karthago sowie der Griechenstädte Siziliens und Süditaliens. Sein Werk reichte von den frühesten, sagenhaften Anfängen bis in seine eigene Zeit. Die letzten Bücher schilderten die vergeblichen Bemühungen des Pyrrhus zur Einigung der griechischen Städte Süditaliens und Siziliens in einem großgriechischen Reiche. Schrieb ein Buch über die Olympia-Sieger. In der Darstellung des gleichzeitigen Geschehens sah er das Grundproblem der Geschichtsschreibung.

260 v blau Geschichtswerk

TIMBUKTU, Stadt am Südrande der Sahara (Mali). Von dem bedeutendsten Berberstamm (Tuareg) um 1100 n nahe des Niger-Flusses am Schnittpunkt mehrerer Karawanenwege gegründet. Sie wurde zur Hauptstadt eines Berberreiches und ein Zentrum arabischer Wissenschaft. 1326 n durch den arabischen Herrscher von Mali erobert und zerstört, seit 1335 n aber wieder aufgebaut, entwickelte sie sich zu einem bedeutenden Handelszentrum Nordafrikas. Ihre Entdeckung durch Portugiesen blieb ohne politische Nachteile. 1465 n wurde sie von den Songhoy erobert, 1591 n fiel sie in die Hände der Marokkaner. 1780 n wurde sie wieder befreit und gelangte als Hauptstadt eines neugegründeten Reiches (Haussa) zu neuer Blüte. 1894 n wurde sie von Frankreich erobert. Seit der Gründung von Mali im Jahre 1960 n ist sie eine der wichtigsten Städte dieses selbständigen afrikanischen Staates.

1486 n grün Entdeckung
1591 n braun Vorstoß der Marokkaner
1591 n rot Ende des Songhoy-Reiches
1591 n rot Herrschaft Marokkos

TIMON (um 320 v–um 230 v), griechischer Philosoph. Stellte in Form eines Dialogs die skeptische Philosophie seines Lehrers Pyrrhon dar und zeigte dessen Unerschütterlichkeit gegenüber allen Wechselfällen des Lebens und allen Theorien. Gegen den Leiter der Athener Akademie schrieb er Spottgedichte, suchte aber nach dessen Tod eine geistige Versöhnung ('Leichenmahl für Arkesilaos'). In seiner Abhandlung 'Über die Sinneswahrnehmungen' bewies er die Unzulänglichkeit aller Beobachtung und Erfahrung. Angesichts der Unsicherheit aller menschlichen Erkenntnis verurteilte er die eingebildete Sicherheit der Philosophen und machte ihre Lehrmeinungen zum Gegenstand von Spottgedichten, die er in drei Bänden zusammenfaßte ('Sillen').

245 v blau Spottgedichte

TIMOTHEOS (um 455 v–um 360 v), griechischer Dichter aus Milet (Kleinasien). Schrieb Chorgedichte zu Ehren des Gottes Dionysos (Dithyramben), die in Athen mit großem Erfolg aufgeführt wurden, wegen ihres Abweichens von der traditionellen Form aber auch auf Kritik stießen. Stärkte die Rolle der Musik bei der Aufführung und verbesserte das Haupt-Begleit-Instrument (Lyra), indem er seine Saitenzahl von sieben auf elf erhöhte. In seiner Dichtung 'Die Perser' schilderte er die Leiden der persischen Soldaten in der Schlacht von Salamis.

435 v grün Verbesserung der Lyra

TIMUR, Mongolenkaiser ('Khan') von 1369 n bis 1405 n.

1336 n–1405 n Lebenslinie
1380 n rot Reichsgründung
1392 n braun Vorstoß nach Persien
1392 n rot Gewinn Persiens
1392 n–1450 n Ibn Arabscha
1395 n braun Vorstoß bis Moskau
1398 n braun Vorstoß nach Indien
1398 n rot Gewinn Nordindiens
1400 n braun Sieg über Syrien
1401 n rot Herrschaft über Syrien
1402 n braun Vorstoß zur Türkei
1402 n rot Gewinn der Türkei
1402 n rot Oberhoheit über Ägypten
1405 n rot Zerfall des Reiches
1422 n blau Ibn Arabschas Geschichte
1586 n blau Drama Marlowes

TINTE

265 v–202 v Philon
1634 n grün Füllbarer Federkiel

TINTENFISCHE, Bezeichnung für Meerestiere, die aus einem übermächtigen Kopf mit herausragenden Augen sowie 8–10 schlangenartigen Gliedmaßen bestehen. Mit den Saugnäpfen dieser Fangarme halten sie ihre Beutetiere fest. Durch ruckartiges Ausstoßen des Atemwassers bewegen sie sich rückwärts fort. Bei Verfolgung machen sie sich durch eine braune Flüssigkeit unsichtbar, die sie aus ihrem 'Tintenbeutel' ins Wasser leeren. Die Tiere sind eßbar. Sie werden mindestens 20 Zentimeter lang, ihre größten Arten (Polypen, Kraken) erreichen eine Länge bis zu 10 Metern.

1545 v blau Kretisches Bild

TINTORETTO, Jacopo (1518 n–1594 n), italienischer Maler. Lernte in seiner Heimatstadt Venedig bei Tizian die warme Farbgebung, während er sich im Aufbau und in der Zeichnung seiner Bilder an Michelangelos Technik anlehnte. Durch Beleuchtungseffekte und perspektivische Komposition gab er seinen Bildern Tiefe und plastischen Ausdruck. Gestaltete Stoffe aus der griechisch-römischen und christlichen Sagenwelt ('Mars und Amor', 'Venus', 'Der Sündenfall', 'Erzengel Michael mit dem Satan'). Zeitlebens ausschließlich in Venedig tätig, schmückte er dessen Paläste, Schulen und Kirchen. Für den Dogenpalast malte er 'Das Paradies' und ein Deckenbild 'Venedig als Beherrscherin der Meere'. Mitglied einer Bruderschaft, die sich der Armen Venedigs annahm. Einer der erfolgreichsten Maler seiner Zeit, hatte er zahlreiche Schüler, darunter seinen Sohn Domenico.

1547 n–1614 n El Greco
1589 n blau 'Das Paradies'
1592 n blau 'Abendmahl'

TIPU SAHIB (1751 n–1799 n), indischer Fürst. Als Sohn des Herrschers von Mysore (Süd-Indien) setzte er dessen Unabhängigkeitskampf gegen die Engländer fort. Zunächst militärisch erfolgreich, wurde er 1792 n von englischen Truppen in der Hauptstadt seines Landes eingeschlossen und zu einem Vertrage gezwungen, der den Engländern wichtige Rechte einräumte. Um sich dieses Diktats zu entledigen, verbündete er sich mit Frankreich und erhob sich 1799 n gegen die englischen Truppen. Von den Franzosen im Stich gelassen, erlag er der Waffen-Überlegenheit Englands und wurde im Kampf getötet.

1799 n braun Aufstand gegen England

TI-RI-GAN, Kaiser von Mesopotamien.

2098 v–2054 v Lebenslinie
2107 v–2050 v Utu-Chengal
2054 v braun Erhebung Sumers
2054 v rot Herrschaftsende

TIRO, Markus Tullius (94 v–4 v), römischer Schriftsteller und Sprachlehrer. Als Sklave des römischen Staatsmanns und Schriftstellers Cicero schrieb er dessen Reden ab und versah die Arbeiten eines Sekretärs. 40jährig freigelassen, blieb er bei Cicero als dessen literarischer Ratgeber und Freund. Zur wörtlichen Aufzeichnung von Reden und gerichtlichen Verhandlungen entwickelte er eine Kurzschrift. Gab die Reden und Briefe des Cicero heraus sowie eine Sammlung von dessen Scherzworten. Schrieb eigene Dichtungen sowie eine Sprachlehre und Abhandlungen über verschiedene Gegenstände. Verfaßte auch eine Biographie des Cicero.

57 v grün Kurzschrift

TIROL, Land in Mitteleuropa. Umfaßt das Alpengebiet von der Südgrenze Bayerns bis zur Nordgrenze Italiens und damit die Hauptverbindungslinie zwischen Nord- und Südeuropa (Brenner). Vor seiner Eroberung durch die Römer vor 2000 Jahren von Etruskern, Illyrern und Kelten bewohnt, gelangte es nach dem Zerfall der römischen Macht Ende des 5. Jahrhunderts unter die Herrschaft der Ostgoten und wurde dann größtenteils bayerisch. Seit dem 11. Jahrhundert als selbständige Grafschaft von Meran aus regiert. 1363n überließ die letzte Gräfin (Margarete Maultasch) das Land den österreichischen Herrschern (Habsburger). 1805n nochmals für einige Jahre bayerisch, wurde es nach dem Aufstand der Bauern unter Andreas Hofer aufgeteilt. Seit 1814n wieder österreichisch. Sein Südteil (Südtirol) wurde nach dem ersten Weltkrieg im Vertrag von St. Germain Italien zugesprochen als Lohn für dessen Abfall von seinen Verbündeten Deutschland und Österreich.

15 v braun Vordringen Roms
15 v rot Römische Herrschaft
46 n grün 'Donaustraße'
769 n blau Kloster Innichen
1031 n blau Entwicklung von Innsbruck
1488 n grün Fugger: Silbermonopol
1489 n grün Taxis Oberpostmeister
1532 n grün Briefgeheimnis
1545 n rot Konzil zu Trient
1772 n grün Brennerstraße
1796 n/1815 n Napoleonische Kriege
1809 n/1810 n Bauernaufstand
1810 n rot Hinrichtung Hofers
1914 n/1918 n Erster Weltkrieg
1919 n rot Vertrag von St. Germain

TIRONISCHE NOTEN, Bezeichnung für die lateinische Kurzschrift, die von Ciceros Sklaven Tiro erfunden wurde. Sie entstand durch Weglassung von Buchstaben, ersetzte die Vokale durch Kennzeichnung der vorhergehenden Konsonanten und wurde durch sinnvolle Verwendung der Buchstabengröße sowie der Stellung der Zeichen zueinander vollendet. Zur 'Geschwindschrift' entwickelte sie sich durch Verwendung von Kürzeln, die im wesentlichen darin bestanden, daß ein großer Buchstabe ein ganzes Wort ersetzte. Tiro hat mit dieser Schrift Senats-Reden und Gerichts-Verhandlungen im Wortlaut fließend mitgeschrieben. Der Philosoph Seneka brachte später die Zahl der Zeichen auf 5000, davon etwa 300 Zeichen für Vorsilben und doppelt so viel für Endungen. Im ersten Jahrhundert nach der Zeitwende wurde diese Kurzschrift als Schulfach eingeführt. Die Zahl ihrer Zeichen stieg in den folgenden Jahrhunderten auf 12 000. Mit dem Verlust der vorchristlichen Kultur ging auch diese Errungenschaft des menschlichen Geistes in dem christlich-geprägten Jahrtausend zwischen Untergang des Römerreiches und Renaissance verloren.

57 v grün Erfindung
48 n grün Weiterentwicklung

TIRSO de Molina, Deckname des spanischen Dichters Gabriel Tellez (1572n–1648n). Als Mönch der 'Barmherzigen Brüder von Toledo' unternahm er zahlreiche Reisen, die ihn bis nach Haiti (Mittelamerika) führten. Schrieb etwa 300 Theaterstücke, von denen aber nur ein kleiner Teil erhalten ist ('Die fromme Martha', 'Don Gil mit den grünen Hosen'). Auch in seinen religiösen Dramen anerkannte er die freie Willensentscheidung des Menschen ('Verzweiflung führt zur Verdammnis'). Mit besonderem Einfühlungsvermögen zeichnete er die Charaktere der handelnden Personen seiner Stücke. Schuf die erste dramatische Gestaltung des Don-Juan-Stoffes. Seine volkstümliche Darstellung dieses Frauen-Verführers trug deutliche Zeichen der Empörung gegen die Adelsherrschaft seiner Epoche.

1630 n blau 'Verführer von Sevilla'

TIRYNS, Stadt und Burg auf der Halbinsel Peloponnes (Südgriechenland). Vor mehr als 4000 Jahren als befestigter Rundbau auf einem kleinen Hügel in Sichtweite der Mittelmeerküste angelegt von den Ureinwohnern Griechenlands (Helladiker). In enger Verbindung mit der hochentwickelten Kultur auf der Insel Kreta wuchs hier im zweiten Jahrtausend vor unserer Zeitrechnung ein Zentrum des Handels und der Kunst empor, das sich gegen die Einwanderer aus Norden (Dorer) durch eine Stadtmauer von 10 Meter Höhe und 6 Meter Stärke schützte. Doch nahmen die griechischen Neusiedler der Umgebung (Argolis) ihre Technik sowie ihre Kultur an und waren um 1150v in der Lage, die Stadt zu zerstören. Wieder aufgebaut, erreichte sie nicht mehr ihre alte Kulturhöhe. Um 850v durch ein Feuer abermals zerstört, wurde sie noch einmal bescheidener errichtet und 468v endgültig vernichtet. Den Griechen galt sie als Heimat ihres größten Sagen-Helden (Herakles). Heinrich Schliemann hat 1884n mit der Ausgrabung ihrer Überreste begonnen. Diese Arbeiten sind noch nicht abgeschlossen.

2187 v blau Gründung
1294 v blau 'Frauen auf der Jagd'
1266 v blau 'Eberjagd'

TISCHBEIN, Johann Heinrich Wilhelm (1751n–1829n), deutscher Maler und Gelehrter. Neffe zweier berühmter Maler, die ihn ausbildeten, ging er nach Holland und Italien, um seine Kunst zu vervollständigen. Seit 1779n meist in Rom, gehörte er dort zu Goethes Kreis und schuf das Bild 'Goethe in der Campagna'. Beschäftigte sich mit Altertumsforschung. 50jährig ganz in die Heimat zurückgekehrt, wirkte er als Maler und Radierer in Hamburg und Eutin. Gestaltete Bilder nach griechischer und christlicher Sage sowie Porträts, historische Darstellungen und Buch-Illustrationen. Betätigte sich auch als Kunstsammler. Gründete eine Zeichenschule für Frauen.

1787 n blau 'Goethe in der Campagna'

TISCHLER

2452 v–2377 v Ti
1753 v blau Ägyptische Darstellung
1754 n grün Chippendale: Möbelbau

TITO, Josip (geboren 1892n), jugoslawischer Staatsmann. Sohn eines kroatischen Bauern. Wurde Mechaniker und mußte als österreichischer Untertan am ersten Weltkrieg teilnehmen. 1915n geriet er in russische Gefangenschaft, ging 1917n zur Roten Armee und kehrte 1920n in seine Heimat zurück, wo er sich illegal am Aufbau einer kommunistischen Partei beteiligte. 1928n wurde er für 5 Jahre eingekerkert. Seit 1937n Generalsekretär der Kommunistischen Partei Jugoslawiens, leitete er nach der Besetzung seines Landes durch Hitlers und Mussolinis Armeen den Widerstand gegen die deutschen und italienischen Faschisten sowie gegen die serbischen Freikorps (Cetnici) und die kroatischen Faschisten (Ustaschi). Erkämpfte 1944n die Macht im Lande vor Eintreffen der Roten Armee und behauptete als Ministerpräsident die Unabhängigkeit von Moskau. Um eine tatkräftige Fortführung der Weltrevolution in Zusammenarbeit auch mit der UdSSR bemüht, legte er den Sitz der kommunistischen Weltbewegung (Kominform) nach Belgrad. Sein Versuch eines engeren Zusammenschlusses der drei großen kommunistischen Balkanstaaten (Jugoslawien, Rumänien, Bulgarien) scheiterte am Widerspruch Moskaus. Als erster kommunistischer Staatschef brach er 1948n mit Moskau. Zeitweilig Wortführer der neutralen Länder, die zum Sozialismus neigen, sich aber nicht der Vormacht Moskaus beugen wollen. Durch Einrichtung der Arbeiter-Selbstverwaltung suchte er dem Proletariat Anteil an der realen Macht zu geben; durch Schaffung eines neuartigen Genossenschaftssystems interessierte er die Bauern stark am Ertrag ihrer Arbeit. Sein Beispiel wirkte insbesondere nach der Wiederherstellung des guten Einvernehmens mit Moskau (1962n) auf die kommunistische Weltbewegung im Sinne völliger Gleichberechtigung aller Parteien und Staaten.

1939 n/1945 n Zweiter Weltkrieg
1944 n rot Jugoslawien kommunistisch

TIZIAN, italienischer Maler.

1477 n–1576 n Lebenslinie
1514 n blau 'Liebe'
1518 n blau 'Der Zinsgroschen'
1547 n–1614 n El Greco
1548 n blau 'Karl V. zu Pferde'

TJUMEN, Stadt in Westasien. 300 Kilometer östlich des Ural an einem Nebenfluß des Tobol gelegen, der in den Irtysch mündet. Erste russische Stadt in dem eroberten Teile Asiens (Sibirien), wurde sie früh zu einem Zentrum von Handel und Industrie (Hafen- und Messe-Stadt).

1586 n blau Gründung

TOBA-SOJO, japanischer Maler.

1053 n–1140 n Lebenslinie
1118 n blau Gesellschaftskritik

TOBOLSK, Stadt in Westasien, 200 Kilometer nord-östlich der ersten russischen Stadt Sibiriens (Tjumen) an der Einmündung des Tobol in den Irtysch. Ein Jahr nach der Gründung der Stadt Tjumen von Russen auf den Trümmern einer mongolischen Stadt angelegt, um den Schiffsverkehr von Tjumen über Tura-Tobol-Irtysch-Ob nach Nordsibirien zu sichern.

1587 n blau Gründung

TOCHARER, Name eines Hirten- und Reiter-Volkes, das im Norden des Tarimbeckens in Zentralasien (West-China) ansässig war, aber im 2. Jahrhundert vor der Zeitwende durch Hunnen vertrieben wurde. Es wanderte südwestwärts und eroberte das noch von Griechen beherrschte Baktrien (Nord-Afghanistan-Usbekistan-Tadschikistan-Turkmenistan). Seßhaft geworden, organisierte es seinen Staat auf militärischer Grundlage und machte die Soldaten zu Trägern des Staates. Übernahm teilweise die von den Griechen eingeführte Kultur. Nach mehr als 200jähriger Unabhängigkeit wurde das Reich indisch.

130 v braun Eroberung Baktriens
130 v rot Militärstaat

TOCQUEVILLE, Alexis (1805n–1859n), französischer Historiker und Politiker. Als Sohn eines Grafen wurde er Richter und bereiste 26jährig die USA, um den dortigen Strafvollzug zu studieren. Nach seiner Rückkehr schrieb er ein 4bändiges Werk über die amerikanische Demokratie. Darin schilderte er den Untergang des Adels und aller herkömmlichen Vorrechte und Rangunterschiede sowie die zunehmende Gleichheit aller Bürger als unabwendbar. Auch in seinem Buche über die französische Revolution deutete er den Sturz der alten Ordnung als eine im Fortschreiten der Geschichte begründete Notwendigkeit. Als Angehöriger der bisher herrschenden Minderheit fürchtete er aber, daß ein Sieg der Demokratie in Europa diese Minderheit unter den Willen der Mehrheit beugen würde. Deshalb stand er dem heraufkommenden Zeitalter der Volksrechte ablehnend gegenüber und bemühte sich als Abgeordneter und Außenminister, die demokratische Entwicklung aufzuhalten. Ohne Verständnis für die soziale Frage, bekämpfte er den Sozialismus. Erst in seinen letzten Lebensjahren ahnte er die Kraft der heraufziehenden sozialen Revolution ('Erinnerungen').

1856 n blau Werk über die Revolution

TODESSTRAFE

1719 v rot Strafe für Ehebruch
1711 v rot Strafe für Baufehler
1518 v–1455 v Tele-Pinu
1384 v–1318 v Haremhab
1344 v rot Strafe in Ägypten
1083 v rot Strafe für Zauberei
461 v rot Vollzug durch Adel
130 n rot Rechtsschutz für Sklaven
176 n grün Strafen nach Vermögen
258 n rot Gesetz gegen Priester
315 n rot Kreuzigung abgeschafft
447 n rot Forderung des Papstes
459 n rot Strafe für Trinker
590 n–648 n Harsa
648 n rot Schutz des Lebens
782 n rot Strafe für Taufweigerung
1197 n rot Strafe für Katharer
1206 n rot Strafe für Ehebruch
1232 n rot Strafe für 'Ketzer'
1408 n–1472 n Nezalhual
1437 n rot Geschichtsfälscher-Strafe
1753 n rot Ablösung in Rußland

TODI, Stadt am linken Ufer des Tiber (Mittelitalien). In der von Etruskern vor mehr als 2500 Jahren gegründeten, mit dreifacher Ringmauer geschützten Stadt wurde der Dichter Jacopone geboren.

1230 n–1306 n Jacopone von Todi

TÖPFER

2452 v–2377 v Ti
2021 v blau Ägyptische Darstellung
608 n–676 n Tao-Yü

TÖPFERSCHEIBE, Bezeichnung für eine um ihren Mittelpunkt sich drehende Platte zur Herstellung runder keramischer Gegenstände. Mit ihrer Einführung begann die technische Nutzung der Drehbewegung zur Gütererzeugung.

2871 v grün Gebrauch in Indien
1947 v grün Verwendung auf Kreta

TOGO, kleiner Staat an der Atlantikküste Afrikas, die hier in Erinnerung an die jahrhundertelange gewaltsame Versklavung ihrer Einwohner durch europäische Mächte 'Sklavenküste' heißt. Vor fast 1000 Jahren als selbständiger Negerstaat entstanden (Dagomba-Reich), wurde es seit dem 14. Jahrhundert von Ewe-Stämmen bevölkert, die bis heute den Hauptanteil der Bevölkerung bilden. Nach seiner Entdeckung durch Portugiesen wurden portugiesische und französische Niederlassungen angelegt, die bis ins 19. Jahrhundert Zentren des Sklavenhandels waren. Dann setzten sich deutsche Kaufleute fest und schufen 1884n durch 'Schutzverträge' die Grundlage für eine Umwandlung in eine deutsche Kolonie. Im ersten Weltkrieg von Truppen Englands und Frankreichs besetzt. Als Deutschland im Versailler Vertrag auf das Gebiet verzichten mußte, wurde es zwischen diesen beiden Sieger-Mächten aufgeteilt. Der kleinere östliche Teil wurde 1946n von England dem Gebiete von Ghana zugeschlagen und 1957n mit diesem Lande unabhängig. Der östliche Hauptteil wurde 1960n durch Frankreich zur unabhängigen Republik erklärt, doch besteht die wirtschaftliche Abhängigkeit von Frankreich fort.

1471 n grün Entdeckung
1884 n rot Deutsche Herrschaft
1914 n/1918 n Erster Weltkrieg
1919 n rot Versailler Vertrag
1957 n rot Ghana unabhängig
1960 n rot Unabhängigkeit

TOGRAI, Al (1061n–1121n), arabischer Dichter und Staatsmann aus Persien. Verfaßte Lobgedichte auf Fürsten und andere Große seiner Zeit. Stieg im Staatsdienst bis zum Wesir auf, beteiligte sich dann aber an einem Bürgerkrieg, unterlag mit seinem Heere, wurde gefangen genommen und hingerichtet. Als Dichter wurde er durch sein Klagegedicht über die schlimmen Zustände seiner Zeit bekannt.

1112 n blau Klagelied

TOILETTEN

2774 v grün Innen-Toiletten in Indien
2751 v–2681 v Ru-A-Ben
2681 v grün Einbau in Grab
1374 v grün WC in Ägypten
890 v–814 v Jehu
186 v grün Sitzbrett in Rom

TOKAY, Stadt in Nord-Ungarn, 200 Kilometer nordöstlich von Budapest an der Theiß. In ihrer Umgebung wird Ungarns berühmtester Wein gewonnen ('Tokayer'). Die Heere des österreichischen Herrschers Ferdinand I. unter Schlick besiegten hier die ungarische Streitmacht und erkämpften ihm damit den durch Heirat erworbenen Anspruch auf die ungarische Krone.

1527 n braun Schlacht

TOKIO, Stadt an der dem asiatischen Festland abgewandten Küste der japanischen Haupt-Insel Hondo. In einer fast geschlossenen Bucht des Pazifik an der Mündung des Sumida-Flusses gelegen, entwickelte sie sich aus einem Fischerdorf durch Anlage einer Burg zu einem Fürstensitz und zu einem bedeutenden Hafen. In den letzten 100 Jahren zur drittgrößten Stadt der Erde aufgestiegen, verdoppelte sie nach dem zweiten Weltkrieg ihre Bewohnerzahl innerhalb von 20 Jahren und wurde durch Zusammenschluß mit Jokohama und einer Anzahl umliegender Städte und Dörfer zum größten geschlossenen Siedlungsgebiet der Erde (20 Millionen Einwohner).

1456 n blau Entstehung
1703 n grün Erdbeben
1868 n rot Hauptstadt
1886 n blau Universität

TOLEDO, Stadt im Herzen Spaniens, 50 Kilometer südlich der Stadt Madrid. Auf einem Granithügel beherrschend über dem kastilischen Hochlande und dem längsten Fluß der iberischen Halbinsel (Tajo) gelegen, war sie bereits eine wichtige befestigte Stadt der Karpetaner, als die Römer sie im Jahre 192v nach langen Kämpfen einnahmen. Die durch ihre Stahlproduktion berühmte Stadt wurde zu Cäsars Zeiten eine wichtige Waffenschmiede der Römer. Nach dem Zusammenbruch des römischen Reiches Sitz der westgotischen Könige, wurde sie im 8. Jahrhundert unter den Arabern zum Zentrum eines eigenen kleinen Reiches auf spanischem Boden. Im ersten Jahr des Krieges gegen die Araber durch Alfons VI. von Kastilien erobert, wurde sie dessen Residenzstadt und blieb bis 1559n Hauptstadt von Kastilien. Seitdem steht die Stadt im Schatten des benachbarten Madrid.

633 n rot Synode
694 n rot Konzil
711 n rot Arabische Herrschaft
852 n rot Unabhängigkeit
932 n braun Adelsaufstand
932 n rot Herrschaft Cordobas
1085 n/1090 n Krieg Kastilier–Araber
1085 n–1141 n Juda Halevi
1114 n–1187 n Gerhard von Toledo
1138 n grün Übersetzerschule
1227 n blau Bau der Kathedrale
1547 n–1614 n El Greco
1577 n blau Gemälde für Hochaltar
1608 n blau El Grecos Gemälde
1632 n blau Velasquez' Gemälde

TOLLAN, Stadt in Mexiko (Mittelamerika), 100 Kilometer nördlich von der heutigen Stadt Mexico-City. Im Jahre 856n gegründet als Hauptstadt des Reiches der 'Tolteken' (= 'Volk von Tollan'). Während der folgenden 2 Jahrhunderte Sitz des Königs der Tolteken und Mittelpunkt der mexikanischen Kultur. Nachdem 1116n das Toltekenreich durch die Chichimeken vernichtet worden war, verfiel die Stadt schnell und wurde 1168n vollends zerstört. Seit 1940n ausgegraben, gibt sie eine Ahnung vom Stande der Kunst und der Wissenschaft im alten Mexiko.

856 n blau Gründung
1116 n braun Vorstoß der Chichimeken

TOLLWUT, durch den Speichel auch auf Menschen übertragbare Tierkrankheit, die besonders Hunde befällt. Äußert sich durch Krampf- oder Lähmungs-Erscheinungen und führt nach 3–10 Tagen unrettbar zum Tode. Erst die von Pasteur entdeckte Impfung mit abgeschwächten Tollwut-Keimen aus dem Rückenmark von Kaninchen gewährt bei rechtzeitiger Anwendung Schutz.

1880 n grün Schutzimpfung

TOLSTOI, Leo, russischer Dichter.

1828 n–1910 n Lebenslinie
1869 n blau 'Krieg und Frieden'
1873 n blau 'Anna Karenina'

TOLTEKEN, Name eines mittelamerikanischen Kulturvolkes, das im 9. Jahrhundert nach der Zeitwende im Raume der heutigen Stadt Mexiko ein Reich gründete. Benannt nach seiner Hauptstadt Tollan ('Tolteken' = 'Volk von Tollan'). Seine politische und kulturelle Blüte erreichte es im 10. und 11. Jahrhundert. Unter seinen 10 Königen bestand es bis ins 12. Jahrhundert und wurde dann von den Chichimeken besiegt und vertrieben.

856 n blau Gründung von Tollan
947 n braun Eroberung Teotihuakans
947 n rot Beherrschung Mexikos
1116 n braun Vernichtung des Reiches

TOMSK, Stadt in Sibirien an einem Nebenfluß des Ob (Tom), an der großen Sibirischen Straße gelegen und mit der Transsibirischen Eisenbahn verbunden. Hier wurde die erste Universität Sibiriens gegründet, die 1888n ihren Lehrbetrieb aufnahm.

1604 n blau Gründung

TON, Bezeichnung für eine tonerdehaltige wasserreiche Bodenart, die sich wegen ihrer Zähigkeit zur Herstellung von Keramik und Porzellan eignet (Töpfererde).

2997 v grün Luftgetrocknete Ziegel
2996 v blau Bemalte Gefäße
2988 v–2925 v En-Merkar
2969 v grün Modell eines Hauses
2967 v grün Buchführung auf Tontafeln
2955 v grün Schreiben auf Tontafeln
2949 v blau Verzierte Gefäße
2926 v blau Zeichnung auf Vase
2907 v grün Ziegelbrand in Indien
2900 v grün Ziegelbrand in Sumer
2895 v grün Tonstift-Mosaike
2894 v blau Vasenmalerei in Ägypten
2871 v grün Töpferscheibe in Indien
2867 v blau Vasenmalerei im Iran
2847 v grün Fayence in Indien
2833 v blau Bilder auf Vasen
2830 v grün Nutzung von Tonscherben
2815 v blau Plastik einer Affenmutter
2809 v blau Plastik eines Eichhörnchens
2796 v blau Plastik 'Taubenwägelchen'
2782 v blau Tierfiguren auf Vasen
2781 v grün Glasur in Ägypten
2773 v blau Plastik eines Affen
2751 v grün Treppen aus Ziegeln
2713 v blau Vasen in Vorderasien
2698 v blau Plastik eines Löwen
2683 v blau Plastik 'Frau mit Korb'
2654 v grün Indische Perlen
2633 v grün Fayence in Ägypten
2407 v grün Malerei auf Ton
2392 v–2311 v Dingi-Radamu
2356 v grün Lochplatten als Fenster
2307 v grün Gestempelte Ziegel
2207 v grün Krüge und Schüsseln
2167 v grün Flöten in Amerika
2141 v grün Brutöfen aus Ziegeln
2129 v grün Kannen und Tassen
2041 v grün Email-Ziegel in Ur
2026 v blau Tontafelbibliothek Lagasch
2021 v blau Darstellung von Töpfern
1983 v grün Terrakotta in Sumer
1974 v blau Darstellung einer Frau
1947 v grün Töpferscheibe auf Kreta
1928 v blau Nubische Keramik
1883 v grün Eierschalendünne Arbeit
1851 v grün Tontafel-Protokolle
1733 v grün Tonkrüge für Konserven
1720 v grün Archiv mit Tontafeln
1691 v blau Aufzeichnung auf Tontafel
1625 v blau Plastik eines Nilpferdes
1545 v blau Vasenmalerei auf Kreta
1514 v blau Tonrelief einer Ziege
1470 v blau 'Schlangen-Beschwörerin'
1402 v grün Handel mit Perlen
1356 v blau Tontafelbibliothek Ugarit
1329 v blau Plastik eines Stierkopfes
1287 v grün Weißer Ton in China
1216 v grün Glasur in China
1161 v blau Kacheln in Ägypten
1103 v blau Gemälde auf Ton
752 v grün Schmelzofenmalerei
717 v blau Ägyptische Fayence-Vase
693 v–626 v Assurbanipal

647 v blau Tontafelbibliothek Ninive
619 v blau Terrakotta-Relief
607 v grün Kinderklappern aus Ton
560 v blau François-Vase
555 v blau Lydos' Vasen
539 v grün Wasserleitung aus Ton
508 v blau Epiktetos' Vasen
498 v–438 v grün Polygnot
493 v blau Duris' Vasen
488 v blau Brygos' Trinkschale
419 v grün Holz- statt Tontafeln
398 v blau Statuette eines Armen
318 v grün Tanagra-Figuren
608 n–676 n Tao-Yü
663 n grün Porzellan in China
696 n–748 n Yang-Hui
738 n blau Plastik einer Kurtisane
1094 n blau Markuskirche aus Ziegeln
1325 n–1381 n Wat Tyler
1413 n blau Porzellanturm in Nanking
1443 n grün Zinnglasur in Italien
1518 n grün Porzellan nach Europa
1593 n grün Delfter Steingut
1708 n grün Porzellan in Deutschland
1710 n grün Meißner Porzellan
1732 n grün Zahnersatz aus Porzellan
1750 n grün Berliner Porzellan
1756 n grün Sèvres-Porzellan
1761 n grün Nymphenburger Porzellan
1762 n grün Verwendung für Zement
1769 n grün Wedgwood-Keramik
1854 n grün Tontafelbibliothek entdeckt

TON, TONLEITER

712 v–642 v Terpander
698 v grün Noten der Griechen
572 v–493 v Pythagoras
433 v–351 v Archytas
365 v–276 v Euklid
348 v grün Aristoxenos: Harmonik
338 v–268 v Strato der Physiker
139 n grün Nikomachos: Harmonik
925 n grün Buchstaben-Notenschrift
995 n–1050 n Guido von Arezzo
1023 n grün Halbe und ganze Töne
1026 n grün Linien-Notenschrift
1512 n grün Leonardo: Schwingungen
1558 n grün Zarlino: Harmonielehre
1722 n grün Rameau: Harmonielehre

TONFILM, Bezeichnung für den um die akustische Wiedergabe bereicherten Film. Seine Erfindung schuf die Voraussetzung für eine grundlegende Wandlung der Filmkunst, die vorher allein auf dem optischen Eindruck beruhte.

1847 n–1931 n Edison
1893 n– Karolus
1901 n grün Lichtton-Aufzeichnung
1922 n grün Erster Tonfilm
1937 n grün Farb-Tonfilm

TONKING, Bezeichnung für das Land zwischen dem Golf von Tonking und der chinesischen Grenze, heute der Norden Nord-Vietnams, in dessen Mitte die Hauptstadt Hanoi liegt. Vor 2500 Jahren bildeten sich hier die ersten Staatswesen des Landes, doch wurde ihre Entwicklung durch die im 2. Jahrhundert vor unserer Zeitrechnung einsetzende chinesische Herrschaft unterbrochen. Erst nach mehr als 1000jähriger Fremdherrschaft begann um 935 n die Herausbildung eines mächtigen selbständigen Staates, der sich südlich bis zur Mitte Vietnams ausdehnte. Im 15. Jahrhundert zu einem zentral-gelenkten Königreich entwickelt, wurde es bald von Bauern-Aufständen erschüttert, die sich Ende des 18. Jahrhunderts so zuspitzten, daß sich die alte Herrschaftsschicht nur noch mit französischer Hilfe halten konnte. Seit 1802 n von dem durch Frankreich unterstützten Herrscher Gia Long regiert. Seit 1858 n von Franzosen besetzt und seit Frankreichs Sieg über China (1885 n) unter direkter französischer Herrschaft. 1888 n Teil der französischen Kolonie Indochina. 1941 n von Japanern besetzt, 1945 n wieder von Franzosen, befreite es sich in 10jährigem Kampf und wurde 1954 n Herzstück des selbständigen Staates Nord-Vietnam. Als Zentrum des Freiheitskampfes Indochinas durch Luftangriffe der USA stark zerstört.

217 v/214 v Vorstoß Chinas
214 v rot Chinesische Herrschaft
1771 n braun Bauern-Aufstand
1882 n/1885 n Krieg Frankreich–China
1885 n rot Französischer Besitz
1888 n rot Teil Indochinas
1939 n/1945 n Zweiter Weltkrieg
1945 n/1954 n Erhebung Südostasiens
1954 n rot Nordvietnam selbständig
1955 n rot Kommunistisch
1960 n/ Revolution Indochinas

TONNE als Behausung

407 v–323 v Diogenes

TONSUR, von dem lateinischen Worte 'tonsus' (= Haarschnitt) abgeleitete Bezeichnung für eine kreisförmig kahlgeschorene Stelle inmitten des Haupthaares. Aus modischen Gründen oder aus religiösen Erwägungen (Buße) seit Jahrtausenden gelegentlich getragen, wurde sie von christlichen Kirchen zu einem wichtigen Kultabzeichen entwickelt. Im Jahre 633 n auf der Synode von Toledo für alle Priester vorgeschrieben, nahmen sie die Byzantiner, Iren und Briten durch Schur des Vorderhauptes vor (wobei sie sich auf Paulus und Jakobus beriefen), die übrigen Kirchen mit Rom hingegen durch die kahle Platte auf dem Hinterkopf (wobei sie sich auf Petrus beriefen). Als Standeszeichen ist sie bis in unsere Zeit allen katholischen Priestern zur bindenden Pflicht gemacht. Sie muß vor der Aufnahme in den Priesterstand vollzogen sein. Bei den Neu-Eingetretenen hat sie nur die Größe eines Markstückes, wächst aber mit zunehmender Würde und erreicht bei Bischöfen die Größe einer Untertasse. Beim Papst ist sie auf den ganzen Schädel ausgedehnt und unterscheidet sich nur noch durch einen schmalen Kreis von Haaren über der Stirn von einer Vollglatze.

1303 v grün Mode bei Ägypterinnen
633 n rot Synode von Toledo

TONTAFELN, Bezeichnung für Schreibtäfelchen aus Ton, die in weichem Zustand mit Schriftzeichen bedeckt und dann getrocknet oder gebrannt werden. Vor Einführung anderer Beschreibstoffe (Papyrus, Pergament) in Vorderasien der gebräuchliche Schriftträger, überlieferten sie uns durch ihre Haltbarkeit wichtige Zeugnisse von Kulturen, die vor 3, 4 und 5 Jahrtausenden in Mesopotamien, Syrien und Kleinasien ihre Blüte hatten.

2967 v grün Buchführungstafeln
2955 v grün Schreibtafeln
2026 v blau Bibliothek in Lagasch
1720 v grün Archiv in Mari
1356 v blau Bibliothek in Ugarit
693 v–626 v Assurbanipal
647 v blau Bibliothek in Ninive
1854 n grün Ausgrabung in Ninive

TOPF

2423 v grün Töpfe für Schminke
186 v blau Plautus: 'Der goldene Topf'

TOPIK, von dem griechischen Worte 'topos' (= Ort) abgeleitete Bezeichnung für die Kunst der Auffindung allgemeiner Gesichtspunkte bei der philosophischen Erörterung eines Gegenstandes. Aristoteles machte das Wort zum Titel einer Schrift über Fragen der theoretischen Beweisführung.

342 v blau Aristoteles' Schrift

TORAMANA, König der Hunnen in Asien.

448 n–510 n Lebenslinie
465 n braun Eroberung Gandharas
465 n rot Reichsgründung
475 n braun Sieg über Gupta-Reich
475 n rot Gebietsgewinn in Indien
477 n rot Sakala Hauptstadt
484 n braun Sieg über Perser
484 n rot Gebietsgewinn in Persien
484 n grün Persische Tribute
501 n braun Eroberung von Malwa
501 n rot Macht bis Mittelindien

TORE

2446 v blau Löwenköpfe am Tempeltor
1834 v–1773 v Anitta
1338 v blau Steinlöwen am Stadttor
1335 v blau Sphinx am Stadttor
1309 v blau Löwentor in Mykene
1241 v–1184 v Priamos
576 v blau 'Ischtar-Tor' in Babylon
432 v blau 'Propyläen' in Athen

TORI (um 560 n–um 640 n), japanischer Bildhauer. Als Enkel eines aus China eingewanderten Künstlers fertigte er 591 n die erste mit Sicherheit in Japan hergestellte Bildhauerarbeit an. Dabei bediente er sich der in China und Korea gebräuchlichen Technik des Treibens aus dünnem Blech. 30 Jahre später vollendete er als Bronzeguß das Allerheiligste für das buddhistische Mutterkloster Horyuji, das nach Einführung des Buddhismus in Japan unweit der Residenzstadt errichtet wurde. Es besteht aus einer hockenden Buddha-Figur und zwei Jüngern mit Heiligenschein in Flammenform.

623 n blau Buddha-Statue

TORQUEMADA, Thomas (1420 n–1498 n), spanischer Priester. Als Neffe eines Kardinals stieg er in der Kirche seines Landes schnell auf. Wurde Beichtvater Ferdinands des Katholischen und der Isabella von Kastilien. Bestimmte das Königspaar 1480 n zur Einrichtung einer von Staat und Kirche gemeinsam getragenen Behörde zur Verfolgung von Kirchengegnern und Nicht-Christen (Inquisition). 1483 n ließ er sich vom Papst zum Großinquisitor für Aragonien und Kastilien, 1484 n zum Oberhaupt dieser Terror-Behörde für ganz Spanien ernennen. Obgleich er selbst jüdische Vorfahren hatte, richtete er sein todbringendes Tribunal besonders gegen Juden, die aus Furcht zum Christentum übergetreten waren. Unter seiner Oberleitung starben über 20000 Menschen auf dem Scheiterhaufen; mehr als 200000 wurden unter schwersten Foltern gefangengehalten, und später entweder freigekauft oder aus anderen Gründen entlassen. Bestimmte die Königin nach ihrem Endsiege über die in Spanien ansässigen Araber (Mauren) zur Ausweisung aller Araber und Juden, die sich der Christianisierung widersetzten. Dadurch drückte er das unter arabischer Herrschaft fortschrittlichste und gebildetste Land Europas auf die christliche Kulturstufe seiner Zeit herab.

1451 n–1505 n Isabella von Kastilien
1481 n/1492 n Letzter Maurenkrieg
1483 n rot Großinquisitor
1492 n rot Juden-Vertreibung

TORRES, Luis Vaz (um 1570 n–um 1640 n), spanischer Seefahrer. Brach 1605 n im Auftrage des Königs von Spanien zu einer Erkundungsfahrt in den Süd-Pazifik auf. Dabei entdeckte er Tahiti, die Manihiki-Inseln, die später nach ihm benannten nördlichen Neuen Hebriden sowie die Louisiaden. 1606 n durchfuhr er als erster die Meerenge zwischen der Nordspitze Australiens und der Südküste der Insel Neu-Guinea und erkannte dadurch den Insel-Charakter von Neu-Guinea, das bis dahin als Teil des gesuchten Süd-Kontinentes galt. Doch hielten die Spanier seine Entdeckung geheim, so daß die 'Torres-Straße' zwischen Australien und Neu-Guinea der Weltöffentlichkeit erst 164 Jahre später durch den englischen Seefahrer Cook bekannt wurde.

1606 n grün Entdeckung von Tahiti

TORRICELLI, Evangelista (1608 n–1647 n), italienischer Mathematiker und Physiker. Nach Beendigung seines Mathematik-Studiums in Rom ging er als Assistent zu Galilei nach Florenz. Er half dem von der Kirche geächteten Forscher bei Untersuchungen zum Beweise der Erdbewegung. Nach Galileis Tod übernahm er dessen Ämter und führte seine Forschungen fort. Fand das Gesetz von der Beziehung zwischen dem freien Fall fester Körper und der Ausflußgeschwindigkeit von Flüssigkeiten aus Gefäßen. Hierbei berücksichtigte er bereits die von der Erdbewegung ausgehende Kraft. Zur weiteren Erhöhung der Genauigkeit seiner Forschungen fertigte er sich Mikroskope und Fernrohre an. Als er eine 80 cm lange, oben geschlossene Röhre mit Quecksilber füllte und unten in Quecksilber stellte, beobachtete er, daß die Quecksilbersäule auf etwa 76 cm herunterfiel und ihre Höhe bei Luftdruckschwankungen geringfügig veränderte. So erfand er das Barometer und schuf die später nach ihm benannte Druck-Einheit für die Luftdruck-Messung ('Torr'). Erkannte das Wesen des luftleeren Raums (Vakuum).

1643 n grün Barometer

TOSA, Name einer japanischen Provinz. Ihr Statthalter war vor mehr als tausend Jahren Tsura-Yuki, der über seine Rückkehr von Tosa in die Hauptstadt Kyoto ein Tagebuch schrieb.

935 n blau 'Tagebuch von Tosa'

TOSKANA, italienische Landschaft im nördlichen Mittel-Italien. Erstreckt sich rund um ihre Hauptstadt Florenz sowie bis Pisa, Livorno, Arezzo und Siena. Das ursprünglich von Etruskern bewohnte Gebiet wurde vor 2250 Jahren römisch, nach dem Zusammenbruch des Römerreiches langobardisch, dann fränkisch und nach wechselnden Fürstenherrschaften 1139 n für 127 Jahre dem deutschen Reiche eingegliedert. Die zunehmende Selbständigkeit der oberitalienischen Städte machte Florenz unter eigenen Herrschern zu einer bedeutenden Handelsmacht und zum führenden Kunstzentrum Italiens. 1765 n fiel das Land dem österreichischen Herrscherhause zu (Habsburger) und blieb mit einer kurzen Unterbrechung während der Napoleonischen Kriege unter seiner Herrschaft. Im Jahre 1860 n wurde es nach einer Volksabstimmung dem entstehenden Königreich Italien angefügt.

983 v rot Etrusker-Ansiedlung
264 v rot Machtgewinn Roms
1080 n rot Verfassung von Lucca
1117 n blau Dom von Pisa
1200 n grün Großwebereien in Florenz
1213 n–1280 n Niccolo Pisano
1250 n rot Verfassung von Florenz
1252 n grün Gulden in Florenz
1266 n–1337 n Giotto
1280 n blau Dom von Siena
1293 n rot Bürgerregierung, Florenz
1296 n blau Dombau in Florenz
1298 n blau Palazzo Vecchio, Florenz
1308 n–1368 n Orcagna
1343 n blau Universität Pisa
1344 n rot Repressalien gegen Banken
1344 n grün Widerstand von Schuldnern
1345 n grün Banken-Zusammenbruch
1350 n blau 'Schiefer Turm' zu Pisa
1377 n–1446 n Brunelleschi
1378 n braun Aufstand in Florenz
1378 n rot Gewerkschaft in Florenz
1382 n rot Gewerkschaft aufgelöst
1419 n grün Findelhaus in Florenz
1436 n blau Domkuppel von Florenz
1439 n blau 'Sängerkanzel' in Florenz
1441 n blau Bücherei in Florenz
1449 n–1492 n Lorenzo Medici
1452 n blau 'Paradiestür' von Florenz
1452 n–1498 n Savonarola
1459 n blau Plato-Akademie Florenz
1465 n grün Fabriken des Medici
1494 n braun Aufstand gegen Medici
1498 n rot Verbrennung Savonarolas
1512 n braun Rückkehr der Medici
1547 n grün Livorno Freihafen
1582 n blau Sprachakademie Florenz
1796 n/1815 n Napoleonische Kriege
1859 n/1861 n Einigungskampf Italiens

TOTENBUCH, Bezeichnung für Papyrusrollen, die verstorbenen Ägyptern von den Angehörigen mit ins Grab gegeben wurden. Enthielt die immer zahlreicher werdenden Gebete, die dem Toten auf seinem Weg ins Jenseits nützlich sein sollten. Früher auf Sarg- oder Grabwände geschrieben, wurden sie seit dem 15. Jahrhundert vor der Zeitwende auf Papyrus gemalt. Es entwickelten sich Manufakturen für die arbeitsteilige Herstellung dieser mit Zeichnungen verzierten Bücher, die man bald fertig kaufen konnte und in die nur noch der Name einzusetzen war. Das Angebot war vielfältig und auf verschiedene Geschmacksrichtungen eingestellt. Doch gehörten einige Abschnitte zur Standard-Ausstattung, vor allem das 30. Kapitel (in dem das Herz beschworen wurde, nichts gegen den Toten auszusagen) und das 125. Kapitel (mit der Aufzählung der Sünden, die der Tote bestimmt nicht begangen habe). Auch durfte die Darstellung des Totengerichtes nicht fehlen (Waage für die guten und schlechten Taten).

1479 v grün Gebrauch in Ägypten

TOTILA, König der Ostgoten von 541 n bis 552 n.

513 n–552 n Lebenslinie
478 n–567 n Narses
505 n–565 n Belisar
535 n/553 n Letzter Ostgotenkrieg
543 n grün Bodenreform

TOUL, Stadt im Nordosten Frankreichs, 150 Kilometer westlich von Straßburg an der Straße nach Paris und am Rhein–Marne-Kanal gelegen. Von den Römern vor mehr als 2000 Jahren am Ufer der Mosel gegründet (Tullum), gehörte sie nach dem Untergang des Römerreiches zum Frankenreich und kam 870 n mit Elsaß-Lothringen zum deutschen Reich. Verselbständigte sich unter einem Grafen und wurde 1136 n als deutsche Reichsstadt Lothringen zugeteilt. 1552 n nahmen die protestantischen Fürsten die Hilfe Frankreichs gegen die katholische deutsche Kaisergewalt an, wodurch der französische König die Stadt besetzen konnte. Er behielt sie, bis er sie sich nach der Schwächung Deutschlands im Dreißigjährigen Kriege endgültig einverleiben konnte (Westfälischer Friede).

870 n rot Deutscher Besitz
1248 n rot 'Hexen'-Verbrennung
1552 n braun Deutsche Fürstenerhebung
1648 n rot Westfälischer Friede
1853 n grün Rhein–Marne-Kanal

TOULOUSE, Stadt im Südwesten Frankreichs, 100 Kilometer von der spanischen Grenze entfernt am Kanal zwischen Atlantik und Mittelmeer gelegen. Die von Galliern gegründete Handelsstadt wurde 118 v von den Römern ihrer Provinz Narbo angeschlossen. 12 Jahre später unter dem Vorwande des Vertragsbruches von römischen Legionen erobert und geplündert. Die Beute im Werte von 150 Millionen DM steigerte die römische Begehrlichkeit und trug wesentlich dazu bei, daß der römische Adel auf die Eroberung ganz Galliens drang. Nach dem Zusammenbruch der Römerherrschaft im Jahre 418 n war sie bis 507 n Hauptstadt des Westgotenreiches, wurde dann fränkisch, anschließend arabisch, und schließlich Sitz selbständiger Fürsten. Die Macht dieser Grafen von Toulouse wurde im Katharer-Kreuzzug gebrochen. Seit 1271 n gehört die Stadt zu Frankreich. Traditionell romfeindlich, war sie ein Zentrum des Protestantismus in Frankreich. Hier wurden schon vor dem großen Protestantenmord (Bartholomäusnacht) 4000 Hugenotten von Katholiken umgebracht, so daß die Kämpfe in den Hugenottenkriegen mit besonderer Härte geführt wurden.

118 v rot Kolonie Narbo
418 n rot Westgoten-Herrschaft
507 n braun Vorstoß der Franken
507 n rot Franken-Herrschaft
1061 n blau Bau der Kathedrale
1167 n rot Katharer-Konzil
1209 n/1229 n Katharer-Kreuzzug
1229 n blau Universität
1249 n rot Katharer-Verbrennung
1275 n rot 'Hexen'-Verbrennung
1323 n blau Sängerfeste
1549 n grün Börse
1562 n/1598 n Hugenottenkriege
1681 n grün Kanal

TOULOUSE-LAUTREC, Henri (1864 n–1901 n), französischer Maler und Graphiker. Durch zwei schwere Beinbrüche im 14. und 15. Lebensjahr in seiner Bewegungsfähigkeit gehemmt, lebte er in dem Pariser Vergnügungsviertel (Montmartre), zeichnete und malte in Cafés, Kabaretts, Varietés, Revuebühnen, Bordellen und Theatern. Berühmt wurde er durch sein Album 'Elle', in dem er das Leben einer Dirne schilderte. Er illustrierte Werke von Renard und Clemenceau, zeichnete für den 'Figaro' und malte Porträts. Seine Plakate für das Revuetheater 'Moulin Rouge' wurden vorbildlich für künstlerische Reklame. Schuf auch zahlreiche Karikaturen. Erlag seiner Trunksucht.

1892 n blau Plakate

TOUR DE FRANCE, Bezeichnung für das größte Radrennen der Welt, das alljährlich im Juli über 4500 Kilometer quer durch Frankreich über Alpen und Pyrenäen führt und nach 21 Tages-Etappen in Paris endet. Zunächst nur ein sportlicher Wettkampf von Berufs-Radfahrern, entwickelte es sich die allgemeine Radsport-Begeisterung der Franzosen bald zu einem gewaltigen Volksfest.

1903 n grün Erste Veranstaltung

TOURS, Stadt am Unterlauf der Loire (Frankreich). Als Hauptstadt der gallischen Turonen bereits vor über 2000 Jahren ein wichtiges Handelszentrum, wurde sie durch die Römer zu einem Umschlagplatz des Straßenverkehrs auf den Wasserweg. Von 473 n bis 507 n im Besitze der Westgoten. Mit der von Chlodwig begonnenen Verlegung des Handels und Verkehrs nach Paris wurde sie in ihrer Bedeutung zurückgedrängt. Im Jahre 732 n wurden in der Nähe der Stadt die aus Spanien vordringenden arabischen Heere geschlagen. Durch zwei Normannen-Einfälle (853 n und 903 n) erlitt die Stadt schwere Verwüstungen. Von 1154 n bis 1205 n in englischem Besitz, seitdem französisch. Zeitweise Wohnsitz französischer Könige, blieb sie wegen ihrer verkehrsgünstigen Lage bedeutend. 1870 n leitete von hier aus Gambetta die französische Verteidigung gegen den deutschen Angriff, 1871 n wurde die Stadt von deutschen Truppen eingenommen.

316 n–397 n Martin von Tours
466 n–511 n Chlodwig
507 n braun Westgoten-Niederlage
507 n rot Fränkische Herrschaft
538 n–594 n Gregor von Tours
633 n/732 n Arabischer Krieg
688 n–741 n Karl Martell
737 n–804 n Alkuin
1000 n–1088 n Berengar von Tours
1870 n/1871 n Deutsch-französischer Krieg

TOWER, Bezeichnung für einen Gebäudekomplex im Osten der Londoner Altstadt. Von dem normannischen Eroberer Wilhelm I. als Burg mit einem weißen Turm angelegt ('weißer Tower') und aus Sicherheitsgründen als Regierungssitz benutzt, blieb er bis 1509 n Hauptresidenz der englischen Könige. In dieser Zeit wurden der Burg-Anlage Verwaltungsgebäude, Kirchen und Kerker, Wälle und Mauern angefügt, so daß sich ein eigener kleiner Stadtteil entwickelte. Von 1509 n bis 1685 n behielten ihn die englischen Könige als zweite Residenz, um sich in Gefahrenzeiten hierher zurückzuziehen. Bis 1820 n auch als Staatsgefängnis verwendet. Seitdem dient er als Kaserne, Waffenarsenal und Museum.

1027 n–1087 n Wilhelm I., der Eroberer
1081 n blau Fertigstellung

TOYNBEE, Arnold J. (geboren 1889 n), englischer Historiker. Als Professor für byzantinische Geschichte begann er 1922 n mit der Niederschrift eines 10bändigen Werkes über den Gang der Weltgeschichte. Darin ordnete er die bisherige Menschheitsentwicklung in 21 Gesellschaftskörper und zeigte ihren Ursprung, ihr Wachstum und ihren Zerfall. In Klassenspaltung und Krieg erkannte er die beiden Ursachen für den Untergang früherer Gesellschaftskörper. Würdigte die entscheidende Bedeutung der Wirtschaft für die Geschichte. Prangerte die Kaltblütigkeit an, mit der in der ganzen bisherigen Geschichte die Herren den Sklaven ihren Anteil an den gemeinsamen Mühen der Menschheit geraubt haben und erklärte die Ungleichheit der Güterverteilung angesichts der modernen Produktivität als eine sittliche Ungeheuerlichkeit. Verurteilte den Hochmut der privilegierten Minderheit. Erkannte die Bedeutung des Proletariats in der Geschichte. Aus der bisherigen Unbesiegbarkeit des Christentums leitete er die Möglichkeit für dessen Fortbestand in gewandelter Form in einer gewandelten Welt ab. Suchte nach einer Verbindung von freier Wirtschaftsweise und Sozialismus in einer Gesellschaft ohne Klassenspaltung und Militarismus. Entlarvte die jahrhundertelange Ausbeutung und Vergewaltigung der außereuropäischen Völker und Rußlands durch die Völker Westeuropas ('Die Welt und der Westen').

1953n blau Weltgeschichte

TRACHOM, Name einer ansteckenden Augenkrankheit, die meist nur in einer Entzündung der Bindehaut besteht, aber gelegentlich auch auf die Hornhaut übergreift. Verbreitete sich von Ägypten aus bereits vor mehr als 4 Jahrtausenden nach Vorderasien und kam durch Napoleons Ägypten-Expedition 1799n auch nach Europa.

2415v–2335v Chui
2358v grün Volks-Hygiene in Ägypten

TRÄGHEITSGESETZ, Bezeichnung für ein physikalisches Grundgesetz, demzufolge jeder Körper im Zustand der Ruhe (oder im Zustand ‚gleichförmiger Bewegung') verharrt, solange nicht äußere Kräfte auf ihn einwirken. Von dem Franzosen Buridan zuerst aufgestellt, wurde es von dem Italiener Galilei entwickelt und von dem Engländer Newton 1687n bewiesen und formuliert.

1340n grün Buridans Forschungen

TRAFALGAR, Name einer Halbinsel, die zwischen Gibraltar und Cadiz (Südspanien) in den Atlantik ragt. Vor der Küste dieses Vorgebirges wurde in den Napoleonischen Kriegen die französisch-spanische Flotte durch die zahlenmäßig unterlegene englische Flotte geschlagen und vernichtet. Dadurch wurden Napoleons überseeische Eroberungspläne zunichte gemacht. Der Befehlshaber der siegreichen englischen Flotte (Nelson) fiel in der Schlacht.

1796n/1815n Napoleonische Kriege

TRAGÖDIE, aus dem Griechischen übernommene Bezeichnung für 'Trauerspiel'. Das griechische Wort bedeutet 'Bocksgesang', weil die Volksgesänge, aus denen die Trauerspiele hervorgingen, meist bei Volksfesten (Dionysien) von bocksartig verkleideten Sängern vorgetragen wurden.

656v–587v Arion
583v–513v Thespis
534v blau Tragödie in Athen
525v–456v Aischylos
496v–406v Sophokles
491v blau Phrynichos' Tragödien
487v rot Staatlicher Chor, Athen
486v blau Zweiter Schauspieler
480v–406v Euripides
476v blau Phrynichos: 'Phönissen'
473v blau Aischylos: 'Die Perser'
467v blau 'Sieben gegen Theben'
461v blau Dritter Schauspieler
459v blau Aischylos: 'Die Orestie'
442v blau Sophokles: 'Antigone'
438v blau Euripides: Prolog
431v blau Euripides: 'Medea'
415v blau Euripides: 'Troérinnen'
410v blau Euripides: 'Archelaos'
407v blau Sophokles: 'Ödipus'
406v blau Euripides: 'Iphigenie'
4v–65n Seneka
53n blau Senekas Dramen
1499n blau Rojas: 'La Celestina'
1562n–1635n Lope de Vega
1564n–1616n Shakespeare
1586n blau Marlowe: 'Timur'
1588n blau Marlowe: 'Faust'
1591n blau 'Romeo und Julia'
1599n blau 'Julius Cäsar'
1600n–1681n Calderon
1601n blau 'Hamlet'
1605n blau 'Macbeth'
1606n–1685n Corneille
1630n blau Tellez: Don-Juan-Drama
1636n blau Corneille: 'Der Cid'
1639n–1699n Racine
1647n blau Gryphius' Tragödie
1677n blau Racine: 'Phädra'
1691n blau Racine: 'Athalie'
1694n–1778n Voltaire
1729n–1781n Lessing
1732n blau Voltaire: 'Zaïre'
1742n blau Voltaire: 'Mohammed'
1749n–1832n Goethe
1759n–1805n Schiller
1772n blau 'Emilia Galotti'
1775n blau Alfieri: 'Philipp II.'
1777n–1811n Kleist
1782n blau 'Kabale und Liebe'
1787n blau Goethe: 'Egmont'
1789n blau 'Menschenhaß und Reue'
1800n blau 'Maria Stuart'
1807n blau Kleist: 'Penthesilea'
1808n blau Goethe: 'Faust I'
1817n blau Grillparzer: 'Ahnfrau'
1825n blau Puschkin: 'Boris Godunow'
1831n blau Goethe: 'Faust II'
1844n blau Hebbel: 'Maria Magdalena'
1862n blau Hebbel: 'Nibelungen'
1891n blau 'Frühlings Erwachen'
1933n blau Lorca: 'Bluthochzeit'

TRAJAN, Markus Ulpius, römischer Kaiser von 98n bis 117n.

53n–117n Lebenslinie
67n–129n Apollodoros von Damaskus
76n–139n Hadrian
86n–161n Antoninus Pius
101n/106n Zweiter Dakerkrieg
104n grün Donaubrücke
106n rot Dakerreich Provinz
106n grün Massenumsiedlung
106n braun Vorstoß in Arabien
106n rot Arabien Provinz
106n blau 'Odeon'
107n rot Indische Gesandtschaft
109n blau Briefwechsel mit Plinius
110n grün Straßennetz
112n rot Christentum ungesetzlich
112n rot Schutz vor Diffamierung
112n blau Trajansforum
113n blau Trajanssäule
114n/117n Partherkrieg
114n rot Armenien Provinz
115n rot Mesopotamien Provinz
116n braun Judenaufstand
116n rot Großreich

TRAJANSFORUM, Name des gewaltigsten und schönsten Platzes im alten Rom. Von dem aus Damaskus stammenden Architekten Apollodoros im Auftrage des Kaisers Trajan in 12 Jahren geschaffen, verband es die Innenstadt mit dem außerhalb der Stadt gelegenen Exerzierplatz (Marsfeld). Nach Abtragung gewaltiger Erdmassen in einer Größe von 110 mal 120 Metern mit Steinplatten belegt und von mehreren kleineren Nebenplätzen umgeben. Umrahmt von dem Triumphbogen des Trajan, einem Tempel, einem Amtsgebäude (160 mal 56 Meter), von Säulenhallen und einer griechischen sowie einer lateinischen Bibliothek, wurde die ganze Anlage von der 39 Meter hohen Trajanssäule gekrönt.

53n–117n Trajan
67n–129n Apollodoros von Damaskus
112n blau Vollendung
113n blau Trajanssäule

TRAJANSSÄULE, die auf dem Trajansforum in Rom aufgestellte 39 Meter hohe Säule, in deren Sockel die Urne mit der Asche des Kaisers Trajan beigesetzt wurde. Sie besteht aus 34 Marmorblöcken von je etwa 15000 Kilo Gewicht und hat einen Durchmesser von 4 Metern. Spiralförmig nach oben laufen rund um die Säule Reliefdarstellungen von den Kriegstaten Trajans. In den Windungen wurde in 2500 Einzelfiguren von 60–70 Zentimeter Höhe der Sieg Roms über die Daker im Balkan geschildert. Im Innern führt eine schmale Wendeltreppe von 184 Stufen bis in die Spitze der Säule. Von dem Architekten Apollodoros entworfen, wurde sie so sorgfältig ausgeführt, daß sie nach fast 2 Jahrtausenden noch heute unverändert an ihrem Platz steht. Nur die Statue Trajans, die oben auf der Säule ihren Platz hatte, wurde zum höheren Ruhme des Christentums im Jahre 1587n durch eine Petrus-Statue ersetzt.

53n–117n Trajan
67n–129n Apollodoros von Damaskus
113n blau Fertigstellung

TRALLES, Stadt im westlichen Kleinasien am Ufer des Mäander, 50 Kilometer vor seiner Mündung ins Mittelmeer. Vor mehr als 2600 Jahren als Siedlung der Lyder entstanden, wurde sie mit dem Lyderreich im Jahre 546v persische Provinz. Durch Alexander den Großen befreit, fiel sie in den Diadochenkriegen zunächst an Antigonos, dann an Lysimachos und endlich an Seleukos, der ihren Namen vorübergehend in 'Seleukeia' änderte. Seit 188v gehörte sie zum Reiche von Pergamon, 133v fiel sie an Rom und wurde 129v der römischen Provinz Asia eingefügt. Seit der Reichsteilung von Ostrom (Byzanz) beherrscht, wurde sie schließlich türkisch. Hier wurde der Arzt und Naturforscher Alexander Tralles geboren.

546v braun Vorstoß Persiens
546v rot Persische Herrschaft
334v/325v Alexanderzug
323v/301v Diadochenkriege
151v blau 'Farnesischer Stier'
129v rot Römische Herrschaft
50n grün Thessalos: Heilkunde
395n rot Byzantinische Herrschaft
525n–605n Alexander Tralles

TRANSFUSION, von dem lateinischen Worte 'transfusio' (= Umgießung) abgeleitete Bezeichnung für die Überleitung des Blutes von einem Menschen oder Tier auf den Körper eines anderen.

1667n grün Vom Tier zum Menschen
1824n grün Von Mensch zu Mensch

TRANSISTOR, Bezeichnung für einen Kristallverstärker, der bald nach seiner Erfindung die vorher gebräuchlichen Verstärkerröhren verdrängte, weil er bei gleicher Leistung wesentlich kleiner und unzerbrechlich ist sowie bei geringerem Stromverbrauch eine praktisch unbegrenzte Lebensdauer besitzt. Das aus einem Halbleiter (meist Germanium) bestehende Element wird in der gesamten Rundfunk- und Fernsehtechnik sowie für alle elektronischen Geräte (Rechenmaschinen) verwendet.

1948n grün Entwicklung

TRANSMANDSCHURISCHE EISENBAHN, Bezeichnung für das über mandschurisches Gebiet führende 1481 Kilometer lange Teilstück der transsibirischen Eisenbahn. Es war das letzte Teilstück der von Moskau nach Wladiwostok am Pazifik führenden Eisenbahnverbindung. Ihr Bau wurde durch den russisch-chinesischen Vertrag von 1896n ermöglicht. Nach dem russisch-japanischen Krieg von 1904n/1905n wurde dieses Teilstück von den Russen durch eine 870 Kilometer längere Strecke ersetzt, die nördlich des Amur (also ausschließlich auf russischem Gebiet) verläuft.

1896n rot Vertrag

TRANSOXANIEN, alte Bezeichnung für das Gebiet südöstlich des Aral-Sees (West-Asien). Es gehört heute als Sowjetrepublik Usbekistan zur UdSSR. Seinen Namen erhielt es von den griechischen Heeren, die das vorher persische Land unter Alexander dem Großen eroberten, nachdem sie den Fluß Oxus (heute: Amu-Darja) überschritten hatten (wörtlich: 'Das jenseits des Oxus Gelegene'). Später von Hunnen erobert, von den Arabern zu einem Kulturzentrum erhoben (Buchara, Samarkand), wurde es nach längerer mongolischer Herrschaft türkisch und 1872n dem russischen Reiche einverleibt.

356v–323v Alexander der Große
334v/325v Alexanderzug
172v–114v Tschang-Kien
453n rot Reich der Hunnen
633n/732n Arabischer Krieg
675n–715n Welid
712n rot Araber-Herrschaft
751n braun Arabersieg über China
874n rot Buchara, Samarkand frei
1155n–1227n Dschingis-Khan
1207n/1279n Großer Mongolenkrieg
1220n rot Samarkand mongolisch
1336n–1405n Timur
1380n rot Reich der Mongolen
1392n–1450n Ibn Arabscha
1868n rot Buchara, Pamir russisch
1872n rot Usbekistan russisch

TRANSPORT, von dem lateinischen Worte 'transportare' (= hinübertragen) abgeleitete Bezeichnung für die Beförderung von Gütern und Menschen.

Vorzeittafel: Schlußbalken (5000 Jahre)
2985v grün Zweiradwagen in Indien
2945v grün Vierradwagen in Sumer
2902v blau Karawanenplatz Mekka
2854v grün Karawanenweg in Arabien
2829v grün Schiffsbau in Mesopotamien
2822v grün Straßen in Indien
2644v–2576v Snofru
2618v grün Sänfte in Ägypten
2598v grün Nilschiffe
2584v grün Handelsflotte Ägyptens
2582v grün Befestigte Handelsstraßen
2576v grün Assuan Handelsplatz
2570v–2481v Ur-Enlil
2565v grün Transport von Steinblöcken
2545v–2478v Mes-Anni-Padda
2540v grün Kanäle in Sumer
2512v–2458v Sahu-Re
2464v–2397v En-Te-Mena
2405v grün Kanäle in Sumer
2378v blau 'Segelschiff auf dem Nil'
2369v–2295v Una
2339v grün Boote aus Papyrus
2332v–2248v Yao
2314v–2292v Meren-Re
2311v grün KarawanenÄgypten–Nubien
2297v grün Nilkatarakt schiffbar
2282v grün Segeln auf dem Nil
2253v grün Kanal von Nippur zum Meer
2060v–1983v Schul-Gi
2047v blau 'Nilkahn mit Ruderern'
2044v grün Kanal von Ur zum Meer
2002v–1928v Sesostris I.
1972v blau 'Karawane aus Asien'
1904v–1841v Sesostris III.
1897v grün Frachtbriefe
1886v–1817v Sumu-Abum
1885v blau 'Fremde Handelskarawane'
1869v blau 'Bootsbau aus Papyrus'
1867v grün Nil-Katarakt-Kanal
1764v grün Vierradwagen in Ägypten
1716v grün Mari Handelsplatz
1694v grün Werft in Babylon
1691v–1628v Chian
1615v grün Schiffsbau auf Kreta
1597v–1521v Minos
1472v blau Fries: Verladen von Wein
1429v blau 'Beladen der Schiffe'
1367v rot Protest wegen Überfalls
1277v–1207v Tu-Kulti
1242v grün Straßenbau Assyriens
1102v grün Kamel als Lasttier
999v–936v Hiram
969v–908v Bilkis
979v rot Indienhafen Palästinas
758v–672v Bajin
740v grün Schlauchboot
733v–645v Kuan-Tse
694v grün Steinerne Tigris-Brücke
658v–595v Necho II.
621v grün Tiber-Brücke
605v grün Kanalbau Ägyptens
602v–527v Peisistratos
565v–522v Kambyses
550v–486v Dareios I.
518v grün Straßenbau Persiens
493v grün Hafen von Piräus
490v grün Kanalbau in Ägypten
486v grün Kanäle in China
486v–430v Hippodamos
483v grün Athos-Kanal
480v grün Schiffsbrücke
463v grün Getreideschiffe Athens
425v grün Brücke nach Euböa
408v grün Hafen von Rhodos
398v rot Gibraltar-Enge gesperrt
342v grün Ausbau Ostias
340v–273v Appius Klaudius
312v grün 'Via Appia'
281v grün Schleuse in Ägypten
279v grün Leuchtturm von Alexandria
259v–209v Schi-Huang-Ti
157v–87v Wu-Ti
121v grün Ausbau der Seidenstraße
120v grün Straße Italien–Spanien
117v grün Nutzen des Monsuns
63v–12v Agrippa
63v–14n Augustus (Oktavian)
55v grün Hölzerne Rheinbrücke
26v grün Handelsflotten-Ausbau
21v grün Beamtenpost in Rom
19v grün Straßennetz Roms
12v grün Kanalbau in Holland
10v–54n Klaudius
42n grün Versorgungshafen Roms
46n grün 'Donaustraße'
53n–117n Trajan
67n grün Flugversuch in Rom
67n–129n Apollodoros von Damaskus
68n grün Hängebrücke in China
80n grün Römerstraßen in England
104n grün Steinerne Donaubrücke
110n grün Römerstraßen: 75000 km
232n–282n Probus
267n grün Schiffsbau in Schleswig
309n grün Steinerne Rheinbrücke
554n rot Machtgewinn Byzanz'
560n–618n Yang-Ti
605n grün Kanalbau in China
608n grün Kanalbau-Organisation
675n–715n Welid
685n–762n Hüan-Tsung
730n grün Chinesische Denkschrift
745n grün Postverkehr in China
746n grün Verkehr Schweden–China
793n grün Kanalbau Rhein–Donau
805n grün Magdeburg Stapelplatz
823n–877n Karl II., der Kahle
835n grün Route zum Schwarzmeer
847n grün Arabische Denkschrift
855n grün Schiffsbau der Normannen
880n grün Flugversuch eines Arabers
990n grün Flottenbau Venedigs
1065n grün Flugversuch in England
1102n grün Kompaß für Schiffahrt
1115n grün Seefahrtszeichen Bremens
1173n grün Brieftaubenpost
1204n grün Neue Orient-Route
1217n–1265n Hulagu-Khan
1221n grün Gotthard-Straße
1256n grün Plan einer Flugmaschine
1265n grün Post bei Mongolen
1276n grün Post bei Deutschrittern
1283n grün Kanalbau in China
1293n grün Seemacht der Mongolen
1306n grün Verbesserter Kompaß
1310n grün Straßenpflaster in Lübeck
1357n blau Karlsbrücke in Prag
1364n grün Sperrung des Sundes
1381n rot Schiffahrts-Gesetze
1387n grün Septimer-Paß
1394n–1460n Heinrich der Seefahrer
1398n grün Elbe-Trave-Kanal
1408n–1472n Nezalhual
1420n grün Seefahrts-Schule
1480n grün Monte-Viso-Tunnel
1496n grün Inka-Straße
1501n grün Grubenwagen, Deutschland
1505n grün Plan einer Flugmaschine
1506n grün Post in Frankreich
1506n grün Deutsche Gewürzflotte
1551n grün Hafen Helsinki
1594n grün Seilbahnen in Italien
1599n grün Stevin: Segelwagen
1615n grün Gefederter Wagen
1620n–1688n Der Große Kurfürst
1649n grün Wagen mit Kurbelantrieb
1651n rot Navigationsakte
1662n grün Omnibus in Paris
1665n grün Straßenlicht in Paris
1670n grün Lana: Luftschiff-Plan
1672n–1725n Peter I., der Große
1678n grün Flugversuch Besniers
1679n grün Tunnel-Sprengung
1681n grün Kanalbau in Frankreich
1696n grün Schiffsnachrichtenblatt
1698n grün Karawanen Rußland–China
1698n grün Briefträger in Berlin
1707n grün Schaufelrad-Antrieb
1709n grün Gusmao: Ballon
1720n grün Kraftwagen
1731n blau Elbbrücke in Dresden
1731n grün Ladoga-Kanal
1731n grün Ballonflug-Versuch
1734n grün Rückstoß-Antrieb
1736n grün Eisenschienen in England
1772n grün Brenner-Straße
1773n grün Colles: Dampfschiff
1779n grün Eiserne Brücke
1782n grün Montgolfier: Ballon
1783n grün Ballonflug eines Menschen
1785n grün Flug Dover–Calais
1787n grün Eisenschiff
1804n grün Trevithick-Lokomotive
1804n–1881n Disraeli
1806n grün Kontinentalsperre
1807n grün Fulton: Dampfschiff
1812n grün Schiffsschraube
1813n grün Drais: Laufrad
1814n grün Stephenson: Lokomotive
1814n grün Straßenlicht in London
1816n–1892n Siemens
1818n grün Atlantikfahrt (Dampfschiff)
1825n grün Eisenbahn in England
1826n grün Eisenbahntunnel
1829n rot Öffnung des Bosporus
1835n grün Eisenbahn in Deutschland
1841n rot Meerengen-Sperre
1845n grün Milius: Fahrrad
1848n–1896n Lilienthal
1852n grün Ballon mit Antrieb
1853n grün Rhein-Marne-Kanal
1858n grün Schlafwagen
1860n grün Lenoir-Motor
1863n–1947n Ford
1864n grün Markus: Kraftwagen
1869n grün Suezkanal
1871n grün Mont-Cenis-Tunnel
1873n blau 'Wolgatreidler'
1875n grün Suez-Aktien an England
1876n grün Otto-Motor
1879n grün Eisenbahn-Verstaatlichung
1881n grün Gotthard-Tunnel
1881n grün Elektrische Straßenbahn
1883n grün Daimler-Motor
1884n grün Zielfahrt mit Luftschiff
1885n grün Motorrad
1886n grün Benz: Automobil
1887n grün Daimler: Automobil
1888n grün Firth-of-Forth-Brücke
1890n grün Lilienthals erster Flug
1893n grün Diesel-Motor
1896n rot Eisenbahn-Konzession
1899n grün Zeppelins Luftschiff
1900n grün Untergrundbahn in Paris
1903n grün Ford: Autofabrik
1903n grün Wright: Motorflug
1913n grün Panamakanal
1915n grün Metallflugzeug
1919n grün Atlantikflug (Luftschiff)
1927n grün Atlantikflug (Flugzeug)
1934n grün Autobahnen
1934n–1968n Juri Gagarin
1935n grün Luftkissen-Fahrzeug
1937n grün Golden-Gate-Brücke
1937n grün Hubschrauber
1939n grün Düsenflugzeug
1942n rot Abessinienbahn an England
1949n grün Flug um die Erde
1952n grün Wolga-Don-Kanal
1956n grün Suezkanal verstaatlicht
1956n grün Zwei Wagenklassen
1961n grün Gagarin: Raumflug
1962n grün Maracaibo-Brücke
1962n grün Rendezvous-Raumflug
1963n grün Raumflug einer Frau
1964n grün Raumflug dreier Menschen
1965n grün Leonows Raumflug

TRANSSIBIRISCHE EISENBAHN, längste Eisenbahnstrecke der Erde. Verbindet Moskau mit dem rund 10000 Kilometer entfernten russischen Pazifikhafen Wladiwostok. Im Jahre 1904n mit der Fertigstellung des letzten, mandschurischen Teilstückes von 1481 Kilometer Länge vollendet. Seit 1916n führt die (870 Kilometer längere) Strecke ausschließlich über russisches Gebiet.

1896n rot Konzession für Teilstrecke

TRANSVAAL, Land im Osten Südafrikas zwischen den Flüssen Limpopo und Vaal. Von Bantu-Negern bewohnt, die auch heute noch drei Viertel der Bevölkerung ausmachen. Um die Mitte des 19. Jahrhunderts wurde es von holländischen Siedlern eingenommen, die sich zu Herren des Landes machten und die Eingeborenen für sich arbeiten ließen. In zahlreichen Kämpfen mit den Engländern behaupteten sie sich trotz gelegentlicher Niederlagen. Seit der von hier ausgegangenen Gründung des

Südafrikanischen Staates blieb es unter der Herrschaft seiner weißen Minderheit.

1877 n rot Englische Kolonie
1880 n braun Buren-Erhebung
1881 n rot Selbstverwaltung der Buren
1896 n braun Angriff auf Buren
1899 n/1902 n Burenkrieg
1902 n rot Südafrika englisch
1910 n rot Südafrikanische Union

TRAPEZ-PROJEKTION, Bezeichnung für einen von dem deutschen Geographen Nikolaus Germanus entwickelten Kartennetz-Entwurf, mit dessen Hilfe er Landkarten von Spanien, Italien und einigen nordeuropäischen Ländern schuf.

1466 n grün Entwicklung

TRAPPISTEN, Name eines katholischen Mönchsordens, benannt nach dem Stammkloster La Trappe, 130 km westlich von Paris. Geht auf den Neffen des Kardinals Richelieu (Rancé) zurück, der hier die Sünden eines ausschweifenden Lebens abbüßen wollte. Er gab dem seit 1122 n bestehenden Zisterzienser-Kloster eine Regel von unmenschlicher Härte, die später Grundlage eines neuen Ordens wurde. Alle Mönche müssen danach für den Rest ihres Lebens völliges Schweigen bewahren, wovon nur Gebete und gemeinsamer Kirchengesang ausgenommen sind (täglich 11 Stunden). Daneben haben sie harte Feldarbeit zu leisten. Ihre Nahrung besteht aus Wurzeln, Gemüsen, Früchten und Wasser, ihre Kleidung aus Holzschuhen, Umhang, Kapuze und Strick. Abends arbeiten sie einige Minuten an der Herrichtung ihrer Gräber, dann schlafen sie in ihren Särgen auf Stroh. Der Orden wurde in der französischen Revolution aufgehoben, während der anschließenden Restauration aber wieder hergestellt. Er ist heute in allen Erdteilen (außer Australien) verbreitet, auch mit einem weiblichen Zweig (Trappistinnen).

1663 n rot Orden

TRAUBEN

2787 v grün Wein in Ägypten
2304 v grün Wein in Akkad
1472 v blau Bild der Weingewinnung
1411 v blau Darstellung der Ernte

TRAUER

1505 v blau Statue einer Trauernden
1398 v blau Bild einer Trauernden
1381 v blau Bild von Klageweibern
1352 v blau Relief Trauernder
1340 v blau Bild einer Trauergemeinde
1099 v–1016 v Tschu
1031 v blau Chinesisches Zeremoniell
656 v–587 v Arion

TRAUERSPIEL

656 v–587 v Arion
583 v–513 v Thespis
534 v blau Tragödie in Athen
525 v–456 v Aischylos
496 v–406 v Sophokles
491 v blau Phrynichos' Tragödien
487 v rot Staatlicher Chor, Athen
486 v blau Zweiter Schauspieler
480 v–406 v Euripides
476 v blau Phrynichos: 'Phönissen'
473 v blau Aischylos: 'Die Perser'
467 v blau 'Sieben gegen Theben'
461 v blau Dritter Schauspieler
459 v blau Aischylos: 'Die Orestie'
442 v blau Sophokles: 'Antigone'
438 v blau Euripides: Prolog
431 v blau Euripides: 'Medea'
415 v blau Euripides: 'Troërinnen'
410 v blau Euripides: 'Archelaos'
407 v blau Sophokles: 'Ödipus'
406 v blau Euripides: 'Iphigenie'
4 v–65 n Seneka
53 n blau Senekas Dramen
1499 n blau Rojas: 'La Celestina'
1562 n–1635 n Lope de Vega
1564 n–1616 n Shakespeare
1586 n blau Marlowe: 'Timur'
1588 n blau Marlowe: 'Faust'
1591 n blau 'Romeo und Julia'
1599 n blau 'Julius Cäsar'
1600 n–1681 n Calderon
1601 n blau 'Hamlet'
1605 n blau 'Macbeth'
1606 n–1685 n Corneille
1630 n blau Tellez: Don-Juan-Drama
1636 n blau Corneille: 'Der Cid'
1639 n–1699 n Racine
1647 n blau Gryphius' Tragödie
1677 n blau Racine: 'Phädra'
1691 n blau Racine: 'Athalie'
1694 n–1778 n Voltaire
1729 n–1781 n Lessing
1732 n blau Voltaire: 'Zaïre'
1742 n blau Voltaire: 'Mohammed'
1749 n–1832 n Goethe
1759 n–1805 n Schiller
1772 n blau 'Emilia Galotti'
1775 n blau Alfieri: 'Philipp II.'
1777 n–1811 n Kleist
1782 n blau 'Kabale und Liebe'
1787 n blau Goethe: 'Egmont'
1789 n blau 'Menschenhaß und Reue'
1800 n blau 'Maria Stuart'
1807 n blau Kleist: 'Penthesilea'
1808 n blau Goethe: 'Faust I'
1817 n blau Grillparzer: 'Ahnfrau'
1825 n blau Puschkin: 'Boris Godunow'
1831 n blau Goethe: 'Faust II'
1844 n blau Hebbel: 'Maria Magdalena'
1862 n blau Hebbel: 'Nibelungen'
1891 n blau 'Frühlings Erwachen'
1933 n blau Lorca: 'Bluthochzeit'

TRAUM, Traumdeutung

1480 v blau Plastik eines Träumenden
156 v blau Artemidor: Traumdeutung
1814 n blau Schubert: Traumsymbolik
1855 n–1939 n Freud
1895 n grün Freud: Psychoanalyse
1900 n grün Freud: Traumdeutung

TRAVE, Fluß in Norddeutschland. Entspringt südöstlich von Kiel in Holstein, fließt in einem großen Westbogen nach Lübeck und verbindet in seinem breiten Mündungslauf die Stadt mit der Ostsee (Travemünde). Diese Mündungsbucht bildete vom 13. bis zum 16. Jahrhundert den Haupthafen der Hanse.

1143 n blau Gründung von Lübeck
1398 n grün Kanal zur Elbe

TREIBHAUS

1249 n grün Einrichtung in Köln

TREIBJAGD

1399 v grün Ägyptische Stierjagden

TREIDLER, Berufsbezeichnung für Männer, die vor der allgemeinen Einführung des Motorschiffs Lastkähne stromaufwärts schleppten.

1873 n blau Repins Gemälde

TRENSE, Bezeichnung für die früheste Form des Pferde-Zaums (Beißstange).

1779 v grün Gebrauch in Vorderasien

TREPPE

2855 v grün Bau aus Kalkstein
2846 v–2784 v Hemaka
2751 v grün Bau aus Ziegeln

TRETKURBEL, von dem deutschen Erfinder Milius entwickelte Einrichtung zur Verbesserung des von Drais erfundenen Laufrades. Ermöglichte die Fortbewegung ohne das vorher notwendige Abstoßen mit den Füßen und machte so aus dem Laufrad ein Fahrrad.

1845 n grün Konstruktion

TRETRAD, Gerät zur technischen Nutzbarmachung menschlicher Arbeitskraft. Entstand vor mehr als 2200 Jahren in Griechenland. Es bestand aus einer riesigen Trommel, die an den Seiten offen war und in deren Innern ein Sklave unausgesetzt vorwärtslief. Dadurch hielt er die auf einer Achse laufende Trommel in einer ständigen Drehbewegung und betätigte so eine an ihrem Ende angebrachte unendliche Eimerkette, mit deren Hilfe Wasser aus einem Brunnen in ein Berieselungssystem geschöpft wurde.

230 v grün Gebrauch in Griechenland

TREVITHICK, Richard (1771 n–1833 n), englischer Ingenieur. Baute Hochdruck-Dampfmaschinen und stellte 1796 n sein erstes Straßen-Fahrzeug mit Dampfantrieb her. Da es sich infolge seiner Schwerfälligkeit nicht bewährte, verbesserte er es in den folgenden Jahren so, daß er 1801 n mit seiner 'Dampfkutsche' durch London fahren konnte. Die immer noch große Belastung für die Straßendecke brachte ihn auf den Gedanken, das Fahrzeug auf Eisen-Schienen zu setzen. Im Jahre 1804 n ließ er seine Dampfmaschine auf Schienen 12 Kilometer weit fahren. Dabei zog diese erste Lokomotive der Erde 15 Tonnen Eisen und 5 Personenwagen mit 70 Passagieren mit einer Geschwindigkeit von 8 Stundenkilometern. Als nach 5 Monaten die Schienen brachen, baute er einen Gleiskörper mit festeren Schienen und stellte darauf eine stärkere Lokomotive, die eine Geschwindigkeit von fast 20 Stundenkilometern erreichte. Doch ergötzte er mit seinen Pionier-Leistungen nur das schaulustige Publikum, ein bleibender Erfolg war seiner Eisenbahn nicht beschieden. Er starb in Armut.

1804 n grün Lokomotive

TRIANON, Name zweier Schlösser im Park von Versailles. Das 'Grand Trianon' wurde vom französischen König Ludwig XIV. für Frau von Maintenon errichtet, das 'Petit Trianon' von Ludwig XV. für die Dubarry. Im großen Saale des 'Grand Trianon' wurde 1920 n der Friedensvertrag der Siegermächte mit Ungarn unterzeichnet. Darin mußte Ungarn auf fast zwei Drittel seines Staatsgebietes verzichten zugunsten Rumäniens, Jugoslawiens, der Tschechoslowakei und Österreichs.

1687 n blau 'Grand Trianon'

TRIBONIAN, byzantinischer Rechtsgelehrter und Staatsmann.

475 n–545 n Lebenslinie
482 n–565 n Justinian
533 n rot 'Corpus juris civilis'
533 n blau 'Pandekten'
533 n blau 'Institutionen'

TRIBUN, ursprünglich Bezeichnung für die Vorsteher eines Stadtteiles (tribus) in Rom, dann Titel für Volksvertreter und die Inhaber verschiedener Ämter. Später auch Amtsbezeichnung für die Träger der höchsten Gewalt in italienischen Stadtstaaten.

494 v rot Tribunen der Plebejer
492 v rot Immunität
156 v–86 v Marius
104 n–168 n Julianus Salvius
697 n rot Herrschaft in Venedig
1313 n–1354 n Rienzi

TRIBUT, von dem lateinischen Worte 'tributum' abgeleitete Bezeichnung für Abgaben unterworfener Völker an ihre Besieger.

2933 v–2868 v Skorpion
2904 v rot Tributpflicht Libyens
2665 v blau Relief eines Tributzuges
2479 v rot Umma tributpflichtig
2154 v–2096 v Jar-Lagab
1911 v–1845 v Ilu-Suma
1752 v–1692 v Sa-Litis
1712 v–1640 v Apofis
1703 v rot Tributpflicht Unterägyptens
1701 v rot Tributpflicht Oberägyptens
1519 v rot Tributpflicht Palästinas
1515 v rot Tributpflicht Syriens
1513 v rot Tributpflicht Mesopotamiens
1443 v–1389 v Sudas
1426 v–1377 v Amen-Hotep III.
1107 v rot Tributpflicht Phöniziens
943 v–890 v Adadnirari II.
912 v–860 v Assurnasirpal II.
890 v–814 v Jehu
841 v grün Tribut Israels
738 v rot Tributpflicht Sabas
724 v grün Tribute Messeniens
714 v–642 v Manasse
712 v grün Tribute Phrygiens
701 v grün Tribute Judas
519 v grün Indische Tribute
234 v–174 v Mao-Tun
106 v–48 v Pompejus
72 v–4 v Herodes der Große
350 n–404 n Balamir
370 n/455 n Hunnenkriege
410 n–453 n Attila
430 n grün Tribut Ostroms
434 n grün Tribut Ostroms erhöht
447 n grün Tribut Ostroms erhöht
484 n grün Tribute Persiens
511 n–579 n Chosroes
562 n grün Byzantinische Tribute
601 n–673 n Li-Pen
865 n grün Tribute Englands
866 n grün Tribute Frankreichs
885 n grün Zahlung an Normannen
933 n grün Ende deutscher Tribute
944 n grün Zahlung an Rußland
1005 n grün Tribute Chinas
1042 n grün Tribute Chinas erhöht

TRICHTER

1495 v blau Gemälde 'Mann mit Trichter'
1653 n blau 'Poetischer Trichter'

TRIENT, Stadt in Norditalien an der Einmündung des Etschtales in die Hochebene des Gardasees. Durch ihre Lage am Südfuße der Brenner-Alpenstraße früh ein Zentrum des Handels und des Verkehrs, wurde sie zur ersten Stadt Tirols. Vor 2000 Jahren von den Römern zur Provinzhauptstadt gemacht (Tridentinum), 500 Jahre später von dem Ostgotenkönig Theoderich als Festung ausgebaut, dann 574 n Residenz eines Langobarden-Herzogs. 200 Jahre später von Karl dem Großen dem fränkischen Reiche einverleibt. Verselbständigte sich aber und wurde in den Kampf der Fürsten, Städte und Bischöfe Oberitaliens verstrickt. Durch Otto den Großen mit dem alten Langobardenreiche (= Lombardei) dem deutschen Reiche eingefügt. Zwischen den deutschen Fürsten (Bayern, dem Bischof und Österreich) hin- und hergerissen, gehörte sie seit dem Wiener Kongreß zu Österreich. Nach der Niederlage Österreichs im ersten Weltkrieg im Friedensvertrag von St. Germain aber Italien zugesprochen.

489 n/493 n Vorstoß der Ostgoten
568 n/569 n Vorstoß der Langobarden
773 n/774 n Vorstoß der Franken
774 n rot Franken-Herrschaft
951 n braun Vorstoß der Deutschen
951 n rot Deutsche Herrschaft
1545 n rot Konzil
1815 n rot Wiener Kongreß
1919 n rot Vertrag von St. Germain

TRIER, deutsche Stadt an der luxemburgischen Grenze. Unmittelbar unterhalb der Einmündung der Saar in die Mosel verkehrsgünstig gelegen, wurde die Siedlung der Treverer von den Römern zur Stadt ausgebaut. Durch Anlage einer Brücke über die Mosel wurde sie zu einem bedeutenden Handelsplatz und gelangte schnell zu Reichtum und Ansehen. Seit 285 n war sie zeitweilig Residenz römischer Kaiser. Nach dem Untergang Roms wurde die Stadt 451 n von Hunnen erobert, fiel 460 n an das Frankenreich und 870 n mit Elsaß-Lothringen an Deutschland. 902 n geriet sie unter die Herrschaft des Erzbischofs, der als Landesherr das ganze umliegende Moselgebiet besaß und bald Besitz und Macht so ausgedehnt hatte, daß er seit dem 13. Jahrhundert als Kurfürst die Reichsgeschicke durch Wahl des deutschen Königs mitbestimmte. Die antikirchliche Bewegung des 13. Jahrhunderts (Katharer) hatte hier eines ihrer Zentren. Obwohl sich das Volk mehrfach gegen die kirchliche Macht erhob, erreichte es nicht mehr als eine Beteiligung an der Stadtverwaltung (1302 n). Auch die Reformation scheiterte an der Macht des Bischofs, der sich im Dreißigjährigen Krieg durch Anlehnung an Frankreich zu retten suchte. Seit dieser Zeit nahmen die Franzosen mehrmals die Stadt ein. 1815 n aber fiel sie endgültig an Preußen und blieb deutsch. 1818 n wurde hier Karl Marx geboren. 1821 n wurde das von den französischen Revolutionsheeren 1797 n aufgehobene katholische Bistum wieder gegründet.

15 v blau Gründung der Stadt
118 n blau Theater
261 n–335 n Laktantius
285 n rot Römische Residenz
309 n–394 n Ausonius
315 n grün Kaiserthermen
340 n–397 n Ambrosius
370 n/455 n Hunnenkriege
783 n blau Bibelhandschrift
870 n rot Deutscher Besitz
1231 n blau Katharerschulen
1241 n grün Öffentliche Apotheke
1356 n rot 'Goldene Bulle'
1618 n/1648 n Dreißigjähriger Krieg
1796 n/1815 n Napoleonische Kriege
1801 n rot Besitz Frankreichs
1815 n rot Wiener Kongreß
1818 n–1883 n Karl Marx

TRIEST, Mittelmeerhafen an der Adria, 100 Kilometer östlich von Venedig. 178 v bauten die Römer den alten Handelshafen zu einer befestigten Stadt aus und machten diese zu einem Schnittpunkt des römischen Straßennetzes im Balkan. Kam bei der Reichsteilung zum weströmischen Reiche und geriet nach dessen Verfall unter die Herrschaft ihres Bischofs. In zähen Kämpfen errang das Volk städtische Freiheiten. Seit 1382 n als Besitz der Habsburger zum deutschen Reiche gehörig, hatte es gegen das benachbarte Venedig einen schweren Stand. Erst die Gründung des Freihafens (1719 n) führte zu einem wirtschaftlichen Aufschwung und machte die Stadt im 19. Jahrhundert zum bedeutendsten Hafen der Adria. In den Napoleonischen Kriegen vorübergehend von französischen Truppen eingenommen. Nach seiner Niederlage im ersten Weltkrieg verlor Österreich die Stadt im Vertrag von St. Germain an Italien. Obwohl sie im zweiten Weltkrieg durch jugoslawische Truppen eingenommen wurde und das umliegende Gebiet jugoslawisch ist, konnte Italien in langwierigen Verhandlungen durch Unterstützung Englands und der USA 1954 n wieder von der Stadt Besitz ergreifen.

1318 n rot Gesetzes-Statut
1796 n/1815 n Napoleonische Kriege
1914 n/1918 n Erster Weltkrieg
1919 n rot Vertrag von St. Germain
1939 n/1945 n Zweiter Weltkrieg

TRIGONOMETRIE, aus dem Griechischen übernommene Bezeichnung für ein Teilgebiet der Mathematik, das sich mit der Errechnung unbekannter Seiten oder Winkel eines Dreiecks aus den bekannten Seiten oder Winkeln beschäftigt (wörtlich: Dreiecksberechnung).

995 v grün Anfänge in China
572 v–493 v Pythagoras
546 v grün Pythagoras' Lehrsatz
316 v–250 v Aristarch
124 v grün Formel des Heron
476 n–535 n Arjabatta
527 n grün Sinus-Berechnung
598 n–660 n Brahmagupta
855 n–929 n Al Battani
893 n grün Vereinfachte Sinus-Lehre
1114 n–1186 n Bhaskara
1251 n grün Sphärische Trigonometrie

TRILOGIE, aus dem Lateinischen abgeleitete Bezeichnung für Bühnenwerke, die aus drei selbständigen, in sich geschlossenen Stücken bestehen.

459 v blau Aischylos: 'Orestie'
1798 n blau Schiller: 'Wallenstein'
1862 n blau Hebbel: 'Nibelungen'
1874 n blau Wagner: 'Nibelungen'

TRIMBERG, Hugo von (um 1230 n–1314 n), deutscher Dichter. Verfaßte als Schulleiter in Bamberg mehrere Lehrgedichte. Berühmt wurde er durch sein Gedicht 'Der Renner', an dem er über 20 Jahre lang arbeitete. In 24000 Versen enthält es eine große Morallehre, eingeteilt nach den sieben Todsünden und durchsetzt mit immer neuen Fabeln, Märchen, Anekdoten, Legenden, Gleichnissen und persönlichen Erlebnissen. Seine Kritik an den gesellschaftlichen Schwächen seiner Zeit klingt aus in der Ermahnung, daß auch Richter und Pfaffen mit dem Volke verwandt sind. Schrieb eine Geschichte der lateinischen Literatur und ein Sammelwerk mit 200 Kurzbiographien berühmter Männer.

1313 n blau 'Renner'

TRIMURTI, Bezeichnung für die Dreifaltigkeit in der indischen Religion des Hinduismus. Verband die vorher getrennt verehrten Götter (Brahma = der Schöpfer, Wischnu = der Erhalter, Schiwa = der Zerstörer) in einer einzigen Gottheit, die mit drei Köpfen dargestellt wird. Durch diesen Kunstgriff verwandelte der indische Reformator Kumarila den uralten Brahmanismus in eine moderne Religion mit nur einer Gottheit.

686 n–744 n Kumarila
708 n blau Lehren des Kumarila

TRINIDAD, Insel vor der Nordküste Südamerikas. Nur 20 Kilometer vom Festlande entfernt, wurde sie von Kolumbus 1498 n gleichzeitig mit dem gegenüberliegenden Venezuela entdeckt und 1588 n von Spanien in Besitz genommen. Die Bevölkerung wurde ausgerottet oder in die Sklaverei nach Kuba und Santo Domingo verkauft. Als Arbeitskräfte wurden Negersklaven aus Afrika eingeführt. Später siedelten sich mit spanischer Erlaubnis Franzosen an. Als eine blühende Plantagenwirtschaft aufgebaut war (Kakao, Kaffee, Zuckerrohr Baumwolle), nahmen die Engländer im Augenblick der spanischen Ohnmacht (Napoleonische Kriege) die Insel in Besitz und eroberten 17 Jahre später die nördlich vorgelagerte kleinere Insel Tobago dazu. 1888 n wurden beide Inseln zur britischen Kolonie Trinidad zusammengefaßt, die 74 Jahre später ihre Unabhängigkeit erkämpfte.

1797 n rot Englische Herrschaft
1940 n rot Stützpunkt der USA
1962 n rot Unabhängigkeit

TRINITÄT, aus dem Lateinischen abgeleiteter kirchlicher Fachausdruck für 'Dreifaltigkeit'. Bezeichnet die von verschiedenen Religionen unternommenen Versuche, durch Identifizierung mehrerer Gottesvorstellungen religiöse Vielfalt mit dem Glauben an einen Gott zu verbinden. Dieses Problem stellte sich im Christentum nach der Einführung der Lehre von der göttlichen Natur Jesu und wurde mit der Hilfskonstruktion eines 'Heiligen Geistes' gelöst.

2608 v blau Vorstellung in Sumer
133 n–190 n Athenagoras
162 n–224 n Tertullian
214 n blau Entwicklung des Dogmas
245 n blau Schrift Novatians
258 n–336 n Arius
263 n–339 n Eusebius
280 n–337 n Konstantin
295 n–373 n Athanasius
311 n–383 n Wulfila
315 n–367 n Hilarius von Poitiers
324 n blau Eusebius' Ablehnung
325 n rot Konzil zu Nikäa
325 n blau Gegnerschaft des Arius
329 n–389 n Gregor von Nazianz
341 n rot Konzil zu Antiochia
346 n–395 n Theodosius
348 n–408 n Prudentius
355 n rot Zwang zur Rücknahme
356 n blau Werk des Hilarius
380 n rot Kaiserliche Bestätigung
381 n rot Konzil zu Konstantinopel
381 n blau Gregors Reden
381 n–444 n Cyrillus
382 n rot Verfolgung der Gegner
386 n–451 n Nestorius
416 n blau Schrift Augustins
430 n blau Zweifel an Natur Jesu
686 n–744 n Kumarila
699 n–748 n Ibn Ata
708 n blau Kumarilas Lehren
728 n blau Vorwurf der Vielgötterei
792 n rot Unterstützung durch Karl
1053 n–1123 n Roscelin
1092 n rot Roscelins Widerruf

TRINKER

2667 v blau Sumerisches Relief
488 v blau Griechische Zeichnung
459 n rot Todesstrafe in China

TRINKWASSER

2397v grün Leitung nach Nippur
2366v grün Behälter in Lagasch
1330v grün Tunnelbau in Palästina
1099v grün Sammlung in Phönizien
967v grün Leitung für Jerusalem
872v grün Zuleitung nach Tuspa
865v grün Zuleitung nach Kalach
710v grün Tunnelbau in Palästina
691v grün Aquädukt nach Ninive
689v grün Kanal nach Ninive
539v grün Rohrleitung Athens
532v grün Tunnelbau auf Samos
340v–273v Appius Klaudius
310v grün Römische Rohrleitung
180v grün Rohrleitung Pergamons
97n grün Schrift über Leitungen

TRIPITAKA, Bezeichnung für die heilige Schrift der Buddhisten Hinterindiens und Ceylons (wörtlich: Dreikorb). Enthält das Buch Winaja (= Verhaltensregeln), das Buch Sutra (= Weisheitssprüche) und das Buch Abhi-Dharma (= Übersinnliches).

977n grün Druck in China

TRIPLE-ENTENTE, Bezeichnung für das Bündnis der drei europäischen Großmächte der Jahrhundertwende England–Frankreich–Rußland (wörtlich: 'Einvernehmen zu dritt'). Verhinderte den Aufstieg Deutschlands zur vierten Großmacht Europas.

1894n rot Bund Frankreich–Rußland
1904n rot Bund Frankreich–England
1907n rot Bund England–Rußland

TRIPOLIS, Stadt und Land in Nordafrika (Libyen). Vor mehr als 2500 Jahren legten hier phönizische Händler die drei Hafenstädte Sabrata, Leptis und Oea an. Obwohl sie jeweils gut 100 Kilometer auseinanderlagen, wurden sie von den Griechen auf der gegenüberliegenden Insel Sizilien unter der Bezeichnung 'Dreistadt' (= 'Tripolis') zusammengefaßt. Vor 2000 Jahren unter römische Herrschaft geraten, wurde die Stadt Oea Hauptstadt der römischen Provinz Tripolis und nahm deren Namen als Stadtnamen an. Im 4. Jahrhundert wurde das Gebiet von Berbern freigekämpft, 533n fiel es an Ostrom (Byzanz). Im Arabischen Krieg wurde es im Jahre 643n durch Araber erobert, dann folgte wieder eine Periode berberischer Herrschaft. In den letzten 400 Jahren war das Land dann unter türkischer Herrschaft. Italien eroberte es kurz vor dem ersten Weltkrieg und verlor es im zweiten Weltkrieg an englische Truppen, die es auf Beschluß der UN 1951n räumten, um die Gründung eines selbständigen libyschen Staates zu ermöglichen.

201v rot Besitz Numidiens
633n/732n Arabischer Krieg
643n rot Vordringen der Araber
1101n–1154n Roger II.
1146n braun Sizilischer Flottensieg
1160n braun Eroberung durch Berber
1160n rot Berber-Herrschaft
1551n braun Vorstoß der Türken
1551n rot Türken-Herrschaft
1911n/1912n Libyscher Krieg
1912n rot Herrschaft Italiens
1939n/1945n Zweiter Weltkrieg
1951n rot Libyen selbständig

TRISTAN UND ISOLDE, Gestalten aus der keltischen Sage, die in die Kunst vieler Länder eingegangen sind (England, Deutschland, Frankreich, Spanien, Italien, Rußland, Skandinavien). Durch einen Zaubertrank in unstillbarer Neigung zu der mit seinem Onkel verheirateten Isolde entbrannt, durchlebt Tristan Glück und Schmerz tragischer Liebe.

1173n blau Thomas' Roman
1210n blau Gottfrieds Dichtung

TRIUMVIRAT, im römischen Reiche Bezeichnung für ein Kollegium von drei Männern, die gemeinsam ein Amt verwalteten. Zur Verhinderung von Amtsmißbrauch eingeführt, hatte es sich bei dem Amt für Münzprägung sowie beim Amt für Beaufsichtigung des Strafvollzuges bewährt. Von Cäsar, Krassus und Pompejus wurde diese Einrichtung aus der Verwaltung auf die Politik übertragen. Da sie aber hier am Ende doch nur zur Erringung der Alleinherrschaft diente, förderten die beiden großen Triumvirate mit ihrem Bürgerkrieg die Überführung des republikanischen Staates in eine Monarchie. Das zweite Triumvirat (Antonius, Oktavian, Lepidus) veranstaltete in Rom eine Ächtung politisch Mißliebiger (Proskription), der über 2000 Römer (darunter Cicero) zum Opfer fielen.

114v–53v Krassus
106v–43v Cicero
106v–48v Pompejus
100v–44v Cäsar
82v–30v Antonius
63v–14n Augustus (Oktavian)
60v rot Erstes Triumvirat
43v rot Zweites Triumvirat
43v rot Politische Morde

TROCKENBATTERIE, Bezeichnung für die elektrische Batterie kurz nach ihrer Erfindung. Das Wort drückte aus, daß sie gegenüber den bis dahin allein bekannten 'Akkumulatoren' keine Flüssigkeit enthielt, also nicht nachgefüllt zu werden brauchte und vor allem transportabel war. Von dem Mainzer Augenarzt Carl Gassner erfunden (der die Flüssigkeit durch feuchten Gips ersetzte), verdrängte sie bald weitgehend alle anderen elektrischen Elemente.

1888n grün Erfindung

TROCKENGLEICHRICHTER, Gerät zur Umwandlung von elektrischem Strom, der mehrere tausend Mal in der Minute seine Richtung wechselt (Wechselstrom), in einen Strom von gleichbleibender Richtung (Gleichstrom).

1883n grün Konstruktion

TROCKENLEGUNG, Bezeichnung für die landwirtschaftliche Nutzbarmachung sumpfigen oder feuchten Bodens sowie für die Gewinnung von Land aus Binnenseen oder an der Meeresküste.

2645v grün Drainage in Sumer
1865v–1792v Amen-Em-Het III.
1832v grün Trockenlegung Fayums
610v grün Kloaka Maxima
490v–430v Empedokles
10v–54n Klaudius
53n–117n Trajan
1209n grün Entsumpfung der Picardie
1925n grün Zuidersee-Trockenlegung

TROELTSCH, Ernst (1865n–1923n), deutscher Theologe und Geschichts-Philosoph. 27jährig Theologie-Professor, untersuchte er die Auswirkung der historischen Forschungsergebnisse auf die christliche Religion ('Die Absolutheit des Christentums und die Religionsgeschichte'), den Zusammenhang zwischen Religion und Geschichte ('Die Bedeutung des Protestantismus für die Entstehung der modernen Welt') sowie die gesellschaftliche Bedingtheit des Christentums ('Die Soziallehren der christlichen Kirchen'). Erkannte die Abhängigkeit des Einzelnen von den 'Kollektiv-Individualitäten' (Volk, Klasse, Epoche) und die Bedeutung der Wirtschaft für die menschliche Gesellschaft. In der geschichtlichen Betrachtungsweise sah er das Merkmal, das dem 20. Jahrhundert vom 19. Jahrhundert aufgeprägt wurde (Historismus). Verfaßte auch politische Schriften und war 1922n Staatssekretär im Kultusministerium.

1922n blau 'Der Historismus'

TROGUS, Pompejus (um 40v–um 30n), römischer Historiker aus Gallien, benannt nach dem Feldherrn, der seinem Großvater das römische Bürgerrecht verlieh. Schrieb die erste römische Geschichte, in der neben Rom die anderen bekannten Länder so weit als möglich einbezogen waren. Sein 44bändiges Werk begann mit dem sagenhaften Gründer des Assyrerreiches und Erbauer der Stadt Ninive (Ninos). Es brachte auch erdkundliche und völkerkundliche Angaben. Im Mittelpunkt des vorwiegend auf griechischen Quellen beruhenden Werkes stand die Geschichte des mazedonischen Weltreiches unter Philipp und Alexander. Es endete mit dem Römerreiche seiner Zeit.

19n blau Weltgeschichte

TROIZEN, Stadt in Südgriechenland (Peloponnes) unweit des Saronischen Golfes gegenüber der Stadt Athen. Von den vor mehr als 3200 Jahren nach Griechenland eingewanderten Dorern gegründet. Der griechische Sagenheld Theseus soll hier bei seinem Großvater aufgewachsen sein. Auch befand sich hier ein Heiligtum des Meeresgottes Poseidon. Zur Verteidigung Griechenlands stellte die Stadt in den Perserkriegen 5 Schiffe mit 1000 Kämpfern. Sie nahm auch die aus Athen geflüchteten Frauen, Kinder und Sklaven auf, zahlte ihnen täglich eine Unterstützung von 2 Obolen (50 Pfennige), gestattete allen Flüchtlingskindern, sich überall Obst zu nehmen und trug das Schulgeld zur Fortsetzung ihrer Ausbildung.

490v/449v Perserkriege
480v rot Flüchtlingsfürsorge

TROJA, befestigte Handelsstadt im Nordwesten Kleinasiens unweit der Meerenge zwischen Europa und Asien (Dardanellen). In der Heldensage der Griechen von großer Bedeutung, wurde sie seit dem 5. Jahrhundert vor unserer Zeitrechnung aus Tradition gefördert und von Alexander dem Großen zum Mittelpunkt eines Städtebundes gemacht. Auch nach ihrer Eroberung durch die Römer mit besonderer Ehrerbietung behandelt und zu einer heiligen Stätte erklärt, erhielt sie einen Tempel der Athene Ilias und ein Theater. Trotzdem verfiel sie in den ersten Jahrhunderten nach unserer Zeitrechnung.

2756v blau Entstehung
2199v braun Zerstörung
1241v–1184v Priamos
1232v–1183v Agamemnon
1193v/1184v Trojanischer Krieg
992v rot Neuansiedlung
809v–724v Homer
748v blau 'Ilias'
469v blau Onatas: 'Helden'
452v blau Gemälde Polygnots
415v blau Euripides: 'Troërinnen'
70v–19v Vergil
19v blau Vergil: 'Äneis'
400n–470n Nonnos
435n blau 'Zug des Dionysos'
1165n blau Benoits Roman
1871n grün Ausgrabungen Schliemanns
1935n blau Giraudoux' Drama

TROJANISCHER KRIEG

1241v–1184v Priamos
1232v–1183v Agamemnon
1193v/1184v Krieg
809v–724v Homer
748v blau 'Ilias'
469v blau Onatas: 'Helden'
452v blau Gemälde Polygnots
415v blau Euripides: 'Troërinnen'
1165n blau Benoits Roman
1935n blau Giraudoux' Drama

TROMMEL, einfaches Musikinstrument, das meist aus einem beidseitig mit Fell bespannten Zylinder besteht und mit den Händen oder mit Holzstäben angeschlagen wird. Da es nur einen einzigen dumpfen Ton erzeugt, dient es ausschließlich der Hervorrufung eines rhythmischen Gefühls. Durch Einbau einer Schnarrsaite auf der Unterseite wird der Ton heller und anhaltender.

2916v grün Gebrauch in Sumer
1462v grün Gebrauch in Ägypten

TROMPETE, Blas-Instrument aus Blech mit hohem, strahlendem Klang. Ursprünglich ein grades Blechrohr mit Mundstück und Schalltrichter. Wurde seit dem 14. Jahrhundert gebogen und erhielt seit dem 17. Jahrhundert ganze Windungen. Dadurch konnte sie bei gleichbleibender Klangfülle verkürzt werden. 1720n erhielt sie Klappen und 1813n Ventile, um ihre eigene Obertonreihe und alle zwölf Halbtöne hervorbringen zu können. So wurde sie auch als Orchester-Instrument verwendbar.

1164v–1107v Per-Pet
1138v grün Solo-Instrument
1067n grün Gebrauch in Europa
1751n grün Orchester-Instrument

TROTZKI, Leo (1879n–1940n), russischer Politiker. Als Sohn eines jüdischen Mühlenpächters schloß er sich schon während seiner Studienzeit der sozialistischen Bewegung an, wurde 20jährig nach Sibirien verbannt und floh drei Jahre später ins Ausland. Bei der Spaltung der sozialdemokratischen Partei Rußlands erklärte er sich gegen Lenin und die Bolschewisten. In der ersten Revolution von 1905n spielte er eine führende Rolle und wurde Vorsitzender des Arbeitersowjets der Hauptstadt Petersburg. Abermals verbannt, entfloh er wieder und lebte 10 Jahre lang als Publizist im Ausland (Schweiz, Frankreich, USA). Nach Ausbruch der Revolution kehrte er 1917n in die Heimat zurück, trat im Juli der bolschewistischen Partei bei und trug entscheidend zum Sieg der Oktober-Revolution bei. Durch Einstellung zaristischer Offiziere machte er aus dem Revolutionsheer eine disziplinierte schlagkräftige 'Rote Armee', die viele Schlachten verlor (insbesondere die um Polen), aber die Revolution gegen eine Welt von Feinden behauptete. Warf auch die Erhebung revolutionärer Matrosen gegen den Bolschewismus nieder ('Kronstädter Aufstand'). Nach Lenins Tod vertrat er die Auffassung, daß der Kommunismus sich in einem Land allein nicht behaupten könne und daß deshalb die Welt-Revolution sogleich nach Mitteleuropa getragen werden müsse. Dagegen vertrat Stalin die Forderung, zunächst den Kommunismus in der UdSSR zu festigen ('Sozialismus in einem Lande'). Auch mißbilligte Stalin das von ihm geforderte härtere Vorgehen gegen die Bauern. 1926n unterlag die von ihm geführte jüdische Gruppe des Politbüros (Trotzki, Kamenew, Sinowjew, Lunatscharski und Bucharin) endgültig dem von kleinen und mittleren Funktionären der Partei getragenen Stalin. Da er seine Opposition trotzdem nicht aufgab, wurde er nach einer öffentlichen Demonstration seiner Anhänger gegen die Politik des Zentralkomitees 1927n aus der Partei ausgeschlossen, 1928n nach Turkestan verbannt und 1929n aus der UdSSR ausgewiesen. Bis 1933n in der Türkei, dann in Frankreich und Norwegen und endlich in Mexiko, führte er seinen Kampf gegen Stalin und gegen die Politik der UdSSR fort. Mit seiner Anhängerschaft ('Trotzkisten') erstrebte er die Gründung einer neuen (vierten) Internationale. Von einem Tschechen, der sich sein Vertrauen erschlichen hatte, wurde er in seinem befestigten und bewachten Hause in Mexiko ermordet.

1870n–1924n Lenin
1879n–1953n Stalin
1903n rot Spaltung der Partei
1905n/1906n Revolution
1917n/1922n Revolution
1921n braun Kronstädter Aufstand
1927n rot Gegnerschaft Stalins
1933n blau 'Die russische Revolution'

TROUBADOUR, Bezeichnung für Sänger und Dichter (Minnesänger) an den südfranzösischen Fürstenhöfen des 12. und 13. Jahrhunderts.

1102n blau Wilhelms Lieder
1140n blau Marcabrus Lieder
1145n–1209n Bertran de Born
1152n blau Bernarts Lieder
1152n–1246n Peire Cardinal
1178n blau Béatrices Dichtung
1183n blau Politische Kampflieder
1214n blau Angriff auf Priester

TROYES, Stadt am Oberlauf der Seine, gut 150 Kilometer südöstlich von Paris. Als Hauptstadt eines keltischen Volkes (Trikasser) wurde sie 51v von den Römern erobert. 451n fand in ihre. Nähe auf den Katalaunischen Feldern die große Schlacht zwischen den von Westgoten unterstützten Römern und den Hunnen statt. Bald darauf wurde die Stadt fränkisch, 889n von Normannen zerstört, seit 950n wieder aufgebaut, seit 1019n Sitz der Grafen der Champagne und fiel 1339n an den König von Frankreich.

58v/51v Gallischer Krieg Roms
51v rot Römische Herrschaft
370n/455n Hunnenkriege
1194n grün Messe

TROYES, Christian von (1142n–1191n), französischer Dichter. Verfaßte Romane und Erzählungen. Seine Stoffe entnahm er fremder Volkssage. An verschiedenen Fürstenhöfen lebend (Champagne, Flandern), schrieb er auch Minnelieder. Besang aber nicht nur die Adligen und Reichen an den Höfen, sondern auch die Arbeiterinnen in den Textilwerkstätten von Troyes.

1164n blau 'Erek und Enide'
1171n blau 'Lancelot'
1180n blau 'Parsival'

TRUHE, kastenförmiges Möbel zur Aufbewahrung von Kleidern und Wäschestücken. Seit Jahrtausenden bei vielen Völkern gebräuchlich, wurde sie allmählich vom Schrank verdrängt.

60n grün Benutzung in Rom

TRUMAN, Harry S. (geboren 1884n), nordamerikanischer Staatsmann. Als Farmerssohn wurde er selbst Farmer, entschloß sich aber nach seinem Kriegsdienst in Europa (1917n) zum Studium der Rechtskunde und wurde Richter, Kaufmann, Politiker. Vom rechten Flügel der Demokratischen Partei 1945n gegen Roosevelts Willen zu dessen Stellvertreter gemacht, wurde er nach dessen baldigem Tod Präsident der USA. Durch seine Entscheidung für den militärisch überflüssigen Abwurf von Atombomben in den letzten Kriegswochen verwandelte er den zweiten Weltkrieg in reinen Massenmord. Die damit verbundene Furcht der neutralen Völker nutzte er zur militärischen Einkreisung der Sowjetunion ('Kalter Krieg'). Marshall-Plan, Atlantik-Pakt und Korea-Krieg waren die sichtbaren Zeichen seines großangekündigten antikommunistischen Feldzuges ('Truman-Doktrin'). Andererseits vermochte er es trotz des Alleinbesitzes der Atombombe nicht, den Sieg des Kommunismus im volkreichsten Lande der Erde zu verhindern, obwohl erst durch diesen Sieg der chinesischen Revolution der Welt-Kommunismus unüberwindlich wurde.

1945n rot Potsdamer Konferenz
1945n rot Atombomben-Abwurf
1947n grün Marshall-Plan
1949n rot China kommunistisch
1949n rot Gründung der NATO
1950n rot Aufrüstung der BRD
1950n/1953n Korea-Krieg
1951n rot Vertrag von San Franzisko
1952n rot 'Deutschland-Vertrag'
1952n rot Eisenhower Nachfolger

TRUST, von dem englischen Worte für 'Vertrauen' abgeleitete Bezeichnung für eine Form des wirtschaftlichen Zusammenschlusses von Großunternehmen zum Zwecke der Markt-Beherrschung, der Risiko-Verminderung und der Kapital-Konzentration. Erhält die vorher bestehenden Einzel-Unternehmen mit ihren Unternehmensleitungen, übernimmt jedoch den Aktienbesitz und macht die darauf beruhende Oberleitung geltend, wobei aber Vertrauensleute der einzelnen Unternehmen mitwirken. Zinsen und Gewinne werden in einem vorher festgelegten Verhältnis an die beteiligten Unternehmen verteilt. Diese Form kapitalistischer Macht- und Geld-Konzentration verbreitete sich seit Aufkommen des Hochkapitalismus Ende des 19. Jahrhunderts von den USA ausgehend über die ganze kapitalistische Welt.

1839n–1937n Rockefeller
1870n grün 'Standard Oil'
1900n grün Morgans Stahltrust
1925n grün IG-Farbentrust
1926n grün Deutscher Stahltrust

TRYPHON, Salvius, römischer Freiheitskämpfer syrischer Herkunft.

130v–102v Lebenslinie
144v–101v Athenion
104v/100v Aufstand

TSAI-LUN, chinesischer Forscher.

48n–118n Lebenslinie
105n grün Papier

TSCHAD, Land und Staat im Herzen Nordafrikas. Grenzt im Norden an die Sahara (Libyen), im Osten an den Sudan, im Süden an die Zentralafrikanische Republik und Kamerun, im Westen an Niger und Nigeria. Das zum großen Teil wüste Land wird (vor allem im Gebiete des Tschad-Sees) seit mehr als einem Jahrtausend von Sudan-Negern bewohnt, die hauptsächlich von Viehzucht lebten (Wadai, Bagirmi, Kanem und Borku). 1898n fiel eine französische Truppe ein und setzte den Herrscher Rabeh ab. Seitdem war das Land französische Kolonie und erhielt erst 1960n seine politische Selbständigkeit zurück. Wirtschaftlich blieb es aber von Frankreich abhängig, so daß die Ausbeutung der 3 Millionen Schwarzen durch die Weißen andauert.

1960n rot Unabhängigkeit

TSCHAIKOWSKI, Peter (1840n–1893n), russischer Komponist. Als Sohn eines Hüttendirektors im Ural geboren, besuchte er in Petersburg die Rechtsschule, arbeitete dann vier Jahre als Beamter im Finanzministerium und begann 23jährig Musik zu studieren. Drei Jahre später wurde seine Kantate über Schillers Gedicht 'An die Freude' preisgekrönt, und er erhielt eine Stelle als Lehrer für Musiktheorie am Moskauer Konservatorium. Daneben schrieb er seine ersten großen sinfonischen Kompositionen (Romeo–und–Julia–Ouvertüre). Zwölf Jahre später zog er sich nach kurzer unglücklicher Ehe ganz auf die Komposition zurück und lebte vom Jahresgeld einer Gönnerin und später vom Ehrensold des Zaren. Von der deutschen Musik beeinflußt, schuf er Werke, die in ihrem oft unvermittelten Nebeneinander von mädchenhafter Zartheit und roher Gewalt der Welt als gültiger Ausdruck des russischen Wesens erschienen. Schrieb 10 Opern ('Eugen Onegin', 'Pique Dame'), drei Ballette ('Schwanensee') sowie Sinfonien ('Pathétique'), Klavierkonzerte, Orchestersuiten, ein Violinkonzert und über 100 Lieder. Verfaßte Musikkritiken und eine Harmonielehre. Starb bei einer Cholera-Epidemie.

1877n blau 'Eugen Onegin'

TSCHAMUCHA (um 1140n–1206n), mongolischer Staatsmann. Von Dschingis-Khan zunächst gewonnen, erkannte er bald dessen Absicht zur Zerstörung der mongolischen Demokratie und stellte sich ihm entgegen. Gewann das Volk der Ost-Mongolei (Keraiten) für den Kampf gegen die adlige Kriegerkaste, die unter Dschingis-Khan zur Macht drängte. Nach der Niederlage der Keraiten überzeugte er auch die Bewohner der West-Mongolei (Naiman) von der Notwendigkeit des Kampfes gegen Dschingis-Khan. Als ihn daraufhin fünf Fürsten der Naiman gefangen dem Dschingis-Khan auslieferten, um sich so Gnade zu erkaufen, ließ der Sieger die Verräter mit ihm zusammen hinrichten.

1155n–1227n Dschingis-Khan
1200n/1206n Mongolischer Bürgerkrieg
1206n rot Macht Dschingis-Khans

TSCHANDI, Gestalt der indischen Göttersage. Als Frau des Schöpfergottes Schiwa soll sie dem Dichter Bana die Glieder wieder angeheilt haben, die er sich als selbstgewähltes Opfer für die Göttin abgehackt hatte.

595n–660n Bana

TSCHANDRA-GUPTA (um 290n–340n), indischer König. Als Enkel des Stammesfürsten Gupta Herrscher eines Fürstentums am Mittellauf des Ganges (Nordost-Indien), heiratete er die Prinzessin Kumara-Devi und vereinigte den von ihr ererbten Staat mit seinem eigenen Lande. Durch erfolgreiche Kriegszüge dehnte er seine Herrschaft über mehrere Nachbarstaaten aus (Videha, Kosala, Allahabad). So wurde er zum eigentlichen Begründer des Gupta-Reiches. Nahm den Titel 'Oberkönig der Könige' an. Sein Machtantritt wurde in Nordindien zum Beginn einer neuen Zeitrechnung.

320 n rot Gupta-Reich

TSCHANDRA-GUPTA II. (um 350 n–414 n), indischer König. Als Enkel Tschandra-Guptas erbte er von seinem Vater Samudra-Gupta die Herrschaft über das von diesem bis zur Krischna (Mittelindien) ausgedehnte nordindische Gupta-Reich. Verlegte die Hauptstadt von Pataliputra ins mittelindische Ujajini. Durch Verheiratung seiner Tochter Prabavati-Gupta mit dem König des zweiten großen Reiches auf indischem Boden (Vakataka) befriedete er das Land. Förderte Kunst und Wissenschaft und zog die berühmtesten Dichter und Gelehrten an seinen Hof ('die neun Edelsteine'), darunter den Dichter Kalidasa.

353 n–420 n blau Kalidasa
410 n rot Großreich

TSCHANDRA-MAURIA (um 360 v–298 v), indischer König. Aus seiner Heimat Magadha (Gangestal) verbannt, floh er nach dem Pandschab (Industal) und wurde Soldat in dem von Alexander dem Großen eroberten und von dessen Feldherrn beherrschten Teile seiner indischen Heimat. Dann kehrte er in den freien Teil Indiens zurück, stürzte mit Hilfe des Kanzlers Tschanakia den König von Pataliputra und machte sich selbst zum König dieses mächtigsten Teilreiches. Unterwarf in wenigen Jahren ganz Nord-Indien und befreite die von Griechen besetzten Indusgebiete. Das so zum ersten Male staatlich geeinte Nord- und Mittel-Indien stellte er unter die erbliche Herrschaft seiner Familie. Diese Dynastie benannte er nach seiner Mutter 'Mauria'. Gestützt auf seinen Kanzler Kautilya, organisierte er das Reich als einen militärisch aufgebauten Beamtenstaat.

322 v rot Mauria-Reich
313 v blau Kautilyas Handbuch
305 v rot Rückzug des Seleukos

TSCHANG-KIEN, chinesischer Forschungsreisender und Politiker.

172 v–114 v Lebenslinie
157 v–87 v Wu-Ti
129 v grün Reise nach Westen

TSCHARAKA (um 80 n–um 160 n), indischer Arzt. Wegen seiner großen Heilerfolge wurde er Leibarzt des Königs Kanischka. Als Anhänger natürlicher Lebens- und Heilweise schrieb er das erste indische Lehrbuch der Medizin ('Samhita'). Die hohen fachlichen und menschlichen Anforderungen des Arztberufes stellte er seinem Buche voran. Dann betonte er die Bedeutung der Ernährung und des Schlafs für die Gesundung der Kranken wie für die Erhaltung der Gesundheit. Unter Hinweis auf den engen Zusammenhang zwischen körperlichem und seelischem Befinden gab er auch moralische und religiöse Verhaltensregeln. Bei aller wissenschaftlichen Gründlichkeit bemühte er sich um leichte Lesbarkeit seines Buches und lockerte es gelegentlich durch Verse auf.

147 n grün Heilkraft des Schlafes

TSCHECHOSLOWAKEI: Allgemeines (Land, Volk, Staat)

1117 v grün Lausitzer Kultur
24 v–37 n Marbod
8 v braun Markomannen-Vorstoß
8 v rot Reich der Markomannen
17 n/19 n Krieg unter Germanen
19 n rot Markomannen 'Schutzvolk'
500 n braun Slawen-Vorstoß
595 n–662 n Samo
624 n braun Slawensieg über Awaren
624 n rot Reich der Slawen
631 n braun Vorstoß der Franken
631 n rot Slawenreich gefestigt
662 n rot Slawenreich aufgelöst
791 n rot Machtgewinn der Franken
804 n–876 n Ludwig der Deutsche
827 n–869 n Kyrill
834 n–907 n Arpad
863 n rot Christianisierung Mährens
863 n grün Slawische Schrift
877 n–936 n Heinrich I.
906 n/907 n Vorstoß der Ungarn
906 n rot Gebietsgewinn der Ungarn
908 n–929 n Wenzel
912 n–973 n Otto I., der Große
928 n/929 n Vorstoß der Deutschen
935 n rot Unabhängigkeit Böhmens
950 n braun Vorstoß der Deutschen
950 n rot Böhmen an Deutschland
1001 n blau Entwicklung von Preßburg
1122 n–1190 n Friedrich I. Barbarossa
1140 n–1217 n Peter Waldes
1207 n/1279 n Großer Mongolenkrieg
1255 n rot Stadtrecht für Prag
1255 n blau Ottokar: Königsberg
1278 n braun Niederlage gegen Deutsche
1278 n rot Gebietsverlust
1310 n blau Hradschin gegründet
1316 n–1378 n Karl IV.
1356 n rot 'Goldene Bulle'
1362 n–1437 n Sigismund
1365 n–1416 n Hieronymus von Prag
1369 n–1415 n Hus
1370 n blau Entwicklung von Karlsbad
1370 n–1424 n Ziska
1409 n rot Druck auf Deutsche
1410 n rot Bann gegen Hus
1415 n rot Feuertod für Hus
1416 n rot Feuertod für Hieronymus
1420 n rot Kreuzzugs-Forderung
1420 n blau Reformforderung Ziskas
1420 n/1434 n Hussiten-Kreuzzug
1420 n grün Einsatz von Haubitzen
1424 n rot Machtkampf bei Hussiten
1434 n rot Hussitenkampf beendet
1443 n–1490 n Matthias Corvinus
1520 n grün Abkommen gegen Streik
1527 n rot Böhmen an Österreich
1583 n–1634 n Wallenstein
1609 n rot Religionsfreiheit
1618 n braun Erhebung
1618 n/1648 n Dreißigjähriger Krieg
1634 n rot Mord an Wallenstein
1796 n/1815 n Napoleonische Kriege
1798 n blau Schiller: 'Wallenstein'
1865 n blau Stifter: 'Witiko'
1866 n braun Deutscher Krieg
1914 n/1918 n Erster Weltkrieg
1918 n rot Selbständigkeit
1919 n rot Friedensverträge
1920 n rot Beitritt zum Völkerbund
1938 n rot Münchner Abkommen
1938 n rot Gebiete an Deutschland
1939 n/1945 n Zweiter Weltkrieg
1945 n rot Potsdamer Abkommen
1945 n rot Mitglied der UN
1948 n rot Kommunistisch
1949 n grün Beitritt zum COMECON
1955 n rot Warschauer Pakt

TSCHECHOSLOWAKEI: Baukunst

1330 n–1399 n Peter Parler
1341 n blau Veitsdom begonnen
1355 n blau Burg Karlstein
1357 n blau Karlsbrücke in Prag
1385 n blau Veitsdom vollendet

TSCHECHOSLOWAKEI: Dichtung

1400 n blau 'Ackermann aus Böhmen'
1915 n blau Kafka: 'Verwandlung'
1921 n blau Hasek: 'Schwejk'

TSCHECHOSLOWAKEI: Musik

1866 n blau Smetana: 'Verkaufte Braut'
1878 n blau Dvorak: 'Slawische Tänze'

TSCHECHOSLOWAKEI: Religion

827 n–869 n Kyrill
863 n rot Christianisierung Mährens
863 n blau Bibel-Übersetzung
908 n–929 n Wenzel
1058 n rot Verdammung von Mönchen
1140 n–1217 n Peter Waldes
1362 n–1437 n Sigismund
1365 n–1416 n Hieronymus von Prag
1369 n–1415 n Hus
1370 n–1424 n Ziska
1371 n–1440 n Friedrich I.
1398 n blau Hus Wiclif-Anhänger
1406 n blau Ruf nach Säkularisation
1410 n rot Bann gegen Hus
1412 n blau Kirchenreform gefordert
1415 n rot Feuertod des Hus
1416 n rot Feuertod des Hieronymus
1420 n rot Kreuzzugs-Forderung
1420 n blau Reformforderung Ziskas
1420 n/1434 n Hussiten-Kreuzzug
1424 n rot Taboriten ausgeschaltet
1434 n rot Hussitenkampf beendet
1457 n rot 'Böhmische Brüder'
1583 n–1634 n Wallenstein
1609 n rot Religionsfreiheit
1618 n braun Protestanten-Erhebung
1618 n/1648 n Dreißigjähriger Krieg

TSCHECHOSLOWAKEI: Wirtschaft

1300 n grün Silbergroschen
1316 n–1378 n Karl IV.
1520 n grün Abkommen gegen Streik
1948 n rot Sozialisierung
1949 n grün Beitritt zum COMECON

TSCHECHOSLOWAKEI: Wissenschaft

1122 n blau Kosmas: Geschichtswerk
1316 n–1378 n Karl IV.
1348 n blau Universität Prag
1443 n–1490 n Matthias Corvinus
1467 n blau Universität Preßburg
1628 n blau Comenius: 'Große Lehre'
1633 n blau Kleinkinder-Erziehung
1658 n blau Anschauungsunterricht
1839 n grün Purkinje: Ganglien
1866 n grün Mendel'sche Gesetze

TSCHECHOW, Anton (1860 n–1904 n), russischer Dichter. Als Sohn eines kleinen Kaufmanns wurde er Arzt. Seit seinem 20. Lebensjahre veröffentlichte er humoristische Zeitungs-Geschichten, die er später auch in Büchern zusammenfaßte. Zu seiner Erzählerfreude gesellte sich bald Gesellschaftskritik ('Der Dicke und der Dünne'), und hinter seinem Humor wurde die Trostlosigkeit des Daseins der Armen und Ausgebeuteten sichtbar. Um die Lebensverhältnisse der Verbannten kennenzulernen, reiste er nach Sachalin und veröffentlichte eine bittere Anklage gegen den zaristischen Strafvollzug ('Die Insel Sachalin'). Durch seine Freundschaft mit Gorki kam er mit der revolutionären Bewegung seines Landes in Berührung. 7 Jahre arbeitete er als Landarzt in der Nähe Moskaus, bis er wegen einer Lungentuberkulose auf die Krim übersiedeln mußte. Schrieb über 400 Kurzgeschichten, mehrere Einakter ('Der Heiratsantrag') und Dramen ('Drei Schwestern', 'Der Kirschgarten', 'Die Möwe', 'Onkel Wanja') sowie zahlreiche Novellen ('Die Steppe', 'Das Krankenzimmer'). Half Stanislawski beim Aufbau des Moskauer Künstlertheaters.

1901 n blau 'Drei Schwestern'

TSCHEKA, von den russischen Worten für 'außerordentliche Kommission' abgeleitete Bezeichnung für die Geheimpolizei, die in der russischen Revolution den Terror der Konterrevolution mit revolutionärem Terror zerschlagen sollte. Von Lenin ins Leben gerufen und von Felix Dzierzynski aufgebaut, hat sie unter Teilnahme der zuverlässigsten Kommunisten die inneren Feinde mit den von der zaristischen Geheimpolizei (Ochrana) eingeführten Methoden ausgeschaltet und damit wesentlich zum Sieg der Revolution beigetragen. Die ihr übertragenen Vollmachten gingen bis zum Recht der Erschießung ohne Gerichtsurteil durch Dreier-Kollegien. Mit der Beibehaltung dieser unkontrollierten Gewalt über Freiheit und Leben aller Russen nach Beendigung des Bürgerkrieges und Vertreibung der Interventionsheere wurde die Sowjetunion zu einem Polizeistaat. Durch Einrichtung und Unterhaltung von Arbeitslagern für Millionen meist unschuldig Verhafteter hat die Organisation den Aufbau der Bergwerke, der Industrie und der Kraftwerke gefördert. Der langsame Abbau der Allmacht ihrer unter immer neuen Namen arbeitenden Organisation in der Epoche seit Stalins Tod kennzeichnet die Tendenz des russischen Kommunismus zu allmählicher Vermenschlichung und zu einer realen Beteiligung des arbeitenden Volkes an der Staatsmacht.

1870 n–1924 n Lenin
1879 n–1953 n Stalin
1918 n rot Entstehung

TSCHELJUSKIN, Iwan S. (um 1710 n–um 1760 n), russischer Entdecker. Als Seeoffizier wurde er dem dänischen Polarforscher Bering zugeteilt, der im Auftrage des Zaren Peter I. die Vermessung und Kartenaufnahme Sibiriens durchführte. Nachdem das Ehepaar Prontschistew bei dem Versuche einer Umschiffung der Taimyr-Halbinsel ums Leben gekommen war, unternahm er die Erforschung dieser nördlichsten Halbinsel Asiens im Hundeschlitten. Dabei erreichte er auch deren nördlichste Spitze, das später nach ihm benannte 'Kap Tscheljuskin'.

1740 n grün Nordspitze Asiens

TSCHEN-SCHOU (um 240 n–um 310 n), chinesischer Historiker. Als Beamter am Hofe des chinesischen Nordreiches verfaßte er ein Geschichtswerk über das China seiner Epoche ('Die drei Reiche'). Ausgehend vom Ende der Han-Dynastie im Jahre 220 n stellte er darin die Herausbildung der 3 Einzelreiche dar, in die das chinesische Reich nun zerfiel. Dabei bemühte er sich, die Rechtmäßigkeit des Anspruchs seines Kaisers auf das ganze Reich dadurch zu beweisen, daß er allein die Herrschaft des Tsao-Pei anerkannte, dessen Gegenkaiser aber als Thronräuber abtat. In seinem Werke berichtete er auch vom Inselreich Japan, dessen Königin Wo eine Gesandtschaft an den chinesischen Hof geschickt hatte.

288 n grün Bericht über Japan

TSCHI (um 1590 v–1525 v), chinesischer Kaiser. Als letzter Herrscher aus der ersten chinesischen Kaiserfamilie (Hia) vermochte er nicht das Selbständigkeitsstreben der Einzelfürsten zu brechen. Erlag dem Fürsten von Schang (Nordchina), der sich zum Vorkämpfer der Fürsten des Reiches gemacht hatte.

1559 v–1494 v Tang
1525 v braun Erhebung der Fürsten
1525 v rot Herrschaftsende

TSCHI (um 2340 v–um 2260 v), chinesischer Kaiser. Bemühte sich um die Regulierung zweier Flüsse (Fen und Su). Durch Trockenlegung suchte er das Tai-Yuan-Becken bewohnbar zu machen. Doch gelang es seinem Minister Tai-Tai nicht, diese Arbeiten zu einem guten Abschluß zu bringen. Dies Versagen benutzten die Fürsten seines Landes, um ihn vom Thron zu jagen und dafür seinen Bruder zum Kaiser zu wählen.

2332 v–2248 v Yao
2305 v rot Absetzung
2305 v rot Bruder Kaiser

TSCHIANG-KAI-SCHEK (geboren 1887 n), chinesischer Staatsmann. Als Offizier an der Revolution gegen das Mandschu-Kaisertum beteiligt, wurde er ein enger Mitarbeiter Sun-Yat-Sens und dessen Nachfolger in der Leitung der Kuomintang. Führte diese Partei aus ihrer sozialistischen Orientierung in eine bürgerliche Richtung und veranlaßte dadurch die Kommunisten zur Gründung einer eigenen Partei. Nachdem er mit Hilfe sowjetrussischer Waffen und Berater (Borodin) die Herrschaft über ganz China erkämpft hatte, wandte er sich gegen die chinesischen Kommunisten, errang auch einzelne Siege, ohne aber ihre Kampfkraft brechen zu können. Auf die Erhaltung des Privateigentums der Großbourgeoisie festgelegt, vermochte er die sozialen Probleme Chinas nicht zu lösen. Im Krieg gegen Japan war er auf die Unterstützung der Kommunisten angewiesen, führte aber den Kampf gegen sie nach der japanischen Niederlage fort. Wirtschaftlich und militärisch zunehmend von den USA abhängig, isolierte er sich immer stärker vom eigenen Volke und baute seine Macht schließlich allein auf die Garantieversprechungen Nordamerikas. Doch vermochte die USA seine Niederlage gegen die von den Kommunisten geführte Revolution nicht zu verhindern. So floh er auf die Insel Formosa und leitet dort seit 1950 n eine von den USA finanzierte und geschützte Schatten-Regierung ('National-China').

1866 n–1925 n Sun-Yat-Sen
1893 n– Mao-Tse-Tung
1911 n braun Chinesische Revolution
1911 n rot Vertreibung der Mandschu
1911 n rot China Republik
1921 n rot KP Chinas
1925 n/1949 n Chinesische Revolution
1928 n rot Präsident
1937 n/1938 n Vorstoß Japans
1939 n/1945 n Zweiter Weltkrieg
1949 n rot Sieg der Revolution

TSCHI-GU (um 2680 v–um 2646 v), König in China. Als Herrscher der am fruchtbaren Unterlauf des Hoang-Ho-Flusses ansässigen Li-Völker stellte er sich den unter Huang-Ti angreifenden Chinesen entgegen, wurde aber in der Schlacht von Tscho-Lu geschlagen. In der chinesischen Sage galt er als Erfinder der Kriegswaffen.

2697 v–2628 v Huang-Ti
2652 v/2646 v Chinesischer Vorstoß
2646 v rot Gebiete an Chinesen

TSCHIN, alter Name der heutigen chinesischen Provinz Schensi im Gebiet zwischen dem Wei-Fluß und dem Hoang-Ho. Ihr Fürst wurde vor 2700 Jahren durch die Tatkraft seines Kanzlers Kuan-Tse zum Präsidenten des zerfallenen Reiches gewählt und bereitete so die Einigung Chinas unter Führung seiner Familie vor. Aus dem Namen seines Staates 'Tschin' entwickelte sich die Bezeichnung 'China'.

811 v–757 v Siang-Tschin
771 v rot Lehen für Siang
745 v braun Hunnen-Niederlage
745 v rot Chinesische Herrschaft
733 v–645 v Kuan-Tse
685 v rot Fürst Präsident Chinas
685 v grün Staatsmonopole
676 v grün Geldabgaben
668 v blau Rechtsschule
659 v grün Handelssteuern

TSCHO-LU, Ortschaft im Tale des Hoang-Ho (Nordchina). Hier ereignete sich die entscheidende Schlacht zwischen den zum Unterlauf des Flusses vorgedrungenen Chinesen und den Ureinwohnern dieses Gebietes, dem Volke der Li.

2697 v–2628 v Huang-Ti
2652 v/2646 v Chinesischer Vorstoß
2646 v rot Gebiete an Chinesen

TSCHU, chinesischer König.

1099 v–1016 v Lebenslinie
1044 v rot Hauptstadt Loyang
1031 v blau Zeremoniell

TSCHU, Name einer chinesischen Herrscherfamilie, die von 1047 v bis 221 v den Kaiserthron Chinas innehatte. Einer ihrer Nachkommen (Tschu-En-Lai) war Mitkämpfer Mao-Tse-Tungs in der chinesischen Revolution und wurde nach deren Sieg Außenminister und Ministerpräsident der chinesischen Volksrepublik.

1212 v rot Gründung des Tschu-Staates
1132 v–1049 v Wen
1108 v–1044 v Wu
1099 v–1016 v Tschu
1055 v braun Abwehr der Hunnen
1047 v rot Erhebung gegen Kaiser
1044 v rot Loyang Hauptstadt
1031 v blau Zeremoniell
997 v blau Gründung von Peking
985 v–907 v Mu-Wang
849 v–782 v Hsian-Wang
841 v braun Aufstand gegen Li-Wang
841 v grün Neue Zeitrechnung
822 v braun Abwehr der Hunnen
811 v–757 v Siang-Tschin
810 v grün Befestigungen
792 v–720 v Ping-Lo
791 v braun Angriff der Hunnen
780 v grün Aufkommen des Geldes
771 v braun Hunnen-Sieg
771 v rot Verlust Tschins
770 v rot Verlegung der Hauptstadt
745 v braun Sieg über Hunnen
745 v rot Herrschaft über Tschin
733 v–645 v Kuan-Tse
698 v rot Zerfall des Reiches
685 v rot Fürstenbund
685 v grün Eisen- und Salzmonopol
676 v grün Steuern in Geldform
668 v blau Rechtsschule
659 v grün Fisch- und Weinsteuer
604 v–514 v Lao-Tse
598 v–501 v Teng-Tse
581 v grün Bodenreform
552 v–479 v Kon-Fu-Tse
525 v blau Kritik an Beamten
501 v rot Hinrichtung Teng-Tses
486 v grün Bau von Kanälen
475 v–393 v Me-Ti
421 v grün Reiterheer
259 v–209 v Schi-Huang-Ti
221 v rot Herrschaftsende

TSCHUANG-TSE (um 370 v–286 v), chinesischer Philosoph und Dichter. Als kaiserlicher Beamter in Schantung entwickelte er die Lehren des Philosophen Lao-Tse im Geiste der chinesischen Gesellschaft fort, indem er sie ihrer anti-sozialen Grundzüge entkleidete. Die auf Ursprung und Ziel aller Dinge (das Tao) gerichteten Lehrsätze sowie die Sittenlehre Lao-Tse's stellte er in seinem Hauptwerk zusammen ('Wahres Buch vom Blütenland des Südens'). Er belebte es durch Gleichnisse und Legenden, würzte es mit gesellschaftskritischen Bemerkungen und brachte es in eine dichterische Form. So schuf er die Voraussetzung für die Verbreitung eines Kernes der Lehren des Lao-Tse beim ganzen chinesischen Volke.

317 v blau 'Wahres Buch'

TSCHU-HI, chinesischer Philosoph, Volkserzieher, Sprachforscher und Historiker.

1130 n–1200 n Lebenslinie
1167 n grün Buch über Riten
1174 n blau Sittenlehre
1184 n grün Sprachreform

TSCHU-KONG (um 1120 v–um 1060 v), chinesischer Mathematiker und Astronom. Bestimmte mit großer Genauigkeit die Verschiebung der Sonnenbahn innerhalb eines Jahres. Doch war er sich über den Schein-Charakter dieser Verschiebung (Ekliptik) nicht klar, weil ihm die Kugelgestalt der Erde ebenso unbekannt war wie die Eigenbewegung unseres Planeten. Deshalb mißglückte auch sein Versuch zur Berechnung der Entfernung zwischen Erde und Sonne.

1079 v grün Berechnung der Sonnenbahn

TSE-FU (eigentlich Tse-Fu-Yuan-Kuei), Titel einer historischen Enzyklopädie, die in China in acht Jahren (1005 n–1013 n) niedergeschrieben wurde. Sie gab auf 1000 Rollen in 31 Haupt- und 1102 Unterabteilungen ein Bild der Geschichte, das auf der Höhe des chinesischen Gelehrtenwissens seiner Zeit stand.

1013 n blau Fertigstellung

TSIN, Name einer chinesischen Herrscherfamilie. Sie folgte der Familie Tschu und regierte das chinesische Reich von 221 v bis 206 v.

259 v–209 v Schi-Huang-Ti
221 v rot Einigung Chinas
220 v grün Privateigentum
217 v/214 v Eroberungszüge
216 v grün Normen
215 v grün Neue Schrift
214 v rot Herrschaft über Vietnam
213 v rot Gelehrten-Hinrichtungen
213 v grün 'Große Mauer'
206 v/202 v Interregnum

TSINGTAU, Hafenstadt in Nordchina. Auf der Halbinsel Schantung gegenüber von Korea am Gelben Meer gelegen, hatte sie schon vor 1200 Jahren als Hafen für den arabischen Fernost-Handel (insbesondere nach Korea) große Bedeutung. Der Hafen befand sich auf einer kleinen Insel unmittelbar vor der Küste, daher hat die Stadt ihren

Namen, der 'grüne Insel' bedeutet. Als 300 Kilometer weiter landeinwärts der Kaiserkanal gebaut wurde, verlor sie ihre führende Stellung für den Waren-Umschlag. 1897n wurde sie mit Hilfe deutscher Kriegsschiffe erobert und zusammen mit dem gegenüberliegenden Uferstreifen als deutsches Gebiet erklärt ('Kiautschou'). In den darauffolgenden 16 Jahren entstand unter deutscher Aufsicht auf dem Festland die neue Stadt, die sich schnell zu einem wichtigen Handelsplatz und einem begehrten Seebad entwickelte. Bei Ausbruch des ersten Weltkrieges von Japanern besetzt, wurde sie 1922n an China zurückgegeben. 1938n abermals von Japanern erobert, seit 1945n nordamerikanischer Flottenstützpunkt, ist sie seit dem Siege der kommunistischen Revolution die bedeutendste Stadt der chinesischen Provinz Schantung.

1897n rot Kiautschou deutsch
1914n/1918n Erster Weltkrieg
1937n/1938n Vorstoß Japans

TSIN-SCHI, akademischer Grad im alten China, der nach bestandener Abschlußprüfung den Schülern höherer Schulen zuerkannt wurde und ihnen die Anwartschaft auf eine Beamtenstelle sicherte (wörtlich 'zum Staatsdienst befähigt').

606n rot Verleihung des Titels

TSUH-KÜH, chinesischer Name für eine frühe Form des Fußball-Spiels.

2639v grün Aufkommen

TUAT (um 2030v–um 1990v) ägyptische Sängerin. Trug zusammen mit ihren Kolleginnen Asa und Snebt Lieder des ägyptischen Musikers Anchu vor.

2059v–1997v Anchu
1998v blau Relief

TUBERKEL-BAZILLUS, Erreger der Tuberkulose-Krankheit. Seine Entdeckung durch Robert Koch ermöglichte eine Bekämpfung der Tuberkulose bei Mensch und Tier.

1882n grün Entdeckung

TUBERKULOSE (Schwindsucht), ansteckende Krankheit beim Menschen und bei zahlreichen Tieren. Führt durch Gewebezerfall zur Zerstörung einzelner Organe oder Organteile. Trotz Entdeckung des Krankheitserregers vor fast einem Jahrhundert und trotz Entwicklung hochwirksamer Medikamente (Antibiotika, Sulfonamide) und vorbeugender Impfungen ist die Krankheit bis in unsere Epoche hinein nicht vollständig besiegt worden.

1951v grün Knochentuberkulose
1854n grün Heilstätte
1882n grün Bazillus entdeckt
1944n grün Heilmittel Streptomyzin

TUCH, Bezeichnung für rein wollenes Gewebe.

2767v grün Tuchfabrik in Ur
1996v grün Manufakturen in Sumer
978v grün Färben bei Phöniziern
647v grün Stoffe in Griechenland
1200n grün Großwebereien in Florenz
1201n grün Tuchhallen von Yoern
1302n grün Orseille-Farbstoff
1350n grün Manufakturen in England
1463n grün Einfuhrverbot für Tuche
1465n grün Medici-Tuchfabriken
1516n grün Indigo-Farbstoff
1536n grün Tuchfabrik Malmesbury
1662n blau 'Vorsteher der Tuchhalle'
1672n–1725n Peter I., der Große

TUD-HALIA II., hethitischer König.

1482v–1425v Lebenslinie

TUD-HALIA IV., hethitischer König.

1297v–1218v Lebenslinie
1240v grün Blockade Assyriens
1228v braun Kampf gegen Achäer

TUDOR, englische Herrscherfamilie, die von 1485n bis 1603n regierte.

1485n braun Ende der Rosenkriege
1485n rot Herrschaftsbeginn
1491n–1547n Heinrich VIII.
1496n rot Auftrag für Caboto
1497n grün Caboto in Amerika
1517n braun Arbeiteraufstand
1527n–1598n Philipp II.
1530n–1584n Iwan IV.
1533n–1603n Elisabeth
1534n rot Anglikanische Kirche
1536n rot Kirchenbesitz-Einziehung
1546n rot Höchstzinsen
1549n rot Tod Johannas von Kent
1553n grün Handel mit Rußland
1553n grün Seeweg nach Rußland
1556n grün Uniform für Kampfgruppen
1558n braun Niederlage in Calais
1558n rot Verlust von Calais
1560n rot Reformation Schottlands
1562n rot Schutz für Bauernland
1562n grün Sklavenhandel
1563n rot Gleitende Lohnskala
1580n grün Drakes Erdumseglung
1583n rot Niederlassung in Amerika
1584n rot Besitznahme von Virginien
1585n rot Hilfe für Holland
1586n rot Mordanschlag auf Königin
1587n rot Hinrichtung Maria Stuarts
1588n braun Sieg über Armada
1588n rot Hilfe von Holland
1597n braun Vernichtung der Armada
1600n grün Indienhandel-Gesellschaft
1601n rot Armenfürsorge
1603n rot Herrschaftsende

TUDOR, Heinrich (1457n–1509n), englischer König von 1485n bis 1509n. Als Thronanwärter der Familie Lancaster (= weiße Rose) landete er mit Truppen aus der Normandie in England, besiegte Richard III. von York (= rote Rose) und beendete den englischen Bürgerkrieg ('Rosenkriege'). Suchte die aufgebrochenen Gegensätze zu überwinden, indem er die Thronerbin Elisabeth aus der besiegten Familie York heiratete und seiner Familie einen neuen Namen gab ('Tudor'). Auch begünstigte er die aufstrebenden Städte, indem er die Wollproduktion förderte und durch Ausschaltung ausländischer Kaufleute beim Wollhandel der deutschen Hanse den Boden entzog.

1485n braun Sieg über Richard III.
1485n rot König von England
1496n rot Auftrag an Caboto
1497n grün Caboto in Amerika

TÜBINGEN, Stadt am Mittellauf des Neckar, 30 Kilometer südlich von Stuttgart. Die seit mehr als 900 Jahren bestehende Siedlung erhielt 1231n Stadtrecht. 1342n wurde sie von ihrem Besitzer, den Grafen von Tübingen, an Württemberg verkauft. Die württembergischen Herzöge bauten sie zur Residenzstadt aus. Dadurch wurde sie Sitz eines Hofgerichtes und erhielt eine Universität sowie eine Sternwarte.

1477n blau Universität

TÜREN

2640v blau Reliefs auf Grabtüren
2429v grün Scharniere

TÜRKEI, Bezeichnung für den Staat der Türken, der heute Kleinasien und einen Zipfel Europas mit Konstantinopel umfaßt. Doch erstreckte sich seine Herrschaft in den vergangenen Jahrhunderten zeitweise über den ganzen Balkan von Griechenland bis Ungarn, über Teile Südrußlands, ganz Kleinasien und Vorderasien bis zum Persischen Golf sowie über große Teile Nordafrikas und der arabischen Halbinsel. Das Schwarze Meer war ein türkisches Binnenmeer. Die gesamte Küste des östlichen Mittelmeeres und auch die Seeherrschaft im westlichen Mittelmeer waren in türkischer Hand. Nachdem das Reich im 16. Jahrhundert unter Soliman den Höhepunkt seiner Ausdehnung erreicht hatte, verlor es in den folgenden 4 Jahrhunderten allmählich seine glänzende Machtstellung und wurde nach dem ersten Weltkrieg auf sein heutiges Gebiet zurückgedrängt.

576n braun Vordringen der Türken
1071n/1077n Ikonischer Türkenkrieg
1073n rot Reich des Suleiman
1073n grün Bodenreform
1094n rot Gegnerschaft von Byzanz
1095n rot Aufruf zum Kreuzzug
1096n/1099n Erster Kreuzzug
1106n rot Konya Hauptstadt
1146n rot Aufruf zum Kreuzzug
1147n/1149n Zweiter Kreuzzug
1189n/1192n Dritter Kreuzzug
1259n–1326n Osman I.
1300n rot Osman Sultan
1307n braun Seldschuken-Vertreibung
1310n braun Kampf gegen Johanniter
1310n rot Verlust von Rhodos
1326n braun Kampf gegen Byzanz
1326n rot Gewinn von Brussa
1326n rot Brussa Hauptstadt
1329n rot Janitscharen-Truppe
1330n braun Kampf gegen Byzanz
1330n rot Macht über Kleinasien
1336n–1405n Timur
1337n braun Angriff auf Europa
1350n–1415n Chrysoloras
1354n braun Vorstoß nach Europa
1354n rot Gewinn Gallipolis
1355n rot Gewinn Mazedoniens
1361n braun Kampf gegen Byzanz
1361n rot Gewinn Adrianopels
1362n–1437n Sigismund
1365n rot Adrianopel Hauptstadt
1382n rot Gewinn von Sofia
1389n braun Kampf gegen Serbien
1389n rot Gewinn Serbiens
1393n braun Kampf gegen Bulgarien
1393n rot Gewinn Bulgariens
1396n braun Kämpfe auf dem Balkan
1396n rot Gewinn Bosniens
1402n braun Vorstoß der Mongolen
1402n rot Mongolen-Herrschaft
1405n rot Frei von Mongolen
1443n–1490n Matthias Corvinus
1444n braun Schlacht bei Warna
1453n braun Einnahme Konstantinopels
1453n rot Ende des Reiches Byzanz
1453n rot Gewinn Konstantinopels
1455n braun Kampf gegen Papst-Flotte
1456n/1458n Kampf gegen Griechenland
1458n rot Gewinn Griechenlands
1475n braun Einnahme von Kaffa
1475n rot Gewinn der Krim
1479n rot Machtgewinn in Albanien
1482n braun Vorstoß auf dem Balkan
1489n–1587n Sinan
1494n–1566n Soliman der Große
1500n–1558n Karl V.
1516n braun Vorstoß nach Vorderasien
1521n braun Einnahme Belgrads
1522n braun Kampf gegen Johanniter
1522n rot Gewinn von Rhodos
1526n braun Kampf gegen Ungarn
1527n–1598n Philipp II.
1529n braun Vorstoß nach Mitteleuropa
1530n rot Gesetzgebung
1535n braun Kampf um Tunis
1535n grün Vertrag mit Frankreich
1536n rot Bündnis mit Frankreich
1538n grün Verbreitung des Kaffees
1541n braun Vorstoß nach Ungarn
1541n rot Gebietsgewinn in Ungarn
1545n blau Prinzen-Moschee
1551n braun Vorstoß nach Tripolis
1551n rot Gewinn Tripolitaniens
1551n blau Mirimah-Moschee
1554n grün Kaffeehaus in Istanbul
1556n blau Soliman-Moschee
1571n braun Kampf gegen Spanien
1573n rot Gewinn Zyperns
1574n blau Selimje-Moschee
1612n grün Drei-Mächte-Vertrag
1615n blau Achmed-Moschee
1663n/1699n Großer Türkenkrieg
1663n–1736n Prinz Eugen
1673n rot Neuer Bund mit Frankreich
1684n rot Feindkoalition
1686n rot Feindkoalition erweitert
1696n rot Verlust von Asow
1699n rot Gebietsverlust
1700n/1721n Nordischer Krieg
1714n/1718n Kampf gegen Österreich
1718n rot Gebietsverlust
1729n–1796n Katharina II., die Große
1735n/1739n Kämpfe in Europa
1739n rot Gewinn Belgrads
1768n/1774n 1. Krieg gegen Rußland
1784n rot Gebietsverlust
1787n/1792n 2. Krieg gegen Rußland
1788n–1824n Byron
1792n rot Gebietsverlust
1796n/1815n Napoleonische Kriege
1806n/1812n 3. Krieg gegen Rußland
1812n rot Verlust Bessarabiens
1821n/1829n Kampf Griechenlands
1826n braun Janitscharen-Aufstand
1829n rot Verlust Griechenlands
1829n rot Freigabe des Bosporus
1841n rot Sperre der Meerengen
1853n/1856n Krimkrieg
1856n rot Gewinn der Donaumündung
1856n rot Garantie der Grenzen
1871n grün Ausgrabung Trojas
1876n/1878n 4. Krieg gegen Rußland
1878n rot Verlust Zyperns
1881n rot Tunesien französisch
1882n braun Kämpfe in Ägypten
1882n rot Ägypten englisch
1908n braun Jungtürken-Aufstand
1908n rot Gebietsverlust
1908n rot Bulgarien unabhängig
1908n rot Verfassung
1911n/1912n Libyscher Krieg
1912n rot Libyen italienisch
1912n/1913n Balkankriege
1913n rot Gebietsverlust
1914n/1918n Erster Weltkrieg
1915n braun Kampf gegen Armenier
1923n rot Republik
1945n rot Mitglied der UN
1959n rot Zypern unabhängig
1964n braun Kämpfe auf Zypern

TÜRKENKRIEGE

1337n braun Angriff auf Europa
1354n braun Vorstoß nach Europa
1354n rot Gewinn Gallipolis
1355n rot Gewinn Mazedoniens
1361n braun Kampf gegen Byzanz
1361n rot Gewinn Adrianopels
1382n rot Gewinn von Sofia
1389n braun Kampf gegen Serbien
1389n rot Gewinn Serbiens
1393n braun Kampf gegen Bulgarien
1393n rot Gewinn Bulgariens
1396n braun Kämpfe auf dem Balkan
1396n rot Gewinn Bosniens
1444n braun Schlacht bei Warna
1453n braun Einnahme Konstantinopels
1453n rot Ende des Reiches Byzanz
1453n rot Gewinn Konstantinopels
1455n braun Kampf gegen Papst-Flotte
1456n/1458n Kampf gegen Griechenland
1458n rot Gewinn Griechenlands
1475n braun Einnahme von Kaffa
1475n rot Gewinn der Krim
1479n rot Machtgewinn in Albanien
1482n braun Vorstoß auf dem Balkan
1494n–1566n Soliman der Große
1500n–1558n Karl V.
1521n braun Einnahme Belgrads
1522n braun Kampf gegen Johanniter
1522n rot Gewinn von Rhodos
1526n braun Kampf gegen Ungarn
1527n–1598n Philipp II.
1529n braun Vorstoß nach Mitteleuropa
1541n braun Vorstoß nach Ungarn
1541n rot Gebietsgewinn in Ungarn
1571n braun Kampf gegen Spanien
1573n rot Gewinn Zyperns
1663n/1699n Großer Türkenkrieg
1663n–1736n Prinz Eugen
1684n rot Feindkoalition
1686n rot Feindkoalition erweitert
1696n rot Verlust von Asow
1699n rot Gebietsverlust
1700n/1721n Nordischer Krieg
1714n/1718n Kampf gegen Österreich
1718n rot Gebietsverlust
1729n–1796n Katharina II., die Große
1735n/1739n Kämpfe in Europa
1739n rot Gewinn Belgrads
1768n/1774n 1. Krieg gegen Rußland
1784n rot Gebietsverlust
1787n/1792n 2. Krieg gegen Rußland
1788n–1824n Byron
1792n rot Gebietsverlust
1806n/1812n 3. Krieg gegen Rußland
1812n rot Verlust Bessarabiens
1821n/1829n Kampf Griechenlands
1829n rot Verlust Griechenlands
1853n/1856n Krimkrieg
1856n rot Gewinn der Donaumündung
1876n/1878n 4. Krieg gegen Rußland
1882n braun Kämpfe in Ägypten
1882n rot Ägypten englisch
1911n/1912n Libyscher Krieg
1912n rot Libyen italienisch
1912n/1913n Balkankriege
1913n rot Gebietsverlust
1914n/1918n Erster Weltkrieg

TÜRKIS, undurchsichtiger Schmuckstein von blaßblauer bis grüner Farbe. Hauptsächlich vorkommend auf der Halbinsel Sinai (Ägypten), in Persien und Nordamerika. Einer der ersten Edelsteine, die zu Schmuck verarbeitet wurden.

2889v grün Verwendung in Ägypten
2798v–2751v Semer-Chet

TUFAIL, Ibn, arabischer Philosoph, Astronom und Arzt.

1127n–1185n Lebenslinie
1169n blau Philosophischer Roman

TU-FU, chinesischer Dichter.

712n–770n Lebenslinie
701n–762n Li-Taipo
760n blau Gesellschaftskritik
767n blau 'Im Schnee'

TUGRIL Beg (993n–1063n), türkischer Feldherr und Staatsmann. Als Enkel des Seldschuk führte er die von seinem Großvater geeinten Türken ('Seldschuken') aus Turkestan nach Armenien, Chorasan, Persien und Mesopotamien (Irak). In Bagdad wurde er vom arabischen Kalifen zum 'Herrn des Ostens und Westens' ernannt. Als er sich auf einem Feldzug nach Kleinasien befand, wurde Bagdad von arabischen Heeren zurückerobert, die aus Ägypten herbeigeeilt waren. Doch schlug er diese Heere vernichtend und war seitdem unbestrittener Herrscher des östlichen Araberreiches, das er seinem Sohne Arsalan vererbte.

1040n–1072n Arsalan der Löwenherzige
1055n braun Vorstoß nach Bagdad
1055n rot Hoheit über Bagdad
1056n rot Sultan der Seldschuken

TU-KULTI, Kaiser von Mesopotamien.

1277v–1207v Lebenslinie
1297v–1218v Tud-Halia IV.
1243v rot Umsiedlungen
1242v braun Vorstoß nach Osten
1242v rot Herrschaft über Gutium
1242v braun Vorstoß nach Norden
1242v rot Macht über Nairi-Länder
1242v grün Heerstraßen
1241v braun Vorstoß nach Süden
1241v rot Herrschaft über Babylon
1241v rot Herrscher Mesopotamiens
1240v braun Erhebung Babylons
1240v grün Blockade
1239v blau Ischtar-Tempel
1237v blau Palast
1231v blau Neue Residenzstadt
1229v blau Wandgemälde im Palast
1225v blau Relief
1214v blau Lobgedicht
1207v braun Ermordung

TULPE

1554n grün Einfuhr nach Europa

TULSIDAS (1532n–1623n), indischer Dichter. Als Sohn eines Angehörigen der obersten Kaste (Brahmanen) wandte er sich der religiösen Überlieferung zu und gab dem Hinduismus eine dichterische Ausprägung. Dabei stellte er die volkstümliche altindische Heldengestalt des Rama in den Mittelpunkt seiner Werke. Dieser nach indischem Glauben Mensch gewordene Gott wurde durch seine Dichtungen ein Vorbild menschlichen Verhaltens für die Hindus in Nordindien. Außer seinem großen Hauptwerke ('Der See der Taten des Rama') schrieb er über die Sitte der Kopfrasur bei Rama, über die Erlangung von Segen und fast 30 weitere Bücher. Vertrat theoretisch den Gedanken der Gleichheit aller Menschen vor Rama, wandte sich aber auch nicht gegen die Kastenordnung und wirkte damit praktisch für die Aufrechterhaltung der Ungleichheit. Gab auch Sammlungen von Liedern und Gedichten heraus.

1596n blau Lebensbild des Rama

TULUN, Achmed ibn (um 830n–884n), arabischer Staatsmann. Als Sohn eines türkischen Kriegsgefangenen aus Usbekistan wuchs er in Bagdad am Hofe des Kalifen auf, erhielt eine umfassende Bildung und wurde Heerführer. Zur Wiederherstellung der Oberhoheit Bagdads nach dem sich verselbständigenden Ägypten entsandt, erklärte er die Unabhängigkeit des Nillandes und schaffte die Tributzahlungen an Bagdad ab. Die ersparten Mittel nutzte er zum Bau von Krankenhäusern, Schlössern und Schulen sowie für den Unterhalt der Gelehrten und Armen. Beim Tode des Statthalters von Damaskus gliederte er ganz Syrien seinem Reiche ein. Mußte die Erhebung seines Sohnes Abbas niederschlagen. Erlag einer Krankheit, die er sich auf einem Feldzuge nach Kleinasien bei der Belagerung von Tarsus zugezogen hatte.

868n rot Statthalter in Ägypten
868n rot Unabhängigkeit Ägyptens
879n blau Moschee in Kairo

TUMEN, Herrscher der Türken.

492n–552n Lebenslinie
515n–572n Muhan
552n/563n Asiatischer Türkenkrieg
552n rot Selbständigkeit
552n rot Reichsgründung

TUNA, Ortschaft in Nordägypten am Rande der Wüste. In ihrer Nähe errichtete vor mehr als 2200 Jahren der Oberpriester Pet-Osiris aus der benachbarten Gauhauptstadt Hermopolis seine Grabanlage. Er ließ sie von griechischen Künstlern mit farbigen Reliefs aus dem ägyptischen Volksleben schmücken.

278v blau Relief

TUNESIEN, Land und Staat in Nordafrika. Vor 2800 Jahren gründeten hier Phönizier aus der Stadt Tyros (Vorderasien) eine Niederlassung, die sich bald zum mächtigsten Handelszentrum des Mittelmeerraumes entwickelte (Karthago). Die einheimische Urbevölkerung (Berber) wurde unterworfen und mußte die Äcker der Eroberer bebauen, die hier eine rationelle Großflächen-Wirtschaft einführten. Nachdem sich das Reich von Karthago einige Jahrhunderte behauptet hatte, wurde es von den Römern besiegt, das Land wurde Kolonie Roms und bildete viele Jahrhunderte lang dessen landwirtschaftliche Ernährungsbasis ('Kornkammer'). Beim Zusammenbruch des Römerreiches wurde es von Germanen (Wandalen) erobert, dann aber von den Heeren Ostroms unterworfen und endlich dem Araberreiche einverleibt (Arabischer Krieg). Von 1517n bis 1714n türkisch, dann 167 Jahre lang selbständig. 1881n von französischen Truppen besetzt, konnte es sich erst nach dem zweiten Weltkrieg wieder befreien.

852v–774v Pygmalion
814v blau Gründung von Karthago
549v rot Pakt Karthago–Etrusker
540v braun Kampf Karthago–Griechen
481v rot Kriegspolitik Xerxes'
480v braun Kampf Karthago–Griechen
469v rot Kolonien der Karthager
424v–367v Dionys der Ältere
409v/405v Sizilienkrieg Karthagos
405v rot Gebietsgewinn Karthagos
398v rot Gibraltar-Enge gesperrt
398v grün Vertrag Rom–Karthago
397v/392v Sizilienkrieg Karthagos
392v rot Gebietsverlust Karthagos
376v rot Teilung Siziliens
348v rot Vertrag Rom–Karthago
318v–272v Pyrrhus
282v–229v Hamilkar
278v rot Bündnis Rom–Karthago
265v–201v Nävius
264v/241v Erster Punischer Krieg
247v–183v Hannibal
240v/238v Söldner-Aufstand
237v rot Gebietsverlust Karthagos
237v/236v Spanienkrieg Karthagos
236v rot Gebietsgewinn Karthagos
235v–183v Scipio der Ältere
234v–149v Kato der Ältere
231v rot Warnung Roms an Karthago

229 v blau Karthagerstadt in Spanien
226 v rot Pakt mit Rom
218 v/201 v Zweiter Punischer Krieg
215 v rot Bund Karthago–Mazedonien
215 v rot Bund Karthago–Syrakus
215 v/205 v 1. Mazedonischer Krieg
204 v rot Bund gegen Karthago
201 v rot Gebietsverlust Karthagos
201 v rot Gebietsgewinn Numidiens
201 v rot Karthager-Flotte zerstört
201 v blau Nävius: 'Punischer Krieg'
200 v blau Geschichte Hannibals
200 v/197 v 2. Mazedonischer Krieg
195 v–159 v Terenz
162 v grün Plantagensystem in Rom
149 v/146 v Dritter Punischer Krieg
146 v rot Römische Provinz
146 v grün Karthager-Versklavung
146 v blau Schrift des Kleitomachos
145 v grün Magos Lexikon lateinisch
124 n–170 n Apulejus
159 n blau 'Der goldene Esel'
162 n–224 n Tertullian
197 n blau Apologie des Tertullian
202 n–258 n Cyprian
203 n rot Christen-Verfolgung
204 n rot Ehrung Hannibals
214 n blau Dreifaltigkeitslehre
247 n blau Kritik am Eigentum
251 n blau Cyprian: Kirchenvorrang
256 n blau Cyprian: Kirchendisziplin
276 n–355 n Donatus
305 n blau Werk des Arnobius
320 n blau Kritik an Kirche
328 n rot Donatisten-Bewegung
344 n/347 n Zirkumzellionen-Aufstand
382 n–440 n Martianus Kapella
390 n–477 n Geiserich
427 n blau Werk des Martianus
439 n braun Wandalen-Vorstoß
439 n rot Karthago an Wandalen
468 n braun Seeschlacht vor Kap Bon
491 n blau Drakontius: 'Sühne'
495 n blau Drakontius: 'Medea'
505 n–565 n Belisar
533 n/534 n Vorstoß der Byzantiner
534 n rot Byzantinische Herrschaft
609 n–680 n Moawija
640 n–716 n Musa
633 n/732 n Arabischer Krieg
670 n rot Gebietsgewinn der Araber
698 n rot Araber-Herrschaft
732 n blau Oliven-Moschee, Tunis
810 n rot Aghlabiden-Dynastie
837 n blau Sidi-Okba-Moschee, Tunis
909 n rot Fatimiden-Dynastie
1087 n braun Italiener-Vorstoß
1101 n–1154 n Roger II.
1146 n braun Krieg mit Sizilien
1204 n–1263 n Hakon der Alte
1243 n blau Universität Tunis
1270 n braun Kreuzzug
1332 n–1406 n Ibn Kaldun
1500 n–1558 n Karl V.
1535 n braun Vorstoß Karls V.
1881 n rot Französische Herrschaft
1939 n/1945 n Zweiter Weltkrieg
1954 n/1962 n Kampf Nordafrikas
1956 n rot Unabhängigkeit
1957 n rot Republik

TUN-HUANG, Name einer Oase in Innerasien zwischen der Wüste Gobi und dem Himalaya-Gebirge. In ihrer Nähe wurde vor mehr als 1600 Jahren eine Grotten-Kirche in den Fels gehauen ('Grotten der 1000 Buddhas'). Die Wände dieses Tempels waren in den folgenden 7 Jahrhunderten mit Gemälden aus dem Leben Buddhas geschmückt. Auch auf Statuen und Seidenbildern war der indische Religionsstifter dargestellt. Im 11. Jahrhundert entstand in einer Seitengrotte eine buddhistische Bibliothek mit Büchern in chinesischer, indischer, tibetischer und türkischer Sprache.

366 n blau Felsenkirche

TUNIS, Hafenstadt in Nordafrika. Vor 2800 Jahren etwa gleichzeitig mit der benachbarten Stadt Karthago entstanden, blieb sie neben der glänzenden phönizischen Metropole 1500 Jahre lang bedeutungslos. Nach Zerstörung Karthagos durch die Araber stieg sie schnell zu einer der bedeutendsten arabischen Städte auf, wurde 1159 n Hauptstadt des nach ihr benannten Landes Tunesien und ein Zentrum arabischer Gelehrsamkeit (Universitätsstadt). Während der 75jährigen französischen Herrschaft erhielt sie ein Europäerviertel und einen Kanal, durch den Überseeschiffe vom vorgelagerten Hafen Goletta aus den Binnenhafen der Stadt erreichen können. Seit 1956 n Hauptstadt des unabhängigen Tunesien.

732 n blau Oliven-Moschee
837 n blau Sidi-Okba-Moschee
1101 n–1154 n Roger II.
1146 n braun Vorstoß Siziliens
1204 n–1263 n Hakon der Alte
1243 n blau Universität
1270 n braun Vorstoß Ludwigs IX.
1332 n–1406 n Ibn Kaldun
1500 n–1558 n Karl V.
1535 n braun Vorstoß Karls V.
1881 n rot Tunesien französisch
1956 n rot Tunesien unabhängig

TUNNEL, von dem englischen Wort 'tunnel' (= Röhre) abgeleitete Bezeichnung für künstlich angelegte Wasserleitungen oder Verkehrswege unter der Erdoberfläche.

1330 v grün Wasserleitung Jerusalems
710 v grün Wasserleitung Jerusalems
532 v grün Wasserleitung von Samos
52 n grün Entwässerungstunnel
1480 n grün Monte-Viso-Tunnel
1679 n grün Sprengtechnik in England
1826 n grün Eisenbahntunnel, England
1871 n grün Mont-Cenis-Tunnel
1881 n grün Gotthard-Tunnel
1900 n grün Untergrundbahn

TUPAC AMARU (um 1740 n–1781 n), peruanischer Freiheitskämpfer. Legte seinen bürgerlichen Namen (José Gabriel Condorcanca) ab und nannte sich nach seinem Vorfahren, dem letzten Inkakönige. Führte die indianische Bevölkerung Südamerikas in Peru gegen ihre spanischen Kolonialherren. Wurde gefangengenommen und durch Vierteilung hingerichtet.

1780 n/1783 n Inka-Aufstand
1781 n rot Hinrichtung

TUPLIASCH, alter Name des Stadtstaates Esch-Nunna in Mittel-Mesopotamien. An der Einmündung des Flusses Dijala in den Tigris verkehrsgünstig gelegen (unweit des heutigen Bagdad), entwickelte es sich schnell zu einem Kulturzentrum des Zwischenstromlandes. Entstand aus dem Zerfall des ersten mesopotamischen Gesamtreiches im 20. Jahrhundert vor unserer Zeitrechnung und ging schon 200 Jahre später im babylonischen Reiche Hammurabis auf.

1987 v blau Statue des Fürsten
1902 v–1841 v Bila-Lama
1855 v blau Gesetzbuch
1854 v rot Gesetzeserlaß
1768 v blau Palast

TURA-DAGAN (um 2010 v–um 1960 v), Fürst von Mari am Mittellauf des Euphrat (Mesopotamien). Unter der Oberhoheit des Königs Ib-I-Sin von Sumer stärkte er die Macht seiner Stadt innerhalb des mesopotamischen Reiches und bereitete ihre Befreiung vor.

1976 v blau Statue

TURANDOT, Name einer sagenhaften asiatischen Königstochter, die wegen ihrer Klugheit berühmt war. Stellte ihren Freiern schwere Denkaufgaben und ließ sie bei Nicht-Beantwortung hinrichten. Wie sie schließlich dann doch von einem Bewerber bezwungen wurde ist Gegenstand zahlreicher orientalischer Märchen und fand auch Aufnahme in die arabische Sammlung von 'Tausend und eine Nacht'. Der Stoff wurde in Europa dichterisch (Gozzi, Schiller) und musikalisch (Busoni, Puccini) gestaltet.

1403 n blau '1001 Nacht'
1764 n blau Gozzis Spiel

TURBAN, von dem persischen Worte 'dulban' (= doppelt gebunden) abgeleitete Bezeichnung für die Kopfbedeckung der mohammedanischen Völker Kleinasiens, Vorderasiens und Nordafrikas sowie der Hindus (Indien). Meist aus einer roten Kappe bestehend, die mit einem weißen Stück Stoff umwunden ist, waren bestimmte Farben jahrhundertelang den hohen Würdenträgern vorbehalten. In Überwindung der alten Bräuche ist auch sein Gebrauch in den meisten Ländern im Rückgang, in der Türkei bereits fast völlig abgeschafft.

2028 v blau Sumerische Darstellung

TURBINE, von dem lateinischen Worte 'turbo' (= Wirbel) abgeleitete Bezeichnung für eine Kraftmaschine zur Erzeugung einer Drehbewegung durch Ausnutzung von Naturkräften (Wasser, Wind, Wärme). Die mechanische Verwendung ihrer Kraft oder die Umwandlung in elektrischen Strom machte sie zu einer wichtigen Grundlage des Maschinenzeitalters.

88 v grün Wassermühlen in Europa
363 n grün Wassersägewerk
666 n grün Mühlen zur Erzverarbeitung
1222 n grün Windmühlen in Köln
1880 n grün Dampfturbine

TURGEIS (um 800 n–um 850 n), normannischer König in Irland. Als Führer einer Kriegerschar verließ er seine norwegische Heimat und griff von der zwischen England und Irland liegenden Insel Man aus die irische Küste an. Mit Unterstützung der dort bereits ansässigen Normannen gelang es ihm, den östlichen Teil der Insel unter seine Herrschaft zu bringen. Machte die Stadt Dublin zu seiner Residenz.

839 n braun Kampf gegen Iren
839 n rot Normannenreich in Irland

TURGENJEW, Iwan (1818 n–1883 n), russischer Dichter. Als Sohn eines Gutsbesitzers besuchte er 15jährig die Moskauer Universität und setzte später in Petersburg und Berlin (bei Ranke) seine historischen, sprachlichen und philosophischen Studien fort. Nach dreijähriger Beamtentätigkeit zog er sich 24jährig ins Privatleben zurück. Zwei Jahre später wurde er wegen eines Artikels über Gogol verhaftet und auf sein Gut verbannt. Dann hielt er sich hauptsächlich in Baden-Baden und in seiner Villa in Paris auf. Mit seinen Gedichten ('Der Gutsbesitzer') hatte er wenig Erfolg. So wandte er sich der Prosa-Dichtung zu. In Erzählungen und Romanen brachte er Westeuropa eine schwermütige Wirklichkeitsschau, die bald als Ausdruck der russischen Seele galt. Sein 'Tagebuch eines Jägers' klagte die Zustände im zaristischen Rußland an und wandte sich besonders gegen die Leibeigenschaft. Als seine Mutter starb, gab er seine Leibeigenen frei. Der Roman 'Väter und Söhne' zeigte das Generationenproblem eines jungen Revolutionärs. Den Verfall der russischen Adelsschicht, der er selbst zugehörte, schilderte er mit leichter Wehmut ('Adelsnest'). In dem Roman 'Vorabend' rief er zum Kampf gegen den Zarismus auf.

1862 n blau 'Väter und Söhne'

TURIN, Stadt im Quellgebiet des Po (Norditalien), 120 Kilometer westlich von Mailand. Vor 2000 Jahren bereits Hauptstadt eines in der fruchtbaren Po-Ebene ansässigen keltischen Volkes (Tauriner), wurde sie um die Zeitwende durch Kaiser Augustus dem römischen Reiche einverleibt. 569 n von Langobarden, 636 n von Franken eingenommen. Dann verselbständigte sich die Stadt, fiel aber Mitte des 11. Jahrhunderts an Savoyen, dessen Residenzstadt sie 1482 n wurde. Im 16. und 17. Jahrhundert wiederholt von Frankreich besetzt, im Spanischen Erbfolgekrieg durch den Sieg deutscher Heere unter Prinz Eugen 1706 n befreit, in den Napoleonischen Kriegen erneut von Franzosen besetzt, wurde sie auf dem Wiener Kongreß dem König von Sardinien zugesprochen, der sie zur Residenz- und Hauptstadt seines Reiches machte. Bei der Einigung Italiens spielte die Stadt eine führende Rolle und war vorübergehend Hauptstadt des sich bildenden italienischen Nationalstaates. Nach Gründung des Königreiches Italien begann ihr großer industrieller Aufschwung. Die Proletarisierung förderte die Arbeiterbewegung, 1919 n wurde hier von Gramsci und Togliatti die Gruppe 'Ordine Nuovo' gegründet, aus der später die Kommunistische Partei Italiens hervorging. Im zweiten Weltkrieg als Zentrum der Schwerindustrie durch Luftangriffe stark beschädigt, befreite sich die Stadt 1945 n vor Eintreffen der alliierten Heere selbst vom Faschismus.

568 n/569 n Vorstoß der Langobarden
569 n rot Langobarden-Herrschaft
1404 n blau Universität
1663 n–1736 n Prinz Eugen
1701 n/1714 n Spanischer Erbfolgekrieg
1796 n/1815 n Napoleonische Kriege
1815 n rot Wiener Kongreß
1859 n/1861 n Befreiungskampf Italiens
1939 n/1945 n Zweiter Weltkrieg

TURKESTAN, Land in Zentral-Asien zwischen dem Ostufer des Kaspischen Meeres und dem Tarimbecken. Durch Pamir und Tienschan-Gebirge in zwei Teile getrennt, wird seine Westhälfte heute von den Sowjet-Republiken Turkmenistan, Usbekistan, Tadschikistan und Kirgisien gebildet, während seine Osthälfte eine Provinz der chinesischen Volksrepublik ist (Sinkiang). Am Hauptwege von Ostasien nach Vorderasien und Europa gelegen (Seidenstraße), seit Jahrtausenden zwischen den verschiedensten Völkern umkämpft und immer wieder neu aufgeteilt. Wesentliche Teile gehörten über längere Zeitabschnitte den Hunnen, den Chinesen, den Türken, den Arabern und den Mongolen. Mehrere bedeutende Handels- und Kulturzentren entwickelten sich in diesem Schnittpunkt der östlichen und der westlichen Welt (Choresm, Buchara, Samarkand).

484 v–424 v Artaxerxes
465 v braun Aufstand Baktriens
356 v–323 v Alexander der Große
334 v/325 v Alexanderzug
246 v rot Hellenobaktrisches Reich
234 v–174 v Mao-Tun
176 v braun Vorstoß der Hunnen
176 v rot Ostgebiete an Hunnen
172 v–114 v Tschang-Kien
157 v–87 v Wu-Ti
130 v braun Tocharer-Vorstoß
130 v rot Staat der Tocharer
129 v grün Reise Tschang-Kiens
121 v grün Ausbau der Seidenstraße
102 v rot Machtgewinn Chinas
53 n–123 n Kanischka
91 n rot Ausdehnung Chinas
150 n grün Einführung des Papiers
370 n/455 n Hunnenkriege
453 n rot Reich der Hunnen
511 n–579 n Chosroes
515 n–572 n Muhan
552 n/563 n Asiatischer Türkenkrieg
563 n rot Türken-Herrschaft
565 n braun Niederlage der Hunnen
565 n rot Aufteilung Baktriens
602 n–664 n Hüan-Tsang
609 n–680 n Moawija
633 n/732 n Arabischer Krieg
639 n/640 n Vorstoß Chinas
640 n rot Chinesische Herrschaft
646 n grün Bericht Hüan-Tsangs
675 n–715 n Welid
712 n rot Gebietsgewinn der Araber
751 n braun Krieg Araber–China
778 n–830 n Al Karismi
851 n–938 n Al Balki
874 n rot Buchara, Samarkand frei
1155 n–1227 n Dschingis-Khan
1207 n/1279 n Großer Mongolenkrieg
1219 n rot Mongolen-Herrschaft
1220 n rot Samarkand mongolisch
1336 n–1405 n Timur
1380 n rot Reich des Timur
1392 n–1450 n Ibn Arabscha
1759 n rot Ostgebiete an China
1847 n rot Kasachstan russisch
1868 n rot Teilgebiete russisch
1872 n rot Usbekistan russisch
1898 n rot Westgebiete an Rußland

TURKVÖLKER, auf Grund sprachlicher Verwandtschaft eingeführte Sammelbezeichnung für eine größere Anzahl von Völkern, die seit mindestens 5 Jahrtausenden weite Gebiete Innerasiens bewohnten und die sich heute vor allem auf das Gebiet von Turkestan (Innerasien), der Türkei (Kleinasien) und Nordost-Sibirien (Jakutische Sowjetrepublik) zurückgezogen haben. Außer den Türken, denen sie ihren Namen verdanken, den Tataren, Baschkiren, Usbeken, Kirgisen, Kasachen, Aserbeidschanen, Jakuten, Uiguren, Turkmenen, Altaiern, Awaren, Bulgaren, Petschenegen, Kumanen gehörten auch jene Völker dazu, die man unter dem Namen 'Hunnen' zusammenfaßte.

2697 v–2628 v Huang-Ti
2637 v braun Sieg Chinas über Hunnen
1132 v–1049 v Wen
1055 v braun Vorstoß der Hunnen
822 v braun Vorstoß der Hunnen
811 v–757 v Siang-Tschin
792 v–720 v Ping-Lo
791 v braun Vorstoß der Hunnen
771 v braun Vorstoß der Hunnen
745 v braun Sieg Chinas über Hunnen
259 v–209 v Schi-Huang-Ti
234 v–174 v Mao-Tun
190 v braun Vorstoß der Hunnen
190 v rot Gebietsgewinn der Hunnen
176 v braun Vorstoß der Hunnen
176 v rot Gebietsgewinn der Hunnen
176 v rot Hunnen Großmacht
127 v braun Kampf Chinas gegen Hunnen
119 v braun Kampf Chinas gegen Hunnen
119 v rot Gebietsverlust der Hunnen
73 n/91 n Chinesischer Hunnenkrieg
305 n–370 n Ermanrich
310 n–379 n Schapur II.
350 n–404 n Balamir
352 n/354 n Alanenkrieg der Hunnen
357 n rot Alanenanschluß an Hunnen
363 n rot Hilfe gegen Hunnen
365 n braun Vorstoß der Hunnen
370 n/455 n Hunnenkriege
371 n rot Ostgoten unter Hunnen
371 n rot Gotenanschluß an Hunnen
397 n–454 n Aëtius
410 n–453 n Attila
411 n–474 n Priskus
423 n rot Save-Gebiet an Hunnen
423 n rot Hunnen im Römerheer
427 n rot Hunnenreich des Rua
430 n grün Tribut an Hunnen
433 n rot Pannonien an Hunnen
434 n rot Teilung des Hunnenreiches
434 n grün Tribut an Hunnen
435 n/436 n Hunnensieg über Burgund
445 n rot Attila Hunnen-Herrscher
446 n blau Hunnenstadt an der Theiß
447 n rot Vertrag Hunnen–Ostrom
447 n grün Tribut an Hunnen
448 n–510 n Toramana
449 n rot Verlobung Attilas
449 n rot Hunnenbündnis gegen Rom
450 n rot Großreich der Hunnen
450 n blau Priskus: Hunnenbericht
453 n rot Hunnenreich am Aralsee
455 n rot Europa frei von Hunnen
457 n braun Vorstoß der Hunnen
465 n braun Vorstoß der Hunnen
465 n rot Hunnenreich in Indien
470 n–531 n Kobad
474 n blau Werk über Hunnenkriege
475 n braun Vorstoß der Hunnen
475 n rot Gebietsgewinn der Hunnen
477 n rot Sakala Hunnen-Residenz
484 n braun Vorstoß der Hunnen
484 n rot Gebietsgewinn der Hunnen
484 n grün Tribut an Hunnen
492 n–552 n Tumen
497 n–555 n Jordanis
501 n braun Vorstoß der Hunnen
501 n rot Gebietsgewinn der Hunnen
503 n braun Vorstoß der Bulgaren
503 n rot Reich der Wolga-Bulgaren
509 n braun Vorstoß der Bulgaren
511 n–579 n Chosroes
513 n braun Sieg Persiens über Hunnen
515 n–572 n Muhan
528 n braun Sieg Indiens über Hunnen
528 n rot Indien frei von Hunnen
540 n braun Vorstoß der Bulgaren
541 n–572 n Alboin
552 n/563 n Asiatischer Türkenkrieg
552 n rot Befreiung der Türken
552 n rot Reich der Türken
558 n braun Sieg Byzanz' über Hunnen
559 n rot Awaren im Donauraum
559 n grün Schrift zu Mongolen
562 n braun Vorstoß der Awaren
562 n rot Friede Awaren–Franken
562 n grün Tribut an Awaren
563 n rot Großreich der Türken
565 n braun Kampf gegen Hunnen
565 n rot Teilung Baktriens
567 n braun Kampf gegen Gepiden
567 n rot Reich der Awaren
569 n braun Vorstoß der Awaren
569 n rot Ungarn an Awaren
570 n grün Schrift der Türken
576 n braun Vorstoß der Türken
576 n rot Friede Byzanz–Türken
581 n rot Zerfall des Türkenreiches
582 n braun Vorstoß der Awaren
582 n rot Gebietsgewinn der Awaren
583 n braun Türkenangriff auf China
590 n–648 n Harsa
595 n–662 n Samo
598 n braun Vorstoß der Khasaren
598 n rot Khasarenreich in Rußland
624 n braun Slawensieg über Awaren
626 n braun Angriff auf Byzanz
626 n rot Bündnis Khasaren–Byzanz
652 n–700 n Isperich
679 n braun Vorstoß der Bulgaren
679 n rot Reich der Donau-Bulgaren
756 n/764 n Chinesischer Bürgerkrieg
791 n/796 n Fränkischer Awarenkrieg
796 n rot Ende des Awarenreiches
796 n rot Slawen frei von Awaren
836 n rot Leibwache aus Türken
868 n rot Türke Araber-Statthalter
868 n rot Tuluniden-Dynastie
870 n–950 n Al Farabi
885 n rot Religionen der Khasaren
925 n blau Lied von Hunnenkämpfen
957 n rot Islamisierung der Türken
965 n braun Russensieg über Khasaren
965 n rot Khasarenreich russisch
973 n–1048 n Al Biruni
976 n–1030 n Machmud
1024 n braun Vorstoß der Türken
1024 n rot Türkenmacht in Indien
1024 n rot Islam nach Indien
1036 n braun Petschenegen-Niederlage
1037 n braun Vorstoß der Seldschuken
1037 n rot Nordpersien an Türken
1039 n–1123 n Al Kajam
1040 n–1072 n Arsalan der Löwenherzige
1055 n braun Vorstoß der Seldschuken
1055 n rot Bagdad an Seldschuken
1056 n rot Tugril Sultan
1064 n braun Vorstoß der Seldschuken
1067 n braun Vordringen der Kumanen
1067 n blau Universität Bagdad
1070 n braun Vorstoß der Türken
1071 n/1077 n Ikonischer Türkenkrieg
1071 n rot Palästina an Türken
1072 n braun Vorstoß der Kumanen
1073 n rot Kleinasien seldschukisch
1081 n/1085 n Balkanzug der Normannen
1091 n braun Vorstoß der Petschenegen
1094 n rot Gegnerschaft von Byzanz
1095 n rot Aufruf zum Kreuzzug
1096 n/1099 n Erster Kreuzzug
1099 n rot Verlust Jerusalems
1106 n rot Konya Hauptstadt
1130 n braun Niederlage der Karluken
1146 n rot Aufruf zum Kreuzzug
1147 n/1149 n Zweiter Kreuzzug
1259 n–1326 n Osman I.
1300 n rot Osman Sultan
1307 n braun Seldschuken-Vertreibung
1310 n braun Vorstoß der Johanniter
1310 n rot Verlust von Rhodos
1326 n braun Vorstoß der Türken
1326 n rot Brussa türkisch
1326 n rot Brussa Türken-Residenz
1329 n rot Janitscharen-Truppe
1330 n braun Vorstoß der Türken
1330 n rot Kleinasien türkisch
1336 n–1405 n Timur
1337 n braun Vorstoß der Türken
1350 n–1415 n Chrysoloras
1354 n braun Vorstoß der Türken
1354 n rot Gallipoli türkisch
1361 n braun Vorstoß der Türken
1361 n rot Adrianopel türkisch
1362 n–1437 n Sigismund
1365 n rot Adrianopel Hauptstadt
1389 n braun Vorstoß der Türken

1389 n rot Serbien türkisch
1392 n–1450 n Ibn Arabscha
1393 n braun Vorstoß der Türken
1393 n rot Bulgarien türkisch
1396 n braun Vorstoß der Türken
1396 n rot Bosnien türkisch
1402 n braun Mongoleneinsieg über Türken
1402 n rot Türkei mongolisch
1405 n rot Türkei wieder frei
1443 n–1490 n Matthias Corvinius
1444 n braun Schlacht bei Warna
1453 n braun Vorstoß der Türken
1453 n rot Ende des Reiches Byzanz
1453 n rot Konstantinopel türkisch
1455 n braun Papst-Angriff auf Türken
1456 n/1458 n Vorstoß der Türken
1458 n rot Griechenland türkisch
1475 n braun Vorstoß der Türken
1475 n rot Krim türkisch
1479 n rot Teile Albaniens türkisch
1482 n braun Vorstoß der Türken
1489 n–1587 n Sinan
1494 n–1566 n Soliman der Große
1500 n–1558 n Karl V.
1521 n braun Vorstoß der Türken
1522 n braun Vorstoß der Türken
1522 n rot Rhodos an Türken
1526 n braun Vorstoß der Türken
1527 n–1598 n Philipp II.
1529 n braun Vorstoß der Türken
1530 n rot Gesetzbuch der Türken
1535 n grün Vertrag Frankreich–Türkei
1536 n rot Bündnis Frankreich–Türkei
1538 n grün Verbreitung des Kaffees
1541 n braun Vorstoß der Türken
1541 n rot Teile Ungarns türkisch
1545 n blau Prinzen-Moschee
1541 n braun Vorstoß der Türken
1541 n rot Tripolitanien türkisch
1551 n blau Mirimah-Moschee
1554 n grün Kaffeehaus in Istanbul
1556 n blau Soliman-Moschee
1571 n braun Spanier-Sieg über Türken
1573 n rot Zypern an Türken
1574 n blau Selimje-Moschee
1612 n grün Drei-Mächte-Vertrag
1615 n blau Achmed-Moschee
1663 n/1699 n Großer Türkenkrieg
1663 n–1736 n Prinz Eugen
1673 n rot Neuer Bund mit Frankreich
1684 n rot Bündnis gegen Türken
1686 n rot Gegenbündnis erweitert
1696 n rot Verlust von Asow
1699 n rot Gebietsverlust
1700 n/1721 n Nordischer Krieg
1714 n/1718 n Türkenkrieg
1718 n rot Gebietsverlust
1729 n–1796 n Katharina II., die Große
1735 n/1739 n Türkenkrieg
1739 n rot Belgrad türkisch
1768 n/1774 n Türkenkrieg
1784 n rot Gebietsverlust
1787 n/1792 n Türkenkrieg
1788 n–1824 n Byron
1792 n rot Gebietsverlust
1796 n/1815 n Napoleonische Kriege
1806 n/1812 n Türkenkrieg
1812 n rot Verlust Bessarabiens
1821 n/1829 n Kampf Griechenlands
1826 n braun Janitscharen-Aufstand
1829 n rot Verlust Griechenlands
1829 n rot Freigabe des Bosporus
1841 n rot Sperre der Meerengen
1853 n/1856 n Krimkrieg
1856 n rot Donaumündung türkisch
1856 n rot Garantie für Türkei
1876 n/1878 n Türkenkrieg
1878 n rot Verlust Zyperns
1881 n rot Tunesien französisch
1882 n braun Kämpfe in Ägypten
1882 n rot Ägypten englisch
1908 n braun Jungtürken-Aufstand
1908 n rot Gebietsverlust
1908 n rot Bulgarien unabhängig
1908 n rot Verfassung der Türkei
1911 n/1912 n Libyscher Krieg
1912 n rot Verlust Libyens
1912 n/1913 n Balkankriege
1913 n rot Gebietsverlust
1914 n/1918 n Erster Weltkrieg
1915 n braun Armenier-Verfolgung
1923 n rot Türkei Republik
1945 n rot Türkei UN-Mitglied
1959 n rot Zypern unabhängig
1964 n braun Kämpfe auf Zypern

TURMBAUTEN

2894 v–2817 v Gilgamesch
2646 v blau 'Gottesberg' in Kisch
2040 v blau Tempelturm in Ur
1863 v grün Grenzbefestigung
624 v–561 v Nebukadnezar II.
578 v blau Babylonischer Turm
279 v grün Leuchtturm von Alexandria
1405 n grün Turmuhr in Lübeck
1413 n blau Porzellanturm in Nanking
1485 n blau Türme des Moskauer Kreml
1889 n grün Eiffelturm
1955 n grün Sendeturm (479 m Höhe)

TURMBAU ZU BABEL (auch 'Babylonischer Turm' genannt), Bezeichnung für ein besonders hohes Bauwerk, das mit Hilfe jüdischer Fremdarbeiter unter König Nebukadnezar II. als Krönung eines Tempelbaus der Stadt Babylon (Mesopotamien) errichtet wurde. Weil außer den Juden noch andere Fremdarbeiter an den Bauarbeiten beteiligt waren, konnten sich die Arbeiter untereinander nicht verständigen ('Babylonische Sprachverwirrung').

624 v–561 v Nebukadnezar II.
578 v blau Fertigstellung des Turmes

TURNIER, ursprünglich Bezeichnung für einen Wettkampf unter Rittern ('Ritterspiel'), bei dem meist zwei berittene Mannschaften ('Scharen') mit Lanzen einander vom Pferd zu stoßen suchten. Später wurde das Wort auch zur Bezeichnung sportlicher Wettkämpfe verwendet.

1286 n blau Lied einer Turnierfahrt
1575 n grün Schach-Turnier

TUSCHE, TUSCHMALEREI

816 v grün Schreiben mit Tusche
345 n–406 n Ku-Kai-Tschi
377 n blau 'Göttin des Lo-Flusses'
388 n blau 'Lehren der Hofmeisterin'
601 n–673 n Li-Pen
638 n blau 'Chinesische Gelehrte'
651 n–716 n Li-Sse-Sün
667 n blau 'Teetrinker'
683 n–755 n Wu-Taotse
699 n–759 n Wang-Wei
707 n blau 'Landschaft mit Palast'
713 n blau Bild der Gottesmutter
716 n blau Bild der Hölle
718 n–781 n Han-Kan
726 n blau 'Eingang ins Nirwana'
734 n blau 'Plätterinnen'
753 n blau Bild des Kon-Fu-Tse
757 n blau Chinesische Pferdebilder
758 n blau Landschaftsmalerei
764 n blau Bild einer Glücksgöttin
953 n blau Gemälde Buddhas
1053 n–1140 n Toba-Sojo
1085 n blau Mi-Feis Landschaften
1118 n blau Zeitkritische Bilder
1128 n blau Bildrollen mit Fabeln
1137 n blau Genji-Bildrolle
1190 n blau Gemälde Li-Taipos
1193 n blau Geschichtliche Motive
1208 n blau 'Wasserfall'
1375 n–1448 n Josetsu
1408 n blau China-Tusche in Japan
1446 n blau 'Berglandschaft'
1458 n blau Schubuns Landschaften
1464 n blau Noamis Bilder
1472 n blau Gemälde eines Tempels
1484 n blau Geiami: Landschaftsbild
1486 n blau Seschu: Landschaftsbild
1512 n blau Motonobu: Landschaftsbild
1674 n blau Tuschzeichnung
1803 n blau Utamaros Bilder

TUSI, Al (1201 n–1274 n), arabischer Mathematiker, Astronom, Physiker, Geschichtsschreiber und Staatsmann. Verbesserte die Dreieckslehre, die ein Anhängsel der Geometrie war, und erhob sie zu einer eigenen Wissenschaft (Trigonometrie). Schuf auf Grund exakter Sternbeobachtung neue Planetentafeln sowie einen Fixsternkatalog und entwickelte die geometrische und physiologische Optik. Nach der Eroberung Bagdads durch die Mongolen wurde er von Hulagu-Khan zum Finanzminister und zum Wesir ernannt, mit dem Recht zur Fortsetzung seiner wissenschaftlichen Arbeiten. So konnte er in seiner persischen Heimat die Sternwarte Maraga errichten und sie durch Berufung von Gelehrten aus dem ganzen Araberreiche zu einer Forschungsstätte ersten Ranges erheben. Bestimmte den Mongolen-Khan zur Sammlung der in den eroberten Städten beschlagnahmten Bücher und konnte auf diese Weise in Maraga eine Bibliothek von 400000 Bänden aufbauen.

1251 n grün Sphärische Trigonometrie
1259 n grün Sternwarte

TUSPA, Name einer Stadt am Wan-See südlich des Kaukasus in dem Teile des armenischen Hochlandes, der heute zur Türkei gehört. Sie wurde vom Schöpfer des Reiches von Urartu, Sardur, vor mehr als 2800 Jahren gegründet, aber schon nach 140 Jahren durch die Assyrer zerstört.

908 v–830 v Sardur
874 v blau Gründung
872 v grün Aquädukt
735 v braun Zerstörung

TUS-RATTA, König des Mitanni-Reiches.

1422 v–1373 v Lebenslinie
1413 v–1346 v Suppi-Luli-Uma
1402 v–1341 v Matti-Waza
1378 v/1373 v Vierter Hettiterkrieg
1373 v rot Hettiter-Herrschaft

TUT-ANCH-AMUN, ägyptischer Pharao.

1368 v–1349 v Lebenslinie
1398 v–1335 v Eje
1391 v–1358 v Echnaton
1388 v–1354 v Nofretete
1384 v–1318 v Haremhab
1356 v rot Theben wieder Hauptstadt
1353 v blau Halle zum Luxortempel
1352 v braun Erhebung Palästinas
1351 v blau Plastik
1351 v blau Miniatur: Sieg über Syrer
1349 v rot Werbung der Witwe
1349 v blau Miniatur: Löwenjagd

TUT-HOTEP, ägyptischer Fürst.

1923 v–1861 v Lebenslinie

TUTI, ägyptischer General.

1499 v–1450 v Lebenslinie
1512 v–1448 v Tut-Mosis III.
1481 v/1460 v Vorderasien-Krieg
1466 v rot Gouverneur Vorderasiens

TUT-MES, ägyptischer Bildhauer.

1400 v–1344 v Lebenslinie
1366 v blau 'Kopf der Nofretete'

TUT-MOSIS I., ägyptischer König.

1542 v–1505 v Lebenslinie
1526 v–1482 v Hatschepsut
1522 v braun Vorstoß nach Süden
1522 v rot Gebietsgewinn in Nubien
1521 v/1513 v Syrischer Krieg
1519 v rot Tributpflicht Palästinas
1516 v blau Obelisken
1515 v rot Tributpflicht Syriens
1514 v grün Elefantenjagd
1513 v rot Hoheit in Mesopotamien
1513 v blau Sieges-Denkmal
1512 v–1448 v Tut-Mosis III.
1511 v rot Reichs-Krone
1507 v blau Grab in Luxor

TUT-MOSIS II. (um 1525 v–1502 v), ägyptischer König. Als Sohn des Pharao Tut-Mosis I. früh zur Macht gelangt, hatte er im Süden des Reiches schwere Kämpfe gegen die aufständischen Nubier zu bestehen, die erst von seinem Vater unterworfen worden waren.

1526 v–1482 v Hatschepsut

TUT-MOSIS III., ägyptischer Herrscher (Pharao).

1512 v–1448 v Lebenslinie
1526 v–1482 v Hatschepsut
1506 v–1444 v Nemhet
1502 v–1431 v Rech-Mi-Re
1499 v–1450 v Tuti
1481 v/1460 v Vorderasiatischer Krieg
1481 v rot Feindkoalition
1479 v rot Herrschaft über Palästina
1475 v blau Annalen-Saal
1473 v rot Herrschaft in Syrien
1469 v rot Herrschaft in Phönizien
1466 v rot Gouverneurs-Ernennung
1465 v blau Gemälde
1463 v blau Lobgesang
1461 v blau Statue
1460 v rot Herrschaft über Kadesch
1459 v rot Kaisertitel
1456 v grün Orden
1452 v blau Tempel für Sesostris III.

TUT-MOSIS IV., ägyptischer Herrscher (Pharao).

1442 v–1413 v Lebenslinie
1456 v–1402 v Arta-Tama
1420 v rot Brautwerbung
1419 v rot Heirat
1418 v braun Erhebung Syriens
1416 v blau Gemälde
1415 v braun Erhebung Nubiens

TUXTLA, Stadt im Süden Mexikos (Mittelamerika). Hier entstand vor mehr als 1300 Jahren eine Statuette, durch deren Auffindung in unserer Epoche eine Datierung der Maya-Kultur möglich wurde ('Grünsteinplastik').

162 n blau Plastik mit Mayaschrift

TWAIN, Mark (1835 n–1910 n), nordamerikanischer Schriftsteller. Verließ als Schuljunge seine Heimat im Süden der USA, wurde Setzer, kehrte 17jährig nach Hause zurück und wurde Lotse auf einem Mississippi-Dampfer. Nahm am Sezessionskrieg teil und war Sekretär seines Bruders, der zum Gouverneur von Nevada aufgestiegen war. Dann suchte er als Goldgräber vergeblich sein Glück, wurde Redakteur einer kleinen Provinz-Zeitung und veröffentlichte humoristische Skizzen. Weltberühmt wurde er durch humorvolle Romane aus seiner Jugendzeit ('Tom Sawyers Abenteuer' und 'Die Abenteuer des Huckleberry Finn'). Auch über seine Lotsenzeit schrieb er ein Buch ('Leben auf dem Mississippi'). Unternahm Reisen nach Europa, Ägypten, Vorderasien und zu den Sandwichinseln. Dann ließ er sich an der Ostküste Nordamerikas nahe bei New York nieder und verfaßte zunehmend gesellschaftskritische Bücher ('Ein Yankee an König Artus' Hof', 'Wie die Stadt Hadleyburg verderbt wurde'). Prangerte religiöse Heuchelei, koloniale Ausbeutung und kapitalistische Profitgier an ('Der geheimnisvolle Fremde', 'Was ist der Mensch?'). Schrieb humoristische Kurzgeschichten und gab sie gesammelt heraus ('Der gestohlene weiße Elefant'). Zur Abdeckung seiner Schulden unternahm er immer wieder Vortragsreisen, besonders nach Europa, wo er früh bekannt wurde.

1876 n blau 'Tom Sawyer'

TYCHIKUS, Sergius (um 770 n–835 n), byzantinischer Reformator. Verwarf die herkömmlichen Kultformen (Taufe, Heiligenverehrung, Mönchtum), schloß sich der sozialreligiösen Reformbewegung der 'Paulikianer' an und wurde für 34 Jahre ihr Leiter. Gründete neue paulikianische Gemeinden in Kleinasien (Ephesos) und stärkte die Zuversicht der Armen in eine gerechtere Ordnung. Infolge ihres zahlenmäßigen Ansteigens wurde die Bewegung zu einer Bedrohung der bestehenden Gesellschaft. Bei einer Verfolgung wurde er mit vielen Gesinnungsfreunden ermordet.

835 n rot Ermordung

TYNDALE, William (1483 n–1536 n), englischer Reformator. Studierte in Oxford und Cambridge bei Erasmus von Rotterdam, schloß sich der Reformation an und mußte deshalb aus England fliehen. Nachdem er in Wittenberg Luther kennengelernt hatte, ging er nach Hamburg und Marburg, wo er den zweiten Teil der Bibel (Neues Testament) ins Englische übertrug. Seine Übersetzung erschien zuerst in Köln und wurde vom englischen Kanzler Thomas More heftig bekämpft. Nach den Niederlanden geflohen, setzte er seine Übersetzerarbeit mit dem ersten Teil der Bibel (Altes Testament) fort. Auf Betreiben der englischen Regierung in den Niederlanden verhaftet und gefoltert, wurde er nach persönlicher Entscheidung des deutschen Kaisers Karl V. (der um diese Zeit auch Herrscher der Niederlande war) als Gegner der katholischen Kirche erdrosselt und verbrannt.

1523 n blau Neues Testament englisch

TYPEN-DRUCK-TELEGRAPH, Gerät zur telegraphischen Übertragung von Schriftzeichen, bestehend aus einem Buchstabendrucker und einem Fernauslöser für die einzelnen Typen. Seine Erfindung bedeutete gegenüber dem vorher gebräuchlichen Zeichengeber einen wesentlichen Fortschritt, insbesondere bei der Übermittlung von Telegrammen.

1855 n grün Konstruktion

TYRANN, vor mehr als 2500 Jahren in Griechenland und insbesondere in den griechischen Städten Süditaliens, Siziliens und Kleinasiens Bezeichnung für die Alleinherrscher vieler dieser Stadtstaaten. Diese stellten eine Übergangsstufe von der Klassenherrschaft des Adels zur Volksherrschaft dar. Meist selbst dem Adel entstammend, teilten sie die Herrschaft nicht mehr mit ihren Standesgenossen. Sie regierten überwiegend volksfreundlich. Da sie den Adel und die Reichen auch zu Steuerzahlungen heranzogen und einzelne ihrer Vorrechte beseitigten, mußten sie sich bald vor den Besitzenden durch eine Leibwache schützen. Außerdem wurden sie durch die Weigerung des Adels zur Übernahme von Lasten und zum Verzicht auf alte Vorrechte zu Gewaltmaßnahmen gezwungen. Dies gab ihren Gegnern die Möglichkeit, sie als volksfeindlich zu verleumden. Nach Durchsetzung der durch sie wesentlich heraufgeführten demokratischen Staatsformen wurde das Wort zu einem Schimpfwort für grausame Gewaltherrscher.

602 v–527 v Peisistratos
514 v rot Tyrannenmörder getötet
510 v blau Tyrannenmörder-Denkmal
510 v braun Aufstand in Athen
510 v rot Herrschaftsende in Athen
510 v rot Ablösung durch Demokratie
482 v–429 v Herodot
470 v braun Sturz in Agrigent
466 v braun Sturz in Syrakus
424 v–367 v Dionys der Ältere
308 v blau Tyrannenmord verteidigt

TYROS, Name einer alten phönizischen Stadt an der syrischen Küste Vorderasiens im heutigen Libanon. Nach Byblos die älteste phönizische Stadt, war sie durch ihre ursprüngliche Lage auf zwei Felseninseln unmittelbar vor der Küste eine fast uneinnehmbare Handelsfestung. Als ihr König Hiram im 10. Jahrhundert vor unserer Zeitrechnung die beiden Inseln durch Aufschüttung verbunden und durch Siedlungen auf dem 1500 Meter entfernten Festland erweitert hatte, nahm sie einen schnellen Aufschwung. Sie überflügelte das benachbarte Sidon und wurde zur führenden Handelsmacht des ganzen Mittelmeerraumes, den sie mit neugegründeten phönizischen Städten überzog (Cadiz, Karthago, Kition). Die Assyrer belagerten die Stadt 5 Jahre lang vergeblich, und der babylonische König Nebukadnezar II. konnte sie auch nach 13jähriger Belagerung nicht erobern. Im Alexanderzug trotzte sie Alexander dem Großen nach dessen Siege bei Issos. In 7monatiger Anstrengung von Flotte, Heer und Taucher-Einheiten gelang Alexander jedoch 332 v die Eroberung, indem er vom Festlande einen Damm zu ihr aufschüttete. Dieser Damm wurde später verbreitert und verband die Stadt dauernd mit dem Lande. Unter römischer Oberhoheit behielt sie ihre volle Freiheit, eigene Verfassung und eigene Münzprägung. Sie erlebte trotz Rückgang des Handels eine neue Blütezeit durch aufstrebende Gewerbe (Metallwaren, Weberei und Purpurfärberei). Im Arabischen Krieg wurde sie 638 n erobert, behielt aber weitgehende Selbstverwaltung. Die christlichen Kreuzfahrer haben die reiche Stadt 1111 n/1112 n vergeblich belagert, aber erst bei einem zweiten Angriff im Jahre 1124 n mit Hilfe der Flotte von Venedig eingenommen und fast 70 Jahre in Besitz gehabt. In dieser Zeit sank sie zur Bedeutungslosigkeit herab und verfiel. Nach dem Abzug der Christen (1291 n) erholte sie sich nicht mehr. Durch mehrere Erdbeben (zuletzt 1837 n) wurden die zum Teil über 2000 Jahre alten 5–6 stöckigen Häuser zerstört.

2879 v blau Entstehung
1128 v blau Gründung von Gades
1099 v grün Wasser-Reservoire
999 v–936 v Hiram
999 v grün Handelsstadt Kition
905 v–850 v Ahab
898 v–842 v Isebel
852 v–774 v Pygmalion
814 v blau Gründung von Karthago
701 v rot Widerstand gegen Assyrien
671 v blau Assyrisches Relief
334 v/325 v Alexanderzug
332 v rot Mazedonische Herrschaft
633 n/732 n Arabischer Krieg

TYRTAIOS, griechischer Dichter und Sänger.

686 v–613 v Lebenslinie
643 v blau Mahnung zur Staatstreue
635 v blau Mahnung zum Kriegseinsatz

UAXAKTUN, Stadt im Norden Guatemalas nahe der mexikanischen Grenze. Vor 1700 Jahren entstand hier um eine Tempelpyramide die erste Stadt der Mayas, die sich von dieser Gegend aus nordwärts in die fruchtbare Tiefebene der Halbinsel Yukatan ausbreiteten.

288 n blau Gründung

U-BAHN, 'Abkürzung für 'Untergrund-Bahn'. Seit Beginn unseres Jahrhunderts in Städten mit über einer Million Einwohner angelegte unterirdische Verkehrsmittel zur Entlastung des Straßenverkehrs. Nach vergeblichen Versuchen im 19. Jahrhundert wurde ihre praktische Verwirklichung nach Entwicklung elektrischer Triebwagen möglich, die sich ohne Rauch-Erzeugung fortbewegen.

1900 n grün Bahn in Paris

U-BOOT (eigentlich: 'Untersee-Boot'), Bezeichnung für ein Schiff, das zeitweilig unter der Wasser-Oberfläche operieren kann. Leonardo da Vinci konstruierte es bereits vor 500 Jahren, zerstörte aber seine Pläne wieder, weil er voraussah, daß die Menschen damit auch noch auf dem Grunde des Meeres morden würden. Von dem Holländer Cornelius Drebbel vor mehr als 350 Jahren gebaut und mit 12 Ruderern auf einer zweistündigen Fahrt unter der Themse erprobt. 1691 n schuf dann der Franzose Denis Papin ein Modell mit Schnorchel für die Luft-Zufuhr und erprobte es unter der Fulda. Der Engländer Day tauchte 1773 n in 10 m Tiefe. Als er im Jahre darauf 120 m tief tauchen wollte, ertrank er. 1776 n versuchte der nordamerikanische Erfinder David Bushnell mit seinem Tauchboot 'Turtle', eine hölzerne Sprengmine an der englischen Fregatte 'Eagle' anzubringen. 1801 n baute der Nordamerikaner Robert Fulton mit Unterstützung Napoleons die zigarrenförmige 'Nautilus', die 6 Stunden unter Wasser blieb und eine Schiffs-Sprengung ausführte. Der Deutsche Wilhelm Bauer konstruierte 1851 n ein Modell mit Propellerschraube, die von innen durch Tretråder betrieben wurde. Er verbesserte es 5 Jahre später in Rußland und baute es so groß, daß 10 Mann Besatzung und eine Kapelle von 4 Mann bis zu 7 Stunden damit tauchen konnten. 1863 n schuf der Nordamerikaner Alstitt das erste Boot mit Motor-Antrieb. Es fuhr über dem Wasser mit Dampfmaschinenkraft, unter Wasser aber mit elektrischer Energie aus Akkumulatoren. Dieser Doppel-Antrieb wurde 1889 n von dem aus Irland eingewanderten nordamerikanischen Lehrer John P. Holland verbessert, der die Dampfmaschine durch einen Benzinmotor ersetzte. Bald setzte sich der Dieselmotor als Antrieb durch. Seit Beginn unseres Jahrhunderts nahmen mehrere seefahrende Nationen die Herstellung von U-Booten für die Seekriegsführung auf, und in beiden Weltkriegen spielte die neue Waffe bereits eine Rolle. Mit dem Bau des ersten von Atomkraft angetriebenen U-Bootes ('Nautilus') begann eine neue Epoche, da sich dieser Fahrzeug-Typ praktisch unbegrenzt lange unter Wasser halten kann.

1622n grün Drebbels Boot
1954n grün Atom-U-Boot

UDIMU, ägyptischer König.

2822v–2781v Lebenslinie
2846v–2784v Hemaka
2790v grün Schrift auf Jahrestafeln
2786v blau Porträt

UdSSR ('Union der sozialistischen Sowjetrepubliken').

Allgemeines (Land, Volk, Staat)

1870n–1924n Lenin
1879n–1953n Stalin
1866n–1925n Sun-Yat-Sen
1882n–1945n F. D. Roosevelt
1893n– Mao-Tse-Tung
1917n/1922n Revolution
1917n rot Finnland unabhängig
1917n rot Arbeiter- und Bauernstaat
1917n grün Vergesellschaftung
1917n blau Reed: Revolutionsbericht
1918n rot Tscheka
1918n– Nasser
1919n rot Komintern
1921n braun Kronstädter Aufstand
1921n rot 'Neue Ökonomische Politik'
1922n rot Gründung der UdSSR
1922n rot Rapallo-Vertrag
1927n rot Sozialismus in einem Land
1927n– Castro
1929n grün Fünfjahrplan
1932n blau Gründung von Komsomolsk
1934n rot Pakt mit Polen
1935n rot Pakt mit Frankreich
1936n rot Prozesse
1936n rot Verfassung
1939n blau H. Johnsons Bericht
1939n rot Pakt mit Deutschland
1939n/1945n Zweiter Weltkrieg
1939n rot Teilung Polens
1940n rot Gewinn des Baltikums
1941n rot Flüchtlings-Auslieferung
1941n rot Hilfe der USA
1943n rot Ende der Komintern
1943n rot Konferenz von Teheran
1944n rot Pakt mit Frankreich
1945n rot Besetzung Deutschlands
1945n rot Besetzung Österreichs
1945n rot Potsdamer Konferenz
1945n rot Mitglied der UN
1949n grün Mitglied des COMECON
1950n rot Vertrag mit China
1950n rot Aufrüstung der DDR
1953n braun Aufstand in der DDR
1953n braun Aufstand in Workuta
1953n rot Ende der Stalin-Ära
1955n rot Österreich selbständig
1955n rot Warschauer Pakt
1956n braun Aufstand in Ungarn
1957n rot Arbeitslager-Auflösung
1958n rot Regierung Chrustschows
1958n grün Polytechnischer Unterricht
1959n rot Chrustschow in USA
1964n rot Ende der Chrustschow-Ära

UdSSR: Baukunst und Bildhauerei

1937n blau Muchina: 'Werktätige'
1953n blau Lomonossow-Universität
1961n blau Kongreßhalle Moskau

UdSSR: Dichtung und andere Literatur

1917n blau Block: 'Die Zwölf'
1920n blau Majakowski: 'Millionen'
1923n blau Gorki: 'Universitäten'
1924n blau Stalin: 'Leninismus'
1933n blau Makarenko: 'Weg ins Leben'
1933n blau Trotzki: 'Die Revolution'
1934n blau Ostrowski: 'Stahl'
1940n blau Scholochow: 'Stiller Don'
1944n blau Simonow: 'Tage und Nächte'
1945n blau Fadejew: 'Junge Garde'

UdSSR: Film

1926n blau Eisenstein: 'Potemkin'
1940n grün Plastischer Farbfilm

UdSSR: Musik

1942n blau Schostakowitsch: 7. Sinfonie
1951n blau Prokofjew: 'Wächter'

UdSSR: Technik

1927n grün Dnjepr-Kraftwerk
1934n–1968n Juri Gagarin
1940n grün Plastischer Farbfilm
1952n grün Halbautomatische Fabriken
1952n grün Wolga-Don-Kanal
1954n grün Atom-Kraftwerk
1957n grün 'Sputnik'
1958n grün Polytechnischer Unterricht
1959n grün Künstlicher Planet
1959n grün 'Lunik'
1959n grün Photos der Mondrückseite
1960n grün Raumflug von Tieren
1961n grün Raumflug eines Menschen
1962n grün 'Rendezvous-Flug'
1963n grün Raumfahrt-Industrie
1963n grün Raumflug einer Frau
1964n grün Raumflug dreier Menschen
1965n grün Aussteigen im All

UdSSR: Wirtschaft und Verkehr

1870n–1924n Lenin
1879n–1953n Stalin
1917n grün Vergesellschaftung
1921n rot 'Neue Ökonomische Politik'
1927n grün Dnjepr-Kraftwerk
1929n grün Fünfjahresplan
1935n grün Stachanow-System
1949n grün Mitglied des COMECON
1952n grün Halbautomatische Fabriken
1952n grün Wolga-Don-Kanal
1954n grün Atom-Kraftwerk
1963n grün Raumfahrt-Industrie

UdSSR: Wissenschaft

1926n grün Pawlow: Nerven
1946n grün Flüssigkeitstheorie
1949n blau Groß-Bibliothek
1950n blau Stalin: Sprachwissenschaft
1953n blau Lomonossow-Universität

ÜBERMIKROSKOP, Gerät zur Beobachtung kleinster Materie-Teile. Bedient sich nicht mehr des Lichtes und der Linse, sondern elektronischer Strahlen. Es kann dadurch Objekte sichtbar machen, die tausendmal kleiner sind als die kleinsten mit herkömmlichem (optischem) Mikroskop wahrnehmbaren Teilchen. Auf Grund der Entdeckung von Hans Busch, daß eine stromdurchflossene Spule wie eine optische Linse wirkt, gebaut von dem deutschen Physiker Ernst Ruska unter Verwendung der von Knoll erfundenen elektrostatischen Linse.

1933n grün Konstruktion

ÜBERSCHALL-GESCHWINDIGKEIT, Bezeichnung für eine Geschwindigkeit, die höher ist als die Geschwindigkeit, mit der sich Schallwellen fortpflanzen (= 1192 Kilometer in der Stunde).

1947n grün Erster Flug

ÜBERSCHWEMMUNGEN

2850v grün Kalenderdatum in Ägypten
2803v–2758v Adjib
2615v–2550v Cheops
2463v–2403v Ni-User-Re
2332v–2248v Yao
2288v–2206v Schun
2257v grün Verwüstungen in China
2252v–2158v Yü
2212v grün Schutz durch Deiche
118v grün Sturmflut auf Jütland

ÜBERSETZUNGEN

1895v blau Wörterbücher
1692v blau Epos ins Babylonische
1458v blau Epos ins Kurritische
1339v blau Epos ins Hettitische
1279v grün Pferdebuch ins Syrische
1261v grün Pferdebuch ins Assyrische
677v blau Wörterbücher in Assur
285v–247v Andronikos
244v blau Odyssee ins Lateinische
239v–169v Ennius
145v grün Lexikon ins Lateinische
16v–45n Phädrus
239n blau Altes Testament übersetzt
311n–383n Wulfila
321n blau Plato ins Lateinische
345n–420n Hieronymus
358n–441n Mesrop
370n blau Bibel ins Gotische
405n blau Bibel ins Lateinische
421n blau Buddhisten-Texte chinesisch
433n blau Bibel ins Armenische
602n–664n Hüan-Tsang
729n blau Märchen ins Arabische
745n blau 'Pantschatantra' arabisch
773n grün Sternkunde ins Arabische
786n–833n Al Mamun
810n blau Aristoteles ins Arabische
828n grün Ptolemäus ins Arabische
832n blau Institut in Bagdad
844n blau Plato ins Arabische
849n blau Aristoteles ins Arabische
860n grün Hippokrates, Galen arabisch
863n blau Bibel ins Slawische
865n blau Plutarch ins Arabische
869n blau Altes Testament arabisch
870n–950n Al Farabi
872n grün Ptolemäus ins Arabische
890n grün Archimedes ins Arabische
895n blau Christen-Texte slawisch
900n blau Boëthius ins Englische
907n grün Dioskurides ins Arabische
1006n blau Aristoteles ins Deutsche
1007n blau Altes Testament englisch
1114n–1187n Gerhard von Toledo
1123n grün Arabische Texte englisch
1125n grün Abu Maschar lateinisch
1136n grün Al Battani lateinisch
1138n grün Schule in Toledo
1139n grün Al Farabi lateinisch
1142n blau Koran ins Lateinische
1145n grün Al Karismi lateinisch
1153n blau Bibel ins Lateinische
1153n grün Euklid ins Lateinische
1158n grün Galen ins Lateinische
1161n blau Aristoteles lateinisch
1169n grün Al Hassan ins Lateinische
1172n grün Ibn Sina ins Lateinische
1176n grün Abu Kasim ins Lateinische
1183n blau Bibelteile französisch
1187n grün Ptolemäus lateinisch
1194n blau Bibelteile ins Deutsche
1197n grün Abu Kasim ins Lateinische
1215n blau Ovid ins Deutsche
1216n blau Aristoteles lateinisch
1247n–1328n Johannes Korvino
1294n blau Bibelteile chinesisch
1302n blau Römische Texte griechisch
1374n grün Aristoteles französisch
1471n blau Märchen ins Deutsche
1485n blau Äsop ins Deutsche
1507n blau Cäsar ins Deutsche
1519n blau Justinian ins Deutsche
1522n blau Bibel ins Deutsche
1523n blau Neues Testament englisch
1535n blau Bibel ins Französische
1537n blau Homer ins Deutsche
1541n blau Bibel ins Schwedische
1610n blau 'Ilias' ins Deutsche
1765n blau Wieland: Shakespeare
1777n blau Voß: Homer
1802n grün Keilschrift-Entzifferung
1822n grün Hieroglyphen-Entzifferung
1826n blau Tieck: Shakespeare
1869n blau 'Manifest' ins Russische
1882n blau Hieroglyphen-Wörterbuch

ÜGEDAI (um 1180n–1241n), mongolischer Herrscher von 1227n bis 1241n. Als Sohn des Dschingis-Khan setzte er dessen Eroberungspolitik fort, unterwarf Nordchina sowie die Halbinsel Korea und sandte seine Heere bis in das Herz Europas (Liegnitz). Dadurch führte er das Mongolenreich zu seiner größten Ausdehnung. Ein Jahr nach Übernahme der Regierung wurde er von den Angehörigen seiner Familie zum Kaiser ('Groß-Khan') des Mongolenreiches gewählt. Baute die von seinem Vater gegründete Stadt Karakorum auf einer Hochebene im Innern der Mongolei zu einer prächtigen Residenzstadt aus und befestigte sie. Durch straffe Organisation bewahrte er die Einheit des größten Weltreiches der Geschichte.

1207n/1279n Großer Mongolenkrieg
1227n rot Großreich
1234n rot Gewinn Nordchinas
1235n grün Befestigung Karakorums

UGANDA, Land und Staat in Mittel-Afrika. Südlich des Sudan am Oberlauf des Nil (Viktoria-See) gelegen, wurde es in der 2. Hälfte des 19. Jahrhunderts auf der Suche nach der Nil-Quelle von europäischen Forschern entdeckt (Speke, Stanley). 1890n nahm die britische Ostafrika-Gesellschaft einen Teil des Landes in Besitz, 1894n wurde dem Königreich Buganda die englische Schutzherrschaft aufgezwungen, zehn Jahre später waren auch die übrigen Königreiche des Landes (Toro, Bunyoro, Ankole) englisch. Mit Streiks und Aufständen kämpfte das Volk um seine Befreiung aus kolonialer Ausbeutung (Baumwolle, Kaffee). 1962n errang es politische Selbstverwaltung. 1963n wurde der Staat zur unabhängigen Republik. Doch besteht die koloniale Wirtschaftsstruktur (Großgrundbesitz) fort.

1962n rot Unabhängigkeit

UGARIT, Stadt an der syrischen Mittelmeerküste gegenüber der Insel Zypern. Vor mehr als 4000 Jahren zur Stadt aufgestiegen, unterhielt sie lebhafte Handelsbeziehungen nach Ägypten, Mesopotamien (Mari) und dem östlichen Mittelmeerraum. Entwickelte eine eigene Sprache und Kultur und gründete Handelsniederlassungen (Kreta). Durch geschickte Politik bewahrte sie trotz gelegentlicher Niederlagen gegen Ägypten und vorderasiatische Mächte (Hettiter) ihre Unabhängigkeit. Vor etwa 3000 Jahren wurde sie durch die benachbarten phönizischen Städte überflügelt und überfremdet. Die Ausgrabungsarbeiten (seit 1929n) haben außer dem Königspalast viele Kunstwerke zutage gefördert sowie eine Tontafel-Bibliothek, die für die Geschichte Vorderasiens, Ägyptens, Kleinasiens und des östlichen Mittelmeer-Raumes bedeutungsvoll ist.

2179v blau Entwicklung zur Stadt
1373v blau Relief 'Steinbock-Jagd'
1356v blau Tontafel-Bibliothek
1297v–1218v Tud-Halia IV.
1240v grün Boykott gegen Assyrien

UGO Borgognoni (um 1190n–1255n), italienischer Mediziner. Bildete sich in Bologna (Norditalien) zum Chirurgen aus und erhielt dort die Stelle des Stadtwundarztes. Führte nach dem Vorbild der tausend Jahre zuvor in Alexandria (Nordafrika) gebräuchlichen Wundbehandlung eine für Europa neue Heilmethode ein: Durch sofortiges Verkleben der mit größter Sauberkeit behandelten Wundränder sowie durch das Anlegen von Alkoholverbänden und das Unterlassen häufiger Nachschau erstrebte er das eiterlose Verheilen der Wunde. Dadurch überwand er die rückständige Anschauung von der Notwendigkeit der Eiterbildung für die Wundheilung, die zur künstlichen Förderung der Eiterentwicklung geführt hatte. Unternahm auch Versuche zur Betäubung seiner Patienten vor der Operation mit Hilfe von 'Schlafschwämmen', die er vorher in die Säfte von Opium, Mandragora, Schierling und anderen Giften getränkt hatte. Doch wurde er durch gefährliche Versuchsreihen von der Fortsetzung dieser Experimente abgehalten.

1228n grün Eiterlose Behandlung

UHLAND, Ludwig (1787n–1862n), deutscher Dichter. Als Sohn eines Universitätssekretärs studierte er Rechtskunde, wurde zunächst Beamter im Justizministerium und dann Rechtsanwalt in Stuttgart. Daneben schrieb er volkstümliche Gedichte und Lieder, die ihn schnell bekannt machten. Mit seiner Ballade 'Des Sängers Fluch' wandte er sich gegen den bestehenden Despotismus. Seine Lieder verbreiteten sich während des Befreiungskampfes gegen die napoleonische Fremdherrschaft in ganz Deutschland ('Der gute Kamerad'). Widmete sich dann zunehmend der Politik, so daß seine schriftstellerische Arbeit allmählich in den Hintergrund trat. Kämpfte für ein geeintes Deutschland und gegen die Vorrechte des Adels. 42jährig erhielt er in seiner Heimatstadt Tübingen eine Professur für Sprache und Dichtung. In der Frankfurter Nationalversammlung zum linken Flügel gehörend, lehnte er ein deutsches Kaiserreich ab und forderte ein republikanisches Deutschland. Schrieb zwei Dramen und eine Abhandlung über Walther von der Vogelweide. Gab eine Sammlung alter deutscher Lieder heraus. Seine Gedichte wurden von Brahms, Liszt, Schubert und Schumann vertont.

1815n blau Gedichte
1848n rot Nationalversammlung

UHR

2055v grün Sonnenuhren in Ägypten
1741v grün Wasseruhren, Mesopotamien
1570v–1518v Amenem
1530v grün Wasseruhr in Ägypten
1483v grün Neue Sonnenuhren, Ägypten
1226v grün Sonnenuhren in Palästina
1159v grün Sternuhren in Ägypten
631v grün Wasseruhren in Assyrien
501v grün Wasseruhren, Griechenland
300v grün Sonnenuhr des Berossos
296v–228v Ktesibios
288v grün Taschen-Wasseruhr
248v grün Uhr mit Zahnradantrieb
25v grün Taschen-Sonnenuhren
626n–672n Tenji
1202n grün Schlagwerk-Uhr
1288n grün Uhr von Westminster
1405n grün Turmuhr in Lübeck
1491n grün Leonardos Weckeruhr
1510n grün Henlein: Taschenuhr
1656n grün Huygens: Pendeluhr
1726n grün Kuckucks-Uhren
1780n grün Uhr mit Selbst-Aufzug

UIGUREN, Name eines türkischen Volkes, das vor mehr als 2000 Jahren sein Nomadenleben zwischen Mongolei und Schwarzem Meer aufgab und in Nordwest-China ein eigenes Reich gründete. Im 8. Jahrhundert erreichte dieses Reich den Höhepunkt seiner äußeren Ausdehnung. Als sie 840n die von ihnen ein Jahrhundert lang beherrschte Mongolei aufgeben mußten, zogen sie sich in die chinesische Provinz Sinkiang (= Ostturkestan) zurück, die heute mit ihren 4 Millionen Uiguren als autonome Region zum chinesischen Reich gehört.

559n grün Schrift zu Mongolen
756n/764n Chinesischer Bürgerkrieg

UIGURISCH, Bezeichnung für die Schrift der Türken Zentralasiens. Grundlage der mongolischen Schriftzeichen.

559n grün Übernahme durch Türken

UKRAINE, Land im Süden des europäischen Rußland. Umfaßt das Gebiet um Kiew von der polnischen und rumänischen Grenze bis zum Don. Ältestes Siedlungsgebiet der Slawen und Zentrum des ersten russischen Großreiches. Auf nur knapp 3 Prozent des Bodens der UdSSR lebt hier fast ein Viertel der Bevölkerung der ganzen Sowjetunion. Seit alters her die 'Kornkammer Rußlands', erzeugt sie heute ein Drittel des Getreides sowie mehr als zwei Drittel des Zuckers und hält mehr als die Hälfte der Rinder der UdSSR. Auch industriell ist sie führend: Mehr als die Hälfte des Eisens und ein Drittel der Kohle der ganzen Sowjetunion werden hier gewonnen, gewaltige Wasserkraftwerke liefern zusätzliche Energie auch für eine leistungsstarke chemische Industrie und den Schiffsbau. Auf ihrem Gebiet liegen die begehrtesten Erholungszentren des Landes (Krim, Schwarzmeerküste). Der durch den Fleiß ihrer Bewohner geschaffene Reichtum machte sie in der Vergangenheit immer wieder zum Ziel fremder Angriffe.

537v blau Gründung von Pantikapaion
528v blau Gründung von Theodosia
200n rot Gotenreich
250n grün Gotische Schrift
250n/269n Erster Gotischer Krieg
257n grün Flottenbau der Goten
305n–370n Ermanrich
350n rot Reich der Ostgoten
350n blau Gründung von Kiew
350n–404n Balamir
360n rot Großreich der Goten
370n/455n Hunnenkriege
371n rot Herrschaft der Hunnen
500n rot Ukrainisches Volk
598n braun Vorstoß der Khasaren
598n rot Gebiete an Khasaren
834n–907n Arpad
838n–912n Oleg der Weise
860n rot Magyaren-Ansiedlung
864n rot Staat von Kiew
882n braun Angriff des Nordreiches
882n rot Reich von Kiew
885n–968n Olga
989n rot Zwangs-Christianisierung
1019n grün Schulen
1030n blau Sophienkathedrale Kiew
1036n braun Russensieg über Türken
1053n blau Höhlenkloster Kiew
1067n braun Vorstoß der Kumanen
1068n braun Aufstand
1072n braun Absage der Kumanen
1113n braun Aufstand
1155n–1227n Dschingis-Khan
1207n/1279n Großer Mongolenkrieg
1224n rot Machtgewinn der Mongolen
1240n rot Machtgewinn der Mongolen
1270n grün Italiener auf der Krim
1309n–1370n Kasimir der Große
1475n braun Vorstoß der Türken
1475n rot Krim unter Türken
1629n–1676n Alexei Michailowitsch
1654n rot Anschluß an Rußland
1663n/1699n Türkenkrieg
1708n rot Auflehnung
1729n–1796n Katharina II., die Große
1772n rot Gebietsgewinn Rußlands
1784n rot Gebietsgewinn Rußlands
1787n/1792n Russisch-türkischer Krieg
1792n rot Gebietsgewinn Rußlands
1793n rot Gebietsgewinn Rußlands
1794n blau Gründung von Odessa
1804n blau Universität Charkow
1853n/1856n Krimkrieg
1917n/1922n Russische Revolution
1922n rot Anschluß an UdSSR
1927n grün Dnjepr-Kraftwerk
1939n/1945n Zweiter Weltkrieg
1945n rot Mitglied der UN

ULAM-BURIASCH, König von Babylon.

1475v–1420v Lebenslinie
1432v braun Vorstoß nach Sumer
1427v braun Vorstoß nach Sumer
1427v rot Ende des 'Meerreiches'
1427v rot Großreich

ULBRICHT, Walter (geboren 1893n), deutscher Staatsmann. Als Sohn eines Schneiders wurde er Möbeltischler, trat 15jährig der Sozialistischen Arbeiterjugend und 17jährig der SPD bei. Gegner der Kriegskredite, gehörte er bald zum linken Flügel der Partei, wurde Mitglied des Leipziger Arbeiter- und Soldatenrates und beteiligte sich 1919n am Aufbau der Kommunistischen Partei Deutschlands. 1923n in die Zentrale der KPD berufen. Durch Umstellung auf Betriebszellen und durch Aufbau einer eigenen Gewerkschaftsbewegung nahm er Einfluß auf die Partei-Organisation. Arbeitete auch in der Komintern mit, deren Exekutivkomitee er seit 1928n als Kandidat angehörte. 1933n ging er nach Paris und Prag und beteiligte sich an der Leitung der illegalen KPD. Am spanischen Bürgerkrieg nahm er als Kommissar teil. Seit 1938n in der Sowjetunion, organisierte er im zweiten Weltkrieg die Propaganda unter den deutschen Soldaten an der Front und in den Gefangenenlagern. 1945n kehrte er mit der Roten Armee nach Berlin zurück und organisierte den Wiederaufbau von Wirtschaft und Staat in der sowjetischen Besatzungszone. Durch seine antifaschistische und sowjetfreundliche Politik sowie durch Anerkennung der Gebietsabtretungen und Erfüllung der Reparationsforderungen errang er das Vertrauen der Sowjetführung und konnte sie nach dem Scheitern ihrer Hoffnung auf ein neutrales Gesamtdeutschland zur Errichtung eines sozialistischen Teilstaates bestimmen (DDR). Als führender Politiker und seit 1960n als Staatsoberhaupt machte er die DDR zum Lande mit dem höchsten Lebensstandard innerhalb der sozialistischen Welt. Förderte Landarbeiter und Kleinbauern durch Enteignung und Verteilung des Großgrundbesitzes (Bodenreform). Mit der Vergesellschaftung der Bodenschätze, der Fabriken und Banken beseitigte er die Vorrechte des Bürgertums, erhob die Arbeiterschaft zur tragenden Gesellschaftsklasse und machte die Partei (SED) zur organisierenden Kraft des Staates. Verwirklichte ein modernes Erziehungswesen (Arbeitsschule) sowie die Gleichberechtigung von Mann und Frau. Ohne die atheistische Grundhaltung des Sozialismus preiszugeben, gewann er die Loyalität der Kirchen. Durch Erfüllung von 98 Prozent der gesamtdeutschen Reparationsleistungen sowie durch Unterstützung der sozialistischen Revolutionen in anderen Ländern (China, Vietnam, Kuba) erreichte er jedoch noch nicht den westdeutschen Lebensstandard. Die durch dieses Wirtschaftsgefälle verursachte Fluchtbewegung unterband er durch Einschränkung der allgemeinen Bewegungsfreiheit (Mauer).

1918n/1919n Deutsche Revolution
1936n/1939n Spanischer Bürgerkrieg
1939n/1945n Zweiter Weltkrieg
1948n grün Zweijahresplan
1949n rot Gründung der DDR
1950n rot Wiederaufrüstung
1953n braun Aufstand
1953n grün Reparationslasten
1955n rot Warschauer Pakt
1958n grün Polytechnischer Unterricht
1961n rot Berliner Mauer

ULENSPIEGEL, niederdeutsche Namensform des deutschen Bauern Eulenspiegel, der zu einer Heldengestalt der Weltliteratur wurde ('Till Eulenspiegel'). Lebte in der ersten Hälfte des 14. Jahrhunderts, durchwanderte Norddeutschland und suchte die Menschen durch Schwänke und Streiche zum Nachdenken über die inneren Widersprüche der bestehenden Ordnung zu bringen. Enthüllte menschliche Unzulänglichkeiten und gesellschaftliche Mißstände. Verspottete die Gelehrttuerei der Bürger und des Adels. Als Wortführer der Besitzlosen prangerte er unbarmherzig die Heuchelei der Reichen und Mächtigen an. Dabei leuchtete stets die Überlegenheit von Mutterwitz und Bauernschläue gegenüber dem traditionellen Bildungsdünkel des Bürgertums hervor.

1336n blau Spott über Hoffart
1868n blau Costers Werk

ULM, Stadt an der Donau (Süddeutschland). Entstand Anfang des 9. Jahrhunderts als königliches Hofgut mit Residenz für die Nachkommen Karls des Großen (Karolingerpfalz). Ludwig der Deutsche hielt hier mehrere Reichsversammlungen ab. Seit 1027n Stadt, wurde sie als Hauptfestung des Schwäbischen Städtebundes 1376n von den Heeren des deutschen Kaisers Karl IV. vergeblich belagert, aber 1388n nach erbitterten Straßenschlachten von den Fürsten genommen. Weil sie die deutsche Reichsstadt mit dem größten Landbesitz war, bedeutete diese Niederlage für die um Unabhängigkeit ringenden Städte einen schweren Rückschlag. Der Reformation sogleich beigetreten, wurde sie als Mitglied des Schmalkaldischen Bundes von Kaiser Karl V. 1546n unterworfen. In den Napoleonischen Kriegen fanden hier zwei Schlachten der französischen Heere gegen die Österreicher statt. 1803n wurde die Reichsunmittelbarkeit der Stadt aufgehoben, und sie fiel an Bayern (Reichsdeputationshauptschluß). 1809n württembergisch und seit 1871n deutsche Reichsfestung. Im zweiten Weltkrieg wurden 55 Prozent ihres Wohnraums durch Fliegerangriffe zerstört.

1331n rot Schwäbischer Städtebund
1377n blau Bau des Münsters
1388n braun Niederlage gegen Fürsten
1546n/1547n Schmalkaldischer Krieg
1796n/1815n Napoleonische Kriege
1803n rot Deputations-Hauptschluß

ULMAN, Hans (um 1440n–1493n), deutscher Freiheitskämpfer. Als Bürgermeister von Schlettstadt (Elsaß) wurde er wegen seiner Ablehnung der bischöflichen Gerichtsbarkeit über die Stadt abgesetzt. Warb unter den Bauern des Elsaß für seine Forderungen und fand großen Anhang. 1493n trafen sich die Aufständischen ('Bundschuh') auf dem Ungersberg und beschlossen den Kampf für ihre drei Artikel (Aufhebung der bischöflichen Gerichtsbarkeit, Abschaffung des für die Bauern ungünstigen 'Rottweiler Rechts' und Vertreibung der Juden). Doch wurde ihr Aufstand verraten, er selbst als Anführer gefangen und zusammen mit den Hauptbeteiligten hingerichtet.

1493n braun Aufstand

ULOSCHENIE, russisches Wort für 'Gesetzbuch'. Dient als Bezeichnung für das unter Alexei Michailowitsch niedergeschriebene Gesetzbuch, das fast 200 Jahre lang Grundlage des russischen Rechts war. Der grundbesitzende Adel erhielt das Recht, nach geflüchteten Bauern unbefristet zu fahnden, so daß für diese das Verlassen des Arbeitsplatzes zu einem ziemlich aussichtslosen Unternehmen und damit praktisch die Leibeigenschaft erst voll wirksam wurde. Ausländern wurde der Handel in Rußland verboten. Die Kirchen verloren das Recht zum Erwerb von Grundbesitz und büßten einige Vorrechte ein. Die Städte erhielten die Befugnis, alle nicht zur Gemeinde gehörenden Personen auszuweisen.

1629n–1676n Alexei Michailowitsch
1649n blau Aufzeichnung

ULPIAN, Domitius, römischer Rechtsgelehrter und Staatsmann aus Vorderasien.

170n–229n Lebenslinie
213n blau Über Gewohnheitsrecht
217n blau Zivilrecht

ULRICH von Lichtenstein (um 1200n–1275n), deutscher Dichter. Als Angehöriger einer Adelsfamilie wurde er zum Ritter geschlagen und erhielt hohe Verwaltungsämter in seiner Heimat (Steiermark). Schrieb eine romanhafte Dichtung, in der er den Dienst für hochgestellte Frauen (Minnedienst) als Hauptinhalt des Ritterdaseins pries. Das Buch erzählte sein eigenes Leben ('Frauendienst'). In seinem zweiten Werk ('Frauenbuch') beklagte er den Niedergang des höfischen Lebens und der ritterlichen Ideale in Form eines Lehrgesprächs zwischen Ritter und Dame. Veranstaltete eine Turnierfahrt nach Böhmen. Politisch trat er für die Interessen Rudolfs von Habsburg ein.

1255n blau 'Frauendienst'

ULTRA-MIKROSKOP, Bezeichnung für ein Mikroskop zur Sichtbarmachung von Materie-Teilchen, die so klein sind, daß sie von einem normalen Mikroskop nicht mehr abgebildet werden. Beruht auf einer Beleuchtung des Objektes durch einen gerichteten Lichtkegel und einer Sichtbarmachung der vom Objekt gebrochenen Lichtstrahlen mit Hilfe eines Objektivs (Dunkelfeldbeleuchtung). Durch Verwendung von kurzwelligem Licht verschiebt es die Sichtbarkeitsgrenze gegenüber dem normalen Mikroskop um das 200fache. Unterhalb der Sichtbarkeitsgrenze läßt es noch die Feststellung der Anwesenheit und der Bewegung kleinster Teile zu. Das von dem Deutschen Siedentopf und dem Österreicher Zsigmondy erfundene Gerät ermöglichte der Wissenschaft die Erforschung kleinster Masseteile und Lebensvorgänge.

1903n grün Erfindung

ULTRASCHALL, Bezeichnung für Schallschwingungen, die das menschliche Ohr nicht mehr hören kann, weil ihre Frequenz über 20000 Schwingungen in der Sekunde liegt. Physikalisch nur durch diese höhere Schwingungszahl vom hörbaren Schall unterschieden, sind ihm die nur für den Menschen nicht wahrnehmbaren Verständigungslaute vieler Tiere zuzurechnen sowie die von verschiedenen Tieren (Fledermäuse) ausgesandten Wellen, deren Echo der Orientierung dient. Von dem französischen Physiker Langevin entdeckt, wurde er der modernen Technik in verschiedener Form nutzbar gemacht (Material-Prüfung, Verbindung nicht mischbarer Flüssigkeiten, Bohren und Schneiden extrem harter Stoffe). Auch die Medizin machte Gebrauch davon (Zell-Abtötung, Tiefenmassagen, operative Gewebetrennung sowie Behandlung von Ischias, Geschwülsten, Knochen- und Gelenk-Veränderungen).

1915n grün Langevins Versuche
1950n grün Ultraschall-Photographie

UMAKO, Sogano (um 560n–626n), japanischer Staatsmann und Geschichtsschreiber. Als Sohn eines hohen Staatsbeamten stieg er zum Kanzler Japans empor und errang im Jahre 587n die unumschränkte Herrschaft über das Inselreich. Ließ Kaiser Sujun und zwei Prinzen ermorden und machte so den Thron für den von ihm begünstigten Schotoku frei. Förderte die Verbreitung des Buddhismus. Gemeinsam mit seinem Kaiser verfaßte er ein Geschichtswerk, in dem die historische Entwicklung Japans erstmals im Zusammenhang dargestellt war.

572n–621n Schotoku
611n rot Buddhismus in Japan
619n blau Geschichte Japans

UMBRIEN, Landschaft in Mittel-Italien mit den Städten Perugia, Assisi, Orvieto, Spoleto. Halbwegs zwischen Rom und Florenz am Tiber gelegen. Bis zu seiner Eroberung durch Römer vor 2300 Jahren gehörte es zum Siedlungsgebiet der Etrusker. Nach der Römerzeit ein Zentrum der gegen die Papstkirche gerichteten Bestrebungen italienischer Katharer ('Ketzer'), wurde das Land zum Ausgangspunkt einer neuen apostolischen Armutsbewegung innerhalb der katholischen Kirche (Franziskus).

295v rot Anschluß an Rom
264v braun Vorstoß Roms
1125n braun Katharer-Erhebung
1163n rot Katharer-Verbrennung
1182n–1226n Franz von Assisi
1210n rot Franziskaner-Orden
1213n–1280n Niccolo Pisano
1257n blau Franziskus-Kirche Assisi
1277n blau Brunnen in Perugia
1462n grün Leihaus in Perugia

UMMA, Stadt in Vorderasien. Halbwegs zwischen den Strömen Euphrat und Tigris im südlichen Mesopotamien (Sumer) vor fast 3000 Jahren gegründet, wurde sie Ausgangsstätte der ersten kriegerischen Unterwerfung ganz Mesopotamiens. Sie blieb nur kurze Zeit Machtzentrum des sich bildenden Groß-Reiches, gab aber den Anstoß zur staatlichen Einigung des aus unabhängigen Stadtstaaten bestehenden Zwischenstromlandes. Die Ruinen der Stadt wurden in unserer Epoche ausgegraben.

2905v blau Gründung
2676v–2595v Mesilim
2635v braun Krieg gegen Lagasch
2635v rot Grenzfestsetzung
2634v blau Friedenssäule
2522v–2434v E-Annatum
2479v braun Krieg gegen Lagasch
2479v rot Oberhoheit Lagaschs
2478v blau 'Geierstele'
2464v–2397v En-Te-Mena
2433v braun Erhebung gegen Lagasch
2433v rot Unabhängigkeit
2422v–2360v Uru-Kagina
2420v braun Niederlage gegen Lagasch
2420v rot Statthalter Lagaschs
2393v–2340v Lugal-Zagesi
2392v–2311v Dingi-Radamu
2376v–2294v Sargon der Große
2360v braun Krieg gegen Lagasch
2360v rot Oberhoheit über Lagasch
2359v braun Sieg über Ur und Larsa
2359v rot Macht über Ur und Larsa
2358v braun Krieg gegen Uruk
2358v rot Herrschaft über Uruk
2357v blau Klagelied aus Lagasch
2357v/2356v Expansionskrieg
2356v rot Herrschaft über Sumer
2354v braun Vorstoß nach Kisch
2354v rot Macht über Mesopotamien
2353v rot Verlegung der Residenz
2352v braun Vorstoß zum Mittelmeer
2347v/2325v Krieg der 4 Weltgegenden
2341v rot Machtverlust
2340v rot König im Käfig

UMSIEDLUNGEN

1277v–1207v Tu-Kulti
1255v rot Umsiedlung durch Assyrer
1243v rot Umsiedlung durch Assyrer
774v–727v Tiglatpileser III.
597v rot Umsiedlung von Juden
537v rot Heimkehr der Juden
106n grün Römische Maßnahmen
278n rot Germanen-Ansiedlung
295n rot Franken-Ansiedlung
390n–477n Geiserich
429n grün Wandalen nach Afrika
443n rot Umsiedlung der Burgunder
772n/804n Sachsenkriege
1945n rot Potsdamer Abkommen

UN, Abkürzung für den englischen Namen der Organisation 'Vereinte Nationen' ('United Nations'). Nach dem zweiten Weltkrieg auf der Konferenz von San Franzisko von 51 Staaten gegründet, wuchs sie seitdem auf über 120 Mitgliedstaaten an. Dadurch schwand das einseitige Übergewicht der kapitalistischen Länder, das in den ersten zwei Jahrzehnten die Arbeit der Organisation erschwerte. Doch blieb ihr Anspruch auf Vertretung aller Erdbewohner durch den Ausschluß bedeutender Staaten (Deutschland, Korea, Vietnam) und der volkreichsten Nation (China) fragwürdig. In ihrer Wirksamkeit durch das Fehlen einer eigenen Gewalt sowie durch Vorrechte der sich als Großmächte bezeichnenden Siegerstaaten des zweiten Weltkrieges gehemmt, erwies sie sich als unfähig zur Verhinderung von Kriegen, die seit ihrer Gründung unausgesetzt in den verschiedensten Teilen der Erde geführt wurden. Als Forum internationaler Gespräche nützlich, hat sie die Völkerverständigung gefördert, insbesondere durch ihre Kulturorganisation (UNESCO).

1882n–1945n F. D. Roosevelt
1945n rot Gründung
1956n blau UNESCO-Gebäude (Paris)

UNA, ägyptischer Staatsmann.

2369v–2295v Lebenslinie
2355v–2298v Pepi I.
2314v/2307v Sinai-Krieg
2304v/2303v Palästina-Krieg
2297v grün 1. Katarakt schiffbar

UNAM SANCTAM, Anfangsworte einer feierlichen päpstlichen Erklärung (Bulle), in der Papst Bonifatius VIII. sich selbst die oberste kirchliche Autorität (auch gegenüber der griechisch-orthodoxen Kirche) zusprach und sich durch Unterstellung aller Könige und Kaiser unter sein Gebot zum obersten Herrn der Welt erklärte. Da diese Anmaßung sowohl von der griechisch-orthodoxen Kirche wie von den Staatsführern nicht anerkannt wurde, blieb sie praktisch bedeutungslos.

1235n–1303n Bonifatius VIII.
1302n rot Verkündung

UNAS, ägyptischer König.

2404v–2350v Lebenslinie
2367v blau Pyramide
2366v braun Sieg über Nubier
2365v blau Sieges-Denkmal
2359v blau 'Pyramidentexte'

UNBEFLECKTE EMPFÄNGNIS, Bezeichnung für die christliche Vorstellung, daß Jesus nicht auf natürliche Weise von seinem Vater Joseph gezeugt ist, sondern ohne natürliche Zeugung ('Josephsehe') im Leibe der Maria entstanden ist. Dieser Glaube beruht auf den Aussagen der Apostel Matthäus und Lukas im 2. Teil der Bibel ('Neues Testament'). Danach hat Maria die Bedenken ihres Mannes wegen der von ihm nicht verursachten Schwangerschaft mit dem Hinweis auf den 'Heiligen Geist' zerstreut. Als Grundlage der Lehren von der göttlichen Natur Jesu und von der Dreifaltigkeit von zentraler Bedeutung in allen christlichen Religionen. 1439n hat das Konzil zu Basel darüber hinausgehend auch die Empfängnis der Maria durch ihre Mutter Anna als 'unbefleckte Empfängnis' bezeichnet. Durch die 1854n vom Papst zum Dogma erhobene Vorstellung wurde Jesus noch über die Halbgötter erhoben, die nach orientalischen und griechischen Göttersagen des öfteren durch Zeugung zwischen Gott und Mensch entstanden sind. Auch der ältere Zeitgenosse des Jesus, Kaiser Augustus, wurde nach römischem Glauben bei seiner Mutter Atia nicht durch ihren Mann, sondern durch eine Schlange gezeugt. Der Ausdruck 'unbefleckt' für die Empfängnis der Maria beruht auf der christlichen Grundauffassung, daß jede durch natürlichen Geschlechtsverkehr zustande gekommene Empfängnis einen Menschen mit der Erbsünde belastet, also 'befleckt' sei.

10v–52n Matthäus
22n–74n Lukas
182n–253n Origenes
381n–444n Cyrillus
786n–861n Radbertus
1108n–1175n Wace
1338n blau Martini: 'Verkündigung'
1678n blau Murillos Gemälde
1854n rot Dogma

UNBESTIMMTHEITSRELATION, Bezeichnung für ein von dem deutschen Physiker Heisenberg aufgefundenes Naturgesetz vom Verhalten kleinster Elementarteile (Welle und Korpuskel). Danach ist es unmöglich, gleichzeitig Ort und Impuls eines einzelnen Elementarteils zu bestimmen. Auch über die Verhaltensweise dieser Elementarteile lassen sich nur statistische Aussagen machen, weil die Reaktion eines einzelnen Teils nicht mit Bestimmtheit vorausberechenbar ist. Dieses Gesetz führte dazu, daß der Materie eine Entscheidungsmöglichkeit (= Willensfreiheit) zugeschrieben wurde, was vorher als besonderes Merkmal hochentwickelter Lebewesen galt.

1901n– Heisenberg

UNDSET, Sigrid (1882n–1949n), norwegische Dichterin. Als Tochter eines Altertumsforschers besuchte sie nach dem frühen Verlust ihres Vaters die Handelsschule und wurde Büro-Angestellte. 30jährig heiratete sie einen Maler, doch wurde die Ehe nach 13 Jahren geschieden. Als Gegnerin des Faschismus verließ sie ihre Heimat nach der Besetzung des Landes durch deutsche Truppen, kehrte aber nach 1945n zurück. 25jährig hatte sie mit der Veröffentlichung von Romanen und Novellen begonnen. Darin stellte sie meist Frauen ihrer Zeit dar, die trotz aller Bemühungen ihr Glück verfehlen ('Ein Fremder', 'Harriet Waage'). Nach gründlichen Geschichtsstudien schrieb sie Romane aus der norwegischen Vergangenheit und wurde damit weltberühmt ('Kristin Lavranstochter'). Bei ihrer Scheidung zum Katholizismus übergetreten, wandte sie sich in ihrer letzten Schaffensperiode religiösen Themen zu.

1920n blau 'Kristin Lavranstochter'

UNESCO, Abkürzung von 'United Nations Educational, Scientific and Cultural Organization'. Der englische Name bedeutet 'Organisation der Vereinten Nationen für Erziehung, Wissenschaft und Kultur'. 1945n von den Vereinten Nationen ins Leben gerufen, nahm sie 1946n ihre Tätigkeit in Paris auf. Die Organisation, der heute weit über 100 Nationen angehören, wurde aufgebaut von René Maheu, der sie seit 1962n als Generaldirektor leitet. Ihre der internationalen Bildung und Völkerverständigung dienende Arbeit gliedert sich in sechs Abteilungen: Sozialwissenschaften, Naturwissenschaften, Geisteswissenschaften, Erziehung, Information, Personenaustausch.

1956n blau Zentralgebäude in Paris

UNGARN: Allgemeines (Land, Volk, Staat)

12v/9v Pannonischer Krieg
9v rot Pannonien römisch
6n/9n Erhebung Pannoniens
10n rot Pannonien Provinz Roms
316n–397n Martin von Tours
321n–375n Valentinian I.
370n/455n Hunnenkriege
410n–453n Attila
411n–474n Priskus
433n rot Pannonien an Hunnen
446n blau 'Hölzerne Stadt'
455n rot Gepiden- und Rugierreich
456n rot Ostgoten-Siedlung
505n braun Langobarden-Vorstoß
505n rot Langobarden-Ansiedlung
541n–572n Alboin
569n braun Awaren-Vorstoß
569n rot Awaren-Herrschaft
791n/796n Fränkischer Awarenkrieg
796n rot Grenzmark der Franken
796n rot Rückdrängung der Awaren
804n–876n Ludwig der Deutsche
834n–907n Arpad
860n rot Magyaren-Siedlung
877n–936n Heinrich I.
895n rot Reichsgründung
899n braun Vorstoß nach Italien
906n/907n Vorstoß nach Mitteleuropa
906n rot Gebietsgewinn
912n–973n Otto I., der Große
916n braun Vorstoß bis Bremen
924n/925n Vorstoß nach Westen
933n grün Ende deutscher Tribute
933n braun Niederlage gegen Deutsche
943n–1003n Silvester II.
955n braun Niederlage gegen Deutsche
955n rot Rückzug
972n–1038n Stephan I.
997n rot Königreich
997n rot Christentum Staatsreligion
999n rot Machtgewinn des Papstes
1001n blau Entwicklung Preßburgs
1072n braun Kumanen-Vorstoß
1122n–1190n Friedrich I. Barbarossa
1148n grün Deutsche in Siebenbürgen
1173n–1239n Hermann von Salza
1207n/1279n Großer Mongolenkrieg
1217n/1219n Kreuzzug
1225n rot Deutschritter vertrieben
1351n grün Pestepidemie
1362n–1437n Sigismund
1370n rot Union mit Polen
1396n braun Niederlage gegen Türken
1420n/1434n Hussiten-Kreuzzug
1443n–1490n Matthias Corvinus
1444n braun Niederlage gegen Türken
1494n–1566n Soliman der Große
1514n braun Bauernaufstand
1521n braun Verlust Belgrads
1526n braun Niederlage gegen Türken
1527n braun Vorstoß Österreichs
1527n rot Herrschaft Österreichs
1541n braun Vorstoß der Türken
1541n rot Gebietsgewinn der Türken
1575n rot Kinderarbeit begrenzt
1604n rot Sieg der Gegenreformation
1663n/1699n Großer Türkenkrieg
1663n–1736n Prinz Eugen
1687n rot Union mit Österreich
1699n rot Gebietsgewinn Österreichs
1714n/1718n Türkenkrieg
1717n–1780n Maria Theresia
1718n rot Gebietsgewinn Österreichs
1723n rot Erbfolgewechsel anerkannt
1795n braun Jakobiner-Aufstand
1849n braun Erhebung gegen Österreich
1867n rot Sonderstatus
1872n rot Vereinigung Ofen-Pest
1914n/1918n Erster Weltkrieg
1918n rot Selbständigkeit
1919n braun Aufstand Béla Kuns
1939n/1945n Zweiter Weltkrieg
1948n rot Kommunistisch
1949n grün Mitglied des COMECON
1955n rot Warschauer Pakt
1956n braun Aufstand

UNGARN: Dichtung

1848n blau Petöfis Freiheitslied
1861n blau 'Tragödie des Menschen'
1896n blau Herzl: 'Der Judenstaat'
1909n blau Molnar: 'Liliom'

UNGARN: Musik

1853n blau Liszt: Rhapsodien
1905n blau Lehár: 'Lustige Witwe'
1938n blau Bartók: 2. Violinkonzert

UNGARN: Religion

943n–1003n Silvester II.
972n–1038n Stephan I.
997n rot Christentum Staatsreligion
999n rot Machtgewinn des Papstes
1217n/1219n Kreuzzug
1604n rot Scheitern der Reformation

UNGARN: Wissenschaft

1367n blau Universität Fünfkirchen
1443n–1490n Matthias Corvinus
1467n blau Universität Preßburg
1474n blau Bibliothek Corvina
1847n grün Semmelweis: Kindbettfieber
1953n blau Lukacs: 'Vernunft'

UNIFORM, Bezeichnung für die Einheitskleidung der Angehörigen staatlicher oder privater Organisationen. Bewirkt die Herausbildung eines Gruppen-Bewußtseins (Korps-Geist) unter weitgehender Ausschaltung des persönlichen Gewissens. Zuerst eingeführt bei den Priestern, wurde sie bald auch bei Briefträgern, Richtern, Zöllnern und Schiffern üblich. Für Soldaten wurde sie im 17. Jahrhundert beim Aufkommen von Berufsheeren ('stehende Heere') eingeführt und war während der ersten Jahrhunderte besonders farbenprächtig. Zur Tarnung des Soldaten wurde sie seit 100 Jahren unauffällig.

589 n grün Weiße Priestertracht
1276 n grün Briefträger-Uniform
1524 n grün Talar der Prediger
1556 n grün Englische Kampfgruppe
1670 n grün Französische Armee

UNITÀ, Name der Zeitung der kommunistischen Partei Italiens, die nach der Machtergreifung durch Mussolini von Antonio Gramsci als Kampfblatt gegen den Faschismus gegründet wurde.

1924 n blau Gründung

UNIVERSITÄTEN, Bezeichnung für die höchsten Schulen eines Landes. Ihr Name ist von dem lateinischen Begriff 'universitas litterarum' (= 'Gesamtheit des Wissens') abgeleitet und soll die Zielsetzung einer umfassenden Bildung zum Ausdruck bringen (im Gegensatz zur fachlich ausgerichteten 'Hochschule'). Dieses Ideal der Universität ist angesichts ihres Charakters als Berufs-Vorübungsstätte für die führenden (akademischen) Berufe inzwischen aufgegeben worden. Es beruhte in der Vergangenheit auch nur auf der Enge dessen, was von ihren Lehrern als 'umfassendes Weltbild' empfunden wurde. In China seit mehr als 2000 Jahren eingerichtet, in der arabischen Welt seit mehr als 1000 Jahren echte Lehr- und Forschungsstätten auf der Grundlage der exakten Wissenschaften, entstanden sie im christlichen Europa seit 800 Jahren meist aus Theologenschulen, denen eine juristische und eine medizinische Fakultät angefügt wurde und deren universaler Charakter höchstens in der Angliederung einer vierten Fakultät bestand, die in der Regel den Namen 'Freie Künste' führte, sich aber meist im Unterricht einer kirchlich geprägten Philosophie erschöpfte. Erst die Besinnung auf den vorchristlichen Geist der Griechen und Römer ('Humanismus') führte vor 500 Jahren zu einer Erweiterung dieses Weltbildes. Im 18. Jahrhundert brachen sich dann die Naturwissenschaften Bahn, im 19. Jahrhundert die Wirtschaftswissenschaften und die Staatswissenschaften, neben die noch eine Vielzahl von 'Geisteswissenschaften' trat. Im 20. Jahrhundert trat mit dem Durchbruch der Weltrevolution eine grundlegende Wandlung ihrer Klassenstruktur ein. Die seit ihrer Gründung praktisch den Kindern der Herrschenden und Besitzenden vorbehaltenen Bildungsstätten wurden in den sozialistischen Ländern den Kindern aller arbeitenden Bevölkerungsgruppen geöffnet. Aber auch in den noch kapitalistischen Ländern können sie ihre Aufgabe der Heranbildung einer Herrenschicht für die bürgerliche Gesellschaft nicht mehr erfüllen, weil durch die mit ihrem Unterricht verbundene Bewußtseinsklärung auch die Kinder des Besitzbürgertums zum großen Teile revolutioniert werden.

124 v blau Aufkommen in China
462 n blau Nalanda
688 n blau Byzanz
859 n blau Fes
988 n blau Kairo
988 n grün Stipendien in Kairo
1067 n blau Bagdad
1068 n grün Stipendien in Bagdad
1167 n blau Oxford
1170 n blau Paris
1220 n blau Montpellier
1222 n blau Salamanca
1222 n blau Padua
1224 n blau Neapel
1229 n blau Cambridge
1229 n blau Toulouse
1243 n blau Tunis
1290 n blau Lissabon
1303 n blau Rom
1309 n–1370 n rot Kasimir der Große
1339 n blau Grenoble
1340 n blau Granada
1343 n blau Pisa
1346 n blau Valladolid
1348 n blau Prag
1364 n blau Krakau
1365 n blau Wien
1365 n–1416 n Hieronymus von Prag
1367 n blau Fünfkirchen
1386 n blau Heidelberg
1389 n blau Köln
1392 n blau Erfurt
1404 n blau Turin
1409 n blau Leipzig
1419 n blau Rostock
1425 n blau Löwen
1443 n–1490 n Matthias Corvinus
1444 n blau Catania
1456 n blau Greifswald
1457 n blau Freiburg
1460 n blau Basel
1467 n blau Preßburg
1474 n blau Saragossa
1477 n blau Uppsala
1477 n blau Mainz
1477 n blau Tübingen
1479 n blau Kopenhagen
1502 n blau Wittenberg
1527 n blau Marburg
1537 n blau Lausanne
1544 n blau Königsberg
1558 n blau Jena
1575 n blau Leiden
1621 n blau Straßburg
1636 n blau Harvard-Universität
1694 n blau Halle
1702 n blau Breslau
1709 n–1762 n Elisabeth Petrowna
1711 n–1765 n Lomonossow
1755 n blau Moskau
1804 n blau Charkow
1804 n blau Kasan
1810 n blau Berlin
1864 n blau Bukarest
1886 n blau Tokio
1917 n blau Bangkok
1947 n blau Mexiko
1953 n blau Moskau

UNSTRUT, Name eines kleinen Flusses in Thüringen. Entspringt bei Mühlhausen, fließt oberhalb von Erfurt und Weimar nach Naumburg und mündet hier in die Saale. Am Mittellauf schlugen deutsche Heere unter Heinrich I. die nach Verweigerung von Tributzahlungen eingebrochenen Ungarn.

877 n–936 n Heinrich I.
933 n braun Ungarische Niederlage

UNTERGRUND-BAHN, seit Beginn unseres Jahrhunderts in Städten mit über einer Million Einwohner angelegte unterirdische Verkehrsmittel zur Entlastung des Straßenverkehrs. Nach vergeblichen Versuchen im 19. Jahrhundert wurde ihre praktische Verwirklichung nach Entwicklung elektrischer Triebwagen möglich, die sich ohne Rauch-Erzeugung fortbewegen.

1900 n grün Bahn in Paris

UNTERHALTSPFLICHT bei Trennung

1368 v rot Keine Pflicht in Assyrien

UNTERHAUS, Bezeichnung für die gewählte Versammlung des englischen Parlaments im Gegensatz zu dem von Adel und Geistlichkeit besetzten 'Oberhaus'. Nachdem 1295 n erstmals Vertreter des Bürgertums in das Parlament berufen worden waren, gab es seit Beginn des 14. Jahrhunderts gelegentlich getrennte Beratungen des Adels und des Bürgertums. Seit 1343 n traten die Vertreter der Städte mit dem kleinen Landadel geschlossen gegen die Vertreter von Hochadel, Kirche und Königshaus auf und versammelten sich regelmäßig in eigenen Räumen. Seit 1352 n tagten sie ganz für sich in der Westminsterabtei. 1377 n wählten sie als ihren ersten offiziellen Sprecher einen Vertreter des Kleinadels (Peter de la Mare). Aber erst seit der zweiten Hälfte des 19. Jahrhunderts wurde das Unterhaus unter dem Druck der Arbeiterbewegung aus einer ständischen Interessenvertretung allmählich Schritt um Schritt in eine Volksvertretung umgewandelt. 1867 n wurden auch städtische Arbeiter zur Wahl zugelassen, wenn sie ein eigenes Haus besaßen oder eine bestimmte Mindestmiete entrichteten, 1872 n wurde die vorher öffentliche Stimmabgabe durch geheime Wahl ersetzt. 1884 n wurde das Stimmrecht für Haushaltungsvorstände auf die ländliche Bevölkerung ausgedehnt, außerdem erhielten in diesem Jahre männliche Dienstboten unter bestimmten Voraussetzungen das Wahlrecht. Aber erst 1918 n wurde allen männlichen Bürgern das volle Wahlrecht zugestanden und erst 1928 n wurde durch Einführung des Frauenwahlrechts das allgemeine, gleiche und geheime Wahlrecht voll verwirklicht. Infolge eines den herrschenden Klassen dienenden Wahlsystems entspricht die Zusammensetzung des Unterhauses aber bis heute noch nicht derjenigen der abgegebenen Stimmen. So erhielt bei der Wahl von 1951 n die Arbeiterpartei 231 036 mehr Stimmen als die konservative Partei, bekam aber nur 296 Sitze, während die Konservativen 320 Sitze erhielten, so daß die Regierung dem konservativen Politiker Churchill zufiel.

1295 n rot Bürger im Parlament
1343 n rot Trennung vom Oberhaus
1909 n rot Oberhaus: Rechtsverlust

UNTERRICHT

2633 v–2570 v Meten
2495 v–2405 v Pta-Hotep
2330 v blau Anstandsregeln in Ägypten
2289 v blau Tempelschulen in Akkad
2021 v grün Schulfächer in Sumer
2019 v grün Priesterkinder-Privileg
2018 v blau Gedicht über die Schule
2008 v–1952 v Keti
1962 v blau Preislied des Keti
1857 v–1803 v Sehet
1811 v blau Sehets Lehrdichtung
1713 v rot Beamtenschule in Mari
1445 v grün Lehrstoff in Ägypten
1423 v–1359 v Juti
1400 v–1344 v Tut-Mes
1377 v–1302 v Ani
1342 v blau Lehre des Ani
1270 v blau Musikschule in Babylon
1199 v blau Warnung vor Offiziersberuf
817 v rot Staatserziehung in Sparta
733 v–645 v Kuan-Tse
718 v grün Ärzteschule in Ägypten
712 v–642 v Terpander
675 v blau Musikschule in Sparta
668 v blau Rechtsschule in China
637 v–577 v Sappho
636 v–564 v Äsop
575 v–483 v Xenophanes
552 v–479 v Kon-Fu-Tse
531 v blau Schule des Pythagoras
530 v blau Schule des Xenophanes
504 v grün Ärzteschule in Kroton
502 v blau Theognis' Lehrgedicht
460 v rot Schule Krotons verbrannt
444 v–365 v Antisthenes
436 v–355 v Aristipp
429 v–370 v Phaleas
427 v–347 v Plato
389 v blau Rednerschule in Athen
388 v blau Platos 'Akademie'
384 v–322 v Aristoteles
376 v blau Schule des Aristipp
375 v grün Schule des Eudoxos
372 v–287 v Theophrast
370 v blau Xenophons Fürstenspiegel
361 v–268 v Pyrrhon
354 v blau Zeichnen Unterrichtsfach
344 v–268 v Berossos
342 v rot Aristoteles Erzieher
335 v blau Schule des Aristoteles
333 v–262 v Zeno der Jüngere
306 v blau Schule des Epikur
304 v–232 v Kleanthes
300 v blau Schule der Stoiker
285 v–204 v Andronikos
280 v grün Astronomieschule auf Kos
181 v rot Rhetorik-Unterricht
180 v–110 v Panaitios
157 v–87 v Wu-Ti
152 v–82 v Heron
130 v blau Lehre des Panaitios
124 v blau Universität in China
120 v rot Staatsprüfung in China
91 v grün Mechanikerschule, Ägypten
70 v blau Dichterschule in Rom
15 v blau Rechtsschule des Labeo
4 v–65 n Seneka
20 n–79 n Dioskurides
31 n–99 n Musonius Rufus
63 n blau Rechtsschule des Prokulus
67 n–140 n Juvenal
68 n blau Rednerschule Quintilians
72 n blau Frauenbildung gefordert
75 n grün Lehrerbesoldung in Rom
100 n–165 n Justin der Märtyrer
134 n blau Hochschule in Rom
147 n blau Rednerschule Frontos
174 n blau Lehrstühle in Athen
232 n blau Theologenschule
244 n blau Schule des Plotin
261 n–335 n Laktantius
331 n–363 n Julian
333 n blau Hochschule Konstantinopel
350 n–430 n Wa-Ni
353 n blau Schulgrammatik
354 n–407 n Chrysostomos
362 n rot Römisches Schulgesetz
379 n blau Christliche Erziehung
382 n blau Schreibschule in Japan
425 n blau Lehrergehälter in Byzanz
462 n blau Universität Nalanda
518 n blau Meditationsschule in China
529 n rot Schulschließung in Athen
599 n blau Kirchengesangschule, Rom
675 n–715 n Welid
685 n–762 n Hüan-Tsung
688 n blau Universität Byzanz
701 n grün Medizinschule in Japan
710 n–782 n Lioba
714 n blau Schauspielschule in China
737 n–804 n Alkuin
770 n blau Rechtsschule in Medina
784 n–856 n Rabanus Maurus
790 n blau Alkuin Hofschulleiter
791 n blau Sängerschulen der Franken
824 n blau Hochschule in Bagdad
839 n–923 n Al Tabari
849 n–901 n Alfred der Große
859 n blau Universität Fes
890 n–961 n Abdar Rachman III.
905 n–965 n Al Mutanabbi
943 n–1003 n Silvester II.
988 n blau Universität Kairo
988 n grün Stipendien in Kairo
1001 n–1072 n Adalbert von Bremen
1010 n grün Hochschule in Salerno
1019 n grün Schreibschulen in Kiew
1021 n–1086 n Wang-Anschi
1056 n–1133 n Sämund der Weise
1067 n blau Universität Bagdad
1068 n grün Stipendien in Bagdad
1082 n blau Kaikas: Fürstenspiegel
1092 n blau Institut auf Island
1101 n blau Rechtsschule in Bologna
1114 n–1187 n Gerhard von Toledo
1137 n grün Medizinschule Montpellier
1138 n grün Übersetzerschule Toledo
1154 n blau Gesangschule in Paris
1163 n blau Hochschule in Damaskus
1167 n blau Universität Oxford
1170 n blau Universität Paris
1170 n grün Medizinschule Damaskus
1179 n blau Herrad: 'Lustgarten'
1193 n–1279 n Albertus Magnus
1220 n blau Universität Montpellier
1222 n blau Universität Salamanca
1222 n blau Universität Padua
1224 n blau Universität Neapel
1229 n blau Universität Cambridge
1229 n blau Universität Toulouse
1231 n blau Katharerschulen in Trier
1238 n blau Sprachenschulen
1243 n blau Universität Tunis
1253 n blau Gründung der Sorbonne
1260 n–1327 n Meister Eckehart
1261 n grün Chirurgenschule in Paris
1262 n blau Schule in Lübeck
1264 n blau Oxford-College
1269 n blau Schulen im Mongolenreich
1276 n blau Missionsschule des Lullus
1290 n blau Universität Lissabon
1290 n–1343 n Marsilius von Padua
1303 n blau Universität Rom
1309 n–1370 n Kasimir der Große
1325 n–1389 n Hafis
1339 n blau Universität Grenoble
1343 n blau Universität Pisa
1346 n blau Universität Valladolid
1348 n blau Universität Prag
1364 n blau Universität Krakau
1365 n blau Universität Wien
1365 n–1416 n Hieronymus von Prag
1367 n blau Universität Fünfkirchen
1386 n blau Universität Heidelberg
1388 n blau Internat von Winchester
1389 n blau Universität Köln
1392 n blau Universität Erfurt
1404 n blau Universität Turin
1409 n rot Prager Rektor vertrieben
1409 n blau Universität Leipzig
1419 n blau Universität Rostock
1420 n grün Seefahrtsschule Sagres
1425 n blau Universität Löwen
1441 n blau Eton-College
1443 n–1490 n Matthias Corvinus
1444 n blau Universität Catania
1450 n blau Meistersinger-Schule
1450 n grün Druck eines Schulbuches
1456 n blau Universität Greifswald
1457 n blau Universität Freiburg
1460 n blau Universität Basel
1465 n–1536 n Erasmus von Rotterdam
1467 n blau Universität Preßburg
1474 n blau Universität Saragossa
1477 n blau Universität Uppsala
1477 n blau Universität Mainz
1477 n blau Universität Tübingen
1478 n blau Griechisch-Unterricht
1479 n blau Universität Kopenhagen
1483 n–1546 n Luther
1484 n–1531 n Zwingli
1489 n–1587 n Sinan
1491 n–1556 n Ignatius von Loyola
1497 n–1560 n Melanchthon
1502 n blau Universität Wittenberg
1527 n blau Universität Marburg
1530 n blau Sprachenschule in Paris
1537 n blau Universität Lausanne
1542 n–1605 n Akbar
1543 n blau Fürstenschulen
1544 n blau Universität Königsberg
1558 n blau Universität Jena
1559 n blau Akademie Genf
1594 n–1632 n Gustav Adolf
1597 n grün Kaufmanns-College
1607 n rot Schulpflicht in Anhalt
1621 n blau Universität Straßburg
1628 n blau Comenius: 'Große Lehre'
1636 n blau Harvard-Universität
1658 n blau Anschauungsunterricht
1687 n blau Vorlesungen auf deutsch
1694 n blau Universität Halle
1696 n grün Bellers: Werkunterricht
1702 n blau Universität Breslau
1708 n grün Realschule in Halle
1709 n–1762 n Elisabeth Petrowna
1711 n–1765 n Lomonossow
1717 n rot Schulpflicht in Preußen
1717 n–1780 n Maria Theresia
1729 n–1796 n Katharina II., die Große
1746 n–1827 n Pestalozzi
1755 n blau Universität Moskau
1765 n grün Bergakademie Freiberg
1778 n grün Taubstummen-Schule
1795 n grün Technische Schule Paris
1804 n blau Universität Charkow
1804 n blau Universität Kasan
1810 n blau Universität Berlin
1812 n–1870 n Charles Dickens
1864 n blau Universität Bukarest
1865 n grün Lette-Schule in Berlin
1873 n rot Gesetze gegen Kirchenmacht
1873 n blau Degas: 'Tanzschule'
1880 n rot Schulpflicht in England
1886 n blau Universität Tokio
1909 n blau Montessori-System
1917 n blau Universität Bangkok
1933 n blau Schrift Makarenkos
1947 n blau Universität Mexiko
1953 n blau Lomonossow-Universität
1958 n grün Polytechnischer Unterricht
1961 n grün Kybernetische Pädagogik

UNTERSEE-BOOT, Bezeichnung für ein Schiff, das zeitweilig unter der Wasseroberfläche operieren kann. Leonardo da Vinci konstruierte es bereits vor 500 Jahren, zerstörte aber seine Pläne wieder, weil er voraussah, daß die Menschen damit auch noch auf dem Grunde des Meeres morden würden. Von dem Holländer Cornelius Drebbel vor mehr als 350 Jahren gebaut und mit 12 Ruderern auf einer zweistündigen Fahrt unter der Themse erprobt. 1691 n schuf dann der Franzose Denis Papin ein Modell mit Schnorchel für die Luft-Zufuhr und erprobte es unter der Fulda. Der Engländer Day tauchte 1773 n in zehn Meter Tiefe. Als er im Jahre darauf 120 Meter tief tauchen wollte, ertrank er. 1776 n versuchte der nordamerikanische Erfinder David Bushnell mit seinem Tauchboot 'Turtle', eine hölzerne Sprengmine an der englischen Fregatte 'Eagle' anzubringen. 1801 n baute der Nordamerikaner Robert Fulton mit Unterstützung Napoleons die zigarrenförmige 'Nautilus', die 6 Stunden unter Wasser blieb und eine Schiffs-Sprengung ausführte. Der Deutsche Wilhelm Bauer konstruierte 1851 n ein Modell mit Propellerschraube, die von innen durch Treträder betrieben wurde. Er verbesserte es 5 Jahre später in Rußland und baute es so groß, daß 10 Mann Besatzung und eine Kapelle von 4 Mann bis zu 7 Stunden damit tauchen konnten. 1863 n schuf der Nordamerikaner Alstitt das erste Boot mit Motor-Antrieb. Es fuhr über dem Wasser mit Dampfmaschinenkraft, unter Wasser aber mit elektrischer Energie aus Akkumulatoren. Dieser Doppel-Antrieb wurde 1889 n von dem aus Irland eingewanderten nordamerikanischen Lehrer John P. Holland verbessert, der die Dampfmaschine durch einen Benzinmotor ersetzte. Bald setzte sich der Dieselmotor als Antrieb durch. Seit Beginn unseres Jahrhunderts nahmen mehrere seefahrende Nationen die Herstellung von U-Booten für die Seekriegsführung auf, und in beiden Weltkriegen spielte die neue Waffe bereits eine Rolle. Mit dem Bau des ersten von Atomkraft angetriebenen U-Bootes ('Nautilus') begann eine neue Epoche, da sich dieser Fahrzeug-Typ praktisch unbegrenzt lange unter Wasser halten kann.

1622 n grün Drebbels Boot
1954 n grün Atom-U-Boot

UNTERWALDEN, Name eines Schweizer Kantons, der das Alpengebiet südwestlich des Vierwaldstätter Sees umfaßt und bereits vor mehr als 2000 Jahren bewohnt war. Im Jahre 853 n als Teil des deutschen Reiches von König Ludwig dem Deutschen dem Frauenkloster Zürich geschenkt. 1231 n erhielt das Land vom deutschen König einen Freiheitsbrief und wurde dadurch zu einer unabhängigen Bauernrepublik. Sechzig Jahre später schloß es sich mit den Nachbar-Kantonen Uri und Schwyz zusammen, mit denen es sich schon vorher durch gemeinsamen Kampf gegen die Landesherren (Habsburger) verbunden hatte. Durch diese Vereinigung wurde die Keimzelle der Schweizer Eidgenossenschaft (Ur-Kantone) geschaffen.

1291 n rot Bündnis

UPANISCHADS, von dem indischen Worte für 'Geheimlehre' abgeleitete Bezeichnung für philosophische Einzelabhandlungen, die als Anhang der 'heiligen Bücher' des Brahmanismus (Veden) eine zusammenfassende Erläuterung dieser alten Texte geben. Sie werden deshalb 'Vedanta' (= Ende des Veda) genannt. Ihr wesentlicher Inhalt ist die Gleichsetzung von Mensch (Mikro-Kosmos) und Weltall (Makro-Kosmos). Daraus folgt die Verkündung der Einheit von Einzelseele und Weltseele, und aus ihr wird die Möglichkeit einer Erlösung des Menschen vom Leid durch Versenkung der Einzelseele in die Weltseele abgeleitet.

802 v blau Einzel- und Weltseele

UPPSALA, Stadt in Schweden. 50 km nordöstlich von Stockholm in einer fruchtbaren Tiefebene gelegen, war sie bereits in vorchristlicher Zeit Zentrum der schwedischen Kultur. Der Oberpriester der Asen-Kultur hatte in dem 4 km nördlich der heutigen Stadt liegenden Alt-Uppsala seinen Sitz, und neben der ältesten Thingstätte Schwedens finden sich in unmittelbarer Umgebung der Stadt auch die über den Gräbern früher Könige aufgeschütteten drei 'Königshügel'; von hier aus wandten sich die schwedischen Herrscher jahrhundertelang an ihre Gefolgschaft, als letzter Gustav Wasa im 16. Jahrhundert. In der Stadt entstand die erste Universität Nordeuropas. In ihrer Bibliothek werden 20000 seltene Handschriften aufgehoben.

1435 n blau Dom
1477 n blau Universität

UR, Stadt an der früheren Mündung des Euphrat in den Persischen Golf (Vorderasien). Vor 5000 Jahren entstanden, stieg sie in wenigen Jahrhunderten zur führenden

Handelsmacht in Süd-Mesopotamien (Sumer) auf. Dehnte die Herrschaft ihres straff zentralisierten Stadtstaates über ganz Sumer aus, unterwarf schließlich ganz Mesopotamien und eroberte Syrien bis zum Mittelmeer und bis nach Kleinasien. Vor 4000 Jahren auf der Höhe ihrer Macht, wurde sie nach hundertjähriger Herrschaft durch eine Erhebung entmachtet und zerstört. Wenige Jahrzehnte später wieder aufgebaut, bestand sie noch anderthalb Jahrtausende. 2000 Jahre nach ihrem Untergang wurde sie seit 1854 n ausgegraben. Besonders wertvolle Funde förderten die Ausgrabungen des Engländers Woolley in den Jahren 1922 n bis 1934 n zutage.

2943 v blau Gründung
2863 v blau Mondkult
2767 v grün Tuchfabrik
2592 v grün Goldene Gefäße
2557 v blau Gold-Mosaik
2545 v–2478 v Mes-Anni-Padda
2522 v–2434 v E-Annatum
2513 v grün Pinzetten
2494 v–2416 v Schu-Bad
2475 v braun Niederlage gegen Lagasch
2475 v rot Oberhoheit Lagaschs
2471 v grün Filigranarbeit
2464 v–2397 v En-Te-Mena
2451 v grün Brettspiele
2449 v blau Tempel für Mutter-Göttin
2447 v grün Kanalisation
2446 v blau Tempelschmuck
2441 v blau Goldene Tierplastiken
2441 v–2379 v Meska-Lamdug
2437 v grün Hofkapelle
2433 v grün Harfe der Königin
2416 v rot Bestattung des Hofstaates
2410 v blau Königsstatue
2409 v rot Vertrag mit Lagasch
2401 v grün Goldener Helm
2393 v rot Leibwache
2393 v–2340 v Lugal-Zagesi
2383 v grün Silberschiffchen
2359 v braun Niederlage gegen Umma
2359 v rot Herrschaft Ummas
2343 v–2285 v Rimusch
2337 v rot Kaisertochter Priesterin
2287 v/2286 v Erhebung gegen Akkad
2243 v rot Kaiserenkelin Priesterin
2190 v–2141 v Inki-Schu
2147 v/2143 v Sumerischer Krieg
2143 v rot Gutäer-Herrschaft
2143 v blau Klagelied
2093 v–2030 v Ur-Nammu
2060 v–1983 v Schul-Gi
2050 v braun Auflehnung
2050 v rot Herrschaft über Sumer
2047 v braun Vorstoß nach Akkad
2047 v rot Gewinn Akkads
2046 v braun Vorstoß nach Norden
2046 v rot Macht über Mesopotamien
2046 v rot Ur-Nammu Kaiser
2045 v rot Hauptstadt Mesopotamiens
2044 v grün Kanalbau
2043 v blau Palast
2041 v grün Glasierte Ziegel
2040 v blau Tempelturm
2039 v blau Gesetzbuch
2039 v rot Rechtsreform
2037 v grün Stadtmauer
2021 v rot Bogenschützen-Truppe
2013 v rot Schul-Gi Gottkönig
2007 v–1955 v Ib-I-Sin
2005 v blau Mausoleum
1989 v grün Eichamt
1989 v–1927 v Ischti-Irra
1988 v grün Steigende Zinsen
1978 v blau Ningal-Tempel
1977 v grün Schmelzofen
1955 v braun Zerstörung
1955 v grün Raub einer Götterstatue
1949 v blau Klagelied
1922 v grün Rückführung der Statue
1920 v blau Wiederaufbau
1847 v braun Vorstoß Assurs
1847 v rot Assyrische Oberhoheit
1835 v braun Krieg mit Larsa
1835 v rot Oberhoheit Larsas
1822 v–1750 v Kudur-Mabuk
1801 v–1759 v Warad-Sin
1766 v blau Neuer Mondgott-Tempel
1765 v rot Königsschwester Priesterin
1698 v blau Siegessäule

URAL, Name eines mittelhohen Gebirgszuges, der sich in fast 3000 km Länge vom Nördlichen Eismeer südwärts bis in die Kasachische Steppe am Kaspischen Meer erstreckt. Weder Klima- noch Volksgrenze, gilt er doch seit alters her als Grenze zwischen Asien und seiner vorgeschobensten westlichen Halbinsel (Europa). Vor 1000 Jahren begann die Besiedlung durch Pelztierjäger aus Nowgorod. Sie wurde durch die Mongolenherrschaft unterbrochen, setzte aber im 15. Jahrhundert wieder ein. Im 18. Jahrhundert trat zur Holzgewinnung die Eisenerzeugung. Dadurch erhielt das Gebiet eine zunehmende wirtschaftliche Bedeutung. Doch seit Mitte des 19. Jahrhunderts sank der Anteil des kohlenarmen Gebirges an der russischen Eisenproduktion bis zum ersten Weltkrieg von 80 auf 20 Prozent. Nach dem Siege der Revolution wurden seine Bodenschätze Grundlage von Hunderten neuer Betriebe, der Anteil des Gebietes an der Eisen- und Stahlproduktion stieg wieder an, neue Bodenschätze wurden planmäßig gefördert, und es entstand hier eines der bedeutendsten Industriezentren der Welt. Zum Schutz vor Luftangriffen der kapitalistischen Staaten wurden die Produktionsstätten jedoch nicht in großen Städten zusammengefaßt, sondern über ein großes Gebiet verteilt.

1672 n–1725 n Peter I., der Große
1699 n grün Eisengießereien

URAN, Name eines der schwersten und wertvollsten Metalle. Durch seine Eigenschaft, bei der Spaltung seines Atomkerns Energie abzugeben, ist es zur Kettenreaktion und damit als Ausgangsstoff für die Atombombe sowie zur Gewinnung von Atom-Energie geeignet. Seine Radioaktivität machte es zu einem wichtigen Mittel der ärztlichen Behandlung. Bereits im Jahre 1789 n von dem deutschen Chemiker Klaproth entdeckt, wurde es erst durch die hundert Jahre später beginnende Erforschung seiner Eigenschaften zum Grundstoff des heraufziehenden Atom-Zeitalters.

1789 n grün Entdeckung
1879 n–1968 n Otto Hahn
1896 n grün Radioaktivität
1938 n grün Kernspaltung
1942 n grün Atomreaktor
1945 n grün Atombombe
1945 n rot Atombomben-Abwurf
1954 n grün Atomkraftwerk
1954 n grün Atom-U-Boot

URANIENBURG, Name der Sternwarte, die sich der dänische Astronom Tycho Brahe auf der Insel Hven (bei Kopenhagen) errichtete. Die Kosten hierfür trug der dänische König, der ihm die Insel auf Lebenszeit zu Lehen gegeben hatte. Ihren Namen erhielt sie nach der griechischen Schutzgöttin der Astronomie und Mathematik (Urania). Tycho Brahe begann hier an seinem 31. Geburtstage mit den Sternbeobachtungen, die ihn zur Entdeckung der nur zeitweilig aufleuchtenden ('temporären') Sterne führten, und die ihm die Widerlegung der Theorie von der Unbeweglichkeit der Fixsterne ermöglichten.

1546 n–1601 n Tycho-Brahe
1576 n grün Errichtung

URANUS, drittgrößter Planet unseres Sonnensystems (nach Jupiter und Saturn). 14 mal so groß wie die Erde und von 5 Monden umkreist, wurde er wegen seiner großen Entfernung von der Erde (3 Milliarden Kilometer) erst verhältnismäßig spät entdeckt.

1781 n grün Entdeckung

URARTU, Reich im nördlichen Vorderasien. Entstand südlich des Kaukasus am Fuße des Ararat (Wan-See), stieg vor 3000 Jahren zu einer vorderasiatischen Großmacht auf und errang die Herrschaft über große Teile Syriens. Seine überlegene Eisen-Verarbeitung schuf die technischen Voraussetzungen für seine militärischen Erfolge.

1302 v–1244 v Salmanassar I.
1253 v braun Einfall der Assyrer
908 v–830 v Sardur
874 v braun Sieg über Kurriter
874 v rot Reich Sardurs
874 v blau Gründung von Tuspa
872 v grün Aquädukt
869 v braun Sieg über Syrien
869 v rot Gewinn Nordsyriens
803 v braun Kämpfe in Armenien
803 v rot Gebietsgewinn
774 v–727 v Tiglatpileser III.
763 v–705 v Sargon II.
757 v braun Krieg gegen Syrien
757 v rot Gewinn Aleppos
742 v braun Vorstoß Assyriens
742 v rot Verlust Nordsyriens
735 v braun Vorstoß Assyriens
714 v braun Niederlage gegen Assyrer
714 v rot Selbstmord des Königs
706 v braun Kampf gegen Kimmerer
676 v braun Sieg der Kimmerer
585 v braun Niederlage gegen Medien
585 v rot Herrschaft der Meder

UR-BAN (um 2150 v– um 2090 v), Herrscher des Stadtstaates Lagasch in Sumer (Süd-Mesopotamien). Nach Lockerung der Oberherrschaft der Gutäer und der Wiederzulassung der lokalen Kulte errichtete er in Lagasch mehrere Tempel. Mit dem Nin-Girsu-Kult stärkte er die Stellung der Priesterkaste. Für den Haupt-Tempel des Stadtgottes Nin-Girsu ließ er ein Standbild von sich selbst in harten, schwarzen Stein (Diorit) meißeln.

2109 v blau Statue

URBAN II. (1042 n–1099 n), französischer Priester. Papst von 1088 n bis 1099 n. Als Bischof von Ostia zum Papst gewählt, mußte er vor einem Gegenpapst (Klemens III.) aus Rom weichen, konnte aber vier Jahre später mit Hilfe des deutschen Königs Konrad die Macht zurückgewinnen. Bald darauf schuf er durch seinen Aufruf zu einem Kreuzzug eine Bewegung, die dem europäischen Eroberungsdrang ein außereuropäisches Ziel wies und zweihundert Jahre lang eine bedeutende Rolle in der europäischen Politik spielte. Durch die Führung dieser militanten Aktion (Erster Kreuzzug) verwirklichte er die Ansprüche, die er bereits als Vorsteher des Klosters Cluny für die Vorherrschaft des päpstlichen Stuhles innerhalb der Kirche wie gegenüber der weltlichen Macht vertreten hatte. Verbot allen Priestern die Ablegung des Lehnseides gegenüber weltlichen Herrschern.

1094 n rot Byzantinisches Hilfegesuch
1095 n rot Aufruf zum Kreuzzug
1096 n/1099 n Erster Kreuzzug

URBAN IV. (um 1200 n–1264 n), französischer Priester. Papst von 1261 n bis 1264 n. Als Sohn eines Schuhmachers stieg er bis zum Patriarchen von Jerusalem auf. Zum Papst gewählt, residierte er wegen der Erhebungen in Rom meist in Orvieto oder Viterbo. Suchte von der Abhängigkeit des Papsttums vom deutschen Kaiser loszukommen, indem er das französische Königtum stärkte. Diesem Ziele diente die folgenschwere Verleihung der Krone Siziliens an den französischen Prinzen Karl von Anjou. Durch gleichzeitige Berufung einer größeren Anzahl französischer Bischöfe ins Kardinals-Kollegium gab er dieser Ausrichtung des Papsttums auf Frankreich innerkirchlichen Ausdruck. Das Fronleichnamsfest, das er als junger Priester in Lüttich kennengelernt hatte, führte er als Fest für die ganze katholische Christenheit ein.

1264 n rot Fronleichnamsfest

UR-EDINA, sumerischer Arzt aus Lagasch in Süd-Mesopotamien.

2055 v–1975 v Lebenslinie
1999 v grün Salben- und Öl-Anwendung
1981 v grün Wasser- und Kräuterkuren

UR-ENLIL, sumerischer Kaufmann aus Nippur in Süd-Mesopotamien.

2570 v–2481 v Lebenslinie
2508 v grün Handelshaus
2485 v grün Handelsverbindungen

URHEBERRECHT, Bezeichnung für die Anerkennung des Eigentumsrechtes an geistigen Schöpfungen und für die Gesamtheit gesetzlicher Maßnahmen, die auf diesem Recht beruhen. Verbreitete sich im 18. Jahrhundert von England ausgehend in allen Kulturstaaten. Seine Geltungsdauer wurde von der englischen Königin Anna auf 14 Jahre festgelegt, inzwischen aber in fast allen Ländern erweitert, meist auf 50 Jahre nach Schöpfung eines Werkes oder sogar nach dem Tode seines Schöpfers. Der mit diesem Recht verbundene Schutz schuf eine entscheidende Voraussetzung für den Aufbau einer wirtschaftlichen Existenz durch geistige Arbeit, wie sie infolge der zunehmenden Verbreitung von Druckwerken im 18. Jahrhundert allmählich möglich wurde.

1709 n rot Englisches Gesetz

URI, Name eines Schweizer Kantons. Umfaßt das Alpengebiet südöstlich des Vierwaldstätter Sees bis zum Gotthard-Paß. Als Teil des deutschen Reiches im Jahre 853 n von König Ludwig dem Deutschen dem Frauenkloster Zürich geschenkt. 1231 n erhielt das Land durch den deutschen König einen Freiheitsbrief und wurde dadurch zu einer unabhängigen Bauernrepublik. Sechzig Jahre später schloß es sich mit den Nachbar-Kantonen Unterwalden und Schwyz zusammen, mit denen es sich bereits vorher zu gemeinsamem Kampf gegen die Landesherren (Habsburger) verbunden hatte. Durch diesen Zusammenschluß wurde die Keimzelle der Schweizer Eidgenossenschaft (Ur-Kantone) geschaffen.

1221 n grün Gotthard-Straße
1291 n rot Bündnis
1881 n grün Gotthard-Tunnel

URIN

304 v–240 v Erasistratos
102 n grün Untersuchung in Indien

UR-NAMMU, Kaiser von Mesopotamien.

2093 v–2030 v Lebenslinie
2107 v–2050 v Utu-Chengal
2060 v–1983 v Schul-Gi
2050 v braun Aufstand gegen Utu-Chengal
2050 v rot Herrscher von Sumer
2047 v braun Vorstoß nach Norden
2047 v rot Gewinn Akkads
2046 v braun Vorstoß nach Norden
2046 v rot Einigung Mesopotamiens
2046 v rot Kaiser Mesopotamiens
2045 v rot Ur Hauptstadt
2044 v grün Kanalbau
2043 v blau Palast
2041 v rot Berufungsgerichte
2040 v blau Tempelturm
2039 v blau Gesetzbuch
2039 v rot Rechts-Vereinheitlichung
2037 v grün Mauer um Ur
2036 v blau Relief
2035 v rot Söldnerheer
2030 v blau Denkmal

UR-NAN-SCHE, König des sumerischen Stadtstaates Lagasch im südlichen Mesopotamien.

2596 v–2515 v Lebenslinie
2549 v rot Machtverlust von Kisch
2545 v blau Tempel
2535 v blau Porträt seiner Tochter
2525 v blau Darstellung mit Familie
2522 v–2434 v E-Annatum

URNEBEL, Urstoff, Ursubstanz, Urzeugung

2841 v grün Urzeugungs-Theorie
624 v–546 v Thales
610 v–546 v Anaximander
585 v–525 v Anaximenes
566 v grün Abstammungslehre
544 v–484 v Heraklit
489 v blau Heraklits Urstoff-Lehre
489 v–428 v Leukipp
427 v grün Demokrit: Atomlehre
1755 n grün Kants Urnebel-Theorie

URNEN-BEISETZUNG

2862 v grün Sitte in Industal

UR-NINA, Sängerin und Tänzerin aus dem Zwischenstromlande (Mesopotamien).

2587 v–2514 v Lebenslinie
2560 v grün Sologesang
2549 v blau Lieder und Hymnen
2541 v blau Statue

UR-NIN-GIRSU (um 2060 v – um 1990 v), Herrscher des Stadtstaates Lagasch in Sumer (Süd-Mesopotamien). Als Sohn des Fürsten Gudea regierte er die Stadt Lagasch, war jedoch dem sumerischen Kaiser Schul-Gi unterstellt. Förderte Kunst und Wissenschaft. Unter dem Einfluß seines Leibarztes Ur-Edina errichtete er einen Tempel für den Heilgott Nin-Gisch und stellte darin eine Statue auf, die ihn selbst in andächtiger Haltung mit gefalteten Händen zeigt. Baute auch ein unterirdisches Mausoleum für seinen Vater Gudea.

2060 v–1983 v Schul-Gi
2055 v–1975 v Ur-Edina
2010 v blau Standbild
1997 v blau Mausoleum

UR-NI-NURTA (um 1900 v–um 1847 v), König von Sumer und Akkad im Lande zwischen Euphrat und Tigris (Mesopotamien). Nach Ermordung des Herrschers Libit-Ischtar von Isin zur Macht gelangt, zwang er die Stadtstaaten des südlichen Mesopotamien (Sumer) unter seine Oberhoheit und vereinigte dadurch das Land bis zur Küste des Persischen Golfs unter seiner Herrschaft. Auch von den benachbarten Stadtstaaten Akkads wurde er als Herrscher anerkannt. Doch befreite sich das aufstrebende Assur aus seiner Oberhoheit.

1937 v–1865 v Libit-Ischtar
1911 v–1845 v Ilu-Suma
1865 v rot König von Isin
1850 v braun Erhebung Assurs
1850 v rot Assur unabhängig

URSULA-SCHREIN, Schrank zur Aufbewahrung von Reliquien der britischen Königstochter Ursula, den der niederländische Maler Hans Memling mit Bildern aus Ursulas sagenhaftem Leben verzierte. Darunter befindet sich die Darstellung von ihrer Tötung durch Hunnen in Köln.

1489 n blau Fertigstellung

URUGUAY, Land und Staat in Südamerika. An der Ostküste des Kontinentes zwischen Brasilien und Argentinien gelegen, behauptete es sich als kleinster Staat Südamerikas gegenüber diesen beiden größten Ländern. Nach seiner Entdeckung durch den Spanier Juan de Solis Teil des spanischen Kolonialreiches. Durch einen von den Portugiesen über sein Gebiet betriebenen lebhaften Schleichhandel wurde es eine Konkurrenz der benachbarten spanischen Hafenstadt Buenos Aires. Zur Abwehr portugiesischer Ansprüche auf dieses Gebiet gründeten Spanier Montevideo als eine Festung. 1810 n besetzte England die Stadt, doch wurden alle europäischen Hoffnungen auf weitere Ausbeutung des fruchtbaren Landes durch Uruguays Verselbständigung im Freiheitskampf Südamerikas zerstört (1828 n). Im 'Großen Krieg' (1843 n–1851 n) mußte es sich gegen Argentiniens Eroberungsdrang wehren. Aus der Macht der katholischen Kirche befreite sich das Land erst in langen schweren Kämpfen, die mit der Trennung von Kirche und Staat in der Verfassung von 1919 n endeten. 1926 n nahm er als erster südamerikanischer Staat Beziehungen zur Sowjetunion auf. Wegen seiner neutralen, liberalen und unabhängigen Politik galt es als 'Schweiz Südamerikas'. Im zweiten Weltkrieg Zufluchtsort europäischer Emigranten. Durch seinen Eintritt in den zweiten Weltkrieg an der Seite der USA erhielt das nordamerikanische Kapital die Oberhand gegenüber dem vorher beherrschenden englischen Kapital. 1953 n wurde die Abhängigkeit von den USA durch ein Militärabkommen verstärkt. Die Arbeiter des Landes schlossen sich 1958 n in einer Einheitsgewerkschaft zusammen. Die fast vollständig aus den Nachkommen spanischer und italienischer Einwanderer bestehende Bevölkerung ist die einheitlichste Südamerikas, so daß es hier neben den sich zuspitzenden sozialen Fragen keine rassischen Probleme gibt.

1515 n grün La-Plata-Gebiet entdeckt
1724 n blau Gründung Montevideos
1811 n/1826 n Kampf Lateinamerikas
1828 n rot Selbständigkeit
1920 n rot Mitglied im Völkerbund
1945 n rot Mitglied der UN

URUK, älteste und größte Stadt der Sumerer in Süd-Mesopotamien. Vor mehr als 5000 Jahren am Euphrat angelegt, dehnte sie seit dem Jahre 3000 vor der Zeitwende ihre Macht über Sumer aus und führte die Schrift ein. 700 Jahre später wurde sie Hauptstadt des ersten mesopotamischen Großkönigs. Trotz politisch wechselvollen Schicksals konnte sie ihre wirtschaftliche und religiöse Bedeutung bewahren. Doch wurde sie durch die allmähliche Verschiebung des Euphrat-Flußbettes in der Grundlage ihrer Existenz getroffen, und vor 1500 Jahren verließen die Bewohner ihre Stadt. Seit 1854 n teilweise ausgegraben.

2988 v–2925 v En-Merkar
2970 v blau Tempelstadt Eanna
2951 v grün Bilderschrift
2942 v–2870 v Du-Muzi
2938 v rot Stadtstaat
2934 v braun Krieg gegen Aratta
2934 v blau Enki-Tempel Eridu
2928 v rot Gemeinheiligtum
2922 v blau Tempelbau
2895 v grün Mosaik-Wände
2894 v–2817 v Gilgamesch
2888 v rot Kommunismus
2880 v grün Neujahrsfest
2855 v grün Tempelfreitreppe
2850 v blau Inanna-Tempel
2845 v grün Stadtmauer
2823 v blau Anu-Tempel
2810 v blau Gilgamesch-Epos
2790 v blau Religiöse Reliefs
2782 v blau Tiermotive auf Vasen
2744 v blau 'Dame von Warka'
2738 v blau Relief einer Löwenjagd
2707 v blau Relief Du-Muzis
2580 v rot Höchstpreise
2522 v–2434 v E-Annatum
2473 v braun Niederlage gegen Lagasch
2473 v rot Oberhoheit Lagaschs
2393 v–2340 v Lugal-Zagesi
2358 v braun Niederlage gegen Umma
2358 v rot Oberhoheit Ummas
2353 v rot Hauptstadt Mesopotamiens
2190 v–2141 v Inki-Schu
2147 v/2143 v Sumerischer Krieg
2143 v rot Gutäer-Herrschaft
2107 v–2050 v Utu-Chengal
2054 v braun Erhebung
2054 v rot Unabhängigkeit
1780 v–1697 v Rimsin
1760 v–1686 v Hammurabi
1740 v braun Eroberung durch Elam
1740 v rot Herrschaft Larsas
1722 v rot Herrschaft Babylons
1448 v–1392 v Kara-Indasch
1415 v blau Tempelschmuck

URU-KAGINA, sumerischer Sozialreformer und König.

2422 v–2360 v Lebenslinie
2393 v–2340 v Lugal-Zagesi
2392 v–2311 v Dingi-Radamu
2367 v braun Erhebung
2367 v rot Thronbesteigung
2366 v rot Sozialgesetzgebung
2366 v grün Kanäle, Reservoire
2365 v rot Gesetze gegen Bestechung
2365 v grün Begräbniskosten-Senkung
2363 v rot Witwen- und Waisen-Schutz
2363 v blau Angriff auf Priester
2363 v grün Maßnahme gegen Priester
2360 v braun Einfall Ummas
2360 v rot Aufhebung der Reform
2357 v blau Dingi-Radamus Klagelied

URZABABA (um 2400 v – um 2350 v), König des Stadtstaates Kisch im mittleren Mesopotamien (Vorderasien). Führte die Geschicke seines kleinen Reiches friedlich und ohne Eroberungsabsichten. Seinem Mundschenk Sargon vertraute er hohe Staatsämter an, wurde von ihm aber nach einer Niederlage gegen den Nachbarstaat Umma gestürzt.

2393 v–2340 v Lugal-Zagesi
2376 v–2294 v Sargon der Große

2354 v braun Niederlage gegen Umma
2354 v rot Herrschaft Lugal-Zagesis
2350 v braun Sturz
2350 v rot Sargon Nachfolger

USA: Allgemeines (Land, Volk, Staat)

1533 n–1603 n Elisabeth
1584 n rot Virginien englisch
1607 n blau Gründung von Jamestown
1609 n grün Entdeckungsreise Hudsons
1613 n rot Holländer auf Manhattan
1620 n rot Fahrt der 'Mayflower'
1624 n grün Auswanderung Deutscher
1626 n grün Verkauf Manhattans
1626 n rot Manhattan an Holland
1626 n blau Gründung von New York
1630 n blau Gründung von Boston
1636 n rot Baptistenstaat
1637 n grün Indianerskalp-Prämien
1664 n rot New York englisch
1682 n blau Gründung von Philadelphia
1683 n blau Gründung von Germantown
1688 n blau Pastorius gegen Sklaverei
1688 n grün Prämien für Skalps Weißer
1692 n rot 'Hexen'-Verfolgung
1727 n blau Quäker gegen Sklaverei
1732 n–1799 n Washington
1733 n rot Sträflingskolonie Georgia
1751 n rot Sklaven Pennsylvanias frei
1763 n rot Gebietsgewinn Englands
1765 n rot Stempelsteuer-Konflikt
1768 n grün Sklaven-Großtransporte
1773 n braun Bostoner Tee-Party
1774 n rot Kontinental-Kongreß
1774 n grün England-Handel beendet
1775 n/1783 n Freiheitskampf
1776 n rot Unabhängigkeitserklärung
1776 n rot Menschenrechtserklärung
1777 n grün Soldatenmiete Englands
1778 n rot Bündnis mit Frankreich
1779 n rot Bündnis mit Spanien
1779 n grün Steuben: Armeeausbildung
1780 n rot Hilfe Neutraler
1783 n rot Anerkennung durch England
1783 n–1830 n Bolivar
1787 n rot Verfassung
1787 n rot Shaker-Gruppe
1790 n blau Gründung von Washington
1808 n grün Farmen für Sklavenzucht
1809 n–1865 n Lincoln
1814 n braun Kampf gegen Engländer
1819 n rot Gewinn Floridas
1823 n rot Monroe-Doktrin
1824 n rot Alaska-Übereinkunft
1824 n rot Owens Gemeinden
1836 n grün Sklaven-Massenzucht
1837 n rot Stadtrecht für Chicago
1839 n–1937 n Rockefeller
1846 n/1848 n Krieg gegen Mexiko
1847 n rot Neger-Auswanderung
1848 n rot Gebietsgewinn
1850 n/1864 n Taipingaufstand
1854 n rot Machtgewinn in Japan
1857 n rot Verfassung von Kansas
1861 n/1865 n Sezessionskrieg
1865 n rot Ende der Sklaverei
1865 n rot Ku-Klux-Klan
1867 n rot Gewinn Alaskas
1867 n rot Granger-Bewegung
1877 n rot Generalstreik
1882 n rot Zuzugsbeschränkung
1882 n–1945 n F. D. Roosevelt
1886 n braun Arbeiteraufstand
1893 n blau Karl May: 'Winnetou'
1895 n/1898 n Kubanischer Krieg
1897 n braun Vorstoß nach Hawaii
1897 n rot Gewinn der Hawaii-Inseln
1898 n rot Gebietsgewinn
1899 n/1901 n Boxeraufstand
1900 n rot China-Abkommen
1900 n grün Stahltrust
1903 n rot Panama-Kontrolle
1911 n/1913 n Revolution Mexikos
1913 n grün Panamakanal
1914 n/1918 n Erster Weltkrieg
1917 n/1922 n Russische Revolution
1920 n rot Alkoholverbot
1922 n grün Gläubiger Europas
1924 n grün Dawes-Plan
1925 n/1949 n Chinesische Revolution
1927 n– Castro
1928 n rot Kellogg-Pakt
1929 n grün Wirtschaftskrise
1930 n grün Young-Plan
1933 n grün Arbeitslosigkeit
1933 n grün Wirtschaftslenkung
1939 n/1945 n Zweiter Weltkrieg
1940 n rot Stützpunkt-Politik
1941 n rot Leih- und Pacht-Gesetz
1941 n rot Atlantik-Charta
1943 n rot Konferenz von Teheran
1943 n rot Streik der Bergarbeiter
1944 n grün Weltbank
1945 n rot Einsatz der Atombombe
1945 n rot Besetzung Deutschlands
1945 n rot Besetzung Österreichs
1945 n rot Potsdamer Abkommen
1945 n rot Besetzung Japans
1945 n rot Mitglied der UN
1946 n/1949 n Griechischer Bürgerkrieg
1947 n rot Streikverbot
1947 n grün Marshall-Plan
1949 n rot Gründung der NATO
1950 n rot Aufrüstung der BRD
1950 n/1953 n Korea-Krieg
1951 n rot Kommunisten-Verfolgung
1951 n rot Vertrag von San Franzisko
1952 n rot Eisenhower Präsident
1952 n rot Deutschland-Vertrag
1953 n rot Militärpakt mit Spanien
1954 n rot Gründung der SEATO
1955 n rot Österreich selbständig
1956 n/1959 n Kubanische Revolution
1959 n rot Verständigung mit UdSSR
1960 n/ Revolution Indochinas
1961 n rot Kennedy Präsident
1963 n rot Mord an J. F. Kennedy
1964 n rot Johnson Präsident

USA: Baukunst

1829 n blau Weißes Haus
1847 n–1931 n Edison
1883 n grün Erste Wolkenkratzer
1931 n blau Empire-State-Building
1952 n blau Lever-Haus
1959 n blau Guggenheim-Museum

USA: Dichtung und andere Literatur

1826 n blau Cooper: 'Mohikaner'
1836 n blau Poe: Kurzgeschichten
1851 n blau Melville: 'Moby Dick'
1852 n blau 'Onkel Toms Hütte'
1855 n blau Whitman: 'Grashalme'
1876 n blau Twain: 'Tom Sawyer'
1879 n blau Werk Henry Georges
1888 n blau Bellamy: 'Rückblick'
1902 n blau Werk Helen Kellers
1904 n blau London: 'Seewolf'
1917 n blau Reed: 'Zehn Tage'
1922 n blau Lewis: 'Babbitt'
1922 n blau O'Neill: 'Haariger Affe'
1925 n blau Dos Passos: 'Manhattan'
1927 n blau Sinclair: 'Petroleum'
1931 n blau Buck: 'Gute Erde'
1932 n blau Werk Knickerbockers
1936 n blau 'Vom Winde verweht'
1936 n blau Wolfe: 'Zeit und Strom'
1936 n blau Faulkner: 'Absalom'
1938 n blau 'Unsere kleine Stadt'
1939 n blau 'Früchte des Zorns'
1940 n blau 'Wem die Stunde schlägt'
1941 n blau Burnham: Manager
1945 n blau Wright: 'Ich Negerjunge'
1948 n blau 'Griff in den Staub'
1952 n blau 'Der alte Mann und das Meer'
1953 n blau A. Miller: 'Hexenjagd'
1956 n blau 'Süßer Vogel Jugend'
1959 n blau Faulkner: 'Das Haus'
1964 n blau A. Miller: 'Zwischenfall'
1965 n blau Durant: Kulturgeschichte

USA: Film

1847 n–1931 n Edison
1891 n grün Aufnahmegerät
1894 n grün Projektor
1910 n grün Entstehung Hollywoods
1925 n blau Chaplin: 'Goldrausch'
1926 n blau Disney: 'Mickey Mouse'
1936 n blau Chaplin: 'Modern Times'

USA: Malerei

1872 n blau Whistler: 'Carlyle'
1951 n blau Pollock: 'Bild 9'

USA: Musik

1903 n blau Jazz in New Orleans
1910 n blau Handy: Blues
1935 n blau Gershwin: 'Porgy und Bess'
1951 n blau Strawinsky: 'Wüstling'

USA: Philosophie

1836 n blau Emerson: 'Nature'
1907 n blau James: Pragmatismus
1935 n blau Carrel: 'Der Mensch'
1941 n blau Sorokin: 'Krise'
1946 n blau Werk Deweys
1958 n blau Werk Carnaps

USA: Recht

1754 n blau Verfassungs-Entwurf
1776 n rot Menschenrechtserklärung
1787 n rot Verfassung
1837 n rot Stadtrecht für Chicago
1857 n rot Verfassung von Kansas

USA: Religion

1636 n rot Baptistenstaat
1692 n rot 'Hexen'-Verfolgung
1727 n blau Quäker gegen Sklaverei
1787 n rot Shaker-Bewegung
1830 n rot Mormonen-Bewegung

USA: Sitten und Gebräuche

1830 n rot Mehrehe bei Mormonen
1848 n grün Kinderwagen
1878 n grün Kaugummi
1920 n rot Alkoholverbot

USA: Technik

1690 n grün Papierfabrik
1752 n grün Blitzableiter
1773 n grün Colles: Dampfschiff
1784 n grün Bifokale Brille
1793 n grün Baumwollentkernung
1807 n grün Fulton: Dampfschiff
1834 n grün Getreidemähmaschine
1838 n grün Kautschuk-Vulkanisation
1844 n grün Morse: Telegraphie
1845 n grün Howe: Nähmaschine
1847 n–1931 n Edison
1851 n grün Singer: Nähmaschine
1854 n grün Göbel: Glühbirne
1855 n grün Petroleum-Lampe
1860 n grün Rotationsmaschine
1863 n–1947 n Ford
1865 n grün Pipeline
1869 n grün Zelluloid
1870 n grün Fließarbeit
1870 n grün Remington: Schreibmaschine
1876 n grün Bell: Telephon
1877 n grün Phonograph
1879 n grün Edison: Glühbirne
1880 n grün Hollerith: Lochkarten
1883 n grün Wolkenkratzer
1883 n grün Maschinengewehr
1884 n grün Zeilengießmaschine
1888 n grün Rollfilm
1889 n grün Webautomat
1891 n grün Film-Aufnahmegerät
1894 n grün Film-Projektor
1900 n grün Schnelldrehstahl
1901 n grün Rasierklinge
1903 n grün Ford: Autofabrik
1903 n grün Motorflug
1909 n grün Bakelit
1911 n grün Fließband
1920 n grün Rundfunksender
1927 n grün Lindbergh: Atlantikflug
1928 n grün Zeitungs-Bildfunk
1930 n grün Farbfernseh-Versuche
1931 n grün Zworykin: Bild-Abtaster
1932 n grün Carothers: Nylon
1937 n grün Golden-Gate-Brücke
1938 n grün Boulderdamm-Kraftwerk
1942 n grün Elektronisches Rechnen
1942 n grün Atomreaktor
1945 n grün Atombombe
1948 n grün Transistor
1949 n grün Rakete: 414 km Höhe
1949 n grün Flug um die Erde
1949 n grün Groß-Teleskop
1952 n grün Wasserstoffbombe
1952 n grün Halbautomatische Fabriken
1954 n grün Atom-U-Boot
1954 n grün Farbfernsehen
1955 n grün Sendeturm
1960 n grün Laser-Strahl
1962 n grün Venus-Sonde
1963 n grün Raumfahrt-Industrie
1965 n grün Mars-Sonde

USA: Wirtschaft und Verkehr

1690 n grün Papierfabrik
1765 n rot Stempelsteuer-Konflikt
1768 n grün Sklaven-Massentransport
1774 n grün England-Handel beendet
1784 n grün Bank von New York
1808 n grün Farmen für Sklavenzucht
1809 n–1865 n Lincoln
1817 n grün Börse von New York
1818 n grün Atlantikfahrt mit Dampfer
1839 n–1937 n Rockefeller
1848 n grün Goldfunde in Kalifornien
1854 n rot Machtgewinn in Japan
1858 n grün Schlafwagen
1858 n grün Atlantikkabel
1863 n–1947 n Ford
1865 n grün Pipeline
1870 n grün Fließarbeit
1870 n grün 'Standard Oil'
1877 n rot Generalstreik
1882 n–1945 n F. D. Roosevelt
1895 n grün Taylor: Rationalisierung
1900 n grün Stahltrust
1903 n grün Ford: Autofabrik
1911 n grün Fließband
1913 n grün Panamakanal
1922 n grün Gläubiger Europas
1927 n– Castro
1929 n grün Wirtschaftskrise
1933 n grün Arbeitslosigkeit
1933 n grün Wirtschaftslenkung
1937 n grün Golden-Gate-Brücke
1938 n grün Boulderdamm-Kraftwerk
1943 n rot Streik der Bergarbeiter
1947 n rot Streikverbot
1947 n grün Marshall-Plan
1963 n grün Raumfahrt-Industrie

USA: Wissenschaft

1636 n blau Harvard-Universität
1842 n grün Äther-Narkose
1869 n grün Zelluloid
1876 n grün Dezimalklassifikation
1891 n grün Tesla: Diathermie
1894 n–1964 n Norbert Wiener
1907 n grün Morgan: Vererbung
1909 n grün Nordpol-Expedition
1909 n grün Bakelit
1927 n grün Elektronen-Beugung
1930 n grün Entdeckung des Pluto
1932 n grün Anderson: Positron
1932 n grün Carothers: Nylon
1940 n grün Rhesus-Faktor
1942 n grün Atomreaktor
1944 n grün Waksman: Streptomyzin
1945 n grün Atombombe
1946 n grün Südpol-Expedition
1946 n grün Clayton: Sonnenflecke
1948 n grün Shannon: Information
1948 n grün Wiener: Kybernetik
1949 n grün Groß-Teleskop
1950 n grün Einstein: Feldtheorie
1951 n grün Kuiper: Atmosphäre
1952 n grün Wasserstoffbombe
1953 n grün Kinsey-Report
1954 n grün Kinderlähmungsserum
1955 n grün Montagu: Anthropologie
1956 n grün Strahlengefährdung
1958 n grün Strahlungsgürtel
1960 n grün Laser-Strahl
1962 n grün Venus-Sonde
1963 n grün Anti-Baby-Pille
1964 n grün Gefahren des Rauchens
1965 n grün Mars-Sonde

USAIBIA, Ibn (1203 n–1270 n), arabischer Arzt und Historiker. Als Sohn eines berühmten Arztes besuchte er zunächst in seiner Heimatstadt Damaskus eine Hochschule für Medizin und ging dann nach Kairo, wo er noch Pflanzenkunde studierte. Neben seiner Tätigkeit als praktischer Arzt schrieb er ein Sammelwerk mit den Biographien 400 berühmter arabischer und griechischer Ärzte. Bei der Universalität der arabischen Gelehrten waren die meisten dieser Ärzte zugleich Mathematiker, Sternforscher und Philosophen, so daß sein Werk zu einer Übersicht über die berühmtesten Wissenschaftler wurde.

1242 n grün Biographien

USBEKISTAN, Land in Mittelasien. Seit 1924 n sozialistische Sowjetrepublik innerhalb der UdSSR. Wirtschaftlich und kulturell bedeutendste der vier mittelasiatischen Sowjetrepubliken Turkestans. Vor 2500 Jahren entwickelte sich hier der Staat von Choresm, auch die Kultur Baktriens entstand auf seinem Boden. Mit diesem Staat geriet das Land unter die Herrschaft der Perser, die hier die Stadt Samarkand anlegten. Alexander der Große brachte das Gebiet unter mazedonisch-griechische Herrschaft. Dann folgte eine Periode der Verselbständigung der hier ansässigen Turkvölker. Unter arabischer Herrschaft wurde das Land (Buchara) zum Zentrum des innerasiatischen Islam. Nach einer Periode mongolischer Herrschaft folgte die Einverleibung des Gebietes ins zaristische Rußland, verbunden mit dem Versuch der Russifizierung. Durch die Revolution befreit, wurde ihm kulturelle Selbständigkeit gegeben (Gründung einer Universitäten in Samarkand und Taschkent). Außerdem wurde das Analphabetentum (1917 n: 98%) überwunden.

356 v–323 v Alexander der Große
334 v/325 v Alexanderzug
246 v rot Hellenobaktrisches Reich
172 v–114 v Tschang-Kien
130 v braun Vorstoß der Tocharer
129 v grün Reise Tschang-Kiens
453 n rot Hunnenreich
633 n/732 n Arabischer Krieg
712 n rot Herrschaft der Araber
751 n braun Schlacht bei Taschkent
778 n–830 n Al Karismi
874 n rot Selbständigkeit
1155 n–1227 n Dschingis-Khan
1207 n/1279 n Großer Mongolenkrieg
1220 n rot Herrschaft der Mongolen
1336 n–1405 n Timur
1380 n rot Mongolenreich
1392 n–1450 n Ibn Arabscha
1868 n rot Buchara an Rußland
1872 n rot Russischer Besitz
1917 n/1922 n Russische Revolution

USEDOM, Name einer großen Ostsee-Insel im Mündungstrichter der Oder. Wegen des schönen Sandstrandes ihrer Badeorte (Heringsdorf, Bansin, Ahlbeck) früh ein deutsches Erholungszentrum, wurde sie während des zweiten Weltkrieges zum Forschungs- und Entwicklungszentrum für Raketenwaffen (Peenemünde). Ein Fünftel der Insel mit dem Haupthafen Swinemünde fiel 1945 n durch das Potsdamer Abkommen an Polen.

1720 n rot Preußischer Besitz
1942 n grün Raketenbau
1945 n rot Potsdamer Abkommen

USER-HET (um 1340 v–um 1280 v), ägyptischer Priester. Unter König Ramses II. zum Oberpriester aufgestiegen, verdankte er dem Bauwillen des Herrschers zahlreiche neue Tempel im ganzen Reiche. Für sein prächtiges Grab ließ er sich mit einem Leopardenfell-Umhang malen.

1289 v blau Bildnis

USER-KAF, ägyptischer König.

2534 v–2470 v Lebenslinie
2512 v–2458 v Sahu-Re
2476 v rot Re-Kult Staatsreligion
2476 v blau Heliopolis Religionszentrum
2472 v blau Kultstätte
2472 v grün Obelisk Re-Symbol
2471 v rot Bezeichnung 'Sohn Gottes'

USTINOV, Peter A. (geboren 1921 n), englischer Schriftsteller, Schauspieler und Regisseur. Sohn eines russischen Emigranten, der sich als Journalist in London niedergelassen hatte, und einer Bühnenbildnerin. Er wandte sich früh der Literatur und dem Theater zu und errang als Schauspieler, Regisseur, Filmautor und Produzent bald Erfolge. Bekannt wurde er durch sein Stück 'Die Liebe der vier Obersten', in dem er den Nationalcharakter der vier Besatzungsmächte parodierte. Schrieb Kurzgeschichten und Romane ('Der Verlierer'), revuehafte Komödien ('Romanoff und Julia', 'Endspurt') und Problem-Stücke ('Halbwegs auf dem Baum').

1962 n blau 'Endspurt'

UTA, Name einer Fürstin, die (als Frau des Fürsten Ekkehard) zu den Stiftern des Naumburger Doms gehörte und deshalb mit ihrem Mann und zehn anderen Stiftern durch Aufstellung einer lebensgroßen Plastik im Westchor des Doms geehrt wurde.

1256 n blau Statue

UTAMARO, Kitagawa (1753 n–1806 n), japanischer Maler und Graphiker. Als Schüler des Meisters Toyofusa fertigte er früh schwarz-weiße Buch-Illustrationen an. Dann wandte er sich der Malerei zu und begann 33jährig mit erotischen Holzschnitten, die ihn auch in Europa bekannt machten. Die Darstellung der Frau stand fortan im Mittelpunkt seines Schaffens, wobei die Bilder von Kurtisanen überwogen. Schuf in farbigen Holzschnitten ein Insektenbuch, ein Muschelbuch und ein Vogelbuch. Neben weiteren Buchillustrationen ('Kopfkissenbuch', 'Chronik der grünen Häuser') fertigte er einzelne Bildwerke ('Blumen der 4 Jahreszeiten', Spaziergang zur Zeit der Kirschblüte'). Mit seinen wirklichkeitsgetreuen Darstellungen des Volkslebens führte er die jahrhundertealte japanische Kunstrichtung des 'Ukiyoye' (= 'Maler des Lebens') auf ihren Höhepunkt. Als er durch eine satirische Zeichnung das ausschweifende Leben des Kanzlers (Schogun) zum öffentlichen Gespött machte, wurde er eingekerkert und starb bald nach seiner Entlassung aus dem Gefängnis.

1803 n blau Volksszenen

UTOPIE, aus dem Titel einer staatstheoretischen Schrift von Thomas Morus abgeleitete Bezeichnung für Staatstheorien, die meist auf ein ideales Zusammenleben der Menschen in Gütergemeinschaft und Gleichheit gerichtet sind. Da dem Bürger im kapitalistischen Staat diese kommunistische Staatsvorstellung unwirklich erschien, wurde das Wort zur Bezeichnung für ein wohlgemeintes Hirngespinst.

782 v blau Werk über Idealstaat
486 v–430 v Hippodamos
475 v–393 v Me-Ti
449 v blau Hippodamos' Staatsideal
444 v–365 v Antisthenes
429 v–370 v Phaleas
427 v–347 v Plato
407 v–323 v Diogenes
400 v blau Sozialisierungs-Forderung
374 v blau Plato: 'Politeia'
333 v–262 v Zeno der Jüngere
325 v–260 v Euhemeros
320 v blau Theopompos' Staatsideal
283 v blau Zenos Staatsideal
280 v blau Euhemeros' Staatsideal
279 v–206 v Chrysipp
224 v blau Chrysipps Staatsideal
187 v blau Jambulos' Staatsideal
870 n–950 n Al Farabi
941 n blau Al Farabis Staatsideal
945 n blau Isländisches Staatsideal
1498 n blau 'Revolutionär vom Oberrhein'
1516 n blau More: 'Utopia'
1528 n blau Ideal der Wiedertäufer
1561 n–1626 n Francis Bacon
1602 n blau Campanella: 'Sonnenstaat'
1625 n blau F. Bacons Staatsideal
1652 n blau Winstanleys Staatsentwurf
1675 n blau Vairasses Staatsideal
1755 n blau Morellys Staatsentwurf
1768 n blau Mablys Staatsideal
1800 n blau Fichte: 'Handelsstaat'
1812 n blau Owen: 'Neue Ansicht'
1829 n grün Entwurf Fouriers
1838 n blau Weitlings Staatsideal
1840 n blau Vorstellung Proudhons
1842 n blau Cabets Staatsentwurf
1888 n blau Utopie Bellamys
1943 n blau Hesse: 'Glasperlenspiel'

UTRAQUISTEN, Bezeichnung für den gemäßigten Flügel der Anhänger des von der Kirche gebannten tschechischen Reformators Hus ('Hussiten'). Er bestand hauptsächlich aus unzufriedenen Angehörigen des Adels und des Besitzbürgertums. Der Name kommt von ihrer Forderung nach Einführung des Abendmahles 'in beiderlei Gestalt' (lateinisch: 'sub utraque specie'). In dieser Forderung versinnbildlichte sich ihr Kampf um die Demokratisierung der Kirche durch Gleichsetzung von Priestern und Gläubigen, wie sie in der Urgemeinde bestanden hatte. Dem Kampf der Radikalen (Taboriten) um Sozialisierung der Güter als Voraussetzung urchristlichen Lebens standen sie ablehnend gegenüber. Deshalb suchten sie das Hervortreten kommunistischer Forderungen zu unterdrücken, brachen die Kampfkraft der Hussiten in dem gegen sie unternommenen Kreuzzug der Kirche, erzwangen die Anerkennung des Privatbesitzes durch die Hussiten und opferten ihre radikalen Kampfgenossen einem Kompromißfrieden.

1362n–1437n Sigismund
1369n–1415n Hus
1420n rot Papst fordert Kreuzzug
1420n/1434n Hussiten-Kreuzzug
1424n rot Taboriten-Ausschaltung
1434n rot Aufgabe der Ziele

UTU, Name des Sonnengottes in Sumer (Süd-Mesopotamien). Neben dem Mondgott (Nanna) und der Liebesgöttin (Inanna) Hauptgottheit dieses vorderasiatischen Volkes im 3. Jahrtausend vor unserer Zeitrechnung. Galt als strebsamer Sohn des Mondgottes, der seinen Vater an Leuchtkraft übertraf.

2963v blau Verehrung

UTU-CHENGAL, sumerischer König.

2107v–2050v Lebenslinie
2098v–2054v Ti-Ri-Gan
2093v–2030v Ur-Nammu
2054v braun Erhebung
2054v rot Ende der Gutäermacht
2054v rot Einigung Sumers
2050v braun Erhebung Ur-Nammus

V 2, Typen-Bezeichnung für die erste Flug-Rakete, die bei einem Gewicht von 5,5 Tonnen mit Radarsteuerung unbemannt bei ihrem ersten Start eine Höhe von fast 90 Kilometern erreichte. Sie wurde unter dem Chef des Raketen-Programms der deutschen Luftwaffe, Walter Dornberger, von dem deutschen Konstrukteur Wernher Braun auf der Ostseeinsel Usedom entwickelt. Die Kurzbezeichnung (= 'Vergeltung 2') bedeutete, daß die Rakete zum militärischen Einsatz gegen die englische Insel (als Vergeltung für die Angriffe der britischen Luftwaffe gegen die deutschen Städte) bestimmt war. Nach Beginn ihrer serienmäßigen Herstellung wurde sie mehrfach gegen England eingesetzt.

1939n/1945n Zweiter Weltkrieg
1942n grün Erster Flug

VAGBHATA (um 600n–um 660n), indischer Mediziner. Schrieb ein Sammelwerk der ärztlichen Kunst. Ohne Kenntnis des Körperbaues, dessen Erforschung noch durch religiöse Tabus verhindert wurde, stellte er seine Heilkunde ganz auf die Erfahrung aus der jahrhundertelangen medizinischen Überlieferung seines Landes und aus seiner eigenen ärztlichen Tätigkeit. Ausgehend von der Vorstellung, daß jede Krankheit durch das Aufwallen von drei 'Dosas' zustande kommt (Wind, Galle und Schleim), stellte er einen Katalog von Krankheiten zusammen, beschrieb ihre Symptome und nannte erprobte Heilweisen. Außerdem gab er die Heilmittel an, zu denen außer einer sehr reichen Auswahl von Pulvern, Pillen, Tränken und Salben auch Räucherrezepte gehörten, nach denen bestimmte Drogen angebrannt wurden, deren Rauch einzuatmen war. Bekämpfte den Alkoholgenuß.

653n grün Lehrbuch der Medizin

VAIRASSE, Denis (um 1630n–um 1700n), französischer Gelehrter. Nach seinem Dienst in der französischen Armee ging er zur englischen Flotte, lebte dann einige Zeit in London und ließ sich in Paris nieder, wo er als Sprachlehrer tätig war. Verfaßte eine französische Grammatik. Berühmt wurde er durch einen Staatsroman, der von einer idealen Gesellschaftsordnung auf einer australischen Insel erzählt. In diesem Buche erklärte er Hochmut, Habsucht und Müßiggang als die drei Grundübel der Menschheit. Die Voraussetzung für die Beseitigung dieser Übel erkannte er in der Aufhebung des Privateigentums. An die Stelle der Standesunterschiede mit ihrer unbegründeten Überheblichkeit würde so die natürliche Überlegenheit des sittlich Höherstehenden treten, an die Stelle der erbarmungslosen Ausbeutung die brüderliche Zusammenarbeit und an die Stelle der allgemeinen Armut ein allgemeiner Reichtum. Sein Werk erschien in englischer, französischer, holländischer und deutscher Sprache.

1675n blau 'Geschichte der Sevaramben'

VALENCIA, Stadt an der spanischen Mittelmeerküste. Als römischer Hafen vor mehr als 2000 Jahren gegründet, entwickelte sie sich zu einem wichtigen Handelszentrum, fiel 413n den Westgoten zu und wurde durch den Arabischen Krieg im Jahre 714n für mehr als fünf Jahrhunderte arabisch (zwischenzeitlich für fünf Jahre von dem spanischen Feldherrn Cid erobert). Seit 1238n im Besitz des Königs von Aragonien (Jakob I.). In den folgenden Jahrhunderten wurde die arabische Bevölkerung aus der Stadt vertrieben, wodurch ein schwerer Niedergang eintrat. Von Napoleon erobert, gab sie durch ihren Aufstand das Signal für den Guerilla-Krieg gegen die französische Besatzung, behauptete sich mehrere Jahre, wurde 1812n von der französischen Übermacht besiegt, war aber ein Jahr später wieder frei. Im spanischen Bürgerkrieg zog sich die Volksfront-Regierung 1936n bis 1937n hierher zurück. Heute ist sie nach Madrid und Barcelona die drittgrößte Stadt Spaniens.

138v blau Gründung
633n/732n Arabischer Krieg
1043n–1099n Cid
1094n braun Einnahme durch Cid
1094n rot Königreich Valencia
1502n rot Mauren-Vertreibung
1611n rot Morisken-Vertreibung
1796n/1815n Napoleonische Kriege
1807n/1808n Guerilla-Krieg
1936n/1939n Spanischer Bürgerkrieg

VALENTIN, römischer Religionsphilosoph aus Alexandria.

98n–160n Lebenslinie
154n blau Wahre Religiosität

VALENTINIAN I., Flavius, römischer Kaiser von 364n bis 375n.

321n–375n Lebenslinie
309n–394n Ausonius
368n braun Feldzug gegen Alemannen
374n rot Verbot der Kindstötung

VALENTINIAN III., Flavius Placidus (419n–455n), römischer Kaiser von 425n bis 455n. Sohn des weströmischen Kaisers Konstantius III. Nach dem frühen Tode seines Vaters ließ ihn der oströmische Kaiser Theodosius II. 5jährig zum Kaiser der westlichen Reichshälfte ausrufen. Bis zu seinem 18. Lebensjahr führte seine Mutter (Galla Placidia) die Regierung für ihn. Dann heiratete er die Tochter des Kaisers Theodosius II. und übernahm selbst die Herrschaft. Doch hatte sich während seiner Minderjährigkeit der Feldherr Aëtius stark in den Vordergrund geschoben und hielt praktisch die Macht in den Händen. Nachdem wesentliche Teile des Reiches in Nordafrika an Wandalen und in Frankreich an Franken verloren worden waren, suchte er sich von Aëtius zu befreien. Erschlug den übermächtig gewordenen Heerführer eigenhändig. Im Jahre darauf wurde er selbst von einem Getreuen des Aëtius ermordet.

370n/455n Hunnenkriege
390n–477n Geiserich
397n–454n Aëtius
439n braun Wandalen-Vorstoß
439n rot Karthago an Wandalen
439n braun Wandalen-Vorstoß
439n rot Verlust: Sardinien, Korsika
440n/442n Wandalenkrieg
442n rot Wandalen anerkannt
443n rot Burgunder-Umsiedlung
444n/446n Vorstoß der Franken
446n rot Gebietsgewinn der Franken
449n rot Verlobung der Schwester
449n rot Feindkoalition
454n rot Tötung des Aëtius

VALERIAN, Publius Licinius (um 190n–260n), römischer Kaiser von 253n bis 260n. Als Feldherr am Gotenkrieg beteiligt, wurde er nach der Ermordung des Gallus vom Heer zum Kaiser ausgerufen und behauptete seine Stellung. Für die Regierung der westlichen Reichshälfte setzte er in Rom seinen Sohn Gallienus zum Mitkaiser ein und zog sich dann in den Osten zurück, wo er von Antiochia aus die römische Herrschaft in Vorderasien zu festigen suchte. Bei einem Angriff auf das persische Heer fiel er bei Edessa in die Hand des Feindes und kam in persischer Gefangenschaft um.

215n–272n Schapur I.
250n/269n Erster Gotischer Krieg
253n/266n Persischer Krieg
259n rot Gefangennahme

VALERIUS KATO (um 100v–um 40v), römischer Dichter aus Gallien (Frankreich). Verlor in seiner Heimat durch kriegerische Wirren seinen Besitz und ging nach Rom, wo er als Hauslehrer die Söhne reicher Bürger unterrichtete. Gründete eine Schule für Dichtung und Sprache. Schrieb Liebesgedichte, eine gereimte Selbstdarstellung ('Entrüstung') und Dichtungen nach Sagenstoffen ('Lydia').

70v blau Schule der Dichtkunst

VALÉRY, Paul (1871n–1945n), französischer Dichter. Studierte Rechtskunde und veröffentlichte nach Begegnung mit den Dichtern Gide und Mallarmé seine ersten Gedichte und Prosaschriften. Dann ging er nach London und arbeitete in einer Presse-Agentur. Mit seinen Dichtungen unzufrieden, wurde er Beamter im französischen Kriegsministerium und beim Nachrichtenbüro Havas. Daneben widmete er sich mathematischen und philosophischen Studien. Nach 20jähriger Pause veröffentlichte er dann sein erstes neues Werk ('Die junge Parze'), das ihn in Frankreich berühmt machte. Hierin und in den folgenden Arbeiten bemühte er sich, die Sprache mit mathematischer Klarheit zu gestalten. Diesen formalen Anspruch verband er mit dem bewußten Verzicht auf eine inhaltlich sinnvolle Aussage. Die von ihm gesuchte reine Idee sollte möglichst sorgsam von jeder Beziehung zur Wirklichkeit befreit sein. So zielte er mit seinem um den Schaffensprozeß des Dichters kreisenden Werk ins Nichts und erhob diesen Verzicht zum Prinzip der Dichtkunst ('Reine Poesie'). Den kulturellen Niedergang in Westeuropa beschrieb er in seinem Werke 'Die Krise des Geistes'.

1920n blau 'Friedhof am Meer'

VALLA, Lorenzo, italienischer Historiker und Philosoph.

1408n–1457n Lebenslinie
1440n blau Angriff auf Kirche
1442n blau Kritik am Mönchsideal
1445n blau Gleichheit aller Menschen

VALLADOLID, Stadt in Spanien, 150 Kilometer nordwestlich von Madrid. Auf den Ruinen der römischen Stadt Pintia von Westgoten im 7. Jahrhundert errichtet, wurde sie im 8. Jahrhundert von Arabern erobert und blieb bis ins 10. Jahrhundert umkämpft. Dann zunächst dem Königreiche Leon angeschlossen, später dem kastilischen Reiche, dessen Hauptstadt sie 1449n wurde. Als Zentrum des spanischen Protestantismus (neben Sevilla) wurde die Stadt 1559n von katholischen Truppen eingenommen und zum Schauplatz eines furchtbaren Strafgerichts gemacht, dem Tausende zum Opfer fielen (Autodafé). Bald darauf brannte die Stadt fast völlig nieder und verlor 1561n ihre Stellung als Hauptstadt Kastiliens an Madrid. Geburtsstadt des Hauptes der europäischen Gegenreformation, Philipp II.; Kolumbus starb hier verkannt und vergessen im Jahre 1506n.

1346n blau Universität
1559n rot Autodafé

VALOIS, Name einer französischen Herrscherfamilie, die von 1328n bis 1589n den französischen Thron innehatte.

1338n/1453n Hundertjähriger Krieg
1340n rot Thronanspruch Englands
1344n grün Zahlungsverweigerung
1345n braun Weberaufstand (Flandern)
1346n rot Normandie an England
1351n grün Pestepidemie
1357n braun Aufstand in Paris
1358n braun Aufstand der Jacquerie
1358n rot Mord an Bauernführern
1375n rot Rückzug Englands
1379n braun Weberaufstand (Flandern)
1379n rot Gegenpapst in Avignon
1381n/1382n Aufstände
1384n rot Flandern an Burgund
1397n grün 'Bastille' Staatsgefängnis
1412n–1431n Jeanne d'Arc
1413n braun Volksaufstand in Paris
1420n rot Feindkoalition
1422n rot Nordgebiete englisch
1429n rot Krönung Karls VII.
1433n–1477n Karl der Kühne
1435n rot Ende der Feindkoalition
1438n rot 'Gallikanische Freiheiten'
1439n grün Direkte Steuern
1439n grün Stehendes Heer
1442n rot Bürgerlicher Minister
1453n rot Rückdrängung Englands
1458n blau Fouquet: 'Karl VII.'
1472n braun Königssieg über Fürsten
1472n rot Fürstenmacht beschränkt
1474n grün Soldaten aus der Schweiz
1477n rot Theaterzensur
1480n rot Gebietszuwachs
1506n grün Postverkehr
1509n blau Memoiren des Comines
1515n rot Schweizer-Rekrutierung
1519n rot Niederlage Franz' I.
1530n blau Collège royal
1532n grün Galeerenstrafe
1535n rot Besitz Kanadas
1535n grün Handelsvertrag mit Türkei
1536n rot Bündnis mit der Türkei
1538n rot Protestanten-Verfolgung
1540n rot Kanada an Roberval
1542n/1544n Krieg mit Deutschland
1544n rot Rückzug aus Italien
1546n blau Bau des Louvre
1546n/1547n Schmalkaldischer Krieg
1558n braun Vorstoß nach Calais
1558n rot Calais französisch
1561n rot Konfessionelle Spaltung
1562n/1598n Hugenottenkriege
1573n grün Hugenotten-Auswanderung
1576n rot Katholische Liga
1577n grün Preisregelung
1579n blau Werk gegen Absolutismus
1604n blau Memoiren der Margarete

VALOIS, Margarete (1553n–1615n), französische Königin. Als einziges Kind des französischen Königs Heinrich II. und der Katharina Medici letztes Mitglied der Herrscherfamilie Valois, die von 1328n bis 1589n Frankreich regierte. Von großer Schönheit und allseits verehrt, mußte sie 19jährig den 18jährigen Heinrich von Navarra heiraten, um die von ihrem Vater gewünschte Versöhnung des katholischen Herrscherhauses mit dem protestantischen Volksteil zu besiegeln. Nachdem diese Absicht durch den in ihrer Hochzeitsnacht von den Katholiken mit Hilfe ihrer Mutter veranstalteten Protestantenmord (Bartholomäusnacht) sowie durch den Übertritt ihres Mannes zum Katholizismus vereitelt worden war, blieb auch ihre Ehe glücklos. Sie kehrte nach einiger Zeit zu ihrern Eltern nach Paris zurück und führte hier ein freies Leben. Nach seiner Thronbesteigung wollte der König die kinderlose Ehe scheiden lassen, doch willigte sie erst nach zehn Jahren ein, als Heinrichs Favoritin (Gabrielle d'Estrées) gestorben war. Ihre letzten Jahre verbrachte sie in freiem Verkehr mit einer Vielzahl ausgezeichneter Männer ihrer Zeit.

1553n–1610n Heinrich IV.
1562n/1598n Hugenottenkriege
1604n blau Lebenserinnerungen

VAN-ALLEN-GÜRTEL, nach dem nordamerikanischen Physiker James A. van Allen benannter Strahlungsgürtel, der die Erde bis zu einer Höhe von 55000 Kilometern schalenförmig umgibt. Er wurde 1958n durch ein unbemanntes Raumschiff der USA (Explorer I) festgestellt.

1958n grün Entdeckung

VAR, Abkürzung für 'Vereinigte Arabische Republik'. Seit 1958n Bezeichnung für die unter dem ägyptischen Präsidenten Nasser vereinigten Länder Ägypten und Syrien, denen sich später noch der Jemen anschloß. Doch blieb diese Vereinigung nur eine Willenskundgebung. Als Syrien und der Jemen wieder zunehmend ihre volle Selbständigkeit behaupteten, wurde die Bezeichnung zum Eigennamen der ägyptischen Republik.

1918n– Nasser
1958n rot Gründung

VARAHAMI (505n–585n), indischer Gelehrter. Auf vielen Wissensgebieten hervorragend, widmete er seine Hauptarbeit der Sternkunde. Durch Vertiefung des astrologischen Wissens suchte er eine wissenschaftliche Astronomie zu schaffen. Dabei bediente er sich griechischer Methoden, wie sie in der nordafrikanischen Stadt Alexandria angewendet wurden. Seinem Handbuche der Astronomie gab er den Titel 'Vollkommenes System der natürlichen Astrologie'.

558n grün Handbuch der Sternkunde

VARIATIONSRECHNUNG, Teilgebiet der Mathematik, das sich mit der Errechnung solcher Kurven, Flächen und Funktionen beschäftigt, die größtmögliche und kleinstmögliche Lösungen von Aufgaben darstellen und durch ihre Formulierung als abwandelbar (variabel) gekennzeichnet sind. Diese von Newton und Johann Bernoulli eingeführte und von Euler beschriebene Rechenart wurde für die moderne Geometrie und für die theoretische Physik von großer Bedeutung.

1744n grün Eulers Lehrbuch

VARRO, Markus, römischer Gelehrter, Schriftsteller und Politiker.

116v–27v Lebenslinie
58v blau 'Bildnisse'
52v blau Altertumskunde
37v grün Bakteriologie
33v blau Enzyklopädie

VARUS, Publius, römischer Feldherr.

48v–9n Lebenslinie
16v–21n Armin
4n/16n Dritter Germanenkrieg

VASARI, Giorgio (1511n–1574n), italienischer Baumeister, Maler und Schriftsteller. Bildete sich bei Michelangelo in Florenz als Maler aus und vervollkommnete sich in Rom durch Kopieren der Bilder Raffaels. Dann schuf er zahlreiche Wandgemälde in Fresko-Technik für den Palazzo Vecchio in Florenz und für den Vatikan in Rom. Malte Bildnisse der Medici-Fürsten Lorenzo und Cosimo. Für seine Heimatstadt Arezzo baute er eine Kirche und schuf in Florenz ein Verwaltungsgebäude, das später als Gemälde- und Skulpturensammlung bekannt wurde (Uffizien). Seine Berühmtheit verdankte er dem Buche 'Lebensläufe der hervorragendsten Maler, Bildhauer und Dichter'. Darin gab er nach gründlichem Quellenstudium und teilweise aus persönlicher Kenntnis Lebensbilder italienischer Künstler aus der Epoche zwischen dem 13. und dem 16. Jahrhundert (Renaissance).

1549n blau Biographien

VASCO da Gama, (1469n–1524n), portugiesischer Seefahrer. Vom portugiesischen König mit der Auffindung des Seeweges nach Indien beauftragt, verließ er mit vier Schiffen und 150 Mann Besatzung Lissabon, umschiffte die Südspitze Afrikas und erreichte mit einem indischen Lotsen nach 10 Monaten die indische Stadt Kalikut (Kerala). Zwei Jahre später lief er mit einer starken Kriegsflotte erneut aus, um in den entdeckten Ländern Stützpunkte anzulegen. Mit List und Grausamkeit brach er das Monopol der Araber im Indienhandel und wies Europa den Weg zur Eroberung Ostafrikas, Arabiens, Indiens und Chinas. Starb als Vizekönig von Indien auf einer Reise zur Erzwingung der Botmäßigkeit der von ihm selbst eingesetzten portugiesischen Statthalter. Seine Taten wurden von dem Dichter Camões verherrlicht.

1498n grün Seeweg nach Indien
1503n grün Stützpunkte
1572n blau Camões: 'Lusiaden'

VASCO de Lobeira (um 1360n–1403n), portugiesischer Schriftsteller. Verfaßte als erste große Dichtung in portugiesischer Sprache den Roman des Amadis, der als Sohn des Königs von Wales abenteuerliche Dinge erlebte. Dabei unterbaute er die Schilderung jedes einzelnen Abenteuers mit einer faustdicken Moral. Wegen der Helden-Gestalt des treu liebenden Ritters verbreitete sich sein Werk bald in ganz Europa.

1391n blau 'Amadis'

VASE

2996v blau Rotfigurige Malerei
2949v blau Reiche Verzierungen
2926v blau Tänzerinnen-Motiv
2894v blau Schiffs-Motiv
2871v grün Töpferscheibe in Indien
2867v blau Gefäße im Iran
2833v blau Tänzerinnen-Motiv
2790v blau Religiöse Motive
2782v blau Tier-Motive
2781v grün Glasur in Ägypten
2713v blau Schwarz-rote Malerei
2592v grün Herstellung aus Gold
2408v blau Dreibeinige Silbervase
2407v grün Bunte Gefäße in China
2207v grün Kretische Gefäße
1974v blau 'Frau mit Vase'
1947v grün Töpferscheibe auf Kreta
1883v grün Eierschalendünne Gefäße
1805v grün Vasen in Tierform
1742v blau Erntefest-Motiv
1545v blau Tintenfisch-Motiv
1346v grün Alabastervasen in Assur
752v grün Schmelzofen-Malerei
717v blau Sieges-Motiv
560v blau Zierkrug des Klitias
555v blau Vasen des Lydos
508v blau Vasen des Epiktetos
498v–438v Polygnot
493v blau Vasen des Duris
488v blau Trinkschale des Brygos
608n–676n Tao-Yü
663n grün Porzellan in China
1593n grün Delfter Fayencen
1710n grün Meißner Porzellan
1750n grün Berliner Porzellan
1756n grün Sèvres-Porzellan
1761n grün Nymphenburger Porzellan
1769n grün Wedgwood-Keramik

VASSAN, Al (1492n–1550n), arabischer Geograph und Schriftsteller aus Granada (Spanien). In Marokko aufgewachsen, wurde er auf einer Reise durch Nordafrika und Vorderasien von Seeräubern gefangen und nach Rom gebracht, wo er sich zum Christen taufen ließ und vom Papst den Namen 'Leo Afrikanus' erhielt. In seine nordafrikanische Heimat zurückgekehrt, trat er wieder zum Islam über. Seine Beschreibung Nordafrikas übersetzte er selbst ins Italienische. Schrieb ein arabisch-hebräisch-lateinisches Wörterbuch.

1524n grün Beschreibung Afrikas

VATIKAN, Bezeichnung für einen Gebäudekomplex in Rom (Italien). Auf dem gleichnamigen Hügel östlich des Tibers gebaut, dient er seit dem Jahre 1378n dem Oberhaupt der katholischen Kirche (Papst) als Wohnung, Residenz und Predigt-Stätte (Peterskirche). Besteht aus zahlreichen Baulichkeiten, die durch 20 Höfe und 200 Treppen miteinander verbunden sind. Größte Palast-Anlage der Erde. In den rund 11000 Sälen und Zimmern befinden sich die 'Stanzen' (vier Räume mit Gemälden Raffaels), die Sixtinische Kapelle mit den Arbeiten Michelangelos, der von Raffael ausgemalte Korridor (Loggien), die Bibliothek (mit über 60000 Handschriften und 8000 frühen Drucken die wertvollste der Erde), das Museum vorchristlicher und nichtchristlicher Kunst ägyptischer, etruskischer, griechischer und arabischer Herkunft (ebenfalls das kostbarste der Welt), eine Münzensammlung, ein Schmuckmuseum, die päpstliche Waffensammlung sowie die päpstliche Mosaikfabrik, die päpstliche Münze und der Vatikan-Sender. Nachdem die Päpste jahrhundertelang auf der entgegengesetzten Seite der Innenstadt (Lateran) gewohnt hatten, fand Gregor XI. 1376n bei seiner Rückkehr aus Avignon (Südfrankreich) sein altes Gebäude zerstört. Wegen der Feindseligkeit der römischen Bevölkerung zog der Papst in die von Papst Leo IV. 500 Jahre zuvor zum Schutze gegen arabische Angriffe geschaffene Festung auf dem Vatikanhügel ('Leostadt'). In den folgenden Jahrhunderten wuchs hier unter Mitwirkung bedeutender Künstler die Zentrale des Welt-Katholizismus empor, zugleich Stätte der größten nichtstaatlichen Kapitalkonzentration und der Verwaltung des größten Grundbesitzes der Erde.

848n grün Befestigung
1376n rot Rückkehr des Papstes
1449n grün Verteidigungsmauern
1455n blau Papstwohnung
1475n–1564n Michelangelo
1481n blau Sixtinische Kapelle
1482n blau Fresken Botticellis
1483n blau Fresko Peruginos
1483n–1520n Raffael
1488n rot Heirat des Papstsohnes
1506n blau Bramante: Peterskirche
1510n blau Raffaels Deckengemälde
1512n blau Michelangelos Gemälde
1541n blau 'Jüngstes Gericht'
1547n blau Michelangelo: Peterskirche
1610n blau Maderna: Peterskirche
1626n blau Peterskirche vollendet
1667n blau Bernini: Kolonnaden
1929n rot Lateranvertrag

VAUBAN, Sébastien (1633n–1707n), französischer Baumeister und Volkswirtschaftler. Trat 17jährig in die spanische Armee ein und wurde wegen seiner technischen Begabung zum Ingenieur-Offizier ausgebildet. 20jährig geriet er in französische Gefangenschaft und wurde nun in gleicher Stellung in seiner Heimat eingesetzt. Durch die Eroberung zahlreicher spanischer und holländischer Festungen mit einer neuen Angriffstechnik erwarb er sich Vertrauen und wurde mit der Anlage französischer Festungen beauftragt. Entwickelte ein System sternförmiger Bastionen, das der modernisierten Kriegsführung besser standhielt, und wurde zum General-Inspekteur aller französischen Festungen ernannt. Baute Dutzende neuer Festungen (Dünkirchen, Verdun, Tournai, Maubeuge, Belfort, Hüningen, Hagenau, Schlettstadt, Neubreisach) und nahm an 53 Belagerungen sowie an 140 Gefechten teil. Wegen einer kritischen Denkschrift im Spanischen Erbfolgekrieg fiel er beim König Ludwig XIV. in Ungnade und wurde vorzeitig in den Ruhestand versetzt. Verfaßte volkswirtschaftliche Schriften, die eine neue Steuerpolitik forderten und eine Abkehr von dem auf Ausfuhr ausgerichteten staatlichen Wirtschaftssystem des Merkantilismus vorbereiteten.

1669n rot General-Inspekteur
1706n grün Denkschrift

VAUGHAN, Philip (um 1750n–um 1820n), englischer Erfinder. Als Eisengießer in Carmarthen (Wales) entwickelte er für die Radführung auf der Achse ein Kugellager und ließ es sich patentieren. Auf seiner Patentzeichnung entwarf er die Führung jedes der vier Räder eines Wagens auf je zwei Kugellagern. Damit gab er bereits die bis in unsere Zeit gebräuchliche Verwendung des Kugellagers im Fahrzeugbau an.

1794n grün Kugellager

VEDEN, von dem indischen Worte für 'Wissen' abgeleitete Bezeichnung für die grundlegenden Schriften der ältesten indischen Religion der Brahmanen (Brahmanismus), aus der später auch der Hinduismus hervorging.

1071v blau Jenseits-Erwartung
1040v blau 'Rigveda'
974v blau 'Brahmana der 100 Pfade'
802v blau Lehre der Upanischads
795v blau Zaubersprüche
600v blau 'Veda-Literatur'
424n blau Yoga-Lehren ('Sutras')
686n–744n Kumarila
739n blau Überarbeitung
1023n–1105n Ramanuja

VEGA, Lope de, spanischer Dichter.

1562n–1635n Lebenslinie
1614n blau 'Kolumbus'
1621n blau 'Andromeda'

VEGETARISMUS, von dem lateinischen Worte 'vegetabilia' (= Pflanzenreich) abgeleitete Bezeichnung für rein pflanzliche Ernährung, wie sie seit alters her von zahlreichen Menschen bevorzugt wird. Der Grund für diese Ernährungsweise liegt entweder in gesundheitlichen Überlegungen oder im Mitgefühl für das Tier, das man nicht der Schlachtung aussetzen will, oder aber in einem religiösen Glauben, insbesondere in dem Glauben der Wiederverkörperung von Menschen in Tiergestalt (Seelenwanderungsglaube).

572v–493v Pythagoras
590n–648n Harsa
648n rot Schutz allen Lebens
973n–1057n Al Mari
1018n grün Arabische Lehre

VEGETIUS, Renatus (um 380n–um 450n), römischer Schriftsteller. Um der sinkenden Wehrkraft Roms aufzuhelfen, stellte er als Laie aus der vorliegenden Militär-Literatur ein vierbändiges Handbuch der Kriegswissenschaft zusammen. Darin behandelte er auch das Seekriegswesen und empfahl verschiedene technische Hilfsmittel (optischer Telegraph, transportable Festungsleitern, Schiffspumpen). Sein zweites Werk war ein Handbuch der Tierheilkunde. Durch die darin enthaltene systematische Gegenüberstellung von Tier- und Menschen-Krankheiten legte er den Grund für eine vergleichende Pathologie.

419n grün Krankheitskunde

VEJI, Name einer bedeutenden Stadt in Mittel-Italien, die vor fast 3000 Jahren als etruskische Niederlassung gegründet wurde. Sie stieg zu einem selbständigen Stadtstaat unter eigenen Königen empor und galt als reichste und mächtigste Stadt der Etrusker. Ihre Bewohner gehörten zu den Erbauern der 20 Kilometer weiter südlich gelegenen Stadt Rom, durch die sie später vernichtet wurde.

396v braun Zerstörung

VELASQUEZ, Diego, spanischer Maler.

1599n–1660n Lebenslinie
1617n blau 'Wasserträger'
1632n blau 'Übergabe von Toledo'
1655n blau 'Venus'
1657n blau 'Teppichweberinnen'

VELLEJUS PATERKULUS (um 20v–um 35n), römischer Staatsmann und Historiker. Als Sohn eines Offiziers trat er 18jährig in die Armee ein und stieg zum Befehlshaber der Reiterei auf. Nach erfolgreichen Feldzügen nach Vorderasien, Deutschland und dem Balkan bekleidete er in Rom hohe Staatsämter. 40jährig zog er sich aus der Politik zurück und widmete sich fortan wissenschaftlichen Studien. Als Geschenk für den Sohn seines ersten Lehrers schrieb er einen zweibändigen Abriß der Weltgeschichte von der Zerstörung Trojas bis auf seine Zeit. Dabei bezog er Literatur und Kulturgeschichte in seine chronologisch aufgebaute Darstellung ein und brachte auch Angaben aus den damals bekannten außer-römischen Kulturen (Ägypten, Mesopotamien, Persien, Griechenland).

30n blau Geschichtswerk

VENANTIUS FORTUNATUS (um 535n–um 610n), fränkischer Dichter italienischer Herkunft. Studierte in Ravenna (Norditalien) Sprachlehre und Redekunst, unternahm Reisen nach Deutschland und Frankreich und trat schließlich als Hofdichter in den Dienst des Frankenkönigs. Seine letzten Jahre verbrachte er als Bischof in Poitiers (Westfrankreich). Schrieb Gelegenheitsgedichte ('Radegundis'), Kirchenlieder und Reisebilder (Rhein- und Mosel-Fahrt) sowie ein vierbändiges Lebensbild des ungarischen Priesters Martin von Tours, der Frankreich christianisiert hatte.

577n blau Hymnen
586n blau Martins-Dichtung

VENEDIG, Hafenstadt in Norditalien auf 117 Inseln der Adria, die durch 177 Kanäle und 400 Brücken verbunden sind. Von Flüchtlingen aus der durch Hunnen zerstörten Hafenstadt Aquileja gegründet, entwickelte sie sich im 12. Jahrhundert zum bedeutendsten Handelshafen des Mittelmeeres, das im 13. und 14. Jahrhundert von ihren Schiffen beherrscht wurde. Dann schmälerte die aufstrebende Macht der Türken im östlichen Mittelmeer den Asienhandel und nahm ihr damit die wirtschaftliche Grundlage. Ihr Reichtum sicherte ihr aber noch für Jahrhunderte ihre Stellung als führende Geldmacht. Auch nach dem wirtschaftlichen und politischen Niedergang im 17. Jahrhundert bestand ihre kulturelle Bedeutung fort. In den Napoleonischen Kriegen an Frankreich gefallen, wurde sie auf dem Wiener Kongreß Österreich zugesprochen. 1866n dem italienischen Nationalstaat eingefügt, erlebte sie einen neuen Aufstieg als Hafen, als berühmtestes Seebad Italiens (Lido) sowie als bedeutendstes Zentrum des Fremdenverkehrs.

452n blau Gründung
697n rot Stadtstaat
788n/812n Bilderkrieg
812n rot Byzantinischer Besitz
990n grün Flottenbau
1081n/1085n Balkanzug der Normannen
1082n rot Machtgewinn
1082n grün Handelsfreiheit
1094n blau Markuskirche
1100n grün Vorrechte in Jerusalem
1202n/1204n Vierter Kreuzzug
1204n rot Macht über Byzanz
1205n grün Seidenfabriken
1254n–1324n Marco Polo
1284n grün Goldmünzen
1292n grün Rückkehr Marco Polos
1381n grün 200 000 Einwohner
1392n grün Handel mit England
1436n–1488n Verrocchio
1463n blau Dogenpalast
1468n grün Jenson: Antiqua
1469n grün Buchdruck
1474n rot Erfindungsschutz
1477n–1576n Tizian
1479n rot Gebiete an Türken
1488n blau Standbild des Colleoni
1489n rot Gewinn Zyperns
1495n blau Aristoteles-Druck
1509n grün Gegnerschaft der Fugger
1516n grün Judenstadtteil
1573n rot Verlust Zyperns
1592n blau Tintoretto: 'Abendmahl'
1619n grün Staatsbank
1663n/1699n Großer Türkenkrieg
1684n rot Bündnis gegen Türkei
1699n rot Gebietsgewinn
1714n/1718n Türkenkrieg
1756n blau Tiepolo: Wandgemälde
1796n/1815n Napoleonische Kriege
1815n rot Wiener Kongreß

VENEN, Bezeichnung für eine der beiden Aderarten im menschlichen oder tierischen Organismus. Im Gegensatz zu den Arterien, durch die das Blut vom Herzen in den Körper gepumpt wird, führen sie das Blut zum Herzen zurück.

324v–250v Herophilos
262v grün Erforschung

VENEZUELA, Staat an der Nordküste Südamerikas. Das von Kolumbus 1498n erreichte Land wurde von dessen Begleiter Hojeda im darauffolgenden Jahre erforscht und wegen der indianischen Pfahlbauten 'Klein-Venedig' (= Venezuela) genannt. Vom deutschen Kaiser Karl V., der als König von Spanien Herr des neuen Gebietes war, wurde es für einige Jahrzehnte dem Augsburger Handelshause der Familie Welser überlassen, das dessen Wahl zum Kaiser und dessen Kriege finanziert hatte. Später wurde das an Perlen und Gold reiche Land ('El Dorado') als spanische Kolonie ausgebeutet. Anfang des 19. Jahrhunderts begann hier mit dem vergeblichen Aufstand des Miranda im Jahre 1806n der Befreiungskampf des nördlichen Südamerikas, der unter Bolivar gewonnen wurde. Zunächst mit dem benachbarten Kolumbien in einem gemeinsamen Staatsverband, machte es sich nach zehn Jahren selbständig und beseitigte die von den Spaniern eingerichtete Vormacht der katholischen Priester. 1854n wurde auch die Sklaverei abgeschafft. Doch drang seit Beginn des 20. Jahrhunderts nordamerikanisches Kapital in die Wirtschaft und brachte das Land in zunehmende Abhängigkeit von den USA. Dagegen wehrt sich eine allmählich erstarkende sozialistische Bewegung, die seit Errichtung einer kommunistischen Ordnung auf der seiner Küste vorgelagerten Insel Kuba in der arbeitenden Bevölkerung an Boden gewinnt.

1452n–1507n Kolumbus
1499n grün Spanische Erforschung
1528n grün Kolonie der Welser
1556n grün Spanischer Besitz
1567n blau Gründung von Caracas
1783n–1830n Bolivar
1811n rot Unabhängigkeitserklärung
1811n/1826n Kampf Lateinamerikas
1821n rot Unabhängigkeit
1920n rot Mitglied im Völkerbund
1945n rot Mitglied der UN
1962n grün Maracaibo-Brücke

VENTADOUR, Bernart von (um 1140n–um 1195n), französischer Dichter und Sänger (Troubadour). Nach Aufgabe seiner Stellung beim Grafen von Ventadour nahm er Dienste bei Eleonore von Aquitanien und beim Grafen von Toulouse.

1152n blau Liebeslieder

VENUS, römische Göttin der Schönheit und der Liebe. Ursprünglich im alten Italien als Göttin des Frühlings und der Fruchtbarkeit verehrt, wurde ihr Bild unter griechischem Einfluß der griechischen Liebesgöttin (Aphrodite) angenähert.

109v blau 'Venus von Milo'
1477n–1576n Tizian
1508n blau Giorgiones Gemälde
1655n blau Velasquez' Gemälde

VENUS, Name des erdnächsten Planeten. Bei günstiger Stellung nur 42 Millionen Kilometer von der Erde entfernt, erscheint er wegen seiner Nähe besonders hell und hebt sich deshalb in der Morgen- und Abenddämmerung deutlich von den übrigen Sternen ab ('Morgenstern', 'Abendstern'). Von allen Planeten unseres Sonnensystems gilt er als der unserer Erde ähnlichste Planet. Seit 1962n Ziel unbemannter Raumfahrzeuge ('Raumsonden'), die eine Landung von Menschen vorbereiten sollen.

1568v grün Berechnung der Bahn
390v–310v Herakleides
355v grün Bewegung um die Sonne
1962n grün Sonde

VERANZIO, Fausto (1551n–1617n), italienischer Gelehrter aus Dalmatien (Jugoslawien). Als Neffe des Vizekönigs von Ungarn erhielt er, ohne Geistlicher zu sein, ein Bischofsamt, das ihm ein arbeits- und müheloses Einkommen sicherte ('Pfründe'). So hatte er Muße für technische und naturwissenschaftliche Studien. Nachdem er sich mit dem ungarischen Hofe überworfen hatte, ging er nach Venedig. Dort verfaßte er ein Buch über die technischen Entwicklungen seiner Zeit und brachte darin auch eigene Verbesserungsvorschläge ('Neue Maschinen'). So empfahl er, die Riemenaufhängung der Wagen-Achse durch eiserne Federn zu ersetzen, die sich wie Armbrust-Bogen bewegen. Beschrieb eine Seilschwebebahn und einen Fallschirm. Sein Werk brachte 49 Kupferstiche und gab die Beschreibungen in französischer, deutscher, italienischer, spanischer und lateinischer Sprache. Entwickelte aus dem in den Kanälen Venedigs gebräuchlichen einfachen Bagger einen Greif-Bagger, der das Erdreich auf dem Boden des Stroms nach dem Aufwühlen nicht verteilte, sondern es zum Fortschaffen hochholte.

1591n grün Greifbagger
1615n grün Wagenfederung

VERBAND, Verbandstechnik

82n–135n Soranos
1228n grün Eiterlose Wundbehandlung
1852n grün Gipsverband
1867n grün Antisepsis

VERBANNUNG, Strafe, die seit alters her besonders bei politischen Vergehen ausgesprochen wurde. Bestand zunächst nur in der Ausweisung aus einem Staat oder Gemeinwesen. Später wurde sie mit der Anweisung eines bestimmten Aufenthaltsortes verbunden, dann trat Arbeitszwang an dem festgelegten Aufenthaltsort dazu.

530v–472v Aristides
525v–459v Themistokles
488v rot Scherbengericht in Athen
459v–398v Thukydides
456v–404v Alkibiades
446v–395v Lysander
265v–201v Nävius
106v–43v Cicero
43v–17n Ovid
31n–99n Musonius Rufus
67n–129n Apollodoros von Damaskus
176n grün Strafmaß für Christen
276n–355n Donatus
354n–407n Chrysostomos
386n–451n Nestorius
435n rot Nestorius verbannt
702n rot Strafe in Japan
768n–824n Han-Yü
1021n–1085n Gregor VII.
1043n–1099n Cid
1431n–1474n Villon
1582n rot Verbannung nach Sibirien
1709n–1762n Elisabeth Petrowna
1733n rot Strafkolonie Georgia
1753n rot Ersatz für Todesstrafe
1769n–1821n Napoleon I.
1788n rot Strafkolonie Australien
1852n rot Strafkolonie Cayenne

VERBRAUCHSSTEUERN, Bezeichnung für Steuern, die auf die Herstellung und den Verkauf von Verbrauchsgütern gelegt werden (indirekte Steuern). Eine der wichtigsten Geldquellen moderner Staaten.

733v–645v Kuan-Tse
659v grün Fisch- und Weinhandel
793n grün Teehandel und -produktion
1508n grün Gegnerschaft Erasmus'

VERBRENNUNGSMOTOR, Bezeichnung für eine Maschine zur Umwandlung von Kraftstoff in mechanische Leistung. Der vergaste Kraftstoff wird dabei im geschlossenem Raum (Zylinder) zusammengedrückt und zur Explosion gebracht. Die hierbei entstehende Rückstoßkraft wird dem Antrieb nutzbar gemacht. Diese Kraftmaschine stellte gegenüber der vorher gebräuchlichen Verwendung von Kraftstoff in Kraft auf dem Umweg über die Dampferzeugung einen entscheidenden Fortschritt dar. Die Gewichtsminderung war neben der wirtschaftlicheren Ausnutzung des Kraftstoffes bedeutsam, weil durch sie der Einbau von Antriebsmaschinen in leichte Straßenfahrzeuge möglich wurde.

1673n grün Pulverkraft-Maschine
1859n grün Elektrische Zündung
1860n grün Gasmotor
1864n grün Petroleummotor
1876n grün Viertaktmotor
1883n grün Benzinmotor
1893n grün Dieselmotor

VERBRENNUNGSTOD

990v rot Ammoniter-Ausrottung
760v–715v Bok-Choris
757v–703v Sabaka
156n rot Feuertod Polykarps
199n–251n Decius
250n rot Feuertod des Papstes
1022n rot Katharer-Verbrennung
1030n rot Katharer-Verbrennung
1090n rot 'Hexen'-Verbrennung
1115n rot Katharer-Verbrennung
1132n rot Peter von Bruys verbrannt
1163n rot Katharer-Verbrennung
1163n rot Katharer-Verbrennung
1184n rot Inquisition
1194n–1250n Friedrich II.
1197n rot Todesstrafe für Katharer
1209n rot 'Ketzer'-Verbrennung
1211n rot Katharer-Verbrennung
1230n rot Katharer-Verbrennung
1231n rot Papst Inquisitions-Leiter
1232n–1300n Segarelli
1237n rot Katharer-Verbrennung
1239n rot Katharer-Verurteilung
1243n rot Dominikaner: Inquisition
1247n rot Feuertod für 'Hexe'
1248n rot 'Hexen'-Verbrennung
1249n rot Katharer-Verbrennung
1275n rot 'Hexen'-Verbrennung
1307n rot Feuertod Fra Dolcinos
1315n rot Katharer-Verbrennung
1336n rot Katharer-Verbrennung
1362n–1437n Sigismund
1365n–1416n Hieronymus von Prag
1369n–1415n Hus
1393n rot Katharer-Verbrennung
1400n rot Hilfe von Staatsgerichten
1412n–1431n Jeanne d'Arc
1415n rot Verbrennung des Hus
1416n rot Hieronymus' Feuertod
1417n rot Hinrichtung Oldcastles
1431n rot Feuertod der Jeanne d'Arc
1433n rot Feuertod Conectes
1451n–1505n Isabella von Kastilien
1452n–1498n Savonarola
1484n rot Verstärkte 'Hexen'-Jagd
1487n blau 'Hexenhammer'
1498n rot Feuertod des Savonarola
1507n rot Ximenes Groß-Inquisitor
1527n rot Verbrennung Hergots
1542n rot Inquisition erneuert
1546n rot Verbrennung des Dolet
1548n–1600n Giordano Bruno
1549n rot Tod Johannas von Kent
1553n rot Verbrennung Servets
1559n rot Verfolgung Reformierter
1600n rot Feuertod Giordano Brunos
1692n rot 'Hexen'-Verfolgung
1756n rot 'Hexen'-Hinrichtung
1775n rot 'Hexen'-Hinrichtung
1793n rot 'Hexen'-Verbrennung
1826n rot 'Ketzer'-Hinrichtung
1828n rot Letzter Inquisitions-Tod
1834n rot Inquisitions-Ende (Spanien)
1859n rot Inquisition aufgehoben

VERCELLI, Stadt an einem Quellfluß des Po (Sesia), 50 Kilometer westlich von Mailand (Norditalien). Die von Galliern gegründete Stadt wurde 222v mit dem Mailänder Gebiet römisch. Zu einer Festung ausgebaut, hielt sie dem Ansturm der Kimbern im Ersten Germanenkrieg stand und ermöglichte so den Sieg der römischen Heere unter Marius über dieses von Norden andrängende Volk unweit der Stadt auf den Raudischen Feldern (101v). Nach dem Zusammenbruch des Römerreiches wurde sie von Hunnen, Ostgoten, Langobarden und Franken erobert. Im 10. Jahrhundert fiel sie ans deutsche Reich, seit dem 12. Jahrhundert an kleinere Fürsten (Piemont, Visconti, Savoyen). Am Befreiungskampf Italiens im 19. Jahrhundert beteiligt, wurde sie nach der Einigung des Landes Bestandteil des italienischen Nationalstaates.

222v braun Vorstoß Roms
222v rot Römischer Besitz
156v–86v Marius
113v/101v Erster Germanenkrieg
351n blau Eusebius: Mönchtum
1859n/1861n Befreiungskampf Italiens

VERCINGETORIX, gallischer Freiheitskämpfer.

80v–46v Lebenslinie
100v–44v Cäsar
58v/51v Gallischer Krieg
51v blau Cäsars Kriegsbeschreibung

VERDAUUNG, Bezeichnung für den Prozeß der Umwandlung aufgenommener Nahrung in wasserlösliche, von den Därmen aufsaugbare einfache chemische Verbindungen.

2419v grün Ägyptische Fachärzte
2239v–2162v Ir-En-Achat
2183v grün Erforschung der Därme
1776n grün Spallanzanis Forschungen

VERDI, Giuseppe (1813n–1901n), italienischer Komponist. Als Sohn eines Dorf-Gastwirts wurde er vom Mailänder Konservatorium wegen Talentlosigkeit abgewiesen und mußte deshalb Privat-Unterricht nehmen. Vom Cembalisten der Mailänder Oper (Scala) in die Kompositionslehre eingeführt, schrieb er bald Gesangsstücke und Orchesterwerke. 26jährig vollendete er seine erste Oper. Vier Jahre später errang er den ersten großen Erfolg mit seiner Oper über den Babylonierkönig Nebukadnezar ('Nabucco'). Mit einer darauf folgenden Serie historischer Opern ('Attila', 'Macbeth', 'Johanna von Orléans') konnte er seinen Erfolg nicht wiederholen, nur mit einer dieser Opern drang er durch ('Luise Miller'). Erst als er sich allgemein-menschlichen Stoffen zuwandte, fand er wieder Anklang und schuf nun in drei Jahren die drei Opern, die ihn weltberühmt machten ('Rigoletto', 'La Traviata', 'Der Troubadour'). Nach einigen durchschnittlichen Erfolgen ('Sizilianische Vesper') gelangen ihm dann mit dem 'Maskenball' und der 'Macht des Schicksals' noch zwei große Würfe. Und seine für die Einweihung des Suez-Kanals geschriebene Oper 'Aida' übertraf alle früheren Erfolge. Danach reiste er viel, dirigierte eigene Werke, schrieb noch die Opern 'Othello' und 'Falstaff' sowie ein Requiem zum Tode des italienischen Dichters Manzoni. Nach Schaffung der Einheit Italiens Mitglied des ersten Parlamentes.

1851 n blau 'Rigoletto'

VERDUN, Stadt am Mittellauf der Maas (West-Frankreich). Von Cäsar im letzten Jahre des Gallischen Krieges erobert, wurde sie nach dem Zusammenbruch des Römerreiches fränkisch. Bei der Reichsteilung, die 843 n in ihren Mauern vollzogen wurde, fiel sie für 27 Jahre dem Mittelreiche Lothars zu, wurde für neun Jahre französisch und war dann seit 879 n Bestandteil des deutschen Reiches. Nach 650jähriger Zugehörigkeit zu Deutschland rief die Stadt im Kampf um ihre städtischen Freiheiten gegenüber der Kirche den französischen König bei der Niederschlagung der Streitmacht des Bischofs zu Hilfe. Frankreich nutzte diese Gelegenheit zur Besetzung der Stadt und ließ sich ihren Besitz von dem im Dreißigjährigen Krieg geschwächten deutschen Reich 1648 n im Westfälischen Frieden bestätigen. Von Vauban zur Festung ausgebaut, hielt sie den deutschen Angriffen 1870 n im deutsch-französischen Krieg sechs Wochen stand. Nach dem Verlust der Stadt Metz an Deutschland (1871 n) wurde diese Festung um die Jahrhundertwende zum Eckpfeiler der französischen Verteidigung. Im ersten Weltkrieg während des ganzen Jahres 1916 n umkämpft ('Blutmühle von Verdun'). Über 700 000 deutsche und französische Soldaten starben hier. Im zweiten Weltkrieg von deutschen Truppen erobert.

100 v–44 v Cäsar
58 v/51 v Gallischer Krieg
804 n–876 n Ludwig der Deutsche
823 n–877 n Karl II., der Kahle
843 n rot Teilungsvertrag
870 n rot Vertrag von Meersen
1648 n rot Westfälischer Friede
1870 n/1871 n Deutsch-französischer Krieg
1914 n/1918 n Erster Weltkrieg
1939 n/1945 n Zweiter Weltkrieg

VERDUN, Nikolaus von (um 1150 n–um 1210 n), deutscher Goldschmied und Maler. Nach byzantinischen Vorbildern schuf er Kunstwerke, in denen sich plastisches Kunsthandwerk und Emailmalerei harmonisch vereinigten. Sein Altar für die Stiftskirche Klosterneuburg (bei Wien) zeigt auf 51 farbigen, vergoldeten Platten Szenen aus der biblischen Sagenwelt, wobei alttestamentliche und neutestamentliche Aussagen einander gegenübergestellt werden. Einen zweiten Altar schuf er für die Stadt Tournai (Belgien). Für Köln arbeitete er den Dreikönigs-Schrein, für die Stadt Siegburg den Anno-Schrein.

1192 n blau Dreikönigs-Schrein

VEREINE

133 n grün Begräbniskosten-Vereine
1161 n grün Kaufleute-Verein
1840 n rot Arbeiter-Bildungsverein
1844 n grün Konsum-Verein

VEREINHEITLICHUNG von Maß, Gewicht, Kalender, Schrift.

2616 v grün Normen in Indien
2061 v grün Einheitsmaß in Nippur
2060 v–1983 v Schul-Gi
2017 v grün Normen in Mesopotamien
1989 v grün Prüfstelle in Ur
649 v grün Normen in Argos
443 v grün Einheitsmaß in Rom
259 v–209 v Schi-Huang-Ti
253 v grün Normen in Ägypten
216 v grün Normen in China
1101 n grün Einheitsmaß in England
1585 n grün Stevin für Dezimalsystem
1791 n grün Einheitsmaß 'Meter'

VEREINIGTE ARABISCHE REPUBLIK, seit 1958 n Bezeichnung für die unter dem ägyptischen Präsidenten Nasser vereinigten Länder Ägypten und Syrien, denen sich später noch der Jemen anschloß. Doch blieb diese Vereinigung nur eine Willenskundgebung. Als Syrien und der Jemen wieder zunehmend ihre volle Selbständigkeit behaupteten, wurde die Bezeichnung zum Eigennamen der ägyptischen Republik.

1918 n– Nasser
1958 n rot Gründung

VEREINIGTE STAATEN VON AMERIKA: Allgemeines (Land, Volk, Staat)

1533 n–1603 n Elisabeth
1584 n rot Virginien englisch
1607 n blau Gründung von Jamestown
1609 n grün Entdeckungsreise Hudsons
1613 n rot Holländer auf Manhattan
1620 n rot Fahrt der 'Mayflower'
1624 n grün Auswanderung Deutscher
1626 n grün Verkauf Manhattans
1626 n rot Manhattan an Holland
1626 n blau Gründung von New York
1630 n blau Gründung von Boston
1636 n rot Baptistenstaat
1637 n grün Indianerskalp-Prämien
1664 n rot New York englisch
1682 n blau Gründung von Philadelphia
1683 n blau Gründung von Germantown
1688 n blau Pastorius gegen Sklaverei
1688 n grün Prämien für Skalps Weißer
1692 n rot 'Hexen'-Verfolgung
1727 n blau Quäker gegen Sklaverei
1732 n–1799 n Washington
1733 n rot Sträflingskolonie Georgia
1751 n rot Sklaven Pennsylvanias frei
1763 n rot Gebietsgewinn Englands
1765 n rot Stempelsteuer-Konflikt
1768 n grün Sklaven-Großtransporte
1773 n braun Bostoner Tee-Party
1774 n rot Kontinental-Kongreß
1774 n grün England-Handel beendet
1775 n/1783 n Freiheitskampf
1776 n rot Unabhängigkeitserklärung
1776 n rot Menschenrechtserklärung
1777 n grün Soldatenmiete Englands
1778 n rot Bündnis mit Frankreich
1779 n rot Bündnis mit Spanien
1779 n grün Steuben: Armeeausbildung
1780 n rot Hilfe Neutraler
1783 n rot Anerkennung durch England
1783 n–1830 n Bolivar
1787 n rot Verfassung
1787 n rot Shaker-Gruppe
1790 n blau Gründung von Washington
1808 n grün Farmen für Sklavenzucht
1809 n–1865 n Lincoln
1814 n braun Kampf gegen Engländer
1819 n rot Gewinn Floridas
1823 n rot Monroe-Doktrin
1824 n rot Alaska-Übereinkunft
1824 n rot Owens Gemeinden
1836 n grün Sklaven-Massenzucht
1837 n rot Stadtrecht für Chicago
1839 n–1937 n Rockefeller
1846 n/1848 n Krieg gegen Mexiko
1847 n rot Neger-Auswanderung
1848 n rot Gebietsgewinn
1850 n/1864 n Taiping-Aufstand
1854 n rot Machtgewinn in Japan
1857 n rot Verfassung von Kansas
1861 n/1865 n Sezessionskrieg
1865 n rot Ende der Sklaverei
1865 n rot Ku-Klux-Klan
1867 n rot Gewinn Alaskas
1867 n rot Granger-Bewegung
1877 n rot Generalstreik
1882 n rot Zuzugsbeschränkung
1882 n–1945 n F. D. Roosevelt
1886 n braun Arbeiteraufstand
1893 n blau Karl May: 'Winnetou'
1895 n/1898 n Kubanischer Krieg
1897 n braun Vorstoß nach Hawaii
1897 n rot Gewinn der Hawaii-Inseln
1898 n rot Gebietsgewinn
1899 n/1901 n Boxeraufstand
1900 n rot China-Abkommen
1900 n grün Stahltrust
1903 n rot Panama-Kontrolle
1911 n/1913 n Revolution Mexikos
1913 n grün Panamakanal
1914 n/1918 n Erster Weltkrieg
1917 n/1922 n Russische Revolution
1920 n rot Alkoholverbot
1922 n grün Gläubiger Europas
1924 n grün Dawes-Plan
1925 n/1949 n Chinesische Revolution
1927 n– Castro
1928 n rot Kellogg-Pakt
1929 n grün Wirtschaftskrise
1930 n grün Young-Plan
1933 n grün Arbeitslosigkeit
1933 n grün Wirtschaftslenkung
1939 n/1945 n Zweiter Weltkrieg
1940 n rot Stützpunkt-Politik
1941 n rot Leih- und Pacht-Gesetz
1941 n rot Atlantik-Charta
1943 n rot Konferenz von Teheran
1943 n rot Streik der Bergarbeiter
1944 n grün Weltbank
1945 n rot Einsatz der Atombombe
1945 n rot Besetzung Deutschlands
1945 n rot Besetzung Österreichs
1945 n rot Potsdamer Abkommen
1945 n rot Besetzung Japans
1945 n rot Mitglied der UN
1946 n/1949 n Griechischer Bürgerkrieg
1947 n rot Streikverbot
1947 n grün Marshall-Plan
1949 n rot Gründung der NATO
1950 n rot Aufrüstung der BRD
1950 n/1953 n Korea-Krieg
1951 n rot Kommunisten-Verfolgung
1951 n rot Vertrag von San Franzisko
1952 n rot Eisenhower Präsident
1952 n rot Deutschland-Vertrag
1953 n rot Militärpakt mit Spanien
1954 n rot Gründung der SEATO
1955 n rot Österreich selbständig
1956 n/1959 n Kubanische Revolution
1959 n rot Verständigung mit UdSSR
1960 n/ Revolution Indochinas
1961 n rot Kennedy Präsident
1963 n rot Mord an J. F. Kennedy
1964 n rot Johnson Präsident

VEREINIGTE STAATEN VON AMERIKA: Baukunst

1829 n blau Weißes Haus
1847 n–1931 n Edison
1883 n grün Erste Wolkenkratzer
1931 n blau Empire-State-Building
1952 n blau Lever-Haus
1959 n blau Guggenheim-Museum

VEREINIGTE STAATEN VON AMERIKA: Dichtung und andere Literatur

1826 n blau Cooper: 'Mohikaner'
1836 n blau Poe: Kurzgeschichten
1851 n blau Melville: 'Moby Dick'
1852 n blau 'Onkel Toms Hütte'
1855 n blau Whitman: 'Grashalme'
1876 n blau Twain: 'Tom Sawyer'
1879 n blau Werk Henry Georges
1888 n blau Bellamy: 'Rückblick'
1902 n blau Werk Helen Kellers
1904 n blau London: 'Seewolf'
1917 n blau Reed: 'Zehn Tage'
1922 n blau Lewis: 'Babbitt'
1922 n blau O'Neill: 'Haariger Affe'
1925 n blau Dos Passos: 'Manhattan'
1927 n blau Sinclair: 'Petroleum'
1931 n blau Buck: 'Gute Erde'
1932 n blau Werk Knickerbockers
1936 n blau 'Vom Winde verweht'
1936 n blau Wolfe: 'Zeit und Strom'
1936 n blau Faulkner: 'Absalom'
1938 n blau 'Unsere kleine Stadt'
1939 n blau 'Früchte des Zorns'
1940 n blau 'Wem die Stunde schlägt'
1941 n blau Burnham: Manager
1945 n blau Wright: 'Ich Negerjunge'
1948 n blau 'Griff in den Staub'
1952 n blau 'Der alte Mann und das Meer'
1953 n blau A. Miller: 'Hexenjagd'
1956 n blau 'Süßer Vogel Jugend'
1959 n blau Faulkner: 'Das Haus'
1964 n blau A. Miller: 'Zwischenfall'
1965 n blau Durant: Kulturgeschichte

VEREINIGTE STAATEN VON AMERIKA: Film

1847 n–1931 n Edison
1891 n grün Aufnahmegerät
1894 n grün Projektor
1910 n grün Entstehung Hollywoods
1925 n blau Chaplin: 'Goldrausch'
1926 n blau Disney: 'Mickey Mouse'
1936 n blau Chaplin: 'Modern Times'

VEREINIGTE STAATEN VON AMERIKA: Malerei

1872 n blau Whistler: 'Carlyle'
1951 n blau Pollock: 'Bild 9'

VEREINIGTE STAATEN VON AMERIKA: Musik

1903 n blau Jazz in New Orleans
1910 n blau Handy: Blues
1935 n blau Gershwin: 'Porgy und Bess'
1951 n blau Strawinsky: 'Wüstling'

VEREINIGTE STAATEN VON AMERIKA: Philosophie

1836 n blau Emerson: 'Nature'
1907 n blau James: Pragmatismus
1935 n blau Carrel: 'Der Mensch'
1941 n blau Sorokin: 'Krise'
1946 n blau Werk Deweys
1958 n blau Werk Carnaps

VEREINIGTE STAATEN VON AMERIKA: Recht

1754 n blau Verfassungs-Entwurf
1776 n rot Menschenrechtserklärung
1787 n rot Verfassung
1837 n rot Stadtrecht für Chicago
1857 n rot Verfassung von Kansas

VEREINIGTE STAATEN VON AMERIKA: Religion

1636 n rot Baptistenstaat
1692 n rot 'Hexen'-Verfolgung
1727 n blau Quäker gegen Sklaverei
1787 n rot Shaker-Bewegung
1830 n rot Mormonen-Bewegung

VEREINIGTE STAATEN VON AMERIKA: Sitten und Gebräuche

1830 n rot Mehrehe bei Mormonen
1848 n grün Kinderwagen
1878 n grün Kaugummi
1920 n rot Alkoholverbot

VEREINIGTE STAATEN VON AMERIKA: Technik

1690 n grün Papierfabrik
1752 n grün Blitzableiter
1773 n grün Colles: Dampfschiff
1784 n grün Bifokale Brille
1793 n grün Baumwollentkernung
1807 n grün Fulton: Dampfschiff
1834 n grün Getreidemähmaschine
1838 n grün Kautschuk-Vulkanisation
1844 n grün Morse: Telegraphie
1845 n grün Howe: Nähmaschine
1847 n–1931 n Edison
1851 n grün Singer: Nähmaschine
1854 n grün Göbel: Glühbirne
1855 n grün Petroleum-Lampe
1860 n grün Rotationsmaschine
1863 n–1947 n Ford
1865 n grün Pipeline
1869 n grün Zelluloid
1870 n grün Fließarbeit
1870 n grün Remington: Schreibmaschine
1876 n grün Bell: Telephon
1877 n grün Phonograph
1879 n grün Edison: Glühbirne
1880 n grün Hollerith: Lochkarten
1883 n grün Wolkenkratzer
1883 n grün Maschinengewehr
1884 n grün Zeilengießmaschine
1888 n grün Rollfilm
1889 n grün Webautomat
1891 n grün Film-Aufnahmegerät
1894 n grün Film-Projektor
1900 n grün Schnelldrehstahl
1901 n grün Rasierklinge
1903 n grün Ford: Autofabrik
1903 n grün Motorflug
1909 n grün Bakelit
1911 n grün Fließband
1920 n grün Rundfunksender
1927 n grün Lindbergh: Atlantikflug
1928 n grün Zeitungs-Bildfunk
1930 n grün Farbfernseh-Versuche
1931 n grün Zworykin: Bild-Abtaster
1932 n grün Carothers: Nylon
1937 n grün Golden-Gate-Brücke
1938 n grün Boulderdamm-Kraftwerk
1942 n grün Elektronisches Rechnen
1942 n grün Atomreaktor
1945 n grün Atombombe
1948 n grün Transistor
1949 n grün Rakete: 414 km Höhe
1949 n grün Flug um die Erde
1949 n grün Groß-Teleskop
1952 n grün Wasserstoffbombe
1952 n grün Halbautomatische Fabriken
1954 n grün Atom-U-Boot
1954 n grün Farbfernsehen
1955 n grün Sendeturm
1960 n grün Laser-Strahl
1962 n grün Venus-Sonde
1963 n grün Raumfahrt-Industrie
1965 n grün Mars-Sonde

VEREINIGTE STAATEN VON AMERIKA: Wirtschaft und Verkehr

1690 n grün Papierfabrik
1765 n rot Stempelsteuer-Konflikt
1768 n grün Sklaven-Massentransport
1774 n grün England-Handel beendet
1784 n grün Bank von New York
1808 n grün Farmen für Sklavenzucht
1809 n–1865 n Lincoln
1817 n grün Börse von New York
1818 n grün Atlantikfahrt mit Dampfer
1839 n–1937 n Rockefeller
1848 n grün Goldfunde in Kalifornien
1854 n rot Machtgewinn in Japan
1858 n grün Schlafwagen
1858 n grün Atlantikkabel
1863 n–1947 n Ford
1865 n grün Pipeline
1870 n grün Fließarbeit
1870 n grün 'Standard Oil'
1877 n rot Generalstreik
1882 n–1945 n F. D. Roosevelt
1895 n grün Taylor: Rationalisierung
1900 n grün Stahltrust
1903 n grün Ford: Autofabrik
1911 n grün Fließband
1913 n grün Panamakanal
1922 n grün Gläubiger Europas
1927 n– Castro
1929 n grün Wirtschaftskrise
1933 n grün Arbeitslosigkeit
1933 n grün Wirtschaftslenkung
1937 n grün Golden-Gate-Brücke
1938 n grün Boulderdamm-Kraftwerk
1943 n rot Streik der Bergarbeiter
1947 n rot Streikverbot
1947 n grün Marshall-Plan
1963 n grün Raumfahrt-Industrie

VEREINIGTE STAATEN VON AMERIKA: Wissenschaft

1636 n blau Harvard-Universität
1842 n grün Äther-Narkose
1869 n grün Zelluloid
1876 n grün Dezimalklassifikation
1891 n grün Tesla: Diathermie
1894 n–1964 n Norbert Wiener
1907 n grün Morgan: Vererbung
1909 n grün Nordpol-Expedition
1909 n grün Bakelit
1927 n grün Elektronen-Beugung
1930 n grün Entdeckung des Pluto
1932 n grün Anderson: Positron
1932 n grün Carothers: Nylon
1940 n grün Rhesus-Faktor
1942 n grün Atomreaktor
1944 n grün Waksman: Streptomyzin
1945 n grün Atombombe
1946 n grün Südpol-Expedition
1946 n grün Clayton: Sonnenflecke
1948 n grün Shannon: Information
1948 n grün N. Wiener: Kybernetik
1949 n grün Groß-Teleskop
1950 n grün Einstein: Feldtheorie
1951 n grün Kuiper: Atmosphäre
1951 n grün Sonneborn: Vererbung
1952 n grün Wasserstoffbombe
1953 n grün Kinsey-Report
1954 n grün Kinderlähmungsserum
1955 n grün Geschlechtspsychologie
1956 n grün Strahlengefährdung
1958 n grün Strahlungsgürtel
1960 n grün Laser-Strahl
1962 n grün Venus-Sonde
1963 n grün Anti-Baby-Pille
1964 n grün Gefahren des Rauchens
1965 n grün Mars-Sonde

VEREINIGUNGSRECHT

1731 n rot Aufhebung für Gesellen

VEREINTE NATIONEN, Name einer internationalen Organisation (englisch: 'United Nations'). Nach dem zweiten Weltkrieg auf der Konferenz von San Franzisko von 51 Staaten gegründet, wuchs sie seitdem auf über 120 Mitgliedstaaten an. Dadurch schwand das einseitige Übergewicht der kapitalistischen Länder, das in den ersten zwei Jahrzehnten die Arbeit der Organisation erschwerte. Doch blieb ihr Anspruch auf Vertretung aller Erdbewohner durch den Ausschluß bedeutender Staaten (Deutschland, Korea, Vietnam) und der volkreichsten Nation (China) fragwürdig. In ihrer Wirksamkeit durch das Fehlen einer eigenen Gewalt sowie durch Vorrechte der sich als Großmächte bezeichnenden Siegerstaaten des zweiten Weltkrieges gehemmt, erwies sie sich als unfähig zur Verhinderung von Kriegen, die seit ihrer Gründung unausgesetzt in den verschiedensten Teilen der Erde geführt wurden. Als Forum internationaler Gespräche nützlich, hat sie die Völkerverständigung gefördert, insbesondere durch ihre Kulturorganisation (UNESCO).

1882 n–1945 n F. D. Roosevelt
1945 n rot Gründung
1956 n blau UNESCO-Gebäude (Paris)

VERERBUNGSLEHRE, Teilgebiet der Biologie, das sich mit den Gesetzmäßigkeiten der Übertragung von Merkmalen und Eigenschaften einer Generation von Lebewesen auf die ihr folgenden Generationen beschäftigt. Trotz des seit Jahrtausenden lebendigen Bewußtseins der Vererbung entstand die Wissenschaft erst in der zweiten Hälfte des 19. Jahrhunderts. Bei der Tier- und Pflanzenwelt führte sie durch systematische Kreuzungen zu neuen Arten. Die Übertragung dieser Forschungsergebnisse auf den Menschen geschah nur zögernd. Da eine experimentelle Erforschung der menschlichen Vererbung den bestehenden sittlichen Normen widerspricht, befindet sich dieser Teil der Wissenschaft vom Menschen noch in den Anfängen und ist in seinen praktischen und sittlichen Folgen noch nicht abzusehen.

1809 n–1882 n Darwin
1866 n grün Mendels Lehre
1881 n grün Mitschurins Züchtungen
1902 n grün Vries: Mutation
1907 n grün Morgans Lehre
1951 n grün Sonneborns Lehre

VERFASSUNG, Bezeichnung für die Gesamtheit der Grundsätze, auf denen ein Gemeinwesen beruht. Meist in einer Urkunde niedergelegt, ist sie dazu bestimmt, auch die oberste Staatsgewalt auf die allgemeinen Rechte und Pflichten festzulegen. Kam mit der Einschränkung der absoluten Herrschergewalt auf, zunächst in Städten, die sich von der Fürstenwillkür befreit hatten, dann in Ländern, in denen die Städte wegen der fortschreitenden Technisierung eine wachsende Bedeutung erhielten.

1080 n rot Verfassung für Lucca
1120 n rot Verfassung für Freiburg
1128 n rot Verfassung für Laon
1155 n–1227 n Dschingis-Khan
1215 n rot 'Magna Charta'
1250 n rot Verfassung für Florenz
1357 n rot Kirchenstaats-Verfassung
1599 n–1658 n Cromwell
1653 n rot Verfassung Englands
1732 n–1799 n Washington
1754 n blau Entwurf Franklins

1775 n rot Verfassung Rußlands
1787 n rot Verfassung der USA
1791 n rot Verfassung Frankreichs
1857 n rot Verfassung von Kansas
1857 n rot Verfassung Mexikos
1875 n rot Verfassung Frankreichs
1889 n rot Verfassung Japans
1906 n rot Verfassung Rußlands
1908 n rot Verfassung der Türkei
1936 n rot Verfassung der UdSSR

VERFLÜSSIGUNG, die Verwandlung fester oder gasförmiger Chemikalien in einen flüssigen Aggregatzustand.

1823 n grün Chlor und Kohlensäure
1877 n grün Luft-Verflüssigung
1897 n grün Wasserstoff-Verflüssigung

VERGESELLSCHAFTUNG, Bezeichnung für die entschädigungslose Enteignung von Grund und Boden, Bodenschätzen und Fabriken zum Zwecke ihrer gemeinschaftlichen Verwaltung und Nutzung durch die arbeitende Bevölkerung. Entscheidender Hebel zur Herbeiführung einer sozialistischen Gesellschaft.

2240 v–2172 v Aba
2196 v grün Einführung in Ägypten
2172 v grün Aufhebung in Ägypten
429 v–370 v Phaleas
400 v blau Forderung des Phaleas
9 n grün Einführung in China
23 n grün Aufhebung in China
605 n–680 n Fujiwara
1760 n–1797 n Babeuf
1818 n–1883 n Karl Marx
1824 n blau Lehre Saint-Simons
1847 n blau Kommunistisches Manifest
1870 n–1924 n Lenin
1878 n blau Engels: 'Anti-Dühring'
1891 n rot Erfurter Programm
1893 n– Mao-Tse-Tung
1917 n grün Einführung in Rußland
1918 n– Nasser
1924 n rot Mongolei kommunistisch
1927 n– Castro
1944 n rot Jugoslawien kommunistisch
1946 n rot Nordkorea kommunistisch
1946 n rot Albanien kommunistisch
1946 n rot Bulgarien kommunistisch
1947 n rot Polen kommunistisch
1947 n rot Rumänien kommunistisch
1948 n rot CSR kommunistisch
1948 n rot Ungarn kommunistisch
1949 n rot China kommunistisch
1955 n rot Nordvietnam kommunistisch
1956 n grün Suez-Kanal verstaatlicht
1961 n rot Kuba kommunistisch
1965 n rot Sozialismus in Ägypten
1965 n rot Sozialismus in Algerien

VERGIL, Publius, römischer Dichter.

70 v–19 v Lebenslinie
47 v blau 'Die Mücke'
40 v blau Welterlöser-Prophetie
29 v grün Werk über Landbau
19 v blau 'Äneis'
737 n–804 n Alkuin
801 n rot Alkuins Leseverbot
1320 n blau Dante: 'Göttliche Komödie'
1454 n blau Peurbachs Vorlesungen

VERKEHR, Sammelbezeichnung für alle von Menschen geschaffenen Einrichtungen, die dem Transport von Personen und Gütern sowie der Übermittlung von Nachrichten dienen.

Vorzeittafel: Schlußbalken (5000 Jahre)
2985 v grün Zweiradwagen in Indien
2945 v grün Vierradwagen in Sumer
2902 v blau Karawanenplatz Mekka
2894 v blau Schiffsmotiv auf Vasen
2854 v grün Karawanenweg in Arabien
2829 v grün Planken-Schiffsbau
2822 v grün Straßen in Indien
2644 v–2576 v Snofru
2618 v grün Sänfte in Ägypten
2598 v grün Nilschiffe
2584 v grün Handelsflotte Ägyptens
2582 v grün Befestigte Handelsstraßen
2576 v grün Assuan Handelsplatz
2570 v–2481 v Ur-Enlil
2565 v grün Transport von Steinblöcken
2545 v–2478 v Mes-Anni-Padda
2540 v grün Kanäle in Sumer
2512 v–2458 v Sahu-Re
2464 v–2397 v En-Te-Mena
2405 v grün Kanäle in Sumer
2378 v blau 'Segelschiff auf dem Nil'
2369 v–2295 v Una
2339 v grün Boote aus Papyrus
2332 v–2248 v Yao
2314 v–2292 v Meren-Re
2311 v grün Karawanen Ägypten–Nubien
2297 v grün Nilkatarakt schiffbar
2282 v grün Segeln auf dem Nil
2253 v grün Kanal von Nippur zum Meer
2060 v–1983 v Schul-Gi
2047 v blau 'Nilkahn mit Ruderern'
2044 v grün Kanal von Ur zum Meer
2002 v–1928 v Sesostris I.
1972 v blau 'Karawane aus Asien'
1935 v–1878 v Sesostris II.
1904 v–1841 v Sesostris III.
1897 v grün Frachtbriefe
1886 v–1817 v Sumu-Abum
1885 v blau 'Fremde Handelskarawane'
1869 v blau 'Bootsbau aus Papyrus'
1867 v grün Nil-Katarakt-Kanal
1764 v grün Vierradwagen in Ägypten
1716 v grün Mari Handelsplatz
1694 v grün Werft in Babylon
1691 v–1628 v Chian
1615 v grün Kiel-Spanten-Schiffsbau
1597 v–1521 v Minos
1472 v blau Fries: Verladen von Wein
1429 v blau 'Beladen der Schiffe'
1367 v rot Protest wegen Überfalls
1277 v–1207 v Tu-Kulti
1242 v grün Straßenbau Assyriens
1102 v grün Kamel als Lasttier
1055 v grün Reparatur einer Kaimauer
999 v–936 v Hiram
979 v rot Indienhafen Palästinas
969 v–908 v Bilkis
837 v blau Ideal des Fliegens
758 v–672 v Bajin
740 v grün Schlauchboot
735 v grün Schleuse von Marib
733 v–645 v Kuan-Tse
694 v grün Steinerne Tigris-Brücke
658 v–595 v Necho II.
621 v grün Tiber-Brücke
605 v grün Kanalbau Ägyptens
602 v–527 v Peisistratos
565 v–522 v Kambyses
550 v–486 v Dareios I.
518 v grün Straßenbau Persiens
493 v grün Hafen von Piräus
490 v grün Kanalbau in Ägypten
486 v grün Kanäle in China
486 v–430 v Hippodamos
483 v grün Athos-Kanal
480 v grün Schiffsbrücke
463 v grün Getreideschiffe Athens
459 v grün Telegraphie mit Fackeln
425 v grün Brücke nach Euböa
408 v grün Hafen von Rhodos
398 v rot Gibraltar-Enge gesperrt
374 v grün Kompaß in China
342 v grün Ausbau Ostias
340 v–273 v Appius Klaudius
312 v grün 'Via Appia'
281 v grün Schleuse in Ägypten
279 v grün Leuchtturm von Alexandria
259 v–209 v Schi-Huang-Ti
227 v grün Optischer Telegraph
157 v–87 v Wu-Ti
121 v grün Ausbau der Seidenstraße
120 v grün Straße Italien–Spanien
117 v grün Nutzen des Monsuns
63 v–12 v Agrippa
63 v–14 n Augustus (Oktavian)
55 v grün Hölzerne Rheinbrücke
26 v grün Handelsflotten-Ausbau
21 v grün Beamtenpost in Rom
19 v grün Straßennetz Roms
15 v grün Straßenkarte Roms
12 v grün Kanalbau in Holland
10 v–54 n Klaudius
42 n grün Versorgungshafen Roms
46 n grün 'Donaustraße'
53 n–117 n Trajan
67 n grün Flugversuch in Rom
67 n–129 n Apollodoros von Damaskus
68 n grün Hängebrücke in China
80 n grün Römerstraßen in England
104 n grün Steinerne Donau-Brücke
110 n grün Römerstraßen: 75 000 km
232 n–282 n Probus
267 n grün Schiffsbau in Schleswig
309 n grün Steinerne Rheinbrücke
554 n rot Machtgewinn Byzanz'
560 n–618 n Yang-Ti
605 n grün Kanalbau in China
608 n grün Kanalbau-Organisation
675 n–715 n Welid
685 n–762 n Hüan-Tsung
730 n grün Chinesische Denkschrift
745 n grün Postverkehr in China
746 n grün Verkehr Schweden–China
793 n grün Kanalbau Rhein–Donau
805 n grün Magdeburg Stapelplatz
823 n–877 n Karl II., der Kahle
835 n grün Route zum Schwarzmeer
847 n grün Arabische Denkschrift
855 n grün Schiffsbau der Normannen
880 n grün Flugversuch eines Arabers
968 n grün Telephon in China
990 n grün Flottenbau Venedigs
1065 n grün Flugversuch in England
1102 n grün Kompaß für Schiffahrt
1115 n grün Seefahrtszeichen Bremens
1173 n grün Brieftaubenpost
1204 n grün Neue Orient-Route
1217 n–1265 n Hulagu-Khan
1221 n grün Gotthard-Straße
1256 n grün Plan einer Flugmaschine
1265 n grün Post bei Mongolen
1276 n grün Post bei Deutschrittern
1283 n grün Kanalbau in China
1293 n grün Seemacht der Mongolen
1306 n grün Verbesserter Kompaß
1310 n grün Straßenpflaster in Lübeck
1330 n–1399 n Peter Parler
1341 n grün Pegolotti: Reiseführer
1357 n blau Karlsbrücke in Prag
1364 n grün Sperrung des Sundes
1381 n rot Schiffahrts-Gesetze
1387 n grün Septimer-Paß
1394 n–1460 n Heinrich der Seefahrer
1398 n grün Elbe-Trave-Kanal
1408 n–1472 n Nezalhual
1420 n grün Seefahrts-Schule
1480 n grün Monte-Viso-Tunnel
1489 n–1587 n Sinan
1496 n grün Inka-Straße
1501 n grün Grubenwagen, Deutschland
1505 n grün Plan einer Flugmaschine
1506 n grün Post in Frankreich
1506 n grün Deutsche Gewürzflotte
1551 n grün Hafen Helsinki
1594 n grün Seilbahnen in Italien
1599 n grün Stevin: Segelwagen
1615 n grün Gefederter Wagen
1620 n–1688 n Der Große Kurfürst
1649 n grün Wagen mit Kurbelantrieb
1651 n rot Navigationsakte
1662 n grün Omnibus in Paris
1665 n grün Straßenlicht in Paris
1670 n grün Lana: Luftschiff-Plan
1672 n–1725 n Peter I., der Große
1678 n grün Flugversuch Besniers
1679 n grün Tunnel-Sprengung
1681 n grün Kanalbau in Frankreich
1696 n grün Schiffsnachrichtenblatt
1698 n grün Karawanen Rußland–China
1698 n grün Briefträger in Berlin
1707 n grün Schaufelrad-Antrieb
1709 n grün Gusmao: Ballon
1720 n grün Kraftwagen
1731 n blau Elbbrücke in Dresden
1731 n grün Ladoga-Kanal
1731 n grün Ballonflug-Versuch
1734 n grün Rückstoß-Antrieb
1736 n grün Eisenschienen in England
1772 n grün Brenner-Straße
1773 n grün Colles: Dampfschiff
1779 n grün Eiserne Brücke
1782 n grün Montgolfier: Ballon
1783 n grün Ballonflug eines Menschen
1785 n grün Flug Dover–Calais
1787 n grün Eisenschiff
1793 n grün Chappe: Telegraph
1804 n grün Trevithick: Lokomotive
1804 n–1881 n Disraeli
1806 n grün Kontinentalsperre
1807 n grün Fulton: Dampfschiff
1809 n grün Sömmering: Telegraph
1812 n grün Schiffsschraube
1813 n grün Drais: Laufrad
1814 n grün Stephenson: Lokomotive
1814 n grün Straßenlicht in London
1816 n–1892 n Siemens
1818 n grün Atlantikfahrt (Dampfschiff)
1825 n grün Eisenbahn in England
1826 n grün Eisenbahntunnel
1829 n rot Öffnung des Bosporus
1829 n grün Baedeker: Reiseführer
1832 n grün Schilling: Telegraph
1835 n grün Eisenbahn in Deutschland
1835 n grün Rohrpost
1841 n rot Meerengen-Sperre
1841 n grün Reisebüro
1843 n grün Bain: Bildtelegraph
1844 n grün Morse: Telegraphie
1845 n grün Milius: Fahrrad
1847 n–1931 n Edison
1848 n–1896 n Lilienthal
1849 n grün Reuters Telegraphenbüro
1852 n grün Ballon mit Antrieb
1853 n grün Rhein-Marne-Kanal
1855 n grün Hughes: Telegraph
1858 n grün Schlafwagen
1858 n grün Atlantikkabel
1860 n grün Lenoir-Motor
1861 n grün Reis: Telephon
1863 n–1947 n Ford
1864 n grün Markus: Kraftwagen
1869 n grün Suezkanal
1871 n grün Mont-Cenis-Tunnel
1873 n blau 'Wolgatreidler'
1874 n rot Welt-Postverein
1874 n–1937 n Marconi
1875 n grün Suez-Aktien an England
1876 n grün Otto-Motor
1876 n grün Bell: Telephon
1877 n grün Caselli: Bildtelegraph
1879 n grün Eisenbahn-Verstaatlichung
1881 n grün Gotthard-Tunnel
1881 n grün Elektrische Straßenbahn
1883 n grün Daimler-Motor
1884 n grün Zielfahrt mit Luftschiff
1885 n grün Motorrad
1886 n grün Benz: Automobil
1887 n grün Daimler: Automobil
1888 n grün Firth-of-Forth-Brücke
1890 n grün Lilienthals erster Flug
1893 n grün Diesel-Motor
1896 n rot Eisenbahn-Konzession
1897 n grün Drahtlose Telegraphie
1899 n grün Zeppelins Luftschiff
1900 n grün Untergrundbahn in Paris
1902 n grün Korn: Bildtelegraphie
1903 n grün Ford: Autofabrik
1903 n grün Wright: Motorflug
1913 n grün Panamakanal
1915 n grün Metallflugzeug
1918 n– Nasser
1919 n grün Atlantikflug (Luftschiff)
1920 n grün Rundfunksender
1924 n grün Karolus: Fernsehgerät
1927 n grün Atlantikflug (Flugzeug)
1928 n grün Zeitungs-Bildfunk
1934 n grün Autobahnen
1934 n–1968 n Juri Gagarin
1935 n grün Luftkissen-Fahrzeug
1937 n grün Golden-Gate-Brücke
1937 n grün Hubschrauber
1939 n grün Düsenflugzeug
1942 n rot Abessinienbahn an England
1949 n grün Flug um die Erde
1952 n grün Wolga-Don-Kanal
1956 n grün Suezkanal verstaatlicht
1956 n grün Zwei Wagenklassen
1961 n grün Gagarin: Raumflug
1962 n grün Maracaibo-Brücke
1962 n grün Rendezvous-Raumflug
1963 n grün Raumflug einer Frau
1964 n grün Raumflug dreier Menschen
1965 n grün Leonows Raumflug

VERLAG, Verleger

66 v grün Römischer Verlag
45 v blau Attikus' Tabellen
1490 n grün Kobergers Verlag
1829 n grün Baedekers Reiseführer

VERMEER, Jan (1632 n–1675 n), holländischer Maler aus der Stadt Delft (daher auch 'van Delft' genannt). 20jährig als Meister in die Zunft der Maler seiner Heimatstadt aufgenommen (Lukasgilde), schuf er in den 22 Jahren seiner Tätigkeit weniger als 100 Bilder, von denen nur 40 erhalten sind. Obgleich er früh zu Ansehen gelangte und auch als Porträtmaler Auftraggeber fand, war er infolge seiner langsamen Arbeitsweise nur schwer in der Lage, seine neunköpfige Familie zu ernähren. Er begann mit lebensgroßen Bildern von warmer Farbigkeit ('Die Kupplerin') und spezialisierte sich bald auf Gemälde mit ein oder zwei Personen in einem Raum ('Milchmädchen'). Dabei legte er keinen Wert auf eine bewegte Handlung oder auf die Darstellung seelischer Vorgänge. In ruhigen, klaren Formen malte er den Menschen meist in alltäglicher Haltung, so daß die Wirkung seiner Bilder allein von ihrer Farbstimmung ausging. Schuf auch zwei Ansichten seiner Heimatstadt Delft.

1662 n blau 'Der Brief'

VERMESSUNG

2404 v blau Relief der Meridianmessung
1773 v grün Ägyptisches Handbuch
1421 v blau Ägyptisches Gemälde
152 v–82 v Heron
23 v grün Römische Messungen
1590 n grün Meßtisch
1650 n–1722 n Kang-Hi
1741 n grün Vermessung Sibiriens

VERNE, Jules (1828 n–1905 n), französischer Schriftsteller. Als Student der Rechtskunde begann er Theaterstücke und Operntexte zu schreiben, und Alexandre Dumas führte ein Stück des 22jährigen auf. Dann verdiente er seinen Lebensunterhalt als Börsenmakler und studierte Naturwissenschaften, 35jährig veröffentlichte er seinen Roman 'Fünf Wochen im Ballon'. Der Erfolg dieser abenteuerlichen technischen Utopie veranlaßte ihn, sich ganz der Niederschrift solcher Romane zuzuwenden. Dabei hielt er sich meist an das technisch Mögliche. So führte er den Leser im Tauchboot auf den Meeresgrund, ließ ihn im Flugzeug aufsteigen, in Raumschiffen zum Monde reisen und auf das Eis des Nordpols sowie in den ewigen Schnee der höchsten Berge vordringen. So nahm er zahllose Erfindungen unserer Epoche vorweg (Fernsehen). Den Kampf des Menschen um eine vernünftige gesellschaftliche Ordnung schilderte er in seinem Roman 'Die geheimnisvolle Insel', dessen Helden gegen koloniale und soziale Unterdrückung kämpfen.

1865 n blau 'Von der Erde zum Mond'

VERNICHTUNGSLAGER, Bezeichnung für eine besondere Art von Konzentrationslagern, die von den deutschen Faschisten ('Nationalsozialisten') während des zweiten Weltkrieges in den besetzten Gebieten Osteuropas eingerichtet wurden. Ihr einziger Zweck war die massenhafte Tötung von Bewohnern der eroberten Länder (hauptsächlich Juden) und die Vernichtung ihrer Leichen. Hierfür wurden mit wissenschaftlichen Mitteln die zweckmäßigsten Methoden und Einrichtungen entwickelt (Gaskammern, Verbrennungsöfen).

1889 n–1945 n Hitler
1944 n rot Massenmord (Auschwitz)

VERONA, Stadt an der Einmündung des Etsch-Tales in die Po-Ebene (Nord-Italien), unweit der Südspitze des Gardasees. Die alte keltische Siedlung wurde im Jahre 89 v römische Kolonie und erlebte unter Kaiser Augustus den Aufstieg zu einer blühenden Weltstadt. Ihr Freilichttheater bot 22 000 Menschen Platz. Im Dritten Gotischen Krieg besiegten hier die Römer unter Stilicho die westgotischen Heere unter Alarich. Im Jahre 452 n wurde sie von Hunnen unter Attila verwüstet. Nach dem Untergang des römischen Reiches häufig Residenzstadt des Ostgotenkönigs Theoderich, der seinen Namen 'Dietrich von Bern' der damaligen deutschen Bezeichnung für die Stadt ('Bern') verdankt. Er siegte hier 489 n über den ersten germanischen König von Rom (Odoaker). Später wurde die Stadt langobardisch, fiel dann dem fränkischen Reiche zu und gehörte seit dessen Teilung zum deutschen Reich. Am Kampf der norditalienischen Städte um Unabhängigkeit vom Reich führend beteiligt, wurde sie nach Erlangung der Selbständigkeit durch die Spaltung der führenden Familien in Kaisertreue (Ghibellinen) und Papsttreue (Guelfen) zerrissen. 1387 n fiel sie unter die Herrschaft Mailands, 1405 n unter die Macht Venedigs, mit diesem 1797 n unter die Oberhoheit Österreichs und wurde endlich 1866 n Bestandteil des unabhängigen italienischen Nationalstaates. Shakespeares Drama 'Romeo und Julia' spielt in dieser Stadt.

370 n/455 n Hunnenkriege
395 n/403 n Dritter Gotischer Krieg
455 n–526 n Theoderich der Große
489 n/493 n Ostgoten-Einfall
541 n–572 n Alboin
568 n/569 n Langobarden-Einfall
1107 n rot Unabhängigkeit
1122 n–1190 n Friedrich I., Barbarossa
1158 n rot Eingriff des Kaisers
1158 n/1162 n Städteerhebung
1166 n/1167 n Feldzug Friedrichs
1176 n braun Städte-Erhebung
1176 n rot Unabhängigkeit
1183 n rot Formelle Kaiser-Hoheit
1591 n blau 'Romeo und Julia'

VERONESE, Paolo (1528 n–1588 n), italienischer Maler. Als Sohn eines Bildhauers in Verona geboren (daher sein Name). Lernte bei seinem Onkel die Mal-Technik, begann 17jährig mit eigenen Arbeiten (Altarbilder und Fresken), ging 20jährig nach Mantua und sieben Jahre später nach Venedig. Dort schuf er in 15jähriger Arbeit Altarbilder sowie Decken- und Wandgemälde der Kirche San Sebastiano. Im Dogen-Palast schmückte er mehrere Säle ('Triumph der Venezia'). In der Umgebung seiner Wahlheimat Venedig malte er in Schlössern und Palästen. Dabei kehrten die von ihm besonders geliebten Darstellungen üppiger Gastmähler immer wieder. 1573 n wurde er vom Inquisitionstribunal einem 'peinlichen Verhör' unterworfen, weil er Narren, Zwerge, betrunkene Deutsche und andere Albernheiten auf einem religiösen Bilde dargestellt hatte ('Gastmahl bei Levi'). Doch behielt er seine freie, lebensfrohe und dem strengen Geist seiner Zeit (Gegenreformation) entgegengesetzte Malweise bei und lieferte sie weiter den am besten zahlenden Kirchen in christlicher Gestalt ('Vermählung der heiligen Katharina'). Christliche Standardmotive stellte er gleich mehrfach her (4 mal 'Die Anbetung der Könige'). Dafür beschäftigte er eine zunehmende Zahl von Schülern. Am stärksten zeigte sich seine Farbenlust, wenn er ohne kirchliche Rücksichten Szenen aus Sage und Geschichte darstellte ('Raub der Europa', 'Familie des Perserkönigs Dareios').

1563 n blau 'Hochzeit zu Kana'

VERRENKUNGEN und ihre ärztliche Behandlung

1981 v–1929 v Neferi
424 v grün Hippokrates' Untersuchung

VERROCCHIO, Andrea, italienischer Bildhauer und Maler.

1436 n–1488 n Lebenslinie
1476 n blau 'Taufe Christi'
1480 n blau 'Thomas und Christus'
1488 n blau Colleoni-Standbild

VERSAILLES, Vorort von Paris. 17 Kilometer von der Hauptstadt entfernt, wurde es von Ludwig XIV. vor 300 Jahren als königliche Residenz ausgebaut, weil ihm Paris selbst zu unsicher geworden war. Das 415 Meter lange Schloß liegt in einem riesigen Park, der sich dem höfischen Stile der Gesamtanlage einfügt und zwei Lustschlösser (Grand Trianon und Petit Trianon) birgt. Die hier betriebene verschwenderische Hofhaltung wurde das neidvoll betrachtete Vorbild für viele Fürsten Europas und das Ärgernis des französischen Volkes, das die Kosten zu tragen hatte. 1783 n wurde hier der Friedensvertrag zwischen England und seiner ehemaligen Kolonie Nordamerika abgeschlossen. 1789 n zog die Pariser Bevölkerung hierher und zwang den König zur Übersiedlung in die Stadt. Das Schloß wurde in ein Museum verwandelt, in dem später die während der Napoleonischen Kriege in ganz Europa geraubten Kunstschätze Aufstellung fanden. Nach dem deutschen Siege über Frankreich war das Schloß 1871 n Sitz des deutschen Hauptquartiers. Hier wurde der Preußenkönig Wilhelm I. zum deutschen Kaiser ausgerufen und bald darauf auch der

Friedensvertrag zwischen Deutschland und Frankreich unterzeichnet. Zwei Wochen später richtete die neue französische Regierung hier ihren Sitz ein und wagte erst nach acht Jahren die Übersiedlung in das von der Kommune erschütterte Paris. Nach dem alliierten Siege im ersten Weltkrieg wurde hier der Friedensvertrag mit Deutschland geschlossen.

1638n–1715n Ludwig XIV.
1661n blau Beginn des Schloßbaues
1682n blau Spiegelsaal im Schloß
1682n grün Lenôtres Parkanlage
1687n blau 'Grand Trianon'
1783n rot Friede England–Amerika
1789n/1795n Französische Revolution
1870n/1871n Deutsch-französischer Krieg
1871n rot Einigung Deutschlands
1871n rot Wilhelm I. Kaiser
1919n rot Versailler Vertrag

VERSICHERUNGEN

334v grün Entlaufen von Sklaven
1696n grün Anfänge von 'Lloyd's'

VERSILBERN, das Überziehen eines unedlen Metalls mit einer dünnen Silberschicht. Früher mechanisch durch Hämmern oder Walzen (Blattsilber), dann durch Einbrennen von Quecksilberoxyd oder durch Einreiben mit Silberbrei, seit dem 19. Jahrhundert fast ausschließlich auf chemischem Wege vorgenommen: Der zu versilbernde Gegenstand wird als Kathode in ein silberhaltiges galvanisches Bad gehängt, in dem sich als Anode ein Silberblech befindet. So erhält er eine gleichmäßige, hauchdünne, aber widerstandsfähige Silberschicht.

2708v grün Ägyptische Technik

VERSLEHRE

20v blau Horaz' Vorschläge
180n blau Herodianos' Lehre
502n–543n Al Kais
539n blau Al Kais' Regeln
718n–791n Al Chalil
761n blau Al Chalils Lehre
1054n–1122n Al Hariri
1178n–1241n Snorri Sturluson
1239n blau 'Edda'
1392n blau Deschamps Lehrbuch
1624n blau Opitz' Lehre
1653n blau Harsdörffers Werk
1674n blau Boileaus Lehrbuch
1730n blau Gottscheds Lehrbuch

VERSTAATLICHUNG, Bezeichnung für die Überführung einzelner Betriebe oder Wirtschaftszweige in Staatseigentum. Als Maßnahme zur Überwindung oder Verhinderung von Krisen dient sie der grundsätzlichen Erhaltung des Privateigentums an den Produktionsmitteln und erfolgt deshalb stets durch Kauf, also gegen Bezahlung an die privaten Eigentümer. Sie beschränkt sich außerdem auf einzelne Zweige der Volkswirtschaft, deren reibungsloses Funktionieren Voraussetzung für den sicheren Fortbestand des Kapitalismus in seiner Gesamtheit ist (Verkehrsmittel, Grundstoffe).

1662n grün Teppichweberei
1879n grün Eisenbahn
1951n grün Erdöl

VERSUCH, wichtigstes Mittel zur Erhärtung wissenschaftlicher Theorien. Von den Arabern vor mehr als 1200 Jahren systematisch entwickelt, setzte er sich im christlichen Teile Europas erst nach Brechung der religiösen Vorurteile gegen wissenschaftliches Denken und Handeln durch.

572v–493v Pythagoras
503v grün Pythagoras' Experimente
338v–268v Strato der Physiker
1214n–1294n Roger Bacon
1561n–1626n Francis Bacon

VERUS, Lucius Aurelius (130n–169n), römischer Kaiser von 161n bis 169n. Auf Weisung des Kaisers Hadrian von Antoninus Pius adoptiert und zusammen mit Mark Aurel erzogen, wurde er nach dem Tode des Antoninus Pius Mitkaiser. Führte die Heere Roms im Partherkrieg, doch überließ er die Schlachten seinen Feldherren und gab sich in Antiochia einem untätigen Genußleben hin. Nach dem Siege zog er mit einem großen Triumphzug in Rom ein und heiratete die Schwester Mark Aurels. Nahm an den Markomannen-Kriegen teil.

86n–161n Antoninus Pius
121n–180n Mark Aurel
161n rot Herrschaftsbeginn
161n/166n Partherkrieg
166n/180n Markomannenkriege

VERVIELFÄLTIGUNG

1372v grün Verwendung von Gips
896v grün Steindruck in China
305v grün Abgüsse von Plastiken
175n grün Druck auf Papier
245n–309n Pamphilos
480n–573n Kassiodor
542n blau Abschreibearbeiten
596n grün Holztafeldruck in China
685n–762n Hüan-Tsung
748n grün Zeitung in China
765n grün Holzplattendruck, Japan
868n grün Bücher in China
977n grün 'Tripitaka'-Druck, China
1016n–1076n Pi-Scheng
1045n grün Einzellettern
1399n–1468n Gutenberg
1400n grün Holzschnitt
1430n grün Kupferstich
1437n grün Druckerpresse
1443n–1490n Matthias Corvinus
1444n grün Zweiseitiger Druck
1448n grün Gießgerät für Lettern
1450n grün Druck eines Schulbuches
1455n grün Gutenbergs Bibel
1461n grün Bebilderte Bücher
1469n grün Buchdruckerei, Venedig
1470n grün Deutsche Drucker, Paris
1476n grün Metallene Notenlettern
1478n grün Kupferstich-Landkarte
1484n grün Verbreitung des Druckens
1490n grün Kobergers Verlag
1491n grün Landkartendruck
1522n rot Zensur für Druckwerke
1530n–1584n Iwan IV.
1542n rot Strafe für Koran-Druck
1546n rot Feuertod für Drucker
1710n grün Drei-Farben-Druck
1736n–1819n James Watt
1796n grün Steindruck (Senefelder)
1804n grün Letternguß-Maschine
1810n grün Buchdruck-Schnellpresse
1860n grün Rotations-Maschine
1882n grün Autotypie
1884n grün Zeilengießmaschine
1910n grün Rotations-Tiefdruck

VERWALTUNG, Bezeichnung für die Gesamtheit der vollziehenden Gewalt eines Gemeinwesens. Grundsätzlich der Gesetzgebung unterstellt, nimmt sie durch die in vielen Ländern bestehende Sonder-Rechtsprechung (Verwaltungsgerichtsbarkeit) sowie durch das ihr zugebilligte Prinzip des 'pflichtgemäßen Ermessens' weitgehend eine Sonderstellung ein. Ihrer Machtfülle entspricht seit alters her in den meisten Staaten das Bewußtsein der Ohnmacht des Staatsbürgers. In der Klassengesellschaft neben der Wirtschaft der entscheidende Hebel zur Aufrechterhaltung der bestehenden Abhängigkeitsverhältnisse, ist die Aufhebung ihrer Sonderstellung eine wesentliche Voraussetzung der klassenlosen Gesellschaft. Verzögerungen in ihrer Entmachtung sind Ursache für Entwicklungskrisen in sozialistischen Staaten.

2846v–2784v Hemaka
2822v–2781v Udimu
2812v grün Beamte für Nilmessung
2766v–2702v Neb-Re
2757v–2681v Neter-Imu
2751v–2681v Ru-A-Ben
2710v rot Gaue in Ägypten
2707v–2626v Imhotep
2704v–2634v Hesire
2696v grün Steuerbeamte in Ägypten
2659v rot Soldaten-Registrierung
2655v–2601v Huni
2652v blau 'Beamter mit Schreibzeug'
2651v blau Plastik eines Beamten
2647v rot Wesir in Ägypten
2633v–2570v Meten
2605v–2542v Dedefre
2573v blau Plastik des Meten
2570v blau Autobiographie des Meten
2565v rot Zeremoniell in Ägypten
2500v blau Statue eines Beamten
2495v–2405v Pta-Hotep
2452v–2377v Ti
2434v–2368v Asosi
2382v–2320v Teti
2376v–2294v Sargon der Große
2373v rot 'Vorsteher des Südens'
2369v–2295v Una
2365v rot Anti-Korruptionsgesetz
2332v–2248v Yao
2331v rot Dezentralisierung
2319v rot Beamte in Mesopotamien
2307v rot Ägyptische Polizei
2302v rot Reform in China
2288v–2206v Schun
2240v–2172v Aba
2222v rot Reform in China
2201v rot Provinzen in China
2185v–2123v Chun-Anup
2154v–2096v Jar-Lagab
2110v rot Sumerer-Selbstverwaltung
2008v–1952v Keti
1995v–1911v Enotes
1911v–1845v Ilu-Suma
1857v–1803v Sehet
1773v grün Handbuch für Beamte
1713v rot Beamtenschule in Mari
1693v rot Mesopotamien Beamtenstaat
1531v–1481v Sen-Mut
1521v rot Machtgewinn für Priester
1502v–1431v Rech-Mi-Re
1499v–1450v Tuti
1466v rot Gouvernement Vorderasien
1462v–1382v Hapu
1438v–1368v Ra-Mosis
1422v blau 'Bürokratie auf dem Lande'
1418v–1372v Ka-Em-Het
1410v–1353v Pentu
1384v–1318v Haremhab
1208v–1137v Ram-Se-Na
1168v–1115v Ramses IX.
1142v–1085v Ramses XI.
960v grün Steuer-Gaue in Juda
774v–727v Tiglatpileser III.
763v–705v Sargon II.
598v–501v Teng-Tse
550v–486v Dareios I.
525v blau Angriff auf Beamte
471v rot Beamte der Plebejer
460v grün Besoldung in Athen
421v rot Rechtsgewinn für Plebejer
324v blau Gewaltenteilungs-Lehre
312v rot Söhne Freigelassener Beamte
300v rot Plebejer-Gleichstellung
248v–195v Han-Kautsu
234v–174v Mao-Tun
227v rot Einsetzung von Prätoren
196v rot Beamte aus dem Volk
170v–102v Lucilius
124v rot Beamtenbildung in China
24v–37n Marbod
10v–54n Klaudius
15n rot Beamtenwahl neu geregelt
76n–139n Hadrian
243n–316n Diokletian
297n rot Reform in Rom
331n–363n Julian
340n–397n Ambrosius
416n rot Privileg für Christen
478n–567n Narses
539n rot Paß- und Zuzugskontrolle
568n rot Zivilverwaltung Italiens
570n–635n Li-Yüan
582n–644n Omar
598n–649n Tai-Tsung
601n–679n Li-Pen
605n–680n Fujiwara
620n rot Reform in Byzanz
621n rot Griechisch Amtssprache
626n–672n Tenji
628n rot Beamtenprüfung in China
645n rot Reform in Japan
699n grün Amtssprache bei Arabern
712n–775n Al Mansur
742n–814n Karl der Große
778n–840n Ludwig der Fromme
972n–1038n Stephan I.
995n–1035n Knut der Große
1020n rot Rechte für Leon
1021n–1086n Wang-Anschi
1069n rot Reform in China
1194n–1250n Friedrich II.
1205n rot Rechte für Handwerker
1217n–1265n Hulagu-Khan
1270n–1319n Haakon V.
1309n–1370n Kasimir der Große
1336n–1405n Timur
1480n rot Königsbeamte in Städten
1506n rot Gouverneur für Indien
1509n rot Gouverneur für Ostafrika
1542n–1605n Akbar
1594n–1632n Gustav Adolf
1620n–1688n Der Große Kurfürst
1625n rot Kolonialamt in England
1632n–1704n Locke
1674n rot Gouverneur für Kanada
1688n–1740n Friedrich Wilhelm I.
1689n–1755n Montesquieu
1717n–1780n Maria Theresia
1728n rot Außenministerium Preußens
1729n–1796n Katharina II., die Große
1748n blau Gewaltenteilungs-Lehre
1768n rot Kolonialamt aufgewertet
1775n rot Gouvernements in Rußland
1785n rot Privilegien für Städte
1807n rot Stein'sche Reformen
1809n–1852n Gogol
1828n–1910n Tolstoi
1855n rot Abhängige Selbstverwaltung
1881n rot Buren: Selbstverwaltung

VESAL, Andreas (1514n–1564n), belgischer Arzt deutscher Herkunft. Studierte in Löwen und Paris Medizin und widmete sich dann der Erforschung des menschlichen Körperbaus (Anatomie). Den Krieg zwischen dem deutschen Kaiser Karl V. und dem französischen König Franz I. machte er als Feldarzt und Chirurg mit. Anschließend wurde er Professor der Anatomie in Padua, Pisa, Bologna und Basel. Auf Grund seiner Forschungen an menschlichen Leichen konnte er zahlreiche Irrtümer der überlieferten Medizin, auch des als Autorität geltenden Galen, richtigstellen. Forderte die Ärzte zum Sezieren von Leichen auf. Von Karl V. zum kaiserlichen Leibarzt berufen. Mit seinem 7bändigen bebilderten Werk über den Bau des menschlichen Körpers stellte er die Anatomie auf eine wissenschaftliche Grundlage. Nach dem Tode Karls V. wagte es die Inquisition, ihn wegen seiner Leichenzerlegungen zu belangen. Als Zauberer zum Tode verurteilt, wurde er auf Drängen Philipps II. zu einer Pilgerfahrt nach Jerusalem begnadigt. Auf der Rückreise kam er bei einem Schiffbruch vor der griechischen Insel Zakynthos um.

1543n grün Lehrbuch der Anatomie

VESPASIAN, Titus Flavius, römischer Kaiser von 69n bis 79n.

9n–79n Lebenslinie
25n–70n Civilis
37n–100n Josephus
66n/70n Jüdischer Krieg
68n/69n Thronkämpfe
68n/70n Bataver-Aufstand
70n rot Zerstörung Jerusalems
70n grün Sondersteuer für Juden
71n/84n Zweiter Britannischer Krieg
73n rot Philosophen-Ausweisung
74n rot Schwarzwald römisch
75n grün Gehalt für Rhetoriklehrer
76n rot Wales römisch
80n blau Kolosseum fertiggestellt

VESPUCCI, Amerigo (1451n–1512n), italienischer Kaufmann. Ging 40jährig nach Spanien und beteiligte sich an einem Handels-Unternehmen in Sevilla. Durch Lieferung der Ausrüstung von Schiffen des Kolumbus kam er mit dem Neuentdecker Amerikas in Berührung und beschloß, selbst die dort vermuteten Reichtümer zu suchen. Doch beteiligte er sich nicht an den Reisen des Kolumbus, sondern unternahm mit dessen Steuermann Hojeda eine eigene Fahrt. Mit den Karten des Kolumbus erreichten sie 1499n die Küste Südamerikas. Nach seiner Rückkehr schrieb er Briefe, in denen er sich selbst als eigentlichen Entdecker Amerikas bezeichnete. Diese Briefe, die er an den Fürsten seiner Heimatstadt Florenz richtete, wurden veröffentlicht und veranlaßten den deutschen Buchdrucker und Geographen Waldseemüller in einer 1507n herausgegebenen Weltbeschreibung zu dem Vorschlag, Südamerika nach ihm zu benennen. Der deutsche Geograph Kremer (Mercator) übertrug 62 Jahre später den Vornamen Amerigo auf Nord- und Südamerika. Durch die große Verbreitung der Mercator-Karte verdrängte diese Bezeichnung allmählich den ersten Namen des neuentdeckten Kontinentes ('Westindien').

1499n grün Südamerika-Fahrt
1507n grün Waldseemüllers Karte
1569n grün Mercators Karte

VESUV, Name eines feuerspeienden Berges (Vulkan) 10 Kilometer südöstlich von Neapel (Süditalien). Einziger noch tätiger Vulkan des europäischen Festlandes. Er galt schon vor 2000 Jahren als erloschen, kündigte aber seit dem Jahre 63n durch heftige Erdstöße einen Ausbruch an. Doch wurden diese Zeichen nicht richtig gedeutet, und so trafen Lava und Aschenregen im Jahre 79n die 40000 Einwohner der umliegenden Ortschaften (Herkulaneum, Pompeji und Stabiä) völlig überraschend. Wegen der Fruchtbarkeit des Bodens (Wein- und Obstbau) wurde aber die umliegende Landschaft immer wieder besiedelt, so daß die folgenden großen Ausbrüche (203n, 472n, 512n, 685n, 982n, 1036n und 1139n) erneut ihre Opfer fanden. Eine fast 500jährige Pause ließ dann die Menschen hoffen, daß der Berg endgültig erkaltet sei, bis sich 1631n wieder ein heftiger Ausbruch einstellte. Seitdem folgten kleinere Entladungen im Abstand weniger Jahrzehnte. 1872n gab es noch einmal 300 Todesopfer, als Wurfmassen bis zu einer Höhe von 1300 Metern emporgeschleudert wurden. 1906n und 1944n folgten noch schwere Ausbrüche. Ein Observatorium beobachtet seit 1845n alle Bewegungen, um die anwohnenden Bauern und die mit einer Drahtseilbahn bis an den Gipfel vordringenden Neugierigen möglichst rechtzeitig zu warnen.

79n grün Ausbruch

VETERAN, von dem lateinischen Wort 'veteranus' (= bewährt) abgeleitete Bezeichnung für Soldaten, die nach langer Dienstzeit entlassen werden. Im römischen Reich erhielten sie nach 20jährigem Dienst das Bürgerrecht, Steuer- und Lastenfreiheit sowie ein Stück Ackerland außerhalb Italiens. Das Prinzip der Veteranenversorgung verbreitete sich dann mit dem Berufssoldatentum über die ganze Erde.

103v rot Gesetz über Versorgung
398n rot Landzuteilung
638n grün Pension bei Arabern

VETORECHT, von dem lateinischem Wort 'veto' (= ich verbiete) abgeleitete Bezeichnung für das Recht zur Aufhebung von Mehrheitsbeschlüssen. Meist den Herrschern vorbehalten, wurde es im 17. Jahrhundert in Polen jedem Mitglied des Reichstages zugestanden. Von den 55 auf diesen Beschluß des Reichstages folgenden Zusammenkünften wurden 48 durch Anwendung dieses Rechtes gesprengt. 1791n wurde daher diese in der Staatsgeschichte einmalige Ausprägung des Vetorechtes wieder abgeschafft.

1652n rot Einführung in Polen

VIA APPIA, Name der größten zweispurig gepflasterten Straße des Römerreiches. Die von Appius Klaudius erbaute und nach ihm benannte Straße reichte zunächst von Rom bis Kapua (bei Neapel), wurde aber später durch ganz Süditalien bis zum römischen Osthafen Brundisium (Brindisi) fortgeführt. Um 100n erreichte sie eine Länge von 540 Kilometern.

340v–273v Appius Klaudius
312v grün 1. Abschnitt

VIAU, Théophile (1590n–1626n), französischer Dichter. Aus protestantischer Familie stammend, wurde er durch die immer deutlicher hervortretende Unduldsamkeit der katholischen Kirche zum Religionsgegner. Schrieb freigeistige Gedichte und Satiren. In einer Tragödie gestaltete er die unglückliche Liebe des babylonischen Jünglings Pyramus zu Thispe, deren Eltern mit seinem Elternhaus verfeindet waren. Wegen Atheismus mehrfach verfolgt und schließlich zum Tode verurteilt, starb er nach 2jähriger Kerkerhaft.

1624n rot Verurteilung

VICENTINO, Nicola (1511n–1572n), italienischer Komponist, Musiktheoretiker und Instrumentenbauer. Nach Studienjahren in Venedig wurde er Hofkapellmeister und Musiklehrer des Prinzen von Ferrara. Später ging er mehrere Jahre nach Rom, wo er der Musik aus vorchristlicher Zeit nachspürte und sich leidenschaftlich für ihre Wiedererweckung einsetzte. Er wollte die in der Langeweile des Kirchengesanges erstorbene Musik durch die Lebendigkeit und Daseinsfreudigkeit der vorchristlichen Epoche Roms und Griechenlands beleben und erneuern. Zu diesem Zwecke entwickelte er ein klavierartiges Saiteninstrument mit 31 Stufen in der Oktave ('Archicembalo'), geeignet zur Wiedergabe aller 3 früheren Tongeschlechter (diatonisch, chromatisch, enharmonisch). Baute auch ein Orgelinstrument ('Archiorgano'). Schrieb viel unkirchliche (meist fünfstimmige) Musik.

1555n grün Archicembalo

VICHY, Kurort im Herzen Frankreichs. Seine Quellen dienten bereits vor 2000 Jahren den Römern und machten das Städtchen im 19. Jahrhundert zu einem der ersten Badeorte Frankreichs. Während des zweiten Weltkrieges hatte hier nach der französischen Kapitulation die mit der deutschen Besatzungsmacht zusammenarbeitende französische Regierung ihren Sitz ('Kollaborateure'). Sie wurde von dem französischen Marschall Pétain geführt, der im ersten Weltkrieg auf französischer Seite die Schlacht von Verdun geleitet hatte und seit 1934n Kriegsminister war. Er widersetzte sich der englisch-amerikanischen Invasion. 1945n wurde er deshalb zum Tode verurteilt, aber von de Gaulle begnadigt.

1939n/1945n Zweiter Weltkrieg
1964n blau 'Zwischenfall in Vichy'

VICO, Giovanni Battista, italienischer Philosoph.

1668n–1744n Lebenslinie
1725n grün Völkerpsychologie

VIEHZUCHT

Vorzeittafel: 20 Tausend Jahre
2825v grün Schafzucht in Sumer
2647v grün Geflügelzucht in Ägypten
2426v grün Bienenzucht in Ägypten
2390v blau Relief 'Geflügelzüchter'
2141v grün Brutöfen in Ägypten
2093v–2030v Ur-Nammu
2060v–1983v Schul-Gi
2015v grün Tierzuchtstation in Sumer
1752v grün Gestüte in Vorderasien
1472v grün Haushuhn in Ägypten
1465v–1422v Amen-Hotep II.
1434v grün Pferdezucht in China
1405v–1326v Kikkuli
1353v grün Schimmelzucht in Assyrien
1334v grün Kikkulis Pferdebuch
1288v–1232v Hori
1029v grün Seidenraupen in China
758v–672v Bajin
753v–680v Hesiod
639v blau Relief 'Bienenzucht'
573v grün Hühnerzucht bei Griechen
461v grün Gestüt in Babylon
202v grün Seidenraupen in Korea
70v–19v Vergil
294n–354n Apsyrtos
298n grün Seidenraupen in Japan
552n grün Seidenraupen in Byzanz
732n grün Seidenraupen in Spanien
1786n grün Künstliche Befruchtung
1866n grün Mendel'sche Gesetze
1907n grün Morgan: Vererbung

VIELEHE

2576v–2515v Chefren
2403v rot Nebenfrauen in Sumer
2332v–2248v Yao
1326v–1234v Ramses II.
1035v–972v David
627n grün Islamische Vorschrift
1830n rot Sitte der Mormonen

VIELSTIMMIGKEIT
1423 n blau Kontrapunkt
1435 n blau Dufays Werke
1501 n blau Josquins Musik
1525 n–1594 n Palestrina
1583 n blau Monteverdis Madrigale
1585 n–1672 n Heinrich Schütz

VIENNE, Stadt am linken Rhône-Ufer (Südfrankreich). Bereits vor 2000 Jahren von Römern bewohnt, wurde sie um 450 n Hauptstadt Burgunds, fiel 534 n ans Frankenreich, kam 1033 n ans deutsche Reich und ist seit 1349 n französisch. 1312 n fand hier ein Konzil der katholischen Kirche statt, auf dem der mächtige Templerorden vom Papst aufgelöst wurde. Gleichzeitig entschied der Papst im Armutsstreit gegen die Lehre der Franziskaner, derzufolge die Apostel kein Eigentum besaßen und folglich der Verzicht auf Eigentum zur höchsten religiösen Vollkommenheit führe.
1312 n rot Konzil

VIERTAKTMOTOR, Bezeichnung für den von dem deutschen Erfinder Nikolaus Otto entwickelten Verbrennungsmotor, der in zwei Hüben vier Arbeitstakte bewältigt: 1) Ansaugen des Gas-Gemischs, 2) Verdichtung des Gas-Gemischs, 3) Explosion des Gas-Gemischs und Rückschlag des Kolbens, 4) Ausstoßung der Verbrennungsrückstände. Sein Arbeitsprinzip blieb auch nach der Erfindung des Zweitaktmotors das beherrschende, auf dem bis in unsere Epoche fast alle Verbrennungsmotore beruhen.
1876 n grün Erfindung

VIETA, François (1540 n–1603 n), französischer Mathematiker. Studierte Rechtskunde und wurde Anwalt. In den Religionskämpfen stand er auf der Seite der französischen Protestanten (Hugenotten) und wurde deshalb von der katholischen Kirche verfolgt. Beschäftigte sich mit den Beziehungen der Seiten und Winkel im Dreieck (Trigonometrie) sowie mit der Berechnung des Verhältnisses von Kreis-Durchmesser und Kreis-Umfang (pi). Systematisierte die Buchstaben-Rechnung und dehnte ihre Anwendung auf die Geometrie aus. Auch durch seine zahlreichen weiteren Arbeiten förderte er die Verknüpfung von Algebra und Geometrie, in der er das Hauptziel seiner Lebensarbeit sah. Versuchte vergeblich die Verwandlung eines Kreises in ein flächengleiches Quadrat ('Quadratur des Kreises').
1579 n grün Dezimalbruchrechnung

VIETKONG, Name der aus dem Vietminh hervorgegangenen kommunistischen Kampf-Organisation zur Befreiung Süd-Vietnams. Behauptete sich mit Unterstützung Nord-Vietnams auch gegen die Streitmacht der USA. Bewies durch ihren erfolgreichen Kampf, daß es auch für ein kleines freiheitsliebendes Volk möglich ist, sich gegen die eigenen Ausbeuter durchzusetzen und der stärksten Weltmacht militärisch zu trotzen.
1960 n / Revolution Indochinas

VIETMINH, Name einer 1941 n von den vietnamesischen Kommunisten unter Ho-Tschi-Minh gegründete Kampf-Organisation zur Befreiung Vietnams aus französischer Kolonialherrschaft. Durch Vertreibung der Franzosen siegreich, wurde ihr durch Eingreifen europäischer Mächte und der USA die Herrschaft über Südvietnam diplomatisch entwunden.
1945 n / 1954 n Erhebung Südostasiens

VIETNAM, Land in Südostasien an der Ostküste Hinterindiens. Das seit 2500 Jahren bestehende selbständige Staatswesen der Vietnamesen geriet vor 2200 Jahren für mehr als ein Jahrtausend unter chinesische Herrschaft. Im 10. Jahrhundert errang es wieder seine Unabhängigkeit und behauptete sie bis zur Unterwerfung durch Frankreich im 19. Jahrhundert. Nach dem zweiten Weltkrieg begann das Volk unter Führung der Kommunisten (Ho-Tschi-Minh) seinen Befreiungskampf und bereitete den französischen Kolonialtruppen 1954 n in Dien-Bien-Phu eine so furchtbare Niederlage, daß Frankreich das Land räumen mußte. Doch gelang es den USA, den Süden gegen den kommunistischen Norden aufzurüsten und durch Entsendung von 500 000 US-Soldaten die Vereinigung des Landes unter kommunistischer Führung zu verzögern.
217 v / 214 v Vorstoß der Chinesen
214 v rot Chinesische Herrschaft
1254 n–1324 n Marco Polo
1771 n braun Aufstand der Bauern
1862 n braun Vorstoß Frankreichs
1862 n rot Gebietsgewinn Frankreichs
1882 n / 1885 n Vorstoß Frankreichs
1883 n rot Gebietsgewinn Frankreichs
1885 n rot Gebietsgewinn Frankreichs
1888 n rot Teil Indochinas
1939 n / 1945 n Zweiter Weltkrieg
1945 n / 1954 n Erhebung Südostasiens
1954 n rot Unabhängig, geteilt
1955 n rot Norden kommunistisch
1955 n rot Bandung-Konferenz
1960 n / Revolution Indochinas

VIKTOR AUREL (um 320 n–um 390 n), römischer Geschichtsschreiber und Staatsmann. Kam als Sohn eines armen Landarbeiters nach Rom, wo er das Vertrauen des Kaisers Julian fand und bis zum Statthalter von Pannonien (West-Ungarn) aufstieg. Verfaßte einen Abriß der Geschichte des römischen Reiches in der Kaiserzeit (23 v–360 n) meist in der Form kurzer Lebensbilder der Kaiser.
360 n blau Kaisergeschichte

VIKTOR EMANUEL II. (1820 n–1878 n), italienischer König von 1861 n bis 1878 n. Als Sohn des Königs von Sardinien, der auch über einen Teil Norditaliens (Savoyen) herrschte, kämpfte er mit seinem Vater gegen die Österreicher und übernahm nach dessen Abdankung den Thron. Er hatte tüchtige Minister (Cavour) und hielt in einer Zeit allgemeiner Restauration als einziger Herrscher an einer liberalen Verfassung fest. So erwarb er sich Sympathien in ganz Italien. Seine antikirchliche Haltung, die ihm mehrfach päpstlichen Bann eintrug, erhöhte seine Volkstümlichkeit. Besuchte Paris und London, um ein freundschaftliches Verhältnis zu diesen beiden Mächten herzustellen. Durch Verheiratung seiner Tochter mit dem Prinzen Napoleon sicherte er sich die Unterstützung Frankreichs und begann schließlich den neuerlichen Kampf gegen Österreich. Von Cavour an die Spitze der italienischen Einigungsbewegung gestellt, opferte er den größten Teil seines Stammlandes Savoyen, um damit die unerläßliche Waffenhilfe Frankreichs zu erkaufen, und wurde der erste König des geeinten Italiens. Nach Eroberung Roms beseitigte er den Kirchenstaat. Als Österreich 1866 n durch einen Krieg mit Preußen gebunden war, eroberte er Venedig für Italien. Half Frankreich im Kriege gegen Deutschland, knüpfte aber nach seiner Niederlage freundschaftliche Beziehungen zu Deutschland und Österreich. Damit schuf er zugleich ein Gegengewicht gegen die immer noch starke päpstliche Macht.
1810 n–1862 n Cavour
1859 n / 1861 n Befreiungskampf Italiens
1861 n rot König von Italien

VIKTORIA (1819 n–1901 n), englische Königin von 1837 n bis 1901 n. Als Tochter des Herzogs von Kent und einer deutschen Prinzessin wurde sie nach dem Tode ihres Onkels Wilhelm IV. 18jährig Königin von Großbritannien. Sie heiratete 20jährig den deutschen Prinzen Albert von Sachsen-Coburg, der starken Einfluß auf die Politik hatte und ihn im deutschfreundlichen Sinne geltend machte. Nach 20jähriger Ehe starb ihr Mann, und sie geriet nun ganz unter den Einfluß ihres Premierministers Disraeli. Von ihm ließ sie sich für die englische Weltmachtpolitik gewinnen und gab der britischen Ausbeutung eines Viertels der Erde durch die Lauterkeit ihrer Person einen biederen Anstrich ('Viktorianisches Zeitalter'). Auf ihren Wunsch wurde sie zur Kaiserin von Indien ausgerufen. Sie herrschte 64 Jahre lang über ihr Land und damit länger als jemals vor ihr ein englischer König.
1804 n–1881 n Disraeli
1876 n rot Kaiserin von Indien

VIKTORIA-FÄLLE, Wasserfälle des Sambesi-Flusses im südlichen Afrika an der Grenze zwischen Nord- und Süd-Rhodesien. Der fast 2000 Meter breite Strom stürzt hier 128 Meter in die Tiefe.
1855 n grün Entdeckung

VILGARDUS (um 950 n–um 1030 n), italienischer Gelehrter. Als Sprachforscher und Grammatiker in Ravenna (Norditalien) bemühte er sich um die Pflege der vorchristlichen Dichtung und Philosophie Griechenlands und Roms. Den geistigen Rückschritt, den das Christentum für die Menschheit darstellte, prangerte er öffentlich an und wurde deshalb von der katholischen Kirche verfolgt. Gründete eine Schule zur Vermittlung des von der Kirche als 'heidnisch' verworfenen nichtchristlichen Geistesgutes.
1009 n blau Kritik am Kirchendogma

VILLANOVA, Vorort von Bologna (Norditalien). Hier wurden seit 1854 n von Gozzadini wissenschaftliche Ausgrabungen vorgenommen, die vor allem einen bestimmten Urnentyp zutage förderten. Nach ähnlichen Funden in anderen Teilen Italiens wurde der Name 'Villanova-Kultur' geprägt, weil man aus gleicher Bestattungsweise auf gleiche Kultur an allen diesen Fundstätten schloß. Von Bologna über Florenz bis Rom stellte sie den Übergang von der Bronze-Zeit zur Eisen-Zeit dar und damit den Beginn der Eisenherstellung in Europa.
1149 v grün Herstellung von Eisen

VILLARD de Honnecourt (um 1180 n–um 1250 n), französischer Bildhauer, Baumeister und Ingenieur. Verließ sein Heimatdorf in der Picardie (Nordfrankreich) und arbeitete in den Werkstätten der Kathedralen von Reims, Cambrai und Laon. Wegen der Kühnheit seiner Konstruktionen holte man ihn in die Schweiz (Lausanne) und nach Ungarn, wo er bei verschiedenen Kirchenbauten planend und gestaltend mitwirkte. Über seine Tätigkeit führte er ein Werkbuch mit 325 Federzeichnungen, das erhalten ist. Darin schrieb er auch die technischen Einzelheiten seiner Bauten nieder. Entwarf ein selbsttätig-arbeitendes Sägewerk mit Wasserkraft-Antrieb und beschäftigte sich mit dem Plan zu einer Maschine, die sich aus eigener Kraft endlos bewegt (Perpetuum mobile).
1233 n grün Bauhüttenbuch
1243 n grün Sägewerks-Plan
1245 n grün Perpetuum-mobile-Plan

VILLEHARDOUIN, Geoffroy (um 1150 n–1213 n), französischer Geschichtsschreiber. Als Ritter zum Marschall des Grafen der Champagne aufgestiegen, leitete er die diplomatischen und militärischen Vorbereitungen des vierten Kreuzzuges. Dabei verhandelte er als französischer Gesandter in Venedig wegen der Überfahrt des Kreuzheeres nach Palästina und ließ sich von den Venezianern zur Teilnahme an einem Feldzug gegen deren Konkurrenten Byzanz (Ostrom) bestimmen. Nach Landung an den Dardanellen nahmen dann die französischen Kreuzheere im Bunde mit der Flotte Venedigs die Hauptstadt des oströmischen Reiches (Konstantinopel). Durch den zum neuen Kaiser eingesetzten flandrischen Grafen Balduin wurde er mit großen Ländereien belehnt. Auf seine Besitzungen zurückgezogen, schrieb er die Geschichte dieses Kreuzzuges. Später rettete er das französische Heer bei Adrianopel vor seiner Vernichtung durch den Bulgarenkönig.
1202 n / 1204 n Vierter Kreuzzug
1211 n blau Kreuzzugsgeschichte

VILLON, François, französischer Dichter.
1431 n–1474 n Lebenslinie
1461 n blau Balladen

VINCI, Leonardo da, italienischer Universalgeist.
1452 n–1519 n Lebenslinie
1436 n–1488 n Verrocchio
1449 n–1492 n Lorenzo Medici
1476 n blau 'Taufe Christi'
1479 n blau 'Anbetung der Könige'
1491 n grün Weckuhr
1493 n grün Erforschung des Sehens
1495 n blau 'Abendmahl'
1495 n grün Perpetuum-mobile-Problem
1503 n blau 'Mona Lisa'
1505 n grün Möglichkeit des Fliegens
1508 n blau 'Traktat über Malerei'
1508 n grün Lampe mit Zylinder
1512 n grün Tonschwingungen

VINLAND, normannischer Name für Nordamerika. Er wurde dem Kontinent von dem Seefahrer Leif gegeben, der von Grönland kommend an der Küste Nordamerikas landete und die Besiedlung des Landes versuchte. Da er hier Weinstöcke fand, die es auf Grönland nicht gab, nannte er das Land 'Weinland'.
967 n–1021 n Leif Erikson
1000 n grün Entdeckung
1003 n rot Normannen-Niederlassung
1017 n–1088 n Adam von Bremen
1076 n blau Bericht Adams

VINZENZ von Beauvais (um 1200 n–1264 n), französischer Gelehrter. Auf der Klosterschule von Beauvais bei Paris ausgebildet, wurde er Erzieher der Söhne des französischen Königs Ludwig IX. und gab auch dem König selbst Unterricht. Als Leiter der königlichen Bibliothek stellte er aus 450 enzyklopädischen Werken in arabischer, griechischer und lateinischer Sprache ein Lexikon zusammen. Die 40 Bände seines Werkes teilte er in 3 Abteilungen: Natur – Wissenschaft – Geschichte. Wegen seiner wissenschaftlichen Sicht, die mit der kirchlichen Schau der Dinge unvereinbar war, wurde er der Magie und des Paktes mit dem Teufel beschuldigt. Er berichtete daraufhin in seiner Enzyklopädie, daß es Menschen gibt, die nicht an die Hölle glauben und die auch Heiligengeschichten als pure Erfindung abtun.
1252 n blau Enzyklopädie

VIOLINE, alte Bezeichnung für die Geige, die sich im 16. Jahrhundert aus der größeren Viola entwickelte (wörtlich: 'kleine Viola').
1649 n grün Amatis Geigen
1685 n blau Corelli: Sonaten
1705 n grün Stradivaris Geigen
1734 n blau Vivaldi: Konzerte
1817 n blau Paganini: Konzerte
1938 n blau Bartók: Zweites Konzert

VIRCHOW, Rudolf (1821 n–1902 n), deutscher Arzt. Als Sohn eines pommerschen Stadtkämmerers studierte er in Berlin Medizin, wurde Arzt an der 'Charité', leitete deren Sezier-Abteilung und gab 26jährig bereits eine Zeitschrift für die streng naturwissenschaftliche Ausrichtung der Medizin heraus. Bald darauf wurde er von der preußischen Regierung nach Oberschlesien geschickt, um eine Typhus-Epidemie zu studieren. Hinter den medizinischen Erscheinungen der Seuche erkannte er die sozialen Ursachen ('Hungertyphus'). Nach Berlin zurückgekehrt, forderte er in seinem Bericht an die Regierung Wohlstand, Bildung und Freiheit als Heilmittel für Oberschlesien und protestierte öffentlich gegen die Ausbeutung des Proletariats. Klagte die bestehende Gesellschaftsordnung an, weil sie die lebendige Kraft des Menschen dem toten Kapital unterwürfig macht. Er wurde daraufhin aus dem Amt entlassen, verlor seine Wohnung und durfte seine Tätigkeit nur für weniger Geld bis auf jederzeitigen Widerruf weiter ausüben. So ging er bald nach Würzburg, kehrte aber sieben Jahre später als ordentlicher Professor nach Berlin zurück. Beteiligte sich an der Gründung der Fortschrittspartei und nahm den Kampf gegen die unsoziale Politik des in Bismarck personifizierten preußischen Herrenmenschentums auf. Gleichzeitig machte er Berlin durch seine Lehr- und Forschungstätigkeit zum Zentrum der europäischen Medizin. Erforschte Venenentzündung, Thrombose und Embolie, Diphterie, Tuberkulose und Geschwülste. Führte alle Krankheiten auf eine Veränderung der Zellen zurück. Ihre Störung, Lähmung oder ihr Tod wurde Ansatzpunkt der Forschung. Damit stellte er die allgemeine Krankheitslehre auf eine wissenschaftliche Grundlage. Untersuchte die Rassenverschiedenheiten der Völker. Entlarvte die Kulturfeindlichkeit der Kirche. Bereiste Nordafrika, Vorderasien und Kleinasien, wo er sich an Schliemanns Ausgrabungen beteiligte.
1858 n grün Zellularpathologie

VIREN, Sammelbezeichnung für eine Gruppe von Krankheitserregern, die so klein sind, daß sie durch die Bakterienfilter hindurchschlüpfen und mit dem Mikroskop nicht wahrgenommen werden können. Nach Erfindung des Elektronen-Übermikroskops gelang ihre Wahrnehmung und Beobachtung. Im Gegensatz zu den Bakterien haben sie keinen eigenen Stoffwechsel und sind deshalb nur in lebenden Zellen lebens- und vermehrungsfähig.
1941 n grün Beobachtung

VIRGINIEN, Teilstaat der USA an der Atlantikküste südlich von New York. Durch den italienischen Seefahrer Caboto auf seiner Fahrt nach Nordamerika entdeckt, blieb das Land lange unbeachtet, bis der Engländer Walter Raleigh es für England in Besitz nahm. Er nannte es in Anspielung auf seine mit 50 Jahren noch unverheiratete Königin Elisabeth I. 'Virginia' (= 'die Jungfräuliche'), erhielt es von ihr als Lehen und gründete hier die erste englische Stadt auf dem Boden Nordamerikas (Jamestown). Nach seiner Hinrichtung durch König Jakob I. fiel es der englischen Krone zu, die es einer Handelsgesellschaft zuwies. Im Unabhängigkeitskampf Nordamerikas trat das Land an die Spitze der Freiheitsbewegung gegen England und wurde als Heimatstaat Washingtons und anderer Führer zum wichtigsten Staat dieser Epoche. Später verteidigte es im Sezessionskrieg am hartnäckigsten die Sklaverei.
1497 n grün Reise Cabotos
1584 n rot Englische Besetzung
1607 n blau Gründung von Jamestown
1732 n–1799 n Washington
1775 n / 1783 n Kampf Nordamerikas
1776 n rot Unabhängigkeitserklärung
1776 n rot Menschenrechte
1783 n rot Anerkennung durch England
1861 n / 1865 n Sezessionskrieg

VIRIATHUS, spanischer Freiheitskämpfer.
180 v–139 v Lebenslinie
154 v / 133 v Spanische Erhebung

VISBY (Wisby), Hafenstadt auf der schwedischen Ostsee-Insel Gotland, deren größte Siedlung sie ist. Vor 1000 Jahren bereits ein wichtiger Handelsplatz zwischen Norddeutschland (Haithabu) und Nord-Rußland (Nowgorod). Seit Beginn des 12. Jahrhunderts wurde sie durch deutsche Besiedlung zum Hauptstützpunkt des Ostseehandels der Hanse. Von einer Stadtmauer mit 38 mächtigen Türmen geschützt, erreichte sie im 13. und 14. Jahrhundert Größe und Bedeutung des damaligen London. Nachdem sie der Dänenkönig Waldemar erobert und gebrandschatzt hatte, erholte sie sich nicht mehr. Seit 1394 n wurde sie 14 Jahre lang von Störtebekers Vitalienbrüdern beherrscht, anschließend für zwei Jahrhunderte dänisch und 1645 n endgültig schwedisch. Heute bedecken ihre Häuser nur noch das halbe Gebiet der einstmals durch die Mauer umfaßten Stadt.
1161 n grün Deutsche Niederlassung
1361 n rot Dänische Herrschaft
1362 n / 1364 n Krieg der Hanse
1645 n rot Schwedischer Besitz

VISCHER, Peter (um 1460 n–1529 n), deutscher Bildhauer und Erzgießer. Sohn eines Gießergesellen, der nach Nürnberg kam und hier eine eigene Werkstatt gründete. Lernte bei seinem Vater die Technik des Erzgusses und ging 29jährig als Meister nach Heidelberg und Krakau. Zurückgekehrt machte er die Nürnberger Werkstatt zur führenden Gießerei Deutschlands. Schuf den berühmten Silberschrein mit den Figuren der 12 Apostel für die Reliquien des Kirchenheiligen Sebaldus ('Sebaldusgrab') sowie ein kunstvolles Gitter für die Fugger, das Grabmal Friedrichs des Weisen in Wittenberg und Grabmäler für andere Fürsten, Bischöfe und reiche Bürger. Für den Erfurter Dom goß er ein Relief mit der Krönung der Maria. Bei seinen Arbeiten halfen ihm zunehmend seine heranwachsenden Söhne.
1519 n blau 'Sebaldusgrab'

VISCONTI, Pietro (um 1280 n–um 1350 n), italienischer Kartograph. In der Hafenstadt Genua aufgewachsen, zeichnete er früh Karten für Seefahrer und erwarb darin eine große Fertigkeit. Später ging er nach Venedig, wo er Karten für ein Buch des Marino Sanuto erstellte, das die Fürsten Europas zu einem neuen Kreuzzug ermuntern sollte. Durch die Eroberung Palästinas sollten die türkischen Konkurrenten Venedigs im östlichen Mittelmeer-Handel ausgeschaltet werden. Unter den Karten, die er für dieses Buch zeichnete, war eine Weltkarte, bei der Palästina im Mittelpunkt der Erde lag. Sie fand wegen der Genauigkeit der Konturen des Mittelmeeres und Westeuropas große Verbreitung und trug dazu bei, die von ihm angewandte Darstellungsweise mit dem Nordpol am oberen Kartenende allgemein einzuführen.
1318 n grün Weltkarte

VITALIENBRÜDER, Bezeichnung für deutsche Seefahrer, die im 14. und 15. Jahrhundert Nordsee und Ostsee unsicher machten. Während der Belagerung Stockholms durch die Dänen (1391 n) versorgten sie die Stadt unter Durchbrechung der dänischen Blockade mit Lebensmitteln, die ihnen von der Hanse und von den Angehörigen des gefangenen Schwedenkönigs geliefert wurden. Nach dem Fall Stockholms besetzten sie die schwedische Insel Gotland. Sechs Jahre später wurde ihnen diese Niederlassung vom Deutschritter-Orden abgenommen, weil sie als Blockadebrecher den von Deutschrittern und der Hanse blockierten Städten halfen. Von Hamburg und Lübeck wurden sie zu Feinden der Hanse erklärt. Darauf zogen sie sich in die freiere Nordsee zurück, verbündeten sich mit den der Hanse feindlichen Friesen und lebten zunehmend von der Beraubung der von Hamburg und Lübeck nach England, Dänemark und Schweden verkehrenden Schiffe der Hanse. Obwohl der größte Teil ihrer Flotte 1401 n vernichtet wurde und man in Hamburg ihre Anführer Klaus Störtebeker und Godecke Michels mit 150 Mann hinrichtete, hielten sie sich noch mehrere Jahrzehnte hindurch in der Nord- und Ostsee. 1429 n brannten sie die Stadt Bergen nieder, die sich der Plünderung widersetzt hatte. Ihr Name wurde von der alten Bezeichnung für Lebensmittel ('Vitalien') abgeleitet, weil sie Hafenstädten, die von den Deutschrittern und von der Hanse durch Blockade ausgehungert wurden, Lebensmittel brachten. Meist wurden sie aber 'Liekedeeler' (= 'Gleichteiler') genannt, weil sie alle Beute untereinander brüderlich teilten.
1401 n braun Niederlage gegen Hanse
1401 n rot Hinrichtung Störtebekers

VITAMINE, von dem lateinischen Wort 'vita' (= Leben) abgeleitete Bezeichnung für winzige Wirkstoffe in der Nahrung. Ihr Fehlen führt zu Anfälligkeit, zu Krankheit und in extremen Fällen sogar zum Tode. Sie fördern den Stoffwechsel sowie die Bildung lebenswichtiger Aufbaustoffe und beeinflussen die Hormonbildung. In naturnaher Nahrung normalerweise ausreichend vorhanden, aber durch Nahrungsverfeinerung (Kochen, Schälen) sowie durch chemische Zusätze (Bleichen, Färben) immer häufiger vermindert oder zerstört. Seit der Jahrhundertwende in ihrer Bedeutung erkannt, werden sie von der chemischen Industrie künstlich hergestellt und der Nahrung zugesetzt oder in Tabletten verabreicht. Diese gewinnbringende und bequeme Methode ist trotz aller ärztlichen Bedenken die sich immer mehr durchsetzende Antwort einer allein auf industrielle Produktion und wirtschaftlichen Nutzen ausgerichteten Gesellschaft.

1889n grün	Entdeckung der Bedeutung
1915n grün	Isolierung
1926n grün	Vitamin D künstlich
1945n grün	Wachstumsförderung
1947n grün	Vitamin A künstlich

VITELLIUS, Aulus (15n–69n), römischer Kaiser. Als Sohn eines berühmten Feldherrn erhielt er hohe Staatsämter und erwarb sich durch Schmeicheleien und Unterwürfigkeit das Vertrauen der jeweiligen Kaiser (Tiberius, Klaudius, Nero). Von Neros Nachfolger Galba, der ihn als einen nur dem Essen und den Lustbarkeiten ergebenen Mann kannte, mit dem Oberbefehl über die Legionen am Niederrhein betraut, ließ er sich dort zum Kaiser ausrufen und sandte zwei Heere nach Rom, um Galba zu stürzen. Doch ehe seine Heere in Rom ankamen, war Galba gestorben, so daß er im Jahre 69n als Kaiser in Rom einziehen konnte. Als Vespasian, der gleichzeitig im Osten zum Kaiser ausgerufen worden war, sich Rom näherte, teilte er die Macht mit Vespasians Bruder Sabinus. Nachdem die Gefahr der Heere des Vespasian gebannt schien, ließ er Sabinus ermorden. Aber bald darauf rückten Vespasians Soldaten in Rom ein, fanden ihn in einem Versteck, gaben ihn dem Spott der Römer preis und brachten ihn um.

9n–79n	Vespasian
68n/69n	Thronkämpfe

VITORIA, Francisco (1483n–1546n), spanischer Theologe. Als Mönch wurde er Lehrer an der Universität Salamanca. Suchte die christlichen Lehren des Thomas von Aquin mit dem sich Bahn brechenden wissenschaftlichen Geiste seiner Zeit zu versöhnen und schuf damit eine geistige Grundlage für die Gegenreformation. Verfaßte mehrere Schriften über Fragen des Völkerrechtes. Darin forderte er die Erarbeitung und allgemeine Anerkennung verbindlicher Rechtsnormen für das Verhältnis der Völker untereinander. Das von ihm vorgeschlagene Völkerrecht beruhte aber nicht auf Gleichberechtigung und Selbstbestimmung, sondern auf dem Recht des Stärkeren. So verteidigte er das Recht der Spanier zur Beherrschung und Ausbeutung der Indianer, doch wollte er, daß sich dieser Vorgang nach festgelegten Rechtsnormen vollzieht.

1539n blau	Völkerrecht

VITRUV, Pollio (um 60v–um 10n), römischer Architekt und Ingenieur. Nahm als Heeres-Techniker an kriegerischen Unternehmungen des Kaisers Augustus teil. Berühmt wurde er durch ein dem Augustus gewidmetes Buch über Baukunst. In den 10 Bänden dieses Werkes gab er eine systematische Übersicht über die künstlerischen Gesetze (Proportionenlehre) und die technischen Grundlagen des Bauens. Nach einem Vorwort über die Eigenschaften eines guten Architekten behandelte er Städteplanung, Tempel, Theater, Bäder, Wasserleitungen und andere öffentliche Gebäude, Privatbauten, Säulenanordnung, Innenausstattung, Baumaterialien, Zeitmesser und Maschinenbau. Dabei stützte er sich auf eigene Erfahrungen wie auf griechische und römische Literatur. Errichtete öffentliche Bauwerke und Tempelanlagen.

14v grün	Lehrbuch

VITRY, Philippe de (1291n–1361n), französischer Komponist. Löste die Musik aus ihrer streng rhythmischen Bindung und schuf bewegte Weisen von großer Lebendigkeit. Auch in der melodischen Gestaltung stellten seine Kompositionen einen Durchbruch zu einer neuen Harmonik dar. Durch Einführung kleinerer Notenwerte verfeinerte er die Möglichkeiten der Tonschöpfung. Die Prinzipien seiner Musik verteidigte er in einer Streitschrift mit dem lateinischen Titel 'Ars Nova' (= Neue Kunst). Dieses Schlagwort stempelte alle vorherige Musik als 'alte Kunst' und setzte sich zur Kennzeichnung der neuen musikalischen Gestaltungsgesetze durch. Schrieb auch Balladen und Texte über politische Ereignisse seiner Zeit.

1321n blau	Neue Harmonik

VIVALDI, Antonio (um 1680n–1741n), italienischer Geiger und Komponist. Als Sohn eines Geigers der Markuskirche in Venedig erlernte er das Komponieren und wurde katholischer Priester. Baute das von Torelli geschaffene Solo-Geigenkonzert als Kunstform aus. Schrieb über 40 Opern, Violinsonaten, Streicher-Trios sowie Konzerte für Cello, Bratsche, Baß, Flöte, Oboe, Trompete und Orgel. Wirkte wie sein Vater an der Markuskirche und leitete daneben das Mädchen-Konservatorium der Stadt. Wegen seines roten Haares wurde er 'der rote Priester' genannt.

1734n blau	Violinkonzerte

VIVALDI, Guido und Ugolino, italienische Seefahrer. Die in Genua beheimateten Brüder rüsteten auf eigene Kosten die Schiffe 'Sant' Antonio' und 'Allegrancia' aus, um damit einen Seeweg nach Indien zu suchen. Sie wollten dadurch unter Umgehung der von Arabern beherrschten Welt Nordafrikas und Vorderasiens einen direkten Handelsweg nach dem reichen Indien schaffen. In Begleitung des Seefahrers Tedisco Doria traten sie ihre Reise in Genua an, durchfuhren die Straße von Gibraltar und folgten dann der afrikanischen Westküste. Die letzte Kunde kam von Kap Nun gegenüber den Kanarischen Inseln. Seitdem fehlte jede Spur. Portugiesische Entdecker berichteten 200 Jahre später, daß sie 2000 Kilometer südlich von Kap Nun (Guinea) auf Nachkommen der Besatzung gestoßen seien, doch blieb dieser Bericht umstritten.

1291n grün	Reise

VIVARIUM, Name eines Klosters im äußersten Süden Italiens (Kalabrien). Um 540n von dem römischen Staatsmann Kassiodor gegründet, der sich nach erfolgreicher Tätigkeit für den Ostgotenkönig Theoderich und dessen Nachfolger hierher zurückzog. Haupttätigkeit seiner Mönche war das Abschreiben alter Bücher.

480n–573n	Kassiodor
542n blau	Abschreibearbeiten

VIVES, Juan Luis (1492n–1540n), spanischer Pädagoge und Philosoph. Studierte in Paris und Löwen, wurde von Heinrich VIII. als Erzieher der Prinzessin Maria nach England gerufen, unterrichtete in Oxford und lebte dann in Brügge (Flandern). Suchte Erziehung und Ausbildung der Jugend aus den Händen der Kirche zu nehmen und in eine staatliche Aufgabe zu verwandeln. Die Lehrer sollten öffentlich besoldet werden, um ihre Unabhängigkeit zu sichern. Stellte den geistig und handwerklich gebildeten, sportlich trainierten Menschen in den Mittelpunkt der Pädagogik. Forderte die Pflege der Muttersprache statt des von der Kirche propagierten Latein. Trat für die Einrichtung von öffentlichen Schulen auch für Mädchen ein. Verfaßte eine Geschichte der vorchristlichen Philosophie, deren Grundgedanken er wiederbeleben wollte. Stellte die Erfahrung an Stelle des Glaubens in den Mittelpunkt der menschlichen Selbstvergewisserung. Die sinnlose Frage nach dem Wesen der Seele lehnte er ab und forderte statt dessen die Erforschung ihrer Eigenschaften und Funktionen. Erkannte die Gefahr eines kriegsbezogenen Geschichtsunterrichtes und empfahl deshalb die Pflege der Kulturgeschichte. Erklärte die Unterstützung der Armen als eine staatliche Verpflichtung. Schrieb 60 Bücher, darunter 3 mit Gedanken über die Erhaltung des Friedens.

1527n blau	Erziehungsziel

VIVISEKTION, aus dem Lateinischen abgeleitete Bezeichnung für die Zerlegung lebender Körper aus wissenschaftlichen Gründen. An Menschen (Sträflingen) zuletzt aus Alexandria vor 2000 Jahren berichtet, wird sie seitdem ausschließlich an Tieren vorgenommen. Dient der Erforschung von Lebensvorgängen sowie von Reaktionen auf Behandlungsmethoden und Arzneimittel. Ermöglichte die Entdeckung der doppelten Nerventätigkeit, der Funktionen von Bauchspeicheldrüse, Herzklappen und Leber sowie die Behandlung von Nervenkrankheiten, Lähmungen, Tollwut. Trotzdem hat sich in der 2. Hälfte des 19. Jahrhunderts in fast allen Kulturländern ein heftiger Protest der Öffentlichkeit gegen diese Tierquälerei erhoben. Er führte zu unverbindlichen Schutzbestimmungen, die den Mißbrauch ausschließen, aber die Sache als solche nicht antasten.

936n–1013n	Abu Kasim
973n grün	Abu Kasims Forschungen

VÖGEL, Vogelfang

Vorzeittafel:	300 Millionen Jahre
2928v blau	Falkengott in Ägypten
2888v blau	Darstellung eines Greifen
2796v blau	Taubenwägelchen-Plastik
2647v grün	Geflügelzucht in Ägypten
2611v blau	'Löwenköpfiger Adler'
2478v blau	'Geierstele'
2473v blau	'Gänse auf der Weide'
2455v blau	'Adler mit Hirschen'
2434v blau	'Katze beim Vogelfang'
2390v blau	'Geflügelzüchter'
2379v blau	'Vogelfang mit Netz'
2307v blau	Falkenkopf aus Gold
2141v grün	Brutöfen in Ägypten
1959v blau	'Singvögel im Baum'
1763v blau	Fabel: Adler und Schlange
1571v blau	'Katze belauert Fasan'
1497v blau	Gemälde eines Kranichs
1472v grün	Haushuhn in Ägypten
1414v grün	Jagd mit Wurfholz
1408v blau	'Vogelfang mit Löckvögeln'
1379v blau	'Mann mit Kranichen'
1359v blau	'Sturmvogel Zu'
1343v blau	Bild von Wildenten
1281v blau	'Mädchen mit Ente'
1189v grün	Handel mit Pfauen
1085v blau	Bild einer Straußenjagd
593v grün	Eule Symbol Athens
573v grün	Hühnerzucht bei Griechen
396v blau	Relief einer Schwalbe
396v–328v	Leochares
386v grün	Künstliche Taube
361v blau	Plastik: Ganymed mit Adler
182v blau	'Knabe mit Gans'
391n blau	Adler Symbol Johannes'
595n–660n	Bana
659n blau	Papageien-Erzählung
1066n blau	Arsalan-Teller
1171n blau	'Vogel-Gespräch'
1173n grün	Brieftaubenpost
1485n grün	Kanarienvögel nach Europa
1507n blau	'Madonna mit Stieglitz'
1531n blau	'Leda mit dem Schwan'
1872n blau	'Gänserupferinnen'
1891n blau	'Der Vogelhändler'
1947n blau	Picasso: Friedenstaube
1952n blau	Braque: 'Vogel III'

VÖLKERBUND, Bezeichnung einer übernationalen Organisation für alle Völker der Erde, deren Hauptaufgabe die Aufrechterhaltung des Weltfriedens ist. Jahrhundertelang Wunschvorstellung von Staatsphilosophen, wurde er nach dem ersten Weltkrieg auf Grund der Vorschläge des amerikanischen Präsidenten Wilson ohne Teilnahme der USA, der UdSSR und Deutschlands verwirklicht, konnte aber nicht einmal kleine Streitigkeiten ohne Krieg beilegen und scheiterte an der Verhütung des zweiten Weltkrieges. Nach dessen Beendigung gründeten die Siegermächte ihn in neuer Form (UN).

1255n–1311n	Pierre Dubois
1283n blau	Forderung Pierre Dubois'
1707n blau	Forderung Castels
1882n–1945n	F. D. Roosevelt
1919n rot	Versailler Vertrag
1920n rot	Gründung
1926n rot	Deutschland Mitglied
1945n rot	Gründung der UN
1956n blau	UNESCO-Gebäude

VÖLKERPSYCHOLOGIE, Lehre von der geistig-seelischen Eigenart der einzelnen Völker, Rassen und Nationen.

1668n–1744n	Vico
1725n grün	Vicos Lehre

VÖLKERRECHT, Bezeichnung für die Gesamtheit der Grundsätze, auf denen die Beziehungen zwischen den selbständigen Staaten der Erde beruhen. Als ungeschriebene Regeln seit Jahrtausenden wirksam, wurden sie seit dem 16. Jahrhundert durch zwischenstaatliche Verträge festgelegt, im 17. Jahrhundert theoretisch begründet und seit dem 19. Jahrhundert durch internationale Übereinkommen geregelt.

55v rot	Klage gegen Cäsar
1255n–1311n	Pierre Dubois
1283n blau	Pierre Dubois: Gerichtshof
1535n grün	Vertrag Frankreich-Türkei
1539n blau	Forderung Franciscos
1609n blau	'Freiheit der Meere'
1625n blau	Forderung Grotius'
1672n grün	Schrift Pufendorfs
1707n blau	Castel: Gerichtshof
1864n rot	Genfer Konvention
1899n rot	Haager Konvention
1920n rot	Gründung des Völkerbundes
1945n rot	Gründung der UN

VÖLKERWANDERUNGEN, Bezeichnung für elementare Bewegungen der Völker aller Kontinente. In den ersten Jahrtausenden nach der Seßhaftwerdung des Menschen durch plötzliches Hervorbrechen des alten Wandertriebes ausgelöst; später vor allem durch Klima-Veränderungen, Natur-Katastrophen, Erschöpfung der Lebensgrundlagen, Seuchen, Bevölkerungszunahme, Kriege, Vertreibungen und Abenteuerlust. Trieb ganze Völker, einzelne Stämme oder die Jugendlichen, die kein Land erhielten, fort in neue Wohngebiete, wo sie entweder Staaten gründeten oder sich in bereits bestehende Reiche einfügten.

3000v–2952v	Meschki-Agascher
2991v rot	Phönizier in Vorderasien
2697v–2628v	Huang-Ti
2657v rot	Chinesen am Hoang-Ho
2652v/2646v	Chinesen-Vorstoß
2646v rot	Gebiete an Chinesen
2637v braun	Krieg China-Hunnen
2175v rot	Kurriter in Armenien
2000v rot	Hettiter in Kleinasien
1904v–1841v	Sesostris III.
1757v rot	Fremdvölker im Nildelta
1752v–1692v	Sa-Litis
1712v–1640v	Apofis
1709v braun	Vorstoß der Hyksos
1709v rot	Hyksos im Nildelta
1703v braun	Vorstoß der Hyksos
1703v rot	Machtgewinn der Hyksos
1701v braun	Vorstoß der Hyksos
1701v rot	Machtgewinn der Hyksos
1701v blau	Hyksos-Stadt Awaris
1691v–1628v	Chian
1667v/1659v	Vorstoß der Hyksos
1663v rot	Unterägypten an Hyksos
1661v–1601v	Kertos
1659v rot	Oberägypten an Hyksos
1659v rot	Hyksos Herren Ägyptens
1614v–1580v	Seken-Re
1596v–1570v	Kamosis
1590v–1545v	Amosis
1580v braun	Aufstand gegen Hyksos
1574v braun	Aufstand gegen Hyksos
1574v rot	Gebietsverlust der Hyksos
1563v braun	Kampf gegen Hyksos
1563v rot	Gebietsverlust der Hyksos
1558v braun	Kampf gegen Hyksos
1498v rot	Vordringen Schwarzer
1425v rot	Semiten in Palästina
1315v braun	Aramäer-Vorstoß
1298v–1228v	Moses
1297v–1218v	Tud-Halia IV.
1286v–1220v	Meren-Pta
1258v–1203v	Arnu-Wanda
1250v rot	Israeliten nach Palästina
1228v braun	Vorstoß der Achäer
1224v–1165v	Ramses III.
1220v braun	Israeliten-Vorstoß
1220v rot	Kanaan an Israeliten
1203v braun	Angriff auf Hettiter
1203v rot	Ende des Hettiterreiches
1195v rot	Phryger in Kleinasien
1189v braun	Angriff auf Ägypten
1175v rot	Philister in Palästina
1166v–1105v	Nebukadnezar I.
1151v braun	Vorstoß der Dorer
1150v rot	Griechen in Kleinasien
1132v–1049v	Wen
1100v rot	Perser im Iran
1098v–1046v	Adada
1068v braun	Aramäer-Vorstoß
1068v rot	Babylon unter Aramäern
1055v braun	Vorstoß der Hunnen
1034v rot	Griechen am Schwarzmeer
983v rot	Etrusker in Italien
822v braun	Vorstoß der Hunnen
811v–757v	Siang-Tschin
792v–720v	Ping-Lo
791v braun	Vorstoß der Hunnen
783v rot	Ausbreitung der Perser
771v braun	Vorstoß der Hunnen
765v rot	Germanen in Mitteleuropa
745v braun	Sieg Chinas über Hunnen
745v rot	Gebietsverlust der Hunnen
702v rot	Skythen in Armenien
632v rot	Bretonen in England
599v rot	Kelten-Wanderung
414v rot	Kelten in Italien
279v braun	Vorstoß der Kelten
276v braun	Vorstoß der Kelten
262v rot	Parther im Iran
259v–209v	Schi-Huang-Ti
248v rot	Reich der Parther
234v–174v	Mao-Tun
230v braun	Vorstoß der Kelten
225v braun	Vorstoß der Kelten
213v grün	Abwehrmauer Chinas
190v braun	Vorstoß der Hunnen
190v rot	Gebietsgewinn der Hunnen
176v braun	Vorstoß der Hunnen
176v rot	Gebietsgewinn der Hunnen
176v rot	Hunnen Großmacht
156v–86v	Marius
130v braun	Vorstoß der Tocharer
130v rot	Tocharer in Baktrien
127v braun	Kampf Chinas gegen Hunnen
119v braun	Kampf Chinas gegen Hunnen
119v rot	Gebietsverlust der Hunnen
113v rot	Wandalen in Schlesien
113v/101v	Erster Germanenkrieg
109v rot	Germanen-Bitte um Land
101v–54v	Ariovist
90v rot	Sueben am Main
76v rot	Helvetier in der Schweiz
70v rot	Sueben in Gallien
58v/51v	Gallischer Krieg Roms
58v rot	Rückdrängung von Stämmen
24v–37n	Marbod
8v braun	Markomannen-Vorstoß
8v rot	Markomannen in Böhmen
41n braun	Germanen-Vorstoß
50n braun	Germanen-Vorstoß
51n–96n	Domitian
73n/91n	Chinesischer Hunnenkrieg
83n grün	Bau des Limes
89n braun	Markomannen-Krieg
92n/93n	Markomannen-Krieg
166n/180n	Markomannen-Kriege
179n grün	Festung Regensburg
200n rot	Goten am Schwarzmeer
213n braun	Alemannen-Vorstoß
232n–282n	Probus
233n/235n	Germanenkrieg Roms
238n braun	Goten-Vorstoß
238n grün	Gelder Roms an Goten
250n/269n	Erster Gotischer Krieg
252n braun	Franken-Vorstoß
257n rot	Spaltung der Goten
257n grün	Flottenbau der Goten
260n rot	Aufgabe des Limes
270n braun	Wandalen-Vorstoß
271n braun	Germanen-Vorstoß
271n rot	Rückzug Roms
276n/278n	Germanenkrieg Roms
278n rot	Germanen-Ansiedlung
286n/288n	Germanen-Vorstoß
292n braun	Alemannenkrieg Roms
294n braun	Frankenkrieg Roms
295n rot	Franken-Ansiedlung
305n–370n	Ermanrich
308n braun	Germanenkrieg Roms
310n braun	Germanenkrieg Roms
310n–379n	Schapur II.
332n braun	Gotenkrieg Roms
332n rot	Goten-Hilfe für Rom
334n braun	Wandalen-Vorstoß
342n braun	Frankenkrieg Roms
346n–395n	Theodosius
350n rot	Reich der Ostgoten
350n blau	Gotenstadt Kiew
350n/360n	Zweiter Gotischer Krieg
350n–404n	Balamir
352n/354n	Vorstoß der Hunnen
355n/358n	Germanenkrieg Roms
357n rot	Alanenanschluß an Hunnen
358n rot	Zugeständnis Roms
358n rot	Rhein Grenze Roms
360n rot	Großreich der Ostgoten
363n rot	Hilfe Roms gegen Hunnen
365n braun	Vorstoß der Hunnen
365n–408n	Stilicho
368n braun	Alemannenkrieg Roms
370n/455n	Hunnenkriege
371n rot	Ostgoten unter Hunnen
371n rot	Gotenanschluß an Hunnen
374n–410n	Alarich
376n rot	Westgoten-Ansiedlung
378n braun	Vorstoß der Westgoten
378n braun	Alemannenkrieg Roms
386n–418n	Wallia
390n–477n	Geiserich
395n/403n	Dritter Gotischer Krieg
397n–454n	Aëtius
403n rot	Westgoten in Kärnten
405n/406n	Angriffe auf Rom
408n/412n	Vierter Gotischer Krieg
409n rot	Aufteilung Spaniens
410n–453n	Attila
411n rot	Reich der Alanen
411n rot	Reich der Sueben
412n rot	Westgoten in Gallien
413n rot	Burgunder am Rhein
417n braun	Kämpfe in Spanien
417n rot	Ende des Alanenreiches
418n rot	Gebiete an Westgoten
423n rot	Save-Gebiet an Hunnen
423n rot	Hunnen im Römerheer
425n grün	Flotte der Wandalen
425n braun	Vorstoß der Wandalen
425n rot	Balearen an Wandalen
427n rot	Hunnenreich des Rua
428n grün	Germanenzug nach England
429n grün	Wandalen nach Nordafrika
429n/432n	Wandalenkrieg
430n grün	Tribut an Hunnen
431n/432n	Frankenkrieg Roms
432n rot	Reich der Wandalen
433n rot	Pannonien an Hunnen
433n–493n	Odoaker
434n rot	Teilung des Hunnenreiches
434n grün	Tribut an Hunnen
435n/436n	Burgunderkrieg Roms
436n rot	Ende des Burgunderreiches
439n braun	Vorstoß der Wandalen
439n rot	Karthago an Wandalen
439n braun	Vorstoß der Wandalen
439n rot	Inseln an Wandalen
440n/442n	Wandalenkrieg
440n–484n	Eurich
442n rot	Wandalen anerkannt
443n rot	Burgunder-Umsiedlung
444n/446n	Vorstoß der Franken
445n rot	Attila Hunnen-Herrscher
446n rot	Gebietsgewinn der Franken
446n blau	Hunnenstadt an der Theiß
447n rot	Vertrag Hunnen-Ostrom
447n grün	Tribut an Hunnen
448n rot	Germanen in England
448n–510n	Toramana
449n rot	Bündnis gegen Westrom
450n rot	Großreich der Hunnen
453n rot	Hunnenreich am Aralsee
455n braun	Vorstoß der Wandalen
455n rot	Wandalen auf Sizilien
455n rot	Europa frei von Hunnen
455n rot	Gepiden- und Rugierreich
455n–526n	Theoderich der Große
456n braun	Vorstoß der Westgoten
456n rot	Westgoten in Spanien
456n rot	Ostgoten in Ungarn
457n braun	Vorstoß der Hunnen
457n rot	Alemannen-Wanderung
459n–498n	Romulus Augustulus
460n braun	Wandalensieg über Rom
460n rot	Slawen-Wanderung
465n braun	Vorstoß der Hunnen
465n rot	Hunnenreich in Indien
466n–511n	Chlodwig
468n braun	Wandalensieg über Byzanz
468n braun	Vorstoß der Westgoten
468n rot	Portugal an Westgoten
470n–531n	Kobad
472n rot	Bretonen in Frankreich
475n braun	Vorstoß der Hunnen
475n rot	Gupta-Reich an Hunnen
476n braun	Germanen-Aufstand
476n rot	Ende Westroms

476n rot	Germane König Roms
477n rot	Sakala Hunnen-Residenz
478n–567n	Narses
482n–565n	Justinian
484n braun	Hunnenzug nach Persien
484n rot	Gebietsgewinn der Hunnen
486n braun	Vorstoß der Franken
486n rot	Reich der Franken
487n braun	Vorstoß der Ostgoten
487n rot	Kampfauftrag Theoderichs
488n braun	Kämpfe gegen Rugier
488n rot	Ende des Rugierreiches
489n/493n	Vorstoß der Ostgoten
492n–552n	Tumen
493n rot	Ostgoten in Italien
500n braun	Vorstoß der Slawen
500n rot	Slawen-Aufsplitterung
501n braun	Vorstoß der Hunnen
501n rot	Hunnenmacht in Indien
503n braun	Vorstoß der Bulgaren
503n rot	Reich der Wolga-Bulgaren
505n braun	Vorstoß der Langobarden
505n rot	Langobarden in Ungarn
505n–565n	Belisar
507n braun	Kampf gegen Westgoten
507n rot	Westgoten zurückgedrängt
508n/511n	Vorstoß der Ostgoten
509n braun	Vorstoß der Bulgaren
511n rot	Gebietsverlust der Franken
511n rot	Gebiete an Westgoten
511n–579n	Chosroes
513n braun	Kampf gegen Hunnen
513n–552n	Totila
515n–572n	Muhan
527n braun	Vorstoß der Slawen
527n rot	Slawen auf dem Balkan
528n braun	Kampf gegen Hunnen
528n rot	Indien frei von Hunnen
533n/534n	Kampf gegen Wandalen
534n rot	Ende des Wandalenreiches
535n/553n	Letzter Ostgotenkrieg
540n braun	Bulgaren- und Slawenzüge
541n–572n	Alboin
543n rot	Slawen in Thüringen
546n/548n	Slawen-Vorstoß
551n braun	Slawen-Vorstoß
552n/563n	Asiatischer Türkenkrieg
553n rot	Ende des Ostgotenreiches
554n braun	Kampf gegen Westgoten
558n braun	Kämpfe Byzanz'
559n rot	Awaren im Donauraum
562n braun	Vorstoß der Awaren
562n rot	Friede Awaren-Franken
562n grün	Tribut an Awaren
563n rot	Großreich der Türken
565n braun	Kampf gegen Hunnen
565n rot	Gebietsverlust der Hunnen
567n braun	Kampf gegen Gepiden
567n rot	Ende des Gepidenreiches
567n rot	Reich der Awaren
568n/569n	Vorstöße nach Italien
569n rot	Langobarden in Italien
569n braun	Vorstoß der Awaren
569n rot	Ungarn an Awaren
570n braun	Vorstoß der Langobarden
571n rot	Bündnis gegen Langobarden
576n braun	Vorstoß zum Bosporus
576n rot	Friedenspolitik Byzanz'
581n rot	Zerfall des Türkenreiches
582n braun	Vorstoß der Awaren
582n rot	Gebietsgewinn der Awaren
583n braun	Vorstoß der Türken
585n rot	Gebiete an Langobarden
590n braun	Kampf gegen Langobarden
590n rot	Friede mit Langobarden
595n–662n	Samo
598n braun	Vorstoß der Khasaren
598n rot	Khasaren in Rußland
606n–652n	Rothari
624n braun	Vorstoß der Slawen
624n rot	Slawenreich
626n braun	Angriff auf Byzanz
626n rot	Bund Byzanz-Khasaren
629n braun	Vorstoß der Westgoten
629n rot	Spanien unter Westgoten
631n braun	Slawensieg über Franken
631n rot	Slawenreich gesichert
633n/732n	Arabischer Krieg
643n braun	Vorstoß der Langobarden
652n–700n	Isperich
662n rot	Slawenreich zerfallen
673n rot	Thai im Menamtal
679n braun	Vorstoß der Bulgaren
679n rot	Reich der Donau-Bulgaren
707n rot	Bund gegen Westgoten
711n rot	Ende des Westgotenreiches
716n–768n	Pippin der Kleine
718n rot	Westgoten in Asturien
751n braun	Vorstoß der Langobarden
754n/756n	Krieg gegen Langobarden
756n rot	Ende der Langobardenmacht
773n/774n	Krieg gegen Langobarden
774n rot	Langobarden unter Franken
780n–839n	Egbert
787n braun	Normannen-Vorstoß
791n/796n	Fränkischer Awarenkrieg
793n rot	Normannen in England
796n rot	Ende des Awarenreiches
796n rot	Slawen frei von Awaren
799n braun	Normannen-Vorstoß
802n braun	Normannen-Vorstoß
802n rot	Normannen vor Schottland
820n braun	Normannen-Vorstoß
820n rot	Normannen auf Irland
823n–877n	Karl II., der Kahle
825n braun	Normannen-Vorstoß
830n–879n	Rurik
833n rot	Normannen in Rußland
834n braun	Normannen-Vorstoß
834n–907n	Arpad
835n braun	Normannen-Vorstoß
835n rot	Normannen in England
838n–912n	Oleg der Weise
839n braun	Normannen-Vorstoß
839n rot	Normannenreich Irland
840n rot	Noirmoutier an Normannen
841n rot	Walcheren an Normannen
843n braun	Normannen-Vorstoß
844n braun	Normannen-Vorstoß
844n braun	Normannen-Vorstoß
845n braun	Normannen-Vorstoß
845n braun	Normannen-Vorstoß
848n braun	Normannen-Vorstoß
849n–901n	Alfred der Große
850n–932n	Harald Schönhaar
851n/852n	Normannen-Vorstoß
855n grün	Schiffsbau der Normannen
859n braun	Normannen-Vorstoß
860n rot	Magyaren-Wanderung
862n rot	Reich von Nowgorod
863n braun	Normannen-Vorstoß
864n rot	Staat von Kiew
865n braun	Normannen-Vorstoß
865n grün	Tribut an Normannen
865n/866n	Normannen-Vorstoß
866n grün	Tribut an Normannen
874n rot	Normannen auf Island
876n rot	Nordengland normannisch
877n braun	Kampf Slawen-Byzanz
877n–936n	Heinrich I.
878n braun	Kampf gegen Normannen
878n rot	Teilung Englands
878n–931n	Rollo
879n braun	Kampf gegen Normannen
880n braun	Normannen-Vorstoß
881n braun	Kampf gegen Normannen
882n blau	Lied auf Normannenkämpfe
885n braun	Normannen-Vorstoß
885n braun	Normannen-Vorstoß
885n grün	Tribut an Normannen
892n braun	Normannen-Vorstoß
892n braun	Normannen-Vorstoß
895n rot	Ungarn im Donauraum
899n braun	Vorstoß der Ungarn
900n rot	Normannen in Frankreich
906n/907n	Vorstoß der Ungarn
906n rot	Gebietsgewinn der Ungarn
911n rot	Lehen für Normannen
912n–973n	Otto I., der Große
916n braun	Vorstoß der Ungarn
924n/925n	Vorstoß der Ungarn
930n rot	Normannenstaat Island
933n grün	Tribute eingestellt
933n braun	Kampf gegen Ungarn
934n braun	Kampf gegen Normannen
937n braun	Kampf gegen Normannen
955n braun	Kampf gegen Ungarn
955n rot	Rückzug der Ungarn
965n braun	Kampf gegen Khasaren
965n rot	Khasarenreich russisch
976n–1030n	Machmud
984n grün	Besiedlung Grönlands
1003n rot	Normannen in Amerika
1013n–1085n	Robert Guiskard
1014n braun	Kampf gegen Normannen
1014n rot	Irland frei
1017n–1088n	Adam von Bremen
1024n braun	Türken-Vorstoß
1024n rot	Machtgewinn der Türken
1029n rot	Gebiete an Normannen
1029n blau	Normannenstadt Aversa
1036n braun	Kampf gegen Türken
1037n braun	Türken-Vorstoß
1037n rot	Nordpersien an Türken
1040n–1072n	Arsalan der Löwenherzige
1042n braun	Kampf gegen Normannen
1043n braun	Normannen-Vorstoß
1043n rot	Apulien an Normannen
1053n braun	Kampf gegen Normannen
1053n rot	Normannenbesitz bestätigt
1055n braun	Türken-Vorstoß
1055n rot	Bagdad an Seldschuken
1056n rot	Tughril Sultan
1059n rot	Normannen-Zugeständnis
1059n rot	Papst-Zugeständnis
1061n braun	Normannen-Vorstoß
1061n rot	Normannen auf Sizilien
1064n braun	Seldschuken-Vorstoß
1067n braun	Kumanen-Vorstoß
1070n braun	Türken-Vorstoß
1071n braun	Normannen-Vorstoß
1071n rot	Normannen-Macht gestärkt
1071n/1077n	Ikonischer Türkenkrieg
1071n rot	Palästina an Türken
1072n braun	Kumanen-Vorstoß
1073n rot	Kleinasien türkisch
1075n rot	Vorderasien türkisch
1081n blau	Normannenburg in London
1081n/1085n	Balkankrieg der Normannen
1090n braun	Normannen-Vorstoß
1090n rot	Malta an Normannen
1091n braun	Normannen-Vorstoß
1091n braun	Petschenegen-Vorstoß
1091n rot	Sizilien normannisch
1106n rot	Konya Türken-Hauptstadt
1130n braun	Vorstoß der Kitan
1218n rot	Machtverlust der Kitan
1307n braun	Seldschuken-Vertreibung

VÖTTING, Dorf bei Freising (Oberbayern). Hier fand vor fast 900 Jahren die erste sicher überlieferte Verbrennung von drei Frauen als 'Hexen' statt. Damit begann die katholische Kirche ihren Terror, dem in den darauffolgenden 700 Jahren über 1000000 unschuldiger Frauen zum Opfer fielen.

1090n rot	'Hexen'-Verbrennung

VOGELWEIDE, Walther von der, deutscher Dichter.

1172n–1228n	Lebenslinie
1202n blau	'Unter der Linden'
1206n blau	'Sängerkrieg'
1223n blau	Antipäpstliche Gedichte
1326n blau	Liedersammlung

VOKALE, von dem lateinischen Worte 'vocalis' (= tönend) abgeleitete Bezeichnung für selbsttönende Buchstaben (Selbstlaute). In der deutschen Sprache die Buchstaben a, e, i, o, u.

875v grün	Zeichen im Alphabet

VOLKSBÜHNE, Name einer Organisation von Theaterbesuchern und zugleich des von ihr 1914n in Berlin errichteten Theatergebäudes. Von Arbeitern gegründet, die sich durch Eintrittspreise, Kleidungsgebräuche und Spielplangestaltung von den bestehenden, auf das Bürgertum zugeschnittenen Bühnen abgestoßen fühlten, aber eine echte Theaterbegeisterung besaßen. Erhielt sich allein aus den freiwilligen Beiträgen der Arbeiter, während der Staat andere Theater finanziell zunehmend förderte. Nach dem ersten Weltkrieg verbreitete sich die Bewegung über ganz Deutschland und führte überall den Arbeiter ans Theater. 1933n aufgelöst, hatte sich die Einrichtung nach dem zweiten Weltkrieg überlebt, weil in der DDR ihr Leitgedanke auf allen Bühnen angewandt wurde, während das ihr zugrundeliegende Klassenbewußtsein des Arbeiters in der Bundesrepublik der allgemeinen Restauration zum Opfer gefallen ist.

1890n blau	Gründung in Berlin

VOLKSDEMOKRATIEN, Volksrepubliken, Bezeichnung der kommunistischen Staaten außerhalb der Sowjetunion, gekennzeichnet durch den Versuch, die Formal-Demokratie kapitalistischer Prägung in eine Real-Demokratie umzuwandeln.

1924n rot	Mongolei
1944n rot	Jugoslawien
1946n rot	Nordkorea
1946n rot	Albanien
1946n rot	Bulgarien
1947n rot	Polen
1947n rot	Rumänien
1948n rot	Tschechoslowakei
1948n rot	Ungarn
1949n rot	China
1949n rot	DDR
1955n rot	Nordvietnam
1961n rot	Kuba

VOLKSENTSCHEID

488v rot	Einführung in Athen

VOLKSFRONT, Bezeichnung für das Bündnis auf Zeit zwischen einer kommunistischen Partei und anderen politischen Gruppierungen. Unter Verzicht auf die sofortige Beseitigung des Privateigentums an den Produktionsmitteln und auf ihre eigene politische Führungsrolle erstrebten die kommunistischen Parteien nach der Machtergreifung des deutschen Faschismus diese Bündnisform in allen vom Faschismus bedrohten Ländern. Von der kommunistischen Internationale 1935n in Moskau gefordert, konnte sie 1936n–1940n in Frankreich die faschistische Gefahr noch bannen. In Spanien erlag sie den von Italien und Deutschland unterstützten Faschisten, doch schuf die gemeinsame Förderung ihres Kampfes durch England, Frankreich, die USA und die Sowjetunion das Bewußtsein einer politischen Gemeinsamkeit zwischen diesen Mächten und bereitete damit deren Zusammengehen gegen die faschistischen Staaten Europas im zweiten Weltkrieg vor.

1936n rot	Regierung Frankreichs
1936n/1939n	Spanischer Bürgerkrieg

VOLKSKOMMUNEN, von dem lateinischen Worte 'communis' (= gemeinsam) abgeleitete Bezeichnung für die von Mao-Tse-Tung ein knappes Jahrzehnt nach dem Siege der kommunistischen Revolution in China eingeführte Form gemeinschaftlichen Lebens und Arbeitens. Zunächst auf dem Lande errichtet zur Mechanisierung und Sozialisierung der Feldbestellung sowie zur Verbesserung der Bildung und des Verkehrs, wurden sie seit 1960n auch in Städten eingeführt. In Gemeinschaften von 2000 bis 20000 Menschen überwanden sie in kurzer Zeit die auf dem Privatbesitz beruhende jahrtausendealte chinesische Familienbindung und fügten den größten Teil des chinesischen Volkes in die sozialistische Gesellschaft ein.

1893n–	Mao-Tse-Tung
1957n rot	Einführung

VOLKSLIEDER

720n blau	Japanische Aufzeichnung
759n blau	Japanische Sammlung
836n blau	Arabische Sammlung
1532n–1594n	Orlando di Lasso
1585n blau	Orlandos Lieder
1645n blau	Paul Gerhardts Lieder
1732n–1809n	Haydn
1744n–1803n	Herder
1778n blau	Herders Sammlung
1805n blau	'Des Knaben Wunderhorn'
1818n blau	'Stille Nacht'
1820n blau	'O Tannebaum'

VOLKSSPRACHE, Bezeichnung für die vom arbeitenden Volke gesprochene und verstandene Sprache. Sie wurde mit zunehmender Vertiefung der Klassenspaltung ergänzt durch eine Sprache, die nur einem kleinen Personenkreise zur Verständigung diente und durch die sich seitdem eine Schicht von Herrschenden und Besitzenden sowie von Angehörigen der führenden Berufe (Priester, Richter, Ärzte) über das übrige Volk erhebt.

1952v blau	Akkadische Volkssprache
1760v–1686v	Hammurabi
1364v grün	Annahme als Schriftsprache
1184n grün	Trennung von Schriftsprache
1260n–1327n	Meister Eckehart
1265n–1321n	Dante
1306n blau	Förderung durch Dante
1369n–1415n	Hus

VOLKSTRIBUN, im Römerreich Bezeichnung für die seit 494v zur Verhinderung von Übergriffen der adligen Inhaber hoher Ämter von Plebejern in die Volksversammlung entsandten Vertreter des nichtadligen Volkes. Ihr Recht, jeden Beamten (außer dem Diktator und dem Zensor) zur Rechenschaft zu ziehen, wurde von Sulla nach seiner Ernennung zum Diktator auf unbegrenzte Zeit eingeschränkt und mit der Einführung des Kaisertums durch Augustus praktisch aufgehoben. Das Wort wurde später eine allgemeine Bezeichnung für Volkssprecher.

494v rot	Einsetzung
492v rot	Unverletzlichkeit
156v–86v	Marius
104n–168n	Julianus Salvius
1313n–1354n	Rienzi

VOLKSWIRTSCHAFTSLEHRE, Wissenschaft vom Wesen und von den Gesetzmäßigkeiten der Wirtschaft eines unter gemeinsamer Gesellschafts- und Rechtsordnung lebenden Volkes. Entstand mit dem Aufstieg des Kapitalismus zum herrschenden Wirtschaftsprinzip in Europa. Durch Einbeziehung der wechselseitigen Abhängigkeit von Wirtschaft und Politik zur Politökonomie fortentwickelt, wurde sie Grundlage der Gesellschaftslehre (wissenschaftlicher Sozialismus) und damit Hebel der revolutionären Veränderung von Wirtschaft, Staat und Gesellschaft.

1364n grün	Oresme: Geldtheorie
1574n grün	Bodins Lehren
1615n grün	Lehrbuch Montchrestiens
1619n–1683n	Colbert
1623n–1687n	Petty
1657n grün	Merkantilismus
1674n grün	Petty: Politökonomie
1687n grün	Petty: Sozialstatistik
1693n grün	Bellers: Geldtheorie
1723n–1790n	Adam Smith
1758n grün	Physiokratismus
1776n grün	Smith: Nationalökonomie
1798n grün	Malthus: Bevölkerungslehre
1800n blau	Fichte: Handelsstaat
1810n–1862n	Cavour
1817n grün	Ricardo: Grundsätze
1818n–1883n	Karl Marx
1824n blau	Lehre Saint-Simons
1841n grün	List: Zollunion
1848n grün	Mill: Politökonomie
1859n blau	Marx: Politökonomie
1867n blau	Marx: Das Kapital
1879n blau	Werk Henry Georges
1884n blau	Engels: Ökonomiegeschichte
1885n blau	Marx: Kapital II
1889n grün	Damaschke: Bodenreform
1894n blau	Marx: Kapital III
1902n blau	Sombart: Kapitalismus
1916n blau	Lenin: Imperialismus
1921n grün	Lehre Max Webers
1923n grün	Webbs: Kapitalismus
1924n blau	Stalin: Leninismus
1928n blau	Shaw: Sozialismus
1936n grün	Keynes' Lehre
1941n blau	Burnham: Managerstaat

VOLKSZÄHLUNG, die zahlenmäßige Bestandsaufnahme der Bevölkerung einer staatlichen Gemeinschaft. Bereits vor 3000 Jahren von König David in Israel, 500 Jahre später auch in Griechenland und dann bald in Rom zur Ermittlung der waffenfähigen Männer und zur steuerlichen Erfassung der privaten Vermögen angewendet. Unter allgemeinen Gesichtspunkten vor mehr als 1200 Jahren in China eingeführt. In Europa seit 1748n bekannt. In diesem Jahre fand in Schweden die erste Zählung statt; ein Jahr später wurde hier eine ständige 'Tabellenkommission' für die Beobachtung der Bevölkerungsentwicklung eingesetzt.

754n grün	Durchführung in China

VOLSINII, Stadt in Mittelitalien, 100 Kilometer nördlich von Rom. Vor fast 3000 Jahren von Etruskern gegründet. Unter den zwölf großen etruskischen Städten Italiens nahm sie eine Sonderstellung ein, weil sich auf ihrem Boden das zentrale Heiligtum der Etrusker befand. Als die Stadt vor 2250 Jahren von sozialen Unruhen erschüttert wurde, rief der Adel gegen das revolutionäre Volk römische Heere zu Hilfe und führte damit die Unterwerfung der Etruskerstädte südlich des Arno unter Römerherrschaft herbei. Im Jahre 92v durch einen Blitzschlag abgebrannt. An ihrer Stelle wurde später die Stadt Orvieto errichtet.

264v braun	Sieg der Römer
264v rot	Anschluß an Rom

VOLTA, Land und Staat nördlich von Ghana und Togo im Innern Nordwestafrikas. Seit dem 14. Jahrhundert von einem Kaiser regierter Negerstaat (Mossi). 1896n von Franzosen besetzt und 1919n Französisch-Westafrika zugeschlagen, 1960n politisch unabhängig, aber durch Verträge wirtschaftlich, militärisch und kulturell weiterhin an Frankreich gebunden.

1960n rot	Unabhängigkeit

VOLTA, Alessandro (1745n–1827n), italienischer Naturforscher. Als Rektor des Gymnasiums seiner Heimatstadt Como erforschte er das Wesen der Elektrizität und setzte seine Arbeiten als Professor der Physik in Pavia fort. Als er von Galvanis Froschschenkel-Versuchen und seiner Theorie tierischer Elektrizität erfuhr, wiederholte er dessen Experimente und bewies, daß es sich beim Zucken des Froschschenkels nicht um die Ursache, sondern um eine Wirkung der Elektrizität handelt. Zeigte experimentell, daß Elektrizität entsteht, wenn zwei trokkene Metalle mit einem feuchten Körper und unter sich in Verbindung stehen. Baute ein Element aus Silber- und Zinkplatten, zwischen die er salzwassergetränkte Tücher legte und denen er Elektrizität entnehmen konnte. Er nannte es zunächst 'Elektromotor', erkannte dann aber, daß die Elektrizität nicht in dem Element erzeugt wurde, sondern nur in ihm strömte. Diese Beschreibung des Charakters der Elektrizität war nicht weniger bedeutsam als seine Schaffung eines elektrischen Elements, das er in zahllosen Versuchen zur Hergabe starker Ströme entwickelte. Nach einer Reise durch Nordeuropa führte er in Norditalien den Kartoffelbau ein. Die Maß-Einheit für elektrische Spannung wurde nach ihm benannt ('Volt').

1792n grün	Wesen der Elektrizität
1800n grün	Galvanische Batterie

VOLTAIRE, französischer Philosoph, Historiker und Dichter.

1694n–1778n	Lebenslinie
1713n–1784n	Diderot
1732n blau	'Zaïre'
1742n blau	'Mohammed'
1751n blau	'Jahrhundert Ludwigs XIV.'
1759n blau	'Candide'
1769n blau	'Über Gott und Menschen'

VONDEL, Joost (1587n–1679n), niederländischer Dichter aus Antwerpen (Belgien). Als Sohn christlicher Sozialreformer (Wiedertäufer) wuchs er in Köln auf, wohin seine Eltern vor der kirchlichen Verfolgung geflohen waren. 29jährig übernahm er das väterliche Geschäft (Strümpfe und Seide) in Amsterdam. Erst im Alter von 40 Jahren begann er zu schreiben. In Spottgedichten klagte er die Mißstände der Gesellschaftsordnung an ('Der Striegel'). Übersetzte lateinische Dramen und machte sich die Gesetze des Aristoteles über den Aufbau des Dramas zueigen. Schrieb 32 Trauerspiele vorwiegend historischen Inhalts ('Maria Stuart'). Gestaltete auch biblische Stoffe nach modernen Vorstellungen ('Adam in der Verbannung', 'Die aufrührerischen Engel'). Nachdem er das elterliche Vermögen aufgebraucht hatte, ging er 70jährig noch für 10 Jahre als Angestellter zu einer Bank. Zur Eröffnung des Amsterdamer Theaters schrieb er ein Drama über die Verwüstung des Dorfes Amsterdam durch seine Nachbarn im Jahre 1299n.

1654n blau	'Lucifer'

VOSS, Johann Heinrich (1751n–1826n), deutscher Sprachlehrer, Dichter und Übersetzer. Als Sohn eines Lehrers studierte er alte Sprachen und verdiente sich seinen Lebensunterhalt durch Nachhilfe-Unterricht. Trat dem Göttinger Dichterbund bei, dessen führender Kopf er bald war. 25jährig übernahm er die Redaktion des 'Musen-Almanach' und wurde zwei Jahre später

Schul-Rektor auf dem Lande. Dort begann er Homer zu übersetzen und machte die 'Odyssee' durch seine dichterische Nachgestaltung in Deutschland bekannt. In seinen Gedichten ('Idyllen') stellte er auch die Mißstände der bestehenden Ordnung dar. Seine Trilogie über das Landleben war eine herbe Kritik an der Ausbeutung des arbeitenden Volkes durch den Landadel ('Die Leibeigenen', 'Die Erleichterten', 'Die Freigelassenen'). Die französische Revolution begrüßte er und verteidigte auch die von ihr angewandte Gewalt. Als er eine Professur in Heidelberg erhielt, geriet er bald in Gegensatz zu den dort herrschenden Dichtern (Brentano, Arnim, Görres), hinter deren romantischer Vergangenheits-Schwärmerei er die neue katholische Reaktion erkannte. In seiner gutmütigen Darstellung des Lebens in einem protestantischen Pfarrhause ('Luise') rühmte er die religiöse Duldsamkeit eines Dorfpfarrers. Seine Grundsätze für Übersetzungen legte er in einem Buche nieder ('Zeitmessung der deutschen Sprache').

1777 n blau Homer-Übersetzung
1784 n blau 'Luise'

VOX CLAMANTIS, Titel eines Gedichtes des Engländers John Gower in 10000 lateinischen Versen (wörtlich: 'Stimme des Rufers'). Behandelt ausgehend von dem Arbeiter- und Bauernaufstand unter Wat Tyler die Mißstände der englischen Gesellschaftsordnung seiner Zeit. Obwohl der Verfasser als Angehöriger des Landadels die Aufstandsbewegung abschätzig darstellte, gab er darin einen erschütternden Bericht über die Armut und die Ungerechtigkeit in seiner Epoche.

1325 n–1381 n Wat Tyler
1381 / 1382 n Aufstände
1384 n blau Abfassung

VRIES, Hugo (1848 n–1935 n), holländischer Naturwissenschaftler. 30jährig auf den Lehrstuhl für Botanik an der Universität Amsterdam berufen, behielt er dieses Amt vierzig Jahre. Erforschte die Vererbungsvorgänge bei Pflanzen und stellte Gesetze der Weitergabe von Eigenschaften an die folgenden Generationen zusammen. Erkannte die Ursache für die Veränderung der Arten im sprunghaften Entstehen vererbbarer Eigenschaften ('Mutationstheorie'). Seine Untersuchung der Zellstruktur führte ihn zur Erforschung des Flüssigkeits-Druck-Ausgleichs beim Stoffwechsel der Pflanze (Osmose). Schrieb ein Buch über Pflanzenzüchtung.

1902 n grün Mutationstheorie

VULGATA, von dem lateinischen Worte 'vulgaris' (= allgemein) abgeleitete Bezeichnung für die katholische Bibelfassung, die nach dem Willen der Kirche allein der Allgemeinheit zugänglich sein soll. Da es von allen Teilen der Bibel voneinander abweichende und teilweise einander widersprechende Texte gab, erhielt der Schriftsteller Hieronymus im Jahre 383 n den Auftrag, einen verbindlichen Bibeltext zu schaffen. Durch Auswahl der ihm am zweckmäßigsten erscheinenden Texte und durch ihre teilweise Neu-Übersetzung aus dem Aramäischen, Hebräischen und Griechischen gelang ihm die Zusammenstellung einer Bibelfassung, die den Päpsten gefiel. Dabei übernahm er auch Stücke der vorher hauptsächlich verbreiteten lateinischen Bibel (Itala). Im Laufe der Jahrhunderte durch immer neues Abschreiben und Verbessern verändert, erlangte sie seit dem 13. Jahrhundert ausschließliche Geltung. 1546 n wurde sie vom Konzil der katholischen Kirche zur authentischen Fassung der vom Heiligen Geist eingegebenen, irrtumslosen Offenbarung des göttlichen Willens erklärt. 1590 n, 1592 n, 1593 n und 1598 n erschienen dann auf Anweisung der Päpste immer wieder neu überarbeitete, noch authentischere Fassungen. Im päpstlichen Auftrag arbeiteten seit 1907 n Benediktiner-Mönche an ihrer allerauthentischsten Fassung. Seit 1933 n ist diese Arbeit in der Abtei des Heiligen Hieronymus in Rom konzentriert.

345 n–420 n Hieronymus
405 n blau Bibel-Übersetzung

VULKANE, von dem lateinischen Namen des römischen Gottes des Feuers (Vulkanus) abgeleitete Bezeichnung für Berge, die zeitweilig oder dauernd eine feurige Masse (Lava) aus dem Erdinnern an die Oberfläche bringen ('feuerspeiende Berge').

2469 v blau Verarbeitung des Gesteins
1523 v grün Ausbruch auf Kreta
79 n grün Ausbruch des Vesuv

VULKANISATION, Bezeichnung für die Verfestigung von Rohgummi durch Wärme-Behandlung. Ihre Erfindung machte den aus überseeischen Gebieten eingeführten Rohgummi technisch verwendbar und nahm ihm seine Klebrigkeit, ohne seine Elastizität zu zerstören.

1838 n grün Erfindung

VULPIUS, Christiane (1765 n–1816 n), Goethes Frau. Als Arbeiterin in einer Werkstatt für die Herstellung künstlicher Blumen lernte sie 22jährig in Weimar den 16 Jahre älteren Dichter kennen. Sie wurde 26jährig unverheiratet seine Lebenskameradin und gebar ihm fünf Kinder, von denen aber nur eines am Leben blieb. 41jährig rettete sie beim Eindringen französischer Soldaten Goethe das Leben. Bald darauf heiratete er sie. Als sie 16 Jahre vor Goethe starb, begann für den Dichter die Periode der Einsamkeit.

1749 n–1832 n Goethe

WAAGE, Gerät zur Gewichtsbestimmung. Vor 3000 Jahren in Indien eingeführt zur Verfeinerung des vorher gebräuchlichen rein mengenmäßigen Messens mit Gefäßen, verbreitete sie sich schnell nach Vorderasien, Ägypten und in den Mittelmeerraum und wurde bald auch in China gebräuchlich. Sie erleichterte den Handel und wurde zu einer wichtigen Voraussetzung der exakten Wissenschaft.

2936 v grün Aufkommen in Indien
2616 v grün Normen in Indien
2060 v–1983 v Schul-Gi
2017 v grün Normen in Mesopotamien
1989 v grün Eichamt in Ur
1440 v blau 'Abwiegen von Gold'
1426 v blau 'Gerechtigkeit mit Waage'
649 v grün Normen in Argos
259 v–209 v Schi-Huang-Ti
216 v grün Normen in China
1743 n–1794 n Lavoisier

WACE, Robert, französischer Dichter und Geschichtsschreiber normannischer Herkunft.

1108 n–1175 n Lebenslinie
1154 n blau Geschichte Englands
1166 n blau Normannen-Geschichte

WACHS

379 v grün Wachsfarben
294 v grün Schreibtafeln aus Wachs
188 v grün Wachskerzen

WADI-DHAMA, Fluß im Süden der arabischen Halbinsel (Jemen). Durch seine Regulierung wurde im 8. Jahrhundert vor unserer Zeitrechnung das Gebiet um die alte Hauptstadt Marib bewässert und im Minäer-Reiche die Voraussetzung für Ackerbau und Baumkultur geschaffen.

830 v grün Staudamm begonnen
758 v–672 v Bajin
735 v grün Schleuse im Staudamm
715 v grün Staudamm vollendet
566 n grün Bruch des Staudammes

WADI-HAMMAMAT, Name eines Tales, das sich vom Mittellauf des Nil (Theben) in östlicher Richtung bis zum Roten Meer erstreckt. Bereits vor 4000 Jahren von den Ägyptern als beste Verbindungsstraße nach dem Weihrauchlande Punt (Somaliland) benutzt. Die in dem trockenen Tale vorhandenen Steinvorkommen wurden durch Anlage von Steinbrüchen dem Bauwillen der Ägypter nutzbar gemacht.

1162 v grün Steinbrüche

WADIM der Tapfere (um 820 n–um 860 n), russischer Freiheitskämpfer. Setzte sich gegen die nach Rußland eingedrungenen Normannen zur Wehr und einigte die slawischen Bewohner des Gebietes von Nowgorod am Ilmensee (Nordrußland) gegen die Eroberer. Doch scheiterte die von ihm geführte Erhebung an der Kriegs-Erfahrenheit der Normannen. Fiel im Kampfe gegen Rurik.

860 n braun Aufstand gegen Rurik

WÄHRUNG, Bezeichnung für das einer Volkswirtschaft zugrunde liegende Zahlungsmittel. Kam beim Übergang vom Tauschhandel zur Geldwirtschaft auf und beruhte jahrtausendelang in ihrem eigenen Metallwert, dessen Echtheit später durch Prägung bestätigt wurde. Seit etwa 1000 Jahren sind an die Stelle dieser wertvollen Metall-Münzen an sich wertlose Papierscheine getreten, die zunächst Anrechtsscheine auf den Gegenwert in Edelmetall darstellten. Durch den Geldbedarf des Kapitalismus wurde diese 'Deckung' aber in fast allen Ländern beseitigt, so daß die umlaufenden Zahlungsmittel heute meist nur noch einen sich beständig verändernden Anspruch auf Güter und Dienstleistungen einer Volkswirtschaft darstellen.

2350 v grün Metall-Währung in Sumer
2334 v grün Silbermünzen in Akkad
2031 v grün Gold-Währung in Ägypten
1769 v grün Kupfer im Mittelmeerhandel
780 v grün Geldwirtschaft in China
732 v grün Silbergeld in Syrien
695 v grün Münzen der Griechen
649 v grün Geld-Einheit in Argos
624 v grün 'Talent' Währung Athens
594 v grün Abwertung in Athen
550 v–486 v Dareios I.
510 v grün Goldmünzen der Perser
476 v grün Griechen: Geldwirtschaft
454 v grün Kupfer-Währung in Rom
327 v grün Währung im Alexanderreich
269 v grün Silber-Währung in Rom
197 v grün Gold-Währung in Rom
109 v grün Münzprägung Staatsmonopol
86 v grün Kriegsgeld der Römer
46 v grün Währungsreform in Rom
172 n grün Währungsverfall in Rom
214 n–275 n Aurelian
258 n grün Währungsverfall in Rom
274 n grün Währungsreform in Rom
540 n grün Goldmünzen der Franken
696 n grün Münzen bei Arabern
708 n grün Münzen in Japan
742 n–814 n Karl der Große
807 n grün Depositenscheine in China
995 n–1035 n Knut der Große
1024 n grün Papiergeld in China
1050 n grün Verbreitung der Mark
1247 n grün Salzgeld in Tibet
1252 n grün Gulden in Florenz
1284 n grün Dukaten in Venedig
1300 n grün Groschen in Böhmen
1309 n–1370 n Kasimir der Große
1364 n grün Oresme: Geldtheorie
1559 n grün Reichsmünzordnung
1585 n grün Dezimalsystem gefordert
1623 n–1687 n Petty
1674 n grün Petty: Wertlehre
1693 n grün Bellers: Geldtheorie
1694 n grün Geld einer Privatbank
1704 n grün Münzprägung in Rußland
1716 n grün John Law: Papiergeld
1790 n grün 'Assignaten', Frankreich
1923 n grün Inflation in Deutschland
1936 n grün Keynes: Geldtheorie

WÄRMEBEHANDLUNG, Bezeichnung für Heilmethoden, die sich der anregenden und kreislauffördernden Wirkung der Wärme bedienen. Seit alters her besonders bei Erkältungen und rheumatischen Erkrankungen in Form von Warmwasser oder Dampf angewendet, wurde sie nach Erfindung der Elektrizitäts-Erzeugung auch in Form von Bestrahlung und Zufuhr von Hochfrequenzstrom (Diathermie) verabreicht. Fördert Durchblutung, Schweißbildung, Stoffwechsel sowie Herz- und Lungentätigkeit.

418 v–345 v Diokles
1891 n grün Diathermie

WÄRMELEHRE, Bezeichnung für die Wissenschaft von Beschaffenheit und Verhalten der Energie, die in den Elementarteilen der Materie enthalten ist.

338 v–268 v Strato der Physiker
1589 n grün Wärmewirkung des Lichts
1620 n grün F. Bacon: Wärme-Deutung
1662 n grün Boyles Gasgesetz
1665 n grün Thermometer-Fixpunkte
1702 n grün Amontons: Gasgesetz
1711 n–1765 n Lomonossow
1730 n grün Réaumur: Gefrierpunkt
1742 n grün Celsius: Siedepunkt
1743 n–1794 n Lavoisier
1757 n grün Black: Latente Wärme
1775 n grün Natur der Verbrennung
1811 n grün Avogadros Gasgesetz
1821 n grün Fourier: Wärmeströmung
1821 n grün Thermoelektrizität
1824 n grün Carnot: Wärmeprozeß
1842 n grün Mayers Energiegesetz
1848 n grün Kelvins Temperaturskala
1851 n grün Clausius: Wärmelehre
1857 n grün Kinetische Gastheorie
1858 n–1947 n Planck
1859 n grün Maxwell: Gastheorie
1865 n grün Entropiegesetz
1879 n grün Stefan: Strahlungsgesetz
1906 n grün Nernst: Wärmesatz

WAFA, Abul (940 n–998 n), arabischer Mathematiker. Bereicherte die Dreiecksrechnung und systematisierte sie in seinem Lehrbuch über geometrische Konstruktionen. Schrieb Kommentare zu den Büchern der griechischen Mathematiker Euklid und Diophant sowie des Arabers Al Karismi.

980 n grün Geometrie

WAFFEN

Vorzeittafel: 20 Tausend Jahre
2977 v grün Metallwaffen in Indien
2964 v grün Kupfer-Pfeilspitzen
2943 v grün Schild in Ägypten
2604 v grün Harpunen in Ägypten
2531 v grün Helm, Speer in Sumer
2526 v grün Bumerang in Sumer
2520 v blau Sumerisches Prunkschwert
2441 v–2379 v Meska-Lamdug
2401 v grün Sumerischer Goldhelm
2347 v grün Speer, Bogen in Akkad
2251 v blau Bogenschützen-Relief
2190 v grün Quarz-Spitzen in Amerika
2021 v rot Bogenschützen-Truppe
1712 v–1640 v Apofis
1702 v blau 'Krieger mit Helm'
1701 v grün Hiebwaffen in Ägypten
1696 v grün Helm, Schild in Ägypten
1641 v blau 'Krieger mit Streitaxt'
1434 v blau 'Pharao als Bogenschütze'
1414 v grün Bumerang in Ägypten
1198 v grün Bogenschützen der Kassiten
1099 v–1016 v Tschu
1095 v grün Eisenwaffen der Assyrer
1031 v blau Bogenschießen-Zeremoniell
882 v grün Belagerungsmaschinen
858 v grün Eisenwaffen für Heer
760 v grün Eisenhelme der Assyrer
716 v grün Eiserne Pfeilspitzen
510 v grün Bogenschützen-Motiv
400 v grün Pfeilgeschütz in Syrakus
331 v grün Steinschleudergeschütze
314 v blau 'Alexander mit Lanze'
296 v–228 v Ktesibios
268 v grün Geschütz des Ktesibios
259 v–209 v Schi-Huang-Ti
240 v grün Metallfeder-Geschütz
152 v–82 v Heron
53 v grün Bogenschützen-Einsatz
207 n grün Armbrust in China
539 n grün Monopol in Byzanz
671 n grün Brandwerfer
789 n–873 n Al Kindi
843 n grün Buch über Schwerter
887 n grün Armbrust in Europa
1130 n grün Schießpulver in China
1139 n rot Armbrust-Vorschrift
1153 n rot Waffenverbot für Bauern
1220 n grün Raketen in China
1232 n grün Schießpulver-Gebrauch
1244 n grün Schießpulver der Araber
1273 n grün Kanonen der Mongolen
1331 n grün Kanonen in Italien
1336 n grün Metallkanonen in Europa
1339 n grün Handfeuerwaffen
1358 n grün Geschützorgel in Holland
1359 n grün Schiffsgeschütze, Spanien
1388 n rot Hinrichtung des Schwarz
1420 n grün Haubitze bei Hussiten
1435 n grün Pistolen in Italien
1479 n grün Gezogener Gewehrlauf
1581 n grün Höllenmaschine, Rußland
1652 n grün Steinschloß statt Lunte
1659 n grün Hinterladegewehr
1672 n–1725 n Peter I., der Große
1806 n grün Congreve: Rakete
1815 n grün Egg: Zündhütchen
1827 n grün Dreyse: Zündnadelgewehr
1845 n grün Schießbaumwolle
1883 n grün Maschinengewehr
1911 n / 1912 n Erste Bombenwürfe
1915 n grün Panzerwagen
1915 n grün Giftgas
1941 n blau 'Bomber über Berlin'
1942 n grün Braun: Rakete
1945 n grün Atombombe
1945 n rot Atombomben-Abwurf
1952 n grün Wasserstoffbombe

WAFID, Abdul ibn (999 n–1068 n), arabischer Staatsmann und Arzt. Nach Abschluß seiner medizinischen Studien wurde er Wesir seiner Heimatstadt Toledo im arabischen Spanien, zog sich aber bald auf seine Arztpraxis zurück. Erkannte die Bedeutung der Ernährung für die menschliche Gesundheit und schrieb ein allgemeinverständliches Buch über Nahrungsmittel, Heilkräuter und Arzneien ('Buch des Kopfkissens').

1052 n grün Medizinisches Werk

WAGEN

2985 v grün Zweiradwagen in Indien
2945 v grün Vierradwagen in Sumer
2796 v blau Taubenwägelchen-Plastik
2655 v blau 'Der Wagenlenker'
2524 v grün Streitwagen in Sumer
1907 v grün Speichenrad (Kleinasien)
1764 v grün Vierradwagen in Ägypten
1724 v grün Streitwagen der Kurriter
1673 v grün Streitwagen, Ägypten
1563 v grün Streitwagen, Griechenland
1476 v grün Jagdwagen in Ägypten
1428 v blau 'Der Wagenlenker'
1405 v–1326 v Kikkuli
1393 v grün Wagenrennen bei Hettitern
1345 v–1301 v Sethos I.
1342 v grün Kampfwagen in China
1334 v grün Kikkuli: Wagenlenkung
1315 v grün Ägypten: Heeresverbände
1302 v–1244 v Salmanassar I.
1267 v grün Assyrien: Heeresverbände
688 v grün Rennen in Griechenland
539 v blau Thespis-Karren
462 v blau 'Der Wagenlenker'
259 v–209 v Schi-Huang-Ti
216 v grün Spurweitennorm in China
700 n blau 'Das Tonwägelchen'
1501 n grün Grubenwagen
1518 n grün Feuerlöschwagen
1599 n grün Segelwagen
1615 n grün Federung
1649 n grün Kurbelantrieb
1662 n grün Pferdeomnibus
1720 n grün Dampfkraftwagen
1736 n grün Eisenschienen
1794 n grün Kugellager
1816 n–1892 n Siemens
1825 n grün Eisenbahn in England
1835 n grün Eisenbahn in Deutschland
1844 n grün Luftreifen
1848 n grün Kinderwagen
1858 n grün Schlafwagen
1860 n grün Lenoir-Motor
1863 n–1947 n Ford
1864 n grün Markus: Kraftwagen
1876 n grün Otto-Motor
1881 n grün Elektrische Straßenbahn
1883 n grün Daimler-Motor
1886 n grün Benz: Automobil
1887 n grün Daimler: Automobil
1893 n grün Diesel-Motor
1900 n grün Untergrundbahn
1903 n grün Ford: Autofabrik
1911 n grün Fließband-Fertigung
1915 n grün Panzerwagen
1928 n grün Raketenauto

WAGENFEDERUNG

1615 n grün Konstruktion

WAGENLENKER, von den Künstlern vergangener Epochen (besonders von Bildhauern) häufig dargestelltes Motiv, in dem Kraft und Mut versinnbildlicht wurden.

2655 v blau Sumerische Plastik
1428 v blau Ägyptisches Gemälde
462 v blau Griechisches Standbild

WAGENRENNEN

1393 v grün Abhaltung bei Hettitern
688 v grün Einführung bei Griechen

WAGNER, Richard, deutscher Tondichter.

1813 n–1883 n Lebenslinie
1843 n blau 'Der fliegende Holländer'
1848 n / 1850 n Zweite deutsche Revolution
1849 n blau 'Kunst und Revolution'
1867 n blau 'Meistersinger'
1874 n blau 'Ring des Nibelungen'
1876 n blau Festspielhaus in Bayreuth

WAHIB-RE (um 630 v–569 v), ägyptischer König von 588 v bis 569 v. Verbündete sich mit den Juden und zog mit seinem Heere durch Vorderasien, um die reichen Phönizierstädte Sidon und Tyros zu erobern. Nach einer Seeschlacht mußte er unverrichteter Dinge umkehren. Inzwischen hatte aber der Babylonierkönig Nebukadnezar II. Palästina erobert, wodurch alle weiteren Eroberungsabsichten in Vorderasien zunichte gemacht wurden. Auf einem Feldzug nach Libyen (Nordafrika) erlitt sein Heer eine Niederlage und erhob sich gegen die Einstellung weiterer griechischer Söldner. Der von ihm zur Unterwerfung des Aufstandes entsandte Feldherr Amasis stellte sich an die Spitze der aufständischen Truppen, schlug ihn, setzte sich selbst auf den Thron und ließ ihn hinrichten.

613 v–525 v Amasis
570 v / 569 v Aufstand des Heeres
569 v rot Amasis Nachfolger

WAHL, Wahlrecht

3000 v–2952 v Meschki-Agascher
2533 v rot China Wahlmonarchie
139 v rot Geheime Wahl
108 v–62 v Katilina
61 v grün Wahlschulden beglichen
588 n–656 n Othman
1144 n rot Wahl eines Parlamentes
1156 n rot Räte- und Richterwahl
1157 n rot Wahl von Vorstehern
1290 n–1343 n Marsilius von Padua
1338 n rot Kaiserwahl ohne Papst
1665 n rot Wahlmonarchie abgelöst
1893 n rot Allgemeines Wahlrecht
1902 n rot Wahlrecht für Frauen

WAHRSAGUNG

2391 v grün Leberbeschau in Sumer
2369 v–2295 v Una
2343 v blau 'Omenbücher'
1973 v blau Ägyptische Weissagung
1895 v–1834 v Amoni
1869 v–1804 v Irra-I-Mitti
1710 v blau Propheten in Mari
1128 v–1057 v Herihor
981 v–918 v Ahia
927 v–850 v Elias
863 v blau Orakel von Delphi
802 v–745 v Amos
784 v–725 v Hosea
777 v–692 v Jesaja
649 v–583 v Jeremias
628 v–553 v Hesekiel
511 v blau Sibyllinische Bücher
192 v blau Weltreich vorausgesagt
180 v–110 v Panaitios
40 v blau Messias-Prophezeiung
16 v blau Orakel-Kommentar
37 n–100 n Josephus
945 n blau 'Weissagung der Volva'
1572 n blau Spott über Wahrsagerei
1590 n blau Bild einer Wahrsagerin

WAHRSCHEINLICHKEITSLEHRE

266 v blau Kritik an Dogmatik
214 v–129 v Karneades
162 v blau Philosophische Lehre

WAHRSCHEINLICHKEITSRECHNUNG, Teilgebiet der Mathematik, das den Grad der Gewißheit berechnet, mit dem ein an den Zufall gebundenes Ergebnis eintritt. Bei genügend häufiger Wiederholung eines vom Zufall abhängigen Einzelgeschehens erhöht sich die Wahrscheinlichkeit seiner Berechenbarkeit und erreicht schließlich einen Grad, der praktisch mit Gewißheit gleichgesetzt werden kann. Die Kenntnis dieser Rechenart ist Voraussetzung für das Verständnis moderner Naturwissenschaften, die zunehmend exakte Angaben durch solche auf ihr beruhenden 'statistischen' Aussagen ersetzen.

1623 n–1662 n Pascal
1654 n grün Entwicklung
1687 v grün Sozialstatistik
1689 n grün J. Bernoullis Forschungen
1878 n grün Statistische Mechanik
1901 n – Heisenberg

WAIFAR (um 720 n–768 n), Herzog von Aquitanien (Südwest-Frankreich). Als freier Herrscher eines selbständigen Landes lehnte er es ab, die Oberhoheit des neuen Frankenkönigs Pippin des Kleinen anzuerkennen und verweigerte deshalb den Lehnseid. Neun Jahre lang erwehrte er sich der Angriffe Pippins, die in acht Feldzügen vorgetragen wurden. Von den verbündeten Basken im Stich gelassen, unterlag er und verlor einen großen Teil seines Landes. Nun bot er Lehnseid und Tribute an, aber es war zu spät. Nachdem sein Onkel erhängt und ein Teil seiner Familie in Gefangenschaft geraten war, wurde er von seinen eigenen Soldaten erschlagen.

716 n–768 n Pippin der Kleine
760 n/768 n Aquitanischer Krieg

WAISEN-FÜRSORGE

2363 v rot Schutzmaßnahme in Sumer
787 n grün Waisenheim in Mailand

WAKSMAN, Selman A. (geboren 1888 n), nordamerikanischer Biochemiker russischer Herkunft. Verließ jung das zaristische Rußland, ging nach Amerika und wurde 1916 n USA-Bürger. Spezialisierte sich früh auf die Erforschung der Bakterien. Doch suchte er in diesen winzigen einzelligen Lebewesen nicht nur die Erreger von Krankheit, Fäulnis und Gärung. Er ergründete vor allem ihren Anteil an der Düngung und Erneuerung des bebauten Bodens sowie am Kreislauf des Lebens im Wasser. In diese Untersuchungen bezog er auch andere Mikro-Organismen ein und entwickelte eine 'Boden-Mikro-Biologie'. Nach der Entdeckung des Penicillins bemühte er sich um die vollständige Klärung der Natur jener Mikro-Organismen, die das Wachstum der Bakterien verhindern oder sie zerstören (Antibiotika). Dabei fand er kleinste Lebewesen, die entwicklungsgeschichtlich zwischen den Spaltpilzen (Bakterien) und den sie zerstörenden Schimmelpilzen (Penicillin) stehen und selbst ein hochwirksames Antibiotikum darstellen (Streptomyzin, Neomyzin). Schrieb eine Autobiographie ('Mein Leben mit den Mikroben').

1944 n grün Streptomyzin

WAL, Name eines durch Lungen atmenden, warmblütigen Säugetieres, das ständig im Meere lebt und bis zu einer Stunde untertauchen kann, wobei es eine Tiefe von 1000 Metern erreicht. Die bis zu 30 Meter langen Tiere können ein Gewicht bis zu 150 000 kg haben. Bereits das lebend geborene Walbaby ist 7 Meter lang und wiegt 2000 kg. Da aus einem Wal bis zu 30 000 kg Öl gewonnen werden können, stellt er seit etwa 4000 Jahren eine beliebte Jagdbeute dar. Von den 77 Arten haben sich die größten (Blauwal, Finnwal) in die Eismeere um den Nord- und Südpol zurückgezogen, während kleinere Arten in allen Weltmeeren vorkommen. Die Jagd mit vollindustrialisierten Fangschiffen richtet sich zunehmend auf die größten Arten.

1107 v grün Jagd bei Phöniziern
1851 n blau Melvilles Wal-Roman

WALACHEI, Name einer Balkan-Landschaft zwischen dem Unterlauf der Donau und dem Südhang der Karpaten (Süd-Rumänien). Vor 2000 Jahren gehörte das goldreiche Land zum Königreich der Daker, das unter Kaiser Trajan dem römischen Reiche einverleibt wurde und im 3. Jahrhundert germanischen Stämmen zufiel. Ihr Name stammt von dem Fürstentum der Walachen, die sich im 14. Jahrhundert aus ungarischer Herrschaft befreiten und einen selbständigen Staat gründeten. Da die rumänische Hauptstadt Bukarest auf ihrem Gebiet liegt, wurden die Rumänen auch zeitweise als 'Walachen' bezeichnet.

101 n/106 n Dakerkrieg Roms
106 n rot Dakien römisch
271 n rot Rückzug Roms
1714 n/1718 n Türkenkrieg
1718 n rot Gebiete an Österreich
1859 n rot Rumänische Einigung
1864 n blau Universität Bukarest

WALAFRIED (um 800 n–849 n), deutscher Dichter und Mönch. Als armes Waisenkind 9jährig ins Kloster Reichenau eingeliefert, verfaßte er als 15jähriger in 1000 Versen eine Beschreibung des Klostergartens der Insel Reichenau mit den dort angebauten Arzneikräutern. 20jährig wurde er an den Hof Ludwigs des Frommen nach Aachen gerufen und vom Frankenkönig zum Erzieher seines Sohnes, Karls des Kahlen, gemacht. Als sein Zögling mündig geworden war, ernannte ihn dieser zum Abt der Reichenau. Schrieb eine Jenseits-Vision und eine Bibel-Auslegung sowie eine Zusammenstellung christlicher Kulthandlungen mit Darlegung ihrer Entstehung und ihrer Entwicklung. Obwohl er im Streit zwischen den Erben des Frankenreiches auf der Seite seines Zöglings Karl gegen den deutschen Herrscher Ludwig den Deutschen stand, erwirkte er bei Ludwig eine erhebliche Erweiterung des Besitzstandes seines Klosters. Um zwischen ihm und dem französischen Herrscher Karl zu vermitteln, begab er sich nach West-Frankreich und ertrank beim Überqueren der Loire.

812 n grün Buch der Heilkräuter
841 n blau Ursprung der Kulte

WALCHEREN, Name einer Insel in der Scheldemündung (Holland). Mit ihrer Eroberung sicherten sich dänische Normannen 841 n die Kontrolle der holländischen Küste. Hier begann 1572 n der Freiheitskampf der Niederlande, als die Geusen in der Stadt Vlissingen an der Südküste der Insel die Fahne der Befreiung hißten. In den Napoleonischen Kriegen besetzten die Engländer 1809 n Vlissingen und vernichteten dessen Befestigungen. Im zweiten Weltkrieg zerstörten die Alliierten einen Teil der Dämme und gaben die Insel der Überflutung preis. Nach mühevoller Reparatur der Dämme wurde sie 1953 n erneut von einer Flutkatastrophe betroffen. Über zwei Dämme mit dem Festland verbunden, wächst sie durch Eindeichungen immer mehr mit der Halbinsel Beveland zusammen.

841 n rot Besetzung durch Normannen
1572 n/1581 n Kampf der Niederlande
1796 n/1815 n Napoleonische Kriege
1939 n/1945 n Zweiter Weltkrieg

WALDEMAR II. (1170 n–1241 n), dänischer König von 1202 n bis 1241 n. Unternahm einen erfolgreichen Feldzug gegen die Esten und gründete am Finnischen Meerbusen die Stadt Reval. 4 Jahre später wurde er durch den Herzog von Schwerin gefangengenommen und konnte sich erst nach 2jähriger Haft durch eine beträchtliche Geldzahlung und den Verzicht Dänemarks auf Mecklenburg loskaufen. Als er die Freiheit wiedererlangt hatte, brach er den ihm aufgezwungenen Vertrag und griff Holstein, Lübeck und Hamburg an, die sich inzwischen ebenfalls befreit hatten. Doch verbündeten sich nun Holstein, Sachsen und Bremen mit den Schwerinern und schlugen ihn gemeinsam bei Bornhöved im Kreis Segeberg (Schleswig-Holstein).

1219 n blau Gründung von Reval
1227 n braun Niederlage gegen Deutsche

WALDEN, Herwarth (1878 n–1941 n), deutscher Schriftsteller. Als Sohn eines Berliner Arztes studierte er Musik und wurde Kritiker. Trat für neue Kunstrichtungen ein, die mit allen herkömmlichen Auffassungen und Regeln der Kunst brachen und auch die überlieferten Techniken durch neue zu ersetzen suchten (Expressionismus, Futurismus, Kubismus, Dadaismus). Gründete 1904 n einen 'Verein für Kunst' und gab später eine Zeitschrift heraus ('Der Sturm'), die ein Sammelpunkt der neuen Kunstbestrebungen wurde. Seit 1912 n veranstaltete er auch Ausstellungen, um die neue Kunst durchzusetzen. Machte Klee, Kandinsky, Kokoschka, Nolde, Franz Marc berühmt. Doch war die Kluft zwischen dieser abstrakten Auffassung und dem auf Anschaulichkeit gerichteten Kunstempfinden einfacher Menschen so groß, daß es ihm nicht gelang, sie volkstümlich zu machen. Nach dem ersten Weltkriege wandte er sich der politischen Volksbewegung zu, trat der Spartakusgruppe nahe, wurde Mitglied der Kommunistischen Partei und gewann viele der durch ihn berühmt gewordenen Künstler für die kommunistische Idee. Schrieb Theaterstücke ('Sünde') und Romane ('Buch der Menschenliebe') sowie theoretische Abhandlungen über Kunst. 1932 n ging er als Sprachlehrer in die Sowjetunion, wo er 1941 n verhaftet wurde und umkam.

1910 n blau 'Der Sturm'

WALDENBURG, Stadt in Schlesien, 70 Kilometer südwestlich von Breslau. Hier fand der erste deutsche Weber-Aufstand statt. Seit der Jahrhundertwende entwickelte sie sich zum Industrie- und Bergwerkszentrum Niederschlesiens. Nach dem zweiten Weltkrieg wurde die unzerstörte Stadt polnisch. Die deutsche Bevölkerung wurde bis auf 5000 Einwohner vertrieben.

1785 n/1786 n Weberaufstände

WALDENSER, nach dem französischen Freiheitskämpfer und Reformator Peter Waldes benannte Bewegung, die eine soziale Erneuerung durch Befolgung der urchristlichen Armutsbotschaft erstrebte. Gewann schnell das Volk in Südfrankreich, wurde aber durch die Kirche geächtet und zerschlagen. Kleine Gemeinden hielten sich in den Alpen und auf Sizilien bis in die Gegenwart.

1140 n–1217 n Peter Waldes
1160 n–1216 n Innozenz III.
1175 n rot 'Bund der Armen'
1176 n blau Waldes: Kritik an Kirche
1178 n rot Bekehrung Südfrankreichs
1179 n rot Gegnerschaft der Kirche
1180 n rot Kampfruf des Papstes
1181 n braun Kreuzzug
1182 n rot Bekehrung Norditaliens
1184 n rot Inquisition
1198 n blau Fortbildung
1201 n rot Abkehr der Humiliaten
1207 n rot Päpstliche Gesandte
1208 n rot Kampfruf des Papstes
1209 n/1229 n Kreuzzug
1231 n blau Schulen
1532 n rot Religionswechsel
1686 n braun Vernichtung in Frankreich

WALDERE, Titel eines englischen Heldengedichts. Behandelt die Geschichte des Kampfes Walthers von Aquitanien gegen Gunther und Hagen um die aus dem Hunnenlande entführten Schätze und die aus Attilas Gefangenschaft befreite Hildegund.

742 n blau Entstehung

WALDES, Peter, französischer Freiheitskämpfer und Reformator.

1140 n–1217 n Lebenslinie
1160 n–1216 n Innozenz III.
1175 n rot 'Bund der Armen'
1176 n blau Angriff auf Kirche
1178 n rot Bekehrung Südfrankreichs
1179 n rot Gegnerschaft der Kirche
1180 n rot Kampfruf des Papstes
1181 n braun Kreuzzug
1182 n rot Bekehrung Norditaliens
1184 n rot Inquisition
1198 n blau Fortbildung der Anhänger
1201 n rot Abkehr der Humiliaten
1207 n rot Päpstliche Gesandte
1208 n rot Kampfruf des Papstes
1209 n/1229 n Kreuzzug

WALDIS, Burkhard (1490 n–1556 n), deutscher Dichter. Ging als Mönch nach Riga und wurde vom Bischof nach Deutschland und Rom geschickt, um bei Kaiser und Papst Hilfe gegen die immer mehr um sich greifende Reformation zu erbitten. Doch war er vom römischen Kirchenbetrieb so abgestoßen, daß er sich bei seiner Rückkehr vom Katholizismus abwandte. Aus dem Franziskanerkloster ausgetreten, verdiente er seinen Lebensunterhalt in Riga als Zinngießer und schrieb ein Fastnachtsspiel ('Vom verlorenen Sohn'). Darin wendete er die biblische Fabel gegen die katholische Kirche. Vom romtreuen Deutschen Orden wurde er wegen Verschwörung eingekerkert. Nach seiner Entlassung aus dem Gefängnis kehrte er in seine hessische Heimat zurück. Auf Grund vorchristlicher Überlieferungen stellte er ein Kinderbuch mit 400 Fabeln und Erzählungen zusammen, wobei er die einzelnen Gedichte in leichtverständliche Verse faßte.

1548 n blau Kinderbuch

WALDSEEMÜLLER, Martin (1470 n–1518 n), deutscher Kartenzeichner. Studierte in Freiburg und folgte dann einem Rufe des Herzogs von Lothringen, der in St. Dié (Vogesen) ein kleines Forschungszentrum eingerichtet hatte und besonders die Geographie förderte. In dieser kleinen Stadt blieb er, arbeitete in den Bibliotheken von Basel und Straßburg und vollendete seine Kartenwerke. Im Mittelpunkt stand eine auf 12 Einzelblättern gedruckte Weltkarte, die den neuesten Stand der Erdkenntnis widerspiegelte. Für sie verarbeitete er die Aufzeichnungen Marco Polos und anderer Reisender. Er wollte auch die Ergebnisse der Entdeckungsreisen des Kolumbus verwenden, doch gelang es ihm nicht, an dessen geheimgehaltene Aufzeichnungen heranzukommen. Da erreichte ihn der Bericht Amerigo Vespuccis, der die Behauptung aussprach, eine ganz neue Welt entdeckt zu haben. Nach gründlicher Prüfung zeichnete er diese neue Welt in Gestalt eines westlich des Atlantik befindlichen vierten Kontinentes ein, den er nach Amerigo Vespucci 'Amerika' nannte. Weil allgemein noch die von Kolumbus aufgestellte Theorie galt, es handele sich nur um das auf anderem Wege erreichte Indien, wurde seine Karte zu einer Sensation. Innerhalb des ersten Jahres wurden 1000 Stück davon in alle Welt verbreitet. Wenige Jahre später mußte er sich davon überzeugen, daß Amerigo Vespucci nur ein Begleiter des Hojeda und daß Kolumbus der wirkliche Entdecker der Neuen Welt war. In seiner fünf Jahre später herausgebrachten Ptolemäus-Ausgabe suchte er seinen Fehler zu berichtigen, indem er den neuen Erdteil als 'Unbekanntes Land' bezeichnete und Kolumbus als Entdecker erwähnte. Als er nach weiteren drei Jahren seine letzte große Weltkarte zeichnete (1516 n), nahm er auch noch seine richtige Theorie vom vierten Erdteil zurück und bezeichnete das neue Territorium als 'Land von Kuba, Teil Asiens'. Doch konnte er damit das von ihm selbst acht Jahre zuvor geprägte neue Weltbild ebensowenig ändern wie den Namen 'Amerika', weil beides längst in das allgemeine Bewußtsein eingegangen war.

1507 n grün Weltkarte

WALDSHUT, deutsche Stadt am Hochrhein zwischen Basel und Bodensee. 1242 n durch den Grafen von Habsburg gegründet, gehörte sie bis 1806 n zu Österreich, obwohl sich die freiheitsliebende Bevölkerung mehrfach gegen die habsburgische Herrschaft erhob.

1528 n rot Hinrichtung Hubmayrs

WALES, Landesteil Englands auf der großen Halbinsel, die sich Irland entgegenstreckt. Von Kelten ('Walisern') bewohnt, war es in den ersten Jahrhunderten nach der Zeitwende römisch und behauptete dann ein halbes Jahrtausend seine Unabhängigkeit. Daher wurde das Land zur Zeit der angelsächsischen Herrschaft Zufluchtsort vieler Briten, die sich den germanischen Herren nicht beugen wollten. Doch führte die Uneinigkeit unter den Fürsten dazu, daß es im 10. Jahrhundert unter die Herrschaft der Könige von England fiel. Mehr als 500 Jahre lang erhob es sich aber immer wieder, behauptete zeitweilig seine Unabhängigkeit und wurde immer aufs neue unterworfen. 1536 n endgültig mit England verschmolzen. Der englische Thronerbe wird bereits seit 1310 n immer zunächst 'Prinz von Wales' und erst in dieser Eigenschaft zum König von England gekrönt. Doch behielt das Volk eine eigene Sprache und seine kulturelle Eigenart. Seit dem 18. Jahrhundert ein Zentrum des Bergbaus, seit dem 19. Jahrhundert der Schwerindustrie, entwickelte es sich auch zum Sammelpunkt eines klassenbewußten Proletariats. Streiks (1905 n, 1910 n) und Generalstreik (1926 n) härteten den Kampfwillen der Arbeiterschaft, die zum revolutionären Teil der sozialistischen Bewegung Englands gehört.

71 n/84 n Zweiter Britannischer Krieg
76 n rot Römische Herrschaft
959 n rot Englische Oberhoheit

WALGENSTEIN, Thomas (um 1630 n–1681 n), dänischer Mathematiker. Durch eine Schrift seines italienischen Kollegen Giambattista Porta auf die projizierende Wirkung der Camera obscura hingewiesen, baute er einen Bildwerfer, mit dem er gezeichnete Vorlagen an die Wand projizierte. Da sich die Projektionen in einem dunklen Raume abspielten, waren sie von einem geheimnisvollen Fluidum umgeben. So gab er seinem Gerät den lateinischen Namen 'Laterna magica' (= Zauberlaterne). Er reiste in viele Länder (Frankreich, Italien), um sein Gerät bekannt zu machen. Und bald diente es vielerorts Gauklern und Zauberern als Mittel der Sinnestäuschung.

1663 n grün Laterna magica

WALLENSTEIN, Albrecht, deutscher Feldherr.

1583 n–1634 n Lebenslinie
1594 n–1632 n Gustav Adolf
1618 n/1648 n Dreißigjähriger Krieg
1634 n rot Ermordung
1635 n grün Belohnung Piccolominis
1798 n blau Schillers Drama

WALLFAHRTEN, Bezeichnung für Fahrten der Angehörigen von Religionsgemeinschaften zu Erinnerungsstätten ihrer Religionsstifter. In vergangenen Jahrhunderten neben der Teilnahme an Eroberungszügen und Handelsexpeditionen verbreitetste Form des Reisens.

630 n grün Wallfahrtsort des Islam
1319 n blau Arabische Kritik
1749 n blau Wallfahrtskirche Wies

WALLIA, König der Westgoten von 415 n bis 418 n.

386 n–418 n Lebenslinie
417 n braun Siege in Spanien
417 n rot Ende des Alanenreiches
418 n rot Siedlung in Südgallien

WALLOT, Paul (1841 n–1912 n), deutscher Architekt. Zeigte schon auf der Gewerbeschule große zeichnerische Begabung, besuchte die Technische Hochschule Hannover und studierte dann an der Berliner Bauakademie. Baute Wohn- und Geschäftshäuser und schulte sich auf Studienreisen nach England und Italien. Nachdem er bei der Ausschreibung einer Friedhofsanlage und eines Brückenentwurfs Preise erhalten hatte, reichte er auch einen Plan beim Wettbewerb um den Bau eines Reichstagsgebäudes ein. Als er den ersten Preis erhielt, siedelte er ganz nach Berlin über und baute das Gebäude nach mehrfachen Änderungen seines ersten Entwurfs.

1894 n blau Reichstagsgebäude

WALPOLE, Robert (1676 n–1745 n), englischer Staatsmann. Studierte in Cambridge und wurde 25jährig ins Unterhaus gewählt. Stieg bis zum Schatzkanzler auf, legte dann aber wegen Meinungsverschiedenheiten mit dem König sein Amt nieder. Mit größeren Vollmachten als Premierminister des Landes zurückgerufen, gelang es ihm, in 18jähriger Regierungstätigkeit die Staatsschulden auf die Hälfte zu vermindern, Handel und Industrie zu fördern und den Ertrag der amerikanischen Kolonien zu steigern. Eine stabile Mehrheit im Unterhause sicherte er sich durch Bestechung der Abgeordneten. Dennoch mußte er Zugeständnisse machen. So wurde er 1739 n zur Kriegserklärung an Frankreich und 1741 n an Spanien genötigt. Seine vom König erzwungene Rücksicht auf dessen deutsche Verwandten brachten ihn um den Rest seiner Volkstümlichkeit, so daß er schließlich 66jährig sein Amt aufgab und sich mit einer Jahresrente von 150 000 DM ins Privatleben zurückzog.

1721 n rot Premierminister
1741 n/1748 n Österreich-Erbfolgekrieg

WALTHARI-LIED, Titel eines Heldengedichtes über Walther von Aquitanien, seine Gefangenschaft im Hunnenlande, seine Befreiung und seinen Kampf gegen den Burgunderkönig Gunther.

925 n blau Entstehung

WALTHER von Aquitanien (um 400 n–um 460 n), Fürst von Aquitanien (Südwest-Frankreich). Heldengestalt von sieben Sagen, die zwischen dem 8. und dem 14. Jahrhundert in verschiedenen europäischen Ländern entstanden. Danach geriet er in die Gefangenschaft des Hunnenkönigs Attila, befreite sich und seine Braut Hildegund und floh mit dem Schatz der Hunnen. Unterwegs mußte er in den Vogesen Kämpfe gegen den Burgunderkönig Gunther und dessen zwölf Recken bestehen.

742 n blau 'Waldere'-Lied
925 n blau 'Walthari'-Lied

WALTHER von der Vogelweide, deutscher Dichter.

1172 n–1228 n Lebenslinie
1202 n blau 'Unter der Linden'
1206 n blau 'Sängerkrieg'
1223 n blau Antipäpstliche Gedichte
1326 n blau Liedersammlung

WALZER

1840 n blau Chopins Kompositionen
1872 n blau J. Strauß' Kompositionen

WALZWERK, Bezeichnung für industrielle Großanlagen zur Metallbearbeitung.

1875 n blau Menzels Gemälde
1885 n grün Mannesmann-Röhren

WANDALEN, Name eines germanischen Volkes, das ursprünglich auf der nördlichen Hälfte der Halbinsel Jütland (Dänemark) beheimatet war, sich dann in Schlesien niederließ und 400 Jahre später von seiner deutschen Heimat aus weiter südwärts zog. Nach einigen vergeblichen Versuchen überwanden sie die Gegenwehr der römischen Heere an Donau und Rhein, dann drangen sie über Frankreich nach Spanien vor. 20 Jahre später setzten sie nach Nordafrika über und gründeten im östlichen Algerien und nördlichen Tunesien ein mächtiges Reich. Zeitweise errangen sie die See-Herrschaft im westlichen Mittelmeer und eroberten die großen italienischen Inseln (Sardinien, Korsika, Sizilien). Doch gerieten sie dadurch in Gegensatz zum Reiche von Ostrom (Byzanz), dessen Flotte ein mächtiges Heer nach Nordafrika brachte und ihrer Herrschaft nach hundert Jahren ein Ende setzte.

113 v rot Siedlung in Schlesien
270 n braun Kampf gegen Rom
276 n/278 n Kampf gegen Rom
334 n braun Kampf gegen Rom
365 n–408 n Stilicho
390 n–477 n Geiserich
409 n rot Landnahme in Spanien
425 n grün Flottenbau
425 n braun Vorstoß gegen Balearen

425n rot	Gewinn der Balearen
429n grün	Überfahrt nach Afrika
429n/432n	Vorstoß in Afrika
432n rot	Reich in Nordwestafrika
439n braun	Vorstoß nach Karthago
439n rot	Gewinn Karthagos
439n braun	Kampf um Inseln
439n rot	Gewinn: Korsika, Sardinien
440n/442n	Angriff auf Sizilien
442n rot	Anerkennung durch Rom
445n grün	Enteignungen
449n rot	Bündnis mit Hunnen
455n braun	Plünderung Roms
455n rot	Gewinn Siziliens
460n braun	Römerflotte erbeutet
468n braun	Seesieg über Byzanz
482n–565n	Justinian
490n–562n	Prokop
491n blau	Gedicht des Drakontius
505n–565n	Belisar
533n/534n	Kampf gegen Byzanz
534n rot	Ende des Reiches
625n blau	Isidors Geschichtswerk

WANDERVOGEL, Name einer Bewegung, die aus einer Berliner Jugendgruppe hervorging. Suchte ein gesundes, freies Leben durch Rückkehr zur Natur, durch Verweigerung der Gifte unserer Zivilisation (Alkohol und Nikotin), durch Bewegung an frischer Luft, durch Gesang und Lautenspiel ('Zupfgeigenhansl'), durch Volkstanz und Laien-Theater sowie durch eine Besinnung auf die natürlichen Grundlagen des menschlichen Daseins. Diesen Forderungen auf Abkehr von der städtischen Zivilisation und aller bürgerlichen Konvention entsprach eine antikirchliche und antibürgerliche Gesinnung. Trotzdem blieb diese erste Äußerung der deutschen Jugendbewegung eine bürgerliche Bewegung, die über ein revolutionäres Pathos nicht hinausgelangte. Wer die revolutionäre Tat suchte, stieß an ihre Grenzen und schloß sich der Arbeiterjugend an, die viele ihrer Anhänger und damit auch zahlreiche ihrer Elemente in sich aufnahm.

1896n grün	Beginn der Bewegung

WANDSBEK, nordöstlicher Vorort von Hamburg. Hier wohnte von 1597n bis 1599n der dänische Astronom Tycho Brahe. Von 1770n bis 1775n gab hier der deutsche Dichter Matthias Claudius eine Tageszeitung heraus, die durch ihre Erzählungen und Gedichte, Briefe und Übersetzungen berühmt wurde ('Wandsbeker Bote'). Außer Claudius schrieben dafür viele bedeutende Dichter Beiträge (Goethe, Herder, Bürger).

1771n blau	'Wandsbeker Bote'

WAND- UND DECKEN-MALEREI

Vorzeittafel:	30 Tausend Jahre
2984v blau	'Krieger mit Gefangenen'
2512v–2458v	Sahu-Re
2463v–2403v	Ni-User-Re
2381v blau	'Bildhauer im Atelier'
2355v blau	'Hungernde'
2340v blau	'Hirte mit Kalb'
2338v blau	'Schwimmende Krokodile'
2053v blau	'Schakal und Giraffe'
1965v blau	'Kuh mit Kälbchen'
1959v blau	'Singvögel'
1911v blau	'Häßliche Fremdlinge'
1882v blau	'Knaben beim Ballspiel'
1874v blau	'Weberin mit Spindel'
1831v blau	'Antilopenfütterung'
1826v blau	'Trächtige Hündin'
1774v blau	'Die Familie des Fürsten'
1714v blau	'Thronbesteigung'
1712v blau	'Löwenjagd'
1597v–1521v	Minos
1578v blau	'Affe im Park'
1571v blau	'Katze belauert Fasan'
1547v blau	'Fliegende Fische'
1533v blau	'Trachtentanz'
1529v blau	'Prinz mit Federhut'
1497v blau	'Kranich'
1495v blau	'Mann mit Trichter'
1481v blau	'Stierspringerin'
1453v blau	'Kind mit Amme'
1447v blau	'In der Silberschmiede'
1444v blau	'Damenkapelle'
1437v–1373v	Ipuki
1431v blau	'Gewagtes Dekolleté'
1428v blau	'Wagenlenker am Start'
1426v blau	'Gerechtigkeit mit Waage'
1425v blau	'Jüngling mit Lotos'
1423v blau	'Besichtigung der Herden'
1423v–1359v	Juti
1421v blau	'Vermessung eines Ackers'
1419v blau	'Diener des Schatzmeisters'
1416v blau	'Unterworfene Fürsten'
1411v blau	'Weinernte am Nil'
1410v blau	'Vier Musketiere'
1408v blau	'Vogelfang'
1403v blau	'Schreiber bei der Arbeit'
1399v blau	'Hasenjagd'
1389v blau	'Handwerker bei der Arbeit'
1381v blau	'Die Klageweiber'
1376v blau	Mesopotamisches Schloß
1350v blau	'Besuch vom Mohrenland'
1340v blau	'Trauergemeinde zu Schiff'
1312v blau	'Dame in Hellblau'
1311v blau	'Liebesgöttin und Pharao'
1294v blau	'Frauen auf der Jagd'
1266v blau	'Eberjagd'
1229v blau	Assyrischer Palast
1196v blau	'Im Reiche der Schatten'
498v–438v	Polygnot
360v–303v	Apelles
71v blau	'Aldobrandinische Hochzeit'
126n blau	Malerei in Katakomben
485n blau	Felsgemälde in Indien
1240n–1302n	Cimabue
1266n–1337n	Giotto
1293n blau	Cimabue: 'Madonna'
1306n blau	Giotto: Fresken in Padua
1365n–1430n	Rublew
1401n–1428n	Masaccio
1417n–1492n	Francesca
1427n blau	Masaccio: 'Heiden-Taufe'
1452n–1519n	Leonardo da Vinci
1465n blau	Francesca: 'Kreuzlegende'
1475n–1564n	Michelangelo
1482n blau	Botticelli: Fresken
1483n blau	'Schlüsselübergabe'
1483n–1520n	Raffael
1490n blau	Ghirlandajo: 'Marienleben'
1495n blau	Leonardos 'Abendmahl'
1496n blau	Perugino: 'Kreuzigung'
1505n blau	Signorelli: 'Weltgericht'
1510n blau	Raffaels Deckengemälde
1512n blau	Michelangelos Gemälde
1541n blau	'Das Jüngste Gericht'
1600n blau	Fresken im Palazzo Farnese
1609n blau	Reni: 'Aurora'
1645n blau	Cortona: Pitti-Palast
1752n blau	Tiepolo: Würzburger Schloß
1756n blau	'Antonius und Kleopatra'
1879n grün	Altamira-Bilder entdeckt
1940n grün	Lascaux-Bilder entdeckt
1954n blau	Fresko Riveras

WANG-ANSCHI, chinesischer Staatsmann.

1021n–1086n	Lebenslinie
1058n blau	Denkschrift
1069n rot	Reformen

WANG-KIEN (um 890n–um 950n), König von Korea (Ostasien). Als Fürst eines kleinen Landes in Nordkorea (Kokuryö) gelang ihm 918n die Einigung der ganzen Nordhälfte Koreas. Bei der Abdankung des Königs von Silla fiel ihm 935n außerdem der größte Teil Südkoreas zu. Drei Jahre später eroberte er das Reich von Päktje und errang damit praktisch die Herrschaft über die ganze Halbinsel. Durch Anerkennung einer losen chinesischen Oberhoheit bestimmte er China zur Duldung dieser Vereinigung des Landes.

935n rot	Königreich Korea

WANG-MANG (33v–23n), chinesischer Kaiser von 9n bis 23n. Als Nachkomme des Regenten Wang-Feng übernahm er beim Tode des Kaisers Ngai-Ti im Jahre 1v die Regierung, wenngleich die formelle Regentschaft für den minderjährigen Thronerben in den Händen der Kaiserin blieb. Nun begann er mit einem großen Reformwerk, das auf die Herstellung der früheren Gesellschaftsordnung zielte, die innerhalb eines Jahrtausends sich in einen brutalen Klassenstaat verwandelt hatte. Da ihm das Herrscherhaus im Wege stand, ließ er im Jahre 9n den letzten Han-Kaiser beseitigen und machte sich selbst zum Kaiser. Sodann erklärte er das ganze Land zu Staatseigentum und verbot jeden Kauf und Verkauf von Grund und Boden. Die gerechte Zuteilung des Landes an die Bauern verband er mit der Wiedereinführung des Neun-Felder-Systems, wobei der Ertrag des neunten Feldes als Steuer an den Staat fiel. Setzte die Preise der Nahrungsmittel fest. Ordnete eine Finanz- und Münzreform an. Überführte die Haus-Sklaven in Staatsbesitz, was praktisch eine Aufhebung jeder Sklaverei bedeutete. Doch wurden seine Gesetze nur teilweise verwirklicht. Die Großgrundbesitzer sabotierten die Reformen und bestachen die Beamten, die sie ausführen sollten. In den Händen privater Interessentengruppen aber wurden seine Maßnahmen zu einer zusätzlichen Belastung für das Volk, so daß eine allgemeine Empörung sich erhob. Als er in einem Krieg gegen die Hunnen unterlag und große Teile Zentralasiens preisgeben mußte (Turkestan), kam es zum Aufstand, der mit seiner Ermordung und der Wiederherstellung der von ihm gestürzten Han-Dynastie endete.

9n rot	Sklavenhandels-Verbot
9n grün	Bodenreform
10n rot	Ausgleichsämter
23n braun	Sturz
23n grün	Reform aufgehoben

WANG-TSCHUNG, chinesischer Philosoph.

27n–97n	Lebenslinie
78n blau	Materialismus

WANG-WEI, chinesischer Maler, Dichter, Musiker, Staatsmann und Arzt.

699n–759n	Lebenslinie
718n–781n	Han-Kan
755n blau	Trauergedicht
758n blau	Landschaftsmalerei

WA-NI, koreanischer Gelehrter chinesischer Herkunft.

350n–430n	Lebenslinie
379n grün	Schrift Chinas nach Japan
382n blau	Schule

WAN-SEE, Name eines abflußlosen Binnensees südlich des Kaukasus (Ost-Türkei). An seinen Ufern befand sich fast anderthalb Jahrhunderte lang die Hauptstadt des Reiches von Urartu (Tuspa).

908v–830v	Sardur
874v blau	Gründung von Tuspa
872v grün	Trinkwasser-Aquädukt
735v braun	Zerstörung von Tuspa

WARAD-SIN, König von Larsa und Elam.

1801v–1759v	Lebenslinie
1822v–1750v	Kudur-Mabuk
1780v–1697v	Rimsin
1771v braun	Vorstoß Elams
1771v rot	Larsa unter Elam
1771v rot	König von Larsa
1766v blau	Tempel-Wiederaufbau
1765v rot	Schwester Hohepriesterin

WARENHAUS, Bezeichnung für Geschäfte, in denen alle Waren des allgemeinen Bedarfs an jedermann verkauft werden. Meist in einem eigenen Gebäude untergebracht. Diese gegenüber den Einzelhandelsgeschäften für den Käufer zeitsparende Kauf-Einrichtung bildete sich mit der zunehmenden Konzentration des Handels-Kapitals in der zweiten Hälfte des 19. Jahrhunderts in den Großstädten der hochindustrialisierten Länder.

1852n grün	Kaufhaus in Paris

WARKA, heutiger Name der Stadt Uruk, die vor fast 5000 Jahren im südlichen Mesopotamien (Vorderasien) entstand.

2988v–2925v	En-Merkar
2970v blau	Tempelstadt Eanna
2951v grün	Bilderschrift
2942v–2870v	Du-Muzi
2938v rot	Stadtstaat
2934v braun	Krieg gegen Aratta
2922v blau	Tempelbau
2895v grün	Mosaik-Wände
2894v–2817v	Gilgamesch
2888v rot	Kommunismus
2880v grün	Neujahrsfest
2855v grün	Tempelfreitreppe
2850v blau	Inanna-Tempel
2845v grün	Stadtmauer
2823v blau	Anu-Tempel
2810v blau	Gilgamesch-Epos
2790v blau	Religiöse Reliefs
2782v blau	Tiermotive auf Vasen
2744v blau	'Dame von Warka'
2738v blau	Relief einer Löwenjagd
2707v blau	Relief Du-Muzis
2580v rot	Höchstpreise
2522v–2434v	E-Annatum
2473v braun	Niederlage gegen Lagasch
2473v rot	Oberhoheit Lagaschs
2393v–2340v	Lugal-Zagesi
2358v braun	Niederlage gegen Umma
2358v rot	Oberhoheit Ummas
2353v rot	Hauptstadt Mesopotamiens
2190v–2141v	Inki-Schu
2147v/2143v	Sumerischer Krieg
2143v rot	Gutäer Herrschaft
2107v–2050v	Utu-Chengal
2054v braun	Erhebung
2054v rot	Unabhängigkeit
1780v–1697v	Rimsin
1760v–1686v	Hammurabi
1740v braun	Eroberung durch Elam
1740v rot	Herrschaft Larsas
1722v rot	Herrschaft Babylons
1448v–1392v	Kara-Indasch
1415v blau	Tempelschmuck

WARNA, Hafenstadt an der Westküste des Schwarzen Meeres. Vor über 2500 Jahren von griechischen Siedlern aus Milet (Kleinasien) unter dem Namen 'Odessos' angelegt, entwickelte sie sich zu einem wichtigen Handelsplatz und wurde die Hauptstadt eines Städtebundes, zu dem sich griechische Schwarzmeersiedlungen zusammenschlossen (Apollonia, Kallatis, Mesambria, Tomi). Auch unter römischer Herrschaft behielt sie ihre Bedeutung. Seit dem 7. Jahrhundert bulgarisch, nahm sie den Namen 'Warna' an. Im 15. Jahrhundert wurde die Stadt türkisch, 1828n von Russen besetzt, 1878n aber endgültig Bulgarien zugesprochen (Berliner Kongreß). Im Gegensatz zu den bulgarischen Donauhäfen das ganze Jahr über eisfrei, entwickelte sie sich zum größten Hafen des Landes. Von dem 1946n gegründeten sozialistischen Staat zu einem internationalen Seebad ausgebaut.

585v blau	Gründung
1444n braun	Sieg der Türken

WARSCHAU, Stadt im östlichen Mitteleuropa, etwa halbwegs zwischen Paris und Moskau. Vor mehr als 1000 Jahren wuchs sie am Mittellauf der Weichsel durch Ansiedlung von Handwerkern und Händlern vom Fischerdorf zur Stadt empor, wurde durch eine Burg befestigt und erhielt 1260n Stadtrecht. 1344n wurde sie Residenzstadt der Herzöge von Masowien und 200 Jahre später Hauptstadt Polens. Im schwedisch-polnischen Krieg wurde sie 1655n und 1656n vom Schwedenkönig vorübergehend genommen. Im Nordischen Krieg war sie drei Jahre lang von Schwedenheeren besetzt. Nach der zweiten Teilung Polens erhob sich die Bevölkerung und machte die russischen Besatzungstruppen nieder, kapitulierte dann aber nach Erstürmung der Vorstädte durch den russischen General Suworow. Bei der folgenden dritten Teilung Polens wurde sie für 11 Jahre preußisch. Während der Napoleonischen Kriege mehrfach von verschiedenen Truppen besetzt, wurde sie durch den Wiener Kongreß Hauptstadt eines mit Rußland in Personalunion verbundenen Polens ('Kongreß-Polen'). Nach dem Scheitern des Aufstandes gegen diese indirekte Unterstellung unter die Zarenherrschaft kapitulierte die Stadt 1831n vor der russischen Übermacht und wurde nun Hauptstadt der russischen Provinz Polen. Infolge der Industrialisierung des 19. Jahrhunderts wurde sie Zentrum einer klassenbewußten Arbeiterschaft, die sich an der russischen Revolution von 1905n beteiligte. In der russischen Oktober-Revolution überwogen die national-polnischen Unabhängigkeitsbestrebungen, und so wurde 1920n die bereits bis vor die Stadt vorgerückte Rote Armee von den Truppen des 1918n selbständig gewordenen Polen zurückgeschlagen. Im zweiten Weltkrieg seit 1939n von den deutschen Truppen besetzt, gegen die sich die Bevölkerung vergeblich erhob (Warschauer Aufstand). 1945n durch die Rote Armee befreit und besetzt, wurde sie durch die Folgen des zweiten Weltkrieges Hauptstadt eines geographisch weit nach Mitteleuropa hineinragenden Landes, das seit 1947n kommunistische Volksdemokratie ist.

1550n rot	Hauptstadt
1655n/1660n	Krieg Schweden – Polen
1700n/1721n	Nordischer Krieg
1794n braun	Aufstand gegen Russen
1795n rot	Dritte Teilung Polens
1796n/1815n	Napoleonische Kriege
1831n braun	Polnischer Freiheitskampf
1905n/1906n	Russische Revolution
1917n/1922n	Russische Revolution
1918n rot	Polen selbständig
1939n/1945n	Zweiter Weltkrieg
1947n rot	Polen kommunistisch
1955n rot	Warschauer Pakt

WARSCHAUER PAKT, militärischer Bündnisvertrag der UdSSR mit den kommunistischen Ländern Mittel- und Osteuropas außer Jugoslawien. Legte die beteiligten Länder auf die kommunistische Weltstrategie der Sowjetunion fest und bezog sie in deren militärischen Bereich ein. Vollendete die durch den Atlantikpakt (NATO) eingeleitete Zweiteilung Europas und bewirkte die Fortdauer der Stationierung von Truppen der Roten Armee auf dem Gebiete der DDR.

1955n rot	Vertragsabschluß

WARTBURG, Name eines befestigten Fürstensitzes auf einem Berge am West-Rande des Thüringer Waldes. Zu ihren Füßen entstand um 1170n die Stadt Eisenach. Mit der Geschichte Deutschlands auf mannigfache Weise verflochten, ist sie seit 1945n zu einem Museum und zu einer Tagungsstätte ausgebaut worden.

1073n blau	Fertigstellung
1206n blau	'Sängerkrieg'
1522n blau	Luthers Bibelübersetzung
1817n rot	Wartburgfest

WARTBURGFEST, Feier der farbentragenden Studenten deutscher Universitäten im Jahre 1817n in Eisenach und auf der benachbarten Wartburg. Dort sangen die 500 Studenten 'Eine feste Burg ist unser Gott' und feierten den 300. Jahrestag der Befreiung aus päpstlicher Herrschaft (Reformation) gleichzeitig mit dem vierten Jahrestag der Befreiung aus französischer Herrschaft (Völkerschlacht bei Leipzig). Dann verbrannten sie die ihnen verhaßten Symbole des Militarismus (Korporalstock, Schnürbrust) sowie die Bücher von Schriftstellern, die bei ihnen mißliebig waren (Haller, Kotzebue) und das erste bürgerliche Gesetzbuch (Code Napoléon). Schließlich nahmen sie das Abendmahl in einer Eisenacher Kirche. Die Veranstaltung wurde lange als Höhepunkt der bürgerlichen Bestrebungen für Einheit und Freiheit im kleinstaatlich-zerrissenen Deutschland gefeiert.

1817n rot	Studenten-Treffen

WARTHE, größter Nebenfluß der Oder. Entspringt in Oberschlesien, durchfließt in großem Bogen Westpolen und erreicht über Posen bei Küstrin die Oder. Ihr teilweise sumpfiges Flußgebiet ist einer der fruchtbarsten Landstriche Polens (Warthebruch).

920n–992n	Miezko
968n blau	Entwicklung Posens

WASA, Gustav, schwedischer König von 1523n bis 1560n.

1496n–1560n	Lebenslinie
1518n braun	Vorstoß Dänemarks
1518n rot	Schweden dänisch
1523n grün	Hilfe der Hanse
1523n rot	Wahl zum König
1523n braun	Freiheitskampf
1523n rot	Reformation
1551n grün	Hafen Helsinki

WASHINGTON, George, nordamerikanischer Feldherr und Staatsmann.

1732n–1799n	Lebenslinie
1774n rot	Kontinentalkongreß
1775n/1783n	Freiheitskampf
1776n rot	Unabhängigkeitserklärung
1777n grün	Deutsche Hilfe für England
1778n rot	Bündnis mit Frankreich
1779n rot	Bündnis mit Spanien
1779n grün	Steubens Armee-Ausbildung
1783n rot	Anerkennung durch England
1787n rot	Verfassung
1790n blau	Stadt Washington

WASHINGTON, Stadt unweit der Ostküste Nordamerikas, mit der sie durch einen breiten Strom verbunden ist (Potomac). Vom ersten Präsidenten der USA, George Washington, gegründet, wurde sie 10 Jahre später (1800n) bereits Sitz der Bundesregierung. 14 Jahre danach von englischen Truppen erobert, die das Parlamentsgebäude (Kapitol) und andere Bauten niederbrannten. Nach langsamem Wiederaufbau wuchs die Stadt Ende des 19. Jahrhunderts zu einer Großstadt empor. Auf Wunsch Washingtons an der Grenze zwischen den hauptsächlich auf Industrie beruhenden Nordstaaten und den vorwiegend landwirtschaftlichen Südstaaten gebaut, wurde sie zunehmend Zufluchtsstätte der aus ihrer Sklaverei oder Halb-Sklaverei entlaufenen Schwarzen der Südstaaten. Im Jahre 1955n überstieg die Zahl der Neger diejenige der Weißen.

1732n–1799n	Washington
1790n blau	Gründung
1814n braun	Zerstörung
1829n blau	Weißes Haus

WASSERBEHANDLUNG, Bezeichnung für eine der ältesten Heilmethoden. Ihre bedeutenden Heilerfolge beruhen auf ihrer Belebung der Durchblutung und der damit verbundenen Weckung der natürlichen Abwehrkräfte des Körpers.

2055v–1975v	Ur-Edina
1981v grün	Heilmethode in Sumer
304v–240v	Erasistratos
129v–40v	Asklepiades
70v grün	Therapie des Asklepiades
11v blau	Badeort Wiesbaden
89n blau	Badeort Aachen
1737n grün	Therapie Hahns
1824n grün	Therapie des Priessnitz
1887n grün	Kneipp: 'Wasserkur'

WASSER-BÜFFEL, Bezeichnung für den gezähmten asiatischen Haus-Büffel, der seit Jahrtausenden zum Bestellen der überfluteten Reisfelder benutzt wird.

2659v blau	Indisches Relief

WASSERFALL

1208n blau	Chinesisches Gemälde
1484n blau	Japanisches Gemälde
1855n grün	Viktoria-Fälle entdeckt

WASSERHAHN

221v grün	Gebrauch bei Griechen

WASSER-HEBEVORRICHTUNG

265v–202v	Philon
261v grün	Wasser-Hebeschraube

WASSERKRAFT, neben der Kraft des Windes die erste vom Menschen genutzte Naturkraft. Durch Erfindung des Dynamos wurde ihre Umwandlung in Elektrizität möglich, und so wurde sie neben Kohle und Erdöl zu einer wichtigen Grundlage der Industrialisierung.

296v–228v	Ktesibios
245v grün	Wasserorgel
88v grün	Wassermühlen in Europa
363n grün	Ruwer-Sägewerk
666n grün	Wassermühlen in Japan
1272n grün	Spinnmaschine
1445n grün	Albertis Schrift
1816n–1892n	Siemens
1866n grün	Dynamo
1927n grün	Dnjepr-Kraftwerk
1938n grün	Boulderdamm-Kraftwerk
1964n grün	Bau des Assuan-Dammes

WASSERLEITUNGEN

2933 v grün Bewässerung in Sumer
2755 v grün Bewässerte Dattel-Gärten
2397 v grün Anlage in Nippur
1330 v grün Wasserversorgungs-Tunnel
967 v grün Leitung für Jerusalem
872 v grün Aquädukt nach Tuspa
710 v grün Wassertunnel (Jerusalem)
692 v grün Bewässerung in Assyrien
691 v grün Aquädukt nach Ninive
539 v grün Anlage in Athen
532 v grün Wassertunnel für Samos
340 v–273 v Appius Klaudius
310 v grün Römische Anlage
180 v grün Anlage in Pergamon
97 n grün Beschreibung
782 n grün Bewässerung in Spanien
1147 n grün Einbau im Kloster
1489 n–1587 n Sinan

WASSERMÜHLEN

88 v grün Betrieb in Europa
666 n grün Verwendung in Japan

WASSER-ORGEL, Bezeichnung für das erste orgelartige Pfeifeninstrument. Von dem griechischen Mechaniker Ktesibios so gebaut, daß die Windstärke durch Wasserdruck reguliert wurde.

296 v–228 v Ktesibios
245 v grün Konstruktion

WASSERRESERVEN, Wasserreservoire

2812 v grün Wasserstands-Messung
2803 v–2758 v Adjib
2464 v–2397 v En-Te-Mena
2366 v grün Behälter in Lagasch
1835 v grün Pegel in Ägypten
1099 v grün Behälter in Tyros

WASSERSTAND

2812 v grün Messung durch Beamte
2803 v–2758 v Adjib
1835 v grün Messung mit Pegeln

WASSERSTOFF, Bezeichnung für das leichteste chemische Element. Es findet sich in gasförmigem Zustand frei in der Atmosphäre der Sonne. Auf der Erde verbreitet als Bestandteil des Wassers und aller Säuren. Es ist farblos, geruchlos und geschmacklos, leicht brennbar und wird durch Vermischung mit Sauerstoff oder Chlor explosiv.

1766 n grün Entdeckung
1885 n–1962 n Niels Bohr
1897 n grün Verflüssigung
1952 n grün Wasserstoffbombe

WASSERSTOFFBOMBE, Massenvernichtungsmittel von einer Sprengkraft, die derjenigen einer Atombombe tausendfach überlegen ist. Ihre Explosivkraft wird nicht wie bei der Atombombe durch Spaltung schwerer Atomkerne erzielt, sondern durch die Vereinigung leichter Atomkerne. Ihre Entwicklung durch den aus Ungarn stammenden Nordamerikaner Eduard Teller gab den USA für kurze Zeit eine militärische Überlegenheit. Doch entschloß sich die UdSSR bald darauf ebenfalls zu ihrer Herstellung. Aus der wechselseitigen Furcht der beiden stärksten Weltmächte unserer Epoche entstand über alle Gegensätze hinweg das gemeinsame Interesse der Eindämmung aller kriegerischen Auseinandersetzungen auf eine Stufe, die eine Anwendung dieses Vernichtungsmittels ausschließt.

1952 n grün Entwicklung

WASSERUHREN, Bezeichnung für Zeitmesser, die auf dem Prinzip des allmählichen Austropfens oder Volltropfens eines Maßgefäßes beruhten. Erste vom Sonnenlicht unabhängige Uhren der Geschichte.

1741 v grün Uhren in Mesopotamien
1570 v–1518 v Amenem
1530 v grün Uhr für Nacht-Länge
631 v grün Uhren in Assyrien
501 v grün Eieruhr in Griechenland
296 v–228 v Ktesibios
288 v grün Taschenuhr
248 v grün Zahnradantrieb
626 n–672 n Tenji
1491 n grün Weckeruhr

WASSERWAAGE, Gerät zur Ermittlung der waagerechten und lotgemäßen Lage eines Körpers. Seit 2500 Jahren zur Errichtung lotgerechter, rechtwinkliger Gebäude verwendet.

560 v–469 v Theodoros
531 v grün Erfindung

WASSERWIRTSCHAFT, Bezeichnung für die Nutzung des Wassers (Grundwasser, Fluß- und Seewasser). Seit den Anfängen des Ackerbaus mußten die Menschen ihretwillen gemeinsam große Leistungen vollbringen. So führte sie zur Gemeinschaftsarbeit, die Grundlage der Menschheitskultur wurde.

Vorzeittafel: Schlußbalken (5000 Jahre)
2933 v grün Bewässerung in Sumer
2933 v–2868 v Skorpion
2915 v–2852 v Melam
2884 v grün Kanäle in Ägypten
2812 v grün Wasserstands-Messung
2808 v grün Abwasser-Kanäle (Indien)
2803 v–2758 v Adjib
2755 v grün Bewässerte Dattel-Gärten
2645 v grün Drainage in Sumer
2596 v–2515 v Ur-Nan-Sche
2540 v grün Kanäle in Sumer
2464 v–2397 v En-Te-Mena
2447 v grün Kanalisation in Ur
2405 v grün Wasserstraßen in Sumer
2397 v grün Wasserleitung in Nippur
2387 v grün Ausbau des Tigris
2369 v–2295 v Una
2366 v grün Wasserversorgung (Lagasch)
2314 v–2292 v Meren-Re
2297 v grün Nil-Katarakt schiffbar
2288 v–2206 v Schun
2253 v grün Kanalbau Nippurs
2252 v–2158 v Yü
2212 v grün Deiche, Kanäle in China
2093 v–2030 v Ur-Nammu
2060 v–1983 v Schul-Gi
2044 v grün Kanal von Ur zum Meer
1904 v–1841 v Sesostris III.
1867 v grün Nil-Katarakt-Kanal
1865 v–1792 v Amen-Em-Het III.
1835 v grün Nil-Pegel
1832 v grün Entwässerung Fayums
1813 v grün Ausbau von Bergwerken
1780 v–1697 v Rimsin
1691 v grün Bewässerungskanal
1401 v grün Künstlicher See (Ägypten)
1330 v grün Wasserversorgungs-Tunnel
1099 v grün Wasserbehälter in Tyros
1055 v grün Kaimauer-Reparatur
967 v grün Wasserleitung (Jerusalem)
872 v grün Aquädukt nach Tuspa
865 v grün Kanal nach Kalach
830 v grün Staudammbau bei Marib
758 v–672 v Bajin
735 v grün Schleuse von Marib
715 v grün Marib-Staudamm vollendet
710 v grün Wassertunnel (Jerusalem)
693 v–609 v Psammetich I.
692 v grün Bewässerung in Assyrien
691 v grün Aquädukt nach Ninive
689 v grün Kanal nach Ninive
658 v–595 v Necho II.
624 v–561 v Nebukadnezar II.
610 v grün Kloaka Maxima in Rom
605 v grün Kanalbau in Ägypten
550 v–486 v Dareios I.
539 v grün Wasserleitung in Athen
532 v grün Wassertunnel für Samos
490 v grün Kanal Nil-Rotes Meer
486 v grün Kanäle in China
340 v–273 v Appius Klaudius
310 v grün Wasserleitung für Rom
281 v grün Kanalschleuse in Ägypten
230 v grün Treträder in Griechenland
180 v grün Wasserleitung in Pergamon
31 v grün Zementbauten in Rom
12 v grün Kanalbau in Holland
10 v–54 n Klaudius
52 n grün Entwässerungstunnel
53 n–117 n Trajan
97 n grün Werk über Wasserleitungen
560 n–618 n Yang-Ti
566 n grün Staudamm-Bruch
605 n grün Nord-Süd-Kanal in China
608 n grün Kanalbau-Organisation
675 n–715 n Welid
685 n–762 n Hüan-Tsung
782 n grün Bewässerung in Spanien
793 n grün Kanalbau Rhein–Donau
890 n–961 n Abdar Rachman III.
1147 n grün Wasserleitung im Kloster
1209 n grün Entsumpfung der Picardie
1283 n grün Kanalbau der Mongolen
1398 n grün Elbe–Trave–Kanal
1489 n–1587 n Sinan
1530 n grün Rieselfeld-System
1672 n–1725 n Peter I., der Große
1681 n grün Kanal Atlantik-Mittelmeer
1712 n grün Pumpmaschine
1731 n grün Ladoga-Kanal
1853 n grün Rhein–Marne–Kanal
1869 n grün Suezkanal
1913 n grün Panamakanal
1918 n– Nasser
1925 n grün Zuidersee-Trockenlegung
1927 n grün Dnjepr-Kraftwerk
1938 n grün Boulderdamm-Kraftwerk
1952 n grün Wolga–Don–Kanal
1964 n grün Bau des Assuan-Dammes

WASSUKANNI, Stadt im nördlichsten Teil des Landes zwischen Euphrat und Tigris (Mesopotamien), etwa 300 Kilometer landeinwärts von der syrischen Mittelmeerküste. Sie wurde vor 3500 Jahren Hauptstadt des vorübergehend zur vorderasiatischen Großmacht aufgestiegenen Mitanni-Reiches.

1526 v–1460 v Parra-Tarna
1497 v–1435 v Sausa-Tar
1443 v blau Palast
1402 v–1341 v Matti-Waza

WATERLOO, Stadt in Belgien, 15 Kilometer südlich von Brüssel. Hier besiegten im Jahre 1815 n preußische und englische Heere unter Blücher und Wellington die französische Streitmacht unter Napoleon. Damit fanden die Napoleonischen Kriege ihr Ende.

1769 n–1821 n Napoleon I.
1796 n/1815 n Napoleonische Kriege

WATLINGSINSEL, Name einer mittelgroßen Insel vor der Küste Mittelamerikas. Hier landete Kolumbus auf seiner ersten Entdeckungsreise im Jahre 1412 n. Eine der Bahama-Inseln, die seit 1625 n unter englische Herrschaft geriet.

1452 n–1507 n Kolumbus
1492 n grün Entdeckung
1625 n rot Vordringen Englands

WATT, James, englischer Mechaniker.

1736 n–1819 n Lebenslinie
1765 n grün Dampfmaschine
1770 n grün Bezeichnung 'PS'
1782 n grün Schwungrad

WATTEAU, Jean Antoine, französischer Maler.

1684 n–1721 n Lebenslinie
1712 n blau 'Scherenschleifer'
1717 n blau 'Einschiffung'
1720 n blau Ladenschild von Gersaint

WAT TYLER, englischer Freiheitskämpfer.

1325 n–1381 n Lebenslinie
1381 n blau Gleichheitsforderung
1381 n/1382 n Aufstand

WAWAT, Name eines schwarzen Volksstammes am Mittellauf des Nil (Nubien). Das von ihm bewohnte Gebiet wurde unter dem Pharao Sesostris I. dem ägyptischen Reiche einverleibt.

2002 v–1928 v Sesostris I.
1952 v braun Vorstoß Ägyptens
1952 v rot Ägyptische Oberhoheit

WAZZO (980 n–1048 n), flandrischer Priester. Als Bischof von Lüttich wandte er sich in einem Briefe an den Bischof von Chalons gegen die Hinrichtung von 'Ketzern'. Dabei wies er auf den Umstand hin, daß es offenbar Gottes Wille sei, die 'Ketzer' am Leben zu lassen.

1048 n blau Gegen 'Ketzer'-Verfolgung

WEB, Bezeichnung der ägyptischen Kirchensprache für den untersten Rang der Priester-Laufbahn im Dienste des Lichtgottes Amun.

1321 v–1235 v Bek-Necho

WEBB, Beatrice (1858 n–1943 n), englische Schriftstellerin und Politikerin. Wandte sich früh sozialpolitischen Aufgaben zu. Schrieb ein Buch über die englischen Konsum-Genossenschaften und heiratete dann Sidney Webb, an dessen Seite sie in der Fabian-Society und in der Labour-Party eine führende Rolle spielte. Verfaßte zahlreiche Bücher, meist zusammen mit ihrem Mann. Haupt-Gegenstände ihrer Werke waren die englischen Gewerkschaften, der englische Sozialismus und der englische Kapitalismus.

1883 n rot Fabian-Society
1893 n rot Labour-Party
1923 n grün Kapitalismus-Analyse

WEBB, Sidney (1859 n–1947 n), englischer Schriftsteller und Politiker. Trat 19jährig in den Staatsdienst, schied aber 13 Jahre später aus, um sich der Arbeiterbewegung zu widmen. Mit Bernard Shaw und H. G. Wells einer der führenden Köpfe der 'Fabian-Society', wurde er Mitbegründer der Labour-Party, Unterhaus-Abgeordneter, Professor an der Londoner Universität, Handelsminister und Kolonialminister. Als Lord Passfield zog er 70jährig ins Oberhaus ein. Seine Schriften bildeten das geistige Rüstzeug der englischen Reform-Sozialisten (Labour-Party), die sich unter seiner Mitwirkung zu einer staats- und besitzerhaltenden Bewegung entwickelten. Seine Analysen der Gewerkschaftsbewegung und der Mängel des kapitalistischen Systems waren Ausdruck der Unzufriedenheit des englischen Proletariats mit der herrschenden Gesellschaftsordnung.

1883 n rot Fabian-Society
1893 n rot Labour-Party
1923 n grün Kapitalismus-Analyse

WEBER, Ernst Heinrich (1795 n–1878 n), deutscher Naturforscher. Als Sohn eines Universitätslehrers studierte er Medizin, wurde 23jährig Professor der Anatomie in Leipzig und erhielt dort 20 Jahre später den Lehrstuhl für Physiologie. Formulierte zusammen mit seinem Bruder Wilhelm eine Wellenlehre. Erforschte die Blutbewegung und das Gehör. Bahnbrechend wirkte er durch seine Arbeiten über die Empfindungen der Haut, deren Druck-, Orts- und Temperatur-Sinn er erforschte. Stellte ein (nach ihm benanntes) Gesetz auf, demzufolge die Empfindungs-Unterschiede nicht von der absoluten Reizstärke, sondern von deren relativer Unterschiedlichkeit abhängen.

1825 n grün Wellenlehre
1834 n grün Hautsinne

WEBER, Karl Maria (1786 n–1826 n), deutscher Pianist und Komponist. Als Sohn eines Musikdirektors und Theater-Unternehmers erhielt er früh musikalischen Unterricht. Veröffentlichte 12jährig sein erstes Musikstück und 13jährig seine erste Oper. 14jährig vervielfältigte er selbst seine Klaviervariationen. Dabei bediente er sich des von Senefelder entwickelten Steindruck-Verfahrens, das er mit seinem Vater in großem Umfange betrieb. In Salzburg studierte er bei Haydns Bruder Michael und wurde 18jährig Kapellmeister in Breslau. Sechs Jahre später führte er in Frankfurt seine Oper 'Silvana' auf. Durch diesen Erfolg ermutigt, schrieb er im folgenden Jahre die Oper 'Abu Hassan' und wurde dann Kapellmeister in Prag. 30jährig ging er nach Dresden, um dort auf Wunsch des Königs von Sachsen die Deutsche Oper zu organisieren und zu leiten. Heiratete eine Sängerin und schrieb noch einige Opern, darunter nach einem alten deutschen Sagenstoff den 'Freischütz'. Vertonte Theodor Körners Gedichte 'Mit Leier und Schwert' ('Lützows wilde verwegene Jagd'). Starb in London an Kehlkopf-Tuberkulose kurz nach der erfolgreichen Aufführung seiner Oper 'Oberon'. Schrieb auch Sinfonien, Kammermusik und Klavierkonzerte ('Aufforderung zum Tanz').

1821 n blau 'Freischütz'

WEBER, Max (1864 n–1920 n), deutscher Sozialwissenschaftler. Studierte Rechtskunde, spezialisierte sich auf römisches Recht und Handelsrecht und begann seine Tätigkeit als Universitätslehrer mit diesen Fächern. Später hielt er volkswirtschaftliche Vorlesungen. 30jährig verfaßte er eine Schrift über die Börse und wandte sich dann der Erforschung geschichtlicher Zusammenhänge zu. Nachdem er die Abhängigkeit der menschlichen Gesellschaft von der Wirtschaft erkannt hatte, suchte er die Ursachen für die Verschiedenheit der Wirtschaftssysteme. Dabei stellte er die Religion als prägende Kraft der Volkswirtschaft dar ('Die protestantische Ethik und der Geist des Kapitalismus'). Ordnete auch dem Judentum, dem Hinduismus und dem Konfutsianismus bestimmte Wirtschafts-Strukturen zu. Der zur Herausarbeitung der Klassenstruktur vorgedrungenen Gesellschaftslehre versuchte er eine 'verstehende Soziologie' entgegenzustellen durch die Konstruktion von 'Idealtypen' und ihre Anwendung auf die gesellschaftliche Wirklichkeit. Als Mitbegründer der Deutschen Demokratischen Partei arbeitete er beratend am Versailler Vertrag und an der Weimarer Verfassung mit. Verfaßte auch eine Schrift über die soziologischen Grundlagen der Musik.

1921 n grün 'Wirtschaft und Gesellschaft'

WEBER, Wilhelm (1804 n–1891 n), deutscher Physiker. Als Sohn eines Universitätslehrers formulierte er 21jährig unter Mithilfe seines älteren Bruders Ernst Heinrich eine Wellenlehre, die sich auf Beobachtung von Wasserwellen und Saitenschwingungen stützte. Zusammen mit Gauß untersuchte er den Erdmagnetismus. Dann wandte er sich der Akustik zu, beschrieb die Elektrizität fester Körper und widmete sich schließlich ganz der Erforschung des elektrischen Stroms. Mit Hilfe selbstgebauter Geräte schuf er ein absolutes elektromagnetisches Strom-Maß, das sich als Grundeinheit durchsetzte. Stellte ein elektrisches Grundgesetz auf, das alle elektrostatischen und elektrodynamischen Kräfte bewegter Elektrizitätsteilchen (Elektronen) durch eine einzige Formel ausdrückte. Hieraus leitete er die Gesetze der Induktion ab. Erforschte das Wesen der elektrischen Schwingungen. Wegen seines Protestes gegen die Aufhebung der freiheitlichen Landesverfassung verlor er als erster der 'Göttinger Sieben' seine Professur und mußte das Land verlassen. Seine Standhaftigkeit förderte die deutsche Freiheitsbewegung. Nach zwölf Jahren erhielt er sein Lehramt in Göttingen zurück.

1825 n grün Wellenlehre
1837 n rot Auflehnung

WEBEREI. Die Herstellung von textilen Stoffen durch kreuzweises Verweben von Fäden war in Ägypten und Mesopotamien seit fast 5 Jahrtausenden bekannt. Die einfachen Holzgestelle (Webstühle) wurden immer wieder verbessert, doch blieb die Arbeit bis ins 18. Jahrhundert eine Handarbeit. Seit 200 Jahren wurde die Stoff-Herstellung mechanisiert. Die hierfür entwickelten Techniken wurden vorbildlich für den gesamten Industrialisierungsprozeß; schon um die Jahrhundertwende wurde sie automatisiert.

2922 v grün Leinwand in Ägypten
2815 v grün Manufakturen in Ägypten
2767 v grün Tuchfabrik in Ur
2663 v grün Leinen in Sumer
1996 v grün Manufakturen in Sumer
1874 v blau 'Weberin mit Spindel'
1029 v grün Seide in China
988 v grün Teppichweben in Kleinasien
647 v grün Stoffe in Griechenland
329 v grün Seide in Griechenland
202 v grün Seide in Korea
298 n grün Seide in Japan
537 n grün Manufakturen in Byzanz
732 n grün Seide in Spanien
1104 n blau Teppich von Bayeux
1149 n grün Seidenweberei in Palermo
1200 n grün Großbetriebe in Florenz
1201 n grün Tuchhallen von Ypern
1205 n grün Seidenfabriken in Italien
1350 n grün Manufakturen in England
1463 n grün Einfuhrverbot für Tuche
1465 n grün Medici-Tuchfabriken
1466 n grün Seidenmanufaktur in Lyon
1536 n grün Tuchfabrik Malmesbury
1599 n–1660 n Velasquez
1657 n blau 'Teppichweberinnen'
1662 n grün Gobelin-Weberei staatlich
1785 n grün Cartwrights Webstuhl
1805 n grün Jacquards Webstuhl
1889 n grün Northrops Webautomat

WEBERSCHLACHT, Bezeichnung für einen Kampf der Kölner Weber gegen die Vorrechte der Besitzbürger, der Geistlichen und des Adels.

1371 n braun Aufstand

WEBER-VEREINIGUNGEN, Weber-Aufstände

1099 n grün Weber-Vertrag mit Kirche
1148 n rot Weberbünde in Frankreich
1149 n rot Weberzunft in Köln
1155 n grün Humiliaten-Bewegung
1345 n braun Aufstand in Belgien
1351 n rot Lohnstreik in Speyer
1371 n braun 'Weberschlacht'
1379 n braun Aufstand in Flandern
1425 n rot Kampf gegen Konzern
1785 n/1786 n Waldenburger Aufstände
1793 n braun Aufstand in Breslau
1798 n braun Aufstand in Schlesien
1844 n braun Aufstand in Schlesien
1844 n grün Konsumverein
1891 n braun Aufstand in Frankreich
1892 n blau Hauptmann: 'Die Weber'
1895 n blau Kollwitz: 'Weberaufstand'

WECHSEL, Bezeichnung für ein schriftliches, unbedingtes Zahlungsversprechen, das vom Empfänger beliebig weitergegeben werden kann. Solche Papiere ersetzten in der hochentwickelten arabischen Wirtschaft bereits vor 1300 Jahren die bare Zahlung bei Handelsgeschäften. Ihr Gebrauch kam über Spanien und Italien nach Europa, erhielt aber erst im Zeitalter des Kapitalismus größere Bedeutung.

950 n grün Einführung in Europa

WEDEKIND, Frank (1864 n–1918 n), deutscher Dichter. Sohn eines Arztes und einer Schauspielerin. Studierte Rechtskunde, wurde Journalist, Reklamechef, Zirkussekretär, Vortragskünstler, Dramaturg und Schauspieler. Als ständiger Mitarbeiter der Zeitschrift 'Simplizissimus' verspottete er Militarismus, Bürgertum, Kolonialbegeisterung und Zensur. In dem Kabarett 'Die elf Scharfrichter' trug er eigene Lieder zur Laute vor und wurde wegen Majestätsbeleidigung zu einer Festungshaft verurteilt. Berühmt wurde er durch sein Stück 'Frühlings Erwachen', in dem er die Tragödie junger Menschen zeigte, die an ihrer sexuellen Unaufgeklärtheit in einer Welt voller unnatürlicher Vorurteile zerbrechen. Auch seine weiteren Dramen wurden wegen ihrer karikaturhaften Darstellung der bürgerlichen Moral Erfolge ('Erdgeist', 'Büchse der Pandora', 'Franziska'). In der Befreiung des Sexualtriebes aus allen moralischen Bindungen sah er die entscheidende Emanzipation des beginnenden Jahrhunderts. Schrieb auch Gedichte ('Die vier Jahreszeiten') und Novellen ('Feuerwerk').

1891 n blau 'Frühlings Erwachen'

WEDGWOOD, Josiah (1730 n–1795 n), englischer Keramiker. Als Sohn eines Töpfers erlernte er den Beruf des Vaters und machte sich 27jährig selbständig. Verbesserte die Herstellung der Tonwaren durch neue Glasuren und genauere Brenn-Technik. Zur Kontrolle der hohen Temperaturen im Ofen schuf er ein neues Gerät (Pyrometer). 1768 n erfand er das nach ihm benannte Steinzeug, einen durchscheinenden Porzellan-Ersatz. Ein Jahr später gründete er in Mittelengland eine eigene Tonwarenfabrik, um die sich ein Ort bilete (Etruria). Neben diesem Dorf rief er weitere Tonwaren-Orte ins Leben. So schuf er das große englische Zentrum der Porzellan- und Keramik-Industrie, das bald sieben eng nebeneinanderliegende Städte umfaßte und insgesamt nach dem englischen Worte für Töpferei 'Potteries' genannt wurde.

1769 n grün Keramikfabrik

EGMESSER, Gerät zur Entfernungsmessung, das von dem griechischen Naturforscher Heron in Alexandria (Nordafrika) entwickelt wurde. Es bestand aus einem Zahnrad, das an einem Wagenrad angebracht wurde und bei jeder Rad-Umdrehung um einen Zahn vorwärtsgetrieben wurde. Durch Übertragung über weitere Zahnräder wurde ein Zählrad angetrieben, das nach jeder vollen römischen Meile genau eine Drehung vollbrachte.

152 v–82 v Heron

EHRPFLICHT, die gesetzliche Grundlage für zwangsweise Einziehung zum Kriegsdienst, wie sie zu allen Zeiten von den Herrschenden geübt wurde, wenn sich nicht genügend Freiwillige gegen Entlohnung für den Soldatenberuf fanden.

2035 v rot Ablösung in Sumer
1064 v–1010 v Saul
895 v–825 v Salmanassar III.
310 n–379 n Schapur II.
348 n rot Hilfsdienst der Frauen
780 n rot Ablösung in China
790 n rot Strafe bei Versäumnis
807 n rot Wehrpflicht nach Vermögen
1688 n–1740 n Friedrich Wilhelm I.
1814 n rot Ausbau in Preußen
1872 n rot Einführung in Frankreich
1874 n rot Einführung in Rußland

WEI-BECKEN, Landschaft im Innern von Nordchina, benannt nach einem Nebenfluß des Hoang-Ho, der dieses Tal fruchtbar macht. Hier entstand vor mehr als 2700 Jahren der chinesische Teilstaat Tschin, der dem ganzen Reiche später seinen Namen gab.

811 v–757 v Siang-Tschin
771 v rot Tschin Lehen für Siang
745 v braun Niederlage der Hunnen
745 v rot Chinesische Herrschaft

WEICHSEL, polnischer Strom. Entspringt in drei Armen an der tschechischen Grenze, durchfließt in zwei sanften Bögen ganz Polen (Warschau) und mündet nach 1090 Kilometern bei Danzig in die Ostsee, deren größter Zustrom er ist.

765 v rot Vordringen der Germanen
24 v–37 n Marbod
920 n–992 n Miezko
960 n braun Einigungskämpfe
960 n rot Polnischer Staat

WEIHNACHTEN, christliche Form des Festes der Wintersonnenwende, das seit Jahrtausenden von vielen Völkern der Erde gefeiert wird. Im römischen Reich wurde der zu Ehren des Sonnengottes Sol begangene Tag (25. Dezember) nach Erhebung des Christentums zur Staatsreligion ein christliches Fest ('Geburtstag Jesu'). Dabei blieben die meisten vorchristlichen Bräuche erhalten oder setzten sich wieder durch, insbesondere das Feuer- oder Licht-Anzünden, das Singen und das Schenken.

354 n rot Christliches Fest
1223 n grün Weihnachtskrippe
1818 n blau Lied 'Stille Nacht'

WEIHRAUCH, Bezeichnung für getrocknetes Harz des Boswellia-Bäumchens. Durch seinen Gehalt an gummiartigem Stoff brennt es nicht, sondern verglimmt allmählich unter Abgabe von Rauch. Dabei verbreitet sein ätherisches Öl einen zugleich anregenden und einschläfernden Geruch. Seit 5 Jahrtausenden als Mittel der Sinnesbetörung bei religiösen Kulthandlungen verwendet, wurde seine Herstellung eine Haupterwerbsquelle der Bewohner auf beiden Seiten des Golfs von Aden (südarabische Küste und Somaliland). Sein geringes Gewicht im Verhältnis zu seinem Wert machten es zu einer begehrten Handelsware. Vor fast 5000 Jahren wurde es bereits auf eigenen Karawanenwegen ('Weihrauchstraße') bis nach Vorderasien und in den Mittelmeerraum geschafft, und vor 1000 Jahren brachten es die Araber mit Schiffen nach Indien und China.

2927 v grün Gewinn in Arabien
2854 v grün Transportweg
2743 v grün Einfuhr nach Ägypten
398 n grün Gebrauch durch Christen

WEILL, Kurt (1900 n–1950 n), deutscher Komponist. Studierte bei dem deutschen Komponisten Humperdinck, wurde dann Theaterkapellmeister und schrieb die Musik zu zahlreichen Bühnenwerken. Durch Verwendung von Stilmitteln des Jazz, durch absichtliche Primitivität der Tongebung und geringste musikalische Anforderungen errang er große Publikumserfolge. Bert Brecht ließ ihn die Musik zu seinen Stücken schreiben, in denen er die bürgerliche Gesellschaft verspottete ('Mahagonny', 'Drei-Groschen-Oper', 'Der Jasager', 'Die sieben Todsünden der Kleinbürger'). 1933 n emigrierte er nach Paris und ging 1935 n in die USA. Hier schuf er wieder Erfolgsstücke nach seinem Rezept der vor-Brecht'schen Periode. Dann verließ er auch diese kabarettistische Behandlungsweise alles Opernhaft-Sentimentalen und schrieb süßliche Theatermusik, Filmmusik und vereinzelt Kammermusik.

1928 n blau 'Drei-Groschen-Oper'

WEIMAR, Stadt in Thüringen. An der alten Handelsstraße von Frankfurt nach Leipzig in einem schönen Talkessel der Ilm gelegen, entwickelte sie sich nach ihrer Gründung vor 1000 Jahren bald zu einer blühenden Stadt und zum Sitz einer Grafschaft. Seit 1572 n Hauptstadt eines unabhängigen Herzogtums, wurde sie im 18. Jahrhundert zum Mittelpunkt der deutschen Geisteskultur. Außer Goethe und Schiller, Herder und Wieland lebten und arbeiteten hier später auch Franz Liszt und Richard Strauss. 1919 n trat im Nationaltheater die verfassunggebende Versammlung der deutschen Republik zusammen ('Weimarer Verfassung'). 1937 n errichteten Faschisten in der Umgebung das Konzentrationslager Buchenwald und quälten 56 000 Menschen zu Tode, darunter Ernst Thälmann. Nach 1945 n wurden in der Stadt Hochschulen für Architektur und Musik errichtet sowie mehrere große Industriebetriebe.

1248 n blau Entwicklung zur Stadt
1744 n–1803 n Herder
1749 n–1832 n Goethe
1759 n–1805 n Schiller
1919 n blau 'Bauhaus'
1939 n blau Th. Mann: 'Lotte in Weimar'

WEIN, alkoholisch vergorener Saft ausgepreßter Trauben. Seit etwa 5000 Jahren gewonnen, zunächst primitiv durch Austreten der Trauben, deren Saft in ein vorbereitetes Erdloch abfloß, mit Steinplatten abgedeckt wurde und dort vergor. In Griechenland wurde er vor 3000 Jahren in Tongefäße gefüllt. Sein Anbau verbreitete sich durch die Griechen nach Sizilien und Italien, von wo ihn die Römer nach Frankreich, Spanien und Deutschland brachten. Hier wurde er bald auf Fässer gefüllt und seit dem 15. Jahrhundert auf Flaschen. Zucker, Wasser und Kalk wurden erst seit dem 19. Jahrhundert zugesetzt. Trotz weltweiter Verbreitung blieb der Süden Europas sein Hauptanbaugebiet; in Frankreich, Italien und Spanien werden noch heute zwei Drittel der Weltproduktion gewonnen. War das alkoholische Vergären für den Menschen bis in unser Jahrhundert das einzige Verfahren zur Haltbarmachung des Traubensaftes, so wurde in den letzten Jahrzehnten durch moderne Frischhaltemethoden die Möglichkeit zu seiner Aufbewahrung im unvergorenen Zustand geschaffen. Ein ständig steigender Teil der Traubenernte wird seitdem als Traubensaft alkoholfrei erhalten und verbraucht.

2787 v grün Ägyptische Weine
2684 v grün Dattelwein in Sumer
2315 v grün Weinbau in Mesopotamien
2304 v grün Traubenwein in Akkad
1472 v blau Ägyptischer Bilderfries
1411 v blau 'Weinernte am Nil'
733 v–645 v Kuan-Tse
659 v grün Weinsteuer in China
639 v–562 v Alkaios
586 v–501 v Anakreon
583 v–513 v Thespis
564 v blau Alkaios: Weinlieder
488 v blau Brygos: Trinkschale
127 v grün Einfuhr nach China
232 n–282 n Probus
281 n grün Weinbau an Rhein, Donau
623 n grün Mohammeds Verbot

WEINERT, Erich (1890 n–1953 n), deutscher Schriftsteller. Als Sohn eines Ingenieurs wurde er Schlosser, besuchte dann eine Kunstschule und arbeitete als Zeichenlehrer. Daneben illustrierte er Bücher, malte und schuf Graphiken. Nachdem er am ersten Weltkrieg teilgenommen hatte, begann er, satirische Gedichte zu schreiben, trat in politischen Kabaretts auf und schrieb Aufsätze für Zeitschriften ('Weltbühne', 'Simplizissimus'). Über die Mitarbeit an Piscators 'Roter Revue' und am 'Eulenspiegel' kam er zur Zeitschrift 'Linkskurve' und wurde Mitglied des Bundes proletarisch-revolutionärer Schriftsteller. Seine zunehmend antikapitalistischen Gedichte trug er in Arbeiterversammlungen vor ('Kampflied 'Roter Wedding''). 1929 n trat er in die Kommunistische Partei ein. 1933 n mußte er Deutschland verlassen, nahm am spanischen Bürgerkrieg teil ('Camaradas') und warnte die Weltöffentlichkeit vor dem Faschismus ('Rufe in die Nacht'). Als Präsident des 'Nationalkomitees Freies Deutschland' bereitete er in Rußland die Errichtung einer sozialistischen Ordnung für das Nachkriegsdeutschland vor und beteiligte sich nach 1945 n am Neuaufbau des Bildungswesens der DDR. Daneben schrieb er weiter seine Erzählungen ('Das Gästebuch des Fürsten Jussupow') und seine vom bitteren Humor der Ausgebeuteten und Verfolgten geprägten Gedichte ('Kapitel II der Weltgeschichte').

1950 n blau Gedichte

WEISHEIT SALOMOS, Titel eines Abschnittes der Bibel (Altes Testament). Das Buch wurde vor 2000 Jahren von einem gläubigen Juden in Alexandria (Ägypten) verfaßt. Aus dem Glaubensgebäude der Juden enthielt es nur die praktisch-religiöse Lebensweisheit, durchsetzt mit einigen Psalmen und Sprüchen, die dem Judenkönig Salomo zugeschrieben wurden. Mit griechischen Bildungsinhalten vermengt und mit Hilfe griechischer Logik verteidigt, sollte es die jüdische Relegion in der durch griechische Geistesbildung aufgeklärten Stadt Alexandria behaupten.

35 v blau Entstehung

WEISSAGUNGEN

2391 v grün Leberbeschau in Sumer
2369 v–2295 v Una
2343 v blau 'Omenbücher'
1973 v blau Ägyptische Weissagung
1895 v–1834 v Amoni
1869 v–1804 v Irra-I-Mitti
1710 v blau Propheten in Mari
1128 v–1057 v Herihor
981 v–918 v Ahia
927 v–850 v Elias
863 v blau Orakel von Delphi
802 v–745 v Amos
784 v–725 v Hosea
777 v–692 v Jesaja
649 v–583 v Jeremias
628 v–553 v Hesekiel
511 v blau Sibyllinische Bücher
192 v blau Weltreich vorausgesagt
180 v–110 v Panaitios
40 v blau Messias-Prophezeiung
16 v blau Orakel-Kommentar
37 n–100 n Josephus
945 n blau 'Weissagung der Volva'
1572 n blau Spott über Wahrsagerei
1590 n blau Bild einer Wahrsagerin

WEISSENBURG, Stadt im Oberrheintal, 50 Kilometer nördlich von Straßburg (Elsaß). Hier entstand um 650 n ein Kloster und in den folgenden Jahrhunderten eine Siedlung. Um 1200 n zur Stadt aufgestiegen, machte sie sich 1305 n vom Abt des Klosters unabhängig und wurde eine der zehn freien deutschen Reichsstädte im Elsaß. Führte 1534 n die Reformation durch. Wurde im zweiten Krieg Ludwigs XIV. von französischen Truppen erobert und niedergebrannt. 1697 n fiel sie mit dem Elsaß an Frankreich, behielt aber deutsche Sprache und Kultur. Im deutsch-französischen Krieg fand hier die erste siegreiche Schlacht der Bayern und Preußen gegen die Franzosen statt. 1871 n bis 1918 n gehörte sie wieder zum deutschen Reich und fiel im Versailler Vertrag an Frankreich.

808 n–875 n Otfried
870 n blau Otfried: Evangelienbuch
1672 n/1678 n Zweiter Krieg Ludwigs XIV.
1697 n rot Französischer Besitz
1870 n/1871 n Deutsch-französischer Krieg
1919 n rot Versailler Vertrag

WEISSES HAUS, Amtssitz und Wohnung des Präsidenten der USA in Washington, das seit seiner Fertigstellung immer weiß angestrichen war. Es hat sich mit dem wirtschaftlichen und politischen Aufstieg der Vereinigten Staaten zum Sinnbild der nordamerikanischen Weltmacht entwickelt.

1829 n blau Fertigstellung

WEISSES MEER, Name der südlichsten Bucht des Nördlichen Eismeeres. Hier mündet bei Archangelsk (im Nordwesten des europäischen Rußland) die Dwina. Seit 1933 n über einen Kanal und den Ladogasee mit Leningrad und der Ostsee verbunden. Wegen seiner großen Niveau-Schwankungen im Ebbe-Flut-Wechsel (bis 7 Meter) zur Anlage eines Gezeiten-Kraftwerkes ausgewählt.

898 n grün Ottars Reise
1553 n grün Chancellors Reise
1584 n blau Gründung von Archangelsk

WEISSRUSSLAND, das Land zwischen der polnischen Ostgrenze und dem Raume Moskau (West-Rußland). Im 5. Jahrhundert nach der Zeitwende von slawischen Stämmen besiedelt, im 9. Jahrhundert dem russischen Reiche von Kiew einverleibt, zerfiel es im 12. Jahrhundert in mehrere selbständige Fürstentümer und wurde zwischen dem 14. und dem 16. Jahrhundert von Litauern und Polen besetzt. In dieser Epoche bildete sich bei der Bevölkerung ein vom russischen verschiedenes weißrussisches Volksbewußtsein. Dies erhielt sich auch nach der Besitzergreifung des Landes durch das Petersburger Kaiserreich und widerstand den Russifizierungsversuchen des Zaren. Im ersten Weltkrieg wurde es von deutschen Truppen besetzt, nach der bolschewistischen Revolution teilweise polnisch und erst 1939 n bei der Teilung Polens der Sowjetunion zugeschlagen. Im zweiten Weltkrieg wieder von deutschen Truppen besetzt. 1945 n als selbständiges Staatswesen Gründungsmitglied der UN, andererseits aber unter dem Namen 'Belo-Rußland' als sozialistische Sowjetrepublik Bestandteil der UdSSR.

460 n rot Slawen-Ansiedlung
882 n rot Reich von Kiew
1386 n rot Anschluß an Polen
1729 n–1796 n Katharina II., die Große
1772 n rot Gebiete an Rußland
1793 n rot Gebiete an Rußland
1795 n rot Gebiete an Rußland
1815 n rot Minsk russisch
1905 n/1906 n Russische Revolution
1914 n/1918 n Erster Weltkrieg
1917 n/1922 n Russische Revolution
1922 n rot Anschluß an UdSSR
1939 n/1945 n Zweiter Weltkrieg
1939 n rot Gebiete an Rußland
1945 n rot Mitglied der UN

WEITLING, Wilhelm (1808 n–1871 n), deutscher Publizist und Philosoph. Lernte das Schneiderhandwerk und zog 20jährig als wandernder Geselle durch Deutschland. Fünf Jahre später studierte er in Paris die Lehren französischer Kommunisten und verfaßte das erste deutsche kommunistische Programm ('Die Menschheit, wie sie ist und wie sie sein soll'). Zum führenden Kopf im kommunistischen 'Bund der Gerechten' aufgestiegen, nahm er 1839 n an Blanquis erstem Aufstands-Versuch teil. Nach dessen Scheitern flüchtete er in die Schweiz, wurde verhaftet, ausgewiesen und ging über Brüssel und London nach New York. 1848 n kehrte er nach Deutschland zurück, mußte aber wegen Teilnahme an der März-Revolution die Heimat verlassen und ging wieder nach Nordamerika. Hier gab er die Zeitschrift 'Republik der Arbeiter' heraus und setzte sich für die Gründung kommunistischer Gemeinden ein. In seinen Schriften trat er für die revolutionäre Überwindung der bürgerlichen Gesellschaft und für die Errichtung einer kommunistischen Staatsordnung ein. Entwickelte auch eine auf Familienverbänden beruhende Form des Kommunismus und entwarf Maßnahmen für eine Zeit des Übergangs vom Sondereigentum zum Gemeineigentum. Forderte die Abschaffung des Geldes, der Nationen und des Militärs.

1836 n rot 'Bund der Gerechten'
1838 n blau 'Die Menschheit'
1848 n/1850 n Deutsche Revolution

WEITSICHTIGKEIT, Bezeichnung für eine Störung des Sehvermögens, bei der durch Verschiebung des Abstandes zwischen Linse und Netzhaut des Auges die einfallenden Strahlen nicht mehr genau auf der Netzhaut zusammentreffen und dadurch unscharf abgebildet werden. Die Erkenntnis ihrer Ursache ermöglichte ihre fachgerechte Korrektur durch geschliffene Augengläser (Brille).

1575 n grün Maurolicos Forschungen

WEIZEN, das wichtigste Getreide der Erde neben dem Reis, dessen Erntеerträge er in unserer Epoche fast erreichte. In etwa 15 Arten vor allem in Europa, Asien und Amerika vorkommend, diente er seit Jahrtausenden als Brotgetreide und fand im Laufe der Geschichte noch auf viele andere Weise Verwendung: Die Frucht zur Bier-Herstellung, zur Stärke-Erzeugung sowie zur Gries- und Graupen-Bereitung; die Kleie als Viehfutter, das Stroh als Streu und zu Flechtarbeiten.

2887 v grün Zermahlen in Sumer
2097 v grün Anbau in China
973 v grün Handelsobjekt

WEIZSÄCKER, Carl Friedrich (geboren 1912 n), deutscher Physiker. Als Sohn eines Diplomaten wandte er sich früh der Kernforschung zu, schrieb 25jährig ein Buch über den Aufbau der Atomkerne und erhielt 30jährig eine Professur für Physik. 15 Jahre später übernahm er einen Lehrstuhl für Philosophie an der Universität Hamburg und bemüht sich seitdem um eine erkenntnistheoretische Durchdringung der durch die moderne Naturwissenschaft aufgeworfenen Fragen unter Bewahrung eines Restes christlicher Weltanschauung ('Zum Weltbild der Physik'). Durch die Fortschritte der Raumfahrt erhielten seine Arbeiten zur Physik des Weltraumes ('Kosmogonie') sowie seine Theorie über die Entstehung des Planetensystems Bedeutung.

1943 n grün Planetentheorie

WELFEN, Name einer deutschen Fürstenfamilie, die vor 1200 Jahren in Bayern zu Reichtum und Einfluß gelangte und auf dem Höhepunkt ihrer Macht über Kärnten, Bayern, Württemberg (Schwaben) und Sachsen herrschte. Unter Heinrich dem Löwen dehnte sie ihre Herrschaft bis an die Ostsee aus. Geriet in Gegensatz zur deutschen Kaiserfamilie (Staufer) und blieb seitdem auf das Gebiet von Niedersachsen beschränkt. Hier gründete sie das Herzogtum Braunschweig (das sie bis 1918 n beherrschte) und das Königreich Hannover (durch dessen Herrschaft sie von 1714 n bis 1901 n auch den englischen Thron innehatte).

1129 n–1195 n Heinrich der Löwe
1147 n braun Kampf gegen Wenden
1158 n blau Gründung von München
1162 n braun Kampf gegen Slawen
1162 n rot Mecklenburg deutsch
1173 n blau Dombau in Braunschweig
1176 n rot Auflehnung Heinrichs
1197 n/1198 n Kampf um Kaiserkrone
1214 n braun Niederlage gegen Franzosen
1714 n rot Personalunion mit England

WELID, arabischer Herrscher ('Kalif') von 705 n bis 715 n.

675 n–715 n Lebenslinie
633 n/732 n Arabischer Krieg
640 n–716 n Musa
705 n blau Moschee in Damaskus
707 n rot Bund mit Berbern
709 n blau Moschee in Medina
711 n grün Befestigung Gibraltars
711 n rot Ende des Gotenreiches
711 n rot Spanien, Portugal arabisch
711 n rot Indusgebiet arabisch
712 n rot Transoxanien arabisch
713 n rot Großreich

WELLEN, Sammelbezeichnung für alle von einem Erregungszentrum sich ausbreitenden Schwingungen. Bei der Beschäftigung mit Schallschwingungen erkannte Pythagoras bereits vor 2500 Jahren unsichtbare Wellen. Zahlreiche andere Forscher ergründeten in den darauffolgenden Jahrhunderten das Wesen der akustischen Wellen und machte ihre Erkenntnisse dem Bau von Apparaturen nutzbar. Im 17. Jahrhundert begann die Erforschung der Lichtwellen, und seit dem 19. Jahrhundert erkannte man auch Wesen und Wirkungsweise der elektrischen Wellen. Diese Entdeckungen wurden Grundlage der modernen Fernmeldetechnik (Telegraphie, Telephon, Rundfunk, Fernsehen) und anderer technischer Neuerungen (Radar).

572 v–493 v Pythagoras
433 v–351 v Archytas
338 v–268 v Strato der Physiker
328 v grün Natur des Echos
10 n grün Sprech-Rohrleitungen
1512 n grün Leonardo: Tonschwingung
1678 n grün Huygens' Lichttheorie
1711 n grün Stimmgabel
1738 n grün Schall-Forschung
1801 n grün Youngs Lichttheorie
1815 n grün Fresnels Lichttheorie
1819 n grün Stethoskop
1825 n grün W. Webers Lehre
1842 n grün Doppler-Effekt
1847 n–1931 n Edison
1861 n grün Reis: Telephon
1861 n grün Spektralanalyse
1863 n grün Maxwells Forschungen
1874 n–1937 n Marconi
1876 n grün Bell: Telephon
1877 n grün Phonograph
1878 n grün Mikrophon
1879 n grün Strahlungsgesetz
1887 n grün Hertz' Forschungen
1893 n– Karolus
1894 n grün Antenne
1897 n grün Drahtlose Telegraphie
1912 n grün Natur der Röntgenstrahlen
1913 n grün Echolot
1915 n grün Ultraschall-Versuche
1920 n grün Rundfunk
1924 n grün Fernsehen
1927 n grün Wellenmechanik
1934 n grün Radar
1941 n grün Lehre Broglies
1950 n grün Ultraschall-Photographie
1957 n grün Kleinstsender
1960 n grün Laser-Prinzip

WELLENMECHANIK, Bezeichnung für eine Theorie, die von dem österreichischen Physiker Erwin Schrödinger auf Grund der Wellenlehre des Franzosen Louis Broglie ausgearbeitet wurde. Danach können die Zustände der Elektronen im Atom berechnet und die von ihnen ausgehenden Energiemengen bestimmt werden.

1927 n grün Schrödingers Lehre

WELLINGTON, Arthur Wellesley (1769 n–1852 n), englischer Feldherr und Staatsmann. Als Nachkomme einer nach Irland ausgewanderten englischen Adels-Familie in Dublin geboren, wurde er englischer Soldat, kaufte sich eine Oberstleutnantsstelle, nahm an einem Feldzug nach Holland teil und ging dann für einige Jahre nach Indien. Zurückgekehrt wurde er Unterhausabgeordneter und Staatssekretär für Irland. Nach einer erfolgreichen militärischen Operation gegen Kopenhagen wurde er mit 10 000 Soldaten nach Portugal geschickt und führte zusammen mit dem portugiesischen Heer erfolgreiche Feldzüge gegen Frankreich. 1813n erhielt er den Oberbefehl über die spanischen Truppen, verfolgte die französischen Heere bis Toulouse und schlug sie dort. Bei der Abdankung Napoleons englischer Bevollmächtigter auf dem Wiener Kongreß. Nach Napoleons Rückkehr von Elba eilte er nach Brüssel, übernahm den Oberbefehl über die britisch-hannoveranisch-holländisch-braunschweigischen Truppen und erfocht zusammen mit den preußischen Heeren unter Blücher den endgültigen Sieg über Napoleon (Waterloo). Dann zog er mit Blücher in Paris ein und befehligte drei Jahre lang die Besatzungsarmeen. Später schlug er selbst ihre Zurückziehung aus Frankreich vor und wirkte mäßigend auf die alliierten Geldforderungen gegenüber dem geschlagenen Lande.

1769n–1821n Napoleon I.
1796n/1815n Napoleonische Kriege
1815n rot Wiener Kongreß

WELLS, Herbert George (1866n–1946n), englischer Schriftsteller. In ärmlichen Verhältnissen aufgewachsen, bildete er sich selbst durch Lesen, erarbeitete sich ein naturwissenschaftliches Studium und wurde Biologie-Lehrer. 27jährig begann er Bücher zu schreiben, in denen er die Grundlagen des menschlichen Daseins kritisch untersuchte. Der Erfolg seines ersten großen Romans ('Die Zeitmaschine') ermutigte ihn zu weiteren phantastischen Erzählungen ('Eine moderne Utopie'). Bald wandte er sich aber dem sozialen Leben zu und zog in humorvollen Romanen die kapitalistische Gesellschaft in Zweifel ('Kipps'). Auch seine Bücher über Ehe, Beruf und Frauenfrage stießen immer wieder zum Egoismus als dem eigentlichen Übel vor. Nachdem er den Eigennutz als untrennbare Begleiterscheinung des Kapitalismus erkannt hatte, wurde er Sozialist, trat für eine der ganzen Menschheit dienende Gesinnung der Kollektivität ein ('Menschen, Göttern gleich') und entwickelte das Ideal eines sozialistischen Staates ohne Nationen und Klassen. In seiner 'Weltgeschichte' überwand er das europazentrische Geschichtsdenken durch eine weltumspannende Sicht der Geschichte. In kurzer Mitgliedschaft bei der Fabian-Society und in persönlichen Gesprächen mit Lenin und Stalin suchte er sein Ideal einer sozialistischen Weltordnung der Verwirklichung näher zu bringen. Seine Enttäuschung über den russischen Kommunismus ('Schatten über Rußland') ließ ihn in vorgerücktem Alter an der Durchführbarkeit seiner Ideale zweifeln, und er zog sich schließlich ganz auf seine schriftstellerische Arbeit zurück. Sein Glaube an die Möglichkeit eines Sieges der durch Erziehung geläuterten Vernunft schwand. In seinem letzten Werk gab er der Vernunft im Wettlauf mit der heraufziehenden Katastrophe der Selbstvernichtung keine Chance mehr ('Der Geist am Ende seiner Möglichkeiten'). Schrieb über 100 Bücher.

1920n blau Weltgeschichte

WELS ('Katzenfisch'), Raubfisch von einer Länge bis zu 3 Metern, der auf dem Boden von Seen und Flüssen auch in Europa lebt. In vielen Ländern als wohlschmeckender Speisefisch verwendet.

1375n–1448n Josetsu
1408n blau Japanisches Gemälde

WELSER, Augsburger Kaufmanns-Familie, die seit dem 14. Jahrhundert zu Reichtum kam und durch Handelsunternehmen in Flandern, Italien, Spanien und vielen Hansestädten die Stadt Augsburg zu einem europäischen Wirtschaftszentrum machten. Durch Gründung eigener Bankhäuser sowie durch den Handel mit Indien und Vorderasien stärkten sie ihre Macht, die unter Bartholomäus Welser im 16. Jahrhundert ihren Höhepunkt erreichte. Sie wurden Geldgeber des deutschen Kaisers, der als König von Spanien auch Herrscher über die amerikanischen Kolonien Spaniens war. Von ihm erhielten sie das ganze Land Venezuela als Pfand, konnten aber seine Kolonisierung ohne staatliche Gewalt nicht organisieren. Dagegen brachte ihnen das 1528n auf 4 Jahre eingeräumte Monopol für den Sklavenhandel nach Amerika eine riesige Vermögenssteigerung. Im Jahre 1614n mußte das Unternehmen seinen Konkurs bekanntgeben.

1500n–1558n Karl V.
1528n grün Erwerb von Venezuela
1556n grün Verlust von Venezuela

WELTAUSSTELLUNG, Bezeichnung für eine internationale Schau, die einen umfassenden Überblick über den Stand der technischen, wissenschaftlichen und künstlerischen Entwicklung in allen Ländern der Welt geben will. Gleichzeitig stellt sie für das veranstaltende Land eine nationale Werbung dar und wird deshalb oft mit besonderen baulichen Schöpfungen verbunden. So entstand zur ersten Weltausstellung in London der Kristallpalast, Paris baute 1889n den Eiffelturm, Brüssel 1958n das Atomium. Die Besucherzahl hat sich seit der ersten Veranstaltung (6 Millionen) verzehnfacht.

1851n grün Kristallpalast
1889n grün Eiffelturm

WELTBANK, volkstümliche Bezeichnung für die 'Internationale Bank für Wiederaufbau und Entwicklung'. Im zweiten Weltkrieg zur Unterstützung des Wiederaufbaus kriegszerstörter Länder in dem Kurort Bretton Woods (USA) gegründete Organisation, die sich allmählich zu einem mächtigen Kapitalfonds 67 kapitalistischer Staaten entwickelt hat. Hieraus werden Hilfen an die Mitgliedsländer zur Überwindung von Währungskrisen geleistet. Vor allem aber werden Kredite an industriell unterentwickelte Länder gegeben, die mit 4–5 Prozent verzinst werden und formell an keine politischen Bedingungen gebunden sind. Praktisch ist die Organisation (Sitz Washington) zu einem wichtigen Hebel der Außenpolitik Nordamerikas und der mit ihm verbündeten Länder geworden. Dieser Umstand wurde durch die Berufung des nordamerikanischen Verteidigungsministers McNamara zu ihrem Präsidenten (1968n) unterstrichen.

1944n grün Gründung

WELTENTSTEHUNGS-LEHRE

624v–546v Thales
585v–525v Anaximenes
544v–484v Heraklit
278v grün Epikurs Lehre

WELTGESCHICHTE, Bezeichnung für ein Geschichtswerk, das die historische Entwicklung aller Länder, Völker und Staaten der Erde darstellt. In diesem Sinne gibt es bis in unsere Epoche keine echte Weltgeschichte. Während in früheren Jahrhunderten Geschichtswerke mit dieser Selbstbezeichnung in der Regel nur die Enge des Weltbildes ihrer Zeit historisch unterbauten, tritt nun aber mit zunehmender Erforschung der Vergangenheit auch ferner und vergangener Völker die Möglichkeit zur Schaffung eines wirklich umfassenden geschichtlichen Weltbildes immer deutlicher hervor. Gleichzeitig wird dies universale Geschichtsbild von einer zum Bewußtsein der weltweiten Verflechtung der eigenen Geschichte gelangenden Öffentlichkeit immer gebieterischer gefordert, so daß in der Gegenwart eine immer größere Anzahl solcher Werke mit einem immer weiter werdenden historischen Weltbilde entstehen.

482v–429v Herodot
434v blau Herodots Werk
340v blau Werk des Ephoros
142v blau Apollodors 'Weltchronik'
64v–20n Strabo
23v blau Diodoros' Werk
4n blau Werk des Nikolaus
19n blau Werk des Trogus
30n blau Vellejus Paterkulus' Werk
172n–245n Afrikanus
221n blau Werk des Afrikanus
263n–339n Eusebius
303n blau Werk des Eusebius
403n blau Sulpicius Severus' Werk
419n blau Werk des Orosius
480n–573n Kassiodor
497n–555n Jordanis
519n blau Werk des Kassiodor
554n blau Werk des Jordanis
560n–636n Isidor von Sevilla
568n blau Johannes Malalas' Werk
615n blau Werk des Isidor
673n–735n Beda
725n blau Werk des Beda
806n–873n Abu Hunain
811n blau Werk des Synkellos
813n blau Theophanes: Weltchronik
829n blau Werk des Nikephoros
839n–923n Al Tabari
888n–956n Al Masudi
915n blau Werk Al Tabaris
946n blau Werk Al Masudis
1054n blau Werk des Hermann
1079n blau Lamberts 'Annalen'
1125n blau Frutolf-Ekkehard-Werk
1136n blau Werk des Zonaras
1170n blau Werk Al Dausis
1224n blau Ibn Jakuts Lexikon
1231n blau Werk Al Athirs
1331n blau Werk Abul Fedas
1332n–1406n Ibn Kaldun
1374n blau Frage der Gesetzmäßigkeit
1383n blau Werk Ibn Kalduns
1493n blau Schedels Werk
1504n blau Werk des Sabellicus
1681n blau Werk Bossuets
1770n–1831n Hegel
1823n blau Hegels Vorlesungen
1863n blau Ploetz' Tabellen
1907n blau Helmolts Werk
1920n blau Werk des H. G. Wells
1932n blau Friedells Kulturgeschichte
1953n blau Toynbees Werk
1965n blau Durants Kulturgeschichte

WELTKARTEN, Bezeichnung für zeichnerische Darstellungen der ganzen, den Menschen einer Epoche bekannten Welt.

2325v grün Mesopotamische Karte
610v–546v Anaximander
561v grün Anaximanders Karte
274v–194v Eratosthenes
222v grün Eratosthenes 'Karte
101n–179n Ptolemäus
1096n–1166n Al Idrisi
1164n grün Al Idrisis Karte
1318n grün Viscontis Karte
1376n grün Crescas' Karte
1447n grün 'Genuesische Weltkarte'
1459n grün Fra Mauros Karte
1500n grün Cosas Karte
1507n grün Waldseemüllers Karte
1541n grün Münsters Werk
1569n grün Mercators Karte

WELTKRIEGE

1879n–1953n Stalin
1882n–1945n Roosevelt
1889n–1945n Hitler
1914n/1918n Erster Weltkrieg
1914n rot Mord an Jaurès
1914n rot Kampf um Kriegskredite
1915n rot Umschwenken Italiens
1915n rot Konferenz der Gegner
1915n grün Panzer
1915n grün Giftgas
1916n rot Spaltung der SPD
1916n rot Munitionsarbeiterstreik
1916n blau Zeitung der Gegner
1916n blau Lenins Untersuchung
1917n/1922n Russische Revolution
1917n rot Rußland Republik
1918n rot Deutschland Republik
1918n rot Österreich Republik
1918n rot Polen selbständig
1918n rot Ungarn selbständig
1918n rot Jugoslawien selbständig
1918n rot CSR selbständig
1919n rot Friedensverträge
1939n/1945n Zweiter Weltkrieg
1939n rot Garantie für Polen
1939n rot Hitler-Stalin-Vertrag
1939n rot Teilung Polens
1940n rot Baltikum russisch
1940n rot Stützpunkte der USA
1940n rot Churchill Ministerpräsident
1941n rot USA-Hilfe für Alliierte
1941n rot Atlantik-Charta
1941n rot Abessinienbahn an England
1942n blau 'Leningrader Sinfonie'
1942n grün Raketenbau
1943n rot Umschwenken Italiens
1943n rot Auflösung der Komintern
1943n rot Konferenz von Teheran
1944n braun Putsch gegen Hitler
1944n rot Jugoslawien kommunistisch
1944n rot Frankreich unabhängig
1944n rot Bündnis UdSSR-Frankreich
1944n blau Simonows Erzählung
1945n blau Pliviers Roman
1945n blau Fadejews Roman
1945n grün Atombombe fertiggestellt
1945n rot Atombombe eingesetzt
1945n rot Besetzung Deutschlands
1945n rot Besetzung Österreichs
1945n rot Potsdamer Konferenz
1945n rot Besetzung Japans
1961n blau Fischers Untersuchung

WELTPOSTVEREIN, Name des übernationalen Zusammenschlusses der Post-Organisationen, der praktisch alle Länder der Erde umfaßt. Von dem preußischen Generalpostmeister Stephan 1868n vorgeschlagen, wurde er sechs Jahre später in der Stadt Bern gegründet, in der er bis heute seinen Sitz hat. 1947n als Organisation der Vereinten Nationen (UN) anerkannt, sichert er den reibungslosen Postverkehr auf der ganzen Erde.

1874n rot Gründung

WELTRAUMFORSCHUNG, WELTRAUMFAHRT

2987v grün Sternbilder in Sumer
2960v grün Forschungen in Sumer
2913v grün Mondjahr in Sumer
2589v grün Meridian-Fixierung
2332v–2248v Yao
2269v grün Kalender-Verbesserung
1965v grün Stern-Verzeichnis
1683v grün Babylonisches Lehrbuch
1568v grün 'Venustafeln'
1333v grün Mondjahr in Arabien
1317v grün Mondjahr in Ägypten
1159v grün Stern-Tafeln in Ägypten
1079v grün Berechnung der Sonnenbahn
867v grün Sternwarte in Assyrien
763v grün Sonnenfinsternis-Urkunde
747v grün Aufzeichnungen in Babylon
610v–546v Anaximander
572v–493v Pythagoras
554v grün Himmelsmodell
544v–484v Heraklit
533v grün Kugelgestalt der Erde
525v grün Einordnung der Erde
500v–428v Anaxagoras
496v grün Erdbewegung
433v grün Metons Zeitrechnung
408v–355v Eudoxos
392v grün Aufbau der Milchstraße
390v–310v Herakleides
382v grün Achsendrehung der Erde
380v–306v Pytheas
375v grün Schule des Eudoxos
370v grün Weltbild des Eudoxos
365v–276v Euklid
355v grün Planeten-Bewegung
352v grün Unendlichkeit des Alls
349v grün Ähnlichkeit der Sterne
344v grün Erklärung der Tageszeiten
344v–268v Berossos
340v grün Beweis der Kugelgestalt
322v–246v Ptolemäus II.
316v–250v Aristarch
289v grün Aristarch: Messungen
286v grün Euklids Schrift
284v–212v Archimedes
280v grün Schule des Berossos
271v grün Schiefe der Sonnenbahn
258v grün Zweifache Erdbewegung
253v blau Aratos' Dichtung
237v grün Sonnenjahr in Ägypten
234v grün Archimedes: Himmelsmodell
206v grün Weltbild des Apollonios
196v–125v Hipparch
176v grün Ägyptisches Sammelwerk
155v grün Bessere Instrumente
147v grün Mond-Erde-Entfernung
135v–50v Poseidonios
134v grün Neuer Stern beobachtet
131v grün Hipparch: Sternkatalog
116v–27v Varro
64v–20n Strabo
46v grün Julianischer Kalender
5n grün Leugnung der Erdbewegung
101n–179n Ptolemäus
130n–205n Kleomedes
153n grün Erde als Weltmittelpunkt
158n grün Schulbuch
185n grün Strahlenbrechung
190n grün Sonnenlicht-Reflektion
230n–300n Pappos
360n–415n Hypatia
382n–440n Martianus Kapella
420n grün 'Wissenschaft von der Sonne'
476n–535n Arjabatta
487n–565n Kosmas
498n grün Lehrbuch Arjabattas
538n–594n Gregor von Tours
558n grün Handbuch Varahamis
598n–660n Brahmagupta
628n grün Brahmaguptas Werk
631n grün Sternwarte in Korea
688n blau Lehrfach in Byzanz
773n grün Sternkunde-Übersetzung
778n–830n Al Karismi
789n–873n Al Kindi
805n–885n Abu Maschar
820n grün Sternwarte Bagdad
827n grün Himmels- und Erdatlas
828n grün 'Almagest'
853n grün Al Farganis Werk
855n–929n Al Battani
876n grün 'Gestirns-Konjunktionen'
906n grün Abweichung der Erdbahn
913n grün Al Battani gegen Ptolemäus
919n grün Al Battanis Handbuch
948n–1039n Ibn Junis
960n grün Al Sufi: Himmels-Globus
965n–1039n Al Hassan
973n–1048n Al Biruni
974n grün Sternwarte Kairo
1006n grün Winkel der Sonnenbahn
1029n grün Al Birunis Werk
1039n–1123n Al Kajam
1079n grün Al Kajam: Kalender
1093n–1162n Ibn Badscha
1114n–1186n Bhaskara
1126n–1198n Ibn Rasd (Averroes)
1127n–1185n Ibn Tufail
1136n grün Al Battani übersetzt
1150n grün Bhaskaras Lehrbuch
1166n grün Sonnenflecken-Erklärung
1187n grün Ptolemäus-Übersetzung
1248n grün Planetentafeln
1259n grün Sternwarte in Maraga
1279n grün Sternwarte Peking
1320n grün Camera obscura
1325n grün Jakobsstab
1394n–1460n Heinrich der Seefahrer
1401n–1464n Nikolaus von Kues
1422n grün Sternwarte in Portugal
1471n grün Sternwarte Nürnberg
1473n–1543n Kopernikus
1528n grün Sonne als Weltmittelpunkt
1531n grün Apian: Kometenbahn
1546n–1601n Tycho Brahe
1548n–1600n Giordano Bruno
1564n–1642n Galilei
1571n–1630n Kepler
1572n grün Fixstern-Bewegung
1576n grün Sternwarte Uranienburg
1582n grün Gregorianischer Kalender
1593n grün Fernrohre in Italien
1602n grün Bayer: Sternatlas
1609n grün Kepler: Planetenbewegung
1610n grün Sonnenflecke, Jupitermonde
1611n grün Reflektion der Planeten
1611n grün Astronomisches Fernrohr
1616n rot Zwang der Kirche
1619n grün 'Die Harmonie der Welten'
1633n rot Widerruf Galileis
1643n–1727n Newton
1645n grün Schalls Berufung nach China
1655n grün Saturnring und -mond
1666n grün Newton: Gravitationsgesetz
1667n grün Sternwarte in Paris
1668n grün Spiegelfernrohr
1676n grün Sternwarte Greenwich
1676n grün Lichtgeschwindigkeit
1700n grün Sternwarte Berlin
1705n grün Halley: Kometenbahn
1718n grün Fixstern-Bewegung
1728n grün Abirrung des Lichtes
1748n grün Schwanken der Erdachse
1755n grün Kants Planeten-Theorie
1781n grün Entdeckung des Uranus
1783n grün Sonnensystem-Bewegung
1784n grün Erklärung der Milchstraße
1799n grün Laplace: Himmelsmechanik
1809n grün Mathematische Astronomie
1834n grün Großkarte vom Mond
1842n grün Doppler: Doppelsterne
1846n grün Entdeckung des Neptun
1854n grün 'Riemann'scher Raum'
1861n grün Spektralanalyse
1865n blau Verne: Mondfahrt-Roman
1879n–1955n Einstein
1914n grün Debes: Mondatlas
1919n grün Projektionsplanetarium
1930n grün Entdeckung des Pluto
1934n–1968 Juri Gagarin
1936n grün Regener: Strahlung
1943n grün Weizsäckers Theorie
1946n grün Clayton: Sonnenflecke
1949n grün Großteleskop
1951n grün Kuiper: Atmosphäre
1957n grün 'Sputnik'
1958n grün Strahlengürtel entdeckt
1959n grün Künstlicher Planet
1959n grün 'Lunik'
1959n grün Bilder der Mondrückseite
1960n grün Raumschiff mit Tieren
1961n grün Gagarins Raumflug
1962n grün Venus-Sonde
1962n grün 'Rendezvous-Flug'
1963n grün Raumfahrt-Industrie
1963n grün Raumflug einer Frau
1964n grün Raumschiff mit 3 Menschen
1965n grün Aussteigen im All
1965n grün Mars-Sonde

WELTREISEN

948v grün Seeweg nach Indien
658v–595v Necho II.
601v grün Umschiffung Afrikas
497v grün Hekataios' Bericht
380v–306v Pytheas
324v grün Pytheas in Nordeuropa
320v grün Bericht des Pytheas
75v grün Idee der Erdumseglung
888n–956n Al Masudi
898n grün Seeweg nach Nordrußland
901n grün Entdeckung Grönlands
918n grün Al Masudis Reisen
967n–1021n Leif Erikson
1000n grün Entdeckung Amerikas
1182n–1250n Johannes Karpini
1254n–1324n Marco Polo
1255n grün Bericht über Mongolei
1291n grün Fahrt der Vivaldi
1298n grün Bericht über China
1304n–1377n Ibn Batuta
1352n grün Ibn Batutas Bericht
1452n–1507n Kolumbus
1480n–1521n Magellan
1486n grün Umseglung Afrikas
1492n grün Kolumbus in Amerika
1497n grün Entdeckung Labradors
1498n grün Seeweg nach Indien
1499n grün Entdeckung Südamerikas
1500n grün Cabral: Brasilien
1502n grün Festland Mittelamerika
1505n grün Entdeckung Ceylons
1512n grün Entdeckung der Molukken
1515n grün La-Plata-Gebiet entdeckt
1517n grün Seeweg nach China
1519n grün Erdumseglung begonnen
1521n grün Philippinen, Marianen
1522n grün Entdeckung der Bermudas
1522n grün Erdumseglung beendet
1526n grün Entdeckung Neu-Guineas
1527n grün Entdeckung Hawaiis
1543n grün Portugiesen in Japan
1553n grün Umseglung des Nordkaps
1567n grün Salomon-Inseln entdeckt
1580n grün Drakes Erdumseglung
1605n grün Entdeckung Australiens
1606n grün Entdeckung Tahitis
1616n grün Bismarck-Inseln entdeckt
1642n grün Entdeckung Neuseelands
1643n grün Fidschi-Inseln entdeckt
1771n grün Cooks Reise

WELTREVOLUTION

1818n–1883n Karl Marx
1847n blau Marx-Engels
1870n–1924n Lenin
1879n–1953n Stalin

1893n –	Mao-Tse-Tung
1916n blau	Rosa Luxemburg
1916n blau	Karl Liebknecht
1917n/1922n	Russische Revolution
1917n rot	Sowjetunion
1918n/1919n	Deutsche Revolution
1919n braun	Aufstand in Ungarn
1919n rot	Komintern
1920n braun	Erhebung im Ruhrgebiet
1921n rot	KP Chinas
1923n braun	Erhebung in Hamburg
1924n rot	Mongolei kommunistisch
1925n/1949n	Chinesische Revolution
1926n braun	Erhebung in Indonesien
1927n braun	Aufstände in Wien
1927n rot	Brüsseler Kongreß
1927n rot	Zurückstellung
1927n –	Castro
1934n braun	Aufstand in Österreich
1937n rot	Antikomintern
1944n rot	Jugoslawien kommunistisch
1946n rot	Nordkorea kommunistisch
1946n rot	Albanien kommunistisch
1946n rot	Bulgarien kommunistisch
1947n rot	Polen kommunistisch
1947n rot	Rumänien kommunistisch
1948n rot	CSR kommunistisch
1948n rot	Ungarn kommunistisch
1949n rot	China kommunistisch
1949n rot	Gründung der DDR
1960n/	Revolution Indochinas
1961n rot	Kuba kommunistisch

WELTUNTERGANGS-PROPHEZEIUNG

2121v blau	Glaube an Jüngstes Gericht
777v–692v	Jesaja
628v–553v	Hesekiel
95n blau	'Offenbarung des Johannes'
393n blau	Indisches Werk

WELTWIRTSCHAFTSKRISE, weltweite Erschütterungen der kapitalistischen Wirtschaft. Insbesondere Bezeichnung für die von den USA ausgehende Wirtschaftskrise, die zwischen 1929n und 1933n fast alle Länder der Erde in einen tiefen Niedergang gerissen hat. Durch die nach dem ersten Weltkrieg entstandene Abhängigkeit fast aller Länder der Erde von den USA teilte sich diese Krise des nordamerikanischen Kapitalismus lawinenartig der ganzen übrigen Welt (außer der UdSSR) mit. Es war die letzte weltweite Erschütterung der Wirtschaft, weil sich in unserer Epoche bereits fast die Hälfte der Erdbevölkerung durch Errichtung sozialistischer Volkswirtschaften krisenfest und vom nordamerikanischen Kapital unabhängig gemacht hat.

1873n grün	Ausbruch
1929n grün	Ausbruch

WELTWUNDER, Sieben Weltwunder, Bezeichnung für sieben Bauten und Kunstwerke, die seit mehr als 2000 Jahren als die wunderbarsten Erzeugnisse des Menschen betrachtet werden. Zuerst zusammenfassend genannt in einem Gedicht des Antipatros aus Sidon (Vorderasien) um 130v, wurden in den folgende Jahrhunderten verschiedene Schöpfungen als ein solches Wunder betrachtet. Heute gelten dafür allgemein: 1. Die ägyptischen Pyramiden, 2. die 'Hängenden Gärten' von Babylon, 3. der Tempel für die griechische Göttin Artemis in der kleinasiatischen Stadt Ephesos, 4. die Plastik des thronenden Gottes Zeus von dem griechischen Bildhauer Phidias, 5. das Grabmal des Königs Mausolos (Mausoleum) in Halikarnassos (Kleinasien), 6. das 32 m hohe Standbild des Sonnengottes auf der Insel Rhodos, 7. der höchste Leuchtturm aller Zeiten (Alexandria).

2615v–2550v	Cheops
2576v–2515v	Chefren
2572v blau	Cheops-Pyramide begonnen
2561v–2500v	Mykerinos
2553v blau	Cheops-Pyramide vollendet
2518v blau	Chefren-Pyramide
2511v blau	Mykerinos-Pyramide
614v grün	'Hängende Gärten'
595v–525v	Krösus
560v–469v	Theodoros
520v blau	Artemis-Tempel Ephesos
493v–432v	Phidias
396v–328v	Leochares
356v rot	Brand des Artemis-Tempels
350v blau	Mausoleum Halikarnassos
290v blau	Koloß von Rhodos
279v grün	Leuchtturm von Alexandria

WEN, König von Tschu in Mittel-China.

1132v–1049v	Lebenslinie
1108v–1044v	Wu
1065v braun	Einfall der Tibeter
1055v braun	Einfall der Hunnen

WEN-AMUN, ägyptischer Diplomat.

1118v–1058v	Lebenslinie
1073v grün	Reisebericht

WENDENKREUZZUG, Feldzug deutscher Heere gegen die in Ablehnung des Christentums verharrenden Slawen zwischen Oder und Elbe. Von Bernhard von Clairvaux gefordert, vom deutschen Kaiser und den Fürsten unterstützt, wurde er durch zwei Heere von Norden und Süden vorgetragen. Doch schlugen die Wenden beide Heere zurück. Nachdem ihnen auf diese Art die Augen über Ziele und Methoden des Christentums geöffnet waren, blieben sie jahrhundertelang gegen jeden Bekehrungsversuch immun. Helmold berichtete in seiner Slawengeschichte von dieser mißglückten Zwangsbekehrung.

1090n–1153n	Bernhard von Clairvaux
1147n braun	Kreuzzug
1172n blau	Helmolds Schilderung

WEN-TI, Kaiser von China. Regierte von 179v bis 157v.

203v–157v	Lebenslinie
179v rot	Kampf gegen Lehnssystem
170v rot	Stehendes Heer

WENZEL, Herrscher von Böhmen.

908n–929n	Lebenslinie
877n–936n	Heinrich I.
928n/929n	Vorstoß der Deutschen
929n rot	Ermordung

WENZEL IV. (1361n–1419n), König von Böhmen seit 1364n, deutscher König von 1376n bis 1400n. Als ältester Sohn des deutschen Kaisers Karl IV. wurde er 3jährig zum König von Böhmen gekrönt, 9jährig mit der Tochter des Bayernherzogs verheiratet, 12jährig mit der Mark Brandenburg belehnt und 15jährig zum deutschen König gekrönt. 17jährig übernahm er dann nach dem Tode seines Vaters die Regierung des deutschen Reiches und Böhmens. Doch war er den Aufgaben nicht gewachsen und wurde zwischen den Fürsten und den aufstrebenden Städten zerrieben. Zog sich nach Prag zurück, wo er die gegen ihn aufbegehrenden Adligen hinrichten und einen Vertrauten des Erzbischofs in die Moldau stürzen ließ (Nepomuk). So verbündeten sich die Mächtigen Böhmens mit seinem Bruder Sigismund, der als König von Ungarn ihr Vertrauen hatte, überfielen ihn und kerkerten ihn ein. Erst nachdem er zugunsten seines Bruders auf fast alle Rechte verzichtet hatte, ließ man ihn frei. 1400n wurde er von den papsttreuen Kurfürsten als deutscher König abgesetzt. Er wandte sich nun den papstfeindlichen Hussiten zu, wurde aber von seinem Bruder 19 Monate lang in Wien gefangengehalten bis er auch dieser Betätigung abschwor. Neben seinem zum deutschen Kaiser aufgestiegenen Bruder Sigismund führte er dann seit 1410n ein zurückgezogenes Genußleben auf seinen böhmischen Schlössern.

1388n braun	Städtekrieg
1389n rot	Verbot der Städtebünde
1409n rot	Verstoßung des Rektors

WERBUNG

1622n rot	Katholische Propaganda
1700n grün	Japanische Plakate
1720n blau	Firmenschild von Gersaint
1892n blau	Toulouse-Lautrecs Plakate
1916n rot	Propagandakonzern
1947n blau	Picasso: 'Friedenstaube'

WERFT, Anlage für den Bau und die Ausrüstung von Schiffen.

1694v grün	Einrichtung in Babylon
1672n–1725n	Peter I., der Große

WERKSTÄTTEN

2876v grün	Goldschmiede-Werkstätten
2078v grün	Ägyptische Modelle
1977v grün	Tempelwerkstatt in Ur
1577n–1640n	Rubens

WERKUNTERRICHT, Bezeichnung für die schulische Ausbildung in praktischer Tätigkeit handwerklicher oder industrieller Art. Zur Überwindung der einseitig intellektuellen Schulbildung, zur Entwicklung manueller Fähigkeiten, zur Vertiefung der Charakterbildung sowie zur Anerziehung von Achtung vor der Handarbeit von führenden Pädagogen immer wieder gefordert (Pestalozzi, Fröbel, Montessori, Oestreich, Blonsky) und vereinzelt seit der Jahrhundertwende in Privatschulen durchgeführt (Hermann-Lietz-Schulen, Odenwaldschule, Scharfenberg). Als 'polytechnischer Unterricht' ist er in einigen sozialistischen Ländern (DDR) wesentlicher Bestandteil der Schulbildung.

710n–782n	Lioba
1696n grün	Bellers' Forderung
1708n grün	Realschule
1746n–1827n	Pestalozzi
1909n blau	Montessori-System
1958n grün	Polytechnischer Unterricht

WERKZEUGE

Vorzeittafel:	800 Tausend Jahre
Vorzeittafel:	80 Tausend Jahre
Vorzeittafel:	30 Tausend Jahre
2994v grün	Kupfernadeln in Ägypten
2977v grün	Metallgeräte in Indien
2887v grün	Mühlsteine in Sumer
2871v grün	Töpferscheibe in Indien
2810v grün	Mahlsteine in Ägypten
2704v–2634v	Hesire
2694v grün	Drillbohrer in Indien
2674v grün	Steinbohrer in Ägypten
2622v blau	'Baumeister mit Axt'
2513v grün	Pinzetten in Ur
1947v grün	Töpferscheibe auf Kreta
1386v blau	'Mann beim Holzsägen'
560v–469v	Theodoros
528v grün	Drehbank
362v grün	Schere
208v grün	Eisen- statt Bronzefeilen
152v–82v	Heron
54n grün	Operationsbestecke
205n grün	Spannsäge
1233n grün	Buch über Werkzeuge
1437n grün	Druckerpresse
1561n grün	Verbesserte Drehbank
1793n grün	Kreissäge
1807n grün	Bandsäge
1814n grün	Hobelmaschine

WERNER, Abraham Gottlob (1750n–1817n), deutscher Naturforscher. Studierte an der neu errichteten Berg-Akademie in Freiberg (Sachsen), wurde dort 25jährig Dozent und bald der führende Kopf dieser ersten Lehr- und Forschungsstätte des Bergbaues. Die Genauigkeit seiner Beobachtungen führte ihn zur Einengung des Begriffs der 'Mineralogie' auf die chemischen und physikalischen Eigenschaften des Gesteins. Daneben stellte er die Erforschung der Erdgeschichte aus der Gesteinsbeobachtung als selbständige Wissenschaft ('Geologie'). Auch die eigentliche Bergbaukunst erhob er zu einer eigenen Disziplin, ebenso verselbständigte er die Eisenhüttenkunde. Systematisierte die Methoden der Gesteinskunde durch eine 'Kennzeichenlehre'. Entwickelte eine Theorie, nach der alles Gestein aus Meeresablagerungen entstanden ist ('Neptunismus').

1773n grün	Gesteinskunde

WERNER der Gärtner (um 1200n–um 1260n), deutscher Dichter. Schrieb eine gereimte Erzählung über den Sohn eines Landpächters, der es den Adligen und Rittern gleichtun will, sich als Knappe verdingt, mit den Raubrittern die ärgsten Frevel begeht und schließlich von verzweifelten Bauern erschlagen wird. Durch seine Anklage gegen das ausbeuterische Schmarotzerdasein der Ritter, durch seine Parteinahme für die geschundenen Bauern und durch seinen Hinweis auf den Zusammenhang zwischen dem Überfluß der Reichen und der Not der Armen wurde er zum ersten sozialkritischen Dichter Deutschlands.

1249n blau	'Meier Helmbrecht'

WERTLEHRE, Bezeichnung für eines der Grundgesetze der Volkswirtschaft. Von Petty vorbereitet, von Smith und Ricardo systematisiert und von Karl Marx vollendet, führt sie den Wert jeder Ware auf die zu ihrer Herstellung im weitesten Sinne notwendige Arbeitszeit zurück. Dadurch ermöglichte sie die Erklärung der kapitalistischen Wirtschaftsweise aus dem Preis-Mechanismus, der die Produktion von Waren in dem Maße begünstigt, wie ihr Preis über ihrem Wert liegt. In der sozialistischen Volkswirtschaft fällt Wert und Preis der Gesamtheit aller Waren zusammen.

1623n–1687n	Petty
1674n grün	Pettys Lehre
1723n–1790n	Adam Smith
1817n grün	Ricardos Theorie
1818n–1883n	Karl Marx
1867n blau	Marx: 'Das Kapital'

WESER, neben Rhein, Donau und Elbe einer der Hauptflüsse Deutschlands. (502 Kilometer, mit Werra 794 Kilometer). Entsteht durch die Vereinigung von Fulda und Werra bei Münden zwischen Kassel und Göttingen, fließt nordwärts bis Bremen und mündet bei Bremerhaven mit großem Mündungstrichter in die Nordsee. Seit Fertigstellung des 1894n beendeten Ausbaues der Unterweser (Vertiefung von 2,5 Meter auf 5,4 Meter) können mittelgroße Ozeanschiffe den Strom bis Bremen befahren. Im 12. Jahrhundert verlieh der deutsche Kaiser Heinrich V. der Stadt Bremen das Recht, die Untiefen der Mündung durch das Auslegen von Tonnen zu kennzeichnen.

765v rot	Vordringen der Germanen
787n blau	Entwicklung Bremens
1115n grün	Seefahrtszeichen

WESIR, Name für den höchsten Beamten in mehreren, hauptsächlich außereuropäischen Staaten. Seine Stellung entsprach dem Amt eines Ministerpräsidenten (= Kanzlers) im modernen Staat.

2647v rot	Einsetzung in Ägypten
2495v–2405v	Pta-Hotep
2471v–2397v	Ni-Anch-Pta
2325v blau	Statue
2322v blau	Grabmal
2025v–1953v	Knum-Hotep
2022v–1962v	Amen-Em-Het I.
1502v–1431v	Rech-Mi-Re
1460v blau	Schrift über Pflichten
1438v–1368v	Ra-Mosis
1410v–1353v	Pentu
1138n–1193n	Saladin
1313n–1374n	Al Katib

WESLEY, John (1703n–1791n), englischer Prediger. Studierte in Oxford Theologie und wurde Priester der anglikanischen Staatskirche. 1729n trat er einem religiösen Verein bei, den sein jüngerer Bruder Charles mit einigen Oxforder Studenten gegründet hatte. Nach persönlicher Begegnung mit den Führern der Herrnhuter Brüdergemeinde führte er deren schlichten Stil des Gottesdienstes ein und gewann durch ernste, einfache Frömmigkeit (Erweckungspredigten unter freiem Himmel) schnell großen Anhang. Als der religiöse Studentenverein seines Bruders verboten wurde, gründete er eine eigene Kirche ('Methodisten'). Durch 50 000 Predigten fand er in England und Nordamerika eine große Gemeinde. Daneben verfaßte er Streitschriften, Kirchenlieder und religiöse Abhandlungen, die von seinen Anhängern in über 100 Bänden gesammelt wurden.

1739n rot	Methodisten-Bewegung

WESSEX, Land in Südwestengland, das vor 1200 Jahren die ganze englische Südküste beherrschte. Es nahm in dieser Zeit die führende Stellung unter den Königreichen auf der englischen Insel ein und führte die Einigung Englands unter seiner Herrschaft herbei. Unter Alfred dem Großen bildete es das Zentrum des englischen Widerstandes gegen die dänischen Normannen.

780n–839n	Egbert
823n/827n	Englischer Einigungskrieg
827n rot	Einigung Englands
849n–901n	Alfred der Große
878n braun	Sieg über Normannen

WESSOBRUNN, Dorf in Oberbayern, 10 Kilometer südlich des Ammersees. In dem 753n hier gegründeten Kloster wird unter zahlreichen alten Handschriften auch ein altes Gedicht aufbewahrt ('Wessobrunner Gebet'), das zu zwei Dritteln aus biblischen Versen besteht und mit Federzeichnungen illustriert ist.

816n blau	'Wessobrunner Gebet'

WESTFÄLISCHER FRIEDE, Bezeichnung für den Friedensvertrag, der am Ende des Dreißigjährigen Krieges nach Verhandlungen in Osnabrück in der westfälischen Stadt Münster von den beteiligten Staaten unterzeichnet wurde. Zerschlug die Zentralgewalt des Kaisers innerhalb des deutschen Reiches vollends und brachte Schweden und Frankreich beträchtliche Gebietsgewinne auf Kosten Deutschlands. Die Unabhängigkeit Hollands und der Schweiz mußte vom deutschen Kaiser anerkannt werden.

1618n/1848n	Dreißigjähriger Krieg
1648n rot	Abschluß

WESTFALEN, Land im Westen Deutschlands zwischen Weser und Rhein. Das seit Jahrtausenden von Germanen (Cheruskern, Sachsen) bewohnte Gebiet behauptete in zähen Kämpfen gegen die Römer seine Unabhängigkeit. Bis ins 12. Jahrhundert westlicher Teil des alten Sachsen (Niedersachsen), zerfiel es seit 1180n in einzelne kirchliche und weltliche Fürstentümer. Die größeren Städte verselbständigten sich und stärkten ihre Stellung durch Beitritt zur Hanse. Sie wurden auch von der Reformation erfaßt, doch begann von den katholischen Bistümern aus ein mörderischer Kampf (Gegenreformation). Weil der deutsche Religionskrieg (Dreißigjähriger Krieg) hier besonders heftig getobt hatte, wurde der Frieden in der Hauptstadt dieses Landes (Münster) abgeschlossen. Größere Gebiete fielen zwischen 1698n und 1803n an Brandenburg–Preußen. Nur kleinere Teile des Landes wurden 1807n dem 'Königreich Westfalen' gegeben, das Napoleon für seinen Bruder Jérôme errichtete ('König Lustik'). Nach Niederwerfung Napoleons wurde fast das ganze Land auf dem Wiener Kongreß Preußen zugesprochen und damit auch ein großer Teil des Ruhrgebietes. Es erlebte in den folgenden Jahrzehnten einen schnellen Aufstieg. Recklinghausen, Gelsenkirchen, Bochum, Dortmund wurden zu Schwerpunkten der deutschen Kohle- und Stahl-Erzeugung und damit zu Zentren des Industrialisierungs-Prozesses. Die Bevölkerung stieg sprunghaft an. Nach dem zweiten Weltkrieg von englischen Truppen besetzt, wurde das Land zusammen mit dem nördlichen Rheinland der Bundesrepublik einverleibt ('Nordrhein-Westfalen').

48v–9n	Varus
38v–9v	Drusus
16v–21n	Armin
15v–19n	Germanikus
12v/7v	2. Germanenkrieg Roms
4n/16n	3. Germanenkrieg Roms
1150n rot	Stadtrecht für Soest
1173n rot	Stadtrecht für Münster
1250n rot	Stadtrecht für Bielefeld
1265n blau	Dom von Münster
1335n blau	Rathaus von Münster
1534n braun	Wiedertäufer-Erhebung
1618n/1648n	Dreißigjähriger Krieg
1620n–1688n	Der Große Kurfürst
1648n rot	Westfälischer Friede
1796n/1815n	Napoleonische Kriege
1815n rot	Wiener Kongreß
1889n rot	Bergarbeiterstreik
1905n rot	Bergarbeiterstreik
1920n braun	Erhebung im Ruhrgebiet
1923n braun	Besetzung des Ruhrgebiets
1939n/1945n	Zweiter Weltkrieg
1945n rot	Besetzung
1949n rot	Teil der BRD

WESTGOTEN, Bezeichnung für die Gotenstämme, die nach Zerstörung des Gotenreiches am Schwarzen Meer über den Balkan und die Alpenländer nach Frankreich und Spanien weiterzogen und sich im Westen Europas niederließen. 300 Jahre lang konnten sie die Selbständigkeit des von ihnen gegründeten Reiches behaupten, dann gingen sie in den Völkern des merowingischen Frankenreiches und des arabischen Spanien auf.

257n rot	Spaltung der Goten
311n–383n	Wulfila
346n rot	Arianisches Christentum
348n braun	Christenverfolgung
350n–404n	Balamir
365n–408n	Stilicho
369n grün	Alphabet
370n blau	Bibelübersetzung
370n/455n	Hunnenkriege
374n–410n	Alarich I.
376n rot	Ansiedlung im Donauraum
378n braun	Sieg über Rom
386n–418n	Wallia
395n/403n	Dritter Gotischer Krieg
403n rot	Ansiedlung in Kärnten
408n/412n	Vierter Gotischer Krieg
412n rot	Niederlassung in Gallien
414n rot	Politische Heirat
417n braun	Vorstoß nach Spanien
417n rot	Ende des Alanenreiches
418n rot	Gebietserwerb in Gallien
440n–484n	Eurich
456n braun	Sieg in Spanien
456n rot	Landnahme in Spanien
466n–511n	Chlodwig
468n braun	Sieg über Sueben
468n rot	Herrschaft in Portugal
475n blau	Gesetzbuch
482n–565n	Justinian
506n rot	Synode
506n blau	Gesetzbuch
507n braun	Niederlage gegen Franken
507n rot	Verlust Südgalliens
508n/511n	Vorstoß der Ostgoten
511n rot	Südgallien an Ostgoten
511n rot	Rückgewinn Südgalliens
554n braun	Niederlage gegen Byzanz
589n rot	Abkehr vom Arianismus
612n rot	Judenverfolgung
629n braun	Sieg über Byzanz
629n rot	Gewinn ganz Spaniens
633n rot	Machtanspruch der Kirche
633n/732n	Arabischer Krieg
640n–716n	Musa
675n–715n	Welid
693n rot	Handelsverbot für Juden
693n grün	Juden-Enteignung
694n rot	Konzil: Juden-Versklavung
707n rot	Feindkoalition
711n grün	Landung der Araber
711n rot	Ende des Reiches
711n rot	Arabische Herrschaft
718n rot	Königreich Asturien

WESTINDIEN, im Zeitalter der Entdeckungen Bezeichnung für Amerika, das von Kolumbus bis zu seinem Tode für das auf Westkurs erreichte Indien gehalten wurde (im Gegensatz zu dem eigentlichen Indien, das damals 'Ostindien' genannt wurde). Als Name für die Inselgruppe in Mittelamerika, die von Kolumbus auf seiner ersten Fahrt angelaufen wurde, hat sich das Wort bis in unsere Epoche erhalten. Heute gehören dazu: Kuba, Jamaika, Haiti, Portorico, Trinidad sowie eine große Anzahl mittelgroßer und kleiner Inseln (Bahamas, Kleine Antillen).

1452n–1507n	Kolumbus
1492n grün	Entdeckung
1507n grün	Bezeichnung 'Amerika'
1508n rot	Jamaika spanisch
1511n rot	Kuba spanisch
1515n blau	Gründung von Habana
1533n braun	Indianer-Ausrottung

1625 n rot Englische Herrschaft
1631 n rot Seeräuber auf Haiti
1635 n rot Kleine Antillen französisch
1644 n grün Zuckerrohranbau
1655 n braun Englischer Angriff
1655 n rot Jamaika englisch
1693 n blau Gründung von Kingston
1797 n rot Trinidad englisch
1803 n braun Freiheitskampf Haitis
1844 n rot Dominikanische Republik
1868 n braun Aufstand auf Kuba
1895 n/1898 n Kubanischer Krieg
1898 n rot Kuba selbständig
1898 n rot Portorico Besitz der USA
1927 n– Castro
1940 n rot Stützpunkte der USA
1956 n/1959 n Kubanische Revolution
1959 n rot Castro Ministerpräsident
1961 n rot Kuba kommunistisch
1962 n rot Jamaika unabhängig
1962 n rot Trinidad unabhängig

WESTMINSTER, größter und bedeutendster Stadtteil Londons in der Innenstadt am Nordufer der Themse mit Parlamentsgebäude und königlichem Schloß. Außerdem befinden sich hier die meisten Ministerien ('White Hall'), die Westminster-Kathedrale, das Vergnügungs- und Einkaufsviertel ('Piccadilly') sowie die Kirche, in der Englands Könige gekrönt und die bedeutendsten Engländer begraben werden (Westminster-Abtei).

616 n blau Kloster Westminster
1099 n blau Westminster Hall
1269 n blau Abtei vollendet
1288 n grün Turmuhr
1703 n blau Buckingham-Palast
1740 n blau Türme der Abtei

WESTPREUSSEN, früherer Name für das Gebiet der Weichselmündung, das auf Grund des Versailler Vertrages teilweise und auf Grund des Potsdamer Abkommens vollständig zu Polen gehört (Thorn, Danzig, Elbing, Marienburg, Marienwerder).

985 n blau Entstehung Danzigs
1230 n braun Deutschritter-Vorstoß
1259 n blau Thorner Rathaus
1309 n blau Bau der Marienburg
1411 n rot Deutschritter-Rückzug
1454 n braun Erhebung gegen Ritter
1466 n braun Deutschritter-Niederlage
1466 n rot Gebietsgewinn Polens
1712 n–1786 n Friedrich II., der Große
1724 n rot Jesuiten-Kolleg verwüstet
1724 n rot Thorner Blutbad
1919 n rot Versailler Vertrag
1945 n rot Potsdamer Abkommen

WETTBEWERB

1723 n–1790 n Adam Smith
1839 n–1937 n Rockefeller

WETTERKUNDE

473 v grün Klima und Mensch
330 v grün Schrift des Aristoteles
135 v–50 v Poseidonios
117 v grün Hippalos: Monsun
97 v grün Lehre des Poseidonios
1643 n grün Barometer
1820 n grün Synoptische Wetterkarte
1952 n grün Meteoro-Biologie

WEYDEN, Roger van der (um 1400 n–1464 n), niederländischer Maler. Lernte bei den Malern seiner flandrischen Heimatstadt Tournai (Belgien) und wurde 32jährig als Meister in die Malerzunft aufgenommen (Lukasgilde). Wenige Jahre später als Stadtmaler nach Brüssel gerufen, schuf er für dessen Rathaus vier große Gemälde, in denen er die Gerechtigkeit symbolisierte. Abgesehen von einem Rom-Aufenthalt blieb er in Brüssel und hatte eine berühmte Schule, aus der bedeutende Maler hervorgingen (Memling). Schuf zahlreiche Altäre sowie Porträts und Landschaften. Durch kontrastreiche Malweise mit reinen Farben und eine durchdachte Flächengliederung gab er seinen Bildern Tiefe.

1462 n blau 'Anbetung des Kindes'

WHISTLER, James (1834 n–1903 n), englischer Maler und Graphiker nordamerikanischer Herkunft. Nach Besuch der Kriegsakademie West-Point wurde er militärischer Kartenzeichner. 19jährig verließ er die USA, bildete sich in Paris zum Maler aus und ließ sich dann in London als Bildnismaler nieder ('Der Geiger Sarasate'). 24jährig malte er seine Schwester mit Töchterchen. Durch die starke Wirkung seiner zarten Farbgebung schnell bekannt ('Das weiße Mädchen'). Von japanischen Farb-Holzschnitten empfing er wesentliche Anregungen ('Das Musikzimmer'). Den Städten Venedig und Paris gewann er in seinen Landschaftsbildern neue Seiten ab. Schuf Radierungen französischer, englischer und italienischer Landschaften, Steindrucke, besonders von Nachtstimmungen, sowie zahlreiche Zeichnungen und Skizzen. Arbeitete auch als Innenarchitekt und schrieb ein Buch über die feinste Art, sich Feinde zu machen.

1872 n blau Porträt Carlyles

WHITE, John (um 1660 n–um 1725), englischer Erfinder. Entwickelte zusammen mit seinem Landsmann Thomas Porter ein Verfahren zur Konservierung von Fleisch, Geflügel, Fisch und anderen Lebensmitteln. Mit Hilfe einer alkoholischen Flüssigkeit wurden diese Nahrungsmittel so behandelt, daß sie sich über einen Zeitraum von mehreren Jahren wohlschmeckend und bekömmlich hielten, ohne Farbe, Geruch oder Geschmack einzubüßen.

1691 n grün Konservierungsverfahren

WHITMAN, Walt (1819 n–1892 n), nordamerikanischer Dichter. Als Sohn eines Zimmermannes wurde er Farmer, Dorfschullehrer, Buchdrucker, Journalist und Beamter. Im Sezessionskrieg auf der Seite der Sklavenbefreier, pflegte er die Verwundeten. Zog sich selbst eine schwere Fieberkrankheit zu und verurteilte den Krieg als furchtbaren Zerstörer des Lebens ('Der Wundpfleger'). In seinem ersten großen Gedichtzyklus, den er selbst druckte und band, besang er die Schönheit Amerikas und weckte dadurch die Heimatliebe seines Volkes ('Grashalme'). Seine Naturschilderung verband er mit einer Darstellung des tatenfrohen, strebsamen, vorurteilsfreien amerikanischen Menschen und seines demokratischen Bewußtseins. Trat für die Gleichberechtigung von Mann und Frau ein. Forderte das Recht auf freie sexuelle Lebensentfaltung und wurde deshalb aus dem Staatsdienst entlassen. Die Ermordung Lincolns veranlaßte ihn zu mehreren Dichtungen ('Mein Kapitän', 'Als jüngst der Flieder blühte'). Gelähmt und auf Spenden von Verehrern angewiesen, lernte er die Kehrseite des Individualismus kennen. Von dieser Gleichgültigkeit seiner Mitmenschen abgestoßen, gab er seiner Enttäuschung über die amerikanische Gesellschaft Ausdruck ('Demokratische Ausblicke').

1855 n blau 'Grashalme'

WHITNEY, Eli (1765 n–1825 n), nordamerikanischer Erfinder. Als Mechaniker baute er eine Maschine zur Trennung der Baumwolle vom Kern (der zwei Drittel des Gewichtes ausmacht). Seine technisch hochentwickelte Kombination von Reißwolf, Gittern und Walzen reinigte am Tage 5000 Pfund Roh-Baumwolle und vollbrachte damit die Tages-Leistung von 1000 Arbeitern. Da er den begeisterten Pflanzern aber seine Maschine nicht verkaufen, sondern gegen eine Gewinnbeteiligung von 33 1/3 Prozent vermieten wollte, begannen die Pflanzer unter Mißachtung seines Patents selbst die Maschine zu bauen, und er erhielt nach langem Prozeß eine Abfindung von 50 000 Dollar. Damit errichtete er in Connecticut eine Gewehrfabrik und führte hier die Serienproduktion mit auswechselbaren Einzelteilen ein. Entwickelte die Horizontal-Fräsmaschine.

1793 n grün Baumwoll-Entkernung

WIBORG, Hafenstadt auf der Landzunge zwischen Finnland und Rußland an der Mündung des Saima-Kanals in den Finnischen Meerbusen. 1293 n als schwedische Festung gegen Rußland ausgebaut, wurde sie mehrfach vergeblich von russischen Heeren belagert, bis sie sich im Nordischen Krieg dem russischen Admiral Apraxin ergab. Bis 1812 n blieb sie russisch und wurde dann finnisch. 1940 n mußte Finnland sie an die Sowjetunion abtreten (Winterkrieg).

1700 n/1721 n Nordischer Krieg
1710 n rot Russischer Besitz
1939 n/1945 n Zweiter Weltkrieg

WICLIF, John, englischer Reformator.

1324 n–1384 n Lebenslinie
1365 n–1416 n Hieronymus von Prag
1369 n–1415 n Hus
1376 n blau Forderung der Reformation
1377 n rot Verdammung durch Papst
1377 n rot Schutz durch Bürger
1383 n rot Lollarden-Bewegung
1398 n blau Verteidigung durch Hus
1408 n rot Verbot englischer Bibel
1413 n rot Schriften-Verbrennung
1417 n rot Anhänger-Hinrichtung
1420 n rot Kampfruf des Papstes
1428 n rot Verbrennung seiner Gebeine

WIDDER, Bezeichnung für das männliche Schaf.

1302 v blau Ägyptische Skulpturen

WIDERRUF, Rückgängigmachung einer eigenen Erklärung. Von der katholischen Kirche durch Überredung, Zwang oder Folter bewirktes Mittel zur Unterdrückung der Wahrheit.

1000 n–1088 n Berengar von Tours
1053 n–1123 n Roscelin
1079 n rot Widerruf Berengars
1092 n rot Widerruf Roscelins
1260 n–1327 n Meister Eckehart
1564 n–1642 n Galilei
1633 n rot Widerruf Galileis

WIDUKIND, sächsischer Stammesfürst.

743 n–807 n Lebenslinie
742 n–814 n Karl der Große
772 n/804 n Sachsenkriege

WIDUKIND von Corvey, deutscher Geschichtsschreiber.

924 n–998 n Lebenslinie
967 n blau Sachsengeschichte

WIEDERGEBURT

825 v–730 v Parshva
572 v–493 v Pythagoras
569 v–498 v Jina Mahavira
557 v–477 v Buddha
547 v blau Orphiker-Kult
541 v blau Jinas Lehre
490 v–430 v Empedokles
265 n–330 n Jamblichos
1023 n–1105 n Ramanuja

WIEDERTÄUFER, Bezeichnung für eine soziale Erneuerungsbewegung, die in Deutschland, in der Schweiz, in Holland, Böhmen und Ungarn unter Berufung auf die Bibel ein Zusammenleben nach kommunistischen Grundsätzen forderte. Sie verwarfen auch die Zwangstaufe unmündiger Kinder und tauften deshalb die Erwachsenen noch einmal. Diese unbedeutende Äußerlichkeit wurde von den Gegnern der Bewegung in den Vordergrund gestellt ('Wiedertäufer'). In Wahrheit war ihr entscheidendes Merkmal die Verwerfung des Privateigentums. Sie gab den arbeitenden Menschen Hoffnung und einte die Herrschenden und Besitzenden gegen sie. In der Zeit der Reformation entstanden und in der Ablehnung der katholischen Kirche mit ihr verbunden, gab sie sich nicht damit zufrieden, den geknechteten Massen auf evangelische statt auf katholische Weise das Himmelreich nach dem Tode zu versprechen, sondern trat für die Errichtung des Gottesreiches auf Erden ein. Als Luther die Fürsten gegen die aufständischen Bauern unterstützte, kämpften viele von ihnen mit den Bauern gegen Fürsten, Adel und Priesterschaft. Andere ließen sich durch die biblische Verurteilung des Kriegsdienstes und des Tötens von der aktiven Teilnahme am Kampfe der Bauern abhalten. Doch hinderte das die siegreichen Gegner nicht daran, sie mit den Aufständischen zu enthaupten, zu ertränken oder zu verbrennen. So gelangten immer mehr ihrer Anhänger zu der Einsicht, daß im Kampfe gegen die schlechte Gewalt nicht das Wort, sondern die Tat zählt, und sie erhoben sich in verschiedenen Teilen Mitteleuropas. Vereinzelt und unerfahren erlagen sie der wohlorganisierten Macht der Fürsten und beider Kirchen. Teile ihrer Lehren wurden von Angehörigen der verschiedensten Bewegungen aufgenommen (Mennoniten, Baptisten, Quäker, Brüdergemeinde, Kommunisten).

1488 n–1525 n Thomas Münzer
1522 n/1526 n Bauernkrieg
1528 n blau Urchristentum
1528 n rot Hinrichtung Hubmayrs
1534 n blau Kommunismus
1534 n braun Erhebung in Münster
1539 n blau Lehre der Mennoniten
1542 n blau Kritik an Kirchen
1636 n rot Baptistenstaat
1647 n rot Quäker-Bewegung
1727 n rot Brüdergemeinde

WIELAND, Christoph Martin (1733 n–1813 n), deutscher Schriftsteller. Als Sohn eines Pfarrers schrieb er 12jährig seine ersten Gedichte, ließ 19jährig ein Lehrgedicht drucken ('Die Natur der Dinge') und blieb in den folgenden Jahren noch der religiösen Enge des Elternhauses verhaftet. Unter dem Einfluss vorchristlicher Dichter (Horaz, Lukian) und nichtchristlicher Denker (d'Alembert, Voltaire) streifte er die christliche Hülle ab und folgte seinem natürlichen Lebensgefühl, seiner schöpferischen Vernunft. In seinem Roman 'Agathon' stellte er sein Ideal des allseitig gebildeten, harmonischen Menschen dar, der in Freiheit auch vor den drückenden Gewalten von Fürsten, Adel und Kirche sein selbstverantwortliches, maßvolles Dasein lebt. Eine Philosophie der heiteren Sinnlichkeit verkündete er in seiner Vers-Erzählung 'Musarion'. Das Spießbürgertum seiner Zeit machte er in einer altertümelnden Satire zum Gegenstand des Spottes ('Geschichte der Abderiten'). Professor der Literatur in Erfurt. 40jährig wurde er als Prinzenerzieher nach Weimar berufen, wohin bald danach Goethe kam, mit dem ihn eine innige Freundschaft verband. Vor der Stadt kaufte er sich ein Gut (Oßmannstedt) und lebte hier mit seinen 14 Kindern als Schriftsteller und Herausgeber einer literarischen Zeitschrift ('Teutscher Merkur'). Nach dem Tode seiner Frau ließ er sich für sein letztes Jahrzehnt in Weimar nieder.

1761 n blau 'Agathon'
1765 n blau Shakespeare-Übersetzung
1773 n blau 'Teutscher Merkur'
1780 n blau 'Oberon'

WIELANDSLIED, Bezeichnung für die Sage von Wieland dem Schmied, der wegen seiner Kunstfertigkeit von König Nidung durch Zerschneidung der Sehnen gelähmt wird, am Zerstörer seines Lebens grausame Rache nimmt und sich dann mit selbstgefertigten Flügeln in den Himmel erhebt, wo er als Halbgott thront. Diese germanische Form einer alten Volkssage wurde zusammen mit anderen deutschen Sagen im 13. Jahrhundert in Norwegen niedergeschrieben.

1251 n blau Entstehung

WIEN, Stadt am Mittellauf der Donau, die hier aus dem Alpenvorland in die ungarische Tiefebene eintritt. Im 9. Jahrhundert auf den Trümmern eines römischen Grenzlagers angelegt, entwickelte sie sich wegen ihrer Lage am Schnittpunkt des mitteleuropäischen Ost-West-Verkehrs mit dem Nord-Süd-Verkehr zu einer großen und reichen Stadt. 1280 n wurde sie Residenz einer Herrscherfamilie (Habsburger), die sieben Jahre vorher in den Besitz der deutschen Königskrone gelangt war und fast ununterbrochen bis 1806 n den deutschen Kaiserthron innehatte. Auch danach blieb sie als Hauptstadt Österreich-Ungarns (seit 1919 n Österreichs) ein europäisches Kulturzentrum.

1122 n blau Entwicklung
1208 n–1270 n Tannhäuser
1340 n blau Stephansdom
1365 n blau Universität
1454 n blau Peurbachs Vorlesungen
1494 n–1566 n Soliman der Große
1529 n braun Türkischer Angriff
1646 n–1716 n Leibniz
1663 n/1699 n Großer Türkenkrieg
1663 n–1736 n Prinz Eugen
1683 n grün Kaffeehaus
1696 n blau Schloß Schönbrunn
1716 n blau Karlskirche
1724 n blau Schloß Belvedere
1732 n–1809 n Haydn
1753 n grün Börse
1773 n–1859 n Metternich
1815 n rot Wiener Kongreß
1882 n blau Rathaus
1927 n braun Aufstand
1934 n braun Aufstand

WIENE, Robert (1881 n–1938 n), deutscher Filmschöpfer aus Böhmen. Besuchte die Kunstschule und wollte Maler werden, wandte sich dann aber dem Theater zu und arbeitete als Schauspieler und Dramaturg an mehreren Bühnen. 38jährig ging er zum Film und errang mit seiner ersten großen Regie ('Kabinett des Doktor Caligari') einen Welterfolg. Schuf noch zahlreiche Filme, zu denen er auch häufig die Drehbücher schrieb ('Raskolnikow').

1919 n blau 'Caligari'

WIENER, Alexander S. (geboren 1907 n), nordamerikanischer Naturforscher. Als Sohn eines Rechtsanwalts studierte er Biologie und Medizin. Spezialisierte sich auf die Erforschung des bei der Blutgerinnung freiwerdenden Blutwassers (Serum). Entdeckte zusammen mit seinem Lehrer Karl Landsteiner in einem neuen Blutfaktor die Ursache für die gelegentliche Unverträglichkeit des Blutes gleicher Blutgruppen sowie für die Gelbsucht Neugeborener und für eine häufige Säuglingssterblichkeit. Nach seinen Versuchstieren (**Rhesusaffen**) nannte er ihn 'Rh-Faktor'.

1940 n grün Rhesusfaktor

WIENER, Norbert, nordamerikanischer Mathematiker.

1894 n–1964 n Lebenslinie
1948 n grün Kybernetik

WIENER KONGRESS, Bezeichnung für die Versammlung europäischer Fürsten und Staatsmänner, die nach der Niederwerfung Napoleons unter Führung des österreichischen Außenministers Metternich in Wien zusammentrat, um die Neuaufteilung Europas vorzunehmen. Englands koloniale Vormacht in der Welt wurde bestätigt und seiner Abneigung gegen eine große europäische Macht durch ein 'Gleichgewicht der Kräfte' entsprochen. Frankreich blieb Großmacht und verlor nur die Neu-Eroberungen Napoleons, Rußland behielt die Herrschaft über ein formal unabhängiges Polen, Österreich bekam für den endgültigen Verlust Belgiens Gebiete in Oberitalien und im Balkan, Preußen vergrößerte sich auf Kosten Polens und rheinischer Fürsten. Alle Verhandlungen wurden durch die gemeinsame Angst der beteiligten Regierungen vor den eigenen Völkern bestimmt. Ihre Niederhaltung und die Eindämmung des Gedankengutes der französischen Revolution waren die einigenden Antriebe des Kongresses, der eine europäische Restauration bewirkte.

1769 n–1821 n Napoleon I.
1773 n–1859 n Metternich
1796 n/1815 n Napoleonische Kriege
1815 n rot Kongreß
1815 n rot Minsk russisch
1815 n rot 'Heilige Allianz'

WIES ('die Wies'), Name einer Kirche bei Steingaden (Oberbayern). Von dem deutschen Baumeister Dominikus Zimmermann und dessen Bruder Johann Baptist in fünfjähriger Bautätigkeit vollendet, galt sie bald als die schönste Kirche Bayerns aus dieser Epoche ('Rokoko').

1749 n blau Fertigstellung

WIESBADEN, Stadt am Südhang des Taunus (Hessen) unweit der Einmündung des Mains in den Rhein. Wegen ihrer Thermal-Quellen schon vor 2000 Jahren römischer Badeort, wurde sie als Schnittpunkt dreier römischer Heeresstraßen durch ein Kastell geschützt. Später Residenzstadt mehrerer kleiner Fürsten. 1866 n fiel sie an Preußen und wurde 1871 n mit diesem Bestandteil des deutschen Reiches. Nach 1945 n Hauptstadt des Landes Hessen.

11 v blau Römischer Kurort

WIKINGER, deutsche Bezeichnung für die Angehörigen der in Skandinavien ansässigen Normannen, die ihre Heimat verließen, um als seefahrende Eroberer und Entdecker in die Welt zu ziehen. Von Rußland bis nach Nord-Frankreich, Grönland und Amerika, von England und Irland bis nach Sizilien gründeten sie Reiche, die sich dank ihrer Erfahrung auf den Gebieten der Kriegskunst, des Handels und des Verkehrs sowie dank ihrer organisatorischen Gabe zu blühenden Gemeinwesen entwickelten. 400 Jahre nach dem Beginn ihres Aufbruches waren sie an ihren neuen Heimatorten seßhaft geworden und gingen in den Völkern auf, die sie unterworfen hatten.

705 n grün Handel mit Slawen
765 n–810 n Gottfried
780 n–839 n Egbert
787 n braun Angriff auf England
793 n rot Niederlassung in England
796 n–848 n Bragi Boddason
799 n braun Angriff auf Südfrankreich
800 n rot Dänisches Reich
802 n braun Sieg über Pikten
802 n rot Besitz schottischer Inseln
808 n grün Wall gegen Frankenreich
820 n braun Angriff auf Irland
820 n rot Niederlassung auf Irland
823 n–877 n Karl II., der Kahle
825 n braun Angriff auf England
830 n–879 n Rurik
833 n rot Niederlassung in Rußland
834 n braun Angriff auf Friesland
835 n braun Angriff auf England
835 n rot Niederlassung in England
835 n grün Handelsstraße
838 n–912 n Oleg der Weise
839 n braun Kämpfe gegen Iren
839 n rot Reich auf Irland
840 n rot Gewinn Noirmoutiers
841 n rot Gewinn Walcherens
843 n braun Vorstoß nach Nantes
844 n braun Vorstoß nach Nordafrika
844 n braun Vorstoß nach Spanien
845 n braun Vorstoß nach Paris
845 n braun Vorstoß nach Hamburg
848 n braun Vorstoß nach Bordeaux
849 n–901 n Alfred der Große
850 n–932 n Harald Schönhaar
851 n/852 n Vorstoß nach England
855 n grün Seetüchtige Boote
859 n braun Eroberungszüge
862 n rot Reich in Rußland
862 n grün Erreichung Islands
863 n braun Plünderungszug am Rhein
864 n rot Staat von Kiew
865 n braun Eroberungen in England
865 n grün Englische Tribute
865 n/866 n Zug durch Frankreich
866 n grün Tribute Frankreichs
872 n braun Sieg Harald Schönhaars
872 n rot Königreich Norwegen
874 n rot Besitz Islands
876 n rot Gewinn Nordenglands
878 n braun Niederlage gegen Engländer
878 n rot Teilung Englands
878 n rot König Guthorn Christ
878 n–931 n Rollo
879 n braun Niederlage gegen Franken
880 n braun Vorstoß nach Aachen
881 n braun Niederlage gegen Franken
881 n blau Lied auf Harald Schönhaar
882 n braun Kämpfe in Rußland
882 n rot Reich von Kiew
882 n blau 'Ludwigslied'
885 n braun Vorstoß nach Rouen
885 n braun Vorstoß nach Paris
885 n grün Tribute Frankreichs
892 n braun Vordringen bis Bonn
892 n braun Angriff auf Südengland

898 n grün	Seeweg nach Nordrußland
900 n rot	Gewinn der Normandie
901 n grün	Entdeckung Grönlands
901 n–982 n	Egil Skallagrimssen
911 n rot	Belehnung mit Normandie
911 n blau	Entwicklung Rouens
930 n rot	Freistaat Island
934 n braun	Niederlage gegen Deutsche
936 n blau	Lied auf Erich Blutaxt
937 n braun	Kämpfe in England
940 n–1015 n	Wladimir der Große
942 n blau	Egils Freundschaftslied
955 n blau	Egils Totenklage
964 n–1000 n	Olaf Tryggvason
967 n–1021 n	Leif Erikson
984 n grün	Besiedlung Grönlands
995 n–1035 n	Knut der Große
996 n blau	Joms-Vikinga-Saga
999 n rot	Norwegen christianisiert
1000 n grün	Entdeckung Amerikas
1002 n rot	Ermordung durch Engländer
1002 n blau	Sprichwörtersammlung
1002 n–1066 n	Eduard der Bekenner
1003 n braun	Angriff auf England
1003 n rot	Niederlassung in Amerika
1012 n rot	Bund mit Adel Englands
1013 n braun	Hilfe für Adel Englands
1013 n rot	Sven I. König Englands
1013 n–1085 n	Robert Guiskard
1014 n braun	Niederlage gegen Iren
1014 n rot	Verlust Irlands
1016 n braun	Thronkämpfe in England
1016 n rot	Knut König Englands
1017 n–1088 n	Adam von Bremen
1018 n rot	Knut König Dänemarks
1018 n rot	Union England-Dänemark
1021 n–1085 n	Gregor VII.
1027 n rot	Hoheit über Schottland
1027 n–1087 n	Wilhelm I., der Eroberer
1028 n braun	Aufstand in Norwegen
1028 n rot	Norwegen an Knut
1029 n rot	Gewinn Süditaliens
1029 n blau	Gründung von Aversa
1042 n braun	Niederlage in England
1042 n rot	Verlust Englands
1043 n braun	Sieg über Byzanz
1043 n rot	Gewinn Apuliens
1047 n blau	Gründung von Oslo
1053 n braun	Siege in Süditalien
1053 n rot	Anerkennung durch Papst
1059 n rot	Päpstliche Oberhoheit
1059 n rot	Unterstützung durch Papst
1061 n braun	Sieg über Araber
1061 n rot	Niederlassung auf Sizilien
1066 n braun	Sieg über England
1066 n rot	Wilhelm König Englands
1067 n–1148 n	Ari
1071 n braun	Sieg über Byzanz
1071 n rot	Vormacht in Italien
1077 n rot	Krönung Wilhelms I.
1081 n blau	Zwingburg in London
1081 n/1085 n	Balkankrieg
1084 n rot	Schutz für Papst
1085 n rot	Gewinn von Syrakus
1086 n grün	Grundbuch
1090 n braun	Sieg über Araber
1090 n rot	Herrschaft über Malta
1091 n braun	Sieg über Araber
1091 n rot	Gewinn Siziliens
1096 n–1166 n	Al Idrisi
1101 n–1154 n	Roger II.
1104 n blau	Teppich von Bayeux
1108 n–1175 n	Wace
1121 n blau	Ari: Isländerbuch
1130 n rot	Reich Rogers II.
1140 n grün	Ärzteprüfung
1146 n braun	Vorstoß nach Afrika
1149 n grün	Seidenweberei
1154 n blau	Wace: Geschichte Englands
1165 n–1197 n	Heinrich VI.
1166 n blau	Wace: Geschichtswerk
1185 n braun	Balkankrieg
1186 n blau	Dom von Palermo
1194 n rot	Deutsche Herrschaft

WILDE, Oscar (1856 n–1900 n), englischer Dichter aus Dublin (Irland). Als Sohn eines vermögenden Arztes und einer Dichterin studierte er in Oxford, unternahm dann eine große Europareise und ließ sich in London nieder. 25jährig veröffentlichte er seine ersten Gedichte. Es folgten Erzählungen und Märchen ('Der glückliche Prinz') sowie in drei aufeinanderfolgenden Jahren die Lustspiele 'Lady Windermeres Fächer', 'Eine Frau ohne Bedeutung' und 'Der ideale Gatte'. Für die Schauspielerin Sarah Bernhardt schrieb er das Stück 'Salome', das von Richard Strauss vertont wurde. Einem hemmungslosen Genußleben hingegeben, lehnte er jede erzieherische oder gesellschaftliche Aufgabe der Dichtung ab und wurde Hauptvertreter einer englischen Bewegung, die Kunst um der Kunst willen betrieb ('l'art pour l'art'). Wegen Homosexualität zu zwei Jahren Zuchthaus verurteilt, schrieb er 'Die Ballade vom Zuchthaus Reading'. Starb bald nach seiner Haftentlassung. In seinem Nachlaß fand sich der Roman eines skrupellosen Genußmenschen, der an seinen Lastern zugrunde geht ('Das Bildnis des Dorian Gray').

1891 n blau	'Bildnis des Dorian Gray'
1905 n blau	'Salome' vertont

WILDER, Thornton (geboren 1897 n), nordamerikanischer Schriftsteller. Als Sohn eines Zeitungsverlegers verlebte er einen Teil seiner Jugend in China. Später hielt er sich viel in Europa auf, wo er auch in beiden Weltkriegen eingesetzt war. 29jährig veröffentlichte er seinen ersten Roman ('Die Cabala'). Die darin vorgezeichnete christliche Denkrichtung führte er in seinem Roman 'Die Brücke von San Luis Rey' logisch zuende. Darin ließ er einen Mönch die Lebensläufe von fünf Verunglückten untersuchen und kam zu dem Ergebnis, daß in dem Tod jedes dieser Menschen ein sinnvolles Schicksal liege und mithin die Gerechtigkeit Gottes auch in diesem scheinbar sinnlosen Tod wirksam war. Das menschliche Glück verlegte er als überzeugter Christ ins Jenseits und leugnete die Möglichkeit menschlicher Vervollkommnung und gesellschaftlichen Fortschreitens ('Wir sind noch einmal davongekommen'). In seinen Bühnenstücken verwendete er Formelemente des chinesischen Theaters. Berühmt wurde er durch sein Drama 'Unsere kleine Stadt'. Darin verklärte er auf sentimentale Weise die Welt des amerikanischen Kleinbürgers.

1938 n blau	'Unsere kleine Stadt'

WILDGANS-PAGODE, Name einer buddhistischen Andachtsstätte in der chinesischen Stadt Changan. Der siebengeschossige quadratische Turmbau ragt 60 m hoch und verjüngt sich von Geschoß zu Geschoß. Dabei ist jedes Geschoß durch ein kurz vorstehendes Dach auch äußerlich vom nächsten abgehoben.

651 n blau	Fertigstellung

WILHELM I. (1797 n–1888 n), preußischer König von 1861 n bis 1888 n, seit 1871 n zugleich deutscher Kaiser. Zweiter Sohn Friedrich-Wilhelms III. und der Königin Luise. Von einem Offizier und dem Historiker Delbrück erzogen, nahm er 17jährig als Hauptmann an der Besetzung von Paris teil und bemühte sich anschließend um die Erhaltung der kriegerischen Gesinnung der preußischen Soldaten während der langen Friedenszeit. 1848 n entwich er vor der Revolution nach London, kam aber 1849 n wieder und schlug die badischen Aufständischen nieder. Zwei Attentaten entgangen, wurde er nach dem Tode seines Bruders 1861 n König. Obwohl Bismarck um diese Zeit beim Volke noch verhaßter war als er selbst, ernannte er ihn 1862 n zum Ministerpräsidenten und folgte fortan dessen zielklarer Großmacht-Politik. Nach dem Sieg über Österreich konnte er am Ende seines schnellen Sieges über Frankreich den französischen Kaiser Napoleon III. gefangennehmen. Als erster Kaiser des von Bismarck geschaffenen neuen deutschen Reiches überließ er weiter seinem Reichskanzler die Politik und zog sich auf die Rolle des Landesvaters zurück. Symbol volksfeindlicher Staatsmacht, war er noch mehrfach das Ziel von Attentaten und wurde schwer verletzt.

1815 n–1898 n	Bismarck
1848 n/1850 n	Deutsche Revolution
1862 n rot	Bismarck Ministerpräsident
1864 n braun	Krieg gegen Dänemark
1866 n braun	Deutscher Krieg
1866 n rot	Ende des Deutschen Bundes
1866 n rot	Norddeutscher Bund
1870 n/1871 n	Deutsch-französischer Krieg
1871 n rot	Deutscher Kaiser
1873 n rot	Drei-Kaiser-Bund
1873 n rot	Mai-Gesetze
1878 n rot	Sozialisten-Gesetz
1879 n rot	Zweibund
1879 n grün	Eisenbahn-Verstaatlichung
1882 n rot	Dreibund
1884 n rot	Kolonien in Afrika
1885 n rot	Weitere Kolonien
1887 n rot	Rückversicherungsvertrag

WILHELM I., der Eroberer, normannischer Staatsmann, König Englands von 1066 n bis 1087 n.

1027 n–1087 n	Lebenslinie
1066 n braun	Sieg über England
1066 n rot	König von England
1077 n rot	Krönung durch Papst
1081 n blau	Londoner Tower
1086 n grün	'Domesday-Book'

WILHELM III. (1650 n–1702 n), Statthalter der Niederlande von 1672 n bis 1702 n, seit 1689 n auch König von England. Als Sohn Wilhelms II. von Oranien erbte er die Herrschaft über die Niederlande schon bei seiner Geburt, weil sein Vater acht Tage vorher gestorben war. Durch Besitzbürgertum und den Adel Hollands von der Ausübung der Macht ausgeschlossen, wurde er 22jährig durch eine Volkserhebung in seine Ämter eingesetzt. 27jährig heiratete er die 15jährige Tochter des englischen Königs Jakob II. und wurde nach dessen Vertreibung zum König von England ausgerufen. Vorher hatte er die Bürgerrechte feierlich anerkannt. Bei der Eindämmung der französischen Eroberungspolitik war er durch den Abschluß von Bündnissen mit fast allen europäischen Mächten erfolgreich und besiegte den französischen König Ludwig XIV. im Spanischen Erbfolgekrieg.

1672 n/1678 n	2. Krieg Ludwigs XIV.
1674 n rot	Bündnis gegen Frankreich
1688 n braun	'Glorious Revolution'
1688 n rot	'Declaration of Rights'
1688 n/1697 n	3. Krieg Ludwigs XIV.
1689 n/1691 n	Irische Erhebung
1689 n rot	König von England
1697 n rot	Friede mit Frankreich
1701 n/1714 n	Spanischer Erbfolgekrieg

WILHELM von Occam, englischer Religionsphilosoph.

1299 n–1349 n	Lebenslinie
1329 n blau	Kritik an Papstmacht
1332 n blau	Glauben und Wissen

WILHELM von Oranien, holländischer Freiheitskämpfer.

1533 n–1584 n	Lebenslinie
1572 n rot	Statthalter
1572 n/1581 n	Kampf der Niederlande
1575 n blau	Universität Leiden
1576 n rot	Vereinigung von Gent
1581 n rot	Holland unabhängig

WILHELM von Poitiers (1071 n–1127 n), französischer Dichter und Fürst. Als Herzog von Aquitanien Vasall des französischen Königs, unterstützte er den Kampf seines Landes gegen die Araber und eroberte zweimal die Grafschaft Toulouse (Südwestfrankreich). An der Spitze eines Heeres von 300 000 Mann unternahm er 1101 n einen Kreuzzug nach Kleinasien, doch nahm dieser Krieg einen so unrühmlichen Verlauf, daß er in der Reihe der Kreuzzüge verschwiegen wird. Dessen ungeachtet gab er nach der Heimkehr seine Erlebnisse auf diesem Feldzug in sinnenfrohen lustigen Liedern kund. Elf davon wurden aufgeschrieben und aufbewahrt.

1102 n blau	Lieder

WILKINSON, John (1728 n–1808 n), englischer Ingenieur. Als Sohn eines Eisengießers gründete er eine Fabrik zur Herstellung von Gußeisen und bemühte sich um neue Anwendungsmöglichkeiten für das in seinem Betrieb hergestellte Material. Nach Plänen des Baumeisters Pritchard baute er die erste gußeiserne Bogenbrücke der Welt mit einer Spannweite von 30,5 Metern und einer Breite von 6,50 Metern über den Severn (Südengland). In seinem Betriebe lief James Watts erste Dampfmaschine. Konstruierte ein verbessertes Zylinder-Bohrwerk für die Herstellung einwandfreier Dampfmaschinen-Blöcke. Baute auch das erste Eisenschiff und verwendete sein Gußeisen sogar für die Herstellung von Särgen. Ließ sich auch selbst in einem Eisensarg bestatten und einen Grabstein aus Eisen setzen.

1779 n grün	Eisenbrücke
1787 n grün	Eisenschiff

WILLIAMS, Roger (um 1600 n–1683 n) englischer Prediger und Schriftsteller. Studierte Theologie und schloß sich dann den puritanischen Auswanderern an, die sich durch die Flucht nach Nordamerika aus der Enge der englischen Staatskirche retten wollten. Er wurde in Neuengland Lehrer und Hilfspfarrer. Doch beugte er sich auch nicht der neuen Strenge der Puritaner und verwarf vor allem deren unmenschliches Verhalten gegenüber den Indianern. So wurde er verbannt und gründete in Rhode Island (USA) eine neue Siedlung. Hier verwirklichte er die klare Trennung von Kirche und Staat. Dieses Land wurde Zufluchtsstätte für alle Verfolgten. Seit 1654 n war er Präsident des Staates, der sich aus der von ihm gegründeten Siedlung schnell zu einem blühenden Gemeinwesen entwickelte. Auch in seinen Schriften war er Vorkämpfer des Gedankens der Duldsamkeit.

1636 n rot	Staat von Rhode Island

WILLIAMS, Tennessee (geboren 1911 n), nordamerikanischer Dichter. Als Sohn eines Handelsvertreters schlug er sich jahrelang in den verschiedensten Berufen durch und gab der sozialen Ungerechtigkeit in seinen ersten Werken wirklichkeitsnahen Ausdruck ('Glasmenagerie', 'Endstation Sehnsucht'). Doch legte er die Unmenschlichkeit und Widersinnigkeit des nordamerikanischen Kapitalismus zunehmend in das Schicksal seiner Hauptpersonen. Deren Scheitern wurde so zu persönlichem Versagen und damit zu Schuld, während die Elendsviertel (Slums) zur bloßen Kulisse herabsanken. Den dadurch entstehenden Mangel an innerer Schlüssigkeit ersetzte er durch Sexual-Problematik, die er durch vereinfachende Psychoanalyse in die Handlung einbaute ('Die Katze auf dem heißen Blechdach', 'Süßer Vogel Jugend'). Seine zunehmend düsteren Stücke handeln von Trunksucht, Rauschgift und allen denkbaren sexuellen Entartungen und Lastern ('Sommerspiele zu Dritt', 'Nacht des Leguan'). Schrieb auch Kurzgeschichten ('Harte Süßigkeiten') und einen Roman über den krampfhaften Lebenshunger einer alternden Künstlerin ('Mrs. Stone und ihr römischer Frühling').

1956 n blau	'Süßer Vogel Jugend'

WILLIBRORD, angelsächsischer Priester.

658 n–739 n	Lebenslinie
635 n–714 n	Pippin der Mittlere
691 n rot	Missionsauftrag
698 n blau	Abtei Echternach
738 n rot	Bekehrung Frieslands

WILLSTÄTTER, Richard (1872 n–1942 n), deutscher Chemiker. Studierte bei dem Entdecker der künstlichen Indigo-Farben (Baeyer) und erhielt 33jährig eine Chemie-Professur. Erforschte die Farbstoffe der Blätter und Blüten und entdeckte die chemische Verwandschaft zwischen dem Blattgrün (Chlorophyll) und dem Blut-Farbstoff. Stellte mehrere Alkaloide synthetisch her (Kokain, Atropin). Erforschte und beschrieb die Stoffwechselvorgänge der Pflanze, insbesondere die vom Chlorophyll bewirkte Bildung von Kohlehydraten aus Wasser und Kohlendioxyd durch Ausnutzung der Energie des Sonnenlichts (Photo-Synthese). Als Gegner des Faschismus verließ er 67jährig seine Heimat und blieb bis zum Lebensende in der Schweiz.

1914 n grün	Blütenfarben

WILSON, Thomas Woodrow (1856 n–1924 n), nordamerikanischer Staatsmann. Als Sohn eines Pfarrers wurde er Rechtsanwalt, Geschichtsprofessor, Präsident der Princeton-Universität, Gouverneur von New Jersey und von 1913 n bis 1921 n Präsident der Vereinigten Staaten. Verbesserte die allgemeine Lebenshaltung durch Senkung der Schutzzölle, schränkte die Macht der Banken und der Trusts ein und ermöglichte einen kleinen Ausgleich der sprunghaft gestiegenen Einkommensunterschiede durch Staffelung der Einkommensteuer. Entgegen der herkömmlichen Zurückgezogenheit auf die amerikanischen Belange ('Isolationismus') führte er die USA mitten in die europäische Politik und schlug im Frühjahr 1914 n einen Schiedsvertrag zwischen den Großmächten vor. Nach Ausbruch des ersten Weltkrieges unterstützte er England und Frankreich durch Waffenlieferungen. Als Deutschland daraufhin den uneingeschränkten U-Boot-Krieg gegen die Schiffe der USA eröffnete, trat er in den Krieg gegen Deutschland und Österreich ein. Durch Verkündung der Friedensbedingungen ('Vierzehn Punkte') stärkte er die deutschen Friedenskräfte. Doch konnte er trotz persönlicher Teilnahme an den Versailler Friedensverhandlungen seine humanen Friedensbedingungen (Selbstbestimmungsrecht der Völker, Abschaffung der Geheimdiplomatie, Freiheit der Meere, allgemeine Rüstungsbeschränkung) gegen den Widerstand Frankreichs (Clemenceau) nicht durchsetzen. Auch in seinem eigenen Lande konnte er keine Mehrheit für sein Friedenswerk und insbesondere für die Teilnahme an dem von ihm geschaffenen Völkerbund finden.

1914 n/1918 n	Erster Weltkrieg
1919 n rot	Versailler Vertrag
1920 n rot	Völkerbund

WIMPFELING, Jakob (1450 n–1528 n), deutscher Pädagoge, Dichter und Geschichtsschreiber. Studierte Rechtskunde, wurde Universitätslehrer der Sprache und Poesie sowie Rektor und Vorstand einer literarischen Gesellschaft. Forderte einen anregenden Schulunterricht, der dem Fassungsvermögen des Schülers angemessen ist, und lehnte Bestrafung sowie jeden Zwang in der Erziehung ab ('Deutscher Wegweiser', 'Die Jugend'). Bereitete eine kindgerechte Unterrichts-Psychologie vor. Als Anhänger der Reichsidee verfaßte er ein Geschichtsbuch für Schulen, in dem er die Entwicklung Deutschlands vom nationalen Standpunkt aus darstellte. Unterstrich in mehreren Schriften den deutschen Charakter seiner elsässischen Heimat. Prangerte die Verkommenheit der katholischen Kirche an ('Gravamina').

1505 n blau	Geschichtsbuch

WINCHESTER, Stadt in Süd-England nahe bei Southampton. Von römischen Besatzungstruppen durch Ausbau einer keltischen Siedlung angelegt (Venta Belgarum), wurde sie nach Abzug der Römer britisch. Hier soll König Artus seine Tafelrunde gehalten haben. Angelsachsen und Normannenkönige residierten in der Stadt, die Hauptstadt des bedeutendsten englischen Teil-Königreiches (Wessex) war. Als Stapelplatz des Wollhandels und wegen seiner Märkte war sie jahrhundertelang die erste Stadt Englands, wurde aber seit dem 13. Jahrhundert durch London in den Schatten gestellt. Im 14. Jahrhundert entstand hier die erste höhere Privatschule Englands mit Internat ('public school').

1388 n blau	Privates Internat

WINCKELMANN, Johann Joachim (1717 n–1768 n), deutscher Gelehrter. Als Sohn eines Schuhmachers studierte er Theologie, wandte sich dann aber der Mathematik und Medizin zu. Wurde Hauslehrer, Schulrektor und schließlich Bibliothekar, zunächst bei Dresden und dann in Rom, wo er sich 38jährig ganz niederließ. Studierte und systematisierte die Ausgrabungen in Neapel (Pompeji, Herkulaneum) und wurde Oberaufseher der römischen Altertümer. Sein 'Sendschreiben über die Gedanken von der Nachahmung der griechischen Werke in der Malerei und Bildhauerkunst' fand das Interesse der europäischen Künstler. Mit seinen 'Anmerkungen über die Baukunst der Alten' und dem Bericht von den Entdeckungen in Herkulaneum weckte er allgemeine Aufmerksamkeit für die Ausgrabungen vergangener Kulturen. Durch sein zusammenfassendes Hauptwerk ('Geschichte der Kunst des Altertums') stellte er die aufgefundenen Kunstgegenstände erstmalig in einen kulturgeschichtlichen Zusammenhang. Damit befreite er die Geschichtswissenschaft von ihrer Selbstbeschränkung auf schriftliche Zeugnisse und erschloß ihr die Auswertung materieller Überreste der Vergangenheit ('Archäologie'). Schrieb mehrere Werke über die Kunst der Griechen und Römer. Wurde auf einer Reise in Triest ermordet.

1763 n blau	'Kunst des Altertums'

WIND, Windkraft und ihre technische Nutzung

2282 v grün	Segelschiff
942 v grün	Windkanal
117 v grün	Nutzen des Monsuns
107 v grün	Windrad
1222 n grün	Windmühle
1599 n grün	Segelwagen
1738 n grün	Einfluß auf Schall

WINDAUS, Adolf (1876 n–1959 n), deutscher Chemiker. Wandte sich der wissenschaftlichen Laufbahn zu und wurde 30jährig Professor der Chemie in Göttingen. Erforschte den Fettgehalt der Gallensäure (Cholesterin) und fand diesen Stoff in fast allen tierischen und menschlichen Zellen sowie in der Milch. Entdeckte den Zusammenhang zwischen der 'englischen Krankheit' (Rachitis) und dem Mangel an Vitamin D. 50jährig wandte er sich ganz der Vitaminforschung zu, und es gelang ihm die künstliche Herstellung des Vitamins D. Durch die Erforschung der Wirksamkeit des Fingerhutgiftes (Digitalis) ermöglichte er die Entwicklung wirksamer Herzmedikamente.

1926 n grün	Künstliches Vitamin

WINDHUNDE

2802 v blau	Ägyptisches Relief

WINDMÜHLE

1222 n grün	Aufkommen in Europa

WINKEL, Winkelmessung

316 v–250 v	Aristarch
179 v grün	Nikomedes' Rechnungen

WINKELHARFE, Bezeichnung für Saiteninstrumente, die vor 3500 Jahren aus Vorderasien nach Ägypten kamen und sich dort schnell verbreiteten. Saitenhalter und Klangkörper stehen dabei im rechten Winkel zueinander, wobei meist der Schallkörper aufrecht steht.

1438 v grün	Aufkommen in Ägypten

WINKELMASS, Bezeichnung für eine starre Winkelschablone (meist rechter Winkel), wie sie von Maurern, Zimmerleuten und Tischlern benutzt wird.

560 v–469 v	Theodoros
536 v grün	Erfindung

WINKELRIED, Arnold (um 1350 n–1386 n), schweizerischer Freiheitskämpfer. Als Bauer aus dem Kanton Unterwalden nahm er am Kampf gegen die österreichischen Ritterheere bei Sempach teil. Um die geschlossene Front der berittenen Feinde aufzubrechen, stürzte er sich in deren Speerspitzen. Tatsächlich entstand durch seinen Opfertod eine Lücke und die zahlenmäßig überlegenen Bauern konnten die gegnerische Front aufrollen, so daß sie trotz ihrer schlechten Bewaffnung den Sieg davontrugen.

1386 n braun	Schlacht

WINSTANLEY, Gerard (1609 n– um 1660 n), englischer Schriftsteller und Politiker. Nach dem Studium des Kirchenrechtes, des römischen Rechtes und des Naturrechtes machte er sich zum Sprecher des arbeitenden Volkes, das von den Ergebnissen der englischen Revolution enttäuscht war. Gründete die Organisation der 'Diggers' ('Spatenleute'), die eine Vergesellschaftung des Grund und Bodens forderten und sogleich mit der Bestellung von Gemeindeland begannen. Seine Bewegung fand großen Zulauf und wurde bald von der Regierung unterdrückt. In einer programmatischen Schrift ('Das Recht auf Freiheit') forderte er neben dem Gemeinbesitz am Boden auch das Gemeineigentum an Werkstätten und Werkzeugen sowie eine allgemeine Arbeits- und Schul-Pflicht bei allgemeiner Versorgung mit allen Lebensmitteln und Gebrauchsgütern. Der Staat sollte von gewählten Beamten regiert werden, die mindestens 40 (Aufsichtsbeamte mindestens 60) Jahre alt und im Kampf gegen die Kirche bewährt sein sollten. Forderte ein Verbot von Handel und Kirche als den Grundübeln der Gesellschaft.

1652n blau 'Recht auf Freiheit'

WINTER

2463v–2403v Ni-User-Re
2428v blau Darstellung in Ägypten
1225n grün Schlittschuhlauf
1249n grün Pflanzenzucht
1689n grün Skilauf

WINTERPALAIS (Winterpalast), Name des russischen Zarenschlosses am Südufer der Newa (Leningrad). Von Peter I. bei Gründung der Stadt geplant, unter seiner Tochter Elisabeth Petrowna von dem italienischen Architekten Rastrelli gebaut, von Peter III. bezogen, war es bis 1917n Residenz des russischen Reiches. Als verhaßtes Symbol des Zarismus wurde es im Oktober 1917n von den Volksmassen eingenommen. Dieser erfolgreiche Sturm auf das Winterpalais war der Beginn der bolschewistischen Revolution.

1709n–1762n Elisabeth Petrowna
1768n blau Fertigstellung
1917n/1922n Russische Revolution

WINZER, von dem lateinischen Worte 'vinitor' (= Weinbauer) abgeleitete Berufsbezeichnung für die im Weinbau Tätigen.

1472v blau Ägyptischer Bilderfries
1411v blau Ägyptisches Gemälde
309n–394n Ausonius
371n blau Ausonius' Dichtung

WIRBEL, in der Physik Bezeichnung für Strömungsformen, bei denen Gas- oder Flüssigkeits-Teile in Drehbewegung versetzt werden. Ihre Erforschung ist ein Teilgebiet der Strömungslehre.

489v–428v Leukipp

WIRBELTIERE, Sammelbezeichnung für eine Gruppe von Tieren (Fische, Vögel, Lurche, Kriechtiere und Säugetiere), deren Körper in Kopf, Rumpf und Schwanz geteilt ist und durch eine Wirbelsäule zusammengehalten wird. In diese Gruppe der höchstentwickelten Lebewesen, zu denen nur ein Zehntel der Tierwelt zählt, gehört auch der Mensch.

Vorzeittafel: 500 Millionen Jahre
Vorzeittafel: 400 Millionen Jahre
Vorzeittafel: 300 Millionen Jahre
Vorzeittafel: 250 Millionen Jahre
Vorzeittafel: 200 Millionen Jahre
Vorzeittafel: 100 Millionen Jahre
Vorzeittafel: 20 Millionen Jahre
Vorzeittafel: 2 Millionen Jahre
2946v blau 'Giraffen unter Palme'
2918v blau Bild von Hund und Fuchs
2888v blau Darstellung eines Greifen
2875v blau Nilpferd-Skulptur
2855v blau 'Hockender Pavian'
2838v blau 'Hungriger Löwe'
2827v blau Jagdhund-Plastik
2815v blau 'Affenmutter mit Jungem'
2809v blau Plastik eines Eichhörnchens
2802v blau 'Hunde auf Gazellenjagd'
2768v blau Relief einer Gazelle
2729v blau 'Nashorn am Futtertrog'
2722v blau Relief zweier Löwen
2705v blau 'Elefanten-Männchen'
2698v blau Plastik: Sitzender Löwe
2673v blau Plastik eines Hundes
2659v blau Relief eines Wasserbüffels
2611v blau 'Löwenköpfiger Adler'
2591v blau Relief eines Krokodils
2585v blau 'Lebensbaum mit Ziege'
2561v blau 'Hirsch und Wisent'
2473v blau 'Gänse auf der Weide'
2457v blau Skulptur eines Stieres
2455v blau 'Adler mit Hirschen'
2443v blau 'Kalbende Säbelantilope'
2434v blau 'Katze beim Vogelfang'
2387v blau 'Kalbende Kuh'
2360v blau Darstellung von Bären
2338v blau 'Schwimmende Krokodile'
2314v blau Löwenbild aus Gold
2278v blau Rinderbild aus Gold
2205v blau 'Brüllender Löwe'
2053v blau 'Schakal und Giraffe'
1965v blau 'Kuh mit Kälbchen'
1959v blau 'Singvögel im Baum'
1836v blau 'Katze im Papyrusdickicht'
1826v blau 'Trächtige Hündin'
1782v blau Hundeplastik in Sumer
1684v blau 'Hockender Affe'
1625v blau 'Brüllendes Nilpferd'
1578v blau 'Affe im Park'
1571v blau 'Katze belauert Fasan'
1547v blau 'Fliegende Fische'
1514v blau Relief einer Wildziege
1497v blau Gemälde eines Kranichs
1459v blau 'Gazelle hinter Büschen'
1388v blau Löwenplastik in Ägypten
1368v blau Relief einer Heuschrecke
1343v blau Bild von Wildenten
1341v blau Relief einer Biene
1302v blau Skulpturen von Widdern
1134v blau Relief von Elefanten
1103v blau 'Hunde verfolgen Hyäne'
1035v blau Relief eines Nashorns
1007v blau Skulptur eines Igels
771v blau Relief eines Löwen
645v blau 'Sterbende Löwin'
464v blau Skulptur einer Kuh
396v blau Relief einer Schwalbe
151v blau 'Farnesischer Stier'
128n grün Vorzeitfunde in Dalmatien
757n blau Bilder von Pferden
1674n blau 'Tiger im Dickicht'
1766n grün Mensch als Säugetier
1794n grün Kategorien Lamarcks
1863n grün Mensch und Menschenaffe

WIRKSTUHL, Gerät zum maschinellen Stricken und Häkeln. Seine Erfindung trug zur Revolutionierung der Textilindustrie bei.

1589n grün Erfindung

WIRTH, Christoph (1870n–1950n), deutscher Erfinder. Als Hilfslehrer verdiente er sich das Geld für ein Studium der Physik, der Pflanzenkunde und der Zoologie. Dann wurde er Studienrat für naturwissenschaftliche Fächer und war als Lehrer in der Erwachsenenbildung tätig. Nebenbei beschäftigte er sich mit der Fernsteuerung von Wasserfahrzeugen durch elektrische Funkwellen. Nachdem es ihm gelungen war, Start, Lenkung, Rückwärtsfahrt und sogar den Abschuß einer kleinen Kanone vom Ufer aus durch Funkwellen auszulösen, meldete er einige Patente an, die Grundlage für die Entwicklung der Fernsteuerung wurden. 1914n wurde seine Erfindung zum Geheimpatent erklärt und diente zu Fernlenkungsversuchen von U-Booten und Flugzeugen. Erfand ein Marinefernrohr, das durch Koppelung mit einem großen Scheinwerfer auch nachts einsatzfähig war. Für die Eisenbahn entwickelte er eine Zug-Fernbremsung. Erfand den Gesprächsfernzähler fürs Telefon und einen Zähler für den elektrischen Stromverbrauch.

1911n grün Fernlenkung

WIRTSCHAFT

Vorzeittafel: Schlußbalken (5000 Jahre)
3000v–2952v Meschki-Agascher
2973v grün Tauschhandel Sumers
2967v grün Buchführung in Sumer
2942v–2870v Du-Muzi
2933v grün Bewässerung in Sumer
2933v–2868v Skorpion
2929v grün Baumwollanbau in Indien
2915v–2852v Melam
2902v blau Karawanenplatz Mekka
2884v grün Bewässerung in Ägypten
2854v grün Karawanenweg in Arabien
2832v grün Speicher in Indien
2832v–2795v Djet
2830v grün Buchführung in Ägypten
2825v grün Schafzucht in Sumer
2815v grün Manufakturen in Ägypten
2813v grün Handel mit Baumwolle
2804v grün Handel Ägypten-Syrien
2803v–2758v Adjib
2797v grün Handel mit Elfenbein
2771v grün Steuer nach Wasserstand
2767v grün Tuchfabrik in Ur
2757v–2681v Neter-Imu
2755v grün Bewässerte Dattelgärten
2751v–2681v Ru-A-Ben
2743v grün Handel mit Weihrauch
2740v grün Handel Ägypten-Sumer
2733v grün Wachsender Privatbesitz
2727v grün Handel mit Kupfer
2704v grün Vermögenszählung, Ägypten
2697v–2628v Huang-Ti
2696v grün Direkte Steuern, Ägypten
2695v rot Steuer-Erhebung bei Fest
2692v grün Grundsteuer in Ägypten
2671v grün Gemeinbesitz privatisiert
2663v grün Flachsanbau in Sumer
2647v grün Geflügelzucht in Ägypten
2645v grün Entwässerung in Sumer
2644v–2576v Snofru
2621v grün Privatbesitz geschützt
2616v grün Normen in Indien
2606v grün Privatbesitz in Ägypten
2596v–2515v Ur-Nan-Sche
2584v grün Handelsflotte Ägyptens
2582v grün Handelsstraßen Ägyptens
2580v rot Höchstpreise in Uruk
2576v grün Assuan Karawanenplatz
2572v grün Brunnensteuer in Ägypten
2570v–2481v Ur-Enlil
2558v grün Obstbaumsteuer, Ägypten
2550v grün Viehzählungen, Ägypten
2547v grün Diorit-Import nach Sumer
2545v–2478v Mes-Anni-Padda
2512v–2458v Sahu-Re
2510v rot Privilegien in Sumer
2508v grün Handelshaus Ur-Enlils
2494v grün Handel Ägyptens mit Punt
2494v–2416v Schu-Bad
2489v rot Niederlassung Kanesch
2485v grün Handel Sumers erweitert
2466v grün Importe nach Ägypten
2464v–2397v En-Te-Mena
2452v–2377v Ti
2449v–2367v Lugal-Anda
2443v grün Großgrundbesitz, Ägypten
2426v grün Bienenzucht in Ägypten
2382v–2320v Teti
2379v rot Höchstzins in Sumer
2374v grün Kreditbriefe in Sumer
2370v grün Frauen geschäftsfähig
2350v grün Metall-Währung in Sumer
2341v grün Tempelbesitz steuerfrei
2335v rot Buchführungs-Pflicht
2334v grün Silbermünzen in Akkad
2319v grün Goldeinfuhr nach Ägypten
2315v grün Weinbau in Mesopotamien
2312v blau Relief 'Steuererklärung'
2311v rot Kaufvertrags-Vorschrift
2311v grün Karawanen Ägypten-Nubien
2301v grün Elfenbein nach Ägypten
2292v grün Handelsplatz Kerma
2193v–2135v Achtos II.
2138v–2063v Achtos III.
2115v grün Ackerbauer-Städte
2102v–2040v Meri-Kare
2097v grün Reisanbau in China
2093v–2030v Ur-Nammu
2088v–2020v Gudea
2061v grün Längenmaß in Nippur
2060v–1983v Schul-Gi
2034v grün Handel mit Zedernholz
2031v grün Goldwährung in Ägypten
2029v grün Spinnereien in Sumer
2025v grün Plantagen in Sumer
2020v grün Steigender Goldwert
2017v rot Naturalsteuern
2017v grün Normen in Mesopotamien
2015v grün Tierzuchtstation in Sumer
2006v grün Neue Schafrasse, Ägypten
2002v–1928v Sesostris I.
1996v grün Manufakturen in Sumer
1989v grün Eichamt in Sumer
1988v grün Steigende Zinsen in Sumer
1955v–1895v Amen-Em-Het II.
1950v grün Aufwertung von Kerma
1915v grün Wöchentliche Lohnzahlung
1902v–1841v Bila-Lama
1897v grün Frachtbriefe, Mesopotamien
1886v–1817v Sumu-Abum
1876v–1816v Iri-Suma
1865v–1792v Amen-Em-Het III.
1832v grün Entwässerung Fayums
1822v–1780v Sebek-Hotep I.
1769v grün Kupferbarren-Währung
1748v–1695v Zim-Rilim
1716v grün Aufwertung von Mari
1703v grün Pferdehandel Karkemischs
1694v grün Schiffbau in Babylon
1691v–1628v Chian
1637v grün Handel Ägyptens erweitert
1597v–1521v Minos
1572v–1504v Agum
1550v grün Handel mit Bernstein
1526v–1482v Hatschepsut
1496v grün Kupferimport nach Ägypten
1472v grün Haushuhn nach Ägypten
1449v grün Arbeitsteilung in Ägypten
1418v–1372v Ka-Em-Het
1417v–1364v Eriba-Adad
1404v grün Griechen auf Zypern
1402v grün Handel mit Schmuck
1380v grün Finanzhilfe für Assyrien
1367v rot Protest wegen Überfalls
1365v–1317v Ramses I.
1325v grün Maisanbau in Amerika
1297v–1218v Tud-Halia IV.
1240v grün Boykott Assyriens
1208v–1137v Ram-Se-Na
1189v grün Handel Sabas
1176v grün Indienhandel über Saba
1168v rot Streik in Ägypten
1150v–1076v Pa-He-Nesi
1089v grün Obstbau, Nordmesopotamien
1082v–1009v Psu-Sennes
1038v grün Exporte aus Ostafrika
999v grün Phönizier auf Zypern
999v–936v Hiram
992v–933v Salomo
979v rot Indienhafen Palästinas
973v grün Handel Phönizien-Israel
969v–908v Bilkis
960v grün Steuer-Erhöhung in Juda
959v–916v Rehabeam
943v–890v Adadnirari II.
930v–871v Omri
929v grün Handel Phönizien-Afrika
908v–830v Sardur
905v–850v Ahab
882v–798v Elisa
852v–774v Pygmalion
820v blau Reformforderung Elisas
803v grün Handel Nordeuropas
780v grün Geldwirtschaft in China
763v–705v Sargon II.
758v–672v Bajin
733v–645v Kuan-Tse
732v grün Silbergeld in Syrien
707v rot Höchstpreise in Assyrien
707v grün Vorratswirtschaft Sargons
695v grün Münzprägung der Griechen
693v–626n Assurbanipal
693v–609v Psammetich I.
692v grün Bewässerung in Assyrien
687v grün Baumwolle in Mesopotamien
685v grün Staatsmonopole in China
676v grün Geldsteuern in China
659v grün China: Fisch-, Weinsteuer
653v blau Werk des Kuan-Tse
652v grün Steigende Zinsen in Athen
649v grün Normen in Argos
640v–559v Solon
624v grün 'Talent' Währung Athens
624v–561v Nebukadnezar II.
602v–527v Peisistratos
599v–529v Kyros
594v grün Abwertung in Athen
592v grün Bank in Babylon
588v rot Sklavenkauf beschränkt
581v grün Bodenreform in China
573v grün Hühnerzucht bei Griechen
569v grün Babylon: Steigende Zinsen
550v–486v Dareios I.
537v grün Sklaven der Juden
520v grün Steuern im Perserreich
510v grün Goldmünzen der Perser
507v grün Gewerbesteuer in Athen
493v grün Hafen von Piräus
482v grün Flottenfinanzierung
476v grün Griechen: Geldwirtschaft
475v–393v Me-Ti
463v grün Getreideschiffe Athens
454v grün Kupfer-Währung in Rom
450v grün Sklavenüberzahl in Korinth
448v grün Handel Griechen-Perser
443v grün Einheitsmaß in Rom
435v rot Steueraufsicht in Rom
432v grün Boykott Megaras
429v–370v Phaleas
422v grün Reformforderung Me-Tis
408v grün Hafen von Rhodos
407v grün Denkmals-Einschmelzung
400v blau Sozialisierungs-Forderung
398v grün Vertrag Roms mit Karthago
396v grün Hilfsgelder Persiens
383v–322v Demosthenes
378v–289v Meng-Tse
377v grün Sklavenüberzahl in Athen
342v grün Befestigung Ostias
334v grün Versicherung
329v grün Seide-Import, Griechenland
327v grün Währung im Alexanderreich
322v–246v Ptolemäus II.
318v grün Tanagra: Massenproduktion
312v blau Handelsstadt Seleukeia
306v grün Vertrag Roms mit Rhodos
285v grün Staatsmonopole in Ägypten
284v grün Wirtschaftslenkung
281v rot Streik in Ägypten
276v grün Papyrus-Monopol
273v grün Vertrag Roms mit Ägypten
269v grün Silber-Währung in Rom
267v grün Akkordlöhne in Ägypten
259v–209v Schi-Huang-Ti
253v grün Papyrus-Normen
234v–149v Kato der Ältere
230v grün Sklaven in Treträdern
226v grün Bodenreform
220v grün Reformen in China
216v grün Normen in China
197v grün Gold-Währung in Rom
195v grün Rändelung von Münzen
192v rot Druck auf Großgrundbesitz
189v grün Aufwertung von Rhodos
183v rot Arbeiter neben Sklaven
171v rot Steuererpressung geahndet
167v grün Vollbürger steuerfrei
166v rot Abwertung von Rhodos
166v grün Aufwertung von Delos
162v grün Plantagen im Römerreich
158v grün Kato: Landwirtschaft
157v–87v Wu-Ti
150v rot Bergwerks-Ausbau verboten
145v rot Vormacht von Marseille
145v grün Mago-Übersetzung
145v–86v Sema-Tsien
140v grün Sklavenüberzahl in Rom
128v grün Sklaven-Großumsatz
127v grün Handel China-Parther
121v grün Ausbau der Seidenstraße
119v grün Staatsmonopole in China
114v grün Handel Chinas mit Europa
114v–53v Krassus
109v grün Münzprägung Staatsmonopol
86v grün Kriegsgeld aus Tempelschatz
86v–35v Sallust
72v–4v Herodes der Große
70v–19v Vergil
61v grün Finanzhilfe für Cäsar
54v grün Rom: Fallender Goldpreis
46v grün Währungsreform in Rom
29v grün Vergil: Landwirtschaft
26v grün Ausbau ägyptischer Flotte
10v–54n Klaudius
9v grün Steigende Sklavenpreise
3v–64n Aulus Celsus
9n rot Sklavenhandels-Ende, China
9n–79n Vespasian
10n rot Ausgleichsämter in China
31n grün Außenhandelsdefizit Roms
33n grün Hypothekenbank in Rom
42n grün Versorgungshafen Roms
61n grün Columella: Landwirtschaft
117n grün Direkte Steuern in Rom
125n grün Domänen-Verpachtung
172n grün Währungsverfall in Rom
193n grün Falschmünzerei in Rom
212n grün Allgemeine Erbsteuer
214n–275n Aurelian
232n–282n Probus
243n–316n Diokletian
258n grün Währungsverfall in Rom
274n grün Währungsreform in Rom
297n grün Kopfsteuer im Römerreich
301n grün Höchstpreise in Rom
312n grün Großgrundbesitz-Steuer
314n grün Gewerbesteuer in Rom
325n grün Kirche gegen Zinsen
331n–363n Julian
455n–526n Theoderich der Große
478n–567n Narses
511n–579n Chosroes
537n grün Manufakturen in Byzanz
538n grün Kirche für Zinsen
539n grün Monopole in Byzanz
540n grün Goldmünzen der Franken
540n–604n Gregor I.
560n–618n Yang-Ti
579n grün Einkommensteuer, Franken
579n braun Aufstand gegen Steuer
580n grün Steuer wieder abgeschafft
582n–644n Omar
585n grün Kirchensteuer-Forderung
593n grün Kirchenbesitz 'Erbe Petri'
598n–649n Tai-Tsung
600n grün Erbanspruch der Kirche
608n grün Kanalbau-Organisation
618n grün Staatsbank in China
626n–672n Tenji
640n grün Gläubige steuerfrei
651n grün Expeditionen nach China
680n grün Niederlassung Kanton
693n rot Handelsverbot für Juden
696n grün Münzprägung bei Arabern
705n grün Handel Schweden-Slawen
708n grün Münzprägung in Japan
713n grün Geldsteuer in Japan
742n–814n Karl der Große
746n grün Route Schweden-China
750n grün Zuckerrohr nach Ägypten
761n grün Zuckerrohr nach Spanien
766n–809n Harun al Raschid
779n grün Kirchensteuer bei Franken
780n rot Steuersystem in China
780n grün Einheitssteuer in China
782n grün Bewässerung in Spanien
786n grün 'Peters-Pfennig' für Papst
793n grün Teesteuer in China
794n grün Papiermanufaktur Bagdad
796n blau Handelsstadt Haithabu
805n grün Stapelplatz Magdeburg
807n grün Depositenscheine in China
830n–879n Rurik
831n grün Baumwolle nach Europa
835n grün Handelsroute verkürzt
871n–926n Apaoki
885n–968n Olga
890n–961n Abdar Rachman III.
911n grün Vertrag Rußland-Byzanz
912n–973n Otto I., der Große
950n grün Wechsel nach Europa
990n grün Handelsflotte Venedigs
995n–1035n Knut der Große
1002n–1066n Eduard der Bekenner
1021n–1086n Wang-Anschi
1022n–1107n Manko Kapak
1024n grün Papiergeld in China
1050n grün Verbreitung der 'Mark'
1058n grün Gilden in der Normandie
1061n grün Innung in Frankreich
1069n rot Reformen in China
1082n grün Freihandel für Venedig
1087n grün Pisa, Genua: Afrikahandel
1096n grün Hilfe für Kreuzritter
1100n grün Gegenleistung der Ritter
1101n grün Grundmaß in England
1101n–1154n Roger II.
1103n grün Sondersteuer von Juden
1107n grün Papiermanufaktur, Spanien
1112n rot Schusterbund, Frankreich
1128n rot Schusterbund, Würzburg
1129n–1195n Heinrich der Löwe
1149n rot Weberzunft in Köln
1149n grün Weberei in Palermo
1151n grün Geldhändler-Vereinigung
1156n grün Bankgeschäfte in Italien
1157n grün Anfänge der Hanse
1161n grün Deutsche auf Gotland
1163n grün Boykott gegen Katharer
1179n grün Boykott gegen Araber
1181n grün Deutsche in Nowgorod
1183n grün Zunftzwang
1185n grün Arbeitsteilung in Italien
1194n grün Messe von Troyes
1194n grün Messe von Provins
1195n grün Deutsch-russischer Vertrag
1198n grün Handarbeiter-Bund
1198n grün Nichthandarbeiter-Bund
1200n grün Großwebereien in Florenz
1201n grün Tuchhallen von Ypern
1204n grün Orienthandel über Italien
1204n–1263n Haakon der Alte
1205n grün Seidenfabriken in Italien
1209n grün Entsumpfung der Picardie
1214n–1294n Kublai-Khan
1217n–1265n Hulagu-Khan
1241n rot Vertrag Hamburg-Lübeck

1247 n grün Salzgeld in Tibet
1250 n rot Zunftverfassung, Florenz
1250 n grün 'Stalhof' in London
1252 n grün Gulden in Florenz
1253 n grün Gewerbescheine
1254 n–1324 n Marco Polo
1259 n–1326 n Osman I.
1264 n grün Ackerbau der Mongolen
1267 n grün Papiermanufaktur, Italien
1268 n grün Messe-Schutzbrief
1270 n grün Italiener auf der Krim
1270 n–1319 n Haakon V.
1278 n grün Deutsche in Norwegen
1280 n rot Bund der Hanse
1284 n grün Dukaten in Venedig
1297 n rot Steuer-Bewilligungsrecht
1300 n grün Groschen in Böhmen
1300 n grün Spenden für Kirche
1301 n rot Aufhebung der Rheinzölle
1301 n/1302 n Erhebung wegen Zöllen
1301 n grün Salz-Kartell
1303 n grün Kritik des Duns Scotus
1309 n–1370 n Kasimir der Große
1316 n–1378 n Karl IV.
1329 n rot Streik in Breslau
1338 n grün Papiermanufaktur Pielle
1341 n grün Buch über Handelsfahrten
1344 n rot Maßnahme gegen Banken
1344 n grün Rückzahlungsweigerung
1345 n grün Wirtschaftskrise in Europa
1347 n rot Ausdehnung der Hanse
1350 n grün Tuchmanufakturen, England
1351 n rot Streik in Speyer
1351 n rot Arbeitspflicht in England
1359 n grün Privilegien für Hanse
1360 n rot Arbeitspflicht-Erzwingung
1362 n/1364 n Krieg der Hanse
1364 n grün Sperrung des Sundes
1364 n grün Oresme: Geldtheorie
1367 n rot Kriegsbeschluß der Hanse
1367 n/1370 n Krieg der Hanse
1370 n rot Machtgewinn der Hanse
1378 n rot Gewerkschaft in Florenz
1379 n grün Kopfsteuer in England
1382 n rot Gewerkschaft aufgelöst
1389 n grün Papierfabrik 'Gleismühl'
1392 n grün Handel Venedig-England
1394 n–1460 n Heinrich der Seefahrer
1397 n grün Produktionsvorschrift
1401 n grün Bank in Barcelona
1402 n grün Bank in Frankfurt
1407 n grün Bank in Genua
1408 n grün Ravensburger Konzern
1425 n rot Konzern-Verbot
1427 n rot Deutsche Reichssteuer
1428 n grün Messe-Vorrang Lyons
1431 n–1503 n Alexander VI. Borgia
1439 n grün Direkte Steuer 'Taille'
1440 n–1505 n Iwan III.
1444 n rot Negerjagd in Afrika
1449 n–1492 n Lorenzo Medici
1452 n rot Papst für Sklaverei
1453 n grün Kapital-Handel (Beurse)
1459 n–1525 n Jakob Fugger
1463 n grün Einfuhrverbot für Tuche
1465 n grün Medici-Fabriken, England
1466 n grün Seidenmanufaktur in Lyon
1470 n grün Papst Kartell-Mitglied
1473 n grün Beziehungen Kaiser-Fugger
1488 n grün Silbermonopol für Fugger
1490 n grün Verlagshaus Koberger
1494 n rot Rückdrängung der Hanse
1494 n grün Doppelte Buchführung
1494 n grün Fugger-Gesellschaft
1494 n–1566 n Soliman der Große
1495 n grün Papierfabrik in England
1496 n rot Sklavenimport beschränkt
1496 n–1560 n Gustav Wasa
1497 n grün Messe-Privileg Leipzigs
1498 n grün Kupfer-Syndikat
1500 n–1558 n Karl V.
1502 n grün Negersklaven nach Amerika
1503 n rot Ritterorden: Ablaßhandel
1503 n grün Amt für Amerika-Handel
1503 n grün Portugiesen in Indien
1504 n grün Ablaßhandel Tetzels
1506 n grün Handel mit Gewürzen
1508 n grün Steuerreform-Forderung
1509 n grün Fugger: Kriegsfinanzierung
1509 n–1564 n Calvin
1511 n grün Kapitalzuwachs der Fugger
1514 n grün Ablaß-Verpfändung
1517 n rot Papst für Sklavenhandel
1519 n grün Kaiserwahl-Finanzierung
1520 n grün Abkommen gegen Streik
1521 n rot Reichstag gegen Monopole
1523 n grün Hanse-Hilfe für Wasa
1523 n grün Kaiser-Schutz für Fugger
1525 n grün Quecksilber-Monopol
1525 n grün Monopole, Preisdiktat
1530 n–1584 n Iwan IV.
1531 n grün Börse von Antwerpen
1533 n–1603 n Elisabeth
1535 n grün Vertrag Frankreich-Türkei
1536 n blau Calvinismus
1536 n grün Kloster als Tuchfabrik
1537 n grün Nürnberger Börse
1537 n grün Augsburger Börse
1540 n grün Hamburger Börse
1540 n grün Handel mit Obligationen
1541 n grün Börse von Lyon
1543 n rot Zinserlaubnis der Kirche
1546 n rot Höchstzinsen in England
1546 n grün Silberfunde in Amerika
1547 n grün Livorno Freihafen
1548 n rot Papst für Sklaverei

1549 n grün Börse von Toulouse
1551 n grün Hafen Helsinki
1551 n grün Deutsches Aktiengesetz
1553 n grün Handel Rußland-England
1553 n–1610 n Heinrich IV.
1557 n grün Staatsbankrott Spaniens
1559 n grün Deutsche Münzordnung
1562 n grün Sklavenhandel Englands
1563 n rot Gleitende Lohnskala
1565 n grün Londoner Börse
1566 n grün Börse von Rouen
1574 n grün Erschließung Sibiriens
1574 n grün Bodin: Volkswirtschaft
1575 n rot Kinderarbeit beschränkt
1577 n grün Einfuhrverbot für Indigo
1577 n grün Preisregelung, Frankreich
1585 n grün Dezimalsystem gefordert
1592 n grün Kölner Börse
1594 n–1632 n Gustav Adolf
1597 n grün Kaufmanns-College
1600 n grün Sklavenhandel verpachtet
1600 n grün Indienkompanie Englands
1601 n grün Sklavenmonopol Portugals
1602 n grün Indienkompanie Hollands
1605 n grün 'Bank des Heiligen Geistes'
1605 n grün Lübecker Börse
1612 n grün Meistbegünstigungsklausel
1613 n grün Steuerpflicht des Adels
1615 n grün Lehrbuch Montchrestiens
1616 n blau Denkschrift über Seemacht
1619 n grün Hamburger Bank
1619 n grün Staatsbank in Venedig
1619 n–1683 n Colbert
1623 n grün Königsberger Börse
1623 n–1687 n Petty
1627 n grün Bremer Börse
1628 n grün Compagnie du Canada
1631 n grün Afrikakompanie Englands
1632 n grün Frankfurter Börse
1634 n grün Leipziger Börse
1637 n rot Senegal an Sklavenhändler
1638 n–1715 n Ludwig XIV.
1641 n grün Monopolverbot, England
1644 n grün Arbeitslose in England
1650 n grün Sklavenmonopol Hollands
1651 n rot Navigationsakte
1656 n grün Bank von Schweden
1657 n grün Merkantilismus
1660 n grün Unternehmen des Mitsui
1661 n rot Colbert Finanzminister
1662 n grün Weberei-Verstaatlichung
1663 n grün England: Afrika-Privileg
1664 n rot Schutzzölle in Frankreich
1664 n grün Tabakmonopol, Frankreich
1664 n grün Colbert: Handelskompanie
1672 n grün Sklavenmonopol Englands
1672 n–1725 n Peter I., der Große
1673 n rot Handelsrecht, Frankreich
1674 n grün Petty: Politökonomie
1686 n grün Kaffeeplantagen auf Java
1687 n grün Petty: Sozialstatistik
1688 n rot Recht zum Sklavenhandel
1690 n grün Papierfabrik in Amerika
1693 n grün Lehre John Bellers'
1694 n grün Geld einer Privatbank
1696 n grün Schiffsnachrichtenblatt
1698 n grün Karawanen Rußland-China
1702 n grün Börse von Paris
1704 n grün Prägung des Rubels
1706 n grün Denkschrift über Steuern
1709 n–1762 n Elisabeth Petrowna
1710 n grün Manufaktur Meißen
1711 n grün Südseekompanie Englands
1713 n grün Sklavenmonopol Englands
1716 n grün Berliner Börse
1716 n grün John Law: Papiergeld
1717 n–1780 n Maria Theresia
1718 n grün Kopfsteuer in Rußland
1720 n grün 'Südsee-Skandal'
1723 n–1790 n Adam Smith
1724 n grün Schutzzölle in Rußland
1727 n rot Kontor Rußlands in China
1733 n grün Kreditanstalten, Rußland
1740 n grün Stahlfabrik in England
1750 n grün Börse von Rotterdam
1750 n grün Manufaktur Berlin
1753 n grün Börse von Edinburgh
1753 n grün Wiener Börse
1754 n rot Zollreform in Rußland
1754 n grün Goldfunde in Sibirien
1756 n grün Hilfe Englands für Preußen
1756 n grün Manufaktur Sèvres
1758 n grün Physiokratismus
1760 n–1797 n Babeuf
1761 n grün Manufaktur Nymphenburg
1762 n rot Ende englischer Hilfe
1768 n grün Sklaven-Großtransporte
1769 n grün Rothschild Hofbankier
1769 n grün Wedgwood-Fabrik
1773 n grün Opiumeinfuhr nach China
1774 n grün Handelsabbruch Amerikas
1776 n grün Smith: Volkswirtschaft
1778 n grün Sparkasse in Hamburg
1784 n grün Bank von New York
1790 n grün Papiergeld, Frankreich
1791 n grün Längenmaß 'Meter'
1800 n blau Fichte: Handelsstaat
1800 n grün Bank von Frankreich
1802 n rot Kinderarbeit: Zeitgrenze
1802 n grün Achards Zuckerfabrik
1806 n grün Kontinentalsperre
1807 n rot Gewerbefreiheit, Preußen
1808 n grün Farmen für Sklavenzucht
1810 n–1862 n Cavour
1811 n grün Petersburger Börse
1812 n blau Kritik Owens

1812 n grün Krupps Fabrik
1813 n rot Maschinenstürmer-Urteil
1813 n grün Hilfsgelder Englands
1815 n–1898 n Bismarck
1816 n–1892 n Siemens
1817 n grün Börse von New York
1817 n grün Ricardo: Volkswirtschaft
1818 n–1883 n Karl Marx
1819 n rot Kinderarbeit: Altersgrenze
1820 n blau Saint-Simon: Proletariat
1824 n rot Owens Gemeinden
1824 n blau Saint Simon: Klassen
1825 n rot Kollektiv-Verhandlungen
1829 n grün Fourier: Genossenschaften
1830 n grün China: Opiumimport erhöht
1831 n rot Streik in Lyon
1834 n rot Zollreform Deutschlands
1836 n grün Sklaven-Massenzucht
1838 n blau Lehre Lavergnes
1838 n grün Freihandels-Forderung
1838 n blau Ideal Weitlings
1839 n rot Kinderarbeit: Altersgrenze
1839 n blau Blanc gegen Kapitalismus
1839 n–1937 n Rockefeller
1841 n grün List: Zollunion
1842 n rot Zugeständnis Chinas
1842 n rot Generalstreik in England
1842 n blau Ideal Cabets
1844 n grün Konsumverein
1845 n blau Engels: Lage der Arbeiter
1846 n rot Kornzoll-Aufhebung
1846 n grün Zeiß-Werk
1846 n grün Raiffeisen-Bewegung
1847 n blau Kommunistisches Manifest
1847 n grün Wirtschaftskrise in Europa
1848 n grün Goldfunde in Amerika
1848 n grün Mill: Politökonomie
1852 n grün Warenhaus in Paris
1855 n rot 'Schwarze Listen'
1857 n grün Ruskin: Kunstökonomie
1858 n rot Gewerkschaft
1859 n blau Marx: Politökonomie
1863 n–1947 n Ford
1867 n blau Marx: 'Das Kapital'
1870 n blau W. Liebknecht: 'Bodenfrage'
1870 n grün Fließarbeit in USA
1870 n grün 'Standard Oil'
1870 n–1924 n Lenin
1873 n grün Weltwirtschaftskrise
1876 n rot Industrieverband
1876 n rot Kongo-Gesellschaft
1877 n rot Generalstreik in USA
1878 n blau Engels: 'Anti-Dühring'
1879 n blau George: Bodenreform
1879 n blau Bebel: Stellung der Frau
1879 n grün Eisenbahn verstaatlicht
1879 n–1953 n Stalin
1882 n–1945 n F. D. Roosevelt
1884 n blau Engels: Gesellschaftslehre
1885 n blau Marx: Kapital II
1888 n grün Zeiß-Werke an Abbe
1889 n rot Bergarbeiter-Streik
1889 n–1945 n Hitler
1891 n rot Erfurter Programm
1891 n rot Alldeutscher Verband
1893 n rot Generalstreik in Belgien
1893 n– Mao-Tse-Tung
1894 n blau Marx: Kapital III
1895 n grün Taylor: Rationalisierung
1900 n grün Stahltrust in USA
1901 n rot Gewerkschaftskongreß
1902 n blau Sombart: 'Kapitalismus'
1903 n grün Ford: Autofabrik
1905 n rot Bergarbeiter-Streik
1911 n grün Fließband in USA
1916 n rot Hugenberg-Konzern
1916 n rot Streik in Berlin
1916 n blau 'Spartakus-Briefe'
1916 n blau Lenin: Imperialismus
1917 n rot Arbeiter- und Bauernstaat
1917 n grün Vergesellschaftung
1918 n– Nasser
1920 n grün Internationaler Handelsbund
1921 n rot 'Neue Ökonomische Politik'
1921 n grün Lehre Max Webers
1922 n grün USA Gläubiger Europas
1923 n grün Webbs: Kapitalismus
1923 n grün Inflation in Deutschland
1924 n grün Dawes-Plan
1925 n grün IG-Farben
1925 n grün Zuidersee-Trockenlegung
1926 n grün Deutscher Stahltrust
1927 n grün Dnjepr-Kraftwerk
1927 n– Castro
1929 n grün Fünfjahresplan der UdSSR
1929 n grün Weltwirtschaftskrise
1930 n grün Young-Plan
1932 n rot Industrie-Hilfe für Hitler
1932 n grün Arbeitslose, Deutschland
1933 n grün Arbeitslose in USA
1933 n grün Wirtschaftslenkung
1935 n grün Stachanow-System
1936 n grün Keynes: Volkswirtschaft
1938 n grün Boulderdamm-Kraftwerk
1941 n blau Burnham: 'Manager'
1943 n rot Streik in USA
1944 n rot Jugoslawien kommunistisch
1944 n grün Weltbank
1946 n rot Nordkorea kommunistisch
1946 n rot Albanien kommunistisch
1946 n rot Bulgarien kommunistisch
1947 n rot Polen kommunistisch
1947 n rot Rumänien kommunistisch
1947 n rot Streikverbot in USA
1947 n grün Marshall-Plan
1948 n rot CSR kommunistisch

1948 n rot Ungarn kommunistisch
1948 n grün Plan in Ostdeutschland
1949 n grün Gründung des COMECON
1951 n grün Iran: Öl-Verstaatlichung
1952 n grün Halbautomatische Fabriken
1953 n rot Generalstreiks
1953 n grün Reparationslasten
1953 n grün Fünfjahresplan in China
1954 n grün Atom-Kraftwerk
1955 n rot Nordvietnam kommunistisch
1956 n grün Suezkanal enteignet
1957 n rot Volkskommunen in China
1957 n grün Gründung der EWG
1961 n rot Kuba kommunistisch
1963 n grün Raumfahrt-Industrie
1964 n grün Bau des Assuan-Dammes
1965 n rot Sozialismus in Ägypten
1965 n rot Sozialismus in Algerien

WIRTSCHAFTSKRISE, Bezeichnung für eine meist durch Überproduktion oder Absatzschwund hervorgerufene Störung des Gleichgewichtes zwischen Herstellung und Verkauf von Wirtschaftsgütern. Der Ausweg wird oft in unproduktiver Beschäftigung (Aufrüstung) gesucht und führt häufig zum Krieg. Die früher in bestimmten Abständen wiederkehrenden ('zyklischen') großen Krisen werden in unserer Epoche des Hochkapitalismus zunehmend ersetzt durch dauernde Inkaufnahme dosierter Krisenerscheinungen (Geldentwertung, Arbeitslosigkeit, Aufsaugung kapitalschwacher Betriebe, Rüstungsproduktion, Kalter Krieg, Interventionskrieg). Seit der Entdeckung ihrer Ursache im Grundwiderspruch zwischen dem gesellschaftlichen Charakter der hochindustrialisierten Produktion und der privaten Aneignung ihrer Produkte durch einzelne Kapitalisten (Marxismus) wird in immer mehr Ländern durch die Arbeiterschaft eine krisenfreie (sozialistische) Planwirtschaft erkämpft.

31 n grün Außenhandelsdefizit Roms
172 n grün Währungsverfall in Rom
258 n grün Währungsverfall in Rom
1345 n grün Wirtschaftskrise in Europa
1644 n grün Arbeitslose in England
1818 n–1883 n Karl Marx
1847 n grün Wirtschaftskrise in Europa
1867 n blau Marx: 'Das Kapital'
1873 n grün Weltwirtschaftskrise
1882 n–1945 n F. D. Roosevelt
1889 n–1945 n Hitler
1894 n blau Marx: Kapital III
1921 n rot 'Neue Ökonomische Politik'
1923 n grün Inflation in Deutschland
1929 n grün Weltwirtschaftskrise
1932 n grün Arbeitslose in Deutschland
1933 n grün Arbeitslose in USA
1933 n grün Wirtschaftslenkung

WIRTSCHAFTSLENKUNG, Bezeichnung für eine durch staatliche Eingriffe bewirkte zentrale Steuerung der kapitalistischen Wirtschaft ('Dirigismus'). In Kriegsoder Krisenzeiten zur Erhaltung der Funktionsfähigkeit vorübergehend angewendete Zwangsmaßnahme. Widerspricht dem Grundprinzip der kapitalistischen Gesellschaft, die auf dem Gebiete der Wirtschaft einen gesetzlosen Zustand (Freiheit) voraussetzt. Deshalb wird ihre schnelle Wieder-Aufhebung nach Überwindung von Krisenlagen durch die eigentlichen Machtträger der bürgerlichen Gesellschaft erzwungen. Sie unterscheidet sich grundsätzlich von der sozialistischen Planwirtschaft, die nur durch Aufhebung des Privateigentums an den Produktionsmitteln und durch Einführung gesetzlicher Regeln für die Wirtschaft verwirklicht werden kann.

475 v–393 v Me-Ti
422 v grün Forderung Me-Tis
322 v–246 v Ptolemäus II.
284 v grün Lenkung in Ägypten
10 n rot Ausgleichsämter in China
243 n–316 n Diokletian
1021 n–1086 n Wang-Anschi
1069 n rot Reformen in China
1882 n–1945 n F. D. Roosevelt
1889 n–1945 n Hitler
1933 n grün In USA und Deutschland

WIRTSCHAFTSPLANUNG, neben der Bedarfsermittlung das entscheidende Teilgebiet der Planwirtschaft, die im Gegensatz zu allen früheren Wirtschaftsformen nicht mehr vom Gewinnstreben der Unternehmer, sondern von den Interessen der werktätigen Bevölkerung bestimmt ist. Lenkt die Volkswirtschaft nach dem Prinzip höchster Produktivität bei bestmöglichen Arbeitsbedingungen und gesicherter Vollbeschäftigung. Unterwirft den gesamten Produktions- und Verteilungsprozeß einer zentralen Steuerung durch eine hierfür geschaffene Planungsbehörde.

1800 n blau Fichte: 'Handelsstaat'
1818 n–1883 n Karl Marx
1870 n–1924 n Lenin
1879 n–1953 n Stalin
1893 n– Mao-Tse-Tung
1917 n grün Vergesellschaftung
1929 n grün Fünfjahrplan der UdSSR
1935 n grün Übererfüllung der Norm

1944 n rot Jugoslawien kommunistisch
1946 n rot Nordkorea kommunistisch
1946 n rot Albanien kommunistisch
1946 n rot Bulgarien kommunistisch
1947 n rot Polen kommunistisch
1947 n rot Rumänien kommunistisch
1948 n rot CSR kommunistisch
1948 n rot Ungarn kommunistisch
1948 n grün Plan in Ostdeutschland
1949 n rot China kommunistisch
1949 n grün Gründung des COMECON
1953 n grün Fünfjahrplan in China
1955 n rot Nordvietnam kommunistisch
1961 n rot Kuba kommunistisch

WISBY, Hafenstadt auf der schwedischen Ostsee-Insel Gotland, deren größte Siedlung sie ist. Vor 1000 Jahren bereits ein wichtiger Handelsplatz zwischen Nord-Deutschland (Haithabu) und Nord-Rußland (Nowgorod). Seit Beginn des 12. Jahrhunderts wurde sie durch deutsche Besiedlung zum Hauptstützpunkt des Ostseehandels der Hanse. Von einer Stadtmauer mit 38 mächtigen Türmen geschützt, erreichte sie im 13. und 14. Jahrhundert Größe und Bedeutung des damaligen London. Nachdem sie der Dänenkönig Waldemar erobert und gebrandschatzt hatte, erholte sie sich nicht mehr. Seit 1394 n wurde sie 14 Jahre lang von Störtebekers Vitalienbrüdern beherrscht, anschließend für zwei Jahrhunderte dänisch und 1645 n endgültig schwedisch. Heute bedecken ihre Häuser nur noch das halbe Gebiet der einstmals durch die Mauer umfaßten Stadt.

1161 n grün Deutsche Niederlassung
1361 n rot Dänische Herrschaft
1362 n/1364 n Krieg der Hanse
1645 n rot Schwedischer Besitz

WISENT, Name eines wildlebenden Ur-Rindes, das bis in unsere Epoche noch im Kaukasus-Gebiet lebte, jetzt aber nur noch in Wildgehegen und zoologischen Gärten zu finden ist. Mit einer Schulterhöhe bis zu 2 Metern war es in Europa und Vorderasien seit einigen Jahrtausenden das größte Säugetier. Als Waldbewohner lebte es vom Laub und war seit alters her wegen seiner Ungefährlichkeit, seines wohlschmeckenden Fleisches und seines schönen Felles ein beliebtes Jagdziel.

2561 v blau Sumerische Plastik
1979 v blau 'Gilgameschs Kampf'

WISLICA, Statut von, Name des polnischen Gesetzbuches, mit dem König Kasimir in 21jähriger Arbeit unter Zugrundelegung überkommener Gesetze neues Recht schuf. Dies erste schriftliche Rechtsbuch Polens schützte den Bauern vor der schlimmsten Willkür von Adel und Fürsten, ohne aber seine Abhängigkeit aufzuheben.

1309 n–1370 n Kasimir der Große
1368 n blau Gesetzbuch

WISSENSCHAFTS-FEINDLICHKEIT

598 v–501 v Teng-Tse
501 v rot Teng-Tse hingerichtet
478 v–410 v Protagoras
469 v–399 v Sokrates
410 v rot Protagoras verurteilt
410 v rot Bücher-Vernichtung
399 v rot Sokrates verurteilt
384 v–322 v Aristoteles
323 v rot Klage gegen Aristoteles
161 v rot Philosophen-Ausweisung
73 n rot Philosophen-Ausweisung
261 n–335 n Laktantius
314 n blau Christliche Einstellung
360 n–415 n Hypatia
381 n–444 n Cyrillus
411 n blau Philosophie als 'Ketzerei'
415 n rot Mord an Hypatia
529 n rot Schulschließung in Athen
529 n grün Philosophen-Weggang
701 n–784 n Fergil der Geometer
748 n rot Klage gegen Fergil
1057 n blau Abwertung der Philosophie
1473 n–1543 n Kopernikus
1548 n–1600 n Giordano Bruno
1564 n–1642 n Galilei
1600 n rot Verbrennung G. Brunos
1616 n rot Kampf gegen Kopernikus
1633 n rot Zwang gegen Galilei

WISSMANN, Hermann (1853 n–1905 n), deutscher Kolonialoffizier. Im mecklenburgischen Infanterie-Regiment ausgebildet, reiste er für die deutsche Afrika-Gesellschaft nach Westafrika und durchquerte als erster Deutscher den ganzen Kontinent in östlicher Richtung. Im Auftrage des belgischen Königs stieß er dann ins südliche Kongobecken vor und nahm dieses noch unerforschte Gebiet für Belgien in Besitz. Als Reichskommissar für die Kolonie Ostafrika ging er mit 21 Offizieren und 40 Unteroffizieren in die deutsche Kolonie, stellte ein Eingeborenenheer aus Negern auf und führte diese Truppe gegen die arabische Bevölkerung der Kolonie, die sich unter Baschiri unabhängig gemacht hatte. Warf die Aufständischen mit Unterstützung der deutschen

Flotte nieder und richtete Baschiri und die anderen Anführer hin. Später wurde er zum Gouverneur von Deutsch-Ostafrika ernannt und vergrößerte dessen Gebiet.

1888 n/1890 n Aufstand

WITBY, Name eines Klosters, das im Jahre 657 n von der angelsächsischen Prinzessin Hild in Streaneshalch (Nord-England) gegründet wurde.

617 n–682 n Kädmon

WITELO (um 1230 n–um 1280 n), deutscher Philosoph aus Schlesien. Studierte in Paris und Padua und ging dann in Viterbo (bei Rom) naturwissenschaftlichen Forschungen nach. Auf Grund arabischer Quellen (Al Hassan) schrieb er ein Lehrbuch der Optik und Geometrie. Entwickelte ein streng mathematisches Weltbild, das jedoch auf dem Umweg über eine Sinngebung des Lichtes Raum für metaphysische Spekulationen bot. Seine letzte Lebensperiode verbrachte er im Kloster Witow (Polen).

1275 n grün Lehrbuch der Optik

WITIGIS (um 500 n–541 n), König der Ostgoten von 536 n bis 539 n. Als Heerführer zum König gewählt, heiratete er Matasunta, die Enkelin des Reichsgründers Theoderich. Dann räumte er kampflos Mittel- und Süditalien und überließ es den unter ihrem Feldherrn Belisar andrängenden Heeren von Byzanz (Konstantinopel). Von der befestigten Stadt Ravenna (Norditalien) aus belagerte er noch einmal das von Belisar besetzte Rom. Doch zogen bald byzantinische Heere im Gegenzug nach Ravenna, so daß er sich dorthin zurückziehen mußte. Als Belisar die Stadt vom Meer aus angriff, bot er dem byzantinischen Feldherrn die Krone des Ostgoten-Reiches an, schloß darüber einen Vertrag und leistete ihm den Treueid. Mit Belisar reiste er dann nach Konstantinopel. Kaiser Justinian nahm ihn ehrenvoll auf, stellte ihn mit seinen Gefolgsleuten ins Heer ein und ließ ihn am Feldzug gegen Persien teilnehmen, wo er umkam.

505 n–565 n Belisar
535 n/553 n Letzter Ostgotenkrieg
540 n/562 n Perserkrieg

WITTENBERG, Stadt auf halbem Wege zwischen Berlin und Leipzig am rechten Ufer der Elbe. Um 1100 n als Burg gegründet, wuchs sie um 1200 n zur Stadt empor und erhielt 1293 n Stadtrecht. Residenzstadt verschiedener Fürsten, seit 1502 n Universitätsstadt, wurde sie im 16. Jahrhundert Mittelpunkt der deutschen Reformation. Hier bewohnte der Mönch Martin Luther eine Zelle des Augustinerklosters und formulierte 1517 n seine 95 Thesen, hier verbrannte er 1520 n die gegen ihn gerichtete Bulle des Papstes. Hier lehrte Melanchthon, hier malte Lukas Cranach der Ältere seine Bilder, auch für das Rathaus, in dem er selbst als Bürgermeister wirkte. Im Schmalkaldischen Krieg ergab sich die Stadt dem Kaiser, der sie schonte. Im Siebenjährigen Krieg von Preußen besetzt, wurde sie durch Österreich und die Reichsarmee beschossen, eingeäschert und zur Übergabe gezwungen. In den Napoleonischen Kriegen nach Eroberung durch die französischen Truppen befestigt, von preußischen Heeren unter Tauentzien wieder befreit und auf dem Wiener Kongreß Preußen zugesprochen. Zwei Jahre später wurde die Universität mit der Hallenser Universität vereinigt.

1483 n–1546 n Luther
1497 n–1560 n Melanchthon
1502 n blau Universität
1517 n blau Luthers Thesen
1517 n rot Beginn der Reformation
1520 n rot Bann gegen Luther
1520 n rot Bannbulle verbrannt
1533 n blau Cranach: Lutherbild
1546 n/1547 n Schmalkaldischer Krieg
1756 n/1763 n Siebenjähriger Krieg
1796 n/1815 n Napoleonische Kriege
1815 n rot Wiener Kongreß

WITTGENSTEIN, Ludwig (1889 n–1951 n), österreichischer Denker. Studierte in England Mathematik und naturwissenschaftliche Fächer. Von Bertrand Russell über das Christentum aufgeklärt, wurde er Atheist. Steigerte Russells vernunftgemäßen Zweifel bis zu dem Punkte, wo alle Philosophie unmöglich wird. Zerlegte die Erscheinungswelt in Einzel-Tatsachen ohne erkennbaren oder erfahrbaren Zusammenhang. Bestritt die Gültigkeit jeder verallgemeinernden Aussage. Anerkannte eine Übereinstimmung von Sein und Denken, wies aber die Möglichkeit einer Aussage darüber zurück, weil er in der Sprache ein hierfür zu unvollkommenes und zu grobes Werkzeug erblickte. Nur Symbole hielt er für geeignete Ausdrucksmittel. Deshalb wies er jede sprachlich-formulierte Logik zurück und hielt nur eine in Zahlen ausgedrückte (mathematische) Logik für wirklichkeitstreu. Suchte naturwissenschaftliche Erkenntnisweisen auf die Philosophie zu übertragen. Im Bewußtsein der Unzulänglichkeit der Sprache veröffentlichte er außer seinem konzentrierten Traktat über diese Unvereinbarkeit von Sprache und Logik nichts mehr. Sprach aber viel über die ihn bewegenden Fragen und hinterließ auch Schriften über mathematische und philosophische Probleme. Verschenkte sein Vermögen und lebte in völliger Bedürfnislosigkeit. Als Dorfschullehrer und später als Professor in Cambridge besaß er nur ein Strohlager und einen Stuhl.

1921 n blau Logik

WITWEN-FÜRSORGE

2363 v rot Regelung in Lagasch

WITWEN-VERBRENNUNG, indische Sitte, derzufolge die treue, tugendhafte Frau ihrem Manne in den Tod folgt. Kam vor etwa 2500 Jahren auf, wurde seit einigen Jahrhunderten von den mongolischen Herrschern bekämpft und von den Engländern im 19. Jahrhundert verboten. Trotzdem wurde sie vereinzelt bis in unsere Epoche vollzogen. Sie beruhte auf der Vorstellung vom Vorhandensein einer vom Körper getrennten Seele, die mit dem verstorbenem Gatten entflieht. Tatsächlich sind in den vergangenen zweieinhalb Jahrtausenden Millionen indischer Frauen bei lebendigem Leibe auf dem Scheiterhaufen gestorben, den man für die Verbrennung der Leiche ihres Mannes errichtet hatte.

1542 n–1605 n Akbar
1829 n rot Verbot

WITZ, Konrad, deutscher Maler.

1396 n–1446 n Lebenslinie
1444 n blau 'Fischzug Petri'

WITZSAMMLUNG

410 n blau 'Der Lachlustige'

WLADIMIR, Stadt in Rußland, 150 Kilometer östlich von Moskau. Seit 1169 n für fast zwei Jahrhunderte Residenz russischer Großfürsten bis zur Verlegung des Regierungssitzes nach Moskau durch Iwan I. Der russische Maler Rublew schuf zusammen mit seinem Freunde Daniel seit 1408 n die künstlerische Ausschmückung der Kathedrale.

1328 n rot Regierungssitz verlegt
1365 n–1430 n Rublew

WLADIMIR der Große, russischer Herrscher von 972 n bis 1015 n.

940 n–1015 n Lebenslinie
958 n–1025 n Basilius II.
988 n rot Verbindung mit Byzanz
989 n rot Christianisierung
991 n rot Staatskirche

WLADISLAW II. (1348 n–1434 n), König von Polen seit 1386 n. Als Sohn des litauischen Fürsten Olgierd wurde er durch Ermordung seines Onkels alleiniger Großfürst von Litauen. Bei seinem Übertritt zum Christentum legte er seinen Namen 'Jagello' ab. Heiratete die Erbin des polnischen Thrones und vereinigte als König von Polen beide Länder vorübergehend unter seiner Herrschaft. Durch die Zusammenfassung der Streitkräfte beider Länder konnte er den Deutschrittern eine entscheidende Niederlage beibringen.

1386 n rot Heirat
1410 n braun Sieg über Deutschritter
1411 n rot Gebietsgewinn
1411 n grün Tribute der Deutschritter

WLADIWOSTOK, Hafenstadt an der Küste des Pazifischen Ozeans (Ostasien). Obwohl sie südlicher als Venedig liegt, ist sie jährlich drei Monate lang vereist, wird aber von Eisbrechern offengehalten. Seit 1885 n Kriegshafen. Im ersten Weltkrieg gewann er als einziger nicht von der deutschen Blokkade betroffener Hafen besondere Bedeutung. In der Revolution Landeplatz der englischen und japanischen Interventions-Truppen, seit 1922 n Bestandteil der UdSSR und ihr wichtigster asiatischer Hafen. Der russische Name der Stadt bedeutet 'Beherrsche den Osten'.

1860 n rot Vorstoß Rußlands
1860 n blau Gründung
1914 n/1918 n Erster Weltkrieg
1917 n/1922 n Russische Revolution
1922 n rot Teil der UdSSR

WOCHENZEITUNG

1631 n grün Entstehung
1709 n blau 'Moralische Wochenschrift'

WODAN, deutscher Name des germanischen Gottes Odin, der ursprünglich als Totengott, dann auch als Kriegsgott verehrt wurde und schließlich zur obersten Gottheit aufstieg, nachdem er dem Wassergeist Mimir ein Auge verpfändet und dafür aus der Quelle der Erkenntnis getrunken hatte. Galt als Gott der Dichtkunst und der Weisheit sowie als Erfinder der Schriftzeichen (Runen). Nach germanischem Glauben sammelte er die gefallenen Krieger in seinem Sonderhimmel (Walhall), von dem aus er Götter und Menschen regierte.

910 n–990 n Eyvind Skaldaspillir
962 n blau 'Haakonslied'

WÖHLER, Friedrich, deutscher Naturwissenschaftler.

1800 n–1882 n Lebenslinie
1828 n grün Harnstoff-Synthese
1828 n grün Aluminium

WÖRTERBÜCHER

1895 v blau Sumerisch-akkadisch
677 v blau Babylonisch-assyrisch
193 v blau Werk des Aristophanes
563 n blau Werk des Amara
718 n–791 n Al Chalil
890 n blau Ibn Duraids Werk
971 n blau Werk des Suidas
1308 n blau Buch Ibn Mansurs
1532 n blau Werk des Stephanus
1694 n blau Werk der 'Académie'
1696 n blau Bayles Wörterbuch
1852 n blau Grimm-Werk begonnen
1880 n blau Werk Dudens
1882 n blau Hieroglyphen-Wörterbuch
1960 n blau Grimm-Werk vollendet

WOHNHAUS

2969 v grün Hausmodell aus Ton
2957 v grün Naturstein-Fundamente
2805 v grün Atrium-Haus in Sumer
2774 v grün Innen-Toiletten
2753 v grün Badezimmer
2751 v–2681 v Ru-A-Ben
2737 v grün Särge in Hausform
2689 v grün Zweistockhäuser in Sumer
2681 v grün Vorbild für Grabanlage
2613 v grün Wachsende Größe
2356 v grün Fensterplatten in Sumer
1711 v rot Strafe für Baufehler
1648 v grün Hilani-Haus in Kleinasien
1581 v grün Aussichtsfenster
1552 v grün Fensterfronten
1374 v grün Komfort-Häuser in Ägypten
1124 v grün Atrium-Haus in Italien
933 v grün Megaron-Haus
789 v grün Ovale Häuser
557 v grün Andron-Haus
486 v–430 v Hippodamos
469 v grün Peristyl-Haus
174 v grün Säulenhalle in Rom
114 v–53 v Krassus
98 v grün Warmluftheizung
1 n grün Fensterscheiben
10 n grün Sprechrohrleitungen
1584 n grün Ebenerdiges Wohnhaus
1744 n grün Dampfheizung
1883 n grün Wolkenkratzer
1919 n blau Bauhaus: Reformen

WOLF, Christa (geboren 1925 n), deutsche Schriftstellerin. Studierte in Jena und Leipzig Germanistik und wurde Verlags-Lektorin sowie Redakteurin der Zeitschrift 'Neue deutsche Literatur' und Kandidatin des Zentralkomitees der SED. Nach ersten Essays errang sie mit ihrer 'Moskauer Novelle' 36jährig Erfolg. Zwei Jahre später wurde sie durch ihren Roman 'Der geteilte Himmel' bekannt. Darin schilderte sie das Schicksal zweier junger Menschen im geteilten Deutschland, deren Liebe an weltanschaulichen Gegensätzen zerbricht. In diesem Buche wie in späteren Werken ('Nachdenken über Christa T.') rückte sie Fragen des Einzelnen innerhalb der sozialistischen Gesellschaft in den Vordergrund. Damit lenkte sie die allgemeine Aufmerksamkeit auf die alte sozialistische Forderung, daß Staat und Wirtschaft dem Menschen zu dienen haben. Verfaßte eine Lebensbeschreibung der Schriftstellerin Anna Seghers.

1963 n blau 'Der geteilte Himmel'

WOLF, Friedrich (1888 n–1953 n), deutscher Dichter und Arzt. Besuchte die Münchener Kunstakademie, entschied sich dann aber für ein Medizinstudium. Den ersten Weltkrieg machte er als Feldarzt mit und wurde 1918 n Mitglied des Arbeiter- und Soldatenrates in Dresden. 1920 n kämpfte er mit der Roten Ruhrarmee gegen den Kapp-Putsch und wurde dann Stadtarzt in Remscheid. Wegen seiner revolutionären Tätigkeit entlassen, arbeitete er als Landarzt und später als Kassenarzt in Württemberg. 1928 n trat er der kommunistischen Partei bei und baute eine Gruppe für künstlerische Propaganda auf (Agitpropgruppe). Gegen das Abtreibungsverbot des § 218 wandte er sich mit seinem Stück 'Cyankali', später stellte er aktuelle politische Themen auf die Bühne ('Die Matrosen von Cattaro'). Nach 1933 n schrieb er in Moskau das antifaschistische Stück 'Professor Mamlock'. 1938 n rief er in Frankreich zum Zusammenschluß aller Antifaschisten auf ('Das Schiff auf der Donau'). Im französischen Konzentrationslager verfaßte er das Stück 'Beaumarchais'. Nach 1945 n trat er für den Sozialismus in Ostdeutschland ein und verfaßte eines der ersten Lustspiele über das Leben in der DDR ('Bürgermeister Anna'). Vertrat die DDR als Botschafter in Warschau. In seinem letzten Lebensjahr schrieb er ein Thomas-Münzer-Drama.

1929 n blau 'Cyankali'

WOLF, Hugo (1860 n–1903 n), österreichischer Komponist. Als Sohn eines Lederhändlers durfte er trotz schlechter Zeugnisse das Wiener Konservatorium besuchen, wurde aber wegen Disziplinlosigkeit entlassen. Nahm eine Stelle als Zweiter Kapellmeister in Salzburg an und schlug sich als Musikkritiker in Wien mühsam durch. Daneben vertonte er 1888 n in knapp vier Monaten 51 Mörike-Lieder, im gleichen Jahre noch 13 Eichendorff-Lieder und einen großen Teil seiner 51 Goethe-Lieder. Dann schrieb er in schneller Folge ein spanisches Liederbuch (44 Gesänge) und ein italienisches Liederbuch (46 Gesänge). Schuf auch zwei Opern ('Der Corregidor'), Chorwerke ('Frühlingschor') und Instrumentalwerke ('Penthesilea'). Verbrachte seine letzten Jahre in der Wiener Irrenanstalt, wo er auch starb.

1878 n blau Lieder

WOLFE, Thomas (1900 n–1938 n), nordamerikanischer Dichter. Als Sohn eines trunksüchtigen Steinmetzmeisters wandte er sich nach trauriger Jugend Sprachstudien zu und wurde Dozent für englische Literatur. Dem großen Erfolg des Romanes seiner Kindheit ('Schau heimwärts, Engel!') ließ er die Geschichten seiner reiferen Jugend folgen ('Von Zeit und Strom'). Im Mittelpunkt seines dritten großen Romanes stand sein Erleben der Jahre 1929 n bis 1936 n ('Es führt kein Weg zurück'). Neben seine bittere Kritik der sozialen Verhältnisse in den USA trat hier die eindeutige Ablehnung des faschistischen Deutschland, das er aus eigener Anschauung kannte. Alle seine Werke ließen das Leben als Suche nach dem Wesen der Welt und nach dem eigenen Wesen erscheinen.

1936 n blau 'Von Zeit und Strom'

WOLFF, Christian, deutscher Philosoph.

1679 n–1754 n Lebenslinie
1719 n blau Religion
1721 n blau Gesellschaft

WOLFRAM von Eschenbach, deutscher Dichter.

1168 n–1220 n Lebenslinie
1206 n blau 'Sängerkrieg'
1210 n blau 'Parsival'
1326 n blau Liedersammlung

WOLGA, größter Strom Europas und bedeutendste Wasserstraße der UdSSR. Entspringt auf den Höhen des Waldai-Gebirges nordwestlich von Moskau, durchfließt in großem Bogen das europäische Rußland und mündet nach 3600 Kilometern ins Kaspische Meer. Fast in ganzer Länge schiffbar, stellt sie seit alters her einen wichtigen Verkehrsweg dar. Über ein Kanal-System ist sie neuerdings mit dem Don, mit der Ostsee, mit dem Schwarzen Meer und mit dem Nördlichen Eismeer (Weißes Meer) verbunden. Durch ein seit 1935 n im Bau befindliches System von sieben Stauseen mit den größten Kraftwerken der Erde wird ihr Gefälle für die Strom-Versorgung des Landes genutzt.

305 n–370 n Ermanrich
350 n/360 n Zweiter Gotischer Krieg
350 n–404 n Balamir
370 n/455 n Hunnenkriege
460 n rot Siedlungsraum der Slawen
503 n braun Vorstoß der Bulgaren
503 n rot Bulgarisches Reich
598 n braun Vorstoß der Khasaren
598 n rot Reich der Khasaren
746 n grün Handelsstraße
922 n grün Ibn Fadlans Reisebericht
965 n braun Vorstoß der Russen
965 n rot Gebiete an Rußland
1207 n–1255 n Batu-Khan
1221 n blau Siedlung Nischni-Nowgorod
1240 n rot Gebiete an Mongolen
1240 n blau Gründung von Sarai
1530 n–1584 n Iwan IV.
1552 n braun Sieg der Russen
1556 n rot Flußgebiet russisch
1557 n blau Gründung von Zarizyn
1670 n/1671 n Kosakenaufstand
1729 n–1796 n Katharina II., die Große
1873 n blau Repin: 'Wolgatreidler'
1952 n grün Kanal zum Don

WOLGA-BULGAREN, Bezeichnung für den Teil des bulgarischen Volkes, der bei seinem Einströmen nach Osteuropa in dem Gebiete südlich von Kasan zwischen dem Ural und dem Unterlauf der Wolga verblieb, während die übrigen Bulgaren zum Balkan weiterzogen und dort ihren Staat gründeten. Im 10. Jahrhundert schufen sie sich im Südosten des europäischen Rußland ein eigenes Reich (Hauptstadt Bolgar). Im Großen Mongolenkrieg 1236 n von der 'Goldenen Horde' besiegt und seit 1431 n russisch, verlor das Volk seine Eigenständigkeit und ging im russischen Staat auf.

503 n braun Vorstoß der Bulgaren
503 n rot Reichsgründung
922 n grün Bericht Ibn Fadlans
1207 n/1279 n Großer Mongolenkrieg

WOLGA-DON-KANAL, künstlich angelegter Schiffahrtsweg in Südrußland. Verbindet die Wolga südlich von Wolgograd (Stalingrad) mit dem an dieser Stelle nur 101 Kilometer entfernten Don. Durch 13 Schleusen überwindet er von der Wolga her eine Steigung von 88 Metern und ein Gefälle von 44 Metern zum Don hin. Durch seine Anlage erhielten die mit der Wolga verbundenen Schiffahrtswege zwischen Ostsee und Kaspischem Meer eine Wasserverbindung zum Schwarzen Meer und damit zum Mittelmeer.

1952 n grün Fertigstellung

WOLGOGRAD, seit 1961 n Name der Stadt Stalingrad im Süden des europäischen Rußland an der Einmündung der Zariza in die Wolga, weshalb sie bis 1925 n Zarizyn hieß. Als Ausgangspunkt einer 60 Kilometer langen Befestigungslinie ('Zarizyn'sche Linie') bereits im Zarenreiche von militärischer Bedeutung bei der Abwehr kirgisischer Kosaken. In der russischen Revolution wurde die Stadt durch Stalin erfolgreich gegen die Armeen der Konterrevolution verteidigt. Weil dieser Erfolg für die Sicherung der Ernährung des ganzen Landes von größter Bedeutung war, wurde sie 1925 n nach Stalin benannt. 1942 n brachte der russische Sieg über die hier eingeschlossene deutsche Armee die Wende im zweiten Weltkrieg und leitete die Befreiung der Sowjetunion von den deutschen Angreifern ein. Nach Stalins Tod erhielt die Stadt den Namen 'Wolgograd'. Diese Umbenennung war Auftakt der Befreiung des russischen Kommunismus aus der mit Stalins Namen verknüpften Willkürherrschaft.

1557 n blau Gründung
1879 n–1953 n Stalin
1917 n/1922 n Russische Revolution
1939 n/1945 n Zweiter Weltkrieg
1944 n blau Simonows Erzählung
1945 n blau Pliviers Roman

WOLHYNIEN, osteuropäische Landschaft in der Nordwest-Ukraine halbwegs zwischen Warschau und Kiew. Von den normannischen Reichsgründern im 9. Jahrhundert ihrem Staate von Kiew eingefügt. 1074 n mit Polen vereinigt, im 12. Jahrhundert wieder russisch, kam es im 14. Jahrhundert zunächst zu Polen, dann zu Litauen. 1569 n mit Litauen an Polen zurückgefallen. Bei der zweiten Teilung Polens wurde es zum größten Teile erneut russisch. Nach dem ersten Weltkrieg Teil des wieder verselbständigten Polens, fiel es 1945 n durch die Verschiebung Polens nach Westen wieder an Rußland.

1309 n–1370 n Kasimir der Große
1793 n rot Zweite Teilung Polens
1914 n/1918 n Erster Weltkrieg
1939 n/1945 n Zweiter Weltkrieg

WOLKEN

714 v–642 v Manasse
585 v–525 v Anaximenes
135 v–50 v Poseidonios
97 v grün Erforschung
1940 n blau Noldes Gemälde

WOLKENKRATZER, Bezeichnung für besonders hohe Hochhäuser, wie sie seit Ende des 19. Jahrhunderts in den Großstädten der USA gebaut wurden. Die durch hohe Bodenpreise und durch den spekulativen Charakter der Bautätigkeit bewirkte Bauweise wurde in unserer Epoche durch eine neue Bautechnik (Stahl-Beton-Glas) gefördert und verbreitete sich in großen Teilen der kapitalistischen Welt. Zum Ausdruck weltstädtischer Bauweise geworden, fand er auch in den Großstädten der sozialistischen Länder Eingang.

1883 n grün Bau in Chicago
1931 n blau Empire-State-Building
1952 n blau Lever-Haus
1953 n blau Lomonossow-Universität

WOLLE, Bezeichnung für Schafhaar und die aus ihm gewonnenen Fäden und Stoffe. Neuerdings wird das Wort in Verbindung mit Zusatznamen ('Angora-Wolle') auch für Stoffe aus anderen Tierhaaren verwendet (Kaninchen, Ziege, Kamel).

2825 v grün Gewinnung in Sumer
2580 v rot Höchstpreise in Sumer
2029 v grün Spinnereien in Sumer
2006 v grün Wollereiches Schaf
647 v grün Gebrauch in Griechenland
577 v grün Reibungselektrizität
1302 n grün Orseille-Farbstoff

1463 n grün Tuchimport-Verbot
1516 n grün Indigo-Farbstoff

WOLLIN, Ostsee-Insel vor der Oder-Mündung. Bildet zusammen mit der Nachbarinsel Usedom den Schutz des Stettiner Hafens gegen die Ostsee. Die gleichnamige Hauptstadt der Insel war vor 1000 Jahren ein reiches Handelszentrum und wurde deshalb 1183 n vom Dänenkönig Knut gebrandschatzt. Nach ihrem Wiederaufbau erhielt sie 1264 n Stadtrecht. Im Dreißigjährigen Kriege stark zerstört, fiel sie im Westfälischen Frieden an Schweden. 1720 n wurde sie mit Vorpommern und Stettin deutsch (preußisch). Seit 1945 n polnisch (Potsdamer Konferenz). Nach neueren Forschungen handelt es sich bei der Insel um das sagenumwobene 'Vineta' der alten Welt.

996 n blau Joms-Vikinga-Saga
1618 n / 1648 n Dreißigjähriger Krieg
1648 n rot Westfälischer Friede
1720 n rot Preußischer Besitz
1945 n rot Potsdamer Abkommen

WORDSWORTH, William (1770 n–1850 n), englischer Dichter. Als Sohn eines Rechtsanwalts studierte er Literatur und reiste nach Frankreich, wo er sich für Rousseaus Ideen und für die Revolution begeisterte. Zusammen mit seinem Freunde Coleridge schrieb er 28jährig ein Balladenbuch, das beide berühmt machte. Von der revolutionären Gewalt der Jakobiner abgestoßen, wandte er sich in England bald wieder den konservativen Kräften zu. Als Stempel-Ausgeber erhielt er eine sichere Einnahmequelle und schuf vierzig Jahre lang kraftlose Arbeiten. Erst im letzten Jahrzehnt gelangen ihm noch einmal Werke vom Rang seiner Jugenddichtungen ('Das Vorspiel', 'Der Einsiedler'). Darin stellte er der verderbten Zivilisation die Sehnsucht nach der unverbildeten Natur entgegen. So mündete sein Protest gegen die Unmenschlichkeit des Frühkapitalismus in eine allgemeine Verurteilung des Großstadt-Daseins und im Lobe des gesunden bäuerlichen Lebens.

1798 n blau Balladen

WORKUTA, Stadt im äußersten Nordosten des europäischen Rußland zwischen dem nördlichen Ausläufer des Ural-Gebirges und dem Nördlichen Eismeer. Die reichen Kohlevorkommen der Umgebung wurden Grundlage einer zunehmend von Strafgefangenen und Verhafteten betriebenen Steinkohlenförderung, die während des zweiten Weltkrieges auf 20 Millionen Tonnen jährlich (40 Schächte) anwuchs. In den hierfür errichteten Zwangsarbeitslagern erhoben sich nach Stalins Tod die Häftlinge gegen die terroristische Form des Kommunismus. Ihr Aufstand trug zur Auflösung von Zwangsarbeitslagern in der UdSSR bei.

1953 n braun Aufstand

WORMS, Stadt am linken Ufer des Rheins südlich von Mainz. Die alte Kelten-Siedlung wurde vor 2000 Jahren römisch. Im 5. Jahrhundert Residenzstadt des Burgunderreiches, dessen König Gunther im Nibelungenlied eine tragische Rolle spielt. In den Hunnenkriegen zerstört, wurde sie von Franken wieder aufgebaut und war seit dem 9. Jahrhundert Hofburg fränkischer Könige ('Pfalz'). Um 1000 n übernahm der christliche Bischof auch die weltliche Gewalt über die Stadt und das umliegende Land ('Bistum'). Dagegen erhoben sich die zunehmend selbstbewußten Bürger. Die Stadt war mehrfach Tagungsort des deutschen Reichstags. Im Dreißigjährigen Krieg wurde sie durch schwedische, kaiserliche und französische Truppen schwer geschädigt. Im dritten Krieg Ludwigs XIV. abermals von Franzosen zerstört. Während der Napoleonischen Kriege gehörte sie von 1797 n bis 1814 n zu Frankreich, wurde aber durch den Wiener Kongreß wieder deutsch. Nach dem ersten Weltkrieg 12 Jahre lang von französischen Kolonialtruppen besetzt. Trotz massiver Begünstigung des Separatismus durch die französische Besatzungsmacht hielt die Bevölkerung aber zu Deutschland und wurde 1930 n wieder von den Besatzungstruppen befreit.

370 n / 455 n Hunnenkriege
413 n rot Burgunderreich
436 n rot Ende des Burgunderreiches
804 n–876 n Ludwig der Deutsche
843 n rot Deutscher Besitz
1074 n braun Aufstand
1074 n rot Unabhängigkeit
1122 n rot Wormser Konkordat
1156 n rot Rechte
1204 n blau Nibelungenlied
1220 n blau Rathaus
1234 n blau Dom
1254 n rot Rheinischer Städtebund
1483 n–1546 n Luther
1495 n rot Reichstag: Reformen
1521 n rot Wormser Edikt
1618 n / 1648 n Dreißigjähriger Krieg
1688 n / 1697 n Dritter Krieg Ludwigs XIV.
1796 n / 1815 n Napoleonische Kriege
1815 n rot Wiener Kongreß

WORMSER EDIKT, auf dem Wormser Reichstag von 1521 n nach Anhörung Luthers unter Kaiser Karl V. beschlossener Erlaß. Danach wurde Luther in die Reichsacht erklärt und die Verbrennung seiner Schriften angeordnet. Durch diesen Beschluß waren die von Luther erstrebten Reformen verworfen und die Bewegung der Reformation als Erhebung gegen die Reichsgewalt geächtet.

1483 n–1546 n Luther
1500 n–1558 n Karl V.
1521 n rot Erlaß

WORMSER KONKORDAT, ein in der Stadt Worms zwischen dem deutschen Kaiser (Heinrich V.) und dem Papst (Kalixt II.) abgeschlossener Vertrag über die Frage der Einsetzung von Kirchenfürsten. Danach wurden Klostervorsteher (Äbte) und Kirchenfürsten (Bischöfe) von der Kirche in Gegenwart des Kaisers gewählt, aber vom Kaiser in ihr Amt eingesetzt (und damit in ihren stattlichen Landbesitz). Diese Frage der Einsetzung ('Investitur') war zur Sicherung der kaiserlichen Macht gegenüber der Kirche bedeutsam.

1081 n–1125 n Heinrich V.
1122 n rot Investitur-Regelung

WORRINGEN, Dorf im Norden von Köln (Rhein), 1922 n der Stadt Köln als Vorort eingemeindet. Hier fand vor 700 Jahren die Schlacht der aufständischen Bürger von Köln gegen ihren Erzbischof Siegfried II. statt. Auf der Seite der Kölner Bürger kämpften Truppen aus Holland, Jülich, Kleve und Brabant, auf der Seite des Erzbischofs die Grafen von Luxemburg, Nassau, Flandern und Geldern. Die Bürger- und Bauernheere siegten klar über die Reiterheere des Erzbischofs, der mit den Grafen von Geldern und Nassau gefangen wurde und auf seine Herrschaft über die Stadt verzichten mußte.

1288 n braun Aufstand gegen Erzbischof

WOSER (um 1520 v–um 1470 v), ägyptischer Staatsmann. Als Kanzler ('Wesir') des Nilreiches hatte er neben der Aufsicht über alle Staatsbeamten auch die höchste richterliche Gewalt inne. Engster Vertrauter des Königs Tut-Mosis III., führte er den jungen Herrscher in die Regierungsgeschäfte ein und bildete ihm in Rech-Mi-Re einen fähigen und ergebenen Nachfolger heran.

1512 v–1448 v Tut-Mosis III.
1502 v–1431 v Rech-Mi-Re

WOSTOK, Name des ersten Raumschiffes, das einen Menschen in eine Umlaufbahn um die Erde trug. Das russische Wort heißt 'Osten'. Juri Gagarin umkreiste damit in 89 Minuten die Erde und landete dann mit Hilfe von Fallschirmen unversehrt. Der Name dieses Raumschiffes, mit dem das Zeitalter der bemannten Raumfahrt begann, wurde von der UdSSR später auch anderen Raumschiffen gegeben: 'Wostok 3' und 'Wostok 4' führten das Rendezvous-Manöver im All aus, 'Wostok 6' trug die erste Frau in den Weltraum.

1934 n–1968 n Juri Gagarin
1961 n grün Gagarins Raumflug
1962 n grün Rendezvous-Flug
1963 n grün Flug einer Frau

WREN, Christopher (1632 n–1723 n), englischer Architekt. Studierte Mathematik, beschäftigte sich viel mit Sternkunde und wurde Professor der Astronomie in Oxford. Daneben galt seine Liebe seit seinem 30. Lebensjahr der Architektur. Studierte die französische Baukunst unter Ludwig XIV. und baute ein Theater in Oxford sowie ein College in Cambrigde. Nach dem großen Brande Londons (1666 n) wurde er zum Baumeister der Stadt ernannt und zwei Jahre später zum königlichen General-Architekten von England. Errichtete über 60 öffentliche Gebäude, Paläste und Kirchen, darunter die drittgrößte Kirche der Erde (Pauls-Kathedrale). Seine nüchternen, sachlichen Bauten zeichnen sich durch technische Kühnheit aus.

1710 n blau Pauls-Kathedrale

WRIGHT, Frank Lloyd (1869 n–1959 n), nordamerikanischer Architekt. Nach Tätigkeit in mehreren Architekturbüros von Chicago arbeitete er beim Aufbau der Weltausstellung von 1893 n mit Sullivan zusammen, dessen klare, blockhafte Formgebung er übernahm. Eine Japanreise lehrte ihn den fernöstlichen Zusammenklang von Landschaft und Bauwerk. Unter bevorzugter Verwendung von Stahl, Glas und Beton schuf er dann zweckbestimmte Bauwerke, deren Harmonie aus ihren Proportionen sprach. Dabei bezog er die Landschaft in seine Planung ein (Haus über dem Wasserfall). Beim Hochhausbau ging er von einem tragenden Kern aus und ließ die Etagen frei und leicht darüber hinausragen. Das Museum für gegenstandslose Kunst in New York baute er nicht mehr in der traditionellen Wand-Dach-Konstruktion, sondern schuf unter einer Glaskuppel ganz neue Raum-Formen. Veröffentlichte mehrere Bücher über seine Gestaltungsprinzipien und eine Beschreibung des eigenen Lebens.

1959 n blau Guggenheim-Museum

WRIGHT, Richard (1908 n–1960 n), nordamerikanischer Dichter. Als Sohn eines farbigen Landarbeiters auf einer Farm in den Südstaaten großgeworden, beschrieb er in lebendigen Kurzgeschichten das Dasein selbstbewußter schwarzer Arbeiter ('Onkel Toms Kinder'). In dem Roman 'Sohn dieses Volkes' schilderte er das Schicksal eines jungen Negers, der in Chicago vergeblich um einen Platz in der menschlichen Gesellschaft ringt. In seiner Lebensgeschichte ('Ich Negerjunge') zeigte er die Leiden und Demütigungen, denen ein Schwarzer in Nordamerika ausgesetzt ist. Durch seine anklägerischen Werke bekanntgeworden, unternahm er große Reisen, ließ sich in Paris nieder, gelangte zu Geld und Ansehen, paßte sich auch in seiner Gesinnung der bestehenden Ordnung an und schrieb vorwiegend Kriminalromane. In seinem Roman 'Der schwarze Sohn' beschrieb er, wie ein Neger durch soziale Unterdrückung zum Mörder wird.

1945 n blau 'Ich Negerjunge'

WRIGHT, Wilbur (1867 n–1912 n), nordamerikanischer Techniker. Betrieb mit seinem jüngeren Bruder Orville eine Fahrradfabrik und wandte sich gemeinsam mit ihm um die Jahrhundertwende der Flugtechnik zu. Von dem Ingenieur Chanute beraten, der 1896 n ein Buch über die Fortschritte des Flugwesens geschrieben hatte, machten sie sich gründlich mit allen Vorläufern bekannt. Als sie das Original eines Gleitflugzeuges von Otto Lilienthal gesehen hatten, bauten sie ihre erste Maschine nach diesem Muster, brachten aber den Piloten liegend unter und setzten ein steuerbares Ruder vor die Tragfläche. Im Jahre 1900 n begannen sie mit Gleitflügen. 1901 n konstruierten sie einen Doppeldecker und übertrafen 1902 n mit 622 Metern Lilienthals Flugweiten. Nachdem sie über 1000 Gleitflüge unternommen hatten, bauten sie in ihre Maschine einen selbst konstruierten Motor mit zwei Luftflügeln ein, der bei einer Leistung von 18 PS nur 62 kg wog. Damit unternahm er 1903 n den ersten Flug von 12 Sekunden (= 53 Meter) und erreichte noch am gleichen Tage 59 Sekunden (= 260 Meter). 1904 n überwand er mit stärkerem Motor eine 4,5 km lange Strecke in einer Geschwindigkeit von 51 Stundenkilometern. 1905 n wurden 38 Kilometer in 38 Minuten geflogen. Nun begann er Verhandlungen in Europa zu führen, während sein Bruder Orville das amerikanische Kriegsministerium zu gewinnen suchte. In Paris legte er bei einer Vorführung 124 km in 2 Stunden und 21 Minuten zurück, richtete eine Zweigfirma ein und bildete drei Piloten aus. Nach Amerika zurückgekehrt, baute er eine Fliegerschule auf und vervollkommnete weiter die Flugmaschinen.

1903 n grün Motorflug

WU, chinesischer Kaiser.

1108 v–1044 v Lebenslinie
1132 v–1049 v Wen
1099 v–1016 v Tschu
1047 v braun Erhebung
1046 v blau Machtverlust der Priester

WÜRFELSPIEL

2676 v grün Verbreitung in Indien

WÜRFEL-VERDOPPELUNG, mathematische Aufgabe, die darin besteht, einen Würfel zu konstruieren, dessen Inhalt die doppelte Größe eines bekannten Würfels hat. König Minos (Kreta) soll sie bereits vor über 3000 Jahren gestellt haben, um ein würfelförmiges Grabmal in der Größe zu verdoppeln. Die Priesterin von Delos soll den Athenern geraten haben, den würfelförmigen Altar des Apollo-Tempels zu verdoppeln, um so die Pest zu bannen. Erst nach Jahrzehnten gelang Archytas die Lösung, fast 200 Jahre später baute Eratosthenes sogar ein Gerät dafür. Mit Hilfe der höheren Algebra und durch Anfertigung von Kurven (Konchoide) gelöst, wurde die Aufgabe neu formuliert. Nun wurde ihre Lösung allein durch Zirkel und Lineal gefordert, bis im 19. Jahrhundert die Unmöglichkeit zur Lösung dieser neuen Aufgabe bewiesen wurde.

433 v–351 v Archytas
394 v grün Archytas' Lösung
207 v grün Eratosthenes' Gerät
179 v grün Nikomedes: Konchoide

WÜRTTEMBERG, süddeutsches Land, das sich vom Alpenvorland (Bodensee) bis an den Main und vom Schwarzwald bis zur Schwäbischen Alb erstreckt. Vor 2000 Jahren wurden durch eine große Einwanderung von Germanen (Sueben) die vorher hier ansässigen Kelten (Helvetier) nach Süden vertrieben. Seit dem 1. Jahrhundert nach der Zeitwende von Römern besetzt, wurde das Land mit der Mittelmeer-Kultur vertraut. Im 3. Jahrhundert wurden hier germanische Alemannen angesiedelt, nachdem ihr Angriff auf das Römerreich abgewehrt war. Um 500 n teilweise dem Frankenreiche einverleibt. Im 9. Jahrhundert bildete sich hier das Herzogtum Schwaben, das seit dem 11. Jahrhundert von den Herren der Burg Wirtemberg (bei Stuttgart) regiert und seit 1135 n nach ihnen benannt wurde. Als einziges süddeutsches Land hielt es auch unter den Schlägen der katholischen Partei im Dreißigjährigen Krieg an der Reformation fest. Gegen die Eroberungspolitik Frankreichs schloß es sich beim Dritten Krieg Ludwigs XIV. an Österreich an. In den Napoleonischen Kriegen wurde es als Verbündeter Napoleons 1803 n zum Kurfürstentum und bald darauf zum Königreich erhoben. 1813 n von Napoleon abgefallen, konnte es 1815 n auf dem Wiener Kongreß sein inzwischen verdoppeltes Gebiet behaupten. In der Revolution von 1848 n erzwang das Volk zahlreiche Zugeständnisse, die aber nach dem Sieg der Restauration 1849 n widerrufen wurden. Im Deutschen Krieg kämpfte es auf österreichischer Seite gegen Preußen und wurde geschlagen. 1871 n trat es dem neuen deutschen Reiche bei. In der Revolution von 1918 n wurde der König vertrieben, das Land wurde Freistaat. Nach dem zweiten Weltkrieg von amerikanischen Truppen besetzt, wurde es Teil der Bundesrepublik und schloß sich später noch die Länder Baden und Hohenzollern an ('Baden-Württemberg').

76 v rot Abzug der Helvetier
51 n–96 n Domitian
83 n grün Bau des Limes
260 n rot Aufgabe des Limes
466 n–511 n Chlodwig
496 n braun Vorstoß der Franken
496 n rot Franken-Herrschaft
924 n / 925 n Vorstoß der Ungarn
1138 n rot Königshaus der Staufer
1179 n blau 'Ernst von Schwaben'
1197 n / 1198 n Kampf um Kaiserthron
1198 n rot Philipp deutscher König
1267 n rot Stadtrecht für Stuttgart
1330 n–1399 n Peter Parler
1331 n rot Schwäbischer Städtebund
1377 n blau Münster von Ulm
1388 n braun Fürstensieg über Städte
1389 n rot Städtebund verboten
1477 n blau Universität Tübingen
1514 n braun Bauernaufstand
1522 n / 1526 n Deutsche Revolution
1618 n / 1648 n Dreißigjähriger Krieg
1688 n / 1697 n Dritter Krieg Ludwigs XIV.
1796 n / 1815 n Napoleonische Kriege
1806 n rot Beitritt zum Rheinbund
1815 n rot Wiener Kongreß
1848 n / 1850 n Deutsche Revolution
1866 n braun Deutscher Krieg
1918 n / 1919 n Deutsche Revolution
1939 n / 1945 n Zweiter Weltkrieg
1945 n rot Besetzung
1949 n rot Teil der BRD

WÜRZBURG, Stadt am Unterlauf des Mains in einem fruchtbaren Ackerbau- und Reben-Gebiet. Seit dem 8. Jahrhundert Residenz fränkisch-thüringischer Herzöge, entwickelte sie sich wegen ihrer Lage an den Straßen Leipzig–Straßburg und Augsburg–Bremen um 1000 n zu einem wichtigen Zentrum von Handel und Verkehr. Durch ihre Niederlage im Bauernkrieg verlor sie ihre Selbständigkeit und wurde dem Bistum zugeschlagen. 1558 n wurde der Bischof ermordet. Hier lebten und wirkten Walther von der Vogelweide, Tilman Riemenschneider und Balthasar Neumann.

702 n blau Entstehung
1128 n rot Schuhmacher-Verband
1188 n blau Neubau des Domes
1476 n rot Hinrichtung Böheims
1491 n blau 'Adam und Eva'
1500 n blau Bibra-Grabmahl
1522 n / 1526 n Deutsche Revolution
1720 n blau Bau des Schlosses
1752 n blau Tiepolo: Fresken

WÜRZBURG, Johann von (um 1285 n bis um 1330 n), deutscher Dichter. Schrieb einen Vers-Roman über die Liebe des österreichischen Herzogs Wilhelm zu Aglye. Darin behandelte er die Möglichkeit einer Verbindung von Liebe und Pflicht. Wegen der von ihm berichteten Abenteuer in einer gefahrenreichen Umwelt sowie wegen der rührend dargestellten Kinderliebe wurde sein Werk sehr beliebt; Wilhelm und Aglye wurden neben Tristan und Isolde zum klassischen Liebespaar seiner Zeit.

1314 n blau 'Wilhelm von Österreich'

WÜRZBURG, Konrad von (um 1225 n bis 1287 n), deutscher Dichter. Nach Besuch einer Klosterschule verließ er seine Heimatstadt und zog als Dichter in Deutschland umher, bis er sich in Straßburg und schließlich in Basel niederließ und als erster Deutscher allein von Einkünften aus literarischen Arbeiten lebte. Meister der kleinen Form. Außer Liedern und Gedichten schrieb er Erzählungen, Sagen, Legenden, Schwänke und Novellen. Seine Romane waren langatmig und wurden kaum gelesen. Unvollendet hinterließ er ein großes Heldengedicht über den trojanischen Krieg, das mit seinen 40000 Versen die umfangreichste Dichtung seiner Epoche war. In seiner Erzählung 'Heinrich von Kempten' verspottete er das Rittertum. Starb an der Pest.

1278 n blau 'Engelhard und Engeltraut'

WÜSTEN, Bezeichnung für öde Landstriche, die es außerhalb Europas in allen vier Kontinenten gibt. Die Verdunstung der Feuchtigkeit überwiegt in diesen trockenen Hochdruckgürteln die Wasserzufuhr, so daß eine dauerhafte Dürre jedes pflanzliche Wachstum verhindert. Da ihr Boden grundsätzlich genauso fruchtbar ist wie die übrige Erdoberfläche, konnten seit ältester Zeit durch Bewässerung Teilgebiete in blühendes Land verwandelt werden. In unserer Epoche wurden durch künstliche Wasserzufuhr riesige Wüstenflächen in Arizona (USA) und Turkestan (UdSSR) zu fruchtbarem Ackerland.

2414 v blau Relief von Tieren
1712 v–1640 v Apofis
1652 v rot Wüstengott in Ägypten
1473 v blau Relief einer Jagd
1098 v–1046 v Adada
552 n / 563 n Asiatischer Türkenkrieg
633 n / 732 n Arabischer Krieg
836 n blau Wüstenlieder-Sammlung
1254 n–1324 n Marco Polo
1304 n–1377 n Ibn Batuta

WU-HOU (624 n–705 n), chinesische Kaiserin. Als Tochter des Beamten Wu wurde sie 13jährig Nebenfrau des Kaisers Tai-Tsung. Nach dessen Tod ging sie in ein buddhistisches Kloster, kehrte aber als Hauptfrau des neuen Kaisers Kao-Tsung an den Hof zurück. Als ihr Mann starb, übernahm sie selbst die Regierung des Reiches. Führte einen neuen Kalender ein und stärkte die Stellung des Buddhismus in China.

694 n grün Kupfersäule
695 n rot Machtsymbol

WULFILA, gotischer Priester.

311 n–383 n Lebenslinie
346 n rot Christianisierung
348 n braun Christenverfolgung
369 n grün Gotisches Alphabet
370 n blau Bibelübersetzung

WUNDBEHANDLUNG

936 n–1013 n Abu Kasim
989 n grün Ausbrennen
1228 n grün Eiterlose Behandlung
1867 n grün Antisepsis

WUNDER, Bezeichnung einfältiger Menschen für Vorgänge, die ihnen unerklärlich sind. Seit alters her von einer listigen Priesterschaft benutztes Mittel zur Erzeugung und Erhaltung religiöser Gläubigkeit.

1118 v–1058 v Wen-Amun
927 v–850 v Elias
603 v grün 'Wundertäter' in Athen
125 n–180 n Lukian
131 n blau Phlegons Schrift
525 n–605 n Alexander Tralles
538 n–594 n Gregor von Tours
1271 n blau Rutebeufs Wunder-Spiel

WURFHOLZ, besonders zugerichtetes und wiederholt verwendetes Jagdgeschoß vergangener Epochen. Kehrte im Gegensatz zum Bumerang nicht zum Werfer zurück, hatte aber gegenüber einem aufgelesenen Stein oder Holzstück den Vorzug größerer Zielsicherheit, vor allem durch die Gewöhnung des Werfers an seine Eigenart.

1414 v grün Gebrauch in Ägypten

WURMKRANKHEITEN

1981 v–1929 v Neferi
525 n–605 n Alexander Tralles
602 n grün Fachschrift

WURZELBEHANDLUNG

81 n–144 n Archigenes

WURZELBERECHNUNG, mathematische Methode zur Ermittlung der nicht bekannten Grundzahl, die durch Multiplikation mit sich selbst eine bekannte Zahl ergibt.

1985 v grün Wurzelzeichen in Sumer
995 v grün Aufkommen in China

WU-TAOTSE, chinesischer Maler.

683 n–755 n Lebenslinie
713 n blau Bild der Gottesmutter
716 n blau Bild der Hölle
726 n blau Gemälde Buddhas
753 n blau Gemälde Kon-Fu-Tses

WU-TI, Kaiser von China.

157 v–87 v Lebenslinie
172 v–114 v Tschang-Kien
129 v grün Tschang-Kiens Reise
127 v braun Feldzug gegen Hunnen
127 v rot Erbteilungs-Gesetz
127 v grün Handel mit Parthern
125 v rot Gewinn der Mandschurei
124 v rot Konfuzianismus
124 v blau Universität
121 v grün Ausbau der Seidenstraße
120 v rot Prüfungsordnung
119 v braun Sieg über Hunnen
119 v rot Gebietsgewinn
119 v grün Staatsmonopole
114 v grün Handel mit Europa
111 v rot Gewinn Kantons
109 v grün Münzmonopol
108 v rot Gewinn Nordkoreas
104 v grün Kalenderreform
102 v rot Hoheit über Ostturkestan

XANTEN, deutsche Stadt am linken Ufer des Niederrheins unterhalb von Düsseldorf, 40 km vor der holländischen Grenze. Seit dem Jahre 15 v von Drusus als römischer Waffenplatz ausgebaut. 120 Jahre später errichtete der römische Kaiser Trajan in der Nähe die nach ihm benannte Stadt. Nach Abzug der Römer Mittelpunkt eines germanischen Reiches. In der Nibelungensage Siegfrieds Residenz. Später gehörte die Stadt zum Frankenreich (Neustrien) und fiel nach der Teilung durch den Vertrag von Meersen dem Ostreich (Deutschland) zu. 1228 n erhielt sie Stadtrecht. Als Zankapfel zwischen dem Bischof von Köln und anderen Fürsten umstritten, kam sie 1444 n an Kleve. 1614 n fiel sie Brandenburg zu. 1795 n von Frankreich genommen, wurde sie auf dem Wiener Kongreß wieder Deutschland (Preußen) zugesprochen. Im zweiten Weltkrieg zu 85 Prozent zerstört.

38 v–9 v Drusus
863 n braun Vorstoß der Normannen
870 n rot Vertrag von Meersen
1204 n blau Nibelungenlied
1614 n rot Besitz Brandenburgs
1815 n rot Wiener Kongreß
1939 n/1945 n Zweiter Weltkrieg

XANTHOS (um 500 v– um 440 v), griechischer Geschichtsschreiber aus Sardes (Kleinasien). Verfaßte eine chronologische Übersicht der Geschichte seines Heimatlandes Lydien (West-Kleinasien), das zeitweilig die Herrschaft über ganz Kleinasien ausübte. Gab auch Vergleichsdaten aus der Geschichte Griechenlands, Vorderasiens und Ägyptens. Dabei sprach er die Vermutung aus, daß zwischen dem Mittelmeer und dem Roten Meer ursprünglich eine Wasserverbindung bestanden habe.

450 v blau Geschichte Lydiens

XATIVA, Stadt im südöstlichen Spanien bei Valencia. Seit Anfang des achten Jahrhunderts von Arabern beherrscht, die hier im zwölften Jahrhundert die erste Papierfabrik Europas aufbauten.

1107 n grün Papiermanufaktur

XAVIER, Franz (1506 n–1552 n), spanischer Priester. Studierte in Paris, lernte dort Ignatius von Loyola kennen und gehörte zu den Mitbegründern des Jesuitenordens auf dem Montmartre. Im Auftrage des Königs von Portugal und des Papstes unternahm er eine Reise nach Indien (Goa), wo er sechs Jahre lang das Christentum zu verbreiten suchte. Dann erkannte er, daß die Kolonialmethoden Portugals eine gleichzeitige Gewinnung der Inder für das Christentum ausschloß. Er warnte den portugiesischen König in einem Briefe vor der Stunde der Rache der ausgebeuteten Kolonialvölker und reiste weiter zur nächsten portugiesischen Kolonie (Molukken). Nach kurzem Aufenthalt verließ er die Inselgruppe, da er auch hier keine Missionserfolge erzielte und wandte sich Japan zu. Aber nach zwei Jahren mußte er dort seine Bemühungen ebenfalls einstellen. Er reiste nach China weiter und starb auf dem Wege dorthin.

1534 n rot Jesuitenorden
1549 n rot Christianisierung Japans

XENOKRATES (396 v–314 v), griechischer Philosoph. Als Schüler des Plato ging er nach dessen Tod mit Aristoteles nach Assos (Kleinasien) und kehrte als Leiter der von Plato gegründeten Philosophenschule ('Akademie') nach Athen zurück. Wegen seiner Redlichkeit und Redegewandtheit betrauten ihn die Athener gelegentlich auch mit diplomatischen Missionen. Die Philosophie betrieb er neben seiner Beschäftigung mit Arithmetik, Geometrie und Astronomie. So rückte er die Zahl in den Mittelpunkt seiner Erkenntnislehre. Andererseits stellte er Platos Gedankengebäude auf eine stärker naturwissenschaftlich bestimmte Grundlage. Die Seele bestimmte er als sich selbst bewegende Zahl, Ideen setzte er mit Zahlen gleich.

316 v blau Dreiteilung der Philosophie

XENOPHANES, griechischer Philosoph.

575 v–483 v Lebenslinie
530 v blau Philosophenschule
518 v blau 'Über die Natur'

XENOPHON, griechischer Geschichtsschreiber und Philosoph.

430 v–353 v Lebenslinie
385 v blau 'Apologie des Sokrates'
373 v blau 'Zug der 10000'
370 v blau Fürstenspiegel
364 v grün Haushaltsbuch
359 v blau 'Hipparchikos'

XERXES, Kaiser Persiens von 485 v bis 465 v.

520 v–465 v Lebenslinie
530 v–472 v Aristides
525 v–459 v Themistokles
519 v–480 v Leonidas
490 v/449 v Perserkriege
485 v/484 v Erhebungen
483 v rot Flottenbau Athens
483 v grün Athos-Kanal
481 v rot Bündnis der Griechen
481 v rot Beeinflussung Karthagos
480 v braun Niederlage Karthagos
480 v grün Schiffsbrücke
479 v rot Abweisung durch Athen
478 v rot Tempel Babylons zerstört
477 v rot Bündnis der Griechen
476 v blau Phrynichos: 'Phönissen'
473 v blau Aischylos: 'Die Perser'

XIMENES, Francisco (1436 n–1517 n), spanischer Priester und Staatsmann. Als Nachkomme einer verarmten Adelsfamilie wurde er für die kirchliche Laufbahn bestimmt. Studierte Kirchenrecht und Zivilrecht, um 20jährig in den Dienst von Kirchenfürsten zu treten. 50jährig wurde er Mönch und geriet wegen seiner strengen Bußübungen in den Ruf so großer Heiligkeit, daß Königin Isabella ihn zu ihrem Beichtvater machte. Bald Erzbischof, Kardinal, Groß-Inquisitor und schließlich Regent, hat er fast drei Jahrzehnte lang das Gesicht Spaniens entscheidend geprägt. Er erzwang die religiöse Einigung des Landes im Katholizismus, indem er mit Terror, Folter und Scheiterhaufen (Inquisition) Menschenwürde, Recht und Kultur zerbrach. Die Verbrennung aller wissenschaftlichen Werke der Araber überwachte er persönlich. In Alcala gründete er eine auf das Christentum eingeschworene Universität und ließ neun Gelehrte fünfzehn Jahre lang an einer Zusammenstellung aller erreichbaren Bibeltexte arbeiten. Indem er Millionen von Arabern, Juden und Spaniern tötete, einkerkerte oder vertrieb, beraubte er das Land seiner Wissenschaftler, Handwerker und Kaufleute. So stieß er das erst 1492 n ganz den Arabern abgerungene Spanien nach Jahrhunderten einer hohen Geistesblüte in die Finsternis des christlichen Aberglaubens zurück und versperrte dem Lande so den Anschluß an die Entwicklung der europäischen Kultur.

1451 n–1505 n Isabella von Kastilien
1492 n rot Vertreibung der Juden
1502 n rot Vertreibung der Mauren
1507 n rot Groß-Inquisitor

XIU, Name eines mittelamerikanischen Maya-Staates, dessen Hauptstadt Uxmal südwestlich der Stadt Mayapan (Mexiko) lag. Seine Verbindung mit zwei benachbarten Staaten (Itza und Cocom) war Ausgangspunkt einer Blütezeit der Maya-Kultur. Doch währte diese friedliche Gemeinsamkeit nur knapp 200 Jahre. 1440 n erhoben sich unter ihrer Führung mehrere Mayastämme zum Sturz der Herrschaft von Mayapan. Nach Zerstörung dieser Stadt zogen sie sich nach Mani zurück und lebten in ihrer neuen Hauptstadt selbständig und zurückgezogen bis zu ihrer Eroberung durch die Spanier.

1007 n rot Dreibund
1440 n braun Zerstörung Mayapans

X-STRAHLEN, internationale Bezeichnung für die von dem deutschen Physiker Röntgen entdeckten elektromagnetischen Strahlen, die den Lichtstrahlen verwandt sind, aber wegen ihrer Kurzwelligkeit fast alle festen Stoffe durchdringen. Diese Eigenschaft ermöglicht eine Durchleuchtung des menschlichen Körpers und die Abbildung von Knochen und Organen auf Filmen. Ihre zersetzende Wirkung auf Gewebszellen gefährdet den gesunden Körper, bringt aber zugleich ihre Eignung für Heilzwecke mit sich. Ihr Wellencharakter sowie ihre Beugung beim Durchgang durch Kristalle, die durch Max Laue bewiesen wurden, machen ihre Verwendung bei der Erforschung der Materie sowie bei der Materialprüfung in der Technik möglich.

1895 n grün Entdeckung
1912 n grün Laue: Wellennatur

YANG-HSIU (1007 n–1072 n), chinesischer Dichter und Staatsmann. Als Sohn eines Richters verlor er 4jährig seinen Vater und wuchs in Armut auf. Seine Mutter lehrte ihn das Schreiben, so daß er bald im Staatsdienst zu hohen Ämtern aufstieg. Doch fühlte er sich stets zuerst als Dichter. Schrieb in einfacher Sprache, und seine Gedichte wurden sehr volkstümlich. Verfaßte ein historisches Werk ('Geschichte der fünf Dynastien'). Förderte aufkommende Talente. Auch der berühmte Staatsmann Wang-Anschi gehörte zu seinen Schülern. Von der Politik enttäuscht, zog er sich in die Einsamkeit zurück als 'Einsiedler mit den 6 Dingen' (1 Schachbrett, 1 Zither, 1 Krug Wein, 1 Kranichpaar, 1000 Manuskripte, 10000 Bücher).

1021 n–1086 n Wang-Anschi
1064 n blau 'Prinzessin Ming'

YANG-HUI, chinesischer Bildhauer.

696 n–748 n Lebenslinie
738 n blau Plastik einer Kurtisane

YANG-TI, Kaiser Chinas von 605 n bis 618 n.

560 n–618 n Lebenslinie
570 n–635 n Li-Yüan
605 n blau Palaststadt
605 n grün Kanalbau
606 n rot Staatsexamen
608 n grün Kanalbau-Organisation
612 n braun Angriff auf Korea
617 n/623 n Bürgerkrieg
618 n rot Li-Yüan Nachfolger

YANG-TSCHU (um 410 v–um 350 v), chinesischer Philosoph. Lehnte jede Religion und alle übrige Metaphysik als reine Spekulation ab. Forderte die freie Entfaltung jedes Menschen durch vollkommenes und ungehemmtes Sich-Ausleben. Im Staat sah er ein Übel, das um so kleiner ist, je weniger sich der Staat um die Bürger kümmert. Gegner aller Gesetze, in denen er nur eine lästige Einengung der Persönlichkeits-Entfaltung erblickte.

369 v blau Persönlichkeits-Entfaltung

YAO, chinesischer Kaiser.

2332 v–2248 v Lebenslinie
2305 v rot Absetzung des Vorgängers
2305 v rot Wahl zum Kaiser
2302 v rot Verwaltungsreform
2288 v–2206 v Schun
2269 v grün Kalenderreform
2257 v grün Überschwemmungen

YARD, englisches und nordamerikanisches Längenmaß von knapp einem Meter (genau: 0,914 m).

1101 n grün Einführung

YAZILIKAYA, Name des Haupt-Heiligtums der Hettiter in einem Vorort ihrer Hauptstadt Hattusa im Herzen Kleinasiens. Eine größere Anzahl von Reliefdarstellungen der hettitischen Götter- und Heldensage wurde unmittelbar in einen Felsen geschlagen. Der Eingang zu der Felsspalte mit diesen Reliefs wurde später durch Tempelbauten geschmückt. Die Darstellungen von Göttern und Königen sind mit Schriftzeichen versehen ('Yazilikaya' = 'Beschriebener Fels').

1306 v blau Reliefs

YNGLINGATAL, Titel einer Spruchdichtung des Norwegers Thyodolf. Darin preist dieser Gefolgsmann des Prinzen Rognvald die fürstliche Abstammung seines Herrn von der alten schwedischen Königsfamilie der Ynglinger.

847 n blau Entstehung

YNGLINGER, Name einer schwedischen Herrscherfamilie, die vom 5. bis zum 9. Jahrhundert den Königsthron von Schweden innehatte.

847 n blau Preislied

YOGA, Name einer indischen Lehre, die durch Zuordnung zum Hinduismus religiösen Charakter erfahren hat. Herkömmlich nur ein System zur Unterdrückung aller sinnlichen Bedürfnisse durch Körperbeherrschung und Selbstbetrachtung. Ziel ist die Erlangung besonderer Fähigkeiten durch willentliche Steuerung von Körpervorgängen (Atmen nach bestimmten Regeln, Betrachtung der eigenen Nasenspitze auf 84 vorgeschriebene Weisen). Durch die nach dieser Lehre so bewirkbare Verbindung mit verborgenen Mächten sollen acht Eigenschaften erworben werden: Sich leichter oder schwerer zu machen, sich größer oder kleiner zu machen, jede fremde Gestalt anzunehmen, überall hingelangen zu können, alle Naturgesetze zu beherrschen, alle Menschen von sich abhängig zu machen. In Indien seit mehreren Jahrtausenden verbreitet, fand hauptsächlich der praktische Teil der Lehre ('autogenes Training') seit dem 19. Jahrhundert auch in europäische Länder Eingang.

562 v blau Körperhaltung
196 v blau Lebensregeln
424 n blau 'Sutras'

YOMADA, Name einer Ortschaft auf der japanischen Hauptinsel Hondo unweit der Stadt Osaka. Hier wurde vor 2000 Jahren für die Sonnengöttin Amaterasu ein Heiligtum errichtet ('Ise-Tempel'). Als Heimat des Schinto-Glaubens entwickelte es sich mit dessen Verbreitung zum Zentrum der japanischen Staatsreligion. Da das Bauwerk aus Holz war, mußte es von Zeit zu Zeit völlig neu aufgebaut werden. Diese Erneuerung findet jetzt alle zwanzig Jahre statt.

5 v blau Ise-Tempel

YORCK von Wartenburg, Johann (1759 n bis 1830 n), deutscher Heerführer. Als Sohn eines Offiziers wurde er Leutnant der preußischen Armee. 20jährig wegen Aufsässigkeit zu 1jähriger Festungshaft verurteilt, trat er in holländische Dienste. Nach 5jähriger Tätigkeit als Kolonialoffizier in Indien kehrte er zur preußischen Armee zurück. In den Napoleonischen Kriegen fiel er verwundet in französische Gefangenschaft, wurde aber ausgetauscht und kommandierte seit 1812 n das preußische Hilfskorps der französischen Armee, die unter Napoleons Führung nach Rußland vorstieß. Einigte sich in Tauroggen ohne Wissen des Preußenkönigs hinter dem Rücken Napoleons mit dem russischen Befehlshaber und begann damit den Befreiungskampf gegen Napoleon. Vom König, der sich in Berlin noch in der Hand Napoleons befand, offiziell getadelt, aber nicht abgesetzt, führte er die Truppen Preußens in mehreren erfolgreichen Schlachten gegen Napoleon, so bei Wartenburg, dessen Name später seinem eigenen hinzugefügt wurde. Nahm auch an der Eroberung von Paris teil.

1796 n/1815 n Napoleonische Kriege
1812 n rot Konvention von Tauroggen

YORK, Stadt im Nordosten Englands an dem Fluß Ouse, der vom 75 km entfernten Meer (Nordsee) bis hierher für größere Schiffe befahrbar ist. Von den Römern für ihre Besatzungstruppen angelegt, wuchs sie im 1. Jahrhundert zur größten Stadt der britischen Insel empor. Zeitweilig Residenz der römischen Kaiser, in der sich Hadrian und Septimius Severus während ihrer England-reisen aufhielten. Nach Abzug der Römer Hauptstadt eines selbständigen angelsächsischen Königreichs (Northumberland) bis zu dessen Anschluß an das Reich 'Anglia' (England). Nach dem Einfall der Normannen (865 n–867 n) verlor sie ihre führende Stellung, blieb aber lange Zeit gelegentlicher Sitz des Parlamentes.

737 n–804 n Alkuin
780 n–839 n Egbert
823 n/827 n Einigungskrieg
827 n rot Einigung Englands
865 n braun Vorstoß der Normannen
1322 n rot Parlament
1335 n blau Bau der Kathedrale

YOSCHIMASA (1435 n–1490 n), japanischer Kaiser. Der zunehmenden Macht der Fürsten seines Landes ohnmächtig gegenüberstehend, konnte er auch dem Anwachsen der Steuerlast sowie der Rechtsunsicherheit und der drückenden Not im Lande nicht abhelfen. Während Tausende in seinem Reiche verhungerten, baute er sich in seiner Residenzstadt Kyoto einen Palast im Werte von 100 Millionen Mark sowie einen silbernen Pavillon.

1480 n blau Palast

YOSCHIMITSU (um 1330 n–1408 n), japanischer Feldherr und Kanzler (Schogun). Verzichtete auf eine eigene Residenz für das Schogunat und verlegte den Sitz des Schogun wieder in die kaiserliche Hauptstadt Kyoto zurück. Dennoch führte er die Staatsgeschäfte in eigener Verantwortlichkeit und betrachtete den Kaiser nur als repräsentative Gestalt. Öffnete das Land dem chinesischen Einfluß und bemühte sich um die kulturelle Orientierung des Inselreiches auf die überlegene Kunst und Philosophie des chinesischen Nachbarvolkes. Auch politisch fühlte er sich durch die gemeinsame Gegnerschaft gegen die Mongolen mit China verbunden. Nach 26jähriger Herrschaft dankte er zugunsten seines Sohnes ab, baute sich im äußersten Nordwesten Kyotos einen prächtigen Tempel ('Goldener Pavillon') und gab sich ganz dem Studium der chinesischen Kunst hin, deren bedeutendste Werke er in China aufkaufen oder kopieren ließ. Zog die berühmtesten Künstler nach Kyoto, errichtete Kunstschulen und gründete eine Akademie. Holte auch Schauspieler, Tänzer und Dichter an seinen Hof und entwickelte mit ihnen ein japanisches Theater (No-Drama).

1363 n blau No-Drama
1397 n blau 'Goldener Pavillon'

YOUNG, Edward (1683 n–1765 n), englischer Dichter. Als Sohn eines Predigers studierte er Rechtskunde, wurde dann aber auch Pfarrer und erhielt durch ein Lobgedicht auf König Georg II. die Stelle des Hofpredigers. Später zog er sich auf eine kleine Pfarrstelle zurück. Dichterruhm und ein Honorar von 100 000 Mark brachten ihm seine satirischen Gedichte gegen die Ruhmsucht ein. Der Tod seiner Frau veranlaßte ihn zu schwermütigen Gedichten voller Düsternis ('Nachtgedanken über Leben, Tod und Unsterblichkeit'). Verfaßte auch Tragödien ('Busiris') und eine Schrift über das Wesen des Genies.

1742 n blau 'Nachtgedanken'

YOUNG, Thomas (1773 n–1829 n), englischer Naturwissenschaftler. Studierte orientalische Sprachen, Mathematik, Medizin, Botanik und Optik sowie in Göttingen die deutsche Sprache, entschied sich dann aber für die Medizin und ließ sich als praktischer Arzt in London nieder. Daneben ging er Forschungsarbeiten nach und übernahm später eine medizinische Professur. Erkannte die Ursache für die Scharfeinstellung beim menschlichen Seh-Vorgang in der Krümmungsveränderung der Augenlinse. Begründete die Drei-Farben-Lehre des Sehens, derzufolge im Auge ein Organ (Retina) nur die drei Farben Rot, Grün und Violett registriert, alle übrigen Farben (auch das Weiß) aber nur eine Kombination dieser drei Reizwirkungen sind. Bewies den Wellencharakter des Lichts und berechnete dessen Wellenlänge. Fand Gesetzmäßigkeiten der gegenseitigen Beeinflussung von Wellen (Interferenz). Erforschte die Hieroglyphen nach dem Stein von Rosette und gab ein ägyptisches Wörterbuch heraus.

1801 n grün Wellenlehre

YOUNG-PLAN, Bezeichnung für einen Zahlungsplan, der 1930 n zur endgültigen Regelung der deutschen Reparationsleistungen aus dem ersten Weltkrieg aufgestellt wurde. Ermäßigte den bereits einmal von 226 auf 132 Milliarden Goldmark herabgesetzten Betrag auf 34 Milliarden, steigerte aber die jährlichen Zahlungen von 1,6 Milliarden (1930 n) bis auf 2,3 Milliarden Goldmark. Benannt nach dem nordamerikanischen Rechtsanwalt und Bankier Owen D. Young, der als Vorsitzender der Pariser Reparationskonferenz die Interessen der USA vertrat und Direktor der General Electric und Hauptbeteiligter der Morgan-Gruppe war, die mit zahlreichen deutschen Großunternehmen in enger wirtschaftlicher Beziehung standen.

1930 n grün Aufstellung

YPERN, Stadt in Flandern (Nordwest-Belgien). Entstand aus einem Schloß auf einer Insel des Flusses Yperlée, das von Normannen gebrandschatzt und später als Festung wieder aufgebaut wurde. Seit dem 11. Jahrhundert entwickelte es sich zum Zentrum der europäischen Tuchherstellung. Die prächtige Kathedrale wurde bald von dem wuchtigen Turm der 'Tuchhallen' überragt, dem Wahrzeichen der Handelsmacht dieser frühen Stätte hochentwickelter Produktivität ('Belfried'). Im Arbeiter-Aufstand Flanderns kämpfte die Stadt auf der Seite des Proletariats. Als Flandern durch Heirat an Philipp von Burgund fiel, wurde sie neu befestigt. Dabei wurden die Arbeiter der Vorstädte zum großen Teile in andere Orte umgesiedelt. So verlor die Stadt einen großen Teil ihrer Tuchindustrie und damit ihre führende Stellung in Flandern an die Nachbarstädte Brügge und Gent. Im ersten Weltkrieg heftig umkämpft und stark zerstört. Bei einem deutschen Angriff fand hier erstmalig Giftgas Verwendung.

1201 n grün Tuchhallen
1323 n/1328 n Teilnahme am Aufstand
1914 n/1918 n Erster Weltkrieg
1915 n grün Giftgas-Angriff

YÜ, chinesischer Kaiser.

2252 v–2158 v Lebenslinie
2288 v–2206 v Schun
2212 v grün Strom-Regulierung
2201 v rot Verwaltungsreform
2158 v rot Sohn Nachfolger
2158 v rot Hia-Dynastie

YÜAN, Name einer mongolischen Herrscherfamilie, die den chinesischen Kaiserthron von 1276 n bis 1368 n inne hatte. Von Kublai-Khan im Großen Mongolenkrieg erobert, nahm China in dieser Epoche die Stellung eines Teilstaates innerhalb des Mongolenreiches ein, das über ganz Asien bis ans Schwarze Meer und nach Moskau sich erstreckte.

1207 n/1279 n Großer Mongolenkrieg

1214n–1294n Kublai-Khan
1247n–1328n Johannes Korvino
1254n–1324n Marco Polo
1276n rot Mittelchina mongolisch
1279n rot Ganz China mongolisch
1281n braun Angriff auf Japan
1283n grün 'Kaiserkanal'
1289n blau 'Dramen der Yüan-Zeit'
1292n braun Angriff auf Java
1298n rot Teil-Christianisierung
1298n grün Marco Polos Bericht
1307n rot Korvino Bischof
1368n rot Flucht des Kaisers
1368n rot Herrschaftsende

YÜN-NAN, alter Name der chinesischen Stadt Kun-Ming südlich von Tibet an der Grenze von Burma, Laos und Vietnam. Im Jahre 109v durch Kaiser Wu-Ti mit der gleichnamigen Provinz dem chinesischen Reiche eingefügt, war sie wegen ihres Reichtums häufig umkämpft und errang mehrfach für einige Jahrzehnte oder Jahrhunderte staatliche Unabhängigkeit von China. Ihre Produkte (Seide, Tee, Elfenbein, Farben, Teppiche und Edelsteine) waren in Asien wie in Europa bekannt und gefragt. Seit ihrer Unterwerfung im Mongolenkrieg (1254n) teilte sie das Schicksal des chinesischen Reiches. Von Kang-Hi wurde sie dem Mandschu-Kaisertum unterstellt und erst 1911n daraus befreit. Durch die chinesische Revolution seit 1949n kommunistisch.

157v–87v Wu-Ti
1207n/1279n Großer Mongolenkrieg
1650n–1722n Kang-Hi
1682n braun Vorstoß der Mandschu
1682n rot Mandschu-Herrschaft
1911n braun Chinesische Revolution
1911n rot Vertreibung der Mandschu
1925n/1949n Chinesische Revolution
1949n rot China kommunistisch

YUKATAN, Name einer großen Halbinsel in Mittelamerika. Streckt sich von Mexiko aus der Insel Kuba entgegen, von der sie durch die 200 km breite Meeresstraße von Yukatan getrennt ist. Hier entstand vor 1300 Jahren die zweite Hochkultur der Mayas, die aus dem benachbarten Guatemala einwanderten und neue Städte gründeten. In einer Liga vereinigt, wurden diese Städte allmählich vom Stadtstaat Mayapan unterworfen, erhoben sich aber und zerstörten ihre größte und mächtigste Metropole. Dadurch wurde ein wirtschaftlicher und kultureller Niedergang eingeleitet, der sich durch die spanische Eroberung vollendete.

700n grün Maya-Niederlassung
711n blau Gründung Chichen Itzas
999n blau Gründung Mayapans
1007n rot Liga von Mayapan
1065n blau 'Nonnenhaus', Chichen Itza
1225n blau Tempel in Chichen Itza
1440n braun Zerstörung Mayapans

ZABABA, Name eines Kriegsgottes, der in Mesopotamien (Vorderasien) verehrt wurde. Sein Kult trat vor fast 5000 Jahren in der semitischen Stadt Kisch neben die sonst um diese Zeit in Mesopotamien verehrten Götter (Sonnengott, Mondgott, Liebesgöttin, Fruchtbarkeitsgöttin, Mutterschaftsgöttin). Die hierin symbolisierte kriegerische Gesinnung trug 600 Jahre später Früchte: Kisch wurde Keimzelle des ersten Großreiches der Geschichte, das von seinem König Sargon duch Eroberung ganz Mesopotamiens geschaffen wurde. Tempel dieses wilden Kriegsgottes bildeten den Hauptschmuck seiner neuen Residenz (Akkad). Seine Verehrung verbreitete sich über ganz Vorderasien und wurde besonders bei den Assyrern gepflegt, die später als große Eroberer das Erbe Akkads antraten.

2911v blau Verehrung in Kisch
2376v–2294v Sargon der Große
2347v/2325v Kriegszug Sargons

ZÄHMUNG von Tieren

Vorzeittafel: 20 Tausend Jahre
2360v blau Plastik gezähmter Bären
1943v grün Zähmung der Katze
1512v grün Zähmung des Kamels
1386v grün Zähmung des Elefanten

ZAGROS, Name eines Gebirges in Vorderasien (Iran). Westlicher Ausläufer des persischen Hochlandes mit Bergen bis zu einer Höhe von 5000 m, reicht es im Westen bis an das Tal des Tigris (Mesopotamien) heran. Vor mehr als 4000 Jahren fiel es zum größten Teil dem Reiche von Susa (Elam) zu. Später erzwangen die hier ansässigen Kassiten die Herrschaft über große Teile Mesopotamiens.

2297v–2238v Naramsin
2266v/2265v Vorstoß Akkads
2265v rot Lulubu unter Akkad
1994v braun Aufstand
1992v braun Aufstand

ZAHLEN

2992v grün Zahlenschrift in Sumer
2925v grün Bruchzahlen in Sumer
2842v grün Zwei Systeme in Indien
2817v grün Sechziger-Rechnung in Sumer
2779v grün Null in Indien
2009v grün Multiplikation in Sumer
1985v grün Wurzelzeichen in Sumer
1390v grün Zehner- und Zwölfersystem
572v–493v Pythagoras
542v grün Stellenwert in China
389v grün Null in China
241v grün Chinesisches Rechenbuch
116v–27v Varro
94n grün Null in Mittelamerika
130n grün Nikomachos: Zahlenlehre
214n–280n Diophant
221n grün Stellenwert in Mittelamerika
264n grün Diophant: Arithmetik
382n–440n Martianus Kapella
476n–535n Arjabatta
507n grün Dreisatzaufgaben
518n grün Arjabatta: Kurier-Aufga
598n–660n Brahmagupta
633n grün Negative Zahlen in Indi
657n grün Regeln für Null-Rechnun
688n blau Lehrfach in Byzanz
778n–830n Al Karismi
802n grün Inderziffern bei Arabern
809n grün 'Über indisches Rechnen'
816n grün Al Karismi: Rechensystem
823n grün Arabisches Rechenbuch
973n–1048n Al Biruni
1090n grün Deutschland: Araberziffern
1114n–1186n Bhaskara
1145n grün Al Karismi übersetzt
1203n grün Fibonaccis Werk
1460n grün Al Kalsadis Rechenbuch
1467n grün Dezimalbruchsystem
1494n grün Paccíolis Rechenbuch
1514n grün Böschensteins Rechenbuch
1542n grün Cardano: Imaginäre Zahlen
1545n grün Cardano: Rechenbuch
1550n grün Adam Riese: Rechenbuch
1579n grün Vieta: Dezimalbrüche
1614n grün Napier: Logarithmen
1617n grün Briggs: Logarithmen
1801n grün Gauß: Arithmetik
1907n grün Hilbert: 'Zahlenbericht'
1907n grün Minkowski: 'Zahlentheorie'

ZAHLENSCHRIFT

2992v grün Entwicklung in Sumer

ZAHLENSYSTEME

2842v grün Zweier- und Zehnersystem
2817v grün Sechzigersystem
1390v grün Zehner- und Zwölfersystem
816n grün Arabisches Dezimalsystem
1585n grün Dezimalsystem gefordert

ZAHLUNGSMITTEL

2350v grün Metall-Währung in Sumer
2334v grün Silbermünzen in Akkad
2031v grün Gold-Währung in Ägypten
1769v grün Kupferbarren-Währung
780v grün Geldwirtschaft in China
732v grün Silbergeld in Syrien
695v grün Münzen der Griechen
649v grün Einheitliches Geld, Argos
624v grün 'Talent' Währung Athens
594v grün Abwertung in Athen
593v grün Eule als Münzbild
550v–486v Dareios I.
510v grün Goldmünzen der Perser
476v grün Griechen: Geldwirtschaft
454v grün Kupfer-Währung in Rom
407v grün Denkmals-Einschmelzung
327v grün Währung im Alexanderreich
269v grün Silber-Währung in Rom
197v grün Gold-Währung in Rom
195v grün Münz-Rändelung in Rom
109v grün Münzprägung Staatsmonopol
86v grün Kriegsgeld der Römer
46v grün Währungsreform in Rom
172n grün Währungsverfall in Rom
193n grün Falschmünzerei in Rom
214n–275n Aurelian
258n grün Währungsverfall in Rom
274n grün Währungsreform in Rom
540n grün Goldmünzen der Franken
696n grün Münzen bei Arabern
708n grün Münzen in Japan
742n–814n Karl der Große
807n grün Depositenscheine in China
950n grün Wechsel nach Europa
995n–1035n Knut der Große
1024n grün Papiergeld in China
1050n grün Verbreitung der Mark
1247n grün Salzgeld in Tibet
1252n grün Gulden in Florenz
1284n grün Dukaten in Venedig
1300n grün Groschen in Böhmen
1309n–1370n Kasimir der Große
1364n grün Oresme: Geldtheorie
1407n grün Girobank in Genua
1559n grün Reichsmünzordnung
1585n grün Dezimalsystem gefordert
1623n–1687n Petty
1674n grün Petty: Wertlehre
1693n grün Bellers: Geldtheorie
1694n grün Geld einer Privatbank
1704n grün Münzprägung in Rußland
1716n grün John Law: Papiergeld
1790n grün 'Assignaten', Frankreich
1923n grün Inflation in Deutschland
1936n grün Keynes: Geldtheorie

ZAHNBÜRSTE

1749n grün Verbreitung

ZAHNERSATZ

1732n grün Gebrauch von Porzellan

ZAHNHEILKUNDE

2419v grün Zahnärzte in Ägypten
683v grün Zahnziehen in Assyrien
376v grün Mittel gegen Zahnschmerzen
366v grün Diokles: 'Leitfaden'
81n–144n Archigenes
114n grün Beginn der Wissenschaft
1098n–1178n Hildegard von Bingen
1732n grün Fauchard: Zahnersatz
1746n grün Paradentose-Forschung

ZAHNRÄDER, Bezeichnung für Räder zur Kraftübertragung. Ihre Laufflächen sind zur Vermeidung des Gleitens mit ineinandergreifenden Zähnen versehen. Für einfache technische Vorgänge seit über 2000 Jahren bekannt, wurden sie seit Aufkommen mechanischer Uhren und insbesondere seit Beginn der Motorisierung zu einem unentbehrlichen Element des Maschinenbaus.

346v grün Verwendung bei Griechen
248v grün Ktesibios' Wasseruhr

ZAHRA, Al, arabische Palaststadt bei Cordoba (Spanien). Von Abdar Rachman III., dem eigentlichen Schöpfer der arabischen Kulturblüte Spaniens, erbaut und nach seiner Lieblingssklavin Al Zahra ('Die Glückliche') genannt. 10000 Arbeiter und 1500 Lasttiere schufen hier in 25 Jahren, unweit der Metropole Cordoba, eine Garten- und Palaststadt.

890n–961n Abdar Rachman III.
947n blau Bau

ZALEUKOS (um 700v–um 640v), griechischer Staatsmann in der Stadt Lokri auf der äußersten Südspitze Italiens, die von Siedlern aus Lokris (Mittel-Griechenland) um 700v gegründet worden war. Zum Friedensrichter gewählt, schrieb er ein Gesetzbuch, das von den Verhaltensweisen seiner griechischen Heimat ausging und genau festgelegte Strafvorschriften für jedes Vergehen enthielt. Dadurch engte er die Willkür der Rechtssprechung ein, die in den Händen des Adels lag. Gleichzeitig erließ er Bestimmungen über die Sicherung der bestehenden Eigentumsverhältnisse und verfestigte damit die ungleiche Verteilung des Bodens. Verbot den Ehebruch sowie das Trinken von unverdünntem Wein ohne ärztliche Verordnung.

662v rot Gesetzgebung

ZAMA, Stadt in Nordafrika, 120 km südwestlich von Karthago. Hier siegten im zweiten Punischen Krieg 202v die römischen Heere unter Scipio über die von Hannibal geführten Heere Karthagos.

247v–183v Hannibal
235v–183v Scipio der Ältere
218v/201v Zweiter Punischer Krieg

ZAMENHOF, Ludwig (1859n–1917n), polnischer Sprachforscher. Studierte Medizin und ließ sich als Augenarzt in Warschau nieder. Um die Verständigung der Völker untereinander zu erleichtern, konstruierte er aus Bestandteilen europäischer Sprachen eine Mischsprache, die er als Weltsprache propagierte. Veröffentlichte den Plan zu ihrer Einführung nicht unter seinem Namen, sondern unter dem Decknamen 'Esperanto' (= 'der Hoffende'). Unter dieser Bezeichnung wurde seine Kunstsprache bekannt, setzte sich aber trotz zahlreicher nachträglicher Verbesserungen nicht durch.

1887n blau Esperanto

ZANNEKIN, Nikolaus (um 1290n–1328n), flandrischer Freiheitskämpfer. Als Bauer in Westflandern (Westbelgien) unterstützte er den Aufstand der Weber von Brügge und Ypern gegen Adel und Besitzbürger. Nach der Ermordung des Arbeiterführers Jakob Peyt trat er an die Spitze der Erhebung, die auch vom Papst und vom französischen König bekämpft wurde. Ihre ersten Erfolge bewirkten, daß die Stadt Gent auf die Seite der Gegenrevolution trat. Die Bauern, Handwerker und Arbeiter unterlagen den vereinigten Heeren des französischen Königs und der flandrischen Ritter. Mit ihm kamen 10000 Aufständische in der Schlacht um, und viele wurden noch niedergemacht, nachdem sie sich ergeben hatten.

1323n/1328n Aufstand

ZARATHUSTRA, persischer Religionsstifter.

696v–619v Lebenslinie
640v blau Lehrtätigkeit
599v–529v Kyros
596v rot Ausbreitung der Lehre
544v blau Aufzeichnung der Lehre
522v rot Staatsreligion in Persien
180n–239n Ardaschir
217n–276n Mani
238n blau Einfluß auf Manichäer
310n–379n Schapur II.
332n blau Neue Aufzeichnung
701n rot Dogma der Geburt
1883n blau Nietzsches Werk

ZARIZYN, bis 1925n Name der Stadt Wolgograd im Süden des europäischen Rußland an der Einmündung der Zariza in die Wolga. Als Ausgangspunkt einer 60 km langen Befestigungslinie ('Zarizyn'sche Linie') bereits im Zarenreiche von militärischer Bedeutung bei der Abwehr kirgisischer Kosaken. In der russischen Revolution wurde die Stadt erfolgreich gegen die Armeen der Konterrevolution verteidigt. Weil dieser Erfolg für die Sicherung der Ernährung des ganzen Landes von größter Bedeutung war, wurde sie 1925n nach Stalin benannt. 1942n brachte der russische Sieg über die hier eingeschlossene deutsche Armee die Wende im zweiten Weltkrieg und leitete die Befreiung der Sowjetunion von den deutschen Angreifern ein. Nach Stalins Tod erhielt die Stadt 1961n den Namen 'Wolgograd'. Diese Umbenennung war Auftakt der Befreiung des russischen Kommunismus aus der mit Stalins Namen verknüpften Willkürherrschaft.

1557n blau Gründung
1879n–1953n Stalin
1917n/1922n Russische Revolution
1939n/1945n Zweiter Weltkrieg
1944n blau Simonows Erzählung
1945n blau Pliviers Roman

ZARLINO, Gioseffo (1517n–1590n), italienischer Komponist und Musiktheoretiker. Studierte an der Markuskirche in Venedig, wurde deren Kapellmeister und schrieb zahlreiche Messen, Motetten, Lieder und Chorwerke. Erkannte in der Terz (Dreiklang) die Grundlage aller Harmonie. Unterschied zwischen Dur und Moll und beschrieb diese beiden Tonarten als die einzigen Grundharmonien. Damit befreite er die Musik aus den gleichförmigen Kirchentonarten, bereicherte die Harmonielehre und wies der Komposition neue dynamische Wege. Durch seine Lehre vom Kontrapunkt schuf er die Voraussetzung für mehrstimmige Tonwerke von selbständigen, aber harmonisch aufeinander abgestimmten Melodien. Außer seinen drei veröffentlichten musiktheoretischen Einzelabhandlungen schrieb er ein 25bändiges Handbuch der Musik, das aber im Manuskript verlorenging.

1558n grün Harmonielehre

ZAUBER, frühe Form des Aberglaubens. Beruhte auf der Hoffnung einer Beherrschung der Naturkräfte durch geheimnisvolle Zeichen und Riten. Von Priestern seit alters her zur Beherrschung ihrer Mitmenschen angewendet, machte er mit zunehmender Entwicklung der menschlichen Vernunft feineren Methoden abergläubischer Irreführung der Menschen Platz (Predigt, Gebet, Segen, Sakrament). Das Wort erhielt sich als Bezeichnung für geschickte Sinnestäuschung durch Anwendung von allerlei Tricks.

1676v blau 'Cheops und der Zauberer'
1583v blau Ägyptische Sprüche
1172v blau Motiv der Verwünschung
1083v rot Verfolgung in Assyrien
795v blau Indische Sprüche
604v–514v Lao-Tse
124n–170n Apulejus
275n–335n Bhasa
930n grün 'Merseburger Sprüche'
939n–990n Roswitha
963n blau Faust-Motiv
1533n grün Agrippas Werk
1588n blau Marlowe: Faust-Drama
1774n blau Goethe: Urfaust
1808n blau Goethe: 'Faust I'
1831n blau Goethe: 'Faust II'

ZEDEKIA, letzter König Judas von 607v bis 586v.

640v–586v Lebenslinie
649v–583v Jeremias
624v–561v Nebukadnezar II.
597v braun Sieg Babylons
597v rot Babylonische Vormacht
586v braun Erhebung

ZEDER, Name eines immergrünen lärchenartigen Nadelbaumes, der in einigen Gebirgen des Mittelmeerraumes (Atlas, Libanon, Zypern) und im Schutze des Himalaya gedeiht. Wegen seines weichen, aber beständigen Holzes seit Jahrtausenden als Baustoff sowie für die Möbel-Herstellung begehrt, bildete ihr Holz eine wichtige Ware im Mittelmeerhandel der Phönizier, deren Hauptstädte Tyros und Byblos unmittelbar an zwei seiner wichtigsten Anbaugebiete lagen (Libanon und Antilibanon).

2034v grün Handelsobjekt
1118v–1058v Wen-Amun

ZEEMAN, Pieter (1865n–1943n), holländischer Physiker. Wandte sich der wissenschaftlichen Laufbahn zu und wurde 35jährig Professor der Physik in Amsterdam. Erforschte den Einfluß magnetischer Kraft auf Strahlen und entdeckte die von ihm und Lorentz auf Grund von Elektronenuntersuchungen angenommene Aufspaltung der Spektrallinien in einem starken Magnetfeld ('Zeeman-Effekt'). Damit schuf er eine wesentliche Grundlage für die Erforschung des Aufbaus der Atome sowie für die quantentheoretische Analyse von Spektren, mit deren Hilfe magnetische Felder auch im Weltall erforschbar wurden. Seine Versuche mit Elementarteilen förderten unsere Kenntnis der Atomstruktur. Verfaßte zahlreiche Schriften ('Experimental-Untersuchungen über Teile, die kleiner sind als Atome').

1895n grün Zeeman-Effekt

ZEHNER-SYSTEM (Dezimal-System), Bezeichnung für die bei fast allen Kulturvölkern der Erde gebräuchliche zehnteilige Zahlenordnung, auf der unsere ganze Mathematik beruht sowie unsere Maße, unsere Gewichte und unsere Währung. Mit zunehmender Bedeutung der auf positiven und negativen Impulsen beruhenden elektronischen Rechenmaschinen wird es neuerdings in seiner Alleingeltung bedroht durch die im Prinzip uralte zweiteilige ('binäre') Zahlenordnung.

2842v grün Anwendung in Indien
2817v grün Verdrängung in Sumer
1390v grün Anwendung in China
778n–830n Al Karismi
816n grün Anwendung bei Arabern
1467n grün Dezimalbrüche
1579n grün Vietas Werk
1585n grün Stevins Forderung
1876n grün Dezimalklassifikation

ZEHN-KÖNIGS-SCHLACHT

1443v–1389v Sudas
1414v braun Kampf
1414v rot Machtgewinn für Sudas

ZEICHNUNGEN

2926v blau Bild von Tänzerinnen
2750v blau Bild eines Reiters
2408v blau Sumerische Tierbilder
2059v blau Landschaftsbild in Becher
2053v blau 'Schakal und Giraffe'
1965v blau 'Kuh mit Kälbchen'
1067v blau Satirische Bilder
617v blau Humoristische Bilder
555v blau Vasen des Lydos
354v blau Griechenland: Unterricht
699n–759n Wang-Wei
710n–782n Lioba
1471n–1528n Albrecht Dürer
1491n blau Dante-Illustrationen
1493n blau Illustrierte Geschichte
1606n–1669n Rembrandt
1684n–1721n Watteau
1712n blau 'Scherenschleifer'
1803n blau Utamaro: Volksleben
1848n blau Daumier: 'Justiz'
1858n blau Busch: 'Max und Moritz'
1914n blau Zille: Proletariat

ZEILENGIESSMASCHINE, Bezeichnung für eine kunstvolle Apparatur, die von dem deutschen Uhrmacher Mergenthaler in Nordamerika entwickelt wurde. Sie ersetzte das in mühsamer Handsetzarbeit vorgenommene Aneinanderreihen einzelner Buchstabenlettern durch einen automatisierten Vorgang, bei dem der Setzer lediglich die gewünschten Worte auf einer Schreibmaschinen-Tastatur zu tippen hat. Seine Maschine trug Buchstabenformen zusammen, fügte sie mit Zwischenräumen zu einer Zeile, goß diese Zeile für den Druck in Blei und legte die Buchstabenformen sofort wieder an ihre alten Plätze ab. Als Mergenthaler die Maschine vorführte, rief der Verleger Reid 'A line of type!' (= 'Eine Zeile Buchstaben!') und gab damit dieser den Druck revolutionierenden Erfindung ihren Namen ('Linotype').

1884n grün Erfindung

ZEISS, Carl (1816n–1888n), deutscher Mechaniker. Gründete 30jährig in Jena eine feinmechanische Werkstatt, in der er auch Mikroskope baute. Zwanzig Jahre später kam er mit dem Physiker und Astronomen Ernst Abbe in Verbindung, und es gelang ihm, diesen Gelehrten für eine so enge Zusammenarbeit zu gewinnen, wie sie für die Entwicklung feiner optischer Geräte unerläßlich ist. Indem er Abbe zum Teilhaber machte und ihm später das gemeinsam entwickelte Werk überließ, schuf er die Voraussetzung für dessen Aufstieg zum bedeutendsten optischen Werk der Erde.

1846n grün Optisches Werk Jena
1888n grün Werk an Ernst Abbe

ZEITKUNDE, ZEITRECHNUNG, Bezeichnung für die Lehre vom Ablauf der Zeit und für ihre Einteilung in Jahre, Monate und Tage. Begann mit der Beobachtung und Aufzeichnung des zyklischen Ablaufes der Natur und führte zur planmäßigen Sternbeobachtung und damit zur ersten

Wissenschaft des Menschen. Ihre Ergebnisse wurden in der Aufstellung und Verbesserung des Kalenders der praktischen Lebenshaltung unmittelbar nutzbar gemacht.

2913 v grün Kalender in Sumer
2880 v grün Neujahrsfest in Sumer
2850 v grün Jahresbeginn bei Nilflut
2848 v grün Ägyptische Jahresnamen
2769 v grün Ägyptischer Kalender
2630 v grün Kalender in China
2600 v grün Steuerjahre in Ägypten
2332 v–2248 v Yao
2269 v grün Kalenderreform in China
1953 v grün Beginn bei Regierung
1857 v grün Assyrische Jahresnamen
1822 v grün Babylonische Jahresnamen
1690 v grün Reform in Babylon
1685 v grün Beginn der Regierung
1333 v grün Kalender in Arabien
1321 v grün 60-Jahre-Zyklus (China)
1317 v grün Mondjahr in Ägypten
841 v grün Reform in China
776 v grün Olympiaden-Ära
753 v–680 v Hesiod
509 v grün Rechnung nach Konsuln
433 v grün Meton'scher Zyklus
274 v–194 v Eratosthenes
259 v–209 v Schi-Huang-Ti
237 v grün Sonnenjahr in Ägypten
153 v grün 1. Januar Jahresanfang
104 v grün Reform in China
46 v grün Julianischer Kalender
44 v grün Monatsname 'Juli'
8 v grün Monatsname 'August'
155 n rot Streit um Osterdatum
192 n rot Osterdatum erzwungen
325 n grün Osterdatum festgelegt
354 n rot Weihnachtsdatum
474 n grün Genaue Jahreslänge (Indien)
525 n grün Christliche Zeitrechnung
582 n–644 n Omar
637 n grün Islamische Zeitrechnung
673 n–735 n Beda
725 n grün Beda: 'Über Zeitrechnung'
855 n–929 n Al Battani
973 n–1048 n Al Biruni
1039 n–1123 n Al Kajam
1056 n–1133 n Sämund der Weise
1079 n grün Al Kajams Kalender
1277 n grün Reform in China
1436 n grün Nikolaus: Reformforderung
1582 n grün Gregorianischer Kalender
1583 n grün Scaliger: Chronologie
1792 n grün Revolutionskalender
1795 n grün Smith: Schichtenkunde
1879 n–1968 n Otto Hahn

ZEITMESSUNG

2055 v grün Sonnenuhren in Ägypten
1741 v grün Wasseruhren, Mesopotamien
1570 v–1518 v Amenem
1530 v grün Wasseruhr in Ägypten
1483 v grün Neue Sonnenuhren, Ägypten
1226 v grün Sonnenuhren in Palästina
1159 v grün Sternuhren in Ägypten
631 v grün Wasseruhren in Assyrien
501 v grün Wasseruhren, Griechenland
300 v grün Sonnenuhr des Berossos
296 v–228 v Ktesibios
288 v grün Taschen-Wasseruhr
248 v grün Uhr mit Zahnradantrieb
25 v grün Taschen-Sonnenuhren
626 n–672 n Tenji
1202 n grün Schlagwerk-Uhr
1288 n grün Uhr von Westminster
1405 n grün Turmuhr in Lübeck
1491 n grün Leonardos Weckeruhr
1510 n grün Henlein: Taschenuhr
1656 n grün Huygens: Pendeluhr
1726 n grün Kuckucks-Uhren
1780 n grün Uhr mit Selbst-Aufzug

ZEITTAFELN

303 n blau Eusebius' Werk

ZEITUNG, von dem niederdeutschen Worte 'tiding' (= Nachricht) abgeleitete Bezeichnung für Schriften, die in kürzester regelmäßiger Folge jüngstes Gegenwartsgeschehen einer breitesten Öffentlichkeit vermitteln. Aus Rede, Brief, Lied und Flugblatt hervorgegangen, wandte sie sich zunächst an den kleinen Kreis der Gebildeten, der aus der Klasse der Besitzenden hervorging und die führenden Stellungen in Wirtschaft, Staat und Verwaltung besetzte. Als mit fortschreitender Industrialisierung die Arbeiterklasse zur Erfüllung ihrer Aufgaben in der Produktion am Bildungsprozeß beteiligt werden mußte, entstand für sie eine eigene Massenpresse ('Daily Mail', Hugenberg). Wollte die Zeitung vorher durch Unterrichtung und Meinungsbildung zur Tat führen, so war die Massenpresse darauf gerichtet, die arbeitenden Volksmassen politisch zu neutralisieren. Statt Unterrichtung bot sie Ablenkung, statt Meinungsbildung Sexualität und Kriminalität. Die klassenbewußte Arbeiterschaft gründete dagegen Gesinnungsblätter ('L'Humanité', 'L'Unità'). Inzwischen sank der Verkaufspreis der Massenpresse unter den Herstellerpreis, so daß Zeitungen sich nur noch durch Anzeigeneinnahmen erhalten konnten und die kapitalistischen Unternehmen durch Anzeigenpolitik über den Bestand der einzelnen Blätter entschieden. So blieb die Zeitung in den bürgerlichen Demokratien unter Beibehaltung formaler Pressefreiheit ein Instrument zur Aufrechterhaltung der kapitalistischen Gesellschaft. In den sozialistischen Ländern zunächst ein Mittel der Revolution, kennzeichnet ihre langsame Veränderung allmählich den Übergang der realen Macht von der Arbeiter-Partei auf das arbeitende Volk selbst.

59 v grün Zeitung in Rom
685 n–762 n Hüan-Tsung
748 n grün Zeitung in China
1588 n grün Zeitung in Köln
1631 n grün Wochenzeitung, Frankreich
1665 n blau 'Journal des Savants'
1696 n grün Schiffsnachrichtenblatt
1709 n blau 'Moralische Wochenschrift'
1750 n blau Nicolai: Literaturbriefe
1765 n blau 'Allgemeine Bibliothek'
1771 n blau 'Wandsbeker Bote'
1773 n blau 'Merkur'
1798 n blau 'Athenäum'
1835 n grün Havas' Nachrichtenbüro
1849 n grün Reuters Telegraphenbüro
1854 n blau Freytag: 'Journalisten'
1856 n–1950 n G. B. Shaw
1870 n blau 'Vaterland'
1889 n grün 'Bodenreform'
1890 n blau 'Gleichheit'
1896 n blau 'Daily Mail'
1900 n blau 'Der Funke'
1904 n blau 'L'Humanité'
1910 n blau 'Der Sturm'
1916 n rot Hugenberg-Konzern
1924 n blau 'L'Unità'

ZEITUNGSJUNGE

1847 n–1931 n Edison

ZELLER, Karl (1842 n–1898 n), österreichischer Komponist. Studierte Rechtskunde, trat in den Staatsdienst und wurde Hofrat und Kunst-Referent im Unterrichtsministerium. Vom Wiener Volkslied ausgehend, schrieb er neben seiner Beamtentätigkeit als 34jähriger eine komische Oper ('Joconde') und später fünf Operetten. Durch volkstümliche Handlung und sangbare Melodien wurden zwei davon schnell berühmt ('Der Vogelhändler', 'Der Obersteiger') und machten seine Lieder volkstümlich ('Schenkt man sich Rosen in Tirol').

1891 n blau 'Der Vogelhändler'

ZELLFORSCHUNG, Wissenschaft von den kleinsten selbständigen Elementarteilchen, aus denen alles pflanzliche und tierische Leben (Zelle) besteht. Die einfachsten Lebewesen bestehen nur aus einer solchen Zelle, höheres Leben aus einer Vielzahl von Zellen.

1858 n grün Virchows Lehren
1951 n grün Sonneborns Forschungen

ZELLPLASMA (Zellkörper), Bezeichnung für die lebende Substanz, die in allen pflanzlichen, tierischen oder menschlichen Zellen außer dem Zellkern enthalten ist.

1951 n grün Erb-Übertragung

ZELLULAR-PATHOLOGIE, von dem deutschen Arzt Rudolf Virchow begründete Lehre, nach der alle Krankheiten auf (mikroskopisch wahrnehmbare) Störungen oder Veränderungen der Zellen als den kleinsten Bestandteilen des Körpers zurückzuführen sind. Überwand die Krankheitslehren der griechischen Ärzte Hippokrates ('Humoral-Pathologie') und Asklepiades ('Solidar-Pathologie').

1858 n grün Virchows Lehre

ZELLULOID, Bezeichnung für einen aus Zellulose gewonnenen, biegsamen und durchsichtigen Werkstoff. Seine Herstellung aus Nitrozellulose (= Schießbaumwolle) und Kampfer leitete vor mehr als 100 Jahren das Zeitalter der chemisch erzeugten Werkstoffe ('Kunststoffe') ein.

1869 n grün Herstellung

ZELLULOSE, Bezeichnung für den Zellstoff, der auf chemische Weise aus dem Gerüst pflanzlicher Zellwände gewonnen wird. Besonders rein in der Baumwolle enthalten (Schießbaumwolle = Nitrozellulose), besonders billig aber im Holz, das mit zunehmendem Massenbedarf von Papier und Kunststoffen den entscheidenden Grundstoff für ihre Gewinnung bildet.

1839 n grün Isolierung aus Holz
1845 n grün Schießbaumwolle
1874 n grün Mitscherlichs Verfahren

ZELTER, Karl Friedrich (1758 n–1832 n), deutscher Komponist. Als Sohn eines Maurers erlernte er den Beruf des Vaters und entwickelte daneben seine musikalische Begabung. Als er 25jährig seine Meisterprüfung ablegte, war er bereits ein tüchtiger Geigenspieler und Dirigent und hatte schon viele Lieder komponiert. Beim Leiter der Berliner Sing-Akademie (Fasch) gereift, übernahm er nach dessen Tod 42jährig die Leitung dieser zwischen Laienkunst und Berufsmusik stehenden Einrichtung. Neun Jahre später gründete er eine Sangesgemeinde für Dichter, Komponisten und Berufssänger (Liedertafel) und hob damit das künstlerische Niveau des Männergesanges. Zum Professor und Mitglied der königlichen Akademie ernannt, leitete er eine Schule für Komposition, wo er Meyerbeer, Loewe und Mendelssohn-Bartholdy ausbildete. Seine Opern und Kantaten setzten sich nicht durch, doch wurden seine Lieder und Männerchöre in vielen Ländern berühmt. Vertonte Gedichte von Goethe, der seine Melodien hoch schätzte und mit dem er freundschaftlich verbunden war.

1809 n blau 'Liedertafel'

ZEMENT, Bezeichnung für ein hochwertiges Kalk-Erzeugnis, das sich wegen seiner Wasserbeständigkeit, seiner Dauerhaftigkeit und seiner Widerstandsfähigkeit in unserer Epoche zum wichtigsten Baustoff entwickelt hat. Aus stark tonhaltigem, gebranntem, pulverisiertem Kalk hergestellt, mit Sand, Wasser und Kies zu Beton vermischt, bildet er seit der Erfindung des Eisenbetonbaus die Grundlage der modernen Architektur (Glas-Beton-Bauweise). Die Bezeichnung ist von dem lateinischen Wort für Bruchstein ('cämentum') abgeleitet.

31 v grün Verwendung in Rom
1762 n grün Herstellung in England
1796 n grün Hydraulischer Zement
1824 n grün Portland-Zement
1847 n–1931 n Edison
1866 n grün Eisenbeton

ZENO, griechischer Philosoph.

491 v–433 v Lebenslinie
451 v blau Dialektik

ZENO der Jüngere, griechischer Philosoph.

333 v–262 v Lebenslinie
304 v–232 v Kleanthes
300 v blau Philosophenschule
296 v blau Pantheismus
283 v blau Staatsideal
279 v–206 v Chrysipp

ZENOBIA, Königin des vorderasiatischen Reiches Palmyra von 266 n bis 273 n.

230 n–273 n Lebenslinie
208 n–280 n Paulus von Samosata
214 n–275 n Aurelian
214 n–273 n Longinos
266 n rot Reich des Odenathos
266 n rot Palmyra unabhängig
269 n braun Eroberungen
269 n rot Machtverlust Roms
270 n braun Vorstoß nach Kleinasien
270 n rot Anerkennung durch Rom
272 n / 273 n Vorstoß Roms
273 n rot Herrschaftsende

ZENODOT (um 325 v–240 v), griechischer Gelehrter. Als Sprachlehrer in seiner Heimatstadt Ephesos (Kleinasien) wurde er von dem aus Griechenland stammenden Ägypterkönig Ptolemäus I. zur Erziehung des Prinzen nach Alexandria (Nordafrika) gerufen und blieb nach der Thronbesteigung seines Schülers (Ptolemäus II.) als Leiter der Bibliothek in Alexandria. Gab die 'Ilias' und die 'Odyssee' des Homer in einer kritischen Ausgabe heraus und begründete mit seinen Anmerkungen die Textkritik zu den Werken Homers.

281 v blau Homer-Kritik

ZENON (426 n–494 n), Kaiser von Ostrom (Byzanz) von 474 n bis 494 n. Als Fürst von Isaurien (Süd-Kleinasien) heiratete er die Tochter des oströmischen Kaisers Leo I. Neben seinem eigenen, noch minderjährigen Sohn aus dieser Ehe zum Mit-Kaiser erhoben, wurde er nach dessen baldigem Tod zum Alleinherrscher des oströmischen Reiches. Beseitigte den Feldherrn Aspar, dem er seine Kaiserwürde verdankte. Nach Absetzung des letzten weströmischen Kaisers Romulus Augustulus durch den germanischen Feldherrn Odoaker fühlte er sich als Herr über das alte Gesamtreich. Den ihn bedrängenden Ostgoten unter Theoderich gab er das Recht zur Eroberung Italiens, das zu dieser Zeit von Odoaker beherrscht wurde. So entledigte er sich der Goten und bannte zugleich die Gefahr, die ihm von Odoaker und den übrigen germanischen Stämmen drohte.

455 n–526 n Theoderich der Große
476 n rot Ende Westroms
487 n braun Vorstoß der Ostgoten
487 n rot Auftrag an Theoderich
489 n / 493 n Italienzug der Goten

ZENSOR, lateinisches Wort für 'Schätzer'. Bezeichnung für einen der höchsten Beamten im römischen Reich. Ihm oblag die Einstufung der Bürger in die fünf Klassen, aus denen sich die Rechte (Wahlrecht) und Pflichten (Steuer) ergaben. Bei dieser Einstufung wurde Herkunft, Vermögen und Führung berücksichtigt. Außerdem gehörte zu seinen Pflichten die Überwachung der öffentlichen Sittlichkeit. Er konnte in eigener Verantwortung Strafen verhängen für Auflehnung gegenüber Vorgesetzten, Meineid, Vermögensverschleuderung und Amtsmißbrauch. Wegen der mit dem Amte verbundenen Machtfülle wurde es stets von zwei Römern und jeweils nur für $1^1/_2$ bis 4 Jahre besetzt. Eine Wiederwahl war ausgeschlossen. Mit dem Übergang von der Republik zum Kaisertum verlor das Amt an Bedeutung, weil dann alle Macht in der Hand des Kaisers konzentriert war.

435 v rot Amt in Rom
351 v rot Plebejischer Amtsträger
340 v–273 v Appius Klaudius

ZENSUR, von dem lateinischen Worte 'censura' (= Aufsicht) abgeleitete Bezeichnung für die Einschränkung der Meinungsäußerung durch eine von der Obrigkeit ausgeübte Kontrolle. Von vielen Staaten und Kirchen seit alters her bis in unsere Epoche hinein ausgeübt, widerspricht sie dem Grundrecht der Menschen auf freie Meinungsäußerung und auf freie Unterrichtung. Sie wird meist ausgeübt durch vorherige Überprüfung des Inhaltes von Veröffentlichungen (Genehmigungspflicht). In Krisenzeiten auch von der modernen bürgerlichen Demokratie angewendet, deren Meinungsbildung durch die vom Kapital bewirkte indirekte Lenkung normalerweise ohne Zensur wirksamer gewährleistet ist. Beim Übergang des Kapitalismus von seiner parlamentarischen Spielart zur Diktatur (Faschismus) wird die Überprüfung des Inhalts von Veröffentlichungen zur Überprüfung der an ihrer Herausgabe beteiligten Menschen. Diese für jede persönliche Tätigkeit in Presse, Rundfunk, Film und Theater eingeführte Genehmigungspflicht stellt die totale Zensur dar, weil die bereits im liberalen Kapitalismus entscheidende Existenzangst hier in brutalster Weise ausgespielt wird. Ihre Wirksamkeit macht die herkömmliche Zensur durch Inhaltsprüfung überflüssig. Nach der Überführung kapitalistischer Staaten in den revolutionären Sozialismus erübrigt sich auch diese persönliche Zulassung, weil die herrschende Arbeiterpartei alles in eigener Regie herstellt (Diktatur des Proletariats). Die mit dem Übergang zur klassenlosen Gesellschaft verbundene allmähliche Aufhebung aller Staats- und Parteigewalt führt notwendig zum endgültigen Wegfall aller Zensur-Möglichkeit.

516 v rot Postzensur in Persien
493 v rot Verbot eines Dramas
435 v rot Zensoren in Rom
410 v rot Bücherverbrennung (Athen)
253 v rot Lehrerverbot für Hegesias
213 v rot Bücherverbrennung (China)
391 n rot Bibliotheksbrand (Ägypten)
399 n–461 n Leo der Große
444 n rot Bücherverbrennung (Rom)
495 n rot Index
588 n–656 n Othman
653 n rot Bücherverbrennung (Islam)
737 n–804 n Alkuin
801 n rot Vergil-Verbot
932 n–1002 n Ibn Amir
1199 n rot Bibel-Leseverbot
1229 n rot Bibel-Besitzverbot
1408 n rot Verbot der Volksbibel
1477 n rot Zensur in Frankreich
1487 n grün Fürsten als Komplizen
1522 n rot Zensur in Deutschland
1527 n rot Strafe für Buchvertrieb
1542 n rot Strafe für Koran-Druck
1546 n rot Strafe für Bücher-Druck
1559 n rot Index
1664 n rot Verbot des 'Tartuffe'
1699 n rot Verbot des 'Telemach'
1746 n rot Werk Diderots verbrannt
1773 n–1859 n Metternich
1817 n rot Wartburgfest

ZENTA, Stadt am rechten Ufer der Theiß nahe der ungarisch-jugoslawischen Grenze, heute zu Jugoslawien gehörig (Senta). Hier errangen die deutschen Heere unter Führung von Prinz Eugen ihren entscheidenden Sieg über die Türken, deren Vordringen vom Balkan nach Mitteleuropa dadurch endgültig abgewehrt war.

1663 n–1736 n Prinz Eugen
1663 n / 1699 n Großer Türkenkrieg

ZENTRALHEIZUNG

98 v grün Römische Konstruktion
1744 n grün Englische Anlage

ZEPPELIN, Ferdinand (1838 n–1917 n), deutscher Ingenieur. Als Sohn eines württembergischen Adligen besuchte er die Technische Hochschule in Stuttgart und wurde dann Offizier. Nahm am Sezessionskrieg in Nordamerika teil, hatte Kommandostellen im Deutschen Krieg von 1866 n sowie bei der Niederwerfung Frankreichs 1870 n / 1871 n und schied 55jährig als General aus dem Militärdienst aus. Dann widmete er sich ganz der Idee, ein lenkbares Luftschiff zu bauen, das weite Flüge sicher übersteht und dabei Vorräte und Sprenggeschosse mitführen kann. Seine erste Konstruktion war mehr als doppelt so lang wie das längste bis dahin bekannte lenkbare Luftschiff (128 m). 1908 n überflog der 70jährige in einem neuen Luftschiff ('Zeppelin') mit 60 Stundenkilometern die Schweiz und Süddeutschland (bis Speyer und Mainz). Zwei Wochen später wurde es zerstört. Aber eine Sammlung brachte dem zu einem Symbol gewordenen Pionier 6 Millionen Mark und stellte sein Unternehmen auf eine sichere Grundlage. Er gründete ein Motorenwerk sowie eine Zahnradfabrik und baute noch zahlreiche Aluminium-Luftschiffe für den Passagierverkehr sowie für militärische Aufgaben.

1899 n grün Luftschiff

ZEREMONIELL, Bezeichnung für die Gesamtheit besonderer Verhaltensweisen im Verkehr zwischen Herrschern und Untergebenen. Im weiteren Sinne die strenge Regelung allgemeiner Bräuche. Seit Einführung der Herrschaft von Menschen über Menschen als Mittel der Einschüchterung angewendet. Als Symbol der Unterwürfigkeit unter überholte Normen oft ein Angriffsziel revolutionärer Bewegungen.

2605 v–2542 v Dedefre
2565 v rot Vorschrift in Ägypten
1099 v–1016 v Tschu
1031 v blau Niederschrift in China
333 n grün Regelung in Byzanz
949 n blau Luitprands Bericht
1528 n blau Castigliones Werk

ZETKIN, Klara (1857 n–1933 n), deutsche Schriftstellerin, Pädagogin und Politikerin. Als Lehrerin trat sie für die Gleichberechtigung der arbeitenden Frau ein, wurde Mitglied der Sozialdemokratischen Partei und beteiligte sich an der Vorbereitung der II. sozialistischen Internationale. Gründete die Frauenzeitschrift 'Gleichheit' und leitete sie 25 Jahre lang. Deren Beilage ('Für unsere Kinder') war die erste sozialistische Kinderzeitschrift. 1907 n berief sie die erste sozialistische Welt-Frauenkonferenz ein. Bekämpfte die kriegsfreundliche Politik der sozialdemokratischen Parteiführung im ersten Weltkrieg und wurde 1915 n eingekerkert. Sammelte die am proletarischen Internationalismus festhaltenden Sozialisten in der 'Gruppe Internationale', im 'Spartakusbund' und seit 1919 n in der Kommunistischen Partei. Seit 1920 n Reichstags-Abgeordnete und eine der führenden Kommunistinnen Deutschlands, trat sie für die revolutionäre Umgestaltung der Gesellschaft durch die Arbeiterklasse ein. Als Präsidentin der 'Roten Hilfe' leitete sie seit 1925 n die Solidaritätsaktionen der internationalen Arbeiterschaft für Sowjet-Rußland. Durch ihre Schriften verband sie den Kampf um die weltweite gesellschaftliche Befreiung der Frau mit dem internationalen Klassenkampf und schuf Grundlagen für eine proletarische Erziehung.

1889 n rot Zweite Internationale
1890 n blau Zeitschrift

ZEUS, Name des höchsten Gottes der an Göttern reichen Griechen. Als Gott des Himmels und des Lichtes, des Regens, des Windes und des Gewitters war er Gegenstand zahlreicher Göttersagen. Sohn des kinderfressenden Kronos, soll er seinem Vater die Macht entrissen haben und nun über die Ordnung des Menschengeschlechtes wachen. Manchmal kam er auf die Erde (oft in Tiergestalt) und verband sich mit irdischen Frauen (Europa, Leda), um Halbgötter und Angehörige des Adels zu zeugen. Als ein lebenslustiger Gott war er den Griechen sympathisch, wurde durch Errichtung von Tempeln geehrt und in der Kunst bis in unsere Epoche hinein gern dargestellt. In Rom unter dem Namen 'Jupiter' verehrt.

527 v blau Tempel in Athen
509 v blau Tempel in Rom
493 v–432 v Phidias
456 v blau Tempel in Olympia
396 v–328 v Leochares
338 v blau Statue in Tarent
262 v blau Kleanthes' Hymnus
69 v blau Neuer Tempel in Rom
135 n blau Tempel in Jerusalem
215 n blau Tempel in Baalbek
1531 n blau 'Leda mit dem Schwan'
1804 n blau 'Ganymed'

ZEUXIS (um 450 v–um 370 v), griechischer Maler und Bildhauer. Als Schüler des Apollodor wurde er Hofmaler des Mazedonierkönigs. Schuf Götterbilder ('Zeus im Kreise der Götter'), aber auch Gemälde einfacher Menschen ('Thrakische Amme'). Berühmt wurde er durch sein Bild der Helena, die er nackt für den Tempel von Kroton (Unteritalien) malte. Mit Vorliebe stellte er Mischwesen dar, halb Tier, halb Mensch (Kentauren). Ohne Kenntnis der Perspektive gab er seinen Bildern durch sinnvolle Verteilung von Licht und Schatten Tiefe und Körperhaftigkeit. Auch als Tonbildner berühmt.

399 v blau — Bild der Helena

ZIEGE, eines der ältesten Haustiere des Menschen. Als Lieferant von Fleisch, Milch, Fell und Horn wurde sie seit vielen Jahrhunderttausenden gejagt und seit 20000 Jahren gezähmt. Auch nach dem Aufkommen der wirtschaftlicheren Großviehzucht hat sie sich wegen ihrer Anspruchslosigkeit und Gutartigkeit bis heute besonders in der ländlichen Kleinwirtschaft gehalten ('Kuh des kleinen Mannes'). In allen Erdteilen zuhause, leben in unserer Epoche auf der ganzen Welt noch etwa 300 Millionen.

Vorzeittafel: 20 Tausend Jahre
2979 v grün — Ziegenleder-Herstellung
2585 v blau — 'Lebensbaum mit Ziege'
2509 v blau — 'Hirte mit Zicklein'
1514 v blau — Relief einer Wildziege
1373 v blau — Bild einer Steinbockjagd

ZIEGEL, Bezeichnung für meist rechteckig geformte Lehm- oder Ton-Stücke, die durch Trocknen oder Brennen eine so große Festigkeit erhalten, daß sie als Bausteine verwendet werden können. Sie verdrängten seit ihrer Einführung vor 5000 Jahren die Lehm-Bauweise wie die Bauweise mit Naturstein. Seit der Jahrhundertwende werden sie nun selbst zunehmend durch die Beton-Bauweise beiseite gedrängt.

2997 v grün — Lufttrocknung in Indien
2907 v grün — Brennen in Indien
2900 v grün — Brennen in Sumer
2641 v grün — Verwendung in Ägypten
2596 v–2515 v rot — Ur-Nan-Sche
2307 v grün — Kaiserstempel in Sumer
2141 v grün — Verwendung bei Brutöfen
2041 v grün — Email-Ziegel in Ur

ZIFFERBLATT

300 v grün — Form des Halbkreises

ZIFFERN

2992 v grün — Zahlenschrift in Sumer
2779 v grün — Null in Indien
389 v grün — Null in China
94 n grün — Null in Amerika
802 n grün — Araber: Indische Ziffern
1090 n grün — Deutschland: Araberziffern

ZIGARETTE, gesundheitsschädliches Genußmittel, das sich in der ersten Hälfte des 19. Jahrhunderts aus den in Mittelamerika gerauchten kleinen, in Maisblätter gehüllten Zigarren ('Papalitos') entwickelte. Von ägyptischen Soldaten in Papierhülsen gerollt, die eigentlich zum Anzünden der Geschütz-Lunten bestimmt waren, verbreitete sie sich zuerst in der Türkei und kam von dort durch die am Krimkrieg teilnehmenden französischen und englischen Soldaten nach Westeuropa. Hier führte sie sich in der zweiten Hälfte des 19. Jahrhunderts ein, doch blieb ihr Verbrauch bis zum ersten Weltkrieg beschränkt. Seitdem wird sie trotz ihrer erwiesenen Gefahr für die menschliche Gesundheit von gewinnsüchtigen Fabrikanten mit allen Mitteln moderner Massenpsychologie in die Völker gepumpt. Dadurch hat sich die verkaufte Zigarettenmenge in den letzten 50 Jahren verzehnfacht. In unserer Epoche ist der tägliche Weltverbrauch auf etwa 10 Milliarden Stück gestiegen, wobei eine einzige Maschine fast eine Million Stück am Tage herstellt. In fortschrittlichen Ländern wurde mit Rücksicht auf die Volksgesundheit die Werbung für derartige Erzeugnisse eingeschränkt oder verboten (England, Schweden). In den USA muß ihre Gesundheitsschädlichkeit auf der Packung vermerkt werden. Doch haben sich alle diese gesetzlichen Mittel zur Abwendung dieser einmal eingeführten Sitte praktisch als wirkungslos erwiesen.

1849 n grün — Herstellung
1964 n grün — Bericht über Gefahren

ZIKKURAT, babylonische Bezeichnung für stufenartige Turmbauten, die im ganzen Lande zwischen Euphrat und Tigris (Mesopotamien) errichtet wurden (wörtlich: 'Die Hochragende'). Ihre Stockwerke waren durch steile Steintreppen verbunden und liefen in einem Gipfel zusammen, der von einem Tempel gebildet wurde.

2922 v blau — Bau in Uruk
2920 v grün — Künstliche Hügel
2823 v blau — Anu-Tempel in Uruk
2760 v blau — Eye-Tempel in Tell Brak
2695 v blau — Enlil-Tempel in Nippur
2675 v blau — Tempel von Chafadschi
2646 v blau — 'Gottesberg' in Kisch
2449 v blau — Tempel bei Ur
2040 v blau — Nanna-Tempel in Ur
624 v–561 v rot — Nebukadnezar II.
578 v blau — Babylonischer Turm

ZILLE, Heinrich (1858 n–1929 n), deutscher Zeichner und Graphiker. Lernte das Lithographen-Handwerk und bildete sich abends selbst zum Zeichner. Neben seiner Tätigkeit als Gehilfe in Berliner Druckereien arbeitete er als Karikaturist für Tageszeitungen und satirische Zeitschriften ('Simplizissimus', 'Lustige Blätter'). In Tausenden von Zeichnungen stellte er das Leben in den Berliner Arbeitervierteln dar. Die hintergründige Bitterkeit seiner Elendsbilder machte ihn zu einem der schärfsten Kritiker des Kapitalismus, ihr vordergründiger Humor aber zu einem der beliebtesten Künstler der bürgerlichen Welt. Trotzdem blieb er seinem einfachen Leben unter Berliner Arbeitern treu ('Mein Milljöh') und klagte in immer neuen ergreifenden Bildern die Not des Proletariats in einer Ausbeutergesellschaft an. Unterstützte den Befreiungskampf des klassenbewußten Proletariats ('Spandauer Arbeiterzug').

1914 n blau — Zeichnungen

ZIMMERLEUTE, Berufsbezeichnung für Bauhandwerker, die das Dachgebälk herrichten und aufsetzen und im Schiffsbau die tragenden Holzkonstruktionen schaffen.

2385 v blau — Ägyptisches Relief
970 v grün — Phönizier in Jerusalem

ZIMMERMANN, Dominikus (1685 n–1766 n), deutscher Baumeister. Als gelernter Stukkateur wandte er sich der Malerei und der Innenarchitektur zu. 30jährig begann er als Baumeister zu arbeiten. Nach einigen Dorf- und Klosterkirchen nahm er 40jährig seinen ersten großen Bau in Angriff (Wallfahrtskirche Steinhausen). 60-jährig begann er sein Meisterwerk, an dem er dreizehn Jahre arbeitete. Bei der Innenausstattung dieser Wallfahrtskirche bei Steingaden in Oberbayern ('die Wies') half ihm sein älterer Bruder Johann Baptist, mit dem er schon in seiner Jugend lange zusammengearbeitet hatte. Seine Bauten ragen durch den Zusammenklang von Anlage und Ausstattung hervor. Ganz im Handwerklichen verwurzelt, hat er sich nicht, wie seine zeitgenössischen Kollegen, in Italien gebildet. So ist seine Kunst besonders volkstümlich geblieben.

1749 n blau — Wallfahrtskirche Wies

ZIMMERWALD, Dorf im Kanton Bern (Schweiz). Hier trafen sich 1915 n revolutionäre Sozialisten aus Staaten, die teilweise gegeneinander im Kriege standen (Deutschland, Rußland, Polen, Italien, Schweden, Norwegen). Sie verurteilten gemeinsam diesen Krieg und riefen die Arbeiterklasse ihrer Länder zum solidarischen Kampf gegen die Kriegspolitik ihrer Regierungen auf. Lenin, der an der Konferenz teilnahm, machte die von ihr ausgegangene Bewegung ('Zimmerwalder Linke') später zum Kern einer neuen sozialistischen Internationale ('Komintern').

1915 n rot — Konferenz

ZIM-RILIM, König der Stadt Mari am oberen Euphrat.

1748 v–1695 v rot — Lebenslinie
1785 v–1717 v rot — Samsi-Adad
1760 v–1686 v rot — Hammurabi
1730 v braun — Vorstoß der Assyrer
1730 v rot — Assyrische Herrschaft
1717 v braun — Erhebung gegen Assyrer
1717 v rot — König von Mari
1716 v grün — Mari Handelszentrum
1715 v blau — Palast
1714 v blau — Gemälde 'Thronbesteigung'
1713 v rot — Beamten-Schule
1712 v rot — Dreibund
1710 v braun — Kampf gegen Benjaminiten
1710 v blau — Auftreten von Propheten
1705 v braun — Sieg über Kurriter
1696 v braun — Niederlage gegen Babylon
1696 v rot — Herrschaft Babylons
1695 v braun — Aufstand gegen Babylon

ZINDIKS, von dem arabischen Wort für 'Ketzer' abgeleitete Bezeichnung einer Bewegung, die sich in den von Arabern eroberten Gebieten Mesopotamien und Persiens bildete. Ihre Angehörigen verwarfen jede Religion. Sie forderten eine kommunistische Umgestaltung der Gesellschaft. Verfolgt, erhoben sie sich unter Führung des Persers Ata und wurden nach Anfangserfolgen niedergeschlagen. Die Bewegung bestand noch jahrhundertelang fort.

775 n/777 n — Erhebung

ZINN, weiches, dehnbares Schwermetall, das häufig vorkommt, leicht zu gewinnen und zu bearbeiten ist und deshalb neben Kupfer das erste von Menschen verarbeitete Metall war. Durch seine Verbindung mit Kupfer wurde bereits vor fast 5000 Jahren ein widerstandsfähiges Gebrauchsmetall hergestellt (Bronze).

2977 v grün — Gebrauch in Indien
2631 v grün — Bronze in Indien
2505 v grün — Bronze in Sumer
2454 v grün — Bronze in Kleinasien
2155 v grün — Bronze auf Kreta
1818 v grün — Bronze in China
1627 v grün — Bronze in Europa
380 v–306 v grün — Pytheas
99 n grün — Folien für Glasspiegel
1443 n grün — Glasur für Tonplastiken

ZINSBUCH, Bezeichnung für ein Verzeichnis, das Papst Honorius III. noch in seiner Eigenschaft als päpstlicher Kämmerer unter seinem persönlichen Namen (Savelli Cencius) herausgab. Das nach Provinzen und Diözesen geordnete Buch war die Grundlage für die Errechnung der Einkünfte des Papstes.

1192 n blau — Herausgabe

ZINSEN, Bezeichnung für den in einem bestimmten Zeitraum (jährlich) zu entrichtenden Preis für ein Darlehen, berechnet in Prozenten der Darlehenssumme. Als Mittel zur Schaffung eines arbeitsfreien Einkommens ein wichtiges Instrument der Ausbeutung von Menschen durch ihre Mitmenschen. Als Kapitalzins stellt er die Abschöpfung eines Teiles des vom Arbeiter geschaffenen Wertes ('Mehrwert') durch den Kapitalgeber ('Kapitalisten') dar, als Mietzins eine indirekte Mehrwert-Abschöpfung, als Darlehnszins die direkte Ausbeutung des arbeitenden Menschen durch das Finanzkapital. Seit mehr als 4000 Jahren gebräuchlich, zeitweise immer wieder gesetzlich verboten, bildet er in unserer Epoche den entscheidenden Hebel zur Sicherung von Reichtum und Macht einer schmarotzenden Minderheit (Besitzbürgertum). Im modernen bürgerlichen Staat auch zur Konjunkturlenkung angewendet, meist mit dem Ziele einer Dämpfung von Krisenerscheinungen. Mit anderen Übeln der kapitalistischen Gesellschaft in einigen sozialistischen Ländern noch beibehalten, ist er dort seines privaten Ausbeutungscharakters entkleidet und dient als Steuerungsmittel der Volkswirtschaft.

2379 v rot — Höchstzins in Sumer
1988 v grün — Ansteigen in Ur
1902 v–1841 v rot — Bila-Lama
652 v grün — Ansteigen in Athen
569 v grün — Ansteigen in Babylon
325 n grün — Gegnerschaft der Kirche
538 n grün — Erlaubnis der Kirche
598 n–660 n rot — Brahmagupta
618 n grün — Darlehnszins in China
1543 n rot — Zulassung durch Kirche
1546 n rot — Einschränkung in England
1936 n grün — Keynes' Theorie

ZINZENDORF, Nikolaus Ludwig (1700 n–1760 n), deutscher Prediger und Schriftsteller. Als Sohn eines adligen Hofbeamten früh verwaist, kam er 10jährig in Franckes Waisenhaus nach Halle, wo er im Geiste eines unkirchlichen, tätigen Christentums erzogen wurde (Pietismus). Studierte Rechtskunde und Theologie, wurde 21jährig Hofrat in Dresden und gründete 27jährig auf seinem Gute Herrnhut eine evangelische Gemeinde eigener Prägung. Verwarf Kanzel, Altar und Talar, forderte menschliches Handeln aus christlichem Glauben und fand viele Anhänger ('Brüdergemeinde'). Als man ihm das Predigen untersagte, verließ er den Staatsdienst, ließ sich unter falschem Namen als Kandidat für den Predigerberuf einschreiben, in Tübingen in den Pfarrerstand aufnehmen und in Berlin als Bischof seiner Brüdergemeinde einsetzen. Wegen seiner Unkirchlichkeit verbannt, bereiste er elf Jahre lang große Teile Europas und Amerikas, wo er seine Lehre predigte und Gemeinden gründete. Verfaßte 108 religiöse Schriften und Liederbücher.

1727 n rot — 'Brüdergemeinde'

ZIONISMUS, Bezeichnung für eine Bewegung innerhalb des Welt-Judentums. Erstrebte die Heimkehr aller Juden der Erde in ein von Juden regiertes Palästina. Als 'Heimkehr' aufgefaßt, weil seit der Judenvertreibung aus Palästina und insbesondere seit der Zerstörung Jerusalems durch die Römer im Jahre 70 n von den jüdischen Priestern das Bewußtsein der Heimatvertriebenheit bei den in anderen Ländern verstreut lebenden Juden durch zwei Jahrtausende wachgehalten wurde. So betrachteten sich die Juden überall in der Welt als Fremdlinge und gingen weder in der Religion noch in der Gesellschaft ihrer Wirtsländer auf. Die Zionsidee (genannt nach dem Berge Zion in Palästina, der den Haupt-Tempel der Juden trug und zum Symbol der Rechtgläubigkeit wurde) war im religiösen Judentum der letzten 2000 Jahre immer lebendig. Der spanische Arzt Juda Halevi gab diesem Gefühl vor über 800 Jahren in bewegten Liedern Ausdruck und wanderte am Ende seines Lebens selbst nach Palästina aus. Das war im 12. Jahrhundert noch leicht, weil Juda Halevis spanische Heimatstadt Toledo ebenso arabisch beherrscht war wie der größte Teil Palästinas, wo nur zeitweise einige christliche Kreuz-Ritter das Betreten Jerusalems erschwerten. Aber in den folgenden Jahrhunderten, als die Judenverfolgungen in Europa die Heimkehr der Juden nach Palästina besonders nahelegten, wollten die arabisch-türkischen Bewohner des 'gelobten Landes' von dessen früheren Einwohnern nichts mehr wissen. Erst mit der fortschreitenden Europäisierung der Erde bot sich eine Möglichkeit zur Verwirklichung des alten Traumes vom Judenstaat. Der englische Außenminister Balfour erklärte sich 1917 n für eine Ansiedlung der Juden im arabischen Palästina. Dadurch gewann er jüdische Freiwillige, die zusammen mit den arabischen Kolonialtruppen der Engländer das türkische Palästina für England eroberten. So erhielt die Bewegung des österreichisch-ungarischen Journalisten Theodor Herzl Auftrieb, dessen Buch 'Der Judenstaat' 1897 n in Basel Grundlage des ersten Zionistenkongresses geworden war und seitdem eine weltweite Aktivität, insbesondere unter der jüdischen Jugend, ausgelöst hatte. Das Angebot der britischen Regierung, Uganda statt Palästina zu nehmen, wurde von den Juden aus religiösen und praktischen Erwägungen abgelehnt. Zögernd ließ sich England die Genehmigung zur Ansiedlung geflüchteter Juden im zweiten Weltkrieg abringen. Doch wurde 1948 n von den in England und Nordamerika Presse und Finanz stark bestimmenden Juden die Teilung Palästinas durchgesetzt und damit der Judenstaat verwirklicht. Der Zustrom nach dem jüdischen Teile Palästinas ermöglichte den Aufbau des Staates Israel, der mit wirtschaftlicher Hilfe, insbesondere Nordamerikas und der deutschen Bundesrepublik, zur stärksten Militärmacht Vorderasiens wurde. Doch ist der Widerhall der Bewegung trotz dieser großen Anfangserfolge bei den Juden in der Welt verhältnismäßig gering; allein in New York lebten zur Zeit der ersten großen kriegerischen Herausforderung Israels ('Suezkrieg') noch ebenso viel Juden wie in ganz Israel (etwa 2 Millionen).

597 v rot — Judenvertreibung
70 n rot — Verlust Palästinas
1085 n–1141 n rot — Juda Halevi
1141 n grün — Zuzug des Juda Halevi
1896 n blau — Herzl: 'Der Judenstaat'
1948 n rot — Staat Israel
1956 n braun — Suezkrieg

ZIRKUMZELLIONEN, Name einer kommunistischen Bewegung in den römischbesetzten Gebieten Nordafrikas (Marokko, Algerien, Tunesien). Ihre christlich begründeten Forderungen waren auf Beseitigung der Armut durch Abschaffung des Reichtums gerichtet. Ihr Name geht darauf zurück, daß sie ihre Vorräte und Waffen in den Kirchen versteckten (circum cellas = rund um die Altäre). Sie erzwangen die Beachtung ihrer Forderungen durch individuellen Terror, etwa indem sie Reiche aus ihren Sänften steigen ließen und sie veranlaßten, ihnen selbst als Sänftenträger zu dienen. Ihr erster großer Aufstand gegen die römischen Kolonialherren und die mit ihnen verbündeten Reichen, die dem orthodoxen Christentum anhingen, wurde niedergeschlagen. Trotzdem hielt sich die Bewegung bis zur Vertreibung der Römer aus Nordafrika.

276 n–355 n — Donatus
285 n–347 n — Fasir
291 n–347 n — Axid
344 n/347 n — Aufstand

ZIRKUS, von dem lateinischen Worte 'circulus' (= Kreis) abgeleitete Bezeichnung für die ovalen Rennbahnen mit ihren Zuschauer-Tribünen im alten Rom. Den griechischen Sport-Stadien nachgebildet, dienten sie zunächst den Wagenrennen, dann Kämpfen zwischen Menschen und Tieren (Amphitheater), schließlich Kämpfen zwischen zwei Menschen auf Leben und Tod (Gladiatorenkämpfe) sowie endlich der Vorführung ganzer Seeschlachten ('Naumachien'), Truppenaufzügen und Tierhetzen. Diese Spiele zielten auf die Ablenkung des arbeitenden Volkes von der Politik sowie auf die Erzeugung von Kriegsstimmung durch Brutalisierung. In unserer Epoche wurde das Wort zur Bezeichnung der meist in kreisrunden Zelten veranstalteten Vorführungen von Tierdressuren und Akrobatik.

67 n–129 n — Apollodoros von Damaskus
80 n blau — Kolosseum

ZISKA, Jan, tschechischer Feldherr.

1370 n–1424 n — Lebenslinie
1362 n–1437 n — Sigismund
1420 n blau — Forderung nach Reformen
1420 n/1434 n — Hussiten-Kreuzzug

ZISTERNE, von dem lateinischen Worte 'cista' (= Kiste) abgeleitete Bezeichnung für Behälter, in denen Regenwasser gesammelt wird. Seit alters her als Mittel der Trinkwassergewinnung gebräuchlich.

1813 v grün — Anlage in Bergwerken
1099 v grün — Einrichtung in Tyros

ZISTERZIENSER, nach dem Kloster Citeaux (Ost-Frankreich) benannte Mönchs-Organisation, die aus dem Benediktinerorden hervorgegangen ist. 1132 n durch einen weiblichen Zweig ergänzt (Zisterzienserinnen), standen bald den 700 Männerklöstern 1000 Frauenklöster gegenüber. An der Vorbereitung von Kreuzzügen maßgeblich beteiligt, nahmen sie auch lebhaften Anteil an der Unterdrückung der Katharer-Bewegung in Europa sowie an der ostdeutschen Kolonisation.

1090 n–1153 n — Bernhard von Clairvaux
1098 n blau — Kloster Citeaux
1115 n blau — Kloster Clairvaux

ZITAT, von dem lateinischen Wort 'citare' (= vorladen) abgeleitete Bezeichnung für eine wörtlich angeführte Stelle aus einer Schrift oder einer überlieferten Rede.

1155 n blau — Kirchenväter-Zitate

ZITIERGESETZ, Bezeichnung für ein kaiserliches Gesetz, das im Jahre 426 n gleichzeitig in Ostrom (Byzanz) und Westrom (Rom) erlassen wurde. Es beschränkte die Zahl der Rechtslehrer, auf die sich Richter berufen durften, auf fünf (Ulpian, Papinian, Paulus, Gajus, Modestinus). Die Widersprüche zwischen den Rechtsauffassungen dieser Autoritäten wurden durch ein Zusatzwerk geklärt. Für Ostrom von Kaiser Theodosius II., für Westrom von Valentinian III. unterzeichnet, schuf dieses Gesetz eine gewisse Einheitlichkeit der Rechtsprechung im ganzen Römerreiche.

426 n rot — Erlaß

ZITRONE, kleiner Baum oder Strauch mit immergrünen Blättern, deren eiförmige Früchte die Vitamine A, B, C und E enthalten sowie 7% Zitronensäure. Ursprünglich im Schutze des Himalaya-Gebirges (Nordindien) sowie in China und Japan zuhause, verbreitete sie sich über Nordafrika nach Spanien, Italien und Griechenland; später auch nach Florida, Kalifornien und Argentinien.

1055 n grün — Anpflanzung in Spanien

ZIVILEHE, die rechtsgültige Eheschließung durch den vom Staat dafür eingesetzten Beamten ('Standesbeamter'). Die Bezeichnung soll den Gegensatz zur kirchlichen Trauung ausdrücken, die früher in Deutschland auch Rechtsgültigkeit besaß und heute noch in einigen Ländern der staatlichen Eheschließung rechtlich gleichgestellt ist (Italien, Spanien, USA). Die Einführung der Zivilehe (in Deutschland erst 1885 n durch Bismarck) stellte in Europa einen wichtigen Schritt bei der Befreiung des Menschen aus der Macht der Kirche dar.

1580 n rot — In Holland
1653 n rot — In England
1792 n rot — In Frankreich
1815 n–1898 n — Bismarck

ZIVIL-GESETZBUCH, von dem lateinischen Worte 'civis' (= Bürger) abgeleitete Bezeichnung für Gesetzbücher, die (im Gegensatz zum Strafrecht) nur die Beziehungen der Bürger untereinander regeln, vor allem die vermögensrechtliche Seite des Privatlebens.

1769 n–1821 n — Napoleon I.
1804 n rot — Französisches Gesetzbuch
1896 n rot — Deutsches Gesetzbuch

ZÖLIBAT, von dem lateinischen Worte 'cölebs' (= unverheiratet) abgeleitete Bezeichnung für die in der katholischen Kirche den Priestern auferlegte Ehelosigkeit und sexuelle Enthaltsamkeit. Ihre Aufhebung war ein wesentliches Ziel der Reformation. Die katholische Kirche hielt an dieser widernatürlichen, unmenschlichen Vorschrift unter Androhung des Kirchenbannes bis in unsere Epoche fest.

168 n rot — Aufkommen
306 n rot — Pflicht höherer Priester
1074 n rot — Pflicht aller Priester
1109 n–1149 n — Eudo
1133 n rot — Bruch unter Zwang
1324 n–1384 n — Wiclif
1483 n–1546 n — Luther

ZOLA, Emile (1840 n–1902 n), französischer Schriftsteller. Verlor 7jährig seinen Vater, ging 18jährig nach Paris und verdiente seinen Lebensunterhalt als Dockarbeiter und in verschiedenen anderen praktischen Berufen. Als Buchhändler schrieb er Theaterkritiken und Buchbesprechungen und veröffentlichte 24jährig Novellen. Drei Jahre später erschien sein erster großer Roman ('Thérèse Raquin'). Entgegen den herrschenden literarischen Gestaltungsprinzipien forderte er, die Wirklichkeit mit dem nüchternen Blick des Wissenschaftlers zu erfassen und naturgetreu darzustellen ('Der Experimentalroman'). Dieses Prinzip des Naturalismus verwirklichte er in seinem 20bändigen Roman 'Die Rougon-Macquart', den er selbst 'Natur- und Sozialgeschichte einer Familie unter dem zweiten Kaiserreich' nannte und in dem er auch vor der Darstellung des Widerwärtigsten und Abstoßendsten nicht zurückschreckte. In seinem Bergarbeiter-Roman 'Germinal' schilderte er den Befreiungskampf des französischen Proletariats. Während des Dreyfus-Prozesses zeigte er in einem offenen Brief an den französischen Präsidenten die gesellschaftlichen Hintergründe dieser Affäre auf ('J'accuse' = 'ich klage an'). Er mußte deshalb vorübergehend das Land verlassen. Bearbeitete viele seiner Romane auch für die Bühne ('Nana').

1885 n blau 'Germinal'
1898 n blau 'J'accuse'

ZOLL, Bezeichnung für eine Steuer, die vom Staat auf Einfuhr, Durchfuhr oder Ausfuhr von Waren erhoben wird. Seit mehr als zwei Jahrtausenden zur Erhöhung der Staatseinnahmen in vielen Ländern der Erde eingeführt, wandelte er mit dem Beginn volkswirtschaftlicher Gesamtüberlegungen im 17. Jahrhundert seinen Charakter. Die auf eine möglichst unbehinderte Ausfuhr bedachten, aber gleichzeitig am Schutz des Inlandmarktes vor ausländischer Konkurrenz interessierten Fabrikanten wünschten die Ausfuhr von Industriegütern zu erleichtern und deren Einfuhr zu erschweren, dagegen bei Lebensmitteln (insbesondere bei Getreide) gerade die Einfuhr zu erleichtern, um ihren Arbeitern mit niedrigen Löhnen das Existenzminimum zu sichern. Die Großgrundbesitzer waren umgekehrt am Schutz ihrer hohen Kornpreise durch hohe Getreide-Einfuhrzölle interessiert. Sie wollten landwirtschaftliche Maschinen billig einkaufen und traten deshalb für niedrige Einfuhrzölle auf Industriewaren ein, um auf die hohen Inlandspreise der einheimischen einen Druck auszuüben. Zu diesem unüberbrückbaren Interessengegensatz der Ausbeuter untereinander traten immer gewichtiger die Interessen der Arbeiter, und schließlich hatte der Staat eigene Interessen, die häufig im Gegensatz zu allen übrigen standen. So wurde der Kampf um die Zölle ein politischer Kampf von ständig zunehmender Bedeutung.

166 v grün Delos Freihafen
10 v–52 n Matthäus
1301 n rot Aufhebung der Rheinzölle
1301 n/1302 n Erhebung wegen Zöllen
1547 n grün Livorno Freihafen
1619 n–1683 n Colbert
1664 n rot Schutzzölle in Frankreich
1709 n–1762 n Elisabeth Petrowna
1724 n grün Schutzzölle in Rußland
1754 n rot Zollreform Rußlands
1834 n rot Zollreform Deutschlands
1838 n grün Freihandels-Forderung
1841 n grün List: Zollunion
1846 n rot Kornzoll-Aufhebung
1957 n grün Zollpolitik der EWG

ZOLLUNION, Bezeichnung für den Zusammenschluß von Staaten zu einem gemeinsamen Zollgebiet unter Beibehaltung der politischen und wirtschaftlichen Selbständigkeit jedes Mitgliedstaates. Bewirkt den zollfreien Handelsverkehr der beteiligten Länder untereinander sowie eine gemeinsame Festsetzung der Zölle im Verkehr mit anderen Staaten (Drittländern). Die von Friedrich List in seinem Hauptwerk 'Das nationale System der politischen Ökonomie' aufgestellte Forderung ging dadurch über den bestehenden deutschen Zollverein hinaus, daß alle deutschen Staaten eingeschlossen werden sollten, was bis 1851 n erfolgte. Außerdem forderte er, daß besonders hohe Zölle auf solche eingeführten Waren gelegt werden sollten, die mit deutschen Waren in Konkurrenz traten ('Schutzzölle').

1841 n grün Friedrich Lists Forderung
1957 n grün Plan der EWG

ZOLLVEREIN, Bezeichnung für den Zusammenschluß von 18 deutschen Staaten zu einem gemeinsamen Zollgebiet. Ihm traten bis 1851 n alle deutschen Einzelstaaten bei. Durch Aufhebung der innerdeutschen Zollschranken Hebel einer gemeinsamen deutschen Wirtschaftspolitik und der politischen Einheit Deutschlands.

1834 n rot Gründung
1841 n grün Forderung nach Ausbau

ZONARAS, Johannes (um 1080 n–um 1150 n), byzantinischer Geschichtsschreiber. Am Hofe des Kaisers Alexios I. in Trapezunt am Schwarzen Meer als Vorsteher der Kanzlei und Befehlshaber der Leibwache tätig, behielt er nach dessen Tode noch einige Zeit seine hohen Staatsämter, zog sich dann aber auf eine Insel zurück und ging wissenschaftlichen Arbeiten nach. Verfaßte eine chronologisch geordnete Weltgeschichte, die von den frühesten Zeiten bis zum Ende der Regierung des Kaisers Alexios I. (1118 n) reichte.

1136 n blau Weltgeschichte

ZOOLOGIE, von dem griechischen Worte 'zoon' (= Lebewesen) abgeleitete Bezeichnung für die Lehre vom Tier (Tierkunde).

1888 v grün Tierärztliche Rezepte
1717 v grün Tierärzte: Ersatzpflicht
1575 v grün Werk der Tierheilkunde
1405 v–1326 v Kikkuli
1334 v grün Kikkulis Pferdebuch
1279 v grün Pferdebuch syrisch
1261 v grün Pferdebuch assyrisch
610 v–546 v Anaximander
566 v grün Abstammungslehre
520 v–450 v Alkmaion
478 v grün Alkmaion: Sektionen
471 v grün Entdeckung des Sehnervs
418 v–345 v Diokles
384 v–322 v Aristoteles
338 v–268 v Strato der Physiker
326 v grün Aristoteles: Zoologie
321 v–282 v Megasthenes
74 v grün Werk über Pferdeleiden
70 v–19 v Vergil
78 n grün Plinius: Naturkunde
126 n grün Tierbuch 'Physiologos'
128 n grün Vorzeitfunde in Dalmatien
199 n grün Fleischbeschau
231 n grün Eumelos: Tiermedizin
294 n–354 n Apsyrtos
338 n grün Briefe zur Tiermedizin
348 n grün Bücher über Tiermedizin
366 n grün Pelagonius: Tiermedizin
419 n grün Vegetius: Krankheitskunde
525 n–605 n Alexander Tralles
602 n grün Schrift über Würmer
840 n grün Buch der Tiere
850 n grün Werk der Tiermedizin
936 n–1013 n Abu Kasim
973 n grün Vivisektion
1022 n grün Aristoteles arabisch
1098 n–1178 n Hildegard von Bingen
1160 n grün Hildegards Naturkunde
1174 n grün Tier- und Menschenseele
1193 n–1279 n Albertus Magnus
1349 n grün Konrads Naturkunde
1543 n grün Vesal: Anatomie
1618 n grün Harvey: Blutkreislauf
1658 n grün Swammerdams Forschungen
1667 n grün Transfusion Tier–Mensch
1668 n grün Redi: Insektenkunde
1675 n grün Aufgußtierchen entdeckt
1683 n grün Leeuwenhoeks Forschungen
1715 n grün Réaumur: Bienenstaat
1735 n grün Kategorien Linnés
1743 n grün Hales' Forschungen
1760 n grün Bestäubung durch Insekten
1766 n grün Mensch als Säugetier
1780 n grün Galvanis Forschungen
1786 n grün Buffons Naturgeschichte
1786 n grün Künstliche Befruchtung
1794 n grün Kategorien Lamarcks
1809 n grün Lamarck: Entwicklung
1809 n–1882 n Darwin
1838 n grün Ehrenberg: Mikrobiologie
1859 n grün 'Entstehung der Arten'
1863 n grün Mensch und Menschenaffe
1866 n grün Mendel'sche Gesetze
1868 n grün Haeckel: Abstammung
1869 n grün Brehm: 'Tierleben'
1871 n grün Darwin: Abstammung
1906 n grün Koch: Tse-Tse-Fliege
1907 n grün Morgan: Vererbung
1921 n grün Forel: Sozialpsychologie
1923 n grün Frisch: Leben der Bienen
1926 n grün Pawlow: Nervenforschung
1936 n grün Spemann: Entwicklung

ZOOLOGISCHE GÄRTEN

2716 v grün Gehege in Ägypten
2060 v–1983 v Schul-Gi
1991 v grün Anlage in Sumer
1148 v–1074 v Tiglatpileser I.
1093 v grün Anlage in Assur

ZOPFTRACHT

1143 n grün Aufkommen in China

ZOROASTER, griechische Namensform für den persischen Religionsstifter Zarathustra.

696 v–619 v Lebenslinie
640 v blau Lehrtätigkeit
599 v–529 v Kyros
596 v rot Ausbreitung der Lehre
544 v blau Aufzeichnung der Lehre
522 v rot Staatsreligion in Persien
180 n–239 n Ardaschir
217 n–276 n Mani
238 n blau Einfluß auf Manichäer
310 n–379 n Schapur II.
332 n blau Neue Aufzeichnung
701 n rot Dogma der Geburt
1883 n blau Nietzsches Werk

ZOSER, ägyptischer König.

2673 v–2631 v Lebenslinie
2707 v–2626 v Imhotep
2696 v–2646 v Ni-Maat
2655 v–2601 v Huni
2650 v rot Krönung
2649 v rot Memphis Residenz
2647 v rot Wesir als Stellvertreter
2645 v blau 'Lehre von Memphis'
2643 v braun Feldzug nach Nubien
2643 v rot Gebietsgewinn
2643 v blau Totenstadt
2641 v braun Sinai-Feldzug
2641 v rot Sinai-Kontrolle
2641 v blau Lobgesang
2639 v blau Pyramide von Sakkara
2637 v blau Neue Religion
2636 v blau Reliefbild
2633 v blau Sitzstatue
2631 v blau Heiligtum in Heliopolis

ZOSIMOS (um 350 n–418 n), griechischer Priester, Papst von 417 n bis 418 n. Durch den irischen Religionsphilosophen Pelagius von der Unhaltbarkeit der 'Erbsünde'-Vorstellung überzeugt, wandte er sich gegen die von dem Nordafrikaner Augustin dogmatisierte Lehre der grundsätzlichen Sündhaftigkeit des Menschen. Auf Druck der Kirchenfürsten Nordafrikas ließ er sich dann aber umstimmen und verkündete doch die Erbsündelehre als kirchliches Dogma. Auch in der Kirchenpolitik gegenüber Gallien hatte er eine unglückliche Hand und konnte Bischof Patrokles von Arles nicht die Vorrangstellung verschaffen, die er ihm zugedacht hatte, weil sich die Priester Südgalliens seiner Anordnung nicht fügten.

354 n–430 n Augustin
375 n–435 n Pelagius
417 n rot Gegen Erbsünde-Dogma
418 n rot Für Erbsünde-Dogma

ZOSIMOS, oströmischer Geschichtsschreiber und Staatsmann jüdischer Herkunft.

398 n–474 n Lebenslinie
464 n blau Gegner des Christentums
468 n blau Geschichtswerk

ZU, Gestalt der babylonischen Göttersage. Der Dämon in Gestalt eines riesigen Vogels hatte dem Obergott Enlil in einem unbewachten Augenblick die Schicksalstafeln entwendet und sich so zum Herrn über Himmel und Erde gemacht. Doch wurden sie ihm durch den Stadtgott Babylons (Marduk) wieder entrissen. Der Kampf Marduks mit dem Sturmvogel Zu um diese Tafeln ist Gegenstand einer frühen Dichtung, die in Babylon (Mesopotamien) entstand.

1359 v blau Entstehung der Dichtung

ZUCHTPERLEN, Bezeichnung für echte, in Perlmuscheln entstandene Perlen, deren Bildung durch künstliche Einführung eines Sandkorns in die gewaltsam geöffnete Muschel angeregt wird und die nach 3 bis 5 Jahren den (in Gefangenschaft gehaltenen) Muscheln entnommen werden. Wenn die Sandkörner durch kleine runde Kunststoffkugeln ersetzt werden, verkürzt sich die Wachstumsdauer auf Kosten der Qualität. Aber alle nach diesem Verfahren hergestellten Perlen sind von echten, in wild-lebenden Muscheln gewachsenen Perlen nur schwer zu unterscheiden; sie kosten nur ein Zwanzigstel.

1896 n grün Herstellung

ZUCHTWAHL, natürlicher Ausleseprozeß in der Tier- und Pflanzenwelt, bei dem die anpassungsfähigsten Organismen überleben, die weniger anpassungsfähigen untergehen. Von dem englischen Zoologen Darwin als Naturgesetz erkannt und beschrieben.

1809 n–1882 n Darwin

ZUCKER, Bezeichnung für den in zahlreichen Pflanzen enthaltenen Süßstoff, der als Bestandteil der tierischen und menschlichen Nahrung in ältesten Zeiten bekannt war. Doch wurde er bis zur Zeitwende nicht aus dem pflanzlichen Träger isoliert, sondern mit ihm genossen. Erst vor 1600 Jahren begann man in Indien mit seiner Herauslösung aus dem Zuckerrohr, und erst vor 1200 Jahren brachten ihn die Araber rein nach Europa. Es dauerte dann noch mehrere Jahrhunderte, bis das teure Süßmittel sich bei den Reichen verbreitete, und erst seine Gewinnung aus der in Europa besser gedeihenden Rübe machte ihn seit 150 Jahren auch den Volksmassen zugänglich.

350 n grün Gewinnung in Indien
750 n grün Zuckerrohr in Ägypten
761 n grün Zuckerrohr in Spanien
1128 n grün Lieferung nach Europa
1499 n grün Raffinerie in Antwerpen
1544 n grün Raffinerie in London
1573 n grün Raffinerie in Augsburg
1644 n grün Zuckerrohr auf Antillen
1747 n grün Rübenzucker
1802 n grün Rübenzuckerfabrik

ZUCKERKRANKHEIT, Name einer Stoffwechselstörung, bei der durch eine Veränderung der Bauchspeicheldrüse die Insulin-Absonderung gestört und dadurch der normale Abbau von Kohlehydraten (Zucker) beim Verdauungsvorgang gehemmt ist. In fortgeschrittenem Stadium noch unheilbar, führt sie zu schweren Gefäßschäden. Durch laufende Zufuhr von tierischem oder chemisch erzeugtem Insulin kann die gestörte Funktion der Bauchspeicheldrüse ersetzt werden.

102 n grün Zuckergehalt des Urins
1921 n grün Gewinnung von Insulin

ZUCKMAYER, Carl (geboren 1896 n), deutscher Schriftsteller. Als Sohn eines Fabrikanten wurde er Offizier, studierte naturwissenschaftliche Fächer, ging dann als Dramaturg ans Kieler Theater und begann selbst Dramen zu schreiben. Mit 29 Jahren verfaßte er sein erstes Erfolgsstück ('Der fröhliche Weinberg'), in dem er handfeste Bühnenkomik mit vordergründiger Sinnenfreude darbot. Nach diesem Rezept ('Neue Sachlichkeit') schrieb er noch zahlreiche volkstümliche Unterhaltungsstücke ('Katharina Knie', 'Der Bauer aus dem Taunus'). Gelegentlich packte er auch gesellschaftskritische Themen an, behandelte sie aber so gemütvoll, daß niemals eine Anklage gegen die Herrschenden und Besitzenden daraus wurde ('Schinderhannes', 'Der Hauptmann von Köpenick'). Mit seinem 1942 n in Nordamerika entstandenen Stück 'Des Teufels General' unternahm er den Versuch zur moralischen Rechtfertigung jenes Teiles der deutschen Führungsschicht, die den Faschismus nur so lange mittrug, bis er offensichtlich verloren war. Verfaßte auch Gedichte, Erzählungen und Romane.

1931 n blau 'Hauptmann von Köpenick'

ZÜCHTUNG, Zucht

Vorzeittafel: 20 Tausend Jahre
2825 v grün Schafzucht in Sumer
2647 v grün Geflügelzucht in Ägypten
2426 v grün Bienenzucht in Ägypten
2390 v blau Relief 'Geflügelzüchter'
2141 v grün Brutöfen in Ägypten
2093 v–2030 v Ur-Nammu
2060 v–1983 v Schul-Gi
2015 v grün Tierzuchtstation in Sumer
1752 v grün Gestüte in Vorderasien
1472 v grün Haushuhn in Ägypten
1465 v–1422 v Amen-Hotep II.
1434 v grün Pferdezucht in China
1405 v–1326 v Kikkuli
1353 v grün Schimmelzucht in Assyrien
1334 v grün Kikkulis Pferdebuch
1288 v–1232 v Hori
1029 v grün Seidenraupen in China
758 v–672 v Bajin
753 v–680 v Hesiod
639 v blau Relief 'Bienenzucht'
573 v grün Hühnerzucht bei Griechen
461 v grün Gestüt in Babylon
202 v grün Seidenraupen in Korea
70 v–19 v Vergil
294 n–354 n Apsyrtos
298 n grün Seidenraupen in Japan
552 n grün Seidenraupen in Byzanz
732 n grün Seidenraupen in Spanien
1786 n grün Künstliche Befruchtung
1808 n grün Zucht von Sklaven
1866 n grün Mendel'sche Gesetze
1881 n grün Mitschurin: Obstzucht
1896 n grün Mikimoto: Zuchtperlen
1902 n grün Vries: Mutationslehre
1907 n grün Morgan: Vererbungslehre

ZÜNDHÖLZER

1831 n grün Erfindung

ZÜNDHÜTCHEN, Bezeichnung für eine kleine, mit Zündstoff gefüllte Kapsel, die bei Feuerwaffen durch das Abdrücken des Schlagbolzens getroffen wird, eine Stichflamme in die Pulvermasse abgibt und dadurch das Herausschleudern des Geschosses bewirkt. Seine Erfindung durch den englischen Büchsenmacher Egg stellte eine Vereinfachung des Schießens dar, ermöglichte das Abfeuern genau im vorgesehenen Augenblick und erhöhte dadurch die Treffsicherheit.

1815 n grün Erfindung

ZÜNDNADELGEWEHR, Bezeichnung für eine Feuerwaffe, bei der das Zündhütchen nicht mehr durch den Aufprall des Abzugshahnes selbst entzündet wird, sondern durch einen von ihm in Bewegung gesetzten eingebauten Stahlbolzen ('Zündnadel'). Von dem deutschen Büchsenmacher Dreyse für das von vorn geladene Gewehr erfunden, ermöglichte diese Neuerung 1834 n die Herstellung eines brauchbaren Hinterladers. Dadurch wurde das Schießen vereinfacht, und der lästige Ladestock konnte entfallen.

1827 n grün Erfindung

ZÜNDUNG, das Inbrandsetzen eines Gasgemisches, insbesondere im Verbrennungsmotor.

1859 n grün Elektrische Zündung
1902 n grün Magnetzündung

ZÜRICH, größte Stadt der Schweiz sowie ihr Industrie-, Geld-, Handels- und Verkehrs-Zentrum. Am gleichnamigen See im Alpenvorland mit Blick auf die Hochalpen landschaftlich schön gelegen, wurde die alte römische Siedlung eine Niederlassung Karls des Großen (Pfalz), um die sich bald eine Stadt bildete. Stieg im 11. Jahrhundert zu einer der bedeutendsten Städte Schwabens auf und wurde öfter Stätte von Reichstagen. Seit dem 13. Jahrhundert reichsunmittelbare freie deutsche Stadt, gab sie sich gegen den Willen der Besitzbürger (Kaufleute) auf Bestreben der Handwerker 1336 n eine Verfassung. 1351 n schloß sie sich dem 1291 n entstandenen Bunde der Schweizer Eidgenossen zur Behauptung der Unabhängigkeit von den Herrschern Österreichs (Habsburger) an. Durch Zwingli wurde die Stadt ein Zentrum der Reformation. Trotz zahlreicher Erhebungen der Handwerker, die teilweise von den umwohnenden Bauern unterstützt wurden, kam es aber noch jahrhundertelang zu keiner demokratischen Regierung. Erst die in den Napoleonischen Kriegen 1798 n von Napoleon errichtete 'Helvetische Republik' befreite das arbeitende Volk und schuf demokratische Verhältnisse. 1814 n siegte dann noch einmal die Restauration, aber 1830 n wurde endgültig eine freiheitliche Verfassung durchgesetzt, und die Stadt nahm seitdem eine liberale Entwicklung. Durch den Gewerbefleiß ihrer Bewohner und die Gewinne zweier Weltkriege gelangte sie zu großem Reichtum und wurde zum Haupt-Umschlagplatz nordamerikanischem Kapitals außerhalb der USA.

928 n blau Entwicklung zur Stadt
1484 n–1531 n Zwingli
1518 n rot Reformation
1796 n/1815 n Napoleonische Kriege
1798 n rot 'Helvetische Republik'

ZUGTIERE

2940 v grün Rind in Sumer
2865 v grün Esel in Mesopotamien
1939 v grün Pferd in Kleinasien
1705 v grün Pferd in Ägypten
1405 v–1326 v Kikkuli
1334 v grün Buch über Wagenlenkung

ZUIDERSEE, Name einer holländischen Meeresbucht. Bedeutete 'Südsee', im Gegensatz zur Nordsee und Ostsee, galt also als ein eigenes kleines Meer, während es geographisch nur eine große Bucht der Nordsee darstellte. Der nur bis zu 6 Meter tiefe Meeresteil wurde seit 1925 n durch den Bau eines 30 Kilometer langen und 90 Meter breiten Deiches abgeriegelt. Damit begann die Trockenlegung eines über 5000 Quadratkilometer großen Landes, das nach Abschluß der gewaltigen Erschließungsarbeiten die 12. Provinz Hollands bilden soll.

12 v grün Rheinkanal
1925 n grün Trockenlegung

ZUKUNFTSDEUTUNG, Zukunftsvoraussage

2603 v grün Voraussagen in Sumer
2391 v grün Leberschau in Sumer
2369 v–2295 v Una
2343 v blau 'Omenbücher'
1973 v blau Ägyptische Weissagung
1895 v–1834 v Amoni
1869 v–1804 v Irra-I-Mitti
1710 v blau Propheten in Mari
1128 v–1057 v Herihor
981 v–918 v Ania
927 v–850 v Elias
863 v blau Orakel von Delphi
802 v–745 v Amos
784 v–725 v Hosea
777 v–692 v Jesaja
649 v–583 v Jeremias
628 v–553 v Hesekiel
511 v blau Sibyllinische Bücher
344 v–268 v Berossos
192 v blau Weltreich vorausgesagt
180 v–110 v Panaitios
176 v grün Buch der Sterndeutung
145 v–86 v Sema-Tsien
40 v blau Messias-Prophezeiung
16 v blau Orakel-Kommentar
37 n–100 n Josephus
101 n–179 n Ptolemäus
163 n grün Ptolemäus: Astrologie
265 n–330 n Jamblichos
786 n–833 n Al Mamun
789 n–873 n Al Kindi
805 n–885 n Abu Maschar
856 n grün Abu Maschar: Astrologie
861 n blau Astrologie und Geschichte
876 n grün 'Gestirns-Konjunktionen'
945 n blau 'Weissagung der Volva'
1125 n grün Abu Maschar übersetzt
1142 n grün Werk Johanns von Sevilla
1572 n blau Spott über Wahrsagerei
1590 n blau Bild einer Wahrsagerin

ZULU-KAFFERN, afrikanischer Volksstamm. Zu den Bantu-Negern gehörig, bewohnen sie als Viehzüchter und Hackbauern das Gebiet von Natal an der Ostküste Südafrikas. Von ihrem Könige Tscheka 1810n in einem Staat organisiert. Seit 1879n von England unterworfen und englischer Kolonialherrschaft unterstellt. Mit der allmählichen Verselbständigung Südafrikas wurde ihre Ausbeutung nicht mehr von London, sondern von Kapstadt aus betrieben. Alle Versuche zur Erringung echter Unabhängigkeit sind bisher gescheitert.

1879n braun Niederlage gegen England
1893n braun Niederlage gegen England

ZUNFT, organisatorische Vereinigung der Handwerker eines Gewerbes zur Wahrnehmung gemeinsamer wirtschaftlicher und politischer Interessen. Vollberechtigte Mitglieder waren nur die Meister. Sie setzten die Arbeitszeit und die Arbeitsbedingungen der Gesellen fest, bestimmten Ausbildungsdauer und Anzahl der Lehrlinge und übten teilweise eigene Gerichtsbarkeit. Die Zugehörigkeit war Voraussetzung zur Ausübung des Gewerbes. Aus Konkurrenzangst wurde der Aufbau neuer Betriebe häufig von den bereits tätigen Meistern behindert. Auch störten die strengen Bräuche zunehmend die auf Freizügigkeit ausgerichtete kapitalistische Wirtschaft, so daß ihre Macht allmählich schwand. Sie wurden gesetzlich aufgehoben (in Deutschland durch Gewerbeordnung von 1869n) oder sanken zu bloßen Fachverbänden herab.

1061n grün Kerzenzieher-Bund
1099n grün Weber-Bund
1112n rot Schuhmacher-Bruderschaft
1128n rot Würzburger Bund
1149n rot Weberzunft in Köln
1149n rot Weberzunft bestätigt
1183n grün Zunftzwang
1250n rot Florenz: Zunftverfassung
1454n rot Zunftverfassung verboten
1731n rot Gesellen-Reglement

ZUNGE-ABSCHNEIDEN als Strafe

1232n rot Strafe für 'Ketzer'

ZUSE, Konrad (geboren 1910n), deutscher Erfinder. Als Sohn eines Postbeamten besuchte er die Technische Hochschule, um Bau-Ingenieur zu werden. Während seiner Studien suchte er nach Wegen, die umfangreichen statistischen Berechnungen maschinell zu erledigen und baute seit 1934n vollautomatische Rechenmaschinen. Als Statiker im Flugzeugbau setzte er nach Abschluß seines Studiums diese Arbeiten fort. Dreißigjährig schuf er die erste programmgesteuerte Groß-Rechenanlage der Welt ('Computer'). In einem eigenen Fabrikationsbetrieb stellte er während zweier Jahrzehnte Hochleistungs-Rechenautomaten her. Dieser Betrieb ging seit 1964n an die Firma Siemens über. Seitdem beschäftigt er sich mit den theoretischen Grundlagen der Computer-Technik, insbesondere mit der Entwicklung von Programmier-Sprachen. Daneben errang er als Maler Anerkennung.

1941n grün Rechenanlage

ZWANGSARBEIT

1384v–1318v Haremhab
1344v rot Strafe in Ägypten
585v grün Judenarbeit in Babylon
702n rot Strafe in Japan

1953n braun Aufstand in Workuta
1957n rot Auflösung von Lagern

ZWEIG, Arnold (1887n–1968n), deutscher Schriftsteller. Als Sohn eines Sattlers studierte er Philosophie, Kunstgeschichte und Psychologie und wurde Journalist. 23jährig veröffentlichte er seine erste größere Erzählung, ein Jahr später seine 'Novellen um Claudia', die ihn bekannt machten. Im ersten Weltkrieg wurde er Presseoffizier, dann Chefredakteur der 'Jüdischen Rundschau'. Das Kriegserlebnis spiegelte sich in seinen späteren Werken wider ('Erziehung vor Verdun'), auch sein Abscheu gegen den Krieg ('Junge Frau von 1914') und seine Verachtung für die auf Kriegsgewinne ausgerichtete bürgerliche Gesellschaft ('Die Zeit ist reif'). In seinem Roman 'Der Streit um den Sergeanten Grischa' schilderte er, wie ein unschuldiger russischer Kriegsgefangener sterben muß, weil die deutsche Armeeführung aus Furcht vor einem Übergreifen der russischen Revolution auf Deutschland die Arbeiter einschüchtern will. 1933n ging er nach Palästina, wo er durch Aufsätze und Herausgabe einer Zeitschrift ('Orient') die Weltöffentlichkeit über das Wesen des Faschismus aufklärte. 1948n kehrte er nach Deutschland zurück und entschied sich angesichts der Spaltung des Landes für die Teilnahme am Aufbau einer sozialistischen Gesellschaft in Ostdeutschland, wo er als Präsident des PEN-Clubs und in der Friedensbewegung wirkte.

1927n blau 'Grischa'

ZWEIG, Stefan (1881n–1942n), österreichischer Schriftsteller. Als Sohn eines jüdischen Industriellen studierte er Philosophie und Sprachen. Unternahm zahlreiche Reisen nach Amerika, Asien und Afrika, ging im ersten Weltkrieg in die Schweiz und schrieb ein Antikriegsstück ('Jeremias'). Ersten Gedichten folgten Übersetzungen französischer Dichter (Verlaine, Baudelaire, Rolland). Dann wandte er sich der romanhaften historischen Lebensbeschreibung zu und verfaßte psychoanalytische Biographien (Fouché, Maria Stuart, Marie Antoinette, Erasmus von Rotterdam). In Essays behandelte er das Leben von Schriftstellern (Dickens, Stendhal, Tolstoi, Hölderlin, Kleist, Freud). Verirrungen menschlicher Gefühle stehen im Mittelpunkt vieler seiner Novellen und Romane ('Der Kampf mit dem Dämon'). In historischen Essays gelang ihm die literarische Zuspitzung geschichtlicher Vorgänge ('Sternstunden der Menschheit'). 1938n emigrierte er nach England und 1940n nach Südamerika, wo er seine antifaschistische 'Schachnovelle' schrieb. Bald darauf nahm er sich zusammen mit seiner Frau das Leben. Hinterließ ein autobiographisches Erinnerungsbuch ('Die Welt von gestern').

1938n blau 'Ungeduld des Herzens'

ZWEIJAHRESPLAN, Bezeichnung für den ersten volkswirtschaftlichen Gesamtplan, mit dessen Verkündung der Aufbau einer sozialistischen Planwirtschaft in Ostdeutschland eingeleitet wurde.

1948n grün Verkündung

ZWEIKAMPF

2004v–1932v Sinuhe
469v blau Onatas' Plastik
178n grün Gladiatoren-Höchstpreis
1010n rot Verbot auf Island

ZWEIRAD

1813n grün Laufrad
1845n grün Fahrrad
1885n grün Motorrad
1898n grün Freilauf
1903n grün Tour de France

ZWEI-SCHWERTER-LEHRE, Bezeichnung für eine von der katholischen Kirche aufgestellten Theorie, die unter Berufung auf eine Stelle im Lukas-Evangelium der Bibel den päpstlichen Anspruch auf Anerkennung politischer Machtwünsche unterbauen sollte. Ging zunächst von der Gleichrangigkeit der kirchlichen und staatlichen Macht aus und versuchte später zeitweilig, den päpstlichen Machtanspruch über den des Kaisers zu stellen. Den Namen verdankt die Lehre dem Umstand, daß das Schwert zur Zeit ihrer Entstehung als Symbol der Macht galt.

493n blau Lehre des Gelasius

ZWERGE

2670v blau Ägyptische Plastik
2434v–2368v Asosi
2346v blau Ägyptische Figurengruppe
1933v grün Ägyptisches Spielzeug
1599n–1660n Velasquez
1726n blau Swift: 'Gullivers Reisen'

ZWINGER, Name eines Bauwerkes in Dresden, abgeleitet von der alten deutschen Bezeichnung für den Umgang zwischen äußerer und innerer Burgmauer, in dem auch wilde Tiere gehalten wurden. Von dem Architekten Pöppelmann im Auftrage des Sachsenkönigs August des Starken geplant und begonnen als Vorhof zu einer riesigen Schloßanlage, die aber aus Geldmangel niemals ausgeführt wurde. Von Semper durch Anlage einer Gemäldegalerie an der offengebliebenen Seite vollendet als einer der schönsten deutschen Barockbauten. 1945n bei der Vernichtung der Dresdener Innenstadt durch die Luftwaffe der USA und Englands stark beschädigt, wurde er nach dem zweiten Weltkrieg wieder aufgebaut (1963n vollendet).

1711n blau Baubeginn
1718n blau Permosers Figuren

ZWINGLI, Ulrich, schweizerischer Reformator.

1484n–1531n Lebenslinie
1518n rot Reformation
1520n blau Bauernfreiheit gefordert
1531n braun Tod im Religionskrieg

ZWIRNEREI, maschinelle Herstellung zusammengedrehter Fäden.

1272n grün Zwirnmaschine

ZWÖLFER-SYSTEM, Bezeichnung für ein Zahlensystem, das auf zwölf Grundeinheiten beruht.

1390v grün Gebrauch in China

ZWÖLFTAFELGESETZE, Bezeichnung für die erste schriftliche Niederlegung der Artikel des römischen Reiches, die auf 12 Bronzetafeln eingeprägt wurden. Entstand auf Drängen der armen und ausgebeuteten Bewohner Roms (Plebejer), die ihre geringen Rechte wenigstens schriftlich garantiert haben wollten, um der Willkür der Richter nicht mehr schutzlos preisgegeben zu sein. 462v von dem Volkstribun Terentilius beantragt, wurde der Plan hierzu wegen des Widerstandes der Besitzbürger (Patrizier) erst 454v angenommen durch den Beschluß, eine Studienkommission nach Griechenland zu entsenden. Nach deren Rückkehr wurde das römische Recht mit dem griechischen verglichen und im Jahre 451v von einem gewählten Zehn-Männer-Kollegium (Dezemvirn) auf zehn Tafeln geschrieben. Weil noch manches fehlte, wurden 450v neue Dezemvirn berufen, die noch zwei Tafeln hinzufügten. Als dieses Kollegium seine Tätigkeit über die vorgeschriebene Zeit hinaus ausdehnen wollte, wurde es durch einen Aufstand der Plebejer zum Rücktritt gezwungen. Die auf den zwölf Tafeln niedergelegten Gesetze wurden Grundlage der römischen Rechtsprechung und blieben es auch, als die Original-Tafeln bei der Eroberung Roms durch Kelten im Jahre 387v verbrannten.

450v rot Aufzeichnung
387v braun Zerstörung der Tafeln

ZWÖLFTON-TECHNIK, Bezeichnung für eine musikalische Kompositionstechnik, die nicht mehr die herkömmlichen sieben Ganztöne als Grundlage der musikalischen Gestaltung annimmt, sondern dazu gleichwertig die vorher zweitrangig dazwischenstehenden Halbtöne stellt. Durch diese um 1920n von Hauer und Schönberg entwickelte Kompositionsweise wird die herkömmliche Harmonie gesprengt und durch eine neue Beziehung zwischen den 12 Halbtönen der Tonleiter ersetzt, die als 'atonal' bezeichnet und als unharmonisch empfunden wird.

1951n blau Schönberg

ZWORYKIN, Wladimir Kosma (geboren 1889n), nordamerikanischer Physiker russischer Herkunft. Studierte Elektrotechnik, verließ 1919n seine Heimat, setzte in den USA seine Arbeiten fort und stieg zum Vizepräsidenten einer Rundfunk-Gesellschaft auf. Erfand 1925n eine Fernseh-Aufnahme-Röhre (Ikonoskop) und entwickelte sechs Jahre später zusammen mit dem deutschen Forscher Max Dieckmann den elektronischen Bildabtaster. Damit machte er den trägheitslosen Elektronenstrahl für Aufnahmen von Fernsehsendungen nutzbar und schuf so die entscheidende Voraussetzung für die direkte Bild-Übertragung bewegter Vorgänge. Baute auch ein Elektronen-Mikroskop.

1931n grün Bildabtaster

ZYANSÄURE, Name eines farblosen, bitteren, sehr giftigen Gases. Es diente dem deutschen Chemiker Friedrich Wöhler zur ersten chemischen Herstellung eines organischen Stoffes (Harnstoff-Synthese).

1800n–1882n Friedrich Wöhler
1828n grün Nutzung der Synthese

ZYLINDER, von dem griechischen Worte 'kylindros' (= Walze) abgeleitete Bezeichnung für walzenförmige Hohlkörper. Grundfigur der Geometrie. In der Beleuchtungstechnik eine oben und unten offene Glasröhre zum Schutz einer offen brennenden Flamme vor Luftzug. Im Maschinenbau ein aufgebohrter röhrenförmiger Hohlkörper von Kraftmaschinen, in dem sich ein Kolben bewegt.

284v–212v Archimedes
1508n grün Gebrauch bei Lampen
1690n grün Nutzung im Maschinenbau

ZYNIKER, von dem griechischen Worte 'kynikos' (= hündisch) abgeleiteter Spottname der Bürger Athens für die Philosophie des Sokrates-Schülers Antisthenes. Nachdem er Besitz und Genußsucht als Grundlagen der griechischen Klassengesellschaft erkannt hatte, lehrte dieser Philosoph Bedürfnislosigkeit und Selbstgenügsamkeit als Haupttugenden. Um die Heuchelei des Besitzbürgertums bloßzustellen, forderte er von seinen Anhängern die Verachtung aller von dieser Gesellschaft geprägten Konventionen. Den Vorwurf der Schamlosigkeit ertrugen seine Anhänger im Bewußtsein ihrer überlegenen Sittlichkeit.

444v–365v Antisthenes
407v–323v Diogenes
387v blau Arbeitsethos
375v blau Rückkehr zur Natur
367v blau Kosmopolitismus
318v blau Krates und Hipparchia

ZYPERN, Insel im östlichen Mittelmeer. Dem türkischen Kleinasien vorgelagert, hat sie infolge ihrer jahrhundertelangen Zugehörigkeit zum griechischsprachigen Reiche von Byzanz 80% griechisch-sprachige Bewohner, der Rest besteht vorwiegend aus Türken. Ihr Name 'Kypros' (= Kupferinsel) wurde ihr von Griechen gegeben, die vor fast 3400 Jahren begannen, sich auf der Insel niederzulassen. Als drittgrößte Mittelmeer-Insel (nach Sizilien und Sardinien) von den Großmächten umkämpft, sucht sie seit ihrer Befreiung vom englischen Joch einen Weg zu unabhängiger Staatlichkeit.

2376v–2294v Sargon der Große
2347v/2325v Krieg der 4 Weltgegenden
2332v rot Oberhoheit Akkads
1496v grün Kupferausfuhr
1404v grün Ansiedlung von Griechen
1063v blau Gründung von Lapethos
999v grün Handelszentrum Kition
709v blau Assyrisches Siegesmal
613v–525v Amasis
525v rot Persischer Besitz
351v/348v Erhebung gegen Persien
58v rot Römische Herrschaft
395n rot Byzantinischer Besitz
633n/732n Arabischer Krieg
649n rot Arabische Herrschaft
1189n/1192n Dritter Kreuzzug
1489n rot Venezianischer Besitz
1573n rot Türkische Herrschaft
1804n–1881n Disraeli
1878n rot Englische Herrschaft
1955n braun Aufstand
1959n braun Aufstände
1959n rot Unabhängigkeits-Beschluß
1964n braun Kämpfe